Meyer-Goßner/Schmitt
Strafprozessordnung

Beck'sche Kurz-Kommentare

Band 6

Strafprozessordnung

Gerichtsverfassungsgesetz, Nebengesetze und
ergänzende Bestimmungen

Erläutert von

Dr. Bertram Schmitt

Richter am Internationalen Strafgerichtshof
Richter am Bundesgerichtshof
(zur Wahrnehmung der Tätigkeit beim IStGH beurlaubt)
Honorarprofessor an der Universität Würzburg

unter Mitarbeit von

Marcus Köhler

Richter am Bundesgerichtshof
Lehrbeauftragter an der Universität Leipzig

63. Auflage 2020

63., neu bearbeitete Auflage
des von Otto Schwarz begründeten,
in der 23. bis 35. Auflage von Theodor Kleinknecht und
in der 36. bis 39. Auflage von Karlheinz Meyer,
in der 40.–60. Auflage von Lutz Meyer-Goßner
in der 51.–53. Auflage zusammen mit Jürgen Cierniak,
seit der 54. Auflage zusammen mit Bertram Schmitt
seit der 61. Auflage von Bertram Schmitt
seit der 62. Auflage zusammen mit Marcus Köhler
bearbeiteten Werkes

Es haben bearbeitet:

Schmitt: Einleitung, §§ 1–31, 33–40, 42–93, 112–157, 164–420, 443–459f,
460–473a StPO, GVG, EGStPO (ohne §§ 14, 16), EGGVG, EGStGB
(ohne Art. 316h), EMRK, StrEG

Köhler: §§ 32–32f, 41, 94–111q, 158–163f, 421–439, 459g–459o, 474–500 StPO,
§§ 14, 16 EGStPO, Art. 316h EGStGB

Zitiervorschlag:

Bearbeiter in Meyer-Goßner/Schmitt Gesetz Paragraf Randnummer
Schmitt in Meyer-Goßner/Schmitt StPO § 81 Rn. 17

www.beck.de

ISBN 978 3 406 74541 6

© 2020 Verlag C. H. Beck oHG
Wilhelmstraße 9, 80801 München
Satz, Druck und Bindung: Druckerei C. H. Beck, Nördlingen
(Adresse wie Verlag)
Umschlaggestaltung: Fotosatz Amann, Memmingen

chbeck.de/nachhaltig

Gedruckt auf säurefreiem, alterungsbeständigem Papier
(hergestellt aus chlorfrei gebleichtem Zellstoff)

Vorwort

Die 63. Auflage befindet sich hinsichtlich Gesetzgebung, Rechtsprechung und Schrifttum auf dem Stand 15. März 2020. In die neue Auflage waren vor allem eine Reihe von Gesetzen einzuarbeiten, die zum Teil tiefgreifende Änderungen im Strafprozessgefüge mit sich gebracht haben. Zu nennen sind in erster Linie das Gesetz zur Neuregelung des Rechts der notwendigen Verteidigung vom 10.12.2019 (BGBl I 2128), das eine nahezu vollständige Neukommentierung der §§ 140–144 erforderlich gemacht hat, das Gesetz zur Modernisierung des Strafverfahrens vom 10.12.2019 (BGBl I, 2121) mit zahlreichen grundlegenden Änderungen, etwa im Beweisantragsrecht und durch Einführung eines Vorabentscheidungsverfahrens für den Besetzungseinwand (§§ 222a, 222b), sowie das Gesetz zur Umsetzung der Richtlinie (EU) 2016/680 im Strafverfahren sowie zur Anpassung datenschutzrechtlicher Bestimmungen an die Verordnung (EU) 2016/679 vom 20.11.2019 (BGBl I 1724), das in zahlreiche Vorschriften der StPO einzuarbeiten war.

Darüber hinaus war eine Fülle für das Strafverfahren grundsätzlicher Entscheidungen zu kommentieren. Aus der höchstrichterlichen Rspr seien exemplarisch die Entscheidung des BGH zum Beschuldigtenstatus und zur Beachtung von Beweisverwertungsverboten im Ermittlungsverfahren (NJW 2019, 2627), die des BVerfG zum Recht auf effektive Strafverfolgung bei Einstellungen im Ermittlungsverfahren (2 BvR 1763/16 vom 15.1.2020) und die des EuGH zur Ausstellung Europäischer Haftbefehle durch die StA (NJW 2019, 2145) genannt.

Der Autor bedankt sich herzlich bei Herrn Marcus Köhler für seine Mitarbeit und den fruchtbaren Gedankenaustausch. Ein Dank gilt wiederum den Benutzern des Werkes für mancherlei freundliche und hilfreiche Hinweise sowie Herrn Prof. Dr. Weber und Frau Simon vom Verlag C.H. Beck für die stets gute Zusammenarbeit.

Den Haag, Berlin im März 2020   *Bertram Schmitt*

Inhalt

	Seite
Abkürzungen	XI
Übersicht über die bisherigen Änderungen der StPO und des GVG	
I. StPO	XXXIX
II. GVG	LXIV
Einleitung	1

1. Strafprozessordnung

Erstes Buch. Allgemeine Vorschriften

1. Abschnitt. Sachliche Zuständigkeit der Gerichte	§§ 1–6a	65
2. Abschnitt. Gerichtsstand	§§ 7–21	78
3. Abschnitt. Ausschließung und Ablehnung der Gerichtspersonen	§§ 22–31	96
4. Abschnitt. Aktenführung und Kommunikation im Verfahren	§§ 32–32f	132
Abschnitt 4a Gerichtliche Entscheidungen	§§ 33–35a	144
Abschnitt 4b Verfahren bei Zustellungen	§§ 36–41	158
5. Abschnitt. Fristen und Wiedereinsetzung in den vorigen Stand	§§ 42–47	172
6. Abschnitt. Zeugen	§§ 48–71	191
7. Abschnitt. Sachverständige und Augenschein	§§ 72–93	285
8. Abschnitt. Ermittlungsmaßnahmen	§§ 94–111q	357
9. Abschnitt. Verhaftung und vorläufige Festnahme	§§ 112–130	580
Abschnitt 9a Weitere Maßnahmen zur Sicherstellung der Strafverfolgung und Strafvollstreckung	§§ 131–132	686
Abschnitt 9b Vorläufiges Berufsverbot	§ 132a	695
10. Abschnitt. Vernehmung des Beschuldigten	§§ 133–136a	697
11. Abschnitt. Verteidigung	§§ 137–150	723

Zweites Buch. Verfahren im ersten Rechtszug

1. Abschnitt. Öffentliche Klage	§§ 151–157	815
2. Abschnitt. Vorbereitung der öffentlichen Klage	§§ 158–177	879
3. Abschnitt. Gerichtliche Voruntersuchung	§§ 178–197	991
4. Abschnitt. Entscheidung über die Eröffnung des Hauptverfahrens	§§ 198–211	991
5. Abschnitt. Vorbereitung der Hauptverhandlung	§§ 212–225a	1024
6. Abschnitt. Hauptverhandlung	§§ 226–275	1065
7. Abschnitt. Entscheidung über die im Urteil vorbehaltene oder die nachträgliche Anordnung der Sicherungsverwahrung	§ 275a	1382
8. Abschnitt. Verfahren gegen Abwesende	§§ 276–295	1390

Drittes Buch. Rechtsmittel

1. Abschnitt. Allgemeine Vorschriften	§§ 296–303	1397
2. Abschnitt. Beschwerde	§§ 304–311a	1420
3. Abschnitt. Berufung	§§ 312–332	1439
4. Abschnitt. Revision	§§ 333–358	1492

Inhalt

Viertes Buch. Wiederaufnahme eines durch rechtskräftiges Urteil abgeschlossenen Verfahrens

§§ 359–373a 1594

Fünftes Buch. Beteiligung des Verletzten am Verfahren

1. Abschnitt. Privatklage .... §§ 374–394 1629
2. Abschnitt. Nebenklage .... §§ 395–402 1661
3. Abschnitt. Entschädigung des Verletzten .... §§ 403–406c 1686
4. Abschnitt. Sonstige Befugnisse des Verletzten .... §§ 406d–406l 1701

Sechstes Buch. Besondere Arten des Verfahrens

1. Abschnitt. Verfahren bei Strafbefehlen .... §§ 407–412 1721
2. Abschnitt. Sicherungsverfahren .... §§ 413–416 1743
   Abschnitt 2a Beschleunigtes Verfahren .... §§ 417–420 1750
3. Abschnitt. Verfahren bei Einziehung und Vermögensbeschlagnahme .... §§ 421–439 1763
4. Abschnitt. Verfahren bei Festsetzung von Geldbuße gegen juristische Personen und Personenvereinigungen § 444 1796

Siebentes Buch. Strafvollstreckung und Kosten des Verfahrens

1. Abschnitt. Strafvollstreckung .... §§ 449–463d 1800
2. Abschnitt. Kosten des Verfahrens .... §§ 464–473a 1903

Achtes Buch. Schutz und Verwendung von Daten

1. Abschnitt. Erteilung von Auskünften und Akteneinsicht, sonstige Verwendung von Daten für verfahrensübergreifende Zwecke .... §§ 474–482 1951
2. Abschnitt. Dateiregelungen .... §§ 483–491 1973
3. Abschnitt. Länderübergreifendes staatsanwaltschaftliches Verfahrensregister .... §§ 492–495 1985
4. Abschnitt. Schutz personenbezogener Daten in einer elektronischen Akte; Verwendung personenbezogener Daten aus elektronischen Akten .... §§ 496–499 1995
5. Abschnitt. Anwendbarkeit des Bundesdatenschutzgesetzes .... § 500 1998

2. Gerichtsverfassungsgesetz

1. Titel. Gerichtsbarkeit .... §§ 1–21 2000
2. Titel. Allgemeine Vorschriften über das Präsidium und die Geschäftsverteilung .... §§ 21a–21j 2037
3. Titel. Amtsgerichte .... §§ 22–27 2056
4. Titel. Schöffengerichte .... §§ 28–58 2065
5. Titel. Landgerichte .... §§ 59–78 2092
5a. Titel. Strafvollstreckungskammern .... §§ 78a, 78b 2110
6. Titel. Schwurgerichte (weggefallen) .... §§ 79–92 2114
7. Titel. Kammern für Handelssachen (nicht abgedruckt) .. §§ 93–114 2114
8. Titel. Oberlandesgerichte .... §§ 115–122 2114
9. Titel. Bundesgerichtshof .... §§ 123–140 2126
9a. Titel. Zuständigkeit für Wiederaufnahmeverfahren in Strafsachen .... § 140a 2134

Inhalt

10. Titel. Staatsanwaltschaft	§§ 141–152	2136
11. Titel. Geschäftsstelle	§ 153	2150
12. Titel. Zustellungs- und Vollstreckungsbeamte	§§ 154, 155	2152
13. Titel. Rechtshilfe	§§ 156–168	2152
14. Titel. Öffentlichkeit und Sitzungspolizei	§§ 169–183	2157
15. Titel. Gerichtssprache	§§ 184–191a	2194
16. Titel. Beratung und Abstimmung	§§ 192–197	2205
17. Titel. Rechtsschutz bei überlangen Gerichtsverfahren und strafrechtlichen Ermittlungsverfahren	§§ 198–201	2210

3. Anhang. Nebengesetze und ergänzende Bestimmungen

I. Erläuterte Gesetze

1.	EGStPO	= Einführungsgesetz zur Strafprozessordnung	2217
2.	EGGVG	= Einführungsgesetz zum Gerichtsverfassungsgesetz	2225
3.	EGStGB	= Einführungsgesetz zum Strafgesetzbuch	2273
4.	EMRK	= Konvention zum Schutze der Menschenrechte und Grundfreiheiten	2280
5.	StrEG	= Gesetz über die Entschädigung für Strafverfolgungsmaßnahmen	2329

II. Andere Gesetze

6.	AO	= Abgabenordnung (Auszug)	2353
7.	BZRG	= Bundeszentralregistergesetz	2364
8.	JGG	= Jugendgerichtsgesetz (Auszug)	2390
9.	RPflG	= Rechtspflegergesetz (Auszug)	2419
10.	StVollzG	= Strafvollzugsgesetz (Auszug)	2425
11.	G 10	= Gesetz zur Beschränkung des Brief-, Post- und Fernmeldegeheimnisses (Artikel 10 – Gesetz – G 10)	2430

III. Sonstige Rechtsvorschriften

12.	RiStBV	= Richtlinien für das Strafverfahren und das Bußgeldverfahren	2443
13.	MiStra	= Anordnung über Mitteilungen in Strafsachen	2555

Gegenüberstellung der Fundstellen der Entscheidungen des Bundesgerichtshofs in der Amtlichen Sammlung und in der Neuen Juristischen Wochenschrift 2605

Sachverzeichnis 2617

Abkürzungen

Entscheidungen der Oberlandesgerichte sind durch Angabe der Orte gekennzeichnet, an denen das Gericht seinen Sitz hat (zB Hamm NJW **59**, 317). Der Fettdruck von Gesetzesabkürzungen im Text (zB § 43 **JGG**) weist darauf hin, dass die Vorschrift im Anhang abgedruckt ist.

A	Anhang
AA	Auswärtiges Amt
aaO	am angegebenen Ort
Abg	Abgeordnete(r)
AbgG	Gesetz über die Rechtsverhältnisse der Mitglieder des Deutschen Bundestages idF vom 21.2.1996 (BGBl I 326; FNA 1101-8) – Sartorius I Nr 48 –
abl	ablehnend
ABl	Amtsblatt
Abs	Absatz, auch bezeichnet mit einer römischen Zahl
Abschn	Abschnitt
Achenbach-FS	Festschrift für Hans Achenbach zum 70. Geburtstag (2011)
aE	am Ende
AEUV	Vertrag über die Arbeitsweise der EU (ABl EU 2008 C 115, S 47)
aF	alte Fassung
AfP	Archiv für Presserecht (zitiert nach Jahr und Seite)
AG	Amtsgericht, Ausführungsgesetz
AK	Kommentar zur Strafprozessordnung in der Reihe Alternativkommentare (Hrsg. Wassermann). Bd. 1 (Einl – § 93) 1988, Bd 2 Teilbd 1 (§§ 94–212b) 1992, Teilbd 2 (§§ 213–275) 1993, Bd 3 (§§ 276–477) 1996 (zitiert nach Bearbeiter, Randnummer und Paragraph)
AktG	Aktiengesetz vom 6.9.1965 (BGBl I 1089; III 4121-1) – Schönfelder Nr 51 –
allgM	allgemeine Meinung
Alsberg	Alsberg, Der Beweisantrag im Strafprozess (7. Aufl, 2019, zitiert nach Bearbeiter und Randnummer)
Alt	Alternative
aM	anderer Meinung
Ambos	Ambos, Beweisverwertungsverbote 1. Auflage 2010 (zitiert nach Seite)
Amelung	Amelung, Rechtsschutz gegen strafprozessuale Grundrechtseingriffe (1976)
Amelung-FS	Festschrift für Knut Amelung zum 70. Geburtstag (2009)
Amelunxen [B]	Amelunxen, Die Berufung in Strafsachen (1982)
Amelunxen [N]	Amelunxen, Der Nebenkläger im Strafverfahren (1980)
Amelunxen [R]	Amelunxen, Die Revision der Staatsanwaltschaft (1980)
ÄndG	Änderungsgesetz
ÄndVO	Änderungsverordnung
Anh	Anhang
Anl	Anlage
Anm	Anmerkung
AnwBl	Anwaltsblatt (zitiert nach Jahr und Seite)
AnwK	Krekeler/Löffelmann/Sommer, Anwaltskommentar StPO, 2. Auflage 2010 (zitiert nach Bearbeiter, Randnummer und Paragraf)
AnwK/UHaft	König, Anwaltskommentar Untersuchungshaft, 1. Auflage 2010 (zitiert nach Bearbeiter, Randnummer und Paragraf)
AO	Abgabenordnung (Anh 6)
AöR	Archiv des öffentliches Rechts (zitiert nach Band und Seite)

Abkürzungen

ArbGG	Arbeitsgerichtsgesetz idF vom 2.7.1979 (BGBl I 853, 1036; III 320-1) – Schönfelder Nr 83 –
ArchKrim	Archiv für Kriminologie (zitiert nach Band und Seite)
ArchPF	Archiv für das Post- und Fernmeldewesen (zitiert nach Jahr und Seite)
Arloth	Arloth/Krä, Strafvollzugsgesetze (4. Auflage, 2017, zitiert nach Randnummer und Paragraph)
Art	Artikel
Arzt	Arzt, Der befangene Strafrichter (1969)
AStBV (St) 2010	Anweisungen für das Straf- und Bußgeldverfahren (Steuer) vom 23.12.2009
AsylVfG	Asylverfahrensgesetz idF vom 2.9.2008 (BGBl I 1798) – Sartorius I Nr 567 –
ATDG	Antiterrordateigesetz vom 22.12.2006 (BGBl I 3409)
AufenthG	Gesetz über den Aufenthalt, die Erwerbstätigkeit und die Integration von Ausländern im Bundesgebiet idF vom 25.2.2008 (BGBl I 163)
Aufl	Auflage
AV	Allgemeine Verfügung
AWG	Außenwirtschaftsgesetz idF vom 27.5.2009 (BGBl I 1150; III 7400-1)
AZR G	Gesetz über das Ausländerzentralregister vom 2.9.1994 (BGBl I 2265)
BA	Blutalkohol, Wissenschaftliche Zeitschrift für die medizinische und juristische Praxis (zitiert nach Jahr und Seite)
BaFin	Bundesanstalt für Finanzdienstleistungsaufsicht
BAG	Bundesarbeitsgericht; Entscheidungen des Bundesarbeitsgerichts (zitiert nach Band und Seite)
BAnz	Bundesanzeiger
BÄO	Bundesärzteordnung idF vom 16.4.1987 (BGBl I 1218; III 2122-1)
Bär	Bär, Handbuch der EDV-Beweissicherung (2007; zitiert nach Randnummern)
BAT	Bundesangestelltentarif vom 23.2.1961 (GMBl 137)
Baumann	Baumann, Grundbegriffe und Verfahrensprinzipien des Strafprozessrechts (3. Auflage 1979)
Baumann-FS	Festschrift für Jürgen Baumann zum 70. Geburtstag (1992)
Bay	Bayerisches Oberstes Landesgericht. Mit Zahlen. Sammlung von Entscheidungen in Strafsachen (alte Folge zitiert nach Band und Seite, neue Folge nach Jahr und Seite)
BayAGGVG	Gesetz zur Ausführung des Gerichtsverfassungsgesetzes und von Verfahrensgesetzen des Bundes vom 23.6.1981 (GVBl 188)
BayGZVJu	Bayerische Verordnung über gerichtliche Zuständigkeiten im Bereich des Staatsministeriums der Justiz vom 2.2.1988 (GVBl 6, 97)
BayJMBl	Bayerisches Justizministerialblatt (zitiert nach Jahr und Seite)
BayPAG	Bayerisches Polizeiaufgabengesetz idF vom 14.9.1990 (GVBl 397) – Ziegler/Tremel Nr 570 –
BayStVollzG	Bayerisches Strafvollzugsgesetz vom 10.12.2007 (GVBl 866)
BayVBl	Bayerische Verwaltungsblätter (zitiert nach Jahr und Seite)
BayVerf	Verfassung des Freistaates Bayern vom 2.12.1946 (BayBS I 3) – Ziegler/Tremel Nr 850 –
BayVerfGH	Bayerischer Verfassungsgerichtshof
BayVerfGHE	Entscheidungen des Bayerischen Verfassungsgerichtshofes (zitiert nach Band und Seite)
BayVSG	Bayerisches Verfassungsschutzgesetz idF vom 10.4.1997 (GVBl S 70)

Abkürzungen

BB	Betriebs-Berater (zitiert nach Jahr und Seite)
BBergG	Bundesberggesetz vom 13.8.1980 (BGBl I 1310; III 750-15)
BBG	Bundesbeamtengesetz vom 5.2.2009 (BGBl I 160; III 2030-2–30) – Sartorius I Nr 160 –
BDG	Bundesdisziplinargesetz vom 9.7.2001 (BGBl I 1510; FNA 2031-4) – Sartorius I Nr 220 –
BDiszH	Bundesdisziplinarhof
BDSG	Bundesdatenschutzgesetz idF vom 14.1.2003 (BGBl. I 66; III 204-1) – Sartorius I Nr 245 –
BeamtStG	Gesetz zur Regelung des Statusrechts der Beamtinnen und Beamten in den Ländern (Beamtenstatusgesetz) vom 17.6.2008 (BGBl I 1010)
BeckOK	Graf, Beck'scher Online-Kommentar zur StPO mit RiStBV und Mistra (36. Edition 2020; zitiert nach Bearbeiter, Randnummer und Paragraph)
BeckTKG-Komm	Geppert/Schütz, Beck'scher TKG-Kommentar (4. Auflage 2013; zitiert nach Bearbeiter, Randnummer und Paragraph)
Begr	amtl Begründung
Bek	Bekanntmachung
Bemmann-FS	Festschrift für Günter Bemmann zum 70. Geburtstag (1997)
ber	berichtigt
BerlVerfGH	Berliner Verfassungsgerichtshof
Beulke	Beulke, Der Verteidiger im Strafverfahren, Funktionen und Rechtsstellung (1980)
Beulke-FS	Festschrift für Werner Beulke zum 70. Geburtstag (2015)
Beulke/Swoboda	Beulke/Swoboda, Strafprozessrecht (14. Auflage 2018; zitiert nach Randnummern)
BewHi	Bewährungshilfe, Fachzeitschrift für Bewährungs-, Gerichts- und Straffälligenhilfe (zitiert nach Jahr und Seite)
BezG	Bezirksgericht
BfDI	Bundesbeauftragter für den Datenschutz und die Informationsfreiheit
BFH	Bundesfinanzhof
BFHE	Sammlung der Entscheidungen des Bundesfinanzhofes (zitiert nach Jahr und Seite)
BGB	Bürgerliches Gesetzbuch idF vom 2.1.2002 (BGBl I 42, 2909; 2003 I 738; BGBl III 400-2) – Schönfelder Nr 20 –
BGBl I, II, III	Bundesgesetzblatt Teil I, Teil II, Teil III
BGH	Bundesgerichtshof; Entscheidungen des Bundesgerichtshofs in Strafsachen (zitiert nach Band und Seite)
BGH-FG	50 Jahre Bundesgerichtshof, Festgabe aus der Wissenschaft, Bd IV (2000)
BGH-FS	Festschrift aus Anlass des fünfzigjährigen Bestehens von Bundesgerichtshof, Bundesanwaltschaft und Rechtsanwaltschaft am Bundesgerichtshof (2000)
BGHR	BGH-Rechtsprechung in Strafsachen (zitiert nach Paragraph und Stichwort; ist kein Paragraph angegeben, so handelt es sich um eine Entscheidung zu dem kommentierten Paragraphen, ggf zu demselben Absatz und Satz des Paragraphen; ist kein Gesetz angegeben, handelt es sich um das kommentierte Gesetz)
BGHZ	Entscheidungen des Bundesgerichtshofs in Zivilsachen (zitiert nach Band und Seite)
B/G/K/M	Brünow/Gatzweiler/Krekeler/Mehle, Strafverteidigung in der Praxis, 4. Auflage 2007 (zitiert nach Paragraph und Randnummer)
BGSG	Bundesgrenzschutzgesetz, seit 2005 BPolG
BinSchVfG	Gesetz über das gerichtliche Verfahren in Binnenschifffahrtssachen vom 27.9.1952 (BGBl I 641; III 310-5)
BJagdG	Bundesjagdgesetz idF vom 28.9.1976 (BGBl I 2849; III 792-1)

Abkürzungen

BKA	Bundeskriminalamt
BKAG	Bundeskriminalamtgesetz vom 7.7.1997 (BGBl I 1650; III/FNA 2190-1) – Sartorius I Nr 450 –
BKST	Bittmann, Köhler, Seeger, Tschakert, Handbuch der strafrechtlichen Vermögensabschöpfung, 2020 (zitiert nach Autor und Randnummer)
Blaese/Wielop	Blaese/Wielop, Die Förmlichkeiten der Revision in Strafsachen (3. Auflage 1991, zitiert nach Seite)
Blau-FS	Festschrift für Günter Blau zum 70. Geburtstag (1985)
Blomeyer-GS	Gedächtnisschrift für Wolfgang Blomeyer (2004)
BMF	Bundesministerium der Finanzen
BMI	Bundesministerium des Innern
BMinG	Gesetz über die Rechtsverhältnisse der Mitglieder der Bundesregierung idF vom 27.7.1971 (BGBl I 1166; III 1103-1) – Sartorius I Nr 45 –
BMJV	Bundesministerium für Justiz und Verbraucherschutz/Bundesminister für Justiz und Verbraucherschutz
BMVg	Bundesministerium der Verteidigung
BNotO	Bundesnotarordnung vom 24.2.1961 (BGBl I 98; III 303-1) – Schönfelder Nr 98a –
Bockelmann-FS	Festschrift für Paul Bockelmann zum 70. Geburtstag (1979)
Bockemühl	Bockemühl, Private Ermittlungen im Strafprozess (1996)
Böhm-FS	Festschrift für Alexander Böhm zum 70. Geburtstag (1999)
Böttcher-FS	Festschrift für Reinhard Böttcher zum 70. Geburtstag (2007)
Bohnert	Bohnert, Beschränkungen der strafprozessualen Revision durch Zwischenverfahren (1983)
BORA	Berufsordnung für Rechtsanwälte
Boujong-FS	Festschrift für Karlheinz Boujong zum 65. Geburtstag (1996)
BPolG	Bundespolizeigesetz vom 19.10.1994 (BGBl I 2978; 2005 I 1818) – Sartorius I Nr 90 –
BPolZV	Verordnung über die Zuständigkeit der Bundespolizeibehörden vom 22.2.2008 (BGBl I 250)
BPräs	Bundespräsident
BPräsWahlG	Gesetz über die Wahl des Bundespräsidenten durch die Bundesversammlung vom 25. April 1959 (BGBl I 230)
BRAO	Bundesrechtsanwaltsordnung vom 1.8.1959 (BGBl I 565; III 303-8) – Schönfelder Nr 98 –
BRAK	Bundesrechtsanwaltskammer
BRat	Bundesrat
BR-Drucks	Drucksache des Bundesrates
BReg	Bundesregierung
BRep	Bundesrepublik Deutschland
Breidling-FS	Festschrift für Ottmar Breidling zum 70. Geburtstag (2017)
Bringewat	Bringewat, Peter, Die Bildung der Gesamtstrafe (1987; zitiert nach Randnummer)
Bringewat StVollstr	Bringewat, Strafvollstreckung, Kommentar zu den §§ 449–463d StPO (1993; zitiert nach Paragraph und Randnummer)
Brodag	Brodag, Strafverfahrensrecht, Kurzlehrbuch zum Ermittlungsverfahren der StPO (13. Auflage 2014)
BRRG	Beamtenrechtsrahmengesetz idF vom 31.3.1999 (BGBl I 654; III 2030-1) – Sartorius I Nr 150 – außer Kap II und § 135 ab 1.4.2009 außer Kraft
Brunner/Dölling	Brunner/Dölling, Jugendgerichtsgesetz, Kommentar, 13. Auflage 2014 (zitiert nach Randnummer und Paragraph)
Bruns-FS	Festschrift für Hans-Jürgen Bruns zum 70. Geburtstag (1978)
BSG	Bundessozialgericht
BStBl	Bundessteuerblatt (zitiert nach Jahr und Seite)
BTag	Bundestag

Abkürzungen

BT-Drucks	Drucksache des Bundestages (die erste Zahl bezeichnet die Wahlperiode)
BT-GeschO	Geschäftsordnung des Deutschen Bundestages idF vom 2.7.1980 (BGBl I 1237) – Sartorius I Nr 35 –
BtMG	Betäubungsmittelgesetz idF vom 1.3.1994 (BGBl I 359; III 2121-6–24)
BtPrax	Betreuungsrechtliche Praxis (zitiert nach Jahr und Seite)
Bumiller/Harders	Bumiller/Harders/Schwamb, FamFG, Gesetz über das Verfahren in Familiensachen und in den Angelegenheiten der freiwilligen Gerichtsbarkeit, Kommentar, 12. Auflage 2019 (zitiert nach Randnummer und Paragraf)
Burhoff ErmV	Burhoff, Handbuch für das strafrechtliche Ermittlungsverfahren (8. Aufl, 2019; zitiert nach Randnummern)
Burhoff HV	Burhoff, Handbuch für die strafrechtliche Hauptverhandlung (9. Aufl, 2019; zitiert nach Randnummern)
Burhoff/Kotz	Burhoff/Kotz, Handbuch für die strafrechtlichen Rechtsmittel und Rechtsbehelfe (2. Aufl, 2016, zitiert nach Bearbeiter und Randnummer)
Busse/Volbert/Steller	Busse/Volbert/Steller, Belastungserleben von Kindern in Hauptverhandlungen; Abschlussbericht eines Forschungsprojekts im Auftrag des BMJ (1996)
BVerfG	Bundesverfassungsgericht
BVerfGE	Entscheidungen des Bundesverfassungsgerichts (zitiert nach Band und Seite)
BVerfGG	Gesetz über das Bundesverfassungsgericht idF vom 11.8.1993 (BGBl I 1474; III 1104-1) – Sartorius I Nr 40 –
BVerfSchG	Bundesverfassungsschutzgesetz vom 20.12.1990 (BGBl I 2954; III 12-4) – Sartorius I Nr 80 –
BVerwG	Bundesverwaltungsgericht
BVerwGE	Entscheidungen des Bundesverwaltungsgerichts (zitiert nach Band und Seite)
BW	Baden-Württemberg
BWAGGVG	Baden-Württembergisches Gesetz zur Ausführung des Gerichtsverfassungsgesetzes und von Verfahrensgesetzen der ordentlichen Gerichtsbarkeit vom 16.12.1975 (GBl 868)
BWG	Bundeswahlgesetz idF vom 23.7.1993 (BGBl I 1288; III 111-1) – Sartorius I Nr 30 –
BwVollzO	Bundeswehrvollzugsordnung vom 29.11.1972 (BGBl I 2205; III 452-3) – Piller/Herrmann Nr 2m –
BZR	Bundeszentralregister
BZRG	Bundeszentralregistergesetz (Anh 7)
Calliess/Müller-Dietz	Laubenthal/Nestler/Neubacher/Verrel, Strafvollzugsgesetze, Kommentar, 12. Auflage 2015 (zitiert nach Randnummer und Kapitel)
CR	Computer und Recht (zitiert nach Jahr und Seite)
Dahs	Dahs, Handbuch des Strafverteidigers (8. Aufl, 2015; zitiert nach Randnummer)
Dahs Rev	Dahs, Die Revision im Strafprozess, (9. Aufl, 2017; zitiert nach Randnummer)
Dahs-FS	Festschrift für Hans Dahs zum 70. Geburtstag (2005)
DANA	Datenschutz Nachrichten (zitiert nach Jahr und Seite)
DAR	Deutsches Autorecht (zitiert nach Jahr und Seite)
DAR (B)	Bär, Die Rspr des BayObLG in Verkehrstrafsachen und Bußgeldverfahren (Jahreszusammenstellungen im DAR, 1987 bis 1998)
DAR (Bu)	Burhoff, Die Rspr des OLG Hamm in Verkehrstrafsachen und Bußgeldverfahren wegen Verkehrsordnungswidrigkeiten (Jahreszusammenstellungen im DAR, seit 1996)

Abkürzungen

DAR (C)	Cierniak, Die Rspr des BGH in Verkehrsstrafsachen und Bußgeldverfahren (Jahreszusammenstellungen im DAR, seit 2013)
DAR (E)	Ernemann, Die Rspr des BGH in Verkehrsstrafsachen und Bußgeldverfahren (Jahreszusammenstellungen im DAR, 2011 und 2012)
DAR (G)	Goydke, Die Rspr des BGH in Verkehrsstrafsachen und Bußgeldverfahren (Jahreszusammenstellungen im DAR, 1990 und 1991)
DAR (K)	König, Aktuelle obergerichtliche Rechtsprechung zum Verkehrsstraf- und -ordnungswidrigkeitenrecht (Jahreszusammenstellung im DAR, seit 2013)
DAR (L)	Lempuhl, Die Rspr des BayObLG in Verkehrsstrafsachen und Bußgeldverfahren wegen Ordnungswidrigkeiten (Jahreszusammenstellungen im DAR, 1999 bis 2006)
DAR (M)	Martin, Die Rspr des BGH in Verkehrsstrafsachen (Jahreszusammenstellungen im DAR, 1953 bis 1975)
DAR (N)	Nehm, Die Rspr des BGH in Verkehrsstrafsachen und Bußgeldverfahren (Jahreszusammenstellungen im DAR, 1992 bis 1994)
DAR (R)	Rüth, Die Rspr des BayObLG in Verkehrsstrafsachen und Bußgeldverfahren (Jahreszusammenstellungen im DAR, 1963 bis 1986)
DAR (Sp)	Spiegel, Die Rspr des BGH in Verkehrsstrafsachen und Bußgeldverfahren (Jahreszusammenstellungen im DAR, 1976 bis 1989)
DAR (Te)	Tepperwien, Die Rspr des BGH in Verkehrsstrafsachen und Bußgeldverfahren (Jahreszusammenstellungen im DAR, 2003 bis 2010)
DAR (To)	Tolksdorf, Die Rspr des BGH in Verkehrsstrafsachen und Bußgeldverfahren (Jahreszusammenstellungen im DAR, 1995 bis 2002)
DAV-FS	Festschrift 25 Jahre Arbeitsgemeinschaft Strafrecht des Deutschen Anwaltvereins (2009)
DB	Der Betrieb (zitiert nach Jahr und Seite)
Dencker	Dencker, Verwertungsverbote im Strafprozess (1977)
Dencker-FS	Festschrift für Friedrich Dencker zum 70. Geburtstag (2012)
desgl	desgleichen
dh	das heißt
Diemer/Schatz/Sonnen	Diemer/Schatz/Sonnen, Kommentar zum Jugendgerichtsgesetz (7. Aufl, 2015; zitiert nach Paragraph und Randnummer)
Dippel	Dippel, Karlhans, Die Stellung des Sachverständigen im Strafprozess (1986)
Diss	Dissertation
DJT	Deutscher Juristentag
DNotZ	Deutsche Notar-Zeitschrift (zitiert nach Jahr und Seite)
DÖV	Die Öffentliche Verwaltung (zitiert nach Jahr und Seite)
DRB	Deutscher Richterbund
Dreher-FS	Festschrift für Eduard Dreher zum 70. Geburtstag (1977)
DRiG	Deutsches Richtergesetz
DRiZ	Deutsche Richterzeitung (zitiert nach Jahr und Nummer, ab 1950 nach Jahr und Seite)
DRZ	Deutsche Rechtszeitschrift (zitiert nach Jahr und Seite)
DS-GVO	Verordnung (EU) 2016/679 des Europäischen Parlaments und des Rates vom 27. April 2016 zum Schutz natürlicher Personen bei der Verarbeitung personenbezogener Daten, zum freien Datenverkehr und zur Aufhebung der Richtlinie 45/46/EG (Datenschutz-Grundverordnung), (Abl. L 119 S. 1, ber. ABl. L 314 S. 72 und Abl. L 127 S. 2), Celex-Nr. 3 2016 R 0679
DStR	Deutsches Steuerrecht (zitiert nach Jahr und Seite)
DStZ	Deutsche Steuerzeitung (zitiert nach Jahr und Seite)
DtZ	Deutsch-Deutsche Rechtszeitschrift (zitiert nach Jahr und Seite)
DuD	Datenschutz und Datensicherheit (zitiert nach Jahr und Seite)

Abkürzungen

Dünnebier-FS	Festschrift für Hanns Dünnebier (1982)
DVBl	Deutsches Verwaltungsblatt (zitiert nach Jahr und Seite)
DVO	Durchführungsverordnung
EAG	Europäische Atomgemeinschaft
EBAO	Einforderungs- und Beitreibungsanordnung vom 25.11.1974 (BAnz Nr 230) – Piller/Herrmann Nr 10 Anlage I –
EbSchmidt	Eberhard Schmidt, Lehrkommentar zur Strafprozessordnung und zum Gerichtsverfassungsgesetz (Teil I – 2. Aufl – 1964; zitiert nach Randnummer; Teil II 1957, Teil III 1960; zitiert nach Randnummer und Paragraph)
EbSchmidt-FS	Festschrift für Eberhard Schmidt zum 70. Geburtstag (1961)
EbSchmidt Nachtr	Eberhard Schmidt, Nachträge und Ergänzungen zu Teil II des Lehrkommentars (1967)
EbSchmidt Nachtr II	Eberhard Schmidt, Nachträge und Ergänzungen zu Teil II des Lehrkommentars (1970)
Eckert-GS	Gedächtnisschrift für Jörn Eckert (2008)
EDV	Elektronische Datenverarbeitung
EG	Europäische Gemeinschaften
EGGVG	Einführungsgesetz zum Gerichtsverfassungsgesetz (Anh 2)
EGH	Ehrengerichtshof
EGMR	Europäischer Gerichtshof für Menschenrechte
EGOWiG	Einführungsgesetz zum Gesetz über Ordnungswidrigkeiten vom 24.5.1968 (BGBl I 503; III 454-2)
EGStGB	Einführungsgesetz zum Strafgesetzbuch (Anh 3)
EGStPO	Einführungsgesetz zur Strafprozessordnung (Anh 1)
EGV	Vertrag zur Gründung der Europäischen Gemeinschaft vom 25.3.1957 (BGBl II 766) idF des Vertrags über die Europäische Union vom 7.2.1992 (BGBl II 1253/1256) – Sartorius II Nr 150 –
EGWStG	Einführungsgesetz zum Wehrstrafgesetz vom 30.3.1957 (BGBl I 306; III 452-1)
Einf	Einführung
Einl	Einleitung
einschr	einschränkend
Eisenberg	Eisenberg, Jugendgerichtsgesetz, Kommentar, 20. Auflage 2018 (zitiert nach Paragraph und Randnummer)
Eisenberg BR	Eisenberg, Beweisrecht der StPO, Spezialkommentar (10. Aufl, 2017; zitiert nach Randnummern)
Eisenberg-FS	Festschrift für Ulrich Eisenberg zum 70. Geburtstag (2009)
Eisenberg-FS II	Festschrift für Ulrich Eisenberg zum 80. Geburtstag (2019)
EJG	Eurojustgesetz
EKMR	Europäische Kommission für Menschenrechte
Ellersiek	Ellersiek, Die Beschwerde im Strafprozess (1981)
Engisch-FS	Festschrift für Karl Engisch (1969)
entspr	entsprechend(e)(en)(er)
ER	Ermittlungsrichter
Erbs/Kohlhaas	Erbs/Kohlhaas, Strafrechtliche Nebengesetze, Loseblattkommentar, Stand 227. Ergänzungslieferung 2019 (zitiert nach Randnummer und Gesetz)
erg	ergänzend
Erker	Erker, Das Beanstandungsrecht gemäß § 238 II StPO (1988)
Erl	Erlass
Eser-FS	Festschrift für Albin Eser zum 70. Geburtstag (2005)
EStG	Einkommensteuergesetz idF vom 8.10.2009 (BGBl I 3366)
EU	Europäische Union
EuAbgG	Europaabgeordnetengesetz vom 6.4.1979 (BGBl I 413; III 111-6)
EuAlÜbk	Europäisches Auslieferungsübereinkommen vom 13.12.1957 (BGBl 1964 II 1371; 1976 II 1778)

Abkürzungen

EuCLR	European Criminal Law Review
EuGH	Gerichtshof der Europäischen Union
EuGRZ	Europäische Grundrechte (Zeitschrift; zitiert nach Jahr und Seite)
EuHB	Europäischer Haftbefehl
EuRAG	Gesetz zur Umsetzung von Richtlinien der Europäischen Gemeinschaft auf dem Gebiet des Berufsrechts der Rechtsanwälte vom 9. März 2000 (BGBl I 182)
EuRHÜbk	Europäisches Übereinkommen über die Rechtshilfe in Strafsachen vom 20.4.1959 (BGBl 1964 II 1369, 1386; 1976 II 1799) und vom 29.5.2000 (BGBl 2005 II 651)
EuZW	Europäische Zeitung für Wirtschaftsrecht (zitiert nach Jahr und Seite)
EV	Einigungsvertrag (Vertrag zwischen der Bundesrepublik Deutschland und der Deutschen Demokratischen Republik über die Herstellung der Einheit Deutschlands) vom 31.8.1990 (BGBl II 889)
ev	eventuell
EWG	Europäische Wirtschaftsgemeinschaft
EWR	Europäischer Wirtschaftsraum
EzSt	Entscheidungssammlung zum Straf- und Ordnungswidrigkeitenrecht (Loseblattsammlung)
FA	Finanzamt
FAG	Gesetz über Fernmeldeanlagen idF vom 3.7.1989 (BGBl I 1455; III 9020-1)
Fahl	Fahl, Rechtsmissbrauch im Strafprozess (2004; zitiert nach Seite)
Faller-FS	Festschrift für Hans-Joachim Faller (1984)
FamFG	Gesetz über das Verfahren in Familiensachen und in den Angelegenheiten der freiwilligen Gerichtsbarkeit vom 17.12.2008 (BGBl I 2587)
FamRZ	Ehe und Familie im privaten und öffentlichen Recht (zitiert nach Jahr und Seite)
Feigen-FG	Festgabe für Hanns W. Feigen zum 65. Geburtstag (2014)
FeV	Verordnung über die Zulassung von Personen zum Straßenverkehr (Fahrerlaubnis-Verordnung) vom 18.8.1998 (BGBl I 2214)
Fezer	Fezer, Gerhard, Strafprozessrecht (2. Aufl, 1995; zitiert nach Fallnummer und Randnummer)
Fezer-FS	Festschrift für Gerhard Fezer zum 70. Geburtstag (2008)
ff	folgende
FG	Festgabe, Finanzgericht
FGG	Gesetz über die Angelegenheiten der freiwilligen Gerichtsbarkeit idF vom 20.5.1898 (RGBl 771; BGBl III 315-1) – Schönfelder Nr 112 –
FGG-RG	FGG-Reformgesetz vom 17.12.2008 (BGBl I 2586)
FGO	Finanzgerichtsordnung vom 28.3.2001 (BGBl I 442; III 350-1)
FinB	Finanzbehörde
Fischer	Fischer, Strafgesetzbuch und Nebengesetze (67. Aufl, 2020; zitiert nach Randnummer und Paragraph)
Fischer-FS	Festschrift für Thomas Fischer (2018)
FlRG	Flaggenrechtsgesetz idF vom 26.10.1994 (BGBl I 3140; III 9514-1)
Fn	Fußnote
Franke/Wienroeder	Franke/Wienroeder, Betäubungsmittelgesetz, Teil II: Strafprozessrecht (3. Aufl, 2008; zitiert nach Randnummer)
Franzen/Gast/Joecks	Joecks/Jäger/Randt, Steuerstrafrecht, 8. Auflage 2015 (zitiert nach Bearbeiter, Randnummer und Paragraf)
Friebertshäuser-FG	Festgabe für den Strafverteidiger Heino Friebertshäuser (1997)
Frisch-FS	Festschrift für Wolfgang Frisch zum 70. Geburtstag (2013)
Frowein/Peukert	Frowein/Peukert, EMRK, Kommentar (3. Auflage 2009)
FS	Festschrift

Abkürzungen

G	Gesetz
G 10	Gesetz zur Beschränkung des Brief-, Post- und Fernmeldegeheimnisses (Anh 11)
GA	Goltdammers Archiv für Strafrecht (zitiert nach Jahr und Seite)
GA-FS	140 Jahre Goltdammers Archiv für Strafrecht. Eine Würdigung zum 70. Geburtstag von Paul-Günter Pötz (1993)
GABl	Gemeinsames Amtsblatt
Gallas-FS	Festschrift für Wilhelm Gallas (1973)
GBA	Generalbundesanwalt
GBl	Gesetzblatt
GebGabe	Geburtstagsgabe
GedSchr	Gedächtnisschrift
Geerds	Geerds, Vernehmungstechnik (5. Aufl, 1976)
Geerds-FS	Festschrift für Friedrich Geerds zum 70. Geburtstag (1995)
Geiß-FS	Festschrift für Karlmann Geiß zum 65. Geburtstag (2000)
Geppert-FS	Festschrift für Klaus Geppert zum 70. Geburtstag (2011)
Ges	Gesetz
GeschO	Geschäftsordnung
GeschOBGH	Geschäftsordnung des Bundesgerichtshofes vom 3.3.1952 (BAnz Nr 83 vom 30.4.1952)
GewO	Gewerbeordnung idF vom 22.2.1999 (BGBl I 202; III 7100-1) – Sartorius I Nr 800 –
GG	Grundgesetz für die Bundesrepublik Deutschland vom 23.5.1949 (BGBl 1; III 100-1) – Schönfelder Nr 1, Sartorius Nr 1 –
ggf	gegebenenfalls
GKG	Gerichtskostengesetz vom 5.5.2004 (BGBl I 718) – Schönfelder Nr 115 –
Glaser	Glaser, Der Rechtsschutz nach § 98 Abs 2 Satz 2 StPO (2008)
GmbH	Gesellschaft mit beschränkter Haftung
GMBl	Gemeinsames Ministerialblatt
GmS-OGB	Gemeinsamer Senat der obersten Gerichtshöfe des Bundes
GnO	Gnadenordnung
GNotKG	Gesetz über Kosten der freiwilligen Gerichtsbarkeit für Gerichte und Notare vom 23.7.2013 (BGBl I 2586)
Göhler	Göhler, Gesetz über Ordnungswidrigkeiten, Kommentar, 17. Auflage 2017 (zitiert nach Randnummer und Paragraph)
Göhler/Buddendiek/Lenzen	Göhler/Buddendiek/Lenzen, Lexikon des Nebenstrafrechts (Loseblattausgabe – 2. Auflage 1996) = Registerband zu Erbs/Kohlhaas (zitiert nach Randnummer oder Stichwort)
Gössel	Gössel, Strafverfahrensrecht (1977)
Gössel-FS	Festschrift für Karl Heinz Gössel zum 70. Geburtstag (2002)
Gollwitzer-Koll	Kolloquium für Dr. Walter Gollwitzer zum 80. Geburtstag am 16.1.2004
Grabenwarter/Pabel	Grabenwarter/Pabel, Europäische Menschenrechtskonvention, 6. Auflage 2016 (zitiert nach Randnummer und Paragraf)
Graf	Graf, Strafprozessordnung mit Gerichtsverfassungsgesetz und Nebengesetzen (3. Aufl. 2018; zitiert nach Bearbeiter, Randnummer und Paragraph)
Graf-Schlicker-FS	Festschrift für Graf-Schlicker (2018)
Graßhof-FG	Der verfasste Rechtsstaat, Festgabe für Karin Graßhof (1998)
Graulich-FG	Festgabe für Graulich (2019)
GRC	Charta der Grundrechte der Europäischen Union
GrS	Großer Senat
Grünwald	Grünwald, Die Teilrechtskraft in Strafsachen (1964)
Grünwald BewR	Grünwald, Das Beweisrecht der Strafprozessordnung (1993)
Grünwald-FS	Festschrift für Gerald Grünwald zum 70. Geburtstag (1999)

Abkürzungen

Grützner-GebGabe	Aktuelle Probleme des Internationalen Strafrechts. Beiträge zur Gestaltung des Internationalen und eines supranationalen Strafrechts. Heinrich Grützner zum 65. Geburtstag (1970)
Grunst	Grunst, Prozesshandlungen im StrafProzess (2002)
GRUR	Gewerblicher Rechtsschutz und Urheberrecht (zitiert nach Jahr und Seite)
GS	Gesetzessammlung
GStA	Generalstaatsanwalt
GSSt	Großer Senat für Strafsachen
Guradze	Guradze, EMRK-Kommentar (1968; zitiert nach Randnummer und Paragraph)
GüKG	Güterkraftverkehrsgesetz vom 22.6.1998 (BGBl I 1485) – Sartorius I Nr 952 –
GÜV	Gesetz zur Überwachung strafrechtlicher und anderer Verbringungsverbote vom 24.5.1961 (BGBl I 607; III 12-2)
GVBl, GVOBl	Gesetz- und Verordnungsblatt
GVG	Gerichtsverfassungsgesetz
GVNW	Gesetz und Verordnungsblatt für das Land Nordrhein-Westfalen
GWB	Gesetz gegen Wettbewerbsbeschränkungen idF vom 15.7.2005 (BGBl I 2114; III 703-1) – Schönfelder Nr 74 –
GwG	Gesetz über das Aufspüren von Gewinnen aus schweren Straftaten (Geldwäschegesetz) vom 13.8.2008 (BGBl I 1690; III 7613-1)
R. Hamm	Hamm, Die Revision in Strafsachen, Handbuch, 7. Auflage 2010 (zitiert nach Randnummer)
Hamm-FS	Festschrift für Rainer Hamm zum 65. Geburtstag (2008)
Hamm/Pauly	Beweisantragsrecht, 3. Auflage (2019; zitiert nach Randnummer)
Hanack-FS	Festschrift für Ernst-Walter Hanack zum 70. Geburtstag (1999)
Hanack-Symp	Aktuelle Probleme der Strafrechtspflege, Beiträge eines Symposion anlässlich des 60. Geburtstages von Ernst-Walter Hanack (1991)
Harris/O'Boyle/Warbrick	Harris/O'Boyle/Warbrick, Law of the European Convention on Human Rights, 4th edition 2018 (zitiert nach Seitenzahl)
Hartmann	Hartmann/Toussaint, Kostenrecht, Kommentar, 49. Auflage 2019 (zitiert nach Randnummer und Paragraf)
HbFAStrR	Bockemühl, Handbuch der Fachanwalts Strafrecht (6. Aufl, 2015; zitiert nach Teil, Kapitel und Randnummer)
Heckmann	Heckmann, Internetrecht (2. Aufl, 2009; zitiert nach Randnummer und Paragraph)
Heghmanns	Heghmanns, Das Arbeitsgebiet des Staatsanwalts, 5. Auflage 2014 (zitiert nach Randnummer)
Heghmanns/Scheffler	Heghmanns/Scheffler, Handbuch zum Strafverfahren (2008, zitiert nach Bearbeiter, Kapitel und Randnummer)
Heinitz-FS	Festschrift für Ernst Heinitz zum 70. Geburtstag (1972)
v. Heintschel-Heinegg-FS	Festschrift für Bernd von Heintschel-Heinegg zum 70. Geburtstag (2015)
Heinz-FS	Festschrift für Wolfgang Heinz zum 70. Geburtstag (2012)
Hellebrand	Hellebrand, Die Staatsanwaltschaft (1999; zitiert nach Randnummer)
Hellmann	Hellmann, Strafprozessrecht (2. Aufl, 2005; zitiert nach Randnummer)
Henkel	Henkel, Strafverfahrensrecht (2. Aufl, 1968)
Henkel-FS	Grundfragen der gesamten Strafrechtswissenschaft. Festschrift für Heinrich Henkel zum 70. Geburtstag (1974)
Hentschel	Hentschel, Trunkenheit, Fahrerlaubnisentziehung, Fahrverbot im Straf- und Ordnungswidrigkeitenrecht (10. Aufl, 2006; zitiert nach Randnummer)
Herzberg-FS	Festschrift für Rolf Dietrich Herzberg zum 70. Geburtstag (2008)

Abkürzungen

HESt	Höchstrichterliche Entscheidungen. Sammlung von Entscheidungen der Oberlandesgerichte und der Obersten Gerichte in Strafsachen (1948-49; zitiert nach Band und Seite)
Heusinger-EG	Ehrengabe für Bruno Heusinger (1968)
HGB	Handelsgesetzbuch vom 10.5.1897 (RGBl 219; BGBl III 4100-1) – Schönfelder Nr 50 –
Hilger-FG	Datenübermittlungen und Vorermittlungen. Festgabe für Hans Hilger (2003)
HinterlO	Hinterlegungsordnung vom 10.3.1937 (RGBl I 285; als Bundesrecht aufgehoben mit Wirkung vom 1.12.2010, BGBl 2007 I, 2614, 2616)
HintG NW	Hinterlegungsgesetz Nordrhein-Westfalen vom 16.3.2010 (GVBl 192)
Hirsch-FS	Festschrift für Hans Joachim Hirsch zum 70. Geburtstag (1999)
HK	Gercke/Julius/Temming/Zöller, Heidelberger Kommentar zur Strafprozessordnung, Kommentar, 6. Auflage 2019 (zitiert nach Bearbeiter, Randnummer und Paragraph)
HK-GS	Dölling/Duttge/Rössner/König Gesamtes Strafrecht, Handkommentar, 4. Auflage 2017 (zitiert nach Bearbeiter, Randnummer und Paragraph)
hM	herrschende Meinung
HmbAGGVG	Hamburgisches Gesetz zur Ausführung des Gerichtsverfassungsgesetzes vom 31.5.1965 (GVBl 99)
HmbUVollzG	Hamburgisches Untersuchungshaftvollzugsgesetz vom 15.12.2009 (GVBl 473)
Honig-FS	Festschrift für R. M. Honig zum 80. Geburtstag (1970)
HRR	Höchstrichterliche Rechtsprechung (zitiert nach Jahr und Nummer)
HRRS	Onlinezeitschrift für Höchstrichterliche Rechtsprechung zum Strafrecht. Internetzeitung für Strafrecht – www.hrr-strafrecht.de – 2000 ff
HRRS-Fezer-FG	HRRS-Festgabe für Gerhard Fezer zum 70. Geburtstag (2008)
Hs	Halbsatz
HSOG	Hessisches Gesetz über die öffentliche Sicherheit und Ordnung idF vom 14.1.2005 (GVBl I 14)
idF	in der Fassung (der Bekanntmachung)
idR	in der Regel
ieS	im engeren Sinn
IFSG	Gesetz zur Verhütung und Bekämpfung von Infektionskrankheiten beim Menschen vom 20.7.2000 (BGBl I 1045)
InsO	Insolvenzordnung vom 5.10.1994 (BGBl I 2866; III/FNA 311-13) – Schönfelder Nr. 110 –
IntKommEMRK	Pabel/Schmahl, Internationaler Kommentar zur Europäischen Menschenrechtskonvention, Kommentar, Loseblatt, Stand 21. Ergänzungslieferung 2017 (zitiert nach Bearbeiter, Randnummer und Paragraf)
IPRax	Praxis des Internationalen Privat- und Verfahrensrechts (zitiert nach Jahr und Seite)
IRG	Gesetz über die internationale Rechtshilfe in Strafsachen idF vom 27.6.1994 (BGBl I 1537)
I. Roxin-FS	Festschrift für Imme Roxin zum 75. Geburtstag (2012)
iS	im Sinne
Isak/Wagner	Isak/Wagner, Strafvollstreckung, Handbuch der Rechtspraxis Band 9 (7. Aufl, 2004; zitiert nach Randnummer)
Isele	Isele, Walter, Bundesrechtsanwaltsordnung (1976)
IStGH	Internationaler Strafgerichtshof

Abkürzungen

IStGHG	Gesetz über die Zusammenarbeit mit dem Internationalen Strafgerichtshof vom 21.6.2002 (BGBl I 2144)
ITRB	Der IT-Rechts-Berater (zitiert nach Jahr und Seite)
iVm	in Verbindung mit
iwS	im weiteren Sinn
JA	Juristische Arbeitsblätter (zitiert nach Jahr und Seite)
Jäger	Jäger, Christian, Beweisverwertung und Beweisverwertungsverbote im Strafprozess (2003)
Jahn	Gutachten C für den 67. Deutschen Juristentag 2008
Jahn/Krehl/Löffelmann/Güntge	Die Verfassungsbeschwerde in Strafsachen (2. Aufl, 2017; zitiert nach Randnummer)
Jahn/Nack	Jahn/Nack, Strafprozessrechtspraxis und Rechtswissenschaft – getrennte Welten? (2008)
Jarass/Pieroth	Jarass/Pieroth, Grundgesetz für die Bundesrepublik Deutschland, Kommentar, 15. Auflage 2018 (zitiert nach Randnummer und Paragraph)
Jahrreiss-FS	Festschrift für Hermann Jahrreiss (1964)
Janiszewski	Janiszewski, Verkehrsstrafrecht (5. Aufl, 2004; zitiert nach Randnummer)
JBeitrG	Justizbeitreibungsgesetz (ersetzt ab 1.7.2017 die frühere Justizbeitreibungsordnung – JBeitrO)
JBeitrO	Justizbeitreibungsordnung vom 11.3.1937 (RGBl I 298; BGBl III 365-1) – Schönfelder Nr 122 –
JBl	Justizblatt
JBlRP	Justizblatt Rheinland-Pfalz
Jescheck-FS	Festschrift für Hans-Heinrich Jescheck zum 70. Geburtstag (1985)
Jessnitzer/Ulrich	Jessnitzer/Ulrich, Der gerichtliche Sachverständige. Ein Handbuch für die Praxis (11. Aufl, 2001; zitiert nach Randnummer)
JGG	Jugendgerichtsgesetz (Anh 8)
JKomG	Justizkommunikationsgesetz vom 22.3.2005 (BGBl I 837)
JM	Justizminister, Justizministerium
JMBl	Justizministerialblatt
JMBlNW	Justizministerialblatt für das Land Nordrhein-Westfalen (zitiert nach Jahr und Seite)
Joecks	Joecks, Strafprozessordnung – Studienkommentar, 4. Auflage 2015 (zitiert nach Paragraph und Randnummer)
JP	Juristische Person
JR	Juristische Rundschau (zitiert nach Jahr und Seite)
JugG	Jugendgericht
JugK	Jugendkammer
JugSchG	Jugendschöffengericht
JugSchutzK	Jugendschutzkammer
JuMiG	Justizmitteilungsgesetz und Gesetz zur Änderung kostenrechtlicher Vorschriften und anderer Gesetze vom 18.6.1997 (BGBl I 1430)
JuMoG	Justizmodernisierungsgesetz (1. JuMoG vom 24.8.2004, BGBl I 2198; 2. JuMoG vom 22.12.2006, BGBl I 3416)
Jung-FS	Festschrift für Heike Jung zum 65. Geburtstag (2007)
Jung/Müller-Dietz	Dogmatik und Praxis des Strafverfahrens. Beiträge anlässlich des Colloquiums zum 65. Geburtstag von Gerhard Kielwein (1989)
Jura	Juristische Ausbildung (zitiert nach Jahr und Seite)
JurBüro	Das Juristische Büro (zitiert nach Jahr und Spalte)
JurPC	Internet-Zeitschrift für Rechtsinformatik
JuS	Juristische Schulung (zitiert nach Jahr und Seite)
Justiz	Die Justiz – Amtsblatt des Justizministeriums Baden-Württemberg (zitiert nach Jahr und Seite)

Abkürzungen

JV	Justizverwaltung
JVA	Justizvollzugsanstalt
JVBl	Justizverwaltungsblatt (zitiert nach Jahr und Seite)
JVEG	Justizvergütungs- und -entschädigungsgesetz vom 5.5.2004 (BGBl I 776)
JVerwA	Justizverwaltungsakt
JVerwB	Justizverwaltungsbehörde
JVollzGB BW	Gesetzbuch über den Justizvollzug in Baden-Württemberg – Justizvollzugsgesetzbuch – vom 10.11.2009 (GBl 545)
JW	Juristische Wochenschrift (zitiert nach Jahr und Seite)
JZ	Juristenzeitung (zitiert nach Jahr und Seite)
K&R	Kommunikation und Recht (zitiert nach Jahr und Seite)
Kaiser-FS	Festschrift für Günter Kaiser zum 70. Geburtstag (1998)
Kap	Kapitel
Kargl-FS	Festschrift für Walter Kargl zum 70. Geburtstag (2015)
Katholnigg	Katholnigg, Strafgerichtsverfassungsrecht (3. Aufl, 1999)
A. Kaufmann-GedSchr	Gedächtnisschrift für Armin Kaufmann (1989)
H. Kaufmann-GedSchr	Gedächtnisschrift für Hilde Kaufmann (1986)
Kaum	Kaum, Der Beistand im Strafprozeßrecht (1992)
Keidel	Keidel, FamFG (16. Aufl, 2009; zitiert nach Randnummer und Paragraph)
Keller-GS	Gedächtnisschrift für Rolf Keller (2003)
Keller/Braun/Hoppe	Telekommunikationsüberwachung und andere verdeckte Ermittlungsmaßnahmen (2. Aufl, 2015, zitiert nach Seitenzahl)
Kern-FS	Tübinger Festschrift für Eduard Kern zum 80. Geburtstag (1968)
Kerner-FS	Festschrift für Hans-Jürgen Kerner zum 70. Geburtstag (2014)
Kfz	Kraftfahrzeug
KG	Kammergericht
Kindhäuser	Kindhäuser, Strafprozessrecht, 5. Auflage 2019 (zitiert nach Paragraph und Randnummer)
Kindhäuser-FS	Festschrift für Urs Kindhäuser zum 70. Geburtstag (2019)
Kissel/Mayer	Kissel/Mayer, Gerichtsverfassungsgesetz, Kommentar (9. Aufl, 2018; zitiert nach Randnummer und Paragraph)
KK	Hannich, Karlsruher Kommentar zur Strafprozessordnung, Kommentar, 8. Auflage 2019 (zitiert nach Bearbeiter, Randnummer und Paragraph)
KK/OWiG	Mitsch, Karlsruher Kommentar zum Gesetz über Ordnungswidrigkeiten, Kommentar, 5. Auflage 2018 (zitiert nach Bearbeiter, Randnummer und Paragraph)
Kleinknecht-FS	Strafverfahren im Rechtsstaat. Festschrift für Theodor Kleinknecht zum 75. Geburtstag (1985)
Klug-FS	Festschrift für Ulrich Klug zum 70. Geburtstag (1983)
KMR	Loseblattkommentar zur Strafprozessordnung, herausgegeben von v. Heintschel-Heinegg/Stöckel; zitiert nach Bearbeiter, Paragraph und Randnummer
Koch-FG	Strafverteidigung und Strafprozess. Festgabe für Ludwig Koch (1989)
Kohlmann-FS	Festschrift für Günter Kohlmann zum 70. Geburtstag (2003)
KonsG	Gesetz über die Konsularbeamten, ihre Aufgaben und Befugnisse vom 11.9.1974 (BGBl I 2317; III 27-5) – Sartorius I Nr 570 –
Kopp/Schenke	Kopp/Schenke, Verwaltungsgerichtsordnung, Kommentar, 25. Auflage 2019
KostRÄndG 1994	Gesetz zur Änderung von Kostengesetzen und anderen Gesetzen (Kostenrechtsänderungsgesetz 1994) vom 24.6.1994 (BGBl I 1325)
KostRspr	Kostenrechtsprechung, bearb von Lappe, von Eicken, Noll, Schneider, Herget (zitiert nach Gesetz, Paragraph und Nummer)

Abkürzungen

KostVfg	Durchführungsbestimmungen zu den Kostengesetzen vom 1.3.1976 idF vom 1.6.1987 (bundeseinheitlich) – Piller/Herrmann Nr 10 –
Krack	Krack, Die Rehabilitierung des Beschuldigten im Strafverfahren, 2002
Kramer	Kramer, Grundlagen des Strafverfahrensrechts (8. Aufl, 2014; zitiert nach Randnummer)
Krause	Krause, Zum Urkundenbeweis im Strafprozess (1966)
Krause-FS	Festschrift für Friedrich-Wilhelm Krause zum 70. Geburtstag (1990)
Krause/Nehring	Krause/Nehring, Strafverfahrensrecht in der Polizeipraxis (1978; zitiert nach Randnummer)
Krebs-FG	Festgabe für Albert Krebs aus Anlass seines 70. Geburtstags (1969)
Krey	Krey, Deutsches Strafverfahrensrecht (Bd. 1 und 2, zitiert nach Randnummer)
Krey pE	Krey, Zur Problematik privater Ermittlungen des durch eine Straftat Verletzten, 1994
Krey VE	Krey, und andere, Rechtsprobleme des strafprozessualen Einsatzes Verdeckter Ermittler (BKA-Forschungsreihe, Sonderband, 1993; zitiert nach Randnummern)
KrG	Kreisgericht
krit	kritisch
KritV	Kritische Vierteljahresschrift für Gesetzgebung und Rechtswissenschaft (zitiert nach Jahr und Seite)
Krüger-FS	Festschrift für Wolfgang Krüger zum 70. Geburtstag (2017)
Kube/Leineweber	Kube/Leineweber, Polizeibeamte als Zeugen und Sachverständige (2. Aufl, 1980)
Küchenhoff-GedSchr	Recht und Rechtsbesinnung, Gedächtnisschrift für Günther Küchenhoff (1987)
Kühl-FS	Festschrift für Kristian Kühl zum 70. Geburtstag (2014)
Kühne	Kühne, Strafprozessrecht (9. Aufl, 2015; zitiert nach Randnummer)
Kühne-FS	Festschrift für Hans-Heiner Kühne zum 70. Geburtstag (2013)
Küper-FS	Festschrift für Wilfried Küper zum 70. Geburtstag (2007)
KUG	Gesetz betr das Urheberrecht an Werken der bildenden Künste und der Fotografie vom 9.1.1907 (RGBl 7; BGBl III 440-3) – Schönfelder Nr 67 –
Kunz	Kunz, Gesetz über die Entschädigung für Strafverfolgungsmaßnahmen, Kommentar (4. Aufl, 2010; zitiert nach Randnummer und Paragraph)
KUP	Kriminologie und Praxis, Schriftenreihe der Kriminologischen Zentralstelle e. V.
KVGKG	Kostenverzeichnis zum GKG
KWG	Gesetz über das Kreditwesen (Kreditwesengesetz) idF vom 9.9.1998 (BGBl I 2776) – Sartorius II 856 –
KWKG	Gesetz über die Kontrolle von Kriegswaffen vom 20.4.1961 (BGBl I 444)
Lackner/Kühl	Lackner/Kühl, Strafgesetzbuch, Kommentar, 29. Auflage 2018
Lange-FS	Festschrift für Richard Lange zum 70. Geburtstag (1976)
Larenz-FS	Festschrift für Karl Larenz zum 70. Geburtstag (1973)
Laubenthal/Nestler	Laubenthal/Nestler, Strafvollstreckung, 2. Auflage 2018 (zitiert nach Randnummer)
Lauterwein	Lauterwein, Akteneinsicht und -auskünfte für den Verletzten, Privatpersonen und sonstige Stellen, §§ 406e und 475 StPO (2011)
LBerufsG	Landesberufsgericht
LBG LSA	Beamtengesetz des Landes Sachsen-Anhalt vom 15.12.2009 (GVBl 648)

Abkürzungen

Leferenz-FS	Festschrift für Heinz Leferenz zum 70. Geburtstag (1983)
Leibholz-FS	Festschrift für Gerhard Leibholz zum 65. Geburtstag (1966; Bände 1, 2)
Lenckner-FS	Festschrift für Theodor Lenckner zum 70. Geburtstag (1998)
Lent-FS	Festschrift für Friedrich Lent zum 75. Geburtstag (1957)
LG	Landgericht
Lesch	Lesch, Strafprozessrecht, 2. Aufl, 2001 (zitiert nach Kapitel und Randnummer)
Liebig	Der Zugriff auf Computerinhaltsdaten im Ermittlungsverfahren (2015)
Lisken-GS	Lauschen im Rechtsstaat, Gedächtnisschrift für Hans Lisken (2004)
Litwinski/Bublies	Litwinski/Bublies, Strafverteidigung im Strafvollzug (1989)
LJV	Landesjustizverwaltung
LK	Dannecker/Hilgendorf/Jeßberger/et al, Leipziger Kommentar zum Strafgesetzbuch, Kommentar, 13. Auflage 2020
LKA	Landeskriminalamt
LM	Entscheidungen des Bundesgerichtshofs im Nachschlagewerk des Bundesgerichtshofs von Lindenmaier/Möhring (zitiert nach Nummer und Paragraph)
LMBG	Lebensmittel- und Bedarfsgegenständegesetz idF vom 9.9.1997 (BGBl I 2296; III 2125-40-1-2) – Sartorius I Nr 280 –
Löffler	Löffler, Presserecht, Kommentar, 6. Auflage 2015 (zitiert nach Bearbeiter, Randnummer und Paragraph)
Löffler-FS	Festschrift für Martin Löffler (1980)
LPartG	Gesetz über die Eingetragene Lebenspartnerschaft (Lebenspartnerschaftsgesetz) vom 16.2.2001 (BGBl I 266)
LPG	Landespressegesetz
LR	Löwe/Rosenberg, Die Strafprozessordnung und das Gerichtsverfassungsgesetz, Großkommentar, (27. Aufl, 2017 ff: Bd 1, Einl; §§ 1–47; Bd 2, §§ 48–93; Bd 3, §§ 94–111a; Bd 5, §§ 158–211; sonst 26. Aufl, 2006–2014; zitiert nach Bearbeiter, Randnummer und Paragraph)
LRE	Sammlung lebensmittelrechtlicher Entscheidungen (zitiert nach Band und Seite)
v. Lübtow-FG	Festgabe für Ulrich von Lübtow (1980)
Lüderssen-FS	Festschrift für Klaus Lüderssen zum 70. Geburtstag (2002)
LuftVG	Luftverkehrsgesetz idF vom 10.5.2007 (BGBl I 698; III 96-1)
LV	Landesverfügung
MABl	Ministerialamtsblatt
Maihofer-FS	Festschrift für Werner Maihofer zum 70. Geburtstag (1988)
Maiwald-FS	Festschrift für Manfred Maiwald zum 75. Geburtstag (2010)
MarkenG	Gesetz über den Schutz von Marken und sonstigen Kennzeichen vom 25.10.1994 (BGBl I 3082; III/FNA 423-5-2)
Marxen/Tiemann	Marxen/Tiemann, Die Wiederaufnahme in Strafsachen (3. Aufl. 2014; zitiert nach Randnummern)
Maunz/Dürig	Maunz/Düring, Grundgesetz, Kommentar, Loseblatt, Stand 88. Ergänzungslieferung 2019
Maunz-FG	Festgabe für Theodor Maunz zum 70. Geburtstag (1971)
Maurach-FS	Festschrift für Reinhart Maurach zum 70. Geburtstag (1972)
H. Mayer-FS	Beiträge zur gesamten Strafrechtswissenschaft. Festschrift für Hellmuth Mayer zum 70. Geburtstag (1966)
MBl	Ministerialblatt
MDR	Monatsschrift für Deutsches Recht (zitiert nach Jahr und Seite)
MDR (D)	Dallinger, Aus der Rspr des BGH in Strafsachen
MDR (H)	Holtz, Aus der Rspr des BGH in Strafsachen
MDR (S)	H. W. Schmidt, Aus der Rspr des BGH in Staatsschutzsachen
MedR	Medizinrecht (zitiert nach Jahr und Seite)

Abkürzungen

Mehle-FS	Festschrift für Volkmar Mehle zum 65. Geburtstag (2009)
Meißner/Schütrumpf	Meißner/Schütrumpf, Vermögensabschöpfung, Praxisfaden zum neuen Recht, 1. Auflage 2018 (zitiert nach Randnummer)
Mellinghoff	Mellinghoff, Fragestellung, Abstimmungsverfahren und Abstimmungsgeheimnis im Strafverfahren (1988)
MEPolG	Musterentwurf eines einheitlichen Polizeigesetzes des Bundes und der Länder idF des Beschlusses der Innenministerkonferenz vom 25.11.1977 (veröffentlicht von Heise/Riegel, 2. Aufl, 1978)
Meurer-GS	Gedächtnisschrift für Dieter Meurer (2002)
D. Meyer	Meyer, Strafrechtsentschädigung, 10. Auflage 2016 (zitiert nach Paragraph und Randnummer)
Meyer-GedSchr	Gedächtnisschrift für Karlheinz Meyer (1990)
Meyer-Goßner/Appl	Meyer-Goßner/Appl, Die Urteile in Strafsachen (29. Aufl, 2014; zitiert nach Randnummer)
Meyer-Goßner-FS	Festschrift für Lutz Meyer-Goßner zum 65. Geburtstag (2001)
Meyer-Goßner Pv	Meyer-Goßner, Prozessvoraussetzungen und Prozesshindernisse (2011)
Meyer-Ladewig	Meyer-Ladewig/Nettesheim/von Raumer, EMRK, Handkommentar, 4. Auflage 2017 (zitiert nach Randnummer und Artikel)
Mezger-FS	Festschrift für Edmund Mezger zum 70. Geburtstag (1954)
Middendorff-FS	Festschrift für Wolf Middendorff zum 70. Geburtstag (1986)
Miebach/Hohmann	Miebach/Hohmann, Wiederaufnahme in Strafsachen (2016; zitiert nach Bearbeiter, Kapitel und Randnummer)
Miebach-SH	NStZ-Sonderheft für Dr. Klaus Miebach zum Eintritt in den Ruhestand (2009)
MiStra	Anordnung über Mitteilungen in Strafsachen (bundeseinheitlich) – Anh 13 –
Miyazawa-FS	Festschrift für Koíchí Miyazawa (1995)
MMR	MultiMedia und Recht (zitiert nach Jahr und Seite)
Möhring-FS	Festschrift für Philipp Möhring zum 65. Geburtstag (1965)
MOG	Gesetz zur Durchführung der Gemeinsamen Marktorganisationen idF vom 27.8.1986 (BGBl I 1397; III 7847-11)
Montenbruck	Montenbruck, Axel, In dubio pro reo (1985)
EMRK	Konvention zum Schutze der Menschenrechte und Grundfreiheiten (Anh 4)
MSchrKrim	Monatsschrift für Kriminologie und Strafrechtsreform (zitiert nach Jahr und Seite)
MüKoStGB	Münchener Kommentar zum StGB (2003; zitiert nach Bearbeiter, Randnummer und Paragraph)
MüKoStPO	Münchener Kommentar zur StPO (Bd. 1, 2014; Bd. 2, 2016; zitiert nach Bearbeiter, Randnummer und Paragraph)
Müller	Müller, Der Sachverständige im gerichtlichen Verfahren Handbuch des Sachverständigenbeweises (3. Aufl, 1988)
Müller-FS	Festschrift für Egon Müller (2008)
Müller-Dietz-FS	Festschrift für Heinz Müller-Dietz zum 70. Geburtstag (2001)
von Münch	von Münch, Ingo (Hrsg), Grundgesetz-Kommentar (Band I, 4. Aufl, 1992 Band II, 3. Aufl, 1995; Bd. III, 3. Aufl, 1996)
Münchhalffen/Gatzweiler	Münchhalffen/Gatzweiler, Das Recht der Untersuchungshaft (3. Aufl, 2009, zitiert nach Randnummer)
mwN	mit weiteren Nachweisen
Nds	Niedersächsisch
NdsAGGVG	Ausführungsgesetz zum Gerichtsverfassungsgesetz vom 5.4.1963 (GVBl 225)
NdsRpfl	Niedersächsische Rechtspflege (zitiert nach Jahr und Seite)
NdsVBl	Niedersächsische Verwaltungsblätter (zitiert nach Jahr und Seite)
Nehm-FS	Festschrift für Kay Nehm zum 65. Geburtstag (2006)

Abkürzungen

Neumann-FS	Festschrift für Ulfried Neumann zum 70. Geburtstag (2017)
nF	neue Fassung
NJ	Neue Justiz (zitiert nach Jahr und Seite)
NJOZ	Neue Juristische Online-Zeitschrift (zitiert nach Jahr und Seite)
NJVollzG	Niedersächsisches Justizvollzugsgesetz vom 14.12.2007 (GVBl 720)
NJW	Neue Juristische Wochenschrift (zitiert nach Jahr und Seite)
NK	Neue Kriminalpolitik (zitiert nach Jahr und Seite)
NPA	Neues Polizei-Archiv
N/Sch/W	Niemöller/Schlothauer/Weider, Gesetz zur Verständigung im Strafverfahren, 1. Auflage 2010 (zitiert nach Bearbeiter, Paragraph bzw Teil und Randnummer)
NStE	Neue Entscheidungssammlung für Strafrecht (zitiert nach Paragraph und Nummer; ist kein Paragraph angegeben, so handelt es sich um eine Entscheidung zu dem kommentierten Paragraphen)
NStZ	Neue Zeitschrift für Strafrecht (zitiert nach Jahr und Seite)
NStZ (K)	Kusch, Aus der Rspr des BGH zum Strafverfahrensrecht (Übersichten in der NStZ 1992 bis 2000)
NStZ (M)	Miebach, Aus der (vom BGH nicht veröffentlichten) Rspr des BGH in Strafsachen zum Verfahrensrecht (Übersichten in der NStZ 1988 bis 1990)
NStZ (M/K)	Miebach/Kusch, Aus der Rspr des BGH zum Strafverfahrensrecht (Übersichten in der NStZ 1991)
NStZ (Pf)	Pfeiffer, Aus der Rspr des BGH in Strafsachen zum Verfahrensrecht (Übersichten in NStZ 1981 und 1982)
NStZ (Pf/M)	Pfeiffer/Miebach, Aus der (vom BGH nicht veröffentlichten) Rspr des BGH in Strafsachen zum Verfahrensrecht (Übersichten in der NStZ 1983 bis 1987)
NStZ (S)	H. W. Schmidt, Aus der Rspr des BGH in Staatsschutzstrafsachen (Übersichten in der NStZ)
NStZ (Sh)	Schultheis, Übersicht über die Rechtsprechung in Untersuchungshaftsachen (Übersichten in NStZ)
NStZ-RR	NStZ-Rechtsprechungs-Report (zitiert nach Jahr und Seite)
NStZ-RR (B)	Becker, Aus der Rspr des BGH zum Strafverfahrensrecht (Übersichten in NStZ-RR von 2001 bis 2008)
NStZ-RR (C)	Cierniak, Aus der Rspr des BGH zum Strafverfahrensrecht (Übersichten im NStZ-RR 2009)
NStZ-RR (C/N)	Cierniak/Niehaus, Aus der Rspr des BGH zum Strafverfahrensrecht (Übersichten in NStZ-RR seit 2015)
NStZ-RR (C/Z)	Cierniak/Zimmermann, Aus der Rspr des BGH zum Strafverfahrensrecht (Übersichten im NStZ-RR von 2010 bis 2014)
NStZ-RR (F/S)	Feilcke/Schiller, Aus der Rspr zur Wiederaufnahme in Strafsachen (Übersichten in NStZ-RR seit 2016)
NStZ-RR (K)	Kusch, Aus der Rspr des BGH zum Strafverfahrensrecht (Übersichten im NStZ-RR von 1998 bis 2000)
NStZ-RR (M/P)	Maier/Percic, Aus der Rspr zur Verletzung des Beschleunigungsgebots aus Art 6 I 1 EMRK (Übersichten in NStZ-RR seit 2009)
NStZ-RR (S)	H. W. Schmidt, Aus der Rspr des BGH in Staatsschutzstrafsachen
NTS	NATO-Truppenstatut
NTSG	Gesetz über den Schutz der Truppen des Nordatlantikpaktes durch das Straf- und Ordnungswidrigkeitenrecht (Nato-Truppen-Schutzgesetz) vom 27.3.2008 (BGBl. I 491)
NTS-AG	Gesetz zum NATO-Truppenstatut und den Zusatzvereinbarungen
NTS-VP	Unterzeichnungsprotokoll zum NATO-Truppenstatut
NTS-ZA	Zusatzabkommen zum NATO-Truppenstatut
NVwZ	Neue Zeitschrift für Verwaltungsrecht (zitiert nach Jahr und Seite)
NW	Nordrhein-Westfalen
NZI	Neue Zeitschrift für das Recht der Insolvenz und Sanierung (zitiert nach Jahr und Seite)

Abkürzungen

NZV	Neue Zeitschrift für Verkehrsrecht (zitiert nach Jahr und Seite)
NZWiSt	Neue Zeitschrift für Wirtschaftsstrafrecht (zitiert nach Jahr und Seite)
ObLG	Oberstes Landesgericht
Odersky-FS	Festschrift für Walter Odersky zum 65. Geburtstag (1996)
öffentl	öffentlich(e)(en)(er)
OEG	Gesetz über die Entschädigung für Opfer von Gewalttaten idF vom 7.1.1985 (BGBl I 1; III 86-8)
Oehler-FS	Festschrift für Dietrich Oehler zum 70. Geburtstag (1985)
ÖstVerfGH	Österreichischer Verfassungsgerichtshof
OGH	Oberster Gerichtshof. Mit Zahlen. Entscheidungen des Obersten Gerichtshofs für die britische Zone in Strafsachen (zitiert nach Jahr und Seite)
OLG	Oberlandesgericht
OLG-NL	OLG-Rechtsprechung Neue Länder (zitiert nach Jahr und Seite)
OLGSt	Entscheidungen der Oberlandesgerichte zum Straf- und Strafverfahrensrecht (zitiert nach Paragraph und Seite, ab 1983 nach Paragraph und Nummer; ist kein Paragraph angegeben, so handelt es sich um eine Entscheidung zu dem kommentierten Paragraphen)
OpferRRG	Opferrechtsreformgesetz, 1. – vom 24.6.2004 (BGBl I 1354), 2. – vom 29.7.2009 (BGBl I 2280)
Opferschutzgesetz	Erstes Gesetz zur Verbesserung der Rechtsstellung des Verletzten im Strafverfahren vom 18.12.1986 (BGBl I 2496)
OrgKG	Gesetz zur Bekämpfung des illegalen Rauschgifthandels und anderer Erscheinungsformen der Organisierten Kriminalität vom 15.7.1992 (BGBl I 1302; III 450-23)
OrgStA	Anordnung über Organisation und Dienstbetrieb der Staatsanwaltschaften (bundeseinheitlich)
OStA	Oberstaatsanwalt
Ostendorf	Ostendorf, Heribert, Kommentar zum Jugendgerichtsgesetz (10. Aufl, 2016; zitiert nach Paragraph und Randnummer)
Ostendorf-FS	Festschrift für Heribert Ostendorf zum 70. Geburtstag (2015)
Otto-FS	Festschrift für Harro Otto zum 70. Geburtstag (2007)
OVG	Oberverwaltungsgericht
OWi	Ordnungswidrigkeit
OWiG	Gesetz über Ordnungswidrigkeiten idF vom 19.2.1987 (BGBl I 602; III 454-1) – Schönfelder Nr 94 –
Paeffgen	Paeffgen, Vorüberlegungen zu einer Dogmatik des Untersuchungshaftrechts (1986)
Paeffgen-FS	Festschrift für Hans-Ullrich Paeffgen zum 70. Geburtstag (2015)
Park	Park, Handbuch Durchsuchung und Beschlagnahme, Handbuch, 4. Auflage 2018 (zitiert nach Randnummer)
ParlStG	Gesetz über die Rechtsverhältnisse der parlamentarischen Staatssekretäre vom 24.7.1974 (BGBl I 1538; III 1103-3) – Sartorius I Nr 47 –
PassG	Passgesetz vom 19.4.1986 (BGBl I 537; III 210-5) – Sartorius I Nr 250 –
PatAO	Patentanwaltsordnung vom 7.9.1966 (BGBl I 557; III 424-5–1)
PatG	Patentgesetz idF vom 16.12.1980 (BGBl I 1981, 1)
Paulus-FG	Festgabe für Rainer Paulus zum 70. Geburtstag (2009)
Pelz	Pelz, Christian, Strafrecht in Krise und Insolvenz (2004; zitiert nach Randnummer)
PersAuswG	Personalausweisgesetz vom 18.6.2009 (BGBl I 1346) – Sartorius I Nr 255 –
Peters	Peters, Strafprozess. Ein Lehrbuch (4. Aufl, 1985)

Abkürzungen

Peters Fehlerquellen	Peters, Fehlerquellen im Strafprozess (Band I 1970; Band II 1972; Band III 1974)
Peters-FG	Wahrheit und Gerechtigkeit im Strafverfahren. Festgabe für Karl Peters aus Anlass; seines 80. Geburtstages (1984)
Peters-FS	Einheit und Vielfalt des Strafrechts. Festschrift für Karl Peters zum 70. Geburtstag (1974)
Peters/Altwicker	Peters/Altwicker, Europäische Menschenrechtskonvention (2. Aufl 2012, zitiert nach §§ und Randnummern)
Pfeiffer	Pfeiffer, Strafprozessordnung, Kommentar (5. Aufl, 2005)
Pfeiffer-FS	Strafrecht, Unternehmensrecht, Anwaltsrecht. Festschrift für Gerd Pfeiffer (1988)
Pfenninger-FS	Probleme des Schweizerischen Strafprozessrechts. Ausgewählte Aufsätze von Hans Felix Pfenninger. Festschrift zu seinem 80. Geburtstag (1966)
PflVersG	Gesetz über die Pflichtversicherung für Kraftfahrzeughalter idF vom 5.4.1965 (BGBl I 213; III 925-1) – Schönfelder Nr 63 –
Piller/Herrmann	Piller/Herrmann, Justizverwaltungsvorschriften, Loseblatt-Textsammlung
PKH-Richtlinie	Richtlinie [EU] 2016/19 des Europäischen Parlaments und des Rates vom 26.10.2019
POGRP	Polizei- und Ordnungsbehördengesetz (des Landes Rheinland-Pfalz) idF vom 10.11.1993 (GVBl 595)
Pohlmann/Jabel/Wolf	Pohlmann/Jabel/Wolf, Strafvollstreckungsordnung, Kommentar, 9. Auflage 2015 (zitiert nach Randnummer und Paragraph)
PolGBW	Polizeigesetz (des Landes Baden-Württemberg) idF vom 13.1.1992 (GBl 92, 1, 596; 93, 155)
PolGNW	Polizeigesetz (des Landes Nordrhein-Westfalen) idF vom 25.7.2003 (GVNW 441)
Polizei	Die Polizei (zitiert nach Jahr und Seite)
PostG	Postgesetz idF vom 22.12.1997 (BGBl I 3294; III 900-4) – Sartorius I Nr 910 –
Pr	Preußen oder preußisch
Präs	Präsident
PräsLG	Präsident des Landgerichts
PräsOLG	Präsident des Oberlandesgerichts
PStR	Praxis Steuerstrafrecht (zitiert nach Jahr und Seite)
PUAG	Untersuchungsausschussgesetz vom 19.6.2001 (BGBl I 1142)
Puppe-FS	Festschrift für Ingeborg Puppe zum 70. Geburtstag (2011)
PV	Personenvereinigung
PVR	Praxis Verkehrsrecht (zitiert nach Jahr und Seite)
RA	Rechtsanwalt
Ranft	Ranft, Strafprozessrecht (3. Aufl, 2005; zitiert nach Randnummer)
RAK	Rechtsanwaltskammer
RdErl	Runderlass
RDG	Gesetz über außergerichtliche Rechtsdienstleistungen (Rechtsdienstleistungsgesetz) vom 12.12.2007 (BGBl I 2840)
Rdschr	Rundschreiben
RDV	Recht der Datenverarbeitung (zitiert nach Jahr und Seite)
Rebmann-FS	Festschrift für Kurt Rebmann zum 65. Geburtstag (1989)
Rebmann/Roth/ Herrmann	Rebmann/Roth/Herrmann, Gesetz über Ordnungswidrigkeiten, Loseblattkommentar (zitiert nach Randnummer und Paragraph)
Recht	Das Recht (zitiert nach Jahr und Nummer)
R&P	Recht und Psychiatrie (zitiert nach Jahrgang und Seite)
RegBl	Regierungsblatt
Reid	A practitioner's guide to the European Convention on Human Rights (2008, zitiert nach Seitenzahl)

Abkürzungen

Remmers-FS	Festschrift für Walter Remmers (1995)
Rengier	Rengier, Die Zeugnisverweigerungsrechte im geltenden und künftigen Strafverfahrensrecht (1979)
Rengier-FS	Festschrift für Rudolf Rengier zum 70. Geburtstag (2018)
RG	Reichsgericht. Mit Zahlen. Entscheidungen des Reichsgerichts in Strafsachen (zitiert nach Band und Seite)
RGBl I, II	Reichsgesetzblatt Teil I, Teil II
R/H	Radtke/Hohmann, Strafprozessordnung (2011; zitiert nach Bearbeiter, Randnummer und Paragraph)
Richter II-FS	Festschrift für Christian Richter II (2006)
Rieß-FS	Festschrift für Peter Rieß zum 70. Geburtstag (2002)
RiJGG	Richtlinien zum Jugendgerichtsgesetz idF vom 1.8.1994 (bundeseinheitlich) – Piller/Herrmann Nr 2e –
Rissing-van Saan-FS	Festschrift für Ruth Rissing-van Saan zum 65. Geburtstag (2011)
RiStBV	Richtlinien für das Strafverfahren und das Bußgeldverfahren (Anh 12)
RiVASt	Richtlinien für den Verkehr mit dem Ausland in strafrechtlichen Angelegenheiten idF vom 8.12.2008 (bundeseinheitlich) – Piller/Herrmann Nr 2 f –
RMBl	Reichsministerialblatt
Rn	Randnote(-nummer)
Rönnau	Rönnau, Die Vermögensabschöpfung in der Praxis Monografie, 2. Auflage 2015 (zitiert nach Randnummern)
Rogall	Rogall, Der Beschuldigte als Beweismittel gegen sich selbst (1977)
Rogall-FS	Festschrift für Klaus Rogall zum 70. Geburtstag (2018)
Rolinski-FS	Festschrift für Klaus Rolinski zum 70. Geburtstag (2002)
Rosenberg/Schwab/Gottwald	Rosenberg/Schwab/Gottwald, Zivilprozessrecht, Kommentar, 18. Auflage 2018
Rosenmeier	Rosenmeier, Eugen W., Die Verbindung von Strafsachen im Erwachsenenstrafrecht (1973)
ROW	Recht in Ost und West (zitiert nach Jahr und Seite)
Roxin-FS I	Festschrift für Claus Roxin zum 70. Geburtstag (2001)
Roxin-FS II	Festschrift für Claus Roxin zum 80. Geburtstag (2011)
Roxin/Schünemann	Roxin, Claus, Schünemann Bernd, Strafverfahrensrecht. Ein Studienbuch, 29. Auflage 2017 (zitiert nach Paragraph und Randnummer)
RpflAnpG	Rechtspflege-Anpassungsgesetz vom 26.6.1992 (BGBl I 1147), aufgehoben durch Gesetz vom 19.4.2006 (BGBl I 866)
RpflEntlG	Gesetz zur Entlastung der Rechtspflege vom 11.1.1993 (BGBl I 50)
Rpfleger	Der Deutsche Rechtspfleger (zitiert nach Jahr und Seite)
RPflG	Rechtspflegergesetz (Anh 9)
RPGerOrgG	Gerichtsorganisationsgesetz (des Landes Rheinland-Pfalz) vom 5.10.1977 (GVBl 333)
RSAG	Gesetz vom 21.6.2002 zur Ausführung des Römischen Statutes des IStGH vom 17.7.1998 (BGBl I 2144)
Rspr	Rechtsprechung
Rudolphi-FS	Festschrift für Hans-Joachim Rudolphi zum 70. Geburtstag (2004)
Rudolphi-Symp	Zur Theorie und Systematik des Strafprozessrechts, Symposium zu Ehren von Hans-Joachim Rudolphi (1995)
Rüping	Rüping, Das Strafverfahren (3. Aufl, 1997; zitiert nach Randnummer)
RV	Rundverfügung
RVG	Rechtsanwaltsvergütungsgesetz vom 5.5.2004 (BGBl I 788)
RVO	Reichsversicherungsordnung idF vom 17.5.1924 (RGBl I 779; BGBl III 820-1)

Abkürzungen

RW	Rechtswissenschaft, Zeitschrift für rechtswissenschaftliche Forschung (zitiert nach Jahr und Seite)
S	Satz oder Seite
SächsVBl	Sächsische Verwaltungsblätter (zitiert nach Jahr und Seite)
Salger-FS	Straf- und Strafverfahrensrecht, Recht und Verkehr, Recht und Medizin. Festschrift für Hannskarl Salger (1995)
Samson-FS	Festschrift für Erich Samson zum 70. Geburtstag (2010)
Sarstedt-FS	Festschrift für Werner Sarstedt zum 70. Geburtstag (1989)
Sartorius I	Verfassungs- und Verwaltungsgesetze der Bundesrepublik, Loseblattausgabe, begründet von Sartorius, Band I (zitiert nach Gliederungsnummern)
Satzger	Satzger, Internationales und Europäisches Strafrecht, Lehrbuch, 8. Auflage 2018 (zitiert nach Paragraph und Randnummer)
Schäfer-FS	Festschrift für Karl Schäfer zum 80. Geburtstag (1979)
Schäfer-SH	NJW-Sonderheft für Gerhard Schäfer zum 65. Geburtstag (2002)
Schaffstein/Beulke	Schaffstein/Beulke/Swoboda, Jugendstrafrecht. Eine systematische Darstellung, Lehrbuch, 15. Auflage 2015
Schaffstein-FS	Festschrift für Friedrich Schaffstein zum 70. Geburtstag (1975)
Scheffler	Scheffler, Die überlange Dauer von Strafverfahren (1991)
SchG	Schöffengericht
SchiedsmZ	Schiedsmannszeitung (zitiert nach Jahr und Seite)
Schilken	Schilken, Gerichtsverfassungsrecht (4. Aufl, 2007; zitiert nach Randnummern)
Schiller-FS	Festschrift für Wolf Schiller zum 65. Geburtstag (2014)
SchlHA	Schleswig-Holsteinische Anzeigen (zitiert nach Jahr und Seite)
SchlHA (D)	Döllel, Aus der Rspr der Strafsenate und der Senate für Bußgeldsachen des Schlesw-Holst OLG (Jahreszusammenstellung in den SchlHA, 2000)
SchlHA (D/D)	Döllel/Dreeßen, Aus der Rspr der Strafsenate und der Senate für Bußgeldsachen des Schlesw-Holst OLG (Jahreszusammenstellungen in den SchlHA, 2001 bis 2012)
SchlHA (D/G)	Döllel/Güntge, Aus der Rspr der Strafsenate und der Senate für Bußgeldsachen des Schlesw-Holst OLG (Jahreszusammenstellungen in den SchlHA, 2013)
SchlHA (E/J)	Ernesti/Jürgensen, Aus der Rspr der Strafsenate und der Senate für Bußgeldsachen des Schlesw-Holst OLG (Jahreszusammenstellungen in den SchlHA, 1968 bis 1979)
SchlHA (E/L)	Ernesti/Lorenzen, Aus der Rspr der Strafsenate und der Senate für Bußgeldsachen des Schlesw-Holst OLG (Jahreszusammenstellungen in den SchlHA, 1980 bis 1986)
SchlHA (G/F)	Güntge/Füssinger, Aus der Rspr der Strafsenate und der Senate für Bußgeldsachen des Schlesw-Holst OLG (Jahreszusammenstellung in den SchlHA, seit 2014)
SchlHA (L)	Lorenzen, Aus der Rspr der Strafsenate und der Senate für Bußgeldsachen des Schlesw-Holst OLG (Jahreszusammenstellung in den SchlHA, 1987)
SchlHA (L/D)	Lorenzen/Döllel, Aus der Rspr der Strafsenate und der Senate für Bußgeldsachen des Schlesw-Holst OLG (Jahreszusammenstellungen 1998 und 1999)
SchlHA (L/G)	Lorenzen/Görl, Aus der Rspr der Strafsenate und der Senate für Bußgeldsachen des Schlesw-Holst OLG (Jahreszusammenstellungen in den SchlHA, 1988 bis 1990)
SchlHA (L/S)	Lorenzen/Schiemann, Aus der Rspr der Strafsenate und der Senate für Bußgeldsachen des Schlesw-Holst OLG (Jahreszusammenstellungen in den SchlHA, 1996 und 1997)

Abkürzungen

SchlHA (L/T)	Lorenzen/Thamm, Aus der Rspr der Strafsenate und der Senate für Bußgeldsachen des Schlesw-Holst OLG (Jahreszusammenstellungen in den SchlHA, 1991 bis 1995)
Schlothauer-FS	Festschrift für Reinhold Schlothauer zum 70. Geburtstag (2018)
Schlothauer/Weider/Nobis	Schlothauer/Weider/Nobis, Untersuchungshaft mit Erläuterungen zu den UVollzG der Länder, Handbuch, 5. Auflage 2016 (zitiert nach Randnummern)
Schlüchter	Schlüchter, Das Strafverfahren (2. Aufl, 1983; zitiert nach Randnummer)
Schlüchter-FG	Freiheit und Verantwortung in schwieriger Zeit, Kritische Studien aus vorwiegend straf(prozess-)rechtlicher Sicht zum 60. Geburtstag von Prof Dr Ellen Schlüchter
Schlüchter-GS	Gedächtnisschrift für Ellen Schlüchter (2002)
Schlüchter-RpflEntlG	Schlüchter, Weniger ist mehr, Aspekte zum Rechtspflegeentlastungsgesetz (1992)
Schlüchter StP	Schlüchter, Strafprozessrecht (2. Aufl, 1995; zitiert nach Seite)
Schmidt	Schmidt, Vermögensabschöpfung, Handbuch für das Straf- und Ordnungswidrigkeitenverfahren, Handbuch, 2. Auflage 2019 (zitiert nach Randnummern)
Schmidt-Hieber	Schmidt-Hieber, Verständigung im Strafverfahren (1986; zitiert nach Randnummer)
Schmidt-Leichner-FS	Festschrift für Schmidt-Leichner zum 65. Geburtstag (1977)
Schmidt-Räntsch	Schmidt-Räntsch, Deutsches Richtergesetz, Kommentar, 7. Auflage 2019
Schmitt-FS	Festschrift für Rudolf Schmitt zum 70. Geburtstag (1992)
Schneider-FS	Festschrift für Hans Joachim Schneider zum 70. Geburtstag (1998)
Schöch-FS	Festschrift für Heinz Schöch zum 70. Geburtstag (2010)
Schönfelder	Schönfelder, Deutsche Gesetze, Loseblattsammlung des Zivil-, Straf- und Verfahrensrechts, begründet von Schönfelder (zitiert nach Gliederungsnummern)
Schomburg/Lagodny	Schomburg/Lagodny, Internationale Rechtshilfe in Strafsachen = International Cooperation in Criminal Matter, Kommentar, 6. Auflage 2020
Schorn	EMRK-Kommentar (1965, zitiert nach Seite)
Schorn/Stanicki	Schorn/Stanicki, Die Präsidialverfassung der Gerichte aller Rechtswege (2. Aufl, 1975)
SchrAG	Schriftgutaufbewahrungsgesetz vom 22.3.2005 (BGBl I 852)
SchRegO	Schiffsregisterordnung idF vom 26.5.1994 (BGBl I 1133; III 315-18)
Schreiber-FS	Festschrift für Hans-Ludwig Schreiber zum 70. Geburtstag (2003)
Schroeder/Verrel	Schroeder/Verrel, Strafprozessrecht, Lehrbuch, 7. Auflage 2017 (zitiert nach Randnummern)
Schroeder-FS	Festschrift für Friedrich-Christian Schroeder zum 70. Geburtstag (2006)
Schröder-GedSchr	Gedächtnisschrift für Horst Schröder (1978)
Sch/Sch	Schönke/Schröder, Strafgesetzbuch, Kommentar, 30. Auflage 2019 (zitiert nach Bearbeiter, Randnummer und Paragraph)
Schüler-Springorum-FS	Festschrift für Horst Schüler-Springorum zum 65. Geburtstag (1993)
Schünemann-FS	Festschrift für Bernd Schünemann zum 70. Geburtstag (2014)
Schünemann-Symp	Symposium für Bernd Schünemann zum 60. Geburtstag (2005)
Schulz/Händel/Soiné	Soiné, Strafprozessordnung mit Erläuterungen, für Polizeibeamte im Ermittlungsdienst, Kommentar, Loseblatt, Stand 128. Ergänzungslieferung 2019
SchwarzArbG	Gesetz zur Bekämpfung der Schwarzarbeit und illegalen Beschäftigung vom 23.7.2004 (BGBl I 1842)

Abkürzungen

Schwind-FS	Festschrift für Hans-Dieter Schwind zum 70. Geburtstag (2006)
SchwurG	Schwurgericht
SDÜ	Übereinkommen zur Durchführung des Übereinkommens von Schengen vom 14. Juni 1985 zwischen den Regierungen der Staaten der Benelux-Wirtschaftsunion, der Bundesrepublik Deutschland und der Französischen Republik betreffend den schrittweisen Abbau der Kontrollen an den gemeinsamen Grenzen vom 19. Juni 1990 (Schengener Durchführungsübereinkommen)
Seebode	Seebode, Der Vollzug der Untersuchungshaft (1985)
Seebode-FS	Festschrift für Manfred Seebode zum 70. Geburtstag (2008)
Seier	Seier, Das Rechtsmittel der sofortigen Beschwerde gegen strafprozessuale Nebenentscheidungen (1980)
SG	Soldatengesetz idF vom 30.5.2005 (BGBl I 1482; III 51-1)
SGB I	Erstes Buch Sozialgesetzbuch – Allgemeiner Teil – vom 11.12.1975 (BGBl I 3015; III 860-1) – Sartorius I Nr 408 –
SGB III	Drittes Buch Sozialgesetzbuch – Arbeitsförderung – vom 24.3.1997 (BGBl I 595; III 860-3)
SGB VIII	Achtes Buch Sozialgesetzbuch – Kinder- und Jugendhilfe – idF vom 14.12.2006 (BGBl I 3134; III/FNA 860-8) – Schönfelder Nr 46
SGB X	Zehntes Buch Sozialgesetzbuch – Sozialverwaltungsverfahren und Sozialdatenschutz – idF vom 18.1.2001 (BGBl I 130; III 860-10-1/2) – Sartorius I Nr 409 –
SGG	Sozialgerichtsgesetz idF vom 23.9.1975 (BGBl I 2535; III 330-1)
SigG	Signaturgesetz vom 16.5.2001 (BGBl I 876)
SJZ	Süddeutsche Juristenzeitung (zitiert nach Jahr und Spalte)
SK	Wolter, Systematischer Kommentar zur Strafprozessordnung Kommentar, 5. Auflage (zitiert nach Bearbeiter, Randnummer und Paragraph)
sog	sogenannte(r)
Solbach/Klein	Solbach/Auchter-Mainz/Deller, Anklageschrift, Einstellungsverfügung, Dezernat und Plädoyer Vorbereitungslehrgang zum Assessorexamen, 14. Auflage 2016 (zitiert nach Seite)
Sowada	Sowada, Der gesetzliche Richter im Strafverfahren, 2002
Spendel-FS	Festschrift für Günter Spendel zum 70. Geburtstag (1992)
SSW	Satzger/Schluckebier/Widmaier, Strafprozessordnung, Kommentar, 4. Auflage 2020 (zitiert nach Bearbeiter, Randnummer und Paragraph)
StA	Staatsanwaltschaft oder Staatsanwalt
Strauda-FS	Festschrift zu Ehren des Strafrechtsausschusses der Bundesrechtsanwaltskammer (2006)
StASchlH-FS	Festschrift zum 125-jährigen Bestehen der Staatsanwaltschaft Schleswig-Holstein (1992)
StBerG	Steuerberatungsgesetz idF vom 4.11.1975 (BGBl I 2735; III 610-10)
StGB	Strafgesetzbuch idF vom 1.1.1999 (BGBl 1998 I 3324; III 450-2) – Schönfelder Nr 85 –
StGH	Staatsgerichtshof
StM	Staatsministerium
Stock-FS	Festschrift zum 70. Geburtstag von Ulrich Stock (1966)
Stöckel-FS	Festschrift zum 70. Geburtstag von Heinz Stöckel (2010)
StORMG	Gesetz zur Stärkung der Rechte von Opfern sexuellen Missbrauchs vom 14.3.2013
StPO	Strafprozessordnung
str	streitig
StraFo	Strafverteidiger Forum (zitiert nach Jahr und Seite)
StrÄndG	Strafrechtsänderungsgesetz

Abkürzungen

Strauda-FS	Festschrift zu Ehren des Strafrechtsausschusses der Bundesrechtsanwaltskammer (2006)
Stree/Wessels-FS	Festschrift für Walter Stree und Johannes Wessels zum 70. Geburtstag (1993)
StrEG	Gesetz über die Entschädigung für Strafverfolgungsmaßnahmen (Anh 5)
Streng-FS	Festschrift für Franz Streng zu 70. Geburtstag (2017)
StrK	Strafkammer
StrRehaG	Strafrechtliches Rehabilitierungsgesetz
StRR	StrafRechtsReport, Arbeitszeitschrift für das gesamte Strafrecht (zitiert nach Jahrgang und Seite)
StrRG	Gesetz zur Reform des Strafrechts (1. StrRG vom 25.6.1969, BGBl I 645/III 450-13–1; 2. StrRG vom 4.7.1969, BGBl I 717/III 450-13–2; 4. StrRG vom 23.11.1973, BGBl I 1725/III 450-13–4; 5. StrRG vom 18.6.1974, BGBl I 1297/III 450-13–5; 6. StrRG vom 26.1.1998, BGBl I 164/III 450-13–5; StrRG vom 26.1.1998, BGBl I 164/III 450-13–6
stRspr	ständige Rechtsprechung
StS	Strafsenat
StV	Strafverteidiger, Juristische Fachzeitschrift (zitiert nach Jahr und Seite)
StVÄG 1979	Strafverfahrensänderungsgesetz 1979 vom 5.10.1978 (BGBl I 1645; III 312-10)
StVÄG 1987	Strafverfahrensänderungsgesetz 1987 vom 27.1.1987 (BGBl I 475)
StVÄG 1999	Strafverfahrensänderungsgesetz 1999 vom 2.8.2000 (BGBl I 1253)
StVG	Straßenverkehrsgesetz idF vom 5.3.2003 (BGBl I 310; FNA 9231-1) – Schönfelder Nr 35
StVO	Straßenverkehrs-Ordnung vom 16.11.1970 (BGBl I 1565, 1971 I 38; III 9233-1) – Schönfelder Nr 35a –
StVollstrK	Strafvollstreckungskammer
StVollstrO	Strafvollstreckungsordnung idF vom 1.4.2001 (bundeseinheitlich) – Piller/Herrmann Nr 2b –
StVollzG	Strafvollzugsgesetz (Anh 10)
1. StVRG	Erstes Gesetz zur Reform des Strafverfahrensrechts vom 9.12.1974 (BGBl I 3393, 3533; III 312-8–1)
1. StVRGErgG	Gesetz zur Ergänzung des Ersten Gesetzes zur Reform des Strafverfahrensrechts vom 20.12.1974 (BGBl I 3686)
teilw	teilweise
Tepperwien-FH	NJW-Festheft zum 65. Geburtstag von Ingeborg Tepperwien (2010, zitiert nach Seitenzahl)
Thomas/Putzo	Thomas/Putzo, Zivilprozessordnung, Kommentar, 40. Auflage 2019 (zitiert nach Randnummer und Paragraph)
ThUG	Gesetz zur Therapierung und Unterbringung psychisch gestörter Gewalttäter vom 22.12.10 (BGBl I 2300)
ThürBG	Thüringer Beamtengesetz vom 20.3.2009 (GVBl S 238)
ThürPAG	Thüringer Polizeiaufgabengesetz vom 4.6.1992 (GVBl S 199)
TiefseebergbauG	Gesetz zur vorläufigen Regelung des Tiefseebergbaus vom 16.8.1980 (BGBl I 1457; III 750-16)
TierSchG	Tierschutzgesetz idF vom 18.5.2006 (BGBl I 1207)
TKG	Telekommunikationsgesetz vom 22.6.2004 (BGBl I 1190)
TKÜV	Telekommunikations-Überwachungsverordnung vom 3.11.2005 (BGBl I 3136)
TMG	Telemediengesetz vom 26.2.2007 (BGBl I 179; 251)
TOA	Täter-Opfer-Ausgleich
Toepel	Toepel, Grundstrukturen des Sachverständigenbeweises im Strafprozessrecht, 1. Auflage 2002
Tolksdorf-FS	Festschrift für Klaus Tolksdorf zum 65. Geburtstag (2014)

Abkürzungen

Triffterer-FS	Festschrift für Otto Triffterer zum 65. Geburtstag (1996)
Tröndle-FS	Festschrift für Herbert Tröndle zum 70. Geburtstag (1989)
Trusen-FS	Festschrift für Winfried Trusen zum 70. Geburtstag (1994)
Tsambikakis	Strafprozessuale Zeugnisverweigerungsrechte aus beruflichen Gründen, 1. Auflage 2011 (zitiert nach Seite)
ua	unter anderem, und andere
Übk	Übereinkommen
UHaft	Untersuchungshaft
UKG	Gesetz zur Bekämpfung der Umweltkriminalität
Uhlenbruck	Uhlenbruck, Insolvenzordnung, Kommentar, 15. Auflage 2019 (zitiert nach Randnummer und Paragraph)
unzutr	unzutreffend(e)(en)(er)
UrhG	Gesetz über Urheberrecht und verwandte Schutzrechte vom 9.9.1965 (BGBl I 1273; III 440-1) – Schönfelder Nr 65 –
UrkB	Urkundsbeamte, -en, -er
uU	unter Umständen
UVollzG Berl	Berliner Untersuchungshaftvollzugsgesetz vom 3.12.2009 (GVBl 686)
UVollzG NW	Untersuchungshaftvollzugsgesetz Nordrhein-Westfalen vom 27.10.2009 (GVBl 540)
UVollzG RP	Landesuntersuchungshaftvollzugsgesetz (Rheinland-Pfalz) vom 15.9.2009 (GVBl 317)
UVollzO	Untersuchungshaftvollzugsordnung idF vom 1.1.1977 (bundeseinheitlich) – Piller/Herrmann Nr 2a –
UWG	Gesetz gegen den unlauteren Wettbewerb idF vom 3.3.2010. (BGBl I 254; BGBl III 43-1) – Schönfelder Nr 73 –
UZwG	Gesetz über den unmittelbaren Zwang bei Ausübung öffentlicher Gewalt durch Vollzugsbeamte des Bundes vom 10.3.1961 (BGBl I 165; III 201-5) – Sartorius I Nr 115 –
UZwGBw	Gesetz über die Anwendung unmittelbaren Zwanges und die Ausübung besonderer Befugnisse durch Soldaten der Bundeswehr und zivile Wachpersonen vom 12.8.1965 (BGBl I 796; III 55-6) – Sartorius I Nr 117 –
VAG	Versicherungsaufsichtsgesetz idF vom 17.12.1992 (BGBl 1993 I 2)
VereinsG	Gesetz zur Regelung des öffentlichen Vereinsrechts vom 5.8.1964 (BGBl I 593; III 2180-1) – Sartorius I Nr 425 –
Verf	Verfassung
VerfGH	Verfassungsgerichtshof
VerkMitt	Verkehrsrechtliche Mitteilungen (zitiert nach Jahr und Seite)
vern	verneinend
VersR	Versicherungsrecht (zitiert nach Jahr und Seite)
VerwA	Verwaltungsakt
VerwB	Verwaltungsbehörde
VerwRspr	Verwaltungsrechtsprechung in Deutschland. Sammlung obergerichtlicher Entscheidungen aus dem Verfassungs- und Verwaltungsrecht (zitiert nach Band und Nummer)
VG	Verwaltungsgericht
VGH	Verwaltungsgerichtshof
vgl	vergleiche
VGO	Vollzugsgeschäftsordnung idF vom 1.7.1980 (bundeseinheitlich) – Piller/Herrmann Nr 2p –
VMBl	Ministerialblatt des Bundesministers der Verteidigung
VO	Verordnung
VOBl	Verordnungsblatt
Volckart	Volckart/Pollähne/Woynar, Verteidigung in Vollstreckung und Vollzug, Handbuch, 5. Auflage 2014

Abkürzungen

Volk	Volk, Prozessvoraussetzungen im Strafrecht (1978)
Volk/Engländer	Volk/Engländer, Grundkurs StPO, Lehrbuch, 9. Auflage 2018 (zitiert nach Paragraph und Randnummer)
Volk-FS	Festschrift für Klaus Volk zum 65. Geburtstag (2009)
VollstrB	Vollstreckungsbehörde
VOR	Zeitschrift für Verkehrs- und Ordnungswidrigkeitenrecht (zitiert nach Jahr und Seite)
Vorb	Vorbemerkungen
VRS	Verkehrsrechts-Sammlung (zitiert nach Band und Seite)
VStGB	Völkerstrafgesetzbuch vom 26.6.2002 (BGBl I 2254)
VV	Verwaltungsvorschrift
VVG	Gesetz über den Versicherungsvertrag (Versicherungsvertragsgesetz) vom 23.11.2007 (BGBl I 2631)
VVRVG	Vergütungsverzeichnis zum RVG
VwGO	Verwaltungsgerichtsordnung idF vom 19.3.1991 (BGBl I 685; III 340-1) – Sartorius I Nr 600 –
VwVfG	Verwaltungsverfahrensgesetz idF vom 23.1.2003 (BGBl I 102; III 201-6) – Sartorius I Nr 100 –
VwZG	Verwaltungszustellungsgesetz vom 12.8.2005 (BGBl I 2354) – Sartorius I Nr 110 –
Wabnitz/Janovsky	Wabnitz/Janovsky/Schmitt, Handbuch Wirtschafts- und Steuerstrafrecht, Handbuch, 5. Auflage 2020 (zitiert nach Randnummern)
Wacke-FS	Festschrift zum 70. Geburtstag von Gerhard Wacke (1972)
WaffG	Waffengesetz vom 11.10.2002 (BGBl I 3970, 4592, 2003 I 1957)
Wasserburg	Wasserburg, Die Wiederaufnahme des Strafverfahrens (1983)
Wassermann-FS	Festschrift für Rudolf Wassermann zum 60. Geburtstag (1985)
WDO	Wehrdisziplinarordnung vom 16.8.2001 (BGBl I 2093; III 52-5)
Weber-FS	Festschrift für Ulrich Weber zum 70. Geburtstag (2004)
WehrDiszH	Wehrdisziplinarhof
Weigend	Weigend, Deliktsopfer und Strafverfahren 1. Auflage 1989
Weihrauch/Bosbach	Verteidigung im Ermittlungsverfahren (7. Aufl 2011, zitiert nach Randnummer)
WeimRV	Verfassung des Deutschen Reichs vom 11.8.1919 (RGBl 1383)
Welzel-FS	Festschrift für Hans Welzel zum 70. Geburtstag (1974)
Welp	Welp, Die strafprozessuale Überwachung des Post- und Fernmeldeverkehrs (1974)
Wessing/Ahlbrecht	Wessing/Ahlbrecht, Der Zeugenbeistand, Monografie, 1. Auflage 2013 (zitiert nach Randnummern)
Wessing-FS	Festschrift für Jürgen Wessing zum 65. Geburtstag (2015)
Weßlau-GS	Gedächtnisschrift für Edda Weßlau (2016)
Widmaier-FS	Festschrift für Gunter Widmaier zum 70. Geburtstag (2008)
WiJ	Journal der Wirtschaftsstrafrechtlichen Vereinigung (online)
WiPrO	Wirtschaftsprüferordnung idF vom 5.11.1975 (BGBl I 2803; III 702-1)
WiStG 1954	Gesetz zur Vereinfachung des Wirtschaftsstrafrechts idF vom 3.6.1975 (BGBl I 1313; III 453-11) – Schönfelder Nr 88 –
wistra	Zeitschrift für Wirtschaft, Steuer, Strafrecht (zitiert nach Jahr und Seite)
wN	weitere Nachweise
Wohlers	Wohlers, Entstehung und Funktion der Staatsanwaltschaft (1994)
Wolf	Wolf, Gerichtsverfassungsrecht aller Verfahrenszweige (6. Aufl, 1987)
Wolff-FS	Festschrift für E. A. Wolff zum 70. Geburtstag (1998)
Wolter-FS	Festschrift für Jürgen Wolter zum 70. Geburtstag (2013)
WpHG	Wertpapierhandelsgesetz idF vom 9.9.1998 (BGBl I 2708)
WStG	Wehrstrafgesetz idF vom 24.5.1974 (BGBl I 1213; III 452-2)

Abkürzungen

WÜD	Wiener Übereinkommen vom 18.4.1961 über diplomatische Beziehungen (BGBl 1964 II 957; 1965 II 147) – Sartorius II Nr 325 –
WÜK	Wiener Übereinkommen vom 24.4.1963 über konsularische Beziehungen (BGBl 1969 II 1585; 1971 II 1285) – Sartorius II Nr 326 –
ZahnHkG	Gesetz über die Ausübung der Zahnheilkunde idF vom 16.4.1987 (BGBl I 1225; III 2123-1)
ZaöRV	Zeitschrift für ausländisches Recht und Völkerrecht (zitiert nach Band und Seite)
zB	zum Beispiel
ZEG	Zuständigkeitsergänzungsgesetz vom 7.8.1952 (BGBl I 407; III 310-1)
ZevKR	Zeitschrift für evangelisches Kirchenrecht (zitiert nach Jahr und Seite)
ZFdG	Zollfahndungsdienstgesetz vom 16.8.2002 (BGBl I 3202)
ZFIS	Zeitschrift für Innere Sicherheit in Deutschland und Europa (zitiert nach Jahr und Seite)
ZfS	Zeitschrift für Schadensrecht (zitiert nach Jahr und Seite)
ZfStrVo	Zeitschrift für Strafvollzug (zitiert nach Jahr und Seite)
ZfZ	Zeitschrift für Zölle und Verbrauchsteuern (zitiert nach Jahr und Seite)
ZInsO	Zeitschrift für das gesamte Insolvenzrecht (zitiert nach Jahr und Seite)
ZIP	Zeitschrift für Wirtschaftsrecht und Insolvenzpraxis (zitiert nach Jahr und Seite)
Zipf	Zipf, Strafprozessrecht (2. Aufl, 1976; zitiert nach Randnummer)
Zipf-GS	Gedächtnisschrift für Heinz Zipf (1999)
ZIS	Zeitschrift für Internationale Strafrechtsdogmatik (zitiert nach Jahr und Seite)
ZJJ	Zeitschrift für Jugendkriminalrecht und Jugendhilfe (zitiert nach Jahr und Seite)
ZJS	Zeitschrift für das Juristische Studium (zitiert nach Jahr und Seite)
ZKA	Zollkriminalamt
Zöller	Zöller, Zivilprozessordnung, Kommentar, 33. Auflage 2020 (zitiert nach Bearbeiter, Randnummer und Paragraph)
ZollVG	Zollverwaltungsgesetz vom 21.12.1992 (BGBl I 2125; III 613-7)
Zopfs	Zopfs, Der Grundsatz „in dubio pro reo" (1999)
ZPO	Zivilprozessordnung idF vom 5.12.2005 (BGBl I 3202; 2006 I 431; 2007 I 1781; III 310-4) – Schönfelder Nr 100 –
ZRP	Zeitschrift für Rechtspolitik (zitiert nach Jahr und Seite)
ZS	Zivilsenat
ZSchG	Gesetz zur Änderung der Strafprozessordnung und der Bundesgebührenordnung für Rechtsanwälte (Gesetz zum Schutz von Zeugen bei Vernehmungen im Strafverfahren und zur Verbesserung des Opferschutzes; Zeugenschutzgesetz) vom 30.4.1998 (BGBl I 820)
ZSHG	Zeugenschutz-Harmonisierungsgesetz vom 11.12.2001 (BGBl I 3510)
ZStW	Zeitschrift für die gesamte Strafrechtswissenschaft (zitiert nach Band und Seite)
ZSW	Zeitschrift für das gesamte Sachverständigenwesen (zitiert nach Jahr und Seite)
ZUM	Zeitschrift für Urheber- und Medienrecht (zitiert nach Jahr und Seite)
zutr	zutreffend(e)(en)(er)

Abkürzungen

zust	zustimmend
ZVG	Gesetz über die Zwangsversteigerung und die Zwangsverwaltung idF vom 20.5.1898 (RGBl I 369, 713; BGBl III 310-14) – Schönfelder Nr 108 –
zw	zweifelhaft, zweifelnd
zZ	zur Zeit
ZZP	Zeitschrift für Zivilprozess (zitiert nach Band und Seite)

Tabelle der Änderungen der Strafprozessordnung und des Gerichtsverfassungsgesetzes

I. Strafprozessordnung

1. In zeitlicher Folge[1]

Lfd Nr	Änderndes Gesetz	Datum	RGBl (ab 1922 Teil I) Seite	Geänderte Paragraphen der StPO
1	Einführungsgesetz zum BGB	18.8.1896	604	11, 149
2	Gesetz betr. Änderungen des GVG und der StPO	17.5.1898	252	50
3	Gesetz betr. die Abänderung des § 7 der StPO	13.6.1902	227	7
4	Gesetz zur Vereinfachung der Strafrechtspflege	21.10.1917	1037	(197a), 407
5	Gesetz betr. Aufhebung der Militärgerichtsbarkeit	17.8.1920	1579	51, 70, 77
6	Gesetz zur Entlastung der Gerichte	11.3.1921	229	(197a), 200, 201, 267, 275, 374, 407, 464b
7	Gesetz zur weiteren Entlastung der Gerichte	8.7.1922	569	349, 388
8	Gesetz über die Zulassung der Frauen zu den Ämtern und Berufen der Rechtspflege	11.7.1922	573	22
9	Gesetz zur Änderung des GKG	21.12.1922	1 (1923)	471, 473
10	Bek der Texte des GVG und der StPO auf Grund der Verordnung über Gerichtsverfassung und Strafrechtspflege v 4.1.1924 (RGBl I S 15)	22.3.1924	322	16, 23, 27, 31, 40, 48, 49, 50, 51, 52, 53, 54, 55, 56, 57, 58, 59, 60, 61, 63, 65, (66), 66a, 66c, 66e, (66e), 67, 68, 69, 70, 71, 77, 139, 140, 153, 154, 155, 156, 157, 158, 159, 160, 161, 162, 163, 164, 165, 166, 167, (168), (169), 170, 171, 172, 173, 174, 175, 176, 177, (178), (179), (180), (181), (182), (183), (184), (185), 186, (187), (188), (189), (190), (191), (192), (193), (194), (195), (196), (197), (197a), (198), 199, 200, 201, 202, 203, 204, 205, 206, 206a, 207, (208), 209, 210, 211, (212), 213, 214, 215, 216, 217, 218, 219, 220, 221, 222, 223, 224, 225, 226, 227, 228, 229, 230, 231, 232, 233, 234, 235,

---

[1] Berücksichtigt sind auch solche Gesetze und Verordnungen, die sachliche Änderungen der StPO enthalten, ohne einzelne Vorschriften ausdrücklich im Wortlaut zu ändern. Eine nach Paragraphen geordnete Tabelle der Änderungen ist im Anschluss an diese Tabelle abgedruckt.

Änderungen der StPO

zeitliche Folge

Lfd Nr	Änderndes Gesetz	Datum	RGBl (ab 1922 Teil I) Seite	Geänderte Paragraphen der StPO
				236, 237, 238, 239, 240, 241, 242, 243, 244, 245, 246, 247, 248, 249, 250, 251, 252, 253, 254, 255, 256, 258, 259, 260, 261, 262, 263, 264, 265, 266, 267, 268, 270, 271, 273, 275, 276, (276), (277), (278), (279), (280), (281), (282a), (282b), (283), (284), 285, (285), 286, (286), 287, (287), 288, (288), 289, (289), 290, (290), 291, (291), 292, (292), 293, (293), 294, (294), 295, (295), 296, (296), 297, (297), 298, (298), 299, (299), 300, (300), 301, (301), 302, (302), 303, (303), 304, (304), 305, (305), 306, (306), 307, (307), 308, (308), 309, (309), 310, (310), 311, (311), 312, (312), (313), 314, (314), 315, (315), 316, (316), 317, (317), 318, 319, 320, 321, 322, 323, 324, 325, 326, 327, 328, 329, 330, 331, 332, 333, (334), 335, 336, 337, 338, 339, (340), 341, 342, 343, 344, 345, 346, 347, 348, 349, 350, 354, 355, 356, 357, 358, 359, 360, 361, 362, 363, 364, 365, 366, 367, 368, 369, 370, 371, 372, 373, 374, 375, 376, 377, 378, 379, 380, 381, 382, 383, 384, 385, 386, 387, 388, 389, 390, 391, 392, 393, 394, 395, 396, 397, 398, 399, (400), 401, 402, 403, 404, (406), 407, 408, 409, 410, 411, 412, (413), (414), (415), (416), (417), (418), (419), (420), (421), (422), (423), (424), (425), (426), (427), (428), (429), (430), (431), (432), (434), (435), (436), (437), (438), (439), (440), (441), (442), 443, (443), (444), (445), (446), (447), (448), 449, 450, 451, 452, (453), (454), 455, 456, 457, 458, (459), 460, 461, 462, (463), 464a, 464b, 465, 466, 467, 468, 469, 470, (470), 471,

zeitliche Folge **Änderungen der StPO**

Lfd Nr	Änderndes Gesetz	Datum	RGBl (ab 1922 Teil I) Seite	Geänderte Paragraphen der StPO
11	Gesetz zur Abänderung der StPO	22.12.1925	475	(471), (472), 473, (473), (474), (475), (476) 245, (313), (444)
12	Gesetz zur Vereinfachung des Militärstrafrechts	30.4.1926	197	(435)
13	Gesetz zur Abänderung der StPO	27.12.1926	529	53, 114, 114a, 114b, 115, 115a, 117, 118, 118a, 118b, 120, 125, 126, 131, (132), 148, 200, 201, 218, 245, 268, (340), (445)
14	Verordnung über die Abänderung des Wortlauts verschiedener Gesetze und Verordnungen aus Anlaß des Fortfalls der Bezeichnungen „Gerichtsschreiberei" und „Gerichtsschreiber"	30.11.1927	334	31, (168), (187), (188), 220, 320, 385, 390, 464b
15	Deutsches Auslieferungsgesetz	23.12.1929	239	154b, 456a
16	Reichsministergesetz	27.3.1930	96	50, 54, 76
16a	Reichsabgabenordnung	22.5.1931	161	(419), (420), (421), (422), (423), (424), (425), (426), (427), (428), (429)
16b	Dritte Verordnung des Reichspräsidenten zur Sicherung von Wirtschaft und Finanzen und zur Bekämpfung politischer Ausschreitungen	6.10.1931	537	(212)
16c	Verordnung des Reichspräsidenten auf dem Gebiet der Rechtspflege und der Verwaltung	14.6.1932	285	148, 153, 229, 312, (417)
17	Verordnung zur Vereinfachung der Zustellungen	17.6.1933	394	35, 146, 218, 378
18	Ausführungsgesetz zu den Gesetzen gegen gefährliche Gewohnheitsverbrecher und über Maßregeln der Sicherung und Besserung	24.11.1933	1000	(5a), 80a, 81, 81a, 81b, 113, 126a, 127, 128, 129, 131, 140, 145, 148, 149, 154, 154b, 160, 207, 232, 233, (233a), 246a, 260, 263, 265, 267, 270, 299, 305, 310, 331, 358, 359, 363, 371, 373, 384, 407, (429a), (429b), (429c), (429d), (429e), 456a, 456b, (456c), 458, 463, 465, 466, 467
19	Gesetz zur Einschränkung der Eide im Strafverfahren	24.11.1933	1008	57, 58, 59, 60, 61, 62, 63, 64, 65, (66), 66a, 66b, 66c, (66e), 68a, 79, (193), 223
20	Gesetz über Reichsverweisungen	23.3.1934	213	154b, 160, 232, 233, 260, 263, 265, 267, 407, 456a, 465, 466
21	Gesetz zur Änderung von Vorschriften des Strafrechts und des Strafverfahrens	24.4.1934	341	115, 117, 118, 118a, 118b, 125, 126, 443
22	Gesetz zur Änderung von Vorschriften des Strafverfahrens und des GVG	28.6.1935	844	16, (17), 112, 154c, (170a), (178), (179), (180), (181), (182), (183), (184), (186), 201, 202, 232, 244, 245, 265, (267a), (267b), 276,

XLI

Änderungen der StPO — zeitliche Folge

Lfd Nr	Änderndes Gesetz	Datum	RGBl (ab 1922 Teil I) Seite	Geänderte Paragraphen der StPO
22a	Verordnung über Maßnahmen auf dem Gebiet der Gerichtsverfassung und der Rechtspflege	1.9.1939	1658	(277), (278), (279), (280), (281), (282), (282a), (282b), (282c), 285, 286, 287, 288, 289, 290, 295, 298, 331, 358, 373, (434), (435), (436), (437), (438), (439), (440), (441), (442), (443), (444), (445), (446), (447), (448), (454), 463, (474) 87, 140, (212), 244, 245, (313), 407
22b	DVO zur Verordnung über Maßnahmen auf dem Gebiet der Gerichtsverfassung und der Rechtspflege	8.9.1939	1703	140
22e	Verordnung über die Zuständigkeit der Strafgerichte, die Sondergerichte und sonstige strafverfahrensrechtliche Vorschriften	21.2.1940	405	140, 147, 148, (212), (212a), (212b)
23	DVO zur Verordnung über die Zuständigkeit der Strafgerichte, die Sondergerichte und sonstige strafverfahrensrechtliche Vorschriften	13.3.1940	489	(5a), 140, 141, 142, 212, 270, 407
23a	Verordnung zur Änderung der Strafvorschriften über fahrlässige Tötung, Körperverletzung und Flucht bei Verkehrsunfällen	2.4.1940	606	374
24	Verordnung über den Geltungsbereich des Strafrechts	16.5.1940	754	(8a), 153c
24a	DVO zum Gesetz zur Änderung des StGB	24.9.1941	581	463
25	Verordnung zur weiteren Vereinfachung der Strafrechtspflege	13.8.1942	508	36, 38, 119, 152, 153, 172, 173, 174, 175, 176, 177, (195), 214, 220, 222, 226, 232, 233, (233a), 235, 239, 241, 260, 266, 377, 382, 386, 388, 395, 407, 471, (472)
26	Verordnung über die Beseitigung des Eröffnungsbeschlusses im Strafverfahren	13.8.1942	512	16, 148, 156, (198), 199, 201, (202), 203, 204, 205, 206, 206a, 207, 208, 209, 210, 211, 213, 215, 264, 265, 267, (279)
27	DVO zur Verordnung über die Angleichung des Strafrechts des Altreichs und der Alpen- und Donau-Reichsgaue	29.5.1943	341	57, 59, 61, 62, 66b, 79, 286
28	Dritte Verordnung zur Vereinfachung der Strafrechtspflege	29.5.1943	342	27, 28, 30, 31, 200, (200), 217, 251, 272, 359, 362, 363, 367, 370, 373a, 403, 404, 405, 406, (406), 406a, 406b, 406c, (406d), (463), 472a
28a	Zweite DVO zur Verordnung zur Angleichung des Strafrechts des Altreichs und der Alpen- und Donau-Reichsgaue	20.1.1944	41	393
28d	Vierte Verordnung zur Vereinfachung der Strafrechtspflege	13.12.1944	339	98, 105, 140, 171, 228

zeitliche Folge **Änderungen der StPO**

Lfd Nr	Änderndes Gesetz	Datum	BGBl Teil I Seite	Geänderte Paragraphen der StPO
29	Gesetz zur Wiederherstellung der Rechtseinheit auf dem Gebiete der Gerichtsverfassung, der bürgerlichen Rechtspflege, des Strafverfahrens und des Kostenrechts	12.9.1950	455, 629	4, (5a), 8, (8a), 9, 10, 11, 16, (17), (18), 25, 27, 28, 30, 31, (32), 36, 38, 49, 50, 53, 54, 55, 57, 59, 61, 62, 63, 64, (66), 66b, 66c, 66e, 68a, 69, 76, 77, 79, 81, 81a, 81b, 81c, 81d, 87, 96, 98, 103, 104, 105, 112, 113, 114b, 116a, 118, 118a, 118b, 119, 126, 128, 129, 136a, 140, 141, 142, (144), 145, (147a), 149, 152, 153, 153c, 154, 154b, 154c, 154d, 156, 157, 161, 163, 170, 171, 172, 173, 174, 175, 176, 177, (178), (179), (180), (181), (182), (183), (184), (186), (190), (193), (195), (197), (198), 199, 200, 201, 202, (202), 203, 204, 205, 206, 206a, 207, (208), 209, 210, 211, (212), (212a), (212b), 213, 214, 215, 217, 220, 222, 223, 226, 228, 229, 232, 233, 235, 239, 240, 241, 244, 245, 251, 260, 264, 265, 266, 267, (267a), (267b), 268, (269a), 270, 272, 273, (273a), 275, 276, (277), (278), (279), (280), (281), (282b), (282c), 285, 286, 287, 288, 289, 290, 291, 292, 295, 298, 304, 310, 312, (313), 320, 330, 331, 333, (334), 335, 338, (340), 345, (347a), 349, 354, 354a, 358, 359, 362, 363, 367, 370, 371, 373, 373a, 377, 379, 380, 382, 383, (383a), 384, 386, 388, 390, 393, 395, 401, 403, 404, 405, 406, 406a, 406b, 406c, (406d), 407, 408, (413), (414), (415), (416), (417), (418), (419), (420), (421), (422), (423), (424), (425), (426), (427), (428), (429), (429b), (430), (434), (435), (436), (437), (438), (439), (440), (441),

Änderungen der StPO   zeitliche Folge

Lfd Nr	Änderndes Gesetz	Datum	BGBl Teil I Seite	Geänderte Paragraphen der StPO
30	Strafrechtsänderungsgesetz	30.8.1951	739	443, 452, (453), (454), 456a, (456c), 458, (459), 462, 462a, 463, (463), 464, 469, 470, 471, (472), 472a, (474) 153b, 153c, 169, 354, 374, 395, 443
31	Gesetz über Maßnahmen auf dem Gebiete des Kostenrechts	7.8.1952	401	304, 465
32	Gesetz zur Sicherung des Straßenverkehrs	19.12.1952	832	111a, (212b), 232, 233, 305, 463
33	Drittes Strafrechtsänderungsgesetz	4.8.1953	735	7, 9, 10, 13a, 35a, 37, (39), 44, 53, 53a, 81a, 81c, 97, (101a), 116, 148, (150), 152, 152a, 153, 154, 154b, 154c, 154d, 160, 170, 171, 172, (188), 247, 260, 263, 267, 268, 268a, 268b, 305a, 308, 319, 324, 346, 362, 364, 391, 395, 408, 409, (429e), (431), (432), 450, 453, 453a, 454, 467, 470
34	Viertes Strafrechtsänderungsgesetz	11.6.1957	597	105, 153e, (198a)
35	Gesetz zur Änderung und Ergänzung kostenrechtlicher Vorschriften	26.7.1957	861	71, 84, 118, (150), 152, 350
36	Vereinsgesetz	5.8.1964	593	153e
37	Zweites Gesetz zur Sicherung des Straßenverkehrs	26.11.1964	921	111a, 232, 233, 267, 407, 408, 409, (413), 450, 463, 463b
38	Gesetz zur Änderung der StPO und des GVG (StPÄG)	19.12.1964	1067	16, 23, 25, 26, 26a, 27, 28, 33, 33a, 37, 53, 112, 113, 114, 114a, 114b, 115, 115a, 116, 116a, 117, 118, 118a, 118b, 119, 120, 121, 122, 123, 124, 125, 126, 126a, 128, 130, 131, 136, 140, 141, 142, 145a, 147, 148, 153, 154a, 154d, 161, 163, 163a, (169), 169a, (169b), (169c), 175, (192), (197), 200, 201, 202, 207, (208), 209, (212), 215, 217, 243, (257a), 265, 270, 271, 273, 275, 308, 311, 311a, 328, 345, 349, 350, 354, 369, 372, 383, 384, 385, 396, 397, 407, (413), 453b, 454, 467, 467a, (472)
39	Gesetz über den Fristablauf am Sonnabend	10.8.1965	753	43
40	Urheberrechtsgesetz	9.9.1965	1273	374
41	Bek der Neufassung	17.9.1965	1373	(Neufassung)
42	Sortenschutzgesetz	20.5.1968	429	374
43	Einführungsgesetz zum Gesetz über Ordnungswidrigkeiten	24.5.1968	503	10, 45, 55, 98, 110, 111a, 127a, 132, 268c,

zeitliche Folge # Änderungen der StPO

Lfd Nr	Änderndes Gesetz	Datum	BGBl Teil I Seite	Geänderte Paragraphen der StPO
	(EGOWiG)			272, 335, 385, 396, 407, 409, (413), 430, (430), 431, (431), 432, (432), 433, 434, 435, 436, 437, 438, 439, 440, 441, 442, 443, 444, 462, 464, 464a, 464b, 465, 466, 467, 467a, 469, 470, 471, (472), 472b, 473
44	Achtes Strafrechtsänderungsgesetz	25.6.1968	741	125, 128, 153c, 153d, 153e, 165, 172, 395, 443
45	Gesetz zur Beschränkung des Brief-, Post- und Fernmeldegeheimnisses	13.8.1968	949	100a, 100b, 101
46	Erstes Gesetz zur Reform des Strafrechts	25.6.1969	645	60, 61, 68a, 80a, 112, 113, 140, (212b), 232, 246a, 265a, 267, 268a, (277), 305a, 374, (413), 431, 453, 453b, 454, 460, 462
47	Gesetz zur allgemeinen Einführung eines zweiten Rechtszuges in Staatsschutz-Strafsachen	8.9.1969	1582	121, 122, 140, 153c, 153d, 153e, 169, 172, (178), (186), (198), 209, 210, 304, 310, 354, 452, 462, (474)
48	Bundeszentralregistergesetz	18.3.1971	243	260
49	Gesetz zur Änderung des GVG	8.9.1971	1513	(13b)
50	Zwölftes Strafrechtsänderungsgesetz	16.12.1971	1979	100a
51	Gesetz zur Änderung der Bezeichnungen der Richter und ehrenamtlichen Richter und der Präsidialverfassung des Gerichts	26.5.1972	841, 1973, 496	31, 169, (185), (186), 240, 272, 275, 338, 359, 362
52	Gesetz zur Änderung der StPO	7.8.1972	1361	112, 112a, 116, 122a
53	Waffengesetz	19.9.1972	1797	100a, 276
54	Viertes Gesetz zur Reform des Strafrechts	23.11.1973	1725	100a, 104, 106b, 112a
55	Einführungsgesetz zum StGB (EGStGB)	2.3.1974	469, 502	3, 7, 10, 22, 51, 60, 61, 62, 65, 70, 77, 81c, 92, 94, 95, 97, 100, 100a, (101a), 102, 103, 104, 105, 107, 108, (111), 111a, 111b, 111c, 111d, 111e, 111f, 111g, 111h, 111i, 111k, 111l, 112, 113, 114, 120, 121, 122, 123, 124, 127, 127a, 130, 132, 132a, 134, 140, 142, 153, 153a, 153b, 153c, 153d, 153e, 154, 154a, 154b, 154c, 154e, 158, 160, 163, 172, 176, 200, 207, 209, (212b), 232, 233, 247, 260, 263, 265, 265a, 267, 268a, 268c, 272, (277), (279), (280), (281), (282), (282a), (282b), (282c), (283), (284), 285, 290, 295, 304, 305, (313), 331, (334),

XLV

Änderungen der StPO zeitliche Folge

Lfd Nr	Änderndes Gesetz	Datum	BGBl Teil I Seite	Geänderte Paragraphen der StPO
				358, 359, 362, 363, 364, 371, 373, 374, 375, 376, 380, 384, 388, 389, 393, 395, 396, 405, (406d), 407, 408, 409, 413, (413), 414, 415, 416, (429a), (429b), (429c), (429d), 430, 431, 433, 436, 438, 439, 440, 442, 444, 451, 453, 453a, 453b, 454, 456a, 456b, 457, 458, 459, (459), 459a, 459b, 459c, 459d, 459e, 459f, 459g, 459h, 460, 462, 462a, 463, (463), 463a, 463b, 463c, 463d, 464, 464a, 465, 466, 467, 467a, (472), 472a, 472b, (474)
56	Fünftes Gesetz zur Reform des Strafrechts	18.6.1974	1297	53, 97
57	Erstes Gesetz zur Reform des Strafverfahrensrechts	9.12.1974	3393, 3533	4, 16, (17), 23, 26a, 27, 36, 44, 45, 46, 47, 51, 52, 61, 65, (66), 70, 73, 77, 81c, 87, 91, 98, 100, 104, 110, 111e, 115a, 120, 125, 126, 128, 129, 135, 136, 141, 147, 154a, 156, 159, 161, 161a, 162, 163, 163a, 165, 166, 168, 168a, 168b, 168c, 168d, (168), 169, (169), 169a, (169b), (169c), 170, 173, (178), (179), (180), (181), (182), (183), (184), (185), (187), (188), (189), (190), (191), (192), (193), (194), (195), (196), (197), (198), 199, 200, 201, 202, 203, 204, (208), (212), (212b), 214, 215, 221, 222, 224, 228, 229, 256, 267, 268, 270, 273, 275, 294, 303, 304, 306, 312, 315, 329, 330, 333, 338, 342, 364a, 364b, 367, 369, 377, 385, 395, 396, 397, 399, (400), 401, 407, 408, 411, 412, 430, 441, 450a, 453a, 453c, 454, 462, 464a, 464b, 467, 467a, (471)

zeitliche Folge **Änderungen der StPO**

Lfd Nr	Änderndes Gesetz	Datum	BGBl Teil I Seite	Geänderte Paragraphen der StPO
58	Gesetz zur Entlastung des Landgerichts und zur Vereinfachung des gerichtlichen Protokolls	20.12.1974	3651	304
59	Gesetz zur Ergänzung des Ersten Gesetzes zur Reform des Strafverfahrensrechts	20.12.1974	3686	57, 66c, 66d, 66e, (66e), 137, 138a, 138b, 138c, 138d, 140, 146, 231a, 231b, 241a, 245, 257, (257a), 265, 304, 378
60	Bek der Neufassung	7.1.1975	129, 650	(Neufassung)
61	Gesetz über das Zeugnisverweigerungsrecht der Mitarbeiter von Presse und Rundfunk	25.7.1975	1973, 2164	53, 97, 98, 111m, 111n
62	Gesetz zur Änderung des GKG, des Gesetzes über die Kosten der Gerichtsvollzieher, der BRAGO und anderer Vorschriften	20.8.1975	2189	455a, 457
63	Strafvollzugsgesetz	16.3.1976	581	
64	Fünfzehntes Strafrechtsänderungsgesetz	18.5.1976	1213	53, 97
65	Adoptionsgesetz	2.7.1976	1749	22, 52
66	Gesetz zur Änderung des StGB, der StPO, des GVG, der Bundesrechtsanwaltsordnung und des Strafvollzugsgesetzes	18.8.1976	2181	112, 138a, 138c, 148, 148a, 153c, 153d, 153e
67	Gesetz zur Änderung der StPO	14.4.1978	497	103, 105, 108, 111, 127, 138a, 138b, 138c, 148, 163b, 163c
68	Gesetz zur Änderung des Waffenrechts	31.5.1978	641	100a
69	Strafverfahrensänderungsgesetz 1979	5.10.1978	1645	2, 4, 6a, (13b), 16, (18), 29, 34a, 51, 68, 154, 154a, 168, 168a, 201, 209, 209a, 222a, 222b, 225a, 231c, 245, 249, 267, 270, 273, 304, 324, 325, 336, 338, 407, 408, 450, 453c, 462a
70	Gesetz zur Änderung zwangsvollstreckungsrechtlicher Vorschriften	1.2.1979	127	459g, 463b
71	Achtzehntes Strafrechtsänderungsgesetz	28.3.1980	373	10a, 100a
72	Gesetz über die Prozesskostenhilfe	13.6.1980	677	172, 379, 379a, 396
73	Gesetz zur Neuordnung des Betäubungsmittelrechts	28.7.1981	681	100a, 112a
74	Zwanzigstes Strafrechtsänderungsgesetz	8.12.1981	1329	454
75	Zweites Gesetz zur Änderung des Bundeszentralregistergesetzes	17.7.1984	990	260
76	Dreiundzwanzigstes Strafrechtsänderungsgesetz	13.4.1986	393	260, 453, 454, 454a, 454b, 455, 456a, 458, 462, 462a, 463, 463d
77	Passgesetz und Gesetz zur Änderung der StPO	19.4.1986	537	163d
78	Zweites Gesetz zur Bekämpfung der Wirtschaftskriminalität	15.5.1986	721	374, 444
79	Gesetz zur Änderung des OWiG, des StVG und anderer Gesetze	7.7.1986	977	306, 311, 407
80	Gesetz zur Änderung des Gebrauchsmustergesetzes	15.8.1986	1446	374

Änderungen der StPO zeitliche Folge

Lfd Nr	Änderndes Gesetz	Datum	BGBl Teil I Seite	Geänderte Paragraphen der StPO
81	Opferschutzgesetz	18.12.1986	2496	68a, 140, 245, 374, 377, 379a, 395, 396, 397, 397a, 400, 403, 404, 406, 406d, 406e, 406 f, 406g, 406h, 459a, 472, 473
82	Strafverfahrensänderungsgesetz 1987	27.1.1987	475	25, 35, 35a, 40, 87, 139, 140, 142, 145a, 146, 146a, 153a, 229, 232, 234a, 249, 251, 257, 265, 267, 268, 273, 304, 325, 328, 364b, 373a, 380, 407, 408, 408a, 409, 410, 411, 464, 467a, 469, 473
83	Bek der Neufassung	7.4.1987	1074, 1319	Neufassung
84	Halbleiterschutzgesetz	22.10.1987	2294	374
85	Gesetz zur Änderung der StPO	17.5.1988	606	140, 142
86	Poststrukturgesetz	8.6.1989	1026	100a, 100b
87	Gesetz zur Änderung des StGB und des Versammlungsgesetzes und zur Einführung einer Kronzeugenregelung bei terroristischen Straftaten	9.6.1989	1059	112a
88	Gesetz zur Regelung des Geschäftswertes bei land- und forstwirtschaftlichen Betriebsübergaben und zur Änderung sonstiger kostenrechtlicher Vorschriften	15.6.1989	1082	464c
89	Produktpirateriegesetz	7.3.1990	422	374, 395
90	Gesetz zur Neuregelung des Ausländerrechts	9.7.1990	1354	100a
91	Betreuungsgesetz	12.9.1990	2002	22, 52, 60, 81c
92	Gesetz zur Verbesserung der Überwachung des Außenwirtschaftsverkehrs und zum Verbot von Atomwaffen, biologischen und chemischen Waffen	5.11.1990	2428	100a
93	Rechtspflege-Vereinfachungsgesetz	17.12.1990	2847	304
94	Gesetz zur Änderung des AWG, des StGB und anderer Gesetze	28.2.1992	372	100a, 111b
95	Sechsundzwanzigstes Strafrechtsänderungsgesetz Menschenhandel	14.7.1992	1255	100a
96	Organisierte Kriminalitätsgesetz	15.7.1992	1302	68, 98a, 98b, 98c, 100a, 100b, 100c, 100d, 101, 110a, 110b, 110c, 110d, 110e, 111o, 111p, 112a, 163e, 168a, 200, 222, 443, 457, 459h, 459i, 460, 463a
97	Gesetz zur Einführung eines Zeugnisverweigerungsrechts für Beratung in Fragen der Betäubungsmittelabhängigkeit	23.7.1992	1366	53, 97
98	Schwangeren- und Familienhilfegesetz	27.7.1992	1398	53, 97, 108
99	Gesetz zur Entlastung der Rechtspflege	11.1.1993	50	37, 153, 153a, 244, 313, 322, 322a, 406d, 406h, 407, 408b, 409
100	Ausführungsgesetz Suchtstoffübereinkommen 1988	2.8.1993	1407, 342	10a
101	Kostenrechtsänderungsgesetz 1994	24.6.1994	1325	464b, 464d, 467, 472b

zeitliche Folge **Änderungen der StPO**

Lfd Nr	Änderndes Gesetz	Datum	BGBl Teil I Seite	Geänderte Paragraphen der StPO
102	Einunddreißigstes Strafrechtsänderungsgesetz	27.6.1994	1440	443
103	Postneuordnungsgesetz	14.9.1994	2325	100b
104	Prozesskostenhilfeänderungsgesetz	10.10.1994	2954	397a
105	Markenrechtsreformgesetz	25.10.1994	3082	374, 395
106	Verbrechensbekämpfungsgesetz	28.10.1994	3186	26, 100a, 112, 112a, (212), (212a), (212b), 249, 257a, 267, 411, 417, 418, 419, 420, 474, 475, 476, 477
107	Siebzehntes Gesetz zur Änderung des AbgG und Vierzehntes Gesetz zur Änderung des EuAbgG	4.11.1994	3346	54, 96
108	Schwangeren- und Familienhilfeänderungsgesetz	21.8.1995	1050	53
109	Markenrechtsänderungsgesetz 1996	19.7.1996	1014	374
110	Strafverfahrensänderungsgesetz – DNA-Analyse	17.3.1997	534	81a, 81c, 81e, 81f, 101
111	Justizmitteilungsgesetz	18.6.1997	1430	453
112	Dreiunddreißigstes Strafrechtsänderungsgesetz	1.7.1997	1607	112a, 395
113	Gesetz zur Änderung der Strafprozessordnung	17.7.1997	1822	127b
114	Gesetz zur Bekämpfung der Korruption	13.8.1997	2038	374
115	Zweite Zwangsvollstreckungsnovelle	17.12.1997	3039	463b
116	Begleitgesetz zum Telekommunikationsgesetz	17.12.1997	3108	99, 100a, 100b
117	Gesetz zur Bekämpfung von Sexualdelikten und anderen gefährlichen Straftaten	26.1.1998	160	304, 454, 454a, 463
118	Sechstes Gesetz zur Reform des Strafrechts	26.1.1998	164	100a, 112, 112a, 154e, 374, 380, 395, 443
119	Gesetz zur Änderung des StVG und anderer Gesetze	24.4.1998	747	111a, 153a, 268c, 463b
120	Zeugenschutzgesetz	30.4.1998	820	58a, 68b, 168e, 247a, 255a, 395, 397a, 406g, 406h
121	Gesetz zur Verbesserung der Bekämpfung der Organisierten Kriminalität	4.5.1998	845	100a, 100c, 100d, 100e, 100f, 101, 111b, 110o, 111p
122	Gesetz über die Berufe der Psychologischen Psychotherapeuten und des Kinder- und Jugendlichenpsychotherapeuten, zur Änderung des Fünften Buches Sozialgesetzbuch und anderer Gesetze	16.6.1998	1311	53, 97
123	Gesetz zur Reform des strafrechtlichen Wiederaufnahmerechts	9.7.1998	1802	359
124	Drittes Gesetz zur Änderung der Bundesnotarordnung und anderer Gesetze	31.8.1998	2585	53, 138c
125	DNA-Identitätsfeststellungsgesetz	7.9.1998	2646	81g
126	Gesetz zur strafverfahrensrechtlichen Verankerung des Täter-Opfer-Ausgleichs und zur Änderung des Gesetzes über Fernmeldeanlagen	20.12.1999	2491	153a, 155a, 155b, 172
127	Strafverfahrensänderungsgesetz 1999	2.8.2000	1253	100a, 110e, 131, 131a, 131b, 131c, 147, 160, 161, 163, 163f, 385,

Änderungen der StPO

zeitliche Folge

Lfd Nr	Änderndes Gesetz	Datum	BGBl Teil I Seite	Geänderte Paragraphen der StPO
128	Fünftes Gesetz zur Änderung des Strafvollzugsgesetzes	27.12.2000	2043	406e, 456a, 477, 478, 479, 480, 481, 482, 483, 484, 485, 486, 487, 488, 489, 490, 491, 492, 493, 494, 495 454
129	Lebenspartnerschaftsgesetz	16.2.2001	266	22, 52, 149, 361, 395, 404
130	Gesetz zur Änderung des Bundesdatenschutzgesetzes und anderer Gesetze	18.5.2001	904	486
131	Zustellungsreformgesetz	25.6.2001	1206	37
132	Gesetz zur Einführung des Euro in Rechtspflegesachen und in Gesetzen des Straf- und Ordnungswidrigkeitenrechts, zur Änderung der Mahndruckverordnungen sowie zur Änderung weiterer Gesetze	13.12.2001	3574	304, 463c
133	Gesetz zur Bereinigung von Kostenregelungen auf dem Gebiet des geistigen Eigentums	13.12.2001	3656	374
134	Gesetz zur Änderung der Strafprozessordnung	20.12.2001	3879, 3231, 1841, 3198	100g, 100h, 101
135	Gesetz zur Änderung der Strafprozessordnung	15.2.2002	682	53, 53a, 97
136	Zuwanderungsgesetz	20.6.2002	1946	*Änderungen nichtig gem. BverfG Urt v 18.12.2002 – 2 BvF 1/02 –*
137	Gesetz zur Ausführung des Römischen Statuts des Internationalen Strafgerichtshofes vom 17.7.1998	21.6.2002	2144	154b, 456a
138	Gesetz zur Einführung des Völkerstrafgesetzbuches	26.6.2002	2254	100a, 100c, 112, 153c, 153f
139	OLG-Vertretungsänderungsgesetz	23.7.2002	2850	66e, 140, 259, 464b, 464c
140	Gesetz zur Änderung des Ordnungswidrigkeitenverfahrensrechts	26.7.2002	2864, 3516	479
141	Gesetz zur Änderung der Strafprozessordnung	6.8.2002	3018	81f, 100h, 100i, 111f
142	Gesetz zur Einführung der vorbehaltenen Sicherungsverwahrung	21.8.2002	3344	246a, 260, 267, 268d, 275a, 454
143	Vierunddreißigstes Strafrechtsänderungsgesetz	22.8.2002	3390	100c, 103, 111, 112, 138a, 148, 153c, 443
144	Sechstes Gesetz zur Änderung des Strafvollzugsgesetzes	5.10.2002	3954	100a
145	Gesetz zur Neuregelung des Waffenrechts	11.10.2002	3970	100a, 100c, 443, 492
146	Gesetz zur Regelung des Urheberrechts in der Informationsgesellschaft	10.9.2003	1774	374, 395
147	Gesetz zur Modernisierung der gesetzlichen Krankenversicherung	14.11.2003	2190	97
148	Gesetz zur Umsetzung des Rahmenbeschlusses des Rates vom 13. Juni 2002 zur Terrorismusbekämpfung und zur Änderung anderer Gesetze	22.12.2003	2836	112

zeitliche Folge   **Änderungen der StPO**

Lfd Nr	Änderndes Gesetz	Datum	BGBl Teil I Seite	Geänderte Paragraphen der StPO
149	Fünfunddreißigstes Strafrechtsänderungsgesetz	22.12.2003	2838	100c
150	Gesetz zur Änderung der Vorschriften über die Straftaten gegen die sexuelle Selbstbestimmung und zur Änderung anderer Vorschriften	27.12.2003	3007	68b, 81e, 81g, 88, 100a, 153c, 255a, 397a
151	Geschmacksmusterreformgesetz	12.3.2004	390	374, 395
152	BverfGE – 1 BvR 2378/98, 1 BvR 1084, 99 –	3.3.2004	470	100c, 100d, 100f, 101
153	Kostenrechtsmodernisierungsgesetz	5.5.2004	718	71, 84, 304, 379a
154	Telekommunikationsgesetz	22.6.2004	1190	100b
155	Opferrechtsreformgesetz	24.6.2004	1354	48, 58, 58a, 81d, 136, 138c, 214, 243, 247a, 273, 323, 395, 397a, 403, 404, 405, 406, 406a, 406b, 406d, 406 f, 406g, 406h, 473
156	Gesetz gegen den unlauteren Wettbewerb	3.7.2004	1414	374
157	Gesetz zur Einführung der nachträglichen Sicherungsverwahrung	23.7.2004	1838	275a, 463
158	Aufenthaltsgesetz	30.7.2004	1950	100a, 100c
159	1. Justizmodernisierungsgesetz	24.8.2004	2198	40, 57, 59, 61, 62, 63, 64, 65, 66, 68a, 79, 81a, 81c, 98, 100b, 100d, 100i, 105, 110, 111, 111e, 111 f, 111l, 131, 131c, 132, 163d, 163 f, 168a, 223, 226, 229, 234a, 247a, 251, 256, 271, 286, 314, 341, 354, 374, 380, 411, 418, 468
160	Gesetz zur effektiveren Nutzung von Dateien im Bereich der Staatsanwaltschaften	10.9.2004	2318	484, 488, 491, 492, 493, 494, 495
161	Anhörungsrügengesetz	9.12.2004	3220	33a, 356a
162	Gesetz zur Überarbeitung des Lebenspartnerschaftsrechts	15.12.2004	3396	52
163	37. Strafrechtsänderungsgesetz (Menschenhandel)	11.2.2005	239	68b, 100a, 100c, 154c, 255a, 395, 397a
164	Justizkommunikationsgesetz	22.3.2005	837	41a
165	Gesetz zur Umsetzung des Urteils des BVerfG vom 3. März 2004	24.6.2005	1841	100c, 100d, 100e, 100 f 100i, 101, 110e, 163d, 477
166	Gesetz zur Novellierung der forensischen DNA-Analyse	12.8.2005	2360	81 f, 81g, 81h
167	Gesetz zur Stärkung der Rückgewinnungshilfe und der Vermögensabschöpfung bei Straftaten	24.10.2006	2350	111b, 111e, 111 f, 111g, 111h, 111i, 111k, 291, 292, 293, 310, 371, 409
168	Gesetz zur Errichtung und Regelung der Aufgaben des Bundesamtes für Justiz	17.12.2006	3171	492
169	2. Justizmodernisierungsgesetz	22.12.2006	3416	47, 116a, 176, 267, 357, 379, 454, 454a, 454b, 459a
170	Gesetz zur Strafbarkeit beharrlicher Nachstellungen (40. StrÄndG)	22.3.2007	354	112a, 374, 395

Änderungen der StPO — zeitliche Folge

Lfd Nr	Änderndes Gesetz	Datum	BGBl Teil I Seite	Geänderte Paragraphen der StPO
171	Gesetz zur Stärkung der Selbstverwaltung der Rechtsanwaltschaft	26.3.2007	358	138, 142
172	Gesetz zur Reform der Führungsaufsicht und zur Änderung der Vorschriften über die nachträgliche Sicherungsverwahrung	13.4.2007	513	406d, 463, 463a
173	Gesetz zur Sicherung der Unterbringung in einem psychiatrischen Krankenhaus und in einer Entziehungsanstalt	16.7.2007	1327	126a, 246a, 358, 463
174	2. Gesetz zur Bereinigung von Bundesrecht im Zuständigkeitsbereich des BMJ	23.11.2007	2614	100a
175	Gesetz zur Neuregelung der Telekommunikationsüberwachung und anderer verdeckter Ermittlungsmaßnahmen sowie zur Umsetzung der Richtlinie 2006/24/EG	21.12.2007	3198	58a, 97, 98, 98b, 100, 100a, 100b, 100c, 100d, 100e, 100f, 100g, 100h, 100i, 101, 108, 110, 110b, (110d), (110e), 155b, 160a, 161, 162, 163d, 163e, 163f, 304, 474, 476, 477, 478, 479, 480, 481
176	Gesetz zur Neuregelung des Grundstoffüberwachungsrechts	11.3.2008	306	100a
177	Gesetz zur Einführung der nachträglichen Sicherungsverwahrung bei Verurteilungen nach Jugendstrafrecht	8.7.2008	1212	275a
178	Gesetz zur Umsetzung des Rahmenbeschlusses des Rates der Europäischen Union zur Bekämpfung der sexuellen Ausbeutung von Kindern und der Kinderpornographie	31.10.2008	2149	100a, 255a
179	Gesetz zum Schengener Informationssystem der zweiten Generation	6.6.2009	1226	163e
180	Gesetz zur Änderung der StPO	26.6.2009	1597	53, 97
181	Viertes Gesetz zur Änderung des Sprengstoffgesetzes	17.7.2009	2062	492
182	Gesetz zur Reform der Sachaufklärung in der Zwangsvollstreckung	29.7.2009	2258	463b
183	Gesetz zur Änderung des Untersuchungshaftrechts	29.7.2009	2274	98, 114a, 114b, 114c, 114d, 114e, 115, 115a, 116b, 117, 119, 119a, 126, 126a, 127, 127b, 140, 141, 147, 148, 162, 163c, 275a, 406e, 453c, 477
184	Gesetz zur Stärkung der Rechte von Verletzten und Zeugen im Strafverfahren (2. Opferrechtsreformgesetz)	29.7.2009	2280	48, 57, 58, 58a, 60, 68, 68a, 68b, 81c, 111l, 112a, 138, 142, 147, 154f, 158, 161a, 163, 163a, 200, 201, 214, 222, 241a, 243, 247, 255a, 395, 397, 397a, 406d, 406e, 406f, 406g, 406h, 473a, 478
185	Gesetz zur Regelung der Verständigung im Strafverfahren	29.7.2009	2353	35a, 44, 160b, 202a, 212, 243, 257b, 257c, 267, 273, 302
186	Gesetz zur Verfolgung der Vorbereitung von schweren staatsgefährdenden Gewalttaten	30.7.2009	2437	100a, 100c, 103, 111, 112a, 443

Änderungen der StPO

zeitliche Folge

Lfd Nr	Änderndes Gesetz	Datum	BGBl Teil I Seite	Geänderte Paragraphen der StPO
187	BverfGE – 1 BvR 256/08, 1 BvR 263/08, 1 BvR 586/08 –	2.3.2010	272	100g
188	Gesetz zur Stärkung des Vertrauensverhältnisses zu Rechtsanwälten im Strafprozessrecht	22.12.2010	2261	160a
189	Gesetz zur Neuordnung des Rechts der Sicherungsverwahrung und zu begleitenden Regelungen	22.12.2010	2300	140, 141, 268d, 275a, 454, 462a, 463, 463a
190	Gesetz zur Bekämpfung der Zwangsheirat und zum Schutz der Opfer von Zwangsheirat sowie zur Änderung weiterer aufenthalts- und asylrechtlicher Vorschriften	23.6.2011	1266	397a
191	Gesetz zur Änderung von Vorschriften über Verkündung und Bekanntmachungen sowie der ZPO, der EGZPO und der AO	22.12.2011	3044	111e, 111i, 291, 292, 293, 371
192	Gesetz zur Stärkung der Pressefreiheit im Straf- und Strafprozessrecht	25.6.2012	1374	97
193	Gesetz über die Vereinfachung des Austauschs von Informationen und Erkenntnissen zwischen den Strafverfolgungsbehörden der Mitgliedstaaten der Europäischen Union	21.7.2012	1566	478, 481
194	Gesetz zur Stärkung der Täterverantwortung	15.11.2012	2298	153a
195	Gesetz zur bundesrechtlichen Umsetzung des Abstandsgebotes im Recht der Sicherungsverwahrung	5.12.2012	2425	463
196	Gesetz für einen Gerichtsstand bei besonderer Auslandverwendung der Bundeswehr	21.1.2013	89	11a, 12
197	Gesetz zur Intensivierung des Einsatzes von Videokonferenztechnik im gerichtlichen und staatsanwaltlichen Verfahren	25.4.2013	935	58b, 118a, 138d, 163, 163a, 233, 247a, 462
198	Gesetz zur Modernisierung des Außenwirtschaftsrechts	6.6.2013	1482	100a, 443
199	Gesetz zur Änderung des Telekommunikationsgesetzes und zur Neuregelung der Bestandsdatenauskunft	20.6.2013	1602	100j
200	Gesetz zur Stärkung der Rechte von Opfern sexuellen Missbrauchs (StoRMG)	26.6.2013	1805	58a, 69, 140, 141, 142, 153a, 246a, 255a, 268, 397a, 406d, 453, 454
201	Gesetz zur Stärkung der Verfahrensrechte von Beschuldigten im Strafverfahren	2.7.2013	1938	37, 114b, 136, 163a, 168b
202	Drittes Gesetz zur Änderung des Tierschutzgesetzes	4.7.2013	2182	407
203	Fünftes Gesetz zur Änderung des StVG und anderer Gesetze	28.8.2013	3313	153a
204	Gesetz zur Änderung des Prozesskostenhilfe- und Beratungshilferechts	31.8.2013	3533	397a
205	47. Strafrechtsänderungsgesetz	24.9.2013	3671, 12	395, 397a
206	Gesetz zur Modernisierung des Geschmacksmustergesetzes sowie zur Änderung der Regelungen über die Bekanntmachungen zum Ausstellungsschutz	10.10.2013	3799	374, 395
207	48. Strafrechtsänderungsgesetz	23.4.2014	410	100a, 121, 169, 172
208	49. Strafrechtsänderungsgesetz	21.1.2015	10	100a, 100c, 255a, 374

LIII

Änderungen der StPO zeitliche Folge

Lfd Nr	Änderndes Gesetz	Datum	BGBl Teil I Seite	Geänderte Paragraphen der StPO
209	Gesetz zur Änderung der Verfolgung der Vorbereitung von schweren staatsgefährdenden Gewalttaten	12.6.2015	926	100a, 100c, 103, 111, 112a, 443
210	Gesetz zur Stärkung des Rechts des Angeklagten auf Vertretung in der Berufungsverhandlung und über die Anerkennung der Abwesenheitsentscheidungen in der Rechtshilfe	17.7.2015	1332	111o, 111p, 230, 234, 267, 314, 329, 330, 340, 341, 350, 378, 411, 412, 459i
211	Gesetz zur Neubestimmung des Bleiberechts und der Aufenthaltsbeendigung	27.7.2015	1386	154b, 456a, 458
212	Zehnte Zuständigkeitsanpassungsverordnung	31.8.2015	1474	484, 494
213	Asylverfahrensbeschleunigungsgesetz	20.10.2015	1722	100a, 100c
214	Gesert zur Verbesserung der Zusammenarbeit im Bereich des Verfassungsschutzes	17,11,2915	1938	492
215	Gesetz zur Bekämpfung der Korruption	20.11.2015	2025	100a, 100c
216	Gesetz zur Bekämpfung von Doping im Sport	10.12.2015	2210	100a
217	Gesetz zur Einführung einer Speicherpflicht und einer Höchstspeicherfrist für Verkehrsdaten	10.12.2015	2218	3, 60, 68b, 97, 100g, 100j, 101, 101a, 101b, 102, 138a, 160a, 304, 477
218	Gesetz zur Neuordnung des Rechts der Syndikusanwälte und zur Änderung der FGO	21.12.2015	2517	53
219	3. Opferrechtsreformgesetz	21.12.2015	2525	48, 140, 158, 161a, 163, 171, 214, 397, 397a, 406d, 406g, 406h, 406p, 406j, 406k, 406l, 464b, 465, 472, 473
220	Gesetz zur Novellierung des Rechts der Unterbringung in einem psychiatrischen Krankenhaus gemäß § 63 StGB und zur Änderung anderer Vorschriften	8.7.2016	1610	463
221	Gesetz zur Verbesserung der Bekämpfung des Menschenhandels und zur Änderung des BZRG sowie des 8.Buchs Sozialgesetzbuch	14.10.2016	2226	100a, 100c, 100g, 154c, 397a
222	50. Gesetz zur Änderung des StGB	4.11.2016	2460	53, 100a, 100c, 100g, 112a, 255a, 395, 397a
223	Gesetz zur Durchführung der VO (EU) Nr. 655/2014 sowie zur Änderung sonstiger Vorschriften	21.11.2016	2591	111f, 459, 459g
224	Gesetz zur Bekämpfung der Verbreitung neuer psychoaktiver Stoffe	21.11.2016	2615	100a, 112a
225	Gesetz zur Änderung des Völkerstrafgesetzbuches	22.12.2016	3150	100a, 100c, 100g, 112, 153f
226	Gesetz zur Ausland-Ausland-Fernmeldeaufklärung des Bundesnachrichtendienstes	30.12.2016	3346	474, 492
227	Gesetz zur Verbesserung des Schutzes gegen Nachstellungen	9.3.2017	386	374
228	51. Gesetz zur Änderung des StGB	11.4.2017	815	100a
229	Gesetz zur Reform der strafrechtlichen Vermögensabschöpfung	13.4.2017	872, 1094	94, 111b, 111c, 111d, 111e, 111f, 111g, 111h, 111i, 111j, 111k, 111l, 111m, 111n, 111o,

zeitliche Folge **Änderungen der StPO**

Lfd Nr	Änderndes Gesetz	Datum	BGBl Teil I Seite	Geänderte Paragraphen der StPO
230	Gesetz zur Änderung des StGB – Ausweitung des Maßregelrechts bei extremistischen Straftätern	11.6.2017	1612	111p, 111q, 421, 422, 423, 424, 425, 426, 427, 428, 429, 430, 431, 432, 433, 434, 435, 436, 437, 438, 439, 440, 441, 442, 444, 459g, 459i, 459j, 459k, 459l, 459m, 459n, 459o 463a
231	Gesetz zur Änderung des Sicherheitsüberprüfungs G	16.6.2017	1634	492
232	Gesetz zur Einführung der elektronischen Akte in der Justiz und zur weiteren Förderung des elektronischen Rechtsverkehrs	5.7.2017	2208	32, 32a, 32b, 32c, 32d, 32e, 32f, 41, 41a, 58a, 112a, 114b, 114d, 118a, 138d, 145a, 147, 155b, 168a, 168b, 229, 232, 234, 244, 249, 250, 251, 255a, 256, 266, 268, 273, 275, 314, 323, 325, 329, 341, 350, 378, 381, 385, 387, 404, 406e, 411, 420, 434, 474, 475, 476, 477, 482, 489, 496, 497, 498, 499
233	Gesetz zur Änderung des Strafgesetzbuches – Umsetzung des Rahmenbeschlusses 2008/841/JI des Rates zur Bekämpfung der organisierten Kriminalität	17.7.2017	2440	100c, 100g
234	Gesetz zur Änderung des Strafgesetzbuches – Wohnungseinbruchdiebstahl	17.7.2017	2442	100g, 395
235	eIDAS-DurchführungsG	18.7.2017	2745	41a
236	Gesetz zur effektiveren und praxistauglicheren Ausgestaltung des Strafverfahrens	17.8.2017	3202, 3630, 2146	26, 26a, 29, 81a, 81e, 81h, 100a, 100b, 100c, 100d, 100e, 100f, 100i, 101, 101a, 101b, 136, 141, 153a, 160a, 161, 163, 163a, 163d, 163e, 163f, 213, 243, 244, 251, 254, 256, 265, 347, 374, 454b, 458, 464b, 477, 481, 487
237	Gesetz zur Stärkung der Verfahrensrechte von Beschuldigten im Strafverfahren und zur Änderung des Schöffenrechts	27.8.2017	3295	58, 114b, 114c, 136, 163a, 168b, 168c, 406h
238	Gesetz zur Neuregelung des Schutzes von Geheimnissen bei der Mitwirkung Dritter an der Berufsausübung schweigepflichtiger Personen	30.10.2017	3618	53, 53a, 97, 160a
239	Gesetz zur Stärkung des Rechts des Angeklagten auf Anwesenheit in der Verhandlung	17.12.2018	2571	32a, 35a, 40, 231, 329, 350, 356a
240	Gesetz zur Umsetzung des Gesetzes zur Einführung des Rechts auf Eheschließung für Personen gleichen Geschlechts	18.12.2018	2639	52

Änderungen der StPO

zeitliche Folge

Lfd Nr	Änderndes Gesetz	Datum	BGBl Teil I Seite	Geänderte Paragraphen der StPO
241	Gesetz zur Umsetzung der RL (EU) 2016/943 zum Schutz von Geschäftsgeheimnissen vor rechtswidrigem Erwerb sowie rechtswidriger Nutzung und Offenlegung	18.4.2019	466	374, 395
242	Gesetz zur Stärkung der Rechte von Betroffenen bei Fixierungen im Rahmen von Freiheitsentziehungen	19.6.2019	840	126
243	Gesetz zur Einführung einer Karte für Unionsbürger und Angehörige des Europäischen Wirtschaftsraums mit Funktion zum elektronischen Identitätsnachweis sowie zur Änd. des PersonalausweisG und weiterer Vorschriften	21.6.2019	846, 1626	32c
244	Gesetz gegen illegale Beschäftigung und Sozialleistungsmissbrauch	11.7.2019	1066	100a
245	Gesetz zur Reform der Psychotherapeutenausbildung	15.11.2019	1604	53
246	Gesetz zur Umsetzung der RL (EU) 2016/680 im Strafverfahren sowie zur Anpassung datenschutzrechtlicher Bestimmungen an die VO (EU) 2016/679	20.11.2019	1724	81f, 97, 100f, 100g, 100h, 100j, 101, 101b, 110a, 119, 155b, 161, 163d, 163f, 406d, 406e, 475, 476, 477, 478, 479, 480, 481, 483, 484, 485, 486, 487, 488, 489, 490, 491, 492, 493, 494, 495, 496, 500
247	Gesetz zur Modernisierung des Strafverfahrens	10.12.2019	2121	25, 26, 29, 58a, 68, 81e, 81g, 100a, 219, 222a, 222b, 229, 244, 245, 255a, 338, 397a, 397b, 481, 487
248	Gesetz zur Neuregelung des Rechts der notwendigen Verteidigung	10.12.2019	2128	58, 68b, 114b, 118a, 136, 138c, 140, 141, 141a, 142, 143, 143a, 144, 145, 168b, 304, 397a, 406g, 406h, 408b, 428
249	Gesetz zur Stärkung der Verfahrensrechte von Beschuldigten im Jugendstrafverfahren	9.12.2019	2146	136
250	Gesetz zur Umsetzung der ÄndRL zur Vierten EU-GeldwäscheRL	12.12.2019	2602	492
251	Gesetz zur Regelung des Sozialen Entschädigungsrechts	12.12.2019	2652	406j
252	Gesetz zur Änderung des Strafgesetzbuches – Versuchsstrafbarkeit des Cybergroomings	3.3.2020	431	110d

2. Nach Paragraphen geordnet

StPO § ...[1]	Nr des ändernden Gesetzes[2]	StPO § ...[1]	Nr des ändernden Gesetzes[2]
2	69	47	57, 167
3	55, 214	48	10, 153, 182, 216
4	29, 57, 69	49	10, 29
(5a)	18, 23, 29	50	2, 10, 16, 29
6a	69	51	5, 10, 55, 57, 69
7	3, 33, 55	52	10, 57, 65, 91, 129, 160, 236
8	29	53	10, 13, 29, 33, 38, 56, 61, 64, 97, 98, 108, 122, 124, 135, 178, 215, 219, 233
(8a)	24, 29		
9	29, 33	53a	33, 135, 233
10	29, 33, 43, 55	54	10, 16, 29, 107
10a	71, 100	55	10, 29, 43
11	1, 29	56	10
11a	193	57	10, 19, 27, 29, 59, 157, 182
12	193	58	10, 19, 153, 182, 232, 241
13a	33	58a	120, 153, 173, 182, 197, 228, 240
(13b)	49, 69	58b	194
16	10, 22, 26, 29, 38, 57, 69	59	10, 19, 27, 29, 157
(17)	22, 29, 57	60	10, 19, 46, 55, 91, 182, 214
(18)	29, 69	61	10, 19, 27, 29, 46, 55, 57, 157
22	8, 55, 65, 91, 129	62	19, 27, 29, 55, 157
23	10, 38, 57	63	10, 19, 29, 157
25	29, 38, 82, 239	64	19, 29, 157
26	38, 106, 231, 239	65	10, 19, 55, 57, 157
26a	38, 57, 231	66	157
27	10, 28, 29, 38, 57	(66)	10, 19, 29, 57
28	28, 29, 38	(66a)	10, 19, 157
29	69, 231, 239	(66b)	19, 27, 29, 157
30	28, 29	(66c)	10, 19, 29, 59, 157
31	10, 14, 28, 29, 51	(66d)	59, 157
32	29, 228	(66e)	10, 19, 29, 59, 138, 157
32a	228	67	10
32b	228	68	10, 69, 96, 182, 240
32c	228	68a	19, 29, 46, 81, 157, 182
32d	228	68b	120, 149, 161, 182, 214, 241
32e	228	69	10, 29, 197
32f	228	70	5, 10, 55, 57
33	38	71	10, 35, 151
33a	38, 159	73	57
34a	69	76	16, 29
35	17, 82	77	5, 10, 29, 55, 57
35a	33, 82, 183	79	19, 27, 29, 157
36	25, 29, 57	80a	18, 46
37	33, 38, 99, 131, 198	81	18, 29
38	25, 29	81a	18, 29, 33, 110, 157, 231
(39)	33	81b	18, 29
40	10, 82, 157	81c	29, 33, 55, 57, 91, 110, 157, 182
41	228	81d	29, 153
(41a)	162, 228	81e	110, 149, 231, 239
43	39	81f	110, 140, 164
44	33, 57, 183	81g	125, 149, 164, 239
45	43, 57	81h	164, 231
46	57	84	35, 151

---

[1]) Die Tabelle geht von der jetzt geltenden Zählung der Paragraphen aus und führt die Änderung einer Vorschrift auch dann bei dem jetzigen Paragraphen an, wenn die Vorschrift zur Zeit der Änderung noch eine andere Bezeichnung hatte. Eine in Klammer gesetzte Zahl gibt die frühere Bezeichnung eines inzwischen weggefallenen Paragraphen wieder.

[2]) Die Zahlen in dieser Spalte verweisen auf die laufende Nummer in Spalte 1 der unter 1. abgedruckten Tabelle der Änderungsgesetze und Verordnungen.

Änderungen der StPO

nach §§ geordnet

StPO § ...	Nr des ändernden Gesetzes	StPO § ...	Nr des ändernden Gesetzes
87	22a, 29, 57, 82	(111g)	55, 165, 226
88	149	111g	226
91	57	(111h)	55, 165, 226
92	55	111h	226
94	55, 226	(111i)	55, 165, 188, 226
95	55	111i	226
96	29, 107	(111j)	226
97	33, 55, 56, 61, 64, 97, 98, 122, 135, 146, 173, 178, 189, 214, 233, 238	111j	226
		(111k)	55, 165, 226
98	28d, 29, 43, 57, 61, 157, 173, 181	111k	226
98a	96	(111l)	55, 57, 157, 182, 226
98b	96, 173	111l	226
98c	96	(111m)	61, 226
99	116	111m	226
100	55, 57, 173	(111n)	61, 226
100a	45, 50, 53, 54, 55, 57, 68, 71, 73, 86, 90, 92, 94, 95, 96, 106, 116, 118, 121, 127, 137, 143, 144, 149, 156, 172, 173, 174, 176, 184, 196, 204, 205, 206, 210, 212, 213, 218, 219, 221, 222, 225, 231, 240	111n	226
		(111o)	96, 121, 207, 226
		111o	
		(111p)	96, 121, 207, 226
		111p	226
		111q	226
		112	22, 29, 38, 46, 52, 55, 66, 106, 118, 137, 142, 147, 222
100b	45, 86, 96, 103, 116, 152, 157, 173, 231	112a	52, 54, 73, 87, 96, 106, 112, 118, 168, 182, 184, 206, 219, 221, 228
100c	96, 121, 137, 142, 144, 148, 161, 163, 173, 184, 205, 206, 210, 212, 218, 219, 222, 231	113	18, 29, 38, 46, 55
		114	13, 38, 55
100d	96, 121, 157, 163, 173, 231	114a	13, 38, 181
100e	121, 163, 173, 231	114b	13, 29, 38, 181, 198, 228, 232, 241
100f	121, 163, 173, 231, 238	114c	181, 232
100g	134, 173, 214, 218, 219, 222, 238	114d	181, 228
100h	134, 140, 173, 238	114e	181
100i	140, 157, 163, 173, 231	115	13, 21, 38, 181
100j	196, 214, 238	115a	13, 38, 57, 181
101	45, 96, 110, 121, 134, 163, 173, 214, 231, 238	116	33, 38, 52
		116a	29, 38, 167
101a	214, 231	116b	181
(101a)	33, 55	117	13, 21, 38, 181
101b	214, 231, 238	118	13, 21, 29, 35, 38
102	55, 214	118a	13, 21, 29, 38, 194, 228, 241
103	29, 55, 67, 142, 184, 206	118b	13, 21, 29, 38
104	29, 54, 55, 57	119	25, 29, 38, 181, 238
105	28d, 29, 34, 55, 67, 157	119a	181
107	55	120	13, 38, 55, 57
108	55, 67, 98, 173	121	38, 47, 55, 204
110	43, 57, 157, 173	122	38, 47, 55
110a	96, 238	122a	52
110b	96, 173	123	38, 55
110c	96	124	38, 55
110d	96, 173, 252	125	13, 21, 38, 44, 57
(110e)	96, 127, 163, 173	126	13, 21, 29, 38, 57, 181, 237
111	67, 142, 157, 184, 206	126a	18, 38, 171, 181
(111)	55	127	18, 55, 67, 181
111a	32, 37, 43, 55, 119	127a	43, 55
(111b)	55, 94, 121, 165, 226	127b	113, 181
111b	226	128	18, 29, 38, 44, 57
(111c)	55, 226	129	18, 29, 57
111c	226	130	38, 55
(111d)	55, 226	131	13, 18, 38, 127, 157
111d	226	131a	127
(111e)	55, 157, 165, 188, 226	131b	127
111e	226	131c	127, 157
(111f)	55, 140, 157, 165, 220, 226	132	43, 55, 157
111f	226		

Änderungen der StPO

StPO § ...	Nr des ändernden Gesetzes	StPO § ...	Nr des ändernden Gesetzes
(132)	13	163a	38, 57, 182, 194, 198, 231, 232
132a	55	163b	67
134	55	163c	67, 181
135	57	163d	77, 157, 163, 173, 238
136	38, 57, 153, 198, 231, 232, 239, 241	163e	96, 173, 177
136a	29	163f	127, 157, 173, 238
137	59	164	10
138	169, 182	165	10, 44, 57
138a	59, 66, 67, 142, 214	166	10, 57
138b	59, 67	167	10
138c	59, 66, 67, 124, 241	168	57, 69
138d	59, 194	168a	57, 69, 96, 157, 228
139	10, 82	168b	57, 198, 232, 241
140	10, 18, 22a, 22b, 22e, 23, 28d, 29, 38, 46, 47, 55, 59, 81, 82, 85, 138, 181, 186, 197, 216, 241	168c	57, 232
		168d	57
		168e	120
141	23, 29, 38, 57, 181, 186, 197, 231, 241	(168)	10, 14, 57
141a	241		
142	23, 29, 38, 55, 82, 85, 169, 182, 197, 241	169	30, 47, 51, 57, 204
143	241		
143a	241		
144	29, 241	(169)	10, 38, 57
145	18, 29	169a	38, 57
145a	38, 82, 228	(169b)	38, 57
146	17, 59, 82	(169c)	38, 57
146a	82	170	10, 29, 33, 57
147	16c, 22e, 38, 57, 127, 181, 182, 228	(170a)	22
(147a)	29	171	10, 28d, 29, 33, 216
148	13, 16c, 18, 22e, 26, 33, 38, 66, 67, 142, 181	172	10, 25, 29, 33, 44, 47, 55, 72, 126, 204
		173	10, 25, 29, 57
148a	66	174	10, 25, 29
149	1, 18, 29, 129	175	10, 25, 29, 38
(150)	33, 35	176	10, 25, 29, 55, 167
152	25, 29, 33, 35	177	10, 25, 29
152a	33	(178)	10, 22, 29, 47, 57
153	10, 16b, 25, 29, 33, 38, 55, 99	(179)	10, 22, 29, 57
153a	55, 82, 99, 119, 126, 191, 197, 200, 231	(180)	10, 22, 29, 57
		(181)	10, 22, 29, 57
153b	30, 55	(182)	10, 22, 29, 57
153c	24, 29, 30, 44, 47, 55, 66, 137, 142, 149	(183)	10, 22, 29, 57
		(184)	10, 22, 29, 57
153d	44, 47, 55, 66	(185)	10, 51, 57
153e	34, 36, 44, 47, 55, 66	(186)	10, 22, 29, 47, 51
153f	137, 222	(187)	10, 14, 57
154	10, 18, 29, 33, 55, 69	(188)	10, 14, 33, 57
154a	38, 55, 57, 69	(189)	10, 57
154b	15, 18, 20, 29, 33, 55, 136, 208	(190)	10, 29, 57
154c	22, 29, 33, 55, 161, 218	(191)	10, 57
154d	29, 33, 38	(192)	10, 38, 57
154e	55, 118	(193)	10, 19, 29, 57
154f	182	(194)	10, 57
155	10	(195)	10, 25, 29, 57
155a	126	(196)	10, 57
155b	126, 173, 228, 238	(197)	10, 29, 38, 57
156	10, 26, 29, 57	(197a)	4, 6, 10
157	10, 29	(198)	10, 26, 29, 47, 57
158	10, 55, 182, 216	(198a)	34
159	10, 57	199	10, 26, 29, 57
160	10, 18, 20, 33, 55, 127	200	6, 10, 13, 28, 29, 38, 55, 57, 96, 182
160a	173, 214, 231, 233	201	6, 10, 13, 22, 26, 29, 38, 57, 69, 182

Änderungen der StPO

nach §§ geordnet

StPO § ...	Nr des ändernden Gesetzes
160b	183
161	10, 29, 38, 57, 127, 173, 231, 238
161a	57, 182, 216
162	10, 57, 173, 181
163	10, 29, 38, 55, 57, 127, 182, 194, 216, 231
206	10, 26, 29
206a	10, 26, 29
206b	54
207	10, 18, 26, 29, 38, 55
(208)	10, 26, 29, 38, 57
209	10, 26, 29, 38, 46, 47, 55, 69
209a	69
210	10, 26, 29, 47
211	10, 26, 29
212	183
(212)	10, 16b, 22a, 22e, 23, 29, 38, 57, 106
(212a)	22e, 29, 106
(212b)	22e, 29, 32, 46, 55, 57, 106
213	10, 26, 29, 231
214	10, 25, 29, 57, 153, 182, 216
215	10, 26, 29, 38, 57
216	10
217	10, 28, 29, 38
218	10, 13, 17, 59
219	10, 239
220	10, 14, 25, 29
221	10, 57
222	10, 25, 29, 57, 96, 182
222a	69, 240
222b	69, 240
223	10, 19, 27, 29, 157
224	10, 57
225	10
225a	69
226	10, 25, 29, 157
227	10
228	10, 28d, 29, 57
229	10, 16c, 29, 57, 82, 157, 228, 240
230	10, 207
231	10
231a	59
231b	59
231c	69
232	10, 18, 20, 22, 25, 29, 32, 37, 46, 55, 82, 226, 228
233	10, 18, 20, 25, 29, 32, 37, 55, 194, 226
(233a)	18, 25
234	10, 207
234a	82, 157
235	10, 25, 29
236	10
237	10
238	10
239	10, 25, 29
240	10, 29, 51
241	10, 25, 29
241a	59, 182
242	10
243	10, 26, 29, 38, 153, 182, 183, 231
244	10, 22, 22a, 29, 99, 228, 231, 240
245	10, 11, 13, 22, 22a, 29, 69, 240

StPO § ...	Nr des ändernden Gesetzes
202	10, 22, 29, 38, 57
(202)	26, 29
202a	183
203	10, 26, 29, 57
204	10, 26, 29, 57
205	10, 26, 29
250	10, 228
251	10, 28, 29, 82, 157, 228, 231
252	10
253	10
254	10, 231
255	10
255a	120, 149, 161, 176, 182, 197, 205, 219, 228, 239
256	10, 57, 157, 231
257	59, 82
257a	106
(257a)	38, 59
257b	183
257c	183
258	10
259	10, 138
260	10, 18, 20, 25, 29, 33, 48, 55, 75, 76, 141
261	10
262	10
263	10, 18, 20, 33, 55
264	10, 26, 29
265	10, 18, 20, 22, 26, 29, 38, 55, 59, 82, 141
265a	46, 55
266	10, 25, 29, 228
267	6, 10, 18, 20, 26, 29, 33, 37, 46, 55, 57, 69, 82, 106, 141, 167, 183, 207
(267a)	22, 29
(267b)	22, 29
268	10, 13, 29, 33, 57, 82, 197, 228
268a	33, 46, 55
268b	33
268c	43, 55, 119
268d	141, 186
(269a)	29
270	10, 18, 23, 26, 29, 38, 57, 69
271	10, 38, 157
272	28, 29, 43, 51, 55
273	10, 29, 38, 57, 69, 82, 153, 183, 228
(273a)	29
275	6, 10, 29, 38, 51, 57, 228
275a	141, 155, 175, 181, 186
276	10, 22, 29, 53
(276)	10
(277)	10, 22, 29, 46, 55
(278)	10, 22, 29
(279)	10, 22, 26, 29, 55
(280)	10, 22, 29, 55
(281)	10, 22, 29, 55
(282)	29
(282a)	10, 22, 55
(282b)	10, 22, 29, 55
(282c)	22, 29, 55
(283)	10, 55
(284)	10, 55
285	10, 22, 29, 55
(285)	10

nach §§ geordnet # Änderungen der StPO

StPO § …	Nr des ändernden Gesetzes	StPO § …	Nr des ändernden Gesetzes
246	10	286	10, 22, 27, 29, 157
246a	18, 46, 141, 171, 197	(286)	10
247	10, 33, 55, 59, 81, 182	287	10, 22, 29
247a	120, 153, 157, 194	(287)	10
248	10	288	10, 22, 29
249	10, 69, 82, 106, 228	(288)	10
289	10, 22, 29	320	10, 14, 29
(289)	10	321	10
290	10, 22, 29, 55	322	10, 99
(290)	10	322a	99
291	10, 29, 165, 188	323	10, 153, 228
(291)	10	324	10, 33, 69
292	10, 29, 165, 188	325	10, 69, 82, 228
(292)	10	326	10
293	10, 165, 188	327	10
(293)	10	328	10, 38, 82
294	10, 57	329	10, 57, 207
(294)	10	330	10, 29, 57, 207
295	10, 22, 29, 55	331	10, 18, 22, 29, 55
(295)	10	332	10
296	10	333	10, 29, 57
(296)	10	(334)	10, 29, 55
297	10	335	10, 29, 43
(297)	10	336	10, 69
298	10, 22, 29	337	10
(298)	10	338	10, 29, 51, 57, 69, 240
299	10, 18	339	10
(299)	10	340	207
300	10	(340)	10, 13, 29
(300)	10	341	10, 157, 207
301	10	342	10, 57
(301)	10	343	10
302	10, 183	344	10
(302)	10	345	10, 29, 38
303	10, 57	346	10, 33
(303)	10	347	10, 231
304	10, 29, 31, 47, 55, 57, 58, 59, 69, 82, 93, 117, 132, 151, 173, 214, 226, 241	(347a)	22, 29
		348	10
(304)	10	349	7, 10, 29, 38
305	10, 18, 32, 55	350	10, 35, 38, 207
(305)	10	354	10, 29, 30, 38, 47, 157
305a	33, 46	354a	22, 29
306	10, 57, 79	355	10
(306)	10	356	10
307	10	356a	159
(307)	10	357	10, 167
308	10, 33, 38	358	10, 18, 22, 29, 55, 171
(308)	10	359	10, 18, 28, 29, 51, 55, 123
309	10	360	10
(309)	10	361	10, 129
310	10, 18, 29, 47, 165, 226	362	10, 28, 29, 33, 51, 55
(310)	10	363	10, 18, 28, 29, 55
311	10, 38, 79	364	10, 33, 55
(311)	10	364a	57
311a	38	364b	57, 82
312	10, 16c, 29, 57	365	10
(312)	10	366	10
313	99	367	10, 28, 29, 57
(313)	10, 11, 22a, 29, 55	368	10
314	10, 157, 207, 226	369	10, 38, 57
(314)	10	370	10, 28, 29
315	10, 57	371	10, 18, 29, 55, 165, 188
(315)	10	372	10, 38

LXI

Änderungen der StPO

nach §§ geordnet

StPO § ...	Nr des ändernden Gesetzes	StPO § ...	Nr des ändernden Gesetzes
316	10	373	10, 18, 22, 29, 55
(316)	10	373a	28, 29, 82
317	10	374	6, 10, 23a, 30, 40, 42, 46, 55, 78, 80,
(317)	10		81, 84, 89, 105, 109, 114, 118, 133,
318	10		145, 150, 154, 157, 168, 203, 205,
319	10, 33		224, 231
375	10, 55		
376	10, 55	413	55
377	10, 25, 29, 57, 81	(413)	10, 29, 37, 38, 43, 46, 55
378	10, 17, 59, 207	414	55
379a	29, 72, 81, 151	(414)	10, 29
380	10, 29, 55, 82, 118, 157	415	55
381	10, 228	(415)	10, 29
382	10, 25, 29	416	55
383	10, 29, 38	(416)	10, 29
(383a)	29	417	106
384	10, 18, 20, 29, 38, 55	(417)	10, 16c, 29
385	10, 14, 38, 43, 57, 127, 226, 228	418	106, 157
386	10, 25, 29	(418)	10, 29
387	10	419	106
388	7, 10, 25, 29, 55	(419)	10, 16a, 29
389	10, 55	420	106, 228
390	10, 14, 29	(420)	10, 16a, 29
391	10, 33	(421)	10, 16a, 29
392	10	421	226
393	10, 28a, 29, 55	(422)	10, 16a, 23, 29
394	10	422	226
395	10, 25, 29, 30, 33, 44, 55, 57, 81, 89,	(423)	10, 16a, 29
	105, 112, 118, 120, 129, 145, 150,	423	226
	153, 161, 168, 182, 202, 203, 219	(424)	10, 16a, 29
396	10, 38, 43, 55, 57, 72, 81	424	226
397	10, 38, 57, 81, 182, 216	(425)	10, 16a, 29
397a	81, 104, 120, 149, 153, 161, 182, 187,	425	226
	197, 201, 202, 216, 218, 219, 241	(426)	10, 16a, 29
397b	240	426	226
398	10	(427)	10, 16a, 29
399	10, 57	427	226
400	81	(428)	10, 16a, 29
(400)	10, 57	428	226, 241
401	10, 29, 57	(429)	10, 16a, 29
402	10	429	226
403	10, 28, 29, 81, 153	(429a)	18, 55
404	10, 28, 29, 81, 129, 153, 228	(429b)	18, 29, 55
405	28, 29, 55, 153	(429c)	18, 55
406	28, 29, 81, 153	(429d)	18, 55
(406)	10, 28	(429e)	18, 33
406a	28, 29, 153	(430)	43, 55, 57
406b	28, 29, 153	(430)	10, 29, 43
406c	28, 29	430	226
406d	81, 99, 153, 170, 182, 197, 216, 238	(431)	43, 46, 55
(406d)	28, 29, 55	(431)	10, 33, 43
406e	81, 127, 181, 182, 228, 238	431	226
406f	81, 153, 182	(432)	43
406g	216	(432)	10, 33, 43
(406g)	81, 120, 153, 182, 216	432	226
406h	216, 232, 240	(433)	43, 55
(406h)	81, 99, 120, 153, 182, 216	433	226
406i	216	(434)	43
406j	216	(434)	10, 22, 29
406k	216	434	226
406l	216	(435)	43
407	4, 6, 10, 18, 20, 22a, 23, 25, 29, 37,	(435)	10, 12, 22, 29
	38, 43, 55, 57, 69, 79, 82, 99, 199	435	226

Änderungen der StPO

nach §§ geordnet

StPO § ...	Nr des ändernden Gesetzes
408	10, 29, 33, 37, 55, 57, 69, 82
408a	82
408b	99, 240
409	10, 33, 37, 43, 55, 82, 99, 165
410	10, 82
411	10, 57, 82, 106, 157, 207
412	10, 57, 207
(438)	10, 22, 29
438	226
(439)	43, 55
(439)	10, 22, 29
439	226
(440)	43, 55, 226
(440)	10, 22, 29
(441)	43, 57, 226
(441)	10, 22, 29
(442)	43, 55, 226
(442)	10, 22
443	10, 21, 29, 30, 43, 44, 96, 102, 118, 142, 144, 184, 195, 206
(443)	10, 22
444	43, 55, 78, 226
(444)	10, 12, 22
(445)	10, 13, 22
(446)	10, 22
(447)	10, 22
(448)	10, 22
449	10
450	10, 33, 37, 55, 69
450a	57
451	10, 55
452	10, 29, 47
453	33, 46, 55, 76, 111, 197
(453)	10, 29
453a	33, 55, 57
453b	38, 46, 55
453c	57, 69, 181
454	33, 38, 46, 55, 57, 74, 76, 117, 128, 141, 167, 186, 197
(454)	10, 22, 29
454a	76, 117, 167
454b	76, 167, 231
455	10, 76
455a	62
456	10
456a	15, 18, 20, 29, 55, 76, 117, 127, 136, 208
456b	18, 55
456c	18, 29, 55
(456c)	18, 29
457	10, 55, 62, 96
458	10, 18, 29, 55, 76, 208, 231
459	55, 220
(459)	10, 29, 55
459a	55, 81, 167
459b	55
459c	55
459d	55
459e	55
459f	55
(459g)	55, 70, 220, 226
459g	226
(459h)	55, 96, 226
(436)	43, 55
(436)	10, 22, 29
436	226
(437)	43
(437)	10, 22, 29
437	226
(438)	43, 55
459n	226
459o	226
460	10, 46, 55, 96
461	10
462	10, 29, 43, 46, 47, 55, 57, 76, 194
462a	29, 55, 69, 76, 186
463	18, 22, 24a, 29, 32, 37, 55, 76, 117, 155, 170, 171, 186, 192, 217
(463)	10, 28, 29, 55
463a	55, 96, 170, 186, 227
463b	37, 55, 70, 115, 119, 180
463c	55, 132
463d	55, 76
464	10, 29, 43, 55, 82
464a	43, 55, 57
464b	6, 10, 14, 43, 57, 101, 138, 216, 231
464c	88, 138
464d	101
465	10, 18, 20, 31, 43, 55, 216
466	10, 18, 20, 43, 55
467	10, 18, 33, 38, 43, 55, 57, 101
467a	38, 43, 55, 57, 82
468	10, 157
469	10, 29, 43, 82
470	10, 29, 33, 43
(470)	10
471	9, 10, 25, 29, 43
(471)	10, 57
472	81, 216
(472)	10, 25, 29, 38, 43, 55
472a	28, 29, 55
472b	43, 55, 101
473	9, 10, 43, 81, 82, 153, 216
(473)	10
473a	182
474	127, 173, 223, 228
(474)	10, 22, 29, 47, 55
475	127, 228, 238
(475)	10
476	127, 173, 228, 238,
(476)	10
477	127, 163, 173, 181, 214, 231, 238
478	127, 173, 182, 190, 238
479	127, 139, 173, 238
480	127, 173, 238
481	127, 173, 190, 231, 238, 240
482	127, 228
483	127, 238
484	127, 158, 209, 238
485	127, 238
486	127, 130, 238
487	127, 231, 238, 240
488	127, 158, 238
489	228, 238
490	127, 238
491	127, 158, 238

Änderungen der StPO

nach §§ geordnet

StPO § ...	Nr des ändernden Gesetzes	StPO § ...	Nr des ändernden Gesetzes
459h	226	492	106, 127, 144, 158, 166, 179, 211, 223, 238
(459i)	96, 207p	493	127, 158, 238
459i	226	494	106, 127, 158, 209, 238
459j	226	495	106, 127, 158, 238
459k	226	496	228, 238
459l	226	497	228
459m	226	498	228
		499	228
		500	238

II. Gerichtsverfassungsgesetz

1. In zeitlicher Folge[1]

Lfd Nr	Änderndes Gesetz	Datum	RGBl (ab 1922 Teil I) Seite	Geänderte Paragraphen des GVG
1	Gesetz betr. Abänderung des § 137 des GVG	17.3.1886	61	(136), 138
2	Gesetz betr. die unter Ausschluss der Öffentlichkeit stattfindenden Gerichtsverhandlungen	5.4.1888	133	172, 173, 174, 175, 193
3	Gesetz betr. Änderungen des GVG und der StPO	17.5.1898	252	22, 74
4	Gesetz betr. das Flaggenrecht der Kauffahrteischiffe	22.6.1899	319	74
5	Gesetz betr. Änderungen des GVG	5.6.1905	533	24, 74
6	Gesetz betr. die Zuständigkeit des Reichsgerichts	22.5.1910	767	130
7	Gesetz betr. die Entschädigung der Schöffen und Geschworenen	29.7.1913	617	55, (84)
8	Gesetz zur Vereinfachung der Strafrechtspflege	21.10.1917	1037	24, 74
9	Gesetz betr. Aufhebung der Militärgerichtsbarkeit	17.8.1920	1579	34
10	Gesetz zur Entlastung der Gerichte	11.3.1921	229	14, 24, 33, 34, 58, 74, 149, (180)
11	Gesetz zur Erweiterung des Anwendungsgebiets der Geldstrafe und zur Einschränkung der kurzen Freiheitsstrafen	21.12.1921	1604	24
12	Gesetz über die Heranziehung der Frauen zum Schöffen- und Geschworenenamt	25.4.1922	465	29, 31, 34, 35, 40, 45, 49, 55, 56, (84)
13	Gesetz zur weiteren Entlastung der Gerichte	8.7.1922	569	14, (66), (134), 135, 138
14	Gesetz über die Zulassung der Frauen zu den Ämtern und Berufen der Rechtspflege	11.7.1922	573	29, 155
15	Zweites Gesetz zur weiteren Entlastung der Gerichte	27.3.1923	217	14, 24, 125, (134), 135, 138, 139
16	Neunte Ergänzung des Besoldungsgesetzes	18.6.1923	385	130
17	Gesetz zur Vereinfachung der Urliste	11.7.1923	647	36
18	Verordnung zur Entlastung der Gerichte	23.7.1923	742	14, 24
19	Zweite Verordnung zur Entlastung der Gerichte	15.9.1923	884	14, 24
20	Dritte Verordnung zur Entlastung der Gerichte	30.10.1923	1041	14, 24
21	Weitere Verordnung zur Entlastung der Gerichte und über die Gerichtskosten	13.12.1923	1186	14, 24
22	Verordnung über die Vermögensstrafen und Geldbußen	6.2.1924	44	24
23	Verordnung über die Verfahren in bürgerlichen Rechtsstreitigkeiten	13.2.1924	135	76, 122
24	Bek. der Texte des GVG und der StPO	22.3.1924	299	(2), (3), (5), (8), 14, (15), 18, 22, 24, 25, 28, 34,

---

[1] Eine nach Paragraphen geordnete Aufstellung der Änderungen ist hiernach abgedruckt.

Änderungen des GVG zeitliche Folge

Lfd Nr	Änderndes Gesetz	Datum	RGBl (ab 1922 Teil I) Seite	Geänderte Paragraphen des GVG
				35, 49, 53, 55, 56, 58, 59, (62), (64), (66), 70, 73, 74, 76, 77, 78, (79), (80), (81), (82), (83), (84), (85), (86), (87), (88), (89), (90), (91), (92), 120, 121, 122, 125, 130, (134), 135, (136), 139, 140, 142, 143, 147, 148, 149, 152, 153, 154, 160, 178, 196, 197
25	Gesetz zur Änderung des GVG	13.2.1926	99	33
26	Gesetz zur Abänderung des Gesetzes zum Schutze der Republik	31.3.1926	190	(134), (137), 139
27	Gesetz zur Änderung der Bezeichnungen „Gerichtsschreiberei", „Gerichtsschreiber" und „Gerichtsdiener"	9.7.1927	175	153
28	Verordnung über die Abänderung des Wortlauts verschiedener Gesetze und Verordnungen aus Anlass des Fortfalls der Bezeichnungen „Gerichtsschreiberei" und „Gerichtsschreiber"	30.11.1927	334	161
29	Reichsministergesetz	27.3.1930	96	34
30	Verordnung des Reichspräsidenten zum Schutze der Wirtschaft	9.3.1932	121	172, 173, 174
31	Verordnung des Reichspräsidenten über Maßnahmen auf dem Gebiete der Rechtspflege und Verwaltung	14.6.1932	285	35, 36, 40, 42, 44, 45, 49, (51), 52, 77, (90)
32	Verordnung zur Vereinfachung der Zustellungen	17.6.1933	394	(87)
33	Gesetz zur Änderung der Vorschriften des GVG über die Präsidien der Gerichte	4.7.1933	451	(62), (63), (64), (64a), (66), 117, (131)
34	Ausführungsgesetz zu dem Gesetz gegen gefährliche Gewohnheitsverbrecher und über Maßnahmen der Sicherung und Besserung	24.11.1933	1000	26a, 171a
35	Gesetz zur Änderung des GVG	13.12.1934	1233	18, 19, (19), 34, 40, 152, 162
36	Gesetz über die Beseitigung der Gerichtsferien	7.3.1935	352	199, 200, 201, 202
37	Gesetz zur Änderung von Vorschriften des Strafverfahrens und des GVG	28.6.1935	844	(136), (137), 138, 146
38	Verordnung über die Zuständigkeit der Strafgerichte, die Sondergerichte und sonstige strafverfahrensrechtliche Vorschriften	21.2.1940	405	120
39	DVO zur Verordnung über die Zuständigkeit der Strafgerichte, die Sondergerichte und sonstige strafverfahrensrechtliche Vorschriften	13.3.1940	489 BGBl (ab 1951 Teil I Seite)	24, 25, 26, 26a, 28, (79), (80), (81), (82), (83), (84), (85), (86), (87), (88), (89), (90), (91), (92), (134), 139
40	Gesetz zur Wiederherstellung der Rechtseinheit auf dem Gebiete der Gerichtsverfassung, der bürgerlichen Rechtspflege, des Strafverfahrens und des Kostenrechts	12.9.1950	455, 515	(2), (5), (6), (8), 10, (11), 12, 14, (15), 17a, 18, 19, 21i, 22, (22a), (22b), 22d, 24, 25, 26, 28, 29, 30, 32, 33, 34, 35, 36, 37, 38, 39, 40, 41, 42,

zeitliche Folge **Änderungen des GVG**

Lfd Nr	Änderndes Gesetz	Datum	BGBl Teil I Seite	Geänderte Paragraphen des GVG
				43, 44, 45, 46, 48, 49, 50, (51), 52, 53, 55, 56, 57, 58, (61), (62), (63), (64), (64a), (66), (67), 70, 73, 74, 76, 78, (79), (80), (81), (82), (83), (84), (85), (86), (87), (88), (89), (90), (91), (92), 116, 117, (118), 120, 121, 122, 123, 124, 125, 126, 127, 128, 129, 130, (131), 132, (134), 135, (137), 138, 139, 140, 142, 143, 145, 146, 147, 148, 149, 150, 152, 153, 154, 158, 159, 160, 164, 167, 168, 181, 192, 199, 200, 201, 202
41	Strafrechtsänderungsgesetz	30.8.1951	739	24, 74a, 120, 122, (134), (134a)
42	Drittes Strafrechtsänderungsgesetz	4.8.1953	735	29, (51), (134), 196
43	Jugendgerichtsgesetz	4.8.1953	751	26, 74b
44	Gesetz über den Beitritt der BRep. Deutschland zu der Konvention vom 9.12.1948 über die Verhütung und Bestrafung des Völkermords	9.8.1954 und 14.3.1955	II, 729 und II, 210	(134)
45	Viertes Strafrechtsänderungsgesetz	11.6.1957	597	74a
46	Gesetz zur Änderung und Ergänzung kostenrechtlicher Vorschriften	26.7.1957	861	55, 107, (165)
47	Verwaltungsgerichtsordnung	21.1.1960	17	17, 17a
48	Sechstes Strafrechtsänderungsgesetz	30.6.1960	478	74a
49	Deutsches Richtergesetz	8.9.1961	1665	(2), (3), (4), (5), (6), (7), (8), (9), 10, (11), 29, (62), (68), 70, 77, (83), (88), (118), 125, 148, (198)
50	Erstes Gesetz zur Änderung mietrechtlicher Vorschriften	29.7.1963	505	23, 200
51	Gesetz zur Änderung des Gesetzes über die Entschädigung von Zeugen und Sachverständigen sowie des Gesetzes über die Entschädigung der ehrenamtlichen Beisitzer bei den Gerichten	21.9.1963	757	107
52	Siebentes Strafrechtsänderungsgesetz	1.6.1964	337	(80)
53	Vereinsgesetz	5.8.1964	593	74a
54	Gesetz zur Änderung von Wertgrenzen und Kostenvorschriften in der Zivilgerichtsbarkeit	27.11.1964	933	14, 23
55	Gesetz zur Änderung der StPO und des GVG	19.12.1964	1067	58, (64), (69), 117, 169
56	Einführungsgesetz zum Aktiengesetz	6.9.1965	1185	95
57	Achtes Strafrechtsänderungsgesetz	25.6.1968	741	74a, (134)
58	Erstes Gesetz zur Reform des Strafrechts	25.6.1969	645	24, 25, 32, 36, 74, 175
59	Gesetz über die rechtliche Stellung der nichtehelichen Kinder	19.8.1969	1243	23, 23a, 72, 119, 170, 200
60	Gesetz zur allgemeinen Einführung eines zweiten Rechtszuges in Staatsschutz-Strafsachen	8.9.1969	1582	24, (61), 74, 74a, 120, 130, (134), (134a), 135, 139, 142a, 166

Änderungen des GVG — zeitliche Folge

Lfd Nr	Änderndes Gesetz	Datum	BGBl Teil I Seite	Geänderte Paragraphen des GVG
61	Gesetz zur Änderung des GVG	8.9.1971	1513	74c
62	Gesetz zur Änderung des Deutschen Richtergesetzes	10.9.1971	1557	10, 142
63	Elftes Strafrechtsänderungsgesetz	16.12.1971	1977	(80)
64	Zwölftes Strafrechtsänderungsgesetz	16.12.1971	1979	(80)
65	Gesetz zur Änderung der Bezeichnung der Richter und ehrenamtlichen Richter und der Präsidialverfassung der Gerichte	26.5.1972	841	10, 21, 21a, 21b, 21c, 21d, 21e, 21f, 21g, 21h, 22, (22a), 22a, (22b), 22b, 25, 28, 29, 30, 35, 38, 39, 40, 45, 46, 47, 48, 52, 53, 54, 55, 56, 57, 59, 60, (61), (62), (63), (64), (65), (66), (67), (69), 73, 74, 76, 77, 78, (81), (82), (83), (84), (85), (86), (87), (89), (90), (91), (92), 106, 107, 108, 109, 110, (111), 112, 113, 115, 116, 117, 121, 124, 130, (131), 132, 195, 197
66	Viertes Gesetz zur Reform des Strafrechts	23.11.1973	1725	(80)
67	Einführungsgesetz zum StGB (EGStGB)	2.3.1974	469	24, 25, 56, 74a, 74c, 78a, 78b, (80), 120, 142a, 172, 174, 177, 178, 179, 181, 182, 183
68	Gesetz zur Änderung des GVG	25.3.1974	761	14, 18, 19, 20, 21
69	Erstes Gesetz zur Reform des Strafverfahrensrechts	9.12.1974	3393, 3533	21e, 24, 25, 28, 33, 34, 35, 36, 39, 40, 42, 43, 45, (51), 54, 58, 60, 73, 74, 74c, 74d, 76, 77, 78, (79), (80), (81), (82), (83), (84), (85), (86), (87), (89), (90), (91), (92), 116, 120, 121, 122, 135, 139, 140a, 152, 153, 166
70	Gesetz zur Entlastung der Landgerichte und zur Vereinfachung des gerichtlichen Protokolls	20.12.1974	3651	21g, 23
71	Gesetz zur Ergänzung des Ersten Gesetzes zur Reform des Strafverfahrensrechts	20.12.1974	3686	(51), (111), 135, 174, 177, 178, 189
72	Bek. der Neufassung	9.5.1975	1077	(Neufassung)
73	Gesetz zur Änderung des GKG, des Gesetzes über die Kosten der Gerichtsvollzieher, der BRAGO und anderer Vorschriften	20.8.1975	2189	121
74	Strafvollzugsgesetz	16.3.1976	581	23a, 58, 74c, 78a, 107, 119, 133
75	Erstes Gesetz zur Reform des Ehe- und Familienrechts	14.6.1976	1421	23b, 23c, 72, 138, 170, 200
76	Adoptionsgesetz	2.7.1976	1749	78b, 155
77	Erstes Gesetz zur Bekämpfung der Wirtschaftskriminalität	29.7.1976	2034	74c
78	Gesetz zur Änderung des StGB, der StPO, des GVG, der Bundesrechtsanwaltsordnung und des Strafvollzugsgesetzes	18.8.1976	2181	120, 142a
79	Vereinfachungsnovelle	3.12.1976	3281	96, 99, 133, 157

zeitliche Folge **Änderungen des GVG**

Lfd Nr	Änderndes Gesetz	Datum	BGBl Teil I Seite	Geänderte Paragraphen des GVG
80	Strafverfahrensänderungsgesetz 1979	5.10.1978	1645	42, 45, 46, 47, 48, 49, 52, 54, 74a, 74c, 74d, 74e, 77, 135, 143
81	Gesetz zur Neuregelung des Rechts des Urkundsbeamten der Geschäftsstelle	19.12.1979	2306	153
82	Achtzehntes Strafrechtsänderungsgesetz	28.3.1980	373	74
83	Staatshaftungsgesetz	26.6.1981	553	71
84	Gesetz zur Neuordnung des Betäubungsmittelrechts	28.7.1981	681	74a
85	Gesetz zur Erhöhung der Wertgrenzen in der Gerichtsbarkeit	8.12.1982	1615	23, 78a, 78b
86	Gesetz über die internationale Rechtshilfe in Strafsachen (IRG)	23.12.1982	2071	78a, 78b
87	Gesetz zur Änderung des Strafvollzugsgesetzes	20.1.1984	97, 360	78a, 121
88	Zweites Gesetz zur Änderung des Bundeszentralregistergesetzes	17.7.1984	990	20
88a	Gesetz zur Änderung unterhaltsrechtlicher, verfahrensrechtlicher und anderer Vorschriften	20.2.1986	301	23b, 72, 119, 200
89	Dreiundzwanzigstes Strafrechtsänderungsgesetz	13.4.1986	393	78a, 78b
90	Zweites Gesetz zur Bekämpfung der Wirtschaftskriminalität	15.5.1986	721	74c
91	Gesetz zur Änderung wirtschafts-, verbraucher-, arbeits- und sozialrechtlicher Vorschriften	25.7.1986	1169	95
92	Gesetz zur Änderung des Gebrauchsmustergesetzes	15.8.1986	1446	120, 142a
93	Gesetz zur Änderung von Kostengesetzen	9.12.1986	2326	107
94	Opferschutzgesetz	18.12.1986	2496	171b, 172, 173, 174, 175
95	Gesetz zur Bekämpfung des Terrorismus	19.12.1986	2566	120, 142a
96	Strafverfahrensänderungsgesetz 1987	27.1.1987	475	36, 58, 76, 77, 78b, 120
97	Halbleiterschutzgesetz	22.10.1987	2294	120, 142a
98	EWIV Ausführungsgesetz	14.4.1988	514	74c
99	Produktpirateriegesetz	7.3.1990	422	74c
100	Gesetz zur Ausführung von Sorgerechtsübereinkommen und zur Änderung des Gesetzes über die Angelegenheiten der freiwilligen Gerichtsbarkeit sowie anderer Gesetze	5.4.1990	701	23b, 200
101	Betreuungsgesetz	12.9.1990	2002	23b, 23c, 138, (171)
102	Viertes Gesetz zur Änderung der VwGO	17.12.1990	2809	17, 17a, 17b
103	Rechtspflege-Vereinfachungsgesetz	17.12.1990	2847	21c, 23, 35, 96, 98, 101, 108, 109, 113, 116, 132, (136), (137), 138, 166
104	Organisierte Kriminalitätsgesetz	15.7.1992	1302	172
105	Gesetz zur Entlastung der Rechtspflege	11.1.1993	50, 2554	21g, 23, 23b, 24, 25, 74, 74c, 76, 7b, 196
106	Gesetz zur Änderung des RPflG und anderer Gesetze	24.6.1994	1374	22c, 193
107	Zweites Finanzmarktförderungsgesetz	26.7.1994	1749	74c
108	Einführungsgesetz zur Insolvenzordnung	5.10.1994	2911	22, 32, 33, 109, 113, 202
109	Markenrechtsreformgesetz	25.10.1994	3082	74c

LXIX

Änderungen des GVG

zeitliche Folge

Lfd Nr	Änderndes Gesetz	Datum	BGBl Teil I Seite	Geänderte Paragraphen des GVG
110	Verbrechensbekämpfungsgesetz	28.10.1994	3186	122
111	Gesetz zur Bereinigung des Umwandlungsrechts	28.10.1994	3210	74c, 95
112	Gesetz zur Rechtsvereinheitlichung der Sicherungsverwahrung	16.6.1995	818	78b
113	Markenrechtsänderungsgesetz 1996	19.7.1996	1014	95
114	Gesetz zur Abschaffung der Gerichtsferien	28.10.1996	1546	199, 200, 201, 202
115	Dreiunddreißigstes Strafrechtsänderungsgesetz	1.7.1997	1607	74
116	Gesetz zur Bekämpfung der Korruption	13.8.1997	2038	74c
117	Kindschaftsrechtsreformgesetz	16.12.1997	2942	23b, 72, 119, 170
118	Sechstes Gesetz zur Reform des Strafrechts	26.1.1998	164	74, 74a, 120
119	Kindesunterhaltsgesetz	6.4.1998	666	23a, 23b
120	Handelsrechtsreformgesetz	22.6.1998	1474	95, 105
121	Betreuungsrechtsänderungsgesetz	25.6.1998	1580	23b
122	Gesetz zur Änderung der Haftungsbeschränkung in der Binnenschiffahrt	25.8.1998	2489	23
123	Gesetz zur Stärkung der Unabhängigkeit der Richter und Gerichte	22.12.1999	2598, 1415	21a, 21b, 21c, 21d, 21e, 21g, 22a
124	Zweites Zuständigkeitslockerungsgesetz	3.5.2000	632	143
125	Strafverfahrensänderungsgesetz 1999	2.8.2000	1253	74c
126	Berichtigung des Gesetzes zur Stärkung der Richter und Gerichte	26.9.2000	1415	22a
127	Gesetz zur Verlängerung der Besetzungsreduktion der Strafkammern	19.12.2000	1756	76, 122
128	Lebenspartnerschaftsgesetz	16.2.2001	266	23a, 23b, 138, 155
129	Gesetz zur Änderung von Vorschriften auf dem Gebiet der Anerkennung und Vollstreckung ausländischer Entscheidungen in Zivil- und Handelssachen	19.2.2001	288	23b
130	Drittes Seerechtsänderungsgesetz	16.5.2001	898	95b
131	Zustellungsreformgesetz	25.6.2001	1206	20, 23
132	Zivilprozessreformgesetz	27.7.2001	1887	23, 72, 105, 119, 133, 178
133	Gesetz zur Modernisierung des Schuldrechts	26.11.2001	3138	23
134	Gesetz über elektronische Register und Justizkosten für Telekommunikation	10.12.2001	3422	78a, 121
135	Gesetz zur Verbesserung des zivilgerichtlichen Schutzes bei Gewalttaten und Nachstellungen sowie zur Erleichterung der Überlassung der Ehewohnung bei Trennung	11.12.2001	3513	23a, 23b
136	Gesetz zur Gleichstellung behinderter Menschen und zur Änderung anderer Gesetze	27.4.2002	1467	33
137	Gesetz zur Ausführung des Römischen Status des Internationalen Strafgerichtshofes vom 17.7.1998	21.6.2002	2144	21
138	Gesetz zur Einführung eines Völkerstrafgesetzbuches	26.6.2002	2254	120
139	Gesetz zur Erleichterung der Bekämpfung von illegaler Beschäftigung und Schwarzarbeit	23.7.2002	2787, 3760	74c
140	OLG-Vertretungsänderungsgesetz	23.7.2002	2850, 4410	22c, 186, 187, 191a

Änderungen des GVG

zeitliche Folge

Lfd Nr	Änderndes Gesetz	Datum	BGBl Teil I Seite	Geänderte Paragraphen des GVG
141	Gesetz zur Änderung des GVG	26.7.2002	2914	120
142	Vierunddreißigstes Strafrechtsänderungsgesetz	22.8.2002	3390	74a, 120
143	Spruchverfahrensneuordnungsgesetz	12.6.2003	838	95
144	Gesetz zur Umsetzung des Rahmenbeschlusses des Rates vom 13. Juni 2002 zur Terrorismusbekämpfung und zur Änderung anderer Gesetze	22.12.2003	2836	120
145	Gesetz zur Änderung der Vorschriften über die Straftaten gegen die sexuelle Selbstbestimmung und zur Änderung anderer Vorschriften	27.12.2003	3007	74
146	Geschmacksmusterreformgesetz	12.3.2004	390	95
147	Kostenrechtsmodernisierungsgesetz	5.5.2004	718	55, 107
148	Opferrechtsreformgesetz	24.6.2004	1354	24, 74, 78a, 187
149	Gesetz gegen den unlauteren Wettbewerb	3.7.2004	1414	95
150	Gesetz zur Einführung der nachträglichen Sicherungsverwahrung	23.7.2004	1838	24, 74f, 120a
151	Schwarzarbeitsbekämpfungsgesetz	23.7.2004	1842	74c
152	1. Justizmodernisierungsgesetz	24.8.2004	2198	152
153	Gesetz zur Vereinheitlichung der Verfahrensvorschriften zur Wahl und Berufung ehrenamtlicher Richter	21.12.2004	3599	33, 34, 36, 40, 42, 52, 77, 108
154	Gesetz zur Einführung der Europäischen Gesellschaft (SEEG)	22.12.2004	3675	74c
155	Gesetz zum internationalen Familienrecht	26.1.2005	162	23b
156	Justizkommunikationsgesetz	22.3.2005	837, 2022	191a
157	Gesetz zur Umsetzung von Vorschlägen zu Bürokratieabbau und Deregulierung aus den Regionen	21.6.2005	1666	23c
158	Gesetz zur Umsetzung des Urteils des BVerfG vom 3. März 2004	24.6.2005	1841	74a, 120
159	Gesetz zur Einführung von Kapitalanleger-Musterverfahren	16.8.2005	2437, 3416	71, 95, 118, 119
160	1. Gesetz zur Bereinigung von Bundesrecht im Zuständigkeitsbereich des BMJ	19.4.2006	866	13a, 21j, 93, 106, 116, 120, 153, 184
161	Gesetz zur Einführung der Europäischen Genossenschaft und zur Änderung des Genossenschaftsrechts	14.8.2006	1911	74c, 95
162	Gesetz über die Durchsetzung der Verbraucherschutzgesetze bei innergemeinschaftlichen Verstößen	21.12.2006	3367	95
163	2. Justizmodernisierungsgesetz	22.12.2006	3416	74c, 120
164	Gesetz zur Änderung des Wohnungseigentumsgesetzes und anderer Gesetze	26.3.2007	370, 509	23, 72
165	Gesetz zur Vereinfachung des Insolvenzverfahrens	13.4.2007	509	72
166	Zweites Gesetz zur Änderung des JGG und anderer Gesetze	13.12.2007	2894	121
167	Gesetz zur Neuregelung der Telekommunikationsüberwachung und anderer versteckter Ermittlungsmaßnahmen sowie zur Umsetzung der Richtlinie 2006/24/EG	21.12.2007	3198	120, 142a

Änderungen des GVG   zeitliche Folge

Lfd Nr	Änderndes Gesetz	Datum	BGBl Teil I Seite	Geänderte Paragraphen des GVG
168	Gesetz zur Regelung des Statusrechts der Beamten und Beamtinnen in den Ländern	17.6.2008	1010	153
169	Gesetz zur Einführung der nachträglichen Sicherungsverwahrung bei Verurteilungen nach Jugendstrafrecht	8.7.2008	1212	74f, 120a
170	Gesetz zur Modernisierung des GmbH-Rechts und zur Bekämpfung von Missbräuchen	23.10.2008	2026	74c
171	Gesetz zur Verbesserung der grenzüberschreitenden Forderungsdurchsetzung und Zustellung	30.10.2008	2122	189
172	Gesetz zur Reform des Verfahrens in Familiensachen und in den Angelegenheiten der freiwilligen Gerichtsbarkeit	17.12.2008	2586	12, 13, 17a, 17b, 21b, 22, 23a, 23b, 23c, 23d, 71, 72, 95, 119, 133, 156, 170, 185, 189
173	Gesetz zur Stärkung der Rechte von Verletzten und Zeugen im Strafverfahren (2. Opferrechtsreformgesetz)	29.7.2009	2280	73, 135, 139, 172
174	Gesetz zur Verfolgung der Vorbereitung von schweren staatsgefährdenden Gewalttaten	30.7.2009	2437	120
175	Gesetz zur Modernisierung von Verfahren im anwaltlichen und notariellen Berufsrecht, zur Errichtung einer Schlichtungsstelle der Rechtsanwaltschaft sowie zur Änderung sonstiger Vorschriften	30.7.2009	2449	23, 140
176	Gesetz über die Internetversteigerung in der Zwangsvollstreckung und zur Änderung anderer Gesetze	30.7.2009	2474	23a
177	Viertes Gesetz zur Änderung des GVG	24.7.2010	976	33, 109, 121
178	Gesetz zur Umsetzung der Dienstleistungsrichtlinie in der Justiz und zur Änderung weiterer Vorschriften	22.12.2010	2248	51
179	Gesetz zur Neuordnung des Rechts der Sicherungsverwahrung und zu begleitenden Regelungen	22.12.2010	2300	74f, 120a
180	Gesetz über den Rechtsschutz bei überlangen Gerichtsverfahren und strafrechtlichen Ermittlungsverfahren	24.11.2011	2302	198, 199, 200, 201
181	Gesetz zur Novellierung des Finanzanlagenvermittler- und Vermögensanlagenrechts	6.12.2011	2481	95
182	Gesetz über die Besetzung der großen Straf- und Jugendkammern in der Hauptverhandlung und zur Änderung weiterer gerichtsverfassungsrechtlicher Vorschriften sowie des Bundesdisziplinargesetzes	6.12.2011	2554	74, 74c, 74f, 76, 199, 201
183	Gesetz zur weiteren Erleichterung der Sanierung von Unternehmen	7.12.2011	2582	22
184	Gesetz zur Reform des Kapitalanleger-Musterverfahrensgesetzes und zur Änderung anderer Vorschriften	19.10.2012	2182	71
185	Gesetz zur Einführung einer Rechtsbehelfsbelehrung im Zivilprozess und zur Änderung anderer Vorschriften	5.12.2012	2418	173

zeitliche Folge **Änderungen des GVG**

Lfd Nr	Änderndes Gesetz	Datum	BGBl Teil I Seite	Geänderte Paragraphen des GVG
186	Gesetz für einen Gerichtsstand bei besonderer Auslandsverwendung der Bundeswehr	28.1.2013	89	143
187	Gesetz zur Intensivierung des Einsatzes von Videokonferenztechnik im gerichtlichen und staatsanwaltlichen Verfahren	25.4.2013	935	185
188	Achtes Gesetz zur Änderung des Gesetzes gegen Wettbewerbsbeschränkungen	26.6.2013	1738	95
189	Gesetz zur Übertragung von Aufgaben im Bereich der freiwilligen Gerichtsbarkeit auf Notare	26.6.2013	1800	23a
190	Gesetz zur Stärkung der Rechte von Opfern sexuellen Missbrauchs (StoRMG)	26.6.2013	1805	24, 26, 171b
191	Gesetz zur Stärkung der Verfahrensrechte von Beschuldigten im Strafverfahren	2.7.2013	1938	187, 189
192	Gesetz zur Förderung des elektronischen Rechtsverkehrs mit den Gerichten	10.10.2013	3786	191a
193	Gesetz zur Modernisierung des GeschmacksmusterG sowie zur Änderung der Regelungen über die Bekanntmachungen zum Ausstellungsschutz	10.10.2013	3799	74c, 95
194	48. Strafrechtsänderungsgesetz	23.4.2014	410	24, 74c, 120b
195	49. Strafrechtsänderungsgesetz	21.1.2015	10	171b
196	Gesetz zur Umsetzung von Empfehlungen des NSU-Untersuchungsausschusses des Deutschen Bundestages	12.6.2015	925	74a, 120, 142a, 143
197	Bilanzrichtlinie-Umsetzungsgesetz	17.7.2015	1245	71
198	Gesetz zur Verbesserung der Internationalen Rechtshilfe bei der Vollstreckung freiheitsentziehender Sanktionen und bei der Überwachung von Bewährungsmaßnahmen sowie zur Änderung des Jugoslawien-Strafgerichtshofgesetzes und des Ruanda-Strafgerichtshofgesetzes	17.7.2015	1349	78a
199	Zehnte Zuständigkeitsanpassungsverordnung	31.8.2015	1474	125, 130, 147, 149, 154, 191a
200	3. Opferrechtsreformgesetz	21.12.2015	2525	171b
201	Gesetz zur Bekämpfung von Korruption im Gesundheitswesen	30.5.2016	1254	74c
202	50. Gesetz zur Änderung des StGB	4.11.2016	2460	74, 171b
203	Gesetz zur Änderung des Völkerstrafgesetzbuches	22.12.2016	3150	120
203a	Gesetz zur Reform der strafrechtlichen Vermögensabschöpfung	13.4.2017	872	142a
203b	Gesetz zur Reform des Bauvertragsrechts, zur Änderung der kaufrechtlichen Mängelhaftung, zur Stärkung des zivilprozessualen Rechtsschutzes und zum maschinellen Siegel im Grundbuch- und Schiffsregisterverfahren	28.4.2017	969	71, 72, 72a, 119a
203c	Gesetz zur Änderung des Gesetzes gegen Wettbewerbsbeschränkungen	1.6.2017	1416	95

Änderungen des GVG   zeitliche Folge

Lfd Nr	Änderndes Gesetz	Datum	BGBl Teil I Seite	Geänderte Paragraphen des GVG
203d	Gesetz zur Einführung der elektronischen Akte in der Justiz und zur weiteren Förderung des elektronischen Rechtsverkehrs	5.7.2017	2208	17c
204	Gesetz zur effektiveren und praxistauglicheren Ausgestaltung des Strafverfahrens	17.8.2017	3202, 3630	74a, 78a, 78b, 120
205	2. Gesetz zur Stärkung der Verfahrensrechte von Beschuldigten im Strafverfahren und zur Änderung des Schöffenrechts	27.7.2017	3295	34, 35
206	Gesetz zur Erweiterung der Medienöffentlichkeit in Gerichtsverfahren	8.10.2017	3546	169, 186, 187
207	Gesetz zur Neuregelung des Schutzes von Geheimnissen bei der Mitwirkung Dritter an der Berufsausübung schweigepflichtiger Personen	30.10.2017	3618	193
208	Gesetz zur Ausübung von Optionen der EU-Prospekt-VO und zur Anpassung weiterer Finanzmarktgesetze	10.7.2018	1102	95
209	Gesetz zur Einführung einer zivilprozessualen Musterfeststellungsklage	12.7.2018	1151	119
210	Gesetz zur Umsetzung der RL (EU) 2016/943 zum Schutz von Geschäftsgeheimnissen vor rechtswidrigem Erwerb sowie rechtswidriger Nutzung und Offenlegung	18.4.2019	466	74c
211	Gesetz zur Stärkung der Rechte von Betroffenen bei Fixierungen im Rahmen von Freiheitsentziehungen	19.6.2019	840	22c, 23d
212	Gesetz zur Umsetzung der RL (EU) 2017/1371	19.6.2019	844	74c
213	Gesetz zur weiteren Ausführung der EU-ProspektVO und zur Änd. von Finanzmarktgesetzen	8.7.2019	1002	95
214	Gesetz zur Modernisierung des Strafverfahrens	10.12.2019	2121	121, 135, 176, 189
215	Gesetz zur Regelung der Wertgrenze für die Nichtzulassungsbeschwerde in Zivilsachen, zum Ausbau der Spezialisierung bei den Gerichten sowie zur Änd. weiterer prozessrechtlicher Vorschriften	12.12.2019	2633	13a, 60, 72a, 119a

2. Nach Paragraphen geordnet

GVG § ...[1]	Nr des ändernden Gesetzes[2]	GVG § ...[1]	Nr des ändernden Gesetzes[2]
(2)	24, 40, 49	22d	40
(3)	24, 49	23	50, 54, 59, 70, 85, 103, 105, 122, 131, 132, 133, 164, 175
(4)	49		
(5)	24, 40, 49	23a	59, 75, 119, 128, 135, 172, 176, 189
(6)	40, 49	23b	75, 100, 101, 105, 117, 119, 121, 128, 129, 135, 155, 172
(7)	49		
(8)	24, 40, 49	23c	75, 101, 157, 172
(9)	49	23d	172
10	40, 49, 62, 65	24	5, 8, 10, 11, 15, 18, 19, 20, 21, 22, 24, 39, 40, 41, 58, 60, 67, 69, 105, 148, 150, 190, 194
(11)	40, 49		
12	40, 172		
13	172	25	24, 39, 40, 58, 65, 67, 69, 105
13a	160	26	39, 40, 43, 190
14	10, 13, 15, 18, 19, 20, 21, 24, 40, 54, 68	26a	34, 39
		28	24, 39, 40, 65, 69
(15)	24, 40	29	12, 14, 40, 42, 49, 65
17	47, 102	30	40, 65
17a	40, 47, 102, 172	31	12
17b	102, 172	32	40, 58, 108
18	24, 35, 40, 68	33	10, 25, 40, 69, 108, 136, 153, 177
19	35, 40, 68	34	9, 10, 12, 24, 29, 35, 40, 69, 153, 205
(19)	35, 40	35	12, 24, 31, 40, 65, 69, 103, 205
20	68, 88, 131	36	17, 31, 40, 58, 69, 96, 153
21	137	37	40
(21)	65, 68	38	40, 65
21a	65, 123	39	40, 65, 69
21b	65, 123, 172	40	12, 31, 35, 40, 65, 69, 153
21c	65, 103, 123	41	40
21d	65, 123	42	31, 40, 69, 80
21e	65, 69, 123	43	40, 69
21f	65	44	31, 40
21g	65, 70, 105, 123	45	12, 31, 40, 65, 69, 80
21h	65	46	40, 65, 80
21i	40	47	65, 80
21j	160	48	40, 65, 80
22	3, 24, 40, 65, 108, 172, 183	49	12, 24, 31, 40, 80
(22a)	40, 65	50	40
22a	65, 123, 126	51	178
(22b)	40, 65	(51)	31, 40, 42, 69, 71
22b	65	52	31, 40, 65, 80, 153
22c	106, 140	53	24, 40, 65
(22c)	40, 65	54	65, 69, 80
55	7, 12, 24, 40, 46, 65, 147	109	65, 103, 108, 120, 177
56	12, 24, 40, 65, 67	110	65
57	40, 65	(111)	65, 71
58	10, 24, 40, 55, 69, 74, 96	112	65
59	24, 65	113	65, 103, 108
60	65, 69	115	65
(61)	40, 60, 65	116	40, 65, 69, 103, 160
(62)	24, 33, 40, 49, 65	117	33, 40, 55, 65
(63)	33, 40, 65	(118)	40, 49
(64)	24, 33, 40, 55, 65	118	159
(64a)	33, 40	119	59, 74, 117, 132, 159, 172, 209

[1] Die Tabelle geht von der jetzt geltenden Zählung der Paragraphen aus und führt die Änderung einer Vorschrift auch dann bei dem jetzigen Paragraphen an, wenn die Vorschrift zur Zeit der Änderung noch eine andere Bezeichnung hatte. Eine in Klammer gesetzte Zahl gibt die frühere Bezeichnung eines inzwischen weggefallenen Paragraphen wieder.
[2] Die Zahlen in dieser Spalte verweisen auf die laufende Nummer in Spalte 1 der unter 1. abgedruckten Tabelle der Änderungsgesetze.

Änderungen des GVG

zeitliche Folge

GVG § ...	Nr des ändernden Gesetzes	GVG § ...	Nr des ändernden Gesetzes
(65)	65	120	24, 38, 40, 41, 60, 67, 69, 78, 92, 95, 96, 97, 118, 138, 141, 142, 144, 158, 160, 163, 167, 174, 196, 203, 204
(66)	13, 24, 33, 40, 65		
(67)	40, 65		
(68)	49	120a	150, 169, 179
(69)	55, 65	120b	194
70	24, 40, 49	121	24, 40, 65, 69, 73, 87, 134, 166, 177, 240
71	159, 172, 184, 197	122	23, 24, 40, 41, 69, 110, 127
72	59, 75, 117, 132, 164, 165, 172	123	40
73	24, 40, 65, 69, 173	124	40, 65
74	3, 4, 5, 8, 10, 24, 40, 58, 60, 65, 69, 82, 105, 115, 118, 145, 148, 182, 202	125	15, 24, 40, 49, 199
		126	40
74a	41, 45, 48, 53, 57, 60, 67, 80, 84, 204 118, 142, 158, 196	127	40
		128	40
74b	43	129	40
74c	61, 67, 69, 74, 77, 80, 90, 98, 99, 105, 107, 109, 111, 125, 139, 151, 154, 161, 163, 170, 182, 193, 194, 201, 210	130	6, 16, 24, 40, 60, 65, 199
		(131)	33, 40, 65
		132	40, 65, 103
74d	69, 80	133	74, 79, 132, 172
74e	80	(134)	13, 15, 24, 26, 39, 40, 41, 42, 44, 57, 60
74f	150, 169, 179, 182		
76	23, 24, 40, 65, 69, 96, 105, 127, 182	(134a)	41, 60
77	24, 31, 49, 65, 69, 80, 96, 153	135	13, 15, 24, 40, 60, 69, 71, 80, 173, 240
78	24, 40, 65, 69	(136)	1, 24, 37, 103
78a	67, 74, 85, 87, 89, 134, 148, 198, 204	(137)	26, 37, 40, 103
78b	67, 76, 85, 89, 96, 105, 112, 204	138	1, 13, 15, 37, 40, 75, 101, 103, 128
(79)	24, 39, 40, 69		
(80)	24, 39, 40, 52, 63, 64, 66, 67, 69	139	15, 24, 26, 39, 40, 60, 69, 173
(81)	24, 39, 40, 65, 69	140	24, 40, 175
(82)	24, 39, 40, 65, 69	140a	69
(83)	24, 39, 40, 49, 65, 69	142	24, 40, 62
(84)	7, 12, 24, 39, 40, 65, 69	142a	60, 67, 78, 92, 95, 97, 167, 196
(85)	24, 39, 40, 65, 69	143	24, 40, 80, 124, 186, 196
(86)	24, 39, 40, 65, 69	145	40
(87)	24, 32, 39, 40, 65, 69	146	37, 40
(88)	24, 39, 40, 49	147	24, 40, 199
(89)	24, 39, 40, 65, 69	148	24, 40, 49
(90)	24, 31, 39, 40, 65, 69	149	10, 24, 40, 199
(91)	24, 39, 40, 65, 69	150	40
(92)	24, 39, 40, 65, 69	152	24, 35, 40, 69, 152
93	160	153	24, 27, 40, 69, 81, 160, 168
95	56, 91, 111, 113, 120, 130, 143, 146, 149, 159, 161, 162, 172, 181, 188, 193, 208	154	24, 40
		155	14, 76, 128, 199
96	79, 103	156	172
98	103	157	79
99	79	158	40
101	103	159	40
105	132	160	24, 40
106	65, 160	161	28
107	46, 51, 65, 74, 93, 147	162	35
108	65, 103, 153	164	40
(165)	46	186	140, 206
166	60, 69, 103	187	148, 191, 206
167	40	(187)	140
168	40	189	71, 172, 191, 240
169	55, 206	191a	140, 156, 192, 199
170	59, 75, 117, 172	192	40
(171)	101	193	2, 106, 207
171a	34	195	65

Änderungen des GVG

zeitliche Folge

GVG § ...	Nr des ändernden Gesetzes	GVG § ...	Nr des ändernden Gesetzes
171b	94, 190, 195, 200, 202	196	24, 42, 105
172	2, 30, 67, 94, 104, 173	197	24, 65
173	2, 30, 94, 185	198	180
174	2, 30, 67, 71, 94	(198)	49
175	2, 58, 94	199	180, 182
176	239		
177	67, 71	(199)	36, 40, 114
178	24, 67, 71, 132		
179	67	200	180
(180)	10	(200)	36, 40, 50, 59, 75, 100, 114
181	40, 67	201	180, 182
182	67		
183	67	(201)	36, 40, 114
184	160	(202)	36, 40, 108, 114
185	172, 187		

Einleitung

Übersicht

	Rn
1) Wesen des Strafprozesses	1–57e
A. Begriff und Ziel des Prozesses	2–4
B. Staatliche Aufgabe	5–10
C. Steuerstrafverfahren	11–16
D. Bußgeldverfahren	17
E. Rechtsstaatsprinzip	18–22
F. Rechtliches Gehör	23–36
G. Mitwirkung der StA	37, 38
H. Mitwirkung der Polizei	39–46
I. Beweis	47–49
J. Beweisverbote	50–57e
a) Beweiserhebungsverbote	51–54
b) Beweisverwertungsverbote	55–56c
c) Verwertungsverbote in Fällen mit Auslandsbezug	56d–56g
d) Fernwirkung von Verwertungsverboten	57
e) Fortwirkung von Verwertungsverboten	57a
f) Personelle Reichweite von Verwertungsverboten	57b
g) Hypothetischer Ersatzeingriff	57c
h) Verwendungsverbote	57d
i) Frühwirkung	57e
2) Verfahrensabschnitte	58–69
A. Überblick	59
B. Ermittlungsverfahren	60–62
C. Zwischenverfahren	63
D. Hauptverfahren	64
E. Vollstreckungsverfahren	65–69
3) Verfahrensbeteiligte	70–93
A. Begriff und Grundsätze	71–75
B. Beschuldigter	76–81
C. Verteidiger	82–85
D. Beistand nach § 149	86
E. Staatsanwaltschaft	87, 88
F. Nebenkläger	89
G. Privatkläger	90
H. Einziehungsbeteiligte und Nebenbetroffene	91
I. Beteiligung einer jP oder PV nach § 444	92
J. Betroffener iSd OWiG	93
4) Prozesshandlungen	94–118
A. Begriff	95–95b
B. Handlungsfähigkeit, Verhandlungsfähigkeit	96–100
C. Anfechtung	101
D. Unwirksamkeit	102–111
E. Widerruf	112–116
G. Verzicht	117
H. Bedingungsfeindliche Prozesshandlungen	118
5) Verständigung im Strafprozess	119–119b
6) Form der Prozesshandlungen	120–140
A. Entscheidungen	121–123
B. Erklärungen und Anträge	124–127
C. Schriftform	128
D. Unterzeichnung durch Verteidiger oder Rechtsanwalt	129, 130
E. Zu Protokoll der Geschäftsstelle	131–138
F. E-Mail und andere Übermittlungsformen	139, 139a
G. Telefonische Erklärung	140
7) Prozessvoraussetzungen	141–154
A. Wesen	142–144
B. Gesetzlich ausdrücklich bestimmte Prozesshindernisse	145
C. Sonstige Prozesshindernisse	145a–149b
D. Von Amts wegen und in jeder Lage des Verfahrens	150–154

8) Prozessuale Fürsorgepflicht	155–162
9) Rechtskraft richterlicher Entscheidungen	163–189
A. Formelle Rechtskraft	164–167
B. Materielle Rechtskraft	168–180
C. Strafbefehl	181
D. Beschlüsse	182
E. Einstellung	183
F. Teilrechtskraft	184–189
10) Gesetzesauslegung	190–203
A. Rechtsstaatsprinzip	191, 192
B. Verfassungskonforme Auslegung	193
C. Objektivierter Wille des Gesetzgebers	194
D. Weitere Auslegungsmethoden	195–201
E. Ausfüllung von Gesetzeslücken	202
F. Geltung neuen Prozessrechts	203
11) Interlokales Strafverfahrensrecht und supranationale Gerichtsbarkeit	204–207g
12) Internationales Strafverfahrensrecht	208–216
13) Verfahren zur Wahrung der Verfassung	217–241
A. StPO als angewandtes Verfassungsrecht	218
B. Konkretes Normenkontrollverfahren	219–229
C. Verfassungsbeschwerde	230–241

1) Wesen des Strafprozesses:

A. Der **Prozess** ist ein rechtlich geordneter, von Lage zu Lage sich entwickelnder Vorgang zur Gewinnung einer richterlichen Entscheidung (innerhalb der ordentlichen Gerichtsbarkeit; Art 95 I GG) über ein materielles Rechtsverhältnis (EbSchmidt I 56). Sein Ziel ist nicht die Überführung des Angeklagten (wie im Inquisitionsprozess), sondern ein objektiver Ausspruch über Schuld, Strafe oder sonstige strafrechtliche Maßnahmen.

a) Die **Förmlichkeiten** des Rechtsganges haben neben ihrer Ordnungsfunktion weitgehend sachliche Bedeutung: Sie realisieren das Rechtsstaatsprinzip im Prozess (unten 18–22) und die auf diesem begründete Unschuldsvermutung nach Art 6 II **EMRK** (dort 12 f; BVerfGE **22**, 265; BVerfG NJW **13**, 1058, 1061), um deren Widerlegung oder Bestätigung es im Prozess geht (weshalb das freisprechende Urteil kein Gestaltungsurteil ist im Gegensatz zum verurteilenden, das die Rechtswirkung des „Bestraftseins" herbeiführt; EbSchmidt I 31). Darüber hinaus sollen sie die Gefahr menschlichen Irrens in der Entscheidung möglichst in Schranken halten (Geerds SchlHA **64**, 57). Sie sind „Wegweiser sowohl für Handeln als auch für Erkennen im Strafverfahren" (Hassemer Volk-FS 212).

b) **Ziel des Strafprozesses** ist die Schaffung von Rechtsfrieden auf dem Wege des gewissenhaften Strebens nach Gerechtigkeit (Dippel Widmaier-FS 113; Dölling Beulke-FS 679; Gusy StV **02**, 154; Krack 46; Rieß Schäfer-FS 168 ff; Schlüchter Rudolphi-Symp 216; Schmidhäuser EbSchmidt-FS 511 ff). Normwidersprüche zwischen materiellem und prozessualen Strafrecht sind durch einen grundsätzlichen Vorrang des prozessualen Rechts aufzulösen (Sieber Roxin-FS I 1138).

B. Der **Staat** – für die Rechtsgemeinschaft – macht dem Beschuldigten den Prozess. Daher gehört das Strafprozessrecht – das formelle Strafrecht – dem öffentlichen Recht an. Die StPO ist ein Codex zur dynamischen Verteidigung der Gemeinschaft gegen den Rechtsbrecher, zur Durchsetzung und Bewährung des materiellen Strafrechts, in rechtsstaatlicher Justizförmigkeit. Das Strafverfahrensrecht wird „als angewandtes Verfassungsrecht" verstanden (BVerfGE **32**, 373, 383; BGH **19**, 325, 330; vgl unten 18 ff). Die Vorschriften der StPO dürfen Verfassungsrecht nicht verletzen, ihre Auslegung muss mit dem GG vereinbar sein (BVerfGE **12**, 113, 124; unten 193). Die StPO regelt, wann die einzelnen Beteiligten (unten 70 ff) als Prozesssubjekte das Recht oder die Pflicht haben, sich in das Verfahren einzuschalten, und welche Mittel der Prozessgestaltung sie haben. Subjekt von Prozesshandlungen (unten 94) ist auch der Beschuldigte, dessen Tat und Verschulden Objekt der Untersuchung sind.

Wesen des Strafprozesses

Das Strafprozessrecht wird ergänzt durch die **„Strafprozesslehre"**, die sich mit 6
dem Ablauf der prozessualen Vorgänge innerhalb der rechtlichen Regeln, mit den
tatsächlichen Gegebenheiten und Vollzügen im Prozess befasst (Peters H. Peters-
GedSchr, 1967, S 891 ff, und seine Untersuchung „Fehlerquellen im Strafprozess").
Beispiele: 4 zu § 162; 28 zu § 163.

a) **Nur das durch den Kläger geltend gemachte Straf- und Rechtsfol-** 7
genverlangen wegen der in der Anklage bezeichneten Tat (vgl §§ 151, 207,
264 I), die dem Beschuldigten vorgeworfen wird (§ 155 I), der Strafanspruch der
Rechtsgemeinschaft, ist Gegenstand des Verfahrens (BGH StV **14**, 475 mit Anm
Staudinger). Auch der Schuldausspruch ist wesentlicher Bestandteil des Urteils;
seine „Repressivwirkung" – diese ist kennzeichnend für das Strafverfahren – besteht in der Missbilligung durch die Rechtsgemeinschaft, einer „negativen sozial-
ethischen Kennzeichnung des Täters" (Bruns, Teilrechtskraft und innerprozessuale
Bindungswirkung des Strafurteils, 1961, S 44). Er ist nicht Ahndung, dient aber als
solcher sowohl spezial- als auch generalpräventiven Zwecken (Wagner GA **73**, 42).

b) Die **Rehabilitation** des Verletzten oder des unschuldigen Angeklagten ist 8
Nebenzweck des Verfahrens (Tiedemann Peters-FG 142; vgl 40 zu § 260; 38 zu
§ 267), und zwar auf Grund des materiellen Rechts, soweit es darüber Bestimmungen enthält (zB §§ 165, 200 StGB; BGH **11**, 273), oder aus Gründen der Fairneß
(4 zu Art 6 EMRK; unten 155). Dieser Nebenzweck rechtfertigt aber nicht, das
Verfahren bei Entscheidungsreife noch wesentlich zu verlängern (13 zu § 244) oder
gar nicht beschwerende Entscheidung anzufechten (11
vor § 296). Der Beschuldigte kann nicht verlangen, dass ein Strafverfahren allein zu
dem Zweck fortgeführt wird, seine Unschuld zu beweisen (BGH **10**, 88, 93; teilw
anders Krack 180). Wichtig ist jedoch: Jeder Freispruch enthält der Sache nach
zumindest eine Bestätigung dafür, dass die Unschuldsvermutung nach Art 6 II
MRK unwiderlegt geblieben ist (vgl oben 2 ff).

c) Der **Strafprozess ist kein Parteienprozess** wie das zivilrechtliche Verfah- 9
ren (vgl aber Spendel Kohlmann-FS 683).

Im Gegensatz zu diesem, das von der Dispositionsmaxime (dh von der Verfü- 10
gungsfreiheit der Parteien) beherrscht ist und in dem die Entscheidung auf Grund
einer vom Parteivorbringen abhängigen (formellen) Wahrheit ergeht, besteht im
Strafprozess für die StA der Verfolgungszwang, das sog Legalitätsprinzip (§ 152 II),
und für StA und das Gericht der Grundsatz der **Erforschung der materiellen**
Wahrheit (§§ 160, 244 II; vgl dazu – in Abgrenzung zum amerikanischen Strafprozessrecht – Schünemann Fezer-FS 555). Dabei klärt das Gericht die Sache, mit
der es befasst ist (vgl unten 37), von Amts wegen auf (sog Ermittlungsgrundsatz,
vgl 10 ff zu § 244).

C. Das **Steuerstrafverfahren** (wegen Steuer- und Zollstraftaten, vgl § 369 **AO**) 11
ist in den §§ 385–408 **AO** geregelt. Es gelten folgende Besonderheiten:

a) **FinB an Stelle der StA:** Im reinen Steuerstrafverfahren führt die FinB (FA, 12
Hauptzollamt, Bundesamt für Finanzen; § 386 I S 2 **AO**) das Ermittlungsverfahren
wegen Steuerstraftaten anstelle der StA in eigener Verantwortung (§ 386 II **AO**),
ohne an Weisungen der StA gebunden zu sein (BFHE **104**, 187; Stuttgart
NStZ **91**, 291). Die StA kann jedoch das Ermittlungsverfahren jederzeit an sich
ziehen; die FinB kann es auch von sich aus jederzeit an die StA abgeben. Wenn die
StA das Verfahren betreibt oder die Polizei nach § 163 ermittelt, haben die Dienststellen und Beamten der Steuer- und Zollfahndung dieselben Rechte und Pflichten wie die Behörden und Beamten des Polizeidienstes; es gelten § 161 I S 2 sowie
§ 152 GVG (§ 404 **AO**; eingehend dazu Harms Schlüchter-GS 451). Zur Durchsuchung und Beschlagnahme im Steuerstrafverfahren Schuhmann wistra **93**, 93.

b) **Antrag auf Strafbefehl durch die FinB:** Im Rahmen des § 407 II kann 13
die FinB wegen einer Steuerstraftat den Erlass eines Strafbefehls beim AG beantragen und dadurch die öffentliche Klage erheben (§ 400 **AO;** 5 zu § 407). Hat sie
einen Strafbefehl beantragt, so geht die weitere Zuständigkeit auf die StA über,

Einl

wenn das Gericht den Strafbefehl nicht erlässt, sondern Hauptverhandlung anberaumt (§ 408 III S 2), oder wenn der Beschuldigte Einspruch gegen den Strafbefehl einlegt (§ 406 I **AO**). So entsteht das (zunächst eingeschränkte) Anklagemonopol der StA (§ 152 I) wieder in Form der Befugnis, die Klage nach § 411 zurückzunehmen, eine andere Anklage zu erheben oder das Ermittlungsverfahren einzustellen.

14 c) **Nebenbeteiligt** im Steuerstrafverfahren ist die FinB in allen Abschnitten des staatsanwaltschaftlichen oder gerichtlichen Verfahrens. Führt die StA das Ermittlungsverfahren, so hat die FinB nicht nur dieselben Rechte und Pflichten wie die Polizei (§ 402 **AO**), sondern ein eigenes Recht zur Akteneinsicht (§ 395 **AO**) und zur Teilnahme an den Ermittlungshandlungen (§ 403 **AO**). Anklageschrift und Strafbefehlsantrag werden ihr mitgeteilt (§ 403 III **AO**); vor Einstellung des Verfahrens durch die StA wird sie gehört (§ 403 IV **AO**). Im gerichtlichen Verfahren hat die FinB ein selbstständiges Anhörungs- und Informationsrecht (§ 407 **AO**; unten 73).

15 d) **Zuständiges Gericht:** (1) **AG-Sachen,** konzentriert ab Anklage nach § 391 **AO**: Im vorbereitenden Verfahren ist für alle richterlichen Entscheidungen und Untersuchungshandlungen das AG zuständig, das auch bei anderen Delikten zuständig wäre, insbesondere in den Fällen der §§ 98, 105, 111, 111e, 114, 125, 126a II, 162. Wird die öffentliche Klage erhoben, sei es durch Einreichung einer Anklageschrift, sei es durch Strafbefehlsantrag, so ist das AG am Sitz des LG für das weitere Verfahren zuständig, auch die StA bei diesem Gericht (§ 143 I GVG). Im Vorverfahren ist dieses AG nur für eine Prozesshandlung zuständig: Für die Zustimmung nach § 153 I und § 153a I. Die Konzentration für das Verfahren nach Anklageerhebung gilt auch, wenn die Anklage auch andere Straftaten als Steuerstraftaten zum Gegenstand hat (§ 391 IV **AO**).

16 (2) **LG-Sachen:** Hier besteht die besondere Zuständigkeit der WirtschaftsStrK nach § 74c I Nr 3 GVG.

17 D. Das **Bußgeldverfahren** nach dem OWiG liegt primär in der Hand der VerwB (§ 35 OWiG; vgl aber II); ihre Entscheidungen unterliegen jedoch der gerichtlichen Nachprüfung (§§ 67 ff OWiG). Für Bußgeldverfahren wegen Steuerordnungswidrigkeiten (einschl Zollordnungswidrigkeiten, vgl § 377 **AO**), gelten die §§ 409–412 **AO**; für die Einleitung gilt § 397 **AO** entspr (§ 410 I Nr 5 **AO**).

18 E. Das **Rechtsstaatsprinzip** – iS einer materialen Wertordnung – besteht aus 2 Postulaten: dem der Rechtssicherheit und dem der materiellen Gerechtigkeit. Strafprozessuale Zeugnisverweigerungsrechte und Beschlagnahmeverbote stellen Ausnahmen von der Pflicht zur umfassenden Aufklärung der materiellen Wahrheit dar und können nicht beliebig begründet oder erweitert werden; danach kann die Vertraulichkeit journalistischer Arbeit nicht umfassend gewährleistet sein, und §§ 94, 97 V in Verbindung mit § 53 I sind mit Art 5 I S 2 GG vereinbar (BVerfG NJW **88**, 329, 330). Ein wesentlicher Bestandteil der Gerechtigkeit ist die Aufrechterhaltung einer funktionstüchtigen Rechtspflege, ohne die Gerechtigkeit nicht verwirklicht werden kann (BVerfGE **33**, 367, 383; **41**, 246, 250; **44**, 353, 374; **46**, 214, 222; **74**, 257, 262; eingehend Landau NStZ **07**, 121; **11**, 544; **15**, 669; abl I. Roxin Schünemann-FS 941; Sommer StraFo **14**, 441). Den Widerstreit zwischen den beiden Postulaten muss in 1. Hinsicht der Gesetzgeber (ohne Willkür) entscheiden (BVerfGE **25**, 269, 290; BVerfG NJW **04**, 739, 741; krit Arnold StraFo **05**, 8). Das Rechtsstaatsprinzip erfordert ein Verfahren vor dem gesetzlichen (Art 101 I S 2 GG; 4 zu § 16 GVG) und unabhängigen (Art 97 I GG; 1 zu § 1 GVG) Richter, in dem die gewährleisteten Grundrechte beachtet werden (Art 1 III GG; Art 2 ff **EMRK**), insbesondere die Würde des Menschen (Art 1 I GG; BGH **5**, 333; MDR **60**, 856), das allgemeine Persönlichkeitsrecht (Art 2 I GG; BGHZ **13**, 337), die Freiheit der Person (Art 2 II S 2 GG; BVerfGE **10**, 273, 322), die Gleichheit vor dem Gesetz (Art 3 GG) und das darin enthaltene Willkürverbot sowie der Ausschluss unmenschlicher Behandlung (2 zu Art 3 EMRK).

Wesen des Strafprozesses

a) Das Recht auf ein **faires, rechtsstaatliches Verfahren** gewährleistet das 19
Rechtsstaatsprinzip (Art 20 III GG) iVm dem allgemeinen Freiheitsrecht nach
Art 2 I GG (BVerfGE **26**, 66, 71; **38**, 105, 111; **57**, 250, 274; **63**, 380, 390; **66**,
313, 318). Es handelt sich um einen auf der Ebene des Verfassungsrechts angesiedelten allgemeinen Grundsatz des Verfahrensrechts, der sich aus Art 6 I S 1 **EMRK**
ergibt (dort 4). Den fair-trial-Grundsatz muss der Gesetzgeber als Leitlinie bei der
Ausgestaltung des Verfahrensrechts beachten. Der Grundsatz darf nicht etwa an die
Stelle von Vorschriften der StPO oder von Verfahrensgrundsätzen gesetzt werden,
die sich aus ihnen ergeben (verfehlt daher BGH **32**, 44 = JR **84**, 171 mit abl Anm
Meyer: Wahlrecht des Angeklagten zwischen Rüge der Verletzung der StPO oder
des fair trial-Grundsatzes; abl auch Herdegen NStZ **84**, 343). Für die Strafgerichte
kommt der Grundsatz somit nur zur Anwendung, wenn die StPO keine Einzelbestimmung zur Verfügung stellt (Hamm Salger-FS 290; Meyer-Goßner NStZ **82**,
362; zur Anwendung des Grundsatzes im Strafverfahren vgl BGH **24**, 125, 131;
49, 112, 120; NJW **80**, 1761; ferner Bottke Roxin-FS I 1243; Dörr, Faires Verfahren, 1984, S 144 ff; Rzepka, Zur Fairness im deutschen Strafverfahren, 2000; Steiner, Das Fairnessprinzip im Strafprozess, 1995; zur Bedeutung für das Gerichtsverfassungsrecht Schilken 108 ff). Eine Verletzung des Rechtes auf ein faires Verfahren
liegt erst vor, „wenn eine Gesamtschau auf das Verfahrensrecht auch in seiner Auslegung und Anwendung durch die Fachgerichte ergibt, dass rechtsstaatlich zwingende Folgerungen nicht gezogen worden sind oder rechtsstaatlich Unverzichtbares
preisgegeben wurde"; dabei sind auch die Berücksichtigung der Belange einer
funktionstüchtigen Strafrechtspflege und der Beschleunigungsgrundsatz in den
Blick zu nehmen (BVerfG NJW **12**, 907, 909 = JR **12**, 211 mit Anm Löffelmann).

Die **Verfahrensrüge des Verstoßes** gegen den Grundsatz des fairen Verfahrens 19a
kann idR nicht in Betracht kommen, wenn der Angeklagte es unterlassen hat, den
Tatrichter wegen Besorgnis der Befangenheit (§ 24) abzulehnen (BGH NStZ **09**,
168). Auch ohne Ablehnung des Richters hat BGH **53**, 294 aber einen solchen zu
einem Beweisverwertungsverbot führenden Verstoß in dem Fall angenommen, in
dem eine heimliche Überwachung von Ehegattengesprächen in einem eigens dafür
zugewiesenen separaten Besuchsraum in der UHaft ohne die übliche erkennbare
Überwachung vorgenommen worden war (nur im Ergebnis zust Engländer JZ **09**,
1179; Kleszcewski StV **10**, 462; Zuck JR **10**, 17; krit unter Hinweis auf die Rspr
des EGMR zu Art 6 EMRK Hauck NStZ **10**, 17; scharf abl Rogall HRRS **10**,
289; zust hingegen Brunhöber ZIS **10**, 761 unter Anwendung eines von ihr „aus
der Grundrechtsgleichheit des Anspruchs auf ein faires Verfahren" entwickelten
Prüfungsschemas). Der Grundsatz gilt auch im Ermittlungsverfahren (dazu Soiné
NStZ **10g**, 597) und gegenüber allen Verfahrensbeteiligten (Schleswig SchlHA **97**,
145 [L/S]; Böttcher Schöch-FS 937) und kommt insbesondere in Betracht, wenn
das Gericht gegen einen von ihm selbst geschaffenen Vertrauenstatbestand verstoßen hat (ThürVerfGH NJW **03**, 740; erg 2 zu § 154a). Die Verletzung des Rechtsstaatsprinzips führt nicht zum Entstehen eines Prozesshindernisses (unten 148).

b) Der **Grundsatz der Verhältnismäßigkeit** von Mittel und Zweck, Methode 20
und Ziel, Stärke des Zugriffs und Gemeinwohlnutzen ist mit Verfassungsrang ausgestattet (BVerfG NJW **86**, 767, 769). Er verlangt, dass die Maßnahme unter
Würdigung aller persönlichen und tatsächlichen Umstände des Einzelfalles zur
Erreichung des angestrebten Zwecks geeignet und erforderlich ist, was nicht der
Fall ist, wenn ein milderes Mittel ausreicht, und dass der mit ihr verbundene Eingriff nicht außer Verhältnis zur Bedeutung der Sache und zur Stärke des bestehenden Tatverdachts steht (BVerfGE **30**, 1; **44**, 353, 373; **59**, 95; **67**, 157, 173; Bay **78**,
152, 157; Knauth JuS **79**, 339). Er ist inzwischen in zahlreiche gesetzliche Bestimmungen ausdrücklich aufgenommen, zB in §§ 81 II S 2, 97 V S 2 Hs 2, 112 I S 2,
120 I S 1, 160a II S 1, 163b II S 2; 163d I S 1; §§ 62, 74b I StGB; § 24 I OWiG.
Vgl Kleinknecht NJW **66**, 1539.

c) Dieses **Verbot des Übermaßes** setzt der Zulässigkeit eines sonst zulässigen 21
Eingriffs bei dessen Anordnung, Vollziehung und Fortdauer eine Grenze (BVerfGE

32, 373, 379; **34**, 238, 246), zB bei körperlichen Eingriffen (18 zu § 81a), bei Beschlagnahme und Durchsuchung (18 zu § 94; 15a zu § 102; 1a zu § 103), bei Eingriffen in die Pressefreiheit (Art 5 I S 2 GG), bei denen zwischen den Erfordernissen einer freien Presse und denen der Strafverfolgung abzuwägen ist (BVerfGE **15**, 223; **20**, 162, 186).

22 d) Dabei ergibt sich eine **Stufung in der Zulässigkeit** prozessualer Eingriffe nach der Schwere des Tatvorwurfs und der Stärke des Tatverdachts. ZB kann eine Maßnahme zunächst unzulässig sein, aber nach gewissen Beweiserhebungen zulässig werden (vgl BVerfGE **17**, 117; zur Funktion des Tatverdachts vgl Corts/Hege JA **76**, 303, 379) oder sonst bei erst entstehendem Übergewicht des Interesses der Allgemeinheit gerechtfertigt sein (BVerfGE **27**, 344 zum Fall der Beiziehung von Ehescheidungsakten zur Leistung von Amtshilfe).

23 F. **Rechtliches Gehör** (Art 103 I GG) muss jedermann vor Gericht erhalten. Der Anspruch bedeutet, dass dem Betroffenen Gelegenheit gegeben werden muss, sich dem Gericht gegenüber zu den gegen ihn erhobenen Vorwürfen zu äußern (BVerfGE **60**, 175, 210), Anträge zu stellen und Ausführungen zu machen (BVerfGE **6**, 19, 20; **36**, 85, 87), und dass das Gericht seine Ausführungen zur Kenntnis nehmen und in Erwägung ziehen muss (BVerfGE **64**, 135, 144; **65**, 305, 307; BGH **28**, 44, 46 mwN; eingehend Krehl Hassemer-FS 1055). Die nähere Ausgestaltung des rechtlichen Gehörs ist den einzelnen Verfahrensordnungen überlassen (BVerfGE **67**, 208, 211; **74**, 228, 233). Die Verletzung solcher Vorschriften stellt nicht zugleich einen Verstoß gegen Art 103 I GG dar, es sei denn, das Gericht hätte bei ihrer Auslegung und Anwendung die Bedeutung und Tragweite des Anspruchs auf rechtliches Gehör verkannt (BVerfGE **60**, 305, 310; **74**, 228, 233). Ein subjektives verfassungsmäßiges Recht, von allen Behörden vor jeglichen belastenden Maßnahmen gehört zu werden, ist dagegen nicht gewährleistet (BayVerfGHE **18** II 140, 152; **25** II 143).

24 a) Auf die **Pflicht zur Wahrung der Menschenwürde** geht dieses Recht zurück (BVerfGE **7**, 275, 279). Es soll verhindern, dass der Mensch zum bloßen Objekt eines Verfahrens gemacht wird (BVerfGE **7**, 53, 58; BVerfGE **9**, 89, 95), dient also keineswegs nur der Erforschung der Wahrheit.

25 b) **Jedermann** hat Anspruch auf rechtliches Gehör, dh jeder, der nach der maßgebenden Verfahrensordnung an einem gerichtlichen Verfahren als Beschuldigter, Partei oder in ähnlicher Stellung beteiligt ist (BVerfGE **17**, 361; unten 73), gleichgültig, ob er eine natürliche oder juristische, eine inländische oder ausländische Person ist (BVerfGE **12**, 6). Der Beteiligte muss wissen, dass ein Beschwerdeverfahren anhängig ist (BVerfGE **19**, 49, 51) oder eine Prüfung im Vollstreckungsverfahren ansteht (zB § 454), bevor zu seinem Nachteil entschieden wird.

26 In manchen Fällen lässt das Gesetz die **Anhörung des Verteidigers** genügen, zB § 81. Sonst sind der Beschuldigte und der Verteidiger zu hören (Karlsruhe JZ **69**, 710 mit Anm EbSchmidt). Jedoch darf bei schriftlicher Anhörung außerhalb der Hauptverhandlung davon ausgegangen werden, dass eine Äußerung des Verteidigers im Hinblick auf seine Funktion (unten 82ff; 1ff vor § 137) zugleich eine solche des Beschuldigten ist (BGH MDR **74**, 367 [D]), nicht umgekehrt.

27 Da das Strafverfahren nicht in die Rechtsstellung des Staates eingreift, hat **die StA nicht** den durch das GG garantierten Anspruch auf rechtliches Gehör, sondern nur ein verfahrensrechtlich gewährleistetes Recht auf Anhörung (vgl § 33 I, II; Braunschweig NJW **62**, 753; **aM** EbSchmidt Nachtr 16; Arndt DRiZ **59**, 368; NJW **62**, 1194; Röhl NJW **64**, 275; erg 3 zu § 33a).

28 c) **Gelegenheit zur Äußerung** muss dem Verfahrensbeteiligten gegeben werden, und zwar in Kenntnis des Entscheidungsthemas zum Sachverhalt, zum Tatsachenstoff des Prozesses, den Tatsachen und Beweisergebnissen (zB Gutachten, vgl Röhl NJW **64**, 279), auch zu rechtserheblichen Verfahrenstatsachen (BayVerfGH VerwRspr **16**, 3). Ferner in zumutbarer Weise (BGH NJW **59**, 1330) und mit genügend Zeit (BVerfGE **8**, 89), auch zu ihm bekannten Tatsachen oder Beweisergebnissen (BVerfGE **20**, 349) und zu offenkundigen Tatsachen (BVerfGE **10**, 177, 182). Dazu gehört die Bereitschaft, die Ausführungen des Beteiligten zur Kenntnis zu nehmen und in Erwägung zu ziehen (BVerfGE **22**, 267, 273; **40**, 101); setzt das Gericht eine Frist zur Stellungnahme, muss es alle bis dahin eingegangenen Schriftsätze berücksichtigen (BVerfG NStZ-RR **19**, 256 L). Der Anspruch gewährt das Recht, tatsächliche und rechtliche Ausführungen zu machen (BVerfGE **9**, 259; **28**, 378; Schilken 128 ff), Beweisanträge zu stellen und darauf einen Bescheid zu bekommen (29 zu § 244), aber nicht einen Anspruch auf Beweiserhebung in Gegenwart des Beteiligten (Bay NJW **60**, 2287), auf Unmittelbarkeit der Beweisaufnahme (BVerfGE **1**, 418, 429; Tiedemann MDR **63**, 458), auf bestimmte Beweismittel oder auf bestimmte Arten von Beweismitteln (BVerfGE **57**, 250, 274).

Zu den Tatsachen und Beweisergebnissen muss das rechtliche Gehör gewährt werden (BVerfGE aaO). Es umfasst darüber hinaus das Gebot, Gelegenheit zu Rechtsausführungen zu geben. Zu der in Betracht kommenden Beweiswürdigung oder rechtlichen Beurteilung braucht der potentiell Betroffene nicht gehört zu werden, sofern sich der Gegenstand des Verfahrens nicht ändert (vgl § 265). Insoweit schützt Art 103 I GG die Prozessbeteiligten nicht vor Überraschungsentscheidungen (BayVerfGH NJW **64**, 2295; vgl aber unten 162). **29**

Das **nemo-tenetur-Prinzip** *(nemo tenetur se ipsum accusare* und *nemo tenetur se ipsum prodere)* oder der Grundsatz der Selbstbelastungsfreiheit bedeutet, dass niemand verpflichtet ist, sich selbst anzuklagen oder gegen sich selbst Zeugnis abzulegen; ein Beschuldigter ist grundsätzlich nicht verpflichtet, aktiv zur Sachaufklärung beizutragen (BVerfG NJW **13**, 1058, 1061; BGH NStZ **09**, 705). Das Prinzip ist in Art 14 III Buchst g IPBPR (s 7 vor Art 1 EMRK) enthalten und hat in Vernehmungen in § 136 I S 2 für den Beschuldigten (dort 7) und in § 55 I für den Zeugen (dort 1) Ausdruck gefunden, gilt aber als übergeordneter Rechtsgrundsatz (Ranft 338; Safferling ZIS **09**, 784; Schroeder/Verrel 371 ff; Böse GA **02**, 98; Leitmeier JR **14**, 372; Verrel NStZ **97**, 361 ff; 415 ff) für das gesamte Strafverfahren (Brandenburg NStZ-RR **15**, 53). Seine Verletzung soll nach einer Entscheidung des 1. StS des BGH auch außerhalb von Vernehmungen nach § 136 anzunehmen sein und zu einem Verwertungsverbot führen, so etwa wenn die Betroffene aufgrund gesundheitlicher Beeinträchtigungen ihre Aussagefreiheit faktisch nicht wahrnehmen konnte (BGH NStZ **19**, 36 mit abl Anm Vogler, der darin nur eine Einzelfallentscheidung sieht; dazu ferner Jahn NJW **18**, 1986 und Mosbacher JuS **18**, 767; vgl auch BGH NStZ-RR **18**, 286: Schweigen der Beschuldigten bei der Festnahme; erg 20c, 25 zu § 136). **29a**

Im Übrigen folgt aus dem Grundsatz auch die **Freiheit des Beschuldigten, selbst darüber zu befinden,** ob er an der Aufklärung des Sachverhalts in anderer Weise als durch Äußerungen zum Untersuchungsgegenstand aktiv mitwirken will oder nicht (BGH NJW **96**, 2940, 2942; vgl aber auch Weßlau ZStW **110**, 32: keine Lieferung von Beweismitteln gegen sich selbst). Der Beschuldigte darf zwar einen Zeugen nicht aktiv zu einer Falschaussage bewegen, ist aber grundsätzlich nicht verpflichtet, eine Falschaussage zu verhindern oder auf sie hinzuweisen (vgl BGH NStZ **19**, 537 mit Anm Arnoldi). Er darf auch nicht zu Tests, Tatortrekonstruktionen, Schriftproben oder zur Schaffung ähnlicher für die Erstattung eines Gutachtens notwendiger Anknüpfungstatsachen gezwungen werden (BGH **34**, 39, 46; vgl auch EGMR NJW **06**, 3117: unzulässige zwangsweise Verabreichung eines Brechmittels; dazu Renzikowski Amelung-FS 669; erg 2 zu Art 3 EMRK). Der nemo tenetur Grundsatz verbietet es aber nicht, Erkenntnisse aus der **Erfüllung von gesetzlichen Mitwirkungspflichten,** die dem Schutz von Gemeinwohlbelangen dienen, an die Strafverfolgungsbehörden weiterzuleiten (BGH NotSt (Brfg) 4/18 vom 18.11.2019: im Rahmen der Notaraufsicht geprüfte Unterlagen). **29b**

Schutz vor unbewusster Selbstbelastung oder vor Irrtum (BGH 5 StR 228/19 vom 14.8.2019) bietet der Grundsatz nicht (BGH **40**, 66, 71; NJW **96**, 2940, 2943), anders jedoch unter Umständen bei einer durch Ausnutzung eines geschaffenen Vertrauensverhältnisses entlockten Aussage (BGH **52**, 11; Rogall NStZ **08**, 110; BGH NStZ **09**, 343 mit Anm Bauer StV **10**, 120) oder bei einem **29c**

verdeckten Verhör eines inhaftierten Beschuldigten durch einen als Besucher getarnten nicht offen ermittelnden Polizeibeamten unter Zwangseinwirkung (BGH **55**, 138; zust Kretschmer HRRS **10**, 343; vgl auch Kasiske StV **14**, 423). Kein Verwertungsverbot besteht aber, wenn eine Privatperson unter Verheimlichung ihres Ermittlungsinteresses einen Tatverdächtigen veranlasst, mit ihr ein Gespräch über die Tat zu führen und dies Gespräch gemäß § 100f abgehört und aufgezeichnet wird (BGH NStZ **11**, 596 mit abl Anm Eisenberg JR **11**, 409; abl auch Wolter ZIS **12**, 238). Erg unten 80; 4a zu § 136a und 4 ff zu Art 6 **EMRK**.

29d Der in verschiedenen Vorschriften der StPO garantierte **Schutz des Angehörigenverhältnisses** (§§ 52 I, III, 97 I, 100c VI, 252) gehört in seinem Kernbestand zu den rechtsstaatlich unverzichtbaren Erfordernissen eines fairen Verfahrens (BVerfG NJW **10**, 287). Ob das Prinzip auch für juristische Personen gilt, gegen die behördliche Ermittlungen mit dem Ziel ihrer Sanktionierung durchgeführt werden, ist umstritten (verneinend BVerfG **95**, 220; Rogall Beulke-FS 984: jedenfalls „prinzipiell" Arzt JZ **03**, 456; bejahend hingegen Fink wistra **14**, 457; Schuler JR **03**, 265; eingehend Queck, Die Geltung des nemo-tenetur-Grundsatzes zugunsten von Unternehmen, 2005, zugl Diss Dresden). Zur Bedeutung des Grundsatzes im Steuerstrafverfahren vgl BGH JR **05**, 300 mit Anm Lesch). Zur gefährdeten Zulässigkeit von „Verteidigung durch Schweigen" auf europäischer Ebene Salditt Hamm-FS 595.

30 d) **Nur bei drohender Beschwer** (8 ff vor § 296) hat der Beteiligte (unten 70) den Anspruch auf Gehör. Erforderlichenfalls muss er mehrmals gehört werden, weil keine Tatsache und kein Beweisergebnis gegen ihn verwendet werden darf, wenn er dazu nicht gehört worden ist (vgl unten 35). Das gilt auch bei verfahrensrechtlichen Tatsachen (BayVerfGH NJW **62**, 1387).

31 e) Die **Nichtausnutzung der Gelegenheit** zur Äußerung ändert nichts daran, dass dem Betroffenen das rechtliche Gehör gewährt worden ist. Der Betroffene muss also uU die nach Lage der Sache bestehenden prozessualen Möglichkeiten, sich das rechtliche Gehör zu verschaffen, ausnutzen, zB durch Wortmeldung oder Antrag auf Vertagung (vgl BGH LM Nr 1 zu § 33); sonst verwirkt er den Anspruch (BVerfGE **5**, 10), zB in den Fällen der §§ 231 II, 231a, 231b, 232, 233. Jedoch braucht er sich nicht zu erkundigen, ob Neues beigebracht worden ist, selbst wenn er hiermit rechnen muss; er darf sich vielmehr darauf verlassen, dass er verständigt wird, wenn eine Verwertung zu seinem Nachteil erwogen wird (BVerfGE **15**, 218).

32 f) **Vor der Entscheidung** des Gerichts (unten 121 ff) ist grundsätzlich das rechtliche Gehör zu gewähren (vgl §§ 33, 33a, 311 III, 311a; zum Strafbefehlsverfahren 24 zu § 407). Bei Maßnahmen, die nur der technischen Prozessführung dienen, braucht das rechtliche Gehör nicht gewährt zu werden (vgl oben 30), zB nicht vor der Bestimmung eines Termins (vgl 6 zu § 213).

33 g) Das **Gericht** muss das rechtliche Gehör gewähren oder veranlassen oder sich vergewissern, dass es gewährt worden ist. Unter dieser Voraussetzung genügt es, dass der StA mit Bezug auf die bevorstehende richterliche Entscheidung (unten 121 ff) die Gelegenheit zur Äußerung gibt, insbesondere vor einer Entscheidung, die ohne mündliche Verhandlung ergeht (erg 11 zu § 33). Ebenso kommt die Anhörung über den Verteidiger in Betracht (12 zu § 33).

34 h) Die **Heilung des Mangels** ist möglich, und zwar bei widerruflichen Entscheidungen (unten 112 ff) durch Widerruf und neue Entscheidung oder durch Nachholung des rechtlichen Gehörs zur Prüfung des Widerrufs; im Übrigen in der Rechtsmittelinstanz (BVerfGE **5**, 22), falls sie Tatsacheninstanz ist (BVerfGE **8**, 182). Ist der Beschluss, bei dessen Zustandekommen das rechtliche Gehör nicht oder nicht vollständig gewährt worden ist (§ 33 III), für das Gericht, das ihn erlassen hat, sonst nicht mehr abänderbar, so hat es den Mangel des rechtlichen Gehörs dennoch in einem Nachverfahren zu heilen, vgl §§ 33a, 311a, auch § 311 III.

Wesen des Strafprozesses **Einl**

i) Ein **Verwertungsverbot** besonderer Art (das nicht zum Beweisrecht gehört, 35 unten 51 ff) besteht für Tatsachen und Beweisergebnisse, zu denen das rechtliche Gehör nicht gewährt worden ist; sie dürfen nicht für eine Entscheidung zuungunsten eines Beteiligten verwendet werden, der nicht die Gelegenheit zur Äußerung erhalten hat (§ 33 I, III; BVerfGE **13**, 24, 191). Das ergibt sich für das Urteil auch aus § 261 (dort 6, 7).

Das Verwertungsverbot besteht nicht, wenn die Anhörung nach § 33 IV oder 36 einer anderen rechtfertigenden Vorschrift unterblieben oder durch eigenes Verhalten des Beteiligten **verwirkt** worden ist (vgl aber § 33a). Die Nichtgewährung des Fragerechts nach Art 6 III Buchst d **EMRK** führt nicht zu einem Verwertungsverbot.

G. Die **Mitwirkung der StA,** der das Anklagemonopol zusteht (§ 152 I; Aus- 37 nahmen: § 374, ferner § 400 **AO**; oben 13) und für die das Legalitätsprinzip gilt (§ 152 II), gibt dem Strafprozess sein besonderes Gepräge. Nur die Strafsachen, die sie dem Gericht durch Anklageerhebung zur Entscheidung unterbreitet, werden Gegenstand eines gerichtlichen Strafverfahrens. StA und Gericht sind zwei voneinander unabhängige Rechtspflegeorgane (vgl § 150 GVG), die auf das gleiche Ziel hinarbeiten (erg 1, 3 vor § 141 GVG).

Für die Abweichung vom normalen Verfahren verlangt das Gesetz in vielen Fäl- 38 len die **Übereinstimmung** beider Organe, zB bei Einstellung des Verfahrens nach den §§ 153 I, II, 153a I, II, 153b I, II, 153e I, II, 154 II; ferner beim Strafbefehl hinsichtlich Verfahrensart und Inhalt (§§ 407, 408), bei Verwerfung der Revision ohne Hauptverhandlung durch Beschluss (§ 349 II, III), bei Strafbemessung durch das Revisionsgericht ohne eigene Tatsachenverhandlung (§ 354 I). Über Wesen und Stellung der StA vgl unten 87 sowie vor § 141 GVG.

H. Die **Mitwirkung der Polizei:** Kriminal- und Schutzpolizei sind gemeinsam 39 Träger der Verbrechensbekämpfung, auch der Strafverfolgung. In der Mehrzahl der Länder bearbeitet die Schutzpolizei die „kleine" bis zu „mittleren" Kriminalität sowie die OWien, die Kriminalpolizei dagegen die Strafsachen, in denen ihre besonderen Kenntnisse und Möglichkeiten von überwiegender Bedeutung sind. Im funktionalen Sinn ist jede Strafverfolgungstätigkeit kriminalpolizeiliche Betätigung. Zum Verhältnis StA-Polizei bei Überlappung von Strafverfolgung und Gefahrenabwehr vgl 13 zu § 161; 17 zu § 163.

a) Der **erste Zugriff** (§ 163) obliegt der Polizei in ihrer Strafverfolgungstätigkeit 40 (Kriminalpolizei im materiellen, funktionellen Sinn). Sie untersteht dabei dem Legalitätsprinzip, dh dem Verfolgungszwang (vgl zu §§ 152 II, 163 I). Da die ersten Anhaltspunkte für die Verfolgung von Straftaten überwiegend im polizeilichen Bereich zutage treten, werden die meisten Ermittlungsverfahren von der Polizei eingeleitet. Sie verfügt auch über zahlreiche Karteien, Sammlungen und technische Einrichtungen, die der Aufklärung von Verbrechen dienen, sowie über den kriminalpolizeilichen Nachrichten- und Fahndungsapparat, auch auf internationaler Basis (vgl die Übersicht über die vielfältigen Informationssysteme der Polizei auf Bundes- und Landesebene bei Krekeler StraFo **99**, 82 ff). Hierzu gehört neben dem bekannten Instrumentarium von Interpol (vgl § 3 I BKAG) auch Europol (ABl EG 1995 C 316 S 1; dazu Tolmein StV **99**, 108; Zieschang ZRP **96**, 427; unten 207 f) und der Kooperationsverbund zwischen den Polizeien der Schengen-Staaten (alle EU-Staaten außer dem Vereinigten Königreich und Irland, Bulgarien, Rumänien und Zypern, aber auch Island und Norwegen und der Schweiz) durch das SDÜ (unten 216). Für die Personen- und Sachfahndungspraxis von erheblicher Bedeutung ist das Schengener Informationssystem (SIS); es besteht aus dem Zentralrechner in Straßburg (C. SIS) und den nationalen Schengener Informationssystemen (N. SIS; vgl dazu Wilkesmann NStZ **99**, 68). Die Polizei hat ihre Verhandlungen nach den Ermittlungen, die keinen Aufschub gestatten, ohne Verzug der StA vorzulegen, damit diese die ihr vom Gesetz zugewiesene Leitung des Ermittlungsverfahrens übernehmen kann (vgl auch RiStBV 3; 3 ff zu § 163). Bei Steuerstraftaten haben das Recht und die Pflicht zum ersten Zugriff auch die in § 404 **AO** bezeichneten FinBen.

Einl

41 b) **Ermittlungsorgan der StA** ist die Polizei, gleichviel, ob sie von sich aus beim ersten Zugriff oder auf Ersuchen der StA tätig wird (vgl unten 61). Die StA trägt die Verantwortung für die Durchführung des Verfahrens in rechtlicher und tatsächlicher Hinsicht (Füllkrug ZRP **84**, 193; Peters 183; allg zum Verhältnis StA/Polizei: Rüping ZStW **95**, 894). Die Behörden und Beamten des Polizeidienstes sind verpflichtet, den Ermittlungsersuchen der StA nachzukommen (§ 161 I S 2; dort 11). In noch stärkerer Bindung an die StA stehen diejenigen Beamten, die Ermittlungspersonen der StA sind (vgl zu § 152 GVG).

42 In Steuerstrafsachen ist auch die **FinB Ermittlungsorgan des StA** (§ 402 **AO**). Führt die FinB das Ermittlungsverfahren selbstständig (§ 386 II **AO**), so tritt sie an die Stelle des StA (§ 399 **AO**) und kann Ermittlungen durch die Polizei vornehmen lassen (oben 12).

43 c) **Bei der Vollstreckung,** für die die StA zu sorgen hat (10 zu § 36), wirkt die Polizei ebenfalls mit, und zwar in jeder Lage des Verfahrens, also auch noch bei der Vollstreckung des Sicherungshaftbefehls nach § 453c oder des Vollstreckungshaftbefehls nach § 457 II (vgl auch 1 zu § 152 GVG; §§ 25, 37 MEPolG; Art 52, 62 BayPAG). Selbstverständlich vollzieht sie auch ihre eigenen Anordnungen (zB nach §§ 98 I, 105 I, 111e I S 2).

44 d) **Auch für den Richter** wird die Polizei auf Ersuchen tätig, zB im Vorverfahren, wenn der Richter als Not-StA eingreift (§ 165), bei der Sitzungspolizei (§ 176 GVG, dort 14) und in sonstigen Fällen der Vollzugs- oder Amtshilfe durch polizeigemäße Handlungen (§ 25 MEPolG; Art 52 BayPAG).

45 e) **Zwang** darf nur angewandt werden, soweit das Strafverfahrensrecht dies zulässt (vgl § 136a I S 2). Dieser Grundsatz, der sich auch aus Art 2 II GG ergibt, entspricht dem öffentlich-rechtlichen Gesetzesvorbehalt für hoheitliche Eingriffe (Krey, Studien zum Gesetzesvorbehalt im Strafrecht, 1977; erg 32 zu § 163). Die Zulässigkeit kann sich aus dem Sinn und Zweck der durchzusetzenden Anordnung ergeben, zB bei Verhaftung, Durchsuchung, Beschlagnahme, körperlicher Untersuchung (KG JR **79**, 347; Kleinknecht NJW **64**, 2181; einschr Krey ZStW **101**, 857).

46 Über **die Art und Weise** der Anwendung unmittelbaren Zwanges enthält die StPO keine Regelung (Riegel ZRP **78**, 14, 18). Für sie gelten jeweils die Regelungen, die für das den Zwang anwendende Organ erlassen sind, für die Polizei also die polizeirechtlichen Regelungen (§§ 35 ff MEPolG, zB Art 60 ff BayPAG). Über unmittelbaren Zwang durch Soldaten der Bundeswehr, denen militärische Wach- oder Sicherheitsaufgaben übertragen sind, und zivile Wachpersonen vgl das UZwGBw, durch Bedienstete der JVA vgl zB Art 101 ff BayStVollzG. Zur Anordnung unmittelbaren Zwanges durch die StA bestehen bundeseinheitliche Richtlinien (RiStBV, Anlage A). Nur im Fall des § 81c VI S 2 macht das Gesetz die Anwendung unmittelbaren Zwanges von einer besonderen Anordnung des Richters abhängig.

47 I. **Beweis.** Das gesamte Ermittlungsverfahren, das tatrichterliche Verfahren und zT auch das Revisionsverfahren bestehen aus dem Suchen nach Beweisen, der Erhebung der Beweise, ihrer Würdigung und aus dem Ziehen von Konsequenzen aus den Beweisergebnissen in der Form von Entscheidungen (unten 121 ff).

48 a) Der **Begriff** Beweis wird in der StPO in unterschiedlichem Sinn gebraucht (erg 2 zu § 244). Die Erhebung oder Aufnahme eines Beweises (vgl §§ 163a II, 244 I, 245, 246 I) besteht darin, dass ein Beweismittel in das Verfahren eingeführt und zur Gewinnung eines Beweisergebnisses verwendet wird. Beweisergebnis (vgl § 33 III) ist das, was das Beweismittel an tatsächlichem Beurteilungsstoff für die Entscheidung der Beweisfrage ergibt. Zu den Beweisergebnissen muss das rechtliche Gehör gewährt werden (§§ 33 I, III, 258, 261; oben 23 ff). Die Gesamtheit der Beweisergebnisse, einschließlich der Indizien (25 zu § 261), wird durch die Beweiswürdigung für die zu treffende Entscheidung verwertet (§ 261). Die gleiche Methode wird bei jeglicher Beweiswürdigung angewendet, die einer Entscheidung oder Maßnahme eines Strafverfolgungsorgans vorausgeht und nur einen bestimmten Verdachtsgrad voraussetzt, zB bei der Prüfung, ob dringender Tatverdacht vorliegt (§§ 112 I, 127 II) oder genügender Anlass zur Erhebung der öffentlichen Klage (§ 170 I S 1) oder hinreichender Tatverdacht als Voraussetzung für die Eröffnung des Hauptverfahrens (§ 203) besteht.

b) Die **Beweismittel** des Strafverfahrens sind: Zeugen (§§ 48 ff), Sachverständige und Augenschein (§§ 72 ff), Urkunden und andere Schriftstücke (§§ 249 ff), ferner die Aussagen der Beschuldigten (§§ 136, 163a I, 243 III) und der Mitbeschuldigten (vgl zB § 251 I, II), obwohl deren Vernehmung nicht zur Beweisaufnahme im prozesstechnischen Sinn gehört (§ 244 I). Die sog persönlichen Beweismittel treten durch ihre Aussage in Funktion; die sog sachlichen Beweismittel, dh die Gegenstände, die als Beweismittel für die Untersuchung von Bedeutung sind (§ 94 I), also die Beweisgegenstände (vgl § 102), und die beweiserheblichen wahrnehmbaren Sachgegebenheiten und Vorgänge werden durch Einnahme des Augenscheins zur Kenntnis genommen, soweit es sich nicht um Urkundenbeweis handelt. Dieser Verlesungsbeweis dient der Ermittlung des gedanklichen Inhalts eines Schriftstückes (1 zu § 249); es kommt mittelbar derjenige zu Wort, der eine Aussage in die Urkunde gelegt hat. Es gibt auch noch andere Verbindungen von Personal- und Sachbeweis, zB wenn eine Sachbeobachtung durch einen Zeugen geschildert oder durch einen Sachverständigen bewertet wird. Von großer Bedeutung ist insoweit der kriminaltechnische Sachbeweis, also die kriminalistische Sicherung und Auswertung der Tatspuren (allg zur Behandlung des Sachbeweises im Strafverfahren Foth/Karcher NStZ **89**, 166; zu dem bei der Bewertung von Gutachten zu beachtenden Unterschied zwischen Merkmals- und Belastungswahrscheinlichkeit BGH NStZ **92**, 601; Knussmann NStZ **91**, 175; Hellmiß NStZ **92**, 24; Müller Rolinski-FS 219). Der Mensch kann nicht nur Aussageperson, sondern auch Gegenstand des Augenscheins sein (14 zu § 86). Seine Leiche gehört sogar (im Gegensatz zum lebenden Körper) zu den Beweisgegenständen iS des § 94, ist also beschlagnahmefähig. Untersuchungen, Experimente und Versuche sind der einen oder anderen Beweisart zuzurechnen (BGH NJW **61**, 1486), je nachdem, ob sie nur geschildert oder unmittelbar zur Wahrnehmung der an der Verhandlung Beteiligten vorgeführt werden. Vielfach werden dabei mehrere Beweisarten kombiniert, zB bei Erläuterung einer Augenscheinseinnahme durch einen Sachverständigen oder Zeugen oder den Angeklagten. Daher bleibt keine Lücke: Tatsachen, Vorgänge und Gegenstände jeder Art können auf dem einen oder anderen Wege beweismäßig erfasst und verwertet werden.

J. **Beweisverbote** (dazu übersichtliche Zusammenstellung bei Baumann/Brenner, Die strafprozessualen Beweisverbote, 1991; umfassende Erörterung in LR-Gössel Einl L; vgl ferner Pitsch „Strafprozessuale Beweisverbote, Eine systematische, praxisnahe und rechtsvergleichende Untersuchung unter besonderer Berücksichtigung des Steuerstrafverfahrens, der Zufallsfunde und der Fernwirkungsproblematik", 2009 [zugl Diss Trier]) hindern die Erhebung und Verwertung von Beweisen, schränken also die Amtsaufklärungspflicht nach § 244 II ein, wobei eine rechtswidrige Ermittlung selbstverständlich auch dann unzulässig ist, wenn sie nicht zu einem Beweisverwertungsverbot (unten 55) führen würde (Gössel NStZ **98**, 127). Solche Beschränkungen müssen im Interesse eines rechtsstaatlichen Verfahrens hingenommen werden; die StPO zwingt nicht zur Wahrheitserforschung um jeden Preis (BGH **14**, 358, 365; **31**, 304, 308). Allgemein wird zwischen den (wenigen) gesetzlichen (zB § 136a III S 2) und den (vielen) nicht normierten Beweisverwertungsverboten unterschieden; letztere werden wiederum aufgeteilt in selbständige, dh solche, bei denen die Beweiserhebung rechtmäßig war (zB § 477 II S 2), und unselbstständige Beweisverwertungsverbote, denen ein Verfahrensverstoß vorangegangen ist (zB Verstoß gegen § 52 III S 1); gegen diese Unterscheidung aber Duttge v. Heintschel-Heinegg-FS 103, 108, der zutr darauf hinweist, dass dann, wenn ein Beweismittel einem Verwertungsverbot unterliegen wird, schon die Beweiserhebung an sich verboten ist. Der Begriff Beweisverbote ist im Übrigen nach hM der Oberbegriff für Beweiserhebungs- und Beweisverwertungsverbote (Küpper JZ **90**, 416). Amelung (Informationsbeherrschungsrechte im Strafprozess, 1990) will diese auf das Urteil ausgerichteten Begriffe durch „Informationserhebungs-, Speicherungs- und Verwertungsverbot" ersetzen und untersucht den insoweit vor und nach dem Urteil erforderlichen Rechtsschutz; zusammenfassend und gegen Kritik – insb von Rogall (Grünwald-FS 531 und Hanack-FS 293) – verteidigend auch in Bemmann-FS 505 und Roxin-FS I 1259; vgl weiter Amelung, Prinzipien strafprozessualer Beweisverwertungsverbote, 2011. Weitergehend Singelnstein Eisenberg-FS 643: Rechtswidrig gewonnene Beweise sind unverwertbar, weil die Verwertung eine neuerliche Verletzung des Rechts auf informationelle Selbstbestimmung bedeutet. Erg unten 55, 55a.

50a Ein **Zwischenbescheid**, in dem sich das Gericht zur Frage eines Beweisverbots erklären müsste, ist in der tatrichterlichen Hauptverhandlung nicht vorgesehen; es ist dem Gericht aber nicht verboten, seine Rechtsauffassung hierzu mitzuteilen (BGH NStZ **07**, 719; erg 26 zu § 136).

51 a) Bei den **Beweiserhebungsverboten** wird zwischen Beweisthema-, Beweismittel- und Beweismethodenverboten unterschieden (zur unterschiedlichen Terminologie vgl Strate JZ **89**, 176).

52 **Beweisthemaverbote** verwehren es dem Richter, bestimmte Tatsachen aufzuklären. Dazu gehören insbesondere Tatsachen, die bereits in anderen Verfahren oder in dem anhängigen Verfahren bindend festgestellt sind. Unaufklärbar sind auch geheimhaltungsbedürftige Tatsachen, zB solche, die dem Beratungsgeheimnis nach § 43 DRiG unterliegen oder nach § 174 III GVG geheimzuhalten sind. Über Vorverurteilungen dürfen keine Feststellungen getroffen werden, wenn sie getilgt oder tilgungsreif sind (§ 51 I **BZRG**).

53 **Beweismittelverbote** untersagen die Benutzung bestimmter Beweismittel, zB von Zeugen, die von ihrem Zeugnisverweigerungsrecht nach §§ 52 ff, Art 38 I GG (Wahlgeheimnis) oder Art 47 I GG (Abgeordnete) oder von ihrem Untersuchungsverweigerungsrecht nach § 81c III Gebrauch machen oder die nach § 54 zur Aussageverweigerung verpflichtet sind. Urkunden dürfen nicht benutzt werden, wenn eine Sperrerklärung nach § 96 vorliegt, ferner nicht in den Fällen der §§ 250, 252.

54 **Beweismethodenverbote** untersagen eine bestimmte Art und Weise der Beweisgewinnung, die aber sonst zulässig ist. In Betracht kommen insbesondere die Verbote des § 136a.

55 b) **Beweisverwertungsverbote** können sich aus Beweiserhebungen ergeben, die gegen ein Beweisthema- oder Beweismittelverbot verstoßen haben. Beweisverwertungsverbot bedeutet, dass die so ermittelten Tatsachen nicht zum Gegenstand der Beweiswürdigung und Urteilsfindung gemacht werden dürfen (krit dazu Löffelmann JR **09**, 10). Wird der Angeklagte *nur* durch das unverwertbare Beweismittel belastet, führt dies nach bisher allgM zum Freispruch (Wohlers Weßlau-GS 434; vgl auch BGH **51**, 202, 206), nur nach Ansicht von Jäger [257 ff] zur Einstellung des Verfahrens entspr § 260 III; diese Ansicht ist unzutr, da das, was die StPO für Verfahrenshindernisse vorsieht, nicht einfach entspr auf andere Rechtsinstitute ausgedehnt werden darf (vgl Meyer-Goßner Eser-FS 373 und Hamm-FS 451; Ranft Spendel-FS 735; abl – allerdings wegen „Überinterpretierung" des Freispruchs – auch Fezer StV **05**, 468). In manchen Fällen sieht das Gesetz ausdrücklich ein Verwertungsverbot vor, zB in §§ 69 III, 136a, 252 sowie in § 51 I **BZRG** (BGH NStZ **16**, 468; NStZ-RR **00**, 110 L; StraFo **11**, 519; vgl 14 zu § 261), auch in §§ 4 VI, 7 VI **G 10**, § 101 VIII UrhG und auch in § 393 II **AO** (dazu BGH NStZ **02**, 436 und 437; Bay **96**, 126; StraFo **98**, 54; abl BGH wistra **99**, 341). Sonst löst die fehlerhafte Beweiserhebung aber **nicht zwangsläufig** ein **Verwertungsverbot** aus (BVerfG NJW **00**, 3557; **11**, 2417, 2418; 2783, 2784; NStZ **06**, 46; wistra **09**, 425; BGH **19**, 325, 331; **24**, 125, 128; **25**, 325, 331; **27**, 355, 357; **31**, 304, 308; **33**, 83; **34**, 39, 52; **37**, 30, 32; **38**, 214, 219; **44**, 243; NStZ **88**, 142]). Nach der Rspr des BVerfG stellt ein Beweisverwertungsverbot von Verfassungs wegen eine begründungsbedürftige Ausnahme dar (BVerfG NJW **10**, 287; 2937, 2938; **11**, 2417, 2419; wistra **09**, 425, 427); ähnlich die stRspr des BGH (**56**, 127, 132 mwN: nur im Einzelfall aus übergeordneten wichtigen Gründen anzuerkennende Ausnahme; vgl auch Düsseldorf VRS **121**, 46, 48; abl Dallmeyer HRRS **09**, 429: gerade umgekehrt bedürfe nicht die Nichtverwertung eines rechtswidrig gewonnenen Beweises sondern seine Verwertung einer besonderen Legitimation; ähnlich Kudlich Wolter-FS 995; Lucke HRRS **11**, 527). Ein Beweisverwertungsverbot kann insbesondere „nach schwerwiegenden, bewussten oder objektiv willkürlichen Rechtsverstößen, bei denen grundrechtliche Sicherungen planmäßig oder systematisch außer Acht gelassen worden sind, geboten sein" (BVerfG NJW **12**, 907, 910 = JR **12**, 211 mit Anm Löffelmann).

Auf allgemein-verbindliche Regeln, unter welchen Voraussetzungen ein solches Verbot besteht, haben sich Rspr und Lehre bisher noch nicht einigen können (zu Systematisierungsversuchen vgl Amelung NJW **91**, 2533; Beulke StV **90**, 184; ZStW **103**, 665; Gössel GA **91**, 483; Hauf NStZ **93**, 457; Heghmanns ZIS **16**, 404; Jäger GA **08**, 473; Ranft Spendel-FS 719); Mitsch NJW **08**, 2300 bringt in Anlehnung an die bisherige Rspr Gesetzgebungsvorschläge. Es werden im Wesentlichen 3 verschiedene Auffassungen vertreten (näher dazu mwN LR-Gössel Einl L 202 ff, [mit eigenem – methodisch verbindenden – Lösungsvorschlag, dazu Rn. 246: „einzig *die* Frage sinnvoll, ob zu irgendeinem Zeitpunkt bei der Gewinnung jener Tatsachen, die zur Urteilsgrundlage wurden, gegen eine Rechtsnorm verstoßen wurde"]; Rogall JZ **96**, 947 und Grünwald-FS 523 ff): Die **„Schutzzwecklehre"** will den Schutzzweck der verletzten Norm über das Eintreten eines Verwertungsverbots entscheiden lassen (wiederum abweichend die von Jäger [so] vertretene „beweisgegenständliche Schutzzwecklehre"); die **Lehre vom informationellen Folgenbeseitigungs- und Unterlassungsanspruch"** sieht die Verwertungsverbote als Mittel zur Beseitigung einer rechtswidrigen Informationslage (oben 50 aE); die **„Abwägungslehre",** die von der Rspr vertreten – und vom BVerfG gebilligt (NJW **12**, 907, 911; NStZ-RR **19**, 118) – wird, geht vom Einzelfall aus und entscheidet nach der Sachlage und der Art des Verbotes (Rogall aaO: „normative Fehlerfolgenlehre"; krit Fezer JZ **99**, 526). So hat der BGH für Beweiserhebungsverbote, die ausschließlich dem Schutz des Staates (§§ 54, 96) oder dritter Personen (§§ 55, 81c) dienen, die sog Rechtskreistheorie entwickelt (17 zu § 55). Sonst stets das Interesse des Staates an der Tataufklärung gegen das Individualinteresse des Bürgers an der Bewahrung seiner Rechtsgüter abzuwägen (BGH **52**, 110; NJW **13**, 1827, 1830 mit Anm Löffelmann JR **13**, 277; Rogall NStZ **88**, 385 ff und ZStW **91**, 31 ff; krit Hassemer Maihofer-FS 183 ff; Trüg/Habetha NStZ **08**, 484, **abl** zur Abwägungslehre Lesch Volk-FS 311; Müssig GA **99**, 139; Neuhaus StV **10**, 49; Wohlers StV **08**, 434; Wolter GA **99**, 167, BGH-FG 986 ff und in Roxin-FS I 1151, wo er statt dessen zwischen Verletzungen des Gesetzes im Kern – absolutes Verwertungsverbot –, erheblicher Verletzung – relatives Verwertungsverbot – und nicht erheblichen Verletzungen – Abwägungstheorie – unterscheidet; vgl auch Ambos 49 „besonders gravierende Gesetzesverstöße gegen die Menschenwürde und fundamentale menschenrechtliche Standards oder bei gezielter oder bewusster Missachtung von Verfahrensvorschriften"; ähnlich auch Jahn, Gutachten C zum 67. DJT 2008 und StraFo **11**, 125, nach dessen „Beweisbefugnislehre" wegen der überragenden Bedeutung von Art 1 I S 1 GG jeder tatsächlich vorliegende und noch fortwirkende Verstoß gegen den Menschenwürdegrundsatz ausnahmslos zur Unzulässigkeit des Verwertungsakts führt und Verstöße gegen sonstige Freiheitsgrundrechte stets ein Beweisverwertungsverbot nach sich ziehen, wenn der Verwertungsakt ihren Wesensgehalt verletzt). Es kommt danach immer darauf an, ob höherwertige Rechtsgüter den Verzicht auf Beweismittel und Beweisergebnisse, mit denen die Überführung eines Straftäters gelingen könnte, unabweisbar machen (vgl BGH **19**, 325, 331; 125, 130; **27**, 355, 357; **34**, 39, 53; weitergehend Bottke Jura **87**, 366: immer wenn Vollzug der Maßnahme wegen deren Eigenart [sofortiger Vollzug oder Heimlichkeit] nicht mit formellen Rechtsbehelfen verhindert werden kann). Das Gewicht des Verfahrensverstoßes und seine Bedeutung für die rechtlich geschützte Sphäre des Betroffenen sind bei der Abwägung somit ebenso zu beachten wie die Erwägung, dass der Staat eine funktionstüchtige Rechtspflege zu gewährleisten hat; danach liegt ein Verwertungsverbot nahe, wenn die verletzte Verfahrensvorschrift dazu bestimmt ist, die Grundlagen der verfahrensrechtlichen Stellung des Beschuldigten zu sichern (BGH **38**, 214, 220), hingegen nicht, wenn seine Auswirkungen auf die geschützten Interessen unbedeutend sind (Rogall Hanack-FS 308; zu den wichtigsten Parametern Jahn Stöckel-FS 266). Muss nach diesen Grundsätzen auf die Sachaufklärung verzichtet werden (vgl bei den einzelnen Vorschriften), so gilt das grundsätzlich gleichermaßen für Entlastungs- wie Belastungsbeweise (KMR-Paulus 547 zu § 244; R/H-Radtke Einl 85; Kleinknecht NJW **66**, 1543; vgl BGH **57**, 71, 78; Hamburg NJW **05**, 2326, 2329; **aM** Erb GA **17**, 113; Rogall ZStW **91**, 38; Jahn/Geck JZ **12**, 566 mwN; Ladiges StV **12**, 517: nur für Belastungsbeweise; Güntge StV **05**, 403: falls dadurch nicht grundlegende Prinzipien des Verfahrensrechts verletzt werden oder gegen übergeordnete Interessen verstoßen würde; Wohlers JR **12**, 391 will dem Beschuldigten zugestehen, über die Verwertbarkeit disponieren zu können; vgl aber eingehend auch R. Hamm und Nack StraFo **98**, 361 ff sowie Amelung StraFo **99**, 181 ff zur Verwertbarkeit rechtswidrig gewonnener Beweismittel zugunsten des Angeklagten).

56 Auch **unmittelbar aus dem GG** können sich Beweisverbote ergeben (BVerfGE **34**, 238; BGH **14**, 358; **19**, 325, 329; **31**, 304, 308). Dabei kann es sich um die Wahrung der Grundrechte des Angeklagten, eines Zeugen oder eines unbeteiligten Dritten handeln (Bay **78**, 152). Ein Beweisverbot besteht auch, wenn nur bei der Verwertung des Beweises in unzulässiger Weise in Grundrechte eingegriffen wird (BVerfG aaO; Bottke JA **79**, 595; Knauth JuS **79**, 339; Rieß JR **79**, 167). Ein verfassungsrechtliches Beweisverbot kann sich insbesondere aus dem Grundrecht nach Art 2 I GG iVm Art 1 I GG ergeben, das dem Staatsbürger einen Bereich privater Lebensgestaltung gewährleistet, der unantastbar und jeder Einwirkung der öffentlichen Gewalt entzogen ist (BVerfGE **35**, 202, 220; BGH **31**, 296, 299; BGHZ **73**, 120, 122 ff). Selbst sehr schwerwiegende Interessen der Allgemeinheit können einen Eingriff in diesen Kernbereich nicht rechtfertigen; eine Abwägung findet hier nicht statt; den Kernbereich betreffende Informationen dürfen nicht verwendet und damit auch nicht in einem Urteil verwertet werden (BVerfG NJW **12**, 907, 908). Daher ist ein mittels akustischer Überwachung aufgezeichnetes Selbstgespräch (uU anders als eine Tagebuchaufzeichnung, dazu gleich unter 56a) stets unverwertbar, da es dem durch Art 2 I GG iVm Art 1 I absolut geschützten Kernbereich zuzurechnen ist (BGH **50**, 206); BGH **57**, 71 (= JR **12**, 386 mit Anm Wohlers; vgl auch Eschelbach GA **15**, 547) lässt dabei die Tatsache des Selbstgesprächs genügen und verzichtet auf jede Bewertung des Inhalts, kommt demnach auch zur Unverwertbarkeit, wenn sich das Selbstgespräch mit einer konkreten Straftat befasst (zust Ernst/Sturm HRRS **12**, 374; Jahn/Geck JZ **12**, 561; Mitsch NJW **12**, 1486; abl Allgayer NStZ **12**, 399; Warg NStZ **12**, 237; Zimmermann GA **13**, 162; eingehend Traub, Die Verwertbarkeit von Selbstgesprächen im Strafverfahren, 2015, zugl Diss Würzburg). Dagegen gehören Gespräche, die Angaben über konkret begangene Straftaten enthalten, nicht zum unantastbaren Kern privater Lebensgestaltung (BVerfG **109**, 279, 319; BGH **50**, 206, 212; **57**, 71, 77; 2 StR 244/18 vom 12.3.2019).

56a **Schriftliche Aufzeichnungen** (insbesondere **Tagebücher**), die der Intimsphäre des Angeklagten oder eines Zeugen angehören, können unverwertbar sein (BVerfGE **34**, 238, 245; BGH **19**, 325; Bay **92**, 44; zum notwendigen Revisionsvorbringen vgl BGH MDR **91**, 486 [H]). Solche Aufzeichnungen sind zwar – anders als Unterlagen, die der Verteidigung dienen (BGH **44**, 46; erg 37 zu § 97; 2 zu § 148) – nicht schlechthin von der Verwertung ausgenommen (BVerfGE **80**, 367; Geppert JR **88**, 474; Küpper JZ **90**, 419 f; Ranft Spendel-FS 731; **aM** Otto Kleinknecht-FS 328; vgl auch BGH MDR **91**, 486 [H]). Keine Bedenken bestehen, wenn sie nur äußere Ereignisse festhalten (Plagemann NStZ **87**, 570). Sie können ferner verwertet werden, falls sie Angaben über begangene (BGH

NJW **95**, 269: Abschiedsbrief bei Selbsttötungsversuch nach versuchtem Mord; **aM** Wolter StV **90**, 179) oder bevorstehende schwere Straftaten enthalten (BVerfG aaO; Störmer NStZ **90**, 398; insoweit zust zur Abwehr konkreter, schwerwiegender Gesundheits- und Lebensgefahren Wolter aaO). In sonstigen Fällen ist nach BGH (**34**, 397, 401, NJW **94**, 1970; vgl auch BerlVerfGH NJW **04**, 593; Schleswig StV **00**, 11; Ellbogen NStZ **01**, 460; **06**, 180) zwischen dem Persönlichkeitsschutz nach Art 1, 2 GG einerseits und den Belangen einer funktionsfähigen Strafrechtspflege andererseits abzuwägen (im Ergebnis zust Schlehofer GA **99**, 357). Das BVerfG (aaO) erklärt eine solche Abwägung im absolut geschützten Kernbereich persönlicher Lebensgestaltung hingegen für unzulässig (dazu Amelung NJW **90**, 1754 f; Plagemann aaO mit Bedenken gegen die Brauchbarkeit dieser Unterscheidung vgl auch Krauss Gallas-FS 378 ff); auch im Übrigen hält es aber zutr eine Abwägung für erforderlich. Es hat (aaO bei einem Abstimmungsergebnis von 4 : 4) die Verwertung für zulässig erachtet, wenn die intimen Aufzeichnungen in einem unmittelbaren Bezug zur konkreten schweren Straftat stehen (dagegen – mit der unterlegenen Senatsmeinung – Jahn NStZ **00**, 383; Küpper aaO; Störmer aaO; Wolter aaO; vgl auch Geppert aaO). Auch in einer neueren Entscheidung (StraFo **08**, 421 zu § 176 I StGB) hat das BVerfG daran festgehalten, dass die Verwertung privater Aufzeichnungen, die nicht zum absolut geschützten Kernbereich gehören, durch das öffentliche Interesse an einer möglichst vollständigen Wahrheitsermittlung gerechtfertigt sein kann. Bei der Abwägung kann auch der Gesichtspunkt der Entlastung des Beschuldigten oder eines Dritten eine Rolle spielen (BVerfG aaO; BGH aaO; **aM** Küpper aaO 418; Wolter aaO 177; Amelung NJW **90**, 1758: nicht zum Zwecke der Nachforschung). Amelung (NJW **88**, 1002; **90**, 1758) will die Problematik über Art 4 I GG (Gewissensfreiheit) lösen (ähnlich Lorenz GA **92**, 274; abl Störmer aaO 397). Nur der Tagebuchverfasser selbst kann aber der Verwertung widersprechen (offen gelassen von BGH NStZ **98**, 635).

Durch **Verletzung der Vertraulichkeit des Wortes** in nach § 201 StGB strafbarer Weise gewonnene Beweise sind unverwertbar, wenn der Betroffene die Verwertung nicht gestattet hat (BGH **34**, 379, 400; **36**, 167, 172), sofern nicht besondere Umstände (Notwehr, Nothilfe) die Verwertung rechtfertigen (BVerfG **34**, 238; BGH **14**, 358; **27**, 355, 357; **31**, 296, 299; **34**, 39; Bay **94**, 6; AG Winsen NJW **86**, 2001: heimliche Tonbandaufnahmen; zur Verwertbarkeit eigenmächtig aufgezeichneter Gespräche eingehend Gropp StV **89**, 216; Küpper JZ **90**, 420; vgl auch 40 ff zu § 163), ebenso grundsätzlich Beweiserhebungen auf Grund heimlich angefertigter Lichtbild-, Film- oder Videoaufnahmen (BGHZ **24**, 200, 208; BGH NJW **66**, 2353; **75**, 2075), sowie Beweisgewinnungen durch heimliche Beobachtungen oder heimliches Belauschen in der Privatsphäre (BGH NJW **64**, 165; JR **71**, 65), insbesondere durch technische Abhörgeräte (BGH **31**, 296), sofern nicht die Voraussetzungen der §§ 100c, 100f gegeben sind. Ein datenschutzrechtlicher Verstoß gegen § 6b II BDSG soll die Unverwertbarkeit einer Videoaufzeichnung grundsätzlich nicht begründen (Hamburg NStZ **17**, 726 mit Anm Gubitz). Für die Verwertung rechtmäßig beschlagnahmter Tonbandaufnahmen, die eine Privatperson für eigene Zwecke rechtswidrig festgehalten hat, lässt BGH **36**, 167 eine Abwägung des Interesses an der Aufklärung schwerer Straftaten gegen den Persönlichkeitsschutz des Beschuldigten zu (vgl auch Kramer NJW **90**, 1760). Zum Arzt-Patienten-Gespräch 19a zu § 53.

Aus einer **Missachtung der in Art 8 der Richtlinie 83/189/EWG** des Rates vom 28.3.1983 über ein Informationsverfahren auf dem Gebiet der Normen und technischen Vorschriften festgelegten Verpflichtung, eine technische Vorschrift über Alkoholmeter mitzuteilen, folgt kein Verwertungsverbot für ein noch diesem Alkoholmeter gewonnenen Beweis (EuGH NStZ **99**); ebenso Radarmessgeräte AG Bad Hersfeld NZV **99**, 349.

c) **Verwertungsverbote in Fällen mit Auslandsbezug:** Die Verwertbarkeit mittels Rechtshilfe eines ausländischen Staates erlangter Beweise richtet sich nach dem inländischen Recht (BGH **58**, 32, 36; Gless JR **08**, 317, 321). Das bedeutet zunächst, dass Rechtsverstöße nach dem ausländischen Recht wie auch Verstöße gegen rechtshilferechtliche Vorschriften nicht automatisch ein Verwertungsverbot der betroffenen Beweise nach sich ziehen (Radtke NStZ **17**, 109); berücksichtigt werden etwa Schutzzwecküberlegungen (BGH aaO 38; **34**, 334, 343 f) und ein hypothetisch rechtmäßiger Ermittlungsverlauf (BGH **58**, 32, 41; s 57c). Im Übrigen kommt es bei Verstößen gegen völkerrechtliche Bestimmungen im Sinne von Art 25 GG wie auch sonst auf eine Abwägung der im Rechtsstaatsprinzip angelegten gegenläufigen Ziele und Gebote an, vor allem eine Abwägung von Art und Gewicht des Verstoßes mit den wesentlichen Belangen der Urteilsfindung (BGH **52**, 110, 116: Verstoß gegen Belehrungspflicht nach Art 36 Ib) Satz 3 WÜK führt nicht zu Verwertungsverbot; erg zu den Abwägungskriterien 55a). Allein der Verstoß gegen Art 41 SDÜ genügt ebenfalls nicht (siehe aber Koblenz NStZ **17**, 108 mit zutr abl Anm Radtke). Erg zu Art 25 GG unter dem Blickwinkel eines Prozesshindernisses unten 149; vgl ferner 13, 34 ff zu § 251.

56e **Grundsätzlich sind auch Beweise verwertbar,** die im Ausland aufgrund eines Rechtshilfeersuchens gewonnen wurden, wenn das Recht des ersuchten Staates beachtet wurde, selbst wenn dieses nicht dasselbe Schutzniveau wie das deutsche Recht aufweist (Radtke aao; vgl auch Griesbaum Breidling-FS 121, 139 f). Ein Verwertungsverbot im deutschen Strafprozess kommt allerdings in Betracht, wenn bei der Beweiserhebung im Ausland gewichtige Schutzgarantien des deutschen Rechts nicht berücksichtigt werden, obwohl dies nach dem ausländischen Recht möglich gewesen wäre (vgl BGH **42**, 86, 91 ff; Griesbaum aaO 140 f; Radtke aaO, der allerdings mit Recht darauf hinweist, dass sich dies bei Rechtshilfersuchen auf EU-Ebene nach Art 4 I EuRhÜbk und Art 9 I der Richtlinie 2014/41/EU über die Europäische Ermittlungsanordnung in Strafsachen nicht mehr manifestieren wird, da insoweit die Beweiserhebung im Ausland durch die ausländischen Behörden nach dem Recht des ersuchenden Staates erfolgt).

56f Die **Unverwertbarkeit im Ausland erhobener Beweise** kann sich aber ergeben, wenn die Beweiserhebung unter Verletzung völkerrechtlich verbindlicher und dem Individualrechtsgüterschutz dienender Garantien, wie etwa Art 3 EMRK, oder unter Verstoß gegen die allgemeinen rechtsstaatlichen Grundsätze im Sinne des ordre public (vgl § 73 IRG) erfolgt ist (BGH **58**, 32, 44; Gless JR **08**, 317, 321 ff; Schuster NStZ **06**, 657, 662).

56g Aus **Art 6 EMRK** folgt nach der Rspr des EGMR kein *allgemeines* Verbot, rechtswidrig oder gar menschenrechtswidrig erlangte Beweise gegen den Angeklagten zu verwerten (EGMR NJW **10**, 213; dazu eingehend und krit Gaede JR **09**, 493).

57 d) Ob ein Beweisverwertungsverbot eine **Fernwirkung** hat, also auch andere Beweismittel unverwertbar macht, deren Vorhandensein erst bei der unverwertbaren Beweiserhebung bekannt geworden ist, richtet sich nach der Sachlage und der Art des Verbots (BGH **27**, 355, 357; **29**, 244, 249). Grundsätzlich besteht keine Fernwirkung (BGHR StPO § 110a Fernwirkung 1; Köln NZV **01**, 137 mwN; Roxin/Schünemann § 24, 60; **aM** Rogall Rengier-FS 435; SK-Rogall 113 zu § 136a: Abwägung zwischen den Interessen des Beschuldigten und dem Strafverfolgungsinteresse; eingehend mit Rspr-Übersicht Meyer-Mews HRRS **15**, 398), anders nur in Einzelfällen (BGH StV **17**, 12). Die Gegenteinung (Grünwald JZ **66**, 500; Haffke GA **73**, 79; Spendel NJW **66**, 1105) stützt sich vor allem auf die nordamerikanische „fruit of the poisonous tree-doctrine", nach der auch mittelbare Beweisergebnisse einem Verwertungsverbot unterliegen (dazu Pitsch [oben 50] S 373 ff; vgl aber Ambos 146: auch dort nur widerlegbare Vermutung der Unverwertbarkeit). Die unkritische Übernahme dieser Doktrin ist jedoch verfehlt; denn in den USA dienen die Beweisverbote vornehmlich der Disziplinierung der Polizei (Bradley GA **85**, 101; Harris StV **91**, 313; Herrmann JZ **85**, 608), in der BRep sollen sie dagegen die Rechtsstaatlichkeit des Verfahrens gewährleisten (dagegen Conen Eisenberg-FS 459; Fahl 291 mwN; vgl auch BGH **51**, 285, 293 ff und dazu Hüls ZIS **09**, 167 sowie Wohlers StV **08**, 438). Die Frage ist vor allem für § 136a erörtert worden (dort 31). Der BGH hat eine Fernwirkung bisher nur für das Beweisverwertungsverbot nach dem **G 10** angenommen (BGH **29**, 244; vgl auch BGH NJW **87**, 2525, 2526 = JZ **87**, 936 mit Anm Fezer und abl Anm Neuhaus NJW **90**, 1221). Nach Ansicht von Ransiek Beulke-FS 949 umfasst das Verwertungsverbot auch mittelbar erlangte weitere Informationen, falls ein Zurechnungszusammenhang zwischen der ursprünglich rechtswidrigen Maßnahme und den weiteren Informationen besteht (vgl auch Heghmanns ZIS **16**, 412).

e) Umstritten ist auch, ob ein Beweisverwertungsverbot eine **Fortwirkung** haben kann. Hierbei handelt es sich um einen Unterfall der Fernwirkung. Es geht um die Frage der Verwertbarkeit des Beweismittels, wenn eine erneute, ordnungsgemäße Beweiserhebung wegen der unzulässigen Beweisgewinnung nicht möglich ist (vgl dazu Wohlers Weßlau-GS 435, 436). Das Problem tritt bei der Verwertbarkeit einer erneuten Vernehmung auf, die unter dem Eindruck eines vorher begangenen Verstoßes durchgeführt wurde (vgl dazu 9 zu § 136, 30 zu § 136a). 57a

f) **Die personelle Reichweite von Beweisverwertungsverboten** (so auch der Titel der einschlägigen Untersuchung von Schwaben, 2005, zugl Diss Passau 2005) bereitet ebenfalls erhebliche Probleme. Es geht um die Frage, ob und wie ein für einen Prozessbeteiligten bestehendes Verwertungsverbot im Hinblick auf einen anderen wirkt (vgl dazu auch Dencker StV **95**, 232; Hamm NJW **96**, 2185; Nack StraFo **98**, 366; Weßlau StV **10**, 41; Wohlers Weßlau-GS 442). Die Rspr nimmt grundsätzlich keine Drittwirkung bei der Verletzung von Verfahrensvorschriften an, die ausschließlich den Schutz des Betroffenen bezwecken (BGH NStZ-RR **16**, 377 zu § 136 I 2; vgl auch BGH **38**, 214, 228; **42**, 15, 24; **47**, 233, 234; **53**, 191; NJW **09**, 1427; Mosbacher JuS **18**, 767, 769; erg 20 zu § 136, 6 zu § 168c sowie 16 aE zu § 261). Sie kommt aber bei Verletzung des absoluten Kernbereichsschutzes in Betracht (vgl Mosbacher aaO). Schwaben (aaO S 152/153) nimmt eine Wirkungserstreckung – abgesehen von gesetzlich geregelten Fällen wie zB § 136a III – weitergehend dann an, wenn der verbotene Beweis in einem gemeinsamen Verfahren zugleich gegen den unmittelbar Betroffenen und den Mitbeschuldigten verwertet werden soll oder wenn dem Schutzzweck der Beweiserhebungsnorm nur Genüge getan werden kann, wenn die Verwertung auch für und gegen Dritte verboten ist (in diesem Sinne auch BGH **57**, 71, 78). 57b

g) Gelegentlich wird in Rspr (vgl BGH **24**, 125, 130; NStZ **89**, 375, 375 mit Anm Roxin) und Literatur (vgl dazu vor allem Rogall NStZ **88**, 385) die Erwägung angestellt, ob das Beweismittel auch auf rechtmäßigem Wege hätte erlangt werden können, und hiervon seine Verwertbarkeit abhängig gemacht, sog **hypothetischer Ersatzeingriff.** Diese Überlegung ist vertretbar (siehe BVerfG NStZ-RR **19**, 118, 120), erfordert aber – soll das Beweisverbot dadurch nicht ganz entwertet werden – eine konkrete Betrachtungsweise dahin, ob tatsächlich nach den Umständen des Falles die Möglichkeit legalen Handelns bestand (vgl zur Problematik BGH NJW **03**, 2034 mit krit Anm Weßlau StV **03**, 483 und Braum JZ **04**, 155; BGH 2 StR 25/15 vom 17.2.2016; Bernsmann/Sotelsek StV **04**, 125; Meyer-Mews HRRS **15**, 404; Putzke/Scheinfeld StV **05**, 645; Theile wistra **04**, 125). Bei willkürlicher Verkennung des Richtervorbehalts nach § 105 hat BGH **51**, 285, 295 (zust Ambos 51; Hüls ZIS **09**, 167; Mosbacher NJW **07**, 3686; Ransiek JR **07**, 437; krit Schneider Miebach-SH 50) die Anwendung dieser Rechtsfigur zutr abgelehnt (ebenso BGH NStZ **12**, 104; StV **16**, 539). Eingehende Darstellung der Rspr – jedoch im Ergebnis gänzlich abl – bei Jahn/Dallmeyer NStZ **05**, 297; ebenso abl Wohlers Fezer-FS 311 ff. 57c

h) Von den Beweisverwertungsverboten sind mit Dencker (Meyer-Goßner-FS 237) die **Verwendungsverbote** zu unterscheiden, wie sie zB in §§ 100e VI, 100i II, 160a I S 2, 161 III, 477 II sowie in § 11 VI GwG und in § 97 I S 3 InsO enthalten sind (vgl auch 3 zu § 484; 2 zu § 18 EGGVG). Ein Verwendungsverbot verbietet iSd BDSG jegliche Form von Nutzung solcher Daten zur Informationserhebung und -verarbeitung (Dencker aaO 243; vgl auch Singelnstein ZStW **120**, 57d

854; Wolter Roxin-FS II 1258). Es steht der Einleitung eines Strafverfahrens entgegen (Rogall JZ **08**, 828; eingehend dazu Wohlers Weßlau-GS 437). Die von der Rspr entwickelten Grundsätze zu den sog relativen Beweisverwertungsverboten, nach denen nicht jeder Verstoß bei der Beweiserhebung zu einem Verwertungsverbot hinsichtlich der so erlangten Erkenntnisse führt (oben 55 ff), gelten auch für Verwendungsregelungen bzw Verwendungsbeschränkungen (BGH **54**, 69, 87 ff = JR **10**, 443 mit zust Anm Löffelmann; Griesbaum Breidling-FS 121, 138; abl Wolter aaO 1260); zur Verwertbarkeit von durch Verstoß gegen § 6b BDSG gewonnenen Dashcam-Aufzeichnungen 1a zu § 100h sowie BGH [ZS] JR **18**, 428 mit Anm Löffelmann und Schumann JR **19**, 3: Abwägung zwischen Interesse an einer funktionierenden Zivilrechtspflege und materiell richtigen Entscheidung auf der einen und dem allgemeinem Persönlichkeitsrecht des Betroffenen auf der anderen Seite (eingehend zur Verwertbarkeit von Dash- und Bodycams Jansen StV **19**, 578). Inwieweit das Verwendungsverbot des § 97 I S 3 InsO reicht, ob es sowohl der Einleitung eines Strafverfahrens entgegensteht als auch eine Fernwirkung hat, ist umstritten (vgl Jena NJW **10**, 3673; LG Potsdam StV **14**, 407; LG Stuttgart NStZ-RR **01**, 282 und eingehend zur Problematik Gatzweiler DAV-FS 480; Hefendehl wistra **03**, 1; Pelz 612; Püschel DAV-FS 759; offengelassen von BGH NStZ **18**, 544; erg 20 zu § 94).

57e i) Schließlich können Beweisverbote auch eine **Frühwirkung** haben (LR-Gössel Einl L 197 ff spricht von Vorauswirkung). Es geht dabei um die Frage, ob ein Beweisverbot bereits Maßnahmen im Ermittlungsverfahren, also etwa der Bejahung eines Anfangsverdachts (Wohlers Weßlau-GS 436; dazu 4 zu § 152), des dringenden Tatverdachts bei der UHaft (dazu 5 zu § 112) oder der Verwertung der von unzulässigen Telefonüberwachungsmaßnahmen gewonnenen Erkenntnissen (dazu 6, 7 zu § 477) oder der Durchführung von Zwangsmaßnahmen (zB der Wohnraumüberwachung nach § 100c IV, V), entgegensteht (eingehend dazu Hengstenberg, Die Frühwirkung der Verwertungsverbote, 2007, zugl Diss Köln 2006).

58 2) **Verfahrensabschnitte:**

59 A. **In folgenden Stufen** wickelt sich der Strafprozess ab:
(I) Ermittlungsverfahren oder vorbereitendes Verfahren (§§ 158 ff);
(II) Zwischenverfahren (Entscheidung über die Eröffnung des Hauptverfahrens §§ 199 ff);
(III) Hauptverfahren (§§ 213 ff) einschl des Rechtsmittelverfahrens bis zur Rechtskraft der gerichtlichen Entscheidung;
(IV) Vollstreckungsverfahren (§§ 449 ff).

60 B. Das **Ermittlungsverfahren** (vorbereitende Verfahren) ist eingeleitet, sobald die StA (§ 160 I), eine Behörde oder ein Beamter des Polizeidienstes (§ 163) oder die FinB (Einl 12) eine Maßnahme trifft, die erkennbar darauf abzielt, gegen jemanden strafrechtlich vorzugehen (§ 397 I **AO**), auch wenn der Beschuldigte noch unbekannt ist. Es liegt in der Hand der StA, die dabei von der Kriminalpolizei (oben 39) unterstützt wird. Es dient der Sammlung des Belastungs- und Entlastungsstoffes (§ 160). Daher gilt der Grundsatz der freien Gestaltung des Ermittlungsverfahrens, soweit nicht bestimmtes Vorgehen oder bestimmte Formen des Vorgehens vorgeschrieben sind oder sich zwingend aus der Sachlage oder mittelbar aus Rechtsgründen ergeben. ZB kann die vorgeschriebene Vernehmung des Beschuldigten (§ 163a I) oder eine von ihm beantragte Beweiserhebung (§ 163a II) früher oder später durchgeführt werden. Auch sonst ist die Reihenfolge der Ermittlungen nach dem Zweck und Stand der Untersuchung zu bestimmen (vgl zB 19 zu § 160). Zu den auch hier zu beachtenden Grundsätzen – insbesondere faires Verfahren, Verhältnismäßigkeit und Fürsorgepflicht (oben 19 f; unten 155) – vgl Rieß Rebmann-FS 396 ff. Das Ermittlungsgeheimnis ist zu wahren, wenn das Gesetz nicht entgegensteht (zB § 111e III, IV; § 114 II Nr 4; § 147 I, II; Loesdau MDR **62**, 773), solange es im Interesse der Untersuchung oder zur Schonung des

Beschuldigten (vgl RiStBV 4a) oder eines gefährdeten Zeugen geboten ist (BGH **10**, 276). Mitteilungspflichten (zB nach § 49 BeamtStG, § 125c BRRG [MiStra 15, 29 I S 1 Nr 1], § 8 III SchwarzArbG oder § 18 III, IV Arbeitnehmerüberlassungsgesetz [MiStra 47]) oder -ermächtigungen nach den §§ 12 ff **EGGVG** (zB iVm MiStra 40 I Nr 1, 42 I Nr 1, 43 Nr 1) sind zu beachten. Die StA muss entscheiden, ob sie die öffentliche Klage bei Gericht erhebt (§ 170 I) oder ob sie das Verfahren einstellt.

Die StPO fasst unter den einheitlichen Begriff **Einstellung des Verfahrens** leider ganz unterschiedliche Verfahrenserledigungen: Zum einen die Einstellung bei fehlendem Anlass zur Erhebung der öffentlichen Klage (§ 170 II), dann die Einstellungen nach dem Opportunitätsprinzip (§§ 153 ff), die Einstellung wegen eines Verfahrenshindernisses (vgl §§ 206a, 260 III, unten 141 ff) und schließlich die vorläufige Einstellung (§§ 154e II, 205). Besser wäre es (vgl Meyer-Goßner Pv 15 und Eser-FS 379), zwecks Unterscheidung dieser ganz verschiedenen „Einstellungsmöglichkeiten" in den Fällen der §§ 153 Abs 2, 153a Abs 2, 153b Abs 2, 153e Abs 2, 154 Abs 2 entsprechend dem Wortgebrauch in den Absätzen 1 dieser Vorschriften, die der Staatsanwaltschaft das „Absehen von der Verfolgung" bzw das „Absehen von der Erhebung der öffentlichen Klage" gestatten, hier nicht von „Einstellung" sondern von „Beendigung der Verfolgung" zu sprechen (ebenso bei § 154b Abs 4). Derselbe Begriff sollte für die Staatsanwaltschaft in den Fällen der §§ 153c Abs 4, 153d Abs 2, 153e Abs 2, 153f Abs 3 sowie 154d und 170 Abs 2 verwendet werden. In den Fällen der §§ 154e Abs 2 und 205 sollte nicht von einer „vorläufigen Einstellung", sondern von einem „Innehalten mit der Strafverfolgung" gesprochen werden. Diese Begriffe würden es ermöglichen, dass „Einstellung des Verfahrens" jeweils nur die Fälle des Fehlens einer Prozessvoraussetzung bzw des Vorliegens eines Verfahrenshindernisses zu erfassen, und würden Hinweise entbehrlich machen, dass die „Einstellungen" nach dem Opportunitätsprinzip oder nach anderen Vorschriften nicht gemeint seien. 60a

Die **öffentliche Klage** wird erhoben durch Einreichung einer Anklageschrift mit dem Antrag, das Hauptverfahren zu eröffnen (§ 200). Mit der Anklage wird das Gericht mit der Sache befasst, die Sache wird bei ihm anhängig. Das ist jedoch keine Rechtshängigkeit; denn diese setzt die ausschließliche Dispositionsbefugnis des Gerichts voraus, nach der das Verbot für die StA, die Klage zurückzunehmen (§ 156). Eine besondere Art der Erhebung der öffentlichen Klage ist der Antrag auf Erlass eines Strafbefehls (§ 407 I). 60b

Die **polizeilichen Ermittlungen** im Rahmen des ersten Zugriffs (§ 163) bilden rechtlich keinen selbstständigen Verfahrensabschnitt, sondern sind nur ein dem staatsanwaltschaftlichen vorbereitenden Verfahren vorgeschalteter und zugehöriger Teil des Ermittlungsverfahrens (oben 41). Über das Verhältnis der StA zur Polizei vgl oben 39 ff. 61

In Steuerstrafsachen tritt großenteils die FinB an die Stelle der StA (vgl §§ 386, 399, 400 **AO**; oben 12). Ein **schriftliches Verfahren** ist das Ermittlungsverfahren. Daher müssen alle Beweiserhebungen vollständig in die Akten aufgenommen werden. Auch Beobachtungen und Feststellungen, die nicht protokolliert werden oder in Urkunden oder anderen Schriftstücken zum Ausdruck kommen, müssen durch Aktenvermerke festgehalten werden, weil sie sonst von der StA bei der abschließenden Verfügung (§ 170) und, falls Anklage erhoben wird, vom Gericht bei der Entscheidung über die Eröffnung des Hauptverfahrens (§ 203) sowie bei der Aufklärung des Sachverhalts in der Hauptverhandlung (§ 244 II) nicht berücksichtigt werden können und für den Verteidiger bei der Akteneinsicht (§ 147) nicht erkennbar sind. 62

C. Im **Zwischenverfahren** (Eröffnungsverfahren) entscheidet das Gericht darüber, ob das Hauptverfahren zu eröffnen ist. Im Eröffnungsbeschluss wird die Klage zugelassen (§ 207; für Privatklage vgl § 383 I); mit ihm wird die Strafsache rechtshängig (1 zu § 156). Die zugelassene Klage grenzt den Prozessstoff in persönlicher und tatsächlicher Hinsicht ab und bestimmt das rechtliche Thema des 63

Hauptverfahrens unter dem Vorbehalt späterer Änderung (§ 265). Zum beschleunigten Verfahren vgl 3 zu § 418, zum Verfahren bei Strafbefehlen 2 vor § 407.

64 D. Das **Hauptverfahren** beginnt mit dem Erlass des Eröffnungsbeschlusses (§ 203), im Fall des § 266 II mit dem Beschluss auf Einbeziehung der weiteren Straftat (Bay **53**, 1). Es reicht bis zum rechtskräftigen Abschluss der gerichtlichen Untersuchung. Die Akten des Verfahrens werden zwischen 5 und 30 Jahre (je nach Schwere des Strafausspruchs) bzw dauernd (bei lebenslanger Freiheitsstrafe) aufbewahrt. Zur Aktenaufbewahrung im Einzelnen vgl das SchrAG und die entspr landesrechtlichen Bestimmungen; vgl auch KG StraFo **09**, 337; v. Galen DAV-FS 509; Hilger Meyer-Goßner-FS 755; erg 7 zu § 483.

65 E. Das **Vollstreckungsverfahren** (§§ 449 ff) schließt sich an die rechtskräftige Sachentscheidung an.

66 a) **Zu ihm gehören** alle Maßnahmen, durch welche die Ausführung des rechtskräftigen Strafkenntnisses ins Werk gesetzt werden soll, zB die Ladung zum Strafantritt, die Vorführung oder Verhaftung des Verurteilten (§ 457), die Berechnung der erkannten Strafe (§ 458 I). Auch die Maßnahmen zur Durchsetzung des Urteils, die sich auf den Vollzug von Maßregeln der Besserung und Sicherung oder auf die Durchsetzung sonstiger Anordnungen (zB Einziehung, Fahrverbot) beziehen, gehören zur Strafvollstreckung.

67 b) **VollstrB** ist die StA (§ 451 I). Bei der Vollstreckung von Freiheitsentziehung gegen Jugendliche und gegen Heranwachsende, falls gegen diese materielles Jugendstrafrecht angewandt worden ist, tritt an die Stelle der VollstrB der Jugendrichter als Vollstreckungsleiter (§§ 82 I S 1, 90 II S 2, 110 I **JGG**).

68 c) Der **Strafvollzug** gehört nicht zum Vollstreckungsverfahren. Vollzugsbehörden sind die JVAen. Die Unterbringung in einem psychiatrischen Krankenhaus (§ 63 StGB) und in einer Entziehungsanstalt (§ 64 StGB) werden von Anstalten dieser Art vollzogen, die nicht Anstalten der JV sind.

69 d) Die **gerichtlichen Entscheidungen über Vollstreckungsmaßnahmen** richten sich nach §§ 458–463. Das Verfahren bei Anträgen auf gerichtliche Entscheidung gegen VerwAe der JVAen für Erwachsene ist in den §§ 109 ff StVollzG geregelt; die Entscheidung trifft die „kleine" StVollstrK (§§ 78a I Nr 2, 78b I Nr 2 GVG; erg 17 zu § 462a).

70 3) **Verfahrensbeteiligte:**

71 A. **Wer nach dem Gesetz eine Prozessrolle** ausüben, dh durch eigene Willenserklärungen im prozessualen Sinn (unten 94) gestaltend als Prozesssubjekt mitwirken muss oder darf, ist Verfahrensbeteiligter (vgl BGH NStZ-RR 17, 316). Das mit der Sache befasste Gericht ist Träger des gerichtlichen Verfahrens und ist nicht gemeint, wenn vom Verfahrensbeteiligten die Rede ist, wie die § 33 I, III, §§ 159 II, 172 Nr 2 GVG zeigen; denn der Richter muss gegenüber den Verfahrensbeteiligten als Nichtbeteiligter in Erscheinung treten (BVerfGE **21**, 139, 145; **30**, 149, 153, 160).

72 a) **Hauptbeteiligte** sind der Beschuldigte (unten 76 ff), sein Verteidiger (unten 82 ff), sein Beistand (unten 86), die StA (unten 87), der Nebenkläger (unten 89), der Privatkläger (unten 90).

73 b) **Nebenbeteiligt** sind Personen, die im allgemeinen Interesse oder zur Abwehr eigener Rechtsnachteile am Verfahren teilnehmen oder sich beteiligen dürfen. Dazu gehört der Verletzte (1 vor § 406d). Die FinB ist im staatsanwaltschaftlichen oder gerichtlichen Steuerstrafverfahren beteiligt (oben 14), ebenso die VerwB im gerichtlichen Bußgeldverfahren (§ 76 OWiG) oder im Verfahren der StA, wenn diese die Verfolgung der OWi übernommen hat (§§ 42, 63 OWiG). Desgl die VerwB in Wirtschaftsstraf-, Außenwirtschafts- und EWG-Marktordnungssachen (§ 13 II WiStG 1954, § 38 II AWG, § 38 II MOG). Die Nebenbeteiligung kann sich auch auf einzelne Entscheidungen oder Teile des Verfahrens beziehen, zB bei den Einziehungsbeteiligten und Nebenbetroffenen (unten 91), bei der Geldbußbeteiligung einer JP oder PV (unten 92) und bei den Verletzten (§§ 111l, 111n, 111o; 403 ff). Zu den partiell Beteiligten iwS gehören auch die Personen mit Beschwerderecht nach § 304 II sowie der RA als Beistand des Zeugen (Krekeler NJW **80**, 980; §§ 406 f, 406h; 11 vor § 48, § 68b).

c) **Im Jugendstrafverfahren** sind auch beteiligt die Vertreter der Jugendgerichtshilfe (§§ 38, 50 III **JGG**), der Erziehungsberechtigte und der gesetzliche Vertreter (§§ 50 II, 67 **JGG**). 74

d) **Nicht zu den Verfahrensbeteiligten gehören** diejenigen, die nur eine mittelbare Aufgabe (zB als Zeuge – **aM** Humborg JR **66**, 448 – oder Sachverständiger) oder eine Hilfsfunktion bei der Gestaltung des Strafverfahrens haben, zB die Polizeibeamten (§§ 161 I S 2, 163), die Ermittlungspersonen der StA (§ 152 GVG), der Ermittlungsrichter (§ 162), der UrkB (§§ 226, 271); ferner die „Dritten", solange sie nicht von einer Entscheidung betroffen werden. 75

B. **Beschuldigter** ist nur der Tatverdächtige, gegen den das Verfahren als Beschuldigten betrieben wird (BGH **10**, 8, 12; LR-Gleß 4 zu § 136; SK-Rogall 15, 16 vor § 133 ff). Die Beschuldigteneigenschaft setzt subjektiv einen Verfolgungswillen der Strafverfolgungsbehörde voraus, der sich objektiv in einem Willensakt manifestiert (BGH NJW **19**, 2627, 2630; BGH **34**, 138, 140). Der Willensakt besteht idR in der förmlichen Einleitung des Ermittlungsverfahrens. Er liegt aber auch vor, wenn die StA nach § 162 um Vernehmung einer Person als Beschuldigten ersucht (BGH StV **85**, 397), oder wenn die StA Maßnahmen gegen ihn ergreift, die nur gegenüber dem Beschuldigten zulässig sind, an einen Tatverdacht anknüpfen oder erkennbar darauf abzielen, gegen ihn wegen einer Straftat strafrechtlich vorzugehen (BGH NJW **19**, 2627, 2630; **51**, 150; NStZ **97**, 398; StraFo **15**, 14), oder wenn, wie nach §§ 81, 81a, 81b, 112 ff, 127 II oder im Steuerstrafverfahren nach § 397 I **AO**, eine nur gegen einen Beschuldigten zulässige Anordnung getroffen wird (Karlsruhe Justiz **86**, 143; eingehend Rogall Frisch-FS 1199 zum Unterschied zwischen Anfangsverdacht iSd § 152 II und Inkulpationsverdacht, der zur Beschuldigteneigenschaft führt; zur Begründung der Beschuldigteneigenschaft bei Vernehmungen 4a zu § 163a). Die formelle Beschuldigung im Ausland begründet nicht automatisch die Beschuldigtenstellung im deutschen Strafverfahren, auch nicht bei juristischen Personen (**aM** Geis wistra **18**, 200 gegen BVerfG 2 BvR 1583/17 vom 25.7.2017). Strafunmündige können nicht zu Beschuldigten gemacht werden (Eisenberg StV **89**, 554); werden sie aber als Beschuldigte behandelt, so haben sie auch deren Rechte (LR-Gleß 7 zu § 136). Ist die öffentliche Klage erhoben, so wird der Beschuldigte als Angeschuldigter bezeichnet; nach Eröffnung des Hauptverfahrens ist er Angeklagter (§ 157). 76

a) **Tatverdacht allein** begründet allerdings weder die Beschuldigteneigenschaft, noch zwingt er ohne weiteres zur Einleitung von Ermittlungen (BGH NJW **19**, 2627, 2630), auch nicht allein die Erstattung einer Strafanzeige (LR-Erb 17 zu § 163a). Erst wenn Ermittlungen auf Grund einer Strafanzeige geführt werden, muss der Verdächtige immer als Beschuldigter behandelt werden (LR-Gleß 9 zu § 136). Sonst kommt es auf die Stärke des Tatverdachts an (BGH **37**, 48; NJW **94**, 2904, 2907; **09**, 3589; NStZ-RR **02**, 67 [B]; NStZ **08**, 48). Es müssen immer Tatsachen vorliegen, die auf eine nahe liegende Möglichkeit der Täterschaft oder Teilnahme schließen lassen (BGH **53**, 112; NStZ-RR **12**, 49). Der Verfolgungsbehörde steht insoweit ein – objektiv zu bestimmender – Beurteilungsspielraum zu (BGH **38**, 214, 228; NJW **19**, 2627, 2630; StraFo **05**, 27; erg 4a zu § 163a). Den hat sie nicht überschritten, wenn sie einen Polizeibeamten, der ein der Straftat nach § 113 StGB verdächtiger Beschuldigter der Körperverletzung bezichtigt, nicht als Beschuldigten vernimmt (Schünemann DRiZ **79**, 104), auch nicht, wenn sie einen möglicherweise unter Drogeneinfluss stehenden Beschuldigten fragt, ob er mit dem Auto zur Polizeiwache gekommen sei (Zweibrücken VRS **119**, 358), wohl aber bei einer Befragung eines als Fahrer verdächtigten Unfallverursachers (Hamm StV **10**, 5), als auch, wenn ein Polizeibeamter bei einer verdachtsunabhän- 77 gigen Verkehrs-Alkoholkontrolle im Pkw, in dem sich nur der Fahrer befindet, Alkoholgeruch feststellt (so auch Roxin Schöch-FS 836; **aM** Bay NZV **03**, 435 mit abl Anm Heinrich NZV **04**, 159; vgl aber auch Bay **04**, 141). Ist die Einleitung eines Ermittlungsverfahrens geboten, weil der Vernehmungsbeamte den Verdächtigen als Täter überführen will, dann darf dieser nicht als Zeuge vernommen werden (BGH **51**, 367); ggf ist eine Zeugenvernehmung (für richterliche Vernehmungen vgl 3 zu § 136) als Beschuldigtenvernehmung fortzusetzen (BGH **22**, 129, 132). Ist die erforderliche Belehrung unterblieben, sind weder die Angaben des Betroffenen noch die des Vernehmungsbeamten verwertbar (BGH NJW **07**, 2706; erg 7, 20 zu § 136), auch wenn dem Betroffenen klar war, dass er als Beschuldigter nicht zur Aussage verpflichtet gewesen wäre (so zutr Trüg StraFo **05**, 203 gegen BGH StraFo **05**, 201).

78 b) Ist der **Täter in einem bestimmten Personenkreis** zu suchen, so müssen nicht von vornherein alle Angehörigen dieser Gruppe als Beschuldigte behandelt werden (BGH **38**, 214, 227). Am Unfallort dürfen die Polizeibeamten daher die Anwesenden zunächst formlos befragen, um beurteilen zu können, gegen wen Ermittlungen als Beschuldigte zu führen sind (BGH NStZ **86**, 86; Oldenburg NJW **67**, 1097; Stuttgart MDR **77**, 70; erg 9 zu § 163). Der Fahrzeughalter wird im Zweifel aber als Fahrzeugführer in Betracht kommen und zu belehren sein (AG Bayreuth NZV **03**, 202 mit zust Anm Heinrich). Das Gleiche gilt bei vorsätzlichen Straftaten, für die mehrere Täter in Betracht kommen (BGH NStZ **83**, 86; von Gerlach NJW **69**, 780; Kohlhaas NJW **65**, 1255). Sind mehrere hinreichend tatverdächtig, so müssen aber alle als Beschuldigte behandelt werden, auch wenn sich ihre Täterschaft gegenseitig ausschließt (Kohlhaas aaO; Lenckner Peters-FS 340; Schünemann DRiZ **79**, 104; **aM** von Gerlach aaO).

79 c) Die **informatorische Befragung** der Tatverdächtigen, die nach diesen Grundsätzen noch keine Beschuldigten sind, ist Zeugenvernehmung. Die Bestrebungen des Schrifttums, neben Beschuldigte und Zeugen den „Verdächtigen" als schweigeberechtigte Auskunftsperson zu stellen (Bruns Schmidt-Leichner-FS 14; Bringewat JZ **81**, 289; Gundlach NJW **80**, 2142), verdienen keine Zustimmung. Es gibt keine Auskunftsperson, die nicht entweder Beschuldigter oder Zeuge ist (SK-Rogall 23 vor § 48 und 13 vor § 133 ff; Fezer 3/52). Dass den informatorischen Befragungen die Aussageverweigerungsrechte nach §§ 52ff bestehen, ist selbstverständlich (Bruns Schmidt-Leichner-FS 6ff; Rogall NJW **78**, 2537). Es handelt sich aber nicht um Vernehmungen ieS (KG JR **92**, 437; Düsseldorf NJW **68**, 1840); daher erfolgt keine Belehrung nach den §§ 52 III S 1, 136 I S 2 (Beulke StV **90**, 181; Fezer aaO; Geppert Oehler-FS 324, 338ff; Rogall aaO; **aM** ter Veen StV **83**, 293), erst recht nicht nach § 55 (**aM** Gerling, Informatorische Befragung und Auskunftsverweigerungsrecht, 1987, S 93ff: entspr Anwendung; **aM** auch Schlüchter 85 und StP 43). Jedoch gilt § 252 (dort 7). Wird der Tatverdächtige nach der informatorischen Befragung als Beschuldigter vernommen, so braucht er über die Belehrung nach § 136 I S 2 hinaus nicht auch dahin belehrt zu werden, dass er nicht an seine Angaben bei der informatorischen Befragung gebunden ist (Geppert Oehler-FS 339 ff und Meyer GedSchr 109 gegen AG Tiergarten StV **83**, 277 und ter Veen StV **83**, 293). Die Erklärungen bei einer informatorischen Befragung können dem Beschuldigten vorgehalten werden, wenn er später (nach ordnungsgemäßer Belehrung) zur Sache aussagt (BGH NStZ **83**, 86); sie können auch durch Vernehmung des vorermittelnden Polizeibeamten in das Verfahren eingeführt werden (Geppert Oehler-FS 344).

80 d) **Kein Objekt des Verfahrens** ist der Beschuldigte. Vielmehr muss ihm die Möglichkeit gegeben werden, zur Wahrung seiner Rechte am Gang und das Ergebnis des Strafverfahrens Einfluss zu nehmen (BVerfGE **57**, 250, 275; **63**, 380, 390; BVerfGE NJW **84**, 113 mwN). Deswegen darf auch durch die Beschränkung der Aussagegenehmigung auf Grund beamtenrechtlicher Vorschriften sein Recht auf Verteidigung im Kern nicht berührt werden (BGH **36**, 44), während Einschränkungen im Randbereich unter strengen Voraussetzungen zulässig sind (dazu

BGH NJW **07**, 3010). Eine Pflicht zur Mitwirkung am Strafverfahren trifft auch den Beschuldigten in mancher Beziehung (Stuttgart MDR **74**, 333; Laier NJW **77**, 1139; Rüping JR **74**, 135), zB die Pflicht, vor Gericht oder der StA zu erscheinen (vgl §§ 133, 134, 163a III, 230 I, II), sich ggf einem anderen, zB einem Zeugen, gegenüberstellen zu lassen (11 zu § 58) oder Untersuchungshandlungen zu dulden (vgl zB § 81a). Der EGMR (NJW **08**, 3549) hat auch die (englische, strafbedrohte) Verpflichtung, bei einer Geschwindigkeitsüberschreitung Namen und Anschrift des Fahrers anzugeben, für zulässig erklärt. Der Beschuldigte ist aber nicht verpflichtet, bei einer Untersuchungshandlung eines Strafverfolgungsorgans oder eines Sachverständigen aktiv mitzuwirken (BGH **34**, 39, 46; vgl auch oben 29a; 11 zu § 81a). Unbeschadet seines Rechts, sich durch Schweigen zur Sache oder Inaktivität zu verteidigen, ist er zur Vermeidung eigener Nachteile aufgerufen, taugliche und verfügbare Beweismittel bei seiner Verteidigung auszunutzen (BGH JR **62**, 148) oder von prozessualen Möglichkeiten Gebrauch zu machen (vgl 9 ff zu § 238; erg § 5 II S 1 **StrEG**). Wenn er schweigt, muss er im Einzelfall in Kauf nehmen, dass zur Entlastung geeignete Umstände unaufgeklärt bleiben (Bay DAR **69**, 237 [R]; Hamburg VRS **41**, 195), vielleicht auch, dass bei Freispruch die Entschädigung nach § 6 **StrEG** versagt wird (Hamm GA **77**, 372, 373).

e) **Beendigung des Beschuldigtenverhältnisses:** Der Hauptfall der Beendigung ist die Einstellung des Ermittlungsverfahrens nach § 170 I. Die Strafsache gegen einen Beschuldigten kann auch von einer anderen Strafsache abgetrennt und eingestellt werden, noch bevor das Ermittlungsverfahren insgesamt vollständig durchgeführt ist (8 zu § 170); ebenso kann ein Angeschuldigter durch Nichteröffnung des Hauptverfahrens gegen ihn aus der Beschuldigtenrolle ausscheiden. Sonst endet das Beschuldigtenverhältnis mit der das Erkenntnisverfahren gegen ihn abschließenden rechtskräftigen Entscheidung (Hamm NJW **74**, 914); durch rechtskräftige Verurteilung wird er zum Verurteilten (5 zu § 157). Mit dem Ende des Beschuldigtenverhältnisses wird er, wenn er Auskunftsperson im Verfahren gegen einen anderen bleibt, zum Zeugen (dazu 21 vor § 48). 81

C. **Verteidiger** ist idR ein RA (§ 138 I). Er ist unabhängiges Organ der Rechtspflege (vgl §§ 1, 3 BRAO; BVerfGE **39**, 156, 165), das dem Beschuldigten als Beistand (§ 137) an die Seite tritt (erg 1 vor § 137). Die Befugnis des Beschuldigten, sich von einem Verteidiger seiner Wahl Beistand leisten zu lassen (§ 137 I), ist gewährleistet durch Art 6 III Buchst c **EMRK** und das Rechtsstaatsprinzip (BVerfG aaO; BVerfGE **63**, 380, 390 ff; BVerfGE **64**, 135, 145; **66**, 313, 319). 82

a) Der **Verteidiger ist verpflichtet,** alle zugunsten des Beschuldigten sprechenden tatsächlichen und rechtlichen Gesichtspunkte geltend zu machen (BGH 9, 20; Ackermann NJW **54**, 1385). 83

b) **Kraft seiner Stellung** als Beistand handelt der Verteidiger regelmäßig, wenn er in das Verfahren eingreift, also aus eigenem Recht und in eigenem Namen, nicht als Vertreter des Beschuldigten (BGH **12**, 367). Die Ausübung zahlreicher Befugnisse gibt das Gesetz sowohl dem Verteidiger als auch dem Beschuldigten (zB §§ 240 II, 251 I Nr 1, II Nr 3; auch § 297 gehört hierher, nur ist das Recht des Verteidigers in bestimmter Weise beschränkt). Andere Befugnisse stehen nur dem Verteidiger zu (zB §§ 147, 239). Außerdem gibt es persönliche prozessuale Befugnisse, die dem Angeklagten selbst vorbehalten sind (zB §§ 217 III, 233, 251 I Nr 4, 302; für Strafantrag 15 zu § 158). Diese Befugnisse kann der Verteidiger in seiner Stellung als Beistand nicht anstelle des Beschuldigten wahrnehmen; er bedarf hierzu vielmehr einer Vertretungsvollmacht, die je nach Sachlage auch in dessen Schweigen liegen kann (Rieß NJW **77**, 882). In den §§ 234, 350 II, 387 I, 411 II S 1 sind ausdrücklich Fälle der Vertretung des Angeklagten durch den Verteidiger geregelt, wobei die Verteidigerstellung durch schriftliche Vertretungsvollmacht erweitert wird. 84

c) **Verteidigerähnlich** ist die Stellung des sonstigen Bevollmächtigten wie die des gewählten oder bestellten Vertreters des Einziehungsbeteiligten (§§ 428) oder 85 der JP oder PV (unten 91, 92), gegen die als Nebenfolge der Straftat einer natürlichen Person eine Geldbuße festgesetzt werden soll (§ 444), ebenso die der Beistände der Privat- und Nebenkläger (§§ 378, 397 I S 2 iVm § 378).

86 D. Der **Beistand** nach § 149 (Ehegatte oder gesetzlicher Vertreter) hat nach seiner Zulassung die prozessuale Funktion, den Beschuldigten zu unterstützen. Im Vorverfahren kann ihm die Teilnahme an richterlichen Untersuchungshandlungen gestattet werden. Ein weitergehendes Gestaltungsrecht hat er im Gegensatz zum Verteidiger nicht. Nur der gesetzliche Vertreter hat noch ein selbstständiges Anfechtungsrecht (§ 298). Der im jugendgerichtlichen Verfahren bestellte Beistand dagegen hat in der Hauptverhandlung die Rechte des Verteidigers (§ 69 I, III **JGG**). Im Übrigen haben im Verfahren gegen Jugendliche die Erziehungsberechtigten und gesetzlichen Vertreter eine besondere Stellung (§ 67 **JGG**).

87 E. Die **StA** führt das Ermittlungsverfahren, wobei die Zulässigkeit von Maßnahmen gegen Beschuldigte und Dritte im Ermittlungsverfahren allerdings vielfach (zB §§ 81a, 81c, 98, 100a, 105, 125) von einer richterlichen Entscheidung abhängig ist (dazu Hilger Meyer-GedSchr 209 und Salger-FS 327; Schnarr NStZ **91**, 209); eine allgemeine gerichtliche Kontrolle des Ermittlungsverfahrens gibt es jedoch nicht (vgl 6 zu § 270; 9 zu § 23 EGGVG) und ist auch *de lege ferenda* nicht anzustreben (Rieß Geerds-FS 501 ff). Eine von der StA erhobene Anklage unterbreitet dem Gericht einen Fall zur Entscheidung. Ohne ihre Anklage ist eine strafgerichtliche Untersuchung – abgesehen von § 374 und § 400 **AO** – unzulässig (oben 37). Sie wirkt aber in allen Verfahrensabschnitten mit dem Ziel richtiger Anwendung des Gesetzes (vgl RG **48**, 26) mit, und zwar als ein dem Gericht gleichgeordnetes Organ der Strafrechtspflege (Wohlers 278) und mit dem Ziel, zu einer gerechten Entscheidung beizutragen, als „Wächter des Gesetzes" (BGHZ **20**, 178), als „Vertreterin des öffentlichen Interesses" (BGH 1 StR 527/61 vom 2.2.1962).

88 Dennoch gehört es zu einem fairen Verfahren (oben 19), dass nach Erhebung der öffentlichen Klage die verfahrensrechtliche **Waffengleichheit** zwischen dem Angeklagten und der StA gewahrt wird (BVerfGE **38**, 105, 111; NJW **84**, 1907; Schilken 118 ff; 4 zu Art 6 EMRK; eingehend zur Anwendung dieses Prinzips im Europäischen Rechtsraum vgl BRep Gless StV **13**, 317; Safferling NStZ **04**, 181 ff). Dabei bedeutet Waffengleichheit nicht Gleichheit der Rechte, sondern deren Ausbalancierung unter Berücksichtigung der Verschiedenartigkeit der Prozessrollen (BVerfG NJW **14**, 2563; Beulke 37 ff; vgl auch 9 vor § 141 GVG). Die Verletzung der Waffengleichheit bewirkt kein Verfahrenshindernis (BGH NJW **84**, 1907: Kenntnis der StA vom Verteidigungskonzept; erg unten 148). Dass die StA im Ermittlungsverfahren einen Informationsvorsprung besitzt, verstößt zwar gegen die Waffengleichheit, liegt aber in dem Erfordernis einer wirksamen und funktionstüchtigen Strafrechtspflege und ist daher unvermeidbar (BVerfG NStZ **82**, 228). Der – auch eindringliche – Hinweis der StA gegenüber einem „Entlastungszeugen" auf die Wahrheitspflicht verstößt nicht gegen das Gebot der Waffengleichheit (BGH NStZ **04**, 347).

89 F. Der **Nebenkläger** schließt sich der öffentlichen Klage an (§§ 395 ff), verfolgt damit idR aber persönliche Genugtuung für erlittenes Unrecht durch Bestrafung des Beschuldigten (BVerfGE **26**, 66, 70). Er ist ein mit besonderen Rechten ausgestatteter Verfahrensbeteiligter (2 vor § 395). Am Verfahren beteiligt ist aber auch ein Verletzter, der den Anschluss als Nebenkläger nicht erklärt hat oder nicht anschlussberechtigt ist (1 vor § 406d).

90 G. Der **Privatkläger** erstrebt – wie der Nebenkläger – persönliche Genugtuung für erlittenes Unrecht. Die Privatklage ist nur bei bestimmten leichten Vergehen zulässig (§ 374), die idR die Allgemeinheit wenig berühren und bei denen selbst der Verletzte bisweilen kein Interesse an ihrer Verfolgung hat (BVerfGE **26**, 66, 70). Wenn darüber hinaus durch die Tat der Rechtsfriede gestört wird und die Strafverfolgung ein gegenwärtiges Anliegen der Allgemeinheit ist, übernimmt die StA die

Verfolgung, weil sie im öffentlichen Interesse liegt (§§ 376, 377 II; RiStBV 86). Im Privatklageverfahren selbst wirkt die StA grundsätzlich nicht mit (vgl § 377 I S 1).

H. Der **Einziehungsbeteiligte und Nebenbetroffene** (§ 424 I, § 438 I) wird 91 am gerichtlichen Verfahren beteiligt. Das ist eine Folgerung aus dem Grundsatz des rechtlichen Gehörs (oben 23 ff). Dabei macht es keinen grundsätzlichen Unterschied, ob es sich um ein Strafverfahren gegen eine bestimmte Person handelt oder um ein selbständiges Einziehungsverfahren nach §§ 435, 436.

J. **Geldbußbeteiligung einer juristischen Person (JP) oder Personenver-** 92 **einigung (PV)** nach § 444: Hat jemand als vertretungsberechtigtes Organ einer JP oder als Mitglied eines solchen Organs, als Vorstand eines nicht rechtsfähigen Vereins oder als Mitglied eines solchen Vorstands oder als vertretungsberechtigter Gesellschafter einer Personenhandelsgesellschaft eine Straftat oder OWi begangen, so kann unter bestimmten Voraussetzungen gegen die JP oder PV als Nebenfolge eine Geldbuße festgesetzt werden (§ 30 I–III OWiG). Dafür gibt es auch ein selbstständiges Verfahren (§ 444 III iVm § 30 IV OWiG).

K. Der **Betroffene** iS des OWiG (dieser Begriff wird in allen Stadien des 93 Bußgeldverfahrens verwendet) ist im Strafprozess Beteiligter, wenn er nur wegen einer OWi (anstatt im Bußgeldverfahren, oben 17) neben dem Beschuldigten in dem gegen diesen gerichteten Verfahren wegen des sachlichen Zusammenhangs zwischen seiner OWi und der Straftat des Beschuldigten verfolgt wird (§ 42 OWiG).

4) Prozesshandlungen: 94

A. **Jede prozessgestaltende Betätigung** (Bay **75**, 107; Rosenberg/Schwab/ 95 Gottwald § 63 V) des Gerichts, der StA oder eines anderen Verfahrensbeteiligten, sei sie eine Entscheidung, eine Erklärung, ein Antrag oder ein Realakt (zB Aktenvorlage, BGH **26**, 384), ist eine Prozesshandlung, auch die Einwirkung eines Dritten, die den Prozess erst ermöglicht (zB Strafantrag) oder ganz oder teilw zu seiner Beendigung zwingt (zB Zurücknahme des Strafantrags). Reine Wissenserklärungen dagegen, wie die Aussage eines Beschuldigten, Zeugen oder Sachverständigen, gehören nicht zu den Prozesshandlungen, soweit es um ihren Inhalt geht (**aM** Paulus Meyer-GedSchr 317). Hinsichtlich der Wirkungen der Prozesshandlungen sind mit Grunst (S 133) Rechtswirkungen (= Begründung, Änderung oder Aufhebung von Rechten und Pflichten) und Gestaltungswirkungen (= Einwirkung auf den Prozess als Entwicklungsvorgang) zu unterscheiden. Adressaten der Bekanntmachung einer Entscheidung sind die davon betroffenen Verfahrensbeteiligten, zu denen im Offizialverfahren stets auch die StA gehört; Adressat von Prozesshandlungen der Beteiligten ist, soweit nichts anderes bestimmt ist, das Rechtspflegeorgan, das in dem betreffenden Abschnitt das Verfahren maßgeblich führt. Erst der Eingang bei der zuständigen Stelle macht die Prozesshandlung wirksam (Bay aaO). Zur Zulässigkeit von Vereinbarungen zwischen Angeklagtem und Gericht oder StA vgl unten 119. Über den Inhalt einer prozessualen Erklärung, die verfahrensgestaltende Wirkung entfaltet, entscheidet der objektive Erklärungssinn, der ggf durch Auslegung zu ermitteln ist. Dabei ist das Gesamtverhalten des Erklärenden einschließlich aller erkennbar hervorgetretenen Nebenumstände zu berücksichtigen. Auf den hinter der Erklärung stehenden verborgenen inneren Willen kommt es nicht an (BGH **32**, 394, 400; KMR-Sax Einl X 25 ff).

Zu den richterlichen Prozesshandlungen gehören die Entscheidungen des 95a Gerichts, aber auch jede eine Entscheidung vorbereitende richterliche Tätigkeit, die zu einem Prozessvorgang wird. Die gerichtlichen Prozesshandlungen sind keine Verwaltungsakte (14 zu § 23 EGGVG).

Tragende Prozesshandlungen sind solche, die unmittelbar Voraussetzungen 95b für den Fortgang, die Beschränkung oder die Beendigung des Prozesses schaffen. Sie sind überwiegend Prozess- oder Rechtszugvoraussetzungen (unten 141), zT Handlungen von Organen, zB öffentliche Anklage, Eröffnung des Hauptverfahrens, zT Handlungen von Privatpersonen, zB Strafantrag.

96 B. Die **Handlungsfähigkeit** des Prozessbeteiligten ist Voraussetzung für die Wirksamkeit seiner Prozesshandlung (BGH MDR **55**, 271 [D]; Hamm NJW **73**, 1894; Dresden StraFo **15**, 149); ihn begünstigende, den Eintritt der Rechtskraft einer Verurteilung hemmende Prozesshandlungen eines verhandlungsunfähigen Beschuldigten sind aber wirksam (Bay **88**, 131; Düsseldorf StraFo **97**, 338).

97 a) Die **Verhandlungsfähigkeit** des Beschuldigten ist die Fähigkeit, in oder außerhalb der Verhandlung seine Interessen vernünftig wahrzunehmen, die Verteidigung in verständiger und verständlicher Weise zu führen, Prozesserklärungen abzugeben und entgegenzunehmen (BVerfG NJW **95**, 1951; BGH **41**, 16, 18; NStZ **96**, 242). Sie setzt aber nicht Geschäftsfähigkeit voraus (BGH NStZ **83**, 280; **85**, 207 [Pf/M]), sondern nur einen genügenden Reifegrad sowie Freiheit der Willensentschließung und Willensbetätigung (vgl Siegert DRiZ **53**, 100; unten 110). Je nach den Anforderungen für die anstehenden Prozesshandlungen kann eine unterschiedliche Beurteilung erforderlich sein (zusammenfassend Bischoff/Kusnik/Bünnigmann StraFo **15**, 222); Widmaier (NStZ **95**, 362) spricht daher zutr von der „Verteidigungsfähigkeit", von der die Verhandlungsfähigkeit nur ein Teil ist. Auch bei solchen Angeklagten, deren geistige, psychische oder körperliche Fähigkeit zur Wahrnehmung der Verteidigungsrechte eingeschränkt ist, muss die Schuldfrage in einem rechtsstaatlichen Strafverfahren geklärt und entschieden werden können; insofern liegt Verhandlungsunfähigkeit nicht vor, wenn die Auswirkungen solcher Einschränkungen auf die tatsächliche Wahrnehmung der Verfahrensrechte durch Hilfen für den Beschuldigten hinreichend ausgeglichen werden können (BGH NStZ-RR **18**, 320). Bei Volljährigen entfällt die Verhandlungsfähigkeit idR nur durch schwere körperliche oder seelische Mängel oder Krankheiten (BGH NJW **70**, 1981; NStZ **85**, 207 [Pf/M]; **88**, 213 [M]; Düsseldorf NJW **98**, 395), die es dem Beschuldigten unmöglich machen, auch bei Inanspruchnahme solcher verfahrensrechtlicher Hilfen eine selbstverantwortliche Entscheidung über grundlegende Fragen seiner Verteidigung und die sachgerechte Wahrnehmung der von ihm persönlich auszuübenden Verfahrensrechte zu treffen (BGH NStZ-RR **18**, 320; zum Revisionsverfahren siehe 6 zu § 337). Auch ein Geisteskranker, ein Taubstummer oder ein in der Entwicklung gehemmter Jugendlicher kann aber uU verhandlungsfähig sein.

97a **Verhandlungsunfähigkeit** kann sich auch aus konkreten Anhaltspunkten für die Befürchtung ergeben, der Beschuldigte werde bei Fortführung des Verfahrens, vor allem der Hauptverhandlung, sein Leben einbüßen oder schwerwiegende Dauerschäden für seine Gesundheit erleiden (BVerfGE **51**, 324, 346; BVerfG NJW **02**, 51; **05**, 2382: Risikoschwangerschaft). Einer eingeschränkten Verhandlungsfähigkeit kann durch angepasste Verhandlungsführung (Pausen, Unterbrechungen, ärztliche Aufsicht) begegnet werden. Die Verhandlungsfähigkeit wird im Freibeweisverfahren geklärt (BGH NStZ-RR **13**, 167 [C/Z]); ihre Beurteilung ist Aufgabe des Gerichts, das sich dabei der Sachkunde des Sachverständigen bedient (BVerfG EuGRZ **09**, 645, 647). Ein Angeklagter ist nicht verpflichtet, zur Herstellung seiner Verhandlungsfähigkeit einen keineswegs unerheblichen Eingriff bei sich vornehmen zu lassen (BVerfGE **89**, 120; BGH StV **92**, 553: Ballondilatation). Endgültige Verhandlungsunfähigkeit des Beschuldigten ist Verfahrenshindernis und führt zur Einstellung des Verfahrens (unten 146, 154; 1 zu § 205). Der Vertreter des Beschuldigten (vgl 7 vor § 137) muss ebenfalls verhandlungsfähig sein (Bay **64**, 85).

98 b) Die **Handlungsfähigkeit anderer Prozessbeteiligter** setzt ebenfalls nicht allgemein Prozessfähigkeit voraus. Das Gesetz trifft zT eine besondere Regelung, wie zB in § 77 III StGB über die Stellung des Strafantrags; ebenso in § 374 III für die Privatklage.

99 **Verteidiger und StA** müssen auf jeden Fall prozessfähig sein (Seibert JZ **51**, 440; BVerfGE **37**, 67, 77 für RA im Zivilprozess). Die Eignung eines zugelassenen RA zum Verteidiger wird idR noch nicht durch Krankheit oder altersbedingte Störungen beseitigt (BGH 5 StR 260/58 vom 21.11.1958). Im Übrigen ist es in 1. Linie Sache des Verteidigers selbst und nicht des Gerichts, zu beurteilen, ob er zur Verteidigung imstande ist (3 vor § 137; erg aber 41 zu § 338). Das gilt besonders beim Wahlverteidiger (BGH JR **62**, 428; 41 zu § 338); ebenso beim StA. Dagegen ist es Sache des Gerichts, darauf zu achten, dass nicht gegen § 146 verstoßen wird.

c) **Zeugen und Sachverständige** sind nicht Prozessbeteiligte (oben 75), sondern Beweismittel (oben 49). Der Sachverständige als Mitverantwortlicher bei der Aufklärung der Straftat muss prozessfähig sein, der Zeuge nur aussagetüchtig (13 vor § 48). **100**

C. Eine **Anfechtung der Prozesshandlung** wegen Irrtums in der Erklärung oder im Beweggrund ist unzulässig, weil die Prozesshandlung öffentlich-rechtlicher Art ist (BGH **17**, 14, 18; NStZ **97**, 611; KG JR **78**, 524; Kindhäuser § 15, 8). Vgl erg unten 110, 111. **101**

D. **Unwirksam ist eine Prozesshandlung,** wenn es das Gesetz bestimmt (zB § 8 IV **RPflG**) oder wenn sie nach einer konkreten Gesetzesbestimmung von vornherein keine Folgen auslösen kann, zB die Zurücknahme eines Rechtsmittels des Verteidigers ohne die ausdrückliche Ermächtigung nach § 302 II (29 zu § 302), oder wenn sie an einem besonders schwerwiegenden Mangel leidet, der nicht nur in die Kategorie der Verfahrens-, Form- und Zuständigkeitsmängel gehört und bei verständiger Würdigung aller in Betracht kommender Umstände offenkundig ist (vgl §§ 44, 46 VwVfG für Verwaltungsakte). Verliert eine Prozesshandlung ihre Wirkung nur durch den Fortgang des Verfahrens, so wird sie zwar prozessual überholt, aber nicht unwirksam (BVerfGE **9**, 160 = NJW **59**, 431; 17, 18 vor § 296). **102**

a) **Urteile und andere gerichtliche Entscheidungen** können nach früher vielfach vertretener Ansicht in seltenen Ausnahmefällen (vgl BGH **29**, 351, 352) nichtig sein, wenn sie an einem derart schweren Mangel leiden, dass es bei Berücksichtigung der Belange der Rechtssicherheit und des Rechtsfriedens vom Standpunkt der Gerechtigkeit aus schlechthin unerträglich wäre, sie als verbindlichen Richterspruch anzunehmen und gelten zu lassen (vgl BVerfG NJW **85**, 125; BGH **33**, 126, 127; NJW **60**, 2108; NStZ **84**, 279; zB bei Willkür: BGH **29**, 216), und der Mangel für einen verständigen Beurteiler offen zutage liegt (Evidenztheorie: BVerfGE **29**, 45, 49; BGH **10**, 278, 281; **29**, 351, 353; **33**, 126, 127; NStZ **84**, 279; Düsseldorf VRS **75**, 50; vgl § 44 I VwfG). **103**

In einem Rechtsstaat sind derartig beschaffene Urteile **aber nicht vorstellbar.** Die in Rspr und Literatur hierzu angestellten Erwägungen sind idR auch rein theoretischer Natur (Feiber NStZ **89**, 45; Meyer-Goßner JR **81**, 379 und ZIS **09**, 522). Die Vorstellung, in einem Rechtsstaat könne es nichtige – dh schlechthin und für jedermann unbeachtliche – Urteile geben, sollte daher aufgegeben werden (LG Hannover NJW **70**, 290; Meyer/Goßner Neumann-FS 1349; LR-Kühne Einl Abschn K 116; MüKoStPO-Jahn/Kudlich 207 zu § 257c; Radtke JR **03**, 130; dem wohl auch zuneigend BGH NStZ **09**, 579, 580; **aM** Köln NStZ-RR **02**, 341, das sogar ein von einem örtlich unzuständigen Richter ohne Hauptverhandlung erlassenes Urteil für nichtig erklärt). Diese Lehre ist zudem nicht praktikabel (Rüping 553; vgl auch die dazu von Gössel JR **79**, 76 angestellten Erwägungen; in dem von ihm besprochenen Fall lag ein unvollständiges und kein – teilw – nichtiges Urteil vor) und nur geeignet, Verwirrung zu stiften (exemplarisch dafür BGH **33**, 41; dazu Weis NJW **84**, 2804 mit Entgegnung K. Meyer; Vogt/Kurth NJW **85**, 104; klargestellt durch BGH **33**, 126). Entweder liegt in der Literatur erörterten Fällen gar kein vollstreckbares Urteil vor (zB „Entscheidung" durch den Wachtmeister) oder das grob fehlerhafte Urteil wird im Rechtsmittelverfahren, bei Rechtskraft im Wiederaufnahmeverfahren beseitigt oder gemäß § 458 für nicht vollstreckbar erklärt (zum einzig praktischen Anwendungsfall unten 107). Dass München NJW **13**, 2371 erneut – und zu Unrecht – die Nichtigkeit eines Urteils angenommen hat, ist ein bedauerlicher Rückfall (Kudlich NJW **13**, 3216; Leitmeier NStZ **14**, 690; Meyer-Goßner StV **13**, 613). **104**

105 **Für Zwischenentscheidungen** passt die Lehre ohnehin nicht (Meyer-Goßner JR **81**, 380); derartige noch so fehlerhafte Entscheidungen führen entweder den gewünschten Erfolg (zB Eröffnung des Hauptverfahrens, 11 zu § 207) nicht herbei (ohne deswegen – wie Felsch NStZ **96**, 165 missversteht, ähnlich Weidemann wistra **00**, 50 – nichtig zu sein) oder können im Laufe des Verfahrens stets korrigiert werden (so nun auch BGH **45**, 58; NStZ **09**, 579, 580).

106 b) **Geisteskrankheit** des Richters ist kein absoluter Nichtigkeitsgrund. Sie macht die Entscheidung allenfalls unwirksam, wenn die Geisteskrankheit den Richter unfähig gemacht hat, die Vorgänge aufzunehmen und zu beurteilen (Peters 523), und diese Unfähigkeit als grundlegender Wirksamkeitsmangel (für die mit dem Richter zusammenwirkenden Personen) offen zutage tritt.

107 c) **Verstoß gegen den Grundsatz ne bis in idem** (unten 171): Nach älterer Ansicht ist ein rechtskräftiges Urteil unwirksam, wenn in derselben Sache schon vorher eine rechtskräftige Sachentscheidung vorlag (RG **54**, 12; Peters 521 ff und Kern-FS 338; einschr aber schon BGH NStZ **84**, 279; wistra **90**, 67 mit abl Anm Bauer/Wrage-Molkenthin wistra **90**, 198). Dem ist nicht zuzustimmen, weil der Mangel durch Wiederaufnahme des Verfahrens (§ 359 Nr 5) geltend gemacht (LR-Kühne Einl K 119) oder im Rahmen eines Prüfungsverfahrens nach § 458 berücksichtigt werden kann (Koblenz NStZ **81**, 195; abl Appl Tolksdorf-FS 185). Ergeht nach einer nicht-rechtskräftigen Verurteilung in derselben Sache ein rechtskräftiges Urteil, ist das erste Urteil wegen entgegenstehender Rechtskraft – nicht wegen „prozessualer Überholung", wie Jena JR **99**, 125 meint – aufzuheben (ebenso Wolters JR **99**, 128; so jetzt auch zutr Jena VRS **110**, 418).

108 d) **Keine Unwirksamkeit:** Bei Beschlüssen und Verfügungen, die lediglich dem Fortgang des Verfahrens dienen sollen, ist grundsätzlich kein Raum für die Annahme einer Unwirksamkeit (BGH **45**, 58; Hamm NJW **58**, 880; Gollwitzer Rieß-FS 141; oben 105). Generell haben richterliche Entscheidungen, in ganz besonderem Maße Urteile, die Vermutung der Wirksamkeit für sich (BGH **21**, 74, 76 schon für VerwAe). Unwirksamkeit entsteht daher auch nach Auffassung der hM nicht schon dadurch, dass die Unzulässigkeit eines Rechtsmittels (Hamm JMBlNW **56**, 59) oder die Teilrechtskraft unbeachtet geblieben (Bremen JZ **58**, 547 mit Anm Spendel: weitere Beispiele) oder ein sonstiges Verfahrenshindernis, das nicht in einem rechtskräftigen Urteil besteht, übersehen worden ist. Ganz allgemein ist ein Urteil nicht deshalb unwirksam, weil es unter schwerem Verfahrensverstoß ergangen ist, wie sich aus § 338 ergibt, zB weil das Gericht nicht richtig besetzt war oder weil ein Jugendlicher zu Unrecht von einem Erwachsenengericht nach Erwachsenenstrafrecht verurteilt worden ist (Hamburg NJW **52**, 1150; Brunner/Dölling 12 zu § 1 **JGG**) oder im umgekehrten Fall (Lackner GA **55**, 33).

109 e) **Geltendmachung der Unwirksamkeit:** Die hM muss von ihrem Standpunkt aus die für einen Rechtsstaat unerträgliche Ansicht vertreten, die Unwirksamkeit sei von keiner förmlichen Feststellung abhängig. Gleichwohl sollen aber Rechtsmittel gegen eine solche Entscheidung nach hM ebenso zulässig sein wie gegen eine wirksame (BGH NJW **53**, 1829; **54**, 34; **aM** Gössel JR **79**, 76). Nach der formellen Rechtskraft ist demnach Wiederaufnahme wie gegen ein wirksames Urteil zulässig. Jedoch kann die Unwirksamkeit auch nach §§ 458 ff geltend gemacht werden (9 zu § 458).

110 f) **Andere unwirksame Prozesshandlungen** (die nicht zu den gerichtlichen Entscheidungen gehören, oben 105): Prozesserklärungen sind bei Handlungsunfähigkeit der Verfahrensbeteiligten unwirksam (oben 96 ff). Unwirksam sind auch solche Erklärungen, die offensichtlich nicht ernstlich gemeint oder zum Schein abgegeben sind. Bei üblen Beschimpfungen und Beleidigungen uä kann es an den Mindestanforderungen fehlen, die an eine ernsthafte Eingabe und deren Zulässigkeit zu stellen sind (Karlsruhe NJW **74**, 915; MDR **73**, 876). Falsche Kennzeichnung des Rechtsmittels (§ 300) oder einer sonstigen Prozesserklärung schadet nicht (1 zu § 300). § 136a ist auf Prozesserklärungen nicht entspr anwendbar (BGH **17**,

Prozesshandlungen **Einl**

14; dazu EbSchmidt JR **62**, 290; Oehler JZ **63**, 227). Das schließt nicht aus, dass eine Erklärung durch Drohung oder Täuschung unwirksam wird (BGH aaO), so bei Drohung, die sich gegen Leib, Leben oder Freiheit richtet (Oehler aaO), oder wenn der Angeklagte und (oder) sein Verteidiger durch Handlungen des Gerichts in einen für die Rechtsmittelerklärung ursächlichen unverschuldeten Rechtsirrtum versetzt worden sind (Celle GA **70**, 285; Hamm NJW **76**, 1952; 22 zu § 302).

g) **Unzulässigkeit wegen Rechtsmissbrauchs:** Der Gebrauch prozessualer 111 Rechte zur Erreichung rechtlich missbilligter Ziele ist auch im Strafprozess verboten. Der StPO ist zwar eine Generalklausel darüber fremd (Vogel NJW **78**, 1223; vgl auch Kröpil JZ **98**, 135); sie enthält aber eine Vielzahl von Regelungen, die an ein missbräuchliches Verhalten anknüpfen, nämlich die §§ 26a I Nr 3, 138a I Nr 2, 231a I S 1, 241 I und II, 244 III S 2 Var. 6, 245 II S 3 Var. 5, 257 III, 257a S 1 und 266 III S 1 (vgl Beulke Amelung-FS 544; dort auch speziell zum Missbrauch von Verteidigungsrechten; ders StV **09**, 554). Darüber hinaus ist aber auch hier der Gebrauch prozessualer Rechte zum Erreichen rechtlich missbilligter Ziele untersagt (vgl Fischer NStZ **97**, 212; Kudlich, Strafprozess und allgemeines Missbrauchsverbot, 1998, zugl Diss Würzburg; ders NStZ **98**, 588; Niemöller StV **96**, 501 ff unterscheidet zwischen objektiv prozessfremden und subjektiv prozesswidrigen Zwecken). Es besteht ein allgemeines Missbrauchsverbot (BGH **38**, 111, 113; **51**, 88 mwN; zust Fahl JR **07**, 34; Pfister StV **09**, 551; Satzger/Hanft NStZ **07**, 185, abl Gaede StraFo **07**, 29; LG Hamburg StraFo **04**, 170 mit abl Anm Durth/Meyer-Lohkamp; vgl dazu Maatz und Widmaier NStZ **92**, 513ff; Bünger NStZ **06**, 306; Niemöller aaO; Roxin Hanack-FS 19; Senge NStZ **02**, 225; aM Danckert/Bertheau Hanack-FS 36; Fezer Weber-FS 475; R. Hamm NJW **93**, 296; Herdegen NStZ **00**, 3; Jahn/Schmitz wistra **01**, 328; Kempf StV **96**, 507; Kühne JZ **10**, 826; Müller I. Roxin-FS 633; Weßlau Lüderssen-FS 787; einschr auch Hassemer Meyer-Goßner-FS 127, 143, der aber einen Rechtsmissbrauch annimmt, wenn „die Funktion strafprozessualer Befugnisse zum Schaden eines Rechtsguts durch eine gegensätzliche Funktion ersetzt wird"). Dass der BGH zutr ein solches allgemeines Verbot des „Rechtsmissbrauchs im Strafprozess" bejaht hat, ist von Fahl in seiner gleichnamigen Untersuchung überzeugend nachgewiesen worden (S 728). Missbrauch ist danach der zweckfremde Einsatz eines Rechts; ein solcher ist in der StPO nirgends erlaubt, wie dort durch die verstreuten Regelungen (zB §§ 26a I Nr 3, 138a I Nr 2, 145 IV, 241 S 1, 244 III S 2, 257a, 266 III S 1) bestätigt wird. Ein Missbrauch prozessualer Rechte ist daher anzunehmen, wenn ein Verfahrensbeteiligter die ihm durch die StPO eingeräumten Möglichkeiten zur Wahrung seiner verfahrensrechtlichen Belange benutzt, um gezielt verfahrensfremde oder verfahrenswidrige Ziele zu verfolgen (BGH aaO; Beulke/Witzigmann StV **09**, 394). Einer gesetzlichen Missbrauchsregelung, die ohnehin inhaltsleer wäre („Missbrauch ist verboten"), bedarf es nicht (Fahl 730ff; Meyer-Goßner BGH-FS 633). Eine Prozesshandlung, die ein rechtlich missbilligtes Ziel verfolgt, ohne dass ihr ein konkretes gesetzliches Verbot entgegensteht (oben 104), ist jedoch nicht unwirksam, sondern nur unzulässig. Auch widersprüchliches Prozessverhalten „verdient keinen Rechtsschutz" (BGH StV **01**, 100 sowie 101 mit abl Anm Ventzke; BGH NStZ **08**, 475 mit krit Anm Ventzke StV **09**, 69). Zur Verwirkung des Rechts auf Stellung eines Befangenheitsantrags wegen rechtsmissbräuchlichen Verhaltens BGH NJW **06**, 108; zur Schaffung einer sog „Verjährungsfalle" im OWi-Verfahren vgl Düsseldorf JR **08**, 522 mit zust Anm Fahl.

E. Für die **Widerruflichkeit** von Prozesshandlungen gilt Folgendes: 112

a) **Gerichtliche Entscheidungen:** Urteile und urteilsähnliche Entscheidungen, 112a wie der Strafbefehl (vgl aber § 411 III), sind nach ihrem Erlass unwiderruflich (erg 5 ff vor § 33; 24 zu § 349). Das Gleiche gilt für die mit der sofortigen Beschwerde anfechtbaren Beschlüsse (§ 311 III S 1; Einschränkung S 2) und (wegen seiner verfahrenstragenden Bedeutung) den Eröffnungsbeschluss (BGH **10**, 247). Bis zu ihrer Bekanntmachung (§ 35 I, II) sind auch diese Entscheidungen – wie alle anderen – widerruflich. Bei Beschlüssen kann die Widerruflichkeit im Gesetz vorgese-

Schmitt 29

hen sein (zB § 56 f StGB). Aber auch sonst sind Beschlüsse, gegen die einfache Beschwerde zulässig oder nur mangels übergeordneter Instanz unzulässig (§ 304 IV) ist oder die nach § 305 als Zwischenentscheidungen nicht selbstständig angefochten werden können, widerruflich, sei es wegen veränderter Umstände oder wegen Irrtums, weil sie nur laufende Entscheidungen sind.

113 Darüber hinaus begründet die **Nichtgewährung des rechtlichen Gehörs** bei Beschlüssen die Widerruflichkeit.

114 Der Widerruf ist **von Amts wegen, auf Beschwerde** (7 ff zu § 306) oder auf **Gegenvorstellung** (23 ff vor § 296) zulässig. Er setzt voraus, dass die Entscheidung falsch oder unsachgemäß ist oder dass ein erhebliches prozessuales Unrecht durch ihn gutgemacht (RG **37**, 112), dh ein erheblicher Verfahrensfehler geheilt werden soll (Düsseldorf MDR **80**, 335; **82**, 518). Auch ohne förmlichen Widerruf eines Beschlusses kann ein fehlerhafter Verfahrensabschnitt widerrufen und wiederholt werden (RG **53**, 170).

115 Der **Widerruf eines nicht (mehr) anfechtbaren Beschlusses** wird für zulässig erachtet, wenn dem Beschluss durch nachträglich bekanntgewordene Tatsachen der Boden völlig entzogen worden ist und der nicht erträgliche Mangel nicht anders geheilt werden kann (BGH NJW **51**, 771; RG **59**, 419; Stuttgart MDR **82**, 341; krit Hanack JZ **73**, 778), zB wenn sich nach Einstellung wegen Verfahrenshindernisses (§ 206a) herausstellt, dass das Verfahren schon vorher rechtskräftig abgeschlossen war (Hamm JMBlNW **72**, 35). Hier wird die bereits vorher rechtskräftig gewordene Sachentscheidung durch das Gericht, das den Beschluss erlassen hat (Rostock NZV **94**, 287), wieder hergestellt. Der Widerruf ist nicht mehr statthaft, wenn mit ihm eine durch ihn rechtskräftig gewordene Sachentscheidung nachträglich aufgehoben oder geändert würde (BGH **17**, 94, 97).

116 b) Auch **bei anderen Prozesshandlungen** regelt das Gesetz die Widerruflichkeit nur zum Teil, etwa die Zurücknahme des Strafantrags in § 77d StGB, der Anklage in §§ 156, 411 III, der Privatklage in § 391, der Rechtsmittel in § 302. Prozesstragende Erklärungen (oben 102) sind mangels gegenteiliger Regelung im Zweifel unwiderruflich (RG **63**, 302), ebenso diejenigen, die das ganze oder weitere Verfahren überflüssig machen oder dessen Beendigung bewirken, zB der Verzicht auf Strafantrag gegenüber einem Strafverfolgungsorgan (BGH NJW **57**, 1368), auf Rechtsmittel (21 zu § 302), die Zurücknahme eines Rechtsmittels (9 zu § 302), die Übernahmeerklärung der StA nach § 377 II (Saarbrücken NJW **59**, 163), ihre Erklärung nach § 230 I StGB (BGH **19**, 374, 380); ebenso die Zustimmung, durch die ein Abweichen von der Regel legalisiert wird (zB nach §§ 61 Nr 5, 245 I S 2, 251 I Nr 4, II). Einfache Prozesserklärungen ohne solche Wirkung, insbesondere Anträge und Behauptungen, sind dagegen widerruflich. Ein solcher Widerruf macht aber eine auf der Prozesshandlung beruhende Entscheidung nicht unwirksam. Die zulässige Zurücknahme wird wirksam, wenn sie dem mit der Sache befassten Rechtspflegeorgan zugeht (vgl BGH **16**, 105).

117 F. Der **Verzicht auf eine Prozesshandlung** ist zulässig, soweit diese nicht Pflicht ist, und zwar von dem Zeitpunkt an, von dem an die Handlung zulässig ist, bis zu dem Zeitpunkt, wo sie ohnehin unzulässig wird. ZB kann auf die Befugnis zum Strafantrag während der Antragsfrist (§ 77b StGB; BGH NJW **57**, 1368) oder auf Rechtsmittel während der Rechtsmittelfrist verzichtet werden (§ 302). Zur Wirkung des außergerichtlichen Verzichts des Verletzten auf Strafantrag und Privatklage vgl 13 vor § 374. Der Verzicht unterscheidet sich von der Verwirkung dadurch, dass hier willentlich eine Rechtsposition preisgegeben wird, während dort ein vom „Willen" unabhängiger Rechtsverlust eintritt (Fahl 140).

118 G. **Bedingungsfeindliche Prozesshandlungen** sind solche, die nicht von außerprozessualen Bedingungen abhängig gemacht werden dürfen, wie zB Rechtsmittel (BVerfGE **40**, 272, 274; 5 vor § 296); seine Zurücknahme oder Beschränkung (Schleswig SchlHA **88**, 112 [L/G]) oder das Einverständnis als rechtliche Voraussetzung für eine Verfahrensvereinfachung (zB nach §§ 245 I S 2, 251 I Nr 1, II Nr 3). Die unzulässige Bedingung macht die Prozesshandlung unwirksam

(BGH **5**, 183; **25**, 187; RG **66**, 265, 268; Hamm NJW **73**, 257). Auf diese Weise sollen Unklarheiten vermieden werden (BGH MDR **76**, 414), insbesondere über den Eintritt der Rechtskraft (unten 163). Wo solche nicht zu befürchten sind, können Prozesshandlungen mit einer Bedingung verbunden werden, soweit das mit ihrer besonderen Zweckbestimmung vereinbar ist und das mit der Sache befasste Gericht die durch die Bedingung hervorgerufene Ungewissheit selbst beseitigen kann (BGH **29**, 396). Allg zu bedingten Prozesshandlungen im Strafprozess: W. Schmid GA **82**, 95. Das Gesetz lässt vereinzelt selbst ein bedingtes Rechtsmittel zu, zB in den §§ 315 II, 342 II. Zulässig ist auch ein bedingter Beweisantrag (vgl 22 zu § 244) und die Zurücknahme des Strafantrags für den Fall einer dem Antragsteller günstigen Kostenentscheidung (5 zu § 470). Von der Bedingung, die auf den Eintritt oder Nichteintritt eines künftigen ungewissen Ereignisses abstellt, ist die Voraussetzung zu unterscheiden, die an etwas Gegebenes, insbesondere an eine bestimmte Rechtslage anknüpft. Die Verknüpfung mit einer Voraussetzung oder mit einer reinen Rechtsbedingung schadet nicht (BGH **25**, 187; Hamm NJW **73**, 257). Der Vorbehalt oder die Ankündigung zulässiger Zurücknahme – wenn auch in die Form einer „Bedingung" gekleidet – ist keine Bedingung (zB beim Strafantrag; vgl hierzu erg 5 zu § 470).

5) Verständigung im Strafprozess: 119

Absprachen zwischen den Prozessbeteiligten setzt das Gesetz in mehreren Fällen ausdrücklich (vgl etwa §§ 265a, 470 S 2) oder stillschweigend (vgl insbesondere § 153a) voraus. Im Privatklageverfahren ist ein gerichtlicher Vergleich zwischen Privatkläger und Angeklagtem (8 ff vor § 374), im Adhäsionsverfahren zwischen Adhäsionskläger und Angeklagtem (§ 405) zulässig; der Nebenklageberechtigte kann sich durch Vergleich mit dem Angeklagten verpflichten, seine Rechte nicht auszuüben (13 vor § 395). Darüber hinaus hatte sich seit etwa Anfang der 80er Jahre unter Außerachtlassung zahlreicher Verfahrensgrundsätze ein informelles Verfahren zur Verständigung im Strafprozess entwickelt (siehe dazu Voraufl Einl 119a, c). Dessen Auswüchse sowie vergebliche Einhegungsversuche des BGH (Voraufl 119e-g) veranlassten den Gesetzgeber dazu, das Absprachverfahren durch das „Gesetz zur Regelung der Verständigung im Strafverfahren" vom 29.7.2009 (BGBl I 2353) umfassend zu regeln (siehe vor allem §§ 257b, 257c, 243 IV, 302 I S 2, 273 Ia sowie jeweils die Komm dort). 119a

Das **BVerfG** hat die gesetzliche Regelung in seiner Entscheidung vom 19.3.2013 (NJW **13**, 1058; krit dazu Beulke/Stoffer JZ **13**, 662; Fezer HRRS **13**, 117; Knauer NStZ **13**, 433; Kudlich NStZ **13**, 379; Löffelmann JR **13**, 333; F. Meyer NJW **13**, 1850; Niemöller StV **13**, 420; Stuckenberg ZJS **13**, 212; Weigend StV **13**, 424) für (noch) verfassungsgemäß erklärt, jedoch die mangelnde Bereitschaft von Richtern, StAen und Verteidigern, sich an die gesetzlichen Vorgaben zu halten, beklagt. Es hat folgende Leitsätze aufgestellt, die bei der Auslegung der gesetzlichen Vorschriften zu berücksichtigen sind: 119b
1. Das im Grundgesetz verankerte Schuldprinzip und die mit ihm verbundene Pflicht zur Erforschung der materiellen Wahrheit sowie der Grundsatz des fairen, rechtsstaatlichen Verfahrens, die Unschuldsvermutung und die Neutralitätspflicht des Gerichts schließen es aus, die Handhabung der Wahrheitserforschung, die rechtliche Subsumtion und die Grundsätze der Strafzumessung zur freien Disposition der Verfahrensbeteiligten und des Gerichts zu stellen.
2. Verständigungen zwischen Gericht und Verfahrensbeteiligten über Stand und Aussichten der Hauptverhandlung, die dem Angeklagten für den Fall eines Geständnisses eine Strafobergrenze zusagen und eine Strafuntergrenze ankündigen, tragen das Risiko in sich, dass die verfassungsrechtlichen Vorgaben nicht in vollem Umfang beachtet werden. Gleichwohl ist es dem Gesetzgeber nicht schlechthin verwehrt, zur Verfahrensvereinfachung Verständigungen zuzulassen. Er muss jedoch zugleich durch hinreichende Vorkehrungen sicherstellen, dass die verfassungsrechtlichen Anforderungen gewahrt bleiben. Die Wirksamkeit der vorgesehenen Schutzmechanismen hat der Gesetzgeber fortwährend zu

überprüfen. Ergibt sich, dass sie unvollständig oder ungeeignet sind, hat er insoweit nachzubessern und erforderlichenfalls seine Entscheidung für die Zulässigkeit strafprozessualer Absprachen zu revidieren.
3. Das Verständigungsgesetz sichert die Einhaltung der verfassungsrechtlichen Vorgaben in ausreichender Weise. Der in erheblichem Maße defizitäre Vollzug des Verständigungsgesetzes führt derzeit nicht zur Verfassungswidrigkeit der gesetzlichen Regelung.
4. Mit den Vorschriften des Verständigungsgesetzes hat die Zulassung von Verständigungen im Strafverfahren eine abschließende Regelung erfahren. Außerhalb des gesetzlichen Regelungskonzepts erfolgende sogenannte informelle Absprachen sind unzulässig.

Das BVerfG hat allerdings erklärt, falls „die materiellen und prozessualen Vorkehrungen des Verständigungsgesetzes nicht ausreichen, um das festgestellte Vollzugsdefizit zu beseitigen und dadurch die an eine Verständigung im Strafverfahren zu stellenden verfassungsrechtlichen Anforderungen zu erfüllen, muss der Gesetzgeber der Fehlentwicklung durch geeignete Maßnahmen entgegenwirken" (aaO 1070). Es ist nun also abzuwarten, ob sich die Praxis in Zukunft an die gesetzlichen Vorgaben hält.

120 **6) Form der Prozesshandlungen:**

121 A. **Entscheidungen:** Die Entscheidung des Gerichts auf Grund einer Hauptverhandlung ergeht in der Form des Urteils, wenn sie die Strafsache (durch Sach- oder Prozessentscheidung, unten 172) für die Instanz abschließen will (unten 165), sofern nichts anderes bestimmt ist (zB § 153 II S 3, § 153a II S 2). Sonst ergehen Beschlüsse. Auch der Strafbefehl (§ 407) gehört in die Kategorie der Beschlüsse, ebenso der Haftbefehl, der Durchsuchungsbefehl und die Beschlagnahmeanordnung des Gerichts. Lediglich von anderen Entscheidungen gesonderte technische Anordnungen, Belehrungen, Hinweise uä ergehen als Verfügungen. Die Entscheidungen der StA sind Verfügungen (zB §§ 171, 161a II, III), Anordnungen (zB §§ 98, 105 I, 111e I S 1, 164) oder Beschwerdebescheide (zB § 172).

122 Zum **Begriff** der Entscheidung gehört stets ein Ausspruch, der die Rechtsstellung eines Beteiligten unmittelbar berührt, woran es zB bei einer bloß prozessleitenden Verfügung fehlt (vgl 2 zu § 33). Die Art der Entscheidung (Urteil oder Beschluss) richtet sich nicht immer nach der Bezeichnung, die ihr das Gericht gegeben hat; maßgebend ist, in welcher Form sie richtig hätte ergehen müssen. Das ist insbesondere für die Anfechtung und Rechtskraft von Bedeutung (unten 167).

123 Es gibt auch **stillschweigende** Entscheidungen, nämlich, wenn etwas mit Wissen des Gerichts geschieht, was an sich eine förmliche gerichtliche Entscheidung voraussetzen würde, die aber unterlassen wird (zB im Falle des § 175 II S 1 GVG: BGH 4 StR 54/56 vom 5.4.1956). Erforderlich ist dabei, dass der Entscheidungsinhalt in anderen Prozesshandlungen (Nürnberg SJZ **49**, 703), ev auch in einem prozessualen Unterlassen (BGH NJW **52**, 233; 1305) zum Ausdruck kommt, und zwar so deutlich, als ob die Entscheidung förmlich ergangen wäre (BGH 1 StR 88/53 vom 20.8.1953; Köln JMBlNW **84**, 235). Auch bei der StA, der Polizei oder anderen Strafverfolgungsbehörden gibt es stillschweigende Anordnung von Maßnahmen, zB eine Durchsuchungsanordnung einer Ermittlungsperson der StA, die dadurch evident wird, dass er die Durchsuchung beginnt (3 zu § 105).

124 B. Für die **Erklärungen und Anträge** ergibt sich die Form jeweils aus dem Gesetz oder aus der Art des Prozessabschnitts, in den sie fallen. Vorbehaltlich anderer gesetzlicher Regelung werden sie außerhalb der Verhandlung schriftlich, innerhalb der Hauptverhandlung mündlich angebracht.

125 a) Für die **Zurücknahme** gelten grundsätzlich die gleichen Formerfordernisse wie für die Anbringung (7 zu § 302). In vielen Fällen ist die Erklärung zu Protokoll der Geschäftsstelle zulässig oder vorgeschrieben.

b) Auch **durch deutliche schlüssige Handlung** können Prozesserklärungen, 126
für die keine besondere Form vorgeschrieben ist, abgegeben werden (BGH GA **76**,
115), insbesondere die Erklärung des Verzichts auf ein Recht, das dem Erklärenden
freilich bekannt sein muss (vgl Hamburg JR **67**, 193). Erklärungen oder Anträge
werden erst wirksam, wenn sie der mit der Sache befassten Stelle zugehen (RG **52**,
200; **76**, 345; vgl BGH NJW **57**, 1368).

c) **Vertretung** in der Erklärung und im Willen ist bei Anträgen und Erklärun- 127
gen außerhalb der Hauptverhandlung statthaft (12 vor § 137), soweit weder das
Gesetz noch die höchstpersönliche Natur der Prozesshandlung entgegensteht. Vgl
unten 134; 14, 15 zu § 158. Vertretung in der Hauptverhandlung ist nur statthaft,
soweit ausdrücklich zugelassen, zB §§ 234, 350 II, 378, 397 I S 2 iVm §§ 378,
411 II S 1, 434 I. Über Zustellungsvollmacht vgl § 145a, auch § 116a III.

C. Zur **Schriftform** gehört, dass aus dem Schriftstück der Inhalt der Erklärung, 128
die abgegeben werden soll, und die Person, von der sie ausgeht, schon im Zeitpunkt
des Eingangs der Erklärung bei Gericht (zur Fristwahrung vgl 13 ff zu § 42)
hinreichend zuverlässig entnommen werden können (GmS-OGB NJW **80**, 172,
174; BGH **2**, 77, 78; **12**, 317; **30**, 182, 183; NJW **84**, 1974; NStZ **02**, 558). Außerdem
muss feststehen, dass es sich nicht um einen Entwurf handelt, sondern dass
das Schriftstück mit Wissen und Willen des Berechtigten dem Gericht zugeleitet
worden ist (GmS-OGB aaO; BGH NStZ-RR **00**, 305; Zweibrücken NStZ **84**,
576; NStZ-RR **00**, 350); daher genügt es nicht, wenn eine Beschwerdeschrift der
StA lediglich den Zusatz enthält, dass das Schreiben elektronisch erstellt wurde und
deshalb keine Unterschrift enthalte (Dresden StraFo **14**, 163; **aM** Karlsruhe NStZ-
RR **15**, 19). Nicht unbedingt notwendig ist die handschriftliche Unterzeichnung
(BVerfGE **15**, 288, 291; GmS-OGB aaO; BGH aaO; Nürnberg NStZ-RR **08**,
316; StraFo **16**, 72; LG Düsseldorf StraFo **12**, 180). Daher genügt ein Handzeichen,
falls es nicht nur die Fertigung des Entwurfs abschließt (Bay **62**, 69), auch
beim Eröffnungsbeschluss (erg 11 zu § 207). Zur Identifizierung genügt idR ein
Faksimilestempel (Stuttgart NJW **76**, 1902, 1903), selbst bei der Unterschrift des
Leiters der StA (RG **63**, 247; vgl aber RiStBV 149), oder eine behördlich beglaubigte
Abschrift. Bei einem RA genügt auch das mit Schreibmaschine geschriebene
Diktatzeichen iVm dem gedruckten Briefkopf (BGH **2**, 78; RG **67**, 385; Oldenburg
NJW **83**, 1072), nicht aber der bloße Fertigungsvermerk eines Kanzleiangestellten
(Bay NJW **80**, 2367; KG JR **71**, 252; Schleswig SchlHA **87**, 120 [L]). Eine
von der Behörde auf Tonband aufgenommene Erklärung wird zur schriftlichen,
wenn der Beamte sie nachträglich in Reinschrift überträgt und in geeigneter Weise
die Identität des Erklärenden bestätigt (vgl 11 zu § 158). Die Schriftform ist auch
gewahrt, wenn der UrkB im Anschluss an die Hauptverhandlung eine Erklärung
des Angeklagten in das Protokoll aufnimmt, verliest und genehmigen lässt (BGH
NJW **84**, 1974). Die telefonische Abgabe der Erklärung genügt nicht der Schriftform
(BGH **30**, 64, 66 mwN; vgl auch unten 140), wohl aber ein mit Hilfe des
Computers ohne Ausdruck unmittelbar geschicktes Telefaxschreiben (BVerfG
wistra **02**, 417; München NJW **03**, 3429). Eine elektronische Form der Unterschrift
(„elektronische Signatur", dazu Hähnchen NJW **01**, 2831) ist im Strafverfahren
ebenso wie zuvor schon durch § 130a ZPO im Zivilverfahren nunmehr
durch § 41a zugelassen (vgl dort). Zur Einlegung einer Beschwerde durch eine an
eine e-mail angehängte Bilddatei vgl LG Gießen NStZ-RR **15**, 344.

D. Ist die **Unterzeichnung** durch einen Verteidiger oder RA vorgeschrieben 129
(vgl §§ 172 III S 2, 345 II, 366 II, 390 II), so muss die Unterschrift eigenhändig
geleistet werden (Düsseldorf NJW **98**, 919). Zur Übernahme der Verantwortung
für den Inhalt vgl 33 zu § 172; 16 zu § 345; 4 zu § 366. Eine Vertretung bei der
Unterzeichnung ist unzulässig (Bay NJW **91**, 2095; KG JR **74**, 207 mit Anm
Kohlhaas; KG JR **87**, 217); eine Ausnahme gilt nur für den amtlich bestellten Vertreter
(Dahs Rev 59; R. Hamm 202). Unterzeichnet ein RA in Untervollmacht
des Wahlverteidigers ist aber idR von der Übernahme der Verantwortung auszugehen
(BVerfG NJW **96**, 713). Die Unterschrift muss idR aus der Wiedergabe des

vollen bürgerlichen Namens bestehen, bei einem Doppelnamen reicht aber ein Teil des Namens, wenn keinerlei Zweifel an der Identität des Unterzeichnenden bestehen (Frankfurt NJW **89**, 3030); die Verwendung der Anfangsbuchstaben (Paraphe) reicht nicht aus (BGH NJW **67**, 2310; **75**, 1704; **82**, 1467; RG **37**, 81; **69**, 137). Lesbar braucht die Unterschrift nicht zu sein (BGH NStZ-RR **11**, 253); Undeutlichkeiten und Verstümmelungen schaden nicht. Es muss aber ein die Identität des Unterschreibenden ausreichend kennzeichnender individueller Schriftzug vorliegen (BGH MDR **60**, 394; **64**, 747; BFH **140**, 424; **141**, 223; **143**, 198; **147**, 199), der einmalig ist, entspr charakteristische Merkmale aufweist und sich als Unterschrift eines Namens darstellt (BGH NJW **82**, 1467). Es muss ein Mindestmaß an Ähnlichkeit in dem Sinne bestehen, dass ein Dritter, der den Namen des Unterzeichnenden kennt, ihn aus dem Schriftbild noch herauslesen kann (BGH **12**, 317, 319). Daher müssen mindestens einzelne Buchstaben zu erkennen sein; andernfalls fehlt es an den Merkmalen einer Schrift (BGH NJW **74**, 1090; **82**, 1467; **85**, 1227; Schleswig SchlHA **85**, 137 [E/L]; vgl für die richterliche Unterschrift auch 19 zu § 275; Oldenburg NJW **88**, 2812 sowie BGH 5 StR 183/18 vom 30.8.2018: Leserlichkeit der Unterschrift ist nicht erforderlich). Dass der beigefügte Vorname lesbar ist, genügt allerdings nach der Rspr (BGH NJW **85**, 1227; zw). Wegen Fehlens der charakteristischen Merkmale einer Unterschrift reichen geometrische Figuren oder Zeichen (BGH **12**, 317; Hamburg MDR **73**, 428; Köln OLGSt § 345 S 13) oder geschlängelte Linien (BGH AnwBl **74**, 225; BGH NJW **75**, 1705; Nürnberg NStZ-RR **07**, 151) unter keinen Umständen aus (Blaese/Wielop 131 mwN; **aM** Hanack JZ **73**, 777). Auch ein Namensstempel darf nicht verwendet werden (RG **69**, 137; BGH NJW **76**, 966). Diese Rspr ist wegen der Möglichkeit der Wiedereinsetzung mit Art 6 I **EMRK** vereinbar (EKMR NJW **89**, 579).

130 **Räumlich** ist das Erfordernis der „Unter"zeichnung nicht zu verstehen; die Unterschrift muss nicht unbedingt unter der Schrift, darf aber nicht auf einem besonderen Blatt oder auf einem aufgeklebten Zettel stehen (BGH NStZ-RR **02**, 261 [B]; R. Hamm 201). Die Unterschrift auf einem Anschreiben genügt ebenfalls nicht (Dahs Rev 59; **aM** LR-Franke 26 zu § 345; offen gelassen von BGH NStZ-RR **07**, 132 [B]).

131 E. **Zu Protokoll der Geschäftsstelle** des Gerichts können Anträge gestellt und Rechtsmittelerklärungen abgegeben werden (vgl §§ 158 II, 306 I, 314 I, 341 I, 345 II, 366 II, 381 S 1). Zur Fristwahrung vgl 12 vor § 42.

132 a) Eine **Rechtspflicht zur Aufnahme** solcher Erklärungen besteht, wenn das Gesetz die Befugnis zur Protokollerklärung vorsieht, auch wenn für die Erklärung, wie bei §§ 158 II, 306 I, die Schriftform genügt (BGH **30**, 64, 69; Bremen Rpfleger **56**, 240; Düsseldorf NJW **88**, 1923; Stuttgart Justiz **85**, 321) oder wenn ein Antrag in der Hauptverhandlung zu Protokoll erklärt werden kann (vgl § 404 I S 1). Gegen die Weigerung des Urkundsbeamten, das Protokoll aufzunehmen, ist nur die Dienstaufsichtsbeschwerde zulässig (Hamburg MDR **83**, 512).

133 b) **Zuständiger Beamter** ist der UrkB als Organ der Rechtspflege (Kissel/Mayer 17 zu § 153 GVG). Nur der Rechtspfleger ist nach § 24 I Nrn 1 und 2 **RPflG** zuständig für die Aufnahme von Erklärungen über die Einlegung und Begründung der Revision (§§ 341, 345 II), der Rechtsbeschwerde (§ 79 OWiG; § 116 **StVollzG**), der weiteren Beschwerde (§ 310) und der Wiederaufnahme des Verfahrens (§ 366 II; § 85 OWiG). Der Rechtspfleger soll ferner sonstige Rechtsbehelfe aufnehmen, soweit sie gleichzeitig begründet werden, sowie andere Anträge und Erklärungen, die nach Schwierigkeit und Bedeutung den vorgenannten Geschäften vergleichbar sind (§ 24 II Nrn 1, 3 **RPflG**). Die von einem unzuständigen Beamten aufgenommene Erklärung ist unwirksam (BGH NJW **52**, 1386; RG **59**, 419; Bay NStZ **93**, 193). Hat derjenige, der sie abgibt, das Protokoll unterschrieben, so kann sie aber als eigene schriftliche Erklärung gewertet werden (Koblenz MDR **82**, 166; VRS **52**, 364, 365).

134 c) **Vertretung:** Wer die Erklärung abgeben will, muss sich bei dem zuständigen Beamten einfinden; telefonische Erklärungen sind unwirksam (BGH **30**, 64; unten

140). Der Erklärende kann sich aber (in der Erklärung oder im Willen) durch einen Bevollmächtigten vertreten lassen. Der Vertreter muss verhandlungsfähig, aber nicht geschäftsfähig nach bürgerlichem Recht sein (Bay **64**, 85; **aM** W. Schmid SchlHA **81**, 109). Die Bevollmächtigung muss bereits bei der Niederschrift bestehen, kann aber später nachgewiesen werden (erg 12 vor § 137). Wegen fehlender Vollmacht darf die Aufnahme der Erklärung daher nicht verweigert werden (Bay DAR **84**, 246 [R]). Eine Vertretung durch den Verteidiger ist unzulässig (Düsseldorf MDR **75**, 73 L; Rostock VRS **86**, 356; **aM** W. Schmid Rpfleger **62**, 301).

d) **Förmlichkeit der Protokollaufnahme:** Das Protokoll darf nicht in Kurzschrift abgefasst werden (Celle NJW **58**, 1314; Schleswig SchlHA **80**, 73; Köln VRS **71**, 54, 56). Es ist vom UrkB zu unterschreiben; das Fehlen der Unterschrift ist aber unschädlich, wenn feststeht, dass die Niederschrift vom zuständigen UrkB herrührt und keinen bloßen Entwurf darstellt (Celle StraFo **98**, 428 mwN; Gössel JR **00**, 383). Im Übrigen kann die Unterschrift bis zum Ablauf der Frist für die Einlegung oder Begründung des Rechtsmittels nachgeholt werden (W. Schmid Rpfleger **62**, 303). Der Erklärende muss von dem Protokollinhalt durch Vorlesen oder Vorlage zur Durchsicht Kenntnis nehmen können. Im Protokoll wird üblicherweise vermerkt, dass er es genehmigt und unterschrieben hat; wesentlich ist diese Beurkundung aber nicht (BGH **29**, 173, 178). 135

Das **Fehlen der Unterschrift** des Erklärenden ist ebenfalls unschädlich (BGH aaO; Bay **61**, 177; Köln VRS **71**, 54, 56). Das gilt auch, wenn der Erklärende sie ausdrücklich verweigert, falls auf Grund der Umstände des Einzelfalls kein Zweifel daran besteht, dass die Erklärung seinem Willen entspricht (Karlsruhe NStZ-RR **07**, 23), oder wenn die Weigerung nur deshalb erfolgt, weil der Beamte nicht bereit ist, weitere Erklärungen aufzunehmen (Bay aaO; W. Schmid aaO). Das Protokoll muss aus sich selbst heraus verständlich sein. Die Bezugnahme auf Anlagen ist unzulässig (RStBV 150 III). Vgl auch 20 ff zu § 345. 136

e) In das **Hauptverhandlungsprotokoll** werden Rechtsmittelerklärungen grundsätzlich nicht aufgenommen (11 zu § 274). Unzulässig ist das aber nicht. Denn ein richterliches Protokoll, das in der Bewertung allgemein über der Niederschrift des UrkB steht, ersetzt die Protokollierung durch die Geschäftsstelle (BGH **31**, 109; Bay wistra **94**, 118). Der Angeklagte kann daher die Berufung oder Revision im Anschluss an die Urteilsverkündung in Anwesenheit des Gerichts zu Protokoll erklären (BGH aaO; MDR **83**, 950; Zweibrücken NStE Nr 5 zu § 314). Allerdings hat er auf diese Art der Rechtsmitteleinlegung keinen Anspruch (RG **66**, 417); sie entspricht auch nicht der Würde des Gerichts und sollte daher idR verweigert werden (Düsseldorf VRS **50**, 383; Koblenz VRS **61**, 356; **62**, 297). Wirksam und üblich ist die Erklärung des Verzichts auf Rechtsmittel am Schluss der Hauptverhandlung (19 zu § 302). 137

f) Auch der **UrkB der StA** (§ 153 I GVG) ist Beurkundungsorgan, sei es bei Vernehmungen des StA (§ 168b II iVm § 168a IV S 1), sei es zur Beurkundung von Prozesserklärungen, die bei der StA abgegeben werden können, zB nach § 158 I, II. 138

F. **E-Mail und andere Übermittlungsformen;** Telegramme werden – nachdem die schnelle Übermittlung von Nachrichten durch Telefax oder vor allem e-mail geschieht – nur noch wie gewöhnliche Briefe zugestellt; gegenüber der Erklärung durch normalen Brief bestehen daher keine Besonderheiten mehr. Die Einlegung und Begründung von Rechtsmitteln durch Fernschreiben (das über ein dem öffentlichen Verkehr dienendes Netz oder über das Fernschreibnetz der Polizei übermittelt wird) ist zulässig (BGH **31**, 7). Zur Fristwahrung vgl 18 vor § 42. Dem stehen Telebriefe (gewöhnliche Briefsendungen, die auf einem Teil der Strecke durch Fernkopierer übermittelt und anschließend von der Post im verschlossenen Umschlag als Fernkopie zugestellt werden) gleich (BGH wistra **89**, 313; Karlsruhe NJW **86**, 2773; Koblenz NStZ **84**, 236). 139

139a Ein Rechtsmittel kann dementsprechend auch durch **Telefax** eingelegt und begründet werden (BAG NJW **87**, 341; Düsseldorf NJW **95**, 671; NJW **95**, 2177; Zweibrücken OLGSt Nr 8 zu § 345); das Original muss handschriftlich unterschrieben sein (Düsseldorf JMBlNW **89**, 153; Hamburg NJW **89**, 3167), braucht aber selbst nicht vorgelegt zu werden (Frankfurt NStZ-RR **01**, 375). Das Telefaxschreiben muss die Unterschrift enthalten (Schleswig SchlHA **96**, 97 [L/T], anders beim Computerfax (München NJW **03**, 3429) und SMS-to-Fax-Service (Brandenburg StraFo **13**, 72; erg oben 128); auch bei Beschwerden ist die Unterschrift nicht erforderlich (Düsseldorf NStZ-RR **99**, 49). Das Schreiben muss innerhalb der Frist beim Gericht eingegangen sein (KG NJW **97**, 1864). Technisch bedingte Übermittlungsfehler dürfen nicht zu Lasten des Absenders gehen (BVerfG NJW **96**, 2857; **01**, 3473; BGH NStZ **05**, 650; Oldenburg NJW **92**, 2906); die Belegung des Faxgerätes durch andere eingehende Sendungen ist aber kein einer technischen Störung gleich zu achtender Umstand (BVerfG NJW **07**, 2838). Die Übersendung fristwahrender Schriftsätze per Telefax erfordert eine wirksame Ausgangskontrolle (BVerfG NJW **07**, 2839). Allein der „OK"-Vermerk im Sendebericht belegt nicht den ordnungsgemäßen Empfang des Telefaxschreibens (KG NStZ-RR **07**, 24; Düsseldorf VRS **89**, 214; erg 9a zu § 45). Die elektronische Übertragung einer Textdatei mit eingescannter Unterschrift auf ein Faxgerät des Gerichts genügte schon bisher (GmS-OGB NJW **00**, 2340 = JR **01**, 371 mit abl Anm Schmittmann; erg oben 128 aE), nicht hingegen eine digitale Signatur; nunmehr ist aber nach § 41a eine qualifizierte elektronische Signatur oder ein ähnlich sicheres, durch RechtsVO zugelassenes Verfahren vorgeschrieben (vgl die Erl zu § 41a). Die Rechtsmitteleinlegung durch eine einfache, nicht signierte e-mail ist jedoch unzulässig (Oldenburg NJW **09**, 536; Schleswig SchlHA **09**, 244 [D/D]; LG Zweibrücken VRS **119**, 223).

140 G. Eine **telefonische Erklärung** gegenüber der Empfangsbehörde genügt weder der Schriftform (oben 128), noch erfüllt sie die Voraussetzungen der Rechtsmitteleinlegung zu Protokoll der Geschäftsstelle. Wer Erklärungen zu Protokoll geben will, muss sich persönlich auf der Geschäftsstelle einfinden; nur dann kann der Urkundsbeamte die Identität und Berechtigung des Erklärenden und den Inhalt der Erklärung zuverlässig feststellen (BGH **30**, 64; Bay DAR **85**, 246 [R] für die Berufungseinlegung; **aM** LG Münster NJW **05**, 166; Düsseldorf Rpfleger **83**, 363 für die Beschwerde; Rostock MDR **94**, 402; Hamm DAR **95**, 457 für die Rechtsbeschwerde nach § 79 OWiG; Stuttgart MDR **84**, 75 für die Beschwerde im Verfahren nach § 464b; Zweibrücken StV **82**, 415 für den Einspruch gegen den Strafbefehl; **aM** LR-Graalmann-Scheerer 11 vor § 42). Für die Einlegung des Einspruchs gegen den Bußgeldbescheid gilt das aber nicht (BGH **29**, 173), ebenso nicht für die Beschwerde nach § 172 I S 1 (Stuttgart NStZ **89**, 42; **aM** GStA Hamburg MDR **92**, 21).

141 **7) Prozessvoraussetzungen:**

142 A. **Wesen:** Prozessvoraussetzungen sind Bedingungen für die Zulässigkeit, in einem bestimmten Verfahren (vor diesem Gericht und unter Mitwirkung dieser Prozessbeteiligten) zu einem Sachurteil in einer bestimmten Sache zu gelangen (BGH **10**, 74, 75). Vom Gesetz wird dieser Begriff, der auf O. Bülow (Die Lehre von den Prozesseinreden und den Prozessvoraussetzungen, 1868) zurückgeht und für das Strafverfahren erst nach Inkrafttreten der StPO weiterentwickelt worden ist, nicht verwendet. Es spricht nur (in §§ 206a I, 260 III, 304 IV S 2 Nr 2, 467 III S 2 Nr 2, § 6 I Nr 2 **StrEG**) von Verfahrenshindernissen. Dieser Begriff bezeichnet nach allgM das Fehlen von Prozessvoraussetzungen. Diese Terminologie wird der Rechtslage an sich nicht gerecht. Dadurch wird verhindert, dass – wie es sachgerecht wäre – zwischen Prozessvoraussetzungen und Prozesshindernissen unterschieden wird: Unter Prozessvoraussetzungen sollte man die Voraussetzungen verstehen, die vorliegen müssen, damit das Verfahren vor diesem Gericht überhaupt durchgeführt werden darf; als Prozesshindernisse sollten die Umstände verstanden werden, die der Bestrafung des Angeklagten durch das – an sich zulässig mit der

Sache befasste – Gericht entgegenstehen (vgl dazu eingehender Meyer-Goßner Pv 35 ff, Rieß-FS 342 ff und Eser-FS 389; ähnlich Rieß BGH-FG 841).

Da das Gesetz aber eine andere Terminologie verwendet, müssen die Begriffe **143** Prozessvoraussetzung und Verfahrenshindernis weiterhin synonym verwendet werden; es muss dabei aber jeweils unterschieden werden, ob das Fehlen der Prozessvoraussetzung bzw das Vorliegen eines Verfahrenshindernisses für das Gericht zu einem **„Befassungsverbot" oder nur zu einem „Bestrafungsverbot"** führt (eingehend zu dieser Unterscheidung Meyer-Goßner Pv 35 ff); so nun auch die „wohl schon h. L." (SK-Paeffgen 3a zu § 206a; zust MüKoStPO-Kudlich Einl 355) in Rspr und Literatur (vgl nur BGH **51**, 202, 205; NJW **15**, 1032, 1033; Hamm NStZ-RR **08**, 383; München NJW **08**, 3151, 3153; Stuttgart StV **08**, 402; HK-Gercke/Temming 68; KMR-Eschelbach Einl 209 aE; R/H-Radtke Einl 48 ff; SSW-Beulke Einl 88, 130; unzutr die Kritik von LR-Stuckenberg 29 zu § 206a, der den grundsätzlichen Unterschied, ob das Gericht für die Sache iwS zuständig ist oder nicht, nicht erfasst hat). Ein **Befassungsverbot**, bei dessen Vorhandensein es also dem Gericht untersagt ist, sachlich über den erhobenen Vorwurf zu befinden (Krack 251 spricht ähnlich von dem „prozessualen Mindeststandard", kommt aber in GA **03**, 549 Fn 50 hinsichtlich der Abgeordnetenimmunität unzutr zu einem anderen Ergebnis), liegt vor, wenn eine der folgenden Prozessvoraussetzungen fehlt: Wirksame Anklage und wirksamer Eröffnungsbeschluss, deutsche Gerichtsbarkeit, örtliche und sachliche Zuständigkeit, Leben des Beschuldigten, Strafmündigkeit, keine parlamentarische oder diplomatische Immunität, keine entgegenstehende Rechtskraft, keine entgegenstehende Rechtshängigkeit, keine auslieferungsrechtlichen Beschränkungen. **Bestrafungsverbote**, die also nicht die Durchführung des Verfahrens gegen den Angeklagten hindern, jedoch seiner Bestrafung entgegenstehen, sind fehlender oder zurückgenommener Strafantrag, Verjährung, Amnestie, Verhandlungsunfähigkeit; dasselbe würde auch für unzulässige Tatprovokation und überlange Verfahrensdauer gelten, soweit sie zu einem Verfahrenshindernis führen (dazu unten 148a, 148c).

Die **Wirkungen eines Befassungsverbots** bestehen darin, dass das Verfahren **143a** eingestellt werden muss (auch bei „Freispruchsreife", vgl BGH **46**, 130; erg 45 zu § 260 und auch bei Teilrechtskraft, dazu unten 151), dass aber ein neues Verfahren eingeleitet werden kann, wenn das Befassungsverbot entfallen ist, also zB bei neuer Erhebung einer nunmehr wirksamen Anklage, bei Beseitigung entgegenstehender Rechtshängigkeit usw. Eine Besonderheit gilt für die sachliche Zuständigkeit, deren Fehlen in bestimmten Fällen für unbeachtlich erklärt wird (§ 269) oder kraft Gesetzes zur Verweisung an das zuständige Gericht führt (vgl §§ 209, 225a, 270), wobei aber in der Verweisung die Einstellung des früheren Verfahrens enthalten ist (Meyer-Goßner Volk-FS 456). Einem Befassungsverbot gehen allerdings noch die speziellen Voraussetzungen vor, die das Gesetz für die sachliche Befassung mit einem Rechtsmittel aufstellt, also die Vorschriften über die Zulässigkeit eines Rechtsmittels (§§ 319, 341) sowie für die Berufung § 329 (dort 8) und für die Revision §§ 345, 346 (11 zu § 346; Meyer-Goßner Rieß-FS 332 ff). Erfolgte die Einstellung erst in der Rechtsmittelinstanz, besteht für das neue Verfahren kein Verschlechterungsverbot (erg 4a zu § 331). Ist eine Verurteilung wegen einer nicht angeklagten oder nicht rechtshängig gewordenen Tat erfolgt, so ist das Urteil aufzuheben und das Verfahren insoweit einzustellen (2 aE zu § 328; **aM** unrichtig BGH StraFo **10**, 385: Feststellung, das Verfahren sei gegenstandslos).

Die **Wirkungen eines Bestrafungsverbots** bestehen zwar idR auch in der **144** Einstellung des Verfahrens; ist das Verfahren aber bis zur „Freispruchsreife" gediehen, geht der Freispruch der Einstellung vor (erg 44 zu § 260; München NJW **08**, 3151, 3155; Meyer-Goßner aaO 344). Ist das Verfahren wegen eines Bestrafungsverbots eingestellt worden, ist es insoweit auch materiell rechtskräftig wie ein Sachurteil (erg unten 172). Entfällt das Bestrafungsverbot, weil zB ein neuer, zulässiger Strafantrag gestellt oder eine auslieferungsrechtliche Beschränkung aufgehoben wird, besteht nach Einstellung erst in der Rechtsmittelinstanz für das neue Verfahren das Verbot der *reformatio in peius*.

145 B. **Gesetzlich ausdrücklich bestimmte Prozesshindernisse** sind die absolute Strafunmündigkeit des Beschuldigten nach § 19 StGB (Lackner/Kühl 2 zu § 19 StGB) und für die Privatklage ein Lebensalter des Beschuldigten unter 18 Jahren (§ 80 **JGG**). Zum Tod des Beschuldigten vgl 8 zu § 206a, zur dauernden Verhandlungsunfähigkeit oben 97. Ein Prozesshindernis ist ferner das Fehlen der Unterworfenheit unter die deutsche Gerichtsbarkeit wegen diplomatischer Immunität (§§ 18–20 GVG), nach Art VII NTS und aus anderen Gründen, nach verbreiteter Ansicht auch, wenn wegen der Unanwendbarkeit des deutschen Strafrechts nach §§ 3 ff StGB keine Strafe verhängt werden darf (BGH NStZ **86**, 320 mwN; **95**, 440, 441; Saarbrücken NJW **375**, 506, 509), sowie, bis zur Genehmigung der Strafverfolgung durch das Parlament, die Immunität der Abgeordneten (Art 46 II GG und die entspr, nach § 152a in der gesamten BRep geltenden Vorschriften der Landesverfassungen; Europa-Abgeordnete: RiStBV 192b). Gesetzlich bestimmte Prozesshindernisse sind auch die Niederschlagung des Verfahrens durch ein Straffreiheitsgesetz, die Beschränkungen der Auslieferung eines Beschuldigten an die BRep (§ 72 IRG) nach dem Spezialitätsgrundsatz (BGH **19**, 118, 119; **22**, 307; **29**, 94; **31**, 51, 52; StV **85**, 274 L; **87**, 6; NStZ-RR **16**, 290; Oldenburg StV **95**, 13, nicht jedoch bei einem wegen Teilrechtskraft ins Leere gehenden Verwertungsverbot: BGH **51**, 202, 207; a**M** Lagodny NStZ **07**, 347; eingehend dazu Gless/Eymann StV **08**, 318; vgl auch BGH StV **14**, 190 mit Anm Schuster und Anm Swoboda HRRS **14**, 10), der Eintritt der Verfolgungsverjährung nach § 78 I S 1 StGB, das Fehlen eines wirksamen Strafantrags oder sein späterer Wegfall bei der Verfolgung der sog Antragsdelikte (zB §§ 183 II, 194, 230, 248a, 294 StGB), das Fehlen des behördlichen Strafverlangens (§ 104a StGB), der behördlichen Ermächtigung (§§ 90 IV, 90b II, 97 III, 104a, 194 IV, 353a II, 353b IV StGB) oder der Erklärung der StA über die Bejahung des besonderen öffentlichen Interesses (zB nach §§ 230 I S 1, 303c StGB). Ferner begründet das Verbot der Doppelbestrafung nach Art 103 III GG, der Grundsatz ne bis in idem, der jedoch nur eingeschränkt (unten 177) für ausländische Verurteilungen gilt (BVerfGE **12**, 66, BGH **6**, 176; **12**, 36; **24**, 54, 57; StV **86**, 292; vgl auch § 51 III StGB), ein Prozesshindernis (BGH **9**, 190, 192; **20**, 292, 293; unten 171 ff). Der Verbrauch der Strafklage (unten 171 ff) durch gerichtliches Urteil, durch unanfechtbar gewordene gerichtliche Einstellungsbeschlüsse nach § 153 II (dort 38), 153a II (dort 52), 153b (dort 3), 206a (dort 11) oder durch staatsanwaltschaftliche Einstellungsverfügungen nach § 153a I S 4 (dort 45) stehen daher der Einleitung oder Weiterführung des Verfahrens entgegen. Da die doppelte Anhängigkeit ein und derselben Sache bei verschiedenen Gerichten (Bay **00**, 172: nicht bei demselben Spruchkörper) zu der durch Art 103 III GG verbotenen Doppelbestrafung führen kann, ist bereits die anderweite Rechtshängigkeit ein von Amts wegen zu beachtendes Prozesshindernis (BGH **1**, 67, 68; **5**, 381, 383; **10**, 358, 363; **22**, 185, 186; 232, 235; KG VRS **67**, 123; erg 1 zu § 12). Auch die Rechtskraft in dem anhängigen Verfahren (Rechtskraft des Strafbefehls, Teilrechtskraft des Urteils) ist ein solches Prozesshindernis für das weitere Verfahren (Hamm NStZ-RR **08**, 383; München NJW **08**, 1331 mit Anm Meyer-Goßner). Prozesshindernisse sind auch das Fehlen einer wirksamen Anklageschrift (26 zu § 200), der die Nachtragsanklage nach § 266, die Antragsschrift nach § 414 II und der Einziehungsantrag nach §§ 441 gleichstehen, das Fehlen eines wirksamen Eröffnungsbeschlusses (4 zu § 203) oder eines Einbeziehungsbeschlusses nach § 266, das Fehlen eines wirksamen Strafbefehls und im Wiederaufnahmeverfahren des Beschlusses nach § 370 II (dort 8). Prozesshindernisse sind ferner das Fehlen der sachlichen (1 zu § 6) und örtlichen Zuständigkeit (7 vor § 7) und das Innehaltungsgebot des § 154e II (dort 11).

145a C. **Sonstige Prozesshindernisse:**

146 a) **Schwerwiegende Mängel des Verfahrens** berechtigen idR nur zur Urteilsanfechtung und führen dann zur Urteilsaufhebung, wenn das Urteil auf ihnen beruht (§ 337 I). Prozesshindernisse sind sie nur, wenn sie nach dem aus dem Zusammenhang ersichtlichen Willen des Gesetzgebers so schwer wiegen, dass von ihrem Fehlen die Zulässigkeit des Verfahrens im Ganzen abhängig gemacht werden muss (BGH **15**, 287, 290; **19**, 273, 278; **24**, 239, 240; **26**, 84, 91; **32**, 345, 350; **33**, 183, 186; **35**, 137, 140; **36**, 294, 295; **41**, 72, 75; 1 StR 104/15 vom 6.9.2016; Meyer-Goßner Pv 11; anders Volk 205 ff, der die Notwendigkeit der Bewährung der Rechtsordnung mit dem Ziel der Friedenssicherung für maßgebend hält). Aus dem Umstand, dass es sich um einen zwingenden Aufhebungsgrund nach § 338 handelt, lässt sich das nicht herleiten (BGH **26**, 84, 88). Den Versuchen, den seit langem feststehenden Kreis der aus Verfahrensmängeln hergeleiteten Prozesshindernisse zu erweitern, ist der BGH mit Recht entgegengetreten (vgl BGH **15**, 287: unentschuldigtes Ausbleiben des Angeklagten zu Beginn der Berufungsverhandlung; BGH **26**, 84: vorschriftswidrige Abwesenheit des Angeklagten in der Berufungsverhandlung; BGH **33**, 183: Fehlen der in § 316 II vorgeschriebenen Zustellung des 1. Urteils; BGH wistra **18**, 49: Verstoß gegen das Verwendungsverbot nach § 97 I S 3 InsO).

b) **Unmittelbar aus dem GG** lassen sich Prozesshindernisse grundsätzlich nicht herleiten (Bartlsperger DVBl **93**, 345/346). 147

Das gilt insbesondere für Verstöße gegen das **Rechtsstaatsprinzip nach Art 20 III GG**. Bei der Weite und Unbestimmtheit dieses Prinzips (Einl 19) ist es aus Gründen der Rechtssicherheit bedenklich, die Einleitung oder Weiterführung eines Strafverfahrens davon abhängig zu machen, dass bestimmte Umstände als Verstoß gegen den fair trial-Grundsatz bewertet werden (Rieß BGH-FG 825; **aM** Küpper JR **00**, 259; Weiler GA **94**, 561). Die Konturen der Rechtsfigur des Prozesshindernisses drohen zu verschwimmen, wenn man allein an solche Wertungsergebnisse anknüpft (BGH **32**, 345, 352; Karlsruhe StV **86**, 10; vgl auch Rieß JR **85**, 45; Seelmann ZStW **95**, 831; Volk StV **86**, 36); nur als *ultima ratio* kommt die Annahme eines von Verfassungs wegen bestehenden Verfahrenshindernisses in Betracht (BGH **46**, 159; München NJW **08**, 3151, 3154). 148

c) Bei Überschreitung der Grenzen des erlaubten **tatprovozierenden Verhaltens** eines polizeilichen V-Manns (dazu eingehend BGH NStZ **16**, 232; Körner Kriminalistik **02**, 449 ff; erg 4a, 4b zu Art 6 EMRK) hielt BGH **45**, 321 daher und aus weiteren Erwägungen (kein alles oder nichts-Prinzip, Abgrenzungsschwierigkeiten) daran fest, dass dies nur bei der Strafzumessung zu berücksichtigen sei (dagegen Kutzner StV **02**, 277: mit den Grundsätzen des Strafzumessungsrechts unvereinbar; anders aber Sinn, Straffreistellung aufgrund von Drittverhalten, 2007, 370) und kein Verfahrenshindernis begründe (so schon BGH **33**, 356, 362; ebenso BGH StV **14**, 321; 1 StR 78/14 vom 21.10.2014; **aM** zB Arloth NJW **85**, 417; Bruns NStZ **83**, 49; **85**, 565; StV **84**, 388; Dencker Dünnebier-FS 447; Gössel NStZ **84**, 421; vgl auch BVerfG NJW **87**, 1874). Der **BGH widersprach damit dem EGMR** (NStZ **99**, 47 mit Anm Sommer = StV **99**, 127 mit Anm Kempf; Renzikowski Keller-GS 203; eingehende Kritik Gaede/Buermeyer HRRS **08**, 279 sowie I. Roxin DAV-FS 1070), der bei Anstiftung eines bis dahin Unverdächtigen durch einen polizeilichen Lockspitzel die Einstellung des Verfahrens ausgesprochen und eine Entschädigung zugebilligt hat (eingehend dazu Kinzig StV **99**, 288, der statt Annahme eines Verfahrenshindernisses oder der Strafzumessungslösung ein Beweiserhebungs- und Verwertungsverbot befürwortet; vgl auch BGH StV **99**, 631 mit abl Anm Taschke; abwegig Bay **01**, 122 = JR **00**, 256 mit abl Anm Küpper); ebenso hat EGMR NJW **09**, 3565 (dazu Greco StraFo **10**, 52) in einem abgeschlossenen Verfahren eine Entschädigung wegen Verstoßes gegen Art 6 I S 1 EMRK zugesprochen (ebenso EGMR NJW **15**, 3631). Inzwischen hat der EGMR (JR **15**, 81 mit zust Anm Petzsche = StraFo **14**, 504 mit Anm Sommer = StV **15**, 405 mit Anm Pauly; zust auch Sinn/Maly NStZ **15**, 379; ebenso EGMR NStZ **15**, 412) sich erneut gegen die Strafzumessungslösung des BGH ausgesprochen und bei unzulässiger Tatprovokation ein Beweisverwertungsverbot bejaht (erg 4b zu Art 6 EMRK); das BVerfG (NJW **15**, 1083 mit krit Anm Eisenberg StraFo **15**, 100; abl auch Conen StV **19**, 358) verwirft die Strafzumessungslösung des BGH nicht, hält die Strafgerichte aber dazu an, zukünftig in vergleichbaren Fällen 148a ein Verwertungsverbot auszusprechen. **Der 2. StS des BGH** (BGH **60**, 276 = NJW **16**, 91 mit Anm Eisenberg und zust Anm Mitsch NStZ **16**, 57; abl Dölp StraFo **16**, 265) hat sich der Rspr des EGMR angeschlossen und ein Strafverfahrenshindernis wegen rechtsstaatswidriger Tatprovokation anerkannt, während der 1. StS des BGH (BGH **60**, 238 = NStZ **15**, 541) weiterhin an der bisherigen Rspr des BGH festhält (zum Ganzen vgl I. Roxin Neumann-FS 1359; Conen StV **19**, 358; Eidam StV **16**, 129; Eschelbach GA **15**, 559; Jahn/Kudlich JR **16**, 54; Lochmann StraFo **15**, 492; Meyer/Wohlers JZ **15**, 761; erg 4a, 4b zu Art 6 EMRK). Auch nach der bisherigen Rspr, des BGH (**45**, 321) wurde immerhin verlangt, dass der auch vom BGH insoweit bejahte Verstoß gegen Art 6 I S 1 **EMRK** in den Urteilsgründen festzustellen und bei der Festsetzung der Rechtsfolgen das Maß der Kompensation für das konventionswidrige Handeln gesondert zum Ausdruck zu bringen ist (BGH **47**, 44 mit Anm Weber NStZ **02**, 50; Bamberg NStZ **15**, 55; abl Kreuzer aaO 243). Beweismittel zum Nachweis einer unzulässigen Tatprovokation dürfen dem Beschuldigten grundsätzlich nicht vorenthalten werden (EGMR StraFo **03**, 360 mit Anm Sommer). Die Geltendmachung des Verfahrensverstoßes bedarf in der Revision der Erhebung einer Verfahrensrüge, sofern der Verstoß sich nicht schon aus den Urteilsfeststellungen ergibt (BGH NStZ **01**, 53; **15**, 541; Jähnke Meyer-Goßner-FS 564). Einen Anspruch eines Straftäters darauf, dass die Ermittlungsbehörden so frühzeitig einschreiten, dass seine Taten verhindert werden, gibt es aber nicht (BGH NStZ **08**, 685; bestätigt durch BVerfG 2 BvR 2076/07 vom 28.11.2007).

148b d) Ein Prozesshindernis besteht auch nicht deshalb, weil der Beschuldigte durch Publizierung von belastendem Material **in Presse, Rundfunk und Fernsehen „öffentlich vorverurteilt"** worden ist (BGH 1 StR 154/16 vom 7.9.2016; LR-Stuckenberg 58 zu § 206a; Hassemer NJW **85**, 1927 ff; **aM** Weiler StraFo **03**, 186; Wohlers StV **05**, 190: *ultima ratio*; vgl auch J. Meyer StV **05**, 166 ff zum Einfluss der Berichterstattung in den Medien auf Verlauf, Inhalt und Ergebnis des Strafverfahrens), weil die StA Kenntnis vom Verteidigungskonzept des Angeklagten erlangt hat (BGH NStZ **84**, 419 mit krit Anm Gössel; Arloth NJW **85**, 417; Rieß JR **85**, 45), weil die Ermittlungsbeamten versucht haben, eine Verurteilung des Angeklagten um jeden Preis herbeizuführen (BGH **33**, 283), weil sich die Ermittlungsbehörde Beweismanipulationen hat zuschulden kommen lassen (**aM** LG Hannover StV **85**, 94) oder sich an die „Zusage", eine Tat nicht verfolgen zu wollen, nicht gehalten hat (BGH **37**, 10 mit zust Anm Gatzweiler NStZ **91**, 46: jedoch wesentlicher Strafmilderungsgrund; abl Scheffler wistra **90**, 319; vgl auch Weigend JR **91**, 257; erg oben 119 ff) oder weil eine gesetzwidrige Zellendurchsuchung unter Ausnutzung der Abwesenheit der Angeklagten stattgefunden hat (Karlsruhe StV **86**, 10 unter Aufhebung der Entscheidung AG Mannheim StV **85**, 276; dazu Volk StV **86**, 34). Zur Vermeidung öffentlicher Vorverurteilungen durch staatsanwaltliche Ermittlungsverfahren Schaefer Müller-FS 623.

148c e) Zur Frage der **Folgen einer überlangen Verfahrensdauer** vgl 9 ff zu Art 6 **EMRK**.

149 f) Auch Verstöße gegen die **allgemeinen Regeln des Völkerrechts (Art 25 GG)** begründen nicht ohne weiteres ein Prozesshindernis. Das gilt insbesondere für die völkerrechtswidrige Festnahme des Angeklagten auf dem Gebiet eines fremden Staates, selbst unter Zurückverbringung in die BRep unter Umgehung der Auslieferungsbestimmungen. Ein Prozesshindernis besteht nur in extrem gelagerten Ausnahmefällen (BVerfG NJW **86**, 3021; LG Koblenz JBlRP **05**, 53; vgl auch Vogel [unten 209] S 37) und wenn der ausländische Staat wegen der völkerrechtswidrigen Verletzung seines Hoheitsgebiets Ansprüche gegen die BRep stellt, die ihrer Art nach der Durchführung der Strafverfolgung entgegenstehen (BGH NStZ **84**, 563; **85**, 464; StV **85**, 273; Düsseldorf NJW **84**, 2050; vgl auch BVerfG NJW **86**, 1427 und dazu abl Mann NJW **86**, 2167 und zust M. Herdegen EuGRZ **86**, 1; **aM** SK-Paeffgen 32 Anh zu § 206a; Schubarth StV **87**, 173; Vogler Oehler-FS 379: völkerrechtliche Restitutionspflicht; Schünemann GA-FS 229 spricht sich für ein „vorübergehendes Inhaftierungsverbot" aus). Das Ersuchen des ausländischen Staats um unverzügliche Rückführung des Angeklagten hindert die Durchführung des Revisionsverfahrens nicht (BGH NJW **87**, 3087; der BGH hat das Verfahren aber nach § 205 eingestellt; vgl auch Schlimm ZRP **93**, 262; Wilske ZStW **107**, 48 und Anm zu Hamburg NStZ **95**, 552).

g) Soweit das BVerfG für die früheren **DDR-Spione** (Mitarbeiter und Agenten des Ministeriums für Staatssicherheit und des militärischen Nachrichtendienstes der DDR) angenommen hatte (BVerfGE **92**, 277; abl Classen NStZ **95**, 371; Schroeder JR **95**, 441; Volk NStZ **95**, 367; nur im Ergebnis zust Schlüchter/Duttge NStZ **96**, 460), aus dem Verhältnismäßigkeitsgrundsatz ergebe sich „unmittelbar von Verfassungs wegen ein Verfolgungshindernis", handelt es sich um eine nicht verallgemeinerungsfähige, auf den besonderen Umständen der deutschen Wiedervereinigung beruhende Einzelfallentscheidung (zu den Folgerungen aus dieser Entscheidung vgl Bay **95**, 139). **149a**

h) **Kein** Verfahrenshindernis begründet die **Abschiebung** des Angeklagten nach Einlegung der Revision und vor Zustellung des angefochtenen Urteils (BGH NStZ **19**, 745 mit Anm Mosbacher JuS **20**, 128, 131 f). **149b**

D. **Von Amts wegen und in jeder Lage des Verfahrens** sind nach bisher hM Prozesshindernisse zu berücksichtigen (BGH **6**, 304, 306; **20**, 292, 293; **22**, 1, 2; **29**, 94; wistra **03**, 382, 383; Celle NStZ **83**, 233), bei Tateinheit für jedes der verletzten Strafgesetze nach dessen Grundsätzen (BGH MDR **56**, 527 [D]; RG **62**, 83, 88). Richtigerweise kann dies aber nur für solche Verfahrenshindernisse gelten, die ein Befassungsverbot darstellen (Einl 143 ff); Verfahrenshindernisse, die lediglich ein Bestrafungsverbot enthalten, müssen in der Revisionsinstanz durch eine Sachrüge (so fehlender Strafantrag, Verjährung, Amnestie) oder eine Verfahrensbeschwerde (so Verhandlungsunfähigkeit, überlange Verfahrensdauer) geltend gemacht werden (eingehend dazu Meyer-Goßner Pv 41 ff und NStZ **03**, 169 ff; vgl auch KMR-Eschelbach Einl 209; Sturm/Lickleder ZIS **12**, 591). Vgl ferner zur Berücksichtigung der während des Verfahrens neu geschaffenen Prozessvoraussetzungen 3 zu § 354a, der nach Urteilserlass, aber vor Rechtskraft eingetretenen Prozesshindernisse 3 zu § 346. Zur Prüfung der Prozessvoraussetzungen im Berufungsverfahren nach § 329 vgl dort 8, im Revisionsverfahren nach § 346 dort 11. **150**

Teilrechtskraft kann eintreten, wenn das Revisionsgericht durch seine nicht mehr anfechtbare Entscheidung das Urteil des Tatgerichts nur in einem Teilbereich aufgehoben hat; dann ist der übrige Teil rechtskräftig. Mit seiner Entscheidung hat das Revisionsgericht dann auch das Vorliegen von Befassungs- und Bestrafungsverboten (Prozessvoraussetzungen und Prozesshindernissen) verneint (vgl 4 zu § 358). Einschränkungen, die BGH StraFo **10**, 203 im Hinblick auf §§ 331 II, 358 II S 3 erwogen hat, greifen nicht; denn diese Vorschriften besagen nur, dass in den genannten Fällen auch bei einem nur vom Angeklagten (bzw von der StA zu seinen Gunsten oder von seinem gesetzlichen Vertreter) eingelegten Rechtsmittel das Verschlechterungsverbot insoweit nicht gilt, *wenn* das Revisionsgericht oder das Gericht, an das die Sache von diesem zurückverwiesen worden ist, die Rechtsfolgenfrage prüfen darf, sie besagen aber nichts dazu, *ob* eine solche Prüfung zulässig ist. Hat das Revisionsgericht abschließend entschieden, können auch übersehene Befassungsverbote wegen der entgegenstehenden (Teil-)Rechtskraft keine Beachtung mehr finden (eingehend dazu Meyer-Goßner Pv 97 ff). **151**

Dasselbe gilt, wenn ein **Rechtsmittel** auf die Verurteilung wegen einzelner selbstständiger Taten **beschränkt** worden ist (sog vertikale Rechtskraft; unten Rn 185). Dann werden Befassungs- und Bestrafungsverbote, die sich nur auf die anderen Taten beziehen, nicht berücksichtigt; das Urteil ist dann im Übrigen rechtskräftig und eine Änderung wegen eines solchen übersehenen Verbotes ist ebenso wie in dem in Rn 151 erörterten Fall unzulässig. Daran ändert es auch nichts, wenn mit den angefochtenen Einzelstrafen eine Gesamtstrafe gebildet worden ist (Grünwald, Die Teilrechtskraft im Strafverfahren, 1964, S 325; SK-Frisch 4 **151a**

Einl Einleitung

und 30 zu § 318; Meyer-Goßner Pv 88; unrichtig BGH **8**, 269; LR-Stuckenberg 18 zu § 206a).

151b Anders ist es hingegen bei der sog **horizontalen Rechtskraft,** wenn also im Verfahren wegen *einer* Tat nur ein Teil der Verurteilung (etwa der Strafausspruch) angefochten wird (unten Rn 186). Dann tritt eine innerprozessuale Bindungswirkung ein, die zu einer Teilrechtskraft führen kann. Hier ist zu beachten, dass eine sachliche Unzuständigkeit des Gerichts unbeachtlich bleiben kann: Weil zB bei einer Beschränkung des Rechtsmittels auf den Strafausspruch der Schuldspruch nicht mehr überprüft werden darf, muss unberücksichtigt bleiben, dass etwa statt einer fahrlässigen Tötung – wie im angefochtenen Urteil angenommen – in Wahrheit ein Mord vorliegt und damit nach § 74 II GVG die Zuständigkeit des Schwurgerichts begründet wäre (eingehend dazu Meyer-Goßner Pv 91 ff) oder wenn vom AG eine über 4 Jahre liegende Strafe hätte verhängt werden müssen, wofür dieses nach § 24 II GVG nicht zuständig ist (BGH **31**, 63). Ergibt sich in diesen Fällen allerdings ohne die (unzulässige) Überprüfung der Feststellungen, dass das Gericht sachlich unzuständig war, ist dies trotz der Rechtsmittelbeschränkung zu beachten (Sturm/Lickleder ZIS **12**, 591; erg 5a zu § 328).

151c **Im Übrigen** ist aber ein Befassungsverbot (oben 143a) auch dann, wenn durch eine wirksame Rechtsmittelbeschränkung horizontale Teilrechtskraft eingetreten ist, zu berücksichtigen (BGH **15**, 203, 207; **21**, 242; **31**, 51; Bay VRS **68**, 454; Düsseldorf StraFo **12**, 58; erg 6 zu § 337). Das gilt also insbesondere bei Urteilsanfechtung nur im Strafausspruch (BGH DAR **78**,160 [Sp]; Bay **76**, 149; VRS **65**, 291, 293) oder in der Strafaussetzungsfrage (BGH **11**, 393). Es reicht auch aus, dass das Verfahren nur noch wegen einer Nebenfolge anhängig ist (BGH **6**, 304; **13**, 128; Hamm NJW **78**, 654). Das kann aber nicht für Bestrafungsverbote (oben 143b) gelten, weil diese nicht von Amts wegen zu berücksichtigen sind (oben 150).

152 Die Prüfung erfolgt im **Freibeweis** (BGH **16**, 164, 166; **21**, 81; **22**, 90; NStZ **85**, 420; Frankfurt NJW **83**, 1208, 1209; Rieß JR **85**, 48; **aM** Roxin/Schünemann §§ 21, 23; Többens NStZ **82**, 184; Volk 28; allg zum Freibeweis: 7, 9 zu § 244). Zur Bindung des Revisionsgerichts an die Urteilsfeststellungen vgl 6 zu § 337.

153 Zur Verfahrensweise beim **Zweifel** am Bestehen eines Prozesshindernisses vgl 7 zu § 206a; 34 zu § 261.

154 **Sonstige verfahrensrechtliche Folgen:** Liegt ein Prozesshindernis vor, das sich auf das ganze Verfahren bezieht, so darf ein Strafverfahren nicht eingeleitet werden. Wird gleichwohl Anklage erhoben, so ist die Eröffnung des Hauptverfahrens abzulehnen (2 zu § 204) oder die Privatklage zurückzuweisen (7 zu § 383). Ein bereits anhängiges Verfahren muss (außerhalb der Hauptverhandlung nach § 206a, in der Hauptverhandlung nach § 260 III) eingestellt werden, auch wenn es bereits im Schuldspruch oder teilw im Rechtsfolgenausspruch rechtskräftig abgeschlossen ist (oben 151). Ist das Prozesshindernis behebbar, so kann das Verfahren nach Schaffung der Prozessvoraussetzung – zB Nachholung des Strafantrags oder Wiederherstellung der Verhandlungsfähigkeit – fortgeführt bzw bei fehlender Anklage oder fehlendem Eröffnungsbeschluss durch neue Anklageerhebung ein neues Verfahren eingeleitet werden (vgl auch 6 zu § 354). Beim Fehlen der Zuständigkeit schreiben §§ 225a I S 1, 270 I S 1, 328 II, 355 statt der Einstellung die Verweisung an das zuständige Gericht vor. Bezieht sich das Prozesshindernis nur auf eine tateinheitlich begangene Gesetzesverletzung, so scheidet diese aus dem Verfahren ohne förmliche Einstellung aus (BGH **7**, 305). Der Rechtsmittelrücknahme steht das Entstehen eines Prozesshindernisses nicht entgegen (6 zu § 302).

155 **8) Prozessuale Fürsorgepflicht:**

156 A. **Begriff:** Außer den gesetzlich im Einzelnen geregelten Pflichten erwachsen dem Gericht und den Strafverfolgungsbehörden eine Reihe von Nebenpflichten aus dem Rechtsstaatsprinzip (oben 18 ff), aus dem im öffentlichen Recht geltenden Grundsatz des Vertrauensschutzes (BVerwGE **5**, 312), aus dem Recht auf Verteidigung und dem Recht auf ein faires Verfahren (BVerfGE **26**, 66, 71; oben 19; 4 zu Art 6 **EMRK**) und aus der allgemeinen Rechtspflicht, das Verfahren justizförmig, pfleglich und zweckvoll zu gestalten. Dazu gehört zB die Überwindung von Kommunikationsschwierigkeiten und der mögliche Persönlichkeitsschutz (zB §§ 68 II, III, 68a; §§ 171b, 172 Nr 2 GVG). Diese Pflichten werden unter der Sammelbezeichnung prozessuale Fürsorgepflicht zusammengefasst (Peters 199; Roxin/Schünemann § 44, 26; vgl allg: Plötz, Die gerichtliche Fürsorgepflicht im Strafverfahren, 1980; zu den Grenzen Maiwald Lange-FS 745; vgl auch BGH **22**, 118, 122; **25**, 325; **26**, 1, 4; krit Rüping JZ **83**, 664).

B. **Gegenüber dem Verfahren und den Beteiligten** besteht die Pflicht. Sie **157** dient einem behutsamen Ausgleich zwischen der Subjektstellung aller Verfahrensbeteiligten und der Verantwortung für die Wahrheitsfindung (Maiwald Lange-FS 745). Die pflegliche Führung des Verfahrens erfordert es zB, Beweise zu sichern, deren Verlust oder Entwertung durch Zeitablauf zu befürchten ist, gleichviel, ob es sich um belastende oder entlastende Beweistatsachen handelt (vgl §§ 205 S 2, 285). Wesentlich ist die Pflicht, durch Fragen und Hinweise dahin zu wirken, dass die Prozessbeteiligten sich über alle erheblichen Tatsachen vollständig erklären, sachdienliche Anträge stellen (vgl § 139 ZPO) und sich eindeutig äußern (BGH **6**, 282, 284 hinsichtlich der StA); dass ein Rechtspflegeorgan sich nicht mit einer vorher abgegebenen Erklärung in Widerspruch setzt (zB BGH MDR **72**, 925 [D]). Gegenüber einem Angeklagten, der einen Rechtskundigen verteidigten Angeklagten wird Anlass zu einer Fürsorge naturgemäß seltener bestehen als gegenüber einem Rechtsunkundigen, Unerfahrenen oder Unbemittelten, der keinen geeigneten Beistand zur Seite hat (vgl Bay NJW **59**, 2274). Insgesamt ergibt sich aus dem Rechtsgedanken der prozessualen Fürsorge in vielen Fällen die Pflicht, „den Beschuldigten, auch wo es nicht ausdrücklich vorgeschrieben ist, über seine Rechte zu belehren" (vgl Österr. StPO 1975, § 3) oder ihn auf Folgen einer Säumnis hinzuweisen (Bay **62**, 6). Jedoch darf sie nicht zur Warnung des Angeklagten vor belastenden Angaben führen; die Wahrheitsfindung hat Vorrang (Maiwald aaO). Auch der Schutz der StA, des Verteidigers und anderer mitwirkender Personen gegen Angriffe oder Ehrverletzungen durch den Angeklagten oder andere anwesende Personen unter Ausnutzung der Mittel der §§ 177, 178 GVG gehört zur Fürsorgepflicht (Teerhorst MDR **77**, 598; 9 zu § 176 GVG).

Der **Grundsatz der Verhältnismäßigkeit** als Übermaßverbot hat in der **158** Rechtsentwicklung der jüngeren Zeit den Charakter einer eigenständigen prozessualen Rechtsinstitution gewonnen und kann daher heute aus der prozessualen Fürsorgepflicht als Auffangtatbestand ausgeschieden werden (oben 20, 21).

C. Die **Pflicht, Verfahrensmängel zu heilen,** gehört ebenfalls zur Fürsorge- **159** pflicht (Bay **65**, 2; Gössel 166; Schmid Maurach-FS 535; 39 zu § 337; 3 zu § 338). Insbesondere bei Fehlerhaftigkeit des Verfahrens kann es notwendig werden, den betroffenen Verfahrensteil zu wiederholen. Dieser Grundsatz hat zB in § 29 IV S 1 Niederschlag gefunden.

D. Das **Beschleunigungsgebot** (dazu Landau NStZ **11**, 545; Laue GA **05**, 648; **160** Liebhart NStZ **17**, 254), das in 1. Hinsicht dem Interesse des Beschuldigten, aber auch dem öffentlichen Interesse dient (BGH **26**, 228, 232; Landau Hassemer-FS 1073), kann noch zum Fürsorgegebot gerechnet werden (Gössel 166), obgleich es sich ebenfalls mehr und mehr zum selbstständigen Rechtsinstitut entwickelt hat (vgl BGH **52**, 349, 355). Es folgt aus der allgemeinen Fürsorgepflicht (BGH **26**, 1, 4), aus Art 6 **EMRK** (dort 7 ff), verstärkt für Haftsachen aus Art 5 III S 2 **EMRK** und Art 2 II S 2 GG (BVerfGE **20**, 45), für diese Sachen nochmals verstärkt für das Verfahren bis zum Urteil durch die §§ 121, 122, ferner aus zahlreichen einzelnen Verfahrensbestimmungen, zB aus den kurzen Anfechtungsfristen und aus § 72 V **JGG**. Das Beschleunigungsgebot ist ein dem öffentlichen Interesse dienender Verfahrensgrundsatz, der nicht zur Disposition der Verfahrensbeteiligten steht (Piel Widmaier-FS 433 mwN). Zu den Folgen einer Verletzung des Beschleunigungsgebots 9 ff zu Art 6 **EMRK**, für das Ermittlungsverfahren vgl Kohlmann Maurach-

FS 501 ff, der die §§ 23 ff **EGGVG** anwenden will (vgl aber dort 5 ff). Zur Verteidigerbestellung 44 ff zu § 142; zur Terminierung 4, 7 zu § 213; zur Aussetzung 10 zu § 228. Zur Beschleunigung muss jede mögliche organisatorische Maßnahme ausgeschöpft werden, insbesondere in Haftsachen (BVerfGE **36**, 264, 272; erg 3 ff zu § 120, 1 ff zu § 121). Der objektiv verstandene Beschleunigungsgrundsatz muss von vornherein seine Grenzen in den prozessordnungsmäßigen Rechten des Angeklagten und seines Verteidigers finden (Satzger Tepperwien-FH 60; vgl auch I. Roxin GA **10**, 425). Zur ausdehnenden Anwendung des Beschleunigungsgrundsatzes in der Rspr des BGH zutr krit Eidam JZ **09**, 320, Fezer Widmaier-FS 177 und Tepperwien NStZ **09**, 1; zust hingegen Landau aaO 1085; zu den durch eine zu rigide Anwendung des Beschleunigungsgrundsatzes auftretenden Gefahren für eine wirksame Verteidigung Piel aaO 436. Wohlers (NJW **10**, 2471) schlägt vor, den einheitlichen Begriff „Beschleunigungsgebot" aufzugeben und stets deutlich zwischen dem Interesse des Beschuldigten an einem verzögerungsfreien Verfahren und dem Interesse des Staates an der Schonung von Ressourcen durch Straffung des Verfahrens zu unterscheiden.

161 E. **Für alle Organe der Strafrechtspflege,** also auch für die StA (oben 37, 38; vor § 141 GVG) und die (Kriminal-)Polizei als deren Ermittlungsorgan (oben 39) sowie für Rechtspfleger und UrkB (oben 133) bei der Aufnahme von Erklärungen besteht die Pflicht zur prozessualen Fürsorge. Die StA hat zB bei Verdacht einer Straftat eines Abgeordneten, der Immunität genießt (Art 46 II GG, § 152a), zu versuchen, dieses zeitweilige Verfahrenshindernis durch Herbeiführung einer Entscheidung des Parlaments über die Erteilung der Verfolgungsgenehmigung zu beseitigen (KG JR **59**, 432), wenn es im öffentlichen Interesse liegt (12 zu § 152).

162 F. Eine **prozessuale Rechtspflicht,** nicht nur ein *officium nobile,* ist die Fürsorgepflicht, soweit sie auf „Gesetz und Recht" (Art 20 III GG) beruht, anders ausgedrückt, wenn sie sich aus der Verfassung oder anderen Gesetzen ergibt (zB auf Grund von Analogie zu anderen Bestimmungen, Celle NJW **74**, 1258, 1260), insbesondere wenn sie auf das Erfordernis fairen Verfahrens (oben 19 ff) oder im Bereich der StA auf das Legalitätsprinzip zurückzuführen ist (KG JR **59**, 432). Daher kann es notwendig sein, den bestellten Verteidiger abzulösen, wenn er sich offensichtlich als völlig unfähig zeigt oder seine Pflicht offensichtlich grob verletzt (26-28 zu § 143a). Der Charakter der Rechtspflicht kann auch aus vorangegangenem Tun iS einer Garantie entstehen. Hat zB im Falle des § 219 der Antragsteller den Bescheid erhalten, die Richtigkeit der Beweistatsache werde unterstellt, und hält das Gericht sich nicht daran gebunden, so muss der Vorsitzende dem Antragsteller davon Kenntnis geben (BGH **1**, 51). Aus denselben Erwägungen ist ein Hinweis des Gerichts an den möglicherweise betroffenen Beteiligten geboten, wenn es in einem wesentlichen Punkt von seiner diesem Beteiligten bekannten Rechtsauffassung oder von der allgemein herrschenden Rspr abweichen will (oben 29). Auch eine unrichtige Auskunft der Geschäftsstelle (zB über angebliche Terminverlegung) kann die Pflicht begründen, hierauf Rücksicht zu nehmen (zB durch Vertagung: Düsseldorf GA **58**, 54). Der Vorsitzende ist aber grundsätzlich nicht verpflichtet, den Verteidiger vom Vorhandensein neuer Beweismittel zu unterrichten, die nach dessen Akteneinsicht zu den Akten gelangt sind (BGH DAR **85**, 193 [Sp]), vgl aber 29 zu § 101. Das Gericht ist auch nicht verpflichtet, die Prozessbeteiligten über die vorläufige Bewertung von Beweismitteln zu informieren (BGH NStZ-RR **08**, 180).

163 **9) Rechtskraft richterlicher Entscheidungen:**

164 A. Die **formelle Rechtskraft** bedeutet, dass die Entscheidung von den Verfahrensbeteiligten nicht oder nicht mehr mit einem ordentlichen Rechtsmittel angefochten werden kann und für diesen Prozess nicht mehr abänderbar ist. Sie dient der Rechtssicherheit (vgl 1 vor § 359), die in Widerspruch zur Gerechtigkeit im Einzelfall geraten kann (vgl BVerfGE **19**, 166). Das die Rechtskraft erzeugende Prozessereignis kann die Verwerfung oder die Zurücknahme eines Rechtsmittels sein oder der Verzicht auf Rechtsmittel oder der ungenutzte Ablauf der Anfechtungsfrist. Ein Urteil, das nur von einem Prozessbeteiligten nicht mehr angefochten werden kann, ist noch nicht rechtskräftig; denn maßgebend ist die absolute Rechtskraft, nicht die sog relative, die nur eine teilw Sperrwirkung erzeugt (§§ 301, 331 I, 358 II) und im Übrigen nur für die Anrechnung der UHaft Bedeutung hat (§ 450 I).

a) Ein **Urteil,** das formell rechtskräftig geworden ist, beendet die Rechtshängigkeit (BGH StraFo **10**, 385), gleichviel, ob es sich um eine Prozessentscheidung oder um ein Sachurteil handelt. Letzteres wird mit der Unanfechtbarkeit auch materiell rechtskräftig (unten 168 ff). In Ausnahmefällen geht die Rechtskraft wieder verloren, nämlich durch Wiedereinsetzung in den vorigen Stand nach Versäumung einer Rechtsmittelfrist (§§ 44 ff), durch Wiederaufnahme des Verfahrens (§§ 359 ff; § 79 I BVerfGG) oder sonst durch Aufhebung (zB auf Verfassungsbeschwerde, unten 230 ff). 165

b) Ein **Beschluss** kann ebenfalls formell rechtskräftig werden (vgl dazu Trepper, Zur Rechtskraft strafprozessualer Beschlüsse, 1996), jedoch nur ein solcher, der lediglich mit der sofortigen Beschwerde angefochten werden kann (§ 311) oder seiner Art nach von vornherein jeder Anfechtung entzogen ist (zB §§ 46 II, 138d VI S 3, 419 II S 2). Zur formellen Rechtskraft gehört außer der Unanfechtbarkeit auch, dass die Entscheidung durch das Gericht grundsätzlich nicht mehr geändert werden kann (München MDR **87**, 783; erg oben 112 ff). Dadurch entsteht eine formelle Sperrwirkung für eine neue Entscheidung in derselben Frage, bis dem Beschluss durch Nova die Grundlage entzogen ist (zB 11 zu § 206a; 1 zu § 211). Eine rechtskräftige Unzuständigkeitserklärung zB sperrt, solange sie besteht, auch die Möglichkeit, dass das Gericht dieselbe Sache auf eine neue Klage in einem neuen Verfahren untersucht (BGH **18**, 1, 5). In einzelnen Fällen gibt es auch eine formelle Rechtskraft für gewisse Zeit, zB 52 zu § 454; 3 zu § 459 f. 166

c) Die **Art der Entscheidung** (Urteil oder Beschluss) richtet sich nicht zwingend nach der Bezeichnung, die sie trägt. Maßgebend für die Anfechtung und die formelle und materielle Rechtskraft ist vielmehr die Form, in der sie hätte ergehen sollen (BGH **15**, 259; 11 ff zu § 296). Stellt zB das Gericht in der Hauptverhandlung das Verfahren wegen einer einheitlichen Tat unter einem oder mehreren Gesichtspunkten ein, weil der Angeklagte insoweit nicht schuldig sei, so ist dieser Beschluss der Sache nach ein freisprechendes Urteil (BGH JZ **63**, 714). 167

B. Die **materielle Rechtskraft,** die formelle voraussetzt und ein Spezifikum der Rspr ist, betrifft die gegenwärtige und künftige Zulässigkeit von Sanktionen gegen denselben Täter wegen derselben Tat. Die materiellen Rechtsfolgen bleiben auch für die Zukunft festgesetzt oder abgelehnt. 168

a) Die **Entscheidung,** bei Verurteilung der Schuldspruch (oben 7) und die Rechtsfolgenentscheidung (28 zu § 260), wird in ihrer positiven und ihrer negativen Seite unabänderlich (Gestaltungs- oder Beendigungswirkung); die positive wird zugleich vollstreckbar (§ 449, Vollstreckungswirkung). Hinzu kommt die Sperrwirkung (unten 170, 173). Eine Feststellungswirkung kann auch das Gesetz vorsehen, zB § 66 I Nr 1 StGB; vgl auch unten 178; zur Feststellungs- und Tatbestandswirkung vgl Grunsky Kern-FS 223. 169

b) Auf die **Entscheidungsgründe** eines freisprechenden oder verurteilenden Erkenntnisses bezieht sich die Wirkung der Rechtskraft nicht (BVerfGE **36**, 174, 184 ff; BGHZ **13**, 279; NJW **82**, 1239, 1240). Das vollrechtskräftige Urteil erzeugt also hinsichtlich der tatsächlichen Feststellungen keine materielle Rechtskraft (BGH **43**, 106; NStZ-RR **04**, 238; NStZ **10**, 529; NStZ-RR **19**, 224; KG NStZ-RR **08**, 357; erg 9 zu § 249). Es ist grundsätzlich weder ein Strafrichter noch ein Zivilrichter an Tatsachen gebunden, die in einem rechtskräftigen Strafurteil festgestellt sind (BGH NStZ **08**, 685; BVerwG NJW **17**, 2295); soll etwas anderes gelten, muss das Gesetz dies ausdrücklich bestimmen (wie zB in § 190 S 2 StGB, BVerwG aaO; Stuttgart NJW **60**, 1872; in § 464 III S 2; vgl aber auch § 262). Dagegen hat sich Tolksdorf 170

Grünwald-FS 731 ff ausgesprochen, soweit es sich um für den Rechtsfolgenausspruch erhebliche Tatsachen handelt; auch insoweit muss aber gelten, dass der nun entscheidende Richter zu einer neuen Beweisaufnahme berechtigt, wenn auch nicht schlechthin verpflichtet ist: Sind die erhobenen Beanstandungen nämlich nicht geeignet, die früher gezogenen Schlüsse zu erschüttern, kann ein darauf bezogener Beweisantrag „als bedeutungslos" abgelehnt werden (BGH **43**, 106, 108; NStZ-RR **00**, 35 [K]; **01**, 138; v. Freier ZStW **120**, 287 ff; erg 54 zu § 244).

171 c) Der **Verbrauch der Strafklage** ist die wichtigste Wirkung der materiellen Rechtskraft. Er tritt erst ein, wenn das Verfahren wegen der Tat, die Gegenstand des Verfahrens ist, vollständig abgeschlossen ist (BGH **28**, 119, 121); vorher besteht das Verfahrenshindernis der Rechtshängigkeit (oben 145). Die Sperrwirkung – *ne bis in idem*, Grundsatz der Einmaligkeit der Strafverfolgung – macht eine neue Strafverfolgung gegen denselben Täter wegen derselben Tat unzulässig (Art 103 III GG; BGH **20**, 292). Sie ist – ebenso wie das Gebot des rechtlichen Gehörs (Art 103 I GG) – der Sache nach ein verfahrensrechtliches Grundrecht (BVerfGE **9**, 89, 96; **23**, 191, 202). Daher hat die materielle Rechtskraft eine Doppelwirkung: Sie schafft ein Verfahrenshindernis (oben 145), gewährleistet aber auch ein subjektives verfassungsmäßiges Recht, nicht wegen derselben Tat mehrfach bestraft zu werden (BGH **5**, 323, 328; vgl auch BVerfGE **23**, 191, 203 ff; BVerfG NJW **83**, 1600; **84**, 1675; Schleswig StV **88**, 56: Nichtbefolgung einer Einberufung zum Zivildienst auf Grund fortdauernder Gewissensentscheidung). Spätere Ergänzungs- oder Vervollständigungsklage ist nicht zulässig (BVerfGE **65**, 377, 381; Achenbach ZStW **87**, 74 ff; Roxin/Schünemann § 52, 15, 16).

172 d) **Nur die Sachentscheidung** verbraucht die Strafklage (BVerfGE **12**, 62; BGH **2**, 375), also nicht der Nichteröffnungsbeschluss wegen Verfahrenshindernisses (2 zu § 204), ein Einstellungsbeschluss nach § 206a und ein Einstellungsurteil nach § 260 III nur insoweit, wie sie über das Vorliegen eines Bestrafungsverbots (vgl Einl 142, 143) hinsichtlich der angeklagten prozessualen Tat entschieden haben (BGH NJW **07**, 3010, 3011; Stuttgart StV **08**, 402; LR-Kühne Einl K 85 ff; Krack 234; erg 11 zu § 206a; 47, 48 zu § 260).

173 e) Die **Sperrwirkung** reicht so weit, wie die Sachentscheidung durch ein Strafgericht der BRep auf Grund der Anklage und des Eröffnungsbeschlusses in tatsächlicher und rechtlicher Hinsicht geboten war (BVerfGE **56**, 22; BGH **29**, 288, 292; NJW **81**, 997; 1 ff zu § 264). Die Verurteilung wegen Hehlerei verbraucht daher idR nicht die Strafklage wegen des vorangegangenen Raubes des Hehlgutes (BGH **35**, 60 mit zust Anm Roxin JZ **88**, 260; **aM** Gillmeister NStZ **89**, 3). Die Strafklage wird nur beschränkt verbraucht, wenn das mit der Sache befasste Gericht und jedes andere Gericht der BRep rechtlich gehindert war, die Tat unter einem bestimmten rechtlichen Gesichtspunkt zu beurteilen, zB infolge Fehlens der Gerichtsbarkeit der BRep (oben 142, unten 212; § 18 GVG; RiStBV 193 ff) oder einer Beschränkung durch eine Auslieferungsbedingung (oben 147; § 72 IRG) oder eines anderen Verfahrenshindernisses (BGH **15**, 259). In diesem Fall kann die Aburteilung der Tat überhaupt oder, wenn sie nur teilw ausgeschlossen war, unter dem schwereren Gesichtspunkt, der im 1. Verfahren unberücksichtigt bleiben musste, in einem späteren Verfahren nachgeholt werden, wenn das Hindernis nachträglich wegfällt (BGH aaO; RG **56**, 166). Bei Ausscheidung eines Tatteils oder einer von mehreren Gesetzesverletzungen nach § 154a erstreckt sich die Rechtskraft auch auf das Ausgeschiedene.

174 f) **In persönlicher Hinsicht** wird die Strafklage gegen denjenigen verbraucht, gegen den sich das Verfahren wirklich gerichtet hat. Dabei kommt es nicht entscheidend auf die richtige Erfassung der Personalien an. Dass der Angeklagte unter falschem Namen aufgetreten ist, berührt die Wirksamkeit des Urteils gegen ihn nicht (BGH NStZ-RR **96**, 9; Köln MDR **83**, 865 hält allerdings bis zur Rubrumberichtigung ein Rechtsmittel des wahren Namensträgers für zulässig; aber gerade wegen der Berichtigungsmöglichkeit bedarf es für ihn keines Rechtsmittels, vgl

KG NStZ-RR **04**, 240; Düsseldorf NStZ **94**, 355). Zur Verurteilung eines anderen unter dem Namen des Angeklagten vgl 27 zu § 230.

g) Bei **Dauerstraftaten** verbraucht das rechtskräftige verurteilende Straferkenntnis grundsätzlich die Strafklage auch für diejenigen Einzelakte, die vor der letzten Tatsachenverhandlung (BGH **9**, 324; MDR **80**, 272 [H]) oder vor Erlass des Strafbefehls (Köln wistra **86**, 273; vgl auch BGH **33**, 230, 232; a**M** BGH **6**, 125: vor Zustellung) begangen, aber in dem Verfahren nicht behandelt worden sind. Das gilt auch bei Teilrechtskraft eines Urteils; Teilakte, die vor Rechtskraft des Schuldspruchs begangen wurden, sind einer neuen Strafverfolgung nicht zugänglich (BGH StV **86**, 141). Die Rspr macht von diesem Grundsatz allerdings eine Reihe von Ausnahmen (16 ff zu § 264). Wenn die erstinstanzliche Verurteilung im Schuldspruch rechtskräftig wird, beginnt mit ihr eine neue Tat; der Strafklageverbrauch reicht in diesem Fall bloß bis zum Zeitpunkt des Erlasses dieses Urteils (Bay **77**, 39 zur Dauerstraftat; ebenso Hamm NStZ **11**, 102 beim unerlaubten Handeltreiben mit Betäubungsmitteln). 175

Werden nach Aburteilung der Einheitstat **neue Einzelhandlungen bekannt** und untersucht, bei denen fraglich ist, ob sie zu der Einheitstat gehören, so entscheidet zunächst die StA und dann der neue Tatrichter über die Frage des Strafklageverbrauchs, und zwar unabhängig von den Feststellungen und der Beurteilung des rechtskräftigen Urteils (BGH **15**, 268; StV **84**, 366; Hamburg VRS **45**, 31); auch bei früherer unrichtiger Annahme einer Dauerstraftat steht aber die Rechtskraft der Verfolgung weiterer in dem abgeurteilten Zeitraum begangener Taten entgegen (LG Memmingen NStZ-RR **97**, 140). Wird die Dauerstraftat auch nach rechtskräftiger Verurteilung nicht beendet, kann eine erneute Verurteilung nur erfolgen, wenn der Täter einen neuen, zur ersten Verurteilung qualitativ verschiedenen Tatentschluss gefasst hat (BVerfG HRRS **07**, 30 zu § 235 II Nr 2 StGB). Die Verurteilung wegen unerlaubten Besitzes (und Führens) einer Waffe verbraucht demnach nicht die Strafklage wegen eines mit ihr durchgeführten Verbrechens, da die Dauerstraftat des Waffenbesitzes durch die auf einem neuen Willensentschluss beruhende schwerere Tat unterbrochen wird (anders nur, wenn der Täter wegen Führens der Waffe bei dieser Gelegenheit – in Unkenntnis des dabei begangenen Verbrechens – bereits verurteilt worden ist); übt der Täter auch nach Begehung des Verbrechens den unerlaubten Waffenbesitz aus, so begeht er eine weitere (sachlich-rechtlich und prozessual) selbstständige Tat (BGH **36**, 151). 175a

Diese Regeln werden auf die Rechtsfigur der **Bewertungseinheit** (vgl BGH **30**, 28, NStZ **00**, 207, **12**, 517; NJW **02**, 1810; StV **02**, 235, NStZ-RR **06**, 55, StV **10**, 685; 4 StR 99/12 vom 13.12.2012 zum BtMG; BGH **46**, 6 zum VereinsG; NStZ **10**, 455; **07**, 578 zum Subventionsbetrug; NStZ-RR **12**, 79 zur Erpressung), entspr angewendet (BGH 2 StR 165/00 vom 23.6.00; 1 StR 587/09 vom 14.1.2010; Karlsruhe StV **98**, 28). So tritt zB auch hier eine Zäsurwirkung durch eine rechtskräftige Verurteilung ein (BGH 1 StR 526/08 vom 23.10.2008). 175b

h) **Inländische Entscheidungen** verbrauchen die Strafklage für die Gerichte der BRep (BGH NStZ **86**, 557; BayVerfGH NJW **63**, 1003; vgl auch BVerfG **12**, 62, 66). Das muss aber auch für vor dem 3.10.1990 ergangene Entscheidungen der Gerichte der ehemaligen DDR gelten; denn diese bleiben nach Art 18 EV wirksam (erg 11 vor § 449). Zur Rechtskraftwirkung von Strafbefehlen vgl 11, 12 zu § 410). 176

i) **Urteile ausländischer Gerichte** verbrauchen die Strafklage für die Gerichte der BRep nicht (BGH StV **86**, 292; **88**, 18: aber Berücksichtigung bei der Strafzumessung). Ein Grundsatz *ne bis in idem* mit zwischenstaatlicher Geltung als allgemeine Regel des Völkerrechts besteht nicht (BVerfG StraFo **08**, 151, 153 mwN). Jedoch kann durch zwei- oder mehrseitige zwischenstaatliche Vereinbarungen bzw supranational die Geltung des Grundsatzes vereinbart sein (dazu BVerfG aaO mit näheren Ausführungen). 177

Insbesondere **nach Art 54 SDÜ** (unten 216) darf durch eine andere Vertragspartei nicht wegen „derselben Tat" verfolgt werden; dieselbe Tat liegt vor, wenn 177a sie – unabhängig von der rechtlichen Qualifizierung (BGH **59**, 120 mit eingehender Anm Hecker StV **14**, 461 und abl Anm Zehetgruber JR **15**, 184) – einen Komplex von Tatsachen darstellt, die in zeitlicher und räumlicher Hinsicht sowie nach ihrem Zweck unlösbar miteinander verbunden sind (EuGH NJW **06**, 1781 mit zust Anm Radtke NStZ **08**, 162 und krit Anm Bauer NStZ **09**, 456; EuGH NJW **07**, 3412 und 3416; JZ **07**, 245 mit krit Anm Kühne; BGH StraFo **17**, 324; NStZ-RR **16**, 290; Hackner NStZ **11**, 427; Radtke NStZ **12**, 482; Satzger Roxin-FS II 1530). Die Unionsbürger sollen sich darauf verlassen dürfen, dass sie ungeachtet möglicherweise unterschiedlicher rechtlicher Maßstäbe in den einzelnen Staaten nicht ein zweites Mal wegen derselben Tatsachen verfolgt werden (BGH StraFo **17**, 324); deshalb ist es ohne Bedeutung, ob das Verhalten des Angeklagten nach dem Rechtsverständnis des deutschen Strafrechts als mehrere Taten iSd § 264 zu werten ist (BGH **52**, 275; StraFo **17**, 324; vgl auch NStZ-RR **19**, 259). Das Verfolgungsverbot gilt für denjenigen, der rechtskräftig abgeurteilt worden ist, vorausgesetzt, dass im Falle einer Verurteilung die Sanktion bereits vollstreckt worden ist, wofür kurzfristige, anzurechnende Polizei und/oder UHaft nicht genügt (EuGH NJW **07**, 3412), gerade vollstreckt wird (EuGH aaO; BGH **46**, 187: auch dann, wenn die Vollstreckung zur Bewährung ausgesetzt ist) oder nach dem Recht des Urteilsstaates nicht mehr vollstreckt werden kann (vgl dazu EuGH NJW **09**, 3149; Saarbrücken StV **97**, 359 mit Anm Schomburg StV **97**, 383; München StV **02**, 71 L mit zust Anm Hecker; Satzger 10, 78 ff). **Nichts anderes gilt nach Art 50 GRC,** obwohl dieser die Vollstreckungsklausel nicht enthält (EuGH NJW **14**, 3007; BVerfG NJW **12**, 1205; BGH **56**, 11, 14 mit im Ergebnis zust Anm Rosbaud StV **13**, 291; der Rspr im Ergebnis zust Burchard/Brodowski StraFo **10**, 179, Eckstein ZIS **13**, 220 und JR **15**, 421; Satzger Roxin-FS II 1521; **aM** Böse GA **11**, 504; Schomburg/Suominen-Picht NJW **12**, 1191; Zöller GA **16**, 325; eingehend zur Auslegung des Art 50 GRC EuGH JZ **13**, 613 mit Anm Dannecker und Anm Wegner HRRS **13**, 126) Der Grundsatz des Art 54 SDÜ unterliegt allerdings Einschränkungen (vgl Art 55 SDÜ), wobei aber bei erneuter Verfolgbarkeit bereits erlittener Freiheitsentzug auf die neue Sanktion anzurechnen ist (vgl Art 56 SDÜ; Grotz StraFo **95**, 102; Schomburg NJW **95**, 1931). Nur aus der Sicht des zuerst entscheidenden Staates (nicht auch der übrigen Staaten) muss eine rechtskräftige oder rechtskraftähnliche Entscheidung vorliegen (Lagodny NStZ **97**, 265; **aM** aber EuGH NJW **06**, 1781, zust Kische aaO 163: Eigenverantwortung des Zweitverfolgerstaates), und die Entscheidung darf nicht lediglich auf formalen Gründen beruhen, sondern muss aufgrund einer Prüfung der Tatvorwürfe in der Sache ergangen sein (EuGH NJW **16**, 2939; BGH NStZ **17**, 174). Zum sachlichen Anwendungsbereich dieses internationalen *ne bis in idem*-Grundsatzes Dannecker Kohlmann-FS 605; Degenhard StraFo **05**, 65; Harms Rieß-FS 725; Hiéramente StraFo **14**, 445.

177b **Auch ein rechtskräftiger Freispruch** bewirkt Strafklageverbrauch nach Art 54 SDÜ (BGH **46**, 307; StV **07**, 154; EuGH NStZ **07**, 408: Freispruch aus Mangel an Beweisen; EuGH NJW **06**, 3403, Stuttgart StV **08**, 402: Freispruch wegen Verjährung), **ebenso** nach der Rspr des EuGH die durch ein Gericht erfolgte **Verfahrenseinstellung** (EuGH NJW **14**, 3010; zust Burchard HRRS **15**, 26; Gaede NJW **14**, 2991; siehe auch LG Mannheim NZWiSt **19**, 397 mit Anm Gehm: absolute Verjährung) und auch eine ohne Mitwirkung eines Gerichts erfolgte Einstellung des Verfahrens durch die StA, nachdem der Beschuldigte bestimmte Auflagen erfüllt hat (EuGH NStZ **03**, 332; Stein NJW **03**, 1162). Die frühere entgegenstehende Rspr (BGH **45**, 123), die auf das Erfordernis der materiellen Rechtskraft der Entscheidung abstellen wollte, ist durch die Rspr des EuGH überholt (eingehend dazu Hecker v.Heintschel-Heinegg-FS 175).

177c **Keinen Strafklageverbrauch** bewirkt aber eine nicht endgültige und nicht bindende Einstellung nach § 170 II (EuGH NStZ-RR **09**, 109; NJW **16**, 2939 mit zust Anm Gaede; eingehend dazu Wegner HRRS **16**, 396; BGH NJW **16**, 3044; vgl auch ÖstOGH NStZ **05**, 344) oder nach § 154 I (Nürnberg StV **10**, 233; Hackner NStZ **11**, 429) oder eine Einstellung des Verfahrens im Ausland als

Kompensation dortiger überlanger Verfahrensdauer ohne Prüfung der Tatvorwürfe in der Sache (BGH NStZ **17**, 174). Dass ein Gericht wegen der Tat von der Verfolgung ohne sachliche Prüfung deswegen abgesehen hat, weil ein anderer Staat Strafverfolgungsmaßnahmen eingeleitet hat, steht der Verfolgung der Tat durch diesen nicht entgegen (EuGH NJW **05**, 1337). Eine Übersicht über die Rspr des EuGH zu Art 54 SDÜ gibt Anagnostopoulos Hassemer-FS 1121 und erörtert zudem noch ungeklärte Fragen. Zur Klärung dem EuGH-Ges unterfallender Rechtsfragen vgl unten 207.

177d Weitere unterschiedlich ausgestaltete **Verbote der Doppelverfolgung** enthalten Art 20 IStGH-Statut, Art VII (8) NTS, Art 10 des Jugoslawien-IStGH-Statuts und Art 9 des Ruanda-IStGH-Statutes (vgl Einl 207a) sowie jeweils Art 7 des Übk vom 26.7.1995 auf Grund von Art K. 3 des Vertrags über die EU über den Schutz der finanziellen Interessen der EG (BGBl II 2324) und des entspr Protokolls vom 27.9.1996 (BGBl II 2342). Der BTag hat am 7.9.1998 das Übk vom 25.5.1987 zwischen den Mitgliedstaaten der EG über das Verbot der Doppelbestrafung ratifiziert (BGBl II 2227); es ist noch nicht in Kraft getreten, wird aber schon von allen EU-Staaten außer Griechenland, Luxemburg, dem Vereinigten Königreich, Spanien, Schweden und Finnland als solches neben Art 54 SDÜ vorzeitig angewendet. Allein die Möglichkeit eines tatsächlich nicht gestellten Antrags auf Auslieferung oder auf Übernahme der Vollstreckung begründet kein Verfahrenshindernis (BGH **56**, 11, 14). Erg unten 215 ff.

177e Auch die förmliche **Abgabe von Verfahren** kann auf Grund völkerrechtlicher Vereinbarung (vgl etwa Art XV des Deutsch/Österreichischen Ergänzungsvertrages zum EuRHÜbk, BGBl 1975 II 1157; 1976 II 1818) zum Verfahrenshindernis im abgebenden Staat führen (Karlsruhe GA **88**, 378). Zu Entscheidungen supranationaler Gerichte vgl BGH **24**, 54, 57.

178 k) Eine **disziplinare Ahndung** wegen eines Verhaltens, das zugleich eine dienstliche oder berufliche Verfehlung und eine Straftat darstellt, verbraucht die Strafklage nicht (BVerfGE **21**, 378, 391; **27**, 180, 184; KG StV **87**, 519 mit Anm Frister). Denn Art 103 III GG greift nur ein, wenn die Verhängung einer weiteren echten Kriminalstrafe in Frage steht (BVerfGE **43**, 101, 105). Umgekehrt ist eine Ahndung im Disziplinarverfahren wegen solcher Tatsachen ausgeschlossen, die Gegenstand einer gerichtlichen Entscheidung waren, die zum Freispruch der betreffenden Person von dem Vorwurf einer Straftat oder einer OWi geführt hat (vgl Feuerich NJW **88**, 183 zum ehrengerichtlichen Verfahren). In einem solchen Fall kommt disziplinare Ahndung nur noch insoweit in Betracht, als das Verhalten, ohne den Tatbestand einer Strafvorschrift oder einer Bußgeldvorschrift zu erfüllen, eine ahndbare Pflichtverletzung enthält (vgl § 16 III WDO; § 14 BDG; § 118 II BRAO; § 109 II StBerG; § 83 II WPO; § 102 II PatAO).

179 Zu einer Art **Anrechnung** kann es auf folgende Art kommen: Eine disziplinare Ahndung kann die Entscheidung nach §§ 153, 153a in der Beurteilung des öffentlichen Interesses beeinflussen. Außerdem muss ein bereits verbüßter Disziplinararrest gegen einen Soldaten bei der Berechnung einer Freiheitsstrafe berücksichtigt werden (BVerfGE **21**, 391; **27**, 180 = NJW **70**, 507 mit krit Anm Kreuzer); ebenso muss Disziplinarbuße auf die Geldstrafe angerechnet werden, wenn sie wegen derselben Tat verhängt worden ist (Hamm NJW **78**, 1063).

180 l) Auf eine **Ordnungswidrigkeit** erstreckt sich der Strafklageverbrauch nach § 84 I OWiG. Auch die rechtskräftige gerichtliche Entscheidung über eine OWi erzeugt eine Sperrwirkung gegen spätere Strafverfolgung (§ 84 II OWiG; Naumburg StV **18**, 402).

181 C. Der **Strafbefehl**, der nur wegen Vergehens zulässig ist, ergeht schriftlich in einem Beschlussverfahren. Er verbraucht bei Rechtskraft die Strafklage im selben Umfang wie ein rechtskräftiges Urteil (12 zu § 410).

182 D. **Beschlüsse**, die eine das Verfahren beendigende Sachentscheidung enthalten, haben im Vergleich zu den freisprechenden Urteilen ebenfalls nur eine beschränkte materielle Rechtskraft (Loos JZ **78**, 592). Denn wenn sich neue Tatsachen oder

Beweismittel ergeben, die im Zusammenhang mit den bereits beim Erlass des Beschlusses bekannten Tatsachen die Erhebung der öffentlichen Klage gegen denselben Beschuldigten wegen derselben Tat rechtfertigen, ist ein neues Verfahren zulässig, wie sich aus den §§ 174 II, 211 sowie § 47 III **JGG** ergibt. Das mit der Sache neuerdings befasste Gericht stellt bei der Eröffnung des Hauptverfahrens fest, dass die materielle Rechtskraft des früheren Beschlusses auf Grund neuer Tatsachen oder Beweismittel entfallen ist. Das gilt auch für den Beschluss nach § 153 II (dort 37, 38), nach § 153b II oder nach § 154 II (dort 17). Vgl dazu Radtke, Zur Systematik des Strafklageverbrauchs verfahrenserledigender Entscheidungen im Strafprozess, 1994, S 139 ff.

183 E. **Bei der Einstellung des Verfahrens nach Erfüllung auferlegter und übernommener Pflichten** und Weisungen (§ 153a I S 4, II) entsteht ein weitergehendes Verfahrenshindernis als bei sanktionsloser Verfahrenseinstellung (52 zu § 153a).

184 F. Die **Teilrechtskraft** (vgl Bruns, Teilrechtskraft und innerprozessuale Bindungswirkung des Strafurteils, 1961), dient einer vernünftigen verfahrenswirtschaftlichen Ersparung richterlicher Überholungs- und Nachbesserungsarbeiten. Sie entsteht entweder durch Teilanfechtung (§§ 318, 344 I) oder durch Teilaufhebung des Urteils und ist sowohl quantitativ als auch qualitativ weniger als die volle Rechtskraft (Bruns NStZ **84**, 131).

185 a) **Zwei Formen** sind zu unterscheiden: Die **vertikale** Teilrechtskraft beschränkt sich auf einen Teil des Prozessstoffes, der selbst Gegenstand eines eigenen Verfahrens hätte sein können, also auf die Frage der Bestrafung eines von mehreren Angeklagten oder auf eine von mehreren Taten (§ 264). Sind mehrere Taten Gegenstand des Verfahrens und ist eine davon hinsichtlich aller Angeklagter rechtskräftig abgeurteilt, so entsteht insoweit die Wirkung voller Rechtskraft (Bay JZ **60**, 31; SK-Frisch 287 vor § 296).

185a Bei der **horizontalen** Teilrechtskraft dagegen handelt es sich um eine Stufe im Verfahren gegen einen Angeklagten wegen einer Tat, namentlich um die Rechtskraft des Schuldspruchs. Sie führt noch nicht zum Strafklageverbrauch (BGH NJW **80**, 1807; Gössel Rieß-FS 120), sondern ist nur Verfahrenshindernis für ein anderweitiges Strafverfahren (BGH **28**, 119 mit Anm Grünwald JR **79**, 300; oben 171) und schafft eine innerprozessuale Bindungswirkung (Gössel aaO; Paul NStZ **13**, 488; erg oben 151 ff und 31 zu § 318).

186 b) Die **Bestandskraft bei Änderung der Rechtslage** ist für das teilrechtskräftige Urteil geringer als die für das vollrechtskräftige. Das zeigt sich deutlich bei den Verfahrenshindernissen (oben 151). Auch die §§ 354a, 357 führen zur Aufhebung des teilrechtskräftigen Urteils. Der Rechtsgedanke des § 354a ist in jeder Lage des Verfahrens anwendbar (Bay JZ **61**, 390; Oldenburg NdsRpfl **62**, 237), auch bei Rechtskraft des Schuldspruchs. Ferner entfällt die Beschränkung der Berufung auf das Strafmaß und damit die Rechtskraft des Schuldspruchs, wenn die Strafnorm nichtig ist (Bay **62**, 216).

187 c) **Bestand der tatsächlichen Feststellungen bei horizontaler Teilrechtskraft:** Der neuerlich mit der Sache befasste Tatrichter darf sich nicht in Widerspruch zu den Feststellungen setzen, die dem in Teilrechtskraft erwachsenen Urteilsspruch zugrunde liegen (BGH **7**, 283; **24**, 274; **28**, 119). Bindend sind in 1. Linie die Tatsachen, in denen die Tatbestandsmerkmale zu finden sind, darüber hinaus aber auch die – weitergehenden – Feststellungen zum Tatgeschehen iS des geschichtlichen Vorgangs (BGH **30**, 340; Feststellungen, die das Tatgeschehen näher umschreiben) und die Tatsachen, aus denen der Beweis hierfür abgeleitet wird; denn auch sie sind Grundlage des Schuldspruchs, selbst wenn sie als sog doppelrelevante Feststellungen zugleich für den Rechtsfolgenausspruch Bedeutung haben (BGH **24**, 274; **28**, 119; BGH MDR **80**, 275 [H]; vgl zu dem Problem Kleinknecht JR **68**, 467 zu BGH **22**, 90). Die entspr Prüfungsbeschränkung tritt ein, wenn von vornherein nur der Rechtsfolgenausspruch angefochten worden ist.

In diesem Fall ist es nur zulässig, die Sachdarstellung des 1. Urteils zu ergänzen; es dürfen aber nicht Feststellungen getroffen werden, die den vom Erstrichter zum Schuldspruch getroffenen widersprechen würden (Bay **88**, 173).

d) **Grundlage der Tatsachenbindung:** Diese lässt sich nicht aus der Rechts- **188** kraft ableiten. Denn nur eine Entscheidung, nicht Feststellungen sind der Rechtskraft fähig. Eine Tatsachenbindung gehört nicht zum Wesen der Rechtskraft (oben 170). Sie kann nur aus den §§ 327, 352 I, 353 II und aus dem Grundsatz der Einheitlichkeit der Urteilsfeststellungen abgeleitet werden. Bei Teilanfechtung wird aber die notwendige Tatsachenprüfung nicht dadurch eingeschränkt, dass die den rechtskräftigen Teil der Entscheidung tragenden Tatsachen zugleich für den angefochtenen Teil von Bedeutung sind (Zipf JR **78**, 251; erg 24 zu § 318).

e) **Grenzen der Tatsachenbindung:** Die (noch verbleibende) Bindung besteht **189** auch dann, wenn im weiteren Verfahren bei der noch ausstehenden Prüfung widersprechende Tatsachen hervortreten (BGH **14**, 30, 36; str; vgl Grünwald S 91 ff; Kleinknecht JR **68**, 467; Spendel ZStW **67**, 508; erg 21 zu § 353).

10) Gesetzesauslegung: **190**
Die Auslegungsmethoden, die juristische Methodologie, die Reihenfolge des methodischen Vorgehens und die Vollständigkeit der Prüfung sind Gegenstand zahlreicher Untersuchungen, zB Baumann, Beiträge zur Strafrechtsdogmatik, 1987: Die natürliche Wortbedeutung als Auslegungsgrenze im Strafrecht; Engisch, Einführung in das juristische Denken, 8. Aufl, 1983; Larenz, Methodenlehre der Rechtswissenschaft, 5. Aufl, 1983; F. Müller, Juristische Methodik, 3. Aufl, 1989, der neben der Berücksichtigung der Norm auch die der Strukturen der Wirklichkeit verlangt (S 121–182); Heusinger, Rechtsfindung und Rechtsfortbildung im Spiegel richterlicher Erfahrung, 1975; Gössel Peters-FS 41 ff; Esser, Vorverständnis und Methodenwahl in der Rechtsfindung, 2. Aufl, 1972; Lautmann, Soziologie vor den Toren der Jurisprudenz, 1971; Zippelius, Einführung in die juristische Methodenlehre, 4. Aufl, 1985; Grüber JZ **74**, 665 mit weit Angaben.

A. **Nach dem Rechtsstaatsprinzip** (oben 18 ff) muss die Auslegung den ma- **191** teriellen Wertvorstellungen entsprechen, die sich aus dem GG, insbesondere aus den Grundrechten (BVerfGE **7**, 198), der **EMRK** (5 vor Art 1 EMRK) und dem Gesamtgefüge unserer Rechtsordnung (BVerfGE **7**, 282, 291) ergeben. Dabei ist auch das Rangverhältnis zwischen verschiedenen Normengruppen zu beachten, zB Art 31 GG. Über das Rangverhältnis der **EMRK** zum GG und den gewöhnlichen Gesetzen vgl 3 vor Art 1 EMRK.

Jede Auslegung der Gesetze betrifft deren **Geltungsbereich.** Daher sind die ge- **192** schriebenen oder ungeschriebenen Auslegungsregeln – zB *lex posterior derogat priori* – Bestandteil der Rechtsordnung (Draht, Grund und Verbindlichkeit des Rechts, S 23), soweit sie allgemein anerkannt sind. Dagegen sind die durch Auslegung gewonnenen Leitsätze zur Auslegung der einzelnen Gesetzesbestimmungen nicht bindendes Recht, selbst bei gefestigter oder ständiger höchstrichterlicher Rspr, solange sie nicht zu Gewohnheitsrecht geworden ist (18 ff zu § 132 GVG; 11 vor § 141 GVG).

B. Die **verfassungskonforme Auslegung** (vgl dazu Krey Studien zum Geset- **193** zesvorbehalt im Strafrecht, 1977, S 69 ff; erg unten 218 ff) darf nicht dazu führen, dass einem im Wortlaut und Sinn eindeutigen Gesetz ein entgegengesetzter Sinn gegeben wird (BVerfGE **8**, 28; BGH **13**, 117). Ist jedoch bei einer möglichen Interpretation ein Widerspruch zum GG festzustellen, bei einer anderen dagegen nicht, so ist diese maßgebend (BVerfGE **40**, 88, 94), selbst wenn dem subjektiven Willen des früheren Gesetzgebers (vgl unten 194) die Erstere eher entsprechen würde (BVerfGE **32**, 373, 383). Im Zweifelsfall ist diejenige Auslegung zu wählen, die die juristische Wirkungskraft der Grundrechtsnorm am stärksten entfaltet (BVerfGE **6**, 55, 72; **32**, 54, 71; **39**, 1, 38). Willkür ist auch bei der Auslegung unzulässig. Sie ist im objektiven Sinn zu verstehen und liegt vor bei tatsächlicher und eindeutiger Unangemessenheit einer Maßnahme im Verhältnis zu der tatsächlichen Situation, deren sie Herr werden soll (BVerfGE **42**, 64, 73).

194 C. Der **objektivierte Wille des Gesetzgebers,** wie er sich aus dem Wortlaut der Gesetzesbestimmung (unten 196), dem Sinnzusammenhang und dem erkennbaren Zweck der Vorschrift ergibt, ist maßgebend (BVerfGE **45**, 272, 288; BGH **31**, 128, 130). Der Wille des Gesetzgebers fällt nach dieser objektiven Auslegungsmethode zusammen mit dem Willen des Gesetzes; dem subjektiven Willen des historischen Gesetzgebers kommt im Allgemeinen nur bestätigende Bedeutung zu; zuweilen spielt aber der „genetische Aspekt" eine Rolle (nach Naucke Engisch-FS 280 gilt die objektive Auslegung nur, wenn die subjektive versagt). Vorstellungen des Gesetzgebers, die im Gesetzeswortlaut keinen Niederschlag gefunden haben, sich aber ausschließlich zu Gunsten des von der strafrechtlichen Bestimmung Betroffenen auswirken, dürfen berücksichtigt werden (BGH **52**, 31, 37; 1 ARs 3/08 vom 2.4.2008; zw BGH 4 StR 314/07, 391/07 vom 5.2.2008; eingehend dazu Kudlich JR **08**, 257).

195 D. Die **weiteren Auslegungsmethoden,** die zur Erfassung des objektivierten Willens des Gesetzgebers führen und, wie jegliche Rechtsanwendung und Auslegung, auf die gerechte Lösung von Rechtsproblemen abzielen, sich also in diesem Sinn gegenseitig ergänzen (Gribbohm MDR **66**, 976), sind:

196 a) Die **grammatische Auslegung:** Jede Auslegung fängt beim Wort an (BGH **3**, 262; **14**, 118; **18**, 152; **19**, 307). Rein formelle Erwägungen dürfen aber nicht das entscheidende Gewicht erhalten (BGH **6**, 398; **10**, 88; Zimmermann NJW **56**, 1262). Die auf Grund des Wortlauts gewonnenen Ergebnisse sind an Sinn und Zweck der Bestimmung zu messen (BGH **27**, 236, 238; **30**, 97, 101). Eine Begriffsjurisprudenz ist auch im Strafverfahrensrecht zu verwerfen. Ist der Wortlaut eindeutig und führt er zu einer sinnvollen Anwendung des Gesetzes, so sind der Auslegung in einem anderen Sinn unter dem Gesichtspunkt der Gewaltenteilung Grenzen gesetzt (BVerfGE **8**, 28, 33 = NJW **58**, 1227).

197 b) Die **systematische Auslegung** berücksichtigt bei der Ermittlung des Sinnes der Bestimmung deren Zusammenhang mit anderen Normen desselben oder eines anderen Gesetzes. Denn auch die Rechtsvergleichung zwischen verschiedenen Rechtsgebieten kann innere Gemeinsamkeiten ergeben und zur Systematisierung rechtlicher Argumentation und zu Auslegungskomponenten führen (Clemens, Strukturen juristischer Argumentation, 1977). In diese Gesamtbetrachtung ist auch eine gefestigte Rspr einzubeziehen (BVerfGE **45**, 363, 372), besonders bei Generalklauseln oder unbestimmten, wertausfüllungsbedürftigen Rechtsbegriffen (BVerfG aaO). Die erweiternde Anwendung einer Vorschrift ist grundsätzlich nur dann statthaft, wenn das Ergebnis der Gerechtigkeit entspricht (BGH **16**, 168, 173).

198 Die – verfassungsrechtlich grundsätzlich unbedenkliche (BVerfGE **82**, 6) – **Analogie,** die über die erweiternde Auslegung hinausgeht, also keine Auslegung des Gesetzes ist, aber zu dieser fließende Grenzen hat, setzt voraus, dass der zu entscheidende Fall von dem gesetzlichen Normfall nur unwesentlich abweicht, also rechtsähnlich ist (Hamm MDR **70**, 1030). Sie stellt eine Verallgemeinerung durch Gleichbewertung eines gesetzlich geregelten spezifischen Falltypus mit dem vorliegenden gesetzlich nicht geregelten Falltypus dar. Analogie ist im materiellen Strafrecht zur Ausfüllung von Gesetzeslücken (unten 202) unzulässig, soweit es sich um Strafbegründung oder -schärfung handelt (§ 1 StGB; Art 103 II GG; Art 7 EMRK; Krey, Studien zum Gesetzesvorbehalt im Strafrecht, 1977), im Verfahrensrecht aber zulässig (KG NJW **79**, 1668, 1669; **aM** LR-Lüderssen/Jahn Einl M 47; einschr auch Welp JR **91**, 267 mwN in Fn 24: nicht bei Eingriffen in grundgesetzlich geschützte Rechte, und Jäger GA **06**, 615: im Bereich der beweisbildenden Verfahrensnormen), und zwar auch, soweit sie sich zuungunsten des Beschuldigten auswirkt (zum „Zwang" vgl oben 45). Sieht das Gesetz selbst entspr Anwendung anderer Bestimmungen vor, so findet sie ihre Grenze dort, wo Sinn und Zweck des

Verfahrens der Heranziehung der anderen Bestimmungen entgegensteht (vgl BGH NJW **59**, 347).

c) Die **teleologische Auslegung** (krit dazu Herzberg NJW **90**, 2525) stellt im Rahmen der vom Gesetzeswortlaut (oben 196) noch gedeckten Spannweite auf den Zweck (das Telos), den objektiven Zweckgehalt der Norm unter Berücksichtigung der Praktikabilität, ab. Ausnahmebestimmungen sind nach einer alten Regel eng auszulegen (BGH **25**, 126; **26**, 270; **30**, 168, 170). Jedoch gilt dieser Grundsatz nicht durchgängig (BVerfGE **47**, 239, 250), insbesondere nicht, wenn die Ausnahme selbst ein bestimmtes – wenn auch engeres – Prinzip aufstellt (BAG NJW **55**, 886; Weinsheimer NJW **59**, 566). Die enge Auslegung ist jedenfalls dann nicht angebracht, wenn es um die Tragweite einer Einschränkung geht, die eine Ausnahme innerhalb der Ausnahme darstellt (BGH **27**, 236, 238). In diesem Fall darf die Gegenausnahme nicht auf Grund formaler Regeln, ohne sachliche Notwendigkeit, extensiv angewandt werden, um der „Primärausnahme" einen möglichst schmalen Anwendungsbereich zu sichern. Daher ist wohl schon heute davon auszugehen, dass die übernommene Auslegungsregel in einzelnen Fällen bei Berücksichtigung des Grundgedankens zu der Ausnahmebestimmung in ihr Gegenteil umgekehrt wird (Küper JZ **78**, 204). Die teleologische Auslegungsmethode berücksichtigt auch einen grundlegenden Wandel der gesellschaftlichen Lebensformen, der Denkweise und des Lebensgefühls (BVerfGE **10**, 354, 368) iS einer Anpassung an die berechtigten Bedürfnisse einer sich ständig wandelnden Gesellschaftswirklichkeit (BGH NJW **59**, 2262). Nicht zuletzt ist das Bedenken der möglichen Folgen, Neben- und Begleiterscheinungen weithin ebenfalls notwendiger Bestandteil der Auslegung (Ecker JZ **67**, 265). *In dubio pro reo* gilt bei der Auslegung nicht (RG **62**, 372; 37 zu § 261).

d) Die **authentische Auslegung** ist Auslegung durch eine Gesetzesbestimmung. In einem Gesetz kann aber nicht eine authentische Auslegung des GG gesehen werden (BVerfGE **12**, 45, 53).

e) Die **Vorrangfrage** spielt nur dann eine Rolle, wenn man auf dem Wege der verschiedenen Auslegungsmethoden zu verschiedenen Ergebnissen gelangen würde. Die hM räumt mit Recht dem objektiven – teleologischen Sinn des Gesetzes den Vorrang ein (in diesem Sinn ua BGH **10**, 157, 160).

E. Die **Ausfüllung einer Gesetzeslücke** kann notwendig werden, wenn das Gesetz ohne sie nicht verwirklicht werden kann (Bachof JZ **51**, 740). Um eine Gesetzeslücke handelt es sich nicht, wenn das Schweigen des Gesetzes planmäßig ist und daher eine Entscheidung bedeutet („beredtes Schweigen", Canaris, Die Feststellung von Lücken im Gesetz, 1964, S 40 ff). Bei der Gesetzeslücke kann es sich um eine Formulierungslücke handeln, die darauf beruht, dass der Gesetzgeber bei der Fassung einer Bestimmung einen Fall ersichtlich nicht bedacht hat (zB BGH **26**, 335, 338). Sie kann eine Wertungslücke sein. Bei dieser wäre das positive Recht zwar nach seinem Wortlaut an sich ohne Ergänzung widerspruchsfrei anwendbar, aber das Ergebnis gebietet eine andere Wertung (Zippelius, Einführung in die juristische Methodenlehre, S 68). Bei der Lückenausfüllung sucht der Auslegende einen Obersatz, der aus demselben, notfalls aus einem anderen Gesetz zu gewinnen ist, und leitet davon den lückenschließenden Auslegungssatz ab, und zwar mittels Erst-Recht-Schluss (Sonderfall des Analogieschlusses) oder Heranziehung von übergesetzlichen Rechtsgrundsätzen (Obermayer NJW **66**, 1889). Eine rechtsändernde richterliche Rechtsfortbildung setzt voraus, dass sich seit dem Erlass der Norm entweder die sachlichen Gegebenheiten oder die Gesamtrechtsordnung geändert haben (Jesch JZ **63**, 241; Wank, Grenzen richterlicher Rechtsfortbildung, 1978; krit unter Darstellung der rechtsstaatswidrigen geschichtlichen Entwicklung zwischen 1933 und 1945 Hillgruber JZ **08**, 745; vgl 18 ff zu § 132 GVG; oben 199). Wesentlich ist stets, dass es sich noch um Rspr handelt und nicht um Normsetzung, die den Gerichten nicht zukommt (BVerwGE **50**, 255, 262).

F. **Neues Prozessrecht** gilt bereits für die schwebenden Verfahren, wenn nichts anderes bestimmt ist (4 zu § 354a); das ist insbesondere auch für Prozessvoraussetzungen und Prozesshindernisse anzunehmen, soweit sie Befassungsverbote (oben 143) sind, es ist aber hinsichtlich der Bestrafungsverbote der Verjährung und des Strafantragserfordernisses umstritten (dazu Wohlers Kargl-FS 596 ff). Bei Maßnahmen, die nicht nur das Verfahren sondern auch die Stellung der Verfahrensbeteiligten (oben 70) betreffen, ist zu unterscheiden: Belastende Gesetze, die rückwirkend bereits abgeschlossene Sachverhalte erfassen sollen, sind grundsätzlich unzulässig (KG NStZ **16**, 234 mit zust Anm Mosbacher); soweit sie noch nicht abgeschlossene Sachverhalte erfassen, sind sie hingegen grundsätzlich zulässig (Wohlers aaO 590), jedoch kann auch hier die Rückwirkung durch Gründe der Rechtssicherheit oder aus begrifflicher Unmöglichkeit ausgeschlossen sein (BayVerfGHE **5** II 243). Ob eine Prozesshandlung ordnungsgemäß ist, richtet sich nach dem im Zeitpunkt ihrer Vornahme geltenden Recht (**aM** BGH NJW **09**, 791, 792). Der Gerichtsstand wird, wenn nichts anderes bestimmt ist, durch nachträgliche Änderung der ihn begründenden Umstände, also auch durch ein neues Gesetz, nicht mehr geändert (vgl § 16); dasselbe gilt für die sachliche Zuständigkeit (BGH wistra **15**, 351, 356) sowie die Gerichtsbesetzung und für bereits eingelegte Rechtsmittel (Wohlers aaO 591).

204   **11) Interlokales Strafverfahrensrecht und supranationale Gerichtsbarkeit:**

205   A. Das **Verfahrensrecht des Gerichtsortes** gilt nach der Kollisionsregel bei innerstaatlicher Verschiedenheit des Verfahrensrechts. Im Revisionsrechtszug ist für die Frage der Ordnungsmäßigkeit des Verfahrens durch den Tatrichter das Recht maßgebend, das am Sitz des Tatrichters gilt (vgl BGH **2**, 305; **7**, 40). Das in dem einen Land bestehende Verfahrenshindernis steht der Strafverfolgung derselben Tat in einem anderen Land, in dem ebenfalls ein Gerichtsstand begründet ist, nicht entgegen, soweit das Gesetz nichts anderes bestimmt (wie zB in § 152a). Das Verfahrenshindernis, das nur im Bezirk des ersuchten Gerichts, nicht auch für das ersuchende Gericht gilt, hindert nicht die Durchführung einer Untersuchungshandlung durch das ersuchte Gericht (§ 162; § 158 GVG, dort 2, 3).

206   B. Der **Vertrag von Lissabon** zur Änderung des Vertrags über die EU und des Vertrags zur Gründung der EG, unterzeichnet in Lissabon am 13.12.2007 (ABl der EU vom 17.12.2007 – 2007/C 306), ist am 1.12.2009 in Kraft getreten. Das BVerfG (NJW **09**, 2267) hat das Zustimmungsgesetz gem § 59 II GG für verfassungskonform befunden. Der Vertrag bekräftigt den Grundsatz gegenseitiger Anerkennung gerichtlicher Entscheidungen. Schrittweise sollen einheitliche Mindeststandards für Beschuldigtenrechte durch die EU festgeschrieben werden. In Art 47 ff des Vertrages sind zentrale Grundsätze des europäischen Verfahrensrechts enthalten, nämlich das Recht auf einen wirksamen Rechtsbehelf, auf ein unparteiisches Gericht und auf Prozesskostenhilfe (Art 47), die Garantie der Unschuldsvermutung und von Verteidigungsrechten (Art 48), die Grundsätze *nulleum crimen, nulla poena sine lege* und die Verhältnismäßigkeit von Strafen (Art 49) sowie das Verbot mehrfacher Strafverfolgung (Art 50). Zu den strafrechtlichen Inhalten des Vertrages im Einzelnen vgl Beukelmann NJW **10**, 2081; Böse ZIS **10**, 76, F. Meyer NStZ **09**, 657, Frenz/Wübbenhorst wistra **09**, 449, Kubiziel GA **10**, 99, Mansdörfer HRRS **10**, 11 und Spemann StraFo **09**, 499.

207   C. **Supranationale Gerichtsbarkeit** übt der EuGH in Luxemburg aus (vgl auch Art 19 Buchst b **EMRK**). Dort finden bisher zwar keine Strafverfahren statt, wohl aber Bußgeldverfahren (BGH **24**, 54). Dieses Gericht ist nicht einem ausländischen gleichzusetzen (BGH aaO). Zu den Bestrebungen, die Tätigkeit der Strafverfolgungsbehörden im Rahmen der EG zu harmonisieren, vgl Zuleeg JZ **92**, 761. Der EuGH trifft auf der Grundlage von Art 35 EUV Vorabentscheidungen über die Auslegung der Übk nach Art VI (Polizeiliche und Justitielle Zusammenarbeit); vgl hierzu Ges vom 6.8.1998 (BGBl I 2035 – EuGHG), das Vorlagerechte und Pflichten deutscher Gerichte näher definiert. Der EuGH ist allein zur Klärung dem EuGHG unterfallender Rechtsfragen berufen; die Anrufung des BGH nach

§ 42 IRG insoweit ist unzulässig (BGH **47**, 326). Soweit von der EU erlassene Richtlinien nicht ordnungsgemäß oder nicht rechtzeitig in nationales Recht umgesetzt worden sind, kann nach der Rspr des EuGH die Richtlinie ggf unmittelbar angewendet oder das mitgliedstaatliche Recht richtlinienkonform ausgelegt werden; EuGH StV **06**, 1 (eingehend dazu Gärditz/Gusy GA **06**, 225 hat dies auch auf Rahmenbeschlüsse ausgedehnt (dazu krit Tinkl StV **06**, 36).

Der **Internationale Strafgerichtshof** zur Verfolgung für im Hoheitsgebiet des 207a ehemaligen Jugoslawien begangene Verstöße gegen humanitäres Völkerrecht ist durch die Resolution 827 des Sicherheitsrats der Vereinten Nationen vom 25.5.1993 mit Sitz in Den Haag errichtet worden. Die BRep hat am 10.4.1995 (BGBl I 485) das Ges über die Zusammenarbeit mit dem ICTY erlassen (vgl dazu Schomburg NStZ **95**, 428; Trautwein NJW **95**, 1658); im Einzelnen Ambos NStZ **98**, 123; NJW **98**, 1444; ZStW **111**, 175; Kreß NStZ **00**, 617, speziell zur Stellung des Opfers dort Safferling ZStW **122**, 104. Zu dem durch Resolution 955 eingesetzten ICTR für Ruanda hat die BRep am 4.5.1998 (BGBl I 843) das entspr Ges erlassen.

Die Bemühungen, einen **permanenten** Internationalen Strafgerichtshof zu errichten (vgl dazu Ambos ZRP **96**, 263; NJW **01**, 405; Ostendorf ZRP **96**, 467; Triffterer Zipf-GS 493), haben am 17./18.7.1998 in Rom zur Verabschiedung eines Gründungsstatuts (BGBl 2000 II 1393) durch eine diplomatische Staatenkonferenz der Vereinten Nationen geführt. Der IStGH hat seinen Sitz in Den Haag und ist für die Verfolgung von Völkermord, Verbrechen gegen die Menschlichkeit, Kriegsverbrechen und das Verbrechen des Angriffskriegs zuständig (Kinkel NJW **98**, 2650; Roggemann NJ **98**, 505; Hermsdörfer JR **01**, 6; Stahn EuGRZ **98**, 577; Werle JZ **01**, 885); die Strafverfolgung durch nationale Gerichte hat aber Vorrang (vgl Kaul ZIS **07**, 494). Deutschland hat das Statut ratifiziert; Grundlage ist das IStGV-StatutG vom 4.12.2000 (BGBl II 1993). Das Statut ist – ebenso wie das Ausführungsgesetz zum römischen Statut (RSAG; BGBl I 2144; dazu MacLean ZRP **02**, 260) – am 1.7.2002 in Kraft getreten, nachdem es von mehr als 60 Staaten ratifiziert worden war (Schomburg NJW **02**, 1630); der IStGH hat am 11.3.2003 seine Arbeit aufgenommen. Am 30.6.2002 ist ferner das Deutsche Völkerstrafgesetzbuch (VStGB, BGBl I 2254) in Kraft getreten, das das Statut von Rom umsetzt und eine Verfolgung von Völkerrechtsverbrechen auch durch die deutsche Justiz ermöglicht (vgl § 153 f).

Das „Grünbuch" der EG-Kommission vom 11.12.2001 sieht ua die Schaffung 207c einer **Europäischen Staatsanwaltschaft** vor (vgl BR-Drucks 51/02; Herbert DRiZ **02**, 209); es wird zZ in den Mitgliedstaaten diskutiert („Zur Europäisierung der Strafverfolgung" vgl ZStW **115**, 275–474 = Beiträge in der Außerordentlichen Tagung der deutschsprachigen Strafrechtslehrer am 7./8.11.2003 in Dresden). Danach soll es einen weisungsunabhängigen Europäischen StA geben, dem aus den Mitgliedstaaten abgeordnete StAe unterstellt sind, die in ihren jeweiligen Staaten nach Weisung des Europäischen StA die Verfolgung der gemeinschaftsrechtlichen Delikte betreiben (vgl dazu Radtke GA **04**, 16, der mit Recht bemängelt, dass hier ein Strafverfolgungsorgan geschaffen würde, „das keine eigene, sein Handeln leitende und begrenzende Strafverfahrensordnung aufweist"; krit auch – mit Hinblick auf die Verteidigung – Satzger Widmaier-FS 558; dort auch zur angedachten Institutionalisierung eines „Eurodefensors"; vgl ferner Satzger NStZ **13**, 206). Zum nunmehr vorgelegten Vorschlag der Europäischen Kommission vom 17.7.2013 zur Errichtung einer Europäischen StA Böse JZ **17**, 82; Esser StV **14**, 494.

Nachdem das erste **Europäische Haftbefehlsgesetz** vom 21.7.2004 (BGBl I 207d 1748) durch das BVerfG (BVerfGE **113**, 273) für nichtig erklärt worden war, gilt nun das Europäische Haftbefehlsgesetz (EuHbG) vom 20.7.2006 (BGBl I 1721); es soll das Auslieferungsverfahren zwischen den Mitgliedstaaten der EU vereinfachen und verkürzen. Näher 9–9g vor § 112.

Mit der Etablierung von **OLAF** (= Organisation de la Lutte Anti-Fraude, vormals 207e UCLAF) ist eine Institution mit einer Art länderübergreifender strafprozessualer Befugnis geschaffen worden (VO EG Nr 1073/1999); die Mitarbeiter von

OLAF dürfen in voller Unabhängigkeit ua innerhalb der Organe der Europäischen Gemeinschaften Untersuchungen zur Bekämpfung von Betrug, Korruption und sonstigen rechtswidrigen Handlungen zum Nachteil der finanziellen Interessen der Gemeinschaften durchführen (vgl Kühne 94 ff; Satzger 10, 18 ff).

207f Der polizeilichen Zusammenarbeit dient **Europol** (Art 29 ff EUV; die Europol-AbfrageV vom 22.5.2007 – BGBl I 940 – bezeichnet die in der BR zuständigen Behörden iSd Europol-Übk), der justiziellen Zusammenarbeit. Es gilt nun der Beschl des Rates (2009/371/II) vom 6.4.2009 zur Errichtung des Europäischen Polizeiamts (BGBl I 2504); eingehend dazu Niemeier/Walter Kriminalistik **10**, 17. **Eurojust** (Art 31 II EUV) hat seinen Sitz in Den Haag; hierzu ist das Eurojust-Gesetz vom 12.5.2004 ergangen (BGBl I 902), das die Kompetenzen des deutschen Mitglieds von Eurojust bestimmt und außerdem die Bedingungen des Daten- und Informationsaustauschs deutscher Gerichte und Strafverfolgungsbehörden mit Eurojust regelt; den Strafverteidigern ist der Zugang zu Eurojust verwehrt (vgl dazu Esser/Herbold NJW **04**, 2421; Esser GA **04**, 717; Frenz wistra **10**, 432). Zu Europol und Eurojust vgl Wolter Hilger-FG 287 ff und Kohlmann-FS 693 ff; eingehend zu Europol Ratzel Kriminalistik **07**, 284 ff und 428 ff sowie Qubain ua Kriminalistik **07**, 363 ff; vgl auch Alternativentwurf Europol und europäischer Datenschutz, 2008; erg 8b zu § 163.

207g Die **Europäische Ermittlungsanordnung** vom Mai 2014 hat die inzwischen aufgehobene Europäische Beweisanordnung ersetzt. Die Richtlinie schafft einen einheitlichen Rechtsrahmen für den Beweistransfer und die Erhebung von Beweismitteln; sie wurde in den §§ 91a ff IRG vom deutschen Gesetzgeber umgesetzt und gilt gemäß § 98c IRG für Rechtshilfeersuchen, die ab dem 22.5.2017 bei der für die Bewilligung zuständigen Stelle eingegangen sind (Beulke/Swoboda 10k; Böhm NJW **17**, 1512; Brahms/Gut NStZ **17**, 388; Böse ZIS **14**, 152).

208 12) Internationales Strafverfahrensrecht:

209 A. Dieses **Rechtsgebiet** umfasst die im Inland unmittelbar geltenden Rechtsnormen, welche auslandsbezogene strafprozessuale Sachverhalte zum Gegenstand haben (vgl Vogel, Perspektiven des internationalen Strafprozessrechts, 2004, S 5); es behandelt insbesondere auch die Fragen, die sich daraus ergeben, dass zur Verfolgung vieler Straftaten Prozesshandlungen in mehreren Staaten vorgenommen werden. Soweit nicht eine andere zwischenstaatliche Regelung besteht, ist jeweils das Recht des Staates maßgebend, in dem die Untersuchungshandlung vorgenommen wird. Jedoch ist es völkerrechtlich anerkannt, dass an Bord eines Schiffes oder Luftfahrzeugs die StPO des Staates gilt, dem das Fahrzeug zuzurechnen ist (§ 4 StGB), solange sich dieses nicht in fremdem Hoheitsraum befindet (vgl Esser ZIS **09**, 277; Schnorr von Carolsfeld Maurach-FS 615; Wille, Die Verfolgung strafbarer Handlungen an Bord von Schiffen und Luftfahrzeugen, 1974). Mit Auslieferung, Durchlieferung und sonstiger Rechtshilfe in Strafsachen befassen sich die IRG sowie bilaterale und multilaterale ÜbK über die Rechtshilfe in Strafsachen (unten 214).

209a **Gewährtes Asyl** (Art 16a I GG) steht einer Auslieferung grundsätzlich nicht entgegen (§ 4 S 2 AsylVfG); die Gefahr drohender Verfolgung ist im Auslieferungsverfahren selbstständig zu prüfen. Nach Art 16 II GG ist nunmehr die Auslieferung Deutscher an einen Mitgliedstaat der EU oder einen IStGH zulässig, soweit rechtsstaatliche Grundsätze gewahrt sind.

210 B. Ein **Übergreifen** der Strafverfolgungstätigkeit des einen Staates in das Gebiet des anderen ist grundsätzlich nicht zulässig. Soweit es überhaupt in Betracht kommt, setzt es die generelle (zB nach Art 39 ff SDÜ) oder im Einzelfall erteilte Genehmigung des ausländischen Hoheitsträgers voraus. Die Vernehmung durch eine konsularische Vertretung der BRep im Ausland ist innerstaatliche Rechtshilfe (§§ 2, 15 KonsG; BGH **26**, 140, 142). Im Übrigen leisten sich die Staaten nach Maßgabe der Auslieferungs- und Rechtshilfeverträge gegenseitige Rechtshilfe für ihre Strafverfahren (unten 215 ff). Die Übernahme der Strafverfolgung durch den anderen Staat ist ebenso zulässig wie die Abgabe an einen anderen Staat (erg oben 177c).

Internationales Strafverfahrensrecht **Einl**

C. Das **sog Strafrechtsanwendungsrecht** (§§ 3–7 StGB) betrifft das materielle 211
Strafrecht. Es hat aber insofern mittelbar prozessuale Bedeutung, als es dafür maßgebend ist, ob ein Verfahren wegen einer Auslandstat durchgeführt werden kann.
§ 153c hebt für Auslandstaten das Legalitätsprinzip auf und ersetzt es durch das
Opportunitätsprinzip.

D. **Kollisionsnormen** enthalten die Bestimmungen über die Exterritorialität. 212
Die Exterritorialen repräsentieren ihren Staat in einem fremden Staat oder stehen
in besonders engen Beziehungen zu einem solchen Repräsentanten des Staates.
Vgl dazu §§ 18–20 GVG.

E. **Ausländisches Strafprozessrecht** wird im deutschen Verfahren nicht an- 213
gewendet, auch nicht ein ausländisches Prozesshindernis bei der Verfolgung einer
Auslandstat, wie zB die ausländische Verjährung (RG **40**, 402), oder rechtskräftige
ausländische Aburteilung wegen derselben Tat (vgl § 51 III StGB; § 153c II), es sei
denn, völkerrechtliche Vereinbarungen sehen – zB bei der Erledigung von Rechtshilfeersuchen oder hinsichtlich des Strafklageverbrauchs – etwas anderes vor (vgl
oben 177). Leistet der fremde Staat für ein ausländisches Verfahren Rechtshilfe, so
ist sie wirksam, wenn er sein Prozessrecht beachtet (BGH **2**, 304; **7**, 12).

F. Die **Richtlinien für den Verkehr mit dem Ausland in strafrechtlichen** 214
Angelegenheiten (RiVASt) idF vom 8.12.2008 (abgedr bei Piller-Herrmann
unter 2 f) sind Verwaltungsvorschriften der Bundesregierung und der Regierungen
der Länder mit aktuellen Hinweisen. Sie werden vom BMJV im Einvernehmen
mit dem Auswärtigen Amt auf dem Laufenden gehalten.

G. Die **bi- oder multilateralen Übk über die Rechtshilfe in Strafsachen** 215
gehen dem IRG vor (§ 1 III IRG), das im vertraglichen Bereich nur lückenfüllend
heranzuziehen ist. Sie begründen völkerrechtliche Pflichten zur Unterstützung im
Allgemeinen (Auslieferung, sonstige Rechtshilfe, Vollstreckungshilfe) oder für bestimmte Bereiche der Kriminalitätsbekämpfung (zB Drogenhandel, Geldwäsche;
vgl dazu das Übk vom 8.11.1988, BGBl 1998 II 519). Sie dienen auch der Zusammenarbeit, wie etwa das NATO-Truppenstatut mit seinen Zusatzvereinbarungen (Anl 10 ff); so grenzt Art VII NTS die deutsche Gerichtsbarkeit von der des
Entsendestaates ab und regelt die Fälle der konkurrierenden Gerichtsbarkeit sowie die gegenseitige Unterstützungspflicht. Für das nationale Strafverfahren sind
RechtshilfeÜbk häufig von unmittelbarer Bedeutung (Verfahrenshindernisse, Erreichbarkeit von im Ausland befindlichen Beweismitteln, Übermittlung von Urkunden usw, vgl SLGH Einl 46 ff, 105 ff).

Die wichtigsten allgemeinen multilateralen RechtshilfeÜbk für die BRep sind 215a
diejenigen der nunmehr 47 Staaten umfassenden Europarates (vgl dazu auch die
Übersicht bei Kühne 71 sowie Huber Hilger-FG 135): Das **Europäische Auslieferungsübereinkommen (EuAlÜbk)** vom 13.12.1957 (BGBl 1964 II 1369;
1976 II 1778; 1994 II 299) mit seinem 2. Zusatzprotokoll vom 17.3.1978
(BGBl 1991 II 874); es soll durch das EuÜbk zur Bekämpfung des Terrorismus
vom 27.1.1977 (BGBl 1978 II 321, 907; vgl dazu BGH **29**, 211) und durch bilaterale Verträge – insbesondere mit Italien, den Niederlanden, Österreich und der
Schweiz – ergänzt und erleichtert werden. Für die Mitgliedstaaten der EU ist seit
1.4.2004 das EuAlÜbk durch den Rahmenbeschluss des Rates vom 13.6.2002 über
den Europäischen Haftbefehl und die Übergabeverfahren zwischen den Mitgliedstaaten (**RB-EUHb**, ABl L 190 vom 18.7.2002) ersetzt (vgl dazu Kirsch StV **10**,
257); auch das Übk über das vereinfachte Auslieferungsverfahren vom 10.3.1995
(BGBl II 2229) sowie das Übk vom 27.9.1996 über die Auslieferung (BGBl II
2253) zwischen den Mitgliedstaaten der EU sind dadurch ersetzt worden (Art 31 I
RB-EUHb). Das Abkommen vom 26.5.1989 zwischen den Mitgliedstaaten der
EG über die Vereinfachung und Modernisierung der Verfahren zur Übermittlung
von Auslieferungsersuchen ist vorläufig anwendbar zwischen Deutschland, den
Benelux-Staaten, Italien, Österreich, Schweden, Spanien und Großbritannien
(BGBl 1998 II 965). Durch zusätzliche Verträge wird der Anwendungsbereich des

EuAlÜbk näher bestimmt und zT erweitert (zB mit Österreich, der Schweiz und Frankreich, vgl BGBl 1975 II 1157, 1162 und 1977 II 1798 und 1818; 1975 II 1169, 1175 und 1977 II 1798, 1818; 1978 II 328); solche bilateralen Abkommen können nach Art 31 II RB-EUHb weiter angewendet werden, soweit sie die Möglichkeit bieten, über die Ziele des RB hinauszugehen und zu einer weiteren Vereinfachung oder Erleichterung der Verfahren zur Übergabe von Personen beitragen, gegen die ein Europäischer Haftbefehl besteht.

215b Das **Europäische Übk über die Rechtshilfe in Strafsachen (EuRHÜbk)** vom 20.4.1959 (BGBl 1964 II 1369, 1386; 1976 II 1799; 1995 II 736) mit seinem Zusatzprotokoll vom 17.3.1978 (BGBl 1991 II 909), das durch bilaterale Verträge – insbesondere mit Frankreich, Italien, den Niederlanden und Österreich sowie durch das Schengener DurchführungsÜbk (unten 216) – erleichtert und ergänzt wird, schafft die Grundlage für möglichst alle Ersuchen um Unterstützung, die im Bereich der kleinen Rechtshilfe denkbar sind, oder in Verfahren, die mit einem Strafverfahren zusammenhängen (zB in Gnaden- und Wiederaufnahmeverfahren, in Verfahren zur Entschädigung für zu Unrecht erlittene Verfolgungsmaßnahmen, Tilgung von Eintragungen im BZR). Rechtshilfe gibt es auch im Strafnachrichtenaustausch (durch fallbezogenes Ersuchen im Einzelfall oder durch automatische Benachrichtigung anderer Vertragsstaaten, zB nach Art 13, 22 EuRHÜbk). Lediglich im Vollstreckungsbereich (Verhaftungen, Vollstreckung von Strafentscheidungen) ist die Rechtshilfe im EuRHÜbk nicht vorgesehen. Die Anordnung der Haft ist im EuAlÜbk geregelt. Liegt ein Ablehnungsgrund nach Art 2 EuRHÜbk vor, so steht es im Ermessen des ersuchten Staates, ob er Rechtshilfe leisten will (Näheres zum EuRHÜbk Walter NJW **77**, 983 ff mwN). Das EuRHÜbk vom 30.4.1959 ist inzwischen ergänzt worden durch das Übk vom 29.5.2000 über die Rechtshilfe in Strafsachen zwischen den Mitgliedstaaten der EU (BGBl 2005 II 650) mit dem Protokoll vom 16.10.2001 zu diesem Übk (BGBl 2005 II 661); das EuRhÜbk ist in der BRD am 2.2.2006 in Kraft getreten (vgl dazu BGH StV **07**, 627 mit Anm Schuster StV **08**, 396). Das Ges zur Umsetzung des Übk vom 22.7.2005 – Änderungen des IRG, ua Einfügung der §§ 61a, 61b, 83j, 83k – (BGBl I 2189) trat am 8.8.2005 in Kraft.

215c Das **ÜberstellungsÜbk (ÜberstÜbk)** vom 21.3.1983 (BGBl 1992 II 98) soll die Reintegration eines Verurteilten im Heimatstaat und die Entlastung der Vollzugsanstalten von Ausländern ermöglichen. Nationale verfahrensrechtliche Vorschriften hierzu enthält das Überstellungsausführungsgesetz vom 26.9.1991 (BGBl I 1954); vgl BVerfG NStZ **98**, 140 mit Anm Schomburg NStZ **98**, 142 zum Rechtsschutz gegen die Ablehnung eines Überstellungswunsches. Das SDÜ (unten 216) erleichtert in seinen Art 67 ff die Übertragung der Vollstreckung gegen in ihr Heimatland geflüchtete Verurteilte ebenso wie das EG-VollstrÜbk, das die Übertragung der Vollstreckung einer freiheitsentziehenden Strafe gemäß Art 3 nur an den Aufenthalt im zukünftigen Vollstreckungsstaat knüpft (erg 7 ff vor § 449). Es ist im Verhältnis zwischen Deutschland und den Niederlanden vorzeitig anwendbar.

215d Eine **Schnellübersicht über die Vertragsstaaten** dieser Rechtshilfe-Übk (Rn 215a–215c) mit Stand vom 1.10.2005 findet sich bei Schomburg NJW **05**, 3264. Die EU hält mittlerweile eine Vielzahl eigener Übk zur internationalen Rechtshilfe in Strafsachen vor, die jedoch derzeit nur zwischen einzelnen Staaten, die eine derartige Erklärung abgegeben haben, „vorzeitig angewendet" werden (vgl näher dazu SLGH vor Hauptteil III 20; Schomburg NJW **00**, 540).

216 Nach Art 48 ff des **SDÜ** vom 19.6.1990 zwischen der BRep, Frankreich und den Benelux-Staaten (BGBl 1993 II 1013, 1045 ff; 1998 II 1968) leisten sich diese sowie sämtliche anderen der 27 EU-Vertragsstaaten, für die das SDÜ nunmehr als Teil des EU-Besitzstandes auch in Kraft gesetzt worden ist, ferner Island, Norwegen und die Schweiz, weitergehende Rechtshilfe in Strafsachen, zB auch für Zuwiderhandlungen gegen Ordnungsvorschriften, in Verfahren über Ansprüche auf Entschädigung für Strafverfolgungsmaßnahmen, in Gnadensachen, Steuersachen usw (vgl auch Schübel NStZ **97**, 107; erg 25 zu § 37).

13) Verfahren zur Wahrung der Verfassung: 217

A. Angewandtes Verfassungsrecht ist die StPO (BVerfGE **32**, 373, 383; 218
BGH **19**, 325, 330; Bay **78**, 152, 155; oben 5). Gesetz und Rspr sind stets am GG
zu messen. Grundrechtsverletzungen können mit den strafprozessualen Rechtsmitteln, insbesondere mit der Revision (§ 337 II), gerügt werden. Die Strafgerichte
sind verpflichtet, sie zu heilen, wenn die Vorschriften der StPO das ermöglichen
(Meyer Kleinknecht-FS 267; Zuck JZ **85**, 921; 1 zu § 33a). Das BVerfG entscheidet im konkreten Normenkontrollverfahren (unten 219 ff) über die Vereinbarkeit
des Gesetzes mit dem GG; auf Verfassungsbeschwerde (unten 230 ff) prüft es darüber hinaus, ob Gesetze oder Entscheidungen der Strafgerichte gegen das GG
verstoßen.

B. Konkretes Normenkontrollverfahren: 219

a) Ein **Entscheidungsmonopol des BVerfG** begründet Art 100 I GG. Die 220
Fachgerichte dürfen Gesetze im formellen Sinn (BVerfGE **1**, 184), auf deren Gültigkeit es bei der Entscheidung ankommt, nicht für verfassungswidrig erklären; nur
die Entscheidung, dass ein Gesetz mit dem GG vereinbar ist, steht ihnen zu.
Art 100 I GG bezieht sich nicht auf vorkonstitutionelle, dh vor dem 24.5.1949
verkündete Gesetze (BVerfGE **2**, 124, 128 ff; **32**, 296), sofern nicht bei einer späteren Änderung oder Ergänzung der „konkrete Bestätigungswille" des Bundesgesetzgebers erkennbar geworden ist (BVerfGE **6**, 55, 65; **63**, 181). Art 100 I GG gilt
auch nicht für das EG-Recht, sofern es sich nicht nur um die deutschen Zustimmungsgesetze handelt (BVerfGE **52**, 187, 202; vgl aber BVerfGE **37**, 271). Die
Möglichkeit der Vorlage an den EuGH nach Art 177 EWG-Vertrag schließt die
Vorlage an das BVerfG nicht aus (BVerfGE **69**, 174, 183). Bei Zweifeln darüber, ob
eine Regel des Völkerrechts Bestandteil des Bundesrechts ist und ob sie nach
Art 25 GG unmittelbare Rechte und Pflichten für den Einzelnen begründet, ist
die Anrufung des BVerfG nach Art 100 II GG iVm §§ 13 Nr 12, 83, 84 BVerfGG
vorgeschrieben. Bei Meinungsverschiedenheiten über das Fortgelten des früheren
Rechts als Bundesrecht besteht das Entscheidungsmonopol des BVerfG nach
Art 126 GG.

b) Die **Vorlagepflicht nach Art 100 I GG** setzt voraus, dass die Verfassungs- 221
mäßigkeit des Gesetzes für die gerichtliche Entscheidung von Bedeutung ist
(BVerfGE **48**, 40, 45 ff; BVerfG NStZ-RR **06**, 323), nicht nur für ihre Begründung (BVerfGE **13**, 97, 103 ff; **44**, 297, 300); sie muss zur abschließenden Beurteilung des konkreten gerichtlichen Verfahrens unerlässlich sein (BVerfG NJW **95**,
772). Unmittelbare Entscheidungsgrundlage braucht das Gesetz aber nicht zu sein
(BVerfGE **2**, 406). Dass der Inhalt der abschließenden Entscheidung noch nicht
feststeht, schließt die Vorlage nicht ohne weiteres aus (vgl BVerfGE **24**, 119, 133;
41, 269). Sie ist daher schon im Verfahren des Ermittlungsrichters nach § 162
(BVerfGE **33**, 367, 373) und vor Erlass des Eröffnungsbeschlusses zulässig (BVerfGE **4**, 352, 354). Der Richter ist in seiner Funktion als Strafvollstreckungsleiter (3
zu § 451) nicht vorlagebefugt (BVerfG NStE Nr 4 zu Art 100 GG). Zur Vorlage ist
der Richter im Übrigen nur berechtigt und verpflichtet, wenn er von der Verfassungswidrigkeit des Gesetzes überzeugt ist; bloße Zweifel und Bedenken genügen
nicht (BVerfGE **1**, 184; **68**, 352, 359). Das Gericht muss darlegen, mit welchem
verfassungsrechtlichen Grundsatz die Regelung nach seiner Ansicht unvereinbar ist;
dazu bedarf es einer eingehenden Rspr und Schrifttum einbeziehenden Darstellung
der Rechtslage (BVerfG wistra **10**, 341, 342). Der Klärung von Meinungsverschiedenheiten zwischen Gerichten desselben Rechtszugs dient das Verfahren nicht
(BVerfGE **80**, 54); die Vorlage ist daher auch unzulässig, wenn ein übergeordnetes Gericht in einer zurückverweisenden, bindenden Entscheidung die Verfassungsmäßigkeit eines Gesetzes ausdrücklich oder stillschweigend bejaht hat (BVerfG wistra **94**,
263).

Art 100 I GG führt zu einem **Verfahrenshindernis besonderer** Art mit der 222
Folge, dass dem Gericht jede andere Entscheidung außer der Vorlage untersagt ist

(BVerfGE **34**, 321). Die Vorlagepflicht entfällt nicht deshalb, weil das BVerfG bereits mit der Prüfung der Norm befasst ist, insbesondere auf Vorlage desselben (Köln NJW **61**, 2269, 2271) oder eines anderen Gerichts (Schleswig SchlHA **76**, 178 [E/J]); die Aussetzung der Vorlage bis zur Entscheidung des BVerfG in der anderen Sache ist daher nicht statthaft (Frankfurt MDR **56**, 232 L; LG Osnabrück MDR **86**, 517; Höhn NJW **61**, 443; offen gelassen von BGH NJW **93**, 1279).

223 **Zwischenentscheidungen,** die die Verfassungsmäßigkeit der Norm voraussetzen, darf das Gericht während der Aussetzung nicht treffen; die Entscheidung über die Aufrechterhaltung strafprozessualer Zwangsmaßnahmen darf es aber nicht bis zur Entscheidung über die Vorlage aufschieben (Stratenwerth JZ **57**, 299; **aM** Köln NJW **55**, 1489 mit Anm Schmidt-Leichner).

224 c) **Vorlageverfahren:** Die Vorlage ist erst zulässig, wenn das Gericht eine sachliche Entscheidung zu treffen hat, bei der es auf die Gültigkeit des Gesetzes ankommt (BVerfGE **51**, 401, 403; **84**, 233).

225 Das **Gericht, nicht der Vorsitzende allein** (BVerfGE **1**, 80), sofern er nicht auch die anstehende Entscheidung allein zu treffen hat (BVerfGE **54**, 159), in keinem Fall der Rechtspfleger (BVerfGE **30**, 170; **61**, 75), beschließt die Aussetzung des Verfahrens und die Einholung der Entscheidung (§ 80 I BVerfGG). Nach Eröffnung des Hauptverfahrens entscheidet es in der Besetzung, in der es das Urteil und die mit der Urteilsfindung zusammenhängenden Entscheidungen zu treffen hat (BVerfGE **16**, 305; **19**, 71), das SchG und die StrK also unter Mitwirkung der Schöffen (BVerfG aaO; BVerfGE **1**, 80). StA und Verteidigung sind vor der Entscheidung, das Verfahren auszusetzen, anzuhören (BVerfGE **47**, 146, 151).

226 Die **Begründung des Vorlagebeschlusses** muss aus sich heraus verständlich sein (BVerfGE **22**, 175, 177; **26**, 302, 307; **34**, 257; **69**, 185; **70**, 219, 228). Ihr muss zu entnehmen sein, aus welchen Erwägungen das Gericht, auf dessen Auffassung es insoweit ankommt, sofern sie nicht offensichtlich unhaltbar ist (BVerfGE **72**, 51, 60), die als verfassungswidrig erachtete Norm für entscheidungserheblich hält (BVerfGE **64**, 251, 254; **69**, 185; **72**, 91, 102; BVerfG 2 BvL 16/08 vom 11.9.2008), mit welcher übergeordneten Rechtsnorm sie unvereinbar (BVerfGE **58**, 153, 157; **64**, 175, 178; **64**, 251, 254; **72**, 51, 60) und weshalb ihre verfassungskonforme Auslegung nicht möglich ist (BVerfGE **48**, 40, 45; **85**, 329). Dazu hat das Gericht in den Gründen des Beschlusses den Sachverhalt, der genügend aufgeklärt sein muss (BVerfGE **64**, 251; **70**, 219, 228), so weit wiederzugeben, wie er für die rechtliche Beurteilung wesentlich ist (BVerfGE **48**, 396, 400; **64**, 192, 201); es muss auch die rechtlichen Erwägungen erschöpfend darlegen (BVerfGE **37**, 328, 332; **48**, 396, 400; **51**, 401, 403; **66**, 256, 268; **68**, 311, 316; **70**, 219, 228) und sich dabei eingehend mit der Rechtslage auseinandersetzen (BVerfGE **83**, 111; BVerfG NJW **95**, 772). Ferner muss festgestellt werden, dass der Angeklagte die ihm zur Last gelegte Tat schuldhaft begangen hat (BVerfGE **35**, 306; **51**, 401, 403). Der Vorlagebeschluss muss mit hinreichender Deutlichkeit erkennen lassen, dass das Gericht bei Gültigkeit des zur Prüfung gestellten Gesetzes zu einem anderen Ergebnis kommen würde als im Fall seiner Ungültigkeit, und wie es dieses Ergebnis begründen würde (BVerfGE **11**, 330, 334; **48**, 396, 399; **51**, 401, 403; **65**, 265, 277; 308, 314; **66**, 100, 105; **68**, 311, 316; **72**, 91, 102; **74**, 236, 242). Dabei reicht aber die Darlegung aus, dass das angefochtene Urteil im Fall der Gültigkeit der Norm aufgehoben und die Sache an den Tatrichter zur weiteren Aufklärung zurückverwiesen werden soll (BVerfGE **24**, 119, 123). Wird die Entscheidungserheblichkeit im Laufe des Normenkontrollverfahrens zweifelhaft, so muss das Gericht diese Ungewissheit in angemessener Frist beseitigen; andernfalls wird die Vorlage unzulässig (BVerfGE **51**, 161).

227 Der Vorlagebeschluss wird **dem BVerfG unmittelbar vorgelegt** (§ 80 I BVerfGG); RiStBV 190 ist zu beachten. Der Beschluss, der von den Richtern zu unterschreiben ist, deren Unterschrift unter einem Urteil erforderlich wäre (BVerfGE **34**, 257, 260), ist ebenso wenig anfechtbar wie die Ablehnung eines Antrags auf Vorlage (Düsseldorf VRS **83**, 415 mwN). Er kann zurückgenommen

werden, wenn seine Grundlagen nachträglich entfallen (BVerfGE **29**, 325; **49**, 213), insbesondere, wenn das BVerfG das Gesetz inzwischen für verfassungswidrig erklärt hat (Lechner, BVerfGG 3. Aufl, zu § 80 II).

Hat das BVerfG die Norm bereits früher für mit dem GG vereinbar erklärt, so ist eine **erneute Vorlage** nur zulässig, wenn unter Einnahme des in der früheren Entscheidung dokumentierten Rechtsstandpunkts des BVerfG dargelegt wird, welche inzwischen eingetretenen Veränderungen eine abermalige verfassungsrechtliche Prüfung veranlassen und geeignet sind, eine abweichende Entscheidung zu ermöglichen (BVerfGE **65**, 179; **70**, 242, 249; **87**, 341; BVerfG NJW **04**, 3620). 228

d) **Landesverfassungsgerichte** sind zT nach Landesrecht auch für die Prüfung vorkonstitutioneller Normen zuständig (allg Schäfer NJW **54**, 1). Die Zuständigkeit des BVerfG wird durch die eines Landesverfassungsgerichts nicht ausgeschlossen (BVerfGE **2**, 380, 388 ff; **55**, 207, 224 ff); umgekehrt gilt das Gleiche (BayVerfGH NStZ **86**, 88). Über die Grenzen der Überprüfbarkeit durch die Landesverfassungsgerichte vgl A. Schmidt NJW **75**, 289 und 11a zu § 112. Erg unten 241. 229

C. **Verfassungsbeschwerde:** 230

a) **Zulässig** ist die Verfassungsbeschwerde (zusammenfassend Klein/Sennekamp NJW **07**, 945) nur, wenn der Beschwerdeführer geltend macht, dass er in einem seiner Grundrechte oder in einem seiner in Art 20 IV, 33, 38, 101, 103 und 104 GG enthaltenen Rechte – unmittelbar rechtlich und nicht nur mittelbar faktisch (BVerfG NJW **09**, 3569) – verletzt ist (Art 93 I Nr 4a GG iVm § 13 Nr 8a BVerfGG); diese Beanstandung muss er aber auch bereits im Ausgangsverfahren (erfolglos) erhoben haben (BVerfG NStZ **00**, 544). Auf die Verletzung der **EMRK** kann die Verfassungsbeschwerde nicht gestützt werden (2 zu Art 13 EMRK). Sie kann sich außer gegen Gesetze (vgl § 93 III, IV BVerfGG) gegen Urteile und Beschlüsse richten, die das Strafverfahren abschließen, aber auch gegen Zwischenentscheidungen, mit denen über eine für das Verfahren wesentliche Rechtsfrage abschließend entschieden wird (BVerfGE **25**, 336, 344; **53**, 109 = NJW **80**, 1095) und die einen bleibenden rechtlichen Nachteil für den Betroffenen zur Folge haben, der sich später gar nicht oder nur unvollständig beheben lässt (BVerfGE **101**, 106, 120 mwN), zB über die Richterablehnung (BVerfGE **24**, 56), über die Aufrechterhaltung des Haftbefehls (vgl BVerfGE **53**, 152), Durchsuchungsanordnungen (BVerfGE **42**, 212; **44**, 353; BVerfG NJW **05**, 1640; BayVerfGH NStZ **86**, 88), über die Ablehnung eines Antrags auf audiovisuelle Vernehmung (BVerfG NJW **14**, 1082), nicht aber über die Eröffnung des Hauptverfahrens (BVerfGE **25**, 336; BVerfG NJW **89**, 2464), es sei denn, die Entscheidung habe nach dem substantiierten Vortrag des Beschwerdeführers Verfassungsrecht verletzt (BVerfG StV **05**, 196: Verstoß gegen Art 103 III GG), die Nichtzulassung als Nebenkläger (BVerfG NStZ-RR **02**, 309), die Abtrennung oder Nichtabtrennung eines Strafverfahrens oder die Bestellung eines Pflichtverteidigers (BVerfG NJW **07**, 3563 L Nr 5 und 6), die Ablehnung einer Terminsverlegung (BVerfG NStZ-RR **02**, 113) oder die Einholung eines Gutachtens (BayVerfGH NJW **91**, 2953). 231

Die **StA** kann keine Verfassungsbeschwerde erheben, sofern sie nicht den Fiskus in einem Zivilprozess vertritt (BVerfGE **6**, 45; **aM** Arndt DRiZ **59**, 368). Denn dieser Rechtsbehelf dient nur der Verteidigung eigener subjektiver Rechte gegenüber dem Staat, nicht der Austragung von Meinungsverschiedenheiten zwischen Staatsorganen (BVerfGE **15**, 298, 301 ff). 232

Die Zulässigkeit der Verfassungsbeschwerde setzt ein **Rechtsschutzinteresse** voraus (BVerfGE **21**, 139, 143; **56**, 99, 106; **81**, 138), das sich aus der belastenden Gerichtsentscheidung selbst ergeben und noch fortbestehen muss (BVerfGE **33**, 247, 253; **50**, 244, 247; BVerfG NJW **03**, 1175: nicht bei Freispruch). Die Beschwer durch die Urteilsgründe kann genügen (BVerfGE **6**, 7, 9; **28**, 151; BVerfG NStZ **87**, 421; Jakobs JZ **79**, 279). Auch wenn das mit der Verfassungsbeschwerde verfolgte Begehren erledigt ist, kann ausnahmsweise ein weiterwirkendes Rechtsschutzbedürfnis bestehen (BVerfGE **33**, 247, 256). Jedoch ist eine Verfassungsbe- 233 schwerde idR unzulässig, wenn der Beschwerdeführer nur noch durch die Kosten- und Auslagenentscheidung beschwert ist (BVerfGE **33**, 247, 256; **39**, 276, 292; **50**, 244, 248). Anders ist es, wenn sich der behauptete Verfahrensverstoß ausschließlich auf die Kostenentscheidung bezieht und die Entscheidung in der Hauptsache davon nicht berührt wird (BVerfG NJW **87**, 2569). Die Verfassungsbeschwerde erledigt sich grundsätzl durch den Tod des Beschwerdeführers, wenn sie der Durchsetzung höchstpersönl Rechte dienen sollte (BVerfGE **109**, 279), Ausnahmen bleiben aber im Einzelfall zulässig (BVerfG NJW **10**, 47, 48).

234 Erst nach **Erschöpfung des Rechtswegs** kann die Verfassungsbeschwerde erhoben werden (§ 90 II S 1 BVerfGG). Er ist so lange nicht erschöpft, wie der Beschwerdeführer die Möglichkeit hat, im Verfahren vor den Gerichten des zuständigen Gerichtszweigs die Beseitigung der Entscheidung zu erreichen (BVerfGE **8**, 222; **73**, 322, 325; vgl Henschel Faller-FS 165; Lübbe-Wolff/Geisler NStZ **04**, 480). Zum Rechtsweg gehören auch die Erhebung eines rechtzeitigen Befangenheitsantrags nach § 24 (BVerfG StV **10**, 284) oder der Nebenklage (BbgVerfG NJW **10**, 2196 L), die Antragstellung nach § 356a (BVerfG NJW **13**, 3506; **14**, 2635; dazu eingehend Allgayer NJW **13**, 3484, Esser NJW **16**, 604 und Lohse StV **14**, 385), unabhängig davon, ob mit der Verfassungsbeschwerde eine Verletzung des Anspruchs auf rechtliches Gehör gerügt wird (BVerfG NStZ-RR **14**, 84), und der Antrag auf Wiedereinsetzung in den vorigen Stand (BVerfGE **42**, 252; **77**, 275, 282; einschr BVerfG NJW **16**, 1570), auf gerichtliche Entscheidung nach §§ 23ff **EGGVG** (BVerfG NJW **91**, 690) oder nach §§ 109ff **StVollzG**, nicht aber der Wiederaufnahmeantrag nach §§ 359ff, auch nicht eine Gegenvorstellung (BVerfGE **122**, 190; erg 25 vor § 296). Hat sich der Beschwerdeführer des Rechtswegs selbst abgeschnitten, zB indem er einen Rechtsmittelverzicht erklärt (BVerfGE **16**, 1), das Rechtsmittel zurückgenommen (BVerfGE **2**, 123) oder nicht einmal in zulässiger Weise eingelegt hat (BVerfGE **1**, 13; **54**, 53, 65; BVerfG NJW **87**, 1874), so ist die Verfassungsbeschwerde unzulässig. Das Gleiche gilt, wenn die verfassungsrechtliche Beschwer im Rechtsmittelverfahren nur auf Rüge berücksichtigt werden konnte, diese aber unterlassen oder nicht ordnungsgemäß erhoben worden ist (BVerfGE **74**, 102, 113; BVerfG MDR **86**, 729). Der Erschöpfung des Rechtswegs bedarf es auch, wenn die Statthaftigkeit des Rechtsmittels umstritten ist (BVerfGE **68**, 376; BVerfG NJW **14**, 2635; **15**, 2175; **16**, 861), nicht aber, wenn es offensichtlich unzulässig ist (BVerfG NJW **09**, 3710) oder wenn im Hinblick auf eine gefestigte und einheitliche höchstrichterliche Rspr kein Erfolg des Rechtsmittels zu erwarten ist (BVerfGE **9**, 3, 7ff). Auch sonst kann das BVerfG nach § 90 II S 2 BVerfGG sofort entscheiden, wenn die Verfassungsbeschwerde von allgemeiner Bedeutung ist (vgl dazu BVerfGE **71**, 305, 349; BVerfG NJW **87**, 2288), wenn dem Beschwerdeführer ein schwerer und unabwendbarer Nachteil entstünde, falls er zunächst auf den Rechtsweg verwiesen würde (§ 90 II S 2 BVerfGG), oder wenn ihm die Erschöpfung des Rechtswegs aus anderen Gründen nicht zuzumuten ist (BVerfGE **49**, 24, 51). Vgl ferner die Zusammenstellung bei Kreuder NJW **01**, 1244.

234a Zur Erschöpfung des Rechtswegs gehört auch die **Antragstellung nach §§ 33a, 311a** (BVerfGE **33**, 192; **42**, 243, 250; **74**, 359, 380; NJW **03**, 1513; NStZ-RR **98**, 73; **00**, 110). Da diese nicht fristgebunden ist, dürfte dem Antragsteller an sich kein Nachteil daraus erwachsen, wenn er die Verfassungsbeschwerde erst nach (erfolgloser) Entscheidung über diesen Antrag einlegt, auch wenn die Frist des § 93 I S 1 BVerfGG bereits verstrichen ist. Da es insoweit aber bisher an einer eindeutigen Rspr des BVerfG fehlt, ist anzuraten, innerhalb der Verfassungsbeschwerdefrist zugleich den nicht fristgebundenen Rechtsbehelf und Verfassungsbeschwerde unter Hinweis auf diesen zu erheben (Pohlreich StV **11**, 574).

235 b) **Einzulegen und zu begründen** ist die Verfassungsbeschwerde schriftlich, auch telegrafisch (BVerfGE **32**, 365), innerhalb eines Monats (dazu BVerfG NJW **89**, 1148; **16**, 3230; StV **91**, 241; NStZ-RR **12**, 380), nach Zustellung oder

Bekanntgabe der Entscheidung (§ 93 I BVerfGG) unter deren Beifügung (Seyfarth ZRP **00**, 272) bei dem BVerfG. Anwaltszwang besteht nicht (krit Jahn ZIS **09** Z, 512); anders nur in der mündlichen Verhandlung, dort ist zur wirksamen Prozessvertretung nach § 22 II BVerfGG stets eine auf das konkrete Verfahren bezogene Vollmacht erforderlich (BVerfG NJW **02**, 428). Prozesskostenhilfe wird nur ausnahmsweise gewährt (Jahn aaO 515). § 93 II BVerfGG sieht bei unverschuldeter Verhinderung an der Einhaltung der Frist die Möglichkeit einer Wiedereinsetzung in den vorigen Stand vor. Die Strafgerichte sind zur Entgegennahme der Beschwerde nicht zuständig und zur Weiterleitung an das BVerfG nicht verpflichtet.

In der − auch innerhalb der Monatsfrist abzugebenden − **Begründung** der Beschwerde muss das Recht, das verletzt sein soll, und die Entscheidung, durch die der Beschwerdeführer sich verletzt fühlt, bezeichnet werden (§ 92 BVerfGG); einer ausdrücklichen Benennung des als verletzt gerügten Grundrechtartikels bedarf es aber nicht (BVerfG NJW **95**, 124). Der Sachverhalt muss so ausführlich dargestellt werden, dass das BVerfG anhand der Begründung ohne Heranziehung weiterer Unterlagen beurteilen kann, ob die Verletzung eines der in § 90 I BVerfGG bezeichneten verfassungsmäßigen Rechte des Beschwerdeführers in Betracht kommt (BVerfG StV **00**, 233; 465 ff; NJW **12**, 908; zu den sehr weitgehenden Anforderungen abl Franke JR **00**, 468, Jahn Widmaier-FS 821; Rogall NStZ **00**, 490; Weßlau StV **00**, 468). Die Bezugnahme auf beigefügte Schriftstücke ist zulässig (BVerfGE **28**, 104; **32**, 365), nicht jedoch auf nur in den Strafakten befindliche (zu den Begründungsanforderungen im einzelnen Eschelbach/Gieg/Schulz NStZ **00**, 565 sowie Kreuder NJW **01**, 1246). Bei der Rüge eines Verstoßes gegen Art 103 I GG muss dargelegt werden, was der Beschwerdeführer bei rechtzeitiger Gewährung rechtlichen Gehörs vorgetragen hätte (BVerfG NStZ **04**, 215). 236

Aufschiebende Wirkung hat die Verfassungsbeschwerde nicht; das BVerfG kann aber nach § 32 BVerfGG eine einstweilige Anordnung erlassen. Wenn das im Einzelfall zu erwarten ist, kann der Vollzug der angefochtenen Entscheidung kurze Zeit aufgeschoben werden (vgl zB BVerfGE **84**, 341). 237

c) **Verfahren des BVerfG:** Die Verfassungsbeschwerde bedarf der Annahme zur Entscheidung (§ 93a I BVerfGG). Sie ist nur anzunehmen, soweit ihr grundsätzliche verfassungsrechtliche Bedeutung zukommt (§ 93a II Buchst a BVerfGG) oder wenn es zur Durchsetzung der in § 90 I BVerfGG genannten Rechte (= Grundrechte und Art 20 IV, 33, 38, 101, 103, 104 GG) angezeigt ist, was auch der Fall sein kann, wenn dem Beschwerdeführer durch die Versagung der Entscheidung zur Sache ein besonders schwerer Nachteil entsteht (§ 93a II Buchst b BVerfGG; vgl BVerfGE **96**, 245: Angriff gegen den Schuldspruch einer strafgerichtlichen Verurteilung); Bagatellen werden somit zur Entscheidung nicht angenommen (Klein NJW **93**, 2074; Zuck NJW **93**, 2641). Vgl zu den Annahmevoraussetzungen im einzelnen BVerfG NJW **94**, 993. Die nach § 15a BVerfGG gebildeten, aus 3 Richtern bestehenden Kammern, die nicht die Zusammensetzung des Senats widerspiegeln müssen (BVerfG NJW **90**, 39 Nr 2 und 3; krit dazu Heüveldop NJW **90**, 28), können die Annahme der Verfassungsbeschwerde ohne mündliche Verhandlung durch einstimmigen und unanfechtbaren Beschluss ablehnen, der keiner Begründung bedarf (§§ 93b I S 1, 2, 93d I, III S 1 BVerfGG). Im Fall des § 93a II Buchst b BVerfGG kann die Kammer die Verfassungsbeschwerde annehmen und ihr gemäß § 93c BVerfGG stattgeben, wenn sie offensichtlich begründet ist; die Entscheidung hat die Bindungswirkung des § 31 I BVerfGG (BVerfG StV **06**, 72, 78). Im Übrigen entscheidet der Senat über die Annahme (§ 93b III S 2 BVerfGG). Gibt das BVerfG der Verfassungsbeschwerde statt, so hebt es die Entscheidung auf und verweist die Sache an ein zuständiges Gericht zurück (§ 95 II BVerfGG; vgl dazu BVerfG NJW **95**, 2706). 238

Bei missbräuchlicher Einlegung einer Verfassungsbeschwerde kann das BVerfG dem Beschwerdeführer − auch dem Bevollmächtigten, falls diesem die Missbräuchlichkeit vorrangig zuzurechnen ist (BVerfG NJW **04**, 2959) − nach § 34 II BVerfGG eine Gebühr bis zu 2600 € auferlegen (vgl BVerfG NJW **92**, 1952; **93**, 238a

384; **95**, 385; 1418; 1419; **96**, 1273; **10**, 3150; 3151; NStZ-RR **96**, 45; **12**, 380; eingehend dazu ter Veen EuGRZ **98**, 645 ff; krit Schoreit ZRP **02**, 148; Zuck NJW **96**, 1254). Zur Auslagenerstattung bei parallel erhobenen (gegen dasselbe Gesetz gerichteten) und bei erledigten, an sich begründeten Verfassungsbeschwerden vgl BVerfGE **85**, 109 und 117.

238b **Bei Tod** des Beschwerdeführers ist die Verfassungsbeschwerde idR erledigt; eine Fortführung des Verfahrens durch den Rechtsnachfolger ist nur für solche Rügen zugelassen, die der Rechtsnachfolger im eigenen Interesse geltend machen kann (BVerfG NJW **07**, 351, 352).

239 d) Die **Prüfung des BVerfG** beschränkt sich darauf, ob die Entscheidung ein Grundrecht verletzt oder auf einer grundsätzlich unrichtigen Auffassung von der Bedeutung, Reichweite und Wirkkraft eines der geltend gemachten Grundrechte beruht (BVerfGE **35**, 202, 219; **49**, 304, 314; **53**, 207, 211) oder ob das Entscheidungsergebnis selbst ein solches Grundrecht verletzt, insbesondere den Grundsatz der Verhältnismäßigkeit (BVerfGE **53**, 152, 158) oder das Willkürverbot missachtet (BVerfGE **4**, 294, 297; **70**, 93). Die Gestaltung des gerichtlichen Verfahrens, die Feststellung und Würdigung des Sachverhalts, die Auslegung der Gesetze und ihre Anwendung auf den Einzelfall sind der Prüfung des BVerfG entzogen, sofern nicht spezifisches Verfassungsrecht verletzt ist (BVerfGE **10**, 271, 273; **18**, 85, 92 ff; **70**, 93; BVerfG NJW **82**, 29; **92**, 35). Dem BVerfG obliegt also nicht die allgemeine Prüfung strafgerichtlicher Urteile auf mögliche Fehler bei der Feststellung des entscheidungserheblichen Sachverhalts oder in der Anwendung des Strafrechts.

240 e) Unanfechtbar sind Nichtannahmebeschlüsse der Kammern des BVerfG (§ 93d I 2 BVerfGG). Sie können auch auf Gegenvorstellung grundsätzlich nicht mehr abgeändert werden. Das BVerfG (NJW **08**, 1582) hat allerdings offen gelassen, ob ausnahmsweise eine Abänderungskompetenz der Kammer besteht, wenn unter Außerachtlassung von entscheidungserheblichen, dem BVerfG vorliegenden Prozessstoff und damit unter Verletzung von Art 103 I GG entschieden wurde.

241 f) Eine **landesrechtliche Verfassungsbeschwerde** kann nach § 90 III BVerfGG mit der zum BVerfG konkurrieren. Sieht das Landesrecht allerdings einen Ausschluss der Landesverfassungsbeschwerde bei Erhebung der Bundesverfassungsbeschwerde vor, muss der Betroffene zwischen beiden wählen (BVerfG NJW **96**, 1464). Sonst schließen beide Verfassungsbeschwerden einander nicht aus (BVerfGE **17**, 172; **22**, 267), selbst wenn eine von ihnen schon verworfen worden ist (BayVerfGHE **18** II 140, 150) oder der Verstoß bei der Anwendung einer bundesrechtlichen Norm vorgekommen sein soll (BayVerfGH BayJMBl **64**, 140). Ist jedoch durch das Landesverfassungsgericht eine landesverfassungsrechtliche Streitigkeit in der Sache abschließend entschieden, ist die Bundesverfassungsbeschwerde unzulässig (BVerfGE **96**, 231). Das GG hindert das Landesverfassungsgericht nicht daran, die Anwendung von bundesrechtlichem Verfahrensrecht an den Grundrechten der Landesverfassung zu prüfen, soweit sie den gleichen Inhalt wie entsprechende Rechte des GG haben (so zusammenfassend Lange NJW **98**, 1281 zu BVerfGE **96**, 345; krit dazu auch Berkemann JR **98**, 403). Hat der BGH ein landgerichtliches Urteil bestätigt, ist dessen Überprüfung allerdings der Gerichtsbarkeit des Landesverfassungsgerichts entzogen (BerlVerfGH JR **05**, 15).

1. Strafprozeßordnung (StPO)

Vom 1. Februar 1877 (RGBl 253; BGBl III 312-2) idF vom 7. April 1987 (BGBl I 1074, 1319), zuletzt geändert durch G zur Änderung des Strafgesetzbuchs vom 3. März 2020 (BGBl I S. 431)

Erstes Buch. Allgemeine Vorschriften

Erster Abschnitt. Sachliche Zuständigkeit der Gerichte

Vorbemerkungen

1) Arten der Zuständigkeit: Welches Gericht dazu berufen ist, im 1. Rechtszug in einer Strafsache zu entscheiden, bestimmt sich nach den Regeln der sachlichen (§§ 1–6) und der örtlichen (§§ 7–21) Zuständigkeit. Welcher von mehreren Spruchkörpern eines Gerichts bei gleicher Ordnung entscheidet, ist eine Frage der Geschäftsverteilung, die teils durch Gesetz (unten 7), teils durch das Präsidium im Geschäftsverteilungsplan (unten 6) geregelt wird.

2) Die **sachliche Zuständigkeit** ist die Verteilung der Strafsachen nach Art und Schwere unter den erstinstanzlichen, unterschiedlich besetzten Gerichten verschiedener Ordnung. Im Allgemeinen bezieht das Gesetz den Begriff der sachlichen Zuständigkeit auf das Gericht als Ganzes, auf einzelne Abteilungen nur, wenn sie verschieden hohe Rechtsfolgengewalt haben (BGH **18**, 79, 83 [GSSt]; **26**, 191, 197). Die Zuordnung zu verschiedenen Gerichten im organisatorischen Sinn bedeutet also nicht notwendig eine verschiedene Ordnung der Spruchkörper (Rieß GA **76**, 2 ff). Eine Zuständigkeitskonzentration (zB nach § 391 I, III **AO**) berührt die sachliche Zuständigkeit der Spruchkörper nicht (BGH **26**, 191, 194). Die sachliche Zuständigkeit ist in jeder Lage des Verfahrens von Amts wegen zu prüfen (§ 6).

3) Die **örtliche Zuständigkeit**, der Gerichtsstand (vgl die Überschrift des 2. Abschnitts) ist maßgebend dafür, welches Gericht im 1. Rechtszug sich unter mehreren sachlich zuständigen Gerichten mit der Sache zu befassen hat (§§ 7 ff). Die örtliche Zuständigkeit prüft das Gericht, bei dem die Anklage erhoben ist, bis zur Eröffnung des Hauptverfahrens von Amts wegen (§ 16 S 1). Danach darf sie von dem mit der Sache befassten Gericht nur noch berücksichtigt werden, wenn der Angeklagte den Unzuständigkeitseinwand bis zum Beginn seiner Vernehmung zur Sache in der Hauptverhandlung erhoben hat (§ 16 S 2, 3). Das gilt auch für den Revisionsrechtszug. Die Unzuständigkeitsrüge des Angeklagten (§ 338 Nr 4) ist daher nur zulässig, wenn er im 1. Rechtszug rechtzeitig den Unzuständigkeitseinwand erhoben hatte (dort 31).

4) Die **erstinstanzliche Zuständigkeit besonderer StrKn** (§§ 74 II, 74a, 74c GVG) steht als besondere Zuständigkeit neben der sachlichen und örtlichen Zuständigkeit (**aM** Karlsruhe JR **85**, 521). Sie beruht auf gesetzlicher Geschäftsverteilung (Celle MDR **86**, 953; LR-Erb 3); denn das Gesetz gebietet, solche StrKn zu errichten und ihnen die von ihm bestimmten Aufgaben zuzuweisen. Die Zuständigkeit der besonderen StrK ist nicht wie die sachliche Zuständigkeit in jeder Lage des Verfahrens von Amts wegen zu prüfen (§ 6), sondern wie die örtliche (§ 16 S 1) nur bis zur Eröffnung des Hauptverfahrens (§ 6a S 1). Danach darf die mit der Sache befasste StrK ihre Unzuständigkeit nur noch auf rechtzeitigen Einwand des Angeklagten beachten (§ 6a S 2, 3).

Einen **Vorrang gegenüber den allgemeinen StrKn** räumt § 74e GVG den **besonderen StrKn** ein. Auch unter ihnen selbst besteht nach dieser Vorschrift

Vor § 1

eine Rangfolge: Das SchwurG (§§ 74 II, 74d GVG) steht an 1., die Wirtschafts-StrK (§ 74c GVG) an 2. und die StaatsschutzStrK (§ 74a GVG) an 3. Stelle.

6 Um diese Rangfolge im Eröffnungsverfahren zu sichern und Zuständigkeitsstreit zu vermeiden, haben die besonderen StrKn die **Kompetenz-Kompetenz.** Bei der Anwendung der §§ 209, 210 II sind sie Gerichten höherer Ordnung gleichgestellt (§ 209a Nr 1). Auch der nach § 74e GVG vorrangige besondere StrK steht im Verhältnis zu einer nachrangigen einem Gericht höherer Ordnung gleich; daher hat sie im Verhältnis zu dieser anderen StrK mit besonderer Zuständigkeit die Kompetenz-Kompetenz. Diese Vorrangfolge wirkt auch noch im Hauptverfahren, wenn ein Einwand nach § 6a als begründet erscheint (§§ 225a IV, 270 I S 2). Sie berechtigt auch dazu, eine Verbindung zusammenhängender oder eine Trennung verbundener Strafsachen im Eröffnungsverfahren (§ 209a Nr 1) oder nach Eröffnung des Hauptverfahrens zu beschließen (§§ 4 II, 209a Nr 1; vgl dazu Meyer-Goßner NStZ **89**, 297).

7 5) Die **geschäftsplanmäßige Zuständigkeit** beruht auf der Verteilung der Geschäfte auf die einzelnen Spruchkörper der Gerichte durch das Präsidium nach § 21e I S 1 GVG. Sie ist eine weitere Zuständigkeit neben der sachlichen und örtlichen Zuständigkeit.

8 6) **Funktionelle Zuständigkeit:** Unter diesen Begriff werden alle Zuständigkeitsregelungen zusammengefasst, die nicht zur sachlichen oder örtlichen Zuständigkeit, zur Zuständigkeit besonderer StrKn oder zur geschäftsplanmäßigen Zuständigkeit gehören. Eine Frage der funktionellen Zuständigkeit ist die Übertragung von Aufgaben auf den Vorsitzenden eines Kollegialgerichts (vgl §§ 125 II S 2, 126 II S 2, 3, 142 I, 147 V, 213, 221, 231 I S 2, 231a II, 231b II, 238 I; §§ 21f, 21g, 176, 179 GVG) und auf den Rechtspfleger (vgl §§ 21, 22, 24, 31 **RPflG**), ferner die Zuständigkeit der StVollstrKn (§§ 78a, 78b GVG).

9 7) Die **Zuständigkeit der Rechtsmittelgerichte** (§§ 73 I, 74 III, 121 I Nr 1, 135 I GVG) gehört zur funktionellen, nicht zur sachlichen Zuständigkeit (BGH **19**, 177, 179; **22**, 250, 251; **25**, 51, 53; Nürnberg NJW **63**, 502). Für die Rechtsmittelentscheidung ist grundsätzlich ein Gericht höherer Ordnung im organisatorischen Aufbau der Gerichte zuständig. Die Zuständigkeit der Rechtsmittelgerichte hängt nicht davon ab, ob das Gericht, dessen Entscheidung angefochten ist, seine Zuständigkeit zu Recht oder zu Unrecht angenommen hat. Maßgebend ist allein, welches Gericht die angefochtene Entscheidung tatsächlich erlassen hat (erg 19 vor § 296).

10 8) **Jugendgerichte,** die über Verfehlungen Jugendlicher und Heranwachsender entscheiden (§§ 33 I, 107 **JGG**), gibt es beim AG und beim LG; sie sind Teil der ordentlichen Gerichtsbarkeit (§ 33 II **JGG**), Abteilungen der ordentlichen Gerichte mit besonderer Zuständigkeit.

11 Das **Verhältnis zu den Erwachsenengerichten,** dh die Frage, ob in einer Strafsache ein JugG oder ein Erwachsenengericht im 1. Rechtszug zu entscheiden hat, behandelt das Gesetz in vieler Hinsicht wie eine Frage der sachlichen Zuständigkeit (Rieß NStZ **81**, 305); insbesondere besteht die Prüfungspflicht nach § 6 (BGH **30**, 260; 6 zu § 6). Das gilt aber nicht für das Revisionsgericht; es prüft die Zuständigkeitsfrage nur auf entspr Rüge (34 zu § 338).

12 Zur Vermeidung von Zuständigkeitskonflikten haben die Jugendgerichte grundsätzlich die **Kompetenz-Kompetenz,** dh die Befugnis, über ihre Zuständigkeit selbst zu entscheiden. Das Erwachsenengericht, bei dem die Anklage erhoben ist und das die Zuständigkeit eines JugG gleicher Ordnung für gegeben erachtet, muss die Sache diesem Gericht zur Entscheidung über seine Zuständigkeit vorlegen (§ 209a Nr 2 iVm § 209 II). Hält das JugG, bei dem die Anklage erhoben ist, ein Erwachsenengericht gleicher Ordnung für zuständig, so eröffnet es das Hauptverfahren vor diesem Gericht mit bindender Wirkung (§ 209a Nr 2 iVm § 209 I). Die entspr Kompetenz-Kompetenz besteht auch im tatrichterlichen Hauptverfahren,

Sachliche Zuständigkeit der Gerichte **§§ 1, 2**

soweit Jugendliche oder Heranwachsende angeklagt sind (§§ 225a I S 2 Hs 2, 270 I S 1 Hs 2).

Ein **Vorrang anderer Art** ergibt sich aus § 47a S 1 **JGG**. Danach darf sich ein JugG nach der Eröffnung des Hauptverfahrens nicht deshalb für unzuständig erklären, weil die Sache vor ein für allgemeine Strafsachen zuständiges Gericht gleicher oder niedrigerer Ordnung gehöre. Es muss trotz dieser Unzuständigkeit das Hauptverfahren im 1. Rechtszug durchführen. Daraus folgt, dass diese Unzuständigkeit des JugG von dem erwachsenen Angeklagten auch nicht mit der Revisionsrüge nach § 338 Nr 4 geltend gemacht werden kann (dort 34). 13

9) Ein **Zuständigkeitsstreit** (Kompetenzkonflikt) unter mehreren Gerichten entsteht, wenn sich jedes dieser Gerichte in derselben Sache für zuständig (positiver Konflikt) oder für unzuständig (negativer Konflikt) hält. 14

A. Beim **sachlichen Kompetenzkonflikt** (oben 2) hat die höhere Zuständigkeit den Vorrang (BGH **19**, 177, 181); das ergibt sich aus §§ 209, 225a, 269, 270. Bei mehrfacher Rechtshängigkeit muss das Gericht sein Verfahren einstellen, das die Untersuchung später eröffnet hat, auch wenn es das Gericht höherer Ordnung ist (BGH **22**, 232; 1 zu § 12). Es ist § 12 mit den dort gemachten Einschränkungen (vgl 2 zu § 12) entspr anzuwenden. Beim negativen Kompetenzkonflikt gelten die §§ 14, 19 entspr (2 zu § 14; 2 zu § 19). 15

B. Beim **örtlichen Kompetenzkonflikt** gilt die Regelung des § 12 (Prioritätsprinzip); notfalls wird das zuständige Gericht durch das gemeinschaftliche obere Gericht bestimmt (§§ 14, 19). 16

C. Ein **Streit um die Auslegung des Geschäftsverteilungsplans** wird durch das Präsidium entschieden (BGH **25**, 242, 244; **26**, 191, 200; Düsseldorf MDR **82**, 689; erg 22 zu § 21e GVG). 17

Anwendbarkeit des Gerichtsverfassungsgesetzes

1 Die sachliche Zuständigkeit der Gerichte wird durch das Gesetz über die Gerichtsverfassung bestimmt.

1) Die **sachliche Zuständigkeit der Gerichte** bestimmen für das AG die §§ 24–28 GVG, für die StrK die §§ 73–74d, 74f GVG, für das OLG §§ 120, 120a GVG. Wegen der Rechtsmittelgerichte vgl §§ 73 I, 74 III, 121 I, 135 GVG. Die Errichtung von ObLGen sieht § 9 EGGVG vor. 1

2) **Rangordnung:** Höheres Gericht gegenüber dem Strafrichter (§ 25 GVG) ist das SchG (§§ 24, 28), gegenüber beiden Gerichten die StrK, gegenüber AG und LG das OLG. Das erweiterte SchG (§ 29 II GVG) ist gegenüber dem einfachen SchG kein höheres Gericht (2 zu § 29 GVG). Die StrKn mit besonderer Zuständigkeit (§§ 74 II, 74a, 74c GVG) stehen nach § 209a für bestimmte Entscheidungen Gerichten höherer Ordnung gleich; ihren Vorrang untereinander regelt § 74e GVG. Bei den Jugendgerichten, für die § 209a ebenfalls gilt, ist die Rangordnung: Jugendrichter, JugSchG, JugK. 2

Verbindung und Trennung von Strafsachen RiStBV 114

2 [1] [1]Zusammenhängende Strafsachen, die einzeln zur Zuständigkeit von Gerichten verschiedener Ordnung gehören würden, können verbunden bei dem Gericht anhängig gemacht werden, dem die höhere Zuständigkeit beiwohnt. [2]Zusammenhängende Strafsachen, von denen einzelne zur Zuständigkeit besonderer Strafkammern nach § 74 Abs. 2 sowie den §§ 74a und 74c des Gerichtsverfassungsgesetzes gehören würden, können verbunden bei der Strafkammer anhängig gemacht werden, der nach § 74e des Gerichtsverfassungsgesetzes der Vorrang zukommt.

Schmitt

§ 2

Erstes Buch. 1. Abschnitt

II Aus Gründen der Zweckmäßigkeit kann durch Beschluß dieses Gerichts die Trennung der verbundenen Strafsachen angeordnet werden.

1   **1) Verbindung mehrerer Strafsachen (I):**

2   **A. Grundsätze:** Durch eine im Ermittlungsverfahren oder erst bei Anklageerhebung durch die StA nach pflichtgemäßem Ermessen vorzunehmende Verfahrensverbindung kann Doppelarbeit erspart, insbesondere aber verhindert werden, dass derselbe Sachverhalt von mehreren Gerichten unterschiedlich beurteilt wird (BGH **11**, 130, 133; **18**, 238, 239). Sie dient daher der Funktionsfähigkeit der Strafrechtspflege (BVerfGE **45**, 354, 359) und sollte nicht zurückhaltend vorgenommen werden (**aM** Herzog StV **93**, 612: Vorschrift wegen Art 101 I S 2 GG verfassungswidrig; näher SK-Weßlau/Weißer 9 vor § 1). In Haftsachen kann allerdings das Beschleunigungsgebot einer Verbindung entgegenstehen (BVerfG StV **02**, 581; BGH StraFo **10**, 337; Koblenz NStZ-RR **11**, 209); auch darf durch die Verbindung dem Angeklagten – wegen des Verbots der Mehrfachverteidigung – nicht der Anwalt seines Vertrauens entzogen (vgl BVerfG StV **02**, 578) oder ein Zeugnisverweigerungsrecht unterlaufen werden (siehe BGH **45**, 342; MüKoStPO-Ellbogen 5). I regelt die Verbindung von zusammenhängenden (§ 3) Straftaten iS des § 264, für die Gerichte verschiedener Ordnung (2 zu § 1) zuständig sind, durch die StA, § 4 die Verbindung durch das Gericht, § 13 die Verbindung bei unterschiedlicher örtlicher Zuständigkeit, § 237 die auf die gleichzeitige Verhandlung beschränkte Verbindung. Für die Verfahrensverbindung durch die StA gilt im Einzelnen folgendes:

3   **B.** Bei **Zuständigkeit desselben Gerichts** für mehrere iS des § 3 zusammenhängende Strafsachen kann die StA die Sache in einer gemeinsamen Anklage bei Gericht anhängig machen. Das ist gesetzlich nicht ausdrücklich bestimmt, ergibt sich aber aus der weitergehenden Regelung des I und aus § 13 I (Rosenmeier 31). Gleichgültig, ob die StA die Sachen schon im Ermittlungsverfahren verbunden hatte, wozu sie jederzeit befugt ist (LR-Erb 14; Meyer-Goßner DRiZ **85**, 241), oder ob sie die Verbindung erst anlässlich der Anklageerhebung vornimmt. Verpflichtet zur Verbindung ist die StA nicht. Ist in einer der Strafsachen bereits das Hauptverfahren eröffnet, so ist die Verbindung nur nach § 4 möglich (dort 5).

4   **C.** Bei **Zuständigkeit verschiedener Gerichte** für die einzelnen Strafsachen ist zu unterscheiden:

5   Wenn verschiedene **Gerichte gleicher Ordnung** (2 zu § 1) zuständig sind, kann die StA mehrere miteinander verbundene Sachen bei einem von ihnen anklagen; das ist eine Frage der örtlichen Zuständigkeit, die durch § 13 I geregelt ist (dort 2).

6   Sind **Gerichte verschiedener Ordnung** (2 zu § 1) im 1. Rechtszug zuständig, so liegt der Fall des I vor. Die StA kann die iS des § 3 zusammenhängenden Sachen nach I S 1 verbunden bei dem höheren Gericht anhängig machen, nicht aber eine zur Zuständigkeit des AG gehörende Sache nur deswegen beim LG anklagen, weil dort ein Berufungsverfahren anhängig ist (BGH **38**, 172; NStZ **92**, 397). Sind mehrere StrKn mit besonderer Zuständigkeit nach §§ 74 II, 74a oder 74c GVG zuständig, so können alle Sachen bei derjenigen StrK angeklagt werden, deren Vorrang § 74e GVG bestimmt (I S 2). Auch auf diese Verfahrensverbindung hat der Angeklagte keinen Rechtsanspruch (10 zu § 4). Eine getrennte Anklageerhebung kann insbesondere bei unterschiedlichem Ermittlungsstand in Haftsachen und zur Vermeidung von Großverfahren geboten sein (vgl RiStBV 114 S 2). Über die Verbindung ist allein unter dem Gesichtspunkt der Zweckmäßigkeit zu entscheiden (Koblenz NStZ-RR **11**, 209; Meyer-Goßner NStZ **04**, 355).

7   **D. Sonderfälle:**
8   Nach §§ 42, 64 OWiG kann mit einem Strafverfahren auch die **Verfolgung von OWien** verbunden werden. Dann kann aber die OWi vom Gericht nicht mehr durch Trennung aus der gerichtlichen Zuständigkeit ausgeschieden werden;

denn die Ahndung einer OWi durch das Gericht ohne vorausgegangenen Bußgeldbescheid sieht das Gesetz nicht vor (Göhler 4 zu § 45 OWiG).

Strafsachen gegen **Jugendliche und Erwachsene** können verbunden anhängig   9
gemacht werden, wenn die Voraussetzungen des § 103 I **JGG** vorliegen. Das gilt entspr für die Verbindung von Strafsachen gegen Heranwachsende und Erwachsene (§ 112 S 1 **JGG**). Zuständig für die verbundenen Sachen ist das JugG (§ 103 II S 1 **JGG**), sofern nicht die Zuständigkeit des BGH oder OLG begründet (§ 102 **JGG**) oder für die Erwachsenenstraftat die Wirtschafts- oder StaatsschutzStrK zuständig ist (§ 103 II S 2 **JGG**). Diese Grundsätze gelten auch, wenn mehrere Taten eines Angeklagten verbunden anhängig gemacht werden, die er in verschiedenen Altersstufen begangen hat (§ 32 JGG). Weder in § 32 noch sonst im JGG ist aber bestimmt, dass alle Straftaten die ein Beschuldigter in verschiedenen Altersstufen begangen hat, gleichzeitig abgeurteilt werden müssen (BGH **10**, 100; JR **74**, 428).

2) Trennung der verbundenen Sachen (II): Gemeint ist nur die Verfahrens- 10
trennung, dh die Auflösung der Sachverbindung mit der Folge, dass die abgetrennte Sache an das für sie zuständige Gericht zurückfällt (LR-Erb 19 ff; erg 7 zu § 269), nicht die nur vorübergehende Abtrennung der Verhandlung, insbesondere zu dem Zweck, die Zeugenvernehmung eines Mitbeschuldigten zu ermöglichen (dazu 22 vor § 48; SK-Weßlau/Weißer 21). Die Trennung ist aus Gründen der Zweckmäßigkeit ebenso zulässig wie das Unterlassen der Verbindung (oben 6); sie steht im Ermessen des Gerichts (BGH **18**, 238; JR **69**, 148; BGH **74**, 428) und erfolgt gem § 33 nach Anhörung der Verfahrensbeteiligten (BGH NStZ **82**, 188 [Pf]). Der Angeklagte hat keinen Anspruch auf die Abtrennung seines Verfahrens (Frankfurt StV **83**, 92). Eine Trennung mit dem Ziel, den **Angeklagten als Zeugen** vernehmen zu können, kommt nur in Betracht, wenn er an der angeklagten Tat, zu der er vernommen werden soll, nicht beteiligt war (BGH **32**, 100), nicht aber, wenn seine Aussage als Zeuge auch Einfluss auf seine Prozessrolle als Angeklagter hat (BGH aaO; MüKoStPO-Ellbogen 17).

Die Trennung **erfolgt** bei Erlass des Eröffnungsbeschlusses in der Weise, dass die   11
eine der von der StA verbundenen Sachen bei dem zuständigen Gericht niederer Ordnung eröffnet wird (§ 209 I; Düsseldorf NStZ **91**, 145 mwN). Nach Eröffnung des Hauptverfahrens, insbesondere in der Hauptverhandlung, ist ein besonderer Beschluss des in I bezeichneten ranghöheren Gerichts erforderlich, der erst nach Anhörung des Angeklagten ergehen darf (BGH NStZ **82**, 188 [Pf]). Eine stillschweigende Trennung ist nicht möglich. Die Einstellung eines der Verfahren nach § 205 enthält keine Trennung nach II (Frankfurt bei Fischer StV **81**, 85); auch in dem bloßen Abschluss eines Verfahrensteils liegt keine Sachtrennung (Köln VRS **53**, 130).

3) Anfechtung: Die Anklageerhebung nach I ist unanfechtbar, die Teileröff-   12
nung (oben 11) ist nach § 210 anfechtbar.

Der Trennungsbeschluss kann von der StA und dem von der Trennung   13
betroffenen Angeklagten mit der **Beschwerde** nach § 304 I angefochten werden; § 305 S 1 steht nicht entgegen, weil der Beschluss nur das Verfahren hemmt und bei der Urteilsfällung nicht erneut geprüft wird (Bay **53**, 86; Frankfurt StV **83**, 92; **91**, 504; **aM** Bohnert 30). Das Beschwerdegericht prüft den Beschluss in vollem Umfang, dh auch auf seine Zweckmäßigkeit (vgl BGH NStZ-RR **13**, 352), nicht nur auf Ermessensfehler (Düsseldorf NStZ **91**, 145 mwN; LR-Erb 27 mwN; **aM** KG NStZ **13**, 218: nur auf evident fehlerhafte Ermessensausübung, die für den Verfahrensbeteiligten eine besondere, selbständige Beschwer bewirkt hat oder wenn die Abtrennung sich ausschließlich erpressend auf dessen Verfahren auswirkt). Der Beschluss, mit dem der Antrag auf Trennung abgelehnt wird, ist nach § 305 S 1 unanfechtbar (Bay **52**, 117).

Mit der **Revision** können dagegen Ermessensfehler bei der Verbindung oder   14
Trennung grundsätzlich nicht gerügt werden; sie kann nur auf Ermessensmissbrauch (vgl BGH aaO) und auf andere Verfahrensfehler gestützt werden, insbeson-

dere auf die Verletzung der §§ 244 II, 261 (BGH **18**, 238; NJW **53**, 836; Koblenz VRS **49**, 115).

Begriff des Zusammenhanges RiStBV 17, 114

3 Ein Zusammenhang ist vorhanden, wenn eine Person mehrerer Straftaten beschuldigt wird oder wenn bei einer Tat mehrere Personen als Täter, Teilnehmer oder der Datenhehlerei, Begünstigung, Strafvereitelung oder Hehlerei beschuldigt werden.

1   1) Den **Zusammenhang** in den Fällen der §§ 2, 4 und 13 definiert die Vorschrift. Er kann persönlicher oder sachlicher Art sein. Auch eine Verbindung beider Arten (kombinierter Zusammenhang) ist möglich (KK-Scheuten 5; unten 4).

2   2) **Persönlicher Zusammenhang** iS des § 3 liegt vor, wenn einem und demselben Beschuldigten mehrere verfahrensrechtlich selbstständige Straftaten iS des § 264 vorgeworfen werden. Tatmehrheit iS des § 53 StGB genügt nicht. Denn wenn mehrere solcher Taten nicht auch mehrere Straffälle iS des § 264 bilden, ist ihre gemeinsame Aburteilung ohnehin zwingend vorgeschrieben; es besteht eine „Prozesseinheit" (BGH MDR **76**, 64; Kleinknecht MDR **58**, 357). Klagt die StA eine solche einheitliche Tat gleichwohl bei verschiedenen Gerichten an und zieht das höhere Gericht das andere Verfahren an sich, so liegt kein Fall der §§ 3, 4 vor, sondern es wird nur das Prozesshindernis der doppelten Rechtshängigkeit beseitigt (BGH **19**, 177, 181; NJW **58**, 31). Entsprechendes gilt, wenn dieselbe Tat sowohl im gewöhnlichen Strafverfahren als auch im Sicherungsverfahren nach §§ 413 ff angeklagt ist (BGH **22**, 185).

3   3) Beim **sachlichen Zusammenhang** wird eine Tat mehrerer Beteiligter untersucht. Maßgebend ist auch hier der verfahrensrechtliche Tatbegriff des § 264 (BGH NJW **88**, 150; die Entscheidung BGH **11**, 130 ist überholt). Von § 3 sind alle Formen strafrechtlicher Täterschaft (auch Mittäter, mittelbare Täter, Nebentäter) erfasst (Rotsch/Sahan ZIS **07**, 146). Die Teilnahme ist hingegen nicht auf diejenige des § 27 StGB beschränkt; es genügt vielmehr die in dieselbe Richtung zielende Mitwirkung an einem einheitlichen geschichtlichen Vorgang (BGH NJW **88**, 150; **aM** Rotsch/Sahan aaO). Der Zusammenhang besteht bei Begünstigung auch, wenn sie im Vorverfahren für den Beschuldigten (zB durch Falschaussage) begangen worden ist (BGH **18**, 238); das Gleiche gilt für den Versuch der Strafvereitelung (§§ 258 I, IV StGB).

4   4) Ein von § 3 gedeckter **kombinierter Zusammenhang** liegt zB vor, wenn der Verdacht besteht, dass A einen Mord begangen hat, B sich hierbei der Strafvereitelung und außerdem durch eine selbstständige Tat der Unterschlagung schuldig gemacht hat. Dann kann auch wegen dieser Tat infolge ihres mittelbaren Zusammenhangs mit dem Mord Anklage bei dem SchwurG erhoben werden (vgl SK-Weßlau/Weißer 5).

5   5) Mit der **Revision** kann gerügt werden, dass zwischen den verbundenen Sachen kein Zusammenhang iSv § 3 bestanden hat (SK-Weßlau/Weißer 6; KK-Scheuten 6).

Verbindung und Trennung rechtshängiger Strafsachen

4 ¹ Eine Verbindung zusammenhängender oder eine Trennung verbundener Strafsachen kann auch nach Eröffnung des Hauptverfahrens auf Antrag der Staatsanwaltschaft oder des Angeklagten oder von Amts wegen durch gerichtlichen Beschluß angeordnet werden.

II ¹ Zuständig für den Beschluß ist das Gericht höherer Ordnung, wenn die übrigen Gerichte zu seinem Bezirk gehören. ²Fehlt ein solches Gericht, so entscheidet das gemeinschaftliche obere Gericht.

Sachliche Zuständigkeit der Gerichte § 4

1) Die **Verbindung rechtshängiger Sachen,** die iS des § 3 zusammenhängen, 1
lässt I zu. Die Vorschrift knüpft an § 2 an; sie ermöglicht die Zusammenfassung
von Strafsachen (iS des § 264) aus den Zuständigkeiten von Spruchkörpern verschiedener Ordnung. Anders als nach § 2 ist es aber gleichgültig, ob es sich um
Spruchkörper eines und desselben Gerichts oder verschiedener Gerichte handelt.
§ 4 setzt also nicht immer die Abänderung der örtlichen, stets aber die der sachlichen Zuständigkeit voraus. Sind mehrere Verfahren bei Gerichten gleicher Ordnung an verschiedenen Orten anhängig, so geht es nur um die örtliche Zuständigkeit; dann gilt § 13 II (Düsseldorf MDR **85,** 1048). Wenn mehrere Strafverfahren
gegen einen Angeschuldigten wegen derselben Tat bei verschiedenen Gerichten
anhängig sind, sind die §§ 3, 4 überhaupt nicht anwendbar (2 zu § 3). Die Verbindung von im Strafverfahren angeklagten Strafsachen mit im **Sicherungsverfahren**
anhängigen, anderen Taten im Sinne des § 264 ist zulässig (zB über § 225a; siehe
aber erg 3 zu § 414; 1 zu § 416). Die Verbindung von Strafsachen gegen Jugendliche
oder Heranwachsende und gegen Erwachsene regeln die §§ 103, 112 S 1 **JGG**.

A. Für **bei *verschiedenen* Gerichten rechtshängige Strafsachen** (zur Rechts- 2
hängigkeit vgl 1 zu § 156) gilt § 4. Die Gerichte müssen von unterschiedlicher
Rangordnung (2 zu § 1; BGH 2 ARs 30/18 vom 7.2.2018; 2 ARs 368/14 vom
8.10.2015) sein. Sie brauchen sich nicht im gleichen Prozessstadium zu befinden,
das Gericht der höheren – nicht das der niederen (BGH 2 ARs 247/18 vom
4.9.2018) – Ordnung muss jedoch das Verfahren eröffnet haben (BGH NStZ-RR
05, 77; KK-Scheuten 6). Gehört das niedere Gericht zum Bezirk des höheren,
erfolgt die Verbindung nach II S 1; andernfalls verbindet nach II S 2 das gemeinschaftliche obere Gericht (erg unten 13, 14). § 4 ermöglicht demnach die Verbindung von Sachen, von denen eine beim AG, die andere bei der großen StrK oder
die eine beim LG, die andere im 1. Rechtszug beim OLG anhängig ist. Die Vorschrift ist auch anwendbar, wenn innerhalb desselben Gerichts eine Sache beim
Strafrichter (§ 25 GVG), die andere beim SchG (BGH **25,** 51; Nürnberg StraFo
13, 462; Meyer-Goßner DRiZ **85,** 242) anhängig ist.

Die Anwendbarkeit des § 4 auf **Sachen, in denen bereits ein Urteil ergan- 3
gen ist,** ist grundsätzlich ausgeschlossen (BGH **19,** 177; **22,** 185, 186; **25,** 51, 53;
37, 15, 17; NStZ **86,** 564; **97,** 331 [K]; KG JR **69,** 349). Eine Verbindung solcher
Sachen ist nur möglich, wenn dadurch der Rechtsmittelzug nicht verändert und
auch nicht gegen andere Verfahrensgrundsätze verstoßen wird. Daher kann eine
vom Revisionsgericht nach § 354 II zurückverwiesene Sache mit einer bei einem
niederen Gericht anhängigen Sache verbunden werden (BGH **25,** 51), auch wenn
die zurückverwiesene Sache schon im Schuldspruch rechtskräftig ist. Eine im 1.
Rechtszug bei ihr anhängige Sache kann die große StrK mit einer Berufungssache,
die bei einem anderen LG anhängig ist, aber nicht verbinden; denn dadurch würde
in den gesetzlichen Instanzenzug eingegriffen (BGH **19,** 175, **25,** 53; LR-Erb 15).
Unzulässig ist ferner die Verbindung eines beim Amtsgericht anhängigen Verfahrens mit einem Berufungsverfahren beim Landgericht (BGH **37,** 15).

Ist **erst *eine* Strafsache anhängig,** so kann die StA wegen einer inzwischen 4
anklagereif gewordenen anderen Sache, die zur Zuständigkeit eines Gerichts niederer Ordnung gehören würde, die Anklage bei dem höheren Gericht erheben und
die Verbindung beantragen (BGH NStZ **96,** 447; **98,** 612 [S]; Meyer-Goßner
DRiZ **85,** 242; **aM** Rosenmeier 47 ff; erg 2 zu § 2). Auch sonst kann das höhere
Gericht schon nach § 4 verfahren, wenn in der bei dem niederen Gericht anhängigen Sache das Hauptverfahren noch nicht eröffnet ist (einschr BGH NJW **90,** 2760
und BGHR Verbindung 16: falls StA der Abgabe zustimmt), jedoch nicht im umgekehrten Fall (Eröffnung beim niederen, noch keine Eröffnung beim höheren
Gericht, BGH StraFo **06,** 492).

B. Für **bei *demselben* Gericht anhängige Strafsachen** gilt folgendes (zum 5
Ganzen ausführlich Meyer-Goßner NStZ **04,** 353 ff):

a) Wenn bei **demselben Spruchkörper im selben Rechtszug** mehrere Ver- 6
fahren anhängig sind, können sie ohne weiteres durch Beschluss (BGH StraFo **05,**

203: ggf auch konkludent) miteinander verbunden werden. Hierfür genügt der Entschluss des Spruchkörpers zur Zusammenführung der bisher getrennten Verfahren; es wird dann nur aktentechnisch festgehalten, welches Verfahren „führt".

7 b) Wenn **bei demselben Spruchkörper in verschiedenen Rechtszügen** Verfahren anhängig sind, was jetzt nur noch bei der großen JugK vorkommen kann (erstinstanzliche Verfahren und Berufungsverfahren gegen Urteile des JSchöffG), muss eine Verbindung entspr § 4 I als unzulässig angesehen werden, denn dadurch würde in den Instanzenzug eingegriffen werden und sich die Zuständigkeit des Revisionsgerichts ändern. Hier bleibt aber die Möglichkeit der gemeinsamen Verhandlung nach § 237, allerdings demnach ohne Verfahrensverschmelzung und ohne gemeinsame Entscheidung (vgl 1, 8 zu § 237).

8 c) Wenn **bei verschiedenen Spruchkörpern im selben Rechtszug** mehrere Verfahren anhängig sind, ist zu unterscheiden:

8a (1) Handelt es sich um **gleichartige Spruchkörper** (zB 2 SchGe, 2 kleine oder 2 große Strkn), so einigen sich die Spruchkörper dahin, dass der eine Spruchkörper die Sache an den anderen abgibt und dieser sie übernimmt (BGH NJW **95**, 1688 mwN). Kommt keine Einigung zustand, muss entspr § 21e I S 1 GVG das Präsidium entscheiden.

8b (2) Bei **ungleichartigen Spruchkörpern** kommt es darauf an, welchem von ihnen nach § 74e GVG der höhere Rang zukommt; der ranghöhere kann das andere Verfahren übernehmen (zB die WirtschaftsStrK das Verfahren der allg StrK, das SchwurG das der WirtschaftsStrK). Ebenso kann die kleine JugK (§ 33b I JGG) oder die kleine WirtschaftsStrK (6 zu § 74c GVG) Verfahren der kleinen Strafkammer an sich ziehen.

8c (3) Bei **Jugendsachen** ist nach § 103 II **JGG** zu unterscheiden: Das SchwurG muss die Sache – je nach Verfahrensstand – gemäß §§ 6a, 225a IV, 270 I S 2 an die JugK, die JugK muss sie an die WirtschaftsStrK oder an die Staatsschutzkammer (§ 74a GVG) verweisen.

8d d) **Bei verschiedenen Spruchkörpern in verschiedenen Rechtszügen** anhängige Verfahren können nicht verbunden werden, also nicht ein bei einer kleinen StrK anhängiges Berufungsverfahren mit einem erstinstanzlichen Verfahren bei der großen StrK; denn auch hier gilt, dass dadurch unzulässigerweise in den Instanzenzug eingegriffen werden würde (LR-Erb 19 ff; Sowada 718). Die Rspr (BGH NStZ **98**, 628; NStZ-RR **98**, 257 [K]; **99**, 257 [K]) lässt hier bisher allerdings noch die Verbindung zu, es sei denn, dass (horizontale) Teilrechtskraft eingetreten ist (BGH **36**, 348, 350; **37**, 15, 17). Folge der nach der Rspr möglichen Verbindung und der durch sie eintretenden Verschmelzung des Berufungs- mit dem erstinstanzlichen Verfahren ist aber, dass eine Rücknahme der Berufung dann nicht mehr möglich ist (BGH **38**, 300).

9 C. **In jedem Verfahrensabschnitt** ist die Verfahrensverbindung auf Antrag oder von Amts wegen zulässig, auch noch in der Hauptverhandlung (BGH **45**, 342, 351), in der dann allerdings die Gefahr einer Verletzung des § 261 besteht (BGH NJW **53**, 836). Das gilt aber nur bei Verbindungen von Verfahren gegen *verschiedene* Angeklagte; soll eine weitere Anklage gegen *denselben* Angeklagten erhoben werden, gegen den die Hauptverhandlung bereits läuft, kommt nur eine (mündliche) Nachtragsanklage nach § 266 in Betracht (BGH **53**, 108; StraFo **10**, 337; Gubitz/Bock StraFo **07**, 225). Das schließt die Erhebung weiterer (schriftlicher) Anklagen nicht aus; nur können diese nicht gemäß § 4 zu dem sich bereits in der Hauptverhandlung befindenden Verfahren verbunden werden (BGH aaO; erg 4 zu § 266); eine Verbindung nach § 237, die die Selbstständigkeit der Verfahren unberührt lässt (dort 1), bleibt hingegen möglich (**aM** Gubitz/Bock aaO, die sich insoweit zu Unrecht auf Meyer-Goßner NStZ **04**, 355 berufen).

10 D. Im **Ermessen des Gerichts** steht die Verbindung (BGH **18**, 238; BGHR Verbindung 4). Der Ermessensspielraum unterliegt aber verfassungsrechtlichen Grenzen: Das Recht des Beschuldigten auf ein rechtsstaatliches, faires Verfahren, sein Recht auf zügigen Abschluss des Strafverfahrens und das Übermaßverbot können im Einzelfall das aus Gründen der Prozessökonomie bestehende öffentliche Interesse an einer Verfahrensverbindung überwiegen; das ist insbesondere zu beachten, wenn der Angeklagte durch die Verbindung wegen § 146 seinen Verteidiger verlieren würde (BVerfG StV **02**, 578). Vor dem Verbindungsbeschluss ist **rechtliches Gehör** zu gewähren (BGH NJW **89**, 2403, 2407; StraFo **15**, 144). Einen Rechtsanspruch darauf, dass alle gegen ihn anhängigen Sachen in einer Hauptverhandlung erledigt werden, hat der Angeklagte nicht (Koblenz VRS **49**, 115; vgl aber Stuttgart NJW **60**, 2353). Ein Antrag auf Verbindung zusammenhängender Sachen kann daher ohne Begründung abgelehnt werden (RG **57**, 44; Bohnert 29; **aM** SK-Weßlau/Weißer 12). Mit dem Erlass des Verbindungsbeschlusses entfällt die Rechtshängigkeit bei dem niederen Gericht (BGH NJW **58**, 31).

2) Auch die **Trennung** der verbundenen Sachen (10 zu 2) ist eine Ermessensentscheidung (BGH wistra **17**, 108). Sie ist während der Rechtshängigkeit, auch noch im Revisionsrechtszug (zB durch Teilverwerfung des Rechtsmittels) und nach Zurückverweisung durch das Revisionsgericht nach § 354 II, aus Zweckmäßigkeitsgründen zulässig, insbesondere wenn nur eine der verbundenen Sachen entscheidungsreif ist (vgl BGH aaO; MDR **75**, 23 [D]). Die Trennung ist rechtlich nicht deshalb notwendig, weil der Grund der Verbindung nachträglich entfällt. Sie erfordert einen ausdrücklichen Beschluss (unten 15); nur ausnahmsweise kann ein Verfahren auch stillschweigend, durch schlüssiges Verhalten, getrennt (und später auch wieder verbunden) werden (**aM** SK-Weßlau/Weißer 12: nur ausdrückliche Entscheidung); das muss dann aber gewollt und erkennbar sein (RG **70**, 65, 68; Bay NJW **61**, 2318). Die Trennung hebt die Wirkung des § 5 auf; jedes Verfahren ist prozessual wieder selbstständig; es gilt jedoch § 269 (dort 7). Ein – nach der Rspr zulässigerweise (oben 8d) – mit einem erstinstanzlichen Verfahren verbundenes Berufungsverfahren bleibt aber auch nach der Trennung ein Verfahren erster Instanz, da es durch die mit der Verbindung erfolgte Verschmelzung seine Eigenschaft als Berufungsverfahren verloren hat (BGH **38**, 300; Stuttgart JR **95**, 517 mit insoweit zust Anm Meyer-Goßner NStZ **96**, 51). Eine vorübergehende Trennung in der Hauptverhandlung kann durch die Anwendung des § 231c vermieden werden (dort 3); das Recht zur Verfahrenstrennung nach § 4 wird dadurch nicht berührt (BGH **32**, 100; 270; KK-Gmel 2 zu § 231c; einschr LR-Becker 3 zu § 231c; **aM** Schlothauer Koch-FS 250). Zur vorübergehenden Abtrennung zwecks Zeugenvernehmung eines der Mitangeklagten vgl 22 vor § 48.

3) Zuständigkeiten (II):

A. Den **Verbindungsbeschluss** wird von dem ranghöheren Gericht (2 zu 1) erlassen (BGH StraFo **10**, 192). Zur Entscheidung bei der Verbindung von bei demselben Gericht anhängigen Verfahren vgl oben 6 ff.

Das **gemeinschaftliche obere Gericht** (II S 2) ist zuständig, wenn die verschiedenen Gerichte nicht alle zum Bezirk des ranghöheren gehören. Gemeinschaftliches oberes Gericht ist für mehrere AGe das LG, für mehrere LGe das OLG siehe Hamm StV **15**, 210 L), ebenso das OLG bei einer landesrechtlichen Zuständigkeitskonzentration (BGH StraFo **13**, 375 zu § 19 NdsZustVO-Justiz iVm § 14), sonst der BGH (dieser insgesamt auch dann, wenn für einige der mehreren zu verbindenden Sachen das OLG zuständig wäre, BGH NStZ **01**, 656 L). Ist jedoch ein OLG nach § 121 III GVG für mehrere Bezirke zuständig, ist es insoweit auch gemeinschaftliches oberes Gericht (BGH NStZ-RR **97**, 187; **07**, 129 [B]; BGHR Oberes Gericht 1). Eine durch ein unzuständiges Gericht wirksam vorgenommene Verbindung kann das zuständige obere Gericht ggf nachholen, wenn die Sache im Wege der Revision zu ihm gelangt ist (BGH NStZ-RR **97**, 170; **02**, 257 [B]). Auf Verbindungen, welche nicht nur die örtliche, sondern auch die sachliche Zuständigkeit betreffen, ist § 4 anwendbar (siehe BGH StV **19**, 221 mwN; erg 5a zu § 13).

§ 5

15   B. Den **Trennungsbeschluss,** der keiner besonderen Begründung bedarf (BGH NStZ **00,** 211), erlässt das Gericht, bei dem die verbundenen Sachen anhängig sind, das gemeinschaftlich obere Gericht (oben 14), wenn es die Verbindung angeordnet hatte; zuvor ist rechtliches Gehör zu gewähren (BGH NJW **89,** 2403, 2407).

16   4) **Beschwerde:** Der Verbindungsbeschluss des erkennenden Gerichts ist nach § 305 S 1 unanfechtbar (LR-Erb 44; **aM** Rosenmeier 91). Zur Anfechtbarkeit des Trennungsbeschlusses vgl 13 zu § 2. Mit dem Beginn oder der Fortsetzung der Hauptverhandlung ist die Beschwerde prozessual überholt (17 zu § 296).

17   5) **Revision:** Vgl 14 zu § 2 sowie BGH wistra **17,** 108: Überprüfbarkeit – nur – auf Ermessensmissbrauch (siehe etwa BGH 3 StR 317/19 vom 20.8.2019: gezielte Umgehung jugendgerichtlicher Zuständigkeit zur Vermeidung der Anwendung von Jugendstrafrecht). Eine nachträgliche Verbindung durch den BGH in der Revisionsinstanz kommt nur in Betracht, wenn das Revisionsgericht auch Spruchkörper des gemeinschaftlichen oberen Gerichts nach II S 2 ist und die Sache insoweit einer endgültigen Entscheidung zugeführt werden soll; eine nachträgliche „Heilung" fehlender Zuständigkeit durch den nicht gleichzeitig als Revisionsgericht zuständigen BGH ist nicht möglich (BGH NStZ-RR **19,** 23).

Maßgebendes Verfahren

5 Für die Dauer der Verbindung ist der Straffall, der zur Zuständigkeit des Gerichts höherer Ordnung gehört, für das Verfahren maßgebend.

1   1) Die **verfahrensrechtliche Folge der Verbindung** nach §§ 2 ff ist, anders als im Fall des § 237 (dort 1), die Verschmelzung der verbundenen Sachen zu einem einheitlichen Verfahren (BGH **36,** 348). Daher richtet sich das gesamte Verfahren nach den Regeln für den Straffall, der zur Zuständigkeit des Gerichts höherer Ordnung gehört. Das gilt bei persönlicher Verbindung nach § 3 zB für die notwendige Verteidigung nach § 140 (erg 4 zu § 140). Der Ausschluss eines Richters nach § 22 erstreckt sich auf sämtliche verbundenen Straffälle (6 zu § 22). Für das zulässige Rechtsmittel ist die Zuständigkeit des Gerichts maßgebend, bei dem die Verfahren verbunden sind, und zwar sowohl bei persönlicher (BGH MDR **55,** 755; **75,** 198 [D]) als auch bei sachlicher Verbindung (BGH NJW **55,** 1890 L) und auch, wenn das Verfahren wegen der Sache, die die höhere Zuständigkeit begründet hat, durch Einstellung erledigt ist (BGH MDR **55,** 755; erg 1 zu § 135 GVG). Wegen des Zeugnisverweigerungsrechts der Angehörigen vgl 11 ff zu § 52. Wurde ein Strafbefehlsverfahren verbunden, so ist die Rücknahme des Einspruchs nach § 411 III nur möglich, wenn die Verfahren wieder getrennt werden (offengelassen in BGH **36,** 175, 187).

2   2) **Selbstständig** bleiben die verbundenen Sachen, soweit es sich um Prozesshindernisse (Einl 143 ff) handelt, die nur für die eine Strafsache bestehen. Deshalb bedarf es nach der Verbindung in den Fällen der §§ 408 III S 2, 417 ff auch nicht eines Eröffnungsbeschlusses (Bay OLGSt Nr 3 zu § 4; Nürnberg StraFo **13,** 462). Es kann sich in diesen Fällen aber empfehlen, die Sachen vor der Urteilsverkündung wieder zu trennen oder nur eine Verbindung nach § 237 vorzunehmen, so dass es dann bei der ursprünglichen Verfahrensart und Rechtsmittelzuständigkeit verbleibt (erg 8 zu § 237). Wenn sich die eine der verbundenen Sachen gegen Jugendliche oder Heranwachsende richtet (§§ 103, 112 **JGG**), gilt § 104 **JGG**.

3   3) Das **zulässige Rechtsmittel** bestimmt sich nach der Zuständigkeit des Gerichts, bei dem die Verfahren verbunden sind; dies gilt selbst bei Einstellung der Strafsache, welche die höhere Zuständigkeit begründet hatte (vgl BGH **40,** 120; MüKoStPO-Ellbogen 6).

Sachliche Zuständigkeit der Gerichte §§ 6, 6a

Prüfung der sachlichen Zuständigkeit

6 Das Gericht hat seine sachliche Zuständigkeit in jeder Lage des Verfahrens von Amts wegen zu prüfen.

1) Eine **Prozessvoraussetzung** (Einl 141 ff) ist die sachliche Zuständigkeit 1 (BGH **18**, 79, 81 [GSSt]). Wenn sie fehlt, darf keine Sachentscheidung ergehen. Das Gericht ist aber verpflichtet, das Verfahren bei sachlicher Unzuständigkeit an das zuständige Gericht zu bringen, wenn das Gesetz diese Möglichkeit vorsieht (unten 3). Andernfalls muss das Verfahren nach § 206a oder § 260 III eingestellt werden (KK-Scheuten 1). Im Hauptverfahren gilt die Einschränkung des § 269.

2) **In jeder Lage des Verfahrens von Amts wegen** hat das Gericht seine 2 sachliche Zuständigkeit zu prüfen, auch im Revisionsrechtszug (BGH **10**, 74; **18**, 79, 83 [GSSt]; Bay NStZ **85**, 470). In den Tatsacheninstanzen ist kein Einwand (wie nach §§ 6a, 16), in der Revisionsinstanz keine besondere Rüge erforderlich (32 zu § 338). Soweit die Zuständigkeit von der besonderen Bedeutung des Falles abhängt, wird deren Vorliegen nach Beginn des Hauptverfahrens nicht mehr geprüft (8 zu § 24 GVG). Das Gleiche gilt für die Rechtsfolgenerwartung nach § 25 Nr 2 GVG (dort 2). Wird das Urteil wegen Fehlens der sachlichen Zuständigkeit nicht angefochten, erwächst es in Rechtskraft (RG **71**, 377, 378).

3) **Verfahren bei sachlicher Unzuständigkeit:** Das unzuständige Gericht, bei 3 dem die Anklage erhoben ist, eröffnet das Hauptverfahren vor dem zuständigen niederen Gericht (§ 209 I) oder legt die Sache dem zuständigen höheren Gericht vor (§ 209 II). Zwischen Eröffnung des Hauptverfahrens und Beginn der Hauptverhandlung ist wegen § 269 nur noch die Vorlage an das sachlich zuständige Gericht höherer Ordnung zulässig (§ 225a I). In der Hauptverhandlung wird nach § 270 an das höhere Gericht verwiesen.

Das **Berufungsgericht** hat nur dieselbe Strafgewalt wie das AG (BGH **31**, 63, 4 66; 9 zu § 328); hat das 1. Urteil sie überschritten, so muss das LG daher die Sache nach § 328 II an dieses Gericht verweisen (dort 5).

Das **Revisionsgericht** verweist die Sache nach § 355 an das zuständige Gericht 5 (BGH **38**, 212). Dabei hat es nicht nur die Zuständigkeit des Berufungsgerichts, sondern auch die des Gerichts des ersten Rechtszugs zu prüfen (KG StV **13**, 555).

4) Für die **sachliche Zuständigkeit der JugGe** im Verhältnis zu anderen Jug- 6 Gen gelten die §§ 6, 269 ebenfalls. Im Verhältnis zu den Erwachsenengerichten gleicher Ordnung haben die JugGe einen Vorrang, der nicht zur sachlichen Zuständigkeit gehört, aber grundsätzlich in jeder Lage des Verfahrens zu beachten ist (11 vor § 1), im Revisionsrechtszug aber nur auf zulässig erhobene Verfahrensrüge (34 zu § 338).

Zuständigkeit besonderer Strafkammern

6a [1] Die Zuständigkeit besonderer Strafkammern nach den Vorschriften des Gerichtsverfassungsgesetzes (§ 74 Abs. 2, §§ 74a, 74c des Gerichtsverfassungsgesetzes) prüft das Gericht bis zur Eröffnung des Hauptverfahrens von Amts wegen. [2] Danach darf es seine Unzuständigkeit nur auf Einwand des Angeklagten beachten. [3] Der Angeklagte kann den Einwand nur bis zum Beginn seiner Vernehmung zur Sache in der Hauptverhandlung geltend machen.

1) Die **Zuständigkeit der besonderen StrKn** nach §§ 74 II, 74a, 74c GVG, 1 für die § 74e GVG eine Rangfolge aufstellt, behandelt das Gesetz nach § 209a Nr 1 bei der Anwendung der §§ 4 II, 209, 210 II wie die sachliche Zuständigkeit (vgl 10 ff vor § 1; 3 ff zu § 209a). Aus Gründen der Verfahrensvereinfachung sind diese StrKn aber sonst aus der in jeder Lage des Verfahrens zu beachtenden sachlichen Zuständigkeit (§ 6) herausgenommen worden. Dadurch soll verhinder-

Schmitt 75

§ 6a

den, dass eine Strafsache noch im Lauf der Hauptverhandlung an eine StrK mit besonderer Zuständigkeit oder an eine allgemeine StrK verwiesen werden muss (vgl Meyer JR **85**, 523; Schlüchter JR **82**, 512). Daher stellt § 6a in Übereinstimmung mit der Regelung bei der örtlichen Zuständigkeit (§ 16) eine zeitliche Grenze für die Zuständigkeitsprüfung auf. Ist bis dahin die Unzuständigkeit der allgemeinen StrK nicht entdeckt oder nicht geltend gemacht worden, so entscheidet sie auch in Sachen, für die eine besondere StrK nach § 74e GVG zuständig ist. Sie wird hierfür von Rechts wegen zuständig. Daraus folgt aber nicht, dass alle StrKn des LG eine einheitliche sachliche Zuständigkeit haben (**aM** Celle MDR **86**, 953); denn § 6a ist die Zuständigkeitsregelung der §§ 74ff GVG nicht beseitigt (Meyer-Goßner DRiZ **89**, 300).

2   Im Verhältnis zwischen Erwachsenengericht und **Jugendgericht** besteht keine dem § 6a entspr Vorschrift; die Zuständigkeit muss daher immer von Amts wegen geprüft werden (BGH **30**, 260; StraFo **10**, 466 mwN; erg 11 vor § 1; 6 zu § 6); das gilt auch dann, wenn die JugK ihre Zuständigkeit im Eröffnungsverfahren verneint und das Hauptverfahren vor einer anderen Strafkammer eröffnet hatte, sich aber dort in der Hauptverhandlung die jugendgerichtliche Zuständigkeit herausstellt (BGH **47**, 311 = NStZ **03**, 47 mit Anm Rieß).

3   2) **Von Amts wegen (S 1)** wird die Zuständigkeit nur bis zur Eröffnung des Hauptverfahrens (§ 203), dh bis zum Erlass des Eröffnungsbeschlusses (§ 207) bzw bei den besonderen Verfahrensarten dem entspr Zeitpunkt (vgl 2 zu § 16; 6 zu § 28). Die Prüfung hat auch die StrK mit besonderer Zuständigkeit vorzunehmen, bei der die Anklage erhoben ist; der Grundsatz des § 269 gilt nicht entspr (Bohnert 36; Rieß NJW **78**, 2267 Fn 58; **79**, 1536). Sie prüft, ob an ihrer Stelle eine allgemeine StrK oder eine nach § 74e GVG vor- oder nachrangige StrK mit besonderer Zuständigkeit zuständig ist. Die allgemeine StrK, bei der die Anklage erhoben ist, muss prüfen, ob und ggf an welche besondere StrK sie die Sache abzugeben hat.

4   3) Der **Einwand des Angeklagten (S 2, 3)** kann ohne nähere Begründung die Zuständigkeit einer allgemeinen oder einer nach § 74e GVG vor- oder nachrangigen besonderen StrK geltend machen. Allerdings wird die Frage, ob zur Beurteilung des Falles besondere Kenntnisse des Wirtschaftslebens erforderlich sind und daher nach § 74c I Nr 6 GVG eine Wirtschafts-StrK zuständig ist, nach hM auf den Einwand nicht geprüft (KK-Scheuten 13; LR-Stuckenberg 47 zu § 209a; Rieß NJW **78**, 2268; erg 33 zu § 338; 10 zu § 74c GVG).

5   A. **Zum Einwand befugt (S 2)** ist nicht der Angeklagte, dem der Beschuldigte im Sicherungsverfahren nach §§ 413ff und die Nebenbeteiligten (Einl 73) gleichstehen, sondern auch der Erziehungsberechtigte und der gesetzliche Vertreter (§§ 67 I, 103 II S 2, 3 **JGG**). Der Verteidiger kann den Einwand für den Angeklagten erheben, aber nicht aus eigenem Recht (erg 1 zu § 297). Der Einwand des StA oder eines anderen Verfahrensbeteiligten ist nur eine Anregung für die von Amts wegen vorzunehmende Prüfung nach S 1 (oben 2). Nach Eröffnung des Hauptverfahrens ist er daher unbeachtlich.

6   B. **Zulässiger Zeitraum (S 3):** Der Einwand kann schon im Eröffnungsverfahren geltend gemacht (§ 201 I) und dann nach Eröffnung des Hauptverfahrens wiederholt werden (Meyer-Goßner NStZ **81**, 169). Auch der vor Beginn der Hauptverhandlung erhobene Einwand kann in der Hauptverhandlung erneut erhoben werden (Meyer-Goßner aaO 170); das ist jedoch nicht erforderlich, wenn er nicht beschieden worden ist.

7   Nach **Beginn der Vernehmung des Angeklagten** zur Sache kann der Einwand nicht mehr erhoben werden. Maßgebend ist der Zeitpunkt, in dem der Angeklagte nach der Belehrung nach § 243 V S 1 erklärt hat, ob er sich äußern oder nicht zur Sache aussagen wolle (BGH NStZ **84**, 128); der Einwand muss vor jeder weiteren Erklärung geltend gemacht werden. Danach ist er schlechthin unzulässig; da es sich um eine Ausschlussfrist handelt, ist Wiedereinsetzung nach § 44 ausgeschlossen (KK-Scheuten 8; erg 3 zu § 44). Wenn der Einwand nicht rechtzeitig

erhoben wird, tritt eine Zuständigkeitsperpetuierung ein, die durch eine nachträgliche Änderung der Sachlage oder der rechtlichen Beurteilung nicht mehr beseitigt werden kann (BGH NStZ **09**, 404; LR-Stuckenberg 46 zu § 209a). Das gilt auch dann, wenn die Umstände, die die Zuständigkeit einer besonderen StrK nach § 74e GVG begründen, erst nach Erlass des Eröffnungsbeschlusses bekannt geworden (BGH **30**, 187; KK-Scheuten 8) oder nach Beginn der Sachverhandlung des Angeklagten eingetreten sind (BGH aaO: Tod des Opfers einer in den Katalog des § 74 II GVG fallenden Tat; Rieß NJW **78**, 2266). Dass damit ggf auch eine nur mit 2 Berufsrichtern besetzte StrK (§ 76 II GVG) in einer SchwG-Sache entscheidet, muss hingenommen werden (Schlothauer StV **12**, 751).

Findet die **Hauptverhandlung gegen mehrere Angeklagte** statt, so kann jeder den Einwand bis zum Beginn seiner Vernehmung zur Sache geltend machen, auch wenn ein Mitangeklagter ihn durch Säumnis verloren hat. Der Angeklagte, der zu einem gleich lautenden Einwand eines Mitangeklagten nach § 33 II gehört worden ist, sich ihm nicht angeschlossen hat, kann den Einwand aber nicht mehr erheben (LR-Erb 15). 8

Bei einer **Hauptverhandlung in Abwesenheit des Angeklagten** tritt der Ausschluss des Einwands, den der nach § 140 I Nr 1 stets mitwirkende Verteidiger erheben kann, zu dem Zeitpunkt ein, in dem die Verfahrenshandlung vorgenommen wird, die dem Beginn der Sachvernehmung des Angeklagten entspricht. Das ist der Beginn der in §§ 231a I S 2, 232 III, 233 II S 1, 415 II S 1 vorgeschriebenen Verlesung der Niederschrift über die Vernehmung des Angeklagten. Ist der Einwand schon bei dieser Vernehmung erhoben worden, so ist er rechtzeitig angebracht, ohne dass es auf den Zeitpunkt der Verlesung ankommt. 9

Für den Ausschluss des Einwands ist immer die **1. Hauptverhandlung in der Sache** maßgebend. Die Befugnis zum Einwand lebt nicht wieder auf, wenn nach Aussetzung der Hauptverhandlung (§ 228 I S 1) oder nach Zurückverweisung der Sache (§§ 328 II, 354 II, III, 355) eine neue Hauptverhandlung stattfindet (Meyer-Goßner NStZ **81**, 171; erg 3 zu § 16). Nur bei Wiedereinsetzung in den vorigen Stand nach § 235 entsteht die Befugnis zum Einwand von neuem. 10

C. **Form:** Vor Beginn der Hauptverhandlung kann der Einwand schriftlich (Einl 128) oder zu Protokoll der Geschäftsstelle (Einl 131 ff) erhoben werden. In der Hauptverhandlung ist er mündlich geltend zu machen; er wird in der Sitzungsniederschrift beurkundet (§ 273 I). 11

4) Verfahren bei Unzuständigkeit: Stellt sich die Unzuständigkeit bei Eröffnung des Hauptverfahrens heraus, so gelten die §§ 209, 209a Nr 1 (dort 4 ff). Vor Beginn der Hauptverhandlung wird nach § 225a IV verfahren (dort 25 ff). Ist ein begründeter Einwand in der Hauptverhandlung erhoben worden, so verweist das Gericht die Sache nach § 270 I S 1 (dort 12 ff) an das zuständige Gericht. Die Entscheidung des Gerichts ergeht nach Anhörung der Verfahrensbeteiligten (§ 33 I, II). 12

5) Im Berufungsverfahren ist § 6a entspr auf den Fall anzuwenden, dass im 1. Rechtszug ein SchG über eine Wirtschaftsstraftat iS des § 74c I GVG entschieden hat. 13

Nach dieser Vorschrift iVm § 76 I S 1 GVG ist dann eine **kleine StrK als WirtschaftsStrK** das zuständige Berufungsgericht (6 zu § 74c GVG). Wird die Sache nicht ihr, sondern der allgemeinen StrK nach § 321 S 2 vorgelegt, so prüft diese ihre Zuständigkeit bis zur Beendigung des Vortrags des Berichterstatters nach § 324 I S 1 (LR-Erb 22; KMR-v. Heintschel-Heinegg 6; Meyer-Goßner NStZ **81**, 172; **aM** bis zum Beginn der Hauptverhandlung: SK-Weßlau/Weißer 3; Rieß JR **82**, 515 übersieht, dass anders als bei unzulässiger Berufung eine unterbliebene Beratung der StrK dann in der Hauptverhandlung nicht mehr nachholbar wäre); der Angeklagte kann den Einwand der Unzuständigkeit der allgemeinen StrK entspr S 3 bis zum Beginn seiner Vernehmung zur Sache geltend machen (Düsseldorf JR **82**, 514; Rieß JR **80**, 80; 6 vor § 1). Ist der Einwand berechtigt, so verweist die allgemeine StrK 14 die Berufungssache nach §§ 270 I S 2, 332 an die WirtschaftsStrK (Meyer-Goßner NStZ **81**, 173; Rieß JR **80**, 83). Die Bestimmung des zuständigen Gerichts nach den §§ 14, 19 ist in einem solchen Fall entbehrlich und daher unzulässig (Düsseldorf wistra **95**, 362 mwN). Entsprechendes gilt für den umgekehrten Fall, dass die Sache auf die Berufung der unzuständigen WirtschaftsStrK vorgelegt wird. Sie gibt das Verfahren entspr §§ 209, 209a, 225a IV S 2 mit bindender Wirkung an die allgemeine StrK ab (Celle NdsRpfl **87**, 257).

15   Stellt sich in **Strafsachen anderer Art** erst auf Grund der Beweisaufnahme in der Berufungsverhandlung heraus, dass eine sachliche Zuständigkeit des SchG nicht bestanden hat und eine StrK mit besonderer Zuständigkeit zuständig ist, so gilt § 328 (dort 9).

16   **6) Anfechtung:** Eine Beschwerde des Angeklagten ist nicht zulässig; denn der vor oder in der Hauptverhandlung ergangene Beschluss, mit dem der Einwand der Unzuständigkeit abgelehnt worden ist, ist unanfechtbar (§§ 201 II S 2, 210 I, 305 S 1). Mit der Revision kann der Angeklagte die Verwerfung des Einwands im Eröffnungsverfahren ebenfalls nicht beanstanden (§ 336 S 2). Wenn er ihn nach Eröffnung des Hauptverfahrens ohne Erfolg geltend gemacht hat, kann er die Rüge nach § 338 Nr 4 erheben (dort 33), nicht aber die StA zu seinen Gunsten (LR-Erb 28; Bohnert 35; **aM** KK-Scheuten 13). Aus der Revisionsbegründung muss dann hervorgehen, dass der Einwand rechtzeitig erhoben worden war (BGH GA **80**, 255; Düsseldorf VRS **71**, 366).

Zweiter Abschnitt. Gerichtsstand

Vorbemerkungen

1   **1) Der Gerichtsstand** ist die örtliche Zuständigkeit im 1. Rechtszug für die Untersuchung und Entscheidung einer Strafsache; von ihr hängt nach § 143 I GVG die örtliche Zuständigkeit der StA ab. Die örtliche Zuständigkeit für einzelne richterliche Untersuchungshandlungen ist jeweils im Gesetz bestimmt (vgl §§ 98 II S 3, 4, 100 IV S 1, 125 I, 126 I S 1, 162 I S 1, 2, § 157 GVG). Die Zuständigkeit des Rechtsmittelgerichts richtet sich nach dem Gericht, dessen Entscheidung angefochten wird.

2   **Hauptgerichtsstände** sind die des Tatorts (§§ 7 I, 10), des Wohnsitzes (§§ 8 I, 11) und des Ergreifungsorts (§ 9).

3   Nur **subsidiär** gelten die Gerichtsstände des gewöhnlichen Aufenthalts und des letzten inländischen Wohnsitzes (§ 8 II) sowie der Gerichtsstand Hamburg bei im Bereich des Meeres begangenen Straftaten (§ 10a). Fehlt ein Gerichtsstand, so kann er vom BGH bestimmt werden (§ 13a). Bei Verhinderung des zuständigen Gerichts gilt § 15, in Eilfällen § 21.

4   **Besondere Gerichtsstände** sind die der Presse (§ 7 II) und des Zusammenhangs (§ 13). An den Gerichtsstandsbestimmungen hat die BayGZVJu (GVBl **88**, 6) nichts geändert (BGH **35**, 344).

5   **2) Sonderfälle** der örtlichen Zuständigkeit regeln §§ 388 I, 441 I S 2 und § 444 III S 2. Im Jugendstrafverfahren gilt ergänzend § 42 I **JGG**. In Binnenschifffahrtssachen iS § 2 III Buchst a BinSchVfG ist das Gericht des Tatorts ausschließlich zuständig (§ 3 III S 1 BinSchVfG; § 14 GVG; dazu Nürnberg NStZ-RR **97**, 271). Für Straftaten nach § 7 des Ges zur vorläufigen Regelung der Rechte am Festlandsockel vom 24.7.1964 (BGBl I 497) ist nach § 12 dieses Gesetzes das AG Hamburg zuständig. Entsprechendes gilt für Straftaten nach Art 2 des Ges zu dem Europäischen Übereinkommen vom 22. Januar 1965 zur Verhütung von Rundfunksendungen, die von Sendestellen außerhalb der staatlichen Hoheitsgebiete gesendet werden, vom 26.9.1969 (BGBl II 1969), zuletzt geändert durch Art 263 EGStGB, nach Art 4 dieses Gesetzes.

3) Zuständigkeitskonzentrationen: Die LJV kann nach §§ 58, 157 II GVG, 6
§ 4 I BinSchVfG für den Bezirk mehrerer AGe einem von ihnen die Entscheidung
in Strafsachen ganz oder teilw zuweisen. Für WirtschaftsStrKn, Schwurgerichte
und StVollstrKn kann die Zuständigkeit eines LG für den Bezirk mehrerer LGe
bestimmt werden (§ 74c III, IV, 74d, 78 I GVG). Das AG am Sitz des LG ist örtlich zuständig nach § 391 I, II **AO**, § 38 I AWG, § 38 I MOG, § 13 I WiStG. Das
LG im Bezirk des OLG ist zuständig für die in § 74a GVG bezeichneten Staatsschutzsachen, das OLG, in dessen Bezirk die Landesregierung ihren Sitz hat, für
die Staatsschutzsachen nach § 120 I GVG.

4) Eine **Prozessvoraussetzung** (Einl 141 ff) ist die örtliche Zuständigkeit, aber 7
nur eine kurzlebige (1 zu § 16). Das Gericht prüft sie von Amts wegen nur bis zur
Eröffnung des Hauptverfahrens (§ 16 S 1), wobei es genügt, wenn im Zeitpunkt
der Eröffnungsentscheidung hinreichende Anhaltspunkte für die Zuständigkeit
vorliegen (BGH 1 StR 485/12 vom 24.10.2012; 1 StR 403/13 vom 1.10.2013).
Danach darf es sich nur auf Einwand des Angeklagten für unzuständig erklären
(§ 16 S 2).

Die **Verweisung** des Verfahrens an das zuständige Gericht lässt das Gesetz im 8
Bereich der örtlichen Zuständigkeit nicht zu; das unzuständige Gericht muss das Verfahren einstellen (4 zu § 16). Nur in den Rechtsmittelzügen ist die Verweisung an das zuständige Gericht nach §§ 328 II, 355 zulässig.

Die **Übertragung** der Sache von einem zuständigen Gericht auf ein anderes sehen 9
§ 12 II, § 42 III JGG vor (letztere Vorschrift ist nicht anwendbar im Verfahren
nach § 76 I **JGG**, siehe BGH 2 ARs 80/19 vom 4.6.2019 mwN).

5) Wahlrecht der StA: Wenn nach den §§ 7 ff (oder auch innerhalb des § 7 10
iVm § 9 StGB) mehrere Gerichte örtlich zuständig sind, kann die StA (auch der
Privatkläger) wählen, bei welchem dieser Gerichte sie die Anklage erheben will
(BGH **10**, 391, 392; **21**, 212, 215; **247**, 249; **26**, 374; Bay NJW **87**, 3091); sie
bestimmt dadurch das zuständige Gericht. Das verstößt nicht gegen Art 101 I S 2
GG (BGH 1 StR 559/74 vom 18.3.1975; Sowada 648 hält es zwar für verfassungsrechtlich durchaus problematisch, aber für hinnehmbar, weil eine Vorrangregelung
unverhältnismäßig große Nachteile für die Funktionstüchtigkeit der Strafrechtspflege mit sich brächte; aM SK-Weßlau/Weißer 8 f; Achenbach Wassermann-FS 855; Strate Widmaier-FS 577; Ignor Schlothauer-FS 117 spricht von einem
„pflichtgemäß auszuübenden Ermessen" der StA; Herzog StV **93**, 612 fordert den
Gesetzgeber auf, zwischen §§ 7–9 eine verbindliche Reihenfolge herzustellen;
ebenso SK-Weßlau/Weißer 9; Heghmanns StV **00**, 277 meint, dies lasse sich mit
einer verfassungskonformen Auslegung erreichen; vgl auch RiStBV 2 I), sofern die
Wahl nicht willkürlich erfolgt (so geschehen im Fall Hamm NStZ-RR **99**, 16).
Eine bereits getroffene Wahl kann die StA, solange das Hauptverfahren nicht eröffnet ist, dadurch ändern, dass sie die öffentliche Klage zurücknimmt (§ 156) und bei
einem anderen Gericht erhebt (BGH **21**, 247, 249). Die Wahl der StA kann nur
im Rahmen des § 16 überprüft werden (vgl BGH NStZ **08**, 695: „grundsätzlich
nicht überprüfbar"; Hamm aaO; Lange NStZ **95**, 111; Sowada 646, die aber § 12
II entspr anwenden; **aM** Ignor aaO 122 ff; Strubel/Sprenger NJW **72**, 1738).

Gerichtsstand des Tatortes   RiStBV 2, 250

7 I 1 Der Gerichtsstand ist bei dem Gericht begründet, in dessen Bezirk die Straftat begangen ist.

II 1 Wird die Straftat durch den Inhalt einer im Geltungsbereich dieses Bundesgesetzes erschienenen Druckschrift verwirklicht, so ist als das nach Absatz 1 zuständige Gericht nur das Gericht anzusehen, in dessen Bezirk die Druckschrift erschienen ist. 2 Jedoch ist in den Fällen der Beleidigung, sofern die Verfolgung im Wege der Privatklage stattfindet, auch das Gericht, in dessen Bezirk die Druckschrift verbreitet worden ist, zuständig, wenn in diesem

Bezirk die beleidigte Person ihren Wohnsitz oder gewöhnlichen Aufenthalt hat.

1 1) Der **Gerichtsstand des Tatorts (I)** ist einer der 3 Hauptgerichtsstände (2 vor § 7).

2 Tatort ist nach 9 I StGB jeder Ort, „an dem der **Täter** gehandelt hat oder im Falle des Unterlassens hätte handeln müssen oder an dem der zum Tatbestand gehörende Erfolg eingetreten ist oder nach der Vorstellung des Täters eintreten sollte". Erfolg in diesem Sinne ist nicht jede Auswirkung der Tat, sondern nur solche Tatfolgen, die für die Verwirklichung des Tatbestandes erheblich sind (Fischer StGB § 9 Rn 4a); nach Vollendung der Tat hinzutretende Orte, an denen ihre Folgen lediglich „spürbar werden" begründen dagegen keinen Tatort (Hamburg StraFo **15**, 284; vgl auch Köln StraFo **09**, 162). Bei einer Tatbegehung in mittelbarer Täterschaft ist Tatort sowohl der Betätigungsort des mittelbaren Täters als auch jeder Ort, an dem die Mittelsperson gehandelt hat oder der Erfolg eingetreten ist (BGH wistra **91**, 135). Damit kann sich eine Vielzahl von Tatorten für eine Tat ergeben (dazu eingehend Rotsch ZIS **06**, 17). Bei „reinen" **Äußerungsdelikten im Internet** wird der Handlungsort durch den Aufenthaltsort des Täters bestimmt und nicht dort, wo die durch mediale Übertragung transportierte Handlung ihre Wirkung entfaltet (BGH NStZ **15**, 81; Busching MMR **15**, 295, 298 zu praktischen Problemen bei der Anknüpfung an den Begehungsort). Äußerungsdelikte im Internet, die – wie etwa § 185 StGB oder § 130 I und III StGB – einen „Erfolg" aufweisen, begründen wegen ihrer weltweiten Abrufbarkeit grundsätzlich überall einen Erfolgsort und damit einen Tatort iSv I; die Frage nach den aus Gründen der Praktikabilität unerlässlichen Einschränkungen bei der Anwendung des § 9 I StGB ist allerdings bislang noch ungeklärt (siehe Busching 298f).

3 Tatort für die **Teilnahme** ist nach § 9 II S 1 StGB jeder Ort, „an dem die Tat begangen ist oder der Teilnehmer gehandelt hat oder im Falle des Unterlassens hätte handeln müssen oder an dem nach seiner Vorstellung die Tat begangen werden sollte". Bei versuchter Beteiligung begründet auch der Begehungsort des in Aussicht genommenen Verbrechens einen Tatort (Lackner/Kühl 3 zu § 9 StGB). Begünstigung (§ 257 StGB), Strafvereitelung (§§ 258, 258a StGB) und Hehlerei (§§ 259, 260 StGB) sind keine Teilnahmetaten und daher nicht stets am Ort der Vortat begangen.

4 Der **zum Tatbestand gehörende Erfolg** iS § 9 StGB umfasst nur solche Tatfolgen, die für die Verwirklichung des Deliktstatbestandes erheblich sind (BGH **51**, 29). Bei Falschaussage (§§ 153, 154 StGB) eines nach § 223 zu vernehmenden Zeugen ist die Tat auch an dem Ort begangen, an dem das Hauptverfahren geführt wird. Bei konkreten Gefährdungsdelikten ist Erfolg iS § 9 I StGB der Eintritt der Gefahr (Fischer 4d, 5c ff zu § 9 StGB). Dagegen ist bei abstrakten Gefährdungsdelikten eine konkret eingetretene Gefahr keine tatbestandsmäßiger Erfolg; der Ort, an dem sie eingetreten ist, begründet keinen Gerichtsstand (str, vgl Fischer aaO 4e; zu reinen Äußerungsdelikten im Internet siehe BGH NStZ **15**, 81 sowie oben 2). Bei einem Tätigkeitsdelikt (zB Handeltreiben mit Betäubungsmitteln) ist allein auf den Handlungsort abzustellen (BGH StraFo **11**, 271).

5 Liegt der Tatort **außerhalb des Geltungsbereichs** der StPO, so kommen nur die Gerichtsstände nach §§ 8–11, 13, 13a in Betracht.

6 2) **Gerichtsstand der Presse (II):**

7 A. Der **„fliegende Gerichtsstand der Presse"**, der aus I folgen würde (BGH **11**, 56, 59), wird durch II S 1 für die in der BRep erscheinenden Druckschriften durch den Gerichtsstand des Erscheinungsorts ersetzt; die übrigen Gerichtsstände bleiben unberührt (vgl auch RiStBV 250). Lässt sich der Erscheinungsort der Druckschrift nicht feststellen, so gilt I mit der Folge, dass jedes Gericht zuständig ist, in dessen Bezirk das Presseinhaltsdelikt – zB durch Verbreiten – begangen wurde (BGH **43**, 122; LG Mainz JBlRP **03**, 288). Für Druckschriften, die im Ausland erscheinen, gilt I; ein Gerichtsstand ist an jedem Verbreitungsort begründet. II ist entspr auf Ton- und Fernsehrundfunkanstalten anzuwenden (LR-Erb 12 ff; LG Landshut NStZ-RR **99**, 367; AG Würzburg NStZ **90**, 199 mwN).

B. **Druckschriften** iS II S 1 sind nach der in den Landespressegesetzen üblichen Legaldefinition alle mittels der Buchdruckerpresse oder eines sonstigen zur Massenherstellung geeigneten Vervielfältigungsverfahrens hergestellten und zur Verbreitung bestimmten Schriften, besprochenen Tonträger, bildlichen Darstellungen und Musikalien mit Text oder Erläuterungen. Um periodische Druckschriften (2 zu § 111n) braucht es sich nicht zu handeln. Auf welchem Stoff die Vervielfältigung vorgenommen worden ist, spielt keine Rolle. Für die Verbreitung von Schriften, die nicht unter II fallen, ist Tatort auch jeder Beförderungs- und Unterwegssort (Wagner MDR **61**, 93). 8

C. Als **Erscheinungsort** wurde früher der Ort angesehen, an dem die Druckschrift mit dem Willen des Verfügungsberechtigten die Stätte ihrer Herstellung zum Zweck der Verbreitung verlässt; richtigerweise ist aber idR auf die Geschäftsniederlassung des Verlegers bzw des verantwortlichen Redakteurs abzustellen (LR-Erb 21). Auch mehrere Erscheinungsorte sind möglich. Das Erscheinen setzt voraus, dass die Druckschrift einem größeren Personenkreis zugänglich gemacht werden soll (vgl BGH **13**, 257). 9

D. Nur für **Presseinhaltsdelikte** gilt II S 1, dh für in der Druckschrift enthaltene Äußerungen, deren Kundgebung gegen das Strafrecht verstößt (LR-Erb 18). Welcher Art diese Straftat ist, spielt keine Rolle; unter II S 1 fallen insbesondere auch Straftaten nach § 184 StGB (Hamm MDR **52**, 441) und § 353b I StGB. 10

E. Für eine **Privatklage wegen Beleidigung** nach §§ 185–187a, 189 StGB ist nach II S 2 außer dem AG am Erscheinungsort auch das AG am Verbreitungsort zuständig, wenn die beleidigte Person in dessen Bezirk zZ der Klageerhebung ihren Wohnsitz (1 zu § 8) oder gewöhnlichen Aufenthalt (2 zu § 8) hat. Verbreitungsort ist der Ort, an dem die Druckschrift einem größeren Personenkreis zugänglich gemacht wird. Ist die Privatklage bei dem für diesen Ort zuständigen AG erhoben worden, so wird das Verfahren dort fortgesetzt, wenn die StA nach § 377 II die Verfolgung übernimmt (BGH **11**, 56). 11

Gerichtsstand des Wohnsitzes oder Aufenthaltsortes

8 **I Der Gerichtsstand ist auch bei dem Gericht begründet, in dessen Bezirk der Angeschuldigte zur Zeit der Erhebung der Klage seinen Wohnsitz hat.**

II Hat der Angeschuldigte keinen Wohnsitz im Geltungsbereich dieses Bundesgesetzes, so wird der Gerichtsstand auch durch den gewöhnlichen Aufenthaltsort und, wenn ein solcher nicht bekannt ist, durch den letzten Wohnsitz bestimmt.

1) Der **Gerichtsstand des Wohnsitzes (I)** gehört zu den Hauptgerichtsständen (2 vor § 7). Der Wohnsitz bestimmt sich nach den §§ 7–11 BGB, bei Berufs- und Zeitsoldaten nach § 9 BGB. Der Annahme eines Wohnsitzes steht nicht entgegen, dass der Täter in einem Hotel wohnt oder längere Zeit abwesend ist. Es kommt nur darauf an, dass er sich an dem Ort niedergelassen hat (LG Frankfurt aM StV **88**, 381), gleichviel, ob er sich dessen bewusst war, damit im Rechtssinn einen Wohnsitz zu begründen (BVerfGE **8**, 81, 86). Das Innehaben einer Wohnung ist ein Indiz, aber nicht allein ausschlaggebend (vgl 8 zu § 37). Bei mehrfachem Wohnsitz besteht ein mehrfacher Gerichtsstand nach § 8. 1

Maßgebend ist stets der Wohnsitz **zZ der Erhebung der Klage;** der Wohnsitz zu einem früheren Zeitpunkt ist ebenso unbeachtlich wie spätere Änderungen, auch wenn sie noch vor Erlass des Eröffnungsbeschlusses eintreten (SK-Weßlau/Weißer 7). Vgl erg § 11. 2

2) Der **Gerichtsstand des gewöhnlichen Aufenthalts (II)** zZ der Erhebung der Klage ist ein Nebengerichtsstand für den Fall, dass ein Wohnsitz in der BRep 3

oder im Land Berlin nicht besteht. Der gewöhnliche Aufenthalt muss im Geltungsbereich der StPO gelegen sein (Köln JMBlNW **78**, 113); er besteht an dem Ort, an dem sich jemand freiwillig ständig oder für längere Zeit, wenn auch nicht ununterbrochen, aufhält, ohne dort seinen Wohnsitz zu begründen. Die zwangsweise Unterbringung in einem Krankenhaus, einer JVA, einer Heilanstalt uä begründet den gewöhnlichen Aufenthalt auch dann nicht, wenn sie für längere Dauer berechnet ist. Ein mehrfacher gewöhnlicher Aufenthalt ist begrifflich ausgeschlossen.

4   3) Der **Gerichtsstand des letzten Wohnsitzes (II)** ist Ersatzgerichtsstand für den Fall, dass kein Gerichtsstand des Wohnsitzes besteht und der gewöhnliche Aufenthalt nicht bekannt ist oder im Ausland liegt.

Gerichtsstand des Ergreifungsortes

9 Der Gerichtsstand ist auch bei dem Gericht begründet, in dessen Bezirk der Beschuldigte ergriffen worden ist.

1   1) Der **Gerichtsstand des Ergreifungsorts** steht grundsätzlich gleichwertig neben den anderen Hauptgerichtsständen nach §§ 7 und 8 (2 vor § 7; MüKo-StPO-Ellbogen 1; aM Hamm NStZ-RR **99**, 16; SK-Weßlau/Weißer 1; Heghmanns StV **00**, 279). Praktische Bedeutung hat er vor allem bei Auslandstaten und bei Taten, deren Begehungsort nicht eindeutig feststeht. Besteht ein gemeinsames AG (§ 58 I GVG), so ist es auch dann Ergreifungsort, wenn der Beschuldigte im Bezirk eines der anderen AGe ergriffen worden ist (Corves MDR **56**, 335). Maßgebend ist stets der Ergreifungs-, nicht der spätere Verwahrungsort.

2   **Ergreifung** ist jede befugte und gerechtfertigte Festnahme durch Beamte oder Privatpersonen zum Zweck der Strafverfolgung, insbesondere nach § 127 I und II. Führt die Ergreifung nicht zum Erlass eines Haftbefehls (§§ 125, 128 II S 2), wird ein Gerichtsstand nach § 9 gleichwohl begründet, wenn ein Ermittlungsverfahren eingeleitet wird (BGH **44**, 347; vgl auch LR-Erb 6). Wird der Beschuldigte auf Grund eines Haftbefehls festgenommen, so handelt es sich auch dann um eine Ergreifung iS § 9, wenn er alsbald flüchtet (Köln JMBlNW **78**, 113). Ergriffen iS des § 9 wird der Beschuldigte auch dann, wenn er sich den Strafverfolgungsbehörden stellt (SK-Weßlau/Weißer 2). Es muss sich aber um eine Ergreifung des „Beschuldigten" handeln. Auch die Festhaltung des Beschuldigten und seine anschließende Vernehmung als Beschuldigter mit der Unterzeichnung einer Zustellungsvollmacht stellt ein Ergreifen dar (BGH 2 ARs 56/11 vom 2.3.2011). Bei Auslieferung ist der Ort des Grenzübergangs maßgebend (BGH NStZ-RR **07**, 114).

3   Daher genügt noch nicht das **vorübergehende Festhalten** des bloß Verdächtigen im Identitätsfeststellungsverfahren nach §§ 163b, 163c. Diese „Ergreifung" kann den Gerichtsstand nur begründen, wenn sie alsbald zur Einleitung des Ermittlungsverfahrens gegen den Verdächtigen führt und dieser dadurch noch während seiner Festhaltung Beschuldigter wird (LR-Erb 7).

4   Die Zuständigkeit des § 9 erstreckt sich **auf andere Straftaten,** die der Beschuldigte vor seiner Ergreifung begangen, derentwegen die Ergreifung aber nicht stattgefunden hat (BGH NStZ-RR **07**, 114), auch wenn der Beschuldigte sich nach seiner Ergreifung ununterbrochen in UHaft und nachfolgender Strafhaft befunden hat (München MDR **56**, 566).

5   Für **künftige Taten** begründet die vorangegangene Ergreifung keinen Gerichtsstand.

6   2) **Spätere Änderungen** der Haftumstände heben den einmal begründeten Gerichtsstand nach § 9 wegen derselben Tat nicht auf. Das gilt insbesondere, wenn der Beschuldigte entweicht oder (wegen Fortfalls des dringenden Tatverdachts oder der Haftgründe des § 112 II) aus der Haft entlassen wird. Bei einer erneuten Ergreifung wird abermals ein Gerichtsstand nach § 9 begründet, der den früheren aber unberührt lässt (LR-Erb 9). Der spätere Austausch der Grundlage der Haft

Gerichtsstand § 10

durch Erlass eines Haftbefehls begründet keinen weiteren Gerichtsstand nach § 9, sofern sich der Beschuldigte im ununterbrochenen Gewahrsam der Justiz befindet (Karlsruhe NZWiSt **19**, 240).

Gerichtsstand bei Auslandstaten auf Schiffen oder in Luftfahrzeugen

10 **I Ist die Straftat auf einem Schiff, das berechtigt ist, die Bundesflagge zu führen, außerhalb des Geltungsbereichs dieses Gesetzes begangen, so ist das Gericht zuständig, in dessen Bezirk der Heimathafen oder der Hafen im Geltungsbereich dieses Gesetzes liegt, den das Schiff nach der Tat zuerst erreicht.**

II Absatz 1 gilt entsprechend für Luftfahrzeuge, die berechtigt sind, das Staatszugehörigkeitszeichen der Bundesrepublik Deutschland zu führen.

1) Für **Straftaten auf deutschen Schiffen und Luftfahrzeugen** gilt nach § 4 StGB das deutsche Strafrecht unabhängig vom Recht des Tatorts. § 10 regelt den Gerichtsstand für den Fall, dass die Tat auf einem solchen Fahrzeug begangen wird, während es sich außerhalb des Geltungsbereichs der StPO, insbesondere außerhalb der Zwölfmeilenzone (erg 2 zu § 10a; vgl Fischer 13 vor §§ 3–7 StGB), auf offener See oder in einem ausländischen Hafen, befindet (BGH **53**, 265). Liegt der Tatort ausschließlich im Geltungsbereich der StPO, so gilt nur § 7; liegt er sowohl innerhalb als auch außerhalb dieses Geltungsbereichs, so stehen die Gerichtsstände nach §§ 7, 10 wahlweise zur Verfügung. Von § 10 unberührt bleiben auch die Gerichtsstände der §§ 8, 9, 11 und 13. 1

2) **Schiffe** iS von I sind alle Fahrzeuge, die nach §§ 1, 2, 10, 11, 14 FlRG zur Führung der Bundesflagge berechtigt sind (wegen der Einzelheiten vgl BGH **53**, 265; LR-Erb 4 f). 2

Heimathafen ist nicht der Ort, an dem das Schiffsregister geführt, sondern der Hafen, von dem aus mit dem Schiff die See- oder Binnenschifffahrt betrieben wird (vgl § 480 I HGB, § 4 I SchRegO, § 8 II Nr 2a VO zum FlRG vom 4.7.1990 (BGBl I 1389). Wenn ein Binnenschiff keinen Heimathafen hat, ist der Heimatort maßgebend, notfalls der Ort der Registereintragung (§ 4 I, III SchRegO). 3

Erster Anlaufhafen nach der Tat ist der Hafen, in dem das Schiff angelegt hat. 4

Ist das nicht der Heimathafen, so ist der **Gerichtsstand** sowohl (wahlweise) am Ort dieses Hafens als auch an dem des Heimathafens begründet. 5

3) Für **Luftfahrzeuge** (II) gilt I entspr. Was Luftfahrzeuge sind, ist in § 1 II LuftVG bestimmt (nicht nur Flugzeuge, sondern auch Drehflügler (Hubschrauber), Luftschiffe, Segelflugzeuge, Motorsegler, Ballone und sonstige für die Benutzung des Luftraums bestimmte Geräte). 6

Zur Führung des **Staatszugehörigkeitszeichens der BRep** und einer besonderen Kennzeichnung berechtigt und verpflichtet sind nach § 2 V LuftVG die deutschen Luftfahrzeuge. Da Luftfahrzeuge nach Art 17 des Chicagoer Abkommens über die Internationale Zivilluftfahrt vom 7.12.1944 (BGBl 1956 II 411, 934) die Staatszugehörigkeit des Staates haben, in dem sie eingetragen sind, sind deutsche Flugzeuge die nach § 3 LuftVG, § 14 Luftverkehrs-Zulassungs-Ordnung idF vom 27.3.1999 (BGBl I 610) in der Luftfahrzeugrolle beim Luftfahrt-Bundesamt in Braunschweig eingetragenen Flugzeuge. 7

Der Begriff des **Heimathafens** ist im Luftverkehrsrecht nicht bekannt. Ein Luftfahrzeug hat seinen „Heimathafen" (entspr I und § 480 I HGB) dort, wo es zum Zweck seines Betriebs dauernd stationiert ist (LR-Erb 9). 8

Fehlt ein solcher Ort, so ist der Gerichtsstand an dem Ort begründet, wo das Luftfahrzeug nach der Tat **zuerst landet**. Das gilt auch für Notlandungen außerhalb von Flugplätzen; bei bloßen Zwischennotlandungen kommt es auf den Ort der nachfolgenden Landung auf einem Flughafen an (LR-Erb 10). 9

§§ 10a, 11

Gerichtsstand bei Auslandstaten im Bereich des Meeres

10a Ist für eine Straftat, die außerhalb des Geltungsbereichs dieses Gesetzes im Bereich des Meeres begangen wird, ein Gerichtsstand nicht begründet, so ist Hamburg Gerichtsstand; zuständiges Amtsgericht ist das Amtsgericht Hamburg.

1 1) Nur für **Straftaten gegen die Umwelt** nach §§ 324–330d StGB, die außerhalb der BRep im Bereich des Meeres begangen werden, bestimmte die Vorschrift früher einen subsidiären Gerichtsstand. Durch Ges vom 2.8.1993 (BGBl I 1407) ist die Einschränkung auf die Umweltstraftaten gestrichen worden; nunmehr besteht eine umfassende subsidiäre Zuständigkeit Hamburgs für alle außerhalb des deutschen Hoheitsgebietes im Bereich des Meeres begangenen Straftaten. Dies gilt nach Art 7 des Ges seit dem Tage, an dem das Übereinkommen der Vereinten Nationen vom 20.12.1988 gegen den unerlaubten Verkehr mit Suchtstoffen und psychotropen Stoffen für die BRep in Kraft getreten ist; das war der 28.2.1994 (BGBl 1993 II 1136; 1994 II 496). Die Regelung entspricht der des § 12 des Ges vom 24.7.1964 und des Art 4 des Ges vom 26.9.1969 (vgl 5 vor § 7).

2 Der **Bereich des Meeres** außerhalb der BRep umfasst die hohe See und fremde Küstengewässer (Fischer 4 zu § 324 StGB), jeweils mit dem Meeresgrund und dem Luftraum über dem Meer. Der Bereich der der BRep vorgelagerten Küstengewässer gehört bis zu 12 Seemeilen zum Gebiet der BRep (Bek der BReg vom 11.11.1994, BGBl I 3428; MüKoStGB-Ambos 12 zu § 3).

3 2) Der **Gerichtsstand Hamburg** gilt nur, wenn die §§ 8–10 keinen anderen Gerichtsstand begründen. Das AG Hamburg ist besonders genannt, weil es nicht das einzige AG in Hamburg ist.

Gerichtsstand bei Auslandstaten exterritorialer Deutscher und deutscher Beamter

11 I [1] Deutsche, die das Recht der Exterritorialität genießen, sowie die im Ausland angestellten Beamten des Bundes oder eines deutschen Landes behalten hinsichtlich des Gerichtsstandes den Wohnsitz, den sie im Inland hatten. [2] Wenn sie einen solchen Wohnsitz nicht hatten, so gilt der Sitz der Bundesregierung als ihr Wohnsitz.

II Auf Wahlkonsuln sind diese Vorschriften nicht anzuwenden.

1 1) Den **Wohnsitzgerichtsstand exterritorialer Deutscher und Auslandsbeamter** bestimmt I in Ergänzung des § 8 II dahin, dass nicht der ausländische Wohnsitz maßgebend ist, sondern der letzte Wohnsitz im Inland (S 1); bei dessen Fehlen gilt der Sitz der BReg als Wohnsitz (S 2). Ob der Tatort im Inland oder Ausland liegt, ist gleichgültig.

2 **Exterritoriale Deutsche** gibt es nur im Ausland. Ihre Exterritorialität bestimmt sich nach Völkerrecht (vgl §§ 18–20 GVG).

3 **Deutsche Auslandsbeamte** haben idR auch ihren Wohnsitz im Ausland. Für ihre Familienangehörigen bleibt es bei § 8 II. Der Begriff des Beamten ist weit auszulegen. Maßgebend ist nicht der staatsrechtliche Beamtenbegriff, sondern der strafrechtliche nach § 11 I Nrn 2, 4 StGB (LR-Erb 2).

4 2) **Wahlkonsuln** (II) sind (Ehren-)beamte iS des § 6 V BBG. Sie sind aber wegen ihrer oft nur losen Verbindung zur BRep und ihrer meist ausländischen Staatsangehörigkeit von der Regelung des I ausgenommen.

Gerichtsstand §§ 11a, 12

Gerichtsstand bei Auslandstaten von Soldaten in besonderer Auslandsverwendung

11a Wird eine Straftat außerhalb des Geltungsbereiches dieses Gesetzes von Soldatinnen oder Soldaten der Bundeswehr in besonderer Auslandsverwendung (§ 62 Absatz 1 des Soldatengesetzes) begangen, so ist der Gerichtsstand bei dem für die Stadt Kempten zuständigen Gericht begründet.

1) Soldatinnen und Soldaten der Bundeswehr unterliegen auch bei besonderer Auslandsverwendung (§ 62 I SG; SSW-Börner 3 f) dem deutschen Strafrecht, das nach § 1a II WStG unabhängig vom Recht des Tatorts für Straftaten gilt, die von Soldatinnen und Soldaten der Bundeswehr während eines dienstlichen Aufenthalts oder in Beziehung auf den Dienst im Ausland begangen werden. Nach §§ 7 ff können für solche Straftaten mehrere StAen zuständig sein, etwa wenn Soldatinnen und Soldaten verschiedener Stammeinheiten beteiligt sind. Da zudem bei Ermittlungen mit Auslandsbezug die Kenntnis der militärischen Abläufe und Strukturen sowie der rechtlichen und tatsächlichen Rahmenbedingungen der besonderen Auslandsverwendung erforderlich sind, wurde der besondere – einheitliche – Gerichtsstand des § 11a geschaffen (eingehend dazu SK-Weßlau/Weißer 1 ff). Verfassungsrechtliche Bedenken gegen die Regelung bestehen nicht (Zimmermann NJW **13**, 907; zur Kritik SK-Weßlau/Weißer 9 ff). 1

2) Beim AG bzw beim LG Kempten besteht der besondere Gerichtsstand; für Verfahren, für die das OLG erstinstanzlich sachlich zuständig ist, ist das OLG München zuständig; auf Seiten der StA ist die StA Kempten, für erstinstanzliche Verfahren beim OLG der GBA zuständig. Kempten wurde ausgewählt, weil hier schon eine entspr SchwerpunktStA für Bayern eingerichtet worden war. 2

§ 11a ist **kein ausschließlicher Gerichtsstand**; die anderen Gerichtsstände werden durch § 11a nicht verdrängt. Für 18- bis 21jährige Heranwachsende gelten gemäß § 108 I JGG daneben die Gerichtsstände nach § 42 I Nr 2 und Nr. 3 JGG. 3

3) Erfasst werden alle Straftaten, unabhängig von der Schwere oder der Art des verletzten Rechtsguts (kritisch zur Erstreckung auf Bagatell- und Alltagskriminalität Ladiges NZWehrr **13**, 66, 76), aber nur solche Straftaten, die außerhalb des Geltungsbereichs der StPO **in besonderer Auslandsverwendung** begangen werden. Das betrifft die Verwendungen, die auf Beschluss der BReg auf Grund eines Übereinkommens, eines Vertrages oder einer Vereinbarung mit einer über- oder zwischenstaatlichen Einrichtung oder mit einem auswärtigen Staat im Ausland oder außerhalb des deutschen Hoheitsgebietes auf Schiffen oder Luftfahrzeugen stattfinden (§ 62 I SG), nicht aber routinemäßige Verwendungen wie zB Ausbildungsaufenthalte sowie Verwendungen in einem „sicheren" NATO-Staat (zutr Ladiges aaO 73 f; SK-Weßlau/Weißer 6). 4

Für **Taten**, die in Zusammenhang mit einem **bewaffneten Konflikt** begangen wurden sowie Straftaten nach dem VStGB (siehe §§ 142a, 120 I Nr 8 GVG), ist weiterhin der GBA zuständig; vgl dazu die Verfügung des GBA NStZ **10**, 581 ff. 5

4) Reformbedarf: Es werden gesetzliche Regelungen für die Zuständigkeit für Ermittlungen vor Ort gefordert, mit denen die zuständige StA diese verbindlich steuern kann (Stam ZIS **10**, 628; vgl auch Zimmermann aaO). Auch wird ein Gerichtsstand für Straftaten gegen Soldaten im Ausland vorgeschlagen (Ladiges aaO 77 unter zutr Hinweis darauf, dass bei gegenwärtiger Rechtslage regelmäßig mangels inländischen Gerichtsstands eine Bestimmung durch den BGH gem § 13a erfolgen müsste). 6

Zusammentreffen mehrerer Gerichtsstände

12 ¹Unter mehreren nach den Vorschriften der §§ 7 bis 11a und 13a zuständigen Gerichten gebührt dem der Vorzug, das die Untersuchung zuerst eröffnet hat.

Schmitt 85

§ 12

II Jedoch kann die Untersuchung und Entscheidung einem anderen der zuständigen Gerichte durch das gemeinschaftliche obere Gericht übertragen werden.

1 1) Das **Zusammentreffen mehrerer Gerichtsstände** (I) nach §§ 7–11a und § 13a bereitet keine rechtlichen Schwierigkeiten, solange die StA im Ermittlungsverfahren das Wahlrecht hat (10 vor § 7) oder nur eines der örtlich zuständigen Gerichte mit der Sache befasst ist. Für den Fall, dass sie bei mehreren Gerichten im 1. Rechtszug anhängig ist, überträgt I dem Gericht die ausschließliche Zuständigkeit (BGH **3**, 134, 138), das die Untersuchung zuerst eröffnet hat (BGH NStZ-RR **00**, 332); wo die Anklage zuerst erhoben worden ist, spielt keine Rolle. Diese Regelung gilt auch, wenn die verschiedenen Gerichte unterschiedlichen Stufen der sachlichen Zuständigkeit angehören (BGH **22**, 232; Stuttgart Justiz **82**, 304; SK-Weßlau/Weißer 5; erg 2 zu § 1); sie ist ferner entspr anzuwenden, wenn die verschiedenen Gerichte sich am selben Ort befinden, also dieselbe örtliche Zuständigkeit besteht (**aM** BGH **36**, 175, 181, aber mit demselben Ergebnis). Im Zwischenverfahren findet die Vorschrift keine Anwendung (BGH **36**, 361, 362).

2 Eine **Einschränkung des Grundsatzes des I** ist dahin erforderlich, dass der Vorrang stets dem Verfahren gebührt, in dem die Sache dem Richter zu umfassenderer, erschöpfender Aburteilung unterbreitet worden ist (BGH **5**, 381, 384; Bay **88**, 160 = NStZ **89**, 241). Sind mehrere in Tateinheit (§ 52 StGB) stehende Taten bei Gerichten verschiedener Ordnung angeklagt, so hat das höhere Gericht den Vorrang, wenn das untere nicht für alle Taten sachlich zuständig ist (BGH **36**, 175, 181; NStZ **95**, 351). Das höhere Gericht hat das andere Verfahren nicht „an sich zu ziehen" und fortzuführen (zust LR-Erb 15 Fn 24; SSW-Börner 4; so aber BGH aaO, was ohnehin nur möglich ist, wenn das untere Gericht zum Bezirk des höheren Gerichts gehört, und außerdem eingBGH ausscheiden muss, wenn in der anderen Sache bereits ein Urteil ergangen ist), sondern das niedere Gericht hat sein Verfahren wegen § 12 I (also nicht nach § 206a) durch Einstellung zu beenden (unten 4), wobei die Einstellung auch in einer „Abgabe" an das höhere Gericht gesehen werden kann. Eine Verbindung der Verfahren kommt nicht in Betracht (vgl 1 zu § 4; unrichtig daher BGH **36**, 175, 188, wo auf den Erlass des „Verbindungsbeschlusses" abgestellt wird).

3 Die **Eröffnung der Untersuchung iS I** erfolgt idR durch den Erlass des Eröffnungsbeschlusses (§ 203). Im beschleunigten Verfahren nach §§ 417 ff ist der Beginn der Vernehmung des Angeklagten zur Sache maßgebend (vgl 13 zu § 417; 3 zu § 418), bei der Nachtragsanklage der Erlass des Beschlusses nach § 266 I, im Strafbefehlsverfahren und im Fall des § 408 III S 2 der Beginn der Hauptverhandlung. Bei einem Streit zwischen den Gerichten, wem der Vorrang gebührt, gilt § 14.

4 Die ausschließliche **Zuständigkeit nach I hat zur Folge,** dass das unzuständige Gericht sein Verfahren einstellen muss, allerdings unter dem Vorbehalt, dass sich das andere Verfahren nicht ohne Sachentscheidung erledigt (RG **52**, 259, 264; **67**, 53, 57). Der Vorrang des nach I zuständigen Gerichts entfällt, wenn es das Verfahren endgültig einstellt (LR-Erb 13). Hat das unzuständige Gericht unter Nichtbeachtung der anderweitigen Rechtshängigkeit rechtskräftig entschieden, ist das eigentlich vorrangige Verfahren einzustellen (BGH **38**, 37, 42; NStZ **95**, 351, 352; Düsseldorf JMBlNW **90**, 154). Das gilt auch bei Teilrechtskraft (Kammerer MDR **90**, 785 gegen Bay NStZ **89**, 241).

5 2) Die **Übertragung (II)** der Strafsache auf ein anderes örtlich zuständiges Gericht unter Aufhebung der Präventionswirkung des I durch das gemeinschaftliche obere Gericht (14 zu § 4) ist auf Antrag oder von Amts wegen zulässig, wenn dafür gewichtige Gründe sprechen, zB die Reiseunfähigkeit von Prozessbeteiligten, vor allem des Angeklagten (BGH 2 ARs 327/13 vom 10.9.2013; 156/17 vom 4.5.2017), oder die Rücksicht darauf, dass eine Vielzahl von Zeugen an dem Ort des anderen Gerichts wohnt oder der Angeklagte dort inhaftiert oder untergebracht ist (vgl zur Zweckmäßigkeit BGH wistra **98**, 307; NStZ-RR **02**, 65 [B]; 2

Gerichtsstand § 13

ARs 78/10 vom 10.3.2010). Die Sache kann immer nur einem Gericht übertragen werden, das schon bei der Eröffnung der Untersuchung örtlich zuständig gewesen ist (BGH **13**, 209, 217; **16**, 391), auf ein nach § 13 I zuständig gewesenes Gericht nicht mehr nach Wegfall des Sachzusammenhangs (BGH **16**, 391). Die Übertragung setzt nicht voraus, dass das Verfahren schon bei mehreren Gerichten anhängig ist (Düsseldorf MDR **84**, 70).

Aber eines von ihnen muss die **Untersuchung bereits eröffnet** haben (BGH **10**, 391; **15**, 314; **16**, 391); denn solange die StA noch die Wahl hat, vor welches von mehreren zuständigen Gerichten sie die Sache bringen will, dürfen die Gerichte die Zuständigkeit nicht bestimmen (BGH **26**, 374). Da die Wahlmöglichkeit der StA besteht, solange sie nach § 156 die Anklage zurücknehmen und bei einem anderen Gericht einreichen kann (BGH **12**, 180, 184; **26**, 374), ist die Übertragung nach II im ordentlichen Strafverfahren erst nach Eröffnung des Hauptverfahrens zulässig, im Strafbefehlsverfahren erst nach Beginn der auf rechtzeitigen Einspruch hin anberaumten Hauptverhandlung (BGH **13**, 186; **14**, 343, 344; **26**, 374; NStZ **04**, 449), nicht schon mit der Vernehmung durch einen ersuchten Richter (BGH MDR **77**, 810 [H]); entsprechendes gilt im Fall des § 408 III S 2 (Düsseldorf MDR **84**, 70) und im OWi-Verfahren (BGH NStZ **03**, 558). Im beschleunigten Verfahren nach §§ 417 ff ist eine Übertragung mit Rücksicht auf § 419 I S 1 nicht zulässig (BGH **15**, 314). 6

II gilt **nur bis zum Erlass des Urteils,** also nicht im Rechtsmittelverfahren (BGH **19**, 177, 179; **33**, 111; NStZ-RR **18**, 218), auch nicht nach Aufhebung des Urteils und Zurückverweisung der Sache nach § 354 II (BGH **18**, 261; **25**, 51, 53; **33**, 111, 112). 7

Die **Wirkung der Übertragung** besteht darin, dass die Rechtshängigkeit der Sache bei dem Gericht, das nach I den Vorrang hat, endet und bei dem anderen, ebenfalls zuständigen Gericht begründet oder bestätigt wird. Diese Wirkung tritt, anders als bei Verweisung (vgl 21 zu § 270), erst mit dem Zugang des Beschlusses bei dem neuen Gericht ein. Das Verfahren geht auf dieses Gericht in der Lage über, in der es sich befindet; Prozesshandlungen braucht es nicht zu wiederholen. Seine örtliche Zuständigkeit darf es nicht mehr prüfen; jedoch ist eine Rückübertragung durch das gemeinschaftliche obere Gericht nach II möglich. Hält sich das Gericht für sachlich unzuständig, so verfährt es nach § 225a bzw § 270; bei irrtümlicher Zuweisung kommt auf Gegenvorstellung auch eine Abänderung des Beschlusses durch das obere Gericht in Betracht (BGH NStZ-RR **13**, 65 [C/Z]). 8

3) Beschwerde gegen die Übertragungsentscheidung oder gegen die Ablehnung eines in der Hauptverhandlung gestellten Antrags auf Übertragung ist unzulässig (BGH StraFo **03**, 272; SK-Weßlau/Weißer 15; erg 2 zu § 304). 9

Gerichtsstand bei zusammenhängenden Strafsachen

13 I Für zusammenhängende Strafsachen, die einzeln nach den Vorschriften der §§ 7 bis 11 zur Zuständigkeit verschiedener Gerichte gehören würden, ist ein Gerichtsstand bei jedem Gericht begründet, das für eine der Strafsachen zuständig ist.

II ¹ Sind mehrere zusammenhängende Strafsachen bei verschiedenen Gerichten anhängig gemacht worden, so können sie sämtlich oder zum Teil durch eine den Anträgen der Staatsanwaltschaft entsprechende Vereinbarung dieser Gerichte bei einem unter ihnen verbunden werden. ² Kommt eine solche Vereinbarung nicht zustande, so entscheidet, wenn die Staatsanwaltschaft oder ein Angeschuldigter hierauf anträgt, das gemeinschaftliche obere Gericht darüber, ob und bei welchem Gericht die Verbindung einzutreten hat.

III In gleicher Weise kann die Verbindung wieder aufgehoben werden.

1) Der **Gerichtsstand des Zusammenhangs (I)** steht den Gerichtsständen nach §§ 7–11, 13a gleich (BGH **11**, 106, 108; **16**, 391, 393). Er entsteht nicht erst 1

Schmitt 87

§ 13

Erstes Buch. 2. Abschnitt

durch die Verbindung der Strafsachen und besteht unabhängig davon, in welchem Stadium sich die Verfahren befinden (Koblenz NStZ-RR **11**, 209), geht aber unter, wenn der Zusammenhang (zum Begriff vgl 2 ff zu § 3) schon im Ermittlungsverfahren wieder entfällt (Celle StraFo **99**, 89). Erst wenn wegen der verbundenen Sachen Anklage erhoben und darauf das Hauptverfahren eröffnet worden ist, lässt der spätere Wegfall des Zusammenhangs die Zuständigkeit nach I unberührt (BGH **16**, 391, 393; NJW **93**, 2819, 2820; **03**, 446, 452; NStZ **04**, 100).

2   Der Gerichtsstand nach I **setzt voraus,** dass verschiedene Gerichte gleicher Ordnung (BGH **22**, 232; **37**, 15, 17; NStZ **82**, 294; **86**, 564; NStZ-RR **08**, 33 [B]); **14**, 112L) nach §§ 7–11, auch nach § 13a (Schermer MDR **64**, 895), örtlich zuständig sind; ein inländischer Gerichtsstand muss somit für jede Sache bereits bestehen (BGH NJW **92**, 1635; NStZ **09**, 221). Der StA (auch der Privatkläger) hat dann die Wahl (10 vor § 7), ob er die Sachen einzeln bei dem jeweils nach diesen Vorschriften zuständigen Gericht oder verbunden bei einem von ihnen anklagt. Ist eine der Sachen bereits bei Gericht (im 1. Rechtszug) anhängig, so kann eine andere, die noch nicht anderweitig rechtshängig geworden ist, auch durch Nachtragsanklage nachgeschoben werden (BGH **20**, 219, 221). Das Gericht hat die Zweckmäßigkeit der Verbindung nicht zu prüfen; es kann seine örtliche Zuständigkeit allerdings in Fällen des offenkundigen Ermessensmissbrauchs verneinen (vgl LG Hanau ZWH **14**, 206 mit Anm Kudlich). Im Übrigen kann das Gericht die Verbindung nach III, der auch im Fall des I gilt, wieder auflösen (BGH MDR **57**, 653 [D]; Schleswig SchlHA **58**, 115).

3   **2) Verbindung anhängiger Strafsachen (II):** Die von der StA unterlassene Verbindung der Sachen durch das Gericht ist schon nach Erhebung der Anklage zulässig (BGH **20**, 219, 221; **21**, 247, 248).

4   Die Verbindung setzt **entspr Anträge der beteiligten StAen** voraus, die sich also über die Verbindung einig sein müssen (BGH NStZ-RR **10**, 51 L); es reicht aber auch ein Antrag des vorgesetzten GStA aus (LR-Erb 14). Dem Erfordernis der Antragstellung ist genügt, wenn jede der beteiligten StAen der Verbindung ausdrücklich zustimmt (Bay NJW **57**, 1329).

5   Die Verbindung erfolgt durch eine den Anträgen der beteiligten StAen entspr **Vereinbarung der beteiligten Gerichte** (S 1). Sie besteht in einem förmlichen Abgabebeschluss (BGH NStZ **82**, 294) und einem darauf folgenden förmlichen Übernahmebeschluss (vgl aber auch BGH **37**, 15, 16). Mit dessen Erlass wird die Sache bei dem übernehmenden Gericht anhängig (Rosenmeier 46).

5a   Die **Verbindung setzt voraus,** dass der Sachzusammenhang noch besteht (BGH **16**, 391, 393; München NJW **69**, 148; Zweibrücken MDR **79**, 517). Die Strafsachen müssen zudem bei Gerichten gleicher Ordnung anhängig sein (BGH **22**, 232; NStZ **82**, 294; **86**, 564; oben 2); es darf also nicht auch die sachliche Zuständigkeit geändert werden, denn dann gilt § 4, so dass eine gleichwohl nach § 13 II vorgenommene Verbindung unwirksam ist (BGH StV **19**, 221; StraFo **15**, 322; **07**, 327; NStZ-RR **13**, 378; NStZ **00**, 435; 4 StR 306/17 vom 22.11. 2017; zw BGH NStZ **96**, 47) und wegen des Befassungsverbots zur Einstellung des unzulässig hinzuverbundenen Verfahrens führt (Oldenburg StraFo **11**, 392). Ferner darf noch kein Urteil ergangen sein (RG **48**, 297; Düsseldorf MDR **85**, 1048 unter Hinweis auf BGH **19**, 177, 179; **aM** LR-Erb 13: auch nach Zurückverweisung nach § 354 II; offen gelassen von BGHR § 4 Verbindung 14) und schließlich muss die Verbindung, was idR der Fall sein wird, sachgemäß erscheinen (Nürnberg MDR **65**, 678).

6   Durch eine **Entscheidung des gemeinschaftlichen oberen Gerichts** (S 2) kann die nicht zustande gekommene gerichtliche Vereinbarung, nicht aber die Übereinstimmung der zuständigen StAen ersetzt werden (BGH **21**, 247; NStZ **04**, 688; NStZ-RR **02**, 257 [B]; **05**, 77 L; StraFo **03**, 235). Das gemeinschaftliche obere Gericht (zum Begriff 14 zu § 4) kann daher nur auf übereinstimmenden Antrag der StAen oder auf Antrag des Angeklagten entscheiden; von den beteiligten Gerichten kann es nicht angerufen werden (BGH NStZ-RR **03**, 97 [B]).

3) Die **Aufhebung der Verbindung (III)** ist, solange kein Urteil ergangen ist, 7 aus Zweckmäßigkeitsgründen in der gleichen Form wie die Verbindung möglich, auch im Fall des I (oben 2). Anhängige Sachen können also auf übereinstimmende Anträge der StAen durch Vereinbarung der beteiligten Gerichte getrennt werden, bei Verbindung nach II S 2 nur, wenn sich die Umstände verändert haben, bei Nichtzustandekommen der Vereinbarung durch Entscheidung des gemeinschaftlichen oberen Gerichts auf Antrag der StAen oder des Angeklagten (Schleswig SchlHA **58**, 115). Mit der Trennung geht die Sache in der Lage, in der sie sich befindet, auf das Gericht über, das den Übernahmebeschluss erlassen hat (Mutzbauer NStZ **95**, 214).

4) **Beschwerde:** Die Entscheidung der StA, zusammenhängende Sachen nach I 8 bei einem der nach §§ 7–11, 13a zuständigen Gerichte anzuklagen, ist nicht anfechtbar (10 vor § 7). Im Fall des II S 1, III ist Beschwerde nach § 304 I gegen die Beschlüsse des abgebenden und übernehmenden Gerichts zulässig (Nürnberg MDR **65**, 678), solange es nicht erkennendes Gericht geworden ist (§ 305 S 1; differenzierend LR-Erb 21). Die Entscheidung des gemeinschaftlichen oberen Gerichts nach II S 2, III ist unanfechtbar (2 zu § 304). Der Einwand nach § 16 bleibt unberührt (SK-Weßlau/Weißer 17).

Zuständigkeitsbestimmung durch den Bundesgerichtshof

13a Fehlt es im Geltungsbereich dieses Bundesgesetzes an einem zuständigen Gericht oder ist dieses nicht ermittelt, so bestimmt der Bundesgerichtshof das zuständige Gericht.

1) Die Gerichtsstandsbestimmung durch den BGH ist mit Art 101 I S 2 1 GG vereinbar (BVerfGE **20**, 336, 343), aber nur zulässig, wenn die Zuständigkeit auch nicht aus dem Sinn und Zweck eines Gesetzes hergeleitet werden kann (BGH **20**, 157, 158; NStZ **88**, 209 [M]). Andererseits setzt § 13a nicht voraus, dass es unmöglich ist, einen gesetzlich festgelegten Gerichtsstand zu ermitteln; es genügt, dass er nicht ermittelt ist (vgl BGH **10**, 255). Auf Todesermittlungsverfahren gemäß § 159 ist die Vorschrift nicht anwendbar (BGH NStZ-RR **18**, 185). Eine weitere Zuständigkeitsbestimmung durch den BGH regelt § 14 III IRG (vgl BGH 2 ARs 183/18).

Der BGH hat bei Entscheidungen nach § 13a nicht in eine sachliche Prüfung 2 einzutreten (BGH NStZ-RR **04**, 278; KK-Scheuten 5); er hat insbesondere **nicht zu prüfen,** ob der Einleitung und Durchführung des Verfahrens ein Prozesshindernis entgegensteht. Seine Prüfung beschränkt sich darauf, ob ein zuständiges Gericht nicht vorhanden oder nicht ermittelt ist und ob deutsches Strafrecht auf die Straftat anwendbar ist (BGH **18**, 19; **33**, 97; BGHR Anwendungsbereich 4; StraFo **13**, 346; vgl aber enger BGH 2 Ars 470/17 vom 25.10.2017: Deutsches Strafrecht nicht offenkundig unanwendbar). § 13a ist erst dann anwendbar, wenn die örtliche Zuständigkeit eines Gerichts auch nicht anhand teleologischer Erwägungen durch die erweiterte Auslegung einer gesetzlichen Bestimmung begründet werden kann (BGH NStZ-RR **18**, 318).

Die Gerichtsstandsbestimmung **unterbleibt** aber, wenn ohne weiteres feststeht, 3 dass die Untersuchung und Entscheidung nicht zum Aufgabenbereich der Gerichte der BRep gehören (BGH NStZ-RR **14**, 278: offenkundig unanwendbar; **11**, 379; **12**, 326; **15**, 72; NStZ **07**, 534), insbesondere, wenn ihre Gerichtsbarkeit durch § 20 GVG ausgeschlossen ist (BGH **33**, 97; **aM** KK-Scheuten 5) oder auf eine dem Beschuldigten zur Last gelegte Auslandstat deutsches Strafrecht unanwendbar ist (BGH NJW **18**, 2742).

2) **Schon im Ermittlungsverfahren,** idR auf Antrag oder Anregung der StA 4 oder eines Dritten, bestimmt der BGH durch unanfechtbaren (§ 304 IV S 1) Beschluss das für die Sache zuständige Gericht. Damit wird zugleich (vgl § 143 I GVG) die zuständige StA bestimmt (BGH **10**, 255, 256; **18**, 19, 20; **32**, 159, 160).

Der Antrag nach § 13a kann von einer StA auch dann gestellt werden, wenn das Opportunitätsprinzip gilt, insbesondere in den Fällen des § 153c. Sinnvoll ist das aber nur, wenn damit zu rechnen ist, dass die Tat auch verfolgt wird (BGH 2 ARs 293/76 vom 11.8.1976).

5   § **13a dient nicht** der abstrakten Klärung verfahrensunabhängiger, abstrakter Zuständigkeitsfragen (BGH NStZ **92**, 27 [K]; BGHR Anwendungsbereich 5); Voraussetzung ist, dass eine bestimmte konkretisierte und individualisierte Tat verfolgt werden soll (BGH NStZ **94**, 139; **99**, 577; vgl auch BGH StraFo **13**, 346). Die Vorschrift ist unanwendbar, wenn der Prioritätsgrundsatz des § 14 II IRG eingreift (BGH wistra **89**, 34). Für die Verfolgung von Straftaten, die von Ausländern im Ausland an Ausländern verübt worden sind, bedarf es zur Begründung der deutschen Gerichtsbarkeit eines legitimierenden inländischen Anknüpfungspunkts (BGH NStZ **99**, 236).

6   3) Der **Gerichtsstand nach** § 13a steht denen nach §§ 7–11, 13 gleich und fällt daher nicht weg, wenn später ein auf §§ 7–10 beruhender Gerichtsstand ermittelt wird (BGH **10**, 255, 258; **32**, 159, 160; NStZ-RR **03**, 268 L). Da er aber gegenüber den anderen Gerichtsständen auch keinen Vorrang genießt, kann die StA in diesem Fall zwischen ihm und den anderen Gerichtsständen wählen (Schermer MDR **64**, 895; erg 10 vor § 7). Ist die Sache bereits bei Gericht anhängig, so kann sie entspr § 12 II von dem nach § 13a bestimmten Gericht auf ein anderes der in §§ 7–10 bezeichneten Gerichte übertragen werden (BGH **10**, 255). Dagegen kommt die Änderung der nach § 13a bestimmten Zuständigkeit durch erneuten Beschluss nach dieser Vorschrift idR nicht in Betracht (BGH **32**, 159, 160). Wird nach § 13a ein LG als zuständiges Gericht bestimmt, so bezieht sich das nicht auf die zu seinem Bezirk gehörenden AGe; das zuständige AG muss daher besonders bestimmt werden, wenn im weiteren Verfahren Entscheidungen erforderlich werden, die nur ein solches Gericht treffen kann (BGH aaO). Es kann deshalb sachdienlich sein, die Zuständigkeit allgemein den für einen bestimmten Bezirk örtlich zuständigen Gerichten zu übertragen (BGH NStZ-RR **16**, 213).

7   4) **Rechtsmittel:** Die Beschwerde ist unzulässig (§ 304 IV S 1).

Zuständigkeitsbestimmung durch das gemeinschaftliche obere Gericht

14 Besteht zwischen mehreren Gerichten Streit über die Zuständigkeit, so bestimmt das gemeinschaftliche obere Gericht das Gericht, das sich der Untersuchung und Entscheidung zu unterziehen hat.

1   1) **Streit über die Zuständigkeit** iS der Vorschrift ist ein Streit über die Auslegung eines Gesetzes, nicht über Kompetenzen auf Grund von Verwaltungsvorschriften (Frankfurt NStZ **82**, 260; vgl auch BGHR Entscheidung 1 sowie BGH 2 ARs 41/18 vom 8.2.2018: Einleitung der Vollstreckung gegen Jugendlichen). Bei dem Streit kann es sich sowohl um einen positiven (mehrere Gerichte halten sich für zuständig) als auch, solange mindestens eine Entscheidung noch anfechtbar ist (danach gilt § 19), um den negativen (mehrere Gerichte halten sich nicht für zuständig) Zuständigkeitsstreit handeln. § 14 gilt auch nach Urteilsrechtskraft im Strafvollstreckungsverfahren (Bay NJW **55**, 601; Braunschweig NdsRpfl **75**, 176) und in Strafvollzugssachen (vgl § 120 I S 2 StVollzG; BGH 2 ARs 151/18 vom 4.9.2018; Hamm NStZ-RR **08**, 79). In OWi-Streitigkeiten gilt § 14 über § 46 I OWiG (vgl BGH 2 ARs 48/15).

1a   § 14 ist **nicht anwendbar** bei einem internen Zuständigkeitsstreit zwischen verschiedenen Spruchkörpern desselben Gerichts bei Zweifeln über die Auslegung des Geschäftsverteilungsplans (KG NJW **64**, 2437; Frankfurt NStZ-RR **15**, 314; Rostock NStZ-RR **10**, 243; Schleswig SchlHA **82**, 114 [E/L]) oder der §§ 74 II, 74a, 74c GVG (KG NJW **10**, 3464; Düsseldorf JMBlNW **95**, 153; JR **82**, 514; Meyer-Goßner NStZ **81**, 174; **aM** München JR **80**, 77; erg 22 zu § 21e GVG, 6 zu § 74c GVG) oder bei einem Streit zwischen Jugend- und Erwachsenengericht

(LG Zweibrücken NStZ-RR **05**, 153) oder wenn das Gericht eine Entscheidung des übergeordneten Gerichts in Zweifel zieht (BGH NStZ **94**, 23 [K]: LG – OLG; BGH NStZ-RR **07**, 179 und 2 ARs 467/08 vom 29.10.2008: AG – OLG). Die Zuständigkeit des Rechtspflegers zur Kostenfestsetzung – §§ 464b, 193 ff ZPO, § 3 Nr 3, 21 I I Nr 1 RPflG – erstreckt sich nicht auf Anträge nach § 14 (BGH 2 ARs 314/18 vom 27.11.2018).

§ 14 gilt entsprechend für den negativen sachlichen Kompetenzstreit, wenn 2 sämtliche mit derselben Sache befasste Gerichte sich für unzuständig halten (siehe BGH NStZ-RR **19**, 384), und sonst kein anderer Ausweg besteht, das Verfahren fortzusetzen (BGH **18**, 381; BGH **31**, 361; **45**, 26; NStZ-RR **19**, 92; KG NJW **10**, 3464; Frankfurt NStZ-RR **09**, 315; Stuttgart Justiz **99**, 403), auch bei internem Streit über die gesetzliche Zuständigkeit, zB zwischen Berufungs- und Beschwerdekammer beim LG (Frankfurt aM NStZ-RR **96**, 302; Schleswig SchlHA **97**, 149 [L/S]), nicht aber bei einem Streit über die Art des Rechtsmittels gegen ein Urteil des AG (BGH **31**, 183; **39**, 162), auch nicht bei einem Streit zweier Führungsaufsichtsstellen (Zweibrücken NStZ **02**, 279). Erg 22 zu § 21e GVG; 3 zu § 78 GVG; 2 zu § 116 GVG.

2) Das **gemeinschaftliche obere Gericht** (14 zu § 4) kann im Streitfall von 3 den Prozessbeteiligten, auch von der StA (Jena VRS **113**, 342), auch ohne vorherige Ausschöpfung der Beschwerdemöglichkeiten, und von jedem der beteiligten Gerichte – nunmehr mit Rücksicht auf die Änderung des § 5 I Nr 2 RPflG auch durch den Rechtspfleger (Brandenburg NStZ-RR **10**, 263; anders früher BGH NStZ **91**, 27 [M/K]), allerdings nicht bei den ihm nach § 24 RPflG übertragenen Geschäften (Hamm NStZ-RR **08**, 79 zu § 24 I Nr 1a RPflG) – in Form einer Entscheidung (Düsseldorf NStZ **00**, 609: des gesamten Spruchkörpers) oder durch Vorlage (BGH **11**, 56, 58) angerufen werden. Bestimmt werden kann nur eines der streitenden Gerichte (BGH 2 ARs 211/16 vom 14.6.2016). Hält das obere Gericht beide für unzuständig, so muss es den Antrag zurückweisen (BGH **31**, 244, 245; NStZ **97**, 255; **01**, 110; StraFo **01**, 432; erg 3 zu § 19). Es kann dann aber, von § 13a abgesehen, das zuständige Gericht in den Beschlussgründen bezeichnen und es der StA (bzw dem Gericht, vgl Bamberg NStZ-RR **05**, 377 zu einem Fall des § 225a) überlassen, die Strafsache vor dieses Gericht zu bringen.

3) Rechtsmittel: Es gilt das Gleiche wie bei § 12 II (dort 9). 4

Gerichtsstand kraft Übertragung bei Hinderung des zuständigen Gerichts

15 Ist das an sich zuständige Gericht in einem einzelnen Falle an der Ausübung des Richteramtes rechtlich oder tatsächlich verhindert oder ist von der Verhandlung vor diesem Gericht eine Gefährdung der öffentlichen Sicherheit zu besorgen, so hat das zunächst obere Gericht die Untersuchung und Entscheidung dem gleichstehenden Gericht eines anderen Bezirks zu übertragen.

1) Der **Gerichtsstand kraft Übertragung**, der mit Art 101 I S 2 GG verein- 1 bar ist (vgl BVerfGE **20**, 336, 343), will Schutz vor Stillstand der Rechtspflege bieten und verhindern, dass der schuldige Täter nicht bestraft und der unschuldige Angeklagte nicht freigesprochen wird (BGH **22**, 250, 252). Die Vorschrift ist eng auszulegen (BGH 2 Ars 69/19 vom 12.3.2019). § 15 setzt nicht voraus, dass allein bei dem verhinderten Gericht ein Gerichtsstand nach §§ 7–11, 12 II, 13 begründet wäre, sondern ist auch anwendbar, wenn noch ein oder mehrere Gerichtsstände in der Sache gegeben sind, so dass die Untersuchung und Entscheidung nach §§ 12 II, 13 II auf eines dieser Gerichte übertragen werden könnte (BGH **21**, 212). Anders als nach §§ 12 II, 14 kann die Sache auch einem sonst nicht zuständigen Gericht übertragen werden (BGH **16**, 84, 86), zB wenn alle Gerichtsstände (§§ 7 ff) bei dem verhinderten Gericht zusammenfallen (BGH **21**, 212). Die Übertragung

§ 15

kann sich auf das gesamte Verfahren oder auf einzelne richterliche Handlungen beziehen.

2 Sie ist in **jeder Lage des Verfahrens** zulässig (BGH **21**, 212, 215), auch im Rechtsmittelzug (BGH **22**, 250), und kann auf Antrag oder von Amts wegen ergehen (BGH **47**, 275); die Vorschrift ist restriktiv auszulegen (BGH aaO). Die Übertragung vor Rechtshängigkeit, die idR nur für einzelne Untersuchungshandlungen in Betracht kommt, lässt die Befugnis der StA unberührt, unter mehreren Gerichtsständen zu wählen (BGH **21**, 212, 215; 10 vor § 7).

3 2) **Rechtlich verhindert** ist das Gericht, wenn die bei ihm tätigen Richter einschließlich ihrer Vertreter aus rechtlichen Gründen (§§ 22, 24, 28 I) in dem Verfahren nicht tätig werden können, wobei aber allein die Gefahr, dass das gesamte Gericht voreingenommen sei, nicht genügt (BGH NStZ **07**, 475; wistra **09**, 446). Zu diesen Vertretern gehören alle Richter, die nach dem GVG und den landesrechtlichen Ergänzungsvorschriften dazu bestellt werden können, jedoch nur, falls ihre Bestimmung schon bei Eintritt des Verhinderungsfalles möglich war. Richter, die erst von der LJV zur Behebung der Verhinderung zur Verfügung gestellt werden, bleiben außer Betracht.

4 3) **Tatsächlich verhindert** ist das Gericht, wenn sämtliche Richter erkrankt sind, wenn infolge von Aufruhr oder kriegsähnlicher Ereignisse Gerichtsstillstand eingetreten ist, wenn in den Fällen des § 210 III (dort 8) oder § 354 II (dort 38) ein Auffangspruchkörper nicht besteht und auch nicht nachträglich gebildet werden kann, aber auch, wenn es – zB wegen krankheitsbedingter Reiseunfähigkeit (BGH 2 ARs 358/14 vom 25.2.2015; 2 ARs 286/06 vom 19.7.2006) – unmöglich ist, den Angeklagten (BGH **16**, 84) oder einen wichtigen Zeugen, dessen kommissarische Vernehmung nicht ausreicht, zur Hauptverhandlung zu bringen. Weite Entfernung zwischen Gericht und Prozessbeteiligten ist allein kein Verhinderungsgrund (BGH MDR **70**, 383 [D]), auch nicht, dass das Gericht den Aufenthaltsort des Angeklagten nicht feststellen kann (BGH NStZ **97**, 331 [K]). Kann das Gericht die Verhandlung an einem anderen Ort seines Bezirks durchführen und entfällt dadurch die Verhinderung, so ist § 15 nicht anwendbar. Die Vorschrift gilt aber auch, wenn das Gericht von seiner Befugnis, die Hauptverhandlung außerhalb seines Bezirks durchzuführen (1 zu § 166 GVG), keinen Gebrauch macht (BGH **22**, 250; BGHR Verhinderung 1).

5 4) Eine **Gefährdung der öffentlichen Sicherheit** liegt nur vor, wenn eine Situation gegeben ist, die dem Fall einer tatsächlichen Verhinderung (soeben 4) vergleichbar ist und eine nachteilige Rückwirkung auf die Unbefangenheit des Gerichts ausüben kann (BGH 2 Ars 69/19 vom 12.3.2019). Sie liegt insbesondere vor, wenn mit erheblichen Unruhen gerechnet werden muss, zB mit Protestdemonstrationen, denen mit polizeilichen Mitteln nicht begegnet werden kann. Ob das der Fall ist, wird unter Berücksichtigung der verfügbaren und geeigneten Schutzmittel beurteilt (RG **10**, 381, 383). Die Übertragung kommt nur in Betracht, wenn die Gefährdung ihren Ursprung in der Durchführung der Verhandlung gerade vor dem zuständigen Gericht hat und nicht auf andere Weise (oben 4 aE) beseitigt werden kann (BGH aaO; **47**, 275). Eine gefährliche Bedrohung der Richter oder Verfahrensbeteiligten kann genügen.

6 5) Das **zunächst obere Gericht** ist das dem verhinderten unmittelbar übergeordnete Gericht, also das LG für das AG, das OLG für das LG, der BGH für das OLG. Es entscheidet von Amts wegen. Die Übertragung kann von dem verhinderten Gericht oder der LJV angeregt, auch von der StA oder anderen Prozessbeteiligten beantragt werden. Sie steht nicht im Ermessen des Gerichts, sondern muss angeordnet werden, wenn die Voraussetzungen des § 15 vorliegen (RG **45**, 67). Das Obergericht darf die Sache nur einem Gericht übertragen, das dieselbe sachliche Zuständigkeit hat wie das verhinderte und das in seinem eigenen Bezirk liegt, dem es also ebenfalls übergeordnet ist (BGH **16**, 84). Besteht zB für den LG-Bezirk nur ein gemeinsames SchG (§ 58 GVG), so darf das LG die Sache nicht einem SchG eines anderen LG-Bezirks übertragen (Nürnberg BayJMBl 55, 36). Soll die Sache an ein bezirksfremdes Gericht übertragen werden, so ist das gemeinschaftliche obere Gericht zuständig, das sowohl dem verhinderten als auch dem neuen Gericht übergeordnet ist (14 zu § 4), ggf der BGH (BGH **16**, 84; **21**, 212). Anders als nach §§ 210 III S 1, 354 II S 1 kann der BGH die Sache auch dem Gericht eines anderen Landes übertragen (BGH **22**, 250, 252).

6) Die **Wirkung der Übertragung** des ganzen Verfahrens besteht darin, dass das beauftragte Gericht, das den Übertragungsbeschluss nicht zu überprüfen hat (LR-Erb 19), örtlich zuständig wird und dass die Sache falls sie schon anhängig ist, auf dieses Gericht übergeht. Diese Wirkung tritt ein, wenn der Übertragungsbeschluss dem beauftragten Gericht zugeht. Sie bleibt, auch nach Wegfall der Verhinderung des an sich zuständigen Gerichts, bis zum Abschluss des Verfahrens bestehen, sofern die Übertragung von dem oberen Gericht nicht in der gleichen Form zurückgenommen wird. 7

7) **Beschwerde** gegen den Übertragungsbeschluss ist unzulässig (Celle NJW **57**, 73 L; Schleswig SchlHA **58**, 235; KK-Scheuten 7; erg 2 zu § 304). 8

Prüfung der örtlichen Zuständigkeit; Einwand der Unzuständigkeit

16
[1] Das Gericht prüft seine örtliche Zuständigkeit bis zur Eröffnung des Hauptverfahrens von Amts wegen. [2] Danach darf es seine Unzuständigkeit nur auf Einwand des Angeklagten aussprechen. [3] Der Angeklagte kann den Einwand nur bis zum Beginn seiner Vernehmung zur Sache in der Hauptverhandlung geltend machen.

1) Eine **zeitliche Beschränkung der Prüfung** der örtlichen Zuständigkeit bestimmt die Vorschrift. Diese Zuständigkeit, die ohnehin einem Wahlrecht der StA unterliegt (10 vor § 7), ist im Hinblick auf die Gleichwertigkeit der Rechtsprechung der Gerichte gleicher Ordnung nicht von derselben Bedeutung wie die sachliche Zuständigkeit. Es ist daher nicht notwendig, Verfahrensverzögerungen hinzunehmen, um stets die Entscheidung eines örtlich zuständigen Gerichts herbeiführen zu können. Die örtliche Zuständigkeit ist, wie die besondere Zuständigkeit der in § 74e GVG bezeichneten Gerichte (vgl § 6a), eine nur befristete kurzlebige Verfahrensvoraussetzung (7 vor § 7). 1

2) **Von Amts wegen (S 1)** prüft das Gericht seine örtliche Zuständigkeit nur bis zur Eröffnung des Hauptverfahrens (§ 203), dh bis zum Erlass des Eröffnungsbeschlusses (§ 207), im beschleunigten Verfahren sowie nach §§ 417 ff jedoch bis zum Beginn der Vernehmung des Angeklagten zur Sache (2 zu § 418). Vgl 3 zu § 6a. 2

3) Für den **Einwand des Angeklagten (S 2, 3)** gelten die gleichen Grundsätze wie bei § 6a; vgl dort zu den Einwandbefugten 5, zur zeitlichen Begrenzung 6 ff, zur Form 11. Wie im Fall des § 6a (dort 7) tritt nach § 16 S 2 mit Beginn der Sachvernehmung des Angeklagten eine Zuständigkeitsperpetuierung ein; eine spätere Änderung der tatsächlichen Umstände oder der rechtlichen Beurteilung der Tat ist für die Zuständigkeitsfrage ohne Bedeutung (RG **65**, 267). Maßgebend für den Ausschluss des Einwands ist, wie bei § 6a (dort 10), immer die Sachvernehmung in der 1. Hauptverhandlung in der Sache (Köln StraFo **09**, 162). Hat jedoch die StA, nachdem das 1. Gericht sich für unzuständig erklärt hatte, die öffentliche Klage bei einem anderen Gericht erhoben, so kann der Angeklagte den Einwand der örtlichen Zuständigkeit erneut geltend machen. 3

Das Gericht hat auf den Einwand nach S 2 **ausschließlich zu prüfen,** ob seine örtliche Zuständigkeit gegeben ist; eine Prüfung des hinreichenden Tatverdachts der seiner Kognitionspflicht unterliegenden Taten findet dagegen nicht statt (BGH NStZ-RR **18**, 53). 3a

4) **Verfahren bei Unzuständigkeit:** Erhebt die StA, deren örtliche Zuständigkeit durch das des Gerichts bestimmt wird (§ 143 I GVG), die Anklage vor 4

einem örtlich unzuständigen Gericht, so lehnt dieses nicht die Eröffnung des Hauptverfahrens nach § 204 ab, sondern erklärt sich durch Beschluss für unzuständig (RG **32**, 50; Hamm NStZ-RR **99**, 16; KK-Scheuten 4; LR-Erb 12; **aM** Heghmanns/Scheffler-Heghmanns VI 291: Nichteröffnung); die StA erhebt dann die Anklage vor einem anderen Gericht (10 vor § 7). Nach Eröffnung des Hauptverfahrens wird das Verfahren nach § 206a eingestellt, in der Hauptverhandlung durch Urteil nach § 260 III (Düsseldorf VRS **80**, 281; Köln VRS **74**, 32, 34; LR-Erb 14; SK-Weßlau/Weißer 8; **aM** Gössel H. Kaufmann-GedSchr 983: Beschluss über Unzuständigkeit). Wird statt dessen ein Beschluss erlassen, durch den sich das Gericht für unzuständig erklärt, so bedeutet das sachlich ebenfalls die Einstellung des Verfahrens (BGH **18**, 1).

5   Die **Abgabe oder Verweisung** an ein örtlich zuständiges Gericht ist, anders als im Fall der fehlenden Zuständigkeit nach §§ 6, 6a, im 1. Rechtszug ausgeschlossen (BGH **23**, 79, 82; NStZ-RR **18**, 218; LR-Erb 9; vgl aber Braunschweig JZ **62**, 420; Karlsruhe GA **77**, 58 für Verweisungen im Einverständnis mit der StA) und, wenn sie gleichwohl erfolgt, ohne rechtliche Wirkung; denn das Gericht würde damit in das Auswahlrecht (10 vor § 7) und das Beschwerderecht (§ 210 II) der StA eingreifen. Nur die Rechtsmittelgerichte können die Sache nach § 328 II (dort 5 ff) und § 355 (dort 6) an das zuständige Gericht verweisen, wenn das angefochtene Urteil von einem örtlich unzuständigen Gericht erlassen worden war.

6   **5) Im Rechtsmittelverfahren** entscheidet stets das übergeordnete Gericht ohne Rücksicht darauf, ob der 1. Richter zuständig war. Ist die Sache, was selten vorkommen wird, vor ein unzuständiges Rechtsmittelgericht gelangt, so gilt § 16 entspr (**aM** LR-Erb 20: § 348 entspr). Von Amts wegen wird die Zuständigkeit bis zum Beginn des Vortrags des Berichterstatters geprüft, auf Einwand des Angeklagten bis zu dessen Sachvernehmung (vgl 14 zu § 6a), im Revisionsverfahren nur bis zum Beginn des Vortrags des Berichterstatters nach § 351 I.

7   **6) Anfechtung:** Gegen den Beschluss, durch den sich das Gericht im Eröffnungsverfahren für örtlich unzuständig erklärt (oben 4), steht der StA die einfache Beschwerde nach § 304 zu (LR-Erb 16; **aM** Ignor Schlothauer-FS 117, 125). Ist die Beschwerde begründet, verweist das Beschwerdegericht die Sache an das Erstgericht zurück (BGH **43**, 122). Die Anfechtbarkeit von Einstellungsbeschlüssen vor der Hauptverhandlung regelt § 206a II. Das Einstellungsurteil nach § 260 III ist mit Berufung oder Revision anfechtbar. Hatte der Angeklagte in der Hauptverhandlung den Einwand nach S 2 ohne Erfolg erhoben, so kann er gegen das Sachurteil die Rüge des § 338 Nr 4 erheben (dort 31). Erg 6 zu § 328, 6 zu § 355.

17, 18 (weggefallen)

Zuständigkeitsbestimmung bei Zuständigkeitsstreit

19 Haben mehrere Gerichte, von denen eines das zuständige ist, durch Entscheidungen, die nicht mehr anfechtbar sind, ihre Unzuständigkeit ausgesprochen, so bezeichnet das gemeinschaftliche obere Gericht das zuständige Gericht.

1   1) Bei einem **Kompetenzstreit über die örtliche Zuständigkeit** ist nach § 19 zu verfahren, wenn mehrere Gerichte ihre Unzuständigkeit bereits selbst ausgesprochen haben oder die Unzuständigkeit in einer Beschwerdeentscheidung festgestellt worden ist. Die Entscheidungen müssen unanfechtbar sein; andernfalls hilft schon § 14.

2   Bei einem **Kompetenzstreit über die sachliche Zuständigkeit** ist § 19 entspr anwendbar, wenn das Verfahren sonst nicht fortgesetzt werden könnte (2 zu § 14).

Gerichtsstand §§ 20, 21

2) Das **gemeinschaftliche obere Gericht** (14 zu § 4) kann nur durch einen Prozessbeteiligten angerufen werden, idR durch die StA. Es darf nur eines der Gerichte, deren Unzuständigkeit festgestellt ist, als zuständig bezeichnen. Ist keines dieser Gerichte zuständig, so muss es die Entscheidung ablehnen (erg 3 zu § 14); eine Verweisung an das zuständige Gericht ist nicht zulässig. Zu der Entscheidung nach § 19 ist das gemeinschaftliche obere Gericht auch befugt, wenn es selbst in einem früheren Beschwerdeverfahren das jetzt als zuständig bezeichnete Gericht für unzuständig erklärt hatte (KK-Scheuten 3). 3

Die **Entscheidung** ergeht nach Anhörung des Prozessgegners (§ 33 II, III) durch unanfechtbaren Beschluss; die Unzuständigkeitserklärungen der unteren Gerichte brauchen nicht ausdrücklich aufgehoben zu werden. 4

Untersuchungshandlungen eines unzuständigen Gerichts

20 Die einzelnen Untersuchungshandlungen eines unzuständigen Gerichts sind nicht schon dieser Unzuständigkeit wegen ungültig.

1) **Einzelne Untersuchungshandlungen** (zum Begriff vgl 4 zu § 162) sind auch wirksam, wenn ein örtlich unzuständiges Gericht sie in Verkennung seiner Zuständigkeit vornimmt (LG Köln MDR **96**, 192; vgl auch § 7 FGG, § 44 III Nr 1 VwVfG). Das gilt entspr bei Unzuständigkeit nach dem Geschäftsverteilungsplan (vgl § 22d GVG), hingegen nicht bei sachlicher Unzuständigkeit (Köln StV **04**, 417). Unwirksam sind aber Untersuchungshandlungen eines Richters, dessen Unzuständigkeit so offensichtlich ist, dass ihre Nichtbeachtung das Gesetz in grober Weise verletzt (SK-Weßlau/Weißer 1). 1

§ 20 ist **entspr anwendbar** auf Entscheidungen in Strafvollstreckungs- und Strafvollzugssachen (BGH **27**, 329, 331). 2

2) Die **Wirksamkeit der Untersuchungshandlungen** des unzuständigen Gerichts beschränkt sich nicht auf das Vorverfahren. Auch Beweiserhebungen nach §§ 223–225 brauchen nicht wiederholt zu werden; die Protokolle sind nach §§ 251, 253, 254 verlesbar. Entsprechendes gilt für § 369 (Düsseldorf NJW **79**, 1724 L). 3

Befugnisse bei Gefahr im Verzug

21 Ein unzuständiges Gericht hat sich den innerhalb seines Bezirks vorzunehmenden Untersuchungshandlungen zu unterziehen, bei denen Gefahr im Verzug ist.

1) Nur ein **örtlich unzuständiges Gericht** darf in Eilfällen tätig werden; in die sachliche Zuständigkeit darf nicht eingegriffen werden. § 21 gilt für alle Gerichte, betrifft aber in 1. Hinsicht die AGe (LR-Erb 3). Praktische Bedeutung hat er im Hinblick auf § 165 nur, wenn die Untersuchung schon bei einem anderen Gericht anhängig ist. 1

2) Nur **einzelne Untersuchungshandlungen** (zum Begriff vgl 4 zu § 162) darf das an sich unzuständige Gericht (von Amts wegen oder auf Antrag der StA) vornehmen. Die weitere Verfügung in der Sache steht dem zuständigen Gericht zu. 2

3) **Gefahr im Verzug** liegt vor, wenn der Untersuchungserfolg bei Abgabe an das zuständige Gericht gefährdet wäre, weil die Untersuchungshandlung nicht, nur unter wesentlicher Erschwerung oder nur zu spät vorgenommen werden könnte (erg 6 zu § 98). 3

Vor § 22

Erstes Buch. 3. Abschnitt

Dritter Abschnitt. Ausschließung und Ablehnung der Gerichtspersonen

Vorbemerkungen

1 1) Das **Recht auf den gesetzlichen Richter (Art 101 I S 2 GG)** ist nicht gewahrt, wenn der Rechtssuchende vor einem Richter steht, der (etwa wegen naher Verwandtschaft, Freundschaft oder Verfeindung) die gebotene Unvoreingenommenheit vermissen lässt (BVerfGE **21**, 139, 146; **30**, 149, 153). Der Gesetzgeber muss daher Vorsorge dafür treffen, dass die Richterbank von Richtern freigehalten wird, die dem rechtlich zu würdigenden Sachverhalt und den anderen Beteiligten nicht mit der erforderlichen Distanz eines Unbeteiligten und daher am Ausgang des Verfahrens uninteressierten Dritten gegenüberstehen (BVerfG NJW **13**, 1058, 1061). Diesem Zweck dienen die Vorschriften über die Ausschließung und Ablehnung von Gerichtspersonen (BVerfGE **46**, 34, 37). Die beiden Rechtsinstitute unterscheiden sich darin, dass die Ausschließung kraft Gesetzes eintritt (1 zu § 22), das Ausscheiden wegen Befangenheit nur auf Grund einer konstitutiven Entscheidung des Gerichts, die ein Ablehnungsgesuch (§ 24) oder eine Selbstanzeige (§ 30) voraussetzt.

2 2) **Gerichtspersonen** iS des Abschnitts sind Berufsrichter sowie Schöffen, UrkB und sonstige Protokollführer (§ 31). Die Ablehnung eines Sachverständigen regelt § 74, die des Dolmetschers § 191 GVG. Für die Ausschließung und Ablehnung des Rechtspflegers sind die §§ 22 ff entspr anwendbar (§ 10 **RPflG**). Für um die Vernehmung von Zeugen ersuchte Konsularbeamte gelten die §§ 22 ff nicht (Düsseldorf NStZ **83**, 469; Karlsruhe Justiz **74**, 468), auch nicht für den Bezirksrevisor als Vertreter der Staatskasse, zB in dem Verfahren nach § 4 JVEG (Koblenz OLGSt § 22 Nr 1).

3 3) Für **Staatsanwälte** gelten die §§ 22 ff nach hM nicht entspr (BGH NJW **80**, 845; **84**, 1907, 1908; NStZ **91**, 595; Bay **83**, 327; Hamm NJW **69**, 808; Stuttgart NJW **74**, 1394; Bohnert 105 ff; Fezer 3/30; Wendisch Schäfer-FS 243 ff; vgl auch BVerfGE **25**, 336, 345). Das bedeutet jedoch nicht, dass es mit dem Gebot eines rechtsstaatlichen Verfahrens (Einl 19) vereinbar wäre, dass ein StA in Verfahren mitwirkt, in denen er selbst Verletzter, mit dem Beschuldigten oder Verletzten verwandt oder verschwägert, als Richter, Polizeibeamter, Verteidiger oder Anwalt des Verletzten tätig oder sonst mit der Sache (iS des § 23) vorbefasst gewesen ist (vgl dazu im einzelnen Reinhardt, Der Ausschluss und die Ablehnung des befangen erscheinenden Staatsanwalts, 1997, S 119 ff, rechtsvergleichend S 231 ff; Pawlik NStZ **95**, 313; Pfeiffer Rebmann-FS 369; erg 17 vor § 48 für den als Zeugen vernommenen StA). In § 11 BWAGGVG, § 7 NdsAGGVG ist ausdrücklich bestimmt, dass ein StA in solchen Fällen keine Amtshandlungen vornehmen darf. Allerdings geben diese Vorschriften, deren Gültigkeit ohnehin zweifelhaft ist (vgl Arloth NJW **83**, 208; Pfeiffer aaO 365; Wendisch Schäfer-FS 247), keine allgemeinen Richtlinien ab (Böttcher Roxin-FS I 1334 Fn 10; Kintzi Wassermann-FS 906; **aM** Kuhlmann DRiZ **76**, 15; Roxin/Schünemann § 9, 15; vgl auch Stuttgart NJW **74**, 1394).

4 Allgemein ist es vielmehr **Sache des StA, auf seine Ablösung zu drängen** (Wohlers 294), und Aufgabe des Dienstvorgesetzten, einen StA, dessen Mitwirkung unzulässig und der daher von entspr Amtshandlungen zu befreien ist (vgl § 65 BBG), nach § 145 I GVG abzulösen (Zweibrücken StV **00**, 516). Das Gericht und die anderen Prozessbeteiligten können ihn auf die Ablösung hinwirken (Stuttgart aaO). Das Gericht kann sie aber nicht gegen seinen Willen durchsetzen (LR-Siolek 10; **aM** Arloth NJW **83**, 207; Kuhlmann DRiZ **76**, 14: Feststellungsbeschluss). Entsprechendes gilt für den Fall, dass der Beschuldigte den StA für befangen hält, wobei aber keineswegs die gleichen Maßstäbe anzuwenden sind wie nach § 24 bei der Befangenheit von Richtern (BVerfG JR **79**, 28; BGH NJW **84**, 1907, 1908; StV **96**, 297; Pawlik NStZ **95**, 311; vgl auch LG Mönchengladbach

JR **87**, 303: Pflicht zum Eingreifen des Gerichts auf Grund der Fürsorgepflicht, wenn der StA seine Pflicht zur Objektivität schwer und nachhaltig verletzt).

Die Prozessbeteiligten haben **kein Recht auf Ablehnung** eines ausgeschlossenen oder befangenen StA (Hamm NJW **69**, 808; Karlsruhe MDR **74**, 423; LR-Siolek 11; Pfeiffer Rebmann-FS 367; Schlüchter 66.1; SK-Weßlau/Deiters 35, die allerdings de lege ferenda eine gesetzliche Regelung fordern; **aM** Arloth NJW **85**, 418; Bottke StV **86**, 123; Buckert NJW **70**, 847; Hilgendorf StV **96**, 51; Roxin/Schünemann § 9, 15; Rüping 388; Frisch Bruns-FS 408 ff verneint das Ablehnungsrecht nur für das Hauptverfahren; BGH NJW **80**, 845 lässt die Frage offen). Ein Antrag auf gerichtliche Entscheidung nach § 23 **EGGVG** gegen die Entscheidung des Dienstvorgesetzten des StA ist unzulässig (dort 15). 5

Mit der **Revision** kann die unzulässige Mitwirkung eines „ausgeschlossenen" StA in der Hauptverhandlung gerügt werden (Stuttgart NJW **74**, 1394; LR-Siolek 12; Roxin/Schünemann § 9, 15; Wendisch Schäfer-FS 243 ff; **aM** Bohnert 114: revisibel ist nur das Unterlassen des Gerichts, auf Ablösung des StA hinzuwirken). Dies gilt insbesondere für den StA, der als Sitzungsvertreter im Schlussvortrag eine Würdigung seiner eigenen Aussage vornimmt (BGH NStZ **19**, 234, der dies allerdings mit einer Analogie zu § 22 Nr 5 begründet, was nicht unzweifelhaft erscheint; erg 20a zu § 22, 17 vor § 48). 6

Jedoch liegt nicht der zwingende Aufhebungsgrund des § 338 Nr 5 vor; die Revision ist **nur begründet**, wenn nicht auszuschließen ist, dass das Urteil auf der Mitwirkung des StA beruht (§ 337; vgl 17 vor § 48 für den als Zeuge vernommenen StA). Die angebliche Befangenheit des StA, für die es nicht einmal hinreichende Beurteilungsmaßstäbe gibt (vgl aber Böttcher Roxin-FS I 1333), kann nicht Gegenstand einer Revisionsrüge sein; die Ablösung steht hier im richterlich nicht nachprüfbaren Ermessen des Dienstvorgesetzten (Kissel/Mayer 8, 9 zu § 145 GVG; Krey 1/188; Pfeiffer Rebmann-FS 375; **aM** Arloth Böttcher-FS 12; Bruns JR **79**, 28; Pawlik NStZ **95**, 315; offengelassen bei BGH NJW **80**, 845; NStZ **84**, 419). Aus § 145 GVG lässt sich kein Revisionsgrund herleiten (dort 6). 7

Ausschließung von der Ausübung des Richteramtes kraft Gesetzes

22 Ein Richter ist von der Ausübung des Richteramtes kraft Gesetzes ausgeschlossen,

1. wenn er selbst durch die Straftat verletzt ist;
2. wenn er Ehegatte, Lebenspartner, Vormund oder Betreuer des Beschuldigten oder des Verletzten ist oder gewesen ist;
3. wenn er mit dem Beschuldigten oder mit dem Verletzten in gerader Linie verwandt oder verschwägert, in der Seitenlinie bis zum dritten Grad verwandt oder bis zum zweiten Grad verschwägert ist oder war;
4. wenn er in der Sache als Beamter der Staatsanwaltschaft, als Polizeibeamter, als Anwalt des Verletzten oder als Verteidiger tätig gewesen ist;
5. wenn er in der Sache als Zeuge oder Sachverständiger vernommen ist.

1) Kraft Gesetzes tritt die Ausschließung nach §§ 22, 23 ein (vgl BVerfGE **21**, 139, 145; **46**, 34, 37), selbst wenn der Grund dafür weder dem Richter noch einem Prozessbeteiligten bekannt ist (BGH bei Herlan MDR **54**, 656). Gleichgültig ist, ob der Richter sich befangen fühlt (BGH **14**, 219, 223) oder die Prozessbeteiligten mit seiner Mitwirkung einverstanden sind (Schorn GA **63**, 258). 1

Der Ausschluss ist **von Amts wegen zu beachten;** einer Entscheidung bedarf es nur in Zweifelsfällen. Jeder Prozessbeteiligte kann sie ohne zeitliche Beschränkung (1 zu § 25) anregen oder mit einem Ablehnungsgesuch nach § 24 geltend machen. Der darauf ergehende Gerichtsbeschluss hat nur feststellende Bedeutung (4 zu § 24). 2

Die **Ausschließungsgründe** sind in den §§ 22, 23 (und § 148a II S 1) **erschöpfend** aufgeführt (BVerfGE **46**, 34, 38; Düsseldorf NStZ **87**, 571; Stuttgart StV **85**, 492; 1 zu § 23). Sie sind eng auszulegen (BGH **44**, 4, 7) und dürfen nicht 3

§ 22

dadurch erweitert werden, dass für bestimmte Fälle allgemein § 24 „zur Lückenfüllung" herangezogen wird (so aber Arzt 17 ff, 65 ff; Roxin/Schünemann § 8, 10; erg 39 zu § 354). Dass der Richter auch nicht in einer Sache mitwirken darf, in der er selbst Beschuldigter (Stuttgart MDR **71**, 67) oder Täter ist (LR-Siolek 22), versteht sich von selbst und bedurfte keiner gesetzlichen Regelung. Die Ausschließung zwingt den Richter, sich jeder Tätigkeit in der Sache zu enthalten (zur Anwendung im Fall des § 29 vgl dort 13 ff).

4 Sie beginnt mit dem Entstehen des Ausschließungsgrundes und gilt für **richterliche Handlungen jeder Art,** zB für die Bestimmung eines Hauptverhandlungstermins, auf die der ausgeschlossene Richter nicht einmal Einfluss nehmen darf (BVerfGE **4**, 412, 416). Sie gilt nicht nur für das Hauptverfahren, sondern auch für Nachtragsentscheidungen, zB nach § 453 (Stuttgart GA **89**, 37), nach § 454 (Stuttgart Justiz **88**, 317), nach § 458 (Hamm MDR **57**, 760), nach § 460 (Düsseldorf StV **83**, 361) und nach den §§ 462, 463 (Koblenz GA **78**, 156), nicht aber für Akte der JV, auch für die Auslosung der Schöffen (BGH **3**, 68).

5 Die Vorschrift ist für die **StA** nicht entspr anwendbar (3 vor § 22).

6 **2) Verletzt (Nr 1)** ist, wie bei § 172 (dort 9), nur der durch eine Straftat unmittelbar in seinen Rechten betroffene Richter (BGH **1**, 298; BGHR Verletzter 1; Bay NStZ **93**, 347); mittelbare Betroffenheit reicht nicht aus (BGH **51**, 100; NStZ **06**, 646: Parteimitgliedschaft). Die Tat muss Gegenstand des Verfahrens, darf also nicht erst während der Hauptverhandlung begangen sein (BGH **14**, 219; NStZ-RR **13**,66 [C/Z]). Ob der Täter wegen der Tat noch verurteilt werden kann, ist gleichgültig (BGH aaO); die Verfolgungsbeschränkung nach § 154a beseitigt den Ausschluss daher nicht (KG StV **81**, 13). Sind mehrere Sachen miteinander nach §§ 2 ff verbunden, so erstreckt sich der Ausschluss auf das ganze Verfahren, auch wenn der Richter nur in einer dieser Sachen Verletzter ist (BGH **14**, 219; erg 1 zu § 5). Werden die Sachen wieder getrennt, so besteht der Ausschluss in allen verbunden gewesenen Sachen fort (BGH aaO).

7 Bei **Vermögensdelikten** gilt Nr 1 nur, wenn für den Richter ein unmittelbarer Nachteil eingetreten ist (BGH **1**, 298; vgl im Einzelnen LR-Siolek 16 ff), also kein Ausschluss des Mieters bei Schädigung des Grundstückeigentümers (BGH NStZ **09**, 342; dazu Volkmer NStZ **09**, 371). Durch einen Diebstahl ist der Richter iS der Nr 1 verletzt, wenn er Eigentümer oder Gewahrsaminhaber der Sache, durch einen Betrug nur, wenn er der Geschädigte, nicht nur der Getäuschte war (BGH MDR **71**, 363 [D]). Bei Insolvenzdelikten ist jeder verletzt, der aus der Masse nicht voll befriedigt wird; die nachträgliche Befriedigung ist insoweit ohne Bedeutung. Der Insolvenzverwalter ist durch Straftaten zum Nachteil der Masse nicht verletzt. Bei Taten zum Nachteil einer OHG sind alle Gesellschafter verletzt (RG **46**, 77, 80). Wenn sich das Delikt gegen eine JP (AG, GmbH, eingetragene Genossenschaft usw) richtet, sind keine Einzelpersonen verletzt (RG **37**, 415; **69**, 127), auch nicht die Mitglieder der Willensorgane (RG **67**, 219) oder der Prokurist der geschädigten JP, selbst wenn er am Gewinn beteiligt ist (BGH **1**, 298). Verletzt iS der Nr 1 ist auch nicht der Kreistagsabgeordnete des geschädigten Landkreises (BGH MDR **55**, 145 [D]).

8 Durch eine **Beleidigung,** die in dem anhängigen Strafverfahren geahndet werden soll, ist der davon unmittelbar betroffene Richter verletzt, auch wenn den Strafantrag der Dienstvorgesetzte gestellt hat (BGH MDR **54**, 628); dieser ist wegen der Antragstellung nicht ausgeschlossen (LR-Siolek 20). Werden alle Richter der BRep oder eines ihrer Länder verunglimpft, so sind iS der Nr 1 nur diejenigen verletzt, gegen die die Beleidigung unmittelbar gerichtet ist (RG **25**, 179; Arzt 45; Schorn GA **63**, 262), es sei denn, ein sonstiger Richter fühle sich persönlich betroffen (BVerfG NJW **92**, 2471). Auch an einem Gericht mit mehr als 200 Richtern ist durch Verunglimpfung einer nicht genannten Zahl von ihnen nicht jeder Richter beleidigt (KG JR **78**, 422). Der Täter kann durch derartige Pauschalbeleidigungen keinen Stillstand der Rechtspflege erreichen. Beleidigungen des Richters während des Strafverfahrens führen ebenfalls nicht zum Ausschluss, da der Beschuldigte sonst jeden ihm unbequemen Richter ausschalten könnte (EbSchmidt 8; Schorn GA **63**, 263; erg 7 zu § 24). Daher kann ein Ordnungsmittel wegen Ungebühr durch den beleidigten Richter selbst festgesetzt werden (2 ff zu § 178 GVG).

3) Ehegatte, Lebenspartner oder Vormund (Nr 2): Zur Ehe vgl 5 zu § 52, **9** zum Lebenspartner vgl § 1 LPartG. Das Verlöbnis (4 zu § 52) gibt nur einen Ablehnungsgrund nach § 24 (dort 11). Der Gegenvormund (§ 1792 BGB) steht dem Vormund gleich (RG **11**, 223), nicht aber der Betreuer nach § 1896 BGB.

4) Verwandtschaft und Schwägerschaft (Nr 3) sind nach dem BGB zu be- **10** urteilen (wegen der Einzelheiten vgl 6 zu § 52). Sie müssen zwischen dem Richter und dem Beschuldigten bestehen. Ist der Richter mit dem StA, dem UrkB, einem Schöffen, Verteidiger, Zeugen oder Sachverständigen oder mit dem Anzeigenden verwandt oder verschwägert, so liegt allenfalls ein Ablehnungsgrund nach § 24 vor (BGH MDR **74**, 547 [D]).

5) Frühere Strafverfolgungs- oder Verteidigertätigkeit (Nr 4): **11**

A. Der Begriff **Beamter** (vgl Fischer 13 ff zu § 11 StGB) ist im funktionellen **12** Sinn zu verstehen.

Beamte der **StA** sind außer den beim GBA, dem GStA und den örtlichen **13** Staatsanwaltschaften tätigen StAn auch Amtsanwälte und die mit der Wahrnehmung amtsanwaltschaftlicher Aufgaben beauftragten Referendare.

Polizeibeamte sind nur ausgeschlossen, wenn sie durch ihr Amt zur Verfolgung **14** von Straftaten kraft Gesetzes (§ 163) oder kraft Auftrags der StA (§ 161 I S 2, § 152 I GVG) berufen sind (BGH MDR **58**, 785). Die Erstellung wissenschaftlicher oder kriminaltechnischer Gutachten ist kein Ausschließungsgrund (BGH aaO), auch nicht die Tätigkeit als Untersuchungsführer in einem Disziplinarverfahren (LG Mühlhausen NStZ-RR **96**, 18, das aber § 24 bejaht).

Anwälte des Verletzten können nur RAe sein. Eine beratende Tätigkeit genügt, **15** nicht Tätigkeit als Gnadenbeauftragter (Düsseldorf NStZ **87**, 571).

Verteidiger sind alle Wahl- und Pflichtverteidiger, auch die nach §§ 138 II, 139 **16** tätig geworden en.

B. Der Begriff **Sache** ist **weit auszulegen** (BGH **9**, 193; Stuttgart Justiz **79**, **17** 212). Denn § 22 bezweckt, schon den Anschein eines Verdachts der Parteilichkeit zu vermeiden (BGH aaO; **28**, 262, 265; **31**, 358, 359; StV **82**, 51). Unter „Sache" ist grundsätzlich das gesamte Verfahren, vom Beginn der Ermittlungen über die Hauptverhandlung bis zum Wiederaufnahmeverfahren (BGH **28**, 262, 264; Bay NStZ **88**, 286), zu verstehen, das die strafrechtliche Verfolgung einer bestimmten Straftat zum Gegenstand hat (BGH **28**, 262; Bay aaO; Düsseldorf NStZ **87**, 571); erfasst ist nicht nur der Kernbereich von Schuld und Strafe, sondern alle richterlichen Entscheidungen, die im Verfahren einer Hauptverhandlung zu treffen sind und sich auf die abschließende Entscheidung auswirken können (BGH NStZ **14**, 44: Entscheidung über Ablehnungsgesuch). Tatmehrheit iS des § 53 StGB und das Vorliegen mehrerer selbstständiger Taten iS des § 264 stehen der Sachgleichheit nicht entgegen (BGH aaO). Entscheidend ist vielmehr die Einheit der Hauptverhandlung (BGH aaO). Bei verbundenen Sachen ist das gesamte Verfahren als eine Sache iS der Nr 4 anzusehen (BGH **14**, 219, 222; **28**, 262, 263; Düsseldorf StV **83**, 361). Sachgleichheit iS der Vorschrift setzt aber nicht einmal Verfahrensidentität voraus; sie kann auch vorliegen, wenn der Richter in derselben „Sache", aber in einem anderen Verfahren tätig war und dadurch der Anschein der Parteilichkeit aufkommen kann (BGH **9**, 193; **28**, 262, 265; **31**, 358), sofern zumindest ein enger und für die zu treffende Entscheidung bedeutsamer Sachzusammenhang besteht (BGH NStZ **19**, 353). Jedoch besteht keine Sachgleichheit, wenn nur die frühere Strafe, an deren Zustandekommen der Richter als StA mitgewirkt hat, nach § 55 StGB in eine nunmehr zu bildende Gesamtstrafe einbezogen wird (BGH **28**, 262; vgl aber Stuttgart NStZ **88**, 375).

§ 22

18 C. Bei **vorangegangener Strafverfolgungstätigkeit** ist es unerheblich, ob der Täter noch unbekannt, die frühere Tätigkeit sachlich oder formeller Art (vgl RG **28**, 53, 54: Aufenthaltsanfrage und Zustellungsverfügung; RG **55**, 113: Abgabe an die zuständige Behörde) und ob sie für das Verfahren wesentlich oder unbedeutend war (BGH StV **82**, 51; NStZ **11**, 106: Sachstandsanfrage bzw Akteneinsicht und Verfügung einer Wiedervorlagefrist). Maßgebend ist, ob der Richter zuvor als Beamter der StA, wenn auch in untergeordneter Weise, irgendetwas zur Erforschung des Sachverhalts oder zur Beeinflussung des Verfahrensablaufs getan hat (BGH wistra **06**, 310). Untersuchungshandlungen nach § 165 führen aber nicht zum Ausschluss (BGH **9**, 233, 235), auch nicht die Teilnahme als StA im Rahmen von Todesermittlungen an einer Obduktion, soweit diese keinen Anhalt für ein Fremdverschulden erbracht hat (BGH **49**, 29), und auch nicht die Tätigkeit in einem Disziplinarverfahren (LG Zweibrücken NStZ-RR **99**, 308; anders im umgekehrten Fall gemäß § 48 I Nr 5 BDG). Ob der Beamte die Sache selbst bearbeitet oder eine von einem anderen Beamten entworfene Verfügung unterzeichnet hat, ist gleichgültig (BGH NJW **52**, 1149). Nr 4 gilt auch, wenn der Richter sich an der Geschwindigkeitskontrolle durch die Verkehrspolizei aktiv beteiligt hat (Karlsruhe VRS **39**, 109). Unschädlich ist aber, dass der Richter, als er StA war, sich mit der Sache zur Ausbildung eines Referendars befasst hat (RG **59**, 267) oder dass er Leiter der StA gewesen ist, ohne sich mit der Sache irgendwie selbst zu beschäftigen (RG **70**, 161, 162) oder dass er als Ministerialbeamter mit der Sache befasst war, ohne darin aber eine eigene Tätigkeit zu entfalten (BGH wistra **06**, 310).

19 6) **Vernehmung als Zeuge oder Sachverständiger (Nr 5):** Auch hier bedeutet die Sachgleichheit nicht Verfahrensidentität (oben 17); ein Richter ist daher idR auch ausgeschlossen, wenn er in einem anderen Verfahren als Zeuge zu demselben Tatgeschehen vernommen worden ist, das er jetzt abzuurteilen hätte (BGH **31**, 358; NStZ **07**, 711; 4 StR 430/13 vom 22.5.2014). Darunter ist aber nicht nur die Wiedergabe eigener Wahrnehmungen zum Tatgeschehen zu verstehen, vielmehr wird jede Äußerung des Zeugen zu solchen Fragen erfasst, die im Hinblick auf die Schuld- und Straffrage richterlicher Würdigung bedürfen (BGH StV **08**, 283 mwN). Der Richter ist auch dann ausgeschlossen, wenn der Verfahrensteil nach der Zeugenvernehmung nach § 154 II ausgeschieden worden ist (BGH NStZ **06**, 113). Dagegen sind Richter, die in einem Strafverfahren gegen einen Angeklagten mitwirken, gegen den sie bereits ein Ermittlungsverfahren wegen einer Falschaussage bis zur Einstellung geführt haben, alleine dadurch, dass sie diese Falschaussage entgegengenommen haben, nicht als vernommene Zeugen iSv Nr 5 anzusehen (BGH 5 StR 492/12 vom 27.11.2012).

20 **Vernehmung** ist die Anhörung durch ein Strafverfolgungsorgan in irgendeinem Verfahrensabschnitt. Dabei genügt die schriftliche Äußerung über sachlich erhebliche Umstände, auch eine dienstliche Äußerung (SK-Weßlau/Deiters 21), bei Heranziehung als Gutachter die Erstattung eines schriftlichen Gutachtens; hingegen reicht die Äußerung zu nur prozessual erheblichen Umständen nicht aus (BGH StV **93**, 507), insbesondere auch nicht eine solche, die den Gegenstand des bei dem Richter anhängigen Verfahrens betrifft und die er im Zusammenhang mit seiner amtlichen Tätigkeit in dieser Sache wahrgenommen hat (BGH **44**, 4: **47**, 270; StV **04**, 355; erg 49 zu § 244), so auch nicht die Tätigkeit als beauftragter Richter (BGH **45**, 354, 355). Grundsätzlich muss eine mündliche oder schriftliche Vernehmung bereits stattgefunden haben; die Anfertigung eines förmlichen Vernehmungsprotokolls ist nicht erforderlich (BGH NStZ **98**, 93). Die bloße Möglichkeit, dass es zur Vernehmung kommt, genügt nicht (BGH MDR **77**, 107 [H]; wistra **09**, 69; erg aber 15 vor § 48). Durch die Benennung als Zeuge in einem **Beweisantrag** wird der Richter daher nicht ohne weiteres ausgeschlossen, auch nicht durch die Ladung als Zeuge (BGH **14**, 219, 220). Wenn er sein Nichtwissen dienstlich versichert, kann er an der Ablehnung des Beweisantrags sogar mitwirken (BGH **39**, 239). Die Abgabe einer Sachverständigenerklärung ohne Auftrag eines

Strafverfolgungsorgans, zB unmittelbar auf Bitte des Verteidigers, ist unter dem Gesichtspunkt der Befangenheit (§§ 24, 30) zu beurteilen.

Nr 5 soll analog für den StA gelten, der als Sitzungsvertreter im Schlussvortrag eine Würdigung seiner eigenen Aussage vornimmt (BGH NStZ **19**, 234 mit Anm Stuckenberg JR **19**, 163; 1 StR 235/19 vom 19.9.2019). Das erscheint in der dogmatischen Herleitung zweifelhaft, da bereits eine planwidrige Regelungslücke nicht erkennbar ist und der StA, anders als sonst in Fällen des § 22, nicht automatisch von der gesamten Hauptverhandlung ausgeschlossen ist (Mosbacher JuS **19**, 129, 132; erg 6 vor § 22, 17 vor § 48). 20a

7) Die **Folge der Mitwirkung eines ausgeschlossenen Richters** ist nicht die Unwirksamkeit der Entscheidung (Einl 104 ff), sondern nur ihre Anfechtbarkeit durch Rechtsmittel, insbesondere mit der Revision nach § 338 Nr 2 (vgl zur Entscheidung des Revisionsgerichts Leu StV **09**, 507). Das gilt auch für den Eröffnungsbeschluss (11 zu § 207). Das Beschwerdegericht verweist die Sache zurück (8 zu § 309). Für den Fall der Mitwirkung eines ausgeschlossenen Richters an einem unanfechtbaren Beschwerdebeschluss hält Düsseldorf MDR **80**, 335; **82**, 518 zu Unrecht die Zurücknahme des Beschlusses auf Gegenvorstellungen für zulässig und geboten (dazu 25 vor § 296). 21

8) **Revision:** Vgl § 338 Nr 2. 22

Ausschließung eines Richters wegen Mitwirkung an der angefochtenen Entscheidung

23 ^I ¹ Ein Richter, der bei einer durch ein Rechtsmittel angefochtenen Entscheidung mitgewirkt hat, ist von der Mitwirkung bei der Entscheidung in einem höheren Rechtszuge kraft Gesetzes ausgeschlossen.

^{II} ¹ Ein Richter, der bei einer durch einen Antrag auf Wiederaufnahme des Verfahrens angefochtenen Entscheidung mitgewirkt hat, ist von der Mitwirkung bei Entscheidungen im Wiederaufnahmeverfahren kraft Gesetzes ausgeschlossen. ² Ist die angefochtene Entscheidung in einem höheren Rechtszug ergangen, so ist auch der Richter ausgeschlossen, der an der ihr zugrunde liegenden Entscheidung in einem unteren Rechtszug mitgewirkt hat. ³ Die Sätze 1 und 2 gelten entsprechend für die Mitwirkung bei Entscheidungen zur Vorbereitung eines Wiederaufnahmeverfahrens.

1) Die **Mitwirkung an Vorentscheidungen** begründet grundsätzlich keine Befangenheit des Richters (12 ff zu § 24); nur in den Fällen des § 23 führt sie kraft Gesetzes (1 zu § 22) zu seinem Ausschluss. Die Vorschrift enthält zusammen mit §§ 22, 148a II S 1 einen erschöpfenden Katalog der Ausschließungsgründe (BVerfGE **46**, 34, 38; Stuttgart StV **85**, 492; 2 zu § 22). Sie ist als Ausnahmevorschrift eng auszulegen (BVerfGE **30**, 149, 155; BGH **9**, 233, 234; MDR **72**, 387 [D]; Bremen NStZ **90**, 97). 1

Die StPO geht insbesondere von dem Grundsatz aus, dass die **der Mitwirkung als erkennender Richter vorausgehende richterliche Tätigkeit** keine Befangenheit begründet (BGH **9**, 233; 5 StR 273/15 vom 14.10.2015; KK-Scheuten 1). Kein Ausschließungsgrund ist es daher, dass der erkennende Richter in derselben Sache als Ermittlungsrichter nach §§ 162, 169 tätig war (BGH **9**, 233, 235; MDR **54**, 399 [D]; **72**, 387 [D]; Bay **54**, 158), dass er eine kommissarische Vernehmung oder einzelne Beweiserhebungen nach § 202, auch bei erheblichem Umfang, angeordnet und durchgeführt (BGH **9**, 233) oder dass er an Haftentscheidungen (BGH MDR **72**, 387 [D]) oder am Eröffnungsbeschluss mitgewirkt hat (BVerfGE **30**, 149). Ebensowenig führt die Mitwirkung an einem früheren Verfahren, das mit dem neuen nur sachlich zusammenhängt, zum Ausschluss (Düsseldorf NJW **82**, 2832). 2

Der in **die Tatsacheninstanz zurückgekehrte Rechtsmittelrichter** ist von der Mitwirkung in derselben Sache nicht ausgeschlossen (BVerfGE **30**, 149, 155; 3

§ 23

vgl aber LR-Siolek 12; Peters 147: Ablehnungsrecht). Daher darf als erkennender Richter tätig sein der Richter, der beim OLG im Beschwerderechtszug beim Erlass des Eröffnungsbeschlusses (BGH MDR **72**, 387 [D]), und der Revisionsrichter, der an dem nach § 354 II zurückverweisenden Urteil mitgewirkt hat.

4 Zu der Frage, ob der Richter, der bei dem Urteil mitgewirkt hat, das vom Revisionsgericht unter **Zurückverweisung nach § 354 II** aufgehoben worden ist, von der neuen tatrichterlichen Entscheidung ausgeschlossen ist sowie zu einer „strukturellen Inkaufnahme einer Doppelbefassung" durch den GVPl, 39 zu § 354.

5 2) An **Rechtsmittelentscheidungen (I)** darf nicht mitwirken, wer bei der angefochtenen Entscheidung mitgewirkt hat. Dabei genügt eine mittelbare Beteiligung. Ausgeschlossen sind daher auch der Richter, der beim AG das Urteil gefällt hat, von der Entscheidung über die Revision gegen das Berufungsurteil (KG JW **28**, 1949 L; Königsberg JW **28**, 3015) und der Richter, der an einem früheren Berufungsurteil mitgewirkt hatte, an der Revision gegen ein erneutes Berufungsurteil in derselben Sache (Schleswig SchlHA **58**, 318). Hat ein Richter im Berufungsverfahren über ein Ablehnungsgesuch entschieden, kommt sein Ausschluss nach I nur in Betracht, wenn seine damalige Entscheidung Gegenstand des Rügevorbringens im Revisionsverfahren ist (Zweibrücken NStZ **19**, 486). Nicht ausgeschlossen ist der Richter, der nur an einer ausgesetzten Hauptverhandlung teilgenommen hat (KK-Scheuten 3), und der Ergänzungsrichter (§ 192 II GVG), der nicht für einen verhinderten Richter eintreten musste und daher an dem Urteil nicht mitgewirkt hat, auch wenn er an den Beratungen über die dem Urteil vorausgegangenen Entscheidungen teilgenommen hat (BVerfGE **30**, 149, 157; RG **65**, 40; Arzt NJW **71**, 1112), auch nicht der Richter, der das 1. Urteil erlassen hat, von der Entscheidung über einen Wiedereinsetzungsantrag nach § 329 III (Koblenz MDR **82**, 428 L). Die Mitwirkung an Entscheidungen, die nicht auf Beschwerde, Berufung oder Revision ergehen, ist auch sonst stets zulässig.

6 3) Im **Wiederaufnahmeverfahren (II)** entscheidet idR nicht das Gericht, gegen dessen Entscheidung, sich der Antrag richtet (§ 140a GVG). Darüber hinaus schließt II den Richter, der an der angefochtenen Entscheidung (S 1) oder, bei Anfechtung eines im Rechtsmittelzug ergangenen Urteils, an der ihr zugrunde liegenden Entscheidung in einem unteren Rechtszug mitgewirkt hat (S 2), von allen Entscheidungen im Wiederaufnahmeverfahren, auch schon von denen nach §§ 360 II, 368, 370 (Saarbrücken NJW **66**, 167), aus, auch von Vorentscheidungen nach § 364b (S 3). Das gilt auch, wenn der Richter nach Aufhebung eines Urteils im Strafausspruch und Zurückverweisung nur an der neuen Entscheidung mitgewirkt hat (**aM** Nürnberg NStZ-RR **99**, 305). Nicht ausgeschlossen ist der Richter, der den Eröffnungsbeschluss erlassen hat (BVerfGE **30**, 149, 157), der nicht für einen verhinderten Richter eingetretene Ergänzungsrichter (oben 5), der Richter, der an einem vom Revisionsgericht aufgehobenen Urteil mitgewirkt hat (Hamm NJW **66**, 2073; Koblenz NStZ-RR **97**, 111), und der Richter, der bei der Beweisaufnahme nach § 369 (BGH NJW **54**, 891) oder an dem (vom OLG aufgehobenen) Beschluss nach § 370 I beteiligt war (BGH aaO).

7 Nach BVerfGE **30**, 165 (zust Arzt NJW **71**, 1112) hat auch der **Revisionsrichter** an dem angefochtenen Urteil mitgewirkt, wenn er an der Verwerfung der Revision beteiligt war; nach BVerfGE **63**, 77, 80 gilt das sogar bei der Beschlussverwerfung nach § 349 II. Die Revisionsrichter des OLG sind daher insbesondere von der Entscheidung nach § 372 ausgeschlossen. Ist die Revision als unzulässig verworfen oder das Urteil aufgehoben worden, so besteht jedoch kein Ausschließungsgrund (Arzt NJW **71**, 1113). Bei der Entscheidung über die Revision gegen das nach Erneuerung der Hauptverhandlung ergangene Urteil (§ 373) ist auch der Richter nicht ausgeschlossen, der schon bei der Entscheidung über die Revision gegen das 1. Urteil mitgewirkt hat (BVerfG 2 BvR 1191/81 vom 1.3.1982).

8 4) **Revision:** Vgl § 338 Nr 2.

Ausschließung und Ablehnung der Gerichtspersonen § 24

Ablehnung eines Richters; Besorgnis der Befangenheit

24 I Ein Richter kann sowohl in den Fällen, in denen er von der Ausübung des Richteramtes kraft Gesetzes ausgeschlossen ist, als auch wegen Besorgnis der Befangenheit abgelehnt werden.

II Wegen Besorgnis der Befangenheit findet die Ablehnung statt, wenn ein Grund vorliegt, der geeignet ist, Mißtrauen gegen die Unparteilichkeit eines Richters zu rechtfertigen.

III ¹Das Ablehnungsrecht steht der Staatsanwaltschaft, dem Privatkläger und dem Beschuldigten zu. ²Den zur Ablehnung Berechtigten sind auf Verlangen die zur Mitwirkung bei der Entscheidung berufenen Gerichtspersonen namhaft zu machen.

Übersicht

	Rn
1) Richterablehnung	1–3
2) Ablehnung wegen eines Ausschließungsgrundes (I)	4
3) Ablehnung wegen Besorgnis der Befangenheit (I, II)	5–19
A. Grundsatz: Standpunkt des Ablehnenden	6–8
B. Persönliche Verhältnisse	9
C. Dienstliche Beziehungen	10
D. Persönliche Beziehungen zu Beschuldigten, Zeugen, Verletzten	11
E. Wissenschaftliche Publikationen	11a
F. Umgang mit der Presse	11b
G. Mitwirkung an Vorentscheidungen	12–13a
H. Mitwirkung an Zwischenentscheidungen im anhängigen Verfahren	14–14b
I. Verhalten vor oder während der Hauptverhandlung	15–19
4) Ablehnungsberechtigte (III S 1)	20
5) Namhaftmachung (III S 2)	21
6) Anfechtung	22

1) Die **Richterablehnung** (wegen der Schöffen und Protokollführer vgl § 31) ist sowohl aus einem der Ausschließungsgründe der §§ 22, 23 als auch wegen der Besorgnis der Befangenheit zulässig. Zur Ablehnungsberechtigung vgl unten 20, zum Ablehnungsverfahren §§ 26 ff. Zum Missbrauch des Ablehnungsrechts BGH NStZ **11**, 294. 1

Die Ablehnung kann nur **für bestimmte einzelne Dienstgeschäfte** oder für eine Reihe derartiger Geschäfte erklärt werden, die eine innere Einheit bilden, nicht aber im Voraus für Entscheidungen oder andere richterliche Handlungen, von denen noch gar nicht feststeht, ob der abgelehnte Richter an ihnen mitwirkt (BGH NStE Nr 9; BGHR § 26a Unzulässigkeit 6; KG NStZ **83**, 44; Schleswig GA **53**, 187; Günther NJW **86**, 284; vgl auch Koblenz GA **77**, 314). Dass die begründete Ablehnung praktisch zum Ausschluss des Richters von bestimmten Tätigkeitsfeldern führen und damit Anlass zu einer Änderung des Geschäftsverteilungsplanes geben kann, steht dem Antrag nicht entgegen (BVerfG NJW **96**, 3333). Den spätesten Zeitpunkt der Ablehnung bestimmt § 25. 2

Abgelehnt werden können nur einzelne Richter oder einzelne Mitglieder eines Gerichts, nicht ein **Kollegialgericht als Ganzes** (BVerfGE **11**, 1, 3; **46**, 200; BGH MDR **55**, 271 [D]) oder gar sämtliche Richter eines Gerichts (Schleswig SchlHA **96**, 89 [L/T]). Dagegen können alle Richter, die an einer bestimmten **Entscheidung mitgewirkt** haben, abgelehnt werden (BGH **23**, 200; NStZ **14**, 725; Hamburg MDR **84**, 512). Statthaft ist es auch, jedes Mitglied des Gerichts in einem oder mehreren Gesuchen als Einzelpersonen abzulehnen, auch mit derselben Begründung (BGH **23**, 200; Stuttgart Justiz **94**, 188; Günther NJW **86**, 282; Peters JR **70**, 269). 3

2) Ablehnung wegen eines Ausschließungsgrundes (I): Der Ausschluss tritt zwar kraft Gesetzes ein (1 zu § 22). Die Verfahrensbeteiligten haben aber das Recht, unter den Voraussetzungen des § 26 II (LR-Siolek 2; **aM** Schorn GA **63**, 4

279) das Gericht zu zwingen, über diese von Amts wegen zu beachtende Frage eine Entscheidung zu treffen, die nur feststellende Bedeutung hat (2 zu § 22).

5 3) Ablehnung wegen Besorgnis der Befangenheit (I, II):
6 A. Das Vorliegen eines Ablehnungsgrundes ist **grundsätzlich** vom **Standpunkt eines „vernünftigen" bzw „verständigen" Ablehnenden** aus zu beurteilen (unten 8). Ob der Richter tatsächlich parteiisch oder befangen ist, spielt daher keine Rolle (BVerfGE **20**, 9, 14; BGH **24**, 336, 338; StV **88**, 417). Ebensowenig kommt es darauf an, ob er sich für befangen hält (BVerfGE **32**, 288, 290; BGH **2**, 4, 11) oder Verständnis für Zweifel an seiner Unbefangenheit aufbringt (Bay DRiZ **77**, 244).
7 **Aus seinem eigenen Verhalten** kann der Ablehnende keinen Ablehnungsgrund herleiten; er hätte es sonst in der Hand, sich nach Belieben jedem Richter zu entziehen (BGH NJW **52**, 1425; München NJW **71**, 384; einschr LR-Siolek 37 f; Arzt 53 ff; erg 8 zu § 22). Die Ablehnung rechtfertigt daher nicht, dass er gegen den Richter eine Strafanzeige erstattet (BVerfG NJW **96**, 2022; BGH NJW **62**, 748; KG JR **62**, 113; siehe auch BGH NStZ-RR **18**, 254 [PatAnwSt]), gegen ihn Dienstaufsichtsbeschwerde erhoben oder ein Disziplinarverfahren beantragt hat (BGH NJW **52**, 1425; Michel MDR **93**, 1147). Auch dass der Richter beleidigendes oder provozierendes Verhalten des Angeklagten oder seines Verteidigers nicht einfach hinnimmt, berechtigt nicht zur Ablehnung (Rabe NJW **76**, 172), selbst wenn er deswegen Strafanzeige erstattet hat (München NJW **71**, 384; **aM** aber, wenn auch auf den Einzelfall abstellend, BGH NStZ **92**, 290 mit zutr abl Anm Krehl NStZ **92**, 598; diff zum Ganzen Bock StraFo **17**, 141).
8 **Misstrauen in die Unparteilichkeit des Richters** ist gerechtfertigt, wenn der Ablehnende bei verständiger Würdigung des ihm bekannten Sachverhalts Grund zu der Annahme hat, dass der oder die abgelehnten Richter ihm gegenüber eine innere Haltung einnehmen, die ihre Unparteilichkeit und Unvoreingenommenheit störend beeinflussen kann (BVerfGE **32**, 288, 290; BGH **1**, 34, 39; **24**, 336, 338; 1 StR 159/17 vom 15.5.2018). Dabei kommt es zwar auf den Standpunkt des Ablehnenden an (oben 6), nicht aber auf seinen (möglicherweise einseitigen) subjektiven Eindruck und auf seine unzutreffenden Vorstellungen vom Sachverhalt (BGH MDR **55**, 270 [D]). Maßgebend sind vielmehr der Standpunkt eines **vernünftigen Angeklagten** (BGH **1**, 34, 37; **21**, 334, 341) und die Vorstellungen, die sich ein geistig gesunder, bei voller Vernunft befindlicher Prozessbeteiligter bei der ihm zumutbaren ruhigen Prüfung der Sachlage machen kann (BGH NJW **68**, 2297, 2298; StV **12**, 449; Celle NJW **90**, 1308; Köln NStZ **92**, 142). Der Ablehnende muss daher Gründe für sein Ablehnungsbegehren vorbringen, die jedem unbeteiligten Dritten einleuchten (BGH JR **57**, 68; Koblenz VRS **54**, 132). Nur so wird gewährleistet, dass der nach Gesetz und Geschäftsverteilungsplan zuständige Richter nicht ohne triftigen Grund in einem Einzelfall von der Mitwirkung an der Entscheidung ausgeschlossen wird (BVerfGE **31**, 145, 165). Die Besorgnis der Befangenheit kann sich auch aus einer Gesamtschau verschiedener Aspekte ergeben (BGH NStZ-RR **18**, 186 mit Anm Ventzke NStZ **18**, 483). Letztlich handelt es sich um eine wertende Beurteilung der Umstände des Einzelfalls (SK-Weßlau/Deiters 12), die sich einer abstrakten Kategorisierung weitgehend entzieht; dementspr hat sich eine **unübersichtliche Kasuistik** entwickelt, aus der sich nur in sehr eingeschränktem Maße verallgemeinerungsfähige Grundsätze ableiten lassen. Die ursprüngl begründete Besorgnis der Befangenheit kann durch die dem Ablehnenden bekanntgemachte dienstl Äußerung des Richters nach § 26 III **ausgeräumt** werden (BGH **4**, 264, 270; MDR **74**, 367 [D]).
9 B. Die **persönlichen Verhältnisse des Richters** berechtigen nur dann zur Ablehnung, wenn zwischen ihnen und der Strafsache ein besonderer Zusammenhang besteht. Religion, Weltanschauung, Geschlecht, landsmannschaftliche Herkunft und Familienstand des Richters sind idR kein Ablehnungsgrund (vgl BGH MDR **57**, 16 [D]; **92**, 934 [H]; 5 StR 165/11 vom 26.5.2011; Koblenz NJW **69**, 1177), auch nicht die Mitgliedschaft in einer Vereinigung (BGH NStZ-RR 18,

254 [PatAnwSt]), politischen Partei (BVerfGE **2**, 295, 297; **11**, 1, 3; Frankfurt NJW **86**, 1272; Koblenz aaO; vgl aber auch BGH **2**, 4, 11) oder in einer Gewerkschaft (Günther NJW **86**, 284), selbst wenn der Richter sich über die bloße Mitgliedschaft hinaus betätigt (BGH NJW **62**, 748; erg 6 zu § 22), ferner die Mitgliedschaft einer Schöffin bei „Wildwasser e. V." in Fällen des sexuellen Missbrauchs von Kindern (Celle NStZ-RR **14**, 346; kritisch dazu Barton StV **15**, 212, der darauf hinweist, dass sich die Organisation insoweit ausdrücklich für „parteilich" erklärt hat). Beim begründeten Verdacht dezidierter Ausländerfeindlichkeit des Richters kann aber die Ablehnung durch einen Angeklagten ausländischer Herkunft begründet sein (Karlsruhe NJW **95**, 2503; AG Köln StV **07**, 127). Auch der Inhalt einer öffentlich und somit für jeden Verfahrensbeteiligten zugänglichen Facebook-Seite kann im Einzelfall die Besorgnis der Befangenheit rechtfertigen (BGH NStZ **16**, 218 mit Anm Ventzke; Ihwas StV **16**, 537).

C. **Dienstliche Beziehungen** des Richters zu dem Beschuldigten oder einem 10 seiner Angehörigen lassen keine Voreingenommenheit besorgen, wenn es sich nicht um ein besonders enges, auf die persönlichen Beziehungen ausstrahlendes Verhältnis handelt (BGH **43**, 16; NStZ-RR **13**, 86; Stuttgart MDR **61**, 1035; Zweibrücken NJW **68**, 1439), zB bei gemeinsamer Arbeit im selben Spruchkörper (Düsseldorf NStZ-RR **10**, 114; Arzt 51). Entsprechendes gilt für dienstliche Kontakte des Richters zu dem angeklagten RA (Frankfurt NStZ **81**, 233).

D. Dagegen können **persönliche Beziehungen** des Richters zu Beschuldigten, 11 Verletzten oder Zeugen die Ablehnung rechtfertigen, zB wenn er mit einem von ihnen eng befreundet (LG Bonn NJW **66**, 160; Arzt 48 ff) oder mit dem gesetzlichen Betreuer des Beschuldigten verheiratet ist (LG München I StV **16**, 273), uU auch bei Mitgliedschaft in derselben studentischen Korporation (Teplitzky JuS **69**, 320). Ein Ablehnungsgrund kann auch darin liegen, dass der Richter mit dem Beschuldigten verfeindet ist. **Spannungen zwischen Richter und Verteidiger** können die Ablehnung nur ganz ausnahmsweise begründen, wenn sie besonders schwerwiegend sind (BGH MDR **71**, 897 [D]; **75**, 23 [D]; NStZ **87**, 19 [Pf/M]; Braunschweig StraFo **97**, 76; Düsseldorf VRS **89**, 434; weitergehend Beulke 211; vgl auch Arzt 57ff), insbesondere zu gegenseitigen Strafanzeigen geführt haben (Hamm NJW **51**, 731; Dahs 202; Rabe NJW **76**, 172). Dass die Voreingenommenheit des Richters aus diesen Spannungen herzuleiten ist, muss in dem Ablehnungsantrag dargetan werden (BGH StV **86**, 281). Der Umstand, dass der Richter in einem Zivilprozess den Gegner des Angeklagten anwaltlich vertreten hat, lässt Befangenheit stets besorgen (BGH MDR **72**, 752 [D]). Auch die Ehe der Richterin mit dem sachbearbeitenden StA wird idR die Besorgnis der Befangenheit begründen (Ellbogen/Schneider JR **12**, 188; vgl auch Ignor ZIS **12**, 232).

E. Äußerungen, die der Richter in einer **wissenschaftlichen Fachpublikation** 11a gemacht hat, können nur ausnahmsweise die Befangenheit begründen (BVerfG NJW **96**, 3333), wenn der Richter den Eindruck erweckt, er habe sich in einer für den Fall wesentlichen Rechtsfrage unverrückbar festgelegt und sei abweichenden Ansichten nicht mehr zugänglich (SK-Weßlau/Deiters 45). Dass der Richter in einer Kommentierung des Gesetzes seine Rechtsmeinung niedergelegt hat, rechtfertigt für sich allein die Ablehnung aber nicht (BSG NJW **93**, 2261; vgl auch BGH NotSt[Brfg] 4/18 vom 14.11.2019 sowie § 18 III Nr 2 BVerfGG).

F. **Allein der Umgang** eines erkennenden Richters **mit der Presse** begründet 11b nicht die Besorgnis der Befangenheit, und zwar selbst dann nicht, wenn das Verhalten des Richters persönlich motiviert oder sogar unüberlegt war (BGH NJW **06**, 3290; 1 StR 159/17 vom 15.5.2018; vgl aber auch EGMR NJW **06**, 2901, 2903 [120]).

G. Die **Mitwirkung des Richters an Vorentscheidungen** ist idR kein Ab- 12 lehnungsgrund (BGH NJW **14**, 2372 mN; kritisch zur gesetzlichen Regelung SK-Weßlau/Deiters 1 zu § 23); denn ein verständiger Angeklagter kann und muss davon ausgehen, dass der Richter sich dadurch nicht für künftige Entscheidungen

§ 24

festgelegt hat (BGH **21**, 334, 341 mwN; NStZ **83**, 135; NStZ-RR **09**, 85; **12**, 350; Düsseldorf VRS **87**, 344; 346; NStZ-RR **97**, 175).

13 Das gilt insbesondere für die Mitwirkung in einem **früheren Zivil- oder Strafverfahren,** in dem dieselben Vorgänge wie in dem jetzigen Verfahren eine Rolle spielten oder das sonst mit ihm im Zusammenhang steht (BGH **21**, 334, 341; Düsseldorf NJW **82**, 2832), auch bei Mitwirkung an der Verurteilung des Ablehnenden in einer früheren Sache (BGH MDR **55**, 271 [D]; NStZ-RR **07**, 1 [B]) oder eines Mittäters wegen derselben Straftat (EGMR NJW **07**, 3553; BGH 1 StR 159/17 vom 15.5.2018; StraFo **16**, 289; NJW **96**, 1355, 1357; **97**, 3034, 3036; **aM** Arzt 84ff; Herzog StV **99**, 455; Ignor ZIS **12**, 233; Stange/Rilinger StV **05**, 579), sofern nicht schon das Verhalten des Richters in dem früheren Verfahren (LG Mainz StV **07**, 125) oder die Gründe des früheren Urteils (LG Heilbronn StV **87**, 333) die Besorgnis der Befangenheit begründen (BGH 2 StR 533/14 vom 10.2.2016; VRS **25**, 423; Bremen NStZ **91**, 95), zB wenn ein früher als unglaubwürdig bezeichneter Zeuge nun wegen Falschaussage angeklagt ist (Celle NJW **90**, 1308) oder in einem Urteil ein früherer Mitangeklagter als glaubwürdig und die Angeklagten deshalb als unglaubwürdig bezeichnet worden sind (BGH NStZ **11**, 44; **12**, 519; LG Bremen StV **90**, 203; vgl eingehend Isfen StV **09**, 611 zu „Feststellungen im Strafurteil über gesondert Verfolgte und Unschuldsvermutung"). Auch der in die Tatsacheninstanz zurückgekehrte Rechtsmittelrichter (3 zu § 23) kann idR nicht abgelehnt werden (**aM** Arzt 79), ebenso wenig der Richter, der an einer vom Revisionsgericht (oder vom Bundesverfassungsgericht, BGH wistra **07**, 426) aufgehobenen Entscheidung mitgewirkt hatte (39 zu § 354), oder derjenige, der nach einem die Wiederaufnahme des Verfahrens ablehnenden Beschluss nach dessen Aufhebung durch das Beschwerdegericht in der erneuten Hauptverhandlung (§ 373) mitwirkt (LG Gießen NJW **96**, 2667).

13a **Anders** verhält es sich bei Hinzutreten besonderer Umstände, die über die bloße Vorbefassung als solche und die damit notwendigerweise inhaltlich verbundenen Äußerungen hinausgehen; dies gilt insbesondere, wenn frühere Entscheidungen **unnötige und sachlich unbegründete Werturteile** enthalten oder sich der abgelehnte Richter bei oder in Verbindung mit der Vorentscheidung in sonst unsachlicher Weise über den Angeklagten geäußert hat (BGH 1 StR 159/17 vom 15.5.2018; NStZ **15**, 46 zur Äußerung des im Ermittlungsverfahren als Haftrichter tätigen abgelehnten Richters, der Angeklagte gehöre dahin, wo er sei und habe „in Freiheit nichts zu suchen"; vgl auch BGH NStZ-RR **18**, 186 mit Anm Ventzke NStZ **18**, 483; erg 15 f).

14 H. Die Mitwirkung an **Zwischenentscheidungen in dem anhängigen Verfahren** und die in solchen Entscheidungen geäußerten Rechtsmeinungen rechtfertigen die Ablehnung idR ebenfalls nicht (BGH **15**, 40, 46/47; NStZ **85**, 492 [Pf/M]; BGH JR **13**, 419: Haftfortdauerbeschluss während laufender Hauptverhandlung; erg dazu 11 zu § 117), selbst wenn in ihnen die Überzeugung von der Schuld des Angeklagten zum Ausdruck gekommen ist (BGH NStZ **91**, 27 [M/K]; GA **62**, 282; VRS **41**, 203). Dies gilt namentlich auch für die **Ablehnung von Beweisanträgen** nach § 244 VI S 1, die – wie zB bei der Bedeutungslosigkeit sowie der Ablehnung nach § 244 IV S 2 und nach § 244 V S 1 und S 2 – die Bewertung der bisherigen Beweisaufnahme notwendigerweise erfordern. Für die Mitwirkung – insbes des Berichterstatters – am Eröffnungsbeschluss (EGMR NJW **12**, 3019; **aM** Wohlers Roxin-FS II 1313) und des Strafsenats an der Erhebung der Anklage (§ 175 S 1) sind grundsätzlich keine Ausnahmen zu machen (BGH GA **61**, 115; **aM** Arzt 70ff), auch nicht für die Mitwirkung eines Beisitzers an der Entscheidung über die Beschwerde gegen den Haftbefehl (BGH NStZ **87**, 221 [Pf/M]). Keine Besorgnis der Befangenheit begründet die **Abtrennung** des Verfahrens gegen einen Angeklagten zur Verfahrensbeschleunigung sowie das anschließende Ergehen eines Schuldspruchs im abgetrennten Verfahren, zu dem sich das Gericht im Ursprungsverfahren gegen die verbliebenen Angeklagten noch eine Überzeugung bilden muss (BGH 1 StR 571/17 vom 10.1.2018 mwN); dies gilt

auch für einen verständigungsbereiten Angeklagten und dessen anschließende Verurteilung entsprechend der getroffenen Absprache (BGH NStZ **16**, 357).

Diese Grundsätze gelten auch, wenn eine Zwischenentscheidung auf einem **Verfahrensfehler** (BGH NStZ **94**, 447; StV **98**, 414: Nichtbeachtung des § 142 I S 2 aF [jetzt § 142 V S 1 und 3]; vgl auch Koblenz NStZ **83**, 470: Nichtnamhaftmachung des Richters; vgl ferner Jena NJW **06**, 3794 zur verspäteten Überprüfung nach § 67e StGB), auf einem tatsächlichen **Irrtum** (BGH VRS **41**, 203; 2 StR 122/12 vom 18.12.2012; NStZ-RR **99**, 257 [K]) oder auf einer **unrichtigen** oder sogar unhaltbaren **Rechtsansicht** beruht (BGH 1 StR 13/13 vom 25.4.2014; NStZ **95**, 218 [K]; NJW **62**, 748; StraFo **10**, 342; Bremen AnwBl **77**, 73). Anders verhält es sich dagegen, wenn die von den abgelehnten Richtern getroffene Entscheidung bzw ihre Begründung völlig abwegig ist (BGH NJW **84**, 1907, 1909; JR **11**, 124 mit Anm Radtke; Stuttgart NStZ **19**, 693; enger Duttge NStZ **03**, 375) oder sogar den Anschein der Willkür erweckt (BGH NJW **14**, 2372 mwN; Bay **01**, 111) bzw wenn durch das BVerfG eine (objektiv) willkürliche Verfahrensweise festgestellt worden ist (LG Hamburg StV **04**, 590). Besondere Umstände, welche die Besorgnis der Befangenheit rechtfertigen, können sich aber auch ausnahmsweise aus der Art und Weise der Begründung der Zwischenentscheidung ergeben (BGH aaO; vgl auch soeben 13 aE).   14a

In folgenden Einzelfällen wurde die **Ablehnung** als **berechtigt** anerkannt: BGH NJW **14**, 2372: Erlass eines Haftbefehls nach Verteidigerwechsel während laufender Hauptverhandlung sowie während laufender Hauptverhandlung ua unter Hinweis auf konfrontatives Verhalten im Prozess; BGH NStZ **14**, 660: Aufrechterhaltung einer Verteidigerbestellung trotz Hinweises des Wahlverteidigers auf einen konkreten Interessenkonflikt auf Seiten des Pflichtverteidigers (erg 8 zu § 146); BGH NJW **90**, 1373 sowie BGH NStZ-RR **16**, 115: Widerruf der Bestellung des Pflichtverteidigers ohne wichtigen Grund; Dresden StV **10**, 475: Bestellung eines nicht gewünschten Pflichtverteidigers; Bay StV **88**, 97: Fehlende Rücksichtnahme auf den Wunsch des Angeklagten, von einem RA seines Vertrauens verteidigt zu werden; Naumburg StraFo **05**, 24: Grundlose Ablehnung eines Terminsverlegungsantrags; Köln StV **91**, 292: Ablehnung eines Beweisantrages als verspätet; LG Berlin StV **93**, 8 und LG Hildesheim StV **87**, 12: Nichtgewährung rechtlichen Gehörs; LG Köln StV **87**, 381: Unter keinem denkbaren Gesichtspunkt vertretbare Versagung der Akteneinsicht; LG Hanau NStZ **04**, 398: Weigerung der Richter, Kenntnis von Beiakten zu nehmen; Karlsruhe StV **05**, 539: Nichtterminierung einer Haftsache ohne nachvollziehbaren Grund; Hamm NStZ-RR **16**, 319: Weigerung der StrafVollstrK, einem Privatgutachter der Verteidigung die Teilnahme am Anhörungstermin nach § 454 II S 3 zu gestatten (erg 37c zu § 454). Der Umstand, dass in laufender Hauptverhandlung Beweisergebnisse mitgeteilt worden sind, die sich später als unverwertbar herausstellen, rechtfertigt aber nicht die Ablehnung der Schöffen (BGH **42**, 191, 193). Ob das Setzen einer zu kurzen Frist zur Stellung von Beweisanträgen (vgl 95a–d zu § 244) ein die Besorgnis der Befangenheit begründender Umstand ist, hängt von den Umständen des Einzelfalls ab (BVerfG NJW **10**, 2036).   14b

I. Das **Verhalten des Richters vor oder während der Hauptverhandlung** kann die Ablehnung begründen, wenn es besorgen lässt, dass er nicht unvoreingenommen an die Sache herangeht, insbesondere von der Schuld des Angeklagten bereits endgültig überzeugt ist (BGH **48**, 4; NStZ **99**, 629; StraFo **01**, 384; **08**, 71). Unter diesem Gesichtspunkt zumindest nicht unproblematisch ist das Abhalten einer Schweigeminute zum Gedenken an die Opfer (vgl Lorenz StV **19**, 282).   15

Eine solche Einstellung kann sich insoweit auch aus **Erklärungen** gegenüber dem Angeklagten (BGH MDR **61**, 432: „Sie sind für das Gericht der Typ des Gewohnheitsverbrechers"), gegenüber Dritten, auch schon vor der dienstlichen Befassung mit der Sache (RG **61**, 67), gegenüber der Presse (BGH **4**, 264), vor allem aber gegenüber dem Verteidiger ergeben (vgl BGH NJW **76**, 1462; StV **91**, 450; Koblenz VRS **54**, 132), etwa wenn die von diesem mitgeteilte Einlassung des   16

§ 24

Angeklagten als "schwachsinnig" bezeichnet wird (LG Mainz StraFo **04**, 350) oder auch, wenn ein Schöffe die Einlassung des Angeklagten als "Quatsch" bezeichnet (BGH NStZ **18**, 610). In Betracht kommt auch die Befragung eines Mithäftlings des Angeklagten, wenn sich diese auf Umstände erstreckt, die Rückschlüsse auf die Verteidigungsstrategie zulassen (vgl BGH StV **15**, 737: Einschätzung der Erfolgsaussichten des Strafverfahrens). Zumindest bedenklich sind Äußerungen des Vorsitzenden im Anschluss an eine – vor allem mangels Zustimmung der StA – gescheiterten Absprache, aus denen sich ergibt, dass das Gericht sich dennoch an eine zugesagte Strafuntergrenze gebunden fühle (vgl Schneider NStZ **18**, 232, 234). Dagegen ist das Äußern einer Rechtsansicht vor der Hauptverhandlung kein Ablehnungsgrund (BVerfGE **4**, 143), gleichgültig, ob es in einem Einzelfall oder in Lehre oder Schrifttum geschieht (Sarstedt JZ **66**, 315; **aM** Schorn GA **63**, 162).

17   Die **Verhandlungsführung** kann Misstrauen in die Unvoreingenommenheit des Richters rechtfertigen, wenn sie in hohem Maße rechtsfehlerhaft, unangemessen oder sonst unsachlich ist, zB wenn der Richter dem Angeklagten bewusst das rechtliche Gehör versagt (BGH VRS **41**, 203, 205; Schleswig SchlHA **76**, 44; Zweibrücken StV **96**, 650; vgl auch Bay StV **88**, 97), ihm das Ergebnis von Nachermittlungen verheimlicht (BGH StV **95**, 396) oder sein Fragerecht unberechtigt beschränkt (BGH StV **85**, 2), wenn er in grob unsachlicher Weise seinen Unmut über die von dem Verteidiger gestellten Beweisanträge äußert (Brandenburg StraFo **07**, 24; LG Bad Kreuznach StV **92**, 61), auch wenn er sich schließlich der gesetzlichen Anordnung beugt, eine beantragte Beweisaufnahme vorzunehmen (BGH NStZ **88**, 372), wenn sich aus seinen Äußerungen ergibt, dass er eine schnelle Sacherledigung einer sachgerechten Aufklärung vorzieht (BGH NStZ **03**, 666; NStZ-RR **12**, 211), indem er zB erklärt, der Verteidiger wolle nur "Sand ins Getriebe streuen" (BGH StV **05**, 531), wenn er den Eindruck erweckt, ein Haftbefehl sei ergangen ("das haben Sie nun davon"), weil der Verteidiger eines Mitangeklagten die Aufhebung des gegen diesen bestehenden Haftbefehls beantragt hatte (BGH wistra **01**, 24), wenn er den Angeklagten bedrängt, zur Sache auszusagen (BGH NJW **59**, 55; vgl auch Bay StV **95**, 7; LG Frankfurt aM StV **84**, 415) oder ein Geständnis abzulegen (BGH NJW **82**, 1712; NStZ **07**, 711) oder für den Fall des Schweigens zur Anklage statt Ablegung eines Geständnisses eine höhere Strafe androht (BGH StV **07**, 619; Stuttgart NStZ-RR **05**, 349), wenn er ihm in ungewöhnlich scharfer Form Vorhaltungen macht (BGH NJW **59**, 55; BGH MDR **58**, 741 [D]; Bay NJW **93**, 2948: "Sie lügen nach Aktenlage unverschämt"), insbesondere äußert, der Angeklagte solle sich, statt die Berufung zu betreiben, lieber bei der Verletzten entschuldigen (Köln StV **88**, 287), oder ihn sonst unter Verletzung des richterlichen Verhandlungsstils in unangemessener, spöttischer (KG NJW **09**, 96) oder gar ehrverletzender Weise behandelt (BGH MDR **71**, 547 [D]: unberechtigter Vorwurf der Verdunkelung; BGH StV **91**, 49: Hinweis auf Todesstrafe in anderen Ländern; vgl auch Hamm NJW **67**, 1577), wenn er den Eindruck erweckt, er habe sich hinsichtlich des Ergebnisses der Beweisaufnahme bereits festgelegt (BGH NStZ-RR **04**, 208; 4 StR 190/13 vom 30.7.2013; KG StV **05**, 490), so, wenn er bei der Vernehmung eines Entlastungszeugen seine feste Überzeugung von der Unwahrheit der Aussage erkennen lässt (BGH NJW **84**, 1907, 1908), wenn er auf einen Zeugen dahin einwirkt, er solle von seinem Zeugnisverweigerungsrecht keinen Gebrauch machen (BGH **1**, 34), wenn er dem Verteidiger erklärt, er werde die Verhandlung nicht "platzen" lassen, auch auf die Gefahr, dass das Urteil aufgehoben wird (BGH MDR **72**, 571 [D]), oder auf ein Verhalten des Verteidigers völlig unangemessen reagiert (BGH StV **93**, 339; **95**, 396; Brandenburg StV **97**, 455), zB wegen eines zuvor gestellten Befangenheitsantrags ungewöhnlich drastisch formulierte Vorwürfe ihm erhebt (BGH NStZ **05**, 218) oder spöttisch fragt „Meinen Sie, dass wir die Anträge noch schneller ablehnen können?" (BGH NStZ **06**, 49). Ein Ablehnungsgrund kann auch der Umstand sein, dass der Richter den Pflichtverteidiger nur deshalb von der Verteidigung entbunden hat, weil er einen Pullover unter der Robe trug und dabei nicht erkennbar war, ob er einen Langbinder trage (BGH NStZ **88**, 510), bei der StA die

Erhebung einer Nachtragsanklage anregt (BGH MDR **57**, 653 [D]), dass er dem StA Zusagen hinsichtlich der Strafzumessung macht, um ihn zur Zurücknahme eines Antrags zu bewegen (BGH NStZ **85**, 36), dass er in der Hauptverhandlung versucht, ihn zum Einspruch gegen Fragen des Verteidigers zu veranlassen (BGH MDR **69**, 723 [D]), oder dass er dem Dienstvorgesetzten des SitzungsStA gegenüber äußert, dieser fungiere wie ein Verteidiger (BGH NStZ **91**, 348). Je nach den Umständen des Einzelfalls kann Befangenheit zu besorgen sein, wenn ein Verteidiger eines Angeklagten trotz Nachfrage von einem mit anderen Verfahrensbeteiligten geführten Gespräch über eine Abtrennung von Verfahren ausgeschlossen wird, obwohl derartige Vorgespräche nicht zwingend stets mit sämtlichen Verfahrensbeteiligten zugleich geführt werden müssen (vgl BGH 1 StR 386/13 vom 2.10.2013).

Dagegen kann die **Ablehnung nicht darauf gestützt werden,** dass der Vorsitzende dem Angeklagten in nachdrücklicher Form Vorhalte macht (BGH MDR **57**, 16 [D]; VRS **25**, 423, 424) und dabei seine Auffassung vom Sinngehalt der vorgehaltenen Urkunde äußert (BGH MDR **84**, 797 [H]), dass er sich in angemessener Weise dagegen verwahrt, dass der Verteidiger auf einen Mitangeklagten Druck ausübt (BGH MDR **71**, 897 [D]), oder dass er es unterlässt, den Verteidiger auf Urkunden in den Akten hinzuweisen (BGH MDR **84**, 797 [H]). Dies gilt ebenso, wenn das Gericht weitere Ermittlungshandlungen ohne vorherige Information der Verteidigung in Auftrag gibt (BGH 5 StR 85/19 vom 22.5.2019 mit Anm Mosbacher JuS **20**, 128; erg 11 zu § 244), grundsätzlich gleichermaßen für die Anordnung von den Angeklagten beschwerenden medizinischen Untersuchungen zur Überprüfung seiner Verhandlungsfähigkeit (BGH NStZ **16**, 164 mit Anm Kudlich; Anordnung, Erbrochenes zur Untersuchung durch den Sachverständigen aufzubewahren). Die Ablehnung rechtfertigen idR auch nicht der Rat, das Rechtsmittel wegen fehlender Erfolgsaussichten zurückzunehmen (RG **60**, 43; Düsseldorf StraFo **99**, 347; vgl aber KG StV **88**, 98 und Hamm StV **98**, 64), nach der Sachlage noch verständliche **Unmutsäußerungen** (BGH NStZ **00**, 325 nach lang andauernder Zeugenbefragung; BGH NJW **77**, 1829, 1830: „Theater"; BGH MDR **71**, 17 [D]: „Dummes Geschwätz"; BGH NStZ-RR **96**, 200: „Der Steuerzahler bedankt sich für solche Anträge"; BGH 4 StR 461/08 vom 9.6.2009: „Das ist ja lachhaft"; BGH NStZ **11**, 228: „mandeln Sie sich nicht auf"; BGH NStZ **12**, 570: Bewertung des Sachverständigen) und überflüssige Bemerkungen (BGH MDR **53**, 147 [D]: „Ihnen wird das Lachen noch vergehen"; vgl auch BGH J 5 StR 263/08 vom 9.7.2009) sowie sachlich gerechtfertigte sitzungspolizeiliche Maßnahmen (Molketin MDR **84**, 20 gegen LG Hamburg StV **81**, 617: Zuziehung von Polizeibeamten in Zivil). Auch dass der Richter außerhalb der Hauptverhandlung Kontakt zu einem Angeklagten aufnimmt oder den Angeklagten auf das nach dem derzeitigen Sachstand zu erwartende Verfahrensergebnis hinweist, ist nicht ohne weiteres ein Ablehnungsgrund (BGH StV **88**, 417; vgl aber Bremen StV **89**, 145; LG Kassel StV **93**, 68), ebenso wenig der Hinweis auf die Bedeutung eines Geständnisses für die Strafzumessung (BGHR § 24 II Befangenheit 12; BGH NStZ-RR **98**, 257 [K]), **wohl aber** uU die heimliche Absprache mit einem Mitangeklagten (BGH **37**, 99; NJW **96**, 1355, 1358) bzw außerhalb der Hauptverhandlung geführte Verständigungsgespräche unter Ausschluss von Mitangeklagten (BGH NStZ **19**, 223 mit Anm Ventzke) oder die Inaussichtstellung einer bestimmten Strafe (BGH **37**, 298; vgl auch BGH **45**, 312), nicht aber der Hinweis des Vorsitzenden, dass seine im Rahmen des § 257b zu einem möglichen Strafmaß geäußerten Vorstellungen Vertrauensschutz genießen und eine Abweichung hiervon einen Hinweis nach § 265 II Nr 2 erfordert (Düsseldorf StraFo **19**, 158; erg 21 zu § 265). **Spannungen** zwischen dem Richter und dem Verteidiger können idR die Ablehnung nicht begründen (BGH 4 StR 138/18 vom 29.8.2018; NJW **98**, 2458, 2459; Hamm StraFo **04**, 415). Auch die lange Dauer eines Revisionsverfahrens bei einem sehr komplexen und umfangreichen Verfahren rechtfertigt die Ablehnung von Vorsitzendem und Berichterstatterin nicht (BGH NStZ-RR **18**, 83).

§ 25

19 Zur Ablehnung berechtigt aber, dass der Richter während laufender Hauptverhandlung sein Mobiltelefon privat nutzt (BGH NStZ **16**, 58) oder die **Urteilsabsetzung während des Plädoyers des Verteidigers** beginnt (Bay **72**, 217 = VRS **44**, 206).

20 **4) Ablehnungsberechtigt (III S 1)** sind außer der StA (vgl dazu BGH wistra **13**, 155), die das Ablehnungsrecht auch zugunsten des Angeklagten hat, Privatkläger und Beschuldigte (auch gesetzliche Vertreter und Erziehungsberechtigte nach § 67 I **JGG**), im Rahmen seiner Beteiligung am Verfahren der Nebenkläger (§ 397 I S 3) sowie Einziehungsbeteiligte und Nebenbetroffene (§§ 424, 438), Antragsteller im Klageerzwingungsverfahren nach § 172 II (Hamm NJW **76**, 1701; Karlsruhe NJW **73**, 1658; Koblenz NStZ **83**, 470; Saarbrücken NJW **75**, 399) und im Adhäsionsverfahren nach §§ 403 ff (BVerfG NJW **07**, 1670). Auch dem durch grundrechtsrelevante Eingriffe (zB nach §§ 100a III, 100c III S 2, 103) betroffenen „Dritten" wird ein Ablehnungsrecht zugebilligt (BGH [ER] NStZ **06**, 584). Der Verteidiger hat im eigenen Namen kein Ablehnungsrecht (Dahs 166); idR ist aber anzunehmen, dass er ein Ablehnungsgesuch im Namen des Beschuldigten vorbringt, auch wenn es sich ausschließlich auf Vorgänge stützt, die das Verhältnis zwischen Verteidiger und Richter betreffen (Rabe NJW **76**, 172).

21 **5)** Die **Namhaftmachung (III S 2)** kann nicht nur für Entscheidungen, sondern für Amtshandlungen jeder Art gefordert werden (Koblenz NStZ **83**, 470). Sie obliegt dem Vorsitzenden und muss so rechtzeitig geschehen, dass der Ablehnungsberechtigte ermitteln kann, ob Ablehnungsgründe vorliegen (Bay MDR **85**, 342; Bay NStZ **90**, 200); mit der Entscheidung in der Sache muss dann gewartet werden (BVerfG NJW **91**, 2758). Auskünfte über die Person des Richters (Ausbildung, Meinungen, Lebensumstände) zur Ermittlung von Ablehnungsgründen können nicht verlangt werden (Koblenz aaO). Ist die Mitteilung gemacht, so ist auch ein späterer Richterwechsel von Amts wegen mitzuteilen (RG **66**, 10; Bay aaO; MDR **88**, 339). Eine Mitteilungspflicht besteht aber nicht, wenn das Ablehnungsgesuch nach § 26a als unzulässig ohne Auscheiden des abgelehnten Richters verworfen wird (BGH NStZ-RR **13**, 289; **12**, 314; BGHR Besetzungsmitteilung 1; BGH NStZ **07**, 416; **aM** Jahn Fezer-FS 430). Keine Verpflichtung besteht ferner zur Namhaftmachung des Protokollführers (Bay DAR **89**, 368 [B]).

22 **6) Anfechtung:** Vgl §§ 28, 338 Nr 3. Die Verweigerung der Namhaftmachung kann mit der Beschwerde nach § 304 I angefochten werden; § 305 S 1 gilt. Die Revision kann darauf nur gestützt werden, wenn der Antrag in der Hauptverhandlung wiederholt und Aussetzung der Verhandlung beantragt worden ist (Bay MDR **88**, 339). Der Beschwerdeführer muss darlegen, dass er durch die verspätete Namhaftmachung gehindert worden ist, einen bestimmten erfolgreichen Ablehnungsantrag zu stellen (Bay **89**, 136 = NStZ **90**, 200). Auf dem Unterlassen der Mitteilung von einem späteren Richterwechsel beruht das Urteil daher nicht, wenn eine Ablehnung mit der von dem Beschwerdeführer angegebenen Begründung keinen Erfolg gehabt hätte (RG JW **30**, 925).

Ablehnungszeitpunkt

25 **I** ¹Die Ablehnung eines erkennenden Richters wegen Besorgnis der Befangenheit ist bis zum Beginn der Vernehmung des ersten Angeklagten über seine persönlichen Verhältnisse, in der Hauptverhandlung über die Berufung oder die Revision bis zum Beginn des Vortrags des Berichterstatters, zulässig. ²Ist die Besetzung des Gerichts nach § 222a Absatz 1 Satz 2 schon vor Beginn der Hauptverhandlung mitgeteilt worden, so muss das Ablehnungsgesuch unverzüglich angebracht werden. ³Alle Ablehnungsgründe sind gleichzeitig vorzubringen.

II Im Übrigen darf ein Richter nur abgelehnt werden, wenn

1. die Umstände, auf welche die Ablehnung gestützt wird, erst später eingetreten sind oder dem zur Ablehnung Berechtigten erst später bekanntgeworden sind und
2. die Ablehnung unverzüglich geltend gemacht wird.

²Nach dem letzten Wort des Angeklagten ist die Ablehnung nicht mehr zulässig.

1) Die **zeitliche Grenze für die Ablehnung wegen Befangenheit in der Hauptverhandlung** bestimmt die Vorschrift (KG NStZ **91**, 401). Die Vorschrift dient der Verfahrensbeschleunigung und -konzentration und soll verhindern, dass Befangenheitsgesuche aufgeschoben und vom Verlauf der Hauptverhandlung abhängig gemacht werden (vgl R/H-Alexander 2). Die Ablehnung eines nach §§ 22, 23 ausgeschlossenen Richters ist, solange er mit der Sache befasst ist, ohne zeitliche Beschränkung möglich (2 zu § 22). Zur Ablehnung außerhalb der Hauptverhandlung vgl unten 10. Verspätete Ablehnungsgesuche sind nach § 26a I Nr 1 als unzulässig zu verwerfen.

2) Nach **Beginn der Vernehmung des Angeklagten über seine persönlichen Verhältnisse** nach § 243 II S 2, also nach Beginn der Feststellung der Personalien (11 zu § 243), ist das Ablehnungsrecht für alle vorher eingetretenen und dem Ablehnungsberechtigten bekannten Ablehnungsgründe verwirkt, auch bei Abwesenheit des Ablehnungsberechtigten (Rieß/Hilger NStZ **87**, 148). Mit der Ablehnung darf aber in den Fällen des I S 2 (4aff) – anders als nach früherer Rechtslage (siehe BGH **4**, 264, 270) – nicht bis zu diesem Zeitpunkt gewartet werden. Bei mehreren Angeklagten entsteht die zeitliche Grenze des I S 1 für alle mit der Vernehmung des 1. Angeklagten. Eine Ausnahme gilt nur, wenn die Verfahren erst nach diesem Zeitpunkt verbunden werden (Rieß/Hilger aaO). Nach Aussetzung der Hauptverhandlung oder Zurückverweisung der Sache (§§ 328 II, 354 II, 355) entsteht die zeitliche Grenze des I S 1 erneut; dass der Ablehnungsberechtigte in der früheren Verhandlung die Ablehnung nicht erklärt hat, ist ohne Bedeutung (BGH **23**, 277, 278; Brandenburg StV **97**, 455; Oldenburg NJW **59**, 2225, 2226).

In der **Berufungs- und Revisionsverhandlung** liegt die Grenze nach I S 1 beim Beginn des Vortrags des Berichterstatters nach §§ 324 I, 351 I.

In dem **besonderen Verfahren** nach § 233 I muss die Ablehnung bis zum Beginn der Verlesung des die Personalien des Angeklagten enthaltenden Vernehmungsprotokolls § 233 III S 2 erklärt werden (vgl LR-Siolek 19; erg 9 zu § 6a). Wird nicht zur Sache verhandelt (Fälle der §§ 329, 412 I) so ist das Ablehnungsgesuch alsbald nach Prüfung der Formalien zu stellen.

3) Ist die **Besetzung des Gerichts nach § 222a I S 2** schon vor Beginn der Hauptverhandlung mitgeteilt worden, muss die Ablehnung unverzüglich angebracht werden (I S 2); dies gilt auch, wenn ein Befangenheitsgrund gegen einen Richter erst nach der Mitteilung, aber vor Beginn der Hauptverhandlung entsteht oder bekannt wird (vgl BT-Drucks 532/19 S 21). Mit dieser, durch das Gesetz zur Modernisierung des Strafverfahrens vom 10.12.2019 eingeführten Vorschrift, wird das Unverzüglichkeitsgebot des II Nr 2 auf vor der Hauptverhandlung bekannt gewordene Ablehnungsgründe erstreckt; damit soll verhindert werden, dass Ablehnungsgesuche bis zum Beginn der Hauptverhandlung aufgespart werden (BT-Drucks 532/19 S 20). Dies gilt für erstinstanzliche Verfahren vor dem LG oder dem OLG, solche vor dem AG bleiben von der Gesetzesänderung unberührt.

„**Unverzüglich**" bedeutet wie in II S 1 Nr 2, dass die Ablehnung ohne unnötige, nicht durch die Sachlage begründete Verzögerungen geltend gemacht wird (vgl BGH **45**, 315; NStZ **08**, 578; siehe im Einzelnen unten 8, 8a). Das Erfordernis gilt ab Zustellung der Besetzungsmitteilung nach § 222a I S 2 (8 ff zu § 222a) an den jeweiligen Ablehnungsberechtigten (11 ff zu § 222a). Durch die Zustellung der Besetzungsmitteilung steht objektiv fest, ab welchem Zeitpunkt der jeweilige Ablehnungsberechtigte Kenntnis von der Gerichtsbesetzung und damit Anlass hat-

§ 25

te, sich die für die Ordnungsmäßigkeit der Besetzung – wie auch die für potentielle Ablehnungsgründe – maßgeblichen Informationen zu verschaffen (vgl BT-Drucks 532/19 S 21).

4c Allerdings sind der Zeitpunkt der Kenntnis von der Besetzung und der der Kenntnis vom Ablehnungsgrund – anders als dies die Materialien aaO zu suggerieren scheinen – **nicht gleichzusetzen.** Dem Ablehnungsberechtigten ist wie auch sonst (siehe 8) eine gewisse Frist zur Einholung von Erkundigungen nach Mitteilung der Besetzung, zur Beratung mit dem Mandanten und zur Überlegung einzuräumen. Wie lange diese Frist zu bemessen ist, bestimmt sich nach den Umständen des Einzelfalls. Sie wird analog der Frist für den Einwand der vorschriftswidrigen Besetzung in § 222b I S 1 regelmäßig mit einer Woche zu bemessen sein (anders allerdings BT-Drucks aaO: regelmäßig vor Ablauf der Wochenfrist).

4d Zur **Glaubhaftmachung** (§ 26 II S 1) siehe 6 ff zu § 26.

5 Nach dem **Konzentrationsgebot** des I S 3 müssen alle zZ der Ablehnung bekannten Gründe gleichzeitig vorgebracht werden. Das gilt auch, wenn das Ablehnungsgesuch schon vor dem Zeitpunkt des I S 1 gestellt wird. Die verwirkten Gründe kann der Ablehnungsberechtigte nur noch zur Unterstützung einer auf einen nicht verwirkten Grund gestützten Ablehnung heranziehen.

6 **3) Zu einem späteren Zeitpunkt (II S 1)** kann die Ablehnung nur erklärt werden, wenn es sich um später, dh nach dem in I S 1 bezeichneten Zeitpunkt, **neu eingetretene oder bekanntgewordene Umstände** handelt (Nr 1).

7 Maßgebend ist die **Kenntnis des Angeklagten,** nicht die seines Verteidigers (zw BGH NStZ-RR **07**, 129 [B]), beim Nebenkläger aber die Kenntnis des Vertreters (BGH **37**, 264).

8 Die Ablehnungsgründe müssen **unverzüglich** geltend gemacht werden (Nr 2), dh sobald wie möglich, ohne eine nicht durch die Sachlage begründete Verzögerung (BGH **21**, 334, 339; NStZ **82**, 291, 292; Bay NJW **92**, 2242); dies gilt auch in den Fällen des § 26 I S 2 (2a zu § 26). Dabei ist ein strenger Maßstab anzulegen (BGH StraFo **15**, 458 mwN; NStZ **06**, 644). Dem Ablehnungsberechtigten ist aber stets eine gewisse Überlegungsfrist einzuräumen (BGH StraFo **15**, 458; NStZ-RR **12**, 211), der Angeklagte muss auch die ausreichende Möglichkeit haben, sich mit seinem Verteidiger zu beraten (BGH NStZ **84**, 371; StV **91**, 49; NStZ **92**, 290; 5 StR 48/16 vom 8.6.2016; Köln StV **88**, 287, 288), diesem muss Zeit zur Abfassung des Antrags zugebilligt werden (BGH NStZ **18**, 610).

8a **Welcher Zeitrahmen** hierfür erforderlich ist, hängt von den Umständen des Einzelfalles ab (BGH aaO). Bei **kurzen Unterbrechungen** der Sitzung kann deren Fortsetzung abgewartet werden. Bis zur Fortsetzung einer länger unterbrochenen Hauptverhandlung darf aber nicht gewartet werden. Daher kann es notwendig sein, das Ablehnungsgesuch zwischen 2 Verhandlungstagen außerhalb der Hauptverhandlung anzubringen (BGH 1 StR 13/13 vom 25.4.2014; StraFo **15**, 458; **21**, 334; NJW **91**, 50; 5 StR 24/08 vom 10.6.2008; nach Düsseldorf NJW **92**, 2243 L soll allerdings eine Bearbeitung während des Wochenendes nicht verlangt werden können; zw). Entsteht der Ablehnungsgrund **während einer Beweiserhebung,** so braucht er jedenfalls vor deren Beendigung nicht geltend gemacht zu werden (BGH StV **86**, 281; vgl auch NStZ **18**, 610: Einlassung des Angeklagten); ein Verstreichenlassen weiterer Beweiserhebungen – zB Zeugenvernehmungen – kann aber zur Verspätung führen. Es darf zwar zugewartet werden, ob sich der erste Eindruck einer möglichen Befangenheit im Laufe einer Hauptverhandlung durch das weitere Verhalten des Richters verfestigt; dies setzt aber voraus, dass das letzte beanstandete Verhalten als unmittelbarer Anknüpfungspunkt für die Ablehnung selbständiges Gewicht hat (vgl München NJW **07**, 449; SK-Deiters 26). Eine schuldhaft verspätete Kenntnisnahme der Ablehnungstatsachen durch den Verteidiger darf dem Angeklagten nicht zugerechnet werden (BGH NStZ **10**, 401 mwN). Das Ablehnungsrecht lebt bei bereits **„verfristeten" Anträgen** nicht dadurch wieder auf, dass das Gericht über das beanstandete Verhalten nach § 238 II entscheidet (Stollenwerk DRiZ **13**, 368, 369).

Im **Revisionsverfahren** kann ein Ablehnungsgesuch in entsprechender Anwendung von II Nr 2 nur so lange statthaft vorgebracht werden, bis die Entscheidung ergangen ist; dies gilt auch dann, wenn die Ablehnung mit einer Anhörungsrüge nach § 356a verbunden wird, die sich als unbegründet erweist (BGH NStZ-RR **13**, 214; 4 StR 579/17 vom 9.5.2018; 1 StR 52/16 vom 1.10.2016). **8b**

Gelegenheit zur Anbringung des Ablehnungsgesuchs muss dem Ablehnenden vom Vorsitzenden nicht unverzüglich gegeben werden, jedoch noch am selben Hauptverhandlungstag. § 238 I gilt auch insofern (Drees NStZ **05**, 184; erg 5 zu § 238); eine Verwerfung des Antrags gem §§ 26a I Nr 1, 25 II Nr 2 ist in einem solchen Fall selbstverständlich nicht möglich. **9**

Nach dem letzten Wort des Angeklagten nach § 258 II, nicht erst nach § 258 III (LR-Siolek 32), ist nach II S 2 die Ablehnung – verfassungsrechtlich unbedenklich (BVerfG NJW **88**, 477) – nicht mehr zulässig (krit dazu LR-Siolek 33; BGH NStZ-RR **09**, 2 [C] lässt offen, ob eine Ausnahme „zur Vermeidung unerträglicher Ergebnisse" gemacht werden darf); notfalls muss der Angeklagte zuvor eine Unterbrechung der Hauptverhandlung beantragen (BVerfG NStZ-RR **06**, 379). Wurde nach dem letzten Wort wieder in die Beweisaufnahme eingetreten (27 zu § 258), entfällt die Präklusionswirkung (BGH NStZ **06**, 644). Auf den Fall der Fortsetzung der Verhandlung ohne den Angeklagten nach § 231 II ist II Nr 2 nicht anwendbar (vgl BGH 2 StR 631/12 vom 2.7.2013: nach den Plädoyers von StA und Verteidigung gestelltes Befangenheitsgesuch); dies dürfte auch für andere Fälle der Verhandlung in Abwesenheit des Angeklagten zu gelten haben. **10**

4) Wird **außerhalb einer Hauptverhandlung** entschieden, so ist die Ablehnung ohne zeitliche Beschränkung zulässig (Schleswig SchlHA **82**, 31), aber nur, solange die Entscheidung nicht erlassen ist (BVerfG NStZ **07**, 709; BGH NStZ **93**, 600; NStZ-RR **12**, 314; 4 StR 469/11 vom 24.1.2012; 2 StR 396/14 vom 5.10.2015; 5 StR 277/16 vom 28.9.2016; Stuttgart NStZ **19**, 693; Celle NStZ-RR **15**, 219; Hamm VRS **101**, 204; Jena NStZ **97**, 510). Nachträglich kann der Richter nicht mehr abgelehnt werden, auch wenn die Entscheidung anfechtbar ist und die Möglichkeit der Zurückverweisung der Sache durch das Rechtsmittelgericht besteht (KG NStZ **83**, 44; Koblenz NStE Nr 2 mwN; Schleswig SchlHA **90**, 143). Dies gilt auch für einen Antrag nach § 33a (Celle aaO; Hamm NStZ-RR **19**, 221; aM KG JR **84**, 39; Düsseldorf MDR **86**, 777; Koblenz NStZ **83**, 470); in diesem Fall ist eine Ablehnung erst (wieder) möglich, wenn bei begründeter Anhörungsrüge das Verfahren in seine ursprüngliche Lage zurückversetzt wurde (Celle aaO; Hamm aaO; Stuttgart NStZ **19**, 693). Ebenso wenig möglich ist die Ablehnung im Verfahren über Gegenvorstellungen (BGH NStZ-RR **98**, 51; **01**, 333; Düsseldorf NStZ **89**, 86; Hamm VRS **101**, 204; offen gelassen von BGH NStZ-RR **05**, 173, 174; **06**, 85), grundsätzlich auch nicht im Fall des § 356a (vgl dort 1; BGH NStZ-RR **13**, 289). **11**

5) Zur Revision siehe § 338 Nr 3, dort insbes 28 sowie BGH NStZ **18**, 732. **12**

Ablehnungsverfahren

26 II ¹Das Ablehnungsgesuch ist bei dem Gericht, dem der Richter angehört, anzubringen; es kann vor der Geschäftsstelle zu Protokoll erklärt werden. ²Das Gericht kann dem Antragsteller aufgeben, ein in der Hauptverhandlung angebrachtes Ablehnungsgesuch innerhalb einer angemessenen Frist schriftlich zu begründen.

II ¹Der Ablehnungsgrund und in den Fällen des § 25 Absatz 1 Satz 2 und Absatz 2 die Voraussetzungen des rechtzeitigen Vorbringens sind glaubhaft zu machen. ²Der Eid ist als Mittel der Glaubhaftmachung ausgeschlossen. ³Zur Glaubhaftmachung kann auf das Zeugnis des abgelehnten Richters Bezug genommen werden.

§ 26

III Der abgelehnte Richter hat sich über den Ablehnungsgrund dienstlich zu äußern.

1) Anzubringen (I) ist das Ablehnungsgesuch bei dem Gericht, dh dem Spruchkörper, dem der Richter bei der Tätigkeit angehört, von der ihn der Ablehnende ausschließen möchte. Wird ein ersuchter Richter abgelehnt, so ist das Gesuch bei ihm, nicht bei dem ersuchenden Gericht zu stellen. Ablehnungsgesuche gegen Richter von auswärtigen Strafkammern (§ 78 GVG) oder Strafsenaten (§ 116 II GVG) sind bei diesen Gerichten anzubringen.

2) Eine Form für das Gesuch ist nicht vorgeschrieben. Es kann – nach freier Entscheidung des Antragstellers (BGH StV **05**, 531) – außerhalb der Hauptverhandlung schriftlich (Einl 128) oder zu Protokoll der Geschäftsstelle (Einl 131 ff), in der Hauptverhandlung schriftlich oder mündlich angebracht werden. Schriftliche Antragstellung darf nicht nach § 257a vorgeschrieben werden (siehe zur Begründung aber sogleich 2a). Bei mündlicher Antragstellung gilt § 273 I; protokolliert wird aber lediglich der Antrag ohne Gründe (BGH StraFo **09**, 145). Auch wenn ein Richter in einer Hauptverhandlung abgelehnt wird, gelten für das Ablehnungsverfahren weder der Öffentlichkeitsgrundsatz noch das Gebot der Anwesenheit des Angeklagten, da es sich um ein selbständiges gerichtsverfassungsrechtliches Verfahren handelt, das nicht Teil der Hauptverhandlung ist (BGH NStZ **82**, 188 [Pf]; **96**, 398).

2a Das Gericht kann dem Antragsteller aufgeben, ein in der Hauptverhandlung angebrachtes Ablehnungsgesuch innerhalb einer angemessenen Frist **schriftlich zu begründen** (I S 2, eingeführt durch Gesetz vom 17.8.2017 [BGBl I 3202, 3203]). Dies soll dem Gericht in Ausnahmefällen die Möglichkeit geben, Situationen zu begegnen, in denen das Recht zur mündlichen Stellung eines Ablehnungsgesuchs zur Verfahrensverzögerung missbraucht wird (BT-Drucks 18/11277 S 11), indem die Verlesung der Begründung entbehrlich gemacht wird. Allerdings kommt der nach der Gesetzesbegründung intendierte Ausnahmecharakter im Wortlaut der Vorschrift ebenso wenig zum Ausdruck wie sein Zweck, Verfahrensmissbrauch zu bekämpfen. Mit Rücksicht auf die Neufassung des § 29 III S 2 Nr 2 durch das Gesetz zur Modernisierung des Strafverfahrens vom 10.12.2019 [BGBl I 2121] verlängert sich im Falle des I S 2 die Zeitspanne, während derer das Gericht ohne Entscheidung über die Ablehnung weiter verhandeln kann, auf 2 Wochen nach Eingang der schriftlichen Begründung (21, 23 zu § 29). Geht diese nicht innerhalb der Frist ein, verwirft das Gericht die Ablehnung als unzulässig (§ 26a I Nr 2, dort 4).

2b Die **Angemessenheit der Frist** bestimmt sich nach den Umständen des Einzelfalles, insbesondere Umfang und Komplexität des dem Gesuch zugrunde liegenden und darzulegenden tatsächlichen oder prozessualen Sachverhalts. Dies ist grundsätzlich aus der Sicht des Antragstellers zu beurteilen, da dieser Adressat der Frist ist. Ein Gewinn an Zeit bis zur zwingenden Entscheidung über das Ablehnungsgesuch, wie sie das Gesetz beabsichtigt, tritt für das Gericht aber nur ein, wenn es sich bei der Fristsetzung an bereits terminierten Verhandlungstagen und damit an seinen zeitlichen Planungen orientiert; eine zu großzügig bemessene Frist dürfte allerdings ebenfalls – auch mit Rücksicht auf den Rechtsgedanken von § 29 III – nicht angemessen sein.

2c Das Recht auf **mündliche Stellung** des Ablehnungsgesuchs bleibt von I S 2 **unberührt**. Ab seiner mündlichen Anbringung ist es – auch im Sinne von § 25 II Nr 2 (unverzüglich) – gestellt (erg 8 zu § 25 II Nr 2, 4c zu § 26a). Die inhaltlichen Anforderungen an das Gesuch – Konkretisierung der Ablehnungsgründe und deren Glaubhaftmachung (siehe unten 4 ff, 4 zu § 26a) – sind mit Ausnahme der Namhaftmachung des abgelehnten Richter auf die schriftliche Begründung zu beziehen. Diese muss nicht – auch nicht zu einem späteren Zeitpunkt – durch Verlesen in die Hauptverhandlung eingeführt werden (siehe 2a).

3) Eine Wiederholung der Ablehnung aus demselben Grund ist unzulässig (4 zu § 26a; BGH 1 StR 7/15 vom 9.7.2015), sofern nicht (in der Frist des § 25) neue Tatsachen geltend gemacht (RG **24**, 12, 14; Schorn GA **63**, 179) oder, wenn das 1. Ablehnungsgesuch wegen ungenügender Glaubhaftmachung verworfen worden war, neue zusätzliche Mittel der Glaubhaftmachung beigebracht werden (vgl BGH **21**, 85, 87).

4) Inhalt des Gesuchs: Der abgelehnte Richter muss durch Angabe seines Namens oder in anderer Weise eindeutig bezeichnet werden. Ferner müssen die Ablehnungsgründe, dh die Tatsachen, auf die das Gesuch gestützt wird, angegeben werden (vgl § 26a I Nr 2), und zwar in dem Ablehnungsgesuch selbst, nicht durch Bezugnahme auf die Akten (Bay **52**, 188); im Fall des I S 2 genügt die Angabe in der schriftlichen Begründung (siehe 2c). Im Fall des § 25 II müssen auch die Tatsachen angeführt werden, aus denen sich die Rechtzeitigkeit des Antrags ergeben soll.

5) Glaubhaftmachung (II):

A. **Umfang (S 1):** Die zur Begründung der Ablehnung geltend gemachten Tatsachen müssen glaubhaft gemacht werden, in den Fällen des § 25 I S 2 und II auch die Voraussetzungen des rechtzeitigen Vorbringens. Von der Glaubhaftmachung kann abgesehen werden, wenn der Ablehnungsgrund sich aus den Akten ergibt oder sonst gerichtsbekannt ist (BGH NStZ **07**, 161; **15**, 175; 6 zu § 45) oder wenn die Rechtzeitigkeit des Gesuchs auf der Hand liegt (BGH MDR **65**, 1004).

B. **Glaubhaftmachung bedeutet,** dass die behaupteten Tatsachen so weit bewiesen werden müssen, dass das Gericht sie für wahrscheinlich hält (BGH **21**, 334, 350; NStZ **91**, 144; Bay **55**, 223, 225; Düsseldorf NJW **85**, 2207; erg 10 zu § 45) und dass es in die Lage versetzt wird, ohne verzögernde weitere Ermittlungen zu entscheiden (BGH **21**, 334, 347; Düsseldorf aaO). Eine förmliche Beweisaufnahme über das Ablehnungsvorbringen findet nicht statt (BGH NStZ **11**, 228; MDR **72**, 17 [D]); es ist nicht Sache des Gerichts, von sich aus Zeugen zu hören oder vernehmen zu lassen (Düsseldorf aaO). Das Gericht ist auch nicht verpflichtet, auf weitere Glaubhaftmachung hinzuwirken (BGH **21**, 334, 348). Allerdings kann das Revisionsgericht zur weiteren Klarstellung im Freibeweisverfahren Erklärungen von Verfahrensbeteiligten einholen (BGH 5 StR 48/16 vom 8.6.2016). Nicht behebbare Zweifel an der Richtigkeit der behaupteten Tatsachen wirken sich zu Lasten des Antragstellers aus; der Grundsatz *in dubio pro reo* gilt nicht (BGH aaO; **21**, 334, 352; Düsseldorf StV **85**, 223; VRS **81**, 373; erg 10 zu § 45).

C. **Mittel der Glaubhaftmachung (S 2, 3)** sind grundsätzlich nur schriftliche Erklärungen, insbesondere eidesstattliche Versicherungen von Zeugen (unten 10) und anwaltliche Versicherungen (unten 13) sowie andere Bescheinigungen und Unterlagen. Da der Ablehnende die Wahrscheinlichkeit seines tatsächlichen Vorbringens bis zu dem Grad darzutun hat, der vernünftigerweise als Entscheidungsgrundlage geboten erscheint, genügt die Benennung von Beweismitteln idR nicht (vgl aber unten 11). Der **Glaubhaftmachung** von Tatsachen bedarf es **nicht,** wenn sich diese aus den Akten ergeben (BGH NStZ **15**, 175; KK-Scheuten 4).

Der **Ablehnende selbst** kann die Richtigkeit seiner tatsächlichen Angaben nicht beschwören (S 2). Er kann ihre Richtigkeit auch nicht an Eides Statt versichern. Das gilt nicht nur für den Beschuldigten (Düsseldorf StV **85**, 223; Hamm MDR **65**, 843; Koblenz VRS **64**, 271; 8 zu § 45), sondern für jeden Antragsteller. Gibt er gleichwohl eine eidesstattliche Versicherung ab, so ist sie als einfache Erklärung zu werten, die jedoch grundsätzlich zur Glaubhaftmachung nicht genügt (Düsseldorf OLGSt § 44 Nr 3; StV **85**, 223; Koblenz OLGSt § 172 Nr 10; 9 zu § 45).

Schriftliche Erklärungen von Zeugen sind unbeschränkt zulässig (uU auch fremdsprachige, vgl Bamberg NStZ **89**, 335). Diese Auskunftspersonen dürfen zwar nicht vereidigt werden (S 2), können aber die Richtigkeit ihrer Erklärungen nach hM (SK-Deiters 11 mN; **aM** Zwiehoff Bemmann-FS 664 ff) eidesstattlich versichern.

§ 26a Erstes Buch. 3. Abschnitt

11 Die **Benennung von Zeugen** reicht zur Glaubhaftmachung nur aus, wenn der Ablehnende eine schriftliche Äußerung der Auskunftsperson nicht erlangen kann, sei es, dass ihm der Zeuge die schriftliche Bestätigung verweigert, etwa unter Hinweis auf die fehlende Genehmigung des Dienstvorgesetzten, sei es, dass er ihn nicht unverzüglich erreichen kann (BGH **21**, 334, 347; MDR **78**, 111 [H]; Bay **55**, 210; Bremen JZ **77**, 442; Düsseldorf NJW **85**, 2207; VRS **96**, 111; Koblenz OLGSt § 172 Nr 10). Er muss dann aber glaubhaft machen, dass einer dieser Gründe gegeben ist (BGH aaO). Liegt ein solcher Fall des Unvermögens der Glaubhaftmachung vor, so erhebt das Gericht den Beweis von Amts wegen.

12 Auch die **Berufung auf das Zeugnis des abgelehnten Richters** (S 3) ist zulässig. Sie muss ausdrücklich erklärt werden; insbesondere bei einem Verteidiger ist sie nicht zu unterstellen (Frankfurt NJW **77**, 767; Günther NJW **86**, 283; **aM** Celle NdsRpfl **82**, 100).

13 Der **Verteidiger** versichert seine eigenen Handlungen, Unterlassungen und Beobachtungen üblicherweise „anwaltlich" (Köln NJW **64**, 1038). Das Fehlen einer solchen Versicherung ist aber mit Rücksicht auf die Wahrheitspflicht des RA idR unschädlich (BGH NStZ **07**, 161; Bay StV **95**, 7).

14 6) Die **dienstliche Äußerung des abgelehnten Richters** (III) ist für die Entscheidung nach § 27 zwingend vorgeschrieben, ist allerdings ausnahmsweise verzichtbar, wenn der Sachverhalt eindeutig feststeht (BGH NStZ **08**, 117; siehe aber auch Hamburg StV **15**, 15; **aM** Richter II Eisenberg-FS 566; SSW-Kudlich/Noltenmeier 8; SK-Deiters 15); im Verfahren nach § 26a entfällt sie (BVerfGE **11**, 1, 3; BGH NJW **05**, 3434). Sie muss gegenüber dem zur Entscheidung berufenen Spruchkörper (nach idR mündlicher Aufforderung, vgl BGH wistra **02**, 267, 268) schriftlich abgegeben und darf nicht in das Sitzungsprotokoll diktiert werden (Bay StV **82**, 460). Sie bezieht sich auf die im Ablehnungsgesuch enthaltenen Tatsachen, kann aber auch auf weitere entscheidungserhebliche Umstände, wie etwa das Verhalten des Ablehnenden oder seines Prozessbevollmächtigten, eingehen (Stollenwerk DRiZ **13**, 368, 370).

15 In der dienstlichen Erklärung kann der Richter uU auch ein zu beanstandendes Verhalten (17 zu § 24) durch **Klarstellung und Entschuldigung** beseitigen (BGH NStZ **06**, 49; **08**, 229; **09**, 701; **12**, 168; 1 StR 386/13 vom 2.10.2013; vgl auch BGH NStZ **19**, 223 zur Information über Verständigungsgespräche unter Ausschluss einzelner Mitangeklagter; gegen die Möglichkeit einer solchen „tätigen Reue" Sommer NStZ **14**, 615). Umgekehrt kann sie aber auch dahin führen, dass einem schon dort frühere Einzelumstände genährten Misstrauen des Ablehnenden gegen den abgelehnten Richter die Berechtigung nicht mehr abzusprechen ist (BGH wistra **13**, 155); dies ist aber nicht von Amts wegen zu beachten, sondern von dem Antragsteller geltend zu machen (vgl Stollenwerk aaO).

16 Wenn dem **Gesuch nicht stattgeben** wird, muss das Gericht, auch wenn der abgelehnte Richter nur erklärt – was regelmäßig unzureichend und unerheblich ist –, er fühle sich nicht befangen (Braunschweig NJW **76**, 2024, 2025; AK-Wassermann 5; **aM** Köln MDR **73**, 57 L) dies dem Antragsteller zur Kenntnis bringen und ihm nach § 33 II, III Gelegenheit zur Stellungnahme geben (BVerfGE **24**, 56, 62; BGH **21**, 85, 87 **23**, 200, 203; NStZ **83**, 354 [Pf/M]; StV **82**, 457). Auf einem Verstoß hiergegen kann das Urteil beruhen (Hamm StV **96**, 11); das gilt aber nicht, wenn der Antragsteller Gelegenheit hatte, das Ablehnungsgesuch nach Kenntnisnahme von der dienstlichen Äußerung zu wiederholen (BGH **21**, 85; StV **82**, 457; Hamm NJW **67**, 1577).

Verwerfung eines unzulässigen Ablehnungsantrags

26a ¹Das Gericht verwirft die Ablehnung eines Richters als unzulässig, wenn

1. die Ablehnung verspätet ist,

2. ein Grund zur Ablehnung oder ein Mittel zur Glaubhaftmachung nicht oder nicht innerhalb der nach § 26 Absatz 1 Satz 2 bestimmten Frist angegeben wird oder
3. durch die Ablehnung offensichtlich das Verfahren nur verschleppt oder nur verfahrensfremde Zwecke verfolgt werden sollen.

II ¹Das Gericht entscheidet über die Verwerfung nach Absatz 1, ohne daß der abgelehnte Richter ausscheidet. ²Im Falle des Absatzes 1 Nr. 3 bedarf es eines einstimmigen Beschlusses und der Angabe der Umstände, welche den Verwerfungsgrund ergeben. ³Wird ein beauftragter oder ein ersuchter Richter, ein Richter im vorbereitenden Verfahren oder ein Strafrichter abgelehnt, so entscheidet er selbst darüber, ob die Ablehnung als unzulässig zu verwerfen ist.

1) Zur **Verfahrensvereinfachung** ermächtigt die Vorschrift das Gericht, über 1 die Verwerfung unzulässiger Ablehnungsgesuche, auch wenn mit ihnen der Ausschluss des Richters nach §§ 22, 23 behauptet wird, unter Mitwirkung des abgelehnten Richters zu entscheiden. Der Katalog der Gründe, den I enthält, ist aber unvollständig; unzulässig ist auch die Ablehnung eines Richters, der mit der Sache noch nicht (2 zu § 24) oder nicht mehr befasst ist, und die Ablehnung eines Gerichts als Ganzes (3 zu § 24). In diesen Fällen gilt II S 1 entspr (3 zu § 24).

2) Die **Verwerfung als unzulässig** (I) steht nicht im Ermessen des Gerichts 2 (vgl BGH NStZ **82**, 291), sondern ist beim Vorliegen der gesetzlichen Gründe zwingend vorgeschrieben („Das Gericht verwirft ..."). Wird nicht nach § 26a verfahren, obwohl dessen Voraussetzungen vorlagen, so entscheidet das nach § 27 zuständige Gericht (BGH **21**, 334, 337; KG JR **66**, 229). Das Gericht muss ihm die Entscheidung überlassen, wenn auch nur geringe Zweifel am Vorliegen der Gründe des I bestehen; sonst darf es aber solche Handlungen vornehmen, die der Vorbereitung der nach II zu treffenden Entscheidung dienen (Düsseldorf NStE Nr 3). Das Gesuch kann nur insgesamt als unzulässig verworfen werden; die Verwerfung einzelner Ablehnungsgründe als unzulässig ist ausgeschlossen (BGH **37**, 99, 105).

A. **Verspätetes Ablehnungsgesuch (Nr 1):** Vgl § 25 I S 2, II. Ist die Recht- 3 zeitigkeit entgegen § 26 II S 1 nicht glaubhaft gemacht, so darf das Gericht davon ausgehen, dass der Ablehnungsgrund schon im Zeitpunkt des § 25 I bekannt war (BGH MDR **65**, 1004). Das muss in der Begründung des Beschlusses dargelegt werden.

B. **Fehlen eines Ablehnungsgrundes oder der Glaubhaftmachung** 4 **(Nr 2):** Der Antragsteller muss die Ablehnung mit Tatsachen begründen (vgl § 25 II Nr 1: „Umstände, auf welche die Ablehnung gestützt wird"). Unzulässig ist daher ein Gesuch, das überhaupt keine Begründung enthält, auch wenn es ihre Beibringung ankündigt (Günther NJW **86**, 283). Eine Frist zur nachträglichen Beibringung einer Begründung wird nicht bewilligt (München NJW **76**, 436). In den Fällen des § 26 I S 2 verlagern sich die notwendigen Angaben und ihre Glaubhaftmachung in die vom Gericht unter Fristsetzung geforderte schriftliche Begründung, welche in der Hauptverhandlung nicht verlesen werden muss (erg 2a–2c zu § 26 sowie unten 4c).

Dem Fehlen der Begründung steht der Fall gleich, dass die Begründung aus 4a zwingenden rechtlichen Gründen zur Rechtfertigung eines Ablehnungsgesuchs **völlig ungeeignet** ist (BVerfG NJW **95**, 2912; BGH 1 StR 7/15 vom 9.7.2015; NStZ **99**, 311; NStZ-RR **02**, 66 [B]; **aM** SK-Deiters 17f). Hierbei ist jedoch mit Rücksicht auf Art 101 I S 2 GG ein **strenger Maßstab** anzulegen (zu den revisionsrechtlichen Folgen 28 zu § 338). Will das Gericht dies annehmen, ist es in besonderem Maße verpflichtet, das Ablehnungsgesuch seinem Inhalt nach vollständig zu erfassen und ggf wohlwollend auszulegen, da es anderenfalls dem Vorwurf ausgesetzt ist, tatsächlich im Gewande der Zulässigkeitsprüfung in eine Begründetheitsprüfung einzutreten und sich damit in unzulässiger Weise zum „Richter in

§ 26a

eigener Sache" zu machen (BGH NStZ **15**, 175 mwN; 5 StR 53/14 vom 9.9. 2014; wistra **08**, 267); überschreitet das Gericht die ihm damit gezogenen engen Grenzen kann dies die Besorgnis der Befangenheit begründen (BVerfG NJW **05**, 3410; **06**, 3129). Entscheidend ist, ob das Gesuch ohne nähere Prüfung und losgelöst von den konkreten Umständen des Einzelfalls zur Begründung der Besorgnis gänzlich ungeeignet ist (BVerfG NStZ-RR **07**, 275, 276; BGH NStZ **06**, 51; **06**, 644; Koblenz StV **19**, 172), zB die bloße prozessordnungsgemäße Mitwirkung an einer Vorentscheidung oder eine bloße Vorbefassung mit der Sache (BGH NJW **06**, 2864; NStZ **14**, 725; 1 StR 7/15 vom 9.7.2015; 5 StR 583/16 vom 22.3.2017; vgl auch BGH NStZ-RR **19**, 120: Ablehnung eines Beweisantrags; BGH NStZ **08**, 473; NStZ-RR **18**, 252: Vorbefassung des Revisionsgerichts) oder die Tätigkeit eines Richters als Mitglied des Präsidiums bei der Regelung der Geschäftsverteilung (BGH NStZ-RR **13**, 153 L) oder der Umstand, dass ein Richter eines Strafsenats mit dem Angeklagten keinen Informationsaustausch führt (BGH 1 StR 7/15 vom 9.7.2015). **Anders** ist es aber, wenn besondere Umstände hinzutreten (bedenklich daher Köln NStZ-RR **08**, 115), insbesondere solche, die über die Tatsache einer negativen Vorbefassung sowie die damit notwendig verbundenen inhaltlichen Äußerungen hinausgehen (BGH NStZ **06**, 705; **08**, 46; 523; **10**, 401; vgl auch BGH 5 StR 99/14 vom 6.5.2014: Bezeichnung eines Antrags durch den Vorsitzenden als „Theaterdonner"). Ein Gesuch, das an eine objektiv rechtsfehlerhafte, insbesondere prozessordnungswidrige Zwischenentscheidung oder eine solche Maßnahme der Verhandlungsführung anknüpft, wird idR nicht als völlig ungeeignet angesehen werden können (BVerfG NStZ-RR **07**, 275, 276; BGH aaO; Koblenz aaO; vgl auch Düsseldorf NJW **06**, 3798); keineswegs ist völlige Ungeeignetheit schon bei offensichtlicher Unbegründetheit anzunehmen (BVerfG NStZ-RR **07**, 275, 276; BGH StraFo **04**, 238; BGHR Unzulässigkeit 9; Köln StV **91**, 293). Bleiben Zweifel, ist einem Vorgehen nach § 27 der Vorzug zu geben (BVerfG aaO; NJW **05**, 3414 L; BGH **50**, 216). Wird das Gesuch auf die – nicht nur pauschal behauptete – willkürliche Annahme der Unzulässigkeit eines früheren Ablehnungsgesuchs gestützt, ist idR nach § 27 zu verfahren (BVerfG NStZ-RR **07**, 276). Vgl zum Ganzen auch Gaede HRRS **05**, 319, Güntge JR **06**, 363 und Meyer-Goßner NStZ **06**, 53.

4b **Unzulässig** sind aber Ablehnungsanträge, in denen nach der Prozessordnung vorgeschriebene Handlungen beanstandet werden, zB der in der StPO vorgesehene Verfahrensgang, die Ablehnung der Verlesung der Anklage in einer fremden Sprache (BGH NStZ **06**, 52) oder die Ablehnung der Aufnahme vom Antragsteller gewünschter rechtlicher Bewertungen in die Sitzungsniederschrift. Dies gilt ebenso für das bloße Behaupten eines Grundes, zB eines Verwandtschafts- oder Schwägerschaftsverhältnisses, das auf eine unzulässige Ausforschung hinausläuft (BGH MDR **70**, 899 [D]). Kollegialität ist allein kein Ablehnungsgrund (Schleswig SchlHA **97**, 149 [L/S]). Der Verwerfungsgrund der Nr 2 liegt auch vor, wenn der Ablehnungsgrund infolge rechtskräftiger Verwerfung eines vorausgegangenen Gesuchs verbraucht ist (Hamm NJW **66**, 2073; Günther NJW **86**, 283; erg 3 zu § 26). Ist kein Mittel zur Glaubhaftmachung angegeben, so ist das Ablehnungsgesuch ebenfalls unzulässig, sofern nicht der Ablehnungsgrund oder im Fall des § 25 I S 2, II die Rechtzeitigkeit gerichtsbekannt ist. Zur Unzulässigkeit der Ablehnung im Revisionsverfahren Meyer-Goßner BGH-FS 623.

4c C. **Fristversäumnis (I Nr 2):** Unzulässig ist ein Ablehnungsantrag ebenso, wenn er nicht innerhalb einer nach § 26 I S 2 bestimmten Frist begründet wird (2a-2c zu § 26). Eine Verwerfung als unzulässig, weil ein Grund zur Ablehnung oder ein Mittel zur Glaubhaftmachung nicht angegeben wird (4, 4a, 4b), kommt insoweit nur in Betracht, wenn die schriftliche Begründung nicht die notwendigen Angaben enthält (2c zu § 26).

5 D. **Missbrauch des Ablehnungsrechts (Nr 3):** Unzulässig sind Gesuche, mit denen der Antragsteller in Wahrheit nicht das Ausscheiden des abgelehnten Richters, sondern ausschließlich andere Ziele erreichen will. Bezweckt er daneben auch das Ausscheiden des Richters, so ist Nr 3 nicht anwendbar.

Verschleppungsabsicht liegt vor, wenn der Antragsteller ausschließlich eine 6 Verzögerung der Hauptverhandlung bezweckt (BGH NStZ **04**, 630; MDR **55**, 271 [D]; Naumburg StraFo **05**, 24). Dies kann aus dem Ablehnungsgesuch selbst (zB völlig haltlose und unzutreffende Vorwürfe, siehe BGH NStZ-RR **09**, 207; vgl auch BGH StV **15**, 10), aber auch aus – ggf einer **Gesamtwürdigung** zuzuführenden – außerhalb liegenden Indizien gefolgert werden. Zu letzteren gehören etwa (vgl BGH wistra **09**, 446) die Verfahrenssituation zum Zeitpunkt der Antragstellung (zB das Ende des vom Gericht vorgesehenen Beweisprogramms oder die vollzogene „Abarbeitung" von Beweisanträgen), das dem Antrag vorangegangene Prozessgeschehen (zB eine Vielzahl von früheren Befangenheitsanträgen, die entweder unzulässig oder offensichtlich unbegründet waren oder die Wiederholung nahezu gleichlautender Anträge; siehe etwa BGH NStZ **11**, 294; Stollenwerk DRiZ **13**, 368, 370), oder aber Bemerkungen des Antragstellers, die auf verfahrensfremde Intentionen schließen lassen. Bezieht sich das Gericht zur Begründung ua auf das bisherige Prozessgeschehen ist es allerdings regelmäßig erforderlich, auch das eigene Verhalten zu schildern, zB um aufzuzeigen, dass bestimmte Behauptungen im Befangenheitsgesuch objektiv unwahr sind; allein hierdurch werden die abgelehnten Richter jedoch nicht zu Richtern in eigener Sache (BGH wistra **09**, 446; NStZ **08**, 473; einen strengeren Maßstab legt insoweit BGH StraFo **15**, 458 an). Jedoch darf der abgelehnte Richter über eine derartige formale Prüfung hinaus nicht an einer näheren inhaltlichen Untersuchung der Ablehnungsgründe, auch nicht unter dem Gesichtspunkt einer offensichtlichen Unbegründetheit, mitwirken und sich auf diese Weise zum Richter in eigener Sache machen; in Zweifelsfällen liegt es nahe, das Regelverfahren nach § 27 zu wählen (BGH NStZ **18**, 485).

Verfahrensfremd iS der Nr 3 ist zB das Verfolgen rein demonstrativer Zwecke 7 (KG GA **74**, 220; Bremen NStZ-RR **12**, 285 L; Koblenz MDR **77**, 425) oder des Zwecks, den abgelehnten Richter zu verunglimpfen (vgl BGH NStZ **97**, 331 [K]; KG JR **66**, 229: in die Form eines Ablehnungsgesuchs gekleidete Schmähschrift). Auch das muss offensichtlich sein (KG VRS **115**, 132). Auf die Sachfremdheit kann insbesondere aus der völligen Abwegigkeit der Ablehnungsgründe geschlossen werden (eingehend zu Nr 3 Fahl 371 ff). Unzulässig ist es auch, über das Ablehnungsverfahren einen Streit über das bisherige Ergebnis der Beweisaufnahme auszutragen (BGH NStZ **04**, 630; erg 20 zu § 22; 49 zu § 244).

3) Die **Entscheidung** (II) trifft das Gericht, in der Hauptverhandlung unter 8 Mitwirkung der Schöffen – auch bei Unterbrechung der Hauptverhandlung (BGH StV **15**, 9; München NJW **07**, 449, erg 3 zu § 30 GVG) –, ohne dass der abgelehnte Richter ausscheidet (S 1), in den Fällen des S 3 der abgelehnte Richter allein. Die Verwerfung aus den Gründen des I Nr 3 erfordert Einstimmigkeit (S 2).

Der Verwerfungsbeschluss ist zu **begründen** (§§ 28 II, 34). Im Fall des I Nr 3 9 muss er die den Verwerfungsgrund tragenden Umstände angeben (S 2), auch soweit sie offensichtlich sind. Die Begründung muss so ausführlich sein, dass sie dem Beschwerdegericht eine sachliche Nachprüfung ermöglicht (Bay **72**, 217; Köln StV **91**, 292). Bei Ablehnung wegen Verschleppungsabsicht gelten für die Begründung dieselben strengen Anforderungen wie für die Ablehnung von Anträgen nach § 244 VI S 2 (vgl 93-93e zu § 244; vgl auch BGH MDR **73**, 371 [D]).

Eine **Kostenentscheidung** ist nicht zu treffen. 10

4) Anfechtung: Zur sofortigen Beschwerde vgl § 28, zur Revision § 338 Nr 3 11 (23 ff). Die Revision muss alle Vorgänge mitteilen, aus denen sich beurteilen lässt, ob das Gesuch unverzüglich angebracht worden ist; dies gilt nicht nur bei Verwerfung wegen Verspätung (BGH MDR **77**, 109 [H]), sondern auch, wenn das Tatgericht von einer rechtzeitigen Anbringung des Gesuchs ausgegangen ist (BGH NStZ **16**, 627). Das Revisionsgericht kann den Verwerfungsgrund innerhalb des § 26a austauschen (BGH NStZ **06**, 644 – bestätigt durch BVerfG NStZ-RR **06**, 379: „nicht unverzüglich" statt „völlig ungeeignet"; BGH 5 StR 24/08 vom 10.6.2008;

§ 27 Erstes Buch. 3. Abschnitt

2 StR 631/12 vom 2.7.2013). Wird ein Befangenheitsantrag trotz sachlichen Gehalts nach I Nr 2 behandelt, kann der Angeklagte damit seinem **gesetzlichen Richter entzogen** (Art 101 I S 2 GG; 6 zu § 338) worden sein (BVerfG StraFo **05**, 109; StV **05**, 478; BGH NStZ **05**, 218); zu den revisionsrechtlichen Folgen ausführlich 28 zu § 338, zum notwendigen Revisionsvorbringen 29 zu § 338.

Entscheidung über einen zulässigen Ablehnungsantrag

27 I Wird die Ablehnung nicht als unzulässig verworfen, so entscheidet über das Ablehnungsgesuch das Gericht, dem der Abgelehnte angehört, ohne dessen Mitwirkung.

II Wird ein richterliches Mitglied der erkennenden Strafkammer abgelehnt, so entscheidet die Strafkammer in der für Entscheidungen außerhalb der Hauptverhandlung vorgeschriebenen Besetzung.

III ¹ Wird ein Richter beim Amtsgericht abgelehnt, so entscheidet ein anderer Richter dieses Gerichts. ² Einer Entscheidung bedarf es nicht, wenn der Abgelehnte das Ablehnungsgesuch für begründet hält.

IV Wird das zur Entscheidung berufene Gericht durch Ausscheiden des abgelehnten Mitglieds beschlußunfähig, so entscheidet das zunächst obere Gericht.

1   1) **Zuständigkeit:**

2   A. Das **Gericht, dem der abgelehnte Richter angehört (I),** dh der jeweilige Spruchkörper, entscheidet über das Ablehnungsgesuch, wenn es nicht nach § 26a verworfen worden ist. Zuständig ist der im Zeitpunkt der Entscheidung – nicht dem der Antragstellung – berufene Richter (BGH **44**, 26). Der abgelehnte Richter darf bei der Entscheidung nicht mitwirken. In der Hauptverhandlung ist daher eine Entscheidung unmöglich; sie muss aber wegen § 29 II S 1 (eingeführt durch das Gesetz zur Modernisierung des Strafverfahrens vom 10.12.2019 [BGBl I 2121]) bis zur Entscheidung über das Ablehnungsgesuch nicht unterbrochen werden (8 ff zu § 29). Die sofortige Verhandlung über das Ablehnungsgesuch im Sitzungssaal ist kein Teil der Hauptverhandlung (BGH NStZ **96**, 398).

3   B. Die **StrK (II)** entscheidet in der für Entscheidungen außerhalb der Hauptverhandlung vorgeschriebenen Besetzung, also ohne Schöffen (§ 76 S 2 GVG). Der abgelehnte Richter wird durch einen anderen Richter der StrK oder durch den geschäftsplanmäßigen oder für den Einzelfall bestimmten Vertreter ersetzt. Kann der Vorsitzende nicht aus seiner eigenen Kammer vertreten werden, weil deren Mitglieder sämtlich verhindert sind, so darf der Dienstälteste der von einer anderen Kammer gestellten regelmäßigen Vertreter den Vorsitz übernehmen (BGH NJW **59**, 1141).

4   Werden **mehrere oder sämtliche Richter einer StrK** gleichzeitig und aus dem gleichen Grund abgelehnt, so wird darüber durch einen einheitlichen Beschluss entschieden (BGH **44**, 26; Frankfurt StV **84**, 499; Deiters Tolksdorf-FS 201, 204 ff), also nicht zunächst über das Ablehnungsgesuch gegen den Vorsitzenden, danach über das gegen den dienstältesten Beisitzer usw (vgl dazu KK-Scheuten 4). In Fällen nacheinander eingehender und unterschiedlich begründeter Ablehnungsgesuche ist hingegen sukzessive Entscheidung in der Reihenfolge der Gesuche erforderlich (BGH NStZ **96**, 144; 1 StR 13/13 vom 25.4.2014; **aM** Deiters aaO 206 ff). Ebenfalls muss dann, wenn zugleich ein Richter abgelehnt wird, der über das Ablehnungsgesuch als Vertreter zu entscheiden hat, über diese Ablehnung vorab entschieden werden (BGH **21**, 334; dieser Ansicht neigt auch BGH 1 StR 13/13 vom 25.4.2014 zu; vgl auch Deiters aaO 203). Das gilt auch für die Anzeige nach § 30 (Oldenburg NdsRpfl **87**, 61). Über ein Befangenheitsgesuch, mit dem geltend gemacht wird, die abgelehnten Richter hätten ein gegen ihn gerichtetes Befangenheitsgesuch fehlerhaft abgelehnt, darf ein Richter idR nicht

sachlich entscheiden (BGH NStZ **84**, 419, 420; **12**, 45; NW **06**, 854; zw BGH NJW **92**, 763; NStZ **94**, 447; vgl auch BVerfG NJW **95**, 2914).

C. Beim **AG** entscheidet stets, auch wenn ein von einem höheren Gericht er- 5 suchter Richter abgelehnt wird, ein anderer Richter des AG (III S 1), bei einem einstelligen AG der nach § 22b I GVG bestellte Vertreter. Einer Entscheidung bedarf es nicht, wenn der abgelehnte Richter das Ablehnungsgesuch für begründet hält (III S 2). Diese Erklärung kann er aber erst abgeben, wenn er die Zulässigkeit des Gesuchs geprüft hat. Im Zweifel wird er die Entscheidung des zuständigen anderen Richters herbeiführen, insbesondere, wenn die StA das Gesuch für unbegründet hält. Jedoch kann der abgelehnte Richter nach erneuter Prüfung auf der Abgabe der Erklärung nach III S 2 bestehen. Alsdann entfällt die Entscheidungsbefugnis eines anderen Richters (Düsseldorf MDR **87**, 253).

D. Der **StS** des BGH oder OLG entscheidet in der für Entscheidungen außer- 6 halb der Hauptverhandlung vorgeschriebenen Besetzung, beim OLG also mit 3 Richtern (§ 122 I GVG), beim BGH mit 5 Richtern (§ 139 I GVG).

E. Für den **Ermittlungsrichter** des AG (§ 162) gilt III. Ist ein Ermittlungsrich- 7 ter des BGH oder des OLG (§ 169) abgelehnt, so entscheidet ein im Geschäftsverteilungsplan zu bestimmender anderer Ermittlungsrichter, nicht der StS (BGH bei H. W. Schmidt MDR **86**, 179).

F. Das **zunächst obere Gericht (IV)**, also das LG für das AG, das OLG für das 8 LG, der BGH für das OLG, entscheidet, wenn Beschlussfähigkeit eintritt. Das ist erst der Fall, wenn bei dem ganzen Gericht (nicht nur vorübergehend) kein Vertreter mehr vorhanden ist oder bestellt werden kann (BGH 2 ARs 335/16 vom 4.10.2016; Stuttgart MDR **74**, 1034; Zweibrücken NJW **68**, 1439); § 22b I GVG wird durch IV nicht berührt. Das obere Gericht hat insoweit zu entscheiden, wie es zur Wiederherstellung der Beschlussfähigkeit des unteren Gerichts erforderlich ist. Die Prüfungsreihenfolge wird durch die Vertretungsregelung in der Geschäftsverteilung des unteren Gerichts bestimmt (Frankfurt NStZ **81**, 233; Oldenburg NdsRpfl **87**, 61). Eine Beschränkung der Prüfung auf die nicht oder am schwächsten begründeten Ablehnungsgesuche ist unzulässig (LR-Siolek 39; **aM** Zweibrücken aaO).

2) Die **Entscheidung** über das Ablehnungsgesuch ergeht durch Beschluss 9 (§ 28), außerhalb der Hauptverhandlung (oben 2) nach Anhörung der Prozessbeteiligten (§ 33 II, III). Eine förmliche Beweisaufnahme findet nicht statt (BGH NStZ **07**, 51). Jedoch können im Freibeweis (7, 9 zu § 244) Zeugen vernommen und andere Beweise erhoben werden (RG **61**, 67, 70). Das Gesuch kann auch jetzt noch als unzulässig (§ 26a I) verworfen werden (BGH **21**, 334, 337); eine Rückgabe deswegen an die nach § 26a entscheidende Strafkammer ist aber ausgeschlossen (München NJW **07**, 449, 450; LR-Siolek 5 zu § 26a). Wenn das Gesuch zulässig ist, wird es als unbegründet zurückgewiesen (§ 28 II S 1) oder für begründet erklärt (§ 28 I). Dabei dürfen nur die Ablehnungsgründe berücksichtigt werden, die in dem Gesuch innerhalb der Antragsfrist des § 25 geltend gemacht worden sind (BGH 2 StR 629/11 vom 7.11.2012; anders für einen Sonderfall BGH JR **72**, 119). Der Beschluss muss nach § 34 mit Gründen versehen werden, wenn er das Ablehnungsgesuch verwirft; eine Kostenentscheidung ergeht nicht.

Mehrere Ablehnungsgesuche gegen denselben Richter können in einer ein- 9a heitlichen Entscheidung beschieden und sodann auch vom Beschwerdegericht in einer Gesamtschau gewürdigt werden (KG NJW **09**, 96 mwN).

Der Beschluss muss dem abgelehnten Richter und den Prozessbeteiligten **be-** 10 **kanntgemacht** werden. Er kann bei der Fortsetzung der unterbrochenen Hauptverhandlung verkündet werden (§ 35 I), auch durch den erfolglos abgelehnten Richter (BGH **15**, 384). Sonst wird er schriftlich mitgeteilt, im Fall des § 28 II S 1 durch förmliche Zustellung, im Fall des § 28 II S 2 formlos.

Der Beschluss hat, wenn er rechtskräftig ist, die **Wirkung,** dass der vor der Ab- 11 lehnung bestehende Zustand wieder eintritt. Der zu Unrecht abgelehnte Richter muss wieder mitwirken (BGH **21**, 334, 338). Wird dem Ablehnungsgesuch stattgegeben, so steht der abgelehnte Richter einem ausgeschlossenen gleich. Der Ausschluss bezieht sich auf das gesamte Verfahren, auch auf die Verhandlung gegen Mitangeklagte, die selbst kein Gesuch angebracht haben oder deren Gesuch erfolglos geblieben ist (BGH GA **79**, 311). Zur Vermeidung dieser Wirkung darf das Verfahren gegen die anderen Mitangeklagten nicht abgetrennt werden (BGH aaO). Auf andere Strafverfahren ist der Beschluss ohne Einfluss. Seine Wirkung beschränkt sich im Übrigen – wie idR bei verfahrensrechtlichen Entscheidungen (vgl nur § 20) – auf die Zukunft. Frühere Entscheidungen berührt er selbst dann nicht, wenn die Ablehnungsgründe bei ihrem Erlass schon vorgelegen haben (Hamm MDR **64**, 344; Koblenz NStZ **83**, 471; LR-Siolek 45; **aM** Janssen StV **02**, 170).

Rechtsmittel

28 I Der Beschluß, durch den die Ablehnung für begründet erklärt wird, ist nicht anfechtbar.

II ¹ **Gegen den Beschluß, durch den die Ablehnung als unzulässig verworfen oder als unbegründet zurückgewiesen wird, ist sofortige Beschwerde zulässig.** ² Betrifft die Entscheidung einen erkennenden Richter, so kann sie nur zusammen mit dem Urteil angefochten werden.

1 1) Wird die **Ablehnung für begründet erklärt (I)**, so ist die Entscheidung nicht anfechtbar, nach § 336 S 2 (dort 6) auch nicht mit der Revision (KMR-Bockemühl 1; unrichtig daher BGH NStZ **82**, 291, 292; vgl Krey 1/127); das gilt auch im Fall des § 30 (dort 8). Sie kann auch nicht widerrufen werden. I gilt auch im Hauptverfahren.

2 2) Wird das **Ablehnungsgesuch verworfen oder zurückgewiesen (II)**, so ist zu unterscheiden:

3 A. War der abgelehnte Richter **kein erkennender Richter** (unten 6), so kann der Prozessbeteiligte, der ihn abgelehnt hat, den Beschluss nach II S 1 mit sofortiger Beschwerde (§ 311) anfechten, sofern nicht § 304 IV entgegensteht (dort 11). Die Beschwerde ist auch zulässig, wenn vor ihrer Einlegung das Hauptverfahren eröffnet worden ist. Wird das Ablehnungsgesuch außerhalb der Hauptverhandlung angebracht, ist eine weitere Glaubhaftmachung im Beschwerdeverfahren noch zulässig, nicht aber das Nachschieben eines weiteren Ablehnungsgrundes (Düsseldorf JMBlNW **95**, 80; Hamburg OLGSt Nr 1 zu § 26; **aM** Schleswig NStZ **81**, 489 L = SchlHA **82**, 31).

4 Das **Beschwerdegericht prüft** den Ablehnungsbeschluss in umfassender Weise (BGH NStZ-RR **06**, 5 [B]). Es entscheidet auch dann in der Sache selbst, wenn das Gesuch zu Unrecht als unzulässig verworfen worden war (vgl 8 zu § 309; 27, 28 zu § 338; Stuttgart NStZ **19**, 693); anders aber bei Entzug des gesetzlichen Richters (4a zu § 26a). Etwa noch fehlende Feststellungen holt es – wenn möglich – nach, andernfalls verweist es die Sache zurück (KG NStZ **91**, 401); auch eine fehlende dienstliche Äußerung kann eingeholt werden (Hamburg aaO). Die Revision ist nach § 336 S 2 ausgeschlossen, es sei denn, das Beschwerdegericht habe die Beschwerde irrig als unzulässig verworfen, weil es das Revisionsgericht für zuständig gehalten hat (zust KK-Scheuten 3; offen gelassen von BGHR Rechtsmittel 1).

5 B. Bei **erfolgloser Ablehnung eines erkennenden Richters** schließt II S 2 aus Gründen der Prozesswirtschaftlichkeit die selbstständige Anfechtung des Beschlusses aus. Das gilt auch, wenn er von einem unzuständigen Richter erlassen worden ist (Saarbrücken NJW **66**, 169; **aM** LG Krefeld NJW **64**, 2438).

6 **Erkennender Richter** (vgl auch 2 zu § 305) sind alle Richter, die zur Mitwirkung in der Hauptverhandlung berufen sind (Karlsruhe NJW **75**, 458; Saarbrücken aaO), der Ergänzungsrichter (§ 192 II GVG) auch, wenn der Ergänzungsfall noch nicht eingetreten ist (Celle NJW **73**, 1054; Schleswig SchlHA **96**, 89 [L/T]; SK-Deiters 14; **aM** LR-Siolek 14: wenn Eintritt feststeht). Auch der Richter, der nach

§ 27 dazu berufen ist, über ein Ablehnungsgesuch zu entscheiden, ist nach hM erkennender Richter (**aM** Meyer-Mews StraFo **08**, 182; gegen ihn Meyer-Goßner StraFo **08**, 415), jedoch nicht mehr, wenn er über das jeweilige Ablehnungsgesuch entschieden hat (BGH NStZ **07**, 719; Hamburg NStZ **99**, 50). Die Eigenschaft als erkennender Richter **beginnt** mit dem Erlass des Eröffnungsbeschlusses (BGH NJW **52**, 234; KG JR **81**, 168; Hamm NStZ-RR **02**, 238; Köln NJW **93**, 608 mwN; Schleswig SchlHA **90**, 113 [L/G]), beim Berufungs- und Revisionsgericht mit der Vorlegung der Akten nach §§ 321, 347 II (KG StraFo **18**, 430; Düsseldorf NStZ-RR **13**, 215 L; KG aaO; Karlsruhe NStZ-RR **98**, 144; **aM** Bremen NStZ **91**, 95; LR-Siolek 22: mit Terminsanberaumung; erg 2 zu § 305), nach Zurückverweisung (§§ 328 II, 354 II, III, 355) mit dem Eingang der Akten (2 zu § 305). Im beschleunigten Verfahren nach §§ 417 ff wird der Richter mit der Terminsanberaumung oder der Anordnung, dass die Hauptverhandlung sofort durchzuführen ist, erkennender Richter (Hamburg NJW **64**, 2123; SK-Deiters 18), im Strafbefehlsverfahren nach §§ 407 ff mit Erlass des Strafbefehls bzw mit der Anberaumung der Hauptverhandlung nach §§ 408 III S 2, 411 I S 2 (LG Zweibrücken NStZ **06**, 120). Die Eigenschaft als erkennender Richter **endet** mit der Verfahrenseinstellung oder Urteilsfällung (Hamm VRS **104**, 452), im Fall des § 329 I auch, wenn später noch über einen Wiedereinsetzungsantrag nach § 329 III zu entscheiden ist (Stuttgart NStZ **19**, 303; KG NZV **02**, 334 mwN; **aM** Düsseldorf NStZ-RR **04**, 47; Hamm NStZ-RR **05**, 267).

§ 28 II S 2 gilt entspr – um eine Zersplitterung der Rechtswege zu vermeiden – im Strafvollstreckungsverfahren (Brandenburg NStZ **05**, 296; Düsseldorf NStZ **87**, 290; Schleswig SchlHA **04**, 234 [D/D] mwN; **aM** KG NStZ **83**, 44; Hamm NStZ **09**, 53; **10**, 715; Saarbrücken NStZ-RR **07**, 222) und im Strafvollzugsverfahren (Celle StraFo **98**, 428; Hamburg StraFo **08**, 520; Koblenz NStZ **86**, 384; Schleswig SchlHA **12**, 293 [D/D]; **aM** Nürnberg NStZ **88**, 475). 6a

Die **Entscheidung betrifft einen erkennenden Richter** auch dann, wenn das Ablehnungsgesuch schon vor Eintritt der Rechtshängigkeit gestellt, aber erst später beschieden wird (Düsseldorf NStZ **03**, 448; Karlsruhe NJW **75**, 458; Köln NJW **93**, 608), oder wenn darüber schon vor Beginn der Hauptverhandlung entschieden worden ist (BGH **31**, 15). 7

Nur zusammen mit dem Urteil ist die Anfechtung zulässig. Das Rechtsmittel bleibt aber seiner Natur nach eine sofortige Beschwerde; das Gesetz ändert nur aus Zweckmäßigkeitsgründen den Rechtsmittelzug (BGH **27**, 96, 98; erg 25, 26 zu § 338). Wenn das Urteil unanfechtbar ist, kann auch der Ablehnungsbeschluss nicht angefochten werden (Köln MDR **76**, 774). Ist die sofortige Beschwerde nach § 304 IV S 2 ausgeschlossen, so gilt das auch für die Anfechtung zusammen mit dem Urteil (BGH NStZ **07**, 417; erg 26 zu § 338). Bei der Anfechtung des Beschlusses müssen im Übrigen die Formen und Fristen eingehalten werden, die für das Rechtsmittel gegen das Urteil gelten (BGH **21**, 334, 340; Köln aaO; erg 29 zu § 338). Eine besondere sofortige Beschwerde braucht aber neben der Revision nicht eingelegt zu werden (Hamm JMBlNW **73**, 273; Karlsruhe MDR **74**, 418; erg 25 zu § 338). 8

Bei der **Berufung** ist die Anfechtung nach II S 2 nutzlos; da für das Berufungsgericht nach § 328 grundsätzlich keine Möglichkeit besteht, an das AG zurückzuverweisen, muss es in der Sache entschieden werden, gleichgültig, ob der 1. Richter zu Recht abgelehnt worden war (KK-Scheuten 9; unrichtig daher LG Köln MDR **92**, 893, da hier – anders als in den in 4 zu § 328 erörterten Fällen – eine Sachentscheidung 1. Instanz vorliegt). 9

Bei der **Revision** ist die Anfechtung nach II S 2 nur mit einer Verfahrensrüge möglich, für die § 344 II S 2 gilt (29 zu § 338). Zur Prüfung durch das Revisionsgericht vgl 27, 28 zu § 338. 10

§ 29

Verfahren nach Ablehnung eines Richters

29 ^I ¹ Ein abgelehnter Richter hat vor Erledigung des Ablehnungsgesuchs nur solche Handlungen vorzunehmen, die keinen Aufschub gestatten.

^{II} ¹ Die Durchführung der Hauptverhandlung gestattet keinen Aufschub; sie findet bis zur Entscheidung über das Ablehnungsgesuch unter Mitwirkung des abgelehnten Richters statt. ² Entscheidungen, die auch außerhalb der Hauptverhandlung ergehen können, dürfen nur dann unter Mitwirkung des abgelehnten Richters getroffen werden, wenn sie keinen Aufschub gestatten.

^{III} ¹ Über die Ablehnung ist spätestens vor Ablauf von zwei Wochen und stets vor Urteilsverkündung zu entscheiden. ² Die zweiwöchige Frist für die Entscheidung über die Ablehnung beginnt,

1. mit dem Tag, an dem das Ablehnungsgesuch angebracht wird, wenn ein Richter vor oder während der Hauptverhandlung abgelehnt wird,
2. mit dem Tag des Eingangs der schriftlichen Begründung, wenn das Gericht dem Antragsteller gemäß § 26 Absatz 1 Satz 2 aufgegeben hat, das Ablehnungsgesuch innerhalb der vom Gericht bestimmten Frist schriftlich zu begründen.

³ Findet der übernächste Verhandlungstag erst nach Ablauf von zwei Wochen statt, so kann über die Ablehnung spätestens bis zu dessen Beginn entschieden werden.

^{IV} ¹ Wird die Ablehnung für begründet erklärt und muss die Hauptverhandlung nicht deshalb ausgesetzt werden, so ist ihr nach der Anbringung des Ablehnungsgesuchs liegender Teil zu wiederholen. ² Dies gilt nicht für solche Teile der Hauptverhandlung, deren Wiederholung nicht oder nur mit unzumutbarem Aufwand möglich ist.

Übersicht

	Rn
1) Überblick	1
2) Geltungsbereich	2–4
3) Unaufschiebbare Handlungen (I)	5–7
4) Unaufschiebbarkeit der Durchführung der Hauptverhandlung (II S 1)	8–12
5) Aufschiebbare Entscheidungen außerhalb der Hauptverhandlung (II S 2)	13–15
6) Wirksamkeit der Handlungen abgelehnter Richter	16
7) Fristen für die Entscheidung über die Ablehnung (III)	17–25
8) Erledigung des Ablehnungsgesuchs	26
9) Verfahren bei Begründetheit der Ablehnung (IV)	27–33
10) Revision	34–36

1 **1) Überblick:** Das Gesetz zur Modernisierung des Strafverfahrens vom 10.12. 2019 [BGBl I 2121] hat das Verfahren nach Ablehnung eines Richters grundlegend neu geregelt. Zwar bleibt es im Grundsatz dabei, dass ein abgelehnter Richter nur solche Handlungen vornehmen darf, die keinen Aufschub gestatten (I). Jedoch hat der Gesetzgeber den Anwendungsbereich der unaufschiebbaren Handlung erheblich ausgeweitet, in dem die Durchführung der Hauptverhandlung als gesetzlicher Anwendungsfall definiert wurde (II S 1). Die frühere, gerade erst durch das Gesetz vom 17.8.2017 eingeführte, Unterscheidung zwischen Befangenheitsanträgen vor (I S 2 aF) und während der Hauptverhandlung (II aF), wurde wieder abgeschafft. II S 2 erfasst im Unterschied zu I statt aufschiebbare *Handlungen* des abgelehnten Richters aufschiebbare *Entscheidungen* außerhalb der Hauptverhandlung, ohne dass dies nennenswerte inhaltliche Auswirkungen haben dürfte (siehe 13 ff). In III werden nunmehr der Zeitpunkt der Entscheidung über das Ablehnungsgesuch und die dabei zu beachtenden Fristen im Einzelnen festgelegt. IV regelt schließlich wie zu verfahren ist, wenn die Ablehnung für begründet erklärt wird.

2) Geltungsbereich: Allein die **Ankündigung,** einen Befangenheitsantrag stellen zu wollen, begründet – auch nicht unter dem Gesichtspunkt des fairen Verfahrens – keinen Anspruch darauf, den Antrag mit angemessener Frist abzuwarten und damit die Rechtsfolgen des § 29 gewissermaßen „vorab" auszulösen (siehe BGH NStZ **16**, 164).

Das Ablehnungsrecht **erlischt** bei Entscheidungen außerhalb einer Hauptverhandlung – verfassungsrechtlich unbedenklich (BVerfG 2 BvR 2655/06 vom 2.5.2007) – spätestens mit Erlass der Entscheidung (BGH NStZ **16**, 164, 168 mwN).

Im Übrigen sind unaufschiebbar nur bestimmte zukünftige Handlungen, die den Angeklagten betreffen; die Absetzung und Unterzeichnung früher verkündeter Urteile und die Mitwirkung an Protokollberichtigungen unterliegt keinen Beschränkungen (Hamm MDR **64**, 344).

3) Unaufschiebbare Handlungen (I): Der Richter ist, sofern nicht das Vorliegen von Ausschließungsgründen nach §§ 22, 23 eindeutig feststeht (Schorn GA **63**, 278), nicht schon grundsätzlich von der Mitwirkung ausgeschlossen, wenn ein Ablehnungsgesuch nach § 24 gestellt, sondern erst, wenn es für begründet erklärt wird. Schon vorher, dh ab Eingang des Ablehnungsgesuchs (Frankfurt NJW **98**, 1238), auch wenn dieses unzulässig ist (Bay **54**, 56), hat er sich nach I, der seinem Wortlaut nach dem früheren I S 1 entspricht, nunmehr aber einen deutlich schmaleren Anwendungsbereich hat (siehe 8 ff), aller Amtshandlungen zu enthalten, die nicht unaufschiebbar sind.

Unaufschiebbar sind nach traditionellem Verständnis Handlungen, die wegen ihrer Dringlichkeit nicht anstehen können, bis der Ersatzrichter eintreten kann (BGH **48**, 264), zB die Festsetzung von Ordnungsmitteln nach § 177 GVG sowie unaufschiebbare Haftentscheidungen, etwa im Verfahren nach § 121, aber auch die Terminsanberaumung zum Zweck der Verjährungsunterbrechung (Köln VRS **59**, 428) und die Bestimmung eines Fortsetzungstermins sowie die Ladung hierzu (erg 11 zu § 229).

Aufschiebbar sind demgegenüber Handlungen, bei denen bis zum Eintritt des Ersatzrichters zugewartet werden kann. Siehe dazu im Einzelnen 8 ff, 13 ff.

4) Unaufschiebbarkeit der Durchführung der Hauptverhandlung: Indem die Gesetzesnovelle vom 10.12.2019 in II S 1 nunmehr die Durchführung der Hauptverhandlung als unaufschiebbar definiert, wird der Bereich der dem abgelehnten Richter verwehrten aufschiebbaren Handlungen und Entscheidungen drastisch reduziert. Die Vorschrift hat weit reichende praktische Konsequenzen:

A. **Laufende Hauptverhandlung:** Zunächst einmal darf der abgelehnte Richter an der bereits begonnenen Hauptverhandlung selbst bis zur Entscheidung über das Ablehnungsgesuch uneingeschränkt mitwirken. Bereits anberaumte weitere Verhandlungstage können daher, in den zeitlichen Grenzen des III, aber ohne inhaltliche Beschränkungen, durchgeführt werden. Die frühere Judikatur, die etwa unter bestimmten Umständen die Vernehmung von Zeugen (vgl BGH NStZ **02**, 429) sowie die Verlesung der Anklage und des Eröffnungsbeschlusses (vgl BGH **48**, 264) als aufschiebbar angesehen hatte, ist damit obsolet.

Dienen derartige Entscheidungen unmittelbar der **Förderung der laufenden Hauptverhandlung,** sind sie nach der Intention des Gesetzgebers mit Blick auf II S 1 wiederum regelmäßig als unaufschiebbar anzusehen (BT-Drucks 532/19 S 22), selbst wenn sie außerhalb der Hauptverhandlung ergehen. Unmittelbar in diesem Sinne wird die Durchführung der Hauptverhandlung durch Handlungen gefördert, welche die Festsetzung und inhaltliche Gestaltung weiterer Verhandlungstage betreffen, also vor allem Ladungen (oder auch Abladungen) zu bereits anberaumten Verhandlungsterminen, aber auch die Festlegung neuer notwendiger Termine sowie die dazu notwendigen Ladungen, etwa um die Fristen des § 229 zu wahren oder die mit Blick auf den Beschleunigungsgrundsatz notwendige Verhandlungsdichte zu gewährleisten (vgl 1a zu § 121).

§ 29

11   B. **Terminierte, aber noch nicht begonnene Hauptverhandlung:** Zugleich ergibt sich aus der Unaufschiebbarkeit der Hauptverhandlung – und der Abschaffung der erst im Jahre 2017 eingeführten differenzierten Regelung für diesen Fall in II S 1 aF –, dass mit einer bereits terminierten Hauptverhandlung auch dann begonnen werden darf, wenn der Befangenheitsantrag vor ihrem Beginn gestellt wurde. Der abgelehnte Richter darf in diesem Fall bis zu dem in III geregelten Zeitpunkt an der Hauptverhandlung mitwirken (BT-Drucks 532/19 S 21 f). Außerdem ist es nach II S 1 zulässig, dass der Richter die erforderlichen Ladungen vornimmt, um die Durchführung der Hauptverhandlung zu ermöglichen.

12   Es besteht allerdings **keine gesetzliche Verpflichtung,** eine bereits anberaumte Hauptverhandlung unter Mitwirkung des abgelehnten Richters durchzuführen. Eine Verlegung bleibt möglich; dabei ist vor allem zu berücksichtigen, ob der Beschleunigungsrundsatz den Beginn der Hauptverhandlung gebietet, was vor allem in Haftsachen der Fall sein kann.

13   **5) Aufschiebbare Entscheidungen außerhalb der Hauptverhandlung** dürfen weiterhin nur dann unter Mitwirkung des abgelehnten Richters getroffen werden, wenn sie keinen Aufschub gestatten (II S 2). Nach der Vorstellung des Gesetzgebers fallen dagegen *Handlungen* eines abgelehnten Richters während einer unterbrochenen Hauptverhandlung bereits unter I (BT-Drucks 532/19 S 22). Die Unterscheidung zwischen Handlungen und Entscheidungen unter Mitwirkung des abgelehnten Richters führt allerdings zu wenig praxisgerechten Abgrenzungsschwierigkeiten und hat angesichts der vom Wortlaut her identischen Voraussetzung auch keine inhaltliche Relevanz.

14   Wesentlich für die praktische Handhabung ist, dass für die Annahme einer aufschiebbaren Entscheidung/Handlung außerhalb der Hauptverhandlung nur ein **relativ schmaler Anwendungsbereich** bleibt, weil auch die Förderung der Durchführung der Verhandlung grundsätzlich nach II S 1 bereits als unaufschiebbar gilt (dazu soeben 8 ff). Aufschiebbar sind aber etwa – zumindest in der Regel – Haftentscheidungen, Beschlagnahme- und Durchsuchungsbeschlüsse sowie Anordnungen nach §§ 81 II, 81a II, 81c V, 111b, 111e, 132a und die Verwerfung einer Revision nach § 346 I (Bay **54**, 56). Dem abgelehnten Richter wird es nach II S 2 (bzw nach I) grundsätzlich auch verwehrt sein, an Beratungen des Gerichts über Anträge der Verfahrensbeteiligten oder Erörterungen des Verfahrensstandes nach § 202a teilzunehmen.

15   Darüber hinaus dürften aber auch Entscheidungen und Handlungen des abgelehnten Richters **im Zwischenverfahren,** ob nun nach I oder II S 2, regelmäßig aufschiebbar sein. Hierzu gehören etwa die Eröffnung des Hauptverfahrens (vgl dazu schon BGH **4**, 208; Frankfurt StV **01**, 496; erg 11 zu § 207) und die Terminierung der Hauptverhandlung sowie die dazu erforderlichen Ladungen. Dies könnte mit dem Argument in Zweifel gezogen werden, dass auch diese Handlungen des abgelehnten Richters letztlich der Förderung der Durchführung der Hauptverhandlung dienten und damit unaufschiebbar sind. Damit würde aber der Begriff der Unaufschiebbarkeit zu weit ausgedehnt und auf nahezu alle denkbaren Handlungen bzw Entscheidungen außerhalb einer Verhandlung ausgedehnt. Es sollte deshalb in diesem Verfahrensstadium strikt darauf abgestellt werden, ob mit dem Eintritt eines Ersatzrichters bis zur Ablehnungsentscheidung zugewartet werden kann oder nicht. Dies kann ausnahmsweise anders zu beurteilen sein, wenn etwa die Eröffnung des Hauptverfahrens oder die Anberaumung eines Hauptverhandlungstermins notwendig ist, um die Verjährung zu unterbrechen (vgl dazu schon Köln VRS **59**, 428).

16   **6) Wirksamkeit der Handlungen abgelehnter Richter:** Die unaufschiebbar gewesene Handlung bleibt wirksam, auch wenn die Ablehnung später für begründet erklärt wird; anders ist es, wenn ein Ausschließungsgrund nach §§ 22, 23 festgestellt wird (LR-Siolek 8, 20). Dass die Handlung aufschiebbar gewesen wäre, macht sie zwar fehlerhaft, begründet aber ebenfalls für sich allein nicht ihre Unwirksamkeit (BGH **48**, 264); ein Verstoß gegen I bzw II S 2 wird geheilt, wenn das Ablehnungsgesuch erfolglos bleibt (BGH aaO; München NStZ **93**, 354; KK-Scheuten 6; zur Revision siehe aber erg unten 34 ff).

7) Entscheidung über die Ablehnung (III): Das Gesetz zur Modernisierung 17 des Strafverfahrens vom 10.12.2019 hat auch die Fristen für die Entscheidung über das Ablehnungsgesuch neu geregelt.

A. **Zweiwochenfrist (S 1):** Über die Ablehnung ist spätestens vor Ablauf von 18 2 Wochen zu entscheiden, wenn innerhalb dieser 2 Wochen mehrere weitere Verhandlungstage stattfinden. Für diesen Fall stellt S 1 eine Verlängerung der maximalen Entscheidungsfrist gegenüber dem früheren Rechtszustand dar, wonach generell bis zum Beginn des übernächsten Verhandlungstages entschieden werden musste (II S 1 Hs 2 aF); damit sollen der zu Verzögerungen des Verfahrens zwingende Zeitdruck reduziert und Terminsaufhebungen verhindert werden (BT-Drucks 532/19 S 23).

Die Zweiwochenfrist ist eine **Maximalfrist**. Sie darf nicht ausgenutzt werden, 19 wenn eine frühere Entscheidung möglich ist. Dies ergibt sich aus dem Begriff „spätestens" (vgl BT-Drucks aaO). Wann über das Ablehnungsgesuch entschieden wird, entscheidet das Gericht allerdings nach pflichtgemäßem Ermessen (siehe zur Revision 35).

Anders als nach früherer Rechtslage, die noch auf den Beginn der Schlussvorträ- 20 ge abgestellt hatte, ist über das Ablehnungsgesuch **spätestens vor der mündlichen Urteilsverkündung** (§ 268) zu entscheiden. Die Entscheidung kann daher noch unmittelbar vor Beginn der Urteilsverkündung erfolgen.

B. **Fristbeginn (S 2):** Die zweiwöchige Frist beginnt mit dem Tag, an dem das 21 Ablehnungsgesuch angebracht wird (Nr 1). Dies gilt unabhängig davon, ob der Richter vor oder während der Hauptverhandlung abgelehnt wird.

Der für den Fristbeginn maßgebliche **Zeitpunkt der Anbringung** des Ableh- 22 nungsgesuchs richtet sich nach der Form, die der Antragsteller für das Gesuch gewählt hat. Wird der Antrag in der Hauptverhandlung mündlich gestellt, ist dieser Tag maßgeblich, ansonsten der Tag, an dem er zu Protokoll der Geschäftsstelle erklärt wurde oder ein schriftlicher Antrag bei Gericht eingegangen ist (vgl 2 zu § 26). Der Vorsitzende kann in der mündlichen Verhandlung anordnen, dass der Antragsteller das Gesuch erst zu einem späteren Zeitpunkt anbringt (siehe 9 zu § 25); dies kommt etwa in Betracht, um laufende Beweisaufnahmen wie eine Zeugenvernehmung nicht zu unterbrechen.

Hat das Gericht dem Antragsteller dagegen aufgegeben, das Ablehnungsgesuch 23 innerhalb einer von ihm bestimmten Frist schriftlich zu begründen (**Fall des § 26 I S 2;** siehe dort 2a), beginnt die Frist mit dem Tag des Eingangs der schriftlichen Begründung (Nr 2).

C. Für die **Fristberechnung** gilt § 43. 24

D. **Entscheidung bis zum Beginn des übernächsten Verhandlungstages:** 25 Findet der übernächste Verhandlungstag erst nach Ablauf von 2 Wochen statt, kann über die Ablehnung auch noch danach bis zu dessen Beginn entschieden werden (S 3). Mit dieser Verlängerung sollen Konstellationen erfasst werden, in denen der abgelehnte Richter nach Beginn der Zweiwochenfrist bis zu ihrem Ende – zB wegen Urlaubs oder Krankheit – verhindert ist, eine dienstliche Stellungnahme abzugeben bzw an einer Entscheidung nach § 26a mitzuwirken (vgl BT-Drucks 532/19 S 24). Insofern ergibt sich keine Änderung zur früheren Rechtslage nach II S 1 Hs 2. Auch für S 3 gilt, dass über das Ablehnungsgesuch vorher entschieden werden muss, wenn dies möglich ist.

8) Erledigt ist das Ablehnungsgesuch, wenn es durch das Gericht als unzu- 26 lässig verworfen oder als unbegründet zurückgewiesen worden ist. Wenn sofortige Beschwerde zulässig ist (§ 28 II S 1), gilt I bis zur Rechtskraft der Entscheidung (Celle NdsRpfl **98**, 130 mwN; München MDR **82**, 773; Stuttgart MDR **94**, 499 mwN; Teplitzky JuS **69**, 325; **aM** KG JR **68**, 28 unter Hinweis auf § 307 I; Roxin/Schünemann § 8, 14; Schorn GA **63**, 178; offen gelassen bei BGH **4**, 208).

27 **9) Verfahren bei Begründetheit der Ablehnung:**
28 Eine **Wiederholung der Hauptverhandlung (IV)** ab der Anbringung des Ablehnungsgesuchs (zu diesem Zeitpunkt siehe 22 f) ist erforderlich, wenn das Ablehnungsgesuch für begründet erklärt wird. Hatte an der Verhandlung kein Ergänzungsrichter (§ 192 GVG) teilgenommen, so muss sie ausgesetzt und eine völlig neue Hauptverhandlung durchgeführt werden, an der statt des abgelehnten Richters sein Vertreter mitwirkt. Selbst wenn sofort ein Ergänzungsrichter für den mit Erfolg abgelehnten Richter eintritt, ist nach S 1 die Wiederholung des nach der Anbringung des Ablehnungsgesuchs liegenden Teils der Hauptverhandlung notwendig.

29 Eine **Ausnahme** gilt nach dem durch das Gesetz zur Modernisierung des Strafverfahrens vom 10.12.2019 eingeführten S 2 für solche Teile der Hauptverhandlung, deren Wiederholung nicht oder nur mit unzumutbarem Aufwand möglich ist. Insoweit sind nach den Materialien durch die Neuregelung „keine erheblichen Abweichungen" zum früheren II S 2 Hs 2 beabsichtigt (BT-Drucks 532/19 S 24), der nur unaufschiebbare Handlungen vom Wiederholungsgebot ausnahm. Allerdings sind der Rechtsbegriff der Unmöglichkeit bzw der neu eingeführte Begriff des „unzumutbaren Aufwands" der Beweisaufnahme auf der einen sowie ihrer Unaufschiebbarkeit wie nach früherem Recht auf der anderen Seite nicht deckungsgleich. Es liegt deshalb nahe, dass ihre Inhaltsbestimmung und in der Folge ihr praktischer Anwendungsbereich sich ebenfalls zumindest partiell voneinander unterscheiden.

30 **Unmöglichkeit** der Wiederholung kann aus tatsächlichen oder rechtlichen Gründen bestehen. In tatsächlicher Hinsicht liegt sie etwa beim Tod der Aussageperson vor, kommt aber auch in Betracht, wenn es ausgeschlossen erscheint, sie in absehbarer Zeit erneut in der Hauptverhandlung zu vernehmen, zB wegen Krankheit, Gebrechlichkeit (siehe 9, 20 zu § 251) oder weil sie – nunmehr – unerreichbar ist (62a ff zu § 244). Rechtliche Unmöglichkeit ist zB gegeben, wenn ein Zeuge nach der Vernehmung befugt das Zeugnis nach §§ 52 ff oder die Auskunft nach § 55 verweigert oder aber ein im Ausland wohnender Zeuge nunmehr erklärt, nicht erneut zur Hauptverhandlung anreisen zu wollen (erg 11, 21 zu § 251).

31 **Ein unzumutbarer Aufwand** der Wiederholung ist anzunehmen, wenn der mit der Beweisaufnahme verbundene Aufwand in keinem angemessenen Verhältnis zum erwartbaren Ertrag steht. Insoweit wird das Gericht bei der Abwägung den zeitlichen und logistischen Aufwand für die erneute Beweisaufnahme, insbesondere für die Herbeischaffung des Beweismittels, berücksichtigen und in Relation zum möglichen Aufklärungsertrag setzen. Dabei können auch das Ergebnis der bisherigen Beweisaufnahme und die Erschwernisse für die Beweisperson mit einfließen (vgl auch 8 zu § 223). Je wichtiger das Beweismittel und je wesentlicher sein potentieller Aufklärungswert, desto weniger kommt die Annahme eines unzumutbaren Aufwands in Betracht.

32 Die Wiederholung **ordnet der Vorsitzende** an, gegen seine die Wiederholung ablehnende Entscheidung ist die Beanstandung nach § 238 II möglich.

33 Die **Beweisergebnisse des zu wiederholenden Teils** der Hauptverhandlung dürfen für die Urteilsfindung nicht unmittelbar verwertet werden; es ist aber zulässig, nach Ausscheiden des abgelehnten Richters Beweis darüber zu erheben, welche Aussagen Angeklagte und Zeugen während dieses Verhandlungsteils gemacht haben (SK-Deiters 17; kritisch dazu KK-Scheuten 12). Dies wird vor allem in Betracht zu ziehen sein, wenn die Aussage einer Beweisperson bei der Wiederholung von der früheren in wesentlichen Punkten abweicht.

34 **10)** Mit der **Revision** kann die Verkennung des Begriffs der Unaufschiebbarkeit in I bzw II S 2 gerügt werden. Dem Richter ist aber ein Spielraum dahin einzuräumen, dass die Entscheidung nur vertretbar und ermessensfehlerfrei sein muss (BGH NStZ **02**, 429 mwN). Der bloße formale Verstoß gegen die Wartepflicht

Ausschließung und Ablehnung der Gerichtspersonen § 30

des I bzw II S 2 vermag bei fehlender Befangenheit des Richters die Revision aber nicht zu begründen (vgl BGH **48**, 264), es sei denn, das Gericht hat bewusst keine Entscheidung über den Ablehnungsantrag herbeigeführt (KG StraFo **13**, 203). War das Ablehnungsgesuch noch in der Hauptverhandlung zurückgenommen worden, so kann die Revision auf einen Verstoß gegen I bzw II S 2 nicht gestützt werden (vgl Koblenz VRS **65**, 441).

Einen revisiblen **Verstoß gegen III** kann es darstellen, wenn die dort vorgesehenen zeitlichen Grenzen überschritten werden. Allerdings wird es regelmäßig am Beruhen fehlen, wenn sich das Ablehnungsgesuch als unzulässig oder unbegründet erweist (KK-Scheuten 13). Dass das Gericht die zeitlichen Grenzen des III ausgeschöpft hat, wird regelmäßig nicht gerügt werden können. 35

Ein **Verstoß gegen IV** begründet grundsätzlich die Rüge nach § 261, da der nicht wiederholte Teil der Beweisaufnahme nicht Inbegriff der Verhandlung geworden ist (KK-Scheuten 13). Rechtsfehler speziell bei der Auslegung von IV S 2 kann die Revision nur rügen, wenn sie gegen die Anordnung des Vorsitzenden Gerichtsbeschluss nach § 238 II beantragt hat; wie beim Begriff der Unaufschiebbarkeit ist dem Tatrichter allerdings ein Spielraum bei der Beurteilung von Unmöglichkeit bzw Unzumutbarkeit einzuräumen, sodass die Entscheidung nur vertretbar und ermessensfehlerfrei sein muss. 36

Ablehnung eines Richters bei Selbstanzeige und von Amts wegen

30 Das für die Erledigung eines Ablehnungsgesuchs zuständige Gericht hat auch dann zu entscheiden, wenn ein solches Gesuch nicht angebracht ist, ein Richter aber von einem Verhältnis Anzeige macht, das seine Ablehnung rechtfertigen könnte, oder wenn aus anderer Veranlassung Zweifel darüber entstehen, ob ein Richter kraft Gesetzes ausgeschlossen ist.

1) Eine **Selbstanzeige** des Richters sieht die Bestimmung vor, keine Selbstablehnung. Die Anzeige besteht in der Mitteilung von Tatsachen, die Ausschließungsgründe nach §§ 22, 23 oder Befangenheitsgründe nach § 24 enthalten. Die Erklärung des Richters, dass er sich befangen fühle, ist rechtlich bedeutungslos. Darüber und über seine Entbindung von der weiteren Mitwirkung entscheidet allein das nach § 27 zuständige Gericht, und zwar vom Standpunkt des Beschuldigten aus (BGH DRiZ **59**, 153). Für den Ergänzungsrichter (§ 192 II GVG) gilt § 30 schon, bevor er für einen verhinderten Richter eingetreten ist (LR-Siolek 11; vgl 6 zu § 28). Die Vorschrift gilt nach § 31 I auch für Schöffen und Protokollführer. 1

Die Selbstanzeige ist nicht nur eine **Dienstpflicht** des Richters, die er nach pflichtgemäßem Ermessen auszuüben hat (Neustadt NJW **63**, 2087; Schleswig SchlHA **53**, 69; LR-Siolek 2, 7) und von der er auch dann nicht entbunden ist, wenn die seine Ablehnung rechtfertigenden Tatsachen den Prozessbeteiligten bekannt sind (Arzt 37 Fn 61), sondern auch eine prozessuale Verpflichtung gegenüber den Verfahrensbeteiligten (vgl BVerfGE **89**, 28; München NJW **14**, 3042 zu § 48 ZPO), denen rechtliches Gehör zu gewähren ist. Die zeitliche Schranke des § 25 spielt bei der Selbstanzeige keine Rolle (BGH GA **62**, 338); der Richter darf sie aber nicht hinauszögern. 2

2) **Von Amts wegen** hat das Gericht Ausschließungsgründe nach §§ 22, 23 zu beachten (1 zu § 22). Liegen sie ohne Zweifel vor, so bedarf es keiner Entscheidung. Bestehen an ihrem Vorliegen Zweifel (auf die jeder Richter hinzuweisen hat, auch wenn sie andere Richter betreffen), so muss das Gericht so entscheiden, als seien die Ausschließungsgründe von einem Prozessbeteiligten geltend gemacht oder von dem Richter angezeigt worden. 3

3) **Bis zur gerichtlichen Entscheidung** über seine Selbstanzeige darf der Richter in dem Verfahren grundsätzlich nicht weiter tätig werden (BGH **25**, 122; **31**, 3, 5; Schleswig SchlHA **63**, 78). Denn erst diese Entscheidung stellt klar, ob er oder sein Vertreter der gesetzliche Richter ist. Bis dahin gilt § 29 I, nicht aber § 29 4

§ 31   Erstes Buch. 3. Abschnitt

II (KK-Scheuten 4). Wenn von Amts wegen über Zweifel an dem Vorliegen von Ausschließungsgründen zu entscheiden ist, gelten diese Grundsätze entspr, und zwar von der Geltendmachung des Zweifels an.

5   Die **Entscheidung des Gerichts** erfolgt durch Beschluss. Sie ist keine innere Angelegenheit des Gerichts; vielmehr gebietet es Art 103 I GG, die Selbstanzeige den Verfahrensbeteiligten mitzuteilen und diesen Gelegenheit zur Stellungnahme zu geben (BVerfGE **89**, 28). Zuständig ist das in § 27 bezeichnete Gericht; auch § 27 IV ist anzuwenden (Frankfurt NStZ **81**, 233; Zweibrücken NJW **68**, 1439: Entscheidung über zahlreiche Selbstanzeigen).

6   4) Die **Entbindung des Richters** von der Mitwirkung hat zur Folge, dass er, abgesehen von unaufschiebbaren Handlungen (§ 29 I), von jeder richterlichen Tätigkeit in der Sache ausgeschlossen ist (BGH **3**, 68; Schleswig SchlHA **63**, 78), gleichviel, wann der Hinderungsgrund entstanden ist. Richterliche Handlungen, die er trotzdem vornimmt, sind unwirksam (BGH **31**, 3, 5). Auf Justizverwaltungsangelegenheiten erstreckt sich der Ausschluss nicht (BGH **3**, 68).

7   **5) Anfechtung:**

8   A. **Beschwerde:** Der Richter hat kein Beschwerderecht gegen den Beschluss, mit dem auf seine Selbstanzeige festgestellt wird, dass kein Ausschließungsgrund vorliegt oder keine Befangenheit zu besorgen ist (LR-Siolek 18 mwN; **aM** SK-Deiters 12). Das Gleiche gilt für denjenigen, der durch das Vorbringen des Zweifels über einen Ausschließungsgrund Anlass zur Beschlussfassung gegeben hat. Auch sonst steht den Prozessbeteiligten kein Beschwerderecht zu; sie können allerdings selbst einen Befangenheitsantrag stellen und dessen Verwerfung oder Zurückweisung nach § 28 II anfechten. Wird der Richter von der Mitwirkung ausgeschlossen, so gilt § 28 I entspr (BGH GA **62**, 338).

9   B. Die **Revision** kann auf das Unterlassen der Selbstanzeige nicht gestützt werden (BGH GA **62**, 338; MDR **66**, 24 [D]; LR-Siolek 24; Bohnert 92; **aM** SK-Deiters 13; vgl auch Neustadt NJW **63**, 2087; Teplitzky JuS **69**, 325: Prüfung auf Ermessensmissbrauch). Auch den auf Selbstanzeige wegen Befangenheit ergehenden Beschluss nach § 30 kann das Revisionsgericht grundsätzlich nicht prüfen (BGH **3**, 68; **25**, 122; GA **62**, 338). Allenfalls kann ein Verstoß gegen Art 101 I S 2 durch Willkür gerügt werden (6 zu § 16 GVG); dies gilt sowohl, wenn das Verfahren nach § 30 missbraucht wird, indem eine Selbstanzeige ohne vertretbaren Grund für begründet erklärt wird, als auch, wenn die Selbstablehnung aus Gründen, die rechtlich unter keinem Gesichtspunkt mehr vertretbar sind, für unbegründet befunden wird (BGH NStZ **17**, 720 mit Anm Ventzke). Wird der Richter schon vor der Entscheidung über die Selbstanzeige durch einen Vertreter ersetzt, so ist der zwingende Aufhebungsgrund des § 338 Nr 1 gegeben (BGH **25**, 122). Die Nichtbeachtung eines Ausschließungsgrundes kann nach § 338 Nr 1 gerügt werden (10 zu § 28), auch wenn bei Zweifeln über ihn ein Beschluss nach § 30 ergangen ist, der ihn verneint hat.

Schöffen, Urkundsbeamte

31 I ¹ Die Vorschriften dieses Abschnitts gelten für Schöffen sowie für Urkundsbeamte der Geschäftsstelle und andere als Protokollführer zugezogene Personen entsprechend.

II ¹ Die Entscheidung trifft der Vorsitzende. ² Bei der großen Strafkammer und beim Schwurgericht entscheiden die richterlichen Mitglieder. ³ Ist der Protokollführer einem Richter beigegeben, so entscheidet dieser über die Ablehnung oder Ausschließung.

1   1) Für **Schöffen** gelten die §§ 22, 23 über den Ausschluss kraft Gesetzes entspr. Daneben ist die Amtsunfähigkeit nach §§ 31 S 2, 33, 77 I GVG zu beachten, und zwar von Amts wegen (RG **25**, 415); sie stehen den Ausschließungsgründen gleich

(LR-Siolek 2 f; SK-Deiters 2; Bohnert 95: Unfähigkeit geht vor). Ferner gelten die Vorschriften über die Richterablehnung (§§ 24 ff) entspr, ausgenommen den durch II ersetzten § 27 I und den für Schöffen nicht passenden § 27 II–IV. Auch die Anwendung des § 29 I kommt nicht in Betracht (LR-Siolek 2; **aM** KMR-Paulus 1).

Die **Befangenheitsgründe** gehen nicht weiter als bei den Berufsrichtern (vgl aber Hanack JR **67**, 229). Insbesondere gilt auch bei Schöffen die Vermutung der Unparteilichkeit (BGH **22**, 289, 295). Die Ablehnung rechtfertigen nicht Spannungen mit dem Verteidiger (BGH MDR **75**, 23 [D]), die Kenntnis von Presseveröffentlichungen, die das Ergebnis des Verfahrens vorwegnehmen (BGH **22**, 289), die gelegentliche Lektüre des Anklagesatzes während der Hauptverhandlung (LG Kiel SchlHA **77**, 56), die Verwandtschaft mit anderen mitwirkenden Schöffen (BGH MDR **74**, 547 [D]), auch nicht die versehentliche Verlesung von über den Anklagesatz hinausgehenden Einzelheiten der Tat durch den StA (BGH NStZ **84**, 14 [Pf/M]) und kurze Meinungsäußerungen des Schöffen ohne endgültige Stellungnahme zur Sache (BGH **21**, 85). Ein Ablehnungsgrund kann aber darin liegen, dass der Schöffe Bediensteter der geschädigten Behörde ist (BGH MDR **54**, 151 [D]; AG Bremen StV **09**, 181) oder dass er während der Hauptverhandlung unsachliche Bemerkungen macht (BGH NStZ **91**, 144) oder sich bedenklich verhält (LG Koblenz NJW **13**, 801) oder ständig einschläft (LG Bremen StV **02**, 357) oder dass er sich offen zu Methoden der Selbstjustiz in seiner beruflichen Tätigkeit bekennt, falls eine – wenn auch nur mittelbare – Verbindung eines solchen Verhaltens zu dem Strafverfahren besteht (BGH NJW **10**, 2226). 2

2) Für **Protokollführer** gelten die §§ 22 ff entspr, ausgenommen § 23 (der UrkB kann in allen Rechtszügen tätig werden), § 27 I (an dessen Stelle tritt II) und der §§ 27 II–IV, 29 (die für den UrkB nicht passen). Dass eine Ablehnung wegen Befangenheit begründet sein könnte, ist praktisch nicht vorstellbar (vgl Schultz MDR **80**, 109). Da der UrkB austauschbar ist (7 zu § 226) und § 29 IV S 1 nicht gilt, braucht die Hauptverhandlung nicht wiederholt zu werden, wenn er wegen Befangenheit ausscheiden muss; das bis zum Ausscheiden gefertigte Protokoll ist voll wirksam (**aM** EbSchmidt 5; Krey 1/136: Fehlen der Beweiskraft). Nur das von einem nach § 22 ausgeschlossenen UrkB gefertigte Protokoll ist nach § 274 beweiskräftig (RG **68**, 272; LR-Siolek 18); daher empfiehlt sich eine Ablösung, sobald Ausschließungsgründe erkennbar sind oder geltend gemacht werden. 3

Für **selbstständige Amtshandlungen** des UrkB (Aufnahme von Rechtsmittelerklärungen und dgl) gelten die §§ 22 ff nicht (Schleswig SchlHA **59**, 107; LR-Siolek 6). Obwohl der UrkB insoweit nicht kraft Gesetzes ausgeschlossen ist, wie zB der Gerichtsvollzieher nach § 155 GVG, darf er beim Vorliegen von Ausschließungsgründen entspr (dem unmittelbar nicht anwendbaren) § 20 VwVfG nicht tätig werden. Wegen Befangenheit kann er nicht abgelehnt werden (erg 21 zu § 24). 4

3) Entscheidung: Für die richterliche Zuständigkeit gilt II anstelle des § 27. Bei Verwerfung als unzulässig gilt § 26a II S 1, 2. Beim SchG und der kleinen StrK entscheidet der Vorsitzende allein (II S 1), bei der großen StrK die richterlichen Mitglieder ohne Mitwirkung der Schöffen (II S 2). Der StS des BGH und des OLG entscheidet über die Ausschließung oder Ablehnung des Protokollführers in der für die Hauptverhandlung bestimmten Besetzung, das OLG im 1. Rechtszug also ggf (vgl § 122 II GVG) mit 5, nicht mit 3 Richtern (**aM** LR-Siolek 11). Ist der Protokollführer einem Richter beigegeben, so entscheidet dieser allein (II S 3). 5

4) Rechtsmittel: Für Schöffen gilt § 28 entspr, auch dessen II S 2. Die Entscheidung über die Ablehnung des UrkB in der Hauptverhandlung ist unanfechtbar (LG Stuttgart NJW **64**, 677; KK-Scheuten 10; **aM** AK-Wassermann 6; LR-Siolek 15; SK-Deiters 14); da eine Urteilsanfechtung praktisch nicht in Betracht kommt, ist jedenfalls § 28 II S 2 nicht anwendbar (LR-Siolek 15). 6

§ 32

7 Wegen der **Revision** gilt für Schöffen § 338 Nrn 2, 3. Auf der Mitwirkung eines ausgeschlossenen oder befangenen Protokollführers kann das Urteil nicht beruhen (BGHR Protokollführer 1; RG **68**, 272; erg 26 zu § 344).

4. Abschnitt. Aktenführung und Kommunikation im Verfahren

Elektronische Aktenführung; Verordnungsermächtigungen

32 I ¹Die Akten können elektronisch geführt werden. ²Die Bundesregierung und die Landesregierungen bestimmen jeweils für ihren Bereich durch Rechtsverordnung den Zeitpunkt, von dem an die Akten elektronisch geführt werden. ³Sie können die Einführung der elektronischen Aktenführung dabei auf einzelne Gerichte oder Strafverfolgungsbehörden oder auf allgemein bestimmte Verfahren beschränken und bestimmen, dass Akten, die in Papierform angelegt wurden, auch nach Einführung der elektronischen Aktenführung in Papierform weitergeführt werden; wird von der Beschränkungsmöglichkeit Gebrauch gemacht, kann in der Rechtsverordnung bestimmt werden, dass durch Verwaltungsvorschrift, die öffentlich bekanntzumachen ist, geregelt wird, in welchen Verfahren die Akten elektronisch zu führen sind. ⁴Die Ermächtigung kann durch Rechtsverordnung auf die zuständigen Bundes- oder Landesministerien übertragen werden.

II ¹Die Bundesregierung und die Landesregierungen bestimmen jeweils für ihren Bereich durch Rechtsverordnung die für die elektronische Aktenführung geltenden organisatorischen und dem Stand der Technik entsprechenden technischen Rahmenbedingungen einschließlich der einzuhaltenden Anforderungen des Datenschutzes, der Datensicherheit und der Barrierefreiheit. ²Sie können die Ermächtigung durch Rechtsverordnung auf die zuständigen Bundes- und Landesministerien übertragen.

III Die Bundesregierung bestimmt durch Rechtsverordnung mit Zustimmung des Bundesrates die für die Übermittlung elektronischer Akten zwischen Strafverfolgungsbehörden und Gerichten geltenden Standards. Sie kann die Ermächtigung durch Rechtsverordnung ohne Zustimmung des Bundesrates auf die zuständigen Bundesministerien übertragen.

1 1) **Elektronische Aktenführung (I):** Mit dem Gesetz vom 5.7.17 (BGBl. I S 2208) hat der Gesetzgeber **zum 1.1.2018** (Art 33 I des Gesetzes vom 5.7.17; BGBl I S 2228) die elektronische Akte für die Justiz eingeführt (vgl zum Ganzen Knierim Schlothauer-FS 225; zur Einführung in die HV, vgl Weiß wistra **18**, 245). **Ab 1.1.2026** tritt sie als allein „führende" Akte an die Stelle der herkömmlichen Papierakte (BT-Drucks 18/9416 S 42). Für bereits abgeschlossene Verfahren gilt die Regelung nicht (BT-Drucks 18/9416 S 42f). Den **Aktenbegriff** ändert die Vorschrift nicht; es ist nach wie vor zwischen Aktenbestandteilen und Beweismitteln zu unterscheiden (BT-Drucks 18/9416 S 42).

2 A) In der Übergangszeit **bis 31.12.2025** stellt die elektronische Aktenführung lediglich eine Möglichkeit (**„können"**) dar (S 1). Den Zeitpunkt bestimmen Bund und Länder für ihren jeweiligen Bereich durch RechtsVO (S 2). Ab diesem Zeitpunkt ist die elektronische die allein maßgebliche Akte. Papierakten dürfen daneben grundsätzlich nicht mehr geführt werden (BT-Drucks 18/9416 S 42).

3 S 3 sieht **Beschränkungsmöglichkeiten** vor. Die Einführung der elektronischen Akte kann danach zum einen auf einzelne Gerichte oder Strafverfolgungsbehörden beschränkt werden; damit wird die Einführung der elektronischen Akte in Pilotprojekten oder in verschiedenen Stufen ermöglicht (BT-Drucks 18/9416 S 43). Zum anderen kann die Einführung auf allgemein bestimmte Verfahren beschränkt werden; dies umfasst sowohl eine Beschränkung auf besondere Verfahrensarten als auch auf Arten von Delikten wie etwa Wirtschaftsstrafsachen (BT-Drucks 18/9416 S 43; 18/12203 S 72). Die Beschränkung durch Verwaltungsvorschrift muss öffentlich bekannt gemacht werden (S 3 Hs 2). In den übrigen Verfahren wird die Akte als herkömmliche Papierakte geführt.

S 4 ermöglicht die Übertragung der VO-Ermächtigung auf die zuständigen Bundes- oder Landesministerien. 4

B) **Verpflichtend** wird die elektronische Akte mit dem Inkrafttreten einer bereits beschlossenen Änderung von S 1 (Art 2 Nr 1a des Gesetzes vom 5.7.17; BGBl. I S 2214) **ab 1.1.2026** (Art 33 VI Nr 1 des Gesetzes vom 5.7.17; BGBl I S 2229; BT-Drucks 18/9416 S 1). Für zu diesem Zeitpunkt bereits in Papierform angelegte Akten kann nach der ebenfalls bereits beschlossenen, am 1.7.2025 in Kraft tretenden Änderung des I (Art 2 Nr. 1b, Art 33 V Nr 1 des Gesetzes vom 5.7.2017; BGBl I S 2214, 2229) bestimmt werden, dass sie in Papierform weitergeführt werden können. Die Ausnahme kann sowohl abgeschlossene als auch laufende Verfahren betreffen (BT-Drucks 18/9416 S 71). 5

2) **Rahmenbedingungen und Standards (II, III):** Die Einführung der elektronischen Akte macht die Festlegung **einheitlicher** organisatorischer, technischer und datenschutzrechtlicher **Vorgaben für die Führung und Übermittlung** elektronischer Akten notwendig (BT-Drucks 18/9416 S 43 f; 18/12203 S 73). Dem dienen die VO-Ermächtigungen nach II (Führung) und III (Übermittlung). III betrifft ausschließlich die Übermittlung innerhalb der **Strafjustiz** von Bund und Ländern (BT-Drucks 18/9416 S 44). Für die Einsicht in elektronische Akten gilt § 32f; die Einreichung elektronischer Dokumente bei Gerichten und Staatsanwaltschaften durch andere Verfahrensbeteiligte regelt § 32a. 6

Elektronischer Rechtsverkehr mit Strafverfolgungsbehörden und Gerichten; Verordnungsermächtigungen

32a I Elektronische Dokumente können bei Strafverfolgungsbehörden und Gerichten nach Maßgabe der folgenden Absätze eingereicht werden.

II ¹Das elektronische Dokument muss für die Bearbeitung durch die Strafverfolgungsbehörde oder das Gericht geeignet sein. ²Die Bundesregierung bestimmt durch Rechtsverordnung mit Zustimmung des Bundesrates die für die Übermittlung und Bearbeitung geeigneten technischen Rahmenbedingungen.

III Ein Dokument, das schriftlich abzufassen, zu unterschreiben oder zu unterzeichnen ist, muss als elektronisches Dokument mit einer qualifizierten elektronischen Signatur der verantwortenden Person versehen sein oder von der verantwortenden Person signiert und auf einem sicheren Übermittlungsweg eingereicht werden.

IV Sichere Übermittlungswege sind

1. der Postfach- und Versanddienst eines De-Mail-Kontos, wenn der Absender bei Versand der Nachricht sicher im Sinne des § 4 Absatz 1 Satz 2 des De-Mail-Gesetzes angemeldet ist und er sich die sichere Anmeldung gemäß § 5 Absatz 5 des De-Mail-Gesetzes bestätigen lässt,
2. der Übermittlungsweg zwischen dem besonderen elektronischen Anwaltspostfach nach § 31a der Bundesrechtsanwaltsordnung oder einem entsprechenden, auf gesetzlicher Grundlage errichteten elektronischen Postfach und der elektronischen Poststelle der Behörde oder des Gerichts,
3. der Übermittlungsweg zwischen einem nach Durchführung eines Identifizierungsverfahrens eingerichteten Postfach einer Behörde oder einer juristischen Person des öffentlichen Rechts und der elektronischen Poststelle der Behörde oder des Gerichts; das Nähere regelt die Verordnung nach Absatz 2 Satz 2,
4. sonstige bundeseinheitliche Übermittlungswege, die durch Rechtsverordnung der Bundesregierung mit Zustimmung des Bundesrates festgelegt

§ 32a

werden, bei denen die Authentizität und Integrität der Daten sowie die Barrierefreiheit gewährleistet sind.

V [1] Ein elektronisches Dokument ist eingegangen, sobald es auf der für den Empfang bestimmten Einrichtung der Behörde oder des Gerichts gespeichert ist. [2] Dem Absender ist eine automatisierte Bestätigung über den Zeitpunkt des Eingangs zu erteilen.

VI [1] Ist ein elektronisches Dokument für die Bearbeitung durch die Behörde oder das Gericht nicht geeignet, ist dies dem Absender unter Hinweis auf die Unwirksamkeit des Eingangs und auf die geltenden technischen Rahmenbedingungen unverzüglich mitzuteilen. [2] Das elektronische Dokument gilt als zum Zeitpunkt seiner früheren Einreichung eingegangen, sofern der Absender es unverzüglich in einer für die Behörde oder das Gericht zur Bearbeitung geeigneten Form nachreicht und glaubhaft macht, dass es mit dem zuerst eingereichten Dokument inhaltlich übereinstimmt.

1 1) Mit dem Gesetz zur Einführung der elektronischen Akte in der Justiz und zur weiteren Förderung des elektronischen Rechtsverkehrs vom 5.7.2017 (BGBl I S 2208) wurde der **elektronische Rechtsverkehr mit Gerichten und Strafverfolgungsbehörden** in § 32a neu geregelt. Die Vorschrift ersetzt die gestrichenen § 41a und entspricht weitgehend § 130a ZPO; die justizinterne Kommunikation wird nicht von § 32a erfasst (BT-Drucks 18/9416 S 45). Die Vorschrift ist **am 1.1.2018** in Kraft getreten (Art 33 I des Gesetzes vom 5.7.2017; BGBl I S 2208, 2228). Durch **RechtsVO** können Bund und Länder für ihren jeweiligen Bereich bestimmen, dass die Einreichung elektronischer Dokumente **abweichend** von § 32a **erst ab 1.1.2019 oder 2020** möglich ist; wird davon Gebrauch gemacht, findet für die Übergangszeit § 41a weiter Anwendung (§ 15 **EGStPO**; vgl auch BGH NStZ-RR **2020**, 24).

2 2) I gestattet unter bestimmten Maßgaben (II–IV) die **Einreichung elektronischer Dokumente** bei Gerichten und Strafverfolgungsbehörden. Elektronische Dokumente ist jede Form von elektronischer Information (etwa Text-, Tabellen- oder Bilddateien, die in verkörperter Form wiedergegeben werden können (zB durch Ausdruck). Reine Audio- und Videodateien gelten daher nicht als elektronische Dokumente iSd I; sie können aber als Anlage zu zulässigerweise elektronisch eingereichten Dokumenten über die dafür vorgesehenen (sicheren) Übermittlungswege (II, III) übermittelt werden (BT-Drucks 18/9416 S 45).

3 Das elektronisch eingereichte Dokumente muss **zur Bearbeitung** durch die Strafverfolgungsbehörden und Gerichte **geeignet** sein (II S 1). Es müssen mithin nicht jedes erdenkliche Dateiformat akzeptiert oder Programme zur Sichtbarmachung des Inhalts bereitgehalten werden; ungeeignet sind auch Dokumente, die eine Schadsoftware enthalten (BT-Drucks 18/9416 S 45). Von der **Ermächtigung** zur Bestimmung eines geeigneten technischen Rahmens für die Übermittlung und Bearbeitung (II S 2) hat die Bundesregierung mit der VO zur Änderung der ERVV (BR-Drucks 4/18).

4 3) Soweit für das Dokument das **Schriftformerfordernis** gilt (etwa §§ 158 II, 306 I, 318 I, 341 I), unterliegt die wirksame Einreichung zusätzlichen Anforderungen (III), um eine sichere Identitätsfeststellung der einreichenden Person zu gewährleisten (KK-Graf 13). Eine Einschränkung auf nach der StPO formgebundene Dokumente enthält III nicht; auch formgebundene Anträge nach § 23 EGGVG fallen unter die Vorschrift. Andere, **nicht formgebundene** Dokumente können ohne die Anforderungen des III nach I und II elektronisch eingereicht werden (SSW-Mosbacher/Claus 6). Eine Ausnahme von III für Formulare kann durch VO für den elektronischen Identitätsnachweis nach § 18 PAuswG oder § 78 V AufenthG geschaffen werden (§ 32c S 4).

5 III bestimmt **zwei Wege**, die die Authentizität und Integrität des elektronischen Dokuments sicherzustellen (BT-Drucks 18/9416 S 45). Es genügt – wie bisher bei § 41a – ohne weiteres, wenn das Dokument mit einer **qualifizierten elektroni-**

schen Signatur nach dem Signaturgesetz versehen ist. Diese ersetzt bezogen auf einen Schriftsatz die Unterschrift und belegt die Urheberschaft der Person, auf die die Signatur lautet (LG Limburg NStZ-RR **14**, 113 L; vgl auch LG Gießen NStZ-RR **15**, 344). Werden mehrere (formgebundene) Dokumente übermittelt, muss jedes gesondert mit einer qualifizierten elektronischen Signatur versehen werden; eine sogenannte Containersignatur ist gemäß § 10 iVm § 4 II ERVV nicht gestattet (BGH NJW **19**, 2230 [zu § 130a ZPO]). Bei einer **einfachen Signatur** muss die Einreichung des Dokuments auf einem **sicheren Übermittlungsweg** hinzukommen; IV listet die sicheren Übermittlungswege abschließend auf (BT-Drucks 18/9416 S 45).

4) Der **Eingangszeitpunkt** des elektronischen Dokuments bestimmt V S 1. Es kommt auf die Speicherung auf der Empfangseinrichtung (zB Posteingangsserver) der Behörde oder des Gerichts an (BT-Drucks 18/9416 S 47). Dadurch wird es dem Absender ermöglicht, Fristen bis kurz vor ihrem Ablauf zu nutzen. **Störungen** der Übermittlungsleitungen sowie der Empfangseinrichtungen von Gericht und StA hat der Absender nicht zu vertreten; bei Fristversäumnis ist ihm erforderlichenfalls Wiedereinsetzung zu gewähren (SK-Weßlau 7 zu § 41a). Bei der Einreichung des Dokuments auf einem sicheren Übermittlungsweg muss dies aktenkundig gemacht werden, um die Prüfung der Formerfordernisse des III zu gewährleisten. Ergibt sich der Übermittlungsweg nicht zweifelsfrei aus dem zur Akte gelangten Dokument selbst, ist auch die Nachricht zur Akte zu nehmen, als deren Anlage das Dokument übermittelt worden ist (BT-Drucks 18/9416 S 47). 6

5) Ist das elektronisch eingereichte Dokument **zur Bearbeitung** durch Gericht oder Strafverfolgungsbehörde **ungeeignet** (oben 3), muss der Absender hierüber unter Hinweis auf die Unwirksamkeit des Eingangs und die in § 2 ERVV geregelten technischen Rahmenbedingungen (insb auf die geeigneten Dateiformate) unverzüglich informiert werden (V S 1, § 11 I 2 ERVV). Nach V S 2 hat das nicht den Formatvorgaben entsprechende elektronische Dokument dennoch fristwahrende Wirkung, wenn der Absender unverzüglich nach Erhalt der Mitteilung gem S 1 ein Dokument in einem lesbaren Format nachreicht und eine inhaltliche Übereinstimmung mit dem ursprünglich eingereichten Dokument glaubhaft macht (BT-Drucks 18/9416 S 48). 7

Beruht die Unlesbarkeit auf einem **technischen Defekt** in der Sphäre der Justiz, ist dies unschädlich, sofern der Inhalt des Dokuments einwandfrei zu rekonstruieren ist. Andernfalls oder in den Fällen, in denen wegen der technischen Störung gar keine Kommunikation mit dem Gericht möglich ist, ist binnen einer Woche nach Eingang der Mitteilung gem § 45 Wiedereinsetzung in den vorigen Stand zu beantragen, die zu gewähren ist (BT-Drucks 18/9416 S 48; KK-Graf 23). 8

Inhaltliche Mängel des übersandten Dokuments wie das Fehlen der erforderlichen Signatur fallen nicht unter V (SK-Weßlau 7 zu § 41a). 9

Erstellung und Übermittlung strafverfolgungsbehördlicher und gerichtlicher elektronischer Dokumente; Verordnungsermächtigung

32b

I ¹ Wird ein strafverfolgungsbehördliches oder gerichtliches Dokument als elektronisches Dokument erstellt, müssen ihm alle verantwortenden Personen ihre Namen hinzufügen. ²Ein Dokument, das schriftlich abzufassen, zu unterschreiben oder zu unterzeichnen ist, muss darüber hinaus mit einer qualifizierten elektronischen Signatur aller verantwortenden Personen versehen sein.

II Ein elektronisches Dokument ist zu den Akten gebracht, sobald es von einer verantwortenden Person oder auf deren Veranlassung in der elektronischen Akte gespeichert ist.

III ¹ Werden die Akten elektronisch geführt, sollen Strafverfolgungsbehörden und Gerichte einander Dokumente als elektronisches Dokument übermitteln.

§ 32b

Erstes Buch. 4. Abschnitt.

²Die Anklageschrift, der Antrag auf Erlass eines Strafbefehls außerhalb einer Hauptverhandlung, die Berufung und ihre Begründung, die Revision, ihre Begründung und die Gegenerklärung sowie als elektronisches Dokument erstellte gerichtliche Entscheidungen sind als elektronisches Dokument zu übermitteln. ³Ist dies aus technischen Gründen vorübergehend nicht möglich, ist die Übermittlung in Papierform zulässig; auf Anforderung ist ein elektronisches Dokument nachzureichen.

IV ¹Abschriften und beglaubigte Abschriften können in Papierform oder als elektronisches Dokument erteilt werden. ²Elektronische beglaubigte Abschriften müssen mit einer qualifizierten elektronischen Signatur der beglaubigenden Person versehen sein. ³Wird eine beglaubigte Abschrift in Papierform durch Übertragung eines elektronischen Dokuments erstellt, das mit einer qualifizierten elektronischen Signatur versehen ist oder auf einem sicheren Übermittlungsweg eingereicht wurde, muss der Beglaubigungsvermerk das Ergebnis der Prüfung der Authentizität und Integrität des elektronischen Dokuments enthalten.

V ¹Die Bundesregierung bestimmt durch Rechtsverordnung mit Zustimmung des Bundesrates die für die Erstellung elektronischer Dokumente und deren Übermittlung zwischen Strafverfolgungsbehörden und Gerichten geltenden Standards. ²Sie kann die Ermächtigung durch Rechtsverordnung ohne Zustimmung des Bundesrates auf die zuständigen Bundesministerien übertragen.

1 **1) Allgemeines:** Die Vorschrift regelt die Erstellung und Übermittlung elektronischer Dokumente innerhalb der Strafverfolgungsbehörden und der Gerichte sowie den Zeitpunkt, in dem sie zu den Akten gebracht sind (BT-Drucks 18/9416 S 48). Sie ist am **1.1.2018** in Kraft getreten (Art 33 I des Gesetzes zur Einführung der elektronischen Akte und zur weiteren Förderung des elektronischen Rechtsverkehrs vom 5.7.2017; BGBl I S 2228). Sie umfasst nicht die Außenkommunikation; insofern gilt § 37 I S 1 iVm § 174 III ZPO (BT-Drucks 18/9416 S 45).

2 **2) Erstellung (I):** Um die Authentizität und Integrität der von Strafverfolgungsbehörden und Gerichten erstellten Dokumente sicherzustellen, müssen alle Personen, die den Inhalt zu verantworten haben (also nicht die bloße Schreibkraft), identifizierbar sein. Sie müssen deshalb ihren Namen hinzufügen (S 1). Es genügt eine **einfache elektronische Signatur** mit dem Nachnamen, aber auch ein Namenskürzel, sofern dies eindeutig zugeordnet werden kann. Die Angabe der Dienstbezeichnung und der Dienststelle ist nicht vorgeschrieben; sie wird aber häufig sinnvoll sein (BT-Drucks 18/9416 S 48).

3 Dokumente, die dem Schriftform-, Unterschrifts- oder Unterzeichnungserfordernis unterliegen, bedürfen der **qualifizierten elektronischen Signatur** nach § 2 Nr 3 SigG (S 2). Dies umfasst auch entspr Formerfordernisse, die von der Rechtsprechung entwickelt worden sind. Eine Vertretung ist nur zulässig, wenn dies bei Papierdokumenten zulässig ist (etwa bei Urteilen nach § 275 II); Entspr gilt bei der Nichtbeachtung eines Formerfordernisses (BT-Drucks 18/9416 S 48 f). Das Fehlen der qualifizierten elektronischen Signatur unter einem Urteil kann daher nach Ablauf der Absetzungsfrist nicht durch Nachholung geheilt werden (6 zu § 275; SSW-Mosbacher/Claus 5).

4 **3) Aktenbestandteil – Zeitpunkt (II):** Wie ein Papierdokument muss auch ein verfahrensrelevantes elektronisches Dokument zu den Akten gebracht werden. II bestimmt als Zeitpunkt hierfür die **Speicherung** des Dokuments in der elektronischen Akte. Sie erfordert ein bewusstes und gewolltes Einfügen an dem im jeweiligen elektronischen Aktensystem vorgegebenen Speicherort. Eine Speicherung auf einer Einrichtung iSd § 32a IV genügt dafür ebenso wenig wie die Ablage in einem Zwischenspeicher (BT-Drucks 18/9416 S 49). Die Regelung ist insbesondere für die Frage der Einhaltung der Urteilsabsetzungsfrist (§ 275 I S 2) von erheblicher Bedeutung. Beruht die Fristversäumnis auf einer technischen Störung (zB Ausfall des elektronischen Systems), ist die Fristüberschreitung regelmäßig nach § 275 I S 4 (erg dort 12 ff) gerechtfertigt (BT-Drucks 18/9416 S 49).

III betrifft **nicht** den Zeitpunkt, in dem ein elektronisches Dokument in den Geschäftsgang gelangt (zB iSd § 78c III StGB). Hier kommt es auf die Absendung an (BT-Drucks 18/9416 S 49).

4) Übermittlung (III): Die Vorschrift regelt ausschließlich die Übermittlung elektronischer Dokumente von Gerichten und Strafverfolgungsbehörden untereinander (erg oben 1). Werden die Akten elektronisch geführt, ist die Übermittlung der Dokumente als elektronisches Dokument nach S 1 der Regelfall („soll"). Für bestimmte, besonders bedeutsame Dokumente (zB Anklageschrift, ein als elektronisches Dokument erstelltes Urteil, Revisionsbegründung) ist die Übermittlung als elektronisches Dokument verpflichtend (S 2). Kann ein Dokument aus technischen Gründen nicht als elektronisches Dokument übermittelt werden, so ist ausnahmsweise die Übermittlung in Papierform zulässig; auf Anforderung ist ein elektronisches Dokument einzureichen (S 3).

5) Abschriften (IV): Die Regelung gibt Strafverfolgungsbehörden und Gerichten eine Wahlmöglichkeit. Abschriften und beglaubigte Abschriften von elektronisch erstellten Dokumenten können sowohl in Papierform als auch als elektronisches Dokument erteilt werden (S 1). Wird eine beglaubigte Abschrift eines mit einer qualifizierten elektronischen Signatur versehenen oder auf einem sicheren Übertragungsweg übermittelten elektronischen Dokuments in Papierform erteilt, muss der Beglaubigungsvermerk das Ergebnis der Prüfung der Authentizität und der Integrität enthalten (S 2). Das „Ob" der Erteilung von Abschriften oder beglaubigten Abschriften regelt die Vorschrift nicht (BT-Drucks 18/9416 S 50).

6) VO-Ermächtigung (V): Zur Festlegung einheitlicher technischer Standards enthält V eine VO-Ermächtigung für die Bundesregierung (S 1), die auf einzelne Bundesministerien übertragen werden können (S 2).

Elektronische Formulare; Verordnungsermächtigung

32c ¹Die Bundesregierung kann durch Rechtsverordnung mit Zustimmung des Bundesrates elektronische Formulare einführen. ²Die Rechtsverordnung kann bestimmen, dass die in den Formularen enthaltenen Angaben ganz oder teilweise in strukturierter maschinenlesbarer Form zu übermitteln sind. ³Die Formulare sind auf einer in der Rechtsverordnung zu bestimmenden Kommunikationsplattform im Internet zur Nutzung bereitzustellen. ⁴Die Rechtsverordnung kann bestimmen, dass eine Identifikation des Formularverwenders abweichend von § 32a Absatz 3 durch Nutzung des elektronischen Identitätsnachweises nach § 18 des Personalausweisgesetzes oder § 78 Absatz 5 des Aufenthaltsgesetzes erfolgen kann. ⁵Die Bundesregierung kann die Ermächtigung durch Rechtsverordnung ohne Zustimmung des Bundesrates auf die zuständigen Bundesministerien übertragen.

Die Vorschrift ermöglicht die Einführung elektronischer Formulare (S 1). Sie soll gerichtliche Verfahrensabläufe vereinfachen und standardisieren (S 1). In Betracht kommen Formulare für Strafanzeigen oder Strafanträge, aber auch für Zeugenentschädigungsanträge und Einsprüche gegen Strafbefehle (BT-Drucks 18/9416 S 50). Die Formulare sollen allgemein und kostenlos auf einer Kommunikationsplattform verfügbar sein, die durch eine Rechts-VO bestimmt werden wird.

Pflicht zur elektronischen Übermittlung

32d ¹*Verteidiger und Rechtsanwälte sollen den Strafverfolgungsbehörden und Gerichten Schriftsätze und deren Anlagen sowie schriftlich einzureichende Anträge*

§ 32e

und Erklärungen als elektronisches Dokument übermitteln. ²Die Berufung und ihre Begründung, die Revision, ihre Begründung und die Gegenerklärung sowie die Privatklage und die Anschlusserklärung bei der Nebenklage müssen sie als elektronisches Dokument übermitteln. ³Ist dies aus technischen Gründen vorübergehend nicht möglich, ist die Übermittlung in Papierform zulässig. ⁴Die vorübergehende Unmöglichkeit ist bei der Ersatzeinreichung oder unverzüglich danach glaubhaft zu machen; auf Anforderung ist ein elektronisches Dokument nachzureichen.

1 Die Vorschrift regelt die Einreichung von Schriftsätzen und deren Anlagen durch **Verteidiger und Rechtsanwälte** bei Gerichten und Strafverfolgungsbehörden. Sie tritt am **1.1. 2022** in Kraft (Art 33 IV Nr 1 des Gesetzes zur Einführung der elektronischen Akte in der Justiz und zur weiteren Förderung des elektronischen Rechtsverkehrs vom 5.7.2017; BGBl I S 2229). Für bestimmte Schriftstücke (zB Rechtsmitteleinlegung- und begründung) wird die Übermittlung als elektronisches Dokument **verpflichtend** sein (S 2), im Übrigen der **Regelfall** (S 1). Für Anträge und Erklärungen in **Verhandlungs- und Haftprüfungsterminen** gilt S 2 nicht. Die Möglichkeit, Erklärungen **mündlich** zu Protokoll der Geschäftsstelle abzugeben (zB § 318 I, 341 I), wird durch die Vorschrift nicht berührt (BT-Drucks 18/9416 S 51).

2 Die Pflicht zur Einreichung elektronischer Dokumente nach S 2 ist **Wirksamkeitsvoraussetzung** für die Erklärung. Die Möglichkeit der formgerechten Nachholung richtet sich den allgemeinen Regeln; bei einer durch die Nichteinhaltung der elektronischen Form bedingten Fristversäumnis gelten die Vorschriften über die Wiedereinsetzung in den vorigen Stand gem §§ 44ff (BT-Drucks 18/9416 S 51).

3 Ist die Übermittlung als elektronisches Dokument hingegen aus **technischen Gründen** vorübergehend nicht möglich, enthält S 3 eine spezielle Regelung. In diesen Fällen ist die form- und fristwahrende Übermittlung in Papierform zulässig. Ob die technische Störung in der Sphäre der Justiz oder in der des Einreichenden begründet liegt, ist ohne Belang (BT-Drucks 18/9416 S 51). Hält der Verteidiger und Rechtsanwalt allerdings gar kein geeignetes System vor oder behebt er in seiner Sphäre liegende technische Probleme nicht umgehend, ist S 3 aufgrund des eindeutigen Wortlauts („vorübergehend") nicht anwendbar (KK-Graf 6). Die vorübergehende Unmöglichkeit ist bei der Ersatzeinreichung in Papierform oder unverzüglich (dh ohne schuldhaftes Zögern; BT-Drucks 18/9416 S 51; SSW-Mosbacher/ Claus 4) glaubhaft zu machen; auf Anforderung ist ein elektronisches Dokument nachzureichen (S 4).

Übertragung von Dokumenten zu Aktenführungszwecken

32e I ¹Dokumente, die nicht der Form entsprechen, in der die Akte geführt wird (Ausgangsdokumente), sind in die entsprechende Form zu übertragen. ²Ausgangsdokumente, die als Beweismittel sichergestellt sind, können in die entsprechende Form übertragen werden.

II Bei der Übertragung ist nach dem Stand der Technik sicherzustellen, dass das übertragene Dokument mit dem Ausgangsdokument bildlich und inhaltlich übereinstimmt.

III ¹Bei der Übertragung eines nicht elektronischen Ausgangsdokuments in ein elektronisches Dokument ist dieses mit einem Übertragungsnachweis zu versehen, der das bei der Übertragung angewandte Verfahren und die bildliche und inhaltliche Übereinstimmung dokumentiert. ²Ersetzt das elektronische Dokument ein von den verantwortenden Personen handschriftlich unterzeichnetes strafverfolgungsbehördliches oder gerichtliches Schriftstück, ist der Übertragungsnachweis mit einer qualifizierten elektronischen Signatur des Urkundsbeamten der Geschäftsstelle zu versehen. ³Bei der Übertragung eines mit einer qualifizierten elektronischen Signatur versehenen oder auf einem sicheren Übermittlungsweg eingereichten elektronischen Ausgangsdokuments ist in den Akten zu vermerken, welches Ergebnis die Prüfung der Authentizität und Integrität des Ausgangsdokuments erbracht hat.

Aktenführung und Kommunikation im Verfahren § 32e

IV ¹ **Ausgangsdokumente, die nicht als Beweismittel sichergestellt sind, müssen während des laufenden Verfahrens im Anschluss an die Übertragung mindestens sechs Monate lang gespeichert oder aufbewahrt werden.** ² **Sie dürfen längstens bis zum Ende des Kalenderjahres, in dem die Verjährung eingetreten ist, gespeichert oder aufbewahrt werden.** ³ **Ist das Verfahren abgeschlossen, dürfen Ausgangsdokumente, die nicht als Beweismittel sichergestellt sind, längstens bis zum Ablauf des auf den Abschluss des Verfahrens folgenden Kalenderjahres gespeichert oder aufbewahrt werden.**

V ¹ **Ausgangsdokumente, die nicht als Beweismittel sichergestellt sind, können unter denselben Voraussetzungen wie sichergestellte Beweisstücke besichtigt werden.** ² **Zur Besichtigung ist berechtigt, wer befugt ist, die Akten einzusehen.**

1) Übertragung (I–III): Die Vorschrift trägt dem Umstand Rechnung, dass die Form, in der die Akte geführt wird, nicht zwangsläufig mit der Form der zu den Akten zu nehmenden Dokumenten übereinstimmen muss (BT-Drucks 18/9416 S 51 f). **1**

I S 1 ordnet an, dass das betreffende papierene oder elektronische **Ausgangsdokument** in die Form zu übertragen ist, in der die Akte geführt wird. Auch elektronische Dokumente, die nicht in einem für die (elektronische) Aktenführung geeigneten Format vorliegen, fallen unter die Vorschrift. Es handelt sich bei der „Übertragung" mithin um eine bloße **Umwandlung des Formats**. Mit dem Begriff „Ausgangsdokument" hat der Gesetzgeber sich bewusst gegen den Ausdruck „Urschrift" entschieden, da dieser stark mit dem Medium Papier verbunden ist (BT-Drucks 18/9416 S 52). I S 2 ermöglicht die Umwandlung eines Ausgangsdokuments, das als **Beweismittel** sichergestellt worden ist, zB ein sichergestellter schriftlicher Kaufvertrag als Urkunde (KK-Graf 25). Eine Umwandlungspflicht besteht nicht (BT-Drucks 18/9416 S 52). **1a**

Nach II ist nach dem Stand der Technik sicherzustellen, dass das durch den Übertragungs-/Umwandlungsvorgang geschaffene Dokument bildlich und inhaltlich mit dem Ausgangsdokument **übereinstimmt**. Hinweise auf den jeweiligen **Stand der Technik** können der Technischen Richtlinie des BSI zum „rechtssicheren ersetzenden Scannen" (TS RESICAN) entnommen werden (BT-Drucks 18/9416 S 53). Ist die inhaltliche Übereinstimmung in dieser Weise sichergestellt, hat das übertragene Dokument den gleichen Beweiswert wie das Ausgangsdokument. II steht es aber nicht entgegen, aus Gründen der Aufklärungspflicht (§ 244 I) das Ausgangsdokument für die Beweiserhebung heranzuziehen. Besteht kein Anlass für Zweifel an der inhaltlichen Übereinstimmung, kann das Gericht einen Beweisantrag auf Verlesung des Ausgangsdokument gem § 244 V S 3 nach pflichtgemäßen Ermessen (dh ohne Bindung an die engen Ablehnungsgründe des § 244 III) ablehnen (BT-Drucks 18/9416 S 53; erg 78d zu § 244). **2**

III verpflichtet zur Erstellung von **Übertragungsvermerken**. Sie dienen nicht nur der justizinternen Kontrolle, sondern ermöglichen gem § 256 I Nr 6 den erweiterten Urkundenbeweis (BT-Drucks 18/9416 S 53). S 1 und 2 betreffen die Übertragung eines nicht elektronischen Ausgangsdokuments in ein elektronisches Dokument (BT-Drucks 12203 S 73); S 3 die Übertragung eines elektronischen Dokuments in ein Papierdokument. Im Übertragungsvermerk wird nicht die inhaltliche und bildliche Übereinstimmung von Ausgangsdokument und übertragenem Dokument dokumentiert (BT-Drucks 18/9416 S 54). **3**

2) Speicherung oder Aufbewahrung (IV): Die Vorschrift betrifft nur Ausgangsdokumente, die **nicht** als **Beweismittel** sichergestellt sind. Während eines laufenden Verfahrens gilt eine **Mindestaufbewahrungs-/Mindestspeicherungsfrist** für das Ausgangsdokument von 6 Monaten nach Übertragung (S 1). Bis zur Höchstfrist (S 2 und 3) kann die Speicherung oder Aufbewahrung im Einzelfall ausgedehnt werden (BT-Drucks 18/9416 S 55). **4**

Köhler 139

§ 32f   Erstes Buch. 4. Abschnitt.

5   S 2 bestimmt, die **Höchstdauer** für die Fälle, in denen das Verfahren nicht durch ein Urteil abgeschlossen wird; die Speicherung oder Aufbewahrung muss dann spätestens mit Ablauf des Kalenderjahres enden, in dem die **Verjährung** eingetreten ist. Wird das Verfahren mit einem **Urteil (oder Strafbefehl)** abgeschlossen, darf das Ausgangsdokument längstens bis zum Ablauf des auf den (rechtskräftigen) Abschluss des Verfahrens folgenden Kalenderjahres gespeichert oder aufbewahrt werden (S 3).

6   Keine Regelung enthält IV für die Frage, wie nach Ablauf der Mindestdauer für die Speicherung oder Aufbewahrung zu verfahren ist, wenn das Ermittlungsverfahren aus anderen Gründen als Verjährung (zB mangels hinreichenden Tatverdachts) gem § 170 II eingestellt wird. Insofern soll die StA nach den Umständen des Einzelfalls entscheiden können (BT-Drucks 18/9416 S 55). Da das Ermittlungsverfahren jederzeit wieder aufgenommen werden kann (9 zu § 170), sollte entspr IV 2 die Verjährung abgewartet werden.

7   Das **Vollstreckungsverfahren** ist ein eigenständiges Verfahren. Ausgangsdokumente, die darin anfallen, können daher bis zu dessen Abschluss aufbewahrt werden (KK-Graf 24).

Form der Gewährung von Akteneinsicht; Verordnungsermächtigung

32f I ¹Einsicht in elektronische Akten wird durch Bereitstellen des Inhalts der Akte zum Abruf gewährt. ²Auf besonderen Antrag wird Akteneinsicht durch Einsichtnahme in die elektronischen Akten in Diensträumen gewährt. ³Ein Aktenausdruck oder ein Datenträger mit dem Inhalt der elektronischen Akten wird auf besonders zu begründenden Antrag nur übermittelt, wenn der Antragsteller hieran ein berechtigtes Interesse hat. ⁴Stehen der Akteneinsicht in der nach Satz 1 vorgesehenen Form wichtige Gründe entgegen, kann die Akteneinsicht in der nach den Sätzen 2 und 3 vorgesehenen Form auch ohne Antrag gewährt werden.

II ¹Einsicht in Akten, die in Papierform vorliegen, wird durch Einsichtnahme in die Akten in Diensträumen gewährt. ²Die Akteneinsicht kann, soweit nicht wichtige Gründe entgegenstehen, auch durch Bereitstellen des Inhalts der Akten zum Abruf oder durch Bereitstellen einer Aktenkopie zur Mitnahme gewährt werden. ³Auf besonderen Antrag werden einem Verteidiger oder Rechtsanwalt, soweit nicht wichtige Gründe entgegenstehen, die Akten zur Einsichtnahme in seine Geschäftsräume oder in seine Wohnung mitgegeben.

III Entscheidungen über die Form der Gewährung von Akteneinsicht nach den Absätzen 1 und 2 sind nicht anfechtbar.

IV ¹Durch technische und organisatorische Maßnahmen ist zu gewährleisten, dass Dritte im Rahmen der Akteneinsicht keine Kenntnis vom Akteninhalt nehmen können. ²Der Name der Person, der Akteneinsicht gewährt wird, soll durch technische Maßnahmen in abgerufenen Akten und auf übermittelten elektronischen Dokumenten nach dem Stand der Technik dauerhaft erkennbar gemacht werden.

V ¹Personen, denen Akteneinsicht gewährt wird, dürfen Akten, Dokumente, Ausdrucke oder Abschriften, die ihnen nach Absatz 1 oder 2 überlassen worden sind, weder ganz noch teilweise öffentlich verbreiten oder sie Dritten zu verfahrensfremden Zwecken übermitteln oder zugänglich machen. ²Nach Absatz 1 oder 2 erlangte personenbezogene Daten dürfen sie nur zu dem Zweck verwenden, für den die Akteneinsicht gewährt wurde. ³Für andere Zwecke dürfen sie diese Daten nur verwenden, wenn dafür Auskunft oder Akteneinsicht gewährt werden dürfte. ⁴Personen, denen Akteneinsicht gewährt wird, sind auf die Zweckbindung hinzuweisen.

VI ¹Die Bundesregierung bestimmt durch Rechtsverordnung mit Zustimmung des Bundesrates die für die Einsicht in elektronische Akten geltenden

Standards. ²Sie kann die Ermächtigung durch Rechtsverordnung ohne Zustimmung des Bundesrates auf die zuständigen Bundesministerien übertragen.

1) Allgemeines: Die Vorschrift regelt ausschließlich das **Verfahren über die Akteneinsicht**. Das Recht auf Akteneinsicht berührt sie nicht, § 32f setzt vielmehr eine positive Entscheidung über das „Ob" der Akteneinsicht voraus. Sie betrifft sowohl die Akteneinsicht des Verteidigers (§ 147 I–III) und anderer Akteneinsichtsberechtigter – wie etwa den Beschuldigten (§ 147 IV), den Verletzten (§ 406 III) oder den Privatklägern (§ 385 III S 2) – als auch für Justizbehörden und andere öffentliche Stellen. I bestimmt die Form der Einsicht in die elektronische Akte, II betrifft die Papierakte (BT-Drucks 18/9416 S 56). 1

2) Einsicht in elektronische Akten (I): Der **Regelfall** für die Einsicht in die elektronische Akte ist das **Bereitstellen** des Akteninhalts mittels einer abgesicherten Verbindung über ein öffentliches Telekommunikationsnetz (insbesondere das Internet) **„auf Abruf"** (S 1). Die Akte kann dazu auch in ein anderes Format (zB PDF-Format) übertragen werden. Sie setzt voraus, dass der Antragsteller über entspr Hard- und Software verfügt. Die Akteneinsicht ist mit dem „Bereitstellen zum Abruf" ist gewährt. Ob der Antragsteller die Akte tatsächlich einsieht, spielt keine Rolle (BT-Drucks 18/9416 S 56). 2

Auf **besonderen Antrag** bietet S 2 dem ASteller die Möglichkeit, die elektronische Akte in den **Diensträumen** der aktenführenden Stelle einzusehen. 3

Nur **ausnahmsweise** wird dem Antragsteller auf Antrag ein Aktenausdruck oder ein Datenträger übermittelt. Dies setzt ein berechtigtes Interesse an dieser Form der Akteneinsicht voraus, das im Antrag **besonders zu begründen** ist. Dies liegt etwa vor, wenn der Antragsteller über keine ausreichenden technischen Möglichkeiten zur Wiedergabe verfügt und ihm das Aufsuchen der Diensträume der aktenführenden Stelle nicht zumutbar ist (BT-Drucks 18/9416 S 57). 4

Von Amts wegen wird die Akteneinsicht nach S 2 oder 3 gewährt, wenn einem Bereitstellen aus Abruf nach S 1 wichtige Gründe entgegenstehen (S 4). Dies können technische (zB das hohe Datenvolumen), aber auch inhaltliche Gründe (zB Verschlusssachen oder besonders schutzbedürftigen Akteninhalten) sein (BT-Drucks 18/12203 S 73). 5

3) Einsicht in Papierakten (II): Das „Wie" der Gewährung von Einsicht in Papierakten steht im **Ermessen** der aktenführenden Stelle (BT-Drs 18/12203 S 73). 6

A) Einsichtnahme in den Diensträumen (S 1): Die Einsichtnahme wird grundsätzlich in den **Diensträumen** der aktenführenden Stelle gewährt (S 1). Diese Form der Akteneinsicht ist der (bislang nicht ausdrücklich normierte) **Regelfall** (SSW-Mosbacher/Claus 7). Dem kommt vor allem deshalb Bedeutung zu, weil der nicht verteidigte Beschuldigte nach § 147 IV einen eigenen Anspruch auf Akteneinsicht hat (erg 31 f zu § 147). 7

B) Bereitstellen des Akteninhalts auf Abruf oder einer Aktenkopie (S 2): Die Akteneinsicht kann auch dadurch gewährt werden, dass eine elektronische Fassung der verfahrensführenden Papierakte hergestellt und auf Abruf bereitgestellt wird. Möglich ist zudem, eine Papierkopie der Akte anzufertigen und zur Mitnahme bereitzustellen (BT-Drucks 18/9416 S 57). In beiden Fällen dürfen dem allerdings **keine wichtigen Gründe** entgegenstehen (erg unten 11). 8

C) Mitgabe der Akten in die Geschäftsräume oder Wohnung (S 3): Die Regelung ersetzt § 147 IV aF. Danach werden einem **Verteidiger oder Rechtsanwalt** auf besonderen Antrag die Akten zur Einsichtnahme in seine Geschäftsräume oder in seine Wohnung mitgegeben, soweit dem nicht wichtige Gründe entgegenstehen (S 3). Der Antrag muss nicht „besonders" begründet werden; es muss lediglich die Mitgabe in die Geschäftsräume oder die Wohnung ausdrücklich („besonders") beantragt werden (SSW-Mosbacher/Claus 9). 9

§ 32f

10 Nach S 3 „**werden**" die Akten dem Verteidiger oder Rechtsanwalt mitgegeben, sofern der Mitgabe keine wichtigen Gründe entgegenstehen; § 147 IV S 1 aF war hingegen eine „Soll"-Vorschrift. Dennoch soll das „Wie" der Gewährung der Akteneinsicht (weiterhin) „insgesamt im Ermessen" der aktenführenden Stelle stehen (BT-Drucks 18/12203 S 73). Ein Rechtsanspruch auf Aktenaushändigung zur Mitnahme in Büro oder Wohnung besteht mithin nicht (BGH DRiZ **90**, 455; NStZ **85**, 13 [Pf/M]; **94**, 227 [K]; NStZ-RR **08**, 48 L; Koblenz VRS **70**, 282, 284). Soweit keine wichtigen Gründe (unten 11) entgegenstehen, wird nach dem Wortlaut des S 3 einem Antrag auf Mitgabe der Akten jedoch stattzugeben sein (so schon Rieß Peters-FG 127; offen gelassen von BVerfG NJW **12**, 141). Ist die Mitgabe nach S 3 geboten, so schließt das nicht die Pflicht des Gerichts ein, dem Verteidiger die Akten zuzusenden (KG NZV **02**, 334; Frankfurt NStZ **81**, 191; Stuttgart NJW **79**, 559, 560). Werden die Akten dem Verteidiger auf seinen Antrag hin übersandt (also nicht nur an ihn ausgehändigt, vgl LG Detmold NJW **95**, 2801; AG Göttingen NdsRpfl **96**, 61), so wird hierfür nach Nr 9003 KVGKG – verfassungsrechtlich unbedenklich (BVerfG NJW **95**, 3177; **96**, 2222) – sogleich (Koblenz NStZ-RR **96**, 96) eine Gebühr von 12 € erhoben; es haftet der Verteidiger (LG Frankenthal NJW **95**, 2801; MDR **96**, 104: auch der Pflichtverteidiger), nicht der Beschuldigte (LG Göttingen StV **96**, 166; LG Koblenz NJW **96**, 1223; StraFo **01**, 147; Schäpe DAR **96**, 336; **aM** AG Beckum StraFo **96**, 29; AG Leverkusen und AG Oldenburg AnwBl **96**, 295; AG Tecklenburg StV **96**, 167; vgl auch OVG Koblenz NJW **07**, 2426 sowie zur umsatzsteuerrechtlichen Konsequenz Bamberg StraFo **09**, 350). Ein Anspruch auf unfreie Rücksendung der Akten bzw auf Erstattung der Portoauslagen für die Rücksendung besteht nicht (Hamm NJW **06**, 1076 mwN; Celle StraFo **06**, 475).

11 Für die Frage, ob ein der Mitgabe entgegenstehender **wichtiger Grund** vorliegt, kann auf die Rspr und Lit zu § 147 IV S 1 aF zurückgegriffen werden. Ein wichtiger Grund kann zB darin liegen, dass die Akten als Verschlusssache gekennzeichnet sind (Heghmanns/Scheffler-Dallmeyer II 336; vgl RiStBV 213 IV und KG StV **97**, 624: keine gesetzliche Grundlage für die Verpflichtung eines Verteidigers zur Geheimhaltung in Verschlusssachen; ebenso Zieger StV **95**, 107), dass die Gefahr der Einsichtnahme oder Beeinträchtigung durch Dritte besteht oder dass die Akten für die beschleunigte Durchführung des Verfahrens benötigt werden. Vorläufige Tonbandaufzeichnungen nach § 168a II werden idR von der Mitgabe auszuschließen sein (Kurth NJW **78**, 2484), ebenso behördliche Beiakten vertraulicher Art (Personalakten uä). Aus Gründen des Persönlichkeits- und Datenschutzes wird die Mitgabe idR (vgl aber auch V) nicht verweigert werden können (vgl Groß/Fünfsinn NStZ **92**, 107; siehe aber auch 19c, 19d zu § 147 zur Mitgabe von Datenkopien). Liegt ein wichtiger Grund vor, wird die Akteneinsicht in den Diensträumen der aktenführenden Stelle gewährt (S 1), weil dann der Grund auch der Mitgabe einer Aktenkopie nach S 2 entgegensteht (erg oben 8).

12 **4) Ausschluss der Anfechtbarkeit (III):** Die Entscheidung über die Modalitäten der Gewährung der Akteneinsicht nach I und II ist unanfechtbar (BT-Drucks 18/12203 S 74; Saarbrücken StraFo **19**, 63); ein Anspruch auf eine bestimmte Form der Akteneinsicht besteht nicht (BT-Drucks 18/9416 S 57). Der Ausschluss der Anfechtbarkeit bezieht sich – wie bisher in § 147 IV S 1 aF – auf die Art und Weise der Akteneinsicht (Stuttgart NStZ-RR **13**, 217). Er ist absolut (vgl BGH StB 18/16 vom 30. Juni 2016; Celle [1. StS] 1 Ws 415/16 vom 26.8.2016; Hamburg [2. StS] NStZ-RR **16**, 282; Frankfurt StV **16**, 148 mit Anm Killinger, die allerdings mit guten Gründen darauf hinweist, dass unter Umständen – etwa bei Verweigerung der Mitgabe von Kopien bei massenhaften Daten – faktisch bereits das „ob" der Akteneinsicht betroffen sein kann; erg 19c zu § 147, 16 zu § 304). Nach anderer Ansicht (Celle NStZ-RR **17**, 48; NStZ **16**, 305 [jeweils 2. StS] mit kritischen Anm Knauer/Pretsch; Hamburg [3. StS] NStZ **16**, 695; Köln 2 Ws 388/16; Nürnberg StraFo **15**, 102; vgl auch Karlsruhe NStZ **12**, 590) soll allerdings die StA Beschwerde gegen Entscheidungen des Vorsitzenden des erkennenden Gerichts einlegen können, da dieser – anders als dem Angeklagten mit § 338 Nr 8 – gegen Entscheidungen nach IV S 1 keine Revisionsrüge eröffnet sei (zw; **aM** zutr Hamburg [2. StS] NStZ-RR **16**, 282; abl auch Knauer/Pretsch aaO; Killinger aaO; Mosbacher JuS **17**, 127, 128). Der Ausschluss erstreckt sich jedenfalls nicht auf die Dienstaufsichtsbeschwerde gegen die Ablehnung des Antrags nach IV S 1 durch die StA. Richterliche Entscheidungen bedürfen wegen ihrer Unanfechtbarkeit keiner Begründung (Karlsruhe Justiz **79**, 341).

Die Unanfechtbarkeit des ablehnenden Beschlusses befreit das Gericht nicht von 13 der Notwendigkeit, einen **Antrag** nach I oder II **zu bescheiden**; wird das unterlassen, kann ein nachfolgender Eröffnungsbeschluss über das Nachholungsverfahren nach § 33a S 1 wegen Verletzung des Anspruchs auf rechtliches Gehör gegenstandslos werden (KG StV **16**, 545).

5) Datenschutz (IV, V): Die Regelungen tragen der hohen Bedeutung des 13a Datenschutzes in Strafverfahren Rechnung. Die Einführung der elektronischen Akte erfordert besondere Sicherheitsmaßnahmen zum Schutz der Betroffenen.

A) IV enthält ausschließlich Regelungen zum Datenschutz bei der Einsicht in 14 die **elektronische Akte** (I). Es ist durch technische und organisatorische Maßnahmen sicherzustellen, dass keine Dritten Kenntnis vom Akteninhalt nehmen können (S 1). Technische Vorkehrungen sind etwa die Verschlüsselung. Die Pflicht für entspr Vorkehrungen trifft sowohl die Einsichtsgewährenden als auch Einsichtsnehmenden. Nach S 2 soll der Name derjenigen Person, der Einsicht in die elektronische Akte gewährt wird, als „Wasserzeichen" in abgerufenen Akten und übermittelten elektronischen Dokumenten dauerhaft erkennbar gemacht werden (BT-Drucks 18/9416 S 58).

B) V gilt sowohl für die **elektronische (I)** als auch für die **papierene Akte** 15 (II). Die Regelung enthält eine datenschutzrechtliche Zweckbindung.

Nach S 1 darf die Akte weder **öffentlich** verbreitet noch Dritten zu **verfah-** 16 **rensfremden** Zwecken überlassen oder sonst zur Kenntnisnahme ihre Inhalts zugänglich gemacht werden. Der Verteidiger darf die Akte daher an den Beschuldigten oder einen Sachverständigen weitergeben, nicht hingegen an einen Journalisten oder einen sonstigen Dritten (BT-Drucks 18/9416 S 58).

Nach S 2 ist darüber hinaus grundsätzlich jegliche **zweckwidrige Verwen-** 17 **dung** personenbezogener Daten, die durch Akteneinsicht nach I oder II erlangt worden sind, unzulässig (BT-Drucks 18/9416 S 58). „Verwenden" iSv § 46 Nr 2 BDSG ist ein Unterfall der „Verarbeitung". Der Schutzzweck von S 2 erfordert es aber, dass hier jedes Verarbeiten und Nutzen der Daten erfasst wird. Für **andere Zwecke** können die Daten ausnahmsweise dann verwendet werden, wenn dafür Auskunft oder Akteneinsicht gewährt werden dürfte (S 3). Wird die Akteneinsicht einem RA oder Verteidiger gewährt, ergibt sich die Zweckbindung zugleich für seinen Mandanten oder einen von ihm beauftragten Sachverständigen. Auf die Zweckbindung ist bei der Gewährung der Akteneinsicht hinzuweisen (S 4).

Wie bei § 479 VI dürfte es sich bei V um ein **Schutzgesetz** iS der §§ 1004, 18 823 II BGB handeln (Braunschweig NJW **08**, 3294; LG Mannheim 70128/06 vom 24.11.2006). Der Betroffene kann daher bei zweckwidriger Verwendung der Daten Unterlassung (§ 1004 BGB) und Schadensersatz verlangen (Braunschweig NJW **08**, 3294). Für den Rechtsanwalt besteht bei Verstoß gegen die Zweckbindung ein Strafbarkeitsrisiko nach §§ 203 I Nr 3, 204 StGB, andere Empfänger können sich gem § 353d Nr 3 StGB strafbar machen (Lauterwein 173 mwN).

6) Verordnungsermächtigung (VI): Die Einzelheiten des Aktenabrufs und 19 der Einsicht in die elektronische Akte kann durch RechtsVO der Bundesregierung näher ausgestaltet werden (S 1). Das gilt insbesondere für die Datensicherheit (BT-Drucks 18/9416 S 58). Die Ermächtigung kann auf die zuständigen Bundesministerien übertragen werden (S 2). Für die Akteneinsicht hat die BReg mit der Strafakteneinsichtsverordnung (StrafAktEinV) vom 24.2.2020 (BGBl I 242) von der Ermächtigung Gebrauch gemacht.

Abschnitt 4a. Gerichtliche Entscheidungen

Vorbemerkungen

1 1) Für die **gerichtlichen Entscheidungen** (Einl 121) gelten die allgemeinen Vorschriften dieses Abschnitts. Zu unterscheiden sind Sachentscheidungen über den Prozessgegenstand und bloße Prozessentscheidungen, die aus verfahrensrechtlichen Gründen eine Sachentscheidung ablehnen, den Weg zu ihr versperren oder die Sicherung und den Ablauf des Verfahrens betreffen. Für beide Arten fordert das Gesetz die Anhörung der Beteiligten (§§ 33, 33a) und regelt, welche Entscheidungen mit Gründen versehen (§ 34) und wann und auf welche Weise sie bekanntgegeben werden müssen (§§ 35 ff). Über die Wirksamkeit richterlicher Prozesshandlungen und ihre Widerruflichkeit (Einl 112 ff) enthält der Abschnitt keine Bestimmungen.

2 2) Das **Ergehen einer Entscheidung** wird in vielen Vorschriften vorausgesetzt, ohne dass das Gesetz ausdrücklich sagt, welcher Zeitpunkt hierfür maßgebend ist. Im Einzelnen gilt Folgendes:

3 A. **In der Hauptverhandlung** ergeht die Entscheidung durch Verkündung des Urteils (§ 268 II S 1) oder Beschlusses (§ 35 I S 1), gleichgültig, ob der davon Betroffene anwesend ist. Bei der Urteilsverkündung ist nur die Verlesung der Urteilsformel, nicht die außerdem vorgeschriebene mündliche Eröffnung der Urteilsgründe wesentlich (38 zu § 338). Unabänderbar wird das Urteil aber erst mit Beendigung der vollständigen Verkündung (9 ff zu § 268).

4 B. **Außerhalb der Hauptverhandlung** ergehen die Entscheidungen in Anwesenheit der betroffenen Personen durch Verkündung (§ 35 I S 1), sonst schriftlich. Beim schriftlichen Erlass von Entscheidungen ist der aktenmäßige Erlass vom Erlass mit Außenwirkung zu unterscheiden:

5 a) **Aktenmäßig ist die Entscheidung erlassen,** wenn sie vollinhaltlich zur Kenntnis für Personen außerhalb des Gerichts niedergelegt und durch den zuständigen Richter unterschrieben ist (BGH **25**, 187; Koblenz MDR **85**, 955). Von dieser Art des Erlasses der Entscheidung gehen zB § 78c II StGB und § 33 II OWiG aus.

6 Die **Unterzeichnung von Beschlüssen** schreibt das Gesetz nicht vor (BGH NStZ **85**, 492 [Pf/M]; Bay **89**, 102). Anders als nach § 275 II bei Urteilen ist bei Beschlüssen insbesondere nicht die Unterschrift aller mitwirkenden Richter erforderlich (str; vgl dazu die Nachw in BGH NStZ **12**, 225). Daher lässt § 14 II GeschOBGH für Beschlüsse dieses Gerichts, die außerhalb der mündlichen Verhandlung ergehen, die Unterschrift des Vorsitzenden und des Berichterstatters genügen. Trägt der Beschluss einer StrK nur eine oder 2 Unterschriften, so muss aber erkennbar sein, dass die gerichtliche Entscheidung gleichwohl in der gesetzlich vorgeschriebenen Besetzung mit 3 Richtern getroffen worden ist (BGH NStZ-RR **97**, 205; Düsseldorf MDR **84**, 164; Nürnberg MDR **94**, 294; Stuttgart Justiz **82**, 165). Hat der 3. Richter gar nicht mitgewirkt, so handelt es sich um einen Beschlussentwurf, um eine Nichtentscheidung (BVerfG NJW **85**, 788), die aber anfechtbar ist, wenn sie den Prozessbeteiligten zugestellt wurde (Rosenberg/Schwab/Gottwald § 62 III 2; Lüke JuS **85**, 767).

7 **Fehlt es an der Unterschrift,** so muss sich mindestens aus den Umständen ohne jeden Zweifel ergeben, dass die in den Akten befindliche Entscheidung auf dem Willen des zuständigen Richters beruht (Bay **57**, 4; Düsseldorf NJW **70**, 1937; Koblenz MDR **85**, 955; vgl auch Koblenz MDR **83**, 864 und Düsseldorf VRS **96**, 204 für den Fall der Vertretung in der Unterschrift).

8 Durch den aktenmäßigen Erlass wird die **Entscheidung existent** und daher auch schon anfechtbar (4 vor § 296); sie kann aber noch abgeändert werden (erg 24 zu § 349).

b) **Erlassen mit Außenwirkung** wird die Entscheidung an dem Tag, an dem 9 die Geschäftsstelle sie an eine Behörde oder Person außerhalb des Gerichts hinausgibt (BGH NStZ **11**, 713; Bay **01**, 53 mwN; KG NZV **92**, 123; Köln NJW **93**, 608; Meyer JR **76**, 515); das gilt auch, wenn die Geschäftsstelle ohne richterliche Anweisung handelt (Bay **81**, 84; MükoStPO-Valerius 19 zu § 33; **aM** LR-Graalmann-Scheerer 12 zu § 33). Maßgebend ist also nicht, wann die Entscheidung vom Richter in den Geschäftsgang gegeben (so RG **56**, 358, 360; **66**, 121; Hamm GA **59**, 287; Köln JR **76**, 514) oder wann sie den Verfahrensbeteiligten zugestellt worden ist (so KG VRS **38**, 137; Bremen NJW **56**, 435; Koblenz VRS **48**, 291; LR-Graalmann-Scheerer aaO), sondern der Zeitpunkt, von dem ab es tatsächlich unmöglich ist, sie abzuändern (Meyer aaO; erg aber 24 zu § 349).

3) Ein **Recht auf richterliche Entscheidung** hat grundsätzlich jeder An- 10 tragsteller, der in seiner Eingabe nicht erkennen lässt, dass er auf einen Bescheid verzichtet. Wenn es sich nicht um einen Antrag handelt, für den das Gesetz eine förmliche Entscheidung vorschreibt, kann der Antragsteller formlos beschieden werden; mindestens die Art der Erledigung ist ihm schriftlich mitzuteilen (vgl BVerfGE **2**, 225 zu Art 17 GG).

Eine **sachliche Entscheidung unterbleibt,** wenn die Eingabe oder der Antrag 11 nicht den Anforderungen entspricht, die an jede bei einer Behörde einzureichende Eingabe zu stellen sind, etwa wenn sie einen beleidigenden, herausfordernden oder erpresserischen Inhalt hat (BVerfG aaO). Das gilt insbesondere auch für Strafanzeigen, die keinen sachlichen Inhalt haben, sondern nur grob beleidigend oder querulatorisch sind (vgl dazu Solbach/Klein 16).

Falls eine Antrags- oder Rechtsmittelschrift **grobe Verunglimpfungen** des 12 Antragsgegners, des angerufenen Gerichts oder anderer mit der Sache befasster Justizorgane enthält (KG NJW **69**, 151; Hamm NJW **76**, 978; Karlsruhe NJW **73**, 1658; **74**, 915; Koblenz MDR **73**, 157; **87**, 433 L; Stuttgart Justiz **02**, 553; eingehend Kockel/Vossen-Kempkens NStZ **01**, 178) und nicht ersichtlich ist, dass zugleich auch ein sachliches Anliegen verfolgt wird (BVerfG StV **01**, 697), wird – auch wenn der Verfasser der Schmähschrift ein RA ist (Karlsruhe MDR **78**, 74) – dem Antragsteller formlos oder, wenn in der Sache durch Beschluss zu entscheiden wäre, durch Beschluss mitgeteilt, dass das Gericht eine Entscheidung ablehnt (vgl BVerfG NStZ **01**, 616; BGH NStZ **07**, 283; SK-Weßlau 15; erg 1 zu § 171).

So auch dann zu verfahren, wenn der Antragsteller dadurch **sein Rechtsmittel** 13 **verliert,** ist allerdings nicht angängig; hier hat eine Entscheidung in der Sache zu ergehen (Düsseldorf MDR **93**, 462 mwN; Fahl 608); ggf ist der Antragsteller auf die Ungehörigkeit seiner Äußerungen hinzuweisen (vgl BGH NStZ **04**, 690) oder zugleich eine Strafanzeige nach §§ 185 ff StGB zu erstatten.

Wer eine **Eingabe wiederholt,** die bereits ordnungsmäßig beschieden worden 14 war, hat grundsätzlich keinen Anspruch auf erneuten Bescheid (BVerfG aaO).

4) Die **äußere Form der Entscheidungen** ist gesetzlich nur teilw geregelt, zB 15 für das Urteil, das im Namen des Volkes ergeht (§ 268 I), aus Urteilsformel und -gründen besteht (§§ 260 IV, 268 II) und schriftlich zu den Akten gebracht werden muss (§ 275). Auch die Beschlüsse bestehen aus Entscheidungssatz und, soweit erforderlich, Begründung. Das folgt aus § 34, der zwischen Entscheidung und Begründung unterscheidet. Schriftliche Entscheidungen müssen außerdem das Gericht, das Datum der Entscheidung und die Personalien des Beschuldigten angeben (Düsseldorf Rpfleger **93**, 506), also eine Art Rubrum enthalten; die Namen der beschließenden Richter ergeben sich aus der Unterzeichnung, können aber auch in der Eingangsformel des Beschlusses bezeichnet werden.

Gewährung rechtlichen Gehörs vor einer Entscheidung

33 ¹ **Eine Entscheidung des Gerichts, die im Laufe einer Hauptverhandlung ergeht, wird nach Anhörung der Beteiligten erlassen.**

§ 33

Erstes Buch. Abschnitt 4a

II Eine Entscheidung des Gerichts, die außerhalb einer Hauptverhandlung ergeht, wird nach schriftlicher oder mündlicher Erklärung der Staatsanwaltschaft erlassen.

III Bei einer in Absatz 2 bezeichneten Entscheidung ist ein anderer Beteiligter zu hören, bevor zu seinem Nachteil Tatsachen oder Beweisergebnisse, zu denen er noch nicht gehört worden ist, verwertet werden.

IV ¹Bei Anordnung der Untersuchungshaft, der Beschlagnahme oder anderer Maßnahmen ist Absatz 3 nicht anzuwenden, wenn die vorherige Anhörung den Zweck der Anordnung gefährden würde. ²Vorschriften, welche die Anhörung der Beteiligten besonders regeln, werden durch Absatz 3 nicht berührt.

1 1) Das **rechtliche Gehör** (Einl 23 ff) sichert die Vorschrift den Beteiligten. Sie bleibt hinter dem prozessualen Grundrecht des Art 103 I GG nicht zurück; auf die Verfassungsvorschrift braucht daher nicht zurückgegriffen zu werden. § 33 gibt keinen Anspruch auf einen rechtlichen Dialog (BGH **NJW 89**, 2403, 2407 mwN; erg 7a zu § 265): er wird durch §§ 248 S 2, 257, 258 II, 265 I, II, 326 S 2 und 351 II S 2 erweitert und für Rechtsmittelentscheidungen durch §§ 308 I, 320 S 2, 347 I ergänzt. Im Strafbefehlsverfahren gilt die Sondervorschrift des § 407 III.

2 2) Eine **Entscheidung** des Gerichts iS des § 33 ist ein Ausspruch im Vor- oder Hauptverfahren, der in irgendeiner Hinsicht in die sachlich-rechtliche oder verfahrensrechtliche Rechtsstellung eines Prozessbeteiligten oder in die Rechte Dritter eingreift. Eine weite Auslegung des Begriffs ist geboten (LR-Graalmann-Scheerer 6). Jedoch fallen prozessleitende Verfügungen und Entscheidungen, die nur den Gang des Verfahrens regeln, nicht unter I (KK-Maul 2; KMR-Ziegler 2; näher zum Begriff Einl 121 ff). Die Anhörungspflicht bezieht sich auch nicht auf gerichtsinterne Entscheidungen (4 zu § 30) und auf bloße Mitteilungen, Belehrungen, Hinweise und justizinterne Anordnungen. Vgl im Übrigen die Erläuterungen zu den einzelnen Vorschriften.

3 Zur Frage, wann eine Entscheidung **ergangen** ist, vgl 2 ff vor § 33.

4 3) **Beteiligte** sind alle Verfahrensbeteiligten (Einl 70 ff), aber auch Dritte, in deren Rechte die gerichtliche Entscheidung eingreift (BGH **19**, 7, 15 [GSSt]; vgl auch Bohnert JZ **78**, 710), zB Zeugen, gegen die Ordnungsmittel nach § 70 I oder nach § 178 GVG angeordnet werden sollen.

5 4) **Entscheidungen in der Hauptverhandlung (I):** Die Pflicht zur Anhörung bedeutet, dass den Beteiligten, sofern sie anwesend sind (Celle MDR **56**, 759; LR-Graalmann-Scheerer 17), Gelegenheit zur Äußerung zu der Frage gegeben werden muss, über die eine Entscheidung ergehen soll, und zwar in tatsächlicher und rechtlicher Hinsicht (Einl 28). Da eine sachgemäße Äußerung nur möglich ist, wenn die Beteiligten den Gegenstand der Entscheidung kennen, muss er ihnen mitgeteilt werden, sofern er nicht auf der Hand liegt.

6 Die **Form der Anhörung** steht im Ermessen des Gerichts, wenn sie nicht ausdrücklich bestimmt ist, wie zB in § 308 I. Eine ausdrückliche Aufforderung zur Äußerung ist grundsätzlich nicht erforderlich (BGH **17**, 337, 340; NStZ **93**, 500; OGH **2**, 113; Bay StV **82**, 460); ausnahmsweise kann aber die Fürsorgepflicht sie gebieten. IdR genügt es, dass dem Beteiligten das Recht, sich erklären zu können, erkennbar zum Bewusstsein gebracht wird; nicht ausreichend ist die bloße Möglichkeit, die „tatsächliche Gelegenheit", zur Stellungnahme (Bay aaO).

7 Ist der Angeklagte mit seinem **Verteidiger** erschienen, so genügt dessen Anhörung (BGH MDR **74**, 367 [D]). Wird nur der Angeklagte gehört, so ist das unschädlich, wenn, was idR der Fall ist, der Verteidiger erkennen kann, dass er ebenfalls Gelegenheit zur Stellungnahme hat. Kennt nur der Angeklagte die Tatsachen, zu denen rechtliches Gehör gewährt wird, so genügt seine Anhörung immer.

Eine **wesentliche Förmlichkeit** iS § 273 I ist die Anhörung; sie muss daher im 8
Protokoll beurkundet werden (KK-Maul 7; KMR-Ziegler 12; **aM** BGH NStZ **93**,
500; SSW-Mosbacher/Claus 8).

5) Entscheidungen außerhalb der Hauptverhandlung (II, III): 9

A. Die **StA** (II) ist vor einer richterlichen Entscheidung außerhalb der Haupt- 10
verhandlung schriftlich zu hören. Außer in den gesetzlich besonders geregelten
Fällen (vgl §§ 118a III S 1, 124 II S 3, 138d IV S 1) kann sie eine mündliche Anhörung nicht verlangen (LR-Graalmann-Scheerer 29). Die StA nimmt auf Grund
ihrer Aktenkenntnis Stellung; da sie zur Mitwirkung verpflichtet ist (Einl 37 ff),
darf sie hiervon grundsätzlich nicht absehen. Einschränkungen von II enthalten
§§ 125 I, 128 II S 2 und für den Fall, dass ein StA nicht alsbald erreichbar ist,
§ 163 II S 2 (dort 26) und § 163c mit seinem Beschleunigungsgebot (dort 11).
Auch im Fall der Briefbeanstandung nach § 148a wird die StA nicht gehört (dort
4). Eine Einschränkung des II enthält auch § 309 I für die Beteiligung der StA
beim Beschwerdegericht (dort 2). Da die Anhörung der StA keine Gewährung
rechtlichen Gehörs iS Art 103 I GG ist (Einl 27), bestehen gegen solche Ausnahmen keine verfassungsrechtlichen Bedenken. Für Privat- und Nebenkläger ist II
nicht anwendbar; für sie gelten §§ 385 I S 1, 397 I S 2.

B. **Andere Beteiligte (III)** sind vor einer richterlichen Entscheidung außerhalb 11
der Hauptverhandlung nur zu hören, wenn sie zu ihrem Nachteil ergehen soll. Sie
werden, zweckmäßigerweise unter Bestimmung einer Äußerungsfrist, schriftlich
davon unterrichtet, welche Entscheidung zu treffen ist und dass sie sich dazu
schriftlich äußern können. Der Verteidiger kann durch die Gewährung von Akteneinsicht unterrichtet werden. Die Anhörung durch die StA kann genügen, wenn
erkennbar ist, dass sie der Vorbereitung einer gerichtlichen Entscheidung dient.

Wird dem **Verteidiger** Gelegenheit zur Äußerung gegeben, so reicht das idR 12
aus, weil durch ihn der Beschuldigte zu Wort kommt (BGH MDR **74**, 367 [D];
BGHR § 33a S 1 Anhörung 6; Karlsruhe NJW **68**, 1438; vgl auch BGH **26**, 379;
Einl 26). Das Gleiche gilt für den in verteidigerähnlicher Stellung handelnden
Prozessbevollmächtigten eines Nebenbeteiligten (Einl 73) sowie für den RA als
Beistand des Privat- oder Nebenklägers. Dagegen kann die Anhörung des Beteiligten die des Verteidigers oder Bevollmächtigten grundsätzlich nicht ersetzen
(BGH **25**, 252, 254; Karlsruhe aaO).

Auf **Tatsachen und Beweisergebnisse**, zu denen der Beteiligte noch nicht 13
gehört worden ist, die das Gericht für entscheidungserheblich hält (Hamburg
NJW **64**, 2315; KK-Maul 8) und die es zu seinem Nachteil verwerten will, muss
sich die Anhörung erstrecken. Die Tatsachen können der äußeren Geschehenswelt
angehören oder Vorgänge im Innern des Menschen betreffen. (Sie können auch
rein verfahrensrechtlicher Natur sein (Köln NJW **70**, 1336), wie zB die Rechtzeitigkeit des Strafantrags. Zu den Beweisergebnissen gehören insbesondere Sachverständigengutachten und Ergebnisse eines Augenscheins. Auch Werturteile sind
Beweisergebnisse, wenn sie auf beobachteten äußeren oder inneren Tatsachen beruhen, nicht aber bloße Rechtsausführungen (Düsseldorf VRS **82**, 189). Die
Äußerung eines Beteiligten kann dazu führen, dass sein Gegner nach III gehört
werden muss. Der Anhörung bedarf es nicht, wenn das Gericht die Tatsachen oder
Beweisergebnisse nicht berücksichtigen will (KG NJW **54**, 1410, 1411; SK-Weßlau/Weißer 17) oder wenn zwar ein Teil der Tatsachen zuungunsten des Beteiligten
gewertet wird, die Entscheidung aber auf Grund anderer Tatsachen zu seinen
Gunsten ausfällt.

Besondere Regelungen über die Anhörung der Beteiligten bleiben unberührt. 14
Dazu gehören insbesondere die Anhörungspflichten nach § 81 I S 1, 122 II S 1,
175 S 1, 201 I, 225a II S 1, 453 I S 2, 454 I S 2, 3 und 462 II.

6) Die **Notwendigkeit überraschender Maßnahmen (IV S 1)** schließt die 15
Anhörung nach III aus. Außer der Anordnung der UHaft nach §§ 112 ff und der
Beschlagnahme nach §§ 94 ff sowie der Beschlagnahme und des Vermögensarrestes

§ 33a

nach 111b ff, gehören dazu insbesondere die Eingriffe nach §§ 81a, 99, 100a, 110a, 102–104, 163e, die Anordnung der Sicherheitsleistung nach § 132 und die Vorführung nach § 134.

16 Eine **Gefährdung des Zwecks der Anordnung** liegt vor, wenn auf Grund von Tatsachen im Einzelfall oder nach der Lebenserfahrung die Gefahr besteht, dh wenn es naheliegt, dass der Beteiligte bei vorheriger Anhörung den Zugriff vereiteln werde, zB durch Flucht oder durch Verstecken der Gegenstände, die beschlagnahmt werden sollen. Die Umstände, die die Anwendung des IV S 1 veranlasst haben, sind in dem Beschluss darzulegen, wenn sie nicht, wie meist, offensichtlich sind. IV S 1 gilt auch im Beschwerderechtszug (§ 308 I S 2; dazu Hamm NStZ-RR **98**, 19; **01**, 254; Stuttgart NStZ **90**, 247).

17 Die Vorschrift **gilt entspr,** wenn die Anordnung gar nicht ergehen und daher ihren Zweck nicht erfüllen könnte, weil die Anhörung aus tatsächlichen Gründen nicht möglich ist, zB bei unbekanntem Aufenthalt des Anzuhörenden, oder weil bestimmte Anhaltspunkte dafür bestehen, dass die vorherige Anhörung eine Gefahr für Leib oder Leben anderer herbeiführen würde. Dagegen darf von der Anhörung nicht deshalb abgesehen werden, weil der dazu erforderliche Aufwand unverhältnismäßig wäre.

18 Eine **nachträgliche Anhörung** erfolgt im Rechtsmittelzug, wenn die Entscheidung anfechtbar ist (BVerfG NStZ-RR **13**, 379; NJW **04**, 2443; NStZ-RR **08**, 16; KG StraFo **16**, 342, 344). Nur wenn sie nicht angefochten werden kann, ist nach § 33a nachträgliches Gehör zu gewähren (Frankfurt NStZ-RR **02**, 306). Über das Recht auf nachträgliche Anhörung ist der Betroffene in der nicht anfechtbaren Entscheidung zu belehren (BVerfGE **9**, 89, 107; **18**, 399, 404); von Amts wegen braucht die Anhörung nicht in jedem Fall durchgeführt zu werden (**aM** Hanack JR **67**, 230; KK-Maul 14: wenn und soweit nach Vollziehung der Maßnahme noch ein Nachteil für den Betroffenen fortbesteht).

19 **7) Revision:** Das Urteil kann auf dem Verstoß gegen die Anhörungspflicht in der Hauptverhandlung nur beruhen, wenn der Angeklagte ihn sofort beanstandet hat. Andernfalls muss angenommen werden, dass er die Entscheidung stillschweigend gebilligt hat und eine Anhörung zu keinem anderen Ergebnis geführt hätte (eingehend mN SSW-Mosbacher/Claus 15; **aM** SK-Weßlau/Weißer 29). Hat der Revisionsführer den Verstoß beanstandet wird das Beruhen iSv § 337 regelmäßig auszuschließen sein, wenn der Revident nicht vortragen kann, dass die gebotene Anhörung zu einem anderen, ihm günstigeren Ergebnis hätte führen müssen (SSW-Mosbacher/Claus 14).

Wiedereinsetzung in den vorigen Stand bei Nichtgewährung rechtlichen Gehörs

33a ¹Hat das Gericht in einem Beschluss den Anspruch eines Beteiligten auf rechtliches Gehör in entscheidungserheblicher Weise verletzt und steht ihm gegen den Beschluss keine Beschwerde und kein anderer Rechtsbehelf zu, versetzt es, sofern der Beteiligte dadurch noch beschwert ist, von Amts wegen oder auf Antrag insoweit das Verfahren durch Beschluss in die Lage zurück, die vor dem Erlass der Entscheidung bestand. ²§ 47 gilt entsprechend.

1 **1) Die Nachholung des rechtlichen Gehörs** sieht die Vorschrift vor. Da der Anspruch auf rechtliches Gehör (§ 33 III) durch Art 103 I GG verbürgt ist, kann seine Verletzung mit der Verfassungsbeschwerde (Einl 230 ff) gerügt werden. Zur Anrufung des BVerfG muss es aber nicht kommen, wenn die Strafgerichte den Mangel selbst beheben können (vgl Meyer Kleinknecht-FS 267). Das ermöglicht § 33a; die Vorschrift, die nur **subsidiär** gilt und daher für das Beschwerdeverfahren durch § 311a und für das Revisionsverfahren durch § 356a als speziellere Regelungen ersetzt wird (vgl dort), soll das BVerfG entlasten. Sie erfasst jeden Verstoß gegen Art 103 I GG im Beschlussverfahren (BVerfGE **42**, 243, 250; NStZ **85**, 277), also nicht nur ohne Anhörung verwertete Tatsachen und Beweisergebnisse (§ 33 III), sondern etwa auch Anträge und Rechtsausführungen anderer Verfahrensbeteiligter sowie die Information über die entscheidungserheblichen Beweismittel (BVerfG NStZ-RR **08**, 16, 17).

In Befolgung der Entscheidung des **Plenums des BVerfG** vom 30.4.2003 **1a** (BVerfGE **107**, 395) hat die Vorschrift durch das Anhörungsrügengesetz die jetzige Fassung erhalten. § 33a findet keine Anwendung nach Abschluss des Verfahrens durch rechtskräftiges Urteil (BGH NStZ **92**, 27 [K]; Stuttgart MDR **90**, 271); SK-Weßlau/Weißer 10, 11 erwägen, ob wegen der Entscheidung des Plenums des BVerfG hiervon Ausnahmen zu machen sind, verneinen dies aber letztlich zutr, während unzutr Meyer-Mews (NJW **04**, 716) daraus weitreichende Folgerungen für das gesamte Strafverfahren und Eschelbach (GA **04**, 228) Folgerungen hinsichtlich der Anfechtbarkeit des Eröffnungsbeschlusses (1 zu § 210) und zur Begründung von Beschlüssen nach § 349 II (20 zu § 349) ziehen wollen (wie hier auch BGH NStZ-RR **05**, 173). Der Antrag nach § 33a gehört zum Rechtsweg iS § 90 II BVerfGG; die Verfassungsbeschwerde ist daher erst zulässig, wenn er erfolglos gestellt worden war (BVerfG NStZ-RR **04**, 372; **14**, 84; erg Einl 234).

2) Voraussetzungen des Nachverfahrens: **2**

A. **Verletzung des Rechts auf rechtliches Gehör** in entscheidungserheblicher Weise bei Erlass eines Beschlusses außerhalb der Hauptverhandlung, gleichgültig, ob es sich um ein Versehen handelt oder ob das Gericht nach § 33 IV S 1 verfahren hat. Entscheidungserheblich ist die unterbliebene Anhörung nur dann, wenn und soweit sie sich auf das Ergebnis des Beschlusses ausgewirkt hat; hätte der Betroffene auch bei Anhörung sich nicht anders als geschehen verteidigen können oder ist es sonst ausgeschlossen, dass das Gericht bei Anhörung anders entschieden hätte, ist der Gehörsverstoß nicht entscheidungserheblich. Für Urteile hat § 33a keine Bedeutung. Er gilt auch nicht, wenn das Anhörungsrecht der StA (§ 33 II) nicht beachtet worden ist; denn sie kann nicht in dem Grundrecht nach Art 103 I GG verletzt werden (LR-Graalmann-Scheerer 8; erg Einl 27).

B. **Unanfechtbarkeit des Beschlusses:** Gemeint ist nur der Fall, dass das Gesetz die Anfechtung mit Beschwerde oder weiterer Beschwerde (§ 310) ausdrücklich ausschließt (KG NJW **66**, 991); dazu gehört auch der Ausschluss nach §§ 28 II, 305 S 1. Hat der Betroffene das zulässige Rechtsmittel versäumt oder zurückgenommen, so gilt § 33a nicht (Celle NJW **68**, 1391; Stuttgart NJW **74**, 284). Die Vorschrift ist aber entspr anwendbar, wenn dem Verurteilten ohne vorherige Anhörung die Strafaussetzung widerrufen und der Beschluss öffentl zugestellt worden ist, weil sein Aufenthalt nicht zu ermitteln war (BGH **26**, 127; Düsseldorf JR **93**, 125; Hamm NJW **77**, 61). Andere Rechtsbehelfe iS des § 33a sind insbesondere Anträge nach §§ 44, 319 II, 346 II. **4**

Bei **noch anfechtbaren Beschlüssen** ist die Pflicht zur Heilung des Verstoßes **5** gegen das rechtliche Gehör selbstverständlich nicht geringer als im Fall des § 33a (BVerfG DAR **76**, 239; erg 7 zu § 306; vgl auch § 311 III S 2).

C. Zum **Nachteil eines Beteiligten** muss der Beschluss ergangen sein, und der **6** Nachteil muss noch bestehen (Düsseldorf NStE Nr 7). Nachteil ist gleichbedeutend mit Beschwer (LG Krefeld NJW **77**, 642; KK-Maul 4; erg 8 ff vor § 296). Daher genügt es nicht, dass sich der Beteiligte durch die Beschlussgründe belastet fühlt. Der Nachteil besteht nicht mehr, wenn die Beschwer entfallen ist; er wird auch dann zu verneinen sein, wenn ein Interesse an der Feststellung der Rechtswidrigkeit einer erledigten Maßnahme (18a vor § 296) nicht gegeben ist (Celle NJW **73**, 863; **aM** Esskandari StraFo **97**, 292).

3) Nachholungsverfahren: Auf Antrag des Betroffenen, der an keine Frist gebunden ist, aber ebenso wenig wie ein unbefristetes Rechtsmittel (6 vor § 296) beliebig lange hinausgezögert werden darf (Koblenz wistra **87**, 357), muss nachträglich rechtliches Gehör gewährt werden; eine Form schreibt das Gesetz für den Antrag nicht vor (Bay **73**, 42). Über den Antrag, für die Voraussetzungen des **7**

§ 33a

§ 33a dartun muss (Koblenz wistra **87**, 357; LR-Graalmann-Scheerer 19), ist auch zu entscheiden, wenn er nicht ausreichend substantiiert ist (BGH 2 ARs 410/14 vom 18.4.2016) oder wenn die Voraussetzungen des § 33a nicht vorliegen (KG JR **84**, 39); er wird dann kostenfällig als unzulässig verworfen (Köln NStZ **06**, 181). Dafür entsteht (ebenso wie bei Verwerfung als unbegründet) eine Gerichtsgebühr von 60 € (Nr. 3920 KVGKG).

8 **Von Amts wegen** wird das Nachtragsverfahren eingeleitet, wenn das Gericht auf andere Weise als durch einen Antrag des Betroffenen von dem Rechtsverstoß erfährt (BayVerfGHE **39** II 82), nicht aber in jedem Fall, wenn von der Anhörung nach § 33 IV S 1 abgesehen worden war (dort 17). Äußert sich der Betroffene, dem dazu zweckmäßigerweise eine Frist gesetzt wird, nicht, so wird das Nachholungsverfahren formlos abgeschlossen (Düsseldorf JurBüro **86**, 1216; vgl KK-Maul 10). Von der Anhörung von Amts wegen darf nicht deshalb abgesehen werden, weil sie zuvor infolge Verschuldens des Betroffenen nicht möglich war. Sie darf aber unterbleiben, wenn er trotz Kenntnis der Beschlussgründe bewusst auf eine nachträgliche Äußerung verzichtet hatte und daher zu erwarten ist, dass er auch auf Anfrage keine Erklärung zur Sache abgeben werde (KK-Maul 8).

9 **4) Überprüfungsverfahren:** Hat der Betroffene nachträglich rechtliches Gehör erhalten und dazu eine Stellungnahme abgegeben, so muss das Gericht prüfen, ob die frühere Entscheidung abgeändert werden muss (BVerfG NJW **90**, 3191). Zulässig ist das nur, wenn sie auf der Verletzung des rechtlichen Gehörs beruhen kann (Karlsruhe Justiz **85**, 319). Eine Schlechterstellung des Betroffenen ist nicht statthaft (Bay **73**, 42). Die Abänderung erfolgt wie bei der Wiedereinsetzung in den vorigen Stand nach § 44 dadurch, dass das Verfahren durch Beschluss in die Lage zurückversetzt wird, in der es sich vor Erlass der beschwerenden Entscheidung befand. Die Vollstreckung der Entscheidung wird durch den Beschluss nicht gehemmt; das Gericht kann jedoch einen Aufschub der Vollstreckung anordnen (S 2 iVm § 47). Ist eine Änderung nicht erforderlich, so muss gleichwohl ein neuer Beschluss erlassen werden.

10 **5) Beschwerde:** Die Ablehnung der nachträglichen Gewährung des rechtlichen Gehörs oder der Zurückversetzung in die frühere Lage aus formellen Gründen ist unanfechtbar (Bremen NStZ-RR **19**, 314; Hamburg NJW **17**, 2360; Frankfurt NStZ-RR **12**, 315; Müller-Metz NStZ-RR **16**, 52; **aM** KG NJW **66**, 991; StV **16**, 545 mwN; Celle NJW **12**, 2899: Beschwerde nach § 304). Die sachliche Überprüfungsentscheidung ist nicht anfechtbar; denn das würde auf die Zulassung der (gesetzlich ausgeschlossenen) weiteren Beschwerde hinauslaufen (KG aaO; StV **17**, 657; Celle aaO; Frankfurt NStZ-RR **03**, 79). Das gilt auch, wenn mit der Beschwerde geltend gemacht wird, das Gericht habe die vom Betroffenen vorgebrachten Umstände inhaltlich nicht genügend „verarbeitet" (BbgVerfG NStZ-RR **00**, 172, 173; **aM** Bringewat StVollstr 28 zu § 453; Hanack JR **74**, 113). Beschwerde ist auch dann unzulässig, wenn behauptet wird, dem Gericht sei bei erneuter Sachentscheidung (wiederum) ein Verstoß gegen Art 103 I GG unterlaufen (Frankfurt NStZ-RR **12**, 315; SSW-Mosbacher/Claus 12; **aM** Frankfurt NStZ-RR **05**, 23). Ausnahmsweise ist die Beschwerde dagegen statthaft, wenn das Gericht seinen ursprünglichen Beschluss aufhebt und nun gegenteilig entscheidet (LG Aachen MDR **92**, 790; SSW-Mosbacher/Claus aaO; SK-Weßlau/Weißer 32; Katzenstein StV **03**, 364; **aM** Düsseldorf JR **93**, 125 mit abl Anm Wendisch), ferner, wenn eine rechtskräftige Entscheidung ohne Vorliegen der Voraussetzungen des § 33a abgeändert worden ist (Karlsruhe Justiz **85**, 319). Das Recht auf Wiedereinsetzung nach § 44 wird durch § 33a nicht berührt (LG Flensburg DAR **85**, 93). Eine Verfassungsbeschwerde gegen einen die Nachholung gem S 1 ablehnenden Beschluss ist unzulässig (BayVerfGH NStZ-RR **13**, 380).

11 **6)** Die Anhörungsrüge ist Zulässigkeitsvoraussetzung für eine **Verfassungsbeschwerde** gegen die zugrunde liegende Entscheidung (BVerfG 2 BvR 2474/15 vom 11.1.2016).

Gerichtliche Entscheidungen § 34

Begründung anfechtbarer und ablehnender Entscheidungen

34 Die durch ein Rechtsmittel anfechtbaren Entscheidungen sowie die, durch welche ein Antrag abgelehnt wird, sind mit Gründen zu versehen.

1) Der **Begründungszwang** dient dem Zweck, die Anfechtungsberechtigten 1 in die Lage zu versetzen, eine sachgemäße Entscheidung über ihr weiteres prozessuales Vorgehen, insbesondere über die Einlegung eines Rechtsmittels, zu treffen; ferner soll dem Rechtsmittelgericht die Prüfung der Entscheidung ermöglicht werden (RG **75**, 11, 13; KG StV **86**, 142; Düsseldorf StV **91**, 521 mwN). Die Gerichte sind aber nicht verpflichtet, sich in den Entscheidungsgründen mit jedem Vorbringen zu befassen (BVerfGE **13**, 132, 149; **47**, 182, 187; vgl dazu aber Wagner ZStW **106**, 274: Begründungspflicht folgt aus Art 20 III GG). Das gilt besonders bei letztinstanzlichen, mit ordentlichen Rechtsmitteln nicht mehr angreifbaren Entscheidungen (BVerfGE **65**, 293, 295; BVerfG NJW **95**, 2912; **97**, 1693). Zur Abfassung revisionsrichterlicher Entscheidungen – krit gegenüber der BGH-Rspr – Fezer HRRS **10**, 281.

2) **Anfechtbare Entscheidungen** iS des § 34 können nur Sachentscheidungen 2 sein, gleichgültig, ob sie sich auf verfahrensrechtliche oder sachlich-rechtliche Fragen beziehen. Unmittelbar anfechtbar brauchen sie nicht zu sein; es genügt, dass sie auf Beschwerde, Berufung oder Revision geprüft werden können (KK-Maul 2); dies erstreckt sich auf Entscheidungen, die nicht selbständig angefochten (zB §§ 28 II S 2, 305 S 1, 336), sondern nur inzident mit der Revision überprüft werden können (SK-Weßlau/Weißer 3). Auf Verfügungen, die nur den Gang des Verfahrens bestimmen oder die Prozessleitung betreffen, ist § 34 nicht anwendbar (LR-Graalmann-Scheerer 8).
Entscheidungen, durch die ein Antrag abgelehnt wird, sind nur solche, 3 die einen Antrag voraussetzen. Sind sie von Amts wegen zu treffen, so brauchen sie demnach streng genommen auch dann nicht begründet zu werden, wenn ein Antrag gestellt worden war (so BGH **15**, 253). Die hM verlangt aber unter dem Gesichtspunkt des rechtlichen Gehörs und der dem Gericht obliegenden Fürsorgepflicht (Einl 155 ff) auch in diesen Fällen eine Begründung, vor allem dann, wenn ein Prozessbeteiligter dem Antrag eines anderen widersprochen hat (vgl LR-Graalmann-Scheerer 8, 9).

3) Der **Inhalt der Begründung,** auch der mündlichen (5 zu § 35), muss die 4 rechtlichen und tatsächlichen Erwägungen erkennen lassen, auf denen die Entscheidung beruht (Mosbacher Miebach-SH 21). Die bloße Wiedergabe des Gesetzeswortlauts genügt nicht (Bay **52**, 257, 258; Köln StV **88**, 335, 336), auch nicht allgemeine oder formelhafte Wendungen. Das Maß der aus dem Anspruch auf rechtliches Gehör folgenden Erörterungspflicht wird nicht nur durch die Bedeutung des Vortrags der Beteiligten für das Verfahren bestimmt, sondern auch durch die Schwere eines zur Überprüfung gestellten Grundrechtseingriffs (BVerfG NJW **04**, 1519). Bezugnahmen auf andere Entscheidungen sind zulässig, soweit das Gesetz nichts anderes bestimmt und die Verständlichkeit der Begründung darunter nicht leidet, insbesondere auch, wenn eine bloße Wiederholung eines früher gestellten Antrags vorliegt (BGH NStZ-RR **04**, 118).
Ermessensentscheidungen brauchen idR eine Begründung nur in der Weise, 5 dass das Ermessen als rechtliche Grundlage der Entscheidung erkennbar ist (BGH **1**, 175, 177; Celle NJW **61**, 1319; Hamburg MDR **70**, 255; Mosbacher Miebach-SH 21). Wenn andernfalls Zweifel möglich sind, muss die Begründung aber deutlich machen, welche Ermessensentscheidung getroffen und welcher von mehreren möglichen Fällen als gegeben angenommen worden ist (BGH aaO). Wenn die tatsächlichen oder rechtlichen Umstände dazu drängen, muss auch dargelegt werden, dass es sich um eine reine Ermessensfrage handelt, nicht um eine

§ 34a

Rechtsfrage (vgl SK-Weßlau/Weißer 10). Es dürfen keine Zweifel daran bleiben, dass die Grenzen des Ermessens beachtet worden sind.

6 **Besondere Bestimmungen** enthalten für Urteile § 267, für die Richterablehnung § 26a II S 2, für den Haftbefehl § 114 II, III, für den Eröffnungsbeschluss §§ 204, 207, für den Vorlagebeschluss § 225a III und für den Verweisungsbeschluss § 270 II.

7 4) Das **Fehlen der Begründung** führt bei Urteilen zwingend zur Urteilsaufhebung (§ 338 Nr 7), bei Beschlüssen des erkennenden Gerichts kommt es auf das Beruhen an (§ 337). Ansonsten entscheidet bei Beschlüssen das Beschwerdegericht idR in der Sache (7 zu § 309). Zu einem Beweisverwertungsverbot führt die fehlende (oder unzureichende) Begründung allerdings grundsätzlich nicht (dazu eingehend und krit Schmidt StraFo **09**, 448; SK-Weßlau/Weißer 18).

Eintritt der Rechtskraft bei Verwerfung eines Rechtsmittels durch Beschluss

34a Führt nach rechtzeitiger Einlegung eines Rechtsmittels ein Beschluß unmittelbar die Rechtskraft der angefochtenen Entscheidung herbei, so gilt die Rechtskraft als mit Ablauf des Tages der Beschlußfassung eingetreten.

1 1) Der **Eintritt der Rechtskraft** ist maßgebend für den Beginn der Vollstreckbarkeit des Strafurteils (§ 449), für die Strafzeitberechnung nach §§ 37 ff StVollstrO (dazu Pohlmann Rpfleger **79**, 126), für den Beginn der Bewährungszeit (§ 56a II S 1 StGB) und der Führungsaufsicht (§ 68c III S 1 StGB) sowie für die Eintragungsfähigkeit einer Verurteilung in das Zentralregister (§ 4 BZRG). Das sachliche Recht macht auch den Beginn von Rechtsfolgen vom Eintritt der Rechtskraft der Entscheidung abhängig, zB den des Rechtsverlusts nach § 45 StGB (§ 45a I StGB), der Entziehung der Fahrerlaubnis (§§ 69 III S 1, 69a V S 1 StGB), des Berufsverbots (§ 70 IV S 1 StGB), und für den Eigentumsübergang nach §§ 73e I, 74 I StGB.

2 **Herbeigeführt** wird die Rechtskraft strafgerichtlicher Entscheidungen entweder durch nicht angefochtene oder nicht weiter anfechtbare Urteile oder durch Beschlüsse.

3 Da **Urteile** verkündet werden müssen (§ 268 II S 1), kann insoweit kein Zweifel über den Zeitpunkt ihres Erlasses und des daran geknüpften Eintritts der Rechtskraft entstehen. Bei nicht anfechtbaren Urteilen ist der Tag der Verkündung maßgebend. Entsteht die Rechtskraft mit dem ungenutzten Ablauf der Rechtsmittelfrist, so wird die Entscheidung mit dem Beginn des 1. Tages nach dem Ablauf der Frist rechtskräftig, falls dieser Zeitpunkt nicht durch § 43 II hinausgeschoben wird.

4 Führt ein **Beschluss** unmittelbar die Rechtskraft der angefochtenen Entscheidung herbei, so kommt es für den Eintritt der Rechtskraft an sich auf den Tag an, an dem der Beschluss erlassen worden ist. Das kann nicht nur aus Rechtsgründen (9 vor § 33), sondern auch in tatsächlicher Hinsicht zweifelhaft sein. Aus Gründen der Rechtssicherheit unterstellt daher § 34a, dass die Rechtskraft mit dem Ablauf des Tages der Beschlussfassung eingetreten ist (erg unten 7). Das ermöglicht es, den Zeitpunkt des Eintritts der Rechtskraft ohne weiteres aus dem Beschluss abzulesen. Für Beschlüsse, die in einer Verhandlung verkündet werden, hat § 34a keine Bedeutung.

5 2) Nur wenn **nach rechtzeitiger Einlegung eines Rechtsmittels** ein Beschluss unmittelbar, dh ohne die Möglichkeit weiterer Anfechtung, die Rechtskraft herbeiführt, ist § 34a anwendbar. Er hat insbesondere Bedeutung für Beschlüsse der Revisionsgerichte nach § 349 I, mit denen das Rechtsmittel aus anderen Gründen als wegen verspäteter Einlegung verworfen wird (23 zu § 349), und für Verwerfungsbeschlüsse nach § 349 II, gilt aber auch für Entscheidungen der Rechtsmittelgerichte nach §§ 322 II, 346 II, mit denen der Beschluss über die Verwerfung eines rechtzeitig eingelegten Rechtsmittels bestätigt wird (LR-Graalmann-Scheerer 9; erg 5 zu § 346). Der Beschluss, mit dem eine rechtzeitig eingelegte Berufung nach § 322 I oder eine rechtzeitig eingelegte Revision nach § 346 I verworfen wird, führt nicht unmittelbar die Rechtskraft des Urteils herbei (2 zu § 322; 5 zu § 346).

Bei **verspäteter Rechtsmitteleinlegung** bedarf es der verfahrenserleichternden Unterstellung des § 34a nicht. Denn wenn eine verspätete Berufung nach § 319 I oder § 322 I oder eine verspätete Revision nach § 346 I oder § 349 I verworfen wird, hat das für den Eintritt der Rechtskraft nur feststellende Bedeutung; sie ist bereits mit dem Ablauf der Anfechtungsfrist eingetreten (1 zu § 316; 1 zu § 319; 5 zu § 346; 23 zu § 349). Aus demselben Grund ist § 34a für Beschlüsse, mit denen die sofortige Beschwerde nach § 319 II verworfen wird, bedeutungslos. 6

3) **Mit dem Ablauf des Tages der Beschlussfassung** tritt nach § 34a die Rechtskraft ein. Tag der Beschlussfassung iS der Vorschrift ist der Tag, dessen Datum der Beschluss trägt. Auf den Zeitpunkt seines Erlasses (5 ff vor § 33) kommt es nicht an, bei Beschlüssen eines Kollegialgerichts auch nicht auf den Tag, an dem über die Entscheidung beraten und abgestimmt worden ist (KK-Maul 7). Der Ablauf des Tages der Beschlussfassung fällt zusammen mit dem Beginn des auf die Beschlussfassung folgenden Tages. Bei einem zeitlich fest begrenzten Rechtsverlust ist daher die Berechnungsregel des § 43 I anzuwenden, nicht aber § 43 II, der nur für Prozesserklärungsfristen gilt. 7

Bekanntmachung

35 I ¹ **Entscheidungen, die in Anwesenheit der davon betroffenen Person ergehen, werden ihr durch Verkündung bekanntgemacht.** ² **Auf Verlangen ist ihr eine Abschrift zu erteilen.**

II ¹ **Andere Entscheidungen werden durch Zustellung bekanntgemacht.** ² **Wird durch die Bekanntmachung der Entscheidung keine Frist in Lauf gesetzt, so genügt formlose Mitteilung.**

III **Dem nicht auf freiem Fuß Befindlichen ist das zugestellte Schriftstück auf Verlangen vorzulesen.**

1) **Entscheidungen** iS der Vorschrift sind alle gerichtlichen Entscheidungen einschließlich der prozessleitenden Verfügungen, die für den weiteren Verfahrensverlauf von Bedeutung sind (Braunschweig JZ **53**, 640, 641; Hamm VRS **66**, 44, 45), zB die Ablehnung eines Beweisantrags oder eines Vertagungsantrags (RG **23**, 136), die Bestellung eines Pflichtverteidigers gemäß § 142 und der Beschluss über die Entbindung nach § 233 (RG **44**, 47; **62**, 259). 1

Zum Begriff des **Betroffenen** vgl 4 zu § 33. Der Betroffene braucht nicht beschwert zu sein (Braunschweig aaO); § 35 gilt auch, wenn er durch die Entscheidung begünstigt wird. Die StA ist, außer im Privatklageverfahren, stets betroffen. 2

Zur Frage, ob **Betroffene ohne ausreichende Kenntnis der deutschen Sprache** eine schriftliche Übersetzung der Gerichtsentscheidung verlangen können, vgl 3, 4 zu § 187 GVG sowie 26, 27 zu Art 6 EMRK. 3

2) **Verkündung der in Anwesenheit des Betroffenen ergehenden Entscheidungen (I):** 4

A. Die **Verkündung (I S 1)** ist die Form der Bekanntmachung von Urteilen und anderen Entscheidungen, die in der Hauptverhandlung oder in einer anderen Verhandlung, zB bei einer kommissarischen Vernehmung nach § 223, ergehen. Für die Urteilsverkündung gilt § 268 II, der im Jugendstrafverfahren durch § 54 II **JGG** eingeschränkt wird. Von den Beschlüssen, die in Anwesenheit der davon Betroffenen ergehen, wird (durch Verlesung oder in freier Rede) der wesentliche Inhalt mitgeteilt (RG **44**, 53), soweit erforderlich auch die Gründe. Der Mangel wirksamer Verkündung kann bei Beschlüssen, nicht bei Urteilen, durch schriftliche Bekanntmachung geheilt werden Die Verkündung ist Sache des Richters, bei Kol- 5

§ 35

legialgerichten des Vorsitzenden (Oldenburg NJW **52**, 1310), der sie aus besonderen Gründen einem anderen Richter, aber niemand anderem übertragen kann (LR-Graalmann-Scheerer 7). Sie ist in der Sitzungsniederschrift zu beurkunden (§ 273 I); außerhalb einer Hauptverhandlung wird sie in den Akten vermerkt.

6   B. Der **Anspruch auf Erteilung einer Abschrift (I S 2)** bezieht sich nur auf Entscheidungen, nicht auf andere Aktenbestandteile (BGH MDR **73**, 371 [D]; LR-Graalmann-Scheerer 10; erg 6 zu § 147). Über die Erteilung entscheidet der Vorsitzende des Gerichts, das die Entscheidung erlassen hat, und zwar unverzüglich. Ist die Entscheidung in der Hauptverhandlung verkündet worden, so kann die Abschrift erst nach Fertigstellung des Protokolls verlangt werden (RG **44**, 53), sofern der Betroffene nicht ein besonderes Interesse an einer früheren Erteilung hat (Mosbacher Miebach-FS 22; weitergehend LR-Graalmann-Scheerer 12; SK-Weßlau/Weißer 13: alle bedeutsameren Beschlüsse), bei mehrtägigen Hauptverhandlungen jedoch idR nach Ende des einzelnen Hauptverhandlungstages. Auf die Erteilung einer Abschrift des Beschlusses, mit dem ein Beweisantrag abgelehnt worden ist, besteht ein Anspruch, wenn er eine längere Begründung enthält (BGH NStZ **08**, 110). Auch wer Beschwerde gegen einen Ordnungsmittelbeschluss nach § 178 GVG einlegen will, kann sofort eine Beschlussabschrift verlangen (Karlsruhe Justiz **77**, 385). Über die Kosten vgl Nr 9000 KVGKG. Die (kostenlose) Übersendung des rechtskräftigen Urteils und der Beschlüsse nach § 268a schreibt RiStBV 140 vor.

7   Der **Anspruch auf Abschriftserteilung entfällt,** wenn er ohne jeden Zusammenhang mit irgendeinem auch nur entfernt in Betracht kommenden strafverfahrensrechtlichen Zweck geltend gemacht wird (KG JR **60**, 352 L; KMR-Ziegler 6; **aM** KK-Maul 8; LR-Graalmann-Scheerer 9), nicht aber deshalb, weil die Entscheidung bereits rechtskräftig ist (KK-Maul 10). Nach endgültigem Abschluss des Verfahrens ist I S 2 nicht mehr anwendbar; dann entscheidet die aktenverwahrende JV. Sie wird dem Verlangen idR stattgeben, wenn der Antragsteller früher einen Anspruch nach I S 2 hatte, es sei denn, dass kein schutzwürdiges Interesse dargetan ist.

8   Das **öffentliche Geheimhaltungsinteresse** (RiStBV 213) kann zur Beschränkung führen. Wird durch die Abschrift ein Staatsgeheimnis iS des § 93 StGB gefährdet, so werden die Teile weggelassen, die es enthalten. Dafür kann uU Einsicht in die unverkürzte Entscheidung auf der Geschäftsstelle angeboten werden. Dem Verteidiger kann die vollständige Abschrift erteilt werden, wenn ein gesetzliches Schweigegebot nach § 174 II GVG und die Anordnung der Rückgabe nach bestimmter Zeit als Sicherungsmaßnahmen genügen. Darüber hinaus werden idR noch Auflagen über Verwahrung, Fertigung von Abschriften und Zugänglichmachung an andere notwendig sein (BGH **18**, 369, 373; erg 24 zu 200). Rechtliche Ausführungen sind nie geheim.

9   **3) Zustellung der in Abwesenheit des Betroffenen erlassenen Entscheidungen** (II):

10   A. Die förmliche **Zustellung (II S 1)** einer Ausfertigung oder beglaubigten Abschrift (2 zu § 37) ist ein in der gesetzlichen Form (§§ 37–41) zu bewirkender Akt, durch den dem Adressaten Gelegenheit verschafft wird, von einem Schriftstück Kenntnis zu nehmen (BGH NJW **78**, 1858; Rosenberg/Schwab/Gottwald § 73 I 1). Sie ist nicht nur erforderlich, wenn eine Frist in Lauf gesetzt wird, sondern auch bei Mitteilungen, durch die dem Abwesenden das rechtliche Gehör gewährt werden soll (BGH **27**, 85, 75; vgl auch BVerfGE **36**, 85, 88). Zuzustellen ist auch die Ladung, wenn die Ladungsfrist (§§ 217, 218, 323) zu wahren ist (RiStBV 117 I S 1).

11   Für die **Mitteilung von Urteilen** gelten keine Besonderheiten mehr; wenn sie nicht anfechtbar sind, genügt die formlose Mitteilung. Über Zustellungen durch die StA vgl RiStBV 91 II S 1, 105 V.

B. Die **formlose Mitteilung (II S 2)** erfolgt schriftlich (Hamm VRS **57**, 125); 12 mündliche Eröffnung und Beurkundung durch den UrkB ist nicht zulässig (LR-Graalmann-Scheerer 23). IdR wird eine Ausfertigung oder Abschrift der Entscheidung durch einfachen Brief übersandt. Die formlose Mitteilung reicht aus, wenn durch die Bekanntmachung der Entscheidung keine strafprozessuale Frist (Fristen für die Verfassungsbeschwerde [Einl 235] und für den Antrag nach Art 26 EMRK brauchen nicht berücksichtigt zu werden) in Lauf gesetzt wird. Daraus ergibt sich zugleich, dass ein Beschluss nicht rechtskräftig wird, wenn er dem Anfechtungsberechtigten nicht förmlich zugestellt wird (BGH **26**, 140; Celle JR **78**, 337; Schleswig SchlHA **78**, 87). Durch die Verkündung der Entscheidung in der Hauptverhandlung kann ihre formlose Mitteilung stets ersetzt werden (BGH **15**, 384; KK-Maul 18; a**M** EbSchmidt 9).

4) Die **Zustellung an behördlich Verwahrte (III)** richtet sich nach den all- 13 gemeinen Vorschriften; nur die Ersatzzustellung ist beschränkt (9 zu § 37). Nicht auf freiem Fuß ist jeder, dem die Freiheit auf Anordnung des Richters oder einer Behörde entzogen und der dadurch in der Wahl seines Aufenthalts beschränkt ist (BGH **4**, 308; **13**, 209, 212). Die Verlesung nach III ersetzt die Zustellung nicht; das Verlangen, ihm das Schriftstück vorzulesen, setzt vielmehr voraus, dass es dem Inhaftierten vorher wirksam zugestellt worden war. Wird dem Verlangen nicht stattgegeben, so berührt das die Wirksamkeit der Zustellung nicht.

5) **Gesetzliche Pflichten zur Mitteilung** der ergangenen Entscheidungen 14 sind zu beachten, etwa nach § 49 BeamtStG, § 125c I S 1 Nr 3, S 2, II BRRG (MiStra 15) für die einen Rechtszug abschließenden Urteile und Beschlüsse sowie Haft- und Unterbringungsbefehle in Strafsachen gegen Beamte oder nach § 27 III, IV BtMG (MiStra 50) für die das Verfahren abschließenden Entscheidungen wegen Verstößen gegen das BtMG oder mit dem Betäubungsmittelverkehr in Zusammenhang stehender Taten. Vgl ferner § 8 EGStPO und §§ 12 ff EGGVG (siehe jeweils dort).

Rechtsmittelbelehrung RiStBV 142

35a ¹Bei der Bekanntmachung einer Entscheidung, die durch ein befristetes Rechtsmittel angefochten werden kann, ist der Betroffene über **die Möglichkeiten der Anfechtung und die dafür vorgeschriebenen Fristen und Formen zu belehren.** ²Bei der Bekanntmachung eines Urteils ist der Angeklagte auch über die Rechtsfolgen des § 40 Absatz 3 und des § 350 Absatz 2 sowie, wenn gegen das Urteil Berufung zulässig ist, über die Rechtsfolgen der §§ 329 und 330 zu belehren. ³Ist einem Urteil eine Verständigung (§ 257c) vorausgegangen, ist der Betroffene auch darüber zu belehren, dass er **in jedem Fall frei in seiner Entscheidung ist, ein Rechtsmittel einzulegen.**

1) Eine **Rechtsmittelbelehrung (S 1)** ist bei der Bekanntmachung einer 1 durch befristetes Rechtsmittel anfechtbaren Entscheidung zu erteilen (vgl allg Warda MDR **57**, 717; dh bei der Verkündung (§ 35 I S 1) oder Zustellung (§ 35 II S 1) der Entscheidung.

A. **Befristete Rechtsmittel** sind sofortige Beschwerde (§ 311), Berufung 2 (§§ 312 ff) und Revision (§§ 333 ff).

Der Antrag auf Wiedereinsetzung nach § 44 ist kein Rechtsmittel iS des § 35a 3 (BGH NStE Nr 20 zu § 44; Hamm VRS **63**, 362; Schrader NStZ **87**, 447 fordert gleichwohl die Rechtsmittelbelehrung; zust Nöldeke NStZ **91**, 71; erg 24 zu § 44); aber die **Vorschrift gilt entspr** für die Wiedereinsetzung gegen Abwesenheitsurteile (§§ 235 S 2, 329 III, 412; vgl RiStBV 142 III S 2), ferner für Anträge auf Entscheidung des Rechtsmittelgerichts (§§ 319 II S 3, 346 II S 3).

B. Der **Betroffene** ist zu belehren, dh derjenige, der gegen die Entscheidung 4 ein befristetes Rechtsmittel einlegen kann (Bay **66**, 90, 91), auch wenn er rechts-

§ 35a

kundig oder durch einen Anwalt verteidigt oder vertreten ist (KK-Maul 6). Das Fehlen einer Beschwer (8 ff vor § 296) macht die Belehrung nicht entbehrlich, sofern es nicht offensichtlich ist (LG Oldenburg NdsRpfl **75**, 249). Für Erziehungsberechtigte und gesetzliche Vertreter gilt § 67 II **JGG**; sind sie bei der Urteilsverkündung abwesend, so werden sie nicht belehrt (BGH **18**, 21; Brunner/Dölling 10 zu § 67 **JGG**).

5   Die Belehrung der **StA** und der am Verfahren beteiligten Staatsorgane (Naumburg NStZ **07**, 603: Bußgeld- und Strafsachenstelle des FA) ist nicht nur überflüssig, sondern unangebracht, nicht aber die Belehrung anfechtungsberechtigter Verwaltungsbehörden (Bay **66**, 90).

6   Ein **Verzicht** des Betroffenen auf die Belehrung ist zulässig (BGH NStZ **84**, 329; Hamm NJW **56**, 1330; Zweibrücken MDR **78**, 861); er kann darin liegen, dass der Verteidiger die Belehrung übernimmt (Hamm MDR **78**, 337).

7   C. **Form der Belehrung:** Die Belehrung, die klar, unmissverständlich und vollständig sein muss (BGH **24**, 15, 25), ist Sache des Gerichts, nicht der StA (Hamm NJW **54**, 812; Schleswig SchlHA **55**, 227; vgl aber Warda MDR **57**, 720). Bei der Verkündung einer Entscheidung erfolgt sie mündlich, wobei auf ein Merkblatt verwiesen werden kann. Das Merkblatt ist dem Betroffenen stets auszuhändigen (BVerfG NJW **96**, 1811 mwN; vgl auch RiStBV 142 I S 2; einschr BVerfG NStZ **07**, 416: auch bei Belehrung über Revision (!) nur bei Anhaltspunkten für mangelndes Verständnis in der Person des Angeklagten); die Aushändigung des Merkblatts allein genügt (Düsseldorf VRS **96**, 111). Hat der Betroffene sich vorher entfernt, so unterbleibt die mündliche Belehrung; das Gericht ist aber verpflichtet, sie schriftlich nachzuholen, es sei denn, der Angeklagte habe sich gerade mit dem Ziel entfernt, die Rechtsmittelbelehrung zu unterlaufen (Düsseldorf ZfZ **84**, 218; **aM** Köln NStZ **09**, 655 L), auch wenn sich herausstellt, dass der Betroffene die mündliche Belehrung missverstanden hat, kann die Fürsorgepflicht (Einl 155 ff) gebieten, sie bei der Zustellung der Entscheidung schriftlich zu wiederholen (Koblenz MDR **77**, 425; vgl auch KG VRS **99**, 440). Bei Zustellung einer Entscheidung wird schriftlich belehrt, und zwar entweder in der Entscheidung selbst oder durch Beifügung eines Merkblatts (RiStBV 142 III S 1).

8   Die mündliche Belehrung wird nach § 273 I im **Sitzungsprotokoll** beurkundet (Köln OLGSt Nr 1; vgl RiStBV 142 I S 4); zum Umfang der Beweiskraft vgl 6 zu § 274. Die Beifügung des Merkblatts wird in der Zustellungsurkunde vermerkt (RiStBV 142 III S 1 Hs 2); der fehlende Vermerk erbringt aber allein noch keinen Beweis dafür, dass die Belehrung nicht beigefügt war (Stuttgart NStZ-RR **11**, 17; **aM** Düsseldorf NStZ **86**, 233 mit Anm Wendisch).

9   Gegenüber einem **der deutschen Sprache nicht mächtigen Betroffenen** wirkt in der Hauptverhandlung oder bei sonstiger mündlicher Belehrung ein Dolmetscher mit (4 zu § 185 GVG). Die durch ihn zu vermittelnde Rechtsmittelbelehrung muss den Hinweis enthalten, dass die schriftliche Rechtsmitteleinlegung in deutscher Sprache erfolgen muss (unten 12). Da die Gerichtssprache Deutsch ist (§ 184 GVG), hat der Ausländer keinen darüber hinausgehenden Anspruch auf Aushändigung eines Belehrungs-Merkblatts in seiner Sprache (Köln VRS **67**, 251; **aM** LR-Graalmann-Scheerer 20; SK-Weßlau/Weißer 16). Es wird ihm grundsätzlich zugemutet, sich bei schriftlicher Belehrung selbst um die Übersetzung zu bemühen (siehe aber auch 13 zu § 44). Nur wenn die Belehrung dazu dient, das rechtliche Gehör zu gewähren, insbesondere im Fall des § 409 I S 1 Nr 7, sollte sie grundsätzlich in einer dem Betroffenen verständlichen Sprache erteilt werden (BVerfGE **42**, 120; AK-Kirchner 11; weitergehend noch BVerfGE **40**, 95; Kotz StV **12**, 627: erg 22 zu § 44).

10   D. **Inhalt der Belehrung:** Über die Möglichkeit der Anfechtung, die Art des Rechtsmittels und die dafür vorgeschriebenen Fristen und Formen wird belehrt. Die Angabe des Gerichts oder der Gerichte, bei denen das Rechtsmittel einzulegen ist, ist erforderlich (Stuttgart StraFo **07**, 114), aber nicht notwendig mit Straße und Hausnummer (Warda MDR **57**, 520; **aM** LR-Graalmann-Scheerer 23).

§ 35a

Die Belehrung muss sich auch auf den Beginn der **Frist** erstrecken; jedoch 11
bleibt die konkrete Berechnung des Laufs der Frist dem Betroffenen überlassen
(BVerfGE **31**, 388, 390; KK-Maul 9); daher braucht die Belehrung nicht den
Hinweis auf § 43 II zu enthalten. Belehrt werden muss auch darüber, dass das
Rechtsmittel innerhalb der Frist bei Gericht eingegangen sein muss (BGH **8**, 105;
Saarbrücken NStZ **86**, 470; LG Saarbrücken NStZ-RR **02**, 334 mwN).

Zu der Belehrung über die **Form** gehört bei Ausländern auch der Hinweis, dass 12
die schriftliche Rechtsmitteleinlegung in deutscher Sprache erfolgen muss (BVerfGE **64**, 135, 149; BGH **30**, 182; StraFo **05**, 419; KG JR **77**, 129; Düsseldorf
MDR **82**, 866; vgl auch RiStBV 142 I S 3).

E. Das **Unterlassen der Belehrung** führt zur Anwendung des § 44 S 2 (dort 13
22). Auf den Beginn der Rechtsmittelfrist ist es ohne Einfluss (BGH NJW **74**,
1335; NStZ **84**, 181; 329; KK-Maul 16).

Die **unvollständige Belehrung** steht der unterlassenen gleich, wenn die Lü- 14
ckenhaftigkeit einen wesentlichen Punkt betrifft (22 zu § 44), zB wenn nicht mitgeteilt wird, bei welchem Gericht das Rechtsmittel anzubringen ist (Bay **76**, 19;
Hamburg GA **62**, 218) oder dass das Rechtsmittel innerhalb der Frist bei Gericht
eingegangen sein muss (BGH **8**, 105; Hamburg GA **63**, 348), oder wenn nicht
über die Möglichkeit der Rechtsmitteleinlegung nach § 299 (Bremen MDR **79**,
517) oder bei der Wahlmöglichkeit nach § 335 I nur über die Möglichkeit der
Revision (LG München I NJW **56**, 1368), nicht aber, wenn nur über die Möglichkeit der Berufung belehrt worden ist (KG JR **77**, 81; **aM** KK-Maul 9; LR-Graalmann-Scheerer 21).

Auch eine **falsche Belehrung** steht der unterlassenen gleich, wenn sich die 15
Unrichtigkeit auf einen wesentlichen Punkt bezieht (Hamm Rpfleger **61**, 80).
Wird zu einer zutreffenden mündlichen Belehrung ein falsches Merkblatt überreicht, so gilt die Belehrung insgesamt als unrichtig (Köln VRS **43**, 295; Neustadt
GA **60**, 121; Saarbrücken NJW **65**, 1031). Dies gilt gleichermaßen für eine widersprüchliche Belehrung, etwa wenn die mündliche Belehrung zutreffend, die ausgehändigte schriftliche Belehrung dagegen unrichtig ist (BGH NStZ **94**, 194; SK-Weßlau/Weißer 25).

2) Belehrung bei Urteilen (S 2): Bei der Bekanntmachung eines Urteils ist 16
der Angeklagte auch über die Rechtsfolge der öffentlichen Zustellung gemäß
§ 40 III und die Rechtsfolge des Nichterscheinens in der Revisionshauptverhandlung nach § 350 II zu belehren, bei zulässiger Berufung über die Rechtsfolgen der
§§ 329, 330. Der Angeklagte, der dem Gericht nach Einlegung der Berufung oder
Revision keine Kenntnis vom Wechsel seiner Anschrift gibt, kann nach § 40 III
öffentlich geladen werden. Seine **Revision** kann nach § 350 II S 2 in seiner Abwesenheit verhandelt werden, sofern kein Fall der notwendigen Verteidigung vorliegt, auch in Abwesenheit seines Verteidigers (dazu im Einzelnen 3 ff zu § 350).
Seine **Berufung** wird nach § 329 I verworfen, wenn er bei Beginn der Hauptverhandlung nicht erschienen ist. Entsprechendes gilt nach § 330 I S 2 Hs 1 für die
Berufung des gesetzlichen Vertreters. Auf diese für ihn nachteiligen Folgen muss
der Angeklagte bei der allgemeinen Rechtsmittelbelehrung nach S 1 hingewiesen
werden. Die Belehrung über die Folgen seines Ausbleibens wird nach § 323 I S 2
bei der Ladung zur Berufungsverhandlung in ausführlicherer Weise (dort 3) wiederholt. Bei fehlender Belehrung gilt auch oben 13 (Hamburg NStZ-RR **00**, 238
mwN; **aM** SK-Weßlau/Singelnstein 16 zu § 40).

3) Die vom GrS des BGH in seiner Entscheidung BGH **50**, 40, 61 vorgeschrie- 17
bene **„qualifizierte Belehrung"** bei einer Absprache ist vom Gesetzgeber für das
Verständigungsverfahren (§ 257c) in S 3 übernommen worden. Ihre Bedeutung
wird aber noch geringer als bisher schon sein (vgl Altenhain/Haimerl JZ **10**, 333):
Beruht das Urteil auf einer Verständigung, die gemäß § 257c III S 4 nur zustande
kommt, wenn StA und Angeklagter dem Vorschlag des Gerichts zustimmen, so ist
es wenig wahrscheinlich, dass ohne diese „qualifizierte Belehrung" unüberlegt von

§ 36

der Einlegung von Rechtsmitteln gegen das Urteil abgesehen werden wird. Da zudem nach der Neufassung des § 302 I S 2 (vgl dort) ein Rechtsmittelverzicht nach einer Verständigung überhaupt nicht mehr wirksam abgegeben werden kann, erscheint diese Regelung in § 35a S 3 überflüssig.

18 **Im Gegensatz zur bisherigen** – vom GrS geschaffenen – **Regelung** gilt § 35a S 3 nur nach einer Verständigung iSd § 275c, nicht etwa auch für (unzulässige) heimliche Rechtsmittelverzichtvereinbarungen: Der Widerspruch, eine Rechtsmittelverzichtvereinbarung für unzulässig zu erklären, gleichwohl aber auch für sie eine „qualifizierte Belehrung" zu verlangen, ist damit beseitigt. Nach einer Verständigung kann weder auf die gesetzlich vorgeschriebene noch auf die qualifizierte Rechtsmittelbelehrung wirksam verzichtet werden (BGH **51**, 275).

19 Ist die „qualifizierte Belehrung" **versäumt worden,** hat dies keine direkten Folgen, da ein erklärter Rechtsmittelverzicht nach § 302 I S 2 ohnehin unwirksam ist. Das Urteil wird aber gleichwohl rechtskräftig, wenn der Betroffene innerhalb der Rechtsmittelfrist kein Rechtsmittel einlegt (Frankfurt NStZ-RR **11**, 50). Wurde er allerdings nicht „qualifiziert" belehrt, kann dies die Wiedereinsetzung in den vorigen Stand gegen die Versäumung der Rechtsmittelfrist begründen, wenn der Wiedereinsetzungsantrag frist- und formgerecht (§ 45 I, II S 2) gestellt wird und der Angeklagte glaubhaft macht (§ 45 II S 1), dass er – was freilich schwer vorstellbar ist – der irrigen Meinung war, er dürfe gegen das Urteil kein Rechtsmittel einlegen (vgl aber auch zur früheren Regelung BGH **45**, 227, **47**, 238).

20 **Nur der Umstand,** dass qualifiziert belehrt wurde, nicht deren Inhalt muss protokolliert werden (BGH StraFo **09**, 335). Zur Formulierung der Belehrung vgl BGH NStZ **07**, 419. Der Verstoß gegen S 3 ist nicht revisibel (Kirsch StraFo **10**, 100).

Abschnitt 4b. Verfahren bei Zustellungen

Zustellung und Vollstreckung

36 I ¹Die Zustellung von Entscheidungen ordnet der Vorsitzende an. ²Die Geschäftsstelle sorgt dafür, daß die Zustellung bewirkt wird.

II ¹Entscheidungen, die der Vollstreckung bedürfen, sind der Staatsanwaltschaft zu übergeben, die das Erforderliche veranlaßt. ²Dies gilt nicht für Entscheidungen, welche die Ordnung in den Sitzungen betreffen.

1 **1) Zustellung durch das Gericht (I):**

2 A. **Anordnung des Vorsitzenden (S 1):** Sowohl die förmliche Zustellung (10 zu § 35) als auch die formlose Mitteilung (12 zu § 35) erfolgt auf Anordnung des Vorsitzenden. Der Strafrichter und der ersuchte und beauftragte Richter sind zuständig, wenn sie die Entscheidung getroffen haben (KK-Maul 2). Eine in Abweichung von der Anordnung des Vorsitzenden erfolgte Zustellung ist unwirksam (Oldenburg StV **18**, 77). Für Beschlüsse des Rechtspflegers (zB nach § 464b) gilt I S 1 entgegen seinem Wortlaut nicht. Die versehentlich unterlassene richterliche Anordnung kann der StA nachholen (Düsseldorf MDR **82**, 599; Schleswig SchlHA **82**, 116 [E/L]; **aM** LR-Graalmann-Scheerer 10).

3 Die Anordnung kann **sowohl schriftlich als auch mündlich** getroffen werden, muss aber wegen ihrer Bedeutung für die Zustellung im Zeitpunkt der Zustellung **aktenkundig,** im Fall einer mündlichen Anweisung jedenfalls in einem Vermerk der Geschäftsstelle festgehalten sein (BGH NJW **14**, 1686; Zweibrücken MDR **86**, 1047). Sie muss für jeden Einzelfall erfolgen. Unzulässig ist eine allgemeine Anordnung des Vorsitzenden an die Geschäftsstelle, die in seinem Spruchkörper anfallenden Entscheidungen zuzustellen (LG Zweibrücken VRS **123**, 221), soweit das nicht Aufgabe der StA ist.

4 Die Anordnung muss die **Zustellungsempfänger bezeichnen** und bestimmen, ob eine förmliche Zustellung oder eine formlose Mitteilung erfolgen soll.

Die bloße Anordnung, dass zugestellt werden soll, ist unzureichend (KG JR **77**, 521; Düsseldorf NStZ-RR **97**, 332; Hamm NStZ **82**, 479; Koblenz NStZ **92**, 194; Stuttgart MDR **76**, 245; vgl auch Celle NdsRpfl **84**, 173: Zustellung an „Verteidiger", wenn mehrere vorhanden sind), auch bei Zustellungen an die StA nach § 41 (BGH NStZ **86**, 230; **aM** Hamm OLGSt S 1). Andernfalls wäre die Zustellungsanordnung eine leere Förmlichkeit (vgl aber BGH NStZ **83**, 325, wonach die Anordnung, es solle „wie üblich" zugestellt werden, genügt, und Bay **82**, 12, das die Anordnung: „Urteil zustellen", dahin auslegt, es solle dem Verteidiger zugestellt werden).

Die **Art der förmlichen Zustellung** braucht der Vorsitzende dagegen nicht **5** zu bestimmen (Düsseldorf VRS **98**, 286; unten 6). Ist der Zustellungsempfänger bezeichnet, so genügt nach fehlgegangener Zustellung auch die Verfügung des Rechtspflegers, dass an die neue Anschrift zugestellt werden soll (Schleswig SchlHA **85**, 120 [E/L]).

B. Das **Bewirken der Zustellung (S 2),** dh die Ausführung der Anordnung, **6** ist Aufgabe der Geschäftsstelle des Gerichts. Sie bestimmt die Art der förmlichen Zustellung, wenn der Vorsitzende darüber keine Anordnung getroffen hat (Hamm JMBlNW **82**, 223), und übergibt die Sendung dem Zustellungsbeamten (vgl zur Zustellung durch Justizbedienstete zB VwV JM BW vom 5.11.2007, Justiz **07**, 376) oder (mit vorbereiteter Zustellungsurkunde) einem beliehenen Postunternehmen. Gemäß § 33 PostG sind marktbeherrschende Lizenznehmer, die Briefzustelldienstleistungen erbringen, verpflichtet, Schriftstücke förmlich zuzustellen, und als beliehene Unternehmer mit entspr Hoheitsbefugnissen ausgestattet (derzeit erfüllt nur die Deutsche Post AG diese Kriterien). Im Fall des § 40 veranlasst das Postunternehmen den Aushang an der Gerichtstafel. I S 2 schließt nicht aus, dass der Richter die Zustellung selbst bewirkt, zB indem er die Entscheidung dem Empfänger an der Amtsstelle aushändigt und das in den Akten vermerkt (§ 173 ZPO).

C. **Zustellung ohne Anordnung:** Fehlt die nach I S 1 erforderliche Anord- **7** nung des Vorsitzenden, ist sie unvollständig oder ist der Zustellungsadressat oder die Zustellungsart nicht eindeutig bestimmt, ist die Zustellung einer Entscheidung, auch nach § 41, unwirksam (BGH NStZ **86**, 230 mwN; **11**, 591; Bay **81**, 84, 85; **82**, 12; Celle NStZ-RR **11**, 45 L; München NStZ-RR **10**, 15 L). Statt des Vorsitzenden kann aber auch ein richterlicher Beisitzer die Anordnung treffen (Düsseldorf NStZ **82**, 257 L; **aM** SK-Weßlau/Singelnstein 15).

D. **Zustellung entgegen der Anordnung:** Unwirksam ist die Zustellung, **8** wenn entgegen der Anordnung des Vorsitzenden nicht mit Postzustellungsurkunde, sondern nach § 174 ZPO (Bay NStZ-RR **99**, 243) oder wenn nicht dem Verteidiger, sondern dem Betroffenen (Düsseldorf MDR **83**, 339; Hamm VRS **94**, 345; Zweibrücken VRS **53**, 277; KrG Saalfeld MDR **93**, 564) oder umgekehrt (Bay **89**, 1), oder wenn eine Entscheidung ohne Übersetzung (Oldenburg StraFo **16**, 507), nicht aber, wenn nur dem Verteidiger (nicht auch dem Betroffenen zugestellt worden ist (Düsseldorf VRS **64**, 269).

E. Eine **Heilung von Mängeln der Zustellungsanordnung** durch tatsächli- **8a** chen Zugang des Schriftstücks (vgl § 37 I iVm § 189 ZPO) kommt nur in Betracht, wenn überhaupt eine Zustellung beabsichtigt war (vgl SSW-Mosbacher/Claus 9).

2) Zustellung durch die StA (II S 1): **9**

A. Eine **Sonderregelung für vollstreckungsbedürftige Entscheidungen 10** enthält die Vorschrift. Sie werden nicht durch das Gericht zugestellt, sondern der StA übergeben, die das Erforderliche veranlasst (**aM** Saarbrücken NStZ **86**, 471). Denn Zustellung und Vollstreckung müssen in einer Hand liegen, damit die Vollstreckung nicht durch die vorherige Bekanntmachung der Entscheidung gefährdet wird (Düsseldorf NStZ **88**, 150; Rieß NJW **75**, 86). II S 1 ist daher nur auf Entscheidungen anwendbar, die erforderlichenfalls zwangsweise durchgesetzt werden müssen, wie Haftbefehle, Beschlagnahme- und Durchsuchungsbeschlüsse (Oldenburg NStZ-RR **09** H, 219; Wendisch NStZ **86**, 473), nicht aber zB auf Urteile (BGH 3 StR 274/17 vom 8.2.2018). Die Ansicht, die Vorschrift gelte immer, wenn zur Durchsetzung der Entscheidung mehr zu veranlassen ist als ihre Zustellung (Celle JR **78**, 337; Frankfurt GA **80**, 474; Hamm NJW **78**, 175; Zweibrücken JR **77**, 292), wird dem Sinn der Vorschrift nicht gerecht (Oldenburg aaO).

11 Dass die StA ihre **eigenen Entscheidungen** selbst zustellt, ist gesetzlich nicht bestimmt, aber selbstverständlich. Wegen der Zustellung der Revisionsschrift der StA vgl 1 zu § 347.

12 B. **Entscheidungen, die der Vollstreckung bedürfen,** sind insbesondere Ordnungsmittelbeschlüsse nach §§ 51 I S 2, 3, 70 I S 2, 77 I S 1, Anordnungen nach §§ 81a II, 81c V, 98 I, 100 I, 100b I S 1, 105 I, Haftbefehle nach §§ 112 ff, 230 II, 236, 329 IV, 453c, Unterbringungsbefehle nach § 126a und Widerrufsbeschlüsse nach § 116 IV (vgl ferner Wendisch JR **78**, 447). Keiner Vollstreckung bedürfen Beschlüsse, durch die Zwangsmaßnahmen (Haftbefehle, Unterbringungsbefehle, Beschlagnahmebeschlüsse usw) aufgehoben werden oder durch die der Vollzug eines Haftbefehls nach § 116 ausgesetzt wird, auch Beschlüsse des Gerichts des 1. Rechtszugs oder der StVollstrK über den Widerruf der Strafaussetzung zur Bewährung (Düsseldorf NStZ **88**, 150) oder die erst nach Rechtskraft der Entscheidung wirksame Aussetzung des Strafrests nach § 454 iVm § 57 StGB (Frankfurt GA **80**, 474; Oldenburg NStZ-RR **09**, 219; Graalmann-Scheerer 22; **aM** Celle NdsRpfl **92**, 94; Hamm NJW **78**, 175; Zweibrücken JR **77**, 292).

13 C. **Veranlassen des Erforderlichen:** Der StA werden die Akten idR auf Anordnung des Vorsitzenden übersandt. Das in der Sache Erforderliche hat sie aber auch zu veranlassen, wenn ihr die Entscheidung ohne ausdrücklichen Hinweis auf die Vollstreckungsbedürftigkeit und ohne Ersuchen um weitere Veranlassung zugeht. In jedem Fall hat die StA die Zustellung und die Vollstreckung der Entscheidung zu betreiben. Die Zustellung muss von dem StA oder Amtsanwalt, nicht von der Geschäftsstelle, angeordnet werden.

14 3) **Vollstreckung durch das Gericht (II S 2):** Eine Ausnahme von II S 1 gilt für Entscheidungen über die Ordnung in den Sitzungen nach §§ 169 ff GVG. Die Vollstreckung der nach diesen Vorschriften festgesetzten Ordnungsmittel hat der Vorsitzende unmittelbar zu veranlassen (§ 179 GVG); nach § 31 III **RPflG** ist sie dem Rechtspfleger übertragen. Der Vorsitzende macht auch die Entscheidung bekannt oder veranlasst ihre Zustellung. Die Zuständigkeit des Gerichts besteht über II S 2 hinaus auch für die Beugehaft nach §§ 70 II, 95 II (BGH **36**, 155), die jederzeit auf das Entstehen von Vollstreckungshindernissen (15 zu § 70) zu prüfen ist; auch insoweit gilt § 31 III **RPflG.**

15 4) **Anfechtung:** Gegen Zustellungs- und Vollstreckungsmaßnahmen der StA ist der Antrag auf gerichtliche Entscheidung nach § 23 **EGGVG** zulässig (KK-Maul 18; LR-Graalmann-Scheerer 37).

Zustellungsverfahren

37 [I] Für das Verfahren bei Zustellungen gelten die Vorschriften der Zivilprozeßordnung entsprechend.

[II] Wird die für einen Beteiligten bestimmte Zustellung an mehrere Empfangsberechtigte bewirkt, so richtet sich die Berechnung einer Frist nach der zuletzt bewirkten Zustellung.

[III] [1] Ist einem Prozessbeteiligten gemäß § 187 Absatz 1 und 2 des Gerichtsverfassungsgesetzes eine Übersetzung des Urteils zur Verfügung zu stellen, so ist das Urteil zusammen mit der Übersetzung zuzustellen. [2] Die Zustellung an die übrigen Prozessbeteiligten erfolgt in diesen Fällen gleichzeitig mit der Zustellung nach Satz 1.

Verfahren bei Zustellungen § 37

Übersicht

	Rn
1) Gegenstand der Zustellung	1, 2
2) Zustellungsadressat	3
3) Verfahren bei Zustellungen (I)	4–24
A. Anwendbarkeit der Vorschriften der ZPO	5
B. Ersatzzustellung	6–17
C. Sonderfälle (Rechtsanwälte, Seeleute, Soldaten, Gefangene)	18–24
4) Zustellung im Ausland	25–25b
5) Zustellungsmängel	26–28
6) Doppelzustellungen (II)	29
7) Zustellung bei Übersetzung des Urteils (III)	30, 31

1) Gegenstand der Zustellung: Zugestellt wird von Urteilen und ihnen 1 gleichstehenden Beschlüssen, zB nach §§ 346, 349, eine Ausfertigung, dh eine Abschrift mit dem Ausfertigungsvermerk der Geschäftsstelle, der vom UrkB unterschrieben und mit dem Dienstsiegel versehen wird (vgl § 275 IV). Die Zustellung einer vom UrkB (auch der StA) beglaubigten Abschrift (§ 169 II S 1 ZPO) des Urteils reicht aus (BGH **26**, 140, 141; MDR **73**, 19 [D]), nicht aber die einer einfachen Abschrift. Eine besondere Form des Beglaubigungsvermerks ist gesetzlich nicht vorgeschrieben; er muss aber unterzeichnet werden (vgl BGH NJW **76**, 2263). Beschlüsse werden ebenfalls in Ausfertigung oder beglaubigter Abschrift zugestellt. Eine beglaubigte Ablichtung steht einer beglaubigten Abschrift gleich.

Ausfertigung oder beglaubigte Abschrift müssen das zuzustellende Schriftstück 2 **wortgetreu und vollständig** wiedergeben. Wesentliche Fehler machen die Zustellung unwirksam (BGH MDR **67**, 834; Düsseldorf NStZ **02**, 448; vgl Bay MDR **82**, 500: in wesentlichen Teilen unleserliche Ausfertigung; KG JR **82**, 251: fehlende Wiedergabe der richterlichen Unterschriften). Kleine Unrichtigkeiten schaden nicht, wenn der Empfänger dem zugestellten Schriftstück den Inhalt der Urschrift entnehmen kann (BGH NJW **78**, 60; StraFo **04**, 238). Erg 5 zu § 345.

2) Zustellungsadressat ist derjenige, für den die Zustellung bestimmt ist, auch 3 der Minderjährige (Schweckendieck NStZ **90**, 170), oder sein Zustellungsbevollmächtigter (§ 171 ZPO; vgl auch Köln NStZ-RR **08**, 379: Einverständniserklärung genügt). Empfangsberechtigt sind außerdem der Pflichtverteidiger und der Wahlverteidiger, dessen Vollmacht bei den Akten ist (§ 145a I), nicht aber der Sozius des Verteidigers (vgl BGH NStZ-RR **14**, 149 L). Kann an mehrere Verteidiger wirksam zugestellt werden, so genügt die Zustellung an einen von ihnen (BGH **22**, 221, 222; **34**, 371; Düsseldorf VRS **64**, 269, 270; RiStBV 154 I S 2); § 172 I S 1 ZPO gilt nicht entspr. Trotz Zustellungsvollmacht genügt rechtlich stets die Zustellung an den Beschuldigten (6 zu § 145a). Der gesetzliche Vertreter ist nicht empfangsberechtigt (Düsseldorf NStZ **96**, 52; vgl auch BGH StV **19**, 77, 79); auch § 171 ZPO gilt nicht, da es nur auf die Verhandlungsfähigkeit, nicht auf das Lebensalter ankommt (KG StV **03**, 343; siehe aber Dresden StV **16**, 219 zu Ladungen zur Hauptverhandlung; erg 7 zu § 127a); Zustellung an einen nur wegen bestimmter Angelegenheiten unter Betreuung (§§ 1896ff BGB) Stehenden ist zulässig (Brandenburg NStZ-RR **09**, 219), nicht aber an einen Verhandlungsunfähigen (LG Zweibrücken VRS **121**, 42).

3) Verfahren bei Zustellungen (I): 4

A. Die **Vorschriften der ZPO** über Zustellungen (§§ 166–195) gelten entspr, 5 soweit sie sich für die Anwendung im Strafverfahren eignen. Im Wesentlichen sind die §§ 166, 168, 169, 173, 174, 176–178, 181–183, 189, 194, 418 ZPO anwendbar. § 172 I ZPO wird durch § 145a III S 2 modifiziert (vgl BGH NStZ-RR **19**, 24: kein Gebot der Zustellung an den Verteidiger). Die §§ 185–188 ZPO gelten für öffentliche Zustellungen nur, wenn Privat- und Nebenkläger sowie Personen, die nach § 124 II, III Sicherheit geleistet haben, sie bewirken; im Übrigen ist § 40 die Sondervorschrift.

§ 37　　　　　　　　　　　　　　　　　　　　　Erstes Buch. Abschnitt 4b

6　B. **Ersatzzustellung:** Grundsätzlich erfolgt die Zustellung durch Übergabe einer Ausfertigung oder beglaubigten Abschrift des zuzustellenden Schriftstücks an dem Ort, wo die Person, der zugestellt werden soll, angetroffen wird (§ 177 ZPO). Allgemein üblich ist die Zustellung durch die Post (§§ 168 I, 176 ff ZPO); es kann aber auch ein Gerichtsvollzieher oder eine andere Behörde (zB die Polizei) beauftragt werden, wenn eine Zustellung nach § 168 I keinen Erfolg verspricht (§ 168 II ZPO). Post iSd Zustellvorschriften der ZPO sind lizensierte marktbeherrschende Postunternehmen, die gemäß § 33 I PostG mit Hoheitsbefugnissen beliehen und verpflichtet sind, Schriftstücke förmlich zuzustellen (derzeit nur die Deutsche Post AG). Eine Ersatzzustellung, auch von Abwesenheitsurteilen (§ 232 IV schließt nur die Ersatzzustellung nach § 181 I ZPO aus) und Strafbefehlen (20 zu § 409), sehen die §§ 178 ff ZPO in folgenden Fällen vor:

7　a) **An** erwachsene **Familienangehörige oder ständige Mitbewohner** (§ 178 I Nr 1 ZPO) ist die Ersatzzustellung zulässig, wenn der Zustellungsadressat in seiner Wohnung nicht angetroffen oder der Überbringer der Zustellung zu ihm nicht vorgelassen wird (vgl LG Magdeburg StV **08**, 626). Sie setzt also voraus, dass er dort, wo ihm zugestellt werden soll, eine Wohnung (7 zu § 102) hat (Köln NJW **80**, 2720; LG Ellwangen StV **85**, 496).

8　**Wohnung** ist ohne Rücksicht auf Wohnsitz (1 zu § 8), polizeiliche Anmeldung (BGH NJW **78**, 1858; Koblenz MDR **81**, 1036; VRS **44**, 209) und die in einem Postnachsendeantrag angegebene Adresse (Hamburg MDR **82**, 1041) die Räumlichkeit, die der Adressat zZ der Zustellung tatsächlich für eine gewisse Dauer zum Wohnen benutzt (BGH aaO; Düsseldorf StV **87**, 378; **93**, 400; Karlsruhe NJW **81**, 471; Koblenz aaO; vgl auch LG Ellwangen aaO für Studentenwohnungen). Der tatsächlichen Benutzung bedarf es aber dann nicht, wenn der Adressat seinen Schriftwechsel unter dieser Anschrift führt und seine Post dort abholt bzw von dort an sich weiterleiten lässt (Hamm NStZ-RR **14**, 376 L; Bay **04**, 33 = VRS **106**, 452; Jena NStZ-RR **06**, 238; vgl auch Dresden NStZ **05**, 398 bei Inhaftierung des Adressaten wegen Verbüßung von Ersatzfreiheitsstrafen).

9　Eine Ersatzzustellung ist nicht zulässig, wenn die Räume längere Zeit nur sehr gelegentlich oder gar **nicht benutzt** werden (KG VRS **120**, 31), zB bei längerer Straf- oder UHaft (BGH aaO; KG VRS **117**, 166; Düsseldorf VRS **96**, 27; Hamm NStZ-RR **03**, 189; Karlsruhe StV **85**, 291), bei mehrmonatigem Aufenthalt in einer Therapieeinrichtung (Frankfurt NStZ-RR **03**, 174; Hamm NStZ **82**, 521; StraFo **03**, 417; Karlsruhe NJW **97**, 3183) bzw einem Frauenhaus (Stuttgart NStZ-RR **15**, 144) oder im Ausland zu beruflichen Zwecken (Bay **61**, 79) oder wegen Flucht vor der Strafverfolgung (Schleswig SchlHA **92**, 144 [L/T]), bei Wehrdienst mit Kasernierung (Bay **71**, 94), bei einer mehrmonatigen Weltreise (LG Berlin MDR **92**, 791), nicht aber bei kürzeren Geschäfts- oder Urlaubsreisen (Bay **61**, 79) oder bei kurzfristigem freiwilligen Klinikaufenthalt (BGH NJW **85**, 2197; Zweibrücken MDR **84**, 762) oder bei nur vorübergehendem Auszug ohne Begründung einer neuen Wohnung (Hamburg NJW **06**, 1685; Hamm NStZ-RR **06**, 309).

10　Die Ersatzzustellung kann nach § 178 I Nr 1 ZPO an einen **erwachsenen Familienangehörigen,** eine in der Familie beschäftigte Person oder einen erwachsenen ständigen Mitbewohner erfolgen. Familienangehöriger ist jede zur Familie gehörende Person. Die Familie ist nicht auf Ehepaare und deren Kinder ein eingetragene Lebenspartner beschränkt; auch Pflegekinder und in die Familie aufgenommene nahe Verwandte zählen dazu (Thomas/Putzo 11 zu § 178; Zöller/Stöber 8 zu § 178), soweit das gegebene und nach außen zum Ausdruck gebrachte Vertrauensverhältnis die Weitergabe der Sendung an den Zustellungsadressaten erwarten lässt (BT-Drucks 14/4554 S 20). Erwachsen iS § 178 I Nr 1 ZPO ist auch ein Minderjähriger, der nach seiner körperlichen Entwicklung und äußeren Erscheinung den Eindruck eines Erwachsenen macht (BSG MDR **77**, 82; Hamm NJW **74**, 1150 L; VGH Mannheim MDR **78**, 519; erg 15 zu § 98); unwirksam ist die Übergabe an eine 11-Jährige (Hamm OLGSt Nr 1), wirksam aber idR an einen 14-Jährigen (LG Köln NStZ-RR **99**, 368).

Eine in der Familie **beschäftigte Person** kann auch eine unentgeltlich im Haushalt tätige Verwandte sein, soweit sie nicht schon als Familienangehörige (oben 10) gilt (Hamm MDR **82**, 516). 11

Der Begriff des **ständigen Mitbewohners** umfasst Wohngemeinschaften und unverheiratete Paare gleich welchen Geschlechts (Thomas/Putzo 13 zu § 178). Häusliche Gemeinschaft iSv gemeinsamer Haushaltsführung ist nicht erforderlich (Zöller/Stöber 12 zu § 178). 12

In Geschäftsräumen (zB Behördenräume, Büros, Warteräumen, Läden) kann einer dort beschäftigten Person (§ 178 I Nr 2 ZPO) zugestellt werden. Wird ein RA in seiner Kanzlei nicht angetroffen, so kann das Schriftstück stets einem darin anwesenden Gehilfen oder einer Schreibkraft übergeben werden, auch wenn sie noch minderjährig sind (BVerwG NJW **62**, 70); die Niederlegung bei der Post ist unzulässig (BGH NJW **76**, 149; OVG Bremen NJW **86**, 2132). 13

In Gemeinschaftseinrichtungen (zB Alten- und Wohnheime, Asylantenunterkünfte, Kasernen, Krankenhäuser) kann an den Leiter oder einen dazu ermächtigten Vertreter (§ 178 I Nr 3 ZPO) zugestellt werden (Bremen StV **05**, 541 L); dabei genügt es aber, dass der Zusteller den Adressaten in allgemein zugänglichen Teilen der Gemeinschaftsunterkunft nicht antreffen konnte, ein erfolgloses persönliches Aufsuchen in seinem Zimmer ist nicht erforderlich (Nürnberg NStZ-RR **10**, 286). Im Geschäftsraum ist die Ersatzzustellung auch zulässig, wenn sie eine persönliche Angelegenheit des Adressaten betrifft (Bay DAR **82**, 252 [R]). 13a

b) **In einen Briefkasten,** der zu der Wohnung oder dem Geschäftsraum gehört, oder eine ähnliche Vorrichtung, die der Adressat für den Postempfang eingerichtet hat und die in der allgemein üblichen Art für eine sichere Aufbewahrung geeignet ist, kann ersatzweise gemäß § 180 S 1 ZPO das zuzustellende Schriftstück eingelegt werden. Die Zustellung ist auch dann wirksam, wenn der Briefkasten mangels Verschließbarkeit zwar objektiv unsicher ist, dieser Umstand für den Postzusteller aber nicht erkennbar ist (Nürnberg NJW **09**, 2229). Einer konkreten Kennzeichnung der zur Einlegung benutzten Vorrichtung bedarf es in der Zustellungsurkunde nicht (BGH [ZS] NJW **06**, 150; Köln NJW **05**, 2026). Der Briefkasten oder die ähnliche Einrichtung muss aber eindeutig der Wohnung des Zustellempfängers zuzuordnen (Köln NStZ-RR **09**, 314: Schreibtisch in einer Gemeinschaftseinrichtung [oben 13]). Der Einwurf in einen an der Hauseingangstür eines Mehrfamilienhauses angebrachten gemeinsamen Briefeinwurfschlitz genügt nicht und macht die Ersatzzustellung unwirksam (Hamm VRS **107**, 109; **aM** Frankfurt NStZ-RR **10**, 349). Allerdings kommt der Einwurf der Ladung in einen **Gemeinschaftsbriefkasten** in Betracht, wenn dieser durch eine entsprechende Beschriftung eine eindeutige Zuordnung zum Zustellungsempfänger erlaubt, der Adressat seine Post typischerweise auf diese Weise erhält und der Kreis der Mitbenutzer überschaubar ist (Hamm NStZ-RR **14**, 376 L). 13b

c) **Durch Niederlegung** bei der Geschäftsstelle des AG oder bei der Post (§ 181 I ZPO) ist die Ersatzzustellung zulässig, wobei aber jedes beliehene Unternehmen iSd § 33 I PostG grundsätzlich auch in von ihm beauftragten Agenturen durch Niederlegung zustellen darf (Rostock NStZ-RR **02**, 373: Niederlegung in einem Otto-Shop). Voraussetzung ist jedoch, dass zuvor die Ersatzzustellung in den Briefkasten des Wohn- oder Geschäftsraumes (§ 180 ZPO) oder in Gemeinschaftseinrichtungen (§ 178 I Nr 3 ZPO) nicht ausführbar gewesen ist (Hamburg NStZ-RR **03**, 46; vgl auch LG Darmstadt NStZ **05**, 164 mit abl Anm Walz: Briefkasten muss in einer für den Zusteller eindeutig erkennbaren Weise in der allgemein üblichen Art für eine sichere Aufbewahrung geeignet sein). Über die Niederlegung muss eine schriftliche Mitteilung in der bei gewöhnlichen Briefen üblichen Weise abgegeben werden; ist dies nicht möglich, muss die Mitteilung an der Tür der Wohnung, des Geschäftsraums oder der Gemeinschaftseinrichtung angeheftet werden (§ 181 I S 2 ZPO). Die Niederlegung im Postfach des Zustel- 14 lungsempfängers genügt nicht (BFH NJW **84**, 448; Bay **62**, 222; **aM** BVerwG NJW **71**, 1284).

15 Die **Mitteilung** kann durch den Briefschlitz geworfen (Hamm JMBlNW **81**, 68; **aM** Köln JurBüro **79**, 607), unter der Wohnungstür durchgeschoben (BVerwG NJW **73**, 1945; Koblenz NStE Nr 10) oder, wenn das im Einzelfall üblich ist, vor der Haustür abgelegt (BVerwG NJW **85**, 1179) werden. Die Ersatzzustellung nach § 181 ZPO ist nicht deshalb ausgeschlossen, weil der Adressat einen Antrag auf Rücksendung seiner Post an den Absender (Bay **56**, 213) oder auf Nachsendung an eine andere Adresse gestellt hat (Bay MDR **81**, 60; Hamburg MDR **82**, 1041); der Adressat muss aber zZ des Zustellungsversuchs und der Benachrichtigung davon noch an der angegebenen Adresse wohnhaft sein, im Gegensatz zur früheren Regelung (vgl Frankfurt NStZ-RR **97**, 138) wegen § 181 I S 3 ZPO aber nicht mehr zZ der Niederlegung bei der Post.

16 d) Das **Verbot der Ersatzzustellung** an den Gegner des Adressaten bestimmt § 178 II ZPO. Die Vorschrift hat nur für Zustellungen an Privatkläger, Nebenkläger und Nebenbeteiligte Bedeutung. Nach Hamburg NJW **64**, 678 schließt sie auch die Ersatzzustellung an durch die dem Angeklagten vorgeworfene Tat unmittelbar verletzte Personen aus.

17 e) **Wirkung der Ersatzzustellung:** Eine zulässige Ersatzzustellung hat zur Folge, dass die Entscheidung dem Empfänger wirksam zugestellt ist, auch wenn er davon persönlich keine Kenntnis erlangt (BGH **27**, 85, 88). Wird durch die Zustellung eine Frist in Lauf gesetzt, so ist für ihren Beginn allein der Tag der Ersatzzustellung maßgebend. Der Anspruch auf rechtliches Gehör nach Art 103 I GG wird durch das mit der Ersatzzustellung verbundene Risiko des Betroffenen, der auf die Benachrichtigung durch die Ersatzpersonen angewiesen ist, nicht beeinträchtigt (BVerfGE **25**, 158, 165; **26**, 315, 318; **42**, 243, 246).

18 C. **Besondere Fälle:**

19 a) **Zustellungen an einen Rechtsanwalt,** Notar, Gerichtsvollzieher, Steuerberater oder an eine sonstige Person, bei der auf Grund ihres Berufes von einer erhöhten Zuverlässigkeit ausgegangen werden kann (zB Wirtschaftsprüfer, Hochschullehrer) sowie an eine Behörde, Körperschaft oder eine Anstalt des öffentlichen Rechts können nach § 174 ZPO auch durch die Post, durch Boten, durch Telekopie, durch ein elektronisches Dokument oder durch Einlegung in ein Fach gegen Empfangsbekenntnis erfolgen. Für die Wirksamkeit der Zustellung ist erforderlich, dass der RA usw persönlich Kenntnis von seinem Gewahrsam an dem ihm zustellungshalber übersandten Schriftstück erhalten hat und durch Unterzeichnung des Empfangsbekenntnisses den Willen äußert, das Schriftstück als zugestellt anzunehmen; allein die formlose Übersendung eines Urteils stellt keine Zustellung iSv II dar (BGH 4 StR 556/13 vom 12.2.2014). Zeitpunkt der Zustellung ist daher nicht das Datum des Eingangs des Schriftstücks in der Anwaltskanzlei, sondern dessen Annahme durch den RA mit dem Willen, es als zugestellt anzusehen (BVerfG NJW **01**, 1563; BGH NJW **74**, 1469, 1470; **79**, 2566; **91**, 709). Diesen Zeitpunkt muss er in einem Empfangsbekenntnis angeben (BGH NStZ **96**, 149; Celle Stra-Fo **00**, 279), zu dessen Ausstellung er standesrechtlich verpflichtet ist (Düsseldorf StV **90**, 345). Der Annahmewille kann auch konkludent zum Ausdruck gebracht werden, wobei die Zustellung auch dann wirksam ist, wenn sich der Verteidiger pflichtwidrig geweigert hat, vom Text des zugestellten Schriftstücks Kenntnis zu nehmen (BGH NStZ-RR **05**, 77). Der Gegenbeweis gegen die Richtigkeit des Datums ist (unter strengen Voraussetzungen) zulässig (BVerfG aaO; BGH NJW **69**, 1297; **80**, 1846, 1847; **87**, 325, 1335; VersR **83**, 1080; Düsseldorf NStZ-RR **98**, 110). Die Angabe eines unrichtigen Datums lässt die Wirksamkeit der Zustellung unberührt (BGH NJW **91**, 709; NStZ-RR **04**, 46), ebenso ein fehlendes Datum (München NStZ-RR **10**, 15 L). Die Unterzeichnung ist notwendig (Celle aaO) und verlangt die Wiedergabe des vollen bürgerlichen Namens mit entspr Schriftzeichen (Einl 129). Auf einen Verstoß gegen diese Pflicht kann sich der RA allerdings nicht berufen, wenn er einräumt, dass der Schriftzug von ihm stammt (BGH

NJW **85**, 2651, 2652). Ein wirksames Empfangsbekenntnis, das auch nachträglich ausgestellt werden kann, ist wesentliches Erfordernis für die Wirksamkeit der Zustellung (BGHZ **35**, 236). Unterzeichnet es statt des Pflichtverteidigers ein anderer RA, so ist die Zustellung unwirksam (BGH NStZ **88**, 213 [M] mwN; StV **81**, 12; wistra **88**, 236). Bei Zustellung an einen Wahlverteidiger gilt für die Unterzeichnung aber nicht die Beschränkung des § 137 I S 2 (Hamm JMBlNW **82**, 58). Zustellung an einen „Assessor", der weder Zustellungsbevollmächtigter iSd § 30 BRAO noch allgemein bestellter Vertreter iSd § 53 BRAO ist, ist unwirksam (Stuttgart NJW **10**, 2532).

Die Zustellung an einen **RA aus einem Mitgliedstaat der EG** (vgl 3 zu **20** § 138), der nicht als niedergelassener (§§ 2 ff EuRAG), sondern nur als dienstleistender europäischer RA nach §§ 25 ff EuRAG tätig ist, erfolgt nach § 31 EuRAG in 1. Hinsicht an einen von ihm zu benennenden Zustellungsbevollmächtigten; ist keiner benannt, so gilt der RA, mit dem einvernehmlich gehandelt wird („Einvernehmensanwalt" nach § 28 EuRAG), als Zustellungsbevollmächtigter; kann nicht an einen RA zugestellt werden, erfolgen Zustellungen an die Partei. Erg 25b.

b) **Seeleuten** kann nach Seemannsart zugestellt, dh sie können aufgefordert **21** werden, sich bei der nächsten Liegezeit auf der Geschäftsstelle des AG zu melden, um die Zustellung abzuholen (Bremen Rpfleger **65**, 48; StrK beim AG Bremerhaven NJW **67**, 1721).

An **Binnenschiffer** kann gewohnheitsrechtlich auf allen Wasserstraßen durch **22** Vermittlung der Wasserschutzpolizei gegen Empfangsbescheinigung zugestellt werden (Blankenheim MDR **92**, 926 mwN). Vgl auch 8 zu § 48.

Blankenheim (aaO) empfiehlt, diese Zustellmöglichkeit auf **Nichtsesshafte 22a** entspr anzuwenden (Zustellung bei üblichen Übernachtungsstellen durch die Polizei).

c) Für die **Zustellung an Soldaten** gelten keine besonderen Bestimmungen **23** (KK-Maul 21). Jedoch enthält der Erlass über Zustellungen, Ladungen, Vorführungen und Zwangsvollstreckungen in der Bundeswehr idF der Bek vom 16.3. 1982 (VMBl 130), geändert durch Erlass vom 20.6.1983 (VMBl 182), Bestimmungen über die Mitwirkung der Truppe (vgl 10 zu § 48). Nach dem Erlass des BMVg vom 23.7.1998 (VMBl 246) ist Leiter einer Truppenunterkunft (= Gemeinschaftseinrichtung, oben 13) der Kompaniefeldwebel oder dessen Vertreter. Für die in der BRep stationierten NATO-Streitkräfte gelten Art 36, 37 NTS-ZA.

d) Bei **Gefangenen** ist die Ersatzzustellung dadurch beschränkt, dass weder in **24** der Wohnung noch in den gewerblichen Räumen wirksam zugestellt werden kann (oben 8). Dafür ist der Anstaltsleiter oder dessen Vertreter oder der zur Postannahme ermächtigte Beamte nach § 178 I Nr 3 ZPO empfangsbefugt (oben 13; **aM** LG Saarbrücken StV **04**, 362). In JVAen wird meist durch Justizbeamte, ggf im Wege der Amtshilfe, zugestellt (§§ 168 I S 2, 176 I ZPO). Die Zustellurkunde muss die Unterschrift des Beamten, aber nicht notwendig mit seiner Dienstbezeichnung, enthalten (Düsseldorf StraFo **02**, 87).

4) Zustellung im Ausland: Nach § 183 I Nr 1 ZPO besteht die Möglichkeit **25** einer vereinfachten Zustellung im Ausland durch Einschreiben mit Rückschein, soweit auf Grund völkerrechtlicher Vereinbarungen Schriftstücke unmittelbar durch die Post übersandt werden dürfen. Für das Strafverfahren hat aber bereits Art 52 I des SDÜ (Einl 216) die Möglichkeit unmittelbarer Urkundenübersendung eröffnet (vgl Heß NJW **01**, 20; zur Selbstladung nach § 220 siehe dort 4a); die Liste aller Urkunden, die unmittelbar per „Einschreiben mit Rückschein" durch die Post übersandt werden dürfen, ist bei SLGH 15 ff zu Art 52 SDÜ abgedruckt. Hinweispflichten in Ladungen an Zeugen im Ausland nach Art 10, 12 EuRHÜbk (vgl 63 zu § 244) bleiben unberührt. Auf dem an die absendende Stelle zurückzusendenden Rückschein wird vermerkt, an wen die Sendung übergeben worden ist (Köln NStZ **00**, 666; Rose wistra **98**, 16). Die Zustellung ist nur wirksam, wenn der unterschriebene Rückschein zu den Gerichtsakten gelangt; eine Ersatzzustel-

§ 37

lung durch Niederlegung (oben 6 ff) genügt nicht (Oldenburg StV **05**, 432; LG Nürnberg-Fürth StraFo **09**, 381). Die Übergabe an Ersatzempfänger ist ausgeschlossen, wenn der eingeschriebene Brief den Vermerk „Eigenhändig" trägt. Kosten für diese vereinfachte Zustellungsart werden nach Nr 9014 KVGKG erhoben.

25a Bei den **anderen Staaten,** in denen die Übersendung durch die Post völkerrechtlich nicht zulässig ist, sind Postzustellungsaufträge an Empfänger im Ausland unzulässig (§ 183 I Nr 2 ZPO; Rose aaO; zur Selbstladung nach § 220 dort 4a). Ist der Adressat deutscher Staatsangehöriger, so können die deutschen Auslandsvertretungen die Zustellung bewirken (§ 16 KonsG; RiVASt 129 III). In welcher Form das geschieht, ist dem deutschen Konsul überlassen; zulässig ist zB die Aushändigung gegen Nachweis am Amtssitz (BGH **26**, 140, 142). Für den Nachweis genügt nach § 16 S 2 KonsG das schriftliche Zeugnis des Konsuls, aus dem sich ergibt, auf wessen Ersuchen in welcher Strafsache welches Schriftstück ausgehändigt worden und wann das geschehen ist (BGH aaO). Außer diesem Weg und für ausländische Staatsangehörige kommt ein Rechtshilfeersuchen an den fremden Staat in Betracht, wenn es nach den zwischenstaatlichen Vereinbarungen zulässig ist (RiVASt 115, 116). Für die Zustellung von Verfahrensurkunden an Partnerstaaten des EuRHÜbk (Einl 215b), die das SDÜ nicht in Kraft gesetzt haben, gilt Art 7 EuRHÜbk. Wenn nicht ein vom Empfänger unterschriebenes Empfangsbekenntnis vorliegt, wird die Zustellung durch ein schriftliches Zeugnis der ersuchten Stelle nachgewiesen (Art 7 II EuRHÜbk). Die Urkunde des ausländischen Zustellungsbeamten über die Zustellung genügt nicht (Bay **81**, 17).

25b Zustellungen an **Rechtsanwälte im Ausland** sind auf drei Wegen möglich: Mittels Einschreibens mit Rückschein – oder vermittelt durch die Behörden des Empfangsstaates – nach §§ 37 I, 183 I ZPO, mittels der Zustellungsfiktion nach § 37 I, 184 II ZPO durch einfache Aufgabe des Schriftstücks zur Post im Inland oder mittels Zustellung an einen Bevollmächtigten im Inland (Traut/Cunningham StraFo **17**, 222, 225 f).

26 **5) Zustellungsmängel** machen die Zustellung nur bei offensichtlichen schweren Fehlern unwirksam, nicht schon bei irriger Annahme der Zustellungszuständigkeit oder fehlerhafter Angabe des Geschäftszeichens (Hamm NStZ-RR **11**, 210). Unwirksam ist eine Zustellung insbesondere, wenn eine Ersatzzustellung nach den §§ 178 ff ZPO nicht zulässig oder von der die Zustellung anordnenden Behörde ausdrücklich ausgeschlossen worden war, wenn die Zustellungsurkunde in wesentlichen Teilen unrichtig oder unvollständig ist, zB der Zustellungsempfänger falsch bezeichnet (Celle NdsRpfl **85**, 173; **aM** Köln NJW **05**, 2026) oder das Zustelldatum auf der Urkunde falsch angegeben ist (Hamm OLGSt Nr 2; zw BGH NJW **91**, 709), wenn bei Ersatzzustellung nach § 181 I S 2 ZPO die Angabe der Art der formlosen Mitteilung fehlt (Düsseldorf NJW **00**, 3511), wenn nach der Zustellungsurkunde eine unmittelbare, in Wahrheit aber eine Ersatzzustellung vorgenommen worden ist (BGH BB **56**, 58; Bay **62**, 257; Hamm VRS **60**, 200; Karlsruhe MDR **76**, 161) oder wenn auf der Zustellungsurkunde (Düsseldorf Stra-Fo **00**, 380) oder auf dem zurückgeleiteten Empfangsbekenntnis des Verteidigers nach § 174 ZPO (BGHR Wirksamkeit 3) die Unterschrift fehlt.

27 Die Zustellungsurkunde genießt die **Beweiskraft** des § 418 I ZPO (BVerwG NJW **85**, 1179, 1180; **86**, 2127; Düsseldorf NJW **00**, 2831; vgl ebenso für den Erledigungsvermerk der Geschäftsstelle, Hamm NStZ-RR **11**, 210; Müller-Metz NStZ-RR **17**, 321, 322). Der Gegenbeweis ist zwar zulässig (§ 418 II ZPO), aber nicht durch das bloße Behaupten des Gegenteils unter Benennung des Postbediensteten als Zeugen (BVerwG aaO; Düsseldorf VRS **87**, 441; Hamm VRS **101**, 439); vielmehr muss ein Sachverhalt vorgetragen und bewiesen werden, der zur Überzeugung des Gerichts jede Möglichkeit der Richtigkeit der beurkundeten Tatsache ausschließt (Bamberg DAR **12**, 268; Frankfurt NStZ-RR **11**, 147; Köln NStZ **12**, 284). Auch bei bloßen Zweifeln an der Richtigkeit der urkundlichen Feststellungen ist der Gegenbeweis nicht erbracht (Düsseldorf NJW **00**, 2831; Köln aaO; Müller-Metz NStZ-RR **17**, 321, 322; vgl aber BerlVerfGH NStZ-RR **01**,

337: Zweifeln ist ggf nachzugehen); Glaubhaftmachung genügt nicht (Schleswig SchlHA **84**, 98 [E/L]; vgl aber KG wistra **01**, 37: anders im Wiedereinsetzungsverfahren). Der Inhalt der Urkunde kann insbesondere durch nachträglich bekanntgewordene Umstände widerlegt werden (BVerfG NStZ-RR **97**, 70; Jena VRS **110**, 128).

Eine **Heilung** von Zustellungsmängeln tritt nach I iVm § 189 ZPO mit dem Zeitpunkt ein, zu dem Adressaten das Schriftstück tatsächlich zugegangen ist (vgl aber KG NStZ-RR **11**, 86: Zustellungswille des Gerichts erforderlich); das gilt auch, wenn der Lauf einer gesetzlichen Rechtsmittelfrist von der Zustellung abhängt (Frankfurt NStZ-RR **04**, 336; SK-Weßlau/Singelnstein 52; vgl auch Hamburg NStZ-RR **03**, 46; **05**, 17). Eine gescheiterte Zustellung in Form der Übergabe an den Zustellungsempfänger selbst kann nicht in eine wirksame Ersatzzustellung umgedeutet werden (Düsseldorf VRS **87**, 441). Die fehlerhafte Zustellung nach § 178 ZPO ist unschädlich, wenn bei zutr rechtlicher Bewertung eine Zustellung nach § 171 ZPO anzunehmen ist (Köln NStZ-RR **08**, 379).

6) Doppelzustellungen (II): Wird demselben Empfangsberechtigten mehrfach zugestellt, so ist nur die 1. Zustellung maßgebend (BGH NJW **78**, 60; 4 StR 246/12 vom 13.2.2013; Hamburg NJW **65**, 1614; Saarbrücken NJW **64**, 1633), sofern ihr nicht ein wesentlicher Mangel anhaftet, der sie unwirksam macht (oben 2). Doppelzustellungen an den Beschuldigten und den Verteidiger sind nicht zugelassen (vgl § 145a ZPO). Finden sie gleichwohl statt, so ist die später bewirkte Zustellung an den Verteidiger unwirksam, wenn sich zum Zustellungszeitpunkt weder eine Vollmachtsurkunde bei den Akten befunden hat noch eine Vollmacht in der Hauptverhandlung mündlich erteilt und im Protokoll beurkundet worden ist (Bay **92**, 157; Düsseldorf NStZ **88**, 327; KG StraFo **19**, 110); **aM** Düsseldorf VRS **73**, 389; erg 9 zu § 145a). Von mehreren wirksamen Zustellungen – zB aus an mehrere Verteidiger desselben Beschuldigten – ist nach II nur die spätere maßgebend, was zu einer faktischen Fristverlängerung führen kann (BGHR § 345 I Fristbeginn 4). Das gilt selbst dann, wenn die spätere Zustellung erst angeordnet worden ist, nachdem die 1. schon bewirkt war (BGH **22**, 221; Bay **67**, 101 = NJW **67**, 2124; Bay **75**, 150). War allerdings die durch die 1. Zustellung eröffnete Frist bereits abgelaufen, so wird sie durch die Zustellung an einen weiteren Empfangsberechtigten nicht wieder eröffnet (BGH **34**, 371; 1 StR 238/12 vom 27.7.2012; NStZ **18**, 153: Revisionsbegründungsfrist), auch nicht, wenn diese Zustellung noch vor Ablauf der Frist angeordnet worden war (BGH **22**, 221; Bay aaO; Düsseldorf StV **97**, 121 mwN). Die formlose Übersendung an den Verteidiger stellt keine Zustellung iSv II dar (BGH NStZ-RR **19**, 24).

7) Zustellung bei Übersetzung des Urteils (III): Der durch das Ges zur Stärkung der Verfahrensrechte von Beschuldigten im Strafverfahren vom 2.7.2013 in Umsetzung der Richtlinie 2010/64 EU eingefügte Absatz regelt die Zustellung des Urteils in den Fällen, in denen einem Prozessbeteiligten gemäß § 187 Abs 1 und 2 GVG eine Übersetzung des Urteils zur Verfügung zu stellen ist (siehe im Einzelnen dort). Nach S 1 ist ein Urteil, gegen das Rechtsmittel eingelegt wurde (§ 187 Abs 2 GVG: „nicht rechtskräftige Urteile"), zusammen mit der Übersetzung des Urteils zuzustellen; damit soll aus Fairnessgründen verhindert werden, dass bei der deutschen Sprache nicht mächtigen Angeklagten Rechtsmittelbegründungsfristen (§§ 317, 345 I) zu laufen beginnen, bevor die Übersetzung des Urteils vorliegt (BT-Drucks 17/12578 S 15 f; SK-Weßlau/Singelnstein 57). In diesen Fällen erfolgt die Zustellung an die übrigen Prozessbeteiligten gemäß S 2 zum selben Zeitpunkt, um einen zeitgleichen Beginn der Begründungsfristen für alle Verfahrensbeteiligten sicherzustellen (BT-Drucks aaO). Da die Übersetzung erst in Auftrag gegeben werden kann, wenn das schriftliche Urteil vollständig zu den Akten gebracht ist (§ 275), verlängern sich die Rechtsmittelverfahren entsprechend; hierdurch eingetretene Verzögerungen sind der Regelung immanent und unter dem Gesichtspunkt einer konventionswidrigen Verletzung des Beschleunigungsgebotes (Art 6 I EMRK) daher grundsätzlich nicht zu berücksichtigen.

§§ 38–40

31 Im **Strafbefehlsverfahren** dürfte III mit Rücksicht auf das Urteil des EuGH vom 12.10.2017 (NJW **18**, 142 mit Anm Brodowski/Jahn StV **18**, 70) trotz des entgegenstehenden Wortlauts ebenfalls analog anwendbar sein. Der EuGH hat Art 3 der RL 2010/64/EU – aufgrund der vergleichbaren Konfliktlage wie bei Strafurteilen nachvollziehbar – dahin interpretiert, dass auch ein Strafbefehl eine „wesentliche Unterlage" iSv Absatz 1 der RL darstellt, von der Beschuldigte, welche die Sprache des betreffenden Verfahrens nicht verstehen, zur Wahrung ihrer Verteidigungsrechte eine schriftliche Übersetzung erhalten müssen (EuGH aaO; so schon LG Stuttgart NStZ-RR **14**, 216 mit zust Anm Hinderer StraFo **14**, 293; vgl auch BVerfG StV **17**, 775). Ein der deutschen Sprache nicht mächtiger Angeklagter kann daher nicht auf den Weg der Wiedereinsetzung iSv § 44 verwiesen werden (erg 4 zu § 187 GVG).

Unmittelbare Ladung

38 Die bei dem Strafverfahren beteiligten Personen, denen die Befugnis beigelegt ist, Zeugen und Sachverständige unmittelbar zu laden, haben mit der Zustellung der Ladung den Gerichtsvollzieher zu beauftragen.

1 1) Die **Befugnis zur unmittelbaren Ladung** haben Angeklagte (§§ 220 I, 323 I S 1, 386 II), Privatkläger (§ 386 II), Nebenkläger (10 zu § 397), Beschuldigte im Sicherungsverfahren (§ 414 I), Einziehungsbeteiligte und Nebenbetroffene (§§ 427 I, 435 III, 438 III, 439) sowie JPen und Personenvereinigungen (§ 444 II S 2, III S 1).

2 2) Der **Gerichtsvollzieher** ist unmittelbar mit der Zustellung der vom Auftraggeber unterschriebenen Ladung zu beauftragen; eine Vermittlung durch die Geschäftsstelle des Gerichts findet nicht statt (vgl § 161 GVG). Der Gerichtsvollzieher kann die Deutsche Post AG (vgl 6 zu § 36; Pauka/Dahners StraFo **15**, 397, 405) um Ausführung der Zustellung ersuchen (§§ 191, 194 ZPO), nicht aber der Ladungsberechtigte selbst (BGH NJW **52**, 836).

3 **Zuständig** für die Zustellung durch Ersuchen an die Post ist jeder Gerichtsvollzieher in der BRep (§ 160 GVG), für die unmittelbare Zustellung ohne Mitwirkung der Post nur der am Bestimmungsort (KK-Maul 2).

4 3) **Verpflichtet zum Erscheinen** ist der unmittelbar Geladene nur unter den Voraussetzungen des § 220 II. Fehlen sie, so ist die Ladung durch den Gerichtsvollzieher zwar zulässig, den sonst gebotenen Hinweis (vgl § 48) auf die gesetzlichen Folgen des Ausbleibens (§§ 51, 77) darf die Ladung dann aber nicht enthalten.

39 (weggefallen)

Öffentliche Zustellung

40 [I] [1] Kann eine Zustellung an einen Beschuldigten, dem eine Ladung zur Hauptverhandlung noch nicht zugestellt war, nicht in der vorgeschriebenen Weise im Inland bewirkt werden und erscheint die Befolgung der für Zustellungen im Ausland bestehenden Vorschriften unausführbar oder voraussichtlich erfolglos, so ist die öffentliche Zustellung zulässig. [2] Die Zustellung gilt als erfolgt, wenn seit dem Aushang der Benachrichtigung zwei Wochen vergangen sind.

[II] War die Ladung zur Hauptverhandlung dem Angeklagten schon vorher zugestellt, dann ist die öffentliche Zustellung an ihn zulässig, wenn sie nicht in der vorgeschriebenen Weise im Inland bewirkt werden kann.

[III] Die öffentliche Zustellung ist im Verfahren über eine vom Angeklagten eingelegte Berufung oder Revision bereits zulässig, wenn eine Zustellung nicht unter einer Anschrift möglich ist, unter der letztmals zugestellt wurde oder die der Angeklagte zuletzt angegeben hat.

1) Gegenstand der öffentlichen Zustellung können nicht nur gerichtliche 1 Entscheidungen, ausgenommen Strafbefehle (21 zu § 409), sein, sondern auch Anordnungen, Verfügungen und Ladungen (vgl aber § 232 II), auch zur Berufungsverhandlung (9 zu § 329). Aufforderungen zur Erklärung nach § 201 I sind jedenfalls dann zulässig, wenn Verjährung droht, ein Haftbefehl besteht und kein Grund für einen Ausschluss der Öffentlichkeit gegeben ist (so zutr Mosenheuer wistra **02**, 409; **aM** – unzulässig – KK-Maul 3); auch bei Aufforderung nach § 453 I S 2 ist öffentliche Zustellung zulässig. Für Ladungen der StA gilt § 40 nicht (18 zu § 163a).

2) Dem **Beschuldigten** kann öffentl zugestellt werden, auch Einziehungsbeteiligten und Nebenbetroffenen (§§ 427 I, 429 I Hs 2, 439 I), nicht aber denjenigen, 2 die für den Beschuldigten Sicherheit geleistet haben (§ 124 II, III). Ausgeschlossen ist die öffentliche Zustellung im Jugendstrafverfahren (Eisenberg 32 zu § 2 **JGG**; erg aber 9 zu § 329) und nach Art 36 NTS-ZA. Beschuldigter iS des § 40 ist auch, wer bereits rechtskräftig verurteilt ist (LR-Graalmann-Scheerer 3). Daher kann der Beschluss, mit dem die Aussetzung des Strafrestes zur Bewährung widerrufen wird, öffentl zugestellt werden (11 zu § 453c). Für andere Verfahrensbeteiligte gelten über § 37 I ohnehin die §§ 185 bis 188 ZPO.

3) Voraussetzung der öffentlichen Zustellung ist in den Fällen I und II die 3 Unmöglichkeit, die Zustellung in der vorgeschriebenen Weise im Inland an den Beschuldigten, den Verteidiger nach § 145a I (Köln StV **98**, 211; LG Frankfurt a. M. StV **04**, 554) oder § 145a II oder an einen Zustellungsbevollmächtigten (KG NJW **12**, 245) zu bewirken. Auslandsaufenthalt des Beschuldigten ist nicht erforderlich, Hauptanwendungsfall ist vielmehr, dass sein Aufenthalt unbekannt ist.

Befindet er sich **im Ausland** und kennt das Gericht den Aufenthaltsort, so ist 3a nach I weitere Voraussetzung, dass die gewöhnliche Zustellung unausführbar oder voraussichtlich erfolglos ist. Wenn dem Beschuldigten die Ladung zur Hauptverhandlung schon vorher zugestellt war, entfällt diese Voraussetzung (II). In diesem Fall wird von ihm nach überkommener Rspr verlangt, dass er den Zugang weiterer Zustellungen im Inland ermöglicht (Hamburg JR **82**, 122; vgl auch Krause JR **78**, 392). Die öffentliche Zustellung soll zulässig sein, wenn der Angeklagte seinen Wohnsitz in das Ausland verlegt oder an seinen ausländischen Wohnort zurückkehrt (KG NStZ **09**, 111; Frankfurt NStZ-RR **04**, 48; Hamburg aaO). Diese Judikatur steht allerdings nicht in Übereinstimmung mit einer neueren Entscheidung des EGMR (StV **19**, 589 mit zust Anm Arif/Sonnen). Der Gerichtshof hat in einem Fall eine Verletzung von Art 6 I und III b) und c) festgestellt, in dem der Angeklagte zur mündlichen Berufungsverhandlung öffentlich geladen worden war, obwohl er dem Gericht seine neue Anschrift im Ausland (Spanien) mitgeteilt hatte, diese gerichtsbekannt war und es keine erfolgreichen Zustellungsversuche gab; den Aushang der Ladung an der Gerichtstafel sah der EGMR nicht als ausreichend an.

Soll öffentl zugestellt werden, weil der Aufenthalt des Beschuldigten nicht be- 4 kannt ist, so setzt das voraus, dass das Gericht vorher mit allen ihm zum Verfügung stehenden zumutbaren Mitteln versucht hat, den **Aufenthaltsort zu ermitteln** (Bay NStZ **84**, 29; Düsseldorf VRS **89**, 291; Frankfurt StV **83**, 233; Köln VRS **59**, 42; Schleswig SchlHA **86**, 103 [E/L]). Dabei ist ein strenger Maßstab anzulegen (BVerfG NStZ-RR **05**, 205; Bay NStZ **91**, 598; KG StraFo **06**, 105; Düsseldorf VRS **87**, 349). Dass das Schriftstück nach versuchter Zustellung mit dem Vermerk „Empfänger unbekannt verzogen" zurückkommt, genügt nicht (Celle StV **85**, 495; Köln VRS **64**, 198). Bei Ausländern ist idR eine Anfrage beim Bundesverwaltungsamt – Ausländerzentralregister – erforderlich (Köln VRS **59**, 42; StV **90**, 345 L; Stuttgart MDR **76**, 775; vgl § 10 AZRG und dazu Schriever-Steinberg NJW **94**, 3276). Auch eine Anfrage beim länderübergreifenden staatsanwaltschaftlichen Verfahrensregister (§ 492) sollte idR erfolgen (SK-Weßlau/Singelnstein 13).

§ 40

Unterlässt das Gericht die erforderlichen Nachforschungen, so ist die Zustellung unwirksam (Bay NStZ **84**, 29; Celle StV **85**, 495; Köln VRS **64**, 198), sofern nicht feststeht, dass sie erfolglos gewesen wären (Oldenburg OLGSt S 7).

5   4) Unter **erleichterten Voraussetzungen (III)** ist die öffentliche Zustellung im Verfahren über eine Berufung oder Revision des Angeklagten (nicht seines gesetzlichen Vertreters) zulässig. Die öffentliche Zustellung der Ladung zur Berufungs- oder Revisionsverhandlung und von zustellungsbedürftigen Entscheidungen, insbesondere des Berufungsurteils (nach Bay NStZ **91**, 598 aber nicht die Zustellung zum Ingangsetzen der Revisionsbegründungsfrist nach § 345 I S 2, zw) kann entgegen I, II bereits angeordnet werden, wenn die gewöhnliche Zustellung nicht an den Verteidiger (§ 145a; unzutr Düsseldorf VRS **97**, 132, vgl demgegenüber Rieß/Hilger NStZ **87**, 152) und an den Angeklagten – trotz Zustellversuchs (Hamm NStZ-RR **06**, 309) – nicht unter der Anschrift möglich ist, unter der letztmals zugestellt wurde oder die der Angeklagte zuletzt angegeben hat. Die Vorschrift will es dem Gericht ersparen, zeit- und arbeitsaufwändige Ermittlungen nach einem Angeklagten anzustellen, der das Rechtsmittelverfahren dadurch verzögern will, dass er seinen Wohnsitz aufgibt und sich an dem dem Gericht nicht bekannten Ort aufhält (Bay **00**, 138; Hamburg NStZ-RR **00**, 238; Schleswig SchlHA **99**, 173 [L/D]). Da der Angeklagte, der selbst das Rechtsmittel eingelegt hat, weiß, dass er mit Zustellungen im Verfahren zu rechnen hat, wird ihm eine Mitwirkungspflicht auferlegt. III soll auch gelten, wenn der Angeklagte ins Ausland abgeschoben worden ist (Stuttgart NStZ-RR **04**, 219). Wenn er Rechtsnachteile, insbesondere die Verwerfung seiner Berufung nach § 329 I und den Eintritt der Rechtskraft des Berufungsurteils oder die Verhandlung über seine Revision in seiner Abwesenheit (§ 350 II S 2), vermeiden will, muss er dem Rechtsmittelgericht seine neue Anschrift mitteilen (vgl aber bei Jugendlichen 9 zu § 329). Auf die Folgen, die das Unterlassen dieser Obliegenheit hat, wird er nach § 35a S 2 hingewiesen (erg 16 zu § 35a). Wird nach öffentlicher Zustellung die Anschrift vor der Verhandlung doch noch bekannt, muss nach § 37 geladen werden; die Zugangsfiktion des I S 2 gilt dann nicht mehr (Düsseldorf MDR **92**, 985; Hamm NStZ-RR **05**, 114; Oldenburg StraFo **04**, 274; Stuttgart StV **01**, 336 L).

6   5) Die **Anordnung** der öffentlichen Zustellung, die bei Vorliegen der Voraussetzungen des § 40 zwingend ist, erfolgt nach § 37 I iVm § 186 I ZPO durch Gerichtsbeschluss (Hamm JMBlNW **58**, 262). Fehlt die gerichtliche Anordnung oder hat der Vorsitzende des Kollegialgerichts sie allein oder fehlerhaft (KG StraFo **09**, 240) getroffen, so ist die Zustellung unwirksam; eine gesetzliche Frist wird nicht in Lauf gesetzt.

7   6) **Bewirkt** wird die öffentliche Zustellung nach § 37 I iVm § 186 II ZPO dadurch, dass eine Benachrichtigung über die Zustellung an der Gerichtstafel ausgehängt wird, die insbesondere den Namen des Zustellungsadressaten, das Aktenzeichen (Dresden StraFo **06**, 375), die Bezeichnung des Prozessgegenstandes und die Stelle, wo das Schriftstück eingesehen werden kann (idR die Geschäftsstelle des Gerichts), enthält. Das Einsichtsrecht in das Schriftstück selbst hat nur der Berechtigte oder sein Bevollmächtigter. Der Inhalt der gerichtlichen Entscheidung wird nicht ausgehängt; dadurch wird vermieden, dass ein Unberechtigter mehr als unumgänglich über die Zustellung erfährt. Es besteht weiterhin die Möglichkeit, statt des Aushangs an der Gerichtstafel die Benachrichtigung von der Zustellung im Bundesanzeiger oder in anderen Blättern zu veröffentlichen (§ 37 I iVm § 187 ZPO). Der Aushang erfolgt gemäß § 37 iVm § 186 ZPO an der Gerichtstafel des die öffentliche Zustellung anordnenden Gerichts (KG StraFo **09**, 240; Stuttgart Justiz **06**, 235), dh im Berufungsverfahren an der Gerichtstafel des LG (KG aaO; Hamm NJW **07**, 933; Stuttgart NJW **07**, 936), im Vollstreckungsverfahren ggf bei der StVollstrK (Düsseldorf StraFo **02**, 394 mwN). Die Zustellung gilt mit Ablauf von 2 Wochen nach Erscheinen des Blattes oder der Anheftung an der Gerichtstafel als erfolgt, auch wenn der an unbekanntem Ort befindliche Zustellungsempfän-

ger den Akt der Bekanntmachung nicht wahrnehmen kann (Düsseldorf StraFo **02**, 394, 395). Anheftung und Abnahme hat der UrkB der Geschäftsstelle unter Angabe des Zeitpunkts zu beurkunden (§ 186 III ZPO). Die Vorschriften in § 40 I–III gehen im Übrigen den §§ 185, 188 ZPO als speziellere Regelungen vor (BT-Drucks aaO S 21). Ein Aushang beim unzuständigen Gericht führt zur **Unwirksamkeit der Zustellung** (Hamm aaO; Stuttgart aaO), ebenso die verfrühte Entfernung der Benachrichtigung (Bremen StraFo **14**, 294; SK-Weßlau/Singelnstein 20), das Fehlen des Aktenzeichens (Dresden StraFo **06**, 375) oder der nach § 186 II Nr 2 ZPO erforderlichen letzten bekannten Anschrift des Zustellungsadressaten (KG NJW **12**, 245, 246), nicht aber der unter Verstoß gegen § 186 II ZPO erfolgte Aushang des zuzustellenden Schriftstücks selbst (Karlsruhe NStZ-RR **07**, 205). Eine unwirksame öffentliche Zustellung wird nicht durch spätere formlose Übersendung einer Abschrift durch den Rechtspfleger geheilt (KG NStZ-RR **11**, 86).

7) Anfechtung: Gegen die Anordnung nach § 40 ist Beschwerde (etwa durch den Verteidiger) nach § 304 I zulässig (Celle MDR **76**, 335); es gilt aber § 305 S 1 (KG JR **95**, 38). Nach Durchführung der öffentlichen Zustellung ist die Beschwerde unzulässig (Düsseldorf VRS **90**, 183) und eine Aufhebung des Anordnungsbeschlusses ausgeschlossen (LG Aachen NStZ **92**, 143 mit Anm Wendisch). 8

Zustellungen an die Staatsanwaltschaft RiStBV 159

41 ¹Zustellungen an die Staatsanwaltschaft erfolgen durch **elektronische Übermittlung** (§ 32b Absatz 3) oder durch Vorlegung der Urschrift des zuzustellenden Schriftstücks. ²Wenn mit der Zustellung der Lauf einer Frist beginnt und die Zustellung durch Vorlegung der Urschrift erfolgt, so ist der Tag der Vorlegung von der Staatsanwaltschaft auf der Urschrift zu vermerken. ³Bei elektronischer Übermittlung muss der Zeitpunkt des Eingangs (§ 32a Absatz 5 Satz 1) aktenkundig sein.

1) Eine **Vereinfachung der Zustellung** an die StA bezweckt § 41. Die Zustellung nach § 37 – auch iVm § 174 ZPO (KG NStE Nr 3) – wird dadurch nicht ausgeschlossen (Zweibrücken JR **77**, 292 mit Anm Schätzler); jedoch ist dann für deren Wirksamkeit die Unterzeichnung des Empfangsbekenntnisses durch den Behördenleiter oder die ihn vertretende Person erforderlich (Frankfurt NStZ-RR **96**, 234). Für die Anordnung der Zustellung gilt § 36 I S 1, für das Bewirken § 36 I S 2. Die Vorschrift ist am **1.1.2018** in Kraft getreten (Art 33 I des Gesetzes zur Einführung der elektronischen Akte in der Justiz und zur weiteren Förderung des elektronischen Rechtsverkehrs vom 5.7.2017; BGBl I S 2208, 2228). Durch RechtsVO können Bund und Länder für ihren jeweiligen Bereich bestimmen, dass die Einreichung elektronischer Dokumente erst ab **1.1.2019 oder 2020** möglich ist (§ 15 **EGStPO**). 1

2) Die **Zustellung** eines Schriftstücks an die Staatsanwaltschaft nach § 41 auch ohne Beifügung der Akten auf zwei Wegen möglich. Wie schon bisher sieht S 1 die Zustellung durch **Vorlegung der Urschrift** des zuzustellenden Schriftstücks vor. Neu ist hingegen die mit dem Gesetz zur Einführung der elektronischen Akte in der Justiz und zur weiteren Förderung des elektronischen Rechtsverkehrs vom 5.7.17 (BGBl I S 2208) Zustellung durch **elektronische Übermittlung** des Schriftstücks, sobald die Akten elektronisch geführt werden (§ 32b III). Die formlose Übersendung oder Vorlage einer beglaubigten Abschrift genügt nicht (RG **61**, 351; Düsseldorf Rpfleger **83**, 325; Hamm JMBlNW **77**, 257; Köln MDR **66**, 947). Erforderlich ist, dass der Zustellungswille der zustellenden Behörde aus der Übersendungsverfügung in Verbindung mit der aus den Akten ersehenden Verfahrenslage erkennbar wird (BGH NStZ **17**, 171; Hamm aaO; Saarbrücken VRS **47**, 366, 367); auf den Willen des Beamten der StA, das Schriftstück als Zustellung entgegenzunehmen, kommt es nicht an (RG **57**, 55; Hamm GA **57**, 183; JMBlNW **82**, 21). Ein ausdrücklicher Hinweis auf § 41 ist nicht erforderlich, 2

Vor § 42

auch nicht ein ausdrücklicher Übersendungsvermerk „zur Zustellung" (Hamm aaO). Die Vorlegung zur Kenntnisnahme (Zweibrücken VRS **54**, 284) oder (unter Bezugnahme auf eine Rechtsmittelschrift) zur weiteren Veranlassung (Bay **95**, 154; Hamm GA **57**, 183), kann ausreichen, aber nicht die Rücksendung der Akten „nach Erledigung" (Hamm JMBlNW **77**, 257).

3   3) **Erfolgt** ist die Zustellung ohne Rücksicht auf die Kenntnis des Behördenleiters, der Geschäftsstelle des zuständigen Dezernats oder Sachbearbeiters der StA – und unabhängig davon, ob eine handschriftliche Urschrift nur schwer lesbar ist (Saarbrücken NStE Nr 2) – mit dem Eingang des Schriftstücks bei der StA (BGH NStZ **17**, 171; RG **72**, 317; SK-Weßlau/Singelnstein 5; **aM** LG Marburg NStZ-RR **14**, 112: Kenntnisnahme durch einen zur Empfangnahme von Zustellungen legitimierten Beamten). Nach erfolgter Zustellung kommt die Ergänzung eines nicht mit Gründen versehenen Urteils nicht in Betracht (SK-Weßlau/Singelnstein 3 mN).

4   4) Wenn mit der Zustellung des Schriftstücks der Lauf einer **Frist** beginnt, muss der Tag der Zustellung eindeutig festzustellen sein. Erfolgt die Zustellung durch die **Vorlegung der Urschrift,** ist deshalb der Tag der Vorlegung von der StA zu vermerken (S 2). Fristen berechnen sich grundsätzlich nach dem Eingangsstempel der StA (Braunschweig NStZ **88**, 514). Der Vermerk nach S 2 (dazu RiStBV 159) ist nur ein auf andere Weise ersetzbares Beweismittel. Erfolgt die Zustellung durch **elektronische Übermittlung,** hat die StA den Zeitpunkt des Eingangs (§ 32a V) aktenkundig zu machen (S 3). Das Unterlassen oder die Verweigerung des Vermerks und die Angabe eines unrichtigen Eingangstages sind auf den mit der Zustellung beginnenden Fristenlauf ohne Einfluss (RG **57**, 55; Hamm GA **57**, 183).

Fünfter Abschnitt. Fristen und Wiedereinsetzung in den vorigen Stand

Vorbemerkungen

1   1) Die **Frist** ist ein begrenzter, idR bestimmt bezeichneter, jedenfalls aber bestimmbarer Zeitraum, innerhalb dessen etwas geschehen muss oder nicht geschehen darf. Die §§ 42 ff gelten nur für strafprozessuale Fristen; für sachlich-rechtliche Fristen (zB die Strafantragsfrist nach § 77b StGB und die Verjährungsfrist nach § 78 StGB) haben sie keine Bedeutung.

2   **Keine Fristen** iS der §§ 42 ff sind Fristen, innerhalb deren oder bei deren Ablauf ein Strafverfolgungsorgan eine Prozesshandlung vornehmen soll oder muss (KK-Maul 6 zu § 43; KMR-Ziegler 5; **aM** LR-Graalmann-Scheerer 2), zB nach §§ 98 III, 111e II S 1, 115 II, 115a II S 1, 118 V, 118a IV S 2, 122 IV S 2, 128 I S 1, 129, 275 I S 2. Die 6-Monats-Frist des § 121 I ist ebenfalls keine Frist ieS, obwohl in § 121 III S 1 vom Fristenlauf die Rede ist.

3   Auch der **Termin** ist **keine** Frist; er ist ein gesetzlich oder richterlich bestimmter Zeitpunkt, an dem oder von dem ab eine Verhandlung stattfinden soll; als Termin wird auch die ganze Zeitspanne einer Verhandlung bezeichnet (vgl Eb/Schmidt 8).

4   2) **Einteilung der Fristen:**
5   A. **Gesetzliche Fristen** ergeben sich unmittelbar aus dem Gesetz (zB aus § 45 I S 1, 172 II S 1, 235 I S 1, 311 II S 1, 314 I, 317, 319 II S 1, 341 I, 345 I, 346 II S 1, 349 III S 2, 356a S 2, 409 I S 1 Nr 7, 439 II S 1). Sie dürfen nicht verlängert werden (BGH 4 StR 79/10 vom 8.7.2010).
6   Bei unverschuldeter Versäumung ist Wiedereinsetzung in den vorigen Stand nach § 44 möglich, sofern es sich nicht um **Ausschlussfristen** handelt, nach deren Ablauf die Prozesshandlung schlechthin unzulässig ist, wie nach §§ 6a S 3, 16, S 3, 25, 222b S 1, 303 S 1, 388 I, 391 I S 2, 439 II S 2.

Fristen und Wiedereinsetzung in den vorigen Stand **Vor § 42**

B. **Richterliche Fristen** sind solche, deren Beginn und Dauer im Einzelfall auf 7 Grund besonderer gesetzlicher Ermächtigung, zB nach §§ 123 III, 201 I, 368 II, 379 III, 379a I, 382, 406g IV S 3, oder im Rahmen der Prozessleitung durch richterliche Verfügung festgesetzt werden. Für sie gelten die §§ 42, 43 nur, wenn der Richter bei der Fristsetzung nichts anderes bestimmt (EbSchmidt 3; Meyer JR **72**, 72). Sie können, außer bei zwingender Säumnisfolge (zB nach § 379a III S 1), auf Antrag oder von Amts wegen verlängert oder nach Ablauf mit kürzerer, gleicher oder längerer Dauer neu gewährt werden (KK-Maul 4 zu § 43).

C. **Handlungs- und Erklärungsfristen** sind Zeiträume, innerhalb deren ein 8 Verfahrensbeteiligter eine Prozesshandlung vornehmen muss, damit sie zulässig ist. Sie sind teils gesetzlich bestimmt (oben 5), teils werden sie richterlich festgesetzt (oben 7). Zur Fristwahrung vgl unten 11 ff.

D. **Zwischenfristen** sind Fristen, die der Richter oder StA in der Weise zu be- 9 achten hat, dass er eine Handlung nicht vor ihrem Ablauf vornehmen darf. Solche Fristen bestimmen zB §§ 138d II S 2, 217 I, 418 II S 3.

3) Für **staatsanwaltschaftliche Fristen,** dh solche, die bei der StA wahrzu- 10 nehmen sind, gelten die §§ 42, 43 entspr (SK-Deiters 6 zu § 43). Dagegen sind die Vorschriften über die Wiedereinsetzung (§§ 44, 45) bei den Erklärungsfristen im Ermittlungsverfahren nicht anwendbar; eine Ausnahme gilt für die Versäumung der Frist des § 172 I S 1 (dort 17).

4) **Wahrung von Erklärungsfristen:** 11

A. **Erklärungen zu Protokoll der Geschäftsstelle** (Einl 131 ff) wahren die 12 Frist, wenn sie rechtzeitig bei dem UrkB des zuständigen Gerichts abgegeben und von ihm niedergeschrieben werden; vgl auch § 299 II. Wird eine Erklärung, die auch schriftlich abgegeben werden kann, von einem unzuständigen Gericht protokolliert, so ist die Frist gewahrt, wenn das Protokoll von dem Erklärenden unterzeichnet ist und rechtzeitig an das zuständige Gericht gelangt (erg Einl 133).

B. **Schriftliche Erklärungen** (Einl 128): Die Fristwahrung setzt keine Mitwir- 13 kung des Gerichts voraus (BVerfGE **41**, 323, 328). Entscheidend ist allein, dass das Schriftstück innerhalb der Frist ordnungsgemäß (also nicht durch Einwurf in ein offenes Fenster, Übergabe an die Putzfrau, Durchschieben unter der Haustür oder auf ähnliche Weise) in die Verfügungsgewalt des zuständigen Gerichts gelangt, wenn auch an eine falsche Abteilung oder zu falschen Akten (BGH wistra **99**, 346; 2 StR 405/11 vom 20.10.2011; Köln VRS **57**, 299). Die Übergabe an einen empfangsberechtigten Beamten außerhalb des Gerichtsgebäudes und außerhalb der Dienstzeit reicht aus, nicht aber der Einwurf in ein Fach, das nur für den internen Postaustausch der Behörden bestimmt ist (LG Stuttgart MDR **86**, 689). Einschreibsendungen gehen schon zu, wenn dem Gericht die Benachrichtigung über den bei dem Postunternehmen hinterlegten Brief übergeben wird (LR-Graalmann-Scheerer 18), Sendungen, die in ein Postfach eingelegt werden, sind mit dem Einsortieren zugegangen, nicht erst mit der Abholung (BGHR ZPO § 577 II Postfach 1; Frankfurt NStZ-RR **07**, 206; KK-Maul 17 zu § 43; aM LR-Graalmann-Scheerer 25). Eine falsche Adressierung der Sendung ist unschädlich. Nicht erforderlich ist, dass das Schriftstück bis zum Ende der Dienstzeit eingegangen ist (1 zu § 43) oder dass ein zu seiner Entgegennahme zuständiger Beamter es amtlich in Empfang nimmt (BVerfGE **52**, 203, 209; **57**, 117; **69**, 381, 385 ff).

Daher wahrt der Einwurf in einen gewöhnlichen **Hausbriefkasten** die Frist 14 (BGH NJW **81**, 1216), auch wenn mit der Leerung am selben Tag nicht gerechnet werden kann (BVerfGE **42**, 128; BGH NJW **84**, 1237; BVerwG NJW **74**, 73). Wer einen solchen Briefkasten benutzt, hat aber die Beweislast für den rechtzeitigen Einwurf der Erklärungsschrift (vgl Frankfurt NJW **74**, 1959). Entsprechendes gilt für das Einsortieren in ein Postfach des Gerichts (BGH MDR **87**, 134).

Die Anbringung eines **Nachtbriefkastens** hat den Vorteil, dass ein Kontrollme- 15 chanismus die Erfassung der vor Mitternacht eingegangenen Briefe ermöglicht und

§ 42

dass bei seinem Versagen der rechtzeitige Eingang der Sendung unterstellt wird (Bay **68**, 103, 106). Der Eingangsstempel ist eine öffentliche Urkunde iSd § 418 I ZPO, der Beweis für den Zeitpunkt des Eingangs erbringt. Der Beweis kann aber durch den Nachweis der Unrichtigkeit des ausgewiesenen Zeitpunkts entkräftet werden, § 418 II ZPO. Bloße Glaubhaftmachung genügt hierfür nicht; vielmehr bedarf es einer substantiierten Darlegung der Umstände, aus denen sich das Gegenteil der von der Beweiskraft der öffentlichen Urkunde erfassten Tatsache ergeben sollen, und die Rechtzeitigkeit des Eingangs muss zur vollen Überzeugung des Gerichts bewiesen werden (Hamburg StraFo **17**, 508 mwN).

16 Wenn das Schriftstück bei einem **unzuständigen Gericht** oder bei der StA eingereicht wird, kommt es für die Fristwahrung darauf an, dass es dem zuständigen Gericht noch innerhalb der Frist zugeht (BGH MDR **73**, 557 [D] Düsseldorf NStZ-RR **02**, 216; Karlsruhe JR **92**, 302); dass ihm sein Inhalt von dem unzuständigen Gericht telefonisch übermittelt wird, genügt dann, wenn darüber ein Protokoll aufgenommen wird (Celle MDR **70**, 608; Düsseldorf NStZ **84**, 184; Zweibrücken MDR **82**, 166). Wird das an ein unzuständiges Gericht adressierte Schriftstück dem zuständigen Gericht lediglich durch die Briefkontrolle (bei UHaft) bekannt, so wahrt das die Frist nicht (LG Bielefeld MDR **83**, 779).

17 Betreiben mehrere Gerichte oder andere Justizbehörden eine **gemeinsame Briefannahmestelle** (Eingangsstelle, Einlaufstelle), die auch eine gemeinschaftlicher Nachtbriefkasten (oben 15) sein kann, so wird eine Frist durch den Eingang des Schreibens bei dieser Stelle gewahrt. Die unrichtige Adressierung ist unschädlich, wenn der wahre Adressat eine der Trägerbehörden ist; die Rspr verlangt aber, dass das Schriftstück rechtzeitig an die zuständige Behörde weitergeleitet worden ist (BGH NJW **83**, 123; Bay NJW **88**, 714; Frankfurt NJW **88**, 2812; NStZ-RR **00**, 212; Hamm NStZ-RR **10**, 21; Stuttgart NStZ **87**, 185; ebenso W. Schmid Dünnebier-FS 117 ff; **aM** AK-Lemke 28; LR-Graalmann-Scheerer 22 ff). Entsprechendes gilt bei einem gemeinsamen Telefaxanschluss (Düsseldorf JMBlNW **90**, 179; Frankfurt NStZ-RR **02**, 215).

18 C. **Erklärungen durch Telefax** (Einl 139a) sind dem Gericht zugegangen, wenn das Schriftstück am Empfangsgerät ausgedruckt wird; auf die Tatsache, dass das Telefax danach nicht zu den Akten gelangt ist, kommt es nicht an (BGH NStZ-RR **13**, 53).

19 Ebenso ist die durch **Fernschreiber** abgegebene Erklärung (Einl 139) dem Gericht zugegangen, wenn der Text in der Anlage des Empfängers vollständig niedergeschrieben ist (W. Schmidt NStZ **83**, 37). Das gilt in beiden Fällen auch dann, wenn der angegebene Zeitpunkt nach Dienstschluss liegt und die Fernschreibanlage nicht besetzt ist (BGHZ **101**, 276; Zweibrücken OLGSt Nr 8 zu § 345; vgl auch BVerfGE **52**, 203); die Beweislast, dass das vor Fristablauf geschehen ist, hat derjenige, der die Erklärung abgibt (W. Schmidt aaO).

20 D. **Zweifel an der Fristwahrung:** Vgl 35 zu § 261.

Berechnung von Tagesfristen

42 Bei der Berechnung einer Frist, die nach Tagen bestimmt ist, wird der Tag nicht mitgerechnet, auf den der Zeitpunkt oder das Ereignis fällt, nach dem der Anfang der Frist sich richten soll.

1 1) Nicht nur bei den **Tagesfristen** zählt der Anfangstag nicht mit. § 42 gilt vielmehr für Fristen aller Art (gesetzliche, richterliche, Handlungsfristen, amtliche Fristen für den Richter). Die Vorschrift besagt, dass bei der Fristberechnung der Tag nicht mitgezählt wird, auf den das für den Fristbeginn maßgebende Ereignis fällt. Beginnt zB eine Dreitagesfrist am 10.5., so endet sie mit Ablauf des 13.5. Vgl auch 1, 2 zu § 43.

2 2) Die **24-Stunden-Frist** des § 418 II S 3 ist keine Tagesfrist iS des § 42; daher zählt der Zustellungstag bei ihrer Berechnung mit (LR-Graalmann-Scheerer 6).

Berechnung von Wochen- und Monatsfristen

43 ^{I} Eine Frist, die nach Wochen oder Monaten bestimmt ist, endet mit Ablauf des Tages der letzten Woche oder des letzten Monats, der durch seine Benennung oder Zahl dem Tag entspricht, an dem die Frist begonnen hat; fehlt dieser Tag in dem letzten Monat, so endet die Frist mit dem Ablauf des letzten Tages dieses Monats.

^{II} Fällt das Ende einer Frist auf einen Sonntag, einen allgemeinen Feiertag oder einen Sonnabend, so endet die Frist mit Ablauf des nächsten Werktages.

1) Bei **Wochen- und Monatsfristen (I)** zählt der Anfangstag ebenso wenig mit wie bei den Tagesfristen nach § 42. Fällt zB das eine Wochenfrist in Lauf setzende Ereignis (Verkündung, Zustellung) auf einen Mittwoch, so endet die Frist mit Ablauf des folgenden Mittwochs. Die am 5. eines Monats beginnende Monatsfrist endet mit dem Ablauf des 5. des folgenden Monats. Nach I Hs 2 endet die am 31. Mai beginnende Monatsfrist am 30. Juni, die am 31. Januar beginnende Monatsfrist am 28., im Schaltjahr am 29. Februar. Das gilt auch für den Fall, dass für den Anfang einer Frist der Beginn eines Tages maßgebend ist, zB wenn sich die Revisionsbegründungsfrist an die Einlegungsfrist des § 341 anschließt (4 zu § 345); auch dann wird der Anfangstag bei der Fristberechnung (entgegen § 188 II BGB) nicht mitgezählt (BGH **36**, 241; **aM** Schulze JR **96**, 51). Fristen enden stets erst um 24 Uhr des letzten Tages, nicht schon mit dem Ende der Dienstzeit der Gerichte (BVerfGE **41**, 323; **42**, 128). 1

2) Die **gesetzliche Fristverlängerung (II)** gilt nicht nur für die Fristen des I, sondern auch für die Tagesfristen (RG **62**, 140), auch für richterliche Fristen, selbst wenn sie nach dem Datum bestimmt sind (Bay **71**, 54; KK-Maul 22; Günther Kriminalistik **06**, 684, 689; **aM** LR-Graalmann-Scheerer 4 zu § 42). Ausnahmslos gilt das nicht; denn der Richter ist nicht gehindert, das Fristende auf einen Sonnabend oder Feiertag zu legen (**aM** Schultz MDR **73**, 732), muss das aber eindeutig („bis Sonntag, den 4.5.") zum Ausdruck bringen (Meyer aaO). 2

Allgemeine **Feiertage** sind die staatlich anerkannten (Art 140 GG iVm Art 139 WeimRV), nicht die nur staatlich geschützten Feiertage (Bay **57**, 131; vgl BGH NStZ **08**, 55: Buß- und Bettag). Nach Bundesrecht ist nur der 3. Oktober ein gesetzlicher Feiertag (Art 2 II EV); die übrigen sind landesrechtlich bestimmt (vgl im Einzelnen Göhler/Buddendiek/Lenzen 769). Die Fristverlängerung tritt nur ein, wenn der Tag am Ort des Gerichts, bei dem die Frist gewahrt werden muss, ein staatlich anerkannter Feiertag ist; die Feiertagsregelung am Wohnsitz des Beschuldigten oder am Sitz der Kanzlei seines Verteidigers ist hierfür ohne Belang (Celle NdsRpfl **96**, 253). Die Sonnabende stehen den Feiertagen gleich, nicht jedoch sonstige dienstfreie Tage (Bay NStZ-RR **99**, 363). 3

Die Vorschrift gilt nicht für die Berechnung der Dauer von zeitlich bestimmten, den Betroffenen belastenden **Disziplinarmaßnahmen im Strafvollzug** (zB nach Art 110 BayStVollzG, § 80 NRWStVollzG; vgl LG Kleve NStZ-RR **13**, 261 zu dem früheren Art 103 I Nr 4 StVollzG). 3a

Wiedereinsetzung in den vorigen Stand bei Fristversäumung

44 ^{1} War jemand ohne Verschulden verhindert, eine Frist einzuhalten, so ist ihm auf Antrag Wiedereinsetzung in den vorigen Stand zu gewähren. ^{2} Die Versäumung einer Rechtsmittelfrist ist als unverschuldet anzusehen, wenn die Belehrung nach den § 35a Satz 1 und 2, § 319 Abs. 2 Satz 3 oder nach § 346 Abs. 2 Satz 3 unterblieben ist.

Übersicht

	Rn
1) Rechtsnatur	1
2) Wiedereinsetzung bei Fristversäumnis	2–7b

§ 44

	Rn
A. Fristen	3
B. Fristversäumung	4–7b
3) Wiedereinsetzung bei Terminsversäumung	8
4) Antrag	9
5) Verhinderung ohne Verschulden	10–21
A. Eigenes Verschulden	11–12c
B. Unkenntnis vom Fristbeginn	13
C. Unkenntnis von der Zustellung	14, 14a
D. Verschulden Dritter (Deutsche Post AG, Justizbehörden, Verteidiger)	15–20
E. Wiedereinsetzung zugunsten StA	21
6) Unterbliebene Rechtsmittelbelehrung (S 2)	22–23b
7) Belehrung über Wiedereinsetzung	24
8) Wirkung der Wiedereinsetzung	25

1 **1) Rechtsnatur: Kein Rechtsmittel,** sondern ein förmlicher Rechtsbehelf anderer Art (20 vor § 296) ist der Wiedereinsetzungsantrag (BGH **25**, 89, 91). Denn ihm fehlt der Devolutiveffekt (2 vor § 296), und mit ihm wird auch nicht die Nachprüfung einer Entscheidung erstrebt (RG **22**, 31). Die Rechtskraft der Entscheidung steht der Wiedereinsetzung nicht entgegen, sondern soll durch sie gerade beseitigt werden (BVerfG NStE Nr 34 mwN). Ausgeschlossen ist die Wiedereinsetzung aber, wenn das Verfahren durch eine Sachentscheidung des Revisionsgerichts nach § 349 II oder V (nicht durch Verwerfung nach § 349 I) rechtskräftig abgeschlossen ist; dann ist nur noch die Wiederaufnahme nach §§ 359 ff zulässig (25 zu § 349).

2 **2) Wiedereinsetzung bei Fristversäumnis,** nicht schon bei praktischer Verkürzung der Frist infolge verspäteter Kenntnis von der Zustellung (LG Münster MDR **85**, 866), lässt § 44 zu. Ist keine Frist versäumt, so ist sie unzulässig (BGH **17**, 94, 96; 4 StR 553/11 vom 21.12.2011; Bay **71**, 228). Wenn der Antragsteller aber irrtümlich so behandelt worden ist, als hätte er die Frist versäumt, wird ihm nach ganz hM Wiedereinsetzung gewährt (BGH NStZ **88**, 210 [M]; 2 StR 294/15 vom 2.9.2015; Oldenburg StraFo **16**, 507; Bay VRS **39**, 272; Düsseldorf VRS **96**, 27 mwN; Schleswig SchlHA **92**, 144 [L/T]; **aM** KG wistra **02**, 37; JR **06**, 301 [mit inkonsequenten Ausnahmen]; vgl auch 41 zu § 329).

3 **A. Fristen:** In Betracht kommt jede gesetzliche oder richterliche Frist, die keine absolute Ausschlussfrist (6 vor § 42) ist. § 44 gilt auch für die Frist des § 45 I S 1 (dort 3) und des § 172 I (dort 17), nicht aber für Erklärungsfristen im Ermittlungsverfahren, auch nicht für die Fristen der §§ 6a S 3, 16 S 3, 222a, 222b, § 317 (Dresden OLG-NL **98**, 216) und § 349 III S 2 (BGH NStZ **16**, 496), für die Frist, die das Gericht für die Begründung einer Beschwerde gesetzt hat (Karlsruhe MDR **83**, 250), für die Strafantragsfrist nach § 77b I S 1 StGB (BGH NJW **94**, 1165), für die vereinbarte Frist zum Widerruf eines Privatklagevergleichs (Oldenburg JW **31**, 2390; LG Würzburg NJW **54**, 768), für den Anschluss als Nebenkläger (BGH NStZ-RR **97**, 136) und für die Versäumung der Bezeichnung des unbenannt eingelegten Rechtsmittels (8 zu § 335) als Revision innerhalb der Frist des § 345 I (vgl 8 zu § 335). Bei Versäumung der Berufungs- und Revisionsfristen sind neben dem Antrag nach § 44 die Rechtsbehelfe nach §§ 319 II, 346 II zulässig.

4 **B. Fristversäumung:**

5 a) **Eine Frist versäumt** iS des § 44, wer sie einhalten wollte, aber nicht eingehalten hat. Wer von einem befristeten Rechtsbehelf bewusst keinen Gebrauch gemacht hat, war nicht iS des S 1 an der Einlegung „verhindert" (BGH NStZ-RR **13**, 381: Rechtsmittelrücknahme; NStZ **01**, 160; vgl auch Düsseldorf MDR **84**, 71: Rechtsmittelverzicht). Das gilt auch bei Unkenntnis des Gesetzes oder der höchstrichterlichen Rspr (BGH StV **10**, 475; NStZ **12**, 652), bei falscher Einschätzung der Rechtsfolgen der Entscheidung (Koblenz OLGSt Nr 14) oder der Erfolgsaussichten des Rechtsmittels (Köln NStZ-RR **96**, 212), auch eines Rechtsmittels in anderer Sache (Düsseldorf MDR **82**, 866), selbst wenn sie auf unrichtiger, aber nicht bewusst wahrheitswidriger Belehrung durch einen RA beruht (BGH NStZ-RR **12**, 285 mwN; Düsseldorf NJW **82**, 60). § 44 ist auch nicht anwendbar, wenn der Verteidiger statt der Erfolg versprechenden Revision gegen ein Verwerfungsurteil nach § 329 I einen erfolglosen Wiedereinsetzungsantrag gestellt hat (Düsseldorf VRS **82**, 460; **aM** KG NStZ **94**, 603), oder wenn der Angeklagte, der keine Revision eingelegt hat, den Revisionsgrund des § 338 Nr 7 nach Ablauf der Revisionsfrist erkennt (Mertens NJW **79**, 1698; Stein NJW **80**, 1086; **aM** AK-Lemke 6; SK-Deiters 10). Der Posteingangsstempel des Gerichts erbringt als öffentliche Urkunde iSv § 418 I ZPO im Regelfall den Beweis über den Tag des Eingangs eines Schriftstücks bei Gericht, wenn und solange dieser Beweis nicht gemäß § 418 II ZPO durch den Nachweis der Unrichtigkeit des im Eingangsstempel ausgewiesenen Zeitpunkts entkräftet wird; zur Entkräftung ist eine bloße Glaubhaftmachung, etwa durch anwaltliche Versicherung, in aller Regel nicht ausreichend (BGH 3 StR 181/18 vom 26.6.2018).

b) Die **Versäumung der vorgeschriebenen Form** steht der Fristversäumung gleich (BGH **26**, 335), zB wenn der Antrag nach § 172 II den gesetzlichen Formvorschriften nicht entspricht (Koblenz VRS **64**, 34), die Revisionsbegründungsschrift vom Angeklagten selbst unterschrieben oder vom Verteidiger versehentlich nicht (BGH bei Sarstedt JR **55**, 29) oder (unzulässigerweise, vgl 60 zu § 142) von einem Sozius des Pflichtverteidigers (BGH NStZ **03**, 615) oder sonst nicht formgerecht (Einl 129) unterzeichnet worden ist oder nicht den Anforderungen des § 344 entspricht (Zweibrücken StV **91**, 550 mwN) oder ein Telefax nur teilweise innerhalb der Frist eingeht (BGH 2 StR 511/01 vom 25.1.2002). **6**

c) Zur **Nachholung von Verfahrensrügen** der bereits formgerecht begründeten Revision (vgl allg Ventzke StV **97**, 227) kann dem Angeklagten, der mit seinem Verteidiger in der Hauptverhandlung anwesend war, Wiedereinsetzung grundsätzlich nicht bewilligt werden (BGH **1**, 44; **14**, 330, 333; **26**, 335, 338; NJW **08**, 2356; NStZ **13**, 541; 4 StR 311/16 vom 28.9.2016; 1 StR 91/18 vom 11.4.2019; Nürnberg NStZ-RR **06**, 380). **7**

Ausnahmen kommen nur in besonderen Prozesssituationen in Betracht, wenn dies zur Wahrnehmung des Anspruchs des Beschwerdeführers auf rechtliches Gehör (Art 103 I GG) unerlässlich erscheint (BGH NStZ-RR **19**, 25). Sie sind von der Rspr zugelassen worden, wenn der Beschwerdeführer unverschuldet durch äußere Umstände oder durch Maßnahmen des Gerichts an der rechtzeitigen Revisionsbegründung gehindert worden ist (BGH **55**, 62, 64; wistra **93**, 347; NStZ **97**, 46 L). **Beispiele:** Verzögerung der Postbeförderung (BGH **14**, 330; NStZ **81**, 110; **84**, 34; Bay **80**, 158), Ausfall des Telefaxgeräts des Gerichts (BGH wistra **05**, 344; NStZ **08**, 705; KG NStZ-RR **07**, 24), Versendungsversehen bei Übermittlung der Revisionsbegründungsschrift (BGH NStZ **19**, 625), Unmöglichkeit oder Verweigerung der Akteneinsicht während der Frist des § 345 I (BGH NStZ **84**, 418; **19**, 625; Jena StV **06**, 461 L), Unmöglichkeit an die eigenen Akten zu gelangen (BGH NStZ **08**, 525), Erkrankung des Verteidigers (BGH StraFo **14**, 333), Fehlen der Unterschrift des Verteidigers (BGH **31**, 161), bei einem Versehen des Verteidigerbüros (BGH NStZ-RR **01**, 259 [B]; **05**, 257 [B]), verspätete Beiordnung des Verteidigers (BGH StV **83**, 225; Braunschweig NStZ-RR **14**, 51), Weigerung des Pflichtverteidigers, mehr als die Sachrüge zu erheben (Bay MDR **74**, 247), Weigerung des Rechtspflegers, notwendiges Vorbringen aufzunehmen (BGH wistra **92**, 148), oder wenn die sonst zur Zulässigkeit des Rechtsmittels führende fristgerechte Rüge völlig ins Leere gehen würde (Bay **78**, 11; zur Wiedereinsetzung bei Änderung der bisherigen ständigen Rspr vgl BGH wistra **93**, 347 einerseits, Celle NZV **93**, 42 andererseits). War der Angeklagte in der Hauptverhandlung ohne Verteidiger, so ist ihm zur Nachholung von Verfahrensrügen durch den später gewählten Verteidiger idR Wiedereinsetzung zu bewilligen (Bay **84**, 6). Jedoch muss die nachgeschobene Rüge selbst auch § 45 (BGH NStZ-RR **08**, 282; NStZ **09**, 173) sowie der Form des § 344 II S 2 entsprechen (BGH 1 StR 639/89 vom 19.12.1989) und auch § 345 genügen. Wird geltend gemacht, fehlende Aktenein- **7a**

§ 44

sicht habe die formgerechte Formulierung der Rüge verhindert, muss die Rüge so genau mitgeteilt werden, wie dies ohne Akteneinsicht möglich ist (BGH wistra **95**, 347), und im Übrigen muss der Beschwerdeführer darlegen, inwieweit er dadurch an einer ordnungsgemäßen Begründung gehindert war (BGH NStZ **97**, 45; NStZ-RR **10**, 210; Zweibrücken wistra **01**, 277).

7b Dagegen ist **keine Wiedereinsetzung gewährt** worden wegen Nichtmitgabe der Akten ins Büro (BGH NStZ **85**, 13 [Pf/M]; NStZ-RR **98**, 258 [K]), bei Unterlassen des Verteidigers, die Erledigung des Akteneinsichtsgesuchs anzumahnen (BGH NStZ **85**, 492; **00**, 326; Koblenz VRS **70**, 282) oder sich um Akteneinsicht zu bemühen (BGH NStZ-RR **06**, 2 [B]), bei fehlender Einsichtnahme in den Geschäftsverteilungsplan (BGH NStZ-RR **08**, 34 [B]) oder in die Akten des Gerichts (Bay NStZ-RR **04**, 82) oder des LG-Präsidiums (BGHR Verfahrensrüge 4 und 12), bei fehlender Begründung für die Notwendigkeit der Akteneinsicht im Hinblick auf die zu erhebende Verfahrensrüge (BGH wistra **93**, 228), zur Anbringung einer Verfahrensrüge durch einen nachträglich beauftragten Verteidiger (BGH StV **99**, 198 L; StraFo **05**, 25) oder wenn der Angeklagte durch 2 RAe verteidigt wird, von denen einer die Sachrüge fristgerecht erhoben, der andere aber die Frist zur Geltendmachung von Verfahrensbeschwerden versäumt hat (BGH StraFo **08**, 423). Dass der Rechtspfleger sich geweigert hat, sich Sätze ins Protokoll diktieren zu lassen, führt nicht zur Wiedereinsetzung (BGH NStZ **06**, 585), auch nicht, dass die zu Protokoll erklärte Revisionsbegründung außer der Sachrüge größtenteils unzulässige Verfahrensrügen enthält (BGH NStZ-RR **08**, 312; EzSt Nr 5). Wiedereinsetzung zur Wiederholung einer nicht formgerecht eingelegten oder zur Ergänzung oder Berichtigung einer bereits erhobenen Verfahrensrüge ist in jedem Fall ausgeschlossen (BGH NStZ **85**, 181; StraFo **05**, 299; NStZ-RR **12**, 316; Köln NStZ-RR **96**, 212; **aM** Geipel StraFo **11**, 14: Nachbesserung einer Verfahrensrüge aus verfassungsrechtlichen Erwägungen erlaubt), ebenso bei einer nicht formgerecht erhobenen Sachrüge (Hamm NZV **01**, 490).

8 3) **Wiedereinsetzung bei Terminversäumung** sehen §§ 235, 329 III, 391 IV, 401 III S 2, 412 iVm 329 III vor. Zur Wiedereinsetzung bei nicht wirksamer Ladung zur Berufungsverhandlung vgl 41 zu § 329.

9 4) **Auf Antrag** wird Wiedereinsetzung gewährt (S 1), **von Amts wegen** nur, wenn die versäumte Handlung nachgeholt ist (§ 45 II S 3). Gegen den Willen des Antragsberechtigten ist sie nicht zulässig. Antragsberechtigt ist jeder Verfahrensbeteiligte oder Dritte (Zeugen in den Fällen der §§ 51, 70, Zuhörer im Fall des § 181 GVG), der eine Frist versäumt hat. Der Verteidiger kann entspr 297 den Antrag stellen, wenn er die Frist für ein Rechtsmittel versäumt hat, das er aus eigenem Recht eingelegt hatte (Köln OLGSt § 145a S 11). Sonst braucht er eine Vollmacht (Kleinknecht NJW **61**, 86). Der gesetzliche Vertreter ist antragsberechtigt, wenn er nach § 298 I tätig geworden ist (Bay **54**, 51). Der StA kann den Antrag nicht zugunsten anderer Beteiligter stellen; § 296 gilt nicht (Bremen GA **57**, 87; LG Aachen NJW **61**, 86 mit Anm Kleinknecht; LR-Graalmann-Scheerer 2 zu § 46; **aM** AK-Lemke 15; erg 1 zu § 297).

10 5) **Verhinderung ohne Verschulden:**

11 A. **Eigenes Verschulden** an der Fristversäumung, nicht nur an der Herbeiführung eines Hindernisses iS § 45 I S 1 (Düsseldorf VRS **99**, 121: polizeiliche Festnahme; Hamburg MDR **83**, 152: Suizidversuch), schließt die Wiedereinsetzung aus. Maßgebend ist die dem Antragsteller mögliche und zumutbare Sorgfalt (Hamm NStZ-RR **15**, 327; Frankfurt NStZ-RR **03**, 204; Stuttgart Justiz **85**, 321; vgl auch Fünfsinn NStZ **85**, 486). Eine großzügige Anwendung des § 44 ist im Interesse der materiellen Gerechtigkeit geboten (Sarstedt JR **56**, 112); dies kann insbesondere gelten, wenn es sich um eine besonders schutzbedürftige Person handelt (vgl BGH NStZ-RR **17**, 381; EGMR StV **17**, 769: Revisionseinlegung durch in einem psychiatrischen Krankenhaus Untergebrachten). Die Anforderungen an die Vorkehrungen gegen die Fristversäumung dürfen insbesondere dann nicht überspannt werden, wenn es für den Antragsteller um den „ersten Zugang" zum Gericht, dh um die Möglichkeit geht, erstmals das rechtliche Gehör in der Sache zu erlangen (BVerfG NJW **13**, 592; BbgVerfG NStZ-RR **02**, 239).

Beispiele: 12

Schuldhaft handelt nicht, wer die Frist bis zu ihrer Grenze ausnutzen will; 12a dazu ist jeder berechtigt (BVerfGE **41**, 323, 328; **52**, 203; **69**, 381, 385; vgl aber auch BVerfG NJW **00**, 574 und **06**, 1505: Verschulden bei Aufgabe eines Telefax erst wenige Minuten vor Fristablauf mit verspätetem Eingang wegen Belegung des Empfangsgeräts sowie Hamm NStZ-RR **17**, 149: Telefonische Beauftragung des Sekretariats der Anwaltskanzlei am Nachmittag des Tages des Fristablaufs bei möglicherweise abwesendem Verteidiger). Das gilt auch, wenn das Rechtsmittel aus „taktischen" Gründen erst am letzten Tag eingelegt werden soll (München MDR **73**, 868; Rostock NStZ **94**, 200). Eigenes Verschulden des Angeklagten liegt auch nicht vor, wenn die Prozesshandlung des Verteidigers wegen Zurückweisung nach § 146a unwirksam ist (BGH **26**, 335, 338; StV **83**, 225 L; Düsseldorf JMBlNW **86**, 34; NStZ **84**, 235; Hamm NJW **80**, 1059; Koblenz VRS **65**, 372; Köln OLGSt § 45 Nr 2) oder eine erforderliche Belehrung nach § 35a S 2 unterblieben ist (Hamm StraFo **14**, 120). Krankhafte Störungen der Geistestätigkeit sollen eine unverschuldete Säumnis regelmäßig nur dann begründen, wenn sie mit Verhandlungsunfähigkeit einhergehen (BGH 1 StR 533/16 vom 10.1.2017; KK-Maul 20 mwN; siehe aber auch BGH StV **19**, 224 und **19**, 77: Intelligenzminderung im Grade des Schwachsinns begründet besondere Schutzbedürftigkeit).

Mit Rücksicht auf die Vorgaben des **EuGH** (NJW **16**, 303 mit Anm Zündorf 12b JR **17**, 488) handelt ebenfalls **nicht schuldhaft,** wer die Frist des § 410 I nicht wahrt, weil er den Einspruch gegen den Strafbefehl nicht in deutscher Sprache eingelegt hat und sich darauf beruft, ihm habe für den Einspruch nicht der vollständige Zeitraum zur Verfügung gestanden (vgl Zündorf NStZ **16**, 41, 43: unionskonforme Auslegung; erg 13 zu § 45; 9 zu § 132; 2a zu § 184 **GVG**). Wiedereinsetzung nach Versäumung der Frist zur Einlegung der Revision ist zu gewähren, wenn der **EGMR** die Verwerfung einer Revision als unzulässig beanstandet (BGH NStZ-RR **17**, 148).

Dagegen **handelt idR schuldhaft,** wer eine Frist vergisst, ebenso wer seinen 12c Beistand zu spät (BGH MDR **56**, 11 [D]) oder nicht eindeutig (Düsseldorf VRS **96**, 374) mit der Rechtsmitteleinlegung beauftragt oder nicht darauf achtet, dass ihn der Auftrag rechtzeitig erreicht (BGHR § 44 S 1 Verschulden 2), oder wer sich nach einer Verständigung (§ 257c) die Einlegung des Rechtsmittels durch den Verteidiger nicht zusagen lässt (BGH NStZ-RR **13**, 67 [C/Z]; BGHR § 44 S 1 Verschulden 8), wer für Rücksprachen mit dem Verteidiger nicht erreichbar ist (BGH NStZ **97**, 95) oder wer als Gefangener die Rechtsmittelschrift erst am letzten Tag der Frist in den Abteilungsbriefkasten der JVA gibt (BGH NStZ **06**, 54; BGHR § 44 S 1 Verhinderung 12; vgl auch BGH NStZ-RR **99**, 110) bzw den Antrag an das zuständige Gericht auf Protokollierung des Rechtsmittels erst 3 Tage vor Ablauf der Rechtsmittelfrist zur Post gibt (Hamm NStZ-RR **15**, 327). Der Angeklagte, dem bekannt ist, dass sein Verteidiger die nur „fristwahrend" eingelegte Revision im vermuteten Einvernehmen mit ihm für nicht aussichtsreich hält, muss damit rechnen, dass sein Verteidiger die Revision nicht von sich aus begründen wird (BGH 4 StR 374/14 vom 9.10.2014; vgl auch 3 StR 325/18 vom 6.8.2018). Wer die Rechtsmitteleinlegung durch einen Dritten erledigen lässt, muss sich vom rechtzeitigen Eingang überzeugen (BGH NStZ **96**, 50; Hamm NStZ-RR **09**, 242: Bewährungshelfer; Stuttgart Justiz **80**, 56; Zweibrücken StV **92**, 360: Ehegatte), sofern das nicht, etwa bei Krankenhausaufenthalt, unmöglich ist (Stuttgart Justiz **85**, 321). Verschuldet ist auch die Fristversäumung infolge unrichtiger Adressierung der Rechtsmittelschrift (Stuttgart NStZ-RR **10**, 148 L: falsche Postleitzahl), die bei dem unzuständigen Gericht am letzten Tag der Frist eingeht (Düsseldorf JMBlNW **97**, 271; Hamm NStZ **85**, 185; Naumburg NStZ-RR **01**, 272). Ist eine rechtzeitig eingegangene Rechtsmittelschrift aber nicht im normalen Geschäftsgang weitergeleitet worden, ist Wiedereinsetzung zu gewähren (Naumburg

§ 44

aaO); eine Weiterleitung per Telefax ist nach nunmehr hM auch dann nicht erforderlich, wenn der drohende Fristablauf ohne weiteres erkennbar ist (Hamm NStZ-RR **08**, 283 L; **09**, 347 L). Unzureichende Sprachkenntnisse eines Ausländers schließen das Verschulden nicht aus (BGH DAR **85**, 199 [Sp]), jedoch dürfen auch hier die Anforderungen nicht überspannt werden (BVerfG NJW **91**, 2208; StV **95**, 394 L).

13 B. **Unkenntnis vom Fristbeginn:** Die Frist versäumt schuldhaft, wer die mündliche Rechtsmittelbelehrung missverstanden hat (vgl BGH NStZ-RR **13**, 254); anders wird es allerdings bei einem unverteidigten Jugendlichen (Schleswig StV **10**, 62 mit zust Anm Gubitz/Molkentin) oder einem Ausländer sein, der keinen Verteidiger hat und dem nur mündlich (ohne Erteilung eines für ihn verständlichen Merkblatts, vgl 7 ff) iS zu § 35a) eine komplizierte Rechtsmittelbelehrung erteilt wird (KG NZV **92**, 123). Schuldhaft handelt jedoch, wer die Belehrung überhaupt nicht verstanden hat, sich aber nicht nach dem Fristbeginn erkundigt (BGH NStZ-RR **07**, 3 [B]; vgl auch NStZ-RR **19**, 186; Hamm NJW **01**, 3279). Auch wer sie richtig verstanden hat, versäumt die Frist schuldlos, wenn er auf Anraten seines Verteidigers auf die Urteilszustellung wartet (Frankfurt NJW **83**, 893 L). Die Nichtaushändigung eines Merkblatts (RiStBV 142 I) wird idR als Entschuldigung anzusehen sein (BVerfG NJW **96**, 1811; Düsseldorf NStE Nr 26; Köln NStZ **97**, 404; Saarbrücken NJW **03**, 2182; **aM** Schleswig SchlHA **90**, 113 [L/G]; einschr auch Hamm aaO). Ein Ausländer, dem eine von ihm als belastend erkannte Entscheidung mit einer ihm nicht verständlichen Rechtsmittelbelehrung zugestellt worden ist, muss sich bemühen, alsbald ihren Inhalt zu erfahren (BVerfG StV **95**, 394 L; Hamm JMBlNW **81**, 166; Köln MDR **79**, 864; **82**, 247; VRS **63**, 457; **67**, 251; erg unten 22). Bei einer der korrekten schriftlichen Belehrung widersprechenden unrichtigen mündlichen Belehrung darf der Betroffene nicht einfach von der mündlichen Belehrung ausgehen (Dresden NStZ-RR **02**, 171; **aM** SK-Deiters 41), anders dagegen im umgekehrten Fall einer korrekten mündlichen Belehrung, die durch eine falsche schriftliche Belehrung konterkariert wird (BGH NStZ **94**, 194; SK-Weßlau/Weißer 25 zu § 35a). Schuldhaft handelt auch, wer trotz bestehender Zweifel an der Wirksamkeit seines Rechtsmittelverzichts nicht unverzüglich den Rechtsrat eines Rechtskundigen einholt (Jena NJW **03**, 3071). Auf die Unkenntnis über die Möglichkeit einer Anfechtung der Entscheidung sowie die dafür vorgeschriebenen Formen und Fristen kann sich der Angeklagte nicht berufen, wenn er auf die Rechtsmittelbelehrung verzichtet (str, zum Streitstand siehe Hamm NStZ **19**, 432 mN).

14 C. **Unkenntnis von der Zustellung:** Wer von seiner Wohnung vorübergehend (bis etwa 6 Wochen) abwesend ist, muss nicht deshalb besondere Vorkehrungen dafür treffen, dass er rechtzeitig von Zustellungen Kenntnis erlangt, weil gegen ihn Ermittlungen geführt werden (BVerfGE **26**, 315; **41**, 332; BVerfG NJW **93**, 847; **13**, 592; LG Zweibrücken NStZ **98**, 267), wohl aber, wenn bereits ein Strafverfahren anhängig und daher mit Zustellungen zu rechnen ist (KG VRS **87**, 131; Hamm NJW **70**, 1429; **74**, 1477; vgl auch BVerfG aaO), insbesondere mit der des Berufungsurteils (Frankfurt MDR **87**, 76) oder eines Strafbefehls oder der Ladung zur Berufungsverhandlung (Celle StraFo **02**, 17; Dresden NStZ **05**, 398) oder bei Fortführung des Verfahrens nach der vorläufigen Einstellung nach § 153a (Stuttgart Justiz **88**, 215). Ohne besondere Anhaltspunkte muss er aber nicht damit rechnen, dass ihm Familienangehörige Zustellungen vorenthalten (Düsseldorf NStZ **92**, 99) oder Termine unrichtig notieren (Düsseldorf NJW **95**, 742; Frankfurt NStZ **01**, 85)). Wer sich in der Bewährungszeit verborgen hält, insbesondere auch entgegen einer richterlich erteilten Weisung seinen Aufenthaltsort nicht angibt, kann keine Wiedereinsetzung beanspruchen (BGH **26**, 127; Düsseldorf StraFo **02**, 394 mwN; Hamm NStZ-RR **04**, 46; Köln NStZ **12**, 528). Die Notwendigkeit einer öffentlichen Zustellung schließt die Wiedereinsetzung nicht allgemein aus (Frankfurt NStZ-RR **04**, 210; Karlsruhe NJW **74**, 1152; Stuttgart aaO); idR steht sie ihr aber entgegen.

Im Falle einer **Zustellung** an den bestellten Verteidiger **nach** § 145a III S 1 kann sich der Beschuldigte nicht darauf berufen, er selbst habe keine Kenntnis von der Entscheidung erlangt (Hamm NStZ-RR **16**, 216; erg 13 zu § 145a). 14a

D. **Verschulden Dritter:** 15

a) **Deutsche Post AG:** Die gewöhnliche Postlaufzeit zwischen Aufgabe- und Zustellungsort muss in Rechnung gestellt werden (BGH NJW **58**, 2015; NStZ **84**, 209 [Pf/M]), auch übliche Verlängerungen an Sonn- und Feiertagen (Düsseldorf VRS **67**, 38), nicht aber eine Verzögerung der Postbeförderung (BGH NJW **78**, 1488; Hamburg NJW **74**, 68; vgl auch BVerfGE **41**, 23; **44**, 302; **53**, 25; **62**, 334; BVerfG NJW **83**, 560), sofern sie nicht selbst verschuldet ist, was beim Fehlen der Postleitzahl idR der Fall sein wird (Düsseldorf NJW **94**, 2841; Frankfurt NStZ-RR **97**, 137; **aM** Stuttgart NJW **82**, 2832). Der Absender darf also nicht darauf vertrauen, dass die Sendung am nächsten Tag zugestellt wird, so dass bei einer erst einen Tag vor Fristablauf aufgegebenen und nicht rechtzeitig eingegangenen Sendung keine Wiedereinsetzung gewährt wird (Schleswig SchlHA **11**, 276 [D/D]; Stuttgart NStZ-RR **10**, 15; LG Zweibrücken VRS **123**, 175; vgl auch BVerfG NStZ **04**, 215; NStZ-RR **05**, 176); das gilt auch für Einschreibsendungen (KG NStZ-RR **06**, 142; Frankfurt NStZ-RR **11**, 116; Stuttgart NStZ-RR **10**, 15; **aM** Oldenburg NStZ-RR **14**, 113; Hamm NJW **09**, 2230; vgl auch NJW **99**, 2118). Differenzierungen danach, ob die Post zZ der Briefaufgabe gerade besonders stark beansprucht war, sind nicht zulässig (BVerfG NJW **92**, 1952). 16

b) **Justizbehörden:** Dem Betroffenen ist nicht zuzurechnen die Nichtvorführung zur Rechtsmitteleinlegung nach § 299 (Düsseldorf Rpfleger **83**, 363; Stuttgart Justiz **85**, 321; Blaese/Wielop 95 mwN; vgl aber Karlsruhe Justiz **03**, 490: anders, wenn fristgemäße schriftliche Einlegung möglich und zumutbar gewesen wäre), die Protokollaufnahme durch einen unzuständigen Beamten (BVerfG NStZ-RR **05**, 238), die unrichtige Sachbehandlung durch den UrkB (BVerfG NJW **05**, 3629; Bay JR **60**, 145; KK-Maul 28 mwN), die unrichtige Belehrung durch Beamte der JVA (BGH NStZ **93**, 27 [K]), die Vereitelung des fristgemäßen Zugangs des Schriftstücks (BVerfGE **62**, 216), zB bei Unmöglichkeit der Entgegennahme eines eingeschriebenen Briefs als Eilzustellung (KG NStZ **95**, 612; Oldenburg StV **83**, 324 L), die Störung des Telefaxgerätes des Gerichts (BGH StraFo **05**, 27; Brandenburg NStZ **05**, 711; dazu eingehend Graalmann-Scheerer Nehm-FS 277; vgl auch Roth NJW **08**, 785 zur Fristversäumung wegen Belegung des Telefaxgerätes) oder der nicht feststellbare Eingang eines abgesandten Telefaxes bei Gericht (KG NStZ-RR **07**, 24; Karlsruhe NStZ **94**, 200), die fehlende Möglichkeit, nach Dienstschluss mit fristwahrender Wirkung ein Schriftstück einzureichen (Hamm JMBlNW **57**, 178), das Unterlassen der sofortigen Weitergabe durch den die Briefkontrolle für Gefangene ausübenden Beamten (Düsseldorf NStZ **90**, 149; vgl aber BGH NStZ **92**, 555 und **93**, 27 [K]: nicht, wenn der Gefangene das Schreiben erst am letzten Tag der Frist der JVA zur Weiterleitung übergibt) oder von einer unzuständigen Empfangsbehörde nicht (aus der Schrift erkennbaren) zuständigen Stelle (Brandenburg OLGSt Nr 32; Düsseldorf NStZ-RR **99**, 147; Hamm MDR **78**, 73; Koblenz MDR **73**, 691; Köln StV **81**, 118; Schleswig SchlHA **85**, 129 [E/L]), das Unterlassen der Mitteilung an den Verteidiger nach § 145a III S 2 (Bay **75**, 129 = VRS **50**, 292; KG NStZ **03**, 343; VRS **117**, 166; Celle StV **94**, 7; Köln VRS **42**, 125, 128; München NJW **08**, 3797 [**aM** aber München StV **11**, 86 mit abl Anm Bockemühl]; Schleswig NJW **81**, 1681; Stuttgart StV **11**, 85, auch noch im Vollstreckungsverfahren, Schleswig SchlHA **92**, 12) oder nach § 145a III S 1 an den Beschuldigten (BGH StV **06**, 283), sofern die Fristversäumung hierauf beruht (Frankfurt NJW **82**, 1297; vgl auch Bay **81**, 193 = MDR **82**, 774 und Bay **92**, 79 = NJW **93**, 150: nicht bei Versäumung der Einlegungsfrist; Düsseldorf VRS **89**, 41 und Nürnberg NStZ-RR **99**, 114: nicht bei fehlender Beauftragung des Verteidigers zur Rechtsmitteleinlegung; Frankfurt VRS **59**, 429: nicht, wenn sich der Verteidiger schon als unzuverlässig erwiesen hatte; zu weitgehend Frankfurt MDR **83**, 152: weil Rechtsbehelfsbelehrung an den Angeklagten selbst ge- 17

§ 44

richtet war), nicht aber das Unterlassen einer Weitergabe des Rechtsmittelschriftsatzes per Telefax (Hamm NJW **97**, 2829; NStZ-RR **08**, 283 L; einschr aber oben 12 aE) oder der telefonischen Benachrichtigung vom Rechtsmitteleingang beim unzuständigen Gericht (Düsseldorf NStZ **84**, 184; Hamm NStZ **85**, 472; **aM** Zweibrücken MDR **82**, 166). Zur Benachrichtigung des Verteidigers von der Zustellung ist der Angeklagte nicht verpflichtet (Bay **01**, 157 = NStZ-RR **00**, 110), jedenfalls dann nicht, wenn er den bindenden Auftrag zur Rechtsmitteleinlegung gegeben hatte (Frankfurt NJW **82**, 1297). Ein Formfehler bei der Zustellung des Hauptverhandlungsprotokolls an einen von mehreren Verteidigern begründet nicht die Wiedereinsetzung (BGH NStZ-RR **17**, 285).

18 c) **Verschulden des Verteidigers,** auch des gewählten, ist dem Angeklagten idR nicht zuzurechnen (BVerfG NJW **91**, 351; **94**, 1856; BGH **14**, 306, 308; NJW **94**, 3112; 1 StR 435/15 vom 11.1.2016), auch nicht im Fall des § 297 (Karlsruhe Justiz **92**, 485) Zur Überwachung des Verteidigers ist der Angeklagte grundsätzlich nicht verpflichtet (BGH NStZ **90**, 25 [M]; StV **16**, 771 L; Düsseldorf VRS **65**, 445; **89**, 214; StraFo **99**, 22; Köln VRS **101**, 373; vgl auch BGH NStZ-RR **11**, 115: Erkrankung des Verteidigers). Der Wiedereinsetzung steht jedoch ein Mitverschulden des Angeklagten entgegen, zB wenn er untätig bleibt, obwohl ihm die Unzuverlässigkeit des Verteidigers bekannt ist (BGH **25**, 89, 93; NJW **73**, 1138; NStZ **97**, 560; NStZ-RR **17**, 149; Frankfurt VRS **59**, 429; Köln StraFo **12**, 224) oder obwohl er die Fristversäumung durch den Verteidiger voraussehen kann (BGH **14**, 306; NJW **73**, 1138; NStZ **95**, 352), zB weil er weiß oder damit rechnen muss, dass der Verteidiger nicht tätig werden (BGH NStZ **04**, 166; NStZ-RR **09**, 375) oder die (aussichtslose) Revision nicht begründen wird (BGH NStZ **85**, 493 [Pf/M]) oder ihre Begründung von einer Vorschusszahlung (BGH DAR **85**, 200 [Sp]; BGHR § 44 S 1 Verhinderung 15) oder von der Begleichung alter Schulden abhängig macht (BGH EzSt Nr 4). Gibt der Verteidiger eine untreffende Auskunft über den Beginn der Rechtsmittelfrist, begründet dies nur dann einen Wiedereinsetzungsgrund, wenn der Angeklagte auf sie vertraut hat, was entsprechend vorgetragen werden muss (BGH NStZ-RR **17**, 285). Ist der Verteidiger kein RA, so kommt es ebenfalls darauf an, ob der Vertretene auf die Fristwahrung vertrauen konnte (M.J. Schmid NJW **76**, 941).

19 Nach dem **allgemeinen Verfahrensgrundsatz des § 85 II ZPO** müssen sich Verfahrensbeteiligte, die sich nicht gegen einen Schuldvorwurf verteidigen, wie der **Privatkläger,** der **Nebenkläger** und der Antragsteller im Klageerzwingungsverfahren nach § 172 II, das Verschulden ihres Vertreters zurechnen lassen (BGH **30**, 309; StraFo **13**, 458; NStZ-RR **16**, 214; 2 StR 175/19 vom 19.11.2019; KG NJW **65**, 1032; Düsseldorf NJW **93**, 341; 1344; Karlsruhe NStZ-RR **97**, 157; Koblenz VRS **64**, 33; Nürnberg NStZ-RR **98**, 143; Allgayer NStZ **16**, 190, 197; **aM** AK-Lemke 32; LR-Graalmann-Scheerer 62; SK-Deiters 37). Gleiches gilt bei Verschulden des Verteidigers in Beschwerdeverfahren nach § 124 II S 2 (Stuttgart Justiz **80**, 285) und nach § 464 III (BGH **26**, 126; Düsseldorf NStZ **89**, 242; Koblenz GA **90**, 267; OLGSt Nr 19), im Kostenfestsetzungsverfahren nach § 464b (Düsseldorf JurBüro **83**, 733; **87**, 723; Hamm NJW **61**, 1319), im Verfahren nach §§ 23 ff EGGVG (dort 7), in Strafvollzugssachen nach §§ 109 ff **StVollzG** (Frankfurt MDR **81**, 1044; NStZ **82**, 351) und im Beschwerdeverfahren nach §§ 8 III, 9 II **StrEG** (KG JR **79**, 128; NJW **08**, 94; Kunz 27 zu § 9 StrEG; erg 18 zu § 8 StrEG) sowie bei Verschulden des Verfahrensbevollmächtigten des Einziehungsbeteiligten (Düsseldorf NStZ-RR **01**, 335); denn in all diesen Fällen besteht nicht das besondere Schutzbedürfnis, das allein den Ausnahme vom Grundsatz des § 85 II ZPO für den sich verteidigenden Beschuldigten rechtfertigt.

20 **Kanzleiversehen** ist für den RA und den Vertretenen ein unverschuldetes Ereignis, wenn die Fristversäumung nur hierauf beruht (BGH NStZ **00**, 545; Zweibrücken VRS **53**, 120). Maßgebend ist, ob das Personal sorgfältig ausgewählt und überwacht wird und ob durch geeignete Büroorganisation Vorsorge für die Fristeinhaltung getroffen worden ist (BGH NJW **53**, 1023; **75**, 1362; NStZ-RR **13**, 67

[C/Z]; Düsseldorf NJW **93**, 1344 mwN). Denn der RA darf die Kontrolle der Fristen und die Führung des Fristenkalenders durch gut ausgebildete, erfahrene und zuverlässige Kräfte in eigener Verantwortung erledigen lassen, wenn er entspr Vorkehrungen damit verbindet (BGHZ **43**, 148, 150 = NJW **65**, 1021; BGH DAR **05**, 248 [Te]). Zu Fehlern des RA im Telefaxverkehr eingehend Graalmann-Scheerer Nehm-FS 286.

E. **Der StA** kann Wiedereinsetzung auf Antrag oder auch von Amts wegen 21 (BGH StraFo **07**, 502) gewährt werden, wenn sie eine Frist ohne eigenes Verschulden versäumt hat. Wurde die Fristversäumnis durch den leitenden Beamten oder einen Beamten der Behörde, dessen er sich bei der Erfüllung seiner Aufgaben bedient (dazu gehören auch die Justizwachtmeister), verschuldet, scheidet Wiedereinsetzung aus (BGH wistra **88**, 198; Bay **84**, 129; Frankfurt NStZ-RR **97**, 176; KK-Maul 33; einschr LR-Graalmann-Scheerer 63: keine Anrechnung des Verschuldens untergeordneter Dienstkräfte).

6) Die **gesetzliche Vermutung bei unterbliebener Rechtsmittelbeleh-** 22 **rung (S 2)** hebt nur das Erfordernis des fehlenden Verschuldens des Antragstellers auf. Den ursächlichen Zusammenhang zwischen Belehrungsmangel und Fristversäumung setzt die Wiedereinsetzung auch hier voraus (BGH NStZ **01**, 45; Düsseldorf NStZ **86**, 233 mwN; NJW **93**, 1344; MDR **97**, 282; Stuttgart NJW **81**, 1917; vgl oben 5); das ist verfassungsrechtlich unbedenklich, jedoch dürfen die Anforderungen auch hier nicht überspannt werden (BVerfG NJW **91**, 2277). Im Antrag muss daher auch dargelegt werden, dass die Frist infolge des Fehlens der Belehrung nach § 35a versäumt worden ist (Düsseldorf NStZ **89**, 242; Rpfleger **94**, 429; Frankfurt NStZ-RR **07**, 206; Karlsruhe NStZ-RR **97**, 157). Bei Verzicht des Verteidigers auf die Belehrung gilt S 2 nicht (Düsseldorf VRS **78**, 458; Zweibrücken MDR **78**, 861), wohl aber, wenn der Angeklagte sich vor Beendigung der Hauptverhandlung eigenmächtig entfernt hat (Düsseldorf ZfZ **84**, 218; **aM** Köln NStZ **09**, 655 L; erg 7 zu § 35a). Wird einem der deutschen Sprache nicht hinreichend mächtigen Ausländer nach § 35a ein Strafbefehl ohne eine ihm verständliche Belehrung über die Einspruchsmöglichkeit zugestellt, so wird Wiedereinsetzung nur nach S 1 gewährt (BVerfGE **42**, 120; oben 13).

Die **unvollständige** oder **unrichtige Belehrung** steht der unterlassenen gleich 23 und führt ebenfalls zur Anwendung des S 2 (BGH **30**, 182, 185; KG JR **77**, 129; Bremen MDR **79**, 517; Düsseldorf VRS **82**, 460; **92**, 21; Hamburg NJW **62**, 202), ebenso eine irreführende Zuschrift des Gerichts (BGH NStZ **94**, 23; Köln OLGSt § 35a S 13). Die Unvollständigkeit oder Unrichtigkeit muss aber einen wesentlichen Punkt betreffen (Bay **94**, 199; Zweibrücken VRS **88**, 356); andernfalls kommt nur Wiedereinsetzung nach S 1 in Betracht. Zur Beweiskraft des Protokollvermerks über die Belehrung vgl 6 zu § 274. Zur entspr Anwendung des § 44 S 2 bei § 40 III vgl Frankfurt NStZ **88**, 376.

Die **Vermutung einer unverschuldeten Versäumung der Rechtsmittel-** 23a **frist** passt nicht für die unterbliebene Belehrung über die Freiheit zur Einlegung von Rechtsmitteln nach § 35a S 3; daher ist diese Vorschrift aus dem Bereich des § 44 S 2 herausgenommen, der deshalb bei unterbliebener „qualifizierter Belehrung" nicht zur Anwendung kommt. Bei einer Verständigung wird der Betroffene zumeist deren Ergebnis als dauerhaft akzeptieren und eine Rechtsmittelüberprüfung gar nicht wünschen; eine Erstreckung der Regelung des § 44 S 2 auch auf die Fälle des Fehlens einer „qualifizierten Belehrung" würde die Rechtsmittelmöglichkeiten auch nach bloßem Motivwechsel allzu sehr erweitern (BT-Drucks 16/11736 S 11; **aM** Duttge Böttcher-FS 71).

Auf Anträge auf Wiedereinsetzung in den vorigen Stand gegen die Versäumung 23b der Antragsfrist des **§ 356a** findet S 2 keine Anwendung (BGH NStZ-RR **16**, 318).

7) Eine **ausdrückliche Belehrung über die Möglichkeit der Wiederein-** 24 **setzung** ist grundsätzlich nicht vorgesehen (vgl 3 zu § 35a). Wenn der Wiederein-

setzungsgrund aber in einem den Gerichten zuzurechnenden Fehler (oben 17) liegt, fordert der Grundsatz des fairen Verfahrens eine solche Belehrung (BVerfG NJW **05**, 3629; erg Einl 157); mit Zugang dieser Belehrung beginnt die Frist zur Stellung des Wiedereinsetzungsantrags (§ 45 I S 1) zu laufen (erg 12 zu § 45).

25   8) **Wirkung der Wiedereinsetzung:** Das Verfahren wird nicht „in den vorigen Stand", sondern in den Zustand versetzt, der bestanden hätte, wenn die Frist nicht versäumt worden wäre (Köln NJW **87**, 80; vgl auch KG StV **16**, 545, 547). Die infolge der Säumnis eingetretene Rechtskraft der Entscheidung sowie Beschlüsse und Urteile, durch die ein Rechtsmittel wegen Versäumung als unzulässig verworfen worden ist, fallen ohne weiteres weg, ebenso das Urteil, das infolge der Versäumung ergangen war. Die förmliche Aufhebung der Entscheidung ist nicht erforderlich; ihr Wegfall sollte in dem Wiedereinsetzungsbeschluss festgestellt werden (Geppert GA **72**, 176; LR-Graalmann-Scheerer 14 zu § 46), wenigstens in den Gründen (Wendisch JR **81**, 132). Ist die Einlegung eines Rechtsmittels mit dem Wiedereinsetzungsantrag nachgeholt worden (§ 45 II S 1), so wird mit der Wiedereinsetzung zugleich die Rechtzeitigkeit der Anfechtung festgestellt (Meyer JR **78**, 432). Vorteile, die der Betroffene ohne die Versäumung nicht gehabt hat, erlangt er durch die Wiedereinsetzung nicht (Hamm NJW **72**, 2097); die Wiedereinsetzung gegen die Versäumung der Revisionsbegründungspflicht kann daher nur dazu führen, die Rüge der Verletzung materiellen Rechts zu erheben, eröffnet aber nicht die Möglichkeit, Verfahrensrügen nachzuschieben (BGH DAR **88**, 233 [Sp]; NStZ **93**, 245; Braunschweig NStZ **96**, 298). Eine verbüßte Strafhaft wandelt sich nicht rückwirkend in UHaft (BGH **18**, 34, 36; Hamm NStZ-RR **10**, 29).

Anforderungen an einen Wiedereinsetzungsantrag   RiStBV 155

45 ¹ ¹ **Der Antrag auf Wiedereinsetzung in den vorigen Stand ist binnen einer Woche nach Wegfall des Hindernisses bei dem Gericht zu stellen, bei dem die Frist wahrzunehmen gewesen wäre.** ² **Zur Wahrung der Frist genügt es, wenn der Antrag rechtzeitig bei dem Gericht gestellt wird, das über den Antrag entscheidet.**

II ¹ **Die Tatsachen zur Begründung des Antrags sind bei der Antragstellung oder im Verfahren über den Antrag glaubhaft zu machen.** ² **Innerhalb der Antragsfrist ist die versäumte Handlung nachzuholen.** ³ **Ist dies geschehen, so kann Wiedereinsetzung auch ohne Antrag gewährt werden.**

1   1) **Antragstellung (I):**

2   A. **Form:** Es genügt die Schriftform (Einl 128). Wird mit dem Antrag zugleich die versäumte Prozesshandlung nachgeholt (II S 2), so muss eine für sie vorgeschriebene besondere Form eingehalten werden (unten 11).

3   B. Die **Wochenfrist** (I S 1) wird nach § 43 berechnet. Sie beginnt mit der Beseitigung des Hindernisses, zB der Unkenntnis, auf die die Fristversäumung beruht (Karlsruhe MDR **93**, 564), im Fall der Zustellung durch Niederlegung erst mit der tatsächlichen Kenntnisnahme von der Postsendung (LG Köln MDR **97**, 283). Maßgebend ist die Kenntnis des Betroffenen selbst (BGH 1 StR 412/13 vom 3.12.2013; anders aber in den in 19 zu § 44 erörterten Vertretungsfällen, vgl Frankfurt NStZ-RR **03**, 369), nicht die früher (Bay **56**, 251; Braunschweig NJW **67**, 1432) oder später (Bay **55**, 188; Köln VRS **42**, 127, 128) erlangte Kenntnis des Verteidigers (BGHR Frist 2; BGH NStZ **06**, 54), auch nicht ein bloßer Zweifel an der Rechtzeitigkeit der Handlung (Schleswig SchlHA **81**, 91 [E/L]). Gegen die Versäumung der Frist des I S 1 ist Wiedereinsetzung nach § 44 möglich (Düsseldorf NJW **82**, 60; Hamm NJW **58**, 1104). Bei Zweifeln an der Fristeinhaltung ist zuungunsten des Antragstellers zu entscheiden (Celle NdsRpfl **82**, 140; SK-Deiters 5; **aM** Hamburg NJW **74**, 68; KK-Maul 3), sofern nicht behördliches Verschulden (Aktenverlust; defekter Nachtbriefkasten) vorliegt (Celle OLGSt § 44 Nr 1; Düsseldorf NStZ **99**, 97). Liegt der Wiedereinsetzungsgrund in einem dem

Gericht zuzurechnenden Fehler, ist der Betroffene ggf über die Möglichkeit der
Wiedereinsetzung zu belehren (BVerfG NStZ-RR **05**, 238).

C. Zuständiges Gericht ist in 1. Hinsicht das Gericht, bei dem die Frist wahr- 4
zunehmen gewesen wäre (S 1). Zur Fristwahrung genügt aber die Antragstellung
bei dem Gericht, das nach § 46 I über den Antrag entscheidet (S 2); dort kann die
versäumte Handlung auch nachgeholt werden, wenn sie nach dem Gesetz (zB
§ 341 I) bei dem Gericht 1. Instanz vorzunehmen ist (Hamburg JR **78**, 430 mit
zust Anm Meyer). Für inhaftierte Beschuldigte gilt ferner § 299 (KK-Maul 5).

2) Antragsbegründung (II): Der Antrag muss Angaben nicht nur über die 5
versäumte Frist und den Hinderungsgrund, sondern auch über den Zeitpunkt des
Wegfalls des Hindernisses enthalten (BGH NStZ-RR **15**, 145 mN; 4 StR 556/13
vom 12.2.2014; Köln NStZ-RR **02**, 142), auch wenn der Verteidiger eigenes
Verschulden geltend macht (BGH NStZ **13**, 474; **12**, 276; 4 StR 448/15 vom
3.2.2016; 3 StR 444/16 vom 29.11.2016: Vortrag zum Zeitpunkt der Kenntnisnahme durch Angeklagten; 3 StR 548/18 vom 8.1.2019); dies ist ausnahmsweise
nicht erforderlich, wenn die Einhaltung der Wochenfrist des I nach Aktenlage
offensichtlich ist (BGH 1 StR 671/16 vom 26.1.2017). Diese Angaben sind Zulässigkeitsvoraussetzungen für den Antrag; sie müssen noch innerhalb der Wochenfrist
des I S 1 gemacht werden (BGH NStZ-RR **15**, 145 f; **96**, 338; KG JR **77**, 308;
Düsseldorf OLGSt Nr 14). Später können sie noch ergänzt und verdeutlicht
werden (BGH 1 StR 135/15 vom 30.4.2015; KG JR **75**, 380; Düsseldorf Rpfleger
93, 460; Hamm NStE Nr 15; einschr Braunschweig NJW **67**, 1432).

Vorzutragen ist stets ein Sachverhalt, der ein der Wiedereinsetzung entgegen- 5a
stehendes Verschulden ausschließt (BGH NStZ-RR **17**, 285; KG NZV **02**, 47; 51;
Düsseldorf NStZ-RR **96**, 169; Karlsruhe NStZ-RR **97**, 157) und der Wiedereinsetzung entgegenstehende Alternativen ausschließt (BGH 1 StR 240/17 vom
12.7.2017). Die Begründung eines Antrags erfordert deshalb grundsätzlich eine
genaue Darlegung und Glaubhaftmachung aller zwischen dem Beginn und dem
Ende der versäumten Frist liegenden Umstände, die für die Frage bedeutsam sind,
wie und ggf durch wessen Verschulden es zur Versäumnis gekommen ist (BGH
StraFo **13**, 458). Macht der Antragsteller zB geltend, er habe die Frist infolge unvorhersehbarer Verzögerung der **Postzustellung** versäumt (16 zu § 44), so muss er
die Umstände der Einlieferung der Sendung nach Zeit und Ort so genau darlegen,
dass das Gericht die Frage des Verschuldens (12 zu § 44) hinreichend zuverlässig
beurteilen kann (Frankfurt NStZ-RR **02**, 12; Jena StraFo **97**, 331); behauptet er,
eine Benachrichtigung der Post nicht vorgefunden zu haben, muss er Einzelheiten
darlegen und glaubhaft machen, die auf Grund der konkreten Umstände ein Ab-
handenkommen des Benachrichtigungszettels möglich erscheinen lassen (BVerfG
NStZ-RR **98**, 73). Art und Ausmaß **gesundheitlicher Beschwerden** sind in
ihren wesentlichen Einzelheiten mitzuteilen; die Angabe wertender Begriffe genügt nicht (KG NStZ-RR **15**, 221 L: „prozessunfähig"). Behauptet der Antragsteller etwa wegen medikamentöser Behandlung nicht in der Lage gewesen zu
sein, einen klaren Gedanken zu fassen, muss er angeben und glaubhaft machen,
welche Medikamente verabreicht wurden und welche Ausfallerscheinungen sie bei
ihm bewirkten (BGH 1 StR 325/11 vom 20.7.2011). Wird etwa nur ein Formfehler bei der Zustellung des Hauptverhandlungsprotokolls an einen von mehreren
Verteidigern vortragen, ergibt sich daraus kein Wiedereinsetzungsgrund (BGH
aaO). **Nebenkläger** (wie auch Privatkläger und Antragsteller nach § 172 II) müssen Tatsachen vortragen, die ein Verschulden des Bevollmächtigten ausschließen
(BGH NStZ-RR **16**, 214; 2 StR 467/17 vom 11.7.2018; erg 19 zu § 44). Nur
Tatsachen, die **allgemeinkundig** oder aktenkundig sind, brauchen nicht vorgetragen zu werden (BVerfG NJW **95**, 2544 mwN; Düsseldorf OLGSt § 44 Nr 31).

3) Glaubhaftmachung (II S 1): Vgl auch 5 ff zu § 26. Das Erfordernis der 6
Wahrscheinlichmachung durch den Antragsteller bezieht sich auf alle Tatsachen,
die für die Entscheidung über die Zulässigkeit und Begründetheit des Antrags von

Bedeutung sind; eine Pflicht des Gerichts zur Aufklärung von Amts wegen besteht insoweit nicht (vgl Braunschweig NStZ **14**, 289). Beruft sich der Ast auf eine Erkrankung, muss er innerhalb der Wochenfrist des I deren Art sowie den Umfang der davon ausgehenden Beeinträchtigungen angeben; ein Attest, das sich in der Feststellung der Verhandlungsunfähigkeit erschöpft, reicht nicht aus (Braunschweig aaO). Zum erforderlichen Inhalt des Antrags kann je nach Sachlage auch gehören, dass der Ast überhaupt gewillt war, die Frist wahrzunehmen (vgl Bamberg NStZ-RR **13**, 283 L zu § 454 III S 1). Obwohl die Glaubhaftmachung noch nach Ablauf der Antragsfrist nachgeholt werden kann (unten 7), ist sie Zulässigkeitsvoraussetzung für den Antrag (BGH 1 StR 245/13 vom 6.8.2013; NStZ **91**, 295). Eine Glaubhaftmachung erübrigt sich aber, wenn die Begründungstatsachen gerichtsbekannt oder aktenkundig sind (Düsseldorf VRS **64**, 269; **92**, 115). Auch die Rechtsunkenntnis der Angeklagten bedarf (zB im Fall des § 146a) idR keiner Glaubhaftmachung (Düsseldorf JMBlNW **86**, 34).

7   A. **Frist:** Bei der Antragstellung oder im Verfahren über den Antrag muss die Glaubhaftmachung erfolgen (II S 1). Ist sie angekündigt oder nach der Sachlage zu erwarten, so stellt das Gericht die Entscheidung eine angemessene Zeit zurück. Der durch den Antrag entstehende Schwebezustand und eine etwaige Nachbringungsfrist müssen aber kurz gehalten werden. Die Glaubhaftmachung kann nach dem eindeutigen Wortlaut des II noch im Beschwerderechtszug nachgeholt werden (BVerfGE **41**, 332; **43**, 95, 98; KG JR **92**, 347; Bamberg NStZ **89**, 335; München MDR **85**, 162). Die Ergänzung der Glaubhaftmachung ist stets zulässig (Stuttgart Justiz **72**, 121).

8   B. **Mittel der Glaubhaftmachung:** In Betracht kommen alle Mittel, die geeignet sind, die Wahrscheinlichkeit des Vorbringens darzutun (vgl dazu 8 ff zu § 26), wie etwa eidesstattliche Versicherungen von Zeugen, amtliche Bescheinigungen, ärztliche Zeugnisse oder anwaltliche Versicherungen bzw Erklärungen (SK-Deiters 13). Die Benennung eines Zeugen reicht idR allein nicht aus (BGH NStZ-RR **10**, 378), andererseits kann aber für das amtliche Verschulden bei der Fristversäumung die Benennung eines Amtsträgers als Zeugen genügen, so uU die Benennung von Beamten der JVA (vgl BGHR Glaubhaftmachung 1; Tatsachenvortrag 3). Eidesstattliche Versicherungen des Beschuldigten sind nicht zugelassen (BGH 1 StR 74/14 vom 12.3.2014); sie haben nur den Wert einer eigenen schlichten Erklärung (Bay NStZ **90**, 340; 9 zu § 26).

9   Die **eigene Erklärung des Antragstellers** ist keine Glaubhaftmachung (BGH NStZ **85**, 493 [Pf/M]), auch nicht, wenn der behauptete Wiedereinsetzungsgrund besonders naheliegt oder der Lebenserfahrung entspricht (BVerfG StV **93**, 451; KG NJW **74**, 657; **aM** SK-Deiters 15; LR-Graalmann-Scheerer 21). Aus Art 19 IV, 103 I GG folgt nichts anderes (BVerfGE **41**, 332). Die Behauptung eines ausländischen Angeklagten, er habe die Rechtsmittelbelehrung nicht verstanden, genügt somit nicht (Oldenburg NStZ-RR **08**, 150). Auf die Glaubhaftmachung kann aber verzichtet werden, wenn sie dem Antragsteller, ohne dass dieser einen Beweisverlust verschuldet hat (München NStZ **88**, 377), nicht möglich ist (BVerfG NJW **95**, 2545; KG aaO; Düsseldorf NStZ **90**, 149; Koblenz VRS **64**, 28), insbesondere, wenn sie durch amtliches Verschulden vereitelt worden ist (Celle NdsRpfl **86**, 280); das ist zB der Fall, wenn der Briefumschlag mit dem Poststempel, der die rechtzeitige Absendung beweist, vernichtet worden ist (BVerfG NJW **97**, 1770; Schleswig NJW **94**, 2841; LG Flensburg VRS **60**, 42). Die Unmöglichkeit der Glaubhaftmachung muss der Antragsteller dartun, wenn sie nicht offensichtlich ist; nur dann ist der allein auf die eigene Erklärung gestützte Antrag zulässig (Düsseldorf OLGSt Nr 6; **aM** Koblenz VRS **64**, 29).

9a   Zur Glaubhaftmachung einer **technischen Störung des Telefax-Empfangsgeräts** reicht es nicht aus, nur das Sendeprotokoll mit OK-Vermerk vorzulegen; vielmehr bedarf es zusätzlich der eidesstattlichen Versicherung des Verteidigers oder seines Personals darüber, wann welches konkret bezeichnete Dokument mit welchem Inhalt vorschriftsmäßig übermittelt worden ist. Der Angeklagte selbst kann zur Glaubhaftmachung einen Einzelverbindungsnachweis der Telefonrechnung vorlegen, aus dem sich ergibt, ob zu dem im Sendeprotokoll dokumentierten Zeitpunkt tatsächlich eine Verbindung vom Faxanschluss des Absenders zur Rufnummer des Empfangsgeräts bestanden hat (Graalmann-Scheerer Nehm-FS 282, 283).

C. **Erforderlicher Beweisgrad:** Vgl 7 zu 26. Die Wiedereinsetzung hängt nicht davon ab, dass das Gericht die volle Überzeugung von den Wiedereinsetzungstatsachen gewonnen hat. Es genügt, dass ihm in einem nach Lage der Sache vernünftigerweise zur Entscheidung hinreichendem Maß die Wahrscheinlichkeit ihrer Richtigkeit dargetan wird (BGH **21**, 334, 350; Düsseldorf NJW **85**, 2207; wistra **90**, 364; OLGSt Nr 3). Insbesondere wenn es sich um Wiedereinsetzung zur Erlangung des „ersten Zugangs" zum Gericht handelt, dürfen die Anforderungen an den Beweisgrad nicht überspannt werden (BVerfGE **40**, 88, 91). Dass eine Behauptung nicht widerlegt werden kann, reicht aber nicht aus (BGH **21**, 334, 352; Düsseldorf aaO). Zweifel gehen zu Lasten des Antragstellers (BGHR Glaubhaftmachung 2; Düsseldorf VRS **97**, 422; Jena NStZ-RR **06**, 345; SK-Deiters 17). 10

4) Nachholung der versäumten Handlung (II S 2): Bei bloßer Verspätung der Prozesshandlung ist die Nachholung überflüssig. Es genügt, dass, wenn auch nur stillschweigend, auf sie Bezug genommen wird (Bay VRS **66**, 453). Ist die Handlung aber bisher versäumt oder nicht formgerecht vorgenommen worden, so muss sie innerhalb der Frist des I S 1 und in der gesetzlich vorgeschriebenen Form nachgeholt werden (BGH NStZ **89**, 15 [M]; BGHR § 44 S 1 Verhinderung 11; Brandenburg VRS **116** D, 271; Düsseldorf NJW **98**, 919; **aM** für die Revisionsbegründungsfrist Sobota/Loose NStZ **18**, 72, 77: Analoge Anwendung von § 234 I S 2 ZPO). Andernfalls ist der Antrag unzulässig. Eine nachgeholte Revisionsbegründung muss allerdings nur den Formerfordernissen der §§ 344 I, II S 1, 345 II genügen; ob sie auch § 344 II S 2 entspricht, wird nur im Revisions- und nicht im Wiedereinsetzungsverfahren geprüft (BGH **42**, 365). Die Wochenfrist des I S 1 wird durch die Monatsfrist des 345 I ersetzt, wenn Wiedereinsetzung gewährt wird, weil der Verteidiger nach § 146a zurückgewiesen worden ist (BGH **26**, 335, 339; Koblenz VRS **65**, 372) oder weil der Angeklagte keine Rechtsmittelbelehrung (Koblenz NStZ **91**, 42) oder erst verspätet Kenntnis von dem schriftlichen Urteil erhalten hat (BGH StV **06**, 283; Zweibrücken MDR **80**, 869) und die Revisionsanträge und ihre Begründung nunmehr in gesetzmäßiger Weise angebracht werden müssen (BGHR § 45 I S 1 Frist 1); im Übrigen kann dem Angeklagten auch kein Schuldvorwurf gemacht werden, wenn sein Verteidiger rechtsirrig die volle Frist des § 345 I für sich in Anspruch nimmt (BGH NStZ **97**, 45). 11

5) Wiedereinsetzung ohne Antrag (II S 3), auch bei verspätetem Antrag (Bremen StV **91**, 505), kommt grundsätzlich nur bei Fristversäumung, nicht bei Versäumung der Hauptverhandlung in den Fällen der §§ 235, 329, 412 in Betracht (KK-Gmel 6 zu § 235; **aM** Düsseldorf NJW **80**, 1704; LG Siegen NJW **76**, 2359; AK-Lemke 3; vgl auch Köln NStZ-RR **02**, 142: keine Amtsermittlung hinsichtlich etwaiger Ladungsmängel). Denn ob der Angeklagte das Verfahren fortgesetzt haben will, das infolge seines Nichterscheinens zum Abschluss gekommen ist, muss ihm selbst überlassen bleiben; allerdings reicht es aus, wenn der Wille zur Fortführung des Verfahrens eindeutig zum Ausdruck kommt (vgl beim Fehlen einer Ladung Hamburg StV **01**, 339; Hamm NStZ-RR **09**, 314), was etwa bei einem Wiedereinsetzungsantrag zu bejahen ist (Brandenburg NStZ **18**, 117). Auch sonst kommt eine Wiedereinsetzung nach II S 3 ohne oder gegen den Willen des die Frist Versäumenden nicht in Betracht (BGH StraFo **17**, 17). Bei Fristversäumung setzt die Wiedereinsetzung ohne Antrag voraus, dass alle anderen Voraussetzungen des § 45 vorliegen, insbesondere die versäumte Handlung frist- und formgerecht nachgeholt (BGH MDR **88**, 456 [H]; Düsseldorf VRS **67**, 53), was nicht unbedingt im Bewusstsein der Fristversäumung erfolgt sein muss (Bay **87**, 102, 103), oder eine Nachholung überflüssig ist, weil die Prozesshandlung bereits, wenn auch 12

§ 46

verspätet, vorgenommen worden ist (Lintz JR **87**, 94 gegen Gössel JR **87**, 97) und der ursächliche Zusammenhang zwischen Versäumungsgrund und Säumnis ohne weiteres erkennbar ist (Düsseldorf StraFo **00**, 412; Saarbrücken NStZ **86**, 470, 472; Zweibrücken VRS **88**, 356). Der Wille, die Prozesshandlung vorzunehmen, muss so eindeutig feststehen, dass der förmliche Antrag durch die Fiktion der Antragstellung ersetzt werden kann. Ferner muss das fehlende Verschulden des Betroffenen an der Fristversäumung offensichtlich und eine Glaubhaftmachung wegen Offenkundigkeit oder Aktenkundigkeit überflüssig sein (BGH 5 StR 252/19 vom 30.7.2019; Düsseldorf JurBüro **92**, 255; Frankfurt VRS **59**, 429; vgl Hamburg NStZ **85**, 568: Verzögerung der Postbeförderung). Unter diesen Voraussetzungen ist Wiedereinsetzung von Amts wegen idR zu gewähren, wenn der Wiedereinsetzungsgrund in einem Verfahrensfehler des Gerichts liegt (BVerfGE **42**, 252, 257; Hamm NStZ **85**, 568 L; Köln NZV **06**, 47), zB wenn eine besondere Schutzbedürftigkeit des Beschwerdeführers erkennbar ist (BGH StV **19**, 77: Intelligenzminderung im Grade des Schwachsinns). Gleiches gilt, wenn nicht aufgeklärt werden kann, ob die Fristversäumnis auf einer überlangen Postlaufzeit beruht (Brandenburg NZV **06**, 316; Hamm NStZ-RR **09**, 112; einschr Hamm NStZ-RR **12**, 315; erg 16 zu § 44). Ist das Rechtsmittel ohnehin aus anderen Gründen unzulässig, wird gegen die Versäumung der Rechtsmittelfrist keine Wiedereinsetzung gewährt (Zweibrücken JBlRP **98**, 222). Zur Geltung der Fiktion des § 342 III vgl dort 4.

13   Eine Wiedereinsetzung von Amts wegen kommt auch in Betracht, wenn der Angeklagte die **Einspruchsfrist gegen einen Strafbefehl** versäumt, weil er den Einspruch nicht in deutscher Sprache verfasst hat und sich darauf beruft, ihm habe deshalb nicht der volle Zeitraum des § 410 I zur Verfügung gestanden (siehe EuGH NJW **16**, 303; Zündorf NStZ **17**, 41, 43; erg 12b zu § 44, 2a zu § 184 **GVG**).

14   In Fällen eines **„offenkundigen Mangels" der Verteidigung** im Sinne der Rspr des EGMR (EGMR NJW **03**, 1229; 41 zu § 338) kommt bei Versäumen der Frist in II S 2 ausnahmsweise auch die Zurückstellung der Entscheidung über den Wiedereinsetzungsantrag in Betracht, um die Sache an die Vorinstanz zur Beiordnung eines Pflichtverteidigers zurückzugeben (BGH NStZ-RR **18**, 84). Denkbar ist etwa, dass der Verteidiger die eingelegte Revision nicht begründet hat (vgl BGH 4 StR 138/18 vom 5.6.2018; offen gelassen von BGH NStZ-RR **19**, 349, der eine Gesamtbetrachtung anstellt, in die auch Verschuldensaspekte auf Seiten des Angeklagten einfließen).

Zuständigkeit; Rechtsmittel

46 ^I **Über den Antrag entscheidet das Gericht, das bei rechtzeitiger Handlung zur Entscheidung in der Sache selbst berufen gewesen wäre.**

^{II} **Die dem Antrag stattgebende Entscheidung unterliegt keiner Anfechtung.**

^{III} **Gegen die den Antrag verwerfende Entscheidung ist sofortige Beschwerde zulässig.**

1   1) **Zuständig** für die Entscheidung über den Wiedereinsetzungsantrag (I) ist stets das zur Entscheidung in der Sache selbst berufene Gericht, also das AG bei Versäumung der Einspruchsfrist gegen den Strafbefehl (§§ 409 I S 1 Nr 7, 411 I S 1), das Rechtsmittelgericht bei Versäumung einer Rechtsmittelfrist. Das Berufungsgericht ist bei verspäteter unbestimmter Anfechtung (2 zu § 335) zuständig (8 zu § 335), das Revisionsgericht für die Wiedereinsetzung zur Ermöglichung des Übergangs von der Revision zur Berufung (13 zu § 335). Zur Zuständigkeit im Kostenfestsetzungsverfahren vgl 5 zu § 464b.

2   Über einen **vom AG übergangenen Wiedereinsetzungsantrag** gegen die Versäumung der Einspruchsfrist im Strafbefehlsverfahren darf das Rechtsmittelgericht nicht selbst entscheiden (Frankfurt NStZ-RR **06**, 215 mwN), auch dann nicht, wenn der Wiedereinsetzungsantrag erst im Revisionsverfahren gestellt ist

(SK-Deiters 3; erg 7 zu § 347). Das Rechtsmittelgericht muss die nach dem Strafbefehl erlassenen Entscheidungen aufheben und den Einspruch als unzulässig verwerfen (BGH **22**, 52; Bay **88**, 134; erg 12 zu § 411). Eine Zurückverweisung der Sache an das AG kommt nicht in Betracht (**aM** für die Revisionsinstanz Bay **87**, 102; Wendisch JR **90**, 38); denn für die vom Revisionsgericht zu treffende Entscheidung (vgl BGH **13**, 306) ist es unbeachtlich, ob ein Wiedereinsetzungsantrag gestellt war oder nicht. Der Fall ist dem bei Vorliegen eines noch behebbaren Verfahrenshindernisses nicht vergleichbar. Über den Wiedereinsetzungsantrag ist nicht durch Urteil, sondern durch Beschluss zu entscheiden; nur bei stattgebender Entscheidung kommt es zu einer neuen Hauptverhandlung. Dasselbe gilt, wenn das LG die Versäumung der Berufungsfrist nicht erkannt hatte (Bay **87**, 102; NStZ-RR **96**, 74; Hamburg StraFo **06**, 294; Frankfurt StV **17**, 658; **aM** Hamburg NStZ **85**, 568 = JR **86**, 382 mit abl Anm Gössel).

2) Die **Entscheidung** ergeht durch Beschluss. Die StA und andere betroffene **3** Prozessbeteiligte sind nach § 33 II, III zu hören, zB der Angeklagte vor der Entscheidung über einen Wiedereinsetzungsantrag des Privatklägers (BayVerfGH MDR **61**, 829), der Privatkläger im umgekehrten Fall (BVerfGE **14**, 8).

Nicht ausgeschlossen ist eine **stillschweigende Wiedereinsetzung** (Düsseldorf **4** VRS **73**, 390), zB durch Anberaumung der Hauptverhandlung (Bay VRS **58**, 366; Hamburg VRS **14**, 57; Hamm NJW **58**, 880; VRS **51**, 296; Stuttgart NJW **76**, 1905) oder sonst durch Fortsetzung des Verfahrens (Oldenburg VRS **68**, 282). Das setzt aber voraus, dass das Gericht die Fristversäumung überhaupt erkannt hat (Bay **87**, 102, 103; Düsseldorf JR **86**, 121; Hamburg StraFo **06**, 294; Hamm VRS **87**, 127).

Die **Entscheidung lautet** auf Verwerfung als unzulässig, wenn ein formelles **5** Erfordernis fehlt, als unbegründet, wenn die Voraussetzungen des § 44 nicht vorliegen, oder auf Gewährung der Wiedereinsetzung. Zur Wirkung der Wiedereinsetzung vgl 25 zu § 44. Die Kostenentscheidung richtet sich nach § 473 VII (dort 38).

Ein **Widerruf** der stattgebenden Entscheidung ist ausgeschlossen (BVerfGE **14**, **6** 8, 10; Hamm VRS **65**, 33; Oldenburg VRS **68**, 282; Schleswig SchlHA **84**, 99 [E/L]). Sie ist selbst dann bindend, wenn sie von einem unzuständigen Gericht erlassen ist (unten 7) oder auf unzutreffenden Erwägungen beruht (Braunschweig NJW **73**, 2119). Dagegen kann die Verwerfungsentscheidung aufgehoben werden, wenn ihre tatsächliche Grundlage sich als falsch herausstellt (Hamburg JR **55**, 274; LR-Graalmann-Scheerer 20; **aM** SK-Deiters 13 f).

3) Entscheidungen unzuständiger Gerichte: Hat statt des zuständigen **7** Rechtsmittelgerichts der Tatrichter die Wiedereinsetzung bewilligt, so ist das für das weitere Verfahren bindend (BGH NStZ-RR **12**, 49; Bay **80**, 36; Düsseldorf NStZ **88**, 238; KG VRS **35**, 287; Hamm VRS **65**, 33). Ablehnende Beschlüsse können auf sofortige Beschwerde nach III aufgehoben werden (Bay **61**, 157; Frankfurt NStZ-RR **04**, 300: bei Verstoß gegen § 29 DRiG). Die Rechtsmittelgerichte, insbesondere im Fall des § 346 II die Revisionsgerichte, sind an sie nicht gebunden (BGH MDR **77**, 284 [H]; Bay **80**, 36; **86**, 247 [R]; KMR-Ziegler 15; **aM** KG JR **56**, 111; Schleswig SchlHA **83**, 107 [E/L]; LR-Graalmann-Scheerer 18; SK-Deiters 15; **aM** auch Koblenz VRS **62**, 449 für den Fall der erfolglosen Anfechtung der Entscheidung).

4) Anfechtung: Die Wiedereinsetzung bewilligende Beschlüsse sind unan- **8** fechtbar (II), auch wenn sie von einem unzuständigen Gericht erlassen sind (oben 7). Gegen Verwerfungsentscheidungen ist unter, wenn nicht § 304 IV entgegensteht (BGH NJW **76**, 525), sofortige Beschwerde zulässig (III), auch wenn sie ohne Antrag ergangen sind (Schleswig SchlHA **83**, 107 [E/L]). Das Rechtsmittel steht auch der StA zu (16 zu § 296), auch zugunsten des Angeklagten (Kleinknecht NJW **61**, 87). Hat das AG statt der für die Berufung zuständigen kleinen StrK entschieden, so befindet diese in der durch § 76 GVG vorgeschriebenen Besetzung, nicht auf sofortige Beschwerde die große StrK, über die Wiedereinsetzung (Schleswig SchlHA **82**, 117 [E/L]). Hat das AG statt des zuständigen OLG entschieden, so befindet dieses, nicht das LG über die sofortige Beschwerde (KG JR **83**, 214; Schleswig SchlHA **93**, 243 [L/T]; **aM** LR-Graalmann-Scheerer 20, 29); das gilt jedenfalls bei gleichzeitig gestelltem Antrag nach § 346 II (Bay **61**, 157) und dann, wenn über das gleichzeitig eingelegte Rechtsmittel noch nicht entschieden worden ist (Bay MDR **93**, 892; Celle NZV **98**, 258).

Keine Vollstreckungshemmung

47 ^I Durch den Antrag auf Wiedereinsetzung in den vorigen Stand wird die Vollstreckung einer gerichtlichen Entscheidung nicht gehemmt.

^{II} Das Gericht kann jedoch einen Aufschub der Vollstreckung anordnen.

^{III 1} Durchbricht die Wiedereinsetzung die Rechtskraft einer gerichtlichen Entscheidung, werden Haft- und Unterbringungsbefehle sowie sonstige Anordnungen, die zum Zeitpunkt des Eintritts der Rechtskraft bestanden haben, wieder wirksam. ² Bei einem Haft- oder Unterbringungsbefehl ordnet das die Wiedereinsetzung gewährende Gericht dessen Aufhebung an, wenn sich ohne weiteres ergibt, dass dessen Voraussetzungen nicht mehr vorliegen. ³ Andernfalls hat das nach § 126 Abs. 2 zuständige Gericht unverzüglich eine Haftprüfung durchzuführen.

1 1) Keine **Vollstreckungshemmung (I)** bewirkt der Antrag nach §§ 44, 45; sie tritt erst ein, wenn Wiedereinsetzung bewilligt ist (vgl BGH **18**, 34, 36; Hamm NJW **56**, 274). Dadurch soll Missbräuchen vorgebeugt werden.

2 2) **Vollstreckungsaufschub (II),** nicht auch den Aufschub der Wirksamkeit des rechtskräftig verhängten Fahrverbots nach § 44 StGB (Köln NJW **87**, 80; Wollentin/Reckerfeld NJW **66**, 634), kann das nach § 46 I zuständige Gericht, aber auch das Gericht gewähren, bei dem der Antrag nach § 45 I S 1 gestellt worden ist (KK-Maul 1; R/H-Rappert 2; **aM** KMR-Ziegler 4; SK-Deiters 3); es muss die Sache dann aber dem nach § 46 I zuständigen Gericht vorlegen, das die Entscheidung abändern kann. Der Vorsitzende eines Kollegialgerichts kann den Aufschub nicht allein bewilligen. Ist die Strafvollstreckung schon eingeleitet, so kann ihre Unterbrechung angeordnet werden. Der Aufschub ist aber nur zulässig, wenn der Wiedereinsetzungsantrag frist- und formgerecht gestellt ist und Erfolg verspricht (KK-Maul 2). Die Entscheidung ist nach § 304 I mit der Beschwerde anfechtbar.

3 3) **Wiederwirksamkeit von Haft- und Unterbringungsbefehlen und sonstigen Anordnungen (III):** Nach allgM wurde davon ausgegangen, dass durch die eingetretene Rechtskraft gegenstandslos gewordene Haftbefehle usw nach gewährter Wiedereinsetzung wiederaufleben. Da das BVerfG (NJW **05**, 3131; abl Mosbacher NJW **05**, 3110) eine andere Auffassung vertreten hatte, ergaben sich hieraus für die Praxis erhebliche Schwierigkeiten (vgl Helgerth Nehm-FS 306). Um diese zu beheben, hat das 2. JuMoG den III in § 47 eingefügt und damit die alte Rechtslage wiederhergestellt. Nicht nur Haft- und Unterbringungsbefehle (auch solche nach § 453c) sondern auch sonstige durch die Rechtskraft erledigte Anordnungen leben wieder auf; in Betracht kommen hier insbesondere Beschlagnahmen zu Beweiszwecken (§ 94), vorläufige Entziehung der Fahrerlaubnis (§ 111a), vorläufige Sicherstellungsmaßnahmen (§§ 111b ff), vorläufiges Berufsverbots (§ 132a), Bestellung eines Pflichtverteidigers (§ 142). Nach § 116 gegen Erfüllung bestimmter Auflagen ausgesetzte Haftbefehle werden in gleicher Weise wieder wirksam, Sicherheitsleistungen nach § 123 müssen erneut erbracht werden (BR-Drucks 550/06 S 96).

4 Die **Aufhebung des Haft- bzw Unterbringungsbefehls** durch das die Wiedereinsetzung gewährende Gericht (entspr § 126 III) ordnet III S 2 an, falls die Voraussetzungen für deren Zulässigkeit inzwischen offensichtlich nicht mehr gegeben sind; das ist vor allem der Fall, wenn bereits ein bestehender Strafrest zur Bewährung ausgesetzt worden oder die Strafe voll verbüßt ist. Andernfalls hat das nach § 126 II zuständige Gericht unverzüglich eine Haftprüfung (§§ 117 ff) durchzuführen (III S 3). Hinsichtlich der sonstigen Anordnungen bleibt es der Initiative des Betroffenen überlassen, durch einen dementsprechenden Antrag beim zuständigen Gericht eine Aufhebung der Anordnung zu erreichen.

Sechster Abschnitt. Zeugen RiStBV 64–68

Vorbemerkungen

Übersicht

	Rn
1) Rechtsnatur des Zeugenbeweises	1
2) Gegenstand des Zeugenbeweises	2–4
3) Zeugenpflichten	5–7
4) Zeugenrechte	8–11
A. Weigerungsrechte	9
B. Sonstige Rechte im Verfahren	10
C. Rechtsbeistand	11
5) Zeugnisfähigkeit	12–23
A. Grundsätze	13
B. Organe der Rechtspflege	14–18
C. An der Straftat beteiligte Personen	19–22
D. Sonstige Verfahrensbeteiligte	23
6) Entsprechende Anwendung der §§ 48 ff	24

1) Rechtsnatur: Der **Zeuge** ist ein persönliches Beweismittel (Einl 49), eine **1** Beweisperson, die in einem nicht gegen sie selbst gerichteten Strafverfahren Auskunft über die Wahrnehmung von Tatsachen gibt (RG **52**, 289; Peters 342; zur Abgrenzung vom Sachverständigen vgl 2 zu § 85). Digitale Assistenten sind keine Zeugen (Gless StV **18**, 671, 673). Wer nichts aussagen, sondern nur in Augenschein genommen werden soll, ist kein Zeuge (LR-Ignor/Bertheau 3). Gleichgültig ist, wann und aus welchem Anlass (Zufall, Berufsausübung, Auftrag des Gerichts oder der Polizei) der Zeuge die Wahrnehmungen gemacht hat, über die er aussagen soll (BGH **33**, 178, 181). Wahrnehmungen sind auch die dem Zeugen von anderen gemachten Mitteilungen; der Zeuge vom Hörensagen ist ein taugliches Beweismittel (erg 4 zu § 250).

2) Gegenstand des Zeugenbeweises sind Tatsachen, nicht Rechtsfragen, Erfahrungssätze, allgemeine Eindrücke, Schlussfolgerungen oder Mutmaßungen. Die **2** Tatsachen können auch negativer Art sein, zB dass der Zeuge eine bestimmte Äußerung nicht gehört hat. Über innere Tatsachen, auch hypothetischer Art, kann der Zeuge ebenfalls vernommen werden, sofern es sich um Vorgänge in seinem eigenen Bewusstsein handelt (ANM 191: eigenpsychische Tatsachen). Vorgänge im Innern eines anderen Menschen (ANM 193: fremdpsychische Tatsachen) entziehen sich dagegen seiner Wahrnehmung (BGH NStZ **04**, 690); er kann nur Tatsachen bekunden, die Schlussfolgerungen auf solche Vorgänge zulassen (BGH StV **84**, 61; Zweibrücken StV **04**, 440). Soll aus den Wahrnehmungen des Zeugen auf ein bestimmtes weiteres Geschehen geschlossen werden, ist nicht dieses weitere Geschehen, sondern nur die Wahrnehmung des Zeugen tauglicher Gegenstand des Zeugenbeweises (BGH **39**, 251).

Ebenso können reine **Werturteile** nicht Gegenstand des Zeugenbeweises sein. **3** Zwar ist ein gewisses Maß an urteilender Tätigkeit bei den meisten Zeugenaussagen erforderlich. Solche Bewertungen müssen aber auf Maßstäben beruhen, die allgemein anerkannt und für das Gericht leicht überprüfbar sind (RG **27**, 95; **37**, 371; **57**, 412). Über die Charaktereigenschaften eines anderen kann der Zeuge nur vernommen werden, wenn er tatsächliche Umstände bekunden kann, die den Schluss auf ihr Vorliegen zulassen (ANM 197 ff). Unter diesen Voraussetzungen kann die Glaubwürdigkeit, Ehrlichkeit, Verdorbenheit, Geschwätzigkeit eines Menschen Gegenstand des Zeugenbeweises sein (BGH **39**, 251, 254).

4   Einfache **Rechtsbegriffe** wie Anstiftung, Kauf, Miete, Eigentum, kann der Zeuge bei seiner Aussage verwenden (ANM 205). Über die Schuldfähigkeit des Angeklagten hat er sich nicht zu äußern; das schließt einfache Bewertungen, insbesondere über den Trunkenheitsgrad des Angeklagten, nicht aus (BGH MDR **79**, 807 [H]; Bay DAR **72**, 119 [R]).

5   **3) Zeugenpflichten:** Der Zeuge muss zur Vernehmung erscheinen, wahrheitsgemäß aussagen und seine Aussage auf Verlangen beeiden (J. Meyer ZStW **95**, 834; Peters 346). Das sind staatsbürgerliche Pflichten, die von der StPO nicht begründet, sondern vorausgesetzt wurden (BVerfGE **49**, 280, 284; NJW **88**, 897, 898), nun aber auch in § 48 I ausdrücklich bestimmt sind. Diese Pflichten treffen alle deutschen Staatsangehörigen, auch im Ausland, Ausländer und Staatenlose nur, wenn sie sich im Inland aufhalten (Düsseldorf NJW **99**, 1647; Hamburg MDR **67**, 686); dies dürfte nicht auf Zeugen zutreffen, die lediglich aus dem Ausland angereist sind (vgl Hettich NStZ **19**, 646 unter Hinweis auf Nr 116 I S 3 RiVASt, der zwar nur eine Verwaltungsrichtlinie ist, aber festlegt, welche Gepflogenheiten im internationalen Rechtsverkehr zu beachten sind). Exterritoriale sind von der Zeugenpflicht befreit (§§ 18, 19 GVG).

6   Als **Nebenpflicht** ist mit der Zeugeneigenschaft die Pflicht verbunden, Wahrnehmungen zur Prüfung der Glaubwürdigkeit zu machen und zu bekunden (20 zu § 68), Gegenüberstellungen zu dulden (§ 58 II) und an Augenscheinseinnahmen teilzunehmen (BGH GA **65**, 108).

7   **Erweitert** wird die Zeugenpflicht durch die Pflicht zur Duldung der körperlichen Untersuchung (§ 81c). Zu außergerichtlichen Tätigkeiten (Herstellung von Augenscheinsobjekten und Schriftproben) ist der Zeuge nicht verpflichtet. Bestimmte Zeugen haben aber die Pflicht, sich schriftlich dienstlich zu äußern (W. Schmid SchlHA **81**, 2) und sich auf ihre Aussage vorzubereiten (8 zu § 69); im Übrigen besteht für einen Zeugen aber keine Vorbereitungspflicht (eingehend dazu Schlothauer Dahs-FS 457).

8   **4) Zeugenrechte:**

9   A. **Weigerungsrechte:** Die Befugnis, die Aussage ganz oder teilw zu verweigern, lässt die Zeugenpflicht entfallen. Weigerungsrechte ergeben sich aus den §§ 52 ff, aber auch aus dem Beratungsgeheimnis (§ 43 **DRiG**), aus den Wahlgeheimnis nach Art 38 I GG und den entspr Vorschriften der Länderverfassungen (LR-Ignor/Bertheau 19) und für Abgeordnete des BTages aus Art 47 S 1 GG (22 zu § 53). Nach Ansicht des BVerfG wird der Zeugniszwang ausnahmsweise und unter ganz besonderen Umständen durch Art 1 I, 2 I GG begrenzt, wenn die Zeugenvernehmung wegen der Eigenart des Beweisthemas in einen grundrechtlich geschützten Bereich der privaten Lebensgestaltung eingreifen würde (BVerfGE **33**, 367, 374; **38**, 312, 325; BVerfG NJW **79**, 1286; krit Rengier 107 ff; erg 2 zu § 53). Für den „Kunden" einer Prostituierten ergibt sich daraus kein Weigerungsrecht (Bay **78**, 152).

10 B. **Im Verfahren** hat der Zeuge Anspruch auf angemessene Behandlung und (vgl § 68a) auf Ehrenschutz (Kube/Leineweber 29). Er darf nicht zum bloßen Verfahrensobjekt gemacht werden (BVerfGE **27**, 1, 6; **38**, 105, 114; Jung GA **98**, 326; Dahs NJW **84**, 1921 zum Persönlichkeitsschutz des Verletzten als Zeuge; allgemein Nelles NJ **98**, 449). In die Grundrechte des Zeugen darf nur eingegriffen werden, wenn und soweit das für die Wahrheitsfindung unerlässlich ist (Granderath MDR **83**, 798). Das Gericht ist dem Zeugen gegenüber zur Fürsorge verpflichtet. Der Zeuge muss vor einer Lebens- oder Leibesgefahr geschützt werden, in die er durch die Mitwirkung in einem Strafverfahren geraten kann (BVerfGE **57**, 250, 284; vgl auch BGH **33**, 83, 91; Fezer JuS **87**, 359; Krehl NJW **91**, 85). Nach § 1 ZSHG (dazu Hilger Gössel-FS 605) können ein Zeuge sowie seine Angehörigen oder ihm sonst nahe stehende Personen nach Maßgabe dieses Gesetzes geschützt

werden, wenn sie auf Grund ihrer Aussagebereitschaft einer Gefährdung von Leib, Leben, Gesundheit, Freiheit oder wesentlicher Vermögenswerte ausgesetzt sind, sich für Zeugenschutzmaßnahmen eignen und ihr Einverständnis damit besteht (eingehend zum Zeugenschutz auch SK-Rogall 73 ff; Griesbaum NStZ **98**, 433 ff; Soiné Kriminalistik **99**, 602 ff); nach § 10 III ZSHG bleibt es für Aussagen des Zeugen vor Gericht aber bei den Vorschriften der §§ 68, 110b III (dazu BGH **50**, 318, 324; eingehend zum Spannungsverhältnis zwischen Zeugenschutzprogramm und Wahrheitsermittlung im Strafprozess Eisenberg Fezer-FS 193 ff sowie Roggan GA **12**, 434). § 6 BKAG hat dem BKA den Zeugenschutz als Aufgabe in den Fällen übertragen, in denen es die Strafverfolgung wahrnimmt (dazu Griesbaum aaO 435). Das Gericht darf eine Gefahrenlage, in die der Zeuge durch eine wahrheitsgemäße Aussage geraten könnte, nicht durch Anwendung von Zwangsmaßnahmen nach § 70 verschärfen (BGH NStZ **84**, 31). Gewisse Unannehmlichkeiten, die mit der Bekundung der Wahrheit verbunden sind, zB dass der Beschuldigte von der Aussage erfährt, muss der Zeuge aber hinnehmen (BGH **29**, 99, 104). Erörterungen und Beweiserhebungen über Privat- und insbesondere auch Intimleben des Zeugen, die zu dem Verfahrensgegenstand in keinem unmittelbaren Zusammenhang stehen, sind nur nach sorgfältiger Prüfung ihrer Unerlässlichkeit statthaft (BGH NJW **05**, 1519; vgl auch § 68a, 241 II); das Gericht hat somit hinsichtlich des Umfangs der Beweisaufnahme die Opferschutzinteressen in seine Erwägungen einzubeziehen (BGH NJW **05**, 2791). Dem Schutz des Zeugen dienen im Übrigen §§ 171b, 172 Nr 1a GVG. Zur Identitätsänderung und Aushändigung von „Tarnpapieren" zum Schutz gefährdeter Zeugen vgl Soiné/Soukup ZRP **94**, 466; zur Zuziehung einer Vertrauensperson vgl § 406f II.

C. Die **Zuziehung eines Rechtsbeistands** ist neben der Beiordnung eines **11** Zeugenbeistands nun in § 68b geregelt. Die Rspr des BVerfG, das aus dem Gebot der fairen Verfahrensgestaltung (Einl 19) das Recht des Zeugen, der ein Auskunftsverweigerungsrecht nach § 55 hat, sonst unter der Voraussetzung einer „besonderen rechtsstaatlichen Legitimation", auf Zuziehung eines RA als Rechtsbeistand zu der Vernehmung ableitete (BVerfGE **38**, 105; dazu Adler StraFo **02**, 146: ungerechtfertigte Einschränkung; ebenso König Rieß-FS 245: jeder Zeuge; vgl ferner zum Zeugenbeistand Dahs 1150 ff; vgl auch Kaum 130 ff; krit Schünemann Meyer-Goßner-FS 396), ist damit in erweiterter Form (vgl die Erl zu § 68b) Gesetz geworden. Das Recht auf Hinzuziehung eines Beistands bei der Vernehmung ist für durch die Straftat verletzte Zeugen in §§ 406f, 406g geregelt. Auf andere Zeugen sind diese Vorschriften nicht entspr anwendbar. § 68b II sieht unter besonderen Voraussetzungen die Beiordnung eines Zeugenbeistand für die Dauer der Vernehmung vor. Die gerichtliche Beiordnung eines Beistands ist außerhalb der gesetzlich geregelten Fälle in §§ 68b II, 406g III, IV ausgeschlossen (BVerfG NStZ **83**, 374; BGH StB 10/98 vom 9.9.1998; KG NStE Nr 33 zu § 140; Koblenz MDR **95**, 1160).

5) Zeugnisfähigkeit: **12**

A. Grundsätze: Eine **allgemeine Zeugnisunfähigkeit** gibt es nicht (RG **52**, **13** 138; KK-Bader 5). Zeuge kann auch sein, wer körperliche oder geistige Gebrechen hat, sofern er nur zu Wahrnehmungen und ihrer Wiedergabe vor Gericht fähig ist (BGH **2**, 269, 270; **43**, 62). Kinder können Zeuge sein, wenn von ihnen eine verständliche Aussage zu erwarten ist (Gley StV **87**, 405 ff). Dafür gibt es keine feste Altersgrenze; ein Erfahrungssatz dergestalt, dass die Vernehmung eines Kindes einige Jahre nach dem Tatgeschehen nicht mehr sinnvoll ist, existiert nicht (BGH 2 StR 278/14 vom 18.2.2015). Kinder unter viereinhalb Jahren werden aber selten aussagetüchtig sein (Arntzen DRiZ **76**, 20). Die Vernehmung Geisteskranker ist auch in der Hauptverhandlung nicht ausgeschlossen (RG **33**, 393; **58**, 396). Ist eine eigentliche Aussage nicht zu erwarten (taubstumme Analphabeten), so kann uU die Mimik des Zeugen die mündlichen Bekundungen ersetzen (vgl RG **33**, 403; erg 3 zu § 186 GVG). Abgeordnete dürfen vernommen werden (vgl RiStBV 191 III Buchst d), auch im Verfahren gegen Mittäter.

Vor § 48

B. Organe der Rechtspflege:

14

15 a) **Richter** können Zeugen sein, auch wenn sie schon an der Verhandlung mitgewirkt haben. Sie sind nach § 22 Nr 5 von der weiteren Mitwirkung ausgeschlossen, sobald sie der Zeugenladung folgen (BGH 7, 44, 46; MDR 77, 107 [H]; StV 91, 99). Die bloße Benennung des Richters als Zeugen führt nicht zum Ausschluss, wenn er erklärt, zu der Beweisfrage nichts zu wissen (BGH 7, 330; 11, 206; MDR 77, 107 [H]), anders aber, falls er seine Vernehmung als Zeuge selbst für erforderlich hält (AG Brandenburg StraFo 07, 501). An der Entscheidung, durch den der Antrag auf seine Vernehmung nach § 244 VI S 2 wegen Verschleppungsabsicht abgelehnt wird, kann er selbst mitwirken. Andernfalls könnte der Beschuldigte jeden Richter nach Belieben ausschalten.

16 b) Für **Urkundsbeamte,** die an der Verhandlung als Protokollführer mitwirken, gilt das entspr. Sie sind nach §§ 22 Nr 5, 31 I von der weiteren Mitwirkung erst ausgeschlossen, wenn einem Antrag auf ihre Vernehmung stattgegeben wird (ANM 177).

17 c) **Staatsanwälte** können als Zeugen vernommen werden, auch wenn sie an der Sitzung teilnehmen (Celle NStZ 84, 136). Ihre bloße Benennung als Zeugen hindert sie an der weiteren Mitwirkung nicht (Dose NJW 78, 349). Die bloße Beantwortung einer sachbezogenen Frage des Verteidigers macht sie nicht zu Zeugen (BGH NStZ 86, 133). Nach der Vernehmung kann der StA weiter auftreten, wenn er nur über Vorgänge ausgesagt hat, die sich erst aus seiner dienstlichen Befassung mit der Sache ergeben haben und die Gestaltung des Verfahrens, insbesondere die äußeren Umstände der Vernehmung des Angeklagten, betreffen, und wenn durch Zuziehung eines weiteren StA dafür Vorsorge getroffen worden ist, dass er seine Aussage nicht im Schlussvortrag selbst würdigen muss (BGH 14, 265, 267; 21, 85, 90; NStZ 90, 24 [M]; NJW 96, 2239, 2241; NStZ 08, 353; für völligen Ausschluss des StA demgegenüber aber Hanack JZ 71, 91; 72, 81; Fahl 278; Schlüchter 66.1; eingehend zur gesamten Problematik SK-Rogall 51 ff); bei entbehrlicher Würdigung der Aussage bedarf es der Zuziehung eines weiteren StA nicht (BGH NStZ-RR 01, 107; 06, 257 [B]). Anders verhält es sich, wenn zwischen dem Gegenstand seiner Zeugenaussage und der nachfolgenden Mitwirkung an der Hauptverhandlung ein unlösbarer Zusammenhang besteht (BGH NStZ 18, 482 mwN). Wenn sich seine Aussage nur auf die Tat eines Mitangeklagten bezieht, ist er nicht gehindert, hinsichtlich der übrigen Angeklagten die Anklage weiter zu vertreten (BGH 21, 85, 89; KK-Bader 11; Dose NJW 78, 352; **aM** Grünwald BewR 17; Roxin/Schünemann § 26, 7). In anderen Fällen ist die weitere Mitwirkung des StA, insbesondere die Würdigung der eigenen Aussage im Schlussvortrag unzulässig und führt auf entspr Rüge, die dies konkret darlegen muss (BGH aaO; NStZ 07, 419), zur Aufhebung des Urteils, wenn es darauf beruht (BGH 14, 265; NJW 87, 3088, 3090; NStZ 83, 135; StV 83, 497; Düsseldorf StV 91, 59; Naumburg StraFo 07, 64); dies gilt auch, wenn und soweit der StA im Schlussvortrag bei der Würdigung der Aussage eines Zeugen implizit seine eigene Aussage würdigen muss (BGH NStZ 19, 234 mit Anm Stuckenberg JR 19, 163; 1 StR 235/19 vom 19.9.2019; erg 6 vor § 22, 20a zu § 22). Die Vernehmung als Zeuge in einer früheren (ausgesetzten) Hauptverhandlung führt hingegen nicht zum Ausschluss des StA (BGH NStZ 94, 194).

18 d) Der **Verteidiger** kann Zeuge sein (vgl § 53 I Nr 2). Nach seiner Aussage kann er wieder als Verteidiger auftreten (LR-Ignor/Bertheau 45; Fahl 286; **aM** Gössel 201: Ausschließung möglich; Peters 345: automatisches Ausscheiden). Insbesondere darf er vom Gericht nicht ausgeschlossen werden § 138a regelt die Ausschließungsgründe abschließend (SK-Rogall 61 ff; Dahs NJW 75, 1390; Krause StV 84, 171). Das Verbot darf nicht dadurch umgangen werden, dass der Verteidiger nach § 58 I vor seiner Vernehmung aus dem Saal gewiesen oder als Zeuge nicht nach § 248 entlassen wird. Ist die Verteidigung nach § 140 notwendig, so muss dem Angeklagten während der Vernehmung des Verteidigers ein anderer Verteidiger beigeordnet werden (BGH StV 96, 469 mwN).

C. An der Straftat beteiligte Personen: 19

a) Der **Beschuldigte** kann sich zur Sache einlassen, und seine Angaben kön- 20
nen bei der Entscheidung berücksichtigt werden. Als Zeuge in eigener Sache darf
er nicht vernommen werden (BGH **10**, 8, 10; NJW **64**, 1034; JR **69**, 148;
ANM 181).

b) **Mitbeschuldigte** können, auch wenn sie nach § 231c zeitweise beurlaubt 21
sind (dort 2), nicht Zeugen sein, sobald und solange die Verfahren nach den
§§ 2 ff, 237 verbunden sind. Bereits diese prozessuale Gemeinsamkeit steht der
Zeugenvernehmung entgegen, und zwar sowohl über die gemeinschaftlich begangene Tat als auch über selbstständige Straffälle, die nur einem anderen Mitbeschuldigten zur Last gelegt werden (BGH **3**, 149; **10**, 8, 11; NJW **64**, 1034; ANM 182
mwN). Die im Schrifttum vielfach vertretene Ansicht, die Frage sei unter sachlich-
rechtlichen Gesichtspunkten zu beurteilen, schon die Tatbeteiligung schließe die
Zeugenvernehmung von Mitbeschuldigten aus (Dünnebier JR **75**, 1; Lenckner
Peters-FS 333; Montenbruck ZStW **89**, 878; Müller-Dietz ZStW **93**, 1227; Peters
346; Prittwitz, Der Mitbeschuldigte im Strafprozess, 1984, S 140, 153 ff; Ro-
xin/Schünemann § 26, 5; Schlüchter 479), ist abzulehnen (BGH NJW **85**, 76; SK-
Rogall 42 ff; dazu auch Montenbruck JZ **85**, 976), denn sie widerspricht dem Gesetz (vgl § 60 Nr 2; Grünwald BewR 15). Im Übrigen lässt sich mit einem „verfahrensrechtlichen Zwitter" (Rogall NJW **78**, 2535, 2536), wie es der als Beschuldigter zu vernehmende Nichtangeklagte oder der als Zeuge zu vernehmende
Mitangeklagte wäre, keine Sachaufklärung betreiben.

Die vorübergehende **Trennung** der verbundenen Sachen ermöglicht die Zeu- 22
genvernehmung des Mitbeschuldigten, dessen Verfahren abgetrennt worden ist
(BGH **10**, 8, 11; **27**, 139, 141; JR **69**, 148 mit Anm von Gerlach. Sie ist zulässig,
wenn sich die Vernehmung auf eine Tat beziehen soll, die dem Mitbeschuldigten nicht selbst zur Last gelegt wird (BGH NJW **64**, 1034; MDR **71**, 897 [D];
einschr LG Frankfurt aM StV **86**, 470: nicht, wenn die Bekundungen in irgendeiner Weise auf die gegen den Beschuldigten ergehende Entscheidung von Einfluss sein können), nicht aber, wenn sie eine gemeinschaftliche Tat betreffen soll
(BGH JR **69**, 148; MDR **77**, 639 [H]; StV **84**, 186; Hamm VRS **42**, 208;
ANM 183); denn dadurch würde der Grundsatz umgangen, dass ein Angeklagter
nicht Zeuge in einem ihn selbst betreffenden Verfahren sein kann. Allg zur sog
Rollenvertauschung: Dünnebier JR **75**, 1; Prittwitz aaO; Roxin/Schünemann
§ 26, 5.

D. Sonstige Verfahrensbeteiligte: Nebenkläger können als Zeugen vernom- 23
men werden (10 vor § 395), nicht aber Privatkläger (2 zu § 384). Zeugen können
ferner sein (vgl ANM 186 ff) Beistände nach § 149 (dort 2) und § 69 **JGG**, Erziehungsberechtigte und gesetzliche Vertreter (§ 67 **JGG**) sowie Antragsteller im Anhangsverfahren nach § 403 ff. Dass der Sachverständige gleichzeitig Zeuge sein
kann, folgt aus § 74 I S 2. Für den Dolmetscher gilt das Gleiche; er kann seine
Aussage selbst in die fremde Sprache übersetzen (RG **45**, 304; LR-Ignor/Bertheau
30). Der nach § 407 I **AO** teilnahmeberechtigte Vertreter des FA kann ebenfalls
Zeuge sein (LG Dresden NStZ **99**, 313 mit zust Anm Rüping), nicht aber Einziehungsbeteiligte und Nebenbetroffene, soweit sie im Strafverfahren (§§ 424 ff, 438),
im Nachverfahren (§ 433) oder im selbstständigen Verfahren (§§ 435, 436) beteiligt
sind oder sich beteiligen können (vgl aber 4 f zu § 427).

6) Entspr anwendbar sind die §§ 48 ff bei Vernehmungen durch die StA, so- 24
weit nichts anderes bestimmt ist (§ 161a I S 2). Bei Vernehmung durch andere
Ermittlungsorgane, insbesondere durch die Polizei, gelten die Bestimmungen zT
nach ausdrücklicher Regelung entspr (§ 163 III). Im Bußgeldverfahren gelten die
§§ 48 ff entspr, soweit nichts anderes bestimmt ist (§ 46 I OWiG).

§ 48

Zeugenpflichten; Ladung RiStBV 64–66

48 ¹ ¹ Zeugen sind verpflichtet, zu dem zu ihrer Vernehmung bestimmten Termin vor dem Richter zu erscheinen. ²Sie haben die Pflicht auszusagen, wenn keine im Gesetz zugelassene Ausnahme vorliegt.

II Die Ladung der Zeugen geschieht unter Hinweis auf verfahrensrechtliche Bestimmungen, die dem Interesse des Zeugen dienen, auf vorhandene Möglichkeiten der Zeugenbetreuung und auf die gesetzlichen Folgen des Ausbleibens.

III ¹ Ist der Zeuge zugleich der Verletzte, so sind die ihn betreffenden Verhandlungen, Vernehmungen und sonstigen Untersuchungshandlungen stets unter Berücksichtigung seiner besonderen Schutzbedürftigkeit durchzuführen. ²Insbesondere ist zu prüfen,
1. ob die dringende Gefahr eines schwerwiegenden Nachteils für das Wohl des Zeugen Maßnahmen nach den §§ 168e oder 247a erfordert,
2. ob überwiegende schutzwürdige Interessen des Zeugen den Ausschluss der Öffentlichkeit nach § 171b Absatz 1 des Gerichtsverfassungsgesetzes erfordern und
3. inwieweit auf nicht unerlässliche Fragen zum persönlichen Lebensbereich des Zeugen nach § 68a Absatz 1 verzichtet werden kann.

³Dabei sind die persönlichen Verhältnisse des Zeugen sowie Art und Umstände der Straftat zu berücksichtigen.

1 1) **Zeugenpflichten**: Der durch das 2. OpferRRG 2009 eingefügte I enthält die schon bisher allgemein bejahten (5 vor § 48) Zeugenpflichten zum Erscheinen und zur Aussage. Der durch das 3. OpferRRG 2015 eingeführte III normiert Pflichten der Ermittlungsbehörden beim Umgang mit Verletzten als Zeugen, weshalb die Normüberschrift den Regelungsgehalt nicht mehr korrekt widerspiegelt. Ausnahmen von der Aussagepflicht enthalten die §§ 52 bis 55.

1a 2) **Zeugenladung**:

1b A. **Form**: Für die Zeugenladung, dh die Aufforderung, an einem bestimmten Ort zu einer bestimmten Zeit zur Vernehmung zu erscheinen, ist eine besondere Form nur in § 38 vorgeschrieben. Gericht und StA (§ 161a I S 2) sowie deren Ermittlungspersonen (§ 163 III S 1) können schriftlich, per Telefax oder Fernschreiber, mündlich, auch telefonisch, laden. Schriftlich kann durch einfachen Brief, nicht durch Postkarte (RiStBV 64 III S 1) geladen werden; da die Anwendung des § 51 den Ladungsnachweis erfordert (2 zu § 51), ist förmliche Zustellung geraten (LR-Ignor/Bertheau 4; vgl für die Ladung zur Hauptverhandlung RiStBV 117 II). Die mündliche Ladung kann der Vorsitzende, etwa bei Unterbrechung oder Aussetzung der Verhandlung, selbst vornehmen, sonst durch Gerichtswachtmeister oder Polizei veranlassen. Da eine Ladungsfrist nicht besteht (2 zu § 51), kann der Zeuge zum sofortigen Erscheinen vor Gericht aufgefordert werden. In den Fällen des § 163 III S 1 genügt es, wenn der Zeuge zum Erscheinen bei einer Polizeidienststelle mündlich aufgefordert wird (Soiné NStZ **18**, 141; erg 49ff zu § 163).

2 B. **Inhaltlich** muss die Ladung erkennen lassen, dass der Geladene als Zeuge vernommen werden soll (RiStBV 64 I S 1). Der Name des Beschuldigten wird, auch bei richterlicher Vernehmung, nicht angegeben, wenn der Zweck der Untersuchung das verbietet, der Gegenstand der Beschuldigung nur, wenn das zur Vorbereitung der Aussage geboten erscheint (RiStBV 64 I S 2). Wegen der Aufforderung, Unterlagen mitzubringen, vgl RiStBV 64 II. Belehrungen nach §§ 52 III S 1, 55 II, 57 gehören nicht in die Ladung.

3 Der **Hinweis auf die gesetzlichen Folgen des Ausbleibens** nach § 51 ist bei jeder Zeugenladung erforderlich, auch bei wiederholter Ladung und bei mündl Ladung in einer unterbrochenen oder ausgesetzten Hauptverhandlung (Hamm

NJW **57**, 1330). Der Hinweis muss so vollständig sein, dass der Zeuge über die Folgen des § 51 Klarheit gewinnen kann. Der schuldunfähige Zeuge wird nur auf § 51 I S 3 hingewiesen (erg 15, 20 zu § 51). Bei nicht auf freiem Fuß befindlichen Zeugen tritt an die Stelle des Hinweises der Vorführungsbefehl des Richters oder die Vorführungsanordnung der StA (vgl 2 zu § 51; 11, 13 zu § 214).

Nach der Änderung des § 48 durch das 1. OpferRRG ist der Zeuge aber nicht **3a** nur auf seine Pflichten, sondern **auch auf seine Rechte hinzuweisen.** Das ist unproblematisch hinsichtlich des Hinweises auf Möglichkeiten der Zeugenbetreuung (zB Zeugenzimmer; Betreuung mitgebrachter Kinder usw); bezüglich des Hinweises auf die den Interessen des Zeugen dienenden verfahrensrechtlichen Bestimmungen – gedacht ist hier etwa an §§ 58a, 68, 68a, 68b oder § 247 S 2, aber auch an §§ 171b I, II, 172 GVG – ergibt sich aber die Schwierigkeit, dass solche Hinweise individuell – und nicht etwa formularmäßig – durch den Richter angeordnet werden müssen. Ob die Richter diese Mehrarbeit auf sich nehmen können, erscheint fraglich: IdR wird sich erst in der Hauptverhandlung beurteilen lassen, ob von diesen Vorschriften Gebrauch zu machen ist, auch werden die Verfahrensbeteiligten dazu gehört werden müssen. Zudem besteht – nicht nur bei formularmäßiger Anordnung, wie der Gesetzgeber angenommen hat (vgl BT-Drucks 15/1976 S 10), sondern stets – die Gefahr, dass durch solche Hinweise „grundlose Befürchtungen und unerfüllbare Erwartungen" geweckt werden. Eingehend und krit dazu auch Wenske DRiZ **05**, 293.

C. Die **Anordnung der Ladung** trifft der Richter oder StA, der die Verneh- **4** mung durchführen will. Für Ladungen zur Hauptverhandlung gilt § 214 I S 1, III. Gerichtliche Ladungen zur Hauptverhandlung führt die Geschäftsstelle des Gerichts aus (§ 214 I S 2); sonst gilt § 36 I S 2 entspr. Die Abweichung von der angeordneten Ladungsform berührt die Wirksamkeit der Ladung nicht, ebenso wenig ein inhaltlicher Mangel (Neuhaus StV **04**, 621); ein Verstoß gegen II unterliegt weder der Beschwerde noch der Revision (Wenske DRiZ **05**, 296). Die Ladung wird innerhalb des Geltungsbereichs der StPO stets unmittelbar bewirkt (§ 160 GVG).

D. **Sonderfälle:** **5**

a) Zur Ladung im **Ausland** wohnhafter ausländischer oder deutscher Zeugen **6** vgl 25, 25a zu § 37. Deutsche Zeugen im Ausland können aber auch durch die Auslandsvertretungen der BRep geladen werden (RiVASt 129 III). Zu den Ladungsarten nach RiVASt und EuRHÜbk sowie zur Ladung nach besonderen zwischenstaatlichen Vereinbarungen vgl Rose wistra **98**, 14 ff. Wegen der Exterritorialen vgl RiStBV 196 ff.

b) **Kinder** werden zu Händen ihrer gesetzlichen Vertreter geladen, die sie zur **7** Erfüllung der Zeugenpflichten anzuhalten haben (Hamm NJW **65**, 1613), Jugendliche ab 14 Jahren können hingegen persönlich geladen werden (Frankfurt NStZ-RR **05**, 268; Schweckendieck NStZ **90**, 171). Fehlt dem Zeugen die notwendige Verstandesreife, so ist allein der gesetzliche Vertreter zu laden und aufzufordern, sich mit ihm zur Gerichtsstelle einzufinden (Skupin MDR **65**, 866). Der Hinweis nach II wird auf den Zeugen bezogen. Mit ihm wird der weitere Hinweis verbunden, dass ein Erziehungsberechtigter als Begleitperson mitkommen kann und entschädigt wird (§ 7 I S 2 JVEG).

c) **Seeleute** (vgl 21 zu § 37) können nach Seemannsart geladen, dh durch die **8** Wasserschutzpolizei aufgefordert werden, sich bei der nächsten Liegezeit auf der Geschäftsstelle des AG zu melden (Bremen Rpfleger **65**, 48; StrK beim AG Bremerhaven NJW **67**, 1721).

Binnenschiffer (vgl 22 zu § 37) können ebenfalls durch Vermittlung der Was- **9** serschutzpolizei geladen werden (Hamm NJW **65**, 1613 L; Köln NJW **53**, 1932).

d) **Soldaten:** Maßgebend sind Nrn 17 ff des Erlasses des BMVg idF vom **10** 16.3.1982 (VMBl 130), geändert durch Erlass vom 20.6.1983 (VMBl 182). Danach werden Soldaten in derselben Weise wie andere Personen geladen (vgl auch 23 zu § 37). Die Ladung wird ihnen auf Veranlassung des Gerichts oder der StA zuge-

Schmitt

§ 49

stellt oder übersandt. Wegen der Soldaten ausländischer NATO-Truppen in der BRep vgl Art 37 NTS-ZA.

11 **3) Besondere Schutzbedürftigkeit von Verletzten als Zeugen (III):** Der durch das 3. Opferrechtsreformgesetz vom 21.12.2015 (BGBl I 2525) angefügte, im Hinblick auf die amtliche Überschrift „Zeugenpflichten" systematisch nicht recht dorthin passende Absatz dient der Umsetzung von Art 18 und 21 der EU-Opferschutzrichtlinie. Er soll die „zentrale Einstiegsnorm für die Feststellung einer besonderen Schutzbedürftigkeit ... und der daraus folgenden Notwendigkeit besonderer Schutzmaßnahmen zugunsten des Verletzten schaffen" (BT-Drucks 18/4621 S 23). Sie verpflichtet in S 1 Ermittlungsbehörden (§§ 161a I S 2, 163 III) wie Gerichte in jeder Lage des Verfahrens alle den Zeugen, wenn er zugleich der Verletzte ist, betreffenden prozessualen Maßnahmen unter Berücksichtigung seiner besonderen Schutzbedürftigkeit durchzuführen und dabei insbesondere zu prüfen, ob die in S 2 Nr 1 bis 3 bezeichneten Vorschriften anzuwenden sind. Mit der Bezugnahme auf jede Lage des Verfahrens ist klar gestellt, dass die besondere Schutzbedürftigkeit bereits beim ersten hoheitlichen Auftreten dem Verletzten gegenüber zu beachten ist (Klett-Straub ZIS **17**, 341, 343).

12 Der **praktische Wert** der Vorschrift mag indes bezweifelt werden. Dass auf die besondere Schutzbedürftigkeit von Zeugen/Verletzten Rücksicht genommen wird, sofern und soweit dies die ihn/sie betreffenden prozessualen Maßnahmen erlauben, beschreibt eine Selbstverständlichkeit, deren deklaratorischer Regelung es nicht bedurft hätte. Sofern und soweit die gesetzlichen Voraussetzungen einer solchen Rücksichtnahme Grenzen setzen, etwa um Beschuldigten- bzw Angeklagtenrechte zu wahren oder die Pflicht zur Aufklärung des Sachverhaltes zu gewährleisten (s etwa 5, 6 zu § 68a), kann III S 1 keine eigenständige, diese Grenzen etwa aufhebende, Bedeutung entfalten. Darüber hinaus handelt es sich bei den in S 2 Nr 1 bis 3 konkret angesprochenen prozessualen Schutzmaßnahmen um solche, die bereits nach geltendem Recht bei allen Zeugen unabhängig von ihrer Verletzteneigenschaft zu berücksichtigen sind. Das allgemeine Postulat in S 3, bei der Beurteilung einer besonderen Schutzbedürftigkeit die persönlichen Verhältnisse des Zeugen sowie Art und Umstände der Straftaten zu berücksichtigen, hätte ebenfalls nicht zwingend gesetzlich geregelt werden müssen.

Vernehmung des Bundespräsidenten

49 [1] Der Bundespräsident ist in seiner Wohnung zu vernehmen. [2] Zur Hauptverhandlung wird er nicht geladen. [3] Das Protokoll über seine gerichtliche Vernehmung ist in der Hauptverhandlung zu verlesen.

1 1) Die **Vernehmung des BPräs (S 1)** ist, falls er auf dieses Vorrecht nicht verzichtet (LR-Ignor/Bertheau 2; **aM** SK-Rogall 5: unverzichtbar), nur in seiner Wohnung zulässig. Dazu gehören auch der Dienstsitz und der vorübergehende Wohnsitz am Urlaubsort oder bei einem Staatsbesuch. Im Hinblick auf S 3 kommt nur eine richterliche Vernehmung, auch durch das ganze Gericht, in Betracht (LR-Ignor/Bertheau 3; **aM** SK-Rogall 7, 8). Die Prozessbeteiligten haben bei Vernehmungen außerhalb des Gerichts kein Anwesenheitsrecht; §§ 168c II, 223, 224 gelten nicht. § 70 I, II ist anwendbar (LR-Ignor/Bertheau 4). Für den Vertreter des BPräs (Art 57 GG) gilt das Vorrecht nicht (KK-Bader 1).

2 2) Zur **Hauptverhandlung (S 2, 3)** wird der BPräs nicht geladen, es sei denn, dass er nicht mehr im Amt ist. Auch Ladungen nach §§ 214 III, 220 I sind ausgeschlossen. Abweichend von § 250 S 2 wird die Vernehmungsniederschrift verlesen. Dazu bedarf es keiner besonderen Beschlussfassung. § 251 IV S 1 und 2 gelten nicht; S 3 und 4 sind entspr anwendbar.

§ 50

Vernehmung von Abgeordneten und Mitgliedern einer Regierung

50 ^I Die Mitglieder des Bundestages, des Bundesrates, eines Landtages oder einer zweiten Kammer sind während ihres Aufenthaltes am Sitz der Versammlung dort zu vernehmen.

^{II} Die Mitglieder der Bundesregierung oder einer Landesregierung sind an ihrem Amtssitz oder, wenn sie sich außerhalb ihres Amtssitzes aufhalten, an ihrem Aufenthaltsort zu vernehmen.

^{III} Zu einer Abweichung von den vorstehenden Vorschriften bedarf es

für die Mitglieder eines in Absatz 1 genannten Organs der Genehmigung dieses Organs,

für die Mitglieder der Bundesregierung der Genehmigung der Bundesregierung,

für die Mitglieder einer Landesregierung der Genehmigung der Landesregierung.

^{IV} ¹Die Mitglieder der in Absatz 1 genannten Organe der Gesetzgebung und die Mitglieder der Bundesregierung oder einer Landesregierung werden, wenn sie außerhalb der Hauptverhandlung vernommen worden sind, zu dieser nicht geladen. ²Das Protokoll über ihre richterliche Vernehmung ist in der Hauptverhandlung zu verlesen.

1) Die **Sonderregelung** enthält für Parlaments- und Regierungsmitglieder in allen Verfahrensabschnitten (RG **26**, 255) eine örtliche Beschränkung der Zeugenpflicht. Sie bezweckt den Schutz von Störungen des Parlaments- und Regierungsarbeit durch Reisen an auswärtige Vernehmungsorte. Ein Verzicht hierauf ist ausgeschlossen.

2) **Vernehmung von Parlamentsmitgliedern (I):** Dem Landtag entspricht in Hamburg und Bremen die Bürgerschaft, in Berlin das Abgeordnetenhaus. § 50 gilt zwischen den Wahlperioden auch für den Personenkreis des Art 49 GG und der entspr Vorschriften der Landesverfassungen.

Vernehmungsort ist der Sitz der Versammlung, wenn die Vernehmung in die mit dem 1. Zusammentritt beginnende Sitzungsperiode einschließlich der Parlamentsferien fällt und der Zeuge sich am Sitz der Versammlung aufhält. Andernfalls kann er an seinem Aufenthaltsort vernommen werden. Das Gericht entscheidet hierüber nach pflichtgemäßem Ermessen unter Berücksichtigung der Arbeitsbelastung des Zeugen (BGH NStZ **82**, 158; **aM** LR-Ignor/Bertheau 3: allg Vorschriften gelten).

Die **Vernehmung**, die im Hinblick auf IV S 2 nur durch den Richter, auch durch das ganze Gericht durchgeführt werden kann, erfolgt in den Räumen des Gerichts am Parlamentssitz. Dorthin ist der Abgeordnete zu laden. Für das Anwesenheitsrecht der Prozessbeteiligten (§§ 168c, 224) gelten keine Besonderheiten.

3) **Vernehmung von Regierungsmitgliedern (II):** Die BReg besteht aus dem Bundeskanzler und den Bundesministern (Art 62 GG). Die Staatssekretäre gehören nicht zum Kabinett, auch die parlamentarischen Staatssekretäre nicht, selbst wenn sie die Bezeichnung Staatsminister führen; da sie Abgeordnete sein müssen (§ 1 ParlStG), fallen sie unter I. Die Zusammensetzungen der Landesregierungen ergibt sich aus den Landesverfassungen. Die Senate von Berlin, Bremen und Hamburg sind Landesregierung; ihre Mitglieder sind die Bürgermeister (in Berlin der Regierende Bürgermeister) und die Senatoren. In Bayern gehören die Staatssekretäre zur Regierung (Art 43 II BayVerf).

Vernehmungsort ist der Amtssitz oder, wenn der Zeuge sich dort nicht aufhält, der Aufenthaltsort, auch wenn sich dort kein Gericht befindet.

Die **Vernehmung** erfolgt in der Hauptverhandlung, wenn Gerichtsort und Amtssitz oder Aufenthalt identisch sind, sonst durch einen beauftragten oder ersuchten Richter. IÜ gilt das Gleiche wie für Parlamentsmitglieder (oben 4).

§ 51

8 4) Die **Sondergenehmigung (III)** kann von Amts wegen oder auf Antrag des Gerichts oder eines Prozessbeteiligten, auch auf Anregung des Abgeordneten oder des Regierungsmitglieds, erteilt werden. Der Antrag ist unmittelbar an die Regierung oder den Parlamentspräsidenten zu richten. Erteilung und Nachweis der Genehmigung sind an keine Form gebunden; die eidliche Versicherung des Zeugen, ihm sei die Genehmigung erteilt worden, reicht aus (RG JW **93**, 289). Ohne die erforderliche Sondergenehmigung darf der Zeuge nicht vernommen werden. Eine Umgehung in der Weise, dass er sich zum Aufenthalt am Gerichtsort bereit erklärt, ist unzulässig (SK-Rogall 8; **aM** LR-Ignor/Bertheau 10). Nach Anl 6 Abschn C S 3 BT-GeschO bedarf es keiner Sondergenehmigung, wenn der Vernehmungstermin außerhalb der Sitzungswochen des BTages liegt.

9 5) Zur **Hauptverhandlung (IV)** darf der Zeuge nur geladen werden, wenn sie an dem nach II oder II zulässigen Vernehmungsort stattfindet oder eine Genehmigung nach III erteilt ist und wenn der Zeuge nicht bereits außerhalb der Hauptverhandlung vernommen worden war. Die Unzulässigkeit der Ladung bezieht sich auch auf §§ 214 III, 220 I (**aM** LR-Ignor/Bertheau 12). Diese Vorschriften gelten nur, wenn die Hauptverhandlung vor einem Gericht stattfindet, vor das die Zeugen nach § 50 geladen werden dürfen, oder wenn eine Genehmigung nach III vorliegt.

10 Die **Verlesung** der Vernehmungsniederschrift (vgl 2 zu § 49) ist stets zulässig, wenn nach diesen Grundsätzen eine Ladung nicht statthaft ist. Den erfolglosen Versuch, eine Genehmigung nach III zu erlangen, setzt die Verlesung nicht voraus (RG **26**, 253; LR-Ignor/Bertheau 13).

11 6) Die **Revision** kann, da § 50 nur den Interessen der Parlaments- und Regierungsarbeit dient, auf die Unzulässigkeit der Vernehmung nicht gestützt werden, wohl aber darauf, dass die Vernehmungsniederschrift unter Verstoß gegen IV S 2 verlesen worden ist (LR-Ignor/Bertheau 14).

Folgen des Ausbleibens eines Zeugen RiStBV 64 III, 117 I

§ 51 I [1] Einem ordnungsgemäß geladenen Zeugen, der nicht erscheint, werden die durch das Ausbleiben verursachten Kosten auferlegt. [2] Zugleich wird gegen ihn ein Ordnungsgeld und für den Fall, daß dieses nicht beigetrieben werden kann, Ordnungshaft festgesetzt. [3] Auch ist die zwangsweise Vorführung des Zeugen zulässig; § 135 gilt entsprechend. [4] Im Falle wiederholten Ausbleibens kann das Ordnungsmittel noch einmal festgesetzt werden.

II [1] Die Auferlegung der Kosten und die Festsetzung eines Ordnungsmittels unterbleiben, wenn das Ausbleiben des Zeugen rechtzeitig genügend entschuldigt wird. [2] Erfolgt die Entschuldigung nach Satz 1 nicht rechtzeitig, so unterbleibt die Auferlegung der Kosten und die Festsetzung eines Ordnungsmittels nur dann, wenn glaubhaft gemacht wird, daß den Zeugen an der Verspätung der Entschuldigung kein Verschulden trifft. [3] Wird der Zeuge nachträglich genügend entschuldigt, so werden die getroffenen Anordnungen unter den Voraussetzungen des Satzes 2 aufgehoben.

III Die Befugnis zu diesen Maßregeln steht auch dem Richter im Vorverfahren sowie dem beauftragten und ersuchten Richter zu.

Übersicht

	Rn
1) Ungehorsam des Zeugen	1–12
A. Ordnungsgemäße Ladung (I S 1)	2
B. Nichterscheinen (I S 1)	3–5
C. Fehlen einer rechtzeitigen genügenden Entschuldigung (II S 1)	6–12
2) Ungehorsamsfolgen	13–20
A. Auferlegung der Kosten (I S 1)	14
B. Ordnungsmittel (I S 2–4)	15

Zeugen **§ 51**

	Rn
C. Ordnungsgeld (I S 2)	16, 17
D. Ordnungshaft (I S 2)	18
E. Nochmalige Festsetzung des Ordnungsmittels (I S 4)	19
F. Vorführung (I S 3)	20
3) Anordungsverfahren	21–24
A. Zuständigkeit	22
B. Gerichtsbeschluss	23
C. Rechtliches Gehör	24
4) Aufhebung bei nachträglicher Entschuldigung (II S 3)	25, 26
5) Vollstreckung	27
6) Beschwerde	28, 29
7) Revision	30
8) Abgeordnete und Exterritoriale	31

1) Der **Ungehorsam des Zeugen,** dessen Folgen die Vorschrift regelt, setzt **1** die Pflicht voraus, einer Ladung zu folgen. Sie besteht nicht in den Fällen der §§ 49, 50, 220 II; ein Zeugnisverweigerungsrecht ist dagegen auf die Erscheinungspflicht ohne Einfluss. Ungehorsam iS des § 51 ist ein Zeuge, der trotz ordnungsmäßiger Ladung ohne rechtzeitige genügende Entschuldigung ausbleibt. Die Vorschrift wird durch § 70 ergänzt. Wer nicht als Zeuge geladen ist, kann nicht iS des § 51 unentschuldigt ausbleiben. Gegen gesetzliche Vertreter und Erziehungsberechtigte, die das Nichterscheinen eines kindlichen oder jugendlichen Zeugen verschulden, können daher keine Ungehorsamsfolgen festgesetzt werden (KG StraFo **98**, 49; Hamm NJW **65**, 1613; Skupin MDR **65**, 865).

A. **Ordnungsmäßige Ladung (I S 1):** Es muss eine schriftliche oder mündli- **2** che (1 zu § 48) Ladungsanordnung mit Hinweis auf die gesetzlichen Folgen des Ausbleibens vorliegen, bei Ladung zur Hauptverhandlung nach § 214. Die Ladung muss Ort und Zeit der Vernehmung angeben (eine Ausnahme gilt für Ladungen nach Seemannsart; 21 zu § 37; 8 zu § 48) und den Hinweis nach § 48 enthalten. Eine schriftliche Ladung muss dem Zeugen nachweislich (München MDR **92**, 70), wenn auch nicht unbedingt förmlich zugestellt worden sein (Düsseldorf VRS **79**, 20; Koblenz MDR **81**, 1036 für unzulässige Ersatzzustellung). Im Fall des § 220 ist Zustellung nach § 38 erforderlich. Eine Ladungsfrist besteht nicht. Die Ladung des nicht auf freiem Fuß befindlichen Zeugen zur Hauptverhandlung oder zur richterlichen Vernehmung wird mit einem Vorführungsbefehl des Richters, die Ladung zur Vernehmung durch den StA mit dessen Vorführungsanordnung verbunden; beides tritt an die Stelle des Hinweises nach § 48 (dort 3; 11, 13 zu § 214).

B. **Nichterscheinen (I S 1)** bedeutet Ausbleiben am Vernehmungsort, der **3** nicht der Gerichtssitz zu sein braucht, zu der festgesetzten Zeit. Verspätetes Erscheinen vor Erlass eines Beschlusses nach § 51 wird nicht geahndet (KMR-Neubeck 6; **aM** KK-Bader 3; LR-Ignor/Bertheau 4). Auch ein Untersuchungsgefangener, der sich weigert, sich zum Vernehmungsort transportieren zu lassen, „erscheint" nicht (Düsseldorf NJW **81**, 2768; KK-Bader 2). Als nicht erschienen gilt ferner der körperlich anwesende, aber infolge schuldhafter Trunkenheit oder schuldhaften Genusses anderer berauschender Mittel (14 zu § 329) vernehmungsunfähige Zeuge (Saarbrücken JBl Saar **62**, 13; vgl auch BGH **23**, 331, 334).

Das **vorzeitige Weggehen** vor der endgültigen Entlassung (§ 248) steht dem **4** Nichterscheinen nach hM gleich (LR-Ignor/Bertheau 6; **aM** Lampe MDR **74**, 540: Ungehorsam nach § 70). Der Vorsitzende kann den Zeugen ebenso festhalten wie den Angeklagten (§ 231 I S 2), wenn dadurch die sonst notwendige Vorführung erspart wird (KMR-Neubeck 6; Enzian NJW **57**, 450; **aM** Lampe aaO).

Bereits begangenen Ungehorsam setzt § 51 voraus (Düsseldorf NJW **81**, **5** 2768); er ist daher nicht anwendbar, wenn ein Zeuge vor dem Termin erklärt, er werde nicht kommen. Nur wenn seine Weigerung bereits zu einer Terminsverlegung gezwungen hat, treffen ihn die Ungehorsamsfolgen (Stuttgart NJW **56**, 840 mit Anm Reiff NJW **56**, 1083; Fezer 13/15; **aM** KMR-Neubeck 7; SK-Rogall 9).

C. **Fehlen einer rechtzeitigen genügenden Entschuldigung** (II S 1): **6**

Schmitt

§ 51

7   a) Eine **Entschuldigung,** die rechtzeitig vorgebracht wird und genügende Gründe enthält, schließt die Folgen des § 51 I aus. Ob der Zeuge sich selbst oder ob ein anderer ihn entschuldigt, ist gleichgültig. Erforderlich ist aber stets, dass er entschuldigt wird (KK-Bader 15; LR-Ignor/Bertheau 7).

8   b) **Rechtzeitig** ist die Entschuldigung nur, wenn sie so frühzeitig eingeht, dass eine Verlegung des Termins und eine Abbestellung der zur Verhandlung geladenen Personen noch im gewöhnlichen Geschäftsbetrieb möglich ist (KK-Bader 10).

9   c) Eine **verspätete Entschuldigung** löst nur dann keine Ungehorsamsfolgen aus, wenn noch vor deren Anordnung glaubhaft gemacht wird (5 ff zu § 26; 6 zu § 45), dass den Zeugen an der Verspätung kein Verschulden trifft. Hat der Zeuge das vor der Anordnung glaubhaft gemacht und angekündigt, dass er seine Entschuldigungsgründe, für die er noch die Beweise beschaffen müsse, alsbald geltend machen wolle, so wird die Entscheidung für kurze Zeit aufzuschieben sein.

10   d) **Genügend** muss die Entschuldigung sein. Das setzt nicht voraus, dass das Gericht die volle Überzeugung von ihrer Richtigkeit gewinnt (LR-Ignor/Bertheau 7; KMR-Neubeck 10; KK-Bader 16); es reicht aus, dass das Gericht keinen Anlass sieht, daran zu zweifeln. Daher kann eine Entschuldigung auch dann genügen, wenn der Zeuge die Gründe nicht nachweisen kann, sein Vorbringen aber durch die Lebenserfahrung oder dem Gericht sonst bekannte Tatsachen gestützt wird. Bei Zweifeln über eine behauptete Erkrankung kann Vorlage eines amtsärztlichen Attestes verlangt werden (BGHR Entschuldigung 1).

11   **Genügend entschuldigt** ist ein Zeuge, der unverschuldet keine Kenntnis von der Ladung hat. Den Erhalt der Ladung braucht der Zeuge idR nicht sicherzustellen (KG Recht **28**, 464). Anders ist es, wenn dazu besonderer Anlass besteht, etwa wenn der Zeuge sich jahrelang nur vorübergehend an seinem ersten Wohnsitz aufhält (Düsseldorf NJW **80**, 2721; Molketin DRiZ **81**, 385; **aM** M.J. Schmid NJW **81**, 858) oder wenn er von der bevorstehenden Vernehmung unterrichtet worden war (KK-Bader 13). Unkenntnis von der Ladung infolge Verschuldens dritter Personen entschuldigt nicht ohne weiteres (Hamm NJW **56**, 1935: Verschulden der Kanzleikraft eines Rechtsanwalts). Unvorhersehbare Verhinderungen (plötzliche Erkrankung, Verkehrsunfall, Naturkatastrophen und dgl) entschuldigen, nicht aber Verzögerungen, mit denen man rechnen muss (Molketin aaO: Parkplatzsuche).

12   **Keine genügende Entschuldigung** ist die Furcht vor Nachteilen durch die Aussage (Hamm MDR **74**, 330 L: Angst vor dem Angeklagten; Jena NStZ **04**, 280 und Molketin DRiZ **81**, 385: Befürchtung, im Gerichtssaal verhaftet zu werden; **aM** Bremen JR **63**, 232), auch nicht die Ankündigung des Zeugen, sich auf ein umfassendes Auskunftsverweigerungsrecht iSv § 55 berufen zu wollen (Rostock StraFo **15**, 15 mit Anm Wollschläger). Nicht ausreichend als Entschuldigung ist das Verschlafen des Termins (Düsseldorf OLGSt Nr 3) und idR auch nicht die Berufung auf private oder berufliche Pflichten (BVerfG NJW **02**, 955). Diese muss der Zeuge zurückstellen, solange dies nicht zu unverhältnismäßigen Nachteilen führt (Hamm aaO; Koblenz VRS **67**, 252; vgl aber auch Düsseldorf OLGSt Nr 1; LG Bonn NStE Nr 6). Einen Urlaub muss er notfalls verlegen (Jena StraFo **97**, 331; Dresden NStZ-RR **15**, 191), unterbrechen oder vorzeitig abbrechen (Koblenz OLGSt Nr 2). Dringende berufliche Pflichten können unter Anlegung strenger Maßstäbe entschuldigen (KG JR **71**, 338: unaufschiebbare Besprechung mit Regierungsmitgliedern). Das Verlassen des Bundesgebietes zwischen Ladung und Hauptverhandlung entschuldigt – unabhängig davon, ob es sich um einen deutschen oder ausländischen Staatsbürger handelt – nicht (Frankfurt NStZ-RR **14**, 124). Die Verhinderung des Beistands (§§ 406 f, 406g; 11 vor § 48) berechtigt nicht den Zeugen selbst zum Fernbleiben (**aM** LG Hildesheim StV **85**, 229; erg 5 zu § 68b). Ein Irrtum über den Terminstag ist idR verschuldet (München NJW **57**, 306), ebenso ein Irrtum über die Erscheinungspflicht, insbesondere wenn der Zeuge glaubt, wegen eines Zeugnis- oder Auskunftsverweigerungsrechts nicht erscheinen zu müssen (BGH NStZ **96**, 482 [S]; Molketin aaO), oder wenn er ohne weiteres der Meinung eines RA vertraut, er brauche die Ladung nicht zu beachten (Jena aaO; **aM** Oldenburg MDR **76**, 336; Stuttgart Justiz **73**, 180). Ein Zeuge, der rechtzeitig vor dem Termin einen Entschuldigungsgrund vorbringt, vom Gericht aber nicht darüber unterrichtet worden ist, dass er nicht genügt, befindet sich nicht in einem unvermeidbaren Verbotsirrtum (Dresden NStZ-RR **15**, 191; **aM** LR-Ignor/Bertheau 11).

2) **Ungehorsamsfolgen (I)** sind die Auferlegung der Kosten, die Festsetzung 13 von Ordnungsmitteln und die Anordnung der Vorführung.

A. Die **Auferlegung der Kosten (I S 1)** ist zwingend und für jeden Fall des 14 Ungehorsams vorgeschrieben. Der Angeklagte hat hierauf einen Rechtsanspruch (BayVerfGHE **18** II 134). Der Zeuge hat aber nur die nach dem Ausbleiben (Braunschweig NJW **67**, 1381) und durch das Ausbleiben verursachten Kosten zu erstatten. Der Kostenausspruch beziffert die Kosten (§ 464a I) nicht im Einzelnen (sie werden erst in dem Verfahren nach § 464b festgesetzt) und bezieht sich auch nur auf diejenigen Kosten, die der Angeklagte bei Verurteilung (§ 465 I S 1) oder die Staatskasse bei Nichtverurteilung (§ 467 I) zu tragen hätte (Karlsruhe NJW **80**, 951). Die Höhe der Ersatzpflicht der Auslagen des Angeklagten wird daher durch § 464a II begrenzt; mehr als die notwendigen Auslagen des Angeklagten braucht der Zeuge nicht zu ersetzen (Karlsruhe NJW **80**, 951; LG Hamburg NJW **74**, 509; SK-Rogall 13). Seine Zahlungspflicht lässt den Anspruch des Angeklagten gegen die Staatskasse nach § 467 I unberührt (dort 2). Mehrere unentschuldigt ausgebliebene Zeugen haften für die Kosten in voller Höhe als Gesamtschuldner (LG Berlin NStZ-RR **05**, 288).

B. **Ordnungsmittel** dürfen nur gegen schuldfähige Zeugen festgesetzt werden, 15 nicht gegen Kinder (§ 19 StGB) und andere schuldunfähige Personen (Hamm MDR **80**, 322; LG Bremen NJW **70**, 1429; Meier JZ **91**, 640; vgl auch BVerfGE **20**, 323, 332; **58**, 159 zu § 890 ZPO; 3 zu § 70), auch nicht gegen die Eltern des Kindes (Meier aaO). Ob gegen einen Jugendlichen ein Ordnungsmittel festgesetzt werden darf, hängt von dem Reifegrad (§ 3 **JGG**) ab (LR-Ignor/Bertheau 16; Göhler 55 zu § 59 OWiG).

C. **Ordnungsgeld (I S 2):** Diese Art der repressiven Unrechtsfolge tritt grund- 16 sätzlich zwingend (erg unten 19) neben die Auferlegung der Kosten. Nur beim Ausbleiben vor dem beauftragten oder ersuchten Richter und im Vorverfahren steht die Anordnung im Ermessen des Gerichts (III). Im Fall des § 245 II wird nicht geprüft, ob ein Beweisantrag zur Vernehmung des Zeugen Erfolg gehabt hätte (M.J. Schmid MDR **80**, 115; str). Die Bemessung des Ordnungsgeldes (5– 1000 €) regelt Art 6 I EGStGB; Zahlungserleichterungen sieht Art 7 EGStGB vor.

Ist das **Verschulden gering** und eine Ahndung nicht erforderlich, so kann von 17 der Festsetzung des Ordnungsgeldes entspr § 153, § 47 II OWiG abgesehen werden (Dresden NStZ-RR **15**, 191; Hamm VRS **41**, 283, 285; Koblenz MDR **79**, 424; NStZ **88**, 192 [zu § 77]; LG Berlin NStZ **95**, 508 mit zust Anm Sander), etwa bei einer viele Monate zurückliegenden Ladung (Düsseldorf NJW **96**, 138) oder bei nur unwesentlicher Verzögerung der Verhandlung oder bei allseitigem Verzicht auf die Aussage (Grüneberg MDR **92**, 326). Der Zustimmung der StA bedarf es dazu nicht (Düsseldorf MDR **90**, 174; Zweibrücken VRS **77**, 447), auch nicht der des Zeugen (Düsseldorf wistra **94**, 77). Die Kostenpflicht (oben 14) wird durch die Einstellung nicht berührt (KG JR **95**, 174; Hamm aaO; Köln MDR **91**, 275; LR-Ignor/Bertheau 22; **aM** Düsseldorf aaO mwN; NJW **93**, 546).

D. **Ordnungshaft (I S 2)** darf nur für den Fall der Uneinbringlichkeit des Ord- 18 nungsgeldes angeordnet werden. Den Haftrahmen (1 Tag–6 Wochen) bestimmt Art 6 II EGStGB. Die nachträgliche Festsetzung gestattet Art 8 I EGStGB. Bei unbilliger Härte kann die Vollstreckung unterbleiben (Art 8 II EGStGB).

E. **Bei wiederholtem Ausbleiben (I S 4)** darf das Ordnungsmittel noch ein- 19 mal festgesetzt werden, wobei die Höchstgrenzen des Art 6 EGStGB ohne Anrechnung der vorangegangenen Festsetzungen gelten. Die wiederholte Festsetzung

§ 51

ist aber nicht zwingend. In weiteren Wiederholungsfällen ist sie unzulässig. Um einen Wiederholungsfall handelt es sich aber nur, wenn derselbe Vernehmungsfall vorliegt; der Grundsatz des § 70 IV gilt nicht (LR-Ignor/Bertheau 20).

20 F. **Vorführung (I S 3):** Der Erlass eines Vorführungsbefehls steht im Ermessen des Gerichts. Die Vorführung kann neben der Festsetzung von Ordnungsmitteln angeordnet werden, ist aber auch zulässig, wenn diese wegen Schuldunfähigkeit des Zeugen (LR-Ignor/Bertheau 24; **aM** Skupin MDR **65**, 685) oder nach I S 4 ausgeschlossen ist, bei Kindern wird eine Vorführung aber idR unverhältnismäßig sein (vgl Vierhaus NStZ **94**, 271), statt dessen ist eine kommissarische Vernehmung durchzuführen (Meier JZ **91**, 640). Voraussetzung der Vorführung ist die Besorgnis, der Zeuge werde zum nächsten Termin wiederum nicht erscheinen. Für die Vorführung gilt nach I S 3 Hs 2 der § 135 entspr (vgl Kaiser NJW **65**, 1216; erg 7 zu § 135; 20 zu § 230).

21 3) Das **Anordnungsverfahren** ist gesetzlich nicht besonders geregelt.

22 A. **Zuständig** ist nicht der Vorsitzende allein, sondern das Gericht, vor dem der Zeuge aussagen soll (KG NStZ-RR **00**, 145), im Vorverfahren (III) der Ermittlungsrichter (§§ 162, 169) und der beauftragte oder ersuchte Richter (§ 223), in der Hauptverhandlung das erkennende Gericht unter Mitwirkung der Schöffen (§§ 30 I, 77 I GVG). Der StA ist zuständig, wenn der Zeuge vor ihm aussagen soll (16 zu § 161a); eine Einschränkung ergibt sich aus § 161a II S 2.

23 B. **Gerichtsbeschluss.** Die Ungehorsamsfolgen werden auf Antrag oder von Amts wegen durch Beschluss (nicht im Urteil, KG NStZ-RR **06**, 288 L) festgesetzt; das geschieht regelmäßig iVm der Feststellung des Ausbleibens. Der Beschluss kann auch außerhalb der Verhandlung ergehen, in der der Zeuge ausgeblieben ist (Hamm GA **59**, 314; LG Zweibrücken NStZ-RR **98**, 112), ggf auch noch nach rechtskräftigem Abschluss des Verfahrens (KG aaO). Zur Verjährung der Festsetzung von Ordnungsmitteln vgl Art 9 I EGStGB.

24 C. **Rechtliches Gehör.** Das Anordnungsverfahren ist idR ein Verfahren ohne den Zeugen. Dieser muss sich das Gehör selbst verschaffen, wie sich aus II S 1, 2 ergibt (Einl 30). Darüber hinaus hat er die Möglichkeit der nachträglichen Entschuldigung (II S 3; Einl 23). Daher wird auch die Vorführung ohne vorherige Anhörung angeordnet und durchgeführt (KK-Bader 19; **aM** Enzian JR **75**, 277). In der Hauptverhandlung ergeht der Beschluss, wenn er nicht von StA beantragt ist, nach dessen Anhörung (§ 33 I). Bei Vernehmungen, an denen der StA nicht teilnimmt, kann der Beschluss alsbald auch ohne Anhörung der StA erlassen werden. Der Beschluss ist, da anfechtbar, zu begründen (§ 34).

25 4) **Aufhebung bei nachträglicher Entschuldigung (II S 3).** Der Ordnungsgeldbeschluss wird nicht dadurch hinfällig, dass der Zeuge nachträglich seine Pflichten erfüllt oder dass auf ihn verzichtet wird. Das Gericht, das den Beschluss erlassen hat (LG Kiel SchlHA **81**, 115), muss ihn nur dann aufheben, wenn der Zeuge nachträglich, auch in einer Beschwerdeschrift (unten 28), sein Ausbleiben genügend entschuldigt (oben 11 ff) und ferner glaubhaft macht, dass ihn an dem verspäteten Vorbringen der Entschuldigungsgründe kein Verschulden trifft (KG StraFo **19**, 373: Zulässigkeitsvoraussetzung). Die Vorschrift ist entspr anwendbar, wenn der Zeuge sich verspätet entschuldigt hatte und nunmehr die Glaubhaftmachung nach II S 2 nachholt (LR-Ignor/Bertheau 28). Die nachträgliche Entschuldigung kann in einem zusätzlichen Entschuldigungsgrund oder in einem zusätzlichen Nachweis bestehen, der dem Zeugen vorher nicht zur Verfügung stand. Fehlt es an der Glaubhaftmachung, so ist der Aufhebungsantrag als unzulässig zu verwerfen; die nachgebrachte Entschuldigung wird dann sachlich nicht geprüft (Düsseldorf MDR **86**, 778). Der Antrag auf Beschlussaufhebung ist auch noch nach Abschluss des Verfahrens (Hamm NJW **56**, 1935) und nach Beitreibung des Ordnungsgeldes (Hamm MDR **50**, 179) zulässig; wegen Verspätung darf er nicht zurückgewiesen werden. Über den Aufhebungsantrag wird nach Anhörung der StA entschieden (§ 33 II). Der Beschluss ist mit Gründen zu versehen (§ 34). Ist der Ordnungsgeldbeschluss aufgehoben worden, so darf er auch dann nicht erneut ergehen, wenn Material beigebracht wird, das seine Richtigkeit erweist (LR-Ignor/Bertheau 27). Die StA hebt ihre Ordnungsmittelverfügung selbst auf, wenn die Voraussetzungen des II S 3 vorliegen (16 zu § 161a).

Statt der Aufhebung kommt auch die Herabsetzung des Ordnungsgeldes in Betracht, wenn das nachträgliche Entschuldigungsvorbringen nur dazu Anlass gibt. 26

5) Vollstreckung: Vgl für Ordnungsmittel 1, 5 und 6 zu Art 6 EGStGB. Den Vorführungsbefehl vollstreckt die StA nach § 36 II S 1 (Wendisch JR **78**, 447). Zur Vollstreckungsverjährung vgl Art 9 II EGStGB. Die Kosten der Vollstreckung trägt der Zeuge (LR-Ignor/Bertheau 29). 27

6) Die Beschwerde (§ 304), die § 305 S 1 nicht ausschließt, steht der StA und dem betroffenen Zeugen zu, dem Beschuldigten nur, wenn er durch auch nur stillschweigendes Unterlassen oder durch Aufhebung der Überbürdung der Kosten auf den Zeugen nach I S 1 beschwert ist (BayVerfGHE **18** II 134 = JR **66**, 195; Düsseldorf VRS **87**, 437 mwN; Schleswig SchlHA **88**, 108 [L/G]). Weitere Beschwerde ist nicht zulässig, auch nicht gegen die Festsetzung von Ordnungshaft (Frankfurt NStZ-RR **00**, 382; 5 zu § 310). Eine Beschwerde des Zeugen, die nachträgliches Entschuldigungsvorbringen enthält, ist bei dem Richter, der den Ordnungsgeldbeschluss erlassen hat, nach II S 3 zu behandeln; erst gegen diesen Beschluss ist Beschwerde zulässig (Düsseldorf MDR **83**, 690; Hamm VRS **42**, 283; Koblenz VRS **67**, 252; **aM** LG Itzehoe SchlHA **88**, 36; Sander NStZ **95**, 509). Ist die Beschwerde zulässig, so kann sie noch nach Vollstreckung des Ordnungsmittels (KG NStZ-RR **00**, 145) und nach Rechtskraft des Urteils eingelegt werden (Hamm NJW **56**, 1935); sie kann auf die Höhe des Ordnungsgeldes und die Bemessung der Ersatzhaft beschränkt werden. Das Verschlechterungsverbot (§§ 331, 358 II) gilt entspr (Hamm MDR **60**, 946; erg 5 vor § 304). Die Kosten einer erfolgreichen Beschwerde des Zeugen und seine notwendigen Auslagen trägt die Staatskasse; hat sich der Angeklagte aber erfolglos gegen die Aufhebung des Ordnungsmittelbeschlusses beschwert, hat er die notwendigen Auslagen des Zeugen im Beschwerdeverfahren zu tragen (Düsseldorf wistra **94**, 77). 28

Gegen Verfügungen der StA ist der Antrag auf gerichtliche Entscheidung nach § 161a III zulässig (dort 19 ff). 29

7) Die Revision kann auf Rechtsverstöße in dem Ordnungsmittelverfahren nicht gestützt werden. Durch das Unterlassen der Festsetzung von Ordnungsmitteln oder der Vorführung ist der Angeklagte nicht beschwert. Mit der Revision kann aber gerügt werden, dass das Gericht seine Aufklärungspflicht (§ 244 II) verletzt hat, weil es den Zeugen nicht zum Erscheinen gezwungen hat. 30

8) Abgeordnete und Exterritoriale: Bei Abgeordneten (1 ff zu § 50) steht die Immunität (Art 46 II–IV GG; § 152a) der Anwendung des § 51 nicht entgegen. Ersatzordnungshaft wird auch bei einem Abgeordneten festgesetzt. Ihre Vollstreckung bedarf aber ebenso wie die zwangsweise Vorführung der Genehmigung des Parlaments (vgl Anl 6 Abschn A Nr 14 Buchst c BT-GeschO). Gegen Exterritoriale dürfen die Maßnahmen des § 51 nicht angeordnet werden (3 zu § 18 GVG). Das gilt auch für andere im Inland lebende Ausländer, falls sie sich zZ der Hauptverhandlung im Ausland befinden (Hamburg MDR **67**, 686; Düsseldorf NJW **91**, 2223; **99**, 1647; **aM** wohl KK-Bader 24) und die Reise nicht der Umgehung der Zeugenpflicht dient (aM SK-Rogall 11; Staudinger StraFo **12**, 13: auch dann nicht). 31

Zeugnisverweigerungsrecht der Angehörigen des Beschuldigten RiStBV 65

52 I Zur Verweigerung des Zeugnisses sind berechtigt
1. der Verlobte des Beschuldigten;

§ 52

Erstes Buch. 6. Abschnitt

2. der Ehegatte des Beschuldigten, auch wenn die Ehe nicht mehr besteht;
2a. der Lebenspartner des Beschuldigten, auch wenn die Lebenspartnerschaft nicht mehr besteht;
3. wer mit dem Beschuldigten in gerader Linie verwandt oder verschwägert, in der Seitenlinie bis zum dritten Grad verwandt oder bis zum zweiten Grad verschwägert ist oder war.

II ¹Haben Minderjährige wegen mangelnder Verstandesreife oder haben Minderjährige oder Betreute wegen einer psychischen Krankheit oder einer geistigen oder seelischen Behinderung von der Bedeutung des Zeugnisverweigerungsrechts keine genügende Vorstellung, so dürfen sie nur vernommen werden, wenn sie zur Aussage bereit sind und auch ihr gesetzlicher Vertreter der Vernehmung zustimmt. ²Ist der gesetzliche Vertreter selbst Beschuldigter, so kann er über die Ausübung des Zeugnisverweigerungsrechts nicht entscheiden; das gleiche gilt für den nicht beschuldigten Elternteil, wenn die gesetzliche Vertretung beiden Eltern zusteht.

III ¹Die zur Verweigerung des Zeugnisses berechtigten Personen, in den Fällen des Absatzes 2 auch deren zur Entscheidung über die Ausübung des Zeugnisverweigerungsrechts befugte Vertreter, sind vor jeder Vernehmung über ihr Recht zu belehren. ²Sie können den Verzicht auf dieses Recht auch während der Vernehmung widerrufen.

Übersicht

	Rn
1) Grund der Vorschrift	1, 2
2) Zeugnisverweigerungsberechtigte (I)	3–9
A. Verlobte (Nr 1)	4, 4a
B. Ehegatten (Nr 2)	5
C. Lebenspartner (Nr 2a)	5a
D. Verwandtschaft und Schwägerschaft (Nr 3)	6, 7
E. Adoption, Pflegeeltern, Pflegekinder	8, 9
3) Angehörige des Beschuldigten	10–12
A. Verfahren gegen mehrere Beschuldigte	11, 11a
B. Mehrere rechtlich unabhängige Straffälle	12
4) Ausübung des Zeugnisverweigerungsrechts	13–20
A. Höchstpersönliches Recht	14
B. Ausdrückliche Erklärung	15
C. Keine Begründung erforderlich	16
D. Zeugen ohne ausreichende Verstandesreife oder -kraft (II)	17–20
5) Verzicht auf das Weigerungsrecht	21
6) Widerruf	22
7) Folge der Zeugnisverweigerung	23–25
8) Belehrung (III S 1)	26–31a
9) Verwertungsverbot bei unterlassener Belehrung	32
10) Revision	33–35

1 **1) Grund der Vorschrift,** die durch § 81c III für Untersuchungen, durch § 97 I Nr 1 für Beschlagnahmen ergänzt wird (vgl weiter §§ 100d V, 252), ist die Rücksicht auf die Zwangslage des Zeugen, der zur Wahrheit verpflichtet ist, aber befürchten muss, dadurch einem Angehörigen zu schaden (BGH **2**, 351, 354; **11**, 213, 217 [GSSt]; **22**, 35, 36; **27**, 231; vgl aber Rengier 8 ff: Schutz der ganzen Familie). Der Zeuge soll nicht gezwungen werden, aktiv zur Überführung eines Angehörigen beitragen zu müssen (vgl BGH NStZ-RR **18**, 319 [ER]). Das Zeugnisverweigerungsrecht besteht aber allgemein, nicht nur für belastende Aussagen, und ohne Rücksicht darauf, ob der Zeuge selbst die Konfliktlage empfindet (BGH **12**, 235, 239 [GSSt]; NJW **81**, 2825) und aus welchen Gründen er nicht aussagt, zB weil er sich nicht selbst belasten will oder weil seinem Verlangen auf Ausschluss der Öffentlichkeit nicht entsprochen worden ist (BGH NJW **81**, 2825, 2826). Den Schutz der Wahrheitsfindung und des Angeklagten vor der Verwertung konfliktbehafteter und daher in ihrem Wert vielleicht geminderter Beweismittel bezweckt § 52 nicht (BGH **11**, 213, 215 [GSSt]; Paeffgen Rieß-FS 416; **aM** BGH **10**, 393; Rengier 56ff); von Anträgen oder vom Verzicht des Beschuldigten ist das Zeugnisverweigerungsrecht daher unabhängig.

Die Pflicht, der **Zeugenladung** zu folgen, wird durch § 52 nicht berührt (1 zu § 51). Auch Beweisanträge dürfen nicht deshalb nach § 244 III S 2 abgelehnt werden, weil der Zeuge weigerungsberechtigt ist (ANM 452), auch nicht, wenn er das Fehlen der Aussagebereitschaft schon Dritten gegenüber erklärt (BGH 1 StR 157/79 vom 24.7.1979) oder die Aussage schon im Ermittlungsverfahren verweigert hat (RG **40**, 435). Hat er die Aussageverweigerung schon bei einer richterlichen Vernehmung erklärt, so kann der Beweisantrag aber abgelehnt werden, sofern keine Anhaltspunkte für einen Sinneswandel des Zeugen vorliegen (ANM 453). Erg unten 24. 2

2) Zeugnisverweigerungsberechtigte (I): 3

A. **Verlobte** (Nr 1): Das Verlöbnis ist ein, nicht notwendig öffentliches, gegenseitiges und von beiden Seiten ernst gemeintes Eheversprechen (BGH NJW **72**, 1334). Fehlt dieser ernsthafte Wille bei einem Partner, so liegt kein zu berücksichtigendes Verlöbnis vor, auch wenn der andere davon nichts weiß (BGH **29**, 54, 57; NStZ **86**, 84). Daher ist das Verlöbnis des Heiratsschwindlers unwirksam (BGH **3**, 215). Unwirksam ist auch ein Versprechen, das gegen die guten Sitten verstößt, zB bei noch bestehendem anderweitigen Verlöbnis (RG **71**, 152) und bei noch bestehender Ehe (BGH NStZ **83**, 564; BGH VRS **36**, 20), solange sie nicht rechtskräftig geschieden ist (Bay **82**, 172; Celle MDR **83**, 1045; **aM** LG Heidelberg StV **81**, 616; LR-Ignor/Bertheau 5; SK-Rogall 26: falls ein Scheidungsurteil 1. Instanz vorliegt; Pelchen Pfeiffer-FS 287; offen gelassen bei BGH NStZ **86**, 206 [Pf/M]; BGHR Verlobte 1; vgl auch BVerfG NJW **87**, 2807 L). Das Verlöbnis braucht nicht schon zZ der Tat bestanden zu haben, muss aber zZ der Aussage bestehen (BGH **23**, 16; NJW **80**, 67, 68). 4

Die **Feststellung, ob ein Verlöbnis vorliegt,** unterliegt als Maßnahme der Verhandlungsleitung der wertenden Beurteilung des Vorsitzenden nach Maßgabe der Umstände des Einzelfalls (BGH **55**, 65); dies gilt auch dann, wenn die Revision ein Verwertungsverbot nach § 252 geltend macht (BGH 4 StR 437/13 vom 11.2.2014). Das Gericht darf die Angabe des Zeugen über das Bestehen eines Verlöbnisses als richtig hinnehmen, wenn niemand widerspricht (1 zu § 56); bezweifelt es sie, so muss es die Glaubhaftmachung nach § 56 verlangen (BGH NJW **72**, 1334; NStZ **85**, 205 [Pf/M]; vgl aber BGH NStZ **86**, 84). Der Grundsatz *in dubio pro reo* gilt nicht (BGH NStZ **83**, 354 [Pf/M]). Urteilsfeststellungen über das Bestehen des Verlöbnisses sind nicht vorgeschrieben (OGH **2**, 173). 4a

B. **Ehegatten (Nr 2):** Die Ehe muss im Inland gültig geschlossen worden oder, sofern sie im Ausland geschlossen wurde, nach deutschem Recht als gültig anzuerkennen sein. Eine allein nach islamischem Ritus vor dem Imam in Deutschland geschlossene Ehe genügt grundsätzlich nicht (BGH 5 StR 379/17 vom 10.10.2017; **aA** unter Hinweis auf Art 6 I GG Ebner/Müller NStZ **10**, 657, 659, für den Fall, dass die Ehe nach dem Heimatstaates wirksam sein sollte); auch die Umdeutung einer nach islamischem Recht geschlossenen Ehe in ein Verlöbnis kommt nicht ohne weiteres in Betracht (BGH aaO). Ob Aufhebungsgründe nach § 1314 II BGB vorliegen, spielt keine Rolle (vgl BGH **9**, 37 mwN), auch nicht, dass die Ehe nur zum Schein geschlossen worden ist (Bay NStZ **90**, 187). Das Zeugnisverweigerungsrecht besteht auch, wenn die Ehe erst nach der Tat geschlossen worden ist; nach der Scheidung oder Auflösung der Ehe besteht es fort (BGH aaO; RG **47**, 286), nicht aber nach dem Tod des Ehegatten, wenn das Verfahren gegen andere Angeklagte fortgesetzt wird (unten 11). Das Zusammenleben in „eheähnlicher Gemeinschaft" berechtigt nicht zur Zeugnisverweigerung (Schleswig SchlHA **07**, 282 [D/D]; SK-Rogall 20), auch nicht aus konventionsrechtlicher Sicht (EGMR NJW **14**, 39 zu Art 8 **EMRK** mit abl Anm Meyer-Ladewig/Petzold). Erst recht gilt dies für eine freundschaftliche Beziehung außerhalb einer bestehenden Ehe (BVerfG NStZ **99**, 255). 5

§ 52

5a C. **Lebenspartner (Nr 2a)** sind die Personen gleichen Geschlechts, die nach § 1 I LPartG wirksam eine Lebenspartnerschaft begründet haben. Die Lebenspartnerschaft begründet in Bezug auf die Verwandten des anderen Lebenspartners eine Schwägerschaft (§ 11 II LPartG), die zu einem Zeugnisverweigerungsrecht nach I Nr 3 führen kann. Die Vorschriften über das Verlöbnis nach §§ 1297 ff BGB gelten für die Lebenspartnerschaft entspr (§ 1 III S 2 LPartG), so dass insoweit auch in Zeugnisverweigerungsrecht nach Nr 1 besteht (oben 4; krit KK-Bader 13a zu vor dem 1.10.2017 abgegebene Versprechen, bei denen eine Lebenspartnerschaft vor diesem Tag nicht mehr begründet und seitdem eine Ehe nicht geschlossen wurde).

6 D. **Verwandtschaft und Schwägerschaft (Nr 3)** sind nach §§ 1589, 1590 BGB zu beurteilen. Verwandt in gerader Linie sind Personen, deren eine von der anderen abstammt (§ 1589 S 1 BGB); das Zeugnisverweigerungsrecht besteht ohne Rücksicht auf den Grad der Verwandtschaft (Eltern, Kinder; Großeltern, Enkel; Urgroßeltern, Urenkel). In der Seitenlinie (§ 1589 S 2 BGB) haben es nur voll- und halbbürtige Geschwister (BGH StV **88**, 89) sowie Geschwisterkinder (Nichten, Neffen; vgl BGH NJW **10**, 1290, 1291) im Verfahren gegen die eigenen Geschwister oder die Geschwister ihrer Eltern (und umgekehrt), nicht aber Geschwisterkinder (Cousinen, Cousins) im Verfahren gegen eines von ihnen (BGH 5 StR 554/12 vom 27.11.2012). Für nichteheliche Kinder bestehen keine Besonderheiten.

7 **Verschwägert** sind die Verwandten eines Ehegatten mit dem anderen Ehegatten (§ 1590 I S 1 BGB). Die Ehe muss gültig geschlossen sein; ob sie anfechtbar ist, spielt keine Rolle. Gleichgültig ist auch, ob sie noch besteht (BGH **9**, 37). Der Kreis der Weigerungsberechtigten ist aber begrenzt. Der Ehegatte des Beschuldigten kann das Zeugnis nur im Verfahren gegen dessen Eltern, Großeltern, Urgroßeltern, nicht von ihm stammende Kinder, Enkel und Urenkel (und umgekehrt) sowie im Verfahren gegen die Geschwister des Ehegatten, also gegen Schwager und Schwägerin (und umgekehrt), nicht gegen deren Kinder verweigern. Das zwischen dem Ehegatten und dem Ehegatten eines Blutsverwandten (zB Ehemänner zweier Schwestern) bestehende Verhältnis begründet keine Schwägerschaft (RG **15**, 78).

8 E. Bei **Adoption** behalten die als Kind Angenommenen trotz der Auflösung des Verwandtschaftsverhältnisses (§ 1755 I S 1 BGB) das Zeugnisverweigerungsrecht zugunsten ihrer bisherigen Verwandten, ihre Kinder nur, wenn sie schon zZ der Adoption geboren waren. Gegenüber den Annehmenden und deren Verwandten haben die als Minderjährige angenommenen Kinder das Zeugnisverweigerungsrecht wie eheliche Kinder, auch nach Auflösung des Adoptionsverhältnisses. Als Volljährige Adoptierte haben sie es nur gegenüber den Adoptierenden, nicht aber (vgl § 1770 I S 2 BGB) gegenüber deren Verwandten.

9 **Pflegeeltern und Pflegekinder** haben kein Zeugnisverweigerungsrecht (für eine Gesetzesänderung Kett-Straub ZRP **05**, 46).

10 3) Nur **Angehörige des Beschuldigten** haben das Zeugnisverweigerungsrecht. Ein Angehöriger muss der Tatverdächtige sein, gegen den zZ der Vernehmung des Zeugen wenigstens ein Ermittlungsverfahren anhängig ist (RG **16**, 154; **27**, 312; **32**, 72; Rogall NJW **78**, 2537). Verwandtschaftliche Beziehungen zum Nebenkläger sind unerheblich, zum Privatkläger nicht, wenn er infolge einer Widerklage zugleich Angeklagter ist (Bay JW **27**, 1495 L; DRiZ **27**, 77). War jemand als Zeuge vernommen worden, bevor er Angehöriger des Beschuldigten war, so muss er, wenn ein solches Verhältnis nachträglich entsteht und seine Aussage von Bedeutung ist, nochmals nach Belehrung vernommen werden, weil andernfalls seine frühere Aussage auch nicht durch Vernehmung der Verhörsperson verwertbar wäre (BGH **22**, 219; **27**, 231; NJW **72**, 1334; **80**, 67, 68; erg 2 zu § 252).

11 A. Im **Verfahren gegen mehrere Beschuldigte** kann der Angehörige das Zeugnis in vollem Umfang verweigern, wenn die Aussage auch seinen Angehörigen betrifft, da er sonst Gefahr läuft, diesen zumindest mittelbar zu belasten

(BGH **7**, 194; **27**, 139, 141; **32**, 25, 29; **34**, 138; 215, 216; NJW **86**, 2121; NStZ **82**, 389; **84**, 176; **85**, 419). Dabei ist nach der Rspr ausreichend, aber auch erforderlich, dass in irgendeinem Verfahrensabschnitt, wenn auch nur im Ermittlungsverfahren, ein gegen die mehreren Beschuldigten gerichtetes zusammenhängendes einheitliches Verfahren in Bezug auf dieselbe Tat im Sinne des historischen Geschehens anhängig war (BGH NStZ **12**, 340; **32**, 25, 29; **34**, 138, 215, 216 mwN; siehe aber auch anschl 11a). Der erforderliche Zusammenhang wird nicht bereits durch die Gleichzeitigkeit der Ermittlungen hergestellt (BGH **34**, 138, 141; 215; NStZ **85**, 419; **87**, 83). Vielmehr muss die prozessuale Gemeinsamkeit der Verfahren durch eine ausdrückliche oder konkludente Willensentscheidung der StA begründet worden sein; es genügt nicht, dass die Ermittlungen bei der StA oder Polizei lediglich faktisch zusammen in einem Vorgang geführt worden sind (BGH **34**, 215; BGHR § 52 I Nr 3 Mitbeschuldigter 8; NStZ **12**, 340). Ausreichend sind jedoch die Beschuldigten gemeinsam betreffende Verfahrenshandlungen wie etwa das Erwirken von Durchsuchungsanordnungen; insofern spielt es keine Rolle, wenn die Identität des Beschuldigten – wie häufig bei verdeckten Maßnahmen wie der Überwachung der Telekommunikation – zunächst noch unbekannt ist und erst im Zuge der weiteren Ermittlungen aufgedeckt wird (siehe BGH NStZ **12**, 340). Das Zeugnisverweigerungsrecht besteht auch dann, wenn der Angehörige des Zeugen durch Einstellung nach § 170 II (BGH NStZ **12**, 221; MDR **78**, 280 [H]; StV **88**, 89; **98**, 245) oder § 205 (BGH **27**, 139, 141) oder auf andere Weise aus dem Verfahren ausgeschieden (BGH **34**, 138; NJW **80**, 67; NStZ **84**, 176) oder wenn das Verfahren gegen ihn abgetrennt worden ist (BGH MDR **73**, 902 [D]; **79**, 952, 953; NStZ **88**, 18 [Pf/M]; **aM** Fischer JZ **92**, 570, der ein Zeugnisverweigerungsrecht über den Zeitpunkt der Abtrennung hinaus stets verneinen will; offen gelassen von BGH **54**, 1, 4; erg 11a). Das **ZVR erlischt** jedoch, wenn nicht mehr ernsthaft mit einer Verfolgung des Angehörigen wegen der zunächst erhobenen Vorwürfe zu rechnen ist (BGH aaO). Dies nimmt die Judikatur an, wenn das gegen den Angehörigen geführte Verfahren – gleichgültig, ob durch Verurteilung oder durch Freispruch – rechtskräftig abgeschlossen (BGH **38**, 96) oder wenn der Angehörige verstorben ist (BGH NJW **92**, 1118; dieser Rspr des BGH zust Grünwald BewR 24; Rogall JZ **96**, 951; abl Beulke/Swoboda 192; Dahs/Langkeit StV **92**, 492; vgl auch Hoffmann MDR **90**, 111). Bei rechtskräftiger Verurteilung erlischt das Zeugnisverweigerungsrecht auch bzgl solcher Tatvorwürfe, hinsichtlich deren das Verfahren nach § 154 I oder II eingestellt worden ist (BGH **54**, 1 mit krit Anm Zöller ZJS **09**, 582; **aM** Satzger Schöch-FS 913, 925 ff). Ob diesen Fällen die Einstellung nach § 153a gleichzusetzen ist, hat BGH NStZ **98**, 583 offen gelassen (dafür wohl SSW-Eschelbach 20; dagegen Satzger aaO 928; LR-Ignor/Bertheau 19), dürfte aber in konsequenter Fortführung der Rechtsprechung nach Erfüllung der Auflagen und Weisungen bei endgültiger Einstellung (vgl § 467 V) zu bejahen sein.

In der neueren Rspr des BGH wird allerdings mit guten Gründen, wenn auch bislang nicht tragend, **erwogen, ob** das **Weigerungsrecht** des Zeugen **nur solange Bestand** haben kann, wie das Verfahren auch gegen einen seiner Angehörigen geführt wird (BGH NStZ **12**, 221 mit zust Anm Schwan/Andrzejewski HRRS **12**, 507; BGH **54**, 1, 4). Das ZVR ist dem Zeugen ausschließlich im Hinblick auf den in § 52 genannten Angehörigen und die im Verhältnis zu diesem bestehende Konfliktsituation gewährt. Der nicht angehörige Mitbeschuldigte wird durch seine Ausübung nur als Rechtsreflex entlastet oder belastet. Dieses von Wortlaut und Sinn des § 52 nicht geforderte Ergebnis kann mit Rücksicht auf Zufälligkeiten im Verfahrensablauf oder das Ausnutzen von Handlungsspielräumen der StA bei der Verbindung von Verfahren zu unbefriedigenden und die Wahrheitsermittlung erheblich beeinträchtigenden Konsequenzen führen (vgl BGH NStZ **12**, 221; Basdorf Tepperwien-FH 5, 6 f; Schmitt Kühne-FS 333, 336 ff; Fischer JZ **92**, 570, 573). Der Konfliktlage des Zeugen wird auch dann Rechnung getragen, wenn man von der Idee der Fortwirkung des ZVR insgesamt abrückt; im getrennt durchgeführten Verfahren gegen den Mitbeschuldigten wird er ausrei- 11a

§ 52

chend durch § 55, im Verfahren gegen den Angehörigen erforderlichenfalls durch § 252 geschützt. Aber auch **in Fällen fortbestehender prozessualer Gemeinsamkeit** hat der Zeuge das Weigerungsrecht nur wegen des angehörigen Mitbeschuldigten; der Rechtskreis des nicht angehörigen Mitbeschuldigten ist von dieser Beziehung nicht berührt, er ist wegen der in dieser Verfahrenssituation bestehenden Unteilbarkeit des ZVR lediglich faktisch betroffen. Es liegt deshalb nahe, ihm bei Unterlassen der Belehrung nach III S 1 ein entsprechendes Rügerecht analog der Rspr zu § 55 II (siehe dort 17) in der Revision zu versagen (Otto NStZ **91**, 220, 223; Schmitt aaO 341 f).

12 B. Betrifft das Verfahren **mehrere rechtlich unabhängige Straffälle**, so besteht kein Zeugnisverweigerungsrecht, wenn der Angehörige nur zu einem Fall vernommen werden soll, an dem sein Angehöriger nicht beteiligt ist (RG **16**, 154; **27**, 270). Das setzt voraus, dass keine Tatidentität iS § 264 besteht, es sich also nicht um dasselbe geschichtliche Ereignis handelt (BGH NJW **74**, 758; NStZ **83**, 564). Jede Beziehung der die eine Tat betreffenden Aussage auf die andere muss ausgeschlossen sein (BGH aaO). Andernfalls ist das Zeugnisverweigerungsrecht unteilbar (BGH **7**, 194; MDR **79**, 952, 953). Hehlerei, Begünstigung, Strafvereitelung und Teilnahme nach den §§ 25 ff StGB fallen in diesen Zusammenhang. Wird auf Grund neuen Tatverdachts und anderer Beweislage ein neues Verfahren gegen einen Beschuldigten eingeleitet, der schon früher unter Verdacht stand, besteht für Angehörige, die im früheren Verfahren mitbeschuldigt waren, kein Zeugnisverweigerungsrecht (BGH NJW **98**, 3363; abl Radtke NStZ **99**, 481). Im Privatklageverfahren kann das Zeugnisverweigerungsrecht für Klage und Widerklage nur einheitlich behandelt werden.

13 **4) Ausübung des Zeugnisverweigerungsrechts:**

14 A. Ein **höchstpersönliches Recht** ist das Zeugnisverweigerungsrecht (BGH **21**, 303, 305). Der Tatrichter darf sich daher nicht mit der Mitteilung eines Dritten über die mangelnde Aussagebereitschaft des Zeugen begnügen (BGH MDR **79**, 989 [H]), eine für den Zeugen abgegebene anwaltliche Erklärung reicht aber aus (BGH NStZ **07**, 712). Auch der Minderjährige übt das Recht selbstständig aus, sofern er nicht verstandesunreif iS II ist; seine gesetzlichen Vertreter wirken nicht mit. Ob der Zeuge von seinem Zeugnisverweigerungsrecht Gebrauch machen will, kann im Freibeweisverfahren (9 zu § 244) geklärt werden (BGH NStZ **01**, 48).

15 B. **Ausdrücklich erklären** muss der Zeuge seine Weigerung. Er darf nicht einfach wesentliche Tatsachen verschweigen (vgl BGH **2**, 90; **7**, 127). Die Zeugnisverweigerung kann sich auf die ganze Aussage oder einen Teil, auch auf einzelne Fragen (uU nur eines Prozessbeteiligten) beziehen (unten 21) und noch während der Vernehmung erklärt werden. Die Bereitschaft, an der Sachaufklärung in anderer Weise mitzuwirken, schließt sie nicht aus (BGH NJW **60**, 2156: Anwesenheit bei Vernehmung eines anderen Zeugen).

16 C. Eine **Begründung** für die Ausübung des Rechts braucht der Zeuge nicht zu geben (BGH NJW **80**, 794; **84**, 136; JR **81**, 432). Er muss auch nicht erklären, ob er die Aussage zugunsten oder zuungunsten des Beschuldigten verweigert (Frankfurt StV **82**, 64, 65). Der Richter darf ihn nach seinen Beweggründen auch nicht fragen (BGH **6**, 279; NStZ **89**, 440; vgl auch BGH StV **83**, 353). Geschieht das trotzdem, so dürfen die Erklärungen des Zeugen weder protokolliert noch berücksichtigt werden (BGH **6**, 279).

17 D. **Zeugen ohne ausreichende Verstandesreife oder -kraft (II):**

18 a) Die **notwendige Verstandesreife** hat der Zeuge, wenn er erkennen kann, dass der Beschuldigte etwas Unrechtes getan hat, dass ihm hierfür Strafe droht und dass die Zeugenaussage möglicherweise zu dieser Bestrafung beitragen kann (BGH **14**, 159, 162; NJW **67**, 360). Das hat der Tatrichter, erforderlichenfalls mittels freibeweislicher Erhebungen, unabhängig von Minderjährigkeit oder Betreuung (§ 1896 BGB) des Zeugen zu beurteilen und zu entscheiden (BGH **13**, 394,

397; **14**, 159, 160; Stuttgart NJW **71**, 2237). Für die Annahme, dass die notwendige Verstandesreife vorhanden ist, gibt es keine feste Altersgrenze. Bei 7-jährigen wird sie idR fehlen (BGH **14**, 159, 162); dagegen wird sie bei 14-jährigen (BGH **20**, 234), auch wenn sie schwachsinnig sind (BGH NJW **67**, 360), bei 15-jährigen (BGH NStZ **97**, 145), 16-jährigen (BGH NStZ **85**, 493 [Pf/M]) und bei 17-jährigen (BGH **14**, 21, 24) vorhanden sein. Im Zweifel ist mangelnde Verstandesreife anzunehmen (BGH **19**, 85; **23**, 221; NJW **79**, 1722; NStZ **12**, 578 mit krit Anm Eisenberg); die tatrichterliche Ermessensentscheidung ist vom Revisionsgericht nur eingeschränkt überprüfbar (BGH NStZ **12**, 578).

b) Die **Entscheidung des gesetzlichen Vertreters** ist – nur dann (BGH **19** NStZ **97**, 145) – erforderlich, wenn ein Zeuge von der Bedeutung seines Weigerungsrechts keine genügende Vorstellung hat, bei Zeugen über 18 Jahren nur, wenn wegen einer psychischen Krankheit oder einer geistigen oder seelischen Behinderung eine Betreuung angeordnet worden ist (§ 1896 BGB). Wer gesetzlicher Vertreter ist, bestimmt sich nach bürgerlichem Recht. Fehlt bei einem Erwachsenen ein gesetzlicher Vertreter, so muss ein Betreuer (vgl § 1896 BGB) bestellt werden (Rieß NJW **75**, 83 Fn 41); zu dessen Befugnis, ein Rechtsmittel einzulegen, vgl Düsseldorf JMBlNW **95**, 248. Sind, wie bei ehelichen Minderjährigen, die von beiden Elternteilen vertreten werden, mehrere gesetzliche Vertreter vorhanden, so muss jeder von ihnen einwilligen (BGH MDR **72**, 923 [D]); es genügt aber, dass einer die Einwilligung erteilt und der andere zustimmt (BGH MDR **57**, 52). Zur Aussage wird der Zeuge durch die Einwilligung des gesetzlichen Vertreters nicht gezwungen (BGH **14**, 159; **21**, 303; **23**, 221; StV **83**, 494). Der gesetzliche Vertreter kann die Aussage zwar verhindern, indem er nicht zustimmt; wenn er einwilligt, entscheidet aber der verstandesunreife Zeuge selbst darüber, ob er aussagen will (BGH NJW **79**, 1722; **91**, 2432). Hat der Zeuge schon ausgesagt, so kann die Zustimmung des gesetzlichen Vertreters nachgeholt werden; wird sie verweigert, so ist die Aussage unverwertbar. Diese Grundsätze gelten auch hinsichtlich der nach BGH **45**, 203 zulässigen (vgl 16a zu § 252) Erklärung des Einverständnisses mit der Verwertung einer früheren Vernehmung durch Anhörung der Vernehmungsperson (BGH **49**, 72, 76).

c) **Ausschluss des gesetzlichen Vertreters (S 2):** Ist der gesetzliche Vertreter **20** selbst der Beschuldigte, so darf er über die Ausübung des Zeugnisverweigerungsrechts nicht entscheiden, gleichgültig, ob der Zeuge oder ein anderer das Opfer der Tat ist. Ausgeschlossen ist dann auch die Entscheidung durch den nicht beschuldigten Elternteil. Ist aber nur ein Elternteil gesetzlicher Vertreter, so darf er nach dem Wortlaut nicht entscheiden, wenn der Ehegatte der Beschuldigte ist (LR-Ignor/Bertheau 32; BGH NStZ **91**, 398 und NJW **96**, 206 haben offen gelassen, ob dem zuzustimmen ist); der Gegenmeinung (KK-Bader 29; Rieß NJW **75**, 83 Fn 42; vgl auch Schimansky Pfeiffer-FS 300: Redaktionsversehen), die mit guten Gründen S 2 entspr anwenden will, kann trotz des auch hier bestehenden Interessengegensatzes wegen der eindeutigen gesetzlichen Regelung nicht gefolgt werden (Schweckendieck NStZ **08**, 537, dort auch zum Fall, dass der Beschuldigte ein naher Angehöriger des allein vertretungsberechtigten Elternteils ist und mit einem Vorschlag de lege ferenda; vgl auch Müller FS-Eisenberg II 489). Dies gilt auch, wenn der allein sorgeberechtigte Elternteil Geschädigter der fraglichen Straftat ist (Karlsruhe StraFo **12**, 225; Zipper StRR **12**, 293). Wegen eines Interessenkonflikts ist nach §§ 1693, 1629 II BGB der gesetzliche Vertreter aber ausgeschlossen, wenn er zugleich gesetzlicher Vertreter des Beschuldigten ist (Düsseldorf NStZ-RR **01**, 303). Beim Ausschluss des gesetzlichen Vertreters muss ein **Ergänzungspfleger** nach § 1909 I S 1 BGB bestellt werden. Den Antrag stellt der Richter oder StA, der den Zeugen vernehmen will; für die Polizei stellt ihn die StA. An die Ansicht der antragstellenden Behörde, auch der StA (Stuttgart MDR **86**, 58), dass der gesetzliche Vertreter ausgeschlossen und dem Zeugen die notwendige Verstandesreife oder -kraft fehlt, ist der Familienrichter gebunden (LG Memmingen MDR **82**, 145; Schimansky aaO 303; **aM** Schaub FamRZ **66**, 136; vgl auch

§ 52

Karlsruhe StraFo **03**, 310: keine Ergänzungspflegschaft, wenn zu erwarten ist, dass die Sorgerechtsinhaber im Interesse ihres Kindes handeln werden). Andererseits ist das Gericht an die vom Familiengericht angeordnete Pflegschaft gebunden (BGH NStZ **88**, 17 [Pf/M]). Die Pflegerbestellung durch das Familiengericht hängt davon ab, dass die Aussagebereitschaft des Minderjährigen feststeht (Saarbrücken NJW **11**, 2306; Schleswig FamRZ **13**, 571; Brandenburg FamRZ **12**, 1068; Bremen NJW-RR **11**, 154; Stuttgart MDR **86**, 58; **aM** Hamburg StraFo **13**, 282; BayObLG FamRZ **98**, 257); auch insoweit gilt, dass der Ergänzungspfleger gegen den Willen des Kindes eine Aussage nicht herbeiführen kann (siehe oben 19).

21 **5) Der Verzicht auf das Weigerungsrecht** ist möglich. Er kann uU stillschweigend dadurch erklärt werden, dass der Zeuge aussagt (LR-Ignor/Bertheau 33; **aM** SK-Rogall 60) oder dass der gesetzl Vertreter die Vernehmung des Zeugen widerspruchslos geschehen lässt (BGH NStZ **97**, 145); ein Verzicht liegt aber nicht in der Erklärung des Zeugen, er wolle sich nicht selbst belasten (BGH NJW **84**, 136). Der Verzicht kann auf einzelne Tatkomplexe, aber auch auf einzelne Fragen beschränkt werden (o 15). Den Umfang der Verwertbarkeit seiner Aussage kann aber ein in vollem Umfang aussagender Zeuge nicht bestimmen (BGH **48**, 294). Er kann nur das Zeugnis – teilw oder ganz – verweigern oder auf dieses Recht verzichten (BGH **17**, 324, 328; KG JR **67**, 347; erg aber zum Verzicht auf das Verwertungsverbot nach § 252 dort 16a).

22 **6) Widerruf:** Die Erklärung des Zeugen, er wolle nicht aussagen, kann widerrufen werden, auch in einem späteren Verfahrensabschnitt (BGH NJW **61**, 1484). Widerrufbar ist auch der Verzicht auf das Weigerungsrecht (III S 2), auch noch während der Vernehmung, aber nicht nach ihrer Beendigung (BGH NStZ **85**, 13 [Pf/M]). Die Vernehmung darf dann nicht durch- oder fortgeführt werden. Was der Zeuge vor dem Widerruf ausgesagt hat, kann verwertet werden (BGH **2**, 99, 107; NJW **88**, 716; **04**, 1466, 1467; SK-Rogall 64; **aM** Rengier NStZ **98**, 48 mwN); § 252 gilt nur, wenn das Zeugnis bei einer neuen Vernehmung verweigert wird (dort 1, 2). Eine Teilvereidigung hinsichtlich des vor dem Widerruf liegenden Aussageteils ist ausgeschlossen (BGH NJW **88**, 716). Für die Zustimmung des gesetzlichen Vertreters gelten diese Grundsätze entspr.

23 **7) Folge der Zeugnisverweigerung** ist in 1. Hinsicht, dass die Vernehmung des Zeugen unzulässig iS der §§ 244 III S 2, 245 II S 2 wird und das Verwertungsverbot des § 252 entsteht. Eine vorläufige Einstellung des Verfahrens nach § 205, um abzuwarten, bis der Zeuge die nötige Verstandesreife erlangt, ist unzulässig (Stuttgart Justiz **01**, 552). Der Zeuge darf nicht durch Ordnungs- oder Zwangsmittel nach § 70 zur Aussage gezwungen werden. Zu prüfen ist aber, ob der Zeuge nichts sagen *will* oder ob er nur auf Grund von Hemmungen (zB kindliches Tatopfer) nichts mehr sagen *kann*; im letzteren Fall muss das Gericht durch Maßnahmen nach § 247 oder nach § 172 Nr 4 GVG versuchen, die Hemmungen zu überwinden (BGH NStZ **99**, 94). Die – auch formlose – Augenscheinseinnahme des Zeugen ist nicht ausgeschlossen (BGH StraFo **04**, 314 mwN; München 4 St RR 27/09 vom 23.4.2009; **aM** LR-Ignor/Bertheau 24; SK-Rogall 58). Daher muss er sich auch für eine Gegenüberstellung (§ 58 II) zur Verfügung stellen (9 zu § 58). Die Berücksichtigung des äußeren Verhaltens in der Hauptverhandlung (Zuzwinkern zum Angekl) ist dagegen unzulässig (Köln VRS **57**, 425).

24 Das Recht, den Zeugen in einem **Beweisantrag** zu benennen, geht nach §§ 244 III S 2, 245 II S 3 verloren, sofern die Sachlage, auf Grund deren sich der Zeuge zur Aussageverweigerung entschlossen hatte, unverändert fortbesteht (BGH **21**, 12, 13; NStZ **82**, 126), nicht aber, wenn der Angeklagte im 1. Rechtszug verurteilt wurde und der Zeuge nunmehr in der Berufungsverhandlung vernommen werden soll (Bay **67**, 49). Der Beweisantrag ist auch zulässig, wenn nicht nur behauptet, sondern im Einzelnen dargelegt wird, dass der Zeuge nunmehr aussagebereit sei (ANM 453).

Zur Berücksichtigung der Zeugnisverweigerung bei der **Beweiswürdigung** 25 (keine Schlüsse zum Nachteil des Angeklagten) vgl im Einzelnen 20 zu § 261 und BGH StraFo **14**, 295 sowie NStZ **00**, 546. Bei der Bescheidung von Verfahrensanträgen des Angeklagten darf die Zeugnisverweigerung nicht berücksichtigt werden (BGH StV **85**, 485).

8) Die **Belehrung (III S 1)** muss in allen Fällen, nicht nur in denen des II, 26 dem Zeugen eine genügende Vorstellung von der Bedeutung des Zeugnisverweigerungsrechts zu vermitteln suchen (BGH **9**, 195, 197; **32**, 25, 32; StV **84**, 405). Dabei darf auf die Entschließungsfreiheit des Zeugen nicht eingewirkt werden (BGH **1**, 34, 37; **9**, 195, 197; **10**, 393, 394; NStZ **89**, 440; Rostock NStZ **15**, 359; Schleswig SchlHA **08**, 230 [D/D]); den Hinweis auf Rechtstatsachen schließt das nicht aus (BGH **21**, 12; DAR **79**, 189 [Sp]; Hamm MDR **73**, 427), auch nicht eine gleichzeitige Belehrung nach § 55 II (BGH NStZ **88**, 561). Eine Belehrung über beide Rechte ist erforderlich, wenn 2 Angeklagte Angehörige des Zeugen sind. Ein Zeuge, dem sowohl ein ZVR nach § 52 als auch ein AVR nach § 55 zusteht, hat die Wahl, von welchem Recht er Gebrauch macht (BGH aaO; NJW **84**, 136). Über die Möglichkeit des Widerrufs der getroffenen Entscheidung wird nicht belehrt (BGH **32**, 25, 31/32; MDR **69**, 194 [D]; **aM** KMR-Neubeck 33: bei Fürsorgebedürfnis), auch nicht über die Verwertbarkeit der Aussage vor dem Richter (§ 252) trotz späterer Zeugnisverweigerung (BGH **61**, 221 [GSSt]; 2 StR 656/13 vom 22.3.2017; **32**, 25, 32; NStZ **85**, 36; StV **84**, 326; erg 14a zu § 252).

Die Belehrung ist **Aufgabe des Richters,** bei Kollegialgerichten des Vorsitzen- 27 den (BGH StV **84**, 405), der sie nicht auf einen anderen abwälzen darf (BGH **9**, 195) und nicht einem Sachverständigen übertragen darf (BGH NJW **91**, 2432; NJW **96**, 206; NStZ **97**, 349), bei Vernehmungen durch die StA oder Polizei dieser Beamten.

Zu belehren ist immer **der Zeuge selbst** (BGH **14**, 21, 24), der gesetzliche 28 Vertreter nur in den Fällen des II. Daneben ist aber stets die Belehrung des Zeugen erforderlich, auch darüber, dass ihn die Zustimmung seines Vertreters nicht zur Aussage verpflichtet (BGH **21**, 303, 306; **23**, 221, 223; NJW **79**, 1722; NStZ **84**, 43; **91**, 295; 398). Ein bestimmter Wortlaut ist für die Belehrung nicht vorgeschrieben; Art und Umfang stehen im pflichtgemäßen Ermessen des Richters (BGH NJW **95**, 1501, 1503).

Vor jeder Vernehmung, und zwar vor der Vernehmung zur Sache (BGH 29 StV **84**, 405), ist die Belehrung erforderlich, auch wenn sie bereits bei einer früheren Vernehmung erfolgt ist (BGH **13**, 394, 399; NJW **86**, 2121; NStZ **84**, 418) und auch, wenn der Zeuge dort auf sein Weigerungsrecht verzichtet hatte (SK-Rogall 69). Eine abstrakte Belehrung vor Feststellung der persönlichen Verhältnisse ist nicht unzulässig (BGH StV **84**, 405 mit abl Anm Peters; **aM** Sieg StV **85**, 130), aber nicht zweckmäßig und unzureichend, wenn der Zeuge davon ausgeht, er sei mit dem Angeklagten nicht verwandt oder verschwägert (BGH NStZ **06**, 647; 3 StR 442/09 vom 26.1.2010). Entbehrlich ist die erneute Belehrung bei nochmaliger Vernehmung am selben Verhandlungstag (BGH NStZ **87**, 373; **90**, 25 [M]) und bei nur ergänzender Befragung an einem späteren Verhandlungstag (BGH 1 StR 78/75 vom 30.4.1975; vgl aber BGH NStZ **84**, 418).

Im **Protokoll** müssen die Belehrung und die dazu abgegebene Erklärung des 30 Zeugen beurkundet werden (LR-Ignor/Bertheau 51).

Die **Heilung des Unterlassens** der Belehrung ist zulässig und geboten, wenn 31 es vor Urteilserlass bemerkt wird (BGH NStZ **89**, 484). Dazu reicht die bloße Nachholung der Belehrung nicht aus. Vielmehr muss die Erklärung des Zeugen herbeigeführt werden, dass er auch nach Belehrung von seinem Zeugnisverweigerungsrecht keinen Gebrauch gemacht hätte (BGH **12**, 235, 242 [GSSt]; **20**, 234; NJW **96**, 206; vgl auch BGH NJW **85**, 1470; NStZ **99**, 91). Empfehlenswert (**aM** Geppert Meyer-GedSchr 115: notwendig) ist der Hinweis auf die sonstige Unverwertbarkeit der früheren Aussage (erg 9 zu § 136). Das gilt entspr für die Zustimmung des gesetzlichen Vertreters nach II (KK-Bader 36). Eine Wiederholung der

§ 52

Zeugenaussage ist in keinem Fall erforderlich (LR-Ignor/Bertheau 52). Ist die Heilung des Mangels nicht möglich (Tod, Unauffindbarkeit des Zeugen), so muss im Urteil ausdrücklich festgestellt werden, dass die gesetzwidrig erlangte Aussage nicht verwertet worden ist (BGH **13**, 394, 399).

31a **Erklärt der Zeuge** vor der Hauptverhandlung **schriftlich** eindeutig und bestimmt, dass er von seinem **ZVR Gebrauch** machen werde, bedarf es keiner Ladung (und entsprechend keiner Belehrung nach III S 1). War der Zeuge polizeilich vernommen worden, kann das Gericht ihn laden und nach Maßgabe der Aufklärungspflicht dazu befragen, ob er auf das aus § 252 folgende Verwertungsverbot verzichtet, es sei denn, die schriftliche Erklärung enthält bereits den Zusatz, dass der Zeuge die Verwertung seiner früheren polizeilichen Aussage nicht gestattet. (vgl Rostek StraFo **16**, 371, 373; erg 16a zu § 252).

32 **9) Verwertungsverbot bei unterlassener Belehrung:** Ist die Belehrung nach III S 1 oder die Einholung der Zustimmung nach II unterblieben, so darf die Aussage nicht verwertet werden. Es besteht ein Verlesungs- und Verwertungsverbot im selben Umfang wie bei § 252 (BGH **14**, 159, 160; **23**, 221, 223; StV **81**, 4; NStZ **90**, 25 [M]; NStZ-RR **96**, 106; ebenso für das Zivilverfahren: BGH NJW **85**, 1470; erg 2 zu § 252). Dass der Zeuge nach § 55 II belehrt worden ist, ändert daran nichts (BGH NJW **80**, 67, 68; NStZ **82**, 389; **83**, 354 [Pf/M]; **84**, 176; **88**, 210 [M]). Das Verwertungsverbot entfällt aber, wenn feststeht, dass der Zeuge seine Rechte gekannt hat und auch nach Belehrung ausgesagt hätte (BGH **40**, 336, 339 mwN mit abl Anm Eisenberg StV **95**, 625); der Umstand allein, dass der Zeuge bei der Polizei nach Belehrung ausgesagt hat, lässt aber weder den Schluss zu, dass ihm sein Zeugnisverweigerungsrecht auch in der Hauptverhandlung bekannt war, noch dass er nach einer Belehrung erneut zur Aussage bereit gewesen wäre (BGH StraFo **04**, 238; StV **04**, 297). Dem in der Hauptverhandlung erschienenen Zeugen, der nach Belehrung auf sein Zeugnisverweigerungsrecht verzichtet hat, dürfen Vorhalte auch aus einer unter Verstoß gegen III S 1 erlangten Aussage gemacht werden (BGH StraFo **06**, 492). Ist er vor der Hauptverhandlung verstorben, so darf die Niederschrift über seine frühere Vernehmung nach § 251 I Nr 3 verlesen werden, auch wenn die Belehrung nach III S 1 fehlt (BGH **22**, 35; MDR **66**, 384 [D]; **aM** Fezer JuS **78**, 330; Michaelis NJW **69**, 730; Roxin/Schünemann § 24, 43). Eine Fernwirkung, dh ein Beweisverbot für die auf Grund der unter Verstoß gegen III S 1 erlangten Aussage ermittelten Beweise und Tatsachen, besteht nicht (BGH NStZ-RR **16**, 216 L; Köln NZV **01**, 137; zw LR-Ignor/Bertheau 56; **aM** SK-Rogall 88).

33 **10) Revision:** Die Prüfung der Tatsachen, die die **Verlobung und Verwandtschaft** begründen, sowie der Annahme, dass der Zeuge nur eine ungenügende Vorstellung von der Bedeutung des Eides hat, kann mit der Revision nicht erreicht werden; insoweit können nur Rechtsfehler gerügt werden (17 zu § 337; vgl zu II S 1 BGH NStZ **12**, 578; zum Verlöbnis auch die Nachw in BGH **48**, 294, 300). Die Feststellung des Vorsitzenden, ob ein Verlöbnis vorliegt, muss zum Erhalt einer Verfahrensrüge nach § 238 II beanstandet werden (BGH **55**, 65).

34 Das **Unterlassen der Belehrung** nach III S 1, das nach der Rspr außer dem Angeklagten auch Mitangeklagte rügen können, zu deren Ungunsten die Aussage verwertet worden ist (BGH **7**, 194, 196; **27**, 139, 141; **33**, 148, 154; NStZ **82**, 389; StV **88**, 89; siehe aber dazu kritisch oben 11a), hingegen nicht Nebenkläger (BGH NStZ **06**, 349), begründet die Revision, wenn der Zeuge ausgesagt hat und das Urteil darauf beruht (BGH **6**, 279; **9**, 37, 39; zum notwendigen Revisionsvorbringen bei Vernehmung an mehreren Hauptverhandlungstagen BGH StV **15**, 758 L); der Beanstandung nach § 238 II bedarf es nicht (BGH **45**, 205; **42**, 73, 77 f). Das Beruhen ist etwa ausnahmsweise ausgeschlossen, wenn eine im Ermittlungsverfahren korrekt belehrte, stets aussagebereite Zeugin in der Verhandlung lediglich nach § 55 II belehrt wurde (vgl BGH 5 StR 291/19 vom 8.10.2019). Ob dem Gericht das Angehörigenverhältnis überhaupt bekannt war, spielt allerdings keine Rolle (BGH StV **88**, 89). Ob dies auch für den Fall des Verlöbnisses gilt, hat

Zeugen **§ 53**

BGH **48**, 294 offen gelassen; jedenfalls müssen in der Revision Tatsachen vorgetragen werden, die den Rechtsbegriff des Verlöbnisses ausfüllen (Frankfurt NStZ-RR **07**, 241; vgl auch MüKoStPO-Percic 50; erg 9 zu § 337). Die Revision ist auch begründet, wenn der gesetzliche Vertreter der Vernehmung nicht zugestimmt hat oder aber zugestimmt hat, aber nicht belehrt worden ist (BGH **12**, 235, 243 [GSSt]; **14**, 159, 160; StV **81**, 4), wobei insoweit für den Erhalt der Rüge vom Zwischenrechtsbehelf des § 238 II Gebrauch gemacht werden muss (BGH StV **00**, 185; zum erforderlichen Vortrag in der Revision BGH NStZ **97**, 145). Das **Beruhen** des Urteils auf dem Verfahrensfehler ist ausgeschlossen, wenn er rechtzeitig geheilt worden ist (oben 31), wenn der Zeuge oder gesetzliche Vertreter seine Rechte gekannt hat (BGH NStZ **90**, 549; StraFo **06**, 492; oben 32) oder wenn sicher ist, dass er auch nach Belehrung ausgesagt hätte (BGH 1 StR 672/10 vom 12.1.2011; NJW **86**, 2121; NStZ **89**, 484; NStZ-RR **16**, 377 zu § 81c III S 2), zB wenn er nach § 55 belehrt worden ist (BGH NStZ **84**, 464; **98**, 583); nachträgl (nach Urteilsverkündung abgegebene) Erklärungen müssen aber außer Betracht bleiben (BGH StV **02**, 3).

Bei **unrichtiger Belehrung,** die zur Zeugnisverweigerung eines präsenten **35** Zeugen geführt hat, ist § 245 verletzt (BGH 5 StR 554/12 vom 27.11.2012; StV **93**, 235 mwN; erg 3 und 30 zu § 245), sonst § 244 II (50 zu § 53; 18 zu § 55); die Erhebung dieser Verfahrensrügen macht einen entspr Tatsachenvortrag nach § 344 II S 2 erforderlich (BGH aaO), einer Beanstandung nach § 238 II bedarf es hier nicht (BGH **42**, 73 77 f). Auf der unrichtigen Belehrung beruht das Urteil auch, wenn der Zeuge ein Auskunftsverweigerungsrecht hatte und daher nach § 55 II belehrt werden musste (BGH MDR **83**, 92 [H]). Sagt der Zeuge trotz der falschen Belehrung aus, so ist der Mangel unschädlich (BGH MDR **79**, 806 [H]).

Zeugnisverweigerungsrecht der Berufsgeheimnisträger

53 I ¹ Zur Verweigerung des Zeugnisses sind ferner berechtigt
1. Geistliche über das, was ihnen in ihrer Eigenschaft als Seelsorger anvertraut worden oder bekanntgeworden ist;
2. Verteidiger des Beschuldigten über das, was ihnen in dieser Eigenschaft anvertraut worden oder bekanntgeworden ist;
3. Rechtsanwälte und Kammerrechtsbeistände, Patentanwälte, Notare, Wirtschaftsprüfer, vereidigte Buchprüfer, Steuerberater und Steuerbevollmächtigte, Ärzte, Zahnärzte, Psychologische Psychotherapeuten, Kinder- und Jugendlichenpsychotherapeuten, Apotheker und Hebammen über das, was ihnen in dieser Eigenschaft anvertraut worden oder bekanntgeworden ist; für Syndikusrechtsanwälte (§ 46 Absatz 2 der Bundesrechtsanwaltsordnung) und Syndikuspatentanwälte (§ 41a Absatz 2 der Patentanwaltsordnung) gilt dies vorbehaltlich des § 53a nicht hinsichtlich dessen, was ihnen in dieser Eigenschaft anvertraut worden oder bekanntgeworden ist;
3a. Mitglieder oder Beauftragte einer anerkannten Beratungsstelle nach den §§ 3 und 8 des Schwangerschaftskonfliktgesetzes über das, was ihnen in dieser Eigenschaft anvertraut worden oder bekanntgeworden ist;
3b. Berater für Fragen der Betäubungsmittelabhängigkeit in einer Beratungsstelle, die eine Behörde oder eine Körperschaft, Anstalt oder Stiftung des öffentlichen Rechts anerkannt oder bei sich eingerichtet hat, über das, was ihnen in dieser Eigenschaft anvertraut worden oder bekanntgeworden ist;
4. Mitglieder des Deutschen Bundestages, des Bundesversammlung, des Europäischen Parlaments aus der Bundesrepublik Deutschland oder eines Landtages über Personen, die ihnen in ihrer Eigenschaft als Mitglieder dieser Organe oder denen sie in dieser Eigenschaft Tatsachen anvertraut haben, sowie über diese Tatsachen selbst;
5. Personen, die bei der Vorbereitung, Herstellung oder Verbreitung von Druckwerken, Rundfunksendungen, Filmberichten oder der Unterrichtung

§ 53

oder Meinungsbildung dienenden Informations- und Kommunikationsdiensten berufsmäßig mitwirken oder mitgewirkt haben. ²Die in Satz 1 Nr. 5 genannten Personen dürfen das Zeugnis verweigern über die Person des Verfassers oder Einsenders von Beiträgen und Unterlagen oder des sonstigen Informanten sowie über die ihnen im Hinblick auf ihre Tätigkeit gemachten Mitteilungen, über deren Inhalt sowie über den Inhalt selbst erarbeiteter Materialien und den Gegenstand berufsbezogener Wahrnehmungen. ³Dies gilt nur, soweit es sich um Beiträge, Unterlagen, Mitteilungen und Materialien für den redaktionellen Teil oder redaktionell aufbereitete Informations- und Kommunikationsdienste handelt.

II ¹Die in Absatz 1 Satz 1 Nr. 2 bis 3b Genannten dürfen das Zeugnis nicht verweigern, wenn sie von der Verpflichtung zur Verschwiegenheit entbunden sind. ²Die Berechtigung zur Zeugnisverweigerung der in Absatz 1 Satz 1 Nr. 5 Genannten über den Inhalt selbst erarbeiteter Materialien und den Gegenstand entsprechender Wahrnehmungen entfällt, wenn die Aussage zur Aufklärung eines Verbrechens beitragen soll oder wenn Gegenstand der Untersuchung

1. eine Straftat des Friedensverrats und der Gefährdung des demokratischen Rechtsstaats oder des Landesverrats und der Gefährdung der äußeren Sicherheit (§§ 80a, 85, 87, 88, 95, auch in Verbindung mit § 97b, §§ 97a, 98 bis 100a des Strafgesetzbuches),
2. eine Straftat gegen die sexuelle Selbstbestimmung nach den §§ 174 bis 176, 177 Absatz 2 Nummer 1 des Strafgesetzbuches oder
3. eine Geldwäsche, eine Verschleierung unrechtmäßig erlangter Vermögenswerte nach § 261 Abs. 1 bis 4 des Strafgesetzbuches

ist und die Erforschung des Sachverhalts oder die Ermittlung des Aufenthaltsortes des Beschuldigten auf andere Weise aussichtslos oder wesentlich erschwert wäre. ³Der Zeuge kann jedoch auch in diesen Fällen die Aussage verweigern, soweit sie zur Offenbarung der Person des Verfassers oder Einsenders von Beiträgen und Unterlagen oder des sonstigen Informanten oder der ihm im Hinblick auf seine Tätigkeiten nach Absatz 1 Satz 1 Nr. 5 gemachten Mitteilungen oder deren Inhalts führen würde.

Übersicht

	Rn
1) Zweck der Vorschrift	1
2) Keine erweiternde Auslegung	2, 3
3) Verhältnis zu § 203 StGB	4–6
4) Umfang des Zeugnisverweigerungsrechts	7–9
5) Zeitliche Dauer	10
6) Zeugnisverweigerungsberechtigte (I)	11–40
A. Geistliche (Nr 1)	12
B. Verteidiger (Nr 2)	13
C. Rechtsanwälte, Ärzte und ähnliche Berufe (Nr 3)	14–20
D. Schwangerschaftsberater (Nr 3a)	21
E. Berater für Fragen der Betäubungsmittelabhängigkeit (Nr 3b)	22
F. Abgeordnete (Nr 4)	23–24a
G. Mitarbeiter von Presse, Rundfunk usw (Nr 5)	25–40
7) Ausübung des Zeugnisverweigerungsrechts	41–43
8) Belehrungspflicht	44
9) Entbindung von der Verschwiegenheitspflicht (II)	45–49
10) Revision	50

1 **1) Zweck der Vorschrift** ist der Schutz des Vertrauensverhältnisses zwischen bestimmten Berufsangehörigen und denen, die ihre Hilfe und Sachkunde in Anspruch nehmen (Oldenburg NJW **82**, 2615; LG Köln NJW **59**, 1598; vgl auch BVerfGE **38**, 312, 323; BGH **9**, 59, 61 [Konfliktsituation des Zeugen] sowie den umfassenden Überblick zum Arzt bei Theuner, Die ärztliche Schweigepflicht im

Strafrecht, 2009, zugl Diss Frankfurt am Main, S 290 ff). Eine Entbindung von der Pflicht zur Verschwiegenheit ist nach II in bestimmtem Umfang möglich (unten 45 ff). Dass derjenige, der die Entbindung erklären kann, selbst unbeschränkt aussagepflichtig ist, spielt für das Zeugnisverweigerungsrecht aber keine Rolle (BGH MDR **69**, 723 [D]; Oldenburg aaO). Die Pflicht, vor Gericht zu erscheinen, lässt die Vorschrift unberührt (1 zu § 51); auch Beweisanträge können mit Rücksicht auf das Zeugnisverweigerungsrecht nicht ohne weiteres abgelehnt werden (2 zu § 52).

2) Keine erweiternde Auslegung: Der Kreis der Zeugnisverweigerungsberechtigten ist auf die in I bezeichneten Berufsangehörigen beschränkt. Er muss wegen der Notwendigkeit, eine funktionsfähige Rechtspflege zu erhalten, auf das unbedingt erforderl Maß begrenzt werden (BVerfGE **33**, 367, 383; **38**, 312, 321; **129**, 208; vgl auch BGH StraFo **12**, 173). Nur ausnahmsweise und unter ganz besonderen Umständen kann mit Rücksicht auf Art 1 I, 2 I GG eine Begrenzung des Zeugniszwangs unmittelbar aus dem GG hergeleitet werden (BVerfG aaO; NJW **79**, 1286; NStZ **88**, 418; Koblenz NStZ-RR **08**, 283; **aM** Rüping 176: kaum praktikabel; eingehend dazu Bosbach, Ungeschriebene strafprozessuale Zeugnisverweigerungsrechte im Bereich der Rechtsberatung?, 2009 [zugl Diss Passau 2008], S 77 ff). Private Geheimhaltungsinteressen begründen ein Zeugnisverweigerungsrecht nur, soweit das Prozessrecht sie selbst als schützenswert anerkennt (BVerGE **76**, 363, 387). Das Verbot, geschützte personenbezogene Daten unbefugt bekanntzugeben, gibt für sich noch kein Zeugnisverweigerungsrecht (Köln VRS **84**, 101; erg u 4). Mit Rücksicht auf die Niederlassungsfreiheit in der EU steht das ZVR allerdings auch den in § 53 genannten Berufsgruppen zu, wenn sie in den **Mitgliedsstaaten der EU** tätig sind (vgl MüKoStPO-Percic 2, der allerdings weitergehend den Kreis der Verweigerungsberechtigten auch auf außerhalb der EU tätige Personen ausdehnen will, wenn eine gewisse Vergleichbarkeit der Berufe gegeben ist; erg zu RAe unten 15, zu Ärzten unten 17). 2

Kein Zeugnisverweigerungsrecht haben Bankangestellte mit Rücksicht auf das „Bankgeheimnis" (LG Frankfurt a.M. NJW **54**, 688, 690; LG Hamburg NJW **78**, 958; Ehlers BB **78**, 1513; Kretschmer wistra **09**, 180; erg 4 zu § 161), Insolvenzverwalter (LG Ulm NJW **07**, 2056; LG Saarbrücken ZInsO **10**, 431), Betriebsräte (BVerfG NJW **79**, 1286; Rengier BB **80**, 321), Bewährungshelfer (vgl dazu Schenkel NStZ **95**, 67), Gerichtshelfer nach § 160 III S 2 und § 38 **JGG** (Eisenberg StV **98**, 312; Sontag NJW **76**, 1438), Verfahrenspfleger und Vormund (Frankfurt NStZ-RR **17**, 118), psychosoziale Prozessbegleiter (§ 406g) sowie Opferhelfer (ehrenamtl. tätige Personen, die sich um Opfer von Straftaten kümmern, vgl G. Schöch DRiZ **06**, 57), private Haftpflichtversicherer (BVerfG ZfS **82**, 13; Celle – 3. StS – NJW **85**, 640; Geppert DAR **81**, 301; **aM** Bruns Maurach-FS 484; vgl auch Celle – 1 StS – NStZ **82**, 393), Mitarbeiterinnen eines Vereins zur Beratung vergewaltigter Frauen (Schleswig SchlHA **96**, 90 [L/T]), Personalräte (LG Hannover NdsRpfl **62**, 40), eines Kriseninterventionsteams (BGH StraFo **12**, 173), psychologische Beratungsstellen (LG Freiburg NStZ-RR **99**, 366), Mitglieder von Psychotherapiegruppen, Rechtsbeiständen (Buhrow NJW **66**, 2152), Schiedsmänner (BVerwGE **18**, 58), Sozialarbeiter und Sozialpädagogen (BVerfGE **33**, 367; BVerfG NStZ **88**, 418), Tierärzte (BVerfGE **38**, 312) und öff.-rechtl. Versicherungen und Verrechnungsstellen (Rengier 181 ff). 3

3) Verhältnis zu § 203 StGB: Der betroffene Personenkreis in § 53 und in § 203 StGB ist identisch, nachdem beide Vorschriften nunmehr (siehe Gesetz vom 30.10.2017 [BGBl I 3618]) den Begriff der „mitwirkenden Person" verwenden (BT-Drucks 18/12940 S 9). Mit der Schweigepflicht nach dieser Vorschrift stimmt das Zeugnisverweigerungsrecht nach § 53 allerdings nicht überein. Es geht weiter als der materielle Strafrechtsschutz, weil es sich auch auf Tatsachen bezieht, die keine „Geheimnisse" sind (KK-Bader 3; Amelung DNotZ **84**, 201; Welp Gallas-FS 399; str). Aus der sachlich-rechtlichen Schweigepflicht ergibt sich nicht etwa ohne weiteres das Recht, die Aussage zu verweigern (LR-Ignor/Bertheau 8; Ren- 4

§ 53

gier 174 und BB **80**, 321; Sieber Roxin-FS 1131; **aM** Foth JR **76**, 7). Jedoch wird die Gleichstellung derjenigen, die das Geheimnis von einem Verstorbenen oder aus dessen Nachlass erlangt haben, mit den sonstigen Geheimhaltungsverpflichteten (§ 203 III S 3 StGB) auch für das Zeugnisverweigerungsrecht zu gelten haben (vgl BVerfGE **32**, 373, 381 für § 97).

5   Einen **Rechtfertigungsgrund** für den Bruch der Schweigepflicht nach § 203 StGB enthält § 53 nicht; denn der Zeugniszwang, der die Preisgabe des Geheimnisses sonst rechtfertigt, ist durch § 53 für den in I bezeichneten Personenkreis gerade aufgehoben. Der Zeuge darf daher nur aussagen, wenn er dafür einen besonderen Rechtfertigungsgrund nach § 34 StGB hat (Fezer 15/29), etwa wenn er eigene Interessen schützen muss (BGH **1**, 366; Sch/Sch-Lenckner/Eisele 33 zu § 203 StGB) oder wenn das Interesse an der Geheimhaltung der Tatsachen geringer ist als das Allgemeininteresse an ihrer Offenbarung (BGH **9**, 59, 61; **18**, 146, 147; allgM). Die Bedeutung des § 53 liegt vor allem darin, dass der Zeuge selbst dann das Zeugnis verweigern kann, wenn diese Voraussetzungen vorliegen (Bringewat NJW **74**, 1742; Lenckner NJW **65**, 327; Welp Gallas-FS 402).

6   Die erforderliche **Abwägung nimmt der Zeuge vor,** nicht das Gericht (BGH MDR **57**, 527 [D]; Fezer JuS **78**, 472). Das Gericht muss sie ihm ermöglichen (BGH **15**, 200), darf aber nicht auf seine Willensbildung einwirken (BGH **20**, 298, 299; **42**, 73, 76), auch nicht, wenn durch die Aussage schwerer Schaden von einem Dritten oder der Allgemeinheit abgewendet werden kann (Lenckner NJW **65**, 327). Die Entscheidung, ob er sich der Gefahr aussetzen will, nach § 203 StGB bestraft zu werden, liegt allein bei dem Zeugen (BGH **9**, 59, 61; **15**, 200, 202; **18**, 146, 147; Hamm NJW **68**, 1203; **aM** Michalowski ZStW **109**, 537 mwN). Verzichtet er auf sein Zeugnisverweigerungsrecht, so muss das Gericht ihn vernehmen; die Aussage ist verwertbar, auch wenn sie gegen § 203 StGB verstößt (BGH aaO; KK-Bader 9; SK-Rogall 25; Otto Kleinknecht-FS 339; Paeffgen Rieß-FS 420 Fn 30; Roxin/Schünemann § 24, 45; Schlüchter 489.2; grundsätzlich auch LR-Ignor/Bertheau 12, 13, außer bei Verletzung des Kernbereichs privater Lebensgestaltung oder wenn Weigerungsberechtigter über Vorliegen oder Umfang des Zeugnisverweigerungsrechts irrt; **aM** Beulke 209; Dencker 138 ff; Fezer 15/31; Freund GA **93**, 49; Lenckner NJW **65**, 326; Ranft 535 ff; Rengier 331; Theuner [oben 1] 336; Welp Gallas-FS 407).

7   4) Der **Umfang des Zeugnisverweigerungsrechts** ist auf die bei der Berufsausübung anvertrauten oder bekanntgewordenen Tatsachen begrenzt (BGH DAR **97**, 181 [To]), kann sich aber ggf auch auf die Person des Dritten und das Ob und Wie des Kontaktes erstrecken (Groß StV **96**, 562; vgl auch LG Dresden NJW **07**, 2789). Das kann für ein und denselben Vernehmungsgegenstand im Sinne eines zusammengehörigen Lebenssachverhaltes nur einheitlich beurteilt werden. Das Weigerungsrecht ist insoweit unteilbar und entfällt nach der Rspr nicht etwa in Bezug auf bestimmte Personen, die an den Vorgängen nur als Dritte beteiligt waren; erfasst sind danach also alle in unmittelbarem und innerem Zusammenhang mit der Erfüllung der beruflichen Aufgabe stehenden Umstände (BGH **33**, 148; vgl auch Schleswig SchlHA **82**, 111; LR-Ignor/Bertheau 14; Alsberg-Güntge 841; erg 16). Das ist auch der Fall bei Kenntniserlangung aus den Akten oder Karteien des Praxisvorgängers (BVerfGE **32**, 382). Geschützt ist der Inhalt eines beruflichen Gesprächs, auch hinsichtlich der eigenen Äußerungen des Zeugen (BGH MDR **78**, 281 [H]). Die Frage ist rechtlicher Art; daher entscheidet das Gericht (Bamberg StV **84**, 499; Schleswig aaO).

8   **Anvertraute Tatsachen** sind die unter Verlangen oder stillschweigender Erwartung der Geheimhaltung (RG **66**, 273, 274; Köln NStZ **83**, 412) schriftlich oder mündlich mitgeteilten Tatsachen, aber auch solche, die dadurch preisgegeben werden, dass dem Berufsausübenden Gelegenheit zu Beobachtungen und Untersuchungen gegeben wird (BGH **38**, 369, 370). Geheimnisgeschützter und Anvertrauender müssen nicht identisch sein (KK-Bader 46; Krause NStZ **12**, 663). Gleichgültig ist deshalb, ob der Beschuldigte oder ein Dritter die Tatsachen anver-

traut hat (Sch/Sch-Lenckner/Eisele 13 ff zu § 203 StGB) und ob sie der Geheimsphäre des Beschuldigten oder eines anderen angehören. Zur Weitergabe an Dritte mitgeteilte Tatsachen sind allerdings nicht anvertraut (Hamm NStZ **10**, 164).

Bekanntgewordene Tatsachen sind diejenigen, die der Berufsausübende von 9 dem Beschuldigten oder einem Dritten erfahren hat, ohne dass sie ihm anvertraut worden sind. Der Begriff ist weit auszulegen(BGH MDR **78**, 281 [H]; Schleswig SchlHA **82**, 111). Von wem, zu welchem Zweck und aus welchem Grund dem Berufsausübenden die Tatsachen bekanntgeworden sind, ist gleichgültig; hiervon muss der andere auch nichts wissen (Hamm NStZ **10**, 164). Entscheidend ist, dass die Tatsache dem Berufsausübenden in **funktionalem Zusammenhang** mit seiner Berufsausübung zur Kenntnis gelangt (BGH NJW **14**, 1314 mit Anm Scharenberg StV **14**, 391; StV **16**, 414). Unter den Begriff fällt auch zufällig erlangtes Wissen, wenn es im Zusammenhang mit dem Vertrauensverhältnis erworben wurde (Oldenburg NJW **82**, 2615; LG Karlsruhe StV **83**, 144), unabhängig davon, von wem, aus welchem Grund oder zu welchem Zweck es erworben wurde (BGH aaO), nicht aber außerhalb eines solchen Zusammenhangs (Bamberg StV **84**, 499; vgl auch SK-Rogall 63), zB Tatsachen die der Berufsausübende allein als Privatperson oder nur anlässlich seiner Berufsausübung in Erfahrung gebracht hat (BGH aaO).

5) Zeitliche Dauer: Das berufsbezogene Vertrauensverhältnis beginnt nicht 10 erst mit dem Abschluss des zivilrechtlichen Geschäftsbesorgungsvertrages, sondern umfasst auch das entsprechende Anbahnungsverhältnis (BGH aaO; StV **16**, 414 mit Anm Kämpfer NStZ **16**, 742). Das Zeugnisverweigerungsrecht endet nicht mit der Erledigung des Auftrags (LG Düsseldorf NJW **58**, 1152), dauert entspr § 203 IV StGB auch nach dem Tod desjenigen fort, dessen Vertrauen zu dem Berufsausübenden geschützt wird (RG **71**, 21; BayLSG NJW **62**, 1789; Düsseldorf NJW **59**, 821; Solbach DRiZ **78**, 205; vgl näher Theuner [oben 1] 311) und erlischt nicht, wenn der Zeuge seinen Beruf aufgibt; § 54 IV gilt entspr (LR-Ignor/Bertheau 18). Ob das ZVR nach I S 1 Nr 3 zugunsten einer juristischen Person auch dann weiterbesteht, wenn die Gesellschaft vollbeendet ist (so Mosiek NStZ **18**, 505, 508), erscheint zweifelhaft, da in einem solchen Fall ein objektiv anzuerkennendes Geheimhaltungsinteresse nicht mehr besteht.

6) Zeugnisverweigerungsberechtigte (I): 11

A. **Geistliche (Nr 1):** Der Begriff ist aus Gründen einer am Gleichheitssatz ori- 12 entierten Behandlung nicht auf Geistliche der christlichen Kirchen und der sonstigen staatlich anerkannten öffentlich-rechtlichen Religionsgemeinschaften beschränkt (BGH NStZ **10**, 646; Haas NJW **90**, 3253; a**M** LR-Ignor/Bertheau 21). Es ist aber erforderlich, dass dem Geistlichen ein seelsorgerisches Amt, nicht notwendig hauptamtlich, aber in herausgehobener Stellung anvertraut ist und die von ihm geführten seelsorgerischen Gespräche einem von der Religionsgemeinschaft auferlegten Schweigegebot unterliegen (BGH aaO). Das Zeugnisverweigerungsrecht erstreckt sich nur auf Tatsachen, die den Geistlichen – als solche sind auch hauptamtlich tätige Laientheologen anzusehen (BGH **51**, 140; Ling GA **01**, 325; de Wall NJW **07**, 1856; scharf abl aber Rogall Eisenberg-FS 589) – in ihrer Eigenschaft als Seelsorger anvertraut oder bekannt geworden (oben 7 ff) sind (auch die Tatsache des Beichtgangs: RG JW **28**, 2142), nicht auf, was sie in ausschließlich karitativer, fürsorgerischer, erzieherischer oder verwaltender Tätigkeit oder nur gelegentlich der Ausübung des geistlichen Berufs erfahren haben (BGH **37**, 138; **51**, 140, bestätigt durch BVerfG NJW **07**, 1865; vgl auch BGH NStZ **10**, 646, 648: Versöhnungs- und Schlichtungsgespräche nicht ausreichend), zB wenn sich ein Verbrecher an einen Geistlichen als Verbindungsmann nur zur Erlangung oder Wahrung des Verbrechenserfolges oder zur Vereitelung der Strafverfolgung wendet (KK-Bader 12). Ob der Geistliche als Seelsorger angegangen worden ist, muss objektiv, nicht nur nach Auffassung der Beteiligten beurteilt werden; in Grenz- und Zweifelsfällen ist unter Berücksichtigung der Gewissensentscheidung des

§ 53

Geistlichen zu entscheiden (BVerfG aaO; BGH aaO); § 55 wird häufig (Rogall aaO 587), § 56 selten in Betracht kommen.

13 B. **Verteidiger (Nr 2):** Gemeint sind alle gewählten und bestellten Verteidiger; geschützt sind aber auch Anbahnungsverhältnisse (BGH NJW **14**, 1314). Ob der Zeuge die Verteidigung tatsächlich geführt hat, ist gleichgültig. Das Zeugnisverweigerungsrecht erstreckt sich auch auf das, was dem Zeugen in einer anderen Strafsache als Verteidiger desselben oder eines anderen Beschuldigten anvertraut oder bekanntgeworden (oben 7 ff) ist (Welp Gallas-FS 398), nicht aber auf das im Zusammenhang mit seiner eigenen kriminellen Betätigung erlangte Wissen, wenn er also die strafbare Handlung ohne jeden sachlichen Zusammenhang mit denkbaren Verfahrenszielen begangen hat (BGH **38**, 7). Ist der Beschuldigte, in dessen Verfahren der Verteidiger aussagen soll, der Mandant, so wird die Ausübung des Zeugnisverweigerungsrechts praktisch zur Pflicht (LR-Ignor/Bertheau 27; Welp Gallas-FS 404 ff). Dem Mandanten selbst steht – etwa in einem Strafverfahren wegen (versuchter) Strafvereitelung gegen seinen früheren Verteidiger – kein Zeugnisverweigerungsrecht zu (Koblenz NStZ-RR **08**, 283, 284; krit dazu Bosbach NStZ **09**, 177; Schöch Beulke-FS 1039; erg 2a zu § 148). Eine Verwirkung des Zeugnisverweigerungsrechts wegen Missbrauchs (vgl Bringewat NJW **74**, 1740) kommt nicht in Betracht (LR-Ignor/Bertheau 28).

14 C. **Rechtsanwälte, Kammerrechtsbeistände, Ärzte und ähnliche Berufe (Nr 3):**

15 a) Der Begriff des **Rechtsanwalts** erfasst grundsätzlich den gesamten Anwaltsberuf und ist – nach der Streichung des entsprechenden Passus in § 53 I aF durch das Gesetz vom 30.10.2017 – nicht an die Mitgliedschaft in einer Rechtsanwaltskammer nach § 12 BRAO gebunden (vgl BT-Drucks 18/12940 S 9, 10). Ausländische RAe sind jedenfalls zur Verweigerung des Zeugnisses gem § 53 berechtigt, wenn sie nach den §§ 4, 11, 13 des EuRAG oder nach § 206 BRAO in die Rechtsanwaltskammer aufgenommen worden. Darüber hinaus spricht aber viel dafür, sie generell und umfassend in den Schutzbereich von § 53 einzubeziehen, ohne dass es hierbei darauf ankommen sollte, ob sie in Deutschland niedergelassen sind oder ihre anwaltliche Dienstleistung aus dem Ausland erbringen; für RAe aus EU-Staaten ergibt sich das bereits aus dem Grundsatz der Dienstleistungsfreiheit, für RAe aus Nicht-EU-Staaten aus dem § 53 zugrundeliegenden Rechtsgedanken des Schutzes des Vertrauensverhältnisses zwischen Anwalt und Mandant (vgl BT-Drucks aaO S 9; siehe bereits Wessing wistra **07**, 171; erg und enger für Wahlverteidiger 3 zu § 138). Maßgebend ist nur, dass der Rechtsdienstleister eine Tätigkeit ausübt, die derjenigen eines Rechtsanwalts in Deutschland entspricht. Rechtsanwälte iSv Nr 3 sind ebenfalls allgemein bestellte Vertreter (§ 53 BRAO) und Abwickler (§ 55 BRAO), ebenso Steuerberater in den in § 392 I AO genannten Fällen. Dem nach § 3 BNotO bestellten **Notar** (für den § 18 II, III BNotO Spezialregelungen enthält) steht der Notarassessor (§ 7 BNotO) gleich. Für die Patentanwälte gilt sinngemäß das für Rechtsanwälte Gesagte: Auch hier genießen alle entsprechenden ausländischen Berufsangehörigen den Schutz des § 53, ohne dass es auf eine Kammermitgliedschaft in Deutschland ankommt, wenn sie eine einem Patentanwalt in Deutschland entsprechende Tätigkeit ausüben (BT-Drucks aaO S 10). Nichtanwaltliche Geschäftsführer von Rechtsanwaltsgesellschaften fallen nach der Streichung der Worte „sonstige Mitglieder einer Rechtsanwaltskammer" nicht mehr unter Nr 3, sondern unter § 53a I Nr 3 (siehe dort 10). Wegen der Kammerrechtsbeistände siehe § 1 II des EG zum Rechtsdienstleistungsgesetz, der Wirtschaftsprüfer §§ 1 I S 1, 15 WiPrO (vgl dazu LG Bonn NJW **02**, 2261), der vereidigten Buchprüfer § 128 I WiPrO u. der Steuerberater u. Steuerbevollmächtigten §§ 40, 42 StBerG.

15a **Syndikusanwälten** und **Syndikuspatentanwälten** (zum Begriff § 46a BRAO, § 41a II, III PAO) steht kein ZVR für das ihnen in dieser Eigenschaft anvertraute oder bekanntgewordene zu, dh wenn sie allein wie Angestellte für ihr Unternehmen tätig werden, wie die Neufassung von Nr 3 durch Ges vom 21.12.

2015 (BGBl I 2517) nunmehr klarstellt (vgl dazu schon die 58. Aufl. 15; EuGH NJW **10**, 3557; Thum HRRS **12**, 535, 536; Burmann Tolksdorf-FS 443, 450; Hart-Hönig Schiller-FS 281, 288; kritisch Hustus NStZ **16**, 65; Hamm/Maxin AnwBl **15**, 376). Sie können sich auch nicht auf die Privilegien aus §§ 97 I bis III, 100d V und § 160a berufen, da diese an § 53 anknüpfen (siehe BT-Drucks 18/5201). Der Verweis auf § 53a macht allerdings deutlich, dass das aus dieser Vorschrift abgeleitete ZVR hiervon unberührt bleibt, wenn der Syndikusrechtsanwalt bei einer anderen zur Verweigerung des Zeugnisses berechtigten Person angestellt, also mit typisch anwaltlichen Aufgaben für Dritte befasst ist (BT-Drucks aaO).

Wegen des **Umfangs des Zeugnisverweigerungsrechts** vgl oben 7 ff. Kenntnisse, die RAe und Steuerberater in ihrer Eigenschaft als Aufsichtsratsmitglied einer AG gemacht haben, dürfen nicht verschwiegen werden (Celle NdsRPfl **83**, 124). Dies gilt gleichermaßen für Ombudsleute von Unternehmen (vgl Sotelsek NStZ **16**, 502, 503; **aM** Rudolph StraFo **19**, 57, 59). Anders verhält es sich mit Erkenntnissen eines mit der unternehmensinternen Aufklärung strafbaren Verhaltens beauftragten externen RAes (Wessing DAV-FS 926 mit Hinweis auf die Befugnis des mandatierenden Unternehmens nach II S 1). Bei derartigen **internen Ermittlungen** erstreckt sich das Zeugnisverweigerungsrecht des RA im Falle seiner Ausübung wegen der Unteilbarkeit des Weigerungsrechts (BGH **33**, 148; oben 7) zwar regelmäßig auch auf beschuldigte Mitarbeiter (vgl I. Roxin StV **12**, 116, 120); der RA kann sich hierauf jedoch nicht berufen, wenn ihn das Unternehmen, das ihn beauftragt hat, gem II S 1 von der Schweigepflicht entbunden hat (siehe unten 45 ff; zu den sich daraus für den – später – uU beschuldigten Mitarbeiter ergebenden Konsequenzen 1a zu § 55; zur Beschlagnahme im Rahmen interner Ermittlungen erlangter Unterlagen 10a–10c zu § 97; zum Schweigerecht der JP in den Fällen der §§ 442, 444 siehe 7a zu § 136). Die Beweisfrage, ob der **Steuerberater** mit der Abgabe von Steuererklärungen beauftragt worden ist, fällt unter das Zeugnisverweigerungsrecht (Schleswig SchlHA **82**, 111). Wird ein RA von einem Erpresser in Anspruch genommen, um bei der Verhandlung über das Lösegeld mitzuwirken, so hat er insoweit kein Zeugnisverweigerungsrecht (Haas NJW **72**, 1081); anders ist es, wenn er das Erpressungsopfer vertritt (BGH NJW **86**, 1183, 1185). Das Zeugnisverweigerungsrecht eines Notars besteht grundsätzlich auch bei amtspflicht- und gesetzwidriger Umsetzung eines ihm erteilten Auftrags, wird aber durch die Anzeigepflicht nach § 11 I S 1, III GwG eingeschränkt (BGH **50**, 64; Widmaier Dahs-FS 543); entspr gilt dies für die übrigen in I Nr 2 und 3 Genannten (KK-Bader 16a). Zur Verwertungsbeschränkung für Angaben des Jahresabschlussprüfers im berufsrechtlichen Verfahren nach § 62 V WiPrO vgl Leipold Volk-FS 292; Verjans DAV-FS 869.

b) **Ärzte und ähnliche Berufe:** Arzt ist, wer im Inland als Arzt approbiert ist oder nach § 2 II–IV BÄO zur vorübergehenden Ausübung des Arztberufs berechtigt ist. Ausländische Ärzte, die nicht unter § 2 III BÄO (EG-Staatsangehörige) fallen, sind nicht zeugnisverweigerungsberechtigt (zw Schubarth ZStW **105**, 367). Wegen der Zahnärzte vgl § 1 ZahnHkG, wegen der Psychotherapeuten vgl Ges vom 16.6.1998 (BGBl I 1311). Apotheker ist, wer approbiert ist oder den Beruf nach § 2 II Bundes-Apothekerordnung idF vom 19.6.1989 (BGBl I 1479) vorübergehend ausüben darf. Wegen der Hebammen vgl § 2 des Hebammengesetzes vom 4.6.1985 (BGBl I 902).

Das Zeugnisverweigerungsrecht **erstreckt** sich auf alles, was dem Arzt usw in dieser Eigenschaft bei der Untersuchung oder Heilbehandlung anvertraut oder bekanntgeworden (oben 7 ff) ist (ausführlich hierzu Michalowski ZStW **109**, 519 ff). Dazu gehören der Name des Patienten und die Tatsache seiner Behandlung (BGH **33**, 148, 151; Köln StV **17**, 805; Oldenburg NJW **82**, 2615; LG Itzehoe SchlHA **87**, 188 [Diebstahl im Wartezimmer]; LG Köln NJW **59**, 1598), auch Beobachtungen ohne förmliche Mitteilungen, zB bei Befassung mit einem Bewusstlosen, und andere Feststellungen über das Anvertraute hinaus (LG Karlsruhe StV **83**, 144), gleichviel, ob diese Tatsachen dem Patienten überhaupt bekannt

§ 53

waren oder sind. Auch auf die Anbahnung des Beratungs- und Behandlungsverhältnisses, zB auf die Begleitumstände der Krankenhausaufnahme eines Patienten, erstreckt sich das Zeugnisverweigerungsrecht (BGH 33, 148; Köln aaO) sowie darauf, ob überhaupt ein Behandlungsverhältnis bestanden hat (BGH JZ 00, 683), nicht aber auf lediglich bei Gelegenheit der Berufsausübung erfahrene Tatsachen (Hamm NStZ 10, 164: für die Polizei bestimmte Angaben; Köln aaO).

19 Das Zeugnisverweigerungsrecht besteht auch, wenn dem Zeugen die Gelegenheit zur Untersuchung und Behandlung **auf Grund gesetzlicher Duldungspflicht zwangsweise verschafft** worden ist; die gesetzliche Duldungspflicht ersetzt die sonst erforderliche Zustimmung (BGHZ 40, 288). Daher sind auch Truppenärzte (BDiszH NJW 63, 409), Amtsärzte (BGH aaO) und Ärzte im Strafvollzug (Karlsruhe NStZ 93, 405 mwN) zeugnisverweigerungsberechtigt.

19a Das Bestehen des Zeugnisverweigerungsrechts **bedeutet nicht**, dass der Arzt hiervon Gebrauch machen muss. Lehnt der Patient es ab, den Arzt von der Schweigepflicht zu entbinden oder widerruft er eine frühere Entbindungserklärung, so hat er keinen strafprozessualen Anspruch darauf, dass der Arzt die Aussage verweigert (BGH 42, 73, 76). Es obliegt der freien Entscheidung des Arztes, ob er sich nach Abwägung der widerstreitenden Interessen zu einer Zeugenaussage entschließt; selbst wenn er sich durch seine Angaben nach § 203 I Nr 1 StGB strafbar machen sollte, bleibt die Aussage grundsätzlich verwertbar (BGH NStZ 18, 362 mwN; erg 45). Daraus folgt zugleich, dass das Arzt-Patienten-Gespräch nicht dem unbedingten Kernbereichsschutz unterfällt (so aber erwogen von BGH 1 StR 277/17 vom 6.3.2018; dagegen Mosbacher JuS 18, 767, 769 und Vogler NStZ 19, 38).

20 Ein **zum Sachverständigen bestellter Arzt,** auch wenn er privat praktiziert (Kohlhaas DAR 68, 74; DRiZ 59, 246; **aM** Hiendl NJW 58, 2101), hat auch hinsichtlich der Zusatztatsachen (11 zu § 79; wegen der Befundtatsachen vgl 2 zu § 76) kein Zeugnisverweigerungsrecht, wenn der Untersuchte die Untersuchung oder den Eingriff kraft Gesetzes dulden musste (BGH StV 02, 633 mit abl Anm Bosch; StraFo 09, 64) oder hätte verweigern können, aber nicht verweigert hat (BGHZ 40, 288, 294; Hamm NJW 68, 1202; zust LR-Ignor/Bertheau 38). Das gilt aber nur im Rahmen des jeweiligen Verfahrens und des Auftrags (BGH aaO). Tatsachen, die ihm ohne Zusammenhang mit seinem Gutachten freiwillig mitgeteilt worden sind (RG 61, 384), und sein Wissen aus früherer Behandlung (Bockelmann, Strafrecht des Arztes, 1968, S 45; Hass SchlHA 73, 42), braucht der Sachverständige nicht zu offenbaren (BGH 38, 369). Für Zufallsbeobachtungen (12 zu § 79) gilt I Nr 3 ohne Einschränkung. Erg 2 zu § 76.

21 D. **Schwangerschaftsberater (Nr 3a):** Mitglieder der in Nr 3a bezeichneten Stellen sind die Leiter und alle sonstigen in einem Dienstverhältnis zu der Stelle stehenden Ärzte, Psychologen und Sozialarbeiter (Rengier 25 ff). Beauftragte sind sonstige Personen, die dazu bestellt sind, im Auftrag einer Beratungsstelle deren Aufgaben wahrzunehmen. Das Zeugnisverweigerungsrecht erstreckt sich nicht nur auf die Schwangerschaft, sondern auch alle für die Beratung bedeutsamen Lebensumstände (KK-Bader 21). Betreuer einer „Babyklappe" fallen nicht unter die Vorschrift (LG Köln NJW 02, 909; **aM** Beulke Herzberg-FS 605, 621; Schünemann-FS 859 mit beachtlichem Hinweis darauf, dass im Interesse des Lebensschutzes des Säuglings I Nr 3a entspr anzuwenden sei).

22 E. **Berater für Fragen der Betäubungsmittelabhängigkeit** (Nr 3b): Das Zeugnisverweigerungsrecht für Mitarbeiter von Suchtberatungsstellen betrifft nur die Beratung hinsichtlich der im BtMG erfassten Suchtformen und Suchtgefahren und besteht lediglich für Beratungsstellen, die von einer Behörde oder einer Körperschaft, Anstalt oder Stiftung des öffentlichen Rechts eingerichtet oder anerkannt worden sind (einschließlich niederschwelliger Eingangseinrichtungen, LG Kiel StV 10, 120), gilt also nicht für ehrenamtlich tätige Berater in sog Selbsthilfegruppen (BVerfG NJW 96, 1587; LG Freiburg StraFo 99, 136). Inhaltlich ist es auf die Informationen beschränkt, die bei der Beratung oder Behandlung von Betäubungsmittelkonsumenten oder Betäubungsmittelabhängigen erlangt worden sind; alle übrigen Formen der Suchtberatung wurden bewusst ausgeklammert (krit dazu Kreuzer Schüler-Springorum-FS 538). Das Zeugnisverweigerungsrecht umfasst aber nicht nur die vom Beratenen selbst mitgeteilten Informationen, sondern auch entspr Gespräche des Beraters mit Familienangehörigen und Freunden (BT-Drucks 12/2738 S 5). Gerichts- und Bewährungshelfer, Strafvollzugsbedienstete und Sozialarbeiter, die in Betäubungsmittelfragen beraten, haben kein Zeugnisverweigerungsrecht (Kreuzer aaO 539).

F. **Abgeordnete (Nr 4):** Für BTags-Abgeordnete gilt Art 47 S 1 GG. Für Abgeordnete der Länderparlamente vereinheitlicht Nr 4 die entspr Bestimmungen der Länderverfassungen. Nach Einbeziehung der Mitglieder der Bundesversammlung und der Mitglieder des Europäischen Parlaments ist Nr 4 *lex specialis* zu § 6 EuAbgG und § 7 BPräsWahlG. 23

Das Zeugnisverweigerungsrecht **erstreckt** sich auf die Tatsachen, die dem Abgeordneten im Zusammenhang mit seiner Abgeordnetentätigkeit von einem anderen Abgeordneten, einem Regierungsvertreter oder Privatmann anvertraut worden sind (o 8) oder die er dem anderen anvertraut hat, sowie auf die ihm als Abgeordneten sonst bekanntgewordenen (o 9) Tatsachen. Auch über die Person seiner Gewährsleute braucht der Abgeordnete nicht auszusagen (Rengier 32ff). Der Abgeordnete entscheidet nach freiem Ermessen darüber, ob er aussagen oder schweigen will. Weisungen können ihm hierüber nicht erteilt werden; § 54 gilt nicht entspr (LR-Ignor/Bertheau 45). Eine Befreiung von der Schweigepflicht ist ausgeschlossen. 24

Das Weigerungsrecht nach Nr 4 **dauert** nach Beendigung des Mandats fort (Dallinger JZ **53**, 436), erstreckt sich aber nicht auf das, was der Abgeordnete vor Beginn oder nach Ablauf der Wahlperiode erfährt (Kohlhaas GA **58**, 65). 24a

G. **Mitarbeiter von Presse, Rundfunk usw (Nr 5):** 25

a) Der **Schutz des Vertrauensverhältnisses** zwischen Presse und privaten Informanten gehört zu der durch Art 5 I S 2 GG verbürgten Pressefreiheit (BVerfGE **36**, 193, 204; **50**, 234, 240; BVerfG NStZ **82**, 253) und unterfällt Art 10 EMRK (dort 1). Das Zeugnisverweigerungsrecht dient daher nicht in 1. Hinsicht dem Schutz des Verfassers, Einsenders und Gewährsmanns, sondern der im öffentlichen Interesse liegenden Tätigkeit von Presse und Rundfunk (BVerfG aaO; BVerfGE **20**, 162, 176; BVfG **28**, 240, 254; vgl auch EGMR NJW **08**, 2563: „Grundvoraussetzung für die Pressefreiheit"). Das Recht eines Journalisten, seine Quelle zu verschweigen, ist echter Bestandteil des Rechts auf Informationsfreiheit und kann daher nicht als einfaches Privileg angesehen werden, das ihm je nach Rechtmäßigkeit oder Unrechtmäßigkeit der Information gewährt oder entzogen wird (EGMR NJW **08**, 2565). Es besteht auch, wenn der Informant die Aussage wünscht (Bremen JZ **77**, 444). Andererseits hat der Informant keinen Rechtsanspruch darauf, dass der Pressemitarbeiter von seinem Zeugnisverweigerungsrecht Gebrauch macht (BVerfG NStZ **82**, 253; Mitsch AfP **12**, 521, 522). Standesrechtlich ist er dazu aber verpflichtet (Löffler/Achenbach 79 ff zu § 23 LPG). Die Vorschrift ist im verwaltungsgerichtlichen Verfahren nicht – auch nicht im Wege der Analogie – anwendbar (OVG Lüneburg NJW **15**, 104). 26

Nach Ansicht des BVerfG enthielt Nr 5 aF **keine abschließende Regelung;** vielmehr könne sich ein Zeugnisverweigerungsrecht über Nr 5 hinaus unmittelbar aus Art 5 I S 2 GG ergeben (BVerfGE **25**, 296, 305; **64**, 108, 116 = JZ **83**, 795 mit abl Anm Fezer; **aM** BGH **28**, 240, 254; krit Rengier 107 ff; Achenbach Beulke-FS 593, 600; vgl auch § 97 V S 2 2. Hs sowie dort 45, 45a; erg 6 zu § 70). 27

b) **Personenkreis:** Zur Zeugnisverweigerung sind Personen berechtigt, die bei der Vorbereitung, Herstellung oder Verbreitung von Druckwerken (im Gegensatz zur früheren Regelung müssen es nicht mehr periodische sein), Rundfunksendungen, Filmberichten oder der Unterrichtung oder Meinungsbildung dienenden Informations- und Kommunikationsdiensten (zB Mediendiensten wie Fernsehtext, 28

§ 53

siehe KK-Bader 30) berufsmäßig mitwirken oder mitgewirkt haben; auch das wissenschaftliche Publikationswesen zählt hierzu (Greitemann NStZ **02**, 572).

29 Im Gegensatz zur früheren Regelung genügt die Mitwirkung bei **allen Arten von Druckwerken;** es muss sich nicht mehr um periodische Druckwerke handeln (vgl dazu Kramer Kriminalistik **04**, 758, 759).

30 **Rundfunksendungen** sind Sendungen des Hör- und Bildfunks; Nr 5 gilt daher auch für Mitarbeiter an Fernsehsendungen und für die in Art 5 I S 2 GG erwähnten Filmberichterstatter.

31 Die **berufsmäßige Mitwirkung** bei der Herstellung oder Verbreitung des Druckwerks oder der Sendung setzt Nr 5 voraus (krit dazu R. Hamm NJW **01**, 270). In Betracht kommen nicht nur Journalisten, Intendanten, Sendeleiter und Archivare, sondern alle Angehörigen des redaktionellen, kaufmännischen und technischen Personals, einschließlich der Hilfspersonen (Setzergehilfen, Volontäre), sowie Justitiare (LG Hamburg AfP **84**, 172), die auf Grund ihrer beruflichen oder dienstlichen Stellung von der Person des Verfassers, Einsenders oder Gewährsmanns oder von dem Inhalt der Mitteilung Kenntnis erlangen können (Dallinger JZ **53**, 436; Kohlhaas NJW **58**, 41). Gleichgültig ist, ob sie die Kenntnis vor oder nach der Veröffentlichung oder Verbreitung des Druckwerks oder der Sendung erlangt haben und ob sie inzwischen aus den Diensten des Presse- oder Rundfunkunternehmens ausgeschieden sind (Löffler/Achenbach 30 zu § 23 LPG; Kohlhaas Löffler-FS 147). Berufsmäßig wirken auch freiberuflich schaffende Journalisten mit (BGH NJW **99**, 2051); auf die Absicht der Gewinnerzielung kommt es nicht an (Kohlhaas aaO). Nebenberuflich Mitwirkende handeln nur dann berufsmäßig, wenn sie beabsichtigen, die Tätigkeit durch wiederholte Ausübung zu einer dauernden oder doch wiederkehrenden Beschäftigung zu machen (Kohlhaas aaO). Dazu kann die Mitwirkung in einem Einzelfall ausreichen (BGH **7**, 129). Es genügt nicht, dass der Zeuge ohne berufsmäßige Einbindung in den Medienbereich irgendwann einmal in irgendeiner Weise tätig geworden ist (BT-Drucks 14/5166 S 8). Wer nur gelegentlich Beiträge einsendet, hat somit kein Zeugnisverweigerungsrecht (Kunert MDR **75**, 886).

32 Bei der **Vorbereitung, Herstellung oder Verbreitung** muss die Mitwirkung erfolgen. Mit dem Begriff Vorbereitung wird das Stadium der Informationsbeschaffung erfasst (BVerfGE **10**, 118; Bremen JZ **77**, 444), insbesondere durch Recherscheure (Kunert aaO). Herstellen ist die gesamte Tätigkeit, die auf die inhaltliche, sprachliche oder technische Gestaltung der Druckschrift oder Sendung abzielt. Zum Verbreiten gehört jede Handlung, durch die das Druckwerk oder die Sendung veröffentlicht, also dem Publikum zugänglich gemacht wird (BGH **18**, 63; Löffler/Achenbach 36 zu § 23 LPG), auch wenn das nicht öffentl geschieht (Versand an Vereinsmitglieder).

33 c) **Umfang des Zeugnisverweigerungsrechts:** Es bezieht sich auf Personen (Verfasser, Einsender, Informanten), auch wenn sie bei dem Presseorgan tätig sind, und auf Mitteilungen (Beiträge, Unterlagen, Mitteilungen und selbst erarbeitete Materialien für den redaktionellen Teil). Es kann entfallen, wenn der Informant nur bezweckt, durch die Presseveröffentlichung auf sich aufmerksam zu machen (BVerfG NStZ **82**, 253: anonyme „Bekennerbriefe" zu schweren Straftaten).

34 aa) Da die **Person des Informanten** verschwiegen werden darf, brauchen Fragen nach dem Namen, aber auch nach sonstigen Tatsachen, die die Aufdeckung der Identität – auch mittelbar (BGH **36**, 298) – ermöglichen, nicht beantwortet zu werden (Kohlhaas NJW **58**, 42). Wenn jedoch das Presseorgan die Identität des Informanten selbst aufgedeckt hat, besteht wegen der weiteren Einzelheiten, die seine Ermittlung ermöglichen (Aufenthaltsort, Aussehen, Zugang der Information), kein Zeugnisverweigerungsrecht (BGH NJW **99**, 2051; **28**, 240, wo bei überwiegendem Veröffentlichungsbedürfnis und bei außerordentl. Publizitätsinteresse eine Ausnahme gemacht wird; abl Roxin/Schünemann § 26, 25; Heinrich Rengier-FS 397, 404). Auf die sonstigen Umstände der Veröffentlichung, zB auf die an den Informanten geleisteten Zahlungen bezieht sich das Zeugnisverweigerungsrecht nicht, sofern sie nicht für Fahndungsmaßnahmen oder Aufenthaltsermittlungen aufschlussreich sind (BVerfGE **25**, 296, 306; BGH **28**, 240, 256; **aM** SK-Rogall 176, 177).

Verfasser ist der geistige Urheber des Beitrags, gleichgültig, ob er ihn selbst 35 schriftlich abgefasst oder nur diktiert hat und ob der Beitrag unverändert oder redigiert in die Druckschrift oder Sendung aufgenommen worden ist. Mehrere Urheber sind Mitverfasser (LG Hamburg AfP **84**, 172). Verfasser oder Mitverfasser iS Nr 5 kann auch ein Redakteur oder anderer Mitarbeiter des Presseorgans sein; seine Mitwirkung unterliegt dem Zeugnisverweigerungsrecht (LG Hamburg aaO; LG Heilbronn AfP **84**, 119). Auch die Person des Verfassers, der selbst im Rundfunk spricht, darf verschwiegen werden (Groß NJW **75**, 1763).

Einsender ist, wer Informationen oder Beiträge, die von anderen Personen ver- 36 fasst sind, oder Briefe, Aufzeichnungen, Äußerungen oder Stellungnahmen anderer Art einem Presseunternehmen oder Rundfunksender übersendet oder übergibt, auch wenn das nur für Archivzwecke geschieht.

Sonstiger Informant ist, wer die Anregung für einen Pressebericht oder eine 37 Rundfunksendung gibt oder wer das Material (Schriftstücke, Abbildungen, Tonträger, andere Gegenstände) dazu ganz oder teilw zur Verfügung stellt. Er braucht nichts zu verfassen.

bb) **Mitteilungen** dürfen verschwiegen werden, die den bezeichneten Personen 38 in ihrer beruflichen Eigenschaft, nicht als Privatleuten, von Verfassern, Einsendern und sonstigen Informanten gemacht worden sind. Dazu gehört die Tatsache, dass überhaupt eine Mitteilung gemacht worden ist, und alles, was der Presse im Hinblick auf ihre Tätigkeit im Zusammenhang mit einer etwaigen Veröffentlichung im redaktionellen Teil des Druckwerks mitgeteilt worden ist (BGH **28**, 240, 251; vgl auch Rebmann Pfeiffer-FS 230 ff für „Bekennerbriefe" von Terroristen). Auch das Ermöglichen gezielter bestimmter Beobachtungen kann darunter fallen (BGH **28**, 240, 255; LG Heilbronn AfP **84**, 119). Ob die Mitteilungen zur Veröffentlichung geführt haben oder für sie vorgesehen sind, ist gleichgültig (BGH **28**, 240, 251; LG Heilbronn aaO). Geschützt ist auch das nicht zur Veröffentlichung bestimmte sog Hintergrundmaterial (BGH aaO; Bremen JZ **77**, 444; Löffler/Achenbach 58 zu § 23 LPG) und das Archivmaterial (Kohlhaas Löffler-FS 149). Die Mitteilungen müssen den Presse- oder Rundfunkmitarbeitern von außen gemacht worden sein.

Auch auf **selbst erarbeitetes Material** bezieht sich das Zeugnisverweigerungs- 39 recht (dies war von BGH **36**, 298 zur früheren Rechtslage nur anerkannt worden, wenn die Offenbarung zur Enttarnung des Informanten führen konnte). Es erstreckt sich auf die selbst recherchierten Materialien (zB Notizen, Negative, Fotos) und auf solche Wahrnehmungen, die nicht mit einer von Dritten stammenden Information in Zusammenhang stehen (krit dazu Kunert NStZ **02**, 171).

Dieses inhaltlich sehr weitgehende, nahezu unumschränkte Zeugnisverwei- 39a gerungsrecht (vgl Tsambikakis StraFo **02**, 145) erfährt im Gegensatz zu den sonstigen Fällen der Nr 5 nach II S 2 im staatlichen Strafverfolgungsinteresse wegen des besonderen Gewichts der aufzuklärenden Straftat eine **Einschränkung,** wenn die Aussage zur Aufklärung eines Verbrechens (§ 12 I StGB) beitragen soll oder wenn Gegenstand der Untersuchung ein dort bezeichnetes Vergehen ist; die Aufzählung der in Betracht kommenden Vergehen ist abschließend. Die folgende Subsidiaritätsklausel („... auf andere Weise aussichtslos oder wesentlich erschwert") bezieht sich nach der gesetzlichen Fassung nur auf den Aussagezwang bei Vergehen, bei Verbrechen besteht danach diese Einschränkung nicht (SK-Rogall 187; Löffler/Achenbach 68 zu § 23 LPG); ob das so gewollt war, ist nach den Gesetzesmaterialien unklar, da sie nach dem Vorschlag des BRats (BR-Drucks 688/01) insgesamt gelten sollte und die jetzige Fassung auf einer (nicht mit Gründen versehenen) Empfehlung des Vermittlungsausschusses (BT-Drucks 14/7776) beruht.

Gegen diese Subsidiaritätsregelung hatte die BReg **berechtigte Bedenken** gel- 39b tend gemacht (BT-Drucks 14/5166 S 9); wegen der Unbestimmtheit der Begriffe ist die Subsidiaritätsklausel im Ermittlungsverfahren und vor allem in einer Hauptverhandlung nur eingeschränkt praktikabel (vgl auch Kramer Kriminalistik **04**,

§ 53

760); Streitigkeiten darüber, ob dem Zeugen nun ein Zeugnisverweigerungsrecht zusteht oder nicht, scheinen kaum zu vermeiden (so auch SK-Rogall 190; R. Hamm NJW **01**, 270; Kunert NStZ **02**, 172).

39c Zu II S 2 besteht in II S 3 jedoch wieder eine **Unterausnahme,** wonach der Zeuge in allen Fällen des S 2 die Aussage doch verweigern darf, wenn sie zur Offenbarung der Person des Verfassers, Einsenders oder sonstigen Informanten oder der ihm im Hinblick auf seine Tätigkeit nach I S 1 Nr 5 gemachten Mitteilungen oder deren Inhalts führen würde; hier ist die in BGH **36**, 298 dargelegte Rechtsauffassung vom Gesetzgeber übernommen und der „Gemengelage" zwischen selbstrecherchierten und von Dritten zugetragenen Informationen (Kunert aaO) Rechnung getragen worden. Schon mit dieser Behauptung kann der Zeuge daher der Aussagepflicht entgehen (daher krit KK-Bader 44c).

40 cc) **Für den redaktionellen Teil** des Druckwerks, der Rundfunksendung oder des Filmberichts oder für redaktionell aufbereitete Informations- und Kommunikationsdienste müssen die Beiträge, Unterlagen, Mitteilungen und Materialien bestimmt sein (I S 3). Dazu gehören auch die in einer Zeitung veröffentlichten Leserbriefe (KG NJW **84**, 1133), nicht aber Beiträge in Internet-Diskussionsforen, die von jedermann in alleiniger Verantwortung eingestellt und von dem Presseorgan redaktionell nicht bearbeitet werden (LG Oldenburg NStZ **11**, 655 f; vgl auch LG Duisburg MMR **13**, 334 mit zust Anm Heidrich zum Betreiben eines Online-Dienstes, bei dem die von den Nutzern bereit gestellten Beiträge nicht bearbeitet werden). Auf den Anzeigenteil, Werbefunk und Werbefernsehen erstreckt sich das Zeugnisverweigerungsrecht dagegen nicht (Löffler/Achenbach 76 zu § 23 LPG mwN). Eine Ausnahme gilt nach Meinung des BVerfG, wenn der Anzeige eine gleiche oder ähnliche Funktion wie Beiträgen des redaktionellen Teils zukommt (BVerfGE **64**, 108: Auftraggeber einer Chiffreanzeige).

41 7) Für die **Ausübung des Zeugnisverweigerungsrechts** gelten die Grundsätze zu § 52 (dort 13 ff). Der Zeuge kann das Geheimnis teilw preisgeben und teilw offenbaren (RG **48**, 269, 272; KK-Bader 7). Die Gründe für die Zeugnisverweigerung braucht er nicht darzulegen (RG **57**, 63, 65); das Gericht kann aber, wenn es Zweifel hat, die eidliche Versicherung nach § 56 verlangen.

42 Der **Widerruf des Verzichts** auf das Zeugnisverweigerungsrecht ist entspr § 52 III S 2 bis zum Schluss der Vernehmung möglich. Die bisherige Aussage bleibt verwertbar, darf aber nicht beeidet werden. Erg 3 zu § 252.

43 Die **verfahrensrechtlichen Folgen** der Weigerung entsprechen denen des § 52 (dort 23 ff). Bei der Beweiswürdigung darf die Zeugnisverweigerung nicht berücksichtigt werden (20 zu § 261).

44 8) Eine **Belehrungspflicht** besteht nicht (BGH NJW **91**, 2844, 2846; GA **69**, 92; VRS **41**, 93; **aM** Gillmeister Rengier FS 387, 392). Das Gericht darf davon ausgehen, dass der Zeuge seine Berufsrechte und -pflichten kennt (vgl BGH NStZ-RR **10**, 178: dauerhaft in Deutschland aufenthältlicher Geistlicher eines fremden Landes). Nur wenn die Unkenntnis offensichtlich ist, gebietet die Fürsorgepflicht eine Belehrung (BGH MDR **80**, 815 [H]; Dresden NStZ-RR **97**, 238).

45 9) Die **Entbindung von der Verschwiegenheitspflicht (II)** führt nur in den Fällen I Nrn 2–3b zur Aussagepflicht (vgl Theuner [oben 1] 320: kein „Wahlrecht" des Arztes; erg 19a). Die Aussagepflicht gilt dann de lege lata uneingeschränkt auch für RAe bzw Verteidiger (**aM** Leitner StraFo **12**, 344; Matt Widmaier-FS 851; Schäfer Hanack-FS 89; Lammer Wolter-FS 1031, 1039: teleologische Reduktion von II S 1; Nack StraFo **12**, 341, 344 spricht sich für ein eigenständiges Schweigerecht de lege ferenda aus); einen dieser entzogenen „Kernbereich" der Verteidigung (vgl BGH StV **08**, 284 mit abl Anm Beulke/Ruhmannseder) gibt es nicht (BGH StraFo **10**, 69). In den anderen Fällen kann die Aussagepflicht nur die Entschließung des Zeugen beeinflussen. Die Erklärung ist eine Prozesshandlung, die Handlungsfähigkeit voraussetzt (Einl 96 ff). Sie kann konkludent, zB durch Vorlage eines ärztlichen Attestes, geschehen (Gercke Schlothauer-FS 423, 424). Das Gericht ist nicht, auch nicht aus Fürsorgegründen, verpflichtet, den anwesenden Angeklagten zu befragen, ob er den die Aussage verweigernden Zeugen entbinden wolle (BGH 1 StR 108/75 vom 14.10.1975). Die Weigerung des Angeklagten, den Zeugen zu entbinden, oder der Widerruf einer Entbindungserklärung, hindern diesen nicht an der Aussage. Das Gericht muss ihm daher Gelegenheit geben, sich zu entscheiden (BGH **15**, 200, 202; NStZ **18**, 362; Frankfurt StV **82**, 414).

A. **Zur Entbindung berechtigt** ist jeder, zu dessen Gunsten die Schweige- **46** pflicht gesetzlich begründet ist (Köln StV **16**, 8; Hamburg NJW **62**, 689, 691; **60**, 1392). Sind mehrere geschützt, so müssen alle (gemeinsam oder getrennt) die Erklärung abgeben (Celle wistra **86**, 83; Hamm GA **69**, 220; AG Bonn NStZ **10**, 536; KK-Bader 47). Hat hingegen jemand einem Zeugen die Tatsachen anvertraut, der nicht zugleich der Geheimnisgeschützte ist, so ist die Entbindung durch den Geheimnisgeschützten erforderlich und ausreichend; der Anvertrauende muss nicht auch von selbst entbinden (LG Bonn NStZ **12**, 712; Göppinger NJW **58**, 243). Geheimnisse dritter Personen dürfen jedoch nur offenbart werden, wenn auch diese den Zeugen von der Schweigepflicht entbunden haben. Vertraut etwa ein Patient seinem Arzt Drittgeheimnisse – zB über einen Angehörigen – an, die untrennbar mit seiner sonstigen Krankengeschichte zusammenhängen, muss der Arzt auch von diesem Dritten von der Schweigepflicht befreit werden (Hamburg aaO).

Die Befugnis zur **Entbindung von Berufsgeheimnisträgern juristischer** **46a** **Personen** steht allein der JP zu (vgl Köln StV **16**, 8). Für eine GmbH müssen die rechtlichen und faktischen Geschäftsführer die Erklärung abgeben (Celle wistra **86**, 83; LG Hamburg wistra **05**, 394), für eine AG der Vorstand und bei einer Genossenschaft der Vorstand. Bei einem **Wechsel in Geschäftsführung oder Vorstand der JP** genügt es, wenn die Erklärung alleine von dem aktuell zuständigen Organ im Namen der JP abgegeben wird; der Erklärung des früheren Organwalters bedarf es nicht (Tully/Kirch-Heim NStZ **12**, 657; KK-Nack § 97 Rn 6; SK-Wohlers § 97 Rn 30; Passarge BB **10**, 591; Weyand wistra **95**, 240; Schäfer wistra **85**, 209, 211; SK-Rogall 205; **aM** AG Bonn NJW **10**, 1390 [persönl Beratung] und hierzu R. Hamm NJW **10**, 1332; Beulke Achenbach-FS 39, 51 ff; Dierlamm DAV-FS 444; Krause Dahs-FS 360 ff; ders NStZ **12**, 663; ausführlich zum Streitstand Städler, Die Auswirkungen eines Personenwechsels bei Vertretungsorganen von GmbH und AG auf die Entbindungsberechtigung nach § 53 Abs 2 S 1 StPO, Diss Passau 2012; speziell zur Entbindung durch den Insolvenzverwalter mN zur Rspr anschließend 46b). Dagegen kann nicht durchgreifend eingewandt werden, dass eine effektive Beratung der JP nur möglich sei, wenn die Person, die das Beratungsverhältnis auf Seiten der JP regelmäßig begründet und begleitet habe, auch über den Ausscheiden hinaus Einfluss auf die Wahrung der Vertraulichkeit besitze (so aber Krause aaO). Zwar können nur natürliche Personen wie etwa ehemalige Verantwortliche der JP dem Zeugen Tatsachen iS von I anvertrauen (siehe oben 8); davon ist jedoch die Frage zu trennen, zu wessen Gunsten die Schweigepflicht gesetzlich begründet und wer demzufolge zur Entbindung berechtigt ist (soeben 46). Handelt etwa ein Anwalt oder Wirtschaftsprüfer allein im Auftrag der JP, befindet er sich lediglich in Bezug auf die von ihm vertretene Gesellschaft in dem von § 53 vorausgesetzten Pflichtenwiderstreit (vgl Oldenburg NJW **04**, 2176; LG Bonn NStZ **12**, 712). Dem entsprechend wird die Schweigepflicht ausschließlich zu deren Gunsten begründet. Die persönlichen Verhältnisse und Interessen des Organs werden dagegen nicht Gegenstand des Mandats (Oldenburg aaO; vgl auch LG Bonn aaO). Soweit die organschaftliche Tätigkeit für die JP betroffen ist, hat das Organ sie ausschließlich in deren Interesse zu erbringen (vgl §§ 43 GmbHG, 93 AktG; Passarge aaO 593; Tully/Kirch-Heim aaO 661). Würde das anders sehen, hätte der frühere Verantwortliche im Konfliktfall – etwa wenn es um Straftaten zum Nachteil der Gesellschaft geht – quasi ein Vetorecht für die Entbindung eines Rechtsbeistandes oder Wirtschaftsprüfers in der Hand, mit dem er seine Interessen gegen die der mandatierten JP durchsetzen könnte. Dieses Ergebnis erschiene unter dem Blickwinkel der möglichst umfassenden Wahrheitsermittlung im Strafverfahren gerade

§ 53

auch von Verfassungs wegen als bedenklich (siehe BVerfGE **129**, 208 = NJW **12**, 833, 841 zur eng zu verstehenden Einräumung und Auslegung von ZVR; vgl ferner NStZ-RR **04**, 83, wonach sich im Kontext des § 97 das Vertrauensverhältnis zwischen Berufsgeheimnisträger und JP nicht auf deren Organe erstreckt; erg oben 2 sowie 10 zu § 97). Im Übrigen ist sich der ehemalige Organwalter darüber im Klaren, dass der Anwalt allein im Auftrag und Interesse der JP tätig wird; er kann deshalb auch nicht darauf vertrauen, dass seine Kommunikation mit dem Unternehmensanwalt auch gegen den erklärten Willen des Unternehmens geheim bleibt (Passarge aaO 592 f; Tully/Kirch-Heim aaO 662, die erg darauf hinweisen, dass bei internen Ermittlungen in Unternehmen, die einen praktisch häufigen Anwendungsfall für die hier interessierende Frage darstellen, nicht etwa erwogen wird, Informanten unterhalb der Organwalterebene eine Entbindungsbefugnis zuzugestehen).

46b Die vorstehenden Grundsätze sind entsprechend auf den **Insolvenzverwalter** zu übertragen. Auch dieser kann grundsätzlich den Berufsgeheimnisträger wirksam von der Schweigepflicht entbinden, ohne dass es einer zusätzliche Erklärung des früheren gesetzlichen, erst recht nicht des faktischen, Vertreters bedarf (Köln StV **16**, 8 mit abl Anm Gatzweiler/Wölky und zust Anm Kirsch/Wick NZWiSt **16**, 287; Nürnberg NJW **10**, 690 mit abl Anm Dierlamm StV **11**, 144; Oldenburg NJW **04**, 2176; Hamm NStZ **18**, 421; LG Hamburg NStZ-RR **02**, 12 mwN; LG Lübeck NJW **78**, 1014, jeweils zur Entbindung eines Wirtschaftsprüfers; LG Bonn NStZ **12**, 712 zur Entbindung eines RA; KK-Bader 47; KK-Greven 6 zu § 97; Wabnitz/Janovsky 53 ff; Passarge BB **10**, 591; Schäfer wistra **85**, 210; Tully/Kirch-Heim aaO 659; Madauß NZWiSt **13**, 262; KK-Nack § 97 Rn 6; vgl auch BGH NJW **90**, 510 zur entsprechenden Rechtlage im Zivilverfahren; **aM** Düsseldorf StV **93**, 346; Koblenz NStZ **85**, 426; Schleswig NJW **81**, 294; Zweibrücken NJW **17**, 902 mit Anm Raschke NZWiSt **17**, 227: Organwalterin als alleinige Gesellschafterin; LG Saarbrücken wistra **95**, 239 mit abl Anm Weyand; MüKoStPO-Percic 57; Dahs Kleinknecht-FS 63; Dierlamm aaO; Krause Dahs-FS 360 ff; Pelz 606; Boost StraFo **12**, 460; Schmitt wistra **93**, 14; Huber-Lotterschmid, Verschwiegenheitspflichten, Zeugnisverweigerungsrechte und Beschlagnahmeverbote zugunsten juristischer Personen, 2006 [zugl Diss Berlin], S 99). Da sich die Vertretungsbefugnis des Insolvenzverwalters anders als die umfassende des Organwalters lediglich auf die Verwaltungs- und Verfügungsbefugnis über das Vermögen des Schuldners erstreckt (§§ 22 I S 1, 80 I InsO), wird dies allerdings mit der Einschränkung zu gelten haben, dass die Insolvenzmasse von der Entbindung betroffen sein kann (Tully/Kirch-Heim aaO). Jedoch dürfte dies regelmäßig anzunehmen sein, wenn der RA oder Wirtschaftsprüfer des Schuldners im Strafverfahren als Zeuge gehört werden sollen (Tully/Kirch-Heim aaO).

46c Etwas anderes kann sich lediglich bei sog **Doppelmandaten** ergeben, dh wenn ein RA sowohl von der JP als auch von dem zuständigen Organ als natürlicher Person mandatiert ist. Insofern ist der Organwalter zur Entbindung berechtigt, soweit ausschließlich sein Mandatsverhältnis betroffen ist; sind dagegen beide Beratungsverhältnisse betroffen, weil der RA sie miteinander vermengt, kann von der Schweigepflicht nur kumulativ durch die JP und den – früheren – Organwalter entbunden werden (zutr Tully/Kirch-Heim NStZ **12**, 657, 663; vgl auch Hamm NStZ **18**, 421 mit Anm Bittmann; Raschke NZWiSt **17**, 227, 229; **aM** KK-Nack § 97 Rn 6, der die Entbindung durch die JP ausreichen lassen will, wenn es um Straftaten des früher Verantwortlichen zN oder „im Interesse" des Unternehmens, etwa bei Steuerdelikten, sowie um Insolvenzdelikte geht). Allerdings bergen derartige Doppelmandate das strukturelle Risiko, dass der RA mit Blick auf die denkbaren widerstreitenden Interessen gegen seine Standespflichten verstößt (siehe § 43a IV BRAO, § 3 I BORA; vgl auch KK-Nack aaO; Raschke aaO) oder sogar eine Strafbarkeit nach § 356 StGB in Betracht zu ziehen ist (Tully/Kirch-Heim aaO; nicht unbedenklich ist deshalb der von Bittmann wistra **12**, 173, 175 erteilte Rat, „die rechtlichen Gestaltungsspielräume zugunsten der beteiligten natürlichen Personen möglichst auszureizen").

B. Die **Erklärung** kann durch schlüssiges Verhalten erfolgen (vgl Hamm StraFo **08**, 386 und Nürnberg NJW **09**, 1761: Vorlage eines ärztlichen Attests zur Entschuldigung des Nichterscheinens im Termin; erg 19 zu § 329). Die Benennung der Vertrauensperson als Zeugen ist als Entbindung zu werten (KK-Bader 50). Die nur mutmaßliche Einwilligung reicht dagegen nicht aus (Solbach DRiZ **78**, 205). Die Erklärung wirkt nur in dem Verfahren, in dem sie abgegeben wird, aber für alle Verfahrensabschnitte. Ob sie wirksam ist, beurteilt das Gericht, nicht der Zeuge (BDiszH NJW **60**, 550). Ist der Geheimnisgeschützte verstorben, so kann die Entbindung in einer zu Lebzeiten abgegebenen Erklärung (München AnwBl **75**, 159; Solbach aaO), auch in einem nachgelassenen Brief (BDiszH aaO), gesehen werden (vgl auch BGHZ **91**, 392). 47

Eine **Vertretung** in der Erklärung ist, da es sich um ein höchstpersönliches Recht handelt, unzulässig, auch wenn der Geheimnisgeschützte willensunfähig ist (KK-Bader 48; LR-Ignor/Bertheau 81; **aM** Frister Rogall-FS 473; Solbach DRiZ **78**, 207, die § 52 II entspr anwenden wollen). Nach seinem Tod können weder die Erben noch die nächsten Angehörigen entbinden; wenn der mutmaßliche Wille des Vertretenen nicht festgestellt werden kann, muss der Zeuge selbst entscheiden (BGHZ **91**, 392; BGH MDR **80**, 81 5 [H]; Bay NJW **87**, 1492; Celle NJW **65**, 362; Stuttgart MDR **83**, 236; **aM** LG Hildesheim NStZ **82**, 394; Solbach DRiZ **78**, 204). 48

C. **Beschränkbar und widerrufbar** ist die Entbindung, beschränkbar aber nicht auf einzelne Tatsachen, sondern nur auf Tatsachenkomplexe (Hamburg NJW **62**, 689; **aM** Theuner [oben 1] 317), widerrufbar in entspr Anwendung des § 52 III S 2 (BGH **18**, 146, 149; Hamburg aaO). Der Widerruf muss ausdrücklich – wenn auch nicht unter Verwendung dieses Wortes – erklärt werden (BGH **42**, 73, 75). Bei Teilentbindung kann der Zeuge über diese Grenze hinaus aussagen, wenn er einen Rechtfertigungsgrund (oben 5) hat. Hatte der Zeuge zunächst ausgesagt, wegen des Widerrufs der Entbindung aber dann die weitere Aussage verweigert, so ist die Aussage verwertbar (KMR-Neubeck 41). Die Vorschrift des § 252 steht der Verwertbarkeit eines bei seiner Aussage im Ermittlungsverfahren von der Schweigepflicht entbundenen Arztes nicht entgegen, wenn der mit dem Angeklagten verwandte Zeuge in der Hauptverhandlung die Entbindung des Arztes von der Schweigepflicht widerruft (BGH **18**, 146; SK-Rogall 215; **aM** Hamburg NJW **62**, 689, 691). In diesem Fall sind nach der Rspr des BGH selbst die Angaben eines polizeilichen Vernehmungsbeamten über die damalige Aussage des Arztes verwertbar (BGH NStZ **12**, 281 mit krit Anm Geppert NStZ **12**, 282; Mitsch JR **12**, 423; Gercke Schlothauer-FS 423, 430; zust Beulke/Swoboda 420a; erg 3 zu § 252). 49

10) Revision: Dass der Zeuge sich zu Unrecht für die Zeugnisverweigerung oder den Verzicht darauf entschieden hat, kann nicht gerügt werden (BGH **9**, 59; BGHR Schweigepflicht 1), auch nicht das Unterlassen einer Belehrung (oben 44). Revisibel sind aber die unrichtige Belehrung und der unrichtige Hinweis darauf, dass eine Entbindung nach II erfolgt ist (BGH **42**, 73). Hat das zur Aussage des Zeugen geführt, so ist die Revision begründet, wenn das Urteil auf ihr beruht (Fezer JuS **78**, 472; einschr RG **57**, 63, 65; **66**, 273; **71**, 21; Köln OLGSt § 261 S 99: nicht, wenn dem Zeugen die Entschließungsfreiheit erhalten geblieben ist; Grünwald JZ **66**, 498: nicht bei Preisgabe von Drittgeheimnissen); Beanstandung nach § 238 II ist nicht erforderlich (BGH **42**, 73, 77). Die Rüge kann nach der Rspr des BGH jeder Angeklagte erheben, zu dessen Nachteil die Aussage verwertet worden ist, auch wenn er nicht zu den Personen gehört, die durch das Zeugnisverweigerungsrecht unmittelbar geschützt sind (BGH **33**, 148; SSW-Eschelbach 53; **aM** Grünwald aaO). Verweigert der Zeuge auf Grund unrichtiger Belehrung die Aussage, so ist § 245 verletzt, wenn er präsent ist, sonst § 244 II (BGH NStZ **94**, 94; erg 35 zu § 52; 18 zu § 55). Zum Verhältnis zu § 252 siehe dort 3. 50

§ 53a

Zeugnisverweigerungsrecht der mitwirkenden Personen

53a I ¹Den Berufsgeheimnisträgern nach § 53 Absatz 1 Satz 1 Nummer 1 bis 4 stehen die Personen gleich, die im Rahmen
1. eines Vertragsverhältnisses,
2. einer berufsvorbereitenden Tätigkeit oder
3. einer sonstigen Hilfstätigkeit

an deren beruflicher Tätigkeit mitwirken. ²Über die Ausübung des Rechts dieser Personen, das Zeugnis zu verweigern, entscheiden die Berufsgeheimnisträger, es sei denn, dass diese Entscheidung in absehbarer Zeit nicht herbeigeführt werden kann.

II Die Entbindung von der Verpflichtung zur Verschwiegenheit (§ 53 Absatz 2 Satz 1) gilt auch für die nach Absatz 1 mitwirkenden Personen.

1 **1) Normzweck.** Die Vorschrift dehnt das ZVR der in § 53 I S 1 Nr 1 bis 4 Bezeichneten – entspr § 203 III, IV StGB nF – auf die Personen aus, die an ihrer beruflichen Tätigkeit mitwirken; dies soll Umgehungen des ZVR der Berufsgeheimnisträger durch Vernehmung dieser Personen verhindern. Für Personen, die selbst ein Zeugnisverweigerungsrecht nach § 53 haben (hinzugezogener Arzt, Sozius des RA), hat § 53a keine Bedeutung (Kohlhaas GA **58**, 72). Für das Beschlagnahmerecht wird die Vorschrift durch § 97 III, IV ergänzt.

2 **2) Mitwirkende Personen (I S 1).** Das Gesetz vom 30.10.2017 (BGBl I 3618) hat den Kreis der zur Verweigerung des Zeugnisses berechtigten Personen erheblich erweitert, indem es den früheren Begriff des „Gehilfen" gestrichen und den Regelungsumfang auf alle Personen erstreckt hat, die an der beruflichen Tätigkeit des Berufsgeheimnisträgers mitwirken. Erfasst werden alle internen und externen sowohl fachlich als auch organisatorisch eingesetzten Kräfte (BT-Drucks 18/12940 S 12). Vorausgesetzt wird allerdings ein unmittelbarer Zusammenhang zwischen der Mitwirkung und der Berufstätigkeit des Hauptberufsträgers. Dieser ist gegeben, wenn der Berufsgeheimnisträger die mitwirkende Person mit Aufgaben betraut, bei deren Erfüllung sie in Kontakt mit dem geheimnisgeschützten Bereich kommt (siehe unten 4 ff; siehe auch SK-Rogall 14: mandatsbezogene Unterstützungsleistungen). Kein unmittelbarer Zusammenhang besteht dagegen zB bei Banken (anders aber nach LG Kiel wistra **19**, 303 beim Notaranderkonto), privatärztlichen Verrechnungsstellen, reinen Datenbanken, Krankenkassen, Berufskammern (LR-Ignor/Bertheau 3; KK-Bader 2a) und beim Hauspersonal, sofern es nicht ausnahmsweise bei der Berufsarbeit hilft (Bedienung des Telefons, Empfang von Patienten), sowie beim technischen Personal (Boten, Kraftfahrer, Haushaltshilfen usw). Ob allerdings der unscharfe und im Einzelfall nur schwer zu definierende Begriff des unmittelbaren Zusammenhangs mit der geschützten Berufstätigkeit ausreicht, um eine Vielzahl von nicht mehr überschaubaren originären ZVR und Beschlagnameverboten zu verhindern, bleibt abzuwarten.

3 A. Das in Nr 1 genannte **Vertragsverhältnis** ist umfassend zu verstehen. Erfasst sind alle Personen, die an der beruflichen Tätigkeit des Berufsgeheimnisträgers im Rahmen einer vertraglichen Beziehung teilnehmen (BT-Drucks 18/12940 S 11). Die Art des Vertragsverhältnisses spielt keine Rolle; es muss auch nicht wirksam sein, sofern es nicht gegen ein gesetzliches Verbot verstößt (Sk_Rogall 19). Es ist weder eine berufsmäßige, noch eine auf Dauer angelegte Tätigkeit noch ein soziales Abhängigkeitsverhältnis erforderlich. Die Vorschrift ist auf Anstellungs- und Beschäftigungsverhältnisse ebenso anwendbar wie auf Dienst-, Werk- oder Geschäftsbesorgungsverträge mit externen Dienstleistern.

4 **Daher haben zB** Schreib- und Sekretariatskräfte oder IT-Fachleute auch ein ZVR unter der in S 2 genannten Voraussetzung, wenn sie für einen externen Dienstleister tätig werden. Von dem Begriff „Vertragsverhältnis" werden auch Mitgesellschafter auf der Grundlage eines Gesellschaftsvertrages erfasst, die mit dem Berufsgeheimnisträger zusammenarbeiten, ohne ein originäres ZVR zu haben (BT-

Drucks aaO). Mitwirkende Personen können auch selbständige Gewerbetreibende sein, die für einen Berufsausübenden iS § 53 I S 1 Nrn 1–4 Einzelaufträge erledigen, also auch externe Dienstleister, die nur ein Einzelmandat erhalten haben (Schorn StraFo **17**, 491, 495 f; dazu im Einzelnen 5, 6).

Bei **Rechtsanwälten** sind es die in einem Angestellten- und Beschäftigungsverhältnis stehenden juristischen Mitarbeiter (nicht als RA zugelassene Volljuristen, Referendare, Studenten), das Büropersonal der Anwaltskanzlei, der zugezogene Dolmetscher und der beauftragte Detektiv. In einem vertraglichen Verhältnis steht auch der beauftragte Gutachter hinsichtlich fallbezogener Anknüpfungstatsachen, die diesem vom Verteidiger oder dem Beschuldigten mitgeteilt wurden (LR-Ignor/Bertheau 5); sobald der Verteidiger das Gutachten allerdings zB gemäß § 245 in das Verfahren einführt, wird der Gutachter zum Gehilfen des Gerichts und das ZVR aus § 53a erlischt (siehe KK-Bader 3). Ein Nr 1 unterfallendes Vertragsverhältnisses besteht auch mit Cloud-Computing Unternehmen, die damit beauftragt sind, Daten von Mandanten und Verfahren auf ausgelagerten Speichermedien zu speichern und IT-Systeme zu warten (vgl Schorn StraFo **17**, 491 f); das Privileg gilt aber nur gegenüber deutschen Strafverfolgungsbehörden, dh wenn sich der Standort der gespeicherten Daten in Deutschland befindet (Cornelius NJW **17**, 3751, der empfiehlt, sich dies entsprechend vertraglich zusichern zu lassen). 5

Beim **Arzt** zählen hierzu die von ihm herangezogenen Psychologen (Hoffmann NJW **71**, 1440) und anderen Spezialisten (Kohlhaas NJW **72**, 1502) sowie die für ihn tätigen Operationsassistenten, Krankenpfleger, Krankenschwestern (Hamm NStZ **10**, 164), Masseure, Bademeister, medizinisch-technische Assistentinnen und Studierenden, aber auch Bürofachkräfte und Buchhalter (Kleinewefer/Wilts NJW **64**, 430), im Krankenhaus neben diesen Hilfspersonen alle, die für den Arzt personenbezogene Daten erheben, verarbeiten oder nutzen. Ebenso unter Nr 1 fallen der für einen Zahnarzt tätige Zahntechniker sowie der von einem Arzt herbeigerufene selbständige Krankentransportfahrer. 6

Beim **Abgeordneten** sind es die Assistenten und Bürofachkräfte, auch ihm zuarbeitende Fraktionsreferenten sowie bei ihm in Ausbildung befindliche Personen (siehe Nr 2), nicht die einzelnen Wahlhelfer (LR-Ignor/Bertheau 7). 7

Beim **Geistlichen** kommen die in der Seelsorge mitwirkenden Personen in Betracht, dagegen nicht solche, die damit nicht unmittelbar zusammenhängende Tätigkeiten ausüben, wie Messdiener, Kirchenälteste und Pfarrgemeinderäte (KK-Bader 5; Rogall Eisenberg-FS 603; Stromberg MDR **74**, 892). 8

B. Personen, die **im Rahmen einer berufsvorbereitenden Tätigkeit (Nr 2)** an der beruflichen Tätigkeit des Berufsgeheimnisträgers mitwirken, sind in Ausbildung befindliche Personen, etwa Praktikanten und Referendare, die allerdings bei Bestehen eines Beschäftigungsvertrages auch unter Nr 1 fallen können. 9

C. Mit einer **sonstigen Hilfstätigkeit (Nr 3)** werden ständig oder gelegentlich mithelfende Bekannte, Freunde oder Familienmitglieder eines Arztes oder RA erfasst. Hierzu gehören ebenso – auch nicht anwaltliche – Geschäftsführer von Rechtsanwaltsgesellschaften, die das ZVR nicht aufgrund eigener anwaltlicher Tätigkeit, sondern lediglich abgeleitet von ihrer Geschäftsführereigenschaft beanspruchen (Bt-Drucks aaO 10). 10

3) **Abgeleitet vom Zeugnisverweigerungsrecht des Hauptberufsträgers** ist das Schweigerecht der mitwirkenden Person (vgl dazu schon BGH **9**, 59, 61; BT-Drucks 18/12940 S 10). Der Hauptberufsträger entscheidet nach I S 2 über die Aussagepflicht seiner mitwirkenden Personen mit bindender Wirkung (zu den Besonderheiten bei gemeinsamer Berufsausübung vgl Thielen StraFo **00**, 121); eine Ausnahme gilt, wenn die Entscheidung in absehbarer Zeit nicht herbeigeführt werden kann (Tod, Erkrankung, längere Abwesenheit). Da der Berufsgeheimnisträger über die Ausübung des ZVR entscheidet, empfiehlt es sich für die mitwirkende Person, bei Anfragen der Justizbehörden mit diesem Rücksprache zu halten (vgl Hoeren MMR **18**, 12, 17: Cloud-Anbieter). Eine Aussage der mitwirkenden Person entgegen der ihr erteilten Weisung ist allerdings verwertbar (vgl BGH **9**, 11

§ 54

59; KK-Bader 8; LR-Ignor/Bertheau 8; **aM** Tsambikakis 147 ff; Rengier 324 Fn 48). Gegen im Fall der Weigerung des Zeugen angeordnete Maßnahmen nach § 70 hat auch der Hauptberufsträger ein Beschwerderecht (vgl Köln StV **91**, 506; SSW-Eschelbach 19). Eine Belehrungspflicht besteht nicht (vgl 44 zu § 53, dort auch zu Ausnahmen; **aM** Tsambikakis 151).

12   **Einheitlich** muss die Entscheidung des Hauptberufsträgers nicht sein. Er kann selbst das Zeugnis verweigern, die mitwirkende Person aber zur Aussage anweisen (SK-Rogall 43) oder umgekehrt verfahren (KK-Bader 7; **aM** LG Köln NJW **59**, 1598). Er kann auch einer Mehrzahl von mitwirkenden Personen unterschiedliche Anweisungen für ihr Aussageverhalten geben.

13   Im **Verfahren gegen den Hauptberufsträger** steht der mitwirkenden Person kein Zeugnisverweigerungsrecht zu, sofern nicht ein Dritter, dem der Hauptberufsträger nach § 203 StGB zum Schweigen verpflichtet ist, Mitbeschuldigter ist und sich die Aussage auf ihn beziehen soll; dann gilt § 53a (LBerufsG Stuttgart NJW **75**, 2255; KK-Bader 9; weitergehend LR-Ignor/Bertheau 11; Schliwienski NJW **88**, 1507: Zeugnisverweigerungsrecht stets, wenn die Rechte der durch § 203 StGB, §§ 53, 53a geschützten Personen betroffen werden; jeweils zu § 53a aF).

14   4) Die **Entbindung des Hauptberufsträgers** von der Schweigepflicht nach § 53 II erstreckt sich auf die mitwirkenden Personen (II). Sie ist unteilbar. Der Hauptberufsträger und seine mitwirkenden Personen können nur gemeinsam entbunden oder nicht entbunden werden (vgl SK-Rogall 47 zu § 53a aF; anders *de lege ferenda* Theuner [1 zu § 53] 320).

15   5) **Revision:** Vgl 50 zu § 53. Die in BGH **9**, 59 dargelegten Grundsätze gelten auch hier (BGH 4 StR 457/89 vom 5.9.1989).

Aussagegenehmigung für Angehörige des öffentlichen Dienstes   RiStBV 66

54 I Für die Vernehmung von Richtern, Beamten und anderen Personen des öffentlichen Dienstes als Zeugen über Umstände, auf die sich ihre Pflicht zur Amtsverschwiegenheit bezieht, und für die Genehmigung zur Aussage gelten die besonderen beamtenrechtlichen Vorschriften.

II Für die Mitglieder des Bundestages, eines Landtages, der Bundes- oder einer Landesregierung sowie für die Angestellten einer Fraktion des Bundestages und eines Landtages gelten die für sie maßgebenden besonderen Vorschriften.

III Der Bundespräsident kann das Zeugnis verweigern, wenn die Ablegung des Zeugnisses dem Wohl des Bundes oder eines deutschen Landes Nachteile bereiten würde.

IV Diese Vorschriften gelten auch, wenn die vorgenannten Personen nicht mehr im öffentlichen Dienst oder Angestellte einer Fraktion sind oder ihre Mandate beendet sind, soweit es sich um Tatsachen handelt, die sich während ihrer Dienst-, Beschäftigungs- oder Mandatszeit ereignet haben oder ihnen während ihrer Dienst-, Beschäftigungs- oder Mandatszeit zur Kenntnis gelangt sind.

Übersicht

	Rn
1) Verschwiegenheitspflicht und Beweiserhebungsverbot	1, 2
2) Personenkreis (I)	3–14a
A. Beamte	4–7
B. Richter	8
C. Angestellte des öffentlichen Dienstes	9
D. Andere Personen des öffentlichen Dienstes	10, 11
E. Soldaten	12, 13
F. EG-Bedienstete	14

	Rn
G. Ehemalige Bedienstete der DDR	14a
3) Zeugnisverweigerung	15
4) Aussagegenehmigung	16–29
A. Einholung	17, 18
B. Zuständigkeit	19
C. Versagung	20–23
D. Bindende Wirkung	24
E. Folge der Genehmigungsversagung	25, 26
F. Anfechtung	27–29
5) Mitglieder oberster Staatsorgane (II)	30
6) Bundespräsident (III)	31
7) Revision	32

1) Die **Verschwiegenheitspflicht,** die für Angehörige des öffentlichen Dienstes gesetzlich oder durch Tarifvertrag bestimmt ist, überträgt § 54 ohne Abänderung auf das Verfahrensrecht. Die Vorschrift schützt nur öffentliche Geheimhaltungsinteressen, nicht amtlich bekanntgewordene Privatgeheimnisse (KMR-Neubeck 1; **aM** Rengier 47ff), und hat daher für das Post-, Steuer- und Sozialgeheimnis (3ff zu § 161) keine Bedeutung. Die Pflicht, diese Geheimnisse zu wahren, folgt unmittelbar aus den entspr Vorschriften. 1

§ 54 schafft ein **Beweiserhebungsverbot** (Rengier 42; Welp Gallas-FS 422). Aussagepflicht und Aussagebefugnis entfallen, soweit die Amtsverschwiegenheit reicht (BGH MDR **52,** 659 [D]; Hamburg NStZ **94,** 98). Eine Belehrung des Zeugen darüber ist nicht vorgeschrieben und kann daher unterbleiben (LR-Ignor/Bertheau 1). Erst wenn die Aussagegenehmigung erteilt wird, tritt die allgemeine Zeugenpflicht wieder in Kraft (Rengier 42). Die ohne Genehmigung gemachte Aussage ist aber verwertbar (Rogall ZStW **91,** 35; Roxin/Schünemann § 24, 47, die aber eine Ausnahme für bewusste Täuschungen von Gericht oder StA über das ZVR machen; str). § 54 gilt auch für Vernehmungen durch StA (§ 161a I S 2) und Polizei und auch für Aussagen nach dem Ausscheiden aus dem öffentlichen Dienst bzw nach Beendigung der Beschäftigungs- oder Mandatszeit (IV). Auf Beschuldigte findet sie keine (entspr) Anwendung (LR-Ignor/Bertheau 3); zu deren Konflikt zwischen Aussagefreiheit und Verschwiegenheitspflicht Bohnert NStZ **04,** 301; Einl 80. 2

2) Personenkreis (I): 3

A. **Beamte:** Der Begriff umfasst unmittelbare und mittelbare Bundes- und Landesbeamte, auch Ehrenbeamte (KK-Bader 6; Feller JZ **61,** 628). In Betracht kommen nur Personen, die unter Berufung in das Beamtenverhältnis in einem öffentlichen Dienst- und Treueverhältnis zum Bund, einem Land, einer Gemeinde oder einer Körperschaft, Anstalt oder Stiftung des öffentlichen Rechts stehen (§ 4 BBG, § 3 I BeamtStG). Die Verschwiegenheitspflicht, die zu den hergebrachten Grundsätzen des Berufsbeamtentums gehört und nach Art 33 V GG Verfassungsrang hat (BVerwGE **66,** 39), folgt für Bundesbeamte aus §§ 67–69 BBG, für Landesbeamte aus § 37 BeamtStG. Die Vorschriften lauten: 4

§ 67 BBG Verschwiegenheitspflicht 5

[1] [1] *Beamtinnen und Beamte haben über die ihnen bei oder bei Gelegenheit ihrer amtlichen Tätigkeit bekannt gewordenen dienstlichen Angelegenheiten Verschwiegenheit zu bewahren.* [2] *Dies gilt auch über den Bereich eines Dienstherrn hinaus sowie nach Beendigung des Beamtenverhältnisses.*

[II] [1] *Absatz 1 gilt nicht, soweit*
1. *Mitteilungen im dienstlichen Verkehr geboten sind,*
2. *Tatsachen mitgeteilt werden, die offenkundig sind oder ihrer Bedeutung nach keiner Geheimhaltung bedürfen, oder*
3. *gegenüber der zuständigen obersten Dienstbehörde, einer Strafverfolgungsbehörde oder einer von der obersten Dienstbehörde bestimmten weiteren Behörde oder außerdienstlichen Stelle ein durch Tatsachen begründeter Verdacht einer Korruptionsstraftat nach den §§ 331 bis 337 des Strafgesetzbuches angezeigt wird.*

[2] *Im Übrigen bleiben die gesetzlich begründeten Pflichten, geplante Straftaten anzuzeigen und für die Erhaltung der freiheitlichen demokratischen Grundordnung einzutreten, von Absatz 1 unberührt.*

§ 54

Erstes Buch. 6. Abschnitt

III ¹ Beamtinnen und Beamte dürfen ohne Genehmigung über Angelegenheiten nach Absatz 1 weder vor Gericht noch außergerichtlich aussagen oder Erklärungen abgeben. ² Die Genehmigung erteilt die oder der Dienstvorgesetzte oder, wenn das Beamtenverhältnis beendet ist, die oder der letzte Dienstvorgesetzte. ³ Hat sich der Vorgang, der den Gegenstand der Äußerung bildet, bei einem früheren Dienstherrn ereignet, darf die Genehmigung nur mit dessen Zustimmung erteilt werden.

IV ¹ Beamtinnen und Beamte haben, auch nach Beendigung des Beamtenverhältnisses, auf Verlangen der oder des Dienstvorgesetzten oder der oder des letzten Dienstvorgesetzten amtliche Schriftstücke, Zeichnungen, bildliche Darstellungen sowie Aufzeichnungen jeder Art über dienstliche Vorgänge, auch soweit es sich um Wiedergaben handelt, herauszugeben. ² Entsprechendes gilt für ihre Hinterbliebenen und Erben.

6 § 68 BBG Versagung der Aussagegenehmigung

¹ Die Genehmigung, als Zeugin oder Zeuge auszusagen, darf nur versagt werden, wenn die Aussage dem Wohle des Bundes oder eines deutschen Landes Nachteile bereiten oder die Erfüllung öffentlicher Aufgaben ernstlich gefährden oder erheblich erschweren würde.

II ¹ Sind Beamtinnen oder Beamte Partei oder Beschuldigte in einem gerichtlichen Verfahren oder soll ihr Vorbringen der Wahrnehmung ihrer berechtigten Interessen dienen, darf die Genehmigung auch dann, wenn die Voraussetzungen des Absatzes 1 erfüllt sind, nur versagt werden, wenn die dienstlichen Rücksichten dies unabweisbar erfordern. ² Wird die Genehmigung versagt, haben die oder der Dienstvorgesetzte der Beamtin oder dem Beamten den Schutz zu gewähren, den die dienstlichen Rücksichten zulassen.

III ¹ Über die Versagung der Genehmigung entscheidet die oberste Dienstbehörde. ² Sie kann diese Befugnis auf andere Behörden übertragen.

6a § 69 BBG Gutachtenerstattung

¹ Die Genehmigung, ein Gutachten zu erstatten, kann versagt werden, wenn die Erstattung den dienstlichen Interessen Nachteile bereiten würde. ² § 68 Abs. 3 gilt entsprechend.

7 § 37 BeamtStG Verschwiegenheitspflicht

I ¹ Beamtinnen und Beamte haben über die ihnen bei oder bei Gelegenheit ihrer amtlichen Tätigkeit bekannt gewordenen dienstlichen Angelegenheiten Verschwiegenheit zu bewahren. ² Dies gilt auch über den Bereich eines Dienstherrn hinaus sowie nach Beendigung des Beamtenverhältnisses.

II ¹ Absatz 1 gilt nicht, soweit
1. Mitteilungen im dienstlichen Verkehr geboten sind,
2. Tatsachen mitgeteilt werden, die offenkundig sind oder ihrer Bedeutung nach keiner Geheimhaltung bedürfen, oder
3. gegenüber der zuständigen obersten Dienstbehörde, einer Strafverfolgungsbehörde oder einer durch Landesrecht bestimmten weiteren Behörde oder außerdienstlichen Stelle ein durch Tatsachen begründeter Verdacht einer Korruptionsstraftat nach den §§ 331 bis 337 des Strafgesetzbuches angezeigt wird.

² Im Übrigen bleiben die gesetzlich begründeten Pflichten, geplante Straftaten anzuzeigen und für die Erhaltung der freiheitlichen demokratischen Grundordnung einzutreten, von Absatz 1 unberührt.

III ¹ Beamtinnen und Beamte dürfen ohne Genehmigung über Angelegenheiten, für die Absatz 1 gilt, weder vor Gericht noch außergerichtlich aussagen oder Erklärungen abgeben. ² Die Genehmigung erteilt der Dienstherr oder, wenn das Beamtenverhältnis beendet ist, der letzte Dienstherr. ³ Hat sich der Vorgang, den den Gegenstand der Äußerung bildet, bei einem früheren Dienstherrn ereignet, darf die Genehmigung nur mit dessen Zustimmung erteilt werden. ⁴ Durch Landesrecht kann bestimmt werden, dass an die Stelle des in den Sätzen 2 und 3 genannten jeweiligen Dienstherrn eine andere Stelle tritt.

IV ¹ Die Genehmigung, als Zeugin oder Zeuge auszusagen, darf nur versagt werden, wenn die Aussage dem Wohl des Bundes oder eines deutschen Landes erheblich Nachteile bereiten oder die Erfüllung öffentlicher Aufgaben ernstlich gefährden oder erheblich erschweren würde. ² Durch Landesrecht kann bestimmt werden, dass die Verweigerung der Genehmigung zur Aussage vor Untersuchungsausschüssen des Deutschen Bundestages oder der Volksvertretung eines Landes einer Nachprüfung unterzogen werden kann. ³ Die Genehmigung, ein Gutachten zu erstatten, kann versagt werden, wenn die Erstattung den dienstlichen Interessen Nachteile bereiten würde.

V ¹ Sind Beamtinnen oder Beamte Partei oder Beschuldigte in einem gerichtlichen Verfahren oder soll ihr Vorbringen der Wahrnehmung ihrer berechtigten Interessen dienen, darf die Genehmigung auch dann, wenn die Voraussetzungen des Absatzes 4 Satz 1 erfüllt sind, nur versagt werden, wenn die dienstlichen Rücksichten dies unabweisbar erfordern. ² Wird sie versagt, ist Beamtinnen oder Beamten der Schutz zu gewähren, den die dienstlichen Rücksichten zulassen.

VI ¹ Beamtinnen und Beamte haben, auch nach Beendigung des Beamtenverhältnisses, auf Verlangen des Dienstherrn oder des letzten Dienstherrn amtliche Schriftstücke, Zeichnungen, bildliche Darstellun-

Zeugen **§ 54**

gen sowie Aufzeichnungen jeder Art über dienstliche Vorgänge, auch soweit es sich um Wiedergaben handelt, herauszugeben. ² *Die gleiche Verpflichtung trifft ihre Hinterbliebenen und Erben.*

B. **Richter:** Nach §§ 46, 71 I DRiG gelten die beamtenrechtl Vorschriften. Das **8** Genehmigungserfordernis besteht auch, wenn ein Richter über seine strafprozessualen Untersuchungshandlungen als Zeuge vernommen wird, auch in dem Verfahren, in dem er tätig geworden ist (KK-Bader 4). Die ehrenamtlichen Richter haben mit Ausnahme der landwirtschaftlichen Beisitzer (§ 5 III S 2 des Ges über das gerichtl Verfahren in Landwirtschaftssachen vom 21.7.1953 [BGBl I 667], idF des Ges vom 22.7.2001 [BGBl I 1887]) keine über die Pflicht zur Wahrung des Beratungsgeheimnisses (§ 45 I S 2 DRiG) hinausgehende Verschwiegenheitspflicht. Für die Richter des BVerfG fehlt eine gesetzl Regelung; es ist streitig, ob der Richter selbst (LR-Ignor/Bertheau 5), der Senat (EbSchmidt Nachtr 5) oder das Plenum (KK-Bader 5) die Entscheidung treffen muss.

C. **Angestellte des öffentlichen Dienstes:** Ihre Verschwiegenheitspflicht **9** richtet sich entgegen dem Wortlaut von I nicht nach beamtenrechtlichen, sondern nach tarifvertraglichen Vorschriften und besteht daher nur in den durch Gesetz vorgesehenen oder vom Arbeitgeber angeordneten Fällen (§ 3 I Tarifvertrag für den öffentlichen Dienst [Bund, Kommunen], § 9 BAT [Berlin, Hessen], § 3 II Tarifvertrag für den öffentlichen Dienst der Länder [übrige Bundesländer]). Für die Versagung der Aussagegenehmigung gelten dagegen § 68 BBG, § 37 IV BeamtStG.

D. **Andere Personen des öffentlichen Dienstes** sind zur Verschwiegenheit **10** verpflichtet, wenn ihre Tätigkeit mit der einer Behörde in weitestem Sinn zusammenhängt und nicht nur untergeordneter oder mechanischer Art ist. Dem Bereich der staatlichen oder kommunalen Verwaltung muss sie nicht unbedingt zuzuordnen sein. In Betracht kommen etwa Gemeinderatsmitglieder (OVG Münster MDR **55**, 61), Schiedsmänner (BVerwGE **18**, 58; Hamm NJW **68**, 1440), Geistliche, soweit nicht § 53 I S 1 Nr 1 anzuwenden ist (KK-Bader 8), wohl auch Mitarbeiter kirchlicher Beratungsstellen (Köln StraFo **99**, 90; Hiebl StraFo **99**, 89), Geschäftsführer einer Kreishandwerkschaft (LG Aachen NJW **54**, 1213), aufgrund ihrer rein erwerbswirtschaftlichen Tätigkeit nicht Mitarbeiter öffentlich-rechtlicher Kreditinstitute (Reichling JR **11**, 15 mwN; KMR-Neubeck 6; **aM** wohl KK-Bader 8). Eingehend hierzu SK-Rogall 24 ff. Zur Verschwiegenheitspflicht der Datenschutzbeauftragten vgl LR-Ignor/Bertheau 10.

V-Leute der Polizei und der Nachrichtendienste fallen unter diesen Personen- **11** kreis nur, wenn sie hauptberuflich mit festen Bezügen angestellt sind (vgl Freeden Polizei **58**, 71), aber auch dann, wenn sie nach dem Verpflichtungsgesetz vom 2.3.1974 (BGBl I 469, 547) besonders zur Verschwiegenheit verpflichtet worden sind (BGH **31**, 148, 156; NStZ **81**, 70; **83**, 228, 230; **84**, 31; Celle NStZ **83**, 570; Hamburg NStZ **94**, 98; **aM** AK-Kühne 23; J. Meyer ZStW **95**, 846). Auf den gemäß § 3 und § 10 ZSHG (10 vor § 48) förmlich verpflichteten Zeugen ist § 54 I nicht (entspr) anwendbar (BGH **50**, 318).

E. **Soldaten** sind keine Personen des öffentlichen Dienstes. § 54 gilt aber entspr **12** (KK-Bader 10). Die Verschwiegenheitspflicht ergibt sich aus § 14 SG:

§ 14 SG Verschwiegenheit **13**
I ¹ *Der Soldat hat, auch nach seinem Ausscheiden aus dem Wehrdienst, über die ihm bei oder bei Gelegenheit seiner dienstlichen Tätigkeit bekannt gewordenen Angelegenheiten Verschwiegenheit zu bewahren.* ² *Dies gilt nicht, soweit*
1. Mitteilungen im dienstlichen Verkehr geboten sind,
2. Tatsachen mitgeteilt werden, die offenkundig sind oder ihrer Bedeutung nach keiner Geheimhaltung bedürfen, oder
3. gegenüber der zuständigen obersten Dienstbehörde, einer Strafverfolgungsbehörde oder einer von der obersten Dienstbehörde bestimmten weiteren Behörde oder außerdienstlichen Stelle ein durch Tatsachen begründeter Verdacht einer Korruptionsstraftat nach den §§ 331 bis 337 des Strafgesetzbuches angezeigt wird.

§ 54

³ Im Übrigen bleiben die gesetzlich begründeten Pflichten, geplante Straftaten anzuzeigen und für die Erhaltung der freiheitlichen demokratischen Grundordnung einzutreten, von Satz 1 unberührt.

II ¹ Der Soldat darf ohne Genehmigung über solche Angelegenheiten weder vor Gericht noch außergerichtlich aussagen oder Erklärungen abgeben. ² Die Genehmigung erteilt der Disziplinarvorgesetzte, nach dem Ausscheiden aus dem Wehrdienst der letzte Disziplinarvorgesetzte. ³ Die §§ 68 und 69 des Bundesbeamtengesetzes gelten entsprechend.

III *(nicht abgedruckt)*

14 F. Für **EU-Bedienstete** gilt Art 19 der VO Nr 31 (EWG), 11 (EAG) über das Statut der Beamten und über die Beschäftigungsbedingungen für die sonstigen Bediensteten der EWG und der EAG vom 18.12.1961 (BGBl 1962 II 953, 959, 997) idF der VO (EWG) des Rates vom 29.2.1968 (ABl EG Nr L 56 S 1). Danach dürfen diese Personen die ihnen bei ihrer amtlichen Tätigkeit bekanntgewordenen Tatsachen nur mit Zustimmung der Anstellungsbehörde bei Gericht vorbringen oder über sie aussagen. Die Zustimmung darf nur versagt werden, wenn die Interessen der Gemeinschaft es erfordern und die Versagung für den Beamten keine strafrechtlichen Folgen haben kann.

14a G. **Ehemalige Bedienstete** der Staatsverwaltung der ehemaligen **DDR** können sich nicht mehr auf ihre Schweigepflicht berufen; entspr Verpflichtungen sind mit der Wiedervereinigung am 3.10.1990 weggefallen (Rein/Hilger DtZ **93**, 261).

15 3) **Zeugnisverweigerung:** Ob eine Ausnahme von der Verschwiegenheitspflicht besteht, weil die Tatsache offenkundig, dh allgemein bekannt oder allgemein zugänglich (Kube/Leineweber 116; erg 50ff zu § 244), oder ihrer Bedeutung nach nicht geheimhaltungsbedürftig ist (§ 67 BBG, § 37 II Nr 2 BeamtStG, § 14 I S 2 SG), entscheidet zunächst der Zeuge selbst. Hat er auch nur Zweifel an seiner Berechtigung zur Aussage, so darf und muss er das Zeugnis verweigern (RG **48**, 38; KK-Bader 12; Welp Gallas-FS 422). Das Gericht darf ihn über offenbar geheimhaltungsbedürftige Tatsachen nicht vernehmen, auch wenn er aussagebereit ist (Kube/Leineweber 116; Welp aaO); ein Verwertungsverbot begründet der Verstoß aber nicht (ANM 499 mwN). Ermittlungspersonen der StA (§ 152 GVG) dürfen stets vernommen werden, sofern die zuständige Behörde nicht angeordnet hat, dass allgemein oder für bestimmte Einzelfälle eine Aussagegenehmigung erforderl ist (LR-Ignor/Bertheau 14; Böhm NStZ **83**, 158; Krause/Nehring Einl 324; **aM** Kube/Leineweber 116, die in jedem Falle eine Genehmigung für erforderl halten). Das Gleiche gilt für den Vertreter der Gerichtshilfe (vgl Eisenberg NStZ **86**, 309 für den Vertreter der Jugendgerichtshilfe; Brunner/Dölling 14 zu § 38 **JGG**).

16 4) **Aussagegenehmigung:**

17 A. **Einholung:** Bevor nicht versucht worden ist, bei der zuständigen Stelle (BGH NStZ **01**, 656) die Aussagegenehmigung zu erlangen, darf von der Vernehmung des Zeugen wegen fehlender Genehmigung nicht abgesehen werden (BGH **29**, 390, 392). Zur Einholung ist das Gericht, die StA oder die Polizeibehörde verpflichtet, die den Zeugen vernehmen will (RiStBV 66 I S 1). Dem Zeugen darf die Beschaffung der Genehmigung nicht aufgegeben werden (Kube/Leineweber 117). Zweifel an der Aussageberechtigung sind durch eine Anfrage bei dem Dienstvorgesetzten zu klären (RiStBV 66 I S 2). Die Aussagegenehmigung können auch die Prozessbeteiligten beantragen, die sich auf den Zeugen berufen (BVerwGE **34**, 252; VGH München NJW **80**, 198; VG Düsseldorf StV **15**, 685), auch der Nebenkläger (KK-Bader 13), nicht aber der Privatkläger (BVerwG aaO; LR-Ignor/Bertheau 15; **aM** SK-Rogall 46).

18 In dem **Antrag** müssen die Vorgänge, über die der Zeuge vernommen werden soll, kurz, aber erschöpfend angegeben werden (RiStBV 66 III S 1). Das kann durch Mitteilung der Beweisfragen, aber auch, was zweckmäßiger ist, allgemein durch Bezeichnung des gesamten Beweisthemas geschehen.

19 B. **Zuständig für die Erteilung** der Aussagegenehmigung ist der gegenwärtige Dienstvorgesetzte des Zeugen, bei Beendigung des Dienstverhältnisses der letzte Dienstvorgesetzte (§ 67 III S 2 BBG, § 37 III S 2 BeamtStG; oben 5, 7); wegen des Wechsels des Dienstherrn vgl § 67 III S 3 BBG, § 37 III S 3 BeamtStG. Der Disziplinarvorgesetzte ist zuständig, wenn der Zeuge verschiedenen staatlichen Stellen untersteht. Bei Ermittlungspersonen der StA ist der polizeiliche Dienstvorgesetzte zuständig, nicht der Leiter der StA (Hamm JMBlNW **56**, 36; KK–Bader 14). Die Genehmigung erteilt die Behörde idR schriftlich; bei Eilbedürftigkeit genügt mündliche oder telefonische Genehmigung (LR–Ignor/Bertheau 18).

C. **Die Versagung der Genehmigung** ist nur unter den Voraussetzungen der 20 § 68 I BBG, § 37 IV S 1 BeamtStG (oben 6, 7) zulässig. Dabei ist zu beachten, dass es dem Wohle des Bundes auch dann Nachteile bereitet, wenn ein V-Mann einer Lebens- oder Leibesgefahr ausgesetzt wird (BVerfGE **57**, 250, 285 f; BGH **33**, 83). Sind die tatbestandlich beschriebenen Nachteile nicht zu befürchten, ist die Genehmigung zu erteilen (BVerwGE **34**, 252; VGH München **80**, 198); andernfalls entscheidet die Behörde nach pflichtgemäßem Ermessen. Dabei muss sie sich am Gebot einer rechtsstaatlichen Verfahrensgestaltung orientieren. Sie darf nicht allein die von ihr wahrzunehmenden Aufgaben zur Entscheidungsgrundlage machen, sondern muss die Bedeutung der gerichtlichen Wahrheitsfindung für die Sicherung der Gerechtigkeit und das Gewicht des Freiheitsanspruchs des Beschuldigten angemessen berücksichtigen (BGH **32**, 115, 124 [GSSt]; vgl auch BVerfGE **57**, 250, 283 ff; BVerwGE **66**, 39); insbesondere ist auch das Recht des Beschuldigten auf umfassende Verteidigung zu beachten (dazu eingehend BGH NJW **07**, 3010 mit Anm Niehaus NStZ **08**, 354 und Wohlers JR **08**, 127 sowie Laue ZStW **120**, 246; erg 9 und 14 zu § 96). Über die Versagung entscheidet bei Bundesbeamten die oberste Dienstbehörde, die diese Befugnis aber auf andere Behörden übertragen kann (§ 68 III BBG; oben 6); entspr Regelungen enthalten die meisten Landesbeamtengesetze.

Zur **Begründung** genügen zwar allgemeine Angaben über die Versagungsgrün- 21 de. Die Behörde muss aber die Gründe ihrer Weigerung so weit verständlich machen, dass das Gericht in die Lage versetzt wird, auf die Beseitigung etwaiger Hindernisse hinzuwirken und auf die Bereitstellung des bestmöglichen Beweises zu dringen (BGH **29**, 109, 112; vgl auch BVerfGE **57**, 250, 290, 293; BVerwGE **66**, 39).

Die Genehmigung kann unter **Beschränkung** auf einzelne Tatkomplexe oder 22 Fragen erteilt werden (BGH **17**, 382, 384; MDR **52**, 659 [D]; Fezer JuS **78**, 474). Insbesondere kann die Person des Anzeigeerstatters oder die Angabe der Person des V-Manns von der Genehmigung ausgenommen werden (BGH aaO; Hamm NJW **70**, 821; Stuttgart NJW **72**, 67; **aM** BGH JR **69**, 305); zur Geheimhaltung der Identität des Zeugen vgl § 68 III-V (erg 4 zu § 247).

Der **Widerruf** der Genehmigung ist zulässig. Zur Verwertbarkeit zuvor ge- 23 machter Aussagen vgl 4 zu § 252.

D. **Bindende Wirkung** hat die behördliche Entscheidung. Ist die Genehmi- 24 gung erteilt, muss der Zeuge vernommen werden, auch wenn das Gericht Bedenken gegen die Offenbarung seines Wissens hat (Kube/Leineweber 124). Ist sie versagt oder nur in beschränktem Umfang erteilt, so ist die Vernehmung ganz oder in diesem Umfang verboten (BGH **17**, 382, 384; Celle MDR **59**, 414; Hamm NJW **70**, 821; MDR **76**, 1040), auch wenn das Gericht die Versagungsgründe für gesetzwidrig hält (RG **44**, 291, 292); notfalls muss es Gegenvorstellungen erheben (BGHR § 244 II Aussagegenehmigung 1; Hamburg NStZ **94**, 98, 99).

E. Die **Folge der Genehmigungsversagung** ist in 1. Hinsicht der Wegfall des 25 Zeugen als zulässiges Beweismittel. Er muss zwar einer Ladung vor Gericht folgen; seine Vernehmung ist aber unzulässig (Feller JZ **61**, 630; Fezer JuS **78**, 474; oben 24). Beweisanträge müssen nach §§ 244 III S 2, 245 II S 2 wegen Unzulässigkeit der Beweiserhebung abgelehnt werden (BGH **30**, 34, 37; **aM** BGH MDR **80**, 987 [H]; Hamm MDR **76**, 1040; LR–Ignor/Bertheau 26: Unerreichbarkeit; erg 49, 49a zu § 244). Fragen an den Zeugen, die von der Aussagegenehmigung nicht gedeckt sind, müssen nach § 241 II zurückgewiesen werden (Celle HESt **2**, 79; Fezer aaO; Kube/Leineweber 124). Aussagen des Zeugen im Vorverfahren dürfen

§ 54

nach der Versagung der Genehmigung nicht, auch nicht durch Vernehmung der Verhörsperson, verwertet werden (Celle MDR **59**, 414).

26 Bei der **Beweiswürdigung** darf die Versagung der Aussagegenehmigung berücksichtigt werden (20 zu § 261); dass die Beweistatsachen zutreffen, wird nicht als wahr unterstellt (LR-Ignor/Bertheau 28; SK-Rogall 69).

27 F. **Anfechtung:** Die Aufklärungspflicht kann gebieten, dass das Gericht gegen die Versagung der Genehmigung Gegenvorstellungen erhebt (BGH NStZ **81**, 70), sofern die Entscheidung ermessensfehlerhaft erscheint oder nicht hinreichend begründet worden ist (BGH **32**, 115, 125 ff [GSSt]; **33**, 178, 180; **42**, 175, 177; Hamm NJW **70**, 821), nicht aber, wenn sie offenbar berechtigt ist (BGH NJW **81**, 770; NStZ **85**, 446). Auch die Erhebung einer Dienstaufsichtsbeschwerde kann angebracht sein (SK-Rogall 67). Sie kann auch von jedem Beteiligten erhoben werden, der an der Vernehmung des Zeugen interessiert ist (VG Wiesbaden NJW **50**, 699; LR-Ignor/Bertheau 23).

28 Im **Verwaltungsrechtsweg** können Verfahrensbeteiligte, die ein rechtliches Interesse an der Aussage haben, auch Privat- und Nebenkläger (M.J. Schmid JR **78**, 8), nicht aber Gericht oder StA (Laue ZStW **120**, 260; J. Meyer ZStW **95**, 842; erg 14 zu § 96), die ganz oder teilw versagende Entscheidung anfechten (BVerwGE **18**, 58; **34**, 254; VGH München NJW **80**, 198). Da es sich um eine Klage aus dem Beamtenverhältnis iS der §§ 126, 127 BRRG handelt, kommt nur dieser Rechtsweg in Betracht (BVerwGE **66**, 39; Stuttgart NJW **85**, 77; OVG Berlin StV **84**, 280; SK-Rogall 70; vgl auch VG Berlin StV **01**, 269), der nach § 23 EGGVG auch dann nicht, wenn die Aussagegenehmigung für einen Richter oder Justizbeamten versagt worden ist (Hamm NJW **68**, 1440; KK-Bader 20). Der Beamte selbst kann die Erteilung der Aussagegenehmigung nicht anfechten, auch wenn er sich für gefährdet hält (**aM** M.J. Schmid JR **78**, 8).

29 Einen Anspruch auf **Aussetzung des Verfahrens** bis zur Entscheidung über Gegenvorstellungen, Dienstaufsichtsbeschwerde oder Klage haben die Prozessbeteiligten nicht (LR-Ignor/Bertheau 25; Woesner NJW **61**, 536; **aM** M.J. Schmid aaO). Maßgebend ist vielmehr, ob die Aufklärungspflicht die Aussetzung gebietet (KK-Bader 21); das ist nicht der Fall, wenn die Klage aussichtslos erscheint (BGH NJW **81**, 770; NStZ **85**, 466) oder das Beschleunigungsgebot überwiegt (BGH NStZ-RR **08**, 65 [B]; KK-Bader aaO).

30 5) **Mitglieder oberster Staatsorgane (II):** Für Mitglieder des BTages (2 zu § 50) gilt § 44c AbgG. Für Mitglieder der BReg (5 zu § 50) sind die §§ 6, 7 BMinG maßgebend; sie entsprechen inhaltlich den §§ 67–69 BBG (oben 5, 6). Für die Mitglieder der Landtage und der Landesregierungen (5 zu § 50) gelten die entspr Vorschriften der Länder.

31 6) Der **Bundespräsident (III)** entscheidet selbst, ob er aussagen will (SK-Rogall 77). Das Gericht darf die Entscheidung weder prüfen, noch eine Begründung oder Glaubhaftmachung verlangen (KK-Bader 24). Entsprechendes gilt für den Präsidenten des BRats, wenn er nach Art 57 GG die Befugnisse des BPräs wahrgenommen hat und hierüber aussagen soll (LR-Ignor/Bertheau 33).

32 7) Mit der **Revision** kann ein Verstoß gegen § 54 nicht geltend gemacht werden, vom Angeklagten nicht, weil sein Rechtskreis nicht verletzt ist (BGH NJW **52**, 151; SK-Rogall 80; Amelung Schlüchter-GS 433; Kleinknecht NJW **66**, 1539; **aM** LR-Ignor/Bertheau 34; Schlüchter 492; Welp Gallas-FS 423), vom StA nicht, weil die Vernehmung ohne Aussagegenehmigung der Aufklärung nicht schadet, die Versagung der Genehmigung aber bindend ist (SK-Rogall 80). Zulässig ist nur die Aufklärungsrüge, die darauf gestützt werden kann, dass sich das Gericht nicht genügend bemüht hat, die Aussagegenehmigung zu erlangen (KK-Bader 26; oben 27).

Auskunftsverweigerungsrecht RiStBV 65

55 ^I Jeder Zeuge kann die Auskunft auf solche Fragen verweigern, deren Beantwortung ihm selbst oder einem der in § 52 Abs. 1 bezeichneten Angehörigen die Gefahr zuziehen würde, wegen einer Straftat oder einer Ordnungswidrigkeit verfolgt zu werden.

^{II} Der Zeuge ist über sein Recht zur Verweigerung der Auskunft zu belehren.

Übersicht

	Rn
1) Schutzzweck	1
2) Reichweite	2
3) Verfolgungsgefahr	3–10
4) Erklärung der Auskunftsverweigerung	11
5) Verfahrensrechtliche Folgen	12, 13
6) Belehrung (II)	14, 15
7) Revision	16–18

1) Schutzzweck: Dem **Schutz des Zeugen**, nicht des Angeklagten oder der 1 anderen Beteiligten, dient die Vorschrift (BGH **1**, 39; **11**, 213 [GSSt]; **17**, 245; VRS **34**, 218; **36**, 23). Sie soll nicht falschen Aussagen des Zeugen vorbeugen (Düsseldorf NStZ **82**, 257; Zweibrücken NJW **95**, 1301; aM Frankfurt NJW **51**, 614; Fezer JuS **78**, 327; Roxin/Schünemann § 24, 48). Sie ergänzt, nur um dem Zeugen eine seelische Zwangslage zu ersparen (BGH **9**, 34, 36; **17**, 245), die Aussagefreiheit des Beschuldigten (Einl 29a; 7 zu § 136) und das Aussageverweigerungsrecht des Zeugen (§ 52) dahin, dass der Zeuge bei einer Aussage weder sich selbst noch einen Angehörigen, der nicht Beschuldigter ist, belasten muss (BVerfGE **38**, 105, 113; BVerfG NStZ **85**, 277; BGH **11**, 213, 216 [GSSt]). Ist der Zeuge ein Angehöriger des Beschuldigten, so hat er ein Wahlrecht zwischen § 52 und § 55 (KK-Bader 11; LR-Ignor/Bertheau 3; SK-Rogall 18; aM Fezer 15/33: es gilt nur § 52). Eine inhaltlich mit § 55 übereinstimmende Spezialregelung enthält § 4 IX WpHG für Vorfeldermittlungen der BaFin nach § 4 III WpHG.

2) Reichweite: Das **Auskunftsverweigerungsrecht** besteht entgegen dem 2 missverständlichen Wortlaut von I nicht nur bei der Befragung nach § 69 II, sondern allgemein (LR-Ignor/Bertheau 5; Geerds Stock-FS 174) und unabhängig davon, ob der Zeuge zuvor (zB im Ermittlungsverfahren) bereits belastende Angaben gemacht hat (Mitsch JZ **92**, 174). Es ist aber kein Zeugnisverweigerungsrecht ieS (BVerfG 2 BvR 941/09 vom 10.3.2010; BGH **10**, 104; **27**, 139, 143). Nur wenn – wie meist bei Tatbeteiligten, aber vielfach auch schon bei einem der Tat Verdächtigen, besonders nach Einleitung eines Ermittlungsverfahrens (KG StraFo **09**, 382, 383) – der gesamte Inhalt der Aussage die Voraussetzungen von I erfüllt, wird das Auskunftsverweigerungsrecht praktisch zum Recht, die Aussage in vollem Umfang zu verweigern (BVerfG wistra **10**, 299; BGH NStZ **10**, 463; NJW **98**, 1728). Gleichgültig ist, ob die verlangte Auskunft den Beschuldigten be- oder entlasten soll (LR-Ignor/Bertheau 7; Hammerstein NStZ **81**, 126). Das Auskunftsverweigerungsrecht besteht schon dann, wenn nur entweder die Bejahung oder die Verneinung einer Frage den Zeugen oder seinen Angehörigen in die Gefahr der Verfolgung bringt; andernfalls würde der Gebrauch des Auskunftsverweigerungsrechts einen Verdachtsgrund gegen ihn oder seinen Angehörigen schaffen (BVerfG NJW **99**, 779; BGH MDR **93**, 722 [H]; NJW **99**, 1413).

3) Verfolgungsgefahr: 3

A. **Wegen einer Straftat oder OWi**, die er **früher begangen** hat, nicht we- 4 gen des Inhalts der Aussage muss dem Zeugen Verfolgung drohen (BGH **50**, 318 mwN; NStZ **13**, 238 mit Anm Widmaier; Düsseldorf StV **82**, 344; vgl auch BVerfG NStZ **85**, 277 betr einen früheren Beschuldigten, dessen Einlassung bei seiner Verurteilung für widerlegt erachtet wurde; Kehr NStZ **97**, 160 zu wahren,

§ 55

aber unglaubhaften Aussagen). Kein Auskunftsverweigerungsrecht besteht daher, wenn von dem Zeugen eine Aussage verlangt wird, deren Inhalt nach dem Recht eines anderen Staates strafbar ist (LG Stuttgart NStZ **92**, 454; **aM** LG Freiburg NJW **86**, 3036). Der Strafverfolgung steht gleich die Abgeordneten- oder Ministeranklage (BGH **17**, 128, 136) und ähnliches (zw LR-Ignor/Bertheau 9).

5 § 55 ist **auch anwendbar,** wenn Verfolgung wegen einer vor der Vernehmung begangenen Tat im Ausland droht (BGH NStZ **19**, 539 mwN; **aM** Voraufl; AG Köln StraFo **14**, 119), nicht dagegen aus disziplinarrechtlichen (Hamburg MDR **84**, 335; KK-Bader 7; SK-Rogall 49; **aM** Köln NJW **88**, 2487) oder ehrenrechtlichen Gründen, wenn die Aussage dem Zeugen oder einem Angehörigen zur Unehre gereichen (Bay **78**, 154) oder wenn ein Vermögensnachteil oder der Verlust von Kunst-, Geschäfts- oder Betriebsgeheimnissen eintreten könnte.

6 **Strafe oder Geldbuße** braucht nicht zu drohen. Ausreichend ist die Gefahr der Anordnung von Sicherungsmaßregeln, auch im Verfahren nach §§ 413 ff, von Erziehungsmaßregeln nach § 9 **JGG** (Geerds Stock-FS 174) und von Zuchtmitteln nach § 13 **JGG** (BGH **9**, 34: mindestens bei Jugendarrest).

7 B. Die sichere **Erwartung der Verfolgung** ist nicht erforderlich. Es genügt, dass wegen eines Anfangsverdachtes iS von § 152 II die Einleitung eines Ermittlungsverfahrens droht (Jena NStZ-RR **11**, 279 LS; Hamburg NJW **84**, 1635; Hamm StraFo **98**, 119; Geerds Stock-FS 174); nicht ausreichend sind Vermutungen ohne Tatsachengrundlage oder eine bloße theoretische Möglichkeit (BGH NStZ **10**, 463; 287, 288; BGHR § 55 I Verfolgung 2; KG NStZ-RR **14**, 14 L; vgl auch BGH NStZ **13**, 241 und NJW **89**, 2703 zu § 129a StGB). Ob die Gefahr gegeben ist, hat – wie aus § 56 folgt – der Richter, nicht etwa der Zeuge allein zu beurteilen (KG aaO; LG Hamburg aaO). Dass der Zeuge eine Straftat oder OWi unmittelbar offenbaren müsste, wird nicht vorausgesetzt. Daher gilt § 55 auch, wenn er über Tatsachen Auskunft geben müsste, die den Verdacht als Teilstück in einem mosaikartig zusammengesetzten Beweisgebäude mittelbar begründen (BVerfG NJW **02**, 1411; **03**, 3045; BGH StV **16**, 774; BGHR § 55 I Verfolgung 1; Köln NStZ-RR **05**, 269), zB wenn Fragen ein Teilstück in einem mosaikartigen Beweisgebäude betreffen und demzufolge zu einer Belastung des Zeugen beitragen können (BVerfG wistra **10**, 299; BGH StV **87**, 328; NJW **99**, 1413; StraFo **08**, 423; Celle StV **88**, 99; Köln NStZ-RR **10**, 146 L; Zweibrücken StV **00**, 606).

7a Dieselben Grundsätze gelten, wenn die **Verfolgungsgefahr erst durch die Auskunft** herbeigeführt wird, zB nach §§ 153 ff, 164 StGB bei Abweichung von einer Aussage, die der Zeuge (BGH MDR **53**, 402 [D]; NJW **08**, 2038, 2039) oder ein Angehöriger früher gemacht hat. Auch insoweit bedarf es konkreter tatsächlicher Anhaltspunkte für die von dem Zeugen geltend gemachte Gefahr einer strafrechtlichen Verfolgung; ob diese vorliegen, hat nicht der Zeuge, sondern der Tatrichter zu beurteilen (Hamm StV **15**, 479 mwN; zum Beurteilungsspielraum des Tatrichters siehe 10).

7b Auch die Gefahr einer **ausländischen Strafverfolgung** berechtigt zur Auskunftsverweigerung (LG Freiburg NJW **86**, 3036); § 55 verlangt dann aber das Vorliegen von Umständen, die eine konkrete Gefahr dieser Verfolgung begründen (Odenthal NStZ **85**, 117; eingehend dazu – auch zu den Rechtsbehelfen, wenn das Auskunftsverweigerungsrecht vom Gericht nicht anerkannt wird – Ahlbrecht/Börgers ZIS **08**, 218; zum weiten Beurteilungsspielraum des Vorsitzenden bei der Beurteilung der Verfolgungsgefahr unten 10).

8 C. Bei **zweifellos ausgeschlossener Gefahr** besteht kein Weigerungsrecht (BGH **9**, 34; MDR **81**, 632 [H]), zB wenn offensichtlich Rechtfertigungs- oder Entschuldigungsgründe vorliegen (LR-Ignor/Bertheau 14), wenn die Angehörige verstorben ist oder wenn der Zeuge oder Angehörige bei Tatbegehung strafunmündig war (**aM** Eisenberg GA **01**, 157, sofern dem Kind jetzt oder später erhebliche Konsequenzen drohen). Ein Weigerungsrecht ist auch nicht gegeben, wenn der Zeuge oder Angehörige schon **rechtskräftig verurteilt** ist (BGH NStZ **10**, 463; vgl auch BGH StraFo **09**, 415; BVerfG NStZ **85**, 277), auch wenn die Strafe

oder Geldbuße noch nicht vollstreckt ist, falls nicht zwischen der abgeurteilten Tat und anderen noch verfolgbaren Taten ein so enger Zusammenhang besteht, dass die Beantwortung von Fragen zu der abgeurteilten Tat die Gefahr der Verfolgung wegen dieser anderen Straftaten mit sich bringt (BGH NStZ **17**, 546 mit Anm Ventzke; StV **16**, 774; NStZ-RR **11**, 316; NStZ **10**, 463); dass der nunmehr angeklagte Tatgenosse ihn belastende Angaben des bereits rechtskräftig abgeurteilten Zeugen in Form einer „**Rückbelastung**" zum Anlass nehmen könnte, diesen anderer – auch gleichgelagerter – Straftaten zu bezichtigen, begründet kein Weigerungsrecht (BGH NStZ **07**, 278, 279; KG StV **15**, 480 mit Anm Ransiek; Köln NStZ **09**, 586; KG NStZ **11**, 652). Ein Weigerungsrecht des bereits rechtskräftig verurteilten Zeugen soll allerdings in Betracht kommen, wenn es konkrete Anhaltspunkte dafür gibt, die ursprüngliche Aussage könne falsch gewesen sein, wobei; bloße Vermutungen oder die rein denktheoretische Möglichkeit nicht ausreichen (Hamm NStZ-RR **15**, 49; zw). Rechtskraft wegen Versäumung der Rechtsmittelfrist bei gestelltem Wiedereinsetzungsantrag genügt nicht (Celle NStZ **83**, 377). Kein Weigerungsrecht besteht ferner, wenn die Verfolgung wegen eines nicht behebbaren Prozesshindernisses, zB wegen Verjährung (BVerfG DB **75**, 1936; BGH NStZ **10**, 463; vgl aber auch BGH StV **91**, 145), Amnestie (BGH **4**, 130; **9**, 34), Fristablaufs bei Antragsdelikten, Strafklageverbrauchs (BGH NStZ **10**, 463; NJW **99**, 1413 und NStZ **99**, 415) oder endgültiger Einstellung nach § 153a (Bay VRS **78**, 49) ausgeschlossen ist. Die Rechtskraft des Schuldspruchs genügt nicht, soweit der Zeuge strafzumessungsrelevante oder für den sonstigen Rechtsfolgenausspruch bedeutsame Umstände offenbaren müsste, jedoch ist hierbei zu beachten, dass sog doppelrelevante Tatsachen (20 zu § 353) für das weitere Verfahren gegen den Zeugen bindend geworden sind (BGH NJW **05**, 2166).

D. Im Bereich der **Organisationsdelikte** (§§ 129, 129a, 129b StGB) gelten für die Verfolgungsgefahr Besonderheiten: Bei Verurteilung schützt die Rechtskraft nur vor weiterer Strafverfolgung wegen dieses Deliktes und tateinheitlich mit diesem zusammentreffenden weiteren, nicht schwerer wiegenden Straftaten, nicht aber vor der Verfolgung in Tateinheit begangener schwererer Straftaten, die in dem früheren Verfahren nicht Gegenstand der Anklage und der Urteilsfindung waren (BGH **29**, 288; NStZ **10**, 287, 288, NStZ-RR **11**, 316f). Eine Verfolgungsgefahr ist ferner nicht auszuschließen, wenn zwischen der abgeurteilten Tat und anderen Straftaten, deretwegen der Zeuge noch verfolgt werden könnte, ein so enger Zusammenhang besteht, dass die Beantwortung von Fragen zu der abgeurteilten Tat die Verfolgung wegen dieser anderen Taten mit sich bringt (BGH NStZ **13**, 241; NStZ-RR **09**, 178; NStZ **06**, 509). Ein derartiger Zusammenhang kann insbesondere gegeben sein, wenn ein führendes Mitglied der Vereinigung so in deren Strukturen eingebunden war, dass es alleine schon aufgrund seiner herausgehobenen Stellung oder aufgrund spezifischer Sachzusammenhänge weiterer Straftaten verdächtig ist, die – ohne Strafklageverbrauch – aus der Vereinigung heraus begangen worden sind (BGH NStZ **13**, 241). **8a**

E. Besteht die **Möglichkeit der Wiederaufnahme** nach §§ 211, 362, so steht der Anwendung des § 55 insoweit (vgl dazu BGH NStZ-RR **05**, 316) weder die rechtskräftige Ablehnung der Eröffnung des Hauptverfahrens (BGH MDR **53**, 402 [D]) noch die rechtskräftige Freisprechung entgegen (BGH StV **84**, 408). Ist nach Einstellung nach §§ 153ff oder § 45 **JGG** die Verfahrensfortsetzung rechtlich möglich, so kommt es darauf an, ob sie auf Grund der Auskünfte des Zeugen zu erwarten wäre (vgl BGH **10**, 104 für § 45 I S 3 **JGG**). Bei Einstellung wegen dauernder Verhandlungsunfähigkeit nach § 206a genügt die Möglichkeit der Einleitung eines neuen Verfahrens (BGH NStZ **86**, 181). **9**

F. Die **Entscheidung über die Verfolgungsgefahr** betrifft eine Rechtsfrage; sie trifft das Gericht, nicht der Zeuge oder Angeklagte (Hamburg NJW **84**, 1635); Nichterscheinen trotz ordnungsgemäßer Ladung unter Berufung auf § 55 kann die Festsetzung von Ordnungsmitteln iSv § 51 rechtfertigen (Rostock StraFo **15**, 15 mit Anm Wollschläger). In der Hauptverhandlung entscheidet zunächst der Vorsit- **10**

§ 55

zende, das Gericht nur im Fall des § 238 II (BGH **51**, 144). Maßgebend sind immer die Umstände des Einzelfalls (BGH **1**, 39; **10**, 104); dem Tatrichter kommt ein weiter Beurteilungsspielraum zu (BVerfG wistra **10**, 299; Celle NStZ-RR **11**, 377). Das Verlangen nach Glaubhaftmachung (§ 56) steht im Ermessen des Gerichts (BGH MDR **71**, 188 [D]).

11   4) Die **Auskunftsverweigerung** muss ausdrücklich **erklärt** werden. Der Zeuge darf die belastenden Tatsachen nicht einfach verschweigen (BGH **7**, 127; **21**, 167, 171; vgl auch BVerfGE **38**, 105, 113); auch genügt die bloße Erklärung nicht, er wolle sich zu einer bestimmten Frage oder einem Fragenkomplex nicht äußern (BGHR § 70 Weigerungsgrund 1; Gillmeister NStZ **18**, 561). Die Entscheidung über die Selbstbelastung trifft immer der Zeuge selbst nach seinem eigenen freien Ermessen, auch der verstandesunreife. Nur wenn Angehörige gefährdet werden, gilt § 52 II entspr (LR-Ignor/Bertheau 18). Die Erklärung kann bis zum Schluss der Vernehmung abgegeben werden (Celle NJW **58**, 72, 74); wahrheitswidrige Angaben bei dieser Vernehmung können bis zu diesem Zeitpunkt widerrufen werden (vgl auch BGH NStZ **82**, 431: stillschweigender Widerruf durch Geltendmachen des Auskunftsverweigerungsrechts). Widerrufbar ist nicht nur die Auskunftsverweigerung, sondern auch der Verzicht auf sie; § 252 gilt dann nicht (dort 5). Zum Recht des Zeugen auf Beiziehung eines anwaltl Beistandes vgl §§ 68b, 161a I S 2, 163 III S 1 (erg 11 vor § 48).

12   5) Die **verfahrensrechtliche Folge** der erklärten (nicht bloß möglichen) Auskunftsverweigerung ist die Unzulässigkeit der (weiteren) Befragung zu diesem Punkt (BGH **47**, 220, 223). Fragen können nach § 241 II (BGH **50**, 318), Beweisanträge nach §§ 244 III S 2, 245 II S 2 als unzulässig abgelehnt werden (SK-Rogall 56; **aM** BGH NStZ **86**, 181: Ungeeignetheit des Beweismittels; erg 58, 59 zu § 244). Die bisherigen Angaben des Zeugen bleiben aber verwertbar (BGH **47**, 221; StV **97**, 512; KG StraFo **09**, 382, 383). § 252 gilt nicht; auch für die Angaben vor der Hauptverhandlung besteht kein Verwertungsverbot (BGH **6**, 209, 211; **17**, 245; Bay **84**, 1; Dölling NStZ **88**, 8; **aM** SK-Rogall 78 ff; Hanack JZ **72**, 238). Zulässig sind die Vernehmung der Verhörsperson (BGH aaO; MDR **68**, 202 [D]; **73**, 19 [D]) und Vorhalte (28 zu § 249), nicht jedoch die Protokollverlesung nach § 251 I Nr 3 (vgl 11 zu § 251; anders bei gleichzeitiger Weigerung eines Auslandszeugen, in die BRep einzureisen oder ihn in seiner Heimat auszusagen [BGH NStZ **10**, 466]). Das Unterlassen der Belehrung nach II begründet kein Verwertungsverbot (BGH **11**, 213, 218 [GSSt]; str). Zur Berücksichtigung der Auskunftsverweigerung bei der Beweiswürdigung vgl 20 zu § 261.

13   Die **Pflicht zur Eidesleistung** wird durch die Verweigerung der Auskunft auf einzelne Fragen nicht berührt (BGH **6**, 382).

14   6) Die **Belehrung** schreibt II zwingend vor (KK-Bader 17; LR-Ignor/Bertheau 32), auch wenn schon nach § 52 III S 1 belehrt worden ist (Bay **84**, 1). Sie entfällt aber, wenn nur der beschuldigte Angehörige verfolgungsgefährdet und der Zeuge nach § 52 III S 1 belehrt worden ist (KK-Bader 18; **aM** KMR-Neubeck 13; Schlüchter 494.1). Die Belehrung ist niemals gesetzwidrig (BGH MDR **53**, 402 [D]; Oldenburg NJW **61**, 1225), sollte aber bei nicht offensichtlich Tatbeteiligten nicht schon bei Beginn der Vernehmung, sondern erst erfolgen, wenn Grund zu der Annahme, nicht nur die theoretische Möglichkeit besteht, dass die Voraussetzungen von I vorliegen (BGH MDR **53**, 402 [D]; Frankfurt NJW **51**, 614). Belehrt wird allgemein unter Hinweis auf § 55 oder in der Weise, dass dem Zeugen die Fragen bezeichnet werden, die er nicht zu beantworten braucht (BGH aaO). Der Richter ist befugt, den Zeugen hierbei über Umstände zu unterrichten, die für die vom Zeugen zu treffende Entscheidung von Bedeutung sein können (BGH NStZ **10**, 342). Ggf (oben 2) ist er dahin zu belehren, dass er die ganze Aussage verweigern kann (BGH MDR **53**, 402 [D]).

15   Die Belehrung ist **Sache des Vorsitzenden;** das Gericht entscheidet nur im Fall des § 238 II (BGH StraFo **09**, 145). Die Belehrung ist eine wesentliche

Förmlichkeit iS §§ 168a I, 273 I S 1 (Bay **64**, 141 = JZ **65**, 291 mit abl Anm Sarstedt).

7) Die **Revision** setzt grundsätzlich eine Beanstandung nach § 238 II voraus **16** (BGH **51**, 144, 146). Auf die berechtigte Auskunftsverweigerung kann sie nicht gestützt werden (LR-Ignor/Bertheau 39). Sie kann nur rügen, das Gericht habe gegen § 244 II verstoßen, weil es die unberechtigte Weigerung aus Rechtsirrtum (Verkennung der Begriffe Angehörige oder Verfolgung) hingenommen hat. Die tatsächliche Beurteilung der Verfolgungsgefahr kann nicht zur Nachprüfung gestellt werden (BGH **10**, 104; **43**, 321; NStZ **06**, 178).

Das **Unterlassen der Belehrung** begründet die Revision des Angeklagten **17** nach hM nicht, weil § 55 nicht seinem Schutz dient (BGH **1**, 39; **11**, 213 [GSSt]; NStZ **83**, 354 [Pf/M]; **85**, 493 [Pf/M]; NStZ-RR **10**, 66 [C/Z]; Rogall JZ **96**, 953; **aM** LR-Ignor/Bertheau 41; SSW-Eschelbach 29 ff; Peters 353; erg 19 zu § 337), die der StA nicht, weil der Verstoß die Sachaufklärung nicht beeinträchtigen konnte. In einem späteren Verfahren gegen den Zeugen führt das Unterlassen der Belehrung dagegen zu einem Verwertungsverbot (Celle NStZ **02**, 386; SK-Rogall 79; Grünwald JZ **66**, 499 Fn 97; vgl auch Bay **84**, 1; Karlsruhe StraFo **02**, 291), falls der Verwertung in der Hauptverhandlung widersprochen worden ist (Bay **01**, 64; erg 25 zu § 136).

Die **unrichtige Belehrung** kann nicht gerügt werden, wenn der Zeuge die **18** Auskunft nicht verweigert hat (BGH NStZ **81**, 93 [Pf]). Hat er sie verweigert, so ist § 245 verletzt, wenn er präsent ist (BGH MDR **74**, 16 [D]; Hamm VRS **45**, 123), sonst § 244 II (BGH MDR **53**, 402 [D]; SK-Rogall 80). Die Rüge ist nur zulässig, wenn vorher der Zwischenrechtsbehelf des § 238 II (oben 10) erhoben worden ist (BGH **51**, 144; erg 23 zu § 238).

Glaubhaftmachung des Verweigerungsgrundes

56 ¹ Die Tatsache, auf die der Zeuge die Verweigerung des Zeugnisses in den Fällen der §§ 52, 53 und 55 stützt, ist auf Verlangen glaubhaft zu machen. ² Es genügt die eidliche Versicherung des Zeugen.

1) Das **Verlangen nach Glaubhaftmachung (S 1)** steht im Ermessen des Gerichts. **1** Es kann der Erklärung des Zeugen über das Vorliegen der tatsächlichen Voraussetzungen der §§ 52, 53, 55 (auch des § 53a) ohne weiteres glauben (BGH NJW **72**, 1334; MDR **71**, 188 [D]). Bezweifelt es sie, so ist idR das Verlangen nach eidlicher Versicherung geboten (BGH NJW **72**, 1334; StV **84**, 450; offengelassen bei BGH NStZ **86**, 84). Das Verlangen stellt in der Hauptverhandlung der Vorsitzende (BGH MDR **71**, 188 [D]), das Gericht nur im Fall des § 238 II. Anträge der Prozessbeteiligten können ohne Begründung abgelehnt werden (KMR-Neubeck 5; SK-Rogall 6; **aM** LR-Ignor/Bertheau 3).

2) Gegenstand der Glaubhaftmachung sind die zur Zeugnisverweigerung **2** berechtigenden Tatsachen, die nicht offenkundig sind (BGH **28**, 240, 258). Bei § 52 kommen insbesondere die der Verlobung begründenden Tatsachen in Betracht (BGH NJW **72**, 1334; DAR **77**, 178 [Sp]), bei § 53 die Tatsachen, aus denen sich das Schweigerecht (Anvertrautsein oder Bekanntwerden bei der Berufsausübung) ergibt. Im Fall des § 55 dürfen Angaben über die Tat, derentwegen Verfolgungsgefahr besteht, nicht verlangt werden; das wäre ohne Selbstbelastung des Zeugen nicht möglich (BGH StV **87**, 328). Die Glaubhaftmachung erstreckt sich daher nur auf die Annahme des Zeugen, dass diese Gefahr vorliegt (BGH StV **86**, 282; Hammerstein NStZ **81**, 125).

3) Glaubhaftmachung: Vgl 5 ff zu § 26; 6 ff zu § 45; der Satz *in dubio pro reo* **3** gilt nicht (BGH **21**, 334, 352; NStZ **83**, 354 [Pf/M]). Eidliche Versicherung iS S 2 ist die Eidesleistung nach § 64 (auch die Versicherung nach § 67) oder die Bekräftigung nach § 65. Nicht anwendbar ist § 59. An die Stelle der Eidesnorm tritt die glaubhaft zu machende Tatsache. Das Eidesverbot des § 60 Nr 1 ist zu beachten;

§ 57

§ 60 Nr 2 gilt nicht, weil sonst die Glaubhaftmachung im Fall des § 55 ausgeschlossen wäre (KK-Bader 6). Das Gericht darf zur Glaubhaftmachung niemals mehr als den Eid verlangen, kann sich aber mit eidesstaatlichen Versicherungen zufrieden geben (Köln StraFo **02**, 131; SK-Rogall 13). Auch der Eid unterliegt der freien Beweiswürdigung (LG Hamburg NStZ **08**, 588).

4 4) Die **Revision** setzt die Beanstandung nach § 238 II voraus (SK-Rogall 18). Dass das Gericht das Zeugnisverweigerungsrecht anerkannt hat, kann nur gerügt werden, wenn die Entscheidung erkennbar auf Rechtsirrtum beruht (BGH NJW **72**, 1334; MDR **71**, 188 [D]).

Belehrung RiStBV 130

57 ¹Vor der Vernehmung werden die Zeugen zur Wahrheit ermahnt und über die strafrechtlichen Folgen einer unrichtigen oder unvollständigen Aussage belehrt. ²Auf die Möglichkeit der Vereidigung werden sie hingewiesen. ³Im Fall der Vereidigung sind sie über die Bedeutung des Eides und darüber zu belehren, dass der Eid mit oder ohne religiöse Beteuerung geleistet werden kann.

1 1) **Mündlich und vor der Vernehmung** ist die Zeugenbelehrung zu erteilen, auch wenn sie schon in der Ladungsschrift enthalten war (LR-Ignor/Bertheau 1; Lorenz DRiZ **65**, 158). In der Hauptverhandlung ist die gleichzeitige Belehrung aller nach Aufruf (§ 243 I S 1) erschienenen Zeugen zulässig.

2 2) Aus **Ermahnung** zur Wahrheit, **Belehrung** über die Möglichkeit der Vereidigung und **Hinweis** auf die strafrechtlichen Folgen nach §§ 153, 154, 161 StGB, uU auch auf die nach §§ 257, 258 StGB, besteht die richterliche Zeugenbelehrung. Nur im Fall der Vereidigung erfolgt eine weitere Belehrung nach S 3 iVm § 64 I, II, IV, dabei aber nicht auf die Möglichkeit zusätzlicher Beteuerung nach § 64 III und nicht auf § 65. Der StA (§ 161a I S 2) ermahnt nur zur Wahrheit. Die richterliche Belehrung bezieht sich auch auf die Angaben zur Person (§ 68 I).

3 Eine Warnung vor unwahrer Aussage während der Vernehmung ist zulässig (BGH StV **84**, 99, 101), insbesondere durch **Wiederholung** der Belehrung (BGH **3**, 199), durch Hinweise auf die Bekundungen anderer Zeugen (RG **54**, 297) und durch vollständige Niederschrift der Aussage nach § 273 III mit dem Hinweis, dass sie zur Grundlage eines Ermittlungsverfahrens gemacht werden kann.

4 3) Die **Form** des Hinweises und der Belehrung steht im richterlichen Ermessen (Bay **78**, 154). Die Bedeutung der Zeugenpflicht muss deutlich gemacht werden. Ist eine Eidesbelehrung nach S 3 erforderlich, muss sie in angemessener und wirkungsvoller Weise (Hülle DRiZ **53**, 89; RiStBV 130 S 1) eine genügende Vorstellung vom Wesen und der Bedeutung des Eides vermitteln, sofern sie nicht, bei rechtskundigen Zeugen, vorausgesetzt werden kann.

5 Üblicherweise wird die Belehrung in das **Protokoll** aufgenommen. Um eine wesentliche Förmlichkeit iS des §§ 168a I, 273 I handelt es sich aber nicht (KK-Bader 7; **aM** LR-Ignor/Bertheau 8; zw SK-Rogall 13; vgl auch RiStBV 130 S 2); daher gilt auch die Vermutung des § 274 nicht (BGH DAR **58**, 99 [M]).

6 4) **Informatorische Befragungen** ohne Belehrung sieht das Gesetz nicht vor (BGH MDR **74**, 369 [D]; Celle StV **95**, 292; Köln StV **88**, 289; **99**, 8; ANM 127, 172). Personen, die als Zeugen in Betracht kommen, können jedoch in dieser Weise darüber gehört werden, ob sie überhaupt etwas von dem Fall wissen (RG **66**, 113, 115; Bay **53**, 137). Zulässig sind auch informatorische Befragungen zur Vorbereitung der Vernehmung, zB über für Identität oder Zeugnisverweigerungsrecht erhebliche Tatsachen, Befragungen ohne Verbindung mit der Aussage, zB über den Aufenthalt eines anderen Zeugen und formlose Befragungen im

Zusammenhang mit der Augenscheinseinnahme (ANM 125, 258; erg 12 zu § 249).

5) Revision: § 57 ist eine nur im Interesse des Zeugen erlassene Ordnungsvor- 7 schrift, auf deren Verletzung die Revision nicht gestützt werden kann (BGH VRS **22**, 144; **36**, 23; NStZ **83**, 354 [Pf/M]), auch nicht iVm § 244 II unter dem Gesichtspunkt der Verletzung der Aufklärungspflicht (KK-Bader 8; **aM** Bernsmann StraFo **98**, 75; SK-Rogall 14: in Ausnahmefällen).

Vernehmung; Gegenüberstellung   **RiStBV 18**

§ 58

[I] ¹ Die Zeugen sind einzeln und in Abwesenheit der später zu hörenden Zeugen zu vernehmen.

[II] ¹ Eine Gegenüberstellung mit anderen Zeugen oder mit dem Beschuldigten im Vorverfahren ist zulässig, wenn es für das weitere Verfahren geboten erscheint. ² Bei einer Gegenüberstellung mit dem Beschuldigten ist dem Verteidiger die Anwesenheit gestattet. ³ Von dem Termin ist der Verteidiger vorher zu benachrichtigen. ⁴ Auf die Verlegung eines Termins wegen Verhinderung hat er keinen Anspruch. ⁵ Hat der Beschuldigte keinen Verteidiger, so ist er darauf hinzuweisen, dass er in den Fällen des § 140 die Bestellung eines Pflichtverteidigers nach Maßgabe des § 141 Absatz 1 und des § 142 Absatz 1 beantragen kann.

1) Die **Einzelvernehmung (I)** ist die Regel. Gegenüberstellungen (unten 10) 1 kommen erst in Betracht, wenn jeder Zeuge vorher einzeln vernommen worden ist. I gilt in allen Verfahrensabschnitten, auch bei Vernehmungen durch StA (§ 161a I S 2) und Polizei (§ 163 III S 1).

2) In Abwesenheit der später anzuhörenden Zeugen (I) ist der Zeuge zu 2 vernehmen. Er soll seine Aussage ohne Kenntnis dessen machen, was Angeklagte und andere Beweispersonen bekunden; dadurch soll seine Unbefangenheit und die Selbstständigkeit der Darstellung erhalten bleiben (BGH **3**, 386, 388; MDR **55**, 396 [D]). Gespräche des Zeugen mit bereits vernommenen Zeugen in Verhandlungspausen verbietet § 58 nicht (BGH NJW **62**, 260).

A. **Für alle Zeugen** gilt I, auch für den sachverständigen Zeugen (LR-Ignor/ 3 Bertheau 2), den StA (BGH NJW **87**, 3088, 3090; **aM** Häger Meyer-GedSchr 182) und den Wahlverteidiger als Zeugen (18 vor § 48) und den als Zeugen zu vernehmenden Beistand nach § 149 (BGH **4**, 205). Dagegen haben das Recht auf Anwesenheit während der ganzen Verhandlung der Einziehungsbeteiligte und Nebenbetroffene, der Antragsteller im Adhäsionsverfahren nach §§ 403 ff, der Nebenkläger nach § 397 I S 1 (vgl auch BGH MDR **52**, 532 [D]; VRS **48**, 18; Gollwitzer Schäfer-FS 78) sowie zum Anschluss als Nebenkläger Befugte (§ 406g I S 2), und, mit der Einschränkung des § 51 II–V **JGG** die nach § 67 **JGG** beteiligten Erziehungsberechtigten und gesetzlichen Vertreter (zusammenfassend Pfordte Müller-FS 551). Wegen des Sachverständigen vgl § 80 II, wegen des Anwesenheitsrechts des von den Zeugen zugezogenen Rechtsbeistandes 11 vor § 48.

B. Die **Reihenfolge der Vernehmung** der erschienenen Zeugen steht im 4 richterlichen Ermessen (BGH **2**, 110; NJW **62**, 260). Fürsorge- und Aufklärungspflicht können es beschränken. Kinder und Jugendliche sollten möglichst vor den anderen Zeugen vernommen und sodann entlassen werden (RiStBV 135 II). Der Beistand sollte so bald wie möglich vernommen werden, damit er seine Rechte wahrnehmen kann (BGH **4**, 205). Entsprechendes gilt für die zur Anwesenheit berechtigten Zeugen (oben 3). Unzulässig ist die Vernehmung der Verhörsperson über die Aussage eines zur Zeugnisverweigerung Berechtigten, bevor dieser sich zur Aussage bereit erklärt hat (BGH **2**, 110; **7**, 194, 197; **25**, 176, 177).

C. Die **Abwesenheit des Zeugen bis zu seiner Vernehmung** kann das Ge- 5 richt notfalls dadurch erzwingen, dass es ihn mit Gewalt aus dem Saal entfernen lässt (§§ 176, 177 GVG). Auch Zuhörer, deren Vernehmung beantragt oder vom Gericht für erforderlich gehalten wird, sind aus dem Sitzungssaal zu weisen; ihre zwangsweise Entfernung verstößt nicht gegen § 169 GVG (BGH **3**, 386; NStZ **01**, 163; StV **02**, 6 mit abl Anm Reichert); jedoch dürfen Zuhörer nicht pauschal wegen eines Gruppenmerkmals ausgeschlossen werden (BGH StV **03**, 659: sämtliche armenische Zuhörer). Andererseits macht seine Anwesenheit vor der Vernehmung den Zeugen nicht zu einem ungeeigneten Beweismittel. Er kann als Zeuge vernommen werden (OGH **2**, 19; Rudolphi MDR **70**, 99), und Beweisanträge dürfen nicht mit der Begründung abgelehnt werden, er sei vorher Zuhörer gewesen (KG VRS **38**, 56).

6   D. **Nach der Vernehmung** steht der Zeuge bis zu seiner Entlassung (vgl RiStBV 135 S 1) zur Verfügung des Gerichts (§ 248). Das Gericht kann seine Anwesenheit auch nach der Entlassung dulden, kann ihn aber auch entfernen (BGH NJW **62**, 260); denn I bedeutet nicht, dass die Zeugenvernehmung in Anwesenheit der bereits gehörten Zeugen stattfinden muss (BGH MDR **55**, 396 [D]; RG **48**, 211). Eine Entfernung des Zeugen kommt insbesondere in Betracht, wenn eine ergänzende Vernehmung oder eine Gegenüberstellung beabsichtigt oder wenn zu besorgen ist, dass ein anderer Zeuge in seiner Gegenwart nicht die Wahrheit sagen werde (KK-Bader 5; **aM** Schneiders StV **90**, 91). Das Gericht entscheidet hierüber nach pflichtgemäßem Ermessen ohne Bindung an Anträge (RG aaO).

7   3) **Gegenüberstellungen (II):**

8   A. **Schon im Vorverfahren** sind Gegenüberstellungen zulässig, wenn sie zur Sachaufklärung geboten erscheinen. Ein Zeuge kann durch richterliche Anordnung verpflichtet werden, sich zur Gegenüberstellung bei der Polizei einzufinden (LG Hamburg MDR **85**, 72). In der Hauptverhandlung können Gegenüberstellungen ohne besondere gesetzliche Grundlage im Rahmen des § 244 II vorgenommen werden. Einen Rechtsanspruch darauf hat der Angeklagte nicht (BGH NJW **60**, 2156, 2157; MDR **74**, 724 [D]; **76**, 17 [D]; der Antrag auf Gegenüberstellung ist kein Beweisantrag iS § 244 III (dort 26). Bittet der Vorsitzende während der Hauptverhandlung die Polizei eine Wahlgegenüberstellung durchzuführen, sollte er der Verteidigung Gelegenheit zur Teilnahme daran geben; verpflichtet sind er und die Polizei hierzu aber nicht (vgl BGH NStZ **10**, 53 mit krit Anm Schneider = JR **11**, 119 mit abl Anm Eisenberg).

9   B. Bei der **Identifizierungsgegenüberstellung** (vgl allg: Odenthal, Die Gegenüberstellung im Strafverfahren, 3. Aufl, 1999) wird die zu identifizierende Person in Augenschein genommen und nur der andere Teil als Zeuge vernommen (KG NJW **79**, 1668). Die Gegenüberstellung ist Teil dieser Vernehmung (KG JR **79**, 347; Rogall MDR **75**, 814). Der Zeuge ist daher zur Mitwirkung verpflichtet, wenn er kein Aussageverweigerungsrecht nach §§ 52 ff hat (KK-Bader 8). Der Gegenübergestellte muss sich von ihm in Augenschein nehmen lassen, auch wenn er als Beschuldigter die Einlassung (BGH **34**, 39, 49; KG NJW **79**, 1668; JR **79**, 347; Bremen MDR **70**, 165; Rogall 57) oder als Zeuge die Aussage verweigert (KMR-Neubeck 9; **aM** KK-Bader 8 unter Hinweis auf BGH NJW **60**, 2156; erg 23 zu § 52; 5 zu § 133). Die Rechtspflicht des Beschuldigten, sich einem Zeugen gegenüberstellen zu lassen, ergibt sich aus II (BGH 1 StR 653/70 vom 20.7.1970; KG JR **79**, 348). Eine Mindermeinung hält die Gegenüberstellung dagegen für eine Maßnahme nach § 81b (SK-Rogall 35; Roxin/Schünemann § 33, 16; Schlüchter 185), die wohl hM hält sie für eine körperliche Untersuchung nach § 81a (siehe nur Kratzsch JA **81**, 617; Odenthal S 57 ff und NStZ **85**, 434); beides mit Recht abl Welp JR **94**, 37, der aber auch II verneint und damit eine Gesetzeslücke annimmt. Bei einer Vielzahl von Zeugen kann die Gegenüberstellung in der Weise vorgenommen werden, dass eine Videoaufnahme von dem Beschuldigten und anderen Personen hergestellt und den Zeugen vorgeführt wird (8 zu § 81b).

10   Bei der **Vernehmungsgegenüberstellung** sollen Widersprüche zwischen einer Zeugenaussage und den Angaben des Beschuldigten oder eines anderen Zeugen

durch Rede und Gegenrede, Fragen und Vorhalte geklärt werden (KG NJW **79**, 1668). Hierbei handelt es sich um eine besondere Art der Vernehmung der beiden gegenübergestellten Personen, bei der der Richter auch eine gegenseitige Befragung zulassen kann (LR-Ignor/Bertheau 10).

C. Die **Form** der Gegenüberstellung zum Zweck der Identifizierung und ihren 11 Zeitpunkt bestimmt der Richter, zB die Kleidung (RG **48**, 210) oder eine Veränderung der Haar- oder Barttracht (23 zu § 81a; 10 zu § 81b). Der Beschuldigte ist nicht berechtigt, den Vergleich seiner äußeren Erscheinung mit dem Erinnerungsbild des Zeugen durch Grimassen, Schließen der Augen, Senken des Kopfes oder Verdrehen der Gliedmaßen unmöglich zu machen. Notfalls kann er hieran durch unmittelbaren Zwang gehindert werden; dazu bietet II die Rechtsgrundlage (KG NJW **79**, 1668; JR **79**, 347; Roxin/Schünemann § 33, 16; **aM** LR-Krause 44 zu § 81a; Grünwald JZ **81**, 423; Kühne 479; Odenthal NStZ **85**, 435). Die Gegenübergestellten brauchen sich nicht im selben Raum zu befinden; die Beobachtung durch einen venezianischen Spiegel ist zulässig (KG aaO; LR-Krause 46 zu § 81a; **aM** Grünwald aaO).

Die Identifizierungsgegenüberstellung findet regelmäßig als **Wahlgegenüber-** 12 **stellung** (vgl **RistBV** Nr 18; Odenthal [oben 9] S 101 ff; krit Gniech/Stadler StV **81**, 565; Steinke Kriminalistik **78**, 505) in der Weise statt, dass mehrere Personen gegenübergestellt werden (vgl RiStBV 18 S 1); Ratschläge zur zweckmäßigen Gestaltung geben Karlsruhe NStZ **83**, 377; Köln StV **92**, 412; vgl auch Eisenberg JR **11**, 123; Odenthal NStZ **85**, 435. Deren Hergang ist im Protokoll, bei ausschlaggebender Bedeutung möglichst im Bild, in umfassender Weise festzuhalten (Karlsruhe aaO; Krause/Nehring Einl 222); Aufnahmen mit einem Videogerät sind zulässig (BVerfG NStZ **83**, 84) und zur Rekonstruktion der Gegenüberstellung in der Hauptverhandlung empfehlenswert (LR-Ignor/Bertheau 13). Die **Einzelgegenüberstellung** hat einen geringeren Beweiswert (BGH NStZ-RR **12**, 381; Schleswig SchlHA **71**, 216 [E/J]; Nöldeke NStZ **82**, 193); ihr Ergebnis darf aber bei der Beweiswürdigung durchaus berücksichtigt werden (BGH DAR **76**, 94 [Sp]; KG NStZ **82**, 215; Stuttgart Justiz **97**, 378).

Demgegenüber wird die **sequentielle** (oder sukzessive) **Gegenüberstellung** 12a empfohlen, bei der dem Zeugen jeweils nur eine Person sieht, also nacheinander mehrere Personen gezeigt werden (BGH NStZ-RR **01**, 133 [K]; Goldkamp NZV **19**, 217, 219); der Beweiswert ist gegenüber einer Einzel- oder Wahlgegenüberstellung erheblich höher (BGH NStZ **11**, 648; vgl ferner dazu und zur Durchführung mittels Video-Vorführung Artkämper StRR **07**, 210; Odenthal NStZ **01**, 580, StV **12**, 683). Dies gilt sinngemäß auch für **Wahllichtbildvorlagen**. Deren Beweiswert wird nicht schon durch die dem Zeugen gegebene Information gemindert, in jeder Bildserie befinde sich das Bild eines Verdächtigen (BGH aaO). Es sollten Lichtbilder von mindestens 8 Personen vorgelegt werden (**RistBV** Nr 18 III; Goldkamp aaO); wird die Vorlage abgebrochen, weil der Zeuge erklärt, eine Person wiedererkannt zu haben, macht dies das Ergebnis der Wahllichtbildvorlage zwar nicht wertlos, es kann aber ihren Beweiswert mindern (BGH NJW **12**, 791 mit Anm Eisenberg JR **12**, 168). Zu empirischen Erkenntnissen des Wiedererkennungsvermögens bei Wahllichtbildvorlagen Bremer ua Kriminalisitk **18**, 365 ff, 455 ff.

Der Beweiswert des **wiederholten Wiedererkennens** in der Hauptverhand- 13 lung (wie auch in der Berufungsverhandlung, Braunschweig StV **10**, 126) ist fragwürdig, wenn auch nicht völlig ausgeschlossen (BGH aaO), weil er durch das vorangehende Wiedererkennen beeinflusst wird; der hierbei gewonnene Eindruck wird das ursprüngliche Erinnerungsbild häufig überlagern, so dass die Gefahr besteht, dass in Wahrheit der Angeklagte nicht mit dem Täter, sondern mit der bei der vorhergehenden Gegenüberstellung als verdächtig bezeichneten Person verglichen wird (BGH **16**, 204; NStZ **97**, 355; Brandenburg StV **17**, 663; Celle StV **87**, 429; Düsseldorf NStZ **90**, 506; StV **91**, 509; Frankfurt NStZ **88**, 41; StV **88**, 290; Koblenz StV **07**, 348; Köln StV **94**, 67; Odenthal NStZ **85**, 433). Dasselbe gilt,

§ 58

wenn dem Wiedererkennen in der Hauptverhandlung eine Lichtbildvorlage vorausgegangen war (BGH NStZ **87**, 288; **98**, 266; LG Köln NStZ **91**, 202; erg 11 zu § 261; 12 zu § 267), zumal bei Einzellichtbildvorlagen, denen nur ein deutlich reduzierter Beweiswert zukommt (BGH NStZ-RR **17**, 90; Düsseldorf StV **01**, 445; Koblenz NStZ-RR **01**, 110; Köln NStZ-RR **01**, 109). Dennoch ist auch ein solches Wiedererkennen der freien Beweiswürdigung des Gerichts zugänglich; dieses muss im Urteil allerdings ggf nachvollziehbar darlegen, warum es dem Wiedererkennen des Zeugen trotz der beschriebenen Fehlerquellen folgt (vgl BGH aaO; 4 StR 102/16 vom 30.3.2016). Erg 11b zu § 261, 12b zu § 267, Miebach Rogall-FS 559, 568 ff.

14 Bei der Identifizierung durch einen **Stimmenvergleich** sind dieselben Grundsätze zu beachten (Odenthal NStZ **95**, 579); auch hierbei ist sicherzustellen, dass der Zeuge die Stimme des Verdächtigen nicht isoliert, sondern neben anderen Stimmen hört und dass die Vergleichsstimmen eine gewisse Klangähnlichkeit aufweisen (BGH **40**, 66; NStZ **94**, 597; Freund JuS **95**, 394), wobei die Anforderungen aber nicht überspannt werden dürfen (vgl Köln StV **98**, 178). Die Identifizierung eines Verdächtigen *ausschließlich* an seiner Stimme wird mit einer zur Verurteilung ausreichenden Sicherheit aber nur selten möglich sein (Ackemann, Rechtmäßigkeit und Verwertbarkeit heimlicher Stimmvergleiche im Strafverfahren, 1997 [zugl Diss Passau 1996], S 21 ff).

15 D. **Anwesenheitsrecht des Verteidigers (II S 2–5):** Das Gesetz vom 27.7.2017 (BGBl I 3295) hat nunmehr in Umsetzung der Richtlinie 2013/48/EU ein ausdrückliches Anwesenheitsrecht des Verteidigers bei Gegenüberstellungen geschaffen (S 2). Um dieses Recht nicht leerlaufen zu lassen ist der Verteidiger vorher zu benachrichtigen (S 3). Auf die Verlegung des Termins wegen Verhinderung hat er allerdings keinen Anspruch (S 4).

15a In den Fällen der notwendigen Verteidigung (§ 140) ist der Beschuldigte darauf hinzuweisen, dass er die **Bestellung eines Pflichtverteidigers** nach Maßgabe der §§ 141 I, 142 I beantragen kann (S 5); die Belehrung hat sich daher auch auf die im Sinne des § 142 I zuständige Stelle zu erstrecken, bei der der Antrag gestellt werden kann. Die Belehrung ist zu dokumentieren (§ 168a I für richterliche, § 168b III S 1 für ermittlungsbehördliche Gegenüberstellungen). Erg 2 ff zu § 141, 2 ff zu § 142.

16 **Wahllichtbildvorlagen** sind auch ohne Anwesenheit des Verteidigers möglich, da sich die Vorschrift ausdrücklich nur auf Gegenüberstellungen bezieht; ebenso wird ein spontanes Wiedererkennen des Beschuldigten durch einen Zeugen nicht erfasst (BT-Drucks 18/9534 S 20).

17 **4) Revision:** I ist eine Ordnungsvorschrift, deren Verletzung die Revision nicht begründen kann (BGH NJW **62**, 260; DAR **81**, 196 [Sp]); KG VRS **38**, 56; Oldenburg VRS **58**, 32; **aM** Peters 360). Gerügt werden kann nur ein Verstoß gegen § 244 II (BGH NJW **87**, 3088, 3090), zB weil der Zeuge in Abwesenheit des 1. Zeugen anders ausgesagt hätte (BGH MDR **55**, 396 [D]). Auch die Verletzung des II S 1 begründet die Revision nur, wenn darin eine Verletzung der Aufklärungspflicht liegt (BGH MDR **74**, 274 [D]). Bei einer Verletzung von II kann ausnahmsweise ein Verwertungsverbot in Betracht zu ziehen sein, wenn Anhaltspunkte dafür bestehen, dass die Benachrichtigung des Verteidigers nach II S 3 bewusst unterblieben ist. Es ist aber ein sachlich-rechtlicher Mangel (unzureichende Beweiswürdigung), wenn sich aus dem Urteil nicht ergibt, dass sich das Gericht des eingeschränkten Beweiswerts einer Einzelgegenüberstellung (oben 12), eines wiederholten Wiedererkennens (oben 13) oder eines unzureichenden Stimmenvergleichs (oben 14) bewusst war (BGH **40**, 66; NStZ **82**, 342; Brandenburg StV **17**, 663; Düsseldorf NStZ **90**, 506; StV **07**, 347; StV **86**, 12; **92**, 412; **94**, 67; VRS **86**, 126; MüKoStPO-Maier 77 ff).

§ 58a

Aufzeichnung der Vernehmung in Bild und Ton   RiStBV 19, 19a, 19b

58a I ¹Die Vernehmung eines Zeugen kann in Bild und Ton aufgezeichnet werden. ²Sie soll nach Würdigung der dafür jeweils maßgeblichen Umstände aufgezeichnet werden und als richterliche Vernehmung erfolgen, wenn

1. damit die schutzwürdigen Interessen von Personen unter 18 Jahren sowie von Personen, die als Kinder oder Jugendliche durch eine der in § 255a Absatz 2 genannten Straftaten verletzt worden sind, besser gewahrt werden können oder
2. zu besorgen ist, dass der Zeuge in der Hauptverhandlung nicht vernommen werden kann und die Aufzeichnung zur Erforschung der Wahrheit erforderlich ist.

³Die Vernehmung muss nach Würdigung der dafür jeweils maßgeblichen Umstände aufgezeichnet werden und als richterliche Vernehmung erfolgen, wenn damit die schutzwürdigen Interessen von Personen, die durch Straftaten gegen die sexuelle Selbstbestimmung (§§ 174 bis 184j des Strafgesetzbuches) verletzt worden sind, besser gewahrt werden können und der Zeuge der Bild-Ton-Aufzeichnung vor der Vernehmung zugestimmt hat.

II ¹Die Verwendung der Bild-Ton-Aufzeichnung ist nur für Zwecke der Strafverfolgung und nur insoweit zulässig, als dies zur Erforschung der Wahrheit erforderlich ist. ²§ 101 Abs. 8 gilt entsprechend. ³Die §§ 147, 406e sind entsprechend anzuwenden, mit der Maßgabe, dass den zur Akteneinsicht Berechtigten Kopien der Aufzeichnung überlassen werden können. ⁴Die Kopien dürfen weder vervielfältigt noch weitergegeben werden. ⁵Sie sind an die Staatsanwaltschaft herauszugeben, sobald kein berechtigtes Interesse an der weiteren Verwendung besteht. ⁶Die Überlassung der Aufzeichnung oder die Herausgabe von Kopien an andere als die vorbezeichneten Stellen bedarf der Einwilligung des Zeugen.

III ¹Widerspricht der Zeuge der Überlassung einer Kopie der Aufzeichnung seiner Vernehmung nach Absatz 2 Satz 3, so tritt an deren Stelle die Überlassung einer Übertragung der Aufzeichnung in ein schriftliches Protokoll an die zur Akteneinsicht Berechtigten nach Maßgabe der §§ 147, 406e. ²Wer die Übertragung hergestellt hat, versieht die eigene Unterschrift mit dem Zusatz, dass die Richtigkeit der Übertragung bestätigt wird. ³Das Recht zur Besichtigung der Aufzeichnung nach Maßgabe der §§ 147, 406e bleibt unberührt. ⁴Der Zeuge ist auf sein Widerspruchsrecht nach Satz 1 hinzuweisen.

1) Besonders schutzbedürftigen Zeugen sollen die häufig belastenden 1 Mehrfachvernehmungen, auch in der Hauptverhandlung, dadurch erspart werden, dass eine verwertbare Bild-Ton-Aufzeichnung einer – einmaligen, frühzeitigen – (richterlichen) Vernehmung in späteren Verfahrensstadien zur Verfügung steht (Weigend, Gutachten zum 62. DJT, C 60 und C 64 Fn 204, jedoch mit Bedenken gegen eine frühe Aussage; zur „sekundären Traumatisierung" insbesondere kindlicher und jugendlicher Opferzeugen durch Maßnahmen der Strafverfolgung vgl zB Hussels ZRP **95**, 243; Laubenthal JZ **96**, 338; krit Arntzen ZRP **95**, 241; Pfäfflin StV **97**, 95; vgl auch Kölbel ZStW **119**, 334). Dies kann je nach Lage des Einzelfalls den Verzicht auf eine persönliche Vernehmung des Zeugen in der Hauptverhandlung nahelegen (vgl auch § 255a). Die Einspielung früherer Vernehmungen in die Hauptverhandlung kann Zeugen ferner vor Einschüchterungen und Repressalien durch Dritte schützen (Jung GA **98**, 324; vgl auch KG JZ **97**, 629). I soll dabei auch den Belangen der Opferzeugen bereits im Ermittlungsverfahren Rechnung tragen (zu Erfahrungen im Inland Schöch Meyer-Goßner-FS 368, im Ausland vgl Bohlander ZStW **107**, 82; Köhnken StV **95**, 376; Laubenthal JZ **96**, 340).

Die **Vorschrift beschränkt sich daher nicht** auf minderjährige Zeugen, sondern erfasst etwa auch alte, kranke oder gebrechliche Menschen, Opfer von Ge- 1a

§ 58a

walt- und Sexualstraftaten, für eine Hauptverhandlung gemäß § 96 analog (dort 12) oder § 110b III (dort 8) zu sperrende besonders gefährdete Ermittlungsbeamte und Personen, die sich von ihrer kriminellen Vergangenheit losgesagt haben (zum Schutz gefährdeter Zeugen vgl Griesbaum NStZ **98**, 433; Schlüchter Schneider-FS 447; erg unten 7), sowie Zeugen, deren Rückkehr in das Ausland bevorsteht. Die Bild-Ton-Aufzeichnung **dient damit zugleich der Beweissicherung,** auch durch Fixierung der besonders bedeutsamen Erstaussage kindlicher Opferzeugen (BGH NStZ **94**, 297; **95**, 558; NJW **96**, 206; StV **97**, 513; Eisenberg BR 1311 ff) oder solcher, die Opfer von Straftaten gegen die sexuelle Selbstbestimmung geworden sind; dies kann auch dem aus § 244 II folgenden Prinzip des bestmöglichen Beweises (12 zu § 244) entsprechen (Jung GA **98**, 325).

2   Das **Spannungsverhältnis des Zeugenschutzes zum Unmittelbarkeitsgrundsatz** und zur Pflicht des Gerichts, die Wahrheit zu erforschen, darf andererseits aber – auch in der Gesetzesanwendung – nicht aus dem Blick geraten (vgl dazu bereits Fischer JZ **98**, 816; Schünemann StV **98**, 391; Dahs NJW **98**, 2332; aus der Sicht der Verteidigung Leitner StraFo **99**, 45). Der Gesetzgeber hat den Anwendungsbereich in den vergangenen Jahren – zuletzt durch das Gesetz zur Modernisierung des Strafverfahrens vom 10.12.2019 (Einführung des I S 2 Nr 3) – stetig ausgeweitet. Insofern lässt sich feststellen, dass das durchaus nachvollziehbare Bestreben des Gesetzgebers, den Opferschutz im Strafverfahren zu stärken, tendenziell zu einer immer weiteren Aufwertung des Ermittlungsverfahrens zu Lasten der Hauptverhandlung führt. Bei der Interpretation der Anwendungsvoraussetzungen sowie der praktischen Handhabung ist im Blick zu halten, dass die persönliche Vernehmung des Zeugen in der Verhandlung substituierende Aufzeichnungen von Vernehmungen im Ermittlungsverfahren den Unmittelbarkeitsgrundsatz sowie das Konfrontationsrecht des Angeklagten nicht faktisch aushöhlen.

2a   **Für die Hauptverhandlung** enthält § 247a S 4 eine die Anwendung des § 58a I ausschließende Sondervorschrift (Rieß NJW **98**, 3241; Beulke/Swoboda 430i). Dagegen findet § 168e S 4 bei getrennter Vernehmung durch den Ermittlungsrichter entspr Anwendung (vgl ferner 20 zu § 223).

3   2) Bei den **Voraussetzungen der Aufzeichnung** unterscheidet I in den Sätzen 1 bis 3 nach Kann-, Soll- und zwingenden Anwendungsfällen:

4   A. **Jede Vernehmung eines Zeugen kann nach S 1** aufgezeichnet werden. Dies gilt auch für staatsanwaltschaftliche (§ 161a I S 2) sowie polizeiliche Zeugenvernehmungen im Ermittlungsverfahren (§ 163 III S 1). Bei der Ermessensentscheidung, ob nach S 1 eine richterliche Vernehmung durchgeführt werden soll oder es bei der polizeilichen oder staatsanwaltschaftlichen) Vernehmung bleiben soll, sind die jeweils maßgeblichen Umstände und die schutzwürdigen Interessen des Zeugen zu berücksichtigen; dabei kann berücksichtigt werden, dass es für den Zeugen regelmäßig einen größeren und ihn mehr belastenden Aufwand bedeutet, wenn er nach der Anzeigenaufnahme bei der Polizei auch noch einen weiteren Termin zur richterlichen Vernehmung wahrnehmen muss (krit zur Gesamtregelung Eisenberg HRRS **11**, 65).

4a   Der **Begriff der Vernehmung** umfasst nach dem Zweck der Regelung (oben 1) alle Verfahrensvorgänge, die mit der Vernehmung in enger Verbindung stehen oder sich aus ihr entwickeln und daher zu diesem Verfahrensabschnitt gehören, auch wenn es sich um Verfahrensvorgänge mit selbstständiger verfahrensrechtlicher Bedeutung handelt, zB eine Augenscheinseinnahme oder eine kurze Äußerung eines anderen Zeugen, wenn sie im Zusammenhang mit der Aussage stehen, oder – bei richterlicher Vernehmung – die Verhandlung und Entscheidung über die Vereidigung sowie die Vereidigung selbst (vgl auch 17 zu § 172 GVG). Auch wenn S 1 die Aufzeichnung der Vernehmung eines Zeugen pauschal zulässt, wird nicht nur der technische Aufwand in der Praxis zu zurückhaltender Anwendung führen. Der mit der Bild-Ton-Aufzeichnung verbundene erhebliche Eingriff in das Persönlichkeitsrecht des Zeugen sowie die angestrebte Durchbrechung des Unmittelbarkeitsgrundsatzes erfordern in jedem Einzelfall eine sorgfältige Abwägung am

Maßstab der Verhältnismäßigkeit, der den Einsatz der Videotechnologie etwa gestattet, wenn eine entscheidungserhebliche Aussage umfangreich ist, ein komplexes Tatgeschehen betrifft oder wenn sich die Vernehmung besonders schwierig gestaltet (zur Frage einer Teilaufzeichnung zurückhaltend Rieß StraFo **99**, 3).

B. Die **Soll-Vorschrift** des S 2 (siehe aber zur Muss-Vorschrift in S 3 unten 8a) 5 schreibt vor, dass die Aufzeichnung bei einer *richterlichen* Vernehmung (§§ 168, 168a) in 2 Fällen erfolgen soll (was allerdings entspr aufgezeichnete polizeiliche Vernehmungen nicht ausschließt, Deutscher StRR **13**, 324, 325):

a) Nach **Nr 1** ist die Vernehmung der durch die Straftat Verletzten, die im Zeit- 6 punkt ihrer Anhörung **noch nicht 18 Jahre** alt sind, regelmäßig aufzuzeichnen. Wie schon die Parallele zu § 397a I Nr 4 ergibt, sind nur unmittelbar verletzte Zeugen gemeint (vgl 3 zu § 395), zumal die oben 4 genannten Gesichtspunkte eine enge Auslegung der Soll-Vorschrift in S 2 nahe legen. Durch die Einschränkung, dass die Aufzeichnung „zur Wahrung ihrer schutzwürdigen Interessen geboten" sein muss, ist klargestellt, dass die Anwendung der Vorschrift in Alltagsfällen regelmäßig nicht angezeigt ist (so auch Rieß NJW **98**, 3241 Fn 24, der als Beispiele jugendliche Opfer von Straßenverkehrsdelikten und geringere Straftaten im Jugendlichenmilieu nennt), wohl aber – wie nun durch die Bezugnahme auf § 255a klargestellt ist – in der Regel bei einem Kind oder Jugendlichen als Opfer von Sexualstraftaten (vgl schon BGH NStZ-RR **04**, 336 L; **06**, 2 [B]) oder einer der sonstigen dort aufgeführten schweren Straftaten. Die Vorführung der Aufnahme einer richterlichen Vernehmung ist in der Hauptverhandlung zum Schutz der Zeugen aus dieser Altersgruppe unter erleichterten Voraussetzungen zulässig (§ 255a II S 1). Der Anwendungsbereich der Vorschrift ist durch das Ges vom 14.3.2013 (StORMG) und den Verweis auf die in § 255a II genannten Delikte aber auch auf **Opfer von Sexualstraftaten** ausgedehnt worden, die zur Zeit der Vernehmung **nicht mehr minderjährig sind.**

b) Nach **Nr 2** soll die Vernehmung eines Zeugen ferner aufgezeichnet werden 7 und als richterliche Vernehmung erfolgen, wenn auf Grund bestimmter Anhaltspunkte (KK-Bader 7) oder kriminalistischer Erfahrung die Prognose gerechtfertigt ist, der Zeuge könne in der Hauptverhandlung nicht vernommen werden; der Zweck der Beweissicherung, wie er auch § 160 II zugrundeliegt, tritt hier deutlich hervor: Neben lebensgefährlich erkrankten, gebrechlichen, gefährdeten oder ausländischen Zeugen ist etwa an Fälle zu denken, in denen Erziehungsberechtigte kindlichen oder jugendlichen Zeugen aus berechtigter Sorge um deren Wohl voraussichtlich die Teilnahme an der Hauptverhandlung nicht gestatten werden (vgl BGH NJW **96**, 206; OLG Saarbrücken NJW **74**, 1959; Weigend, Gutachten zum 62. DJT, C 59; 6 zu § 223 und 21 zu § 251); die Einführung der Videotechnologie soll Eltern kindlicher Opferzeugen die Befolgung entsprechender ärztlicher oder psychologischer Ratschläge erleichtern (vgl BT-Drucks 13/7165 S 7). Die Bestimmung greift auch ein, wenn dem Zeugen in der Hauptverhandlung ein Auskunftsverweigerungsrecht zustehen kann (aM LR-Ignor/Bertheau 20). Bei den gefährdeten Zeugen ist nicht nur an zu sperrende (oben 1), sondern auch an solche Personen zu denken, die in ein Zeugenschutzprogramm aufgenommen werden sollen und ggf in einer Hauptverhandlung nicht zur Verfügung stehen (Caesar NJW **98**, 2315). Allerdings können die gleichen Bedenken, die im Einzelfall einer Videosimultanübertragung entgegenstehen (vgl 1 zu § 168e, 1 zu § 247a), auch gegen die Aufzeichnung der Aussage sprechen (Schlüchter Schneider-FS 453; Wagner Kriminalistik **00**, 167; **aM** Weider/Staechelin StV **99**, 51, 42). Die Erwartung, das Gericht werde in der Hauptverhandlung nach § 255a II S 1 verfahren, berechtigt den vernehmenden Richter nicht, das Vorliegen der Voraussetzungen der Nr 2 anzunehmen (zu Nr 1, der nur Verletzte umfasst, oben 6). Kumulativ setzt Nr 2 weiter voraus, dass die Aufzeichnung zur Erforschung der Wahrheit erforderlich ist. Mit Blick auf § 244 II verlangt das Gesetz die Prüfung, ob die Verwendung der Aufzeichnung ergiebiger sein wird als die Verlesung der Niederschrift der Vernehmung (hierzu unten 9) sowie ob es im konkreten Verfahren auf

§ 58a

den höheren Beweiswert ankommt. Da die Einvernahme auf Videoband der Vernehmung zu Protokoll deutlich überlegen ist, weil die Aufzeichnung die Worte der vernommenen Person und deren Betroffenheit unmittelbar wiedergibt (vgl Laubenthal JZ **96**, 342; Seitz JR **98**, 312), wird dies häufig, aber nicht gleichsam automatisch anzunehmen sein, erkennbar nebensächliche Aussagen werden etwa ausscheiden. Dem Vernehmenden ist insoweit ein Beurteilungsspielraum einzuräumen (ähnlich KK-Bader 7; vgl auch BGH **41**, 30).

7a C. Die **Duldung der Bild-Ton-Aufzeichnung in den Fällen von S 2 Nr 1 und 2 ist** Bestandteil der Zeugenpflicht (SK-Rogall 10; MüKo Maier 30; siehe dagegen die Fälle des I S 3 sogleich 8 ff), die Einwilligung des zu Vernehmenden bzw seines gesetzlichen Vertreters in den Eingriff in das Recht am eigenen Bild ist im Anwendungsbereich der Vorschrift nicht erforderlich (Eisenberg BR 1311a; zu polizeilichen Vernehmungen Rieß StraFo **99**, 3; vgl ferner 42 zu § 163 und zur Rechtslage in der Hauptverhandlung 11 zu § 247a). Im Interesse der Gewinnung einer brauchbaren Aussage sollte der Vernehmende sich jedoch um ein kooperatives Verhalten des Zeugen bemühen. Von Ordnungsmitteln nach §§ 51, 70, die gegen Kinder ohnehin nicht angeordnet werden dürfen (15 und 20 zu § 51; 3 zu § 70), sollten Richter und StA (§ 161a II S 1) daher nur zurückhaltend Gebrauch machen. Es ist (entgegen KK-Bader 8, der § 81c heranzieht; vgl aber dort 23 mN) nicht unzulässig, weigerungsberechtigte Zeugen erst nach Beginn der Aufzeichnung gemäß § 52 III S 1 (oder § 55 II) zu belehren (SK-Rogall 11; Leitner StraFo **99**, 47: sogar zwingend). Verweigert der angehörige Zeuge in der Hauptverhandlung das Zeugnis, darf die Aufzeichnung seiner Vernehmung nach §§ 252, 255a I nicht abgespielt werden (12 zu § 252); eine nichtrichterliche Verhörsperson darf auch nicht über den Eindruck befragt werden, den sie bei einer früheren Vernehmung des angehörigen Zeugen gewonnen hat (vgl BGH NJW **79**, 1722 aE; BGH 5 StR 487/77 vom 4.10.1977; 13 zu § 252). Dieser bleibt jedoch Gegenstand des Augenscheins (vgl näher 23 zu § 52, 23 zu § 81c und 14 zu § 86, je mwN).

8 D. Die Vernehmung **muss bei Opfern von Sexualstraftaten als richterliche** aufgezeichnet werden (I S 3, eingeführt durch das Gesetz zur Modernisierung des Strafverfahrens vom 10.12.2019 (BGBl I 2121).

8a a) Dies gilt **ohne Einschränkung.** Die Vorschrift ist nach ihrem Wortlaut grundsätzlich auf Opfer von Straftaten gegen die sexuelle Selbstbestimmung (§§ 174 bis 184j StGB) **in allen Altersgruppen anwendbar,** dh auf Personen unter 18 Jahren wie auch auf erwachsene Tatzeugen; der Gesetzgeber geht insoweit davon aus, dass Schutzbedürfnis bei Opfern von Sexualstraftaten im Strafverfahren nicht davon abhängt, ob sie zur Tatzeit minderjährig oder erwachsen waren (vgl BT-Drucks 532/19 S 25). Durch die Gesetzesfassung ergibt sich aber die Merkwürdigkeit, dass die Vernehmung nach S 1 Nr 1 bei minderjährigen Opfern von Sexualstraftaten zur Wahrung von deren schutzwürdigen Interessen in Bild und Ton aufgezeichnet und als richterliche erfolgen *soll* (siehe oben 6) während S 3 nunmehr postuliert, dass sie in diesen Fällen – auch – bei dieser Altersgruppe erfolgen *muss.*

8b Voraussetzung ist auch nach I S 3, dass nach Würdigung der jeweils maßgeblichen Umstände die **schutzwürdigen Interessen der Opfer** durch die Aufzeichnung der richterlichen Vernehmung besser gewahrt werden können. Anders als in Fällen des S 2 Nr 1 (dazu soeben 6), die nicht Sexualstraftaten betreffen, dürfte hierdurch allerdings kaum eine nennenswerte Einschränkung des Anwendungsbereichs eintreten. Angesichts der Schwere von Sexualdelikten wird – außer im Fall von Bagatelltaten – regelmäßig davon auszugehen sein, dass den schutzwürdigen Interessen der Opfer durch die Aufzeichnung besser Rechnung getragen werden kann. Hierfür spricht auch die Intention des Gesetzgebers, "von der Bild-Ton-Aufzeichnung bei der Ermittlung von Sexualstraftaten umfassend Gebrauch" zu machen (BT-Drucks 532/19 S 25). Es ist deshalb zu erwarten, dass die Aufzeichnung nach I S 3 bei Straftaten gegen die sexuelle Selbstbestimmung, unabhängig vom Alter des Opfers, den Regelfall bilden wird.

b) Die **Zulässigkeit** der Bild-Ton-Aufzeichnung hängt in den Fällen des I S 3 allerdings von der **Zustimmung des Zeugen** vor der Vernehmung ab. Stimmt er nicht zu, darf sie nicht in Bild und Ton aufgezeichnet werden. Hierdurch soll das Persönlichkeitsrecht des Zeugen gewahrt werden (BT-Drucks 532/19 S 25, 36). Das Zustimmungserfordernis ermöglicht es allerdings dem Zeugen, über die Umstände seiner Vernehmung mitzubestimmen, was – jenseits von Zeugnis- und Untersuchungsverweigerungsrechten (§§ 52 I, 81c III) – den üblichen Zeugenpflichten im Strafverfahren widerspricht (siehe soeben 7a; 5, 6 vor § 48); außerdem ist nur schwer nachzuvollziehen, warum die Opfergruppen in S 2 Nr 1 und 2, soweit nicht Sexualstraftaten betroffen sind, vom Gesetz anders behandelt werden als solche in S 3 (zutr Claus NStZ **20**, 58, 63). 8c

Darüber hinaus hat der Zeuge das Recht, der vernehmungsersetzenden Vorführung in der Hauptverhandlung unmittelbar nach der aufgezeichneten Vernehmung zu **widersprechen** (§ 255a II S 1 aE). Gemeint ist damit trotz der gesetzlichen Verortung in § 255a ein Widerspruch bereits im Ermittlungsverfahren direkt nach der erfolgten Aufzeichnung der Vernehmung gemäß § 58 I S 3; dem Zeugen soll damit die Möglichkeit gegeben werden, unter dem Eindruck der Vernehmung seine zuvor erteilte Zustimmung zu überdenken (BT-Drucks 532/19 S 36). 8d

Der Zeuge muss den Widerspruch **unmittelbar nach der Vernehmung** gegenüber dem Richter erklären. Tut er das nicht, ist er an seine vor der Vernehmung erteilte Zustimmung und den nicht – rechtzeitig – erklärten Widerspruch gebunden. Das hat zur Konsequenz, dass die Videoaufzeichnung seiner richterlichen Vernehmung in der Hauptverhandlung vernehmungsersetzend vorgeführt werden kann (§ 255a II S 1 aE). Dies gilt gleichermaßen, wenn der Zeuge seinen rechtzeitig erklärten Widerspruch zurücknimmt, was auch noch in der Hauptverhandlung möglich ist; ein erneuter Widerspruch ist allerdings nicht zulässig, da er nicht unmittelbar nach der Vernehmung im Ermittlungsverfahren erfolgt ist. 8e

Es erscheint allerdings **fragwürdig**, dass es in den Fällen des S 3 bei rechtzeitigem Widerspruch „im Belieben des Zeugen" (so ausdr BT-Drucks 532/19 S 36) stehen soll, ob die Videoaufzeichnung vernehmungsersetzend in der Hauptverhandlung verwertet werden kann; außerdem gilt wie beim Zustimmungserfordernis (soeben 8c), dass eine Rechtfertigung für die unterschiedliche Behandlung der Opfergruppen in I S 2 Nr 1 und 2 einerseits und I S 3 andererseits schwer zu erkennen ist (vgl Claus NStZ **20**, 58, 63). 8f

Zustimmung und Widerspruch sind als **höchstpersönliche Rechte** des Zeugen konzipiert (siehe BT-Drucks aaO: Schutz des Persönlichkeitsrechts). Hat der Zeuge allerdings von der Bedeutung von Zustimmung und Widerspruch keine genügende Vorstellung, ist die Entscheidung des gesetzlichen Vertreters erforderlich. Dies kann vor allem bei Kindern in Betracht zu ziehen sein, bei erwachsenen Zeugen nur, soweit wegen einer psychischen Krankheit oder einer geistigen oder seelischen Behinderung eine Betreuung angeordnet worden ist (§ 1896 BGB). Wer gesetzlicher Vertreter ist, bestimmt sich nach bürgerlichem Recht (siehe 19 zu § 52). Bei erwachsenen Zeugen muss erforderlichenfalls ein Betreuer bestellt werden (vgl § 1896 BGB). Ist der gesetzliche Vertreter selbst Beschuldigter, darf er – nach dem Rechtsgedanken des § 52 II S 2 – nicht für den Zeugen entscheiden; in diesem Fall muss ein Ergänzungspfleger bestellt werden (§ 1909 S 1 BGB; erg 20 zu § 52). 8g

Auf das Zustimmungserfordernis und die Widerspruchsmöglichkeit muss der Richter den Zeugen **hinweisen.** Dabei sollte dem Zeugen auch klargemacht werden, dass sich seine Zustimmung nur auf die seine persönliche Vernehmung in der Hauptverhandlung möglicherweise ersetzende Vorführung der Aufzeichnung bezieht, er aber bei fehlender Zustimmung bzw nach der Vernehmung erklärtem Widerspruch verpflichtet bleibt, auf Ladung vor dem Gericht persönlich auszusagen (siehe BT-Drucks 532/19 S 25). Dies kann sich je nach Person des Zeugen als eine durchaus anspruchsvolle Aufgabe erweisen. Erg 8c, d zu § 255a. 8h

3) Die **Anordnungskompetenz** liegt beim Vernehmenden. Der Ermittlungsrichter (zur Zuständigkeit dort 8 aE) hat nur die Zulässigkeit der beantragten Vi- 9

§ 58a

deoaufzeichnung zu prüfen (4 zu § 162); er hat § 168c II, III und V (sowie § 406g II S 2, 3) zu beachten, auch mit Blick auf § 255a II S 1 (vgl dort 8). Bei Vorliegen der Voraussetzungen des § 168e soll er eine getrennte Vernehmung durchführen. Erforderlich ist ein vollständiges Protokoll nach §§ 168, 168a und 168b (KK-Bader 9; vgl auch LR-Erb 18b; BGH NStZ **95**, 353); die Videoaufzeichnung kann Grundlage der Protokollierung sein (§ 168a II S 1, dort 4). Der Erstvernehmende muss in der Lage sein, gute, vollständige und nichtsuggestive Befragungen durchzuführen, da sich Fehler im weiteren Verlauf des Verfahrens häufig nicht mehr ausgleichen lassen (Hinweise geben Zschockelt/Wegner NStZ **96**, 305; vgl auch Eisenberg BR 1318 ff, 1413 ff). Die JV hat die erforderliche technische Ausstattung zur Verfügung zu stellen.

10   4) Die **Verwendung** der nach I erstellten Aufzeichnung beschränkt II S 1 (SK-Rogall 24; zw für polizeiliche Vernehmungen Seitz JR **98**, 312; vgl oben 2) im Hinblick auf die schutzwürdigen Interessen des Zeugen (insbesondere sein Persönlichkeitsrecht) auf Zwecke der Strafverfolgung; in Betracht kommt neben dem anhängigen jedwedes andere Strafverfahren, das im Zeitpunkt der Aufzeichnung noch nicht eingeleitet zu sein braucht, auch ein Verfahren gegen den Zeugen als Beschuldigten (KK-Bader 10). Zur Wahrheitserforschung erforderlich ist die Verwendung, wenn das Abspielen der Aufzeichnung ergiebiger sein wird als das Verlesen der Niederschrift und es im konkreten Verfahren auf den höheren Beweiswert ankommt (vgl oben 7). Im Übrigen stellt § 255a (dort 5) für die Vorführung der Aufzeichnung in der Hauptverhandlung weitere Voraussetzungen auf. Ob die Aufnahme der Vernehmung eines nach § 52 zeugnisverweigerungsberechtigten Zeugen abgespielt werden kann, richtet sich nach den zu § 255a (dort 3, 8) dargestellten Grundsätzen. Mit Einverständnis des Zeugen darf das von seiner Vernehmung gefertigte Videoband auch in anderen Verfahren (etwa vor dem Familiengericht oder Jugendamt) bzw zu anderen Zwecken (Geltendmachung von Schadensersatzansprüchen) benutzt werden; dies kann ohne gesonderte Einwilligung durch Anfertigung von Kopien geschehen.

11   5) **Die Löschung** der Bild-Ton-Aufzeichnung regelt II S 2 durch Verweisung auf § 101 VIII (vgl dort 27). Nach II S 5 sind ausgehändigte Kopien an die StA herauszugeben, sobald kein berechtigtes Interesse an der weiteren Verwendung besteht. Damit ist eine frühere Streitfrage (vgl Janovsky Kriminalistik **99**, 453) entschieden worden.

12   **6) Akteneinsicht:**

13   A. Das Akteneinsichtsrecht des **Verteidigers** nach § 147, des **anwaltlichen Vertreters des Nebenklägers** (12 zu § 397) und des **Bevollmächtigten des Verletzten** gemäß § 406e erstreckt sich auf die Bild-Ton-Aufzeichnung als Bestandteil der Sachakten (Neuhaus StV **04**, 623); dem Angeklagten selbst kann es entspr § 147 VII gewährt werden. Diesen Akteneinsichtsberechtigten dürfen Kopien der Aufzeichnung auch ohne Einwilligung des Zeugen überlassen werden (II S 2, 3); Einschränkungen nach § 147 IV bestehen insoweit für den Verteidiger nicht (**aM** Trück NStZ **04**, 129). Allerdings kann der Zeuge gemäß III S 1 der Überlassung einer Kopie an die nach II S 3 Berechtigten **widersprechen**, worüber er nach III S 4 zu belehren ist. Dann beschränkt sich das Einsichtsrecht auf die Besichtigung der Aufzeichnung bei der StA (III S 3) oder auf ein nach III S 1, 2 zu errichtendes (vgl 8, 9 zu § 168e) und den Berechtigten zu überlassendes Protokoll (krit dazu Neuhaus aaO, der darin einen Verstoß gegen den Grundsatz der Waffengleichheit zwischen StA und Verteidigung sieht); solche Schriftstücke brauchen nicht vernichtet zu werden. Die früher streitige Frage, ob der Verteidiger seinem Mandanten eine Kopie überlassen darf (dazu Schöch Meyer-Goßner-FS 368), ist durch den durch das 1. OpferRRG eingefügten II S 4 verneinend geklärt worden (SK-Rogall 41).

14   B. Soweit es um **andere Stellen** als die in Rn 13 bezeichneten Akteneinsichtsberechtigten – also um Einsichtsgesuche nach §§ 474 ff – geht, bedarf die Überlas-

sung der Aufzeichnung oder die Herausgabe von Kopien der Einwilligung des Zeugen (II S 6).

7) Anfechtung: Für die Beschwerde gegen die Entscheidung des Ermittlungs- 15
richters gelten die allgemeinen Vorschriften der §§ 304 ff. Gegen dessen Anordnung, die Vernehmung aufzuzeichnen, kann sich der Zeuge in den Fällen des I S 2 Nr 1 und 2 beschweren (§ 304 II), mangels Beeinträchtigung eigener Rechte nicht aber gegen das Absehen von einer Aufnahme (SK-Rogall 48); in den Fällen des I S 3 kann der Zeuge die Videoaufzeichnung bereits dadurch verhindern, dass er ihr nicht zustimmt (siehe oben 8c). Mit der Revision kann eine Verletzung des § 58a nicht gerügt, aber etwa beanstandet werden, dass eine vorhandene Bild-Ton-Aufzeichnung zu Unrecht nicht verwertet worden ist (§ 244 II; vgl 13 zu § 255a; MüKoStPO-Maier 89 ff).

Vernehmung im Wege der Bild- und Tonübertragung

§ 58b Die Vernehmung eines Zeugen außerhalb der Hauptverhandlung kann in der Weise erfolgen, dass dieser sich an einem anderen Ort als die vernehmende Person aufhält und die Vernehmung zeitgleich in Bild und Ton an den Ort, an dem sich der Zeuge aufhält, und in das Vernehmungszimmer übertragen wird.

1) Regelungsgehalt und Anwendungsbereich: Die durch Ges vom 1
25.4.2013 eingeführte (BGBl I 2013 S 935, gem Art 10 in Kraft seit 1.11.2013, allerdings mit dem Vorbehalt, dass das jeweilige Bundesland von der Ermächtigung Gebrauch gemacht hat, sie bis längstens 31.12.2017 nicht anzuwenden) Vorschrift ermöglicht es, polizeiliche, staatsanwaltliche oder richterliche Zeugenvernehmungen im Ermittlungsverfahren unter Verzicht auf die Anwesenheit des Zeugen im Vernehmungszimmer durchzuführen (siehe dazu im Einzelnen MüKoStPO-Maier 9); sie gilt über § 72 auch für Vernehmungen des Sachverständigen außerhalb der Hauptverhandlung (SK-Rogall 4). Ihre Anwendung kommt vor allem zum Schutz von Opfern, aber auch zur Beweissicherung bei Gefahr von Beweismittelverlust in Betracht, so wenn dem Erscheinen des Zeugen am Vernehmungsort Krankheit, Gebrechlichkeit oder andere nicht zu beseitigende Hindernisse entgegenstehen. Denkbar ist die Anwendung auch dann, wenn dem Zeugen – zB wegen großer Entfernung – ein Erscheinen nicht zugemutet werden kann. Darüber hinaus wird durch den Einsatz der Videokonferenztechnik der zeitraubende Versand von Verfahrensakten mit Vernehmungsersuchen an ferne Gerichte vermieden; dies kann zugleich einen qualitätssteigernden Effekt haben, da die Vernehmung durch den sachbearbeitenden Staatsanwalt oder Polizeibeamten erfolgen kann (BT-Drucks 17/1224 S 13; MüKoStPO-Maier 17).

2) Anordnung und Durchführung: Für die Anordnung ist die jeweils feder- 2
führende Vernehmungsperson zuständig. Sie ist nach pflichtgemäßem Ermessen unter Berücksichtigung der Regelungszwecke, aber auch der Grundsätze der Aufklärungspflicht und Unmittelbarkeit vorzunehmen. Das Einverständnis der Verfahrensbeteiligten ist nicht erforderlich (SK-Rogall 9). Anwesenheitsrechte bzw -pflichten (§§ 48 I S 1, 161a I S 1) sowie Benachrichtigungs- und Protokollierungspflichten richten sich nach den Vorschriften der jeweiligen Vernehmung, zB nach §§ 168–168c oder nach § 224. Der Zeuge kann sich wie auch sonst eines Beistands bedienen (§§ 68b, 163 I S 1–3; SK-Rogall 6).

3) Rechtsmittel: Die Entscheidung ist nicht anfechtbar (siehe BT-Drucks 17/ 3
1224 S 11), die Revision nicht begründet, da das Urteil auf der Anordnung nach § 58b oder ihrem Unterbleiben nicht beruhen kann (SK-Rogall 12; SSW-Tsambikakis 9).

§ 59

Vereidigung

59 ¹ ¹Zeugen werden nur vereidigt, wenn es das Gericht wegen der ausschlaggebenden Bedeutung der Aussage oder zur Herbeiführung einer wahren Aussage nach seinem Ermessen für notwendig hält. ²Der Grund dafür, dass der Zeuge vereidigt wird, braucht im Protokoll nicht angegeben zu werden, es sei denn, der Zeuge wird außerhalb der Hauptverhandlung vernommen.

II ¹Die Vereidigung der Zeugen erfolgt einzeln und nach ihrer Vernehmung. ²Soweit nichts anderes bestimmt ist, findet sie in der Hauptverhandlung statt.

1 **1) Regelmäßig nicht zu vereidigen** sind die Zeugen im Gegensatz zur früheren Rechtslage nach Änderung der Vorschrift durch das 1. JuMoG. Damit ist die gesetzliche Regelung an die Praxis angepasst worden, die unter Anwendung des § 61 Nr 5 aF, der die Nichtvereidigung bei allseitigem Verzicht zuließ, von der Vereidigung nahezu ausnahmslos abgesehen hatte. Der Gesetzgeber hat damit entspr § 391 ZPO, § 48 OWiG von der Regelvereidigung abgesehen, ist aber Forderungen nach völliger Abschaffung der Vereidigung (vgl nur SK-Rogall 137 vor § 48 mN) nicht nachgekommen (krit dazu Knauer/Wolf NJW **04**, 2932; Neuhaus StV **05**, 47; Schiller Volk-FS 689).

2 **2) Die Vereidigung kann erfolgen** wegen der ausschlaggebenden Bedeutung der Aussage oder zur Herbeiführung einer wahrheitsgemäßen Aussage. Es ist damit eine dem früheren § 48 OWiG entspr Regelung geschaffen worden (vgl dazu Düsseldorf NStE Nr 1 zu § 48 OWiG). In den Fällen des § 61 Nr 1, 2 und 4 aF, dh bei 16–18 Jahre alten Zeugen (wegen möglicher Unreife), beim Verletzten sowie bei Personen, die iSd § 52 I Angehörige des Verletzten oder des Beschuldigten (wegen deren auf dem Näheverhältnis beruhenden oft unzuverlässigen Angaben) oder die wegen Meineids verurteilt worden sind (wegen der daraus resultierenden Bedenken gegen deren Glaubwürdigkeit), wird das Gericht auch jetzt noch die Frage der Vereidigung besonders sorgfältig prüfen müssen.

3 **Ausschlaggebende Bedeutung** hat die Aussage, wenn sie für eine entscheidungserhebliche Tatsache das alleinige Beweismittel (Neustadt NJW **52**, 118) oder bei der Beweiswürdigung das „Zünglein an der Waage" ist (BGH **16**, 99, 103; KG VRS **26**, 287), gleichgültig, ob sie be- oder entlastend wirkt (Hamm NJW **73**, 1940). Die ausschlaggebende Bedeutung fehlt aber, wenn die Aussage ersichtlich unwahr ist (BGH aaO; Bay DAR **64**, 242 [R]; KG aaO; LR-Ignor/Bertheau 7; **aM** Neustadt NJW **59**, 783). Dass sie im Widerspruch zu der Aussage eines vereidigten Zeugen steht, genügt allein nicht; denkgesetzlich kann nur eine der beiden Aussagen ausschlaggebend sein (KMR-Neubeck 4; LR-Ignor/Bertheau 7; **aM** Köln NJW **54**, 570; Neustadt aaO; KK-Slawik 1b). Nur wenn die Aussage geeignet ist, die des anderen Zeugen zu erschüttern, darf der Zeuge daher vereidigt werden.

4 **Zur Herbeiführung einer wahren Aussage** ist die Vereidigung nicht schon zulässig, wenn der Zeuge offensichtlich die Wahrheit verfälscht oder verschweigt, sondern nur, wenn bestimmte Tatsachen auch die Annahme begründen, dass er unter Eideszwang erhebliche Tatsachen bekunden werde (BGH **16**, 99, 103; Hamm NJW **73**, 1940; Peglau/Wilke NStZ **05**, 188).

5 **3) Einzeln und nach der Vernehmung** sind die Zeugen zu vereidigen. Zur Einzelvereidigung vgl 2 zu § 64. Der Nacheid ist zwingend vorgeschrieben. Er ist nach dem endgültigen Abschluss der Vernehmung zu leisten (BGH **8**, 301, 310) und umfasst nicht Bekundungen des Zeugen bei einer späteren nochmaligen Vernehmung (Bay **56**, 245; Koblenz VRS **44**, 444; 1 zu § 67).

6 **4) Der Eid umfasst** alle Angaben des Zeugen, auch die zur Person und zu den Generalfragen nach § 68 I, IV (RG **60**, 407; J. Meyer ZStW **95**, 835), auch, ohne besondere Anordnung des Gerichts, Angaben zu Fragen, die dem Bereich des Frei-

beweises angehören (W. Schmid SchlHA **81**, 42; **aM** Willms Heusinger-EG 398), ohne eine solche Anordnung aber nicht Angaben zur Glaubhaftmachung (§ 56) eines nur teilw ausgeübten Zeugnisverweigerungsrechts.

Teilvereidigung kann zulässig und geboten sein, wenn mehrere Taten iS des § 264 Gegenstand des Verfahrens sind. Einzelheiten bei 22 zu § 52; 26 zu § 60. 7

5) Eine Entscheidung über die Vereidigung ist notwendig (BGH StraFo **05**, 244; StV **05**, 200 mit Anm Schlothauer; SK-Rogall 17; Müller JR **05**, 79, **07**, 81; **aM** BGH **50**, 282; zust KK-Slawik 10; zutr abl Klemke StV **06**, 158; vgl aber auch BGH NStZ **09**, 647); sie ergeht von Amts wegen in der Hauptverhandlung (Ausnahmen: §§ 62, 63) nach Abschluss der Vernehmung, spätestens bis zum Schluss der Beweisaufnahme (BGH **1**, 346, 348). Wird ein Zeuge in einem späteren Abschnitt einer Hauptverhandlung noch einmal vernommen, bedarf es einer neuen Entscheidung über die Vereidigung; diese umfasst grundsätzlich die gesamte bisherige Aussage des Zeugen (BGH **48**, 221 mit Anm Maier NStZ **03**, 674). Bleibt der Zeuge zuletzt unvereidigt, gilt die gesamte Aussage als uneidliche (BGH StV **11**, 454). Anträge der Beteiligten zur Frage der Vereidigung oder deren Verzicht auf die Vereidigung sind unbeachtlich; entscheidend ist nur das Ermessen des Gerichts, das die Voraussetzungen des I S 1 (oben 3, 4) prüft; selbst bei ausschlaggebender Bedeutung der Aussage kann die Vereidigung somit unterbleiben (Peglau/Wilke NStZ **05**, 188; **aM** Klemke aaO). 8

Die **Vorabentscheidung** trifft anstelle des Gerichts der Vorsitzende ohne vorherige Anhörung der Beteiligten (BGH StV **05**, 200 mit Anm Schlothauer; Peglau/Wilke NStZ **05**, 189; **aM** SK-Rogall 19 f), wenn er es nicht vorzieht, sogleich das Gericht entscheiden zu lassen. Die Entscheidung bezieht sich immer nur auf die bisher gemachte Aussage. Wird der Zeuge später nochmals vernommen, so ist hierüber neu zu entscheiden (BGH **1**, 346; NStZ **82**, 188 [Pf]; Koblenz VRS **67**, 248, 250); dabei bindet die Vorentscheidung nicht. 9

Nach hM ist die Vorabentscheidung eine Maßnahme der Sachleitung, gegen die nach § 238 II die **Anrufung des Gerichts** zulässig und grundsätzlich notwendig ist, um die Entscheidung überhaupt mit der Revision angreifen zu können (BGH StV **05**, 200; NStZ-RR **05**, 208; vgl aber unten 13). Nach zutr Ansicht entscheidet der Vorsitzende jedoch anstelle des Gerichts (LR-Ignor/Bertheau 23; Fuhrmann NJW **63**, 1235); mit der Anrufung des Gerichts wird nur die Entscheidung des nach dem Gesetz zuständigen Spruchkörpers verlangt. Eine unterlassene Entscheidung über die Vereidigung kann bis zum Urteilserlass nachgeholt werden (erg 29 zu § 60). 10

6) Einer **Begründung** bedarf die Vereidigung gemäß I S 2 in der Hauptverhandlung nicht, anders bei Vereidigung außerhalb der Hauptverhandlung (erg 6 zu § 62). Dass für den gesetzlichen Regelfall der Nichtvereidigung (oben 1) keine Begründung erforderlich ist, versteht sich von selbst (BGH StV **05**, 200 mit Anm Schlothauer; Müller JR **05**, 79). Ein Antrag auf Vereidigung kann im Hinblick auf I S 2 (vgl auch 3 zu § 34) ohne Begründung abgelehnt werden (Schuster StV **05**, 629; **aM** Sommer StraFo **04**, 296). Das gilt auch für den nach § 238 II (oben 10) ergangenen Beschluss (Müller aaO 80; offen gelassen von BGH aaO und NStZ **06**, 463; **aM** Schlothauer aaO); die Regelung des § 59 geht insoweit § 34 vor (Schuster aaO; **aM** Klemke StV **06**, 159; Peglau/Wilke NStZ **05**, 189). 11

7) Protokoll: Die Tatsache der Vereidigung oder Nichtvereidigung – nicht deren Begründung (oben 11; Müller JR **05**, 80) – ist eine wesentliche Förmlichkeit iS §§ 168a I, 273 I und muss daher im Protokoll beurkundet werden (BGH StraFo **05**, 244; Diehm StV **07**, 444; Schuster StV **05**, 628; **aM** BGH **50**, 282; vgl auch BGH NStZ **06**, 114: nur die Vereidigung). Bei Vernehmung mehrerer Zeugen ist die Vereidigung eines jeden von ihnen einzeln zu beurkunden (Koblenz OLGSt S 3). Bei Teilvereidigung (oben 7) muss das Protokoll klar ergeben, welcher Teil der Aussage beeidet worden ist und welcher nicht. 12

§ 60

13 8) Die **Revision** kann darauf gestützt werden, dass die Vereidigung unter Verstoß gegen § 60 erfolgt sei (vgl 31 ff zu § 60). Im Übrigen ist die Entscheidung nicht revisibel, weil die Entscheidung über die Frage der Vereidigung im Ermessen des Gerichts liegt (Knauer/Wolf NJW **04**, 2933). Auch wenn der Zeuge vereidigt wurde, obwohl der Aussage keine ausschlaggebende Bedeutung zukommt oder die Vereidigung zur Herbeiführung einer wahrheitsgemäßen Aussage nicht notwendig war, kann dies nicht gerügt werden, ebenso im umgekehrten Fall der Nichtvereidigung trotz Vorliegens der Voraussetzungen des I S 1 (**aM** BGH NStZ **09**, 343; 397: „bei Überschreitung des Beurteilungsspielraums oder rechtsfehlerhafter Ermessensausübung"; aber das erscheint als eine rein theoretische Überlegung). Unterlässt der Vorsitzende allerdings eine Entscheidung über die Vereidigung, so kann das auch gerügt werden, wenn keine Entscheidung des Gerichts herbeigeführt worden ist (BGH **1**, 269, 273; NJW **86**, 1999, 2000; NStZ **84**, 371; **87**, 374; StV **92**, 146; Frankfurt NStZ-RR **99**, 336; Schlothauer StV **05**, 200; **aM** BGH **50**, 282: Antrag auf Vereidigung erforderlich; dagegen einschr BGH StV **09**, 225); ob das Urteil auf dem Fehler **beruht**, ist nunmehr aber angesichts der grundsätzlichen Nichtvereidigung von Zeugen (oben 1) an den Umständen des Einzelfalls zu prüfen und nur dann anzunehmen, wenn es bei einer Entscheidung zu einer Vereidigung des Zeugen gekommen und sodann nicht auszuschließen wäre, dass der Zeuge in diesem Fall andere, wesentliche Angaben gemacht hätte (BGH NStZ **06**, 114; 4 StR 276/13 vom 31.7.2013). § 59 ist auch verletzt, wenn ein bereits vereidigter Zeuge nochmals vernommen worden ist, ohne dass die Nichtvereidigung angeordnet oder nach § 67 verfahren wurde (vgl BGH **1**, 346, 348; KG NJW **68**, 807, 808); das Urteil beruht idR auf dem Mangel, wenn das Gericht die ergänzende Vernehmung zu Unrecht als informatorische Befragung (6 zu § 57) gewertet hat (Köln StV **88**, 289). Wird eine uneidliche entlastende Aussage im Urteil irrtümlich als eidliche gewertet, so wird das Urteil hierauf idR nicht zum Nachteil des Angeklagten beruhen (Hamm NJW **72**, 1531; **aM** Bay StV **88**, 145). Bei Aussagen anderer Art kann das Beruhen nicht deshalb ausgeschlossen werden, weil Gericht und Zeuge irrtümlich davon ausgegangen sind, die Vereidigung sei erfolgt (BGH StV **99**, 137), oder weil der in der Hauptverhandlung bereits eidlich vernommene Zeuge bei seiner erneuten Vernehmung mit der wiederholten Vereidigung rechnen müsste (BGH NStZ **87**, 374); im Übrigen ist dies eine Frage des Einzelfalls (vgl BGH NStZ-RR **97**, 302). Die Revision kann sich nicht darauf berufen, sie habe im Vertrauen auf die Beeidigung des Zeugen von weiteren Beweisanträgen abgesehen; denn durch die Vereidigung wird nicht der Rechtsschein erweckt, dem Zeugen werde seine Aussage geglaubt werden (BGH NStZ **86**, 130; **94**, 227 [K]; **aM** Esskandari StV **02**, 52).

Vereidigungsverbote

60 Von der Vereidigung ist abzusehen

1. bei Personen, die zur Zeit der Vernehmung das 18. Lebensjahr noch nicht vollendet haben oder die wegen mangelnder Verstandesreife oder wegen einer psychischen Krankheit oder einer geistigen oder seelischen Behinderung vom Wesen und der Bedeutung des Eides keine genügende Vorstellung haben;
2. bei Personen, die der Tat, welche den Gegenstand der Untersuchung bildet, oder der Beteiligung an ihr oder der Datenhehlerei, Begünstigung, Strafvereitelung oder Hehlerei verdächtig oder deswegen bereits verurteilt sind.

Übersicht

	Rn
1) Zwingende Vereidigungsverbote	1
2) Eidesunmündigkeit (Nr 1 erster Unterfall)	2, 3
3) Eidesfähigkeit (Nr 1 zweiter Unterfall)	4–6

	Rn
4) Tat- oder Teilnahmeverdacht (Nr 2)	7–30
A. Grund des Vereidigungsverbots	8
B. Tat	9, 10
C. Teilnahme	11–18
D. Begünstigung und Strafvereitelung	19–21
E. Hehlerei	22
F. Verdacht	23, 24
G. Bereits wegen Tatbeteiligung verurteilte Zeugen	25
H. Teilvereidigung	26
I. Entscheidung	27, 28
J. Nachholung der Vereidigung	29, 30
5) Revision	31–34

1) Zwingende Vereidigungsverbote enthält die Vorschrift. Zeigen sich Anhaltspunkte für ihr Vorliegen, so muss das Gericht die Frage erörtern (BGH StV **88**, 325; erg unten 34), ggf im Freibeweis (7, 9 zu § 244) Ermittlungen führen (RG **51**, 69; **56**, 102). Bleiben Zweifel, so ist nach § 59 zu verfahren (KK-Slawik 3). Die freie Beweiswürdigung wird durch die Vereidigungsverbote nicht eingeschränkt; das Gericht kann – zumal die Regelvereidigung durch das 1. JuMoG abgeschafft ist (1 zu § 59) – selbstverständlich auch dem unvereidigt gebliebenen Zeugen glauben (vgl BGH MDR **71**, 17 [D]; unten 8). 1

2) Eidesunmündigkeit (Nr 1 erster Unterfall): Das Vereidigungsverbot besteht nach § 187 II BGB bis zum Beginn des Tages, an dem der Zeuge 18 Jahre alt wird (zur Altersgrenze vgl 1 zu § 241a). Maßgebend ist der Zeitpunkt der Aussage. Die Vereidigung ist aber, auch in den Fällen des § 251 II und § 325 nachzuholen, wenn der Zeuge noch vor Schluss der Beweisaufnahme (KK-Slawik 4) eidesmündig wird. 2

Zur **Begründung** der Nichtvereidigung genügt die Anführung der Gesetzesstelle (BGH VRS **22**, 144, 148; **41**, 186; LR-Ignor/Bertheau 34). 3

3) Eidesunfähigkeit (Nr 1 zweiter Unterfall): Nur eine psychische Krankheit oder eine geistige oder seelische Behinderung schließen die Vereidigung aus, nicht Unwissenheit, Unglauben oder Gedächtnisschwäche (LR-Ignor/Bertheau 4), auch nicht eine Behinderung, die die Vorstellung vom Wesen des Eides nur unwesentlich beeinträchtigt (RG **58**, 396; EbSchmidt 11; **aM** Peters 356). Daher zwingt weder Gebrechlichkeitspflegschaft noch die Anordnung der Betreuung (BGH **22**, 266) oder Freisprechung wegen Schwachsinns nach § 20 StGB (Hamm GA **69**, 316) ohne weiteres zur Nichtvereidigung. Vorübergehende Beeinträchtigungen der Geistestätigkeit (Alkohol- oder Drogenrausch) führen nur zur Aufschiebung der Vereidigung (RG **34**, 283; **53**, 136). 4

Die **Entscheidung** trifft der Richter, vorab der Vorsitzende (9 zu § 59; unten 27) nach pflichtgemäßem Ermessen (BGH **22**, 266). Bei Vorliegen von Anhaltspunkten ist das Unterlassen der Prüfung rechtsfehlerhaft (oben 1), insbesondere bei Anordnung der Betreuung (BGH aaO) oder früherer Freisprechung nach § 20 StGB (Hamm GA **69**, 316). 5

Die **Begründung** muss erkennen lassen, ob der Zeuge wegen fehlender Verstandesreife oder aus welchem sonstigen Grund er unvereidigt geblieben ist. Allgemeine Bemerkungen über fehlende Vorstellungen von der Bedeutung des Eides (RG **53**, 136) oder der Hinweis auf den Gesundheitszustand des Zeugen genügen nicht. 6

4) Tat- oder Teilnahmeverdacht (Nr 2): 7

A. Grund des Vereidigungsverbots ist nicht in 1. Hinsicht die Notwendigkeit, den Zeugen vor einem Meineid zu bewahren (Stuttgart MDR **70**, 163; **aM** Stuttgart NJW **78**, 711, 713), sondern die fehlende Unbefangenheit des Tatverdächtigen, der seine Stellung ähnlich der eines Beschuldigten empfindet (BGH **1**, 360, 363; **4**, 368, 371; **6**, 382; **10**, 65, 67; **17**, 128, 134), und die Erfahrung, dass der Eid zur Erhöhung des Beweiswerts in solchen Fällen nicht geeignet ist 8

§ 60

(BGH **4**, 255, 257; 368, 371; **10**, 65, 67; Bay **82**, 166). Bei der Beweiswürdigung ist der nicht selten geringere Beweiswert der Aussage teilnahmeverdächtiger Zeugen zu berücksichtigen (BGH **17**, 128, 134). Ein Verbot, dem Zeugen zu glauben, besteht aber nicht (BGH **10**, 65, 70; NStZ **83**, 354 [Pf/M]; oben 1).

9 B. **Tat:** Der Begriff ist nicht in sachlich-rechtlichem Sinn (§§ 52, 53 StGB) zu verstehen; maßgebend ist der verfahrensrechtliche Tatbegriff (§ 264). Er umfasst den ganzen geschichtlichen Vorgang, innerhalb dessen der Tatbestand verwirklicht worden ist (BGH **1**, 360, 363; **4**, 255; 368; **6**, 382; **21**, 147, 148; **23**, 141, 145; **92**, 934 [H]; Hamm StV **84**, 105; 2 ff, 24 ff zu § 264). Tatverdacht besteht, wenn Anhaltspunkte dafür vorliegen, dass nicht der Angeklagte, sondern der Zeuge der Täter ist (BGH MDR **61**, 1031 [D]). Dabei kommt es auf das Ergebnis der Hauptverhandlung an, nicht auf die zugelassene Anklage (BGH **10**, 358, 365; VRS **14**, 58, 60; KG VRS **10**, 298). Nr 2 kann anwendbar sein, wenn die Beihilfe, deren der Zeuge verdächtig ist, dieselbe Haupttat betrifft wie die dem Angeklagten zur Last gelegte Beihilfe (BGH **21**, 147).

10 Auch eine **Vortat** gehört zur Tat, wenn sie in untrennbarem denknotwendigen Zusammenhang mit ihr steht (BGH **4**, 255, 256). Daher ist in einem Strafverfahren wegen falscher Aussage, die der Angeklagte in einem Zivilprozess über eine frühere Straftat gemacht haben soll, der Teilnehmer an jener Vortat zugleich Beteiligter iS der Nr 2 (BGH **6**, 382; Seibert NJW **63**, 143).

11 C. **Teilnahme:** Auch der Begriff Beteiligung ist in weitestem Sinn zu verstehen.

12 a) **Tatbeteiligt** ist nicht nur der Teilnehmer iS der §§ 25 ff StGB, sondern jeder, der bei dem zur Aburteilung stehenden Vorgang in strafbarer Weise und in derselben Richtung wie der Beschuldigte mitgewirkt hat (BGH **4**, 255; 368; **10**, 65, 67; NStZ **83**, 516; StV **82**, 342; Bay **82**, 166; aM Rotsch/Sahan ZIS **07**, 148). Tatbeteiligte sind zB der Begünstigte und seine Mittäter und Gehilfen im Verfahren gegen den Begünstigten (BGH **4**, 255), der Bestechende im Verfahren gegen den Bestochenen (BGH GA **69**, 348; RG **64**, 296), der Fahrer im Verfahren gegen den Fahrzeughalter wegen Zulassens des Fahrens ohne Fahrerlaubnis (Düsseldorf VRS **70**, 141), der Verkäufer von Betäubungsmitteln im Verfahren gegen den Erwerber (Bay **82**, 166), der Abnehmer der von dem Beschuldigten vertriebenen Betäubungsmittel (Düsseldorf StraFo **01**, 413), ebenso der für ihn tätige Rauschgiftkurier (BGH 4 StR 316/11 vom 27.7.2011 mwN), und der Dieb im Verfahren gegen den Hehler (BGH **1**, 360; **6**, 382).

13 b) **In strafbarer Weise** muss der Zeuge mitgewirkt haben (BGH **9**, 71, 73). Es genügt nicht die objektive Förderung der Tat ohne Gehilfenvorsatz (BGH MDR **80**, 630 [H]) oder die straflose Teilnahme als Lockspitzel (BGH NJW **81**, 1626; NStZ **82**, 127; NStZ **90**, 193). Auch der notwendige Teilnehmer (Fischer 7 vor § 25 StGB) muss vereidigt werden, wenn er sich nicht über die notwendige Teilnahme hinaus an der Tat beteiligt hat (BGH **19**, 107). Das Unterlassen des Zeugen begründet das Vereidigungsverbot nur, wenn er rechtlich zum Handeln verpflichtet war (BGH StV **82**, 342), zB nach § 138 StGB (BGH **42**, 86, 87 mwN; NStZ **00**, 494; NStZ-RR **01**, 18).

14 Ist die Tatbeteiligung an sich strafbar, so stehen **Rechtsgründe, die die Verurteilung im Einzelfall hindern,** der Anwendung der Nr 2 nicht entgegen (BGH **43**, 321). Das gilt insbesondere für Verfahrenshindernisse (BGH **4**, 130; NJW **52**, 1146; MDR **68**, 696 [D]; Hamburg NStZ **83**, 426) und persönliche Strafausschließungs- und Strafaufhebungsgründe (BGH NStZ **83**, 516; JR **91**, 246; NStZ-RR **98**, 335: BGHR Strafvereitelung, versuchte 8: Rücktritt nach § 24 StGB; BGH MDR **73**, 191 [D]: Rücktritt nach § 31 StGB; BGH **9**, 71, 73; Stuttgart NJW **78**, 711, 713: Straflosigkeit nach § 258 VI StGB) sowie für Einstellungen nach § 153a II (BGH MDR **94**, 1072 [H]). Dagegen beseitigt die Straflosigkeit wegen Vorliegens von Rechtfertigungsgründen (RG **22**, 99; **31**, 219) oder Schuldausschließungsgründen (Hamm GA **69**, 316) das Vereidigungsverbot.

c) **In derselben Richtung** wie der Beschuldigte muss der Zeuge an der Tat 15
mitgewirkt haben (Hamm JMBlNW **82**, 191), auch nach seinen eigenen Vorstellungen (BGH **4**, 368, 371). Eine unmittelbare Beteiligung wird aber nicht vorausgesetzt (BGH **21**, 147: Beteiligung an anderen Einzelakten der fortgesetzten Tat), auch nicht Gleichartigkeit der Straftaten. Die Tat des Zeugen kann daher ein anderes Strafgesetz verletzen als die des Angeklagten (BGH VRS **14**, 58, 60; RG **64**, 379; Bay **82**, 166), zB § 138 StGB (oben 13) oder § 323c StGB (BGH VRS **28**, 420). Die Beteiligung kann sich auch auf die Vortat beziehen (BGH **1**, 360; **6**, 382; Hamm NJW **69**, 2297).

Ein **bloßer Zusammenhang** mit der Tat des Beschuldigten schließt die Ver- 16
eidigung aber nicht aus (BGH MDR **69**, 535 [D]), insbesondere nicht die Begehung einer gleichartigen Tat unabhängig von der des Angeklagten (BGH aaO). Das gilt vor allem für Taten, die der Zeuge nur bei Gelegenheit der Tat des Angeklagten als andere selbstständige Tat begangen hat (BGH **6**, 382; Hamm NJW **57**, 1411).

Eine **gegen den Zeugen selbst gerichtete Tat** hindert die Vereidigung nicht 17
(RG **12**, 190, 192; **17**, 116, 121), auch nicht, wenn der Zeuge die Beleidigung des Angeklagten auf der Stelle erwidert hat (RG **11**, 300, 303) oder wenn die Tochter des Angeklagten den Beischlaf ablehnend nur über sich ergehen ließ (BGH NStZ **99**, 470).

Bei **Fahrlässigkeitstaten** kann Teilnahme iS der Nr 2 vorliegen (BGH 18
NJW **52**, 1102; StV **82**, 342; VRS **10**, 141), wenn der Zeuge fahrlässig zur Herbeiführung desselben rechtswidrigen Erfolges beigetragen hat (BGH **10**, 65; NStZ **83**, 516; VRS **14**, 58, 60; **28**, 420; Düsseldorf MDR **86**, 340). Das gilt auch, wenn weder der Angeklagte noch der Zeuge einen Dritten verletzt hat oder wenn der Zeuge selbst verletzt worden ist (BGH **10**, 65, 66; KG VRS **27**, 207; Neustadt NJW **53**, 1197; **aM** Bay **53**, 98).

D. **Begünstigung und Strafvereitelung,** auch versuchte Strafvereitelung 19
(BGH NJW **92**, 1054, 1055; Stuttgart MDR **75**, 950), stehen der Beteiligung gleich. Die Vortat muss nicht erwiesen (Celle MDR **66**, 605) und kann eine andere als die dem Beschuldigten zur Last gelegte sein (Hamm MDR **82**, 690: Strafvereitelung zugunsten des unfallbeteiligten Nebenklägers). Auch eine gemeinsame Vortat steht der Vereidigung entgegen (BGH **6**, 382 = JZ **55**, 343; Hamm NJW **69**, 2297: Begünstiger des Diebes im Verfahren gegen den Hehler). Vorausgesetzt wird aber immer, dass der Zeuge bei der Tat nach §§ 257, 258 StGB die dem Beschuldigten zur Last gelegte Tat in ihrem Unrechtsgehalt erkannt und keine tatsächlich oder rechtlich völlig abweichenden Vorstellungen gehabt hat (BGH **4**, 368).

Strafbar außerhalb der Hauptverhandlung muss sich der Zeuge gemacht 20
haben (BGH NStZ **89**, 583, 584). Der Verdacht, dass er erst bei seiner gegenwärtigen Vernehmung falsch aussagt, um den Beschuldigten sachlich zu begünstigen oder der Bestrafung zu entziehen, hindert die Vereidigung nicht (BGH **1**, 360; **19**, 113, 114; NJW **82**, 947; 1601; NStZ **81**, 268; 309; StV **83**, 1; Bay NStZ **91**, 203; Düsseldorf NJW **88**, 84; Koblenz NJW **84**, 1247). Sie muss dagegen unterbleiben, wenn der Zeuge schon vorher (bei der Polizei, im 1. Rechtszug, in einer ausgesetzten Hauptverhandlung oder in einem anderen Verfahren) die gleiche Aussage gemacht hat, die den Verdacht der Straftat nach § 257 oder § 258 StGB begründet (BGH **1**, 360, 363; **34**, 68; NJW **86**, 266; NStZ **04**, 97; Stuttgart NJW **78**, 711). Gleichgültig ist, ob der Zeuge seine frühere Aussage später richtig gestellt (BGH NStZ **82**, 78), in der Hauptverhandlung nicht bestätigt oder den Angeklagten dort sogar belastet hat (BGH MDR **70**, 383 [D]).

Bei der Begünstigung nach § 257 StGB besteht das Vereidigungsverbot auch, 21
wenn der Zeuge verdächtig ist, dem Angeklagten die Aussage schon **vor der Hauptverhandlung zugesagt** zu haben (BGH **27**, 74; MDR **79**, 108 [H]; NStZ **81**, 268; **aM** Lenckner NStZ **82**, 401). Anders ist es bei der Strafvereitelung nach § 258 StGB. Die bloße Zusage der uneidlichen Falschaussage – auch mittels einer

ausgehändigten schriftlichen Erklärung (BGH NStZ **92**, 181) – ist nur eine straflose Vorbereitungshandlung dieser Tat (BGH **31**, 10; BGH **34**, 68; Bremen NJW **81**, 2711; vgl auch BGH NJW **82**, 1601) und steht daher der Vereidigung nicht entgegen (Bay **85**, 79; Düsseldorf NJW **88**, 84; Hamburg StV **83**, 325; Koblenz NJW **84**, 1246; KK-Slawik25; LR-Ignor/Bertheau 24; **aM** BGH NStZ **81**, 268; MDR **79**, 108 [H]; Hamburg NJW **81**, 771). Das Versprechen einer eidlichen Falschaussage hindert die Vereidigung schon deshalb nicht, weil der Täter sich durch Aufdeckung dieser Zusage in der Hauptverhandlung nicht der Bestrafung aussetzt, sondern im Gegenteil nach § 31 I Nr 2 StGB straffrei wird; auf einen solchen Fall ist Nr 2 nicht anzuwenden (BGH **30**, 332; KG NStZ **81**, 449; Düsseldorf NJW **88**, 84).

22   E. **Hehlerei** steht der Tatbeteiligung ebenfalls gleich. Dabei genügt der Verdacht der Hehlerei an einer Sache, die der Beschuldigte von einem Zwischenhehler erworben hat, und der Verdacht des Weiterverkaufs der gehehlten Sache an einen zweiten Hehler (RG **42**, 248); auch Anstiftung oder Beihilfe zur Hehlerei reicht aus (BGH StV **90**, 484). Die Vereidigung ist ferner ausgeschlossen, wenn der Zeuge in dem Verfahren gegen den Beschuldigten vernommen wird, der verdächtig ist, den Vortäter begünstigt zu haben (RG **58**, 373).

23   F. Der **Verdacht** der Täterschaft oder Tatbeteiligung muss noch zZ des Urteilserlasses vorliegen (BGH NStZ **81**, 110); die Belehrung nach § 55 II beweist daher nicht, dass das Gericht gegen Nr 2 verstoßen hat (BGH **23**, 30, 32; **42**, 86, 87; VRS **29**, 26). Hinreichend oder dringend braucht der Verdacht nicht zu sein; ein entfernter Verdacht genügt (BGH **4**, 255, 256; **17**, 128, 134; NJW **83**, 2335, 2336; NStZ **83**, 516; StV **82**, 342; NStE Nr 11; Hamm StV **84**, 105). Das Gericht muss den Verdacht aber haben, nicht nur theoretisch für möglich halten (BGH NJW **85**, 638; 5 StR 528/91 vom 25.2.1992; Düsseldorf GA **85**, 511). Der Zeuge erhält nicht die Gelegenheit, den Verdacht dadurch auszuräumen, dass er unter Eid seine Unschuld bekundet (BGH VRS **14**, 58; KG VRS **27**, 207; Hamburg VRS **31**, 203).

24   Dem Verdacht **steht nicht entgegen**, dass der Angeklagte freigesprochen wird oder dass das Ermittlungsverfahren gegen ihn eingestellt (BGH StV **90**, 145; NStZ **00**, 45) oder gegen den Zeugen schon eingestellt (BGH NJW **55**, 1488; GA **68**, 149) oder der Zeuge bereits freigesprochen worden ist (BGH StV **94**, 412; Stuttgart MDR **70**, 163). Umgekehrt kann das Gericht den Verdacht auch dann verneinen, wenn der Zeuge sich selbst der Beteiligung bezichtigt oder ein Ermittlungsverfahren gegen ihn anhängig ist (BGH NStZ **89**, 583, 584).

25   G. **Bereits wegen Tatbeteiligung verurteilte Zeugen** dürfen nicht vereidigt werden, auch wenn das Urteil noch nicht rechtskräftig ist (KK-Slawik 32; LR-Ignor/Bertheau 29; **aM** Lenckner Peters-FS 342 Fn 37). Straferlass und Strafvollstreckungsverjährung sind ohne Bedeutung. Der Verdacht darf nicht mehr geprüft werden; die Verurteilung begründet eine unwiderlegliche Vermutung der Tatbeteiligung. Ihr steht der Strafbefehl gleich, der nicht rechtskräftige nur, solange gegen ihn kein Einspruch eingelegt ist.

26   H. **Teilvereidigung** ist geboten, wenn dem Angeklagten mehrere rechtlich selbständige Taten zur Last gelegt sind, der Zeuge aber nur wegen der einen Tat teilnahmeverdächtig ist (BGH NStZ **87**, 516; BGHR Teilvereidigung 5). Sagt er über beide Straffälle aus, so muss er über die eine eidlich, über die andere uneidlich vernommen werden (BGH **19**, 107, 109; NJW **54**, 1655; GA **83**, 564). Das gilt aber nicht, wenn, wie immer bei Tatidentität nach § 264 (BGH GA **68**, 149; MDR **58**, 141 [D]; StV **88**, 419), zwischen den mehreren Straffällen ein innerer Zusammenhang besteht, der die Glaubwürdigkeit des Zeugen nicht nur im Einzelfall (BGH StV **87**, 90; NStZ **89**, 218 [M]), sondern insgesamt beeinträchtigt (Bremen OLGSt S 17; LR-Ignor/Bertheau 30), insbesondere, wenn Gegenstand der Aussage ein nicht oder nur schwer zu trennendes Gesamtgeschehen ist (BGH GA **83**, 564; NStZ **87**, 516; StV **97**, 114).

§ 60

I. Die **Entscheidung** über die Nichtvereidigung trifft vorab der Vorsitzende (9, 10 zu § 59) nach pflichtgemäßem Ermessen, das Gericht erst, wenn ein Gerichtsmitglied oder ein Prozessbeteiligter das verlangt. Endgültig wird erst im Zeitpunkt der Urteilsberatung entschieden (BGH StV **82**, 251; unten 29). 27

Eine **Begründung** für die Nichtvereidigung verlangt das Gesetz jetzt nicht mehr (§ 59 I S 2). Wird die Nichtvereidigung aber nicht in Anwendung der Abschaffung der Regelvereidigung auf das Ermessen des Richters, sondern auf § 60 gestützt, so muss der Grund angegeben werden, falls der Richter ohne Eingreifen des § 60 die Vereidigung vorgenommen hätte; es ist dann erkennbar zu machen, welcher Art das Verhältnis des Zeugen zu der dem Angeklagten vorgeworfenen Tat ist, ob also Verdacht der Täterschaft, der Beteiligung, Begünstigung, Strafvereitelung oder Hehlerei besteht (BGH NJW **52**, 273), sofern nicht, zB wenn der Zeuge schon als Mittäter verurteilt ist, der Grund offensichtlich ist (BGH NJW **53**, 231; VRS **22**, 144, 147). Die tatsächlichen Erwägungen, auf denen der Verdacht beruht, brauchen nicht dargelegt zu werden (BGH NJW **52**, 273; VRS **11**, 49, 50; **25**, 38), auch nicht in den Urteilsgründen (Bay **53**, 151). 28

J. Die **Nachholung der Vereidigung** ist geboten, wenn der Tat- oder Teilnahmeverdacht bei der Urteilsberatung entfällt (BGH **8**, 155; NStZ **81**, 110; MDR **91**, 484 [H]); NStZ **95**, 244;) und kein anderer Grund für die Nichtvereidigung besteht (BGH NStZ **93**, 341). Ist die Nachholung nicht möglich (Tod, Unauffindbarkeit des Zeugen), so muss der Mangel bei der Beweiswürdigung berücksichtigt werden (W. Schmid aaO). 29

Stellt sich umgekehrt bei der Urteilsberatung heraus, dass ein vereidigter Zeuge tat- oder teilnahmeverdächtig ist, so muss die Aussage bei der Beweiswürdigung **als uneidliche gewertet** werden (BGH **4**, 130; NJW **52**, 1145, 1146; MDR **70**, 383 [D]; **75**, 725 [D]; NStZ **81**, 309). Das muss den Prozessbeteiligten unter Wiedereintritt in die Verhandlung bekannt gegeben (BGH **4**, 130; NStZ **86**, 230; StV **81**, 329; Bremen StV **84**, 369; Schlothauer StV **86**, 226), und diese Unterrichtung muss im Protokoll vermerkt werden (BGH **4**, 130). 30

5) Revision: Die fehlerhafte Nichtvereidigung nach § 60 kann nur gerügt werden, wenn darüber, von Amts wegen oder auf Beanstandung der Vorabentscheidung des Vorsitzenden (10 zu § 59), das Gericht entschieden hatte (BGHR § 60 Nr 2 Tatbeteiligung 2; Rügevoraussetzungen 1 und 2; BGH NJW **96**, 2242, 2243; **aM** Widmaier NStZ **92**, 522; Ziegert StV **99**, 171: jedenfalls dann, wenn der Angeklagte den Zeugen als Täter überführen wollte). Dagegen setzt die Rüge der Vereidigung unter Verletzung des § 60 nicht voraus, dass der Beschwerdeführer die Entscheidung des Gerichts herbeigeführt hat (BGH **20**, 98; GA **62**, 370; **69**, 348; Düsseldorf VRS **70**, 141). 31

Im Fall der **Nr 1 erster Unterfall** ist die Revision auch begründet, wenn das Gericht den Zeugen in Unkenntnis seines wahren Alters vereidigt hat (LR-Ignor/Bertheau 41). 32

Im Fall der **Nr 1 zweiter Unterfall** kann die Revision darauf gestützt werden, dass das Gericht die Vereidigungsfrage nicht geprüft hat, obwohl dazu Anlass bestand (BGH **22**, 266). Sonst können nur Rechtsfehler bei dieser Prüfung gerügt werden (BGH aaO). 33

Im Fall der **Nr 2** kann gerügt werden, dass das Gericht die Nichtvereidigung nicht geprüft hat, obwohl das Urteil Anhaltspunkte für einen Tat- oder Teilnahmeverdacht des Zeugen ergibt (BGH **4**, 255; **21**, 147, 148; **39**, 199, 200; **42**, 86, 87; NJW **91**, 2844; StV **94**, 356; NStZ-RR **98**, 258 [K]; Köln StV **04**, 308). Hat das Gericht die Anwendung der Nr 2 geprüft, so kann nicht die unrichtige tatsächliche Wertung, sondern nur die Verkennung von Rechtsbegriffen gerügt werden (BGH **4**, 255; 368; **9**, 71, 72; **21**, 147, 148; StV **82**, 251; 342). Auf dem Verstoß beruht das Urteil idR, wenn die unbeeidete Aussage bei der Beweiswürdigung berücksichtigt worden ist (BGH **8**, 155, 158; StV **90**, 193), auch bei Revision der StA gegen ein freisprechendes Urteil (Koblenz VRS **69**, 289), nicht aber, wenn das Urteil ergibt, dass die Aussage im Fall der Beeidigung nicht anders gewürdigt wor- 34

§ 61

den wäre (BGH NStZ **00**, 265, 267; NStZ-RR **03**, 97 [B]). War die Vereidigung nach Nr 2 unzulässig und ist die Aussage nicht nur als uneidliche gewertet worden (oben 30), so muss das Urteil idR aufgehoben werden, weil das Gericht der Aussage eines vereidigten Zeugen meist größere Glaubhaftigkeit beimisst als der eines anderen (BGH **4**, 255, 257; NJW **82**, 1601; JR **91**, 246; Köln StV **01**, 224); das gilt aber nicht ausnahmslos (BGH NStZ-RR **02**, 77 mwN; **03**, 2 [B]), zB wenn das Gericht schon der beeideten Aussage nicht geglaubt hat (BGH StV **86**, 89; vgl auch 5 StR 318/18 vom 11.9.2018; **aM** Frankfurt NStZ-RR **03**, 141; Esskandari StV **02**, 51; erg 13 aE zu § 59). Zur Urteilsaufhebung führt idR auch das Fehlen der Unterrichtung (oben 30) darüber, dass eine Aussage nur als uneidliche gewertet wird (BGH **4**, 130; MDR **75**, 725 [D]; einschr BGH NJW **86**, 266 = StV **86**, 89 mit abl Anm Schlothauer), es sei denn, die Wertung als uneidliche liegt nach dem weiteren Verfahrensgang auf der Hand (BGHR § 60 Nr 2 Vereidigung 4).

Recht zur Eidesverweigerung

61 Die in § 52 Abs. 1 bezeichneten Angehörigen des Beschuldigten haben das Recht, die Beeidigung des Zeugnisses zu verweigern; darüber sind sie zu belehren.

1 1) Zur **Eidesverweigerung** sind nach § 61 (früher: § 63) die Angehörigen des Beschuldigten (nicht des Verletzten) iS des § 52 I im Umfang ihres Zeugnisverweigerungsrechts befugt; ggf (12 zu § 52) kann der Eid teilw verweigert werden. Die Weigerung schließt die Vereidigung ohne weiteres aus; eine Beschlussfassung ist überflüssig. Die Verweigerung und der Verzicht darauf werden im Protokoll beurkundet (§§ 168a I, 273 I). Schlüsse aus der Weigerung dürfen bei der Beweiswürdigung nicht gezogen werden (20 zu § 261). Der Verzicht auf das Weigerungsrecht kann vor der Vereidigung widerrufen (RG **62**, 142, 144), die Erklärung, der Eid werde verweigert, zurückgenommen werden (Bay **51**, 74, 78; LR-Ignor/Bertheau 4).

2 2) Die **Belehrung,** die nicht schon in der nach § 52 III S 1 enthalten ist (BGH **4**, 217; MDR **69**, 194 [D]; Düsseldorf NStZ **84**, 182), muss immer aber nur, erteilt werden, wenn der Zeuge sich zur Eidesleistung bereit erklärt hat, immer aber nur, wenn der Richter den Zeugen auch tatsächlich vereidigen will. Die Belehrung, die nach §§ 168a I, 273 I in der Vernehmungs- oder Sitzungsniederschrift beurkundet werden muss, muss bei jeder Vernehmung, auch in derselben Hauptverhandlung, wiederholt werden, auch wenn der Zeuge den Eid früher geleistet hat. Das Unterlassen der Belehrung kann durch Nachholung, wenn der Zeuge darauf erklärt, er hätte den Eid auch nach Belehrung geleistet, oder nach entspr Unterrichtung der Prozessbeteiligten durch Wertung der Aussage als uneidlich geheilt werden.

3 3) Die **Revision** kann das Unterlassen der Belehrung rügen, wenn das Urteil auf der Aussage beruht (BGH **4**, 217; MDR **69**, 194 [D]), sich insbesondere nicht ausschließen lässt, dass das Gericht die Glaubwürdigkeit des Zeugen anders beurteilt hätte, wenn er es nach Belehrung abgelehnt hätte, die Aussage zu beschwören (BGH StV **87**, 513; **91**, 498; NStZ **92**, 224 [K]; **01**, 604; **08**, 171; StV **02**, 465). Für das Beruhen ohne Bedeutung ist es, ob das Gericht dem Zeugen auch ohne Beeidigung geglaubt hätte (BGH NStZ **08**, 171). Am Beruhen fehlt es hingegen, wenn das Urteil die Aussage nicht (oder nicht zuungunsten des Beschwerdeführers) oder nur als uneidlich verwertet hat (Düsseldorf NStZ **84**, 182) oder wenn mit Sicherheit davon auszugehen ist, dass der Zeuge auch nach Belehrung geschworen hätte (BGH aaO; **aM** LR-Ignor/Bertheau 10). Die Rüge können die StA, der Angeklagte, ein Mitangeklagter (BGH aaO), auch der Nebenkläger (Düsseldorf aaO; **aM** SK-Rogall 9) erheben.

Vereidigung im vorbereitenden Verfahren

62 Im vorbereitenden Verfahren ist die Vereidigung zulässig, wenn
1. Gefahr im Verzug ist oder
2. der Zeuge voraussichtlich am Erscheinen in der Hauptverhandlung verhindert sein wird

und die Voraussetzungen des § 59 Abs. 1 vorliegen.

1) Im Ermittlungsverfahren (Einl 60 ff), auch bei richterlichen Vernehmungen nach §§ 173 III, 202 S 1 und bei Beweissicherungen nach § 205 S 2, ist die Vereidigung nach § 62 (früher § 65) nur ausnahmsweise zulässig: Neben den Voraussetzungen des § 59 I (dort 2 ff) muss entweder Gefahr im Verzug (Nr 1) vorliegen oder der Zeuge voraussichtlich am Erscheinen in der Hauptverhandlung verhindert sein (Nr 2). Bei Vernehmungen nach §§ 162, 169 bindet der Antrag der StA auf Vereidigung das Gericht nicht (erg 8 zu § 59; vgl auch Nehm Meyer-Goßner-FS 287). 1

2) Zulässig ist die Vereidigung aus folgenden Gründen: 2

A. **Bei ausschlaggebender Bedeutung der Aussage oder zur Herbeiführung einer wahren Aussage;** diese allgemeinen Voraussetzungen für eine Vereidigung nach § 59 I S 1 müssen auch für eine Vereidigung im vorbereitenden Verfahren erfüllt sein. Alternativ muss ferner vorliegen: 3

B. **Gefahr im Verzug** (Nr 1), dh wenn ohne die Vereidigung der Verlust des Beweismittels oder das Scheitern der weiteren Aufklärung zu befürchten (RG **43**, 337; zw Schellenberg NStZ **93**, 373 Fn 12), zB mit dem baldigen Tod des Zeugen oder seiner späteren Unauffindbarkeit zu rechnen ist. 4

C. **Bei Verhinderung des Zeugen** (Nr 2), zB wegen Krankheit, Gebrechlichkeit, hohen Alters, langer Auslandsreise, Rückkehr in die ausländische Heimat, nicht aber wegen Unzumutbarkeit des Erscheinens in der Hauptverhandlung wegen großer Entfernung vom Gerichtsort (SK-Rogall 5). 5

3) Das Protokoll muss nach § 168a I die Angabe enthalten, ob der Zeuge vereidigt worden ist. Für Vereidigungen außerhalb der Hauptverhandlung wird aber als Ausnahme von der Regel in § 59 I S 2 bestimmt, dass auch der Grund der Vereidigung anzugeben ist. Dabei genügt der Hinweis auf die Gesetzesstelle. 6

4) In der Hauptverhandlung kann die Niederschrift über die Zeugenaussage im Fall der Nr 1 nach § 251 II Nr 1, im Fall der Nr 2 nach § 251 II Nr 2 als eidliche (§ 251 IV S 3) verlesen werden. Erscheint der Zeuge, so ist erneut über die Frage der Vereidigung gemäß §§ 59, 60 zu befinden. 7

5) Die Revision kann nicht auf einen Verstoß gegen § 62 (SK-Rogall 8 mwN), aber auf Verletzung der §§ 60, 61 gestützt werden (LR-Ignor/Bertheau 8). Mit der Revision kann ein Verstoß gegen die Protokollierungspflicht (oben 5) nicht gerügt werden. 8

Vereidigung bei Vernehmung durch den beauftragten oder ersuchten Richter

63 Wird ein Zeuge durch einen beauftragten oder ersuchten Richter vernommen, muss die Vereidigung, soweit sie zulässig ist, erfolgen, wenn es in dem Auftrag oder in dem Ersuchen des Gerichts verlangt wird.

1) Für alle Vernehmungen durch beauftragte (mit der Vernehmung beauftragte Mitglieder des erkennenden Gerichts) oder ersuchte (im Wege der Rechtshilfe nach § 157 GVG angegangene) Richter im Strafverfahren, nicht nur im Vorverfahren, gilt § 63. Wegen der Vernehmungen auf Ersuchen der StA vgl 1 zu § 62. 1

§ 64

2   2) Ist **in dem Vernehmungsersuchen nichts bestimmt,** so entscheidet der vernehmende Richter nach Maßgabe des § 59 I S 1 über die Vereidigung. Das erkennende Gericht ist daran nicht gebunden. Es kann nachträglich um die Vereidigung ersuchen; dann gilt Hs 2. Wenn es die Vereidigung für unzulässig hält, muss es die eidliche Aussage als uneidliche werten (KK-Slawik 2).

3   3) Dem **Ersuchen um eidliche Vernehmung** (Hs 2) muss der beauftragte oder ersuchte Richter entsprechen, sofern nicht §§ 60, 61 entgegenstehen (SK-Rogall 4).

4   4) An das **Ersuchen um uneidliche Vernehmung** ist der Richter nicht gebunden, denn gerade bei der Vernehmung kann sich das Bedürfnis für eine Vereidigung ergeben (KK-Slawik 4).

Eidesformel

64   **I** Der Eid mit religiöser Beteuerung wird in der Weise geleistet, dass der Richter an den Zeugen die Worte richtet:
„Sie schwören bei Gott dem Allmächtigen und Allwissenden, dass Sie nach bestem Wissen die reine Wahrheit gesagt und nichts verschwiegen haben"
und der Zeuge hierauf die Worte spricht:
„Ich schwöre es, so wahr mir Gott helfe".

II Der Eid ohne religiöse Beteuerung wird in der Weise geleistet, dass der Richter an den Zeugen die Worte richtet:
„Sie schwören, dass Sie nach bestem Wissen die reine Wahrheit gesagt und nichts verschwiegen haben"
und der Zeuge hierauf die Worte spricht:
„Ich schwöre es".

III Gibt ein Zeuge an, dass er als Mitglied einer Religions- oder Bekenntnisgemeinschaft eine Beteuerungsformel dieser Gemeinschaft verwenden wolle, so kann er diese dem Eid anfügen.

IV Der Schwörende soll bei der Eidesleistung die rechte Hand erheben.

1   1) Zwischen dem **Eid mit oder ohne religiöse Beteuerung (I, II)** kann der Zeuge nach § 64 wählen, worüber er nach § 57 S 2 vor der Vereidigung zu belehren ist. Im Protokoll wird nur die Eidesleistung beurkundet (BGH NStZ **99**, 396, 399 mwN). Wegen der Bekräftigung anstelle der Eidesleistung vgl § 65.

2   2) Die **Eidesnorm** („Sie schwören …") spricht der Richter allein, die Eidesformel („Ich schwöre es") der Zeuge. Die Anrufung Gottes kann bei Mohammedanern durch die Allahs ersetzt werden (LR-Ignor/Bertheau 3; Jünemann MDR **70**, 725; Leisten MDR **80**, 637). Bei Vereidigung mehrerer Zeugen dürfen die die Eidesnorm enthaltenden Worte an alle gemeinsam gerichtet werden (KK-Slawik 2 zu § 59). Nur die Eidesformel muss jedem einzelnen Zeugen vor- und von jedem einzeln nachgesprochen werden (Frankfurt NJW **62**, 1834). Wegen der Vereidigung hör- oder sprachbehinderter Personen vgl § 66, von Personen, die der deutschen Sprache nicht mächtig sind, § 188 GVG. Zum Umfang der von dem Eid erfassten Aussage vgl 6 zu § 59.

3   3) **Beteuerungsformeln einer Religions- oder Bekenntnisgemeinschaft (III)** kann der Zeuge anfügen, nicht zur Verstärkung der eidlichen Beteuerung dienen, ihr also nicht widersprechen oder sie sogar aufheben (RG **10**, 181; Köln MDR **69**, 501). Die Mitgliedschaft des Zeugen und die Üblichkeit der Beteuerungsformel prüft das Gericht nicht nach; Mängel der religiösen Beteuerung berühren die Prozessordnungsmäßigkeit einer Vereidigung nicht (BGH NStZ **99**, 396, 399). Im Protokoll wird die Anfügung der Beteuerungsformel nicht beurkundet.

4) Das **Erheben der rechten Hand (IV)** ist kein wesentlicher Bestandteil der Eidesleistung und kann daher nicht erzwungen werden. Andere symbolische Handlungen, zB Niederknien oder Handauflegen auf den Koran, sind dem Zeugen nicht verwehrt (vgl Leisten MDR **80**, 636, der auch rituelle Waschungen zulassen will).

5) Revision: Ein Versehen bei der Formulierung der Eidesnorm oder -formel macht den Eid nicht unwirksam (BGH **3**, 309, 312); das Urteil wird auf dem Mangel idR nicht beruhen (KK-Slawik 6; **aM** SK-Rogall 14).

Eidesgleiche Bekräftigung der Wahrheit von Aussagen

65 I ¹Gibt ein Zeuge an, dass er aus Glaubens- oder Gewissensgründen keinen Eid leisten wolle, so hat er die Wahrheit der Aussage zu bekräftigen. ²Die Bekräftigung steht dem Eid gleich; hierauf ist der Zeuge hinzuweisen.

II Die Wahrheit der Aussage wird in der Weise bekräftigt, dass der Richter an den Zeugen die Worte richtet:

„Sie bekräftigen im Bewusstsein Ihrer Verantwortung vor Gericht, dass Sie nach bestem Wissen die reine Wahrheit gesagt und nichts verschwiegen haben"

und der Zeuge hierauf spricht:

„Ja".

III § 64 Abs. 3 gilt entsprechend.

1) Der **Ersatz des Eides** durch Bekräftigung der Wahrheit der Aussage **(I S 1)** muss dem Zeugen nach Art 4 I GG freigestellt sein (BVerfGE **33**, 23 = JZ **72**, 515 mit Anm Peters); dem entspricht § 65. Eine Belehrung hierüber ist nicht geboten, nachdem der Zeuge die Eidesleistung in jeder Form abgelehnt hat. Für die Anwendung des § 65 genügt die Erklärung des Zeugen, dass seinem Eid die bezeichneten Gründe entgegenstehen; das Gericht prüft das nicht nach (LR-Ignor/Bertheau 2). Für Bekräftigungsnorm und -formel gilt 2 zu § 64 entspr.

2) Die **Gleichstellung von Bekräftigung und Eid (I S 2),** auf die der Zeuge vor der Bekräftigung ausdrücklich hinzuweisen ist, gilt nicht nur für den Zeugen (vgl § 155 Nr 1 StGB), sondern auch für das Verfahren. Anwendbar sind insbesondere die §§ 67, 70.

3) Beteuerungsformeln (III) können entspr § 64 III angefügt werden. Die Wirksamkeit der Bekräftigung hängt davon aber niemals ab (BGH MDR **72**, 18 [D]). Zulässig sind auch symbolische Handlungen, etwa die Bekräftigung durch Handschlag (vgl RG **52**, 63; **57**, 342).

4) Die **Revision** kann darauf gestützt werden, dass der Zeuge selbst das Vorliegen der Voraussetzungen des I S 1 nicht behauptet hat. Sind Zeuge und Gericht von der Wirksamkeit der Bekräftigung ausgegangen, so wird das Urteil darauf aber idR nicht beruhen (KK-Slawik 5).

Eidesleistung bei Hör- oder Sprachbehinderung

66 I ¹Eine hör- oder sprachbehinderte Person leistet den Eid nach ihrer Wahl mittels Nachsprechens der Eidesformel, mittels Abschreibens und Unterschreibens der Eidesformel oder mit Hilfe einer die Verständigung ermöglichenden Person, die vom Gericht hinzuzuziehen ist. ²Das Gericht hat die geeigneten technischen Hilfsmittel bereitzustellen. ³Die hör- oder sprachbehinderte Person ist auf ihr Wahlrecht hinzuweisen.

II Das Gericht kann eine schriftliche Eidesleistung verlangen oder die Hinzuziehung einer die Verständigung ermöglichenden Person anordnen, wenn

§ 67

die hör- oder sprachbehinderte Person von ihrem Wahlrecht nach Absatz 1 keinen Gebrauch gemacht hat oder eine Eidesleistung in der nach Absatz 1 gewählten Form nicht oder nur mit unverhältnismäßigem Aufwand möglich ist.

III Die §§ 64 und 65 gelten entsprechend.

1 1) Die Eidesleistung durch **hör- oder sprachbehinderte Personen** regelt § 66, der ursprünglich nur eine Bestimmung für stumme Zeugen traf. Es werden hier nicht nur für gänzlich sprachlose, sondern auch für sprachbehinderte, und darüber hinaus auch für hörbehinderte Personen Regelungen getroffen, was sowohl den Interessen der Rechtspflege als auch der Integration von Menschen mit Behinderungen dient, denen vor Gericht die gleichberechtigte Teilhabe ermöglicht werden soll (BT-Drucks 14/9266 S 35). Die Vorschrift gilt natürlich auch für hör- *und* sprachbehinderte Personen (Taubstumme). Ähnliche Regelungen bestehen jetzt neben der Eidesleistung ganz allgemein für hör- und sprachbehinderte Personen nach § 186 GVG; für blinde oder sehbehinderte Personen gilt § 191a GVG. Ob ein Zeuge hör- oder sprachbehindert ist, muss der Richter ggf im Freibeweis (7, 9 zu § 244) prüfen.

2 2) Ein dreifaches **Wahlrecht,** wie sie den Eid leisten will, hat die behinderte Person nach I S 1 (Nachsprechen der Eidesformel nach § 64 oder § 65, Abschreiben und Unterschreiben der Eidesformel oder Ablegung des Eides mit Hilfe eines vom Gericht zugezogenen Dritten). Auf dieses Wahlrecht muss sie – ggf mit Hilfe der hinzugezogenen Person – hingewiesen werden (I S 3). Das Gericht muss von sich aus die notwendigen technischen Hilfsmittel bereitstellen (I S 2), damit das Wahlrecht und die gewählte Eidesleistung selbst wirksam ausgeübt werden können.

3 3) Das **Gericht entscheidet,** wie die Eidesleistung zu erfolgen hat, wenn der behinderte Zeuge von seinem Wahlrecht keinen Gebrauch machen will oder eine Eidesleistung in der gewählten Form nicht oder nur mit unverhältnismäßigem Aufwand möglich ist (II). Dann kann das Gericht zwischen schriftlicher Eidesleistung oder Hinzuziehung eines „Dolmetschers" wählen. Dass eine Vereidigung bei einer erheblich hör- und/oder sprachbehinderten Person gänzlich unmöglich sein könne, wie früher gelegentlich angenommen worden ist (RG 33, 403), dürfte nunmehr ausgeschlossen sein (SK-Rogall 3).

Berufung auf einen früheren Eid

67 Wird der Zeuge, nachdem er eidlich vernommen worden ist, in demselben Vorverfahren oder in demselben Hauptverfahren nochmals vernommen, so kann der Richter statt der nochmaligen Vereidigung den Zeugen die Richtigkeit seiner Aussage unter Berufung auf den früher geleisteten Eid versichern lassen.

1 1) Um eine **nochmalige Vernehmung** handelt es sich, wenn die frühere mit der Eidesleistung oder Bekräftigung abgeschlossen war, auch wenn der Zeuge noch am selben Tag und vor seiner Entlassung (§ 248) erneut vernommen wird (BGH **4,** 140, 142). Gleichgültig ist, ob die frühere Aussage bestätigt, erweitert, wiederholt oder erläutert wird (Saarbrücken VRS **23,** 53; LR-Ignor/Bertheau 2). Nach einer früheren Vernehmung als Sachverständiger ist § 67 nicht anwendbar (Köln MDR **55,** 183).

2 2) Nur **im selben Verfahren** gilt § 67 (allg: von Schowingen JZ **55,** 267).

3 3) A. **Gegen denselben Beschuldigten** muss das Verfahren gerichtet sein, in dem der Zeuge erneut aussagt. Der Hinzutritt neuer von der Aussage betroffener Mitbeschuldigter schließt § 67 aus (RG **49,** 251). Nach Verfahrenstrennung kann sich der Zeuge in jedem der weitergeführten Verfahren auf den vor der Trennung geleisteten Eid berufen (vgl RG **44,** 352).

B. Im selben Vorverfahren findet die erneute Vernehmung statt, wenn der 4
Zeuge vor Erhebung der Anklage nach § 170 I oder einer dieser gleichstehenden
Verfahrenshandlung erneut vernommen wird. Ausgeschlossen ist die Berufung auf
den im Vorverfahren geleisteten Eid bei erneuter Vernehmung im Zwischenverfahren nach § 202 S 1 (LR-Ignor/Bertheau 3, 4) und im Hauptverfahren (BGH
MDR **53**, 722 [D]), auch nach § 223 (RG **12**, 373).

C. Dasselbe Hauptverfahren: Gemeint ist das Verfahren vom Erlass des Eröff- 5
nungsbeschlusses bis zur Rechtskraft des Urteils (BGH **23**, 283, 285; GA **68**, 340;
LR-Ignor/Bertheau 5). Es kann daher mehrere Hauptverhandlungen umfassen
(BGH GA **79**, 272). Auch das Zwischenverfahren nach § 202 gehört hierher (LR-
Ignor/Bertheau 5). Bei erneuter Vernehmung im 1. Rechtszug ist § 67 bei Fortsetzung und bei jedem Neubeginn der Verhandlung anwendbar, auch wenn die
frühere Vernehmung nach Eröffnung des Hauptverfahrens nach § 223 stattgefunden hatte (RG **4**, 437; KK-Slawik 5). Im Berufungsverfahren kann sich der Zeuge
auf den vor dem AG geleisteten Eid auch berufen, wenn die StrK die Sache wegen
Überschreitung der Strafgewalt des AG nunmehr im 1. Rechtszug verhandelt
(BGH **23**, 283, 285; GA **68**, 340). § 67 ist ferner anwendbar nach Verweisung der
Sache an ein höheres Gericht (§ 270) und nach Zurückverweisung durch das Berufungs- oder Revisionsgericht (§§ 328 II, 354 II, III, 355). In der erneuten
Hauptverhandlung nach Wiederaufnahme des Verfahrens ist die Berufung auf den
in der früheren Hauptverhandlung oder bei der Vernehmung nach § 369 geleisteten Eid unzulässig (RG **18**, 417; KK-Slawik 6).

3) Richterliches Ermessen entscheidet, ob der Zeuge neu vereidigt oder ob 6
nach § 67 verfahren werden soll (LR-Ignor/Bertheau 10). Wie bei der Vereidigung (9 zu § 59) trifft der Vorsitzende die Vorabentscheidung (Braunschweig
NJW **57**, 513). Die erneute Vereidigung ist vorzuziehen, wenn der Zeuge die
Bedeutung der Versicherung nicht begreift, insbesondere aber nach sehr langem
Zeitablauf (LR-Ignor/Bertheau 10; von Schowingen JZ **55**, 267). Mangelnde
Erinnerung an die Vereidigung schließt die Anwendung des § 67 aber nicht aus
(BGH 5 StR 282/61 vom 29.8.1961).

4) Die **Versicherung unter Berufung auf den früheren Eid,** über deren 7
Bedeutung der Zeuge entspr § 57 S 2 belehrt werden muss, darf wie der Eid (§ 59
S 1) erst nach der Vernehmung entgegengenommen werden (BGH MDR **72**, 198
[D]). Der Zeuge muss die Erklärung selbst, aber nicht unbedingt mit den Worten
des Gesetzes (BGH aaO: „Bezugnahme" auf den früheren Eid) abgeben; der Hinweis des Richters auf den früheren Eid genügt nicht (BGH **4**, 140; KK-Slawik 8).
Die Berufung auf einen in Wahrheit nicht geleisteten Eid ist wirkungslos (RG **64**,
379; Köln NJW **63**, 2333; Saarbrücken VRS **23**, 53).

5) Im Protokoll muss die Berufung auf den früheren Eid beurkundet werden 8
(§§ 168a I, 273 I), nicht aber, wann und wo der Zeuge ihn geleistet hat. Der richtige Protokollvermerk lautet: „Der Zeuge versichert die Richtigkeit seiner Aussage
unter Berufung auf den früher geleisteten Eid".

6) Revision: Ihre Zulässigkeit hängt nicht davon ab, dass gegen die Vorabent- 9
scheidung des Vorsitzenden (oben 6) das Gericht angerufen worden ist (BGH
MDR **72**, 199 [D]). Sie kann aber nicht darauf gestützt werden, dass die erneute
Vereidigung der Anwendung des § 67 vorzuziehen gewesen wäre (LR-Ignor/
Bertheau 15). War der frühere Eid nicht im selben Verfahren geleistet, so beruht
das Urteil auf dem Verstoß gegen § 67 nicht, wenn sich zweifelsfrei feststellen lässt,
dass Zeuge und Gericht von der Wirksamkeit der Versicherung ausgegangen sind
(BGH MDR **53**, 722 [D]; RG **64**, 379). Entsprechendes gilt, wenn der Zeuge sich
auf einen nicht geleisteten Eid berufen hat (BGH NStZ **84**, 328; KK-Slawik 10;
aM Köln NJW **63**, 2333; erg 13 zu § 79; 3 zu § 189 GVG).

§ 68

Vernehmung zur Person; Beschränkung von Angaben, Zeugenschutz

68 I ¹Die Vernehmung beginnt damit, dass der Zeuge über Vornamen, Nachnamen, Geburtsnamen, Alter, Beruf und Wohnort befragt wird. ²Ein Zeuge, der Wahrnehmungen in amtlicher Eigenschaft gemacht hat, kann statt des Wohnortes den Dienstort angeben.

II ¹Einem Zeugen soll zudem gestattet werden, statt des Wohnortes seinen Geschäfts- oder Dienstort oder eine andere ladungsfähige Anschrift anzugeben, wenn ein begründeter Anlass zu der Besorgnis besteht, dass durch die Angabe des Wohnortes Rechtsgüter des Zeugen oder einer anderen Person gefährdet werden oder dass auf Zeugen oder eine andere Person in unlauterer Weise eingewirkt werden wird. ²In der Hauptverhandlung kann der Vorsitzende dem Zeugen bei Vorliegen der Voraussetzungen des Satzes 1 gestatten, seinen Wohnort nicht anzugeben.

III ¹Besteht ein begründeter Anlass zu der Besorgnis, dass durch die Offenbarung der Identität oder des Wohn- oder Aufenthaltsortes des Zeugen Leben, Leib oder Freiheit des Zeugen oder einer anderen Person gefährdet wird, so kann ihm gestattet werden, Angaben zur Person nicht oder nur über eine frühere Identität zu machen. ²Er hat jedoch in der Hauptverhandlung auf Befragen anzugeben, in welcher Eigenschaft ihm die Tatsachen, die er bekundet, bekannt geworden sind. ³Ist dem Zeugen unter den Voraussetzungen des Satzes 1 gestattet worden, Angaben zur Person nicht oder nur über eine frühere Identität zu machen, darf er sein Gesicht entgegen § 176 Absatz 2 Satz 1 des Gerichtsverfassungsgesetzes ganz oder teilweise verhüllen.

IV ¹Liegen Anhaltspunkte dafür vor, dass die Voraussetzungen der Absätze 2 oder 3 vorliegen, ist der Zeuge auf die dort vorgesehenen Befugnisse hinzuweisen. ²Im Fall des Absatzes 2 soll der Zeuge bei der Benennung einer ladungsfähigen Anschrift unterstützt werden. ³Die Unterlagen, die die Feststellung des Wohnortes oder der Identität des Zeugen gewährleisten, werden bei der Staatsanwaltschaft verwahrt. ⁴Zu den Akten sind sie erst zu nehmen, wenn die Besorgnis der Gefährdung entfällt.

V ¹Die Absätze 2 bis 4 gelten auch nach Abschluss der Zeugenvernehmung. ²Soweit dem Zeugen gestattet wurde, Daten nicht anzugeben, ist bei Auskünften aus und Einsichtnahmen in Akten sicherzustellen, dass diese Daten anderen Personen nicht bekannt werden, es sei denn, dass eine Gefährdung im Sinne der Absätze 2 und 3 ausgeschlossen erscheint.

1   1) Die **Feststellung der Personalien (I)** steht am Anfang der Zeugenvernehmung. Sie dient vor allem dem Zweck, Personenverwechselungen zu vermeiden, soll aber auch eine verlässliche Grundlage für die Beurteilung der Glaubwürdigkeit schaffen, insbesondere den Beteiligten die Einholung von Erkundigungen ermöglichen (BGH **23**, 244, 245; **32**, 115, 128 [GSSt]; **33**, 83, 87; NJW **86**, 1999; krit Bittmann ZRP **09**, 212). Auf Verlangen des Gerichts müssen Zeugen im Rahmen der Sachaufklärung auch weitere Angaben zu ihren Personalien machen, zB zu einem früheren Ehenamen.

2   Die Möglichkeit, den **Dienstort** statt des Wohnortes anzugeben **(I S 2),** betrifft nur Zeugen, die Wahrnehmungen in amtlicher Eigenschaft gemacht haben, in erster Linie somit Polizeibeamte; sie kommt aber auch zB für einen StA oder Richter in Betracht. Die Wahrnehmung in amtlicher Eigenschaft ist zu bejahen, wenn die Kenntniserlangung im Zusammenhang mit einer Diensthandlung steht oder das Wissen in sonstiger Weise dienstlich erlangt worden ist (ähnlich wie beim Zeugnisverweigerungsrecht, vgl 7, 9 zu § 53); in diesen Fällen wird der Zeuge daher auch stets eine Aussagegenehmigung (vgl § 54 und die Erläuterungen dort) benötigen. Für andere Personen gilt II (unten 10).

3   Der Zeuge ist **verpflichtet,** die Personalien anzugeben, auch wenn er von einem Zeugnisverweigerungsrecht Gebrauch macht (vgl § 111 I OWiG). Notfalls

wird seine Identität auf Grund seiner Ausweispapiere oder durch Zeugenvernehmung festgestellt. Dient die Vernehmung nur der Identitätsfeststellung, so sind die Personalfragen zugleich Vernehmung zur Sache.

2) Personalfragen: 4

A. **Vor- und Nachnamen** sind festzustellen, sofern sie nicht dem Gericht und 5 allen Prozessbeteiligten bekannt sind (RG **40**, 157). Der Zeuge muss den Rufnamen, auf Verlangen auch die weiteren Vornamen, und den Familiennamen, auch den Geburtsnamen angeben. Die Angabe des Künstlernamens kann ebenfalls verlangt werden.

B. Das **Alter** muss der Zeuge auch angeben, wenn nicht ersichtlich ist, wieso es 6 darauf für das Verfahren ankommt. Er kann nach ihm auch in der Weise gefragt werden, dass er zur Angabe von Geburtstag und -jahr aufgefordert wird (LR-Ignor/Bertheau 4; Herminghausen DRiZ **51**, 225).

C. **Beruf:** Die Berufsbezeichnung sagt oft nichts über die dauernde Beschäfti- 7 gung aus. Daher kann ihre Ergänzung durch Angaben über berufliche Stellung und Art des Erwerbs verlangt werden. Die Frage nach früheren Erwerbstätigkeiten überschreitet den Rahmen der Personalienfeststellung (BGH MDR **66**, 383 [D]; LR-Ignor/Bertheau 5).

D. **Wohnort** ist, wie sich aus II ergibt (und wovon auch der Gesetzgeber aus- 8 geht, vgl BR-Drucks 178/09 S 19), die genaue postalische Anschrift, nicht die bloße Ortsangabe (vgl BGH NJW **90**, 1125; Stuttgart Justiz **91**, 333; **aM** Rebmann/Schnarr NJW **89**, 1188; Schweckendieck NStZ **02**, 414; eingehend dazu SK-Rogall 14). Zeugen ohne festen Wohnsitz werden nach ihrem Aufenthaltsort gefragt (vgl § 222 I). Zur Angabe des Dienstortes statt des Wohnortes oben 2 und unten 10; zur Geheimhaltung des Wohnorts bei Gefährdung des Zeugen vgl unten 14 ff.

E. Nach der **Religion** darf im Hinblick auf Art 140 GG iVm Art 136 III S 1 9 WeimRV nicht gefragt werden. Das schließt nicht aus, die Religion des Zeugen festzustellen, wenn das für die Sachaufklärung, insbesondere für die Würdigung der Aussage, von Bedeutung ist.

3) Ausnahme für die Wohnortsangabe (II): Wenn begründeter Anlass dafür 10 besteht, kann jeder selbst gefährdete oder einen anderen durch seine Wohnortangabe gefährdenden Zeuge in und außerhalb der Hauptverhandlung statt des Wohnortes seinen Geschäfts- oder Dienstort oder eine andere ladungsfähige Anschrift angeben; dasselbe gilt, wenn zu besorgen ist, dass auf den Zeugen oder eine andere Person in unlauterer Weise eingewirkt werden wird (vgl dazu § 112 II Nr 3b), zB auch durch Stalking (6 zu § 112a). In der Hauptverhandlung wird darüber hinausgehend nach II S 2 dem Zeugen grundsätzlich zu gestatten sein, sogar jede diesbezügliche Angabe zu verweigern, wenn die Möglichkeiten nach II S 1 zu seinem Schutz nicht ausreichen; das gilt auch bei nicht-öffentlichen Verhandlungen (LR-Ignor/Bertheau 11). Wird eine im Vorverfahren gemachte Aussage verlesen, ist unter den Voraussetzungen des II S 2 von der Wiedergabe des Wohnortes abzusehen (Hilger NStZ **92**, 459).

Die **Entscheidung** über die Anwendung der Vorschrift trifft der Vorsitzende 11 nach pflichtgemäßem Ermessen (BGH NJW **89**, 1230; Hilger aaO) unter Abwägung des Persönlichkeitsschutzes mit dem Informationsanspruch der Prozessbeteiligten und der Öffentlichkeit (Leineweber MDR **85**, 637) von Amts wegen oder auf Antrag eines Prozessbeteiligten (vgl für die StA: RiStBV 130a) oder des Zeugen. Nach § 238 II kann die Entscheidung des Gerichts herbeigeführt werden, auch von dem Zeugen (KK-Slawik 9; Leineweber MDR **85**, 638; **90**, 111).

Voraussetzung der Verheimlichung des Wohnorts ist eine Gefährdung von 12 Rechtsgütern des Zeugen oder anderer Personen, insbesondere Angehöriger, Freunde, Bekannter des Zeugen, aber auch sonstiger Personen, über die der Wohnort in Erfahrung gebracht werden kann; als gefährdete Rechtsgüter kommen

§ 68

in Betracht: Leib und Leben, Freiheit, Eigentum, Besitz und Hausfrieden (Anschläge auf Gebäude, Kraftwagen und dgl). Bloße Belästigungen (Telefonanrufe, Massensendungen, fingierte Warenbestellungen) genügen nicht (LR-Ignor/Bertheau 10; Leineweber MDR **85**, 637; **aM** Celle NJW **88**, 2751). Die Gefährdung ist zu besorgen, wenn schon früher ein Anschlag auf den Zeugen oder einen Dritten erfolgt oder angedroht worden ist und wenn das mit den Bekundungen des Zeugen in dem gegenwärtigen Verfahren zusammenhängt. Die Gefährdung kann sich aber auch auf Grund kriminalistischer Anhaltspunkte, kriminologischer Erfahrungen oder der Lebenserfahrung ergeben (Leineweber aaO und Kriminalistik **79**, 39; Rebmann/Schnarr NJW **89**, 1186). Eine unmittelbar bevorstehende Rechtsgutverletzung ist nicht erforderlich (Koblenz NStZ **92**, 95).

13 II schränkt das **Fragerecht** der Prozessbeteiligten nach § 240 ein. Ist dem Zeugen die Nichtangabe des Wohnorts gestattet, so darf er ihn während der ganzen Hauptverhandlung verheimlichen (Leineweber MDR **85**, 637; Rieß NJW **78**, 2268).

14 **4) Geheimhaltung der Personalien (III):**

15 A. **Über II hinaus** kann die Angabe des Wohn- oder Aufenthaltsortes gänzlich verweigert werden, wenn der Zeuge dadurch an Leben, Leib oder Freiheit gefährdet werden würde. Reicht auch dies nicht aus, so kommt unter diesen Voraussetzungen als weitestgehender Schutz die Verheimlichung der Identität des Zeugen in Betracht (krit Eisenberg NJW **93**, 1036). Voraussetzung ist auch hier eine Gefährdungslage, die noch nicht konkretisiert zu sein braucht und auch auf kriminalistischen Erfahrungen beruhen kann (Peter StraFo **13**, 199, 200; Hilger NStZ **92**, 459). Der Begriff Identität umfasst die gegenwärtige und die frühere Identität; für die Geheimhaltung der Identität eines Verdeckten Ermittlers gilt § 110b III. Zur Identitätsänderung vgl BVerfGE **57**, 250, 286; BGH **29**, 109, 113. § 68 geht § 10 ZSHG nach dessen III vor (dazu BGH **50**, 318, 324; Hilger Gössel-FS 612; Roggan GA **12**, 440).

16 B. Die **Befragung** nach III S 2 hat – was sich aus dem Wortlaut nicht ergibt (Böttcher Schüler-Springorum-FS 549) – im Wesentlichen für Verdeckte Ermittler Bedeutung, die danach diese Eigenschaft offenbaren müssen, falls die von ihnen getroffenen Feststellungen mit ihrem Einsatz als Verdeckte Ermittler zusammenhängen (SK-Rogall 43; Möhrenschlager wistra **92**, 332). Die Vorschrift gilt nur für die Hauptverhandlung, um eine Enttarnung des Verdeckten Ermittlers während eines Einsatzes zu vermeiden (Hilger NStZ **92**, 459).

17 C. **Körperlich anwesend und sichtbar** soll der Zeuge grundsätzlich sein (vgl Tiedemann/Sieber NJW **84**, 756). Daher war nach früherer Rspr die Vernehmung eines optisch oder akustisch „abgeschirmten", insbesondere eines vermummten oder sonst unkenntlich gemachten Zeugen, ausgeschlossen (BGH **32**, 115, 124 [GSSt]). Diese Rspr ist wegen der Möglichkeit audiovisueller Vernehmung nach § 247a aber als überholt anzusehen (BGH NJW **03**, 74 in einem durch Revisionsrücknahme gegenstandslos gewordenen – vgl StV **03**, 5 – Anfragebeschluss; grundsätzlich zust BGH StV **04**, 241; KK-Bader 71 vor § 48; Beulke ZStW **113**, 726; Diemer NJW **99**, 1670; Güntge JR **07**, 429; vgl ferner für Verdeckte Ermittler BGH NStZ **05**, 43 [dazu abl Witke Kriminalistik **05**, 226] und BGH NStZ **06**, 648; erg 1a zu § 247a); audiovisuelle Verfremdungen des Zeugen sind daher sowohl bei unmittelbar-persönlicher als auch bei einer Videovernehmung grundsätzlich zulässig (näher Walter StraFo **04**, 224). Für polizeiliche Vernehmungen gelten diese Grundsätze ohnehin nicht (BGH **33**, 83; erg 14 zu § 251). Ist ein Zeuge unter Verstoß gegen die Verpflichtung zur Angabe der Personalien kommissarisch vernommen worden, so hindert das die Zeugenvernehmung des vernehmenden Richters über den Inhalt der Aussage in der Hauptverhandlung eines anderen Verfahrens jedenfalls dann nicht, wenn die Personalien des Zeugen inzwischen bekannt sind (BGH NJW **86**, 1999 mit abl Anm Fezer StV **86**, 372).

17a Der Zeuge darf sein **Gesicht ganz oder teilweise verhüllen**, wenn ihm nach S 1 gestattet wurde, keine Angaben zur Person oder nur über eine frühere Identität zu machen ((III S 3). Bei besonders gefährdeten Personen, etwa Kronzeugen oder verdeckt arbeitenden Ermittlern, gilt das Verbot der Gesichtsverhüllung in § 176 II S 1 GVG daher nicht (erg dort 16 ff). Dies gilt für alle Vernehmungen, dh sowohl für die Hauptverhandlung als auch für ermittlungsrichterliche Vernehmungen.

5) Hinweispflicht (IV S 1, 2): Auf die Möglichkeit, unter den Voraussetzungen des II eine andere ladungsfähige Anschrift anzugeben oder unter der Voraussetzung des III Angaben zur Person zu verweigern, ist der Zeuge nicht erst in der Hauptverhandlung, sondern auch schon bei einer polizeilichen Vernehmung hinzuweisen (dazu § 163 III), wobei er im Fall des II bei der Suche nach einer ladungsfähigen Anschrift unterstützt werden soll. Dies ist als konkrete Handlungsanleitung für die polizeiliche Praxis gedacht (BR-Drucks 178/09 S 21).

6) Die **Unterlagen,** die den Wohnort oder die Identität des Zeugen betreffen, sind bei der StA zu verwahren; bedenklich ist deshalb die Regelung in Anlage D I.5.4 RiStBV, wonach die StA nur in „begründeten Ausnahmefällen" – und unter Gewährung der Vertraulichkeit/Geheimhaltung – über die wahre Identität eines Informanten in Kenntnis gesetzt wird (Mayer Kriminalistik **16**, 228, 230; erg 17 zu § 158). Erst nach Entfallen der Besorgnis der Gefährdung werden sie zu den Akten genommen **(IV S 3 und 4),** erst dann erstreckt sich auf sie das Einsichtsrecht nach § 147.

7) Fortgeltung (V S 1): Auch nach Abschluss der Zeugenvernehmung gelten II–IV. Ergibt sich die Gefährdung des Zeugen erst nach Abschluss der Vernehmung, ist ihm im Fall des II daher noch nachträglich zu gestatten, eine andere Anschrift anzugeben. Das bedeutet, dass die Strafverfolgungsbehörden mit einem solchen Zeugen Kontakt aufnehmen müssen, wenn ihnen später bekannt wird, dass eine Gefährdung des Zeugen zu besorgen ist (BR-Drucks 178/09 S 21).

Sicherzustellen ist bei Auskünften aus und Einsichtnahme in Akten, dass von dem Zeugen geheim gehaltene Daten anderer Personen nicht bekannt werden, solange die Gefährdung nach II, III noch besteht **(V S 2).** Eine Verpflichtung, solche Daten in der gesamten Akte unkenntlich zu machen, wie es der Regierungsentwurf vorsah (BR-Drucks aaO) ist nach Einwendungen des BRates (BR-Drucks 178/1/09 S 2) als zu weitgehend nicht Gesetz geworden.

8) Protokoll: Die Vernehmung des Zeugen zur Person muss nach §§ 168a I, 273 I im Protokoll beurkundet werden. Üblicherweise werden nur die Erklärungen des Zeugen vermerkt. Die Generalfragen (6a zu § 68a) gehören zur Sachvernehmung, werden aber in der Praxis meist ebenfalls in das Protokoll aufgenommen.

9) Revision: Grundsätzlich ist § 68 eine nicht revisible Ordnungsvorschrift (BGH **23**, 244; NStZ **12**, 168; KG JR **77**, 295; Saarbrücken VRS **21**, 48; Herdegen NStZ **84**, 202; aM offenbar Frenzel NStZ **84**, 39). Seine Verletzung kann nur unter dem Gesichtspunkt der Verletzung der Aufklärungspflicht (§ 244 II) gerügt werden (Böttcher Schüler-Springorum-FS 549; vgl RG **55**, 22: Vernehmung des falschen Zeugen). Gerügt werden kann aber die Verletzung des I S 1 durch Unterlassen der Identitätsfeststellung (BGH **23**, 244 wendet § 338 Nr 8 an) und des I S 2, II durch hierdurch nicht gerechtfertigtes Unterlassen der Wohnortfeststellung, das die Verteidigung des Angeklagten beschränkt (krit dazu BGH NJW **89**, 1231 und Rebmann/Schnarr NJW **89**, 1191). Ebenso kann gerügt werden, dass die Voraussetzungen des III S 1 nicht vorgelegen haben (Eisenberg NJW **93**, 1036) oder das Fragerecht nach III S 2 unzulässig eingeschränkt worden ist (erg 9 zu § 68a).

Beschränkung des Fragerechts aus Gründen des Persönlichkeitsschutzes

68a [I] Fragen nach Tatsachen, die dem Zeugen oder einer Person, die im Sinne des § 52 Abs. 1 sein Angehöriger ist, zur Unehre gereichen können oder deren persönlichen Lebensbereich betreffen, sollen nur gestellt werden, wenn es unerläßlich ist.

§ 68a

II ¹ **Fragen nach Umständen, die die Glaubwürdigkeit des Zeugen in der vorliegenden Sache betreffen, insbesondere nach seinen Beziehungen zu dem Beschuldigten oder der verletzten Person, sind zu stellen, soweit dies erforderlich ist.** ² **Der Zeuge soll nach Vorstrafen nur gefragt werden, wenn ihre Feststellung notwendig ist, um über das Vorliegen der Voraussetzungen des § 60 Nr. 2 zu entscheiden oder um seine Glaubwürdigkeit zu beurteilen.**

1   1) **Angemessene Behandlung und Ehrenschutz** kann der Zeuge beanspruchen (BVerfGE **38**, 105, 114 ff). Zwar lassen sich unangenehme und bloßstellende Fragen im Interesse der Sachaufklärung nicht immer vermeiden. Der Zeuge kann aber auch dann verlangen, dass möglichst schonend mit ihm umgegangen wird (LR-Ignor/Bertheau 1).

2   2) Nach **entehrenden Tatsachen (I),** die ihn selbst oder einen Angehörigen iS § 52 I betreffen, und nach Tatsachen, die deren persönlichen Lebensbereich betreffen, darf der Zeuge nur gefragt werden, wenn das unerlässlich ist.

3   **Entehrend** sind Tatsachen, die nach objektiven Maßstäben, ohne Rücksicht auf die persönliche Empfindlichkeit des Zeugen (KK-Slawik 1), die sittliche Bewertung des Zeugen oder seiner Angehörigen in der Umwelt nachteilig beeinflussen können (Hamm NJW **54**, 1495; LR-Ignor/Bertheau 4; eingehend SK-Rogall 23 ff).

4   **Den persönlichen Lebensbereich betreffende Tatsachen** stehen im Gegensatz zu den Umständen, die nur das Berufs- oder Erwerbsleben betreffen (**aM** SK-Rogall 29). Gemeint ist der private Bereich, der jedermann zur Entfaltung seiner Persönlichkeit gewährleistet werden muss. Dazu gehören insbesondere private Eigenschaften und Neigungen des Zeugen, sein Gesundheitszustand, seine religiöse und politische Einstellung, aber auch Tatsachen aus seinem Familienleben (vgl 3 zu § 171b GVG). Zum persönlichen Lebensbereich gehört unter allen Umständen die Intimsphäre des Zeugen. Der Gesetzgeber will vor allem verhindern, dass die Opfer von Sexualstraftaten ohne erkennbaren Zusammenhang mit der dem Angeklagten vorgeworfenen Tat Befragungen über ihr Sexualleben unterzogen werden. § 68a wird durch § 171b GVG ergänzt.

5   **Unerlässlich** ist die Befragung, wenn sonst die Wahrheit nicht aufgeklärt werden kann (BGH **13**, 252, 254; **21**, 334, 360; NStZ **82**, 170; Bay **78**, 158). Auf die Bedeutung der Strafsache kommt es nicht an (LR-Ignor/Bertheau 6; KMR-Neubeck 4; SK-Rogall 32; **aM** AK-Lemke 2); die Sachaufklärung geht immer vor (Dähn JR **79**, 141).

6   Ob die Befragung sich auf unmittelbar **erhebliche Tatsachen** oder nur auf Hilfstatsachen bezieht, spielt keine Rolle (BGH **13**, 252, 255; NStZ **82**, 170). Nur unerhebliche Fragen dürfen nicht gestellt werden; das gilt auch für Fragen, die nur bei der Strafzumessung von untergeordneter Bedeutung sind (Hamm NJW **56**, 1495).

6a 3) Die sog **Generalfragen (II S 1)** werden nur gestellt, wenn ihre Beantwortung nach dem Ermessen des Gerichts erforderlich ist. Schutzmaßnahmen nach § 68 I bis III dürfen dadurch nicht unterlaufen werden (Hilger NStZ **92**, 459). Die Entscheidung trifft zunächst der Vorsitzende. Die Prozessbeteiligten und der Zeuge können nach § 238 II die Entscheidung des Gerichts herbeiführen.

6b Aus II S 1 folgt, dass der Zeuge zur Beantwortung von Fragen verpflichtet ist, die seine **Glaubwürdigkeit** in der vorliegenden Sache oder ganz allgemein betreffen (vgl BGH **23**, 1) und sich auf sein Vorleben, seine geistig-seelische Entwicklung, seine körperlichen Eigenschaften (Gebrechen, besondere Fähigkeiten usw) beziehen.

6c Die Klärung der **Beziehung zu Beschuldigten und Verletzten** (Ehe, Verwandtschaft, Schwägerschaft) dient vor allem der Entscheidung über die Weigerungsrechte nach §§ 52, 55 und die Frage der Vereidigung nach § 61. Bestehen solche Beziehungen offensichtlich nicht, so kann die Befragung unterbleiben (KG JR **77**, 295). In der Praxis ist es aber üblich, jeden Zeugen nach den Beziehungen zu dem Beschuldigten zu fragen.

4) Fragen nach Vorstrafen (II S 2), auch nach nicht rechtskräftigen Verurteilungen (Dähn JR **79**, 141) und nach einer OWi (LG Mannheim NJW **81**, 1795), dürfen grundsätzlich nur zur Feststellung der Glaubwürdigkeit (zB wegen Verurteilung des Zeugen nach §§ 153 ff, 164, 263 StGB) oder der Vereidigungsvoraussetzungen nach § 60 Nr 2 gestellt werden (BGH NStZ **01**, 418). Wenn sie im Interesse des Zeugen liegen (etwa weil der Angeklagte ihn wegen der Vorstrafen erpresst hat), sind sie aber auch sonst zulässig. Das Gericht kann auch einen Strafregisterauszug einholen, Vorstrafakten beiziehen und das Urteil verlesen (BGH **1**, 337; dazu ausführlich Deutscher NStZ **12**, 359). Im Erziehungsregister eingetragene und im Strafregister getilgte oder tilgungsreife Verurteilungen scheiden aus; der Zeuge darf sich als unbestraft bezeichnen (§§ 53, 64 I **BZRG**). 7

5) Die **Entscheidung** über die Unerlässlichkeit der Frage trifft der Vorsitzende, auf Antrag eines Prozessbeteiligten oder des Zeugen (SK-Rogall 43; Böttcher JR **87**, 139) nach § 238 II das Gericht. Wird die Frage zugelassen, so muss der Zeuge sie, außer im Fall des § 55 I, beantworten (Dähn JR **79**, 141). Da § 68a das Fragerecht für alle Beteiligten beschränkt, dürfen Fragen, die nach I oder II nicht gestellt werden sollen, nach § 241 II zurückgewiesen werden (BGH **13**, 252, 254; **21**, 334, 360). 8

6) Revision: § 68a ist grundsätzlich eine nicht revisible Ordnungsvorschrift (Celle NdsRpfl **51**, 19; KK-Slawik 7; **aM** LR-Ignor/Bertheau 12; SK-Rogall 46). Sind allerdings Fragen unter Berufung auf § 68a zu Unrecht abgelehnt worden, so begründet dies, falls ein Gerichtsbeschluss herbeigeführt wurde, gemäß § 338 Nr 8 die Revision (BGH NStZ **82**, 170; **90**, 400). 9

Zeugenbeistand

68b [1] [1]Zeugen können sich eines anwaltlichen Beistands bedienen. [2]Einem zur Vernehmung des Zeugen erschienenen anwaltlichen Beistand ist die Anwesenheit gestattet. [3]Er kann von der Vernehmung ausgeschlossen werden, wenn bestimmte Tatsachen die Annahme rechtfertigen, dass seine Anwesenheit die geordnete Beweiserhebung nicht nur unwesentlich beeinträchtigen würde. [4]Dies wird in der Regel der Fall sein, wenn aufgrund bestimmter Tatsachen anzunehmen ist, dass

1. der Beistand an der zu untersuchenden Tat oder an einer mit ihr im Zusammenhang stehenden Datenhehlerei, Begünstigung, Strafvereitelung oder Hehlerei beteiligt ist,
2. das Aussageverhalten des Zeugen dadurch beeinflusst wird, dass der Beistand nicht nur den Interessen des Zeugen verpflichtet erscheint, oder
3. der Beistand die bei der Vernehmung erlangten Erkenntnisse für Verdunkelungshandlungen im Sinne des § 112 Absatz 2 Nummer 3 nutzt oder in einer den Untersuchungszweck gefährdenden Weise weitergibt.

[II] [1]Einem Zeugen, der bei seiner Vernehmung keinen anwaltlichen Beistand hat und dessen schutzwürdigen Interessen nicht auf andere Weise Rechnung getragen werden kann, ist für deren Dauer ein solcher beizuordnen, wenn besondere Umstände vorliegen, aus denen sich ergibt, dass der Zeuge seine Befugnisse bei seiner Vernehmung nicht selbst wahrnehmen kann. [2]§ 142 Absatz 5 Satz 1 und 3 gilt entsprechend.

[III] [1]Entscheidungen nach Absatz 1 Satz 3 und Absatz 2 Satz 1 sind unanfechtbar. [2]Ihre Gründe sind aktenkundig zu machen, soweit dies den Untersuchungszweck nicht gefährdet.

1) Gewählter Zeugenbeistand (I): 1

A. **Entstehungsgeschichte:** Durch das 2. OpferRRG wurde unter Aufnahme und Fortentwicklung der Rspr des BVerfG (11 vor § 48) das grundsätzlich beste- 2

§ 68b

hende Recht auf Beiziehung eines anwaltlichen Beistandes gesetzlich geregelt worden. Damit wird ein „Gleichklang" (BR-Drucks 178/09 S 22) zwischen dem beigeordneten Zeugenbeistand (unten 8 ff) und dem Beistand des Verletzten bzw Nebenklagebefugten nach §§ 406 f, 406g hergestellt.

3 **B. Geltungsbereich:** Die Befugnis des Zeugen, sich eines anwaltlichen Beistandes – also eines RA oder einer diesem nach § 138 I, III gleichgestellten Person – zu bedienen, besteht nach I S 1 schlechthin, somit nicht nur bei der Zeugenvernehmung. Sie ist nicht auf richterliche Vernehmungen beschränkt, sondern gilt in gleicher Weise gemäß §§ 161a I S 2 bzw § 163 III S 1 für staatsanwaltschaftliche und polizeiliche Vernehmungen sowie Gegenüberstellungen iSv § 58 II (vgl Wessing/Ahlbrecht 36). Eine Verpflichtung der Strafverfolgungsbehörden, den Zeugen auf sein Recht zur Beiziehung eines Beistandes hinzuweisen, sieht das Gesetz grundsätzlich nicht vor; eines Hinweises bedarf es daher von Gesetzes wegen nicht (**aM** Dahs NStZ **83**, 184; Thomas NStZ **82**, 489; Gillmeister NStZ **18**, 561, 563; Bott StraFo **18**, 410, 411). Es ist grundsätzlich Sache des Zeugen selbst, die Anwesenheit seines RA zu bewirken. Zumindest bei umfangreichen und schwierigen Zeugenvernehmungen werden die Strafverfolgungsbehörden aber im Interesse einer fairen Verfahrensgestaltung und zur Vermeidung unnötiger Kontroversen darauf achten müssen, dass der Zeuge Gelegenheit hat, einen RA beizuziehen und erst in dessen Begleitung zur Vernehmung erscheinen muss. Einer ausdrücklichen Zulassung bedarf der Beistand nicht (BGH NStZ **90**, 25 [M]).

4 **C. Befugnisse des Beistands:** I S 2 erörtert nur das Anwesenheitsrecht des Beistands. Aus dem Anwesenheitsrecht ergibt sich aber auch ein durch seinen Aufgabenbereich beschränktes Mitwirkungsrecht. Die Rechtsstellung des Beistands leitet sich aus der des Zeugen ab. Er hat keine eigenen Rechte als Verfahrensbeteiligter und nicht mehr Befugnisse als der Zeuge selbst (Hamburg NJW **02**, 1590); ein Akteneinsichtsrecht hat er nicht (auch nicht – wegen § 477 II S 1 – nach § 475, siehe Düsseldorf NJW **02**, 2806; KG StraFo **15**, 459, 460; **aM** KK-Slawik 8: begrenztes Akteneinsichtsrecht; erg 4 zu § 477). Er kann nicht verlangen, dass die Vernehmung auf Tonband aufgezeichnet wird und hat keinen Anspruch auf Abschrift des Vernehmungsprotokolls (KG aaO 460). Er kann jedoch unzulässige Fragen beanstanden. Insbesondere soll er die Wahrnehmung der Weigerungsrechte des Zeugen nach §§ 52 ff ermöglichen und bei Zeugen, die in ihrer Aussagefähigkeit oder -bereitschaft gehemmt sind, Aussagefehler und Missverständnisse verhindern (Dahs Puppe-FS 1545). Er hat allerdings keine selbstständigen Antragsrechte, sondern darf den Zeugen nur beraten, auch für ihn Anträge und Erklärungen anbringen (KG), auf die Protokollierung der Aussage und die Vermeidung von Aussagefehlern und Missverständnissen Einfluss nehmen (BVerfG StraFo **10**, 243, 244), den Inhalt der Zeugenvernehmung mitschreiben und die Notizen mitnehmen (Mehle/Linz NJW **14**, 1160), ihn aber nicht bei der Aussage vertreten (König Rieß-FS 254). Hinsichtlich des Inhalts des Beratungsgesprächs steht dem Zeugen ein Auskunftsverweigerungsrecht zu (Düsseldorf NStZ **91**, 504; LG Lübeck StV **93**, 516; erg 4 zu § 406g). Er kann Angaben zu allen Fragen verweigern, die Rückschlüsse auf den Beratungsgegenstand lassen. Dies gilt sowohl für Tatsachen, die der Zeuge dem Beistand übermittelt hat, als auch für solche, die er von seinem Beistand erfahren hat (Gillmeister NStZ **18**, 561, 565; vgl auch Bott StraFo **18**, 410, 413). Der Zeuge muss sich auf das Weigerungsrecht ausdrücklich berufen und die zugrunde liegenden Tatsachen auf Verlangen des Gerichts entsprechend § 56 glaubhaft machen. Eine Verhinderung des Beistands gibt dem Zeugen auch nach der Neufassung des § 68b nicht das Recht, dem Termin fernzubleiben (vgl BGH NStZ **89**, 484 mit abl Anm Krehl NStZ **90**, 192; abl auch Wessing/Ahlbrecht 28 f; Adler StraFo **02**, 156; vgl aber oben 3 und LG Zweibrücken NJW **99**, 3792: Möglichkeit der Rücksprache geben) oder die Aussage zu verweigern (KG 4 Ws 189/98 vom 16.9.1998). Der Beistand kann mehrere Zeugen gleichzeitig vertreten (BGH 5 StR 47/90 vom 6.3.1990; Dahs aaO; Thomas Koch-FG 285; vgl aber unten 7).

Der RA, der kein Verfahrensbeteiligter ist und daher nicht in Robe auftritt 5
(**aM** Wagner DRiZ **83**, 21), ist über § 475 hinaus nicht zur Akteneinsicht befugt
(BGH StraFo **10**, 253; KG StV **10**, 298 mit abl Anm Koch; erg 1 zu § 475, 4 zu
§ 477; **aM** Meyer-Lohkamp/Block StraFo **11**, 86; Schmidt Müller-FS 660; nach
Klengel/Müller NJW **11**, 24 jedenfalls bei einem Zeugen, für den die Gefahr einer
Selbstbelastung nach § 55 besteht; vgl auch Bott StraFo **18**, 410, 412; Gillmeister
NStZ **18**, 561, 564), auch nicht zu einer „informationellen Vorbereitung" der
Zeugenaussage durch Beschaffung von Aktenbestandteilen (Dahs NStZ **11**, 200),
nach der Rspr des BVerfG auch nicht zur Anwesenheit vor oder nach der Vernehmung berechtigt (BVerfG **38**, 105; R/H-Otte § 48 Rn 13; zw, **aM** Gillmeister
NStZ **18**, 561, 564; Wessing/Ahlbrecht 40ff; LR-Ignor/Bertheau 22; Klengel/Müller aaO; auch OVG Berlin StraFo **01**,375). Von dem Vernehmungstermin
wird er nicht benachrichtigt, wie auch der Umkehrschluss aus § 397 II S 3 ergibt.

Die Staatskasse zahlt dem Beistand keine Gebühren (Düsseldorf Rpfleger **93**, 6
37; **aM** Bremen StV **83**, 513; vgl auch LG Hannover NStZ **82**, 433 L; LG Verden
aaO) und erstattet sie auch dem Zeugen nicht nach § 19 I S 1 Nr 3 iVm § 7 JVEG
(BVerfG aaO; Düsseldorf JMBlNW **80**, 35), es sei denn, die Heranziehung des
Beistandes war nicht ausschließlich im eigenen Interesse des Zeugen erfolgt (Düsseldorf NStZ **97**, 501). Der Beistand hat aber nach Vorb 4 I VVRVG gegen den
Zeugen einen Gebührenanspruch wie der Verteidiger oder jeder andere anwaltliche Vertreter auch (Köln StrFo **08**, 350; Schleswig NStZ-RR **07**, 126; Burhoff
StraFo **04**, 186; str). Ob eine Kostenübernahme zulässig ist, wenn ein ausländischer
Zeuge sein Erscheinen zur kommissarischen Vernehmung in seinem Heimatland
von der Begleitung durch einen RA abhängig macht, erscheint zweifelhaft (Opitz
StV **84**, 311 hält das für zulässig; BVerfG aaO sieht in der Zusage mit Recht keinen Verstoß gegen § 136a I). Eine Beschwerde des Zeugen gegen die Versagung
von Prozesskostenhilfe ist entspr §§ 404 V S 3, 406 III S 1 unzulässig (Koblenz
aaO; Schleswig SchlHA **97**, 172 [L/S]).

D. **Ausschluss des Beistandes:** I S 3 bestimmt, wann ein Beistand von der 7
Vernehmung ausgeschlossen werden kann; I S 4 bringt dafür – nicht abschließend,
aber die Regelfälle betreffend – Beispiele. Bestimmte Tatsachen für die Gefahr
einer nicht unwesentlichen Beeinträchtigung müssen vorliegen, vage Verdachtsmomente genügen nicht; im Gegensatz zu § 138a I ist aber kein dringender Verdacht erforderlich (AG Berlin-Tiergarten wistra **11**, 155; **aM** Matt/Dierlamm/
Schmidt StV **09**, 717; Park Dencker-FS 239; dort jeweils auch krit zu den einzelnen Ausschlussgründen). Die Entscheidung liegt im pflichtgemäßen Ermessen des
Richters, wobei eine Abwägung zwischen dem Anspruch des Zeugen auf seinen
gewählten Beistand und dem öffentl Interesse an der Effizienz des Strafprozesses
vorzunehmen ist (vgl BVerfGE **38**, 105, 118; eingehend BVerfG StraFo **10**, 243;
Klengel/Müller NJW **11**, 25). Für I S 4 Nr 1 kann ein strafbarer Versuch ausreichen (Klengel/Müller aaO). Ein Fall des I S 4 Nr 2 ist gegeben, wenn der Beistand
– oder sein Sozius (so AG Rudolstadt StraFo **12**, 181 mit abl Anm Fromm) – auch
einen in betreffenden Verfahren Beschuldigten, uU auch dann, wenn er mehrere
Zeugen vertritt (BR-Drucks 178/09 S 25), ebenso uU bei der Mehrfachvertretung
von „Behördenzeugen" (LG Hanau StV **16**, 153 mit Anm Ahlbrecht StV 17, 169).
I S 3, 4 geht als speziellere Regelung § 164 und § 177 GVG vor. Zu den formellen
Voraussetzungen des Ausschlusses vgl § 163 III (dort 46b, 51).

2) Beigeordneter Zeugenbeistand (II): 8

A. **Die Beiordnung eines Beistands** für einen schutzbedürftigen Zeugen, der 9
keinen anwaltlichen Beistand hat, auf das Kostenrisiko des Staates wird in Ausnahmefällen von II erlaubt. Die Bestellung ist eine besondere Form der Indienstnahme
Privater zu öffentlichen Zwecken (BVerfG 1 BvR 1955/17 vom 22.7.2019). Die
Regelung ist nicht auf minderjährige Zeugen beschränkt, sondern umfasst vom
Schutzzweck her auch die „ungeschickten, ängstlichen oder aus anderen Gründen
in ihrer Aussagefähigkeit und -bereitschaft behinderten und gehemmten Zeugen"
(BVerfGE **38**, 105, 117) sowie die – insbesondere wegen zu befürchtender Repres-

§ 68b

salien – gefährdeten Zeugen. Anwendbar ist die Vorschrift bei richterlichen Vernehmungen in und außerhalb einer Hauptverhandlung, ebenso bei staatsanwaltschaftlichen (§ 161a I S 2) und polizeilichen (§ 163 III S 1) Vernehmungen.

10 B. **Voraussetzung** für die Bestellung eines Zeugenbeistands ist, dass der Zeuge seine Befugnisse bei der Vernehmung nicht selbst wahrnehmen kann, etwa seine Rechte aus §§ 52 ff, 55, 68a, 69 I, 238 II, 241 II, 242, aber auch etwa auf Entfernung des Angeklagten nach § 247 S 1, 2, falls ein entsprechender Antrag zurückgewiesen wird (vgl Gillmeister NStZ **18**, 561, 563), §§ 171b I, II, 172 Nr 1a bis 4, 174 I S 1 GVG. Dies wird regelmäßig bei kindlichen und jugendlichen Opferzeugen oder dann nahe liegen, wenn sich der Zeuge einer tatsächlich und rechtlich schwierigen Situation gegenübersieht und daher die Gefahr besteht, dass er seine prozessualen Rechte bei der Vernehmung nicht sachgerecht ausüben kann. Im Einzelfall kann allerdings die Anwesenheit einer Vertrauensperson (§ 406f II) Defizite des Zeugen ausgleichen. Die im Gesetz vorausgesetzte Beeinträchtigung des Zeugen muss ersichtlich, dh ohne weitere Beweiserhebung objektiv erkennbar sein. Im Gegensatz zur früheren Regelung (vor dem 2. OpferRRG) bedarf es der Zustimmung der StA nicht mehr; es wird auch nicht nach den Gegenstand der Vernehmung betreffenden Straftatbeständen unterschieden.

11 Die Bestellung eines Zeugenbeistands ist in zweifacher Weise **subsidiär.** Sie ist ausgeschlossen, wenn der Zeuge bereits einen anwaltl Beistand hat, etwa nach §§ 397 II S 2 iVm 378, 397a, 406f I oder 406g; das Gleiche gilt für einen von ihm zugezogenen Rechtsbeistand (oben 1 ff). Ferner ist vor der Bestellung eines Beistands zu prüfen, ob ersichtlich ist, dass den schutzwürdigen Interessen des Zeugen auf andere Weise Rechnung getragen werden kann. Hier ist insbes an Hinweise oder Belehrungen durch den Vernehmenden nach Maßnahmen nach §§ 168c III, V, 168e, 224 I S 2, 247, 247a sowie nach §§ 171b ff GVG zu denken. Nicht zu prüfen ist, ob dem Zeugen auf Grund seiner finanziellen Situation (ersichtlich) zumutbar ist, selbst einen Beistand zu bestellen (LR-Ignor/Bertheau 11; **aM** Seitz JR **98**, 310). Dies verbietet nicht nur das Interesse an Verfahrensbeschleunigung, sondern auch die Schutzrichtung der Bestimmung, insbes im Hinblick auf kindliche Opferzeugen sowie eingeschüchterte und gefährdete Zeugen, ferner das gemäß § 244 II von Amts wegen zu beachtende Interesse, den Aufklärungsbeitrag gerade der zuletzt genannten Auskunftspersonen zu fördern (BT-Drucks 13/7165 S 8). Schließlich würde die Prüfung der (ersichtlichen) finanziellen Leistungsfähigkeit der abgestuften Regelung in §§ 397a, 406g und § 68b widersprechen.

12 C. **Nach pflichtgemäßem Ermessen** kann dem Zeugen bei Vorliegen der genannten Voraussetzungen ein RA beigeordnet werden. Ein Antrag des Zeugen ist insoweit nicht erforderlich; stellt er jedoch auch auf Nachfrage (prozessuale Fürsorgepflicht) keinen Antrag, wird ihm ein Beistand nur zu bestellen sein, wenn ihn das ihm vorliegende Defizit (oben 9) schon an einer Antragstellung hindert (Seitz JR **98**, 311; krit Weigend, Gutachten zum 62. DJT, C 125 Fn 423). Die Beiordnung beschränkt sich auf die Dauer der Vernehmung, dh auf alle Vorgänge, die mit ihr in enger Verbindung stehen oder sich aus ihr entwickeln (Griesbaum NStZ **98**, 439). Sie umfasst ein vorheriges Beratungsgespräch mit dem Zeugen (LG Dortmund NStZ **07**, 240; Gillmeister NStZ **18**, 561, 562) und endet grundsätzlich mit seiner Entlassung; sie erstreckt sich also nicht auf die Einlegung einer Beschwerde gegen die Anordnung der Beugehaft (KG NStZ-RR **09**, 327). Bei einer wiederholten, nicht nur unterbrochenen Vernehmung bedarf es einer erneuten Entscheidung. Eine Beiordnung nur unter der Bedingung, dass der Zeuge sein Recht auf Auskunftsverweigerung nicht wahrnimmt, ist rechtsfehlerhaft (BGH NStZ-RR **16**, 174).

13 D. **Zuständig** für die Beiordnung ist das mit der Vernehmung befasste Gericht, bei staatsanwaltschaftlicher oder polizeilicher Vernehmung die StA (§§ 161a I S 2, 163 III S 2). Für die Auswahl gilt § 142 V S 1 und 3 entspr (II S 2; 37 ff zu § 142). Eine rückwirkende Bestellung (nach Durchführung der Vernehmung) ist ausgeschlossen (KG NStZ-RR **08**, 248).

3) **Unanfechtbar** ist die **gerichtliche Entscheidung** über den Ausschluss eines gewählten Beistands nach I S 3 (krit Burhoff StRR **09**, 367; Matt/Dierlamm/ Schmidt StV **09**, 718; Park Dencker-FS 244), ebenfalls sind alle gerichtlichen Entscheidungen im Zusammenhang mit der Beiordnung nach II S 1 (also Anordnung und Ablehnung) unanfechtbar (so schon früher die hM, vgl KG NStZ-RR **08**, 48; Bremen NStZ **08**, 648; Celle NStZ-RR **00**, 336; Hamm NStZ **00**, 220; Hamburg NStZ-RR **00**, 335). Die Entscheidung ist daher – soweit Revisibilität nach § 336 S 1 überhaupt in Betracht kommt – gemäß § 336 S 2 insgesamt revisionsgerichtlicher Kontrolle entzogen (erg 3 zu § 336 und LR-Franke 6, 7 zu § 336 zu – hier möglichen – Entscheidungen vor Erlass des Eröffnungsbeschlusses). 14

Hat **die StA** oder die Polizei die Entscheidungen getroffen, so kann der Zeuge dagegen gemäß § 161a I S 2, III S 1, 2 (iVm § 163 III S 3) Antrag auf gerichtliche Entscheidung stellen, über die das nach § 162 zuständige Gericht entscheidet. Dessen Entscheidung ist wiederum unanfechtbar. 15

Nach III S 2 sind die Entscheidungen nach I S 3 und II S 1 **aktenkundig** zu machen, wobei nicht nur die Entscheidung als solche, sondern auch ihre Gründe festzuhalten sind (III S 2); nur wenn dies den Untersuchungszweck gefährden könnte, was insbesondere bei den Ausschlussgründen nach I S 4 Nr 1 und 3 der Fall sein kann, ist davon abzusehen. 16

Vernehmung zur Sache

69 $^{I\ 1}$Der Zeuge ist zu veranlassen, das, was ihm von dem Gegenstand seiner Vernehmung bekannt ist, im Zusammenhang anzugeben. ^{2}Vor seiner Vernehmung ist dem Zeugen der Gegenstand der Untersuchung und die Person des Beschuldigten, sofern ein solcher vorhanden ist, zu bezeichnen.

$^{II\ 1}$Zur Aufklärung und zur Vervollständigung der Aussage sowie zur Erforschung des Grundes, auf dem das Wissen des Zeugen beruht, sind nötigenfalls weitere Fragen zu stellen. ^{2}Zeugen, die durch die Straftat verletzt sind, ist insbesondere Gelegenheit zu geben, sich zu den Auswirkungen, die die Tat auf sie hatte, zu äußern.

^{III}Die Vorschrift des § 136a gilt für die Vernehmung des Zeugen entsprechend.

1) Für alle **richterlichen Vernehmungen** von Zeugen in und außerhalb der Hauptverhandlung, auch durch den beauftragten und ersuchten Richter (BGH NJW **53**, 231; RG **74**, 35), gilt § 69, nicht aber für konsularische und ausländische Vernehmungen (BGH MDR **71**, 897 [D]; **81**, 632 [H]). Die entspr Anwendung der Vorschrift auf Vernehmungen durch die StA bestimmt § 161a I S 2. Ihre Grundregeln sind gemäß § 163 III S 1 auch bei polizeilichen Vernehmungen zu beachten; denn sie bezeichnen die zweckmäßigste Art der Vernehmung von Zeugen (Schünemann Meyer-Goßner-FS 389). 1

2) Mit der **Unterrichtung über den Untersuchungsgegenstand** und die Person des Beschuldigten (I S 2) beginnt die Vernehmung. Sie kann entfallen, wenn der Zeuge bereits im Bilde ist (LR-Ignor/Bertheau 3). 2

3) Die **Vernehmung zur Sache** besteht aus der Entgegennahme von Erklärungen des Zeugen, und zwar zunächst in Berichtsform, danach auf weitere Befragung. Diese Teilung in Bericht und Verhör ist zwingend (BGH **3**, 281). 3

A. **Mündlich** ist der Zeuge zu vernehmen (Ausnahme: § 186 GVG; dort 1). Unzulässig ist die bloße Entgegennahme oder Verlesung schriftlicher Erklärungen (RG **37**, 330), die mündliche Bezugnahme auf eigene oder von anderen hergestellte schriftliche Äußerungen (RG **65**, 273) oder die Bestätigung der Richtigkeit eines Polizeiberichts (Hamburg HESt **1**, 57). Bei wiederholter Vernehmung darf dem Zeugen nicht lediglich die Niederschrift über die frühere Aussage vorgelesen 4

§ 69

und seine Erklärung entgegengenommen werden, dass sie richtig ist (BGH NJW **53**, 35; BGH StV **81**, 269; RG **74**, 35; erg unten 11). Die Einholung schriftlicher Erklärungen des Zeugen zu Beweisfragen ist aber im Vorverfahren und im Freibeweis (7, 9 zu § 244) nicht ausgeschlossen (vgl RiStBV 67).

5   B. Zum **Bericht (I S 1)** ist der Zeuge zu veranlassen, auch bei wiederholter Vernehmung (RG **62**, 147). Er hat einen Anspruch darauf, seine Aussage unbeeinflusst von Fragen und Vorhalten im Zusammenhang zu machen (BVerfGE **38**, 105, 117 = NJW **75**, 103, 104; RG **74**, 35; Rostek StraFo **11**, 386). Es muss auch erkennbar sein, was er aus lebendiger Erinnerung weiß und was er erst nach Nachhilfe durch das Gericht bekundet (BGH **3**, 281, 284). Wenn ihm eine zusammenhängende Aussage wegen Befangenheit, mangelnder Intelligenz oder Altersschwäche unmöglich ist, genügt aber der Versuch, den Zeugen zu einem solchen Bericht zu veranlassen (BGH MDR **66**, 25 [D]; LR-Ignor/Bertheau 7). Auch sonst darf der Zeuge durch Vorhalte und lenkende Hinweise in seinem Bericht unterbrochen werden (BGH aaO). Weitschweifigkeiten, Nebensächlichkeiten und offenbare Unwahrheiten muss der Richter nicht ohne Widerspruch hinnehmen (SK-Rogall 17; zw LR-Ignor/Bertheau 7; **aM** Prüfer DRiZ **75**, 334). In Punktesachen kann der Zeuge abschnittsweise vernommen werden (BGH aaO).

6   C. Durch das **Verhör (II)** wird der Bericht vervollständigt und überprüft. Durch Fragen werden Unklarheiten und Widersprüche behoben, Lücken in der Aussage geschlossen und geklärt, was der Zeuge auf Grund eigener Wahrnehmung weiß, was ihm andere erzählt haben und was nur Schlussfolgerungen sind (vgl dazu Kassebohm NJW **09**, 200). S 2 schreibt nunmehr ausdrücklich vor, dass ein durch die Straftat verletzter Zeuge sich zu den Auswirkungen der Tat auf ihn äußern soll (was im Hinblick auf § 244 II und § 46 II StGB an sich eine Selbstverständlichkeit ist).

7   Für die Prüfung der Glaubwürdigkeit und die Auffrischung des Gedächtnisses des Zeugen sind **Vorhalte** von wesentlicher Bedeutung. Vorgehalten werden können Beweisgegenstände, frühere eigene Aussagen und Angaben anderer Auskunftspersonen, sonstige Beweisergebnisse, eigenes Wissen des Vernehmenden und offenkundige Tatsachen. Wegen der Vorhalte aus Urkunden vgl 28 zu § 249. Erg 10 zu § 253.

8   D. **Vernehmungshilfen:** Ihre Verwendung ist zulässig, uU sogar geboten. Der Zeuge ist berechtigt und verpflichtet, sich bei der Vernehmung schriftlicher Unterlagen zu bedienen, um seine Erinnerung aufzufrischen (BGH **1**, 5, 8), soweit ihm dies zumutbar ist (eingehend dazu Krehl NStZ **91**, 417). Zeugen, die über in amtlicher Eigenschaft gemachte Wahrnehmungen aussagen sollen, insbesondere Richter, Staatsanwälte, Polizeibeamte, haben darüber hinaus eine Vorbereitungspflicht (Sch/Sch-Lenckner 3 zu § 163 StGB mwN). Erinnern sie sich nicht an die Einzelheiten des Falles, so müssen sie die ihnen bei ihrer Behörde zugänglichen Akten einsehen, um sich die Einzelheiten ins Gedächtnis zurückzurufen (BGH aaO; AG Frankfurt StV **14**, 728; Grohmann/Schulz DAR **80**, 78; Krause Polizei **81**, 119; Kube/Leineweber 27; **aM** Nöldeke NJW **79**, 1644; Krehl aaO). Das Gericht muss den Zeugen bei dem Bemühen um wahrheitsgemäße Aussagen unterstützen (RG **35**, 5, 7). Unterlagen in den Akten, auch Protokolle über frühere Vernehmungen, müssen ihm vorgehalten (Geerds Blau-FS 77 ff), vorgelesen oder zur Einsicht vorgelegt werden (BGH aaO; Nöldeke aaO). Werden Vernehmungsbeamte als Zeugen vernommen, so dürfen sie auch Einsicht in die von ihnen aufgenommenen Protokolle (BGH **3**, 281, 283; **14**, 339, 340; NStZ **12**, 521; Hanack Schmidt-Leichner-FS 93) und die eigenen dienstlichen Erklärungen nehmen (einschr Schünemann DRiZ **79**, 106: nur Vorhalte).

9   Die Verwendung von **Lichtbildern, Skizzen und Zeichnungen** als Vernehmungshilfen ist zulässig (BGH **18**, 51, 53), und zwar sowohl im Wege des Vorhalts als auch durch Besichtigung. Die Augenscheinsgegenstände werden dabei nicht als Beweismittel benutzt (7 zu § 86). Tonbänder dürfen abgespielt werden (BGH **14**, 339).

E. **Unzulässige Vernehmungsmethoden (III)** sind verboten. Einzelheiten regelt § 136a.

4) Protokoll: In das nach § 168a I herzustellende Protokoll muss zunächst die eigene zusammenhängende Darstellung des Zeugen aufgenommen werden. Mindestens muss vermerkt werden, dass ihm zu einer solchen Darstellung Gelegenheit gegeben worden ist. Sagt der Zeuge das Gleiche aus wie bei einer früheren Vernehmung, so dürfen ihm alsdann die früheren Protokolle vorgelesen und in der Niederschrift darf auf sie Bezug genommen werden (BGH NJW **53**, 35; RG **74**, 35).

5) Revision: Eine unzweckmäßige Gestaltung der Vernehmung kann nicht gerügt werden (BGH MDR **66**, 25 [D]; Bay DAR **89**, 368 [B]).

I S 1 ist zwingendes, unverzichtbares Recht (SK-Rogall 43); seine Verletzung kann die Revision begründen (BGH NJW **53**, 35; 231; StV **81**, 269). Ist sie im Vorverfahren eingetreten und die Niederschrift nach § 251 verlesen worden, so kommt es nur darauf an, ob das Urteil auf dem Fehler beruht (BGH aaO; MDR **81**, 632 [H]). Bei einem Verstoß gegen I S 1 in der Hauptverhandlung ist die Revision aber nur begründet, wenn zugleich gegen § 244 II verstoßen worden ist (BGH MDR **51**, 658 [D]; Düsseldorf NStZ **97**, 122; LR-Ignor/Bertheau 16; **aM** AK-Lemke 9; KK-Slawik 8).

I S 2 ist eine nicht revisible Ordnungsvorschrift (BGH 1 StR 293/78 vom 26.9.1978; KK-Slawik 9; **aM** LR-Ignor/Bertheau 17; SK-Rogall 44; Roxin/Schünemann § 26, 61).

Das Unterlassen der Befragung nach **II** kann die Revision schon deshalb nicht begründen, weil es idR nicht nachweisbar ist.

Wegen **III** vgl die Erläuterungen zu § 136a.

Folgen unberechtigter Zeugnis- oder Eidesverweigerung

70 I ¹ Wird das Zeugnis oder die Eidesleistung ohne gesetzlichen Grund verweigert, so werden dem Zeugen die durch die Weigerung verursachten Kosten auferlegt. ² Zugleich wird gegen ihn ein Ordnungsgeld und für den Fall, daß dieses nicht beigetrieben werden kann, Ordnungshaft festgesetzt.

II Auch kann zur Erzwingung des Zeugnisses die Haft angeordnet werden, jedoch nicht über die Zeit der Beendigung des Verfahrens in dem Rechtszug, auch nicht über die Zeit von sechs Monaten hinaus.

III Die Befugnis zu diesen Maßregeln steht auch dem Richter im Vorverfahren sowie dem beauftragten und ersuchten Richter zu.

IV Sind die Maßregeln erschöpft, so können sie in demselben oder in einem anderen Verfahren, das dieselbe Tat zum Gegenstand hat, nicht wiederholt werden.

1) Allgemeines: Für alle richterlichen Vernehmungen, auch im Vorverfahren, gilt die Vorschrift. Bei Vernehmungen der StA ist sie nur teilw anwendbar (§ 161a II). Sie ergänzt § 51. Jedoch hängt ihre Anwendung nicht davon ab, dass zuvor Maßregeln nach § 51 getroffen worden sind. Auch eine Anrechnung der Ordnungsmittel nach dieser Vorschrift auf das Ordnungsgeld nach § 70 findet nicht statt. Die Vorschrift gilt auch gegenüber ausländischen Zeugen (Staudinger Stra-Fo **12**, 12 gegen Stuttgart ebenda; erg 31 zu § 51). Sie betrifft nicht die Angaben zur Person nach § 68 I S 1 (KG JR **77**, 295; Hamburg NStZ **02**, 386 mwN; **aM** Düsseldorf OLGSt Nr 1; LG Stuttgart Justiz **89**, 203); insoweit gilt § 111 OWiG (Göhler 10 zu § 59). Zur Berücksichtigung der Weigerung des Zeugen bei der Beweiswürdigung vgl 19 zu § 261.

2) Voraussetzungen der Maßnahmen:

A. **Schuldfähigkeit des Zeugen.** Gegen Kinder dürfen Ordnungsmittel nach I S 1 und Beugehaft nach II nicht angeordnet werden (vgl 15 zu § 51). Grundlose

§ 70

Aussageverweigerung des Kindes darf auch nicht zum Anlass von Maßnahmen gegen die Eltern genommen werden (LR-Ignor/Bertheau 8).

4 Ein **Rechtsirrtum des Zeugen** berührt nicht die Schuld (LR-Ignor/Bertheau 8; **aM** wohl BGH **28**, 240, 259), sondern ist nach den Grundsätzen des Verbotsirrtums (§ 17 StGB) zu behandeln; nach dem gerichtlichen Hinweis auf die Grundlosigkeit der Weigerung (unten 17) ist er vermeidbar (LR-Ignor/Bertheau 8).

5 B. **Zeugnisverweigerung ohne gesetzlichen Grund:** § 70 dient nicht der Erzwingung wahrheitsgemäßer Aussagen, sondern der Erfüllung der Zeugnis- und Eidespflicht als solcher (BGHR Zeugnispflicht 1). Die Aussage ist aber auch verweigert, wenn der Zeuge nur einzelne Fragen nicht beantwortet (BGH **9**, 362; NStZ **12**, 523; Celle NJW **58**, 72) und wenn er fehlende Erinnerung vortäuscht (BGH **9**, 362, 364; LR-Ignor/Bertheau 3, 5; **aM** Welp, Zwangsbefugnisse für die Staatsanwaltschaft, 1976, 32), nicht aber, wenn seine Aussage offenbar unwahr oder lückenhaft ist (BGH aaO; RG **73**, 31; Koblenz VRS **49**, 188; Peters 348).

6 **Ohne gesetzlichen Grund** verweigert der Zeuge die Aussage, wenn ihm kein Weigerungsrecht nach §§ 52 ff zusteht. Morddrohungen und andere Gefahren für Leib und Leben des Zeugen oder anderer Personen (Geiseln) können ein Weigerungsrecht nach § 34 StGB begründen (LR-Ignor/Bertheau 7; vgl BGH NStZ **84**, 31; Klein StV **06**, 340). Auch ein Verstoß gegen § 169 S 2 GVG und durch § 168a II S 1 nicht gedeckte Tonbandaufnahmen von der Aussage berechtigen den Zeugen zum Schweigen (SK-Rogall 13). BVerfGE **64**, 108 sieht auch im Bestehen eines nach § 53 Nr 5 nicht berechtigten, sich aber aus Art 5 I GG ergebenden Zeugnisverweigerungsrechts einen gesetzlichen Grund (erg 27 zu § 53).

7 C. **Verweigerung der Eidesleistung** oder der Bekräftigung nach § 65 ohne gesetzlichen Grund liegt vor, wenn die Vereidigung weder verboten ist (§ 60) noch ein Weigerungsrecht (§ 61) besteht. Auch die Weigerung, die Eidesleistung bei einer erneuten Aussage zu wiederholen oder die Versicherung nach § 67 abzugeben, geschieht dann ohne gesetzlichen Grund.

8 3) Die **Auferlegung der Kosten (I S 1)** ist für jeden einzelnen Fall zwingend vorgeschrieben; dem Gericht steht insoweit kein Ermessen zu. Das Wiederholungsverbot (IV) bezieht sich nicht auf die Kosten (KK-Slawik 12; LR-Ignor/Bertheau 9). Für die Entscheidung nach § 467 I hat § 70 keine Bedeutung (2 zu § 467). Sind die Kosten dem Zeugen nicht auferlegt worden, so werden sie nach § 21 GKG auch von dem Angeklagten nicht erhoben.

9 4) **Zulässige Maßnahmen:**

10 A. **Ordnungsgeld (I S 2)** von 5–1000 € (Art 6 I EGStGB) muss der Richter festsetzen, wenn die Voraussetzungen des I vorliegen (LG Mainz NJW **88**, 1744). Die nachträgliche Erfüllung der Zeugenpflichten ist ohne Bedeutung und führt nicht zur Aufhebung. Für die Bemessung sind die Bedeutung der Straftat, der Grund des Ungehorsams und die wirtschaftlichen Verhältnisse des Zeugen maßgebend (LG Hamburg NStZ **08**, 588, 589; LG Mainz aaO). Zahlungserleichterungen lässt Art 7 EGStGB zu.

11 B. **Ordnungshaft (I S 2)** von 1–42 Tagen (Art 6 II S 1 EGStGB) darf nur für den Fall verhängt werden, dass das Ordnungsgeld nicht beigetrieben werden kann. Es muss aber sofort ersatzweise festgesetzt werden, auch wenn zugleich Beugehaft nach II angeordnet wird (LR-Ignor/Bertheau 13). Wegen der nachträglichen Festsetzung vgl Art 8 I EGStGB.

12 C. **Beugehaft (II)** darf entgegen dem Gesetzeswortlaut auch bei Eidesverweigerung angeordnet werden (Eisenberg BR 1182), immer aber nur – wie sich aus I S 2 ergibt (oben 10) – gleichzeitig mit oder nach der Festsetzung von Ordnungsgeld (BVerfG NJW **88**, 897, 900 mwN; Nehm Odersky-FS 443; **aM** AG Bonn JR **94**, 171; einschr Koblenz StV **96**, 474: sofortige Beugehaft, falls Ordnungsgeld ersichtlich wirkungslos wäre); dessen Vollstreckung braucht aber nicht abgewartet zu werden (vgl BVerfG aaO).

Die Anordnung der Beugehaft, die auch gegen den als Zeugen benannten Ver- 13 teidiger zulässig ist (Bamberg StV **84**, 499), steht im **Ermessen des Gerichts** (BGH NJW **66**, 211), das die Aufklärungspflicht nach § 244 II (BGH StV **83**, 495) und den Verhältnismäßigkeitsgrundsatz zu beachten hat (BGH **51**, 140, 143; vgl auch BGH StraFo **08**, 423, 424/425). Sie muss nach den Umständen des Falles unerlässlich sein (BGH NStZ **10**, 44) und darf zur Bedeutung der Strafsache und der Aussage oder ihrer Beeidigung nicht außer Verhältnis stehen (BGH StraFo **12**, 58); sie bedarf sorgfältiger Begründung (BVerfG NJW **00**, 3775; **07**, 1865, 1868). Von einer Prognose, ob der Zeuge durch die Haft überhaupt „gebeugt" werden kann, darf die Anordnung nicht abhängig gemacht werden (Nehm aaO 446 ff), jedoch ist zu berücksichtigen, ob sie für den Zeugen aufgrund einer Erkrankung unzumutbar ist (BGH aaO). Nach Ansicht des BVerfG muss auch die Bedeutung der Pressefreiheit berücksichtigt werden (BVerfGE **15**, 223).

Die **Dauer** der Beugehaft ist auf 6 Monate begrenzt; ihre Bemessung steht im 14 richterlichen Ermessen, wobei die Bedeutung der Aussage für den Ausgang des Verfahrens zu berücksichtigen ist (BVerfG NJW **06**, 40, 41; BGH NStZ-RR **05**, 316). Der Angeklagte hat keinen Anspruch auf Ausschöpfung bis zur höchstzulässigen Dauer (BGH DAR **70**, 124 [M]). Es empfiehlt sich, bei der Anordnung mit dem Wortlaut von II die Höchstdauer festzusetzen (KK-Slawik 7; **aM** SK-Rogall 27; Nehm aaO 444 mwN). Die Beugehaft ist erst mit Ablauf der 6-monatigen Höchstdauer erschöpft (Nürnberg NStZ **13**, 614).

Aufzuheben ist die Haft, wenn sich die Weigerung nachträglich als berechtigt 15 erweist, ein Weigerungsrecht nachträglich entsteht (Verlöbnis, Heirat), der Zeuge nachträglich seiner Aussage- oder Eidespflicht nachkommt (wobei idR bereits die ernstliche Erklärung, nunmehr aussagen zu wollen, zur Beendigung der Beugehaft führen muss, vgl Sommermeyer NStZ **92**, 222; zw Nehm aaO 445; **aM** SK-Rogall 29), das Zeugnis für die Sachentscheidung nicht mehr erforderlich ist (Auffinden anderer Beweismittel), die Vereidigung des Zeugen nachträglich unzulässig wird (zB nach § 60 Nr 2), die Dauer der Beugehaft unverhältnismäßig wird oder ihre Höchstdauer erschöpft ist oder wenn das Verfahren in dem Rechtszug auf irgendeine Weise (vgl KK-Slawik 9) beendet ist.

D. Die **Wiederholung der Maßregeln (IV)** ist unzulässig, wenn sie erschöpft 16 sind. Ordnungsgeld darf immer nur einmal festgesetzt werden, auch wenn die 1. Anordnung von der StA stammt, auch wenn der zulässige Höchstbetrag unterschritten war (Köln NStZ-RR **07**, 242 mwN). Beugehaft darf dagegen mehrmals, insgesamt aber nicht für länger als 6 Monate angeordnet werden (Nürnberg NStZ **13**, 614; Köln aaO). Das Wiederholungsverbot bezieht sich auf dasselbe und jedes andere Verfahren, das dieselbe Tat iS des § 264 zum Gegenstand hat, gleichgültig, gegen wen es sich richtet (Nürnberg aaO; KK-Slawik 14; LR-Ignor/Bertheau 22).

5) **Anordnungsverfahren.** Die Entscheidung ergeht erst, nachdem der Zeuge 17 auf die Grundlosigkeit der Weigerung und deren Folgen hingewiesen worden ist (BGH **28**, 240, 259; Düsseldorf NStZ-RR **96**, 169). Das Gericht (22 zu § 51) trifft sie durch Beschluss, in der Hauptverhandlung auf Antrag oder nach Anhörung der StA und der sonstigen Beteiligten (§ 33 I), im Fall des III bei Abwesenheit der StA ohne deren Anhörung (vgl 24 zu § 51). Der ersuchte Richter ist ohne besondere Weisung des ersuchenden Gerichts zur Anordnung nicht verpflichtet (LR-Ignor/Bertheau 25). Entscheidet er selbst, so ist das nur vorläufig (Karlsruhe Justiz **79**, 68); er muss das ersuchende Gericht benachrichtigen, und das entscheidet endgültig. Bei Vernehmungen nach §§ 162, 169 wird er Beugehaft nur im Einvernehmen mit der StA anordnen (KK-Slawik 10). Nach Abschluss der Hauptverhandlung sind Anordnungen nach I oder II nicht mehr zulässig (Bamberg StV **84**, 499, 500).

Die **Abänderung** des Beschlusses kommt weder bei nachträglicher Erfüllung 18 der Zeugenpflicht noch bei nachträglicher Entschuldigung in Betracht (Nehm Odersky-FS 443; vgl aber Dahs NStZ **83**, 184: Einstellung entspr § 153 oder § 47

II OWiG). Nur wenn sich herausstellt, dass die Weigerung berechtigt war, hebt das Gericht den Beschluss von Amts wegen auf (Kurth NStZ **83**, 328).

19   6) Die **Vollstreckung** der Ordnungsmittel obliegt nach § 36 II S 1 der StA (Wendisch JR **78**, 447). Nach § 31 III **RPflG** ist der Rechtspfleger zuständig. Bei unbilliger Härte kann die Vollstreckung der Ersatzordnungshaft unterbleiben (Art 8 II **EGStGB**). Die Vollstreckung der Beugehaft ist Sache des Gerichts (14 zu § 36). Ersatzhaft ist vor der Beugehaft (dazu BVerfG NJW **00**, 273) zu vollstrecken. Wegen der Einzelheiten vgl § 88 StrVollstrO, wegen des Vollzugs §§ 171 ff StVollzG. Die Kosten der Vollstreckung treffen den Zeugen.

20   7) **Beschwerde** nach § 304 I, II können die StA und der betroffene Zeuge einlegen, der Hauptberufsträger im Fall des § 53a (siehe dort 7), der Angeklagte nur, wenn dem Zeugen die Kosten nicht auferlegt worden sind (erg 28 zu § 51). Über Beschwerden gegen Beschlüsse des ersuchten Richters entscheidet das ersuchende Gericht, gleichgültig, ob er auf Weisung dieses Gerichts oder aus eigenem Ermessen gehandelt hat (Karlsruhe Justiz **79**, 68). Anordnungen der OLGe und der Ermittlungsrichter des BGH und des OLG sind nur beschränkt anfechtbar (13, 19 zu § 304), so im Falle der Erzwingungshaft, nicht aber bei der Verhängung von Ersatzordnungshaft (BGH StB 31/16 vom 13.10.2016). Für Beschwerden gegen Beschlüsse der erkennenden Gerichts gelten dieselben Einschränkungen wie bei Haftbeschwerden (vgl 21 zu § 114; BGH **51**, 140, 144; Koblenz JBlRP **08**, 295, 296). Weitere Beschwerde (5 zu § 310) ist bei Anordnung von Beugehaft zulässig (KG StraFo **08**, 199 mwN; Frankfurt NStZ-RR **00**, 26; Hamburg NStZ **10**, 716).

21   8) **Revision:** Der Angeklagte wird von der Verhängung von Ordnungsmitteln und Beugehaft nicht betroffen und kann daher weder deren Anordnung noch ihr Unterlassen mit der Revision rügen (BGH NJW **66**, 211; DAR **70**, 124 [M]). Nur mit der Aufklärungsrüge kann geltend gemacht werden, dass das Gericht die Möglichkeiten des § 70 nicht ausgeschöpft hat (BGH NStZ **99**, 46, 47; **12**, 523). Sind gegen den Zeugen Maßnahmen nach § 70 angewendet worden, obwohl die Weigerung berechtigt war, und sagt er darauf aus, kann die Revision auf Verletzung der §§ 69 III, 136a gestützt werden (Koblenz OLGSt S 2), von der StA auch, wenn die Aussage für den Angeklagten günstig war.

22   9) **Abgeordnete und Exterritoriale:** Ordnungshaft und Beugehaft dürfen gegen Abgeordnete festgesetzt, aber ohne Genehmigung des Parlaments nicht vollstreckt werden (vgl Anl 6 Abschn A Nr 14 Buchst c, d BT-GeschO). Gegen von der deutschen Gerichtsbarkeit befreite Zeugen ist § 70 nicht anwendbar (3 zu § 18 GVG). Vgl auch 31 zu § 51.

Zeugenentschädigung

71 Der Zeuge wird nach dem Justizvergütungs- und -entschädigungsgesetz entschädigt.

1   1) **Vom Gericht oder der StA geladene Zeugen** werden nach dem JVEG aus der Staatskasse entschädigt. Bei polizeilicher Vernehmung wird die Entschädigung regelmäßig auf Grund landesrechtlicher Bestimmungen ebenfalls nach dem JVEG erfolgen (vgl § 11 V MEPolG). Für Vernehmungen durch die Finanzbehörde gilt § 405 **AO.** Vgl auch § 220.

2   2) **Entschädigung wird nach dem JVEG gewährt** als Fahrtkostenersatz (§ 5), für Aufwand (§ 6: Tage- und Übernachtungsgeld), für sonstige Aufwendungen (§ 7: zB notwendige Vertretungen und notwendige Begleitpersonen, Ablichtungen und Überlassung elektronisch gespeicherter Dateien), für Zeitversäumnis (§ 20), für Nachteile bei der Haushaltsführung (§ 21) sowie für Verdienstausfall (§ 22). Einzelheiten sind den Erläuterungen bei Hartmann (Teil V) zu entnehmen.

3) Vorschuss wird geladenen Zeugen auf – binnen 3 Monaten zu stellenden 3 (§ 2 I S 1 JVEG – Antrag nach § 3 JVEG gewährt, wenn sie mittellos sind oder ihnen die Verauslagung aus eigenen Mitteln nicht zugemutet werden kann. Bei richterlicher Ladung ist auch die Sorge für das Erscheinen richterliche Aufgabe, also auch die Gewährung des Vorschusses (vgl 4 vor § 212). Die Anfechtung richtet sich nach § 4 JVEG; erg 12 zu § 23 EGGVG.

Siebter Abschnitt. Sachverständige und Augenschein   RiStBV 69–72

Vorbemerkungen

1) Der **Sachverständige** ist neben dem Zeugen das zweite persönliche Be- 1 weismittel der StPO (Einl 49). Er wird vom Gericht bestellt oder auf Antrag eines Prozessbevollmächtigten vernommen, um über Tatsachen oder Erfahrungssätze Auskunft zu geben oder einen bestimmten Sachverhalt zu beurteilen. Begrifflich gehört zum Sachverständigen, dass er auf einem bestimmten Wissensgebiet eine, dem Richter idR fehlende, Sachkunde hat, die nicht unbedingt wissenschaftlich zu sein braucht; auch Kaufleute und Handwerker, die auf ihrem Fachgebiet sachkundig sind, können Sachverständige sein (Arbab-Zadeh NJW **70**, 1217).

2) Nur natürliche Personen können zu Sachverständigen bestellt werden. 2 Zwar können auch Gutachten von Behörden eingeholt werden (§§ 83 III, 91 I, 92 I S 2, 256 I Nr. 1a, II). Das gilt aber für private Organisationen nicht entspr (Jessnitzer/Ulrich 89). Daher können Meinungsforschungsinstitute, Technische Überwachungsvereine und andere Vereine und Gesellschaften des Privatrechts nicht Sachverständige sein.

3) Die **Aufgaben des Sachverständigen** sind unterschiedlicher Art. Immer 3 handelt es sich aber darum, dass er Sachkunde übermittelt oder anwendet oder beides tut (BGH NJW **51**, 771; Hamm NJW **54**, 1820). Dabei besteht die Sachkunde in der Beherrschung allgemeiner Erfahrungssätze.

A. In **bloßen Verrichtungen** kann die Tätigkeit des Sachverständigen bestehen 4 (LR-Krause 7; ANM 210), zB in der Vornahme körperlicher Eingriffe am oder im Körper des Beschuldigten oder Zeugen (Blutprobenentnahme nach §§ 81a I S 2, 81c II; Anfertigung von Röntgenaufnahmen).

B. **Tatsachenbekundungen** sind Gegenstand der Vernehmung des Sachver- 5 ständigen, wenn er nur dazu bestellt war, auf Grund seiner besonderen Sachkunde bestimmte Wahrnehmungen zu machen (LR-Krause 9), zB einen Augenschein einzunehmen, die Alkoholkonzentration einer Blutprobe festzustellen, Leichenteile auf Giftspuren zu untersuchen oder Feststellungen bei einer Röntgenaufnahme zu treffen (Gössel DRiZ **80**, 364).

C. Die **Vermittlung von Erfahrungswissen** ohne Schlussfolgerungen auf ei- 6 nen bestimmten Sachverhalt kann Aufgabe des Sachverständigen sein (LR-Krause 8), zB der Bericht über Forschungsergebnisse und technisches Wissen, die Erläuterung von Fachausdrücken, Handelsbräuchen, Buchführungsgrundsätzen, der Wirkungsweise von Medikamenten oder des Ablaufs technischer Vorgänge (Gössel DRiZ **80**, 363). Hierzu gehört auch die Erstattung von Gutachten über ausländisches Recht oder über inländisches Gewohnheitsrecht (LR-Krause 2; Jessnitzer/Ulrich 5; erg 4, 7 zu § 244). Darüber hinaus darf sich der Richter von dem Sachverständigen keine Rechtskenntnisse vermitteln lassen (**aM** LR-Krause 12; erg 49 zu § 244).

D. Die **Gutachtenerstattung** ist der wichtigste Fall der Sachverständigentätig- 7 keit. Der Sachverständige hat dann die Aufgabe, sein Erfahrungswissen bei der Begutachtung eines bestimmten Sachverhalts anzuwenden, den das Gericht ihm mitteilt, der nach § 80 ermittelt wird oder den der Sachverständige selbst auf Grund seiner besonderen Sachkunde feststellt (LR-Krause 10; Jessnitzer StV **82**,

§§ 72, 73

177). Die Tatsachen, die er seinem Gutachten zugrunde legt, werden als Anknüpfungstatsachen bezeichnet, Tatsachen, die er auf Grund seiner Sachkunde ermittelt, als Befundtatsachen (10 zu § 79), Tatsachen, die er feststellt, ohne dass dazu besondere Sachkunde erforderlich ist, als Zusatztatsachen (11 zu § 79). Bei der Erstattung des Gutachtens muss der Sachverständige die Anknüpfungstatsachen und die angewendeten allgemeinen Erfahrungssätze mitteilen und die Schlussfolgerungen darlegen, die ihn zu seinem Ergebnis geführt haben (Jessnitzer/Ulrich 6).

8   **4) Rechtliche Stellung:** Der Sachverständige ist ein Beweismittel wie jedes andere. Ihn als „Richtergehilfen" zu bezeichnen (BGH **3**, 27, 28; **7**, 238, 239; **8**, 113; **9**, 292, 293; **11**, 211, 213; **13**, 1, 4; KK-Hadamitzky 1), ist ebenso richtig wie nichts sagend (LR-Krause 3; **aM** Fezer 12/10; Peters 342). Da er dem Richter bei der Wahrheitsfindung helfen soll, ist der Sachverständige dessen Gehilfe; das ist der Zeuge aber auch (Gössel DRiZ **80**, 365; Peters aaO). Sofern sich seine Aufgabe auf die Bekundung von Tatsachen beschränkt (oben 5), unterscheidet sich die Stellung des Sachverständigen von der des sachverständigen Zeugen nur durch den behördlichen Auftrag (3 zu § 85). Im Übrigen hat er dem Gericht die Sachkunde zu vermitteln, deren es für die Entscheidung bedarf. Auch insofern wird allerdings das normative Bild des Sachverständigen als „Gehilfe" des Gerichts mit Rücksicht auf die Spezifität und Komplexität der gutachterlichen Inhalte, die von den Richtern regelmäßig kaum nachvollzogen werden können, rechtstatsächlich seiner faktischen Bedeutung für die Entscheidungsfindung nicht gerecht(vgl Rosenau/Lorenz Kreuzer-FS 401, 405 f; zur Problematik der Unverständlichkeit eines Gutachtens für den Richter wegen des dafür erforderlichen Maßes an Vorbildung Erb ZStW **121**, 882)

9   **5) Abgrenzung von anderen Beweismitteln:** Wegen der Unterscheidung des Sachverständigen vom Zeugen vgl 2 zu § 85, vom Dolmetscher 2 zu § 185 GVG. Augenschein unter Hinzuziehung von Sachverständigen ist (zusammengesetzter oder gemischter) Augenschein, kein Sachverständigenbeweis (5 zu § 86).

10 **6)** Der **Augenscheinsbeweis** ist ein sachlicher Beweis (Einl 49) unter Benutzung von Augenscheinsgegenständen. Wegen der Einzelheiten vgl die Erläuterungen zu § 86.

Anwendung der Vorschriften über Zeugen auf Sachverständige

72 Auf Sachverständige ist der sechste Abschnitt über Zeugen entsprechend anzuwenden, soweit nicht in den nachfolgenden Paragraphen abweichende Vorschriften getroffen sind.

1   **1) Entsprechend anzuwenden** sind nur die §§ 48 ff, nicht die an anderer Stelle (§§ 243 II, 247, 247a) stehenden Zeugenvorschriften (LR-Krause 2; **aM** für § 247 S 3: KK-Hadamitzky 1). Ausgeschlossen ist die Anwendung der §§ 51 I, 70 I und II durch § 77, des § 58 I durch § 80, des § 71 durch § 84. Entspr gelten daher nur die §§ 48–50, 51 II, III, 52–53a (vgl § 76 I), §§ 55–56, 57 (BGH VRS **22**, 144, 147; 5 StR 17/97 vom 7.7.1997; bei Sachverständigen, die häufig vor Gericht auftreten, ist die Belehrung überflüssig, vgl RG **56**, 66; **aM** SK-Rogall 10), §§ 58 II, 58b, §§ 59–65, 67, 68 (LR-Krause 18 ff), §§ 68a, 69, 70 III und IV.

2   **2) Für Angehörige des öffentlichen Dienstes,** die als Sachverständige vernommen werden, gilt anstelle des § 54 die ähnliche Regelung des § 76 II iVm § 67 BBG (5 zu § 54) oder 37 III BeamtStG (7 zu § 54), für Soldaten iVm § 14 I SG (13 zu § 54). Vgl auch 4 zu § 76.

Auswahl des Sachverständigen   RiStBV 70

73 I ¹Die Auswahl der zuzuziehenden Sachverständigen und die Bestimmung ihrer Anzahl erfolgt durch den Richter. ²Er soll mit diesen eine

Sachverständige und Augenschein § 73

Absprache treffen, innerhalb welcher Frist die Gutachten erstattet werden können.

II Sind für gewisse Arten von Gutachten Sachverständige öffentlich bestellt, so sollen andere Personen nur dann gewählt werden, wenn besondere Umstände es erfordern.

1) **Zuständig** für die Bestellung von Sachverständigen ist **im Ermittlungsverfahren die StA** (vgl § 161a I S 2), auch die Polizei. Nach RiStBV 70 I gibt die StA – wenn es sich nicht um „Routinegutachten" handelt und Gefährdung des Untersuchungszwecks oder Verfahrensverzögerung nicht entgegenstehen – dem Verteidiger Gelegenheit, vor Auswahl eines Sv Stellung zu nehmen. Dierlamm (Müller-FS 117) hält diese Regelung für unzureichend und die vorherige Anhörung nach Art 103 I GG für zwingend erforderlich; er meint (zu weitgehend), die unterbliebene vorherige Anhörung müsse zum Beweisverwertungsverbot führen. 1

I S 1 bezieht sich nur auf das gerichtliche Verfahren (LR-Krause 2; Gössel DRiZ 80, 366; Jessnitzer/Ulrich 108, 109; Lürken NJW 68, 1161; Tröndle JZ 69, 375; **aM** Duttge NStZ 03, 376 mwN; Dierlamm aaO; Dippel Müller-FS 133). Der Ermittlungsrichter muss, wenn ihm die Auswahl nicht überlassen worden ist, den Sachverständigen hören, dessen Vernehmung die StA beantragt (LR-Krause 3). Das erkennende Gericht kann einen anderen Sachverständigen bestellen, ist dazu aber nicht verpflichtet (BGH 44, 26, 32; Jessnitzer/Ulrich 144; **aM** Frenken DAR 56, 291; Lürken aaO). Ist ein Sachverständiger nach § 223 zu vernehmen, so kann die Auswahl dem ersuchten oder beauftragten Richter aufgegeben werden (KK-Hadamitzky 1; Dahs Rev 292; **aM** SK-Rogall 10). 1a

Der Sachverständige hat die Pflicht zur persönlichen Gutachtenerstattung; es besteht daher ein **Delegationsverbot**, soweit durch Heranziehung anderer Personen – wie etwa die Exploration einer zu begutachtenden Person – die Verantwortung für das Gutachten in Frage gestellt wird (BGH NStZ 12, 103). 1b

Hilfskräfte (Laboranten, Techniker usw) darf der bestellte Sachverständige aber ohne weiteres heranziehen (Kube/Leineweber 68; Hanack NJW 61, 2044). Er kann sich auch eines anderen Sachverständigen als Hilfskraft bedienen und dessen Befunde nach eigener Prüfung in sein Gutachten übernehmen (BGH 22, 268, 273), sofern dies seine eigene Beurteilung und Verantwortung für den gesamten Inhalt des Gutachtens nicht berührt (Frankfurt MDR 83, 849; Schleswig SchlHA 74, 181 [E/J]; Eisenberg StV 11, 11; vgl auch LG Duisburg JR 09, 343 mit abl Anm Eisenberg); dies gilt zB bei testpsychologischen Vorfragen für psychiatrische Gutachten (MüKoStPO-Trück 13). Der Vermerk „inhaltlich einverstanden" genügt nicht (Nürnberg StraFo 07, 328). 2

Solche Hilfskräfte sind aber keine **„Hilfssachverständigen"** (LR-Krause 7; **aM** BGH aaO; Schleswig aaO); denn Sachverständige darf der vom Gericht bestellte Sachverständige nicht seinerseits ernennen (BVerwGE 69, 70; Friederichs JZ 74, 257; **aM** Hamm NJW 73, 1427 für den Fall, dass bei einem erbbiologischen Gutachten mehrere Personen von mehreren Sachverständigen untersucht werden müssen). Daher darf er auch eine Sachverständigengruppe nur zusammenstellen, wenn er die volle Prüfung und Verantwortung für alle Einzelergebnisse übernehmen kann (LR-Krause 8; Kube/Leineweber 69). Für ein Sachgebiet, das er nicht selbst beherrscht, darf er niemals Untersachverständige heranziehen, sondern muss ihre Bestellung durch das Gericht anregen. 3

2) Die **Auswahl** erfolgt unter Beachtung des II nach pflichtgemäßem Ermessen durch das den Gutachter beauftragende Justizorgan (Rostock NStZ-RR 17, 95) und bezieht sich auf das Fachgebiet sowie die persönliche Eignung des Sachverständigen (vgl dazu Detter NStZ 98, 57 ff). 4

A. Das **Fachgebiet** muss der Richter, der den Sachverständigen benötigt, selbst bestimmen (BGH 34, 355, 357). Die Heranziehung eines „Auswahlsachverständigen", der hierüber Auskunft geben soll, ist unzulässig (Koblenz VRS 36, 17). Andererseits müssen nicht von vornherein Vertreter aller in Frage kommenden Fach- 5

§ 73

richtungen bestellt werden (LR-Krause 9; Rudolph Justiz **69**, 27); vielmehr hat das Gericht bei Überschneidungen verschiedener wissenschaftlicher Disziplinen die freie Auswahl auf die gleichermaßen bzw am ehesten geeignete Fachrichtung (BGH aaO; MüKoStPO-Trück 16). Zum Sachverständigen in Wirtschaftsstrafverfahren vgl Krekeler wistra **89**, 52.

6 Bei der **Blutalkoholbestimmung** ist idR jeder als Sachverständiger geeignet, der auf diesem Fachgebiet besondere Erfahrungen hat (Hamm VRS **36**, 290; 434; KK-Hadamitzky 5; Jessnitzer/Ulrich 115; **aM** Martin BA **70**, 95: nur Ärzte). Nur bei besonderer Schwierigkeit (Nachtrunk, nicht abgeschlossene Resorption, zusätzliche Medikamenteneinnahme) muss ein medizinischer Sachverständiger herangezogen werden (BGH VRS **34**, 211; Frankfurt NJW **61**, 283).

7 Zur **Beurteilung der Glaubwürdigkeit** von Zeugen wird idR ein Psychologe herangezogen werden müssen (BGH **23**, 8, 14; MDR **80**, 274 [H]; vgl auch BGH **14**, 21, 23; NStZ **82**, 42: Psychiater oder Psychologe). Ein Pädagoge ist immer ungeeignet (BGH **2**, 163, 166; **7**, 82, 85), ein Psychologe dann, wenn eine geistige Erkrankung vorliegt (BGH **23**, 8, 12; DAR **80**, 209 [Sp]). Die Aufklärungspflicht kann es ausnahmsweise gebieten, einen anderen Sachverständigen auszuwählen, wenn nur die Begutachtung durch einen bestimmten Sachverständigen verweigert wird und die Exploration notwendig ist, um über die Eröffnung des Hauptverfahrens zu entscheiden (KG NJW **97**, 69).

8 Die **Schuldfähigkeit des Angeklagten** kann ein Psychologe nur ausnahmsweise beurteilen; idR muss ein Psychiater oder Neurologe herangezogen werden (Hamm JMBlNW **64**, 117; Karlsruhe Justiz **74**, 94; Koblenz VRS **49**, 433; AK-Wassermann 7; KK-Hadamitzky 5; LR-Krause 12; Rauch NStZ **84**, 497 gegen Wolff NStZ **83**, 537; **aM** BGH **34**, 355; NJW **59**, 2315; DAR **77**, 176 [Sp]; StV **84**, 495: bei nicht krankhaften Zuständen nach dem Ermessen des Gerichts auch ein Psychologe; krit zur Auswahlpraxis der Gerichte Schmitt Geerds-FS 550 ff). Ein Facharzt für Psychiatrie oder Neurologie braucht er aber nicht zu sein; erforderlich ist nur eine hinreichende Erfahrung auf diesen Gebieten, die idR auch Gefängnis- und Gerichtsärzte haben (BGH **23**, 311; BGH VRS **34**, 344). Bei Hirngeschädigten muss ein auf diesem Gebiet besonders erfahrener Facharzt herangezogen werden (BGH NJW **69**, 1578; NStZ **87**, 16 [Pf/M]; StV **88**, 52).

9 B. Die **Person des Sachverständigen** muss Gewähr dafür bieten, dass er geeignet ist, zur Verfügung steht und kein Ablehnungsgrund nach § 74 vorliegt. Die Wirtschaftsreferenten der StA und Kriminalpolizei erfüllen diese Voraussetzungen auch in den dort anhängigen Strafverfahren, wenn sie das Gutachten eigenverantwortlich und frei von jeder Beeinflussung erstatten können (BGH **28**, 381, 384; NStZ **84**, 215; StV **86**, 465; vgl auch Zweibrücken NJW **79**, 1995). Die grundsätzliche Weisungsgebundenheit von Mitarbeitern der BaFin bei der Erfüllung ihrer Dienstpflichten reicht wegen § 40a I S 2 WpHG nicht aus, um die Person als Gutachter auszuschließen (BGH StraFo **16**, 336, 337). Für ausländische Beschuldigte muss kein Sachverständiger bestellt werden, der ihrem Kulturkreis angehört und ihre Sprache spricht (BGH MDR **16** [D]).

10 Der Richter muss den Sachverständigen **selbst bestimmen;** er darf diese Befugnis nicht auf Privatpersonen übertragen (München NJW **68**, 202; Dippel 82 ff). Daher darf es einem Klinik- oder Institutsleiter nicht überlassen werden, ob er selbst oder einer seiner Mitarbeiter das Gutachten erstattet (LR-Krause 25; Jessnitzer/Ulrich 108; **aM** BGH NStZ **93**, 31 [K]). Für die Zuziehung geeigneter Sachverständiger enthält der Besondere Teil der RiStBV Hinweise. Der Richter kann auch Berufsorganisationen oder Behörden um Vorschläge bitten (vgl RiStBV 70 II). Wegen der Sachverständigenverzeichnisse vgl RiStBV 70 III.

11 3) Die **Bestimmung der Zahl** der benötigten Sachverständigen steht im Ermessen des Gerichts (Düsseldorf wistra **94**, 78). Es wird sich idR mit einem Sachverständigen begnügen; nach §§ 214 III, 220 geladene Sachverständige muss es aber unter den Voraussetzungen des § 245 II hören. Maßgebend ist im Übrigen die Aufklärungspflicht nach § 244 II. Erg 1 zu § 83.

4) Fristabsprache (I S 2): Die Bestimmung ist eine Sollvorschrift. Ihre Nichtbeachtung hat keine Rechtsfolgen; der Richter darf von ihr aber nur bei Vorliegen wichtiger Gründe abweichen. IdR wird kein Grund bestehen, die Absprache zu unterlassen, sofern der Sachverständige nicht wegen seiner zügigen Arbeitsweise bekannt ist. Die Absprache, die möglichst mündlich oder fernmündlich getroffen und dann aktenkundig gemacht werden sollte, soll auch dazu dienen, das genaue Thema und den Umfang des zu erstellenden Gutachtens mit dem Sachverständigen zu erörtern. Dabei wird sich häufig Gelegenheit geben, das Thema des Gutachtens wesentlich genauer zu begrenzen und zu erläutern, als das bei schriftlicher Auftragserteilung möglich ist, und auch zu erörtern, welche Unterlagen der Sachverständige als Anknüpfungstatsachen benötigt. 12

Eine **angemessene Frist** ist Gegenstand der Absprache. Die Heranziehung eines anderen Sachverständigen wird zu erwägen sein, wenn der Sachverständige nur bereit ist, eine Frist zu akzeptieren, die nach Auffassung des Richters bei Abwägung der beiderseitigen Interessen und Möglichkeiten eindeutig unangemessen ist. Kann auf ihn aber nicht verzichtet werden, so sind Maßnahmen nach § 77 II anzuordnen (dort 6). 13

Die **nachträgliche Änderung** der Frist ist während ihres Laufes zulässig. Eine Verlängerung ist entspr § 224 II ZPO davon abhängig zu machen, dass erhebliche Gründe glaubhaft gemacht sind, die sie rechtfertigen. 14

Auch der **Staatsanwalt** soll mit dem Sachverständigen eine Fristabsprache treffen (I S 2 iVm § 161a I S 2). Dabei kann in geeigneten Fällen eine kürzere Frist abgesprochen werden für die Lieferung eines kurz gefassten Gutachtens oder die mündliche Erstattung eines solchen Gutachtens, das für die Zwecke der StA ausreicht. Ist eine ausführliche Fassung nötig, so kann hierfür eine zusätzliche Ablieferungsfrist vereinbart werden. 15

5) Öffentlich bestellte Sachverständige (II) sind die auf Grund öffentlich-rechtlicher Vorschriften des Staats- oder Kommunalrechts für bestimmte Sachgebiete auf bestimmte Zeit bestellten Sachverständigen (Jessnitzer/42 ff). Das können Einzelpersonen, aber auch Behörden sein. Für die Bestellung gelten teils bundesrechtliche (zB § 36 I S 1 GewO), teils landesrechtliche Bestimmungen (vgl allg Bleutge DRiZ **77**, 170). Zu den öffentl bestellten Sachverständigen gehören die Gerichtsärzte, auch die bayerischen Landgerichtsärzte, die Ärzte der staatlichen Untersuchungsämter und die Leiter der rechtsmedizinischen Universitätsinstitute. Die öffentliche Bestellung ist ein Anzeichen für die persönliche und fachliche Eignung des Sachverständigen (Jessnitzer/Ulrich 114). 16

Besondere Umstände, die die Bestellung anderer Personen rechtfertigen, sind zB die Verhinderung des öffentl bestellten Sachverständigen und die Notwendigkeit, einen Sachverständigen mit noch größerer Sachkunde heranzuziehen. 17

6) Eine **Beschwerde** gegen die Auswahl des Sachverständigen durch die StA gibt es nicht (Schleswig StV **00**, 542 mit abl Anm Wagner), gegen die durch das Gericht ist sie, soweit sie nicht schon nach § 305 S 1 ausgeschlossen ist (Düsseldorf MDR **86**, 256), auch im Übrigen nicht zulässig (Celle NJW **66**, 1881; Hamburg MDR **94**, 83; LR-Krause 36). Die Belange des Beschuldigten sind durch das Ablehnungsrecht nach § 74 gewahrt. Seine Bedenken gegen die Auswahl durch die Polizei kann der Beschuldigte nur bei der StA geltend machen (3 zu § 163). 18

7) Revision. Die Ungeeignetheit des Sachverständigen kann nur gerügt werden, wenn das Urteil insoweit zu Zweifeln Anlass gibt; die Revision kann dann die Aufklärungsrüge (§ 244 II) erheben. Die Sachrüge kann nur begründet sein, wenn sich die fehlende Sachkunde des Sachverständigen aus dem Urteil selbst ergibt (BGH NStZ **94**, 228 [K]), sie also zB zu Feststellungen geführt hat, die gegen Denkgesetze oder Erfahrungssätze verstoßen (Dahs Rev 292). 19

§ 74

Ablehnung des Sachverständigen

74 I ¹Ein Sachverständiger kann aus denselben Gründen, die zur Ablehnung eines Richters berechtigen, abgelehnt werden. ²Ein Ablehnungsgrund kann jedoch nicht daraus entnommen werden, daß der Sachverständige als Zeuge vernommen worden ist.

II ¹Das Ablehnungsrecht steht der Staatsanwaltschaft, dem Privatkläger und dem Beschuldigten zu. ²Die ernannten Sachverständigen sind den zur Ablehnung Berechtigten namhaft zu machen, wenn nicht besondere Umstände entgegenstehen.

III Der Ablehnungsgrund ist glaubhaft zu machen; der Eid ist als Mittel der Glaubhaftmachung ausgeschlossen.

1 **1) Anwendungsbereich:** Die Ersetzbarkeit des Sachverständigen ist der gesetzgeberische Grund für die Zulässigkeit (LR-Krause 1; **aM** Gössel DRiZ **80**, 370), aber keine Voraussetzung für die Ablehnung (krit zur Ablehnungsmöglichkeit überhaupt Erb ZStW **121**, 885) § 74 ist daher auch anwendbar, wenn der Sachverständige nicht auswechselbar ist, weil er allein die Befundtatsachen wahrgenommen (vgl unten 19) oder weil außer ihm niemand die erforderliche Sachkunde hat (Hanack JR **66**, 427). Ablehnungsgrund ist nur die Befangenheit; Mangel an Sachkunde führt nur zur Anhörung eines weiteren Sachverständigen (BGH NStZ-RR **09**, 3 [[C]]; Jessnitzer/Ulrich 166, 230). Eine Anzeige des Sachverständigen entspr § 30 ist gesetzlich nicht vorgesehen (KK-Hadamitzky 1), wird aber idR nach § 76 I S 2 zur Entbindung führen. Abgelehnt werden können auch die nach §§ 214 III, 220 geladenen Sachverständigen (Hamm VRS **26**, 365), nicht aber eine Behörde, deren Gutachten nach § 256 I Nr 1a verlesen wird (Gössel DRiZ **80**, 375; Jessnitzer/Ulrich 151; **aM** Seyler GA **89**, 566). Erscheint aber ein Behördenvertreter vor Gericht, um das Gutachten zu vertreten, zu erläutern oder zu vertiefen, so ist seine Ablehnung zulässig (KK-Hadamitzky 1; LR-Krause 3; Dästner MDR **79**, 545; Gössel aaO; **aM** Ahlf MDR **78**, 981; Kube/Leineweber 88 ff; Leineweber MDR **80**, 7). Dient die Ablehnung nur verfahrensfremden Zwecken, so ist sie entspr § 26a I Nr 3 unzulässig.

2 **2) Ablehnungsgründe:**

3 A. Die **Ausschließungsgründe** des § 22 Nrn 1–4 sind hier nur Ablehnungsgründe (vgl § 24 I); denn eine gesetzliche Ausschließung des Sachverständigen bestimmt nur § 87 II S 3. Es sind jedoch zwingende Ablehnungsgründe (BGH **18**, 214; KK-Hadamitzky 2; LR-Krause 4; **aM** Krause Maurach-FS 549). Das gilt insbesondere für den Fall, dass der Sachverständige der Verletzte ist oder in nahem Verhältnis zu Beschuldigten oder Verletzten steht (§ 22 Nrn 1–3) oder dass er als Verteidiger, Anwalt des Verletzten oder StA in derselben Sache (12 zu § 22) tätig war, als StA in einer Amtsstellung, der Verfolgung des Beschuldigten diente. Diese Einschränkung gilt auch für Polizeibeamte (BGH **18**, 214, 216); sie können nur abgelehnt werden, wenn sie, auch als Angehörige des BKA (BGH aaO), an den Ermittlungen teilgenommen haben (BGH MDR **58** 785; dazu im einzelnen Wiegmann StV **96**, 571 ff). Beamte der Verfassungsschutzämter erfüllen diese Voraussetzungen nicht (BGH **18**, 214; NJW **64**, 1681; **aM** Nix Kriminalistik **94**, 85), auch nicht Angehörige einer mit Ermittlungsaufgaben nicht betrauten und organisatorisch von der Ermittlungsbehörde getrennten Dienststelle der Polizei (LR-Krause 8), insbesondere Beamte der kriminalwissenschaftlichen, technischen und chemischen Untersuchungsämter der Polizei (BGH **18**, 214, 216; MDR **58**, 785; RG **35**, 319; KG VRS **25**, 272, 274; LR-Krause 8; Kube/Leineweber 101 ff), auch deren Schriftsachverständige (Frankfurt OLGSt S 7; Pfanne JR **68**, 378). Der Ausschließungsgrund des § 22 Nr 5 wird durch I S 2 ersetzt, gilt aber auch dann nicht, wenn der Sachverständige in der Sache schon früher (Vorverfahren, 1. Rechtszug) tätig war (RG **33**, 198). Die sinngemäße Anwendung des § 23 kommt nicht in Betracht (KK-Hadamitzky 3; **aM** LR-Krause 10).

Sachverständige und Augenschein § 74

B. **Sonstige Ablehnungsgründe** liegen vor, wenn vom Standpunkt des Ab- 4
lehnenden aus, nicht von dem des Gerichts (BGH **8**, 226, 233; DAR **80**, 206 [Sp]),
verständigerweise ein Misstrauen gegen die Unparteilichkeit des Sachverständigen
gerechtfertigt erscheint (BGH **8**, 144, 145; StV **81**, 55; **90**, 389). Es müssen immer
vernünftige Gründe vorgebracht werden, die jedem unbeteiligten Dritten einleuchten (BGH **21**, 334, 341; NJW **69**, 2291; StraFo **11**, 274; 308). Das Gericht
muss die Ablehnungsgründe in ihrer Gesamtheit würdigen (BGH **8**, 226, 235).
Gleichgültig ist, ob der Sachverständige sich befangen fühlt (BGH MDR **52**, 409
[D]).

Die **Mitwirkung am Vorverfahren** im Auftrag der StA oder Polizei ist allein 5
kein Ablehnungsgrund (BGH **18**, 214, 217; NStZ **08**, 50), auch nicht, wenn erst
das Gutachten die Einleitung des Strafverfahrens veranlasst (BGH aaO; Jessnitzer/
Ulrich 169), sogar dann nicht, wenn der Sachverständige selbst die Strafanzeige
gegen den Beschuldigten erstattet hat (KG LRE **1**, 120; **4**, 311, 313; Düsseldorf
LRE **2**, 158; **aM** Jessnitzer/Ulrich aaO). Die bei der Tataufklärung beteiligten
Wirtschaftsreferenten der StA sind zwar Mitarbeiter der Strafverfolgungsbehörden;
wenn sie ihr Gutachten ersichtlich eigenverantwortlich erstatten (9 zu § 73), ist
aber ihre Ablehnung gleichwohl nicht begründet (Zweibrücken NJW **79**, 1995;
Bittmann wistra **11**, 51; Gössel DRiZ **80**, 371; LR-Krause 7, 14; SK-Rogall 24;
Pelz 617; Lemme wistra **02**, 281; **aM** Schlüchter 528 Fn 443; Dose NJW **78**, 354;
Wiegmann StV **96**, 574); anders kann es sein, wenn sie unabhängig von einem
konkreten Gutachtenauftrag aktiv in die Ermittlungen eingebunden sind (vgl BGH
18, 214; LG Köln StraFo **14**, 19; MüKoStPO-Trück 9 mwN). Auch die Teilnahme des Sachverständigen an Vernehmungen und die Befragung des Beschuldigten
nach § 80 II ist kein Ablehnungsgrund (KK-Hadamitzky 5).

Aus anderen Gründen (vgl dazu Eisenberg NStZ **06**, 372, der Fehler im Vor- 6
gehen, Eigenbelange und Kompetenzüberschreitungen unterscheidet) kann zB die
Ablehnung berechtigt sein, wenn der Sachverständige schon ein Privatgutachten
für den Verletzten (BGH **20**, 245), insbesondere für den Nebenkläger (Hamm
VRS **26**, 365; **aM** Brammsen ZStW **119**, 93), oder für eine am Verfahrensausgang
interessierte Versicherungsgesellschaft erstattet hat (BGH NStZ **02**, 215), wenn er
den Beschuldigten ohne dessen Einwilligung vor Studenten exploriert (BGH
MDR **80**, 456 [H]) oder bei ihm unberechtigt körperliche Eingriffe vorgenommen
hat (BGH **8**, 144; StV **90**, 389), wenn er das Tatopfer ärztlich oder als Therapeut
behandelt (BGH MDR **72**, 925 [D]; StV **96**, 130) oder wenn er durch mündliche
oder schriftliche Äußerungen den Eindruck der Voreingenommenheit hervorgerufen hat (BGH **41**, 206, 211; StV **81**, 55; LG Leipzig StV **18**, 277: Facebookpost),
etwa durch Fangfragen an einen Entlastungszeugen (Hamburg StV **87**, 142), oder
wenn er unprofessionell und einseitig vorgegangen ist (BGH NJW **91**, 2357); zB
noch nicht erhobene Beweise einseitig würdigt ((BGH **8**, 226) oder wenn er, um
Angaben zu erlangen, bewusst verschweigt, dass er für die Justizbehörden tätig
wird (BGH NStZ **97**, 349) oder wenn er grundlegende Verfahrensrechte von Verfahrensbeteiligten grob missachtet hat (BGH StraFo **11**, 274; Köln NStZ-RR **11**,
315; Rostock NStZ **15**, 359 mit Anm Eisenberg NStZ **16**, 11: Zeugnisverweigerungsrecht eines Kindes) oder wenn er im Gerichtssaal Büroarbeiten verrichtet,
statt der Hauptverhandlung zu folgen (LG Stuttgart StraFo **14**, 69).

Kein Ablehnungsgrund liegt darin, dass der Sachverständige Polizeibeamter ist 7
(Ahlf MDR **78**, 981), sofern er vorwiegend sicherheitspolizeiliche Aufgaben
wahrnimmt (BGH **18**, 214, 217; NJW **64**, 1861), dass er schon in einem früheren
Strafverfahren gegen den Beschuldigten tätig war (BGH **8**, 226, 235; MDR **72**, 18
[D]; siehe auch NStZ **99**, 632: generell nicht aus Verhaltensweisen oder Vorkommnissen in anderen Verfahren), dass er die Anwesenheit des Verteidigers bei
einer Exploration verweigert (vgl 6 zu § 78), dass er Beamter des durch die Tat
geschädigten Staates ist (BGH NStE Nr 2), dass er in seinem schriftlichen Gutachten die Beweisaufnahme zum Nachteil des Beschuldigten gewürdigt (BGH MDR
74, 367 [D]; **aM** – auch zu den beiden folgenden Fällen – Eisenberg BR 1551a),

§ 74

von Opfer und Tat gesprochen (Kube/Leineweber 111) oder auf das Schrifttum zur Schuldfrage hingewiesen (RG HRR **40**, 54), dass er für den Beschuldigten schon ein Privatgutachten erstattet (E. Müller BA **75**, 156; Jessnitzer/Ulrich 169; vgl aber Frankfurt VRS **51**, 212; Koblenz VRS **71**, 200: Gutachten vereidigter Sachverständiger für Straßenverkehrsunfälle) oder dass er Ergebnisse seiner Untersuchungen vorab in einer Fachzeitschrift veröffentlicht (Düsseldorf JMBlNW **87**, 101) oder sich sonst wissenschaftlich geäußert hat (BGH **41**, 206, 211; Düsseldorf wistra **94**, 78). Da der Sachverständige, der Personen aussagepsychologisch oder psychiatrisch begutachtet, selbst darüber entscheidet, welche Untersuchungsmethoden er anwendet, welche Unterlagen er heranzieht und ob er eine stationäre Beobachtung, eine ambulante Untersuchung oder eine Beobachtung in der Hauptverhandlung für ausreichend erachtet, kann seine diesbezügliche Vorgehensweise keine Befangenheit begründen (BGH 3 StR 481/15 vom 23.2.2016; Mü-KoStPO-Trück 11). Es begründet regelmäßig auch nicht die Befangenheit, wenn ein Übersetzer aus dem Kontext früherer von ihm abgehörter Gespräche zur besseren Verständlichkeit Erläuterungen beifügt, solange er deutlich macht, dass es sich nur um eine mögliche Deutung seinerseits handelt (BGH StV **19**, 797).

8 Insbesondere kann der Beschuldigte **aus eigenem Verhalten** während des Verfahrens oder mit Bezug darauf keinen Ablehnungsgrund herleiten (BGH MDR **72**, 18 [D]; 7 zu § 24), auch nicht, wenn der Sachverständige gegen ihn Strafantrag wegen Beleidigung gestellt hat; anderenfalls hätte er es in der Hand, den Sachverständigen auszuschalten (München NJW **71**, 384; LR-Krause 14).

9 3) **Ablehnungsberechtigt** sind außer den in II S 1 bezeichneten Prozessbeteiligten die Einziehungsbeteiligten und Nebenbetroffene (1 zu § 427, 9 zu § 438), gesetzlichen Vertreter und Erziehungsberechtigten (§ 67 **JGG**), Privatkläger (1 zu § 385) und Nebenkläger (§ 397 I S 3), nicht aber Verletzte, die nach § 172 II auf gerichtliche Entscheidung antragen (RG **52**, 291; LR-Krause 17; **aM** KMR-Neubeck 16), und Antragsteller im Adhäsionsverfahren nach §§ 403 ff. Der Verteidiger ist nur im Namen des Beschuldigten ablehnungsberechtigt (Hamm NJW **51**, 731).

10 4) Die **Namhaftmachung (II S 2)** muss unmittelbar nach Ernennung des Sachverständigen erfolgen. Nur besondere Umstände befreien von dieser Pflicht. In Betracht kommen Gefahr im Verzug (drohender Beweismittelverlust) und Beschleunigungsgesichtspunkte (Dringlichkeit der Vernehmung). Polizei und StA sind zur Namhaftmachung nicht verpflichtet (LR-Krause 19).

11 5) Der **Ablehnungsantrag**, der in der Hauptverhandlung gestellt und dort wiederholt werden muss, wenn er schon früher gestellt war (RG **58**, 301; **68**, 327, 328; Hamm VRS **39**, 217; es gelten die Grundsätze des Beweisantragsrechts), bedarf keiner besonderen Form. Er kann darin gesehen werden, dass Bedenken gegen die Ladung des Sv erhoben werden (Schleswig SchlHA **49**, 87).

12 Der Antrag kann **erst gestellt werden**, wenn die Sache gerichtlich anhängig und der Sachverständige ernannt ist (BGH VRS **29**, 26). Die von der StA und Polizei im Vorverfahren herangezogenen Sachverständigen können daher nur abgelehnt werden, wenn das Gericht sie vernehmen will bzw vernommen hat (BGH StV **19**, 797; Düsseldorf MDR **84**, 71; **aM** grundsätzlich Eisenberg NStZ **06**, 373). Aus § 83 II ergibt sich, dass der Antrag noch nach Erstattung des Gutachtens gestellt werden kann; das gilt auch, wenn der Antragsteller sich mit dem Gutachten zunächst zufriedengeben wollte (SK-Rogall 55; **aM** Stuttgart NJW **57**, 1646). Das Unverzüglichkeitsgebot des § 25 II S 1 gilt nicht (BGH NStZ **18**, 487). Wie bei Beweisanträgen (33 zu § 244) ist der Schluss der Beweisaufnahme der letztmögliche Zeitpunkt für die Antragstellung; nach Beginn der Urteilsverkündung braucht das Gericht Anträge nicht mehr entgegenzunehmen.

13 **Inhaltlich** muss der Antrag die Tatsachen, auf die die Ablehnung gestützt wird, angeben und glaubhaft machen (III). Nicht geltend gemachte Tatsachen dürfen nicht berücksichtigt werden. Zur Glaubhaftmachung (dazu allg 5 ff zu § 26; 6 ff zu

§ 45) kann sich der Antragsteller entspr § 26 III S 3 auf das uneidliche Zeugnis des Abgelehnten berufen (BGH StraFo **16**, 336, 337; 5 StR 585/63 vom 28.1.1964; LR-Krause 25). Die sichere Überzeugung von der Richtigkeit der Ablehnungsgründe braucht der Richter nicht zu gewinnen (10 zu § 45).

Die **Wiederholung** eines vor der Hauptverhandlung gestellten Ablehnungsantrags ist zulässig, auch mit derselben Begründung (RG **47**, 239; LR-Krause 27), selbst wenn er zurückgewiesen worden und die Beschwerde erfolglos war (Oldenburg JZ **60**, 291). Dagegen ist die Wiederholung eines in der Hauptverhandlung bereits gestellten und abgelehnten Antrags rechtsmissbräuchl. und unzulässig (KK-Hadamitzky 9). In dem Unterlassen der Wiederholung eines vor der Hauptverhandlung gestellten und nicht beschiedenen Antrags kann ein Verzicht auf die Ablehnung liegen (RG **58**, 301), sofern nicht der Vorsitzende zugesagt hatte, dass über den Antrag in der Hauptverhandlung entschieden werde (5 zu § 219). 14

Die **Zurücknahme** des Antrags ist jederzeit möglich, auch wenn das Gericht die Ablehnung schon für begründet erklärt hatte (KK-Hadamitzky 9). Der Sachverständige kann dann vernommen werden, selbst wenn ein zwingender Ablehnungsgrund (oben 3) geltend gemacht worden war. 15

6) Die **Entscheidung,** die nicht unmittelbar nach Antragstellung ergehen muss, trifft das mit der Sache befasste Gericht nach Anhörung der Prozessbeteiligten (§ 33), nach Eröffnung des Hauptverfahrens das erkennende Gericht, in der Hauptverhandlung unter Mitwirkung der Schöffen (BGH wistra **97**, 147). Der ersuchte oder beauftragte Richter entscheidet nicht selbst, sondern führt die Entscheidung des auftraggebenden Gerichts herbei (KK-Hadamitzky 12), ist dadurch aber an der Vernehmung des abgelehnten Sachverständigen nicht gehindert. 16

Die Entscheidung ergeht durch **Beschluss;** die vorherige Anhörung des Sachverständigen ist nicht vorgeschrieben (RG **25**, 362; Frankfurt NJW **65**, 314; LR-Krause 30); kann auch abgegeben sein (BGH NStZ **08**, 50). Gibt er eine Erklärung ab, so muss sie dem Antragsteller bekanntgegeben werden (KK-Hadamitzky 13; Jessnitzer/Ulrich 177). Eine nur stillschweigende Entscheidung, etwa durch Vernehmung des abgelehnten oder eines anderen Sachverständigen, ist nicht zulässig (Hamm NJW **66**, 1880; LR-Krause 31). Der (stattgebende oder zurückweisende) Beschluss muss nach § 34 mit Gründen versehen werden, die so ausführlich sein müssen, dass alle Prozessbeteiligten ihr weiteres Verhalten danach einrichten können und das Revisionsgericht prüfen kann, ob das Tatgericht die anzuwendenden Rechtsbegriffe verkannt hat (BGH MDR **78**, 459 [H]); dazu gehört, dass das das Tatgericht darlegt, von welchen Tatsachen es ausgeht (BGH NStZ **14**, 663). 17

In **Rechtskraft** erwächst der Beschluss nicht. Das Gericht kann ihn jederzeit von Amts wegen oder auf Gegenvorstellungen aufheben oder ändern. 18

7) Der **mit Erfolg abgelehnte Sachverständige** darf nicht weiter vernommen, ein schon erstattetes Gutachten nicht verwertet werden (BGH NJW **05**, 445, 447; Eisenberg BR 1560; krit Erb ZStW **121**, 914). Das Gutachten darf der Sachverständige weder als sachverständiger Zeuge erstatten (BGH **20**, 222, 224), noch darf es von einem anderen Sachverständigen an seiner Stelle vorgetragen werden (Celle NJW **64**, 462). Der abgelehnte Sachverständige darf aber als Zeuge über Tatsachen gehört werden, die Gegenstand seiner Wahrnehmung gewesen sind, und zwar nicht nur über Zufallsbeobachtungen und Zusatztatsachen (Geppert DAR **80**, 321 und v Lübtow-FG 790; zu den Begriffen vgl 11, 12 zu § 79), sondern als sachverständiger Zeuge (§ 85) auch über die bei der Vorbereitung seines Gutachtens ermittelten Befundtatsachen (BGH NStZ **02**, 44; 215; **10**, 210 L; Fezer JR **90**, 397 mwN; Gössel DRiZ **80**, 372; Jessnitzer/Ulrich 184; **aM** LR-Krause 36; Eisenberg BR 1561; Geppert aaO; vgl auch Schmidhäuser ZZP Bd **72**, 388: nur über unwiederholbare Wahrnehmung; zum Begriff Befundtatsachen vgl 10 zu § 79). Daran kann ein anderer Sachverständiger anknüpfen. 19

8) Beschwerde: Die Verweisung in I S 1 bezieht sich nur auf die Ablehnungsgründe, nicht auf das Verfahren; § 28 gilt daher nicht (Koblenz VRS **71**, 200). Mit 20

Schmitt

§ 75

der einfachen Beschwerde nach § 304 I (RG **47**, 239; Hamburg NJW **67**, 2274) sind alle auf den Antrag ergehenden Entscheidungen anfechtbar, auch der Beschluss, der die Ablehnung für begründet erklärt (Celle NJW **66**, 415; Frankfurt VRS **51**, 212). Beschwerdeberechtigt sind alle Antragsberechtigten (oben 9), nicht aber der abgelehnte Sachverständige (Braunschweig OLGSt S 1; Frankfurt NJW **65**, 314; Oldenburg JZ **60**, 291). Ablehnende und stattgebende Entscheidungen des erkennenden Gerichts (6 zu § 28; 2 zu § 305) sind nach § 305 S 1 unanfechtbar (BGH NStZ-RR **13**, 29; KG JR **59**, 350; Celle NJW **66**, 415; Düsseldorf NJW **67**, 692; Hamburg NJW **67**, 2274; Zweibrücken MDR **68**, 781). Das Beschwerdegericht entscheidet nicht nur über Rechtsfragen; es kann sein eigenes Ermessen an die Stelle des Ermessens des 1. Richters setzen (KK-Hadamitzky 16).

21   9) **Revision:** Die Ablehnung eines Befangenheitsantrags vor der Hauptverhandlung ist kein Revisionsgrund, wenn der Antrag nicht wiederholt worden ist (BGH NStZ-RR **02**, 110; oben 11). Sonst kann die Revision darauf gestützt werden, dass der Antrag nicht beschieden (Hamm NJW **66**, 1880), dass er nicht ausreichend begründet (BGH MDR **78**, 459 [H]; RG **47**, 239, 241), sofern die Gründe nicht offensichtlich sind (Hamburg VRS **56**, 457), dass dem Antrag zu Unrecht stattgegeben (ist ein anderer Sachverständiger gehört worden, so beruht das Urteil darauf idR nicht) oder dass er zu Unrecht zurückgewiesen worden ist. Die Rüge ist nach allgemeinem Revisionsrecht zu beurteilen (BGH **8**, 226, 232; StV **81**, 55; **90**, 389). Mit der Revision müssen der Ablehnungsantrag und der ihn zurückweisende Gerichtsbeschluss mitgeteilt werden (BGH 1 StR 437/17 vom 10.1.2018; VRS **35**, 428; Düsseldorf JMBlNW **87**, 102). Die Wiedergabe einzelner Wendungen des Sachverständigengutachtens genügt nicht, wenn sie, wie regelmäßig, nur aus dem Zusammenhang heraus beurteilt werden können (BGH NStZ **88**, 210 [M]). Neue Tatsachen oder Beweismittel können nicht nachgeschoben werden. Das Revisionsgericht ist an die Tatsachen gebunden, die der Tatrichter seiner Entscheidung zugrunde gelegt hat; es darf sie nicht durch eigene Ermittlungen ergänzen (BGH 1 StR 115/13 vom 20.8.2013; 4 StR 531/16 vom 31.1.2017; **08**, 50). Zu prüfen ist nur, ob der Tatrichter über Rechtsfragen geirrt hat (BGH **8**, 226, 233; NStE Nr 2). Die Frage, ob Besorgnis der Befangenheit bestanden hat, wird – anders als bei der Richterablehnung (vgl 27 zu § 338) – als Rechtsfrage behandelt (BGH StraFo **16**, 336; 1 StR 115/13 vom 20.8.2013; NStZ **08**, 229 mwN).

22   Auf die **Verletzung des II S 2** kann die Revision zwar gestützt werden; das Urteil beruht aber idR auf dem Verstoß nicht (Köln JMBlNW **62**, 202).

Pflicht des Sachverständigen zur Erstattung des Gutachtens

75 **I Der zum Sachverständigen Ernannte hat der Ernennung Folge zu leisten, wenn er zur Erstattung von Gutachten der erforderten Art öffentlich bestellt ist oder wenn er die Wissenschaft, die Kunst oder das Gewerbe, deren Kenntnis Voraussetzung der Begutachtung ist, öffentlich zum Erwerb ausübt oder wenn er zu ihrer Ausübung öffentlich bestellt oder ermächtigt ist.**

II Zur Erstattung des Gutachtens ist auch der verpflichtet, welcher sich hierzu vor Gericht bereiterklärt hat.

1   1) Die **Sachverständigenpflicht (I),** eine der Zeugenpflicht (5 ff vor § 48) entspr staatsbürgerliche Pflicht, besteht auch im Fall der unmittelbaren Ladung nach §§ 214 III, 220 I und im Vorverfahren nur gegenüber der StA, nicht gegenüber der Polizei. Der Bestellung zum Sachverständigen muss aber, von der Bereiterklärung (unten 2) abgesehen, nur folgen, wer zur Gutachtenerstattung der betreffenden Art öffentl bestellt ist (16 zu § 73) oder wer die Wissenschaft, die Kunst oder das Gewerbe öffentl zum Erwerb ausübt. Darunter fällt jede Art von Erwerbstätigkeit in Industrie, Handel, Gewerbe oder in einem freien Beruf, die gegenüber einem zahlenmäßig unbestimmten Personenkreis in der Absicht ausge-

Sachverständige und Augenschein § 76

übt wird, eine laufende Einnahmequelle zu erschließen. Ferner ist zur Begutachtung verpflichtet, wer, auch wenn er den Beruf noch nicht oder nicht mehr ausübt, zur Ausübung der Wissenschaft, der Kunst oder des Gewerbes öffentl bestellt (zB als Universitätsprofessor) oder ermächtigt ist (zB als Lehrbeauftragter oder als approbierter Arzt). Eine Grenze findet die Sachverständigenpflicht an der Zumutbarkeit (starke berufliche Inanspruchnahme, Notwendigkeit eines Erholungsurlaubs und dgl). Wegen der Gutachtenpflicht von Behörden vgl 4 zu § 83.

2) Bereiterklärung (II): Gemeint ist die in einer bestimmten Strafsache abgegebene Erklärung; das allgemeine Angebot, Gutachten zu erstatten, genügt nicht (SK-Rogall 24 mwN). Der Bereiterklärung gegenüber dem Gericht steht nach § 161a I S 2 die gegenüber der StA gleich. Die Bereitschaft kann schriftlich oder mündlich, auch stillschweigend durch widerspruchslose Annahme des Gutachtenauftrags, Erscheinen vor Gericht, Beginn der Gutachtertätigkeit, erklärt werden. Sie ist unwiderruflich, wenn sie unaufgefordert erklärt wird, aber erst nachdem das Gericht oder ein Prozessbeteiligter durch Ladung nach §§ 214 III, 220 I von ihr Gebrauch gemacht hat (vgl dazu auch SK-Rogall 25). 2

3) Inhaltlich erstreckt sich die Sachverständigenpflicht auf die mit dem Gutachten verbundenen Vorarbeiten (Aktenstudium, Erledigung von Forschungsarbeiten, Vornahme von Untersuchungen) und auf das Erscheinen vor Gericht. Das gilt auch bei unmittelbarer Ladung nach §§ 214 III, 220 I. Auf Verlangen des Gerichts muss der Sachverständige sein Gutachten schriftlich vorbereiten. Er muss es persönlich erstatten; Ersatzpersonen darf er nicht stellen (Köln VRS 58, 73). 3

Gutachtenverweigerungsrecht des Sachverständigen

76 I ¹Dieselben Gründe, die einen Zeugen berechtigen, das Zeugnis zu verweigern, berechtigen einen Sachverständigen zur Verweigerung des Gutachtens. ²Auch aus anderen Gründen kann ein Sachverständiger von der Verpflichtung zur Erstattung des Gutachtens entbunden werden.

II ¹Für die Vernehmung von Richtern, Beamten und anderen Personen des öffentlichen Dienstes als Sachverständige gelten die besonderen beamtenrechtlichen Vorschriften. ²Für die Mitglieder der Bundes- oder einer Landesregierung gelten die für sie maßgebenden besonderen Vorschriften.

1) Verweigerung des Gutachtens (I S 1): Der nach § 75 zur Gutachtenerstattung verpflichtete Sachverständige kann das Gutachten aus den Gründen der §§ 52, 53 und 53a verweigern. An die Stelle des § 54 tritt II. Nach § 72 ist § 55 entspr anwendbar (LR-Krause 1; aM SK-Rogall 7: direkt anwendbar). Die Belehrungspflichten nach §§ 52 III S 1, 55 II und die Pflicht zur Glaubhaftmachung nach § 56 gelten entspr (§ 72). 1

Der **ärztliche Sachverständige** hat wegen der Befundtatsachen (10 zu § 79) kein Schweigerecht (wegen der Zusatztatsachen vgl 20 zu § 53), gleichgültig, ob der Angeklagte als Zeuge die Untersuchung freiwillig geschehen lässt oder nicht (BGHZ 40, 294; KK-Hadamitzky 3; Krauß ZStW 97, 81, 110; einschr Kühne JZ 81, 652; erg 20 zu § 53). 2

2) Entbindung von der Gutachterpflicht (I S 2): Das Gericht kann den Sachverständigen von Amts wegen oder auf Antrag durch Beschluss entbinden, auch wenn kein Weigerungsrecht besteht. Eine Entbindung im Interesse des Sachverständigen kann erfolgen bei Unzumutbarkeit oder besonderer Härte (1 zu § 75), etwa wegen hohen Alters, Krankheit oder beruflicher Überlastung (Bleutge DRiZ 77, 172; Schwung ZSW 82, 147), nicht aber bei – angeblich – zu geringer Vergütung (Lubitz FS-Eisenberg II 439, 442). Sie kommt aber auch in Betracht wegen Ungeeignetheit (LG Augsburg StV 14, 131), wegen (nicht geltend gemachter) Befangenheit oder wegen der Unmöglichkeit, das Gutachten in angemessener Zeit zu erlangen. Im Fall der §§ 214 III, 220 I ist ein Antrag des Sachverständigen oder 3

Schmitt

§ 77

des Prozeßbeteiligten, der ihn geladen hat, erforderlich (KMR-Neubeck 3; Lubitz aaO; **aM** Müller 466). Ist der vom Gericht geladene Sachverständige in der Hauptverhandlung bereits erschienen, so tritt I S 2 hinter § 245 I zurück (LR-Krause 6; wohl auch BGH StraFo **03**, 198; **aM** KK-Hadamitzky 4: I S 2 geht vor). Nach Erstattung des Gutachtens gilt § 83 I (BGH aaO).

4 3) Für **Angehörige des öffentlichen Dienstes** gelten die Grundsätze zu § 54 entspr. Wegen der Versagung der Genehmigung vgl § 68 BBG, § 37 IV S 3 BeamtStG, § 14 II S 3 SG (6, 7, 13 zu § 54). Bei einem Beamten kann das Auftreten als Sachverständiger auch nach § 99 BBG als Nebentätigkeit genehmigungsbedürftig sein.

5 Wegen der Sondervorschriften für **Regierungsmitglieder** vgl 30 zu § 54.

6 4) **Beschwerde:** Die Entbindung nach I S 2 können die Prozeßbeteiligten, nicht der dadurch nicht beschwerte Sachverständige (Müller 468), nach §§ 304 I, 305 anfechten (LR-Krause 8). Gegen die Ablehnung eines Entbindungsantrags kann der Antragsteller nach § 304 I, der Sachverständige als Antragsteller nach § 304 II Beschwerde einlegen (Jessnitzer/Ulrich 126); nur für die Prozeßbeteiligten gilt die Schranke des § 305 S 1. Weitere Beschwerde ist ausgeschlossen (§ 310). Das Beschwerdegericht prüft die Ermessensausübung in vollem Umfang nach (LR-Krause 8; SK-Rogall 28; **aM** Schwung ZSW **82**, 147).

7 5) Mit der **Revision** kann, aber nur als Verstoß gegen § 244 II, gerügt werden, daß dem Sachverständigen aus Rechtsirrtum ein Weigerungsrecht nach I S 1 zuerkannt oder daß er rechtsfehlerhaft nach I S 2 entbunden oder nicht entbunden worden ist (LR-Krause 9). Ein Verstoß gegen die in II bezeichneten Vorschriften berührt den Rechtskreis des Angeklagten nicht (vgl 32 zu § 54). Erg 6 zu § 81f.

Ausbleiben oder unberechtigte Gutachtenverweigerung des Sachverständigen

77 I ¹Im Falle des Nichterscheinens oder der Weigerung eines zur Erstattung des Gutachtens verpflichteten Sachverständigen wird diesem auferlegt, die dadurch verursachten Kosten zu ersetzen. ²Zugleich wird gegen ihn ein Ordnungsgeld festgesetzt. ³Im Falle wiederholten Ungehorsams kann neben der Auferlegung der Kosten das Ordnungsgeld noch einmal festgesetzt werden.

II ¹Weigert sich ein zur Erstattung des Gutachtens verpflichteter Sachverständiger, nach § 73 Abs. 1 Satz 2 eine angemessene Frist abzusprechen, oder versäumt er die abgesprochene Frist, so kann gegen ihn ein Ordnungsgeld festgesetzt werden. ²Der Festsetzung des Ordnungsgeldes muß eine Androhung unter Setzung einer Nachfrist vorausgehen. ³Im Falle wiederholter Fristversäumnis kann das Ordnungsgeld noch einmal festgesetzt werden.

1 1) **Zur Erstattung des Gutachtens verpflichtet** sind gerichtlich bestellte oder nach §§ 214 III, 220 I unmittelbar geladene Sachverständige, die der Ernennung nach § 75 folgen müssen und nicht nach § 76 zur Verweigerung des Gutachtens berechtigt sind. Die Folgen ihres Ungehorsams regelt § 77 abweichend von §§ 51, 70. Die Zwangsbefugnisse stehen auch dem StA zu (§ 161a II), nicht aber der Polizei. Zur entspr Anwendung des § 77 auf Dolmetscher vgl 7 zu § 185 GVG.

2 2) **Ungehorsamsfälle:**

3 A. **Nichterscheinen (I S 1 erste Altern):** Wie bei § 51 (dort 2) setzt der Ungehorsam ordnungsmäßige Ladung voraus. Anders als beim Zeugen befreit aber das Weigerungsrecht (nach § 76 I S 1) vom Erscheinen. Zum Begriff Nichterscheinen vgl 3 ff zu § 51. Bei rechtzeitiger genügender Entschuldigung unterbleiben Ordnungsmittel entspr § 51 II S 1, 2 (dort 6 ff).

4 B. **Gutachtenverweigerung (I S 1 zweite Altern):** Dazu gehört die Weigerung, einzelne Fragen zu beantworten (näher dazu Müller 448a), die notwendigen

Vorbereitungsarbeiten zu erledigen, sich der Leitung des Gerichts (§ 78) zu unterwerfen und den Eid nach § 79 zu leisten (LR-Krause 6). Als Weigerung ist bei fehlender Fristabrede auch die Nichtablieferung des schriftlichen Gutachtens trotz Mahnung nach angemessener Frist anzusehen. Die Weigerung kann entschuldigt sein, wenn unüberwindliche Hinderungsgründe bestehen. Zur Weigerung berechtigt nicht, dass das Gutachten für Zwecke des Gerichts auf Tonband aufgenommen (Praml MDR **77**, 14) oder dem Antrag auf Ausschließung der Öffentlichkeit nicht stattgegeben wird (LR-Krause 7; **aM** Herbst NJW **69**, 548).

C. **Weigerung der Fristabsprache (II S 1 erste Altern):** Das Beharren auf einer unangemessen langen Frist steht der völligen Verweigerung der Fristabsprache gleich (LR-Krause 8; SK-Rogall 23; erg 11 zu § 73). Da die Festsetzung des Ordnungsgeldes Vorwerfbarkeit voraussetzt, muss die Unangemessenheit so deutlich sein, dass sie auch der Sachverständige bei pflichtgemäßer Abwägung erkennen konnte und musste (Rieß NJW **75**, 84). 5

D. **Versäumung der abgesprochenen Frist (II S 1 zweite Altern):** Ungehorsamsfolgen treten nur bei schuldhafter Säumnis ein. Krankheit, unvorhersehbare Arbeitsüberlastung oder berufliche Abordnung sind Entschuldigungsgründe, nicht aber die Nichtanzeige der Arbeitsüberlastung (Celle NJW **72**, 1524). 6

3) Ungehorsamsfolgen: 7

A. Die **Auferlegung der Kosten** ist in den Fällen des I, nicht in denen des II, für jeden einzelnen Ungehorsamsfall ohne Rücksicht auf deren Zahl zwingend vorgeschrieben (LR-Krause 12). Wegen Art und Höhe der Kosten vgl 14 zu § 51. 8

B. **Ordnungsgeld:** Die Höhe regelt Art 6 EGStGB. Im Fall des I gelten 16, 17 zu § 51 entspr. In demselben Verfahren darf die Festsetzung von Ordnungsgeld nach I S 3 nur einmal wiederholt werden (vgl 19 zu § 51), auch wenn die Hauptverhandlung nach §§ 228, 229 von neuem durchgeführt werden muss. Die ersatzweise Festsetzung von Ordnungshaft lässt I, anders als § 51 I S 1, nicht zu. 9

Im **Fall II** ist die Festsetzung von Ordnungsgeld nicht zwingend vorgeschrieben; bei Gutachtenverweigerung, nicht bei Verweigerung der Fristabsprache (KK-Hadamitzky 4), ist sie erst nach Androhung unter Setzung einer Nachfrist zulässig (II S 2). Dabei braucht die beabsichtigte Bemessung des Ordnungsgeldes nicht vorher mitgeteilt zu werden. Die Frist muss so bemessen werden, dass dem Sachverständigen die Erstellung des Gutachtens möglich ist (LR-Krause 10). Bei Fristversäumung kann zugleich mit der Festsetzung des Ordnungsgeldes eine 2. Nachfrist gesetzt und erneut Ordnungsgeld angedroht werden. Wird es festgesetzt, so sind die Zwangsmittel erschöpft. IdR wird es sich empfehlen, schon den nach der 1. Ordnungsgeldfestsetzung noch ungehorsamen Sachverständigen nach § 76 I S 2 zu entbinden (SK-Rogall 26). 10

4) Verfahren, Vollstreckung und Anfechtung: Vgl 21–23, 25–30 zu § 51. In den Fällen des II muss der Sachverständige vor der Beschlussfassung gehört werden (KMR-Neubeck 11). § 51 II S 2 gilt entsprechend (§ 72). 11

Richterliche Leitung der Tätigkeit des Sachverständigen

78
Der Richter hat, soweit ihm dies erforderlich erscheint, die Tätigkeit der Sachverständigen zu leiten.

1) Tätigkeit des Sachverständigen iS des § 78 ist nur die Vorbereitung des Gutachtens (KK-Hadamitzky 2; LR-Krause 2; **aM** EbSchmidt Nachtr 10); denn dass die Vernehmung von dem Richter geleitet wird, folgt schon aus § 238 I. 1

2) Die **Leitung der Sachverständigentätigkeit,** die keiner besonderen Form bedarf, ist eine wichtige, oft vernachlässigte (vgl Dippel 107; Sarstedt NJW **68**, 180) Aufgabe des Richters, im Vorverfahren der StA oder Polizei, die den Sachverständigen zugezogen hat. 2

§ 79

3 Sie erfordert eine klare und eindeutige **Auftragsbeschreibung** (LR-Krause 4; Krauß ZStW **85**, 322), insbesondere die unmissverständliche Formulierung der von dem Sachverständigen zu beantwortenden Beweisfragen (MüKoStPO-Trück 7; Tröndle JZ **69**, 376). Der Überschreitung des Gutachtenauftrags muss entgegengewirkt werden.

4 Die **Anknüpfungstatsachen** (11 zu § 79), von denen er in seinem Gutachten ausgehen soll, sind dem Sachverständigen möglichst schon bei Auftragserteilung mitzuteilen, sofern er sie nicht selbst, als Befundtatsachen (10 zu § 79), ermitteln soll (BGH StV **95**, 113; MüKoStPO-Trück 8; Jessnitzer/Ulrich 221). Dazu muss ihm ein Sachbericht, oft sogar das gesamte Aktenmaterial zugänglich werden (3 zu § 80). Wird er erst während oder nach Schluss der Beweisaufnahme bestellt, so können ihm die Anknüpfungstatsachen außerhalb der Hauptverhandlung bekanntgegeben werden (BGH **2**, 25, 29).

5 Auch **Belehrungen** des Sachverständigen **über rechtliche Vorgaben** können notwendig sein, zB über verfahrensrechtliche Vorschriften, insbesondere über das Fehlen der Befugnis, Auskunftspersonen zu vernehmen (2 zu § 80), oder über die sachliche Rechtslage, zB über die rechtlichen Voraussetzungen der §§ 20, 21 StGB (LR-Krause 5ff; MüKoStPO-Trück 5), oder über das Verbot, zulässiges Verteidigungsverhalten des Beschuldigten zu seinem Nachteil zu verwerten (BGH 1 StR 512/02 vom 16.1.2003).

6 Die **fachliche Durchführung der Untersuchungen** ist dagegen allein Sache des Sachverständigen; er hat hinsichtlich der Informationsbeschaffung und der Methodenwahl weitgehend freie Hand. Das Gericht darf ihm somit keine Weisungen darüber erteilen, auf welchem Weg er das Gutachten zu erarbeiten hat (BGH DAR **78**, 155 [Sp]; Kube/Leineweber 61; zu weitgehend aber BGH NJW **70**, 1242) und welche Untersuchungsmethoden er anwenden soll (BGH NStZ **92**, 27 [K]; **97**, 610). Es darf zB nicht darüber befinden, ob und unter welchen Bedingungen sich der Sachverständige die Überzeugung von der Verhandlungsunfähigkeit des Angeklagten verschaffen darf. Der Verteidiger hat bei der Begutachtung kein Anwesenheitsrecht; dies gilt auch dann, wenn der Beschuldigte die Untersuchung, etwa eine **Exploration,** ansonsten verweigert (BGH NStZ **03**, 101 mit krit Anm Barton StV **03**, 537; BGH NStZ **08**, 229).

7 3) Die **Revision** kann ein Verstoß gegen § 78 nicht begründen. Revisionsgrund kann nur die infolge der Nichtbeachtung der Vorschrift entstandene Verletzung der §§ 136a, 252, 261 oder der §§ 20, 21 StGB sein (KK-Hadamitzky 5; LR-Krause 11; SK-Rogall 15).

Vereidigung des Sachverständigen

79 I Der Sachverständige kann nach dem Ermessen des Gerichts vereidigt werden.

II Der Eid ist nach Erstattung des Gutachtens zu leisten; er geht dahin, daß der Sachverständige das Gutachten unparteiisch und nach bestem Wissen und Gewissen erstattet habe.

III Ist der Sachverständige für die Erstattung von Gutachten der betreffenden Art im allgemeinen vereidigt, so genügt die Berufung auf den geleisteten Eid.

1 1) **Im Ermessen des Gerichts (I)** steht die Vereidigung, auch bei ausschlaggebender Bedeutung des Gutachtens (BGH bei Herlan MDR **55**, 651). Nur besondere Umstände führen zur Vereidigung (BGH **21**, 227), etwa wenn Sachkunde und Gewissenhaftigkeit des Sachverständigen zweifelhaft sind oder wenn seinem Gutachten ohne Prüfungsmöglichkeit blindlings gefolgt werden muss.

2 Die Nichtvereidigung bedarf keiner ausdrücklichen **Entscheidung,** da sie die Regel ist (vgl BGH **21**, 227). In der Praxis ist die Vorabentscheidung des Vorsit-

Sachverständige und Augenschein **§ 79**

zenden (9 zu § 59) üblich. Wegen der Vereidigung der Behördenvertreter vgl 5 zu § 83.

2) **Auf** einen **Antrag** der StA, des Angeklagten oder des Verteidigers kommt es 3 jetzt – im Gegensatz zur früheren Rechtslage – nicht mehr an; das Gericht entscheidet wie in § 59 I nach seinem Ermessen; §§ 60, 61 gelten aber auch hier (1 zu § 72).

3) Als **Nacheid (II)** ist der Eid zu leisten. Die Form regelt II iVm § 64; auch 4 § 65 gilt, ebenso § 67 (KK-Hadamitzky 4). Mehrere Sachverständige müssen einzeln vereidigt werden. Die Vereidigung ist im Protokoll mit den Worten: „Der Sachverständige leistete den Sachverständigeneid", zu beurkunden (§ 273 I).

4) Die **Berufung auf die allgemeine Vereidigung (III)** ersetzt den Eid; der 5 Sachverständige kann ihn daher verweigern (KMR-Neubeck 8; LR-Krause 15; SK-Rogall 17; Jessnitzer/Ulrich 412; **aM** KK-Hadamitzky 5; EbSchmidt 11). Wie im Fall des § 67 (dort 7) und des § 189 GVG (dort 2) muss sich der Sachverständige selbst auf den Eid berufen, wenn auch nur durch Bejahung der Frage des Richters, ob er das tun wolle. Die Berufung auf den Diensteid des Beamten, zu dessen Dienstpflichten die Erstattung von Gutachten der betreffenden Art gehört, reicht aus (RG **42**, 369; **43**, 158; **45**, 373, 375), nicht aber die Berufung auf die allgemeine Vereidigung als Dolmetscher (BGH NJW **65**, 643).

Die **Feststellung der allgemeinen Vereidigung,** die nicht gerichtskundig ist, 6 erfolgt im Freibeweis (7, 9 zu § 244). Die Erklärung des Sachverständigen kann ausreichen. Bleiben Zweifel, so ist er zu vereidigen.

Im **Protokoll** muss die Berufung auf die allgemeine Vereidigung beurkundet 7 werden (§ 273 I), nicht die Feststellung, dass die Vereidigung stattgefunden hat.

Ihrem **Umfang** nach erstreckt sich die allgemeine Vereidigung (zB nach § 36 8 GewO) auf Gutachten auf einem bestimmten Fachgebiet (Jessnitzer/Ulrich 410), bei örtlicher Beschränkung auf die vor Gerichten des betreffenden Bezirks abgegebenen Gutachten (RG **43**, 158; **45**, 373). War der Eid an das Amt eines gerichtlichen Sachverständigen geknüpft, so verliert er mit dessen Niederlegung seine Wirkung (Jessnitzer/Ulrich 411).

5) Der **Eid erstreckt sich** auf das Gutachten, nicht auf die Personal- und Ge- 9 neralfragen nach § 68 (Schleswig SchlHA **86**, 103 [E/L]; LR-Krause 16). Insoweit kann der Sachverständige aber, ggf unter Verbindung beider Eidesformeln (LR-Krause 16), besonders vereidigt werden. Im Übrigen ist zu unterscheiden:

A. **Befundtatsachen,** dh Anknüpfungstatsachen für das Gutachten, die der 10 Sachverständige auf Grund seiner Sachkunde selbst festgestellt hat, vermittelt er dem Gericht als Teil des Gutachtens (BGH **9**, 292; **13**, 1; **18**, 107; **20**, 164; NStZ-RR **20**, 29; Hamm StV **84**, 457 mwN). Sie werden daher von den Eid umfasst (Jessnitzer/Ulrich 413). Solche Tatsachen sind insbesondere Wahrnehmungen bei der Leichenöffnung (BGH VRS **32**, 433) oder am lebenden Körper (BGH **18**, 107; Bremen VRS **54**, 65, 67), bei der Besichtigung des Tatorts (RG HRR **32**, 213) oder der Unfallstelle (BGH VRS **10**, 287; Hamm VRS **29**, 202), Feststellungen bei der Auswertung früherer Gutachten (BGH MDR **77**, 108 [H]) oder Krankengeschichten (BGH **9**, 292; BGHR § 59 S 1 Sachverständigenfrage 1, 2; Celle GA **61**, 245), bei der Untersuchung von Lebensmitteln oder Kraftfahrzeugen (BGH VRS **65**, 140) oder bei der Einsicht in Handelsbücher und Buchungsunterlagen (BGH NJW **51**, 771), nicht aber Schriftproben (KG StV **93**, 628; Hamm StV **84**, 457), Fahrtschreiberdiagramme (Düsseldorf VRS **39**, 277) und Wahrnehmungen des Sachverständigen vor seiner Bestellung (unten 12).

B. **Zusatztatsachen,** dh das Gutachten vorbereitende Anknüpfungstatsachen, 11 zu deren Ermittlung und Wahrnehmung keine besondere Sachkunde erforderlich war und die daher auch das Gericht hätte feststellen können (BGH **13**, 1; 250; **18**, 107; **20**, 164, 166; NStZ **20**, 29), sind nicht Inhalt des Gutachtens; der Sachverständige muss über sie als Zeuge aussagen (BGH aaO; **22**, 268, 271; NStZ **85**, 135)

Schmitt 299

oder die von ihm angehörten Personen müssen als Zeugen vernommen werden. In Betracht kommen vor allem das Tatgeschehen betreffende Tatsachen, die der Sachverständige bei der Vorbereitung des Gutachtens von dem zu Begutachtenden oder von Auskunftspersonen unaufgefordert (vgl BGH NJW **88**, 1223, 1224: Geständnis des Angeklagten) oder auf Befragen oder die er durch Augenschein erfahren hat (BGH NStZ **93**, 245).

12 C. **Zufallsbeobachtungen** stehen in keinem unmittelbaren Zusammenhang mit dem Gutachten und werden daher von dem Eid ebenfalls nicht umfasst. Das gilt insbesondere für Wahrnehmungen und für das eigene Verhalten des Sachverständigen vor der Bestellung, für die zufällige Beobachtung der Tat und für besondere Wahrnehmungen während der Sachverständigentätigkeit, zB dass dem Angeklagten ein Kassiber zugesteckt wird (LR-Krause 17).

13 6) **Revision:** Fehler bei der Ermessensausübung nach I können die Revision nicht begründen (vgl BGH **21**, 227). Wenn der Sachverständige auch als Zeuge vernommen und vereidigt worden ist, deckt der Zeugeneid immer auch das Sachverständigengutachten (BGH GA **76**, 78; Hamm NJW **69**, 567; vgl auch Mü-KoStPO-Trück 27). Wurde der Sachverständige fehlerhaft nicht zugleich als Zeuge vernommen (oben 11), beruht das Urteil darauf nur dann nicht, wenn ausgeschlossen werden kann, dass er als Zeuge seine Aussage geändert hätte (BGH NStZ **85**, 135; **86**, 323; **93**, 246). Im Fall des III kann die Revision auf das Fehlen einer allgemeinen Vereidigung gestützt werden. Sind Gericht und Sachverständiger davon ausgegangen, dass die Berufung auf den Eid zulässig war, so wird das Urteil aber auf dem Verstoß idR nicht beruhen (LR-Krause 24; erg 9 zu § 67; 3 zu § 189 GVG).

Vorbereitung des Gutachtens durch weitere Aufklärung

80 ^I **Dem Sachverständigen kann auf sein Verlangen zur Vorbereitung des Gutachtens durch Vernehmung von Zeugen oder des Beschuldigten weitere Aufklärung verschafft werden.**

^{II} **Zu demselben Zweck kann ihm gestattet werden, die Akten einzusehen, der Vernehmung von Zeugen oder des Beschuldigten beizuwohnen und an sie unmittelbar Fragen zu stellen.**

1 1) **Verschaffung weiterer Aufklärung:** Die Anknüpfungstatsachen (11 zu § 79) müssen dem Sachverständigen, soweit möglich, bereits bei der Erteilung des Auftrags mitgeteilt werden (4 zu § 78). Zu den Pflichten des Sachverständigen gehört es, sie kritisch zu würdigen; denn häufig kann nur er auf Grund seiner besonderen Sachkunde beurteilen, ob sie richtig und vollständig sind. Hält er eine Vervollständigung für nötig, so ist er verpflichtet, sich an seinen Auftraggeber (Gericht, StA, Polizei) zu wenden und die nach seiner Auffassung mögliche und erforderliche weitere Sachaufklärung zur Gewinnung einer zuverlässigen Tatsachengrundlage für sein Gutachten zu beantragen. Für das Gericht folgt die Pflicht, ihm auf Verlangen weitere Aufklärung zu verschaffen, idR schon aus der Sachaufklärungspflicht nach § 244 II (BGH JR **62**, 111). Nur wenn sie nicht entgegensteht, kann das Gericht auf einer Gutachtenerstattung ohne völlige Aufklärung oder sogar unter Unterstellung eines bestimmten Sachverhalts bestehen. Der Sachverständige hat kein eigenes Ermittlungsrecht (Momsen/Rackow/Schwarze NStZ **18**, 625, 627).

2 2) Durch **Vernehmung von Auskunftspersonen** (Beschuldigte, Zeugen) soll dem Sachverständigen in 1. Hinsicht weitere Aufklärung verschafft werden (I). Gemeint sind Vernehmungen durch das Gericht, die StA oder die Polizei. Der Sachverständige selbst ist zu solchen Vernehmungen nicht befugt (BGH JR **62**, 111; Köln StraFo **11**, 504; Weigend JZ **90**, 49; **aM** Fincke ZStW **86**, 669; ausführlich dazu SK-Rogall 12 ff; Dippel 131 ff). Zwar sind ihm informatorische Befragungen nicht verwehrt, sofern sie nur dem Zweck dienen, allgemein die Beweiserheblichkeit des Wissens der Auskunftsperson festzustellen und ggf ihre Vernehmung zu beantragen (BGH **9**, 292, 296; Heinitz Engisch-FS 699; einschr Nagler StV **06**, 521). Sonst darf der Sachverständige nur der richterlichen Vernehmung beiwohnen und an Zeugen oder Beschuldigte Fragen stellen (II); dabei darf ihm aber nicht die ganze Befragung überlassen werden (KG StraFo **16**, 245, 246; LR-Krause 5). Das Vernehmungsverbot gilt auch für Explorationen durch psychologische Sachverständige; sie sind zu eigenen Ermittlungen ebenso wenig befugt wie andere Sachverständige (vgl BGH MDR **66**, 383 [D]; LR-Krause 8; SK-Rogall 16 ff; **aM** Cabanis NJW **78**, 2331; Fincke ZStW **86**, 664). Vernehmungen, die der Sachverständige unter Verstoß gegen diese Grundsätze vornimmt, sind verfahrensrechtlich, vor allem im Hinblick auf § 251 II Nr 1, wertlos (BGH **13**, 1, 4; LR-Krause 7); erforderlichenfalls muss das Gericht sie wiederholen.

3) Die **Akteneinsicht (II)** wird dem Sachverständigen nicht nur auf sein Verlangen (I) gestattet, sondern idR schon bei der Auftragserteilung (oben 1). Dem Verlangen des Sachverständigen auf Akteneinsicht muss aber nicht stets und nicht immer umfassend entsprochen werden (LR-Krause 3). Entscheidend ist das Ermessen der Stelle, die die Tätigkeit des Sachverständigen zu leiten hat (§ 78). Routinemäßig dürfen die Akten dem Sachverständigen nicht überlassen werden (SK-Rogall 10 zu § 78; Dippel Müller-FS 138). Wegen der Akteneinsicht des Schriftsachverständigen vgl 1 zu § 93.

4) Sonstige Beweiserhebungen zur Vorbereitung des Gutachtens schließt II nicht aus, so insbesondere die Herbeiziehung von Urkunden und Akten und die Vorlegung von Augenscheinsobjekten (Karlsruhe Justiz **63**, 36). Die Besichtigung von Örtlichkeiten, die Einholung von Auskünften und die Heranziehung von Krankengeschichten und anderen Unterlagen ist dem Sachverständigen ohne Mitwirkung des Gerichts gestattet. Nimmt er eine Ortsbesichtigung vor, so braucht er Beschuldigte und Verteidiger nicht zu benachrichtigen (BGH VRS **35**, 428).

5) In der Hauptverhandlung braucht der Sachverständige nicht ständig anwesend zu sein (BGH DAR **83**, 205 [Sp]; MDR **53**, 723 [D]). Er entscheidet, sofern das Gericht ihm hierüber keine Weisungen erteilt, selbst darüber, ob das Gutachten seine ständige Anwesenheit erfordert (BGH DAR **77**, 175 [Sp]; **85**, 195 (Sp); NStZ **81**, 297 [Pf]). Das Gericht kann dem Sachverständigen, da § 58 I auf ihn nicht entspr anwendbar ist, die Anwesenheit bei der Beweisaufnahme gestatten. Bisweilen ist das sogar nach § 244 II geboten (BGH **19**, 367). Dem Gericht obliegt die Prüfung, ob während der Abwesenheit des Sachverständigen Einzelheiten erörtert worden sind, die sein Gutachten beeinflussen können, und ob er daher über diese Verhandlungsergebnisse zu unterrichten ist (BGH **2**, 25, 27/28; DAR **85**, 195 [Sp]). Zur Frage, ob die dauernde Anwesenheit des Sachverständigen die Verteidigung beschränken kann, vgl Loos H. Kaufmann-GedSchr 961. Ob der Sachverständige unmittelbar Fragen an Zeugen oder Beschuldigte stellen darf, steht im Ermessen des Gerichts (BGH NJW **69**, 437).

6) Revisionsgrund ist der Verstoß gegen I nur, wenn zugleich eine Verletzung der Sachaufklärungspflicht vorliegt oder wenn er dazu geführt hat, dass der Sachverständige von unrichtigen Erwägungen ausgegangen ist (LR-Krause 13). Auf eine Verletzung der II, der nur eine Ordnungsvorschrift ist (KK-Hadamitzky 6; LR-Krause 13), kann die Revision nicht gestützt werden (MüKoStPO-Trück 16; **aM** SK-Rogall 22).

Vorbereitung des Gutachtens im Vorverfahren

§ 80a Ist damit zu rechnen, daß die Unterbringung des Beschuldigten in einem psychiatrischen Krankenhaus, einer Entziehungsanstalt oder in der Sicherungsverwahrung angeordnet werden wird, so soll schon im Vorverfahren einem Sachverständigen Gelegenheit zur Vorbereitung des in der Hauptverhandlung zu erstattenden Gutachtens gegeben werden.

§ 81

1 1) Für das Vorverfahren (Einl 60) gegen einen schuld- und verhandlungsfähigen Beschuldigten gilt die Vorschrift. Im Sicherungsverfahren nach §§ 413 ff gilt § 414 III, in der Hauptverhandlung § 246a.

2 2) Die Vorbereitung des Gutachtens soll dem Sachverständigen ermöglicht werden. Ein Sachverständiger ist regelmäßig schon in einem frühen Stadium des Ermittlungsverfahrens heranzuziehen, wenn eine freiheitsentziehende Maßregel nach §§ 63–66 StGB in Betracht kommt (MüKoStPO-Trück 4 mwN). IdR ist ein Psychiater zum Sachverständigen zu bestellen (Müller-Dietz NStZ **83**, 204 mwN; vgl auch BGH MDR **76**, 17 [D]). Sein Gutachten muss sich auf den psychischen und körperlichen Zustand des Beschuldigten und auf die Behandlungsaussichten erstrecken.

3 3) Bei Weigerung des Beschuldigten, sich untersuchen zu lassen, ist er vor das Gericht oder die StA zu laden, notfalls nach § 133 II vorzuführen, und unter Beteiligung des Sachverständigen (§ 80) zu vernehmen (LR-Krause 4). In Betracht kommt auch eine Anordnung nach § 81a, auch eine Unterbringung nach § 81 (BGH NJW **72**, 348).

4 4) Anfechtung: Nicht die Zuziehung des Sachverständigen, sondern erst die Anordnung nach § 81 oder 81a ist mit der Beschwerde anfechtbar (LR-Krause 5).

5 Die **Revision** kann nicht auf den Verstoß gegen § 80a, sondern nur auf Verletzung des § 246a gestützt werden (BGH NStZ **84**, 134; SK-Rogall 10).

Unterbringung des Beschuldigten zur Vorbereitung eines Gutachtens RiStBV 61, 62

81 ^I Zur Vorbereitung eines Gutachtens über den psychischen Zustand des Beschuldigten kann das Gericht nach Anhörung eines Sachverständigen und des Verteidigers anordnen, daß der Beschuldigte in ein öffentliches psychiatrisches Krankenhaus gebracht und dort beobachtet wird.

^II ^1 Das Gericht trifft die Anordnung nach Absatz 1 nur, wenn der Beschuldigte der Tat dringend verdächtig ist. ^2 Das Gericht darf diese Anordnung nicht treffen, wenn sie zu der Bedeutung der Sache und der zu erwartenden Strafe oder Maßregel der Besserung und Sicherung außer Verhältnis steht.

^III Im vorbereitenden Verfahren entscheidet das Gericht, das für die Eröffnung des Hauptverfahrens zuständig wäre.

^IV ^1 Gegen den Beschluß ist sofortige Beschwerde zulässig. ^2 Sie hat aufschiebende Wirkung.

^V Die Unterbringung in einem psychiatrischen Krankenhaus nach Absatz 1 darf die Dauer von insgesamt sechs Wochen nicht überschreiten.

Übersicht

	Rn
1) Anwendungsbereich	1
2) Unterbringung ohne Anordnung	2
3) Beweisantrag	3
4) Voraussetzungen der Unterbringung	4–8
5) Anhörungspflichten	9–15
6) Unterbringung in einem psychiatrischen Krankenhaus	16–21
7) Unterbringungsbeschluss	22–27
8) Sofortige Beschwerde (IV)	28–31
9) Revision	32
10) Immunität	33

1 1) Anwendungsbereich: Die Unterbringung zur Beobachtung in einem öffentlichen psychiatrischen Krankenhaus – die ambulante Beobachtung in den Privaträumen eines Sachverständigen (KG StraFo **16**, 245, 246) – ist schon im Vorverfahren (Einl 60) zulässig, auch im Sicherungsverfahren nach §§ 413 ff, nicht

Sachverständige und Augenschein § **81**

aber im Privatklageverfahren (unten 7). Rechtskraft und Vollzug (§ 67 II StGB) der neben der Maßregel nach § 63 StGB verhängten Freiheitsstrafe hindern die Unterbringung nicht, solange noch über die Maßregel zu entscheiden ist; die Unterbringung muss dann auf die Strafzeit angerechnet werden (Celle NJW **61**, 981). Nach Rechtskraft des Urteils ist die Unterbringung ausgeschlossen. Sie darf weder für Zwecke der Strafvollstreckung noch zur Vorbereitung der Entscheidungen nach §§ 57, 57a, 67d IV, 67g StGB angeordnet werden (Düsseldorf StV **85**, 377; Hamm NJW **74**, 914). Bei der Beweisaufnahme im Wiederaufnahmeverfahren nach § 369 ist sie wieder zulässig (dort 1).

2) **Ohne Unterbringungsanordnung** nach § 81 und auch ohne die zeitliche 2 Grenze des V (RG **34**, 306; Stuttgart NJW **61**, 2077) ist die Beobachtung des Beschuldigten zulässig, solange gegen ihn ein Unterbringungsbefehl nach § 126a in einem psychiatrischen Krankenhaus (nicht in einer Entziehungsanstalt) vollzogen wird (KK-Hadamitzky 2; LR-Krause 5; näher Kangarani StraFo **14**, 101; **aM** Hamburg MDR **72**, 1048; Bosch StV **02**, 634) oder solange er sich in einer JVA in UHaft oder Strafhaft befindet und dort in der psychiatrischen Abteilung beobachtet werden kann (BGH NStZ **95**, 219 [K]). Die Anordnung, dass er in eine solche Abteilung oder in eine andere JVA mit einer solchen Abteilung zu verlegen ist, reicht dann aus (Celle NStZ **91**, 598 mit abl Anm Wohlers NStZ **92**, 347; Karlsruhe Justiz **72**, 18; Stuttgart NJW **73**, 1426; **aM** Duttge NStZ **03**, 377). Bei UHaft trifft sie der nach § 126 zuständige Haftrichter, bei Strafhaft der Vorstand der JVA. Für Beobachtungen außerhalb der JVA gilt das nicht (Stuttgart aaO). Muss hingegen die Unterbringung angeordnet werden, ist diese grundsätzlich vorrangig vor U-Haft zu vollstrecken (§ 116b S 2, dort 4).

3) **In Form eines Beweisantrags** (17 ff zu § 244) kann die Anstaltsunterbrin- 3 gung von den Prozessbeteiligten nicht beantragt werden. Da der Antrag sich nicht auf den Umfang der Beweisaufnahme, sondern nur auf die Art und Weise der Begutachtung durch den Sachverständigen bezieht, handelt es sich um eine bloße Beweisanregung (26 zu § 244), über die das Gericht im Rahmen der Sachaufklärungspflicht (§ 244 II) entscheidet (HK-Brauer 5; LR-Krause 7; SK-Rogall 61; **aM** BGH JR **55**, 472; OGH **2**, 207; Koblenz VRS **48**, 182, 184; KK-Hadamitzky 3). Die Anstaltsbeobachtung ist auch kein überlegenes Forschungsmittel iS § 244 IV S 2 Hs 2 (dort 76).

4) **Voraussetzungen der Unterbringung:** 4

A. Zur **Vorbereitung des Gutachtens** über den psychischen Zustand des Be- 5 schuldigten kann die Unterbringung angeordnet werden **(I)**, in 1. Hinsicht zur Prüfung der Schuldfähigkeit nach §§ 20, 21 StGB, nicht der Glaubwürdigkeit (BGH JR **55**, 472; Celle StV **87**, 518; Roxin/Schünemann § 33, 3; Schlüchter 274), auch nicht zur Rekonstruktion (Trinkversuch) einer vorübergehenden Bewusstseinsstörung infolge Alkohol- oder Medikamentengenusses (BGH MDR **66**, 383 [D]; KK-Hadamitzky 1). Ein jetzt geistig Gesunder kann aber untergebracht werden, damit aus seinem Zustand Rückschlüsse auf den psychischen Zustand zur Tatzeit gezogen werden können (LR-Krause 8). Steht die Schuldunfähigkeit fest, so ist die Unterbringung zur Prüfung der Gemeingefährlichkeit iS der §§ 63, 66 StGB zulässig (LR-Krause 9; Arzt JZ **69**, 439). Schließlich darf durch die Unterbringung auch die gegenwärtige oder frühere (zB bei Ablegung eines Geständnisses) Verhandlungsfähigkeit geklärt werden (KMR-Bosch 9; LR-Krause 10; **aM** Schroeder JZ **85**, 1030; diff Eisenberg NStZ **15**, 433, 435). Einen weiteren Unterbringungszweck sieht § 73 **JGG** vor.

B. **Dringenden Tatverdacht (II S 1)** zum Zeitpunkt der Anordnung setzt die 6 Unterbringung voraus. Das ist wie bei § 112 I S 1 zu beurteilen (dort 5 ff) und grundsätzlich nach Aktenlage zu entscheiden. Eine Beweiserhebung ist zwar zulässig, aber nicht in der Weise, dass probeweise eine Hauptverhandlung durchgeführt und ggf ausgesetzt wird (SK-Rogall 11; **aM** Düsseldorf JMBlNW **58**, 213; erg 18 zu § 81a). Besteht der dringende Verdacht des äußeren Tatgeschehens, so ist eine

§ 81 Erstes Buch. 7. Abschnitt

Vernehmung des Beschuldigten zur inneren Tatseite idR nicht erforderlich (SK-Rogall aaO). Während laufender Hauptverhandlung ist analog der Rspr zur Überprüfung des dringenden Tatverdachts auf Haftbeschwerde (siehe 11 zu § 117) eine hinreichend substantiierte Darlegung des bisherigen Ergebnisses der Beweisaufnahme erforderlich (vgl Eisenberg NStZ **15**, 433, 435).

7 C. Der **Verhältnismäßigkeitsgrundsatz (II S 2)** steht der Anordnung entgegen, wenn die Unterbringung für den Beschuldigten schwerer wiegt als die Strafe oder Maßregel, die er für die Straftat zu erwarten hat (LR-Krause 14). Dies gilt gleichermaßen, wenn der Beschuldigte die Mitwirkung an einer Exploration verweigert, ohne die brauchbare Erkenntnisse über den psychischen Zustand nicht gewonnen werden können (KG NStZ-RR **13**, 182 L). Unzulässig ist die Unterbringung im Privatklageverfahren (Hamburg JR **55**, 394) und in Bagatellstrafsachen (Karlsruhe Justiz **97**, 141; LG Zweibrücken StV **97**, 347; StraFo **03**, 89; vgl auch Bamberg MDR **84**, 602: Beleidigungen querulatorischer Art). Im Bußgeldverfahren ist sie gesetzlich ausgeschlossen (§ 46 III S 1 OWiG).

8 Die Unterbringung darf auch sonst nur angeordnet werden, wenn sie **unerlässlich** ist (BVerfGE **17**, 108, 117 = NJW **63**, 2368, 2370; BVerfG StV **95**, 617; **01**, 657), wenn also der psychische Zustand des Beschuldigten anders nicht beurteilt werden kann (Karlsruhe NJW **73**, 573). Sie ist unzulässig, wenn die Ergebnisse einer früheren Untersuchung ausreichen (Stuttgart StV **04**, 582), ferner, wenn der Sachverständige durch ambulante Untersuchungen – außerhalb eines psychiatrischen Krankenhauses – ein genügend sicheres Bild gewinnen kann (Düsseldorf StV **93**, 571; Frankfurt NJW **67**, 689; StV **86**, 51), dann ist auch eine zwangsweise Vorführung nicht zulässig (SK-Rogall 19; **aM** Bamberg MDR **84**, 602). Wäre die Anordnung hingegen zulässig, wenn der Beschuldigte notfalls zu ambulanten Untersuchungen vorgeführt werden (KG JR **65**, 69; Celle NStZ **91**, 598; Oldenburg NJW **71**, 1098; **aM** SK-Rogall aaO); wenn sie trotzdem an seinem Widerstand scheitern, ist die Unterbringung zulässig (Nürnberg OLGSt S 11). Von ihr muss schließlich abgesehen werden, wenn im Hinblick auf die Weigerung des Angeklagten zur Mitwirkung brauchbare Ergebnisse nicht zu erwarten sind (Düsseldorf StV **05**, 490; Oldenburg StV **08**, 128; Rostock StV **15**, 619; LG Hagen StraFo **08**, 157), oder wenn feststeht, dass die Beobachtungszeit von 6 Wochen ohnehin nicht ausreicht, oder wenn der Beschuldigte sich freiwillig in einer Privatklinik, deren Ärzte als Sachverständige geeignet sind, untersuchen lässt.

9 5) **Anhörungspflichten.**

10 A. Die **Anhörung eines Sachverständigen (I)** ist stets erforderlich Er muss Psychiater oder Neurologe (Frankfurt NJW **67**, 689) und sollte der Arzt sein, der die Beobachtung durchführen soll.

11 Er muss sich einen **persönlichen Eindruck** von dem Beschuldigten verschaffen, bevor er sich zur Notwendigkeit der Unterbringung äußert (KG NStZ-RR **13**, 182 L; Stuttgart StV **04**, 582 mwN). Die Ansicht, in seltenen Ausnahmefällen, die sich aus der Stellungnahme des Sachverständigen ergeben müssen, könne das Aktenstudium ausreichen (Düsseldorf StV **93**, 571; Hamburg MDR **64**, 434; Karlsruhe MDR **84**, 72; StV **84**, 369; Koblenz OLGSt S 23; vgl auch Jena R&P **08**, 58), begegnet Bedenken. Der persönliche Eindruck wird niemals ersetzbar sein (KG StraFo **16**, 245; Celle NStZ **91**, 599; Düsseldorf StV **98**, 638; Stuttgart aaO; vgl auch Rostock StV **15**, 619). Notfalls ist der Beschuldigte zu einer Vernehmung durch das nach III zuständige Gericht (Koblenz 1 Ws 370/09 vom 5.8.2009; **aM** LG Gera StV **95**, 631; LG Koblenz 1 AR 1/09 vom 12.6.2009 [StA, § 163a III, oder ER, § 162 I]) vorzuladen, ggf auch vorzuführen (§ 133; LG Aschaffenburg StV **04**, 583; LR-Krause 18; krit KMR-Bosch 24), und dort in Anwesenheit des Sachverständigen zu hören (§ 80; vgl Celle NStZ **89**, 242; Düsseldorf StV **93**, 571; Jena aaO).

12 Wenn der Sachverständige sich nicht ausnahmsweise mündlich in Anwesenheit aller Verfahrensbeteiligten äußert, muss er seine **Stellungnahme** schriftlich abgeben (Stuttgart StV **04**, 582). Er muss sich zur Notwendigkeit (Frankfurt StV **86**,

51; Hamm NJW **57**, 1290) und zur voraussichtlich erforderlichen Dauer der Beobachtung äußern (Karlsruhe NJW **73**, 573). Eine telefonische Äußerung ggü dem Gericht ist wertlos (KG JR **64**, 231; Karlsruhe MDR **84**, 72; Stuttgart aaO).

Eine **Bindung des Gerichts** an die Stellungnahme des Sachverständigen besteht nicht. Will es von ihr abweichen, so wird es aber idR einen weiteren Sachverständigen hören müssen (Hamm NJW **57**, 1290; LR-Krause 20). 13

B. Der **Verteidiger**, dessen Mitwirkung nach § 140 I Nr 6 notwendig ist (dort 14 18), muss angehört werden; ist neben dem Wahlverteidiger ein Pflichtverteidiger bestellt, sind beide zu hören (München StV **08**, 127). Auf das Einverständnis der Verteidigung kommt es nicht an. Die Anhörung darf erst nach Vorliegen der Stellungnahme des Sachverständigen erfolgen, die dem Verteidiger zur Kenntnis gebracht werden muss (KG JR **64**, 231; Karlsruhe NJW **72**, 1584; MDR **84**, 72; LG Aschaffenburg StV **04**, 583; Eisenberg NStZ **15**, 433, 436 will den Verteidiger bereits vor Einleitung des Verfahrens und der Auswahl des Sachverständigen hören). Dann ist auch dem Beschuldigten selbst Gelegenheit zur Stellungnahme zu geben (Eisenberg aaO; HK-Brauer 17; LR-Krause 23; SK-Rogall 30; **aM** LG Koblenz 1 AR 1/09 vom 12.6.2009; AnwK-Walther 4; KK-Hadamitzkiy 7; EbSchmidt 13), ggf seinem gesetzlichen Vertreter (LR-Krause 23).

C. Die **Staatsanwaltschaft** ist nach § 33 II zu hören. 15

6) Unterbringung in einem psychiatrischen Krankenhaus: 16

A. Die **Dauer der Unterbringung** darf insgesamt 6 Wochen nicht überschrei- 17 ten (V), auch nicht mit Einverständnis des Beschuldigten (KK-Hadamitzky 6) und bei gleichzeitiger Anordnung der Unterbringung nach § 73 **JGG** (Brunner/Dölling 4 zu § 73 JGG). In dem Anordnungsbeschluss muss die Höchstdauer bezeichnet werden (Stuttgart NJW **61**, 2077). Zweckmäßigerweise wird der Wortlaut des V benutzt und angeordnet, dass die Unterbringung die Dauer von 6 Wochen nicht überschreiten darf (LR-Krause 26). Steht fest, dass eine kürzere Zeit ausreicht, so ist die Unterbringung aber von vornherein auf diese Zeit zu beschränken (Oldenburg NJW **61**, 981); bis 6 Wochen kann sie später immer noch verlängert werden. Nach Erreichung des Beobachtungszwecks muss der Sachverständige den Beschuldigten sofort entlassen; darüber sollte er belehrt werden (RiStBV 62 I).

B. Die **Wiederholung der Unterbringung** auf Grund einer neuen richterli- 18 chen Anordnung (die frühere ist auch dann verbraucht, wenn die 6-Wochenfrist nicht ausgeschöpft worden ist) zulässig; nur „insgesamt" darf nach V die Unterbringung nicht länger als 6 Wochen dauern (LR-Krause 28).

C. Die **Auswahl des Krankenhauses** trifft das Gericht in dem Anordnungs- 19 beschluss (Frankfurt NJW **67**, 689; Stuttgart NJW **61**, 2077; LR-Krause 29). Es muss sich um ein öffentliches psychiatrisches Krankenhaus handeln; Träger muss der Staat, eine Gemeinde, ein Gemeindeverband oder ein anderer Hoheitsträger sein (Frankfurt aaO). Nicht erforderlich sind die namentliche Bezeichnung des Arztes, der den Beschuldigten beobachten soll (Nürnberg OLGSt S 10; KK-Hadamitzky 6), und die Regelung der Art der Unterbringung (Hamm NJW **53**, 1237; LR-Krause 29).

D. **Zulässige Maßnahmen:** Der Beschuldigte darf nur festgehalten und be- 20 obachtet werden (vgl Kühne NJW **71**, 227: kein Eindringen in die Intimsphäre). Körperliche Untersuchungen, Blutprobenentnahmen und andere Eingriffe sind ohne sein Einverständnis nur bei besonderer Anordnung nach § 81a, die ggf mit der Anordnung nach § 81 verbunden wird, zulässig (BGH **8**, 144 = JR **56**, 68; NJW **68**, 2297). Das gilt auch für ungefährliche Maßnahmen, die auch sonst im Rahmen der Beobachtung ohne besondere Einwilligung vorgenommen zu werden pflegen (**aM** Schleswig NStZ **82**, 81: EKG und Blutdruckmessung; Peters JR **69**, 233), und für eine Heilbehandlung (LR-Krause 31; Arzt JZ **69**, 440). Der Sachverständige darf den Beschuldigten über dessen Zustand befragen, Antworten aber nicht erzwingen (BGH NJW **68**, 2297). Weigert sich der Untergebrachte, an einer Exploration mitzuwirken, so muss die Unterbringung aufgehoben werden, wenn

§ 81

die Beobachtung allein keine Erfolgsaussicht bietet (Celle StV **85**, 224; **91**, 248; Duttge NStZ **03**, 377). Zur Überwachung des Schriftverkehrs ist, falls überhaupt erforderlich, der Richter befugt, nicht der Krankenhausarzt (BGH NJW **61**, 2069; KK-Hadamitzky 8; LR-Krause 32; **aM** Koch NJW **69**, 176). Bei Beschuldigten, die sich vor der Unterbringung auf freiem Fuß befunden hatten, ist die Überwachung unzulässig (LR-Krause 32).

21 E. Die **Anrechnung im Urteil** bestimmt § 51 I S 1 StGB (vgl BGH **4**, 325). Wird nur auf Freiheits- oder Geldstrafe erkannt, so ist ein besonderer Ausspruch im Urteil nicht erforderlich (BGH **24**, 29; NJW **72**, 730), sofern nicht beide Strafen nebeneinander verhängt werden (BGH aaO; Bay NJW **72**, 1632).

22 **7) Unterbringungsbeschluss:**
23 Ihn erlässt das Gericht, das für die Eröffnung des Hauptverfahrens **zuständig** wäre (III), bei Zuständigkeitswahl nach § 24 I Nrn 2, 3 GVG das Gericht, bei dem die StA die Anklageerhebung beabsichtigt; es kann die Entscheidung aber entspr § 209 dem AG übertragen (LR-Krause 35). Nach Anklageerhebung entscheidet das mit der Sache befasste Gericht.

24 Der Beschluss muss nach § 34 **mit Gründen versehen** werden, die ergeben müssen, welche Zweifel an der Schuld- oder Verhandlungsfähigkeit des Beschuldigten bestehen und warum sie nur durch Beobachtung nach § 81 geklärt werden können (Frankfurt StV **86**, 51; Köln JMBlNW **60**, 44; LR-Krause 36).

25 **Ändern** sich nachträglich die der Entscheidung zugrunde liegenden tatsächlichen oder rechtlichen Voraussetzungen, so darf der rechtskräftige Beschluss nicht abgeändert, aber ein neuer erlassen werden (KMR-Bosch 34), der angefochten werden kann, auch wenn gegen den früheren keine Beschwerde eingelegt worden war (Düsseldorf JMBlNW **61**, 45; Hamm JMBlNW **76**, 21; LR-Krause 37).

26 **Bekanntgegeben** wird der Beschluss in der Hauptverhandlung durch Verkündung, sonst schriftlich durch Zustellung (§ 35 II) an den Verteidiger (§ 145a I), an den Beschuldigten nur, wenn die Vollmacht für den Wahlverteidiger nicht bei den Akten ist (Hamm JMBlNW **56**, 168; LR-Krause 38).

27 Die **Vollstreckung** des Beschlusses obliegt der StA (§ 36 II S 1). Auch hierbei ist der Verhältnismäßigkeitsgrundsatz zu beachten (RiStBV 61 I). Der auf freiem Fuß befindliche Beschuldigte wird zu dem mit der Anstalt verabredeten Zeitpunkt zum Erscheinen geladen, erforderlichenfalls mit Vorführungsandrohung (vgl RiStBV 61 II). Den Vorführungsbefehl erlässt die StA; er kann nach § 23 EGGVG angefochten werden (Koblenz JVBl **61**, 237; KK-Hadamitzky 10; SK-Rogall 48; Altenhain JZ **65**, 758; **aM** Hamm NJW **66**, 684).

28 **8) Sofortige Beschwerde (§ 311)** ist zulässig gegen den die Unterbringung anordnenden Beschluss (IV S 1), entgegen § 305 S 1 auch gegen den des erkennenden Gerichts (KG JR **65**, 69; Karlsruhe Justiz **97**, 141; Stuttgart NJW **61**, 2077; SK-Rogall 57). Der Verteidiger kann sie gegen den Willen des Beschuldigten einlegen; § 297 gilt nicht (KK-Hadamitzky 11). Die Rechtsmittelfrist beginnt daher für den Verteidiger erst, wenn ihm der Beschluss zugestellt worden ist (KMR-Bosch 38). Das Rechtsmittel kann auf die Auswahl der Anstalt (LR-Krause 40; Eisenberg NStZ **15**, 433, 437; **aM** Celle NJW **66**, 1881; Düsseldorf JMBlNW **61**, 45; Stuttgart NJW **61**, 2077; KK-Hadamitzky 11) und/oder die Auswahl des Sachverständigen (Eisenberg aaO mwN; **aM** KK-Hadamitzky 11) beschränkt werden. Es hat entgegen § 307 I aufschiebende Wirkung (IV S 2). Weitere Beschwerde ist ausgeschlossen (Hamm MDR **84**, 602; Schleswig SchlHA **86**, 107 [E/L]; LR-Krause 40; SK-Rogall 59; erg 6 zu 310).

29 Die **Prüfung des Beschwerdegerichts** erstreckt sich auf die Zweckmäßigkeit der Anordnung (Hamburg MDR **72**, 1048; Hamm MDR **50**, 373; Köln MDR **51**, 373; Schleswig MDR **59**, 415; LR-Krause 42; **aM** Hamm NJW **53**, 1237). Es darf aber bei der Frage, ob Zweifel an der Schuldfähigkeit des Beschuldigten bestehen, nicht sein Ermessen an die Stelle des tatrichterlichen Ermessens setzen; den Umfang der Beweisaufnahme bestimmt der Tatrichter.

Die **Zurückverweisung** der Sache an den 1. Richter ist bei erheblichen Ver- 30
fahrensmängeln zulässig und geboten (Hamm JMBlNW **52**, 195; Karlsruhe NJW
72, 1584; **73**, 573; LG Zweibrücken NJW **97**, 70), aber nicht stets beim Fehlen
der nach § 34 erforderlichen Begründung (Koblenz OLGSt S 21; Oldenburg NJW
61, 981; Schleswig SchlHA **59**, 82; aM Oldenburg NJW **71**, 1098; SK-Rogall 55;
erg 7 zu § 309).

Der die **Unterbringung ablehnende Beschluss** ist sowohl für den Beschul- 31
digten (Nürnberg MDR **66**, 347) als auch für die StA (Braunschweig NJW **55**,
1492; Stuttgart Justiz **72**, 231; LG Köln MDR **96**, 409) mit einfacher Beschwerde
nach § 304 I anfechtbar (LR-Krause 44; SK-Rogall 58; **aM** Celle NdsRpfl **62**,
141; Karlsruhe Justiz **72**, 18).

9) Revision: Die Rüge der Rechtswidrigkeit der Unterbringung ist, da nach 32
IV S 1 sofortige Beschwerde zulässig ist, nach § 336 S 2 ausgeschlossen. Die Ablehnung der Unterbringung kann nur mit der Aufklärungsrüge (§ 244 II) beanstandet werden, wenn sich die Maßnahme dem Gericht aufdrängen musste, zB
wenn sogar der Sachverständige eine Beurteilung für so unsicher hält, dass er die
Unterbringung angeregt hat (RG JW **37**, 3101), nicht aber, weil der Sachverständige den Rahmen für die Unterbringung nicht voll ausgeschöpft hat (BGH
MDR **74**, 725 [D]; LR-Krause 47).

10) Immunität: Bei Abgeordneten ist die Unterbringung nur mit Genehmi- 33
gung des Parlaments zulässig (RiStBV 191–192a).

Körperliche Untersuchung des Beschuldigten; Zulässigkeit körperlicher Eingriffe

81a I ¹Eine körperliche Untersuchung des Beschuldigten darf zur Feststellung von Tatsachen angeordnet werden, die für das Verfahren von
Bedeutung sind. ²Zu diesem Zweck sind Entnahmen von Blutproben und
andere körperliche Eingriffe, die von einem Arzt nach den Regeln der ärztlichen Kunst zu Untersuchungszwecken vorgenommen werden, ohne Einwilligung des Beschuldigten zulässig, wenn kein Nachteil für seine Gesundheit zu
befürchten ist.

II ¹Die Anordnung steht dem Richter, bei Gefährdung des Untersuchungserfolges durch Verzögerung auch der Staatsanwaltschaft und ihren Ermittlungspersonen (§ 152 des Gerichtsverfassungsgesetzes) zu. ²Die Entnahme
einer Blutprobe bedarf abweichend von Satz 1 keiner richterlichen Anordnung, wenn bestimmte Tatsachen den Verdacht begründen, dass eine Straftat
nach § 315a Absatz 1 Nummer 1, Absatz 2 und 3, § 315c Absatz 1 Nummer 1
Buchstabe a, Absatz 2 und 3 oder § 316 des Strafgesetzbuchs begangen worden ist.

III Dem Beschuldigten entnommene Blutproben oder sonstige Körperzellen
dürfen nur für Zwecke des der Entnahme zugrundeliegenden oder eines anderen anhängigen Strafverfahrens verwendet werden; sie sind unverzüglich zu
vernichten, sobald sie hierfür nicht mehr erforderlich sind.

Übersicht

	Rn
1) Zwangsweise körperliche Untersuchung und Begriff des Beschuldigten	1, 2
2) Einwilligung des Beschuldigten	3–5
3) Untersuchungszweck (I S 1)	6, 7
4) Einfache körperliche Untersuchungen (I S 1)	8–12
5) Blutprobenentnahmen (I S 2)	13
6) Andere körperliche Eingriffe (I S 2)	14–19
7) Zulässige Untersuchungen und Eingriffe	20–23
8) Vorübergehende Unterbringung zur Vorbereitung der Maßnahme	24

Schmitt

§ 81a

	Rn
9) Anordnung der Maßnahme (II)	25–27
A. Grundsatz: Zuständigkeit des Richters (II S 1)	25a–25d
B. Ausnahmen vom Richtervorbehalt bei Straßenverkehrsdelikten (II S 2)	26, 27
10) Vollziehung der richterlichen Anordnung	28
11) Zwangsweise Durchsetzung	29
12) Anfechtung	30, 31
13) Verwertbarkeit	32–33
14) Revision	34
15) Immunität	35, 35a
16) Verwendungszweck, Aufbewahrung und Vernichtung	36–39

1   1) Die **zwangsweise körperliche Untersuchung des Beschuldigten** gestattet die Vorschrift. Er muss hinnehmen, dass sein Körper zum Augenscheinsobjekt gemacht wird (Eser ZStW **86**, Beih 146). Im Schrifttum werden dagegen verfassungsrechtliche Bedenken geltend gemacht (Eisenhardt, Das nemo tenetur-Prinzip: Grenze körperlicher Untersuchungen beim Beschuldigten, 2007, S 212 [zugl Diss Frankfurt a. M. 2006]; Naucke Hamm-FS 497). Das BVerfG ist nicht dieser Auffassung (BVerfGE **47**, 239, 248), fordert aber eine verfassungskonforme Auslegung in der Weise, dass der Verhältnismäßigkeitsgrundsatz (Einl 20) besonders beachtet wird (BVerfGE **16**, 194, 202; **17**, 108, 117; **27**, 211).

2   Der Begriff **Beschuldigter** (Einl 76 ff) bedeutet nicht, dass bereits ein Ermittlungsverfahren anhängig sein muss; mit der Anordnung nach § 81a kann es eingeleitet werden, sofern bereits hinreichende Anhaltspunkte iS § 152 II (dort 4) für eine Straftat vorliegen, nicht, um sie erst aufzuspüren (Krause/Nehring 2). Beschuldigte iS § 81a sind auch der Angeschuldigte und Angeklagte (§ 157) sowie der Verurteilte, der zur Vorbereitung einer Prognoseentscheidung nach §§ 57 I, 67d II S 1 StGB untersucht werden soll (KK-Hadamitzky 2; LR-Krause 6; **aM** Hamm NJW **74**, 914; SK-Rogall 9; Geerds Jura **88**, 2).

3   2) Die **Einwilligung des Beschuldigten** macht die Anordnung nach § 81a entbehrlich (Celle NJW **08**, 3079; StV **09**, 518; Dresden StV **09**, 571; Hamburg NJW **08**, 2597, 2599; Hamm NJW **09**, 242) und gestattet auch nach I S 2 unzulässige körperliche Eingriffe, sofern sie nicht, insbesondere wegen besonderer Gefährlichkeit, gegen die guten Sitten verstoßen (Löffler NJW **51**, 822). Schwerwiegende Eingriffe dürfen trotz der Einwilligung nur auf richterliche Anordnung vorgenommen werden.

4   **Ausdrücklich und eindeutig** und aus freiem Entschluss muss der Beschuldigte die Einwilligung erklären; schriftlich braucht sie nicht zu erfolgen (KG NStZ-RR **15**, 25). Der Beschuldigte muss nicht unbedingt geschäftsfähig, aber genügend verstandesreif und in der Lage sein, den mit der Blutentnahme verbundenen Eingriff und dessen Risiken zu überblicken. Die Einwilligungsfähigkeit steht nicht schon grundsätzlich in Frage, wenn auf die Betroffenen Alkohol oder Drogen einwirken (KG NStZ-RR **15**, 25); sie kann je nach den Umständen des Einzelfalls auch bei BAK-Werten über 2 Promille vorliegen (Hamm NStZ-RR **11**, 186 L). Die Einwilligung liegt nicht schon in der Hinnahme des Eingriffs (Bamberg NJW **09**, 2146; vgl 3 zu § 81c). Erforderlich ist auch, dass der Beschuldigte die Sachlage und sein Weigerungsrecht kennt (vgl BGH NJW **64**, 1177; Hamm 2 Ss 117/09 vom 28.4.2009).

4a   Dies wird idR nur der Fall sein, wenn er darüber **belehrt** worden ist (Karlsruhe StV **05**, 376 mit Anm Dallmeyer; MüKoStPO-Trück 26; Brocke/Herb StraFo **09**, 47; einschr LG Saarbrücken NStZ-RR **09**, 55: Belehrung nach §§ 163a IV S 2, 136 I S 2 ausreichend). Entsprechendes dürfte für die Mitwirkung an einem **Atemalkoholtest** zu gelten haben. Die Richtlinien zur Feststellung von Alkohol-, Medikamenten- und Drogeneinfluss bei Straftaten und Ordnungswidrigkeiten sehen eine ausdrückliche Verpflichtung vor, den Betroffenen vor Durchführung darüber zu belehren, dass Messungen nur mit ihrem Einverständnis erfolgen (Nr 2.1.1 „Belehrung"; in diesem Sinne auch LG Freiburg NZV **09**, 614; AG

Frankfurt NZV **10**, 266; Böse JZ **15**, 653; Mosbacher NStZ **15**, 42; Geppert NStZ **14**, 481; vgl auch Soine NZV **16**, 411). Dies entspricht dem Erfahrungssatz, dass die Freiwilligkeit den Betroffenen regelmäßig unbekannt ist; auch wird dadurch der naheliegende Vorwurf an Ermittlungspersonen vermieden, qua „amtlicher Aufforderung" nicht bestehende Mitwirkungspflichten vorgespiegelt bzw bewusst ausgenutzt zu haben (vgl Mosbacher NStZ **15**, 42, 43; Soine aaO 415).

Demgegenüber verneint die obergerichtl Rechtsprechung eine solche Beleh- 4b
rungspflicht unter Hinweis darauf, dass Belehrungspflichten gesetzlich geregelt seien, es an einer solchen gesetzlichen Vorschrift für Atemalkoholmessungen fehle und eine analoge Anwendung von § 136 I S 2 mangels Regelungslücke nicht in Betracht komme (KG NStZ **15**, 42; Brandenburg VRS **124**, 340; ebenso Cierniak/Herb NZV **12**, 409; erg 11, 32a, 33). Dem entsprechend lehnt die Rechtsprechung eine Belehrungspflicht bei **Körperreaktionstests** ebenfalls ab (Bremen NStZ-RR **14**, 257 L); auch insoweit sprechen allerdings die zu den Atemalkoholmessungen dargelegten Argumente für eine Belehrungspflicht über die Freiwilligkeit der Mitwirkung (vgl Soine aaO 413, 415, der eine gesetzliche Regelung fordert). Über Bedeutung, Gefährlichkeit und Nachwirkungen **erheblicher Eingriffe** muss der Beschuldigte allerdings stets aufgeklärt werden (Kohlhaas NJW **68**, 2277); erforderlichenfalls ist ihm eine Überlegungsfrist einzuräumen (BGH VRS **29**, 203).

Die Einwilligung kann **widerrufen** werden; was bis dahin ermittelt worden ist, 5
bleibt verwertbar.

3) Zweck der Untersuchung (I S 1) darf nur die Feststellung verfahrenser- 6
heblicher Tatsachen sein, für deren Vorliegen bereits bestimmte Anhaltspunkte bestehen. Das sind in 1. Hinsicht Tatsachen, die, wenn auch nur mittelbar, die Straftat, die Täterschaft und Schuld des Beschuldigten beweisen oder die Rechtsfolgenentscheidung beeinflussen können. Tatsachen dieser Art können die Beschaffenheit des Körpers des Beschuldigten und seiner Bestandteile, zB des Blutes und des Magensaftes, und das Vorhandensein von Fremdkörpern sein (BGH **5**, 332, 336; Ebert Tenckhoff-FS ZIS **10**, 250; EbSchmidt NJW **62**, 664; Krumdiek StRR **09**, 130: „künstliche DNA"), auch sein psychischer Zustand (KK-Hadamitzky 5).

Verfahrenserheblich iS I S 1 sind auch die **Verhandlungsfähigkeit** des Beschul- 7
digten (BVerfGE **27**, 211, 219; Hamburg StV **16**, 419; Bay **56**, 187; Celle NJW **71**, 256; Düsseldorf JZ **88**, 984; Schleswig NStZ **82**, 91) und seine Reisefähigkeit (LR-Krause 17).

4) Einfache körperliche Untersuchungen (I S 1): 8

A. Sie **dienen dem Zweck,** die vom Willen des Beschuldigten unabhängige 9
Beschaffenheit seines Körpers oder einzelner Körperteile, auch das Vorhandensein von Fremdkörpern in den natürlichen Körperöffnungen, oder den psychischen Zustand des Beschuldigten und die Arbeitsweise des Gehirns, auch die körperbedingten psychischen Funktionen, durch sinnliche Wahrnehmung ohne körperliche Eingriffe festzustellen (vgl dazu EGMR NJW **06**, 3117, 3124); dabei geht es vor allem auch um die Feststellung von Tatspuren wie Verletzungen und Wunden. Dieser Zweck, nicht die Art ihrer Vornahme, unterscheidet die Untersuchung von der körperlichen Durchsuchung nach § 102 (dort 9), bei der nach Gegenständen gesucht wird, die in oder unter der Kleidung, auch auf der Körperoberfläche und in den natürlichen Körperöffnungen, versteckt sind (LR-Krause 19; Fezer 6/11; **aM** AK-Wassermann 2: Unterscheidungsmerkmal ist das Mittel der Durchsuchung; vgl auch LG Trier NJW **87**, 722, das die Verletzungsgefahr als Abgrenzungsmerkmal verwendet). Die bloße Beobachtung des Geisteszustandes fällt unter § 81, nicht unter § 81a (Bamberg MDR **84**, 602; LG Hagen StraFo **08**, 157).

Der Beschuldigte muss körperliche Untersuchungen **dulden.** Er ist auch ver- 10
pflichtet, sich für die Untersuchung zu entkleiden (vgl LG Düsseldorf NJW **73**, 1931) und die erforderliche Körperhaltung einzunehmen (LR-Krause 22; Geppert DAR **80**, 318).

§ 81a

11 B. Zu einer **aktiven Beteiligung** an der Untersuchung kann er aber nicht gezwungen werden (BGH **34**, 39, 46; Düsseldorf JZ **88**, 984; KG StraFo **16**, 245; Neumann Wolff-FS 373, 389 will statt auf den Unterschied zwischen aktiver und passiver Mitwirkung auf die „Intensität des Eingriffs, insbesondere nach dem Grad der subjektiven Belastung des Betroffenen" abstellen; ähnlich Verrel [Einl 29a] 235; erg Einl 29a, 80). Er braucht keine Fragen zu beantworten (Hamm NJW **74**, 713; Dahs/Wimmer NJW **60**, 2218; EbSchmidt NJW **62**, 664), muss sich keinen Prüfungen unterziehen (BGH VRS **39**, 184; Bay NJW **63**, 772; Schleswig VRS **30**, 344; Hamm aaO: Hirnleistungstest), an einer **Atemalkoholmessung** nicht mitwirken (BGH VRS **39**, 184; Brandenburg NStZ **14**, 524; Cierniak/Herb NZV **12**, 409, 410 mwN; zur Belehrungspflicht oben 4a, 4b; zur Frage eines evtl Verwertungsverbotes 32a, 33), muss weder zum Zweck eines Trinkversuchs Alkohol trinken (BGH VRS **29**, 203; Hamm VRS **34**, 287, 289) noch Kontrastmittel für Röntgenuntersuchungen einnehmen oder bei einem Belastungs-EKG mitwirken (Schleswig NStZ **82**, 81), sich keinen **Körperreaktionstests** unterziehen, also etwa nicht zur Feststellung des Drehnachystagmus herumdrehen (Klinkhammer/Stürmann DAR **68**, 44), die Knie nicht beugen, die Arme nicht ausstrecken und keine Gehproben vornehmen (Hamm NJW **67**, 1524; Dahs/Wimmer NJW **60**, 2220; Rogall 56; zur Belehrungspflicht über die Freiwilligkeit siehe 4b).

12 Die **freiwillige Mitwirkung** bei der Untersuchung erfordert eine besondere Belehrung durch das Strafverfolgungsorgan, das die Untersuchung angeordnet hat (Maase DAR **66**, 44; Messmer DAR **66**, 153), über die Freiwilligkeit (**aM** Krause/Nehring 5), sofern es sich nicht um eine Mitwirkung handelt, die der Arzt üblicherweise von seinen Patienten zu fordern berechtigt is (Hamm NJW **68**, 1202; Köln NJW **62**, 692; EbSchmidt NJW **62**, 664). Auch Tests bei der Blutprobennahme können ohne besondere Belehrung verlangt werden (Hamm aaO; BA **80**, 171; LR-Krause 26; Siebler Polizei **09**, 236; **aM** Maase aaO).

13 5) **Blutprobenentnahmen (I S 2)** sind körperliche Eingriffe, gelten aber, auch bei zwangsweiser Vornahme, als absolut ungefährlich (Köln NStZ **86**, 234; Krause/Nehring 4; vgl aber Rittner BA **81**, 161). Die Anordnung ist idR mit einem umfassenden Untersuchungsauftrag iS des I S 1 verbunden, zB bei Trunkenheit im Verkehr als Anordnung einer körperlichen Untersuchung mit Entnahme und Untersuchung einer Blutprobe zur Feststellung des Blutalkoholgehalts zur Tatzeit, ggf auch der Schuldfähigkeit (Janiszewski 129, 339 ff; vgl auch Arbab-Zadeh NJW **84**, 2615, der zwangsweise Blutprobenentnahmen wegen der Möglichkeit, zuverlässige Atemalkohol-Analysegeräte zu benutzen, für unzulässig hält; vgl aber zur Atemkoholanalyse im Strafprozess Nürnberg DAR **10**, 217, 218; Janker DAR **09**, 1; Laschewski NZV **09**, 1). Das Ministerium für Justiz und Verbraucherschutz, das Innenministerium, das Ministerium für Verkehr und Infrastruktur und das Ministerium für Wissenschaft, Forschung und Kunst haben mit Wirkung vom 1.6.2014 bundeseinheitliche Richtlinien über die Feststellung von Alkohol-, Medikamenten- und Drogeneinfluss bei Straftaten und OWien erlassen, die zunächst bis zum 31.12.2020 gültig sind (VwV Blutalkohol, abgedruckt in Die Justiz S 125); außerdem haben einige Bundesländer, wie etwa Rheinland-Pfalz und Baden-Württemberg, eigenständige Verordnungen erlassen.

14 6) **Andere körperliche Eingriffe (I S 2):**

15 A. Der **Unterschied zur einfachen Untersuchung** liegt nicht in der Zufügung von Schmerzen oder in der Benutzung von ärztlichen Instrumenten oder Apparaten, sondern in der Beibringung von Verletzungen des Körpers, mögen sie auch ganz geringfügig sein. Ein körperlicher Eingriff liegt insbesondere vor, wenn natürliche Körperbestandteile, wie Körperzellen, Blut, Liquor, Samen, Harn, Speichel (insbesondere zur späteren molekulargenetischen Untersuchung, vgl LG Offenburg StV **03**, 153) entnommen oder wenn dem Körper Stoffe zugeführt werden oder sonst in das haut- und muskelumschlossene Innere des Körpers eingegriffen wird. Die Untersuchung der natürlichen Körperöffnungen (Mund, After, Scheide)

Sachverständige und Augenschein **§ 81a**

ist kein Eingriff, sondern eine einfache Untersuchung (KK-Hadamitzky 6; **aM** SK-Rogall 25; oben 9), ebenso die Ultraschalluntersuchung.

B. **Nach den Regeln der ärztlichen Kunst** muss der Eingriff vorgenommen werden (BGH **8**, 144, 148; Bay NJW **57**, 272, 274; Celle MDR **56**, 695). Bestehen solche Regeln nicht, wie bei neuartigen Untersuchungsmethoden, so ist der Eingriff unzulässig (KK-Hadamitzky 6; LR-Krause 30). Der Beschuldigte braucht sich nicht für Experimente zur Verfügung zu stellen. Die Anwendung von Hypnose und Narkose und andere Veränderungen des seelischen Zustands sind immer unzulässig. Auf die Zumutbarkeit des Eingriffs kommt es daneben nicht an (LR-Krause 30). 16

C. **Gesundheitliche Nachteile** müssen mit an Sicherheit grenzender Wahrscheinlichkeit ausgeschlossen sein. Maßgebend ist nicht allein die Art des Eingriffs, sondern der aktuelle Gesundheitszustand des Beschuldigten (BGH NJW **12**, 2453). Ein Nachteil iS I S 2 liegt nur bei Eintritt einer erheblich über die Untersuchungsdauer hinauswirkenden Beeinträchtigung des körperlichen Wohlbefindens vor (LR-Krause 31), nicht schon bei Schmerzen und anderen vorübergehenden Unannehmlichkeiten (Löffler NJW **51**, 821), auch nicht bei Angstzuständen und seelischen Belastungen (LR-Krause 31; **aM** KMR-Bosch 24; erg 19 zu § 81c). Ggf ist die Frage des gesundheitlichen Nachteils vorweg durch einen Sachverständigen zu prüfen (BGH **8**, 144, 148; Bresser NJW **61**, 251), dessen Gutachten der Richter regelmäßig zu beachten haben wird (vgl BGH aaO). 17

D. Der **Verhältnismäßigkeitsgrundsatz** (oben 1) erfordert die aktenmäßige, nicht vom Ergebnis einer probeweise angesetzten Hauptverhandlung abhängig zu machende (**aM** BVerfGE **17**, 108, 119) Prüfung, ob die Stärke des Tatverdachts die Maßnahme rechtfertigt (BVerfGE **16**, 194, 202; **17**, 108, 117). Je schwerer die Maßnahme wiegt, desto größeren Anforderungen sind an den Tatverdacht zu stellen. Die Maßnahme darf auch nur angeordnet werden, wenn sie unerlässlich ist und in angemessenem Verhältnis zur Schwere der Tat steht (BVerfG NJW **04**, 3697; Bay NJW **57**, 272, 274; **64**, 459; Hamm NJW **60**, 1400). Zunächst muss versucht werden, mit einer einfachen Untersuchung auszukommen (Hamm NJW **71**, 1903). Die Maßnahme kann unverhältnismäßig sein, wenn sie wegen fehlender Mitwirkungsbereitschaft des Beschuldigten keinerlei Erkenntnisse verspricht oder die zu erwartenden Erkenntnisse ebenso zuverlässig auf weniger belastende Weise durch Beobachtung in der Hauptverhandlung erlangt werden können (KG StraFo **16**, 245). 18

E. **Nur durch einen Arzt** dürfen die Blutprobenentnahme und andere körperliche Eingriffe vorgenommen werden. Es muss sich um einen Mediziner handeln, der als Arzt oder zur vorübergehenden Ausübung des Arztberufes berechtigt ist (§ 2 II–IV BÄO). Zahnärzte gehören dazu nicht. Besonders gefährliche Eingriffe müssen von einem Facharzt vorgenommen werden. Der Mediziner, der noch nicht approbierter Arzt ist, der Pfleger und die Krankenschwester dürfen einen Eingriff nur mit Einverständnis des Beschuldigten (oben 3 ff) oder unter Anleitung, Aufsicht und Verantwortung eines Arztes vornehmen (Bay NJW **65**, 1088; JR **66**, 186; Köln NJW **66**, 416). 19

7) **Zulässige Untersuchungen und Eingriffe** sind Computer-Tomographie (dazu Ostertag/Sternsdorff NJW **77**, 1482; Stöppler/Vogelsang NJW **78**, 577), Elektroencephalographie (Hirnstromuntersuchung), Elektrokardiographie (EKG zur Prüfung der Herztätigkeit), Bronchoskopie (Hamburg StV **16**, 419 mit abl Anm N. Schlothauer), Magenaushebung (nur unter sehr engen Voraussetzungen, vgl MüKoStPO-Trück 17; LR-Krause 51; **aM** Renzikowski Amelung-FS 685), Röntgenaufnahmen und -durchleuchtungen (Karlsruhe StV **05**, 376; Schleswig NStZ **82**, 81; LR-Krause 59; vgl auch Zink/Lippert MedR **85**, 155: Röntgenuntersuchungen der Hand zur Altersbestimmung), Szintigraphie (Kuhlmann NJW **76**, 351; vgl auch Ostertag/Sternsdorff aaO) sowie Ultraschall- bzw Nachtschlafuntersuchungen zur Feststellung der Erektionsfähigkeit (MüKoStPO-Trück 8). 20

§ 81a

21 **Unzulässig** wegen ihrer Gefährlichkeit sind Angiografie (LR-Krause 38; Kuhlmann aaO), Harnentnahme mittels Katheters (Kohlhaas NJW **68**, 2277; Volk StP § 10, 23; im Erg auch Renzikowski aaO [Art 6 MRK]; **aM** KMR-Bosch 10; Kuhlmann Kriminalistik **80**, 374) und wegen der Unzumutbarkeit der Begleitumstände und des zweifelhaften diagnostischen Werts die zwangsweise ohnehin nicht durchführbare Phallographie (Düsseldorf NJW **73**, 2255; Eisenberg BR 1639; Peters ZStW **88**, 1029; **aM** LG Hannover NJW **77**, 1110; Binder NJW **72**, 231; vgl auch Jessnitzer NJW **77**, 2128: zulässig bei Einwilligung des Beschuldigten und nur zu Prognosezwecken).

22 Allenfalls **zur Aufklärung schwerer Straftaten** zulässig sind die Entnahme der Gehirn- und Rückenmarkflüssigkeit (BVerfGE **16**, 194 = NJW **63**, 1597; Hamm NJW **71**, 1904; Bresser NJW **61**, 250; HK-Brauer 17; **aM** Schlüchter 174: immer unzulässig) und die Hirnkammerluftfüllung (Pneumencephalographie) zur Ermöglichung einer Röntgenaufnahme des Gehirns (BVerfGE **17**, 108, 115 = NJW **63**, 2368; BGH **23**, 176, 186; Celle MDR **56**, 695; Hamm NJW **75**, 2256; LR-Krause 57; Bresser aaO; Kuhlmann NJW **76**, 350; **aM** Grömig NJW **54**, 300; Ostertag/Sternsdorff NJW **77**, 1485: immer unzulässig). Nur sehr eingeschränkt unter strenger Beachtung des Verhältnismäßigkeitsgrundsatzes ist die Exkorporation, dh die zwangsweise Verabreichung von **Brech- und Abführmitteln** zulässig (EGMR NJW **06**, 3117, dazu Gaede HRRS **06**, 241; Keller Kriminalistik **07**, 673; Schuhr NJW **06**, 3538; Schumann StV **06**, 661; KG JR **01**, 162 mit abl Anm Hackethal; StV **02**, 122 mit abl Anm Zaczyk; Bremen NStZ-RR **00**, 270; **aM** Frankfurt NJW **97**, 1647; zust Dallmeyer StV **97**, 606; Eidam [3 zu § 110c] 123 ff; im Erg auch Renzikowski Amelung-FS 685; zutr Binder/Seemann NStZ **02**, 234: jedenfalls unzulässig bei Kleindealern, wie auch der EGMR aaO festgestellt hat; zum Problem aus rechtsmedizinischer Sicht Birkholz ua Kriminalistik **97**, 277; vgl auch BVerfG NStZ **00**, 381 L: grundsätzlich verfassungsrechtlich unbedenklich; dazu auch Amelung/Wirth StV **02**, 167; eingehend Hackethal, Der Einsatz von Vomitivmitteln zur Beweissicherung im Strafverfahren, 2004, zugl Diss Berlin). Dies gilt auch für die Art und Weise der Durchführung der Exkorporation (siehe BGH **55**, 121, 133; NJW **12**, 2453 zu unverhältnismäßigen und gegen die Menschenwürde verstoßenden Maßnahmen). Erg 2 zu Art 3 MRK.

23 Die **Veränderung der Bart- oder Haartracht** ist kein Eingriff nach § 81a (Heghmanns/Scheffler-Murmann III 296; HK-GS/Neuhaus 8; Kohlhaas DRiZ **72**, 316; Schlüchter 185; **aM** Rüping 262; Fezer 6/19; Grünwald JZ **81**, 423 und Odenthal NStZ **85**, 434; vgl auch BVerfGE **47**, 239, 246 = NJW **78**, 1149, das ihn für verfassungsmäßig zulässig hält), sondern dient der Vorbereitung einer körperlichen Untersuchung (LR-Krause 47 verlangt insoweit eine gesonderte richterliche Anordnung) oder einer erkennungsdienstlichen Behandlung (10 zu § 81b). Keine körperliche Untersuchung ist auch die Identifizierungsgegenüberstellung (9 zu § 58).

24 8) Die **vorübergehende Unterbringung zur Vorbereitung** der Untersuchung oder des Eingriffs lässt § 81a auf Grund besonderer richterlicher Anordnung zu (BayVerfGH NJW **82**, 1583; Bay NJW **57**, 272, 273; Celle NJW **71**, 256; Frankfurt MDR **79**, 694; Schleswig NStZ **82**, 81; AK-Wassermann 7; LR-Krause 34; Kleinknecht NJW **64**, 2181; **aM** EbSchmidt NJW **62**, 664; Krey ZStW **101**, 858; Schlüchter 179.4; offen gelassen von BVerfG NJW **04**, 3697), auch zur Klärung der Verhandlungsfähigkeit (Celle aaO; Seetzen DRiZ **74**, 260). Sie wird aber nicht länger als 4–5 Tage andauern dürfen (LR-Krause 34; vgl aber Bay **56**, 180 = JR **57**, 110 mit abl Anm EbSchmidt: 14 Tage).

25 9) Anordnung der Maßnahme (II):

25a A. **Grundsätzlich** ist der **Richter** zuständig (II S 1); diesem ist die Entscheidung bei schweren Eingriffen immer vorbehalten (BVerfGE **16**, 194). Ansonsten verfügen StA und – nachrangig (BVerfG NJW **10**, 2864; Jena DAR **09**, 283; Köln NStZ **09**, 406; Schleswig StV **10**, 13; vgl aber Brandenburg OLGSt § 81a Nr 7;

Hamm StV **09**, 462, 463; Karlsruhe 1 Ss 151/07 vom 29.5.2008) – ihre Ermittlungspersonen (nur) bei Gefahr im Verzug über eine eigene Anordnungskompetenz (vgl auch 6 zu § 98). Insofern kann die zu Eilanordnungen der Polizei zur Entnahme von Blutproben bei Verdacht auf Trunkenheitsfahrten ergangene Rspr auch nach der Einführung von II S 2 für diese Fälle (siehe unten 26, 27) sinngemäß weiterhin in den übrigen, noch II S 1 unterfallenden Konstellationen angewendet werden. Die Strafverfolgungsbehörden müssen in den verbleibenden Fällen des II S 1 – praktisch vor allem Entnahmen zur Feststellung der Voraussetzungen der §§ 20, 21 StGB bei Nicht-Straßenverkehrsdelikten – regelmäßig versuchen, eine – ggf **mündliche** (BVerfG aaO; Düsseldorf NZV **11**, 456; KG NStZ **10**, 469; Bamberg NJW **09**, 2146, 2147; Hamm – 3. StS – NJW **11**, 469; **09**, 242; Schleswig aaO; **abl** LG Braunschweig NdsRpfl **08**, 84; LG Hamburg NZV **08**, 213; LG Limburg NStZ-RR **09**, 384; krit Hamm – 4. StS – StraFo **09**, 509; Wiesneth DRiZ **10**, 51; Trück JZ **10**, 1114) – Anordnung des zuständigen Richters zu erlangen, bevor sie selbst eine Anordnung treffen (Hamm 2 Ss 117/09 vom 28.4.2009; Stuttgart NStZ **08**, 238; LG Itzehoe NStZ-RR **08**, 249); die Gefährdung des Untersuchungserfolgs muss mit Tatsachen begründet werden, die auf den Einzelfall bezogen und in den Ermittlungsakten **zu dokumentieren** sind, sofern die Dringlichkeit nicht evident ist (vgl BVerfG NJW **07**, 1345 = JR **07**, 516 mit zust Anm Rabe von Kühlwein; BVerfG NJW **08**, 3053; zur Dokumentation in den Akten auch Karlsruhe StV **05**, 376; **09**, 516). Sie kann nicht abstrakt darauf gestützt werden, dass richterliche Eilentscheidungen generell nur nach Vorlage schriftlicher Unterlagen getroffen werden könnten, da den Untersuchungszweck gefährdenden zeitlichen Verzögerungen führten (BVerfG NJW **10**, 2864).

Zuständig ist im Vorverfahren der Ermittlungsrichter (§§ 162 I, 169); wird gleichzeitig eine Anordnung nach § 81 getroffen, so gilt insgesamt die Zuständigkeitsregelung des § 81 III (Karlsruhe Justiz **72**, 18). Die Zuständigkeit wird begründet, sobald das Gericht mit dem Antrag auf Erlass einer Anordnung nach II befasst wird; danach lebt die Eilkompetenz selbst dann nicht wieder auf, wenn der mit der Sache befasste Richter eine Entscheidung nicht trifft (Oldenburg NStZ **16**, 747 mit Anm Ventzke, allerdings zur Entnahme einer Blutprobe nach altem Recht). Nach Anklageerhebung entscheidet das jeweils mit der Sache befasste Gericht (§ 162 III; BGH NStZ **10**, 157), in der Hauptverhandlung unter Mitwirkung der Schöffen. Der Beschuldigte braucht vor der Anordnung nur unter den Voraussetzungen des § 33 III gehört zu werden, und auch dies gem § 33 IV S 1 nicht bei Gefahr im Verzug (LR-Krause 67; KK-Hadamitzky 8).

Erforderlich ist eine **ausdrückliche Anordnung,** die der Richter idR in Beschlussform erlässt (vgl aber 25a sowie BVerfG NJW **10**, 2864), StA und Polizei ausnahmsweise auch mündlich (erg oben 25a). Wenn sich der **Beschuldigte,** dessen Identität geklärt ist, in der Zeit bis zum Erlass der richterlichen Anordnung **zu entfernen versucht,** tritt Gefahr im Verzug ein (Bamberg aaO; Hamm 2 Ss 117/09 vom 28.4.2009; Dencker DAR **09**, 258 [uU schon bei drohender Flucht]; **aM** Celle StV **10**, 14 L; Karlsruhe und Nürnberg aaO; vgl unten 29). Die insoweit vor allem zu Blutprobenentnahmen zur Feststellung von Trunkenheitsfahrten nach altem Recht ergangene Judikatur dürfte auch nach neuer Rechtslage in den verbleibenden Fällen des II S 1 noch Geltung beanspruchen (für Straßenverkehrsdelikte siehe jetzt II S 2, unten 26, 27). Der den Eingriff anordnende Beamte braucht in einem solchen Fall dann keine richterliche Entscheidung mehr herbeizuführen (Brocke/Herb NStZ **09**, 673; Dencker aaO 259, 263; dazu **aM** Hamm aaO, StV **09**, 459, 461). Insoweit fehlt es in II S 1 an einer Geltungsbegrenzung wie zB in §§ 100e I S 3, 163d II S 3, 163f III S 2 (wie hier KG NStZ **10**, 468, 470). Aus der abstrakten Möglichkeit eines Fluchtversuchs kann aber nicht generell auf das Vorliegen von Gefahr im Verzug geschlossen werden (Prittwitz aaO 491; **aM** Götz NStZ **08**, 239).

Inhaltlich muss die Anordnung den Eingriff und die durch ihn festzustellenden Tatsachen bezeichnen, bei schweren Eingriffen auch ihre Notwendigkeit und Unerlässlichkeit. Dem Arzt darf die Art des Eingriffs nicht überlassen werden (Bay **56**,

§ 81a

180 = NJW **57**, 272, 274; Düsseldorf StV **05**, 490; **11**, 505; Hamm StraFo **04**, 92; Jena StV **07**, 24); nur die technische Ausführung bestimmt er beim Fehlen einer entspr Weisung selbst (Eisenberg BR 1643). Er kann auch ohne besondere Anordnung eine 2. Blutprobe entnehmen (LR-Krause 69; **aM** LG Berlin NZV **09**, 203). Die Anordnung kann vorbehaltlich der erforderlichen Einwilligung des Beschuldigten ergehen (BGH VRS **29**, 203; **aM** Rogall aaO); deren Verweigerung macht sie dann unzulässig (Hamm NJW **74**, 713).

26 B. **Ausnahme vom Richtervorbehalt (II S 2):** Einer richterlichen Anordnung bedarf es nicht, wenn bestimmte Tatsachen den Verdacht einer Straftat nach §§ 315a I Nr 1, II und III, 315c I Nr 1a), II oder 316 StGB begründen. Diese durch Gesetz vom 17.7.2017 eingeführte Einschränkung des Richtervorbehalts betrifft im wesentlichen die Straßenverkehrsdelikte, bei denen der Verdacht besteht, dass das Fahrzeug unter Alkohol- oder Betäubungsmitteleinfluss geführt wurde; sie kommt einer seit langem in Rechtspolitik und Schrifttum erhobenen Forderung nach (siehe dazu nur 60. Auflage Rn 25d sowie Rn 25b, c zur – insoweit nunmehr überholten – Rspr; Claus NZV **17**, 449, 451). Die Anordnungsbefugnis wird in diesen Fällen nunmehr der StA und ihren Ermittlungspersonen zugewiesen. Zwar steht der StA die Anordnung aufgrund ihrer Sachleitungsbefugnis grundsätzlich vorrangig zu. Es ist jedoch zu erwarten, dass sie diese durch allgemeine Weisungen – Verwaltungsvorschriften, Runderlasse – unabhängig vom Einzelfall auf die Polizei übertragen und auf diesem Wege zugleich die Einzelheiten für eine rechtsstaatlichen Grundsätzen genügende Durchführung des Verfahrens regeln wird (vgl BT-Drucks 18/11272 S 32; Rebler NZV **17**, 419, 421). Die Anordnung nach II S 2 wird regelmäßig mündlich ergehen. Dazu kann die Aufforderung an den Beschuldigten genügen, mit zur Wache zu kommen (Neustadt MDR **62**, 593), es sei denn, dass er vorher den Alkoholtest verweigert hat, so dass unklar bleibt, ob dieser oder eine Blutprobenentnahme erzwungen werden soll (Bay **63**, 15 = NJW **63**, 772).

27 Die entnommene **Blutprobe kann auch dazu dienen,** die Voraussetzungen für Schuldunfähigkeit (§ 20 StGB), verminderte Schuldfähigkeit (§ 21 StGB) oder einen Vollrausch (§ 323a StGB) zu belegen (BT-Drucks aaO). Dies wird bei Nichtstraßenverkehrsdelikten der hauptsächliche Anwendungsbereich für II S 1 (prinzipieller Richtervorbehalt) sein.

28 10) Die **Vollziehung** der richterlichen Anordnung ist nach § 36 II S 1 Sache der StA (BayVerfGHE **21** II 178 = NJW **69**, 229; Hamm NJW **74**, 713). Der Beschuldigte wird zur Untersuchung oder zur Vornahme des Eingriffs vor den Arzt geladen (Kleinknecht NJW **64**, 2183). Erscheint er nicht, so darf die StA (KMR-Bosch 32; LR-Krause 70; **aM** LG Berlin MDR **58**, 861: Richter), auch formlos (LR-Krause 70; KG StraFo **16**, 245; **aM** BayVerfGH aaO), eine Vorführungsverfügung erlassen, die von der Polizei vollstreckt wird. Auf die Strafe wird die Zeit der zwangsweisen Vorführung nicht nach § 51 I S 1 StGB angerechnet (LG Oldenburg Rpfleger **70**, 175 mit abl Anm Pohlmann; Waldschmidt NJW **79**, 1920; **aM** LG Osnabrück NJW **73**, 2256; MüKoStGB-Franke 5 zu § 51 StGB), wohl aber die Zeit der vorübergehenden Unterbringung (KK-Hadamitzky 9; oben 24).

29 11) **Zwangsweise durchsetzbar** sind auch die Anordnungen der StA und ihrer Ermittlungspersonen (Bay **63**, 213 = JR **64**, 149; Koblenz VRS **54**, 357; Köln NStZ **86**, 234; Schleswig VRS **30**, 345). Insbesondere bei Anordnung einer Blutprobenentnahme, deren Verweigerung keine Fluchtgefahr begründet (Stuttgart Justiz **71**, 29; LR-Krause 74; **aM** Schlüchter 261.1), darf der Beschuldigte, auch wenn die Voraussetzungen des § 127 II nicht vorliegen (Bay aaO; **63**, 15 = NJW **63**, 772), vorübergehend festgenommen werden (Bremen NJW **66**, 743; Köln NStZ **86**, 234, 236; Saarbrücken NJW **59**, 1191; Pichon HRRS **11**, 472; Kleinknecht NJW **64**, 2182; Waldschmidt NJW **79**, 1920; **aM** Benfer NJW **80**, 1611; Geerds GA **65**, 321), bis zum Eintreffen des für den Abtransport bestellten Kfz

Sachverständige und Augenschein **§ 81a**

festgehalten (Koblenz DAR **73**, 219), zwangsweise dem nächsten geeigneten und erreichbaren Arzt oder Krankenhaus zugeführt (Bay **63**, 213 = NJW **64**, 459; Bay **84**, 3 = VRS **66**, 275; KG NJW **79**, 1669; Dresden NJW **01**, 3643) oder zu einem Polizeirevier gebracht und dort festgehalten werden, bis der Arzt erscheint (Hamburg MDR **65**, 152; Köln NJW **66**, 417; VRS **48**, 25; **71**, 183; Neustadt MDR **62**, 593; LG Berlin NZV **09**, 203, 204; Waldschmidt aaO; **aM** Geerds aaO), notfalls auch eingeschlossen werden (Hamburg aaO; VRS **38**, 440). Zur Blutprobenentnahme darf er festgehalten oder festgeschnallt werden (Hamm DAR **62**, 132; Koblenz VRS **54**, 357). Beruhigungsspritzen sind jedoch nur mit seinem Einverständnis zulässig (vgl Geppert DAR **80**, 318). Die körperl Durchsuchung und Wohnungsdurchsuchung zum Zweck der Ergreifung müssen stets besonders angeordnet werden (Düsseldorf VRS **41**, 429; LG Hamburg NStZ-RR **04**, 213).

12) Anfechtung: Gegen richterliche Anordnungen (zu den bereits vollzogenen 30 Anordnungen vgl 17 ff vor § 296) ist Beschwerde nach § 304 I zulässig, gegen die des erkennenden Gerichts nur, wenn der Inhalt der Anordnung einem der in § 305 S 2 bezeichneten Zwangseingriffe gleichkommt (Jena StV **07**, 24; Koblenz NStZ **94**, 355; vgl auch Celle NStZ-RR **12**, 253: eingriffsintensive Zwangsmittel; **aM** Bay **56**, 180 = NJW **57**, 272; Köln StV **14**, 724 L; Amelung 21 ff: immer zulässig; Frankfurt NJW **57**, 839; Hamm NJW **59**, 447: immer unzulässig), also zu einer Freiheitsentziehung (Celle NJW **71**, 256; Schleswig NStZ **82**, 81) oder zu einem körperlichen Eingriff führt, wobei es auf die Erheblichkeit des Eingriffs nicht ankommt (Bremen StV **10**, 122; Hamburg NStZ-RR **98**, 337 mwN), aber nicht bei einer psychiatrischen Untersuchung (Nürnberg NStZ-RR **98**, 242; Zweibrücken MDR **90**, 75). Das Beschwerdegericht prüft Rechtmäßigkeit und Zweckmäßigkeit der Anordnung (LG Göttingen MDR **52**, 629), darf aber dem Tatrichter eine für notwendig gehaltene Sachaufklärung nicht verwehren.

Anordnungen der StA und Polizei werden in den Fällen des II S 1, da sie 31 insoweit nur bei Gefahr im Verzug zulässig sind, sofort vollzogen; dies dürfte wegen deren Eilbedürftigkeit in der Praxis aber regelmäßig auch bei Anwendung des II S 2 gelten. Für ihre Überprüfung gilt § 98 II S 2 entspr (dort 23). Auch wenn sie erledigt sind, kann idR ihre Rechtmäßigkeit, auch das Vorliegen von Gefahr im Verzug, überprüft und ggf ihre Rechtswidrigkeit festgestellt werden (18a vor § 296; BVerfG NJW **07**, 1345). Eine fehlende Dokumentation (oben 25a) darf nicht durch eine nachträgliche Stellungnahme der Ermittlungsbehörden ersetzt werden (vgl BVerfG NJW **08**, 3053, 3054; Brocke/Herb StraFo **09**, 52).

13) Verwertbarkeit: Verstöße gegen § 81a machen die Untersuchungsergeb- 32 nisse idR nicht unverwertbar (BGH **24**, 125, 128; KG NStZ-RR **15**, 25; Stuttgart NStZ **08**, 238; Jäger GA **08**, 487; Rogall ZStW **91**, 37; vgl auch BGH NStZ **16**, 111 zu einem Verstoß gegen III Hs 1); bei ihrer Gewichtung ist der hypothetisch rechtmäßige Ermittlungsverlauf zu berücksichtigen (BGH aaO 130; KG NJW **09**, 3527; Bamberg NJW **09**, 2146, 2148; Brandenburg OLGSt Nr 9; Dresden BA **09**, 213; Frankfurt DAR **10**, 145, 146; Hamburg NJW **08**, 2597, 2599; Hamm 2 Ss 117/09 vom 28.4.2009; Jena DAR **09**, 283, 284; Karlsruhe StV **09**, 516, 517; Köln NStZ **09**, 406, 408; vgl Einl 57c; 21 zu § 94).

Fehlende Anordnungszuständigkeit: Nach der Abschaffung des Richtervor- 32a behalts im Bereich der Straßenverkehrsdelikte durch Einführung des II S 2 (26, 27) ist die frühere, reichhaltige Rspr zur fehlerhaften Annahme der Eilkompetenz durch die Polizei in diesen Fällen nur noch von geringem Interesse (siehe 60. Aufl Rn 32, 32a sowie 25b, c), zumal fehlende Versuche seitens der Polizei, den staatsanwaltschaftlichen Bereitschaftsdienst zu kontaktieren, regelmäßig kein Verwertungsverbot begründen (vgl Nürnberg NStZ-RR **17**, 286 mit zust Anm Kulhanek zur alten Rechtslage; siehe ferner 33, 34). Die zu II aF aufgestellten Grundsätze können nen allerdings sinngemäß bei den praktisch viel selteneren Fällen – zB zur Feststellung der Schuld(un)fähigkeit bei Nichtverkehrsdelikten – der fehlenden Anordnungszuständigkeit im Anwendungsbereich von II S 1 beachtet werden. Legt man diese zu II in der früheren Fassung ergangene Judikatur zugrunde, greift ein Ver-

§ 81a

wertungsverbot bei unzutreffender Bejahung von Gefahr im Verzug regelmäßig nicht ein (BVerfG NJW **10**, 2864; **08**, 3053: Richtervorbehalt bei § 81a anders als bei Wohnungsdurchsuchung zu beurteilen, da der Grundrechtseingriff weniger intensiv ist; KG aaO; NStZ-RR **09**, 243; Bamberg aaO sowie BA **11**, 173; Brandenburg OLGSt § 81a Nr 7, 9; Düsseldorf NZV **10**, 306; Dresden, Frankfurt und Hamburg, jew aaO; Hamm aaO sowie NStZ-RR **09**, 185; Jena und Stuttgart aaO; Karlsruhe jew aaO und StV **05**, 376 mwN; Köln aaO 407). Anders verhält es sich bei **bewusster Umgehung des Richtervorbehalts in II S 1**, etwa bei schweren Eingriffen (siehe 25a), sowie bei willkürlicher Annahme von Gefahr im Verzug (Celle NJW **09**, 3524; StV **09**, 518; Dresden NJW **09**, 2149; Karlsruhe StV **09**, 516; vgl auch BVerfG aaO; EuGRZ **11**, 183), die auch bei genereller Negierung des Richtervorbehalts in der polizeilichen Praxis zu bejahen ist (Naumburg StraFo **16**, 22; Schleswig StV **10**, 618; Hamm StV **09**, 459; Nürnberg DAR **10**, 217; Oldenburg NJW **09**, 3591; Köln StV **12**, 6 zu generellen Dienstanweisungen).

32b Die Untersuchungsergebnisse sind grundsätzlich **ferner verwertbar** bei fehlender Belehrung über die Freiwilligkeit der Mitwirkung (Bay DAR **66**, 262 [R]; Hamm NJW **67**, 1524; KK-Hadamitzky 13; **aM** KMR-Bosch 53; Rogall 229), auch an einer Atemalkoholmessung (**aM** Geppert NStZ **14**, 481; Böse JZ **15**, 653; erg anschl 33 sowie oben 4, 11), bei fehlender Dokumentation (BVerfG NJW **08**, 3053; siehe 25a), bei Nichtbeachtung des Verhältnismäßigkeitsgrundsatzes (LR-Krause 94; Kleinknecht NJW **64**, 2186; **aM** KMR-Bosch 52; Dencker 27, 93) und bei Eingriffsvornahme durch einen Nichtarzt (BGH **24**, 125; hM).

33 Zur **Unverwertbarkeit** führt es, wenn ein körperlicher Eingriff ohne Anordnung und auch ohne Einwilligung vorgenommen worden ist (Bay DAR **66**, 261 [R]) oder wenn zur Gewinnung des Untersuchungsergebnisses Methoden angewendet worden sind, die gegen die Grundsätze eines an Gerechtigkeit und Billigkeit orientierten Verfahrens verstoßen (BGH **24**, 125, 131), zB wenn der Polizeibeamte bewusst vorgetäuscht hat, dass die Blutprobe von einem Arzt entnommen wird (Hamm NJW **65**, 1089; Kohlhaas JR **66**, 187), oder wenn er unerlaubten Zwang angewendet hat (Bay BA **71**, 67) oder wenn bei der Atemalkoholmessung eine Pflicht zur Mitwirkung vorgetäuscht bzw ein entspr Irrtum des Betroffenen bewusst ausgenutzt wird (vgl Geppert NStZ **14**, 481, 486). Unverwertbarkeit einer nach I iVm II S 2 erlangten Blutprobe dürfte auch in Betracht kommen, wenn Ermittlungspersonen allgemeine Verfügungen der StA, welche die Rechtsstaatlichkeit der Durchführung einer solchen Maßnahme gewährleisten sollen, bewußt oder systemisch umgehen. Der Umstand allein, dass der Polizeibeamte nicht versucht hat, den staatsanwaltlichen Bereitschaftsdienst zu erreichen, dürfte allerdings nicht zu einem Verwertungsverbot führen (siehe Nürnberg NStZ-RR **17**, 286 mit zust Anm Kulhanek zu § 81a II aF). Erlaubt ist die Sicherstellung und Benutzung einer **zu anderen Zwecken entnommenen** Blutprobe, wenn diese auf Grund einer Anordnung nach § 81a hätte entnommen werden dürfen (Celle NStZ **89**, 385; Frankfurt NStZ-RR **99**, 246; Zweibrücken NJW **94**, 810; SK-Rogall 143; **aM** Hauf NStZ **93**, 64; Mayer JZ **89**, 908; Weiler MDR **94**, 1163; Wohlers NStZ **90**, 245; Fezer-FS 327; differenzierend Beulke ZStW **103**, 675 ff; vgl auch Schröder [Einl 57 aE] 136 ff; erg 6 zu § 97). § 136a ist nicht anwendbar (BGH **24**, 125, 129; Eisenberg BR 1655; krit Naucke Hamm-FS 507).

34 14) Die **Revision** kann mit der Verfahrensrüge darauf gestützt werden, dass das Untersuchungsergebnis im Urteil berücksichtigt worden ist, obwohl es unverwertbar war (dazu soeben 32–32b, 33; LR-Krause 101). Der Revisionsführer muss das Fehlen einer Einwilligung sowie die näheren Umstände der Anordnung und Durchführung vortragen, erforderlichenfalls auch zur Ausübung der Eilkompetenz in den Fällen des II S 1 (SK-Rogall 160). Nach der jüngeren zu II aF und zur fehlerhaften Annahme der Eilkompetenz bei Trunkenheitsfahrten ergangenen Rspr der OLGe bedarf es bei einem Verstoß gegen II darüber hinaus eines rechtzeitigen, dh bis zum Zeitpunkt des § 257 in der 1. Tatsacheninstanz – nicht schon im Ermittlungsverfahren – erhobenen **Widerspruchs** (Frankfurt NStZ-RR **11**, 45;

Celle StV **11**, 82; **09**, 518; Koblenz NStZ-RR **11**, 148 L; Hamburg NJW **08**, 2597; Hamm NJW **09**, 242; NStZ-RR **10**, 148; erg 25 zu § 136; a**M** zB Prittwitz StV **08**, 492). Der Widerspruch muss danach spezifiziert sein, dh die Angriffsrichtung mitteilen (Hamm NJW **11**, 469; NStZ-RR **10**, 148; Frankfurt aaO). Nach Abschaffung des Richtervorbehalts bei Straßenverkehrsdelikten durch Einführung des II S 2 wird diese Judikatur allenfalls noch einen sehr eingeschränkten Anwendungsbereich haben (etwa im – ebenfalls deutlich selteneren – Bereich des II S 1). War die Anordnung einer Blutentnahme durch Polizeibeamte nach altem Recht nicht rechtmäßig, entspricht sie aber bei Aburteilung dem nunmehr geltenden II S 2, liegt kein revisibler Verfahrensfehler vor (Rostock NStZ-RR **18**, 114; vgl auch OVG Saarlouis NJW **19**, 695).

15) **Immunität:** Die Untersuchung, auch die Entnahme einer Blutprobe, kann 35 bei einem Abgeordneten ohne Genehmigung des Parlaments angeordnet werden (Bremen NJW **66**, 743; Oldenburg NJW **66**, 1764; KK-Hadamitzky 11; RiStBV 191 III Buchst h). Die Verbringung zum Arzt ist keine freiheitsentziehende Maßnahme iS RiStBV 192, 192a II Buchst c.

Gegen **Exterritoriale** (§§ 18ff GVG) sind Maßnahmen nach § 81a unzulässig 35a (LR-Krause 104), auch gegen ausländische Konsuln (Rdschr des AA vom 19.9.2008 [GMBl 1154] unter VII B I 2), nicht aber gegen solche Beschuldigte, für die das NTS und die deutsche Gerichtsbarkeit gilt. Die Entnahme einer Blutprobe bei Mitgliedern der Stationierungsstreitkräfte ist schon vor der Zurücknahme des Verzichts (Art 19 III NTS-ZA) zulässig.

16) Das **Verbot**, die entnommenen Blutproben oder sonstigen Körperzellen (zB 36 Harn, Liquor, Samen) für andere Zwecke als für ein anhängiges Strafverfahren zu verwenden, enthält III. Die Untersuchung von zu anderen Zwecken entnommenen Körperzellen, um sie zur Erstellung eines DNA-Identifizierungsmusters zur Identitätsfeststellung in künftigen Strafverfahren zu verwenden, ist daher durch III Hs 1 nicht gedeckt (BGH NStZ **16**, 111, dort auch zur Frage eines – nicht angenommenen – Verwertungsverbots).

Ferner stellt er das **Gebot** auf, das entnommene Material unverzüglich zu ver- 37 nichten, sobald es für dieses oder ein anderes Strafverfahren nicht mehr benötigt wird. Damit wird eine § 101 VIII ähnliche Regelung getroffen, allerdings darauf verzichtet, die Vernichtung aktenkundig zu machen; gleichwohl sollte die Tatsache, dass die Körperzellen vernichtet wurden, schriftlich festgehalten werden (Senge NJW **97**, 2410).

Die **Vernichtung** bezieht sich auf das gesamte entnommene Material, gleich- 38 gültig, ob es für die Untersuchung benötigt wurde, auch für wissenschaftliche Forschungszwecke darf es nicht weiterverwendet werden (krit zum umfassenden Vernichtungsgebot und einschr hinsichtlich Spurenmaterials Rath/Brinkmann NJW **99**, 2699). Die Vernichtung betrifft nur das verwendete Material, nicht die Ergebnisse der Untersuchung; diese werden Bestandteil der Akten (Hilger NStZ **97**, 372). Sie können auch für die DNA-Identitätsfeststellungsdatei beim BKA verwendet werden (9 zu § 81g).

Aufbewahrt wird das Material idR bis zur Urteilsrechtskraft dieses oder der 39 „anderen Strafverfahrens" iSd III (LG Berlin NJW **06**, 2713; LR-Krause 82; vgl auch BVerfG NJW **10**, 2864), aber auch noch länger, falls die Wiederaufnahme des Verfahrens oder die Wiedereinsetzung in den vorigen Stand nach Versäumung einer Frist beantragt oder sicher zu erwarten ist (Senge aaO; Laschewski NZV **09**, 4; Nr 6.1 der oben 13 zitierten Richtlinien; vgl auch 27 zu § 81). Geht das Strafverfahren in ein Bußgeldverfahren über, bleibt nach § 46 IV S 1, 2 OWiG eine Blutprobe verwendbar, sonstige Körperzellen nur dann, wenn deren Entnahme als nur geringfügiger Eingriff zulässig gewesen wäre, was zB bei dem für eine DNA-Analyse benötigten Material idR für den Fall sein wird; hingegen ist nach § 46 IV S 3 OWiG im OWi-Verfahren die Verwertung einer im Straf- oder Bußgeldverfahren entnommenen Blutprobe oder sonstigen Körperzelle zur Durchführung einer

§ 81b

molekulargenetischen Untersuchung (§ 81e) ausgeschlossen (LG Osnabrück StraFo 07, 382).

Erkennungsdienstliche Maßnahmen bei dem Beschuldigten

81b Soweit es für die Zwecke der Durchführung des Strafverfahrens oder für die Zwecke des Erkennungsdienstes notwendig ist, dürfen Lichtbilder und Fingerabdrücke des Beschuldigten auch gegen seinen Willen aufgenommen und Messungen und ähnliche Maßnahmen an ihm vorgenommen werden.

Übersicht

	Rn
1) Rechtsnatur	1–4
2) Beschuldigter	5–7
3) Zulässige Maßnahmen	8–11
4) Notwendigkeit	12, 12a
5) Zuständigkeit	13, 14
6) Unmittelbarer Zwang	15
7) Aufbewahrung und Speicherung von Unterlagen	16–19
8) Rechtsbehelfe	20–23

1 **1) Rechtsnatur: Strafprozessrecht und materielles Polizeirecht** enthält die – verfassungsrechtlich unbedenkliche (BVerfGE **47**, 239, 252; BGH **34**, 39, 44; NStZ **83**, 84) – Vorschrift (vgl *de lege ferenda* Frister Amelung-FS 609).

2 Soweit sie **Identifizierungsmaßnahmen gegen den Willen** des Beschuldigten für Zwecke der Strafverfolgung zulässt, handelt es sich um Strafprozessrecht. Maßnahmen nach § 81b dienen solchen Zwecken, wenn sie Schuld oder Unschuld des Beschuldigten in einem gegen ihn anhängigen Strafverfahren beweisen sollen, insbesondere, wenn seine Identifizierung notwendig ist, weil seine Person unbekannt ist oder von Zeugen wiedererkannt werden soll, oder wenn Fingerabdrücke mit Tatortspuren verglichen werden sollen. Darunter fällt aber auch die Herstellung von Lichtbildaufnahmen zur Erleichterung der etwa erforderlich werdenden Fahndung nach dem nicht in Haft genommenen Beschuldigten. Die gewonnenen Unterlagen werden Bestandteil der Strafakten (OVG Hamburg MDR **77**, 80; Dreier JZ **87**, 1010; **aM** Fuß Wacke-FS 320), können aber auch sogleich oder später zu den polizeilichen Unterlagensammlungen genommen werden (§ 481).

3 Soweit § 81b **Maßnahmen für erkennungsdienstliche Zwecke** gestattet, handelt es sich um in die StPO aufgenommenes **materielles Polizeirecht** (BVerwGE **11**, 181; NJW **18**, 3194; Naumburg NStZ-RR **06**, 179 mwN; OVG Schleswig NVwZ-RR **07**, 817; LR-Krause 3; **aM** SK-Rogall 10; Mayer Kriminalistik **15**, 520; vgl aber BT-Drucks 14/8007 S 28: Gefahrenabwehraufgabe). Unter Berücksichtigung der Rspr des BVerfG zu § 81g (dort 2) wird aber hierin eine mit der Strafverfolgung eng verwandte „Strafverfolgungsvorsorge" gesehen, für die der Bund nach Art 74 Nr 1 GG die Gesetzgebungskompetenz hat (BVerwG NJW **06**, 1225). Solche Maßnahmen dienen nicht der Überführung des Beschuldigten in einem bestimmten **Strafverfahren**, sondern der vorsorglichen Bereitstellung von sächlichen Hilfsmitteln für die Erforschung und Aufklärung von Straftaten (BVerwG NJW **83**, 772; **18**, 3194; OVG Sachsen-Anhalt StraFo **11**, 219); sie sind rein vorbeugender und sichernder Natur (Düsseldorf NJW **59**, 1790; OVG Münster NJW **72**, 2147), weshalb der Wegfall der Beschuldigteneigenschaft nicht automatisch die Rechtswidrigkeit einer auf die 2. Alt gestützten Maßnahme zur Folge hat (BVerwG NJW **18**, 3194). Die gewonnenen Unterlagen gelangen nicht in Ermittlungsakten, sondern werden in örtliche und zentrale polizeiliche Materialsammlungen aufgenommen (LR-Krause 7) und liefern die Grundlage für Observationen und für die Ermittlung unbekannter oder künftiger Straftäter (OVG Hamburg MDR **77**, 80). Sie dürfen nur sachgemäß und für dienstliche Zwecke verwendet (BVerwGE **26**, 169) und nur dann angeordnet werden, wenn hinreichende tatsächliche Anhaltspunkte dafür bestehen, dass der Betroffene zukünftig (wieder) straffällig wird (OVG Berlin-Brandenburg StV **17**, 665). Die Gründe für einen etwaigen Wegfall der Beschuldigteneigenschaft sind dabei zu berücksichtigen (BVerwG NJW **18**, 3194).

Vorschriften der landesrechtlichen **Polizeigesetze**, die **erkennungsdienstliche** 4 **Maßnahmen über § 81b hinaus** zulassen, sind im Hinblick auf Art 72 I GG allenfalls rechtsgültig, soweit nicht § 81b (2. Altern) aus Anlass eines Strafverfahrens gegen einen „Beschuldigten" (unten 7) zur Vornahme präventiv-polizeilicher Maßnahmen ermächtigt (VGH Mannheim NVwZ-RR **04**, 572; OVG Münster DÖV **83**, 603; NJW **99**, 2689 [Anordnung gemäß § 14 I Nr 2 PolGNW gegen Strafunmündigen; Nds OVG NVwZ **10**, 69]; LR-Krause 5; vgl auch MüKoStPO-Trück 4; Fugmann NJW **81**, 2227; ferner LG Itzehoe NStZ-RR **08**, 260 zur erkennungsdienstlichen Behandlung eines einstweilig Untergebrachten nach dem nds Maßregelvollzugsgesetz). Nach Bundesrecht sind erkennungsdienstliche Maßnahmen auch nach § 15 II Nr 7 AsylVfG, §§ 49, 89 AufenthG, § 20e BKAG, § 24 BPolG und § 6 III S 2 PassG zulässig. Vgl ferner §§ 163b I S 3, II S 2 Hs 2. Zu landesrechtlichen Befugnissen im Strafvollzug vgl nur § 77 SächsStVollzG, Art 93 BayStVollzG.

2) Gegen Beschuldigte sind die Maßnahmen zulässig. 5

A. Für **Maßnahmen im Strafverfahren** (1. Altern) bedeutet das: Gegen Ver- 6 dächtige, die noch nicht die Beschuldigteneigenschaft erlangt haben (Einl 76 ff), dürfen Maßnahmen zur Identitätsfeststellung nur nach § 163b I S 2, 3 angeordnet werden. § 81b ist erst anwendbar, wenn der Verdächtige Beschuldigter geworden ist, dann aber auch im Hauptverfahren (Anfertigung von Lichtbildern zur Vorlage an am Erscheinen verhinderte Zeugen) und bis zur Beendigung der Beschuldigteneigenschaft durch Urteil oder Verfahrenseinstellung nach §§ 153 ff, 170 II, 206a. Im Vollstreckungsverfahren (§§ 449 ff) bleibt § 81b anwendbar (LR-Krause 8; **aM** SK-Rogall 27; denn nach § 102 ist sogar die Durchsuchung zum Zweck der Ergreifung zulässig (dort 12). Da Kinder nicht Beschuldigte sein können (§ 19 StGB), gilt § 81b 1. Altern für sie nicht (Apel/Eisenhardt StV **06**, 491); Maßnahmen gegen sie sind nur nach § 163b II zulässig. Bei Jugendlichen ist § 67 **JGG** zu beachten.

B. Soweit **erkennungsdienstliche Maßnahmen nach Polizeirecht** (2. Al- 7 tern) vorgenommen werden sollen, besagt der Begriff Beschuldigter nur, dass die Anordnung nicht an beliebige Tatsachen anknüpfen oder zu einem beliebigen Zeitpunkt ergehen darf, sondern dass sie durch ein gegen den Betroffenen als Beschuldigten geführtes Strafverfahren veranlasst sein und das Ergebnis dieses Verfahrens auch die gesetzlich geforderte Notwendigkeit der erkennungsdienstlichen Behandlung begründen muss (BVerwGE **66**, 192, 196; **66**, 202). Der Begriff Beschuldigter erfasst insoweit auch Schuldunfähige (vgl §§ 413 ff; KK-Hadamitzky 2; **aM** LR-Krause 9), nicht dagegen Kinder (Einl 76; Bottke Geerds-FS 279; Frehsee ZStW **100**, 303; Streng Gössel-FS 505; **aM** VG Freiburg NJW **80**, 901 mit abl Anm Benfer; Verrel NStZ **01**, 286). Die Maßnahme ist auch nicht zulässig, wenn das Ermittlungsverfahren im Zeitpunkt ihrer Anordnung bereits nach §§ 153 ff oder § 170 II eingestellt oder der Beschuldigte rechtskräftig verurteilt oder freigesprochen worden ist (VG Minden 11 K 1153/08 vom 30.6.2008; LR-Krause 9; SK-Rogall 29; **aM** KK-Hadamitzky 2; Fugmann NJW **81**, 2227). Der spätere Wegfall der Beschuldigteneigenschaft ist demgegenüber unerheblich (BVerwGE **66**, 192; BVerwG NJW **06**, 1225, 1226; VGH Mannheim NJW **08**, 3082).

3) Zulässige Maßnahmen sind außer den in § 81b bezeichneten nur solche, 8 die, ohne dass es einer körperlichen Untersuchung iS § 81a I bedarf, der Feststellung der körperlichen Beschaffenheit dienen (BGH **34**, 39, 44/45; Kramer JR **94**, 225). Die Maßnahmen können den ganzen Körper oder einzelne Körperteile betreffen. ZB können Abdrücke und Aufnahmen von den Händen gemacht (vgl § 24 III Nr 1 BPolG) bzw biometrische Merkmale von Fingern, Händen, Gesicht

§ 81b

und Stimme erfasst werden (Art 93 I Nr 4 BayStVollzG). Besondere Körpermerkmale, auch Tätowierungen oder Piercings, können durch Beschreibung, Fotografie und Maßangabe festgehalten werden. Eine „ähnliche" Maßnahme ist die Anfertigung eines Videofilms, der außer dem Beschuldigten mehrere andere Personen zeigt, zur Vorführung vor Zeugen, die den Beschuldigten identifizieren sollen (Görling Kriminalistik **85**, 58; Schmidt Kriminalistik **85**, 239). Auch für die Gegenüberstellung (Odenthal NStZ **01**, 581) oder von der Gegenüberstellung selbst dürfen Video-Aufnahmen angefertigt werden (BVerfG NStZ **83**, 84; LG Berlin NStZ **89**, 488; Odenthal NStZ **85**, 434). Nicht unter § 81b fallen personenbezogene Hinweise über bestimmte aus früheren Verhaltensweisen des Betroffenen gewonnene Erkenntnisse (BVerwG JZ **91**, 471) oder Registrierungen des jew Ausdrucks des Beschuldigten, zB Messungen der Atem- und Pulsbewegungen, um die innere Erregung zu ermitteln (BGH **34**, 39, 45; Peters 330), auch nicht die Überprüfung auf „künstliche DNA" (Krumdiek StRR **09**, 130; erg 1 zu § 161). Ein mit Zustimmung des Beschuldigten auf Tonband aufgezeichnetes Gespräch kann später ohne Rücksicht auf dessen Einverständnis für einen Stimmenvergleich durch einen Sachverständigen verwertet werden (BGH StV **85**, 397; vgl auch Kleinknecht NJW **66**, 1541; Schneider GA **97**, 371), eine heimliche Bild- oder Tonaufnahme aber nur unter den Voraussetzungen der §§ 100f, 100h I S 1 Nr 1, sonst ist die Verwertung unzulässig (BGH **34**, 39; Schneider aaO). Mit Zwang darf eine Sprechprobe nicht durchgesetzt werden (BGH aaO 45).

9 Die Maßnahmen sind schon **unmittelbar nach der Tat,** sogar noch am Tatort, zulässig. Der Beschuldigte darf zB fotografiert werden, wie er gerade bei einer Demonstration von Polizeibeamten festgenommen wird (Köln MDR **76**, 67; KK-Hadamitzky 3). Das Fotografieren eines Demonstrationszuges zu dem Zweck, die unbekannten Täter früherer Straftaten zu entdecken, fällt dagegen nicht unter § 81b (vgl BGH NJW **75**, 2075; JZ **78**, 762; SK-Rogall 46; **aM** Bergfelder Kriminalistik **76**, 413; vgl auch Paeffgen JZ **78**, 741); auch hierfür gilt § 100h I S 1 Nr 1 (Wälter/Stienkemeier Kriminalistik **94**, 93). Die Videoüberwachung im Straßenverkehr fällt nicht unter die Vorschrift (Düsseldorf NJW **10**, 1216, 1217; Stuttgart NJW **10**, 1219, 1220; Arzt/Eier NZV **10**, 117; Roggan NJW **10**, 1043; vgl aber Krumm NZV **09**, 621; Niehaus DAR **09**, 636; erg 1 zu § 100h, 1 zu § 163b).

10 Zur **Vorbereitung der Identifizierungsmaßnahmen** kann eine Veränderung des äußeren Erscheinungsbildes des Beschuldigten angeordnet und zwangsweise durchgeführt werden (BGH NStZ **93**, 47), zB das Entfernen und Aufsetzen einer Perücke, Entfernen von Schminke (Odenthal NStZ **85**, 434), Veränderung der Haar- und Barttracht (SK-Rogall 33; BVerfGE **47**, 239 hält insoweit § 81a für einschlägig; erg 23 zu § 81a; vgl Rieder Kriminalistik **77**, 111).

11 Wird ein unbekannter Toter aufgefunden, so können **Maßnahmen an der Leiche** vorgenommen werden (1 zu § 88).

12 **4) Soweit notwendig,** dürfen die Maßnahmen vorgenommen werden. Im **Strafverfahren** ergeben sich die Notwendigkeit und ihre Grenzen aus der Sachaufklärungspflicht (§ 244 II). Erkennungsdienstliche Maßnahmen zu **präventiv-polizeilichen** Zwecken setzen voraus, dass nach kriminalistischer Erfahrung Anhaltspunkte für Wiederholungsgefahr bestehen (OVG Sachsen-Anhalts StraFo **11**, 219, zugleich zu den Anforderungen an die Begründung der Anordnung; BayVG Regensburg StraFo **11**, 352). Das Anlassdelikt muss zwar kein besonderes Maß an Gemeinschädlichkeit aufweisen, aber doch über den Bagatellbereich hinausreichen; die Anforderungen an die Wiederholungsgefahr bestimmen sich danach, wie gravierend die Anlasstat ist (OVG Magdeburg NJW **19**, 1827, 1829). Die Maßnahmen kommen in 1. Hinsicht gegen gewerbs- oder gewohnheitsmäßig handelnde und sonstige Rückfalltäter in Betracht (LR-Krause 10; vgl Nds OVG NdsVBl **07**, 42: gewerbsmäßige Verstöße gegen AuslG). Bei anderen Beschuldigten kommt es darauf an, ob an ihnen wegen der Art und Schwere ihrer Straftaten ein besonderes kriminalistisches Interesse besteht. Maßgebend ist, ob auch unter Berücksichtigung des Zeitablaufs Anhaltspunkte dafür vorliegen, dass der Beschuldigte in ähnlicher oder anderer Weise erneut straffällig werden könnte, und ob die erkennungsdienstlichen Unterlagen zur Förderung der dann zu führenden Ermittlungen geeignet erscheinen (BVerwGE **66**, 192; **66**, 202; BVerwG NJW **06**, 1225, 1226; VGH Mannheim NJW **08**, 3082; VG Düsseldorf StraFo **09**, 146; Hermes Polizei **10**, 281 ff; enger – nur vergleichbare Taten – VG Braunschweig NVwZ-RR **08**, 30, 31; StV **08**, 631, 632; eingehend zur Prognose Petersen-Thrö/Ornatowski SächsVBl **08**, 30 ff). Das kann auch der Fall sein, wenn der Beschuldigte erstmals in Erscheinung getreten ist (Nds OVG 11 ME 309/07 vom 24.10. 2007; Baumanns Polizei **08**, 85); eine schematische Betrachtung verbietet sich jedoch (OVG Münster StraFo **08**, 503; anders VG Braunschweig jew aaO für Körperverletzungs-, BtM- oder Sexualdelikte einschließlich § 184b IV StGB; OVG Magdeburg NJW **19**, 1827 für den Erwerb, die Verbreitung oder den Besitz kinderpornografischer Schriften). Bei offensichtlichem Fehlen der Wiederholungsgefahr ist die Maßnahme unzulässig (OVG Berlin JR **71**, 392). Dass der Strafrichter die Strafe zur Bewährung ausgesetzt oder die StA das Ermittlungsverfahren mangels öffentlichen Interesses eingestellt hat, räumt diese Gefahr aber nicht aus (BVerwGE und VGH Mannheim, jew aaO), ebenso wenig eine Einstellung nach § 170 II bei fortbestehendem erheblichem Tatverdacht (VG Osnabrück 6 B 58/08 vom 24.6.2008; vgl auch BVerfG NJW **02**, 3231). Im Übrigen gilt der Verhältnismäßigkeitsgrundsatz (vgl § 163b II S 2; BVerfG NStZ **11**, 529: Stundenlanges Festhalten von Personen, die sich bereits am Festnahmeort ordnungsgemäß ausweisen konnten); in Bagatellsachen ist § 81b nicht anwendbar (AG Kiel StraFo **06**, 70; KMR-Bosch 17).

Die **Eignung** erkennungsdienstlicher Maßnahmen ist – auch ihrem Umfang nach (VGH Mannheim NVwZ-RR **04**, 572) – auf die Aufklärung solcher Straftaten zu beziehen, für die Wiederholungsgefahr prognostiziert wird (VG Leipzig StV **09**, 124); sie ist nach VGH Mannheim NJW **08**, 3082 in Fällen des § 184b IV StGB nicht nur wegen der Möglichkeit zu bejahen, Fingerabdrücke am PC abzugleichen oder den Erwerb sonstiger Datenträger aufzuklären, sondern wegen des Schutzzweck dieses Delikts („Risikodelikt") auch wegen der Gefahr der Begehung von Taten nach §§ 176, 176a StGB (jedenfalls bei pädosexueller Disposition des Beschuldigten). Soweit älteres Material für Zwecke des Erkennungsdienstes nicht mehr geeignet ist, können neue Maßnahmen vorgenommen werden (OVG Münster NdsVBl **08**, 174: neue Fingerabdrücke nach 5 Jahren; Nds OVG NdsVBl **07**, 42: neue Lichtbilder nach fast 6 Jahren; Qualitätsmangel; 11 LC 372/06 vom 28.6.2007: neue Lichtbilder und neue Fingerabdrücke nach 9 Jahren). 12a

5) Zuständig für die Anordnung sind im Ermittlungsverfahren die StA und die Beamten des Polizeidienstes, auch wenn sie nicht Ermittlungspersonen der StA sind (SK-Rogall 64; Hermes Polizei **10**, 229), nach Anklageerhebung das mit der Sache befasste Gericht (LR-Krause 22). Für Maßnahmen zu erkennungsdienstlichen Zwecken ist demgegenüber die Kriminalpolizei – nicht der Ermittlungsrichter – (Hamm NStZ-RR **12**, 254 L) – zuständig (Düsseldorf NJW **59**, 1790; VGH Mannheim NVwZ-RR **04**, 572; OVG Münster NJW **72**, 2147; Schenke JZ **06**, 709; **aM** SK-Rogall 65; Eisenberg/Puschke JZ **06**, 731), deren Beamte innerhalb ihrer eigenen Zuständigkeit, nicht als Ermittlungspersonen der StA, tätig werden (Düsseldorf aaO; **69**, 51); zur Zuständigkeit des ZKA und der Zollfahndungsämter vgl §§ 4 I S 2, 25 I ZFdG. Vor präventiver Anordnung ist der Betroffene nach § 28 VwVfG anzuhören (VG Düsseldorf StraFo **09**, 146). 13

Die Durchführung der Maßnahmen obliegt in jedem Fall der Polizei (Geerds Jura **86**, 9). 14

6) Unmittelbarer Zwang ist, auch bei Maßnahmen für erkennungsdienstliche Zwecke, ohne vorherige Androhung zulässig (Naumburg NStZ-RR **06**, 178, 180 mwN; KK-Hadamitzky 6; **aM** KMR-Bosch 19). Die Rechtsgrundlage hierfür ist § 81b selbst (Fezer 6/27). Ein bestimmtes Verfahren ist nicht vorgeschrieben (LR-Krause 24; Fuß Wacke-FS 316; **aM** Petersen-Thrö/Ornatowski SächsVBl **08**, 34, Vahle Polizei **87**, 242, die bei erkennungsdienstlichen Maßnahmen die Bestim- 15

§ 81b

mungen des Polizeirechts anwenden wollen). Der Beschuldigte darf – falls erforderlich (vgl LG Kiel StV **06**, 125) – zwangsweise zur Polizeibehörde gebracht und dort bis zur Erledigung der Maßnahmen festgehalten werden (Stuttgart StV **88**, 424; LR-Krause 25); darin liegt keine Freiheitsentziehung iS Art 104 II S 1 GG (SK-Rogall 36) und keine vorläufige Festnahme iS § 127 II (KG GA **79**, 225). Zur Ermöglichung der Anfertigung von Lichtbildern und der Durchführung anderer Maßnahmen darf der Beschuldigte von Polizeibeamten festgehalten werden. Zur Vornahme von Handflächenabdrücken dürfen Arme und Finger mit Gewalt gestreckt werden (BGH **34**, 39, 45). Notfalls sind die Fesselung und die Anwendung von Polizeigriffen erlaubt. Die Durchsuchung von Räumen zwecks Ergreifens des Beschuldigten ist nach § 102 nur zulässig, wenn Maßnahmen für Zwecke eines bestimmten Strafverfahrens durchgeführt werden sollen; sonst gilt Polizeirecht (Oehm aaO), dh es muss ein amtsgerichtlicher Durchsuchungsbefehl beschafft werden (Naumburg aaO). Im Einzelfall kann die Anforderung eines Lichtbildes bei den Personalausweis- oder Passbehörden (28 zu § 163) den zwangsweisen Durchsetzung einer Anordnung nach § 81b unter Verhältnismäßigkeitsgesichtspunkten vorgehen (vgl LG Rostock StV **08**, 627, 629).

16 **7) Aufbewahrung und Speicherung von Unterlagen:**

17 A. **Aufbewahrt** werden die zum Zweck der Durchführung eines Strafverfahrens gewonnenen Unterlagen in den Strafakten (oben 2), und zwar so lange wie diese (vgl auch § 483; dazu SK-Rogall 57). Ihre Entfernung oder Vernichtung kann der Beschuldigte nicht verlangen (LR-Krause 26; **aM** SK-Wolter 32 zu § 163c).

18 B. Hinsichtlich der **erkennungsdienstlichen Unterlagen** (oben 3) ergibt sich die weitere Aufbewahrung (und Nutzung) nunmehr aus § 481 (vgl dort sowie VGH Kassel NJW **05**, 2727); die frühere verwaltungsgerichtliche Rspr muss – wie SK-Rogall 58 zutr dargelegt hat – als überholt angesehen werden (übereinstimmend LR-Krause 27).

19 Die Verwendung digitalisierten Materials für Zwecke künftiger Strafverfahren richtet sich somit nach § 484 IV (dort 5; VGH Kassel aaO). Für die **Speicherung von Daten** gelten die §§ 483 ff, zu ihrer **Löschung** s § 489 (vgl SK-Rogall 62 sowie zur Beurteilung nach Art 8 MRK EGMR – Große Kammer – EuGRZ **09**, 299, 308, 311). §§ 7 ff BKAG regeln die Datenerhebung, -verarbeitung und -verwendung durch die Kriminalpolizei des Bundes (vgl Schreiber NJW **97**, 2141; zur „Trefferquote" Frister Amelung-FS 603). Für den grenzüberschreitenden automatisierten Datenaustausch von Fingerabdruckdaten in der EU sieht Art 9 Ratsbeschluss Prüm (ABl EU L 210 S 1) iVm § 1 AusführungsG zum Prümer Vertrag und zum Ratsbeschluss Prüm (BGBl I 2006 S 1458; 2009 S 2507) den Zugriff auf anonymisierte Indexdatenbanken im sog Hit-/no-hit-Verfahren vor (BT-Drucks 16/12585 S 7, 8, auch zum weiteren Verfahren im Trefferfall; zum Wirkbetrieb vgl BT-Drucks 16/14150 S 2).

20 **8) Rechtsbehelfe:**

21 A. Im **Strafverfahren** getroffene Anordnungen des Gerichts sind nach § 304 I mit der Beschwerde anfechtbar; zur Anfechtung nach erfolgter Durchführung der Maßnahme vgl 17 ff vor § 296. Gegen Maßnahmen der StA und der Polizei kann nach hM entspr § 98 II das Gericht angerufen werden (Braunschweig NStZ **91**, 551; Oldenburg NStZ **90**, 504; Koblenz StV **02**, 127; krit Amelung BGH-FG 924; erg 23 zu § 98; 10 zu § 23 EGGVG).

22 B. Die **Anordnung von Maßnahmen für erkennungsdienstliche Zwecke** kann nur im Verwaltungsrechtsweg angefochten werden (BGH **28**, 206, 209; BVerwGE **66**, 192; BVerwG StraFo **11**, 312 gegen VGH Hessen DVBl **11**, 515: § 23 EGGVG; wie VGH Hessen SK-Rogall 69; Bock ZIS **07**, 132; wieder **aM** Eisenberg/Puschke JZ **06**, 732; Krach JR **03**, 140: § 98 II entspr; vgl dazu auch Baumanns Polizei **08**, 86; Frister Amelung-FS 614; Schenke JZ **06**, 711). Wird das OLG angerufen, verweist es die Sache nach § 17a II **GVG** von Amts wegen mit bindender Wirkung an das zuständige VG (Celle NStZ-RR **12**, 254). Wenn nicht nach § 80 II S 1 Nr 4 VwGO die sofortige Vollziehung angeordnet wird, hat der Widerspruch nach § 68 VwGO aufschiebende Wirkung (BVerwGE **66**, 202). Die Anfechtungsklage nach § 42 VwGO ist schon gegen die Aufforderung zulässig, sich zum Zweck der erkennungsdienstlichen Behandlung bei der Polizei einzufinden (BVerwGE **66**, 192; OVG Hamburg MDR **77**, 80). Das der polizeilichen Prognose zugrunde liegende Wahrscheinlichkeitsurteil (oben 12) wird nur auf Vertretbarkeit geprüft (VGH Mannheim NJW **87**, 2762; **08**, 3082; LR-Krause 11 aE).

Die **Ablehnung des Antrags auf Vernichtung der Unterlagen** ist ebenfalls 23 ein Verwaltungsakt, der nur vor dem Verwaltungsgericht angefochten werden kann (BVerfGE **16**, 89, 94; BGH NJW **75**, 2075, 2076; BVerwGE **11**, 181; **26**, 169; allgM). Zulässig ist die Verpflichtungsklage nach § 42 VwGO (VGH Kassel NJW **05**, 2727; LR-Krause 36; Fuß Wacke-FS 321; str). Maßgebend für die Beurteilung der Rechtmäßigkeit der Aufbewahrung ist der Zeitpunkt der Entscheidung des Verwaltungsgerichts (VGH Mannheim NJW **73**, 1663; OVG Münster NJW **72**, 2147). Falls sich die Unterlagen allerdings nicht mehr bei der Polizei, sondern in den Ermittlungsakten der StA befinden, ist der Rechtsweg nach § 23 EGGVG gegeben (OVG Koblenz NStE Nr 16 zu § 23 EGGVG), ebenso, wenn sich die Aufbewahrung der Unterlagen nach Strafverfahrensrecht richtet (vgl § 484 IV; SK-Rogall 70).

Untersuchung anderer Personen

81c ^I Andere Personen als Beschuldigte dürfen, wenn sie als Zeugen in Betracht kommen, ohne ihre Einwilligung nur untersucht werden, soweit zur Erforschung der Wahrheit festgestellt werden muß, ob sich an ihrem Körper eine bestimmte Spur oder Folge einer Straftat befindet.

^{II 1} Bei anderen Personen als Beschuldigten sind Untersuchungen zur Feststellung der Abstammung und die Entnahme von Blutproben ohne Einwilligung des zu Untersuchenden zulässig, wenn kein Nachteil für seine Gesundheit zu befürchten und die Maßnahme zur Erforschung der Wahrheit unerläßlich ist. ² Die Untersuchungen und die Entnahme von Blutproben dürfen stets nur von einem Arzt vorgenommen werden.

^{III 1} Untersuchungen oder Entnahmen von Blutproben können aus den gleichen Gründen wie das Zeugnis verweigert werden. ² Haben Minderjährige wegen mangelnder Verstandesreife oder haben Minderjährige oder Betreute wegen einer psychischen Krankheit oder einer geistigen oder seelischen Behinderung von der Bedeutung ihres Weigerungsrechts keine genügende Vorstellung, so entscheidet der gesetzliche Vertreter; § 52 Abs. 2 Satz 2 und Abs. 3 gilt entsprechend. ³ Ist der gesetzliche Vertreter von der Entscheidung ausgeschlossen (§ 52 Abs. 2 Satz 2) oder aus sonstigen Gründen an einer rechtzeitigen Entscheidung gehindert und erscheint die sofortige Untersuchung oder Entnahme von Blutproben zur Beweissicherung erforderlich, so sind diese Maßnahmen nur auf besondere Anordnung des Gerichts und, wenn dieses nicht rechtzeitig erreichbar ist, der Staatsanwaltschaft zulässig. ⁴ Der die Maßnahmen anordnende Beschluß ist unanfechtbar. ⁵ Die nach Satz 3 erhobenen Beweise dürfen im weiteren Verfahren nur mit Einwilligung des hierzu befugten gesetzlichen Vertreters verwertet werden.

^{IV} Maßnahmen nach den Absätzen 1 und 2 sind unzulässig, wenn sie dem Betroffenen bei Würdigung aller Umstände nicht zugemutet werden können.

^{V 1} Die Anordnung steht dem Gericht, bei Gefährdung des Untersuchungserfolges durch Verzögerung auch der Staatsanwaltschaft und ihren Ermittlungspersonen (§ 152 des Gerichtsverfassungsgesetzes) zu; Absatz 3 Satz 3 bleibt unberührt. ² § 81a Abs. 3 gilt entsprechend.

§ 81c

VI ¹ Bei Weigerung des Betroffenen gilt die Vorschrift des § 70 entsprechend. ² Unmittelbarer Zwang darf nur auf besondere Anordnung des Richters angewandt werden. ³ Die Anordnung setzt voraus, daß der Betroffene trotz Festsetzung eines Ordnungsgeldes bei der Weigerung beharrt oder daß Gefahr im Verzuge ist.

Übersicht

	Rn
1) Untersuchung von Zeugen ohne Einwilligung	1
2) Einwilligung des Betroffenen	2–5
3) Abschließende Regelung	6–8
4) Untersuchung auf Spuren und Tatfolgen (I)	9–17
5) Blutprobenentnahmen und Abstammungsuntersuchungen (II)	18–21
6) Untersuchungsverweigerungsrecht (III)	22–27
7) Zuständigkeit (V S 1)	28
8) Vollstreckung	29
9) Verwertungsverbot (V S 2)	29a, 29b
10) Zwang (VI)	30
11) Beschwerde	31
12) Revision	32

1 **1)** Die **Untersuchung von Zeugen ohne deren Einwilligung** gestattet die Vorschrift; eine entspr Regelung enthält § 372a ZPO (allg Dünnebier JZ **52**, 427). Die Duldungspflicht ist durch den Gesetzesvorbehalt in Art 2 II S 3 GG gedeckt (BVerfGE **5**, 13 = NJW **56**, 986).

2 **2)** Die **Einwilligung des Betroffenen** hebt, sofern sie nicht sittenwidrig ist (3 zu § 81a), die Beschränkungen des § 81c auf. Körperliche Eingriffe außer Blutprobenentnahmen müssen aber stets von einem Arzt vorgenommen werden. Bei schweren Eingriffen macht die Einwilligung des Betroffenen die Anordnung der nach V zuständigen Personen nicht entbehrlich (LR-Krause 4; weitergehend KMR-Bosch 3: immer erforderlich; **aM** SK-Rogall 18: nicht erforderlich).

3 Einwilligung ist nur die freiwillige, ernstliche und in Kenntnis der Sachlage und des Weigerungsrechts erteilte ausdrückliche Zustimmung (BGH NJW **64**, 1177; Hilgert NJW **16**, 985; erg 4 zu § 81a). Im freiwilligen Erscheinen bei dem Sachverständigen und in der Hinnahme der Untersuchung oder des Eingriffs liegt noch keine Einwilligung (vgl Janetzke NJW **58**, 534). Der Betroffene muss genügend Verstandesreife oder -kraft haben, um Sinn und Tragweite seiner Erklärung zu verstehen (BGHZ **29**, 33 = NJW **59**, 811); andernfalls muss sein gesetzlicher Vertreter entscheiden (RG **64**, 160, 162).

4 Der Betroffene muss darüber **belehrt** werden, welche Maßnahme vorgenommen werden soll und dass sie ohne seine Einwilligung nicht zulässig ist (KMR-Bosch 5; LR-Krause 5; Hilgert aaO; Hanack JZ **71**, 128; Kett-Straub ZStW **117**, 367; **aM** BGH **13**, 394, 398). Wenn er nach § 52 I zur Zeugnisverweigerung berechtigt ist, muss er auch nach III S 2 Hs 2 iVm § 52 III S 1 belehrt werden (BGH **13**, 394, 399; **20**, 234; ANM 491; Schlüchter 203.3). Die Belehrung hat die Strafverfolgungsbehörde zu erteilen, nicht der Sachverständige (unten 24).

5 Bis zum Schluss der Untersuchung ist die Einwilligung **widerrufbar;** was bis dahin ermittelt worden ist, bleibt aber verwertbar, auch wenn der ordnungsgemäß belehrte Betroffene ein Zeugnisverweigerungsrecht nach § 52 hat (KK-Hadamitzky 8; KMR-Bosch 30; LR-Krause 6; SK-Rogall 16; **aM** Krause/Nehring 13).

6 **3)** Eine **abschließende Regelung** enthält § 81c.

7 Daher darf der Betroffene ohne seine Einwilligung (oben 2 ff) nicht auf seinen psychischen Zustand, zB auf seine Vernehmungsfähigkeit (LG Frankfurt aM StraFo **09**, 18), Merkfähigkeit oder Sehtüchtigkeit (Hamm VRS **21**, 62; LR-Krause 11), insbesondere nicht auf seine **Glaubwürdigkeit** untersucht werden (BGH **13**, 394, 398; **14**, 21, 23; NStZ **82**, 432; **09**, 346, 347; Fezer 6/30). Auch hier ist eine Belehrung darüber erforderlich, dass die Untersuchung ohne die Einwilligung nicht vorgenommen werden kann (Fezer JZ **96**, 606; Heinitz Engisch-FS 700; Welp

JR **96**, 77; **aM** BGH **13**, 394, 398; KK-Hadamitzky 11; Toepel 379), jedenfalls dann, wenn der Zeuge ein ihm zustehendes Zeugnisverweigerungsrecht geltend gemacht hat (BGH **36**, 217). Da Fragen an den Zeugen, die seine allgemeine Glaubwürdigkeit betreffen, seine Aussagewilligkeit hinsichtlich der dem Angeklagten vorgeworfenen Tat nicht voraussetzen, liegt in der Ausübung des Zeugnisverweigerungsrechts nach § 52 nicht ohne weiteres die Erklärung, dass der Zeuge die Glaubwürdigkeitsprüfung ablehnt (BGH MDR **79**, 988 [H]).

Bei **Verweigerung** dieser Prüfung dürfen Erkenntnisse über den psychischen Zustand oder die Glaubwürdigkeit in der Weise gewonnen werden, dass der Zeuge richterlich vernommen wird, ein Sachverständiger ihn dabei unmittelbar befragt (§ 80 II) und sich anschließend gutachtlich äußert (BGH **23**, 1 = JR **70**, 67 mit abl Anm Peters; BGH MDR **79**, 888 [H]; NStZ **82**, 432; **09**, 346, 347; Kett-Straub ZStW **117**, 372; Meier JZ **91**, 643; **aM** Hamm JZ **57**, 186 L = JMBlNW **57**, 45; Eisenberg BR 1868; zw Blau StV **91**, 407). Ob das eine ausreichende Beurteilungsgrundlage für die Glaubwürdigkeit und Zeugentüchtigkeit bietet, muss das Gericht mit der gebotenen Vorsicht entscheiden (vgl BGH StV **91**, 405 mit krit Anm Blau; Fezer 6/30; Kett-Straub aaO; LR-Krause 10). 8

4) Untersuchung auf Spuren und Tatfolgen (I): 9

A. Die **Duldungspflicht** trifft nur Personen, die als Zeugen in Betracht kommen (Zeugengrundsatz), wobei ausreicht, dass sie nichts beobachtet haben (schlafende und bewusstlose Tatopfer) und dies bekunden können (KK-Hadamitzky 1). Entgegen dem Wortlaut von I dürfen aber auch Tatopfer untersucht werden, die, wie Säuglinge, Kleinkinder und schwer Geistesgestörte, unfähig sind, überhaupt etwas auszusagen (Kleinknecht Kriminalistik **67**, 462; Kohlhaas JR **74**, 90; Krause JZ **76**, 124; Meier JZ **91**, 642; **aM** Seidel, Kriminalistik **67**, 303). Es gilt der Grundsatz, dass jede tatunverdächtige Person, bei der Spuren oder Tatfolgen zu vermuten sind, ohne ihre Einwilligung untersucht werden darf (Dünnebier GA **53**, 65). 10

B. **Zweck der Untersuchung** muss die Feststellung von Spuren oder Tatfolgen am Körper sein (Spurengrundsatz). 11

Spuren sind unmittelbar durch die Tat verursachte Veränderungen am Körper, die Rückschlüsse auf den Täter oder die Tatausführung ermöglichen (Stichwunde, Einschusskanal, Blutspuren, Spermienreste, Hautreste unter den Fingernägeln uä). 12

Tatfolgen sind durch die Tat eingetretene Veränderungen am Körper des Opfers, die solche Hinweise nicht zulassen (Hautabschürfungen, Zahnlücken, Krankheitszustand). Spuren und Tatfolgen brauchen weder dauerhaft zu sein noch zum gesetzlichen Tatbestand der Straftat zu gehören; es genügt, dass sie für die Strafzumessung von Bedeutung sein können (LR-Krause 15). 13

Ohne genügenden Anlass darf die Untersuchung nicht stattfinden. Schon vorher müssen bestimmte Vorstellungen und Anhaltspunkte über die Spuren und Tatfolgen bestehen, um deren Auffindung es geht (LR-Krause 16). Reihenuntersuchungen nach Spurenträgern sind unzulässig (KK-Hadamitzky 1; Dünnebier GA **53**, 65; Krause JZ **76**, 124). 14

C. **Notwendig** muss die Untersuchung sein. Jedoch kommt sie nicht nur als letztes Mittel in Betracht (Eisenberg BR 1664). Vielmehr ist sie auch zulässig, wenn die bereits bekannten Beweismittel die Aufklärung des Sachverhalts nicht mit ausreichender Sicherheit ermöglichen (LR-Krause 17) oder nicht ausgeschlossen werden kann, dass die vorhandenen Beweise wieder wegfallen, der Täter zB sein Geständnis widerruft (Fezer JuS **78**, 765 Fn 1). 15

D. **Art und Umfang der Untersuchung** bestimmt I dahin, dass sie am Körper des Betroffenen stattfinden darf. Körperliche Eingriffe sind verboten (Roxin/Schünemann § 33, 27). Das schließt aber Untersuchungen der natürlichen Körperöffnungen, deren Inneres ohne ärztliche Hilfe sichtbar gemacht werden kann, nicht aus (LR-Krause 19). Scheidenabstriche und das gewaltsame Öffnen des Mundes zur Besichtigung der Zähne sind zulässig (Krause/Nehring 2), nicht dage- 16

§ 81c

gen Magenauspumpen, Untersuchungen unter Narkose (BGH NJW **70**, 1242; MDR **91**, 297 [H]) sowie Röntgenaufnahmen und -durchleuchtungen (allgM). Die Pflicht, die Untersuchung zu dulden, umfasst die Pflicht, sich zu ihr einzufinden, sich zu entkleiden und die jeweils erforderliche Körperhaltung einzunehmen; sonst besteht keine Pflicht zur aktiven Mitwirkung (KK-Hadamitzky 6).

17 E. Der **Grundsatz der Zumutbarkeit (IV)** bedeutet nur eine Hervorhebung des Verhältnismäßigkeitsgrundsatzes (Einl 20 ff). Von Bedeutung sind die persönlichen Verhältnisse der Beteiligten sowie Art und Folgen der Untersuchung (eingehend SK-Rogall 72 ff). Das bei der Bedeutung der Strafsache bestehende Aufklärungsinteresse und das Persönlichkeitsrecht des Betroffenen müssen gegeneinander abgewogen werden (BGH MDR **56**, 527 [D]). Vielfach wird die Zumutbarkeit davon abhängen, dass die Untersuchung von einem Arzt vorgenommen wird (KK-Hadamitzky 7); für eine schamverletzende Untersuchung gilt § 81d. Blutentnahme zum Zweck der Feststellung der AIDS-Infizierung wird idR zumutbar sein (LR-Krause 28; **aM** Mayer JR **90**, 363). Zur Herstellung eines „gentechnischen Fingerabdrucks" vgl § 81e und eingehend dazu BerlVerfGH NJW **06**, 1416.

18 5) **Blutprobenentnahmen und Abstammungsuntersuchungen (II)** darf nur ein Arzt vornehmen. Die Anordnung von Abstammungsuntersuchungen verpflichtet zur Duldung von Blutprobenentnahmen (Jessnitzer/Ulrich 294), Lichtbildaufnahmen, Messungen und Fingerabdrücken (LR-Krause 23; Krause/Nehring 4), nicht aber Speichelproben (SK-Rogall 31 [nur freiwillig]; Satzger JZ **01**, 645; **aM** Busch NJW **01**, 1336). Anders als bei I gilt nicht der Zeugen- und Spurengrundsatz, sondern der Aufklärungsgrundsatz; ob der Betroffene als Zeuge in Betracht kommt, ist gleichgültig (LR-Krause 24).

19 Es darf aber kein **Nachteil für seine Gesundheit** zu befürchten sein. Bei der Natur der zugelassenen Eingriffe und Untersuchungen sind solche Nachteile kaum vorstellbar. Insbesondere ist bei der Blutprobenentnahme ein psychischer Schaden infolge einer „Spritzenphobie" praktisch ausgeschlossen (Gerchow BA **76**, 392; Händel BA **76**, 389 gegen Koblenz NJW **76**, 379).

20 Die **Unerlässlichkeit** der Maßnahme ist an der Aufklärungspflicht (§ 244 II) zu bemessen (Saarbrücken FamRZ **59**, 35). Dass zuvor alle anderen Beweismöglichkeiten versagt haben, wird nicht vorausgesetzt (KK-Hadamitzky 5; LR-Krause 26). Die Anordnung eines erbbiologischen Gutachtens ist aber erst zulässig, wenn die Abstammung durch eine Blutgruppenbestimmung nicht geklärt werden konnte.

21 Die **Zumutbarkeit** des Eingriffs und der Untersuchung (IV) ist auch hier durch Abwägung des Aufklärungsinteresses mit den Interessen des Betroffenen zu beurteilen (oben 17). Dass ihm wirtschaftliche Nachteile drohen, hindert die Anordnung nicht (KMR-Bosch 20; LR-Krause 30). Der Rechtsgedanke des § 55 begründet keine Unzumutbarkeit, da die Berufung auf diese Bestimmung nur dazu führen würde, dass der Betroffene tatverdächtig und nunmehr nach § 81a untersucht wird (**aM** SK-Rogall 43 ff; Krause JZ **76**, 124).

22 6) **Untersuchungsverweigerungsrecht (III):**

23 A. **Umfang:** Die Bestimmung knüpft an § 52 an. Ein Weigerungsrecht nach §§ 53, 53a, 54 besteht nicht (LR-Krause 38; SK-Rogall 42; Hilgert NJW **16**, 985; **aM** EbSchmidt Nachtr 11; zw Alsberg-Güntge 855; unklar BT-Drucks 16/5846 S 26), auch nicht nach § 55 (KK-Hadamitzky 10; Alsberg-Güntge aaO; Rüping 270; **aM** Braunschweig NJW **54**, 1052; Saarbrücken FamRZ **59**, 35; Krause/Nehring 5; Gössel 231). Der Betroffene kann nach § 52 I das Zeugnis oder nach III S 1 die Untersuchung oder beides verweigern. Der Einnahme des richterlichen Augenscheins an seiner Person darf er sich nicht widersetzen (Hamm MDR **74**, 1036). Wie bei § 52 (dort 11 ff) besteht das Untersuchungsverweigerungsrecht auch, wenn sich das Verfahren gegen mehrere Beschuldigte richtet und der Betroffene nur Angehöriger eines von ihnen ist, auch bei Verfahrenstrennung. Falls der Angehörige eines Beschuldigten zugleich Mitbeschuldigter ist, muss er zwar die körperliche Untersuchung nach § 81a dulden, nicht aber die Verwertung des ge-

wonnenen Befundes gegen den Mitbeschuldigten (so Mitsch Lenckner-FS 735). Es erstreckt sich nicht auf die Durchsuchung von Räumen zur Sicherstellung von Gegenständen mit DNA-fähigem Material (BGH NStZ-RR **18**, 319 [ER]; erg 20 zu § 94; 1 zu § 97; 7 zu § 103).

B. **Belehrungspflicht:** § 52 III gilt entspr für alle Fälle des Weigerungsrechts 24 nach III S 1, obwohl diese Regelung in III S 2 Hs 2 eingeordnet ist. Zu belehren ist der Betroffene selbst (BGH **14**, 21, 24), auch wenn er schon über sein Zeugnisverweigerungsrecht nach § 52 belehrt worden ist (BGH **13**, 394, 399; StV **88**, 419; **93**, 563; **96**, 196; NStZ **96**, 275), sogar wenn er schon nach Belehrung als Zeuge ausgesagt hat. Zur Belehrung ist, und zwar vor der Durchführung der (mit oder ohne förmliche Anordnung) beabsichtigten Maßnahme, verpflichtet, wer sie angeordnet hat (Jessnitzer/Ulrich 295). Der Richter kann die StA bei der Übergabe der Anordnung nach § 36 II S 1 ersuchen, für die Belehrung vor der Untersuchung zu sorgen. Der Sachverständige ist zur Belehrung nicht befugt (BGH StV **93**, 563; SK-Rogall 61; Weigend JZ **90**, 48). Das Unterlassen der Belehrung wird dadurch geheilt, dass das Untersuchungsergebnis nicht berücksichtigt wird oder dass der Betroffene nach nachgeholter Belehrung seiner Verwertung zustimmt (BGH **12**, 235, 242 [GSSt]). Auch der spätere Verzicht des Zeugen auf sein Zeugnisverweigerungsrecht nach § 52 I heilt den Verstoß (BGH **20**, 234). Die bloße Beobachtung des Zeugen in der Hauptverhandlung zur Gutachtenerstattung ist keine die Belehrungspflicht auslösende Untersuchung (BGH StV **95**, 622).

C. **Widerruft** der Betroffene den Verzicht auf das Weigerungsrecht noch vor 25 Abschluss der Untersuchung, so ist deren Fortsetzung unzulässig. Das bis dahin erlangte Untersuchungsergebnis ist aber verwertbar, wenn der Betroffene von einem Richter belehrt worden war (BGH **12**, 235, 242 [GSSt]; NStZ **97**, 296 mit krit Anm Eisenberg/Kopatsch; **aM** EbSchmidt JR **59**, 369; erg 6 zu § 252). Widerrufbar ist auch die Untersuchungsverweigerung (vgl 22 zu § 52).

D. **Betroffene ohne ausreichende Verstandesreife (III S 2):** Die Regelung 26 entspricht im Wesentlichen der des § 52 II (dort 17 ff). Die Belehrung des Betroffenen entfällt aber, wenn ihm offensichtlich keine genügende Vorstellung von der Bedeutung des Weigerungsrechts vermittelt werden kann (BGH **40**, 336; SK-Rogall 59; **aM** Eisenberg NStZ **16**, 11; Welp JR **96**, 78). Die Duldungspflicht des Betroffenen geht auch weiter als seine Aussagepflicht (dazu 19 zu § 52). Denn da Maßnahmen nach § 81c auch an Personen vorgenommen werden können, die nicht aussagefähig sind, entscheidet im Fall des § 81c der gesetzliche Vertreter endgültig über den Verzicht auf die Weigerung und den Verzicht auf sie. Auf die Bereitschaft des Betroffenen kommt es nicht an (BGH aaO; **aM** Kett-Straub ZStW **117**, 372).

E. **Beweissicherungsverfahren (III S 3–5):** Ist der gesetzliche Vertreter von 27 der Entscheidung ausgeschlossen (III S 2 Hs 2 iVm § 52 II S 2) oder sonst verhindert, so ist eine zur Beweissicherung erforderliche sofortige Untersuchung oder Blutprobenentnahme zulässig. Sie wird vom Gericht angeordnet, von der StA nur, wenn dieses trotz entspr Kontaktierungsversuche nicht erreichbar ist und ein Zuwarten wegen des drohenden Beweismittelverlusts oder der Unzumutbarkeit für das Opfer nicht möglich ist. Die Anordnung ersetzt die Zustimmung des gesetzlichen Vertreters (vgl LG Verden NStZ-RR **06**, 246). Die Untersuchungsergebnisse dürfen aber nur verwertet werden, wenn der gesetzliche Vertreter, dh der dazu bestellte Ergänzungspfleger oder der wieder erreichbar gewordene gesetzliche Vertreter, nachträglich sein Einverständnis erklärt. Die Einwilligung braucht der Richter oder StA nicht selbst einzuholen (LR-Krause 49).

7) **Zuständigkeit für die Anordnung (V S 1):** Hs 1 entspricht § 81a II (dort 28 25 ff); zum Spezialfall des Hs 2 iVm III S 3 vgl oben 27. Eine vorherige Anhörung des Betroffenen oder seines gesetzlichen Vertreters ist nicht erforderlich (KK-Hadamitzky 19; LR-Krause 53; **aM** KMR-Bosch 34).

8) Die **Vollstreckung** der richterlichen Anordnung ist Sache der StA (§ 36 II 29 S 1). Sie vollstreckt auch ihre eigene Anordnung, die Polizei die ihre. Mit der Voll-

§ 81d

streckung ist die Aufgabe verbunden, die noch ausstehende Erklärung über das Weigerungsrecht (III) einzuholen oder ihre Einholung zu veranlassen und sicherzustellen, dass die Maßnahme unterbleibt, wenn der Betroffene die Untersuchung mit Recht verweigert oder der gesetzliche Vertreter widerspricht (KK-Hadamitzky 20).

29a 9) Ein **Verwertungsverbot** hinsichtlich des entnommenen Materials für andere Zwecke als für ein anhängiges Strafverfahren enthält V S 2, indem er auf die Regelung in § 81a III verweist (dort 36).

29b Ebenso wie für entnommene Körperzellen des Beschuldigten gilt auch hier die **Vernichtungsregelung** (vgl 37 ff zu § 81a).

30 10) **Zwang (VI):** Nach S 1 gilt § 70 entspr. Ordnungsgeld und -haft darf aber nur der Richter festsetzen; § 161a II ist nicht entspr anwendbar (Achenbach NJW **77**, 1271; Roxin/Schünemann § 33, 31; Wendisch JR **78**, 447). Das Nichterscheinen zur Untersuchung ist idR als Weigerung anzusehen (SK-Rogall 94). Gegen den gesetzlichen Vertreter dürfen die Ordnungsmittel des § 70 I nicht festgesetzt werden (dort 3). Beugehaft nach § 70 II darf auch gegen den Betroffenen nicht verhängt werden, sondern wird durch den unmittelbaren Zwang nach VI S 2 ersetzt (Achenbach aaO). Dieser Zwang darf bei Gefahr im Verzug ohne weiteres, sonst erst angewendet werden, wenn der Betroffene trotz Festsetzung der Ordnungsmittel auf seiner Weigerung beharrt (VI S 3).

31 11) **Beschwerde** nach § 304 II ist gegen richterliche Anordnungen, auch des erkennenden Gerichts (§ 305 S 2), zulässig; zur Anfechtung, wenn die Maßnahme bereits vorgenommen worden ist, vgl 17 ff vor § 296. Der Gerichtsbeschluss nach III S 3 ist unanfechtbar (S 4); nur gegen die Ablehnung der beweissichernden Anordnung hat die StA die einfache Beschwerde nach § 304 I. Anordnungen der StA und der Polizei sind nicht nach § 23 **EGGVG** anfechtbar, wohl aber kann der Betroffene entspr § 98 II Antrag auf gerichtliche Entscheidung stellen (hM, vgl LR-Krause 63, SK-Rogall 101, jew mwN; **aM** AnwK-Walther 25); das wird wegen der nach Art 19 IV GG gebotenen engen Auslegung des III S 4 auch für die besondere Anordnung der StA nach III S 3 zu gelten haben.

32 12) **Revision:** Das Fehlen der Voraussetzungen des I und II, die ausschließl dem Schutz des Betroffenen dienen, kann die Revision des Angeklagten nicht begründen (BGH MDR **53**, 148 [D]; Krause/Nehring 14; siehe allerdings LG Dresden StV **12**, 331, das für schwerwiegende Verstöße gegen V ein Verwertungsverbot annimmt). Das Gleiche gilt, wenn die Belehrung über die Freiwilligkeit der Duldung einer Untersuchung oder eines Eingriffs (oben 4) unterlassen worden ist (LR-Krause 65; ANM 491). Beim Fehlen der Belehrung nach III S 2 Hs 2 iVm § 52 III S 1 gelten die Grundsätze zu § 52 (dort 34) entspr. Ist der gesetzl Vertreter nicht belehrt worden, darf das auf der Untersuchung beruhende Gutachten nur verwertet werden, wenn feststeht, dass der gesetzl Vertreter in Kenntnis des Rechts, die Untersuchung zu verweigern, eingewilligt hat (BGH **40**, 336; abl Eisenberg StV **95**, 625). Wegen der Rechtsfolgen einer irrigen Belehrung vgl 35 zu § 52. Zum notwendigen **Rügevorbringen** siehe Graalmann-Scheerer Rieß-FS 162. Ob der Vortrag erforderlich ist, der Zeuge oder die Zeugin habe die Einwilligung mit der Exploration erklärt, ist umstritten (dafür der 1. Strafsenat des BGH [NStZ-RR **13**, 218; NStZ **13**, 672; StV **13**, 73], dagegen der 3. Strafsenat des BGH [NStZ-RR **14**, 17], der mit guten Gründen darauf verweist, dass es regelmäßig auch ohne Einwilligung des Zeugen möglich ist, dem Sachverständigen die erforderlichen Anknüpfungstatsachen für sein Gutachten zu verschaffen).

Durchführung körperlicher Untersuchungen durch Personen gleichen Geschlechts RiStBV 220 I

81d

[1] [1] Kann die körperliche Untersuchung das Schamgefühl verletzen, so wird sie von einer Person gleichen Geschlechts oder von einer Ärztin oder einem Arzt vorgenommen. [2] Bei berechtigtem Interesse soll dem

§ 81e

Wunsch, die Untersuchung einer Person oder einem Arzt bestimmten Geschlechts zu übertragen, entsprochen werden. ³ Auf Verlangen der betroffenen Person soll eine Person des Vertrauens zugelassen werden. ⁴ Die betroffene Person ist auf die Regelungen der Sätze 2 und 3 hinzuweisen.

II Diese Vorschrift gilt auch dann, wenn die betroffene Person in die Untersuchung einwilligt.

1) Für **körperliche Untersuchungen jeder Art** gilt § 81d, auch für Durchsuchungen nach §§ 102, 103 (LR-Krause 2; Krause/Nehring 1; aM EbSchmidt Nachtr 4 zu § 81a). Es besteht der allgemeine Grundsatz, dass körperliche Untersuchungen und Durchsuchungen nicht von Angehörigen des anderen Geschlechts durchgeführt werden sollen. Gleichgültig ist, ob es sich um freiwillige oder unfreiwillige Untersuchungen handelt (II). Für körperliche Untersuchungen, die medizinische Kenntnisse verlangen, hat § 81d keine Bedeutung; dann muss ein Arzt als Sachverständiger hinzugezogen werden.

2) **Eine Altersgrenze** besteht nach Änderung der Vorschrift durch das OpferRRG nicht mehr; die Vorschrift gilt also auch für Kinder, ausgenommen Kleinkinder unter 6 Jahren (SK-Rogall 7; ähnlich KK-Hadamitzky 2).

3) Das **Schamgefühl**, darüber hinaus die allgemeinen Regeln der Schicklichkeit und des Anstands, müssen gewahrt werden. Maßgebend sind objektive Gesichtspunkte (Krause/Nehring 1). Das völlige Entkleiden vor einer Person des anderen Geschlechts, die keine Ärztin oder kein Arzt ist, und die Untersuchung der Geschlechtsorgane durch diese Person verletzen das Schamgefühl unter allen Umständen (LR-Krause 4).

4) Die **Übertragung der Untersuchung** auf eine Person gleichen Geschlechts oder eine Ärztin oder einen Arzt, auch wenn medizinische Kenntnisse nicht erforderlich sind, schreibt I S 1 zwingend vor. Davon kann auch nicht abgesehen werden, wenn sonst die Gefahr besteht, dass Tatspuren oder Beweismittel verloren gehen (SK-Rogall 8). I S 1 gilt auch für Augenscheinsnahmen durch das Gericht. Die untersuchende Person wird als Augenscheinsgehilfe (4 zu § 86) herangezogen und über ihre Wahrnehmungen als Zeuge vernommen (LR-Krause 6). Nach I S 2 besteht ein grundsätzliches Wahlrecht hinsichtlich des Geschlechts der Untersuchenden; damit soll individuellen Befindlichkeiten der Betroffenen Rechnung getragen werden.

5) **Eine Person des Vertrauens** (in erster Linie wird dies ein Angehöriger sein) soll auf Verlangen der betroffenen Person zugelassen werden. Die verlangte Heranziehung darf aus triftigen Gründen (Verzögerung, zu erwartende Störung) abgelehnt oder abgebrochen werden (LR-Krause 7; Neuhaus StV **04**, 621).

6) Eine besondere **Hinweispflicht** auf die Regelungen in I S 2 und 3 ist durch das OpferRRG vorgeschrieben worden. Dies ist sachdienlich, weil der zu untersuchenden Person die dort bezeichneten Möglichkeiten idR unbekannt sein werden und damit einer – uU erneuten (etwa nach vorhergegangenem sexuellen Missbrauch) – Verletzung des Schamgefühls vorgebeugt wird.

7) Die **Revision** kann auf einen Verstoß gegen § 81d nicht gestützt werden (SK-Rogall 14 mwN; Gössel JZ **84**, 363). Betrifft er den Zeugen, so ist nur dessen Rechtskreis berührt; betrifft er den Angeklagten, so ist das Untersuchungsergebnis gleichwohl verwertbar (Rudolphi MDR **70**, 97; KMR-Bosch 6; **aM** Neuhaus StV **04**, 621; Eisenberg BR 1679d für bewusste Missachtungen; vgl auch Gössel Bockelmann-FS 816).

Molekulargenetische Untersuchung

§ 81e I ¹ An dem durch Maßnahmen nach § 81a Absatz 1 oder § 81c erlangten Material dürfen mittels molekulargenetischer Untersuchung das

§ 81e

DNA-Identifizierungsmuster, die Abstammung und das Geschlecht der Person festgestellt und diese Feststellungen mit Vergleichsmaterial abgeglichen werden, soweit dies zur Erforschung des Sachverhalts erforderlich ist. ²Andere Feststellungen dürfen nicht erfolgen; hierauf gerichtete Untersuchungen sind unzulässig.

II ¹Nach Absatz 1 zulässige Untersuchungen dürfen auch an aufgefundenem, sichergestelltem oder beschlagnahmtem Material durchgeführt werden. ²Ist unbekannt, von welcher Person das Spurenmaterial stammt, dürfen zusätzlich Feststellungen über die Augen-, Haar- und Hautfarbe sowie das Alter der Person getroffen werden. ³Absatz 1 Satz 2 und § 81a Abs. 3 erster Halbsatz gelten entsprechend. ⁴Ist bekannt, von welcher Person das Material stammt, gilt § 81f Absatz 1 entsprechend.

1   **1) DNA-Analyse.** Die Technik der DNA (= Desoxyribonukleinsäure)-Analyse dient zur Identifizierung bzw dem Ausschluss von Spurenverursachern. Zu ihrer Durchführung (dazu Schneider ua NStZ **07**, 447; SK-Rogall 103ff zu § 81a) wird vorhandenes Körpermaterial des Beschuldigten und/oder eines sonstigen Spurenlegers (zB Blut, Haar, Harn, Speichel) gentechnisch untersucht und verglichen. Während zunächst der „genetische Fingerabdruck" (DNA-Fingerprinting) erstellt wurde, bei dem die Untersuchung anhand hochvariabler sog „Multi-Locus-Systeme" erfolgte, wird heute weithin die Methode der Polymerase-Kettenreaktion (PCR) angewendet, die auf der Vermehrung von genetischem Material basiert (vgl BT-Drucks 13/667 S 5; zu den Methoden im Einzelnen Neuhaus StraFo **05**, 148; SK-Rogall 107 zu § 81a). Die Entnahme von Körperzellen zu diesem Zweck und die Untersuchung des entnommenen Materials, soweit sie sich auf die nichtkodierenden (persönlichkeitsneutralen) Bereiche der DNA beschränkte, sowie die Verwertung der Ergebnisse zu Beweiszwecken wurde von der Rspr **96**, 606; NJW **96**, 1587; BGH **37**, 157). Die gesetzliche Regelung wurde zur Sicherung einer sachgerechten Verwendung des Untersuchungsmaterials für erforderlich erachtet sowie mit den „in weiten Teilen der Bevölkerung anzutreffenden, mit der Gentechnik ganz allgemein verbundenen Ängsten und Befürchtungen vor übermäßigen, den Kern der Persönlichkeit berührenden Eingriffen" begründet (BT-Drucks 13/667 S 1). Durch Ges vom 17.7.2017 (BGBl I 2017 S 3202) wurden die Anwendungsvoraussetzungen präzisiert.

2   **2) Beweiswert:** Wegen der inzwischen erreichten Standardisierung der molekulargenetischen Untersuchung kann bei einem Seltenheitswert im Millionenbereich das Ergebnis der DNA-Analyse für die Überzeugung des Tatrichters dahin ausreichen, dass die am Tatort gesicherte DNA-Spur vom Angeklagten herrührt (BGH NStZ **09**, 285 mit zust Anm Baur/Fimmers/Schneider StV **10**, 175; KMR-Bosch 4; zum Beweiswert einer mitochondrialen DNA-Analyse, ggf in Kombination mit dem Ergebnis der Analyse von Kern-DNA, BGH NJW **09**, 2834), wenn die Berechnungsgrundlage den vom BGH aufgestellten Anforderungen entspricht (BGH **38**, 320, 322 ff). Mögliche Fehlerquellen bei DNA-Analysen sind freilich zu beachten (Neuhaus Schlüchter-GS 535 und StraFo **06**, 393). Unabhängig davon ist die Frage zu beurteilen, ob zwischen der DNA-Spur und der Tat ein Zusammenhang besteht (BGH NStZ **09**, 285). Einem Beweisantrag auf Durchführung einer Gen-Analyse zum Beweis, dass der Beschuldigte nicht der Täter sein könne, wird idR stattzugeben sein (BGH NJW **90**, 2328), und die Aufklärungspflicht wird beim Vorhandensein von Spurenmaterial die Gen-Analyse gebieten (BGH NStZ **91**, 399). Auch zur Identifizierung von Hundehaaren kann ein genomanalytisches Gutachten geeignet sein (BGH NStZ **93**, 395).

3   **3) Nach § 81a I oder § 81 c erlangtes Material (I):**

4   A. **Nur zur Feststellung bestimmter Tatsachen** in einem anhängigen (Ermittlungs-)Verfahren (LG Mainz NStZ **01**, 499) und soweit dies zur Erforschung des Sachverhalts erforderlich ist, ist die DNA-Analyse zulässig; Feststellungen über andere als die in I S 1 bezeichneten sind nicht erlaubt. Schon darauf gerichtete

Untersuchungen sind unzulässig (I S 2 Hs 2); sie dürfen daher nicht angeordnet werden, wenn und solange kein für einen DNA-Vergleich geeignetes Spurenmaterial vorhanden ist (vgl LG Saarbrücken StV **01**, 265 L; BeckOK Goers 8), es sei denn, der Betroffene erklärt sich damit einverstanden (Hilger NStZ **97**, 372 Fn 30; **aM** LR-Krause 24). Eine vorherige Auswertung der aufgefundenen Spurenträger ist freilich nicht erforderlich; eine starre zeitliche Reihenfolge, dass zwar die Entnahme von Körperzellen angeordnet werden kann, deren molekulargenetische Untersuchung jedoch erst dann zulässig sein soll, wenn für einen DNA-Vergleich geeignetes Spurenmaterial vorhanden ist, besteht nicht (Hamm BeckRS 2016, 4926: Anordnung der Untersuchung während laufender Hauptverhandlung; LG Ravensburg NStZ-RR **10**, 18; enger LG Offenburg StV **03**, 153). Die Untersuchung, ob die Spur von einem Mann oder einer Frau stammt, ist zulässig (I S 1), nach wie vor aber nicht die Untersuchung, ob sie von einem Europäer, Afrikaner oder Asiaten herrührt (vgl auch Graalmann-Scheerer ZRP **02**, 73; Rackow ZRP **02**, 236) oder die Untersuchung auf äußere Körpermerkmale oder angeborene Krankheiten des Spurenlegers. Der Verstoß gegen I S 2 führt zu einem Beweisverwertungsverbot (Graalmann-Scheerer Rieß-FS 163; KMR-Bosch 14; **aM** Senge NJW **97**, 2411). Sofern bei der Untersuchung unvermeidbar Informationen über schutzbedürftige Persönlichkeitsmerkmale anfallen, dürfen sie nicht weitergegeben oder in das Verfahren eingeführt werden (str, vgl Volk NStZ **02**, 564). Die zulässig zu erhebenden Tatsachen sind:

a) **An dem vom Beschuldigten** nach § 81a I entnommenen Material dürfen 5 das DNA-Identifizierungsmuster, die Abstammung und das Geschlecht festgestellt werden. Nach BGH [ER] 1 BGs 96/2007 vom 21.3.2007 sind Untersuchungen auch zulässig an Körperzellen, die ohne Eingriff nach § 81a I auf rechtmäßige Weise – hier: Zigarettenreste aufgrund einer Maßnahme nach § 163f – in den Verfügungsbereich der Strafverfolgungsbehörden gelangt sind (zw, da § 81e nicht an heimliche Ermittlungsmaßnahmen anknüpft). Zwischen „kodierenden" und „nicht-kodierenden" Merkmalen wird bei der Untersuchung nicht unterschieden (vgl BT-Drucks 13/667 S 6, 9, 11; Senge NJW **97**, 2411). Die molekulargenetische Untersuchung von in Biobanken mit Zustimmung des Beschuldigten gesammelten Körperflüssigkeiten oder Gewebeproben ist unzulässig (KK-Hadamitzky 8; vgl auch Eisenberg BR 1684a; **aM** BeckOK-Goers 6).

b) **An dem von Dritten** nach § 81c erlangten Material ist die DNA-Analyse 6 unter denselben Voraussetzungen zulässig (I S 1). Hier geht es idR um die Frage, von wem beim Beschuldigten oder beim Tatopfer oder am Tatort vorgefundenes Spurenmaterial herstammt (vgl LG Frankenthal NStZ-RR **00**, 146; LG Mannheim NStZ-RR **04**, 301), also um die Feststellung, ob die vorgefundenen DNA-Spuren von einer Person, die nicht Beschuldigter ist, stammen können oder ob diese als Spurenverursacher auszuschließen ist (BerlVerfGH NJW **06**, 1416 mwN; erg 17 zu § 81h). Für die Zulässigkeit des Eingriffs gelten die in § 81c III, IV und VI vorgesehenen Einschränkungen, insbesondere sind also Zeugnis- und Untersuchungsverweigerungsrechte zu beachten (erg 22 ff zu § 81c).

B. Eine **Subsidiaritätsklausel,** wie zB in §§ 98a I S 2, 100c I Nr 4, 110a I S 2, 7 enthält § 81e nicht (SK-Rogall 4). Sie wäre hier unzweckmäßig, weil es sachgerecht sein kann, die Untersuchung frühzeitig vorzunehmen, um zB einen Beschuldigten als Täter ausschließen zu können. Auch eine bestimmte erhöhte Verdachtsstufe („hinreichend" oder „dringend" verdächtig) wird nicht verlangt (zust SK-Rogall 4; Senge NJW **97**, 2411).

4) Die **Verwendung** des untersuchten Materials ist nur in dem der Untersu- 8 chung zugrundeliegenden oder einem sonst anhängigen Strafverfahren gestattet. Es darf nur so lange aufbewahrt werden, wie es dafür benötigt wird und ist anschließend zu vernichten (vgl 36 ff zu § 81a; 29a, b zu § 81c).

§ 81f
Erstes Buch. 7. Abschnitt

9 5) **Aufgefundenes, sichergestelltes oder beschlagnahmtes Material (II):**

10 A. Auch **an gesichertem Material, bei dem noch unklar ist**, ob es sich um eine Spur des Täters, um Material des Opfers oder überhaupt um eine mit der Tat zusammenhängende Spur handelt, dürfen nach II die zulässigen Untersuchungen (oben 3 ff) durchgeführt werden. Gerade dieses ist das Material, das idR mit dem dem Beschuldigten entnommenen verglichen werden soll. Aber auch ohne dass schon ein Beschuldigter ermittelt worden ist, kann die Untersuchung notwendig sein, um später die DNA-Analyse durchführen zu können (Rogall Schroeder-FS 701), ferner bei drohendem Verderben des Materials durch Zeitablauf.

11 B. Feststellungen über die **Augen-, Haar- und Hautfarbe sowie das Alter** der Person dürfen zusätzlich getroffen werden, wenn unbekannt ist, von welcher Person das Spurenmaterial stammt (II S 2). Mit dieser durch das Gesetz zur Modernisierung des Strafverfahrens vom 10.12.2019 eingeführten Regelung werden die zulässigen Untersuchungen von DNA-fähigem Material, die bislang nur das Geschlecht erfassten (I S 1), entsprechend erweitert, um neue Ermittlungsansätze bei ungeklärten Straftaten zu schaffen und die Wahrheit möglichst umfassend zu ermitteln (BT-Drucks 532/19 S 26). Die gewonnen Erkenntnisse können auch dazu verwendet werden, den Kreis der freiwilligen Teilnehmer an einer gemäß § 81h geplanten Reihenuntersuchung auf Personen mit den festgestellten Merkmalen zu beschränken oder Öffentlichkeitsfahndungen nach §§ 131 ff zu erleichtern. Der Gesetzgeber geht davon aus, dass die erweiterten Untersuchungsmöglichkeiten nicht in den absolut geschützten Kernbereich der Persönlichkeit eingreifen und die Neuregelung damit auch einer verfassungsrechtlichen Prüfung standhält (vgl BT-Drucks aaO 27; Claus NStZ **20**, 58, 62).

12 C. Auch dieses Material darf **nur für Zwecke eines anhängigen Strafverfahrens** verwendet werden (II S 3 mit § 81a III erster Halbsatz); die Vernichtungsregelung des § 81a III gilt für dieses Material im Gegensatz zu dem entnommenen Spurenmaterial aber nicht (Schulz/Händel/Soiné 17; SK-Rogall 17).

13 D. Kann das zu untersuchende Material einer **bestimmten Person zugeordnet** werden, gilt der Einwilligungs- und Richtervorbehalt des § 81f I entsprechend (II S 4).

14 6) **Revision**: Verstöße gegen I S 2 sowie II S 3 iVm § 81a III Hs 1 führen zu einem Beweisverwertungsverbot, das mit der Verfahrensrüge geltend gemacht werden kann. Zu den sachlich-rechtlichen Anforderungen an die Darstellung des Gutachtens und seiner Ergebnisse im Urteil 13b zu § 267.

Verfahren bei der molekulargenetischen Untersuchung

81f I [1] Untersuchungen nach § 81e Abs. 1 dürfen ohne schriftliche Einwilligung der betroffenen Person nur durch das Gericht, bei Gefahr im Verzug auch durch die Staatsanwaltschaft und ihre Ermittlungspersonen (§ 152 des Gerichtsverfassungsgesetzes) angeordnet werden. [2] Die einwilligende Person ist darüber zu belehren, für welchen Zweck die zu erhebenden Daten verwendet werden.

II [1] Mit der Untersuchung nach § 81e sind in der schriftlichen Anordnung Sachverständige zu beauftragen, die öffentlich bestellt oder nach dem Verpflichtungsgesetz verpflichtet oder Amtsträger sind, die der ermittlungsführenden Behörde nicht angehören oder einer Organisationseinheit dieser Behörde angehören, die von der ermittlungsführenden Dienststelle organisatorisch und sachlich getrennt ist. [2] Diese haben durch technische und organisatorische Maßnahmen zu gewährleisten, daß unzulässige molekulargenetische Untersuchungen und unbefugte Kenntnisnahme Dritter ausgeschlossen sind. [3] Dem Sachverständigen ist das Untersuchungsmaterial ohne Mitteilung des Namens, der Anschrift und des Geburtstags und -monats der betroffenen Person zu übergeben. [4] Ist der Sachverständige eine nichtöffentliche Stelle, finden die Vorschriften der Verordnung (EU) 2016/679 des Europäischen Par-

Sachverständige und Augenschein   **§ 81f**

laments und des Rates vom 27. April 2016 zum Schutz natürlicher Personen bei der Verarbeitung personenbezogener Daten, zum freien Datenverkehr und zur Aufhebung der Richtlinie 95/46/EG (Datenschutz-Grundverordnung) (ABl. L 119 vom 4.5.2016, S. 1; L 314 vom 22.11.2016, S. 72; L 127 vom 23.5. 2018, S. 2) und des Bundesdatenschutzgesetzes auch dann Anwendung, wenn die personenbezogenen Daten nicht automatisiert verarbeitet und die Daten nicht in einem Dateisystem gespeichert sind oder gespeichert werden sollen.

1) Anordnung: Nach I bedarf es keiner Anordnung des Gerichts (oder der StA **1** und ihrer Ermittlungspersonen), wenn die betroffene Person schriftlich ihre Einwilligung erteilt hat (Eisenberg BR 1687; **aM** Senge NJW **05**, 3029). Dies gilt sowohl für die Einwilligung in die Entnahme als auch für die Untersuchung der entnommenen Körperzelle.

Liegt keine schriftliche Einwilligung des Betroffenen vor, kann die Untersu- **1a** chungsanordnung bei **Gefahr im Verzug** auch durch die StA und – nachrangig – ihre Ermittlungspersonen erfolgen (I S 2; erg 6 zu § 98); das galt bisher über § 81a II bzw § 81e V S 1 nur für die Entnahme und nicht für die Untersuchung der Körperzelle. Dies kann relevant werden, wenn ohne das Ergebnis der DNA-Analyse der für die Anordnung der UHaft erforderliche Tatverdacht (noch) nicht gegeben ist (BT-Drucks 15/5674 S 8; krit dazu Senge NJW **05**, 3030).

Die nach I S 2 aF verlangte richterliche Anordnung auch für die Untersuchung **1b** von **Spurenmaterial** (§ 81e II) ist gestrichen worden; sie war nicht sinnvoll (Senge NJW **05**, 3029), zumal die Spurenverursacher erst durch eine vergleichende Untersuchung, für die wiederum I gilt, festgestellt werden kann. Für die molekulargenetische Untersuchung des Spurenmaterials ist daher eine Anordnung der StA oder der Beamten des Polizeidienstes ausreichend (LG Potsdam NJW **06**, 1224).

2) Einwilligung: Sie ist nur wirksam, wenn sie schriftlich erteilt worden ist (I **2** S 1). Ihr muss eine Belehrung darüber vorangegangen sein, für welchen Zweck die zu erhebenden Daten verwendet werden (I S 2). Dass die Einwilligung freiwillig abgegeben werden muss und bei ihr kein unzulässiger Druck etwa durch das Versprechen der Gewährung von Vergünstigungen ausgesprochen werden darf, ist selbstverständlich. Eine über den Hinweis auf die Untersuchungszwecke des § 81e I hinausgehende qualifizierte Belehrung (so Senge NJW **05**, 3029 im Blick auf § 81g V S 2 Nr 1; früher schon LG Düsseldorf NJW **03**, 1883, 1884) fordert das Gesetz nicht (SK-Rogall 15). Zum Widerruf der Einwilligung 17 zu § 81g.

3) Durchführung: Die Anordnung muss schriftlich ergehen (II S 1) und den **3** Vorwurf, die Gründe für einen Anfangsverdacht und den Zweck der DNA-Untersuchung knapp umreißen (LG Ravensburg NStZ-RR **10**, 18). Örtlich zuständig ist der Richter desjenigen AG, in dessen Bezirk die StA (bzw deren Zweigstelle) ihren Sitz hat (§ 162 I S 1; erg 15 zu § 81g). Zur Zuständigkeit des Richters im Übrigen vgl 25 zu § 81a, zum Umfang der richterlichen Prüfung vgl 14 zu § 162. In der Anordnung ist weiter der Sachverständige (nicht nur das Institut; **aM** Huber Kriminalistik **97**, 736) zu bezeichnen (KK-Hadamitzky 6); wer als Sachverständiger in Betracht kommt, regelt II S 1 (KMR-Bosch 5). Welche Methode der Sachverständige bei seiner Untersuchung anwendet, bleibt ihm überlassen. Die Entnahme der Körperzelle kann auf Grund der Anordnung erzwungen werden (29 zu § 81a; LG Hamburg NStZ-RR **04**, 213).

4) Sachverständiger: II enthält für die Beauftragung des Sachverständigen und **4** für die von ihm durchzuführende Untersuchung ins Einzelne gehende Regelungen, die den Datenschutz gewährleisten. So wird eine funktionale Trennung von Strafverfolgung und DNA-Analyse vorgeschrieben; nur für organisatorisch selbstständige Forschungsabteilungen des BKA o eines LKA wird eine Ausnahme gemacht (II S 1).

Der Sachverständige hat **besondere Vorkehrungen** in der ihm geeignet er- **5** scheinenden Weise zu treffen, um unzulässige DNA-Analysen auszuschließen und die Ergebnisse vor unbefugter Kenntnisnahme durch Dritte zu schützen (II S 2).

6 Dem **Geheimhaltungsschutz** dient es, dass dem Sachverständigen das Untersuchungsmaterial in anonymisierter Form übergeben wird (II S 3). Stellt sich später heraus, dass dem Sachverständigen nach § 76 ein Gutachtenverweigerungsrecht zustand, von dem er Gebrauch macht, kann das Gutachten von einem anderen Sachverständigen vertreten werden (Cramer NStZ **98**, 498; **aM** LR-Krause 39).

7 Die **datenschutzrechtliche Kontrolle** wird in II S 4 geregelt. Die Vorschrift wurde mit Ges vom 20.11.2019 (BGBl I 1724) aufgrund der Neukonzeption des BDSG und der Einführung der Datenschutzgrundverordnung aktualisiert; inhaltliche Änderungen sind damit nicht verbunden. Sie gewährleistet, dass zum einen auch anlassunabhängige Kontrollen erlaubt werden und zum anderen die Datenschutzbehörden auch tätig werden dürfen, wenn der Sachverständige die Daten nicht in Dateien automatisiert, sondern nur in Akten verarbeitet (BT-Drucks 19/4671 S 60).

8 **5) Beschwerde:** Der Betroffene hat gegen die Anordnung nach § 304 I, andere haben nach § 304 II das Beschwerderecht, auch bei Anordnung durch das erkennende Gericht (§ 305; vgl Bremen StV **10**, 122). Die StA kann sich gegen die Ablehnung der beantragten Anordnung beschweren. Die Bestimmung des Sachverständigen ist nicht isoliert anfechtbar (LR-Krause 35; Graalmann-Scheerer Kriminalistik **00**, 331; KMR-Bosch 11; **aM** KK-Hadamitzky 6, 11 für die StA bei Abweichung von deren Vorschlag).

9 **6) Revision:** Die Ergebnisse einer ohne Anordnung des Richters vorgenommenen Untersuchung von Spurenmaterial des Beschuldigten sind unverwertbar. Die gleichwohl vorgenommene Verwertung als Beweismittel kann daher die Revision begründen; „jedenfalls" bei einer nach Belehrung freiwillig, wenn auch ohne schriftliche Einwilligung abgegebenen Speichelprobe verlangt BGH NStZ **10**, 157 aber einen **Verwertungswiderspruch** (erg 25 zu § 136). Verwertbar sind hingegen die Ergebnisse einer nicht angeordneten Untersuchung von Körperzellen des Verletzten oder eines Dritten, da die Vorschriften insoweit ausschließlich dem Schutz dienen (SK-Rogall 28; erg 32 zu § 81c; dort auch zu den Folgen des Fehlens einer Belehrung). Auf Verstöße gegen II wird die Revision idR nicht gestützt werden können (BGH **58**, 84; NStZ **99**, 209 L; Graalmann-Scheerer Rieß-FS 164). Wird mit der Aufklärungsrüge in der Revision beanstandet, dass keine DNA-Analyse vorgenommen worden sei, muss dargelegt werden, dass das dafür erforderliche Zellmaterial zur Verfügung stand (BGHR StPO § 344 II S 2 Aufklärungsrüge 5); das vom Sachverständigen anzuwendende Untersuchungsverfahren muss nicht bezeichnet werden (BGH NStZ-RR **02**, 145). Zum notwendigen Rügevorbringen Graalmann-Scheerer Rieß-FS 153 ff, BGH NStZ **10**, 157 (Widerspruch).

DNA-Identitätsfeststellung RiStBV 16a

§ 81g

I 1 Ist der Beschuldigte einer Straftat von erheblicher Bedeutung oder einer Straftat gegen die sexuelle Selbstbestimmung verdächtig, dürfen ihm zur Identitätsfeststellung in künftigen Strafverfahren Körperzellen entnommen und zur Feststellung des DNA-Identifizierungsmusters sowie des Geschlechts molekulargenetisch untersucht werden, wenn wegen der Art oder Ausführung der Tat, der Persönlichkeit des Beschuldigten oder sonstiger Erkenntnisse Grund zu der Annahme besteht, dass gegen ihn künftig Strafverfahren wegen einer Straftat von erheblicher Bedeutung zu führen sind. ²Die wiederholte Begehung sonstiger Straftaten kann im Unrechtsgehalt einer Straftat von erheblicher Bedeutung gleichstehen.

II 1 Die entnommenen Körperzellen dürfen nur für die in Absatz 1 genannte molekulargenetische Untersuchung verwendet werden; sie sind unverzüglich zu vernichten, sobald sie hierfür nicht mehr erforderlich sind. ²Bei der Untersuchung dürfen andere Feststellungen als diejenigen, die zur Ermittlung des DNA-Identifizierungsmusters sowie des Geschlechts erforderlich sind, nicht getroffen werden; hierauf gerichtete Untersuchungen sind unzulässig.

Sachverständige und Augenschein **§ 81g**

III ¹ Die Entnahme der Körperzellen darf ohne schriftliche Einwilligung des Beschuldigten nur durch das Gericht, bei Gefahr im Verzug auch durch die Staatsanwaltschaft und ihre Ermittlungspersonen (§ 152 des Gerichtsverfassungsgesetzes) angeordnet werden. ² Die molekulargenetische Untersuchung der Körperzellen darf ohne schriftliche Einwilligung des Beschuldigten nur durch das Gericht angeordnet werden. ³ Die einwilligende Person ist darüber zu belehren, für welchen Zweck die zu erhebenden Daten verwendet werden. ⁴ § 81f Abs. 2 gilt entsprechend. ⁵ In der schriftlichen Begründung des Gerichts sind einzelfallbezogen darzulegen
1. die für die Beurteilung der Erheblichkeit der Straftat bestimmenden Tatsachen,
2. die Erkenntnisse, auf Grund derer Grund zu der Annahme besteht, dass gegen den Beschuldigten künftig Strafverfahren zu führen sein werden, sowie
3. die Abwägung der jeweils maßgeblichen Umstände.

IV Die Absätze 1 bis 3 gelten entsprechend, wenn die betroffene Person wegen der Tat rechtskräftig verurteilt oder nur wegen
1. erwiesener oder nicht auszuschließender Schuldunfähigkeit,
2. auf Geisteskrankheit beruhender Verhandlungsunfähigkeit oder
3. fehlender oder nicht auszuschließender fehlender Verantwortlichkeit (§ 3 des Jugendgerichtsgesetzes)

nicht verurteilt worden ist und die entsprechende Eintragung im Bundeszentralregister oder Erziehungsregister noch nicht getilgt ist.

V ¹ Die erhobenen Daten dürfen beim Bundeskriminalamt gespeichert und nach Maßgabe des Bundeskriminalamtgesetzes verwendet werden. ² Das Gleiche gilt
1. unter den in Absatz 1 genannten Voraussetzungen für die nach § 81e Abs. 1 erhobenen Daten eines Beschuldigten sowie
2. für die nach § 81e Abs. 2 Satz 1 erhobenen Daten.

³ Die Daten dürfen nur für Zwecke eines Strafverfahrens, der Gefahrenabwehr und der internationalen Rechtshilfe hierfür übermittelt werden. ⁴ Im Fall des Satzes 2 Nr. 1 ist der Beschuldigte unverzüglich von der Speicherung zu benachrichtigen und darauf hinzuweisen, dass er die gerichtliche Entscheidung beantragen kann.

1) Für eine **DNA-Analyse-Datei**, die beim BKA auf der Grundlage des 1 § 8 VI BKAG eingerichtet worden ist, hat die durch das DNA-Identitätsfeststellungsgesetz vom 7.9.1998 (BGBl I 2646) eingefügte, verfassungsgemäße (BVerfG EuGRZ **01**, 70) und menschenrechtskonforme (EGMR EuGRZ **14**, 285) Vorschrift die gesetzliche Grundlage geschaffen (Eingriff in das Recht auf informationelle Selbstbestimmung); die neben § 81g geltenden Vorschriften des DNA-IFG sind teilw durch Ges vom 12.8.2005 (BGBl I 2360) als IV und V in die Vorschrift eingefügt, das DNA-IFG ist aufgehoben worden.

2) **Molekulargenetische Untersuchungen** in einem anhängigen Strafverfah- 2 ren werden nach §§ 81e, 81f durchgeführt; § 81g erlaubt sie zur Identitätsfeststellung in künftigen Strafverfahren (dazu Krause Rieß-FS 266). Damit handelt es sich um erkennungsdienstliche Zwecke, so dass die Vorschrift ebenso wie teilweise § 81b (dort 3) an sich einen Fremdkörper in der StPO darstellt (str, vgl SK-Rogall 1 mwN; Bosch StV **08**, 574; Schewe JR **06**, 187; Volk StP § 10 Rn 30; *de lege ferenda* Frister Amelung-FS 609). Das BVerfG (BVerfGE **103**, 21 = NStZ **01**, 328; BVerfG NStZ **08**, 226) sieht im Anschluss an Rogall darin „genuines Strafprozessrecht", weil es auf Zwecke der (künftigen) Strafverfolgung, nicht auf Zwecke der Gefahrenabwehr ausgerichtet sei (vgl Eisenberg/Singelnstein GA **06**, 169). Die Sammlung der Ergebnisse molekulargenetischer Untersuchungen erweitert die durch die DNA-Analyse geschaffenen Möglichkeiten, da ein Abgleich gespeicher-

§ 81g

ter DNA-Identifizierungsmuster mit vorgelegten Mustern zu einer schnellen Täteridentifizierung führen kann.

3 3) Die **Entnahme und die Untersuchung** von Körperzellen regelt die Vorschrift, und zwar in I bis III im laufenden Strafverfahren und in IV und V nach rechtskräftiger Verurteilung (sowie in den dieser gleichgestellten Fällen fehlender Schuld-, Verhandlungs- oder Verantwortungsfähigkeit; vgl zur Systematik LG Hamburg StV **08**, 571 mit krit Anm Bosch: kein Anwendungsvorrang des IV 1. Alt auch bei fehlender Vereitelungs- oder Fluchtgefahr). Die Entnahme wird idR durch einen Arzt nach den Regeln der ärztlichen Kunst (vgl § 81a I) vorgenommen werden müssen (SK-Rogall 13). Diese erfolgt in Form einer Speichelprobe. Ist der Beschuldigte zur Mitwirkung dazu nicht bereit, muss eine Blutprobe entnommen werden (Köln StraFo **01**, 104; Graalmann-Scheerer Kriminalistik **00**, 329; König Kriminalistik **99**, 325; Satzger JZ **01**, 645).

4 4) Nur zur **Identitätsfeststellung** ist die Anordnung der Entnahme der Körperzellen und der molekulargenetischen Untersuchung zulässig, wobei sich diese auf die Feststellungen, die zur Ermittlung des DNA-Identifizierungsmusters erforderlich sind, beschränken muss (II S 2). Andere Untersuchungen sind unzulässig, so dass etwa die Erstellung eines „Persönlichkeitsprofils" untersagt ist (BT-Drucks 13/10791 S 5). Die Verwendungsregelung entspricht § 81e I S 3.

5 Die Maßnahmen sind nur beim **Beschuldigten** zulässig, wobei ein Anfangsverdacht iS des § 152 II genügt (LG Hamburg StV **08**, 571; **aM** Eisenberg BR 1689). Damit sind sie zwar auch bei (möglicherweise) Schuldunfähigen (LR-Krause 11) und (möglicherweise nach § 3 JGG nicht-verantwortlichen) Jugendlichen, nicht jedoch bei Kindern erlaubt (vgl 7 zu § 81b), auch nicht bei rechtskräftig Freigesprochenen (Oldenburg NStZ **08**, 711; Ausnahmen in IV, dazu unten 10; vgl auch 7 zu § 81b).

6 5) **Voraussetzungen:**

7 A. Nur bei **drei Gruppen von Straftaten** wird die molekulargenetische Untersuchung für zulässig erklärt (krit dazu und für Gleichstellung mit der Fingerabdruckabnahme nach § 81b König Kriminalistik **04**, 262 mwN in Fn 31; vgl auch den Gesetzentwurf BR-Drucks 99/05); gegen eine Gleichstellung und für einen exakten Straftatenkatalog hingegen Pfeiffer/Höynck/Görgen ZRP **04**, 113; vgl auch Rogall Schroeder-FS 706; Schewe JR **06**, 186, 188):

7a Zunächst bei einer **Straftat von erheblicher Bedeutung.** Dazu zählen alle Verbrechen, aber auch schwerwiegende Vergehen (etwa §§ 224, 243, 253 StGB), bei denen der Täter Körperzellen absondern könnte (vgl KG StraFo **19**, 455), also zB **nicht** bei Verbrechen nach § 154 StGB oder Vergehen nach §§ 263, 266 StGB (LG Aachen StraFo **09**, 18; Krause Rieß-FS 284; ebenso wenig für Straftaten, die unter Einsatz von Computern oder sonstigen mobilen Datenträgern begangen werden = LG Hannover StraFo **13**, 335; **aM** LG Freiburg NJW **01**, 3720; vgl auch Vath [5 zu § 81e] S 54: nur bei „deliktstypisch geeignetem Spurenmaterial"), wohl aber bei schwerwiegenden Straftaten nach dem BtMG (Hamburg StV **08**, 571; Köln StV **06**, 517; LG Bautzen NJW **00**, 1207; LG Waldshut-Tiengen StV **01**, 10; **aM** LG Frankenthal NStZ-RR **01**, 19; LG Rostock StraFo **99**, 204), dem AufenthG (Schleswig SchlHA **04**, 235 [D/D]), dem WaffG (BVerfG 2 BvR 2391/07 vom 16.1.2008), auch bei Hehlerei, soweit ausnahmsweise bei der Tatbegehung mit DNA-Spuren zu rechnen ist (Celle StraFo **10**, 67; Köln StraFo **04**, 317), bei Bedrohung unter Vorzeigen einer Schreckschusswaffe (**aM** LG Nürnberg-Fürth StraFo **09**, 509), dagegen nicht zwingend bei Straftaten nach § 113 StGB (vgl HessLKA StraFo **19**, 374). Den Grundsatz der Verhältnismäßigkeit hat der Gesetzgeber bereits bei Schaffung der Vorschrift durch die Beschränkung auf Straftaten von erheblicher Bedeutung berücksichtigt (Jena NStZ **99**, 634; **aM** Neubacher/Walther StV **01**, 587; wohl auch LG Aachen aaO: bei Urkundenfälschung reicht § 81b). Die Straftat muss somit mindestens dem Bereich der mittleren Kriminalität zuzurechnen sein, den Rechtsfrieden empfindlich stören und geeignet sein, das

Gefühl der Rechtssicherheit der Bevölkerung erheblich zu beeinträchtigen (BVerfGE **103**, 21, 34; KG StraFo **19**, 455; LG Mannheim StV **01**, 266; erg 5 zu § 98a). Auch der Verdacht des strafbaren Versuchs, der Teilnahme sowie der im Rausch begangenen Tat (§ 323a StGB) können genügen (Eisenberg Meyer-Goßner-FS 295). Nicht erforderlich ist, dass der Beschuldigte bei der Anlasstat Körperzellen abgesondert hat, dies ist allein bei der prognostizierten Tat von Bedeutung (Celle aaO; LG Leipzig StraFo **07**, 464; Markwardt/Brodersen NJW **00**, 695; unrichtig LG Berlin NJW **00**, 752). Bei **Jugendlichen** bedarf die Annahme einer Straftat von erheblicher Bedeutung besonderer Begründung, wenn lediglich Sanktionen am unteren Sanktionsspektrum – Freizeitarrest, gemeinnützige Arbeit – verhängt wurden, der Anlass der Straftat eine jugendtypische Auseinandersetzung war und keine weitreichenden Folgen eingetreten sind (vgl BVerfG 2 BvR 2392/12 vom 2.7.2013; NJW **08**, 281, 282; Jahn/Krehl/Löffelmann/Güntge 765).

Auch bei einer **Straftat gegen die sexuelle Selbstbestimmung** (§§ 174 bis 184g StGB) ist die Untersuchung zulässig. Im Gegensatz zu den zuvor aufgeführten Fällen ist es hier nicht erforderlich, dass die Anlassstraftat von erheblicher Bedeutung ist (dazu krit Duttge/Hörnle/Renzikowski NJW **04**, 1071). Das trägt dem Gesichtspunkt Rechnung, dass zB bei exhibitionistischen Straftätern mit einer Wahrscheinlichkeit von 1–2% mit der späteren Begehung eines sexuellen oder sonstigen Gewaltdelikts zu rechnen ist. An dem Erfordernis der Negativprognose (unten 8) wird aber auch hier festgehalten, so dass bei weiterhin höchstens zu erwartenden exhibitionistischen Handlungen die Untersuchung nach wie vor unzulässig ist (LG Bremen StraFo **07**, 58). Fraglich bleibt freilich, wie es dem Gericht gelingen soll, Anhaltspunkte für das eine oder das andere zu gewinnen. Als Anlasstat kommt auch eine Verurteilung nach § 184b IV S 2 StGB wegen Speicherung der Schriften auf einem PC in Betracht (AG Bremen NStZ-RR **08**, 346; aM LG Traunstein StV **07**, 521; vgl auch 12a zu § 81b).

Schließlich ist die Untersuchung **auch bei sonstigen Straftaten,** also solchen, die weder von erheblicher Bedeutung sind noch gegen die sexuelle Selbstbestimmung verstoßen, zulässig, wenn sie **wiederholt begangen** wurden (I S 2). Es ist im Einzelfall abzuwägen, ob die Gesamtschau für die wiederholte Begehung sonstiger Straftaten einen gleichen Unrechtsgehalt wie bei einer Straftat von erheblicher Bedeutung ergibt (BVerfG NStZ-RR **07**, 378; StV **09**, 1; StraFo **09**, 276; HRRS **09**, 135 L; 2 BvR 400/09 vom 10.3.2009; LG Würzburg StraFo **10**, 22; zu weitgehend LG Bremen StV **11**, 403 f, das auf eine zu erwartende Steigerung der Gefährlichkeit der Handlungen abstellt). Der Gesetzgeber erwähnt hier als Beispiel wiederholten Hausfriedensbruch in Fällen des sog Stalking (BT-Drucks 15/5674 S 11). Es ist nicht erforderlich, dass die betroffene Person wegen der Begehung dieser Straftaten bereits verurteilt ist, es genügt vielmehr der begründete – allerdings schwer zu verifizierende – Verdacht, dass sie wiederholt solche Straftaten begangen hat (BT-Drucks aaO).

B. Die **Gefahr neuer, einschlägiger Straftaten** muss bestehen („Wiederholungsgefahr"), was nach den Erkenntnissen bei der vorliegenden Straftat zu beurteilen ist (Köln NStZ-RR **02**, 306). Weil I aber von „künftigen Straf*verfahren*" und nicht von „künftigen Straf*taten*" spricht, wird man die Maßnahmen wohl auch dann zulassen müssen, wenn es um den Nachweis an einer bereits begangenen, aber noch nicht aufgeklärten Tat geht (dazu eingehend SK-Rogall 29 ff; **aM** KMR-Bosch 15). Das Gesetz verweist zur Prognose 1. auf die Art oder Ausführung der Tat (Tatschwere, kriminelle Energie, Nachtatverhalten), 2. die Persönlichkeit des Beschuldigten (kriminelle Karriere, Vorstrafen, soziales Umfeld, psychiatrische Erkrankungen) und 3. auf sonstige Erkenntnisse (kriminalistisch und kriminologisch anerkannte Erfahrungsgrundsätze); vgl im Einzelnen SK-Rogall 39 ff; Markwardt/Brodersen NJW **00**, 694). Diese „Negativprognose" entspricht der Regelung in § 8 VI Nr 1 BKAG (**aM** LR-Krause 27); sie darf nicht mit der „positiven Sozialprognose" in § 56 StGB verwechselt werden (Celle NJW **06**, 3155). Die Strafaussetzung zur Bewährung steht daher der Anordnung nach § 81g

§ 81g
Erstes Buch. 7. Abschnitt

nicht entgegen (BVerfGE **103**, 21; BVerfG StV **09**, 1; Jena StV **01**, 5; Karlsruhe StraFo **01**, 308; SK-Rogall 45; krit Bosch StV **08**, 574), erzeugt aber idR einen erhöhten Begründungsbedarf (BVerfG jew aaO); pauschale Feststellungen ersetzen die gebotene Einzelfallbetrachtung nicht (BVerfG NJW **16**, 2799). Eine entspr Anwendung der §§ 63, 64, 66 StGB (so Senge NJW **99**, 255; zust Neubacher/ Walther StV **01**, 587 unter „Akzentuierung analog § 62 StGB") ist hier verfehlt (LG Duisburg StraFo **99**, 202; Markwardt/Brodersen aaO; vgl auch Endriss/Kinzig NStZ **01**, 301). Die Wiederholungsgefahr kann bei einer einmaligen Beziehungstat zu verneinen sein (Oldenburg StV **09**, 8).

9   C. Das Vorliegen **nach § 81e erhobener** DNA-Identifizierungsmuster schließt eine Anordnung nach § 81g aus, da die so gewonnenen Ergebnisse auch zur Identitätsfeststellung verwertet werden können (KK-Hadamitzky 11; erg 38 zu § 81a). Ebenso ist eine (erneute) Anordnung bei bereits früher nach § 81g gewonnenem DNA-Identifizierungsmuster grundsätzlich unzulässig (Bremen NStZ **06**, 653), es sei denn, die neue Maßnahme erbringt aufgrund verbesserten kriminaltechnischen Standards ein genaueres DNA-Identifizierungsmuster (sog Auftypisierung, siehe Lellmann Kriminalistik **13**, 112; LG Freiburg 2 Qs 12/12 vom 30.7.2013; LG Paderborn 1 Qs 56/14 vom 19.11.2014).

10   **6) Auch bei bereits rechtskräftig Verurteilten** bzw wegen (zumindest nicht ausschließbarer) Schuldunfähigkeit, auf Geisteskrankheit beruhender Verhandlungsunfähigkeit (vgl § 413) oder (zumindest nicht ausschließbarer) fehlender Verantwortlichkeit (§ 3 JGG) Nichtverurteilten können bei noch nicht erfolgter Tilgung im BZR oder im Erziehungsregister nach IV (= früher § 2 I DNA-IFG, vgl oben 1) unter denselben Voraussetzungen molekulargenetische Untersuchungen durchgeführt werden (vgl aber LG Stuttgart NStZ **01**, 336: kein unzulässiger „Vorratsbeschluss"). Urteile aus anderen EU-Staaten oder eine nach § 54 **BZRG** eingetragene sonstige ausländische Verurteilung genügen (**aM** AG Aachen StraFo **08**, 239; für die EU vgl aber Art 3 Rahmenbeschluss 2008/675/JI vom 24.7.2008, Abl EU L 220 S 32 und dazu BT-Drucks 16/13673 S 9; s noch OVG Hamburg NJW **09**, 1367). Auch schon sehr lange zurückliegende Straftaten (längste Tilgungsfrist nach § 46 I Nr 3 **BZRG:** 15 Jahre, aber keine Berücksichtigung tilgungsreifer Eintragungen, vgl BVerfG 2 BvR 400/09 vom 10.3.2009 zu § 63 IV **BZRG;** LG Aachen StV **04**, 9; HK-GS/Neuhaus 3) können somit noch Maßnahmen nach § 81g begründen (vgl auch Wollweber NJW **01**, 2305). Hierbei wird aber die Voraussetzung der Gefahr neuer erheblicher Straftaten (oben 8; BVerfG NJW **01**, 2320 spricht von einer „Wahrscheinlichkeit" der Begehung künftiger Straftaten) besonders sorgfältig zu prüfen sein.

10a   Für die Annahme einer **Wiederholungsgefahr** bedarf es positiver, **auf den Einzelfall bezogener Gründe;** dabei kommt es auf die Rückfallgeschwindigkeit, den Zeitablauf, das Verhalten des Verurteilten, seine Lebensumstände und seine Persönlichkeit an (BVerfGE **103**, 21; BVerfG StV **03**, 1). Insoweit gilt das Freibeweisverfahren und das Gebot zureichender Sachaufklärung (vgl BVerfGE **70**, 297, 309; StV **14**, 577). In den Fällen des I S 2 können zwar grundsätzlich auch länger zurückliegende Taten berücksichtigt werden (KG StraFo **19**, 455). Eine Negativprognose ist allerdings zB verneint worden bei einer mehr als 5, 8, 9 oder 10 oder gar 21(!) Jahre zurückliegenden Tat bei anschließender – im Wesentlichen – strafloser Führung (BVerfG NJW **01**, 2320; LG Bonn StraFo **11**, 353; LG Aurich StV **00**, 609; LG Bremen StV **00**, 303; LG Freiburg StraFo **01**, 314; LG Hannover StV **00**, 590; LG Karlsruhe StV **03**, 609; LG Nürnberg-Fürth StraFo **09**, 509; LG Traunstein StV **01**, 391; AG Stade StV **00**, 304), bei einer viele Jahre zurückliegenden einmaligen Beziehungstat (LG Hannover StV **00**, 302; LG Heilbronn StV **01**, 8 L; LG Nürnberg-Fürth StV **00**, 71), selbst wenn es sich um einen Mord handelte (LG Berlin StV **03**, 610), oder nach einer erfolgreichen Therapie (LG Bückeburg StV **01**, 8 L). Bei einer Bewährungsentscheidung kann – zumal bei einmaliger Tatbegehung – allein aus Menge und Wert der erlangten Stehlguts nicht auf die erforderliche Negativprognose geschlossen werden, ohne sich mit den Gründen für eine positive Sozialprognose auseinanderzusetzen (BVerfG StV **14**, 577). Auch in Fällen eines längeren Straf- oder Maßregelvollzugs ist die Anordnung zulässig, denn Straftaten von erheblicher Bedeutung können auch während des Vollzugs bei einer zZ der Anordnung der Maßnahme nicht vorhersehbaren Vollzugsunterbrechung begangen werden (BVerfG aaO). Die Strafaussetzung zur Bewährung steht auch hier der Anordnung grundsätzlich nicht entgegen (**aM** Eisenberg Meyer-Goßner-FS 300 mwN). Bei Jugendlichen ist eine besonders sorgfältige Abwägung der für die erforderliche Negativprognose erheblichen Umstände geboten (BVerfG NJW **08**, 281; NStZ-RR **13**, 315 L; Jahn/Krehl/Löffelmann/Güntge 765).

7) Speicherung und Verwendung (V): 11

A. **Beim BKA** werden die gewonnenen DNA-Identifizierungsmuster gespeichert; ein Richtervorbehalt besteht hier nicht (LG Hamburg NJW **01**, 2563; LG Offenburg NStZ **06**, 514; Rackow ZRP **02**, 236; JR **02**, 365; Wollweber NJW **02**, 1771). V S 1 erlaubt als Spezialregelung im Vergleich zu § 484 diese Einrichtung, die das BKA gemeinsam mit den LKAn als Verbunddatei führt. Zur Verwendung der gespeicherten Daten wird auf das BKAG verwiesen. Daraus sind somit die näheren Regelungen über die Verarbeitung und Nutzung, aber auch die Datenschutzkontrolle, Schadensersatz, Berichtigung und Löschung sowie die Verantwortungsregelungen zu entnehmen (dazu im Einzelnen Busch NJW **02**, 1754; Eisenberg/Singelnstein GA **06**, 173). Mangels einer anderen Regelung wird auch § 8 III, VI S 2 BKAG anzuwenden sein, wonach eine Speicherung, Veränderung und Nutzung der Daten unzulässig ist, wenn der Beschuldigte rechtskräftig freigesprochen bzw die Eröffnung des Hauptverfahrens unanfechtbar abgelehnt oder das Verfahren endgültig eingestellt worden ist, soweit sich aus den Gründen der Entscheidung ergibt, dass der Betroffene die Tat nicht oder nicht rechtswidrig begangen hat (Busch aaO 1757; weiterg Eisenberg BR 1691a; vgl auch AG Tiergarten StV **08**, 349; s demgegenüber § 494 II S 2). Für die Sperrung der Daten gilt § 33 II Nr 2 BKAG, für ihre Löschung gelten §§ 32, 34 I S 1 Nr 8 BKAG (dazu Bremen NStZ **06**, 653; Finger Kriminalistik **06**, 699); Löschungsfristen bestehen nicht (krit dazu Seibel/Gross StraFo **99**, 118; erg unten 13). §§ 483 ff finden im Übrigen Anwendung (BeckOK-Goers 18; Senge NStZ **01**, 331; **aM** SK-Rogall 78). Für den grenzüberschreitenden automatisierten Abruf oder Abgleich von DNA-Identifizierungsmustern in der EU ergänzt § 3 AusführungsG zum Prümer Vertrag und zum Ratsbeschluss Prüm (BGBl I 2006 S 1458; 2009 S 2507) das BKAG; der Zugriff erfolgt auf anonymisierte Indexdatenbanken im sog Hit-/no-hit-Verfahren (BT-Drucks 16/12585 S 7, 8, auch zum weiteren Verfahren im Trefferfall; zum Wirkbetrieb vgl BT-Drucks 16/14150 S 2). 12

B. **Verwendungsbeschränkung:** V S 3 entspricht der früheren Regelung in § 3 S 4 DNA-IFG. Sie gilt auch für die Umwidmungsfälle (unten 12b). Sie ist deswegen von Bedeutung, weil hier die nach S 1 anwendbaren §§ 10, 14 BKAG eingeschränkt werden. Eine Übermittlung setzt daher stets voraus, dass sie nach dem BKAG zulässig ist, aber auch einem der in S 3 genannten Zwecke dient (BT-Drucks 15/5674 S 13); § 11 IV S 2 Nr 3 BKAG sieht für die StA einen Abruf im automatisierten Verfahren vor (4 zu § 488). 12a

C. **Umwidmungsfälle:** V S 2 und S 4 befassen sich mit den sog Umwidmungsfällen. S 2 Nr 1 stellt klar, dass die im laufenden Ermittlungsverfahren nach § 81e I erhobenen Daten eines Beschuldigten unter den Voraussetzungen des I in der DNA-Analyse-Datei gespeichert und verwendet werden dürfen; dasselbe gilt nach S 2 Nr 2 für nach § 81e II S 1 untersuchtes Spurenmaterial. Dass die Spur aus einer Straftat von erheblicher Bedeutung stammen muss (so früher das DNA-IFG), ist nicht mehr erforderlich. Der Beschuldigte ist im Fall des S 2 Nr 1 unverzüglich durch den „Verbundteilnehmer" (vgl § 11 II S 1 BKAG), also die tätig gewordene Polizeibehörde, nicht etwa stets durch das BKA (LR-Krause 70, Störzer Kriminalistik **06**, 184 gegen Senge NJW **05**, 3031) von der Speicherung zu benachrichti- 12b

§ 81g

gen und auf die Möglichkeit des Antrags auf gerichtliche Entscheidung (entspr § 98 II S 2) hinzuweisen. Dadurch erhält der Beschuldigte die Befugnis, die Speicherung auf ihre Rechtmäßigkeit hin überprüfen zu lassen.

13 **8) Vernichtung:** Die entnommenen Körperzellen sind nach der – zweckgebundenen (II S 2) – Untersuchung unverzüglich zu vernichten (II S 1); das bezieht sich auf das gesamte entnommene Material und entspricht insoweit § 81a III (vgl dort 37, 38). Die gewonnenen DNA-Identitätsmuster können grundsätzlich beliebig lange aufbewahrt werden (**aM** Bergmann/Hornung StV **07**, 168), auch noch nach dem Tod des Beschuldigten, um mittels möglicherweise später aufgefundener Spuren Unschuldige entlasten zu können. Vor diesem Hintergrund dürfte sich das deutsche System, gemäß § 32 III, IX BKAG bei der Einzelfallbearbeitung und nach abgestuften, in der Errichtungsanordnung (§ 34 I S 1 Nr 8 BKAG) festgesetzten Aussonderungsprüffristen zu prüfen, ob gespeicherte personenbezogene Daten zu berichtigen oder – etwa wegen Wegfalls des Tatverdachts (oben 12) – zu löschen sind (§ 32 I, II S 1 BKAG; vgl dazu näher SK-Rogall 87 ff), in dem vom EGMR zugebilligten Beurteilungsspielraum für Eingriffe in Art 8 MRK halten (EGMR – Große Kammer – EuGRZ **09**, 299, 311).

14 **9) Verfahren (III):**

15 **A. Zuständigkeit:** Es ist zwischen der Anordnung für die Entnahme von Körperzellen und der Anordnung für die Untersuchung der entnommenen Körperzellen zu unterscheiden. Die Anordnung für die Entnahme erfolgt nach III S 1 durch den Richter, bei Gefahr im Verzug auch durch die StA und – nachrangig (vgl 6 zu § 98) – ihre Ermittlungspersonen, wobei es einer Bestätigung durch den Richter (wie zB in § 98b I S 2) nicht bedarf. Die Untersuchung des entnommenen Materials muss nach III S 2 – auf Antrag der StA, nicht der Polizei (Graalmann-Scheerer Kriminalistik **00**, 331), die idR der Strafakten mit vorzulegen hat (Fluck NJW **01**, 2294), – immer der Richter anordnen; insofern sind Eilentscheidungen im Gegensatz zur Entnahme weder denkbar noch geboten. Erg aber zu beiden Fällen unten 17 (keine Anordnung bei Einwilligung). Einer vorherigen Anhörung des Beschuldigten bedarf es nicht (Senge NJW **97**, 2411; **aM** Graalmann-Scheerer aaO; Krause Rieß-FS 285; Volk NStZ **99**, 170). Sachlich zuständig ist der Ermittlungsrichter (§ 162), auch für Anordnungen nach IV (BGH StV **99**, 302), bei Jugendlichen aber der Jugendrichter (Eisenberg NStZ **03**, 131; erg 13 zu § 162). Örtlich zuständig ist der Richter desjenigen AG, in dessen Bezirk die StA ihren Sitz hat (§ 162 I S 1). Nach Erhebung der Anklage ist das erkennende Gericht zuständig (§ 162 III S 1); es entscheidet stets (auch in der Hauptverhandlung) durch Beschluss (BGH NStZ-RR **02**, 67 [B]; erg unten 22); eine Kosten- und Auslagenentscheidung ergeht nicht (LG Offenburg NStZ-RR **03**, 32). Der Ermittlungsrichter ist wieder nach Rechtskraft (§ 162 III S 3; vgl Celle NStZ-RR **01**, 145, Düsseldorf NStZ **04**, 349; Umdeutung noch unerledigter Beschwerde der StA in Antrag nach IV [früher § 2 DNA-IFG]; vgl auch BGH NStZ-RR **07**, 179; Saarbrücken NStZ-RR **04**, 112) und auch dann zuständig, wenn ein verurteilter Jugendlicher inzwischen erwachsen ist (LG Essen StV **00**, 365 L).

16 **B. Verteidigung** ist die Wahrnehmung der rechtlichen Interessen des Betroffenen eines DNA-Identitätsfeststellungsverfahrens (BVerfG NStZ **08**, 226). Die Bestellung eines Verteidigers kann im Blick auf den Anspruch des Betroffenen auf ein rechtsstaatliches Verfahren notwendig sein (erg 32 zu § 140); hierüber ist von Fall zu Fall zu entscheiden (BVerfGE **103**, 21 = NStZ **01**, 328).

17 **C. Notwendigkeit einer Entscheidung:** Einer gerichtlichen Entscheidung über die Entnahme und die Untersuchung der Körperzellen bedarf es nicht, wenn der Beschuldigte sein Einverständnis erklärt hat (III S 1). Voraussetzung ist allerdings, dass seine Einwilligung schriftlich erfolgt und zuvor umfassend belehrt worden ist, insbesondere auch darüber, dass die Daten in die DNA-Analyse-Datei aufgenommen werden (III S 3; BGH StV **17**, 498; Graalmann-Scheerer JR **99**,

454; Markwardt/Brodersen NJW **00**, 693; Wollweber NJW **01**, 2305; erg 2 zu § 81f). Die Beauftragung des Sachverständigen erfolgt in diesem Falle durch die StA oder die Polizei (Sprenger/Fischer aaO; vgl auch KK-Hadamitzky 14). Die formgebundene Einwilligung als Eingriffsvoraussetzung kann – anders als die formlose Einwilligung bei § 81a (dort 3 ff) – grundsätzlich nicht widerrufen werden (LG Saarbrücken StV **01**, 265 L; **aM** Bergmann/Hornung StV **07**, 167; erg unten 23). Es bedarf stets einer Entscheidung nach III S 1, wenn es an einem wirksamen Einverständnis fehlt; der Rückgriff auf bereits zuvor zu anderen Zwecken – zB nach § 81a I – erhobene Körperzellen ist nicht zulässig (BGH StV **17**, 498).

D. Hinsichtlich des **Sachverständigen,** der die Untersuchung vornimmt, gilt 18 nach III S 4 § 81f II entspr (vgl dort 4 ff). Zum technischen Ablauf der Untersuchung vgl Kube/Schmitter Kriminalistik **98**, 415.

E. **Inhalt der Entscheidung:** Das Gesetz schreibt – in Anbetracht der stRspr 19 des BVerfG (NStZ-RR **00**, 110; NJW **01**, 882; 2320; StV **17**, 497) überflüssigerweise – in III S 5 im Einzelnen die Beschlussbegründung vor. Danach sind einzelfallbezogen (also nicht etwa nur unter Angabe des Gesetzeswortlauts, vgl LG Darmstadt StV **11**, 402) die Tatsachen für die Erheblichkeit nach I (oben 7a ff), die Erkenntnisse für die Negativprognose (oben 8) und die hieraus vom Gericht vorzunehmende Abwägung darzulegen (vgl Celle NStZ-RR **10**, 149, 150). Dies gilt nach IV auch für die nachträgliche Anordnung der Untersuchung (oben 10). Auch die Art der Entnahme ist zu bezeichnen (Graalmann-Scheerer JR **99**, 453; erg oben 3). Der die Untersuchung anordnende Beschluss berechtigt gleichzeitig zur – soweit notwendig – zwangsweisen Durchsetzung (Jena NStZ **99**, 634, 635; Fluck NJW **01**, 2295; im Strafvollzug zB nach Art 101 I BayStVollzG; § 73 NRWStVollzG; vgl auch Radtke/Britz ZfStrVo **01**, 134; erg unten 21). Die Anordnung kommt nicht in Betracht, wenn fraglich ist, ob der Verurteilte jemals für die Untersuchung zur Verfügung stehen wird; eine „Vorratshaltung" von richterlichen Beschlüssen ist rechtlich unzulässig (BGH NStZ **00**, 212; wistra **02**, 475).

Die **Kosten** der Körperzellenentnahme und -untersuchung sind keine Verfahrens- 20 renskosten und können deshalb nicht auf Beschuldigte oder Verurteilte überbürdet werden, sondern sind vom Staat zu tragen.

10) Die **Fahndung** nach dem Verurteilten sah § 2 III DNA-IFG vor, indem er 21 die Ausschreibung zur Aufenthaltsermittlung nach § 131a (ggf auch durch eine Öffentlichkeitsfahndung nach dessen III) gestattete (vgl SK-Rogall 76). Diese Befugnis ergibt sich nun unmittelbar aus IV, weil dadurch klargestellt ist, dass die Vorschriften des strafrechtlichen Ermittlungsverfahrens auch auf die dort behandelten Fälle Anwendung finden; diese Personen stehen somit einem Beschuldigten gleich, soweit es um die Anordnung und Durchführung einer DNA-Analyse einschließlich der hierfür ggf notwendigen weiteren Maßnahmen geht (BT-Drucks 15/5674 S 12). Die Durchsuchung einer Wohnung zum Zwecke der Auffindung des Beschuldigten bedarf daher stets eines richterlichen Beschlusses nach §§ 102, 103 (Graalmann-Scheerer ZRP **02**, 75).

11) Zur **Beschwerde** gegen die Anordnung der Entnahme vgl 30 zu § 81a, ge- 22 gen die Anordnung der Untersuchung vgl 8 zu § 81f; § 305 S 1 steht nicht entgegen (Köln NStZ-RR **02**, 306). Auch wenn die Anordnung in den Urteilstenor aufgenommen wird, handelt es sich richtigerweise um einen (grds mit der Beschwerde anfechtbaren) Beschluss (BGH NStZ-RR **02**, 67 [B]; 4 StR 235/09 vom 9.7.2009). Für die nachträgliche Überprüfung der Vollstreckung einer richterlich angeordneten Entnahme von Körperzellen gilt § 98 II 2 entspr (Karlsruhe NJW **02**, 3117).

Zur **Revision** vgl 32 ff zu § 81a, 9 zu § 81f; Fehler können nicht für das anhän- 23 gige, sondern nur für künftige Strafverfahren von Bedeutung sein. Dabei wird die unrichtige Beurteilung der Voraussetzungen der Maßnahme (oben 7 ff) idR die Revision nicht begründen können (vgl BGH **41**, 30, 34 zur Nachprüfung der Anordnung einer Telefonüberwachung; LR-Krause 84; Graalmann-Scheerer Rieß-FS 167). Grundsätzlich gelten für die Verwertbarkeit bei einer verfahrensfehler-

§ 81h

haften Verwendung die Abwägungslehre sowie die Lehre vom hypothetischen Ersatzeingriff (BGH StV **17**, 498 mit Anm Beukelmann; erg Einl 55a, 57c). Schwerwiegende Verstöße bei der Anordnung können aber zu einem Verwertungsverbot führen und damit die Revision begründen (vgl dazu im Einzelnen SK-Rogall 94 ff; Eisenberg Meyer-Goßner-FS 304; Graalmann-Scheerer JR **99**, 455 und Kriminalistik **00**, 334). Zur Rüge eines Verstoßes gegen das Schriftformgebot des III bedarf es eines Widerspruchs in der Hauptverhandlung (BGH 5 StR 373/09 vom 15.10.2009). Die Einwilligung (oben 17) kann nur mit Wirkung für die Zukunft widerrufen werden, stellt eine bereits erfolgte Datenverarbeitung jedoch nicht in Frage (Finger Kriminalistik **06**, 698); die erzwungene Einwilligung führt aber zu einem Verwertungsverbot (Busch StV **00**, 662).

DNA-Reihenuntersuchung

81h ¹ Begründen bestimmte Tatsachen den Verdacht, dass ein Verbrechen gegen das Leben, die körperliche Unversehrtheit, die persönliche Freiheit oder die sexuelle Selbstbestimmung begangen worden ist, dürfen Personen, die bestimmte, auf den Täter vermutlich zutreffende Prüfungsmerkmale erfüllen, mit ihrer schriftlichen Einwilligung

1. Körperzellen entnommen,
2. diese zur Feststellung des DNA-Identifizierungsmusters und des Geschlechts molekulargenetisch untersucht und
3. die festgestellten DNA-Identifizierungsmuster mit den DNA-Identifizierungsmustern von Spurenmaterial automatisiert abgeglichen werden,

soweit dies zur Feststellung erforderlich ist, ob das Spurenmaterial von diesen Personen oder von ihren Verwandten in gerader Linie oder in der Seitenlinie bis zum dritten Grad stammt, und die Maßnahme insbesondere im Hinblick auf die Anzahl der von ihr betroffenen Personen nicht außer Verhältnis zur Schwere der Tat steht.

II ¹ Eine Maßnahme nach Absatz 1 bedarf der gerichtlichen Anordnung. ²Diese ergeht schriftlich. ³Sie muss die betroffenen Personen anhand bestimmter Prüfungsmerkmale bezeichnen und ist zu begründen. ⁴Einer vorherigen Anhörung der betroffenen Personen bedarf es nicht. ⁵Die Entscheidung, mit der die Maßnahme angeordnet wird, ist nicht anfechtbar.

III ¹ Für die Durchführung der Maßnahme gilt § 81f Absatz 2 entsprechend. ²Die entnommenen Körperzellen sind unverzüglich zu vernichten, sobald sie für die Untersuchung nach Absatz 1 nicht mehr benötigt werden. ³Soweit die Aufzeichnungen über die durch die Maßnahme festgestellten DNA-Identifizierungsmuster zur Erforschung des Sachverhalts nicht mehr erforderlich sind, sind sie unverzüglich zu löschen. ⁴Die Vernichtung und die Löschung sind zu dokumentieren.

IV ¹ Die betroffenen Personen sind schriftlich darüber zu belehren, dass die Maßnahme nur mit ihrer Einwilligung durchgeführt werden darf. ²Vor Erteilung der Einwilligung sind sie schriftlich auch darauf hinzuweisen, dass

1. die entnommenen Körperzellen ausschließlich zur Feststellung des DNA-Identifizierungsmusters, der Abstammung und des Geschlechts untersucht werden und dass sie unverzüglich vernichtet werden, sobald sie hierfür nicht mehr erforderlich sind,
2. das Untersuchungsergebnis mit den DNA-Identifizierungsmustern von Spurenmaterial automatisiert daraufhin abgeglichen wird, ob das Spurenmaterial von ihnen oder von ihren Verwandten in gerader Linie oder in der Seitenlinie bis zum dritten Grad stammt,
3. das Ergebnis des Abgleichs zu Lasten der betroffenen Person oder mit ihr in gerader Linie oder in der Seitenlinie bis zum dritten Grad verwandter Personen verwertet werden darf und

4. die festgestellten DNA-Identifizierungsmuster nicht zur Identitätsfeststellung in künftigen Strafverfahren beim Bundeskriminalamt gespeichert werden.

Übersicht

	Rn
1) Reihengentest	1
2) Voraussetzungen (I)	2–7a
3) Anordnung (II)	8–11
4) Durchführung (III)	12, 13
5) Belehrungs- und Mitteilungspflichten (IV)	14, 15
6) Anfechtung	16
7) Revision	17
8) Versagte Einwilligung	18–20

1) Reihengentest: § 81h regelt – verfassungsrechtlich unbedenklich (BVerfG 2 BvR 616/13 vom 13.5.2015) – die früher gesetzlich nicht erfasste Reihenuntersuchung („Massenscreening"; dazu eingehend Kuhne Polizei **11**, 19 ff; sehr krit und abl SK-Rogall 3, 4; Giesen Hamm-FS 107). Der Reihengentest dient der Feststellung, ob aufgefundenes Spurenmaterial (zB Haar, Blut, Speichel) von einer der zur Teilnahme am Reihengentest aufgeforderten und freiwillig mitwirkenden Personen oder ihren in I genannten Verwandten stammt. Zum Verhältnis der Reihenuntersuchung zu Maßnahmen nach §§ 81a, 81c II und 81e Kretschmer HRRS **12**, 183; vgl auch Rogall JZ **13**, 874, 877 f. 1

2) Voraussetzungen (I): 2

A. Nur bei Verbrechen und nur bei solchen der in I bezeichneten Art ist die Durchführung eines Reihengentests zulässig, also insbesondere bei Mord und Totschlag und sonstigen Verbrechen mit Todesfolge, schwerer Körperverletzung, erpresserischem Menschenraub und Geiselnahme, schwerem sexuellen Missbrauch von Kindern, Vergewaltigung und sexueller Nötigung. Versuch der Tat genügt. Insoweit muss ein Anfangsverdacht (4 zu § 152) vorliegen (SK-Rogall 11). 3

B. Bestimmte Prüfungsmerkmale müssen erfüllt sein, dh der Personenkreis, bei dem die Maßnahme durchgeführt werden soll, muss deutlich umgrenzt sein (also zB nach Geschlecht, Alter, Wohnort, Teilnehmer an einer Veranstaltung, Halter eines bestimmten Fahrzeugtyps usw), was aber nicht ausschließt, dass Tausende von Personen davon betroffen sein können; es ist hingegen nicht erforderlich, dass die betroffenen Personen bei der Anordnung bereits namentlich feststehen, so dass bei der Auswahl einer konkreten Person über die Prüfmerkmale hinaus Umstände (zB ein Alibi), die eine Verbindung zur Straftat ausschließen, berücksichtigt werden können (BT-Drucks 15/5674 S 13). Gewissheit, dass der Täter sich unter den betroffenen Personen befindet, setzt das Gesetz nicht voraus („vermutlich"; LG Dortmund NStZ **08**, 175: Isotopenanalyse). 4

C. Erforderlich und verhältnismäßig muss die Maßnahme sein. Es sind hierfür die Schwere der Tat und die Anzahl der betroffenen Personen in Verhältnis zu setzen (vgl zB LG Dortmund NStZ **08**, 175: Untersuchung von 284 Frauen zur Ermittlung der Mutter eines vorsätzlich getöteten Neugeborenen). Da bis auf eine Person (den Täter der Straftat) alle Betroffenen mit der Straftat nichts zu tun haben, gegen sie also kein konkreter Tatverdacht besteht, ist es selbstverständlich, dass ein Reihengentest eine außergewöhnliche und nur selten anzuordnende Maßnahme sein kann; sie kommt damit grundsätzlich nur in Betracht, falls alle anderen Ermittlungsmaßnahmen erfolglos geblieben sind (*ultima ratio;* LR-Krause 16; Saliger/Ademi JuS **08**, 195; Kuhne Polizei **11**, 21; vgl auch KK-Hadamitzky 4: fehlende Erfolgsaussicht; **aM** Heghmanns/Scheffler-Murmann III 381). Auch die zu erwartenden Kosten für die Maßnahme können bei der Verhältnismäßigkeitsprüfung berücksichtigt werden, so zB wenn der Reihentest bei mehr als ca 10 000 Personen durchgeführt werden müsste (vgl LR-Krause 22; abw KMR-Bosch 11). 5

§ 81h

6 D. Die **schriftliche Einwilligung** des Betroffenen wird für die Durchführung der Maßnahme vorausgesetzt. Damit die Einwilligung rechtswirksam ist, muss ihr eine **Belehrung** vorausgehen, welche den Anforderungen des IV genügt (dazu 14, 15).

7 E. **Durchzuführende Maßnahmen (I Nr 1–3):** Zunächst wird eine Körperzelle entnommen, was idR durch eine Speichelprobe geschieht. Dann wird die entnommene Probe molekulargenetisch untersucht und mit dem vorhandenen Spurenmaterial abgeglichen; vgl im Einzelnen unten 12.

7a F. **Untersuchungsumfang:** Das Spurenmaterial darf daraufhin untersucht werden, ob es von den am Reihengentest teilnehmenden Personen stammt. Darüber hinaus darf nunmehr festgestellt werden, ob es von ihren Verwandten in gerader Linie (Eltern, Kinder, Großeltern, Enkel) oder in der Seitenlinie bis zum dritten Grad (Geschwister, Halbgeschwister, Nichten, Neffen) herrührt. Diese durch Ges vom 17.8.2017 (BGBl I 3202) eingeführte Erweiterung soll gewährleisten, dass auch sog Beinahetreffer – DNA-Geber und Verursacher der Tatort-DNA sind genetisch eng miteinander verwandt – aus Reihenuntersuchungen zur Ermittlung des Täters genutzt werden dürfen (BT-Drucks 18/11277 S 20; kritisch dazu Singelnstein/Derin NJW **17**, 2646, 2648). Nach alter Rechtslage bestand insoweit zwar kein Untersuchungs-, aber ein Verwertungsverbot (BGH **58**, 84; näher dazu 60. Aufl, 13a zu § 81h).

8 3) **Anordnung (II):**

9 A. **Form:** Wegen des Ausnahmecharakters der Maßnahme (oben 5) besteht ein absoluter Richtervorbehalt (Rogall Schroeder-FS 711 hält ihn wegen der Einwilligung für überflüssig). Die Maßnahme muss durch den Richter schriftlich angeordnet werden. Sie ist zu begründen und die Prüfungsmerkmale (oben 4) sind in ihr genau zu bezeichnen, damit über den Umfang der durchzuführenden Reihenuntersuchung keine Zweifel bestehen. Auch bei einer zuvor erklärten Einwilligung betroffener Personen bedarf es – anders als nach §§ 81f, 81g (vgl dort) – stets der richterlichen Anordnung, was sachgerecht ist, da sich die Anordnung hier nicht gegen eine Einzelperson, sondern gegen eine Personenmehrheit richtet.

10 B. Einer **vorherigen Anhörung** der betroffenen Personen vor Anordnung der Untersuchung bedarf es nicht (Schulz/Händel/Soiné 11). Die erforderliche schriftliche Belehrung (oben 6) wird erst vor Durchführung der Maßnahme erteilt; dann wird auch die erforderliche Einwilligung eingeholt.

11 C. **Zuständigkeit:** Für die Anordnung der Maßnahme ist der Ermittlungsrichter (§ 162) zuständig und zwar der Ermittlungsrichter, in dessen Bezirk die StA ihren Sitz hat (§ 162 I S 1; anders, aber überholt, HK-GS/Neuhaus 4; LR-Krause 23). Eine Eilzuständigkeit der StA und ihrer Ermittlungspersonen gibt es nicht (oben 9).

12 4) **Durchführung (III):** Die Untersuchung der entnommenen Körperzellen richtet sich nach § 81f II (S 1: Bestimmung des Sachverständigen; Übergabe des Materials in teilanonymisierter Form). Sodann erfolgt der Abgleich mit dem Spurenmaterial; sobald sie für die Untersuchung nach I nicht mehr benötigt werden, sind sie unverzüglich zu vernichten (S 2). Dadurch wird gewährleistet, dass unzulässige – über die Ermittlung des DNA-Identifizierungsmusters und des Geschlechts hinausgehende – Untersuchungen und unbefugte Kenntnisnahme Dritter ausgeschlossen und datenschutzrechtliche Belange berücksichtigt sind (BT-Drucks 15/5674 S 14). Die Vernichtung ist zu dokumentieren (S 4).

13 Die nach III S 3 vorgeschriebene **Löschung** der Aufzeichnungen über die festgestellten DNA-Identifizierungsmuster wird idR erfolgen, wenn der Reihentest zur Feststellung des Spurenverursachers geführt hat, sonst – bei Erfolglosigkeit – spätestens mit Eintritt der Verjährung des Verbrechens (BT-Drucks aaO; AnwK-Walther 17; **aM** SK-Rogall 31; Saliger/Ademi JuS **08**, 198: idR unverzügliche Löschung; dagegen BGH **58**, 84). Die in III S 4 vorgeschriebene Dokumentation der Löschung kann auf schriftlichem oder elektronischem Weg erfolgen.

§ 81h

5) Belehrungs- und Mitteilungspflichten (IV): Die betroffenen Personen 14 sind schriftlich darüber zu belehren, dass der Gentest nur mit ihrer Einwilligung durchgeführt werden darf (S 1). Inhaltlich muss die Belehrung gewährleisten, dass sie das Ziel der Untersuchung, den automatisierten Abgleich und die Verwendungsmöglichkeiten der Ergebnisse vor Erteilung der Einwilligung zuverlässig abschätzen können (vgl BT-Drucks 18/11277 S 21). Die Belehrung muss sich im Einzelnen auf den Verwendungszweck der entnommenen Körperzellen und das Gebot der unverzüglichen Vernichtung (S 2 Nr 1) sowie die Unzulässigkeit der Speicherung erstrecken (S 2 Nr 2). Außerdem ist darüber aufzuklären, dass das Untersuchungsergebnis daraufhin abgeglichen wird, ob das Spurenmaterial von der betroffenen Person oder nahen Verwandten stammt und dass das Ergebnis des Abgleichs insoweit zu ihrem Nachteil oder dem ihrer nahen Verwandten verwendet werden darf (S 2 Nr 3 und 4). Dies ist von besonderer Bedeutung, damit die Betroffenen auch die möglichen Folgen des Gentests für mit ihnen verwandte Personen zuverlässig einschätzen können. Entsprach die Belehrung IV kann sie nicht durch spätere Vorgänge, die im Zeitpunkt der Belehrung nicht absehbar waren, nachträglich verfahrensfehlerhaft werden (vgl BGH NStZ **13**, 242).

Ungeachtet der in IV S 2 normierten Belehrungspflichten wird sich ein psy- 15 chischer Druck, die Maßnahme zu dulden und so die eigene Unschuld zu beweisen, nicht vermeiden lassen. Mit Rücksicht auf Zeugnisverweigerungsrechte nach § 52 kann ein Interessenkonflikt bestehen, die Belastung eines nahen Angehörigen durch „Beinahetreffer" in Kauf zu nehmen (siehe Singelnstein/Derin NJW **17**, 2646, 2648). Insoweit wird vielfach – über den Wortlaut hinaus – ein Hinweis auf die Verdachtsneutralität der Weigerung (unten 18) für geboten erachtet (vgl Saliger/Ademi JuS **08**, 197; LR-Krause 14, 34; SK-Rogall 34; vgl auch Singelnstein/Derin aaO, die einen Erlaubnisvorbehalt fordern, der es dem Betroffenen ermöglicht, sich zu entlasten, ohne einen Angehörigen belasten zu müssen, was allerdings der Intention des Gesetzgebers zuwiderliefe).

6) Anfechtung: Die Betroffenen können die Anordnung der Reihenuntersu- 16 chung gemäß II S 5 nicht anfechten. Auch die konkret in einem gegenüber durchgeführte Untersuchung ist wegen ihrer hierzu schriftlich erteilten Einwilligung nicht anfechtbar. Die StA kann die Ablehnung des von ihr gestellten Antrags auf Durchführung einer Reihengenuntersuchung mit der einfachen Beschwerde (§ 304) anfechten (Ausnahme: § 304 V), nicht jedoch – mangels Beschwer – die hierfür in Betracht kommenden Personen.

7) Revision: Anordnungsmängel führen bei freiwilliger Mitwirkung des Betrof- 17 fenen nicht zu einem Verwertungsverbot (KK-Hadamitzky 11; einschr LR-Krause 36). Mängel der gesetzlich (I, IV S 1) vorgeschriebenen Einwilligung führen zur Unverwertbarkeit des DNA-Identifizierungsmusters; sie begründen, wenn das Urteil auf dessen Verwertung beruht, die Revision (Saliger/Ademi JuS **08**, 197; ähnlich HK-GS/Neuhaus 6; LR-Krause 37; SK-Rogall 36; **aM** KMR-Bosch 21).

8) Versagte Einwilligung: Wird die Einwilligung versagt, ist Zwang zur Teil- 18 nahme am angeordneten Reihengentest ausgeschlossen. Die Verweigerung einer Speichelprobe darf nicht als ein die Täterschaft begründendes oder bestärkendes Indiz gewertet werden (BVerfG NJW **96**, 1587; LG Mannheim NStZ-RR **04**, 301; LG Regensburg StraFo **03**, 131; Kretschmer HRRS **12**, 185, 187; vgl auch Beulke/Swoboda 242c; **aM** KMR-Bosch 19; erg Einl 29a).

Zwangsweise darf eine DNA-Analyse nach §§ 81a, 81e, 81f nur dann ange- 19 ordnet werden, wenn weitere verdachtsbegründende Kriterien angeführt werden können und sich der Kreis der Verdächtigen durch die Abgabe einer Vielzahl freiwilliger Speichelproben verdichtet hat (BGH **49**, 56, 60 = NStZ **04**, 392; ähnl BVerfG NJW **96**, 3071 [unterschiedliche Angaben zum Alibi]; Beulke/Swoboda 242c; Kerner/Trüg Weber-FS 469; Saliger/Ademi JuS **08**, 198 mit Differenzierung zwischen ausgeschlossenen und nicht ausgeschlossenen Fällen; Kretschmer aaO 187; abl Geppert Schroeder-FS 684; krit Giesen Hamm-FS 116).

Schmitt

20   Auch auf § 81c II S 1 iVm § 81e I S 2 kann eine Anordnung gestützt werden (abl LR-Krause 2; R/H-Beukelmann 1; Saliger/Ademi JuS **08**, 199), allerdings nicht gegen sämtliche verbleibenden Merkmalsträger (oben 4), sondern nur gegen konkret beweisgeeignete Personen, bei denen Anhaltspunkte dafür bestehen, dass ihre Inanspruchnahme zu einem Beweiserfolg führen kann (Rogall Schroeder-FS 715 [„Mini-Reihengentests"]; Kretschmer aaO 188 f; AnwK-Walther 23; ähnl Beulke/Swoboda 242c: überschaubarer Personenkreis; vgl auch LG Frankenthal NStZ-RR **00**, 146; LG Mannheim NStZ-RR **04**, 301; erg 6 zu § 81e).

Form der Erstattung eines Gutachtens im Vorverfahren

82 **Im Vorverfahren hängt es von der Anordnung des Richters ab, ob die Sachverständigen ihr Gutachten schriftlich oder mündlich zu erstatten haben.**

1   1) Das **Vorverfahren** (Einl 60 ff) ist ein schriftl Verfahren, in dem die Beweisergebnisse zu den Akten gebracht werden (vgl § 168b I). Daher werden die Sachverständigen von den Strafverfolgungsbehörden, die sie bestellt haben, und vom Ermittlungsrichter (§§ 162, 169) idR ersucht, das Gutachten schriftl zu erstatten; nur in einfachen Fällen wird es mündl entgegengenommen (Gössel DRiZ **80**, 368).

2   2) **Bei mündlicher Gutachtenerstattung** muss der Sachverständige das Gutachten mündlich vortragen oder dem StA oder Richter übergeben, damit dieser es verliest oder verlesen lässt. Darüber muss ein Protokoll aufgenommen werden (§§ 168, 168a, 168b), in dem auf das überreichte schriftliche Gutachten Bezug genommen werden kann. Einen Anspruch darauf, ein in der Hauptverhandlung nur mündlich erstattetes Gutachten den Verfahrensbeteiligten stets auch schriftlich vorzulegen, haben diese nicht (BGH **54**, 177 = JR **10**; 302 mit zust Anm Peglau; aM LR-Krause 5; Deckers/Heusel StV **09**, 7; Geipel StraFo **10**, 273; Ziegert StV **11**, 199).

3   3) **Nach Anklageerhebung** kann das Gericht zur Vorbereitung der Entscheidung nach § 202 oder der Hauptverhandlung die schriftliche Gutachtenerstattung anordnen (BGH GA **63**, 18; SK-Rogall 3). In der Hauptverhandlung muss das Gutachten mündlich erstattet werden; Ausnahmen gelten im Freibeweis (9 zu § 244) und nach §§ 251 I, II, 256. Für die Entscheidungsfindung ist allein das in der Hauptverhandlung erstattete Gutachten maßgebend; nur hierauf kann das Urteil beruhen (BGH NStZ **08**, 418; 4 StR 173/11 vom 26.5.2011).

Anordnung einer neuen Begutachtung

83   **I Der Richter kann eine neue Begutachtung durch dieselben oder durch andere Sachverständige anordnen, wenn er das Gutachten für ungenügend erachtet.**

II Der Richter kann die Begutachtung durch einen anderen Sachverständigen anordnen, wenn ein Sachverständiger nach Erstattung des Gutachtens mit Erfolg abgelehnt ist.

III In wichtigeren Fällen kann das Gutachten einer Fachbehörde eingeholt werden.

1   1) **Neue Begutachtung (I):** Die Bedeutung der Vorschrift ist gering, da schon § 73 I die Heranziehung mehrerer Sachverständiger zulässt (I schränkt das nicht ein) und der Umfang der Sachaufklärungspflicht durch § 244 II festgelegt ist (BGH StraFo **03**, 198). Im Vorverfahren sind StA und Polizei befugt, ein weiteres Gutachten einzuholen. Der Richter kann das in jedem Verfahrensabschnitt tun, auch wenn die Voraussetzungen von I nicht vorliegen (Bay **55**, 262 = NJW **56**, 1001). Dabei wird er idR einen anderen Sachverständigen beauftragen; I lässt aber auch die neue Begutachtung durch denselben Sachverständigen zu.

2   **Ungenügend** iS I ist ein Gutachten, das keine genügende Sachkunde vermittelt; ob es das Gericht überzeugt, ist nicht entscheidend (KK-Hadamitzky 2; ein-

gehend dazu SK-Rogall 8 ff). Ein neues Gutachten ist daher nur erforderlich, wenn die Voraussetzungen des § 244 IV S 2 Hs 2 vorliegen, insbesondere, wenn die Sachkunde oder Eignung des Sachverständigen zweifelhaft ist, Bedenken gegen die Richtigkeit der dem Gutachten zugrunde liegenden Tatsachenfeststellungen bestehen oder das Gutachten unklar oder widersprüchlich ist (Duttge NStZ **03**, 376). Zur Einholung eines neuen Gutachtens zwingt das aber nicht, zB wenn der Richter nunmehr meint, dass die Zuziehung eines Sachverständigen von vornherein überflüssig war (Bay aaO; LR-Krause 5).

2) Ein **erfolgreich abgelehnter Sachverständiger (II)** muss idR durch einen 3 anderen ersetzt werden, da sein Gutachten nicht verwertbar ist (19 zu § 74). Ausnahmsweise ist ein neues Gutachten entbehrlich, zB wenn das Gericht nunmehr erkennt, dass es eigene Sachkunde hat, dass die Beweisfrage nicht erheblich ist, dass es sich um eine von ihm selbst zu beantwortende Rechtsfrage handelt (Bay aaO; LR-Krause 8) oder dass ein verwertbares Gutachten zu der Beweisfrage nicht zu erwarten ist (Kube/Leineweber 75).

3) **Fachbehörde (III):** Die Vorschrift begründet nicht die Pflicht von Behör- 4 den, Gutachten zu erstatten, sondern setzt sie voraus. Sie besteht, wenn die Behörde (wegen der in Betracht kommenden Behörden vgl Jessnitzer/Ulrich 71 ff) in ihrer Funktion und Einrichtung dazu berufen ist, ausschließlich oder neben anderen Aufgaben im gerichtlichen Verfahren mitzuwirken (Kube/Leineweber 75; Leineweber MDR **80**, 7). Das kann sich aus dem Gesetz ergeben, zB aus § 2 VII BKAG (erkennungsdienstliche und kriminaltechnische Gutachten). Wo besondere Vorschriften fehlen, gilt die Pflicht zu gegenseitiger Amtshilfe nach Art 35 GG (Jessnitzer/Ulrich 71, 127). Das Behördengutachten kann nach § 256 I Nr 1a verlesen werden.

Die Pflicht zur Gutachtenerstattung schließt die **weitere Pflicht** ein, das Gut- 5 achten in der Hauptverhandlung durch einen Bediensteten der Behörde vertreten zu lassen (Kube/Leineweber 80 ff; für kollegiale Fachbehörden vgl 28 zu § 256). Dieser Bedienstete hat dort alle Rechte und Pflichten eines Sachverständigen (**aM** Kube/Leinewerber 84 ff; Leineweber aaO). Er übernimmt die Verantwortung für das Gutachten, kann nach § 74 abgelehnt (dort 1) und nach § 79 vereidigt werden (**aM** Jessnitzer/Ulrich 88; Kube/Leineweber 87; Rogall Gössel-FS 524).

Auch **unabhängig von den Voraussetzungen von I, II** können Behörden- 6 gutachten eingeholt werden, selbst wenn noch kein anderer Sachverständiger gehört worden ist (LR-Krause 9). Ob ein „wichtigerer" Fall iS III vorliegt (dazu Seyler GA **89**, 549), entscheidet das Gericht (KK-Hadamitzky 4; LR-Krause 11). Die Zulässigkeit der Befragung der Behörde ist auf solche Fälle nicht beschränkt.

Sachverständigenvergütung

84 Der Sachverständige erhält eine Vergütung nach dem Justizvergütungs- und -entschädigungsgesetz.

1) **Sachverständigenentschädigung** erhält, wer als Sachverständiger ver- 1 nommen oder sonst tätig geworden ist. Dass er in der Ladung nicht als Sachverständiger bezeichnet worden ist, steht nicht entgegen. Sachverständige Zeugen werden als Zeugen entschädigt (SK-Rogall 2). Bei Vernehmung als Sachverständiger und Zeuge wird die Sachverständigenentschädigung gewährt.

2) Die **Höhe der Entschädigung** regelt das JVEG (erg 2 zu § 71). Einzelhei- 2 ten bei Hartmann (Teil V).

Sachverständige Zeugen

85 Soweit zum Beweis vergangener Tatsachen oder Zustände, zu deren Wahrnehmung eine besondere Sachkunde erforderlich war, sachkundige Personen zu vernehmen sind, gelten die Vorschriften über den Zeugenbeweis.

§ 85

1 **1)** Der **sachverständige Zeuge** unterscheidet sich von anderen Zeugen dadurch, dass er Wahrnehmungen auf Grund besonderer Sachkunde gemacht hat. Sonstige Unterscheidungsmerkmale bestehen nicht. Er wird wie jeder andere Zeuge vereidigt und entschädigt; wegen Befangenheit kann er nicht abgelehnt werden.

2 **2)** Die **Unterscheidung vom Sachverständigen** macht keine Schwierigkeit, wenn Sachkunde zu vermitteln ist; das kann nur der Sachverständige (6, 7 vor § 72). Die Tätigkeit der beiden Beweismittel überschneidet sich aber bei der Aussage über Wahrnehmungen. Das ist nicht nur Aufgabe des Zeugen (1 vor § 48), sondern kann auch die des Sachverständigen sein (5 vor § 72). Entgegen dem missverständlichen Wortlaut des § 85 sagen Zeugen nicht nur über die Wahrnehmung vergangener Tatsachen oder Zustände, sondern auch über gegenwärtige aus (SK-Rogall 5). Denn der Verletzte wird zB nicht deshalb zum Sachverständigen, weil er Auskunft darüber gibt, dass er gegenwärtig noch unter den körperlichen Tatfolgen leidet. Auch andere Abgrenzungsmerkmale haben sich als untauglich erwiesen (LR-Krause 4 ff; ANM 214 ff; Gössel DRiZ **80**, 364 ff; Schlüchter 481).

3 **Maßgebend für die Abgrenzung** kann daher neben der Sachkunde nur der Anlass der Wahrnehmung sein. Der Zeuge sagt über Wahrnehmungen aus, die er mit besonderer Sachkunde ohne behördlichen Auftrag (als sachverständiger Zeuge) oder ohne besondere Sachkunde mit behördlichem Auftrag (als Augenscheinsgehilfe; 4 zu § 86) gemacht hat. Sachverständiger ist, wer über Wahrnehmungen aussagt, die er im Auftrag des Gerichts, der StA oder Polizei auf Grund seiner Sachkunde gemacht hat (Roxin § 27 A II 2; **aM** Foth/Karcher NStZ **89**, 169). Wer im Auftrag anderer Prozessbeteiligter im Hinblick auf ein schon eingeleitetes oder den Umständen nach bevorstehendes Strafverfahren Feststellungen trifft, wie der Sachverständige, der die Gegenprobe nach § 42 I S 2 LMBG untersucht, wird nicht als Sachverständiger tätig (Toepel 271), muss aber vor Gericht über seine Wahrnehmungen als Sachverständiger vernommen werden (LR-Krause 11; **aM** BGH MDR **74**, 382; Gössel DRiZ **80**, 366; Toepel aaO).

4 **3)** Die **zusätzliche Vernehmung des Zeugen als Sachverständiger** ist nicht schon deshalb erforderlich, weil er sich gutachtlich äußert oder äußern sollte (BGH NJW **03**, 150, 151). Es kommt vielmehr darauf an, wo das Schwergewicht der Vernehmung liegt. Stehen die Tatsachenbekundungen im Vordergrund, so wird der Zeuge durch die gutachtlichen Äußerungen nicht zum Sachverständigen (BGH NStZ **84**, 465; Düsseldorf NStZ-RR **14**, 114 L; hM; **aM** SK-Rogall 19 ff). Das Gericht ist zu einem Hinweis, dass es die gutachtliche Äußerung des Zeugen zu verwerten beabsichtigt, nicht verpflichtet (BGH GA **76**, 79). Die Vernehmung des sachverständigen Zeugen zugleich als Sachverständigen ohne entspr Belehrung und Entscheidung nach § 79 wird idR die **Revision nicht** begründen (BGH DAR **97**, 181 [To]; einschr SK-Rogall 39 f).

5 **4) Einzelfälle:** Der Arzt, der dem Beschuldigten eine Blutprobe entnimmt (§ 81a I S 2), ist Sachverständiger sowohl hinsichtlich des Eingriffs (4 vor § 72) als auch hinsichtlich der Wahrnehmungen, die er über den Zustand des Beschuldigten auf Grund seiner Sachkunde während des Eingriffs gemacht hat (LR-Krause 14; Geppert DAR **80**, 320; **aM** KG VRS **31**, 273; Hamburg NJW **63**, 408; Köln BA **66**, 609; AK-Lemke 6). Ist ein Arzt ohne den Auftrag einer Strafverfolgungsbehörde tätig geworden, so wird er als Zeuge vernommen, auch wenn seine Tätigkeit (zB die Obduktion einer Leiche) die Bestellung eines Sachverständigen erspart hat (Köln OLGSt § 261 S 96, 98; LR-Krause 14). Auch technische Sachverständige, die ihre Wahrnehmungen ohne behördlichen Auftrag gemacht haben, sind nur sachverständige Zeugen, gleichgültig, ob sie Berufssachverständige sind (ANM 219). Gerichtshelfer (§ 160 III S 2) werden idR als Zeugen vernommen (LR-Krause 16; **aM** Sontag NJW **76**, 1436; erg 26 zu § 160). Gleiches gilt für Übersetzer, die im Ermittlungsverfahren bei der Übertragung aufgezeichneter Telefongespräche in die deutsche Sprache als Sachverständige tätig waren, über ihre insoweit gemachten sinnlichen Wahrnehmungen (vgl BGH StV **16**, 771 L).

§ 86

Richterlicher Augenschein

86 Findet die Einnahme eines richterlichen Augenscheins statt, so ist im Protokoll der vorgefundene Sachbestand festzustellen und darüber Auskunft zu geben, welche Spuren oder Merkmale, deren Vorhandensein nach der besonderen Beschaffenheit des Falles vermutet werden konnte, gefehlt haben.

1) Augenschein ist jede sinnliche Wahrnehmung durch Sehen, Hören, Riechen, Schmecken oder Fühlen (BGH **18**, 51, 53). Da jedoch richterliche Beweiserhebungen immer nur mittels solcher Wahrnehmungen möglich sind, muss der Begriff Augenscheinsbeweis eingeschränkt werden. Er umfasst alle Beweisaufnahmen, die nicht als Zeugen-, Sachverständigen- oder Urkundenbeweis gesetzlich besonders geregelt sind (LR-Krause 1; Dähn JZ **78**, 640).

2) Richterlicher Augenschein kann der Feststellung unmittelbar beweiserheblicher Tatsachen, aber auch von Beweisanzeichen dienen (RG **47**, 235, 237; **65**, 304, 307; Bay **65**, 79 = JR **66**, 389). Er besteht darin, dass sich das Gericht mittels sinnlicher Wahrnehmungen einen Eindruck von der Existenz oder Beschaffenheit eines Menschen, eines Körpers oder einer Sache verschafft, dass es die Lage von Örtlichkeiten oder Gegenständen feststellt oder ein Verhaltensweise oder einen wiederholbaren Vorgang beobachtet (RG **47**, 100, 106; Hamm VRS **34**, 61; Koblenz VRS **45**, 48). Augenscheinseinnahmen außerhalb des Gerichtssaals kann es stets, auch in der Hauptverhandlung, durch einen beauftragten oder ersuchten Richter vornehmen lassen (RG **47**, 100, 104; erg 1 zu § 225).

Die **Unmittelbarkeit der Beweisaufnahme** ist für den Augenscheinsbeweis, anders als für den Zeugenbeweis (§ 250), nicht vorgeschrieben. Das Gericht kann daher, sofern nicht die Aufklärungspflicht (§ 244 II) entgegensteht, die Augenscheinseinnahme durch andere Beweismittel ersetzen, insbesondere Zeugen über ihre Wahrnehmungen vernehmen (RG **47**, 100, 106), statt einer Tatortbesichtigung Lichtbilder oder Skizzen in Augenschein nehmen (ANM 224) und das Abhören von Tonbandaufnahmen durch Verlesung der daraus hergestellten Niederschriften ersetzen (BGH **27**, 135).

Es kann die Augenscheinseinnahme auch nichtrichterlichen Personen als **Augenscheinsgehilfen** übertragen (BGH **27**, 135, 136; RG **46**, 100, 106; Hamm VRS **34**, 61; eingehend dazu Rogall Meyer-GedSchr 391). Gelegentlich kann es aus tatsächlichen Gründen (Besichtigung eines Dachfirstes oder eines Gegenstandes unter Wasser) oder darf es nach gesetzlicher Vorschrift (§ 81d) gar nicht anders verfahren. Für die Augenscheinsgehilfen gelten (vgl LR-Krause 7; **aM** Rogall aaO 401 ff: mittelbare Augenscheinseinnahme) die Sachverständigenvorschriften über Auswahl (§ 73 I), Ablehnung wegen Befangenheit (§ 74) und Pflicht zum Tätigwerden (§ 75). Über ihre Wahrnehmungen werden sie als Zeugen vernommen (RG aaO; Frankfurt VRS **58**, 368; Jessnitzer StV **82**, 177; Rogall aaO 411).

Werden **Sachverständige** iS § 81a, 81c oder mit einer Augenscheinseinnahme beauftragt, so handelt es sich um Sachverständigenbeweis. Dagegen ist der Augenschein unter Hinzuziehung eines Sachverständigen, zB im Fall des § 87 I, richterlicher Augenschein (LR-Krause 6); er wird ungenau als zusammengesetzter oder gemischter Augenschein bezeichnet (vgl ANM 226; erg 9 vor § 72).

3) Informatorische Besichtigungen kennt die StPO nicht. Trotzdem darf der Richter Augenscheinsgegenstände in den Akten (Lichtbilder, Skizzen, Zeichnungen) und Örtlichkeiten (Tatort, Unfallstelle) informatorisch besichtigen, um sich auf die Hauptverhandlung vorzubereiten (BGH MDR **66**, 383 [D]). Auch das ganze Gericht darf solche Vorbesichtigungen vornehmen (vgl ANM 228 Fn 3). Aufgrund der dabei erworbenen Kenntnisse dürfen Angeklagten, Zeugen und Sachverständigen in der Hauptverhandlung Vorhalte gemacht werden. Urteilsgrundlage dürfen diese Kenntnisse aber nicht sein (BGH **2**, 1, 3; **3**, 187, 188; Düsseldorf VRS **73**, 210; Frankfurt StV **83**, 192; Köln VRS **44**, 211).

Schmitt

§ 86

7 **4) Augenscheinsgegenstände** sind sachliche Beweismittel (Einl 49). In Betracht kommt alles sinnlich Wahrnehmbare, das der Richter zur Überzeugungsbildung für geeignet hält (BGH NJW 60, 2156; LR-Krause 9). Dazu gehören Personen (Hamm MDR **74**, 1036), feste, flüssige, gasförmige Körper, Gebäude, Örtlichkeiten, Vorgänge (ANM 229). Besonders geregelt ist die Besichtigung des Körpers lebender Menschen (§§ 81a, 81c) und des Leichnams (§ 87 I).

8 Von den Augenscheinsgegenständen sind die **Vernehmungshilfen** zu unterscheiden (BGHR § 247 Abwesenheit 10). Solche Gegenstände werden nicht als Beweismittel, sondern bei der Sachvernehmung des Angeklagten und bei der Beweisaufnahme zur Erläuterung von Fragen und zur Veranschaulichung der Aussagen benutzt. Was sich aus ihnen ergibt, wird zum Inhalt der Einlassung des Angeklagten oder der Bekundungen der Beweispersonen (BGH **18**, 51, 53; VRS **36**, 189; RG **47**, 235; Bay **65**, 79). In die Sitzungsniederschrift wird die Verwendung der Vernehmungshilfen nicht aufgenommen (Hamm VRS **28**, 380; **42**, 369; **44**, 117).

9 **5) Einzelne Augenscheinsgegenstände:**

10 A. **Abbildungen, Lichtbilder, Filme und Videoaufnahmen** können ihren eigenen strafbaren Inhalt beweisen oder unmittelbar Beweis über andere Straftaten erbringen, wie die Aufnahmen automatischer Kameras in Banken (Celle NJW **65**, 1677, 1679) und bei der Verkehrsüberwachung (Hamm VRS **44**, 117; Stuttgart VRS **59**, 360, 363), Videoaufnahmen von Krawallen (ANM 230) und heimlich hergestellte Filmaufnahmen von der Begehung der Straftat (Schleswig NJW **80**, 352). Sie können aber auch der mittelbaren Beweisführung dienen, wie Aufnahmen von einer Gegenüberstellung (BVerfG NStZ **83**, 84) oder dem Geständnis des Angeklagten (BGH MDR **76**, 634), oder den Tat- oder Unfallort veranschaulichen. Ob der Hersteller über Aufnahmezeit oder -ort als Zeuge vernommen werden muss, beurteilt sich nach den Grundsätzen der freien Beweiswürdigung (RG **36**, 55, 57; Bay **65**, 79 = JR **66**, 389 mit Anm Koffka; Frankfurt VRS **64**, 287; Koblenz VRS **44**, 433; Stuttgart DAR **77**, 328). § 255a regelt die Vorführung der Bild-Ton-Aufzeichnung einer Zeugenvernehmung in der Hauptverhandlung.

11 B. **Schallplatten und Tonbandaufnahmen** beweisen als Augenscheinsgegenstände nicht nur ihre äußere Beschaffenheit, sondern auch den Inhalt der auf ihnen festgehaltenen Gedankenäußerungen (BGH **14**, 339, 341; **27**, 135, 136 = JR **78**, 117 mit Anm Gollwitzer; KG NJW **80**, 952; Celle NJW **65**, 1677; Frankfurt NJW **67**, 1047; hM). Sie können ihren eigenen strafbaren Inhalt oder sonst die Tathandlung beweisen (Frankfurt aaO), aber auch, zB im Fall des § 100a, als Beweisanzeichen dienen. Durch das Abspielen eines Gesprächstonbands kann insbesondere bewiesen werden, wer sich an dem Gespräch beteiligt hat, unter welchen Umständen es zu der Äußerung gekommen ist, welche Methoden bei einer Vernehmung angewendet worden sind, ob der Sprechende der deutschen Sprache mächtig war, ob er Geschehnisse als selbst erlebt geschildert hat oder ob ihm Worte in den Mund gelegt worden sind (BGH **14**, 339). Der Beweiswert wird idR davon abhängen, dass der Angeklagte oder ein Zeuge die Beziehung des Tonbands zu dem Verfahrensgegenstand, ggf auch seine Echtheit, bestätigt (BGH aaO; KK-Hadamitzky 6; Fezer JuS **79**, 188).

12 C. **Skizzen und Zeichnungen** dürfen nur zum Beweis ihrer Existenz oder Herstellung in Augenschein genommen werden. Kommt es auf ihren gedanklichen Inhalt an, so verbietet § 250, die Vernehmung ihres Herstellers durch die Inaugenscheinnahme des in der Skizze oder Zeichnung festgehaltenen Ergebnisses seiner Wahrnehmungen zu ersetzen (BGH DAR **69**, 152 [M]; VRS **36**, 189; Bay **65**, 79; KK-Hadamitzky 6; **aM** BGH DAR **77**, 176 [Sp]; VRS **27**, 119; erg 2 zu § 250). IdR werden sie daher nur als Vernehmungshilfen (oben 8) benutzt werden können. Tatort- und Unfallskizzen, die für das Verfahren angefertigt werden, können aber Augenscheinsgegenstände sein, soweit sie Land- und Straßenkarten und amtliche Lagepläne enthalten.

D. **Urkunden** sind Gegenstände des Augenscheinsbeweises, wenn es auf ihre 13 Beschaffenheit, nicht auf ihren Inhalt ankommt (7 zu § 249) oder wenn sie nicht verlesbar sind (3 zu § 249), wie meist die technischen Aufzeichnungen (vgl: Jöstlein DRiZ **73**, 409), zB Fahrtschreiberdiagramme (Hamm VRS **51**, 45, 47; Stuttgart NJW **59**, 1379), Papierstreifen von Registrierkassen (RG **55**, 107) oder Kontrolluhren (RG **34**, 435; **64**, 97).

E. **Personen** werden meist von Sachverständigen in Augenschein genommen 14 (vgl §§ 81a, 81c). Jedoch kann auch das Gericht, sofern § 81d nicht entgegensteht, Personen besichtigen, um Auffälligkeiten an ihrem Körper festzustellen (Hamm MDR **74**, 1036). Werden Angeklagte oder Zeugen in der Hauptverhandlung vernommen, so bedarf es dazu keiner besonderen Augenscheinseinnahme. „Nicht aufgesuchte" Wahrnehmungen können dem Urteil vielmehr ohne weiteres, auch ohne Beurkundung im Sitzungsprotokoll, zugrunde gelegt werden (BGH **5**, 354, 356; MDR **74**, 368 [D]; Jena VRS **114**, 447; krit Hanack JR **89**, 256). Etwas anderes gilt nur, wenn die zu besichtigende Person nicht zugleich vernommen werden kann, zB wenn der Angeklagte die Einlassung verweigert (Bremen MDR **70**, 165) oder der Zeuge die Aussage (Hamm aaO; **aM** BGH DAR **65**, 108; vgl auch Haas GA **97**, 368).

F. **Vorgänge und Experimente** können Gegenstand des Augenscheinsbeweises 15 sein, wenn sie nicht Bestandteil eines Sachverständigengutachtens oder einer Zeugenaussage sind. In Betracht kommen Fahrversuche (BGH VRS **16**, 170, 173; **35**, 264, 266; Koblenz MDR **71**, 507), Bremsversuche, Schießversuche, die Rekonstruktion des Tatverlaufs (BGH NJW **61**, 1486; Köln NJW **55**, 843; Neustadt JR **59**, 71 mit Anm Sarstedt) und Experimente zur Prüfung der Glaubwürdigkeit von Zeugen (RG **40**, 48, 50; JW **27**, 2044).

G. **In Computersystemen gespeicherte Daten** sind keine Augenscheinsob- 15a jekte; jedoch können Videodateien am Bildschirm abgespielt und Bilddateien ausgedruckt und in Augenschein genommen werden (Jahn/Brodowski Rengier-FS 409, 410).

6) Für die **Augenscheinseinnahme außerhalb der Hauptverhandlung** 16 (§§ 162, 165, 202 S 1, 225), auch wenn sie in der Hauptverhandlung angeordnet worden ist (RG **20**, 149), enthält § 86 Bestimmungen über das nach § 249 I S 1 verlesbare (dort 11) Protokoll (§§ 168, 168a), für das Richter und Protokollführer gemeinsam die Verantwortung übernehmen müssen, falls nicht der Richter von der Zuziehung eines Protokollführers abgesehen hat (SK-Rogall 6). Wegen der Anwesenheitsrechte vgl §§ 168d, 224. Der Richter muss sich bemühen, den vorgefundenen Sachbestand anschaulich zu schildern (LR-Krause 44). Er muss auch festhalten, welche Spuren oder Merkmale nicht vorgefunden worden sind, obwohl ihr Vorhandensein vermutet werden konnte. Die wörtliche Schilderung sollte nach Möglichkeit durch Lichtbilder, Skizzen oder Zeichnungen ergänzt werden, die in der Hauptverhandlung ohne Vernehmung ihres Herstellers als Beweismittel in Augenschein genommen werden können (RG **36**, 55). Zur Verlesbarkeit der Niederschrift von Erklärungen des Beschuldigten und anderer Personen anlässlich der Augenscheinseinnahme vgl 12 zu § 249.

7) Die **Augenscheinseinnahme in der Hauptverhandlung** findet im Sit- 17 zungssaal oder an dem Ort statt, wo sich der Augenscheinsgegenstand befindet. Sie ist Teil der Hauptverhandlung (BGH **3**, 187, 188); das ganze Gericht und alle Prozessbeteiligten müssen an ihr teilnehmen und die Möglichkeit zur sinnlichen Wahrnehmung haben. In der Sitzungsniederschrift ist nur die Tatsache der Augenscheinseinnahme, nicht ihr Ergebnis zu beurkunden; § 86 gilt nicht (Zweibrücken VRS **83**, 349 mwN). Die Verwendung von Augenscheinsgegenständen als Vernehmungshilfen ist nicht protokollierungspflichtig (BGH NStZ-RR **05**, 66 [B]). Das Gericht ist nicht verpflichtet, das Ergebnis der Augenscheinseinnahme mit den Verfahrensbeteiligten zu erörtern (BGH **54**, 184, 187; Zweibrü-

cken aaO; **am** Schlothauer StV **09**, 229). Zur Urteilsberatung am Tatort vgl 3 zu § 260.

18 8) **Nichtrichterliche Besichtigungen** sind keine Augenscheinseinnahmen ieS (Dähn JZ **78**, 640). Der StA oder Polizeibeamte, der die Besichtigung vorgenommen hat, muss daher als Zeuge vernommen werden (LR-Krause 49). Die Verlesung des von ihm über die Besichtigung hergestellten Vermerks ist unzulässig (12 zu § 249).

Leichenschau, Leichenöffnung, Ausgrabung der Leiche   RiStBV 33–38

87 I 1 Die Leichenschau wird von der Staatsanwaltschaft, auf Antrag der Staatsanwaltschaft auch vom Richter, unter Zuziehung eines Arztes vorgenommen. ²Ein Arzt wird nicht zugezogen, wenn dies zur Aufklärung des Sachverhalts offensichtlich entbehrlich ist.

II 1 Die Leichenöffnung wird von zwei Ärzten vorgenommen. ²Einer der Ärzte muß Gerichtsarzt oder Leiter eines öffentlichen gerichtsmedizinischen oder pathologischen Instituts oder ein von diesem beauftragter Arzt des Instituts mit gerichtsmedizinischen Fachkenntnissen sein. ³Dem Arzt, welcher den Verstorbenen in der dem Tod unmittelbar vorausgegangenen Krankheit behandelt hat, ist die Leichenöffnung nicht zu übertragen. ⁴Er kann jedoch aufgefordert werden, der Leichenöffnung beizuwohnen, um aus der Krankheitsgeschichte Aufschlüsse zu geben. ⁵Die Staatsanwaltschaft kann an der Leichenöffnung teilnehmen. ⁶Auf ihren Antrag findet die Leichenöffnung im Beisein des Richters statt.

III Zur Besichtigung oder Öffnung einer schon beerdigten Leiche ist ihre Ausgrabung statthaft.

IV 1 Die Leichenöffnung und die Ausgrabung einer beerdigten Leiche werden vom Richter angeordnet; die Staatsanwaltschaft ist zu der Anordnung befugt, wenn der Untersuchungserfolg durch Verzögerung gefährdet würde. ²Wird die Ausgrabung angeordnet, so ist zugleich die Benachrichtigung eines Angehörigen des Toten anzuordnen, wenn der Angehörige ohne besondere Schwierigkeiten ermittelt werden kann und der Untersuchungszweck durch die Benachrichtigung nicht gefährdet wird.

1 1) **Mit größter Beschleunigung** sind Leichenschau und -öffnung durchzuführen; denn die ärztlichen Feststellungen über die Todesursache können schon durch geringe Verzögerungen an Zuverlässigkeit verlieren (Maiwald NJW **78**, 565; RiStBV 36 I). Allg zu § 87 vgl Kimpel, Leichensachen und Leichenöffnung, 1986.

2 2) **Leichenschau (I)** ist die Besichtigung der äußeren Beschaffenheit einer Leiche.

3 A. **Erforderlich** ist die Leichenschau idR, wenn eine Straftat als Todesursache nicht von vornherein ausgeschlossen werden kann (RiStBV 33 I S 2). Sie sollte möglichst am Tat- oder Fundort der Leiche durchgeführt werden (RiStBV 33 I S 3). Die staatsanwaltschaftliche Leichenschau ist eine bloße nichtrichterliche Besichtigung (18 zu § 86), die richterliche ist die Einnahme richterlichen Augenscheins unter Zuziehung eines Sachverständigen (5 zu § 86); für sie gilt § 168d.

4 B. Die **staatsanwaltschaftliche Leichenschau** ist die Regel. Eine richterliche Anordnung setzt sie nicht voraus. Bei Vorliegen besonderer Gründe (besondere Bedeutung der Sache, Notwendigkeit der Gewinnung einer nach § 249 I S 1 verlesbaren Niederschrift; RiStBV 33 III S 2) kann der StA bei dem nach § 162 I S 3 zuständigen Richter beantragen, dass dieser die Leichenschau vornimmt.

5 Der **Richter** muss dem Antrag entsprechen, wenn die Leichenschau rechtlich zulässig ist (LG Waldshut NJW **72**, 1147; KK-Hadamitzky 3; LR-Krause 10). Ohne Antrag darf der Richter eine Leichenschau nur vornehmen, wenn ihm nach

§ 159 I ein unaufgeklärter Todesfall gemeldet wird und zugleich die Voraussetzungen des § 165 vorliegen (LR-Krause 10; Maiwald NJW **78**, 561).

C. **Zuziehung eines Arztes:** Der Arzt (auch mehrere können hinzugezogen werden) nimmt stets als Sachverständiger teil (LR-Krause 11; Jessnitzer/Ulrich 303). Gerichts- oder Amtsarzt braucht er nicht zu sein. Offensichtlich entbehrlich (I S 2) ist seine Zuziehung, wenn die Todesursache schon ermittelt ist und es auf eine sachverständige Besichtigung der Leiche daher nicht ankommt. 6

D. **Protokoll:** Bei der staatsanwaltschaftlichen Leichenschau ist nur ein Aktenvermerk erforderlich (§ 168b I). Bei der richterlichen Leichenschau gelten die §§ 168, 168a und für den Inhalt des Protokolls § 86. Das Protokoll muss nach § 168a III S 3 auch von dem Arzt, dessen Äußerungen über den Befund der Leiche zu beurkunden sind, unterschrieben werden. In der Hauptverhandlung kann es nach § 249 I S 1 verlesen werden (dort 11). 7

3) Leichenöffnung (II): 8

A. **Erforderlich** ist die Leichenöffnung, wenn fremdes Verschulden am Tod in Betracht kommt und die Todesursache oder -zeit festgestellt werden muss (BVerfG NJW **94**, 783; LG Mainz NStZ-RR **02**, 43; Maiwald NJW **78**, 561; RiStBV 33 II), also nicht in jedem Fall des § 159. Steht die Todesursache einwandfrei fest, so ist die Leichenöffnung entbehrlich (Koch NJW **65**, 528). Die Angehörigen sind vor der Leichenöffnung, wenn möglich, zu hören (Struckmann NJW **64**, 2244), ein Widerspruchsrecht steht weder ihnen noch dem Betroffenen zu Lebzeiten zu (Czerner ArchKrim **226**,1). Stellen sie die Leiche nicht freiwillig zur Verfügung, so muss sie nach § 94 – nach Anhörung des totensorgeberechtigten Angehörigen – beschlagnahmt werden (BVerfG NJW **94**, 783, 784; Janetzke DRiZ **57**, 233). Der wegen des Totensorgerechts der Angehörigen zu beachtende Verhältnismäßigkeitsgrundsatz spielt praktisch keine Rolle (KK-Hadamitzky 2; vgl auch LG Waldshut NJW **72**, 1147; Czerner aaO; Maiwald NJW **78**, 565). 9

Grundsätzlich ist eine **richterliche Anordnung** der Leichenöffnung erforderlich (IV S 1), die, außer im Fall des § 165, nur auf Antrag der StA ergehen darf. Zuständig ist unter den Voraussetzungen des § 162 I S 3 der Richter, in dessen Bezirk sich die Leiche befindet; sonst gilt § 162 I S 1 (SK-Rogall 40; **aM** KMR-Neubeck 11: der Richter des Sektionsortes). Nur wenn der Untersuchungserfolg durch Verzögerung gefährdet würde, zB wegen des Zustands der Leiche oder der Notwendigkeit sofortiger Aufklärung der Todesursache, genügt die Anordnung der StA, nicht aber die ihrer Ermittlungspersonen. 10

B. **Zwei Ärzte** müssen die Leichenöffnung vornehmen (S 1) und ununterbrochen anwesend sein. Einer von ihnen muss Gerichtsarzt (zum Begriff: OVG Berlin NJW **61**, 984; vgl auch § 42 I S 1 BWAGGVG: Amtsärzte der Gesundheitsämter für deren Bezirk) oder Leiter oder beauftragter Arzt eines der in S 2 bezeichneten Institute sein. Dazu gehören auch Universitätsinstitute, aber nicht die Abteilungen für Pathologie der öffentlichen Krankenanstalten. Ist ein Arzt nach S 2 nicht rechtzeitig erreichbar, so kann ein anderer mitwirken. 11

Der **behandelnde Arzt** ist von der Mitwirkung ausgeschlossen (S 3), sofern die Behandlung wegen der dem Tod unmittelbar vorausgegangenen Krankheit stattgefunden hat. Das ist in weitestem Sinn zu verstehen. Die Ursächlichkeit der Krankheit für den Tod braucht nicht festzustehen (LR-Krause 25). Der behandelnde Arzt kann aufgefordert werden, der Leichenöffnung beizuwohnen (S 4). Er ist dann sachverständiger Zeuge (§ 85). Das schließt nicht aus, ihn in der Hauptverhandlung auch als Sachverständigen zu vernehmen (LR-Krause 26; **aM** SK-Rogall 24). 12

C. Die **Teilnahmebefugnis der StA** sieht S 5 vor. Es steht in ihrem pflichtgemäßen Ermessen, ob sie die Leichenöffnung überwacht und leitet oder sie allein den Ärzten überlässt (LR-Krause 19). Der StA wird idR an der Leichenöffnung teilnehmen in Kapitalsachen, nach tödlichen Unfällen zur Rekonstruktion des Unfallgeschehens, bei Todesfällen durch Schusswaffengebrauch im Dienst, bei Todesfällen im Vollzug freiheitsentziehender Maßnahmen und in Verfahren, die 13 ärztliche Behandlungsfehler zum Gegenstand haben (vgl RiStBV 33 IV). In anderen Fällen wird es im Allgemeinen ausreichen, dass er schon vor der Leichenöffnung die erforderlichen Anordnungen trifft. Nimmt er an ihr teil, so muss der StA während des ganzen Vorgangs anwesend sein und die Untersuchung leiten (§ 161a I S 2 iVm § 78). Soweit ihm das als Laie möglich ist, muss er prüfen, ob die von den Sachverständigen festgestellten Befundtatsachen mit seinen Beobachtungen übereinstimmen. Er veranlasst beweissichernde Maßnahmen, zB die Beschlagnahme von Leichenteilen, die Entnahme von Körperflüssigkeiten oder -gewebe, wenn deren besondere Untersuchung geboten erscheint (RiStBV 35 I S 1). Er kann auch weitere Sachverständige hinzuziehen, zB einen Toxikologen oder Chemiker bei Verdacht der Vergiftung (§ 91; RiStBV 35 I S 2) oder einen Sachverständigen für Elektrotechnik bei Verdacht der Tötung durch Stromschlag (RiStBV 36 II S 2). Anschließend erteilt oder besorgt er die Bestattungsgenehmigung (§ 159 II).

14   D. Die **Mitwirkung des Richters,** die einen Antrag der StA voraussetzt (S 6), wird nur in Sachen von besonderer Bedeutung (politischer Mord und dgl) in Betracht kommen (LR-Krause 19), nicht nur zur Gewinnung eines nach § 249 I S 1 verlesbaren Protokolls. Der Richter muss dem Antrag stattgeben, wenn er zulässig ist. Erforderlichkeit und Zweckmäßigkeit hat er nicht zu prüfen. Nimmt der Richter neben dem StA an der Leichenöffnung teil, so leitet er die Untersuchung (LR-Krause 20). Sie ist jedoch nur insoweit eine richterliche Handlung, als es sich um die Einnahme des Augenscheins handelt (Dähn JZ **78**, 640).

15   E. **Anwesenheitsrechte:** § 168d gilt auch bei Mitwirkung eines Richters nicht (KK-Hadamitzky 7; LR-Krause 28; zw LR-Erb 4 zu § 168d); Beschuldigter und Verteidiger sind daher zur Anwesenheit nicht berechtigt. Ob einem von ihnen benannten Sachverständigen die Anwesenheit gestattet wird, steht im Ermessen des StA oder Richters. Die Anwesenheit des Kriminalbeamten, die die Ermittlungen führen, kann zweckmäßig, oft sogar notwendig sein (LR-Krause 28; Falter Kriminalistik **64**, 87).

16   F. **Protokoll:** Die Niederschrift der von den Sachverständigen festgestellten Befunde ist in jedem Fall erforderlich. Wirkt ein Richter mit, so gelten §§ 168, 168a und für den Protokollinhalt § 86. Es handelt sich um eine Niederschrift, die teils Augenscheins-, teils Vernehmungsprotokoll ist. Das Protokoll muss auch von den Ärzten unterschrieben werden (§ 168a III S 3). In der Hauptverhandlung kann es nach § 249 I S 1 verlesen werden, soweit es richterlichen Augenschein beurkundet (11 zu § 249). Die ärztlichen Befunde und ihre Begutachtung sind nur unter den Voraussetzungen der §§ 251, 253, 256 verlesbar (BGH NStZ-RR **01**, 262 [B]). Sonst müssen die Ärzte, nicht notwendig beide, als Sachverständige vernommen werden, auch wenn sie nur über ihre Wahrnehmungen bei der Obduktion aussagen sollen (BGH 2 StR 621/07 vom 2.4.2008; Dähn JZ **78**, 640).

17   4) **Ausgrabung einer Leiche (III, IV):** Zuständig für die Anordnung ist der nach § 162 zuständige oder der mit der Sache befasste Richter, der StA nur bei Gefahr der Verzögerung des Untersuchungserfolges (IV S 1). Bei der Ausgrabung sollte einer der Obduzenten (RiStBV 34 S 1), bei Verdacht der Vergiftung auch ein chemischer Sachverständiger anwesend sein (RiStBV 34 S 3).

18   Die **Benachrichtigung der Angehörigen (IV S 2),** die formlos erfolgen kann, setzt voraus, dass sie bekannt sind oder leicht ermittelt werden können. Besondere Maßnahmen, zB die Ausschreibung im Bundesfahndungsblatt, sind nicht erforderlich. Der Untersuchungszweck würde durch die Benachrichtigung gefährdet, wenn der Angehörige selbst tatverdächtig ist oder die Gefahr besteht, dass er und andere Tatverdächtige unterrichten werde. Hat der StA zur Benachrichtigung eines Angehörigen keinen bestimmten Antrag gestellt, so kann der Richter häufig das Vorliegen einer solchen Ausnahme nicht sofort beurteilen. Dann kann er bei Gefahr im Verzug seine Anordnung mit dem Wortlaut des Wenn-Satzes in IV S 2 Hs 2 einschränken und das übrige dem StA überlassen.

5) Die **Revision** kann mit einem Verstoß gegen § 87 grundsätzlich nicht begründet werden. Nur die Mitwirkung des nach II S 3 ausgeschlossenen behandelnden Arztes macht die Obduktionsergebnisse unverwertbar (Eisenberg BR 1962; Toepel 249; **aM** KK-Hadamitzky 9; KMR-Neubeck 22; LR-Krause 34).

Identifizierung des Verstorbenen vor Leichenöffnung

88 I 1 Vor der Leichenöffnung soll die Identität des Verstorbenen festgestellt werden. ²Zu diesem Zweck können insbesondere Personen, die den Verstorbenen gekannt haben, befragt und Maßnahmen erkennungsdienstlicher Art durchgeführt werden. ³Zur Feststellung der Identität und des Geschlechts sind die Entnahme von Körperzellen und deren molekulargenetische Untersuchung zulässig; für die molekulargenetische Untersuchung gilt § 81f Abs. 2 entsprechend.

II Ist ein Beschuldigter vorhanden, so soll ihm die Leiche zur Anerkennung vorgezeigt werden.

1) Die **Identifizierung des Toten (I S 1)** soll, wenn möglich, vor der Leichenöffnung erfolgen, ist aber auch erforderlich, wenn eine Leichenöffnung nicht stattfindet. Die Befragung von Personen, die den Toten gekannt haben, als Zeugen ist das nächstliegende, aber nicht das einzige Mittel der Identifizierung. Zulässig sind alle anderen geeigneten und angemessenen Mittel, zB erkennungsdienstliche Maßnahmen (§ 81b) an der Leiche (dort 11), Röntgenaufnahmen zum Vergleich mit zu Lebzeiten gemachten Aufnahmen, Gebissabdrücke und dgl. Klargestellt ist durch I S 3, dass auch eine – nach Maßgabe des § 81f II durchzuführende – molekulargenetische Untersuchung zulässig ist (vgl dazu Rinio Kriminalistik **03**, 187; Rogall Schroeder-FS 697).

2) **Vorzeigen der Leiche (II):** Davon kann insbesondere abgewichen werden, wenn die Identität des Toten feststeht (BGH NStZ **81**, 94 [Pf]). Gegen § 136a verstößt die Befolgung des S 2 auch dann nicht, wenn der Anblick der Leiche geeignet ist, die Willensentschließung und -betätigung des Beschuldigten zu beeinflussen (11 zu § 136a). Nur wenn mit dem Vorzeigen der Leiche nicht deren „Anerkennung", sondern die Ablegung eines Geständnisses erreicht werden soll, ist § 136a verletzt (BGH **15**, 187; weitergehend SK-Rogall 8).

3) Die **Revision** kann auf einen Verstoß gegen II nicht gestützt werden, wenn die Identität des Verstorbenen trotzdem nicht zweifelhaft geblieben ist.

Umfang der Leichenöffnung

89 Die Leichenöffnung muß sich, soweit der Zustand der Leiche dies gestattet, stets auf die Öffnung der Kopf-, Brust- und Bauchhöhle erstrecken.

1) Die **Öffnung der drei Höhlen** ist stets erforderlich, auch wenn die Ärzte schon nach Öffnung der einen Höhle die Todesursache gefunden zu haben glauben. Wegen der Entnahme von Leichenteilen vgl RiStBV 35; Haehling von Lanzenauer Kriminalistik **93**, 379.

2) Die **Revision** kann auf einen Verstoß gegen § 89 nicht gestützt werden.

Öffnung der Leiche eines Neugeborenen

90 Bei Öffnung der Leiche eines neugeborenen Kindes ist die Untersuchung insbesondere auch darauf zu richten, ob es nach oder während der Geburt gelebt hat und ob es reif oder wenigstens fähig gewesen ist, das Leben außerhalb des Mutterleibes fortzusetzen.

§§ 91, 92

1   Für die **Aufklärung von Tötungsdelikten** (§§ 211, 212, 222 StGB) ist die Vorschrift von Bedeutung, aber auch für die Aufklärung von Kunstfehlern bei geburtshilflicher Tätigkeit. Dabei ist die Untersuchung nicht „auch", sondern vor allem darauf zu richten, ob das Kind nach oder während der Geburt gelebt hat (LR-Krause 1), auch darauf, ob Anzeichen für eine Straftat nach § 218 StGB bestehen.

Untersuchung der Leiche bei Verdacht einer Vergiftung   RiStBV 35

91   ^I Liegt der Verdacht einer Vergiftung vor, so ist die Untersuchung der in der Leiche oder sonst gefundenen verdächtigen Stoffe durch einen Chemiker oder durch eine für solche Untersuchungen bestehende Fachbehörde vorzunehmen.

^{II} Es kann angeordnet werden, daß diese Untersuchung unter Mitwirkung oder Leitung eines Arztes stattzufinden hat.

1   1) **Für alle Fälle der Vergiftung** gilt § 91, nicht nur für die Tötungsdelikte nach §§ 211, 212, 222 StGB, sondern zB auch für Straftaten nach §§ 219, 324, 326 StGB (SK-Rogall 2).

2   2) Einer **Ergänzung der Leichenöffnung** nach § 87 II dient die chemische Untersuchung nach § 91. Der Richter oder StA, der die Leichenöffnung leitet, ordnet sie an. Er wählt auch den Chemiker, der auf dem Gebiet der Giftkunde besonders erfahren sein muss, oder die Fachbehörde aus.

3   3) Die **Mitwirkung eines Arztes (II)** ordnet ebenfalls der Richter oder StA an, der die Leichenöffnung leitet. Der Arzt braucht nicht der Obduzent und kein Gerichtsarzt zu sein. Ob er Zeuge oder Sachverständiger ist, hängt von der Art seiner Mitwirkung (Bericht über Wahrnehmungen oder gutachtliche Äußerungen) ab.

Gutachten bei Verdacht einer Geld- oder Wertzeichenfälschung   RiStBV 215 ff.

92   ^I ¹Liegt der Verdacht einer Geld- oder Wertzeichenfälschung vor, so sind das Geld oder die Wertzeichen erforderlichenfalls der Behörde vorzulegen, von der echtes Geld oder echte Wertzeichen dieser Art in Umlauf gesetzt werden. ²Das Gutachten dieser Behörde ist über die Unechtheit oder Verfälschung sowie darüber einzuholen, in welcher Art die Fälschung mutmaßlich begangen worden ist.

^{II} Handelt es sich um Geld oder Wertzeichen eines fremden Währungsgebietes, so kann an Stelle des Gutachtens der Behörde des fremden Währungsgebietes das einer deutschen erfordert werden.

1   1) **Geld- oder Wertzeichenfälschung:** Gemeint sind die Straftaten nach §§ 146ff StGB, auch die Wertpapierfälschung nach § 151 StGB (**aM** SK-Rogall 5). Zur Verfolgung dieser Taten vgl RiStBV 215 ff.

2   2) Die **Vorlegungspflicht (I)** entfällt, wenn die Fälschung und die Art ihrer Begehung schon durch Augenschein festgestellt werden können (KK-Hadamitzky 1). Andernfalls muss das Gutachten der Behörde eingeholt werden, von der echtes Geld oder echte Wertzeichen dieser Art in Umlauf gesetzt werden. Wegen der zuständigen Behörden vgl RiStBV 216.

3   3) **Fremde Währungsgebiete (II):** Vgl § 152 StGB.

Schriftgutachten

93 Zur Ermittlung der Echtheit oder Unechtheit eines Schriftstücks sowie zur Ermittlung seines Urhebers kann eine Schriftvergleichung unter Zuziehung von Sachverständigen vorgenommen werden.

1) **Unter Zuziehung von Sachverständigen**, dh in Form eines Sachverständigengutachtens, wird idR die Schriftvergleichung vorgenommen; das entbindet den Richter aber nicht von der Pflicht, die Schriftproben selbst in Augenschein zu nehmen (KG StV **93**, 628; **aM** ANM 235). Eigene Sachkunde wird der Richter nur selten haben (KG StraFo **09**, 154). Bei der Auswahl der Sachverständigen ist besondere Vorsicht geboten (LR-Krause 8). Die Bestellung mehrerer Sachverständiger und die Heranziehung eines Experten des BKA ist erforderlich, wenn das Gutachten ausschlaggebende Bedeutung hat (BGH **10**, 116, 119; Braunschweig NJW **53**, 1035; Celle NJW **74**, 616; Düsseldorf StV **86**, 375; **91**, 456). Akteneinsicht sollte der Sachverständige idR nicht erhalten; er sollte sein Gutachten nur auf die Schriftvergleichung stützen (Celle aaO; LR-Krause 9; **aM** Bach Kriminalistik **75**, 248; Händel Kriminalistik **76**, 494; Ockelmann Kriminalistik **76**, 21; Pfanne NJW **74**, 1439; einschr auch Celle StV **81**, 608). 1

2) **Vergleichsschriften** brauchen weder Beschuldigte (BGH **34**, 39, 46) noch Zeugen anzufertigen (LR-Krause 7); notfalls müssen sie nach § 94 beschlagnahmt werden (BGHR StPO § 94 Beweismittel 1: auch ein im Wege der Briefkontrolle erlangter Gefangenenbrief). Durch Täuschung erlangte Schriftproben sind unverwertbar (vgl BGH **34**, 39, 46). Bei der Beschaffung von Schriftproben müssen unbedingt die Richtlinien des BKA (abgedruckt bei LR-Krause 13 und bei Michel, Gerichtliche Schriftvergleichung, 1982, S 226) beachtet werden. Das Gutachten sollte sich auf Originalschriftstücke stützen (Braunschweig NJW **53**, 1035; Köln OLGSt § 244 II S 85; LG Berlin MDR **64**, 694), auf Ablichtungen nur, wenn keine Originale verfügbar sind (Celle StV **81**, 608; Düsseldorf StV **86**, 376; Köln StV **81**, 539; SK-Rogall 11; Philipp Kriminalistik **73**, 25; **aM** Hecker Kriminalistik **72**, 24). 2

3) Der **Beweiswert** des Gutachtens, das durch erfahrene Sachverständige erstellt ist und zu dem Schluss kommt, dass der Angeklagte mit Sicherheit der Urheber der Schrift ist, ist so groß, dass es allein vollen Beweis erbringen kann (BGH NJW **82**, 2882; SK-Rogall 22). Die Gefahr einer Fehlbeurteilung mahnt aber bei der Beweiswürdigung zu Vorsicht (BGH **10**, 116; Celle StV **81**, 608; Düsseldorf JR **87**, 258), insbesondere wenn nur geringe Vergleichsmöglichkeiten bestehen (Celle NJW **74**, 616; StV **81**, 608), etwa nur ein kurzer Namenszug als Vergleichsschrift verfügbar ist (Köln StV **81**, 539), der aber andererseits für ein Gutachten ausreichen kann (Düsseldorf NStZ **90**, 506). 3

4) Die vom BKA herausgegebenen **Richtlinien** für die Beschaffung von Schriftproben für die Handschriftenvergleichung sind bei LR-Krause 13 abgedruckt. 4

Achter Abschnitt. Ermittlungsmaßnahmen

Vorbemerkungen

1) **Zwangsmaßnahmen** zur Erlangung und Sicherung von Beweisen, zur Sicherstellung von Einziehungsgegenständen, zur Ergreifung des Beschuldigten und, im Fall des § 111a, zur Vorwegnahme der Urteilsfolgen fasst der 8. Abschnitt zusammen. Bei diesen Zwangsmaßnahmen handelt es sich um Eingriffe in Grundrechte, insbesondere um Beschränkungen des allgemeinen Freiheitsrechts (Art 2 I GG), des Post- und Fernmeldegeheimnisses (Art 10 I GG), der Unverletzlichkeit der Wohnung (Art 13 I GG) und des vom BVerfG erarbeiteten (BVerfGE **65**, 1; 1

Vor § 94

Erstes Buch. 8. Abschnitt

zu § 163d) Rechts auf informationelle Selbstbestimmung. Sie dürfen nur unter Wahrung des Verhältnismäßigkeitsgrundsatzes (Einl 20 ff) angeordnet und vorgenommen werden. Zum Zusammenhang zwischen Zwangsmaßnahmen und Vorfeldkriminalisierung vgl Weißer JZ **08**, 388, 392.

2 **2) Nicht nur in diesem Abschnitt,** sondern auch in anderen Abschnitten des Gesetzes sind Zwangsmaßnahmen vorgesehen, nämlich ferner in §§ 81, 81a, 81b, 81c, 81e, 81g, 112, 126a, 127, 127b, 131 ff, 132, 132a, 134, 163b, 163d, 163e, 163f und 164.

3 **3) Beschlagnahme** bedeutet die förmliche Sicherstellung eines Gegenstandes durch Überführung in amtlichen Gewahrsam oder auf andere Weise, aber auch die Anordnung dieser Sicherstellung. Anordnung und Vollzug der Beschlagnahme können zusammenfallen, wenn der Beamte, der sie anordnet, sie sogleich selbst vornimmt (8 zu § 98; 3 zu § 105). Die §§ 94 ff, 111b ff regeln ausschließlich Beschlagnahmen für Zwecke des gerichtlichen Strafverfahrens. Für präventiv-polizeiliche Zwecke gelten die entspr Bestimmungen der Polizei- und Ordnungsgesetze der Länder sowie § 47 BPolG. Weitere Beschlagnahmeregelungen enthalten §§ 132 III, 290, 443, 463b I, II sowie §§ 7, 8 UZwGBw und §§ 3 I, 4 IV, V, 8 II, 10, 14 I VereinsG.

4 **4)** Die **Durchsuchung** dient der Auffindung von Gegenständen, die der Beschlagnahme oder dem Vermögensarrest unterliegen, sowie der Ergreifung des Beschuldigten. Auch insoweit enthalten die Vorschriften der StPO (§§ 102 ff, §§ 111b II, 111e V) nur Regelungen für Zwecke des Strafverfahrens. Durchsuchungen zu anderen Zwecken gestatten §§ 45, 46 BPolG, §§ 7, 8 UZwGBw, §§ 4 IV, V, 8 II, 10 II VereinsG und die Polizei- und Ordnungsgesetze der Länder.

5 **5)** Die **Überwachung der Telekommunikation** nach §§ 100a, 100g, 100i, 100j ist ein beschlagnahmeähnlicher Vorgang, der für bestimmte schwere Straftaten die Ermittlungsmöglichkeiten erweitert. Eine gleichartige Überwachung gestatten § 1 **G 10**, §§ 40, 51–53 BKAG und §§ 23a–23g ZFdG für Zwecke außerhalb des Strafverfahrens. §§ 23a ff ZFdG (dazu Huber NJW **05**, 2260; Roggan NVwZ **07**, 1239; vgl auch BT-Drucks 16/9682 [Bericht nach § 23c VIII S 2 ZFdG]) sind an die Stelle der §§ 39 ff AWG getreten, die das BVerfG (BVerfGE **110**, 33) für verfassungswidrig erklärt hatte (dazu eingehend Arnold StraFo **05**, 5 und Fehn Kriminalistik **04**, 252, 329). Vgl auch § 16b WpHG: „Quick-Freezing-Verfahren" (vgl BVerfGE **125**, 260 zu dessen Geeignetheit für die allgemeine Straftataufklärung sowie BT-Drucks 16/5846 S 53 zur Frage, ob die Einführung eines solchen Instruments von Art 16 Cybercrime-Konvention [unten 9] gefordert wird). Zur Praxis vgl Albrecht/Grafe/Kilchling, Rechtswirklichkeit der Auskunftserteilung über Telekommunikationsverbindungsdaten nach § 100g, 100h StPO, 2008 (BT-Drucks 16/8434); Eckhardt, Effizienzanalyse der Telekommunikationsüberwachung nach § 100a StPO, 2009, zugl Diss Trier 2009, 89 ff. Seit 2017 gibt es eine Rechtsgrundlage für Online-Durchsuchungen und die Quellen-TKÜ, erg 14a f. zu § 100a, 1 zu § 100b.

6 **6) Weitere Zwangsmaßnahmen** sind durch das OrgKG in die StPO eingefügt worden: die Rasterfahndung (§ 98a), der Datenabgleich (§ 98c), der Einsatz technischer Mittel (§ 100c aF = §§ 100f, 100h), der Einsatz eines Verdeckten Ermittlers (§§ 110a ff) und die Polizeiliche Beobachtung (§ 163e). Eine ausführliche Übersicht dazu findet sich bei Bernsmann StV **98**, 224 ff; vgl auch Schroeder GA **05**, 73; Sieler, Die Effizienz der durch das „Gesetz zur Bekämpfung des illegalen Rauschgifthandels und anderer Erscheinungsformen der Organisierten Kriminalität" geregelten polizeilichen Ermittlungsmethoden bei der Bekämpfung der organisierten Kriminalität – eine Literaturanalyse, 2007, zugl Diss Freiburg. Zur Wohnraumüberwachung vgl 1 zu § 100c, zur Kumulation dort 2; 2 zu § 163f. Die Heimlichkeit von Ermittlungsmaßnahmen als Synonym mehrschichtiger Rechtsbeeinträchtigungen erörtert Heghmanns Eisenberg-FS 511.

7) Die **vorläufige Entziehung der Fahrerlaubnis** (§ 111a) gehört im Grunde nicht in den 8. Abschnitt, sondern ist eine Vorwegnahme der Urteilsfolgen zur Sicherung der Allgemeinheit wie die Maßnahmen nach §§ 112a, 126a und 132a.

8) Über die **Vernichtung ermittelter Erkenntnisse** und das **Löschen von Daten** finden sich Regelungen in §§ 81a III, 81c V S 2, 98b III S 2, 100e IV Nr 2 S 3, 101a III S 2, 101 VIII, 163c III, 163d IV S 2, 479 III S 2 und § 494 II (vgl dazu Hilger NStZ **97**, 371).

9) **Europäische Impulse:** Der Lissabonner Vertrag hat die Kompetenzen der EU zur Regelung verfahrensrechtlicher Aspekte ausgeweitet (vgl BVerfGE **123**, 267; Böse ZIS **10**, 85; Mansdörfer HRRS **10**, 15; Meyer NStZ **09**, 662; erg Einl 206). Der Rahmenbeschluss 2003/577/JI des Rates vom 22.7.2003 über die Vollstreckung von Entscheidungen über die Sicherstellung von Vermögensgegenständen oder Beweismitteln in der Europäischen Union (ABl EU Nr L 196 S 45) ist mit Ges vom 6.6.2008 (BGBl I 995; Materialien: BT-Drucks 16/6563, 16/8222), der Rahmenbeschluss 2006/783/JI des Rates vom 6.10.2006 über die Anwendung des Grundsatzes der gegenseitigen Anerkennung auf Einziehungsentscheidungen (ABl EU L 328 S 59) und der Rahmenbeschluss 2008/675/JI des Rates vom 24.7.2008 zur Berücksichtigung der in anderen Mitgliedstaaten der Europäischen Union ergangenen Verurteilungen in einem neuen Strafverfahren (ABl EU L 220 S 32) sind mit Ges vom 2.10.2009 (BGBl I 3214; Materialien: BT-Drucks 16/12320, 16/13673) umgesetzt worden (vgl etwa §§ 58 III, 66, 88d, 89, 91, 94 ff IRG). Zur Europäischen Beweisanordnung vgl Einl 207g, zum Prümer Vertrag 19 zu § 81b, 12 zu § 81g, zur Richtlinie 2006/24/EG vom 15.3.2006 (ABl EU Nr L 105 S 54; „Vorratsdatenspeicherung") vgl 1 ff zu § 100g.

Das Übereinkommen des Europarats vom 23.11.2001 über Computerkriminalität (**Cybercrime-Konvention;** BGBl 2008 II 1242 [Text]; in Kraft für Deutschland ab 1.7.2009, BGBl 2010 II 218 [Vorbehalte und Erklärungen]) enthält ua Vorgaben für strafprozessuale Maßnahmen zur Durchsuchung und Beschlagnahme von Beweismaterial und Regelungen über die Verbesserung der internationalen Zusammenarbeit einschl der Rechtshilfe (Denkschrift in BT-Drucks 16/7218 S 40; Keller Kriminalistik **09**, 495); der sich hieraus für die StPO ergebende Änderungsbedarf ist bereits im Ges vom 21.12.2007 berücksichtigt worden (BT-Drucks 16/5648 S 27). Das Übereinkommen sieht ua in dringenden Fällen Rechtshilfeersuchen „durch schnelle Kommunikationsmittel" vor (Art 25 III: E-Mail oder Fax), die umgehende Sicherung von Daten im Vorgriff auf ein noch zu stellendes Rechtshilfeersuchen für mindestens 60 Tage (Art 29; die BRep hat den in Art 29 IV, 42 vorgesehenen Vorbehalt erklärt), die Rechtshilfe beim Zugriff auf gespeicherte Computerdaten sowie Verkehrs- und Inhaltsdaten in Echtzeit, die mittels eines Computersystems übermittelt werden (Art 31, 33, 34) und den grenzüberschreitenden Zugriff einer Vertragspartei auf öffentlich zugängliche Daten oder mit „rechtmäßige(r) und freiwillige(r) Zustimmung der Person …, die rechtmäßig befugt ist, die Daten mittels dieses Computersystems an sie weiterzugeben", also zB des Geschäftsführers des im Inland durchsuchten Unternehmens (Art 32); vgl auch die Anforderungen an die nationalen Kontaktstellen in Art 35. Erg 7a, b zu § 110, 8a zu § 163.

Sicherstellung und Beschlagnahme von Gegenständen zu Beweiszwecken   RiStBV 73a–75, 251

94
I Gegenstände, die als Beweismittel für die Untersuchung von Bedeutung sein können, sind in Verwahrung zu nehmen oder in anderer Weise sicherzustellen.

II Befinden sich die Gegenstände in dem Gewahrsam einer Person und werden sie nicht freiwillig herausgegeben, so bedarf es der Beschlagnahme.

III Die Absätze 1 und 2 gelten auch für Führerscheine, die der Einziehung unterliegen.

§ 94

Erstes Buch. 8. Abschnitt

IV Die Herausgabe beweglicher Sachen richtet sich nach den §§ 111n und 111o.

Übersicht

	Rn
1) Zweck	1, 2
2) Gegenstände als Beweismittel (I)	3–9
A. Gegenstände	4
B. Beweismittel	5
C. Potentielle Beweisbedeutung	6, 7
D. Bedeutung für die Untersuchung	8, 9
3) Führerscheine (III)	10
4) Sicherstellung und Beschlagnahme	11–17
A. Formlose Sicherstellung	12
B. Beschlagnahme (II)	13
C. Bewirken der Sicherstellung	14–16b
D. Rechtsfolgen	17
5) Verhältnismäßigkeitsgrundsatz	18–19a
6) Beschlagnahmeverbote	20
7) Rechtsfehlerhafte Durchsuchung	21–21b
8) Herausgabe beweglicher Sachen (IV)	22
9) Schadensersatzansprüche	23
10) Immunität	24

1 **1) Zweck:** Die **Sicherstellung von Gegenständen zu Beweiszwecken** und des Führerscheins zur Einziehung gestattet die Vorschrift. Die Sicherstellung von Gegenständen, die der Einziehung unterliegen, regeln die §§ 111b ff. Während die Sicherstellung zu diesem Zweck nur in der Form der Beschlagnahme möglich ist (12 zu § 111b), ist nach § 94 eine Beschlagnahme nur erforderlich, wenn der Gegenstand nicht freiwillig herausgegeben wird (II). Sonst genügt die formlose Sicherstellung (unten 12). Gleichgültig ist, ob sich der Beweisgegenstand im Eigentum oder Gewahrsam des Beschuldigten oder eines anderen befindet (BGH NStZ **81**, 94 [Pf]). Sicherstellungen im Wege der Sitzungspolizei erfasst die Vorschrift nicht (LG Ravensburg NStZ-RR **07**, 348).

2 Kommt ein **Beweisgegenstand zugleich als Einziehungsgegenstand** in Betracht, so ist die Beschlagnahme nach § 94 zwar ausreichend; wegen des nur nach § 111d I eintretenden Veräußerungsverbots empfiehlt sich aber die gleichzeitige Beschlagnahme nach §§ 111b I, 111c I (vgl LG Lübeck StraFo **03**, 417). Jeder nach § 94 beschlagnahmte Gegenstand steht für die Sicherung der Einziehung zur Verfügung; umgekehrt kann jeder nach §§ 111b f beschlagnahmte Gegenstand zugleich als Beweismittel verwertet werden (**aM** SK-Rogall 28 vor § 111b aF; Achenbach NJW **76**, 1070). Wegen des Akteneinsichtsrechts nach § 147 ist aber die Beschlagnahme nach § 94 erforderlich (LR-Menges 8; SK-Wohlers/Greco 3).

3 **2) Gegenstände als Beweismittel (I):**

4 A. **Gegenstände:** In Betracht kommen bewegliche Sachen jeder Art, auch Datenträger und Computerausdrucke (BVerfGE **113**, 29; NStZ-RR **03**, 176; Park 800) sowie digital gespeicherte Informationen (vgl BVerfGE **124**, 43: unkörperliche Gegenstände; erg unten 16a), unbewegliche Sachen (Grundstücke, Grundstücksteile), auch Leichen (9 zu § 87), Leichenteile (13 zu § 87) und Föten sowie abgetrennte Teile des Körpers des lebenden Menschen (auch Prothesen) und Körperinhalte, wenn sie vom Körper getrennt sind (Blut-, Urinproben). Sind Unterlagen auch oder allein auf Bild- oder andere Datenträger gespeichert, können insbesondere die Datenträger selbst sowie die technischen Hilfsmittel, mit deren Hilfe sie lesbar gemacht werden, sichergestellt werden (vgl LG Trier NJW **04**, 869: Beschlagnahme beim Vertreiber einer serverunterstützten Software; ausführlich zur Beschlagnahmefähigkeit von Daten und E-Mails Spatscheck Hamm-FS 737 ff; Kemper NStZ **05**, 538; erg unten 16a, 18a, 19a). Zur Beschlagnahme von Dateien zum Zweck des Abgleichs mit Dateien der Strafverfolgungsbehörden in deren

EDV-Systemen (Rasterfahndung) vgl §§ 98a ff; zum Zugriff auf räumlich getrennte Speichermedien 6 ff zu § 110.

B. **Beweismittel** iS von I sind alle beweglichen und unbeweglichen Sachen, die 5 unmittelbar oder mittelbar für die Tat oder die Umstände ihrer Begehung Beweis erbringen (Düsseldorf JMBlNW **79**, 226). Das können die Tatbeute, die Tatwerkzeuge und die Taträume sein, auch Beweismittelträger, von denen die Beweise nicht oder nur unter Schwierigkeiten getrennt werden können (Kleidungsstücke mit Blut- oder Spermaflecken; Vieh, das Beweisgegenstände verschluckt hat), und Gegenstände, auf deren Wiedererkennung es ankommt.

C. Die **potientielle Beweisbedeutung** des Gegenstandes ist erforderlich und 6 ausreichend (BGH NStZ **81**, 94 [Pf]; München NJW **78**, 601; vgl auch BVerfGE **77**, 1). Es muss die Möglichkeit bestehen, dass er zu Untersuchungszwecken verwendet werden kann (Bremen NJW **62**, 649; Düsseldorf JMBlNW **79**, 226; München aaO; vgl Rebmann Pfeiffer-FS für Bekennerschreiben von Terroristen; BGH NJW **17**, 1405 für Untersuchungsausschüsse nach § 29 I 1 PUAG iVm Art 44 II 1 GG); für welche Beweisführung er im Einzelnen in Betracht kommt, braucht noch nicht festzustehen (BGH aaO). Da das Beweisergebnis ungewiss und die Entwicklung des Verfahrens nicht vorausehbar ist, kommt es auch nicht darauf an, ob der Gegenstand später Beweismittel wird und ob er dann beweiserheblich ist (BerlVerfGH JR **02**, 496, 499; BGH JZ **62**, 609; Düsseldorf StV **83**, 407). Bei potientieller Beweisbedeutung muss der Gegenstand sichergestellt werden (Achenbach NJW **76**, 1068); insoweit gilt das Legalitätsprinzip.

An der Beweisbedeutung fehlt es, wenn vorauszusehen ist, dass es zu keinem 7 Gerichtsverfahren kommt (BGH **9**, 351, 355), insbesondere, wenn von vornherein ein nicht behebbares **Verfahrenshindernis** (Einl 144 ff) erkennbar ist. Bloße Zweifel an der Behebbarkeit, zB der Nachholung des Strafantrags, sind aber bedeutungslos (LR-Menges 31). Nur die begründete Annahme, dass die Verfahrensvoraussetzungen nicht geschaffen werden können, hindert die Beschlagnahme (vgl LG Bochum HRRS **09**, 537 L: Verjährung).

D. **Für die Untersuchung** muss der Beweisgegenstand von Bedeutung sein. 8 Zur Untersuchung gehören die Anordnung der UHaft und ihrer Fortdauer (Hamburg NJW **67**, 166), die Aufenthaltsermittlung (Bay **20**, 346) und die Sicherstellung von Urkunden wegen Aktenverlustes (Düsseldorf JMBlNW **79**, 226). Dringende Gründe für die Annahme, dass es zum Hauptverfahren kommt, müssen nicht vorliegen; der **Anfangsverdacht** (4 zu § 152) reicht aus (Hamm MDR **81**, 70; LG Köln StV **83**, 275), auch gegen einen noch unbekannten Täter (Rogall GA **85**, 16). Eine Beschlagnahme zur Ausforschung ist aber unzulässig (LG Köln StV **83**, 56; SK-Wohlers/Greco 15). Die Untersuchung (iSd Ermittlungsverfahrens) kann mit der Beschlagnahme nach § 94 beginnen (Celle NJW **63**, 406; KK-Greven 8).

Sie **umfasst** das gesamte Strafverfahren, auch das Sicherungsverfahren nach 9 §§ 413 ff, das Einziehungsverfahren nach §§ 435, 436 (RG **44**, 279; Lüttger/Kaul GA **61**, 75) und die Privatklageverfahren (7 zu § 384). Dass bereits ein mit der Revision angefochtenes Urteil vorliegt, steht der Beschlagnahme mit Rücksicht auf § 354 II nicht entgegen (Hamm JMBlNW **76**, 118). Nach Rechtskraft des Urteils gilt § 94 aber nicht für Zwecke der Strafvollstreckung einschließlich der bei Strafaussetzung zur Bewährung zu treffenden Entscheidungen (KG NJW **99**, 2979). Die Beschlagnahme kann erst im Wiederaufnahmeverfahren wieder angeordnet werden (LR-Menges 22), auch zu seiner Vorbereitung, nicht aber rein vorsorglich, wenn für eine Wiederaufnahme noch keine Anhaltspunkte bestehen (BGH 6 BJs 159/76 – StB 257/77 vom 23.12.1977).

3) Führerscheine (III): Vgl 15 zu § 111a. 10

4) Sicherstellung ist der Oberbegriff für die Beschlagnahme und die sonstige 11 Herstellung der staatlichen Gewalt über das Beweismittel.

§ 94

12   A. **Formlos** kann die Sicherstellung erfolgen, wenn der Gewahrsamsinhaber nicht bekannt ist oder wenn er die Sache, ausdrücklich oder stillschweigend, freiwillig zur Verfügung stellt, gleichgültig aus welchen Gründen (vgl Lüttger MDR **61**, 814: Herausgabe auf Grund Dienstpflicht; SK-Wohlers/Greco 7: Abwendung einer sonst erfolgenden Durchsuchung und Beschlagnahme). Zur Freiwilligkeit gehört die Kenntnis, dass eine Pflicht zur Herausgabe nicht besteht; eine Belehrung darüber ist aber nicht erforderlich (einschr Eisenberg BR 2330a). Haben mehrere Personen Mitgewahrsam, so müssen alle einwilligen, sofern nicht einer allein verfügungsberechtigt ist (LR-Menges 36). Ist ein Minderjähriger Inhaber des Gewahrsams über einen Gegenstand, über den er nicht selbst verfügen darf, so ist die Zustimmung des gesetzlichen Vertreters erforderlich. Der Widerruf des Einverständnisses ist als Antrag nach § 98 II S 2 aufzufassen (SK-Wohlers/Greco 9; vgl auch LR-Menges 38).

13   B. Die **Beschlagnahme** ist nötig, wenn der Gegenstand nicht freiwillig herausgegeben wird (II). Das ist auch der Fall, wenn die Herausgabe durch Androhung oder Anwendung von Zwang gemäß § 95 II bewirkt wird. Andererseits steht die freiwillige Herausgabe der Beschlagnahme nicht entgegen (BGH NJW **56**, 1805, 1806; LR-Menges 41; Misch DB **77**, 1970; **aM** Eisenberg BR 2330). Sie besteht darin, dass der Gegenstand in amtliche Verwahrung genommen oder sonst sichergestellt wird (I). Zulässig und uU nach dem Verhältnismäßigkeitsgrundsatz (unten 18) geboten ist die Beschränkung der Beschlagnahme auf einen Teil der Sache, sofern es sich nicht um einen einheitlichen, unteilbaren Gegenstand handelt, bei dem eine solche Beschränkung eine Zerstörung oder wesentliche Beschädigung erfordert, zB durch Herausschneiden oder Überkleben bestimmter Teile einer Urkunde. Wegen Form, Inhalt, Bekanntgabe und Durchführung der Beschlagnahme vgl 8–10, 24 zu § 98.

14   C. **Bewirkt** wird die Sicherstellung durch Inverwahrungnahme oder auf andere Weise (I). Dazu ist eine amtliche Handlung nötig, die in geeigneter Weise und erkennbar zum Ausdruck bringt, dass die Sache der amtlichen Obhut untersteht; stets muss durch Inbesitznahme oder sonstige Sicherstellung ein Herrschaftsverhältnis begründet werden (BGH **3**, 395, 400; **15**, 149; Hoffmann/Knierim NStZ **00**, 461).

15   Die **amtliche Verwahrung** ist die Überführung der Sache in den Besitz der Behörde oder einer beauftragten Stelle oder Person (Graulich wistra **09**, 299). Die Sachen sind idR der StA zu übergeben, die sie in den Akten, auf der Geschäftsstelle oder in einem besonderen Asservatenraum verwahrt.

16   Die **Sicherstellung in anderer Weise** ist nur bei förmlicher Beschlagnahme möglich. Sie ist notwendig, wenn Gegenstände nicht in Verwahrung genommen werden können (Grundstücke, Räume), und auch sonst zulässig, wenn der Zweck auch ohne Inverwahrungnahme erreicht werden kann (LR-Menges 49; vgl Weyand ZInsO **08**, 27: Geschäftsunterlagen des Schuldners beim Insolvenzverwalter). Maßnahmen der Sicherstellung sind bei Grundstücken und Räumen die Absperrung, die Versiegelung und das Verbot des Betretens, bei beweglichen Sachen Verbote und Gebote (BGH **15**, 149), zB das Verbot an den unmittelbaren Besitzer, sie herauszugeben (RG **52**, 101), zu vernichten oder sonst über sie zu verfügen (BGH JZ **62**, 609; Hamburg MDR **61**, 689; Stuttgart MDR **51**, 692). Die Anfertigung von Fotokopien gegen Rückgabe des Originals der Urkunde ist ein Sicherstellungsersatz, keine Sicherstellung in sonstiger Weise (**aM** Koch wistra **83**, 63; Sieg wistra **84**, 172). Sie kann jedoch bei Medien in unzulässiger Weise in die Rundfunkfreiheit (Art 5 I 2 GG) eingreifen, da an sich der Einsicht des Staates entzogene Informationen jederzeit und dauerhaft für diesen einsehbar sind (BVerfG NJW **11**, 1863).

16a   Die Beschlagnahme von gespeicherten **Daten** kann durch Übermittlung von dem Datenträger des Betroffenen in den Computer der StA ohne Beschlagnahme des Datenträgers erfolgen (Kemper NStZ **05**, 538; Meininghaus, Der Zugriff auf E-Mails im strafrechtlichen Ermittlungsverfahren, 2007, zugl Diss Passau, S 197 ff;

Radtke Meyer-Goßner-FS 321: Aktive Mitwirkungspflichten und die „freiwillige" aktive Mitwirkung des Betroffenen bei dem Zugriff auf elektronisch gespeicherte Daten im Strafprozess). Soweit hierbei auf fremde Computerprogramme zurückgegriffen wird, ist dies urheberrechtlich zulässig (§ 45 UrhG; vgl Bär DRiZ **07**, 220).

§§ 94 ff stellen unter besonderer Beachtung des Verhältnismäßigkeitsgrundsatzes (unten 18a ff) eine hinreichende Ermächtigungsgrundlage für die Sicherstellung und Beschlagnahme von Datenträgern und den hierauf enthaltenen Daten dar (BVerfGE **113**, 29; NJW **07**, 3343; BGH AK 13-14/19 vom 7.5.2019 [Rn 9]; vgl aber Böckenförde JZ **08**, 930; Hornung CR **08**, 303), auch soweit es um den Zugriff auf Inhalts- oder Verkehrsdaten (§ 3 Nr 30 TKG) außerhalb des Herrschaftsbereichs des Telekommunikationsdiensteanbieters nach Abschluss des Kommunikationsvorgangs geht (erg 11 zu § 100g); §§ 94 ff ermächtigen als **offene Ermittlungsmaßnahme** iS einer punktuellen Datenerhebung auch zur Sicherstellung und Beschlagnahme von **E-Mails**, die auf dem Mailserver des Providers **zwischen- oder endgespeichert** sind (BVerfGE **124**, 43; krit AnwK-Löffelmann 12 zu § 100a; Kieszewski ZStW **123**, 737, 746 ff; Brodowski JR **09**, 406; Brunst CR **09**, 591; Gercke StV **09**, 625 und Krüger MMR **09**, 682; zust Keller Kriminalistik **09**, 491; Klein NJW **09**, 2996; erg unten 19a; 6b zu § 100a). Entspr gilt für den einmaligen und offenen Zugriff auf dort gespeicherte Verkehrsdaten (vgl LG Saarbrücken MMR **10**, 205 mit Anm Bär: Festplatte zu einem vom Beschuldigten angemieteten Webseed-Server) sowie für Bestands- und Nutzungsdaten bei Telemediendiensten (§§ 14 I, 15 I TMG; vgl BT-Drucks 16/5846 S 26; BVerfG 2 BvR 1124/10 vom 13.11.2010; Heckmann 33 zu § 14 TMG, 63 zu § 15 TMG; erg 16 zu § 99, 8 zu § 100g).

16b In Anwendung der dargelegten Rspr des BVerfG zum Zugriff auf E-Mails (BVerfGE **124**, 43) ist auch die **offene Beschlagnahme von Daten eines Nutzerkontos bei sozialen Netzwerken** (zB Facebook, zu den insoweit ggf betroffenen Daten BeckOK-Graf 32l zu § 100a) nach § 94 ff möglich; dies dürfte auch für den offenen Zugriff auf **Cloud-Inhalte** gelten (Dalby CR **13**, 361, 367; vgl aber auch 7a–7c zu § 110). Mit Rücksicht auf die besondere Eingriffsintensität (eindrücklich dazu Meinicke StV **12**, 464) kann eine solche Maßnahme jedoch nur unter besonderer Beachtung des Verhältnismäßigkeitsgrundsatzes angeordnet werden. Die pauschale Beschlagnahme eines gesamten Nutzerkontos wird nur ausnahmsweise in Betracht kommen. Vielmehr wird regelmäßig – etwa anhand von Suchbegriffen oder Sender- bzw Empfängerangaben – eine Einschränkung auf Daten vorzunehmen sein, denen nach dem Ermittlungszweck eine Beweisbedeutung zukommen kann (erg 18, 18a, 19). Als **verdeckte** Maßnahme kann der Zugriff dagegen mit Rücksicht auf die Judikatur des BVerfG nur auf § 100a gestützt werden (6c zu § 100a; Zimmermann JA **14**, 321, 327; Neuhöfer ZD **12**, 178; Dalby CR **13**, 361, 367; **aM** AG Reutlingen StV **12**, 462, das § 99 für einschlägig hält; ebenso BeckOK-Graf 32k zu § 100a; KK-Greven 4; generell abl Meinicke StV **12**, 463, der mit beachtlichen Gründen eine gesetzliche Regelung fordert).

17 D. **Rechtsfolgen:** Ein **Veräußerungsverbot** bewirkt die Beschlagnahme oder sonstige Sicherstellung nach § 94 nicht (München Rpfleger **80**, 238; KMR-Müller 11; SK-Wohlers/Greco 3; **aM** Bremen NJW **51**, 675). Jedoch gilt § 136 StGB. Die in amtliche Verwahrung genommenen Sachen stehen auch unter dem Schutz des § 133 StGB.

18 5) **Verhältnismäßigkeitsgrundsatz:** Die Beschlagnahme muss in angemessenem Verhältnis zur Schwere der Tat und Stärke des Tatverdachts stehen und für die Ermittlungen notwendig sein (BVerfGE **20**, 162, 186). Der Tatverdacht muss eine Tatsachengrundlage haben, aus der sich die Möglichkeit der Tatbegehung durch den Beschuldigten ergibt; eine bloße Vermutung reicht nicht aus (BVerfG NStZ-RR **04**, 143). Bei der Frage, ob die Anordnung erfolgen soll, fallen die Interessen des Verletzten und anderer Unbeteiligter mehr ins Gewicht als die des Beschuldigten (Ellbogen/Erfurth CR **08**, 638). Handelt es sich um Urkunden, so muss stets geprüft werden, ob die Anfertigung von Fotokopien genügt (BVerfG NJW **09**, 281; BGH MDR **90**, 105 [S]; Hamburg NJW **67**, 166; München NJW **78**, 601; ferner BVerfG AfP **11**, 51, 54: auch in diesem Fall Richtervorbehalt zu berücksichtigen). Sind die Originalurkunden als Beweismittel unentbehrlich, so zwingt der Verhältnismäßigkeitsgrundsatz aber nicht dazu, dem Betroffenen kostenlos Fotokopien zu überlassen (so aber BGH MDR **88**, 358 [S]; LR-Menges 65). Ihm kann nur gestattet werden, auf eigene Kosten Fotokopien anfertigen zu lassen (LG Aachen MDR **89**, 1014; KK-Greven 13). Wenn ein Auskunftsverlangen (1a ff zu § 161) ausreicht, ist die Beschlagnahme unzulässig (Köln StV **83**, 275). Die **Dauer der Auswertung** beschlagnahmter Beweismittel bestimmt sich nach den Umständen des Einzelfalls; feste Zeitgrenzen gibt es insoweit nicht (siehe LG Ravensburg NStZ-RR **14**, 348).

18a Bei der Durchsuchung, Sicherstellung und Beschlagnahme von **Datenträgern und der darauf vorhandenen Daten** setzt der Verhältnismäßigkeitsgrundsatz dem staatlichen Handeln wegen der besonderen Intensität des Eingriffs in das informationelle Selbstbestimmungsrecht Grenzen; denn immer mehr Bereiche des täglichen Lebens werden durch eine Speicherung dauerhaft festgehalten (Singelnstein NStZ **12**, 593, 602). Der Zugriff auf überschießende, für das Verfahren bedeutungslose Informationen, insbesondere vertrauliche Daten Unbeteiligter, muss im Rahmen des Vertretbaren vermieden werden (BVerfGE **113**, 29; **124**, 43; NJW **10**, 1297, 1298; vgl auch; Badle NJW **08**, 1030; 10 aE zu § 110). Auch hier ist zu prüfen, ob die Anfertigung einer Kopie der verfahrensrelevanten Daten oder die Sicherstellung der betreffenden (ggf externen) Festplatte genügt (vgl BVerfG NJW **07**, 3343, 3344; LG Konstanz MMR **07**, 193; Sieber Gutachten 69. DJT I C 113; Beck/Kreißig NStZ **07**, 309; Michalke NJW **08**, 1492; abl Störing, Strafprozessuale Zugriffsmöglichkeiten auf E-Mail-Kommunikation, 2007, zugl Diss Bochum, S 106; erg 2 zu § 110); bei im Einzelfall bestehendem Verdacht auf verborgene, verschleierte oder verschlüsselte Daten ist der Originaldatenträger sicherzustellen (vgl BVerfGE **113**, 29; Spatscheck Hamm-FS 737). Der Datenträger kann auch zum Zweck der Durchsicht nach § 110 sichergestellt werden (LG Dessau-Roßlau StraFo **17**, 108 [Smartphone]). Auch insoweit gibt es jedoch in zeitlicher Hinsicht **keine starren Auswertungsgrenzen** (soeben 18 aE; LG Ravensburg aaO; vgl LG Dessau-Roßlau aaO [Frage der Verhältnismäßigkeit]).

19 **Einzelfälle:** Der Verhältnismäßigkeitsgrundsatz kann die Beschlagnahme von Klientenakten einer iS des § 203 I Nr 4 StGB anerkannten Suchtkrankenberatungsstelle unzulässig machen, wenn noch kein konkreter Tatverdacht gegen bestimmte Beschuldigte besteht (BVerfG **44**, 353; vgl auch LG München I StV **96**, 141). Von der Beschlagnahme einer ärztlichen Patientenkartei muss abgesehen werden, soweit andere Beweismittel vorhanden sind (LG Dortmund NJW **72**, 1533; eingehend hierzu Wasmuth NJW **89**, 2297), sonst aber – im Rahmen der Verhältnismäßigkeit ieS – nicht (BerlVerfGH JR **02**, 496, 500; erg 4a zu § 97). Zur Sicherstellung von Praxissoftware sowie von Patienten- und Abrechnungsdaten beim Verdacht des Abrechnungsbetruges, vgl. Röß NZWiSt **18**, 483, 487. Die Beschlagnahme eines Briefs des Beschuldigten zur Gewinnung des für ein Schriftgutachten notwendigen Vergleichsmaterials ist unverhältnismäßig, wenn sich bereits ein umfangreiches handschriftliches Originalschreiben dieses Beschuldigten bei den Akten befindet, ohne dass dem Brief überlegene Beweiseignung zukäme (BGH NStZ-RR **09**, 56). Im Falle einer Beschlagnahme von Mandatsunterlagen ist eine Störung des Rechts auf vertrauliche Kommunikation zwischen RA und Mandant besonders zu berücksichtigen (BVerfG NJW **09**, 281). Die Beschlagnahme von Schriften muss sich idR auf einige wenige Exemplare beschränken (KK-Greven 14; Löffler NJW **78**, 917; **aM** SK-Wohlers/Greco 42: idR 1 Exemplar), die von Filmen auf zwei Exemplare (Frankfurt NJW **73**, 2074; **aM** Seetzen NJW **76**, 449: 1 Exemplar). Vor einer Beschlagnahme der beim Insolvenzverwalter befindlichen Betriebsunterlagen des Schuldners ist zu prüfen, ob die Einsicht in die Gerichtsakte oder in die Geschäftsunterlagen sowie die Anfertigung bzw Überlassung von Kopien genügt (vgl LG Berlin ZInsO **08**, 865; LG Neubrandenburg NJW **10**, 691;

LG Potsdam JR **08**, 260; Stiller ZInsO **11**, 1633; Menz ZInsO **07**, 828; erg unten 20).

Beim Zugriff auf die beim Provider gespeicherten **E-Mails** (oben 16a) sind auch **19a** deren Bedeutung für das Strafverfahren sowie der Grad des Auffindeverdachts zu bewerten. Im Einzelfall können die Geringfügigkeit der zu ermittelnden Straftat, eine geringe Beweisbedeutung der zu beschlagnahmenden E-Mails sowie die Vagheit des Auffindeverdachts der Maßnahme entgegenstehen. Bereits die Durchsuchungsanordnung muss Vorgaben zur Beschränkung des Beweismaterials etwa in zeitlicher oder inhaltlicher Hinsicht enthalten. Die für die Begrenzung des Zugriffs auf potenziell beweiserhebliche E-Mails zur Verfügung stehenden Möglichkeiten der materiellen Datenzuordnung müssen ausgeschöpft werden, bevor eine endgültige Beschlagnahme sämtlicher E-Mails erwogen wird (zB Sichtung und Trennung vor Ort oder – nach vorläufiger Sicherstellung – gemäß § 110, auch durch Auswertung der Struktur des Bestands, anhand bestimmter Sender- oder Empfängerangaben oder mit Hilfe geeigneter Suchprogramme; Erstellen einer Teilkopie). Bei einem E-Mail-Postfach ist eine **unbeschränkte Beschlagnahme allenfalls ausnahmsweise** bei konkreten Anhaltspunkten für eine potentielle Beweisbedeutung des gesamten E-Mail-Bestandes mit dem Grundsatz der Verhältnismäßigkeit vereinbar (BGH NJW **10**, 1297). Zum Schutz des Kernbereichs privater Lebensgestaltung hat der Zugriff zu unterbleiben, soweit im konkreten Fall tatsächliche Anhaltspunkte dafür sprechen, dass er geschützte Inhalte erfasst; ist es ausnahmsweise zu deren Erhebung gekommen, dürfen diese Informationen nicht gespeichert und verwertet werden, sondern sind unverzüglich zu löschen. Richterliche Anordnungen sind dem Betroffenen in jedem Fall vor Durchführung der Maßnahme bekannt zu geben (§ 35). Bei vorläufiger Sicherstellung oder Beschlagnahme durch StA oder Ermittlungspersonen umfasst die Belehrung nach § 98 II S 5 (soweit erforderlich) die Unterrichtung über die getroffene Maßnahme; sie ist so früh, wie es die wirksame Verfolgung des Ermittlungszwecks erlaubt, zu erteilen. Weitere Rechte des Betroffenen: Anwesenheit bei der Sichtung je nach Lage des Einzelfalls (erg 5 zu § 110), Auskunft nach §§ 147, 385 III, 406e, 475, 491, Rückgabe oder Löschung nicht benötigter kopierter E-Mails nach § 489 II; schwerwiegende Verstöße können ein Verwertungsverbot zur Folge haben (BVerfGE **124**, 43; Überblick auch bei Burhoff StRR **09**, 331; Kasiske StraFo **10**, 228).

6) Beschlagnahmeverbote bestimmt § 97. Sie können sich ganz ausnahms- **20** weise auch unmittelbar aus dem GG, etwa aus Art 1 I, 2 I GG zum Schutz der Persönlichkeitssphäre ergeben (BVerfGE **34**, 238; NStZ-RR **04**, 83 [„besonderer Ausnahmefall"]; BGH **43**, 300; vgl aber BVerfG aaO und LG Hildesheim NdsRpfl **84**, 46: Beschlagnahme eines versiegelten Privattestaments zur Aufklärung einer Steuerstraftat, hierzu **aM** LG Arnsberg wistra **93**, 199 und Ost wistra **93**, 177), bei Tagebüchern aber nur, wenn eine Verwertbarkeit des gesamten Inhalts von vornherein ausgeschlossen werden kann (Einl 56a, 2 zu § 110). Das sog Bankgeheimnis steht einer Beschlagnahme nicht entgegen (LG Hamburg NJW **78**, 958; erg 4 zu § 161), ebenso wenig idR die Datenschutzbestimmungen; denn dem Schutz personenbezogener Daten wird auch Rechnung getragen, wenn sich die Urkunden bei den Gerichtsakten befinden (Wagner DRiZ **85**, 16; vgl auch LG Kassel wistra **99**, 315 zur Beschlagnahme von Pflegschaftsakten). Briefe UGefangener, die der Kontrolle unterliegen (vgl § 119 I S 2 Nr 2, S 7; § 20 II UVollzG NW; § 39 III S 3 UVollzG RP), können beschlagnahmt werden (BGH NJW **77**, 2175; MDR **81**, 977 Fn 46 [S]; KG JR **68**, 31; Celle NJW **74**, 805; München NJW **78**, 601), ebenso Sachen im Besitz des Insolvenzverwalters; §§ 148 I, 159 InsO stehen nicht entgegen (Weyand ZInsO **08**, 26; vgl auch LG Stuttgart Justiz **84**, 62). § 97 I S 3 InsO entzieht nur solche Unterlagen oder Aufzeichnungen der Beschlagnahme, die der Schuldner zur Erfüllung seiner Auskunftspflicht (§ 97 I S 1 InsO) erst hergestellt hat (LG Ulm NJW **07**, 2056; abl Schork [ZInsO **07**, 827 mit abl Anm Menz; abl auch Püschel DAV-FS 768]; Uhlenbruck NZI **02**, 405; Weyand aaO 25; vgl weiter Tetzlaff NZI **05**, 317; erg oben 19; Einl 57d). Verteidigungsunterlagen

§ 94

im Besitz des Beschuldigten sind grundsätzlich von der Beschlagnahme ausgeschlossen (erg 37 zu § 97; 8 zu § 148), ebenso Mitschriften erkennender Richter (BGH NStZ **09**, 582 mit abl Anm Schroeder JR **10**, 136). Die nach § 8 I GwG gefertigten Aufzeichnungen dürfen nur nach Maßgabe der Verwendungsregelung in § 15 GwG beschlagnahmt werden (vgl LG Koblenz NJW **97**, 2613; die Entscheidung ist teilw überholt; erg Herzog/Mülhausen/Johnigk, Geldwäschebekämpfung und Gewinnabschöpfung, 2006, § 52 Rn 65 ff). Nach §§ 4 II S 5, 7 II S 3 Autobahnmautgesetz ist die Beschlagnahme der Mautdaten unzulässig (erg 5 zu § 100g). Zur Beschlagnahme vertraulicher Gewerkschaftsunterlagen LG Berlin NJW **96**, 2520 und dazu BVerfG NJW **98**, 893. Die Beschlagnahme von DNA-fähigem Material beim Zeugnisverweigerungsberechtigten ist zulässig (BGH NStZ-RR **18**, 319 [ER]; erg 23 zu § 81c; 1 zu § 97; 7 zu § 103).

21 7) Dass ein Gegenstand auf Grund einer **rechtsfehlerhaften Durchsuchung** erlangt worden ist, steht der Beschlagnahme und Verwertung nur ausnahmsweise entgegen (BVerfG wistra **07**, 417; NStZ **04**, 216): Insofern bestätigt das BVerfG die Rspr des BGH zur Abwägung widerstreitender Interessen (etwa BGH **51**, 285, 289 f) unter Hinweis auf den verfassungsrechtlichen Rang einer funktionstüchtigen Strafrechtspflege und der Wahrheitserforschung vor Gericht (vgl BVerfG NJW **09**, 3225). Ein Verwertungsverbot kann allerdings – muss aber nicht in jedem Fall – in Betracht gezogen werden, wenn die zur Fehlerhaftigkeit der Ermittlungsmaßnahme führenden Verfahrensverstöße schwerwiegend waren oder bewusst oder willkürlich begangen wurden (BVerfG aaO [krit Dallmeyer HRRS **09**, 429; Schwabenbauer NJW **09**, 3207; weiter von einem Regel-Ausnahme-Verhältnis ausgehend BVerfG NJW **99**, 273; **06**, 2684; StV **02**, 113; 2 BvR 2697/07 vom 18.2.2008; BGH **51**, 285 [zust Brüning HRRS **07**, 250; NStZ **04**, 449; NStZ-RR **07**, 242; wistra **10**, 231; KG StV **85**, 404; Düsseldorf StraFo **09**, 280; Köln StV **10**, 14; Schneider NStZ **16**, 553; Roxin NStZ **07**, 616; **aM** Hüls ZIS **09**, 162, 165; Jäger GA **08**, 488; Jahn C 74; Müller/Trurnit StraFo **08**, 149; Münchhalffen Mehle-FS 445; Ransiek StV **02**, 565, JR **07**, 436: grundsätzlich Verwertungsverbot).

21a Nach BGH NJW **89**, 1741, 1744 soll es bei einer fehlenden Durchsuchungsanordnung darauf ankommen, ob sie rechtlich hätte erlassen werden dürfen (ähnlich auf die **hypothetisch rechtmäßige Vorgehensweise** abstellend BVerfG NStZ **04**, 216, 2 BvR 1681/07 vom 31.8.2007, HRRS **07**, Nr 961 für „formale Fehler" bei der Durchsuchung und BGH StV **08**, 121, 123 für einen Ersatzeingriff nach § 100g; **aM** Beulke ZStW **103**, 673; Fezer StV **89**, 293 und Rieß-FS 104; Jahn aaO; Krekeler aaO; Mosbacher NJW **07**, 3687; Weiler Meurer-GS 418; Wohlers Fezer-FS 327). Das kann aber nur bei weniger gravierenden Verstößen unter der Voraussetzung gelten, dass die richterliche Anordnung hoch wahrscheinlich gewesen wäre (siehe BGH NStZ **16**, 551 mit Anm Schneider), **nicht** aber bei vorsätzlicher Verletzung oder gröblicher Verkennung des Richtervorbehalts (BGH **51**, 285, 295; StV **16**, 539; 2 StR 46/15 vom 6.10.2016; Düsseldorf aaO; StraFo **16**, 339, 341 mit Anm Jahn JuS **16**, 1138; Köln StV **10**, 14; einschränkend Schneider Miebach-SH 47 ff: nur bei Vorsatz; erg 19 zu § 105). Dem hypothetischen Ersatzeingriff kommt jedoch auch bei der Bewertung der Schwere des Verstoßes Bedeutung zu (BGH **51**, 285, 291; NStZ **04**, 449; NStZ-RR **07**, 242; Hamm NStZ **07**, 355; München wistra **06**, 472; Roxin NStZ **07**, 617).

21b Nach BGH NStZ **17**, 367 (mit kritischen Anm Basdorf sowie Anm Sommer StraFo **17**, 106, Mosbacher JuS **17**, 742 und Ladiges JR **17**, 326) bedarf es für die **Zulässigkeit einer Verfahrensrüge,** mit der ein Verwertungsverbot wegen einer Durchsuchung zur Sicherstellung von Sachbeweisen geltend gemacht wird, **keines** auf den Zeitpunkt des § 257 I befristeten **Widerspruchs,** ebenso wenig einer vorgreiflichen Anrufung des Gerichts gem § 238 II (noch offen gelassen von BGH **51**, 285, 295, vgl auch 25 zu § 136, 11 zu § 110b). Ungeachtet dessen ist ein Sammelwiderspruch gegen die Verwertung aller Sachbeweise und der darauf bezogenen Zeugenbeweise zulässig (BGH **60**, 50, 52; NStZ **16**, 551, 552). Ein etwaiges

Verwertungsverbot hat keine Auswirkung auf ein Geständnis, in dem der Angeklagte die durch die Durchsuchung gewonnenen Erkenntnisse einräumt (BGH 3 StR 413/07 vom 16.10.2007). Erg 18 zu § 105, 10 aE zu § 110.

8) Die Herausgabe beweglicher Sachen und das dabei zu beachtende Verfahren richten sich nach dem durch das Gesetz vom 13.4.2017 (BGBl I 872, 879) eingefügten IV nach §§ 111n und 111o (siehe Komm dort). Es handelt sich um eine Holschuld (BGH NJW **19**, 2618; erg 11 zu § 111j, 4 zu § 111n). 22

9) Schadensersatzansprüche kann der Berechtigte geltend machen, wenn die Behörden die ihnen auf Grund des durch die Sicherstellung begründeten öffentlich-rechtlichen Verwahrungsverhältnisses (vgl LG Hamburg NStZ **04**, 512) obliegende Pflicht verletzen, die Sache pfleglich zu behandeln und vor Verschlechterung, Untergang und sonstiger Gefährdung zu bewahren (BGHZ **1**, 369 = NJW **51**, 800; Hamburg MDR **51**, 116; vgl auch RiStBV 74), uU auch bei Herausgabe an einen Nichtberechtigten (BGHZ **72**, 302, 306). Eine Entschädigung kann aber nicht verlangt werden, wenn Schäden an der beschlagnahmten Sache durch vorsätzliche Fremdeinwirkung (Vandalismus) entstehen (BGHZ **100**, 335 = StV **88**, 326). Schadensersatz- und Herausgabeansprüche sind nach § 40 II S 1 VwGO vor den Zivilgerichten zu verfolgen; der Rechtsweg nach § 23 **EGGVG** ist ausgeschlossen (Hamburg MDR **74**, 510; erg 15 zu § 23 EGGVG). Der Betroffene kann aber in diesem Verfahren die Vernichtung von Fotokopien durchsetzen, die die StA von den freigegebenen Schriftstücken angefertigt hat (Stuttgart NJW **77**, 2276). 23

10) Immunität: Bei tatunbeteiligten Abgeordneten ist die Beschlagnahme ohne Einschränkung zulässig, bei Tatverdächtigen nur, wenn die Einleitung eines Ermittlungsverfahrens genehmigt ist. Sind Abgeordnete nach Art 46 I GG nicht verfolgbar, so ist auch die Beschlagnahme unzulässig (RiStBV 191–192a). In den Räumen des Parlaments bedarf die Beschlagnahme der Genehmigung des Präsidenten (Art 40 II S 2 GG). 24

Herausgabepflicht

95 I Wer einen Gegenstand der vorbezeichneten Art in seinem Gewahrsam hat, ist verpflichtet, ihn auf Erfordern vorzulegen und auszuliefern.

II ¹ **Im Falle der Weigerung können gegen ihn die in § 70 bestimmten Ordnungs- und Zwangsmittel festgesetzt werden.** ² **Das gilt nicht bei Personen, die zur Verweigerung des Zeugnisses berechtigt sind.**

1) Das **Herausgabeverlangen** ist in allen Verfahrensarten und -abschnitten zulässig, in denen nach § 94 die Beschlagnahme angeordnet werden kann, auch im Privatklageverfahren. Eine vorherige Beschlagnahmeanordnung oder einen erfolglosen Beschlagnahmeversuch setzt es nicht voraus (LG Stuttgart NJW **92**, 2646). Es kommt aber vor allem in Betracht, wenn zwar feststeht, dass sich ein Beweismittel im Gewahrsam einer Person befindet, wenn es aber bei einer Durchsuchung nicht gefunden werden konnte und sein Verbleib unbekannt ist (LG Bonn NStZ **83**, 327; Roxin/Schünemann § 34, 10). Wird der Gegenstand nach I freiwillig herausgegeben, so kann er formlos sichergestellt werden (12 zu § 94); im Fall des II ist die förmliche Beschlagnahme notwendig (13 zu § 94). 1

Zuständig für das Verlangen sind der Richter, die StA und die Polizei auch, wenn Gefahr im Verzug nicht besteht (LG Gera und LG Halle NStZ **01**, 276; LG Koblenz wistra **02**, 359; LG Lübeck NJW **00**, 3148 mwN; Bittmann wistra **90**, 327 ff; Klinger wistra **91**, 17; Schäfer wistra **83**, 102; Heghmanns/Scheffler-Lehmann III 70; **aM** LG Bonn NStZ **83**, 327 mit abl Anm Kurth; LG Düsseldorf wistra **93**, 199; LG Stuttgart NJW **92**, 2646; Braczyk wistra **93**, 57; Reiß StV **88**, 35; Eisenberg BR 2373; Reichling JR **11**, 14). Mit dem Verlangen kann für den Fall der Weigerung die Anwendung von Ordnungs- und Zwangsmitteln (II) angedroht (zur Anordnung aber unten 9) sowie auf die Möglichkeit der Durchsuchung und Beschlagnahme hingewiesen werden (dazu Bittmann NStZ **01**, 231). 2

§ 95

3 2) Die **Vorlegungs- und Herausgabepflicht (I)** bezieht sich auf bewegliche Sachen, die als Beweismittel für die Untersuchung von Bedeutung sein können (§ 94 I) und auf Führerscheine, die der Einziehung unterliegen (§ 94 III), nicht auf Einziehungsgegenstände nach § 111b (KK-Greven 1). I ermächtigt als Annex auch dazu, die Herausgabe von Bankunterlagen in elektronischer Form zu verlangen (LG Limburg NZWiSt **19**, 158, 159). Behördlich verwahrte Sachen werden nicht nach I, sondern mit einem Amtshilfeersuchen herausverlangt (1 zu § 96; LR-Menges 17; **aM** SK-Wohlers/Greco 10).

3a **Herausgabepflicht von Daten:** Aufgrund moderner Verschlüsselungsverfahren stößt der Zugriff auf Dateien häufig auf praktische Schwierigkeiten. Zugangscodes, die – was allerdings eher selten der Fall sein wird – verkörpert in Papierform oder als Datei vorliegen, müssen von unverdächtigen Dritten nach I herausgegeben werden (Sieber Gutachten 69. DJT I C 120). Im Übrigen sind nicht beschuldigte Gewahrsamsinhaber aus §§ 48 I S 2, 161a I S 1 dazu verpflichtet, ihnen bekannte Zugangscodes oder deren Aufbewahrungsorte anzugeben (Zimmermann JA **14**, 321, 322; **aM** Sieber aaO 120, 122, der unter Hinweis auf die Entscheidung des BVerfG vom 24.1.2012 [BVerfGE **130**, 151] eine Regelung de lege ferenda vorschlägt, wonach eine Auskunft zu Zugangscodes nur unter denselben Anforderungen verlangt werden könne, die auch für die erstrebte Nutzung gelte). Für das Verlangen, (zugangsgeschützte) Daten ausgedruckt im Klartext vorzulegen, bietet I allerdings keine Rechtsgrundlage, da sich die Vorschrift ihrem Wortlaut nach lediglich auf bereits vorhandene, nicht auf erst herzustellende Gegenstände bezieht (Sieber aaO 121). Zur Durchsuchung elektronischer Speichermedien 2a, 6 ff zu § 110.

4 Der **Gewahrsamsinhaber** (auch den Insolvenzverwalter, LG Saarbrücken ZInsO **10**, 431 mit insoweit zust Anm Weyand; SK-Wohlers/Greco 10) ist zur Herausgabe verpflichtet. Gleichgültig ist, ob er den Gewahrsam rechtmäßig innehat und ob der Eigentümer der Herausgabe zustimmt. Den Eigentümer, der nicht Gewahrsamsinhaber ist, trifft keine Mitwirkungspflicht. Bei juristischen Personen richtet sich die Herausgabepflicht an deren Organe (LG Limburg aaO; LR-Menges 13).

5 Der **Beschuldigte** braucht zu seiner Überführung nichts beizutragen und ist daher nicht herausgabepflichtig (SK-Wohlers/Greco 12, 18; krit dazu Radtke Meyer-Goßner-FS 331). Unabhängig von § 95 kann ihm aber Gelegenheit gegeben werden, Gegenstände vorzulegen, um eine Durchsuchung abzuwenden (LR-Menges 14). § 95 gilt auch nicht für den Einziehungsbeteiligten hinsichtlich des Einziehungsgegenstandes und für den Einziehungsinteressenten unter den Voraussetzungen des § 432 II.

6 **Zeugnisverweigerungsberechtigte** (§§ 52 ff) dürfen, soweit der Gegenstand nicht ohnehin nach § 97 beschlagnahmefrei ist (SK-Wohlers/Greco 7; Auffermann/Vogel NStZ **16**, 387, 391: patientenbezogene Daten Beschuldigter), zur Herausgabe aufgefordert werden (Celle NJW **63**, 406). Der gegen sie bestehende Anspruch auf Herausgabe ist aber nicht durchsetzbar, weil II die Anordnung von Ordnungs- und Zwangsmitteln gegen sie untersagt (weitergehend Jahn Roxin-FS II 1357, 1362 f; Auffermann/Vogel aaO 390, die bereits das Bestehen einer Editionspflicht verneinen). Darüber müssen sie belehrt werden (6 zu § 97). Soweit allerdings in den rechtlich zulässigen Fällen eine Entbindungserklärung vorliegt (§§ 53 II S 1, 53a II; dazu 45 ff zu § 53) unterliegen die Gegenstände der Herausgabepflicht (LG Bonn NStZ **12**, 712).

7 Für den **Privatkläger** gelten diese Einschränkungen nicht (LG Altona JW **25**, 2822; KK-Greven 2).

8 Kann ein Kaufmann Unterlagen nur in Form einer **Wiedergabe auf einem Bildträger** oder auf anderen Datenträgern vorlegen, so muss er nach § 261 HGB auf seine Kosten Hilfsmittel zur Lesbarmachung zur Verfügung stellen und, soweit erforderlich, die Unterlagen ausdrucken oder Reproduktionen beibringen, die ohne Hilfsmittel lesbar sind (vgl Bremen NJW **76**, 685; Oldenburg CR **88**, 679; einschr SK-Wohlers/Greco 29). Das gilt insbesondere bei dem Verlangen an ein

Kreditinstitut auf Herausgabe von Kontounterlagen. Von diesen Mehrkosten abgesehen steht ihm hierfür im Übrigen nach § 23 II JVEG ein Entschädigungsanspruch zu (Koblenz wistra **06**, 73; LG Koblenz NStZ **06**, 241; Schleswig SchlHA **91**, 170).

3) Ordnungs- und Zwangsmittel (II S 1) dürfen vom Gericht, nicht von 9 der StA (Bittmann wistra **90**, 335; Klinger wistra **91**, 17; Kurth NStZ **83**, 328), angewendet werden, wenn der Gewahrsam des Betroffenen feststeht, er von seinem Gewahrsam Kenntnis hat und sich unberechtigt weigert, den Gegenstand herauszugeben. Bei juristischen Personen (zB Geldinstitute) sind deren Organe für die Erfüllung der Verpflichtung verantwortlich (LG Limburg aaO, 160). Anders als nach § 70, auf den II S 1 verweist, ist auch die Festsetzung von Ordnungsgeld und -haft nicht zwingend vorgeschrieben. Wegen der Ordnungsmittel vgl im Einzelnen 9 ff, 16 ff zu § 70 und Art 6 ff EGStGB, wegen der Beugehaft 12 ff zu § 70. Ordnungsmittel bleiben bestehen, auch wenn der Betroffene die Sache nachträglich herausgibt; Beugehaft muss dagegen sofort beendet werden, wenn die Behörde auf irgendeine Weise in den Besitz des Gegenstandes gelangt oder wenn er untergegangen ist.

Gegen **Zeugnisverweigerungsberechtigte (II S 2)** ist kein Zwang zulässig. 10 Das gilt im Fall des § 52 ohne Beschränkung auf Schriftstücke (KK-Greven 5; SK-Wohlers/Greco 33); greift § 97 ein, kann nach § 94 verfahren werden (erg oben 6). In den Fällen des § 53 erstreckt sich das Herausgabeverweigerungsrecht auf die Gegenstände, die aus der beruflichen Tätigkeit des Zeugnisverweigerungsberechtigten herrühren; nach Entbindung von der Verschwiegenheitspflicht (§ 53 II S 1) ist II S 1 anwendbar (SK-Wohlers/Greco 34). Für Personen, die nach § 55 zur Auskunftsverweigerung berechtigt sind, gilt II S 2 entspr (KK-Greven 6; Rogall 157 verneint sogar die Herausgabepflicht), nicht aber für Privatkläger (zw LG Altona JW **25**, 2822).

4) Ein Verwertungsverbot besteht für Beweisgegenstände, die dadurch erlangt 11 worden sind, dass trotz befugter Weigerung des Beschuldigten oder des Zeugnisverweigerungsberechtigten Zwang nach II angewendet (LR-Menges 37; SK-Wohlers/Greco 39; Grünwald JZ **66**, 498; Rogall 228 ff; **aM** KMR-Müller 22 vor § 94: nur wenn auch die Beschlagnahme unzulässig gewesen wäre) oder dass die Belehrung des Zeugnisverweigerungsberechtigten (oben 6) unterlassen worden ist (ANM 493). Die Anwendung von unzulässigem Zwang trotz berechtigter Weigerung nach § 55 begründet kein Verwertungsverbot zugunsten des Beschuldigten, da sein Rechtskreis dadurch nicht verletzt ist (**aM** SK-Wohlers/Greco 39), es sei denn, der Gewahrsamsinhaber wird später selbst Beschuldigter (LR-Menges 16; erg 17 zu § 55).

5) Anfechtung: Gegen richterliche Anordnungen ist Beschwerde nach § 304 12 zulässig. Gegen nichtrichterliche Herausgabeverlangen ist der Antrag auf gerichtliche Entscheidung entspr § 98 II S 2 statthaft (LG Halle NStZ **01**, 276, 277; LR-Menges 32; Bittmann wistra **90**, 331; teilw wird erg auch § 161a III angeführt, LG Gera NStZ **01**, 276; Kurth NStZ **83**, 328).

6) Immunität: Vgl RiStBV 191 III Buchst d. Die Vollstreckung von Ord- 13 nungs- und Beugehaft ist ohne Genehmigung des Parlaments nicht zulässig (22 zu § 70).

Amtlich verwahrte Schriftstücke

96 ¹ **Die Vorlegung oder Auslieferung von Akten oder anderen in amtlicher Verwahrung befindlichen Schriftstücken durch Behörden und öffentliche Beamte darf nicht gefordert werden, wenn deren oberste Dienstbehörde erklärt, daß das Bekanntwerden des Inhalts dieser Akten oder Schriftstücke dem Wohl des Bundes oder eines deutschen Landes Nachteile bereiten würde.** ² **Satz 1 gilt entsprechend für Akten und sonstige Schriftstücke, die sich im**

§ 96

Gewahrsam eines Mitglieds des Bundestages oder eines Landtages beziehungsweise eines Angestellten einer Fraktion des Bundestages oder eines Landtages befinden, wenn die für die Erteilung einer Aussagegenehmigung zuständige Stelle eine solche Erklärung abgegeben hat.

1 1) Eine **Einschränkung der Amtshilfepflicht** (Art 35 I GG) der Behörden gegenüber den Strafverfolgungsorganen über die gesetzlich besonders geregelten Fälle (3 ff zu § 161) hinaus bestimmt die Vorschrift (Taschke, Die behördliche Zurückhaltung von Beweismitteln im Strafprozess, 1989, S 70). Sie ist jedoch nicht nur als eine Ergänzung des § 54 anzusehen (so aber Peters 443; Welp Gallas-FS 423), sondern steht im Zusammenhang mit §§ 94, 95 (Stratenwerth JZ **59**, 693). Einem Ersuchen um Herausgabe von Akten und anderen Schriftstücken muss daher entsprochen werden, es sei denn, die Voraussetzungen des § 96 sind gegeben (unklar Hamm RPfleger **09**, 150).

2 Wird die Herausgabe von Behördenakten auch nach Gegenvorstellungen ohne Abgabe einer Sperrerklärung der obersten Dienstbehörde oder offensichtlich willkürlich oder rechtsmissbräuchlich (KG NStZ **89**, 541) verweigert, so ist ihre **Beschlagnahme** zulässig (BGH **38**, 237; Jena NJW **01**, 1290; KG aaO; SK-Wohlers/Greco 22, 23 zu § 94; Taschke [oben 1] 281; offengelassen in BGH **33**, 70, 72; vgl auch LG Trier NStZ-RR **00**, 248 betr Jugendgerichtshilfe). Die Gegenmeinung (LR-Menges 8 ff; wN KG aaO) verneint dies, weil zwischen Justiz- und anderen Behörden kein Über- und Unterordnungsverhältnis bestehe; darum geht es hier aber nicht, sondern um die Lösung einer konkreten Konfliktlage durch eine Rechtsnorm (BGH **38**, 237; Kramer NJW **84**, 1504; Janoschek, Strafprozessuale Durchsuchung und Beschlagnahme bei juristischen Personen des öffentlichen Rechts, Diss Trier 1990, S 94). Eine zulässige Sperrerklärung (7 ff) steht der Beschlagnahme allerdings entgegen (Fezer 7/9; Roxin/Schünemann § 34, 21). Beschlagnahmeanordnungen **gegen die StA** im anhängigen Verfahren sind unzulässig (Schleswig StraFo **13**, 205 unter Hinweis auf die sich aus §§ 36 II, 98 I ergebende Stellung der ermittelnden StA in Bezug auf Beschlagnahmen mit abl Anm Park StV **14**, 327).

3 2) **In amtlicher Verwahrung befindliche Schriftstücke:** Der Begriff ist weit auszulegen. Er umfasst auch private Unterlagen, die wegen ihres Inhalts in amtliche Verwahrung genommen worden sind (BeckOK-Gerhold 4) und bei Behörden hinterlegte Privaturkunden, wie Testamente (KK-Greven 5; LR-Menges 39; **aM** KMR-Müller 3; Janoschek [oben 2] 118; SK-Wohlers/Greco 15; 62. Aufl 3). Unter die Vorschrift fallen auch Ermittlungsakten der StA in anderer Sache (Frankfurt NJW **82**, 1408; KMR-Müller 3; vgl auch München NStZ **05**, 706. 707) und polizeiliche Vorgänge, die in anderen Sachen entstanden sind (VGH Kassel StV **86**, 52), uU auch Bestandteile der in der anhängigen Sache entstandenen Akten (Hamm NJW **84**, 880; LR-Menges 41; LR-Erb 66 zu § 163; Mayer Kriminalistik **16**, 228; vgl auch BVerfG NJW **10**, 925, 926: Schutz des Vertrauens in staatliche Vertraulichkeitszusagen; **aM** Hamburg StV **84**, 11; Keller StV **84**, 524 ff; Taschke StV **86**, 55; Uhlig StV **86**, 118; SK-Wohlers/Greco 11; SSW-Eschelbach 3 ff: Verstoß gegen Grundsatz der Aktenvollständigkeit und -wahrheit; vgl aber auch BGH **18**, 369: keine Sperre für behördliche Gutachten, die bereits zu den Strafakten gelangt sind; erg 16, 17, 17a zu § 158, 14a zu § 147). Für Gegenstände anderer Art gilt § 96 entspr (KK-Greven 6; vgl Karlsruhe NStZ-RR **08**, 315: bei Observation gefertigter Videofilm [dort auch zur Hinzuziehung eines Augenscheingehilfen, erg 4 zu § 86]).

4 Die **vorübergehende Herausgabe** der Akten oder Schriftstücke an private Stellen hebt den amtlichen Gewahrsam nicht auf. Gestohlene Behördenakten dürfen für das Diebstahlsverfahren beschlagnahmt werden; für andere Verfahren unterliegt ihre Verwertung wieder dem Schranke des § 96.

5 3) **Durch Behörden und öffentliche Beamte:** Zum Begriff Behörde vgl 12 zu § 256. Beamte iS des § 96 sind nur solche, die selbst eine behördenähnliche Funktion haben (KK-Greven 3).

Ermittlungsmaßnahmen § 96

Für **gesetzgebende Körperschaften** gilt S 1 entspr, wie durch S 2 klargestellt 6 ist (so aber schon früher allgM, vgl BGH 20, 189). Damit steht auch fest, dass die Vorschrift für andere Verwaltungsorgane, wie Gemeinderäte, Kreistage und Stadtverordnetenversammlungen nicht anwendbar ist.

4) Die **Sperrerklärung** darf nur mit der Gefahr von Nachteilen für das Wohl 7 des Bundes oder eines deutschen Landes begründet werden (zur Abwägung vgl OVG Lüneburg NJW 12, 2372; VGH Kassel StV 86, 52). Hierzu zählt wegen der Pflichten des Staates, Leben und Gesundheit seiner Bürger zu schützen (BVerfGE 57, 250) sowie künftige Straftaten zu verhindern, auch die konkrete Gefährdung von Leib oder Leben eines Zeugen (KK-Greven 19; SK-Wohlers/Greco 26; **aM** Arloth NStZ 92, 96; Franzheim JR 82, 436 mwN). Zu den von § 96 erfassten öffentlichen Belangen kann nach BVerfG NJW 84, 2271, 2275 auch das Steuergeheimnis nach § 30 **AO** gehören. Entgegenstehende öffentliche Interessen anderer Art (15 zu § 153c) genügen dagegen nicht. Verfassungsschutzakten sind nicht allgemein geheimhaltungsbedürftig (BVerfG NJW 87, 202). Zur Unzulässigkeit der Aktenversendung bei Beeinträchtigung der Intimsphäre eines Bürgers vgl BVerfGE 27, 344. Überlassung der Akten nur an das Gericht ohne Akteneinsicht des Betroffenen (sog „in camera"-Verfahren) ist ausgeschlossen (BGH NStZ 00, 265; vgl auch BVerfG NJW 04, 2443; 06, 1048; NStZ 07, 274). Die Erklärung wird durch die Behörde herbeigeführt, die die Akten oder Schriftstücke verwahrt, nicht durch Gericht oder StA (LG Darmstadt NStZ 89, 87).

Zuständig für die Sperrerklärung ist nur die oberste Dienstbehörde, idR also 8 der zuständige Fachminister als oberste Fachaufsichtsbehörde, für Gemeinden der Innenminister (also nicht der Leiter des dem Innenminister zugeordneten Kriminalpolizeiamtes, BGH NJW 89, 3294), für das Bundesamt für Verfassungsschutz das BMI (BGH 3 StR 498/16 vom 3.5.2017 zu G 10 Beschränkungsmaßnahmen), für Parlamente der Präsident (BGH 20, 189). Der Minister braucht die Erklärung nicht selbst abzugeben, sondern kann den Beamten überlassen, der berechtigt ist, das Ministerium nach außen zu vertreten (BGH 35, 82, 86; Stuttgart Justiz 86, 304).

Die Erklärung muss eine **Begründung** enthalten, die dem Gericht die Gründe 9 der Sperre verständlich macht und es in die Lage versetzt, auf die Bereitstellung des Beweismittels zu drängen (BGH 29, 109, 112; NStZ 00, 265, 266; BVerwG NJW 84, 2233, 2235; 87, 202, 203; vgl auch BVerfGE 57, 250, 290; 66, 39, 44 mwN). Das Fehlen einer solchen Begründung oder eine offensichtlich fehlerhafte bzw sich in formelhafte Wendungen erschöpfende Begründung verpflichtet das Gericht zu **Gegenvorstellungen** (BGH 32, 115, 125 ff [GSSt]; 33, 178, 180; 36, 159, 161; StraFo 18, 30), zB wenn die Weigerung auf einer nach Überzeugung des Gerichts unrichtigen tatsächlichen Grundlage oder auf falscher Rechtsanwendung beruht (BGH NStZ 89, 282; weitergehend Hilgendorf JZ 93, 369 und Renzikowski JZ 99, 612: uneingeschränkt gerichtlich überprüfbar; vgl auch SK-Wohlers 34/Greco unter Hinweis auf die Rspr des EGMR). In einem Fall der Beschränkung der Aussagegenehmigung für den Angeklagten (Einl 80) hat BGH NJW 07, 3010, 3012 das Gericht für verpflichtet gehalten, die oberste Justizbehörde zu einer Gegenvorstellung bei der obersten Innenbehörde und ggf zur Einholung eines Kabinettsbeschlusses zu veranlassen, falls die „Sperrung" eine ordnungsgemäße Durchführung des Strafverfahrens gefährdet (vgl auch BGH StB 51/09 vom 23.12. 2009). Die Gegenvorstellung darf unterbleiben, wenn sie nach zuverlässigen Erkenntnissen des Gerichts von vorneherein aussichtslos ist (BGH 36, 159, 162; Nürnberg NStZ-RR 15, 251 mwN).

Sonst ist die Erklärung **für das Gericht bindend;** sie schließt jede weitere Er- 10 örterung aus (BGH 20, 189; 33, 178; LG Potsdam wistra 07, 193), auch ein nachfolgendes Ersuchen um Übersendung von Akten (BGH [ER] I ARs 3/2008 vom 20.2.2009). Der Beweisgegenstand steht für die Sachaufklärung nicht zur Verfügung (6 zu § 223); Beweisanträge sind nach § 244 III S 3 Nr 5 wegen Unerreichbarkeit des Beweismittels abzulehnen (62 ff zu § 244). Das Gericht muss die hier-

§ 96

durch bedingte Einschränkung seiner Erkenntnismöglichkeiten sowie die Beschneidung der Verteidigungsrechte des Angeklagten aber bei der Beweiswürdigung berücksichtigen; es ist allerdings nicht gezwungen, die unter Beweis gestellte Tatsache als wahr zu unterstellen, ggf ist jedoch der Zweifelssatz anzuwenden (BGH **49**, 112, 121 ff mit zust Anm Müller JZ **04**, 926 und krit Anm Mosbacher JR **04**, 523; erg 3 zu § 250 und 12 zu § 261; krit zur Beweiswürdigungslösung auch im Hinblick auf Art 6 I S 1 EMRK SK-Wohlers/Greco 45 ff; ders StV **14**, 563; Gaede StraFo **04**, 195; erg 22c, 22 f zu Art 6 EMRK; krit zu Fällen, in denen teilweise gesperrte nachrichtendienstliche Erkenntnisse verwertet werden, Lantermann StraFo **18**, 12 [Anm zu BGH 3 StR 498/16 vom 3.5.2017]). Die Einstellung des Verfahrens kommt nur in außergewöhnlichen Fällen in Betracht (BGH aaO 127; NJW **07**, 3010 mit Anm Niehaus NStZ **08**, 355 und Wohlers JR **08**, 127; dazu auch Laue ZStW **120**, 248, 267; vgl ferner BGH StraFo **08**, 423, 424/425; erg Einl 148).

11 Geht die **Sperrerklärung erst nach Eingang der Akten** ein, so sind die Akten der Behörde unverwertet zurückzugeben (SK-Wohlers/Greco 41; **aM** Hamburg StV **84**, 11, das eine Sperrerklärung dann für unzulässig hält). Die Beweiserhebung ist unzulässig (49 zu § 244). Das aus den Akten bereits erworbene Wissen darf nicht verwertet werden. Nur wenn der Akteninhalt bereits in der Hauptverhandlung zum Beweis herangezogen war, ist die nachträgliche Sperre ohne Bedeutung.

12 **5) Entspr Anwendung bei behördlich geheim gehaltenen Zeugen:** Soweit nicht § 110b III eingreift, gilt § 96 entspr, wenn Auskunft über Namen und Anschrift von behördlich geheim gehaltenen Zeugen verlangt wird (BGH **29**, 390, 393; **30**, 34; **32**, 32, 37; 115, 123 [GSSt]; **33**, 178; StV **81**, 110; 111; NStZ **88**, 563; Celle NStZ **83**, 570; Frankfurt NStZ **83**, 231; Hamburg StV **84**, 11; Hamm NStZ **85**, 566; erg 16–17a zu § 158). Das ist sachgerecht, soweit es um die Zuständigkeit für die Erklärung der Auskunftsverweigerung geht (vgl BVerfGE **57**, 250, 289). Denn auch die Versagung der Aussagegenehmigung für behördliche Zeugen muss nach § 68 III BBG (6 zu § 54) und entspr Bestimmungen in Landesbeamtengesetzen (zB § 51 II LBG LSA, § 58 I S 2 ThürBG) grundsätzlich von der obersten Dienstbehörde erklärt werden. Zuständig ist, soweit es um der Polizei geheimgehaltene Zeugen betrifft, der Innen-, nicht der Justizminister (BGH **41**, 36). Im Fall des § 96 muss er beachten, dass alle Behörden verpflichtet sind, dazu beizutragen, dass dem Gericht möglichst gute Beweismittel zur Verfügung stehen (BVerfGE **57**, 250, 283; erg Einl 148a); außerdem ist dem Recht des Angeklagten aus Art 6 IIId EMRK) Recht zu tragen (siehe dort 22b). Die Sperrerklärung muss daher auf **Ausnahmefälle** beschränkt bleiben (BGH **35**, 82, 85; Hamburg StV **93**, 402).

12a **Die Entscheidung** muss den Sachverhalt mit auf den konkreten Einzelfall bezogenen und nachvollziehbaren Erläuterungen umfassend würdigen und dabei die Schwere der Straftat, das Ausmaß der dem Beschuldigten drohenden Nachteile und das Gewicht der einer Auskunft entgegenstehenden Umstände berücksichtigen. Dies gilt auch für die Frage, ob nicht bereits strafverfahrensrechtliche Vorkehrungen zum Schutz des betreffenden Zeugen ausreichend sind (OVG Lüneburg NJW **12**, 2372). Insoweit ist in der neueren **Judikatur der Verwaltungsgerichte** (zu deren Zuständigkeit siehe 14) die Tendenz erkennbar, die Begründungsanforderungen an Sperrerklärungen zu verschärfen. Danach können als die Aufklärungspflicht des Gerichts und das Konfrontationsrecht des Angeklagten aus Art 6 IIId) EMRK weniger beeinträchtigende Mittel folgende Schutzmaßnahmen für den Zeugen kumulativ in Betracht zu ziehen sein: die audiovisuelle Vernehmung des Zeugen an einem geheim gehaltenen Ort (§ 247a I), die Verweigerung von Angaben zu Person und Identität (§ 68 III), die Entfernung des Angeklagten aus dem Sitzungszimmer (§ 247), der Ausschluss der Öffentlichkeit (§ 172 Nr 1a **GVG**), die optische und akustische Verfremdung von Bild und Ton, die Befragung des Zeugen in Anwesenheit seines Führungsbeamten oder die Nichtzulassung von

Fragen zur Glaubwürdigkeit des Zeugen (§ 68a II S 1) sowie zu kriminaltaktischen Vorgehensweisen (siehe HessVGH NJW **14**, 240 mit Anm Mahler HRRS **13**, 333). Die Entscheidung kann auch, muss aber nicht (OVG Lüneburg aaO), ggf allein die audiovisuelle Vernehmung einer Gewährsperson iVm deren optischer und akustischer Verfremdung zulassen (BGH **51**, 232; zust Anm Güntge JR **07**, 428; weitergehend HessVGH aaO; krit Renzikowski Mehle-FS 539; erg 17 zu § 68). Auch wenn diese Maßnahmen aus Fairnessgründen geboten sein können (BVerfG NJW **10**, 925, 926), besteht bei der Entscheidung grundsätzlich ein Beurteilungsspielraum (OVG Lüneburg aaO; Hamm NStZ **85**, 566; **aM** Stuttgart Justiz **86**, 304, 306 = MDR **86**, 690), der allerdings je nach Bedeutung der Zeugenaussage für die Aufklärung des Sachverhaltes und unter Berücksichtigung des Rechts der Verteidigung auf Befragung des Zeugen (Art 6 IIId EMRK; siehe dazu im Einzelnen dort 22–22g) deutlich eingeschränkt sein dürfte. Zur Pflicht des Gerichts, auf die Erteilung der Auskunft hinzuwirken, vgl 62a zu § 244, zu **Gegenvorstellungen** vgl BGH StV **90**, 291 und oben 9.

Die entspr Anwendung des § 96 bezieht sich auch auf die **Weigerungsgründe** 12b (BGH **29**, 390, 393; **30**, 34; **35**, 82, 85; NStZ **87**, 518; **88**, 45; Hamburg NJW **82**, 297; StV **84**, 11, 12; Hamm NStZ **85**, 566; Stuttgart NStZ **85**, 136; vgl auch BGH **32**, 32, 35; 115, 123 ff [GSSt]). Eine **aM** will die gegenüber § 96 weitergehenden Gründe des § 68 I BBG und des § 37 IV S 1 BeamtStG (6, 7 zu § 54) anwenden (vgl VGH München NJW **80**, 198; Herdegen NStZ **84**, 100; Krüger Polizei **83**, 79; Ostendorf DRiZ **81**, 6). Dass eine Versagung der Erlaubnis nur in Betracht kommt, wenn die Auskunft den V-Mann in Leibes- oder Lebensgefahr bringt, nicht aber schon wegen der Notwendigkeit seines weiteren Einsatzes (so BGH **33**, 83, 90 ff; dagegen Stuttgart NJW **91**, 1071; vgl auch Hamm NStZ **90**, 44), ist im Hinblick auf die Interpretation des § 96 durch den Gesetzgeber in § 110b III S 3 nicht mehr haltbar (BGH StraFo **07**, 25; Soiné NStZ **07**, 249 ff [nachrichtendienstlicher Quellenschutz]; Mayer Kriminalistik **16**, 228, 231; vgl auch EGMR StV **97**, 619 zu Art 6 IIId) EMRK). Die Sperrung eines Zeugen kann auch damit begründet werden, dass die Bekanntgabe die künftige Erfüllung der Aufgaben der Sicherheitsbehörden einschließlich deren Zusammenarbeit mit anderen Behörden erschweren (OVG Lüneburg NJW **12**, 2372, 2373) bzw das Vertrauen in Zusagen der Strafverfolgungsbehörden insgesamt erschüttert würde, wenn die Vertraulichkeitszusage gegenüber dem Zeugen nicht eingehalten würde (BVerfG NJW **10**, 925, 927).

Das Gericht bleibt verpflichtet, sich aus den Akten ergebende **Anhaltspunkte** 13 **für eine mögliche Beweiserhebung** zu beachten (BGH NStZ **93**, 248; NJW **08**, 1093). Bezeichnet ein Beweisantrag eine bestimmte Person, so ist deren Vernehmung nicht schon deshalb unzulässig, weil sie mit einer gesperrten Person identisch sein kann; allerdings muss das Gericht dann in eigener Verantwortung prüfen, ob von der Vernehmung des Zeugen wegen Gefahr für Leib oder Leben abzusehen ist (BGH **39**, 141; zum Verhältnis von § 96 zu § 4 ZSHG vgl Hilger Gössel-FS 609; s auch Eisenberg Fezer-FS 204). Kennt das Gericht aus sonstigen Erkenntnisquellen die Identität des Zeugen, steht seiner Vernehmung die Sperrerklärung nicht entgegen (BGH NStZ **03**, 610).

6) Anfechtung: Die Sperrerklärung kann der davon betroffene Prozessbeteilig- 14 te – nicht aber Gericht oder StA (vgl BGH StraFo **18**, 30, 31; KK-Greven 32; Lüderssen Klug-FS 535; **aM** SK-Wohlers/Greco 54; Ellbogen NStZ **07**, 313: Klagebefugnis der StA; dazu aber BGH NJW **07**, 3010, 3012: höchst problematisch) – nur gemäß 42 VwGO vor dem Verwaltungsgericht anfechten (vgl. sowohl BGH **44**, 107 als auch BVerwGE **69**, 192; NJW **87**, 202; DVBl **06**, 851; s auch BVerfG 2 BvR 197/07 vom 29.3.2007). Dies gilt auch, wenn oberste Dienstbehörde der Justizminister ist, da die Sperrerklärung eine präventiv-polizeiliche Maßnahme und kein Justizverwaltungsakt ist (LR-Menges 107 f; KK-Greven 34; **aM** OVG Münster NJW **77**, 1790; Peters 444; Voraufl [§ 23 EGGVG]). Das Zwischenverfahren nach § 99 II VwGO ist statthaft, wenn das Tatgericht förmlich dargetan hat, dass es die zurückgehaltenen Akten, Unterlagen oder Dokumente für die Aufklärung des Sachverhalts benötigt (OVG Lüneburg NJW 12, 2373). Die Aussetzung des Verfahrens bis zur Entscheidung über Gegenvorstellungen oder Klage kann im Einzelfall in Betracht kommen (BGH NJW 07, 3010, 3012 mit krit Anm Niehaus NStZ 08, 355); zum Anspruch hierauf vgl 29 zu § 54 sowie BGH StraFo 07, 25; NStZ-RR 09, 4 (C).

15 7) Die **Revision** kann nicht darauf gestützt werden, dass ein gesperrtes Beweismittel verwertet worden ist; das berührt insbesondere den Rechtskreis des Angeklagten nicht (LR-Menges 116; Grünwald JZ 66, 498; im Erg auch SK-Wohlers/Greco 59; **aM** EbSchmidt 5; Schlüchter 306.1). Hat das Gericht versäumt, auf die Vorlegung von Behördenakten hinzuwirken, so kann das die Aufklärungsrüge (§ 244 II) begründen. Die Rüge, das Tatgericht habe eine gebotene Gegenvorstellung gegen eine Sperrerklärung versäumt, setzt Vortrag dazu voraus, dass eine solche Maßnahme, wenn auch geringe, Aussicht auf Erfolg gehabt hätte (Nürnberg NStZ-RR 15, 251, 252; vgl dazu auch 9).

Beschlagnahmeverbot RiStBV 73a

97
I Der Beschlagnahme unterliegen nicht
1. schriftliche Mitteilungen zwischen dem Beschuldigten und den Personen, die nach § 52 oder § 53 Abs. 1 Satz 1 Nr. 1 bis 3b das Zeugnis verweigern dürfen;
2. Aufzeichnungen, welche die in § 53 Abs. 1 Satz 1 Nr. 1 bis 3b Genannten über die ihnen vom Beschuldigten anvertrauten Mitteilungen oder über andere Umstände gemacht haben, auf die sich das Zeugnisverweigerungsrecht erstreckt;
3. andere Gegenstände einschließlich der ärztlichen Untersuchungsbefunde, auf die sich das Zeugnisverweigerungsrecht der in § 53 Abs. 1 Satz 1 Nr. 1 bis 3b Genannten erstreckt.

II ¹Diese Beschränkungen gelten nur, wenn die Gegenstände im Gewahrsam der zur Verweigerung des Zeugnisses Berechtigten sind, es sei denn, es handelt sich um eine elektronische Gesundheitskarte im Sinne des § 291a des Fünften Buches Sozialgesetzbuch. ²Die Beschränkungen der Beschlagnahme gelten nicht, wenn bestimmte Tatsachen den Verdacht begründen, dass die zeugnisverweigerungsberechtigte Person an der Tat oder an einer Datenhehlerei, Begünstigung, Strafvereitelung oder Hehlerei beteiligt ist, oder wenn es sich um Gegenstände handelt, die durch eine Straftat hervorgebracht oder zur Begehung einer Straftat gebraucht oder bestimmt sind oder die aus einer Straftat herrühren.

III Die Absätze 1 und 2 sind entsprechend anzuwenden, soweit die Personen, die nach § 53a Absatz 1 Satz 1 an der beruflichen Tätigkeit der in § 53 Absatz 1 Satz 1 Nummer 1 bis 3b genannten Personen mitwirken, das Zeugnis verweigern dürfen.

IV ¹Soweit das Zeugnisverweigerungsrecht der in § 53 Abs. 1 Satz 1 Nr. 4 genannten Personen reicht, ist die Beschlagnahme von Gegenständen unzulässig. ²Dieser Beschlagnahmeschutz erstreckt sich auch auf Gegenstände, die von den in § 53 Abs. 1 Satz 1 Nr. 4 genannten Personen an ihrer Berufstätigkeit nach § 53a Absatz 1 Satz 1 mitwirkenden Personen anvertraut sind. ³Satz 1 gilt entsprechend, soweit die Personen, die nach § 53a Absatz 1 Satz 1 an der beruflichen Tätigkeit der in § 53 Absatz 1 Satz 1 Nummer 4 genannten Personen mitwirken, das Zeugnis verweigern dürften.

V ¹Soweit das Zeugnisverweigerungsrecht der in § 53 Abs. 1 Satz 1 Nr. 5 genannten Personen reicht, ist die Beschlagnahme von Schriftstücken, Ton-, Bild- und Datenträgern, Abbildungen und anderen Darstellungen, die sich im

Gewahrsam dieser Personen oder der Redaktion, des Verlages, der Druckerei oder der Rundfunkanstalt befinden, unzulässig. ²Absatz 2 Satz 2 und § 160a Abs. 4 Satz 2 gelten entsprechend, die Beteiligungsregelung in Absatz 2 Satz 2 jedoch nur dann, wenn die bestimmten Tatsachen einen dringenden Verdacht der Beteiligung begründen; die Beschlagnahme ist jedoch auch in diesen Fällen nur zulässig, wenn sie unter Berücksichtigung der Grundrechte aus Artikel 5 Abs. 1 Satz 2 des Grundgesetzes nicht außer Verhältnis zur Bedeutung der Sache steht und die Erforschung des Sachverhaltes oder die Ermittlung des Aufenthaltsortes des Täters auf andere Weise aussichtslos oder wesentlich erschwert wäre.

Übersicht

	Rn
1) Beschlagnahmeverbot	1, 2
2) Nur für Beweismittel	3
3) Selbst beschuldigte Zeugnisverweigerungsberechtigte	4, 4a
4) Freiwillige Herausgabe	5–8
5) Voraussetzungen der Beschlagnahmefreiheit	9–16
A. Verfahren gegen einen Beschuldigten	10–10d
B. Gewahrsam des Zeugnisverweigerungsberechtigten	11–16
6) Ausschluss der Beschlagnahmefreiheit	17–26
A. Verdacht der Beteiligung	18–20
B. Deliktsgegenstände	21–23
C. Entbindung von der Schweigepflicht	24, 25
D. Einverständnis des Beschuldigten	26
7) Beschlagnahmefreie Gegenstände	27–32
A. Schriftliche Mitteilungen (I Nr 1)	28
B. Aufzeichnungen (I Nr 2)	29
C. Andere Gegenstände (I Nr 3)	30
D. Schriftstücke (V)	31
E. Ton-, Bild- und Datenträger, Abbildungen (V)	32
8) Personenkreis	33–45b
A. Angehörige	34
B. Geistliche	35
C. Verteidiger	36–39
D. Rechtsanwälte, Notare, Steuerberater und ähnliche Berufe	40
E. Angehörige der Heilberufe	41, 41a
F. Schwangerschaftsberater, Berater in Fragen der Betäubungsmittelabhängigkeit	42
G. Mitwirkende Personen (III)	43
H. Abgeordnete	44
I. Mitarbeiter von Presse und Rundfunk	45–45b
9) Verwertungsverbot	46–50
A. Angehörige	46a–49
B. Berufsgeheimnisträger	50
10) Revision	51

1) Das **Beschlagnahmeverbot** des § 97 knüpft an die Zeugnisverweigerungsrechte nach §§ 52, 53, 53a an; es soll ihre Umgehung verhindern (BVerfGE **20**, 162, 188; **32**, 373, 385; BGH **38**, 144, 146; **53**, 257, 260). Dieser Gesetzeszweck, der schon bei der Beschlagnahmeanordnung zu berücksichtigen ist (KK-Greven 2), macht auch die Anordnung und Durchführung der Durchsuchung unzulässig, wenn die gesuchten Sachen unter § 97 fallen (7 zu § 103; 2 zu § 110), und hindert auch die einstweilige Beschlagnahme nach § 108 I (dort 4). Der Beschlagnahme von DNA-fähigem Material steht § 97 nicht entgegen (BGH NStZ-RR **18**, 319 [ER]; erg 23 zu § 81c; 20 zu § 94; 7 zu § 103). Soweit § 97 die Beweiserhebung im Verhältnis zu Berufsgeheimnisträgern regelt, kommt der Bestimmung gegenüber § 160a der Vorrang zu (§ 160a V; BVerfG NJW **18**, 2385, 2387 erg unten 50; 17 zu § 160a).

Die **entsprechende Anwendung** der Vorschrift auf Personen, denen das Gesetz kein Zeugnisverweigerungsrecht einräumt, kommt nicht in Betracht (LR-Menges 11; vgl für Insolvenzverwalter: LG Potsdam JR **08**, 260 mit zust Anm **2**

§ 97

Menz; vgl auch Brüsseler ZInsO **07**, 1162; LG Saarbrücken ZInsO **10**, 431 mit insoweit zust Anm Weyand; ders ZInsO **08**, 25; erg 3 zu § 53; für Verkehrsunfallakten des Arbeitgebers: LG Hamburg MDR **84**, 867; der Schadensversicherer: BVerfG ZfS **82**, 13; Geppert DAR **81**, 301; **aM** Celle JR **82**, 475 mit abl Anm Rengier). Beschlagnahmeverbote können sich allerdings ausnahmsweise unmittelbar aus dem GG ergeben (erg 20 zu § 94).

3 2) **Nur für Beweismittel** besteht das Verbot der Beschlagnahme, dh der zwangsweisen Überführung der Sache in amtliche Verwahrung oder ihre Sicherstellung in anderer Weise (15 ff zu § 94), nicht aber für Einziehungsgegenstände (vgl zu deren Beschlagnahme aber § 160a).

4 3) Auf **selbst beschuldigte Zeugnisverweigerungsberechtigte** ist § 97 nicht anwendbar (BGH **53**, 257, 260; zust Gössel NStZ **10**, 288; vgl auch BVerfG NStZ-RR **04**, 83; Beulke/Ruhmannseder StV **11**, 183 mwN). Das folgt aus dem Wortlaut sowie daraus, dass die Beschlagnahme bei ihnen idR sogar bei Teilnahmeverdacht zulässig ist. Die Beschlagnahme der sich durch § 97 geschützten Beweismittel ist bei dem Beschuldigten daher auch statthaft, wenn er RA (BVerwG NJW **01**, 1663; LG Berlin NStZ **93**, 146; erg 15a zu § 102), Verteidiger (BVerfG NJW **08**, 2422; BGH aaO; Frankfurt NJW **05**, 1727, 1730), Steuerberater (Quermann wistra **88**, 254; **aM** Bauwens wistra **88**, 100), Abgeordneter (BVerfGE **108**, 251) oder Mitarbeiter von Presse oder Rundfunk ist (BVerfGE **20**, 162, 218; erg unten 45 aE). Das aus der Beschlagnahme im Verfahren gegen den beschuldigten Verteidiger erlangte Wissen ist nur in dem gegen diesen gerichteten Prozess verwertbar; im Verfahren gegen den Mandanten ist seine Verwertung dagegen durch § 97 I ausgeschlossen (BGH aaO 262 im Fall der Verwertung eines Zufallsfundes [beleidigender Brief], der in einem gegen den Verteidiger gerichteten Verfahren wegen versuchter Strafvereitelung gemacht wurde; insoweit zust Barton JZ **10**, 103, der aber für die zugrunde liegende Durchsuchung einen qualifizierten Verdacht iS von u 38 fordert; vgl auch Beulke/Ruhmannseder StV **11**, 183; Beulke Lüderssen-FS 707, 710; Krekeler NStZ **87**, 201; LR-Tsambikakis 10 zu § 108).

4a Für einen **Arzt** kann nichts anderes gelten (BerlVerfGH JR **02**, 496; **aM** Köhler ZStW **107**, 36; Michalowski ZStW **109**, 542). Ist er Beschuldigter, dürfen die sich auf die ihm vorgeworfene Tat beziehenden Krankenunterlagen beschlagnahmt werden (BVerfG NJW **00**, 3557; BGH **38**, 144, 146 mwN). Die Unterlagen dürfen aber nur gegen ihn, nicht gegen die Patienten verwertet werden (vgl SK-Wohlers/Greco 14; Weyand wistra **90**, 8). Dies stellt § 108 II jetzt ausdrücklich für den Fall eines Strafverfahrens gegen eine Patientin nach § 218 StGB klar (für eine weitergehende Regelung *de lege ferenda* Wolter Rudolphi-Symp 62).

5 4) Die **freiwillige Herausgabe** der Sache durch den Zeugnisverweigerungsberechtigten enthält einen Verzicht auf das Beschlagnahme- und Verwertungsverbot (BGH **18**, 227, 230). Die Sicherstellung ist dann zulässig, auch wenn der Gewahrsamsinhaber mit der Einwilligung gegen § 203 StGB verstößt (LR-Menges 55; Auffermann/Vogel NStZ **16**, 387; **aM** SK-Wohlers/Greco 23; Beulke 210; Welp Gallas-FS 409; vgl auch Gutman BB **10**, 171; Michalke NJW **08**, 1492; erg 6 zu § 53).

6 Das Herausgabeverlangen muss aber mit einer **Belehrung** darüber verbunden werden, dass die Sache nicht zwangsweise, sondern nur mit dieser Einwilligung in amtliche Verwahrung genommen werden darf (Fezer JuS **78**, 767; Wohlers NStZ **90**, 246; erg 6 zu § 95). Der Belehrung bedarf es auch dann, wenn die Sache ohne Aufforderung spontan zur Verfügung gestellt wird (KK-Greven 3; LR-Menges 58; SK-Wohlers/Greco 34; **aM** Krause/Nehring 13). Der Verstoß gegen die Belehrungspflicht macht das Beweismittel unverwertbar, wenn der Gewahrsamsinhaber die Rechtslage nicht gekannt hat, wird aber durch auf Grund nachträglicher Belehrung abgegebene Einverständniserklärung des Berechtigten geheilt (Fezer JuS **78**, 768 Fn 34). Verwertbar ist ein Beweismittel auch, wenn es auf ande-

Ermittlungsmaßnahmen § 97

rer Grundlage, zB nach § 81a, hätte erlangt werden können (vgl 33 zu § 81a aE sowie Karlsruhe StV 05, 376, 377 mit abl Anm Dallmeyer).

Der **Widerruf** der Einwilligung ist zulässig und zwingt zur Rückgabe, hindert aber, wenn die Sache bereits als Beweismittel ausgewertet worden ist, nicht die Beweiserhebung über die Ergebnisse dieser Auswertung (KK-Greven 3; vgl auch LR-Menges 60; **aM** Mitsch AfP 12, 521, 526). 7

Die **Verwertbarkeit** der Sache ist auf das Verfahren beschränkt, in dem sie herausgegeben worden ist; weitere Beschränkungen kann der Betroffene bei der Herausgabe nicht bestimmen (Herdegen GA 63, 146). 8

5) Voraussetzungen der Beschlagnahmefreiheit: 9

A. **Im Verfahren gegen einen Beschuldigten** (Einl 76 ff; erg 36), der nicht der Zeugnisverweigerungsberechtigte selbst ist (oben 4), gilt die Beschlagnahmefreiheit; daher muss ggf zunächst die Identität des Beschuldigten geklärt werden (LG Trier StraFo 07, 371). Ist ein Verdächtiger vorhanden, so ist § 97 zu seinen Gunsten auch anwendbar, wenn das Verfahren noch gegen „Unbekannt" geführt wird (RG 50, 241). Ein Ermittlungsverfahren braucht aber noch nicht einmal eingeleitet zu sein; in der Beschlagnahme kann der 1. Verfolgungsakt liegen (Celle NJW 63, 406, 407; Einl 76). Ein Beschlagnahmeverbot besteht auch, wenn ein Zeuge bis zur Abtrennung dieselbe Tat betreffenden Verfahrens Mitbeschuldigter war (BGH 43, 300; München NStZ 06, 300; zust Anm Satzger JR 07, 336; weiter SK-Wohlers/Greco 11; Schäfer Hamm-FS 640 für Verteidigungsunterlagen). Gegenstände, die der Zeugnisverweigerungsberechtigte von anderen Personen erlangt hat, können allerdings beschlagnahmt werden (Celle NJW 65, 362; LG Fulda NJW 90, 2946; LG Hamburg NJW 90, 780; Welp JZ 74, 423; **aM** Köln NStZ 91, 452; AK-Amelung 15 und DNotZ 84, 207). Eine allgemeine Freistellung von der Beschlagnahme, entspr dem allgemeinen Zeugnisverweigerungsrecht nach § 53, besteht – verfassungsrechtlich unbedenklich (BVerfG NJW 18, 2385, 2389; NStZ-RR 04, 83; NJW 09, 281) – nicht (noch offengelassen von BGH NStZ 97, 562 und 43, 300; vgl auch Frankfurt NJW 02, 1135 [kein Beschlagnahmeverbot bei berufsfremder Tätigkeit]). 10

Auch bei I Nr 3 wird trotz des umfassenden Wortlauts nur das Vertrauensverhältnis zwischen einem Berufsgeheimnisträger und dem im konkreten Ermittlungsverfahren Beschuldigten geschützt. Diese schon bisher von der Rspr und Teilen der Lit vertretene Auffassung (LG Bochum NStZ 16, 500; LG Hamburg NJW 11, 942; LG Bonn NZWiSt 13, 21, 24; LG Dresden NJW 07, 2709; vgl erg 61. Aufl, auch zur **aA** in Teilen der Lit) hat das **BVerfG** nunmehr bestätigt (BVerfG NJW 18, 2385, 2388; vgl auch BGH StV 19, 164 mit Anm Beulke StV 19, 205). Eine erweiternde Auslegung des I Nr 3 ist von Verfassungs wegen nicht geboten. Der Beschlagnahmeschutz aus § 97 StPO bei einem Mandatsverhältnis (§ 53 I Nr 3) mit einer jur Person erstreckt sich nicht auf deren beschuldigte Organe (vgl BVerfG aaO 2391; NStZ-RR 04, 83; LG Hamburg aaO; LG Bonn aaO; Beulke aaO; MüKoStPO-Hauschild 64; **aM** Mommsen DB 11, 1792, 1796; Huber-Lotterschmid [46 zu § 53] S 101 ff; diff Goeckenjan Samson-FS 657). Ebensowenig genießen Compliance-Ombudsleute Beschlagnahmeschutz (LG Bochum NStZ 16, 500 mit zust Anm Sotelsek und Queling/Bayer NZWiSt 16, 417; abl Buchert/Buchert StV 17, 204; Frank/Vogel NStZ 17, 313, 320). Eingehend zur Problematik Valerius, Das Vertrauensverhältnis zwischen Anwalt und Mandant, Diss 2013, 95 ff. 10a

Dies gilt auch für selbst recherchiertes Material sowie für Unterlagen, etwa Interviews mit Mitarbeitern, die ein mit **internen Ermittlungen** von einem Unternehmen beauftragter Rechtsanwalt erlangt hat. Ein Beschlagnahmeverbot setzt mithin voraus, dass das Unternehmen in dem konkreten Verfahren eine dem Beschuldigtenstatus gleichkommende (beschuldigtenähnliche) Stellung innehat (BVerfG NJW 18, 2385, 2389). Die bis zur Entscheidung des BVerfG vertretenen Auffassungen, wonach I Nr 3 auf das Vertrauensverhältnis zwischen einem Nichtbeschuldigten und RA zu erstrecken sei (vgl hierzu 61. Aufl.), sind überholt, da 10b die Amtsaufklärungspflicht (§ 160 I, II, § 244 II) die gesetzlich zulässige Erhebung der Beweise erfordert. Ein Beschlagnahmeschutz nach I Nr 3 ergibt sich für im Rahmen interner Ermittlungen geführter Interviews auch nicht daraus, dass dem betreffenden Mitarbeiter die vertrauliche Behandlung der Interviewinhalte zugesichert wird, da dies kein mandatsähnliches Vertrauensverhältnis zwischen dem vom Unternehmen beauftragten RA und dem beschuldigten Mitarbeiter begründet (so schon LG Hamburg NJW **11**, 942 mit abl Anm Jahn/Kirsch StV **11**, 151; zust Bauer StV **12**, 277; MüKoStPO-Hauschild aaO); die Annahme einer quasi konkludenten Mandatsübernahme auch für die befragten Mitarbeiter würde einen strukturellen, Standespflichten des RA berührenden (vgl § 43a IV BRAO, § 3 I BORA) Konflikt mit den regelmäßig gegenläufigen Interessen des ihn beauftragenden Unternehmens hervorrufen (vgl Hamburg aaO; Bauer aaO sowie StraFo **12**, 488, jeweils unter zusätzlichem Hinweis auf eine mögliche Strafbarkeit nach § 356 StGB). § 160a I steht dem nicht entgegen, da nach § 160a V die Vorschrift des § 97 ausdrücklich „unberührt" bleibt. § 97 geht § 160a I daher als Spezialregelung für Beschlagnahmen vor (BVerfG aaO 2387 ff mit ausführlicher Darstellung der Rspr und der Lit; vgl insofern auch 61. Aufl; erg 17 zu § 160a; zw „aus einfachrechtlicher Sicht" Wimmer StV **19**, 704, 705). Dass insoweit – nur – das Verhältnis des Berufsgeheimnisträgers zum Beschuldigten privilegiert ist, ist auch nicht sachwidrig. Denn bei Annahme eines uneingeschränkten Beschlagnahmeverbots im Falle interner Ermittlungen läge es alleine in der Hand des Unternehmens, orientiert an seinen Interessen, denen regelmäßig die Verlagerung zivil- oder strafrechtlicher Verantwortlichkeit für Unregelmäßigkeiten im Betrieb von der Leitungsebene auf einzelne Mitarbeiter entsprechen wird (siehe dazu Bauer StV **12**, 277, 279; Jahn/Kirsch StV **11**, 151), Beweismittel dem Zugriff der StA zu entziehen bzw sie selektiv herauszugeben; dies könnte je nach Sachlage nicht nur die Sachverhaltsaufklärung erheblich beeinträchtigen, sondern auch die sachgerechte Verteidigung beschuldigter Mitarbeiter erschweren (BVerfG aaO 2389; Wehnert StraFo **12**, 253, 258; vgl auch Schuster NZWiSt **12**, 431, 433). Erg zur Entbindung extern beauftragter Anwälte von der Schweigepflicht 16 und 45 ff zu § 53; zur Frage eines Schweigerechts für betroffene Mitarbeiter 7a zu § 136. Zu den möglichen Auswirkungen der Entscheidung des BVerfG NJW **18**, 2385 auf unternehmensinterne Ermittlungen, vgl Winkler StraFo **18**, 464; Leipold/Beukelmann NJW-Spezial **18**, 504.

10c Ein **Beschlagnahmeschutz für die jP** besteht nach I jedoch, wenn sie – wie dies häufig bei dem Verdacht unternehmensbezogener Straftaten wie Korruptions- oder Kartelldelikten der Fall ist – die beschuldigtenähnliche Stellung eines Beteiligten gemäß § 424 oder § 444 innehat. Der in diesen Fällen jeweils anwendbare § 428 I S 2 verweist auf die für die Verteidigung eines Beschuldigten geltenden Vorschriften, insbesondere auf den in § 148 verankerten Grundsatz der freien Verteidigung, § 426 I auf die Vorschriften über die Vernehmung eines Beschuldigten; in der Hauptverhandlung hat der nach § 424 oder § 444 Beteiligte gem § 427 I die Befugnisse eines Angeklagten. Das Gesetz gibt dem Nebenbeteiligten somit – vor allem auch im Verhältnis zu seinem Rechtsbeistand – in jeder Lage des Verfahrens (siehe 1 zu § 428; LR-Gössel 2 zu § 434) eine Rechtsstellung, die der eines Beschuldigten im Strafverfahren entspricht (vgl insoweit Jahn NZWiSt **13**, 28; Bauer StraFo **12**, 488; MüKoStPO-Hauschild 64; Rütters/Schneider GA **14**, 160, 167).

10d Ob eine solche beschuldigtenähnliche Stellung der jP in dem konkreten Verfahren vorliegt, ist analog zum Beschuldigtenstatus bei natürlichen Personen (oben 10) zu beurteilen; denn der Beschlagnahmeschutz für eine juristische Person kann nicht weiter gehen als der für eine natürliche. Daraus folgt, dass das Unternehmen jedenfalls dann eine beschuldigtenähnliche Verfahrensstellung einnimmt, wenn es in förmlicher Hinsicht die eines Beteiligungsinteressenten (vgl hierzu 2 zu § 424) innehat. Dies ist der Fall, wenn es im Ermittlungsverfahren als möglicher Beteiligter angehört wird (vgl 426 I S 1), da dieser förmliche Akt mit der einer die Beschuldigtenstellung begründenden förmlichen Einleitung eines Ermittlungsverfahrens (vgl hierzu Einl 76) vergleichbar ist. Es kann aber im Einzelfall auch genügen, wenn sich aufgrund tatsächlicher Anhaltspunkte eine künftige Verfahrensbeteiligung objektiv abzeichnet (BVerfG aaO 2389 f). Ähnlich der Rechtslage beim Beschuldigtenstatus (vgl Einl 77, 4a zu § 163a) muss dann aber wenigstens eine „hinreichende Sicherheit" für eine künftige Verfahrensbeteiligung der jP bestehen (BVerfG aaO), sodass sich das Absehen von einer Behandlung des Unternehmens als Beteiligungsinteressenten als Umgehung der Rechte aus § 97 darstellt. Im Hinblick auf eine Verbandsgeldbuße nach § 30 OWiG setzt dies ein förmliches Straf- oder Bußgeldverfahren gegen die Leitungsperson des Unternehmens oder – falls es an einem solchen fehlt – einen „hinreichenden Verdacht" für eine durch eine konkrete Leitungsperson begangene Straftat oder eine Aufsichtspflichtverletzung iSv § 130 OWiG voraus; allein die Möglichkeit oder die Wahrscheinlichkeit dafür genügt nicht. Keinesfalls genügt daher, dass ein Unternehmen ein künftiges gegen sich gerichtetes Ermittlungsverfahren lediglich befürchtet und sich vor diesem Hintergrund anwaltlich beraten lässt oder eine unternehmensinterne Untersuchung in Auftrag gibt (BVerfG aaO; so schon bisher LG Bonn NZWiSt **13**, 21, 24 f mit abl Anm Jahn/Kirsch; Schneider NStZ **16**, 309, 312; Schuster aaO 434; die weitergehende Ansicht [vgl insofern 61. Aufl] ist überholt [**aA** Momsen NJW **18**, 2362, 2366]; erg 3, 4 zu § 148; vgl aber auch Ignor StV **19**, 693, 696). Hat die jP einen beschuldigtenähnliche Stellung in diesem Sinn erreicht, sind die Unterlagen aus internen Erhebungen insoweit als Verteidigungsunterlagen zu qualifizieren (Rütters/Schneider aaO 168 ff; erg 17 zu § 160a). Der Schutz erstreckt sich **nicht** auf den unternehmens- und konzerninternen Schriftwechsel mit **Syndikusanwälten** (EuGH NJW **10**, 3557; erg 15a zu § 53). Zum Schweigerecht der jP, vgl 7a zu § 136.

B. Im **Gewahrsam des Zeugnisverweigerungsberechtigten** muss der Gegenstand sein (II S 1). Dies gilt nicht für Verteidigerpost (dazu eingehend unten 37; für Ausweitung auf im Gewahrsam des Beschuldigten befindliche RA-Korrespondenz Kapp/Roth ZRP **03**, 404; vgl auch Theuner [1 zu § 53] 364: verfassungsunmittelbares Beweisverbot für Krankenunterlagen. Die Beschränkung in S 1 aE beruht auf der Erweiterung der Krankenversichertenkarte zu einer elektronischen Gesundheitskarte (vgl dazu Hornung, Die digitale Identität, 2005, S 207 ff). Die Wiedererlangung des Gewahrsams, zB infolge Rückgabe der Sache durch den Beschuldigten, genügt. Gewahrsam bedeutet das tatsächliche Herrschaftsverhältnis, die Verfügungsmacht über das Beweismittel (LR-Menges 28). Er besteht auch an Sachen in Schließfächern, selbst wenn sie nur gemeinsam mit dem Vermieter geöffnet werden können, und an Sachen, die der Berechtigte bei ebenfalls zum Schweigen verpflichteten Dritten, zB bei einem Finanzamt, einer Buchprüfungsgesellschaft, einer Ärztekammer, aufbewahren lässt (Celle MDR **52**, 376; LR-Menges 32). Sachen, die sich auf dem Postweg befinden, können beschlagnahmt werden (LR-Menges 28; Welp Gallas-FS 419; **aM** SK-Wohlers/Greco 20). 11

Hat der Zeugnisverweigerungsberechtigte nur **Mitgewahrsam** an der Sache, so gilt § 97 ebenfalls (BGH **19**, 374; LG Stuttgart wistra **90**, 282), jedoch nicht, wenn der Beschuldigte Mitgewahrsamsinhaber ist (BGH aaO; KG JR **67**, 192; LG Stuttgart wistra **18**, 402, 404; LG Aachen MDR **81**, 603). Der Nutzer externer Clouds hat über seine Zugriffsmöglichkeit Mitgewahrsam an den dort abgelegten Daten. Kontounterlagen über ein RA-Anderkonto dürfen nicht beim RA, wohl aber bei dem das Konto führenden Kreditinstitut beschlagnahmt werden (BVerfG wistra **90**, 97; LG Chemnitz wistra **01**, 399; LG Würzburg wistra **90**, 118; **aM** AG Münster StV **98**, 181; Kretschmer wistra **09**, 181; Stahl wistra **90**, 94). 12

Endet der Gewahrsam des Weigerungsberechtigten durch freiwillige Aufgabe oder durch Tod, so wird § 97 unanwendbar (**aM** Schmitt [1 zu § 53] 87). Das gilt im Fall des § 52 auch, wenn der Nachfolger im Gewahrsam selbst weigerungsberechtigt ist. Im Fall des § 53 bleibt die Beschlagnahmefreiheit dagegen bei einem Weigerungsberechtigten derselben Kategorie (Verteidiger, Arzt usw) bestehen, zB wenn der behandelnde Arzt einen Spezialisten hinzuzieht, dem er den geschützten Gegenstand vorübergehend überlässt, insbesondere aber, wenn der Weigerungsbe- 13 rechtigte Amt oder Praxis aufgibt und die geschützten Unterlagen insgesamt auf seinen Nachfolger übergehen (BVerfGE **32**, 373, 381 ff). Bei unfreiwilliger Besitzaufgabe endet der Schutz des § 97 ebenfalls (BGH 3 StR 432/76 vom 15.12.1976; KK-Greven 8; SK-Wohlers/Greco 22; **aM** Beulke 210; Löffler/Achenbach 110 zu § 23 LPG; Theuner [1 zu § 53] 369); die Sache kann daher beim Dieb oder Finder beschlagnahmt werden (LR-Menges 33). Wenn ein Gegenstand in einem anderen Verfahren beschlagnahmt wird, darf er dagegen als Beweismittel wegen der Tat, derentwegen das Zeugnisverweigerungsrecht besteht, ohne Einwilligung des Berechtigten nicht als Beweismittel verwertet werden.

14 Durch das Gesetz vom 30.10.2017 (BGBl I 3618) wurde der **frühere II S 2**, der eine Sonderregelung für Angehörige der Heilberufe und für Beratungsstellen nach § 219 II enthielt, unter Hinweis auf die Neufassung des § 53a und die dadurch begründete Ausweitung des Anwendungsbereiches dieser Vorschrift gestrichen (BT-Drucks 18/12940 S 11 f).

15 **Zum Beschlagnahmeverbot** und zum ZVR der mitwirkenden Personen in diesen Fällen unten 41–43 sowie 1–3, 6 zu § 53a.

16 Bei **Presse- und Rundfunkmitarbeitern** lässt V S 1 den Gewahrsam der Redaktion usw genügen. Die Sache muss in deren Räumen (zum Begriff: Löffler/Achenbach 113 zu § 23 LPG) oder Fahrzeugen auf Veranlassung eines dazu befugten Mitarbeiters aufbewahrt werden.

17 **6) Ausschluss der Beschlagnahmefreiheit:**

18 A. Der **Verdacht der Beteiligung** an der Tat (II S 2) sowie der Begünstigung, Strafvereitelung oder Hehlerei (nicht aber der Geldwäsche) lässt das Beschlagnahmeverbot entfallen (Ausnahme aber V S 2 2. Hs; einschr Theuner [1 zu § 53] 373: nur bei kollusivem Zusammenwirken von Arzt und Patient). Dabei wird, außer bei Abgeordneten (unten 44), nicht vorausgesetzt, dass gegen den Zeugnisverweigerungsberechtigten schon ein Ermittlungsverfahren eingeleitet worden ist (BGH NJW **73**, 2035; BT-Drucks 16/6979 S 42) oder dass seiner Einleitung keine rechtlichen Hindernisse entgegenstehen. Insoweit wird also die Beschuldigtenposition einer Person antizipiert, die im Zeitpunkt der Beschlagnahme noch (potenzieller) Zeuge ist, aber demnächst Beschuldigter sein könnte (Mitsch AfP **12**, 521, 523).

19 Der Begriff **Tatbeteiligung** ist in weitestem Sinn zu verstehen; maßgebend ist der Tatbegriff des § 264 (BGH **18**, 227, 229). Strafbar braucht die Teilnahme nicht zu sein; es genügt die rechtswidrige Tat iS des § 11 II Nr 5 StGB (SK-Wohlers/Greco 38). Die Strafvereitelung zählt daher auch, wenn sie nach § 258 VI StGB straflos bleibt (BGH **25**, 168). Notwendige Teilnahme, Nebentäterschaft und Teilnahme an der in einem anderen Verfahren verfolgten Tat reichen aber nicht aus (BGH aaO).

20 Nur nach sorgfältiger, sich auf **bestimmte Tatsachen** (9 zu § 100a) stützender Prüfung darf der Verdacht der Verstrickungsverdacht angenommen werden; bloße Vermutungen genügen nicht (vgl LG Kiel SchlHA **55**, 368, Beulke Lüderssen-FS 709, jew zu II S 3 aF). Die Regelung entspricht § 160a IV S 1. Je schwerwiegender sich die Beschlagnahme auf den Betroffenen auswirkt, desto stärker muss der Verdacht konkretisiert sein (erg unten 38 für teilnahmeverdächtige Verteidiger sowie 45 für Medienangehörige). Der Verdacht der Beteiligung muss bereits bei der Anordnung der Beschlagnahme bestehen (LG Koblenz StV **85**, 8; LG Köln NJW **60**, 1874; SK-Wohlers/Greco 37); wegen des Verwertungsverbots vgl unten 46–48.

21 B. **Deliktsgegenstände** (II S 2), dh Tatwerkzeuge und durch die Tat hervorgebrachte oder erlangte Gegenstände, können unbeschränkt beschlagnahmt werden (Beulke Lüderssen-FS 712).

22 **Tatwerkzeuge** sind auch die zur Tatvorbereitung benutzten Gegenstände (Hamburg MDR **81**, 603; Beulke aaO; Freund NJW **76**, 2002; **aM** Amelung DNotZ **84**, 210; diff SK-Wohlers/Greco 42: spezifische Beziehung zur konkreten Tat). In Betracht kommen etwa ein zwischen Kaufleuten über den beabsichtigten Betrug geführter Schriftwechsel (Mayer SchlHA **55**, 350; einschr Haffke NJW **75**,

811), die zur Begehung einer Wirtschafts- oder Steuerstraftat benutzten (echten oder verfälschten) Buchungsunterlagen (Hamburg aaO; LG Aachen NJW 85, 338; MDR 81, 603; Freund aaO; Schäfer wistra 85, 12; einschr Stuttgart NJW 76, 2030; Gehre NJW 77, 710; Schmidt wistra 91, 251) und Retenturkunden eines Notars (LR-Menges 44; aM LG Köln NJW 81, 1746; Amelung DNotZ 84, 210).

Durch die Tat hervorgebracht sein oder aus ihr herrühren können auch Gegenstände ohne Vermögenswert (LG Frankfurt aM NJW 59, 543: unterdrückte Urkunden; BGH NJW 96, 532 und Rebmann Pfeiffer-FS 236: „Bekennerbrief") und Sachen, bei deren Erwerb nur bestimmte Umstände gegen das Gesetz verstoßen haben, zB unter Preisverstoß gekaufte Sachen. 23

C. Die **Entbindung von der Schweigepflicht** (§ 53 II S 1) durch den Beschuldigten verpflichtet zur Herausgabe nach § 95 (dort 10) und lässt auch das Beschlagnahmeverbot bei dem Gewahrsamsinhaber, der sonst nach § 53 I S 1 Nrn 2 bis 3b das Zeugnis verweigern dürfte, ebenso bei den mitwirkenden Personen (§ 53a II), entfallen (BGH 38, 144, 145; Hamburg NJW 62, 689; Nürnberg NJW 58, 272; KMR-Müller 23; SK-Wohler/Greco 27; Beulke Lüderssen-FS 713; Roxin/Schünemann § 34, 19; Theuner [1 zu § 53] 371; **aM** EbSchmidt Nachtr 11; Göppinger NJW 58, 241; Gülzow NJW 81, 267; Matt Widmaier-FS 856, 860, 866). Ob der Beschuldigte den Inhalt der Beweisgegenstände im Einzelnen kennt, ist gleichgültig (Hamburg aaO; SK-Wohler/Greco 31 mwN). Die Beschlagnahmefreiheit gilt daher auch für Krankengeschichten (Hamburg aaO; Nürnberg aaO; **aM** Göppinger aaO) und Anwaltshandakten. Zur Entbindung vgl im Übrigen 45 ff zu § 53. 24

Mit dem **Widerruf der Entbindungserklärung** entsteht ein neues Beschlagnahmeverbot, das aber nicht zurückwirkt (Hamburg aaO; Nürnberg aaO). 25

D. Das **Einverständnis des Beschuldigten** mit der Beschlagnahme kann, da die Beschlagnahmeverbote nicht in seinem Interesse bestehen, die Beschlagnahmefreiheit nicht beseitigen (Fezer JuS 78, 767 Fn 32). Etwas anderes gilt nur für den Fall, dass der Zeugnisverweigerungsberechtigte zulässigerweise **von der Schweigepflicht entbunden** wird (§§ 53 II S 1, 53a II; siehe 45 ff zu § 53); soweit eine Entbindungserklärung vorliegt, unterliegen die Gegenstände der Beschlagnahme und damit auch der Herausgabepflicht gemäß § 95 (oben 24). 26

7) Beschlagnahmefreie Gegenstände: 27

A. **Schriftliche Mitteilungen (I Nr 1)** sind alle Gedankenäußerungen, die ein Absender einem Empfänger zukommen lässt, damit er davon Kenntnis nimmt, insbesondere Briefe, E-Mails, Karten, Eintragungen in Bücher oder auf Karten, auch Mitteilungen durch Zeichnungen, Skizzen und (vgl § 11 III StGB) auf Bild- und Tonträgern, uU einem zur Lektüre für Dritte bestimmten Tagebücher. Ob der Weigerungsberechtigte sie im Original oder in Ablichtung im Gewahrsam hat, ist gleichgültig. Entstanden ist die Mitteilung bereits, wenn sie abgesetzt und zum Absenden bestimmt ist. Dabei ist ohne Bedeutung, ob sie der Absender selbst oder mit fremder Hilfe geschrieben oder von einem Beauftragten als seine Mitteilung hat fertigen lassen. Auch bei Nr 1 muss – wie bei Nr 2 – ein Zusammenhang mit dem Zeugnisverweigerungsrecht bestehen (Beulke Lüderssen-FS 700); bereits das Anbahnungsverhältnis ist geschützt (vgl BGH 33, 148; München NStZ 06, 300). 28

B. **Aufzeichnungen (I Nr 2)** sind auf Papier oder anderem Material festgehaltene mündliche Mitteilungen oder andere sinnliche Wahrnehmungen, die keine Mitteilungen an Dritte enthalten, zB Karteien, Krankenblätter, Handakten, notarielle Beurkundungen. Es muss sich um Wahrnehmungen des Zeugnisverweigerungsberechtigten handeln. Wer sie aufgezeichnet hat, ist gleichgültig (vgl Köln NStZ 91, 452). Beschlagnahmefrei sind entspr § 11 III StGB auch Tonträger sowie Bild- und Datenträger (vgl BVerfG NStZ 02, 377; Lemcke [16a zu § 94] S 146 ff). 29

C. **Andere Gegenstände (I Nr 3)** sind etwa Fremdkörper, die der Arzt aus dem Körper des Beschuldigten entfernt hat (Nürnberg NJW 58, 272), technische 30

§ 97

Untersuchungsbefunde, wie Röntgenaufnahmen (Kohlhaas NJW **72**, 1120), Kardiogramme, Fieberkurven (Celle MDR **65**, 225), anatomische Präparate, Blutbilder, Alkoholbefunde (Dallinger JZ **53**, 437), vom Beschuldigten in Auftrag gegebene Sachverständigengutachten (Starke Rudolphi-Symp 83 ff) sowie Buchungs- und Geschäftsunterlagen (LG Berlin NJW **77**, 725; **90**, 1058; LG Dresden NJW **07**, 2709; LG Stade NStZ **87**, 38; Schmidt wistra **91**, 247 mwN in Fn 20; Weinmann Dünnebier-FS 199; **aM** LG Braunschweig NJW **78**, 2108; Brenner BB **84**, 137; Stypmann wistra **82**, 13; erg unten 40).

31 D. **Schriftstücke (V)** sind schriftliche Mitteilungen iS des I Nr 1 (oben 28) und Aufzeichnungen iS des I Nr 2 (oben 29), aber auch sonstige schriftlich festgehaltene Gedankenäußerungen, auch auf Tonträgern, Fotografien und Filmen. Der Begriff umfasst ferner Manuskripte, nicht aber Druckschriften, insbesondere nicht Bücher (**aM** LR-Menges 135).

32 E. **Ton-, Bild- und Datenträger, Abbildungen und andere Darstellungen (V):** Die Begriffe stimmen mit denen des § 11 III StGB überein (vgl Fischer 33 ff zu dieser Vorschrift). Datenträger (dort nicht aufgeführt) sind Geräte zur Speicherung von Informationen. Auch digitale Dateien werden von V erfasst (Böckenförde [4 zu § 94] S 363 ff).

33 **8) Personenkreis:**
34 A. **Angehörige (I Nr 1 iVm § 52 I):** Bei den in § 52 I bezeichneten Personen sind nur schriftliche Mitteilungen (oben 28) beschlagnahmefrei, diese aber ohne Rücksicht auf ihren Inhalt und auf den Zeitpunkt der Herstellung. Irgendeine Beziehung zwischen der Mitteilung und der Tat braucht nicht zu bestehen; schriftliche Mitteilungen dürfen daher auch als Schriftproben nicht beschlagnahmt werden. Das Ende des Angehörigenverhältnisses stellt die Beschlagnahmebefugnis wieder her, wenn dadurch auch das Zeugnisverweigerungsrecht entfällt (3 ff zu § 52). Aufzeichnungen, die keine schriftlichen Mitteilungen enthalten, können uneingeschränkt beschlagnahmt werden (BVerwG NJW **81**, 1852).

35 B. **Geistliche (I Nrn 1–3 iVm § 53 I S 1 Nr 1):** Zum Begriff vgl 12 zu § 53. Von der Beschlagnahme ausgenommen sind schriftliche Mitteilungen (oben 28) zwischen dem Geistlichen und dem Beschuldigten ohne Rücksicht darauf, ob sie sich auf die Tat beziehen (Krause/Nehring 2), ferner Aufzeichnungen (oben 29) über Tatsachen, die dem Geistlichen in dieser Eigenschaft anvertraut oder bekanntgeworden sind, und andere Gegenstände (oben 30), die ihm als Seelsorger übergeben worden sind.

36 C. **Verteidiger (I Nrn 1–3 iVm § 53 I S 1 Nr 2):** Zum Personenkreis vgl 13 zu § 53. Beschlagnahmefrei sind Unterlagen, die einen konkreten Bezug zu den aktuellen Vorwürfen in dem laufenden Ermittlungsverfahren aufweisen, nicht aber Unterlagen aus anderen Verfahren (BVerfG NJW **10**, 1740; vgl ferner Thum HRRS **12**, 535, 538). **Unter dieser Voraussetzung sind erfasst** schriftliche Mitteilungen (oben 28) zwischen Verteidiger und Beschuldigten, soweit sie die Verteidigung betreffen (LG Bonn wistra **06**, 396) und ihr Inhalt von dem Zeugnisverweigerungsrecht erfasst wird, ferner Aufzeichnungen (oben 29) über Mitteilungen des Beschuldigten an den Verteidiger für Zwecke der Verteidigung und über andere Tatsachen, die dem Verteidiger in dieser Eigenschaft anvertraut oder bekanntgeworden sind, sowie die dem Verteidiger von dem Beschuldigten oder einem Dritten (Frankfurt NStZ **06**, 302; Koblenz StV **95**, 570 mwN) zu Zwecken der Verteidigung übergebenen Gegenstände und Unterlagen (oben 30).

36a Nach der Tat, aber **vor Einleitung eines** zu besorgenden **Ermittlungsverfahrens** angefertigte Unterlagen fallen nicht darunter (str.). Denn der Beschlagnahmeschutz des § 97 I setzt verfassungsrechtlich unbedenklich eine Beschuldigtenstellung und ein daran anknüpfendes Verteidigungsverhältnis voraus (BVerfG NJW **18**, 2385, 2389; vgl auch Schneider NStZ **16**, 309; Thum aaO 538 f). Da nach dem eindeutigen Wortlaut der Vorschrift nur schriftliche Mitteilungen zwischen dem Beschuldigten und dem Verteidiger (I Nr. 1) geschützt werden, muss diese Voraussetzung bereits zum Zeitpunkt der Erstellung des Schriftstücks und nicht erst im Zeitpunkt der Beschlagnahme vorliegen. Etwas anderes ergibt sich auch nicht aus § 148, da dieser den schriftlichen Verkehr des Beschuldigten mit dem Verteidiger schützt (vgl 3, 4 zu § 148), oder aus Art 6 II EMRK, da die Vorschrift ebenfalls an eine Beschuldigtenstellung („*angeklagte Person*") anknüpft (vgl 1 zu Art 6 EMRK). Mag ein Rechtsanwalt, der aufgrund eines Schreibens einer die Strafverfolgung befürchtenden Person tätig wird, sein Handeln auch verständlicherweise materiell als Verteidigung ansehen, eine schriftliche Mitteilung eines Beschuldigten wird aus dem Schreiben seines Mandanten dadurch nicht (so aber iE LR-Menges 83; KK-Greven 24). Eine Ausnahme von der formellen Einleitung eines Ermittlungsverfahrens und der damit verbundenen Zuweisung der Beschuldigteneigenschaft ist allerdings – wie im Zusammenhang mit der Beschuldigtenbelehrung (vgl dazu Einl 77; 4a zu § 163a) – dann zu machen, wenn im Zeitpunkt der Erstellung des betreffenden Dokuments der Tatverdacht schon so stark war, dass das Unterlassen der Einleitung eines Ermittlungsverfahrens sich trotz des den Strafverfolgungsbehörden insoweit zustehenden Beurteilungsspielraums nicht mehr als vertretbar angesehen werden kann (vgl auch BVerfG aaO; erg oben 10d). Die aA, die eine Erweiterung des Beschlagnahmeschutz über den Wortlaut des § 97 I Nr 1 befürwortet (LG München I NStZ **19**, 172 mit Anm Dominok; LG Hamburg StraFo **16**, 463 mit Anm Mehle/Mehle; Mehle/Mehle NJW **11**, 1639; LG Braunschweig NStZ **16**, 308; LG Gießen wistra **12**, 409), verfolgt zwar den durchaus nachvollziehbaren Ansatz, eine möglichst wirksame Verteidigung zu gewährleisten; sie berücksichtigt aber nicht hinreichend, dass verfahrensrechtliche Beschränkungen der Aufklärung von Straftaten das verfassungsrechtliche Gebot einer effektiven Strafverfolgung empfindlich berühren und daher einer verfassungsrechtlichen Legitimation bedürfen (BVerfG NJW **12**, 833, 841). Die danach erforderliche Abwägung hat der Gesetzgeber hinsichtlich der Beschlagnahmefreiheit aber – verfassungsrechtlich unbedenklich (BVerfG NJW **18** aaO) – mit den eindeutig an die Beschuldigteneigenschaft anknüpfenden Regelungen der §§ 97 und 148 vorgenommen.

Das Beschlagnahmeverbot gilt aber, soweit der Verteidiger zur **Vorbereitung** **36b** **eines Wiederaufnahmeverfahrens** als Zeugenbeistand für den Verurteilten tätig ist (BGH NStZ **01**, 604), jedoch nicht für Briefe, die nach Ende des Mandats an den vormaligen Verteidiger gerichtet werden (LG Tübingen NStZ **08**, 653).

Für die **Frage des Gewahrsams** wird II S 1 durch den später in Kraft getrete- **37** nen § 148 ergänzt (Beulke 210; Fezer JuS **78**, 769; Dahs Meyer-GedSchr 61; Rudolphi Schaffstein-FS 441; Welp Gallas-FS 417). Daher sind schriftliche Mitteilungen auch dann von der Beschlagnahme ausgeschlossen, wenn sie der inhaftierte oder auf freiem Fuß befindliche (LG Mainz NStZ **86**, 473) Beschuldigte noch nicht abgesandt hat (Specht NJW **74**, 65; diff LG Tübingen NStZ **08**, 653 für in der Zelle eines Mitgefangenen aufgefundene Briefe), wenn sie sich noch auf dem Postweg befinden (BGH NJW **90**, 722; Welp JZ **72**, 428) oder wenn sie bereits in den Besitz des Beschuldigten gelangt sind (BGH NJW **73**, 2035; **82**, 2508; LG München NStZ **01**, 612; LG Stuttgart NStE Nr 12), wobei aber die Beschlagnahme nicht schon hindert, dass die Papiere einfach als Verteidigungsunterlagen bezeichnet oder mit solchen Unterlagen vermischt (KG NJW **75**, 354; LG Mainz und LG Tübingen aaO; diff Weihrauch/Bosbach 429). Auch Unterlagen, die der Beschuldigte erkennbar zu seiner Verteidigung angefertigt hat, sind beschlagnahmefrei (BGH **44**, 46; zust Fezer JZ **07**, 667; München NStZ **06**, 300; zust Anm Satzger JR **07**, 336), zB auch lesbare Aufzeichnungen von Computerdaten (BVerfG NJW **02**, 1410). Wenn erfasste Daten nur teilw dem Beschlagnahmezugriff unterliegen, muss ggf eine Verwendungsbeschränkung vorgenommen werden (vgl BVerfGE **105**, 365).

Für die **Beschlagnahme bei dem teilnahmeverdächtigen Verteidiger** (vgl **38** oben 18ff) gelten grundsätzlich keine Besonderheiten (vgl BGH **33**, 347, 351ff; NJW **82**, 2508; einschr KK-Greven 39: nur „echte Beteiligung"; **aM** Specht NJW **74**, 65; Waldowski AnwBl **75**, 106; Welp GA **79**, 142 und NStZ **86**, 297: § 148 geht vor). Auch gegen den Verteidiger braucht noch kein Ermittlungsverfahren eingeleitet worden zu sein (KMR-Müller 14; vgl BT-Drucks 16/6979 S 42); noch weniger wird vorausgesetzt, dass der Verteidiger bereits nach §§ 138a ff ausgeschlossen worden ist oder seine Rechte gemäß § 138c III ruhen (vgl BGH NStZ **83**, 85; **aM** LR-Menges 98; Fezer 4/69; Krekeler Koch-FG 176; Schäfer Hanack-FS 99). Es müssen jedoch gewichtige Anhaltspunkte für die Tatbeteiligung vorliegen, jedenfalls genügt aber ein „qualifizierter Teilnahmeverdacht" (BGH NStZ **01**, 604; 606; NJW **73**, 2035; abl Roxin JR **74**, 115; vgl auch Welp JZ **74**, 421; 1 StR 375/00 vom 22.11.2000; dem BGH zust Wohlers JR **09**, 524 [aber kein qualifizierter Tatverdacht in Fällen des § 108 erforderlich; gegen eine solche Absenkung Barton JZ **10**, 104]; offen gelassen in BGH NStZ **01**, 604, 606; vgl auch BGH **53**, 257, 262; krit Leitner Widmaier-FS 331). Nicht notwendig ist ein hinreichender Tatverdacht iSv § 170 I (BVerfG NJW **10**, 2937, 2938); erg 8 zu § 148.

39 Da das Beschlagnahmeverbot des § 97 weder Straftaten erleichtern noch ihre Verdunklung ermöglichen soll, sind bei dem Verteidiger hinterlegte **Überführungsstücke** auch dann nicht beschlagnahmefrei, wenn der Verteidiger ihren Inhalt nicht kennt (Haffke NJW **75**, 810; einschr SK-Wohlers/Greco 93). Missbraucht er seine Stellung, um Akten, Schriftstücke oder andere Gegenstände dem Zugriff der Strafverfolgungsbehörden zu entziehen, so ist § 97 ebenfalls nicht anwendbar (vgl BGH StV **19**, 16: Falsche Angaben zum Besitz an Unterlagen; LG Kaiserslautern AnwBl **79**, 120; LG Köln BB **74**, 1548; Bringewat NJW **74**, 1740; **aM** Frankfurt StV **82**, 64; LR-Menges 99; Beulke 231); denn solche Sachen sind ihm nicht zu Zwecken der Verteidigung, sondern zur Strafvereitelung übergeben worden und unterliegen daher keinem Geheimnisschutz (Roxin/Schünemann § 34, 20; Krause/Nehring 4; vgl auch LG Koblenz StV **85**, 8 und eing zum Ganzen LG Fulda NJW **00**, 1508).

40 **D. Rechtsanwälte, Notare, Steuerberater und ähnliche Berufe (I Nrn 1–3 iVm § 53 I S 1 Nr 3):** Zum Personenkreis vgl 15 zu § 53. Beschlagnahmefrei sind die gleichen Gegenstände wie beim Verteidiger (oben 36). Notarielle Urkunden können, da nicht geheimhaltungsbedürftig, beschlagnahmt werden (LG Darmstadt wistra **87**, 232; LG Freiburg wistra **98**, 35; LG Stuttgart wistra **88**, 245; **aM** Amelung DNotZ **84**, 195, der nicht auf die Geheimhaltungs-, sondern auf die Beweisbedürftigkeit abstellt), nicht aber die Entwürfe zu ihrer Errichtung (LG Köln NJW **81**, 1746; KK-Greven 13). Unterlagen zu einem Notaranderkonto dürfen nicht beim Notar (LG Aachen NStZ-RR **99**, 216), wohl aber bei dem das Konto führenden Kreditinstitut beschlagnahmt werden (LG Aachen NJW **99**, 2381; vgl auch Frankfurt NJW **02**, 1135; weitergehend Rau wistra **06**, 410: grundsätzlich Beschlagnahmefreiheit). Streitig ist die Beschlagnahmefreiheit von Geschäftsunterlagen und Buchungsbelegen, die der Beschuldigte dem **Steuerberater oder Wirtschaftsprüfer** übergeben hat und die keine Deliktsgegenstände (oben 21) sind. Diese Personen haben an solchen Unterlagen Alleingewahrsam (Höser MDR **82**, 535; Schmidt wistra **91**, 250; **aM** LG Aachen NJW **85**, 338; MDR **81**, 603; Birmanns MDR **81**, 102: Mitgewahrsam des Beschuldigten und daher keine Beschlagnahmefreiheit). Sollen sie lediglich die Buchführung erledigen, so dürfen die Unterlagen beschlagnahmt werden. Denn diese Tätigkeit gehört nicht zum Berufsbild der Steuerberater (vgl BVerfGE **54**, 301; **59**, 302); Buchungsbelege werden ihnen daher nicht auf Grund des besonderen Vertrauensverhältnisses übergeben, das der Grund für Zeugnisverweigerungsrecht und Beschlagnahmefreiheit ist (vgl LG Berlin NJW **77**, 725; LG München NJW **89**, 536; LG Saarbrücken wistra **84**, 200; LG Stuttgart wistra **85**, 41; Schwarz wistra **17**, 4, 6; Brenner BB **84**, 137; Moosburger wistra **89**, 252; Stypmann wistra **82**, 13; **aM** LG Darmstadt NStZ **88**, 286; LG Koblenz StV **85**, 8; LG Stade NStZ **87**, 38; LG Stuttgart wistra **88**, 40; Bauwens wistra **85**, 179; Göggerle BB **86**, 41; vgl auch Beulke Lüderssen-FS 702). Anders ist es, wenn sie auf Grund der Belege Jahresabschlüsse erstellen und Steuererklärungen vorbereiten oder abgeben sollen; dann besteht Beschlagnahmefreiheit, solange die Unterlagen für diese Zwecke von ihnen benötigt werden (LG Saarbrücken NStZ-RR **13**, 183; LG Essen NStZ-RR **10**, 150;

LG Berlin aaO; LG Dresden NJW **07**, 2709; LG Hamburg wistra **05**, 394 mwN; LG Hildesheim wistra **88**, 327; LG Stuttgart aaO; KK-Greven 15; Schwarz aaO; Schäfer wistra **85**, 12; **aM** LG Darmstadt aaO; LG München I wistra **85**, 41; Stuttgart wistra **85**, 41; SK-Wohlers/Greco 82; vgl auch Mössmer/Moosburger wistra **06**, 211: entspr Anwendung des § 104 II AO). Die gesetzliche Aufbewahrungspflicht aus § 257 HGB ist nicht zugunsten der Strafverfolgungsbehörden bestimmt und kann daher die Beschlagnahmefähigkeit nicht begründen (Kunert MDR **73**, 179; LG Dresden aaO; **aM** LG Stuttgart aaO; Stypmann aaO; Weinmann Dünnebier-FS 199, 210 ff; vgl auch Knierim StV **09**, 330). Die dem Steuerberater zur Durchführung einer Außenprüfung in dessen Praxis ausgehändigten Unterlagen können beschlagnahmt werden (LG Essen wistra **10**, 78).

E. **Angehörige der Heilberufe (I Nrn 1–3 iVm § 53 I S 1 Nr 3)**. Zum Personenkreis vgl 17 zu § 53. Beschlagnahmefrei sind schriftliche Mitteilungen (oben 28), Aufzeichnungen (oben 29) und Gegenstände (oben 30). In Betracht kommen vor allem ärztliche Karteikarten (LG Koblenz NJW **83**, 2100), Krankengeschichten und Krankenblätter. Sie sind aber nur beschlagnahmefrei, wenn sie in dem Verfahren gegen einen Beschuldigten von Bedeutung sind, der Patient des Arztes war oder ist (Celle NJW **63**, 406, 407; **65**, 362, 363). Der Beschlagnahme unterliegt aber ein anlässlich der Aufnahme in der JVA erstellter ärztlicher Untersuchungsbericht (LG Stuttgart MDR **94**, 715). Die Verwertbarkeit der Gutachten von in anderen Verfahren durchgeführten Zwangsuntersuchungen richtet sich allgemein danach, ob auch im Strafverfahren eine entspr ärztliche Untersuchung zulässig wäre (Cramer NStZ **96**, 214). 41

Auch der **Gewahrsam einer Krankenanstalt** (so die Formulierung in II S 2 aF; gemeint sind im weitesten Sinne Krankenhäuser, Pflege- oder Genesungsheime, Krankenreviere der Bundeswehr, der Polizei, der JVA und dergleichen mehr) oder deren Dienstleister steht der Beschlagnahme entgegen, gleichgültig, ob sie die Sache durch den Zeugnisverweigerungsberechtigten oder von außen her, zB durch Übertragung an eine anderen Krankenanstalt, erlangt hat. Nicht erfasst werden Ärztekammern oder ärztliche Verrechnungsstellen. Es wird nicht vorausgesetzt, dass der Zeugnisverweigerungsberechtigte in der Krankenanstalt zZ der Entstehung des Beweisgegenstandes oder der Beschlagnahme tätig ist. 41a

F. **Schwangerschaftsberater (I Nr 3 iVm § 53 I S 1 Nr 3a)** und **Berater in Fragen der Betäubungsmittelabhängigkeit** (I Nr 3 iVm § 53 I S 1 Nr 3b). Zum Personenkreis vgl 21 bzw 22 zu § 53. Beschlagnahmefrei sind die gleichen Gegenstände wie bei den Angehörigen der Heilberufe. Das Beschlagnahmeverbot besteht auch, wenn die Sache in den Räumen der Beratungsstelle auf Veranlassung eines dazu befugten Mitarbeiters aufbewahrt wird. 42

G. **Mitwirkende Personen** der in B–F Genannten **(III iVm § 53 I S 1 Nrn 1–3b, § 53a)**: Der Beschlagnahme entzogen sind nur Gegenstände, die im Gewahrsam der Hilfsperson stehen und wegen der Beziehung zu einer der in § 53 I S 1 Nrn 1–3b bezeichneten Personen nicht beschlagnahmt werden dürfen (weitergehend Dahs Meyer-GedSchr 72; vgl auch Spatscheck Hamm-FS 742 zum EDV-Dienstleister). Die Beschlagnahmefreiheit setzt ferner die Entscheidung des Hauptberufsträgers voraus, dass die Hilfsperson nicht aussagt (§ 53a I S 2). Wird er von der Schweigepflicht entbunden, so ist die Beschlagnahme auch bei der mitwirkenden Person zulässig (§ 53a II). Bei Teilnahmeverdacht der mitwirkenden Person entfällt die Beschlagnahmefreiheit der in ihrem Gewahrsam stehenden Sachen auch dann, wenn sie bei dem Hauptberufsträger nicht beschlagnahmt werden dürfen (vgl LR-Menges 143), erst recht, wenn die mitwirkende Person selbst Beschuldigter ist (vgl Rogall Miebach-SH 40). 43

H. **Abgeordnete** und ihre mitwirkenden Personen **(IV iVm § 53 I S 1 Nr 4, § 53a)**: Der Beschlagnahmeschutz geht für BT-Abgeordnete und ihre Mitarbeiter über Art 47 S 2 GG und dessen Auslegung durch BVerfGE **108**, 251 (dazu Rogall Miebach-SH 38) hinaus. Nach IV S 1 sind Gegenstände (oben 27 ff) beschlagnahmefrei, soweit sie vom personellen, sachlichen und zeitlichen Schutzbereich des 44

§ 97

Zeugnisverweigerungsrechts des Mandatsträgers umfasst sind (23–24a zu § 53). Dessen Gewahrsam an dem Gegenstand wird nach der Neufassung durch das Ges vom 26.6.2009 nicht mehr vorausgesetzt (BT-Drucks 16/12314 S 3, 4), so dass etwa Unterlagen, die ein Abgeordneter in dieser Eigenschaft anderen Personen anvertraut hat, auch dort geschützt sind (KK-Greven 28: Journalisten). Die Beschlagnahmefreiheit besteht auch, wenn der Abgeordnete teilnahmeverdächtig ist; II S 2 gilt nicht. Nur wenn er selbst als Beschuldigter verfolgt wird, ist die Beschlagnahme ohne Einschränkungen zulässig (LR-Menges 128; erg oben 4). Dieser Beschlagnahmeschutz gilt nach IV S 3 entspr für dessen mitwirkende Personen iS des § 53a (dort 7). § 53a I S 2 ist auch insoweit zu beachten (näher oben 43); Teilnahmeverdacht gegen die mitwirkende Person lässt die Beschlagnahmefreiheit nicht entfallen (vgl zur aF Hebenstreit Schäfer-SH 33). IV S 2 bezieht – zT lediglich klarstellend – in den Beschlagnahmeschutz alle Fälle ein, in denen der Gegenstand einer mitwirkenden Person anvertraut wurde; auf die von BVerfGE **108**, 251 für BT-Abgeordnete und deren Mitarbeiter aus Art 47 GG abgeleitete Einschränkung auf die Räumlichkeiten des BTag kommt es nach der Neufassung nicht mehr an. Unerheblich ist, ob der Mitarbeiter Beschuldigter oder Nichtbeschuldigter ist und ob er den Gegenstand vom Abgeordneten persönlich oder im Zusammenhang mit dessen Tätigkeit von einem Dritten erhalten hat. IV ist *lex specialis* zu § 6 S 2 EuAbgG, § 7 BPräsWahlG.

45 I. **Mitarbeiter von Presse und Rundfunk (V iVm § 53 I S 1 Nr 5):** Zum Personenkreis vgl 28 ff zu § 53. Beschlagnahmefrei sind Schriftstücke (oben 31), Tonträger ua sowie Datenträger (oben 32), soweit sie Aufschluss über Verfasser, Einsender oder sonstige Informanten (35 ff zu § 53; BVerfGE **117**, 244) oder die von ihnen gemachten Mitteilungen bzw die selbst erarbeiteten Materialien und Wahrnehmungen geben und soweit sich das Zeugnisverweigerungsrecht erstreckt (38 ff zu § 53). Im Gegensatz zur früher hM erstreckt sich das Beschlagnahmeverbot also auch auf recherchiertes Material, wie die uneingeschränkte Verweisung auf § 53 I S 1 Nr 5 ergibt. Wegen des Gewahrsams vgl oben 16. Die Beschlagnahmefreiheit entfällt nach V S 2 grundsätzlich in den in II S 3 genannten Fällen (BVerfG NStZ **01**, 43; NJW **05**, 965; BGH NJW **96**, 532; erg oben 21 ff).

45a Bei **Beteiligungsverdacht** entfällt sie – anders als sonst (oben 18) – nach der durch das Gesetz zur Stärkung der Pressefreiheit im Straf- und Strafprozessrecht (PrStG) vom 29.3.2012 eingeführten Regelung jedoch nur, wenn die bestimmten Tatsachen einen dringenden Verdacht der Verstrickung begründen; damit soll im Interesse der Presse- und Rundfunkfreiheit, insbesondere auch zur Verbesserung des Informantenschutzes, sichergestellt werden, dass zeugnisverweigerungsberechtigte Medienangehörige in strafprozessuale Beschlagnahmemaßnahmen nur auf der Basis einer bereits in hohem Maße gesicherten Tatsachengrundlage einbezogen werden (vgl BT-Drucks 17/3355 S 7; mit Recht kritisch zum praktischen Bedürfnis für die neue Regelung Schork NJW **12**, 2694). **Selbst bei dringendem Verdacht der Verstrickung** in der Tat ist die Beschlagnahme nach V S 2 2. Hs aber unzulässig, wenn sie zum einen unter Berücksichtigung der Grundrechte aus Art 5 I S 2 GG außer Verhältnis zur Bedeutung der Sache stehen würde und zum andern ohne die Beschlagnahme die Erforschung des Sachverhalts oder die Ermittlung des Aufenthaltsorts des Täters auf andere Weise aussichtslos oder wesentlich erschwert wäre; das Gesetz hat hier somit dem Verhältnismäßigkeitsgrundsatz einen besonderen Stellenwert eingeräumt (vgl BVerfG NJW **05**, 965) und zusätzlich noch eine Subsidiaritätsklausel vorgesehen (vgl auch den nun obsolet gewordenen RiStBV 73a). Damit soll der „Gefahr der Überbetonung des Strafverfolgungsinteresses bereits auf der Ebene des einfachen Verfahrensrechts wirksam begegnet" werden (BT-Drucks 14/5166 S 10). Somit sind auch bereits Durchsuchungen in diesem Umfang unzulässig (vgl auch BVerfG aaO: inhaltliche Abwägung zwischen der Schwere des Tatvorwurfs und der Beeinträchtigung der Pressefreiheit notwendig). Bei **Antrags- oder Ermächtigungsdelikten** greift die Verstrickungsregelung erst ein, wenn die entspr Erklärung vorliegt (V S 2 iVm § 160a IV S 2; erg 16

Ermittlungsmaßnahmen **§ 97**

zu § 160a). Insgesamt lässt die Gesetzeslage für entsprechende Ermittlungsmaßnahmen gegen Medienangehörige allenfalls noch theoretischen Raum. Namentlich für den Verrat von Geschäftsgeheimnissen (§ 17 UWG) sowie die unbefugte Weitergabe von Insidertatsachen (§ 14 WpHG) wirkt sich dies faktisch als Verfolgungsverzicht des Staates aus, es sei denn, ein Zugriff der StA auf interne Ermittlungen ist möglich (vgl R. Hamm NJW **10**, 1332, 1335).

Unberührt bleibt dadurch aber – verfassungsrechtlich unbedenklich (BVerfG **45b** aaO; BVerfGE **117**, 244) – die Anordnung einer Durchsuchung oder Beschlagnahme gegen einen **Medienangehörigen**, der selbst **als Beschuldigter** der Begehung der Straftat, um deren Aufklärung es geht, dringend verdächtig ist (LR-Menges 139; erg 5a zu § 102; 1 zu Art 10 EMRK). Es genügt, ebenfalls verfassungsrechtlich unbedenklich (BVerfG NJW **11**, 1859, 1861), dass nur ein anderer Mitarbeiter tat- bzw teilnahmeverdächtig ist (LR-Menges 140; Kunert MDR **75**, 890; aM Löffler/Achenbach 131 zu § 23 LPG). Allerdings ist auch in einem solchen Fall bei der Anordnung und Durchführung von Durchsuchung und Beschlagnahme Art 5 I 2 GG zu berücksichtigen (BVerfG aaO). Für Zufallsfunde enthält § 108 III eine Sonderregelung (dort 10).

9) Verwertungsverbote: **46**

A. **Angehörige:** Der Verstoß gegen das in § 97 I Nr 1 enthaltene Verbot der **46a** Beschlagnahme schriftlicher Mitteilungen zwischen dem Beschuldigten und seinen in § 52 I genannten Angehörigen hat ein disponibles (BGH 3 StR 186/19 vom 9.7.2019; LR-Menges 46) Verwertungsverbot zur Folge (BGH **18**, 227; Dahs Meyer-GedSchr 75 ff; Schlüchter 308). Insoweit gilt das Verwendungsverbot nach § 160 I S 2, das im Bereich der Beschlagnahmen nicht durch § 160 V ausgeschlossen ist (erg 50; 17 zu § 160a).

War die **Beschlagnahme zulässig,** so ist der Beweisgegenstand nach der Rspr **47** aber auch verwertbar, wenn später Umstände eintreten, die ihr entgegengestanden hätten, zB bei späterer Entstehung des Angehörigenverhältnisses oder bei Wegfall des Teilnahmeverdachts (BGH NStZ **83**, 85; zust KK-Greven 10; LR-Menges 151; aM Fezer 7/45; Herdegen GA **63**, 143; Schlüchter 308; einschr auch HK-Gercke 86; SK-Wohlers/Greco 46, 47; vgl auch unten 50 und 17 zu § 160a zu Fällen des § 53).

War andererseits die **Beschlagnahme unzulässig,** fallen die Gründe dafür aber **48** nachträglich weg, so ist der Gegenstand ebenfalls verwertbar. Das gilt insbesondere für den Fall, dass der zunächst fehlende Teilnahmeverdacht noch nachträglich entsteht (BGH **25**, 168). Ergibt er sich allerdings erst aus den rechtswidrig beschlagnahmten Unterlagen, so bleibt die Beschlagnahme unzulässig (vgl BGH NStZ **01**, 604; LG Koblenz StV **85**, 8, 10; LG Saarbrücken NStZ **88**, 424; erg oben 20).

Ein zulässig beschlagnahmter Gegenstand ist im Übrigen nur in dem **Umfang** **49** verwertbar, in dem die Beschlagnahmevoraussetzungen vorgelegen haben. Er darf insbesondere nicht zum Beweis für eine andere Tat (iS des § 264) verwertet werden, für deren Untersuchung er – etwa mangels Verstrickung des Angehörigen in diese Tat – nicht hätte beschlagnahmt werden dürfen, selbst wenn die mehreren Taten Gegenstand desselben Verfahrens sind (BGH **18**, 227; SSW-Eschelbach 57; Herdegen GA **63**, 141; erg oben 13 aE).

B. **Berufsgeheimnisträger:** Wird gegen das an das Zeugnisverweigerungsrecht **50** der Berufsgeheimnisträger (§ 53) anknüpfende Beschlagnahmeverbot verstoßen (§ 97 I Nrn 1–3), richtet sich die Verwertung der so erlangten Beweismittel nach § 160a I S 2, 5 (dort 4, 7), II S 3 (dort 11–13) oder III (dort 14). Der Vorrang, der § 97 nach § 160a V zukommt, steht dem nicht entgegen; denn § 97 trifft hinsichtlich der Verwertung von beschlagnahmefreien Gegenständen keine Regelung (BT-Drucks 16/5846 S 38; BVerfG NJW **18**, 2385, 2391; Thum HRRS **12**, 535, 540; Erb Kühne-FS 171, 176; erg 15, 17 zu § 160a). Es gelten insoweit die gleichen Maßstäbe wie bei Angehörigen (oben 46a–49).

§ 98

51 10) Die **Revision** kann darauf gestützt werden, dass ein Beweisgegenstand bei der Beweiswürdigung verwertet worden ist, obwohl er einem Verwertungsverbot nach § 97 I Nr 1 iVm § 52 unterliegt (BGH **18**, 227; **25**, 168). Jedoch muss die Revisionsbegründung dartun, dass die Voraussetzungen des II S 2 nicht vorlagen, wenn diese Möglichkeit ernsthaft in Betracht zu ziehen ist (vgl BGH **37**, 245). Da das Beschlagnahmeverbot disponibel ist, kann die Rüge keinen Erfolg haben, wenn der Angeklagte und der Zeugnisverweigerungsberechtigte der Verwertung zustimmen, (BGH 3 StR 186/19 vom 9.7.2019: Verteidigungsunterlagen).

Verfahren bei der Beschlagnahme

98 I ¹Beschlagnahmen dürfen nur durch das Gericht, bei Gefahr im Verzug auch durch die Staatsanwaltschaft und ihre Ermittlungspersonen (§ 152 des Gerichtsverfassungsgesetzes) angeordnet werden. ²Die Beschlagnahme nach § 97 Abs. 5 Satz 2 in den Räumen einer Redaktion, eines Verlages, einer Druckerei oder einer Rundfunkanstalt darf nur durch das Gericht angeordnet werden.

II ¹Der Beamte, der einen Gegenstand ohne gerichtliche Anordnung beschlagnahmt hat, soll binnen drei Tagen die gerichtliche Bestätigung beantragen, wenn bei der Beschlagnahme weder der davon Betroffene noch ein erwachsener Angehöriger anwesend war oder wenn der Betroffene und im Falle seiner Abwesenheit ein erwachsener Angehöriger gegen die Beschlagnahme ausdrücklichen Widerspruch erhoben hat. ²Der Betroffene kann jederzeit die gerichtliche Entscheidung beantragen. ³Die Zuständigkeit des Gerichts bestimmt sich nach § 162. ⁴Der Betroffene kann den Antrag auch bei dem Amtsgericht einreichen, in dessen Bezirk die Beschlagnahme stattgefunden hat; dieses leitet den Antrag dem zuständigen Gericht zu. ⁵Der Betroffene ist über seine Rechte zu belehren.

III Ist nach erhobener öffentlicher Klage die Beschlagnahme durch die Staatsanwaltschaft oder eine ihrer Ermittlungspersonen erfolgt, so ist binnen drei Tagen dem Gericht von der Beschlagnahme Anzeige zu machen; die beschlagnahmten Gegenstände sind ihm zur Verfügung zu stellen.

IV ¹Wird eine Beschlagnahme in einem Dienstgebäude oder einer nicht allgemein zugänglichen Einrichtung oder Anlage der Bundeswehr erforderlich, so wird die vorgesetzte Dienststelle der Bundeswehr um ihre Durchführung ersucht. ²Die ersuchende Stelle ist zur Mitwirkung berechtigt. ³Des Ersuchens bedarf es nicht, wenn die Beschlagnahme in Räumen vorzunehmen ist, die ausschließlich von anderen Personen als Soldaten bewohnt werden.

Übersicht

	Rn
1) Anordnung der Beschlagnahme (I)	1–11
2) Bestätigung nichtrichterlicher Anordnungen (II S 1)	12–17
3) Antrag auf gerichtliche Entscheidung (II S 2)	18–23a
4) Durchführung der Anordnung	24
5) Bundeswehr (IV)	25–28
6) Beendigung der Beschlagnahme	29–30a
7) Beschwerde	31
8) Revision	32

1 1) **Anordnung der Beschlagnahme (I):**
2 A. **Erforderlich** ist die Anordnung, wenn der Gegenstand weder herrenlos ist noch freiwillig herausgegeben wird (12 ff zu § 94). Wird jemand nach § 127 vorläufig festgenommen, so gehen die Sachen, die er bei sich führt, zwar ohne weiteres in den staatlichen Gewahrsam über (LR-Menges 4). Einer Beschlagnahme zu Beweiszwecken bedarf es aber, wenn die dazu benötigten Sachen später zurückverlangt oder nicht freiwillig herausgegeben werden (enger SK-Wohlers/Greco 5).

B. Zuständigkeit: 3

a) Das **Gericht** ist in 1. Hinsicht, im Fall des I S 2, der aber nicht Beschlagnah- 4
men bei selbst beschuldigten Journalisten (Achenbach NJW **76**, 1069 Fn 16; Kunert MDR **75**, 891) und von Druckwerken und Schriften außerhalb der dort bezeichneten Räume betrifft (KK-Greven 9), ausschließlich zuständig, und zwar im Vorverfahren das Ermittlungsgericht (§§ 162 I S 1, 169), in dessen Bezirk die antragstellende StA (Zweigstelle) ihren Sitz hat (erg 8 zu § 162). Der Ermittlungsrichter darf die Beschlagnahme, von dem Fall des § 165 abgesehen, nur auf Antrag der StA anordnen (LG Kaiserslautern NStZ **81**, 438), und er darf über diesen Antrag nicht hinausgehen. Nach Anklageerhebung entscheidet, auf Antrag oder von Amts wegen (Hamburg JR **85**, 300), das mit der Sache befasste Gericht (BGH NStZ **00**, 609; **01**, 604; Köln NJW **03**, 2546, 2547), nicht der Vorsitzende allein, das Berufungsgericht nach Vorlegung der Akten nach § 321 S 2, im Revisionsverfahren nur das Gericht, dessen Urteil angefochten ist (§ 162 III; vgl bereits RG **54**, 165; s auch Frankfurt NStZ-RR **05**, 144, 145).

Für die Beschlagnahme von **Briefen UGefangener** für das anhängige Verfahren 5
stellt § 94 eine geeignete Rechtsgrundlage dar (BGH NStZ-RR **09**, 56); zuständig ist nicht der Vorsitzende allein, sondern nur das Gericht (Jena NStZ-RR **12**, 28; Hamburg StV **10**, 233 L; LR-Menges 13; **aM** Koblenz OLGSt § 94 S 13). Die Beschlagnahme für ein anderes Strafverfahren ist nur zulässig, wenn das Gericht auch hierfür zuständig ist. Andernfalls darf der Vorsitzende den Brief aber entspr § 108 I einstweilen beschlagnahmen; er muss ihn an die zuständige StA weiterleiten (BGH **28**, 349; Düsseldorf NJW **93**, 3278; Hamburg NJW **67**, 166; Hamm NStZ **85**, 93; **aM** Birmanns NJW **67**, 1358; erg 3 zu § 108; 20 zu § 119).

b) Bei **Gefahr im Verzug** sind, außer im Fall des I S 2 (oben 4), auch die StA 6
und – sollte auch diese nicht erreichbar sein (HK-Gercke 11; KK-Greven 11; Müller/Trurnit StraFo **08**, 147; **aM** und gegen eine Nachrangigkeit Kuhlmann DRiZ **78**, 240) – ihre Ermittlungspersonen zuständig (LR-Menges 31). Letztere müssen daher, wenn die Gefahr im Verzug das noch gestattet, vor der Inanspruchnahme der eigenen Eilkompetenz versuchen, eine Anordnung der StA herbeizuführen; ist nicht die StA, wohl aber das Ermittlungsgericht erreichbar, wendet sich die Polizei unmittelbar an dieses (§ 163 II S 2, § 165; vgl 26 zu § 163). Gefahr im Verzug besteht, wenn die richterliche (oder zumindest staatsanwaltschaftliche) Anordnung nicht eingeholt werden kann, ohne dass der Zweck der Maßnahme gefährdet wird (BVerfGE **51**, 97, 111; **103**, 142; BGH wistra **10**, 231; 2 ARs 452/07 vom 15.5.2008; JZ **62**, 609; KG NJW **72**, 169, 171). Die Strafverfolgungsbehörden dürfen mit einem Antrag an das Gericht nicht so lange zuwarten, bis die Gefahr des Beweismittelverlusts eingetreten ist (vgl BVerfGE **103** aaO; BGH **51**, 285, 288). Eine solche Umgehung des Richtervorbehalts folgt aber weder aus dem Vorziehen anderer Ermittlungsmaßnahmen, zB einer Observation, noch aus einer die Aufmerksamkeit des Betroffenen erheischenden „Ungeschicklichkeit einer Polizeibeamtin" (BGH wistra **10**, 231).

Gefahr im Verzug ist nach der neuen – zu § 105 ergangenen, aber im Wesent- 7
lichen auch für andere gesetzliche Fälle der Gefahr im Verzug geltenden (Amelung NStZ **01**, 337, 342; Fezer Rieß-FS 107; Müller/Trurnit StraFo **08**, 146) – Rspr des BVerfG ein **unbestimmter Rechtsbegriff;** das bedeutet, dass den Beamten insoweit kein Beurteilungsspielraum eingeräumt ist und dass die Gefahr im Verzug mit Tatsachen begründet werden muss, die auf den Einzelfall bezogen sind, fallunabhängige Vermutungen somit nicht ausreichen (BVerfG aaO; AG Essen StraFo **08**, 199; Amelung aaO 339; Gusy JZ **01**, 1035; Rabe von Kühlewein StraFo **01**, 194; Park StRR **08**, 244; vgl auch König Kriminalistik **03**, 513 mit Beispielen). Ein tatsächlicher oder rechtlicher Irrtum über das Vorliegen dieser Gefahr macht das Ergebnis der Anordnung noch nicht unverwertbar; anders liegt es nur, wenn der Richtervorbehalt bewusst oder willkürlich missachtet wird (BVerfGE **113**, 29; Koblenz NStZ **02**, 660; AG Tiergarten StV **03**, 663; StraFo **07**, 465; Mitsch AfP **12**, 521, 524; Amelung aaO 341; Krehl NStZ **03**, 463; **aM** Fezer Rieß-FS 102;

§ 98

Wohlers StV **08**, 439 mit umfassender Systematisierung der Rspr). Die Zuständigkeit bei Gefahr im Verzug besteht auch nach Erhebung der öffentlichen Klage, solange der Teil des Urteils, auf den die Beschlagnahme noch Einfluss haben könnte, nicht rechtskräftig ist. Für diesen Fall gilt III.

8 C. **Form:** Die gerichtliche Anordnung ergeht, idR ohne vorherige Anhörung des Betroffenen (§ 33 IV S 1), in der Form eines Beschlusses, der schriftlich abzufassen, zu begründen (§ 34) und zu den Akten zu bringen ist. Das gilt auch, wenn er zunächst mündlich oder fernmündlich zur Vollstreckung (§ 36 II S 1) herausgegeben worden ist. Die Anordnungen der StA und der Ermittlungspersonen können mündlich, telefonisch, per Telefax oder fernschriftlich getroffen, müssen aber aktenkundig gemacht werden (Karlsruhe Justiz **81**, 482). Wird eine Ermittlungsperson tätig und führt sie die Beschlagnahme selbst durch, so ist in deren Vornahme zugleich ihre Anordnung enthalten; sie bedarf keiner Erklärung oder Feststellung (vgl LG Frankfurt aM NJW **82**, 897; **aM** Achenbach NJW **82**, 2809; Sommermeyer JR **90**, 498). Eine Dokumentation der Anordnungsvoraussetzungen (3 zu § 105) wird idR nicht erforderlich sein (vgl BVerfG NJW **07**, 1345).

9 D. **Inhaltlich** müssen der den Gegenstand der Untersuchung bildende Sachverhalt und seine strafrechtliche Würdigung knapp beschrieben werden (LG Halle wistra **08**, 280). Weiter ist in der gerichtlichen Anordnung festzustellen, dass die zu beschlagnahmende Sache als Beweismittel benötigt wird (Achenbach NJW **76**, 1071); der konkrete Beweisgegenstand ist mit solcher Genauigkeit zu bezeichnen, dass Zweifel über den Umfang der Maßnahme nicht aufkommen können (Koblenz NStZ **07**, 285; LG Frankfurt/Oder StraFo **08**, 330; LG Stuttgart StV **86**, 471). Eine gewisse Unbestimmtheit lässt sich zwar nicht immer vermeiden (Schriftstücke, Inhalt von Behältnissen uä). Jedoch ist eine allgemeine Beschlagnahmeanordnung, etwa dass alle bei einer Durchsuchung gefundenen Beweismittel beschlagnahmt werden sollen, unwirksam (BVerfG NStZ **92**, 91; Düsseldorf StV **82**, 513; LG Koblenz NStZ-RR **09**, 105, 106; LG Lüneburg JZ **84**, 343; LG Oldenburg wistra **87**, 38); eine gattungsmäßige Umschreibung hat nur die Bedeutung einer Richtlinie für die Durchsuchung (BVerfG NStZ **02**, 212, 213; BVerfGE **124**, 43; LG Essen wistra **10**, 78; LG Mühlhausen wistra **07**, 195; erg unten 19). Welche Umstände Anlass zu der Annahme bieten, dass der zu beschlagnahmende Gegenstand demnächst als Beweismittel zu benutzen sein wird, braucht in dem Gerichtsbeschluss nicht dargelegt zu werden (**aM** Düsseldorf StV **83**, 407; LR-Menges 20; SK-Wohlers/Greco 20; vgl auch BVerfG 2 BvR 2697/07 vom 18.2.2008: nicht für jedes beschlagnahmte Schriftstück).

10 E. Die **Bekanntgabe** der Anordnung an den Betroffenen ist erforderlich (§ 33 II, § 35 II), darf aber bis unmittelbar vor Beginn der Beschlagnahme zurückgestellt werden; eine weitergehende Zurückstellung der Benachrichtigung wegen Gefährdung des Untersuchungszwecks sieht die StPO für diese offene Ermittlungsmaßnahme nicht vor (BGH NJW **10**, 1297, 1298; NStZ **15**, 704: Beschlagnahme der auf dem Mailserver eines Providers gespeicherten Daten; **aM** KK-Greven 21: entspr § 101 V).

11 F. Eine **Belehrung** des Betroffenen über sein Antragsrecht nach II S 2 schreibt II S 5 für den Fall vor, dass die StA oder ihre Ermittlungspersonen die Beschlagnahme anordnen. Dabei reicht aus, dass der Betr darüber belehrt wird, dass er sich nach II S 4 an das AG wenden kann, in dessen Bezirk die Beschlagnahme stattgefunden hat (vgl KMR-Müller 16) Die Belehrung obliegt der die Beschlagnahme durchführenden Behörde (KK-Greven 18) und sollte in das Beschlagnahmeverzeichnis nach § 107 S 2 aufgenommen werden (LR-Menges 40).

12 **2) Bestätigung nichtrichterlicher Anordnungen (II S 1):**

13 A. **Antragspflicht:** Dem Beamten (StA oder Ermittlungsperson), der die Anordnung getroffen hat, obliegt, sofern nicht bereits ein Antrag nach II S 2 vorliegt, die Herbeiführung der gerichtlichen Bestätigung unter den in II S 1 bezeichneten Voraussetzungen, auch bei Widerspruch vor Vollziehung der Beschlagnahme (LR-

Menges 44; **aM** KMR-Müller 8, der Wiederholung verlangt). Die StA kann den Antrag auch sonst stellen (BGH NJW **56**, 1805). Die Ermittlungsperson leitet den Antrag dem Gericht idR über die StA zu. Wird eine bewegliche Sache zugleich nach § 111j I S 2 beschlagnahmt, so gilt der Wegfall des Bestätigungserfordernisses nach dieser Vorschrift auch für die Beschlagnahme nach §§ 94, 98 (KK-Greven 16; KMR-Müller 11; **aM** SK-Wohlers/Greco 41).

B. Die **Frist** von 3 Tagen beginnt mit dem Ende der Durchführung der Beschlagnahme (KMR-Müller 12). Sie gilt nur für den Bestätigungsantrag, nicht für die richterliche Entscheidung (KG VRS **42**, 210). Die Wirksamkeit der Beschlagnahme hängt von der Einhaltung der Sollvorschrift des II S 1 nicht ab (KG aaO; LR-Menges 46). 14

C. **Begriffe: Betroffener** iS II S 1 ist jeder, in dessen Gewahrsam durch die Beschlagnahme eingegriffen wird oder dessen Eigentums- oder Besitzrechte dadurch berührt werden (LR-Menges 49). Der Begriff **Angehöriger** ist weit auszulegen; auf den Personenkreis des § 52 I ist er nicht beschränkt (Kamp Rudolphi-Symp 103). **Erwachsen** ist der Volljährige (LR-Menges 47; **aM** Krause/Nehring 8; BSozG MDR **77**, 82; VGH Mannheim MDR **78**, 519, wo bei unter 18jährigen auf die körperliche Entwicklung und auf das äußere Erscheinungsbild abgestellt wird). 15

D. **Zuständig** für die Bestätigung ist bis zur Erhebung der öffentlichen Klage das AG, in dessen Bezirk die antragstellende StA (Zweigstelle) ihren Sitz hat; danach entscheidet das mit der Sache befasste Gericht (II S 3 iVm § 162 I S 1, III; vgl näher dort 17). Beim Zuständigkeitsstreit gilt § 14 (BGH NJW **76**, 153). 16

E. Die **Prüfung des Gerichts,** das dem Betroffenen vor der Entscheidung rechtliches Gehör zu gewähren hat (§ 33 III), gilt nicht der Frage, ob die Anordnung der StA oder der Ermittlungsperson zu Recht ergangen ist, sondern erstreckt sich nur darauf, ob die Beschlagnahme zZ der Prüfung gerechtfertigt ist (Glaser 225, 239, 333; Krekeler NJW **77**, 1420; Löffelmann StV **09**, 380; Schnarr NStZ **91**, 214 mwN; Rabe von Kühlewein GA **02**, 644; **aM** HK-Gercke 30; Amelung 30; vgl auch BGH StV **88**, 90 für den Fall der entspr Anwendung auf Durchsuchungsanordnungen). Der Prüfung unterliegt aber, ob Gefahr im Verzug vorlag (oben 6) und ob somit die Kompetenz der StA und ihrer Ermittlungspersonen für die Beschlagnahmeanordnung gegeben war (BVerfG NJW **02**, 1333 zur Durchsuchungsanordnung; Fezer Rieß-FS 109) und ob der Beamte Ermittlungsperson war. Zur Überprüfung einer erledigten Beschlagnahme vgl 18a vor § 296. Die Anordnung wird durch die Bestätigung für das weitere Verfahren ersetzt (vgl BVerfG 2 BvR 1714/04 vom 26.10.2004). Die Entscheidung ist dem Betroffenen und den Prozessbeteiligten bekanntzumachen. 17

3) Antrag auf gerichtliche Entscheidung (II S 2): 18

A. **Gegen Beschlagnahmeanordnungen der StA und ihrer Ermittlungspersonen** (Düsseldorf wistra **97**, 77: auch formlose; vgl oben 8) ist der Antrag zulässig. Eine Beschwerde, auch gegen eine mit dem richterlichen Durchsuchungsbefehl verbundene allgemeine Beschlagnahmeanordnung (oben 9), ist in einen solchen Antrag umzudeuten (Koblenz NStZ **07**, 285; LG Bielefeld wistra **08**, 117; LG Essen wistra **10**, 78; LG Frankfurt/Oder StraFo **08**, 330; LG Mühlhausen wistra **07**, 195; LR-Menges 48; vgl auch BVerfG NJW **04**, 1517; 2 BvR 27/04 vom 14.1.2004; 2 BvR 174/05 vom 29.6.2009). Hat das Gericht bereits die Anordnung nach II S 1 bestätigt, so ist der Antrag als Gesuch um Aufhebung des Bestätigungsbeschlusses anzusehen. 19

Antragsberechtigt sind der Gewahrsamsinhaber, der Eigentümer und der Besitzer der beschlagnahmten Sache, auch wenn sie freiwillig herausgegeben worden ist (BVerfG NJW **07**, 3343 [erg 10 aE zu § 23 EGGVG]), der Betroffene, soweit das beschlagnahmte Beweismittel personenbezogene Daten enthält (BVerfG 2 BvR 237/06 vom 2.4.2006; vgl auch EGMR NJW **08**, 3409, 3411: beim RA beschlag- 20

§ 98

nahmte Daten des Mandanten; weitergehend LR-Menges 49; SK-Wohlers/Greco 48: jeder, der unmittelbar in seinen Rechten verletzt ist).

21 Die **Zuständigkeit** ist die gleiche wie bei der Bestätigung nach II S 1 (oben 16). Ist das nach II S 3 zuständige Gericht nicht mit dem AG identisch, in dessen Bezirk die Beschlagnahme stattgefunden hat, kann der Betr den Antrag stets auch bei Letzterem stellen; dieses Gericht leitet ihn dem zuständigen Gericht zu (II S 4).

22 Der Umfang der richterlichen **Prüfung** ist ebenfalls der gleiche wie im Fall II S 1 (oben 17). In der Entscheidung sind die beschlagnahmten Gegenstände im Einzelnen genau zu bezeichnen (Düsseldorf wistra **97**, 77).

23 B. **II S 2 gilt entsprechend** für die gerichtliche Überprüfung von Maßnahmen anderer Art (vgl dazu Laser NStZ **01**, 120; Meyer HRRS-Fezer-FG 142; nach Amelung StV **01**, 133 und Böse Amelung-FS 571 auch für die Durchsetzung eines Löschungsbegehrens von rechtswidrig gespeicherten Daten, vgl aber 9 zu § 489), zB Fahndungsmaßnahmen nach § 131 (OLG Celle NStZ **10**, 534; erg 7 zu § 131), der Durchsuchung (§§ 102 ff; vgl 16 zu § 105; 20 zu § 111; 10 zu § 23 EGGVG) sowie der Mitnahme zur Durchsicht (10 zu § 110). Darüber hinaus ist die Vorschrift auch auf die nachträgliche gerichtliche Prüfung der Rechtmäßigkeit bereits durch Vollzug erledigter Eingriffsmaßnahmen der StA und ihrer Ermittlungspersonen anzuwenden (BGH **28**, 57; 160; 206; **37**, 79, 82; **44**, 171). Auch wenn es um die Feststellung der Rechtswidrigkeit der Art und Weise der Durchführung einer erledigten nichtrichterlichen oder richterlichen Maßnahme geht, ist nicht § 23 EGGVG, sondern § 98 II S 2 entspr anzuwenden (BGH **44**, 265; **45**, 183; erg 17 zu § 105). Die Erledigung der Maßnahme steht der Anfechtung, falls ein tiefgreifender Grundrechtseingriff zu besorgen ist, nicht entgegen (vgl 18a vor § 296; **aM** Glaser 82, 335, der eine entspr Anwendung des § 98 II S 2 insgesamt ablehnt); zur Verwirkung vgl 6, 18a aE vor § 296. Ein Verwertungsverbot ist nicht Gegenstand der Entscheidung (Burhoff StRR **07**, 149; **08**, 469; **aM** offenbar AG Essen StraFo **07**, 505; **08**, 466, 503; vgl auch 18 zu § 105, 26 zu § 101). Für die in § 101 IV S 1 genannten Betroffenen sieht § 101 VII S 2–4 als *lex specialis* einen eigenständigen (befristeten) Rechtsbehelf gegen die in § 101 I abschließend aufgezählten verdeckten Ermittlungsmaßnahmen sowie die Art und Weise ihres Vollzugs vor (25 ff zu § 101). Zur Frage vorbeugenden Rechtsschutzes Meyer HRRS-Fezer-FG 222; vgl auch 2 vor § 23 EGGVG.

23a C. **Kosten:** § 473a (vgl dort, ferner BVerfG NJW **10**, 360 zur Rechtslage vor Inkrafttreten der Norm; unterbleibt der Kostenausspruch: 16 zu § 464).

24 4) **Durchführung der Anordnung:** Für richterliche Anordnungen gilt § 36 II S 1 (Wendisch JR **78**, 447); das Gericht kann seine Anordnung aber auch selbst vollstrecken, zB in der Hauptverhandlung. Gebunden an die richterliche Anordnung ist die StA nur nach Anklageerhebung (erg 8 zu § 105). Bei der Durchführung der Beschlagnahme darf unmittelbarer Zwang angewendet werden, insbesondere in Wohnungen und andere Räume eingedrungen werden (Heghmanns/Scheffler-Lehmann III 114; **aM** HK-Gercke 24). Gewalt darf sowohl gegen Personen, die sich widersetzen, als auch gegen Sachen angewendet werden (Aufbrechen von Türen und Verschlüssen, Zerstören von Umhüllungen und dgl).

25 5) Bei der **Bundeswehr (IV)** wird die Beschlagnahme durch deren Dienststellen, allein oder unter Mitwirkung der die Beschlagnahme anordnenden Behörde, durchgeführt. Abgesehen von dem Fall des IV S 3 gilt das auch, wenn nur eine Zivilperson betroffen ist.

26 Dienstgebäude iS IV S 1 sind Kasernen, Werkstätten uä, nicht aber Offizierswohnungen. Allgemein zugänglich sind nicht Kasernenhöfe, Übungsplätze, Schießstände und Lazarette (LR-Menges 27). Wehrmittel, wie Kriegsschiffe, Panzer oder Flugzeuge, sind keine Einrichtungen oder Anlagen iS IV S 1 (KMR-Müller 27).

27 Die **vorgesetzte Dienststelle** ist diejenige, der die dienstliche Gewalt über das Gebäude oder über die Einrichtung oder Anlage zusteht, in der sich die Sache befindet, idR also der Leiter der Anlage oder der Kommandeur der im Dienstgebäude untergebrachten Truppen (KMR-Müller 29; Kleinknecht JZ **57**, 407).

Ersuchende Stelle ist die StA oder Polizei (LR-Menges 26); sie ist zur Anwesenheit und zur Mitwirkung bei der Beschlagnahme berechtigt. 28

6) **Beendigung:** Die Beschlagnahme erlischt mit dem – rechtskräftigen (Düsseldorf NJW **95**, 2239; Hamm VRS **77**, 286) – Abschluss des Verfahrens ohne weiteres (BGH StV **15**, 618; Karlsruhe Justiz **77**, 356; LR-Menges 56); eine förmliche Aufhebung der Anordnung ist überflüssig (Schäfer wistra **84**, 136). Die Herausgabe der Gegenstände ist Sache der StA (Celle NJW **73**, 863; Düsseldorf MDR **73**, 499; Hamm JMBlNW **61**, 94; Karlsruhe aaO); zum Verfahren vgl Schäfer aaO); sie richtet sich gemäß § 94 IV nach §§ 111n und 110o (1 zu § 111n). (LG Hildesheim NStZ **89**, 336; LG Mannheim NStZ-RR **98**, 113). Sie erfolgt – sofern nicht § 111n II oder III eingreift – regelmäßig an den letzten Gewahrsamsinhaber (§ 111n I; erg dort 1, 22 zu § 94). 29

Die **Aufhebung** der Anordnung ist dagegen erforderlich, wenn die Sache schon vor Verfahrensbeendigung nicht mehr zu Beweiszwecken gebraucht wird und eine Sicherstellung nach §§ 111bff nicht in Betracht kommt (Düsseldorf NStZ **90**, 202; LG Saarbrücken StraFo **09**, 510: idR nicht bei Einstellung nach § 154 II in Bezug auf eine noch nicht rechtskräftig abgeurteilte andere Tat). Zuständig ist die StA, wenn sie selbst oder eine Ermittlungsperson die Sache beschlagnahmt hat, auch bei gerichtlicher Bestätigung (Neustadt NJW **54**, 286; **aM** LR-Menges 61), nicht aber bei richterlicher Beschlagnahme (KK-Greven 33; SK-Wohlers/Greco 55; LR-Menges 61; **aM** LG Hildesheim NStZ **89**, 192; KMR-Müller 22), nach Anklageerhebung das Gericht, während des Revisionsverfahrens ist der Tatrichter (LG Saarbrücken aaO). Ermittlungspersonen dürfen die Beschlagnahme nur beenden, wenn sie sie selbst angeordnet und die Sache noch nicht nach § 163 II S 1 der StA vorgelegt haben (BGH **5**, 156, 158; KK-Greven 33; **aM** AK-Amelung 31 zu § 94; SK-Wohlers 54). Das Gericht darf die Aufhebung im Vorverfahren nur auf Antrag der StA aufheben; dem Antrag muss es aber stattgeben (KK-Greven 33). Die StA ordnet die Aufhebung durch Verfügung an, das Gericht durch Beschluss, in dem die Gegenstände und die Empfangsberechtigten (dazu 22 zu § 94) zu bezeichnen sind (Düsseldorf JMBlNW **82**, 258). Die Ausführung des Beschlusses ist Sache der StA (zur Frage einer Bringschuld vgl 22 zu § 94). Eine erneute Beschlagnahmeanordnung wird durch die Aufhebung nicht ausgeschlossen (Bremen MDR **60**, 425). 30

In Anlehnung an die neue Rspr des BVerfG (8a zu § 105) darf eine richterliche Beschlagnahmeanordnung spätestens dann **nicht mehr vollzogen werden**, wenn seit der Anordnung mehr als 6 Monate verstrichen sind und eine erneute richterliche Bestätigung nicht erfolgt ist (LG Köln StraFo **04**, 239; LG Neuruppin StV **97**, 506; vgl dazu Roxin StV **97**, 656). 30a

7) **Beschwerde** nach § 304 ist zulässig gegen die richterliche Beschlagnahmeanordnung, die Bestätigung nach II S 1 und die Ablehnung des Antrags nach II S 2, auch bei entspr Anwendung der Vorschrift (oben 23). Auch Entscheidungen des erkennenden Gerichts sind anfechtbar (§ 305 S 2; Frankfurt StV **06**, 122). Beschwerdeberechtigt sind die StA, deren Antrag auf Erlass der Anordnung abgelehnt worden ist (vgl 6 zu § 305), auch der Angeklagte, dessen Beschlagnahmeantrag erfolglos war (**aM** Hamburg JR **85**, 300 mit abl Anm Meyer), und der letzte Gewahrsamsinhaber (Celle NJW **65**, 362), der nichtbesitzende Eigentümer nur, wenn sein Rückforderungsrecht beeinträchtigt ist. Beschwert ist auch der Inhaber einer Urkunde, die nicht beschlagnahmt, sondern abgelichtet zu den Akten genommen worden ist (BGHR § 304 II Betroffener 1; Hamburg NJW **67**, 166; München NJW **78**, 601). Eine bei Anklageerhebung noch nicht erledigte Beschwerde gegen die Beschlagnahmeanordnung ist in einen Antrag auf Aufhebung durch das erkennende Gericht umzudeuten, gegen dessen Entscheidung (Erst-)Beschwerde statthaft ist (Jena wistra **10**, 80). Gegen eine Aufhebung der Anordnung kann die StA 31

§ 98a

Beschwerde einlegen. Zur Beschwerde gegen eine erledigte Beschlagnahmeanordnung vgl 17 ff vor § 296.

32 8) Die **Revision** kann auf Verstöße gegen § 98 regelmäßig nicht gestützt werden (vgl Grünwald JZ **66**, 497; Kleinknecht NJW **66**, 1538), es sei denn, StA oder Ermittlungspersonen haben willkürlich Gefahr im Verzug angenommen (oben 7; vgl auch BGH NStZ **15**, 704: kein Verwertungsverbot bei zulässiger Beschlagnahme, aber unterlassener Bekanntgabe der Anordnung). Die Entscheidung des Richters nach II S 2 hat für das Revisionsgericht wegen § 336 keine Bindungswirkung (Fezer FS-Rieß 106; **aM** Schlothauer StV **03**, 210), ebenso wenig eine Beschwerdeentscheidung (Schmidt NStZ **09**, 243).

Rasterfahndung

98a ᴵ ¹ Liegen zureichende tatsächliche Anhaltspunkte dafür vor, daß eine Straftat von erheblicher Bedeutung

1. auf dem Gebiet des unerlaubten Betäubungsmittel- oder Waffenverkehrs, der Geld- oder Wertzeichenfälschung,
2. auf dem Gebiet des Staatsschutzes (§§ 74a, 120 des Gerichtsverfassungsgesetzes),
3. auf dem Gebiet der gemeingefährlichen Straftaten,
4. gegen Leib oder Leben, die sexuelle Selbstbestimmung oder die persönliche Freiheit,
5. gewerbs- oder gewohnheitsmäßig oder
6. von einem Bandenmitglied oder in anderer Weise organisiert

begangen worden ist, so dürfen, unbeschadet §§ 94, 110, 161, personenbezogene Daten von Personen, die bestimmte, auf den Täter vermutlich zutreffende Prüfungsmerkmale erfüllen, mit anderen Daten maschinell abgeglichen werden, um Nichtverdächtige auszuschließen oder Personen festzustellen, die weitere für die Ermittlungen bedeutsame Prüfungsmerkmale erfüllen. ² Die Maßnahme darf nur angeordnet werden, wenn die Erforschung des Sachverhalts oder die Ermittlung des Aufenthaltsortes des Täters auf andere Weise erheblich weniger erfolgversprechend oder wesentlich erschwert wäre.

ᴵᴵ Zu dem in Absatz 1 bezeichneten Zweck hat die speichernde Stelle die für den Abgleich erforderlichen Daten aus den Datenbeständen auszusondern und den Strafverfolgungsbehörden zu übermitteln.

ᴵᴵᴵ ¹ Soweit die zu übermittelnden Daten von anderen Daten nur mit unverhältnismäßigem Aufwand getrennt werden können, sind auf Anordnung auch die anderen Daten zu übermitteln. ² Ihre Nutzung ist nicht zulässig.

ᴵⱽ Auf Anforderung der Staatsanwaltschaft hat die speichernde Stelle die Stelle, die den Abgleich durchführt, zu unterstützen.

ⱽ § 95 Abs. 2 gilt entsprechend.

1 1) Einen **Grundrechtseingriff** gestattet die durch das OrgKG (zusammen mit §§ 98b, 98c) eingefügte Vorschrift; denn sie erlaubt einen Eingriff – wenn nicht schon in das allgemeine Persönlichkeitsrecht nach Art 2 I iVm Art 1 GG, so doch zumindest – in das vom BVerfG entwickelte Recht auf informationelle Selbstbestimmung (BVerfGE **65**, 1; **115**, 320; erg 1 zu § 163d). Sie schafft damit für diese früher lediglich auf die allgemeinen Vorschriften der §§ 161 I, 163 I gestützte Fahndungsmaßnahme eine gesetzliche Grundlage.

2 Nach I S 1 ist die Rasterfahndung ein maschinell-automatisierter **Datenabgleich** zwischen bestimmten, auf den Täter vermutlich zutreffenden Prüfungsmerkmalen mit aus anderen Gründen von anderen Stellen gespeicherten Daten, der zweierlei Zwecken dienen soll: Dem Ausschluss Nichtverdächtiger (sog negative Rasterfahndung) und/oder der Feststellung weiterer für die Ermittlungen bedeutsamer Prüfungsmerkmale (sog positive Rasterfahndung). Eingehend hierzu

Siebrecht, Rasterfahndung, 1997, zugl Diss Hannover 1995; Wittig JuS **97**, 968 ff; zum technischen Ablauf KK-Greven 2, 15 ff; Rogall Schlüchter-GS 615.

2) Subsidiaritätsgrundsatz (I S 2): Der Datenabgleich ist nur zulässig, wenn die Ermittlungen auf andere Weise erheblich weniger Erfolg versprechend oder wesentlich erschwert wären. Damit wird der Ausnahmecharakter der Rasterfahndung betont. Die Klausel ist weiter gefasst als in § 100a I Nr 3: Statt „Aussichtslosigkeit" genügt hier „weniger Erfolg versprechend". Dass möglicherweise das Ermittlungsergebnis auch auf andere Art gewonnen werden könnte, steht somit der Rasterfahndung nur entgegen, wenn der andere Weg einen im Wesentlichen gleichartigen Erfolg verspricht (vgl auch Rieß Meyer-GedSchrift 384: „deutliches Aufklärungsdefizit bei Unterlassen der subsidiären Maßnahme"). Zum Begriff „wesentlich erschwert" gelten die Erläuterungen 13 zu § 100a entspr. Neben der Subsidiaritätsklausel ist auch der Verhältnismäßigkeitsgrundsatz zu beachten (vgl Einl 20, 21, 158; Schnabel DuD **07**, 429). 3

3) Straftatenkatalog: 4

A. Einen **generalisierenden Katalog** (Hilger NStZ **92**, 460) hat der Gesetzgeber hier aufgestellt statt die Zulässigkeit der Maßnahme wie zB in § 100a an den Verdacht der Verwirklichung eines bestimmten Straftatbestandes zu knüpfen; innerhalb des Katalogs ist die Anwendbarkeit auf Straftaten „von erheblicher Bedeutung" beschränkt (ebenso in §§ 81g I S 1, 100g I S 1 Nr 1, 100h I S 2, 100i I, 110a I S 1, 131 ff, 163e I S 1, 163f I S 1). Damit besteht eine gewisse Unbestimmtheit und Unsicherheit zur Frage der Anwendbarkeit der Vorschrift; denn wann von „erheblicher Bedeutung" gesprochen werden kann, lässt sich allgemein nur schwer bestimmen (Bottke Meyer-GedSchrift 43), und ob dieses Merkmal erfüllt ist, ergibt sich vielfach erst im Laufe der Ermittlungen (erg 7a zu § 81g). Bagatelldelikte scheiden jedenfalls aus; die Straftat muss mindestens dem mittleren Kriminalitätsbereich zuzurechnen sein, den Rechtsfrieden empfindlich stören und geeignet sein, das Gefühl der Rechtssicherheit der Bevölkerung erheblich zu beeinträchtigen (BVerfGE **112**, 304; BGH StraFo **12**, 173 bejahend zu einer Straftat nach § 222 StGB; vgl auch KK-Bruns 21 zu § 110a; Harnisch/Pohlmann HRRS **09**, 214; Rogall Schlüchter-GS 629). Daher wird idR bei Verbrechen die erhebliche Bedeutung zu bejahen sein, bei Vergehen nach Maßgabe der vorgenannten Kriterien nur, wenn die Strafrahmenobergrenze über 2 Jahren liegt (vgl dazu die Untersuchung von Rieß GA **04**, 623 ff, Schnabel DuD **07**, 428 [§ 184b IV StGB] sowie BVerfGE **124**, 43: nicht mehr ohne Weiteres bei Höchstmaß unter 5 Jahren). 5

B. **Im Einzelnen** erfasst Nr 1 hauptsächlich die in § 100a II Nr 1 Buchst e, Nr 6, 7, 9 und 11 aufgeführten Straftatbestände. Nr 2 verweist auf die Kataloge in §§ 74a, 120 GVG, also insbesondere auf §§ 129, 129a StGB. Nr 3 meint §§ 306– 323c StGB. Hier gewinnt die Einschränkung, dass es sich um Straftaten von erheblicher Bedeutung handeln muss, besonderes Gewicht, indem geringfügige – gar fahrlässige – Verstöße etwa gegen § 316 StGB eine Rasterfahndung nicht rechtfertigen könnten. Nr 4 erfasst §§ 174–184g StGB sowie §§ 211–241a StGB (vgl BGH **51**, 25; s auch Karlsruhe NJW **06**, 3656; Knierim StV **08**, 605). Nr 5 nimmt alle gewerbs- oder gewohnheitsmäßig begangenen Straftaten (vgl dazu Fischer 61 ff vor § 52 StGB) in den Katalog auf. Nr 6 bezieht in seiner 1. Alternative die Bandendelikte (zB §§ 244 I Nr 2, 244a, 260 I Nr 2, 260a, 284 III Nr 2 StGB) mit ein (§§ 30 I Nr 1, 30a BtMG werden bereits durch Nr 1 erfasst); die 2. Alternative enthält einen Auffangtatbestand für alle die Fälle, die nicht unter Nr 1 bis 4 fallen und in denen auch nicht die Kriterien der Nr 5 und Nr 6 1. Alternative vorliegen, aber zureichende Anhaltspunkte dafür bestehen, dass hinter der Tat eine „Organisationsstruktur" steht (Hilger NStZ **92**, 460 Fn 51; vgl auch BGH **53**, 311, 320: komplexes und aufwändiges Täuschungssystem mit mehreren Beteiligten). 6

4) Zureichende tatsächliche Anhaltspunkte reichen zur Anwendung der Maßnahme aus. Ein bestimmter Grad des Tatverdachts wird nicht gefordert. De- 7

§ 98a

mentspr genügt das Vorliegen eines Anfangsverdachts (4 zu § 152) und eines Tatversuchs (Hilger NStZ **92**, 460; SK-Wohlers/Greco 9; Rieß GA **04**, 638; **aM** HK-Gercke 15;); erfasst werden alle Formen von Täterschaft und Teilnahme (vgl 12 zu § 100a).

8   **5)** Nur der **automatisierte Datenabgleich** (oben 2) findet in § 98a seine Rechtsgrundlage; eine Fahndungsmaßnahme mit Handabgleich ist ein einfacher Ermittlungsvorgang nach §§ 161, 163 (LR-Menges 5; Hilger NStZ **92**, 460 Fn 54). Ziel des Abgleichs ist es, aus einer Vielzahl überwiegend tatunbeteiligter Personen diejenigen herauszufiltern, auf die bestimmte, charakteristische Merkmale zutreffen. Durch die Rasterfahndung werden einerseits die Personen ausgeschieden, auf die die Merkmale nicht passen oder die nicht auf den Täter passende Merkmale aufweisen, andererseits wird die Zahl der verdächtigen Personen durch das Herausfiltern derjenigen mit tätertypischen Merkmalen beschränkt. Der Anwendung des § 98a bedarf es nicht, wenn Daten abgeglichen werden, die die Strafverfolgungsbehörden nach §§ 94, 110, 161, 163 erlangt haben (KK-Greven 4, 5; Rogall Schlüchter-GS 628). Das auf hausinterne Datenabgleiche durch private Stellen (zB Kreditkartenunternehmen) gerichtete Auskunftsersuchen ist keine Rasterfahndung, weil es allein auf eine Suchabfrage in Dateien derselben Speicherstelle abzielt (BVerfG NJW **09**, 1405 mit abl Anm Brodowski JR **10**, 546; Köln NStZ-RR **01**, 31; Stuttgart NStZ **01**, 158; **aM** Schnabel DuD **07**, 426; vgl auch ders CR **09**, 384; erg 2 zu § 161).

9   **6) Mitwirkungspflicht der speichernden Stelle (II–IV):** Die private oder öffentl Stelle, die die benötigten Daten gespeichert hat, ist verpflichtet, sie aus ihren Datenbeständen auszufiltern und den Strafverfolgungsbehörden zu übermitteln (erg 3 zu § 98b). Sie hat sich grundsätzlich auf die Übermittlung dieser Daten zu beschränken. Nur wenn die Trennung einen unverhältnismäßigen Aufwand erfordern würde, dürfen auch andere Daten übermittelt werden. Dies setzt aber eine besondere richterliche (bei Gefahr im Verzug auch staatsanwaltliche) Anordnung nach § 98b I voraus; mit der Anordnung der Rasterfahndung selbst kann sie nur in einem Beschluss verbunden werden, wenn bereits vorab geklärt worden ist, dass eine Aussonderung der anderen Daten nur mit unverhältnismäßigem Aufwand möglich wäre. Eine Nutzung dieser an sich nicht benötigten Daten ist untersagt (III S 2). Bereits auf Anordnung der StA hat die speichernde Stelle die den Datenabgleich durchführende Stelle beim Abgleich zu unterstützen (IV). Für ihre Mitwirkung kann die speichernde Stelle nach § 23 II–IV JVEG Entschädigung verlangen.

10   Durch die **entsprechende Anwendung des § 95 II** (vgl dazu 9 ff zu § 95) ist die zwangsweise Durchsetzung bei Weigerung der speichernden Stelle, ihren Verpflichtungen nach II–IV nachzukommen, gewährleistet (erg 4 zu § 98b). Zum Verhalten gegenüber Zeugnisverweigerungsberechtigten vgl 6 zu § 95.

11   **7)** Ein **Verwertungsverbot** besteht nicht deshalb, weil die richterliche Bestätigung nach § 98b I S 2 nicht erfolgt ist (vgl 4 zu § 100e). Unverwertbar sind aber Erkenntnisse, die unter völliger Umgehung des § 98a erlangt worden sind, oder wenn der Datenabgleich vorgenommen wurde, obwohl von vornherein keine Anhaltspunkte für das Vorliegen einer Katalogtat von erheblicher Bedeutung gegeben waren, oder wenn die Subsidiaritätsklausel (oben 3) missachtet worden ist (vgl auch Burhoff ErmV 2462).

12   **8)** Die **Revision** kann darauf gestützt werden, dass die Beweiswürdigung auf unverwertbaren Erkenntnissen (oben 11) beruht. Ob bei Anordnung des Datenabgleichs zureichende tatsächliche Anhaltspunkte für eine Katalogtat vorlagen, wird aber vom Revisionsgericht nicht nachgeprüft (vgl 39 zu § 100a).

§ 98b

Verfahren bei der Rasterfahndung

98b I ¹Der Abgleich und die Übermittlung der Daten dürfen nur durch das Gericht, bei Gefahr im Verzug auch durch die Staatsanwaltschaft angeordnet werden. ²Hat die Staatsanwaltschaft die Anordnung getroffen, so beantragt sie unverzüglich die gerichtliche Bestätigung. ³Die Anordnung tritt außer Kraft, wenn sie nicht binnen drei Werktagen vom Gericht bestätigt wird. ⁴Die Anordnung ergeht schriftlich. ⁵Sie muß den zur Übermittlung Verpflichteten bezeichnen und ist auf die Daten und Prüfungsmerkmale zu beschränken, die für den Einzelfall benötigt werden. ⁶Die Übermittlung von Daten, deren Verwendung besondere bundesgesetzliche oder entsprechende landesgesetzliche Verwendungsregelungen entgegenstehen, darf nicht angeordnet werden. ⁷Die §§ 96, 97, 98 Abs. 1 Satz 2 gelten entsprechend.

II Ordnungs- und Zwangsmittel (§ 95 Abs. 2) dürfen nur durch das Gericht, bei Gefahr im Verzug auch durch die Staatsanwaltschaft angeordnet werden; die Festsetzung von Haft bleibt dem Gericht vorbehalten.

III ¹Sind die Daten auf Datenträgern übermittelt worden, so sind diese nach Beendigung des Abgleichs unverzüglich zurückzugeben. ²Personenbezogene Daten, die auf andere Datenträger übertragen wurden, sind unverzüglich zu löschen, sobald sie für das Strafverfahren nicht mehr benötigt werden.

IV Nach Beendigung einer Maßnahme nach § 98a ist die Stelle zu unterrichten, die für die Kontrolle der Einhaltung der Vorschriften über den Datenschutz bei öffentlichen Stellen zuständig ist.

1) Zuständig ist wie bei § 111 II (dort 15) oder § 163d (dort 14) grundsätzlich 1 das Ermittlungsgericht (§§ 162, 169); es wird nur auf Antrag der StA tätig. Bei Gefahr im Verzug (6 zu § 98) darf die StA die Anordnung treffen, muss diese aber binnen 3 Werktagen richterlich bestätigen lassen; zur Fristberechnung vgl 4 zu § 100e. Soweit sich die Daten in den in § 98 I S 2 genannten Räumen befinden, ist der Richter ausschließlich zuständig (I S 7; erg 4 zu § 98).

2) Form der Anordnung: Die Anordnung, auch die der StA, muss schriftlich 2 (Einl 128) ergehen. Sie muss den Anordnenden erkennen lassen und die zur Übermittlung verpflichtete Stelle und die abzugleichenden Dateien bezeichnen. Inhaltlich ist sie auf die benötigten Daten und Prüfungsmerkmale (§ 98a I S 1) zu beschränken (I S 5). Ferner sind die Tat (6 zu § 98a) und der Anordnungszweck anzugeben (KK-Greven 3). Im Fall des § 98a III ist die Anordnung entspr zu ergänzen (vgl 9 zu § 98a).

3) Unzulässigkeit der Anordnung (I S 6, 7): Regelungen, die der Anord- 3 nung entgegenstehen können, ergeben sich zB aus § 30 I **AO**, § 39 PostG, § 35 SGB I, §§ 67ff SGB X, § 88 TKG (Steuer-, Fernmelde-, Post- und Sozialgeheimnis); die Übermittlung bestimmter Sozialdaten ist nach § 68 III SGB X zulässig (Karlsruhe **NJW 06**, 3656). Nach § 96 gesperrte und nach § 97 beschlagnahmefreie Daten dürfen in den Datenabgleich nicht einbezogen werden.

4) Ordnungs- und Zwangsmittel, deren Anordnung nach § 98a V iVm § 95 4 II zulässig ist, werden grundsätzlich durch das Gericht, bei Gefahr im Verzug (6 zu § 98) auch durch den StA, verhängt. Ordnungshaft (12ff zu § 70) darf nur der Richter anordnen. Zur Zuständigkeit des Gerichts gilt § 161a II S 2 entspr.

5) Maßnahmen nach Durchführung des Datenabgleichs (III, IV): 5

A. **Unverzüglich zurückzugeben** an die Stelle, die die Daten gespeichert hat- 6 te, sind die auf Datenträgern übermittelten Daten; die gesetzliche Regelung schließt freilich die Zurückhaltung der Datenträger bis zur Beendigung des Strafverfahrens nicht aus, wenn die Daten zur Beweisführung benötigt werden (KK-Greven 8). Auf andere Datenträger übertragene Daten (dazu Hilger NStZ **97**, 372: „Ausgangsdaten") sind unverzüglich (8 zu § 25) zu löschen, sobald sie nicht mehr

§ 98c

benötigt werden (vgl 27 zu § 101). Die Entscheidung über die Vernichtung trifft im Ermittlungsverfahren die StA, danach das mit der Sache befasste Gericht (LR-Menges 23). Eine Dokumentation der Löschung ist anders als in § 101 VIII S 2 nicht vorgeschrieben, aber schon im Hinblick auf IV empfehlenswert (Hilger NStZ **92**, 461 Fn 71).

7 B. Eine **Benachrichtigung** der Personen, gegen die nach Auswertung der Daten weitere Ermittlungen geführt worden sind, sieht § 101 IV S 1 Nr 1 grundsätzlich – mit Hinweis auf die Möglichkeit nachträglichen Rechtsschutzes – vor (näher dort 4 ff, 15). Kennzeichnungs- und (weitere) Löschungspflichten ergeben sich aus § 101 III (dort 3) und VIII (dort 27).

8 Ferner sind die **zuständigen Datenschutzbehörden** über den durchgeführten Datenabgleich zu informieren (IV); diese haben aber nicht die Rechtmäßigkeit der Rasterfahndung, sondern nur die Einhaltung datenschutzrechtlicher Vorschriften zu prüfen (Hilger NStZ **92**, 461 Fn 74; **aM** Weßlau Wolter-FS 1167, 1174).

9 6) **Rechtsschutz:** Für die Betroffenen, gegen die nach Auswertung der Daten weitere Ermittlungen geführt wurden (vgl 7 zu § 101), steht als *lex specialis* der (befristete) Rechtsbehelf nach § 101 VII S 2–4 iVm IV S 1 Nr 1 gegen die richterliche oder nicht-richterliche Anordnung sowie die Art und Weise ihres Vollzugs zur Verfügung (25 ff zu § 101). Für danach nicht Antragsberechtigte gilt: Beschwerde (§ 304) ist gegen die richterliche Anordnung statthaft, ggf auch noch nach Erledigung der Maßnahme (vgl 17 ff vor § 296). Gegen Eilentscheidungen der StA nach I S 1 ist der Antrag entspr § 98 II S 2 gegeben (dort 23), der allerdings nach richterlicher Bestätigung unzulässig, weil prozessual überholt (17 vor § 296), ist (vgl BGH [ER] NStZ **03**, 272). Die Art und Weise der Vollziehung kann entspr § 98 II S 2 beanstandet werden (Morré/Bruns BGH-FS 589).

10 7) **Verwertungsverbot:** Beantragt der StA wegen Zweckerreichung keine richterliche Bestätigung oder lehnt sie der Richter deswegen ab, steht dies einer Verwertung der gewonnenen Erkenntnisse zunächst nicht entgegen (Hilger NStZ **92**, 460 Fn 66). Zur Kontrolle im weiteren Verfahren vgl aber 11 zu § 98a und Hilger aaO.

11 Die Verwendung von **Zufallsfunden** ist in § 479 II S 1 (vgl dort 3 ff; s bereits Hilger NStZ **92**, 461 Fn 70), die Verwendung von Erkenntnissen aus dem Datenabgleich für präventive Zwecke in § 479 II S 2, III (dort 10 ff) näher geregelt.

12 8) Die **Revision** kann auf Verstöße gegen § 98b grundsätzlich nicht gestützt werden (vgl aber 12 zu § 98a).

Maschineller Abgleich mit vorhandenen Daten

98c ¹ Zur Aufklärung einer Straftat oder zur Ermittlung des Aufenthaltsortes einer Person, nach der für Zwecke eines Strafverfahrens gefahndet wird, dürfen personenbezogene Daten aus einem Strafverfahren mit anderen zur Strafverfolgung oder Strafvollstreckung oder zur Gefahrenabwehr gespeicherten Daten maschinell abgeglichen werden. ² Entgegenstehende besondere bundesgesetzliche oder entsprechende landesgesetzliche Verwendungsregelungen bleiben unberührt.

1 1) **Keine Rasterfahndung** wie in § 98a, sondern nur die – verfassungsrechtlich unbedenkliche (KMR-Jäger 4; **aM** Siebrecht StV **96**, 566 wegen fehlender verfahrensrechtlicher Schutzvorkehrungen; dagegen Rogall Schlüchter-GS 632 Fn 154) – Befugnis zum Abgleich bereits bei der Gefahrenabwehr (zB präventivpolizeiliche Fahndungsdateien, vgl KK-Greven 2; Krey JR **92**, 312; krit SK-Wohlers/Greco 4) oder bei der Strafverfolgung oder der Strafvollstreckung gewonnener mit personenbezogenen Daten aus einem Strafverfahren regelt die Vorschrift. Auch Daten aus Melderegistern, insbesondere der Einwohnermeldeämter, werden davon erfasst (Möhrenschlager wistra **92**, 328; vgl § 18 MRRG).

2) Zulässigkeit: Der Abgleich darf sowohl zur Aufklärung einer (beliebigen, also nicht nur der im Katalog des § 98a erwähnten) Straftat als auch zur Ermittlung des Aufenthaltsortes einer Person (Beschuldigter, Zeuge, Sachverständiger) erfolgen. Die Subsidiaritätsklausel des § 98a I S 2 (3 zu § 98a) gilt nicht. Einer schriftlichen Anordnung wie in § 98b I S 4, 5 bedarf es nicht. § 98c geht § 163d vor (Wittig JuS **97**, 966).

3) Unzulässig ist der Datenabgleich, ebenso wie die Rasterfahndung nach § 98b I S 6, wenn ihm bundes- oder landesgesetzliche Verwendungsregeln entgegenstehen (erg 3 zu § 98b). Auch strafprozessuale Schutzvorschriften (zB §§ 52 ff, 96, 97, 136a, 148) können die Verwertung hindern (Hilger NStZ **92**, 461 Fn 79).

Postbeschlagnahme RiStBV 77 ff, 84

99 ¹ Zulässig ist die Beschlagnahme der an den Beschuldigten gerichteten Postsendungen und Telegramme, die sich im Gewahrsam von Personen oder Unternehmen befinden, die geschäftsmäßig Post- oder Telekommunikationsdienste erbringen oder daran mitwirken. ² Ebenso ist eine Beschlagnahme von Postsendungen und Telegrammen zulässig, bei denen aus vorliegenden Tatsachen zu schließen ist, daß sie von dem Beschuldigten herrühren oder für ihn bestimmt sind und daß ihr Inhalt für die Untersuchung Bedeutung hat.

1) Einen **Eingriff in das Brief-, Post- und Fernmeldegeheimnis** (Art 10 GG) gestattet die Vorschrift und erlaubt den Erbringern von Post- bzw Telekommunikationsdiensten unter Durchbrechung des einfachgesetzlichen Postgeheimnisses (§ 39 PostG) oder Fernmeldegeheimnisses (§ 88 TKG) die Mitwirkung an der Beschlagnahme. Die Postbeschlagnahme nach § 99 ist nur zu dem Zweck zulässig, Beweisgegenstände (3 ff zu § 94) zu gewinnen. Auf Einziehungsgegenstände (§ 111b) bezieht sie sich nicht; die Beschlagnahme ist aber nicht deshalb unzulässig, weil der Beweisgegenstand auch der Einziehung unterliegt (KK-Greven 1).

Eine **freiwillige Herausgabe durch ein Postunternehmen** wäre als Verstoß gegen § 39 PostG unzulässig und strafbar gemäß § 206 II StGB (vgl auch Koblenz StraFo **17**, 329; Karlsruhe NJW **73**, 208). Das Gleiche gilt für andere Behörden, die Postsendungen auf Grund besonderer Ermächtigung im Gewahrsam haben (vgl – zu § 5 ZollVG aber überholt, § 12 ZollVG – BGH **23**, 329, 331; Karlsruhe aaO). Ausnahmen gelten, wenn eine Anzeigepflicht nach § 138 StGB besteht (§ 39 III S 4 PostG; KK-Greven 3; Welp 163 ff) oder die Voraussetzungen des rechtfertigenden Notstands nach § 34 StGB vorliegen (LK-Altvater 80 ff zu § 206 StGB; **aM** SK-Wohlers/Greco 8; Welp 161 ff).

Auch die **Einwilligung des Betroffenen** berechtigt zur Herausgabe (BGH **19**, 273, 278; Welp 71 ff). Da Absender und Empfänger von Postsendungen gegeneinander nicht zur Wahrung des Postgeheimnisses verpflichtet sind, kann jeder von ihnen unabhängig von dem anderen in die Aushändigung einwilligen (BVerwG ArchPF **84**, 178; BayJZ **74**, 393; Hamm MDR **88**, 605; AK-Amelung 10; ANM 521 mwN; Welp 72).

2) Postbeschlagnahme:

A. **Begriff:** Die Postbeschlagnahme ist die Weisung an ein Postunternehmen, die bereits vorliegenden und/oder die künftig zu erwartenden Postsendungen (§ 4 Nr 5 PostG) und Telegramme (Telefax vgl 6 zu § 100a) oder einzelne von ihnen auszusondern und auszuliefern (LR-Menges 17). Zur Beschlagnahme ieS kommt es erst, wenn der Richter oder StA nach Öffnung (10 zu § 100) entscheidet, dass die Sendung oder Nachricht für die Zwecke des Verfahrens zurückzuhalten ist (BGH [ER] StV **08**, 225, 226; Welp 151). Zur Beschlagnahme von **beim Provider zwischengespeicherten E-Mail-Sendungen** 16a, 19a zu § 94, allg zum Zugriff auf E-Mails 6b zu § 100a, zur Beschlagnahme von Daten auf Nutzerkonten **sozialer Netzwerke** 16b zu § 94, 6c zu § 100a.

§ 99

6 B. Nur **im Verfahren gegen einen bestimmten Beschuldigten** ist die Postbeschlagnahme zulässig. Die Person des Beschuldigten muss feststehen (LR-Menges 18); sein Name kann aber noch unbekannt sein (BGH [ER] 1 BGs 79/2008 vom 5.5.2008; KK-Greven 2). Ein Ermittlungsverfahren muss noch nicht eingeleitet sein; mit der Anordnung nach § 99 kann es eingeleitet werden (Welp 84). Die Postbeschlagnahme kann noch im Hauptverfahren angeordnet werden, zB zur Aufenthaltsermittlung, sowie nach Urteilsrechtskraft zu Zwecken der Strafvollstreckung gemäß § 457 III (zu Letzterem **aM** SK-Wohlers/Greco 11).

7 Im **selbstständigen Einziehungsverfahren** nach § 435 ist die Postbeschlagnahme unzulässig (BGH **23**, 329; Karlsruhe NJW **73**, 208), auch im Fall des § 444 III S 1. Ein vorher im subjektiven Verfahren durch Beschlagnahme gewonnenes Beweismittel bleibt aber verwertbar (KK-Greven 2).

8 C. **Bei Personen oder Unternehmen,** die geschäftsmäßig Post- oder Telekommunikationsdienste erbringen oder daran mitwirken, ist die Beschlagnahme zulässig. Die Pflicht zur Herausgabe der anvertrauten Sendungen ist für die Gewahrsamsinhaber von Postsendungen nicht eigens geregelt, § 95 ist entspr anzuwenden (erg 8 aE zu § 100). Zum geschäftsmäßigen Erbringen von Post- und Telekommunikationsdiensten vgl § 4 Nr 4 PostG und § 3 Nr 10 TKG. Um eine Postbeschlagnahme handelt es sich nicht bei der Beschlagnahme von Kundenunterlagen bei der Deutschen Postbank AG. Zu weiteren Auskunftspflichten nach dem TKG siehe 15, 16.

9 Nur **Sendungen im Gewahrsam der Postbeförderer** oder Anbieter von Telekommunikation oder deren Mitwirkenden als Verrichtungs- oder Erfüllungsgehilfen werden von der Beschlagnahme erfasst (BGH StraFo 19, 457, 458; BGH NJW **17**, 680 [ER]). Die Anordnung wirkt noch nicht, solange noch der Absender, und nicht mehr, sobald der Empfänger Gewahrsam hat. Nicht unter § 99 fallen zB Beschlagnahmen im Schalterraum der Post vor Aufgabe der Sendung; hierfür gelten die §§ 94, 98.

10 D. **An den Beschuldigten gerichtete Sendungen (S 1)** dürfen beschlagnahmt werden, auch wenn sie für einen anderen bestimmt sind. Das setzt voraus, dass der Name, mindestens der Deckname, und die Anschrift des Beschuldigten bekannt sind. Die Bedeutung der Sache als Beweismittel braucht nicht geprüft zu werden (**aM** SK-Wohlers/Greco 13); steht ihr Fehlen aber fest, so ist § 99 nicht anwendbar (KK-Greven 8).

11 E. **Vom Beschuldigten herrührende Sendungen** oder solche, die, obwohl nicht an ihn adressiert, für ihn bestimmt sind (S 2). Das muss aus Tatsachen geschlossen werden; bloße Vermutungen genügen nicht. Falls genügend andere Anhaltspunkte zur Identifizierung der Sendung vorliegen, schadet es nichts, dass Name und Anschrift des Beschuldigten noch nicht bekannt sind. Erfasst werden dürfen hier aber nur Sendungen, deren Inhalt für die Untersuchung von Bedeutung ist (dazu 8 zu § 94). Auch dafür reichen bloße Vermutungen nicht aus. Vielmehr müssen Tatsachen vorliegen, die es als möglich erscheinen lassen, dass der Gegenstand als Beweismittel in Betracht kommt (KK-Greven 8).

12 F. Der **Verhältnismäßigkeitsgrundsatz** (Einl 20) gebietet, dass die Postbeschlagnahme nur angeordnet wird, wenn ein nicht nur in geringem Maß konkretisierter Verdacht für eine nicht nur geringfügige Tat besteht (SK-Wohlers/Greco 16). Eine besondere Stärke des Tatverdachts wird aber nicht vorausgesetzt. Im Privatklageverfahren kommt die Anwendung des § 99 idR nicht in Betracht. Zur zeitlichen und sachlichen Beschränkung der Anordnung vgl 5 zu § 100.

13 G. **Ausgenommen** von der Beschlagnahme ist wegen § 148 (dort 2) die Verteidigerpost, es sei denn, gegen den Verteidiger besteht der (qualifizierte) Verdacht der Tatbeteiligung (vgl KK-Greven 12; erg 38 zu § 97). Im Übrigen gilt für zeugnisverweigerungsberechtigte Berufsgeheimnisträger § 160a.

14 3) **Auskunftsverlangen statt Beschlagnahme:** In der Beschlagnahmebefugnis ist das geringere Recht enthalten, von einem Postunternehmen Auskunft über

Postsendungen zu verlangen (LR-Menges 29; Welp 124 ff; vgl ferner RiStBV 84 S 1), und zwar im selben Umfang und unter denselben Voraussetzungen (§ 100 I), unter denen die Postbeschlagnahme zulässig wäre. Die Auskunft erstreckt sich idR nur auf die äußeren Merkmale der Sendung (Absender, Empfänger, Sendungsart) und die Daten des Postverkehrs. Ist dem Postunternehmen der Inhalt der Sendung auf rechtmäßige Weise bekanntgeworden, so darf aber auch hierüber Auskunft verlangt und erteilt werden.

Über Sendungen, die im Zeitpunkt des Auskunftsbegehrens bereits zugestellt **14a** worden sind und sich mithin nicht (mehr) im Gewahrsam des Postunternehmens befinden **(retrograde Postdaten)**, kann aufgrund des eindeutigen Wortlauts der Vorschrift *("im Gewahrsam")* keine Auskunft verlangt werden (BGH StraFo 19, 457, 458,; LR-Menges 30; SSW-Eschelbach 22; MüKo-Hausschild 48; **aM** KK-Greven 11; BeckOK-Graf 19) RiStBV 84 S 2 ist danach gesetzwidrig (BGH aaO). Auch auf § 94 lässt sich eine Auskunftspflicht der Postunternehmen über retrograde Postdaten nicht stützen (BGH aaO).

Weitere Auskunftsrechte: Die allgemeine Befugnis zur Erhebung von **Ver- 15 kehrsdaten** in § 100g umfasst auch die Auskunft über bereits abgewickelte sowie zukünftige Telekommunikationsverbindungen (vgl dort 3, 29); die Überwachung und Aufzeichnung künftiger Telekommunikation (sog **Inhaltsdaten**) richtet sich jedoch nur nach § 100a. **Bestandsdaten**, dh der Kunden von Telekommunikationsunternehmen (zum Begriff: §§ 3 Nr 3, 95 TKG) unterfallen dagegen nicht dem Post- und Fernmeldegeheimnis, da Art 10 I GG allein die Vertraulichkeit konkreter Telekommunikationsvorgänge, nicht aber die Vertraulichkeit von Informationen schützt, welche bei der Bereitstellung von Telekommunikationsdienstleistungen anfallen (BVerfGE **130**, 151 [Tz 114]); insoweit besteht nunmehr eine Auskunftsverpflichtung nach § 100j (siehe dort, auch zum Zugriff auf statische IP-Adressen und auf Zugangssicherungscodes nach § 113 TKG).

Die **dynamischen IP-Adressen** fallen – anders als die statischen IP-Adressen – **16** in den Schutzbereich des Art 10 I GG (BVerfGE **130**, 151). Ihre Erhebung richtet sich deshalb nur § 100g (siehe dort 8).

4) Ein **Verwertungsverbot** besteht grundsätzlich, wenn das Beweismittel er- **17** langt wurde, ohne dass die Voraussetzungen für eine Postbeschlagnahme vorlagen (BGH **23**, 329, 331; AK-Amelung 14 mwN; einschr KK-Greven 13); dies ist auf Revision des Betroffenen zu beachten (SK-Wohlers/Greco 22). Anders kann es sich bei einem weder gezielten noch auch nur leichtfertigen Verstoß gegen die Art und Weise des Vollzugs der Postbeschlagnahme verhalten (BGH [ER] 1 BGs 79/2008 vom 5.5.2008; vgl auch Koblenz StraFo **17**, 329, 332). Im Übrigen findet § 160a Anwendung.

Verfahren bei der Postbeschlagnahme

100 **I Zu der Beschlagnahme (§ 99) ist nur das Gericht, bei Gefahr im Verzug auch die Staatsanwaltschaft befugt.**

II Die von der Staatsanwaltschaft verfügte Beschlagnahme tritt, auch wenn sie eine Auslieferung noch nicht zur Folge gehabt hat, außer Kraft, wenn sie nicht binnen drei Werktagen gerichtlich bestätigt wird.

III ¹Die Öffnung der ausgelieferten Postsendungen steht dem Gericht zu. ²Es kann diese Befugnis der Staatsanwaltschaft übertragen, soweit dies erforderlich ist, um den Untersuchungserfolg nicht durch Verzögerung zu gefährden. ³Die Übertragung ist nicht anfechtbar; sie kann jederzeit widerrufen werden. ⁴Solange eine Anordnung nach Satz 2 nicht ergangen ist, legt die Staatsanwaltschaft die ihr ausgelieferten Postsendungen sofort, und zwar verschlossene Postsendungen ungeöffnet, dem Gericht vor.

IV ¹Über eine von der Staatsanwaltschaft verfügte Beschlagnahme entscheidet das nach § 98 zuständige Gericht. ²Über die Öffnung einer ausgelieferten

§ 100

Erstes Buch. 8. Abschnitt

Postsendung entscheidet das Gericht, das die Beschlagnahme angeordnet oder bestätigt hat.

V [1] Postsendungen, deren Öffnung nicht angeordnet worden ist, sind unverzüglich an den vorgesehenen Empfänger weiterzuleiten. [2] Dasselbe gilt, soweit nach der Öffnung die Zurückbehaltung nicht erforderlich ist.

VI Der Teil einer zurückbehaltenen Postsendung, dessen Vorenthaltung nicht mit Rücksicht auf die Untersuchung geboten erscheint, ist dem vorgesehenen Empfänger abschriftlich mitzuteilen.

1 1) **Beschlagnahmeanordnung:**

2 A. **Zuständig** für die Postbeschlagnahme ist in 1. Hinsicht das Gericht (§ 162; 4 zu § 98), die StA nur bei Gefahr im Verzug (6 zu § 98). Ermittlungspersonen dürfen nicht einmal mit dem Vollzug der Anordnung beauftragt werden (SK-Wohlers/Greco 5); sie dürfen lediglich außerhalb des Kernbereichs (Durchsicht aller Sendungen, unten 8; Sichtung des Inhalts aussortierter Sendungen, unten 10) unterstützend herangezogen werden (BGH [ER] StV 08, 225: spurensichernde Öffnung).

3 B. Eine bestimmte **Form** ist nicht vorgeschrieben. Richterliche Anordnungen ergehen üblicherweise durch Beschluss, Anordnungen der StA auch mündlich, telefonisch, per Telefax oder durch Fernschreiber. Mündliche Anordnungen müssen aber schriftlich bestätigt werden. Eine vorherige Anhörung des Betroffenen kommt nicht in Betracht (§ 33 IV S 1).

4 C. **Inhaltlich** muss die Anordnung erkennen lassen, von wem sie stammt und dass sie in einem Ermittlungs- oder Strafverfahren gegen einen bestimmten Beschuldigten erlassen worden ist. Die sonstigen Zulässigkeitsvoraussetzungen des § 99 brauchen nicht dargelegt zu werden. Genau zu bezeichnen, und zwar mit ihren postamtlichen Bezeichnungen (RiStBV 77 III), sind aber die zu beschlagnahmenden Postsendungen (BGH NJW **56**, 1805, 1806; LR-Menges 8; Welp 157 ff); der Umfang der Beschlagnahme darf nicht zweifelhaft sein (vgl auch RiStBV 77). Bei Sendungen an den Beschuldigten müssen der volle Name und der Bestimmungsort, bei größeren Orten auch die genaue Anschrift angegeben werden (RiStBV 78 I S 2). Bei an den Beschuldigten gerichteten Sendungen bedarf es der Angabe des Ortes, an dem sie vermutlich aufgegeben werden, und des Absenders (vgl RiStBV 78 II S 1). Die wahrscheinlich als Empfänger in Betracht kommenden Personen sollten ebenfalls angegeben werden.

5 D. **Beschränkungen** sind in zeitl Hinsicht möglich und idR geboten (vgl RiStBV 80 I S 1). Zulässig sind auch sachl Beschränkungen („Fahndungsraster"), zB auf geschlossene Briefe, Postkarten oder Pakete und Päckchen (vgl RiStBV 77 II S 1).

6 E. Die **Bekanntgabe** der Anordnung an den Beschuldigten und sonstige Betroffene muss idR zunächst unterbleiben (§ 33 IV S 1; erg unten 13).

7 2) Die **gerichtliche Bestätigung** der Beschlagnahmeanordnung der StA (II) ist innerhalb von 3 Werktagen nach ihrem Erlass erforderlich (SK-Wohlers/Greco 9; vgl 1 zu § 100b). Die Frist wird nach § 42 berechnet; § 43 II gilt (LR-Menges 20; vgl auch Schnarr NStZ **88**, 484). Die StA muss die Bestätigung unverzüglich bei dem nach IV S 1 iVm § 98 II S 3, 4 zuständigen Gericht beantragen, sofern sie ihre Anordnung nicht aufhebt. Trifft die richterliche Bestätigung nicht bis zum Fristablauf bei dem Postunternehmen ein, so erlischt die Beschlagnahmeanordnung der StA ohne weiteres, jedoch nicht rückwirkend; bereits ausgelieferte Sendungen bleiben beschlagnahmt (aM HK-Gercke 10). Bestätigt das Gericht die Anordnung nach Ablauf der Frist, so gilt das als neue richterliche Beschlagnahmeanordnung (LR-Menges 19). Die Prüfung des Gerichts hat denselben Umfang wie bei § 98 II (dort 17).

Köhler

3) Die **Durchführung der Beschlagnahme** obliegt der StA. Sie leitet die Be- 8
schlagnahmeanordnung dem Postunternehmen zu, das die bezeichneten Sendungen aussondert und (ungeöffnet) abliefert. Die Strafverfolgungsbehörden dürfen nicht etwa die Räume der Post durchsuchen oder einen gesamten Postbestand vorläufig sicherstellen und die Postsendungen selbst – wenn auch nur äußerlich – durchsehen und aussondern (BGH [ER] StV **08**, 225; 1 BGs 79/2008 vom 5.5.2008). Die mündlich übermittelte Anordnung führt die Post in der Weise aus, dass sie die Sendungen aussondert und bis zum Eingang der schriftlichen Bestätigung zurückhält. Die Rechtmäßigkeit der Anordnung hat die Post in keinem Fall zu prüfen. Verweigert das Postunternehmen die Mitwirkung, ist nach § 70 (iVm §§ 95 II, 161a II entspr) zu verfahren (vgl BGH NJW **09**, 1828 mit zust Anm Bär NStZ **09**, 399).

4) **Maßnahmen nach Ablieferung der Postsendungen:** 9
A. **Öffnung der Sendungen (III):** Der Richtervorbehalt nach III S 1 wird 10
durch die Übertragungsbefugnis nach III S 2 eingeschränkt. Der Richter, der die Postbeschlagnahme angeordnet oder bestätigt hat (IV S 2), kann die nach III S 4 vorgelegten Sendungen selbst öffnen oder die Öffnungsbefugnis auf den StA übertragen, wenn und soweit das wegen Gefahr im Verzug erforderlich ist, also in Fällen, in denen der Erfolg der Ermittlungen von einem sofortigen Eingriff der StA abhängt und damit zu rechnen ist, dass sich aus der beschlagnahmten Post Anhaltspunkte für die Art, den Umfang oder den Ort weiterer Ermittlungen ergeben (BT-Drucks 7/551 S 65). Die Übertragung kann jederzeit widerrufen werden (III S 3 Hs 2).

B. Die **Aushändigung von Sendungen (V),** deren Öffnung nicht angeordnet 11
worden oder deren Zurückhaltung nach der Öffnung nicht erforderlich ist, an den vorgesehenen Empfänger (Adressaten) muss unverzüglich und ohne Rücksicht auf die dadurch eintretende Gefährdung des Untersuchungszwecks erfolgen (KK-Greven 8; **aM** SK-Wohlers/Greco 16; erg 19 zu § 101). Ungeöffnete Sendungen werden in den Postweg zurückgegeben, geöffnete Sendungen entweder verschlossen, mit einem Vermerk über die gerichtliche Öffnung versehen und dem Postunternehmen zur Beförderung zurückgegeben oder in neuer Umhüllung als Sendung der Strafverfolgungsbehörde zugestellt. Sie können aber dem Empfänger auch mittelbar ausgehändigt werden. Die Weiterleitung ordnet der Richter an, sofern er seine Befugnisse nicht nach III S 2 auf die StA übertragen hat.

C. Die **Mitteilung von Briefteilen (VI),** deren Vorenthalten durch die Rück- 12
sicht auf die Ermittlungen nicht geboten ist, an den Adressaten muss unabhängig davon erfolgen, ob nunmehr die Beschlagnahme bekannt und dadurch der Untersuchungszweck gefährdet wird (HK-Gercke 20; Welp 114; **aM** SK-Wohlers/Greco 17; Schoene NStZ **93**, 126; erg 19 zu § 101). Maßgebend ist nur, ob dieser Zweck durch die Bekanntgabe des Briefteils gefährdet wäre. Auf Briefteile ohne selbstständigen gedanklichen Inhalt (Anrede, Grußformel uä) bezieht sich VI nicht. Auch hier ist der Richter zuständig, wenn er die Sendung geöffnet hat (erg oben 10, 11).

D. Weitere **grundrechtssichernde Pflichten** ergeben sich aus § 101: Kenn- 13
zeichnung (§ 101 III, dort 3), Benachrichtigung mit Hinweis auf die Möglichkeit nachträglichen Rechtsschutzes (§ 101 IV S 1 Nr 2, dort 4 ff, 15), Löschung (§ 101 VIII, dort 27).

5) **Aufzuheben** ist die richterliche Anordnung, wenn ihr Zweck bereits er- 14
reicht oder nicht mehr erreichbar ist. Wegen der Anordnung der StA vgl oben 7. Zuständig ist der Richter, die StA nur, wenn sie die Anordnung selbst getroffen hat und dem Gericht noch keine Sendungen vorgelegt worden sind. Die Bekanntgabe der Aufhebung an das Postunternehmen ist immer Sache der StA.

6) Für **Ersuchen um Auskunft** über Postsendungen (14 zu § 99) gilt § 100 15
entspr. Von der Gewährung rechtlichen Gehörs kann abgesehen werden, § 101 ist jedoch entspr anzuwenden. Eine richterliche Bestätigung (II) ist für Auskunftsersu-

§ 100a

chen der StA (Kurth NStZ **83**, 542; Welp 126) erforderlich. Das Postunternehmen erteilt die Auskunft schriftlich oder durch die Zeugenaussage ihrer Bediensteten (Kurth NStZ **83**, 541; Welp 129 ff).

16   **7) Zufallsfunde:** § 108 gilt entspr (nicht aber § 477 II S 2; vgl dort 5).

17   **8) Rechtsschutz:** Für Absender und Adressat der beschlagnahmten Postsendung (vgl 8 zu § 101) steht als *lex specialis* der (befristete) Rechtsbehelf nach § 101 VII S 2–4 iVm IV S 1 Nr 2 gegen die richterliche oder nicht-richterliche Anordnung sowie die Art und Weise ihres Vollzugs zur Verfügung (25 ff zu § 101). Für danach nicht Antragsberechtigte gilt: Gegen richterliche Anordnungen und Bestätigungen ist die Beschwerde nach § 304 statthaft. Auch dem Postunternehmen als (nach der Postreform) privatem Mitwirkungspflichtigen wird nunmehr ein Beschwerderecht zuzugestehen sein. Zur nachträglichen Feststellung der Rechtswidrigkeit der Anordnung vgl 17 ff vor § 296. Gegen Eilentscheidungen der StA nach I ist der Antrag entspr § 98 II S 2 gegeben (dort 23), der allerdings nach richterlicher Bestätigung (II) unzulässig, weil prozessual überholt, ist (BGH [ER] NStZ **03**, 272 zu § 100b I aF). Die Art und Weise der Vollziehung kann entspr § 98 II S 2 beanstandet werden (Morré/Bruns BGH-FS 590), soweit der Antragsteller hierdurch beschwert ist (BGH [ER] 1 BGs 519/07 vom 28.11.2007). Die Übertragung nach III S 2 ist unanfechtbar (III S 3 Hs 1).

18   **9)** Die **Revision** kann auf Verstöße gegen § 100 nicht gestützt werden (ANM 522), es sei denn, die StA hat willkürlich Gefahr im Verzug angenommen (KK-Greven 13 zu § 99; weitergehend SK-Wohlers/Greco 23; vgl 7 zu § 98).

Telekommunikationsüberwachung   RiStBV 85

100a
[I] [1] Auch ohne Wissen der Betroffenen darf die Telekommunikation überwacht und aufgezeichnet werden, wenn

1. bestimmte Tatsachen den Verdacht begründen, dass jemand als Täter oder Teilnehmer eine in Absatz 2 bezeichnete schwere Straftat begangen, in Fällen, in denen der Versuch strafbar ist, zu begehen versucht, oder durch eine Straftat vorbereitet hat,
2. die Tat auch im Einzelfall schwer wiegt und
3. die Erforschung des Sachverhalts oder die Ermittlung des Aufenthaltsortes des Beschuldigten auf andere Weise wesentlich erschwert oder aussichtslos wäre.

[2] Die Überwachung und Aufzeichnung der Telekommunikation darf auch in der Weise erfolgen, dass mit technischen Mitteln in von dem Betroffenen genutzte informationstechnische Systeme eingegriffen wird, wenn dies notwendig ist, um die Überwachung und Aufzeichnung insbesondere in unverschlüsselter Form zu ermöglichen. [3] Auf dem informationstechnischen System des Betroffenen gespeicherte Inhalte und Umstände der Kommunikation dürfen überwacht und aufgezeichnet werden, wenn sie auch während des laufenden Übertragungsvorgangs im öffentlichen Telekommunikationsnetz in verschlüsselter Form hätten überwacht und aufgezeichnet werden können.

[II] Schwere Straftaten im Sinne des Absatzes 1 Nr. 1 sind:

1. aus dem Strafgesetzbuch:
   a) Straftaten des Friedensverrats, des Hochverrats und der Gefährdung des demokratischen Rechtsstaates sowie des Landesverrats und der Gefährdung der äußeren Sicherheit nach den §§ 80a bis 82, 84 bis 86, 87 bis 89a, 89c Absatz 1 bis 4, 94 bis 100a,
   b) Bestechlichkeit und Bestechung von Mandatsträgern nach § 108e,
   c) Straftaten gegen die Landesverteidigung nach den §§ 109d bis 109h,
   d) Straftaten gegen die öffentliche Ordnung nach den §§ 129 bis 130,

Ermittlungsmaßnahmen § 100a

e) Geld- und Wertzeichenfälschung nach den §§ 146 und 151, jeweils auch in Verbindung mit § 152, sowie nach § 152a Abs. 3 und § 152b Abs. 1 bis 4,
f) Straftaten gegen die sexuelle Selbstbestimmung in den Fällen der §§ 176a, 176b und, unter den in § 177 Absatz 6 Satz 2 Nummer 2 genannten Voraussetzungen, des § 177,
g) Verbreitung, Erwerb und Besitz kinder- und jugendpornographischer Schriften nach § 184b Absatz 1 und 2, § 184c Absatz 2,
h) Mord und Totschlag nach den §§ 211 und 212,
i) Straftaten gegen die persönliche Freiheit nach den §§ 232, 232a Absatz 1 bis 5, den §§ 232b, 233 Absatz 2, den §§ 233a, 234, 234a, 239a und 239b,
j) Bandendiebstahl nach § 244 Abs. 1 Nr. 2, Wohnungseinbruchdiebstahl nach § 244 Absatz 4 und schwerer Bandendiebstahl nach § 244a,
k) Straftaten des Raubes und der Erpressung nach den §§ 249 bis 255,
l) gewerbsmäßige Hehlerei, Bandenhehlerei und gewerbsmäßige Bandenhehlerei nach den §§ 260 und 260a,
m) Geldwäsche und Verschleierung unrechtmäßig erlangter Vermögenswerte nach § 261 Abs. 1, 2 und 4; beruht die Strafbarkeit darauf, dass die Straflosigkeit nach § 261 Absatz 9 Satz 2 gemäß § 261 Absatz 9 Satz 3 ausgeschlossen ist, jedoch nur dann, wenn der Gegenstand aus einer der in den Nummern 1 bis 11 genannten schweren Straftaten herrührt,
n) Betrug und Computerbetrug unter den in § 263 Abs. 3 Satz 2 genannten Voraussetzungen und im Falle des § 263 Abs. 5, jeweils auch in Verbindung mit § 263a Abs. 2,
o) Subventionsbetrug unter den in § 264 Abs. 2 Satz 2 genannten Voraussetzungen und im Falle des § 264 Abs. 3 in Verbindung mit § 263 Abs. 5,
p) Sportwettbetrug und Manipulation von berufssportlichen Wettbewerben unter den in § 265e Satz 2 genannten Voraussetzungen,
q) Vorenthalten und Veruntreuen von Arbeitsentgelt unter den in § 266a Absatz 4 Satz 2 Nummer 4 genannten Voraussetzungen,
r) Straftaten der Urkundenfälschung unter den in § 267 Abs. 3 Satz 2 genannten Voraussetzungen und im Fall des § 267 Abs. 4, jeweils auch in Verbindung mit § 268 Abs. 5 oder § 269 Abs. 3, sowie nach § 275 Abs. 2 und § 276 Abs. 2,
s) Bankrott unter den in § 283a Satz 2 genannten Voraussetzungen,
t) Straftaten gegen den Wettbewerb nach § 298 und, unter den in § 300 Satz 2 genannten Voraussetzungen, nach § 299,
u) gemeingefährliche Straftaten in den Fällen der §§ 306 bis 306c, 307 Abs. 1 bis 3, des § 308 Abs. 1 bis 3, des § 309 Abs. 1 bis 4, des § 310 Abs. 1, der §§ 313, 314, 315 Abs. 3, des § 315b Abs. 3 sowie der §§ 316a und 316c,
v) Bestechlichkeit und Bestechung nach den §§ 332 und 334,
2. aus der Abgabenordnung:
a) Steuerhinterziehung unter den in § 370 Abs. 3 Satz 2 Nr. 5 genannten Voraussetzungen,
b) gewerbsmäßiger, gewaltsamer und bandenmäßiger Schmuggel nach § 373,
c) Steuerhehlerei im Falle des § 374 Abs. 2,
3. aus dem Anti-Doping-Gesetz:
Straftaten nach § 4 Absatz 4 Nummer 2 Buchstabe b,
4. aus dem Asylgesetz:
a) Verleitung zur missbräuchlichen Asylantragstellung nach § 84 Abs. 3,
b) gewerbs- und bandenmäßige Verleitung zur missbräuchlichen Asylantragstellung nach § 84a,

Köhler

§ 100a

5. aus dem Aufenthaltsgesetz:
   a) Einschleusen von Ausländern nach § 96 Abs. 2,
   b) Einschleusen mit Todesfolge und gewerbs- und bandenmäßiges Einschleusen nach § 97,
6. aus dem Außenwirtschaftsgesetz:
   vorsätzliche Straftaten nach den §§ 17 und 18 des Außenwirtschaftsgesetzes,
7. aus dem Betäubungsmittelgesetz:
   a) Straftaten nach einer in § 29 Abs. 3 Satz 2 Nr. 1 in Bezug genommenen Vorschrift unter den dort genannten Voraussetzungen,
   b) Straftaten nach den §§ 29a, 30 Abs. 1 Nr. 1, 2 und 4 sowie den §§ 30a und 30b,
8. aus dem Grundstoffüberwachungsgesetz:
   Straftaten nach § 19 Abs. 1 unter den in § 19 Abs. 3 Satz 2 genannten Voraussetzungen,
9. aus dem Gesetz über die Kontrolle von Kriegswaffen:
   a) Straftaten nach § 19 Abs. 1 bis 3 und § 20 Abs. 1 und 2 sowie § 20a Abs. 1 bis 3, jeweils auch in Verbindung mit § 21,
   b) Straftaten nach § 22a Abs. 1 bis 3,
9a. aus dem Neue-psychoaktive-Stoffe-Gesetz:
   Straftaten nach § 4 Absatz 3 Nummer 1 Buchstabe a,
10. aus dem Völkerstrafgesetzbuch:
    a) Völkermord nach § 6,
    b) Verbrechen gegen die Menschlichkeit nach § 7,
    c) Kriegsverbrechen nach den §§ 8 bis 12,
    d) Verbrechen der Aggression nach § 13,
11. aus dem Waffengesetz:
    a) Straftaten nach § 51 Abs. 1 bis 3,
    b) Straftaten nach § 52 Abs. 1 Nr. 1 und 2 Buchstabe c und d sowie Abs. 5 und 6.

III Die Anordnung darf sich nur gegen den Beschuldigten oder gegen Personen richten, von denen auf Grund bestimmter Tatsachen anzunehmen ist, dass sie für den Beschuldigten bestimmte oder von ihm herrührende Mitteilungen entgegennehmen oder weitergeben oder dass der Beschuldigte ihren Anschluss oder ihr informationstechnisches System benutzt.

IV ¹Auf Grund der Anordnung einer Überwachung und Aufzeichnung der Telekommunikation hat jeder, der Telekommunikationsdienste erbringt oder daran mitwirkt, dem Gericht, der Staatsanwaltschaft und ihren im Polizeidienst tätigen Ermittlungspersonen (§ 152 des Gerichtsverfassungsgesetzes) diese Maßnahmen zu ermöglichen und die erforderlichen Auskünfte unverzüglich zu erteilen. ²Ob und in welchem Umfang hierfür Vorkehrungen zu treffen sind, bestimmt sich nach dem Telekommunikationsgesetz und der Telekommunikations-Überwachungsverordnung. ³ § 95 Absatz 2 gilt entsprechend.

V ¹Bei Maßnahmen nach Absatz 1 Satz 2 und 3 ist technisch sicherzustellen, dass

1. ausschließlich überwacht und aufgezeichnet werden können:
   a) die laufende Telekommunikation (Absatz 1 Satz 2) oder
   b) Inhalte und Umstände der Kommunikation, die ab dem Zeitpunkt der Anordnung nach § 100e Absatz 1 auch während des laufenden Übertragungsvorgangs im öffentlichen Telekommunikationsnetz hätten überwacht und aufgezeichnet werden können (Absatz 1 Satz 3),
2. an dem informationstechnischen System nur Veränderungen vorgenommen werden, die für die Datenerhebung unerlässlich sind,
3. die vorgenommenen Veränderungen bei Beendigung der Maßnahme, soweit technisch möglich, automatisiert rückgängig gemacht werden.

§ 100a

² Das eingesetzte Mittel ist nach dem Stand der Technik gegen unbefugte Nutzung zu schützen. ³ Kopierte Daten sind nach dem Stand der Technik gegen Veränderung, unbefugte Löschung und unbefugte Kenntnisnahme zu schützen.

VI Bei jedem Einsatz des technischen Mittels sind zu protokollieren
1. die Bezeichnung des technischen Mittels und der Zeitpunkt seines Einsatzes,
2. die Angaben zur Identifizierung des informationstechnischen Systems und die daran vorgenommenen nicht nur flüchtigen Veränderungen,
3. die Angaben, die die Feststellung der erhobenen Daten ermöglichen, und
4. die Organisationseinheit, die die Maßnahme durchführt.

Übersicht

	Rn
1) Grundrechtseingriff	1–5
2) Telekommunikation	6–7d
A. E-Mails	6b–d
B. Internet	7
C. Internet-Telefonie	7a
D. Online-Durchsuchung	7b
3) Überwachung und Aufzeichnung (I)	8–14
A. Tatverdacht (I Nr 1)	9
B. Schwere Straftat (I Nr 1, 2)	10, 11a
C. Teilnahme an der Anlasstat	12
D. Subsidiaritätsgrundsatz (I Nr 3)	13, 14
4) Quellen-TKÜ	14a–l
A. Normzweck	14b
B. Eingriff in informationstechnisches System (I S 2)	14c–f
C. Erfassung gespeicherter Inhalte und Umstände (I S 3)	14g, h
D. Technische Voraussetzungen der Durchführung (V)	14i–l
E. Dokumentation (VI)	14m
5) Straftatenkatalog (II)	15
6) Betroffene (III)	16–22
A. Beschuldigte	17
B. Nichtverdächtige	18–20
C. Verteidiger	21
D. Rechtsanwälte	22
7) Durchführung, Mitwirkungsverpflichtung (IV)	23–26
8) Löschung der Daten	27
9) Kernbereichsschutz, Verfahren	28
10) Verwertung der Erkenntnisse	29–34
A. Verfahren gegen den Beschuldigten und Tatbeteiligte	30, 31
B. Änderung der rechtlichen Beurteilung	32, 33
C. Zufallserkenntnisse	34
11) Verwertungsverbot	35–38
12) Revision	39

1) Einen **Eingriff in das Grundrecht des Post- und Fernmeldegeheimnisses** (Art 10 GG) erlaubt die Vorschrift (BGH **27**, 355, 357; **31**, 296, 298), bei der sog Quellen-TKÜ auch in das IT-Grundrecht aus Art 2 I GG. Der Schutz des Fernmeldegeheimnisses endet jedoch am Endgerät des Fernsprechteilnehmers (BGH **42**, 139, 154), es sei denn, an einem Endgerät wurde ein Abhörgerät angebracht und genutzt (BVerfGE **106**, 28, 37; **115**, 166, 186; ähnlich **124**, 43). Art 10 GG schützt vor den spezifischen Risiken des der Kontroll- und Einwirkungsmöglichkeit des Teilnehmers entzogenen Übertragungsvorgangs (BVerfG jew aaO; Beulke/Meininghaus Widmaier-FS 64; Badura Amelung-FS 529). Es liegt kein rechtswidriger Eingriff vor, wenn auch nur einer der Teilnehmer am Fernmeldeverkehr damit einverstanden ist, dass ein Dritter mithört, gleichgültig, ob es sich um eine Privatperson oder einen Polizeibeamten handelt (BGH aaO; **39**, 335 mwN; Hamm NStZ **88**, 515). Auch das Auslesen eines beschlagnahmten Mobiltelefons fällt nicht unter § 100a (BGH AK 13-14/19 vom 7.5.2019; erg 16a zu

§ 100a

§ 94). Davon zu unterscheiden ist die Einwilligung in die Überwachung selbst; zugunsten der allgemeinen Befugnisse (§§ 161, 163) unanwendbar sind die §§ 100a, 100e nur, wenn alle Kommunikationspartner (nicht nur von ihr wissen, sondern auch) in sie einwilligen (BT-Drucks 16/5846 S 39; vgl auch BVerfGE **85**, 386: Einrichtung von Fangschaltungen und Zählervergleichseinrichtungen unterfällt Art 10 GG). Zur Telefonüberwachung aus dem Blickwinkel von Art 8 **EMRK** Hembach MMR **17**, 803 ff.

2   Die Vorschrift enthält neben § 1 **G 10** eine **abschließende Regelung** (BGH **31**, 304, 306; **34**, 39, 50), von der zurückhaltend Gebrauch gemacht werden sollte (Kaiser NJW **69**, 20; Zuck NJW **69**, 911; vgl auch BGH NStZ-RR **11**, 148; zur praktischen Bedeutung und Effizienz von TKÜ-Maßnahmen Zenker Kriminalistik **12**, 466). Eine erweiternde Auslegung kommt nicht in Betracht (BGH **26**, 298, 303; **31**, 296, 298). Insbesondere gestattet § 100a nicht das heimliche Abhören eines nichtöffentlichen Gesprächs außerhalb des Fernmeldeverkehrs (BGH **34**, 39, 50) oder die Verwertung von **„Raumgesprächen"**, deren Abhören durch das versehentliche Nichtauflegen des Hörers **nach Abschluss** des überwachten Telekommunikationsvorgangs ermöglicht wurde (BGH **31**, 296; LR-Hauck 71). **Verwertbar** ist aber das gesamte **während** des Telefonats aufgrund zulässig angeordneter Überwachung aufgezeichnete Gespräch einschließlich des Hintergrundgeräusche und -gespräche (BGH NStZ **18**, 550, 551); dasselbe gilt für Äußerungen des Betroffenen oder von sich mit ihm unterhaltenden Personen während der Herstellung der Telekommunikationsverbindung (BGH NStZ **08**, 473 [krit hierzu Prittwitz StV **09**, 437]; Düsseldorf NJW **95**, 975) sowie für Erkenntnisse aus einer Überwachung, wenn der Beschuldigte eine zuvor von ihm selbst hergestellte Telekommunikationsverbindung versehentlich nicht beendet hat (BGH NStZ **03**, 668, insoweit allerdings nicht ganz spannungsfrei zur Entscheidung BGH **31**, 296; dem BGH zust Gercke JR **04**, 347; abl Weßlau StV **03**, 483; Braum JZ **04**, 128; Fezer NStZ **03**, 625; Prittwitz aaO 440; Löffelmann AnwBl **06**, 600; LR-Hauck 69; krit auch Sankol MMR **07**, 692). Anders läge es bei einer von vornherein zielgerichtet ohne Willen des Betroffenen als **„Abhöranlage"** in Betrieb genommenen Telekommunikationsanlage; hierfür gilt § 100c oder § 100f (vgl BGH aaO). Die Verwertung der Ergebnisse der Telefonüberwachung richtet sich im anwaltsgerichtlichen Verfahren nach § 477 II S 2, § 116 S 2 BRAO (vgl zum früheren Rechtszustand BGH **26**, 298), im Besteuerungsverfahren entgegen früherer Rspr (BFH NJW **01**, 2118) nach § 393 III S 2 **AO** (dazu Buse/Bohnert NJW **08**, 620; Wulf wistra **08**, 325 ff; erg 24 zu § 406e). Im Bußgeldverfahren gilt § 100a nicht (§ 46 III S 1 OWiG).

3   Die **Überwachung nach § 1 G 10** (Anh A 11) macht die nach § 100a weder überflüssig, noch schließt sie sie aus (Welp DÖV **70**, 271). Das G 10 unterscheidet zwischen Beschränkungen in Einzelfällen nach §§ 3, 4 und strategischen Beschränkungen nach §§ 5 ff (hierzu BVerwG NJW **08**, 2135). Es bestehen insoweit unterschiedliche Voraussetzungen für die Anordnung und differenzierte Regelungen für die Prüf-, Kennzeichnungs- und Löschungspflichten, die Übermittlung (vgl Sieber NJW **08**, 882) und Zweckbindung hinsichtlich der erhobenen personenbezogenen Daten sowie die Benachrichtigung des Betroffenen (zur Vereinbarkeit mit Art 8 EMRK vgl dort 2).

4   **Präventiv-polizeiliche Telekommunikations-Überwachung** sehen beispielsweise § 20l BKAG, § 31 POGRP, § 34a ThürPAG vor (vgl im Einzelnen die Übersicht in BeckTKG-Komm/Bock 126 zu § 110; zu § 33a NdsSOG aF BVerfGE **113**, 348); dass auch unter Anwendung des § 100a in der Praxis vielfach solche Zwecke verfolgt werden, legt Kinzig StV **04**, 560 dar.

5   Ein Rechtshilfeersuchen auf Durchführung einer **Telekommunikationsüberwachung im Ausland** (zur Abgrenzung vgl § 4 I TKÜV) darf – auch wenn dort dafür erleichterte Voraussetzungen bestehen – nur gestellt werden, wenn der Verdacht einer Katalogtat nach § 100a gegeben ist (Schuster [36 zu § 251] S 246; vgl auch die Regelung grenzüberschreitender Überwachung in Art 20 EuRHÜbk; Brodowski JR **09**, 410). Der Rechtshilfeweg darf nicht durch die an eine im Inland ansässige Tochter eines ausländischen Providers gerichtete Anordnung der

Herausgabe ausschließlich im Ausland stattfindender E-Mail-Kommunikation (dazu unten 6) umgangen werden (Gaede StV **09**, 102). Nach § 4 II TKÜV ist allerdings eine sog Auslandskopfüberwachung zulässig, die die Verbindungen von unbekannten Anschlüssen im Inland zu einem bestimmten Anschluss im Ausland (ausländische Rufnummer) erfasst (vgl näher die Darstellung in BVerfG MMR **09**, 606; Bär ZIS **11**, 57; gegen die Zulässigkeit der Auslandskopfüberwachung – wegen „partieller Überwachung eines ausländischen Anschlusses" – Reinel wistra **06**, 205; **aM** Tiedemann CR **05**, 858); vgl zur Entschädigungslosigkeit der Inpflichtnahme der Telekommunikationsanbieter BVerfG aaO; VG Berlin CR **08**, 165; dazu auch Berger CR **08**, 557.

2) Telekommunikation ist der technische Vorgang des Aussendens, Übermittelns und Empfangens von Nachrichten jeglicher Art in der Form von Zeichen, Sprache, Bildern oder Tönen mittels technischer Einrichtungen oder Systeme, die als Nachrichten identifizierbare elektromagnetische oder optische Signale senden, übertragen, vermitteln, empfangen, steuern oder kontrollieren können (vgl § 3 Nr 22 und 23 TKG). Es werden hier also die mit dem Versenden und Empfangen von Nachrichten mittels Telekommunikationsanlagen in Zusammenhang stehenden Vorgänge erfasst (BGH NStZ **03**, 668; R. Hamm NJW **07**, 933; nach BVerfG 2 BvR 1454/13 vom 6.7.2016 mit Anm Hieramente HRRS **16**, 448 ist diese weite Interpretation verfassungsrechtlich unbedenklich; gegen eine rechtliche Gleichsetzung mit § 3 TKG aber mit beachtlichen Argumenten Fezer NStZ **03**, 625, Günther NStZ **05**, 490; Weihrauch/Bosbach 544; Weßlau StV **03**, 484; vgl auch BVerfGE **124**, 43 sowie BGH **31**, 296 zum Begriff des „Fernmeldeverkehrs" in StPO 1975 § 100a; erg 2), also das Gespräch selbst sowie das Herstellen und die Beendigung der Verbindung. Unter § 100a fallen daher auch die Verkehrsdaten, soweit sie im Rahmen der zu überwachenden Telekommunikation anfallen; dazu gehören auch die bei der Überwachung von E-Mail-Kommunikation anfallenden **IP-Adressen** (BVerfG NStZ-RR **19**, 89, auch zur Pflicht der Betreiber von Telekommunikationsanlagen, Vorkehrungen zu treffen, um die Daten ggf. für die Strafverfolgung bereitzustellen; erg 8 zu § 100g). Ein rein technisches Verständnis des Begriffs der Telekommunikation dürfte jedoch Sinn und Zweck der Eingriffsnorm nicht gerecht werden; vielmehr geht es bei § 100a um die **Erfassung kommunikativen Sozialverhaltens** (Hieramente/Fenina StraFo **15**, 365, 369 ff mN zum Streitstand; Roggan StV **17**, 821, 823); relevant wird dies aktuell bei der Erfassung des sog Surfverhaltens; siehe dazu 7d). Die Beschlagnahme von Telegrammen ist bereits nach § 99 zulässig; § 100a ist insoweit nicht anwendbar, gilt aber neben der Überwachung von festen Anschlüssen und des Mobilfunks (einschließlich SMS und MMS), wie sich eindeutig aus der Definition in § 3 Nr 22 und 23 TKG ergibt, auch für den Fernschreib- und Fernkopier-(Telefax-)Verkehr (Zöller GA **00**, 573; vgl auch Eisenberg/Nischan JZ **97**, 74 zum strafprozessualen Zugriff auf digitale multimediale Videodienste). BGH NJW **97**, 1934 (ER) – ebenso BGH NJW **03**, 2034 – hat den einmaligen Zugriff auf die Daten gestattet, die in den unter den überwachten Telefonanschlüssen erreichbaren Mailboxen gespeichert sind; dem stimmt Vassilaki JR **00**, 447 zu, während Palm/Roy NJW **97**, 1904 § 100a für unanwendbar und nur die Durchsuchung und Beschlagnahme für zulässig halten (ähnlich Oelffelmann AnwBl **06**, 599; Paeffgen Roxin-FS I 1315; vgl auch Deckers StraFo **02**, 111).

Auch die **Positionsmeldungen nicht telefonierender Mobiltelefone** zählte die Rspr zu den nach § 100a zu übermittelnden Daten (BGH [ER] NJW **01**, 1587); dem hat das BVerfG in einer Kammerentscheidung (NJW **07**, 351 mwN, abl dazu Nachbaur NJW **07**, 335) widersprochen und sich der Gegenansicht (Bernsmann NStZ **02**, 103; Demko NStZ **04**, 62; Günther NStZ **05**, 491) angeschlossen (erg 2 zu § 100i). **Standortdaten in Echtzeit** können aber nach § 100g I S 1 Nr 1, S 3 erhoben werden (dort 21). Auch im Übrigen werden Verkehrsdaten in Echtzeit nach § 100g erhoben (dort 11 ff); zum sog Phonetracker Mellinghoff in Jahn/Nack 26. Sog **stille SMS** dienen in der Praxis der Ermittlungsbehör-

§ 100a Erstes Buch. 8. Abschnitt

den regelmäßig dazu, Verkehrsdaten des kontaktierten Mobiltelefons zu erzeugen und dieses durch die Erhebung der Standortdaten beim Provider (§ 100g I S 1 Nr 1, S 3) zu orten. Alleinige **Rechtsgrundlage** für den Einsatz „stiller SMS" ist § 100i I Nr 2 (BGHSt **63**, 82; zust Anm Bär MMR **18**, 826; krit Rückert NStZ **18**, 613; erg 21 zu 100g; 4 zu § 100i; 1 zu § 161). Der BGH hat damit die bisher bestehenden Unsicherheiten beseitigt (vgl insofern 61. Aufl., 1 zu § 161).

6b   A. Beim Zugriff auf **E-Mails** werden in technischer Hinsicht üblicherweise **3 Phasen** unterschieden (KK-Bruns 18 f; abl Störing [18a zu § 94] 177 ff, 202; Valerius JR **07**, 275, 279; vgl auch Brodowski JR **09**, 402: 7 Phasen; Weihrauch/Bosbach 415 und KMR-Bär 27: 4 Phasen): Absenden der Nachricht bis zum Ankommen im Speicher des Providers (1. Phase), „Ruhen" der Nachricht auf dem Speicher (2. Phase), Abrufen der Nachricht durch den Empfänger (3. Phase). Die rechtliche Bewertung stellt sich wie folgt dar: Für die **1. und 3**. **Phase** gilt unstr § **100a**. Für die **2**. **Phase** folgt aus BVerfGE **124**, 43 eine differenzierte Betrachtung. Mit der **offenen** Ermittlungsmaßnahme **nach** § **94** können die auf dem Mailserver des Providers gespeicherten – ungelesenen, aber auch die gelesenen und dort archivierten –, dem Schutz des Art 10 GG unterstellten E-Mails als nichtkörperliche Gegenstände sichergestellt und beschlagnahmt werden; (BVerfG aaO [Tz 52, 55 ff, 63]; KK-Bruns 21; SSW-Eschelbach 7; KK-Greven 4a zu § 94; erg 16a [mwN], 19a zu § 94; **aA** LR-Hauck 77, da § 94 – entgegen BVerfG aaO [Tz 63] – nur körperliche Gegenstände erfasse); insoweit genügt – vorbehaltlich der Verhältnismäßigkeit der Beschlagnahme im Einzelfall – einerseits der Anfangsverdacht (irgend-)einer Straftat (BVerfG aaO [Tz 69]; ebenso BGH NJW **10**, 1297), andererseits ist eine Zurückstellung der Benachrichtigung wegen Gefährdung des Untersuchungszwecks nicht gestattet (BGH NStZ **15**, 704, 705) Im Zuge **verdeckter** Ermittlungen kann daher nur mit § **100a I S 1** (und unter den daraus folgenden weit strengeren Voraussetzungen) auf beim Provider „**ruhende**" E-Mails zugegriffen werden (so auch MüKO-Günter 133; BeckOK-Graf 58, 64 [„übergangsweise"]; KK-Greven 4a zu § 94; Sieber Gutachten 69. DJT I C 112; Zimmermann JA **14**, 321, 325; Brunst CR **09**, 592; Jahn JuS **09**, 1048; Singelnstein NStZ **12**, 593, 597; Park 805 ff, 810; Alsberg-Güntge 980; im Ergebnis ebenso BGH NJW **10**, 1297; vgl ferner Gaede StV **09**, 97, 99; Störing MMR **08**, 187; Brodowski JR **09**, 408; abl LR-Hauck 77; wohl auch KK-Bruns 21). § 100a wird von der offenen Ermittlungsmaßnahme der §§ 94 ff nicht verdrängt (BVerfG aaO [Tz 58]). Der Anwendung des § 100a I S 1 steht auch nicht entgegen, dass die E-Mails in der 2. Phase „ruhen". Zwar handelt sich dann nicht um „Telekommunikation" iSd § 3 Nr 22 TKG. Wie Art 10 I GG (hierzu BVerfG aaO [Tz 47]) kann § 100a I S 1 aber mit Blick auf die Schutzbedürftigkeit des betroffenen Grundrechtsträgers nicht einem rein technischen Telekommunikationsbegriff folgen (krit zu einer strikten Trennung der Phasen wohl auch SSW-Eschelbach aaO). Auch nach Kenntnisnahme beim Provider endgespeicherte E-Mails fallen unter Art 10 I GG. Denn die Schutzbedürftigkeit des Betroffenen besteht, solange der Provider in die E-Mail-Verwaltung eingeschaltet ist. Der Betroffene muss zudem eine Internetverbindung zum Mailserver herstellen, um auf die Nachrichten zuzugreifen (BVerfG aaO [Tz 46 ff]; vgl auch BVerfGE **115**, 166 [Tz 80]). Daraus dürfte zu folgern sein, dass auch beim Provider lagernden E-Mails rechtlich als Telekommunikation iSd § 100a anzusehen sind und mithin dieser Zugriffsbefugnis unterliegen.

6c   Dem steht nicht entgegen, dass Zugriffe nach § 100a I S 2 und 3 auf „laufende" Telekommunikation bzw den „laufenden" Übertragungsvorgang beschränkt sind (V S 1 Nr 1 und 2). Denn die Beschränkung ist vor dem Hintergrund der mit der Infiltration informationstechnischer Systeme des Betroffenen einhergehenden Gefahren der Ermittlung von Persönlichkeitsprofilen zu sehen, weshalb an solche Zugriffe höhere Anforderungen zu stellen sind (BT-Drucks 18/12785 S 50; erg 14b ff). Das Verbot einer rückwirkenden Erhebung hat der Gesetzgeber wegen der Nähe zur Online-Durchsuchung daher nur für diese Zugriffe festgelegt (vgl BT-

Ermittlungsmaßnahmen § 100a

Drucks aaO S 53; **aA** Grözinger GA **19**, 441, 451, 454). Die hier vertretene Auffassung steht zudem im Einklang mit der Rspr des BGH zur Zulässigkeit heimlicher Zugriffe auf passwortgeschützte Mailboxen (vgl oben 6 aE; BGH **51**, 211, 217).

Diese Grundsätze dürften auch gelten für die – **verdeckte** – Überwachung von 6d Mitteilungen und Nachrichten in **sozialen Netzwerken** wie Facebook (LR-Hauck 82; KK-Bruns 23, jeweils einschr für „ruhende" Nachrichten [vgl hierzu oben 6c]; erg 16b zu § 94) sowie den heimlichen Zugriff auf **Cloud-Inhalte**, soweit die Cloud aufgrund der Zugangsmöglichkeit mehrerer Personen der Kommunikation dient (LK-Hauck 85 [„übergangsweise"]; vgl auch Grözinger, Überwachung von Cloud-Storage, Diss 2018, § 130 ff [auch zum Sonderfall „internal cloud"]; Soiné NStZ **18**, 497, 499 f [Nebeneffekt]) vgl für offene Zugriffe 7a–7c zu § 110 und KK-Bruns 4, 8 f zu § 110). Der Zugriff auf mit bloßem Speicherwillen in der Cloud „gelagerte" Daten (zB Dokumente, Fotos) dürfte hingegen nur unter den Voraussetzungen nach § 100b zulässig sein, da es insofern an dem Merkmal „Telekommunikation" fehlt (vgl Grözinger StV **19**, 407, 408, 411; ders aaO § 126 ff; erg unten 14 f). Zum Zugriff beim Empfänger nach Ende der Kommunikation 16a zu § 94 (zu weitergehenden Kommunikationsmöglichkeiten Günther NStZ **06**, 644). Im Rahmen einer **Durchsuchung** kann nach § 110 III (dort 2a, 6) auf beim Provider gespeicherte E-Mails zugegriffen werden. Befindet sich der E-Mail-Server des Providers im Ausland kommt ein Zugriff mit Zustimmung des Verfügungsberechtigten nach § 110 III iVm Art 32 Buchst b Cybercrime-Konvention in Betracht oder, wenn dies nicht möglich ist, ein Sicherungsverfahren nach Art 29 Cybercrime-Konvention (Bär ZIS **11**, 57; näher 7a, 7b zu § 110).

B. Internet: Der (repressive) Zugriff auf die Telekommunikation innerhalb sog 7 **geschlossener Benutzergruppen** – etwa zugangsgesicherter Chatrooms und Newsgroups – wird von § 100a erfasst (Eckhardt [5 vor § 94] 16 mwN; Kieszewski ZStW **123**, 737, 752 ff; LR-Hauck 80 ff; **aM** Schulz/Hoffmann CR **10**, 136: §§ 161, 163 für eine Übergangszeit; vgl auch Böckenförde JZ **08**, 936 sowie § 110 III und dort 6). Der Online-Zugriff auf allgemein – ohne besondere Zugangsberechtigung – zugängliche Datenbestände, wie sie etwa in **sozialen Netzwerken** (zB Facebook, MySpace etc), offenen Internet-Chats oder in offenen Newsgroups entstehen, ist dagegen in aller Regel ohne besondere Ermächtigungsgrundlage nach §§ 161, 163 zulässig (BVerfGE **120**, 274 mit Anm Bär MMR **08**, 326: „reine Internetaufklärung"; 120, 351; LG Wuppertal NStZ **08**, 463, 464; BT-Drucks 16/5846 S 64; Kudlich StV **12**, 560, 566; Kieszewski aaO 739 mwN; Bär ZIS **11**, 58; LR-Hauck 80; vgl auch Art 32 Buchst a Cybercrime-Konvention [9 vor § 94]: offene Quellen). Dies gilt auch für frei zugängliche Daten, die nur registrierten Nutzern zugänglich sind, da soziale Netzwerke grundsätzlich jeden Interessenten ohne besondere Zugangsschranken aufnehmen (BVerfGE **120**, 274, 344 f); werden jedoch Informationen unter einer auf Dauer angelegten Legende durch Überwinden von Zugangsschlüsseln (zB nach Freischalten durch den Inhaber eines Accounts oder Aufnahme als „Freund") erhoben, bedarf es der Voraussetzungen des § 110a (näher zu verdeckt im Internet operierenden Polizeibeamten 4 zu § 110a; zu den verschiedenen Fallgruppen Henrichs/Wilhelm Kriminalistik **10**, 33 ff; Hornick StraFo **08**, 285).

C. Die **Internet-Telefonie** wird von § 100a erfasst, auch soweit es um die 7a Übertragung bestimmter Dateninhalte wie etwa Bild- oder Videodaten geht (LG Hamburg MMR **11**, 693, 694; Bär MMR **11**, 693). Unzulässig ist das Kopieren und Speichern grafischer Bildschirminhalte, dh das Fertigen von Screenshots, wenn zum Zeitpunkt der Maßnahme – wie etwa beim bloßen Schreiben einer E-Mail – kein Datenaustausch mit einem anderen Computer und damit noch keine Telekommunikation stattfindet (LG Landshut MMR **11**, 690, 691 mit zust Anm Bär aaO). Findet dagegen ein Kommunikationsvorgang statt, kann die Überwachung regelmäßig nur durchgeführt werden, wenn Verschlüsselungen der Telefonate

§ 100a

überwunden werden. Da eine derartige Entschlüsselung regelmäßig technisch nicht möglich ist (es sei denn, der Betreiber hat bewusst Sicherheitslücken, sog „backdoors", in seine Verschlüsselungssysteme eingebaut; siehe Keller/Braun/Hoppe 44; Liebig 127) kann die Überwachung von IP-Telefonaten nur funktionieren, wenn die Gesprächsinhalte bereits vor ihrer Verschlüsselung an dem beteiligten Endgerät aufgezeichnet und an die Ermittler weitergeleitet werden (Liebig 124 ff, 128). Zulässig ist deshalb nach der Einführung der Neuregelungen in I S 2 und 3 grundsätzlich auch die sog **Quellen-TKÜ** (dazu unten 14a–m; vgl auch bereits BVerfGE **120**, 274; eingehend dazu Bratke, Die Quellen-Telekommunikationsüberwachung im Strafverfahren, Diss Erlangen-Nürnberg 2012), bei der auf die Daten noch im System des Nutzers und vor dem Absenden bzw Verlassen des Systems zugegriffen wird (zum Begriff Kudlich GA **11**, 193, 205 f).

7b D. Eine **online-Durchsuchung** (Durchsicht oder Überwachung) mittels E-Mail oder auf andere Weise durch Aufspielen einer remote forensic software (vgl auch MüKoStGB-Graf 64 zu § 202a zu „Trojanern" und „Backdoor"-Programmen) ist nunmehr **unter den Voraussetzungen von § 100b** zulässig. Sie findet in § 100a keine Grundlage, weil bei ihr keine Telekommunikation überwacht, sondern lediglich den Ermittlungsbehörden auf dem Zielcomputer gespeicherte Daten übermittelt werden. Dies gilt auch für die Überwachung des sog. Surfverhaltens und das Cloud-Computing (unten 14f; 1 zu § 100b).

8 3) Die **Überwachung und Aufzeichnung** lässt I S 1 zu (auch gegenüber unvermeidbar betroffenen Dritten). Bei der Fernsprechüberwachung muss beides angeordnet werden. Die Überwachung des Fernschreibverkehrs besteht im Mitlesen; zu diesem Zweck darf er ohne besondere Anordnung auf Schriftträger übertragen werden. Eine Beschränkung der Aufnahmemöglichkeit auf Mitteilungen bestimmter Art, zB auf solche, die unmittelbar der Verbrechensaufklärung dienen oder den Verdacht einverständlichen Zusammenwirkens begründen, sieht § 100a nicht vor; sie wäre auch nicht durchführbar. Vorbehaltlich einer abweichenden Bestimmung der Art der Maßnahme nach § 100e III S 2 Nr 3 hängt die Eingriffsbefugnis nicht von der Mitwirkung eines Telekommunikationsdienstleisters ab; vielmehr sind die Strafverfolgungsbehörden auch berechtigt, die Überwachung ausschließlich mit eigenen Mitteln durchzuführen (BT-Drucks 16/5846 S 47; Singelnstein NStZ **12**, 593, 599; Bär MMR **08**, 219; 426; Meininghaus [16a zu § 94] S 116 mwN; krit Eckhardt CR **07**, 338; vgl auch 3 zu § 100i), allerdings nicht durch Zugriff auf einen E-Mail-Server im Ausland ohne ordnungsgemäßes Rechtshilfeverfahren (LG Hamburg StV **09**, 70 mit Anm Störing MMR **08**, 188; zust Gaede StV **09**, 101, der auch vorläufige Sicherungsverfahren nach der Cybercrime-Konvention [9 vor § 94] erörtert, Brodowski JR **09**, 410, Gercke ZUM **09**, 535 und Sankol K&R **08**, 279; vgl auch Keller Kriminalistik **09**, 496 mit Hinweis auf Art 29 Cybercrime-Konvention; ausführlich dazu 7a, 7b zu § 110). Für die Einrichtung von Fangschaltungen und Zählervergleichseinrichtungen (dazu BGH **35**, 32) findet sich die vom BVerfG vermisste (BVerfGE **85**, 386) gesetzliche Eingriffsgrundlage nunmehr in § 101 TKG. Eine (stets offen zu legende) Überwachungsanordnung nach § 119 I S 2 Nr 2 rechtfertigt nicht die Aufzeichnung der Telekommunikation.

9 A. Der **Tatverdacht (I S 1 Nr 1)** muss weder hinreichend iS § 203 noch dringend iS des § 112 I S 1 (BGH NStZ **10**, 711 [ER]; Hamm NStZ **03**, 279) sein, auch wenn die Überwachung zur Aufenthaltsermittlung angeordnet wird (LR-Hauck 42; AnwK-Löffelmann 8; **aM** SK-Wolter/Greco 43; Rudolphi Schaffstein-FS 437; Schlüchter 349: mindestens die Voraussetzungen des § 127 II müssen vorliegen). Er darf aber nicht nur unerheblich sein (BGH **41**, 30, 33; Bay **82**, 40, 42). Es müssen bestimmte Tatsachen (7 zu § 112) vorliegen, die unmittelbar oder als Beweisanzeichen den Verdacht einer Katalog- oder Vorbereitungstat begründen. Sie können der äußeren oder inneren Geschehenswelt angehören; auch kriminalistische Erfahrungen können berücksichtigt werden (BGH NStZ **10**, 711 [ER]; **aM** Wolter/Greco aaO). Ein Beurteilungsspielraum muss dabei dem Anordnenden zugestanden werden (BGH aaO; **47**, 362, 365; **48**, 240, 248; Mosbacher Seebode-FS 229, 241; Schmidt NJ **08**, 392; MüKoStPO-Günther 75; **aM** Bernsmann NStZ **95**, 512; Satzger in Jahn/Nack 31; SK-Wolter/Greco 43). Der Verdacht muss hinreichend konkret sein, dh über vage Anhaltspunkte und bloße Vermutungen hinausreichen (BVerfGE **113**, 348; NJW **07**, 2749, 2751; BGH StB 12/16 vom 11.8.2016; NStZ **10**, 711 [ER]). Auf Rechtswidrigkeit und Schuld braucht er sich nicht zu erstrecken (LR-Hauck 42; BeckOK-Graf 100; **aM** KMR-Bär 21; Wolter aaO). § 100a ist auch im Sicherungsverfahren nach §§ 413 ff anwendbar.

B. Mit dem Erfordernis einer **schweren Straftat (I S 1 Nr 1)** folgt das Gesetz 10 einem **Stufenmodell:** Es ordnet die Telekommunikationsüberwachung in ihrer Eingriffsintensität zwischen der Wohnraumüberwachung (§ 100c I Nr 1: besonders schwere Straftat) und denjenigen verdeckten Ermittlungsmaßnahmen ein, die eine Straftat von erheblicher Bedeutung voraussetzen (5 zu § 98a). Die Obergrenze des Regelstrafrahmens einer schweren Straftat beträgt idR mindestens 5 Jahre, in Einzelfällen jedoch – oberhalb jedenfalls von 1 Jahr (Bär MMR **08**, 216) – auch weniger, wenn das geschützte Rechtsgut nach Einschätzung des Gesetzgebers von besonderer Bedeutung ist oder ein besonderes öffentliches Interesse an der Strafverfolgung besteht (vgl BVerfGE **122**, 63; BT-Drucks 16/5846 S 39, 41, 43, 92; krit Zöller StraFo **08**, 19). Im Einzelnen hat das Gesetz diese zunächst abstrakte Wertung in dem Katalog des II, dessen Neufassung im Wesentlichen auf dem Ges vom 21.12.2007 beruht, nachvollzogen (unten 15).

Auch im **konkreten Einzelfall,** nicht nur abstrakt, muss die Anlasstat schwer 11 wiegen, wie I S 1 Nr 2 klarstellt. Anhaltspunkte sind zB die Folgen der Tat, die Schutzwürdigkeit des verletzten Rechtsguts und das Hinzutreten besonderer Umstände, wie etwa die faktische Verzahnung mit anderen Katalogstraftaten oder das Zusammenwirken des Beschuldigten mit anderen Straftätern (Knierim StV **08**, 603; vgl auch BVerfGE **129**, 208 [Tz 208]; BGH **44**, 243, 250: kriminelle Intensität). Das Vorliegen eines minder schweren Falles muss, soweit überhaupt schon absehbar, der Bewertung der Tat als schwer, insbesondere im Blick auf deren Auswirkungen auf das Opfer, nicht entgegenstehen (vgl II Nr 1 Buchst f, § 176a IV StGB; BT-Drucks 16/5846 S 40, 41); der Umstand, dass in einem Fall nach § 184c III StGB (II Nr 1 Buchst g) als Täter ausschließlich Personen unter 18 Jahren in Betracht kommen, kann zur Verneinung der konkreten Tatschwere führen (BT-Drucks 16/9646 S 18; vgl auch Hörnle NJW **08**, 3523).

Die durch das Gesetz zur Modernisierung des Strafverfahrens vorgenommene **11a Erweiterung von Nr 1j)** auf den Wohnungseinbruchdiebstahl nach § 244 IV StGB ist zunächst auf 5 Jahre befristet (BT-Drucks 19/532 S 44).

C. Die **Teilnahme an der Anlasstat** (§§ 25 ff StGB) steht der Täterschaft 12 gleich, nicht aber Strafvereitelung und Begünstigung. Der strafbare Versuch der Tat, auch die Teilnahme am Versuch, wird wie die Vollendung behandelt. Vorbereitungshandlungen und die Teilnahme daran rechtfertigen die Überwachung nur, wenn sie ihrerseits als selbstständige – für sich gesehen nicht notwendig schwere – Straftaten oder nach § 30 StGB (BGH **32**, 10, 16) strafbar sind; die Anordnung nach § 100a ergeht in dem weiteren Verfahren wegen dieser Tat.

D. **Subsidiaritätsgrundsatz** (I S 1 Nr 3; dazu allg Rieß Meyer-GedSchr 367; 13 Zöller StraFo **08**, 19): Die Überwachung ist nur zulässig, wenn sie unentbehrlich ist, weil andernfalls die Erforschung des Sachverhalts (dazu Kinzig StV **04**, 563) oder die Ermittlung des Aufenthaltsorts des Beschuldigten wesentlich erschwert oder aussichtslos sein würde. Aussichtslos ist sie, wenn andere Aufklärungsmittel nicht vorhanden sind. Stehen sie zur Verfügung, so müssen die Erfolgsaussichten, die sie bieten, mit denen der Überwachung verglichen werden. Wenn diese entscheidend höher zu veranschlagen sind, ist die Überwachung zulässig (Rudolphi Schaffstein-FS 437). Eine wesentliche Erschwerung liegt insbesondere vor, wenn die Benutzung anderer Aufklärungsmittel einen erheblich größeren Zeitaufwand erfordern und daher zu einer wesentlichen Verfahrensverzögerung führen würde

Köhler

§ 100a

(vgl Rieß aaO 385). Größerer Arbeitsaufwand rechtfertigt die Maßnahme nur, wenn er so umfangreich wäre, dass die Strafverfolgungsinteressen eindeutig überwiegen. Dem Anordnenden kommt nach der Rspr auch insoweit ein Beurteilungsspielraum zu (oben 9). Der Kostenaufwand darf allerdings grundsätzlich keine Rolle spielen (Rudolphi aaO; Schlüchter 349; **aM** Franke/Wienroeder 56; Welp 67 Fn 106).

14 Soweit auch der **Einsatz eines anderen Eingriffs,** der einer gleichartigen Subsidiaritätsklausel unterliegt, in Betracht kommt (zB §§ 100f I, 100h II S 2 Nr 2, 110a I S 3), hat der Anordnende die Wahl (krit Bernsmann/Jansen StV **98**, 222). Der Gesetzgeber hat eine diese ausschließende Regelung, in welchem Verhältnis die einzelnen Eingriffsmöglichkeiten zueinander stehen, nicht getroffen. Etwas anderes folgt insbesondere nicht aus der abstrakten Bewertung der Eingriffsintensität der Telekommunikationsüberwachung (oben 10). Es lässt sich nicht behaupten, dass eine Telefonüberwachung grundsätzlich ein schwererer Eingriff wäre als etwa der Einsatz eines Verdeckten Ermittlers (vgl BGH **41**, 30, 36). Allerdings ist die akustische Wohnraumüberwachung (§ 100c, dort 8) bei generalisierender Betrachtung der intensivste Grundrechtseingriff. Der Anordnende wird im Übrigen darauf Bedacht nehmen müssen, welcher Eingriff den Betroffenen im konkreten Fall mutmaßlich am wenigsten stark belastet.

14a **4) Quellen-TKÜ (I S 2, 3):**
14b A. **Normzweck:** Durch das Gesetz vom 17.8.2017 (BGBl I 3202) wurde die rechtliche Grundlage für die sog Quellen-TKÜ geschaffen (sehr kritisch zum Gesetzgebungsprozess Blechschmidt StraFo **17**, 361). Kommunikation im Internet erfolgt heute größtenteils Internetprotokoll-basiert und verschlüsselt über „Voice-over-IP" oder Messenger-Dienste. Das bedeutet, dass auch die Ermittlungsbehörden die Daten nur verschlüsselt empfangen. Da eine Entschlüsselung entweder gar nicht möglich, oder aber langwierig und kostenintensiv ist (BT-Drucks 18/12785 S 53), würden Maßnahmen nach § 100a weitgehend leerlaufen. Die Überwachung und Aufzeichnung der Telekommunikation muss daher „an der Quelle" erfasst werden, dh vor ihrer Verschlüsselung an dem Absendersystem oder auch nach deren Entschlüsselung am Empfängersystem. Nach alter Rechtslage war umstritten, ob diese Maßnahme bereits als Annexkompetenz zu § 100a zulässig ist, oder eine spezielle gesetzliche Regelung erfordert (dazu im Einzelnen 7a der 60. Aufl). § 100a I S 2 und 3 erlaubt nun unter den dort genannten Voraussetzungen ausdrücklich, Kommunikationsinhalte auch auf dem Endgerät der Betroffenen zu erfassen, V regelt die technischen Voraussetzungen der Durchführung und VI die Protokollierungspflichten. Eine ausdrückliche Ermächtigungsgrundlage wurde geschaffen, weil die Infiltrierung des informationstechnischen Systems einen eigenständigen und schwer wiegenden Grundrechtseingriff darstellt; bei der verschlüsselten Sprach- und Videotelefonie ist Art 10 I GG, bei verschlüsselten Nachrichten über Messenger-Dienste darüber hinaus das IT-Grundrecht aus Art 2 I GG betroffen (BT-Drucks aaO S 54, 56). Im Unterschied zur Online-Durchsuchung (§ 100b) werden bei der Quellen-TKÜ grundsätzlich (siehe aber zur Erfassung gespeicherter Inhalte unter den Voraussetzungen von I S 3 unten 14g, h) lediglich laufende Telekommunikationsvorgänge überwacht und aufgezeichnet.

14c B. **Eingriff in informationstechnisches System (I S 2):** Konkret erlaubt der neu geschaffene S 2 die Überwachung und Aufzeichnung der gerade stattfindenden Telekommunikation auch in der Weise, dass mit technischen Mitteln in das von dem Betroffenen genutzte informationstechnische System eingegriffen wird. Das bedeutet, dass die Strafverfolgungsbehörden ermächtigt werden, heimlich – ohne einen Netzbetreiber einzuschalten – eine Überwachungssoftware zu installieren. Diese muss den Anforderungen des V genügen.

14d Wie die Infiltration **praktisch durchgeführt** wird, ist im Gesetz nicht geregelt. Zulässig sind technische Mittel und kriminalistische List. Versuche wie das Zusenden der Überwachungssoftware mittels eines E-Mail-Anhangs, der vom unbedarften Nutzer geöffnet wird, dürften mit Rücksicht auf den für die Anordnung einer

Maßnahme nach § 100a in Betracht kommenden Personenkreis, bei dem regelmäßig eine Sensibilisierung für denkbare Überwachungsmaßnahmen unterstellt werden darf, eher selten Erfolg versprechen. Der Regelfall der Quellen-TKÜ wird vielmehr das heimliche Aufspielen von Schadsoftware aus der Ferne unter Ausnutzen von Sicherheitslücken sein. Die Ermittlungsbehörden müssen jedenfalls insoweit ein Interesse an einer unsicheren IT-Infrastruktur haben (vgl Roggan StV **17**, 822, 828); zudem erfordert die unbemerkte Infiltration eines informationstechnischen Systems eine ausgeprägte Schwachstelle (Blechschmitt StraFo **17**, 361, 362). Dies kann jedoch gravierende Folgen für die allgemeine IT-Sicherheit der Bürger haben und die Gefahr von Cyberkriminalität, Wirtschaftsspionage und auch Cyberwar durch Terroristen deutlich erhöhen (Pohlmann/Riedel DRiZ **18**, 52, 55, die insoweit anschaulich von einem zu erwartenden „Bieterwettbewerb um Schadprogramme" sprechen). Anders als bei §§ 100b, 100c (1 zu § 100b; 7 zu § 100c) sind Eingriffe in von Art 13 GG geschützte Räumlichkeiten unzulässig (BT-Drucks 18/12785 S 52; vgl auch Kudlich StV **12**, 560, 565; Roggan aaO; ders Graulich-FG 115, 132 f).

Der Eingriff nach I S 2 **muss notwendig sein,** um die Überwachung und Aufzeichnung in verschlüsselter Form zu ermöglichen. Das ist anzunehmen, wenn Anhaltspunkte dafür vorliegen, dass ein Nutzer über das Internet verschlüsselt kommuniziert. Dies wird bei den in Betracht kommenden Sachverhalten praktisch der Regelfall sein. Mit Rücksicht darauf erscheint es zweifelhaft, ob die Quellen-TKÜ – wie die Gesetzesmaterialien meinen (BT-Drucks 18/12785 S 56) – als subsidiär zur herkömmlichen Telekommunikationsüberwachung zu qualifizieren ist (vgl Roggan aaO). 14e

Eine **Überwachung des Cloud-Computing** ist **nicht von I S 2** gedeckt. 14f Insoweit handelt es sich um den bloßen Datenaustausch zwischen digitalen Endgeräten, weshalb es bereits an dem für den Begriff der Telekommunikation in § 100a konstituierenden Element der sozialen Interaktion zwischen Individuen fehlt (Roggan StV 17, 821, 823; erg oben 6d). Darüber hinaus lassen sich durch ein Überwachen des Cloud-Computing, etwa über persönliche Bild- und Textdateien, vor allem Rückschlüsse auf die Persönlichkeit des Betroffenen ziehen, was einen qualitativ schwerwiegenderen, einer Online-Durchsuchung nach § 100b näher als einer TKÜ-Maßnahme nach § 100a stehenden Eingriff darstellt (Roggan aaO; erg zu 10 § 100b; zur Verwertbarkeit 35a).

C. **Erfassung gespeicherter Inhalte und Umstände (I S 3):** Unter den 14g Voraussetzungen des I S 3 darf auch bereits gespeicherte Kommunikation überwacht und aufgezeichnet werden; für „ruhende" Nachrichten gilt hingegen I S 1 (oben 6c). Dabei geht es insb um über Messenger-Dienste regelmäßig verschlüsselt versandte Nachrichten, bei denen der Übertragungsvorgang bereits abgeschlossen ist und die auf dem informationstechnischen System des Betroffenen in einer Anwendung gespeichert sind (BT-Drucks 18/12785 S 56). Ausgelesen werden dürfen zB gespeicherte E-Mail-Postfächer, WhatsApp-Accountdaten und gespeicherte SMS mit entsprechend übertragenen Bild- und Videodateien (vgl Blechschmitt StraFo **17**, 361, 365). Zulässig als Telekommunikationsüberwachung iSv § 100a I S 3 ist dies jedoch nur, wenn die Inhalte und Umstände der Kommunikation auch während des laufenden Übertragungsvorgangs im öffentlichen Netz in verschlüsselter Form hätten überwacht und aufgezeichnet werden können. Damit soll die funktionale Äquivalenz zur herkömmlichen TKÜ hergestellt werden; denn würden Messenger-Nachrichten unverschlüsselt versandt, könnten sie derzeit ab Erlass der richterlichen Anordnung überwacht und aufgezeichnet werden (BT-Drucks aaO 56, 57). Allerdings handelt es sich bei einer solchen Erfassung gespeicherter Daten letztlich nicht um die Überwachung gerade stattfindender Kommunikation, sondern um eine – wenn auch begrenzte (dazu sogleich 14h) – Online-Durchsuchung. Hiergegen spricht zudem weiter als bei herkömmlicher TKÜ, da bei dieser die TK-Dienstleister den Ermittlungsbehörden gem § 12 II S 1 TKÜV erst ab Erhalt der Überwachungsanordnung den technischen Zugriff auf

§ 100a

den Übertragungsweg zu ermöglichen haben (Freiling/Safferling/Rückert JR **18**, 9, 12).

14h Eine **Begrenzung des Anwendungsbereichs von I S 3** wird in zweierlei Hinsicht vorgenommen. Inhaltlich ist die Anwendung auf Kommunikationsinhalte beschränkt, die auch bisher mit der herkömmlichen TKÜ hätten erfasst werden dürfen (vgl I S 3, V S 1 Nr 1b); ein Zugriff auf noch nicht abgesandte Entwürfe soll nicht zulässig sein (BT-Drucks aaO 56). Zeitlich beginnt der zulässige Überwachungszeitraum mit dem Ergehen der richterlichen Anordnung und endet mit dem Ende des Anordnungszeitraums, also zunächst nach drei Monaten (§ 100e I S 4), sofern nicht eine Verlängerung der Maßnahme angeordnet wird (§ 100e I S 5); insoweit kommt es also nicht darauf an, wann die Überwachungssoftware installiert wird. Überwacht und aufgezeichnet werden alle Nachrichten, die nach einer richterlichen Anordnung (vgl V S 1 Nr 1b), aber vor der Installation der Überwachungssoftware versandt wurden (LR-Hauck 140); dabei wird es angesichts der Anknüpfung an die Telekommunikation auf den Abruf-/Lesezeitpunkt ankommen (BT-Drucks aaO S 53). Nachrichten, die vor Erlass des richterlichen Beschlusses versandt wurden, können nur unter den Voraussetzungen des § 100b erfasst werden.

14i D. **Technische Voraussetzungen der Durchführung (V):** V enthält Vorgaben zu der zu verwendenden Überwachungssoftware, dem Umfang der zulässigen Veränderungen auf dem informationstechnischen System, deren Rückgängigmachung sowie dem Schutz der Daten vor unbefugter Nutzung. Können die in V Nr 1-3 gemachten technischen Vorgaben nicht eingehalten werden, ist die Maßnahme unzulässig.

14j Bei der **praktischen Durchführung der Quellen-TKÜ** ist zu beachten, dass mit der technischen Infiltration die entscheidende Hürde genommen ist, um das System insgesamt auszuspähen, wie sich an der identischen – vagen – Formulierung „mit technischen Mitteln" in § 100b sowie an der in I S 3 geregelten Möglichkeit zeigt, im Rahmen einer TKÜ auch gespeicherte Inhalte zu erfassen (Blechschmitt StraFo **17**, 361, 365 spricht insoweit deshalb anschaulich von einer „kleinen Online-Durchsuchung"). Es ist deshalb mittels geeigneter Software sicherzustellen, dass im Fall des I S 2 ausschließlich die laufende Telekommunikation überwacht und aufgezeichnet wird (S 1 Nr 1a) bzw im Fall des I S 3 nur solche Inhalte und Umstände erhoben werden, die auch während unverschlüsselter Übertragung im öffentlichen Rechnernetz hätten erfasst werden können (S 1 Nr 1b). Kann die Software eine zeitliche Trennung der Messenger-Nachrichten nicht vornehmen, bleibt also unklar, ob eine Nachricht vor oder nach dem Erlass des richterlichen Beschlusses versandt wurde, ist die Maßnahme auf der Grundlage von I S 3 unzulässig (vgl BT-Drucks 18/12785 S 58); sie hat zu unterbleiben. Zur technischen Umsetzbarkeit der gesetzlichen Vorgaben Freiling/Safferling/Rückert JR **18**, 9, 17, zur Frage eines Verwertungsverbotes bei Verstoß gegen die Vorgaben aus V I Nr 1 iVm I S 2 und 3 siehe 35a).

14k Das Gesetz macht **keine spezifischen Vorgaben** zu den technischen Anforderungen an die Überwachungssoftware. Dass insoweit auf abstrakte Festlegungen verzichtet wurde, mag mit Rücksicht auf die rasante Entwicklung im Bereich der IT-Technologie nachvollziehbar sein. Dies erklärt auch, dass keine gesetzliche Verpflichtung zur Verwendung staatlicherseits programmierter Software besteht (kritisch dazu Roggan StV **17**, 821, 824, der zu Recht bei Verwendung von Software eines privaten Anbieters zumindest eine Zertifizierung durch eine unabhängige Stelle verlangt). Problematisch erscheint auch, dass das erfolgreiche Ausnutzen von Sicherheitslücken im Rahmen einer TKÜ nach § 100a I S 2 und 3 das infiltrierte System zugleich anfällig für Manipulationen Dritter macht; insoweit kann sich, wenn weitere Infiltrationen des Systems in Betracht kommen, im Einzelfall die Frage nach der Zuverlässigkeit der aufgrund der staatlichen Maßnahme erhobenen Beweise stellen (vgl Roggan aaO 825). Näher zu den technischen Voraussetzungen, den Sicherheitsstandards sowie den Vorkehrungen gegen Missbrauch BT-Drucks 17/11598.

V S 1 Nr 2 enthält eine spezielle Ausprägung des **Verhältnismäßigkeitsgrund-** 14l
satzes. An dem informationstechnischen System dürfen danach nur Veränderungen vorgenommen werden, die für die Datenerhebung unerlässlich sind; darüber hinausgehende Manipulationen sind unzulässig. V S 1 Nr 3 sieht vor, dass die vorgenommenen Veränderungen nach Beendigung der Maßnahme automatisiert wieder rückgängig gemacht werden; das steht aber unter dem Vorbehalt der technischen Machbarkeit, so dass sich nicht voraussagen lässt, ob der Eingriff nach Abschluss der Maßnahme rückgängig gemacht oder faktisch perpetuiert wird. V S 2 sieht technische Schutzvorkehrungen gegen unbefugte Nutzung der eingesetzten Software sowie der kopierten Daten vor. Wie bereits beim ursprünglichen Einsatz der Software nach I S 2 und 3, V S 1 Nr 1 bleiben aber die spezifischen Anforderungen an die Überwachungssoftware und damit auch die Durchführbarkeit der gesetzlichen Vorgaben im Unklaren (vgl Roggan aaO).

E. **Dokumentation (VI):** Bei jedem Einsatz des technischen Mittels sind die in 14m
VI Nr 1-4 genannten Informationen zu protokollieren. Die jeweils eingesetzte Überwachungssoftware und ihr Funktionsumfang sollen im Nachhinein nachvollzogen werden können, um eine Kontrolle der Rechtmäßigkeit der Maßnahme zu ermöglichen (BT-Drucks 18/12785 S 58). Nach Ansicht der Gesetzesmaterialien soll die Dokumentation auch technische Details wie den Quellcode enthalten (BT-Drucks aaO). Das ist mit Blick auf die Kontrollfunktion der Protokollierung sinnvoll, die Offenlegung kann aber dazu führen, dass der weitere Einsatz des Spähprogramms erschwert wird (Freiling/Safferling/Rückert JR **18**, 9, 12). Zu den technischen Grenzen einer solchen Dokumentation erg 13 zu § 100b.

5) Straftatenkatalog (II): Die Auswahl der Katalogtaten, die auch unter Beru- 15
fung auf § 34 StGB nicht erweitert werden darf (HK-Gercke 19; Welp 61), bedeutet die – verfassungsrechtlich unbedenkliche (BVerfGE **129**, 208 [Tz 196 ff]; **122**, 63 hatte dies in einer Eilentscheidung noch offen gelassen) – Entscheidung des Gesetzgebers darüber, in welchen Fällen – auch in Abstimmung mit dem Katalog in § 100c II – eine schwere Straftat (oben 10, 11) und ein rechtstatsächliches Bedürfnis für die Telekommunikationsüberwachung vorliegen können (krit Bittmann DRiZ **07**, 116; Eckhardt CR **07**, 337; Nöding StraFo **07**, 457). Weitere Einschränkungen gebietet der Verhältnismäßigkeitsgrundsatz (Prittwitz StV **84**, 304; vgl auch Groß StV **96**, 564; LR-Hauck 57 f). Der Subsidiaritätsgrundsatz (oben 13) trägt ihm ebenfalls Rechnung. Auf den Verdacht der Geldwäsche kann die Überwachung nicht gestützt werden, wenn eine Verurteilung wegen Geldwäsche auf Grund der Vorrangklausel des § 261 IX S 2 StGB nicht zu erwarten und die der Geldwäsche zugrunde liegende Tat keine Katalogtat iSd § 100a ist (BGH **48**, 240 mit zust Anm Arloth NStZ **03**, 609; LG Ulm StV **11**, 722; Meyer-Abich NStZ **01**, 465; Roßmüller/Scheinfeld wistra **04**, 52; **aM** KG NStZ **03**, 326; KK-Bruns 29; krit auch Kudlich JR **03**, 453). Zur „bandenmäßigen Umsatz- und Verbrauchsteuerhinterziehung" in Nr 2a Wulf wistra **08**, 323, 327; zur Maßgeblichkeit neuen Rechts für die Verwertung unten 29. Für den Kreis der Taten, auf sich die Offenbarung des Kronzeugen beziehen muss, verweist § 46b I StGB auf den Deliktskatalog in II (dazu BGH **55**, 153).

6) Betroffene (III): Die Anordnung darf sich nur gegen bestimmte Personen 16
richten. Verwertbar ist aber nicht nur der Inhalt von Gesprächen dieser Personen, sondern auch der von Gesprächen, die unbeteiligte Personen – auch Angehörige iS des § 52 I – über deren Anschluss führen (BGH **29**, 23; Knierim StV **08**, 603; Alsberg-Güntge 982; **aM** Knauth NJW **78**, 741; Prittwitz StV **84**, 308; Welp Jura **81**, 484; zu Berufsgeheimnisträgern vgl § 160a I S 5, II und dort 7, 9; zu Angehörigen s noch BVerfG NJW **10**, 287).

A. In 1. Hinsicht kommt der **Beschuldigte** als Betroffener in Betracht, also der 17
Tatverdächtige, gegen den bereits ein Ermittlungsverfahren eingeleitet ist oder gegen den es mit der Anordnung nach § 100a eingeleitet wird (Einl 76 ff). Seine Identität braucht noch nicht festzustehen (vgl § 100e III S 2 Nr 1; erg dort 11).

Köhler

§ 100a

Zur Ermittlung des Aufenthalts kann die Anordnung auch gegen Angeschuldigte und Angeklagte (vgl § 157) getroffen werden sowie gegen rechtskräftig Verurteilte (vgl näher 13 zu § 457). Die weitere Überwachung des Anschlusses des verhafteten Beschuldigten ist zulässig, wenn anzunehmen ist, dass ein Nachrichtenmittler (unten 19) von diesem Anschluss Gebrauch machen wird (BGH NJW **94**, 2904, 2907; NStZ-RR **03**, 290 [B]).

18 B. Auch gegen **Nichtverdächtige** lässt § 100a – verfassungsrechtlich unbedenklich (BVerfGE **30**, 1, 22; BGH **29**, 23, 25) – die Überwachung zu, selbst wenn sie nach § 52 zeugnisverweigerungsberechtigt sind (Alsberg-Güntge 982; Beulke Jura **86**, 643; Meininghaus [16a zu § 94] S 104; Paeffgen Rieß-FS 426; Werle JZ **91**, 482; **aM** Duttge JZ **99**, 264; einschr Köhler ZStW **107**, 43: nur bei Verdacht der „aktuellen Deliktsverstrickung"; für die Überwachung der in § 53 genannten Berufsgeheimnisträger gilt § 160a. Im Einzelfall kann allerdings § 100a IV eingreifen (vgl aber zum Verteidiger unten 21). Der Eingriff in den Fernmeldeverkehr tatunverdächtiger Personen setzt die auf bestimmte Tatsachen gestützte Annahme der im Ges (unten 19, 20) beschriebenen Verbindung zum Beschuldigten (BVerfG NJW **07**, 2752 mit Anm Sankol MMR **07**, 502: vage Anhaltspunkte genügen nicht; LG Hamburg StV **09**, 236; erg oben 9) sowie hinreichend begründeter Erfolgsaussichten voraus (vgl BVerfGE **113**, 348; LG Hamburg aaO); er muss so gering wie möglich gehalten werden. Dauerüberwachung kommt idR nicht in Betracht (Joecks JA **83**, 60).

19 Die Anordnung kann sich vor allem gegen die sog **Nachrichtenmittler** richten, also gegen Personen, von denen auf Grund bestimmter Tatsachen (oben 18) anzunehmen ist, dass sie Nachrichten, die an den Beschuldigten gerichtet oder von ihm unmittelbar oder mittelbar ausgegangen sind, entgegennehmen oder weiterleiten (BGH NJW **94**, 2904, 2907; zusammenfassend Sankol MMR **08**, 154). Dass sie gutgläubig sind, steht der Anordnung nicht entgegen (Joecks aaO; MüKoStPO-Günther 102; Kaiser NJW **69**, 19; Welp 76 ff). Sie brauchen weder Art und Inhalt der Mitteilung noch ihre Bezogenheit auf die Tat zu kennen. Der Wortlaut („entgegennehmen") deckt auch die Überwachung des Anschlusses des Opfers einer Katalogtat, etwa einer Erpressung (KMR-Bär 38; LR-Hauck 90; MüKoStPO-Günther 104; Mahnkopf/Döring NStZ **95**, 112; einschr Sankol aaO 156; **aM** SK-Wolter/Greco 51; offen gelassen von BVerfG aaO; vgl auch Nelles Stree/Wessels-FS 726, 732: bei Kidnapping Überwachung nach § 32 StGB). Bei Unternehmen kommt die Überwachung der gesamten Telekommunikationsanlage regelmäßig nicht in Betracht; vielmehr sind grundsätzlich – vorbehaltlich der technischen Umsetzbarkeit – die Mitarbeiter zu benennen, die konkret als Nachrichtenmittler in Betracht kommen (Wimmer NZWiSt **17**, 252, 254).

20 Ferner ist die Überwachung von Personen zulässig, bei denen auf Grund bestimmter Tatsachen anzunehmen ist, dass der Beschuldigte deren **Anschluss oder informationstechnisches System benutzt,** auch wenn sie hiervon keine Kenntnis haben (LR-Hauck 176 ff; Beulke Jura **86**, 643), zB Nachbarn, Freunde, Bekannte, Gastwirte, auch Wirtschaftsunternehmen (Bär MMR **08**, 217: „Hacker" nutzt Firmenanschluss; Rudolphi Schaffstein-FS 434 und ZRP **76**, 167), aber nicht Behörden (AK-Maiwald 11; **aM** Heghmanns/Scheffler-Murmann III 210), sofern sie der Überwachung nicht ausdrücklich zustimmen (SK-Wolter/Greco 52). Auch die Überwachung von Internet-Cafes und WLAN Hotspots sowie von Telefonzellen ist zulässig (zu letzteren Knauth NJW **77**, 1512; krit Welp 78 ff). Bei Maßnahmen nach I S 3 würde das konsequenterweise auch die Datenerhebung bei Cloud-Dienstleistern erlauben, wobei insoweit bei im Ausland angesiedelten Diensten wie auch sonst (7b zu § 110) Souveränitätsverletzungen zu vermeiden sind (vgl Freiling/Safferling/Rückert JR **18**, 9, 11).

21 C. Der Telefonanschluss des **Verteidigers** darf im Hinblick auf § 148 grundsätzlich nicht abgehört werden (BVerfG NJW **07**, 2749; BGH **33**, 347). § 160a I kommt insoweit nur eine ergänzende Bedeutung zu (so auch KMR-Bär 45; Knierim StV **08**, 604; erg 16 zu 148). § 160a IV, dessen Wortlaut eine Überwachung des verstrickten Verteidigers in allen dort genannten Fällen erlauben würde, ist mit Rücksicht auf die Rechtsgarantie des § 148 dahingehend einzuschränken, dass der Verdacht einer Begünstigung, Strafvereitelung oder Hehlerei zu Gunsten des Beschuldigten für einen Ausschluss des Überwachungsverbotes nicht ausreicht (in diesem Sinne schon BGH 33, 347; vgl ferner Beulke/ Ruhmannseder StV **11**, 185 mwN; Puschke/Singelnstein NJW **08**, 117). Wenn allerdings der Verteidiger aufgrund bestimmter Tatsachen selbst der Beteiligung an einer auch im Einzelfall schwer wiegenden Katalogtat des Mandanten tat- oder teilnahmeverdächtig ist, darf sein Anschluss auf Grund einer Anordnung nach § 100a überwacht werden (vgl KK-Greven 39 zu § 97: Verstrickung im Sinne „echter Beteiligung"; BGH aaO zur früheren Rechtslage; KMR-Bär 45; Schlüchter 354; R/H-Röwer 25; KK-Griesbaum 20 zu § 160a; noch weiter gehend Beulke 155; Beulke/Ruhmannseder StV **11**, 185 f; Weihrauch/Bosbach 563; AnwK-Löffelmann 12; LR-Hauck 182; LR-Lüderssen/Jahn 14a zu § 148, die die Überwachung generell bis zum Ausschluss des Verteidigers nach § 138a I Nr 1 bzw bis zu einer Entscheidung über das vorläufige Ruhen der Verteidigerrechte nach § 138c III für unzulässig halten; vgl ferner SK-Wolter/Greco 56: doppelt absoluter Schutz; offen gelassen von BVerfG NJW **07**, 2749, das aber die Überwachung des Telefonanschlusses eines Strafverteidigers jedenfalls nicht „von vornherein und in jedem Fall" für unstatthaft erachtet; erg 1, 16 zu 148; 15 zu 160a). Gespräche, die mit der Katalogtat nichts zu tun haben, unterliegen dann aber einem Verwertungsverbot (Rieß JR **87**, 77; vgl insoweit auch den Rechtsgedanken des § 160a I S 5). Die Überwachung eines Gesprächs darf nicht fortgesetzt werden, wenn feststeht, dass einer der Gesprächspartner der Verteidiger ist (LR-Hauck 182; Welp 208 und JZ **72**, 428; vgl aber BT-Drucks 16/5846 S 35: § 160a I S 5); ist der Abbruch der Aufzeichnung aus technischen Gründen nicht möglich, muss jedenfalls jede inhaltliche Auswertung des Gesprächs unterbleiben (BGH StraFo **05**, 296). Soweit die erfasste Telekommunikation dem Kernbereich privater Lebensgestaltung zuzurechnen ist (vgl BVerfGE **109**, 279 zum Gespräch mit dem Verteidiger), folgt dies sowie die Pflicht zur Löschung und Dokumentation nunmehr aus § 100d I, II, V (siehe 2–8 zu § 100d; vgl auch Reiß StV **08**, 542; Wolter GA **07**, 188).

D. **Rechtsanwälte** und ihnen gleich gestellte Personen, die den Beschuldigten **22** nicht verteidigen, sind durch § 160a I geschützt. Gegen diese Personen sowie ihre mitwirkenden Personen (§ 160a III) gerichtete TÜ-Maßnahmen, die voraussichtlich Erkenntnisse erbringen würden, über die sie das Zeugnis verweigern dürften, sind unzulässig und dürfen nicht verwertet werden (näher 1, 3 und 9 zu § 160a). Bei Verstrickungsverdacht gilt § 160a IV 1 (dort 15). Ein relatives Beweiserhebungsverbot gilt für die Berufsgeheimnisträger des § 160a II und ihre mitwirkenden Personen (§ 160a III iVm § 53a) unter den dort genannten Voraussetzungen sowie mit der in § 160a IV geregelten Einschränkung (näher 8 ff, 15 zu § 160a).

7) **Durchführung, Mitwirkungsverpflichtung (IV):** Zuständig ist nach § 36 **23** II die StA (Wendisch JR **78**, 447). Wenn die Überwachung nicht ausschließlich mit eigenen Mitteln der Strafverfolgungsbehörden durchgeführt werden soll (8 zu § 100a), teilt sie die Anordnung in Ausfertigung oder beglaubigter Abschrift mit Unterschrift und Dienststempel dem Telekommunikationsdienstleister mit. Ausreichend ist die Übermittlung einer Kopie der Anordnung auf gesichertem elektronischem Weg oder vorab per Fax; in dem zuletzt genannten Fall muss aber den Verpflichteten binnen einer Woche nach Übermittlung der Faxkopie das Original oder eine beglaubigte Abschrift vorgelegt werden (vgl im Einzelnen § 12 II TKÜV; zur Fristberechnung Günther Kriminalistik **06**, 686, 690). Auch in Eilfällen dürfte ein mündliches Ersuchen mit nachträglicher Zuleitung der schriftlichen Unterlagen nicht genügen, da III S 1 die Mitwirkungspflicht des Diensteanbieters an das Vorliegen einer schriftlichen Anordnung iS von II S 1 knüpft (BeckTKG-Komm/Bock 28 zu § 110; **aM** SK-Wolter/Greco 18). Die StA benachrichtigt ferner die Polizei, von der die Abhörstelle eingerichtet wird (Räume des Verpflichteten sollten nicht benutzt werden) und die auch die erforderlichen Geräte be-

§ 100a

reitstellen muss, soweit sie nicht zur Verfügung stehen (Mösch Kriminalistik **75**, 337).

24 Zur **Mitwirkung** verpflichtet sind auch solche Telekommunikationsdiensteanbieter, die ihre Dienste nicht geschäftsmäßig iS des § 3 Nr 10 TKG erbringen oder daran mitwirken (IV S 1 iVm § 110 I S 6 TKG; vgl BT-Drucks 16/5846 S 47: Umsetzung von Art 17 iVm 16 Cybercrime-Konvention); es genügen also Telekommunikationsdienste (§ 3 Nr 24 TKG), die lediglich innerhalb eines geschlossenen Systems anfallen, zB zwischen ausschließlich für den Eigenbedarf betriebenen behörden- oder unternehmensinternen Nebenstellen, Intranets oder Corporate Networks (BVerfG 1 BvR 1299/05 vom 24.1.2012 Tz 8; KK-Bruns 38; einschr Heun CR **08**, 82; zw Eckhardt CR **07**, 339). Der Verpflichtete hat die Durchführung der Überwachungsmaßnahme, insbesondere durch Ausleitung einer Kopie der digitalisierten Telekommunikationssignale an die Strafverfolgungsbehörden (vgl BGH NStZ-RR **15**, 345), zu ermöglichen und unverzüglich die erforderlichen Auskünfte zu erteilen.

25 **IV S 2:** Hingegen ist die Pflicht, zur Umsetzung von Überwachungsmaßnahmen auf eigene Kosten technische Einrichtungen vorzuhalten und organisatorische Vorkehrungen zu treffen (dazu Vassilaki JR **00**, 448ff), nach Maßgabe des III S 2 iVm § 110 TKG und der TKÜV auf öffentliche Anbieter beschränkt; bestimmte Gruppen sind auch hiervon ausgenommen (§ 3 II TKÜV). Technische Einzelheiten hat die Bundesnetzagentur auf der Grundlage der §§ 110 III TKG, 11 TKÜV in der TR-TKÜV festgelegt (zu deren Inkrafttreten vgl BVerfGE **125**, 260). Das Vorliegen der rechtlichen Voraussetzungen des § 100a hat der Betreiber nicht zu prüfen; er unterliegt den Ordnungs- und Zwangsmitteln des § 95 II (dort 9 und 10), der Verschwiegenheitspflicht nach § 15 TKÜV und einem strafbewehrten Mitteilungsverbot (§§ 17 I, 18 **G 10**). Der Ermittlungsbehörde ist der Zugang gem § 5 II 1 TKÜV derart einzuräumen, dass ihr eine vollständige Kopie der Telekommunikation bereitzustellen ist (BGH NStZ-RR **15**, 345, 346). Das Abhören und Mitlesen, also das Kenntnisnehmen vom Inhalt der Mitteilungen, ist nur dem Richter, der StA und ihren Ermittlungspersonen, auch deren Vorgesetzten (Joecks JA **83**, 60), gestattet; auch deren **Filterung nach bestimmten Merkmalen** obliegt allein den Ermittlungsbehörden (BGH aaO).

26 **Kosten,** die dem nach IV Verpflichteten nach § 23 I iVm Anlage 3 JVEG von der Justiz zu erstatten sind (vgl auch § 20 **G 10**), werden von dem verurteilten Angeklagten nach Nr 9005 KVGKG erhoben (Celle NdsRpfl **92**, 202; Mümmler JurBüro **89**, 1720; erg 24 aE zu Art 6 EMRK); die in der durch das TK-Entschädigungs-Neuordnungsgesetz vom 29.4.2009 (BGBl I 994) eingefügten Anlage 3 vorgesehene Entschädigung von Sach- und Personalkosten schließt alle mit der Erledigung des Ersuchens der Strafverfolgungsbehörde verbundenen Tätigkeiten des Telekommunikationsunternehmens sowie etwa anfallende sonstige Aufwendungen ein. Die Entschädigungspflicht ist durch § 112 V S 3 TKG nicht ausgeschlossen, da sich der dort geregelte automatisierte Auskunftsverfahren vorgesehene unentgeltliche Auskunftsanspruch ausschließlich gegen die Bundesnetzagentur und nicht gegen die Anbieter richtet (LG Halle NStZ-RR **02**, 286).

27 8) Für die **Löschung** der Daten gilt § 101 VIII.

28 9) Der **Kernbereichsschutz** ist nunmehr in § 100d I und II, das **Verfahren** in § 100e I sowie III–V geregelt (siehe jeweils die Komm dort).

29 10) Die **Verwertung der Erkenntnisse** (zusammenfassende Übersicht mit Kritik bei Neuhaus FS-Rieß 404 ff) bemisst sich im Falle einer Gesetzesänderung – mangels Übergangsbestimmungen – nach neuem Recht (erg 4 zu § 354a, 7a zu § 477; Einzelheiten bei Knierim StV **08**, 600, 603; **09**, 207 und Wulf wistra **08**, 327). Die durch die TKÜ gewonnenen Informationen sind **im Falle des Widerspruchs nur verwertbar,** wenn das erkennende Gericht die Anordnungsvoraussetzungen – grunds anhand des ermittlungsrichterlichen Beschlusses – überprüft (BGH **47**, 362, 365 ff; **51**, 1); hinsichtlich der Rechtmäßigkeit von Entscheidungen

Ermittlungsmaßnahmen § 100a

der Gerichte von Mitgliedsstaaten der EU gilt dies nur eingeschränkt (unten 31). Im Einzelnen gilt für die Verwertung Folgendes:

A. **In dem Verfahren gegen den Beschuldigten** und alle Tatbeteiligten 30 (auch bei Begünstigung, Strafvereitelung und Hehlerei, vgl Hamm wistra **14**, 39; Wolter A. Kaufmann-GedSchr 767), auch wenn sie zZ der Anordnung noch unbekannt waren, können die Überwachungsergebnisse verwertet werden (BGH **53**, 64, 69). Dazu können die Überwachungsbeamten, mit allerdings schwächerem Beweiswert (BGH NStZ **02**, 493, 494), als Zeugen vernommen (vgl zum Vorhalt BGHR § 261 Inbegriff der Verhandlung 39; 28 zu § 261) oder die Ton- und Datenträger durch Abspielen in Augenschein genommen werden (LR-Hauck 95; Schlüchter 351). Von dem Inhalt der Tonträger können auch Niederschriften hergestellt und verlesen werden (BGH **27**, 135; NStZ **85**, 466; erg 3 zu § 86; 7 zu § 249). Dies gilt auch für Übersetzungen fremdsprachiger Aufzeichnungen, deren Zuverlässigkeit vom Gericht sorgfältig zu überprüfen ist (BGH NStZ **02**, 493f). Den Schöffen können zum besseren Verständnis Kopien der Protokolle zur Verfügung gestellt werden (BGH **43**, 36, 38). Der Verlesung steht nicht entgegen, dass die Gespräche in den Niederschriften nicht immer in wörtlicher Rede wiedergegeben sind, wenn es nicht auf den genauen Wortlaut ankommt (BGH NStZ **09**, 280: Tatsache, dass der Angeklagte zu einem bestimmten Zeitpunkt von seiner Wohnung aus telefoniert hat; **aM** Roxin/Schünemann § 36, 14; vgl zur Abgrenzung BGHR § 261 Inbegriff der Verhandlung 39). Welchen Weg das Gericht wählt, richtet sich nach seinem an § 244 II ausgerichteten Ermessen (BGH NJW **92**, 58, 59; NStZ **08**, 230, 231; vgl auch BGHR § 244 II Tonband 1; erg 18a, 19 aE zu § 147).

Die **Verwertbarkeit** von Erkenntnissen aus einer **im Ausland durchgeführ-** 31 **ten Telekommunikations-Überwachung** bestimmt sich nach dem inländischen Recht; ist die Rechtshilfe durch einen Mitgliedsstaat der EU geleistet worden, gilt für die Beurteilung der Beweisverwertung im Inland ein eingeschränkter Prüfungsmaßstab, der sich grunds nicht darauf erstreckt, ob die Anordnung der TKÜ nach dem Recht des ersuchten Staates rechtmäßig war; die Unverwertbarkeit kann sich aus der inländischen Rechtsordnung des ersuchenden Staates sowie aus der Verletzung völkerrechtlicher Grundsätze und rechtshilferechtlicher Bestimmungen ergeben (BGH **58**, 32 mit Anm Swoboda HRRS **14**,10; NStZ **14**, 608; erg 6a zu § 100b; 5 zu § 477). Eine Verwertung dürfte aber jedenfalls nur dann zulässig sein, wenn eine Katalogtat nach § 100a vorliegt (vgl dazu Schuster NStZ **06**, 661; BGH aaO [zu § 477 II S 2]; erg auch Einl 56d).

B. **Änderung der rechtlichen Beurteilung:** War die Anordnung der Über- 32 wachung wegen einer bestimmten Katalogtat rechtmäßig, so steht es der Verwertung der Erkenntnisse nicht entgegen, dass eine andere Begehungsform dieser Tat vorliegt (Lehmann ArchPF **79**, 117) oder dass nach den weiteren Ermittlungen nur noch der Verdacht einer Nichtkatalogtat besteht (BGH 1 StR 365/73 vom 5.3.1974; KK-Bruns 59; KMR-Bär 61; Rieß JR **79**, 168; **aM** Eisenberg BR 2497b; Kretschmer StV **99**, 225; Prittwitz StV **84**, 302; Welp Jura **81**, 479), auch wenn schon die Anklage nur wegen einer solchen Tat erhoben wird (BGH 4 StR 418/78 vom 28.2.1979). Es genügt immer, dass im Zeitpunkt der Anordnung ein objektiver Bezug auf eine Katalogtat bestanden hat (BGH **28**, 12; BGH NJW **79**, 1370, 1371; BGHR Verwertungsverbot 4; **aM** Peters 452; Singelnstein ZStW **120**, 883 Fn 139; Wulf wistra **08**, 325). Das gilt auch, wenn der Angeklagte im Zeitpunkt der Anordnung nicht zu dem in III genannten Personenkreis gehörte (BGH 2 StR 497/17 vom 11.7.2018).

War das der Fall, so dürfen Ermittlungsergebnisse auch für eine mit ihr in **Tat-** 33 **einheit** stehende Tat verwendet werden (Schlüchter 352.2; Welp Jura **81**, 477; Wolter A. Kaufmann-GedSchr 766), im Fall der §§ 129, 129a StGB auch wegen der Taten, die die Mitglieder bei der Verfolgung der Ziele der Vereinigung abgesprochen oder begangen haben (BGH **28**, 122; ANM 524 mwN in Fn 704; Küpper JZ **90**, 422; **aM** Prittwitz StV **84**, 302), selbst wenn Anklage nur wegen dieser

Köhler 421

§ 100a

Taten und nicht nach §§ 129, 129a StGB erhoben wird (BGH aaO; StV **86**, 297; Düsseldorf aaO; KK-Bruns 59; **aM** Peters 452; Roxin/Schünemann § 36, 21). Scheidet die StA die Verfolgung wegen der Katalogtat nach § 154a aus, so hindert das die Verwertung ebenfalls nicht (Hamm JMBlNW **78**, 32; **aM** Welp Jura **81**, 479; Wolter aaO 772).

34 C. Für **Zufallserkenntnisse** gilt § 477 II S 2 (dort 5 ff), für die Verwertung der erlangten Erkenntnisse zu Zwecken der Gefahrenabwehr § 477 II S 3 (dort 10).

35 11) **Ein Verwertungsverbot** besteht nicht deshalb, weil gegen die Zuständigkeitsbestimmung des § 100e I (vgl KK-Bruns 52; Schlüchter 351; offengelassen in BGHZ **31**, 304, 308), gegen sonstige Formvorschriften oder gegen Begründungsanforderungen verstoßen worden ist; anders liegt es bei willkürlicher Annahme von Gefahr im Verzug (BT-Drucks 16/6979 S 43; vgl dazu auch 21 zu § 94, 7 zu § 98). Unverwertbar sind auch Erkenntnisse, die ohne richterliche oder staatsanwaltschaftliche Anordnung (Jäger StV **02**, 244; GA **08**, 497) unter völliger Umgehung des § 100a erlangt worden sind (BGH **31**, 304: Aufzeichnung von Telefongesprächen zwischen V-Mann der Polizei und Beschuldigtem; BGH **35**, 32: ohne richterliche Anordnung eingerichtete Schaltung einer Zählervergleichseinrichtung) oder wenn die Anordnung unter bewusster Überschreitung der gesetzlichen Befugnisse getroffen worden ist (BGH **28**, 122, 124; **31**, 304, 309; NJW **79**, 1370, 1371), insbesondere wenn von vornherein kein Tatverdacht (Küpper JR **96**, 215) oder kein Verdacht einer Katalogtat bestanden hat (BGH **31**, 304, 309; **32**, 68, 70; Hamburg StV **02**, 590; oben 9); allerdings begründet es kein Verwertungsverbot, wenn der Tatverdacht zwar ua auf ein unverwertbares Beweismittel gestützt wurde, eine Gesamtschau der Verdachtslage jedoch ergibt, dass der Beschluss auch ohne dieses Beweismittel hätte ergehen können (BGH 5 StR 312/15 vom 2.9.2015).

35a **Unverwertbar** sind Erkenntnisse, die aus einer als sog „**Quellen-TKÜ**" angeordneten Maßnahme gewonnen wurden, die nicht aus einem laufenden Telekommunikationsvorgang beruhen (I S 2) oder auf gespeicherten Inhalten und Umständen, die unter Verstoß gegen I S 3 erfasst wurden (dazu oben 14c ff; vgl auch BVerfGE **120**, 274). Allerdings ist die Auswechslung der im Überwachungsbeschluss unzutreffend angenommenen Katalogtat durch eine andere in den Grenzen der vom Ermittlungsrichter geprüften Verdachtslage möglich (BGH **48**, 240 mit krit Anm Arloth NStZ **03**, 609 und abl Anm Bernsmann/Sotelsek StV **04**, 113; krit auch Roßmüller/Scheinfeld wistra **04**, 52; dazu auch Franke GA **03**, 890 und Kudlich JR **03**, 457), nicht aber auch die des Beschuldigten und der Zielrichtung des Eingriffs (BVerfG NJW **07**, 2749, 2750). Ein Verwertungsverbot besteht ferner dann, wenn der Subsidiaritätsgrundsatz (oben 13) missachtet worden ist (BGH **41**, 30, 31), darüber hinaus auch für Bekundungen des Beschuldigten auf Vorhalt von unzulässig gewonnenen Erkenntnissen aus einer Telefonüberwachung (BGH **27**, 355, 357; **32**, 68, 70; **33**, 347, 353; vgl auch BGH **51**, 1, 8). Das Bestehen eines nach § 52 geschützten Angehörigenverhältnisses steht aber der Verwertung anders als im Fall des § 100c (vgl dort 23) nicht entgegen (BGH NStZ **99**, 416; NStZ-RR **03**, 290 [B]; erg oben 16, 18; krit Weigend NJW **98** Heft 23 Beilage S 20); das Vertrauensverhältnis zu den in § 53 genannten Berufsgeheimnisträgern schützt grundsätzlich § 160a (zur Verteidiger vgl aber oben 21 sowie nachfolgend 36). Zum Freibeweisverfahren 7, 9 zu § 244 sowie BGH StraFo **09**, 19. Informationen, die auf einer heimlichen Aufzeichnung von Gesprächen durch Private ohne staatliche Mithilfe beruhen, dürfen nach einer Interessenabwägung im Strafverfahren verwertet werden, wenn es um die Aufklärung schwerer Straftaten geht (KK-Bruns 68).

36 **Ausdrücklich geregelt** wird ein Verwertungsverbot bei Verletzung des Kernbereichs der privaten Lebensgestaltung in § 100d II S 1 (siehe 6-8 zu § 100d).

37 Eine **Fortwirkung** des Verfahrensverstoßes (vgl 30 zu § 136a) besteht zwar nicht allgemein. Jedoch sind Angaben unverwertbar, die der Beschuldigte unter dem unmittelbaren Eindruck eines Vorhalts aus unzulässig erlangten – und ihrerseits unverwertbaren – TKÜ-Erkenntnissen macht (BGH NStZ **19**, 227, 228). Auch spätere Aussagen dürfen nicht verwertet werden, wenn sie noch von dem Vorhalt beeinflusst sind (BGH **27**, 355, 358). Ob das der Fall ist, hat der Tatrichter zu prüfen (BGH **35**, 32). Ist eine längere Zeit zwischen der Aussage unter dem Eindruck des unzulässigen Vorhalts und der neuerlichen Vernehmung verstrichen und werden dem Beschuldigten dabei weder die unzulässig erlangten TKÜ-Erkenntnisse noch die früheren unverwertbaren Angaben vorgehalten, spricht dies dafür, dass der Vorhalt sich nicht mehr auf die spätere Aussage ausgewirkt hat (BGH **27**, 355, 358).

Eine **Fernwirkung** (zum Begriff Einl 57; 31 zu § 136a) hat der Verstoß gegen § 100a grundsätzlich nicht (BGH **32**, 68, 70; Schlüchter 352.3; **aM** Küpper JZ **90**, 423; die abweichende Entscheidung BGH **29**, 244 betrifft nur die Telefonüberwachung nach § 1 G 10). BGH **51**, 1 hält hieran ausdrücklich fest und beschränkt demnach bei einer Kette von aufeinander beruhenden Telekommunikations-Überwachungsmaßnahmen die Prüfung der Verwertbarkeit auf die Überwachungsmaßnahme, der die Erkenntnisse unmittelbar entstammen. Anders verhält es sich in den Fällen des IV S 2 (oben 25). 38

12) Die **Revision** kann – nur mit einer Verfahrensrüge nach § 344 II S 2 (BGH StV **94**, 169) – darauf gestützt werden, dass die Beweiswürdigung auf unverwertbaren Erkenntnissen beruht (oben 25, 35 ff). Dabei wird aber der Tatverdacht und die Frage, ob der Subsidiaritätsgrundsatz gewahrt ist, nur daraufhin (freibeweislich: BGH StraFo **09**, 19) überprüft, ob die Anordnung (Verlängerung) der Telefonüberwachung vertretbar war, der Anordnende seinen Beurteilungsspielraum (oben 9, 13) also nicht überschritten hat (BGH **41**, 30; iE zust LR-Hauck 230, krit Küpper NStZ **95**, 510 mit abl Anm Bernsmann; abl auch; Fezer JZ **07**, 669; Neuhaus Rieß-FS 396; Paeffgen Roxin-FS I 1302; Schlothauer StraFo **98**, 404; Störmer StV **95**, 653; ZStW **108**, 517; vgl aber auch BGH StV **98**, 247). Allein die mangelhafte Begründung des Abhörbeschlusses nach § 100e führt nicht zur Unverwertbarkeit der Überwachungsergebnisse (BGH NStZ-RR **06**, 370; NStZ **07**, 117; StV **08**, 63; **aM** Schmidt NJ **08**, 393; StraFo **09**, 452); die Revision ist jedoch begründet, wenn der erkennende Richter die in einem solchen Fall erforderliche Beiziehung der Akten zur gebotenen Prüfung der Überwachungsmaßnahme unterlassen hat (BGH **47**, 362; vgl auch StraFo **18**, 30 [TKÜ nach G-10-Ges]; Franke GA **03**, 888 sowie Nack Hilger-FG 349). Die Rspr verlangt aber – verfassungsrechtlich unbedenklich (BVerfG NJW **12**, 907, 911) –, dass der Verwertung in der Hauptverhandlung **widersprochen** worden ist (BGH **51**, 1; NStZ **18**, 550, 551 [Raumgespräch]; StraFo **14**, 20; StV **01**, 545 mit abl Anm Ventzke und abl Anm Wollweber wistra **01**, 182; BGH StV **08**, 63 mit abl Anm Fezer HRRS **06**, 239; vgl aber auch BGH **47**, 362, 366 f, der zumindest eine Prüfung der Anordnungsbeschlusses von Amts wegen auf Plausibilität hinsichtlich der Verdachts- und Beweislage verlangt; dagegen BGH **51**, 1, 4 [obiter dictum]; erg 31 zu § 100e; 16 zu § 100c; 25 zu § 136), dies soll auch gelten, wenn der Revisionsführer eine täuschungsähnliche Situation behauptet, aus der ein umfassendes Beweisverwertungsverbot hinsichtlich sämtlicher weiterer Überwachungsmaßnahmen hergeleitet werden soll (BGH StV **16**, 771). Zum notwendigen Revisionsvorbringen (Angabe der Überwachungsbeschlüsse und der rechtzeitig [§ 257, siehe 4 StR 385/12 zu § 100g] erhobenen Widersprüche mit den diese zurückweisenden Beschlüssen; grundsätzlich auch der Antragsschrift der StA) vgl BGH aaO; **47**, 362, 365; **48**, 240; NStZ **07**, 117; **08**, 230, 231; NStZ-RR **10**, 135 (bei Cirener), ferner (zur Verdachtslage und zu den übrigen Eingriffsvoraussetzungen) BVerfG 2 BvR 1042/07 vom 20.6.2007; BGH StV **08**, 63; 65. 39

Online-Durchsuchung   RiStBV 85

100b [1] Auch ohne Wissen des Betroffenen darf mit technischen Mitteln in ein von dem Betroffenen genutztes informationstechnisches

§ 100b

System eingegriffen und dürfen Daten daraus erhoben werden (Online-Durchsuchung), wenn

1. bestimmte Tatsachen den Verdacht begründen, dass jemand als Täter oder Teilnehmer eine in Absatz 2 bezeichnete besonders schwere Straftat begangen oder in Fällen, in denen der Versuch strafbar ist, zu begehen versucht hat,
2. die Tat auch im Einzelfall besonders schwer wiegt und
3. die Erforschung des Sachverhalts oder die Ermittlung des Aufenthaltsortes des Beschuldigten auf andere Weise wesentlich erschwert oder aussichtslos wäre.

II Besonders schwere Straftaten im Sinne des Absatzes 1 Nummer 1 sind:

1. aus dem Strafgesetzbuch:
   a) Straftaten des Hochverrats und der Gefährdung des demokratischen Rechtsstaates sowie des Landesverrats und der Gefährdung der äußeren Sicherheit nach den §§ 81, 82, 89a, 89c Absatz 1 bis 4, nach den §§ 94, 95 Absatz 3 und § 96 Absatz 1, jeweils auch in Verbindung mit § 97b, sowie nach den §§ 97a, 98 Absatz 1 Satz 2, § 99 Absatz 2 und den §§ 100, 100a Abs. 4,
   b) Bildung krimineller Vereinigungen nach § 129 Absatz 1 in Verbindung mit Absatz 5 Satz 3 und Bildung terroristischer Vereinigungen nach § 129a Absatz 1, 2, 4, 5 Satz 1 erste Alternative, jeweils auch in Verbindung mit § 129b Absatz 1,
   c) Geld- und Wertzeichenfälschung nach den §§ 146 und 151, jeweils auch in Verbindung mit § 152, sowie nach § 152a Absatz 3 und § 152b Absatz 1 bis 4,
   d) Straftaten gegen die sexuelle Selbstbestimmung in den Fällen des § 176a Absatz 2 Nummer 2 oder Absatz 3 und, unter den in § 177 Absatz 6 Satz 2 Nummer 2 genannten Voraussetzungen, des § 177,
   e) Verbreitung, Erwerb und Besitz kinderpornografischer Schriften in den Fällen des § 184b Absatz 2,
   f) Mord und Totschlag nach den §§ 211, 212,
   g) Straftaten gegen die persönliche Freiheit in den Fällen der §§ 234, 234a Absatz 1, 2, der §§ 239a, 239b und Menschenhandel nach § 232 Absatz 3, Zwangsprostitution und Zwangsarbeit nach § 232a Absatz 3, 4 oder 5 zweiter Halbsatz, § 232b Absatz 3 oder 4 in Verbindung mit § 232a Absatz 4 oder 5 zweiter Halbsatz und Ausbeutung unter Ausnutzung einer Freiheitsberaubung nach § 233a Absatz 3 oder 4 zweiter Halbsatz,
   h) Bandendiebstahl nach § 244 Absatz 1 Nummer 2 und schwerer Bandendiebstahl nach § 244a,
   i) schwerer Raub und Raub mit Todesfolge nach § 250 Absatz 1 oder Absatz 2, § 251,
   j) räuberische Erpressung nach § 255 und besonders schwerer Fall einer Erpressung nach § 253 unter den in § 253 Absatz 4 Satz 2 genannten Voraussetzungen,
   k) gewerbsmäßige Hehlerei, Bandenhehlerei und gewerbsmäßige Bandenhehlerei nach den §§ 260, 260a,
   l) besonders schwerer Fall der Geldwäsche, Verschleierung unrechtmäßig erlangter Vermögenswerte nach § 261 unter den in § 261 Absatz 4 Satz 2 genannten Voraussetzungen; beruht die Strafbarkeit darauf, dass die Straflosigkeit nach § 261 Absatz 9 Satz 2 gemäß § 261 Absatz 9 Satz 3 ausgeschlossen ist, jedoch nur dann, wenn der Gegenstand aus einer der in den Nummern 1 bis 7 genannten besonders schweren Straftaten herrührt,
   m) besonders schwerer Fall der Bestechlichkeit und Bestechung nach § 335 Absatz 1 unter den in § 335 Absatz 2 Nummer 1 bis 3 genannten Voraussetzungen,

§ 100b

Ermittlungsmaßnahmen

2. aus dem Asylgesetz:
   a) Verleitung zur missbräuchlichen Asylantragstellung nach § 84 Absatz 3,
   b) gewerbs- und bandenmäßige Verleitung zur missbräuchlichen Asylantragstellung nach § 84a Absatz 1,
3. aus dem Aufenthaltsgesetz:
   a) Einschleusen von Ausländern nach § 96 Absatz 2,
   b) Einschleusen mit Todesfolge oder gewerbs- und bandenmäßiges Einschleusen nach § 97,
4. aus dem Betäubungsmittelgesetz:
   a) besonders schwerer Fall einer Straftat nach § 29 Absatz 1 Satz 1 Nummer 1, 5, 6, 10, 11 oder 13, Absatz 3 unter der in § 29 Absatz 3 Satz 2 Nummer 1 genannten Voraussetzung,
   b) eine Straftat nach den §§ 29a, 30 Absatz 1 Nummer 1, 2, 4, § 30a,
5. aus dem Gesetz über die Kontrolle von Kriegswaffen:
   a) eine Straftat nach § 19 Absatz 2 oder § 20 Absatz 1, jeweils auch in Verbindung mit § 21,
   b) besonders schwerer Fall einer Straftat nach § 22a Absatz 1 in Verbindung mit Absatz 2,
6. aus dem Völkerstrafgesetzbuch:
   a) Völkermord nach § 6,
   b) Verbrechen gegen die Menschlichkeit nach § 7,
   c) Kriegsverbrechen nach den §§ 8 bis 12,
   d) Verbrechen der Aggression nach § 13,
7. aus dem Waffengesetz:
   a) besonders schwerer Fall einer Straftat nach § 51 Absatz 1 in Verbindung mit Absatz 2,
   b) besonders schwerer Fall einer Straftat nach § 52 Absatz 1 Nummer 1 in Verbindung mit Absatz 5.

III ¹Die Maßnahme darf sich nur gegen den Beschuldigten richten. ²Ein Eingriff in informationstechnische Systeme anderer Personen ist nur zulässig, wenn auf Grund bestimmter Tatsachen anzunehmen ist, dass
1. der in der Anordnung nach § 100e Absatz 3 bezeichnete Beschuldigte informationstechnische Systeme der anderen Person benutzt, und
2. die Durchführung des Eingriffs in informationstechnische Systeme des Beschuldigten allein nicht zur Erforschung des Sachverhalts oder zur Ermittlung des Aufenthaltsortes eines Mitbeschuldigten führen wird.

³Die Maßnahme darf auch durchgeführt werden, wenn andere Personen unvermeidbar betroffen werden.

IV § 100a Absatz 5 und 6 gilt mit Ausnahme von Absatz 5 Satz 1 Nummer 1 entsprechend.

Übersicht

	Rn
1) Begriff, Reichweite	1, 2
2) Eingriffsvoraussetzungen (I)	3–6
A. Verdacht einer besonders schweren Straftat (I Nr 1)	4
B. Besondere Schwere im Einzelfall (I Nr 2)	5
C. Subsidiarität (I Nr 3)	6
3) Straftatenkatalog (II)	7
4) Betroffene (III)	8–11
5) Technische Durchführung, Protokollierung (IV)	12, 13
6) Kernbereichsschutz	14
7) Verwertbarkeit	15
8) Revision	16

1) Begriff, Reichweite: Der durch das Gesetz vom 17.8.2017 (BGBl I 3202, **1** 3204) neu gefasste § 100b hat die Rechtsgrundlage für sog Online-Durchsuchungen geschaffen. Dabei handelt es sich um den verdeckten Zugriff der Ermitt-

§ 100b

lungsbehörden auf ein von dem Betroffenen genutztes informationstechnisches System. Dies ist zwar auch bei der Quellen-TKÜ möglich (§ 100a I S 2 und 3). Im Unterschied zu dieser erfasst die Online-Durchsuchung aber nicht nur laufende und hinzukommende Kommunikationsinhalte, sondern alle, auch die in einer Cloud (Roggan StV **17**, 821, 825; erg 10, 14f zu § 100a), im System bereits gespeicherten Daten. Außerdem kann das gesamte Nutzungsverhalten des Betroffenen überwacht werden, da die beim Surfen aufgesuchten Webseiten systematisch und vollständig erfasst werden. Die Ermittlungsmaßnahme stellt damit einen besonders schwerwiegenden Eingriff in den Schutzbereich des Grundrechts auf Integrität und Vertraulichkeit informationstechnischer Systeme aus Art 2 I GG als eigenständige Ausprägung des Rechts auf informationelle Selbstbestimmung dar (BT-Drucks 18/12785 S 59). Der Gesetzgeber hat sich hinsichtlich der Eingriffsvoraussetzungen und Schranken weitgehend an denen für die akustische Wohnraumüberwachung (§ 100c) orientiert (BT-Drucks 18/12785 S 54), weshalb wie dort (7 zu § 100c) die mit dem Eingriff verbundenen notwendigen Maßnahmen einschl des heimlichen Betretens der Wohnung des Betroffenen gestattet sein dürften (KK-Bruns 6; aA Roggan FG-Graulich 115, 132 f). Die Eingriffstiefe geht bei der Online-Durchsuchung über die bei der akustischen Wohnraumüberwachung hinaus, da sie die Erstellung eines vollständigen Verhaltens- und Persönlichkeitsprofils des Betroffenen erlaubt (Großmann GA **18**, 429, 443; zur verfassungsrechtlichen Problematik Roggan StV **17**, 821, 826 ff; Blechschmitt StraFo **17**, 361, 364; Freiling/Safferling/Rückert JR **18**, 9, 20; SSW-Eschelbach 5; siehe aber auch BVerfGE **141**, 220, wonach die Online-Durchsuchung nach dem BKAG verfassungsgemäß ist).

2   **Nicht erlaubt** ist das **heimliche Aktivieren** von Kamera- oder Mikrofonfunktionen des Computers oder eines Smartphones. Zwar handelt es sich auch insoweit noch um einen Eingriff in ein informationstechnisches System iSv I; auch spricht die Gesetzesbegründung davon, dass das gesamte Nutzungsverhalten einer Person überwacht werden solle (BT-Drucks 18/12785 S 59), wozu man das optische Beobachten des Nutzers zählen könnte. Jedoch dürfen nach I nur Daten „daraus", dh aus dem informationstechnischen System erhoben werden, was bereits gegen ein aktives Inbetriebnehmen durch die Ermittlungsbehörden spricht. Außerdem macht der Begriff „Durchsuchung" deutlich, dass lediglich die Befugnis zu einer passiven Kenntnisnahme, nicht aber zu einem Aktivieren bestimmter Funktionen besteht; schließlich würde dies im Ergebnis, insbesondere bei einem Live-Zugriff, einem nach Art 13 GG unzulässigen Spähangriff auf einen Wohnraum entsprechen (zutr Roggan StV **17**, 821, 826).

3   **2) Eingriffsvoraussetzungen (I):** I erlaubt den Eingriff in ein informationstechnisches System mit technischen Mitteln. Dies ist bewusst allgemein formuliert, um alle derzeit vorhandenen und künftigen Computer- und Kommunikationsgeräte zu erfassen. Die Strafverfolgungsbehörden werden ermächtigt, heimlich eine Überwachungssoftware auf dem technischen System zu installieren. Zur praktischen Durchführung siehe 14d zu § 100a, zu den technischen Voraussetzungen 14i–l zu § 100a; vgl auch Soiné NStZ **18**, 497.

4   A. **Verdacht einer besonders schweren Straftat (I Nr 1):** Die Maßnahme ist nur zulässig, wenn bestimmte Tatsachen den Verdacht einer der in II enumerativ aufgeführten besonders schweren Straftaten begründen. Dies erfordert einen über das Vorliegen eines Anfangsverdachts hinausgehenden qualifizierten Tatverdacht. Angesichts der Eingriffstiefe der Online-Durchsuchung müssen konkrete und bereits in gewissem Umfang verdichtete Umstände vorliegen, welche eine ausreichende Tatsachengrundlage für den Verdacht einer Katalogtat begründen (erg 9 zu § 100a). Der Versuch einer Katalogtat reicht aus, nicht aber deren Vorbereitung. Die Teilnahme an der (versuchten) Katalogtat steht der Täterschaft gleich, nicht erfasst werden Strafvereitelung oder Begünstigung.

5   B. Die Katalogtat muss **auch im konkreten Einzelfall,** nicht nur abstrakt, besonders schwer wiegen (I Nr 2). Es bedarf also keiner schematischen Betrachtung,

sondern einer Prüfung, welche die Umstände des Einzelfalls berücksichtigt. Anhaltspunkte können sich zB aus der Tatausführung, der Beteiligung weiterer Beschuldigter, der faktischen Verzahnung mit anderen Katalogtaten und den Folgen der Tat, insbesondere für Verletzte, ergeben.

C. **Subsidiaritätsklausel (I Nr 3):** Die Online-Durchsuchung darf nur angeordnet werden, wenn die Erforschung des Sachverhaltes oder die Ermittlung des Aufenthaltsortes des Beschuldigten auf andere Weise wesentlich erschwert oder aussichtslos wäre. Damit wird klar gestellt, dass die Online-Durchsuchung die ultima ratio der Strafverfolgungsmaßnahmen ist; sie ist nur zulässig, wenn andere Ermittlungsmaßnahmen versagen (erg 13, 14 zu § 100a). Das anordnende Gericht hat einen Beurteilungsspielraum (kritisch SSW-Eschelbach 15, wonach derartige Subsidiaritätsklauseln praktisch nur wenig zu einer Begrenzung von Ermittlungsmaßnahmen beitragen). Einer Wahrscheinlichkeit, dass durch die Maßnahme auch tatsächlich relevante Beschuldigtenäußerungen erfasst werden, bedarf es – anders als in § 100c I Nr 3 – nicht (kritisch dazu Roggan StV **17**, 821, 825, 827). 6

3) **Straftatenkatalog (II):** Der Katalog der Straftaten entspricht dem bisherigen für die Wohnraumüberwachung in § 100c II aF. Es handelt sich dabei um Straftaten, die im Höchstmaß Freiheitsstrafe von mehr als 5 Jahren vorsehen. Es ist allerdings zu bezweifeln, ob alle dort aufgeführten Straftaten den mit Rücksicht auf die Eingriffstiefe der Maßnahme erforderlichen Schweregrad besitzen (SSW-Eschelbach 10). 7

4) Die Maßnahme darf sich grundsätzlich **nur gegen den Beschuldigten** richten (III). Dies schließt es nicht aus, dass bei der Durchführung auch Erkenntnisse gegen andere Personen gewonnen werden; diese sind verwertbar. Es dürfte auch zulässig sein, die Online-Durchsuchung zur Ermittlung des Aufenthaltsortes eines Mitbeschuldigten anzuordnen. 8

Andere Personen dürfen von der Maßnahme nur unter engen, kumulativ vorliegenden Voraussetzungen erfasst werden (III). Es muss aufgrund bestimmter Tatsachen anzunehmen sein, dass der in der Anordnung nach § 100e III bezeichnete Beschuldigte das informationstechnische System dieser anderen Person selbst benutzt (III S 1 Nr 1); Mitbenutzung genügt grundsätzlich (vgl Freiling/Safferling/ Rückert JR **18**, 9, 14; siehe aber auch 10). Außerdem ist der Zugriff auf das Gerät der anderen Person nur zulässig, wenn der Zugriff auf Geräte des Beschuldigten allein nicht zur Erforschung des Sachverhaltes oder zur Ermittlung des Aufenthaltsortes eines Mitbeschuldigten führen würde (III S Nr 2). 9

Erlaubt ist damit auch die **Infiltration des Cloud-Servers** bei dem Cloud-Diensteanbieter, wenn aufgrund bestimmter Tatsachen anzunehmen ist, dass der Beschuldigte dessen informationstechnisches System nutzt (vgl Roggan StV **17**, 821, 826; Soiné NStZ **18**, 497, 499 f; erg 14f zu § 100a) und die Voraussetzungen von Nr 2 vorliegen; es kann der der gesamten Datenbestand erhoben werden (Grözinger StV **19**, 407, 411), auch im Zeitpunkt der Anordnung nach § 100e II bereits abgeschlossene, in der Cloud gespeicherte Telekommunikation (BT-Drucks 18/12785 S 53 f; erg 6d zu § 100a). Gleiches gilt für IT-Systeme, die – wie etwa in Internet-Cafes – von vielen Personen genutzt werden (Freiling/Safferling/Rückert aaO, die allerdings mit Recht darauf hinweisen, dass bei einer Vielzahl von unbeteiligten Betroffenen Verhältnismäßigkeitsgesichtspunkte besonders zu beachten sind). 10

Dass im Übrigen **andere Personen von der Maßnahme betroffen** werden, ist unvermeidbar und hindert ihre Durchführung nicht (III S 2). Auch insoweit zeigt sich jedoch die besondere Eingriffstiefe der Online-Durchsuchung im Vergleich mit Maßnahmen etwa nach § 100c oder § 100f III. Denn es sind potentiell alle sozialen Kontakte betroffen, der der Beschuldigte aktuell in dem informationstechnischen System unterhält, sowie darüber hinaus über den Zugriff auf gespeicherte Inhalte auch alle in der Vergangenheit liegenden. 11

5) Gemäß IV gilt hinsichtlich der **technischen Durchführung** § 100a V mit Ausnahme von V S 1 Nr 1 entsprechend (siehe 14i–14l zu § 100a). Die zu § 100a 12

V geäußerten Bedenken (siehe dort 14k, 14l) gelten auch hier. Zu den Gefahren für die allgemeine IT-Sicherheit 14d zu § 100a.

13 Die **Protokollierungspflichten** des § 100a VI gelten ebenfalls entsprechend (IV; 14m zu § 100a). Es erscheint aber derzeit technisch nicht nachweisbar, welche Software in einem bestimmten informationstechnischen System, das nicht der eigenen vollständigen Kontrolle unterliegt, zu einem bestimmten Zeitpunkt lief und wie sie auf das System eingewirkt hat; ob sich die gesetzlichen Protokollierungspflichten tatsächlich erfüllen lassen, ist daher zweifelhaft (Freiling/Safferling/Rückert JR **18**, 9, 20).

14 7) Der **Kernbereichsschutz** ist in § 100d I–III, V, das **Verfahren** in § 100e II–VI geregelt.

15 8) **Verwertbarkeit:** Von den in § 100d II, V S 1 (vgl dort 6, 7, 23–26) ausdrücklich angeordneten Verwertungsverboten abgesehen sind generell auch solche Erkenntnisse unverwertbar, die unter Umgehung der Voraussetzungen des § 100b erlangt worden sind, zB wenn kein Verdacht einer besonders schweren Katalogstraftat bestand oder unter manifester Überschreitung des Beurteilungsspielraumes gegen den Subsidiaritätsgrundsatz verstoßen wurde (dazu oben 6, 7). Dies rechtfertigt sich aus der besonderen Schwere des Eingriffs, die jede Verwertung von bemakelten Beweisen ausschließen sollte.

16 9) Die **Revision** kann wie bei § 100a (dort 39) darauf gestützt werden, dass die Beweiswürdigung auf unverwertbaren Erkenntnissen beruht. Ebenso wie dort setzt die Geltendmachung von Rechtsverletzungen in der Revision trotz der besonderen Eingriffstiefe der Maßnahme grundsätzlich einen vorherigen **Widerspruch** in der Tatsacheninstanz voraus (erg 31 zu § 100e).

Akustische Wohnraumüberwachung

100c [I] Auch ohne Wissen der Betroffenen darf das in einer Wohnung nichtöffentlich gesprochene Wort mit technischen Mitteln abgehört und aufgezeichnet werden, wenn

1. bestimmte Tatsachen den Verdacht begründen, dass jemand als Täter oder Teilnehmer eine in § 100b Absatz 2 bezeichnete besonders schwere Straftat begangen oder in Fällen, in denen der Versuch strafbar ist, zu begehen versucht hat,
2. die Tat auch im Einzelfall besonders schwer wiegt,
3. auf Grund tatsächlicher Anhaltspunkte anzunehmen ist, dass durch die Überwachung Äußerungen des Beschuldigten erfasst werden, die für die Erforschung des Sachverhalts oder die Ermittlung des Aufenthaltsortes eines Mitbeschuldigten von Bedeutung sind, und
4. die Erforschung des Sachverhalts oder die Ermittlung des Aufenthaltsortes eines Mitbeschuldigten auf andere Weise unverhältnismäßig erschwert oder aussichtslos wäre.

[II] [1] Die Maßnahme darf sich nur gegen den Beschuldigten richten und nur in Wohnungen des Beschuldigten durchgeführt werden. [2] In Wohnungen anderer Personen ist die Maßnahme nur zulässig, wenn auf Grund bestimmter Tatsachen anzunehmen ist, dass

1. der in der Anordnung nach § 100e Absatz 3 bezeichnete Beschuldigte sich dort aufhält und
2. die Maßnahme in Wohnungen des Beschuldigten allein nicht zur Erforschung des Sachverhalts oder zur Ermittlung des Aufenthaltsortes eines Mitbeschuldigten führen wird.

[3] Die Maßnahme darf auch durchgeführt werden, wenn andere Personen unvermeidbar betroffen werden.

Ermittlungsmaßnahmen § 100c

Übersicht

	Rn
1) Entstehungsgeschichte, Überblick	1
2) Sog großer Lauschangriff	2–3
3) Eingriffsvoraussetzungen	4–8
4) Betroffene	9–12
5) Schutz des Kernbereichs, Zeugnisverweigerungsberechtigte	13
6) Verwertungsverbot	14, 15
7) Revision	16
8) Maßnahmen zur Eigensicherung	17–19

1) Entstehungsgeschichte, Überblick: Das BVerfG hatte mit Urteil vom 1 3.3.2004 (BVerfGE **109**, 279; vgl dazu LR-Hauck 1 ff) die Vorschriften über die akustische Wohnraumüberwachung in ihrer ursprünglichen Fassung teilweise für verfassungswidrig erklärt, nämlich insoweit, als sie den unantastbaren Kern privater Lebensgestaltung verletzten. Das BVerfG hatte jedoch gestattet, die beanstandeten Normen unter Berücksichtigung des Schutzes der Menschenwürde und des Grundsatzes der Verhältnismäßigkeit zunächst weiterhin anzuwenden; es hatte dem Gesetzgeber allerdings aufgegeben, bis spätestens 30.6.2005 einen verfassungsgemäßen Rechtszustand herzustellen. Den Vorgaben des BVerfG folgend wurden mit dem Ges vom 24.6.2005 (BGBl I 1841) zunächst die §§ 100c ff umgestaltet und durch das Ges vom 21.12.2007 (BGBl I 3198) erneut geändert. Mit dem Ges vom 17.8.2017 (BGBl I 3202) sind schließlich mit den §§ 100c und 100d sowie nunmehr auch § 100e umfangreiche und komplizierte Bestimmungen geschaffen worden; ob die Regelungen überhaupt noch praktisch handhabbar sind, mag bezweifelt werden (vgl SK-Wolter 11; krit auch Roxin Böttcher-FS 168). Der Gesetzgeber hielt sich ausweislich der Materialien (BT-Drucks 15/4533) für unverzichtbar; obgleich die akustische Wohnraumüberwachung in der Praxis nur sehr selten angeordnet wird. Vgl ferner zur rechtsstaatlichen Kontrolle, zur praktischen Anwendung, zum großen Aufwand und demgegenüber geringfügigen Erfolg hinsichtlich der Überführung eines Beschuldigten Meyer-Wieck NJW **05**, 2037 und Kriminalistik **05**, 648; Kress, Der ‚Große Lauschangriff' als Mittel internationaler Verbrechensbekämpfung, 2009, zugl Diss Berlin 2008, S 143 ff.

2) Das Abhören und Aufzeichnen des nichtöffentlich gesprochenen 2 **Wortes in einer Wohnung** (der sog große Lauschangriff) ist in § 100c geregelt. Um das Abhören von Wohnungen zu ermöglichen, wurde Art 13 GG durch Ges vom 26.3.1998 (BGBl I 610) durch Einfügung der Abs 3 bis 6 geändert. Verfahrensrechtlich wird die Maßnahme in §§ 100d, 100e, 101 durch einen verstärkten Richtervorbehalt, detaillierte datenschutzrechtliche Regelungen, Benachrichtigungspflichten und die Ermöglichung nachträglichen Rechtsschutzes für alle davon Betroffenen abgesichert. Eine zeitliche und räumliche „Rundumüberwachung" – gar über einen längeren Zeitraum – ist unzulässig (BVerfGE **109**, 279); deren Vorliegen hat BGH **54**, 69, 102 ff bei einer Kombination der Wohnraumüberwachung mit §§ 99, 100a, 163f verneint, weil die vorhandenen verfahrensrechtlichen Sicherungen (Richtervorbehalt, Eingriffsschwellen, Subsidiaritätsklauseln) und die Verhältnismäßigkeit jeder einzelnen Ermittlungsmaßnahme (in ihrer Wechselwirkung mit den anderen) gewahrt sowie die für Beantragung und Anordnung zuständigen Stellen (StA und ER) über alle Maßnahmen informiert waren (vgl zu diesen Kriterien auch BVerfGE **112**, 304, 319 ff; erg 2 zu § 163f). Optische Ermittlungsmaßnahmen innerhalb einer Wohnung sind ebenfalls absolut verboten (Eisenberg NStZ **02**, 638; anders nach Polizeirecht, vgl zB § 20h I Nr 2 BKAG, § 17 II PolGNW). Zum Begriff der Wohnung 2 zu § 100f.

Nichtöffentlich sind alle innerhalb des Schutzbereichs des Art 13 GG geführ- 3 ten Unterredungen, die für niemand anders als die Gesprächspartner bestimmt sind, zB auch die in einem nicht allgemein zugänglichen Geschäftsraum geführte Unterhaltung (Hilger NStZ **92**, 462 Fn 95). Der Begriff deckt sich mit dem in § 201 I S 1 Nr 1 StGB verwendeten Tatbestandsmerkmal (vgl zur Auslegung im Einzelnen Fischer 3 zu § 201 StGB). Geschützt ist jeder nicht allgemein zugängli-

Köhler 429

§ 100c

che feststehende, fahrende oder schwimmende Raum, der zur Stätte des Aufenthalts oder Wirkens von Menschen gemacht wird (Papier in Maunz-Dürig 10 zu Art 13; erg 2 zu § 100f). Öffentlich gesprochene Worte dürfen nach §§ 161, 163 aufgezeichnet werden (Hilger aaO Fn 96).

4 3) **Eingriffsvoraussetzungen:** Die folgenden Voraussetzungen müssen erfüllt sein, damit die Maßnahme angeordnet werden darf. Das Einverständnis des Wohnungsinhabers mit dem Abhören genügt hier – anders als bei § 100h (dort 1 aE) – nicht, weil auch die Menschenwürde anderer Personen, die sich in der Wohnung aufhalten, geschützt werden muss (BT-Drucks 15/4533 S 26; vgl erg 1 aE zu § 100a).

5 A. Einen **umfangreichen Straftatenkatalog,** der sich nunmehr an § 100b orientiert, hat der Gesetzgeber in Erfüllung der sich aus Art 13 III GG iVm der Rspr des BVerfG ergebenden Anforderungen (nur solche Straftatbestände, die eine Höchststrafe von mehr als 5 Jahren vorsehen) aufgestellt. Nur bei den dort enumerativ aufgeführten besonders schweren Straftaten ist diese Maßnahme zulässig, wobei bestimmte Tatsachen einen entspr, über das Vorliegen eines Anfangsverdachts hinausgehenden Verdacht begründen müssen. Als Tatsachenbasis für den Verdacht müssen konkrete und in gewissem Umfang verdichtete Umstände vorhanden sein (BVerfGE **109**, 279; OLG Celle StV **11**, 215, 216; erg 9 zu § 100a). Der Versuch der besonders schweren Straftat reicht aus, nicht jedoch die Vorbereitung (§ 30 StGB) einer Anlasstat (Löffelmann ZIS **06**, 87). Die Teilnahme an der (ggf versuchten) Katalogtat nach §§ 25ff StGB steht der Täterschaft gleich, nicht aber Strafvereitelung und Begünstigung.

6 Auch im **konkreten Einzelfall,** nicht nur abstrakt, muss die Tat besonders schwer wiegen, wie I Nr 2 klarstellt (Fehn Kriminalistik **08**, 254 bezweifelt zu Unrecht dessen Bestimmtheit). Anhaltspunkte sind zB die Folgen der Tat, die Schutzwürdigkeit des verletzten Rechtsguts und das Hinzutreten besonderer Umstände, wie etwa die faktische Verzahnung mit anderen Katalogstraftaten oder das Zusammenwirken des Beschuldigten mit anderen Straftätern.

7 B. **Weitere Voraussetzung** der Maßnahme ist, dass durch sie Äußerungen des Beschuldigten erfasst werden, die für die Erforschung des Sachverhalts oder die Ermittlung des Aufenthaltsortes eines Mitbeschuldigten von Bedeutung sind, wofür tatsächliche Anhaltspunkte – also nicht nur Vermutungen – gegeben sein müssen (I Nr 3; OLG Celle StV **11**, 215, 217). Das bedeutet, dass der Beschuldigte sich idR aktuell in der zu überwachenden Räumlichkeit aufhalten und an den zu überwachenden Gesprächen teilnehmen muss. Mit dem Abhören notwendigerweise **verbundene Maßnahmen** sind gestattet (erg 4 zu § 100f), auch das heimliche Betreten der Wohnung zur Anbringung eines technischen Mittels (BT-Drucks 13/8651 S 13; ebenso KK-Bruns 4; LR-Hauck; Brodag Kriminalistik **99**, 746; Meyer/Hetzer NJW **98**, 1026; Schlegel GA **07**, 653; krit SWW-Eschelbach 8; Roggan Graulich-FG 115, 119f; **aM** Heger JR **98**, 165).

8 C. **Subsidiaritätsklausel:** Durch I Nr 4 wird festgelegt, dass die Wohnraumüberwachung nur zulässig ist, wenn die Erreichung der dort bezeichneten Zwecke auf andere Weise „unverhältnismäßig erschwert oder aussichtslos" wäre. Indem hier das Erschwerniserfordernis mit dem Begriff der Unverhältnismäßigkeit verbunden wird, ist klargestellt, dass es sich um die *ultima ratio* der Strafverfolgung handelt. Die Wohnraumüberwachung soll demnach nur dort zum Einsatz gelangen, wo andere Ermittlungsmaßnahmen versagen; sie tritt als schwerste Maßnahme gegenüber allen anderen heimlichen Ermittlungsmaßnahmen zurück (BT-Drucks 16/5846 S 40, 42; erg 14 zu § 100a).

9 4) **Betroffene:**

10 A. **Ohne Wissen** des Betroffenen wird die Maßnahme angeordnet. Damit ist der unauffällige, heimliche Charakter dieser Beobachtungen angesprochen. Dass der Betroffene die ohne sein Einverständnis vorgenommene Observation bemerkt hat, macht die Anordnung nach § 100c weder unzulässig noch überflüssig („Auch" in I; Hilger NStZ **92**, 461 Fn 87; Löffelmann ZIS **06**, 88).

B. Der **Beschuldigte** ist idR der Betroffene. Grundsätzlich darf die Überwachung nur in seiner Wohnung durchgeführt werden. Er ist die „Zielperson", wobei es aber auch darum gehen kann, Erkenntnisse über andere Personen zu gewinnen; diese Erkenntnisse dürfen verwertet werden (BT-Drucks 15/4533 S 13). So ist insbesondere auch die Wohnraumüberwachung zur Ermittlung des Aufenthaltsorts eines Mitbeschuldigten (vgl I Nr 4) verfassungsrechtlich unbedenklich (BVerfGE **109**, 279). 11

C. **Wohnungen anderer Personen** (das sind alle außer dem Beschuldigten) dürfen nach II S 2 nur unter den dort bestimmten Voraussetzungen abgehört werden. Hier ist neben I Nr 4 in II S 2 Nr 2 eine weitere Subsidiaritätsklausel zu beachten (dazu eingehend BVerfGE **109**, 279). Dass andere Personen als der Beschuldigte durch die Maßnahmen betroffen werden, lässt sich nicht vermeiden und steht hier – ebenso wie in § 100b III S 2 und in § 100f III – der Durchführung der Wohnraumüberwachung nicht entgegen (III S 3). 12

5) Der **Schutz des Kernbereichs privater Lebensgestaltung** ist nunmehr (Gesetz vom 17.8.2017, BGBl I 3202) in § 100d I, II, IV, V, Zeugnisverweigerungsberechtigte sind in § 100d V und das Verfahren ist in § 100e II–VI geregelt (siehe jew Komm dort). 13

6) **Verwertungsverbot:** Von den in § 100d II (vgl näher 4–8 zu § 100d), V S 1 und 2 (23–26 zu § 100d) ausdrücklich angeordneten Verwertungsverboten abgesehen sind auch solche Erkenntnisse unverwertbar, die unter Umgehung des § 100c oder des § 100e II erlangt worden sind (vgl auch BGH **34**, 39), wenn zB die Anordnung unter bewusster Überschreitung der gesetzlichen Befugnisse getroffen worden ist (BGH **42**, 372; Stuttgart StV **96**, 655), wenn kein Verdacht einer Katalogtat bestand oder wenn gegen den Subsidiaritätsgrundsatz (oben 8) verstoßen worden ist (im Einzelnen dazu Nack Nehm-FS 317; erg 35ff zu § 100a). Ist die Anordnung gegen einen von mehreren später Angeklagten versehentlich nicht ergangen, so ist im Rahmen der Abwägung zu berücksichtigen, dass sie jederzeit auch gegen ihn hätte erwirkt werden können (BGH **54**, 69, 95). 14

Vgl im Übrigen die **Verwendungsregelungen** in § 100e VI. 15

7) **Die Revision** kann wie bei § 100a (dort 39) darauf gestützt werden, dass die Beweiswürdigung auf unverwertbaren Erkenntnissen beruht. Ebenso wie dort setzt die Geltendmachung von Rechtsverletzungen in der Revision trotz der besonderen Eingriffstiefe der Maßnahme grundsätzlich einen vorherigen **Widerspruch** in der Tatsacheninstanz voraus (erg 31 zu § 100e). 16

8) **Aus Maßnahmen zur Eigensicherung** folgen weitere rechtliche Möglichkeiten der Verwendung der durch das Abhören erlangten Informationen. 17

A. Zu Zwecken der Strafverfolgung erlaubt **Art 13 V GG** die Verwertung der Erkenntnisse, die bei einem Einsatz technischer Mittel ausschließlich zum Schutze der bei einem Einsatz in Wohnungen tätigen Personen erzielt worden sind; allerdings muss zuvor die Rechtmäßigkeit der Maßnahme richterlich festgestellt worden sein. 18

B. **§ 16 BKAG** erlaubt die elektronische Überwachung von Wohnungen, wenn dies zur Abwehr von Gefahren für Leib, Leben oder Freiheit eines Verdeckten Ermittlers nach § 20g II Nr 1, IV S 4 BKAG oder einer im Rahmen strafprozessualer Ermittlungen (§ 4 BKAG) vom BKA beauftragten Person erforderlich ist; für die Verwendung der dabei gewonnenen Erkenntnisse verweist § 16 III S 3 BKAG auf die StPO (§§ 100e VI Nr 3, 161 III; vgl BT-Drucks 16/5846 S 76). Zur Eigensicherung werden sogar Bildaufzeichnungen innerhalb einer Wohnung erlaubt; die Ergebnisse einer optischen Überwachung sind jedoch im Strafverfahren nicht verwertbar, da sich sonst ein Widerspruch zu § 100c ergeben würde (LR-Erb 88 19

§ 100d   Erstes Buch. 8. Abschnitt

zu § 161; erg 19 zu § 161). Die Verwendung personenbezogener Daten, die durch Maßnahmen zur Eigensicherung in Wohnungen erlangt wurden, regeln ferner die §§ 22a III Nr 2, 32a III Nr 2 ZFdG (dazu Roggan NVwZ **07**, 1241), § 9 II S 8–13, III BVerfSchG (zum Kernbereichsschutz vgl Baldus JZ **08**, 225; Knierim StV **09**, 208 [Auslandsfälle]; jetzt auch § 16 I a BKAG).

Kernbereich privater Lebensgestaltung; Zeugnisverweigerungsberechtigte

100d ^{I 1}Liegen tatsächliche Anhaltspunkte für die Annahme vor, dass durch eine Maßnahme nach den §§ 100a bis 100c allein Erkenntnisse aus dem Kernbereich privater Lebensgestaltung erlangt werden, ist die Maßnahme unzulässig.

^{II 1}Erkenntnisse aus dem Kernbereich privater Lebensgestaltung, die durch eine Maßnahme nach den §§ 100a bis 100c erlangt wurden, dürfen nicht verwertet werden. ²Aufzeichnungen über solche Erkenntnisse sind unverzüglich zu löschen. ³Die Tatsache ihrer Erlangung und Löschung ist zu dokumentieren.

^{III 1}Bei Maßnahmen nach § 100b ist, soweit möglich, technisch sicherzustellen, dass Daten, die den Kernbereich privater Lebensgestaltung betreffen, nicht erhoben werden. ²Erkenntnisse, die durch Maßnahmen nach § 100b erlangt wurden und den Kernbereich privater Lebensgestaltung betreffen, sind unverzüglich zu löschen oder von der Staatsanwaltschaft dem anordnenden Gericht zur Entscheidung über die Verwertbarkeit und Löschung der Daten vorzulegen. ³Die Entscheidung des Gerichts über die Verwertbarkeit ist für das weitere Verfahren bindend.

^{IV 1}Maßnahmen nach § 100c dürfen nur angeordnet werden, soweit auf Grund tatsächlicher Anhaltspunkte anzunehmen ist, dass durch die Überwachung Äußerungen, die dem Kernbereich privater Lebensgestaltung zuzurechnen sind, nicht erfasst werden. ²Das Abhören und Aufzeichnen ist unverzüglich zu unterbrechen, wenn sich während der Überwachung Anhaltspunkte dafür ergeben, dass Äußerungen, die dem Kernbereich privater Lebensgestaltung zuzurechnen sind, erfasst werden. ³Ist eine Maßnahme unterbrochen worden, so darf sie unter den in Satz 1 genannten Voraussetzungen fortgeführt werden. ⁴Im Zweifel hat die Staatsanwaltschaft über die Unterbrechung oder Fortführung der Maßnahme unverzüglich eine Entscheidung des Gerichts herbeizuführen; § 100e Absatz 5 gilt entsprechend. ⁵Auch soweit für bereits erlangte Erkenntnisse ein Verwertungsverbot nach Absatz 2 in Betracht kommt, hat die Staatsanwaltschaft unverzüglich eine Entscheidung des Gerichts herbeizuführen. ⁶Absatz 3 Satz 3 gilt entsprechend.

^{V 1}In den Fällen des § 53 sind Maßnahmen nach den §§ 100b und 100c unzulässig; ergibt sich während oder nach Durchführung der Maßnahme, dass ein Fall des § 53 vorliegt, gilt Absatz 2 entsprechend. ²In den Fällen der §§ 52 und 53a dürfen aus Maßnahmen nach den §§ 100b und 100c gewonnene Erkenntnisse nur verwertet werden, wenn dies unter Berücksichtigung der Bedeutung des zugrunde liegenden Vertrauensverhältnisses nicht außer Verhältnis zum Interesse an der Erforschung des Sachverhalts oder der Ermittlung des Aufenthaltsortes eines Beschuldigten steht. ³§ 160a Absatz 4 gilt entsprechend.

Übersicht

	Rn
1) Entstehungsgeschichte, Überblick	1
2) Schutz des Kernbereichs privater Lebensgestaltung	2–22
A. Begriff des Kernbereichs	3

Ermittlungsmaßnahmen **§ 100d**

Rn

B. Schutz des Kernbereichs bei Maßnahmen nach §§ 100a–100c
(I, II) 4–8
C. Ergänzender Schutz bei Maßnahmen nach § 100b (III) 9–11
D. Ergänzender Schutz bei Maßnahmen nach § 100c (IV) 12–22
3) Zeugnisverweigerungsberechtigte ((V)... 23–26
A. Zeugnisverweigerungsberechtigte nach § 53 I 24
B. Zeugnisverweigerungsberechtigte nach §§ 52, 53a 25
C. Anwendbarkeit von § 160a 26

1) Entstehungsgeschichte, Überblick: Das Gesetz vom 17.8.2017 (BGBl I **1**
3202, 3205) hat den für Maßnahmen nach § 100a und § 100c bislang in Einzelvorschriften geregelten Schutz des Kernbereichs privater Lebensgestaltung und von Zeugnisverweigerungsberechtigten (vgl §§ 100a IV, 100c IV–VII aF) in einer Norm zusammengefasst, auf die Online-Durchsuchung iSv § 100b erstreckt und je nach Schwere des Eingriffs und dem danach erforderlichen Schutzniveau systematisiert (vgl BT-Drucks 18/12785 S 60).

2) Schutz des Kernbereichs privater Lebensgestaltung (I–IV): I und II **2**
regeln den für Maßnahmen nach §§ 100a–100c gemeinsamen Schutz des Kernbereichs privater Lebensgestaltung, während III (für Maßnahmen nach § 100b) und IV (für Maßnahmen nach § 100c) ergänzenden Schutz vorsehen.

A. **Begriff des Kernbereichs privater Lebensgestaltung:** Was zum Kernbe- **3**
reich gehört, ist in der StPO nicht definiert und auch nicht allgemein zu bestimmen; es richtet sich immer nach dem Einzelfall (BVerfG NJW **07**, 2753, 2755 [Anm Sankol MMR **07**, 575] zur Wohnraumüberwachung; BVerfGE **113**, 348 zur Telekommunikation; vgl ferner Lindemann JR **06**, 191; eingehend Baldus JZ **08**, 219, 222 ff; Warntjen, Heimliche Zwangsmaßnahmen und der Kernbereich privater Lebensgestaltung, 2007, zugl Diss Göttingen 2006, S 73 ff; vgl auch Ignor NJW **07**, 3404, Reiß StV **08**, 545, v Westphalen AnwBl **08**, 803 zur Kommunikation mit RAen sowie die Legaldefinition in § 5 VII ThürPAG). Ausgangspunkt ist stets die Gefährdung der Menschenwürde betroffener Personen (BT-Drucks 15/4533 S 14). Es geht vor allem um Inhalte mit höchstpersönlichem Charakter, welche die Gefühlswelt oder den Intimbereich tangieren. Ob eine personenbezogene Kommunikation höchstpersönlichen Inhalts ist, hängt davon ab, in welcher Art und Intensität sie aus sich heraus die Sphäre anderer oder Belange der Gemeinschaft berührt. Zum Kernbereich gehören danach etwa Äußerungen innerster Gefühle (zB der Inhalt psychotherapeutischer Gespräche, vgl BGH NStZ **16**, 741) und Ausdrucksformen der Sexualität (BVerfG NJW **12**, 907, 908). Zu berücksichtigen ist im Einzelfall auch in welcher Art und Weise sowie Intensität der Kernbereich berührt ist. Der Begriff wird durch die Rspr – insbesondere des BVerfG (vgl noch NJW **08**, 1137, 1138; 2 BvR 219/08 vom 26.6.2008 [Tz 17 ff]), aber auch des BGH (**50**, 206) – ausgefüllt; krit Rogall Fezer-FS 73 ff). Nicht dem Kernbereich zuzuordnen sind grundsätzlich Gesprächsinhalte, die in unmittelbarem Bezug zu konkreten strafbaren Handlungen stehen, wie etwa Angaben über die Planung bevorstehender oder Berichte über begangene Straftaten (BVerfG aaO; BVerfGE **109**, 279; vgl auch Rogall aaO). Eingehend dazu Rottmaier, Kernbereich privater Lebensgestaltung und strafprozessuale Lauschangriffe, Diss Tübingen 2017.

B. **Schutz des Kernbereichs bei Maßnahmen nach §§ 100a–100c (I, II):** I **4**
und II enthalten Schutznormen, die sowohl die TKÜ, als auch die Online-Durchsuchung und die Wohnraumüberwachung betreffen.

a) **Unzulässigkeit (I):** Maßnahmen nach §§ 100a–100c sind bereits auf der Er- **5**
hebungsebene unzulässig, wenn tatsächliche Anhaltspunkte dafür sprechen, dass alleine Erkenntnisse aus dem Kernbereich gewonnen würden. Es genügt also für die Unzulässigkeit nicht, dass durch die Maßnahme auch Erkenntnisse aus dem Kernbereich zutage treten können. Die Maßnahmen dürfen vielmehr nur dann

§ 100d

nicht angeordnet werden, wenn die aufgrund der vorliegenden tatsächlichen Anhaltspunkte zu erstellende Prognose ergibt, dass von vornherein ausschließlich Erkenntnisse aus dem Kernbereich zu erwarten sind. Mit dieser Beschränkung hat sich der Gesetzgeber zum Kernbereichsschutz für eine Lösung entschieden, welche die Bedürfnisse der Praxis in den Vordergrund stellt. Insbesondere würde ein umfassendes Erhebungsverbot auf erhebliche praktische Schwierigkeiten stoßen (zu diesen bei der TKÜ bereits BVerfGE **129**, 208, Tz 217 ff; zur Online-Durchsuchung Freiling/Safferling/Rückert JR **18**, 9, 14) und die Ermittlungsmaßnahmen in einem Maße einschränken, dass eine wirksame Strafverfolgung gerade im Bereich schwerer und schwerster Kriminalität nicht mehr gewährleistet wäre (BVerfG aaO 837 Tz 216 zur TKÜ; kritisch dazu Roggan HRRS **13**, 153; Freiling/Safferling/Rückert aaO).

5a **Alleiniger Kernbereichsbezug** kann – je nach dem zu erwartenden Inhalt – bei der Kommunikation des Betroffenen mit Personen zu prognostizieren sein, zu denen er in einem besonderen, den Kernbereich betreffenden Vertrauensverhältnis steht, etwa mit engsten Familienangehörigen, Geistlichen, Telefonseelsorgern, Strafverteidigern (vgl LG Ellwangen StraFo **13**, 380; erg 16 zu § 148) oder im Einzelfall mit Ärzten (vgl BT-Drucks 16/5846 S 44; BVerfGE **109**, 279; gegen die Einbeziehung der Kommunikation mit dem Verteidiger Rogall Fezer-FS 79, 81). Der Umstand, dass sich insbesondere beim Abhören eines privaten Anschlusses bei der TKÜ kernbereichsrelevante Inhalte idR nicht ausschließen lassen, genügt nicht (vgl Rogall JZ **08**, 826). Auch bei der Online-Durchsuchung nach § 100b wird sich kaum einmal sicher vorhersagen lassen, dass durch die Maßnahme ausschließlich Kernbereichsdaten aus dem informationstechnischen System erhoben werden (Roggan StV **17**, 821, 828). Gesonderter vorausgehender Ermittlungen für die Prognoseerstellung bedarf es nicht. Zu § 100c siehe erg unten 15.

6 b) **Verwertungsverbot (II):** Den wesentlichen und hinreichenden Schutz kernbereichszugehöriger Kommunikation gewährleistet das Gesetz dadurch, dass es in II S 1 jede Verwertung solcher Erkenntnisse ausschließt, auch als Spurenansatz (vgl BVerfGE **129**, 208 [Tz 220] zur TKÜ; s auch SK-Wolter 71; Rogall JZ **08**, 827 Fn 200). II normiert ein umfassendes Verwertungsverbot für alle aus einer TKÜ, einer Online-Durchsuchung oder einer Wohnraumüberwachung gewonnenen Erkenntnisse, nicht nur für diejenigen, die durch eine Kernbereichsverletzung erzielt wurden (vgl demgegenüber den einschränkenden Begriff „solche" in § 100c V S 3 aF; siehe BGH **54**, 69, 96).

7 Davon zu unterscheiden ist der Fall, dass **schon das anordnende Gericht** – unter klar erkennbarer und damit rechtsfehlerhafter Überschreitung seines Beurteilungsspielraums (vgl unten 15 zu Maßnahmen nach § 100c) – gegen das Beweiserhebungsverbot des I verstoßen hat; dann sind sämtliche Erkenntnisse, die während des Bestehens des Erhebungsverbots erlangt wurden, auch als Spurenansatz, unverwertbar (BVerfG aaO; BGH aaO, jeweils für die Wohnraumüberwachung). Zur Unverwertbarkeit sämtlicher Erkenntnisse speziell aus der Wohnraumüberwachung soll nach BGH aaO auch ein den Kernbereichsschutz von vornherein außer Acht lassender Maßnahmevollzug führen.

7a Eine Pflicht zur **vorübergehenden Unterbrechung** der Überwachung und Aufzeichnung der Telekommunikation kann sich in besonderen Einzelfällen als Folge aus dem Verwertungsverbot ergeben. Nach dem Grundsatz der Verhältnismäßigkeit (Einl 20) ist dies zB der Fall, wenn etwa bei der TKÜ ausnahmsweise in Echtzeit mitgehört und dabei zweifelsfrei der kernbereichsrelevante Inhalt der Kommunikation erkannt wird, die Maßnahme also zur Erreichung ihres Zwecks ungeeignet ist (BT-Drucks 16/5846 S 45; vgl auch § 20l VI S 2 BKAG: schon bei tatsächlichen Anhaltspunkten).

8 Aufzeichnungen über Erkenntnisse nach II S 1 sind unverzüglich **zu löschen** (S 2), dass sie erlangt und später gelöscht wurden, ist zu dokumentieren (S 3). Um die Einhaltung der Löschungspflicht, vor allem aber, um die Erlangung von Rechtsschutz gegen den Eingriff in den Kernbereich zu sichern, müssen sowohl

die Tatsache der Erfassung höchstpersönlicher Kommunikation (aber natürlich nicht diese selbst) als auch die Löschung entsprechender Aufzeichnungen in den Akten festgehalten werden. Eine bloße Sperrung wie in § 101 VIII S 3 sieht das Gesetz nicht vor.

C. **Ergänzender Schutz bei Maßnahmen nach § 100b (III):** III enthält einen darüber hinausgehenden Schutz bei Maßnahmen nach § 100b (Online-Durchsuchung), die sich an die Regelungen der Wohnraumüberwachung anlehnt. 9

Bereits **bei der Durchführung** der Maßnahme ist soweit wie möglich mit technischen Mitteln sicherzustellen, dass keine Erkenntnisse aus dem Kernbereich erhoben werden (S 1); dies dürfte allerdings auf kaum lösbare praktische Probleme stoßen (vgl Freiling/Safferling/Rückert JR **18**, 9, 14). Ein Abbruch der Maßnahme ist – anders als in § 100c IV – nicht vorgesehen. 10

Wurden allerdings **Kernbereichsdaten** erlangt, sind sie **unverwertbar** (II S 1) und nach III S 2 unverzüglich **zu löschen.** Die Pflicht zur unverzüglichen Löschung der unverwertbaren Erkenntnisse aus dem Kernbereich trifft grundsätzlich die Person, die dazu am ehesten in der Lage ist, idR also die mit der Auswertung der Aufzeichnungen betraute Ermittlungsperson. Diese wird sich aber in Zweifelsfällen an die StA wenden. Die Erkenntnisse können von der StA dem anordnenden Gericht (§ 100e II iVm § 74a IV GVG) zur Entscheidung über die Verwertbarkeit und Löschung vorgelegt werden (S 2); dies wird allerdings nur bei Unklarheiten über den Kernbereichsbezug in Betracht kommen. In derartigen Fällen muss auch die Entscheidung der StA bzw die Vorlage an das Gericht ohne schuldhaftes Zögern ergehen, damit die Löschung – wie stets erforderlich – unverzüglich erfolgt. Die mit der Löschungspflicht verbundenen technischen Probleme hat der Gesetzgeber bewusst in Kauf genommen. Die Entscheidung des Gerichts über die Verwertbarkeit ist für das weitere Verfahren bindend (S 3). Beschwerde dagegen zum nach § 120 IV GVG zuständigen OLG ist zulässig; erachtet das OLG die Beschwerde für begründet, ist dessen abweichende Entscheidung für das weitere Verfahren bindend (§§ 309 II, 310 II). 11

D. **Ergänzender Schutz bei Maßnahmen nach § 100c (IV):** IV fasst die bislang in § 100c IV, V und VII enthaltenen Vorschriften zum Schutz des Kernbereichs bei der Wohnraumüberwachung in einer Regelung zusammen (vgl BT-Drucks 18/12785 S 61). 12

a) Das **BVerfG** (BVerfGE **109**, 279) hatte erklärt, dass die akustische Überwachung von Wohnraum zu Zwecken der Strafverfolgung nicht in den absolut geschützten Kernbereich privater Lebensgestaltung eingreifen und eine Abwägung nach Maßgabe des Verhältnismäßigkeitsgrundsatzes zwischen der Unverletzlichkeit der Wohnung mit dem Strafverfolgungsinteresse insoweit nicht stattfinden dürfe. 13

b) **Anordnung:** Dieser Vorgabe wird IV S 1 gerecht (BVerfG NJW **07**, 2753), indem er davon ausgeht, dass die Wohnraumüberwachung von vornherein nur angeordnet werden darf, soweit (statt wenn; vgl zu „Mischsituationen" Rogall Fezer-FS 81 mwN) auf Grund tatsächlicher Anhaltspunkte mit einem solchen Eingriff nicht zu rechnen ist (negative Kernbereichsprognose, dazu Löffelmann ZIS **06**, 90; Schäuble ZRP **07**, 211; vgl zu den in S 1 genannten Kriterien auch BGH **53**, 294, 302). Dies ist von dem anordnenden Gericht jeweils konkret unter Berücksichtigung der Umstände des Einzelfalls zu bewerten (BT-Drucks aaO S 62). 14

Bei der Überwachung von **Privatwohnungen** besteht grundsätzlich die gegenteilige Vermutung (Düsseldorf NStZ **09**, 54). Im Ergebnis läuft die gesetzliche Regelung damit darauf hinaus, dass aus Privatwohnungen im Allgemeinen nur noch sehr eingeschränkt abgehört werden darf (Büddefeld Kriminalistik **05**, 205), was den Vorgaben des BVerfG entspricht und zu begrüßen ist (sehr restriktiv Roxin Böttcher-FS 170 ff: nur bei mutmaßlich konspirativen Treffen; dagegen Rogall aaO 76; erg unten 16). Ein solcher Eingriff liegt zB vor, wenn sich jemand in sei- 15

§ 100d

nen Privaträumen allein oder ausschließlich mit Personen aufhält, zu denen er in einem besonderen, den Kernbereich betreffenden Vertrauensverhältnis steht (also Familienangehörige oder sonstige engste Vertraute, zB nichteheliche Lebenspartner [Kretschmer JR **08**, 55], Seelsorger, Strafverteidiger oder – im Einzelfall – Ärzte) und es keine konkreten Anhaltspunkte gibt, dass die zu erwartenden Gespräche nach ihrem Inhalt einen unmittelbaren Bezug zu Straftaten aufweisen (BVerfGE **109**, 279; NJW **07**, 2753, 2756; gegen die Einbeziehung der Kommunikation mit dem Verteidiger Rogall aaO 79; vgl auch BVerfG NJW **10**, 287: keine Privilegierung von Gesprächen eines Angehörigen mit Dritten). Es darf nicht etwa in den Kernbereich eingegriffen werden, um erst festzustellen, ob die Informationserhebung diesen Bereich betrifft (Düsseldorf NStZ **09**, 54); vielmehr ist von einer Wohnraumüberwachung abzusehen, wenn es wahrscheinlich ist, dass dadurch absolut geschützte Gespräche erfasst werden würden (vgl Weßlau Lisken-GS 54). Anders ausgedrückt: Nach subjektiver Einschätzung des Gerichts muss auf Grund tatsächlicher Anhaltspunkte eine gewisse Wahrscheinlichkeit dafür bestehen, dass es nicht zu einem Eingriff in den Kernbereich kommen wird (Löffelmann NJW **05**, 2033). Für diese Prognose kommt dem anordnenden Gericht (1 zu § 100d) ein Beurteilungsspielraum zu (BGH **54**, 69, 97).

16 **Nicht in die Neuregelung aufgenommen** wurde § 100c IV S 2 und 3 aF, der Gespräche über begangene Straftaten und Äußerungen über geplante Straftaten (wie aus den Worten „das Gleiche gilt" folgt) sowie Gespräche in Betriebs- und Geschäftsräumen für den Regelfall aus dem Kernbereich herausnahm (vgl auch BVerfG NJW **12**, 907, 908). Grund hierfür war, dass derartige Umstände allenfalls Indizien gegen eine schützenswerte Vertraulichkeit begründen, die Zuordnung zum Kernbereich aber einer Prüfung des jeweiligen Einzelfalls vorbehalten bleiben muss (BT-Drucks aaO S 62). Unterhalten sich allerdings zB Eheleute über einen begangenen oder geplanten Mord, darf selbstverständlich abgehört werden (BGH **53**, 294, 303 [krit Zuck JR **10**, 20]; Löffelmann NJW **05**, 2034; **aM** Roxin Böttcher-FS 171), nicht aber bei zwischen diesen im Rahmen eines Privatgesprächs begangenen Beleidigungen (BT-Drucks aaO; zur vor Anordnung der Maßnahme zu erstellenden Prognose oben 15 und Düsseldorf NStZ **09**, 54). Gespräche in Betriebs- oder Geschäftsräumen werden zwar oftmals nicht in den Kernbereich fallen. Aber auch sie können dazu gehören, wenn dafür tatsächliche Anhaltspunkte gegeben sind.

17 c) **Selbstgespräche** – auch wenn sie sich mit begangenen Straftaten befassen – dürfen nach der Rspr des BGH nicht abgehört und verwertet werden (BGH **50**, 206; zust Ellbogen NStZ **06**, 180; Kolz NJW **05**, 3248; Lindemann/Reichling StV **05**, 650; Lindemann JR **06**, 195; im Ergebnis auch Jäger GA **08**, 491; Roxin aaO 166, 173; krit Löffelmann ZIS **06**, 92; Rogall Fezer-FS 63 ff; Wolter Küper-FS 714; dies soll nach BGH **57**, 71 grundsätzlich auch für Abhörmaßnahmen außerhalb von Wohnungen gelten; vgl 19, 20 zu § 100f), wohl aber Gespräche über terroristische Anschläge und Versicherungsbetrug, auch wenn in diese Gebete und die Themen Heirat und Familie eingebettet werden (BGH **54**, 69, 97).

18 d) Die **automatische Aufzeichnung** der Gespräche ist bei negativer Kernbereichsprognose zulässig (Löffelmann ZIS **06**, 93; krit HK-Gercke 26). Auch Gespräche in einer Privatwohnung (oben 14) dürfen automatisch aufgezeichnet werden, soweit keine Gefahr der Erfassung kernbereichsrelevanter Äußerungen besteht (BVerfG NJW **07**, 2753, 2757; VerfGHRP MMR **07**, 578, 581 zu § 29 IV S 2 POGRP); andernfalls muss stattdessen „mitgehört" werden (sog „Echtzeitüberwachung"; vgl hierzu noch BVerfGE **109**, 279; Löffelmann aaO und – enger – Rauschenberger Kriminalistik **05**, 656; anders die Regelung in § 20h V S 3, 4 BKAG, § 15 V S 10 HSOG, § 18 IV S 4 PolGNW [Richterband]).

19 C. **Kernbereichsschutz während der Durchführung:** Soweit sich während einer Wohnraumüberwachung Anhaltspunkte dafür ergeben, dass dem Kernbereich zuzuordnende Äußerungen erfasst werden, muss das Abhören und Aufzeichnen unverzüglich unterbrochen werden (IV S 1); Aufzeichnungen über solche

Äußerungen sind nach V S 2 unverzüglich zu löschen (vgl aber unten 21; zu praktischen Schwierigkeiten beim Abbruch vgl Büddefeld Kriminalistik 05, 205, zu einer Teillöschung LG Frankfurt aM StV 05, 79 mit Anm Gusy). Es ist unzulässig, das Abhören zunächst einmal bis zu der nach IV S 4 zu treffenden Entscheidung weiterlaufen zu lassen.

a) Eine **Fortführung** des Abhörens und Aufzeichnens ist nicht ausgeschlossen, 20 wenn tatsächliche Anhaltspunkte dafür vorliegen, dass die Gefahr eines Eingriffs in den Kernbereich nicht mehr besteht (IV S 3 iVm S 1). Hier ist vor allem an den Fall zu denken, dass bestimmte Personen die zu überwachenden Räume verlassen oder betreten oder sich die Gespräche von der Wohnung in Betriebs- oder Geschäftsräume verlagern oder dass der Kernbereich möglicherweise nur vorgetäuscht wird (vgl Löffelmann NJW 05, 2034; Meyer-Wieck NJW 05, 2038).

b) **Richterliche Entscheidung:** Das in § 100e II S 1 iVm § 74a IV GVG be- 21 zeichnete Gericht – bzw nach § 100e II S 2 der Vorsitzende allein – ist grundsätzlich auch für die Anordnung der Unterbrechung oder Fortführung der Maßnahme zuständig (IV S 4); im Zweifel hat die StA insoweit unverzüglich eine Entscheidung dieses Gerichts herbeizuführen. Zwar wird sich das für die während einer laufenden Überwachung nach IV S 2 zu treffende Entscheidung nur selten einhalten lassen. Jedoch ist in diesem Fall anschließend nicht nur – wie sich aus § 100 V S 2 und 3 ergibt – das Gericht über den Verlauf und die Ergebnisse der Überwachung zu unterrichten. Vielmehr verlangt IV S 5, dass die StA unverzüglich – natürlich noch vor Löschung der Aufzeichnung – eine Entscheidung des Gerichts über die Verwertbarkeit der erlangten Erkenntnisse herbeiführt (eingehend Böse Amelung-FS 572); bei der Prüfung, ob ein Verwertungsverbot nach V in Betracht kommt, steht ihr freilich ein Beurteilungsspielraum zu (BVerfG NJW 07, 2753, 2757 mit Anm Geis CR 07, 501; enger Poscher JZ 09, 276 Fn 74). Die Entscheidung über die Verwertbarkeit durch das Gericht ist nicht nur für die StA, sondern für das gesamte weitere Verfahren bindend (IV S 6 iVm III S 3; vgl auch Löffelmann NJW 05, 2036; ZIS 06, 98). Die StA kann allerdings gegen die Entscheidung des Gerichts Beschwerde (§ 304) einlegen, über die nach § 120 IV GVG das OLG entscheidet (Nack Nehm-FS 322).

c) **Zur Löschung und Dokumentation** siehe II S 2 und S 3 (oben 8).   22

3) Zeugnisverweigerungsberechtigte (V): V enthält die bisher in § 100c VI 23 für die Wohnraumüberwachung enthaltene Regelung zum Schutz von zeugnisverweigerungsberechtigten Personen, insbesondere von Berufsgeheimnisträgern, und erstreckt sie auf die Online-Durchsuchung nach § 100b.

A. Hinsichtlich der **in § 53 I bezeichneten Zeugnisverweigerungsberech-** 24 **tigten** besteht für vom Berufsgeheimnis geschützte Gespräche bzw Inhalte ein Überwachungsverbot, das anders als § 160a nicht zwischen den einzelnen Berufsgruppen unterscheidet (V S 1 Hs 1; erg oben 15). Folge dieses Beweiserhebungsverbotes ist wie beim Eingriff in den Kernbereich privater Lebensgestaltung, dass – falls sich erst nachträglich herausstellt, dass ein Fall des § 53 vorliegt – ein Verwertungsverbot besteht (V S 1 Hs 2 iVm II S 1). Aufzeichnungen über solche Erkenntnisse sind unverzüglich zu löschen, die Tatsache ihrer Erfassung und Löschung ist zu dokumentieren (V S 1 Hs 2 iVm II S 2 und 3).

B. Bei den **in § 52 und § 53a genannten** Zeugnisverweigerungsberechtigten 25 gilt hingegen kein Beweiserhebungsverbot, sondern nur ein – relatives – Beweisverwertungsverbot (V S 2), wobei für eine isolierte Anwendung des § 52 ist daneben kein Raum (BGH 54, 69, 99f zur Wohnraumüberwachung). Das Verwertungsverbot gilt nicht absolut, sondern ist dahin eingeschränkt, dass der Einbruch in das Vertrauensverhältnis gegenüber dem Erforschungs- oder Ermittlungsinteresse unverhältnismäßig wäre (krit SK-Wolter 79, 82). Kernbereichsrelevante Gespräche unterliegen nicht der Abwägung; V S 2 setzt vielmehr eine nach I zulässige Maßnahme voraus (vgl BVerfG NJW 07, 2753, 2756).

26 C. Für **beide in A und B genannten Gruppen** verweist V S 3 auf die Verstrickungsregelung in § 160a IV (dort 15), wobei aber auch hier wegen § 148 gegen Verteidiger nur vorgegangen werden darf, wenn sie selbst aufgrund bestimmter Tatsachen der Beteiligung an einer auch im Einzelfall besonders schwer wiegenden Katalogtat des Mandanten tat- oder teilnahmeverdächtig sind (vgl 21 zu § 100a; KK-Bruns 29: Fälle „echter" Beteiligung; **aM** Beulke Fezer-FS 9; siehe aber auch SK-Wolter 85; Dittrich NStZ **98**, 338). In den Fällen des V S 2 ist für den Verstrickungsverdacht allein auf den Zeitpunkt der Verwertung abzustellen (vgl BGH **54**, 69, 100f).

Verfahren bei Maßnahmen nach den §§ 100a bis 100c

100e I ¹ Maßnahmen nach § 100a dürfen nur auf Antrag der Staatsanwaltschaft durch das Gericht angeordnet werden. ² Bei Gefahr im Verzug kann die Anordnung auch durch die Staatsanwaltschaft getroffen werden. ³ Soweit die Anordnung der Staatsanwaltschaft nicht binnen drei Werktagen von dem Gericht bestätigt wird, tritt sie außer Kraft. ⁴ Die Anordnung ist auf höchstens drei Monate zu befristen. ⁵ Eine Verlängerung um jeweils nicht mehr als drei Monate ist zulässig, soweit die Voraussetzungen der Anordnung unter Berücksichtigung der gewonnenen Ermittlungsergebnisse fortbestehen.

II ¹ Maßnahmen nach den §§ 100b und 100c dürfen nur auf Antrag der Staatsanwaltschaft durch die in § 74a Absatz 4 des Gerichtsverfassungsgesetzes genannte Kammer des Landgerichts angeordnet werden, in dessen Bezirk die Staatsanwaltschaft ihren Sitz hat. ² Bei Gefahr im Verzug kann diese Anordnung auch durch den Vorsitzenden getroffen werden. ³ Dessen Anordnung tritt außer Kraft, wenn sie nicht binnen drei Werktagen von der Strafkammer bestätigt wird. ⁴ Die Anordnung ist auf höchstens einen Monat zu befristen. ⁵ Eine Verlängerung um jeweils nicht mehr als einen Monat ist zulässig, soweit die Voraussetzungen unter Berücksichtigung der gewonnenen Ermittlungsergebnisse fortbestehen. ⁶ Ist die Dauer der Anordnung auf insgesamt sechs Monate verlängert worden, so entscheidet über weitere Verlängerungen das Oberlandesgericht.

III ¹ Die Anordnung ergeht schriftlich. ² In ihrer Entscheidungsformel sind anzugeben:

1. soweit möglich, der Name und die Anschrift des Betroffenen, gegen den sich die Maßnahme richtet,
2. der Tatvorwurf, auf Grund dessen die Maßnahme angeordnet wird,
3. Art, Umfang, Dauer und Endzeitpunkt der Maßnahme,
4. die Art der durch die Maßnahme zu erhebenden Informationen und ihre Bedeutung für das Verfahren,
5. bei Maßnahmen nach § 100a die Rufnummer oder eine andere Kennung des zu überwachenden Anschlusses oder des Endgerätes, sofern sich nicht aus bestimmten Tatsachen ergibt, dass diese zugleich einem anderen Endgerät zugeordnet ist; im Fall des § 100a Absatz 1 Satz 2 und 3 eine möglichst genaue Bezeichnung des informationstechnischen Systems, in das eingegriffen werden soll,
6. bei Maßnahmen nach § 100b eine möglichst genaue Bezeichnung des informationstechnischen Systems, aus dem Daten erhoben werden sollen,
7. bei Maßnahmen nach § 100c die zu überwachende Wohnung oder die zu überwachenden Wohnräume.

IV ¹ In der Begründung der Anordnung oder Verlängerung von Maßnahmen nach den §§ 100a bis 100c sind deren Voraussetzungen und die wesentlichen Abwägungsgesichtspunkte darzulegen. ² Insbesondere sind einzelfallbezogen anzugeben:

1. die bestimmten Tatsachen, die den Verdacht begründen,

2. die wesentlichen Erwägungen zur Erforderlichkeit und Verhältnismäßigkeit der Maßnahme,
3. bei Maßnahmen nach § 100c die tatsächlichen Anhaltspunkte im Sinne des § 100d Absatz 4 Satz 1.

V [1] Liegen die Voraussetzungen der Anordnung nicht mehr vor, so sind die auf Grund der Anordnung ergriffenen Maßnahmen unverzüglich zu beenden. [2] Das anordnende Gericht ist nach Beendigung der Maßnahme über deren Ergebnisse zu unterrichten. [3] Bei Maßnahmen nach den §§ 100b und 100c ist das anordnende Gericht auch über den Verlauf zu unterrichten. [4] Liegen die Voraussetzungen der Anordnung nicht mehr vor, so hat das Gericht den Abbruch der Maßnahme anzuordnen, sofern der Abbruch nicht bereits durch die Staatsanwaltschaft veranlasst wurde. [5] Die Anordnung des Abbruchs einer Maßnahme nach den §§ 100b und 100c kann auch durch den Vorsitzenden erfolgen.

VI Die durch Maßnahmen nach den §§ 100b und 100c erlangten und verwertbaren personenbezogenen Daten dürfen für andere Zwecke nach folgenden Maßgaben verwendet werden:
1. Die Daten dürfen in anderen Strafverfahren ohne Einwilligung der insoweit überwachten Personen nur zur Aufklärung einer Straftat, auf Grund derer Maßnahmen nach § 100b oder § 100c angeordnet werden könnten, oder zur Ermittlung des Aufenthalts der einer solchen Straftat beschuldigten Person verwendet werden.
2. [1] Die Verwendung der Daten, auch solcher nach § 100d Absatz 5 Satz 1 zweiter Halbsatz, zu Zwecken der Gefahrenabwehr ist nur zur Abwehr einer im Einzelfall bestehenden Lebensgefahr oder einer dringenden Gefahr für Leib oder Freiheit einer Person, für die Sicherheit oder den Bestand des Staates oder für Gegenstände von bedeutendem Wert, die der Versorgung der Bevölkerung dienen, von kulturell herausragendem Wert oder in § 305 des Strafgesetzbuches genannt sind, zulässig. [2] Die Daten dürfen auch zur Abwehr einer im Einzelfall bestehenden dringenden Gefahr für sonstige bedeutende Vermögenswerte verwendet werden. [3] Sind die Daten zur Abwehr der Gefahr oder für eine vorgerichtliche oder gerichtliche Überprüfung der zur Gefahrenabwehr getroffenen Maßnahmen nicht mehr erforderlich, so sind Aufzeichnungen über diese Daten von der für die Gefahrenabwehr zuständigen Stelle unverzüglich zu löschen. [4] Die Löschung ist aktenkundig zu machen. [5] Soweit die Löschung lediglich für eine etwaige vorgerichtliche oder gerichtliche Überprüfung zurückgestellt ist, dürfen die Daten nur für diesen Zweck verwendet werden; für eine Verwendung zu anderen Zwecken sind sie zu sperren.
3. Sind verwertbare personenbezogene Daten durch eine entsprechende polizeirechtliche Maßnahme erlangt worden, dürfen sie in einem Strafverfahren ohne Einwilligung der insoweit überwachten Personen nur zur Aufklärung einer Straftat, auf Grund derer die Maßnahmen nach § 100b oder § 100c angeordnet werden könnten, oder zur Ermittlung des Aufenthalts der einer solchen Straftat beschuldigten Person verwendet werden.

Übersicht

	Rn
1) Entstehungsgeschichte, Überblick	1
2) Zuständigkeit und Dauer der Maßnahme	2–8
A. Maßnahmen nach § 100a (I)	3–5
B. Maßnahmen nach §§ 100b, 100c (II)	6–8
3) Form und Inhalt der Anordnung (III)	9–16
A. Form	10
B. Inhalt	11–16
4) Begründung von Anordnung und Verlängerung (IV)	17, 18
5) Abbruch der Maßnahme (V)	19, 20

§ 100e

		Rn
6)	Weiterverwendung der personenbezogenen Daten (VI)	21–27
7)	Weitere grundrechtssichernde Pflichten	28
8)	Getrennte Aktenführung	29
9)	Rechtsschutz	30
10)	Revision	31

1 **1) Entstehungsgeschichte, Überblick:** Durch das Gesetz vom 17.8.2017 (BGBl I 3202) wurden die bisher in verschiedenen Paragrafen geregelten Verfahrensvorschriften bei Maßnahmen der TKÜ und der Wohnraumüberwachung in § 100e zusammengefasst, um solche für die Online-Durchsuchung ergänzt und dem Schweregrad des Eingriffs bei den jeweiligen Maßnahmen entsprechend abgestuft (vgl BT-Drucks 18/12785 S 62). I und II regeln nunmehr Zuständigkeit und Dauer der Maßnahmen, III und IV Form und Inhalt der Anordnungen, V deren Beendigung und Abbruch, und schließlich enthält VI eine Verwendungsregelung für andere Zwecke für nach §§ 100b und 100c erlangte und verwertbare personenbezogene Daten.

2 **2) Zuständigkeit und Dauer:**

3 A. **Maßnahmen der TKÜ nach § 100a (I):** Die Regelung entspricht dem früheren § 100b I.

4 a) **Zuständig** ist, wie nach § 100 bei der Postbeschlagnahme, in 1. Hinsicht das Gericht (I S 1), im Ermittlungsverfahren der Ermittlungsrichter (§§ 162 I S 1, 169), danach das mit der Sache befasste Gericht (§ 162 III; 4 zu § 98; erg 29 zu § 101); erforderlich ist stets ein Antrag der StA (§§ 163 II S 2, 165 gelten nicht), in den Fällen des § 399 I **AO** die FinB, sofern diese die Sache nicht an die StA abgibt (§ 386 IV **AO;** vgl Nr 18 I Nr 1 AStBV [St] 2010; Buse/Bohnert NJW **08**, 619). Der Richter hat die Eingriffsvoraussetzungen eigenständig zu prüfen (BGH NJW **10**, 1297, 1298). Nur bei Gefahr im Verzug (6 zu § 98) kann die StA die Maßnahme selbst anordnen (I S 2); diese Eilanordnung tritt nach I S 3 außer Kraft, wenn sie nicht binnen 3 Werktagen richterlich bestätigt wird. Die Frist beginnt mit der Anordnung, nicht erst mit deren Eingang bei dem Telekommunikationsdienstleister (Schnarr NStZ **88**, 483); es gelten aber §§ 42, 43 II (ausführlich zur Fristberechnung Günther Kriminalistik **06**, 683). Auch bei Außerkrafttreten bleiben die rechtmäßig erlangten Erkenntnisse verwertbar (AnwK-Löffelmann 1; KMR-Bär 4; Schnarr NStZ **91**, 214; **aM** HK-Gercke 3; Knierim StV **08**, 602). Im Auslieferungsverfahren ist das OLG zuständig (Hamm wistra **99**, 37; **00**, 278).

5 b) **Dauer der TKÜ** (I S 4, 5): Die Maßnahme dauert so lange, bis die Ermittlungen ohne sie weitergeführt werden können oder der Aufenthalt des Beschuldigten ermittelt ist oder die Erfolgsaussichten entfallen (unten 9). Die Höchstdauer beträgt 3 Monate, kann aber in der Anordnung verkürzt werden. Sie kann vom Gericht mehrmals verlängert werden, immer aber nur um (höchstens) weitere 3 Monate. Ob die Anordnungsvoraussetzungen fortbestehen, ist unter Einschluss der zwischenzeitlich gewonnenen Ermittlungsergebnisse – nicht nur aus der Telekommunikationsüberwachung – und unter Beachtung des Grundsatzes der Verhältnismäßigkeit (BGH NStZ-RR **11**, 148) zu beurteilen; dies setzt eine entspr Information des Gerichts durch die Strafverfolgungsbehörden voraus. Wird die Frist nicht verlängert, so tritt die Anordnung ohne weiteres außer Kraft. Die Frist beginnt mit dem Erlass der Anordnung, nicht erst mit dem Vollzug der Abhörmaßnahme (BGH **44**, 243, zust Asbrock StV **99**, 187, Fezer JZ **99**, 526, Wolters JR **99**, 524, abl Starkgraff NStZ **99**, 470); dies gilt auch für deren Verlängerung (BT-Drucks 16/5846 S 46, auch zu „vorsorglichen" Verlängerungsanordnungen). Erg unten 17, 18.

6 B. **Maßnahmen nach den §§ 100b und 100c (II):** Die Regelung entspricht dem früheren § 100d I, wobei die für die Wohnraumüberwachung vorgesehenen erhöhten Verfahrenssicherungen auf die Online-Durchsuchung erstreckt werden.

a) **Zuständigkeit:** Maßnahmen nach §§ 100b, 100c bedürfen eines Antrags der 7
StA und dürfen nur durch die allein hierfür einzurichtende Kammer des Landgerichts nach § 74a IV GVG (vgl dort 7), in dessen Bezirk die StA ihren Sitz hat, angeordnet werden. Die Kammer entscheidet an Stelle des Ermittlungsrichters, auch im Fall des § 169. Bei Gefahr im Verzug darf allerdings der Vorsitzende allein entscheiden, wobei seine Anordnung der Bestätigung durch die Kammer bedarf; erfolgt binnen 3 Werktagen keine Bestätigung, tritt die Anordnung außer Kraft, bleibt aber für die Vergangenheit wirksam (vgl BVerfGE **109**, 279). Die Kammer bleibt auch für die weiteren Entscheidungen, insbesondere auch für den Abbruch der Maßnahme (V S 4; erg 19, 20) sowie Zurückstellungen nach § 101 VII S 1 zuständig (Ausnahme in II S 6). Sie entscheidet während des Ermittlungsverfahrens ggf auch über die Verwertbarkeit der gewonnenen Erkenntnisse (§ 100d III S 2, IV S 5) und über die Rechtmäßigkeit der Anordnung sowie ihres Vollzugs (§ 101 VII S 2; zur Zuständigkeit nach Anklageerhebung § 101 VII S 4); auf andere mitbeantragte oder mitangeordnete Maßnahmen (zB nach §§ 100a, 100f) darf sie ihre Zuständigkeit aber nicht ausdehnen (vgl Hamburg NStZ **08**, 478, 480; LG Bremen StV **98**, 525).

b) **Befristung** (II S 4–6): Maßnahmen nach §§ 100b und 100c dürfen immer 8
nur für einen Monat angeordnet werden (krit Krause Hanack-FS 240). Die Frist beginnt schon mit der richterlichen Anordnung, nicht erst mit dem Beginn der Überwachungsmaßnahme (BVerfGE **109**, 279). Die Verlängerung ist auch möglich, wenn sich der Verdacht nunmehr auf eine andere Katalogtat bezieht (BVerfG aaO). Wenn fünfmal um jeweils einen Monat verlängert worden ist, muss über weitere (jeweils einmonatliche) Verlängerungen das OLG (§ 120 IV S 2 GVG) entscheiden; der Gesetzgeber hielt hier eine zusätzliche Kontrolle durch das OLG wegen des intensiven Grundrechtseingriffs für erforderlich (vgl BT-Drucks 15/4533 S 28; 16/12785 S 62). Bei jeder Verlängerung ist insbesondere auch eine erneute Erfolgsprognose (IV S 2 Nr 2) notwendig.

3) Form und Inhalt der Anordnung (III S 1 und S 2) sind für die TKÜ, 9
die Wohnraumüberwachung und die Online-Durchsuchung nach §§ 100a–100c einheitlich zusammengefasst.

A. **Form:** Die Anordnung, auch die der StA in den Fällen des I S 2, muss 10
schriftlich ergehen (dazu Einl 128, 139). Sie muss erkennen lassen, wer sie erlassen hat; mindestens die Beifügung des Handzeichens ist erforderlich. Der Beschuldigte und die sonst Betroffenen werden vor Erlass der Anordnung nicht gehört (§ 33 IV S 1). Die StA hat die tatsächlichen Grundlagen für die Annahme von Gefahr im Verzug zeitnah zu dokumentieren (BGH StV **08**, 63, 64; erg 3 zu § 105).

B. **Inhaltlich** sind in der Entscheidungsformel (III S 2) der Anordnung „soweit 11
möglich" Name und Anschrift des Betroffenen anzugeben, gegen den sich die Maßnahme richtet (III S 2 Nr 1); mit der zitierten Einschränkung stellt das Gesetz klar, dass die Maßnahme auch gegen Personen angeordnet werden kann, deren (wahre) Identität noch nicht bekannt ist. Ebenfalls anzugeben ist der Tatvorwurf (III S 2 Nr 2), nunmehr auch – anders als noch in § 100b II aF – bei einer Maßnahme nach § 100a.

Die Angabe von **Art, Umfang und Dauer der Maßnahme** einschließlich ih- 12
res Endzeitpunktes (oben 2) in der Formel (III S 2 Nr 3) umfasst die Art des technischen Zugriffs (erg 14i–k zu § 100a) sowie Dauer und Befristung der Anordnung nach I S 4, 5, II S 4, 5. Bei der Fernsprechüberwachung ist auch anzugeben, ob und in welchem Umfang die Gespräche aufzuzeichnen, welche von mehreren Anschlüssen zu überwachen sind und ob dies durchgehend oder nur zu bestimmten Tageszeiten geschehen soll. Geht es um die Überwachung des Fernschreibverkehrs, so braucht die Aufnahme auf Schriftträger oder die Herstellung von Abschriften nicht besonders angeordnet zu werden (8 zu § 100a). Die Dauer der Maßnahmen ist auch dann zu bestimmen, wenn die Höchstdauer nach I S 4, 5 und II S 4, 5 festgesetzt wird. Da die Anordnung idR an das TK-Unternehmen über-

§ 100e

mittelt wird (III; § 12 TKÜV), hat der Gesetzgeber anders als in § 100d II S 2 Nr 2 aus Gründen der Verhältnismäßigkeit und des Datenschutzes davon abgesehen festzulegen, dass auch der Tatvorwurf in der Formel anzugeben ist (BT-Drucks 16/5846 S 46).

13 In die Formel muss nunmehr für Maßnahmen nach §§ 100a–100c (früher nur bei der Wohnraumüberwachung, vgl § 100d II Nr 5) die **Art der durch die Maßnahme zu erhebenden Information und ihre Bedeutung** für das Verfahren aufgenommen werden (III S 2 Nr 4). Insoweit mag zwar aus ermittlungstaktischen Gründen ein Interesse daran bestehen, dieses Erfordernis möglichst allgemein und offen zu interpretieren; es sind jedoch dem Stand der Ermittlungen entsprechende und im weiteren Verlauf ggf anzupassende Begrenzungen des Zwecks der Maßnahme geboten. Insoweit kann, falls dies im Einzelfall durchführbar erscheint, etwa eine Beschränkung auf Gespräche bestimmter Personen vorgenommen werden oder dezidiert auf solche, die sich auf den Tatvorwurf beziehen, ferner ob die betreffenden Informationen als Beweismittel oder als Ermittlungsansatz gewonnen werden sollen (vgl KK-Bruns 13).

14 **Bei Maßnahmen nach § 100a** muss im Entscheidungssatz ferner die Rufnummer oder eine andere Kennung des Anschlusses oder des Endgerätes bezeichnet werden (III S 2 Nr 5 Hs 1; zu anderen Kennungen, zB Kartennummer [IMSI], IP-Adresse, elektronisches Postfach vgl 1 zu § 100i; Bär MMR **08**, 217; Eckhardt CR **07**, 338). Die Angabe der Gerätenummer des zu überwachenden Mobiltelefons (IMEI) genügt grundsätzlich; sie ist nur dann unzulässig, wenn bestimmte Tatsachen (9 zu § 100a) belegen, dass die Gerätekennung zugleich auch einem anderen Endgerät zugeordnet ist. Ob hierfür – über die bloß hypothetische Möglichkeit hinausgehende – gesicherte Erkenntnisse (zB die mehrfache Einbuchung in das Mobilfunknetz) bestehen, ist vor Antragstellung durch eine Anfrage bei den Telekommunikationsdienstleistern (§§ 161 StPO, 113 TKG; 15 zu § 99) zu klären.

15 Bei der **Quellen-TKÜ** des § 100a I S 2 und 3 und bei der **Online-Durchsuchung** des § 100b ist das informationstechnische System, aus dem heraus die Daten erhoben werden sollen, möglichst genau zu bezeichnen (III S 2 Nr 5 Hs 2, Nr 6).

16 Schließlich sind bei **Maßnahmen nach § 100c** die zu überwachenden Wohnung oder die zu überwachenden Wohnräume anzugeben (III S 2 Nr 7); dies entspricht § 100d II Nr 3 aF.

17 4) Die **Anordnung und jede Verlängerung** einer Maßnahme nach §§ 100a–100c ist nach Maßgabe von IV zu begründen. Es sind jeweils die Voraussetzungen für die betreffende Maßnahme und die wesentlichen Abwägungsgesichtspunkte darzulegen (IV S 1; siehe 8 ff, 14a ff zu § 100a, 3 ff zu 100b, 4 ff zu 100c). Nicht schematisch, sondern auf den Einzelfall bezogen ist die Verdachtsgrundlage anzugeben (IV S 2 Nr 1); dazu bedarf es zumindest einer knappen Darlegung der den Tatverdacht begründenden Tatsachen und der Beweislage, auch durch konkrete Bezugnahme auf Aktenteile. Im Falle der Anordnung einer TKÜ gegen Dritte müssen zudem die in § 100a III, bei einer Online-Durchsuchung, bei der in informationstechnische Systeme anderer Personen als des Beschuldigten eingegriffen werden soll, die in § 100b III S 2, und bei der Wohnraumüberwachung in Wohnungen anderer Personen die in § 100c II S 2 vorausgesetzten Tatsachen angegeben werden. Außerdem sind jeweils die wesentlichen Erwägungen zur Erforderlichkeit und Verhältnismäßigkeit mitzuteilen (IV S 2 Nr 2; 13, 14 zu § 100a; 6 zu § 100b; 8 zu § 100c).

18 Die **wörtliche Übernahme einer Antragsbegründung der StA** lässt nicht von vornherein den Schluss zu, der ER oder die Strafkammer habe das Ersuchen nicht eigenständig geprüft (vgl BVerfG NJW **15**, 851; kritisch dazu Meyer-Mews StraFo **16**, 133, 136). Bei der Verlängerung von Maßnahmen muss es – falls sich keine Änderungen ergeben haben – als ausreichend erachtet werden, auf die vorhergehende Begründung Bezug zu nehmen. Eine Bezugnahme kann einzelfallbe-

zogen auch nur teilweise und zwar insoweit vorgenommen werden, als die Anordnungsgrundlagen unverändert geblieben sind.

5) Abbruch der Maßnahme (V): Bei Wegfall der Anordnungsvoraussetzungen muss die Maßnahme unverzüglich beendet werden (V S 1). Dies betrifft zum einen die in §§ 100a–c gesetzlich geregelten Voraussetzungen für die Durchführung der jeweiligen Maßnahme. Darüber hinaus sind Maßnahmen zu beenden, wenn sie nicht mehr verhältnismäßig sind; dies kann etwa anzunehmen sein, wenn nach dem Stand der jeweiligen Ermittlungen der zu erwartende Erkenntnisgewinn in keinem angemessenen Verhältnis zur Schwere des Eingriffs oder der Schuld des Beschuldigten mehr steht. Der Abbruch der Maßnahmen ist schon durch die StA, sonst aber durch das Gericht anzuordnen (V S 4), bei Maßnahmen nach §§ 100b, 100c – im Interesse des schnelleren Rechtsschutzes für den Betroffenen – auch durch den Vorsitzenden allein (V S 5); die Entscheidung des Vorsitzenden bedarf keiner Bestätigung durch die Kammer. Vom hier geregelten Abbruch ist die Unterbrechung der Maßnahme nach § 100d IV S 2 wegen einer bereits eingetretenen Kernbereichsgefährdung zu unterscheiden: Nach der Unterbrechung kann die Maßnahme unter den in § 100d IV S 3 genannten Voraussetzungen (vgl 20 zu § 100d) fortgeführt werden; ist die Maßnahme hingegen nach V S 1, 4 abgebrochen worden, ist ein neuer Anordnungsbeschluss erforderlich. 19

Das anordnende Gericht (siehe oben 4, 7) ist über deren Ergebnisse **zu unterrichten** (V S 2), bei Maßnahmen nach §§ 100b, 100c auch über deren Verlauf (V S 3). Wie detailliert die Unterrichtung sein muss, richtet sich nach den Umständen des Einzelfalls; sie muss aber jedenfalls Angaben über Erfolg und Misserfolg der Maßnahme, ggf Bedenken gegen deren Fortsetzung oder gegen die nach III Nr 3 angeordnete Art, den Umfang und die Dauer der Maßnahme umfassen. Das Gericht kann auch von sich aus derartige Informationen anfordern, es muss die Unterrichtung nicht abwarten (vgl dazu schon BT-Drucks 15/4533 S 17). 20

6) Weiterverwendung (VI): VI enthält in Nr 1 und 2 die Verwendungsregelungen für verwertbare personenbezogene Daten aus Online-Durchsuchungen nach § 100b und Wohnraumüberwachungen nach § 100c. Nr 3 regelt die Verwendung von Daten, die durch entspr Maßnahmen auf polizeirechtlicher Grundlage erlangt worden sind. Aufgrund eines Redaktionsversehens bei der Verabschiedung des Ges zur Umsetzung der Richtlinie (EU) 2016/680 im Strafverfahren sowie zur Anpassung datenschutzrechtlicher Bestimmungen der Verordnung (EU) 2016/679 vom 20.11.2019 (BGBl I 1724) besteht eine Anwendungskonkurrenz mit § 479 II S 1, III S 1 Nr 1, 2 (dort 1). Mit Blick auf den jeweiligen Schutzstandard hat hinsichtlich der Verwendung der Daten in anderen Strafverfahren VI Nr 1 Vorrang vor § 479 II S 1 (dort 3, 4). Bei der Verwendung der Erkenntnisse zur Gefahrenabwehr ist hingegen § 479 III S 1 Nr 1 und 2 die im Vergleich zu VI Nr 2 speziellere Vorschrift (11 zu § 479). 21

Die Weiterverwendung (Umwidmung) der durch die Überwachung gewonnenen personenbezogenen Daten zu anderen Zwecken als jenen, für die sie im Ausgangsverfahren erhoben wurden, stellt einen **eigenständigen Grundrechtseingriff** dar (BVerfGE **109**, 279, 375; **120**, 351). Daher verweist VI mit dem Wort „verwertbar" als Voraussetzung der zweckumwidmenden Verwendung der Daten auf die strafprozessualen Erhebungs- und Verwertungsverbote nach § 100d I-V (vgl BGH 54, 81, 96 zu § 100d V Nr 3 aF); sachbezogene Informationen, die sich nicht hierauf beziehen – zB über die Wohnungseinrichtung bei einer Maßnahme nach § 100c – dürfen uneingeschränkt verwendet werden (KMR-Bär 18; **aM** SK-Wolter 32). Darüber hinaus enthält VI aber weitere ins Einzelne gehende Regelungen, die insoweit den allgemeinen Bestimmungen in § 161 III (dort 18b) vorgeht. Zum Verhältnis zu § 479 II S 1, III S 1 Nr 1 und 2 vgl oben 21 aE. 22

Den Verwendungsregelungen der Nr 1 und 3 liegt der Gedanke des **hypothetischen Ersatzeingriffs** zugrunde. Zu prüfen ist also, ob die Maßnahme, mit der die Daten erlangt wurden, auch in dem Strafverfahren hätte angeordnet werden können, in dem sie verwendet werden sollen. Ist dies der Fall, dürfen Erkenntnisse 22a

§ 100e

auch zum Nachweis von mit der Katalogtat dieses Strafverfahrens in Zusammenhang stehenden Nichtkatalogtaten verwertet werden (BGH aaO; entspr 32, 33 zu § 100a).

23 **Nr 1** stellt klar, dass allein das Vorliegen einer **Katalogtat** nach § 100b II (abgesehen von der Verwendung zur Aufenthaltsermittlung der einer solchen Straftat beschuldigten Person) zur Weiterverwendung der gewonnenen Erkenntnisse in anderen Strafverfahren nicht ausreicht; vielmehr müssen diese – wie sich aus der Formulierung „zur Aufklärung einer Straftat" ergibt – eine **konkretisierte Verdachtslage** begründen und die Subsidiaritätsklauseln der §§ 100b I Nr 3, 100c I Nr 4 entspr beachten (BT-Drucks 15/4533 S 18 zu § 100c I Nr 4; BVerfGE **109**, 279 [Tz 351]). Mit **Einwilligung** der überwachten Personen können die Erkenntnisse auch in anderen Strafverfahren, die keine Anlasstat nach § 100b II zum Gegenstand haben, weiterverwendet werden. Die gesetzlichen Einschränkungen gelten auch für eine Weiterverwendung als Spurenansatz; die Umwidmung ist mithin – anders als in den Fällen des § 479 II S 1 (dort 4) – auch insoweit nur bei Vorliegen einer Katalogtat zulässig (BT-Drucks aaO; BVerfGE aaO [Tz 351]; SSW-Eschelbach 21; krit LR-Hauck 75; vertiefend Glaser/Gedeon GA **07**, 435; Rogall JZ **08**, 827; SK-Wolter 35;); ein Verstoß gegen diese Begrenzung hat allerdings keine Fernwirkung zur Folge (AnwK-Löffelmann 4; Jahn C 96; **aM** Singelnstein ZStW **120**, 890; vgl dazu auch SK-Wolter 37).

24 **Nr 2** enthält eine detailliertere Regelung (krit dazu Löffelmann NJW **05**, 2036) für die Verwendung der gewonnenen Erkenntnisse zu Zwecken der **Gefahrenabwehr**. Sie tritt allerdings hinter § 479 III S 1 Nr 1 und 2 zurück; jedenfalls muss dies für Nr 2 S 2 gelten, da § 479 III S 1 Nr 2 insoweit höhere Hürden für die Weiterverwendung aufstellt (dort 11; erg oben 21). Beide Regelungen setzen für die Weiterverwendung zu präventiven Zwecken eine (konkrete) Lebensgefahr oder eine dringende Gefahr für im Einzelnen benannte hochrangige Rechtsgüter voraus. Zu deren Abwehr dürfen auch unverwertbare Daten (§ 100d V S 1) herangezogen werden (vgl Freiling/Safferling/Rückert JR **18**, 9, 16). Im Übrigen wird eine mit § 479 III S 2 (dort 11) identische Löschungs- und Sperregelung entspr § 101 VIII (dort 27) getroffen.

25 **Nr 3** betrifft den zu Nr 2 umgekehrten Fall, nämlich die **Verwendung** durch präventiv angeordnete Maßnahmen erlangter Erkenntnisse **im Strafverfahren**, und enthält insofern eine mit Nr 2 vergleichbare Regelung; die Bestimmung in Nr 3 hat Vorrang vor § 161 III (dort 18b). Die Voraussetzungen des hypothetischen Ersatzeingriffs müssen im Zeitpunkt der Verwertung der Daten im Strafverfahren erfüllt sein; allein maßgeblich ist, ob die Daten nunmehr zur Klärung des Verdachts einer Katalogtat iS des § 100b I, II verwendet werden sollen (vgl BGH **54**, 69, 79f zu § 100c II aF). So hat der **BGH** nach § 29 I POGRP (dazu VerfGHRP MMR **07**, 578) erlangte Erkenntnisse für verwertbar erklärt (aaO; StraFo **05**, 507; **06**, 377); auch früher hatte er schon keine Bedenken gegen die Verwertung von Erkenntnissen aus einem präventiv-polizeilichen Lauscheingriff nach § 25b I POGRP zur Anordnung einer Durchsuchung und Beschlagnahme gehabt (NStZ **95**, 601; abl Anm Welp StV **96**, 185 mit krit Anm Köhler; abl auch Staechelin ZRP **96**, 430 sowie Wolter BGH-FG 990). § 29 IX S 3 Nr 1 POGRP enthält die erforderliche (SK-Wolter 65; Singelnstein ZStW **120**, 862: Zweckbindungsgrundsatz) Gestattung der Zweckumwandlung. Die Weiterverwendung der Daten im Strafverfahren setzt nur grundsätzlich voraus, dass sie im Ausgangsverfahren polizeirechtlich rechtmäßig erhoben wurden (vgl aber KK-Bruns 19; SK-Wolter 69; 32 zu § 100c; Singelnstein ZStW **120**, 889); bei rechtswidriger Datenerhebung ist hierüber anhand der von der Rechtsprechung für sog relative Verwertungsverbote vertretenen Abwägungslehre zu entscheiden (BGH **54**, 69, 87 ff [jedenfalls außerhalb von Fällen bewusster Umgehung des Ges ist die Unverwertbarkeit die Ausnahme; krit Singelnstein NStZ **12**, 593, 605; Gusy HRRS **09**, 491]; Einl 55a, 57d). Dies ist verfassungsrechtlich unbedenklich (BVerfG NJW **12**, 907, 910 f). Unverwertbar sind (polizeirechtlich zulässige) Bildaufzeichnungen in Wohnungen (Wolter Roxin-FS I 1167; Küper-FS 713; vgl unten 9a; 2, 30 zu § 100c);

Ermittlungsmaßnahmen § 100e

allgemein zur strafprozessualen Verwertung von Erkenntnissen nach dem BKAG van Lessen Breidling-FS 273; zur Abgrenzung von präventiven und repressiven polizeilichen Maßnahmen Hefendehl StV **01**, 705; Schnarr aaO 219. Zur Fernwirkung oben 7.

§ 25 II Nr 2b BKAG ermächtigt das BKA, zur Verfolgung von Straftaten 26 (soweit erforderlich) auch die durch den Einsatz technischer Mittel in oder aus Wohnungen nach § 46 BKAG oder durch den verdeckten Eingriff in informationstechnische Systeme nach § 49 BKAG erhobenen personenbezogenen Daten an Strafverfolgungsbehörden zu übermitteln. Voraussetzung ist, dass in dem betreffenden Strafverfahren „vergleichbar schwerwiegende Straftaten" verfolgt werden (§ 12 II S 1 Nr 1a, 2a BKAG [„hypothetische Datenneuerhebung"]). Diese Einschränkung soll den Gleichlauf mit der jeweiligen strafprozessualen Erhebungsbefugnis gewährleisten und bewirkt iE gemäß § 160 IV, dass nach § 100e VI Nr 3 die Daten sowohl zu Beweiszwecken als auch – da anders als in § 161 III die Einschränkung „zu Beweiszwecken" fehlt (dort 18d) – als Spurenansatz nur nach dem Maßstab der §§ 100b, 100c übermittelt und verwendet werden dürfen (vgl hierzu auch BVerfGE **141**, 220 [Tz 315] zu § 20v V S 1 Nr 3 BKAG aF). Aufgrund optischer Wohnraumüberwachung erlangte personenbezogene Daten scheiden aus (vgl. § 12 III S 2 BKAG). Zu Übermittlungsadressaten und Zweckbindung vgl 18e aE zu § 161.

Bei **Änderung der Rechtslage** ist – mangels Übergangsbestimmungen – auf 27 den Zeitpunkt der Verwendung der Informationen (bzw der Revisionsentscheidung, 4 zu § 354a) abzustellen (BGH **54**, 69, 78 zum Ges vom 21.12.2007; vgl Eihl 203).

7) Weitere **grundrechtssichernde Pflichten** ergeben sich aus § 101: Kennzeichnung (§ 101 III, dort 3), Benachrichtigung mit Hinweis auf die Möglichkeit 28 nachträglichen Rechtsschutzes (§ 101 IV S 1 Nr 4, dort 4 ff, 15), Löschung (§ 101 VIII, dort 27).

8) Zur **getrennten Aktenführung** vgl § 101 II (dort 2). 29

9) **Rechtsschutz:** Für die in § 101 IV S 1 Nr 3, 4 und 5 (dort 9, 10) genann- 30 ten, von der TKÜ, der Wohnraumüberwachung und der Online-Durchsuchung Betroffenen steht als *lex specialis* der (befristete) Rechtsbehelf nach § 101 VII S 2–4 gegen die Anordnung sowie die Art und Weise ihres Vollzugs zur Verfügung (25 ff zu § 101). Für danach nicht Antragsberechtigte gilt: Gegen Eilentscheidungen der StA nach I S 2 ist der Antrag entspr § 98 II S 2 gegeben (dort 23), der allerdings nach richterlicher Bestätigung gemäß I S 3 unzulässig, weil prozessual überholt (17 vor § 296), ist (BGH [ER] NStZ **03**, 272). Beschwerde (§ 304) gegen die richterl Anordnung ist statthaft (erg 20 zu § 100c); zuständig ist ein besonderer Senat des Landeshauptstadt-OLG (6 zu § 120 GVG). Nach Durchführung der Maßnahme kann mit der Beschwerde die Feststellung ihrer Rechtswidrigkeit beantragt werden (vgl 18a vor § 296 sowie 40a zu § 147 zum Erfordernis, die Entscheidung hierüber wegen zunächst versagter Akteneinsicht aufzuschieben). Das gilt auch für die Eilentscheidung des Vorsitzenden nach II S 2; dieser Rechtsbehelf ist allerdings nach Bestätigung durch die Strafkammer gemäß II S 3 unzulässig, weil prozessual überholt (17 vor § 296; vgl BGH [ER] NStZ **03**, 272 zu § 100b aF). Die Art und Weise der Vollziehung kann entspr § 98 II S 2 beanstandet werden (Morré/Bruns BGH-FS 594), soweit diese nicht bereits nach II und III in der richterl Anordnung geregelt ist (insoweit Beschwerde, vgl Löffelmann ZIS **06**, 97 und 17 zu § 105).

10) **Revision:** Die Ausführungen 39 zu § 100a, 16 zu § 100b und 16 zu § 100c 31 gelten entspr. Wurde trotz Bestehens eines Beweiserhebungs- oder Beweisverwertungsverbotes abgehört und aufgezeichnet, sind die gewonnenen Ergebnisse unverwertbar. Gleiches dürfte bei Fristüberschreitungen zu gelten haben, jedenfalls mit Rücksicht auf die Schwere des Eingriffs bei Maßnahmen nach §§ 100a I S 2, 3, 100b, 100c; eine Einzelfallprüfung mag allenfalls in Ausnahmefällen bei Maßnahmen nach § 100a I S 1 in Betracht kommen. Es bedarf grundsätzlich eines

Köhler

§ 100f

Widerspruchs des Betroffenen gegen die Verwertung (vgl im Einzelnen 39 zu § 100a; 16 zu § 100b; 16 zu § 100c; AnwK-Löffelmann 8 aE; KK-Bruns 43 zu 100d; krit LR-Hauck 97; allg zur Widerspruchlösung 25 zu § 136; 12 zu § 252). Ob dies auch für Erkenntnisse gilt, die dem absolut geschützten Kernbereich der privater Lebensgestaltung zuzurechnen sind, hat der BGH offengelassen (BGH **50**, 206, 215; vgl. auch KK-Bruns 44f zu § 100d; MK-Günther 234 zu § 100a IV aF). Mitangeklagte können sich auf das nur zugunsten eines anderen Angeklagten bestehende Verwertungsverbot berufen, wenn die Aussage zu ihren Ungunsten verwertet worden ist (SK-Wolter 93 zu § 100c aF; erg Einl 57b, 34 zu § 52 sowie BGH **57**, 71 zu § 100f; **aM** KK-Bruns 42 zu § 100d: nur der betroffene Angeklagte selbst). Eine ungenügende Fassung der Anordnung durch das Gericht oder die StA begründet für sich allein kein Verwertungsverbot; entscheidend ist, ob die tatsächlichen Voraussetzungen der Maßnahme im Anordnungszeitpunkt gegeben waren (BGH StV **08**, 63, 64; näher 35 zu § 100a). Unschädlich soll auch das Fehlen der Befristung sein (I S 4), wenn die Überwachung die zeitliche Obergrenze nicht überschritten hat (vgl BGH **53**, 294, 300); dies dürfte aber nur anzunehmen sein, wenn die Umstände des Falles nicht bereits vor Anordnung der Maßnahme eine kürzere Befristung geboten haben.

Akustische Überwachung außerhalb von Wohnraum

100f **I** Auch ohne Wissen der betroffenen Person darf außerhalb von Wohnungen das nichtöffentlich gesprochene Wort mit technischen Mitteln abgehört und aufgezeichnet werden, wenn bestimmte Tatsachen den Verdacht begründen, dass jemand als Täter oder Teilnehmer eine in § 100a Abs. 2 bezeichnete, auch im Einzelfall schwerwiegende Straftat begangen oder in Fällen, in denen der Versuch strafbar ist, zu begehen versucht hat, und die Erforschung des Sachverhalts oder die Ermittlung des Aufenthaltsortes eines Beschuldigten auf andere Weise aussichtslos oder wesentlich erschwert wäre.

II ¹ Die Maßnahme darf sich nur gegen einen Beschuldigten richten. ² Gegen andere Personen darf die Maßnahme nur angeordnet werden, wenn auf Grund bestimmter Tatsachen anzunehmen ist, dass sie mit einem Beschuldigten in Verbindung stehen oder eine solche Verbindung hergestellt wird, die Maßnahme zur Erforschung des Sachverhalts oder zur Ermittlung des Aufenthaltsortes eines Beschuldigten führen wird und dies auf andere Weise aussichtslos oder wesentlich erschwert wäre.

III Die Maßnahme darf auch durchgeführt werden, wenn Dritte unvermeidbar betroffen werden.

IV § 100d Absatz 1 und 2 sowie § 100e Absatz 1, 3, 5 Satz 1 gelten entsprechend.

1 1) Die Vorschrift regelt **das Abhören außerhalb von Wohnungen** im Anschluss an die Bestimmungen über das Abhören aus Wohnungen (§§ 100c–100e). Ohne Wissen der Betroffenen wird die Maßnahme angeordnet. Damit ist (genauso wie bei § 100c, dort 10) der unauffällige, heimliche Charakter dieser Beobachtungen angesprochen (BGH **53**, 294, 301). Dass der Betroffene die ohne sein Einverständnis vorgenommene Maßnahme bemerkt hat, macht deren Anordnung weder unzulässig noch überflüssig („Auch" in I; Hilger NStZ **92**, 461 Fn 87; erg 1 aE zu § 100a zur Einwilligung in die Überwachung). Im Einzelnen gilt Folgendes:

2 A. **Der Telefonüberwachung nach § 100a vergleichbar** ist dieser Eingriff, er muss deshalb eine der im dortigen Straftatenkatalog enthaltene Straftat (15 zu § 100a) betreffen; insoweit ist die früher unzulässige Maßnahme (vgl BGH **34**, 39, 50) durch das OrgKG erlaubt worden (abl Köhler ZStW **107**, 39). Der Eingriff ist aber nur zur Erforschung des Sachverhalts oder zur Ermittlung des Aufenthaltsortes

Ermittlungsmaßnahmen § 100f

des Täters zulässig. Er ist unter den hier aufgestellten Voraussetzungen nur **außerhalb einer Wohnung,** dh des Schutzbereichs des Art 13 GG gestattet, somit nur außerhalb aller Räume, die der „allgemeinen Zugänglichkeit durch eine räumliche Abschottung entzogen und zur Stätte privaten Lebens und Wirkens gemacht sind" (Jarass/Pieroth 4 zu Art 13; Singelnstein NStZ **14**, 305, 309); dazu gehören auch **nicht** allgemein zugängliche Büro- und Geschäftsräume (BGH **42**, 372 mit krit Anm Scholz NStZ **97**, 196 und zust Anm Wollweber NStZ **97**, 351; Stuttgart StV **96**, 655; einschr Krey VE 388 ff für Geschäftsräume iS des § 104 II), Krankenzimmer (BGH **50**, 206 mit zust Anm Ellbogen NStZ **06**, 180 und Kolz NJW **05**, 3248: jedenfalls, wenn sie nicht dauerhaft überwacht werden), **wohl aber** ein Pkw (BGH [ER] NJW **97**, 2189 mit zust Anm Heger JR **98**, 163; LG Stendal NStZ **94**, 556 mit zust Anm Mahnkopf/Döring), der Haftraum einer JVA (BVerfG NJW **96**, 2643; **aM** Mitsch NJW **08**, 2299) oder der Besuchsraum einer UHaft-Vollzugsanstalt (BGH **53**, 294, 300 [insoweit zust Engländer JZ **09**, 1180; Hauck NStZ **10**, 18]; **44**, 138 mit zust Anm Roxin NStZ **99**, 150 und krit Anm Duttge JZ **99**, 261; abl auch Bernsmann Schwind-FS 515; Paeffgen Seebode-FS 255 für die Zeit des Gesprächs mit dem Verteidiger [dazu unten 12]; zw BVerfG NJW **06**, 2974 für den Besuchsraum einer JVA). Die akustische Überwachung in der U-Haft ist daher grundsätzlich zulässig (BGH **53**, 294, 299; vgl auch Schneider NStZ **01**, 15: Überwachung von Gesprächen der Gefangenen untereinander nach II zulässig.

B. Zum Begriff **„nichtöffentlich"** vgl 3 zu § 100c. **3**

C. Als **technische Mittel** kommen hier vor allem sog Wanzen, versteckte Mikrophone und Aufzeichnungsgeräte in Betracht (vgl Eisenberg BR 2522). Mithören ohne technische Mittel, also das zufällige oder auch arrangierte Belauschen eines Gesprächs, ist zulässig (Hilger NStZ **92**, 462 Fn 97). Das Wort „abhören" weist auf die Heimlichkeit der Maßnahme hin, die mit technischen Mitteln bewirkt wird. Die mit der Anbringung des Mittels notwendig verbundene Beeinträchtigung des Betroffenen durch typischerweise mit dem Abhören verbundene Vorbereitungs- und Begleitmaßnahmen (auch unter Mitwirkung von durch die Strafverfolgungsbehörden beigezogenen Personen, zB Stromableser, Schornsteinfeger usw, die hierzu der Vorschrift gedeckt (Gropp JZ **98**, 505), ferner auch noch – falls im konkreten Fall kein milderes Mittel in Betracht kommt – die heimliche Wegnahme eines Pkw zum Einbau der Einrichtung in einer Werkstatt (BGH **46**, 266, 274 mit abl Anm Kühne JZ **01**, 1148 und Bernsmann StV **01**, 385, zust aber Steinmetz NStZ **01**, 344 für den Einbau eines „GPS"-Empfängers [2 zu § 100h]; AG Hamburg StV **09**, 636, 637; AG Kaufbeuren StV **98**, 534 mit abl Anm Steinhögl; Heghmanns/Scheffler-Murmann III 251; Krey Kohlmann-FS 637; Janker NJW **98**, 269; Schneider NStZ **99**, 388: „sachnotwendig und typisch", ebenso für den Ausbau der Einrichtung; **aM** BGH [ER] NJW **97**, 2189 mit zust Anm Heger JR **98**, 163 und abl Anm Schairer/Krombacher Kriminalistik **98**, 119; LG Freiburg NStZ **96**, 508; SK-Wolter/Greco 7; Gropp aaO). **4**

D. **Bestimmte Tatsachen** müssen den Verdacht einer der in § 100a II bezeichneten schweren Straftaten begründen. Zu dem danach erforderlichen Verdachtsgrad vgl 9 zu § 100a sowie BGH NStZ 3/2016 vom 11.8.2016. **5**

Die **Teilnahme an der Anlasstat** (§§ 25 ff StGB) steht der Täterschaft gleich, **6** nicht aber Strafvereitelung und Begünstigung. Der strafbare Versuch der Tat, auch die Teilnahme am Versuch, wird wie die Vollendung behandelt. Strafbare Vorbereitungshandlungen und die Teilnahme daran genügen nicht (vgl BT-Drucks 16/5846 S 98; 16/6979 S 44; SK-Wolter/Greco 10).

Auch im **konkreten Einzelfall**, nicht nur abstrakt, muss die Anlasstat schwer **7** wiegen, wie I nun klarstellt (vgl 11 zu § 100a).

E. **Subsidiaritätsklausel:** I aE verlangt wie § 100a I S 1 Nr 3, dass die Ermitt- **8** lung auf andere Weise aussichtslos oder wesentlich erschwert wäre; auch damit wird deutlich gemacht, dass dieser Eingriff ebenso schwer wiegt wie eine Telefonüberwachung (erg 13 zu § 100a).

Köhler

§ 100f

9 **2) Betroffene:**
10 A. Regelmäßig ist der **Beschuldigte** die Zielperson des Eingriffs (II S 1).
11 B. Entgegen der Formulierung in II S 1 („nur gegen einen Beschuldigten") lässt II S 2 aber auch gegen **andere Personen** (Nichtbeschuldigte) die Maßnahme zu. Da hierbei uU sogar nichtverdächtige Personen einer Überwachung ausgesetzt sind, müssen jedoch erschwerte Voraussetzungen gegeben sein: Das Abhören und Aufzeichnen des nichtöffentlich gesprochenen Wortes kommt nur in Betracht, wenn anzunehmen ist, dass die Maßnahme zur Erforschung des Sachverhalts oder zur Ermittlung des Aufenthaltsortes führen wird (Erfolgsprognose, vgl 18 zu § 100a) und dies auf andere Weise aussichtslos oder wesentlich erschwert wäre (vgl 13 zu § 100a). In diesem Fall muss ferner noch auf Grund bestimmter Tatsachen (vgl 9 zu § 100a) anzunehmen sein, dass der Nichtbeschuldigte mit einem Beschuldigten Verbindung hat oder eine solche herstellen will, es sich also um eine sog Kontaktperson handelt (vgl auch 8 zu § 163e). Nur insoweit müssen aber „bestimmte Tatsachen", dh konkrete Anhaltspunkte, gegeben sein; darauf, dass die Maßnahme zu Aufklärungserfolgen führen wird sowie auf die Subsidiaritätsklausel (II S 2 aE) bezieht sich diese Voraussetzung nicht (zu Ersterem **aM** KK-Bruns 8; Hilger NStZ **92**, 463; vgl demgegenüber aber BT-Drucks 12/989 S 40, wo eine solche Verbindung nicht hergestellt wird, auch die Fassung der Vorschrift spricht dagegen).
12 **Zeugnisverweigerungsberechtigte:** Die Überwachung eines Strafverteidigers setzt wegen § 148 I voraus, dass er selbst aufgrund bestimmter Tatsachen der Beteiligung an einer auch im Einzelfall schwer wiegenden Katalogtat des Mandanten tat- oder teilnahmeverdächtig ist (vgl 21 zu § 100a; KMR-Bär 19 sowie 45 zu § 100a); für die in § 53 genannten (nicht beschuldigten) anderen Berufsgeheimnisträger gilt § 160a. Gegenüber Angehörigen iS des § 52 sieht das Ges – verfassungsrechtlich unbedenklich (BVerfG StV **11**, 261 mit krit Anm Jäger) – keine Einschränkung vor (Bedenken hinsichtlich Ehepartner bei Zuck JR **10**, 18 Fn 9 mN).
13 C. Dass **Dritte** von der Maßnahme betroffen werden, lässt sich nicht ausschließen, so zB der Gesprächspartner der Zielperson. Dies steht nach III der Anordnung der Maßnahme nicht entgegen; andernfalls wäre die Vorschrift weithin sinnentleert (BGH **44**, 138, 141: auch wenn die Gesprächspartner Angehörige iSd § 52 sind; zust Schneider NStZ **01**, 14; abl Duttge JZ **99**, 263). Richtet sich die Maßnahme gegen den Beschuldigten, werden dadurch aber zugleich Kontaktpersonen betroffen, gilt II S 2 nicht; die Kontaktpersonen sind dann Dritte iSd III (Hilger NStZ **92**, 463).
14 **3)** Die **Zuständigkeit** für die Anordnung der Maßnahme regelt IV durch die Verweisung auf § 100e I: Zuständig ist danach in 1. Hinsicht das Gericht (§ 100e I S 1), im Ermittlungsverfahren also der Ermittlungsrichter (§§ 162 I S 1, 169); erforderlich ist stets ein Antrag der StA (§§ 163 II S 2, 165 gelten nicht). Lediglich bei Gefahr im Verzug (6 zu § 98) besteht für die StA eine Eilkompetenz (§ 100e I S 2). Durch die Verweisung in IV auf § 100e I S 3 ist klargestellt, dass die Eilanordnung der StA außer Kraft tritt, wenn sie nicht binnen 3 Werktagen richterlich bestätigt wird (erg 4 zu § 100e).
15 Hinsichtlich der **Dauer der Anordnung** und ihrer Verlängerung verweist IV auf § 100e I. Die Erläuterungen in 5 zu § 100e gelten entspr.
16 **Form und Inhalt:** Insoweit verweist IV auf § 100e III (vgl erg 9-16 zu § 100e). Es ist also ua genau zu bezeichnen, ob nur abgehört oder ob auch aufgezeichnet werden soll, in welchem Umfang und wann abgehört werden soll usw; die Überwachungsörtlichkeit muss nicht bezeichnet werden (Weisser wistra **18**, 327). Welches technische Gerät benutzt werden soll, unterliegt allein der Entscheidung durch StA bzw Polizei (vgl Hilger NStZ **92**, 463 Fn 120).
17 Zur **getrennten Aktenführung** vgl § 101 II (dort 2).
18 **4) Beendigung der Maßnahme:** Durch die Verweisung in IV auf § 100e V S 1 stellt das Gesetz sicher, dass die Maßnahme unverzüglich beendet wird, wenn

die Anordnungsvoraussetzungen nicht mehr gegeben sind (erg 19 zu § 100e). Eine Pflicht zur Unterrichtung des anordnenden Gerichts über die Beendigung und die Ergebnisse der Maßnahme sieht das Gesetz nicht vor.

Grundrechtssichernde Regelungen enthält § 101: Kennzeichnung (§ 101 **19** III, dort 3), Benachrichtigung mit Hinweis auf die Möglichkeit nachträglichen Rechtsschutzes (§ 101 IV S 1 Nr 6, dort 4 ff, 15), Löschung (§ 101 VIII, dort 27). Mit dem Verweis auf § 100d I und II in IV sieht das Gesetz Bestimmungen zum Schutz des Kernbereichs privater Lebensgestaltung (2 ff zu § 100d) vor. Der Gesetzgeber hat damit auf die verfassungsrechtlichen Anforderungen (vgl BVerfGE **141**, 220 [Tz 177]) reagiert (BT-Drucks 19/4671 S 61). Nicht in den Kernbereich fallen Kommunikationsinhalte, die in unmittelbarem Bezug zu konkreten strafbaren Handlungen stehen, wie etwa die Planung bevorstehender oder Berichte über begangene Straftaten (vgl BGHSt 54, 69, 99; BVerfG NJW **12**, 907, 910 f). Allerdings hat BGH **57**, 71 Äußerungen während eines Selbstgespräches für unverwertbar erachtet, obwohl sie unmittelbar den Tatvorwurf des Mordes betrafen (eingehend dazu 20). BGH **53**, 294, 301 hat bei einer heimlichen Überwachung von Ehegattengesprächen in der U-Haft die Frage einer analogen Anwendung des § 100a IV aF oder des § 100c IV, V aF (jetzt § 100d II) offen gelassen und einen Verstoß gegen den Grundsatz des fairen Verfahrens iS von Art 6 I **EMRK** angenommen: Sowohl der Umstand, dass die Überwachung des Einzelbesuchsraums der U-Haftanstalt keinen geschützten Privatraum betraf als auch die Erwartung, der Beschuldigte werde mit seiner Ehefrau über die Tat sprechen, führten (ex ante) zu einer negativen Kernbereichsprognose (zum Verstoß gegen den Grundsatz des fairen Verfahrens Einl 19; vgl noch BGH **44**, 138, 142: § 100d V S 2 [§ 100c VI S 2 aF] entspr wegen der besonderen Situation des U-Gefangenen; ähnlich KK-Bruns 12: „in Einzelfällen"; krit Hauck NStZ **10**, 18).

5) Verwertungsverbot: Für die Verwertbarkeit der gewonnenen personenbe- **20** zogenen Informationen im Ausgangsverfahren gelten die zur Telekommunikationsüberwachung entwickelten Grundsätze entspr (29 ff zu § 100a; erg oben 19). Missachtete der Einsatz eines Personenschutzsenders den Subsidiaritätsgrundsatz, muss jegliche Verwertung der hierdurch erlangten Beweisergebnisse unterbleiben (LG Stuttgart StV **05**, 599). BGH NStZ **03**, 668 (mit zust Anm Gercke JR **04**, 347 und abl Anm Weßlau StV **03**, 483 und Braum JZ **04**, 128; abl auch Fezer NStZ **03**, 625) verneint jedoch ein Verwertungsverbot, wenn die Aufzeichnung des gesprochenen Wortes auf eine Eilanordnung (der mithörenden Ermittlungspersonen) hätte gestützt werden können und die Abwägung im konkreten Fall ergibt, dass die Persönlichkeitsinteressen der Betroffenen gegenüber dem staatlichen Interesse an der Verfolgung einer (nach der nF: auch im Einzelfall schweren) Katalogtat nach § 100a II zurücktreten (zw, zumal die Möglichkeit einer Eilanordnung der Ermittlungspersonen nicht mehr besteht, oben 14; erg Einl 57c). Der BGH hat in einem Verfahren wegen des Tatvorwurfs des Mordes ein verfassungsunmittelbares, auch zu Gunsten von Mitangeklagten wirkendes (insoweit krit Jahn/Geck JZ **12**, 561, 566; zur personellen Reichweite erg Einl 57b), Verwertungsverbot für im Rahmen einer zulässigen Maßnahme nach § 100f in einem Kfz abgehörte, vom LG als geständnisgleich gewertete **Selbstgespräche** eines Angeklagten angenommen, wenn sie dem aus Art 2 I GG iVm Art 1 I GG hergeleiteten Kernbereich der Persönlichkeitsentfaltung zuzurechnen sind (BGH **57**, 71 mit zust Anm Mitsch NJW **12**, 1486; Jahn/Geck JZ **12**, 561; Ernst/Sturm HRRS **12**, 374; Wohlers JR **12**, 389, der die Verwertung als Entlastungsbeweis zulassen will; krit Warg NStZ **12**, 237; Allgaier NStZ **12**, 399; vgl ferner Ladiges StV **12**, 517). Die Kernbereichsbezogenheit hat der BGH aus der Eindimensionalität der „Selbstkommunikation", der Nichtöffentlichkeit der Äußerungssituation, der möglichen Unbewusstheit der Äußerungen, ihrer Identität mit inneren Gedanken sowie der Flüchtigkeit des gesprochenen Wortes gefolgert. Diese Kriterien werden bei Selbstgesprächen regelmäßig vorliegen und kaum eine auf die Umstände des Einzelfalls bezogene begrenzende Wirkung entfalten. Anders als beim Zwiegespräch (vgl BVerfG NJW

§ 100g

12, 907, 908) gehören damit nach Auffassung des BGH beim Selbstgespräch, ohne dass es zu einer Abwägung mit dem staatlichen Interesse an einer Aufklärung schwerster Straftaten kommt (siehe dazu BVerfG aaO 910f [Tz 121–123] unter Hinweis auf die st Rspr des BGH mwN), zum absolut geschützten Kernbereich auch Äußerungen, die einen unmittelbaren Bezug zu konkreten – auch begangenen – strafbaren Handlungen aufweisen (BGH aaO; kritisch dazu Warg aaO; Allgaier aaO; Zimmermann GA **13**, 162; vgl auch BGH **50**, 206 zur Aufzeichnung eines Selbstgespräches in einem Krankenzimmer gemäß § 100c; erg 16 zu § 100c sowie Traub, Die Verwertbarkeit von Selbstgesprächen im Strafverfahren, Diss Würzburg 2015).

21 Für **Zufallserkenntnisse** gilt § 479 II 1 (dort 3 ff), für die Verwertung der erlangten Erkenntnisse zu Zwecken der Gefahrenabwehr § 479 II 2, III (dort 10 ff).

22 **6) Rechtsschutz:** Für die Zielperson sowie die erheblich mitbetroffenen Personen (vgl 11 zu § 101) steht als *lex specialis* der (befristete) Rechtsbehelf nach § 101 VII S 2–4 iVm IV S 1 Nr 6 gegen die richterliche oder nicht-richterliche Anordnung sowie die Art und Weise ihres Vollzugs zur Verfügung (25 ff zu § 101). Für danach nicht Antragsberechtigte gilt: Gegen die richterliche Anordnung oder Bestätigung kann Beschwerde nach § 304 erhoben werden, ggf auch noch nach Erledigung der Maßnahme (vgl 17 ff vor § 296). Gegen Eilentscheidungen der StA nach IV iVm § 100e I S 2 ist der Antrag entspr § 98 II S 2 gegeben (dort 23), der allerdings nach richterl. Bestätigung unzulässig, weil prozessual überholt (17 vor § 296), ist (vgl BGH [ER] NStZ **03**, 272). Die Art und Weise der Vollziehung der Abhörmaßnahme kann entspr § 98 II S 2 beanstandet werden (Morré/Bruns BGH-FS 591).

23 **7) Revision:** Die Revision kann wie bei § 100a (dort 39) darauf gestützt werden, dass die Beweiswürdigung auf unverwertbaren Erkenntnissen beruht. Ebenso wie dort setzt die Geltendmachung von Rechtsverletzungen in der Revision grundsätzlich einen vorherigen **Widerspruch** in der Tatsacheninstanz voraus (erg 31 zu § 100e).

Erhebung von Verkehrsdaten   RiStB 85

100g I ¹Begründen bestimmte Tatsachen den Verdacht, dass jemand als Täter oder Teilnehmer

1. eine Straftat von auch im Einzelfall erheblicher Bedeutung, insbesondere eine in § 100a Absatz 2 bezeichnete Straftat, begangen hat, in Fällen, in denen der Versuch strafbar ist, zu begehen versucht hat oder durch eine Straftat vorbereitet hat oder
2. eine Straftat mittels Telekommunikation begangen hat,

so dürfen Verkehrsdaten (§ 96 Absatz 1 des Telekommunikationsgesetzes und § 2a Absatz 1 des Gesetzes über die Errichtung einer Bundesanstalt für den Digitalfunk der Behörden und Organisationen mit Sicherheitsaufgaben) erhoben werden, soweit dies für die Erforschung des Sachverhalts erforderlich ist und die Erhebung der Daten in einem angemessenen Verhältnis zur Bedeutung der Sache steht. ²Im Fall des Satzes 1 Nummer 2 ist die Maßnahme nur zulässig, wenn die Erforschung des Sachverhalts auf andere Weise aussichtslos wäre. ³Die Erhebung gespeicherter (retrograder) Standortdaten ist nach diesem Absatz nur unter den Voraussetzungen des Absatzes 2 zulässig. ⁴Im Übrigen ist die Erhebung von Standortdaten nur für künftig anfallende Verkehrsdaten oder in Echtzeit und nur im Fall des Satzes 1 Nummer 1 zulässig, soweit sie für die Erforschung des Sachverhalts oder die Ermittlung des Aufenthaltsortes des Beschuldigten erforderlich ist.

II ¹Begründen bestimmte Tatsachen den Verdacht, dass jemand als Täter oder Teilnehmer eine der in Satz 2 bezeichneten besonders schweren Straftaten begangen hat oder in Fällen, in denen der Versuch strafbar ist, eine solche

Straftat zu begehen versucht hat, und wiegt die Tat auch im Einzelfall besonders schwer, dürfen die nach § 113b des Telekommunikationsgesetzes gespeicherten Verkehrsdaten erhoben werden, soweit die Erforschung des Sachverhalts oder die Ermittlung des Aufenthaltsortes des Beschuldigten auf andere Weise wesentlich erschwert oder aussichtslos wäre und die Erhebung der Daten in einem angemessenen Verhältnis zur Bedeutung der Sache steht. ²Besonders schwere Straftaten im Sinne des Satzes 1 sind:

1. aus dem Strafgesetzbuch:
    a) Straftaten des Hochverrats und der Gefährdung des demokratischen Rechtsstaates sowie des Landesverrats und der Gefährdung der äußeren Sicherheit nach den §§ 81, 82, 89a, nach den §§ 94, 95 Absatz 3 und § 96 Absatz 1, jeweils auch in Verbindung mit § 97b, sowie nach den §§ 97a, 98 Absatz 1 Satz 2, § 99 Absatz 2 und den §§ 100, 100a Absatz 4,
    b) besonders schwerer Fall des Landfriedensbruchs nach § 125a, Bildung krimineller Vereinigungen nach § 129 Absatz 1 in Verbindung mit Absatz 5 Satz 3 und Bildung terroristischer Vereinigungen nach § 129a Absatz 1, 2, §§ 239a, 239b von Zwangsprostitution und Zwangsarbeit 1, 2, 4, 5 Satz 1 Alternative 1, jeweils auch in Verbindung mit § 129b Absatz 1,
    c) Straftaten gegen die sexuelle Selbstbestimmung in den Fällen der §§ 176a, 176b und, unter den in § 177 Absatz 6 Satz 2 Nummer 2 genannten Voraussetzungen, des § 177,
    d) Verbreitung, Erwerb und Besitz kinder- und jugendpornographischer Schriften in den Fällen des § 184b Absatz 2, § 184c Absatz 2,
    e) Mord und Totschlag nach den §§ 211 und 212,
    f) Straftaten gegen die persönliche Freiheit in den Fällen der §§ 234, 234a Absatz 1, 2, §§ 239a, 239b von Zwangsprostitution und Zwangsarbeit nach § 232a Absatz 3, 4 oder 5 zweiter Halbsatz, § 232b Absatz 3 oder 4 in Verbindung mit § 232a Absatz 4 oder 5 zweiter Halbsatz und Ausbeutung unter Ausnutzung einer Freiheitsberaubung nach § 233a Absatz 3 oder 4 zweiter Halbsatz,
    g) Einbruchdiebstahl in eine dauerhaft genutzte Privatwohnung nach § 244 Absatz 4, schwerer Bandendiebstahl nach § 244a Absatz 1, schwerer Raub nach § 250 Absatz 1 oder Absatz 2, Raub mit Todesfolge nach § 251, räuberische Erpressung nach § 255 und besonders schwerer Fall einer Erpressung nach § 253 unter den in § 253 Absatz 4 Satz 2 genannten Voraussetzungen, gewerbsmäßige Bandenhehlerei nach § 260a Absatz 1, besonders schwerer Fall der Geldwäsche und der Verschleierung unrechtmäßig erlangter Vermögenswerte nach § 261 unter den in § 261 Absatz 4 Satz 2 genannten Voraussetzungen,
    h) gemeingefährliche Straftaten in den Fällen der §§ 306 bis 306c, 307 Absatz 1 bis 3, des § 308 Absatz 1 bis 3, des § 309 Absatz 1 bis 4, des § 310 Absatz 1, der §§ 313, 314, 315 Absatz 3, des § 315b Absatz 3 sowie der §§ 316a und 316c,
2. aus dem Aufenthaltsgesetz:
    a) Einschleusen von Ausländern nach § 96 Absatz 2,
    b) Einschleusen mit Todesfolge oder gewerbs- und bandenmäßiges Einschleusen nach § 97,
3. aus dem Außenwirtschaftsgesetz:
    Straftaten nach § 17 Absatz 1 bis 3 und § 18 Absatz 7 und 8,
4. aus dem Betäubungsmittelgesetz:
    a) besonders schwerer Fall einer Straftat nach § 29 Absatz 1 Satz 1 Nummer 1, 5, 6, 10, 11 oder 13, Absatz 3 unter der in § 29 Absatz 3 Satz 2 Nummer 1 genannten Voraussetzung,
    b) eine Straftat nach den §§ 29a, 30 Absatz 1 Nummer 1, 2, 4, § 30a,
5. aus dem Grundstoffüberwachungsgesetz:

§ 100g

eine Straftat nach § 19 Absatz 1 unter den in § 19 Absatz 3 Satz 2 genannten Voraussetzungen,

6. aus dem Gesetz über die Kontrolle von Kriegswaffen:
   a) eine Straftat nach § 19 Absatz 2 oder § 20 Absatz 1, jeweils auch in Verbindung mit § 21,
   b) besonders schwerer Fall einer Straftat nach § 22a Absatz 1 in Verbindung mit Absatz 2,
7. aus dem Völkerstrafgesetzbuch:
   a) Völkermord nach § 6,
   b) Verbrechen gegen die Menschlichkeit nach § 7,
   c) Kriegsverbrechen nach den §§ 8 bis 12,
   d) Verbrechen der Aggression nach § 13,
8. aus dem Waffengesetz:
   a) besonders schwerer Fall einer Straftat nach § 51 Absatz 1 in Verbindung mit Absatz 2,
   b) besonders schwerer Fall einer Straftat nach § 52 Absatz 1 Nummer 1 in Verbindung mit Absatz 5.

III [1] Die Erhebung aller in einer Funkzelle angefallenen Verkehrsdaten (Funkzellenabfrage) ist nur zulässig,

1. wenn die Voraussetzungen des Absatzes 1 Satz 1 Nummer 1 erfüllt sind,
2. soweit die Erhebung der Daten in einem angemessenen Verhältnis zur Bedeutung der Sache steht und
3. soweit die Erforschung des Sachverhalts oder die Ermittlung des Aufenthaltsortes des Beschuldigten auf andere Weise aussichtslos oder wesentlich erschwert wäre.

[2] Auf nach § 113b des Telekommunikationsgesetzes gespeicherte Verkehrsdaten darf in einer Funkzellenabfrage nur unter den Voraussetzungen des Absatzes 2 zurückgegriffen werden.

IV [1] Die Erhebung von Verkehrsdaten nach Absatz 2, auch in Verbindung mit Absatz 3 Satz 2, die sich gegen eine der in § 53 Absatz 1 Satz 1 Nummer 1 bis 5 genannten Personen richtet und die voraussichtlich Erkenntnisse erbringen würde, über die diese das Zeugnis verweigern dürfte, ist unzulässig. [2] Dennoch erlangte Erkenntnisse dürfen nicht verwendet werden. [3] Aufzeichnungen hierüber sind unverzüglich zu löschen. [4] Die Tatsache ihrer Erlangung und der Löschung der Aufzeichnungen ist aktenkundig zu machen. [5] Die Sätze 2 bis 4 gelten entsprechend, wenn durch eine Ermittlungsmaßnahme, die sich nicht gegen eine in § 53 Absatz 1 Satz 1 Nummer 1 bis 5 genannte Person richtet, von dieser Person Erkenntnisse erlangt werden, über die sie das Zeugnis verweigern dürfte. [6] § 160a Absatz 3 und 4 gilt entsprechend.

V Erfolgt die Erhebung von Verkehrsdaten nicht beim Erbringer von Telekommunikationsdiensten, bestimmt sie sich nach Abschluss des Kommunikationsvorgangs nach den allgemeinen Vorschriften.

Übersicht

	Rn
1) Entstehungsgeschichte, Verfassungs- und EU-rechtliche Problematik	1–6
2) Begriff der Verkehrsdaten	7–10
3) Erhebung von Verkehrsdaten nach § 96 I TKG (I)	11–21
A. Straftat von auch im Einzelfall erheblicher Bedeutung (I S 1Nr 1)	13–17
B. Mittels Telekommunikation begangene Straftaten (I S 1 Nr 2)	18–20
C. Standortdaten (I S 3)	21–21b
4) Erhebung von nach § 113b TKG gespeicherten Verkehrsdaten (II)	22–35
A. Zur Speicherung Verpflichtete (§ 113a TKG)	23
B. Umfang und Inhalt der Speicherpflicht (§ 113b II–IV TKG)	24–27

Ermittlungsmaßnahmen **§ 100g**

	Rn
C. Speicherfristen (§ 113b I TKG)	28
D. Speicherungsverbote (§ 113b V, VI TKG)	29
E. Verwendung der Daten (§ 113c TKG)	30
F. Materielle Voraussetzungen des Datenzugriffs (II)	31–35
a) Straftatenkatalog (II Nr 1–8)	32
b) Ermittlungsziele	33
c) Besondere Schwere der Anlasstat im Einzelfall	34
d) Verhältnismäßigkeit	35
5) Funkzellenabfrage (III)	36–39
A. Abfrage nach § 96 I TKG	37, 38
B. Abfrage nach § 113b TKG	39
6) Berufsgeheimnisträger (IV)	40–43
7) Verkehrsdaten nach Abschluss des Kommunikationsvorgangs (V)	44, 45

1) Entstehungsgeschichte, Verfassungs- und EU-rechtl Problematik: 1

A. Eine allgemeine **Befugnis zur Erhebung von Telekommunikations-Ver-** 2 **kehrsdaten** enthält die Bestimmung (vgl zur geplanten Erweiterung auf Nutzungsdaten iSd § 15 TMG den GesE der BReg zur Bekämpfung des Rechtsextremismus und der Hasskriminalität vom 18. 2. 2020, S 42 f). Sie wurde durch das Gesetz zur Einführung einer Speicherpflicht und einer Höchstspeicherfrist für Verkehrsdaten vom 10.12.2015 (BGBl I 2218) vollständig neu gefasst. Die Neufassung war erforderlich geworden, weil das **BVerfG** die zum Zwecke der Umsetzung der Richtlinie 2006/24/EG vom 15.3.2006 des Europäischen Parlaments und des Rates (ABl EU Nr L 105 S 54) erlassenen §§ 113a, 113b TKG bereits mit Urteil vom 2.3.2010 wegen Verstoßes gegen Art 10 GG für **nichtig** erklärt hatte, ebenso § **100g I S 1 aF, soweit danach** Verkehrsdaten nach § 113a TKG, also **Vorratsdaten,** erhoben werden durften (BVerfGE **125,** 260; dazu Roßnagel NJW **10,** 1238; Volkmer NStZ **10,** 318; Schramm/Wegener MMR **11,** 9; Möstl ZRP **11,** 225). Zur Verwertbarkeit der Daten aus der Vorratsdatenspeicherung nach früherem Recht, die vor Erlass der Entscheidung des BVerfG in Übereinstimmung mit den Vorgaben der einstweiligen Anordnungen vom 11.3.2008 (BVerfGE **121,** 1) und 28.10.2008 (BVerfGE **122,** 120) gewonnen wurden, s BGH **56,** 127; 138.

B. Darüber hinaus wurde die erwähnte **Richtlinie 2006/24/EG** vom 15.3. 3 2006, die an bis zum 15.9.2007 in nationales Recht umzusetzen war (Art 15) und eine Speicherung von in Art 5 näher bezeichneten Verkehrsdaten auf Vorrat, dh für einen Zeitraum von mindestens 6 Monaten und höchstens 2 Jahren (Art 6) durch die Anbieter öffentlich zugänglicher elektronischer Kommunikationsdienste oder Betreiber eines öffentlichen Kommunikationsnetzes vorsah (Vogel Nehm-FS 81; Westphal EuZW **06,** 555) durch Urteil des EuGH vom 8.4.2014 für **ungültig** erklärt (EuGH NJW **14,** 2169). Sie verstößt insbesondere gegen das in Art 7 GRC verankerte Recht auf Achtung des Privatlebens sowie gegen Art 8 GRC, der die Verarbeitung personenbezogener Daten regelt. Das bedeutet aber nicht, dass eine europarechtskonforme – und verfassungskonforme – Regelung nicht möglich wäre. Der EuGH zieht nicht die **grundsätzliche Zulässigkeit** von Vorratsdatenspeicherungen, namentlich zur Aufklärung schwerer Straftaten, in Zweifel (siehe etwa EuGH aaO 2171; mit dieser Einschätzung auch Simitis NJW **14,** 2158, 2160; **aM** Spiecker gen. Döhmann JZ **14,** 1109, 112 f; Bäcker JA **14,** 1263; es ist allerdings schwer vorstellbar, dass der EuGH den erheblichen Argumentationsaufwand, den er zur Beschreibung der gebotenen Beschränkung der Anwendungs- und Zugangsvoraussetzungen betreibt [dazu sogleich anschließend 4], als – weil ohnehin keine europarechtskonforme Lösung denkbar sein soll – unnütze Schreibübung verstanden wissen will), sondern vermisst „klare und präzise Regeln zur Tragweite des Eingriffs in die von Art 7 und 8 GRC verankerten Grundrechte" (EuGH aaO 2173 Tz 65) und strebt insoweit eine „solide konstruierte Vorratspeicherung" (Simitis aaO) an.

Der EuGH hat für eine **mit der GRC vereinbare Unionsregelung** vor al- 4 lem eindeutige Normen für die Tragweite und die Anwendung sowie Mindestanforderungen gefordert, welche einen wirksamen Schutz der personenbezogenen

§ 100g

Daten vor Missbrauchsrisiken sowie vor jedem unberechtigten Zugang und jeder unberechtigten Nutzung ermöglichen (EuGH aaO 2172 Tz 54 und 65). Hinsichtlich des zulässigen Ziels der Bekämpfung schwerer Kriminalität (EuGH aaO 2171 Tz 41–44) bedarf es der Beschränkung auf Daten eines bestimmten Zeitraums sowie objektiver und klar definierter Kriterien, welche Straftaten den hinreichenden Schweregrad aufweisen, um den Eingriff zu rechtfertigen (EuGH aaO Tz 60; zB einen Katalog bestimmter Straftaten, siehe Schlussanträge des EU-Generalanwaltes vom 12.12.2013 in den Verfahren 293/12 und C 594/12) sowie materiell- und verfahrensrechtlicher Voraussetzungen für den Zugang der nationalen Behörden zu den Daten und ihre spätere Nutzung (zB die Regelung von Ausnahmen behördlicher Zwangsbefugnisse, etwa bei ärztlicher Schweigepflicht; vgl auch dazu die Schlussanträge des EU-Generalanwaltes vom 12.12.2013 in den Verfahren 293/12 und C 594/12), insbesondere einer Kontrolle durch ein Gericht vor dem Zugang der nationalen Behörden zu den auf Vorrat gespeicherten Daten (EuGH aaO 2172 f Tz 61, 62).

5   Die Anforderungen des EuGH an eine mit Unionsrecht vereinbare Regelung der Vorratsdatenspeicherung in der genannten Entscheidung **decken sich in ihrer Substanz** mit denen, die bereits das **BVerfG** in seiner Entscheidung vom 2.3.2010 unter dem Blickwinkel der (Un-)Vereinbarkeit der Vorratsdatenspeicherung mit dem GG angesprochen hat (BVerfGE **125**, 260). Die Neuregelungen der Vorratsdatenspeicherung in den §§ 100g, 101a sowie §§ 113a, 113b, 113c TKG (zum Erfordernis einer Neuregelung Möstl ZRP **11**, 225, 227 ff mN; Gall DRiZ **14**, 200; ferner Beschl III. 4. d) der Abteilung Strafrecht des 69. DJT) durch das Gesetz vom 10.12.2015 (BGBl I 2218) müssen sich daher vor allem an folgenden Vorgaben des BVerfG messen lassen: Vor allem ist ein hoher Sicherheitsstandard für die nach § 113b TKG zu speichernden Daten gewährleisten, verbunden mit einer engen Zweckbindung für deren Verwendung durch auskunftsberechtigte Stellen (vgl dazu § 113c TKG sowie 30). Die Erhebung und Verwendung für die Strafverfolgung muss allgemein und auch im Einzelfall auf schwer wiegende, im Einzelnen festzulegende Straftaten beschränkt sein und die geheime Erhebung an überwiegende, gesetzlich näher zu konkretisierende Gründe knüpfen; notwendig für den Abruf der Daten sind ferner bestimmte Tatsachen, die den Verdacht einer schweren Straftat begründen, strenge Anforderungen an eine substantiierte Begründung richterlicher Anordnungen sowie Vorschriften, die den Schutz von Vertrauensbeziehungen regeln (zum Ganzen BVerfG aaO Tz 228 ff, 275 ff sowie nunmehr § 100g II Nr 1–8, III S 2, IV, § 101a I, II). Als effektive Sanktion für die Verletzung von Schutzregelungen sind Beweisverwertungsverbote in Betracht zu ziehen (dazu nunmehr § 101a IV, V sowie dort 23 ff). Unter diesen Voraussetzungen wäre nach Ansicht des BVerfG selbst eine sechsmonatige, vorsorglich anlasslose Speicherung von Verkehrsdaten durch private Diensteanbieter, wie Art 6 der Richtlinie 2006/24/EG vom 15.3.2006 sie als Mindestspeicherungsfrist vorsah, mit Art 10 GG nicht schlechthin unvereinbar gewesen (BVerfG aaO Tz 187 sowie Tz 260: Gesetzgeber kann „über einen gewissen Zeitraum die Vorhaltung ... vorsehen.").

6   Die vom BVerfG aufgestellten Anforderungen stellen nicht nur den **Prüfungsmaßstab für die Verfassungsmäßigkeit** der Neuregelung dar. Wurden sie vom Gesetzgeber in ausreichendem Maße umgesetzt, sollte die Vorratsdatenspeicherung – ungeachtet der Ungültigkeit der Richtlinie 2006/24/EG vom 15.3.2006 – unter Berücksichtigung der Ausführungen des EuGH wie auch des EU-Generalanwaltes auch **nicht in Konflikt mit der GRC** geraten; ob dies allerdings auch im Lichte einer weiteren neueren Entscheidung des EuGH vom 21.12.2016 (NJW **17**, 717 mit Anm Roßnagel NJW **17**, 696) zu bejahen sein wird (in diesem Sinne Bär NZWiSt **17**, 81, 86), bleibt abzuwarten. Dem Gesetzgeber ist – wie bei der nachfolgenden Kommentierung im Einzelnen zu zeigen sein wird – bei der Neufassung der §§ 100g, 101a, 101b sowie §§ 113a bis g TKG jedenfalls das Bemühen anzumerken, den verfassungsrechtlichen und unionsrechtlichen Vorgaben gerecht zu werden (siehe dazu BR-Drucks 249/15 S 18 ff; Oehmichen/Mickler NZWiSt **17**, 298, 307). Die rechtspolitische Diskussion über Sinn und Zweck der Vorratsdaten-

speicherung und die mit ihr verbundenen Gefahren für die Persönlichkeitsrechte der Bürger wie auch die Frage nach der Verfassungsmäßigkeit der Neuregelungen wird jedoch damit nicht beendet sein (vgl dazu Wollenschläger/Krönke NJW **16**, 906; Roßnagel NJW **16**, 533). Das **BVerfG** hat vorerst **Eilanträge**, die Vorratsspeicherung von Telekommunikationsverkehrsdaten außer Kraft zu setzen, **zurückgewiesen** (1 BvR 299/16 vom 8.6.2016; vgl auch 1 BvQ 55/15 vom 12.1. 2016). Allerdings hat das **OVG Münster** in einem Beschluss vom 22.6.2017 (13 B 238/17) entschieden, dass die ab 1.7.2017 zu beachtende Pflicht für die Erbringer öffentlich zugänglicher Telekommunikationsdienste, die Verkehrs- und Standortdaten ihrer Nutzer für eine begrenzte Zeit von 10 bzw 4 Wochen auf Vorrat zu speichern, **mit EU-Recht nicht vereinbar** ist (siehe auch 22 ff, 28); die Bundesnetzagentur hat daraufhin die Pflicht zur **Vorratsdatenspeicherung** für Internetprovider und Telefonanbieter **ausgesetzt**.

2) Der **Begriff der Verkehrsdaten** ist in § 3 Nr 30 TKG legal definiert (Daten, die bei der Erbringung eines Telekommunikationsdienstes erhoben, verarbeitet oder genutzt werden). § 96 I TKG bestimmt konkret und abschließend, welche Verkehrsdaten die Erbringer öffentlich zugänglicher Telekommunikationsdienste zu geschäftlichen Zwecken speichern dürfen, § 113b II und III TKG normiert für die dort genannten Verkehrsdaten eine Speicherpflicht der Dienstanbieter mit den in § 113b I TKG genannten Fristen. Die Einbeziehung der Verkehrsdaten iSd § 2a BDBOSG hat ihren Grund darin, dass es mit der Bundesanstalt für den Digitalfunk der Behörden und Organisation mit Sicherheitsaufgaben auch Erbringer nicht öffentlich zugänglicher Telekommunikationsdienste gibt; dem entspricht auch die durch Ges vom 20.11.2019 (BGBl I 1724) vorgenommene Anpassung in V (BT-Drucks 19/4671 S 61). Ein Zugriff auf Daten beim Gerätehersteller ist nach dem Wortlaut von I nicht möglich (vgl Hieramente/Pfister StV **17**, 477, 480 für die sog ICCID; erg 44 sowie 2 zu § 100j). Vgl zur geplanten Erweiterung auf Nutzungsdaten und Telemediendienste den GesE der BReg zur Bekämpfung des Rechtsextremismus und der Hasskriminalität vom 18.2.2020, S 42 f). 7

Einzelheiten: Mit der in § 96 I Nr 1 TKG genannten Nummer oder Kennung der beteiligten Anschlüsse oder der Endeinrichtung werden insbesondere auch die IMEI-Nummern (elektronische Gerätekennung von Mobiltelefonen, die im Rahmen der Telekommunikation übertragen wird) sowie die (sog dynamischen) IP-Adressen von Computern erfasst, die Zugang zum Internet haben (BVerfG NStZ-RR **19**, 89, auch zur Pflicht der Betreiber von Telekommunikationsanlagen, Vorkehrungen zu treffen, um die Daten ggf für die Strafverfolgung bereitzustellen; Zweibrücken [Z] CR **09**, 31, 32; insoweit zutr auch LG Frankenthal [Z] K&R **08**, 467 mit abl Anm Sankol MMR **08**, 687; Bär DRiZ **07**, 219; MMR **08**, 219; BeckTKG-Komm/Robert 3 zu § 96; krit Zöller GA **07**, 406; erg 6 zu § 100a). Einbezogen sind ferner personenbezogene Berechtigungskennungen bzw Zugangscodes (zB PIN oder PUK), die Rufnummern bzw die Kennung der beteiligten Anschlüsse sowie Beginn und Ende der betreffenden Verbindung. Erfasst werden des weiteren Daten über erfolglose Verbindungsversuche (§ 88 I S 2 TKG; vgl Demko NStZ **04**, 59). Die Einbeziehung der in § 96 I Nr 5 TKG nicht näher spezifizierten sonstigen zum Aufbau und zur Aufrechterhaltung der Telekommunikation sowie zur Entgeltabrechnung notwendigen Verkehrsdaten gestaltet die Erhebungsbefugnis in § 100g technikoffen aus und ist zB zur Feststellung betrügerisch manipulierter Abrechnungen notwendig. 8

Die **Standortdaten** eines Mobiltelefons sind ebenfalls Verkehrsdaten (§ 96 I Nr 1 TKG); damit kann uU der Aufenthaltsort eines Beschuldigten in der Vergangenheit (zB zur Tatzeit) ermittelt werden. Auch die Positionsmeldungen nicht telefonierender Mobilfunkgeräte („stand-by") können erhoben werden. Insbesondere zur Ermöglichung oder Erleichterung von Observationsmaßnahmen können die Standortdaten eines eingeschalteten (wenn auch nicht genutzten) Mobiltelefons auch in Echtzeit erhoben werden. Die damit verbundene Möglichkeit, ein aktuelles Bewegungsbild des Betroffenen zu erstellen, wird allerdings aus Gründen der 9

§ 100g

Verhältnismäßigkeit durch I und II an strenge Voraussetzungen geknüpft (s 21, 28, 32 ff, 39). Die Übersendung „**stiller SMS**" zur Erzeugung von Standortdaten richtet sich allein nach § 100i I Nr 2; erst die so erzeugten Standortdaten können nach I S 3 erhoben werden (erg 21; 1 zu § 161 mwN; 4 zu § 100i; 6a zu § 100a).

10 Ob auch die bei Einsatz eines **elektronischen Mauterfassungssystems** gewonnenen Daten Verkehrsdaten sind, ist zweifelhaft, denn „Telekommunikation" (§ 3 Nr 30 TKG) ist die Übermittlung von Nachrichten zwischen Menschen, nicht der automatische Datenaustausch zwischen Maschinen; da die Daten nach § 4 II S 4, 5 und § 7 II S 2, 3 Autobahnmautgesetz (BGBl I 2004, 3122) ausschließlich für Zwecke dieses Gesetzes genutzt werden dürfen, sind sie jedenfalls im Strafverfahren nicht verwertbar (LG Magdeburg NJW **06**, 1073; Göres NJW **04**, 195; Niehaus NZV **04**, 502; Pfab NZV **05**, 506; Röwer [16 zu § 99] 255 ff; **aM** AG Gummersbach NJW **04**, 240; Henrichs Kriminalistik **07**, 3; vgl auch AG Friedberg NStZ **06**, 517: Verwertung bei Diebstahl des Lkw mit Einverständnis des Eigentümers zulässig).

11 **3) Erhebung von Verkehrsdaten nach § 96 I TKG (I):** I findet ausschließlich für Verkehrsdaten Anwendung, welche die Diensteanbieter nach § 96 I TKG zu geschäftlichen Zwecken speichern dürfen (s oben 7 ff). Dem liegt der allgemeine Gedanke zugrunde, dass Verkehrsdaten, die der Diensteanbieter für seine Zwecke erheben darf, unter den gesetzlichen Voraussetzungen auch von den Strafverfolgungsbehörden abgerufen werden dürfen. Die Erhebung dieser zu geschäftlichen Zwecken gespeicherten Verkehrsdaten hatte das BVerfG in seiner Entscheidung vom 2.3.2010 nicht beanstandet. Durch die Streichung der Wortfolge „auch ohne Wissen des Betroffenen" im Vergleich zu § 100g I aF wird deutlich gemacht, dass es sich bei der Erhebung von Verkehrsdaten im Grundsatz um eine **offene** Ermittlungsmaßnahme handelt. Die Gesetzesmaterialien weisen deshalb darauf hin, dass die Verwendung der Daten „soweit möglich" offen erfolgen solle (BR-Drucks 249/15 S 31). Es ist jedoch anzunehmen, dass der offene Zugriff eher die Ausnahme bleiben wird (näher 32, 34 zu § 101a).

12 Bei den **materiellen Voraussetzungen** der Verkehrsdatenerhebung unterscheidet I zwischen zwei Kategorien von Straftaten (Nr 1 und 2) und stellt spezifische Voraussetzungen für die Erhebung von Standortdaten auf (I S 3):

13 A. Eine **Straftat von auch im Einzelfall erheblicher Bedeutung** ist Gegenstand der Untersuchung (I S 1 Nr 1). Eine Orientierungshilfe bietet der Hinweis auf den Straftatenkatalog des § 100a II. Auch im konkreten Einzelfall, nicht nur abstrakt, muss der Anlasstat von erheblicher Bedeutung sein, wie der Wortlaut des I nunmehr klarstellt. Bei Bagatelldelikten scheidet die Anwendung der Maßnahme aus; es muss sich mindestens um eine Straftat der mittleren Kriminalität handeln (vgl 5 zu § 98a), der auch im Einzelfall aufgrund der besonderen Umstände, des Gewichts des geschützten Rechtsguts oder des öffentlichen Interesses an der Strafverfolgung erhebliche Bedeutung zukommen kann (vgl BGH wistra **13**, 434 zu § 145d StGB).

14 **Bestimmte Tatsachen** müssen den Verdacht einer in I S 1 Nr 1 bezeichneten Straftat begründen. Zu dem danach erforderlichen Verdachtsgrad 9 zu § 100a.

15 Die **Teilnahme an der Anlasstat** (§§ 25 ff StGB) steht der Täterschaft gleich, nicht aber Strafvereitelung und Begünstigung. Der strafbare Versuch der Tat, auch die Teilnahme am Versuch, wird wie die Vollendung behandelt. Vorbereitungshandlungen und die Teilnahme daran rechtfertigen die Verkehrsdatenerhebung nur, wenn sie ihrerseits als selbstständige – für sich gesehen nicht notwendig iS des I S 1 Nr 1 erhebliche – Straftaten oder nach § 30 StGB (vgl BGH **32**, 10, 16 zu § 100a; Schnarr NStZ **90**, 259) strafbar sind; die Anordnung nach § 100g ergeht in dem Verfahren wegen dieser Tat.

16 **Ermittlungsziele:** Verkehrsdaten iSv I (einschließlich der Standortdaten eingeschalteter Mobiltelefone) dürfen nur dann und nur insoweit erhoben werden, als dies zur Erforschung des Sachverhalts erforderlich ist. Im Rahmen des dem Anordnenden zukommenden Beurteilungsspielraums (vgl BGH **41**, 30 zu § 100a; erg dort 39) darf auch der mit alternativen Ermittlungsansätzen verbundene Aufwand berücksichtigt werden (BT-Drucks 16/5846 S 33). Zur Ermittlung des Aufenthaltsortes des Beschuldigten ist die Erhebung nach I S 1 Nr 1, anders als nach früherem Rechtszustand, nicht mehr zulässig.

Verhältnismäßigkeit: Die Erhebung der Daten nach I S 1 Nr 1 muss in einen angemessenen Verhältnis zur Bedeutung der Sache stehen. Da bereits zu prüfen ist, ob es sich um eine Straftat von auch im Einzelfall erheblicher Bedeutung handelt (soeben 13) wird der Verhältnismäßigkeitsprüfung hier eher selten eigenständige Bedeutung zukommen. Dass die Verhältnismäßigkeit in den Gesetzestext ausdrücklich aufgenommen wurde, unterstreicht das Bestreben des Gesetzgebers, die Erhebung von Verkehrsdaten so weit wie möglich einzuschränken. 17

B. **Mittels Telekommunikation begangene Straftaten** (I S 1 Nr 2, S 2) sind solche, bei denen Telefon oder Computer mit Internetanbindung nicht nur das eigentliche Angriffsobjekt, sondern notwendiges oder nützliches Mittel der Tatausführung sind (Bär NZWiSt **17**, 81, 83). Dazu zählen die mittels Telefon, Fax, Internet oder E-Mail ausgeführten Taten (Wohlers/Demko StV **03**, 245), zB beleidigende oder bedrohende Anrufe, Ausspähen von Daten (§ 202a StGB). Hier muss die Verkehrsdatenerhebung grundsätzlich auch bei minder schweren Straftaten zugelassen werden, weil insoweit die Schutzwürdigkeit des Beschuldigten deutlich reduziert ist (vgl Bär aaO) und zudem derartige Straftaten ohne Erkenntnisse über die Nummer des Anschlusses idR nicht aufklärbar sind (vgl noch zum alten Rechtszustand BVerfG NJW **06**, 3197 mit zust Anm Bär MMR **07**, 232; krit Eisenberg BR 2471a). Bei Handydiebstählen ist die Bestimmung nicht anwendbar (LG Hildesheim NdsRpfl **08**, 148). 18

Nur unter den **engeren Voraussetzungen** des I S 2 lässt das Ges die Maßnahme in dieser Fallgruppe zu, um auch den Zugriff auf Vorratsdaten ohne Verstoß gegen den Verhältnismäßigkeitsgrundsatz eröffnen zu können. Der auf bestimmte Tatsachen gestützte Verdacht einer als Täter oder Teilnehmer iS der §§ 25ff StGB begangenen Tat (oben 15) muss sich insoweit auf ein vollendetes Delikt beziehen. Außerdem verlangt die strenge Subsidiaritätsklausel in I S 2, dass über die in I S 1 (oben 16) vorausgesetzte Erforderlichkeit hinaus die Erforschung des Sachverhalts oder die Ermittlung des Aufenthaltsortes des Beschuldigten ohne die Erhebung der Verkehrsdaten aussichtslos wäre (13 zu § 100a). Es ist anhand der konkreten Umstände des Einzelfalls zu prüfen, ob andere Ermittlungsmaßnahmen in Betracht kommen oder ob die Verkehrsdatenerhebung das einzige zielführende und zugleich verhältnismäßige Mittel ist. So kann es sich insbesondere in Fällen des sog Stalking verhalten (telefonische Bedrohung). Die noch in § 100g I S 2 aF enthaltene weitere Voraussetzung, dass die Erhebung der Daten in einem angemessenen Verhältnis zur Bedeutung der Sache stehen muss, ist nunmehr entfallen. Dennoch wird man auch künftig über allgemeine Verhältnismäßigkeitsüberlegungen Straftaten aus dem Anwendungsbereich ausschließen können, welche nach den Umständen des Einzelfalls Bagatellcharakter aufweisen (zB einzelne geringfügige Beleidigungen; siehe auch LG Bamberg MMR **09**, 777 mit Anm Schmidt: Betrugsschaden von 19,99 €; vgl aber Bär MMR **08**, 219). 19

Die einschränkenden Voraussetzungen des I S 2 gelten **nicht**, wenn die mittels Telekommunikation begangene Straftat die Erheblichkeitsschwelle in I S 1 Nr 1 überschreitet; dann gelten die oben unter 13ff aufgeführten Voraussetzungen. 20

C. **Standortdaten (I S 3, 4):** Die Erhebung von Standortdaten (siehe 9) unterliegt – auch im Kontext mit II – spezifischen Voraussetzungen. Grund hierfür ist, dass sie grundsätzlich die Erstellung von Bewegungsprofilen ermöglichen (vgl BR-Drucks 249/15 S 31), was einen tiefgreifenden Eingriff in die Persönlichkeitsrechte der Betroffenen darstellt. Mit Ges vom 20.11.2019 (BGBl I 1724) hat der Gesetzgeber den bisherigen S 3 durch zwei neue Sätze ersetzt. 21

I 4 entspricht I 3 aF. Nach I S 4 ist die Erhebung von Standortdaten nur für künftig anfallende Verkehrsdaten oder in Echtzeit zugelassen. Der Anwendungsbereich dieser Vorschrift beschränkt sich damit auf **nicht gespeicherte** Standortda- 21a

§ 100g Erstes Buch. 8. Abschnitt

ten. Außerdem ist die Erhebung auf die Fälle des I S 1 Nr 1 begrenzt und damit für mittels Telekommunikation begangene Straftaten (I S 1 Nr 2) nicht zulässig. Schließlich muss ihre Erhebung für die Erforschung des Sachverhalts oder die Ermittlung des Aufenthaltsortes des Beschuldigten erforderlich sein. Im Unterschied zu I S 1 Nr 1 dürfen Standortdaten nach I S 4 also auch erhoben werden, um den Beschuldigten zu lokalisieren. Dies wird vor allem beim sog IP-Catching praktisch relevant, bei dem eine bislang nicht näher bekannte Person aus dem Kreis der Nutzer eines bestimmten Dienstes ermittelt werden soll, um mittels einer Auskunft nach § 100j II iVm I S 1 die Zuordnung zu einer bestimmten Person zu ermöglichen (Bär NZWiSt **17**, 81, 84; erg 4 zu § 100j). Zur Erzeugung von Standortdaten ist der Einsatz „stiller SMS" unter den Voraussetzungen des § 100i I Nr 2 zulässig (BGHSt **63**, 82; erg 4 zu §100i).

21b   Der neue **I 3** gestattet die Erhebung **retrograder** Standortdaten, die aus betrieblichen (geschäftlichen) Gründen nach § 96 I Nr 1 TKG gespeichert werden (BT-Drucks 19/4671 S 61). Anders als künftige Standortdaten nach I 4 ist dies aber nur unter den strengeren Voraussetzungen des II zulässig (vgl dazu unten 31 ff). Damit hat der Gesetzgeber die insoweit bestehenden rechtlichen Unsicherheiten beseitigt, die seit dem Ablauf der Übergangsfrist des § 12 EGStPO am 29.7.2017 wegen der Aussetzung der Vorratsspeicherung (oben 6) bestanden (vgl hierzu 62. Aufl 23a f).

22   **4) Erhebung von nach § 113b TKG gespeicherten Verkehrsdaten (II):** II regelt den Zugriff auf Verkehrsdaten, welche von den Diensteanbietern nach § 113b TKG bis spätestens 1.7.2017 zu speichern sind (zur Übergangsfrist und zwischenzeitlichen Anwendbarkeit von § 100g I aF s 23a). Dabei handelt es sich im Kern um den Bereich der besonders kontrovers diskutierten Vorratsdatenspeicherung. Zur gerichtlich mit Blick auf EU-Recht unklaren Rechtslage siehe oben 6.

23   A. **Zur Speicherung verpflichtet (§ 113a TKG)** sind die Erbringer öffentlich zugänglicher Telekommunikationsdienste für Endnutzer. Dies sind nach § 3 Nr 17a) TKG alle TK-Dienste, die nicht nur einem begrenzten Personenkreis zur Verfügung stehen. In Abgrenzung zu den Telemedien im Sinne des TMG, bei denen es vorrangig um inhaltliche Angebote geht, erbringen die TK-Dienste gegen Entgelt mit der Übertragung von Signalen in TK-Netzen vor allem eine technische Transportleistung (Bär NZWiSt **17**, 81, 82, der sog OTT-Dienste wie WhatsApp, Skype oder Googlemail ebenfalls I S 1 und nicht dem TMG unterstellen will). Erbringer ist der Diensteanbieter, der seinen Kunden einen eigenen, regelmäßig auf eine unbestimmte Dauer angelegten Telekommunikationsanschluss zur Verfügung stellt; nicht verpflichtet sind damit Anbieter, die ihren Kunden nur eine kurzfristige Nutzung ermöglichen, wie etwa Betreiber von Hotels, Cafes oder Restaurants (vgl BT-Drucks 18/50988 S 40). Der Anbieter hat sicherzustellen, dass alle der nach § 113b I TKG zu speichernden Daten tatsächlich gespeichert werden, selbst wenn er sie nicht selbst erzeugt oder verarbeitet (§ 113a I Nr 1 und 2 TKG). Gegebenenfalls muss er der Bundesnetzagentur mitteilen, wer die Verkehrsdaten für ihn speichert (§ 113a I Nr 2 TKG). Auf Cloud-Anbieter ist nicht § 113a, sondern das TMG anwendbar (Bär aaO). Die Pflicht zur Vorratsdatenspeicherung wurde mit Rücksicht auf eine Entscheidung des OVG Münster (13 B 238/17 vom 22.6.2017) durch die Bundesnetzagentur ausgesetzt (siehe 6).

24   B. **Umfang und Inhalt der Speicherpflicht (§ 113b II bis IV TKG):**
25   § **113b II TKG** regelt die Speicherpflichten der Erbringer öffentlich zugänglicher **Telefondienste**, dh die Festnetz, Mobilfunk oder Internettelefonie zur Verfügung stellen. S 1 Nr 1 bis 5 führt die einzelnen Parameter exakt auf. Die Speicherpflicht erstreckt sich auch auf die Übermittlung von Kurznachrichten (SMS), Multimedia- (MMS) oder ähnliche Nachrichten (zB EMS) sowie auf unbeantwortete bzw erfolglose Anrufe (§ 113b II S 2 TKG).

26   Die Erbringer öffentlich zugänglicher **Internetzugangsdienste** müssen die in § **113b III Nr 1 bis 3 TKG** bezeichneten Daten speichern; eine Speicherung der im Internet aufgerufenen Adressen findet nicht statt, sodass das „Surfverhalten" der

Nutzer nicht nachvollzogen werden kann (vgl BT-Drucks 18/5088 S 42). Das mag ein „Hemmnis für eine effektive Strafverfolgung und Gefahrenabwehr" sein (Degenkolb Kriminalistik **15**, 598, 600); der Ausschluss dieser Daten rechtfertigt sich aber aus der Schwere eines ansonsten möglichen Eingriffs in die Persönlichkeitsrechte, da über das Surfverhalten umfassende Persönlichkeitsprofile Betroffener erstellt werden könnten (§ 7d zu § 100a). Durch die nach § 113b III Nr 2 zu speichernden zugewiesenen Benutzerkennungen werden alle zur eindeutigen Identifizierung einer IP-Adresse erforderlichen Kennungen erfasst (Degenkolb aaO).

§ **113b IV** normiert die Speicherpflichten bei **Funkzellenabfragen.** Im Fall 27 der Nutzung mobiler Telefondienste sind die Standortdaten der an der Telekommunikation beteiligten Funkzellen bei Beginn der Verbindung zu speichern (§ 113b IV S 1 TKG). Im Fall der mobilen Nutzung von Internetdiensten muss die bei Beginn der Internetverbindung genutzte Funkzelle erfasst werden (§ 113b IV S 2 TKG), darüber hinaus die Daten, mit denen sich die Funkzelle bestimmten geografischen Bereichen zuordnen lässt (§ 113b IV S 3 TKG). E-Mail-Daten werden nicht erhoben (kritisch dazu Bär NZWiSt **17**, 81, 82).

C. **Speicherfristen (§ 113b I TKG):** Hinsichtlich der Speicherfristen differen- 28 ziert der Gesetzgeber zwischen Verbindungsdaten und Standortdaten. **Verbindungsdaten** nach § 113b II und III TKG sind für **10 Wochen, Standortdaten** nach § 113b IV TKG für **4 Wochen** zu speichern. Die kürzere Speicherdauer bei Standortdaten erklärt sich daraus, dass der damit verbundene Eingriff in Grundrechte der Betroffenen wegen der Möglichkeit, mit Hilfe dieser Daten präzise Bewegungsprofile zu erstellen, noch größer als bei der Speicherung von Verbindungsdaten ist. Die Möglichkeit der Anbieter, Standortdaten zu Abrechnungszwecken bis zu 6 Monate zu speichern (§ 97 III TKG) bleibt hiervon unberührt; die kürzeren Fristen in § 113b I TKG beziehen sich lediglich auf die Möglichkeit des staatlichen Zugriffs auf die gespeicherten Daten. Die Speicherung ist auf das **Inland** beschränkt, um die in den §§ 113cff TKG enthaltenen Anforderungen an die Verwendung und Sicherheit der Daten umfassend zu gewährleisten und überprüfen zu können (BT-Drucks 18/5088 S 40f).

D. **Speicherungsverbote (§ 113b V, VI TKG):** § 113b V TKG stellt klar, 29 dass Kommunikationsinhalte, Daten über aufgerufene Internetseiten und Daten von Diensten der elektronischen Post aufgrund dieser Vorschrift nicht gespeichert werden dürfen. Dies gilt auch für Daten, die den in § 99 II TKG genannten Verbindungen zugrunde liegen oder von den dort genannten Stellen ausgehen (§ 113b VI TKG). Dabei handelt es sich um eindeutig auf besondere Vertraulichkeit angewiesene Anschlüsse von Personen, Behörden oder Organisationen in sozialen und kirchlichen Bereichen, die grundsätzlich anonym bleibenden Anrufern telefonische Beratung in seelischen oder sozialen Notlagen anbieten und die selbst oder deren Mitarbeiter besonderen Verschwiegenheitsverpflichtungen unterliegen.

E. **Verwendung der Daten (§ 113c TKG):** Die Vorschrift enthält eine stren- 30 ge Zweckbindung für die Verwendung der gespeicherten Daten. An die Strafverfolgungsbehörden dürfen die Diensteanbieter die gespeicherten Daten nur übermitteln, wenn diese sie unter Berufung auf § 100g II verlangen (§ 113c I Nr 1). Zu Zwecken der Gefahrenabwehr kommt eine Übermittlung nur in Betracht, soweit die entsprechende Behörde der Länder den Zugriff unter Berufung auf eine gesetzliche Bestimmung verlangt, die ihr eine Erhebung der in § 113b TKG gespeicherten Daten zur Abwehr einer konkreten Gefahr für Leib, Leben oder Freiheit einer Person oder für den Bestand des Bundes oder eines Landes verlangt (§ 113c I Nr 2 TKG); damit wird es den Landespolizeibehörden ermöglicht, bei Vorliegen entsprechender landesgesetzlicher Befugnisnormen verpflichtend gespeicherte Verkehrsdaten zu erheben (siehe BT-Drucks 18/5088 S 43). § 113c II TKG stellt schließlich ausdrücklich klar, dass aufgrund des § 113b TKG gespeicherte Daten nicht für andere als die in § 113c I TKG genannten Zwecken verwendet werden dürfen.

§ 100g

31 F. **Voraussetzungen des Datenzugriffs (II):** II regelt den Zugriff auf die Verkehrsdaten, welche die Diensteanbieter nach § 113b für die dort genannten Zeiträume verbindlich zu speichern haben.

32 a) **Straftatenkatalog des II Nr 1 bis 8:** Eine Erhebung dieser „Vorratsdaten" ist im Vergleich zu I nur unter eingeschränkten Voraussetzungen möglich. Sie kommt nur in Betracht, wenn bestimmte Tatsachen den Verdacht begründen (zum danach erforderlichen Verdachtsgrad 9 zu § 100a), dass jemand als Täter oder Teilnehmer (s oben 15, 12 zu § 100a), auch versucht, eine der in Nr 1 bis 8 enumerativ und abschließend aufgeführten Straftaten begangen hat. Der Gesetzgeber hat den Straftatenkatalog im Vergleich zu § 100a wegen der hohen Grundrechtsrelevanz des Abrufs verpflichtend gespeicherter Daten deutlich reduziert und im Wesentlichen auf terroristische Delikte, Delikte gegen Leib, Leben, Freiheit und sexuelle Selbstbestimmung sowie besonders schwere Straftaten begrenzt, bei denen die gespeicherten Verkehrsdaten nach kriminalistischer Erfahrung eine hohe Relevanz besitzen (BR-Drucks 249/15 S 32); Delikte der Computer- und Wirtschaftskriminalität werden nicht erfasst (kritisch dazu Bär NZWiSt **17**, 81, 84 sowie aus polizeilicher Sicht Degenkolb Kriminalistik **15**, 598, 601).

33 b) **Ermittlungsziele:** Die gespeicherten Vorratsdaten dürfen nur erhoben werden, soweit die Erforschung des SV o die Ermittlung des Aufenthaltsortes des Beschuldigten auf andere Weise wesentlich erschwert oder aussichtslos wäre (13 zu § 100a). Unter den in II bezeichneten Voraussetzungen ist daher die Erhebung von Standortdaten möglich, um den Aufenthalt des Beschuldigten zu lokalisieren.

34 c) **Auch im konkreten Einzelfall**, nicht nur abstrakt, muss die Anlasstat besonders schwer wiegen (11 zu § 100a).

35 d) **Verhältnismäßigkeit:** Schließlich muss die Erhebung der Daten in einem angemessenen Verhältnis zur Bedeutung der Sache stehen. Dies ermöglicht eine Abwägung zwischen dem Strafverfolgungsinteresse auf der einen und der konkreten Beeinträchtigung des Beschuldigten durch die Maßnahme auf der anderen Seite. Da die Anlasstat bereits konkret besonders schwer wiegen muss, wird diese ergänzende Verhältnismäßigkeitsprüfung jedoch eher selten eigenständig zur Unzulässigkeit der Maßnahme führen.

36 5) **Funkzellenabfrage (III):** III enthält eine spezielle Ermächtigungsgrundlage für die sog Funkzellenabfrage. Sie wird in S 1 als die Erhebung aller in einer Funkzelle angefallenen Verkehrsdaten legal definiert. Sie erstreckt sich damit auf alle Verkehrsdaten, die zu einer bestimmten Zeit in einer bestimmten Funkzelle angefallen sind, um die insoweit aktiven mobilen Geräte zu erfassen. Da von einer solchen Maßnahme zwangsläufig eine Vielzahl von Personen betroffen ist, die zu dem betreffenden Zeitpunkt in der abgefragten Funkzelle kommuniziert haben, ohne Beschuldigte oder Nachrichtenmittler zu sein, wird ihre Zulässigkeit an enge Voraussetzungen gebunden. Auch insoweit differenziert der Gesetzgeber zwischen nach § 96 I TKG vom Diensteanbieter zu geschäftlichen Zwecken zu speichernden Verkehrsdaten (7 ff) und solchen, die der Diensteanbieter nach § 113b TKG verpflichtend auf Vorrat zu speichern hat (s 22 ff). Zum technischen Ablauf Roericht Kriminalistik **17**, 175.

37 A. **Die Erhebung von nach § 96 I TKG gespeicherten Verkehrsdaten** ist nur unter den Voraussetzungen des I S 1 Nr 1 zulässig (vgl BGH NStZ **18**, 47 [ER]). Es müssen also bestimmte Tatsachen (oben 14, 9 zu § 100a) den Verdacht begründen, dass jemand als Täter oder Teilnehmer eine Straftat von auch im Einzelfall erheblicher Bedeutung begangen, versucht oder vorbereitet hat (oben 13, 15). Die Funkzellenabfrage ist nach III S 1 Nr 3 nur zulässig, soweit die Erforschung des Sachverhalts oder die Ermittlung des Aufenthaltsortes des Beschuldigten auf andere Weise aussichtslos oder wesentlich erschwert wäre (13 zu § 100a). Nicht erforderlich sind tatsächliche Anhaltspunkte dafür, dass bei der Straftat auch tatsächlich ein Mobiltelefon benutzt wurde (Bär NZWiSt **17**, 81, 85).

Die Erhebung muss darüber hinaus in einem **angemessenen Verhältnis zur** 38
Bedeutung der Sache stehen (III S 1 Nr 2). Damit soll das Bewusstsein dafür geschärft werden, dass bei der Funkzellenabfrage regelmäßig unvermeidbar Verkehrsdaten Dritter erfasst werden (BR-Drucks 249/15 S 33). Das Kriterium ermöglicht es, bei der Frage, ob und inwieweit die Verkehrsdaten erhoben werden, Verhältnismäßigkeitsgründe jenseits der konkreten Bedeutung der Straftat zu berücksichtigen, die sich auf das Ausmaß der Betroffenheit unbeteiligter Dritter beziehen. So kommt es mit Rücksicht hierauf in Betracht, die Maßnahme zeitlich und örtlich zu begrenzen oder sogar ganz zu unterlassen, wenn eine solche Begrenzung nicht möglich ist und der Umfang, in dem Dritte von der Maßnahme betroffen sind, im Einzelfall als unangemessen erachtet wird (vgl BR-Drucks 249/15 S 32 sowie bereits BT-Drucks 16/5846 S 55; Roericht Kriminalistik **17**, 175, 180). Bei der Bewertung kann auch die konkrete Eignung als Ermittlungsinstrument einfließen (Roericht aaO 179).

B. Auf nach § 113b TKG **zu speichernde Verkehrsdaten** darf für eine 39
Funkzellenabfrage nur unter den Voraussetzungen des II zurückgegriffen werden (s 31–35). Der Prüfung, ob die Erhebung in einem angemessenen Verhältnis zur Bedeutung der Sache steht, kann insoweit – anders als bei einer Erhebung von Verkehrsdaten nach II (siehe oben 35) – häufiger eine eigenständige Bedeutung zukommen, da die Funkzellenabfrage nicht nur den Beschuldigten, sondern regelmäßig eine Vielzahl unbeteiligter Dritter betrifft (vgl 38).

6) Berufsgeheimnisträger (IV): IV sieht ein grundsätzliches Verbot der Erhe- 40
bung von Verkehrsdaten nach II oder III S 2 (Funkzellenabfrage) vor, die sich gegen die in § 53 I S 1 Nr 1 bis 5 genannten Berufsgeheimnisträger richten.

Die Vorschrift erweitert damit das **Erhebungsverbot** für nach § 113b TKG ge- 41
speicherte Verkehrsdaten über die in § 160a genannten Berufsgruppen hinaus. Der Gesetzgeber hat – anders als in den Fällen des § 99 II TKG (s 29) – aus Praktikabilitätsgründen davon abgesehen, die Berufsgeheimnisträger bereits von der Speicherung ihrer Daten auszunehmen. Um ein solches Speicherungsverbot zu gewährleisten müssten den mehr als 1000 Telekommunikationsanbietern ständig aktualisierte Listen der in § 53 genannten Berufsgruppen vorgelegt werden; außerdem berge die Erstellung, Übermittlung und Aktualisierung derartiger Listen ein großes Missbrauchsrisiko (vgl BT-Drucks 18/5088 S 35; kritisch dazu unter Hinweis auf die Entscheidung des EuGH [NJW **14**, 2169, 2172] Forgo/Heermann K&R **15**, 753, 756; Nachbaur ZRP **15**, 215).

IV S 2 ergänzt das Erhebungsverbot des S 1 durch ein sich mit § 160a I S 2 de- 42
ckendes **Verwendungsverbot** für dennoch erlangte Erkenntnisse sowie ein Gebot zur unverzüglichen Löschung entsprechender Aufzeichnungen (IV S 3). Außerdem sind die Tatsache der Erlangung und Löschung aktenkundig zu machen (IV S 4). Diese Dokumentationspflicht soll die Einhaltung der Löschungspflicht sichern sowie die betreffenden Vorgänge für spätere Rechtsschutzbegehren nachvollziehbar machen. Verwendungsverbot sowie Löschungs- und Dokumentationspflicht gelten entsprechend, wenn durch eine Ermittlungsmaßnahme, die sich nicht gegen eine der in § 53 I S 1 Nr 1 bis 5 genannten Person richtet, von dieser Person Erkenntnisse erlangt werden, über die sie das Zeugnis verweigern dürfte (IV S 5). Das Verwendungsverbot greift also auch dann, wenn eine gegen einen Beschuldigten gerichtete Maßnahme nach II oder III S 2 zufällig Erkenntnisse erbringt, die von einem der Berufsgeheimnisträger erlangt wurden und über die er das Zeugnis verweigern dürfte (erg 7 zu § 160a).

§ 160a III, IV gilt entsprechend (IV S 6). Der Schutz der Berufsgeheim- 43
nisträger wird damit in den Fällen des § 53 I S 1 Nr 1–4 auf deren mitwirkende Personen erstreckt (IV S 6 iVm § 160a III). Außerdem lässt der durch bestimmte Tatsachen begründete Verdacht, dass der der Berufsgeheimnisträger oder seine mitwirkende Person an der Tat oder einer Begünstigung, Strafvereitelung oder Hehlerei beteiligt ist, den Schutz entfallen (IV S 6 iVm § 160a IV; 15 zu § 160a).

§ 100h

44 7) Die Erhebung von Verkehrsdaten **nach Abschluss des Kommunikationsvorgangs in anderer Weise** als durch eine Auskunftsanordnung an den Erbringer öffentlich zugänglicher Telekommunikationsdienste richtet sich nach den allgemeinen Vorschriften; dies stellt V klar, der § 100g III aF entspricht (erg 16a zu § 94). Insbesondere dürfen unter den Voraussetzungen der §§ 94 ff Gegenstände beim Betroffenen sichergestellt werden, die Aufschluss über Verkehrsdaten geben können, zB Datenträger wie etwa die SIM-Karte, Verbindungsnachweise in Papierform, abgerufene E-Mail im Postfach des Empfängers und dergleichen mehr. Der zwangsweise Zugriff auf derartige, beim Betroffenen gespeicherte Daten setzt deshalb keine Straftat von erheblicher Bedeutung iS des I S 1 Nr 1 oder eine besonders schwere Straftat iSd II voraus (vgl BVerfGE **115**, 166 [mit zust Anm Günther NJW **06**, 976; abl Brüning ZIS **06**, 241; Gercke StV **06**, 454]; NJW **07**, 3343, 3344; BGH NStZ **06**, 650, 652; Hirsch NJOZ **08**, 1913; anders zuvor BVerfG NStZ **05**, 337). Jedoch ist auf die erhöhte Schutzwürdigkeit der bei dem Betroffenen gespeicherten Verbindungsdaten Rücksicht zu nehmen (BVerfGE **115**, 166). Zweifelhaft ist, ob V iVm der Ermittlungsgeneralklausel (§§ 161, 163) die Erhebung von Verkehrsdaten beim Gerätehersteller legitimiert, da der Zugriff insoweit – vergleichbar der Abfrage beim Diensteanbieter – außerhalb der Sphäre des Kommunikationsteilnehmers erfolgt (Hierameter/Pfister StV **17**, 477, 481, die – namentlich für die ICCID – eine analoge Anwendung von I vorschlagen; erg 7 sowie 2 zu § 100j).

45 Bei der Ermittlung einer IP-Adresse im Wege des **IP-Tracking** handelt es sich dagegen um die Erhebung von Verkehrsdaten (s 8), die, obwohl sie nicht bei dem Telekommunikationsdienstleister erfolgt (zu den verschiedenen Methoden Lellmann/Pohl Kriminalistik **15**, 498), mit Rücksicht auf die Eingriffsintensität der Maßnahme nur unter den Voraussetzungen von I zulässig ist sowie im Regelfall der richterlichen Anordnung nach § 101a I S 1 iVm § 100e I S 1 bedarf (vgl BGH [ER] wistra **15**, 395; aM Bär NZWiSt **17**, 81, 84; Krause NStZ **16**, 139, 144; Steinmetz wistra **15**, 396: Zulässigkeit unter den weniger strengen Voraussetzungen des § 100h I Nr 2; Lellmann/Pohl aaO 504: Ermittlungsgeneralklausel als Ermächtigungsgrundlage ausreichend). Dies dürfte jedenfalls zu gelten haben, wenn die Maßnahme nicht punktuell auf die einmalige Ermittlung einer genutzten IP-Adresse abzielt, sondern darauf angelegt ist, längerfristig bisher unbekannte Personen zu identifizieren und den geografischen Standort des jeweils genutzten Internetzugangs zu ermitteln, da dies grundsätzlich die Erstellung eines Bewegungsprofils der Betroffenen ermöglicht (BGH aaO). Auf die Ermittlungsgeneralklausel – §§ 161 I S 1, 163 I S 2 – kann dagegen die Erhebung einer statischen IP-Adresse über öffentlich zugängliche Informationsplattformen gestützt werden (erg 28a zu § 163).

Weitere Maßnahmen außerhalb von Wohnraum

100h ^{I 1} Auch ohne Wissen der betroffenen Personen dürfen außerhalb von Wohnungen

1. Bildaufnahmen hergestellt werden,
2. sonstige besondere für Observationszwecke bestimmte technische Mittel verwendet werden,

wenn die Erforschung des Sachverhalts oder die Ermittlung des Aufenthaltsortes eines Beschuldigten auf andere Weise weniger erfolgversprechend oder erschwert wäre. ²Eine Maßnahme nach Satz 1 Nr. 2 ist nur zulässig, wenn Gegenstand der Untersuchung eine Straftat von erheblicher Bedeutung ist.

^{II 1} Die Maßnahmen dürfen sich nur gegen einen Beschuldigten richten.
²Gegen andere Personen sind

1. Maßnahmen nach Absatz 1 Nr. 1 nur zulässig, wenn die Erforschung des Sachverhalts oder die Ermittlung des Aufenthaltsortes eines Beschuldigten

Ermittlungsmaßnahmen § 100h

auf andere Weise erheblich weniger erfolgversprechend oder wesentlich erschwert wäre,
2. Maßnahmen nach Absatz 1 Nr. 2 nur zulässig, wenn auf Grund bestimmter Tatsachen anzunehmen ist, dass sie mit einem Beschuldigten in Verbindung stehen oder eine solche Verbindung hergestellt wird, die Maßnahme zur Erforschung des Sachverhalts oder zur Ermittlung des Aufenthaltsortes eines Beschuldigten führen wird und dies auf andere Weise aussichtslos oder wesentlich erschwert wäre.

III Die Maßnahmen dürfen auch durchgeführt werden, wenn Dritte unvermeidbar mitbetroffen werden.
IV § 100d Absatz 1 und 2 gilt entsprechend.

1) **Herstellung von Bildaufnahmen (I S 1 Nr 1):** Gemeint ist die Herstellung zu Zwecken der Observation, wie sich aus dem Zusammenhang mit I S 1 Nr 2 („sonstige für Observationszwecke bestimmte") ergibt (Düsseldorf NJW **10**, 1216, 1217; AG Eilenburg DAR **09**, 657; AG Grimma DAR **09**, 659; NZV **10**, 100; Singelnstein NStZ **14**, 305; HK-GS/Hartmann 3; KMR-Bär 4; Heghmanns/ Scheffler-Murmann III 270; Arzt/Eier NZV **10**, 117; **aM** Bamberg NJW **10**, 100, 101 mit zutr abl Anm Grunert; Brandenburg NJW **10**, 1471, 1472; Dresden DAR **10**, 210; Jena NJW **10**, 1093 [abl hierzu Roggan NJW **10**, 1042]; Koblenz 1 SsBs 23/10 vom 4.3.2010; Stuttgart NJW **10**, 1219, 1220; AG Schweinfurt DAR **09**, 660 [vgl zum Hintergrund dieser Entscheidungen BVerfG NJW **09**, 3293; hierzu – zT krit – Bull NJW **09**, 3279; Krumm NZV **09**, 620; Niehaus DAR **09**, 632; erg 9 zu § 81b, 1 zu § 163b]); daher fällt die Fertigung von Lichtbildern am Tatort zur Beweissicherung und Auswertung (Spurensicherung) nicht unter die Vorschrift (Hilger NStZ **92**, 462; SK-Wolter/Greco 4). Die Herstellung von Lichtbildern, Video- und Filmaufnahmen (vgl Bamberg aaO), auch Satellitenbildern, ist hinsichtlich der verfolgten Straftat an keine Voraussetzungen geknüpft, also im Gegensatz zu I S 1 Nr 2 beim (Anfangs-)Verdacht jeder Straftat zulässig (Hamm 1 Ss OWi 960/09 vom 22.12.2009; zur Frage eines Grundrechtseingriffs vgl zB Arzt/Eier NZV **10**, 114, 118 mwN, auch aus der Rspr des BVerfG [bejahend]; von Hippel/Weiß JR **92**, 322 [verneinend]; krit Wolter StV **89**, 369). Einschränkungen können sich nur aus dem Verhältnismäßigkeitsgrundsatz ergeben. Ebenso wie im Fall des § 100f (dort 2) kommt die Anwendung aber nur für Observationen außerhalb des Schutzbereichs des Art 13 GG in Betracht (Eisenberg NStZ **02**, 638; vgl auch OVG Hamburg Kriminalistik **07**, 369). Eine zeitliche Begrenzung sieht die Vorschrift nicht vor; die Observation darf daher auch längerfristig sein (BGH **44**, 13), dabei gilt aber nunmehr § 163f (dort 2). Kein Anwendungsfall der Vorschrift liegt vor, wenn der Wohnungsinhaber mit dem Einsatz technischer Mittel zur Überwachung der Wohnung einverstanden ist, zB bei Installierung einer „Diebesfalle" (dazu Vogt Kriminalistik **94**, 385). S 1 Nr 1 stellt (iVm § 46 I OWiG) grundsätzlich auch eine ausreichende Rechtsgrundlage für Fotos zum Beweis von Verkehrsverstößen dar (BVerfG NJW **10**, 2717; Jena NZV **10**, 266; zur Zulässigkeit von Videoabstandsmessungen Bamberg NZV **10**, 98; **aM** insoweit Düsseldorf NZV **10**, 263; kritisch zum Ganzen Wilcken NZV **11**, 67 mwN zum Streitstand). 1

Aufzeichnungen privat genutzter **Dashcams** im Straßenverkehr sind im Strafverfahren unter bestimmten Voraussetzungen verwertbar (Jansen StV **19**, 578; **aM** Niehaus NZV **16**, 551, 556). Abzuwägen sind im Einzelfall das Interesse des Betroffenen an der Beweissicherung und das Allgemeininteresse an der Aufklärung von Straftaten im Straßenverkehr mit den Persönlichkeitsrechten der betroffenen Verkehrsteilnehmer, insbesondere ihrem Recht auf informationelle Selbstbestimmung. Für eine Verwertbarkeit können die unmittelbare eigene Betroffenheit des Nutzers der Kamera von der aufgezeichneten Straftat sowie deren Erheblichkeit – zB nach §§ 222, 230, 315c, 315b StGB, nach der obergerichtlichen Rspr auch bei besonders verkehrssicherheitsbeeinträchtigenden OWi (Stuttgart NJW **16**, 2280 mit kritischen Anm Wölky StV **17**, 20 und Niehaus aaO 555; zust Löffelmann JR 1a

§ 100h

16, 661) – sprechen, dagegen, wenn es sich um kleinere Verstöße – etwa weniger gravierende OWi – handelt und die Kamera lediglich dazu genutzt werden soll, Aufgaben der staatlichen Verkehrskontrolle zu übernehmen (vgl Celle NStZ **18**, 293, 295 f). Derartige Aufzeichnungen von vorneherein auszuschließen erscheint mit Rücksicht auf das regelmäßige Fehlen objektiver Beweismittel bei Straftaten im Straßenverkehr nicht angezeigt (vgl AG Nienburg CR **15**, 400; Stuttgart aaO; weitergehend Bäumerich JuS **16**, 803, 807: im Strafprozess stets verwertbar; siehe auch BGH [ZS] JR **18**, 628, der die Verwertung in Zivilsachen von einer Abwägung im Einzelfall zwischen dem Interesse an einer funktionierenden Zivilrechtspflege und einer materiell richtigen Entscheidung auf der einen und dem allgemeinen Persönlichkeitsinteresse des Betroffenen auf der anderen Seite abhängig macht). Von der Verwertbarkeit der Aufnahmen im Strafverfahren nach derzeitiger Rechtslage zu trennen ist die **rechtspolitische Frage,** ob die Nutzung von Dashcams aus Datenschutzgründen (dazu Niehaus aaO 551 f) oder zur Verhinderung missbräuchlicher Nutzung (dazu Terhaag/Schwarz K&R **15**, 556, 558) gesetzlich beschränkt oder ob sie mit einer Verschlüsselungsfunktion ausgestattet werden sollten, die allein Ermittlungsbeamten den Zugriff auf das aufgezeichnete Material erlaubt.

1b Dieselben Grundsätze gelten sinngemäß für die Verwertung von Aufnahmen einer an einem Wohnhaus **fest installierten Videokamera.** Geht es dabei um die Aufklärung und Verfolgung von Straftaten, vor allem gegen das Eigentum, aber auch der Gesundheit und des Lebens, überwiegen die berechtigten Interessen des Anwenders der Videotechnik (vgl EuGH CR **15**, 100 mit Anm Bretthauer/Spiecker gen. Döhmann), aber auch das staatliche Aufklärungsinteresse, die Interessen derjenigen, zB mögliche Straftäter, die Objekt der Videoüberwachung waren (Bretthauer/Spiecker gen. Döhmann aaO).

2 **2) Verwendung sonstiger technischer Mittel (I S 1 Nr 2):** Als solche sind Mittel anzusehen, die weder das Aufzeichnen von Bild (dafür gilt I S 1 Nr 1) noch von Wort (das regelt § 100f) betreffen. Zu denken ist hier an Alarmkoffer, Bewegungsmelder, Nachtsichtgeräte, Peilsender (Hilger NStZ **92**, 461 Fn 89) und Drohnen (Singelnstein NStZ **14**, 305, 306). Die Auffassung, dass Markierungssysteme und präparierte Gegenstände, wenn sie mit technischem Gerät lokalisiert werden, schon nach §§ 161, 163 eingesetzt werden können (so KK-Bruns 7), trifft nicht zu (Eisenberg BR 2514). Auch der Einsatz des „Global Positioning Systems" (GPS: ein satellitengestütztes Ortungssystem, durch das Bewegungen und Standzeiten eines Fahrzeugs verfolgt werden) ist durch die Vorschrift gedeckt (Düsseldorf NStZ **98**, 268, bestätigt durch BGH **46**, 266 und BVerfGE **112**, 304; erg 4 aE zu § 100f; vgl noch Oldenburg [ZS] NJW **08**, 3508), nicht aber die Installation eines Trojaners zum Zweck einer online-Durchsuchung (BGH **51**, 211, 218; zust Anm Hamm NJW **07**, 930, 932; zust auch Cornelius JZ **07**, 798; KMR-Bär 10), ebenso wenig der Einsatz „stiller SMS" (BGHSt **63**, 82: § 100i I Nr 1 gelt als speziellere Norm vor; erg 4 zu § 100i). Gebräuchliche Observationsmittel, wie etwa Sprechfunkgeräte, unterfallen nicht der Vorschrift; ihr Einsatz ist bereits nach §§ 161, 163 gerechtfertigt (Hilger aaO). Bei längerfristiger Observation gilt § 163f (dort 2).

3 Der Einsatz der gegenüber I S 1 Nr 1 **schwerwiegenderen Mittel** iS der Nr 2 ist nur zulässig, wenn es um eine Straftat von erhebl Bedeutung geht (I S 2). Diese – anders als in § 98a I nicht durch einen generalisierenden Katalog näher umschriebene – Voraussetzung genügt den rechtsstaatl Bestimmtheitsanforderungen (BVerfGE **112**, 304; vgl auch 5 zu § 98a und den Hinweis auf die entspr Formulierung in den Polizeigesetzen der Länder in BT-Drucks 12/989 S 39, zB in §§ 16, 17 PolGNW). Bei Bagatelldelikten scheidet die Anwendung dieser Mittel somit aus; es muss sich mindestens um Straftaten der mittleren Kriminalität handeln. Auf die Hervorhebung einer „auch im Einzelfall" erhebl Bedeutung hat das Gesetz hier, anders als in §§ 100g I S 1 Nr 1, 100i I, verzichtet.

3a Für die **Überwachung von Zielpersonen mittels GPS-Empfängern durch Private** (vor allem Detekteien) gelten nach einer Entscheidung des BGH vom 4.6.2013 folgende Grundsätze (NJW **13**, 2530 mit Anm Cornelius NJW **13**, 3340): Die Strafvorschrift des § 44 BDSG ist iVm § 43 II Nr 1 BDSG grunds auf die private GPS-Überwachung durch Detektive anwendbar. Dabei sind die berechtigten Interessen des Detektivs bzw seines Auftraggebers an der Datenverarbeitung auch dann einer Abwägung mit den Interessen des Betroffenen zugänglich, wenn es nicht um die Aufklärung von Straftaten besonderer Bedeutung iSv 2 geht; es kommen daher auch zivilrechtliche Ansprüche oder deren Durchsetzung in Betracht. Ob berechtigte Interessen an der Erstellung gerade eines Bewegungsprofils des Betroffenen oder dessen Interessen am Schutz seiner Privatsphäre überwiegen, ist eine Frage des Einzelfalls. So kann etwa das Beweisführungsinteresse des Auftraggebers die Beeinträchtigung des Persönlichkeitsrechts des Observierten dann zulässig machen, wenn ein konkreter Verdacht gegen diesen besteht, die detektivische Tätigkeit zur Klärung der Beweisfrage erforderlich ist und nicht andere, mildere Maßnahmen als genügend erscheinen. Dann entfällt auch – ausnahmsweise – eine Strafbarkeit wegen vorsätzlichen unbefugten Erhebens von Daten gegen Entgelt (§§ 44 I, 43 II Nr 1 BDSG).

3) Subsidiaritätsklausel: Die Maßnahmen nach I unterliegen dem Subsidiaritätsgrundsatz. Erforderl ist, dass das Ermittlungsergebnis auf andere Weise weniger Erfolg versprechend oder erschwert zu erreichen wäre. Zum ersten Begriff vgl 13 zu § 100a; mit der Beschränkung auf die bloße Erschwernis (vgl demgegenüber §§ 98a I S 2, 100a I Nr 3: wesentl erschwert) läuft diese Einschränkung weithin leer (vgl Rieß Meyer-GedSchrift 385), denn wenn der Einsatz der bezeichneten Mittel Erfolg versprechender ist, wird er idR auch leichter als die Benutzung anderer Mittel sein. **4**

4) Betroffene: **5**

A. **Ohne Wissen** des Betroffenen werden die Maßnahmen angeordnet. Damit ist der unauffällige, heimliche Charakter dieser Beobachtungen (genauso wie bei § 100f, dort 1) angesprochen. Erforderlich ist aber das Vorliegen eines einfachen Tatverdachts, dh es müssen bereits vor der Aufnahme zureichende Anhaltspunkte dafür bestehen, dass der Betroffene eine Straftat oder OWi begangen hat (Singelnsetin NStZ **14**, 305). Zur Aufnahme von Lichtbildern in Kenntnis aber gegen den Willen des Beschuldigten vgl 8 zu § 81b. **6**

B. Entgegen der Formulierung in II S 1 („nur gegen den Beschuldigten") lässt II S 2 aber auch gegen **andere Personen** (Nichtbeschuldigte) die Maßnahmen zu. Da hierbei uU sogar nichtverdächtige Personen einer Observation ausgesetzt sind, müssen jedoch erschwerte und unterschiedliche Voraussetzungen gegeben sein: Soweit es um die weniger belastenden (oben 1) Bildaufnahmen geht (I S 1 Nr 1), genügt es, dass die Erforschung des Sachverhalts oder die Ermittlung des Täters sonst erheblich weniger Erfolg versprechend wäre oder wesentlich erschwert würde (vgl 3 zu § 98a). Der Einsatz besonderer technischer Mittel (I S 1 Nr 2) kommt hingegen nur in Betracht, wenn anzunehmen ist, dass die Maßnahme zur Erforschung des Sachverhalts oder zur Ermittlung des Aufenthaltsortes führen wird (Erfolgsprognose, vgl 18 zu § 100a) und dies auf andere Weise aussichtslos oder wesentlich erschwert wäre (vgl 13 zu § 100a). In diesem Fall muss ferner noch auf Grund bestimmter Tatsachen (9 zu § 100a) anzunehmen sein, dass der Nichtbeschuldigte mit dem Beschuldigten Verbindung hat oder eine solche herstellen wird, es sich also um eine sog Kontaktperson handelt (vgl auch 8 zu § 163e). Nur insoweit müssen aber „bestimmte Tatsachen", dh konkrete Anhaltspunkte, gegeben sein; darauf, dass die Maßnahme zu Aufklärungserfolgen führen wird sowie auf die Subsidiaritätsklausel (II S 2 Nr 2 aE) bezieht sich diese Voraussetzung nicht (str, vgl 11 aE zu § 100f). **7**

C. Für die Überwachung von **Strafverteidigern** sowie der in § 53 genannten (nicht beschuldigten) anderen Berufsgeheimnisträger gilt § 160a (KK-Bruns 13; **aM** KMR-Bär 17; Beulke/Ruhmannseder StV 11 253). **8**

§ 100i Erstes Buch. 8. Abschnitt

9   D. Dass **Dritte** von den Maßnahmen betroffen werden, lässt sich nicht ausschließen, so zB Straßenpassanten bei einer Bildaufzeichnung. Dies steht nach III der Anordnung der Maßnahme nicht entgegen; andernfalls wäre die Vorschrift weithin sinnentleert (vgl 13 zu § 100f). Richten sich die Maßnahmen gegen den Beschuldigten, werden dadurch aber zugleich Kontaktpersonen betroffen, gilt II S 2 nicht; die Kontaktpersonen sind dann Dritte iSd III (Hilger NStZ **92**, 463).

10 **5) Zuständigkeit:** Maßnahmen nach I werden durch die StA oder die Beamten des Polizeidienstes angeordnet (KK-Bruns 14; Hilger NStZ **92**, 463 Fn 117; **aM** Eisenberg BR 2517: nur Ermittlungspersonen iS des § 152 GVG und auch diese nur bei Unerreichbarkeit der StA); vgl auch zur Annexkompetenz des OLG in Auslieferungsverfahren Hamm NStZ **00**, 666; **09**, 347.

11 Zur **getrennten Aktenführung** im Falle des I S 1 Nr 2 vgl § 101 II (dort 2).

11a **6) Grundrechtssichernde Regelungen** enthält § 101: Kennzeichnung (§ 101 III, dort 3), Benachrichtigung mit Hinweis auf die Möglichkeit nachträglichen Rechtsschutzes (§ 101 IV S 1 Nr 7, dort 4ff, 15), Löschung (§ 101 VIII, dort 27).

12 **7) Verwertungsverbot:** Erkenntnisse aus Maßnahmen nach I sind im Ausgangsverfahren grundsätzlich unbeschränkt verwertbar (vgl Hilger NStZ **92**, 463 Fn 117). Mit dem Einsatz technischer Mittel zur Observation wird typischerweise nicht in den Kernbereich privater Lebensgestaltung eingegriffen (BVerfGE **112**, 304; **120**, 274; KMR-Bär 3, 17; anders AnwK-Löffelmann 12; SK-Wolter/Greco 20; Warntjen [15 zu § 100c] S 159). Ausgeschlossen ist dies aber nicht (BVerfGE **141**, 220 [Tz 176f]), weshalb der durch Ges vom 20.11.2019 (BGBl I 1724) eingeführte IV auf § 100d I und II verweist (BT-Drucks 19/4671 S 62).

13 Die Verwertung von **Zufallsfunden** aufgrund von Bildaufnahmen nach I S 1 Nr 1 richtet sich nach § 108 entspr (vgl 5 zu § 477). Die Verwendung von Zufallserkenntnissen aus Maßnahmen nach I S 1 Nr 2 (sonstige technische Mittel) ist in § 477 II S 2 (vgl dort 5ff), die Verwendung von Erkenntnissen aus dem Einsatz dieser Mittel für präventive Zwecke in § 477 II S 3 (dort 10) näher geregelt.

14 **8) Rechtsschutz:** Für die Zielperson sowie die erheblich mitbetroffenen Personen (vgl 11 zu § 101) steht als *lex specialis* der (befristete) Rechtsbehelf nach § 101 VII S 2–4 iVm IV S 1 Nr 7 gegen die Anordnung sowie die Art und Weise ihres Vollzugs zur Verfügung (25ff zu § 101). Für danach nicht Antragsberechtigte gilt: Gegen die Maßnahmen der StA und der Polizei kann entspr § 98 II S 2 das Gericht angerufen werden (krit Amelung BGH-FG 924), auch soweit die Art und Weise des Vollzugs beanstandet wird (BT-Drucks 16/5846 S 62; **aM** AnwK-Löffelmann 11; erg 23 zu § 98; 10 zu § 23 EGGVG), ggf auch noch nach Erledigung der Maßnahmen (vgl 17ff vor § 296).

15 **9) Revision:** Die Revision kann wie bei § 100a (dort 39) darauf gestützt werden, dass die Beweiswürdigung auf unverwertbaren Erkenntnissen beruht Ebenso wie dort setzt die Geltendmachung von Rechtsverletzungen in der Revision einen vorherigen **Widerspruch** in der Tatsacheninstanz voraus (erg 31 zu § 100e; vgl zur Widerspruchsobliegenheit und zum erforderlichen Vortrag Bamberg DAR **10**, 279).

Technische Ermittlungsmaßnahmen bei Mobilfunkendgeräten

100i [1] Begründen bestimmte Tatsachen den Verdacht, dass jemand als Täter oder Teilnehmer eine Straftat von auch im Einzelfall erheblicher Bedeutung, insbesondere eine in § 100a Abs. 2 bezeichnete Straftat, begangen hat, in Fällen, in denen der Versuch strafbar ist, zu begehen versucht hat oder durch eine Straftat vorbereitet hat, so dürfen durch technische Mittel

Ermittlungsmaßnahmen **§ 100i**

1. die Gerätenummer eines Mobilfunkendgerätes und die Kartennummer der darin verwendeten Karte sowie
2. der Standort eines Mobilfunkendgerätes

ermittelt werden, soweit dies für die Erforschung des Sachverhalts oder die Ermittlung des Aufenthaltsortes des Beschuldigten erforderlich ist.

II 1 Personenbezogene Daten Dritter dürfen anlässlich solcher Maßnahmen nur erhoben werden, wenn dies aus technischen Gründen zur Erreichung des Zwecks nach Absatz 1 unvermeidbar ist. ²Über den Datenabgleich zur Ermittlung der gesuchten Geräte- und Kartennummer hinaus dürfen sie nicht verwendet werden und sind nach Beendigung der Maßnahme unverzüglich zu löschen.

III 1 § 100a Abs. 3 und § 100e Absatz 1 Satz 1 bis 3, Absatz 3 Satz 1 und Absatz 5 Satz 1 gelten entsprechend. ²Die Anordnung ist auf höchstens sechs Monate zu befristen. ³Eine Verlängerung um jeweils nicht mehr als sechs weitere Monate ist zulässig, soweit die in Absatz 1 bezeichneten Voraussetzungen fortbestehen.

1) Zweck: Die Vorschrift regelt die Erfassung von Positions- und Standortmeldungen von Mobiltelefonen. Während sich im Telefon-Festnetz aus dem Standort die Rufnummer des verwendeten Anschlusses ableiten lässt, kann über den Aufenthaltsort eines Mobilfunkteilnehmers nicht mehr auf dessen Anschlusskennung geschlossen werden. In seiner ursprünglichen Fassung schuf § 100i deshalb die Voraussetzungen für die Erhebung der gemäß § 100b II S 2 aF (nunmehr § 100e III S 2 Nr 5) erforderlichen „andere(n) Kennung" eines Mobilfunkendgerätes („Handy") zur Vorbereitung von Telekommunikationsüberwachungen nach § 100a oder zu Standortermittlungen zwecks Festnahme oder Ergreifung eines Täters. Mit dem Erfordernis einer Straftat von erheblicher Bedeutung hat das Ges vom 21.12.2007 (BGBl I 3198) die Eingriffsschwelle vereinheitlicht und zum Teil abgesenkt. Nunmehr ist es auch zulässig, den „IMSI-Catcher" zur Unterstützung von Observationsmaßnahmen nach §§ 100h I S 1 Nr 2, 163f I, etwa zur Herstellung eines Bewegungsprofils (erg 2 zu § 163f), oder zur Vorbereitung einer Verkehrsdatenerhebung (§ 100g) einzuset-zen. Die nunmehr in § 100e III S 2 Nr 5 genannte „andere Kennung" wird in Anlehnung an § 9 IV BVerfSchG in I Nr 1 mit den Worten „Gerätenummer eines Mobilfunkendgerätes" und „Kartennummer der darin verwendeten Karte" umschrieben. Damit sind die für die Verkehrsabwicklung in den Mobilfunknetzen gebräuchlichen Kennungen IMEI (International Mobile Equipment Identity = Gerätenummer) und IMSI (International Mobile Subscriber Identity = Kartennummer) gemeint. Die IMSI ist weltweit nur einmal vergeben; sie ist nur den Netzbetreibern bekannt. Durch den Einsatz einer Messtechnik (GA 090/GA 900, sog „IMSI-Catcher"; zu den technischen Abläufen Keller/Braun/Hoppe 65; Gercke StraFo **03**, 78; Harnisch/Pohlmann HRRS **09**, 202) können sowohl die IMSI als auch die IMEI eines aktiv geschalteten Mobilfunkanschlusses ermittelt werden. Dies ist etwa von Bedeutung, wenn die Rufnummer nicht bekannt ist, weil die Betroffene sich ein Mobiltelefon von einem Unbekannten geliehen, die Chipkarte getauscht oder eine Karte unter falschen Personalien gekauft hat; nur durch diese Ermittlung des genutzten Handys wird es dann möglich, Telekommunikationsüberwachungen zu schalten (Zöller Hilger-FG 302). Ebenso lassen sich hierdurch die notwendigen Informationen zur Ermittlung des Standortes eines gesuchten Täters gewinnen (erg unten 11; vgl zum Ganzen BVerfG NJW **07**, 351; Hilger GA **02**, 557). Entspr Maßnahmen zur Gefahrenabwehr beruhen etwa auf § 20n BKAG, §§ 8 II, 9 IV BVerfSchG, § 3 BND-Ges und § 5 MAD-Ges (siehe BT-Drucks 17/7652 S 1, 2). 1

Nicht in den Schutzbereich des Art 10 I GG fällt die Erhebung der Daten, 2 auf die nach § 100i zugegriffen werden darf, nach Ansicht des BVerfG (aaO). Zur Begründung verweist das BVerfG (S 353 mwN; zur Gegenansicht Nw auf S 354) darauf, dass die Feststellung der Geräte- oder Kartennummer unabhängig von

Köhler 467

§ 100i

einem tatsächlich stattfindenden oder zumindest versuchten Kommunikationsvorgang zwischen Menschen sei; beim Einsatz des „IMSI-Catchers" kommunizierten ausschließlich technische Geräte miteinander. Dagegen wird eingewendet, dass nicht das Telefon, sondern dessen Nutzer empfangs- und kommunikationsbereit sei (Korn HRRS **09**, 113; Nachbaur NJW **07**, 337); zur Verfassungsmäßigkeit des § 100i vgl Harnisch/Pohlmann HRRS **09**, 210 ff.

3   Soweit „IMSI-Catcher" das **Mithören** laufender Mobilfunkgespräche in Echtzeit ermöglichen sollen (Fox DuD **02**, 214; Harnisch/Pohlmann HRRS **09**, 204; Ronellenfitsch DuD **07**, 569; **08**, 114), wird die Nutzung dieser Funktion durch § 100i nicht gedeckt (BVerfG NJW **07**, 351, 356); dies bedarf zusätzlich einer Anordnung nach §§ 100a, 100b (KMR-Bär 6).

4   Der Einsatz **„stiller SMS"** (sog Stealth-ping-Verfahren) dient der heimlichen Ortung eines Mobilfunkgeräts. Mit der Versendung einer „stillen SMS" durch die Ermittlungsbehörden werden Standortdaten des authentisierten Mobiltelefons erzeugt, die gem § 100g I S 1 Nr 1, S 3 beim Provider erhoben werden dürfen, womit das Mobiltelefon geortet werden kann. Der BGH hat nunmehr entschieden, dass § 100i I Nr 2 die alleinige **Rechtsgrundlage** für den Einsatz „stiller SMS" ist (BGHSt **63**, 82 mit zust Anm Bär MMR **18**, 826; erg 21 zu 100g; 2 zu § 100h; 1 zu § 161). Eine Beschränkung auf den „IMSI-Catcher" lässt sich dem Wortlaut der Norm („technische Mittel") nicht entnehmen (BGH aaO; aM Rückert NStZ **18**, 613; krit ebenfalls Puschke NJW **18**, 2811). Der BGH hat damit die bisher bestehenden Unsicherheiten beseitigt (vgl zu den bisher vertretenen Ansichten 61. Aufl 1 zu § 161).

5   **2) Die materiellen Voraussetzungen** für den Einsatz des „IMSI-Catchers" oder der „stillen SMS" enthält I:

6   A. Eine **Straftat von erheblicher Bedeutung** muss Gegenstand der Untersuchung sein. Die Verweisung auf den Katalog in § 100a II ist nicht abschließend („insbesondere"; krit Puschke/Singelnstein NJW **08**, 114 Fn 12). Bei Bagatelldelikten scheidet die Anwendung dieses Mittels allerdings aus; es muss sich mindestens um eine Straftat der mittleren Kriminalität handeln (vgl 5 zu § 98a). Auch im konkreten Einzelfall, nicht nur abstrakt, muss der Anlasstat von erheblicher Bedeutung sein, wie der Wortlaut des I klarstellt (vgl 7 zu § 100f).

7   **Bestimmte Tatsachen** müssen den Verdacht einer der I bezeichneten Straftaten begründen. Zu dem danach erforderlichen Verdachtsgrad vgl 9 zu § 100a.

8   Die **Teilnahme an der Anlasstat** (§§ 25 ff StGB) steht der Täterschaft gleich, nicht aber Strafvereitelung und Begünstigung. Der strafbare Versuch der Tat, auch die Teilnahme am Versuch, wird wie die Vollendung behandelt. Vorbereitungshandlungen und die Teilnahme daran rechtfertigen die Überwachung nur, wenn sie ihrerseits als selbstständige – für sich gesehen nicht notwendig iS des I erhebliche – Straftaten etwa nach § 30 StGB (vgl BGH **32**, 10, 16 zu § 100a; Schnarr NStZ **90**, 259) strafbar sind; die Anordnung nach § 100i ergeht in dem Verfahren wegen dieser Tat.

9   B. Die mit dem Einsatz des „IMSI-Catchers" oder der „stillen SMS" zu verfolgenden **Ermittlungsziele** sind die Erforschung des Sachverhalts oder die Ermittlung des Aufenthaltsortes des Beschuldigten. Nur soweit die Kenntnis des Geräte- und Kartennummer oder des Standorts des Mobiltelefons hierfür erforderlich ist, ist der Eingriff zulässig. Die Aufenthaltsermittlung umfasst die früher im Gesetz ausdrücklich genannten Ziele der vorläufigen Festnahme nach § 127 II oder der Ergreifung des Täters auf Grund eines Haftbefehls (§ 114) oder eines Unterbringungsbefehls (§ 126a). Eine darüber hinausgehende Subsidiaritätsklausel enthält das Gesetz nicht.

10   Auch **zur Eigensicherung** der zur vorläufigen Festnahme oder Ergreifung eingesetzten Beamten des Polizeidienstes ist die Maßnahme zulässig; denn der Einsatz des „IMSI-Catchers" oder der „stillen SMS" im Rahmen einer Eigensicherung dient dazu, den aktuellen Aufenthaltsort des Beschuldigten zu ermitteln (oben 9; BT-Drucks 16/5846 S 56; KMR-Bär 10).

Kumulation: Das Gesetz lässt nunmehr auch die Ermittlung der Geräte- und 11 Kartennummer (I Nr 1) zu, um damit die technischen Voraussetzungen für die genaue Standortbestimmung des Mobiltelefons (I Nr 2) zu schaffen; dieses gestufte Vorgehen dient insgesamt der Ermittlung des Aufenthaltsorts des Beschuldigten (KMR-Bär 11; Harnisch/Pohlmann HRRS **09**, 207; **aM** BeckOK-Hegmann 5). Die frühere Begrenzung des Zwecks der Erhebung von IMSI und IMEI auf die Überwachung nach § 100a ist entfallen (vgl BVerfG NJW **07**, 351, 352).

3) Betroffene: 12

A. **Zielpersonen** der Maßnahme sind die in § 100a III genannten Personen: 13 der Beschuldigte und die dort bezeichneten Kontaktpersonen, insbesondere die Nachrichtenmittler (III S 1); wegen der Einzelheiten vgl 16–20 zu § 100a. Für die Betroffenheit von Verteidigern und anderen Berufsgeheimnisträgern gilt § 160a (KK-Bruns 8).

B. **Dritte** (II): Funktionsbedingt lässt sich nicht ausschließen, dass durch den 14 Einsatz der Messtechnik auch personenbezogene Daten Dritter erhoben werden. Dies wird, soweit es aus technischen Gründen zur Erreichung des Zwecks nach I unvermeidbar ist, – verfassungsrechtlich unbedenklich (BVerfG NJW **07**, 351) – gestattet. II S 2 schließt durch das Verbot der Zweckänderung jegliche weitere Verwendung aus, die über die Ermittlung der gesuchten Kennungen (oben 1) hinausgeht, statuiert also insoweit ein Verwendungsverbot (vgl Eiml 57d). Auch Zufallsfunde dürfen daher weder als Spurenansatz noch zu Beweiszwecken verwendet werden (Harnisch/Pohlmann HRRS **09**, 209; Rogall JZ **08**, 827). Die Bestimmung geht der allgemeinen Regelung in § 477 II vor (§ 477 II S 4). Im Übrigen fordert II S 2, solche Daten nach Beendigung der Maßnahme unverzüglich zu löschen. Verwendungsver- und Löschungsgebot sind auch dann (für die nach II S 1 erlangten Daten) strikt zu beachten, wenn zeitgleich Maßnahmen nach §§ 100a, 100g angeordnet wurden (vgl BVerfG aaO S 356).

4) Anordnung: 15

A. **Zuständig** für die Anordnung ist grundsätzlich – nur auf Antrag der StA – 16 der Richter, lediglich bei Gefahr im Verzug auch die StA (nicht deren Ermittlungspersonen), deren Anordnung aber außer Kraft tritt, wenn sie nicht binnen 3 Werktagen richterlich bestätigt wird (III S 1 iVm § 100e I S 1–3, erg dort 4). Besonders im Fall der I Nr 2 kann ein rasches Handeln der StA notwendig sein. Der Einsatz des IMSI-Catchers erfolgt durch die Strafverfolgungsbehörde, Unterstützung durch die Telekommunikationsdienste ist idR nicht erforderlich (Hilger GA **02**, 559; unten 19).

B. **Form:** Die Anordnung muss in jedem Fall schriftlich ergehen (III S 1 iVm 17 § 100e III S 1, erg dort 10); sie ist gemäß § 34 zu begründen.

C. **Dauer:** Grundsätzlich soll die Maßnahme nicht mehr als 6 Monate andau- 18 ern; soweit die Voraussetzungen (oben 5 ff) aber fortbestehen, darf um jeweils nicht mehr als 6 Monate verlängert werden (III S 2 und 3). Die für die Telekommunikationsüberwachung selbst in § 100e I S 4 und 5 gesetzten Fristen sind damit jeweils verdoppelt (erg 5 zu § 100e).

5) Mitwirkungspflichten:

Soweit es um die Vorbereitung einer Maßnahme 19 nach § 100a oder § 100g geht, ergeben sich die daraus folgenden Mitwirkungspflichten der Telekommunikationsdienste aus § 100a IV (vgl dort 24), § 100g II S 1 (KMR-Bär 17). Soweit die Maßnahme der Ermittlung des Standortes des Mobilfunkendgerätes dient, sind die Telekommunikationsdienstleister zur Mitteilung der Geräte- (IMEI) und Kartennummer (IMSI) aufgrund der allgemeinen Befugnisnormen (§§ 94ff, 161, 163) iVm den Auskunftspflichten nach §§ 111ff TKG verpflichtet (BT-Drucks 16/5846 S 56; 15 zu § 99; vgl aber auch oben 11). Zur Vorbereitung des IMSI-Catcher-Einsatzes erforderliche Standortdaten können nach § 100g (dort 6) erhoben werden.

Köhler

§ 111j

20 **6) Beendigung der Maßnahme (III S 1 iVm § 100e V S 1):** Nach Wegfall der Voraussetzungen des § 100i ist der Einsatz des „IMSI-Catchers" oder „stiller SMS" unverzüglich, dh ohne vermeidbare Verzögerung, zu beenden, zB wenn der Tatverdacht entkräftet oder die Maßnahme nicht mehr erforderlich ist. Die endgültige Entscheidung über die Beendigung der Maßnahme trifft idR die StA, der Richter nur, wenn Überwachungszweck die Aufenthaltsermittlung in einem gerichtlich anhängigen Verfahren ist (str, vgl 19 zu 100e). Eine Wiederholung der Maßnahme ist zulässig, wenn die Voraussetzungen des § 100i erneut gegeben sind.

21 **7) Grundrechtssichernde Regelungen** enthält § 101: Kennzeichnung (§ 101 III, dort 3), Benachrichtigung mit Hinweis auf die Möglichkeit nachträglichen Rechtsschutzes (§ 101 IV S 1 Nr 8, dort 4ff, 15), Löschung (§ 101 VIII, dort 27).

22 **8) Anfechtung:** Es gelten die Ausführungen in 25 zu § 101 hinsichtlich des Antrags der Zielperson (§ 101 VII S 2 iVm IV S 1 Nr 8 als *lex specialis*) sowie der allgemeinen Rechtsbehelfe entspr.

Bestandsdatenauskunft

100j I ¹ Soweit dies für die Erforschung des Sachverhalts oder die Ermittlung des Aufenthaltsortes eines Beschuldigten erforderlich ist, darf von demjenigen, der geschäftsmäßig Telekommunikationsdienste erbringt oder daran mitwirkt, Auskunft über die nach den §§ 95 und 111 des Telekommunikationsgesetzes erhobenen Daten verlangt werden (§ 113 Absatz 1 Satz 1 des Telekommunikationsgesetzes). ² Bezieht sich das Auskunftsverlangen nach Satz 1 auf Daten, mittels derer der Zugriff auf Endgeräte oder auf Speichereinrichtungen, die in diesen Endgeräten oder hiervon räumlich getrennt eingesetzt werden, geschützt wird (§ 113 Absatz 1 Satz 2 des Telekommunikationsgesetzes), darf die Auskunft nur verlangt werden, wenn die gesetzlichen Voraussetzungen für die Nutzung der Daten vorliegen.

II Die Auskunft nach Absatz 1 darf auch anhand einer zu einem bestimmten Zeitpunkt zugewiesenen Internetprotokoll-Adresse verlangt werden (§ 113 Absatz 1 Satz 3, § 113c Absatz 1 Nummer 3 des Telekommunikationsgesetzes).

III ¹ Auskunftsverlangen nach Absatz 1 Satz 2 dürfen nur auf Antrag der Staatsanwaltschaft durch das Gericht angeordnet werden. ² Bei Gefahr im Verzug kann die Anordnung auch durch die Staatsanwaltschaft oder ihre Ermittlungspersonen (§ 152 des Gerichtsverfassungsgesetzes) getroffen werden. ³ In diesem Fall ist die gerichtliche Entscheidung unverzüglich nachzuholen. ⁴ Die Sätze 1 bis 3 finden keine Anwendung, wenn die betroffene Person vom Auskunftsverlangen bereits Kenntnis hat oder haben muss oder wenn die Nutzung der Daten bereits durch eine gerichtliche Entscheidung gestattet wird. ⁵ Das Vorliegen der Voraussetzungen nach Satz 4 ist aktenkundig zu machen.

IV ¹ Die betroffene Person ist in den Fällen des Absatzes 1 Satz 2 und des Absatzes 2 über die Beauskunftung zu benachrichtigen. ² Die Benachrichtigung erfolgt, soweit und sobald hierdurch der Zweck der Auskunft nicht vereitelt wird. ³ Sie unterbleibt, wenn ihr überwiegende schutzwürdige Belange Dritter oder der betroffenen Person selbst entgegenstehen. ⁴ Wird die Benachrichtigung nach Satz 2 zurückgestellt oder nach Satz 3 von ihr abgesehen, sind die Gründe aktenkundig zu machen.

V ¹ Auf Grund eines Auskunftsverlangens nach Absatz 1 oder 2 hat derjenige, der geschäftsmäßig Telekommunikationsdienste erbringt oder daran mitwirkt, die zur Auskunftserteilung erforderlichen Daten unverzüglich zu übermitteln. ² § 95 Absatz 2 gilt entsprechend.

1 1) Die durch Ges vom 20.6.2013 (BGBl 2013 I 1602) eingeführte, am 1.7.2013 in Kraft getretene Vorschrift normiert die **strafprozessualen Erhebungsbefug-**

nisse für Bestandsdaten entspr den Vorgaben der Entscheidung des BVerfG vom 24.1.2012 (BVerfG **130**, 151), das bisherige Regelungen in § 113 TKG nur noch übergangsweise bis zum 30.6.2013 für anwendbar erklärt hatte. Bestandsdaten (§ 3 Nr 3 TKG) sind vor allem Name und Anschrift des Anschlussinhabers, zugeteilte Rufnummern und andere Anschlusskennungen, für die eine Speicherungspflicht nach § 111 I S 1 TKG besteht; nicht erfasst werden die bei der eigentlichen Telekommunikation anfallenden Verbindungsdaten, deren Erhebung erhöhten Anforderungen unterliegt (Verkehrsdaten, s § 100g). Vgl zur geplanten Erweiterung auf Bestandsdaten nach § 14 TMG des GesE der BReg zur Bekämpfung des Rechtsextremismus und der Hasskriminalität vom 18.2.2020, S 43 f.

2) Allgemeine Befugnisnorm (I S 1): I S 1 setzt die Forderung des BVerfG (aaO) nach einer ausdrücklichen gesetzlichen Befugnisnorm für die Erhebung personenbezogener Daten nach §§ 95, 111 TKG um. Zu diesen gehören etwa Name und Anschrift des Kunden, aber auch die ihm fest zugeteilte (statische) IP-Adresse bei der Internet-Kommunikation (dynamische IP-Adressen sind hingegen Verkehrsdaten; vgl 8 zu § 100g) sowie bei Mobilfunkverträgen die sog IMEI (Gerätenummer des Mobiltelefons), die IMSI (die auf der SIM-Karte gespeicherte Teilnehmeridentifikationsnummer, KK-Bruns 2) nicht aber die ICCID (die vom Telekommunikationsdiensteanbieter ausgegebene Seriennummer einer SIM-Karte, soweit es sich um die Daten des bei Vertragsabschluss registrierten Nutzers handelt, siehe Hieramente/Pfister StV **17**, 477, 478; erg 7, 44 zu § 100g). Über alle diese Bestandsdaten dürfen zur Verfolgung von Straftaten Auskünfte von Diensteanbietern verlangt werden, wenn dies zur Sachverhaltserforschung oder Ermittlung des Aufenthaltsortes eines Beschuldigten erforderlich ist; ausreichend ist das Bestehen eines Anfangsverdachts im Sinne von § 152 II (Dalby CR **13**, 361). Die Auskunftspflicht bezieht sich auch auf nicht beschuldigte Dritte. Ausgeschlossen ist sie nur bei Anfragen ohne jeden Verfahrensbezug (Bär MMR **13**, 700, 702). Weitere spezifische Erhebungsbefugnisse werden in den Fachgesetzen geregelt (vgl § 10 BKAG, § 22a BPolG, § 8d BVerfSchG, § 7 ZFdG, § 4 BNDG, § 4b MADG); auch dies trägt der Forderung des BVerfG Rechnung, jeweils eigenständige Befugnisnormen zu schaffen.

3) Zugangssicherungscodes (I S 2): Die Eingriffsnorm des I S 2 bezieht sich auf personenbezogene Berichtigungskennungen bzw Zugangssicherungscodes (vgl § 96 I Nr 1 TKG). Dabei handelt es sich vor allem um durch Passwörter, PIN-Codes oder PUK-Codes gesicherte Daten, die die Betroffenen vor einem Zugriff schützen. I S 2 erlaubt die Erhebung (zB das Auslesen der im Mobiltelefon bzw auf der SIM-Karte gespeicherten Daten) nur, wenn auch die uU weiter gehenden gesetzlichen Voraussetzungen von deren Nutzung gegeben sind. Die Befugnis zur Erhebung der Daten ist insoweit also an die Voraussetzungen für ihre jeweilige Nutzung, dh an ihre jeweiligen strafprozessualen Eingriffsbedingungen, geknüpft. Soll etwa die Nutzung des Zugangscodes die Überwachung eines noch nicht abgeschlossenen Telekommunikationsvorgangs ermöglichen, setzt dies die Einhaltung strenger materieller Anforderungen und eine richterliche Anordnung oder Bestätigung voraus (vgl §§ 100a, 100b; BVerfG aaO Tz 184); sollen demgegenüber mit dem Code nach Beschlagnahme eines Mobiltelefons auf diesem abgelegte Daten ausgelesen werden, können hierfür geringere Eingriffsschwellen ausreichen (vgl § 98 I, II; BVerfG aaO). Durch die Bezugnahme auf geschützte „Daten" werden auch Zugangssicherungen bei Cloud-Diensten erfasst, mit denen diese auf einem räumlich getrennten Speichermedium vorgehalten werden (BT-Drucks 17/12879 S 17; Bär MMR **13**, 700, 702; Dalby CR **13**, 361; KK-Bruns 3; **aM** Wicker MMR **14**, 298; SSW-Eschelbach 10), wobei sich allerdings bei grenzüberschreitend angelegten Speichern aus dem Territorialitätsprinzip Zugriffshindernisse ergeben können (SSW-Eschelbach aaO; erg 7a–c zu § 110).

4) Dynamische IP-Adressen (II): II stellt klar, dass Auskünfte auch anhand einer zu einem bestimmten Zeitpunkt zugewiesenen („dynamischen") IP-Adresse unter den Voraussetzungen von I und der dort geregelten Eingriffsschwelle (KK-

§ 100j

Bruns 4: § 152 II) erteilt werden müssen. Dabei muss die Bestandsdatenanfrage immer anhand eines konkreten Zeitpunktes erfolgen, zu dem die IP-Adresse einem Nutzer zugewiesen war (BT-Drucks 17/12879 S 10). Mittels des Verweises auf § 113c I Nr 3 TKG, der mit Ges vom 10.12.2015 (BGBl I 2218) aufgenommen wurde, sieht II nunmehr vor, dass für Bestandsdatenauskünfte anhand von Internetprotokoll-Adressen auch solche verwendet werden dürfen, die nach § 113b TKG gespeichert sind (vgl BT-Drucks 18/5088 S 33; erg 22 ff zu § 100g). Die Erhebung der dem Auskunftsverlangen zugrundeliegenden dynamischen IP-Adresse selbst kann – anders als bei statischen IP-Adressen (oben 2) – nicht auf II gestützt werden, weil ihre Zuordnung dem Schutzbereich des Art 10 I GG unterfällt (vgl. BVerfGE **130**, 151 [Tz 116]); sie ist vielmehr nach § 100g zu erheben (dort 8; ebenso LR-Hauck 14; **aA** Bär aaO 703; eine Anwendung von II befürwortend auch BeckOK-Graf 24; unklar KK-Bruns 2, 4). Kritisch zur gesetzlichen Regelung Hauck StV **14**, 360, 362.

5 **5) Richtervorbehalt (III):** Auskunftsverlangen nach I S 2, die Zugangssicherungscodes betreffen, sollen nicht heimlich, sondern grundsätzlich nur auf Antrag der StA mit richterlicher Zustimmung erfolgen (III S 1). S 2 enthält eine erg auszulegende Eilkompetenz der StA bzw ihrer Ermittlungspersonen (§ 152 GVG), die ggf die gerichtliche Entscheidung unverzüglich nachzuholen haben (S 3). Ein **richterlicher Beschluss** ist ausnahmsweise **entbehrlich** (S 4), wenn die Nutzung der Zugangssicherungscodes bereits durch eine richterliche Entscheidung, wie etwa durch einen entspr Beschlagnahmebeschluss der gesicherten Daten, gestattet wurde oder der Betroffene Kenntnis vom Herausgabeverlangen hat oder haben muss (BT-Drucks 17/12879 S 11). Dies ist der Fall, wenn der Betroffene in die Nutzung ausdrücklich eingewilligt hat oder er mit deren Nutzung rechnen muss, zB weil das entspr Endgerät bei ihm beschlagnahmt oder ein Auskunftsverlangen unter Hinweis auf die Möglichkeit der Abfrage beim Provider zuvor bereits an ihn persönlich gerichtet wurde (BT-Drucks aaO). Auskünfte nach I S 1 und nach II unterliegen keinem Richtervorbehalt (kritisch zum Ganzen Hauck StV **14**, 360, 362 ff).

6 **6) Benachrichtigungspflicht (IV):** Beim Zugriff auf Zugangssicherungscodes (I S 2; oben 3) und auf dynamische IP-Adressen (II; oben 4) ist der Betroffene wegen der größeren Eingriffsintensität durch die sachleitende StA (BT-Drucks aaO S 17) zu benachrichtigen (S 1). Damit soll dem Grundsatz der Transparenz Rechnung getragen und die Möglichkeit nachträglichen Rechtsschutzes eröffnet werden (BT-Drucks aaO; erg 8). Die Benachrichtigung kann – anders als in § 101 V S 1 – solange und soweit **zurückgestellt** werden, als durch sie der Strafverfolgungszweck vereitelt würde (S 2). Sie kann ganz **unterbleiben**, wenn ihr nach einer Abwägung im Einzelfall überwiegende schutzwürdige Belange Dritter oder der betroffenen Person selbst entgegenstehen (S 3). Überwiegende schutzwürdige Belange Dritter sind etwa der persönliche Lebens- und Intimbereich, die Gefährdung von Leib oder Leben oder von bedeutenden Sachwerten (Bär MMR **13**, 700, 704), solche der betroffenen Person, wenn allein die Mitteilung geeignet ist, ihr erhebliches – familiären, beruflichen – Schaden zuzufügen. Die Gründe für ein Zurückstellen der Benachrichtigung oder von deren Absehen sind aktenkundig zu machen (S 4).

7 **7) Datenübermittlung (V):** Diensteanbieter haben die zur Auskunftserteilung nach I und II erforderlichen Daten unverzüglich zu übermitteln und dabei sämtliche unternehmensinternen Datenquellen zu berücksichtigen (Bär MMR **13**, 700, 704); im Falle der Weigerung gilt § 95 II (siehe dort). Vgl zur Erweiterung auf Telemediendiensteanbieter oben 1 aE.

8 **8) Rechtsschutz:** Nachträglicher Rechtsschutz kommt über die Beschwerde gemäß § 304 in Betracht, mit der die Feststellung der Rechtswidrigkeit der Maßnahme beantragt werden kann (vgl 18a vor § 296; **aM** Hauck StV **14**, 360, 365: allenfalls analog); der Rechtsbehelf des § 101 IV S 2 scheidet aus, da § 100j in § 101 I nicht in Bezug genommen ist. Die Beschwerde ist an keine Frist gebunden, jedoch kann ihr unter dem Gesichtspunkt der Verwirkung das Rechtsschutzbe-

Ermittlungsmaßnahmen **§ 101**

dürfnis fehlen, wenn der Betroffene mit der Einlegung treuwidrig zuwartet (vgl BVerfG NStZ **09**, 166).

Verfahrensregelungen bei verdeckten Maßnahmen

101 [I] Für Maßnahmen nach den §§ 98a, 99, 100a bis 100f, 100h, 100i, 110a, 163d bis 163f gelten, soweit nichts anderes bestimmt ist, die nachstehenden Regelungen.

[II] [1] Entscheidungen und sonstige Unterlagen über Maßnahmen nach den §§ 100b, 100c, 100f, 100h Abs. 1 Nr. 2 und § 110a werden bei der Staatsanwaltschaft verwahrt. [2] Zu den Akten sind sie erst zu nehmen, wenn die Voraussetzungen für eine Benachrichtigung nach Absatz 5 erfüllt sind.

[III] [1] Personenbezogene Daten, die durch Maßnahmen nach Absatz 1 erhoben wurden, sind entsprechend zu kennzeichnen. [2] Nach einer Übermittlung an eine andere Stelle ist die Kennzeichnung durch diese aufrechtzuerhalten.

[IV] [1] Von den in Absatz 1 genannten Maßnahmen sind im Falle
1. des § 98a die betroffenen Personen, gegen die nach Auswertung der Daten weitere Ermittlungen geführt wurden,
2. des § 99 der Absender und der Adressat der Postsendung,
3. des § 100a die Beteiligten der überwachten Telekommunikation,
4. des § 100b die Zielperson sowie die erheblich mitbetroffenen Personen,
5. des § 100c
   a) der Beschuldigte, gegen den sich die Maßnahme richtete,
   b) sonstige überwachte Personen,
   c) Personen, die die überwachte Wohnung zur Zeit der Durchführung der Maßnahme innehatten oder bewohnten,
6. des § 100f die Zielperson sowie die erheblich mitbetroffenen Personen,
7. des § 100h Abs. 1 die Zielperson sowie die erheblich mitbetroffenen Personen,
8. des § 100i die Zielperson,
9. des § 110a
   a) die Zielperson,
   b) die erheblich mitbetroffenen Personen,
   c) die Personen, deren nicht allgemein zugängliche Wohnung der Verdeckte Ermittler betreten hat,
10. des § 163d die betroffenen Personen, gegen die nach Auswertung der Daten weitere Ermittlungen geführt wurden,
11. des § 163e die Zielperson und die Person, deren personenbezogene Daten gemeldet worden sind,
12. des § 163f die Zielperson sowie die erheblich mitbetroffenen Personen

zu benachrichtigen. [2] Dabei ist auf die Möglichkeit nachträglichen Rechtsschutzes nach Absatz 7 und die dafür vorgesehene Frist hinzuweisen. [3] Die Benachrichtigung unterbleibt, wenn ihr überwiegende schutzwürdige Belange einer betroffenen Person entgegenstehen. [4] Zudem kann die Benachrichtigung einer in Satz 1 Nummer 2 und 3 bezeichneten Person, gegen die sich die Maßnahme nicht gerichtet hat, unterbleiben, wenn diese von der Maßnahme nur unerheblich betroffen wurde und anzunehmen ist, dass sie kein Interesse an einer Benachrichtigung hat. [5] Nachforschungen zur Feststellung der Identität einer in Satz 1 bezeichneten Person sind nur vorzunehmen, wenn dies unter Berücksichtigung der Eingriffsintensität der Maßnahme gegenüber dieser Person, des Aufwands für die Feststellung ihrer Identität sowie der daraus für diese oder andere Personen folgenden Beeinträchtigungen geboten ist.

[V] [1] Die Benachrichtigung erfolgt, sobald dies ohne Gefährdung des Untersuchungszwecks, des Lebens, der körperlichen Unversehrtheit und der persönlichen Freiheit einer Person und von bedeutenden Vermögenswerten, im

Köhler

§ 101

Fall des § 110a auch der Möglichkeit der weiteren Verwendung des Verdeckten Ermittlers möglich ist. ²Wird die Benachrichtigung nach Satz 1 zurückgestellt, sind die Gründe aktenkundig zu machen.

VI ¹Erfolgt die nach Absatz 5 zurückgestellte Benachrichtigung nicht binnen zwölf Monaten nach Beendigung der Maßnahme, bedürfen weitere Zurückstellungen der gerichtlichen Zustimmung. ²Das Gericht bestimmt die Dauer weiterer Zurückstellungen. ³Es kann dem endgültigen Absehen von der Benachrichtigung zustimmen, wenn die Voraussetzungen für eine Benachrichtigung mit an Sicherheit grenzender Wahrscheinlichkeit auch in Zukunft nicht eintreten werden. ⁴Sind mehrere Maßnahmen in einem engen zeitlichen Zusammenhang durchgeführt worden, so beginnt die in Satz 1 genannte Frist mit der Beendigung der letzten Maßnahme. ⁵Bei Maßnahmen nach den §§ 100b und 100c beträgt die in Satz 1 genannte Frist sechs Monate.

VII ¹Gerichtliche Entscheidungen nach Absatz 6 trifft das für die Anordnung der Maßnahme zuständige Gericht, im Übrigen das Gericht am Sitz der zuständigen Staatsanwaltschaft. ²Die in Absatz 4 Satz 1 genannten Personen können bei dem nach Satz 1 zuständigen Gericht auch nach Beendigung der Maßnahme bis zu zwei Wochen nach ihrer Benachrichtigung die Überprüfung der Rechtmäßigkeit der Maßnahme sowie der Art und Weise ihres Vollzugs beantragen. ³Gegen die Entscheidung ist die sofortige Beschwerde statthaft. ⁴Ist die öffentliche Klage erhoben und der Angeklagte benachrichtigt worden, entscheidet über den Antrag das mit der Sache befasste Gericht in der das Verfahren abschließenden Entscheidung.

VIII ¹Sind die durch die Maßnahme erlangten personenbezogenen Daten zur Strafverfolgung und für eine etwaige gerichtliche Überprüfung der Maßnahme nicht mehr erforderlich, so sind sie unverzüglich zu löschen. ²Die Löschung ist aktenkundig zu machen. ³Soweit die Löschung lediglich für eine etwaige gerichtliche Überprüfung der Maßnahme zurückgestellt ist, dürfen die Daten ohne Einwilligung der betroffenen Personen nur zu diesem Zweck verwendet werden; ihre Verarbeitung ist entsprechend einzuschränken.

Übersicht

	Rn
1) Anwendungsbereich	1
2) Getrennte Aktenführung (II)	2
3) Kennzeichnung (III)	3
4) Benachrichtigung (IV–VII S 1)	4–24
A. Zuständigkeit	5
B. Betroffene	6–14a
C. Inhalt	15
D. Unterbleiben (IV S 3–5)	16–18
E. Zurückstellung (V)	19–20
F. Gerichtliche Kontrolle der Zurückstellung (VI)	21–24
5) Rechtsschutz (VII)	25–26a
A. Gerichtliche Zuständigkeit	25a
B. Maßstab für Rechtmäßigkeitsprüfung	25b
C. Art und Weise des Vollzugs	25c
D. Kosten	25d
E. Rechtsmittel	25e
F. Akteneinsicht	25f
G. Keine Bindungswirkung in der Hauptsache	26
H. Abschließende Sonderregelung	26a
6) Löschung und Sperrung der Daten (VIII)	27, 28
7) Bekanntgabe der Ergebnisse einer Telefonüberwachung	29

1 **1) Anwendungsbereich:** Nach I erfassen die nachfolgenden Verfahrensvorschriften die in der Bestimmung abschließend genannten speziellen **verdeckten** (vgl BGH NStZ **15**, 704) Ermittlungsmaßnahmen, soweit nicht bereichsspezifisch etwas anderes geregelt ist (zB in §§ 98b III, 100a IV S 3, 4, 100i II S 2). Nicht einbezogen ist die früher ebenfalls in § 101 I (aF) erwähnte DNA-Analyse nach § 81e; nicht anwendbar ist die Bestimmung im Fall des § 110 III (BVerfGE 122, 63). Für die Behandlung im Zeitpunkt des Inkrafttretens der Neuregelung am 1.1.2008 anhängiger Verfahren gelten die allgemeinen Grundsätze (Einl 203; vgl BGH NJW **09**, 3177: VII für mangels Benachrichtigung noch nicht abgeschlossenes prozessuales Geschehen).

2) Getrennte Aktenführung (II): Die Unterlagen, die Maßnahmen nach § 100b (Online-Durchsuchung), § 100c (akustische Wohnraumüberwachung), § 100f (Abhören außerhalb von Wohnungen), § 100h I S 1 Nr 2 (Einsatz bestimmter technischer Observationsmittel) und § 110a (Einsatz Verdeckter Ermittler) betreffen, werden zunächst nicht zu den Akten genommen, sondern bei der StA in einem gesonderten Vorgang oder in den Handakten verwahrt (vgl § 68 IV S 3, 4, dort 19). Im Fall des § 110a gehören hierzu auch Aktenvermerke des Verdeckten Ermittlers oder sonstige auf dessen Angaben beruhende Informationen (Hilger NStZ **92**, 525 Fn 163; vgl auch RiStBV Anl D II.2.7). Die Unterlagen sind in die (Haupt-)Akten zu übernehmen, sobald ein Grund für die Zurückstellung der Benachrichtigung nach V nicht oder nicht mehr besteht (II S 2); erst dann erstrecken sich auf sie das Einsichtsrecht nach § 147 und die Vorlegungspflicht nach § 199 II S 2. Wird von der Benachrichtigung endgültig abgesehen (VI S 3, unten 24), verbleibt es bei der gesonderten Aufbewahrung. Sollen weitere Maßnahmen beim Ermittlungsgericht beantragt werden und liegen die Voraussetzungen für eine Benachrichtigung nach V noch nicht vor, muss die getrennte Aktenführung – jedenfalls soweit dies zur Begründung der Maßnahme erforderlich ist – aufgehoben werden; der ER kann darüber hinaus die vollständige Vorlage der bisherigen Erkenntnisse verlangen (BGH **42**, 103, 106), ihre Zurückhaltung gegenüber den anderen Verfahrensbeteiligten würde deren rechtliches Gehör verletzen (vgl 7 zu § 96; KMR-Bär 9; KK-Bruns 6 ff). Erg unten 29.

3) Kennzeichnung (III): Sowohl für die datenerhebenden als auch die datenempfangenden Behörden besteht zur Sicherung der Zweckbindung eine Pflicht zur Kennzeichnung der personenbezogenen Daten (§ 3 I BDSG), die aus den in I genannten speziellen verdeckten Ermittlungsmaßnahmen stammen (vgl auch BVerfGE **100**, 313; **109**, 279 und zum Personenbezug im Zusammenhang mit E-Mail- und IP-Adressen AG München RDV **09**, 76; Härting CR **08**, 743; Köcher MMR **07**, 800; Meyerdierks MMR **09**, 8; Pahlen-Brandt K&R **08**, 288; Schnabel K&R **09**, 360). Die Erkennbarkeit der Herkunft der Daten ist etwa erforderlich, soweit § 477 II die Verwendung der aus bestimmten verdeckten Maßnahmen erlangten Daten beschränkt (dort 5 ff, 10; vgl auch Hierameta wistra **15**, 9, 12: TKÜ). Soweit die Herkunft nicht ohnehin bereits aus den Daten oder Unterlagen hervorgeht (Sonderhefte), genügen einfache Kennzeichnungsvermerke wie zB Stempelaufdrucke (krit Bittmann DRiZ **07**, 118).

4) Benachrichtigung (IV–VII S 1):
A. **Zuständig** für die Benachrichtigung ist die StA, nicht das Gericht (BGH **36**, 305, 310 zu § 100a). Post- und Telekommunikationsunternehmen dürfen von sich aus die Beteiligten nicht benachrichtigen (§§ 17 I, 18 **G 10**; § 15 TKÜV). Förmliche Zustellung ist nicht zwingend erforderlich (KMR-Bär 22); rechtsfehlerhaftes Unterlassen der Benachrichtigung kann nach VII S 2 gerügt werden (unten 25), führt aber nicht zu einem Verwertungsverbot (KK-Bruns 30 [idR]; vgl auch Wesemann StraFo **09**, 507 sowie BVerfGE **125**, 260 zur verfassungsrechtlichen Unbedenklichkeit der IV–VII, soweit es sich nicht um Vorratsdaten geht).

B. Die **Betroffenen** sind von den Maßnahmen iS des I zu benachrichtigen (IV S 1), auch wenn diese erfolglos geblieben waren (vgl Welp 114). Ob die gewonnenen Erkenntnisse verwertet worden sind, ist gleichgültig (BGH **36**, 305, 312). Die Benachrichtigungspflicht dient der Gewährleistung effektiven Schutzes der jeweils betroffenen Grundrechte; den Betroffenen wird nachträglich rechtliches Ge-

§ 101

hör iS des Art 103 I GG gewährt, um ihnen die Möglichkeit zu eröffnen, sich gegen den Eingriff zur Wehr zu setzen (BVerfGE **109**, 279; **118**, 168; BGH **36**, 305, 311; StB 28/09 vom 22.9.2009). Zur Vermeidung in der Praxis aufgetretener Unsicherheiten führt IV S 1 die zu benachrichtigenden Personen maßnahmespezifisch auf; die Unterrichtung nur eines der Betroffenen, zB des Beschuldigten, genügt nicht. **Zu benachrichtigen** sind:

7   von der **Raster- oder Netzfahndung** (§§ 98a, 163d) diejenigen (durch die Einbeziehung ihrer personenbezogenen Daten in die Datenverarbeitungsmaßnahmen) Betroffenen, gegen die nach Auswertung der Daten – dadurch veranlasst – weitere Ermittlungen geführt worden sind (Nr 1, 10), nach dem eindeutigen Wortlaut nicht aber diejenigen, gegen die sich ein Tatverdacht nicht ergeben hat und deshalb keine Ermittlungen geführt worden sind (**aA** LR-Erb 80 zu § 163d [Gebot der Transparenz]);

8   bei der **Postbeschlagnahme** (§ 99) Absender und Adressat der beschlagnahmten Postsendung (Nr 2). Das Gesetz schreibt damit, wie in dem Begriff „Adressat" statt „Empfänger" zum Ausdruck kommt, eine Unterrichtung nur im Falle der Beschlagnahme ieS vor (BT-Drucks 16/5846 S 58; vgl 5 zu § 99);

9   von **Maßnahmen nach § 100a** die an der erfassten Telekommunikation Beteiligten (Nr 3, 6), da in deren Grundrechte eingegriffen wurde (1, 8 zu § 100a), nicht aber Post- oder Telekommunikationsunternehmen (LR-Hauck 20) sowie Personen, deren Standortdaten im Stand-by-Betrieb nach § 100g (dort 6) erhoben (vgl BVerfG NJW **07**, 351, 353; BT-Drucks 16/5846 S 58, 59; HK-Gercke 6; **aM** Puschke/Singelnstein NJW **08**, 116 Fn 43; krit auch Nöding StraFo **07**, 462) oder die von einer Zielwahlsuche (22 zu § 100g) erfasst, aber der Strafverfolgungsbehörden mangels Herstellung einer Verbindung zu dem überwachten Anschluss nicht namhaft gemacht wurden (vgl BVerfGE **107**, 299; **120**, 378). Die Bedeutung des uU großen Kreises der Beteiligten für die Benachrichtigungspflicht wird durch die Ausschlussgründe in IV S 3–5 relativiert (unten 16–18). Regelmäßig werden der Inhaber des überwachten Anschlusses und der Beschuldigte zu unterrichten sein; anders verhält es sich jedoch zB, wenn der Inhaber den Anschluss einer anderen Person überlassen hat. War der Beschuldigte an der nach § 100a überwachten Telekommunikation nicht beteiligt, wurde etwa der Anschluss eines Nachrichtenmittlers überwacht, mit dem der Beschuldigte in der fraglichen Zeit nicht telefoniert hat, erhält auch er keine Nachricht. Das Akteneinsichtsrecht bleibt hiervon unberührt;

10 bei der **akustischen Wohnraumüberwachung** (§ 100c) die in Nr 4a bis c aufgeführten Betroffenen. In Buchst c ist der Inhaber der überwachten Wohnung gesondert benannt, um etwa den Mieter zu erfassen, der die Wohnung während des Laufs der Überwachung nicht selbst bewohnt, ohne aber seine Rechte aufgegeben zu haben. Diese werden durch die heimliche Installation der Überwachungstechnik betroffen;

11 bei den **Maßnahmen nach §§ 100b, 100f, 100h und 163f** (Online-Durchsuchung, akustische Überwachung außerhalb von Wohnungen, Einsatz besonderer technischer Mittel, längerfristige Observation) derjenige, der durch die jeweilige Maßnahme überwacht werden soll (Zielperson iS § 100b III S 1, § 100f II, § 100h II, § 163f I S 1, 3), und die erheblich mitbetroffenen Personen (Nr 4, 6, 7, 12); mit dieser Formulierung werden im Blick auf die Streubreite der Überwachung Personen ausgeklammert, deren Grundrechte nur geringfügig, zB bei § 100f durch die Erfassung weniger Worte („im Vorübergehen") beeinträchtigt wurden. Bei nicht unerheblichen Grundrechtseingriffen (Abhören umfangreicherer Kommunikationsbeiträge, insbesondere von zeitweiligen Gesprächspartnern der Zielperson; erheblicher Eingriff in das Recht am eigenen Bild) muss informiert werden (weiterg SK-Wolter/Jäger 19);

12 vom Einsatz des **„IMSI-Catchers"** (§ 100i) nur die Zielpersonen (§ 100i III S 1 iVm § 100a III, oben 11), nicht aber im Blick auf § 100i II nur geringfügig mitbetroffene Dritte (Nr 8; vgl BVerfG NJW **07**, 351, 356; BVerfGE **120**, 378 mit Anm Roßnagel NJW **08**, 2548);

bei dem Einsatz eines **Verdeckten Ermittlers** (§ 110a) nach Nr 9 nicht nur, 13
wie bisher, die Inhaber nicht allgemein zugänglicher Wohnungen, die dieser betreten hat (§ 110b II S 1 Nr 2), sondern auch die Zielperson (§ 110b II S 1 Nr 1; dort 3) sowie erheblich mitbetroffene Personen (oben 11; erg 7 zu § 110a). Um dieser Pflicht genügen zu können, muss der Verdeckte Ermittler daher über das Betreten fremder Wohnungen unter seiner Legende sowie seine wesentlichen Kontakte genaue Aufzeichnungen führen. Nr 9 gilt auch für Ermittler, die im Internet und sozialen Netzwerken unter den Voraussetzungen des § 110a ermitteln (4 zu § 110a).

Zu benachrichtigen sind ferner als Zielpersonen der **Polizeilichen Beobach-** 14
tung (§ 163e) diejenigen, gegen die sich die Maßnahme richtete (Beschuldigte oder Kontaktpersonen iS des § 163e I S 2, 3), in den Fällen der Ausschreibung eines Fahrzeugs oder Containers (§ 163e II) der eingetragene Halter oder Nutzer; zu unterrichten sind ferner die in § 163e III genannten Begleiter, wenn deren personenbezogene Daten gemeldet worden sind (Nr 11).

Eine **vergleichbare Pflicht** zur Benachrichtigung über präventive verdeckte 14a
Maßnahmen nach §§ 20g bis 20n BKAG trifft die StA, wenn wegen des zugrunde liegenden Sachverhaltes ein strafrechtliches Ermittlungsverfahren geführt wird, gemäß § 20w II S 2 BKAG (ebenso § 23c VI ZFdG für Präventivmaßnahmen der ZKAe nach § 23a ZFdG). Um der verfassungsrechtlich gebotenen Mitteilungspflicht zu genügen, wird die StA sich an der mit § 101 IV S 1 Nr 4, 6, 7, 12 im Wesentlichen übereinstimmenden Vorschrift des § 20w I S 1 Nr 6 BKAG (Zielperson sowie mitbetroffene Personen) orientieren. Vgl auch § 28 V S 2 BPolG, Art 34 VI S 2, 6, 34d VII S 3 BayPAG.

C. **Inhaltlich** umfasst die Benachrichtigung zunächst den in IV S 2 vorgeschrie- 15
benen Hinweis auf die Möglichkeit des nachträglichen Rechtsschutzes nach VII und die einzuhaltende Frist von 2 Wochen. Des Weiteren sind die Betroffenen von den in I abschließend aufgezählten Maßnahmen, und zwar von Anordnung und Durchführung (SK-Wolter/Jäger 12), zu benachrichtigen. Offenzulegen sind somit auch der Umfang der jeweiligen Maßnahme (BVerfG NJW **07**, 2753, 2757 zu § 100d VIII aF; BGH **36**, 305, 311) und ist einer rein formalen Information des Verfahren, mit dem sie erhoben wurde (BGH StB 28/09 vom 22.9.2009). Im Einzelnen ist zB Nachricht zu geben von dem Entnehmen der beschlagnahmten Postsendung aus dem ordnungsmäßigen Beförderungsgang sowie ihrer Öffnung und Zurückhaltung (§ 99), der Überwachung der Telekommunikation (LG Nürnberg-Fürth 5 Ks 113 Js 1822/16 vom 18.1.2018 [Nachrichtenmittler]), deren Aufzeichnung, dem Mitlesen des Fernschreibverkehrs und der Herstellung von Unterlagen darüber (§ 100a), dem Eingriff in das informationstechnische System und der Erhebung von Daten daraus (§ 100b) sowie dem Abhören und Aufzeichnen des gesprochenen Wortes (§§ 100c, f), ferner, soweit möglich, bei welcher speichernden Stelle die zur Rasterfahndung genutzten Daten ausgesondert, welche Prüfungsmerkmale „gerastert" wurden und welche Stelle im Besitz der Daten war oder ist (KK-Bruns 11).

D. Das **Unterbleiben** der Benachrichtigung sieht IV S 3–5 – verfassungsrecht- 16
lich unbedenklich (BVerfGE **129**, 208 [Tz 229 ff]) – vor allem vor, um eine Vertiefung des Grundrechtseingriffs zu vermeiden, aber auch aus verfahrensökonomischen Gründen (vgl auch Bittmann DRiZ **07**, 118, 120). Nach **IV S 3** schließen **überwiegende schutzwürdige Interessen** des einen Betroffenen die Benachrichtigung des anderen von der verdeckten Maßnahme Betroffenen (zwingend) aus. So kann der Beschuldigte ein berechtigtes Interesse daran haben, dass ein von einer Überwachungsmaßnahme betroffener tatunbeteiligter Geschäftspartner nichts von den gegen ihn gerichteten Ermittlungen erfährt (Zöller StraFo **08**, 24), vor allem, wenn die Überwachung keine verwertbaren Ergebnisse erbracht hat. Nachrichtenmittlern, sonstigen Kontaktpersonen (oben 14) sowie den Inhabern nach § 100c überwachter Räume kann ebenfalls an der Vermeidung geschäftsschädigender Konsequenzen einer Mitteilung gelegen sein. Zu entscheiden ist nach einer Abwägung der widerstreitenden Belange im Einzelfall.

§ 101

17 **Nach Ermessen** unterbleiben kann nach **IV S 4** die Benachrichtigung derjenigen von der Postbeschlagnahme, der Telekommunikationsüberwachung oder der Verkehrsdatenerhebung Betroffenen, gegen die sich die Maßnahme nicht gerichtet hat, vorausgesetzt, dass nur ein unerheblicher Eingriff in deren Grundrecht aus Art 10 GG vorliegt und anzunehmen ist, dass sie kein Interesse an einer Unterrichtung haben (vgl BVerfG aaO 839 Tz 232; krit SK-Wolter/Jäger 25). Ein solcher Betroffener darf also nicht als Zielperson (Beschuldigter, Anschlussinhaber iS des § 100a III, auch iVm § 100g II S 1), sondern infolge der Streubreite der Maßnahmen nur zufällig und vergleichsweise geringfügig erfasst worden sein (zB das abgehörte Telefongespräch betraf die Besorgung von Alltagsgeschäften). Im Einzelfall kann die Subsumtion Schwierigkeiten aufwerfen; dann kann es effizienter sein zu informieren. Dem trägt die Fassung der Bestimmung als Ermessensvorschrift Rechnung.

18 Ist die **Identität** einer nach IV S 1 zu benachrichtigenden Person nicht bekannt, sind Nachforschungen zu deren Feststellung nur nach Maßgabe einer Abwägung durchzuführen (**IV S 5**). Hierfür ist zum einen die Intensität des Eingriffs gegenüber dem unbekannten Betroffenen bedeutsam und zum anderen, welchen Aufwand die Feststellung seiner Identität fordert und welche weiteren Beeinträchtigungen hiermit verbunden sein können (vgl BVerfG aaO 839 [Tz 233] sowie BVerfGE **109**, 297 zu § 100c aF). Eine Identitätsfeststellung ist nicht erforderlich, wenn die Daten nach § 100d II S 2 zu löschen sind (KMR-Bär 26; a**M** SK-Wolter/Jäger 26, jeweils zu §§ 100a IV S 3, 100c V S 2 aF). Sind danach Nachforschungen nicht geboten, haben diese (ebenso wie die Benachrichtigung) zu unterbleiben.

19 E. **Gründe für die Zurückstellung einer Benachrichtigung** enthält V. Erst nach Wegfall der Gefährdung des Untersuchungserfolgs wird in diesen Fällen die Benachrichtigung veranlasst. Sie kommt so lange nicht in Betracht, wie noch erwartet werden kann, dass mit Hilfe der in I genannten Maßnahmen Beweismittel aufgefunden oder beweiserhebliche Mitteilungen aufgefangen werden können. Da die Postbeschlagnahme durch die Aushändigung von eröffneten Sendungen nach § 100 V S 2 und durch Mitteilungen nach § 100 VI bekannt wird, ist damit die Benachrichtigung nach I zu verbinden (SK-Wolter/Jäger 29). Weitere allgemeine Zurückstellungsgründe sind die Gefährdung des Lebens, der körperlichen Unversehrtheit und der persönlichen Freiheit einer Person sowie von bedeutsamen Vermögenswerten. Die Inhaltsbestimmung des Begriffs „bedeutender Vermögenswert" ist von den Gerichten vorzunehmen, die hierzu auf die Rspr zu ähnlichen Normen anderer Rechtsgebiete zurückgreifen können (Einzelheiten bei BVerfGE **129**, 208 [Tz 236]). Die Benachrichtigung vom Einsatz eines Verdeckten Ermittlers wird darüber hinaus zurückgestellt, solange dies die Möglichkeit seiner weiteren Verwendung gefährdet; mit Rücksicht auf die Belange einer funktionstüchtigen Strafrechtspflege ist auch dieser Zurückstellungsgrund mit dem GG vereinbar (BVerfG aaO 840 [Tz 237 ff]; vgl auch § 110b III). Nach V S 2 sind die Gründe der Zurückstellung (nicht nur die Tatsache als solche) aktenkundig zu machen; der Vermerk kann, soweit zulässig, nach II verwahrt werden (KK-Bruns 24). Selbstverständlich gestattet V weder die Darstellung eines unwahren Sachverhalts in den Ermittlungsakten noch die aktive Täuschung des Beschuldigten über die wahren Hintergründe seiner Festnahme (BGH NStZ **10**, 294).

19a Eine **entspr Anwendung von V** bei offenen Ermittlungsmaßnahmen, etwa Beschlagnahmen im Falle der Gefährdung des Untersuchungszwecks, kommt nicht in Betracht (BGH NJW **10**, 1297; StraFo **15**, 461; KK-Greven 21 zu § 98 [regelmäßig]).

20 Den Antrag auf Zustimmung zum **Absehen von der Benachrichtigung** nach VI S 3 kann die StA schon unmittelbar nach Beendigung der Maßnahme anstelle der erstmaligen Zurückstellung der Benachrichtigung stellen, wenn ein dahin gehender Ausnahmefall vorliegt (unten 24).

21 F. Eine **gerichtliche Kontrolle** der Zurückstellung der Benachrichtigung (oben 19) sieht VI vor (vgl BVerfGE **109**, 279). Eine über 12 Monate hinausgehende

Zurückstellung bedarf der, ggf wiederholten, gerichtlichen Zustimmung (S 1); bei der akustischen Wohnraumüberwachung und bei der Online-Durchsuchung beträgt die Frist 6 Monate (S 5). Die nach den allgemeinen Regelungen der §§ 42 ff zu berechnende Frist beginnt mit der Beendigung der Maßnahme. Werden mehrere in I genannte verdeckte Maßnahmen in einem engen zeitlichen Zusammenhang durchgeführt, beginnt die anzurechnende Zurückstellungsdauer mit der Beendigung der letzten Maßnahme (S 4); das gilt auch im Fall der akustischen Wohnraumüberwachung. Ein solcher Zusammenhang besteht jedenfalls dann, wenn die Maßnahmen sich zeitlich überschneiden, aber auch, wenn sie aufeinander aufbauen (zB: Kette von aufeinander beruhenden Telekommunikations-Überwachungsmaßnahmen), solange die nach dem Gesetz maßgebliche zeitliche Nähe gewahrt ist (vgl Joecks 6: wenige Tage oder Wochen).

Zuständig ist nach VII S 1 Hs 1 – auch wenn die StA oder ihre Ermittlungspersonen eine Eilkompetenz in Anspruch genommen haben – das für die Anordnung der Maßnahme oder der Zustimmung hierzu zuständige Gericht, idR also das Ermittlungsgericht am Sitz der StA (§ 162 I S 1), im Fall des § 100e II die in § 74a IV GVG bestimmte Kammer des LG. Hs 2 weist die Entscheidung dem Gericht am Sitz der zuständigen StA auch dann zu, wenn die Maßnahme nicht (§ 100h) oder im konkreten Fall nicht (§ 110b, dort 2 ff) unter Richtervorbehalt steht. Damit wird eine an § 162 I angelehnte Auffangzuständigkeit begründet (BT-Drucks 16/6979 S 44). Dies, die Anknüpfung an die Zuständigkeit der StA und auch die Regelung in VII S 4 sprechen dafür, dass das Gesetz hier unter „Gericht" stets den Ermittlungsrichter versteht und nicht – wie sonst (17 zu § 162) – nach Anklageerhebung das Hauptsachegericht (AnwK-Löffelmann 9; **aM** KMR-Bär 33). 22

Das Gericht **prüft**, ob die in V (nicht nur in dem Aktenvermerk nach V S 2) genannten Zurückstellungsgründe vorliegen. Verweigert es die Zustimmung, sind die Betroffenen zu benachrichtigen, es sei denn, die StA führt im Beschwerdeweg eine gegenteilige Entscheidung herbei (BT-Drucks 16/5846 S 61). Erteilt es die Zustimmung, bestimmt es zugleich die Dauer der weiteren Zurückstellung nach seinem Ermessen; bei seiner Prognose, wann im konkreten Einzelfall voraussichtlich eine Benachrichtigung wird erfolgen können, wird es idR die Frist von 1 weiteren Jahr nicht überschreiten. Nach Fristablauf wird, wenn die Gründe des V fortbestehen, weitere Zurückstellungen jeweils mit erneuter gerichtlicher Zustimmung möglich. Bei der akustischen Wohnraumüberwachung gelten für die weiteren Zurückstellungen anders als früher keine engeren Grenzen. 23

Dem endgültigen **Absehen von der Benachrichtigung** kann das Gericht auf Antrag der StA bei allen in I genannten Maßnahmen zustimmen, sobald absehbar ist, dass die Voraussetzungen für eine Benachrichtigung auch in Zukunft nicht eintreten werden (VI S 3; enger § 12 I S 5 **G 10**). Diese Entscheidung ist an keine Frist, auch nicht die des VI S 1, gebunden, so dass sie ausnahmsw schon unmittelb nach Beendigung der Maßnahme ergehen kann (vgl BT-Drucks 16/6979 S 44; KMR-Bär 32; **aM** Henrichs Kriminalistik **08**, 172; Puschke/Singelnstein NJW **08**, 116). 24

5) Rechtsschutz: Für die in IV S 1 genannten Personen (oben 6 ff) sieht VII S 2 den Antrag auf Überprüfung der Rechtmäßigkeit der – richterlich oder nichtrichterlich angeordneten – heimlichen Ermittlungsmaßnahmen (iS des I) sowie der Art und Weise ihres Vollzugs binnen einer Ausschlussfrist (so BT-Drucks 16/5846 S 62) von 2 Wochen vor (krit zur Neuregelung Löffelmann ZIS **09**, 495). Die Antragsfrist beginnt mit der Benachrichtigung, auch dann, wenn der Betroffene schon vorher auf anderem Wege Kenntnis von der Maßnahme erlangt hat (Wesemann StraFo **09**, 506; Glaser JR **10**, 427); ein verfristeter Antrag ist unzulässig (Glaser aaO; anders Singelnstein aaO 484 für den Fall, dass die erhobenen Daten noch nicht gelöscht sind). Andererseits setzt der Rechtsbehelf eine solche – allein fristauslösende – Benachrichtigung nicht notwendig voraus (Böse Amelung-FS 575 Fn 54; deren Unterlassen kann vielmehr beanstandet werden [Celle StraFo **12**, 183; 25

§ 101

ebenso KK-Bruns 30; Singelnstein NStZ **09**, 482; **aM** offenbar Wesemann aaO 507]). Wie aus VII S 2 („auch") folgt, kann der Antrag schon vor Beendigung (Erledigung) der Maßnahme gestellt – und verbeschieden – werden (BGH [ER] 1 BGs 79/2008 vom 5.5.2008; HK-Gercke 16; SK-Wolter/Jäger 39; **aM** Glaser 53, 335 [gegen nicht-beendete Maßnahmen § 23 EGGVG]; Singelnstein NStZ **09**, 482 [§ 98 II S 2 entspr, § 304]).

25a A. Für die gerichtliche **Zuständigkeit** ist zu unterscheiden: Vor Erhebung der öffentlichen Klage und auch danach, soweit noch keine Benachrichtigung des Angeklagten erfolgt ist (SK-Wolter/Jäger 42; vgl BVerfGE **109**, 279), ist das in VII S 1 bezeichnete Gericht, regelmäßig also das Anordnungsgericht, zuständig (näher oben 22; Glaser 53; vgl auch HK-GS/Hartmann 13). Ist die öffentliche Klage hingegen – nicht notwendig gegen alle ursprünglich Beschuldigten – erhoben und die Benachrichtigung des Angeklagten erfolgt, ist VII S 4 zu beachten (vertiefend und krit zum Folgenden Burghardt HRRS **09**, 572 ff). Die Prüfung der Frage, ob die darin angeordnete Zuständigkeitskonzentration beim erkennenden Gericht eingreift, hat sich nach der Rspr des BGH daran zu orientieren, ob bei Fortdauer der Zuständigkeit des „Ermittlungsrichters" die Gefahr besteht, dass von dem Anordnungs- und Beschwerdegericht einerseits und dem erkennenden bzw Rechtsmittelgericht andererseits divergierende Entscheidungen zur Frage der Rechtmäßigkeit der beanstandeten Maßnahme getroffen werden (BGH NStZ **09**, 399, 400; **10**, 225). Das ist stets der Fall, wenn sich bei formaler Betrachtung das Rechtsschutzbegehren – des Angeklagten oder einer anderen von der Maßnahme betroffenen Person (BGH **53**, 1, 5; krit KK-Bruns 37) – gegen eine heimliche Ermittlungsmaßnahme richtet, die in dem zur Anklage führenden Verfahren angeordnet worden ist; das Hauptsachegericht ist ferner auch dann zuständig, wenn sich nach Verfahrenstrennung ein nicht angeklagter Mitbeschuldigter gegen eine im ursprünglich gemeinsam geführten Ermittlungsverfahren angeordnete Maßnahme wendet (BGH NStZ **10**, 225; vgl zur Abgrenzung BGH NStZ **09**, 399 [von vornherein getrennt geführte Verfahren ohne verfahrensübergreifende Erkenntnisse]). Auf dieses Gericht geht die Zuständigkeit für einen zuvor angebrachten, noch nicht erledigten Antrag oder eine noch nicht erledigte Beschwerde über, und zwar auch dann, wenn der Rechtsbehelf von einem Drittbetroffenen angebracht worden ist (BGH **53**, 1, 5; vgl auch 19 zu § 162). Das Hauptsachegericht entscheidet „in oder neben dem Urteil" (BGH NJW **09**, 3177, 3178; stärker die Einheitlichkeit der Entscheidung betonend noch BGH **53**, 1, 4; Burghardt aaO 571; **aM** Singelnstein NStZ **09**, 484: stets Beschluss) und – jedenfalls bei nicht angeklagten Antragstellern – nicht notwendigerweise zeitgleich mit der das Strafverfahren beendenden Entscheidung (BGH NStZ **10**, 225, 226 [Nachholung nach Urteilserlass]). (Erledigte) **Überwachungsmaßnahmen nach den §§ 34, 45 ff, 64 BKAG** sind nicht im Verfahren nach VII S 2, sondern im Verwaltungsrechtsweg gemäß § 40 I S 1 VwGO zu überprüfen; dies gilt selbst in den Fällen des § 74 II S 2 BKAG, wenn wegen des zugrunde liegenden Sachverhalts ein strafrechtliches Ermittlungsverfahren geführt wird (BGH **62**, 22 [zu § 20w II S 2 BKAG aF] mit Anm Löffelmann JR **18**, 60).

25b B. **Maßstab für die Rechtmäßigkeitsprüfung** des für die Anordnung der Ermittlungsmaßnahme erforderlichen **Tatverdachts** ist, ob die anordnende Stelle den ihr insoweit eingeräumten Beurteilungsspielraum gewahrt oder überschritten hat; die Tatsachengrundlage hierfür bietet der jeweilige damalige Ermittlungs- und Kenntnisstand (BGH StB 12/16 vom 11.8.2016; NStZ **10**, 711 mwN, zu einer Maßnahme nach § 100a; erg 9 zu § 100a).

25c C. Zur überprüfbaren **„Art und Weise des Vollzugs"** gehört auch die Rechtmäßigkeit der Benachrichtigung, insbesondere deren Rechtzeitigkeit (Celle aaO; Stuttgart StraFo **16**, 413), nicht aber eine schriftliche Erklärung der StA gem § 33 II im Rahmen des gerichtlichen Anhörungsverfahrens.

25d D. **Kosten:** § 473a (vgl dort) im Fall einer „gesonderten Entscheidung" (VII S 2); ergeht der Ausspruch in der das Verfahren abschließenden Entscheidung (VII

Ermittlungsmaßnahmen **§ 101**

S 4; näher oben 25a), gelten die allgemeinen Kostenregelungen der §§ 464 ff (BT-Drucks 16/12098 S 40).

E. **Rechtsmittel (VII S 3):** Entscheidet das (Anordnungs-)Gericht über den 25e Antrag nach VII S 2 (zu dessen Zuständigkeit oben 25a), ist hiergegen die sofortige Beschwerde statthaft (§ 311); das gilt auch für Entscheidungen des OLG im 1. Rechtszug sowie der ER des BGH und der OLGe, auch wenn (nur) die Art und Weise des Vollzugs einer Maßnahme nach I beanstandet wird (BGH NJW **14**, 1314; erg 13, 19 zu § 304). Gegen die Entscheidung des Hauptsachegerichts (VII S 4) ist ebenfalls die – durch § 305 S 1 nicht ausgeschlossene – sofortige Beschwerde nach VII S 3 statthaft (BGH **54**, 30; Glaser JR **10**, 430; HK-GS/Hartmann 14; Burghardt HRRS **09**, 574; Singelnstein NStZ **09**, 486); zuständig ist stets das nach §§ 73 I, 74a III, 74b S 2, 74c II, 121 I Nr 2, 135 II GVG jeweils zur Entscheidung berufene Beschwerdegericht (BGH aaO).

F. **Akteneinsicht:** Die Verfahrensbeteiligten können sich auf ihr jeweiliges Ein- 25f sichtsrecht (vgl 1 vor § 474) auch dann berufen, wenn die Einsicht (nur) der Vorbereitung und Durchführung des Verfahrens nach VII S 2 dienen soll. Für sonstige Antragsteller (zB Nachrichtenmittler, Drittbetroffene) folgt das Einsichtsrecht aus § 475 (BGH StV **10**, 169; StB 28/09 vom 22.9.2009; KMR-Bär 37), soweit dies für die konkrete Rechtsverfolgung unerlässlich ist. Für die insoweit relevanten Aktenteile sind die Versagungsgründe der §§ 475 I S 2, 477 II S 1 verfassungskonform (Art 103 I GG) auszulegen (BGH aaO): Dem RA des Antragstellers müssen die angefochtene Entscheidung sowie die Aktenteile und Beweismittel, auf die diese sich stützt, zur Verfügung gestellt werden; wird die Art und Weise des Vollzugs beanstandet, ist Einsicht in die die Durchführung der Maßnahme betreffenden Unterlagen zu gewähren. Dem Antragsteller sind auch die ihn betreffenden Erkenntnisse (§ 475 III S 1) sowie etwaige (zusammenfassende) Verschriftungen zugänglich zu machen; Letztere brauchen jedoch nicht eigens erstellt zu werden. Einem darüber hinausgehenden Anspruch des Drittbetroffenen auf umfassende Einsicht in die Akten steht das insoweit stets vorrangige Interesse der von der Akteneinsicht betroffenen Personen entgegen. Betrifft der Antrag nach VII S 2 eine beendete Maßnahme und kann dem Antragsteller im Blick auf das öffentliche Interesse, weiter effektiv und ggf im Verborgenen zu ermitteln (§ 477 II S 1), zunächst keine Akteneinsicht gewährt werden, so ist das Verfahren nach VII S 2 auszusetzen, bis die zunächst verwehrte Einsicht ohne Gefährdung des Untersuchungszwecks gewährt werden kann (vgl dazu auch BVerfG NStZ-RR **08**, 16 zum Ermittlungsverfahren; krit Park StV **09**, 282; Rau StraFo **08**, 9 Fn 8, 14; erg 40a zu § 147). Zuständig zur Entscheidung über Anträge auf Akteneinsicht ist während des Ermittlungsverfahrens allein die StA, nach Anklageerhebung bis zum rechtskräftigen Abschluss der Vorsitzende des erkennenden Gerichts (§ 478 I S 1, dort 1).

G. **Keine Bindungswirkung** für die vom erkennenden Gericht zu treffende 26 Entscheidung in der Hauptsache hat der von dem in VII S 1 bezeichneten (Anordnungs-)Gericht erlassene Beschluss über die Rechtmäßigkeit der Anordnung und der Art und Weise des Vollzugs (BT-Drucks 16/5846 S 62; Burghardt HRRS **09**, 574; Schmidt StraFo **09**, 450 Fn 34; **aM** Böse Amelung-FS 576; Meyer-Mews StraFo **16**, 133, 140); er trifft keine Aussage über die Verwertbarkeit der erlangten Erkenntnisse (BGH **53**, 1, 4; NJW **09**, 3177, 3178; vgl aber auch 20 zu § 100c) und unterliegt als solcher nicht der revisionsgerichtlichen Beurteilung (§ 336 S 2). Umgekehrt setzt ein Verwertungsverbot einen Antrag nach VII S 2 nicht voraus (Wesemann StraFo **09**, 507; vgl auch 18 zu § 105).

H. Als **abschließende Sonderregelung** verdrängt VII S 2 für die antragsbe- 26a rechtigten Betroffenen (IV S 1) die Beschwerde von der Rspr entwickelten Rechtsschutz entspr § 98 II (dort 23) gegen die in I benannten heimlichen Ermittlungsmaßnahmen, jedenfalls soweit sie beendet sind (BGH **53**, 1; Engländer Jura **10**, 417; Singelnstein NStZ **09**, 482). Vor Erledigung der Maßnahme wird Rechtsschutz mangels Kenntnis des Betroffenen praktisch nur selten in Betracht kommen; eine Überprüfung analog § 98 II S 2 ist aber grundsätzlich möglich (s.

Köhler 481

BT-Drucks 16/5846 S 62; 17/4333 S 10), wenn der Betroffene nachvollziehbar darlegt, dass gegen ihn eine verdeckte Maßnahme vollzogen wird (KK-Bruns 34). Der Rechtsschutz der nicht in IV S 1 genannten Personen richtet sich nach den allg. Vorschriften (Glaser 15, 51 Fn 159; HK-GS/Hartmann 13; vgl näher Meyer JR **09**, 323).

27 **6) Löschung und Einschränkung der Verwendung der Daten (VIII):** Die durch die speziellen verdeckten Ermittlungsmaßnahmen des I erlangten personenbezogenen Daten müssen unverzüglich (8 zu § 25) gelöscht werden, wenn sie zweifelsfrei weder zu Zwecken der Strafverfolgung noch für eine etwaige gerichtliche Überprüfung (weiterhin) erforderlich sind (vgl BT-Drucks 17/7586 S 7; Hilger NStZ **97**, 373; Schnarr MDR **87**, 1 zu §§ 100a, b); allerdings geht § 160a I S 5 iVm S 3 der Regelung in VIII vor (BGH NJW **14**, 1314 mit Anm Scharenberg StV **14**, 391). Verwertbare Zufallsfunde (3 ff zu § 479) werden nicht gelöscht (BGH **53**, 64, 68; Knierim StV **08**, 601). Dies gilt auch für beweiserhebliches Material, dessen Inhalt inzwischen durch andere Beweismittel bestätigt worden ist (MüKoStPO-Günther 96). Material, das für die Hauptverhandlung aufbewahrt werden muss, wird auch nach Urteilsrechtskraft nicht vernichtet, damit es ggf für ein Wiederaufnahmeverfahren zur Verfügung steht. Auch soweit die Daten eine Relevanz für die Gefahrenabwehr (§ 100e VI Nr 2, § 479 II S 2 Nr 1) haben, können sie wegen der Erforderlichkeit zur Strafverfolgung aufbewahrt werden, weil „solche konkreten Gefahrsituationen stets bereits begangene Straftaten umfasst oder sich in ihnen realisieren können" (so BT-Drucks 15/4533 S 29 zu § 100d V aF, dem VIII nachgebildet ist, BT-Drucks 16/5846 S 63; KMR-Bär 39; **aM** SK-Wolter/Jäger 47). Soweit die Daten lediglich aus Gründen des Rechtsschutzes aufgehoben werden, ordnet VIII S 3 ausdrücklich eine Beschränkung der Verwendung auf diesen Zweck und eine dem entspr Einschränkung der Verarbeitung an (BT-Drucks 19/4671 S 62). Eine weitergehende Verwendung ist nur mit Einwilligung der Betroffenen zulässig. Nach Ablauf der Frist für den Rechtsbehelf in VII S 2 (oben 25) wird regelmäßig davon ausgegangen werden können, dass die Daten für eine gerichtliche Nachprüfung nicht mehr benötigt werden (vgl BT-Drucks 16/5846 S 62 und SK-Wolter/Jäger 46, aber auch AnwK-Löffelmann 12, der auf andere Arten des Rechtsschutzes hinweist [oben 26a aE]).

28 Die **Entscheidung über die Löschung** trifft grundsätzlich die StA, während der Anhängigkeit der Sache das mit ihr befasste Gericht (Schnarr MDR **87**, 1, 4 zu §§ 100a, b). Die jeweils aktenbearbeitende Stelle hat, soweit die personenbezogenen Daten in der Strafakte enthalten sind, fortlaufend zu kontrollieren, ob die Voraussetzungen für die Vernichtung dieser Informationen gegeben sind (BT-Drucks 16/5846 S 63). Insbesondere nach Rechtskraft hat eine dahingehende Überprüfung stattzufinden (oben 27). Soweit die Daten im Einzelfall in Dateien nach § 484 gespeichert sind, finden hierfür die Löschungsprüffristen des § 489 IV Anwendung. Die Vernichtung kann auch die Polizei vornehmen; eine Aufsicht der StA ist nicht mehr vorgesehen (BT-Drucks 15/4533 S 17; 16/5846 S 63; krit SK-Wolter/Jäger 46). Bei der Telekommunikationsüberwachung müssen nicht nur die Tonbänder gelöscht, sondern auch die Niederschriften über die Tonbandaufzeichnung vernichtet werden (Koblenz StV **94**, 284; vgl auch Thommes StV **97**, 659 zu organisatorischen Schwierigkeiten hinsichtlich einer vollständigen Vernichtung des insoweit angefallenen Materials). Eine Pflicht des Verteidigers zur Mitwirkung besteht nicht (Köln StV **09**, 686 L). In der aktenmäßigen Dokumentation der Löschung (VIII S 2) sind Art und Umfang der gelöschten Daten, ihr Inhalt allenfalls in allgemeiner Form anzugeben.

29 **7) Bekanntgabe der Ergebnisse einer Telefonüberwachung:** Wird **während, aber außerhalb der Hauptverhandlung** eine Telefonüberwachung durchgeführt, so verpflichtet der Grundsatz des fairen Verfahrens (Einl 19) das Gericht, dem Angeklagten und seinem Verteidiger Gelegenheit zur Kenntnisnahme von deren Ergebnis zu geben (BGH **36**, 305). Die Offenbarung geheim zu haltender Tatsachen nur gegenüber dem Strafgericht und nicht auch gegenüber

Ermittlungsmaßnahmen **§ 101a**

dem Angeklagten verstößt gegen Art 103 I GG; sind berechtigte Geheimhaltungsinteressen der Exekutive anzuerkennen, führt dies dazu, dass die Informationen auf keine Weise zu Lasten des Angekl. wirken dürfen (BVerfGE **109**, 279; NStZ-RR **08**, 16; vgl auch BGH NStZ **00**, 265).

Gerichtliche Entscheidung; Datenkennzeichnung und -auswertung; Benachrichtigungspflichten bei der Erhebung von Verkehrsdaten

101a I ¹Bei Erhebungen von Verkehrsdaten nach § 100g gelten § 100a Absatz 3 und 4 und § 100e entsprechend mit der Maßgabe, dass

1. in der Entscheidungsformel nach § 100e Absatz 3 Satz 2 auch die zu übermittelnden Daten und der Zeitraum, für den sie übermittelt werden sollen, eindeutig anzugeben sind,
2. der nach § 100a Absatz 4 Satz 1 zur Auskunft Verpflichtete auch mitzuteilen hat, welche der von ihm übermittelten Daten nach § 113b des Telekommunikationsgesetzes gespeichert wurden.

²In den Fällen des § 100g Absatz 2, auch in Verbindung mit § 100g Absatz 3 Satz 2, findet abweichend von Satz 1 § 100e Absatz 3 Satz 1 keine Anwendung. ³Bei Funkzellenabfragen nach § 100g Absatz 3 genügt abweichend von § 100e Absatz 3 Satz 2 Nummer 5 eine räumlich und zeitlich eng begrenzte und hinreichend bestimmte Bezeichnung der Telekommunikation.

II Wird eine Maßnahme nach § 100g angeordnet oder verlängert, sind in der Begründung einzelfallbezogen insbesondere die wesentlichen Erwägungen zur Erforderlichkeit und Angemessenheit der Maßnahme, auch hinsichtlich des Umfangs der zu erhebenden Daten und des Zeitraums, für den sie erhoben werden sollen, darzulegen.

III ¹Personenbezogene Daten, die durch Maßnahmen nach § 100g erhoben wurden, sind entsprechend zu kennzeichnen und unverzüglich auszuwerten. ²Bei der Kennzeichnung ist erkennbar zu machen, ob es sich um Daten handelt, die nach § 113b des Telekommunikationsgesetzes gespeichert waren. ³Nach einer Übermittlung an eine andere Stelle ist die Kennzeichnung durch diese aufrechtzuerhalten. ⁴Für die Löschung personenbezogener Daten gilt § 101 Absatz 8 entsprechend.

IV ¹Verwertbare personenbezogene Daten, die durch Maßnahmen nach § 100g Absatz 2, auch in Verbindung mit § 100g Absatz 3 Satz 2, erhoben wurden, dürfen ohne Einwilligung der Beteiligten der betroffenen Telekommunikation nur für folgende andere Zwecke und nur nach folgenden Maßgaben verwendet werden:

1. in anderen Strafverfahren zur Aufklärung einer Straftat, auf Grund derer eine Maßnahme nach § 100g Absatz 2, auch in Verbindung mit § 100g Absatz 3 Satz 2, angeordnet werden könnte, oder zur Ermittlung des Aufenthalts der einer solchen Straftat beschuldigten Person,
2. Übermittlung zu Zwecken der Abwehr von konkreten Gefahren für Leib, Leben oder Freiheit einer Person oder für den Bestand des Bundes oder eines Landes (§ 113c Absatz 1 Nummer 2 des Telekommunikationsgesetzes).

²Die Stelle, die die Daten weiterleitet, macht die Weiterleitung und deren Zweck aktenkundig. ³Sind die Daten nach Satz 1 Nummer 2 nicht mehr zur Abwehr der Gefahr oder nicht mehr für eine vorgerichtliche oder gerichtliche Überprüfung der zur Gefahrenabwehr getroffenen Maßnahmen erforderlich, so sind Aufzeichnungen über diese Daten von der für die Gefahrenabwehr zuständigen Stelle unverzüglich zu löschen. ⁴Die Löschung ist aktenkundig zu machen. ⁵Soweit die Löschung lediglich für eine etwaige vorgerichtliche oder gerichtliche Überprüfung zurückgestellt ist, dürfen die Daten nur für

§ 101a

diesen Zweck verwendet werden; für eine Verwendung zu anderen Zwecken sind sie zu sperren.

^{V} Sind verwertbare personenbezogene Daten, die nach § 113b des Telekommunikationsgesetzes gespeichert waren, durch eine entsprechende polizeirechtliche Maßnahme erlangt worden, dürfen sie in einem Strafverfahren ohne Einwilligung der Beteiligten der betroffenen Telekommunikation nur zur Aufklärung einer Straftat, auf Grund derer eine Maßnahme nach § 100g Absatz 2, auch in Verbindung mit Absatz 3 Satz 2, angeordnet werden könnte, oder zur Ermittlung des Aufenthalts der einer solchen Straftat beschuldigten Person verwendet werden.

$^{VI\,1}$ Die Beteiligten der betroffenen Telekommunikation sind von der Erhebung der Verkehrsdaten nach § 100g zu benachrichtigen. ^{2} § 101 Absatz 4 Satz 2 bis 5 und Absatz 5 bis 7 gilt entsprechend mit der Maßgabe, dass

1. das Unterbleiben der Benachrichtigung nach § 101 Absatz 4 Satz 3 der Anordnung des zuständigen Gerichts bedarf;
2. abweichend von § 101 Absatz 6 Satz 1 die Zurückstellung der Benachrichtigung nach § 101 Absatz 5 Satz 1 stets der Anordnung des zuständigen Gerichts bedarf und eine erstmalige Zurückstellung auf höchstens zwölf Monate zu befristen ist.

Übersicht

	Rn
1) Anwendungsbereich	1
2) Gerichtliche Entscheidung	2–15
A. Anordnungsadressaten	3
B. Richtervorbehalt	4–6
C. Dauer der Maßnahme	7
D. Form und Inhalt der Anordnung	8–13
a) Entscheidungsformel	9–10
b) Entscheidungsgründe	11–13
E. Mitwirkungspflicht	14
F. Durchführung	15
3) Datenkennzeichnung- und Auswertung	16–18
4) Verwertbarkeit	19–30
A. Im Ausgangsverfahren	20–22
B. Für andere Zwecke	23–28
a) Gemäß § 100g I S 1, 4 gewonnene Daten	24, 25
b) Gemäß § 100g II, auch iVm I S 3 und III S 2, gewonnene Daten	26–28
C. Präventiv erhobene Verkehrsdaten	29, 30
5) Rechtliches Gehör und Benachrichtigungspflicht	31–36
A. Rechtliches Gehör	32
B. Benachrichtigungspflicht	33
C. Zurückstellung der Benachrichtigung	34, 35
D. Unterbleiben der Benachrichtigung	36
6) Rechtsschutz	37
7) Revision	38

1 **1) Anwendungsbereich:** Die Vorschrift enthält die grundrechtssichernden Verfahrensregelungen bei der Erhebung von Verkehrsdaten nach § 100g. Aus systematischen Gründen konnte sie nicht in den für verdeckte Ermittlungsmaßnahmen geltenden § 101 inkorporiert werden, da die Erhebung von Verkehrsdaten entsprechend den Vorgaben des BVerfG grundsätzlich als offene Maßnahme auszugestalten ist (BVerfGE **125**, 260, 335f; BT-Drucks 18/5088 S 36; erg 11 zu § 100g). In ihrer inhaltlichen Ausgestaltung orientiert sie sich jedoch in weitem Umfang an den Regelungen für die Anordnung und Ausführung der Überwachung der Telekommunikation in § 100a und § 100e; die zu diesem Zweck angewandte Verweisungstechnik trägt zu Übersichtlichkeit und Verständlichkeit der Vorschrift allerdings nicht bei. Vgl zur geplanten Erweiterung auf Nutzungsdaten nach § 15 TMG 1 zu § 100g.

§ 101a

2) Gerichtliche Entscheidung:

A. Anordnungsadressaten: Auskunft darf nur über die Verkehrsdaten des Beschuldigten oder der Personen verlangt werden, von denen auf Grund bestimmter Tatsachen anzunehmen ist, dass sie für den Beschuldigten bestimmte oder von ihm herrührende Mitteilungen entgegennehmen oder weitergeben oder dass der Beschuldigte ihren Anschluss benutzt (I S 1 iVm § 100a III). In erster Hinsicht kommt danach die Anordnung gegen Beschuldigte in Betracht (17 zu § 100a), aber auch gegen Nichtverdächtige, Nachrichtenmittler oder Personen, deren Anschluss der Beschuldigte ohne deren Wissen benutzt (18 ff zu § 100a). Bei „Hacker-Angriffen", in denen sich der Täter unerlaubt unter Ausnutzung von Computernetzwerken einwählt, sind deren Betreiber als Zielpersonen anzusehen (BR-Drucks 702/01; Hoeren wistra 05, 3). Die Tatsache allein, dass eine Person Zeuge ist, genügt dagegen nicht (vgl BGH 5 StR 385/09 vom 24.11.2009). Die Anordnung gegenüber den in § 53 I S 1 Nr 1 bis 5 bezeichneten Berufsgeheimnisträgern ist unzulässig (§ 100g IV S 1), es sei denn, es besteht Verstrickungsverdacht gegen die betreffende Person (§ 100g IV S 6 iVm § 160a IV; erg 17 zu § 160a, 40–43 zu § 100g).

B. Richtervorbehalt: Maßnahmen nach § 100g dürfen nur auf Antrag der StA durch das Gericht angeordnet werden (I S 1 iVm § 100e I S 1). Hinsichtlich der Möglichkeit einer Eilordnung durch die StA bei Gefahr im Verzug differenziert I nach der Art der gespeicherten Daten.

Eine **Eilordnung** durch die StA kommt nur für Verkehrsdatenerhebungen nach § 100g I und § 100g III S 1 in Betracht, also ausschließlich für den Zugriff auf nach § 96 I TKG gespeicherte Verkehrsdaten sowie für Funkzellenabfragen, soweit es sich nicht um nach § 113b TKG gespeicherte Verkehrsdaten handel (11 ff, 37, 38 zu § 100g); in diesen Fällen muss die Anordnung der StA binnen drei Tagen richterlich bestätigt werden (I S 1 iVm § 100e I S 3).

Ein **„absoluter" Richtervorbehalt** ohne Möglichkeit staatsanwaltlicher Eilordnung gilt dagegen für die Fälle des § 100g II sowie des § 100g III S 2, also für den Zugriff auf nach § 113b TKG gespeicherte Verkehrsdaten, auch wenn auf diese für eine Funkzellenabfrage zurückgegriffen werden soll (I S 2, der § 100e I S 2 für unanwendbar erklärt; 22 ff, 39 zu § 100g). Damit wird der hohen Grundrechtsrelevanz des Abrufs verpflichtend zu speichernder Vorratsdaten Rechnung getragen.

C. Dauer der Maßnahme: Die Anordnung ist auf höchstens drei Monate zu befristen; ihre Verlängerung um jeweils nicht mehr als drei Monate ist zulässig, soweit die Voraussetzungen der Anordnung unter Berücksichtigung der zwischenzeitlich gewonnenen Ermittlungsergebnisse fortbestehen (I S 1 iVm § 100e I S 4 und 5; erg 2 zu § 100b; zu den Begründungsanforderungen 11–13). Liegen ihre Voraussetzungen nicht mehr vor, ist die Maßnahme unverzüglich zu beenden, und das zuständige Gericht ist zu benachrichtigen (I S 1 iVm § 100e V S 1 und 2; erg 19f zu § 100e). Der Telekommunikationsanbieter ist aufzufordern, keine weiteren Verkehrsdaten mehr zu übermitteln. Wird die Frist nicht rechtzeitig verlängert, tritt die Anordnung – mit den daraus folgenden Benachrichtigungspflichten (s 33 ff) – ohne weiteres außer Kraft.

D. Form und Inhalt der Anordnung: Die Anordnung, auch die der StA, muss schriftlich ergehen (I S 1 iVm § 100e III S 1). Sie setzt eine Einzelfallprüfung voraus.

a) In die **Entscheidungsformel** sind gemäß I S 1 die in § 100e III S 2 Nr 1 bis 5 aufgeführten Informationen aufzunehmen (11–13 zu § 100e). Darüber hinaus müssen die zu übermittelnden Daten und der Zeitraum, für den sie übermittelt werden sollen, eindeutig angegeben werden (I S 1 Nr 1). Damit wird klar gestellt, dass zeitliche Angaben hinsichtlich der Übermittlung der Daten nicht nur bei der Erhebung zukünftig anfallender, sondern auch bei dem Zugriff auf bereits gespeicherte Daten zu machen sind (BT-Drucks 18/5088 S 36).

§ 101a

10 Für **Funkzellenabfragen** nach § 100g III gilt § 100e III S 2 Nr 5 nicht, da es insoweit nicht um die Erfassung eines bestimmten Anschlusses oder Endgerätes geht, sondern um die Erhebung aller zu einem bestimmten Zeitpunkt in einem bestimmten geografischen Umfeld aktiver mobiler Geräte; deshalb genügt es, die Telekommunikation räumlich und zeitlich eng begrenzt und hinreichend bestimmt zu bezeichnen (I S 3).

11 b) In die schriftlichen **Gründe** sind Angaben zu den Anwendungsvoraussetzungen der jeweiligen Maßnahme nach § 100g aufzunehmen. In allen Fällen bedarf es zumindest einer knappen Darlegung der den Tatverdacht begründenden Tatsachen und der Beweislage, auch durch konkrete Bezugnahmen auf Aktenteile, sowie des Vorliegens der jeweils erforderlichen Ermittlungsziele. Bei der Erhebung von Verkehrsdaten nach § 100g II (gemäß § 113b TKG gespeicherte Daten) bzw nach § 100g III S 2 (Funkzellenabfragen) muss die Katalogtat angegeben werden, bei einer solchen nach § 100g I S 1 Nr 2 die mittels Telekommunikation begangene Straftat; eine Maßnahme nach § 100g I S 1 Nr 1 (gemäß § 96 I TKG erhobene Daten) bzw nach § 100g III S 1 (Funkzellenabfrage) muss Ausführungen zur Bedeutung der Straftat im Einzelfall enthalten.

12 Eine **Verlängerungsanordnung** muss sich zum fortbestehenden Vorliegen der Voraussetzungen für die Anordnung verhalten und dabei auf die zwischenzeitlich gewonnenen Ermittlungsergebnisse eingehen (siehe I S 1 iVm § 100e IV; erg 17, 18 zu § 100e). Falls sich keine Änderungen ergeben haben, kann auf die vorhergehende Begründung Bezug genommen werden; in diesem Fall ist allerdings die Verhältnismäßigkeit der Maßnahme besonders zu prüfen (erg dazu 13).

13 **Für sämtliche Maßnahmen nach § 100g sowie für deren Verlängerung** sieht II in Anlehnung an § 81g III S 5 und § 100e IV Nr 2 eine **spezielle Pflicht zur Begründung der Verhältnismäßigkeit** vor (BT-Drucks 18/5088 S 37). In der Begründung sind einzelfallbezogen insbesondere die wesentlichen Erwägungen zur Erforderlichkeit und Angemessenheit der Maßnahme, auch hinsichtlich des Umfangs der zu erhebenden Daten und des Zeitraums, für den sie erhoben werden sollen, darzulegen. Der Umfang der zu erhebenden Daten hat sich am Zweck der Maßnahme zu orientieren. Wenn dies ausreicht, sollen nur einzelne Standortdaten abgerufen werden, um keine überflüssigen Bewegungsprofile zu erstellen; anders kann es sich etwa verhalten, wenn es um die Aufklärung von Serienstraftaten oder die Abklärung von vom Beschuldigten angegebenen Bewegungen geht (BT-Drucks 18/5088 S 37). Mit zunehmender Dauer der Maßnahme, etwa bei konsekutiven Verlängerungen, erhöhen sich die Anforderungen an die Begründung der Verhältnismäßigkeit.

14 E. **Zur Mitwirkung verpflichtet** ist jeder, der Telekommunikationsdienste erbringt oder daran mitwirkt (I S 1 iVm § 100a IV S 1, 23 zu 100g, 24, 25 ff zu § 100a), dh auch solche Anbieter, die ihre Dienste nicht geschäftsmäßig iS des § 3 Nr 10 TKG erbringen. Die Mitwirkungspflicht umfasst die Bekanntgabe der für die beantragte Maßnahme jeweils notwendigen Daten; sie ist allerdings auch auf die Daten beschränkt, die seitens der Diensteanbieter auf Grund bestehender rechtlicher Regelungen – vor allem der §§ 96, 113b TKG – zulässigerweise erhoben und gespeichert werden (vgl zu § 100g aF LG Frankfurt aM MMR **04**, 344 mit zust Anm Bär 340; LG Konstanz MMR **07**, 193; Gercke GA **12**, 475, 484; Hoeren wistra **05**, 4; Schaar, Datenschutz im Internet, 2002, Rn 826; Welp GA **02**, 556; Wohlers/Demko StV **03**, 242; **aM** Eckhardt DuD **02**, 201; Seitz, Strafverfolgungsmaßnahmen im Internet, 2004, S 170 ff; unklar BT-Drucks 16/5846 S 54; vgl auch BVerfG NJW **07**, 3055, 3056). Die erforderlichen Auskünfte sind unverzüglich zu erteilen. In den Fällen des § 100g I S 3 hat der Diensteanbieter – auch Online-Dienste, Mailbox-Betreiber, Access-Provider – an einer Ausleitung der Verkehrsdaten an die Strafverfolgungsbehörden in Echtzeit mitzuwirken. Mitzuteilen ist gemäß I S 1 Nr 2 auch, welche der übermittelten Daten nach § 113b TKG erhoben wurden; dies ist sowohl für die nach III S 2 notwendige

Ermittlungsmaßnahmen **§ 101a**

Kennzeichnung (s 16), als auch für die nach § 101b zu führende Statistik von Bedeutung (Forgo/Heermann K&R **15**, 753, 758).

F. Zuständig für die **Durchführung** ist nach § 36 II die StA (23 zu § 100a). Ein **15** mündliches Ersuchen genügt, auch in Eilfällen, nicht, da I S 1 iVm § 100a IV S 1, § 100e III S 1 die Mitwirkungspflicht des Diensteanbieters an das Vorliegen einer schriftlichen Anordnung knüpft. Im Übrigen würde die Möglichkeit eines mündlichen Ersuchens der Intention des Gesetzgebers, bei der Erhebung von Verkehrsdaten eine größtmögliche Anwendungsklarheit und Transparenz zu gewährleisten, zuwiderlaufen. Die StA hat auch grundsätzlich die Benachrichtigung des Betroffenen nach VI zu veranlassen (siehe aber 34–36 zu deren Unterbleiben bzw Zurückstellung).

3) Datenkennzeichnung: Gemäß III S 1, der § 101 III S 1 entspricht, sind **16** nach § 100g erhobene personenbezogene Daten entsprechend zu kennzeichnen; dabei ist auch kenntlich zu machen, ob es sich um Daten handelt, die nach § 113b TKG gespeichert wurden. Die Kennzeichnung ist bei Übermittlung an eine andere Stelle beizubehalten (III S 2). Dies ist erforderlich, um die enge Zweckbindung, die für diese Daten gilt, zu gewährleisten und dafür zu sorgen, dass die Verwendung ausschließlich zur Wahrnehmung der Aufgaben erfolgt, derentwegen der Zugriff auf diese Daten zulässig ist (BT-Drucks 18/5088 S 37).

Auswertung: III S 1 sieht darüber hinaus vor, dass nach § 100g erhobene per- **17** sonenbezogene Daten unverzüglich auszuwerten sind, um den mit der Maßnahme verbundenen Eingriff in die Persönlichkeitsrechte der Betroffenen nicht zu perpetuieren und damit zu vertiefen (BT-Drucks aaO).

Für die **Löschung** der Verkehrsdaten gilt § 101 VIII entsprechend (III S 4); dies **18** betrifft auch Verkehrsdaten, die nicht nach § 113b TKG gespeichert waren. Die Löschung hat unverzüglich (8 zu § 25) zu erfolgen, wenn die Daten zweifelsfrei weder zu Zwecken der Strafverfolgung noch für eine etwaige gerichtliche Überprüfung (weiterhin) erforderlich sind (unten 20 ff; 37; 27, 28 zu § 101).

4) Verwertbarkeit: **19**

A. **Im Ausgangsverfahren** sind in rechtmäßiger Weise erlangte Erkenntnisse – **20** als Spurenansatz und zu Beweiszwecken – verwertbar (vgl BGH **56**, 127; 138; NStZ **93**, 192; **98**, 92). Dies gilt ohne Differenzierung zwischen den verschiedenen Möglichkeiten des Zugriffs auf Verkehrsdaten auch hinsichtlich einer anderen Begehungsform der zunächst angenommenen Anlasstat oder sonstiger Straftatbestände und anderer Tatbeteiligter, soweit es sich um dieselbe Tat im prozessualen Sinn handelt (vgl BT-Drucks 16/5846 S 66).

Bei **Verstößen** gegen die materiellen Anordnungsvoraussetzungen finden **21** grundsätzlich die allgemeinen Prinzipien über Beweisverwertungsverbote Anwendung (Einl 55a). Daten, bei denen die in § 113b I TKG genannten Speicherfristen überschritten sind (s 28 zu § 100g), dürfen nicht verwertet werden; unverwertbar sind auch Erkenntnisse, die unter Umgehung des Richtervorbehalts gewonnen wurden (s 6). Zu Verwertung und Verwertungsverbot gelten im Übrigen die Ausführungen zu §§ 100a, 100e entspr (dort 29 ff; ferner 31 zu § 100e). Generell wird bei der Verwertung von Verkehrsdaten, die unter Verletzung der materiellen Anordnungsvoraussetzungen in § 100g wie auch verfahrenssichernder Regelungen in § 101a gewonnen wurden, ein strenger Maßstab anzulegen sein.

Die **Einführung** der Verkehrsdaten in die Hauptverhandlung kann durch Ur- **22** kundsbeweis, aber auch durch die Vernehmung eines Zeugen oder Sachverständigen erfolgen, der die zutreffende Erfassung und Wiedergabe der Daten bestätigt und damit auch den Inhalt der Listen zum Gegenstand seiner Aussage macht (vgl BGH NStZ-RR **00**, 37 [K]); ein Sachverständiger kann auch zu den aus den Verkehrsdaten zu ziehenden Schlüssen, zB Standort eines Handys, Stellung nehmen.

B. Hinsichtlich **Verwertbarkeit und Weiterverwendung für andere Zwe- 23 cke** besteht nach der Neuregelung des § 100g I S 3 und der Überarbeitung der

§ 101a

§§ 474 ff (insb der §§ 477 und 479) durch Ges vom 20.11.2019 (BGBl I 1724) eine Gemengelage mit IV (vgl hierzu 1 zu § 479). Mit Blick auf den Schutzzweck und das jeweilige Schutzniveau der untereinander konkurrierenden Verwendungsregelungen (IV S 1 Nr 1, 2 und § 479 II, III S 1 Nr 3) wird bei der Umwidmung von **strafprozessual erlangten Daten** zwischen der Erhebung geschäftsmäßig gespeicherter Verkehrsdaten (§ 96 I TKG) nach § 100g I S 1 und nach der Anordnung anfallender (künftiger) Standortdaten nach § 100g I S 4 einerseits (unten 24, 25) sowie der Erhebung von Vorratsdaten (§ 113b TKG) nach § 100g II, von gespeicherten (retrograden) Standortdaten nach § 100g I S 3 iVm II und Funkzellenabfragen nach § 100 III S 2 andererseits (unten 26, 27) zu differenzieren sein. Ferner ist danach zu unterscheiden, ob die Daten in einem anderen Strafverfahren oder für präventive Zwecke verwendet werden sollen. Insoweit sind IV und § 479 II, III einschlägig. Für die Verwendung **polizeirechtlich erlangter Verkehrsdaten** in einem Strafverfahren gilt V (28–30).

24 a) Für die Weiterverwendung von Daten aus Maßnahmen nach **§ 100g I S 1 oder S 4** gilt § 479 II S 1 und 2 (vgl dort 3 ff). Die eingeschränkte Verwendungsregelung nach § 479 II S 1 bezieht sich auf die Verwertung von Zufallsfunden **in anderen Strafverfahren**; ihr liegt der Gedanke des hypothetischen Ersatzeingriffs zugrunde (vgl. auch Bär NZWiSt **17**, 81, 86). Die Verwendung der Verkehrsdaten für andere prozessuale Taten als die Anlasstat ist nur zulässig, wenn sie der Aufklärung einer Straftat dient, aufgrund derer die Maßnahme nach § 100g I ebenfalls hätte angeordnet werden dürfen. Danach dürfte für die Verwertbarkeit nach § 479 II S 1 auch das Vorliegen der materiellen Anordnungsvoraussetzungen für eine Maßnahme nach § 100g I S 1 Nr 1 oder § 100g I S 4 zu verlangen sein, da ohne deren Vorliegen der Eingriff – eben auch nicht hypothetisch – hätte angeordnet werden dürfen (BeckOK-Bär 24; erg 3 zu § 479). Für Daten, die aus einer Maßnahme nach § 100 I S 1 Nr 2 erlangt werden, gilt die eingeschränkte Verwendungsregelung insofern, dass die Straftat, die Gegenstand des anderen Strafverfahrens ist, ebenfalls mittels Telekommunikation begangen worden sein muss.

25 Die Verwendung von **nach § 100g I S 1 oder S 4** erlangten Erkenntnissen **für präventive Zwecke** richtet sich nach § 479 II S 2 Nr 1 und 2 (dort 10). Sie dürfen nach dem Grundsatz des hypothetischen (gefahrabwehrrechtlichen) Ersatzeingriffs (Nr 1) sowie vor allem zur Abwehr einer Gefahr für höchst- und hochrangige Rechtsgüter (Nr 2) verwendet werden.

26 b) Die Weiterverwendung der durch eine Maßnahme nach **§ 100g II,** auch iVm **§ 100g I S 3** und **§ 100g III S 2**, gewonnenen personenbezogenen Daten zu anderen Zwecken als jenen, für die sie im Ausgangsverfahren erhoben wurden, stellt einen eigenständigen Grundrechtseingriff dar (vgl zur Wohnraumüberwachung BVerfGE **109**, 279 [Tz 344]). Für die Umwidmung der Daten bedarf es daher einer diesen Eingriff rechtfertigenden Rechtsgrundlage. Für die Verwendung **in anderen Strafverfahren** ist dies § 1 S 1 Nr 1, der als striktere Regelung dem § 479 II S 1 vorgeht (dort 3). Die Umwidmung **für präventive Zwecke** richtet sich hingegen nach § 479 III S 1 Nr. 3, der IV S 1 Nr. 2 verdrängt (11 zu § 479). Durch die restriktiven Voraussetzungen der Verwendungsregelungen wird zudem eine Umgehung der engen Verwendungsregeln in § 113c TKG verhindert.

27 **In anderen Strafverfahren** dürfen diese Daten nur zur Aufklärung einer Katalogtat iS des § 100g II S 2 oder zur Ermittlung des Aufenthalts der einer solchen Straftat beschuldigten Person verwendet werden (IV S 1 Nr 1). Aufgrund des darin geregelten Grundsatzes des hypothetischen Ersatzeingriffs müssen auch die weiteren materiellen Voraussetzungen für die Anordnung der Maßnahme vorliegen (erg 24 sowie 3 zu § 479). Da die Vorschrift die Einschränkung der Verwendung „zu Beweiszwecken" (vgl insofern § 479 II S 1 iVm § 161 III) nicht enthält, müssen ihre Voraussetzungen auch für die Verwendung der Daten als Spuren- oder Ermittlungsansatz vorliegen (erg 4 zu § 479). Die Ausführungen gelten auch für für retrograde Standortdaten (§ 100g I S 3). Zwar ist die Norm nicht in IV S 1 Nr 1 genannt. Dies scheint aber auf einem Redaktionsversehen bei der Verabschiedung des Ges vom 20.11.2019 zu beruhen (oben 23). Denn mit dem Verweis auf § 100g II in § 100g I S 3 und der Aufnahme der Vorschrift in § 479 III S 1 Nr 3 hat der Gesetzgeber eindeutig zum Ausdruck gebracht, dass für die Erhebung und Weiterverwendung retrograder Standortdaten dieselben hohen Hürden wie für Vorratsdaten und die Daten aus Funkzellenabfragen gelten sollen (erg 3 zu 479).

Zu **präventiven Zwecken** dürfen die Daten nach § 479 III S 1 Nr 3 nur zur **28** Abwehr von konkreten Gefahren für Leib, Leben oder Freiheit einer Person oder für den Bestand des Bundes oder eines Landes verwendet werden (zum Vorrang des § 479 III S 1 Nr 3 vor IV S 1 Nr 2 vgl oben 26 sowie 11 zu § 479). Durch den Verweis auf § 113c I Nr 2 TKG wird klargestellt, dass die Weitergabe von zu repressiven Zwecken erhobenen Daten an Behörden mit präventiven Aufgaben nur unter Berufung auf eine entsprechende Befugnisnorm in Betracht kommt. Die Übermittlung ist aktenkundig zu machen (IV S 2 bzw § 480 IV). Die Regelungen zur Löschung der Daten und die Verwendungssperre (IV S 3-5) entspricht § 479 III S 2-4. Besteht die in § 479 III S 1 Nr 3 bezeichnete Gefahr nicht mehr oder sind die Daten nicht mehr für eine vorgerichtliche oder gerichtliche Überprüfung der zur Gefahrenabwehr getroffenen Maßnahme erforderlich, sind die Aufzeichnungen über diese Daten von der für die Gefahrenabwehr zuständigen Stelle unverzüglich zu löschen (§ 479 III S 2); wird die Löschung lediglich für eine vorgerichtliche oder gerichtliche Überprüfung zurückgestellt, ist die Verarbeitung der Daten auf diesen Zweck durch entspr Markierung (§ 46 Nr 3 BDSG) einzuschränken (§ 479 III S 4).

C. **Präventiv durch eine polizeirechtliche Maßnahme erhobene Ver- 29 kehrsdaten,** die nach § 113b TKG gespeichert waren, dürfen im Strafverfahren ohne Einwilligung der Beteiligten der betroffenen Telekommunikation nur verwendet werden, wenn in dem Strafverfahren eine Maßnahme nach § 100g II, auch in Verbindung mit § 100g III S 2, hätte angeordnet werden können, sowie zur Ermittlung des Aufenthalts der einer solchen Straftat beschuldigten Person (V). Dies gilt auch für die Verwendung der Daten als Ermittlungs- und Spurensatz. Für retrograde Standortdaten dürfte V entspr anzuwenden sein (erg oben 27).

Im Übrigen, dh für nach **§ 96 I TKG** gespeicherte Verkehrsdaten, gilt für die **30** repressive Verwertung präventiv erlangter Daten § 161 III (dort 18 b ff).

5) Rechtliches Gehör und Benachrichtigungspflicht: 31

A. Da es sich bei § 100g um eine **offene** Ermittlungsmaßnahme handelt (11 zu **32** § 100g), muss das damit befasste Gericht den Betroffenen grundsätzlich bereits vor Erlass der Anordnung **gemäß § 33 rechtliches Gehör** gewähren (BT-Drucks 18/5088 S 38). Es ist jedoch anzunehmen, dass der offene Zugriff eher die Ausnahme bleiben wird. Verkehrsdaten werden in der Praxis der Strafverfolgungsbehörde im Normalfall zu einem frühen Zeitpunkt erhoben, in dem die Ermittlungen noch heimlich geführt werden, etwa um eventuell tatbeteiligte Personen zu identifizieren oder weitere – verdeckte – Maßnahmen wie eine Telefonüberwachung vorzubereiten (Degenkolb Kriminalistik **15**, 598, 602). Würde die vorherige Anhörung den Zweck der Anordnung gefährden, kann von der Anhörung nach § 33 IV S 1 abgesehen werden; dies ist in jedem Einzelfall zu begründen (BT-Drucks aaO). Regelmäßig wird es in diesen Fällen aus denselben Gründen auch zu einer Zurückstellung der Benachrichtigung kommen (s VI S 2 sowie dazu 34, 35).

B. **Benachrichtigungspflicht:** Die Beteiligten der betroffenen Telekommuni- **33** kation sind von der Erhebung der Verkehrsdaten nach § 100g zu benachrichtigen (VI S 1). Zuständig für die Benachrichtigung ist die StA, nicht das Gericht und auch nicht der Diensteanbieter (näher 5 zu § 101). Inhaltlich müssen die Beteiligten von Anordnung und Durchführung der Maßnahme unterrichtet werden; zur Information über deren Durchführung gehören auch Dauer und Umfang des Eingriffs (vgl 15 zu § 101). Die Benachrichtigung muss ferner den Hinweis auf die Möglichkeit nachträglichen Rechtsschutzes sowie die dafür vorgesehene Frist enthalten (VI S 2 iVmit § 101 IV S 2, VII).

34 C. **Zurückstellung der Benachrichtigung:** Die Benachrichtigung kann aus den in § 101 V S 1 genannten Gründen zurückgestellt werden (VI S 2). Sie erfolgt erst, sobald dies ohne Gefährdung des Untersuchungszwecks möglich ist. Sie kann also solange zurückgestellt werden, wie erwartet werden kann, dass die mit der jeweiligen Maßnahme verfolgten zulässigen Ermittlungsziele noch durch ein – praktisch verdecktes – Vorgehen erreicht werden können (erg 19 zu § 101). Die ermittlungspraktischen Gründe, die einer vorherigen Anhörung der Betroffenen entgegenstehen (dazu soeben 32), dürften häufig auch eine zeitnahe Benachrichtigung der Beteiligten verhindern. Die StA kann bereits mit dem Antrag auf Anordnung einer Verkehrsdatenerhebung den Antrag auf Zustimmung zur Zurückstellung der Benachrichtigung verbinden (siehe BT-Drucks 18/5088 S 18).

35 Die Zurückstellung bedarf stets der **Anordnung des zuständigen Gerichts**, und eine erstmalige Zurückstellung ist auf höchstens 12 Monate zu befristen (VI S 2 Nr 2). Die Dauer weiterer Zurückstellungen bestimmt das für die Anordnung der Maßnahme zuständige Gericht (VI S 2 iVm § 101 VI S 2, VII S 1). Es kann dem endgültigen Absehen von der Benachrichtigung zustimmen, wenn die Voraussetzungen für eine Benachrichtigung mit an Sicherheit grenzender Wahrscheinlichkeit auch in Zukunft nicht eintreten werden (VI S 2 iVm § 101 VI S 3); bei Maßnahmen nach § 100g II, auch in Verbindung mit § 100g III S 2, dürfte dies mit Rücksicht auf deren besondere Eingriffsintensität, welche das gesamte Regelwerk der §§ 100g, 101a und die darin enthaltenen Beschränkungen und Verfahrenssicherungen prägt, nur ganz ausnahmsweise in Betracht kommen. Die Zurückstellung ist in jedem Einzelfall zu begründen. Der Begründungsinhalt deckt sich mit dem für ein Absehen von der Gewährung vorherigen rechtlichen Gehörs nach § 33 IV S 1 (oben 32). In der Anordnung, die Benachrichtigung zurückzustellen, ist zugleich das Absehen von der Gewährung vorherigen rechtlichen Gehörs enthalten (§ 33 IV sowie oben 32).

36 D. **Das Unterbleiben** der Benachrichtigung kommt aus den in § 101 IV S 3 bis 5 genannten Gründen in Betracht (VI S 2); die Ausführungen 16–18 zu § 101 gelten entsprechend. Es bedarf stets einer richterlichen Anordnung (VI S 2 Nr 1).

37 **6) Der Rechtsschutz** für die Beteiligten an der betroffenen Telekommunikation bestimmt sich nach Maßgabe des § 101 VII (VI S 2). Auf 25–26a zu § 101 wird verwiesen.

38 **7) Revision:** Die Revision bedarf einer Verfahrensrüge nach § 344 II S 2. Sie kann darauf gestützt werden, dass die Beweiswürdigung auf Verkehrsdaten beruht, die nicht hätten verwertet werden dürfen; zur Frage der Verwertbarkeit siehe oben 19–29. Analog der Rspr zur Verwertung von Erkenntnissen aus der Telefonüberwachung wird es erforderlich sein, dass der Verwertung in der Hauptverhandlung widersprochen worden ist (vgl 39 zu § 100a).

Statistische Erfassung; Berichtspflichten

101b [I] [1] Die Länder und der Generalbundesanwalt berichten dem Bundesamt für Justiz kalenderjährlich jeweils bis zum 30. Juni des Berichtsjahr folgenden Jahres über in ihrem Zuständigkeitsbereich angeordnete Maßnahmen nach den §§ 100a, 100b, 100c und 100g. [2] Das Bundesamt für Justiz erstellt eine Übersicht zu den im Berichtsjahr bundesweit angeordneten Maßnahmen und veröffentlicht diese im Internet. [3] Über die im jeweils vorangegangenen Kalenderjahr nach § 100c angeordneten Maßnahmen berichtet die Bundesregierung dem Deutschen Bundestag vor der Veröffentlichung im Internet.

[II] [1] In den Übersichten über Maßnahmen nach § 100a sind anzugeben:
1. die Anzahl der Verfahren, in denen Maßnahmen nach § 100a Absatz 1 angeordnet worden sind;

2. die Anzahl der Überwachungsanordnungen nach § 100a Absatz 1, unterschieden nach Erst- und Verlängerungsanordnungen;
3. die jeweils zugrunde liegende Anlassstraftat nach der Unterteilung in § 100a Absatz 2;
4. die Anzahl der Verfahren, in denen ein Eingriff in ein von dem Betroffenen genutztes informationstechnisches System nach § 100a Absatz 1 Satz 2 und 3
   a) im richterlichen Beschluss angeordnet wurde und
   b) tatsächlich durchgeführt wurde.

III In den Übersichten über Maßnahmen nach § 100b sind anzugeben:
1. die Anzahl der Verfahren, in denen Maßnahmen nach § 100b Absatz 1 angeordnet worden sind;
2. die Anzahl der Überwachungsanordnungen nach § 100b Absatz 1, unterschieden nach Erst- und Verlängerungsanordnungen;
3. die jeweils zugrunde liegende Anlassstraftat nach Maßgabe der Unterteilung in § 100b Absatz 2;
4. die Anzahl der Verfahren, in denen ein Eingriff in ein vom Betroffenen genutztes informationstechnisches System tatsächlich durchgeführt wurde.

IV In den Berichten über Maßnahmen nach § 100c sind anzugeben:
1. die Anzahl der Verfahren, in denen Maßnahmen nach § 100c Absatz 1 angeordnet worden sind;
2. die jeweils zugrunde liegende Anlassstraftat nach Maßgabe der Unterteilung in § 100b Absatz 2;
3. ob das Verfahren einen Bezug zur Verfolgung organisierter Kriminalität aufweist;
4. die Anzahl der überwachten Objekte je Verfahren nach Privatwohnungen und sonstigen Wohnungen sowie nach Wohnungen des Beschuldigten und Wohnungen dritter Personen;
5. die Anzahl der überwachten Personen je Verfahren nach Beschuldigten und nichtbeschuldigten Personen;
6. die Dauer der einzelnen Überwachung nach Dauer der Anordnung, Dauer der Verlängerung und Abhördauer;
7. wie häufig eine Maßnahme nach § 100d Absatz 4, § 100e Absatz 5 unterbrochen oder abgebrochen worden ist;
8. ob eine Benachrichtigung der betroffenen Person (§ 101 Absatz 4 bis 6) erfolgt ist oder aus welchen Gründen von einer Benachrichtigung abgesehen worden ist;
9. ob die Überwachung Ergebnisse erbracht hat, die für das Verfahren relevant sind oder voraussichtlich relevant sein werden;
10. ob die Überwachung Ergebnisse erbracht hat, die für andere Strafverfahren relevant sind oder voraussichtlich relevant sein werden;
11. wenn die Überwachung keine relevanten Ergebnisse erbracht hat: die Gründe hierfür, differenziert nach technischen Gründen und sonstigen Gründen;
12. die Kosten der Maßnahme, differenziert nach Kosten für Übersetzungsdienste und sonstigen Kosten.

V In den Übersichten über Maßnahmen nach § 100g sind anzugeben:
1. unterschieden nach Maßnahmen nach § 100g Absatz 1, 2 und 3
   a) die Anzahl der Verfahren, in denen diese Maßnahmen durchgeführt wurden;
   b) die Anzahl der Erstanordnungen, mit denen diese Maßnahmen angeordnet wurden;
   c) die Anzahl der Verlängerungsanordnungen, mit denen diese Maßnahmen angeordnet wurden;

§ 102

2. untergliedert nach der Anzahl der zurückliegenden Wochen, für die die Erhebung von Verkehrsdaten angeordnet wurde, jeweils bemessen ab dem Zeitpunkt der Anordnung
   a) die Anzahl der Anordnungen nach § 100g Absatz 1;
   b) die Anzahl der Anordnungen nach § 100g Absatz 2;
   c) die Anzahl der Anordnungen nach § 100g Absatz 3;
   d) die Anzahl der Anordnungen, die teilweise ergebnislos geblieben sind, weil die abgefragten Daten teilweise nicht verfügbar waren;
   e) die Anzahl der Anordnungen, die ergebnislos geblieben sind, weil keine Daten verfügbar waren.

1 1) Das Gesetz vom 17.8.2017 (BGBl I 3202) hat die Regelungen über die **statistische Erfassung und die Berichtspflichten** bei Maßnahmen nach den §§ 100a, 100b, 100c und 100g in § 101b zusammengefasst. Die Länder und der Generalbundesanwalt haben dem Bundesamt für Justiz über die in ihrem Geschäftsbereich angeordneten Maßnahmen kalenderjährlich jeweils bis zum 30. Juni des dem Berichtsjahr folgenden Jahres zu berichten, damit das Bundesamt für Justiz eine entsprechende Übersicht erstellen und diese im Internet veröffentlichen kann (I S 1, 2). Durch die Veröffentlichung soll die Transparenz der Maßnahmen gestärkt und ihre Evaluierung erleichtert werden (vgl BT-Drucks 18/5088 S 39).

2 2) **Bei Maßnahmen nach § 100c** unterrichten die Landesjustizverwaltungen gemäß Art 13 VI S 3 GG ein parlamentarisches Kontrollgremium, die Bundesregierung unterrichtet ihrerseits auf Grund der vom Bundesamt für Justiz erstellten bundesweiten Übersicht jährlich (Art 13 VI S 1 GG) den BTag. Dieser Bericht hat, wie I S 3 ausdrücklich klarstellt, vor der Veröffentlichung der Übersicht im Internet zu erfolgen. Damit ist eine parlamentarische Kontrolle für die den Art 13 GG einschränkenden Maßnahmen gegeben, wie sie ähnlich nach §§ 14 ff **G 10** für die Überwachung und Aufzeichnung der Telekommunikation durch Nachrichtendienste besteht. Die Kontrolle wird nach Art 13 IV S 2 GG durch ein vom BTag gewähltes Gremium ausgeübt.

3 3) Der **Inhalt** der Berichte ist für die einzelnen Maßnahmen in II jeweils im Einzelnen vorgeschrieben worden (II für § 100a, III für § 100b, IV für § 100c und V für § 100g [zur geplanten Erweiterung auf Nutzungsdaten vgl 1 zu § 100g]). Die Mitteilung, wie oft und aus welchen Gründen die beantragte Maßnahme nicht durchgeführt worden ist, ist nicht vorgesehen, kann aber sinnvoll sein. Die danach im Einzelnen anzugebenden Daten werden idR den Anordnungs- oder ggf. Verlängerungsbeschlüssen zu entnehmen sein.

4 4) Eine **Übergangsregelung** enthält § 16 **EGStPO**.

Durchsuchung bei Beschuldigten RiStBV 73a

102 Bei dem, welcher als Täter oder Teilnehmer einer Straftat oder der Datenhehlerei, Begünstigung, Strafvereitelung oder Hehlerei verdächtig ist, kann eine Durchsuchung der Wohnung und anderer Räume sowie seiner Person und der ihm gehörenden Sachen sowohl zum Zweck seiner Ergreifung als auch dann vorgenommen werden, wenn zu vermuten ist, daß die Durchsuchung zur Auffindung von Beweismitteln führen werde.

Übersicht

	Rn
1) Grundrechtseingriff	1
2) Durchsuchungsvoraussetzung	2
3) Verdächtiger	3–5a
4) Durchsuchungsgegenstände	6–10a
5) Durchsuchungszwecke	11–14
6) Verhältnismäßigkeit	15–16

Ermittlungsmaßnahmen **§ 102**

	Rn
7) Zufallsfunde	17
8) Immunität	18

1) Eine **Einschränkung der Grundrechte** nach Art 2, 13 GG gestatten die §§ 102 ff. Sie gelten von der Einleitung des Ermittlungsverfahrens ab bis zur Urteilsrechtskraft. Dabei muss der Verdächtige die Durchsuchung in weiterem Maß dulden als der Unverdächtige (§ 103). Die Durchsuchung ist eine **offene** Ermittlungsmaßnahme (BGH NJW **07**, 930; KK-Bruns 1; Hoffmann-Holland/Koranyi ZStW **14**, 837). 1

2) Voraussetzung jeder Durchsuchung ist die Wahrscheinlichkeit, dass eine bestimmte Straftat bereits begangen und nicht nur straflos vorbereitet worden ist; hierfür müssen zureichende tatsächliche Anhaltspunkte vorliegen (BVerfG NJW **20**, 384 [Tz 24]; NJW **91**, 690; **95**, 2839 zur Durchsuchung bei mehreren Betriebsstätten einer Bank; BGH NStZ-RR **09**, 142; NStZ-RR **19**, 282; BVerfG NJW **05**, 1707; **07**, 2749 und LG Berlin NStZ **04**, 103 zur Durchsuchung einer RA-Kanzlei wegen des Verdachts der Geldwäsche; dazu BVerfGE **110**, 226,[vgl 2 vor § 137]; NStZ-RR **08**, 176 [Arztpraxis]). Vage Anhaltspunkte oder bloße Vermutungen genügen nicht (BVerfG NJW **14**, 1650 [Durchsuchung der Privatwohnung eines Prokuristen]; **11**, 2275; **11**, 291 [Hehlerei durch Verkauf über Internetplattform]; **04**, 3171, 3172; StraFo **14**, 67; StV **13**, 609; **10**, 665; **09**, 452 [§ 106 UrhG durch Links in einem vom Beschuldigten betriebenen Internetforum]), andererseits bedarf es aber auch keinen hinreichenden oder dringenden Tatverdachts (BGH **16**, 370). Zur Begründung des erforderlichen Anfangsverdachts können Behördenzeugnisse über G-10-Maßnahmen herangezogen werden; ein pauschales gegenüber an Recht und Gesetz gebundenen Behörden und Gremien ist nicht angezeigt (BGH JR **19**, 404 mit Anm Löffelmann). Bei anonymen Hinweisen ist wegen der erhöhten Gefahr und des nur schwer bewertbaren Risikos einer falschen Verdächtigung eine besonders sorgfältige Prüfung erforderlich (BVerfG StV **17**, 361). UU können auch legale Handlungen für die Begründung des Anfangsverdachts herangezogen werden, wenn diese es nach kriminalistischer Erfahrung möglich erscheinen lassen, dass sich die betreffende Person strafbar gemacht hat (BVerfG NJW **18**, 3571 [Tz 35 f]). Wird bei dem Insassen eines PKW Rauschgift sichergestellt, begründet dies ohne weitere konkrete Anhaltspunkte nicht den erforderlichen Tatverdacht für eine Wohnungsdurchsuchung bei einem anderen Mitfahrer (BVerfG StV **10**, 665). Andererseits ist eine genaue Tatkonkretisierung nicht erforderlich (BVerfG 2 BvR 1800/07 vom 28.9.2008). Vor einer Durchsuchung in Steuerstrafsachen sind ggf Vorermittlungen im Besteuerungsverfahren durchzuführen (BVerfG NJW **06**, 2974; wistra **06**, 377 mit Anm Wiese wistra **06**, 417; LG Hildesheim wistra **07**, 399 mit Anm Matthes wistra **08**, 10; eingehend Kemper wistra **07**, 249, der Bankermittlungen idR für untauglich hält). Bei Durchsuchungen nach § 102 genügt es, anders als nach § 103 (dort 5, 6), dass auf Grund kriminalistischer Erfahrung die begründete Aussicht besteht, dass der Zweck der Durchsuchung erreicht werden kann (BVerfG NJW **03**, 2669, 2670; Dresden StraFo **08**, 118). Eine Durchsuchung darf aber nicht der Ermittlung von Tatsachen dienen, die zur Begründung eines Verdachtes erforderlich sind (BVerfG StV **13**, 609; **10**, 665). Zur bloßen Ausforschung darf die Maßnahme nicht benutzt werden (LG Offenburg StV **97**, 626). Auf eine nach EU- oder Verfassungsrecht nicht anwendbare Strafnorm kann der Anfangsverdacht nicht gestützt werden (BVerfG 2 BvR 174/05 vom 29.6.2009 zu § 284 StGB). Zur Annahme des Tatverdachtes bei legalem Verhalten siehe erg 4 a zu § 152. 2

3) Der **Verdächtige** muss die Durchsuchung dulden. Er braucht noch nicht Beschuldigter (Einl 76 ff) zu sein; der Tatverdacht gegen ihn muss nicht einmal so weit konkretisiert sein, dass die Beschuldigteneigenschaft schon begründet werden kann (Köln VRS **27**, 103; EbSchmidt 8; Bruns Schmidt-Leichner-FS 5; LR-Tsambikakis 5; **aM** Geerds Dünnebier-FS 174; vgl auch Göres/Kleinert NJW **08**, 1358). Daher sind auch Durchsuchungen von und bei Personen zulässig, die (vgl 3

§ 102

Einl 79) zunächst informatorisch als Zeugen zu hören sind (Rogall NJW **78**, 2535). Zum Beschuldigten wird der Verdächtige, wenn die Maßnahme dazu dient, für seine Überführung geeignete Beweismittel zu gewinnen (BGH **51**, 367, 371; zust Roxin JR **08**, 17; BGH NStZ **97**, 398 mit Anm Rogall).

3a **Juristische Personen** können nach Ansicht des Kartellsenates des BGH (BGH KRB 48/13 vom 23.1.2014), der sich ua auf die eigenständige Ahndungsmöglichkeit gemäß § 30 OWiG beruft, wie ein Täter zu behandeln und damit auch Träger eines Tatverdachts sein; insoweit seien auch diejenigen Personen, die in Funktionen in dem Unternehmen tätig sind, die im Zusammenhang mit der Ordnungswidrigkeit stehen, tatverdächtig im Sinne von § 102. Danach dürfte sich der Kreis der Mitarbeiter, auf den Durchsuchungsmaßnahmen erstreckt werden dürfen, an den in § 30 I OWiG genannten Personen sowie den dort normierten Maßstäben orientieren. Insoweit reichte es aus, dass nach kriminalistischer Erfahrung die begründete Aussicht besteht, dass sich bei den für die juristische Person handelnden Personen für die Untersuchung relevante Beweismittel finden lassen, ohne dass bereits in deren Person eine Beschuldigtenstellung gegeben sein muss (vgl BGH aaO). Kritisch dazu Ahlbrecht Wessing-FS 177, der darauf hinweist, dass juristische Personen de lege lata, solange kein Verbandsstrafgesetzbuch existiert, keine Beschuldigten- und Tatverdächtigenstellung haben können (vgl auch BVerfGE **95**, 220 zur Frage der Nichtanwendbarkeit des nemo tenetur Grundsatzes auf juristische Personen).

4 **Strafunmündige** können keine „Verdächtigen" sein; Durchsuchungen können daher nur nach § 103 zulässig sein (Bamberg NStZ **89**, 40; LR-Tsambikakis 10), ebenso in Verfahren gegen „Unbekannt" (LG Trier StraFo **07**, 371). Ist das Vorliegen von Rechtfertigungs-, Entschuldigungs- oder persönlichen Strafausschließungsgründen offensichtlich, so ist die Durchsuchung unstatthaft. Verfahrenshindernisse stehen ihr nur entgegen, wenn sie nicht behebbar sind (vgl 7 zu § 94).

5 **Teilnehmer** nach §§ 25 ff StGB, nicht die sog notwendigen Teilnehmer (zum Begriff: Fischer 7 vor § 25 StGB), stehen den Tatverdächtigen gleich. Bei jedem von ihnen sowie bei den der Begünstigung, Strafvereitelung oder Hehlerei Verdächtigen ist die Durchsuchung zu dem Zweck zulässig, die Beteiligung irgendeines Angehörigen dieses Personenkreises aufzuklären.

5a In Verfahren gegen **Medienangehörige** sind Durchsuchungen unzulässig, wenn sie ausschließlich oder vorwiegend dem Zweck dienen, die Person eines Informanten zu ermitteln (vgl BVerfGE **20**, 162, 192, 217; **117**, 244; erg 45 zu § 97) oder den Verdacht von Straftaten durch Informanten aufzuklären (BVerfG NJW **15**, 3430: erforderlich Tatverdacht gegen konkret betroffenen Presseangehörigen; erg 45b zu § 97). Die bloße Veröffentlichung eines Dienstgeheimnisses reicht nicht aus, um den Verdacht einer (sukzessiven) Beihilfe des Journalisten zu § 353b StGB zu begründen; in einem solchen Fall sind vielmehr tatsächliche Anhaltspunkte für eine vom Geheimnisträger bezweckte Veröffentlichung des Geheimnisses erforderlich (BVerfGE **117** aaO; dazu Schmidt-De Caluwe NVwZ **07**, 640, Starke AfP **07**, 91; zu weitergehenden Einschränkungen Brüning wistra **07**, 334; Gaede AfP **07**, 413; vgl auch EGMR NJW **08**, 3412 mit Anm Schork; erg 1 zu Art 10 EMRK).

6 **4) Durchsuchungsgegenstände:**

7 A. **Wohnungen und Räume** iS § 102 sind Räumlichkeiten, die der Verdächtige tatsächlich innehat, gleichgültig, ob er sie befugt oder unbefugt nutzt, ob er Allein- oder Mitinhaber ist (BGH NStZ **86**, 84; Köln III-1 RVs 3/18 vom 26.1.2018, StV **18**, 801 [Ls]) und ob ihm das Hausrecht zusteht (Stoffers wistra **09**, 380; **aM** Nelles StV **91**, 489). Dazu gehören auch Arbeits-, Betriebs- und Geschäftsräume (BVerfG NJW **03**, 2669) sowie Räume, die nur vorübergehend benutzt oder mitbenutzt werden (Geschäft, Hotelzimmer; nicht aber Wohnungen anderer Bewohner einer Wohngemeinschaft, LG Heilbronn StV **05**, 380), sowie (vgl § 104 I) das befriedete Besitztum (Hofräume, Hausgärten ua). Auch Räume in einem Dienstgebäude kommen in Betracht (Bay NJW **93**, 744; vgl § 105 III). Bei Mitbenutzung oder Mitgewahrsam mehrerer Personen, von denen nur ein Teil

verdächtig ist, gilt daher § 102 StPO (BVerfG NJW **19**, 3633). Zur Abgrenzung von § 102 und § 103 bei der Durchsuchung von **Arztpraxen** wegen des Verdachts des Abrechnungsbetruges, vgl Röß NZWiSt **18**, 483.

Von der Raumdurchsuchung ist die bloße **Nachschau** zu unterscheiden, bei der es nicht um die Auffindung einer sich verbergenden Person, sondern darum geht, den Betroffenen, dessen Anwesenheit in der Wohnung bekannt ist, festzunehmen und zu diesem Zweck die Wohnung gegen seinen Willen zu betreten (Kaiser NJW **80**, 876; vgl auch BVerwGE **47**, 31). **8**

B. **Personen:** Das Durchsuchen der Person besteht im Suchen nach Sachen oder Spuren in oder unter der Kleidung, auch auf der Körperoberfläche und in natürlichen Körperöffnungen, die ohne Eingriff mit bloßen Hilfsmitteln einzusehen sind (zB in der Mundhöhle: Celle NdsRpfl **97**, 162), nicht aber das Suchen nach im Körperinnern befindlichen Gegenständen (9 zu § 81a). § 81d ist zu beachten (dort 1). **9**

C. **Sachen** sind Kleidungsstücke, die der Verdächtige bei sich führt, ohne sie zu tragen, und seine sonstige bewegliche Habe, gleichgültig, ob sie sich in seinem Umkreis, zB in Gepäckstücken, im Kofferraum, in der Hand eines Begleiters, oder anderswo befindet. Nur für Sachen, die bei Nichtverdächtigen abgestellt sind, gilt § 103. „Ihm gehörend" bedeutet nicht das Eigentum, sondern umfasst den Besitz, Gewahrsam und Mitgewahrsam (BGH wistra **07**, 28). **10**

D. **EDV-Anlagen:** Erfasst werden auch Datenträger als körperliche Gegenstände und damit Sachen iSv § 90 BGB (Herrmann/Soine NJW **11**, 2922, 2924). Potentiell beweiserhebliche Daten aus einem Mobiltelefon dürfen „ausgelesen" werden (vgl BVerfG 2 BvR 2099/04 vom 2.3.2006; Ternig/Lellmann NZV **16**, 454: Annexkompetenz zu §§ 94, 98). Nach beweiserheblichen Daten dürfen auch Speicherplätze auf Festplatten eines externen Servers beim sog **Cloud-Computing** durchsucht werden, bei dem der Nutzer zwar jederzeit von seinem Computer aus auf seine Daten zugreifen kann, er aber nicht weiß, wo diese tatsächlich gespeichert sind (zur Funktionsweise Obenhaus NJW **10**, 651); insoweit hat der Nutzer über seinen Internet-Account faktischen Zugriff auf den konkreten Cloud-Speicherplatz, auf dem seine Daten gespeichert sind und damit – was für eine Durchsuchung nach Verdächtigen nach § 102 ausreicht – zumindest Mitgewahrsam (Wicker MMR **13**, 765; Herrmann/Soine NJW **11**, 2922; die Durchsuchung bei nichtverdächtigen Cloud-Anbietern erfolgt nach § 103, siehe dort 1; erg 7a–c zu § 110). Die Durchsicht externer Speichermedien regelt § 110 III. Grundsätzlich ist auch die Inbetriebnahme von EDV-Anlagen zulässig, um an bisher noch nicht aufgefundene Beweismittel zu gelangen, wobei aber die in § 102 genannten Durchsuchungsobjekte zu beachten sind (näher dazu Bär [16a zu § 94] S 179ff; Valerius JR **07**, 278). Zur Unverwertbarkeit von ohne richterliche Anordnung durchsuchten Dateien vgl LG Bremen StV **06**, 571 mit Anm Stege. **10a**

5) **Durchsuchungszwecke:** **11**

A. **Ergreifen des Verdächtigen:** Ergreifen iS § 102 ist jede Festnahme zur Durchführung einer gesetzlich zugelassenen Zwangsmaßnahme, zB nach §§ 112, 126a, 127, 134, 230 II, 236, 329 IV S 1, auch nach § 81 (dort 27), § 81a (dort 28) und, für Zwecke der Strafverfolgung, nach §§ 81b (dort 15) und § 457 II oder wenn der Betroffene zur Durchführung von Identifizierungsmaßnahmen gesucht wird (§§ 163a, 163b). Unter den Begriff Ergreifung fällt auch die Festnahme des Verurteilten (Düsseldorf NJW **81**, 2133; Frankfurt NJW **64**, 785; erg 6 zu § 105) zur Einlieferung in Widerrufshaft nach § 453c (dort 13), in Strafhaft nach § 457 (dort 11) oder in den Maßregelvollzug (§ 463 I). **12**

B. **Auffinden von Beweismitteln:** Zu den Beweismitteln (4ff zu § 94) gehören auch die nur in § 103 erwähnten Spuren (SK-Wohlers/Jäger 21) und Personen, die zu Beweiszwecken in Augenschein genommen werden sollen (Schleswig SchlHA **85**, 116 [E/L]), nicht aber Personen, die nur als Zeugen gesucht werden (KMR-Hadamitzky 16). Bei der Durchsuchung von Sachen kommt es auf deren **13**

§ 102

Eigenschaft als Beweismittel nicht an; sie können auch durchsucht werden, um Anhaltspunkte für Beweismittel zu gewinnen (LR-Tsambikakis 22).

14 C. Wenn **Einziehungsgegenstände** (zB ein Führerschein, vgl 15 zu § 111a) zum Zweck der Beschlagnahme gesucht werden, sind nach § 111b II die §§ 102 ff anzuwenden (Gramse NZV 02, 349). Wird der Gegenstand gleichzeitig als Beweismittel gesucht, so genügt das Vorliegen der Voraussetzungen des § 94 (dort 2).

15 6) Der **Verhältnismäßigkeitsgrundsatz** (Einl 20) muss bei Durchsuchungen besonders beachtet werden (BVerfGE 20, 162, 187; 42, 212, 220; 59, 95). Die Durchsuchung scheidet aus, wenn andere, gleich wirksame (BGH StraFo 19, 459, 460) – den Ermittlungszweck nicht gefährdende (Kemper wistra 07, 252) – Maßnahmen verfügbar sind (BVerfG StraFo 15, 198, 201; NJW 05, 1640; NStZ-RR 06, 110; StraFo 06, 240; Rostock NJW 13, 484 zu anwaltsgerichtlichen Verfahren), etwa die Einsicht in das Schuldnerverzeichnis und Einholung von Bankauskünften (BVerfG NStZ 19, 351, 352), die Vernehmung von Zeugen (BVerfG NJW 09, 281 [subjektiver Betrugstatbestand]; StraFo 05, 377 [Wahllichtbildvorlage oder Gegenüberstellung]; LG Bremen StraFo 09, 416 [„Hausbefragung"]), die Verwertung aussagekräftiger Urkunden (BVerfG 2 BvR 2486/06 vom 11.7.2008), die Einholung behördlicher Auskünfte (Dresden StraFo 07, 329 [persönliche und wirtschaftliche Verhältnisse des Angeklagten]) oder ein Herausgabeverlangen nach § 95 (vgl BVerfG 1 BvR 1951/13 vom 30.7.2015; LG Dresden StV 15, 621: Insolvenzverwalter; LG Flensburg StV 15, 622: Sicherstellung eines Führerscheins); vgl auch BVerfG MMR 09, 459, 460: Feststellung der Verantwortlichkeit für (Hyper-)Links.

15a Sie muss in einem **angemessenen Verhältnis** zur Schwere der (konkreten) Straftat und zur Stärke des Tatverdachts stehen (EGMR NJW 06, 1495; BVerfG StV 15, 615: Cannabisanbau zur Schmerztherapie; NJW 11, 2275; ZfS 07, 655 und NStZ 08, 103 [OWi]; Hamburg StV 08, 12). Hierbei sind auch die Bedeutung des potentiellen Beweismittels für das Strafverfahren sowie der Grad des auf verfahrenserhebliche Informationen bezogenen Auffindeverdachts zu berücksichtigen (BVerfGE 115, 166, 197; StV 15, 614; NJW 07, 1804; 2 BvR 1800/07 vom 28.9.2008 [Mandatsunterlagen in Privatwohnung]); die Auffindewahrscheinlichkeit ist insbesondere bei länger zurückliegenden Ereignissen sorgfältig zu prüfen (BVerfG 2 BvR 1873/04 vom 15.12.2004; 2 BvR 1467/04 vom 25.1.2005; NJW 07, 2749, 2752). Auch politische Parteien müssen sich Durchsuchungen gefallen lassen (BVerfG wistra 84, 221). Bei der Durchsuchung einer RA-Kanzlei ist besonders sorgfältig abzuwägen (BVerfG NJW 07, 1443; 08, 2422; 09, 2518; vgl auch EGMR NJW 93, 718; 08, 3409 mit Anm Schork): Die Maßnahme ist unverhältnismäßig, wenn es nur um eine geringfügige Strafe (BVerfG NJW 08, 1937) oder OWi (BVerfG NJW 06, 3411) geht; eine Aufforderung zur freiwilligen Herausgabe von Unterlagen ist aber idR bei § 102 nicht erforderlich (BVerfG 2 BvR 1800/07 vom 28.9.2008; vgl aber LG Berlin NStZ 04, 103; erg 1a zu § 103; 14 zu § 160). Bei Berufsgeheimnisträgern ist auch die Gefährdung empfindlicher Daten Dritter zu berücksichtigen (BVerfG NStZ-RR 08, 176 [Ärztpraxis]), bei Anwälten darüber hinaus der im Interesse der Allgemeinheit an einer wirksamen und geordneten Rechtspflege liegende Schutz der Vertrauensbeziehung zum Mandanten (BVerfG NJW 08, 1937; 09, 281; 2518). Vgl Beck/Kreißig NStZ 07, 309 und Gercke ZUM 09, 536 zu Verletzungen des UrhG. Das Auffinden etwaigen entlastenden Materials kann die Durchsuchung nicht rechtfertigen, wenn es dem Betroffenen ohne weiteres möglich wäre, solches Material selbständig zu seiner Verteidigung vorzulegen (BVerfG NJW 11, 2275, 2276) bzw wenn er die freiwillige Herausgabe angeboten hat.

16 Die Durchsuchung von **Presseunternehmen** kann unverhältnismäßig sein, wenn sie schwer in den Betrieb eingreift, um einen wenig wahrscheinlichen Tatbestand aufzuklären (BVerfGE 20, 162, 204; vgl auch LG Bremen NStZ-RR 00, 174). Der Durchsuchung eines Presseunternehmens, dessen Angehörige in den Verdacht der Bestechung geraten sind, steht das Interesse am Schutz der Informanten grundsätzlich nicht entgegen (BVerfG AfP 76, 123). In jedem Fall ist jedoch eine übermäßige Beeinträchtigung beim Vollzug der Durchsuchung zu vermeiden (BVerfG NJW 11, 1863, 1866: Anfertigung von Großflächenskizzen und Lichtbildern der Räume eines Rundfunksenders).

7) Zufallsfunde: Überraschend aufgefundene Beweismittel werden nach § 108 I sichergestellt, wenn sie für eine andere strafrechtliche Untersuchung von Bedeutung sind. Angetroffene Personen, bei denen Identifizierungsmaßnahmen nach § 163b erforderlich erscheinen, können zu diesem Zweck festgehalten werden. Wird jemand aufgefunden, bei dem Anhaltspunkte dafür bestehen, dass sich an seinem Körper Spuren befinden, so werden die erforderlichen Maßnahmen nach § 81c veranlasst.

8) Immunität: Bei Abgeordneten ist die Durchsuchung im selben Maße zulässig wie die Beschlagnahme (vgl 24 zu § 94). Im Bundestagsgebäude ist die vorherige Zustimmung des Präsidenten erforderlich (Art 40 II S 2 GG); entspr Vorschriften enthalten die Länderverfassungen (vgl Elf NStZ **94**, 375).

17

18

Durchsuchung bei anderen Personen

103 I ¹ **Bei anderen Personen sind Durchsuchungen nur zur Ergreifung des Beschuldigten oder zur Verfolgung von Spuren einer Straftat oder zur Beschlagnahme bestimmter Gegenstände und nur dann zulässig, wenn Tatsachen vorliegen, aus denen zu schließen ist, daß die gesuchte Person, Spur oder Sache sich in den zu durchsuchenden Räumen befindet.** ² **Zum Zwecke der Ergreifung eines Beschuldigten, der dringend verdächtig ist, eine Straftat nach § 89a oder § 89c Absatz 1 bis 4 des Strafgesetzbuchs oder nach § 129a, auch in Verbindung mit § 129b Abs. 1, des Strafgesetzbuches oder eine der in dieser Vorschrift bezeichneten Straftaten begangen zu haben, ist eine Durchsuchung von Wohnungen und anderen Räumen auch zulässig, wenn diese sich in einem Gebäude befinden, von dem auf Grund von Tatsachen anzunehmen ist, daß sich der Beschuldigte in ihm aufhält.**

II **Die Beschränkungen des Absatzes 1 Satz 1 gelten nicht für Räume, in denen der Beschuldigte ergriffen worden ist oder die er während der Verfolgung betreten hat.**

1) Andere Personen (I S 1) sind solche, die nicht tat- oder teilnahmeverdächtig sind (vgl zu einem iS des § 10 TMG privilegierten Host-Provider LG Saarbrücken MMR **10**, 205 mit zust Anm Bär) oder die wegen Vorliegens von Schuld- oder Strafausschließungsgründen nicht verfolgt werden können, uU auch Rechtsanwälte (LG Saarbrücken NStZ-RR **02**, 267) und Anbieter von Speicherplätzen beim sog **Cloud-Computing** (Wicker MMR **13**, 765, 767; Herrmann/Soine NJW **11**, 2922; erg 10a zu § 102, 7a–c zu § 110). Die Büros verdächtiger Organe juristischer Personen können sowohl nach § 102 als auch nach § 103 durchsucht werden (BVerfG NJW **03**, 2669, 2670; BGH wistra **97**, 107; **aM** SK-Wohlers/ Jäger 12 zu § 102, 4 zu § 103 mwN). Ist die juristische Person in den Fällen des § 30 OWiG, etwa bei **Kartellordnungswidrigkeiten,** selbst Träger des Tatverdachts, sind diejenigen Personen, die in Funktionen in dem Unternehmen tätig sind, die im Zusammenhang mit der OWi stehen können, keine nicht tatverdächtigen Dritten iSd § 103 (BGH KRB 48/13 vom 23.1.2014; erg 3a zu § 102). Kommt lediglich ein strafunmündiges Kind als Täter in Betracht, ist die Durchsuchung unzulässig (Eisenberg StV **89**, 556; Frehsee ZStW **100**, 304; Streng Gössel-FS 505; **aM** Bamberg NStZ **89**, 40 mit abl Anm Wasmuth; Schoene DRiZ **99**, 323, dagegen Walter DRiZ **99**, 325); denn Voraussetzung des § 103 ist, dass überhaupt ein Strafverfahren gegen eine bestimmte Person durchgeführt werden kann. Anders ist es, wenn zugleich ein Tatverdacht gegen strafmündige Tatbeteiligte besteht, was schon im Hinblick auf § 171 StGB (Verletzung der Fürsorge- oder Erziehungspflicht) nahe liegen kann. Die Duldungspflicht des Unverdächtigen ist

1

§ 103

geringer als die des Verdächtigten (unten 5, 6). Eine Durchsuchung nach § 103 ist aber nicht deshalb rechtswidrig, weil sie auch nach § 102 zulässig gewesen wäre (BGH **28**, 57, 60; a**M** Krekeler NStZ **93**, 266).

1a Sie stellt erhöhte Anforderungen an die Prüfung des **Verhältnismäßigkeitsgrundsatzes** (15 zu § 102; BVerfG NJW **07**, 1804; vgl zum Steuerberater LG Saarbrücken NZWiSt **13**, 153 mit Anm Kirsch, zum Insolvenzverwalter LG Berlin ZInsO **08**, 865; LG Neubrandenburg NJW **10**, 691; LG Potsdam JR **08**, 260; zu eng aber LG Saarbrücken ZInsO **10**, 431 mit insoweit abl Anm Weyand: auch bei kooperationsunwilligem Verwalter soll § 95 vorrangig sein [allgemein dazu noch Stiller ZInsO **11**, 1633]; erg 19 aE zu § 94); dieser wird idR erfordern, dass der Betroffene zunächst zur freiwilligen Herausgabe des Beweisgegenstandes aufgefordert wird (LG Kaiserslautern NStZ **81**, 438; LG Mühlhausen wistra **07**, 195; vgl auch BVerfG wistra **08**, 463; LG Köln NJW **81**, 1746; LR-Tsambikakis 8 hält die Durchsuchung ohne diese Aufforderung sogar für rechtswidrig). Dient die Maßnahme dem Auffinden von Gegenständen, die keinen unmittelbaren Bezug zum Ermittlungsverfahren aufweisen, bedarf es besonderer Gründe, aus denen sich die Bedeutung der gesuchten Gegenstände für das Verfahren und die Rechtfertigung für den Eingriff ergeben (BVerfG NJW **09**, 2518: steuerrechtliche Konzeption und Beratung strukturell ähnlichem Fonds durch RA). Hinsichtlich der **Durchsuchung bei Berufsgeheimnisträgern** sind die Erhebungs- und Verwendungsverbote des § 160a I S 1 und 2 zu beachten (BVerfG Strafo **15**, 61: keine Beschlagnahme von „Geschäftsunterlagen" des Beschuldigten beim Verteidiger; erg 2a–5 zu § 160a).

2 Auch Dienstgebäude und -räume von **Behörden** dürfen durchsucht werden (vgl § 105 III S 3), aber nur zur Ergreifung des Beschuldigten und zur Auffindung von Beweismitteln, die die Behörde nicht verwahrt. Die Pflicht zur Herausgabe von Akten und Unterlagen darf nicht nach § 103 erzwungen werden (2 zu § 96).

3 2) **Durchsuchungsgegenstände** können die Wohnung und andere Räume des Unverdächtigen (7 zu § 102) sowie seine Person (9 zu § 102) und die ihm gehörenden Sachen sein (10 zu § 102), auch eine EDV-Anlage (10a zu § 102, oben 1); denn § 103 verwendet den Begriff Durchsuchung im selben Sinn wie § 102 (KK-Bruns 3). § 103 gestattet ferner die Durchsuchung von Dienstgebäuden und -räumen deutscher **Behörden** mit dem Ziel der Beschlagnahme elektronischer Behördenpost bzw -akten; eine Pflicht zur Herausgabe bzw Beschlagnahme von Akten, Unterlagen und Daten ist aber nicht gegeben, soweit eine Sperrerklärung nach § 96 vorliegt (Herrmann/Soine NJW **11**, 2922, 2924). Auch eine körperliche Durchsuchung des Unverdächtigen ist zulässig (LR-Tsambikakis 15); denn § 81c lässt sogar die einschneidendere körperliche Untersuchung zu. Zur Durchsuchung von Gebäuden vgl erg unten 9 ff.

4 3) **Durchsuchungszwecke:**

5 A. **Ergreifung des Beschuldigten:** Der Tatverdacht muss so weit konkretisiert sein, dass gegen den Verdächtigen, dessen Identität aber noch nicht festzustehen braucht, Maßnahmen ergriffen worden sind, die ihn zum Beschuldigten (Einl 76 ff) machen (Nelles StV **91**, 488); die Anordnung der Durchsuchung kann die 1. Maßnahme dieser Art sein (Einl 76). Wie im Fall des § 102 (dort 12) steht dem Beschuldigten der rechtskräftig Verurteilte gleich. Anders als dort (2) ist die Durchsuchung aber nur zulässig, wenn aus auf Grund Zeugenbekundungen oder früheren Beobachtungen über die Lebensgewohnheiten des Beschuldigten (KG JR **72**, 297, 300) festgestellten Tatsachen auf seine Anwesenheit in dem zu durchsuchenden Raum geschlossen werden kann (LG Saarbrücken NStZ-RR **02**, 267; vgl auch Düsseldorf StraFo **08**, 238: Durchsuchungserfolg muss wahrscheinlich sein).

6 B. **Auffinden von Spuren und Beweismitteln:** Vgl 13 zu § 102. Es müssen aufgrund bestimmter Tatsachen konkrete Gründe dafür sprechen, dass die Durchsuchung zur Auffindung der gesuchten Spur oder des bestimmten (vgl BGH NStZ **00**, 154; **02**, 215), zumindest der Gattung nach konkret beschriebenen (vgl BGH StB 14/18 vom 28.6.2018) Beweismittels führen werde (BVerfG NJW **16**,

Ermittlungsmaßnahmen § 103

1645; BGH StB 6/19 vom 5.6.2019, auch zur Abgrenzung von der Mitnahme zur Durchsicht nach § 110; erg dort 2a). Anders als im Fall des § 102 (dort 2) genügt es nicht, dass das Auffinden aufgrund kriminalistischer Erfahrung oder nach der Lebenserfahrung wahrscheinlich ist (BVerfG NJW **07**, 1804; BGH aaO; BGHR Gegenstände 3; Celle StV **82**, 561, 562; LG Frankfurt aM StV **02**, 70). Fehlende Beweisbedeutung der gesuchten Daten macht die Durchsuchung unzulässig (BGH StraFo **09**, 241).

Das **Zeugnisverweigerungsrecht** des Angehörigen, bei dem nach § 103 **7** durchsucht werden soll, steht der Anordnung und Durchführung der Maßnahme nicht entgegen; ein allgemeines Beschlagnahmeverbot beim Zeugnisverweigerungsberechtigten sieht die StPO nicht vor (BGH NStZ-RR **18**, 319 [ER]; erg 23 zu § 81c; 20 zu § 94; 1 zu § 97; Creifelds GA **60**, 70). Bei Berufsgeheimnisträgern (§ 53) ist § 160a zu beachten. Durchsuchungen dürfen nicht zu dem Zweck vorgenommen werden, Gegenstände aufzuspüren, die nach § 97 (§ 160a V) von der Beschlagnahme ausgenommen sind (KG JR **83**, 382; LG Fulda NJW **00**, 1508; LG Köln NJW **81**, 1746; LG Ulm NJW **07**, 2056; Gusy NStZ **10**, 358; erg 1 zu § 97).

C. **Einziehungsgegenstände:** Vgl 14 zu § 102. **8**

4) Gebäudedurchsuchungen (I S 2): **9**

A. **Bei dringendem Tatverdacht** nach § 89a, § 129a StGB (einschr Rudolphi **10** JA **79**, 3: nicht schon bei Verdacht der Werbung oder einer geringfügigen Unterstützung) oder einer der in dieser Vorschrift bezeichneten Straftaten, auch iVm § 129b Abs 1 StGB, kann die Durchsuchung eines bestimmten Gebäudes angeordnet werden, zweier Gebäude nicht schon deshalb, weil anzunehmen ist, dass der Verdächtige sich in einem von ihnen aufhält (KK-Bruns 10). Zum dringenden Tatverdacht vgl 7 zu § 112.

Die Durchsuchung **setzt ferner voraus,** dass auf Grund polizeilicher Ermitt- **11** lungen, Beobachtungen anderer Zeugen oder Hinweisen aus der Bevölkerung festgestellte Tatsachen die Annahme begründen, dass sich der Beschuldigte irgendwo in dem Gebäude aufhält (Vogel NJW **78**, 1226); bloße Vermutungen genügen nicht. Der Annahme des Aufenthalts „in dem Gebäude" steht nicht entgegen, dass die größere Wahrscheinlichkeit dafür spricht, dass sich der Beschuldigte dort in einer bestimmten Wohnung oder Raumeinheit befindet. In diesem Fall werden diese Räume nach Möglichkeit vorrangig durchsucht.

B. **Gebäude** ist eine räumlich abgegrenzte, selbstständige bauliche Einheit (Ben- **12** fer Polizei **79**, 197). Um bei einzeln stehendem Haus der um ein Gebäude mit nur einem Aufgang braucht es sich nicht zu handeln (LR-Tsambikakis 22; Kurth NJW **79**, 1383; aM Riegel BayVBl **78**, 597). Maßgebend ist vielmehr die bauliche Geschlossenheit. Mehrere Gebäude werden aber auch nicht zu einer Einheit zusammengeschlossen, wenn sie teilw baulich miteinander verbunden sind oder gemeinsame Anlagen (Keller, Tiefgaragen) haben (KK-Bruns 9; Kurth aaO).

Auf einen **Teil des Gebäudes** kann die Durchsuchung beschränkt werden, **13** wenn der andere Teil, zB eine oder einige bestimmte Wohnungen, eindeutig als Aufenthaltsort des Beschuldigten ausscheidet. Das ist aber nicht der Fall, wenn sich nicht ausschließen lässt, dass die gesuchte Beschuldigte noch während der Durchsuchung unter Nötigung in andere Räume des Gebäudes gelangen kann.

C. **Durchsuchungszweck** darf nur die Ergreifung des Beschuldigten sein, nicht **14** die Auffindung von Spuren und Beweismitteln. Werben für eine terroristische Vereinigung oder deren geringfügige Unterstützung reichen aus (LR-Tsambikakis 18; aM Benfer Polizei **79**, 196). Der Gesuchte muss nur dringend verdächtig sein, eine Tat nach § 89a, § 129a StGB oder einer der in dieser Vorschrift bezeichneten Taten begangen zu haben. Dass er bereits identifiziert ist, wird nicht vorausgesetzt (Kurth NJW **79**, 1384 Fn 113). Bei der Durchsuchung ist die Beschränkung auf die Ergreifung des Beschuldigten zu beachten. Behältnisse, in denen sich wegen ihrer geringen Größe niemand verbergen kann, dürfen nur durchsucht werden, wenn aufgr bestimmter Tatsachen der Verdacht besteht, dass sich dort Unterlagen

Köhler 499

§ 104 Erstes Buch. 8. Abschnitt

befinden, die die Ergreifung des Beschuldigten ermöglichen (Vogel NJW **78**, 1226).

15 **5) Raumdurchsuchung bei Ergreifung oder Verfolgung des Beschuldigten** (II): Wird der Beschuldigte, auch der aus der Strafhaft entflohene Verurteilte (Bay **20**, 152), durch Strafverfolgungsorgane oder nach § 127 I durch Privatpersonen in einer Wohnung oder Raumeinheit ergriffen oder betritt er solche Räume während seiner Verfolgung, ohne dass es gelingt, ihn dort zu ergreifen, so ist die Durchsuchung dieser Räume ohne die Einschränkungen des I S 1 zulässig. Es brauchen keine weiteren Tatsachen vorzuliegen, die die Ergreifung wahrscheinlich machen. Die Durchsuchung ist dann auch nicht nur zu den in I S 1 bezeichneten Zwecken, sondern auch mit dem Ziel zulässig, Personen aufzufinden, die als Zeugen in Betracht kommen. Denn infolge der Beziehung, die der Beschuldigte in den Fällen des II zu den Räumen von sich aus hergestellt hat, liegt kraft gesetzlicher Vermutung die Annahme nahe, dass irgendein denkbarer Durchsuchungszweck erreicht werden kann. Die Anordnung der Durchsuchung (§ 105 I) wird im Fall des II nicht überflüssig, die Gebäudedurchsuchung (I S 2) nicht erleichtert.

16 **6) Immunität:** Vgl RiStBV 191 III Buchst d. Diese Regelung gilt auch, wenn ein Mittäter des Abgeordneten verfolgt wird; der Abgeordnete ist dann als Nichtverdächtiger zu behandeln. Vgl auch 18 zu § 102.

Durchsuchung von Räumen zur Nachtzeit

104 ^I Zur Nachtzeit dürfen die Wohnung, die Geschäftsräume und das befriedete Besitztum nur bei Verfolgung auf frischer Tat oder bei Gefahr im Verzug oder dann durchsucht werden, wenn es sich um die Wiederergreifung eines entwichenen Gefangenen handelt.

^{II} Diese Beschränkung gilt nicht für Räume, die zur Nachtzeit jedermann zugänglich oder die der Polizei als Herbergen oder Versammlungsorte bestrafter Personen, als Niederlagen von Sachen, die mittels Straftaten erlangt sind, oder als Schlupfwinkel des Glücksspiels, des unerlaubten Betäubungsmittel- und Waffenhandels oder der Prostitution bekannt sind.

^{III} Die Nachtzeit umfaßt in dem Zeitraum vom ersten April bis dreißigsten September die Stunden von neun Uhr abends bis vier Uhr morgens und in dem Zeitraum vom ersten Oktober bis einunddreißigsten März die Stunden von neun Uhr abends bis sechs Uhr morgens.

1 1) Eine **Einschränkung der** §§ **102, 103** enthält die auch im Fall des §§ 111b; 111e geltende (vgl §§ 111b II, 111e V) Vorschrift, jedoch nur für Raumdurchsuchungen. Personen und ihre Sachen können auch zur Nachtzeit durchsucht werden, wenn damit keine Haussuchung verbunden ist. Schon die Durchsuchungsanordnung (§ 105) kann mit der Maßgabe ergehen, dass die Durchsuchung, zB wegen Gefahr im Verzug, zur Nacht vollzogen werden darf (vgl BGH MDR **64**, 71). Sonst entscheidet der die Anordnung vollziehende Beamte, ob die Voraussetzungen des § 104 vorliegen. Bei Einwilligung des Betroffenen gelten die Beschränkungen des I nicht.

2 2) **Durchsuchungsvoraussetzungen (I):**
3 A. **Verfolgung auf frischer Tat:** Vgl 6 zu § 127. Der Täter braucht nicht bei der Tat betroffen worden zu sein, und die Verfolgung muss auch nicht unmittelbar der Tat nachfolgen oder auf Sicht oder Gehör stattfinden (LR-Tsambikakis 5). Es genügt, dass sie unmittelbar nach Tatentdeckung aufgenommen wird (zw Eisenberg Rolinski-FS 172). Auf Ergreifung des Täters braucht sie nicht abzuzielen; sie kann auch Maßnahmen zur Tataufklärung oder die Sicherstellung der Beute oder anderer Beweismittel bezwecken.

Ermittlungsmaßnahmen **§ 105**

B. **Gefahr im Verzug** besteht, wenn die Aufschiebung der Durchsuchung bei 4
Tagesbeginn ihren Erfolg wahrscheinlich gefährden würde (vgl 6 zu § 98). Zu den
Folgen irrtümlicher Annahme der Gefahr vgl 7 zu § 98; 16 zu § 105.

C. **Wiederergreifung eines Gefangenen:** Der Begriff Gefangener stimmt mit 5
dem in § 120 I, IV StGB verwendeten überein, betrifft also nicht nur den Gefangenen ieS, sondern jeden auf Grund behördlicher Anordnung in einer Anstalt
Verwahrten (vgl im Einzelnen AK-Amelung 8). Die Durchsuchung zur Nachtzeit
ist auch zulässig, wenn nicht nach dem Gefangenen selbst, sondern nach Anhaltspunkten für seinen Verbleib gesucht wird (KMR-Müller 6).

3) Ausnahmen (II): Bestimmte Räume sind von den Beschränkungen des I 6
befreit.

Dazu gehören **zur Nachtzeit für jedermann zugängliche Räume,** auch 7
wenn der Zugang nur gegen Entgelt gewährt wird, zB Herbergen, Schankwirtschaften, Gasthäuser, Bahnhofshallen, Wartesäle, Kinos, Bars. Eine vorzeitige
Schließung zu dem Zweck, die Durchsuchung zu hindern, ist unbeachtlich. Die
dem Wirt oder sonstigen Inhaber als Wohnung oder zu anderen privaten Zwecken
dienenden Räume fallen unter I, wenn sie von den Räumen, deren Durchsuchung
nach II zulässig ist, deutlich abgetrennt sind (LR-Tsambikakis 12; vgl aber SK-Wohlers/Jäger 14, die Wohnungen allgemein von II ausnehmen wollen).

Der Polizei **als Herbergen oder Versammlungsorte bestrafter Personen** 8
bekannte Räume sind zB Lokale von Ringvereinen und Hehlerkneipen (krit
Eisenberg Rolinski-FS 171).

Schlupfwinkel des Glücksspiels usw sind geheime Spielclubs, Bordelle, Ab- 9
steigequartiere und Gaststätten, in denen vorwiegend Rauschgiftsüchtige verkehren. Der Polizei sind solche Räume iS von II bekannt geworden, wenn sie schon
einmal zu den bezeichneten Zwecken in Erscheinung getreten sind und keine
Anhaltspunkte für eine Änderung des Verwendungszwecks bestehen (LR-Tsambikakis 13).

4) Nachtzeit (III): Der Schutz vor nächtlichen Wohnungsdurchsuchungen er- 10
streckt sich abweichend vom Wortlaut des III auch in den Monaten von April bis
September auf die Zeit zwischen 21 Uhr und 6 Uhr (BVerfG StV **19**, 657, auch
zur Frage der Notwendigkeit eines ermittlungsrichterlichen Bereitschaftsdienstes
zur Nachtzeit). Eine vor 21 Uhr begonnene Durchsuchung darf fortgesetzt werden, auch wenn die Vorauss des I oder II nicht vorliegen (BVerfGE **44**, 353, 369).
Durchsuchungen sollten allerdings so frühzeitig beginnen, dass sie bis zur Nachtzeit beendet werden können (BVerfG aaO).

Verfahren bei der Durchsuchung

105 [I] [1] Durchsuchungen dürfen nur durch den Richter, bei Gefahr im
Verzug auch durch die Staatsanwaltschaft und ihre Ermittlungspersonen (§ 152 des Gerichtsverfassungsgesetzes) angeordnet werden. [2] Durchsuchungen nach § 103 Abs. 1 Satz 2 ordnet der Richter an; die Staatsanwaltschaft ist hierzu befugt, wenn Gefahr im Verzug ist.

[II] [1] Wenn eine Durchsuchung der Wohnung, der Geschäftsräume oder des
befriedeten Besitztums ohne Beisein des Richters oder des Staatsanwalts stattfindet, so sind, wenn möglich, ein Gemeindebeamter oder zwei Mitglieder
der Gemeinde, in deren Bezirk die Durchsuchung erfolgt, zuzuziehen. [2] Die
als Gemeindemitglieder zugezogenen Personen dürfen nicht Polizeibeamte
oder Ermittlungspersonen der Staatsanwaltschaft sein.

[III] [1] Wird eine Durchsuchung in einem Dienstgebäude oder einer nicht allgemein zugänglichen Einrichtung oder Anlage der Bundeswehr erforderlich,
so wird die vorgesetzte Dienststelle der Bundeswehr um ihre Durchführung
ersucht. [2] Die ersuchende Stelle ist zur Mitwirkung berechtigt. [3] Des Ersu-

§ 105

chens bedarf es nicht, wenn die Durchsuchung von Räumen vorzunehmen ist, die ausschließlich von anderen Personen als Soldaten bewohnt werden.

Übersicht

	Rn
1) Erfordernis einer Durchsuchungsanordnung, legendierte Kontrollen	1–1e
2) Zuständigkeit (I)	2–2b
3) Form	3, 4
4) Inhalt	5, 5a
5) Stillschweigende Anordnungen	6, 7
6) Durchführung	8–9
7) Durchsuchungszeugen (II)	10–12
8) Unmittelbarer Zwang	13
9) Beendigung	14
10) Anfechtung	15–17a
11) Verwertbarkeit	18–21
12) Revision	22

1 **1)** Eine **Durchsuchungsanordnung** ist notwendig, wenn der Betroffene sich der Maßnahme nicht freiwillig unterwirft; die stillschweigende Duldung genügt dazu nicht (Köln StV **10**, 14, 15; LG Hamburg StraFo **18**, 22). Mitgewahrsamsinhaber bzw Inhaber des Hausrechts können allerdings ihr Einverständnis erklären (vgl BGH 4 StR 135/18 vom 27.9.2018; Düsseldorf NJW **97**, 3383). Liegen die Voraussetzungen der §§ 102 ff nicht vor, muss über die Freiwilligkeit belehrt werden (Hamburg StV **08**, 12; vgl auch BGH **34**, 397, 400; erg 21 zu § 94). Diese Grundsätze gelten auch für sog **Flankenschutzfahnder** der Finanzbehörden, die bei Außen- bzw Betriebsprüfungen („Hausbesuchen") nicht – etwa zusammen mit den Finanzbeamten – zum Zwecke der Strafverfolgung ohne Durchsuchungsbeschluss Wohnungen betreten und verdeckt ermitteln dürfen, wenn bereits der Anfangsverdacht einer Steuerstraftat besteht (erg 3 zu § 152; allg zu den Voraussetzungen von Durchsuchung und Beschlagnahme im Steuerstrafverfahren Franzen/Gast/Joecks-Joecks 15 ff zu § 399 AO). Auch die vorläufige Sicherstellung zum Zwecke der Durchsicht (§ 110) von zuvor nach Polizeirecht sichergestellten Gegenständen wird nach § 105 angeordnet (BGH NStZ **08**, 643; vgl auch BVerfG 2 BvR 1036/08 vom 18.3.2009).

1a **Legendierte Kontrollen:** Dabei handelt es sich um Durchsuchungen – vor allem von Personen, Gepäck, PKW –, die ohne strafprozessuale Durchsuchungsanordnung durch den ER durchgeführt werden, obwohl es im Vorfeld, etwa aufgrund von TKÜ-Maßnahmen, konkrete Hinweise auf eine Straftat (zB einen Drogentransport) gab. Die Maßnahme wird auf Gefahrenabwehrrecht (insb auf eine zollamtliche Überwachung nach § 10 III ZollVG) gestützt („legendiert"), um langfristig laufende verdeckte (strafrechtliche) Ermittlungen gegen kriminelle Strukturen nicht durch eine offene strafprozessuale Durchsuchung zu gefährden (zum Begriff und kriminaltaktischen Überlegungen Müller/Römer NStZ **12**, 543).

1b Nach der mittlerweile gefestigten Rspr des BGH (grundlegend BGH **62**, 123; NStZ-RR **18**, 84; StraFo **18**, 348) sind legendierte Kontrollen **grundsätzlich zulässig** (abl Anm Mitsch NJW **17**, 3124; Löffelmann JR **17**, 596, Lenk StV **17**, 692, Schiemann NStZ **17**, 657; Mosbacher JuS **18**, 129; Albrecht Rogall-FS 435; Börner StraFo **18**, 1; zust Nowrousian NStZ **18**, 254 [mit Hinweisen für die Praxis]; Vahle Kriminalisitk **17**, 687; instruktiv Krehl, StraFo **18**, 265, auch zu den Folgefragen bei der Umsetzung der BGH-Rspr; zum Meinungsstand bis zur grundlegenden BGH-Entscheidung, vgl 61. Aufl 1c). Danach gibt es weder einen allgemeinen Vorrang der StPO gegenüber dem Gefahrenabwehrrecht noch umgekehrt. Vielmehr ist die Gefahrenabwehr eine zentrale staatliche Aufgabe, die gegenüber der Strafverfolgung eigenständige Bedeutung hat und nicht hinter ihr zurücktritt. Die Polizei kann deshalb auch während eines bereits laufenden Ermittlungsverfahrens aufgrund präventiver Ermächtigungsgrundlagen zum Zwecke der Gefahrenabwehr tätig werden, etwa um nach §§ 37 I Nr 1, 36 I Nr 1 HSOG oder

§ 10 III ZollVG (BGH aaO 129; NStZ-RR aaO 85; StraFo aaO 349 f; vgl auch BGH NStZ-RR **16**, 176 zu §§ 22, 23, 26 Nds SOG) illegale Betäubungsmittel oder andere gefährliche Gegenstände (insb Waffen und Sprengstoff) sicherzustellen. Denn in solchen Gemengelagen, in denen die Polizei sowohl repressiv als auch präventiv agieren kann (sog **doppelfunktionale Maßnahme**), würde eine starre Verweisung auf die StPO es den Gefahrenabwehrbehörden – etwa auch im Bereich des Terrorismus – unmöglich machen, adäquat und flexibel auf neue, häufig nicht vorhersehare Gefahrenlagen zu reagieren. Eine staatliche Pflicht, gegenüber einem Beschuldigten strafprozessual tätig zu werden, und damit ihm gegenüber zwangsläufig die bereits laufenden Ermittlungen gegen ihn und die Mitbeschuldigten zu offenbaren, besteht nicht. Das **Legalitätsprinzip** ist nicht verletzt, solange der repressive Zugriff aus kriminaltaktischen Gründen zeitlich nur hinausgeschoben und nicht ganz oder teilweise unterlassen wird (BGH aaO 132 ff).

Die **Verwendung** der gefahrenabwehrrechtlich zulässig gewonnenen Erkenntnisse richtet sich nach dem in § 161 III S 1 normierten Prinzip des **hypothetischen Ersatzeingriffs** (BGH **62**, 123, 136 ff [§ 161 II S 1 aF]; erg 18b zu § 161; vgl auch Nowrousian aaO 255 f: kein Rückgriff auf § 161 II S 1 erforderlich, da Durchsuchungen nach § 102 nicht nur bei bestimmten Straftaten zulässig sind; ebenso Cerny/Fickentscher NStZ **19**, 698, 701, die allerdings – insoweit unzutr [vgl § 161 I, dort 1] – gar keine Rechtsgrundlage für die strafprozessuale Verwertung erkennen wollen). Ob die polizeirechtlich rechtmäßig erhobenen Daten iS einer „Umwidmung" für das Strafverfahren verwendet werden dürfen (und müssen), richtet sich rein nach materiellen Gesichtspunkten. Dass die gefahrenabwehrrechtliche Durchsuchung eines Kfz – anders als bei einer strafprozessualen Maßnahme nach §§ 102, 105 – grundsätzlich auch ohne richterliche Anordnung zulässig ist, steht der Verwendung daher nicht entgegen. Entscheidend ist, ob ein ER bei hypothetischer Betrachtung einen entsprechenden richterlichen Beschluss auf strafprozessualer Grundlage zweifelsfrei erlassen hätte. Die „Umwidmung" ist nur dann unzulässig, wenn im Rückgriff auf hypothetische Erwägungen deshalb gehindert ist, weil durch die Wahl der gefahrenabwehrrechtlichen Maßnahme die (materiellen) strafprozessualen Anordnungsvoraussetzungen rechtsmissbräuchlich umgangen werden sollen. Dies wäre etwa der Fall, wenn das Gefahrenabwehrrecht zur Legitimierung einer in Wahrheit bezweckten Strafverfolgungsmaßnahme nur vorgeschoben wird, weil in Wirklichkeit keine Gefahrenabwehr bezweckt wird, etwa wenn eine Verkehrskontrolle „vorgetäuscht" wird, um Fahrzeug und Fahrer nach (ungefährlichen) Beweismitteln für ein Strafverfahren zu durchsuchen (vgl insofern auch BGH aaO 128 f). Entspr gilt schon mit Blick auf das Prinzip des hypothetischen Ersatzeingriffs, wenn deshalb auf die präventiv-polizeiliche Maßnahme zurückgegriffen wird, weil eine vergleichbare Maßnahme nach der StPO nicht möglich wäre oder anzunehmen ist, dass ein ER einen nach der StPO erforderlichen Beschluss nicht erlassen würde (vgl zum Ganzen BGH aaO 136 ff).

Das Gebot der **Aktenwahrheit und -vollständigkeit** verpflichtet die StA, den Hintergrund und Anlass für die legendierte Kontrolle unverzüglich aktenkundig zu machen, weil in einem rechtsstaatlichen Verfahren schon der bloße Anschein vermieden werden muss, dass die Ermittlungsbehörden etwas verbergen wollten. Ein Zuwarten bis zur Anklageerhebung wäre damit nicht vereinbar. Ein faires rechtsstaatliches Verfahren ist vielmehr nur gewährleistet, wenn bereits der Ermittlungsrichter – insbesondere bei der Beantragung eines Haftbefehls – durch eine dem Gebot der Wahrheit und Vollständigkeit entspr Akte in die Lage versetzt wird, den Gang des Verfahrens ohne Abstriche nachzuvollziehen (BGH aaO 142 f; Krehl aaO 271; **aM** Nowrousian aaO 259 f). Davon zu trennen ist die Frage der **Akteneinsicht** durch den Verteidiger, die bis zu einem Vermerk über den Abschluss der Ermittlungen (§ 169a) gem § 147 II beschränkt werden kann. Selbst im Fall der UHaft müssen dem Verteidiger nach § 147 II S 2 nur die für die „Beurteilung der Rechtmäßigkeit der Freiheitentziehung wesentlichen Informationen" zugänglich gemacht werden (erg 24 ff zu § 147). Wesentlich in diesem Sinn sind aber grds nur die seit der Durchsuchung geführten Ermittlungen; hinsichtlich der vorangegange-

§ 105

nen Ermittlungen – also insb der zum Hintergrund und Anlass der legendierten Durchsuchung – kann die Akteneinsicht zur Vermeidung einer Gefährdung der Hintergrundermittlungen versagt werden, wenn der Haftbefehl nicht hierauf gestützt werden soll (ebenso Krehl aaO 272). Da die Zulässigkeit legendierter Durchsuchungen angesichts der mittlerweile gefestigten Rspr des BGH nicht mehr in Frage steht, können Hintergrund und Anlass für die Maßnahmen allenfalls in Einzelfällen wesentliche Bedeutung für die Haftfrage haben, etwa wenn im Einzelfall eine polizeilich vollständig überwachte Tat vorliegt, die als strafmildernder Umstand (vgl hierzu BGH aaO 143) die Straferwartung reduziert und die Fluchtgefahr in Frage stellen könnte (Krehl aaO; Nowrousian aaO 260 f). Da die StA spätestens mit Anklageerhebung vollständige Akteneinsicht gewähren muss (vgl § 169a), wird die Möglichkeit der Aufklärungshilfe nach § 31 BtMG durch die Beschränkung der Akteneinsicht im EV nicht ausgeschlossen, weil ein Offenbaren bis zur Eröffnung des Hauptverfahrens (§ 207) möglich ist (§ 31 S 3 BtMG iVm § 46b StGB); vgl hierzu auch BGH aaO 143; Krehl aaO 272 f; Nowrousian aaO 261).

1e Es stellt **keinen Verstoß gegen § 163a IV S 1** dar, wenn die Verhörsperson bei der ersten Vernehmung nach der Durchsuchung und der Sicherstellung der gefährlichen Gegenstände (zB BtM) nicht auf die im Hintergrund laufenden strafrechtlichen Ermittlungen und die dabei gewonnenen Erkenntnisse hinweist. Denn es besteht keine Verpflichtung, dem Beschuldigten alle bis dahin bereits bekannten Tatumstände, die Genese des Tatverdachts oder gar sämtliche Ermittlungsergebnisse mitzuteilen. Vielmehr hat die Vernehmungsperson hinsichtlich der Eröffnung des Tatvorwurfs im Einzelnen einen gewissen Beurteilungsspielraum, innerhalb dessen neben dem Recht auf sachgerechte Verteidigung auch die Sachaufklärungspflicht und die Effektivität der Strafverfolgung zu berücksichtigen sind; zudem kann die Vernehmung zunächst auf eine von mehreren Taten beschränkt werden (BGH aaO 140 f; erg 4 zu § 163a; 6 zu § 136). Fraglich ist, ob der Vernehmende seinen Beurteilungsspielraum mit der Gefahr der Unverwertbarkeit etwaiger Angaben des Beschuldigten überschreitet, wenn er – sollte er den Hintergrund der Durchsuchung überhaupt kennen – den Beschuldigten im Falle eines Drogenfundes nicht darauf hinweist, dass gegen ihn der Verdacht eines weiteren in Tateinheit damit stehenden Delikts (zB Einfuhr von BtM) besteht und damit die Vernehmung gemäß § 154a auf einen abtrennbaren Teil der Tat beschränkt (offen gelassen von BGHSt aaO; dafür Altvater Schlothauer-FS 3, 14; krit Krehl aaO 270). Ob die Frage in der Praxis von wesentlicher Bedeutung ist, erscheint zw, da in den praktisch wichtigsten Fällen der Sicherstellung von BtM der darüber hinausgehende Anfangsverdacht für weitere BtM-Delikte regelmäßig schon aufgrund kriminalistischer Erfahrung begründet sein wird (vgl hierzu 4 zu § 152), sodass idR auch insoweit kein Hinweis auf die Hintergrundermittlungen erforderlich ist (Nowrousian aaO 261). Im Übrigen würde die Unwertbarkeit der Angaben des Beschuldigten nicht zur Unverwertbarkeit der durch die Durchsuchung rechtmäßig erlangten Beweismittel und der Erkenntnisse aus den der Durchsuchung regelmäßig vorausgehenden TKÜ-Maßnahmen oder Observationen führen (vgl insofern auch BGH aaO 141 f).

2 **2) Zuständig (I)** ist der **Richter**, der die Eingriffsvoraussetzungen eigenverantwortlich zu prüfen hat (BVerfGE **103**, 142, 15; wistra **08**, 339; Düsseldorf MDR **91**, 78). Eine Zuständigkeit der StA und – sollte auch diese nicht erreichbar sein (BVerfG NJW **05**, 1637, 1638; BGH wistra **10**, 231; Köln StV **10**, 14) – ihrer **Ermittlungspersonen** (im Fall des § 103 I S 2 nur der StA) besteht nur bei **Gefahr im Verzug** (6 zu § 98), deren tatsächliche Voraussetzungen zu dokumentieren sind (erg 18). Sie kann auch während der Vollstreckung der richterlichen Anordnung eintreten (vgl 5 zu § 108; Düsseldorf StraFo **08**, 238 zu einem Fall nach § 103). Sie kommt vor allem in Betracht, wenn die durch die vorherige Einholung der richterlichen Anordnung bedingte zeitliche Verzögerung den Erfolg der Durchsuchung gefährden würde (vgl BVerfGE **103**, 142, 15; BGHSt **51**, 285, 288; BGH 2 StR 180/17 vom 17.1.2018 mwN; 5 StR 250/18 [Identitätskontrolle]; vgl auch LG Limburg NStZ **18**, 622: Entstehen einer neuen Verdachtssituation und Beginn der Beweismittelvernichtung). Mit dem Antrag darf jedoch nicht so lange zugewartet werden, bis die Gefahr eines Beweismittelverlustes tatsächlich eingetreten ist (BVerfG aaO 155; NJW **05**, 1637, 1638 f), wobei bei der Beurteilung des Zeitpunktes, zu dem der Antrag hätte gestellt werden müssen, auf kriminalistische Erfahrungssätze abzustellen ist (BGH StV **12**, 1; erg 18 zur Frage eines Verwertungsverbotes). Die richterliche Anordnung ist allerdings die Regel, so dass grundsätzlich versucht werden muss, sie zu erhalten (BVerfGE **103**, 142; näher Gusy NStZ **10**, 353), auch durch Ausnutzung der bis zur Durchführung der Maßnahme verstreichenden Zeit (Köln aaO) und der Möglichkeiten einer telefonischen Kontaktaufnahme mit dem Gericht (BbgVerfG NJW **03**, 2305; LG Berlin StV **08**, 244; AG Essen StraFo **08**, 199; Park StRR **08**, 245). Eine rechtmäßig auf Gefahr im Verzug gestützte Durchsuchung muss nicht unterbrochen werden, um eine richterliche Genehmigung zu erwirken (BGH 5 StR 547/17 vom 18.7.2018).

Die Gerichte müssen dafür einen **Bereitschaftsdienst** (§ 22c GVG; vgl dort) 2a einrichten (BVerfGE aaO), und zwar tagsüber sowohl innerhalb als auch außerhalb der üblichen Dienstzeiten (BVerfG NJW **07**, 1444; StraFo **06**, 368), wünschenswerter Weise auch zur Nachtzeit (iSd § 104 III; vgl BGH StraFo **11**, 314: Unkenntnis der Ermittlungsbehörden von der Existenz eines nächtlichen Bereitschaftsdienstes beim BGH), jedoch ist letzteres nur notwendig, wenn hierfür ein praktischer Bedarf besteht, der über den Ausnahmefall hinausgeht (BVerfG StV **19**, 657; NJW **04**, 1442; **05**, 1637, 1638; erg unten 18). Allerdings kann nur dann von der Einrichtung abgesehen werden, soweit nachts (dh von 21 Uhr bis 6 Uhr; vgl. 10 zu § 104) in dem jeweiligen Gerichtsbezirk Durchsuchungsanordnungen lediglich in geringem Umfang anfallen (BVerfG StV aaO 659). Das Aufkommen von nächtlichen Blutentnahmen ist jedenfalls aufgrund der durch Ges vom 17.7.2017 eingeführten Einschränkung des Richtervorbehalts (§ 81a II 2) bei der Bedarfsermittlung unerheblich (so schon zur früheren Rechtslage Hamm StraFo **09**, 509; Köln StV **10**, 622).

Scheitert der Versuch der Befassung des Gerichts mit dem Antrag, kommt 2b ein Rückgriff auf die Eilkompetenz der Ermittlungsbehörden in Betracht (BVerfG NStZ **15**, 529, 533; zur Frage, ab wann der Ermittlungsrichter „befasst" ist, vgl Köln StraFo **17**, 156). Der von StA und Polizei erreichte Bereitschaftsrichter darf sein Tätigwerden nicht – etwa unter Hinweis auf fehlende Aktenkenntnis – verweigern (Beichel/Kieninger NStZ **03**, 10; Fickenscher/Dingelstadt NJW **09**, 3475); ihm muss der Sachverhalt allerdings plausibel geschildert werden (BVerfG aaO); bei komplexer Sach- oder Rechtslage kann ein Antrag auf schriftliche Entscheidung unter Vorlage der Akten erforderlich sein (siehe Rabe von Kühlewein NStZ **15**, 618, 621). Verweigert der Richter gleichwohl eine Entscheidung oder ergeht sonst von dem mit der Sache befassten Richter keine rechtzeitige Entscheidung, lebt die Eilkompetenz nicht wieder auf (BVerfG aaO mN mit Anm Grube und Rabe von Kühlewein aaO; Park StV **16**, 67; **aM** BGH NStZ **06**, 114; **01**, 604, 605 f), es sei denn, nach der Befassung des Richters treten neue tatsächliche Umstände ein oder werden bekannt, welche die Gefahr eines Beweismittelverlustes begründen, die der Möglichkeit einer rechtzeitigen richterlichen Entscheidung entgegen stehen (BVerfG aaO mit insoweit abl Anm Grube NStZ **15**, 534; BGH **61**, 266, 273). Ausschließlich zuständig ist hingegen entspr § 98 I S 2 der Richter für die Anordnung der Durchsuchung von Pressebetrieben und Rundfunkanstalten nach Gegenständen, die nur nach § 97 V S 2 beschlagnahmt werden dürfen (BGH NJW **99**, 2051). Die richterliche Bestätigung der Durchsuchungsanordnung der StA und ihrer Ermittlungspersonen sieht § 105 nicht vor.

3) Eine bestimmte **Form** ist nicht vorgeschrieben; die Anordnung kann daher 3 mündlich, telefonisch oder per Telefax ergehen, auch stillschweigend, wenn sie (bei Gefahr im Verzug) der anordnende Beamte sogleich selbst ausführt (vgl BGH NStZ **86**, 84: Fortführung einer zunächst einverständlich durchgeführten Durchsuchung nach Widerruf des Einverständnisses; **aM** Park StRR **08**, 246). Die richter-

§ 105

liche Durchsuchungsanordnung sollte stets schriftlich abgefasst werden (BVerfGE **103**, 142). In Eilfällen – insbesondere wenn keine Möglichkeit der Übermittlung der Entscheidung durch Telefax oder E-Mail besteht – darf der Richter aber auch mündlich entscheiden (BGH **51**, 285, 295; NStZ **05**, 392; zust Anm Mittag JR **05**, 385; LG Mühlhausen wistra **07**, 195; Klemke StraFo **04**, 14; Seifert DRiZ **04**, 141; **aM** SK-Wohlers/Jäger 29; Trück JZ **10**, 1113; Harms DRiZ **04**, 25; StV **06**, 215; Höfling JR **03**, 408; vgl dazu auch BVerfG 2 BvR 2267/06 vom 23.7.2007: jedenfalls verfassungsrechtlich unbedenklich); jedoch muss die Anordnung dann in den Ermittlungsakten **dokumentiert** werden (BGH NStZ **05**, 392), auch die ihren mündlichen Erlass rechtfertigende – nicht ohnehin offensichtliche – Eilbedürftigkeit (BVerfG aaO; LG Tübingen NStZ **08**, 589). Eine solche Dokumentationspflicht besteht auch bei einer nichtrichterlich angeordneten Durchsuchung: Der handelnde Beamte muss vor oder jedenfalls unmittelbar nach der Durchsuchung seine für den Eingriff bedeutsamen Erkenntnisse und Annahmen in den Akten festhalten, auch zur Gefahr eines Beweismittelverlusts, um die Voraussetzung für eine richterliche Nachprüfung des Tatbestandsmerkmals „Gefahr im Verzug" zu schaffen (BVerfGE **103**, 142; StV **04**, 633; StraFo **06**, 368; unten 16). Die Durchsuchung mehrerer Räume oder Gebäude kann in einem einzigen Beschluss angeordnet werden, auch wenn sie die Ergreifung mehrerer Verdächtiger bezweckt (Kurth NJW **79**, 1384; **aM** Rengier NStZ **81**, 374).

4   Von der **vorherigen Anhörung** des Betroffenen ist nach § 33 IV abzusehen (vgl BVerfGE **49**, 329, 342; **51**, 97, 111; erg 25b und 40a zu § 147), ebenso von einer vorherigen Ankündigung der Durchsuchung (Niehaus NZV **03**, 164). Der Anordnungsbeschluss ist aber dem Beschuldigten oder einem nach § 103 betroffenen Dritten (BGH NJW **17**, 2359 [ER]) – idR mit vollständiger Begründung – bekanntzumachen (BGHR Zustellung 1; BGH NStZ **03**, 273). Er dient auch dazu, die Durchführung der Maßnahme messbar und kontrollierbar zu gestalten (BVerfGE **103**, 142, 151). Nur ausnahmsweise darf bei Gefährdung des Untersuchungszwecks oder wegen entgegenstehender schutzwürdiger Belange des Beschuldigten (etwa in Fällen des § 103: BGH [ER] NJW **17**, 2359) eine unvollständige Ausfertigung übergeben werden, worauf der Beschuldigte bzw Dritte allerdings hinzuweisen sind (BGH NStZ **03**, 273). Dem Drittbetroffenen im Fall des § 103 ist jedoch stets eine Ausfertigung zu übergeben, aus der sich die Gegenstände, auf welche sich die Maßnahme erstrecken soll, ergeben, grundsätzlich auch die Tatsachen, aus denen sich die Wahrscheinlichkeit ergibt, dass sich die gesuchten Gegenstände in seinen Räumlichkeiten befinden (BGH NJW **17**, 2359 [ER]; erg 6 zu § 103).

5   **4) Inhaltlich** muss die Anordnung die Straftat bezeichnen, deren Begehung Anlass zur Durchsuchung gibt (BVerfG StraFo **15**, 198, 200; NStZ **02**, 212; StV **02**, 406). Bei der Durchsuchung von Geschäftsräumen ist die betroffene Gesellschaft genau zu bezeichnen (BVerfG NJW **15**, 2870). Insbesondere bei der Durchsuchung von Wohnungen, aber auch von Geschäftsräumen (LG Bielefeld NStZ **99**, 581; wistra **08**, 117), sind außerdem tatsächliche Angaben über den Inhalt des Tatvorwurfs erforderlich, sofern sie nach dem Ermittlungsergebnis ohne weiteres möglich sind und den Zwecken der Strafverfolgung nicht zuwiderlaufen (BVerfGE **20**, 162, 227; **42**, 212, 220; **44**, 353, 371; **56**, 247; BVerfG NJW **15**, 1585 [Betäubungsmitteldelikte]; **09**, 2516 [Umsatzsteuerkarussell]; ZInsO **02**, 424 [Unterlassen]; BbgVerfG NStZ-RR **98**, 366; Dresden StraFo **08**, 118; vgl auch Burkhard wistra **00**, 118 und Matthes wistra **08**, 11 zur Anordnung im Steuerstrafverfahren). Es sind also, wenn auch noch knappe, je nach den Umständen des Einzelfalls aussagekräftige Tatsachenangaben erforderlich, welche die wesentlichen Merkmale des gesetzlichen Tatbestands berücksichtigen, die die Strafbarkeit des zu subsumierenden Verhaltens kennzeichnen (BVerfG StV **18**, 133; NStZ-RR **05**, 203; NJW **07**, 1443; **08**, 1937; BGH NStZ **18**, 45; **00**, 427; **04**, 275); bei einer Vielzahl von Taten genügt die Angabe zusammenfassender kennzeichnender Merkmale (BGH NStZ **07**, 213). Ferner müssen stets Zweck und Ziel (Ergreifung

des Beschuldigten oder Auffinden von Beweismitteln oder Spuren) und das Ausmaß der Durchsuchung (BVerfGE **20**, 162, 227; StV **03**, 203; 205), insbes die „anderen Räume" iSd § 102 (BVerfG NStZ **92**, 91) genau bezeichnet und mindestens annäherungsweise, ggf in der Form beispielhafter Angaben, die Art und der vorgestellte Inhalt derjenigen Beweismittel angegeben werden, denen die Durchsuchung gilt (BVerfGE **42**, 212, 221; **44**, 353, 371; **56**, 247; **96**, 44, 51; NStZ **05**, 203; wistra **08**, 339; Dresden aaO). Jedenfalls aus den Beschlussgründen muss sich eindeutig ergeben, auf welche Räume sich die Durchsuchungsanordnung bezieht (BGH StB 17/19 vom 31.7.2019). Schlagwortartige Bezeichnung, Wiedergabe des Wortlauts des § 102, allgemeine Angaben über die Beweismittel (BVerfG NStZ **00**, 601) oder eine „sehr weite" Fassung des Beschlusses ohne eine nach dem Durchsuchungszweck mögliche Begrenzung (vgl EGMR NJW **13**, 3081) genügen nicht; die Verwendung allgemein gehaltener Formulare ist bedenklich (BVerfG NJW **05**, 275; siehe auch EGMR aaO), in jedem Fall muss die Vornahme einer Einzelfallprüfung erkennbar sein (vgl BVerfG NJW **15**, 1585; NStZ **82**, 37, 38; BGH **42**, 103, 105); dies schließt es nicht aus, die Antragsbegründung der StA wörtlich zu übernehmen (BVerfG NJW **15**, 851; „strenger dagegen BVerfG NJW **09**, 2516, 2517 zum „Einrücken" des Antrags). Die gesuchten Beweismittel müssen (ggf in Form beispielhafter Angaben) so weit konkretisiert werden, dass keine Zweifel über die zu suchenden Gegenstände entstehen können (BVerfG NJW **03**, 2669; BGH NStZ **02**, 215; BGH StB 14/18 vom 18.6.2018 [zu § 103]; erg 19a zu § 94); dies kann im Einzelfall einen Mangel der Tatkonkretisierung ausgleichen (BVerfG 2 BvR 2486/06 vom 11.7.2008).

Weitere Anforderungen: Die wesentlichen Verdachtsmomente sind darzulegen, in aller Regel auch die Indiztatsachen, auf die der Verdacht gestützt wird (BGH NStZ-RR **09**, 142; BVerfG NJW **15**, 1585, 1587), soweit nicht hierdurch der Untersuchungszweck gefährdet würde (BGH [ER] NJW **00**, 84, 85; NStZ-RR **02**, 164 [S]). Die Verdachtsgründe müssen über vage Anhaltspunkte und bloße Vermutungen hinausgehen (BVerfG 2 BvR 376/11 vom 24.1.2013). Einen erhöhten Verdachtsgrad, wie sie die akustische Wohnraumüberwachung nach Art 13 III GG voraussetzt (vgl BVerfGE **109**, 279), verlangt die Wohnungsdurchsuchung allerdings gemäß Art 13 II GG nicht (BVerfG NJW **04**, 3171; BGH NStZ-RR **09**, 142). Die Einhaltung des Verhältnismäßigkeitsgrundsatzes (15 zu § 102; 1a zu § 103) muss der Richter prüfen (BVerfG **96**, 44, 51; wistra **08**, 339; EGMR Nr 30 457/06 vom 3.7.2012) und je nach Lage des Einzelfalls näher darlegen (BVerfG NJW **15**, 1585 [Betäubungsmitteldelikte]; **03**, 2669; NVwZ **07**, 1047, 1049 [OWi]; 2 BvR 1866/03 vom 4.3.2008 [OWi]). Im Fall des § 103 bedarf es neben der Angabe der konkreten erforderlichen Tatsachenbasis (LG Chemnitz StraFo **09**, 280; erg 5, 6 zu § 103) eines Hinweises auf die angenommene Verbindung zwischen dem Unverdächtigen und dem Beschuldigten (BVerfG NJW **07**, 1804; Michalke NJW **08**, 1491). In Steuerstrafverfahren kann bei gegen Kreditinstitute gerichteten Durchsuchungsbeschlüssen mit Rücksicht auf das Steuergeheimnis (§ 30 AO) im Interesse des Beschuldigten der Darlegung des Tatvorwurfs ohne nähere Begründung ausreichen (LG Konstanz wistra **00**, 118; LG Krefeld wistra **93**, 316; vgl auch BVerfG NJW **02**, 1941, 1942; **aA** Reichling JR **11**, 14; erg 5 zu § 161). Dass ein ungenügender Durchsuchungsbeschluss „problemlos nachgebessert" werden könnte, heilt einen Mangel der Begründung nicht (BVerfG StV **00**, 465; **05**, 643; LG Berlin wistra **04**, 319; LG Freiburg StraFo **06**, 167 und 168), wohl kann aber ein neuer Durchsuchungsantrag gestellt werden (Heghmanns NStZ **04**, 102 gegen LG Berlin ebenda). Vgl ferner zu den Mindestanforderungen an Durchsuchungsbeschlüsse Schoreit NStZ **99**, 173; Park StRR **07**, 50; Webel PStR **13**, 41; Weihrauch/Bosbach **376**, zur Heilung im Beschwerdeverfahren unten 15a und zur Folge eines Mangels für die Rechtmäßigkeit der Beschlagnahme unten 18.

5) Stillschweigende Anordnungen zur Durchsuchung zwecks Ergreifung des Beschuldigten enthalten Haftbefehle nach §§ 112, 453c, Unterbringungsbefehle

§ 105

nach § 126a und Vorführungsbefehle nach §§ 134, 230 II, 236, 329 IV S 1, 463a III S 1 (vgl KK-Bruns 6; SSW-Hadamitzky 2; KMR-Pauckstadt-Maihold 6 zu § 134; Fezer 7/69; Kaiser NJW **64**, 759; **80**, 875; **aM** Ladiges NStZ **14**, 609; LR-Tsambikakis 16 ff; SK-Wohlers/Jäger 9; Rabe von Kühlewein GA **02**, 651; vgl auch BVerfGE **16**, 239). Auch rechtskräftige Strafurteile und Strafbefehle gestatten auf Grund des Haftbefehls zu ihrer Vollstreckung (§§ 457 II, 463 I) ohne weiteres die Ergreifungsdurchsuchung (Düsseldorf NJW **81**, 2133; Frankfurt NJW **64**, 785; Kaiser aaO), auch zur Vollstreckung von Ersatzfreiheitsstrafen (Kaiser NJW **80**, 875; zw VerfGH Berlin NJW **14**, 682). Das gilt aber nur für Räume des Beschuldigten oder Verurteilten, die aber auch (entgegen § 104) zur Nachtzeit betreten werden dürfen (Gottschalk NStZ **02**, 568); wird er in Räumen Dritter gesucht, so muss eine besondere Anordnung getroffen werden (VerfGH Berlin aaO; Celle StV **82**, 561; Krause NJW **74**, 303; **aM** Kaiser aaO). Die stillschweigende Anordnung der Durchsuchung der Wohnung des Verurteilten, nicht der eines Dritten, zur Ingewahrsamnahme des auf Grund eines Fahrverbots nach § 44 StGB herauszugebenden Führerscheins enthält das Urteil oder der Strafbefehl, in dem das Fahrverbot ausgesprochen ist (**aM** SK-Wohlers/Jäger 9; erg 1 zu § 463b).

7 Die **Verbindung mit einer Beschlagnahmeanordnung** ist zulässig und geboten, um Probleme mit der Beschlagnahme aufgefundener Beweismittel zu vermeiden (Kemper wistra **06**, 171); die zu beschlagnahmenden Gegenstände müssen aber genau bezeichnet werden (vgl näher 9 zu § 98, auch zu einer allgemeinen Beschlagnahmeanordnung).

8 6) Für die **Durchführung** einer richterlichen Anordnung gilt § 36 II S 1 (Rengier NStZ **81**, 375; Wendisch JR **78**, 447). Sonst sorgt der Anordnende selbst für die Ausführung. Auch der Richter kann seine Anordnung selbst durchführen. Von der richterlichen Durchsuchungsgestattung im Ermittlungsverfahren muss die StA keinen Gebrauch machen (Amelung/Schall JuS **75**, 572; Benfer NJW **81**, 1245); erst recht kann sie, nicht aber die von ihr mit der Durchführung beauftragte Polizei, ihre Vollziehung aufschieben. Dagegen sind richterliche Anordnungen im Zwischen- (§ 202) und im Hauptverfahren bindend (KK-Bruns 8; Benfer aaO). Die Durchsuchung ist stets auf das erforderliche – durch die Anordnung räumlich und inhaltlich konkretisierte – Maß zu begrenzen (BVerfG NJW **07**, 1444; hierzu Burgmer Kriminalistik **07**, 528); Hinweise zum Verhalten des Betroffenen und seines Anwalts geben Michalke NJW **08**, 1490; Tsambikakis PStR **12**, 255.

8a **Unzulässig** wird die Vollstreckung spätestens nach Ablauf eines halben Jahres (BVerfGE **96**, 44), wobei die Durchsuchung innerhalb der Frist begonnen werden muss (LG Berlin StV **99**, 520); Roxin (StV **97**, 654) hält zutr eine vom Richter im Einzelfall festzusetzende Frist für sachgerechter (vgl auch LG Zweibrücken NJW **03**, 156: Überschreitung der 6-Monats-Frist um 2 Tage unschädlich). Nach Maßgabe der vom BVerfG (aaO und ZInsO **02**, 424, 425) aufgestellten objektiven Merkmale (Art des Tatverdachts, Schwierigkeit der Ermittlungen, Dauerhaftigkeit der tatsächlichen Grundlagen) kann der Durchsuchungsbeschluss schon früher seine rechtfertigende Wirkung verlieren (LG Braunschweig StraFo **07**, 288); dem erneuten Erlass der Anordnung steht das nicht entgegen (LG Aachen bei Schützeberg StRR **08**, 467). Die Vollziehung wird auch unzulässig, wenn sich die Ermittlungslage geändert hat (LG Osnabrück NStZ **87**, 522; Krekeler NStZ **93**, 266; vgl auch BVerfG 2 BvR 2428/04 vom 27.6.2005 [Tz 28]; LG Leipzig StraFo **08**, 294).

8b **Dokumentation; Sachverständige:** Sichergestellte oder beschlagnahme Dokumente bzw Gegenstände sind in einem Protokoll zu erfassen. Eine fotografische Dokumentation des Zustands der durchsuchten Wohnung ist idR nur gestattet, wenn die Bilder als Beweismittel oder zur Spurensicherung in Betracht kommen (Celle StV **85**, 137; LG Hamburg StV **04**, 368; Kemper wistra **08**, 98 Fn 33; vgl auch BVerfG AfP **11**, 51, 55). Zu der Durchsuchung können Sachverständige hinzugezogen werden (vgl LG Stuttgart wistra **97**, 279: Zuziehung von Beamten der Steuerfahndung; BVerfG 2 BvR 1681/07 vom 31.8.2007; HRRS **07**, Nr 961; Badle NJW **08**, 1030 und Mahnkopf/Funk NStZ **01**, 519 zur Zuziehung im Zu-

Ermittlungsmaßnahmen § 105

sammenhang mit ärztlichem Abrechnungsbetrug). In Betracht kommen auch Anzeigeerstatter, die Diebesgut identifizieren können (Hamm NStZ 86, 326). Die Zuziehung sachkundiger Angestellter des Unternehmens, auf dessen Strafanzeige die Durchsuchung angeordnet wurde, erscheint aber nur ausnahmsweise als zulässig (vgl Hamm aaO; LG Berlin wistra 12, 410; Brüning StV 08, 103; Schlegel HRRS 08, 26).

Bei **Durchsuchungen in Unternehmen** können die Beteiligten eine **Vereinbarung** darüber treffen, welche Dokumente und Daten das durchsuchte Unternehmen den Strafverfolgungsbehörden zu einem späteren Zeitpunkt übergeben wird (Schelzke NZWiSt 17, 142). Zwar hat eine solche Vereinbarung keinen rechtsverbindlichen, sondern lediglich informellen Charakter; im Falle der Nichtbefolgung durch das Unternehmen kommt jedoch eine Fortsetzung oder erneute Durchsuchung in Betracht (Schelzke aaO 143, die zudem auf das Risiko strafrechtlicher Ermittlungen gegen Unternehmensmitarbeiter wegen Strafvereitelung durch Unterlassen hinweist). 8c

Für **Durchsuchungen im Bereich der Bundeswehr** trifft III eine dem § 98 IV entspr Regelung (vgl dort 25 ff). 9

7) **Durchsuchungszeugen (II)** müssen, aber nicht vor Beginn der Durchsuchungshandlung (BGH NJW 63, 1461), zugezogen werden, wenn bei Raumdurchsuchungen kein Richter oder StA, dem der Amtsanwalt oder der Vertreter der Finanzbehörde nach § 399 I **AO** gleichsteht (LG Koblenz wistra 04, 438, 440; Weyand wistra 08, 215), anwesend ist. Die Inhaber der nach § 103 durchsuchten Räume können nicht zugleich Zeugen sein (Celle StV 85, 137). Zur Hinzuziehung eines Betriebsprüfers bei einer Durchsuchungsmaßnahme der Steuerfahndung vgl Bremen wistra 99, 74. II ist keine Ordnungsvorschrift; die Zuziehung ist vielmehr eine wesentliche Förmlichkeit der Durchsuchung (BGH 51, 211; Bay JR 81, 28; Hamm NStZ 86, 326, 327; Karlsruhe NStZ 91, 50 mwN). 10

Allerdings muss die Zuziehung **möglich** sein; unmöglich ist sie auch, wenn der eintretende Zeitverlust den Erfolg der Durchsuchung vereiteln würde (BGH NStZ 86, 84; RG 55, 161, 165; Küper NJW 71, 1681). Die Entscheidung darüber trifft der Beamte nach pflichtgemäßem Ermessen (Bay aaO; Karlsruhe aaO; KK-Bruns 14; Küper aaO). **aM** SK-Wohlers/Jäger 57: unbestimmter Rechtsbegriff; Fezer 7/72: Gefahrenprognose). Der gewissenhaft handelnde Beamte handelt auch dann rechtmäßig, wenn er sich in der Beurteilung der Verhältnisse irrt (Bay aaO; Celle StV 85, 137; LG München StraFo 09, 146; dazu eingehend Küper aaO). Nur der bewusste Verstoß gegen II gibt dem Betroffenen das Recht zur Notwehr (RG 55, 161; Born JR 83, 52) und zum Widerstand. Die Verwertbarkeit der Durchsuchungsergebnisse hängt aber von der Einhaltung des II nicht ab (KG NJW 72, 169, 170; Stuttgart NJW 71, 629; ANM 504 mwN). 11

Der **Verzicht des Betroffenen** auf die Beachtung des II ist zulässig (BGH NJW 63, 1461; Celle aaO; Stuttgart MDR 84, 249; Eisenberg BR 2441; KMR-Müller 15; Stoffers wistra 09, 382; **aM** Fezer 8/129). Zwar sollen durch die Zeugenzuziehung nicht nur die Betroffenen vor Übergriffen der Beamten geschützt werden; sie dient auch dem Schutz der Beamten vor unberechtigten Vorwürfen des Betroffenen wegen der Art und Weise der Durchsuchung (BGH aaO; Bay JR 81, 28; Celle aaO). Trotzdem kann dem Wunsch des Betroffenen, von der Zuziehung Dritter abzusehen, um Aufsehen zu vermeiden, entsprochen werden (Michalke NJW 08, 1491; vgl aber SK-Wohlers/Jäger 54; Born JR 83, 52; Roxin/Schünemann § 35, 10: nur wenn auch der Beamte verzichtet; Rengier NStZ 81, 374 rät zur Zurückhaltung). 12

8) **Unmittelbarer Zwang:** Die Anordnung berechtigt dazu, die Durchsuchung mit Zwangsmaßnahmen durchzusetzen (Stuttgart MDR 84, 249; vgl auch BGH NStZ 16, 551), zB die Wohnung gewaltsam zu öffnen, die zu durchsuchenden Gebäude durch Abschließen oder Aufstellen von Wachen zu sichern, Türen, Schränke und Verschläge aufzubrechen, Flüssigkeiten abzulassen, Gruben zu entleeren, Grundstücke aufzugraben usw, nicht aber dazu, den Betroffenen präventiv 13

§ 105 Erstes Buch. 8. Abschnitt

in Gewahrsam zu nehmen, um das Beiseiteschaffen von Beweismitteln oder Vermögenswerten zu verhindern (LG Frankfurt aM NJW **08**, 2201). Auch das **gewaltsame Öffnen der Wohnung** ist grundsätzlich zulässig. Ob dies auch für ein Vorgehen gilt, bei dem die Polizei die Haustür aufbricht, um heimlich in die Wohnung des Beschuldigten einzudringen und diesen dort ggf im Schlaf zu überraschen, ist mit Blick auf den Grundsatz der Verhältnismäßigkeit zu beurteilen und kann etwa im Einzelfall bei als besonders hoch eingeschätzter Gefährdungslage für die eingesetzten Beamten ausnahmsweise unbedenklich sein; zu einer von §§ 102 ff grundsätzlich nicht gedeckten heimlichen Ermittlungsmaßnahme wird die Durchsuchung durch ihre verdeckte Vorbereitung nicht (zw BGH JR **12**, 204 mit Anm Erb; aM Hoffmann-Holland/Koranyi ZStW **14**, 837). Der Beschuldigte ist nicht verpflichtet, **EDV-Passwörter** preiszugeben, riskiert dann aber, dass die gesamte EDV-Anlage beschlagnahmt wird (Tsambikakis PStR **12**, 255 f; Liebig 70). Zulässig ist auch das Überwinden von Verschlüsselungen, um sich Zugang zu Daten zu verschaffen (Zerbes/El-Ghazi NStZ **15**, 425, 427; Obenhaus NJW **10**, 653; Liebig 72 ff weist allerdings zu Recht darauf hin, dass verschlüsselte Datenträger in technischer Hinsicht ein nahezu unüberwindbares Hindernis darstellen können). Bei der **Personendurchsuchung** darf körperlicher Zwang angewendet werden; falls geboten, zB falls konkrete Verdunkelungsmaßnahmen drohen, darf der Betroffene auch kurzfristig festgenommen und auf der Polizeiwache durchsucht werden (LR-Tsambikakis 126; krit Eisenberg Rolinski-FS 174). „**Kontakt- und Telefonsperren**" bzw die kontrollierende Überwachung von Ferngesprächen (nicht generell [Kretschmer StRR **13**, 164] und nicht im Verhältnis zum Verteidiger), „Stubenarrest", Platzverweise und **Zutrittsverbote** sind als Maßnahmen unmittelbaren Zwangs zulässig, soweit sie zur Erreichung des Durchsuchungszwecks konkret erforderlich sind (aM Weisser wistra **14**, 212: gesetzliche Regelung erforderlich); anderweitige Störungen (insbesondere solche durch Dritte) werden nach § 164 abgewehrt (dort 1, 2; BGH [ER] StraFo **19**, 66; Karlsruhe StraFo **97**, 13, 15; LR-Tsambikakis 126; SK-Wohlers/Jäger 68; 19 zu § 106; aM Rengier NStZ **81**, 375: stets § 164; so wohl auch Michalke NJW **08**, 1492). Bei allen Zwangsmaßnahmen ist der Verhältnismäßigkeitsgrundsatz (Einl 20) zu beachten (vgl LG München StraFo **09**, 146). Dies gilt insbesondere bei der Anwendung von unmittelbarem Zwang gegen von der Durchsuchung betroffene Personen (BGH aaO).

14 **9) Beendigung:** Die Anordnung berechtigt zu einer einmaligen, einheitlichen Durchsuchung, die, wenn auch mit Pausen (Ehlers BB **78**, 1515; Rengier NStZ **81**, 377), in einem Zuge durchgeführt wird. Mit der Beendigung der Durchsuchung durch ausdrückliche Erklärung oder schlüssiges Verhalten der Durchsuchungsbeamten ist die Anordnung verbraucht (BVerfG StV **04**, 633, 634); sie braucht nicht ausdrücklich aufgehoben zu werden. Eine weitere Durchsuchung erfordert daher eine erneute Anordnung (Fezer StV **89**, 292; Meurer JR **90**, 391; Roxin NStZ **89**, 378). Die Anordnung, nach dem Beschuldigten in einem Zeitraum von 3 Monaten regelmäßig Durchsuchungen durchzuführen, ist unzulässig (LG Hamburg wistra **04**, 36 mit krit Anm Webel).

15 **10) Anfechtung:** Die richterliche Durchsuchungsanordnung und ihre Ablehnung können mit der **Beschwerde** nach § 304 angefochten werden, auch die des erkennenden Gerichts; § 305 S 2 gilt entspr (Peters JR **73**, 342; erg 7 zu § 305). Erforderlich ist eine unmittelbare Beschwer; der Beschuldigte kann daher grundsätzlich nicht die gegen eine andere Person gerichtete Durchsuchungsanordnung anfechten (BVerfG NJW **15**, 2869: Geschäftsführer oder Gesellschafter bei Durchsuchung der Geschäftsräume der Gesellschaft; LG Köln StV **83**, 275: Anordnung der Durchsuchung der Bank des Beschuldigten; anders bei der Beschlagnahme seiner Kontounterlagen, vgl KG NJW **99**, 2979; offengelassen BGH StB 17/19 vom 31.7.2019). Die Durchsicht von Papieren nach § 110 gehört noch zur Durchsuchung (BVerfG NStZ **19**, 118, 119; NJW **03**, 2669; BGH **44**, 265, 273); solange sie nicht – durch Rückgabe oder den Antrag auf richterliche Beschlagnahme (BGH NStZ **02**, 215; 2 zu § 110) – beendet ist, kann Beschwerde gegen die An-

ordnung eingelegt werden (BGH NJW 73, 2035; **95**, 3397; StV **88**, 90; NStZ-RR **10**, 67 [C/Ž]; KG NJW **75**, 354; Karlsruhe NStZ **95**, 48; die Art und Weise der Durchsicht ist allerdings nach § 98 II S 2 anfechtbar, vgl 10 zu § 98); eine bereits eingelegte Beschwerde ist ab dem Zeitpunkt des Abschlusses der Sichtung als auf die **Feststellung der Rechtswidrigkeit** der Durchsuchung **gerichtet** anzusehen (BGH NJW **15**, 1032). Auch nach Beendigung der Durchsuchung kann mit der Beschwerde die Feststellung ihrer Rechtswidrigkeit beantragt werden (vgl 18a vor § 296 sowie 40a zu § 147 zum Erfordernis, die Entscheidung hierüber wegen zunächst versagter Akteneinsicht aufzuschieben); längeres Zuwarten kann zur Verwirkung führen (vgl BVerfG NStZ **09**, 166; erg 6, 18a aE vor § 296). Zusammenfassend zu den Rechtsschutzmöglichkeiten aus Sicht der Verteidigung Park StRR **08**, 4.

Einschränkungen der **Prüfungskompetenz** des Beschwerdegerichts (§§ 308 II, 309 II) ergeben sich aus der Funktion des Richtervorbehalts. Um der Funktion einer vorbeugenden Kontrolle der Durchsuchung durch eine unabhängige und neutrale Instanz (vgl BVerfGE **103**, 142, 155) gerecht zu werden, darf das Beschwerdegericht seine Entscheidung nicht auf Gründe stützen, die dem Ermittlungsrichter nicht bekannt waren. Prüfungsmaßstab bleibt im Beschwerdeverfahren die Sach- und Rechtslage zur Zeit des Erlasses des Durchsuchungsbeschlusses (BVerfG NJW **11**, 291; Jahn NStZ **07**, 261; vgl auch LG Leipzig StraFo **08**, 294). Nach Erledigung durch Vollzug können daher Mängel bei der Umschreibung des Tatvorwurfs und der Beweismittel nicht im Beschwerdeverfahren geheilt werden (BVerfG NJW **04**, 3171), dürfen zur Begründung der Beschwerdeentscheidung auch keine Erkenntnisse herangezogen werden, die erst durch die Durchsuchung gewonnen wurden (BVerfG NJW **11**, 291; WM **05**, 480) und kann der konkrete Bezug der beim Dritten gesuchten Beweismittel zum Verfahrensgegenstand (1a zu § 103) nicht nachgeschoben werden (BVerfG NJW **09**, 2518, 2520). Das schließt es nicht aus, eine andere rechtliche Beurteilung an die damals vorliegenden tatsächlichen Erkenntnisse zu knüpfen (BVerfG WM **05**, 480, 481; 2 BvR 2428/04 vom 27.6.2005 [Tz 27]; vgl aber auch BVerfG NJW **07**, 1443), oder die Begründung des Beschlusses des AG in den Grenzen zu ergänzen, die die Funktion der präventiven Kontrolle wahren; hat der Ermittlungsrichter die Voraussetzungen eigenständig geprüft (oben 2), kann das Beschwerdegericht die Konkretisierung der den Anfangsverdacht belegenden Umstände nachholen (BGH NStZ-RR **09**, 142; krit Schmidt StraFo **09**, 451; vgl auch Hüls ZIS **09**, 166).

Gegen **Durchsuchungsanordnungen der StA und ihrer Ermittlungspersonen** ist entspr § 98 II S 2 der Antrag auf gerichtliche Entscheidung zulässig (BGH **26**, 206, 209; NJW **78**, 1013; BGH StV **88**, 90; KG NJW **72**, 169; Karlsruhe NJW **78**, 1595; NStZ **91**, 50; **95**, 48; Stuttgart NJW **77**, 2276), auch noch nach Abschluss der Durchsuchung zur Feststellung der Rechtswidrigkeit der Anordnung (vgl 23 zu § 98; 10 zu § 23 EGGVG) bzw bei Unzulässigkeit ihres Vollzugs (oben 8a; Cassardt NJW **96**, 558). Auslegung und Anwendung des Begriffs „Gefahr im Verzug" und damit der Kompetenz der StA und ihrer Ermittlungspersonen zur Durchsuchungsanordnung unterliegen einer unbeschränkten gerichtl Kontrolle (BVerfGE **103**, 142; NJW **02**, 1333; **03**, 2303); eine fehlende Dokumentation (oben 3) darf nicht durch eine nachträgliche Stellungnahme der StA ersetzt werden (vgl BVerfG 2 BvR 1346/07 vom 31.10.2007; NJW **08**, 3053, 3054; anders LG Berlin StV **08**, 244). Verneint der Richter, dass Gefahr im Verzug vorlag, hebt er die Durchsuchungsanordnung auf, was bei noch nicht (vollständig) vollzogener Durchsuchung zu deren Abbruch, bei vollzogener zur Feststellung der Rechtswidrigkeit (18a vor § 296) der Durchsuchung führt (Fezer Rieß-FS 96 ff), nicht unbedingt aber zu einem Verwertungsverbot (vgl unten 18, 21 zu § 94; **aM** offenbar AG Essen StraFo **07**, 505 [erg dazu 23 aE zu § 98]).

Auch wenn die **Art und Weise der abgeschlossenen Durchsuchung** beanstandet wird, zB die Zuziehung von Sachverständigen (BVerfG 2 BvR 1681/07 vom 31.8.2007, HRRS **07**, Nr 961), lässt die Rspr (entgegen einer früher vertretenen Ansicht, die § 23 EGGVG anwendete, vgl BGH **28**, 206; **37**, 79, 82) den

15a

16

17

§ 105

Erstes Buch. 8. Abschnitt

Antrag nach § 98 II S 2 in entspr Anwendung zu (dort 23), wobei es gleichgültig ist, ob die Durchsuchung nichtrichterlich (BGH **44**, 265) oder richterlich angeordnet war (BGH **45**, 183; NJW **00**, 84; NStZ-RR **10**, 67 [C/Z]). Ob dies auch gilt, wenn die Art und Weise des Vollzugs bereits im richterlichen Durchsuchungsbeschluss geregelt ist, hat der BGH offen gelassen; Katholnigg NStZ **00**, 156 hat sich dafür ausgesprochen, während Amelung JR **00**, 481; Eisele StV **99**, 300; Fezer NStZ **99**, 151 und Meyer HRRS-Fezer-FG 141 zutr die Beschwerde geben wollen. Entscheidungen des ER des BGH oder des erstinstanzlich zuständigen OLG über Einwendungen gegen die Art und Weise einer Durchsuchung sind nicht mit Beschwerde anfechtbar (BGH **44**, 265, 275; NJW **00**, 84).

17a Ein Durchsuchungsbeschluss kann als Zwischenentscheidung im Strafverfahren auch mit der **Verfassungsbeschwerde** angegriffen werden (BVerfG 1 BvR 1951/13 vom 30.7.2015 mwN).

18 11) Zur **Verwertbarkeit** der bei einer fehlerhaften Durchsuchung gefundenen Beweismittel vgl 21 zu § 94 und 7 zu § 98. Diese hat das erkennende Gericht auch dann zu prüfen, wenn der Angeklagte die Rechtsschutzmöglichkeit entspr § 98 II S 2 (dort 23, oben 16) nicht genutzt hat (BGH NStZ **09**, 648). Das **BVerfG** lässt in seiner neueren Rspr einen **zurückhaltenden Ansatz** bezüglich Beweisverwertungsverboten erkennen. Es verweist für die Abwägung der widerstreitenden Interessen auf die gefestigte Rspr des BGH (etwa BGH **51**, 285, 289f) und stellt insbesondere den verfassungsrechtlichen Rang einer funktionstüchtigen Strafrechtspflege und der Wahrheitserforschung vor Gericht heraus (BVerfG NJW **09**, 3225; NStZ **11**, 103, 104 f zur Verwertbarkeit illegal erlangter Steuerdaten; Anm Wohlers JZ **11**, 252; erg Adam NStZ **10**, 325 und 3a zu § 136a). Einem Verstoß gegen den Richtervorbehalt kommt dabei nur minderes Gewicht zu, wenn es sich bei der verfahrensfehlerhaften Durchsuchung lediglich um die Fortsetzung einer gefahrenabwehrrechtlich zulässigen Wohnungsöffnung und -durchsuchung handelt (BGH NStZ-RR **19**, 94, 95; NStZ **19**, 227, 230 mit Anm Arnoldi).

19 Ein Beweisverwertungsverbot kommt danach **nur bei schwerwiegenden, bewussten oder willkürlichen Verfahrensverstößen** in Betracht, bei denen die grundrechtlichen Sicherungen planmäßig oder systematisch außer Acht gelassen werden (BVerfG aaO 105 mwN; BGH **61**, 266 275 f; NStZ-RR **19**, 94, 95; NJW **11**, 1377: begründungsbedürftige Ausnahme; vgl auch die Sachverhalte bei BGH NStZ-RR **14**, 318, NStZ **16**, 551 sowie LG Hamburg StV **11**, 528). Ein Verwertungsverbot kann etwa angenommen werden, wenn die von Verfassungs wegen vorgesehene Regelzuständigkeit des Richters dadurch unterlaufen wird, dass mit dem Antrag an den Ermittlungsrichter entgegen jeglicher kriminalistischer Erfahrung so lange zugewartet wird, bis die Gefahr eines Beweismittelverlustes als Voraussetzung für die Annahme von Gefahr im Verzug tatsächlich eingetreten ist (BGH NStZ **12**, 104; vgl auch Düsseldorf StraFo **16**, 339 mit Anm Jahn JuS **16**, 1138; erg 2). Der sog hypothetische rechtmäßige Ermittlungsverlauf spielt bei vorsätzlicher Verletzung oder schwerwiegender Verkennung des Richtervorbehalts keine Rolle (vgl BGH StV **16**, 539; Düsseldorf aaO; erg 21-21b zu § 94, auch zur Frage der Erforderlichkeit eines Widerspruchs in der Hauptverhandlung). Bei nicht gravierenden Verstößen kann dem Aspekt hypothetisch rechtmäßiger Beweiserlangung – verfassungsrechtlich unbedenklich (BVerfG NStZ **19**, 118, 120) – Bedeutung zukommen, falls die richterliche Anordnung, welche die Maßnahme legitimiert hätte, im Einzelfall mit hoher Wahrscheinlichkeit angeordnet worden wäre (vgl BGH NStZ **16**, 551 mit Anm Schneider; Zweibrücken NStZ **19**, 301, 303; zur Verwertbarkeit insoweit gewonnener Beweise erg 21a zu § 94).

19a Nach einer Entscheidung des OLG Düsseldorf (aaO mit Anm Jahn JuS **16**, 1138 und zutr abl Anm Radtke NStZ **17**, 180) soll sich das Verwertungsverbot im Sinne einer **Fernwirkung** auch auf ein Geständnis erstrecken, wenn sich ein Beschuldigter nach einer grob rechtswidrigen Durchsuchung offensichtlich als überführt ansah und deshalb keinen Anlass sah, von seinem Schweigerecht Gebrauch zu machen (erg Einl 57). Die Entscheidung hat zu Recht **Kritik** erfahren (vgl Rattke aaO;

Arnoldi aaO). Sie ist schon deshalb „irritierend", weil das als Revisionsgericht tätige OLG das Beweisverwertungsverbot – entgegen § 344 II – auf die allein erhobene Sachrüge hin angenommen hat (vgl BGH NStZ **19**, 107; erg 38 zu § 261; unzutr daher insoweit Zweibrücken aaO 302). Sie ist aber auch in der Sache nicht verallgemeinerbar. Zwar können die Angaben eines Beschuldigten unverwertbar sein, wenn sie unter dem Eindruck eines Vorhalts unzulässig gewonnener – und damit ihrerseits nicht verwertbarer – Beweismittel gemacht worden sind (BGH NStZ **19**, 227, 229). Ein unzulässiger Vorhalt allein führt allerdings nicht ohne weiteres zu einem Beweisverwertungsverbot für alle, insb auch spätere Aussagen des Beschuldigten. Hinzukommen muss vielmehr zunächst die Feststellung, dass die Angaben von dem Vorhalt beeinflusst sind (BGH **32**, 68, 71). Sodann muss der Verfahrensverstoß mit dem staatlichen Interesse an der Aufklärung des Sachverhalts abgewogen werden (BGH NStZ **19** aaO). Eine generelle Fortwirkung eines Verfahrensfehlers gibt es nicht (BGH **32** aaO; erg Einl. 57).

Vom Verbot eines unzulässigen Vorhalts ist die Frage zu unterscheiden, ob eine **19b** Pflicht besteht, den Beschuldigten vor der Vernehmung in Form einer **qualifizierten Belehrung** auf die Unverwertbarkeit der unzulässig erlangten Beweismittel hinzuweisen. Der BGH lehnt dies ab, da das Erfordernis der qualifizierten Belehrung seine Grundlage darin hat, dass die Selbstbelastungsfreiheit durch einen Verstoß gegen die Belehrungspflicht nach § 136 I 2 verletzt wird (BGH NStZ **19** aaO; erg 9 zu § 136). Ob der Beschuldigte bei einer späteren Vernehmung qualifiziert belehrt werden muss, wenn seine frühere Aussage aufgrund eines unzulässigen Vorhalts nicht verwertet werden darf, hat der BGH bislang nicht entschieden (offen gelassen von BGH aaO).

Das Fehlen eines **nächtlichen richterlichen Bereitschaftsdienstes** kann im **20** Einzelfall zu einem Beweisverwertungsverbot führen, wenn dies angesichts des Aufkommens nächtlicher Durchsuchungsanordnungen in dem betreffenden Gerichtsbezirk als ein schwerwiegender Organisationsmangel anzusehen ist (vgl zur Notwendigkeit oben 2a) und die staatsanwaltliche oder polizeiliche Eilanordnung allein in diesem Defizit begründet liegt (BGH wistra **10**, 231). Ein Beweisverwertungsverbot wird man aber nur annehmen können, wenn sich das Unterlassen der Einrichtung des Bereitschaftsdienstes sich als ein systematisches Außerachtlassen der grundrechtlichen Sicherung des Art 13 GG darstellt (vgl BVerfG NStZ **11**, 103, 105; Rabe von Kühlwein NStZ **19**, 501, 507 f).

Eine **unzureichende Dokumentation** (oben 3) der Anordnung führt nicht **21** ohne weiteres zu einem Verwertungsverbot (BGH NStZ **05**, 392; NStZ-RR **07**, 242; Brüning HRRS **07**, 254; vgl hierzu BVerfG NJW **08**, 3053, 3054 mit krit Anm Leichthammer DAR **08**, 694 und zust Anm Laschewski NZV **08**, 637; erg oben 16). Eine Anwendung der Vollstreckungslösung (9a zu Art 6 EMRK) in den Fällen, in denen die Rechtswidrigkeit der Durchsuchung nicht zu einem Verwertungsverbot führt (so Gaede JZ **08**, 424; vgl auch Löffelmann JR **09**, 12), kommt hier wie auch sonst bei Verstößen gegen das Verfahrensrecht nicht in Betracht (vgl BGH **52**, 110, 118 – 3. StS – zu Art. 36 Ib S 3 WÜK in Abgrenzung zu BGH **52**, 48 – 5. StS).

12) Die **Revision** muss in aller Regel den Durchsuchungsbeschluss mitteilen **22** (BGH NStZ **11**, 471). Fehlt es an einer ausreichenden Darstellung der Verdachts- und Beweislage im ermittlungsrichterlichen Beschluss oder wird die Rechtmäßigkeit der Maßnahme im Übrigen konkret in Zweifel gezogen, ist darüber hinaus die Verdachts- und Beweislage, wie sie im Zeitpunkt der Anordnung gegeben war, anhand der Aktenlage zu rekonstruieren und mitzuteilen (BGH NStZ **19**, 107 mwN). Erg zu den Anforderungen an eine zulässige Verfahrensrüge BGH 4 StR 493/11 vom 24.1.2012. Die Rüge unzulässiger Verwertung von Durchsuchungsfunden erfordert einen Widerspruch in der HV, der für eine zulässige Verfahrensrüge (§ 344 II S 2) vollständig mitgeteilt werden muss (BGH NStZ **18**, 737 mit Anm Börner).

§ 106

Hinzuziehung des Inhabers eines Durchsuchungsobjekts

106 ^{I 1} Der Inhaber der zu durchsuchenden Räume oder Gegenstände darf der Durchsuchung beiwohnen. ²Ist er abwesend, so ist, wenn möglich, sein Vertreter oder ein erwachsener Angehöriger, Hausgenosse oder Nachbar zuzuziehen.

^{II 1} Dem Inhaber oder der in dessen Abwesenheit zugezogenen Person ist in den Fällen des § 103 Abs. 1 der Zweck der Durchsuchung vor deren Beginn bekanntzumachen. ²Diese Vorschrift gilt nicht für die Inhaber der in § 104 Abs. 2 bezeichneten Räume.

1 1) Die Vorschrift regelt die bei der Durchsuchung zu beachtende Form; sie enthält **zwingendes Recht** und stellt keine bloße Ordnungsvorschrift dar (BGH **51**, 211, 213 f; LR-Tsambikakis 15; Rengier NStZ **81**, 373; Sommermeyer JR **90**, 499; NStZ **91**, 264; **aM** BGH NStZ **83**, 375; HK-Hartmann 1). § 106 ist auch bei Durchsuchungen zum Zweck der Beschlagnahme von Einziehungsgegenständen (§ 111b II) oder der Pfändung von Vermögenswerten in Vollziehung eines Vermögensarrestes anwendbar (§ 111e V), gilt aber bei Durchsuchungen nach den StVollzGn der Länder nicht entspr (vgl Art 91 I BayStVollzG, § 64 I NRWStVollzG; zum früheren § 84 I S 1 StVollzG Frankfurt MDR **80**, 80; Stuttgart Justiz **84**, 368).

2 2) Ein **Anwesenheitsrecht (I S 1)** haben die Inhaber der zu durchsuchenden Räume, bei mehreren Inhabern jeder von ihnen (LR-Tsambikakis 2), und die Inhaber der Gegenstände; dies gilt auch für den – nicht inhaftierten – Beschuldigten (BGH **51**, 211), vorausgesetzt, dass sie sich am Durchsuchungsort oder in dessen Nähe aufhalten. Der Durchsuchungsbeamte ist nicht verpflichtet, auf ihr Erscheinen zu warten oder sie herbeiholen zu lassen (LR-Tsambikakis 3), sollte das aber tun, wenn dadurch keine erhebliche Verzögerung eintritt. Erscheint ein Anwesenheitsberechtigter verspätet, so wird die Durchsuchung fortgesetzt, nicht wiederholt. Der Inhaber der Räume oder Gegenstände kann auf die Anwesenheit verzichten (Rengier NStZ **81**, 374) oder einen anderen, zB einen Rechtsanwalt, mit der Wahrnehmung seiner Rechte beauftragen (Stoffers wistra **09**, 382, Taschke StV **07**, 498 zum Unternehmensanwalt), dessen Erscheinen aber ebenfalls nicht abgewartet werden muss (Michalke NJW **08**, 1490). Störungen sind mit unmittelbarem Zwang oder nach § 164 abzustellen (zur Abgrenzung 13 zu § 105; dort auch zur Zulässigkeit von „Stubenarrest" und Telefonsperre); das Anwesenheitsrecht ist dann verwirkt (RG **33**, 251; erg unten 4).

3 **Beschuldigte,** die nicht zugleich Inhaber der Räume oder Gegenstände sind, und Verteidiger haben keinen Anspruch auf Anwesenheit bei der Durchsuchung (Stuttgart NStZ **84**, 574; Dahs 348), insbesondere nicht UGefangene bei der Durchsuchung ihrer Zellen (Frankfurt GA **79**, 429; Karlsruhe StV **86**, 10; Schleswig SchlHA **98**, 172 [L/S]; Stuttgart NStZ **84**, 574; **aM** AG Mannheim StV **85**, 276; Eisenberg Rolinski-FS 169). Gestattet der Inhaber ihre Anwesenheit, so dürfen sie aber nur unter den Voraussetzungen des § 164 entfernt werden (Rengier NStZ **81**, 375; Stoffers wistra **09**, 382; enger Eisenberg BR 2437: nur in seltenen Ausnahmefällen; SK-Wohlers/Jäger 20: nicht bei richterlichen Untersuchungshandlungen, bei denen der Verteidigung ein Anwesenheitsrecht zusteht).

4 3) Die **Zuziehung Dritter (I S 2),** und zwar in der gesetzlichen Reihenfolge, ist bei Abwesenheit des Inhabers, nicht nach dessen Entfernung wegen Störung (Eisenberg BR 2438; **aM** SK-Wohlers/Jäger 24), erforderlich, sofern sie möglich (11 zu § 105) und für den Zugezogenen ungefährlich ist (vgl auch Karlsruhe NStZ **91**, 50 zur Zuziehung ausländischer Ermittler). Zum Begriff „erwachsener Angehöriger" vgl 10 zu § 37, 15 zu § 98. Vertreter iS I S 2 ist, wer den Inhaber auf Grund besonderer Vollmacht, kraft allgemeinen Auftrags (Hausverwalter) oder üblicherweise (Ehefrau) vertritt. Ist der Inhaber zugleich der Beschuldigte, so kann ihn sein Verteidiger vertreten (KK-Bruns 2; KMR-Müller 2; LR-Tsam-

Ermittlungsmaßnahmen **§ 107**

bikakis 6). Verzichtet der anwesende Vertreter auf die Teilnahme an der Durchsuchung, so wird kein weiterer Vertreter zugezogen. Stört er die Durchsuchungshandlung, so wird er entfernt und, wenn möglich, durch einen anderen ersetzt.

4) Bekanntmachung (II): Vor der Durchsuchung nach § 103 I ist den in II S 1 bezeichneten Personen deren Zweck bekanntzugeben, sofern die Durchsuchung nicht unter den Voraussetzungen des § 103 II oder § 104 II stattfindet. Wenn dadurch der Untersuchungserfolg nicht gefährdet wird, sollte der Durchsuchungszweck auch im Fall des § 102 dem Verdächtigen bekanntgegeben werden (vgl. auch Karlsruhe NStZ-RR **97**, 37, 38; Rengier NStZ **81**, 373 hält das für verfassungsrechtlich geboten).

Durchsuchungsbescheinigung; Beschlagnahmeverzeichnis

107 [1] **Dem von der Durchsuchung Betroffenen ist nach deren Beendigung auf Verlangen eine schriftliche Mitteilung zu machen, die den Grund der Durchsuchung (§§ 102, 103) sowie im Falle des § 102 die Straftat bezeichnen muß.** [2] **Auch ist ihm auf Verlangen ein Verzeichnis der in Verwahrung oder in Beschlag genommenen Gegenstände, falls aber nichts Verdächtiges gefunden wird, eine Bescheinigung hierüber zu geben.**

1) Die Vorschrift soll als wesentliche Förmlichkeit den von einer Durchsuchung Betroffenen schützen. Sie ist deshalb **zwingendes Recht** und nicht bloße zur Disposition der Ermittlungsorgane stehende Ordnungsvorschrift (BGH **51**, 211, 213 f; LR-Tsambikakis 1; **aM** Stuttgart StV **93**, 235; Neuhaus Herzberg-FS 878 zu § 107 S 2). Bei Durchsuchungen zum Zweck der Beschlagnahme von Einziehungsgegenständen oder der Pfändung von Vermögensgegenständen in Vollziehung eines Vermögensarrestes gilt die Vorschrift nach § 111b II und § 111e V entspr.

2) Eine **Durchsuchungsbescheinigung (S 1)** ist dem Betroffenen, also dem (verdächtigen oder unverdächtigen) Inhaber der Räume oder des Gewahrsams an den Sachen, auf Verlangen nach der Durchsuchung zu erteilen. Dabei genügt die abstrakte Angabe des Durchsuchungszwecks (Ergreifung; Auffinden von Beweisgegenständen), auch im Fall des § 103 (KK-Bruns 3; **aM** KMR-Müller 6; SK-Wohlers/Jäger 6; Park 211). Angaben über die Gründe, aus denen die Durchsuchung Erfolg versprach, werden nicht gemacht (KMR-Müller 7). Im Fall des § 102 kann der Betroffene auch eine schriftliche Mitteilung über die Straftat verlangen, die Anlass zu der Durchsuchung gegeben hat; es genügen die maßgebenden Gründe für die Anordnung (KK-Bruns 3; KMR-Müller 2; vgl auch Wiepjes StV 19, 286, 291 [bereits bei Beginn der Durchsuchung]; **aM** HK-Gercke 3;). Zur Verwendung von Formularen vgl Michalke NJW **08**, 1493.

3) Ein **Beschlagnahmeverzeichnis oder eine Negativbescheinigung (S 2)** kann der Betroffene verlangen (LG Stade wistra **02**, 319: auch von lediglich kopierten Unterlagen). Dazu genügt, dass die formlos sichergestellten oder beschlagnahmten Gegenstände nach Art und Zahl aufgeführt werden (Kemper wistra **08**, 97; Krekeler wistra **83**, 46); eine nähere Beschreibung ist überflüssig. Auch Schriftstücke werden nicht inhaltlich, sondern nur so gekennzeichnet, dass sie identifizierbar sind (Karlsruhe StraFo **97**, 13, 15; Michalke NJW **08**, 1493; Stoffers wistra **09**, 383).

4) Zuständig sind der Durchsuchungsbeamte und die Behörde, die die Durchsuchung angeordnet hat. Die schriftlichen Mitteilungen sind grundsätzlich an Ort und Stelle auszufertigen (Stuttgart wistra **93**, 120); falls dies nicht möglich ist, sind sie von der Behörde, die die Anordnung vollstreckt hat, alsbald auszufertigen und auszuhändigen (Kemper wistra **08**, 97). Wird das Verlangen erst später gestellt, so entspricht ihm die Behörde, die das Verfahren in diesem Zeitpunkt bearbeitet (Schleswig SchlHA **03**, 187 [D/D]).

Köhler

§ 108

5 **5) Anfechtung:** Gegen die Weigerung, die Bescheinigung nach S 1 oder das Verzeichnis oder die Negativbescheinigung nach S 2 zu erteilen, kann nach § 23 II **EGGVG** auf gerichtliche Entscheidung angetragen werden (Bamberg JurBüro **93**, 543; Karlsruhe NStZ **95**, 48 mwN; LG Gießen wistra **00**, 76; Krekeler wistra **83**, 46; **aM** LR-Tsambikakis 6 [§ 98 II S 2 entspr]; dem folgend LG Stade wistra **02**, 319; im Ergebnis ebenso SK-Wohlers/Jäger 9; abl Karlsruhe aaO). Sind aber alle beschlagnahmten Unterlagen mit einer einzigen, in einem Gerichtsbeschluss bezeichneten Ausnahme zurückgegeben worden, so fehlt es für diesen Antrag am Rechtsschutzbedürfnis (Stuttgart NJW **77**, 2276). Eine **Verwertungsverbot** folgt aus einem Verstoß gegen § 107 nicht (LR-Tsambikakis 6; KK-Bruns 5).

Beschlagnahme anderer Gegenstände

108 I ¹Werden bei Gelegenheit einer Durchsuchung Gegenstände gefunden, die zwar in keiner Beziehung zu der Untersuchung stehen, aber auf die Verübung einer anderen Straftat hindeuten, so sind sie einstweilen in Beschlag zu nehmen. ²Der Staatsanwaltschaft ist hiervon Kenntnis zu geben. ³Satz 1 findet keine Anwendung, soweit eine Durchsuchung nach § 103 Abs. 1 Satz 2 stattfindet.

II Werden bei einem Arzt Gegenstände im Sinne von Absatz 1 Satz 1 gefunden, die den Schwangerschaftsabbruch einer Patientin betreffen, ist ihre Verwertung zu Beweiszwecken in einem Strafverfahren gegen die Patientin wegen einer Straftat nach § 218 des Strafgesetzbuches unzulässig.

III Werden bei einer in § 53 Abs. 1 Satz 1 Nr. 5 genannten Person Gegenstände im Sinne von Absatz 1 Satz 1 gefunden, auf die sich das Zeugnisverweigerungsrecht der genannten Person erstreckt, ist die Verwertung des Gegenstandes zu Beweiszwecken in einem Strafverfahren nur insoweit zulässig, als Gegenstand dieses Strafverfahrens eine Straftat ist, die im Höchstmaß mit mindestens fünf Jahren Freiheitsstrafe bedroht ist und bei der es sich nicht um eine Straftat nach § 353b des Strafgesetzbuches handelt.

1 **1) Die einstweilige Beschlagnahme** von Zufallsfunden gestattet I der Vorschrift. Dadurch soll der StA die Prüfung ermöglicht werden, ob ein neues Ermittlungsverfahren gegen den von der Durchsuchung Betroffenen oder einen Dritten einzuleiten und der Gegenstand in diesem zu beschlagnahmen oder ob die Beschlagnahme in einem bereits anhängigen Verfahren geboten ist, das die Durchsuchenden nicht oder nicht näher kennen. Die Verwertung von Zufallsfunden kann nicht durch einen auf die Sicherstellung bestimmter Unterlagen beschränkten Durchsuchungsbeschluss ausgeschlossen werden (C. Hentschel NStZ **00**, 274 gegen LG Freiburg NStZ **99**, 582); unzulässig ist es aber, gezielt nach „Zufalls"-funden zu suchen (BGH [ER] CR **99**, 292, 293; LG Baden-Baden wistra **90**, 118; LG Berlin StV **87**, 97; SK-Wohlers/Jäger 4; Ehlers BB **78**, 1514). Noch weniger darf eine Durchsuchung als bloßer Vorwand dafür benutzt werden, systematisch nach Gegenständen zu suchen, auf die sich die Durchsuchungsanordnung nicht bezieht (Karlsruhe StV **86**, 10; LG Berlin NStZ **04**, 571; LG Bonn NJW **81**, 292; LG Bremen StV **84**, 505; Krekeler NJW **77**, 1423; Welp JZ **72**, 289).

2 **2) Gegenstände (I S 1)** können einstweilig beschlagnahmt werden, wenn sie auf die Begehung einer anderen Tat hindeuten, die bisher unbekannt war oder derentwegen ein anderes Verfahren anhängig ist. Ausreichend ist ein gewisse Verdacht der Tat und die nahe liegende Möglichkeit, dass die Gegenstände zu ihrem Beweis geeignet sind, auch wenn nicht sie selbst, sondern nur die Umstände verdächtig sind, unter denen sie gefunden werden (LR-Tsambikakis 8).

3 **Entsprechend anwendbar** ist § 108, wenn der Richter bei der Briefkontrolle eines UGefangenen Beweismittel für ein anderes Strafverfahren findet (5 zu § 98; 20 zu § 119; vgl auch LG Tübingen NStZ **08**, 653, 655). Für Gegenstände, die in

demselben oder in einem anderen Verfahren (KK-Spillecke 15 zu § 111b) eingezogen werden können, bestimmt § 111b II die Anwendung des § 108.

Ein **Beschlagnahmeverbot** nach § 97 für den vorgefundenen Gegenstand hindert auch seine einstweilige Beschlagnahme (BGH **53**, 257, 262 mit zust Anm Gössel NStZ **10**, 288; Beulke Lüderssen-FS 707; Brüning NStZ **06**, 256; Krekeler NJW **77**, 1423; NStZ **87**, 199; Rudolphi Schaffstein-FS 450; erg 1, 4, 4a zu § 97). Bei Durchsuchungen in einem Steuerstrafverfahren (dazu Schmechel, Zufallsfunde bei Durchsuchungen im Steuerstrafverfahren, 2004, zugl Diss Hannover) steht das Steuergeheimnis der Beschlagnahme nicht entgegen, wenn die Voraussetzungen des § 30 IV oder V **AO** vorliegen (Bilsdorfer wistra **84**, 10; ohne diese Einschränkung BeckOK-Hegmann 3; vgl auch Bandemer wistra **88**, 136).

3) Bei **Gebäudedurchsuchungen (I S 3)**, die nach § 103 I S 2 nur der Ergreifung des Beschuldigten dienen, gilt I S 1 nicht. Das schließt aber nicht aus, dass bei Gefahr im Verzug (6 zu § 98) der StA oder – nachrangig – der nach § 98 I S 1 dazu befugte Polizeibeamte auch bei Gebäudedurchsuchungen Gegenstände nach § 94 beschlagnahmt, die als Beweismittel für irgendeine Straftat von Bedeutung sind (Kurth NJW **79**, 1384; Vogel NJW **78**, 1226; vgl aber unten 9). Zur Mitteilung an die StA vom Auffinden und der Beschlagnahme der Zufallsfunde sind die Polizeibeamten nicht nach I S 2, der sich nur auf die einstweilige Beschlagnahme bezieht, sondern nach § 163 verpflichtet (LR-Tsambikakis 17; **aM** Vogel aaO).

4) Zuständig für die einstweilige Beschlagnahme ist jeder Richter, StA oder Polizeibeamte, der die Durchsuchung vornimmt, der Richter auch, wenn die Voraussetzungen des § 165 nicht vorliegen, also auch dann, wenn die Beschlagnahme nach § 98 I S 2 dem Richter vorbehalten ist (LR-Tsambikakis 11; KMR-Müller 2; SK-Wohlers/Jäger 13; **aM** KK-Bruns 3), Polizeibeamte auch, wenn sie nicht Ermittlungspersonen der StA und daher zur Beschlagnahme nicht nach § 98 I S 1 befugt sind. Gefahr im Verzug wird nach § 108 gesetzlich vermutet (BGH **19**, 374, 376).

5) Weiteres Verfahren: Die StA muss von der einstweiligen Beschlagnahme unterrichtet (I S 2) und der beschlagnahmte Gegenstand muss ihr zur Verfügung gestellt werden. Gibt sie ihn nicht frei, so muss sie seine Beschlagnahme nach §§ 94, 98 herbeiführen. Da Gefahr im Verzug nicht mehr besteht, ordnet die Beschlagnahme der Richter der neuen Sache an (KK-Bruns 5). Die „Bestätigung" des für die Sache, in der die Durchsuchung stattgefunden hat, zuständigen Richters ist wertlos (BGH **19**, 374, 376). Die einstweilige Beschlagnahme muss aufgehoben und die Sache muss freigegeben werden, wenn die StA es unterlässt, in angemessener Frist ein neues Verfahren einzuleiten und die endgültige Beschlagnahme zu beantragen (BGH aaO; **28**, 349; **29**, 13, 15).

6) Anfechtung: Gegen Maßnahmen nach § 108 I kann entspr § 98 II S 2 die richterliche Entscheidung beantragt werden, gegen die, ausgenommen in den Fällen des § 304 IV und V (BGH **28**, 349), Beschwerde zulässig ist, sofern nicht inzwischen die Beschlagnahme nach § 94 angeordnet worden ist; dann muss sich die Beschwerde gegen den Beschlagnahmebeschluss richten (KK-Bruns 10).

7) Verwertungsverbot (II): Um das Vertrauensverhältnis zwischen Arzt und Patientin nicht zu beeinträchtigen, verbietet II (dazu Schäfer Hanack-FS 101) die Verwertung von Zufallsfunden aus einem Strafverfahren gegen einen Arzt für ein Strafverfahren gegen eine Patientin nach § 218 StGB (erg 4a zu § 97; 12 zu § 477). Ebenso wie in § 477 II S 2 (dort 5–7) beschränkt das Gesetz das Verbot auf die (unmittelbare) Verwertung zu Beweiszwecken (SK-Wohlers/Jäger 18; zw Singelnstein ZStW **120**, 869).

8) Bei einem **Medienmitarbeiter** einstweilig beschlagnahmte Zufallsfunde (I S 1), die dem Zeugnisverweigerungsrecht nach § 53 I S 1 Nr 5 unterfallen (vgl zu dessen Reichweite 25 ff zu § 53), dürfen nach III zu Beweiszwecken (oben 9 aE) nicht verwertet werden, wenn sie sich nicht auf eine Straftat beziehen, die im

§§ 109, 110

Höchstmaß mindestens 5 Jahre Freiheitsstrafe androht. Ausgeschlossen ist zudem ihre beweismäßige Verwertung in Strafverfahren wegen einer Straftat nach § 353b StGB. III bezweckt, den Informantenschutz und damit die Pressefreiheit zu stärken (erg 12 zu § 477). Die Gegenstände müssen bei einem Medienmitarbeiter gefunden werden, der – wie die Anknüpfung an das Zeugnisverweigerungsrecht nach § 53 I S 1 Nr 5 ergibt – in Bezug auf die Straftat, auf die der Gegenstand hindeutet, Zeuge ist.

11 §§ 94 ff bleiben unberührt (BT-Drucks 16/6979 S 44); ist der Gegenstand allerdings nach § 97 V beschlagnahmefrei, darf er weder vorläufig nach I S 1 noch endgültig nach § 94 in Beschlag genommen werden. Soweit das Beschlagnahmeverbot etwa nach § 97 V S 2 nicht eingreift, kann der Gegenstand nach § 94 beschlagnahmt werden; seine Verwertung zu Beweiszwecken wird durch III eingeschränkt.

Kenntlichmachung beschlagnahmter Gegenstände

109 Die in Verwahrung oder in Beschlag genommenen Gegenstände sind genau zu verzeichnen und zur Verhütung von Verwechslungen durch amtliche Siegel oder in sonst geeigneter Weise kenntlich zu machen.

1 1) **Verzeichnis und Kenntlichmachung** sind in allen Fällen des § 94 (auch ohne vorherige Durchsuchung) und den §§ 111b, 111e (vgl §§ 111b II; 111e V) erforderlich, auch bei vorläufiger Beschlagnahme nach § 108 oder vorläufiger Sicherstellung zum Zweck der Durchsicht (Graulich wistra **09**, 302). Einzelheiten regelt § 9 der Aktenordnung (eingehend Kemper wistra **08**, 96, auch zu Fällen der Datensicherung; vgl auch Michalke NJW **08**, 1493). Der Betroffene selbst kann Identifizierungsmerkmale anbringen (5 zu § 110; Krause/Nehring 5).

2 2) Eine **Ordnungsvorschrift** ist § 109. Ihre Verletzung hat auf die Rechtswirksamkeit der Beschlagnahme keinen Einfluss (KMR-Müller 2; LR-Tsambikakis 5; aM Klug, Presseschutz im Strafprozess, 1965, S 91 ff).

Durchsicht von Papieren und elektronischen Speichermedien

110 I Die Durchsicht der Papiere des von der Durchsuchung Betroffenen steht der Staatsanwaltschaft und auf deren Anordnung ihren Ermittlungspersonen (§ 152 des Gerichtsverfassungsgesetzes) zu.

II 1 Im Übrigen sind Beamte zur Durchsicht der aufgefundenen Papiere nur dann befugt, wenn der Inhaber die Durchsicht genehmigt. 2 Andernfalls haben sie die Papiere, deren Durchsicht sie für geboten erachten, in einem Umschlag, der in Gegenwart des Inhabers mit dem Amtssiegel zu verschließen ist, an die Staatsanwaltschaft abzuliefern.

III 1 Die Durchsicht eines elektronischen Speichermediums bei dem von der Durchsuchung Betroffenen darf auch auf hiervon räumlich getrennte Speichermedien, soweit auf sie von dem Speichermedium aus zugegriffen werden kann, erstreckt werden, wenn andernfalls der Verlust der gesuchten Daten zu besorgen ist. 2 Daten, die für die Untersuchung von Bedeutung sein können, dürfen gesichert werden; § 98 Abs. 2 gilt entsprechend.

1 1) Für **Papiere** im Gewahrsam des Betroffenen (Eigentum wird nicht vorausgesetzt), die bei einer Durchsuchung gefunden worden sind, gilt die Vorschrift; sie ist aber nach hM entspr anzuwenden, die bei anderer Gelegenheit in den Gewahrsam der Strafverfolgungsbehörden gelangt sind (Park wistra **00**, 454 mwN). Der Begriff Papiere ist weit auszulegen. Dazu gehört alles, was wegen seines Gedankeninhalts Bedeutung hat und auf Papier geschrieben ist, insbesondere alles private und geschäftliche Schriftgut, wie Briefe, Tagebücher, Inventuraufstellungen, Bilanzen, Buchungsunterlagen, Werk- und Lagezeichnungen oder -skizzen. Druckwerke (8 zu § 7) sind keine Papiere, wohl aber Druckfahnen einer Tageszei-

Ermittlungsmaßnahmen § 110

tung, deren Inhalt idR aus Gründen der Aktualität bis zur Ausgabe geheim gehalten wird. Als Papiere iS des § 110 sind auch Unterlagen anzusehen, bei denen statt Papier ein anderes Material oder System verwendet worden ist, somit auch alle elektronischen **Datenträger und Datenspeicher** (BVerfGE **113**, 29; BGH CR **99**, 292 [ER]; NStZ **03**, 670; JR **07**, 78 [ER]; erg BT-Drucks 16/5846 S 63; Michalke StraFo **08**, 291; unten 6), zB Disketten und die zum Lesen und Verarbeiten von Disketten notwendigen Zentral-Computereinheiten (BGH StV **88**, 90) sowie Notebooks (BVerfG NJW **02**, 1410) und Smartphones (LG Dessau-Roßlau StraFo **17**, 108). Ausgenommen sind die zur Vorlage bei Behörden bestimmten Urkunden, wie Personalausweise und Führerscheine (SK-Wohlers/Jäger 11; Schlüchter 329), die im Handel erhältlichen Bücher (KK-Bruns 3) und alle Werke der „schönen Künste".

2) Die **Durchsicht** ist das Mittel, die als Beweisgegenstände in Betracht kommenden Papiere inhaltlich darauf zu prüfen, ob die richterliche Beschlagnahme zu beantragen oder die Rückgabe notwendig ist (Frankfurt NStZ-RR **97**, 74; Jena NJW **01**, 1290); sie stellt also noch keine formelle Sicherstellung oder Beschlagnahme dar. Falls ein verfassungsrechtliches Verwertungsverbot in Betracht kommt (vgl Einl 56 ff), ist größtmögliche Zurückhaltung zu wahren (BVerfGE **80**, 367, 375; 2 BvR 518/07 vom 17.11.2007). Für das Verfahren bereits für einen Außenstehenden offensichtlich irrelevante sowie nach § 97 beschlagnahmefreie Papiere – zB Verteidigungsunterlagen – sind sofort herauszugeben, und zwar ungelesen, wenn die Voraussetzungen der Vorschrift offensichtlich vorliegen, sonst nach Durchsicht (RG **47**, 195, 197; erg 7 zu § 148). Die StA kann Privatpersonen mit Spezialkenntnissen wie Dolmetscher, Sachverständige oder sonstige Dienstleister heranziehen (Schleswig StV **17**, 660); diese sollten jedoch mit Rücksicht auf die Integrität des Ermittlungsverfahrens kein eigenes Interesse am dessen Ausgang besitzen (offen gelassen von Schleswig aaO). Zum Rückgabeort vgl 22 zu § 94; die dortigen Grundsätze gelten hier entspr (Graulich wistra **09**, 302). Erg zur Herausgabepflicht des Gewahrsamsinhabers 3a zu § 95. 2

Diese Ausführungen gelten sinngemäß auch für **Daten**, für deren Durchsicht sich die StA der Hilfe von EDV-Spezialisten bedienen kann (Schleswig aaO; Herrmann/Soine NJW **11**, 2922, 2925; erg 18a zu § 94). Die Beschaffenheit von Datenbeständen wird allerdings häufig eine Aussonderung nicht beweiserheblicher bzw beschlagnahmefreier Dateien an Ort und Stelle nicht ermöglichen, weshalb nach pflichtgemäßem Ermessen der StA die Mitnahme des Originaldatenbestandes bzw seine Spiegelung (dh Speicherung) zulässig ist, um die Durchsicht zu ermöglichen (ausdrücklich gebilligt wird **Mitnahme einer Gesamtheit von Daten zur Durchsicht** von BVerfG NJW **14**, 3085 sowie von BGH StB 6/19 vom 5.6.2019; vgl. ferner NStZ **03**, 670; LG Dessau-Roßlau StraFo **17**, 108 [Smartphone]; Singelnstein NStZ **12**, 593, 597 f; Zerbes/El-Ghazi NStZ **15**, 425, 426; kritisch zu dieser Praxis Szesny WiJ **12**, 228; Schilling HRRS **13**, 207; Peters NZWiSt **17**, 465, 467; Liebig 14 ff). Die Durchsicht der Papiere oder Daten muss nicht innerhalb fester Zeitgrenzen, etwa von 6 Monaten (BVerfG NJW **02**, 1410), aber in angemessener Zeit beendet sein, die sich im Einzelfall nach der Menge des zu überprüfenden Materials und der Schwierigkeit der Auswertung bestimmt (Szesny aaO; vgl auch LG Ravensburg NStZ-RR **14**, 348; LG Mühlhausen StraFo **03**, 237; SK-Wohlers/Jäger 24; Artkämper StRR **07**, 14; Peters NZWiSt **17**, 465, 469; erg unten 10). Eindeutig nicht verfahrensrelevante Daten sowie erkennbar Verteidigungszwecken dienende Unterlagen auf EDV-Dateien sind zurückzugeben bzw zu vernichten; zur Datensicherung verwandte sog **Containerprogramme**, die eine Aussonderung nicht erlauben, sind vor allem Hintergrund als rechtlich bedenklich einzustufen (Szesny aaO; siehe auch Schilling HRRS aaO 211 f zu den technischen Möglichkeiten einer selektiven Datenlöschung). 2a

Zuständig ist in 1. Hinsicht der StA **(I)**; dies gilt entspr I auch bei einer vom VG angeordneten disziplinarrechtlichen Durchsuchung (OVG Hamburg BeckRS **12**, 55 848). Im Steuerstrafverfahren – auch in Verfahren, die sowohl eine Steuer- 3

§ 110 Erstes Buch. 8. Abschnitt

straftat als auch andere Straftatbestände zum Gegenstand haben (Mildeberger/ Riveiro StraFo **04**, 45) – ist ferner § 404 S 2 **AO** anwendbar. Das 1. JuMoG hat die Möglichkeit eröffnet, dass die StA ihre Ermittlungspersonen mit der Durchsicht beauftragen kann. Dies dient der Verfahrensbeschleunigung und schien dem Gesetzgeber auch deswegen erforderlich, weil für die Sichtung umfangreicher Datenbestände in Computern (vgl oben 1) die Polizei vielfach besser ausgerüstet ist und über auf solche Aufgaben spezialisierte Beamte verfügt. Die StA behält wegen der Notwendigkeit der Anordnung die Sachleitungsbefugnis (§ 161 I S 2); die physische Anwesenheit eines StA ist aber nicht erforderlich, vielmehr kann die Anordnung auch fernmündlich und vorab erfolgen (BR-Drucks 378/03 S 55). Der StA darf auch Dolmetscher und Sachverständige heranziehen (LG München I MDR **67**, 687; SK-Wohlers/Jäger 13; Mahnkopf/Funk NStZ **01**, 524; erg 8 aE zu § 105), die Entscheidung über die Durchsicht (LG Kiel JR **07**, 81 mit zust Anm Wehnert) oder die Auswahl der zu beschlagnahmenden Dateien (Brüning StV **08**, 103) aber nicht ihnen allein überlassen. Der Richter ist zuständig, wenn er die Durchsuchung vornimmt oder leitet (KK-Bruns 1) und bei nach Anklageerhebung angeordneter Durchsuchung (Jena NJW **01**, 1290).

4   **Andere Beamte (II S 1)** dürfen die Papiere nur mit Genehmigung des Inhabers durchsehen; die des Vertreters nach § 106 I S 2 reicht nicht aus. Die Genehmigung kann beschränkt, zB für bestimmte Beamte oder bestimmte Papiere, erteilt und widerrufen werden. II S 2 erlaubt nur, von den vorgefundenen Papieren diejenigen nach äußeren Merkmalen (zB Aufbewahrungsplatz, Ordnerbeschriftung, Betreffangabe im Schreiben) auszusondern, bei denen eine inhaltliche Prüfung durch den StA geboten erscheint (Mildeberger/Riveiro StraFo **04**, 46). Eine inhaltliche „Grobsichtung" ist unzulässig (Celle StV **85**, 137, 139; Herrmann/Soiné NJW **11**, 2922, 2925; LR-Tsambikakis 15; SK-Wohlers/Jäger 17; Eisenberg BR 2452a; Rengier NStZ **81**, 376; Welp JZ **72**, 424 Fn 18; **aM** Krause/Nehring 5; Haffke NJW **74**, 1983; Kalf Polizei **85**, 6; anders auch KK-Bruns 7 für die Sichtung von EDV-Daten). In der Praxis führt dies zu einer möglicherweise zu weit ausgedehnten Mitnahme von Papieren oder zu dem Zwang, die Durchsicht der Papiere zu genehmigen (Dauster StraFo **99**, 186, dort auch zu einer „antizipierten Beschlagnahmeanordnung").

5   Die Papiere müssen so verpackt werden, dass der Umschlag, das Paket oder Behältnis, in dem sie vom Durchsuchungsort zur StA befördert wird, **versiegelt** werden kann (II S 2). Die Versiegelung ist in Gegenwart des anwesenden Gewahrsamsinhabers oder seines Vertreters (§ 106 I S 2) vorzunehmen; er kann das eigene Siegel beidrücken (zw SK-Wohlers/Jäger 19). Der Verteidiger, der nicht Vertreter des Betroffenen ist, hat kein Teilnahmerecht (Jena NJW **01**, 1290). Zur Teilnahme an der Entsiegelung und Durchsicht ist der Inhaber im Gegensatz zur früheren Rechtslage nach Änderung der Vorschrift durch das 1. JuMoG nicht mehr aufzufordern (**aM** SK-Wohlers/Jäger 25). Knauer/Wolf (NJW **04**, 2937) halten das für ein Redaktionsversehen und schließen aus § 106 I, dass der Inhaber nach wie vor Gelegenheit haben muss, bei der Durchsicht anwesend zu sein; dass BVerfG (BVerfGE **113**, 29 [elektronischer Datenbestand einer Kanzlei]; **124**, 43 [E-Mails]) hält die Hinzuziehung des Inhabers im Einzelfall zur Sicherung der Verhältnismäßigkeit des Eingriffs für geboten.

6   **3) Auf räumlich getrennte Speichermedien im Inland,** zB den Speicherplatz auf einem Server im Intra- oder Internet (und damit außerhalb des Durchsuchungsobjekts), darf die Durchsicht des Computers bei dem von der Durchsuchung Betroffenen erstreckt werden (III S 1), um festzustellen, ob dort potentiell beweisrelevante Daten gespeichert sind (vgl Art 19 II Cybercrime-Konvention [9 vor § 94]: anderes Computersystem im Hoheitsgebiet). Dies trägt der Tatsache Rechnung, dass beweiserhebliche Daten häufig nicht mehr bei dem von der Maßnahme Betroffenen lokal gespeichert, sondern bei einem externen Anbieter – uU auf diverse Rechner verteilt – ausgelagert sind (zum sog Cloud-Computing bzw dem für strafprozessuale Ermittlungsmaßnahmen praktisch noch wichtigeren

Cloud-Storage unten 7b, 7c). Voraussetzung für die Durchsicht ist einmal, dass ohne sie der Verlust beweiserheblicher Daten zu befürchten ist, etwa weil noch vor einer körperlichen Sicherstellung des externen Speichermediums die Löschung der Daten zu erwarten ist (zust Burhoff ErmV 1160). Zum anderen muss der externe Speicherplatz von dem durchsuchten Zugangsgerät (PC) aus zugänglich sein, auch mittels vorgefundener Passwörter (Schlegel HRRS **08**, 28; Bär ZIS **11**, 54; Zimmermann JA **14**, 321, 322; Burhoff ErmV 1157; Zerbes/El-Ghazi NStZ **15**, 429 f; vgl auch Obenhaus NJW **10**, 651, 653); wenn Zugangsberechtigungen nicht freiwillig herausgegeben werden ist ihre Entschlüsselung auf technischem Wege durch III gedeckt (Zerbes/El-Ghazi aaO; Obenhaus aaO 651; **aM** Brodowski/Eisenmenger ZD **14**, 119, 123; erg 13 zu § 105). Auf diese Weise ist auch der Zugriff auf beim Provider zum Abruf gespeicherter E-Mails zulässig (SK-Wohlers/Jäger 10; Knierim StV **09**, 211; Schlegel aaO; Szebrowski K&R **09**, 564; **aM** Brodowski JR **09**, 408). **Nicht zulässig** ist nach III die mehrmalige Abfrage des externen Speicherplatzes, da dies einer kontinuierlichen Überwachung des Datenverkehrs gleichkäme und hinsichtlich neu entstehender Daten im Sinne des III S 1 nicht „der Verlust der gesuchten Daten zu besorgen" ist (vgl Zerbes/El-Ghazi aaO 432). Der heimliche Online-Zugriff auf zugangsgeschützte Datenbestände ist nur unter den Voraussetzungen von § 100b zulässig.

Ergibt die Durchsicht, dass sich **potentiell beweiserhebliche Daten** auf dem externen Speichermedium befinden, dürfen diese gesichert, also gespeichert werden (III S 2 Hs 1; vgl aber Böckenförde JZ **08**, 930). Nicht zur Durchsicht befugte Beamte unterliegen den oben 4, 5 genannten Beschränkungen (Schlegel HRRS **08**, 27). Der **wiederholte Zugriff** auf räumlich getrennte Speichermedien ist nicht zulässig, da hierdurch ab der Durchsicht eine durch III nicht gestattete – verdeckte – Überwachungsmaßnahme würde (Brodowski/Eisenmenger ZD **14**, 119, 124). 7

Auf offen zugängliche **Daten im Ausland** darf zugegriffen werden, im Anwendungsbereich der Cybercrime-Konvention nach Art 32 Buchst a, ansonsten nach internationalem Gewohnheitsrecht (Gercke StraFo **09**, 272). Nicht frei zugängliche Daten im Ausland dürfen nach Art 32 Buchst b Cybercrime-Konvention mit Zustimmung des Verfügungsberechtigten gesichert werden (vgl 9 aE vor § 94; Braun PStR **12**, 86, 89); ein darüber hinausgehender Zugriff nach Völkergewohnheitsrecht ist nicht zulässig (Sieber Gutachten 69. DJT I C 145 f). Besteht keine derartige Möglichkeit zum unmittelbaren Zugriffs bedarf es grundsätzlich eines förmlichen Rechtshilfeersuchens (siehe aber anschließend 7b, 7c zum sog Coud-Computing). Um Beweisverlust so weit wie möglich zu vermeiden, kann aber die umgehende Sicherung der Daten im Wege der beschleunigten Rechtshilfe nach Art 29 Cybercrime-Konvention (9 vor § 94) durchgeführt werden (in dringenden Fällen ist zB eine Fax- oder E-Mail-Abfrage gem Art 25 III Cybercrime-Convention möglich); die vorläufige Sicherung zugangsgeschützter Datenbestände im Ausland, um erst anschließend mit dem betroffenen Staat deren weitere Verwendung abzuklären, ist dagegen mit Rücksicht auf die eindeutige Regelung in der Cybercrime-Konvention nicht zulässig (Gaede StV **09**, 101; Gercke aaO 273; Meininghaus [16a zu § 94] S 181; Kasiske StraFo **10**, 228, 234; Bär ZIS **11**, 55; Sankol K&R **08**, 281: Territorialitätsgrundsatz; Kudlich GA **11**, 193, 208; vgl auch Burhoff ErmV 1162; zum Rechtshilfeverfahren noch Obenhaus NJW **10**, 654). Dieselben Grundsätze gelten auch für Daten von im Ausland ansässigen Mutter- oder Tochterunternehmen inländischer Firmen (Sieber Gutachten 69. DJT I C 147 f). 7a

Als praktisch bedeutsam und rechtlich problematisch stellt sich vor allem die Erfassung von Daten beim transnationalen **Cloud-Computing** dar, bei dem normalerweise nicht feststellbar ist, in welchem Hoheitsgebiet sich die Daten befinden (siehe Braun PStR **12**, 86, 91; Kudlich GA **11**, 193, 207 f; Herrmann/Soiné NJW **11**, 2922; Obenhaus NJW **10**, 651; zum Begriff Hieramente/Fenina StraFo **15**, 365, 366 f). Erfolgt der Zugriff auf das externe Speichermedium vom Computer des betroffenen Cloud-Nutzers über dessen Account, dürfte es sich um eine 7b

§ 110

von III gedeckte, rechtmäßige Ermittlungshandlung im Inland handeln (Wicker MMR **13**, 765, 769; **aM** offenbar Obenhaus NJW **10**, 651, der ein Herausgabeersuchen gegenüber dem Staat des Serverstandortes verlangt; ebenso Liebig 55, 63). Die bloße Möglichkeit, dass die Daten sich – irgendwo – im Ausland befinden, löst keine Rechtshilfeverpflichtung aus, bei der im Übrigen kaum geklärt werden könnte, wohin sie zu richten wäre.

7c Ein **Beweisverwertungsverbot** ist anzunehmen, wenn die Sicherstellung bzw Verwertung der Daten gegen den ausdrücklichen Widerspruch des fremden Staates erfolgt (vgl BGH **34**, 334, 344; Sieber aaO 148; Bär ZIS **11**, 59). Im Übrigen betrifft die Verletzung der Souveränität eines anderen Staates nicht den Rechtskreis des Beschuldigten, für oder gegen den die Beweise verwertet werden sollen; insoweit kommt ein Verwertungsverbot nur in Betracht, wenn die deutschen Ermittlungsbehörden sich bewusst über auch völkerrechtlich – etwa über internationale Verträge (zB EMRK, WÜK; vgl dazu aber auch BVerfG 2 BvR 1579/11 vom 5.11.2013, wonach Verstöße nicht in jedem Fall zwingend ein Beweisverwertungsverbot gebieten) – verbürgte Individualrechte hinwegsetzen (Sieber aaO; Gless JR **08**, 317, 323 ff; vgl auch MüKoStPO-Hauschild 19). Das ist nicht der Fall, wenn den Ermittlungsbehörden – wie regelmäßig beim Cloud-Computing (siehe aber zur sog iCloud Schelzke HRRS **13**, 86) – der Speicherort nicht bekannt ist; dies gilt unabhängig von der hier vertretenen Auffassung (soeben 7b), dass in diesen Fällen III eine ausreichende Eingriffsgrundlage darstellt.

8 Ist ein **Dritter** Inhaber des nach III S 1 durchgesehenen externen Speichermediums und sind darauf gespeicherte Daten nach III S 2 Hs 1 gesichert worden, ordnet III S 2 Hs 2 zur Wahrung der Rechte des Dritten die entspr Anwendung des § 98 II an. Das bedeutet: Der Durchsicht durchführende Beamte soll unter den Voraussetzungen des § 98 II S 1 (dort 12 ff) binnen 3 Tagen die gerichtliche Bestätigung der Sicherung der auf dem externen Speicherplatz vorgefundenen Daten beantragen. Der Dritte erhält (spätestens, vgl unten 11) im Rahmen des ihm nach § 33 III – auch bei Sitz im Ausland (Obenhaus NJW **10**, 653) – zu gewährenden rechtlichen Gehörs Kenntnis von der Maßnahme, die somit auch ihm gegenüber nicht den Charakter einer offenen Durchsuchung verliert (vgl BVerfGE **122**, 63; mAnm Bär MMR **09**, 35; BT-Drucks 16/6979 S 45; Brodowski JR **09**, 408; Knierim StV **09**, 212; anders, aber nicht überzeugend Puschke/Singelnstein NJW **08**, 115: verfassungsgerichtliche Anforderungen an heimliche Ermittlungsmaßnahmen nicht beachtet; erg 1 zu § 101). Wird die Sicherstellung vom gemäß § 98 II S 3–5 zuständigen Gericht nicht bestätigt, ist der zuvor bestehende Zustand durch Löschung der Daten, notfalls durch Vernichtung des Datenträgers wiederherzustellen.

8a Die **Dauer der Sicherstellung** bestimmt sich nach dem Umfang der sichergestellten Unterlagen bzw elektronischen Speichermedien; eine schematische, etwa an den Fristen des § 121 orientierte, zeitliche Befristung kommt nicht in Betracht (vgl BVerfG NJW **02**, 1410, 1411; LG Saarbrücken NStZ **16**, 751; R/H-Ladiges 20 mwN). Zur entspr Anwendung des § 98 II 2 bei unangemessener langer Dauer der Sicherstellung siehe anschließend 10.

9 **4) Anfechtung:**

10 A. Die **Mitnahme zur Durchsicht** bzw das Kopieren von Datensätzen auf Datenträger der Ermittlungsbehörden (oben 2a) sind noch keine Beschlagnahme (vgl BGH NStZ **03**, 670; **08**, 643: vorläufige Sicherstellung; Jena NJW **01**, 1290 mwN; eingehend Graulich wistra **09**, 299; Szesny WiJ **12**, 228). Sie dient vielmehr dazu, mögliche Beschlagnahmegegenstände aus dem bei der Durchsuchung vorgefundenen Material auszusondern. § 98 II S 2 ist daher nicht unmittelbar anwendbar. Sie ist aber noch Teil der Durchsuchung, weshalb deren Voraussetzungen, insb der (Anfangs-)Verdacht, auch bei der Durchsicht selbst vorliegen müssen (BVerfG NStZ-RR **19**, 118, 119; NJW **20**, 384 [Tz 39]; vgl 15 zu § 105; **aM** Peters NZWiSt **17**, 465, 466: selbständige Ermittlungsmaßnahme); da sie der StA bzw den Ermittlungsbeamten obliegt, ist entspr § 98 II S 2 der Antrag eines Antragsbe-

rechtigten (BGH [ER] CR **99**, 292; 20 zu § 98) auf richterliche Entscheidung zulässig (BVerfG NJW **02**, 1410; **03**, 2669; 2 BvQ 27/17 vom 24.5.2017; BGH **44**, 265, 273; erg 18–23a, 31 zu § 98). So kann etwa – neben dem Wegfall der Durchsuchungsvoraussetzungen (BVerfG 2 BvR 1036/08 vom 18.3.2009) – eine unangemessen lange Dauer des Verfahrens nach § 110 (vgl LG Frankfurt aM NStZ **97**, 564 und dazu Hoffmann/Wißmann NStZ **98**, 443; LG Limburg StraFo **06**, 198; AG Karlsruhe StraFo **07**, 152) oder das Überschreiten der Zielvorgabe in dem nur bestimmte Datensätze betreffenden Durchsuchungsbeschluss (BVerfG aaO) beanstandet, auch die Herausgabe einer Kopie der Daten zur Fortsetzung der beruflichen Tätigkeit des Betroffenen erstrebt (BVerfG 2 BvQ 8/10 vom 18.2.2010) werden. Schwerwiegende Verstöße gegen I oder II können ein Verwertungsverbot zur Folge haben (SK-Wohlers/Jäger 30); das gilt insbesondere bei der fehlerhaften Durchsuchung und Beschlagnahme von Datenträgern (BVerfGE **113**, 29; vgl dazu auch Kutzner NJW **05**, 2652; Spatscheck Hamm-FS 738, 741; Szesny aaO). Erg 7a, 7b zum Zugriff im Ausland, 3a zu § 95 zur Herausgabepflicht des Gewahrsamsinhabers.

B. Der **Inhaber des externen Speichermediums** kann nach III S 2 Hs 2 jederzeit entspr § 98 II S 2 Antrag auf gerichtliche Entscheidung stellen (vgl 18 ff zu § 98; Herrmann/Soine NJW **11**, 2922, 2925); hierüber ist er entspr § 98 II S 6 zu belehren. Nach der Systematik des III bezieht sich dies allerdings nur auf den Fall, dass Daten bei der Durchsicht gesichert wurden. 11

Verdeckter Ermittler RiStBV Anl D II

110a I ¹ **Verdeckte Ermittler dürfen zur Aufklärung von Straftaten eingesetzt werden, wenn zureichende tatsächliche Anhaltspunkte dafür vorliegen, daß eine Straftat von erheblicher Bedeutung**

1. **auf dem Gebiet des unerlaubten Betäubungsmittel- oder Waffenverkehrs, der Geld- oder Wertzeichenfälschung,**
2. **auf dem Gebiet des Staatsschutzes (§§ 74a, 120 des Gerichtsverfassungsgesetzes),**
3. **gewerbs- oder gewohnheitsmäßig oder**
4. **von einem Bandenmitglied oder in anderer Weise organisiert**

begangen worden ist. ² **Zur Aufklärung von Verbrechen dürfen Verdeckte Ermittler auch eingesetzt werden, soweit auf Grund bestimmter Tatsachen die Gefahr der Wiederholung besteht.** ³ **Der Einsatz ist nur zulässig, soweit die Aufklärung auf andere Weise aussichtslos oder wesentlich erschwert wäre.** ⁴ **Zur Aufklärung von Verbrechen dürfen Verdeckte Ermittler außerdem eingesetzt werden, wenn die besondere Bedeutung der Tat den Einsatz gebietet und andere Maßnahmen aussichtslos wären.** ⁵ **§ 100d Absatz 1 und 2 gilt entsprechend.**

II ¹ **Verdeckte Ermittler sind Beamte des Polizeidienstes, die unter einer ihnen verliehenen, auf Dauer angelegten, veränderten Identität (Legende) ermitteln.** ² **Sie dürfen unter der Legende am Rechtsverkehr teilnehmen.**

III **Soweit es für den Aufbau oder die Aufrechterhaltung der Legende unerläßlich ist, dürfen entsprechende Urkunden hergestellt, verändert und gebraucht werden.**

1) Verdeckter Ermittler: 1
   A. **Begriff:** Unter die Regelungen der §§ 110a ff fallen nur Beamte des Polizei- 2 dienstes, die unter einer Legende (dazu unten 6 ff) ermitteln. Wesentlich für die Bewertung als Verdeckter Ermittler ist, dass der Ermittlungsauftrag über einzelne wenige, konkret bestimmte Ermittlungshandlungen hinausgeht, dass eine unbestimmte Vielzahl von Personen über die wahre Identität des verdeckt operierenden Polizeibeamten getäuscht werden muss und dass wegen der Art und des Umfanges des Auftrages von vornherein abzusehen ist, dass die Identität des Beamten in

§ 110a

künftigen Strafverfahren auf Dauer geheimgehalten werden muss (BGH **41**, 64, 65). Beschränkt sich die Tätigkeit des Beamten auf eine Einzelaktion, ist er auch dann nicht als Verdeckter Ermittler anzusehen, wenn er innerdienstlich an den Ermittlungen beteiligt war (BGH NStZ **96**, 450) oder wenn er eine Wohnung unter falscher Identität betreten hat (BGH NStZ **97**, 448). Die Praxis stuft nach Schneider NStZ **04**, 360 den Beamten als Verdeckten Ermittler ein (mit der Folge der nach § 110b I, II erforderlichen Zustimmungen), wenn er mehr als 3 Außenbeziehungen mit Beschuldigten gehabt hat. Die Polizeigesetze der Länder – mit der Ausnahme von Schleswig-Holstein – enthalten zur Gefahrenabwehr Spezialbefugnisse für verdeckte Ermittler (Überblick bei Keller/Wolf Kriminalistik **13**, 349, 353 f). Die §§ 9a, 9b BVerfSchG regeln den Einsatz von Verdeckten Mitarbeitern und Vertrauensleuten des Verfassungsschutzes (dazu Bader HRRS **16**, 293), §§ 28, 28a BPolG den Einsatz von Verdeckten Ermittlern nach BPolG zu präventivpolizeilichen Zwecken(dazu Roggan/Hammer NJW **16**, 3063).

2a Rechtsgrundlage für den **internationalen Einsatz** verdeckter Ermittler sind auf multinationaler Ebene Art 14 EU-RhÜbk iVm § 93 IRG sowie Art 20 I des Übereinkommens der Vereinten Nationen vom 15.11.2000 gegen die grenzüberschreitende organisierte Kriminalität (UNTOC; Soine Kriminalistik **13**, 507, 512 f); bilaterale Verträge, die den grenzüberschreitenden Einsatz von Verdeckten Ermittlern vorsehen, hat die BRep mit Österreich, den Niederlanden, der Schweiz, Polen, der Tschechischen Republik sowie den Vereinigten Staaten von Amerika abgeschlossen (dazu im Einzelnen BT-Drucks 17/4333 S 2, 4). Die Einsatzvoraussetzungen, die Befugnisse der verdeckten Ermittler sowie die ihnen zur Verfügung stehenden Zwangsmittel richten sich grundsätzlich nach den jeweiligen nationalen Rechtsordnungen (siehe BT-Drucks aaO S 4).

3 a) Nur **Beamte** iSd §§ 3, 33 ff BeamtStG (§§ 4, 60 ff BBG) dürfen als Verdeckte Ermittler eingesetzt werden (BGH NStZ **07**, 713). Dadurch soll „die notwendige straffe Führung und wirksame, auch disziplinarrechtliche, Dienstaufsicht" gewährleistet werden (BT-Drucks 12/989 S 42). Zu den Beamten im Polizeidienst zählen auch sonstige Träger von Polizeiaufgaben, soweit sie im Beamtenverhältnis stehen; vgl dazu 13, 14 zu § 163.

4 b) **Keine Verdeckten Ermittler** sind nicht offen ermittelnde Polizeibeamte (sog noeP), die nur gelegentlich – ohne Legende (wenn auch unter Falschnamen) – verdeckt auftreten, zB **Scheinaufkäufer** (BGH **41**, 64; NStZ **96**, 450); ihr Einsatz ist von der Ermittlungsgeneralklausel der §§ 161, 163 gedeckt und somit auch außerhalb einer Katalogtat nach I zulässig (Weisser NZWiSt **18**, 59, 61; Krey VE 5; Soine Kriminalistik **13**, 507, 508 f; Schneider NStZ **04**, 362 will allerdings mit guten Gründen bei den unter einer Legende und nicht nur unter einem Decknamen auftretenden Scheinaufkäufern die §§ 110a ff anwenden). Auch unter diesen Voraussetzungen gelegentlich verdeckt im **Internet** – etwa in offenen Chatrooms, aber auch in sozialen Netzwerken und geschlossenen Benutzergruppen, an denen nur kurzfristig teilgenommen wird – ermittelnde Polizeibeamte sind grundsätzlich keine verdeckten Ermittler (vgl BVerfGE **120**, 274; Rosengarten/Römer NJW **12**, 1764, 1767; Henrichs Kriminalistik **12**, 632; Soine aaO 511; Keller/Braun/Hoppe 103; BT-Drucks 17/6587 S 3; krit LR-Hauck 22 ff; erg 7 zu § 100a, 28a zu § 163). Dies ist aber nicht mehr der Fall, wenn sie unter Überwindung von Zugangsschlüsseln in einer geschlossenen Benutzergruppe oder in einem sozialen Netzwerk unter einer auf Dauer angelegten Legende gezielt mit Betroffenen kommunizieren (LR-Hauck 26; Ostendorf/Frahm/Doege NStZ **12**, 529, 537; Kudlich StV **12**, 560, 566; Brenneisen/Staack Kriminalistik **12**, 627, 628; vgl auch Keller/Braun/Hoppe 104 sowie BT-Drucks 17/6587 S 3 zur Praxis des BKA; kritisch Roggan NJW **15**, 1995, 1996, der eine gesetzliche Regelung für vorzugswürdig hält). Einer Zustimmung des Gerichts bedarf es gemäß § 110b II Nr 1 in solchen Fällen allerdings erst, wenn sich die Maßnahme gegen einen bestimmten Beschuldigten richtet; ansonsten gilt § 110b I. § 101 IV Nr 9 ist entspr anwendbar (13 zu § 101; Henrichs Kriminalistik **12**, 632, 635).

§ 110a Ermittlungsmaßnahmen

Sog **V-Leute** („freie Mitarbeiter" der Polizei, vgl Franke/Wienroeder 47 ff; Keller/Braun/Hoppe 103 f), zu denen auch ausländische Polizeibeamte zählen sollen (BGH NStZ **07**, 713; kritisch dazu SSW-Eschelbach 12), fallen nicht unter die §§ 110a ff; vgl dazu 34a zu § 163 und zu den Voraussetzungen der Inanspruchnahme **RiStBV** Anl D I. Für diesen Personenkreis schien dem Gesetzgeber eine gesetzliche Regelung nicht erforderlich, da sie den allgemeinen Bestimmungen (§§ 161, 163) unterliegen (krit dazu Eisenberg GA **14**, 404; Conen StraFo **13**, 140; Bernsmann/Jansen StV **98**, 230; Fezer JZ **95**, 972; Hund StV **93**, 380; Lagodny StV **96**, 172; eingehend hierzu Duttge JZ **96**, 556 ff; Eschelbach StV **00**, 390; Hetzer Kriminalistik **01**, 690; Kintzi DRiZ **03**, 142; Rogall NStZ **00**, 493; entschieden gegen eine gesetzliche Regelung aber Hilger Hanack-FS 213; vgl noch EGMR HRRS **08**, 292, 294). Die Beschränkungen nach §§ 110a, 110b gelten **für sie** auch **nicht** entspr (BGH **41**, 42; insoweit zust Anm Lilie/Rudolph NStZ **95**, 513; BGH StV **95**, 398; aM Nitz JR **98**, 211), sie haben aber auch nicht die Befugnisse nach § 110c (BVerfG StV **00**, 233; BGH **41**, 42; Kintzi aaO 144; Roxin StV **98**, 44; aM Krey Schriftenreihe ZKA S 55; Krey/Jaeger NStZ **95**, 518). Im Übrigen ist ihre Heranziehung als Informanten, Zeugen usw jedoch nicht unzulässig (vgl dazu BGH **40**, 211, 216); sie können nach § 5 ZSHG „Tarnpapiere" erhalten (Hilger Gössel-FS 611). Ihre gemeinsame Führung durch Nachrichtendienste und Polizei ist unzulässig (Soiné NStZ **07**, 250), ebenso der Einsatz sog under-cover-agents, also von Polizeibeamten, die langfristig ohne konkreten Ermittlungsauftrag in die kriminelle Szene eingeschleust werden und sich dort frei und unkontrolliert bewegen, uU auch strafbar machen dürfen (Krey VE 12; erg 3, 4 zu § 110c). Der Zweck, Drogen sicherzustellen, steht einer Strafbarkeit des V-Manns wegen Handeltreibens entgegen (BGH NStZ **08**, 41; NJW **07**, 3010, 3013, auch zu Delikten des V-Mann-Führers). Vgl zum Ganzen auch Kreuzer Schreiber-FS 225; Soine Kriminalistik **13**, 507 ff.; Mayer Kriminalistik **16**, 228 ff; Lorentz StraFo **16**, 316 ff.

c) **Gesetzliche Beschränkungen** hinsichtlich des bis dahin nur durch Verwaltungsvorschriften geregelten, gewohnheitsrechtlich für zulässig erachteten Einsatzes Verdeckter Ermittler enthalten die durch das OrgKG eingefügten §§ 110a ff (erg zu den Einsatzvoraussetzungen **RiStBV** Anl D II). Der Einsatz Verdeckter Ermittler ist verfassungsrechtlich zulässig und zur Bekämpfung besonders gefährlicher und schwer aufklärbarer Kriminalität notwendig (BVerfG NJW **85**, 1767; NJW **92**, 168; BGH **32**, 115, 121 ff [GSSt]); mit ihm soll insbesondere das Eindringen „in das Innere der kriminellen Organisationen" erreicht werden (BT-Drucks 12/989 S 41). Die strengen Einsatzvoraussetzungen (unten 9 ff und § 110b) setzen dem wegen des engen Kontaktes zu Straftätern und dem Tätigwerden im strafrechtlich relevanten Milieu nicht unbedenklichen und gefährlichen Handeln des Verdeckten Ermittlers mit Recht enge Grenzen (**aM** Krey/Haubrich JR **92**, 315: zu eng; Krüger Kriminalistik **92**, 597 sieht darin persönliche Sicherheitsrisiken für den Verdeckten Ermittler). Gegen einen Strafverteidiger darf im Hinblick auf § 148 ein Verdeckter Ermittler grundsätzlich nicht eingesetzt werden, es sei denn, es besteht Verstrickungsverdacht im Sinne „echter Tatbeteiligung" (erg 21 zu § 100a; 12 zu § 100f); zu anderen Berufsgeheimnisträgern vgl § 160a.

B. **Legende:**

a) **Begriff:** Legende ist die auf Dauer, dh für einen unbestimmten, nicht nur vorübergehenden (BGH **41**, 64: bestimmter Mindestzeitraum nicht erforderlich), aber auch nicht auf unabsehbare Zeit geplanten Zeitraum (Krey VE 3; krit zu diesem Merkmal Hund StV **93**, 380) angelegte, veränderte Identität eines Beamten des Polizeidienstes (II S 1); der wahre Name und Beruf, die richtige Anschrift, sonstige familiäre und persönliche Umstände werden durch erfundene Angaben ersetzt (Hilger NStZ **92**, 523 Fn 141; Schneider NStZ **04**, 362), um dem Verdeckten Ermittler heimliche Beobachtungen zu ermöglichen (zu – grundsätzlich zulässigen – verdeckten Ermittlungen nach der sog „Cold-Case-Technik" Zweibrücken NStZ **11**, 113). Unter der Legende darf der Verdeckte Ermittler am Rechtsverkehr teil-

§ 110a Erstes Buch. 8. Abschnitt

nehmen (II S 2), dh alle Rechtshandlungen vornehmen, klagen und verklagt werden, sich darunter in öffentliche Bücher und Register eintragen lassen usw (LR-Hauck 29). Ob und inwieweit Dritten, die dadurch einen Schaden erleiden, ein zivilrechtlicher Ersatzanspruch zusteht (zB nach § 839 BGB iVm Art 34 GG oder ein Aufopferungsanspruch), ist noch ungeklärt (KK-Bruns 12, der im Blick auf die Bestimmung des richtigen Anspruchsgegners für eine Unterrichtungspflicht nach § 101 IV S 1 Nr 9b eintritt). Zur Aufrechterhaltung der Legende auch nach Beendigung des Einsatzes und zum Gebrauch im Strafverfahren vgl § 110b III.

8 b) **Aufbau:** III enthält eine Ermächtigung zur Herstellung, Veränderung und zum Gebrauchmachen der für den Aufbau und die Aufrechterhaltung der Legende erforderlichen Urkunden (sog „Tarnpapiere", zB Personalausweis, Pass, Führerschein usw). Veränderungen in öffentlichen Büchern und Registern sind jedoch nicht zulässig (Hilger NStZ **92**, 523 Fn 143). Der Aufbau der Legende ist eine polizei-taktische Angelegenheit, die ihrerseits nicht den Zustimmungserfordernissen des § 110b I, II unterliegt (Hilger aaO). § 5 ZSHG findet keine Anwendung (Hilger Gössel-FS 611; anders bei V-Leuten, oben 4a).

9 **2) Einsatzvoraussetzungen:**

10 A. **Straftatenkatalog:** Er entspricht demjenigen des § 98a I S 1 (dort 6) mit Ausnahme der dortigen Nr 3 und 4, die durch die Generalklausel des I S 2 (u 11) erfasst werden. Die Straftat muss von erhebl Bedeutung sein (vgl dazu 5 zu § 98a; Soiné NStZ **03**, 225 verlangt [in seiner Untersuchung über den Einsatz Verdeckter Ermittler als Instrument zur Bekämpfung von Kinderpornographie im Internet] eine Straferwartung von mindestens 1 Jahr Freiheitsstrafe). Zur weiteren Voraussetzung des Vorliegens zureichender tatsächl Anhaltspunkte einer Straftat vgl 7 zu § 98a.

11 B. **Aufklärung von Verbrechen:** Die Fassung der Vorschrift ist wenig klar, was darauf zurückzuführen sein mag, dass nach dem ursprünglichen Gesetzesentwurf (BT-Drucks 12/989 S 12) lediglich auf den Katalog des § 98a I verwiesen werden sollte und erst am Schluss der parlamentarischen Beratungen die jetzige Fassung beschlossen wurde (BT-Drucks 12/2720 S 46).

12 a) Bei **Wiederholungsgefahr** ist bei Verbrechen, unabhängig davon, ob sie vom Katalog des I S 1 erfasst werden oder nicht, der Einsatz Verdeckter Ermittler zulässig (I S 2; Rieß NJ **92**, 496). Zum Begriff Wiederholungsgefahr vgl 11 zu § 112a. Auch hier muss die Wiederholungsgefahr durch bestimmte Tatsachen belegt sein (vgl dazu 14 zu § 112a).

13 b) **Im Übrigen** ist der Einsatz Verdeckter Ermittler bei Verbrechen ohne Wiederholungsgefahr, die nicht unter den Katalog fallen, bei besonderer Bedeutung der Tat und Aussichtslosigkeit anderer Ermittlungsmaßnahmen zulässig (I S 4; BGH **52**, 11, 14; Rieß aaO). Ein sachlicher Unterschied zwischen dem hier verwendeten Merkmal „besondere Bedeutung der Tat" und dem Merkmal „von erheblicher Bedeutung" (oben 10) ist nicht erkennbar (LR-Hauck 40; **aM** Heghmanns/Scheffler-Murmann III 420). Zur Aussichtslosigkeit vgl 13 zu § 100a.

14 C. **Mehrere Aufträge** kann ein Verdeckter Ermittler gleichzeitig erfüllen, auch zugleich nach § 110a sowohl zur Aufklärung von Straftaten als auch nach den Polizeigesetzen zu deren Verhinderung tätig werden, soweit jeweils die gesetzlichen Voraussetzungen gegeben sind und ein Tätigwerden in beiden Funktionen durchführbar ist (sog Gemengelage, vgl KK-Bruns 14 mwN). Erkenntnisse aus präventiver Tätigkeit dürfen unter den Voraussetzungen des § 161 II (dort 18b ff) auch im Strafverfahren verwertet werden.

15 D. **Subsidiaritätsklausel (I S 3):** Soweit die Straftat unter den Katalog fällt oder der Einsatz bei einem Verbrechen nur wegen Wiederholungsgefahr erlaubt ist (oben 10 und 12), hängt die Zulässigkeit des Tätigwerdens eines Verdeckten Ermittlers davon ab, dass die Aufklärung auf andere Weise aussichtslos oder wesentlich erschwert wäre. Dies entspricht den Voraussetzungen einer Telefonüberwa-

chung nach § 100a (dort 13). Zum Verhältnis zu anderen Maßnahmen mit gleichartigen Subsidiaritätsklauseln vgl 14 zu § 100a.

3) Verwertung der Erkenntnisse: Zur Frage eines Verwertungsverbots und 16 zur Revision vgl 11, 13 zu § 110b; im Übrigen gelten die Erläuterungen 35 ff zu § 100a entspr. Zur Bewertung der Mitwirkung eines Verdeckten Ermittlers im Rahmen der Strafzumessung vgl BGH NStZ **92**, 488; **95**, 506; JR **96**, 515, 517; sein rechtsstaatswidriger Einsatz führt nicht zur Anwendung der Vollstreckungslösung (iS von 9a zu Art 6 EMRK, vgl BGH 3 StR 266/08 vom 22.7.2008). Nach BGH **55**, 138 kann der Einsatz eines nicht offen ermittelnden Polizeibeamten unter dem Aspekt eines Verstoßes gegen die Grundsätze des fairen Verfahrens und der Selbstbelastungsfreiheit unzulässig sein und ein Verwertungsverbot für ein verdecktes Verhör des inhaftierten Beschuldigten nach sich ziehen, wenn die Einwirkung des als Besucher getarnten Ermittlers einem Zwang zur Abgabe selbst belastender Äußerungen gleichkommt (erg Einl 29a, 4 zu Art 6 EMRK). Der Kernbereichsschutz ist durch das Ges vom 20.11.2019 (BGBl I 1724) nunmehr in I 5 gesetzlich geregelt (10a zu § 110b).

4) Rechtsschutz: Die Überprüfung der Rechtmäßigkeit der Maßnahme ist im 17 Verfahren nach § 101 VII möglich, bei dem es sich – jedenfalls für bereits beendete Maßnahmen – um eine abschließende Sonderregelung handelt (vgl BGH **53**, 1, 3; erg 26a zu § 101).

Verfahren beim Einsatz eines Verdeckten Ermittlers

110b I ¹Der Einsatz eines Verdeckten Ermittlers ist erst nach Zustimmung der Staatsanwaltschaft zulässig. ²Besteht Gefahr im Verzug und kann die Entscheidung der Staatsanwaltschaft nicht rechtzeitig eingeholt werden, so ist sie unverzüglich herbeizuführen; die Maßnahme ist zu beenden, wenn nicht die Staatsanwaltschaft binnen drei Werktagen zustimmt. ³Die Zustimmung ist schriftlich zu erteilen und zu befristen. ⁴Eine Verlängerung ist zulässig, solange die Voraussetzungen für den Einsatz fortbestehen.

II ¹Einsätze,
1. die sich gegen einen bestimmten Beschuldigten richten oder
2. bei denen der Verdeckte Ermittler eine Wohnung betritt, die nicht allgemein zugänglich ist,

bedürfen der Zustimmung des Gerichts. ²Bei Gefahr im Verzug genügt die Zustimmung der Staatsanwaltschaft. ³Kann die Entscheidung der Staatsanwaltschaft nicht rechtzeitig eingeholt werden, so ist sie unverzüglich herbeizuführen. ⁴Die Maßnahme ist zu beenden, wenn nicht das Gericht binnen drei Werktagen zustimmt. ⁵Absatz 1 Satz 3 und 4 gilt entsprechend.

III ¹Die Identität des Verdeckten Ermittlers kann auch nach Beendigung des Einsatzes geheimgehalten werden. ²Die Staatsanwaltschaft und das Gericht, die für die Entscheidung über die Zustimmung zu dem Einsatz zuständig sind, können verlangen, daß die Identität ihnen gegenüber offenbart wird. ³Im übrigen ist in einem Strafverfahren die Geheimhaltung der Identität nach Maßgabe des § 96 zulässig, insbesondere dann, wenn Anlaß zu der Besorgnis besteht, daß die Offenbarung Leben, Leib oder Freiheit des Verdeckten Ermittlers oder einer anderen Person oder die Möglichkeit der weiteren Verwendung des Verdeckten Ermittlers gefährden würde.

1) Zustimmung der StA: Gegen den Willen der Polizei kann die StA den 1 Einsatz eines Verdeckten Ermittlers nicht anordnen, jedoch ist stets (auch im Fall des II) ihre Zustimmung erforderlich; allerdings kann bei Gefahr im Verzug (6 zu § 98) die Zustimmung der StA nachträglich herbeigeführt werden, wenn sie von der Polizei nicht rechtzeitig eingeholt werden kann. Die Frist für die nachträgliche Zustimmung beginnt mit der Anordnung des Einsatzes, nicht erst mit dem Tätigwerden des Verdeckten Ermittlers (LR-Hauck 14). Die Beendigung im Falle der Nichterteilung der Zustimmung durch die StA binnen 3 Werktagen (I S 2 aE) schließt einen späteren Einsatz mit Zustimmung der StA nicht aus. Die StA wird nicht zustimmen, wenn sie den Einsatz für rechtlich unstatthaft oder unzweckmäßig hält (Rogall JZ 96, 263). Die Auswahl, welche Person als Verdeckter Ermittler eingesetzt wird, obliegt der Polizeibehörde; die StA kann und soll hierfür nicht die Verantwortung übernehmen (Hilger NStZ 92, 524 Fn 145; **aM** Rogall aaO). StA und Richter können aber die Benennung der Person des Verdeckten Ermittlers von der Polizei verlangen (III S 2, unten 10).

2 2) Zustimmung des Richters:

3 A. Der **Ermittlungsrichter (§§ 162, 169)** muss seine Zustimmung erteilen, wenn der Einsatz des Verdeckten Ermittlers (zur Begriffsbestimmung 2 ff zu § 110a, also nicht bei einer Einzelaktion eines unter einem Decknamen auftretenden Polizeibeamten, BGH NStZ 96, 450 mit krit Anm Rogall) gegen einen bestimmten Beschuldigten erfolgen (II S 1 Nr 1; BGH StV 99, 523) oder der Verdeckte Ermittler befugt sein soll, eine nicht allgemein zugängliche Wohnung zu betreten (II S 1 Nr 2; vgl dazu Eisenberg NJW 93, 1035). Die Einschaltung des Richters bedeutet nicht, dass die StA ausgeschlossen, ihre Zustimmung zum Einsatz des Verdeckten Ermittlers also entbehrlich wäre; dies würde der Stellung der StA im Ermittlungsverfahren widersprechen (vgl Einl 87), es ergibt sich im Übrigen auch aus II S 3 (ebenso Hilger NStZ 92, 524). Die erteilte Zustimmung im Fall des II S 1 Nr 1 deckt nicht den Einsatz nach II S 1 Nr 2 und umgekehrt; erforderlichenfalls ist eine nur auf die eine Alternative beschränkte Zustimmung zu ergänzen (Hilger aaO Fn 149). Dasselbe gilt, wenn sich der Einsatz gegen einen anderen bestimmten Beschuldigten als zunächst angenommen richten soll. Der Beschuldigte muss nicht namentlich bekannt, aber identifizierbar sein.

4 B. **Nicht allgemein zugängliche Wohnung:** Zum Begriff Wohnung vgl 2 zu § 100f. Mit dem Zusatz „nicht allgemein zugänglich" wird klargestellt, dass eine richterliche Zustimmung zum Betreten solcher Teile einer Wohnung nicht erforderlich ist, die der Wohnungsinhaber dem Publikumsverkehr zugänglich gemacht hat, also zB die Teile eines Geschäftes, Kaufhauses oder Restaurants, die für das Publikum bestimmt sind (Hilger NStZ 92, 524 Fn 148). Im Gegensatz zu II S 1 Nr 1 braucht die Wohnung nicht bestimmt bezeichnet zu werden; hier wird nur eine allgemeine Zustimmung erteilt (Schneider NStZ 04, 364). Da sich beim Einsatz eines Verdeckten Ermittlers sehr häufig die Notwendigkeit des Betretens einer fremden Wohnung ergeben wird, würde das Erfordernis der Bezeichnung einer bestimmten Wohnung seinen Einsatz weithin entwerten und auch oftmals gar nicht erfüllbar sein. Andererseits führt dies dazu, dass idR eine richterliche Zustimmung nach II S 1 Nr 2 eingeholt wird (vgl schon Krauß StV 89, 324; Krüger Kriminalistik 92, 596); denn ein Verdeckter Ermittler, der unter seiner Legende keine fremden Wohnungen betreten darf, hat kaum einen Einsatzwert (vgl auch Schneider aaO 367). Was nach der Gesetzesfassung die Ausnahme zu sein scheint, wird damit in Wahrheit zur Regel (Zaczyk StV 93, 494; **aM** Krey Miyazawa-FS 600 und Kohlmann-FS 639). Die richterliche Zustimmung erlaubt aber nur das offene Betreten der fremden Wohnung; heimliches oder gewaltsames Eindringen ist auch dem mit richterlicher Zustimmung tätigen Verdeckten Ermittler untersagt (Krauß aaO).

5 C. Bei **Gefahr im Verzug** (6 zu § 98) genügt zunächst auch in den Fällen des II S 1 die Zustimmung des StA (II S 2). Lässt sich auch diese nicht rechtzeitig einholen, darf der Einsatz auch ohne sie – notfalls durch den Verdeckten Ermittler selbst (Hilger NStZ 92, 524 Fn 146) – angeordnet werden; jedoch muss die Zustimmung der StA unverzüglich (8 zu § 25), die des Richters binnen 3 Werktagen erfolgen (II S 3, 4). Die Ausführungen oben 1 gelten entspr. Der Richter kann allerdings die Zustimmung nur verweigern, wenn er die Maßnahme im Prüfungszeitpunkt nicht für rechtmäßig hält; über ihre Zweckmäßigkeit hat er nicht zu befinden (Rogall JZ 96, 264).

3) Form: Aus der Anordnung des Einsatzes eines Verdeckten Ermittlers durch die Polizei und der Zustimmung der StA und des Gerichts müssen sich die Anordnungsgrundlage (§ 110a I S 1 oder S 2 oder S 4) und der Umfang des Einsatzes (allgemein, gegen bestimmte Person, Betreten von Wohnungen) ergeben. Im Fall des II S 1 Nr 1 sind die Personalien des Beschuldigten – soweit bekannt – zu bezeichnen. Die Begründung der Anordnung muss erkennen lassen, dass eine Abwägung auf der Grundlage sämtlicher im Einzelfall relevanter Erkenntnisse stattgefunden hat (BGH 42, 103; vgl ferner Zweibrücken JBlRP 10, 55). Die Frist für den Einsatz (unten 7) ist anzugeben. Die schriftlich erteilte Zustimmung der StA und des Richters ist der Polizei mitzuteilen. Die Unterlagen werden zunächst in den Handakten der StA verwahrt (§ 101 II, dort 2). 6

4) Frist: Der Einsatz des Verdeckten Ermittlers ist nicht unbefristet zulässig. Die Fristbestimmung (I S 3; II S 5) ist aber praktisch bedeutungslos, weil bei Fortbestehen der Voraussetzungen des § 110a jederzeit eine Verlängerung der gesetzten Frist zulässig und eine Höchstfrist nicht vorgesehen ist. Wird die Zustimmung zur Verlängerung nicht erteilt, verliert die Anordnung von diesem Zeitpunkt ab ihre Wirksamkeit; bis dahin gewonnene Erkenntnisse bleiben verwertbar (Rogall JZ 96, 264). 7

5) Geheimhaltung der Identität (III): Nicht nur während seines Einsatzes, sondern auch noch danach kann die (wahre) Identität des Verdeckten Ermittlers geheimgehalten werden (III S 1; Lesch StV 95, 543). § 96 ist entspr anzuwenden; III S 3 interpretiert diese Vorschrift dahin, wann im Strafverfahren die Geheimhaltung der Identität in Betracht kommt (BGH 42, 175, 178; zust Anm Geerds NStZ 96, 608; Möhrenschlager wistra 92, 331; einschr Janssen StV 95, 276; erg 12a zu § 96). Die Regelung in III S 3 hat auch Bedeutung für Sperrentscheidungen hinsichtlich anderer gefährdeter oder weiter zu verwendender Auskunftspersonen, zB von V-Leuten (Mayer Kriminalistik 16, 228 231; Hilger NStZ 92, 524 Fn 154). Zuständig für die Abgabe einer Sperrerklärung ist der Innenminister (BGH 41, 36). Die Gründe für die Geheimhaltung sind dem Gericht mitzuteilen, damit es ggf auf die Beseitigung etwaiger Vernehmungshindernisse hinwirken, vor allem aber auch überprüfen kann, ob die Sperre willkürlich oder offensichtlich rechtsfehlerhaft ist (Hilger aaO). In solchen Fällen muss das Gericht auf Offenlegung der Identität drängen. Bei Geheimhaltung sagt der Verdeckte Ermittler als Zeuge unter seiner Legende aus, falls er nicht nach § 96 weitergehend gesperrt wird (Krey Kohlmann-FS 643; **aM** Lesch StV 95, 544: § 96 sei wegen der in §§ 68 III, 110b III getroffenen Regelung – entgegen dem Wortlaut und den Vorstellungen des Gesetzgebers – hier unanwendbar, der Verdeckte Ermittler müsse dem Gericht wenigstens unter seiner Legende präsentiert werden; erg 17 zu § 68). § 110b III geht § 10 ZSHG nach dessen III vor (dazu BGH 50, 318, 324; Hilger Gössel-FS 612). 8

Wird die **Identität nicht geheimgehalten,** so ergibt sich für den dann zur Aussage verpflichteten Verdeckten Ermittler ein Schutz aus § 68 (vgl 15, 16 zu § 68). 9

Dem **StA und dem Richter,** die für die Entscheidung über die Zustimmung zum Einsatz des Verdeckten Ermittlers (oben 1 ff) zuständig sind, ist auf Verlangen die Identität des Verdeckten Ermittlers stets zu offenbaren (III S 2; Gössel NStZ 96, 288; krit Benfer MDR 94, 13; Janssen StV 95, 275 sieht darin einen Verstoß gegen den Grundsatz der Waffengleichheit, da der Verteidigung diese Information vorenthalten wird). Das gilt auch schon vor dessen Einsatz, wodurch sie die Möglichkeit haben, dem Einsatz eines bestimmten Polizeibeamten als Verdeckten Ermittlers ihre Zustimmung nach I oder II zu verweigern (vgl BGH 42, 103, 105). 10

6) Grundrechtssichernde Regelungen enthält § 101: Kennzeichnung (§ 101 III, dort 3), Benachrichtigung mit Hinweis auf die Möglichkeit nachträglichen 10a

§ 110b

Rechtsschutzes (§ 101 IV S 1 Nr 9, dort 4 ff, 15), Löschung (§ 101 VIII, dort 27). Die Forderung nach kernbereichsschützenden Regelungen für den Fall, dass der Verdeckte Ermittler eine Wohnung betritt (Warntjen [15 zu § 100c] S 168; weitergehend Baldus JZ **08**, 225; Poscher JZ **09**, 272), hat der Gesetzgeber mit Blick auf BVerfGE **141**, 220 [Tz 176 f] mit § 110a I 5 auf § 100d I und II (BGBl I 1724) aufgegriffen (BT-Drucks 19/4671 S 70; erg 16 zu § 110a).

11 **7) Verwertungsverbot:** Ist ein Verdeckter Ermittler ohne die vorherige oder nachträgliche nach I, II erforderliche Zustimmung von StA oder Richter eingesetzt worden, sind die durch ihn gewonnenen Erkenntnisse im Strafverfahren nicht verwertbar, denn ohne die erforderliche Zustimmung ist der Einsatz nicht zulässig (I S 1; KK-Bruns 13; Alsberg-Güntge 1002; Maul StraFo **97**, 40; Nitz JR **98**, 213; offengelassen von BGH **44**, 243, 249; StV **95**, 398; **aM** Jähnke Odersky-FS 427 ff, der zwar zutr die gesetzlichen Ungereimtheiten aufzeigt, dem Richtervorbehalt aber damit jede Bedeutung nimmt; gegen Jähnke auch Fezer JZ **99**, 527; Roxin StV **98**, 45; Weiler Meurer-GS 400; Wollweber StV **97**, 510; vgl auch Zaczyk StV **93**, 497; erg 35 ff zu § 100a); allerdings muss der Einsatz – wenn auch umstrittenen – Widerspruchslösung des BGH (vgl 39 zu § 100a; 31 zu § 100e; 25 f zu § 136) der Verwertung der Aussage in der Hauptverhandlung **widersprochen** worden sein (StV **96**, 529 L; NStZ-RR **01**, 260 [B]). Im Übrigen besteht ein Verwertungsverbot nur, wenn die Entscheidung über den Einsatz des Verdeckten Ermittlers bei einer ex-ante-Betrachtung willkürlich oder unvertretbar war (BGH **42**, 103, 107; krit Anm Bernsmann NStZ **97**, 249; abl Anm Weßlau StV **96**, 578; abl auch Schlothauer StraFo **98**, 404). Von vornherein fehlender Verdacht einer Katalogtat führt allerdings zur Unverwertbarkeit (AG Koblenz StV **95**, 518). Das Fehlen der nachträglichen richterlichen Zustimmung macht die erteilte Zustimmung der StA – wie sich aus II S 4 ergibt – nicht unwirksam, sondern entzieht lediglich ihrer Fortdauer die rechtliche Grundlage (BGH **41**, 64). Dass die Zustimmung nur mündlich statt schriftlich (I S 3) erteilt wurde, steht der Verwertung nicht entgegen (BGH StV **95**, 398; Beulke/Rogat JR **96**, 520). Der Irrtum über das Vorliegen von Gefahr im Verzug sowie darüber, dass die Einholung der Entscheidung der StA nach I S 2, II S 3 nicht rechtzeitig möglich gewesen sei, hindert die Verwertung nicht (erg 7 zu § 98). Die bei einem unzulässigen Einsatz erlangten anderen Beweismittel (zB Tatspuren, Fingerabdrücke usw) dürfen idR verwertet werden (Zaczyk aaO; vgl auch BGH aaO). War die Maßnahme gegen einen Beschuldigten rechtmäßig, so sind die in unmittelbarem Zusammenhang damit gewonnenen Erkenntnisse gegen einen weiteren Beschuldigten verwertbar, wenn auch bei ihm die Voraussetzungen für eine richterliche Zustimmung vorlagen (BGH NStZ **97**, 294; **aM** Schneider NStZ **04**, 364). Vgl auch die Beispielsfälle bei Burhoff ErmV 2951 ff. Unerheblich sind Fehler bei der (nicht erforderlichen, oben 3) Zustimmung des Richters zum Einsatz von V-Leuten (BGH NStZ **07**, 713).

11a Die Verwendung von **Zufallsfunden** in anderen Strafverfahren ist in § 479 II S 1 (vgl dort 3 ff), die Verwendung von Erkenntnissen aus dem Einsatz des Verdeckten Ermittlers für präventive Zwecke in § 479 II S 2, III S 1 (dort 10 f) näher geregelt.

12 **8) Rechtsschutz:** Für die in § 101 IV S 1 Nr 9 (dort 13) genannten, vom Einsatz eines Verdeckten Ermittlers Betroffenen steht als *lex specialis* der (befristete) Rechtsbehelf nach § 101 VII S 2–4 gegen die Maßnahme sowie die Art und Weise ihres Vollzugs zur Verfügung (25 ff zu § 101). Für danach nicht Antragsberechtigte gilt: Beschwerde (§ 304) ist gegen die richterliche Entscheidung über die Zustimmung statthaft (vgl BGH **42**, 103, 104), ggf auch noch nach Erledigung der Maßnahme (vgl 17 ff vor § 296). Hinsichtlich der Zustimmung der StA nach I S 1 und 2, II S 2 gilt § 98 II S 2 entspr (dort 23). Danach kann auch die (nicht im richterlichen Beschluss geregelte) Art und Weise der Vollziehung beanstandet werden (Morré/Bruns BGH-FS 597).

13 **9) Revision:** Das Vorliegen eines Verwertungsverbotes (oben 11) begründet die Revision. Die Revisionsbegründung muss aber – soweit dem Revisionsführer dies nach Aktenlage möglich ist – das der richterlichen Anordnung vorausgegangene Verhalten von Polizei und StA darlegen (BGH NStZ 97, 294; vgl auch BGH 1 StR 392/08 vom 23.10.2008: Vorlage des im Antrag der StA und im Beschluss des ER in Bezug genommenen polizeilichen Vermerks nebst Anlagen), ferner, dass in der Hauptverhandlung Widerspruch erhoben wurde.

Befugnisse des Verdeckten Ermittlers

110c [1] Verdeckte Ermittler dürfen unter Verwendung ihrer Legende eine Wohnung mit dem Einverständnis des Berechtigten betreten. [2] Das Einverständnis darf nicht durch ein über die Nutzung der Legende hinausgehendes Vortäuschen eines Zutrittsrechts herbeigeführt werden. [3] Im übrigen richten sich die Befugnisse des Verdeckten Ermittlers nach diesem Gesetz und anderen Rechtsvorschriften.

1) **Betreten einer Wohnung:** Nur das offene Betreten einer fremden Wohnung, dh in Kenntnis des Wohnungsinhabers, ist dem Verdeckten Ermittler unter Verwendung seiner Legende (§ 110a II), also unter Täuschung über seine wahre Identität, mit Einverständnis des Berechtigten gestattet. Darin liegt dann kein Hausfriedensbruch nach § 123 StGB. § 110c S 1 stellt dies mit Rücksicht auf Art 13 GG noch einmal klar (Frister StV **93**, 151 hält die Vorschrift aber für verfassungswidrig; ebenso Nitz JR **98**, 213; Roxin StV **98**, 43; Schneider NStZ **04**, 365; **aM** Hilger NStZ **97**, 448 und Hanack-FS 217: kein hoheitlicher Grundrechtseingriff; zust KMR-Bockemühl 3; eingehend zur Problematik LR-Hauck 11 ff). Allerdings untersagt § 110c S 2 dem Verdeckten Ermittler, das Einverständnis des Berechtigten durch ein über die bloße Benutzung der Legende hinausgehendes Vortäuschen eines Zutrittsrechts herbeizuführen; der Verdeckte Ermittler darf sich daher zB nicht als Beamter oder Angehöriger einer staatlichen Einrichtung („Gasmann") ausgeben, um das Einverständnis des Berechtigten zum Betreten der Wohnung zu erhalten (KK-Bruns 2; Hilger NStZ **92**, 525 Fn 160; Krey VE 236). Er darf die Wohnung auch nur dann betreten, wenn es sein Einsatz erfordert (Hilger aaO). Heimliches Betreten der Wohnung ist auch dem Verdeckten Ermittler untersagt (4 zu § 110b).

Ob einem **verdeckt ermittelnden Polizeibeamten**, zB einem Scheinaufkäufer, der den Regelungen der §§ 110a ff nicht unterfällt und für den § 110c deshalb nicht gilt (4 zu § 110a), mit richterlicher Zustimmung das Betreten einer Wohnung entspr §§ 110b II S 1 Nr 2, 110c gestattet werden kann (so Maul StraFo **97**, 39; Weisser NZWiSt **18**, 59, 63; offengelassen von BGH NStZ **97**, 448 mit Anm Hilger), erscheint fraglich (abl Frister JZ **97**, 1132; Roxin StV **98**, 44; zw auch Wollweber StV **97**, 509).

2) **Sonstige Befugnisse:** Als Beamter des Polizeidienstes hat der Verdeckte Ermittler die sich aus der StPO (zB §§ 102, 103, 127 II unter den dort jeweils bezeichneten Voraussetzungen), den Polizeigesetzen (vgl zB § 20g IV BKAG, § 20 III PolGNW) oder aus sonstigen Gesetzen (zB § 4 II BtMG) ergebenden Befugnisse. Von diesen Befugnissen darf er aber nur „offen", also nicht unter seiner Legende, Gebrauch machen (Krey VE 279). Durch § 110c S 3 soll zudem klargestellt werden, dass der Verdeckte Ermittler auch im Rahmen seiner strafverfolgenden Tätigkeit Maßnahmen im Rahmen der Prävention ergreifen darf (BT-Drucks 12/2720 S 47). Er muss aber bei seiner Tätigkeit auch § 136a beachten, soweit er nicht „legendenbedingte" Täuschungen vornimmt (Krey VE 221 ff; Lagodny StV **96**, 172; Rogall NStZ **08**, 111; Alsberg-Güntge 920); von den Belehrungspflichten nach §§ 136 I, 163 III, 163a IV ist er hingegen selbstverständlich befreit (KK-Bruns 14; Lagodny aaO; **aM** Hilger Hanack-FS 213 ff mwN), so dass für Angaben, die der Beschuldigte oder Zeuge von sich aus ohne Belehrung macht, ebenso wie für sonstige Wahrnehmungen und aufgefundene Beweismittel kein Verwertungsverbot besteht (BGH **40**, 211, 218; BGH [GrS] **42**, 139, 146; BGH **52**, 11, 14, 22 [idR auch nicht nach Ausübung des Schweigerechts]). Anders verhält es sich, wenn

§ 110d

der Verdeckte Ermittler dem Beschuldigten, der von seinem Schweigerecht Gebrauch gemacht hat, unter Ausnutzung des geschaffenen Vertrauens in gezielten, vernehmungsähnlichen Befragungen selbstbelastende Angaben entlockt (BGH **52**, 11; Anm Meyer-Mews JR **08**, 160 und Renzikowski NStZ **07**, 714 mit krit Anm Rogall NStZ **08**, 110 mit krit Anm Duttge JZ **08**, 258 und zust Anm Engländer ZIS **08**, 163, auch zur Fortwirkung des Verwertungsverbots; krit auch Mitsch NJW **08**, 2299; Roxin Miebach-SH 41; zust Jäger GA **08**, 488 und I. Roxin DAV-FS 1084; BGH NStZ **09**, 343 mit Anm Bauer StV **10**, 120; Zweibrücken NStZ **11**, 114; vgl aber auch EGMR – Große Kammer – NJW **10**, 213 [kein Verstoß gegen *nemo tenetur* bei freiwilligen Äußerungen des nicht inhaftierten Verdächtigen gegenüber dem Informanten]; zum Ganzen ferner Gaede JR **09**, 496 ff; Hauck NStZ **10**, 20 ff; Eidam, Die strafprozessuale Selbstbelastungsfreiheit am Beginn des 21. Jahrhunderts, 2007, zugl Diss Frankfurt a. M. 2006 S 106 ff; erg 4a zu § 136a). Setzt der Verdeckte Ermittler besondere technische Mittel ein, unterliegt er den Voraussetzungen und Grenzen der §§ 100c, 100f und 100h (vgl Hilgendorf-Schmidt wistra **89**, 211).

4 **Straftaten** darf er grundsätzlich nicht begehen (vgl Eisenberg NJW **93**, 1039; Gropp ZStW **105**, 425; Krey Kohlmann-FS 639; Lesch StV **93**, 94; Ostendorf JZ **91**, 69; Nitz, Einsatzbedingte Straftaten Verdeckter Ermittler, Diss Hannover 1997; RiStBV Anl D II 2.2), auch nicht sog milieubedingte, wie etwa Zuhälterei (KK-Bruns 6). Die Vortäuschung der Begehung von Straftaten ist allerdings gestattet (Zweibrücken NStZ **11**, 113 f). Aus dem Auftrag, als Verdeckter Ermittler tätig zu werden, kann sich außerdem ergeben, dass manche Straftatbestände schon tatbestandlich nicht erfüllt werden (Rogall Schlüchter-FG 71; Schwarzburg NStZ **95**, 470), zB Teilnahme am Glücksspiel (Hund NStZ **93**, 572) oder §§ 258, 258a StGB (Krey VE 91, 431 ff). Möglich ist im Einzelfall allerdings auch, dass die Tat nach §§ 32, 34 StGB gerechtfertigt oder nach § 35 StGB entschuldigt ist (Hilger NStZ **92**, 525 Fn 161; Krey VE 555 ff; Schwarzburg aaO 472; Soiné NStZ **03**, 228); dies darf aber nicht dazu führen, über ein weites Verständnis der sog „einsatzbedingten Straftaten" (dazu Soine Kriminalistik **13**, 507, 510) die Befugnisse der VE zur Begehung von Delikten über das in § 110c gesetzlich Vorgesehene hinaus auszudehnen. Überschreitet der Verdeckte Ermittler seine Befugnisse, begeht er insbesondere schwerwiegende Gesetzesverstöße, kann dies zur Unverwertbarkeit der dabei gewonnenen Erkenntnisse führen (vgl Hilger aaO 525 Fn 161 mwN; zur Tatprovokation Einl 148a, 34a zu § 163 sowie EGMR NJW **09**, 3565). In einem solchen Fall ist eine Mitteilung gemäß §§ 49 IV BeamtStG, 115 IV BBG (MiStra 29 I S 1 Nr 1) an den zuständigen Dienstvorgesetzten zu erwägen. Eine gesetzlich eng begrenzte Erlaubnis, bei Verfahren wegen Kinderpornographie sog Keuschheitsproben – Strafbarkeit nach § 184b StGB – abgeben zu dürfen, um effektiv im Darknet ermitteln zu können Safferling DRiZ **18**, 206. Hat der Gesetzgeber mit § 184b V S 2 StGB und § 110d geschalten (dort 1).

Besonderes Verfahren bei Einsätzen zur Ermittlung von Straftaten nach § 184b des Strafgesetzbuches

110d ¹Einsätze, bei denen entsprechend § 184b Absatz 5 Satz 2 des Strafgesetzbuches Handlungen im Sinne des § 184b Absatz 1 Nummer 1 und 4 des Strafgesetzbuches vorgenommen werden, bedürfen der Zustimmung des Gerichts. ²In dem Antrag ist darzulegen, dass die handelnden Polizeibeamten auf den Einsatz umfassend vorbereitet wurden. ³Bei Gefahr im Verzug genügt die Zustimmung der Staatsanwaltschaft. ⁴Die Maßnahme ist zu beenden, wenn nicht das Gericht binnen drei Werktagen zustimmt. ⁵Die Zustimmung ist schriftlich zu erteilen und zu befristen. ⁶Eine Verlängerung ist zulässig, solange die Voraussetzungen für den Einsatz fortbestehen.

1 **1) Zweck:** In Zuge der Einführung der Strafbarkeit des untauglichen Versuchs des in § 176 IV Nr 3 StGB geregelten Cybergroomings (vgl. § 176 VI StGB) hat

Ermittlungsmaßnahmen **§ 110d**

der Gesetzgeber mit § 184b V 2 StGB materiell und mit § 110d prozessual die Voraussetzungen dafür geschaffen, dass Polizeibeamte computergenerierte kinderpornografische Schriften in Online-Tauschbörsen einstellen können, um sich verdeckt Zugang zu dem Forum zu verschaffen. Der Einsatz ist nur im Rahmen eines strafrechtlichen Ermittlungsverfahrens und auch dann nur als ultima ratio zulässig (§ 184b V 2 StGB). Damit wird der Ausnahmecharakter der Maßnahme unterstrichen und sichergestellt, dass nur die in dem konkreten Ermittlungsverfahren eingesetzten – und umfassend auf den Einsatz vorbereiteten (S 2) – Ermittler davon Gebrauch machen (BT-Drucks 19/16543 S 10 f). § 100d regelt die verfahrensrechtlichen Voraussetzungen für den Einsatz.

2) Zuständigkeit: S 1 stellt jeden Einsatz unter den **Richtervorbehalt**. Damit soll insbesondere die Einhaltung des in § 184b V 2 Nr 2 StGB geregelte Subsidiaritätsgrundsatzes gewährleistet werden (BT-Drucks 19/16543 S 11). In Eilfällen genügt die Zustimmung der StA (S 2); ihre Ermittlungspersonen dürfen den Einsatz mithin auch bei **Gefahr im Verzug** nicht aus eigener Kompetenz durchführen. Die Zustimmung des Gerichts ist innerhalb von drei Tagen nachzuholen; andernfalls ist die Maßnahme zu beenden (S 3). Ebenso wie beim Einsatz eines Verdeckten Ermittlers nach § 110b (dort 5) darf das Gericht die Zustimmung nur verweigern, wenn es den Einsatz für rechtswidrig hält; über seine Zweckmäßigkeit hat es nicht zu befinden.

3) Form: Die Zustimmung bedarf der **Schriftform** (S 4). Entspr den Vorgaben bei § 110b (dort 6) muss die Anordnung erkennen lassen, dass eine Abwägung auf der Grundlage sämtlicher im Einzelfall relevanten Erkenntnisse stattgefunden hat. Insbesondere sind die den Anfangsverdacht begründenden Tatsachen (hierzu 4 f zu § 152) zu schildern. Zudem muss die Zustimmung die Prüfung des Subsidiaritätsgrundsatzes des § 184b V 2 Nr 2 StGB dokumentieren. Die Frist für den Einsatz ist nach S 4 anzugeben (unten 4).

4) Frist: Der Einsatz ist zu befristen (S 4), eine Höchstfrist bestimmt das Gesetz indes nicht. Sie ist deshalb aufgrund der konkreten Umstände des Einzelfalls nach dem Verhältnismäßigkeitsgrundsatz, insb unter Berücksichtigung der Subsidiaritätsklausel, zu bestimmen. Sie kann jederzeit verlängert werden. Wird die Zustimmung nicht erteilt, verliert der Einsatz von diesem Zeitpunkt an seine rechtliche Grundlage, die bis dahin gewonnenen Erkenntnisse bleiben verwertbar.

5) Grundrechtssichernde Regelungen, wie sie etwa für Einsätze von Verdeckten Ermittlern nach § 110a, § 101 vorgesehen sind (10a zu § 110b), hat der Gesetzgeber nicht ausdrücklich geregelt.

6) Verwertungsverbot: Der Einsatz ohne die nach S 1 und 3 erforderliche vorherige Zustimmung ist nicht zulässig; Erkenntnisse aus einer solchen Maßnahme sind – ebenso wie bei einem rechtswidrigen Einsatz eines Verdeckten Ermittlers (11 zu § 110b) – nicht verwertbar. Im Übrigen besteht ein Verwertungsverbot nur, wenn die Entscheidung über den Einsatz bei einer ex-ante Betrachtung willkürlich oder unvertretbar war (BGH **42,** 103, 107 zu § 110a). Erteilt die StA die Zustimmung für den Einsatz zu Recht wegen Gefahr im Verzug, sind die bis zum Außerkrafttreten dieser Anordnung gewonnenen Erkenntnisse auch dann verwertbar, wenn eine richterliche Genehmigung nicht erfolgt (BGH **41,** 64, 66 zu § 110a). Der bloße Verstoß gegen das Schriftformerfordernis begründet – wie sonst auch – kein Verwertungsverbot (BGH StV **95,** 398 zu § 110a; LR-Hauk 96 zu § 100e). Der Irrtum über das Vorliegen von Gefahr im Verzug führt nicht einem Verwertungsverbot, da dies nur bei einer bewussten oder willkürlichen Missachtung des Richtervorbehalts gerechtfertigt ist (erg 7 zu § 98; 19 zu § 105).

7) Rechtsschutz: Da der Einsatz nicht in § 101 genannt ist, richtet sich der Rechtsschutz nach den allgemeinen Regelungen. Gegen die richterliche Entscheidung über die Zustimmung ist die Beschwerde (§ 304) statthaft (erg 12 zu § 100b;

Köhler 533

§§ 110e, 111

LR-Hauck 105 zu § 100e), ggf auch nach Erledigung der Maßnahme (vgl 17 ff vor § 296). Hinsichtlich der Zustimmung der StA gilt § 98 II 2 entspr (dort 23).

8 **8) Revision:** Die Revision kann auf das Vorliegen eines Verwertungsverbotes (oben 6) gestützt werden. Wie bei Einsätzen von Verdeckten Ermittlern wird vom Revisionsführer zu fordern sein, dass er das der Zustimmung vorausgehende Verhalten von Polizei und StA darlegt (erg 13 zu § 110b). Zudem muss der Angeklagte − auf der Grundlage der vom BGH vertretenen, in der Lit heftig kritisierten Widerspruchslösung − der Verwertung der Erkenntnisse in der Hauptverhandlung rechtzeitig widersprechen (BGH 1 StR 281/96 vom 18.6.1996; 31 zu § 100e; 25 f zu § 136).

110e *(aufgehoben)*

Errichtung von Kontrollstellen an öffentlich zugänglichen Orten

111 [1] [1]Begründen bestimmte Tatsachen den Verdacht, daß eine Straftat nach § 89a oder § 89c Absatz 1 bis 4 des Strafgesetzbuchs oder nach § 129a, auch in Verbindung mit § 129b Abs. 1, des Strafgesetzbuches, eine der in dieser Vorschrift bezeichneten Straftaten oder eine Straftat nach § 250 Abs. 1 Nr. 1 des Strafgesetzbuches begangen worden ist, so können auf öffentlichen Straßen und Plätzen und an anderen öffentlich zugänglichen Orten Kontrollstellen eingerichtet werden, wenn Tatsachen die Annahme rechtfertigen, daß diese Maßnahme zur Ergreifung des Täters oder zur Sicherstellung von Beweismitteln führen kann, die der Aufklärung der Straftat dienen können. [2]An einer Kontrollstelle ist jedermann verpflichtet, seine Identität feststellen und sich sowie mitgeführte Sachen durchsuchen zu lassen.

[II] Die Anordnung, eine Kontrollstelle einzurichten, trifft der Richter; die Staatsanwaltschaft und ihre Ermittlungspersonen (§ 152 des Gerichtsverfassungsgesetzes) sind hierzu befugt, wenn Gefahr im Verzug ist.

[III] Für die Durchsuchung und die Feststellung der Identität nach Absatz 1 gelten § 106 Abs. 2 Satz 1, § 107 Satz 2 erster Halbsatz, die §§ 108, 109, 110 Abs. 1 und 2 sowie die §§ 163b und 163c entsprechend.

1 **1) Kontrollstellen mit besonderen Befugnissen** können nach § 111 eingerichtet werden. Die Vorschrift, die Strafprozessrecht, nicht Polizeirecht enthält (Lemke Anm zu BGH EzSt Nr 1; Kurth NJW **79**, 1381 Fn 79; Riegel NJW **79**, 147; Kriminalistik **79**, 127; **aM** Ehardt/Kunze StV **81**, 64; Steinke NJW **78**, 1962), regelt die Einrichtung von Kontrollstellen zum Zweck der Fahndung nach Straftätern und der Erlangung von Beweismaterial für begangene Straftaten abschließend (LR-Hauck 3; SK-Wolter 1; Achenbach JA **81**, 666; Roxin/Schünemann § 35, 22; **aM** Kurth NJW **79**, 1381; Riegel aaO; Steinke aaO). Polizeiliche Kontrollstellen ähnlicher Art dürfen nicht errichtet werden. Das schließt bloße Sichtkontrollen und Kontrollstellen zum Zweck der Gefahrenabwehr und der vorbeugenden Verbrechensbekämpfung (vgl § 9 I Nr 4 MEPolG) nicht aus. Strafprozessuale und polizeiliche Kontrollen können auch zusammenfallen (Kurth NJW **79**, 1382 Fn 93; Riegel ZRP **78**, 16). Gesetzlich zugelassene Kontrollen zu anderen Zwecken (vgl § 23 BPolG; § 12 I, II GüKG; § 36 V StVO; § 10 ZollVG) dürfen nicht zur Fahndung nach Straftätern benutzt werden (Hamm VRS **51**, 226; Kurth NJW **79**, 1381).

2 **2) Einrichtung der Kontrollstellen (I S 1):**

3 A. Nur **bestimmte schwere Straftaten** rechtfertigen die Einrichtung von Kontrollstellen; sie wird daher idR nicht unverhältnismäßig sein (Kurth NJW **79**, 1382; vgl aber LR-Hauck 15; SK-Wolter 5; Sangestedt StV **85**, 117). Der (strafbare) Versuch dieser Taten genügt, nicht aber eine nach § 30 StGB strafbare Vorbereitungshandlung (KMR-Pauckstadt-Maihold 3; **aM** LR-Hauck 8; vgl Schnarr NStZ **90**, 259). Da nach § 255 StGB der Täter gleich einem Räuber bestraft wird, steht dem schweren Raub nach § 250 I Nr 1 StGB (aF; eine Anpassung an § 250 nF ist noch nicht erfolgt; vgl dazu Mitsch ZStW **111**, 100) die räuberische Erpressung unter Führung von Schusswaffen gleich (KK-Bruns 4; Achenbach JA **81**, 655; **aM** SK-Wolter 4; LR-Hauck 8; Gintzel Polizei **79**, 2; Kurth NJW **79**, 1382). Von welchen Tätern die Straftaten begangen worden sind, ist gleichgültig; § 111 dient nicht nur der Fahndung nach Terroristen (LR-Hauck 2; Achenbach JA **81**, 664 Fn 39; Kurth NJW **79**, 1381 Fn 85; **aM** Benfer Polizei **78**, 282; **79**, 196).

Bestimmte Tatsachen (vgl 9 zu § 100a; 7 zu § 112) müssen den Verdacht solcher Straftaten gegen bekannte oder noch unbekannte Täter begründen. Dringend iS des § 112 I S 1 muss der Tatverdacht nicht sein (LR-Hauck 10; **aM** Sangenstedt StV **85**, 124: besonders starke Anhaltspunkte); bloße Vermutungen genügen aber nicht. Der Verdacht muss auf Grund des vorliegenden Tatsachenmaterials bereits in genügendem Maß konkretisiert sein (Kuhlmann DRiZ **78**, 239). 4

B. **Erfolgserwartung:** Die Aussicht auf Ergreifung, dh Festnahme der Täter, nicht auch der Teilnehmer, wie ein Vergleich mit §§ 100a, 100c, 100f und vor allem 102 zeigt (KMR-Pauckstadt-Maihold 6; R/H-Pegel 4; SK-Wolter 6; **aM** KK-Bruns 5; Schroeder JZ **85**, 1032), einer bestimmten Straftat oder auf Auffindung (Schroeder JZ **85**, 1029) und Sicherstellung von Beweismitteln iS des § 94 (dort 4, 5) zur Festnahme und zur konkreten Zeit setzt die Einrichtung der Kontrollstelle voraus (Kurth NJW **79**, 1382; Sangenstedt StV **85**, 123 ff; Vogel NJW **78**, 1227). Ist die Sicherstellung von Beweismitteln der einzige Fahndungszweck, so kommt dem Verhältnismäßigkeitsgrundsatz besondere Bedeutung zu (SK-Wolter 6; Kurth aaO; **aM** Sangenstedt aaO). Die Erfolgserwartung muss nicht schon auf Grund bestimmter Tatsachen gerechtfertigt sein; es genügt eine gewisse Wahrscheinlichkeit, insbesondere die aus kriminalistischer Erfahrung gewonnene Erkenntnis typischer Geschehensabläufe (LR-Hauck 11; Achenbach JA **81**, 664; Kuhlmann DRiZ **78**, 239). 5

Die Erfolgserwartung besteht idR nur, wenn die Kontrollstelle in **räumlicher Nähe** des Tatorts eingerichtet wird (LR-Hauck 12; **aM** KK-Bruns 8; Kurth aaO). Anders ist es, wenn schon Hinweise auf bestimmte Fluchtziele vorliegen (Kuhlmann aaO) oder wenn nach zur Festnahme ausgeschriebenen Gewaltverbrechern längere Zeit nach der Tat gefahndet wird. 6

In solchen Fällen ist auch ein **zeitlicher Zusammenhang** der Anordnung nach § 111 mit der Straftat nicht erforderlich. Auf die Zeit während oder unmittelbar nach der Tat ist die Einrichtung der Kontrollstellen aber auch sonst nicht beschränkt (KK-Bruns 8; LR-Hauck 13; **aM** Benfer Polizei **78**, 283). Im Strafvollstreckungsverfahren darf sie jedoch nicht angeordnet werden (SK-Wolter 8). 7

C. **Ort der Kontrollstelle:** In 1. Hinsicht kommen die dem öffentlichen Verkehr gewidmeten öffentlichen Straßen und Plätze in Betracht. Zulässig sind aber auch Kontrollstellen auf tatsächlich öffentlichen Wegen, die ohne Rücksicht auf die privatrechtlichen Verhältnisse einem unbestimmten Personenkreis zur Benutzung freigegeben sind. Andere öffentlich zugängliche Orte sind diejenigen, zu denen grundsätzlich jedermann Zugang hat, auch wenn er nach Zweck oder Zeit beschränkt ist, zB Bahnhöfe, Flugplätze, Sportplätze, öffentliche Gebäude, nicht aber private Geschäftsräume, wie Kaufhäuser und Gaststätten. Auch bewegliche Orte (Eisenbahnzüge, Flugzeuge) fallen nicht unter den Begriff (KK-Bruns 7). Orte, an denen Kontrollstellen sonst nicht eingerichtet werden dürfen, können mit Einwilligung des Verfügungsberechtigten für die technische Durchführung der Kontrollmaßnahmen verwendet werden, zB zur Abstellung von Polizei-, Sanitäts- oder Passantenfahrzeugen oder zur Einrichtung von Vernehmungs- und Nachrichtenstellen. 8

3) Befugnisse an den Kontrollstellen (I S 2, III): 9

A. **Jedermann** ist verpflichtet, seine Identität feststellen und sich sowie mitgeführte Sachen durchsuchen zu lassen. Unverdächtige müssen das in gleichem Maße 10

§ 111

dulden wie tatverdächtige Personen (LR-Hauck 25; **aM** Sangenstedt StV **85**, 117, der § 111 verfassungskonform dahin auslegen will, dass die Vorschrift außer dem Anhalterecht keine erweiterten Eingriffsbefugnisse enthält). Da sich die Befugnisse der Polizei bereits aus I S 2 ergeben, ist eine besondere Anordnung dazu nicht erforderlich. Jedoch muss an der Kontrollstelle allgemein durch Lautsprecherdurchsagen, Stelltafeln, Plakate oder durch Einzelhinweise der Grund der Maßnahmen bekanntgegeben werden.

11 B. **Identitätsfeststellung:** Eine Mitwirkungspflicht der an der Kontrollstelle angehaltenen Personen besteht nach dem entspr anwendbaren § 163b nicht; sie müssen lediglich ihre Personalien angeben (§ 111 OWiG). Ausweispapiere müssen sie nur vorzeigen, wenn sie dazu durch andere Gesetze verpflichtet sind. Wenn das zur Identitätsfeststellung notwendig erscheint, ist es zulässig, die angehaltene Person festzuhalten, sie und die von ihr mitgeführten Sachen zu durchsuchen sowie erkennungsdienstliche Maßnahmen (§ 81b) durchzuführen (§ 163b I S 2, 3). Die Beachtung des Verhältnismäßigkeitsgrundsatzes (§ 163b II S 2 Hs 1) bedeutet nur, dass Maßnahmen nach I S 2 unzulässig sind, wenn ein Zusammenhang mit den gesuchten Tätern oder Beweismitteln offensichtlich fehlt, zB bei Kindern (Frehsee ZStW **100**, 307; Riegel BayVBl **78**, 596). § 163b II S 2 Hs 2 (Erfordernis der Einwilligung von Nichtverdächtigen) ist nicht entspr anwendbar; denn er setzt eine Unterscheidung zwischen Verdächtigen und Unverdächtigen voraus, die in § 111 I S 2 gerade aufgegeben worden ist (Riegel NJW **79**, 546; BayVBl **78**, 595; Schlüchter 338; Suden/Weitemeier Polizei **80**, 338; **aM** KK-Bruns 14; KMR-Pauckstadt-Maihold 11; LR-Hauck 29; Achenbach JA **81**, 665; Kurth NJW **79**, 1382; Roxin/Schünemann § 35, 21; Sangenstedt StV **85**, 117; Vogel NJW **78**, 1227 Fn 162). Zur Befugnis, die festgestellten Daten in EDV-Anlagen zu speichern und zu verarbeiten (Netzfahndung) vgl § 163d.

12 C. **Durchsuchung:** Alle an der Kontrollstelle angehaltenen Personen, bei denen ein Zusammenhang mit den gesuchten Tätern nicht von vornherein auszuschließen ist (Riegel BayVBl **78**, 596; einschr SK-Wolter 24, 25), dürfen nach Beweismitteln durchsucht werden, ohne dass bestimmte Tatsachen deren Auffinden wahrscheinlich machen oder auch nur vermuten lassen (Kurth NJW **79**, 1383). Die Durchsuchung zur Identifizierung ist bereits nach III iVm § 163b I S 3 zulässig (oben 11). Der Umfang der Durchsuchung wird durch den Verhältnismäßigkeitsgrundsatz und das konkrete Fahndungsziel begrenzt (Kurth aaO). Durchsucht werden können auch die Transportmittel, insbesondere die Kraftfahrzeuge. Vorgefundene Beweismittel, die nicht freiwillig herausgegeben werden, sind nach §§ 94, 98 zu beschlagnahmen.

13 Nach III **gelten entsprechend** die Vorschriften des § 106 II S 1 über die Unterrichtungspflicht (vgl auch oben 10), des § 107 S 2 Hs 1 über die Bestätigung der Sicherstellung, des § 108 mit Ausnahme von I S 3 über die einstweilige Beschlagnahme von Zufallsfunden (erg 13 zu § 479), des § 109 über die Registrierung und Kennzeichnung der Beschlagnahmegegenstände und des § 110 I, II über die Durchsicht der Papiere; die Ausweispapiere darf die Polizei selbst durchsehen.

14 **4) Anordnung der Maßnahme (II):**

15 A. **Zuständig** ist grundsätzlich das Ermittlungsgericht (§§ 162, 169). Es wird nur auf Antrag der StA tätig. Bei Gefahr im Verzug (6 zu § 98) können die StA und – nachrangig (LR-Hauck 17) – ihre Ermittlungspersonen (§ 152 GVG) die Anordnung treffen. Eine richterliche Bestätigung der bei Gefahr im Verzug getroffenen Maßnahme ist nicht erforderlich (HK-Gercke 8; KK-Bruns 17; KMR-Pauckstadt-Maihold 15; **aM** SK-Wolter 18, Sangenstedt StV **85**, 126, die §§ 100 II, 100b I S 3 aF [§ 100e I S 3 neu] entspr anwenden wollen).

16 B. **Inhaltlich** kann die Anordnung des Gerichts und der StA sich darauf beschränken, dass innerhalb eines bestimmten Bezirks, der genau zu bezeichnen ist, also nicht für das gesamte Gebiet der BRep (BGH **35**, 363), oder im bestimmten Umkreis einer Anlage (zB mit dem Radius von 10 km) Kontrollstellen einzurich-

ten sind. Weder deren genaue Zahl noch ihr Ort müssen bestimmt werden; das kann der Polizei überlassen werden (KK-Bruns 11b; LR-Hauck 20; Kurth NJW **79**, 1383; Riegel ZRP **78**, 16; **aM** SK-Wolter 14; Kühne 542; Kuhlmann DRiZ **78**, 239; Sangenstedt StV **85**, 125). Die Anordnung braucht auch über Beginn und Dauer der Kontrollen nichts zu bestimmen (LR-Hauck 21; Kurth aaO; **aM** Achenbach JA **81**, 665). Im Einzelfall kann es aber angezeigt sein, eine bestimmte Höchstdauer vorzusehen oder anzuordnen, dass nur zu bestimmten Tageszeiten kontrolliert werden darf (Kurth aaO Fn 109).

C. **Form:** Die richterliche Anordnung ergeht durch schriftlich abzufassenden Beschluss, der in Eilfällen vorab mündlich oder fernmündlich zur Vollstreckung (§ 36 II) herausgegeben werden kann. Anordnungen der StA und ihrer Ermittlungspersonen, nicht der Richter (KK-Bruns 11b; **aM** SK-Wolter 13), können mündlich getroffen, müssen aber immer aktenkundig gemacht werden. **17**

D. **Vollstreckung:** Für richterliche Anordnungen gilt § 36 II; die StA beauftragt die Polizei. Sonst sorgt der Anordnende selbst für die Vollstreckung. Die Polizei stellt in jedem Fall die für die Kontrollstellen erforderlichen Beamten und die sachlichen Hilfsmittel, insbesondere die Absperrungen und die Kraftfahrzeuge. **18**

E. **Aufhebung:** Das weitere Vorliegen der Voraussetzungen des § 111 muss der Richter oder StA, der die Anordnung getroffen hat, ständig überwachen. Fallen sie weg, so muss die Anordnung sofort aufgehoben werden (Lemke Anm zu BGH EzSt Nr 1). Die Polizei, die zu regelmäßigen Berichten über die weiteren Erfolgsaussichten veranlasst werden kann, hat den Vollzug der Anordnung sofort zu beendigen, wenn die Voraussetzungen des I nicht mehr bestehen. Davon muss der Richter oder StA, der die Anordnung getroffen hat, unverzüglich benachrichtigt werden. **19**

5) Beschwerde nach § 304 I kann die StA einlegen, wenn das Gericht ihrem Antrag, eine Anordnung nach § 111 zu treffen, nicht stattgibt oder die Anordnung aufhebt. Gegen die Anordnung der Einrichtung der Kontrollstelle ist kein Rechtsmittel zulässig (BGH NJW **89**, 1170), erst gegen die im Vollzug der Anordnung ergangene Maßnahme (BGH **35**, 363). Über den Rechtsbehelf hat entspr § 98 II S 2 der für die Anordnung zuständige Richter zu entscheiden (BGH aaO). Für die Anfechtung einzelner Kontrollmaßnahmen (Festhalten, Durchsuchung, erkennungsdienstliche Behandlung) gelten im Übrigen die allgemeinen Grundsätze (23 zu § 98; 16 zu § 105; 17, 18 vor § 296; 10 zu § 23 EGGVG; 7ff zu § 28 EGGVG). Ein rechtlich geschütztes Interesse besteht so lange, wie die Ermächtigung zur Errichtung von Kontrollstellen noch Bestand hat, oder wenn angefallene Daten nach § 163d gespeichert worden sind (BGH NStZ **89**, 189; NJW **89**, 2636), nach neuerer Rspr (vgl 18a vor § 296) aber auch noch nach Beendigung der Anordnung, falls ein tiefgreifender Grundrechtseingriff zu besorgen ist (BGH **36**, 30 und 242 sind insoweit überholt). **20**

Vorläufige Entziehung der Fahrerlaubnis

111a I ¹ Sind dringende Gründe für die Annahme vorhanden, daß die Fahrerlaubnis entzogen werden wird (§ 69 des Strafgesetzbuches), so kann der Richter dem Beschuldigten durch Beschluß die Fahrerlaubnis vorläufig entziehen. ² Von der vorläufigen Entziehung können bestimmte Arten von Kraftfahrzeugen ausgenommen werden, wenn besondere Umstände die Annahme rechtfertigen, daß der Zweck der Maßnahme dadurch nicht gefährdet wird.

II Die vorläufige Entziehung der Fahrerlaubnis ist aufzuheben, wenn ihr Grund weggefallen ist oder wenn das Gericht im Urteil die Fahrerlaubnis nicht entzieht.

III ¹ Die vorläufige Entziehung der Fahrerlaubnis wirkt zugleich als Anordnung oder Bestätigung der Beschlagnahme des von einer deutschen Behörde

§ 111a   Erstes Buch. 8. Abschnitt

ausgestellten Führerscheins. ²Dies gilt auch, wenn der Führerschein von einer Behörde eines Mitgliedstaates der Europäischen Union oder eines anderen Vertragsstaates des Abkommens über den Europäischen Wirtschaftsraum ausgestellt worden ist, sofern der Inhaber seinen ordentlichen Wohnsitz im Inland hat.

IV Ist ein Führerschein beschlagnahmt, weil er nach § 69 Abs. 3 Satz 2 des Strafgesetzbuches eingezogen werden kann, und bedarf es einer richterlichen Entscheidung über die Beschlagnahme, so tritt an deren Stelle die Entscheidung über die vorläufige Entziehung der Fahrerlaubnis.

V ¹Ein Führerschein, der in Verwahrung genommen, sichergestellt oder beschlagnahmt ist, weil er nach § 69 Abs. 3 Satz 2 des Strafgesetzbuches eingezogen werden kann, ist dem Beschuldigten zurückzugeben, wenn der Richter die vorläufige Entziehung der Fahrerlaubnis wegen Fehlens der in Absatz 1 bezeichneten Voraussetzungen ablehnt, wenn er sie aufhebt oder wenn das Gericht im Urteil die Fahrerlaubnis nicht entzieht. ²Wird jedoch im Urteil ein Fahrverbot nach § 44 des Strafgesetzbuches verhängt, so kann die Rückgabe des Führerscheins aufgeschoben werden, wenn der Beschuldigte nicht widerspricht.

VI ¹In anderen als in Absatz 3 Satz 2 genannten ausländischen Führerscheinen ist die vorläufige Entziehung der Fahrerlaubnis zu vermerken. ²Bis zur Eintragung dieses Vermerkes kann der Führerschein beschlagnahmt werden (§ 94 Abs. 3, § 98).

1   1) Eine **vorbeugende Maßnahme,** ähnlich wie die Maßnahmen nach §§ 112a, 126a, 132a, ist die vorläufige Entziehung der Fahrerlaubnis. Sie ermöglicht es, die Allgemeinheit vor den Gefahren durch ungeeignete Kraftfahrer schon vor dem Urteil zu schützen (München NJW **80,** 1860). Das verstößt nicht gegen das GG (BVerfG NStZ **82,** 78); der Verhältnismäßigkeitsgrundsatz ist aber zu beachten (BVerfG NJW **01,** 357; NZV **05,** 537). § 111a sichert nur die Entziehung der Fahrerlaubnis nach § 69 StGB, nicht die isolierte Sperre nach § 69a I S 3 StGB (Hamm VRS **51,** 43; LR-Hauck 8; Hentschel 859; **a**M LG München I DAR **56,** 249; Engel DAR **84,** 108), auch nicht das Fahrverbot nach § 44 StGB (vgl V S 2). Die Anrechnung der vorläufigen Entziehung auf das Fahrverbot regelt § 51 I, V StGB (§ 25 VI StVG), auf die endgültige Entziehung § 69a V S 2 StGB. Unterbleibt die endgültige Entziehung, besteht grundsätzlich ein Entschädigungsanspruch (§ 2 II Nr 5 **StrEG**). Ein Verfahren, in dem die Maßnahme nach § 111a angeordnet worden ist, muss mit besonderer Beschleunigung geführt werden; eine vollständige Übertragung der für Haftsachen entwickelten Grundsätze kommt aber nicht in Betracht (Hamm NZV **02,** 380; NZV **07,** 639; Köln NZV **91,** 243; **a**M LG Frankfurt aM StV **03,** 69; vgl unten 10). Die richterliche Anordnung nach I, IV sowie die polizeiliche Beschlagnahme des Führerscheins nach § 94 III werden in das Verkehrszentralregister eingetragen (§§ 28 III Nrn 2, 9 StVG, 59 I Nr 4 FeV).

2   2) **Voraussetzung der Maßnahme (I S 1)** ist das Vorliegen von dringenden Gründen (vgl §§ 111b I S 1, 111e I S 2 126a I, 132a I S 1) für die Annahme, dass die Maßregel nach § 69 StGB angeordnet wird. Das erfordert dringenden Tatverdacht (vgl §§ 112 I S 1, 112a I S 1; LG Ansbach StraFo **09,** 331) iS des § 69 I S 1 StGB und einen hohen Grad von Wahrscheinlichkeit, dass das Gericht den Beschuldigten für ungeeignet zum Führen von Kraftfahrzeugen halten und ihm daher die Fahrerlaubnis entziehen werde (Düsseldorf DAR **92,** 187; LG Zweibrücken NZV **08,** 259; Janiszewski 752 ff). In den Fällen des § 69 II StGB bedarf das weiterer Prüfung, falls sich nicht wichtige Gegengründe aufdrängen (Schleswig SchlHA **08,** 231 [D/D]; Hentschel DAR **80,** 171; **88,** 90); die erfolgreiche Teilnahme an einem „Aufbauseminar" nach § 2b II oder § 4 VIII StVG (früher „Nachschulung" genannt, dazu eingehend Himmelreich DAR **97,** 465; Hentschel 636 ff, 795; Larsen StraFo **97,** 298) wird idR kein solcher Grund sein (vgl aber 22b zu § 153a). Das schriftlich abgefasste und mit der Revision angegriffene Berufungsurteil entfaltet

Ermittlungsmaßnahmen § 111a

für die Beurteilung der Frage, ob dringende Gründe vorliegen, regelmäßig eine indizielle Wirkung (Hamm NStZ-RR **14**, 384).

3) Eine Kann-Bestimmung ist I S 1. IdR wird der Richter die Anordnung in Ausübung pflichtgemäßen Ermessens treffen müssen (Jena VRS **115**, 353; Karlsruhe VRS **59**, 432; **68**, 360). Bei freiwilliger Herausgabe des Führerscheins ist sie entbehrlich (LR-Hauck 15; Michel DAR **97**, 394 mwN; **aM** KK-Bruns 4). Zulässig ist sie bis zur Rechtskraft des Urteils (Karlsruhe DAR **54**, 302; Koblenz VRS **68**, 118; Stuttgart VRS **5**, 356). Dass die StA sie erst längere Zeit nach der Tatbegehung beantragt, steht grunds nicht entgegen (BVerfG NJW **05**, 1767; Dresden OLG-NL **97**, 71; Düsseldorf NStZ-RR **02**, 314; Hamm NZV **02**, 380; Zweibrücken BA **09**, 284; Hentschel NJW **95**, 636; **aM** LG Bonn NZV **10**, 214; LG Hagen NZV **94**, 334 mit abl Anm Molketin; LG Kiel bei Himmelreich/Halm NStZ **09**, 377 [nach 4 Monaten]; LG Kiel StV **10**, 300 [schon nach 2 Monaten]; LG Trier VRS **63**, 210; vgl auch Kropp NStZ **97**, 471 und ZRP **01**, 405: bei Durchschnittsfällen idR nicht mehr nach 6 Monaten). Ein Antrag der StA, der mehr als 2 Jahre nach der Tat gestellt wird, wird aber regelmäßig den Grundsatz der Verhältnismäßigkeit verletzen (KG StraFo **11**, 353). Hat der 1. Richter die Fahrerlaubnis nach § 69 StGB entzogen, so kann das Berufungsgericht sie nicht nur zugleich mit dem Urteil (Hamburg VRS **44**, 187; Koblenz VRS **73**, 292; Zweibrücken NJW **81**, 775) oder nach dessen Erlass (Koblenz BA **85**, 180; **aM** Oldenburg NZV **92**, 124), sondern schon vorher nachholen, auch bei unveränderter Sach- und Rechtslage (Dresden aaO; Frankfurt NJW **81**, 1680; Hamm bei Janiszewski NStZ **84**, 115; BA **07**, 378; Koblenz VRS **65**, 448; Oldenburg NdsRpfl **10**, 36 [Aufgabe von OLGSt S 5, 15]; **aM** Saarbrücken VRS **46**, 137). War der Angeklagte im 1. Rechtszug freigesprochen worden, so kann das Berufungsgericht die Anordnung nur treffen, wenn es ihn verurteilt und die Fahrerlaubnis entzieht (Karlsruhe VRS **68**, 300). Nur bei Vorliegen neuer Tatsachen oder Beweismittel ist die Anordnung nach Einspruch gegen einen Strafbefehl zulässig, in dem die Fahrerlaubnisentziehung nach § 69 StGB ausdrücklich abgelehnt worden war (LG Stuttgart Justiz **85**, 364). Das Gleiche gilt, wenn Berufung gegen ein Urteil eingelegt ist, in dem die Maßnahme nach § 69 StGB nicht angeordnet worden war (Nürnberg StraFo **11**, 91; LG Zweibrücken NStZ-RR **98**, 249 mwN; **aM** Koblenz VRS **73**, 290: auch bei eindeutiger Unrichtigkeit der Entscheidung; erg unten 13).

4) Ausnahmen für bestimmte Kraftfahrzeuge (I S 2): Anders als die endgültige Entziehung, die nicht teilbar ist (§ 69 I StGB), sondern nur dadurch gemildert werden kann, dass die Sperre für die Neuerteilung der Fahrerlaubnis sachlich beschränkt wird (§ 69a II StGB), kann die vorläufige Entziehung (auf Antrag oder von Amts wegen) mit einer Ausnahme versehen werden (LG Frankenthal DAR **99**, 374; Gübner/Krumm NJW **07**, 2804). Ihre Voraussetzungen entsprechen denen des § 69a II StGB (dazu Fischer 28 ff zu § 69a StGB). Die Einschränkung der Maßnahme ist nur für bestimmte Arten von Kfzen zulässig (vgl § 6 I S 2 FEV), nicht für bestimmte Zeiten, Orte und Gebiete oder für Kfze bestimmter Eigentümer oder Halter (LR-Hauck 28). Bei charakterlichen Mängeln (Trunkenheitsfahrt; schwerwiegender Verstoß gegen § 142 StGB) wird der Täter idR ungeeignet zum Führen aller Arten von Kfzen sein; Ausnahmen gelten nur unter besonderen Umständen (Hamm NJW **71**, 1618; Karlsruhe VRS **55**, 122; Koblenz VRS **65**, 34; Orlich NJW **77**, 1179). Trotz der Beschränkung nach I S 2, die in dem Beschluss nach § 111a ausgesprochen und eingehend begründet werden muss, wird der Führerschein in amtliche Verwahrung genommen. Die Verwaltungsbehörde muss aber alsbald einen Ersatzführerschein für die bestehen gebliebene Fahrerlaubnis ausstellen (Dahs NJW **66**, 239; Janiszewski 753).

5) Anordnung der Maßnahme:

A. Durch **Gerichtsbeschluss (I S 1)**, der in knapper Weise zu begründen ist (§ 34), muss die Anordnung getroffen werden. Das Fehlen der Begründung ist

§ 111a
Erstes Buch. 8. Abschnitt

unschädlich, wenn die Anordnung zugleich mit dem Berufungsurteil ergeht (Koblenz VRS 71, 39, 40; 73, 292). Im Ermittlungsverfahren ist ein Antrag der StA erforderlich (LG Gera MDR 96, 731); sonst ist die StA nach § 33 II zu hören, der Beschuldigte nach § 33 III. Es genügt, dass die Polizei ihm Gelegenheit gibt, sich zu den Tatsachen zu äußern, die nach I S 1 erheblich sind (Hentschel DAR 80, 170; 88, 91; Koch DAR 68, 178). § 33 IV S 1 ist nicht anwendbar, weil in Eilfällen die Beschlagnahme des Führerscheins möglich ist (Hentschel DAR 88, 90; aM LR-Hauck 54). Der Beschluss wird der StA nach § 36 II S 1 zugeleitet und dem Beschuldigten bekanntgemacht. Obwohl nach § 35 II die formlose Mitteilung genügt, empfiehlt sich wegen der Rechtsfolgen nach § 21 I Nr 1 StVG (unten 8) die förmliche Zustellung (LR-Hauck 61; Hentschel DAR 88, 91). Von Amts wegen zu beachtende Mitteilungspflichten bestehen nach der MiStra 45 I Nr 1, III, IV iVm §§ 12 ff **EGGVG** (vgl dort).

7   B. **Zuständig** ist nach § 162 I S 1 im Vorverfahren das AG, in dessen Bezirk die antragstellende StA (Zweigstelle) ihren Sitz hat (8 zu § 162; vgl SK-Rogall 22), im Fall der Beschlagnahme des Führerscheins iVm § 98 II S 3. Nach Anklageerhebung ist gemäß § 162 III S 1 das jeweils mit der Sache befasste Gericht zuständig (Köln NZV 91, 243), das Berufungsgericht nach der Aktenvorlegung nach § 321 S 2 (Düsseldorf NZV 92, 202), im Revisionsverfahren der letzte Tatrichter, nicht das Revisionsgericht (§ 162 III S 2). In der Hauptverhandlung wirken die Schöffen mit (Karlsruhe VRS 68, 360). Erg unten 15.

8   C. Die **Anordnung wirkt** zugleich als Beschlagnahme des inländischen Führerscheins (III). Sie bewirkt ferner ein durch § 21 I Nr. 1 StVG strafbewehrtes Fahrverbot, über das der Beschuldigte bei der Beschlusszustellung belehrt werden sollte. Diese Wirkung tritt erst mit der Bekanntgabe an den Beschuldigten ein (BGHZ 38, 86; KG VRS 42, 210; Köln VRS 52, 271). Die Fahrerlaubnis erlischt nicht. Die Verwaltungsbehörde darf daher keine neue Fahrerlaubnis erteilen und die bestehende auch nicht beschränken (von Bubnoff JZ 68, 321).

9   **6) Aufhebung der Maßnahme (II):**
10 A. Der **Wegfall der Gründe** für die Anordnung zwingt, in der Berufungsinstanz schon vor Urteilserlass (Hamburg NJW 63, 1215), zur Aufhebung der Maßnahme. StA und Gericht müssen daher laufend darauf achten, ob die Gründe fortbestehen; deren Wegfall kann auch mit einer Gegenvorstellung geltend gemacht werden (vgl Holzinger StRR 08, 210). Der Zeitablauf seit der Tat kann dazu führen, dass die Feststellung des Eignungsmangels in der Hauptverhandlung nicht mehr wahrscheinlich ist (Bay NJW 71, 206; KG VRS 60, 109, 111; Düsseldorf NZV 99, 389, 390; StraFo 00, 56; Koblenz NZI 08, 47; LG Saarbrücken ZfS 07, 470). Ist der Eignungsmangel nicht entfallen, so kann doch eine besonders lange Verfahrensdauer bei groben Verstößen gegen das Beschleunigungsgebot und erheblichen Verzögerungen die Aufhebung der Maßnahme erfordern (Düsseldorf aaO; Hamm NZV 07, 639; Köln NZV 91, 243; Nürnberg StV 06, 685; Tepperwien NStZ 09, 3). Vgl hierzu noch Gübner/Krumm NJW 07, 2804 und Himmelreich/Halm NStZ 07, 392.

11 Der bloße Zeitablauf während des **Berufungsverfahrens** rechtfertigt die Aufhebung nicht (München DAR 75, 132; 77, 49; Hentschel DAR 76, 9; 88, 91); denn das Berufungsgericht ist nicht gehindert, die gleiche Sperre wie das 1. Gericht anzuordnen, auch wenn sie ohne Berufungseinlegung schon ihr Ende gefunden hätte (23 zu § 331). Die Aufhebung ist daher nur geboten, wenn eine endgültige Entziehung wegen des Zeitablaufs unwahrscheinlich wird (KG NJW 60, 2112; VRS 35, 292; Koblenz BA 85, 180; VRS 69, 130). Mit einer gewissen Verlängerung der tatsächlichen Sperre als Folge der Berufungseinlegung muss der Angeklagte rechnen (Düsseldorf VRS 79, 23; NZV 99, 389; Koblenz VRS 68, 41).

12 Während des **Revisionsverfahrens** ist die vorläufige Entziehung nach der hM nicht deshalb aufzuheben, weil die Verfahrensdauer die Dauer der Sperre übersteigt (KG VRS 53, 278; Düsseldorf VRS 64, 262; Frankfurt NStZ-RR 98, 76; Ham-

burg NJW **81**, 2590; Hamm VRS **69**, 220; Karlsruhe VRS **53**, 435; Koblenz NZV **08**, 367; München NJW **80**, 1860; Schleswig SchlHA **84**, 99 [E/L]; Stuttgart VRS **63**, 363; LR-Hauck 41). Die Gegenmeinung (Köln VRS **57**, 126; SK-Rogall 42; Hentschel 872 mwN; Janiszewski NStZ **81**, 471 mwN) übersieht, dass allein der Ablauf der Sperre dem Angeklagten keinen Rechtsanspruch auf Teilnahme am Kraftfahrzeugverkehr gibt, sondern nur die Verwaltungsbehörde berechtigt ist, ihn hierzu wieder zuzulassen, wenn keine Hinderungsgründe vorliegen (Hamburg aaO; Koblenz aaO, Stuttgart aaO).

B. Die **Nichtentziehung der Fahrerlaubnis** im Urteil zwingt zur Aufhebung 13 der vorläufigen Entziehung, und zwar durch besonderen Beschluss. Bei Verfahrensbeendigung durch Beschluss (§§ 206a, 206b) wird die Aufhebung im selben Beschluss verfügt. Gemeint sind nichtrechtskräftige Urteile und Beschlüsse; denn bei Rechtskraft entfällt die vorläufige Maßnahme ohne weiteres (BVerfG NJW **95**, 124). Die Rechtsmitteleinlegung darf die Aufhebung der Anordnung nicht verzögern; § 120 II gilt entspr. Vor der Entscheidung über das Rechtsmittel darf die vorläufige Entziehung nur dann erneut angeordnet werden, wenn neue Tatsachen oder Beweismittel bekanntgeworden sind, die voraussichtlich zur endgültigen Fahrerlaubnisentziehung führen (BVerfG aaO; Nürnberg StraFo **11**, 91; Karlsruhe NJW **60**, 2113; hM; erg oben 3 aE; **aM** SK-Rogall 39). Nach Urteilsaufhebung durch das Revisionsgericht und Zurückverweisung nach § 354 II ist die Anordnung nach I stets zulässig, wenn ihre Voraussetzungen vorliegen (KK-Bruns 9).

C. **Zuständig** für die Aufhebung ist bis zur Erhebung der öffentlichen Klage 14 das Gericht, das die Anordnung getroffen hat (Braunschweig DAR **95**, 498; Düsseldorf VRS **72**, 370; oben 7); § 120 III S 1 gilt nicht entspr (AG Münster MDR **72**, 166; SK-Rogall 36; Hentschel 864; D. Meyer DAR **86**, 47; **aM** LG Bückeburg NdsRpfl **87**, 200; Wittscher NJW **85**, 1324). Die Zuständigkeit des Berufungsgerichts beginnt mit der Aktenvorlage nach § 321 S 2 (Celle NJW **61**, 1417; Karlsruhe MDR **74**, 159; Schleswig SchlHA **08**, 231 [D/D]; LG Zweibrücken NZV **92**, 499 mwN). Das Revisionsgericht ist zuständig, wenn es die im angefochtenen Urteil angeordnete Entziehung endgültig beseitigt (Bay NZV **93**, 240) oder entspr § 126 III verfährt (Habetha NZV **08**, 605 mwN); sonst bleibt der letzte Tatrichter zuständig (BGH NJW **78**, 384; Celle NJW **77**, 160; Düsseldorf VRS **64**, 262; Frankfurt NJW **73**, 1335; Koblenz NZV **08**, 367; Stuttgart VRS **74**, 185, 188; Zweibrücken VRS **69**, 293; SK-Rogall 43; **aM** Bremen VRS **46**, 43; Koblenz MDR **78**, 337; **86**, 871; Hentschel 842).

7) Führerscheinbeschlagnahme (III, IV): Polizei und StA dürfen nicht die 15 Fahrerlaubnis vorläufig entziehen, aber bei Gefahr im Verzug (§ 98 I S 1) den Führerschein beschlagnahmen (§ 94 III), sofern die Voraussetzungen von I vorliegen (Stuttgart NJW **69**, 760). Gefahr im Verzug bedeutet hier, dass zu besorgen ist, der Kraftfahrer werde ohne die Abnahme des Führerscheins weitere Trunkenheitsfahrten unternehmen oder sonst Verkehrsvorschriften in schwerwiegender Weise verletzen (BGH **22**, 385; Hentschel 892ff mwN). Unter diesen Voraussetzungen ist die Beschlagnahme geboten (Folge: § 21 II Nr 2 StVG), auch die eines entgegen § 4 II S 2 FEV nicht mitgeführten Führerscheins in der Wohnung des Beschuldigten (Gramse NZV **02**, 345). Auf dessen Antrag nach § 98 II S 2 entscheidet das nach § 98 II S 3 zuständige Gericht nicht über die Zulässigkeit der Beschlagnahme, sondern ordnet die vorläufige Entziehung der Fahrerlaubnis an oder lehnt sie ab (IV; vgl Jena BA **07**, 182).

Eine Beschlagnahme des Führerscheins zur unmittelbaren **Gefahrenabwehr** 16 durch die Polizei nach den Polizei- und Ordnungsgesetzen der Länder kann – außer wenn der Polizeibeamte keine Ermittlungsperson (§ 152 GVG) ist – nach § 94 III nur noch in Ausnahmefällen (zB Schwächeanfall eines Fahrers) erfolgen (Trupp NZV **04**, 389; dazu Meyer-Goßner NZV **04**, 565), wobei jedoch die Gefahr idR nur durch Wegnahme des Zündschlüssels oder durch Sicherstellung des Kfz wird beseitigt werden können (BGH VersR **56**, 219; vgl auch BGH NJW **62**,

§ 111a

2104); dann ist aber sofort nach Wegfall der akuten Gefahr der Führerschein zurückzugeben (Dahs NJW **68**, 633).

16a Nach III S 2 werden **Inhaber von Fahrerlaubnissen aus EU- und EWR-Staaten**, die ihren ordentlichen Wohnsitz im Inland haben, Inhabern deutscher Fahrerlaubnisse gleichgestellt; ihr Führerschein wird wie ein deutscher Führerschein in Verwahrung genommen.

17 8) Die **Rückgabe des Führerscheins (V)** ist vorgeschrieben, wenn der Richter die vorläufige Entziehung der Fahrerlaubnis ablehnt oder aufhebt oder wenn die Fahrerlaubnis im Urteil nicht entzogen wird. Zuständig ist bis zur Erhebung der Anklage die StA, danach das mit der Sache befasste Gericht (oben 7), nach Rechtskraft die Vollstreckungsbehörde. Da die Rückgabe keine Vollstreckung ist, gilt § 36 II S 1 nicht. Ist im Urteil zwar keine Anordnung nach § 69 StGB getroffen, aber ein Fahrverbot nach § 44 StGB verhängt worden, so kann die Rückgabe aufgeschoben werden, wenn der Beschuldigte nicht widerspricht (V S 2). Die Zeit nach dem Urteil wird dann unverkürzt auf das Fahrverbot angerechnet (§ 450 II).

18 9) **Ausländische Führerscheine (VI)**, die nicht III S 2 unterfallen (dazu oben 16a), können nach § 69b I StGB mit der Wirkung eines Fahrverbots im Gebiet der BRep entzogen werden. Auch die vorläufige Entziehung ist zulässig (VI S 1; eingehend dazu Ludovisy DAR **97**, 80). Sie wird dadurch vollzogen, dass sie im Führerschein, der zu diesem Zweck beschlagnahmt werden darf (VI S 2), vermerkt wird (§ 69b II S 2 StGB), auch bei Personen, für die das NTS gilt (Art 9 VIb NTS-ZA). Nach der Eintragung des Vermerks ist der Führerschein unverzüglich zurückzugeben. Ist die Anbringung eines Vermerks auf dem Führerschein technisch nicht möglich, ist er notfalls auf einem gesonderten Blatt zu erstellen und dies mit dem Führerschein zu verbinden (vgl Meyer MDR **92**, 442).

19 10) **Beschwerde** (§ 304) ist auch gegen den Beschluss des erkennenden Gerichts zulässig (§ 305 S 2). Beschwerdeberechtigt ist außer dem Beschuldigten die StA, wenn ihr Antrag auf Anordnung der Fahrerlaubnisentziehung abgelehnt worden ist (LG Zweibrücken NStZ-RR **98**, 249; erg 6 zu § 305). Weitere Beschwerde ist nach § 310 II ausgeschlossen. Gegen eine Anordnung des OLG als Gericht des 1. Rechtszugs ist Beschwerde zulässig, da § 304 IV S 2 Nr 1 (Beschlagnahme) gilt. Eine noch nicht verbeschiedene Beschwerde gegen eine Anordnung des Ermittlungsrichters ist nach Anklageerhebung in einen Aufhebungsantrag umzudeuten (KG VRS **117**, 165; Celle StraFo **01**, 134; Düsseldorf VRS **99**, 203; LG Arnsberg BA **10**, 35). Ebenso behandelt das Berufungsgericht eine unerledigte Beschwerde nach Aktenvorlage gemäß § 321 S 2; seine Entscheidung ist daher mit der Beschwerde anfechtbar (Celle NStE Nr 4; Düsseldorf VRS **72**, 370 mwN; Stuttgart – 4. StS – VRS **102**, 381; Hentschel 846; **aM** Stuttgart – 6. StS – NStZ **90**, 141; KMR-Plöd 2 zu § 310). Bis zum Erlass des Berufungsurteils darf die Frage der Geeignetheit zum Führen eines Kraftfahrzeugs nur bei neu bekannt gewordenen Tatsachen anders als im erstinstanzlichen Urteil gewertet werden (Schleswig SchlHA **08**, 231 [D/D]; Stuttgart VRS **101**, 41); gegen die von der Berufungskammer angeordnete Maßregel ist die Beschwerde auch während eines sich anschließenden Revisionsverfahrens zulässig (Hamm NStZ-RR **14**, 384 mwN). Eine Vorabentscheidung über die Rechtmäßigkeit der Maßregel nach § 69 StGB kann mit der Beschwerde grundsätzlich nicht erreicht werden (Brandenburg NStZ-RR **96**, 170; Düsseldorf VRS **80**, 214; NZV **95**, 459; Hamm MDR **96**, 954; Köln VRS **93**, 348; **105**, 343; Schleswig aaO; Cierniak NZV **99**, 324; **aM** KG VRS **100**, 443; NJ **06**, 421; Düsseldorf VRS **98**, 190; Frankfurt NStZ-RR **96**, 205; Jena VRS **115**, 353; Karlsruhe NZV **99**, 345; DAR **04**, 408; Koblenz VRS **93**, 343; NZV **08**, 47; Schleswig NZV **95**, 238; Zweibrücken BA **09**, 284; Habetha NZV **08**, 607), es sei denn, die gesetzlichen Voraussetzungen für eine Maßregelanordnung sind überhaupt nicht gegeben (BVerfG NStZ-RR **02**, 377; Jena BA **07**, 182; vgl auch SK-Rogall 57 ff). Die Aussetzung der Anordnung nach

§ 307 II kommt nicht in Betracht (vgl Köln ZfS **84**, 29; **86**, 124; Hentschel DAR **88**, 92). Zur Gegenvorstellung vgl Holzinger StRR **08**, 210.

11) Immunität: Die Beschlagnahme des Führerscheins (§ 94 III) und die An- 20 ordnung nach § 111a setzen die Aufhebung der Immunität voraus, auch wenn der Abgeordnete auf frischer Tat betroffen wurde (vgl LR-Hauck 99 f; **aM** LR-Beulke 28 zu § 152a). Ist das Ermittlungsverfahren allerdings genehmigt, wie dies allgemein bei Abgeordneten des BTags der Fall ist (RiStBV 192a II S 2), so sind die Maßnahmen jedoch ohne weiteres zulässig. Die StA teilt sie auf dem Dienstweg dem Parlamentspräsidenten mit. Die Polizei ist berechtigt, den Abgeordneten zu fragen, ob er den Führerschein freiwillig in amtliche Verwahrung geben will (Cloppenburg MDR **61**, 826). Über diplomatische und konsularische Vorrechte vgl 11 zu § 18 GVG.

Beschlagnahme und Vermögensarrest zur Sicherung der Einziehung und der Wertersatzeinziehung

Vorbemerkungen

1) Reform der strafrechtlichen Vermögensabschöpfung: Die §§ 111bff 1 regeln die **Sicherstellung von Gegenständen** zur Sicherung der Einziehung und der Wertersatzeinziehung sowie der Unbrauchbarmachung (§§ 73ff StGB). Sie wurden mit dem am 1.7.2017 in Kraft getretenen Gesetz zur Reform der strafrechtlichen Vermögensabschöpfung vom 13.4.2017 (BGBl I 872) **neu gefasst**. Erhalten geblieben sind die Grundzüge der §§ 111bff aF. Abgesehen davon bestehen aber vor allem für die Sicherung von Maßnahmen der Vermögensabschöpfung (§§ 73– 73e StGB) erhebliche, teils grundlegende Unterschiede zu den bislang geltenden Vorschriften. Insbesondere gehört das bisherige Opferentschädigungskonzept der „Rückgewinnungshilfe" (vgl. dazu 60. Aufl. 5, 6 zu § 111b aF und 4 zu § 111d aF) infolge der ersatzlosen Streichung des § 73 I S 2 StGB aF der Vergangenheit an; die hieran anknüpfenden Regelungen über die strafprozessuale Zulassung von Verletzten zur Zwangsvollstreckung (§ 111g II aF) und über den staatlichen Auffangrechtserwerb (§ 111i aF) gibt es nicht mehr (vgl BT-Drucks 18/9525 S 2, 46). Von erheblicher praktischer Bedeutung sind zudem die Neuregelungen über die **rechtlichen Wirkungen** von Sicherstellungsmaßnahmen (§§ 111d, 111h, 111i), die nicht zuletzt das Verhältnis der strafrechtlichen Vermögensabschöpfung zum **Insolvenzrecht** festlegen (BT-Drucks 18/9525 S 6, 78 f; BT-Drucks 18/11640 S 79 f; ausführlich, Bittmann/Tschakert ZInsO **17**; 2657; Blankenburg ZInsO **17**, 1453; Köhler/Burkhard NStZ **17**, 665, 677 f). In begrifflicher Hinsicht vollziehen die §§ 111bff die neue gesetzliche Bezeichnung der Vermögensabschöpfung („Einziehung von Taterträgen") nach (vgl § 73 I StGB); die bisherige Bezeichnung „Verfall" (vgl § 73 I StGB aF) kennt das neue Recht nicht mehr. Zur vermögensordnenden **Rechtsnatur** der strafrechtlichen Vermögensabschöpfung (§§ 73 ff StGB) im Gegensatz zum strafähnlichen Charakter der Einziehung von Tatmitteln, Tatprodukten und Tatobjekten (§§ 74 ff StGB), vgl 2 vor § 421; 2 zu Art 316h EGStGB.

Umfang und Gegenstand der Sicherstellung richten sich nach der zu si- 1a chernden (Wertersatz-)Einziehung, also nach den §§ 73 ff StGB. Zur Bestimmung des erlangten Etwas des § 73 I StGB nach dem **„Bruttoprinzip"** im reformierten Recht der Vermögensabschöpfung, BT-Drucks 18/9525 S 61 f; Köhler NStZ **17**, 497, 502 ff; Rettke wistra **18**, 234 mit besonderem Augenmerk auf das Wirtschaftsstrafrecht; Schäuble/Pananis NStZ **19**, 65 zum Analogieverbot des § 73d I StGB).

Ob die Einziehung des Tatertrages oder des Wertes des Tatertrages auch gegen 1b **Jugendliche und Heranwachsende** zwingend anzuordnen ist, wird nicht einheitlich beantwortet (dafür BGH NStZ **19**, 221 [2. StS]; 4 StR 62/19 vom 17.6.2019 [4. StS]; ZJJ **19**, 285 [5. StS]; Hamburg wistra **18**, 485; instruktiv Schumann StraFo **18**, 415; zum früheren Recht ebenso BGH NStZ **11**, 270; **aA** BGH

Vor § 111b

[1. StS] NStZ **19**, 682 [Anfrage nach § 132 III 1 GVG]; dagegen BGH 5 ARs 20/19 vom 6.2.2020; erg 2 Vor § 421).

2 **2) Systematik und Adressat der Sicherungsmaßnahmen:** Die neuen Vorschriften über die Sicherstellung haben die **Zweigleisigkeit** des bisherigen Rechts übernommen. Die Vollstreckung der Einziehung oder Unbrauchbarmachung von Gegenständen wird – wie bisher – durch **Beschlagnahme** (§ 111bff) gesichert. Die Vollstreckung der Wertersatzeinziehung sichert der **Vermögensarrest** (§§ 111eff), der den dinglichen Arrest nach §§ 111b II, 111d aF ersetzt hat (zu den Gründen und Folgen dieser Änderung, vgl 6 f, 10 zu § 111e). Entspr ihrer unterschiedlichen Zielrichtung (dazu Köhler/Burkhard NStZ **17**, 665, 676; Meißner/Schütrumpf 121 f) sind die §§ 111bff beide Sicherstellungsinstrumente strikt voneinander getrennt (BT-Drucks 18/9525 S 49; zum Vorgehen in Zweifelsfällen vgl Bittmann NZWiSt **19**, 338, 339). Unterteilt sind die Vorschriften jeweils in Anordnung, Vollziehung und Wirkung der betreffenden Sicherstellungsmaßnahme (ausführlich BT-Drucks 18/9525 S 75 ff; Köhler/Burkhard NStZ **17**, 665, 677 f).

3 Betroffener der Beschlagnahme oder des Vermögensarrestes ist der (potentielle) **Adressat der Einziehung oder Wertersatzeinziehung.** Die Sicherstellungsanordnung kann sich mithin gegen (tatverdächtige) Beschuldigte (§§ 73, 73c, 74, 74b, 74c StGB) und – allein oder zusätzlich – gegen (tatunverdächtige) Dritte (§§ 73b, 73c, 74a StGB) richten. Ob der Sicherstellungsanordnung eine (Erwerbs-) Tat zum Nachteil der Allgemeinheit (zB § 29a BtmG) oder zum Nachteil individueller Verletzter (zB § 263 StGB) zugrunde liegt, ist für den **Anordnungstenor** nach der ersatzlosen Streichung des § 73 I S 2 StGB aF ohne Belang. Es wird in allen Fällen ausschließlich der **staatliche (Wertersatz-)Einziehungsanspruch** (vgl. dazu BT-Drucks 18/11640 S 95; Köhler NStZ **17**, 497, 498; Bittmann/Tschakert ZInsO **17**, 2657, 2658) gesichert; daher konnte § 111b V ersatzlos wegfallen (BT-Drucks 18/9525 S 75. Vgl zum bisherigen Recht, 60. Aufl 5 ff zu § 111b aF). Zu den Grundzügen des reformierten **Opferentschädigungsmodells,** vgl BT-Drucks 18/9525 S 51 ff; Köhler/Burkhard NStZ **17**, 665, 679 ff; Meißner/Schütrumpf 209 ff; erg 1 f zu § 459h).

4 **3) Rechtsfolgen der Vollziehung:** Die rechtliche Wirkungen der Vollziehung von Beschlagnahme und Vermögensarrest unterscheiden sich vor allem mit Blick auf die reformierte Opferentschädigung (ausführlich dazu, BT-Drucks 18/9525 S 49 ff; BT-Drucks 18/11640 S 85 ff) erheblich voneinander. Die **Beschlagnahme** sichert die Einziehung des Tatertrages (zB eine betrügerisch erlangte Uhr), von Tatmitteln (zB Tatmesser), Tatprodukten (zB Falschgeld) oder Tatobjekten (zB Betäubungsmittel). Solche Gegenstände sollen nach dem Willen des Gesetzgebers entweder zurück an den Verletzten gelangen oder aus dem Wirtschaftsverkehr gezogen werden; die (vollzogene) Beschlagnahme ist daher nicht zuletzt mit Blick aus den Opferschutz **insolvenzfest** (§ 111d I). **Gleiches** gilt nach § 111h I **grundsätzlich** für die in Vollziehung der **Vermögensarrestes** entstandenen staatlichen Sicherungsrechte (BT-Drucks S 78). Da der Vermögensarrest aber eine Wertersatzeinziehung durch Pfändung sonstiger, nicht mit der rechtswidrigen Tat in Verbindung stehender Gegenstände des Einziehungsadressaten sichert, macht § 111i I eine gewichtige Ausnahme von diesem Grundsatz: Beruht der (vollzogene) Vermögensarrest auf (auch) einer materiellen Tat mit (mindestens) einem **Verletzten** (zB § 263 StGB), so räumt § 111i I dem Insolvenzrecht und damit dem Grundsatz der **Gläubigergleichbehandlung** den Vorrang ein (BT-Drucks 18/11640 S 79 f). Beruht der Vermögensarrest hingegen **ausschließlich** auf materiellen Erwerbstaten zum Nachteil der **Allgemeinheit** (zB § 29a BtmG), bleibt es bei der Insolvenzfestigkeit der staatlichen Sicherungsrechte (BT-Drucks 18/9525 S 79; zum Ganzen, Bittmann/Tschakert ZInsO **17**, 2657, 2661 ff; Köhler/Burkhard NStZ **17**, 665, 677 f; Meißner/Schürtrumpf Rn 150 ff, 162 ff). Es ist daher bereits zu Beginn oder jedenfalls in einem frühen Stadium des Ermittlungsverfahrens genau zu prüfen, ob ein Fall der Einziehung (Sicherung durch Beschlagnahme) oder einer der Wertersatzeinziehung (Sicherung durch Vermögensarrest) vorliegt. Bei strafrechtswidrig (zB aus Betrugstaten) erlangtem **Bar- oder Buchgeld** wird es sich fast ausnahmslos um einen Fall der Wertersatzeinziehung handeln. Das gilt selbst dann, wenn das Bar- oder Buchgeld ausschließlich aus (mehreren) Straftaten stammt. Denn es ist nicht möglich, den Ertrag aus der konkreten rechtswidrigen Einzeltat (zB die betrügerisch erlangte Gutschrift) im Gesamtkontoguthaben gegenständlich zu identifizieren; dies wäre aber für eine an die rechtswidrige Einzeltat im materiellen Sinn anknüpfende „gegenständliche" Einziehung des Tatertrages nach § 73 I StGB notwendig (vgl. Köhler NStZ **17**, 497, 499). Anders ist dies allerdings, wenn das Bar- oder Buchgeld das Objekt einer **Geldwäsche** darstellt, das nach §§ 261 VII iVm 74 II StGB der Einziehung unterliegt und damit nach § 111b durch Beschlagnahme gesichert wird, vgl insofern BGH wistra **10**, 264; für die Auflösung der möglichen Spannung mit der Opferentschädigung in diesen Fällen, vgl 2 zu § 459h; 1 zu § 459m; Köhler/Burkhard NStZ **17**, 665, 681 f.

Nach **Eröffnung des Insolvenzverfahrens** über das Vermögen des Betroffe- 5 nen sind Zwangsvollstreckungsmaßnahmen einzelner Insolvenzgläubiger unzulässig (§ 89 I InsO). Das gilt auch für Maßnahmen zur Vollziehung der Beschlagnahme oder des Vermögensarrestes, weil hierdurch der vorläufig titulierte staatliche Anspruch auf Einziehung oder Wertersatzeinziehung (vgl hierzu BT-Drucks 18/11640 S 86; Köhler NStZ **17**, 497, 498) vollstreckt wird. Eine zuvor erlassene, noch nicht vollzogene Sicherstellungsanordnung (die Beschlagnahmeanordnung oder der Vermögensarrest selbst) muss wegen der Eröffnung des Insolvenzverfahrens nicht aufgehoben werden; § 89 InsO betrifft lediglich die Vollstreckung eines Titels, nicht den Titel selbst (anders noch für das frühere Recht mit Blick auf das frühere Opferentschädigungskonzept der Rückgewinnungshilfe – und deshalb nicht übertragbar –, KG NJW 2005, 3734; Nürnberg NZWiSt 2013, 297; Frankfurt ZIP 2009, 957; 60. Aufl. 6a zu § 111b aF, 1 zu § 111d aF mwN). Wegen § 111i III (dort 17) und § 39 I Nr 3 InsO sollte die Anordnung tunlichst aufrechterhalten werden. Die Eröffnung des Privatinsolvenzverfahrens über das Vermögen des Beschuldigten steht der Einziehung nach § 73c StGB nicht entgegen (BGH NZI **19**, 305).

4) Anwendungsbereich: Beschlagnahme und Vermögensarrest nach §§ 111b ff 6 sind **in allen Verfahrensarten** möglich, in denen eine Einziehung zulässig ist, also auch im Privatklageverfahren (§§ 374 ff) und im selbständigen Verfahren nach §§ 435, 436 (BGH NStZ **03**, 422; Stuttgart wistra **07**, 276, 278; 21 zu § 435); **nicht** hingegen im Sicherungsverfahren (§ 413 ff), da dort keine Einziehungsanordnung ergehen darf (erg 1 zu § 413). Sie können jede Form der (Wertersatz-) Einziehung sichern, unabhängig davon, ob es um eine unselbständige Anordnung nach §§ 73 bis 74d StGB (im Strafverfahren gegen den Angeklagten) oder einer selbständigen nach § 76a StGB (etwa bei verhandlungsunfähigen oder abwesenden Tatbeteiligten) geht. Zum **Verzicht** auf Herausgabe beschlagnahmter oder arrestierter Gegenstände in der HV, vgl 6, 6a Vor § 421.

5) Begleitmaßnahmen: Um die Wirksamkeit von Beschlagnahme- und Ver- 7 mögensarrestanordnungen zu gewährleisten, sind **Durchsuchungen** (§§ 102–110) zulässig (§ 111b II und § 111e V); Einschränkungen der Durchsuchungsvoraussetzungen bestehen nicht (Eberbach NStZ **85**, 296 für § 103); vgl zur insofern uneingeschränkten Übernahme des bisherigen Rechts, BT-Drucks 18/9525 S 75, 77).

6) Inkrafttreten: Das Gesetz zur Reform der strafrechtlichen Vermögensab- 8 schöpfung ist mit einer **Stichtagsregelung zum 1.7.2017** in Kraft getreten. Aus den Vorschriften der StPO hat der Gesetzgeber mit § 14 **EGStPO** lediglich für den Auffangrechtserwerb iSd § 111i II aF eine Übergangsvorschrift geschaffen. Im übrigen gelten seit 1.7.2017 uneingeschränkt die neuen Verfahrensvorschriften (erg 2 zu § 14 EGStPO). **Sicherstellungsanordnungen,** die noch nach altem Recht angeordnet worden waren, **wirken fort.** Denn die Tatsachen, die eine Sicherstel-

§ 111b

lungsanordnung nach den §§ 111b ff aF begründen konnten, tragen eine Beschlagnahme oder einen Vermögensarrest auch nach dem neuen Recht (Hamm StraFo **18**, 63). Die in Vollziehung entstandenen **Sicherungsrechte** bleiben **wirksam** (ausführlich München MDR **18**, 364).

9 **7) Kosten:** Die durch die Maßnahme nach §§ 111b ff entstehenden Auslagen der Staatskasse gehören zu den **Verfahrenskosten** (§ 464a I), auch soweit sie im Ergebnis dem Schutz des Verletzten dienen (vgl Düsseldorf StV **03**, 550 zur Eintragung einer Sicherungshypothek; Schubert ZRP **08**, 57); zum Gegenstandswert, vgl Hamm wistra **08**, 160 (Arrest).

10 **8) Immunität:** Die Grundsätze 24 zu § 94 gelten entspr.

Beschlagnahme zur Sicherung der Einziehung oder Unbrauchbarmachung

111b [I] [1] Ist die Annahme begründet, dass die Voraussetzungen der Einziehung oder Unbrauchbarmachung eines Gegenstandes vorliegen, so kann er zur Sicherung der Vollstreckung beschlagnahmt werden. [2] Liegen dringende Gründe für diese Annahme vor, so soll die Beschlagnahme angeordnet werden. [3] § 94 Absatz 3 bleibt unberührt.

[II] Die §§ 102 bis 110 gelten entsprechend.

1 **1)** §§ 111b–111d regeln die **Beschlagnahme (Sicherstellung) von Einziehungsgegenständen.** Die Beschlagnahme iSd § 111b sichert die Einziehung von Tatertragen (§§ 73, 73a StGB), Tatmitteln, Tatprodukten und Tatobjekten (§§ 74, 74b, 74d StGB) sowie von Gegenständen, die der Unbrauchbarmachung unterliegen (§ 74d I S 2 StGB). Sie dient der Sicherung sowohl einer unselbständigen Einziehung im Strafverfahren gegen den Angeklagten als auch einer selbständigen Einziehung (§ 76a StGB) im objektiven Verfahren (§§ 435, 436 StPO). Die Beschlagnahme nach § 111b steht eigenständig neben der abweichend in § 94 geregelten Sicherstellung und Beschlagnahme von **Beweismitteln.** Der Einziehung und Unbrauchbarmachung steht die Vernichtung nach § 43 KUG gleich; der zu vernichtende Gegenstand kann nach § 111b StGB beschlagnahmt werden. § 111b ist auch bei Straftaten von Kindern anwendbar (Verrel NStZ **01**, 286).

2 **Einziehungsgegenstände** können alle beweglichen und unbeweglichen Sachen sowie alle Rechte sein, nicht aber Daten (vgl LG Hamburg StV **15**, 161). Eine Ausnahme gilt für Führerscheine (I S 3 iVm § 94 III), weil es dort auf die Eigentumsverhältnisse nicht ankommt. Kommt ein **Einziehungsgegenstand zugleich als Beweismittel** in Betracht, so ist die Beschlagnahme nach § 94 ausreichend; wegen des nur nach § 111d I eintretenden „insolvenzfesten" Veräußerungsverbotes (§ 111d I), sollte aber stets gleichzeitig die – nach § 111c zu vollziehende – Beschlagnahme nach § 111b angeordnet werden (vgl auch 2 zu § 94).

3 Im Bereich der **Vermögensabschöpfung** werden durch Beschlagnahme nach § 111b ausschließlich Taterträge iSd §§ 73–73b StGB sichergestellt. Darunter fällt nicht nur das durch oder für die rechtswidrige (Erwerbs-)Tat erlangte Etwas selbst („Tatbeute" oder „Tatlohn"), sondern auch die (tatsächlich gezogenen) Nutzungen (§ 73 II StGB) und das Surrogat des ursprünglich erlangten Vermögenswertes (§ 73 III StGB); das Surrogat wird insoweit wie das ursprünglich erlangte Etwas behandelt (Köhler NStZ **17**, 497, 504). Das bedeutet zweierlei: Der Tatertrag kann zum einen nur dann durch Beschlagnahme iSd § 111b StGB sichergestellt werden, wenn er gegenständlich vorhanden ist. Zum anderen muss der Gegenstand einer konkreten rechtswidrigen (Erwerbs-)Tat im materiellen Sinn der §§ 73 I, 76 I-III StGB zugeordnet werden oder der (unselbständigen oder selbständigen) erweiterten Einziehung nach §§ 73a, 76a IV StGB unterliegen. Andernfalls liegt ein Fall der Wertersatzeinziehung (§ 73c StGB) vor, die durch den Vermögensarrest iSd § 111e gesichert wird (vgl 3 vor § 111b). Das gilt auch für die Fälle des uneigentlichen Organisationsdeliktes, bei dem mehrere einzelne Erwerbstaten aus rechtlichen Gründen zu einer Tat im materiellen Sinn zusammengefasst werden (vgl dazu im

Zusammenhang mit dem Verletztenbegriff, BT-Drucks 18/9525 S 50; Köhler/ Burkhard NStZ **17**, 665, 67; Laroche ZInsO **17**, 1245, 1247). Zur Bestimmung des erlangten Etwas isd § 73 StGB, vgl 1 Vor § 111b.

Bitcoins (zu Begriff und Funktionsweise Greier wistra **16**, 249, 250f; Beck 4 NJW **15**, 580; Grzywotz/Köhler/Rückert StV **16**, 753) und vergleichbare digitale Zahlungsmittel unterliegen – falls sie durch oder für die rechtswidrige Tat erlangt worden sind – der Einziehung nach § 73 I StGB; dies gilt unabhängig davon, ob den Ermittlungsbehörden der Walletschlüssel bekannt ist (so schon für das frühere Recht BGH NJW 2018, 3325). Ihre Sicherstellung unterfällt in diesen Fällen – wohl als „andere Vermögensrechte" – mithin der Beschlagnahme gem §§ 111b I, 111c II S 1 StPO. Dient die Sicherstellung der Bitcoins hingegen der Sicherung der Einziehung des Wertes des Taterträges nach § 73c StGB, so werden sie aufgrund eines Vermögensarrestes (§ 111e) gem § 111f I S 1 gepfändet (vgl zum Ganzen Greier aaO 256; Goger MMR **16**, 431; Heine NStZ 2016, 441; erg 8 zu § 111c).

2) Anordnungsvoraussetzungen: 5

A. Die Beschlagnahme eines Gegenstandes nach § 111b I ist gerechtfertigt, 6 wenn bestimmte Tatsachen die **Annahme begründen,** dass die Voraussetzungen für die **Einziehung** oder die **Unbrauchbarmachung des Gegenstandes** vorliegen (§§ 73, 73a, 73b, 74, 74b, 74d, 76a StGB). Die Anordnung der Maßnahme setzt lediglich einen Anfangsverdacht iS des § 152 II und eine gewisse Wahrscheinlichkeit dafür voraus, dass der zu beschlagnehmende Gegenstand der Einziehung oder der Unbrauchbarmachung unterliegt (BGH NStZ **08**, 419; Celle aaO; Zweibrücken NStZ **03**, 446; Lohse AnwBl **06**, 604; Schmidt 559, 721); der Verdacht braucht sich noch nicht gegen einen bestimmten Beschuldigten zu richten, da Einziehung und Unbrauchbarmachung auch im selbständigen Verfahren nach den §§ 435f zulässig sind (Achenbach NJW **76**, 1068). Soweit der Einziehungsanspruch gem § 73e I StGB erloschen ist, kommt die Beschlagnahme nach § 111b nicht in Frage; denn insoweit ist die Annahme für eine Einziehung unbegründet.

Zu dem Fall, dass **Verfahrensvoraussetzungen** fehlen, aber noch geschaffen 7 werden können, vgl 7 zu § 94; anders als dort müssen aber bei § 111b bestimmte tatsächliche Anhaltspunkte dafür vorliegen, dass der fehlende Strafantrag nachgeholt, das behördliche Strafverlangen noch gestellt wird usw.

B) Die Beschlagnahme isd § 111b unterliegt dem **Verhältnismäßigkeits-** 8 **grundsatz.** Sie setzt daher ein **Sicherungsbedürfnis** voraus; dies ergibt sich unmittelbar aus § 111b I S 1, wonach die Beschlagnahme „zur Sicherung der Vollstreckung" der Einziehung oder der Unbrauchbarmachung angeordnet wird (BT-Drucks 18/9525 S 75; so schon LG Kiel wistra **98**, 363). Da bei gefährlichen (§ 74b StGB) oder inkriminierten Gegenständen (§§ 73, 73a, 76a IV StGB) ein besonders hohes Interesse an deren staatlicher Einziehung besteht, wird das Sicherungsbedürfnis hier regelmäßig zu bejahen sein. In **zeitlicher Hinsicht** unterliegt die Beschlagnahme allein dem allgemeinen **Übermaßverbot** (BT-Drucks 18/ 9525 S 49, 75; krit Greeve ZHW **17**, 277, 280); eine ausdrückliche gesetzliche Bestimmung zu zeitlichen Begrenzungen gibt es nicht (§ 111 III aF ist ersatzlos entfallen; vgl dazu 60. Aufl 8f zu § 111b aF). Die Rspr zum bisherigen Recht kann auch für die Frage der Verhältnismäßigkeit der Dauer der Maßnahme herangezogen werden (BT-Drucks 18/9525 S 49). Das gilt insbesondere für die schon im früheren Recht vorgenommene, nunmehr in § 111b I S 1 und 2 normierte Differenzierung zwischen einfachen und dringenden Gründen (zu dringenden Gründen, Köln NStZ StV **04**, 121 mit Anm Mosiek; StV **04**, 413 mit Anm Marel).

Für die (strafähnliche) Einziehung von **Tatmitteln, Tatprodukten und Tat-** 9 **objekten** (§§ 74 und 74a StGB) sowie für die **Unbrauchbarmachung** (§ 74d I S 2 StGB) enthält § 74f StGB eine Ausformung des **Verhältnismäßigkeitsgrundsatzes.** Liegen die Voraussetzungen dieser Vorschrift vor, ist die Beschlagnahme nach § 111b unzulässig; die Annahme einer späteren Einziehungsanordnung, wie sie § 111b I voraussetzt, ist dann nicht begründet (vgl BGH wistra **07**, 431; LG

§ 111b

Lüneburg NJW 78, 117). Eine entspr Anwendung des § 74f I S 2 und 3 StGB in der Weise, dass die Beschlagnahme vorbehalten bleibt, ist nicht mit der von § 111b I S 1 geforderten Annahme einer späteren Einziehung vereinbar; der Vorbehalt der Einziehung ist gerade keine Einziehung (**aM** LG München II MDR **69**, 1028).

10 Für die (quasi-bereicherungsrechtliche) Einziehung von **Taterträgen** (§§ 73, 73a StGB) gibt es nach der Streichung des § 73c StGB aF keine dem § 74f StGB entspr Vorschrift im materiellen Recht. Etwaige unbillige Härten bleiben bis zum rechtskräftigen Abschluss des Verfahrens außer Betracht (vgl § 459g V S 1). Der quasi-bereicherungsrechtlichen Rechtsnatur der Vermögensabschöpfung entspr sind Fragen der Verhältnismäßigkeit nicht bei der Anordnung der Einziehung, sondern erst im **Strafvollstreckungsverfahren** zu berücksichtigen (BT-Drucks 18/9525 S 57, 94; Köhler NStZ **17**, 497, 500). Insoweit muss dies auch bei der Beschlagnahme außer Betracht bleiben (erg 10 zu § 111e); die Formulierung „zur Sicherung der Vollstreckung" soll lediglich die Notwendigkeit eines Sicherungsbedürfnisses für die Beschlagnahme klarstellen (BT-Drucks 18/9525 S 49; Köhler/Burkhard NStZ **17**, 665, 676).

11 **3) Anordnungsermessen:** Selbst wenn die Anordnungsvoraussetzungen des § 111b I vorliegen, ist die Beschlagnahme **nicht zwingend** vorgeschrieben. Nach § 111b I S 1 „**kann**" sie angeordnet werden; sie steht mithin grundsätzlich im freien Ermessen. Bei dringenden Gründen „**soll**" der Einziehungsgegenstand allerdings beschlagnahmt werden; die Anordnung ist dann der Regelfall (BT-Drucks 18/9525 S 49). Verderblichkeit oder Pflegebedürftigkeit eines Gegenstands steht seiner Beschlagnahme nicht entgegen (vgl § 111p). Dies kann jedoch bei der Ermessensentscheidung berücksichtigt werden. Zudem sind auch der Grundsatz der Verhältnismäßigkeit nach § 74f StGB sowie die Ausscheidungsmöglichkeiten nach § 421 III zu beachten.

12 **4) Anordnungsbeschluss:** Die Sicherstellung von Einziehungsgegenständen darf, anders als die von Beweisgegenständen (vgl 1 zu § 94), nur durch **förmliche Beschlagnahme** erfolgen (1 zu § 111c). Sie ist vom Beginn des Ermittlungsverfahrens an bis zur Rechtskraft des Urteils zulässig, auch noch nach Rechtskraft des Vorbehaltsurteils nach § 74b II StGB (LK-Schmidt 14 zu § 74b StGB aF). Zur Beendigung der Beschlagnahme, vgl 10 zu § 111j. Die Beschlagnahmeanordnung ist zu begründen (§ 34). Sie muss den Einziehungsgegenstand konkret bestimmen, um die Vollstreckung der Anordnung zu gewährleisten (vgl § 111c). Eine **allgemeine Beschlagnahme** kommt für Druckerzeugnisse in Betracht (§ 111q), aber auch sonst, wenn es um die Sicherstellung einer abgegrenzten Gattung von Sachen zum Zweck der späteren Einziehung geht. Dann muss die Gattung in dem Anordnungsbeschluss so genau bezeichnet werden, dass die Vollstreckungsorgane die Grenze des Zugriffs feststellen können. Die Anordnung ist im ganzen Geltungsbereich der StPO vollstreckbar (§ 160 GVG), wenn sich nicht aus ihr selbst eine örtliche Beschränkung ergibt (KMR-Müller 8 vor § 94).

13 Nach § 111b II gelten §§ **102–110** entspr. Zur Beschlagnahme des Gegenstandes, welcher der Einziehung oder Unbrauchbarmachung unterliegt, ist daher die Durchsuchung zulässig (5 vor § 111b). Die Durchsuchungsanordnung (§ 105) kann mit der Beschlagnahmeanordnung verbunden werden. Vgl noch BGH wistra **07**, 431: Herausgabe der Kopie von Datenbeständen eines beschlagnahmten Notebooks.

14 **5) Beendigung und Aufhebung,** vgl 10f zu § 111j; SSW-Burghart 15; KK-Spillecke 10ff zu § 111j.

15 **6) Zur Fortwirkung** einer nach **früherem Recht** (vor dem 1.7.2017) angeordneten Sicherungsmaßnahme, vgl München MDR **18**, 364; erg 8 vor § 111b).

Vollziehung der Beschlagnahme

§ 111c

I ¹Die Beschlagnahme einer beweglichen Sache wird dadurch vollzogen, dass die Sache in Gewahrsam genommen wird. ²Die Beschlagnahme kann auch dadurch vollzogen werden, dass sie durch Siegel oder in anderer Weise kenntlich gemacht wird.

II ¹Die Beschlagnahme einer Forderung oder eines anderen Vermögensrechtes, das nicht den Vorschriften über die Zwangsvollstreckung in das unbewegliche Vermögen unterliegt, wird durch Pfändung vollzogen. ²Die Vorschriften der Zivilprozessordnung über die Zwangsvollstreckung in Forderungen und andere Vermögensrechte sind insoweit sinngemäß anzuwenden. ³Die Aufforderung zur Abgabe der in § 840 Absatz 1 der Zivilprozessordnung bezeichneten Erklärungen ist in den Pfändungsbeschluss aufzunehmen.

III ¹Die Beschlagnahme eines Grundstücks oder eines Rechts, das den Vorschriften über die Zwangsvollstreckung in das unbewegliche Vermögen unterliegt, wird durch ihre Eintragung im Grundbuch vollzogen. ²Die Vorschriften des Gesetzes über die Zwangsversteigerung und Zwangsverwaltung über den Umfang der Beschlagnahme bei der Zwangsversteigerung gelten entsprechend.

IV ¹Die Beschlagnahme eines Schiffes, eines Schiffsbauwerks oder eines Luftfahrzeugs wird nach Absatz 1 vollzogen. ²Ist der Gegenstand im Schiffs- oder Schiffsbauregister oder im Register für Pfandrechte an Luftfahrzeugen eingetragen, ist die Beschlagnahme in diesem Register einzutragen. ³Zu diesem Zweck können eintragungsfähige Schiffsbauwerke oder Luftfahrzeuge zur Eintragung angemeldet werden; die Vorschriften, die bei der Anmeldung durch eine Person, die auf Grund eines vollstreckbaren Titels eine Eintragung im Register verlangen kann, anzuwenden sind, gelten hierbei entsprechend.

1) Allgemeines: § 111c regelt die **Vollziehung der Beschlagnahme**. Die 1 Vorschrift bestimmt, in welcher Weise die Anordnung der Beschlagnahme des betreffenden Gegenstandes nach § 111b I zu vollstrecken ist. Der notwendigen Bestimmtheit der Beschlagnahmeanordnung entspr (11 zu § 111b) kann § 111c nur bestimmte Einziehungsgegenstände oder Gegenstände, die für ihre Unbrauchbarmachung sichergestellt werden sollen, betreffen (LG Dresden StV **04**, 531). Nur die förmliche Vollziehung der Beschlagnahmeanordnung kann die rechtlichen Wirkungen des § 111dI (1, 4 zu § 111d) auslösen; eine informelle Sicherstellung, die § 94 I für Beweismittel zulässt (dort 1), wäre wirkungslos (LG Flensburg StV **04**, 644 mit zust Anm Jung; KK-Spillecke 14 zu § 111b, 3 zu § 111d). Wegen der Gegenstände, die zugleich der Beweissicherung und der Sicherung der Einziehung oder Unbrauchbarmachung dienen, vgl 2 zu § 94.

Zuständig für die Vollziehung der Beschlagnahme und die Verwaltung der be- 2 schlagnahmten Gegenstände ist grundsätzlich die StA (§ 111k I S 1; § 111m I); funktionell zuständig sind die Rechtspfleger (§ 31 I Nr 1, 2 und 4 RPflG). Die Beschlagnahme beweglicher Sachen kann auch durch die Ermittlungspersonen der StA (§ 152 GVG) vollzogen werden (§ 111k I S 3).

2) Vollziehung der Beschlagnahme im Einzelnen: § 111c unterscheidet 3 für die Vollziehung der Beschlagnahme nach der Art des zu beschlagnahmenden Gegenstandes. Abgesehen von II S 3 entspricht die Vorschrift § 111c I–IV aF; die rechtlichen Wirkungen der Vollziehung und die Rückgabe beweglicher Sachen (bisher: § 111c V und VI aF) sind gesondert in § 111d geregelt.

A. **Bewegliche Sachen (I):** Die Beschlagnahme einer beweglichen Sache wird 4 dadurch vollzogen, dass sie in **Gewahrsam** genommen (I S 1) oder die Beschlagnahme durch **Siegel oder in anderer Weise** kenntlich gemacht wird (I S 2). Beide Formen stehen gleichberechtigt nebeneinander; beide haben das „insolvenzfeste" Veräußerungsverbot des § 111d I zur Folge (1 ff zu § 111d).

Köhler

§ 111c

5 Wird die bewegliche Sache in **Gewahrsam** genommen, ist sie grundsätzlich bei der für die Verwaltung zuständigen StA (§ 111m I S 1) zu verwahren. Die StA kann aber auch andere mit der Verwahrung beauftragen (§ 111m I S 2), insb ihre Ermittlungspersonen (§ 152 GVG) und einen Gerichtsvollzieher. Schriftstücke und sonstige kleinere Gegenstände werden zu den Akten genommen oder mit ihnen verbunden; andere Sachen als Asservate werden bei der Polizei oder der StA verwahrt. In Betracht kommt ferner die Aufbewahrung durch eine Privatperson oder -firma (§ 111m I S 3), die die Sache nur an die StA oder – einen entsprechenden Auftrag vorausgesetzt (§ 111m I S 2) – an ihre Ermittlungspersonen (§ 152 GVG) oder den Gerichtsvollzieher herausgeben darf. Bei Verwahrung durch Private empfiehlt sich, die Sache als beschlagnahmt kenntlich zu machen.

6 Die **Kenntlichmachung durch Siegel oder in anderer Weise** ist eine symbolische Besitzergreifung. Sie kommt in Betracht, wenn die Verwahrung bei der Behörde wegen Art oder Größe der Sache unmöglich oder aus anderen Gründen nicht angebracht ist, zB wenn sie besonders schwierig (gefährliche Stoffe) oder kostspielig (Warenlager) wäre. Die Belassung von Geld, Kostbarkeiten und Wertpapieren beim Betroffenen ist entspr § 808 II S 1 ZPO unzulässig. Die Beschlagnahme ist nur wirksam, wenn sie kenntlich gemacht wird. Zu diesem Zweck muss ein Dienstsiegel mit der Sache fest verbunden werden, idR durch Aufkleben der Siegelmarke (RG **61**, 101) oder durch Anbringung einer mit dem Siegel versehenen Plombe (Frankfurt MDR **73**, 1033). Auf andere Weise kann die Kenntlichmachung insbesondere durch Anbringung einer schriftlichen Pfandanzeige in der unmittelbaren Nähe des Beschlagnahmegegenstandes erfolgen (LR-Johann 7). Es gelten die Grundsätze zu § 808 ZPO (Spieker StraFo **02**, 44).

7 Eine **kombinierte Methode** ist in der Weise möglich, dass ein Teil der Sache, etwa einer komplizierten Maschine oder Anlage, in Gewahrsam genommen, die dadurch unbrauchbar gemachte Sache aber an Ort und Stelle belassen und nur als beschlagnahmt kenntlich gemacht wird (LR-Johann 7.

8 B. Bei **Forderungen und anderen Vermögensrechten (II)** wird die Beschlagnahme durch Pfändung bewirkt; der Verweis auf die ZPO bezieht sich nur auf den Vorgang der Pfändung als solchen (BGH NJW **07**, 3350, 3352) und damit auf die §§ 829–834, 846 ff, 857–859. Die Mitwirkung des Gerichtsvollziehers (§ 829 II S 2 ZPO) entfällt; an seine Stelle tritt die StA (§ 111k I S 1). Mit der Pfändung ist nach III S 3 die Aufforderung zur Drittschuldnererklärung nach § 840 I ZPO zu verbinden; sie wird von der StA erlassen (4 zu § 111f). Eine Überweisung der Forderung nach § 835 ZPO kommt nicht in Betracht (KMR-Mayer 14 zu § 111c aF). Auch § 853 ZPO ist entspr anzuwenden; allerdings bedarf die Hinterlegung der Zustimmung des zuständigen Gerichts (Düsseldorf NStZ **92**, 203). Zu den Besonderheiten bei der Pfändung von Wertpapieren, vgl Rönnau/Hohn wistra **02**, 447, 450. Die Pfändung von **Bitcoins** als „anderes Vermögensrecht" (4 zu § 111b) erfolgt ebenfalls nach II (Greier wistra **16**, 249, 253; Goger MMR **16**, 431, 433; vgl auch Rückert MMR **16**, 295, der allerdings eine Analogie zu I – Beschlagnahme beweglicher Sachen – vorschlägt (dagegen zutr Goger aaO). Zur Umsetzung der Beschlagnahme in diesen Fällen, Greier aaO 254 f.

9 C. **Grundstücke und grundstücksgleiche Rechte (III):** Die Beschlagnahme wird durch Eintragung eines Vermerks in das Grundbuch bewirkt; für Ersuchen auf Registereintragungen ist nach § 111k I S 1 die StA (funktionell: Rechtspfleger) zuständig (BT-Drucks 18/9525 S 82; Wolf Rpfleger **17**, 489, 490). Grundstücksgleiche Rechte sind nach § 864 I ZPO das Erbbaurecht, das Wohnungseigentum, das Bergwerkseigentum, landesrechtliche Jagd- und Fischereigerechtigkeiten, Kohleabbaugerechtigkeiten uä (vgl LR-Johann 16). Den Umfang der Beschlagnahme bestimmen die nach III S 2 entspr anzuwendenden §§ 20 II, 21 ZVG (Spieker StraFo **02**, 45).

10 D. Die Beschlagnahme von **Schiffen, Schiffsbauwerken und Luftfahrzeugen (IV)** wird wie bei beweglichen Sachen (oben 4 ff) vollzogen (IV S 1). Bei im Register eingetragenen Schiffen, Schiffsbauwerken und Luftfahrzeugen wird die

Ermittlungsmaßnahmen **§ 111d**

Beschlagnahme nach IV S 2 im Register eingetragen. Sind nicht eingetragen, obwohl sie eintragungsfähig sind, so können sie nach IV S 3 Hs 1 zur Eintragung der Beschlagnahme angemeldet werden; die Vorschrift erweitert § 66 SchRegO dahin, dass die Anmeldung auch den Zweck verfolgen darf, den Beschlagnahmevermerk einzutragen. Luftfahrzeuge können nach § 1 des Ges über Rechte an Luftfahrzeugen vom 26.2.1959 (BGBl I 57) mit einem Registerpfandrecht belastet werden, das in dem Register für Pfandrechte an Luftfahrzeugen eingetragen wird. IV S 3 sieht vor, dass dort auch die Beschlagnahme eingetragen werden kann. Die Eintragungsersuchen obliegen nach § 111k I S 1 der StA (oben 9).

3) Rechtsmittel: § 111f III. **11**

Wirkung der Vollziehung der Beschlagnahme; Rückgabe beweglicher Sachen

111d ^{I 1} **Die Vollziehung der Beschlagnahme eines Gegenstandes hat die Wirkung eines Veräußerungsverbotes im Sinne des § 136 des Bürgerlichen Gesetzbuchs.** ² **Die Wirkung der Beschlagnahme wird von der Eröffnung des Insolvenzverfahrens über das Vermögen des Betroffenen nicht berührt; Maßnahmen nach § 111c können in einem solchen Verfahren nicht angefochten werden.**

^{II 1} **Eine beschlagnahmte bewegliche Sache kann dem Betroffenen zurückgegeben werden, wenn er einen den Wert der Sache entsprechenden Geldbetrag beibringt.** ² **Der beigebrachte Betrag tritt an die Stelle der Sache.** ³ **Sie kann dem Betroffenen auch unter dem Vorbehalt jederzeitigen Widerrufs zur vorläufigen weiteren Benutzung bis zum Abschluss des Verfahrens überlassen werden; die Maßnahme kann davon abhängig gemacht werden, dass der Betroffene Sicherheit leistet oder bestimmte Auflagen erfüllt.**

1) Veräußerungsverbot (I S 1): Die Vollziehung der Beschlagnahme (§ 111c) **1** hat die Wirkung eines relativen Veräußerungsverbots zugunsten des Staates nach § 136 BGB. I S 1 entspricht § 111c V Hs 1 (vgl insofern BGH NJW **07**, 3350; Frankfurt ZIP **09**, 1582; BT-Drucks 16/700 S 17; Rönnau ZInsO **12**, 509, 516 mwN). Verfügungen, auch im Wege der Zwangsvollstreckung oder Arrestvollziehung (vgl § 135 I S 2 BGB), sind unwirksam, wenn sie den Rechtsübergang des Beschlagnahmegegenstandes auf den Staat nach § 75 I StGB vereiteln würden (Düsseldorf NJW **95**, 2239 mit einer Anm v. Danwitz NStZ **99**, 262; Ströber/Guckenbiehl Rpfleger **99**, 117 zum Verzicht auf die Rückgabe). Das Veräußerungsverbot umfasst auch andere Verfügungen, die zu einer Wertminderung führen könnten; dies ergibt sich unmittelbar aus §§ 135, 136 BGB (Palandt-Ellenberger 1 zu § 136 BGB; MüKoBGB-Armbrüster 1 zu § 136 BGB; Staudinger-Kohler 32 zu § 135 BGB mwN); auf Übernahme des § 111c V Hs 2 aF hat § 111d verzichtet (vgl BT-Drucks 18/11640 S 85). Nach §§ 135 II, 136 BGB gelten die Vorschriften zugunsten derjenigen entspr, die Rechte von einem Nichtberechtigten herleiten (§§ 892, 932ff, 1032, 1138, 1155, 1207 BGB). Das bedeutet, dass sich der gute Glaube auf das Nichtbestehen des Veräußerungsverbots beziehen muss (BGH NStZ **85**, 262).

Das Veräußerungsverbot **entsteht** mit der **Vollziehung** der Beschlagnahme, im **2** Fall des I also mit der Inverwahrungnahme oder Kenntlichmachung, im Fall des II mit der Grundbucheintragung, im Fall des III mit der Zustellung des Pfändungsbeschlusses, im Fall des IV mit der Sicherstellung nach I; die Registereintragung nach IV S 2, 3 ist keine Voraussetzung für das Veräußerungsverbot.

Für gemeingefährliche Gegenstände, die der **Einziehung aus Sicherungs-** **3** **gründen** unterliegen, besteht wegen ihrer Verkehrsunfähigkeit ein absolutes Veräußerungsverbot nach § 134 BGB (Bremen NJW **51**, 675; LR-Johann 8). Zum strafrechtlichen Schutz der Sicherstellung nach §§ 111b, 111c, vgl § 136 StGB.

2) Insolvenzfestigkeit (I S 2): Das Veräußerungsverbot wird von der Eröff- **4** nung des Insolvenzverfahrens nicht berührt; Vollziehungsmaßnahmen nach § 111c

Köhler 551

§ 111e

können nicht nach §§ 129 ff InsO angefochten werden. Eine vollzogene Beschlagnahmeanordnung ist damit insolvenzfest (4 vor § 111b). Dadurch wird verhindert, dass inkriminierte Gegenstände zur Befreiung privatrechtlicher Verbindlichkeiten des Täters, Teilnehmers oder Drittbegünstigten verwendet werden (BT-Drucks 18/9525 S 76; 18/11640 S 79; Bittmann/Tschakert ZInsO **17**, 2657, 2661; erg 4 vor § 111b).

5 **3) Rückgabe beschlagnahmter beweglicher Sachen (II):**

6 A. **Gegen Beibringung des Wertes (S 1):** Der Betroffene, der auch der Beschuldigte sein kann, muss einen Betrag in Geld oder geldwerten Papieren in Höhe des feststehenden oder vereinbarten Wertes der Sache der Behörde übergeben, die die Anordnung nach II trifft, und zwar Zug um Zug gegen Rückgabe der Sache (Rönnau/Hohn wistra **02**, 449). Der Geldbetrag wird anstelle der Sache der Beschlagnahmegegenstand (II S 2). Die Sache selbst ist nicht mehr beschlagnahmt; für sie entfällt das insolvenzfeste Veräußerungsverbot nach I. In Betracht kommt die Anwendung des S 1 vor allem bei verderblichen Sachen zur Abwendung einer Notveräußerung nach § 111p (dort 1).

7 B. Bei der **Überlassung zur Benutzung (S 2 Hs 1)** bleibt die Sache beschlagnahmt; das insolvenzfeste Veräußerungsverbot nach I bleibt bestehen. Nach II S 2 Hs 2 kann die Überlassung von Sicherheiten und der Erfüllung von Auflagen abhängig gemacht werden. Die Sicherheitsleistung wird idR dem Wert der Sache entsprechen, kann aber auch geringer bemessen werden. Zulässige Auflagen sind insbesondere Verfügungsverbote, Beseitigung von Einrichtungen oder Kennzeichnungen und die Unbrauchbarmachung. Sicherheitsleistung und Auflagen können verbunden werden. Je geringer die Sicherheitsleistung ist, desto stärker muss die Sicherung der Beschlagnahme durch Auflagen sein.

8 C. **Zugleich als Beweisgegenstände** beschlagnahmte Sachen dürfen nicht nach II S 1 zurückgegeben werden, nach S 3 allenfalls, wenn der zu sichernde Beweiswert dadurch nicht gefährdet wird (LR-Johann 13).

8a D. Die **Herausgabe an den Verletzten** nach § 111n II geht der Rückgabe an den Betroffenen vor (BT-Drucks 18/9525 S 76).

9 **4)** Die Wirkung der Vollziehung einer nach **früherem Recht** (vor dem 1.7.2017) angeordneten Beschlagnahmeanordnung richtet sich nach neuem Recht (vgl München MDR **18**, 364, zu einem nach altem Recht angeordneten und vollzogenen Arrest; erg 8 vor § 111b).

Vermögensarrest zur Sicherung der Wertersatzeinziehung

111e ^{I 1}Ist die Annahme begründet, dass die Voraussetzungen der Einziehung von Wertersatz vorliegen, so kann zur Sicherung der Vollstreckung der Vermögensarrest in das bewegliche und unbewegliche Vermögen des Betroffenen angeordnet werden. ²Liegen dringende Gründe für diese Annahme vor, so soll der Vermögensarrest angeordnet werden.

II Der Vermögensarrest kann auch zur Sicherung der Vollstreckung einer Geldstrafe und der voraussichtlichen Kosten des Strafverfahrens angeordnet werden, wenn gegen den Beschuldigten ein Urteil ergangen oder ein Strafbefehl erlassen worden ist.

III Zur Sicherung der Vollstreckungskosten ergeht kein Arrest.

IV ¹In der Anordnung ist der zu sichernde Anspruch unter Angabe des Geldbetrages zu bezeichnen. ²Zudem ist in der Anordnung ein Geldbetrag festzusetzen, durch dessen Hinterlegung der Betroffene die Vollziehung des Arrestes abwenden und die Aufhebung der Vollziehung des Arrestes verlangen kann; § 108 Absatz 1 der Zivilprozessordnung gilt entsprechend.

V Die §§ 102 bis 110 gelten entsprechend.

Ermittlungsmaßnahmen § 111e

VI Die Möglichkeit einer Anordnung nach § 324 der Abgabenordnung steht einer Anordnung nach Absatz 1 nicht entgegen.

Übersicht

	Rn
1) Abschließende Regelung	1, 2
2) Arrestvoraussetzungen (I)	3–11
3) Anordnungsermessen (I)	12
4) Geldstrafe, Kosten (II, III)	13
5) Arrestanordnung (IV)	14–16
6) Aufhebung der Arrestanordnung	17–19
7) Durchsuchung (V)	20
8) Verhältnis zu § 324 AO (VI)	21
9) Rechtsbehelfe	22
10) Fortwirkung eines Arrestes nach früherem Recht	23

1) Die Vorschrift enthält eine **abschließende Regelung** für die Sicherung von 1 Zahlungsansprüchen des Staates gegen den Beschuldigten aus §§ 73c, 74c StGB oder einen Drittbegünstigten aus §§ 73c iVm § 73b StGB (BGH NStZ-RR 06, 266; krit in Fällen der Vermögensabschöpfung bei Unternehmen, Hofmann wistra 08, 402). Sie betrifft ausschließlich die **Anordnung des Vermögensarrestes;** Vollziehung, Wirkung und Aufhebung sind in §§ 111f bis 111i gesondert geregelt (vgl zur Regelungssystematik, 2 vor § 111b). Ein **dinglicher Arrest** des durch die Straftat mutmaßlich Geschädigten steht der Anordnung grundsätzlich **nicht entgegen,** da der Vermögensarrest auch in diesen Fällen ausschließlich der Sicherung eines originären staatlichen Wertersatzeinziehungsanspruchs dient (vgl zur Eigenständigkeit des Anspruchs, BT-Drucks 18/11640 S 86). Das bloße Vorliegen eines (vorläufigen oder endgültigen) Titels eines Verletzten hat keinen Einfluss auf das Sicherungsbedürfnis für den strafprozessualen Vermögensarrest; anders kann dies uU zu beurteilen sein, wenn der Geschädigte den dinglichen Arrest bereits vollstreckt hat – etwa bei nur einem einzigen Verletzten (zB Steuerfiskus bei Steuerstraftaten).

Nach der Reform der strafrechtl Vermögensabschöpfung steht die Eröffnung des 2 **Insolvenzverfahrens** der Anordnung des Arrestes nicht entgegen; ein zuvor erlassener, aber noch nicht vollzogener Arrest kann aufrechterhalten werden. Nach § 89 InsO sind lediglich Vollstreckungsmaßnahmen unzulässig, nicht aber der ihnen zugrundeliegende Titel (erg 5 vor § 111b; anders noch mit Blick auf die „Rückgewinnungshilfe" – und damit nicht übertragbar –, Nürnberg NZWiSt **13**, 297 mwN).

2) Arrestvoraussetzungen (I): 3

A. I S 1 bestimmt die Voraussetzungen für die Anordnung des Vermögensarres- 4 tes zur Sicherung des **staatlichen Anspruchs auf Einziehung von Wertersatz** nach §§ 73c, 74c StGB. Die Anordnung ist gerechtfertigt, wenn bestimmte Tatsachen die **Annahme** (iS einer gewissen Wahrscheinlichkeit) **begründen,** dass die Voraussetzungen für eine (spätere) gerichtliche Anordnung der Wertersatzeinziehung vorhanden sind. Es genügt der **(einfache) Verdacht** iS des § 152 II einer rechtswidrigen (§§ 73, 73c, 74b, 74c StGB) oder vorsätzlichen (§ 74, 74c StGB) Tat (Stuttgart NJW **17**, 3731; vgl auch 6 zu § 111b). Die Frage des dringenden Verdachts ist nach I S 2 erst beim Anordnungsermessen von Belang (unten 12). Der Verdacht braucht sich nicht noch nicht gegen einen bestimmten Beschuldigten zu richten (erg 6 zu § 111b). Zum Vorliegen der Verfahrensvoraussetzungen, vgl 7 zu § 111b. Ob von einer Anordnung im Urteil wegen der Tat oder im selbständigen Verfahren (vgl §§ 76a StGB, 435, 436) auszugehen ist, spielt keine Rolle. Soweit der Einziehungsanspruch gemäß § 73e I StGB erloschen ist, kommt die Anordnung des Vermögensarrestes nach § 111e nicht in Frage; denn insoweit ist die Annahme für eine Einziehung des Wertersatzes nach § 73c StGB unbegründet. Zum Umfang der Sicherungsmaßnahmen bei Gesamtschuld, vgl Köhler/Burkhard NStZ **17**, 665, 669 Fn 36; Barreto da Rosa NJW **09**, 1702 mwN.

B. Für die Anordnung braucht es – als Ausprägung des Verhältnismäßigkeits- 5 grundsatzes – ein **Sicherungsbedürfnis.** Es ergibt sich unmittelbar aus § 111e I

§ 111e Erstes Buch. 8. Abschnitt

S 1, wonach der Vermögensarrest „zur Sicherung der Vollstreckung" der Wertersatzeinziehung angeordnet wird (BT-Drucks 18/9525 S 76). Trotz der Streichung des Verweises auf § 917 ZPO (vgl insofern § 111d II aF; zur Kritik daran, vgl Greeve ZWH **17**, 277, 282; Schilling/Corsten/Hübner StraFo **17**, 305, 312) kann die bisherige Rspr zum „Arrestgrund" grundsätzlich für die Frage des Sicherungsbedürfnisses herangezogen werden (BT-Drucks 18/9525 S 49, 76 f). Das gilt insbesondere für die schon im früheren Recht vorgenommene, nunmehr in § 111e I S 1 und 2 normierte Differenzierung zwischen einfachen und dringenden Gründen (zu dringenden Gründen, vgl Celle NStZ-RR **08**, 203; Saarbrücken ZInsO **09**, 1704; zu einfachen Gründen, vgl Hamburg StV **09**, 122).

6 Das Sicherungsbedürfnis ist eine **eigenständige Arrestvoraussetzung**. Allein der Verdacht einer Straftat, durch die der Täter sich oder einem anderen einen rechtswidrigen Vermögensvorteil verschafft hat, begründet daher nicht stets ohne weiteres ein Sicherungsbedürfnis (Schleswig PStR **19**, 206; zum früheren Recht Köln NStZ **11**, 174, Hamburg StV **09**, 122, 124; Nürnberg OLGSt StPO § 111d Nr. 4, NStZ-RR **14**, 85 (L); aA Stuttgart wistra **07**, 276, 279; NJW **08**, 1605, 1607; Oldenburg StV **08**, 241; StraFo **09**, 283; Zweibrücken StraFo **09**, 462). Es müssen vielmehr konkrete Anhaltspunkte vorliegen, die besorgen lassen, dass ohne die Anordnung und Vollziehung des Arrestes der staatliche Zahlungsanspruch in Gestalt der Wertersatzeinziehung ernstlich gefährdet ist. Dies ist der Fall, wenn aufgrund einer Gesamtschau aller Umstände des Einzelfalls eine Verschlechterung der Vermögenslage oder eine wesentliche Erschwerung des Zugriffs auf das Vermögen des Betroffenen droht (BGH NJW **14**, 3258: auch Gewicht der Tat kann berücksichtigt werden; Nürnberg aaO). Es genügt daher, dass aufgrund tatsächlicher Anhaltspunkte zu befürchten ist, dass der Einziehungsadressat seine Vermögensverhältnisse verschleiern oder Vermögenswerte verstecken oder verschleudern wird (Bamberg ZWH **18**, 341; Stuttgart NJW **17**, 3731, m Anm Gubitz/Moltenkin). Die Anhaltspunkte können sich aus der Person des Beschuldigten, seinen Lebensumständen, seiner Lebensführung, seinem den Ermittlungen vorund nachgelagerten Verhalten sowie der Art und Weise der Tatbegehung ergeben (Schleswig aaO; Hamburg NZWiSt **19**, 106, 110 mAnm Stuckmeyer/Hansen; Bamberg aaO; zum früheren Recht BGH aaO; Köln aaO; Nürnberg aaO; Braunschweig wistra **14**, 327; SK-Rogall 13 zu § 111d II aF; Ordner wistra **16**, 220, 221; zu eng daher Schleswig wistra **19**, 254: keine Berücksichtigung von „Maßnahmen der Tatbegehung").

7 Bei **mehreren Tatbeteiligten** ist ein Sicherungsbedürfnis ist ohne weiteres anzunehmen, wenn der personelle Hintergrund der Straftaten nicht vollständig aufgehellt werden konnte und deshalb zu besorgen ist, dass der Einziehungsadressat sein noch vorhandenes Vermögen mit der Unterstützung noch nicht gefasster oder unbekannt gebliebener Mittäter dem Zugriff entzieht (Bamberg ZWH **13**, 290). Die Gefahr ist auch ist bei fehlender Gegenseitigkeit ohne weiteres gegeben, wenn die zu sichernde Geldforderung im **Ausland** vollstreckt werden müsste, gleichgültig, ob das überhaupt zulässig wäre. Das Sicherungsbedürfnis ist daher zB gegeben, wenn die Besorgnis besteht, der Beschuldigte werde sein Vermögen ins Ausland verbringen (Köln wistra **19**, 431, 432; Hamburg StV **09**, 122). **Schlechte Vermögensverhältnisse** allein waren nach der Rspr zum früheren Recht nicht ausreichend (Frankfurt StV **94**, 234; LG Kiel wistra **01**, 319). Sie stellen aber ein gewichtiges Indiz dar, jedenfalls dann, wenn aufgrund konkreter Anhaltspunkte eine weitere Verschlechterung zu besorgen ist (Bamberg ZWH **18**, 341; Nürnberg wistra **19**, 297, 299 [bilanzielle Überschuldung] mit Anm Leppich). Dies gilt umso mehr, als der Gesetzgeber dem (Vermögens-)Arrest – insb mit der Streichung des Verweises auf § 917 ZPO – einen eigenständigen strafprozessualen Charakter verliehen hat (BT-Drucks 18/9525 S 75), der dem hohen kriminalpolitischen Stellenwert der strafrechtlichen Vermögensabschöpfung Rechnung tragen soll (BT-Drucks 18/9525 S 49).

8 C. Die Anordnung des Vermögensarrestes unterliegt dem **Verhältnismäßigkeitsgrundsatz** (BVerfG StV **04**, 409; Stuttgart wistra **07**, 276, 279). Einer besonders sorgfältigen Prüfung und Darlegung der maßgeblichen rechtlichen und tatsächlichen Erwägungen bedarf es, wenn dadurch nahezu das gesamte Vermögen der Verfügungsbefugnis des Betroffenen entzogen wird (BVerfG JR **15**, 540 mit Anm Lohse JR **15**, 517; NStZ **06**, 639; vgl Taschke StV **07**, 498 zu möglichen Folgen für ein Unternehmen). In die Abwägung ist auch das staatliche Interesse an der Abschöpfung inkriminierten Vermögens einzubeziehen (BVerfG aaO 542 f). Für die (strafähnliche) Einziehung des Wertes von Tatprodukten, Tatmitteln und Tatobjekten (§ 74c StGB) ist der Verhältnismäßigkeitsgrundsatz in § 74f StGB ausdrücklich normiert (vgl 9 zu § 111b). Für die quasi-bereicherungsrechtliche Einziehung des Wertes des Tatertrages (§73c StGB) gibt es nach der Streichung des § 73c StGB aF keine entsprechende Vorschrift im materiellen Recht (BGH NStZ-RR **19**, 22). Unbillige Härten werden gemäß § 459g V (dort 12 f) im Vollstreckungsverfahren berücksichtigt (zu den Konsequenzen für die vorläufige Sicherstellung, vgl unten 10).

In **zeitlicher Hinsicht** ist der Vermögensarrest am Übermaßverbot zu messen 9 (erg 8 zu § 111b). Die Begründungsanforderungen steigen deshalb mit der Dauer der Nutzungs- und Verfügungsbeschränkung (BVerfG JR **15**, 540, 542 f). Richtet sich die Maßnahme gegen nicht an der Straftat beteiligte, unwiderlegt gutgläubige Dritte, deren gesamtes oder nahezu gesamtes Vermögen betroffen wäre, verlangt der Grundsatz der Verhältnismäßigkeit eine besonders sorgfältige Prüfung der Qualität des Verdachtsgrades sowie eine Abwägung des (fortdauernden) Sicherstellungsinteresses des Staates mit der Eigentumsposition des Drittbetroffenen (Rostock wistra **13**, 361: Arrestanordnung gegen Ehefrau; vgl auch BVerfG NStZ **06**, 639). Zu berücksichtigen sind auch erhebliche Verfahrensverzögerungen, die nicht vom Betroffenen zu vertreten sind (Rostock StraFo **18**, 350).

Etwaige **unbillige Härten** und Fragen der **Entreicherung** des Täters, Teil- 10 nehmers und des bösgläubigen Drittbegünstigten bleiben infolge der Streichung des § 73c StGB aF bei der Anordnung der **Einziehung des Wertes von Taterträgen** (§ 73c StGB) außer Betracht (BGH NStZ-RR **19**, 22); lediglich für eine etwaige Entreicherung des gutgläubigen Drittbegünstigten sieht § 73e II StGB davon eine Ausnahme vor. Der quasi-bereicherungsrechtlichen Rechtsnatur der Vermögensabschöpfung entsprechend sind diese Fragen gemäß § 459g V S 1 – bis auf die Ausnahme des § 73e II StGB – vollständig in das Strafvollstreckungsverfahren verlagert (BT-Drucks 18/9525 S 57, Meißner/Schütrumpf 147; Köhler/Burkhard NStZ **17**, 665, 674 f); eine analoge Anwendung des § 459g V im Ermittlungs- oder Erkenntnisverfahren kommt nicht in Betracht (BGH NStZ-RR **18**, 241; wistra **18**, 427). Sie bleiben daher bei der Anordnung des Vermögensarrestes außer Betracht; die Formulierung „zur Sicherung der Vollstreckung" stellt lediglich die Notwendigkeit eines Sicherungsbedürfnisses klar (erg 9 zu § 111b).

Auch **geringfügige Beträge** können mit einem Vermögensarrest gesichert 11 werden; einen Ausschluss wie in § 111d I S 3 aF gibt es nicht mehr. Steht der Verwaltungsaufwand, den die Erwirkung und Vollziehung des Vermögensarrestes erfordern würde, allerdings in keinem angemessenen Verhältnis zur Bedeutung der Sache wird die StA selbst bei dringenden Gründen iSd I S 2 von der Beantragung den Erlasses absehen (LR-Johann 40 [kein Sicherungsbedürfnis]). Bei zu sichernden Forderungen von bis zu 125 Euro wird ein solches Missverhältnis idR zu bejahen sein. Bei Beträgen bis zu 30 Euro kann die StA im Übrigen nach § 421 I Nr 1, III wegen Geringwertigkeit des Erlangten vollständig von der Wertersatzeinziehung absehen (BT-Drucks 19/9525 S 77); vgl zur Wertgrenze 4 zu § 421).

3) Anordnungsermessen (I): Nach I S 1 steht die Anordnung im **freien Er-** 12 **messen** („kann"). Im Rahmen der Ermessensentscheidung sind die hohe kriminalpolitische Bedeutung der strafrechtlichen Vermögensabschöpfung, der Verdachtsgrad, die Schadenshöhe und der die Strafverfolgungsbehörden treffende Kosten- und sonstige Aufwand und die Schwere des Eingriffs in das Eigentumsgrundrecht des Betroffenen (insbesondere nach Höhe und voraussichtlicher Dauer des Arrests) zu berücksichtigen. Trotz der Streichung des § 73 I S 2 StGB aF und

§ 111e

der damit verbundenen Abkehr vom Entschädigungskonzept der Rückgewinnungshilfe können auch Belange des Opferschutzes einbezogen werden, da auch das reformierte Recht der Vermögensabschöpfung mit den §§ 459h ff ein Opferentschädigungsmodell (vgl dazu 1 f zu § 459h) vorsieht (zum früheren Recht, vgl. BVerfG StraFo **05**, 338, 339; Karlsruhe aaO; Saarbrücken ZInsO **09**, 1704; vgl auch KK-Spillecke 7 zu § 111e). Bei **dringenden Gründen** „soll" der Vermögensarrest angeordnet werden (I S 2); die Anordnung ist dann der gesetzliche **Regelfall** (siehe aber auch oben 9). Von der Frage der vorläufigen Sicherstellung ist die Frage zu trennen, ob die StA im Einzelfall überhaupt zum Instrument der Vermögensabschöpfung greifen will oder nach § 421 III davon absieht (15 zu § 421). Zur Sicherung eines den einen Tatbeteiligten gegen den anderen erwachsenen (Ausgleichs-)Anspruchs nach § 426 BGB (vgl. zur gesamtschuldnerischen Haftung BGH NStZ-RR **18**, 178) kommt die Anordnung eines Vermögensarrestes nicht in Betracht (Karlsruhe NJW **05**, 1815; vgl auch Barreto da Rosa NJW **09**, 1706).

13 **4) Geldstrafe und Kosten (II, III):** Der Vermögensarrest kann auch zur Sicherung einer **Geldstrafe** angeordnet werden (II). Dies trägt dem kriminalpolitischen Interesse an der Vollstreckung von Geldstrafen (§§ 459 ff) Rechnung (vgl LR-Johann 34). Die Sicherung richtet sich nach der Höhe der erkannten Strafe. Wegen geringfügiger Geldstrafen, oben 9. Der Vermögensarrest ist nach II zudem zur Sicherung der von dem Angeklagten zu tragenden **Verfahrenskosten** iS des § 464c I S 1 (Gebühren und Auslagen der Staatskasse) zulässig (vgl Frankfurt StV **05**, 541). Der Arrest sichert über die zZ des Urteilserlasses angefallenen Verfahrenskosten hinaus auch die weiteren Kosten, die durch schon eingelegte oder zu erwartende Rechtsmittel voraussichtlich entstehen werden. Vorausgesetzt wird in beiden Fällen, dass gegen den Betroffenen bereits ein Urteil ergangen oder ein Strafbefehl erlassen worden ist (BT-Drucks 18/9525 S 77). Zur Sicherung der Vollstreckungskosten darf der Vermögensarrest nicht angeordnet werden (III).

14 **5) Arrestanordnung (IV):** Der Vermögensarrest kann ab der Einleitung des Ermittlungsverfahrens angeordnet werden; die Anordnung ist aber auch nach rechtskräftigem Abschluss des Verfahrens zulässig (vgl § 76 StGB). Er wird auf Antrag der StA – nach Erhebung der öffentlichen Klage auch von Amts wegen – von dem nach § 111j I S 1 zuständigen Gericht angeordnet. Die Zuständigkeit richtet sich nicht nach den Vorschriften der ZPO, sondern nach der StPO (BGH wistra **05**, 35). Das Gericht entscheidet durch Beschluss, der nach § 34 mit Gründen zu versehen ist. Wenn die StA bei Gefahr im Verzug selbst zu der Anordnung befugt ist (§ 111j I S 2), legt sie deren Notwendigkeit in den Akten nieder. Die vorherige Anhörung des Betroffenen unterbleibt (§ 33 IV S 1; BVerfG NJW **06**, 1048; erg 28 zu § 147).

15 **Inhaltlich** muss die Arrestanordnung den zu sichernden Anspruch unter Bezifferung des Geldbetrages – der geschätzt werden kann (vgl § 73d II StGB) – bezeichnen (IV S 1). Der Arrestanspruch muss mit konkreten tatsächlichen Anhaltspunkten belegt werden. Soll die Einziehung des Wertes des Tatertrages (§ 73c StGB) gesichert werden, müssen insbesondere die Tatsachen aufgeführt werden, die den Verdacht für die Erwerbstat begründen (Hellerbrand wistra **03**, 202; krit zur Praxis Kempf Müller-FS 334, 339). Nach IV S 2 ist außerdem der Geldbetrag festzusetzen, durch dessen Hinterlegung die Vollziehung des Arrests gehemmt und der Betroffene zu dem Antrag auf Aufhebung des Arrests berechtigt wird; die Angabe dieser Lösungssumme kann aber nachgeholt werden (LR-Johann 47). Da die Anordnung des Vermögensarrestes ein Sicherungsbedürfnis voraussetzt (oben 6), sind auch dafür tatsächliche Anhaltspunkte anzugeben.

16 **Bekanntgemacht** wird die Arrestanordnung nach ihrer Vollziehung dem Betroffenen, also dem Beschuldigten oder dem Dritten, gegen den sie sich richtet. Mitteilungspflichten gegenüber den Verletzten der Tat im materiellen Sinn (vgl dazu 4 vor § 111b), die dem Arrestanspruch zugrundliegt, bestimmt § 111l.

6) Aufhebung der Arrestanordnung: Der Vermögensarrest ist grundsätzlich bis zum rechtskräftigen Abschluss des Verfahrens wirksam, in dem er ergeht (BGH 29, 13, 15). Mit Rechtskraft der Wertersatzeinziehung wandelt sich das in Vollziehung des Vermögensarrestes entstandene Sicherungspfandrecht in ein Vollstreckungspfandrecht (MüKoStPO-Bittmann 15 zu § 111d aF; LR-Johann 42 zu § 111j; HK-Gercke 18 zu § 111d aF; **aA** München wistra **04,** 479, erst mit Einleitung der Vollstreckung). Der Vermögensarrest wird dann ohne weiteres gegenstandslos; eine Aufhebung ist nicht erforderlich (Stuttgart NStZ **05,** 401; KG NStZ-RR **10,** 180; erg 10 zu § 111j; **aA** LR-Johann 41 zu § 111j; KK-Spillecke 14 zu § 111e). Insofern ist der Vermögensarrest mit dem Haftbefehl vergleichbar (vgl dazu 15 f zu § 120). 17

Die **Anordnung muss** unverzüglich **aufgehoben** werden, wenn die Voraussetzungen des § 111e I entfallen oder der weitere Fortbestand des Vermögensarrests unverhältnismäßig ist (BVerfG StraFo **05,** 338, 340; Köln wistra **14,** 118; Düsseldorf NStZ-RR **02,** 173; Frankfurt NStZ-RR **96,** 255; StV **08,** 624; Köln StV **04,** 413; Saarbrücken ZInsO **09,** 1704 vgl zu Verfahrensverzögerungen auch Köln StV **15,** 418; Koblenz NStZ-RR **14,** 114). Wird in der Hauptsache die Wertersatzeinziehung aus materiellen Gründen (zB Freispruch oder Ausschluss nach § 73e StGB) oder einem prozessualen Absehen nach § 421 StPO nicht angeordnet, ist der Vermögensarrest mithin aufzuheben, weil die Annahme einer durch vorläufige Maßnahmen zu sichernden Wertersatzeinziehung nicht mehr begründet ist (erg 11 zu § 111j; KK-Spillecke 15 zu § 111e). Dies gilt auch, wenn der staatliche Wertersatzeinziehungsanspruch aus § 73c StGB durch Zahlung des geschuldeten Geldbetrages erloschen ist (zum Entstehenszeitpunkt des Anspruchs, vgl. 11 Vor § 421; 9 zu § 459h; zu den Wirkungen eines wirksamen Verzichts, vgl 6 ff Vor § 421). Mit der Aufhebung sind zugleich auch die zu seiner Vollziehung getroffenen Maßnahmen (§ 111f) aufzuheben, weil es dann an einer Vollziehungsgrundlage fehlt (Saarbrücken StraFo **16,** 377). Zur Ähnlichkeit mit dem Haftbefehl, vgl 8 f zu § 120. Der Verletzte kann nur die Aufhebung nicht anfechten, da er nicht am Verfahren beteiligt ist (Oldenburg StraFO **11,** 224 mwN). § 945 ZPO ist nicht entspr anwendbar (**aM** Borggräfe/Schütt StraFo **06,** 139; krit Kempf Müller-FS 336). 18

Zuständig für die Aufhebung ist das Gericht, das den Arrest angeordnet, zu bestätigen oder bestätigt hat (§ 111j I S 1, II S 1), das Berufungsgericht nach der Aktenvorlage nach § 321 S 2 (Stuttgart NStZ-RR **03,** 142; erg 19 zu § 111a), statt des Revisionsgerichts das letzte Tatgericht, nicht das Beschwerdegericht bei einer Beschwerde gegen die Anordnung des Arrestes (Düsseldorf MDR **91,** 893). Nach rechtskräftiger Entscheidung ist das Gericht erster Instanz zuständig. Vor der Entscheidung ist die StA zu hören (§ 33 II). 19

7) Durchsuchung (V): Nach § 111e V gelten §§ 102–110 entspr. Zur Vollziehung des Vermögensarrestes ist daher die Durchsuchung zulässig (5 vor § 111b). Die Durchsuchungsanordnung (§ 105) kann mit der Anordnung des Vermögensarrestes verbunden werden. 20

8) Verhältnis zu § 324 AO (VI): Der Vermögensarrest nach § 111e I und der dingliche Arrest nach § 324 AO stehen gleichrangig nebeneinander. Die dem **Steuerfiskus** nach § 324 AO eingeräumte Möglichkeit, selbst einen Arrest in das Vermögen des Steuerschuldners anzuordnen, steht nach VI der Anordnung eines Vermögensarrestes gegen diesen als Beschuldigten einer Steuerstraftat nicht entgegen. Die Möglichkeit des Erlasses eines Arrestes nach § 324 AO bleibt bei der Prüfung des Sicherungsbedürfnisses der Vermögensarrest außer Betracht (Stuttgart NJW **17,** 3731; Hamburg NZWiSt **19,** 106, 110; LG Hamburg wistra **18,** 446; Ohlmeier/Struckmeyer wistra **18,** 419). Die im früheren Recht bestehenden Unsicherheiten (vgl hierzu 60. Aufl 13 zu § 111b aF, 4 zu § 111d aF) hat die Reform der strafrechtlichen Vermögensabschöpfung beseitigt (BT-Drucks 18/9525 S 78). Hat der Steuerfiskus allerdings einen Arrest nach § 324 AO angeordnet und tatsächlich vollzogen, wird das Sicherungsbedürfnis für einen Vermögensarrest zur 21

§ 111f

Sicherung der Einziehung des Wertes der verkürzten Steuern idR zu verneinen sein. Sind ausschließlich Steuerrstraftaten Gegenstand des Ermittlungsverfahrens, sollte der Steuerfiskus mit Blick auf § 111i I möglichst die Sicherung nach § 324 AO wählen (erg 4 zu § 111h; 1 zu § 111i).

22 **9) Rechtsbehelfe:** Zur Anordnung des Vermögensarrestes, 12 zu § 111j und 9 zu § 310; zur Vollziehung, 15 zu § 111k.

23 **10)** Zur **Fortwirkung** eines nach **früherem Recht** (vor dem 1.7.2017) angeordneten Arrestes (§§ 111b I, 111d aF), vgl Hamm StraFo **18**, 63; München MDR **18**, 364; erg 8 vor § 111b.

Vollziehung des Vermögensarrestes

111f ^{I 1}Der Vermögensarrest in eine bewegliche Sache, in eine Forderung oder ein anderes Vermögensrecht, das nicht der Zwangsvollstreckung in das unbewegliche Vermögen unterliegt, wird durch Pfändung vollzogen. ²Die §§ 928 und 930 der Zivilprozessordnung gelten sinngemäß. ³§ 111c Absatz 2 Satz 3 gilt entsprechend.

II 1 Der Vermögensarrest in ein Grundstück oder ein Recht, das den Vorschriften über die Zwangsvollstreckung in das unbewegliche Vermögen unterliegt, wird durch Eintragung einer Sicherungshypothek bewirkt. ²Die §§ 928 und 932 der Zivilprozessordnung gelten sinngemäß.

III 1 Der Vermögensarrest in ein Schiff, ein Schiffsbauwerk oder ein Luftfahrzeug wird nach Absatz 1 bewirkt. ²Ist der Gegenstand im Schiffs- oder Schiffsbauregister oder im Register für Pfandrechte an Luftfahrzeugen eingetragen, gelten die §§ 928 und 931 der Zivilprozessordnung sinngemäß.

IV In den Fällen der Absätze 2 und 3 Satz 2 wird auch das Veräußerungsverbot nach § 111h Absatz 1 Satz 1 in Verbindung mit § 136 des Bürgerlichen Gesetzbuchs eingetragen.

1 **1)** § 111f regelt die **Vollziehung des Vermögensarrests.** Die Vorschrift hat § 111d II aF ersetzt (BT-Drucks 18/9525 S 78). Sie entspricht weitgehend dem bisherigen Recht; lediglich IV enthält mit Blick auf die nun geregelte Wirkung der Vollziehung (§ 111h) eine ergänzende Regelung (BT-Drucks 18/11640 S 85). Die Vorschriften über die Vollziehung des zivilprozessualen dinglichen Arrests (§§ 928, 930–932 ZPO) gelten sinngemäß (I 2, II 2, III S 2).

2 **2)** In das **bewegliche Vermögen** wird der Vermögensarrest durch **Pfändung** bewirkt (I S 1). Nach I S 2 sind über die sinngemäße Anwendung der §§ 928, 930 f die §§ 808 ff, 811, 850 ff ZPO – aber auch die Vermutung des § 1006 BGB (Dresden StraFo **15**, 245) – zu beachten (Nürnberg NZWiSt **13**, 297, 300; krit zum Pfändungsschutz Kempf Müller-FS 336). Dadurch entsteht für den Staat ein (Arrest-)Pfändungsrecht (Schleswig SchlHA **08**, 231, 232 [D/D]; AG Saarbrücken wistra **00**, 194; MüKoStPO-Bittmann 15 ff zu § 111d aF). Gepfändetes Geld wird hinterlegt (§ 930 II ZPO). Die Aufforderung zur Abgabe der Drittschuldnererklärung (§ 840 ZPO) ist in den Pfändungsbeschluss aufzunehmen (III 3 iVm § 111c II S 3).

3 Sog **Bitcoins** können als „anderes Vermögensrecht" aufgrund eines Vermögensarrestes (§ 111e) nach I gepfändet werden (so schon bisher, Greier wistra **16**, 249, 256 f – auch zur praktischen Umsetzung; erg 4 zu § 111b, 8 zu § 111c).

4 **3)** Auch **Schiffe und Schiffsbauwerke** werden **gepfändet,** ebenso **Luftfahrzeuge** (III iVm I). Der Anspruch auf Herausgabe einer freigewordenen Sicherheit unterliegt ebenfalls der Pfändung (5 zu § 123; Frankfurt NJW **05**, 1727, 1735 mit krit Anm Herzog/Hoch/Warius StV **07**, 542: schon vor deren Freigabe; vgl dazu auch BGHZ **95**, 109, 115; Frankfurt und München StV **00**, 509 mit Anm Sättele; eingehend Schlothauer DAV-FS 1039, der – S 1047 – im Blick auf § 116 IV Nr 3

eine Pfändung vor Freiwerden als *ultima ratio* einstuft). Befindet sich das Pfändungsobjekt bereits im Besitz der StA, ist nicht der Herausgabeanspruch des Beschuldigten entspr § 847 I ZPO, sondern der Gegenstand selbst zu pfänden (Frankfurt NStZ-RR **96**, 255, 256; **05**, 144).

4) In Grundstücke und grundstücksgleiche Rechte (9 zu § 111c) wird die 5 Arrestvollziehung durch Eintragung einer **Sicherungshypothek** in das Grundbuch für die zu sichernde Geldforderung bewirkt (II iVm §§ 928, 932 I ZPO).

5) IV bestimmt die **Eintragung des relativen Veräußerungsverbots**, das in 6 Folge der Vollziehung des Vermögensarrests entsteht (§ 111h I S 1 iVm § 136 BGB). Die Vorschrift hindert den gutgläubigen Rechtserwerb durch Dritte (BT-Drucks 19/11640 S 85).

6) Die Zuständigkeit für die Arrestvollziehung ist in § 111k I S 1 geregelt 7 (dort 1).

7) Ein nach **früherem Recht** (vor dem 1.7.2017) angeordneter Arrest (§§ 111b 8 I, 111d aF) wirkt fort; die in Vollziehung des Arrestes begründeten Sicherungsrechte bleiben unverändert wirksam (München MDR **18**, 364; erg 8 vor § 111b).

Aufhebung der Vollziehung des Vermögensarrestes

111g [I] Hinterlegt der Betroffene den nach § 111e Absatz 4 festgesetzten Geldbetrag, wird die Vollziehungsmaßnahme aufgehoben.

[II] Ist der Arrest wegen einer Geldstrafe oder der voraussichtlich entstehenden Kosten des Strafverfahrens angeordnet worden, so ist eine Vollziehungsmaßnahme auf Antrag des Beschuldigten aufzuheben, soweit der Beschuldigte den Pfandgegenstand zur Aufbringung der Kosten seiner Verteidigung, seines Unterhalts oder des Unterhalts seiner Familie benötigt.

Die Vorschrift regelt die **Aufhebung der Vollziehung** des Vermögensarrestes, 1 nicht des Vermögensarrestes selbst. Sie kommt in zwei Fällen in Betracht (BT-Drucks 18/9525 S 78).

Nach I führt die **Hinterlegung der Lösungssumme** (§ 111e IV S 2; dort 13) 2 zur Aufhebung der Arrestvollziehung (Stuttgart wistra **07**, 276, 279), nicht des Vermögensarrests selbst (BT-Drucks 18/11640 S 85). Dem stehen nach § 111e IV S 2 Hs 2 iVm § 108 I ZPO die Beibringung einer selbstschuldnerischen Bankbürgschaft und die Hinterlegung von Wertpapieren gleich (KK-Spillecke 2; LR-Johann 3).

Nach II zwingt die **Notlage des Beschuldigten** zur Aufhebung der Vollziehung 3 eines Vermögensarrestes, der nur wegen einer **Geldstrafe** oder wegen der **Verfahrenskosten** angeordnet worden ist. Bei mehreren Vollziehungsmaßnahmen kann das Gericht bestimmen, welche von ihnen aufgehoben oder eingeschränkt wird (LR-Johann 39 zu § 111d aF). Es ist auch zulässig, die Maßnahme schrittweise unter Berücksichtigung des Anfallens der nach II bevorzugten Leistungen einzuschränken, und zwar entweder von vornherein auf den 1. Antrag hin oder auf wiederholte Anträge des Beschuldigten. Ist von vornherein ersichtlich, dass die Voraussetzungen des II vorliegen, so darf der Arrest nicht angeordnet werden.

Kosten der Verteidigung iS II sind die Gebühren und Auslagen des Verteidi- 4 gers, auch die nach § 3a RVG vereinbarten Gebühren (vgl Bach StraFo **05**, 485, 486 zu § 4 RVG aF), und die Aufwendungen für Reisen zum Verteidiger oder Gericht. Der Beschuldigte braucht sich nicht auf die Höchstbeträge verweisen zu lassen, die bei der Festsetzung der notwendigen Auslagen nach § 464a gelten (LR-Johann 5, aM AG Hanau NJW **74**, 1662). Übermäßig hohe Verteidigungskosten werden jedoch nicht anerkannt (KK-Spillecke 4; Bach aaO).

Kosten des Unterhalts sind die notwendigen Kosten. Dem Beschuldigten 5 muss das belassen werden, was er auch bei Vollstreckung des Urteils nicht

§ 111h

herausgeben müsste, insbesondere die pfändungsfreien Beträge nach §§ 850 ff ZPO (LR-Johann 6).

6   Die Aufhebung nach II setzt einen **Antrag** des Beschuldigten voraus (KK-Spillecke 14 zu § 111d aF), in dem die Voraussetzungen der Vorschrift darzulegen und glaubhaft zu machen sind (Karlsruhe StraFo **02**, 84; Stuttgart Justiz **02**, 21; erg 5 ff zu § 26; 6 zu § 45).

Wirkung der Vollziehung des Vermögensarrestes

111h I 1 Die Vollziehung des Vermögensarrestes in einen Gegenstand hat die Wirkung eines Veräußerungsverbots im Sinne des § 136 des Bürgerlichen Gesetzbuchs. ²Für das Sicherungsrecht, das in Vollziehung des Vermögensarrestes entsteht, gilt § 80 Absatz 2 Satz 2 der Insolvenzordnung.

II 1 Zwangsvollstreckungen in Gegenstände, die im Wege der Arrestvollziehung gepfändet worden sind, sind während der Dauer der Arrestvollziehung nicht zulässig. ²Die Vollziehung einer Arrestanordnung nach § 324 der Abgabenordnung bleibt unberührt, soweit der Arrestanspruch aus der Straftat erwachsen ist.

1   **1) Allgemeines:** I beschreibt die **Wirkungen der Vollziehung** des Vermögensarrestes. II enthält ein **Zwangsvollstreckungsverbot** hinsichtlich der in Vollziehung des Vermögensarrests gesicherten Gegenstände.

2   **2) Wirkungen der Vollziehung (I):** Nach I S 1 führen Vollziehungsmaßnahmen aufgrund eines Vermögensarrestes zu einem relativen **Veräußerungsverbot** (§ 136 BGB). Diese Verfügungsbeschränkung verhindert, dass der Arrestschuldner an dem von der StA gepfändeten Vermögensgegenstand durch Rechtsgeschäft ein (nachrangiges) Pfandrecht zugunsten eines Dritten begründen kann (BT-Drucks 18/11640 S 85). Das Veräußerungsverbot umfasst auch andere Verfügungen, die zu einer Wertminderung führen könnten (erg 1 zu § 111d).

3   I S 2 enthält einen deklaratorischen Hinweis auf § 80 II S 2 InsO. Das in Vollziehung des Vermögensarrestes entstandene Sicherungsrecht hat mithin auch im Fall der Eröffnung des **Insolvenzverfahrens** über das Vermögen des betroffenen Arrestschuldners (Beschuldigter oder Drittbegünstigter) Bestand, soweit es nicht von der Rückschlagsperre (§ 88 InsO) oder der Insolvenzanfechtung (§§ 129 ff InsO) erfasst wird. Das staatliche Sicherungspfandrecht ist also insolvenzfest; der Staat erlangt gem §§ 49, 50 InsO ein auch nach § 88 InsO wirksames Absonderungsrecht (BT-Drucks 18/9525 S 78; Bittmann/Tschakert ZInsO **17**, 2657, 2663; so schon zum bisherigen Recht, Hamm NStZ **14**, 344, 346; KG wistra **13**, 445; zum Ganzen, MüKoStPO-Bittmann 10 vor §§ 111b–111p; erg 4 vor §§ 111b).

4   **3) Zwangsvollstreckungsverbot (II):** II S 1 enthält ein **Einzelvollstreckungsverbot** für Vermögensgegenstände, die in Vollziehung des Vermögensarrestes gepfändet worden sind. Die Vorschrift verfolgt mehrere Zwecke. Sie verhindert zum einen, dass Gläubiger des Betroffenen bei Erwerbstaten zum Nachteil der Allgemeinheit (zB Straftaten nach dem BtMG) sich aus staatlich gepfändeten Vermögenswerten befriedigen. Zum anderen sichert sie bei Erwerbstaten mit individuellen Geschädigten (zB Betrug) die Gleichbehandlung der Verletzten (BT-Drucks 18/9525 S 78 f; ausführlich Savini Rpfleger **18**, 177). Der Vollstreckung vorrangiger dinglicher Gläubiger steht II S 1 nach Sinn und Zweck der Vorschrift nicht entgegen (AG Alzey Rpfleger **18**, 400). Von dem Einzelvollstreckungsverbot macht II S 2 eine **Ausnahme** zugunsten des **Steuerfiskus** bei Steuerstraftaten. Dies gewährleistet, dass Vermögen, das wegen Steuerstraftaten gesichert worden ist, dem eigentlichen Geschädigten, nämlich dem Gemeinwesen, zugutekommt (BT-Drucks 18/9525 S 79; 18/11640 S 80; zur Reichweite, vgl Madauß NZWiSt **18**, 28, 31). Als Grundlage für die Vollstreckung in das von der StA gesicherte Vermögen genügt ein vorläufiger Titel nach § 324 **AO**; erst recht muss die Vollstreckung auf Grundlage eines bestandskräftigen Steuerbescheids zulässig sein (Köhler/Burk-

Ermittlungsmaßnahmen **§ 111i**

hard NStZ **17**, 665, 678). Mit Blick auf § 111i I sollte der Steuerfiskus möglichst von seiner (exklusiven) Möglichkeit der Einzelvollstreckung Gebrauch machen (erg 21 zu § 111e; 1 zu § 111i).

4) Die Wirkung der Vollziehung eines nach **früherem Recht** (vor dem 1.7.2017) angeordneten Arrestes (§§ 111b II, 111d aF) richtet sich nach neuem Recht (München MDR **18**, 364; erg 8 vor § 111b).

Insolvenzverfahren

111i ^I ¹Ist mindestens einem Verletzten aus der Tat ein Anspruch auf Ersatz des Wertes des Erlangten erwachsen und wird das Insolvenzverfahren über das Vermögen des Arrestschuldners eröffnet, so erlischt das Sicherungsrecht nach § 111h Absatz 1 an dem Gegenstand oder an dem durch dessen Verwertung erzielten Erlös, sobald dieser vom Insolvenzbeschlag erfasst wird. ²Das Sicherungsrecht erlischt nicht an Gegenständen, die in einem Staat belegen sind, in dem die Eröffnung des Insolvenzverfahrens nicht anerkannt wird. ³Die Sätze 1 und 2 gelten entsprechend für das Pfandrecht an der nach § 111g Absatz 1 hinterlegten Sicherheit.

^II ¹Gibt es mehrere Verletzte und reicht der Wert des in Vollziehung des Vermögensarrestes gesicherten Gegenstandes oder des durch dessen Verwertung erzielten Erlöses nicht aus, um die Ansprüche der Verletzten auf Ersatz des Wertes des Erlangten, die ihnen aus der Tat erwachsen sind und von ihnen gegenüber der Staatsanwaltschaft geltend gemacht werden, zu befriedigen, stellt die Staatsanwaltschaft einen Antrag auf Eröffnung des Insolvenzverfahrens über das Vermögen des Arrestschuldners. ²Die Staatsanwaltschaft sieht von der Stellung eines Eröffnungsantrags ab, wenn begründete Zweifel daran bestehen, dass das Insolvenzverfahren auf Grund des Antrags eröffnet wird.

^III ¹Verbleibt bei der Schlussverteilung ein Überschuss, so erwirbt der Staat bis zur Höhe des Vermögensarrestes ein Pfandrecht am Anspruch des Schuldners auf Herausgabe des Überschusses. ²In diesem Umfang hat der Insolvenzverwalter den Überschuss an die Staatsanwaltschaft herauszugeben.

1) Allgemeines: § 111i bestimmt eine gewichtige **Ausnahme von der Insolvenzfestigkeit** der in Vollziehung des Vermögensarrestes begründeten Sicherungsrechte (§ 111h I S 2; erg 4 vor § 111b; 3 zu § 111h). Beruht der vollzogene Vermögensarrest auf einer oder mehreren (Erwerbs-)Tat(en) zum Nachteil **individueller Verletzter** (zB § 263 StGB, aber auch etwa § 370 AO), räumt die Vorschrift dem Insolvenzverfahren und dem insolvenzrechtlichen Grundsatz der **Gläubigergleichbehandlung** den Vorrang ein. Bei Taten zum Nachteil der Allgemeinheit (zB § 29a BtMG) bleibt es bei der Insolvenzfestigkeit (BT-Drucks 18/9525 S 79; 18/11640 S 85 f; Bittmann/Tschakert ZInsO **17**, 2657, 2663; ausführlich mit Beispielen, Köhler/Burkhard NStZ **17**, 665, 677 f). § 111i gilt unmittelbar bis zur **Rechtskraft** der Wertersatzeinziehung, die durch den Vermögensarrest gesichert wird; nach Rechtskraft gilt gem § 459h II S 2 entspr.

2) Verletztenbegriff und Entschädigungsanspruch: Verletzter ist nur derjenige, dem aus der **materiellen (Erwerbs-)Tat** iSd § 73 I StGB ein Anspruch auf Rückgewähr dessen, was der Täter, Teilnehmer (vgl § 73 StGB) oder Drittbegünstigte (vgl § 73b StGB) erlangt hat, oder auf Ersatz des Wertes des Erlangten (vgl § 73c StGB) erwachsen ist. Nur wenn der Vermögensarrest auf einer solchen Tat beruht, ist der **Anwendungsbereich** des § 111i eröffnet. Verletzter ist mithin, wer ein Geschädigter einer materiellen (Erwerbs-)Tat ist, die im entscheidungserheblichen Zeitpunkt **Gegenstand des Vermögensarrestes** ist (oder – nach Rechtskraft – der endgültigen Wertersatzeinziehung, vgl § 459h II S 2). Der Kreis der Verletzten kann sich damit im Laufe des Verfahrens ändern, etwa durch Erweiterung des Verfahrens und des Vermögensarrestes auf weitere Erwerbstaten oder

§ 111i

aufgrund einer Beschränkung des Verfahrens nach §§ 154, 154a und der entsprechenden Anpassung des Vermögensarrestes. Da Bezugspunkt für die Feststellung der Verletzteneigenschaft die einzelne materielle Erwerbstat iSd § 73 I StGB ist (Köhler/Burkhard **17**, 665, 679), sind auch beim uneigentlichen Organisationsdelikt nur diejenigen als Verletzte iSd § 111i anzusehen, die durch eine im Vermögensarrest aufgeführte konkrete Einzeltat geschädigt wurden (BT-Drucks 18/9525 S 50; Köhler/Burkhard aaO). Liegen aufgrund einer – durch § 111i nicht eingeschränkten – Beschränkung des Verfahrens nach §§ 154, 154a dem Vermögensarrest nur noch Taten zum Nachteil der Allgemeinheit zugrunde, ist § 111i nicht anwendbar.

3 Der **Anspruch des Verletzten** richtet sich auf Ersatz des Wertes dessen, was der Einziehungsadressat (Täter, Teilnehmer oder Drittbegünstigter) durch die verfahrensgegenständliche Erwerbstat iSd § 73 I StGB erlangt hat und dessen Einziehung der Vermögensarrest sichern soll. Der Anspruch des Verletzten iSd § 111i ist die **Kehrseite des Wertes des Erlangten;** etwaige darüber hinausgehende Ansprüche (zB Schmerzensgeld oder Zinsen) werden nicht erfasst (vgl zum Ganzen ausführlich, BT-Drucks 18/9525 S. 50f; Bittmann/Tschakert ZInsO **17**, 2657, 2662: *„spiegelbildlich";* Köhler/Burkhard **17**, 665, 679f, auch zur Bedeutung der nach den allgemeinen Regelungen notwendigen Konkretisierung der Erwerbstat im Vermögensarrest, in der Anklage und im Urteil).

4 **3) Vorrang des Insolvenzverfahrens (I):** I S 1 bestimmt den Vorrang des Insolvenzverfahrens, soweit der vollzogene Vermögensarrest die Einziehung des Wertes des Ertrages aus einer materiellen (Erwerbs-)Tat (§§ 73, 73c StGB) zum Nachteil von **mindestens einem** individuellen **Verletzten** sichert (Bittmann/Tschakert ZInsO **17**, 2657, 2663). Wird in dieser Fallkonstellation das Insolvenzverfahren über das Vermögen des Arrestschuldners eröffnet, führt dies automatisch mit Insolvenzbeschlag zum **Erlöschen des Sicherungsrechts** des Staates (§ 111h I) an dem betreffenden Gegenstand oder an dem durch dessen Verwertung erzielten Erlös (I S 1). Der Gegenstand kann dann im Insolvenzverfahren herangezogen werden; er wird für die Befriedigung sämtlicher Gläubiger des Arrestschuldners im Insolvenzverfahren „frei". Es erlischt lediglich das Sicherungsrecht, nicht der Vermögensarrest selbst (BT-Drucks 18/9525 S 79; Köhler/Burkhard NStZ **17**, 665, 677). Ob das Insolvenzverfahren aufgrund eines Eigenantrags des Arrestschuldners oder aufgrund eines Antrags eines Verletzten, eines sonstigen Gläubigers oder der StA (II 1) eröffnet wird, ist ohne Belang (BT-Drucks 18/11640 S 85f).

5 Besteht Grund zur Annahme, dass der Einziehungsadressat sowohl aus Taten zum Nachteil individueller Verletzter als **auch** aus anderen **Taten zum Nachteil der Allgemeinheit** etwas erlangt hat, sollte mit Blick auf die Folgen der Eröffnung des Insolvenzverfahrens frühzeitig überlegt werden, für welche Erwerbstaten die Wertersatzeinziehung gesichert werden soll, falls der Vollzug des Vermögensarrestes nicht zu einer vollständigen Sicherung geführt hat. Liegt dem Vermögensarrest eine **Erwerbstat** zugrunde, die **sowohl Individual- als auch Allgemeinrechtsgüter** schützt (zB § 263 StGB in Tateinheit § 95 I Nr 3a AMG durch den betrügerischen Verkauf gefälschter Arzneimittel), erlöschen die in Vollziehung des Arrestes begründeten Sicherungsrechte des Staates nach § 111i I S 1, wenn das Insolvenzverfahren aufgrund eines Antrags Verletzten des individualschützenden Delikts (im Beispiel § 263 StGB) eröffnet wird; das gilt selbst dann, wenn die StA das Verfahren zulässigerweise gem § 154a auf das den Allgemeinrechtsgüterschutz dienende Delikt (im Beispiel § 95 I Nr 3a AMG) beschränkt hat (Köhler/Burkhard NStZ **17**, 665, 678).

6 Ist das Sicherungsrecht infolge der Eröffnung des Insolvenzverfahrens erloschen, ist die StA zur Herausgabe des Gegenstands an den Insolvenzverwalter verpflichtet (§ 80 I InsO). Weigert sich die StA, kann der Insolvenzverwalter sein Recht auf Besitz und Verwaltung (§ 148 I InsO) gerichtlich geltend machen (vgl zum Anspruch des Insolvenzverwalters, Nürnberg NZI **06**; 44; Uhlenbruck/Sinz 29 zu

148 InsO). Trotz der insolvenzrechtlichen Natur des Anspruchs ist nach § 111k III der strafprozessuale Rechtsweg eröffnet (erg 15 zu § 111k).

Nach I S 2 erlischt das Sicherungsrecht nur dann, wenn der Gegenstand vom **Insolvenzbeschlag** erfasst und damit der Verwaltungs- und Verfügungsbefugnis des Insolvenzverwalters unterliegt. Damit werden Sicherungslücken verhindert, die zB dadurch entstünden, dass ein in Vollziehung des Vermögensarrestes begründetes Sicherungsrecht an im Ausland belegenem Vermögen des Arrestschuldners in Folge der Eröffnung des Insolvenzverfahrens erlöschen würde, obwohl der Insolvenzverwalter den Gegenstand nicht zur Insolvenzmasse ziehen kann (BT-Drucks 18/11640 S 79). 7

I 3 stellt das Pfandrecht nach § 233 BGB an einer **hinterlegten Sicherheit** (§ 111g I) dem in Vollziehung des Vermögensarrestes entstandenem Sicherungsrecht gleich (BT-Drucks 18/11640 S 86). 8

4) **Insolvenzantrag der StA (II):** II S 1 **ermächtigt** die StA, unter bestimmten Voraussetzungen die Eröffnung des Insolvenzverfahrens über das Vermögen des Arrestschuldners zu beantragen; ihre Antragbefugnis ergibt sich bereits daraus, dass sie den Staat als Gläubiger des Wertersatzeinziehungsanspruchs vertritt (BT-Drucks 18/11640 S 87; Köhler Graf-Schlicker-FS 511). Wenn die Voraussetzungen des II S 1 vorliegen und ein Absehen nach II S 2 nicht in Betracht kommt, wird die einzig pflichtgemäße Entscheidung der StA die Antragstellung sein (Bittmann/Tschakert ZInsO **17**, 2657, 2263: Ermessensreduzierung auf Null). Wird das Insolvenzverfahren daraufhin eröffnet, treten die Folgen nach I ein. Die Verletzten werden dann im Insolvenzverfahren entschädigt. Neben der Gläubigergleichbehandlung steht dahinter die Intention, das Strafverfahren von Fragen der Opferentschädigung zu entlasten (BT-Drucks 18/9525 S 50; instruktiv BKST-Tschakert Rn 856 ff; Köhler/Burkhard NStZ **17**, 665, 679). 9

Die StA stellt den Antrag **aus eigenem Recht,** nämlich als Gläubigerin des durch den Vermögensarrest gesicherten staatlichen Wertersatzeinziehungsanspruchs gegen den vom Arrest betroffenen Einziehungsadressaten (BT-Drucks 18/9525 S 86). Die Antragstellung ist dem Rechtspfleger übertragen (§§ 3 Nr 4c, 31 I Nr 3 RPflG). Da es sich um einen Gläubigerantrag nach § 14 InsO handelt, ist das Antragsrecht denselben Beschränkungen unterworfen wie dasjenige von Privatgläubigern. Das ausschließliche Insolvenzantragsrecht der **BaFin** für Banken und vergleichbare Institute (vgl §§ 46b KWG, 312 VAG, 21 ZAG, 43 KGB) wird daher durch II nicht berührt (Gondert WM **18**, 845). 10

Nach II S 1 setzt der Antrag einen „**Mangelfall**" voraus (zur Entschädigung im „**Deckungsfall**", 8 f zu § 459h). Es muss zum einen „mehrere Verletzte" geben. Gegenstand des Vermögensarrestes müssen daher mehrere materielle Erwerbstaten zum Nachteil verschiedener Verletzter sein; gibt es nur einen Verletzten, kommt der Antrag nach II S 1 nicht in Frage. Zum anderen müssen die **geltend gemachten** Entschädigungsansprüche der Verletzten (dazu oben 2) den Wert der von der StA in Vollziehung des Vermögensarrestes gepfändeten Gegenstände des Arrestschuldners übersteigen (BT-Drucks 18/9525 S 80; 18/11640 S 87; Bittmann/Tschakert ZInsO **17**, 2657, 2662 f; Köhler/Burkhard NStZ **17**, 665, 681). Nach Vollziehung des Vermögensarrestes werden die Verletzten deshalb gem § 111l III S 1 zur Erklärung aufgefordert, ob und in welcher Höhe sie ihre Entschädigungsansprüche geltend machen. 11

Einen bestimmten **Zeitpunkt** für den Antrag nennt § 111i nicht, da sich der Zeitpunkt für den Eintritt des „Mangelfalls" aufgrund der möglichen Änderung des Kreises der Verletzten im Laufe des Verfahrens verändern kann (oben 2) und von Erklärungen der Verletzten abhängt (oben 11). Aus strafprozessualen und insolvenzrechtlichen Gründen (insb wegen § 14 InsO) werden die Antragsvoraussetzungen idR mit der Eröffnung des Hauptverfahrens und der Zulassung der Anklageschrift auf einer verlässlichen Grundlage geprüft werden können (BT-Drucks 18/9525 S 81; Bittmann/Tschakert ZInsO **17**, 2657, 2671 f; Laroche ZinsO **17**, 1245, 1251 f). 12

§ 111i

13 Der Antrag der StA richtet sich als **Gläubigerantrag** nach § 14 InsO. Die StA muss zum einen ihre **Insolvenzforderung** (Wertersatzeinziehungsanspruch nach § 73c StGB; oben 9 f) glaubhaft machen. Glaubhaft gemacht iSd § 14 InsO ist die Insolvenzforderung dann, wenn ihr Bestehen überwiegend wahrscheinlich ist. Der Maßstab entspricht mithin dem des hinreichenden Tatverdachts (2 zu § 203). Mit der Eröffnung des Hauptverfahrens (§ 203) ist eine Verurteilung wegen der Erwerbstat und die daraus folgende **Wertersatzeinziehung** wahrscheinlich; die Forderung kann zu diesem Zeitpunkt auf der Grundlage eines (vorläufigen) Titels (Vermögensarrest) regelmäßig glaubhaft gemacht werden. Welche Aktenbestandteile dem Insolvenzgericht neben dem Vermögensarrest, der Anklageschrift und dem Eröffnungsbeschluss zur Glaubhaftmachung vorzulegen sind, hängt von den Umständen des Einzelfalls ab (BT-Drucks 18/9525 S 81; 18/11640 S 86; Laroche aaO). Ferner muss die StA einen **Insolvenzgrund** glaubhaft machen. Es handelt sich um die **Zahlungsunfähigkeit** des Arrestschuldners (§ 17 InsO), die die StA aufgrund ihrer ohnehin durchzuführenden (Finanz-)Ermittlungen idR ohne weiteres glaubhaft machen kann (BT-Drucks 18/9525 S 80; 18/11640 S 86; Bittmann/Tschakert ZInsO **17**, 2657, 2668 f; Laroche aaO). Ist seit den Finanzermittlungen und der Vollziehung des Vermögensarrestes bis zur beabsichtigten Antragstellung ein längerer Zeitraum vergangen, können uU die Beauftragung eines Gerichtsvollziehers mit einem erneuten Vollstreckungsversuch oder polizeiliche Nachforschungen sinnvoll sein, um die Glaubhaftmachung der Zahlungsunfähigkeit zu untermauern (BT-Drucks 18/11640 S 86 f; Bittmann/Tschakert ZInsO **17**, 2657, 2668 f).

14 Die StA muss Insolvenzforderung und Insolvenzgrund lediglich **glaubhaft** machen; bewiesen sein muss die Forderung nicht (Bittmann/Tschakert ZInsO **17**, 2657, 2666; **aA** LG Bad Kreuznach ZHW **19**, 223 mit abl Anm Bittmann). Das Vorliegen der materiellen Voraussetzungen der Eröffnung des Insolvenzverfahrens prüft allein das **Insolvenzgericht**. Amtshaftungsansprüche sind für die StA daher nicht zu gegenwärtigen (BT-Drucks 18/9525 S 81). Wird das Insolvenzverfahren eröffnet, treten die Folgen nach I ein. Zur Anmeldung der nachrangigen Wertersatzeinziehung (§ 39 I Nr 3 InsO), vgl BT-Drucks 18/11640 S 87; Bittmann/Tschakert ZInsO **17**, 2657, 2669 ff, auch zum Insolvenzeröffnungsverfahren nach einem zulässigen Antrag der StA und bei *„suboptimalem strafprozessualen Agieren"* der StA.

15 Trotz des Vorliegens der Voraussetzungen nach I S 1 **sieht** die StA von der Antragstellung **ab**, wenn die **Eröffnung** des Insolvenzverfahrens **zweifelhaft** ist (II S 2). Dies verhindert, dass die StA die Insolvenzgerichte mit ersichtlich unzulässigen Insolvenzanträgen belastet (BT-Drucks 18/11640 S 87). Hauptanwendungsfall ist zu erwartende Abweisung der Eröffnung des Insolvenzverfahrens mangels Masse; die Entschädigung erfolgt dann nach § 459m (dort 5 ff; Köhler/Burkhard NStZ **17**, 665, 681). Das gilt auch, wenn es aufgrund besonderer Vorschriften ausnahmsweise an der Antragsberechtigung der StA fehlt (vgl §§ 46b I S 4 KWG, 43 I KAGB, 312 I VAG).

16 Nicht abschließend geklärt ist, ob die **Antragstellung** durch die StA **anfechtbar** ist. Unstr ist allerdings, dass die Verletzten durch den Antrag nicht beschwert sind, da die StA den Antrag aus eigenem Recht stellt (oben 10). Anders ist dies hinsichtlich des Arrestschuldners. Gegen ein Anfechtungsrecht spricht, dass er seine Einwendungen im Insolvenzverfahren erheben kann (§ 14 II InsO), ohne dadurch einen Rechtsnachteil befürchten zu müssen. Nach einer in der Lit vertretenen Ansicht soll ihm dennoch bis zur Eröffnung des Insolvenzverfahrens der Antrag auf gerichtliche Entscheidung nach § 111k III zustehen (LR-Johann 37 zu § 111i); dies ist aber kaum mit dem Wortlaut des § 111k III in Einklang zu bringen, da die Antragstellung nach § 111i II 1 gerade keine Maßnahme darstellt, die in Vollziehung des Vermögensarrestes getroffen wird. OLG Hamm hält hingegen den Antrag nach § 23 **EGGVG** für statthaft (NZI **19**, 771, 772 f; abl mit guten Gründen BKST-Tschakert Rn 900 ff), hat aber die Rechtsbeschwerde nach § 29 II Nr 2 **EGGVG** zugelassen. Die **Antragsstellung** der StA ist **nicht einklagbar** (ebenso

LR-Johann aaO). Dies gilt auch für einen (nach §§ 154, 154a ausgeschiedenen) Verletzten oder einen sonstigen Gläubiger. Es fehlt auch insofern das Rechtsschutzbedürfnis, weil sie selbst die Eröffnung des Insolvenzverfahrens beantragen können (§ 13 I S 2 InsO).

5) Überschuss nach Schlussverteilung (III): Nach III S 1 erwirbt der Staat bis zur Höhe des fortbestehenden Vermögensarrestes (oben 4) ein **gesetzliches Pfandrecht** an dem Überschuss. Die Regelung in III verhindert, dass ein etwaiger Überschuss nach der insolvenzrechtlichen Schlussverteilung an den Täter, Teilnehmer oder Drittbegünstigten herausgegeben werden muss (BT-Drucks S 81). Der Insolvenzverwalter hat den Überschuss in diesem Umfang an die StA herauszugeben (III S 2). 17

Verfahren bei der Anordnung der Beschlagnahme und des Vermögensarrestes

111j I ¹Beschlagnahme und Vermögensarrest werden durch das Gericht angeordnet. ²Bei Gefahr im Verzug kann die Anordnung auch durch die Staatsanwaltschaft erfolgen. ³Unter der Voraussetzung des Satzes 2 sind zur Beschlagnahme einer beweglichen Sache auch die Ermittlungspersonen der Staatsanwaltschaft (§ 152 des Gerichtsverfassungsgesetzes) befugt.

II ¹Hat die Staatsanwaltschaft die Beschlagnahme oder den Arrest angeordnet, so beantragt sie innerhalb einer Woche die gerichtliche Bestätigung der Anordnung. ²Dies gilt nicht, wenn die Beschlagnahme einer beweglichen Sache angeordnet ist. ³Der Betroffene kann in allen Fällen die Entscheidung des Gerichts beantragen. ⁴Die Zuständigkeit des Gerichts bestimmt sich nach § 162.

1) Zuständigkeit: Für die **Anordnung** der Beschlagnahme und des Vermögensarrestes ist grundsätzlich das Gericht **zuständig** (I S 1). Wegen der Zuständigkeit im Einzelnen, vgl 4 zu § 98, ferner SK-Rogall 6 zu § 111e aF. 1

Bei **Gefahr im Verzug** ist auch die StA zur Anordnung befugt, sofern es sich nicht um periodische Druckwerke handelt (§ 111q IV S. 1). Ist die StA nicht erreichbar, sieht I S 3 – auch bei der Beschlagnahme beweglicher Sachen – eine Eilzuständigkeit ihrer Ermittlungspersonen vor (vgl zu allem 6 zu § 98). 2

2) Form; Inhalt, Bekanntmachung: Für die Anordnung der **Beschlagnahme**, vgl 1 zu § 111b; für die Beschlagnahme von Druckwerken ergänzend § 111q III. Anders als bei der Beweismittelbeschlagnahme nach §§ 94, 98 müssen Ermittlungspersonen, die die Beschlagnahme anordnen und selbst ausführen, mit Rücksicht auf die Rechtsfolgen nach § 111d I dem Betroffenen erklären und aktenkundig machen, dass die Sache nach § 111b f beschlagnahmt wird (erg 1 zu § 111b, 1 zu § 111c). Es besteht wie bei der nichtrichterlichen Durchsuchungsanordnung (3 zu § 105) für den Beamten eine Dokumentationspflicht (Jung StV **04**, 646). Nur wenn der Sicherungszweck auf der Hand liegt, ist eine entspr Feststellung entbehrlich (BGH NStZ **85**, 262; Frankfurt NStZ-RR **96**, 301; noch weitergehend LG Frankfurt aM NJW **82**, 897). Eine Belehrung über das Verfügungsverbot nach § 111d I schreibt das Gesetz nicht vor (vgl aber SK-Rogall 13 zu § 111e aF: vielfach zweckmäßig). 3

Für die Anordnung des **Vermögensarrestes**, vgl 12 ff zu § 111e. 4

3) Richterliche Bestätigung (II): Anders als nach § 98 II S 1 bedarf die Beschlagnahme- und Arrestanordnung der StA – nicht erst ihr Vollzug nach §§ 111c, 111f (LR-Johann 23) – auch dann der richterlichen Bestätigung, wenn der Betroffene keinen Widerspruch erhoben hat, jedoch niemals, auch nicht bei Widerspruch des Betroffenen, bei der Beschlagnahme von beweglichen Sachen (§ 111c I, IV S 1). Da Ermittlungspersonen der StA nur zur Beschlagnahme von beweglichen Sachen befugt sind (oben 3), brauchen ihre Anordnungen niemals richterlich bestätigt zu werden (II S 3). 5

§ 111j

6 **Innerhalb einer Woche** muss die StA den Antrag auf richterliche Bestätigung stellen. Die Frist beginnt nicht, wie nach § 98 II S 1, mit dem Ende der Durchführung der Beschlagnahme (14 zu § 98), sondern an dem Tag, an dem die Anordnung erlassen worden ist (Hellerbrand wistra **03**, 204); sie wird nach § 43 berechnet. Jedoch handelt es sich nur um eine Sollvorschrift; die Fristüberschreitung macht die Beschlagnahme nicht unwirksam (KK-Spillecke 7; erg 14 zu § 98). Die richterliche Bestätigung braucht nicht innerhalb der Frist zu erfolgen.

7 Das **Antragsrecht des Betroffenen** (zum Begriff vgl 15 zu § 98), der entspr § 98 II S 6 über seine Rechte belehrt werden muss (LR-Johann 25), setzt die Einhaltung einer Frist nicht voraus. Eine Beschwerde gegen die nichtrichterliche Anordnung ist als Antrag auf gerichtliche Entscheidung zu behandeln.

8 Die **Zuständigkeit** für die Bestätigung richtet sich gem II 4 nach § 162 (BT-Drucks 18/9525 S 82).

9 Zur **Prüfung des Gerichts**, vgl 17 zu § 98 sowie BVerfG NJW **05**, 3630: Darlegung der Voraussetzungen des Eingriffs und die umfassende Abwägung zur Feststellung seiner Angemessenheit mit auf den Einzelfall bezogenen Ausführungen.

10 4) Die **Beendigung der Anordnung** der Beschlagnahme oder des Vermögensarrests tritt ohne weiteres ein, wenn die im Urteil oder im selbständigen Verfahren angeordnete (Wertersatz-)Einziehung rechtskräftig wird; die Anordnung wird **gegenstandslos** (Stuttgart NStZ **05**, 401; KG NStZ-RR **10**, 180; Schmidt NZWiSt **15**, 401, 407; MüKoStPO-Bittmann 15 zu § 111e aF: Aufhebung aus Gründen der Rechtsklarheit aber sachgerecht; differenzierend LR-Johann 34, 43; dagegen, allerdings nicht tragend und in einem Fall der „Rückgewinnungshilfe" zu § 111i aF, BGH **58**, 152, 157 f). An die Stelle des vorläufigen Vollstreckungstitels tritt die rechtskräftige gerichtliche Anordnung nach §§ 73 ff StGB als endgültiger Vollstreckungstitel. Anträge auf Aufhebung von Sicherungsmaßnahmen und gegen sie eingelegte Beschwerden werden gegenstandslos. In Fällen nachträglicher Durchbrechung der Rechtskraft lebt die Maßnahme nach § 47 III S 1 wieder auf (AnwK-Lohse 12 zu § 111b aF; erg 3, 4 zu § 47).

11 Auf Antrag oder von Amts wegen muss die Anordnung förmlich **aufgehoben** werden, wenn im Laufe des Verfahrens die Voraussetzungen des § 111b I oder § 111e I entfallen. Das ist immer der Fall, wenn der Angeklagte freigesprochen oder unter Nichtanordnung der Einziehung nach §§ 73 ff, 74 ff StGB verurteilt wird, zudem, wenn nach § 421 I von der (Wertersatz-)Einziehung abgesehen wird (erg 18 zu § 111e). Andernfalls würde ein (vorläufiger) Vollstreckungstitel existieren, der keine (materielle) rechtliche Grundlage (mehr) hat. Zur Zuständigkeit, Ausführung und Bindungswirkung, vgl 30 zu § 98. Wegen der Rückgabe der beschlagnahmten Gegenstände, vgl 22 zu § 94 und 4 zu § 111n; es handelt sich um eine Holschuld (BGH NJW **19**, 2618).

12 5) **Rechtsmittel:** Gegen die richterliche Anordnung ist die **Beschwerde** nach § 304 zulässig. Beschwerdeberechtigt ist auch die StA, deren Antrag auf Erlass der Anordnung abgelehnt worden ist (6 zu § 305); erg 31, 32 zu § 98. Betrifft die Beschwerdeentscheidung die Anordnung des Vermögensarrests über einen Betrag von mehr als 20 000 Euro, ist die weitere Beschwerde statthaft (§ 310 I Nr 3, dort 9). Dies gilt auch bei Aufhebung eines Vermögensarrestes oder bei Bestätigung der ablehnenden Entscheidung des Beschwerdegerichts (BT-Drucks 18/9525 S 86). Das Beschwerdegericht ist nicht daran gehindert, auf eine Beschwerde gegen den Aufhebungsbeschluss dessen Vollziehung nach § 307 II auszusetzen (BGH NStZ **10**, 343 f). Durch die Aufhebung eines Vermögensarrests ist der **Insolvenzverwalter** nicht beschwert, eine entspr Beschwerde gem § 304 I unzulässig (Nürnberg NZWiSt **13**, 297 mit Anm Rathgeber; erg 1, 16 zu § 111e). Für Maßnahmen in Vollziehung der Beschlagnahme oder des Arrestes – zB Pfändungen – gilt § 111k III (siehe dort 15). Mit Anklageerhebung ist eine noch nicht erledigte Beschwerde in einen Antrag an das erstinstanzl Gericht umzudeuten, gegen dessen Entscheidung (Erst-)Beschwerde statthaft ist (Frankfurt StV **08**, 624; Jena wistra **10**, 80; Stuttgart NStZ-RR **03**, 142). Für Einwendungen gegen Vollziehungsmaß-

Ermittlungsmaßnahmen **§ 111k**

nahmen nach Rechtskraft der durch die Beschlagnahme oder den Vermögensarrest gesicherten (Wertersatz-)Einziehungsanordnung gilt § 459o (erg 16 § 111k).

Verfahren bei der Vollziehung der Beschlagnahme und des Vermögensarrestes

111k I 1 Beschlagnahme und Vermögensarrest werden durch die Staatsanwaltschaft vollzogen. ²Soweit ein Arrest nach den Vorschriften über die Pfändung in bewegliche Sachen zu vollziehen ist, kann dies durch die in § 2 des Justizbeitreibungsgesetzes bezeichnete Behörde, den Gerichtsvollzieher, die Staatsanwaltschaft oder durch deren Ermittlungspersonen (§ 152 des Gerichtsverfassungsgesetzes) vollzogen werden. ³Die Beschlagnahme beweglicher Sachen kann auch durch die Ermittlungspersonen der Staatsanwaltschaft (§ 152 des Gerichtsverfassungsgesetzes) vollzogen werden. ⁴§ 98 Absatz 4 gilt entsprechend.

II ¹Für die Zustellung gilt § 37 Absatz 1 mit der Maßgabe, dass auch die Ermittlungspersonen der Staatsanwaltschaft (§ 152 des Gerichtsverfassungsgesetzes) mit der Ausführung beauftragt werden können. ²Für Zustellungen an ein im Inland zum Geschäftsbetrieb befugtes Kreditinstitut gilt § 174 der Zivilprozessordnung entsprechend.

III Gegen Maßnahmen, die in Vollziehung der Beschlagnahme oder des Vermögensarrestes getroffen werden, kann der Betroffene die Entscheidung des nach § 162 zuständigen Gerichts beantragen.

1) **Vollziehung der Beschlagnahme (I S 1 und 3):** 1

A. **Bewegliche Sachen (S 1):** Die StA führt die Beschlagnahmeanordnung des 2 Gerichts (§ 111j I S 1) und ihre eigenen Anordnungen (§ 111j I S 2) durch. Sie bedient sich dazu ihrer Ermittlungspersonen oder anderer Polizeibeamter. Die Durchführung ist innerhalb der StA den Rechtspflegern übertragen (§ 31 I Nr 2 RPflG); ausführlich dazu Weiß Rpfleger **18**, 645 (keine ausschließliche funktionelle Zuständigkeit). Ermittlungspersonen, die nach § 111j I S 3 die Beschlagnahme beweglicher Sachen angeordnet haben, sind auch befugt, sie durchzuführen (S 3); auch sie können andere Polizeibeamte heranziehen. Bei Beschlagnahmen in Dienstgebäuden und auf Anlagen der Bundeswehr gilt § 98 IV entspr (dort 25 ff).

B. **Grundstücke und grundstücksgleiche Rechte (S 1):** Die Grundbuch- 3 eintragungen erfolgen auf Ersuchen der StA (Hamm RPfleger **18**, 433). Die dabei zu erledigenden Geschäfte sind den Rechtspflegern übertragen (§§ 22 Nr 1, 31 I Nr 1 RPflG).

C. **Forderungen und andere Vermögensrechte:** Zuständig ist die StA (S 1). 4 Sie erlässt das Zahlungsverbot an den Drittschuldner (vgl Celle NdsRpfl **97**, 163) und das Verfügungsverbot an den Schuldner nach § 829 I ZPO sowie die Aufforderung nach § 840 I ZPO. Die Geschäfte sind den Rechtspflegern übertragen (§ 31 I Nr 2 RPflG).

D. **Schiffe, Schiffsbauwerke, Luftfahrzeuge:** Für die Durchführung der Be- 5 schlagnahme sowie die Registereintragungen (§ 111c IV S 2) und die Registeranmeldungen (§ 111c IV S 3) gilt S 1. Die Geschäfte sind auf die Rechtspfleger übertragen (§§ 22 Nr 1, 31 I Nr 1 RPflG).

2) **Vollziehung des Arrests (I S 1 und 2):** 6

A. **Bewegliche Sachen (S 1):** 7

Soll durch den Arrest die Vollstreckung der **Geldstrafe oder der Nebenfol-** 8 **gen** (insb also der Wertersatzeinziehung) gesichert werden, so ist nach §§ 1 I Nr 1, 2 I JBeitrG die Vollstreckungsbehörde, also die StA nach §§ 451 I, 459, 459g II iVm 459 zuständig (LG Bonn wistra **01**, 119 mit Anm Brettschneider; ders NStZ **00**, 180). Sie erteilt dem Vollziehungsbeamten nach § 6 JBeitrG den Pfändungsauftrag; die Geschäfte sind nach § 31 I Nr 2 RPflG dem Rechtspfleger übertragen. Die StA hat außerdem die Möglichkeit, die Vollziehung des Arrestes selbst oder

§ 111k

durch ihre Ermittlungspersonen, also durch die zuständigen Polizeibeamten (6 zu § 152 GVG), zu bewirken. Unabhängig davon kann sie sich auch an den Gerichtsvollzieher wenden.

9   Ist der Arrest zur Sicherung der **Verfahrenskosten** angeordnet worden, so ist nach §§ 1 I Nr 4, 2 I S 1 JBeitrG die Gerichtskasse zuständig, für Kostenansprüche, die beim BGH entstehen, das Bundesamt für Justiz (§ 2 II JBeitrG). Bezieht sich der Arrest sowohl auf Geldstrafe oder Nebenfolgen als auch auf Kosten, so obliegt der StA die gesamte Vollziehung (§ 1 IV JBeitrG).

10 B. **Grundstücke und grundstücksgleiche Rechte (S 1):** Die Zuständigkeit für das Ersuchen auf Eintragung einer Sicherungshypothek richtet sich nach S 1 (oben 3). Zuständig sind daher die Rechtspfleger der StA (§§ 22 Nr 1, 31 I Nr 2 RPflG).

11 C. **Schiffe und Schiffsbauwerke (S 1):** Sind sie im Schiffs- oder Schiffsbauregister eingetragen (vgl § 111f III S 2), so ist für die Anordnung der Pfändung die StA zuständig, die auch das Eintragungsersuchen nach § 931 III Hs 2, VI S 1 ZPO iVm § 111f III S 2 stellt. Bei nicht eingetragenen Schiffen und Schiffsbauwerken wird der Arrest wie bei beweglichen Sachen nach S 1 vollzogen (oben 7–9). Nach § 111f III S 2 etwa erforderliche Eintragungen beantragt die StA. Die Geschäfte sind den Rechtspflegern übertragen (§§ 20 Nr 16, 22 Nr 2, 31 I Nr 2 RPflG).

12 D. **Luftfahrzeuge** werden als bewegliche Sachen gepfändet (oben 7–9). Die erforderlichen Eintragungen und Anmeldungen (§ 111f III S 2, § 99 II Ges über Rechte an Luftfahrzeugen) beantragt der Rechtspfleger der StA (§§ 22 Nr 1, 31 I Nr 2 RPflG).

13 E. **Forderungen und andere Vermögensrechte (S 1):** Zuständig ist die StA. Die Geschäfte sind nach §§ 22 Nr 2, 31 I Nr 2 RPflG den Rechtspflegern übertragen.

14 **3) Zustellung (II):** Die StA kann die bei der Beschlagnahme oder beim Arrestvollzug erforderl Zustellungen sowohl im Partei- als auch im Amtsbetrieb (§§ 166 ff, 191 ff ZPO) sowie durch ihre Ermittlungspersonen vornehmen (S 1); der Vorbehalt in § 168 II ZPO gilt nicht. Nach S 2 gilt § 174 ZPO für inländische Kreditinstitute entspr. Dies ermöglicht Zustellungen bei Privatbanken durch Telekopien (§ 174 II ZPO) und elektronische Dokumente (§ 174 III ZPO). Für öffentlich-rechtliche Geldinstitute (etwa Sparkassen) ergeben sich diese vereinfachten Zustellungsmöglichkeiten über § 37 aus § 174 ZPO, weil Anstalten des öffentlichen Rechts in § 174 I ZPO als Zustellungsadressaten genannt sind (BT-Drucks 18/9525 S 82).

15 **4) Anfechtung:** III stellt klar, dass **alle Einwendungen** gegen Maßnahmen in Vollziehung der Beschlagnahme oder des Vermögensarrests im strafprozessualen Rechtsweg erledigt werden (Bamberg wistra **13**, 120; Saarbrücken StraFo **16**, 377). Dies gilt auch für Entscheidungen, die der Sache nach als zwangsvollstreckungsrechtliche Drittwiderspruchsklagen zu werten sind, mit der sich ein Dritter gegen eine Maßnahme zur Vollziehung eines im Strafverfahren angeordneten Vermögensarrestes wendet (Dresden StraFo **15**, 245; Köln StraFo **11**, 392). Die **Zuständigkeit** bestimmt sich nach § 162. Zuständig ist danach der Ermittlungsrichter, nach Erhebung der öffentlichen Klage das mit der Hauptsache befasste Gericht, während des Revisionsverfahrens das Gericht, dessen Urteil angefochten ist.

16 Nach **Rechtskraft** ist kein Raum mehr für eine Entscheidung nach III. Mit der Rechtskraft der Anordnung der (Wertersatz-)Einziehung, die durch die Beschlagnahme oder den Vermögensarrest gesichert wurde, wird mit der Vollziehungsmaßnahme (zB Pfandrecht) nicht mehr die Beschlagnahme oder der Vermögensarrest (§§ 111b ff) vollstreckt, sondern die (Wertersatz-)Einziehungsentscheidung in der Hauptsache (§§ 73 ff StGB). Die Einwendungen gegen Vollziehungsmaßnahmen richten sich dann nach der vollstreckungsrechtlichen Sondervorschrift des § 459o (vgl dort 3); zuständig ist gem § 462a II 1 grundsätzlich das Gericht des ersten Rechtszugs (so wie hier SSW-Burghart 14; **aA** Nürnberg StV **11**, 148: Zivil-

rechtsweg nach § 771 ZPO unter Hinweis auf § 6 JBeitrG – ohne allerdings zu erörtern, ob § 459h aF abweichend von § 6 JBeitrG eine andere gesetzliche Bestimmung des § 459 für den Rechtsweg darstellt). Nach der Streichung des § 73 I 2 StGB aF und dem damit verbundenen Wegfall des Zulassungsverfahrens (vgl. § 111g II 1 aF) und des Auffangrechtserwerbs (vgl. § 111 III 1 aF) ist eine Wiederaufleben der Zuständigkeit des Ermittlungsrichters gemäß § 162 III S 3 ausgeschlossen (zu § 111f V aF war dies str; dafür Hamburg NStZ-RR **12**, 51; Düsseldorf NStZ-RR **14**, 85; aA etwa Stuttgart NStZ **15**, 50; Hamm NStZ-RR **14**, 17).

Die Entscheidung des Gerichts nach III kann mit der **Beschwerde** angefochten werden (erg 9 zu § 310). Soweit eine in Vollziehung des Vermögensarrests getroffene Maßnahme für unzulässig erklärt wird, hat dies die Wirkung der §§ 775 Nr 1, 776 S 1 ZPO (Bosch NStZ **06**, 709). 17

Mitteilungen

1111 I Die Staatsanwaltschaft teilt die Vollziehung der Beschlagnahme oder des Vermögensarrestes dem Verletzten mit.

II In den Fällen der Beschlagnahme einer beweglichen Sache ist die Mitteilung mit dem Hinweis auf den Regelungsgehalt des Verfahrens über die Herausgabe nach den §§ 111n und 111o zu verbinden.

III ¹Wird ein Vermögensarrest vollzogen, so fordert die Staatsanwaltschaft den Verletzten zugleich mit der Mitteilung auf zu erklären, ob und in welcher Höhe er den Anspruch auf Ersatz des Wertes des Erlangten, der ihm aus der Tat erwachsen ist, geltend machen wolle. ²Die Mitteilung ist mit dem Hinweis auf den Regelungsgehalt des § 111h Absatz 2 und der Verfahren nach § 111i Absatz 2, § 459h Absatz 2 sowie § 459k zu verbinden.

IV ¹Die Mitteilung kann durch einmalige Bekanntmachung im Bundesanzeiger erfolgen, wenn eine Mitteilung gegenüber jedem einzelnen Verletzten mit unverhältnismäßigem Aufwand verbunden wäre. ²Zusätzlich kann die Mitteilung auch in anderer geeigneter Weise veröffentlicht werden. ³Gleiches gilt, wenn der Verletzte unbekannt oder unbekannten Aufenthalts ist. ⁴Personendaten dürfen nur veröffentlicht werden, soweit ihre Angabe zur Wahrung der Rechte der Verletzten unerlässlich ist. ⁵Nach Beendigung der Sicherungsmaßnahmen veranlasst die Staatsanwaltschaft die Löschung der Bekanntmachung.

1) Die **Mitteilung an den Verletzten (I)** über die Vollziehung der Beschlagnahme oder des Vermögensarrestes obliegt der StA. Sie ist verpflichtend („teilt ... mit"). Eine besondere Form ist nicht vorgeschrieben; eine Zustellung ist nicht nötig. Die Mitteilung soll dem strafprozessual entschädigungsberechtigten Verletzten (vgl zum Verletztenbegriff 2 zu § 111i) über seine Entschädigungsrechte im Strafverfahren informieren. Sie umfasst daher nicht den Vermögensarrest zur Sicherung von Geldstrafe und Verfahrenskosten. Informiert wird nur der Verletzte, der bekannt ist oder wird. Nach unbekannten Verletzten braucht nicht gesucht zu werden (vgl III 2). 1

Die **Zeitpunkt** der Mitteilung steht im Ermessen der StA (BT-Drucks 18/9525 S 82). Verstöße gegen die Mitteilungspflicht haben keinen Einfluss auf die Wirksamkeit der getroffenen Maßnahmen (vgl Celle NStZ-RR **11**, 343, 344). Amtshaftungsansprüche wegen der unterlassenen Mitteilung im Ermittlungsverfahren dürften mit Blick auf die dem eigentlichen Entschädigungsverfahren vorgeschaltete (erneute) Mitteilung nach Rechtskraft (§ 459l) allenfalls in Sonderkonstellationen denkbar sein. 2

Die **Bekanntgabe** ist Sache der StA, auch nach Erhebung der öffentl Klage. 3

2) Der über die Information der Vollziehung (I) hinausgehende **Inhalt der Mitteilung** ist in II und III geregelt. 4

Köhler

§ 111m   Erstes Buch. 8. Abschnitt

5   Bei der vollzogenen **Beschlagnahme** (iSd §§ 111b, 111c) **beweglicher Sachen** ist der Verletzte auf die Herausgabemöglichkeit nach §§ 111o, 111n hinzuweisen (II).
6   Wird ein **Vermögensarrest vollzogen,** wird der Verletzte über das Einzelvollstreckungsverbot (§ 111h II), den staatsanwaltlichen Insolvenzantrag (§ 111i II) und das vollstreckungsrechtliche Entschädigungsverfahren (§§ 459h II, 459k) informiert (II S 2). Zugleich wird er wegen § 111i II S 1(BT-Drucks 18/9525 S 82 f; erg 11 zu § 111i) aufgefordert, ob und in welcher Höhe er seinen Anspruch auf Wertersatz geltend macht (II S 1).
7   Der Verletzte sollte **auch** darauf hingewiesen werden, dass sein Entschädigungsanspruch im Strafverfahren auf Rückgewähr des vom Einziehungsadressaten deliktisch Erlangten oder dessen Wert beschränkt ist (BT-Drucks 18/9525 S 83).
8   3) Anstelle individueller Bekanntgabe nach I kann die StA die Mitteilung (einmalig) im **elektronischen Bundesanzeiger** (IV S 1) veröffentlichen. Das dient der Verringerung des Verwaltungsaufwands bei einer Vielzahl bekannter Geschädigter. Diese Form der Mitteilung ermöglicht auch die Information unbekannter Verletzter oder Verletzter unbekannten Aufenthalts (IV S 3). Damit ist gewährleistet, dass alle Verletzte über den Zugriff des Staates und ihre Entschädigungsrechte Kenntnis erlangen können, um ihr eigenes Vorgehen danach ausrichten zu können (BT-Drucks 18/9525 S 83). Auf eine bloße Wiedergabe der Vorschriften darf sich die Mitteilung nicht beschränken (BT-Drucks 19/11640 S 88).
8a IV S 1 eröffnet der StA ein **Ermessen.** Nur das „Wie" der Mitteilung steht im staatsanwaltlichen Ermessen; das „Ob" ist der Disposition der StA entzogen (oben 1; LR-Johann 19). Bei zahlreichen Geschädigten wird die Mitteilung idR über die Bekanntgabe im Bundesanzeiger erfolgen, selbst wenn alle Geschädigten bekannt sind (BT-Drucks 18/9525 S 83). Bei unbekannten Verletzten oder Verletzten unbekannten Aufenthalts kommt eine individuelle Mitteilung von vornherein nicht in Betracht.
9   **Weitere Veröffentlichungen** kann die StA zusätzlich veranlassen (IV S 2), etwa in der regionalen oder überregionalen Presse oder durch Aushang an Schwarzen Brettern von Gemeinden oder Behörden, auch durch Plakate. Sie kann ferner in Pressemitteilungen über vollzogene Sicherungsmaßnahmen auf die Veröffentlichungen im elektronischen BAnz hinweisen.
10 **Datenschutz:** Personendaten (vgl § 5 I Nr 1 BZRG) dürfen zum Schutz des Rechts auf informationelle Selbstbestimmung nur veröffentlicht werden, soweit dies zur Wahrung der Rechte der Verletzten unerlässlich ist. (IV S 4). Für die Löschung der von ihr veranlassten Veröffentlichungen im elektronischen BAnz hat die StA Sorge zu tragen (IV S 5). Dies setzt voraus, dass die in der jeweiligen Veröffentlichung aufgeführten Maßnahmen vollständig beendet sind; eine Pflicht zur Berichtigung bei teilweiser Aufhebung der Maßnahmen besteht nicht (BT-Drucks 16/700 S 12 zu § 111e aF – IV S 5 hat den Wortlaut von § 111e IV S 4 aF unverändert übernommen).
11 4) Als Annex zur Vollziehung der Beschlagnahme oder Vermögensarrestes fällt die Mitteilung in die **Zuständigkeit** der Rechtspfleger der StA (erg 2-5, 8, 10–12 zu § 111k).

Verwaltung beschlagnahmter oder gepfändeter Gegenstände

111m [1] [1] Die Verwaltung von Gegenständen, die nach § 111c beschlagnahmt oder auf Grund eines Vermögensarrestes nach § 111f gepfändet worden sind, obliegt der Staatsanwaltschaft. [2] Sie kann ihre Ermittlungspersonen (§ 152 des Gerichtsverfassungsgesetzes) oder den Gerichtsvollzieher mit der Verwaltung beauftragen. [3] In geeigneten Fällen kann auch eine andere Person mit der Verwaltung beauftragt werden.

570   Köhler

II Gegen Maßnahmen, die im Rahmen der Verwaltung nach Absatz 1 getroffen werden, kann der Betroffene die Entscheidung des nach § 162 zuständigen Gerichts beantragen.

1) Die **Verwaltung** beschlagnahmter oder gepfändeter Gegenstände ist der StA 1 übertragen (I 1). Die Vorschrift dient der Umsetzung von Art 10 I Richtlinie 2014/42/EU (Abl L 127 v 29.4.2024 S 39; BT-Drucks 18/9525 S 83). Die StA kann ihre Ermittlungspersonen oder einen Gerichtsvollzieher mit der Verwaltung beauftragen (I S 2). Sie kann sich aber auch (gewerbetreibender) Privater bedienen (I S 3); dies kommt insb bei der Verwaltung von Immobilien in Betracht (BT-Drucks 18/9525 S 83).

2) Nach II kann der Betroffene gegen Verwaltungsmaßnahmen **gerichtliche** 2 **Entscheidung** beantragen. Die Zuständigkeit des Gerichts richtet sich nach § 162.

3) Die StA hat für eine **sorgfältige Verwahrung** Sorge zu tragen (RiStBV 74). 3 Ein Verletzung dieser Pflicht kann Schadensersatzansprüche auslösen (ausführlich 22 zu § 94).

Herausgabe beweglicher Sachen

111n **I** Wird eine bewegliche Sache, die nach § 94 beschlagnahmt oder auf andere Weise sichergestellt oder nach § 111c Absatz 1 beschlagnahmt worden ist, für Zwecke des Strafverfahrens nicht mehr benötigt, so wird sie an den letzten Gewahrsamsinhaber herausgegeben.

II Abweichend von Absatz 1 wird die Sache an den Verletzten herausgegeben, dem sie durch die Straftat entzogen worden ist, wenn dieser bekannt ist.

III [1] Steht der Herausgabe an den letzten Gewahrsamsinhaber oder den Verletzten der Anspruch eines Dritten entgegen, wird die Sache an den Dritten herausgegeben, wenn dieser bekannt ist.

IV Die Herausgabe erfolgt nur, wenn ihre Voraussetzungen offenkundig sind.

1) **Allgemeines:** § 111n erfasst nur nach § 94 II oder §§ 111b I S 1, 111c I **be-** 1 **schlagnahmte** oder nach § 94 I **sonst sichergestellte bewegliche Sachen** (LR-Johann 13; **aA** KK-Spillecke 3). Für die Rechtspraxis beschränkt sich die Bedeutung der Vorschrift im Wesentlichen auf die Fälle, in denen die herauszugebende Sache sich in amtlichem Gewahrsam befindet (zB sichergestelltes Diebesgut; vgl auch KMR-Mayer 5 zu § 111k aF). § 111n gilt nicht für Gelder, die der Beschuldigte freiwillig zur Entschädigung der Opfer bereitstellt (Oldenburg NStZ-RR **08**, 116). Sie ist nicht – auch nicht entspr – anwendbar, wenn beschlagnahmtes Geld wegen Ungewissheit über die Person des Berechtigten bereits hinterlegt (Stuttgart NStZ **87**, 243) oder eine Forderung nach § 111c III durch Pfändung beschlagnahmt worden ist (BGH NJW **07**, 3352). War der Gegenstand freiwillig herausgegeben worden, so darf er nur an denjenigen zurückgegeben werden, der ihn zur Verfügung gestellt hatte (Bremen MDR **60**, 603; LR-Menges 68 zu § 98).

Die Behörde muss die **Verfügungsgewalt** über die Sache zudem von dem Be- 2 schuldigten oder einem Dritten (auch wenn dieser die Sache als Drittbegünstigter (§ 73b StGB) oder vom Beschuldigten durch eine Straftat (Hehlerei, Begünstigung, Unterschlagung uä) erlangt hat, erhalten oder erzwungen haben (RG **19**, 98; Frankfurt GA **72**, 212; KMR-Mayer 6 zu § 111k aF; Malitz NStZ **03**, 63 Fn 30; Schmidt 1223; **aM** Celle 2 Ws 282/01 vom 21.12.2001; Hamm NStZ-RR **09**, 376; SK-Rogall 9 zu § 111k aF).

§ 111n ist **zwingendes Recht.** Sofern der Besitz der Sache nicht allg verboten 3 ist, wie der Besitz von Waffen, Sprengstoff oder Betäubungsmitteln ohne die erforderliche Genehmigung, ist die Vorschrift zu beachten (vgl auch LR-Johann 16; vgl für natürliche Personen Art 9 III des Rahmenbeschlusses des Rates vom 15.3.2001 über die Stellung des Opfers im Strafverfahren, ABl EG Nr L 82 S 1).

§ 111n

4 Die Justizbehörden sind nicht verpflichtet, die Sache dem Berechtigten an dessen Wohnsitz zu bringen; es handelt sich um eine **Holschuld** (BGH NJW **19**, 2618; **aM** SK-Wohlers/Greco 60). Das gilt auch, wenn der Eigentümer des beschlagnahmten Gegenstandes nicht Beschuldigter des Strafverfahrens ist (Schleswig NStZ-RR **18**, 96; **aM** insoweit Kemper NJW **05**, 3679). Zu den Einzelheiten wie Abholung oder Rückgabe und den Rechtsweg bei Herausgabeverweigerung, vgl Hoffmann/Knierim NStZ **00**, 462; erg 15 zu § 23 **EGGVG**; RiStBV 75 ist teilweise überholt. Zur Vernichtung beschlagnahmter Beweisunterlagen bei fehlender Rückgabemöglichkeit, Dörn wistra **99**, 175. Zur Anfechtung von Maßnahmen in Vollziehung von Beschlagnahme oder Arrest, 15 zu § 111k.

5 Wie die einstweilige Verfügung des Zivilgerichts schafft die Entscheidung nach § 111n aber **nur eine vorläufige** Besitzstandsregelung (BT-Drucks 18/9525 S 83). Sie hindert nicht, ein besseres Recht gegen den, an die beschlagnahmte Sache herausgegeben worden ist im Zivilrechtsweg, zu verfolgen (BGH NJW **07**, 3352; KK-Spillecke 10).

6 2) **Herausgabe an den letzten Gewahrsamsinhaber (I):**
7 Eine nach § 94 II oder §§ 111b I S 1, 111c I **beschlagnahmte** oder nach § 94 I **sonst sichergestellte bewegliche Sache** wird grundsätzlich an den letzten **Gewahrsamsinhaber** herausgegeben, wenn er für Zwecke des Strafverfahrens nicht mehr benötigt wird (29, 30 zu § 98, 10, 11 zu § 111j). I normiert damit die bislang ungeschriebene **Grundregel** über die Herausgabe beschlagnahmter Sachen bei Entbehrlichkeit für das Strafverfahren (BT-Drucks 18/9525 S 84).

8 Allerdings darf sich der Staat an der Aufrechterhaltung eines **rechtswidrigen Zustands** nicht dadurch beteiligen, dass er die Sache dem Rechtsbrecher zurückgibt (vgl KG JR **88**, 390; Düsseldorf MDR **84**, 424; Hamm NStZ **86**, 376). II und III schreiben daher die Herausgabe an den Verletzten des Staates oder einen Dritten vor, wenn deren Berechtigung „offenkundig" ist. Ist **zweifelhaft**, wem die Sache zusteht, darf sie nicht herausgegeben werden, weil sie dann weiterhin für die Zwecke des Strafverfahrens benötigt wird, in dem eine gerichtliche Entscheidung über ihre Einziehung zu treffen ist (I). An den Beschuldigten dürfen durch eine Straftat erlangten Sachen auch dann nicht herausgegeben werden, wenn die Voraussetzungen von II oder III nicht vorliegen; solche Sachen sind nach § 73 I StGB zwingend einzuziehen (erg unten 8; gegen eine Herausgabe schon im früheren Recht, Düsseldorf NStZ **84**, 567; Hamm NStZ **86**, 376; LG Saarbrücken StraFo **09**, 510).

9 3) **Herausgabe an den Verletzten (II):**
10 Nur an den **bekannten Verletzten** oder seine Erben darf die Sache herausgegeben werden. Verletzt iS des § 111n II ist jeder, dem der Besitz an der Sache durch die Straftat **unmittelbar entzogen** worden ist (Malitz NStZ **03**, 63). Der Eigentümer, der nicht zugleich unmittelbarer Besitzer war, ist nicht Verletzter in diesem Sinne (LG Berlin 511 Qs 24/07 vom 27.4.2007; KMR-Mayer 8 zu § 111k aF; vgl auch LR-Johann 25; **aM** Hamm NStZ-RR **09**, 376), auch nicht der Insolvenzverwalter (LG Mannheim NStZ-RR **98**, 113: Inbesitznahme gem § 117 I KO = § 148 I InsO). Ist der Verletzte nicht bekannt, so wird nicht versucht, ihn zu ermitteln. Die Beschlagnahme nach §§ 111c I dauert fort, weil sie wegen der dann zwingend vorgeschriebenen Einziehung (vgl. §§ 73 I, 75 I StGB) weiter für das Strafverfahren benötigt wird.

11 **Durch die Straftat entzogen** muss die Sache dem Verletzten sein, und zwar durch die Tat, die Gegenstand des Strafverfahrens ist (SSW-Burghart 4; BeckOK-Huber 7; **aM** Celle 2 Ws 282/01 vom 21.12.2001; Düsseldorf NStZ **84**, 567 mit abl Anm Gropp; KMR-Mayer 8 zu § 111k aF; LR-Johann 19 f). Gleichgültig ist, ob es zu einer Verurteilung gerade wegen dieser Tat gekommen ist (KG JR **88**, 390). Schuldhafte Tatbegehung wird nicht vorausgesetzt (§§ 73 I iVm 11 I Nr 5 StGB); daher ist § 111n anwendbar, wenn der Beschuldigte wegen Irrtums nach §§ 16, 17 StGB oder wegen Schuldunfähigkeit nach § 20 StGB nicht verurteilt werden kann. Da nach IV **offenkundig** (unten 15 ff) sein muss (zur Geltung dieser Voraussetzung auch für II, vgl 16), dass dem Verletzten die Sache strafrechtswidrig entzogen worden ist, muss die (Erwerbs-)Tat aber erwiesen sein (BeckOK-Huber 12). Das Vorliegen einer Straftat und die Verletztenstellung muss mithin auf Grund des Ermittlungsergebnisses aus den Akten festgestellt werden können; zusätzliche Beweise werden nicht erhoben (BT-Drucks 18/9525 S 83f; LR-Johann 33; KK-Spillecke 11). Ist diese Feststellung nicht ohne weiteres möglich, wird die Sache weiter für das Strafverfahren iSv I – nämlich für die Einziehungsentscheidung (§ 73 I StGB) in der Hauptsache – benötigt; eine Herausgabe an den letzten Gewahrsamsinhaber nach I kommt dann nicht in Betracht. Dies gilt auch bei unbekannten Verletzten (iE ebenso SSW-Burghart 4).

Entzogen sind nur Sachen, die **unmittelbar durch die Straftat** in den Besitz **12** des Täters gelangt sind (vgl BGH 4 StR 306/07 vom 2.10.2007; Köln StV **05**, 541 zu sichergestelltem Bargeld), auch bei freiwilligem Gewahrsamsverlust, wie bei Unterschlagung und Betrug. Als entzogen gelten auch der Pfandschein über die Sache (LR-Johann 24) und der Erlös aus der Notveräußerung nach § 111p I S 3, nicht aber Sachen, die an die Stelle der entzogenen Sache getreten sind, wie umgewechseltes Geld und andere Ersatzsachen (SK-Rogall 15 zu §111k aF; LR-Johann 23; **aM** Schleswig NStZ **94**, 99; KK-Spillecke 6), auch nicht das durch Verarbeiten gewonnene Erzeugnis oder das nach Vermischung mit dem gestohlenen Geld entstandene Miteigentum (LR-Johann 23). In einem solchen Fall dauert die Beschlagnahme (etwa des Ersatzgegenstandes iSd § 73 III StGB) fort, da die Sache für die Einziehungsentscheidung im Strafverfahren (weiter) benötigt wird (I). Eine Herausgabe kommt dann nicht in Betracht.

4) Herausgabe an Dritte (III): **13**
Die Herausgabe an den letzten Gewahrsamsinhaber oder an den Verletzten muss unterbleiben, wenn ihr **Ansprüche Dritter** entgegenstehen. Der Anspruch (§ 194 I BGB) wird meist Ausfluss eines dinglichen Rechts sein (zB Eigentum), kann aber auch aus einem Schuldverhältnis entstehen, das im Besitzrecht begründet ist. Ob der Anspruch dem zuständigen Strafverfolgungsorgan bekannt ist (Nachforschungen werden nicht angestellt) oder ihm gegenüber ausdrücklich erhoben wird, ist unerheblich. Dritter ist auch der Beschuldigte, wenn er behauptet, Ansprüche unabhängig von der Straftat zu haben (LR-Johann 34).

Ist es **offenkundig** (IV; dazu 15-17), dass der Dritte einen Anspruch auf Her- **14** ausgabe hat, wird sie an ihn herausgegeben, wenn er bekannt ist (III).

5) Offenkundigkeit (IV): **15**
Die Voraussetzungen für die Herausgabe müssen in allen Fällen **offenkundig** **16** iSv offensichtlich (SSW-Burghart 6) sein (IV). Dies gilt nicht nur für die Herausgabe an einen Dritten, sondern auch für den letzten Gewahrsamsinhaber (I) oder den Verletzten (II), da die Offenkundigkeitsvoraussetzung nach einer Berichtigung gemäß § 61 III S 1 GGO numehr in einem gesonderten Absatz steht (zum Redaktionsversehen bei der Verkündung, vgl 61. Aufl 16). Die Frage der Offenkundigkeit ist aufgrund aller im Entscheidungszeitpunkt vorhandenen Beweise zu beurteilen; eine Beschränkung auf allgemein- oder gerichtskundige Tatsachen enthält IV nicht (LG Rostock 18 Qs 32/18 vom 9.4.2018).

Eine Herausgabe kommt daher **in jedem Fall** nur in Betracht, wenn aufgrund **17** der Aktenlage oder aufgrund eines vom Anspruchsteller erbrachten Nachweises (zB zivilrechtlicher Titel) ohne weiteres unzweifelhaft ist, an wen die Sache herauszugeben ist. Ist dies nicht der Fall, ist ein auf § 111n gestütztes Herausgabeverlangen als unbegründet zurückzuweisen. Dies schützt StA und Gericht vor der Notwendigkeit gesonderter Ermittlungen oder uU komplexer Prüfungen in tatsächlicher und rechtlicher Hinsicht. In Zweifelsfällen dauert die Beschlagnahme dann fort (BT-Drucks 18/9525 S 83f).

6. Zu den **Rechtsbehelfen** und zu möglichen **Schadensersatzsprüchen** we- **18** gen mangelhafter Verwahrung, vgl 3 zu § 111o; vgl. 3 zu § 111m und 22 zu § 94.

§§ 111o, 111p

Verfahren bei der Herausgabe

111o ^I Über die Herausgabe entscheidet im vorbereitenden Verfahren und nach rechtskräftigem Abschluss des Verfahrens die Staatsanwaltschaft, im Übrigen das mit der Sache befasste Gericht.

^{II} Gegen die Verfügung der Staatsanwaltschaft und ihrer Ermittlungspersonen können die Betroffenen die Entscheidung des nach § 162 zuständigen Gerichts beantragen.

1 1) § 111o I regelt die **Zuständigkeit** für die Herausgabeentscheidung. Im Ermittlungsverfahren und nach rechtskräftigem Abschluss entscheidet die StA; nach Erhebung der öffentlichen Klage das mit der Hauptsache befasste Gericht (BT-Drucks 18/9525 S 85; BGH 4 StR 306/07 vom 2.10.2007). Während des Revisionsverfahrens entscheidet der letzte Tatrichter.

2 2) Die **Entscheidung** ergeht nach Aktenlage; Beweise werden nicht erhoben. Das Gericht entscheidet durch **Beschluss**; die StA, andere betroffene Verfahrensbeteiligte, der Verletzte und derjenige, der Ansprüche erhebt, sind vorher zu hören. Die Gegenstände und der Empfangsberechtigte sind genau zu bezeichnen. Die Entscheidung wird formlos bekannt gemacht. Das Gericht kann die Herausgabe selbst veranlassen oder der StA überlassen. Vor der Herausgabe ist der Anspruch des Verletzten noch nicht erfüllt (BGH 4 StR 306/07 vom 2.10.2007).

3 3) **Anfechtung:** Gegen die Entscheidung der StA über die Herausgabe an den Verletzten kann der Betroffene gerichtliche Entscheidung beantragen (II). Die gerichtliche Zuständigkeit richtet sich nach § 162. Antragsberechtigt sind im Umfang ihrer Beschwer der Beschuldigte, der Verletzte, der letzte Gewahrsamsinhaber und der Dritte, der Ansprüche erhebt (erg 15 zu § 111k). Die Entscheidungen des Gerichts – auch des erkennenden Gerichts (§ 305 S 2) und des OLG im 1. Rechtszug (§ 304 IV S 2 Nr 1) – über die Herausgabe unterliegen der Beschwerde nach § 304 I, II (BT-Drucks 18/9525 S 85). Beschwerdeberechtigt sind die StA und jeder, der ein Recht oder einen Anspruch an der Sache behauptet.

Notveräußerung

111p ^{I 1} Ein Gegenstand, der nach § 111c beschlagnahmt oder nach § 111f gepfändet worden ist, kann veräußert werden, wenn sein Verderb oder ein erheblicher Wertverlust droht oder seine Aufbewahrung, Pflege oder Erhaltung mit erheblichen Kosten oder Schwierigkeiten verbunden ist (Notveräußerung). ² Der Erlös tritt an die Stelle des veräußerten Gegenstandes.

^{II 1} Die Notveräußerung wird durch die Staatsanwaltschaft angeordnet. ² Ihren Ermittlungspersonen (§ 152 des Gerichtsverfassungsgesetzes) steht diese Befugnis zu, wenn der Gegenstand zu verderben droht, bevor die Entscheidung der Staatsanwaltschaft herbeigeführt werden kann.

^{III 1} Die von der Beschlagnahme oder Pfändung Betroffenen sollen vor der Anordnung gehört werden. ² Die Anordnung sowie Zeit und Ort der Veräußerung sind ihnen, soweit dies ausführbar erscheint, mitzuteilen.

^{IV 1} Die Durchführung der Notveräußerung obliegt der Staatsanwaltschaft. ² Die Staatsanwaltschaft kann damit auch ihre Ermittlungspersonen (§ 152 des Gerichtsverfassungsgesetzes) beauftragen. ³ Für die Notveräußerung gelten im Übrigen die Vorschriften der Zivilprozessordnung über die Verwertung von Gegenständen sinngemäß.

^{V 1} Gegen die Notveräußerung und ihre Durchführung kann der Betroffene die Entscheidung des nach § 162 zuständigen Gerichts beantragen. ² Das Gericht, in dringenden Fällen der Vorsitzende, kann die Aussetzung der Veräußerung anordnen.

Ermittlungsmaßnahmen **§ 111p**

1) Gegenstände (I S 1), die bis zur Urteilsrechtskraft der Notveräußerung unterliegen, sind die nach § 111c beschlagnahmten und die auf Grund eines Vermögensarrests nach § 111f gepfändeten beweglichen Sachen, Forderungen und anderen Vermögensrechte, zB Aktiendepots. Wo sie aufbewahrt werden, ist gleichgültig. Grundstücke unterfallen nicht der Notveräußerung (BGH Rpfleger **19**, 355 zu § 111l aF; **aA** BeckOK-Huber 1; MüKoStPO-Bittmann 2 zu § 111l aF; 61. Aufl. 1). Nach § 111d IV S 1 zurückgegebene Sachen werden nicht notveräußert, nach § 111d IV S 3 überlassene Sachen erst nach Widerruf der Überlassung (LR-Johann 5). Von der Notveräußerung ausgenommen sind auch Sachen, die wegen ihrer Beschaffenheit unbrauchbar gemacht, vernichtet oder aus dem Verkehr gezogen werden müssen, insbesondere aber Sachen, die nur nach § 94 als Beweismittel sichergestellt sind. Ist ihre weitere Verwahrung nicht möglich, so muss ihre Beweisaussage durch Fotografieren, Augenscheinseinnahme, Besichtigung durch Zeugen oder Sachverständige für das Verfahren gesichert werden; danach sind sie freizugeben (Achenbach NJW **76**, 1070 Fn 31; Lampe NJW **75**, 197; vgl auch RiStBV 76). Auf Gegenstände, die sowohl nach § 94 als auch nach § 111c beschlagnahmt sind, ist § 111p dagegen anwendbar. **1**

2) Veräußerungsgründe (I S 1): Verderb bedeutet eine Veränderung der Substanz, die mit der Aufhebung des Sachwerts verbunden ist. Ein erheblicher Wertverlust ist jedenfalls bei einem drohenden Wertverlust von 10% gegeben (BT-Drucks 18/9525 S 85). Er kann auch wegen einer besonderen Marktentwicklung drohen (KMR-Mayer 4 zu 111l aF; vgl BT-Drucks 16/700 S 19: sichergestellte Aktiendepots; Greier wistra **16**, 249, 257; Goger MMR **16**, 431, 434: Bitcoins mit Rücksicht auf die systemimmanente hohe Volatilität des Kurses). Bei beweglichen Sachen ist vorrangig die Herausgabe an den Verletzten nach § 111n II zu prüfen (BT-Drucks 18/9525 S 85). Die Unverhältnismäßigkeit der Kosten für Aufbewahrung, Pflege oder Erhaltung des Vermögenswertes beurteilt sich nach dem Verkehrswert (vgl Hamm VRS **98**, 133). Gerechtfertigt ist die Notveräußerung in jedem Fall, wenn ein wirtschaftlich denkender Eigentümer den Gegenstand veräußern würde (vgl auch Koblenz MDR **85**, 516; Hamburg NStZ-RR **11**, 345, 346 zu den Voraussetzungen der Notveräußerung bei hochpreisigen KFZ). Unverhältnismäßig große Schwierigkeiten bei der Aufbewahrung, Pflege oder Erhaltung sind nicht an dem vorhandenen Personal zu messen, sondern an dem Kostenaufwand, der bei einem Auftrag zur Aufbewahrung oder Pflege an einen Fachmann entstehen würde. Die Notveräußerung kommt daher insb in Betracht, wenn mit der Verwaltung ein Gewebetreibender beauftragt werden müsste (erg 1 zu § 111m). **2**

4) Wirkung (I S 2): Der Erlös aus der Notveräußerung tritt an die Stelle des veräußerten Vermögenswertes. Liegen die Voraussetzungen der §§ 73 oder 74 StGB vor, ist daher im Urteil auf Einziehung des Erlöses zu erkennen (BGH **8**, 46, 53). Fallen dagegen die Beschlagnahmevoraussetzungen weg, so wird der bisherige Eigentümer nicht Eigentümer des Erlöses, sondern erlangt nur einen Anspruch auf dessen Auszahlung (RG **56**, 322; **66**, 85). **3**

5) Verfahren (II, III): **4**
A. **Zuständigkeit (II S 1):** Für die **Anordnung** ist in jedem Verfahrensstadium ausschließlich die StA zuständig (II S 1); die Anordnung ist nach § 31 I Nr 2 RPflG den Rechtspflegern übertragen. Eine Anordnung des StA ist aber wirksam. Er wird sie uU sogar treffen müssen, wenn der Rechtspfleger nicht rechtzeitig tätig werden kann. Die Ermittlungspersonen der StA haben nur eine Notzuständigkeit für den Fall, dass der Verderb der Sache droht, bevor eine Entscheidung der StA herbeigeführt werden kann (II S 2). Dem steht der Fall gleich, dass eine schnell eintretende erhebliche Wertminderung unabwendbar erscheint. **5**

B. **Anhörung der Betroffenen (III S 1):** Betroffen von der Notveräußerung ist nicht nur derjenige, bei dem der Gegenstand beschlagnahmt oder gepfändet worden ist, sondern auch ein etwaiger Verletzter oder eine sonstiger Dritter, der Rechte an dem Gegenstand geltend macht. Die Anhörung soll den Betroffenen **6**

Köhler

ermöglichen, Bedenken zu erheben oder Abwendungsvorschläge zu machen. Der Betroffene ist auch auf die Möglichkeit des § 111d II hinzuweisen. Auf die Wirksamkeit der Notveräußerung ist die Nichtbeachtung der Sollvorschrift des III S 1 ohne Einfluss (Celle NStZ-RR **11**, 343, 344; KMR-Mayer 11 zu § 111l aF).

7 C. **Mitteilungspflicht (III S 2):** Sofern dies ausführbar erschient, wird die Anordnung der Notveräußerung sowie Ort und Zeit der Veräußerung den Betroffenen mitgeteilt. Das soll ihnen ermöglichen, die notveräußerte Sache selbst zu erwerben oder geeignete Käufer auf die Notveräußerung aufmerksam zu machen.

8 **6) Durchführung (IV):** Die Durchführung der Notveräußerung obliegt der StA (IV S 1); sie ist auf den Rechtspfleger übertragen (§§ 22 Nr 2, 31 I Nr 2, VI RPflG). Die StA kann auch ihre Ermittlungspersonen mit der Durchführung beauftragen (IV S 2). Der StA und ihren Ermittlungspersonen steht es frei, in welcher Weise und durch wen sie die Notveräußerung durchführen. Sie sind weder auf die Möglichkeiten der ZPO noch auf den Gerichtsvollzieher begrenzt. Sie können sich etwa auch gewerblicher Verwerter bedienen (BT-Drucks 18/9525 S 85 f). Zusätzlich sind die Vorschriften der ZPO sinngemäß anzuwenden. Das Verfahren richtet sich dann nach §§ 814–825 ZPO. Die StA kann daher einen Gerichtsvollzieher beauftragen; auch der freihändige Verkauf (§ 825 ZPO) ist zulässig (BT-Drucks 18/9525 S 86).

9 **7) Antrag auf gerichtliche Entscheidung (V):** Der Antrag ist zulässig gegen die Anordnung und Durchführung der Notveräußerung (V S 1). Dieser Antrag ist auch zulässig gegen Anordnungen der Ermittlungspersonen. Er muss aber zunächst der StA vorgelegt werden, die die Anordnungen und Maßnahmen der Ermittlungspersonen aufheben und ändern kann. Nur wenn sie sich die Anordnung zu eigen macht, legt sie den Antrag dem Gericht vor, falls dieser nicht inzwischen prozessual überholt ist (vgl 17 vor § 296). **Antragsberechtigt** ist jeder Betroffene (oben 6); auch der letzte Gewahrsamsinhaber (Saarbrücken StraFo **16**, 377; LR-Johann 29; SK-Rogall 35). **Zuständig** für die Entscheidung ist nach V S 1, § 162 I S 1, III im Vorverfahren und nach Rechtskraft das Ermittlungsgericht, in dessen Bezirk die StA (ihre Zweigstelle) ihren Sitz hat, nach Erhebung der öffentlichen Klage das mit der Hauptsache befasste Gericht. Während des Revisionsverfahrens entscheidet der letzte Tatrichter. Die **Aussetzung** der Notveräußerung durch das Gericht, in Eilfällen durch den Vorsitzenden, sieht V S 2 vor.

10 **8) Beschwerde:** Gegen die Entscheidung des Ermittlungsrichters über die Anordnungen der StA und ihrer Ermittlungspersonen nach V S 1 ist Beschwerde (§ 304) zulässig (zur eingeschränkten Prüfungskompetenz des Beschwerdegerichts bei gleichzeitiger revisionsgerichtlicher Überprüfung eines Urteils, Hamburg NStZ-RR **11**, 345).

Beschlagnahme von Schriften und Vorrichtungen

111q [I] ¹Die Beschlagnahme einer Schrift oder einer Vorrichtung im Sinne des § 74d des Strafgesetzbuches darf nach § 111b Absatz 1 nicht angeordnet werden, wenn ihre nachteiligen Folgen, insbesondere die Gefährdung des öffentlichen Interesses an unverzögerter Verbreitung, offenbar außer Verhältnis zu der Bedeutung der Sache stehen.

[II] ¹Ausscheidbare Teile der Schrift, die nichts Strafbares enthalten, sind von der Beschlagnahme auszuschließen. ²Die Beschlagnahme kann in der Anordnung weiter beschränkt werden.

[III] Die Beschlagnahme kann dadurch abgewendet werden, dass der Betroffene den Teil der Schrift, der zur Beschlagnahme Anlass gibt, von der Vervielfältigung oder der Verbreitung ausschließt.

[IV] ¹Die Beschlagnahme einer periodisch erscheinenden Schrift oder einer zu deren Herstellung gebrauchten oder bestimmten Vorrichtung im Sinne des

Ermittlungsmaßnahmen **§ 111q**

§ 74d des Strafgesetzbuches ordnet das Gericht an. ²Die Beschlagnahme einer anderen Schrift oder einer zu deren Herstellung gebrauchten oder bestimmten Vorrichtung im Sinne des § 74d des Strafgesetzbuches kann bei Gefahr in Verzug auch die Staatsanwaltschaft anordnen. ³Die Anordnung der Staatsanwaltschaft tritt außer Kraft, wenn sie nicht binnen drei Tagen von dem Gericht bestätigt wird. ⁴In der Anordnung der Beschlagnahme sind die Stellen der Schrift, die zur Beschlagnahme Anlass geben, zu bezeichnen.

V ¹Eine Beschlagnahme nach Absatz 4 ist aufzuheben, wenn nicht binnen zwei Monaten die öffentliche Klage erhoben oder die selbständige Einziehung beantragt ist. ²Reicht die in Satz 1 bezeichnete Frist wegen des besonderen Umfanges der Ermittlungen nicht aus, kann das Gericht auf Antrag der Staatsanwaltschaft die Frist um weitere zwei Monate verlängern. ³Der Antrag kann einmal wiederholt werden. ⁴Vor Erhebung der öffentlichen Klage oder vor Beantragung der selbständigen Einziehung ist die Beschlagnahme aufzuheben, wenn die Staatsanwaltschaft dies beantragt.

1) Beschränkungen der Beschlagnahme zur Sicherung der Einziehung nach 1 § 74d StGB von Druckwerken (8 zu § 7) und sonstigen Schriften (vgl § 11 III StGB) und der Unbrauchbarmachung (1 zu § 111b) von Gegenständen iS des § 74d I S 2 StGB bestimmt § 111q mit Rücksicht auf die durch Art 5 I S 2 GG gewährleistete Freiheit der Presse. Die Beschlagnahme zu Beweiszwecken richtet sich nach §§ 94 ff und unterliegt keinen besonderen Einschränkungen (vgl aber 18 ff zu § 94). § 111q gilt auch nicht für die nur zu Beweiszwecken zulässige Postbeschlagnahme nach § 99 (KK-Spillecke 1). Eine Pressebeschlagnahme zur Sicherung einer Tatertragseinziehung (§§ 73 ff StGB) kommt praktisch nicht in Betracht; unzulässig ist dies entspr Anwendung des § 111q aber nicht (**aM** SK-Rogall 3; 1 zu § 111n aF).

2) Die **Landespressegesetze** sind unwirksam, soweit sie Vorschriften über die 2 Beschlagnahme von Druckschriften enthalten; denn hierbei handelt es sich um Verfahrensrecht iS des Art 74 Nr 1 GG so auch die hM, vgl Achenbach NStZ **00**, 124 Fn 1, der selbst aber einschr dem Bundesgesetzgeber die Kompetenz zur Abschaffung des landespresserechtlichen Verbreitungs- und Nichtabdrucksverbots bestreitet; Löffler/Bullinger Einl 74 hält demgegenüber die §§ 111m, 111n aF für nicht gültig, während Groß NStZ **99**, 334 von der Weitergeltung der Landespressegesetze ohne Einschränkungen ausgeht). Insbesondere haben die Vorschriften der Landespressegesetze, die für die Dauer der Beschlagnahme die Verbreitung und den Wiederabdruck verbieten, ihre Geltung verloren (KG JR **84**, 249, 250; KK-Spillecke 2). Das ist nur auf Grund der Bestimmungen strafbar, auf denen die Beschlagnahme beruht (Groß aaO 336).

3) Beschlagnahmebeschränkungen: 3

A. **Verhältnismäßigkeitsgrundsatz (I):** Vgl zunächst Einl 20. Die nachteili- 4 gen Folgen der Beschlagnahme müssen gegen die Bedeutung der Sache abgewogen werden. Im Zweifel ist die Beschlagnahme zulässig. Sie ist nur ausgeschlossen, wenn das Missverhältnis nach der Lebenserfahrung, für jeden Sachkundigen erkennbar und ohne Beweiserhebung, offensichtlich ist (SK-Rogall 10 zu § 111m aF mwN). Ein krasses Missverhältnis braucht nicht vorzuliegen (KK-Spillecke 5; Löffler/Achenbach 112 zu § 13 LPG).

Nachteilige Folge ist in erster Hinsicht die Gefährdung des öffentlichen Inte- 5 resses an unverzögerter Verbreitung eines Druckwerks, sofern es aktuelle Themen behandelt (LR-Johann 16). Das Interesse besteht sich auf den Gesamtinhalt der Druckschrift, nicht nur auf den die Beschlagnahme auslösenden Teil (Löffler/ Achenbach 98 zu § 13 LPG). Gleichgültig ist, ob die Unterrichtung der Öffentlichkeit durch andere Quellen gewährleistet (KK-Spillecke 5; Löffler/Achenbach 100 zu § 13 LPG) und ob das Informationsinteresse „legitim" ist oder nur auf Neugier beruht (SK-Rogall 11). Andere nachteilige Folgen sind die wirtschaftlichen Nachteile der Pressebeschlagnahme für Herausgeber und Verleger, aber auch

§ 111q Erstes Buch. 8. Abschnitt

für die mittelbar davon betroffenen Drucker, Händler, Inserenten und Abonnenten (Löffler/Achenbach 104 zu § 13 LPG).

6 Bei der **Bedeutung der Sache** kommt es auf das Gewicht der Straftat an, derentwegen das Ermittlungsverfahren eingeleitet worden ist. Bei schwerwiegenden Taten, zB Hoch- und Landesverrat sowie Aufforderung zur Begehung von Straftaten, ist die Beschlagnahme idR trotz ihrer schwerwiegenden Folgen zulässig (vgl LR-Johann 21). Straftaten gegen Einzelpersonen, wie Beleidigung, rechtfertigen dagegen die Beschlagnahme der ganzen Auflage einer Druckschrift idR nicht (Löffler NJW **59**, 418; vgl auch BVerfG 1 BvR 519/08 vom 9.7.2008).

7 B. **Ausscheidbare Teile (II S 1):** Die Beschlagnahme muss auf diejenigen Teile der Druckschrift beschränkt werden, deren Inhalt strafbar ist, sofern sich der andere Teil – wie insb bei Loseblattsammlungen und Zeitungsbeilagen – ohne Mitwirkung des Betroffenen technisch abtrennen oder ausscheiden lässt, wobei auch Werkzeuge verwendet werden dürfen. Ob der nach der Trennung verbleibende Teil noch ein in sich geschlossenes selbständiges Druckwerk bildet, ist gleichgültig (Löffler/Achenbach 32 zu § 14 LPG). Die Trennung darf aber nicht zur Entwertung der ganzen Druckschrift führen (SK-Rogall 14 zu § 111m aF; Löffler/Achenbach aaO). In der Beschlagnahmeanordnung müssen die ausgeschiedenen Teile genau bezeichnet werden.

8 C. **Nach richterlichem Ermessen (II S 2)** sind Beschränkungen anzuordnen, die den mit der Maßnahme verfolgten Zweck unter größtmöglicher Schonung des Betroffenen zulassen (näher LR-Johann 24), zB die Beschränkung der Beschlagnahme auf einen Teil der Auflage oder auf bestimmte Formen der Verbreitung (Straßenverkauf). Bei bestimmten Personen kann von der Beschlagnahme auch ganz oder teilw abgesehen, insb können dem Verleger Archivexemplare belassen werden (KK-Spillecke 6; Löffler/Achenbach 29 zu § 14 LPG).

9 **4) Abwendung der Beschlagnahme (III):** IdR wird zunächst die allgemeine Beschlagnahme der Schrift angeordnet (12 zu § 111b). Die Abwendung ihrer Vollziehung setzt dann voraus, dass der Betroffene, dh derjenige, der durch die Beschlagnahme einen Rechtsverlust erlitten hat oder befürchten muss, sie durch einen entspr Antrag, in dem die zur Abwendung geeigneten Maßnahmen dargelegt werden, geltend macht (SK-Rogall 17 zu § 111m aF; nach Löffler/Achenbach 38 zu § 14 LPG aA LR-Johann 32). Unverzüglich braucht der Antrag nicht gestellt zu werden. Über ihn entscheidet die für die Beschlagnahmevollziehung zuständige StA (§ 111k I S 1). In welcher Weise der Betroffene die beanstandeten Teile entfernt (Herausschneiden, Schwärzen, Überkleben), bleibt ihm überlassen (Löffler/Achenbach 34 zu § 14 LPG). Macht die Maßnahme des Betroffenen die Beschlagnahmeanordnung entbehrlich, weil deshalb die Annahme der Einziehung nach § 74d StGB entfällt, so wird (auch) die Anordnung selbst aufgehoben (zur Zuständigkeit, vgl 11 zu § 111j).

10 **5) Beschlagnahmeanordnung (IV S 4):** In Ergänzung des § 111b bestimmt die Vorschrift, dass die Stellen der Schrift, deren Inhalt Anlass zu der Beschlagnahme gibt, bezeichnet werden müssen. Dabei genügt der allgemeine Hinweis auf das Vorhandensein solcher Stellen nicht; sie müssen inhaltlich wiedergegeben werden (LR-Johann 25 zu § 111m aF). Die Fundstelle muss nach Band, Heft, Seite, Spalte usw angegeben werden (Löffler/Achenbach 45 zu § 14 LPG). Die Rechtsvorschriften, auf denen die Beschlagnahmeanordnung beruht, müssen ebenfalls angegeben werden. Ein Verstoß gegen IV S 4 ist aber auf die Wirksamkeit der Beschlagnahme ohne Einfluss (KK-Spillecke 9; LR-Johann 49).

11 **6) Zuständigkeit für die Beschlagnahmeanordnung (IV):**

12 A. Für **periodische Druckwerke** und die Gegenstände iS des § 74d StGB schafft I S 1 eine besondere Beschlagnahmezuständigkeit. Periodische Druckwerke sind nach der Legaldefinition der Landespresse- oder Landesmediengesetze Zeitungen, Zeitschriften und andere Druckwerke jeder Art (auch Familien- und Vereins-

zeitungen, Kurszettel, Preislisten, Wetterberichte uä), die in ständiger, wenn auch unregelmäßiger Folge und im Abstand von nicht mehr als 6 Monaten erscheinen.

Dazu gehören auch Plakate, nicht aber Flugblätter und Druckwerke, deren einzelnen Exemplaren Abgeschlossenheit (Fortsetzungslieferungen von Loseblatt- und Entscheidungssammlungen) und Gleichartigkeit (Taschenbuchreihen) fehlt. Die „ewige Wiederkehr" des Druckwerks muss nicht beabsichtigt sein; die Erscheinungsdauer darf aber nicht, wie bei Messe- oder Wahlkampfzeitungen, von vornherein begrenzt sein. Zu den **gleichstehenden Gegenständen** iSv S 1 gehören über die Verweisung in § 74d I StGB die in § 11 III StGB genannten Schriften, dh auch Ton- und Bildträger. Die allgemeine Beschlagnahme (12 zu § 111b) zur Sicherung der Einziehung der Druckschrift und der Einziehung und Unbrauchbarmachung der für ihre Herstellung benutzten Gegenstände (§ 74d I S 2 StGB), auch die Beschlagnahme zur Sicherung der Tatertragseinziehung (vgl oben 1 aE), darf nur der Richter anordnen. Zur Zuständigkeit vgl 4 zu § 98. Die Zuständigkeit für die Beschlagnahme zu Beweiszwecken richtet sich nach § 98 I. Hält die Polizei die Beschlagnahme für geboten, so wendet sie sich an die StA (3, 4 zu § 163), im äußersten Notfall unmittelbar an das AG (§ 163 II S 2).

B. **Andere Druckwerke** und die ihrer Herstellung dienenden Gegenstände is 13 des § 74d StGB dürfen nach I S 2 bei Gefahr im Verzug (6 zu § 98) auch von der StA beschlagnahmt werden; die Ermittlungspersonen sind für Beschlagnahmen, die nicht Beweiszwecken dienen, niemals zuständig. Die Beschlagnahmeanordnung der StA muss schriftlich erlassen und nach IV S 4 begründet werden.

Sie bedarf der **richterlichen Bestätigung** binnen 3 Tagen seit ihrem Erlass 14 (KK-Spillecke 12); zur Fristberechnung vgl 7 zu § 100 (anders KMR-Mayer 3 zu § 111n aF: § 43 II unanwendbar). Zuständig ist der Ermittlungsrichter (§ 162 I S 1), nach Erhebung der öffentlichen Klage das mit der Sache befasste Gericht (§ 162 III, dort 17). Die Bestätigung muss von der StA, kann aber auch von dem Betroffenen beantragt werden. Sie muss innerhalb der Frist der StA, aber nicht dem Betroffenen bekanntgegeben werden. Das Gericht prüft nur, ob die Beschlagnahme zZ der Bestätigung gerechtfertigt ist (17 zu § 98). Wird die Beschlagnahmeanordnung der StA innerhalb der Frist nicht bestätigt, so tritt sie ohne weiteres außer Kraft (IV S 3); das Gericht braucht sie nicht aufzuheben. Eine zwar rechtzeitig beantragte aber verspätete Bestätigung gilt als richterliche Beschlagnahme; wird die Bestätigung jedoch erst nach Ablauf von 2 Monaten (V S 1) beantragt, ist die Beschlagnahme aufzuheben (AG Weinheim NStZ **96**, 203 ist insoweit zust Anm Wilhelm).

7) **Umfang der Beschlagnahme:** Die Anordnung erfasst alle beschlagnahme- 15 fähigen Einzelstücke derselben Auflage, aber keine Neuauflagen, auch nicht bei unverändertem Abdruck (Groß NStZ **99**, 338; Löffler/Achenbach 27 zu § 13 LPG). Bei den sog Kopfblättern besteht nur dann Identität mit der Mutterzeitung, wenn beide Blätter am selben Ort hergestellt sind und inhaltlich völlig übereinstimmen (LR-Johann 46). Räumlich umfasst die Anordnung alle in der BRep befindlichen Exemplare (§ 160 GVG), sofern der Beschluss keine Beschränkungen enthält (Löffler/Achenbach 29 zu § 13 LPG; Wagner MDR **61**, 93). Entsprechendes gilt für Beschlagnahmeanordnungen der StA (§ 143 GVG).

8) **Vollstreckt** wird die Anordnung nach § 36 II S 1 stets von der StA (LR- 16 Johann 50; Wendisch JR **78**, 447); das Richtermonopol des IV S 1 gilt nur für die Beschlagnahmeanordnung (Groß AfP **76**, 18). Die StA bedient sich bei der Vollstreckung ihrer Ermittlungspersonen oder anderer Polizeibeamter. Zur Bewirkung der Beschlagnahme vgl 3 ff zu § 111c.

9) **Aufhebung der Beschlagnahmeanordnung:** 17

A. **Ablauf der Frist für die Anklageerhebung (V):** Zur Prozessbeschleuni- 18 gung und um die Presse davor zu schützen, dass die StA das Verfahren hinauszögert, wenn sie das Ziel, die Verbreitung der Druckschrift zu verhindern, durch die Beschlagnahme erreicht hat, verlangt V die Anklageerhebung binnen 2 Monaten.

Vor § 112

Die Anklage muss wegen des Sachverhalts, der zu der Beschlagnahme geführt hat, wenn auch unter abweichender rechtlicher Beurteilung, erhoben werden (LR-Johann 56). Ihr steht der Einziehungsantrag nach § 435 gleich.

19 Die **Frist** wird nach § 43 berechnet (**aM** KMR-Mayer 4 [zu § 43 II]) und beginnt am Tag der Anordnung der Beschlagnahme (KK-Spillecke 13). Maßgebend für die Fristeinhaltung ist der Eingang der Anklage bei Gericht (Löffler/Achenbach 8 zu § 16 LPG). Sachliche Unzuständigkeit schadet nicht (§ 209; SK-Rogall 15; KK-Spillecke 14). Erklärt das Gericht sich hingegen für örtlich unzuständig oder nimmt die StA die Anklage nach § 156 zurück, so ist die Beschlagnahme aufzuheben, sofern die StA nicht noch während des Fristenlaufs wegen desselben tatsächlichen Vorgangs eine neue Anklage erhebt (KMR Mayer 4 zu § 111n aF).

20 Die **Verlängerung der Frist (V S 2)** um (bis zu) 2 Monate ist auf Antrag der StA, nicht von Amts wegen, möglich, wenn sie wegen des Umfangs der Ermittlungen nicht ausreicht, nicht aus anderen Gründen, auch nicht wegen zeitlich aufwändiger Ermittlungen (KMR-Mayer 5 zu § 111n aF; **aM** KK-Spillecke 16) oder rechtlicher Schwierigkeiten (Löffler/Achenbach 20 zu § 16 LPG). Der Antrag muss vor Fristablauf eingehen (KK-Spillecke 15); andernfalls wird er nicht berücksichtigt, auch wenn die Aufhebung der Beschlagnahme noch nicht beschlossen ist (LR-Johann 58; **aM** LG Freiburg NJW 01, 313). Der Verlängerungsantrag kann einmal wiederholt werden (V S 3). Die Verlängerung kann jeweils auch nach Ablauf der zu verlängernden Frist beschlossen werden, sie beginnt jedoch stets am Tag, der dem Tag folgt, an dem die vorherige Frist abgelaufen ist.

21 Nach Fristablauf **endet die Beschlagnahme** nicht von selbst; das Gericht muss die Anordnung aufheben. Dazu zwingt auch eine nur geringfügige Fristüberschreitung; dass die Anklage schon vorliegt, bevor der Beschluss erlassen wird, ist ohne Bedeutung (KK-Spillecke 18).

22 **Zuständig** für die Fristverlängerung und Aufhebung ist im Vorverfahren das für die Beschlagnahme zuständige AG, auch wenn die Beschlagnahmeanordnung von dem Beschwerdegericht stammt, nach verspäteter Anklageerhebung das mit der Sache befasste Gericht.

23 Eine **erneute Beschlagnahme** durch dasselbe oder ein anderes Gericht ist zulässig, aber nur auf Grund von Tatsachen, die der früheren Anordnung nicht zugrunde gelegt waren (KK-Spillecke 19; LR-Johann 59; Löffler/Achenbach 24 zu § 16 LPG).

24 B. Auf **Antrag der StA (V S 4)** muss die Beschlagnahmeanordnung aufgehoben werden, wenn Anklage noch nicht erhoben ist. Das entspricht der Regelung des § 120 III S 1. In entspr Anwendung des § 120 III S 2 ist die StA berechtigt, die beschlagnahmten Gegenstände alsbald freizugeben. Nach Anklageerhebung ist das Gericht an Anträge der StA nicht mehr gebunden, auch wenn sie schon früher gestellt waren (LR-Johann 64).

25 **10) Anfechtung:** Gegen die gerichtliche Beschlagnahmeanordnung, die Bestätigung nach IV S 3, die Entscheidung über den Verlängerungsantrag nach V S 2 und die Aufhebung der Beschlagnahmeanordnung ist Beschwerde nach § 304 zulässig; zur Erledigung der Anordnung, vgl 17 ff zu § 296. Gegen Eilentscheidungen der StA und gegen die Art und Weise der Vollziehung ist der Antrag entspr § 98 II S 2 gegeben (dort 23; HK-Gercke 11 zu § 111n aF; HK-GS/Hartmann 14 zu § 111n aF; **aM** BeckOK-Huber 10 zu § 111n aF: wegen IV S 3 nicht angreifbar; vgl auch SK-Rogall 22 zu § 111n aF).

Neunter Abschnitt. Verhaftung und vorläufige Festnahme RiStBV 46–59

Vorbemerkungen

1 **1)** Die **UHaft** nach §§ 112 ff, §§ 72, 72a **JGG,** dh die Inhaftierung eines noch nicht (oder noch nicht rechtskräftig) verurteilten Beschuldigten, lässt sich mit der

Unschuldsvermutung des Art 6 II MRK nicht ohne weiteres vereinbaren (vgl Hassemer StV **84**, 40: UHaft ist Freiheitsberaubung gegenüber einem Unschuldigen). Dennoch besteht kein Streit darüber, dass sie zulässig ist; Art 5 I S 2 Buchst c MRK sieht UHaft wegen Fluchtgefahr ausdrücklich vor.

Jedoch darf sie nur **in streng begrenzten Ausnahmefällen** angeordnet werden; stets muss zwischen dem Freiheitsanspruch des noch als unschuldig geltenden Beschuldigten und dem Erfordernis abgewogen werden, ihn im Interesse einer wirksamen Strafverfolgung vorläufig in Haft zu nehmen (BVerfGE **19**, 342, 347; **20**, 45, 49; **53**, 152, 158). UHaft darf nur angeordnet und aufrechterhalten werden, wenn überwiegende Interessen des Gemeinwohls, zu denen auch die unabweisbaren Bedürfnisse einer wirksamen Verbrechensbekämpfung gehören, das zwingend gebieten (BVerfGE **35**, 185, 190; **53**, 152, 158). Zu überlegen ist aber, sie zumindest teilw durch die elektronische Fußfessel zu ersetzen (vgl Schünemann GA **08**, 332). 2

Die UHaft wird von dem Beschuldigten als **Sonderopfer für die Allgemeinheit** verlangt (BGHZ **60**, 302 = NJW **73**, 1322), für das er nach § 2 I StrEG, der seiner Rechtsnatur nach ein Aufopferungsanspruch ist (1 vor § 1 StrEG), entschädigt wird, wenn er aus dem Verfahren ohne Verurteilung hervorgeht. Ob und wie bei Verurteilung nach rechtswidrig angeordneter UHaft eine Entschädigung zu gewähren ist, erörtern Park/Schlothauer Widmaier-FS 404 ff. 3

Zweck der UHaft ist ausschließlich die Durchsetzung des Anspruchs der staatlichen Gemeinschaft auf vollständige Aufklärung der Tat und rasche Bestrafung des Täters (BVerfGE **19**, 342, 348; **20**, 45, 49). Die UHaft soll die Durchführung eines geordneten Strafverfahrens gewährleisten und die spätere Vollstreckung eines auf Freiheitsstrafe oder freiheitsentziehende Sicherungsmaßregeln lautenden Urteils sicherstellen (BVerfGE **32**, 87, 93; BGH NJW **87**, 2525; Köln StV **16**, 445; erg 3 zu § 123). Ist sie zu einem dieser Zwecke nicht mehr nötig, ist es unverhältnismäßig und daher grundsätzlich unzulässig, sie anzuordnen, aufrechtzuerhalten und zu vollziehen (Broß StraFo **09**, 12). Allerdings steht die beabsichtigte Abschiebung des Beschuldigten der weiteren Uhaft nicht entgegen und zwingt nicht zur Aufhebung des Haftbefehls (BGH StraFo **17**, 190 unter Hinweis auf § 116b). 4

Die UHaft darf **nicht zu anderen Zwecken** missbraucht werden (sog „apokryphe Haftgründe", vgl Paeffgen NJW **90**, 537; Schlothauer/Weider/Nobis 278, 496; krit aber zu der von Verteidigerseite aufgestellten Behauptung, diese lägen in der Praxis vielfach vor, Lemme wistra **04**, 288 für das Wirtschaftsstrafrecht; dazu ferner Theile wistra **05**, 327), insbesondere nicht dazu, um das Aussageverhalten der Beschuldigten zu beeinflussen, ihn etwa zu veranlassen, von seiner Aussagefreiheit (7 zu § 136) keinen Gebrauch zu machen (BGH aaO) und ein Geständnis zu erzielen. Im Privatklageverfahren darf UHaft nicht angeordnet werden (5 zu § 384). UHaft ist selbstverständlich keine antizipierte Strafhaft (BVerfG StV **08**, 25). 4a

2) Besondere Arten von UHaft sind die Hauptverhandlungshaft nach § 127b, die Sicherungshaft nach § 453c, die Vollstreckungshaft nach § 457 II und die Ungehorsamshaft nach §§ 230 II, 236, 329 IV S 1. Da für die Ungehorsamshaft eine Verfahrensregelung fehlt, gelten die §§ 112 ff entspr, insbesondere §§ 112 I S 2, 114–120, jedoch nicht §§ 121, 122. 5

Bei schuldunfähigen oder vermindert schuldfähigen Beschuldigten, deren Unterbringung nach §§ 63, 64 StGB zu erwarten ist, wird die UHaft durch die **einstweilige Unterbringung** nach § 126a ersetzt. Sie ist eine vorbeugende Maßnahme, die die Vollziehung von Sicherungsmaßregeln vorwegnimmt (1 zu § 126a). Die Sicherungshaft nach § 112a ist keine UHaft, sondern ebenfalls eine Vorbeugungsmaßnahme, durch die die Begehung weiterer Straftaten durch den Beschuldigten verhindert werden soll. 6

Als **Organisationshaft** wird der Zeitraum bezeichnet, der zwischen Beendigung der UHaft und Aufnahme in den Maßregelvollzug verstreicht. Diesen gesetzlich nicht vorgesehenen Freiheitsentzug sieht das BVerfG zwar als eine „Regelwid- 7 rigkeit" an, hat ihn jedoch nicht für rechts- und verfassungswidrig erklärt, sondern nur gefordert, dass er dem Verurteilten nicht zum Nachteil gereichen darf (BVerfG NStZ **98**, 77; mit Recht krit dazu Paeffgen Fezer-FS 43 ff sowie Trennhaus StV **99**, 511 unter Mitteilung der Rspr der OLGe zu dieser Haftform; ausführlich – unter Würdigung der verfassungsgerichtlichen Rspr – Bartmeier NStZ **06**, 544; vgl auch Morgenstern StV **07**, 441). Die Organisationshaft darf nur so lange aufrechterhalten werden, wie die Vollstreckungsbehörde unter Berücksichtigung des Beschleunigungsgebotes benötigt, um einen Platz in einer Maßregelvollzugsanstalt zu finden (BVerfG NJW **06**, 427: nicht 3 Monate; Celle StV **03**, 32). Danach, aber auch schon dann, wenn kein Platz zur Verfügung steht und die VollstrB nur auf das Freiwerden eines Platzes im Maßregelvollzug wartet, ist die Organisationshaft unzulässig und der Verurteilte zu entlassen (Brandenburg NStZ **00**, 500; **00**, 504; Celle aaO; Hamm StraFo **04**, 105).

8 3) Im **Auslieferungsverfahren** kann ein Haftbefehl zur Sicherung der Auslieferung (§ 15 IRG), der Durchlieferung (§ 45 IRG) und der Rücklieferung eines Verfolgten (§ 68 II, III IRG) erlassen werden.

9 4) **Europäischer Haftbefehl:** In Umsetzung des Rahmenbeschlusses 2002/584/JI des EU-Rates vom 13.6.2002 (RB-EUHb; ABl L 190 vom 18.7.2002) ist das Europäische Haftbefehlsgesetz (EuHbG) vom 20.7.2006 (BGBl I 1721) ergangen, nachdem ein zuvor erlassenes EuHbG vom BVerfG (BVerfGE **113**, 273) für nichtig erklärt worden war. Die gesetzliche Regelung für den EuHb findet sich in §§ 78 ff IRG. Das **Übergabeverfahren zwischen den Mitgliedsstaaten** ist in der durch den Rahmenbeschluss 2009/299/JI des Rates vom 26.2.2009 geänderten Fassung geregelt. Dem EuHB muss ein nationaler Haftbefehl zugrunde liegen (EuGH StraFo **16**, 286). Der EuHB beruht auf dem Prinzip der gegenseitigen Vertrauens zwischen den Mitgliedsstaaten wie auch dem Grundsatz der gegenseitigen Anerkennung (EuGH NJW **19**, 2145, 2147). Ergeht der Haftbefehl wegen einer Straftat, die dem Katalog von 32 weit gefassten Straftaten unterfällt, muss deshalb ein Mitgliedsstaat der EU einer Übergabe der gesuchten Person grundsätzlich ohne weitere Prüfung zustimmen (Beulke/Swoboda 10j).

9a A. **Anwendungsbereich:** Ein EuHB wird entweder zur Strafverfolgung im Ausstellungsmitgliedsstaat oder zur Vollstreckung einer Freiheitsstrafe oder freiheitsentziehenden Maßregel der Sicherung in diesem Staat ausgestellt (EuGH NJW **11**, 285). Er darf nur erlassen werden, wenn die Handlung im Ausstellungsstaat mit einer Freiheitsstrafe oder einer sonstigen Sanktion von im Höchstmaß mindestens zwölf Monaten bedroht ist (Art 2 I RB-EUHb, § 81 Nr 1 IRG; Schäfer JuS **19**, 856). Insofern muss weiterhin gem § 3 I IRG die beiderseitige Strafbarkeit geprüft werden, dh ob das Verhalten auch nach deutschem Recht strafbar ist (Schleswig NJW **18**, 1699 mit Anm Gazeas). Diese Prüfung entfällt, wenn eine dem Ersuchen zugrundeliegende Tat nach dem Recht des ersuchenden Staates mit einer Freiheitsstrafe von mindestens drei Jahren bedroht ist und eine der Katalogstraftaten des Art 2 II RB-EUHb vorliegt (§ 81 Nr 4 IRG; Schäfer aaO).

9b B. **Ablehnung:** Nach der Rspr des EuGH können die Mitgliedsstaaten die Vollstreckung eines EuHB nur unter den Voraussetzungen der im RbEuHb abschließend angeführten Gründe ablehnen (EuGH NJW **13**, 1145 [Radu] mit Anm Brodowski HRRS **13**, 54; kritisch Gaede NJW **13**, 1279), die etwa bei fehlender beiderseitiger Strafbarkeit außerhalb Art 2 II RbEuHb, Amnestien, Verfolgung strafunmündiger Kinder, ne bis in idem, Verjährung und Verletzung des europäischen ordre public, zB bei Verstößen gegen die GRCh und die EMRK (vgl Schäfer JuS **19**, 856, 858). Die Vollstreckung soll die Regel, ihre Ablehnung eine eng auszulegende Ausnahme sein (EuGH NJW **19**, 2145, 2147 mwN). Sie darf nicht von der Bedingung abhängig gemacht werden, dass die in Abwesenheit ausgesprochene Verurteilung im Ausstellungsmitgliedsstaat überprüft werden kann (EuGH NJW **13**, 1215 [Melloni]). Der EuGH will mit dieser restriktiven Rspr dem Zweck des Europäischen Haftbefehls, die justizielle Zusammenarbeit der Mitgliedsstaaten

Verhaftung und vorläufige Festnahme **Vor § 112**

der EU zu erleichtern und zu beschleunigen, Rechnung tragen. Jedoch lässt dieser integrationsfreundliche Ansatz für eine Berücksichtigung spezieller Gewährleistungen einzelner Mitgliedsstaaten nur wenig Raum (vgl Brodowski aaO; erg 4a zu Art 5 EMRK). Erg zum EuHB Böhm NJW 06, 2592; Hackner/Schomburg/ Lagodny/Gleß NStZ 06, 663; Satzger § 10, 30).

Darüber hinaus kann allerdings die **echte Gefahr unmenschlicher oder er- niedrigender Behandlung** im Sinne von Art 4 GRCh aufgrund der Bedingungen der Inhaftierung in einem Mitgliedstaat der Vollstreckung entgegenstehen. Dies ist der Fall bei ernsthaften, aktuellen und durch Tatsachen bestätigten Gründen für das Vorliegen systemischer oder allgemeiner, bestimmte Personengruppen oder bestimmte Haftanstalten betreffender Mängel der Haftbedingungen im Ausstellungsmitgliedstaat (EuGH NJW **16**, 1709 mit zust Anm Meyer JZ **16**, 621; vgl ferner Brodowski JR **16**, 41; Beulke/Swoboda 10j, 10k). Die vollstreckende Justizbehörde trifft bei Vorliegen objektiver, zuverlässiger, genauer und aktueller Angaben insoweit eine Informationspflicht (dazu im Einzelnen EuGH NJW **18**, 3161); kann die Gefahr einer Verletzung von Art 4 GRCh nicht ausgeschlossen werden, hat sie das Übergabeverfahren zu beenden (EuGH NJW **16**, 1709). 9c

Ebenso kann nach der Rspr des BVerfG die Auslieferung aufgrund eines Europäischen Haftbefehls zur Vollstreckung eines **Abwesenheitsurteils** unzulässig sein, wenn die der Ermittlung des wahren Sachverhalts dienenden Mindestverfahrensrechte, insbesondere von Beschuldigtenrechten, im weiteren Verfahren nicht gewährleistet sind (BVerfG NStZ **16**, 546 mit Anm Satzger NStZ **16**, 514). 9d

C. Erlass: Der EuHB wird von einer Justizbehörde iSv Art 6 I RB-EuHB ausgestellt. Die Justizbehörde muss die Gewähr bieten, dass sie ihre Aufgabe unabhängig ohne Einflussnahme seitens der Exekutive ausübt (EuGH NJW **19**, 2145, 2149). Diese völlige Unabhängigkeit ist nach Ansicht des EuGH hinsichtlich der deutschen StA nicht gegeben, wie er in seiner Entscheidung vom 27.5.2019 unter Hinweis auf das externe Weisungsrecht der Justizminister gem § 147 **GVG** entschieden hat (EuGH aaO mit Anm Trüg/Ulrich NJW **19**, 2811 und Ambos JZ **19**, 732; kritisch Böhm NZWiSt **19**, 325; erg 4 zu § 147 GVG). Anders verhält es sich, wenn die von der StA eines Mitgliedstaates ausgestellten EuHB vor ihrer Übermittlung zwingend von einem Gericht bewilligt werden müssen, das zum eigenständige Entscheidung trifft (EuGH NJW **20**, 203 zum österreichischen System). 9e

Die Entscheidung EuGH vom 27.5.2019 hat zur **Folge, dass deutsche Staatsanwaltschaften keine** EuHB mehr ausstellen dürfen. An deren Stelle soll nach obergerichtlicher Rspr bei Ausschreibungen zum Zwecke der Strafverfolgung gem § 77 IRG, 131 I der nach § 162 zuständige Strafrichter (Hamm 2 Ws 96/19 vom 1.8.2019; Böhm aaO 328), bei solchen zum Zwecke der Strafvollstreckung gem §§ 457 III S 3, 131 I das Gericht des ersten Rechtszuges treten (siehe Böhm aaO). Dies soll sinngemäß auch für die Nachreichung eines formgerechten EuHB bei bereits zur Fahndung eingestellten EuHB gelten (Böhm aaO). 9f

Die Anwendung des § 131 I erscheint indes zweifelhaft. Aus den Gründen der Entscheidung des EuGH ergibt sich, dass dieser den EuHB nicht lediglich als Fahndungsinstrument qualifiziert, sondern als „echten" Haftbefehl, der gegenüber dem nationalen Haftbefehl einen eigenständigen Eingriff darstellt (vgl EuGH NJW **19**, 2145, 2148 f; Trüg/Ulrich NJW **19**, 2811, 2813; Oehmichen/Schmid StraFo **19**, 397; **aM** Böhm NZWiSt **19**, 325). Deshalb bestehen auch gegenüber der Annahme Bedenken, den Erlass eines EuHB als „Untersuchungshandlung" iSv § 162 I zu werten und den Rückgriff auf allgemeine Zuständigkeitsnormen der StPO zu erlauben (vgl LG Dortmund BeckRS **19**, 15042; Trüg/Ulrich aaO 2813ff; Oehmichen/Schmid aaO 400). Im Hinblick darauf erscheint eine gesetzliche Regelung erforderlich, die sinnvollerweise das für die nationale Haftentscheidung zuständige Gericht auch für den Erlass des EuHB mandatiert (ebenso Böhm aaO 329; vgl auch Trüg/Ulrich aaO 2815). Jedenfalls wird man in der Zwischenzeit in Fällen der Ausstellung des EuHB auf der Grundlage von § 131 I Beschwer- 9g

Schmitt 583

§ 112

de und weitere Beschwerde zuzulassen haben (vgl Oehmichen/Schmid aaO 403; Böhm aaO 328).

10 4) Durch **richterlichen Haftbefehl** wird die UHaft angeordnet, wenn die (abschließenden) Voraussetzungen der §§ 112–113 vorliegen. Länger als 6 Monate darf er vor Urteilserlass nur auf besondere Anordnung des OLG oder BGH vollzogen werden (§§ 121, 122). Der Erlass eines **aufschiebend bedingten Haftbefehls,** etwa für den Fall der Wiedereinreise des Beschuldigten in die Bundesrepublik, ist **nicht zulässig** (BGH 2 BGs 152/12 vom 2.7.2012 [ER]). Der StPO sind richterliche Anordnungen von Zwangsmaßnahmen unter einer Bedingung fremd; dies muss erst recht im Fall der richterlichen Kontrolle von Freiheitsentziehungen gelten, die auf der zum Entscheidungszeitpunkt gegebenen tatsächlichen Grundlage vorgenommen werden müssen.

11 **Mehrere Haftbefehle in derselben Sache** dürfen nicht erlassen werden (BGH **38**, 54). Tritt zu den Tatvorwürfen des 1. Haftbefehls der dringende Verdacht weiterer Straftaten hinzu, so ist der Haftbefehl zu erweitern oder durch einen neuen zu ersetzen (18 zu § 114). Ein neuer Haftbefehl muss auch erlassen werden, wenn mehrere Sachen, in denen Haftbefehle bestehen, miteinander verbunden werden (Karlsruhe NJW **74**, 510; unrichtig LG Berlin StV **08**, 588 mit zutr Anm Schlothauer StV **09**, 364).

12 Werden **mehrere Haftbefehle in verschiedenen Sachen** erlassen, so kann nur einer von ihnen vollzogen werden. Eine „Doppelhaft" ist ausgeschlossen (Münchhalffen/Gatzweiler 95; Peters 424; **aM** Schleswig Rpfleger **66**, 109 mit krit Anm Pohlmann; SK-Paeffgen 35). Zusätzliche Überwachungsmaßnahmen sind zulässig.

13 Wegen des nicht vollzogenen Haftbefehls wird **Überhaft** vermerkt; der Haftbefehl wird erst vollzogen, wenn die UHaft in der anderen Sache beendet wird. Erst dann sind die §§ 115, 115a anzuwenden (12 zu § 115). Entsprechendes gilt, wenn Überhaft notiert ist, weil der Beschuldigte sich noch in anderer Sache in Strafhaft befindet. Zur Haftbeschwerde bei Überhaft vgl 8 zu § 117, zur Dauer der Überhaft 6 zu § 120, 2 zu § 121.

14 5) Die **Unterbrechung der UHaft** zum Zweck der Vollstreckung einer Freiheitsstrafe oder einer freiheitsentziehenden Maßregel der Besserung und Sicherung ist nach § 116b S 2 zulässig, auch zur Vollstreckung von Erzwingungshaft (KG Rpfleger **95**, 269; Hamm StraFo **99**, 174), und gerichtlich anzuordnen, wenn nicht der Zweck der UHaft eine andere Vollstreckung erfordert (5, 6 zu § 116b). Nur unter dieser Voraussetzung ist auch die Unterbrechung der Strafhaft zum Zweck der Vollziehung der in anderer Sache angeordneten UHaft zulässig. Zur Anfechtbarkeit der Entscheidung vgl § 119a.

15 6) Wird der Haftbefehl nicht aufgehoben, bleibt er grundsätzlich in Kraft; er wird **nicht durch Zeitablauf wirkungslos** (Hamm NStZ **16**, 304).

Voraussetzungen der Untersuchungshaft; Haftgründe RiStBV 46, 47

112 [I] [1] Die Untersuchungshaft darf gegen den Beschuldigten angeordnet werden, wenn er der Tat dringend verdächtig ist und ein Haftgrund besteht. [2] Sie darf nicht angeordnet werden, wenn sie zu der Bedeutung der Sache und der zu erwartenden Strafe oder Maßregel der Besserung und Sicherung außer Verhältnis steht.

[II] Ein Haftgrund besteht, wenn auf Grund bestimmter Tatsachen
1. festgestellt wird, daß der Beschuldigte flüchtig ist oder sich verborgen hält,
2. bei Würdigung der Umstände des Einzelfalles die Gefahr besteht, daß der Beschuldigte sich dem Strafverfahren entziehen werde (Fluchtgefahr), oder
3. das Verhalten des Beschuldigten den dringenden Verdacht begründet, er werde

Verhaftung und vorläufige Festnahme § 112

a) Beweismittel vernichten, verändern, beiseite schaffen, unterdrücken oder fälschen oder
b) auf Mitbeschuldigte, Zeugen oder Sachverständige in unlauterer Weise einwirken oder
c) andere zu solchem Verhalten veranlassen,
und wenn deshalb die Gefahr droht, daß die Ermittlung der Wahrheit erschwert werde (Verdunkelungsgefahr).

III Gegen den Beschuldigten, der einer Straftat nach § 6 Absatz 1 Nummer 1 oder § 13 Absatz 1 des Völkerstrafgesetzbuches oder § 129a Abs. 1 oder Abs. 2, auch in Verbindung mit § 129b Abs. 1, oder nach den §§ 211, 212, 226, 306b oder 306c des Strafgesetzbuches oder, soweit durch die Tat Leib oder Leben eines anderen gefährdet worden ist, nach § 308 Abs. 1 bis 3 des Strafgesetzbuches dringend verdächtig ist, darf die Untersuchungshaft auch angeordnet werden, wenn ein Haftgrund nach Absatz 2 nicht besteht.

Übersicht

	Rn
1) Allgemeine Grundsätze	1–3
2) Voraussetzungen des Haftbefehls nach I, II	4–35
A. Dringender Tatverdacht (I S 1)	5–7
B. Verhältnismäßigkeitsgrundsatz (I S 2)	8–11a
C. Flucht (II Nr 1)	12–16
D. Fluchtgefahr (II Nr 2)	17–25
E. Verdunkelungsgefahr (II Nr 3)	26–35
3) UHaft bei Straftaten der Schwerkriminalität (III)	36–39

1) Die **Ermächtigung zum Erlass eines Haftbefehls,** von der nach pflicht- 1 gemäßem Ermessen Gebrauch zu machen ist (BVerfGE **19**, 342, 349 = NJW **66**, 243, 244), enthält die Vorschrift. Obwohl der Richter zur Anordnung der UHaft nicht gezwungen ist, wird er einen Haftbefehl, dessen Voraussetzungen nach § 112 vorliegen, idR auch erlassen; das braucht er nicht weiter zu begründen (Geppert GA **79**, 300). Zum Verhältnis zwischen § 112 und § 329 IV vgl dort 45.

Bis zur Rechtskraft des Urteils kann die UHaft nach § 112 angeordnet wer- 2 den, auch nach Urteilserlass zur Sicherung der Vollstreckung (Hamm NJW **54**, 403; Schneidewin NJW **54**, 298; Schroeder JZ **85**, 1031; **aM** Wolf NJW **54**, 60; erg 4 vor § 112), auch wenn Schuld- und Strafausspruch schon rechtskräftig sind oder die Strafe sogar schon verbüßt ist, jedoch über den Maßregelausspruch noch nicht rechtskräftig entschieden ist (LR-Hilger 57 ff). Nach Urteilsrechtskraft sind lediglich die Sicherungshaft nach § 453c und die UHaft nach Anordnung der Wiederaufnahme (15 zu § 370) zulässig.

Haftunfähigkeit des Beschuldigten schließt den Erlass des Haftbefehls nicht 3 aus, sondern hindert nur seinen Vollzug (Düsseldorf JZ **84**, 248; Frankfurt NJW **68**, 2302; Nürnberg OLGSt § 116 Nr 1; **aM** Neuhaus StraFo **00**, 14); insoweit gilt § 455 entspr (KG NStZ **90**, 142; eingehend dazu Neuhaus DAV-FS 1010). Während der Krankheit kann Anlass für eine Haftverschonung nach § 116 bestehen (vgl dazu Gatzweiler StV **96**, 283). Wird der Beschuldigte nach der Tat geisteskrank, so kommt nur die Anwendung des § 126a in Betracht.

2) Voraussetzungen des Haftbefehls sind dringender Tatverdacht und, abge- 4 sehen von dem Fall des III, das Vorliegen eines Haftgrundes, wobei §§ 112, 112a eine abschließende Regelung der Haftgründe enthalten (Karlsruhe StV **10**, 30). Ferner darf die UHaft nicht unverhältnismäßig sein.

A. Dringender Tatverdacht (I S 1) besteht, wenn die Wahrscheinlichkeit 5 groß ist, dass der Beschuldigte Täter oder Teilnehmer (§§ 25 ff StGB) einer nach deutschem Strafrecht zu beurteilenden (vgl BGH 2 BGs 152/12 vom 2.7.2012 [ER]) Straftat ist. Dabei muss es sich um eine rechtswidrig und schuldhaft begangene Tat oder, wenn er strafbar ist, um den Versuch einer solchen Tat handeln. Die Wahrscheinlichkeit, dass Rechtfertigungs-, Schuld- oder Strafausschließungsgründe

§ 112

vorliegen, beseitigt den dringenden Tatverdacht (Schlothauer StV **96**, 393). Das Gleiche gilt für (jedenfalls zZ, vgl Dresden StV **01**, 519) nicht behebbare Verfahrenshindernisse (München StV **98**, 270); wegen des Strafantrags vgl § 130. **Beweisverwertungsverbote** sind – auch ohne Widerspruch – **von Amts wegen** zu beachten (BGH NJW **19**, 2627, 2629 mwN und Anm Kulhanek NStZ **19**, 544; Dresden StraFo **12**, 185); dies gilt sowohl für das Ermittlungsverfahren als auch für das Zwischenverfahren (BGH aaO mwN mit Anm Jahn JuS **19**, 1030; zur Widerspruchslösung in der Verhandlung siehe 25 zu § 136). Der Umstand, dass sich die Schadenshöhe eines Vermögensdelikts noch nicht exakt beziffern lässt, steht der Annahme dringenden Tatverdachts allerdings nicht entgegen (KG wistra **15**, 37). Bei **Rechtsfragen** darf der Richter sich mit „dringendem Verdacht" nicht begnügen. Er muss sie lösen, wenn es auf sie ankommt (Lüttger GA **57**, 211). Die Prognose, dass eine Verurteilung wahrscheinlich ist, verlangt der dringende Tatverdacht nicht (BGH NStZ **81**, 94 [Pf]; **aM** Köln JMBlNW **68**, 235; SK-Paeffgen 9b; Parigger NStZ **86**, 211); es genügt die Möglichkeit der Verurteilung (dazu Deckers StV **01**, 116).

6   Dem Grade nach ist dieser Verdacht **stärker als der hinreichende,** von dessen Vorliegen nach § 203 die Eröffnung des Hauptverfahrens abhängt. Jedoch setzt die Annahme des dringenden Tatverdachts nicht voraus, dass auch der hinreichende feststeht. Denn die Prüfung des hinreichenden Verdachts erfolgt stets auf der Grundlage des abgeschlossenen Ermittlungsergebnisses, die des dringenden Verdachts dagegen auf Grund des gegenwärtigen Standes der Ermittlungen (BGH NStZ **81**, 94 [Pf]; Celle StV **86**, 392), der sich ändern kann. Nur im Zeitpunkt der Anklageerhebung muss der dringende Tatverdacht stets stärker sein als der hinreichende (Frankfurt StV **95**, 593; KK-Graf 6).

7   Nur **aus bestimmten Tatsachen,** nicht aus bloßen Vermutungen, darf der dringende Tatverdacht hergeleitet werden (LG Frankfurt a. M. StV **09**, 477). Maßgebend ist im Ermittlungsverfahren das sich aus den Akten ergebende Ermittlungsergebnis, nach einer Hauptverhandlung das Ergebnis der Beweisaufnahme (Frankfurt StV **00**, 374, 375; Koblenz StV **94**, 316), nach Erlass eines noch nicht rechtskräftigen Urteils der darin festgestellte Sachverhalt, da dies regelmäßig eine besonders hohe Richtigkeitsgewähr bietet (Köln StV **16**, 445; zu dessen gleichwohl zulässiger Überprüfung vgl Brandenburg StraFo **00**, 318). Akten und Erkenntnisse des Ministeriums für Staatssicherheit der ehemaligen DDR sind grundsätzlich nicht geeignet, als solche den dringenden Tatverdacht zu belegen (BGH **38**, 276).

8   B. Der **Verhältnismäßigkeitsgrundsatz (I S 2)** muss gewahrt sein (vgl auch § 120 I S 1). Jedoch ist dieser Grundsatz keine Haftvoraussetzung, sondern die Unverhältnismäßigkeit ein Haftausschließungsgrund (Kleinknecht JZ **65**, 114; Seetzen NJW **73**, 2001; **aM** SK-Paeffgen 10). Sie hindert den Erlass eines Haftbefehls nur, wenn sie feststeht; der Grundsatz *in dubio pro reo* gilt nicht (Düsseldorf NStZ **93**, 554; KK-Graf 46; Hengsberger JZ **66**, 210). Speziell bei Jugendlichen ist das in § 72 I **JGG** zum Ausdruck kommende Subsidiaritätsprinzip zu beachten.

9   Der **Eingriff ist nur zulässig,** wenn und soweit die vollständige Aufklärung der Tat oder die rasche Durchführung des Verfahrens einschließlich der Urteilsvollstreckung nicht anders gesichert werden kann (BVerfGE **20**, 144, 147; 2 vor § 112). So ist ggf zu prüfen, ob ein Suchvermerk im BZR ausreicht oder eine Erledigung der Sache im Strafbefehlsverfahren möglich ist (Rostock StV **06**, 311). Die Durchführung des Strafbefehlsverfahrens gegen einen ausländischen Beschuldigten unbekannten Aufenthalts unter Zuhilfenahme einer unterzeichneten Zustellungsvollmacht soll allerdings nach einer Entscheidung des LG Landshut (StV **16**, 813 mit abl Anm Kulhanek) als milderes Mittel ausscheiden, da unter Berücksichtigung der Rechtsprechung des EuGH (EuGH NJW **16**, 303; 9a zu § 132) in einem solchen Fall das Erwachsen der Entscheidung in Rechtskraft auf unabsehbare Zeit hinausgeschoben würde.

UHaft darf daher nicht angeordnet werden, wenn der Beschuldigte **freiwillige** 10 **Beschränkungen** (Ablieferung der Personalpapiere, freiwilliges Sich-Unterziehen einer Anstaltsbehandlung; vgl auch § 71 II **JGG**), auf sich nimmt, die die Haftgründe ausräumen (Frankfurt JR **51**, 92; KK-Graf 52). Es kann auch unzulässig sein, einen Beschuldigten in Haft zu nehmen, wenn die Anklage erst nach mehr als 10 Jahren erhoben worden ist (Stuttgart NJW **74**, 284). Die UHaft darf niemals eher und nicht länger vollzogen werden, als notwendig ist.

Abzuwägen für die Beurteilung der Verhältnismäßigkeit sind die Schwere des 11 Eingriffs in die Lebenssphäre des Beschuldigten, wobei auch sein Gesundheitszustand zu berücksichtigen ist (BGH StraFo **58**), gegen die Bedeutung der Strafsache und die Rechtsfolgenerwartung (unten 23 ff). Nur wenn die Unverhältnismäßigkeit unter beiden Gesichtspunkten besteht, hindert sie den Erlass des Haftbefehls (Hamm StraFo **98**, 283; vgl auch BerlVerfGH NJW **01**, 3181: Haftbefehl gegen [stillende] Mutter eines Neugeborenen). Für die Bedeutung der Sache sind wichtig die abstrakte Rechtsfolgenandrohung, die Art des verletzten Rechtsguts, der konkrete Geschehensablauf (Gelegenheits- oder Serientat, sozialschädliche Wirkungen) sowie tatbezogene Umstände aus der Person des Beschuldigten (Intensität des kriminellen Verhaltens, in Entstehung begriffener oder schon bestehender verbrecherischer Hang). Auch das öffentliche Interesse an der Verfolgung der Tat kann unter dem Gesichtspunkt der Verteidigung der Rechtsordnung berücksichtigt werden (**aM** SK-Paeffgen 16). Dagegen kann die Erregung der Öffentlichkeit die Bedeutung der Tat nicht nachträglich erhöhen (Baumann JZ **62**, 652; Kleinknecht MDR **65**, 781; Philipp DRiZ **65**, 83). Unter dem Gesichtspunkt der Rechtsfolgenerwartung besteht, wie sich aus § 113 ergibt, Unverhältnismäßigkeit nicht allein deshalb, weil nur eine kurzfristige oder keine zu vollstreckende Freiheitsstrafe oder eine Geldstrafe zu erwarten ist (Paeffgen 199; Seetzen NJW **73**, 2001; **aM** Wolter ZStW **93**, 469; vgl auch LG Hamburg StV **87**, 399; allerdings darf die Dauer der UHaft idR die voraussichtliche Ersatzfreiheitsstrafe nicht überschreiten (Frankfurt StV **93**, 594). Im Ausland erlittene Einlieferungshaft ist aber mit zu berücksichtigen (KG StV **19**, 564 L).

Eine **schwere und unheilbare Krankheit,** die mit Sicherheit vor Abschluss 11a des Verfahrens zum Tode des Beschuldigten führen wird, soll nach Ansicht des BerlVerfGH (NJW **93**, 515: Fall Honecker; ähnlich NJW **94**, 436) wegen der Menschenwürdegarantie der Haftanordnung entgegenstehen. Abgesehen davon, dass es schon fraglich erscheint, ob ein Landesverfassungsgericht hier in ein Strafverfahren, in dem Bundesprozessrecht angewendet wird, überhaupt eingreifen durfte (vgl Bartlsperger DVBl **93**, 346; Berkemann NVwZ **93**, 409; Koppernock/ Staechelin StV **93**, 433; Meurer JR **93**, 90; Pestalozza NVwZ **93**, 344; Starck JZ **93**, 232) und eine genaue Prognose sowohl über den Fortgang einer Erkrankung als auch über die Dauer eines Prozesses ohnehin unmöglich ist (vgl Paeffgen NJ **93**, 154), erscheint die Schaffung eines solchen Haftaufhebungsgrundes verfehlt (vgl auch Ranft 1108 ff): Auch angesichts seines nahen Todes verstößt es nicht gegen die Menschenwürde, wenn sich ein Beschuldigter für ihm vorgeworfene Straftaten verantworten muss (Meurer aaO; Schoreit NJW **93**, 883; Starck aaO; **aM** Paeffgen aaO und SK 8ff Anh zu § 206a; zw von Münch JZ **04**, 184). Auf Entscheidungen des BVerfG hat sich der BerlVerfGH zu Unrecht berufen (Bartlsperger aaO; Meurer aaO; Schoreit aaO; Starck aaO; Wilke NJW **93**, 888; **aM** Koppernock/Staechelin aaO). An Stelle eines „Haftaufhebungsgrundes von Verfassungs wegen" kann daher auch in einem solchen Fall nur eine Abwägung im Einzelfall zwischen dem Grundrechtseingriff und der Bedeutung der staatlichen Strafgewalt vor dem Hintergrund der Schwere der zur Last gelegten Tat erfolgen (Bartlsperger aaO S 344; Berkemann aaO 417; Schoreit aaO S 886; Wassermann NJW **93**, 1568; vgl auch Nürnberg StV **06**, 314: § 455 II entspr). Ist der Beschuldigte aber verhandlungsunfähig oder lässt die Durchführung des Strafverfahrens für ihn irreparable Gesundheitsschäden oder den Tod befürchten, ist selbstverständlich auch die Anordnung oder Aufrechterhaltung der UHaft ausgeschlossen (Bartlsperger aaO S 337; Meuer aaO S 93; vgl auch Düsseldorf NStZ **93**, 554).

§ 112

12 C. Der **Haftgrund der Flucht (II Nr 1)** besteht, wenn der Beschuldigte flüchtig ist oder sich verborgen hält. Beides kann zusammentreffen.

13 **Flüchtig** ist, wer vor Tatbeginn (Frankfurt NJW **74**, 1835; Koblenz NStZ **85**, 88; **aM** Karlsruhe NJW **72**, 2098; LR-Hilger 29; Paeffgen NStZ **89**, 417; alle für den Fall der Fahnenflucht; Sommermeyer NJ **92**, 336; vgl auch LG Verden StV **86**, 256), während oder nach der Tat seine Wohnung aufgibt, ohne eine neue zu beziehen, oder sich in das Ausland mit der Wirkung absetzt, dass er für Ermittlungsbehörden und Gerichte unerreichbar und ihrem Zugriff auch wegen der zu erwartenden Strafvollstreckung (Schroeder JZ **85**, 1031) entzogen ist (Braunschweig NJW **64**, 1485; Düsseldorf NJW **86**, 2204, 2205). Dem steht es gleich, wenn der deutsche Beschuldigte aus dem Ausland nicht mehr zurückkehren will (hM; vgl Frankfurt NJW **74**, 1835; **aM** SK-Paeffgen 22a). Dagegen ist der Ausländer nicht flüchtig, der sich in sein Heimatland zurückbegibt, ohne dass das mit seiner Straftat im Zusammenhang steht (KG StraFo **17**, 189; Brandenburg StV **96**, 381; Bremen NStZ-RR **97**, 334; Frankfurt StV **94**, 581; Naumburg wistra **97**, 80; Saarbrücken wistra **91**, 358; Ullenboom NJW **18**, 2671; erg unten 17a, 20a). Dass der Beschuldigte trotz seiner Flucht postalisch erreichbar ist, spielt keine Rolle (Düsseldorf aaO; LG Verden StV **86**, 256), wohl aber, dass er seinem Verteidiger eine Ladungsermächtigung nach § 145a II erteilt hat (Dresden StV **07**, 587); bei einem Nichtsesshaften ist aber zu klären, ob er über eine konkret bezeichnete Anlaufstelle zu erreichen ist (LG Zweibrücken NJW **04**, 1679). Die Verhinderung des Strafverfahrens muss der Beschuldigte nicht beabsichtigen; es genügt, dass er sie erkennt und in Kauf nimmt (Koblenz NStZ **85**, 88; LG Hamburg StV **87**, 399; unten 18); wer aus verfahrensunabhängigen Gründen, ohne Wissen der Strafbarkeit seines Verhaltens und ohne den Willen unerreichbar zu sein, tatsächlich nicht erreichbar ist, ist nicht flüchtig (KG StraFo **15**, 201).

14 **Verborgen** hält sich, wer unangemeldet, unter falschem Namen oder an einem unbekannten Ort lebt, um sich dem Verfahren dauernd oder auf längere Zeit zu entziehen. Bei einem Beschuldigten ohne gesicherten Aufenthaltsstatus ist das regelmäßig anzunehmen, wenn er sich für die zuständigen Stellen des Bundesamtes für Migration und Flüchtlinge unerreichbar im Bundesgebiet aufhält (Hamburg NStZ **16**, 433). Wer sich nur verbirgt, um die Herausgabe des Kindes an den anderen Elternteil zu verhindern (Schleswig MDR **80**, 1042) ist nicht flüchtig.

15 Die Flucht muss **auf Grund bestimmter Tatsachen** feststehen. Da jedoch sichere Feststellungen über die Flucht idR erst möglich sind, wenn der Beschuldigte ergriffen worden ist, muss es ausreichen, dass nach den Umständen des Falles Flucht oder Verbergen näher liegt als eine andere Erklärung für die Unerreichbarkeit des Beschuldigten (KK-Graf 14, LR-Hilger 30; **aM** KMR-Wankel 4; Koch NJW **68**, 1711).

16 Bei **Ergreifung des Beschuldigten** auf Grund des nach II Nr 1 erlassenen Haftbefehls entfällt der Haftgrund der Flucht. IdR wird die vorherige Flucht aber die Aufrechterhaltung des Haftbefehls wegen Fluchtgefahr nach II Nr 2 rechtfertigen und erforderlich machen.

17 D. **Fluchtgefahr (II Nr 2)** besteht, wenn die Würdigung der Umstände des Falles wahrscheinlicher macht, dass sich der Beschuldigte dem Strafverfahren entziehen, als dass er sich ihm zur Verfügung halten werde (BGH NJW **14**, 2372; Köln StV **94**, 582; **95**, 475; **97**, 642). Das ist aus der Sicht des anhängigen Verfahrens ohne Rücksicht darauf zu entscheiden, ob sich der Beschuldigte in anderer Sache in strafrechtlicher oder sonst in behördlicher Verwahrung befindet (Hamm NStZ **04**, 221 mwN; vgl auch KG StraFo **13**, 507; Köln NStZ **91**, 605 mwN). Umstände, aus denen sich die Fluchtgefahr ergibt, müssen nicht verschuldet sein (LG Kleve NStZ-RR **11**, 342). Keine Rolle spielt, dass der Beschuldigte den Vorwürfen entgegentritt (Köln StV **13**, 518 L). Zur Annahme von Fluchtgefahr in Wirtschaftsstrafsachen Bock NZWiSt **17**, 23. Zur rechtstatsächlichen Überprüfung von Fluchtprognosen Lind StV **19**, 118.

Verhaftung und vorläufige Festnahme § 112

Dass jemand seinen **Wohnsitz im Ausland** hat – sei es als Deutscher, sei es als **17a** Ausländer –, kann bei der erforderlichen Gesamtwürdigung berücksichtigt werden, begründet aber für sich allein keine Fluchtgefahr (KG wistra **15**, 37; Dresden StV **05**, 224, LG Aurich StV **11**, 290 [Polen], Köln StV **05**, 393 [Deutscher in Belgien oder den Niederlanden] und **06**, 25 [Schweiz]: LG Oldenburg StV **11**, 34 [Litauen]; erg 20a). Ein Ausländer, der sich ohne Fluchtwillen in sein Heimatland zurückbegeben hatte, ist daher nur fluchtverdächtig, wenn er erklärt – oder sich aus den Umständen ergibt –, er werde sich dem Verfahren nicht stellen (HansOLG StraFo **18**, 513 mit Anm Schreiner; Celle StraFo **09**, 204; Karlsruhe StV **05**, 33; Köln NStZ **03**, 219; NStZ-RR **06**, 22; Stuttgart NStZ **98**, 427 mit abl Anm Lagodny; abl auch Paeffgen NStZ **04**, 78, Schlothauer/Weider/Nobis 510, 512: keine Fluchtgefahr; wiederum **aM** Grau NStZ **07**, 10: Fluchtgefahr auch bei schlicht passivem Verhalten). Dies soll aber nicht bereits der Fall sein, wenn der Angeklagte ankündigt, nur bei vorheriger Zusicherung einer Bewährungsstrafe zu einer Verhandlung in Deutschland zu erscheinen, da die Anordnung der UHaft nicht dazu diene, den etwaigen Erlass eines Haftbefehls nach § 230 II vorwegzunehmen (Oldenburg StV **11**, 419). Soweit Oldenburg StV **10**, 254 und 255 bei wegen Drogendelikten verfolgten niederländischen Staatsangehörigen deswegen eine erhöhte Fluchtgefahr bejahen will, weil diese in den Niederlanden erhebliche Strafvollstreckungsvorteile genießen, erscheint dies europarechtlich bedenklich (Kirsch StV **10**, 256). Die Annahme von Fluchtgefahr scheidet aus, wenn der im Ausland befindliche Beschuldigte ernsthafte Rückkehrbemühungen entfaltet (KG StV **13**, 516). Erg zum Haftbefehl gegen im Ausland wohnende Beschuldigte Böhm NStZ **01**, 633, Dahs/Riedel StV **03**, 636, Hilger StV **05**, 36, zu ausgewiesenen Beschuldigten Heidig/Langner StraFo **02**, 156).

Das **Sich-Entziehen** ist ein Verhalten, das den Erfolg hat, dass der Fortgang des **18** Strafverfahrens dauernd oder wenigstens vorübergehend (Hamm NJW **66**, 2075) durch Aufhebung der Bereitschaft des Beschuldigten verhindert wird, für Ladungen und Vollstreckungsmaßnahmen zur Verfügung zu stehen (BGH **23**, 380, 384; NJW **14**, 2372; KG JR **74**, 165; Düsseldorf NJW **86**, 2204, 2205; NStE Nr 6; erg 4 zu § 124). Gleichgültig ist, ob der Beschuldigte diesen Erfolg beabsichtigt, erkannt oder nur in Kauf genommen hat (BGH aaO; Düsseldorf aaO; Koblenz NStZ **85**, 88). Bloßer Ungehorsam gegenüber Vorladungen und bloße Untätigkeit genügen nicht (BGH aaO; Frankfurt StraFo **15**, 112; Koblenz StV **92**, 424), ebenso wenig „konfrontatives Verhalten im Prozess" (BGH NJW **14**, 2372). Für Ausländer gilt dasselbe wie bei Fluchtgefahr (Hamm StV **05**, 35 mit abl Anm Hilger; oben 17a); allerdings ist bei einem nicht sesshaften Beschuldigten, dessen Asylbegehren noch nicht rechtskräftig verbeschieden und dessen dauerhafter Aufenthaltsstatus im Bundesgebiet daher fraglich ist, unabhängig von der Straferwartung regelmäßig Fluchtgefahr anzunehmen (Hamburg NStZ **16**, 433). Suizidgefahr rechtfertigt die Anordnung der UHaft nicht (Oldenburg NJW **61**, 1984; Paeffgen NStZ **95**, 21; Seetzen DRiZ **74**, 261; **aM** Bremen JZ **56**, 375 mit abl Anm Bader; Hamburg JR **95**, 72 mit abl Anm Paeffgen). Wer sich aber bewusst in einen Zustand länger dauernder Verhandlungsunfähigkeit versetzt (zB durch Drogenmissbrauch oder Nichteinnahme von Tabletten oder einen Hungerstreik), entzieht sich dem Verfahren (KG JR **74**, 165; Oldenburg StV **90**, 165 mit crit Anm Wendisch und krit Anm Oswald StV **90**, 500; Hamm NStZ-RR **15**, 283 L; **aM** Kühne 417; Paeffgen NStZ **90**, 431). Dies gilt nach einer Entscheidung des OLG Hamm (NStZ **13**, 88 [Schultheis]) gleichermaßen, wenn der Beschuldigte durch erschlichene oder falsche ärztliche Atteste einen Zustand der Verhandlungs- bzw Vollstreckungsunfähigkeit vortäuscht.

Die **Beurteilung der Fluchtgefahr** erfordert die Berücksichtigung aller Um- **19** stände des Falles, insbesondere der Art der dem Beschuldigten vorgeworfenen Tat, der Persönlichkeit des Beschuldigten, seiner Lebensverhältnisse, seines Vorlebens und seines Verhaltens vor und nach der Tat (Köln StV **95**, 475). Berücksichtigt werden kann auch, dass gegen den Beschuldigten der dringende Verdacht weiterer Taten besteht, insbesondere dass gegen ihn noch weitere Verfahren anhängig sind

Schmitt 589

§ 112

(Düsseldorf MDR **93**, 371). Die für und gegen eine Flucht sprechenden Umstände müssen sorgfältig gegeneinander abgewogen werden. Das gilt insbesondere, wenn der Beschuldigte im Laufe des Verfahrens allen Vorladungen nachgekommen ist (vgl Stuttgart Justiz **10**, 374 zum Erlass eines Haftbefehls nach dem Urteil 2. Instanz). Eine auch unwiderruflich dem Verteidiger erteilte Ladungs- und Zustellungsvollmacht ist dagegen grundsätzlich ohne Bedeutung (Hamburg StraFo **18**, 473).

20 **Fluchtgefahr begründen idR** auffälliger Wohnungs- oder Arbeitsplatzwechsel, Verwendung falscher Namen oder Papiere, Flucht in einem früheren Verfahren oder Verfahrensabschnitt und Zugehörigkeit zu einer Terroristenbande. Für Fluchtgefahr sprechen auch die charakterliche Labilität des Beschuldigten, seine Neigung zu Glücksspiel oder Drogenmissbrauch, das Fehlen fester familiärer oder beruflicher Bindungen, leicht lösbare Wohnungsverhältnisse und das Fehlen einer festen Wohnung oder eines festen Aufenthalts. Auch Beziehungen zum Ausland, insbesondere dort befindliches Vermögen (dagegen nicht bei prekären wirtschaftlichen Verhältnissen: München StV **16**, 816 L mit Anm Bock NZWiSt **17**, 23), und gute Sprachkenntnisse können die Fluchtgefahr begründen (LR-Hilger 36; Böhm NStZ **01**, 635). Die realistische Möglichkeit einer Unterbringung nach § 63 StGB kann die Annahme von Fluchtgefahr gegen einen mutmaßlich schuldfähigen Beschuldigten legitimieren; dies gilt selbst dann, wenn die Voraussetzungen für eine einstweilige Unterbringung nach § 126a wegen derzeitigen Fehlens dringender Gründe für die Annahme einer Tatbegehung im Zustand zumindest verminderter Schuldfähigkeit nicht gegeben sind (Celle NStZ-RR **17**, 20; erg 2 zu § 126a).

20a **Für EU-Ausländer** gilt, dass *nur* der Wohnsitz in einem anderen Unionsstaat Fluchtgefahr nicht begründen kann; denn darin läge ein Verstoß gegen das europarechtliche Diskriminierungsverbot (vgl München StraFo **13**, 114; Ullenboom NJW **18**, 2671; Gercke StV **04**, 675; Püschel StraFo **09**, 136; Strate DAV-FS 1048). Da allerdings trotz erweiterter Rechtshilfemöglichkeiten innerhalb der EU der Strafverfolgungsanspruch von der Justiz in Deutschland effektiv durchgesetzt werden kann, darf im Rahmen der Gesamtabwägung der Wohnsitz im EU-Ausland zumindest als Anhaltspunkt für Fluchtgefahr gewertet werden (vgl LG Kleve NStZ-RR **11**, 342; **aM** Wegner, Einheit der Prozesswissenschaft 2016, 401 ff falls im konkreten Einzelfall eine Verfahrenssicherung mittels des Europäischen Haftbefehlsverfahrens sicher möglich sei; im Zweifel ist das Verfahren nach § 230 II in Betracht zu ziehen; erg 17a). Bei **Asylbewerbern** ohne tragfähige soziale Bindungen im Inland ist ebenfalls nicht automatisch Fluchtgefahr anzunehmen (siehe Stuttgart StV **16**, 815).

21 **Gegen die Fluchtgefahr sprechen** idR starke familiäre oder berufliche Bindungen (Hamm StV **03**, 509), dass der Beschuldigte sich dem Verfahren über einen längeren Zeitraum gestellt hat (München StraFo **13**, 114), sein hohes Alter sowie ein schlechter und daher fluchthindernder Gesundheitszustand. Fester Wohnsitz schließt die Fluchtgefahr nicht immer aus (vgl Düsseldorf JMBlNW **92**, 251).

22 Die Fluchtgefahr darf nur aus **bestimmten Tatsachen** hergeleitet werden. Bloße Mutmaßungen und Befürchtungen genügen nicht. Die Tatsachen brauchen aber nicht zur vollen Überzeugung des Gerichts festzustehen; es genügt derselbe Wahrscheinlichkeitsgrad wie (vgl oben 5) beim dringenden Tatverdacht (Bremen NJW **55**, 1891; **62**, 649; LR-Hilger 32; Dreves DRiZ **65**, 111; Franzheim GA **66**, 47; **aM** Dahs NJW **59**, 509; **65**, 890; Krekeler wistra **82**, 8, die vollen Beweis verlangen). Zu den Tatsachen gehören auch innere Tatsachen (Braunschweig JZ **65**, 619), zB die Neigung des Beschuldigten, bestimmte Straftaten zu begehen, auch Erfahrungstatsachen, insbesondere der Erfahrungssatz, dass ein Beschuldigter umso eher versucht, sich dem Strafverfahren zu entziehen, je höher die Strafe ist, die ihm bevorsteht (KG NJW **65**, 1390; Schwenn StV **84**, 133 spricht den Gerichten solche Erfahrungen ab und hält das für bloße Vermutungen).

23 Bei der **Straferwartung** hat eine schematische Beurteilung anhand genereller Maßstäbe zu unterbleiben; insbesondere ist die Annahme unzulässig, dass bei einer

Straferwartung in bestimmter Höhe stets (oder auch nie) Fluchtgefahr besteht (KG StV **17**, 451; **19**, 565). Im Ausgangspunkt kommt es auf den tatsächlich zu erwartenden Freiheitsentzug an. Dabei ist vom Erwartungshorizont des Beschuldigten und des Haftrichters auszugehen (KG StV **12**, 350; Hamm StV **01**, 115). Zu berücksichtigen ist daher, dass die UHaft nach § 51 I StGB angerechnet wird und ob der Beschuldigte mit Strafaussetzung zur Bewährung nach § 56 StGB oder mit der Aussetzung des Strafrests nach § 57 StGB rechnen (KG aaO; StV **86**, 107; Frankfurt StraFo **14**, 73; Hamm StV **85**, 114; vgl auch VerfGH Berlin StV **18**, 381) oder nicht rechnen kann (vgl BGH NStZ-RR **18**, 255 zu § 57 I Nr 1 StGB). Die Straferwartung wird durch einen Verständigungsvorschlag des Gerichts konkretisiert (KG StraFo **15**, 201, 203). Auch ob prospektiv Jugend- oder Erwachsenenstrafrecht auf den Beschuldigten anzuwenden sein wird, ist angesichts der jeweils unterschiedlichen Bemessungskriterien zu berücksichtigen (KG StraFo **15**, 108). Die schematische Annahme, dass bei einer Straferwartung in bestimmter Höhe, etwa 1 Jahr Freiheitsstrafe, Fluchtgefahr besteht, ist unzulässig (Celle NJW **50**, 240; LG Oldenburg StV **83**, 248; vgl auch Koblenz StV **13**, 518: Straferwartung 20 Monate bei polnischem Staatsangehörigen, der seit 8 Jahren mit Familie in Deutschland lebt). Die Straferwartung wird durch eine Verurteilung zu einer Freiheits- bzw Jugendstrafe in einer bestimmten Höhe konkretisiert (vgl BGH NStZ-RR **18**, 255; StB 35/16 vom 2.11.2016). Wird im Urteil Strafaussetzung zur Bewährung bewilligt, kann nicht zugleich Haftfortdauer wegen Fluchtgefahr angeordnet werden (**aM** München StV **07**, 459 mit abl Anm König; das Berufungsgericht kann aber die UHaft anordnen, wenn es eine Berufung der StA, die sich gegen die Strafaussetzung wendet, für aussichtsreich erachtet).

Im Allgemeinen kann auch die **Straferwartung allein** die Fluchtgefahr nicht 24 begründen; sie ist nur Ausgangspunkt für die Erwägung, ob der in ihr liegende Anreiz zur Flucht auch unter Berücksichtigung aller sonstigen Umstände so erheblich ist, dass die Annahme gerechtfertigt ist, der Beschuldigte werde ihm wahrscheinlich nachgeben und flüchtig werden (KG StV **12**, 350; Koblenz StV **13**, 518; Bremen StV **95**, 85; Hamburg StV **02**, 490; Hamm StV **99**, 216; Karlsruhe StV **10**, 31; StraFo **10**, 25; Adick HRRS **10**, 249; **aM** Naujok StraFo **00**, 79). Je größer die Straferwartung ist, desto weniger Gewicht ist aber auf weitere Umstände zu legen (Hamm NStZ-RR **10**, 158; Karlsruhe NJW **78**, 333). Auch ein möglicher Bewährungswiderruf kann zur Beurteilung der Fluchtgefahr herangezogen werden (KG StV **96**, 383), wobei auch insoweit die noch zu erwartende Strafe einen gewissen Fluchtanreiz begründen muss (etwa verneint von Dresden NStZ **18**, 304 bei bereits erfolgter Vollstreckung von mehr als 2/3). Zur Wiederinvollzugsetzung eines Haftbefehls vgl 28 zu § 116; dasselbe gilt, wenn ein früherer Haftbefehl sogar aufgehoben worden war (Dresden StV **09**, 477).

Bei einer **besonders hohen Straferwartung** braucht daher nur geprüft zu 25 werden, ob Umstände vorhanden sind, die die hieraus herzuleitende Fluchtgefahr ausräumen können (KG aaO; München StraFo **13**, 114; Braunschweig JZ **65**, 619; Düsseldorf StV **82**, 585; Frankfurt NJW **65**, 1342; Hamm NStZ **08**, 649; Karlsruhe aaO; KK-Graf 19; **aM** SK-Paeffgen 25; Dahs AnwBl **83**, 418; Krekeler wistra **83**, 44; Münchhalffen Rieß-FS 351; Schwenn StV **84**, 132). Das bedeutet aber nicht, dass bei schweren Straftaten die Anforderungen für die Annahme der Fluchtgefahr herabgemindert sind (Köln StV **93**, 371; **95**, 419; StraFo **97**, 279; **aM** Hamburg NJW **61**, 1881 mit abl Anm Dahs; Kleinknecht MDR **65**, 783).

E. Der **Haftgrund der Verdunkelungsgefahr (II Nr 3)** besteht, wenn das 26 Verhalten des Beschuldigten den dringenden Verdacht (oben 5) begründet, dass durch bestimmte Handlungen auf sachliche oder persönliche Beweismittel eingewirkt und dadurch die Ermittlung der Wahrheit erschwert werden wird (vgl Köln StV **97**, 27; München NStZ **96**, 403). Der Haftgrund bezieht sich nur auf die Taten, die dem Haftbefehl zugrunde liegen (Karlsruhe StV **01**, 686). Zur Sicherung der (Wert-)Ersatzeinziehung nach §§ 73 ff StGB dient der Haftgrund nicht.

§ 112

27   a) **Mit großer Wahrscheinlichkeit** müssen Verdunkelungshandlungen für den Fall zu erwarten sein, dass der Beschuldigte nicht in Haft genommen wird (Bremen NJW **55**, 1891; Celle NJW **63**, 1264; Köln NJW **59**, 544). Die bloße Möglichkeit, dass solche Handlungen vorgenommen werden, genügt nicht (KG StraFo **19**, 416; Hamm StraFo **04**, 134; Köln StV **92**, 383; München StV **95**, 86).

28   **Bestimmte Tatsachen,** die nicht zur vollen Überzeugung des Gerichts festzustehen brauchen (oben 22), müssen die Verdunkelungsgefahr begründen, und zwar Tatsachen aus dem Verhalten, den Beziehungen und den Lebensumständen des Beschuldigten (Hamm aaO; Dahs NJW **65**, 889; Kleinknecht MDR **65**, 782), nicht eines Dritten (KG aaO). Daher rechtfertigt die UHaft nicht, dass die Ermittlungen noch nicht abgeschlossen sind (LG Hannover NJW **52**, 951; Dahs NJW **59**, 508; **65**, 890), dass Mittäter noch flüchtig (Schmidt-Leichner NJW **59**, 844) oder wichtige Zeugen noch nicht aufgefunden oder vernommen worden sind (Schleswig SchlHA **54**, 25), dass das Opfer der Tat noch nicht gefunden worden ist (Dahs aaO) oder der Beschuldigte das Versteck der Beute nicht preisgibt (Düsseldorf NStZ-RR **14**, 218; Frankfurt StV **09**, 652).

29   Das Verhalten des Beschuldigten muss **prozessordnungswidrig** und unlauter sein (Dahs aaO; Köln StV **18**, 164). Daher lässt sich aus der Verweigerung der Einlassung oder dem Bestreiten der Tat keine Verdunkelungsgefahr herleiten (Frankfurt NJW **60**, 351; Hamm StV **85**, 114), auch nicht aus dem Widerruf des Geständnisses (vgl KG JR **56**, 192; Dahs NJW **65**, 890), aus der Weigerung, die Mittäter zu nennen (LG Verden StV **82**, 374) oder eine Blutprobe zur Alkoholbestimmung entnehmen zu lassen (Dahs aaO; Kleinknecht NJW **64**, 2186). Auch das Einwirken auf Beweispersonen, das nicht iS des II Nr 3 Buchst b unlauter ist (unten 33), begründet keine Verdunkelungsgefahr (KG StraFo **09**, 21). Andererseits setzt der Haftgrund nicht voraus, dass der Beschuldigte in dem anhängigen oder in einem früheren Verfahren bereits Verdunkelungshandlungen vorbereitet, versucht oder begangen (Köln NJW **61**, 1880) und damit den dringenden Verdacht begründet hat, dass er das auch in Zukunft tun werde (KK-Graf 33).

30   Es genügt, dass andere **Beweisanzeichen** für die Verdunkelungsgefahr vorhanden sind, zB die frühere Verurteilung des Beschuldigten wegen Meineids oder Vortäuschung einer Straftat (Dahs NJW **65**, 892) oder wegen anderer Delikte, die ihrer Natur nach auf Irreführung angelegt sind (KG StraFo **19**, 416; Philipp DRiZ **65**, 84ff; **aM** Dahs Dünnebier-FS 234ff). Auch wenn solche Vorverurteilungen nicht festgestellt sind, kann der Umstand, dass die ganze Lebensführung des Beschuldigten auf Drohung, Täuschung und Gewalt abgestellt ist, die Verdunkelungsgefahr begründen (Köln JMBlNW **63**, 252). Sie kann sich auch aus den Umständen der verfolgten Tat ergeben (Koblenz OLGSt S 37; KK-Graf 30f; Dreves DRiZ **65**, 111; **aM** Köln StraFo **97**, 28; SK-Paeffgen 32a; Dahs NJW **65**, 892; Weigend Müller-FS 744), zB wenn der Beschuldigte wegen Landesverrats nach §§ 94ff StGB oder geheimdienstlicher Agententätigkeit nach § 99 StGB, wegen gewerbsmäßiger Hehlerei nach § 260 StGB oder wegen Zuhälterei nach § 181a StGB verfolgt wird, insbesondere auch, wenn er Angehöriger einer kriminellen oder terroristischen Vereinigung iS der §§ 129, 129a StGB ist oder zu dem Kreis der Wirtschaftskriminellen gehört, deren Taten nach Planung und Ausführung die Verdunkelung vor und nach ihrer Begehung voraussetzen (Koblenz OLGSt S 37; Böhm NStZ **01**, 634; Philipp DRiZ **65**, 85; **aM** Dahs Dünnebier-FS 236; Krekeler wistra **82**, 8; Münchhalffen Rieß-FS 356). Auch insoweit genügt aber natürlich allein die Feststellung, dass der Beschuldigte einer solchen Straftat dringend verdächtig ist, zur Annahme der Verdunkelungsgefahr nicht. Sie erfordert vielmehr eine Würdigung der konkreten Umstände der Tat (Frankfurt NStZ **97**, 200; Hamm StV **02**, 205), wobei allerdings schlussfolgernd allgemeine kriminalistische Erfahrungen berücksichtigt werden dürfen (KG StraFo **19**, 416).

31   b) Die **Erschwerung der Wahrheitsermittlung** durch eine der in II Nr 3 Buchst a–c abschließend aufgeführten Handlungen muss wahrscheinlich sein. Wel-

Verhaftung und vorläufige Festnahme **§ 112**

che dieser Verdunkelungshandlungen zu erwarten ist, braucht aber nicht eindeutig festgestellt zu werden (KK-Graf 34; Kleinknecht MDR **65**, 782).

Bei der **Beweismittelvernichtung (Buchst a)** kommt es nicht darauf an, ob 32 der Beschuldigte „unlauter" handelt (a**M** Nix StV **92**, 446). Gleichgültig ist auch, ob er berechtigt ist, über das Beweismittel zu verfügen. Beiseiteschaffen iS der Vorschrift ist jede Handlung, durch die bewirkt wird, dass das Beweismittel den Strafverfolgungsbehörden nicht mehr jederzeit und unverändert zur Verfügung steht; das kann auch durch Veräußerung geschehen (KK-Graf 35). Die Veränderung des Beweismittels kann auch durch Unbrauchbarmachung erfolgen. Fälschen ist jede Veränderung eines echten Beweismittels mit dem Erfolg, dass es seinen ursprünglichen Beweiswert verliert, aber auch die Herstellung eines neuen Beweismittels, das den Eindruck erweckt, es sei vor seiner Anfertigung entstanden (Zweibrücken StV **92**, 476 mwN; a**M** Dahs NJW **59**, 507).

Das **Einwirken auf Beweispersonen (Buchst b)** ist nur von Bedeutung, 33 wenn es in unlauterer Weise (durch unlautere Mittel zu unlauteren Zwecken) geschieht (Saarbrücken StV **02**, 499). Es setzt eine unmittelbare oder mittelbare psychische Beeinflussung voraus, durch die die Beweislage zuungunsten der Wahrheit geändert werden soll (Nix StV **92**, 447), insbesondere dadurch, dass durch Täuschung (KK-Graf 36) oder Bedrohung (Düsseldorf NStE Nr 12) der Mitbeschuldigte oder Zeuge zur Falschaussage oder der Sachverständige zu einem falschen Gutachten veranlasst wird. Ob die Beweisperson schon am Verfahren beteiligt ist, spielt keine Rolle; es genügt, dass der Beschuldigte mit ihrem Eintritt rechnet. Nicht unlauter ist das Suchen nach Entlastungszeugen und Besprechungen mit ihnen zur Feststellung ihres Wissens (Köln NJW **59**, 544), sofern sie dabei nicht unter Druck gesetzt werden und ihnen keine falsche Erinnerung suggeriert wird (Dahs NJW **65**, 890). Auch das Ersuchen an den Zeugen, von seinem Zeugnisverweigerungsrecht Gebrauch zu machen, ist nicht unlauter (Bremen MDR **51**, 55; Köln aaO; Dahs aaO; krit Hengsberger JZ **66**, 211), sofern es nicht unter Ausnutzung eines Autoritätsverhältnisses oder sonst in unerlaubter Weise geschieht (Karlsruhe StraFo **00**, 423), ebenso die Bitte an einen Mitbeschuldigten zu schweigen (Frankfurt StV **10**, 583). Zum Anbieten von Geld gegen Rücknahme der Strafanzeige Deckers/Lederer StV **09**, 140.

Die **Veranlassung eines anderen (Buchst c),** Verdunkelungsmaßnahmen zu 34 begehen, steht den eigenen Handlungen des Beschuldigten gleich. Der Beschuldigte muss dabei vorsätzlich handeln; ob der andere weiß, welchem Ziel seine Handlungen dienen, ist ohne Bedeutung (KK-Graf 38).

Hinzu kommen muss stets die **konkrete Gefahr der Verdunkelung** in dem 35 anhängigen Verfahren; die Absicht allein genügt nicht. Wenn die Verdunkelungshandlungen nicht geeignet sind, die Ermittlung der Wahrheit zu erschweren, darf UHaft nicht angeordnet werden. Der Haftgrund liegt daher nicht vor, wenn der Sachverhalt schon in vollem Umfang aufgeklärt und die Beweise so gesichert sind, dass der Beschuldigte die Wahrheitsermittlung nicht behindern kann (Fezer 5/9; Kleinknecht JZ **65**, 116). Das ist etwa der Fall, wenn ein gesichertes Geständnis (Köln StV **18**, 164; Düsseldorf StV **84**, 339; Stuttgart StV **05**, 225), richterlich protokollierte Aussagen unbeeinflussbarer Zeugen oder Mitbeschuldigter (Karlsruhe NJW **93**, 1148; LG Hamburg StV **00**, 373; LG Oldenburg StV **83**, 248), Fingerabdrücke oder sichergestellte Tatwerkzeuge vorhanden sind. Auch die bloße Fortwirkung früherer Verdunkelungshandlungen genügt nicht (Oldenburg StV **05**, 394). Der Abschluss der Ermittlungen und die Erhebung der öffentlichen Klage räumen die Verdunkelungsgefahr jedoch nicht ohne weiteres aus (Frankfurt StV **94**, 583; a**M** Krekeler wistra **82**, 10). Ein nur auf Verdunkelungsgefahr gestützter Haftbefehl muss aber idR nach Abschluss des Verfahrens im letzten Tatsachenrechtszug aufgehoben werden (Celle NJW **63**, 1264; NStE Nr 10; Naumburg StV **95**, 259 L; Bremen StV **17**, 455 L).

3) Bei bestimmten **Straftaten der Schwerkriminalität** lässt III die Anordnung 36 der UHaft auch zu, wenn kein Haftgrund nach II vorliegt. Das gilt auch für den

Schmitt

§ 112a

Versuch (BGH **28**, 355), für die Teilnahme nach §§ 25 ff StGB und für den Versuch der Teilnahme nach § 30 StGB, nicht aber für § 323a StGB mit einer Katalogtat als Rauschtat (KK-Graf 41; Dünnebier NJW **66**, 231). Auch in den Fällen der §§ 213 und 216 StGB ist III nicht anwendbar (Düsseldorf NJW **65**, 2118; Köln StV **89**, 486; **96**, 382; Schlothauer/Weider/Nobis 661 mwN; **aM** Hamm NJW **82**, 2786; Waldschmidt NJW **65**, 1576).

37 Die Vorschrift enthält einen **Verstoß gegen den Verhältnismäßigkeitsgrundsatz**. Denn dieser Grundsatz verbietet es, gegen einen Tatverdächtigen, bei dem weder Flucht- noch Verdunkelungs- oder Wiederholungsgefahr vorliegt, nur wegen der Schwere der Straftat einen Haftbefehl zu erlassen. Das BVerfG legt III daher verfassungskonform dahin aus, dass der Erlass eines Haftbefehls nur zulässig ist, wenn Umstände vorliegen, die die Gefahr begründen, dass ohne Festnahme des Beschuldigten die alsbaldige Aufklärung und Ahndung der Tat gefährdet sein könnte; ausreichen kann schon die zwar nicht mit bestimmten Tatsachen belegbare, aber nach den Umständen des Falles doch nicht auszuschließende Flucht- oder Verdunkelungsgefahr oder die ernstliche Befürchtung, dass der Täter weitere Taten ähnlicher Art begehen werde (BVerfGE **19**, 342, 350; BVerfG NJW **66**, 772; krit LR-Hilger 53; SK-Paeffgen 43 ff; Dahs NJW **66**, 761; Deckers AnwBl **83**, 420; Fezer 5/14; Freund GA **95**, 20; Weigend Müller-FS 751; vgl auch Roxin/Schünemann **30**, 10: mehr Umdeutung als Auslegung des Gesetzes; dagegen Krey 1/37; JZ **78**, 367).

38 Die Vorschrift begründet bei dieser **Auslegung** weder eine Vermutung der Haftgründe (**aM** Düsseldorf MDR **83**, 152; offenbar auch Bremen StV **83**, 288), noch findet eine „Umkehr der Beweislast" statt (**aM** LR-Hilger 53; Deckers aaO). Vielmehr wird der Richter lediglich von den strengen Anforderungen des II befreit, um die Gefahr auszuschließen, dass sich gerade besonders gefährliche Täter der Bestrafung entziehen (BVerfG aaO). Dem Richter wird die Feststellung erlassen, dass bestimmte Tatsachen Flucht- oder Verdunkelungsgefahr begründen. Ausreichend, aber auch erforderlich ist die Feststellung, dass eine verhältnismäßig geringe oder entfernte Gefahr dieser Art besteht (Düsseldorf StraFo **00**, 67; Köln NJW **96**, 1686) oder dass sie jedenfalls nicht auszuschließen ist (Hamm NJW **66**, 2075; JZ **76**, 610, 612); das muss in dem Haftbefehl begründet werden (15 zu § 114). Sonst ist der Erlass eines Haftbefehls nach § 112 III abzulehnen (BGH NStZ **10**, 445).

39 III ist **keine Sondervorschrift** und schließt daher nicht aus, den Haftbefehl auf einen der Haftgründe des II (oder auf § 112a) zu stützen, wenn er vorliegt (Hamm NJW **65**, 2117; Oldenburg NJW **65**, 1613; SK-Paeffgen 44; **aM** Düsseldorf NJW **65**, 2118). Das ist sogar empfehlenswert und idR auch möglich; denn wenn der Beschuldigte einer Straftat von der Schwere der in III bezeichneten Delikte dringend verdächtig ist, wird wegen der hohen Straferwartung meist auch Fluchtgefahr iS von II Nr 2 vorliegen.

Haftgrund der Wiederholungsgefahr

112a [1] Ein Haftgrund besteht auch, wenn der Beschuldigte dringend verdächtig ist,

1. eine Straftat nach den §§ 174, 174a, 176 bis 178 oder nach § 238 Abs. 2 und 3 des Strafgesetzbuches oder
2. wiederholt oder fortgesetzt eine die Rechtsordnung schwerwiegend beeinträchtigende Straftat nach den §§ 89a, 89c Absatz 1 bis 4, nach § 125a, nach den §§ 224 bis 227, nach den §§ 243, 244, 249 bis 255, 260, nach § 263, nach den §§ 306 bis 306c oder § 316a des Strafgesetzbuches oder nach § 29 Absatz 1 Satz 1 Nummer 1, 10 oder Abs. 3, § 29a Abs. 1, § 30 Abs. 1, § 30a Abs. 1 des Betäubungsmittelgesetzes oder nach § 4 Absatz 3 Nummer 1 Buchstabe a des Neue-psychoaktive-Stoffe-Gesetzes

begangen zu haben, und bestimmte Tatsachen die Gefahr begründen, daß er vor rechtskräftiger Aburteilung weitere erhebliche Straftaten gleicher Art begehen oder die Straftat fortsetzen werde, die Haft zur Abwendung der drohenden Gefahr erforderlich und in den Fällen der Nummer 2 eine Freiheitsstrafe von mehr als einem Jahr zu erwarten ist. ²In die Beurteilung des dringenden Verdachts einer Tatbegehung im Sinne des Satzes 1 Nummer 2 sind auch solche Taten einzubeziehen, die Gegenstand anderer, auch rechtskräftig abgeschlossener, Verfahren sind oder waren.

II Absatz 1 findet keine Anwendung, wenn die Voraussetzungen für den Erlaß eines Haftbefehls nach § 112 vorliegen und die Voraussetzungen für die Aussetzung des Vollzugs des Haftbefehls nach § 116 Abs. 1, 2 nicht gegeben sind.

1) Die **vorbeugende Maßnahme der Sicherungshaft** zum Schutz der Allgemeinheit vor weiteren erheblichen Straftaten besonders gefährlicher Täter erlaubt die Vorschrift; sie ist präventiv-polizeilicher Natur. Mit dem GG ist sie vereinbar (BVerfGE **19**, 342, 349ff; **35**, 185; sehr krit Roxin/Schünemann § 30, 12). Den Haftgrund der Wiederholungsgefahr sieht Art 5 I S 2 Buchst c **EMRK** ausdrücklich vor; die Ansicht, § 112a verstoße gleichwohl gegen die Unschuldsvermutung nach Art 6 II **EMRK** (SK-Paeffgen 5; Wolter ZStW **93**, 485), kann daher nicht richtig sein (vgl Baumann JZ **69**, 136; Dreher MDR **70**, 967; EbSchmidt JR **70**, 208). Wegen des Zusammenhangs mit dem Strafverfahren war es sachgerecht, die Sicherungshaft, obwohl sie keine Untersuchungshaft iS des § 112, sondern vorbeugende Verwahrung ist, als strafprozessualen Eingriff in der StPO und nicht in den Polizeigesetzen der Länder zu regeln (KK-Graf 5; Fezer 5/17; **aM** Baumann JZ **69**, 134; Paeffgen 156; Seebode 74ff; Weigend Müller-FS 741). Die Höchstdauer der Sicherungshaft beträgt 1 Jahr (§ 122a). Zur Zulässigkeit der Sicherungshaft bei Jugendlichen vgl von Nerée StV **93**, 212 sowie Hamm JMBlNW **96**, 66; StV **02**, 432, bei Heranwachsenden KG StV **09**, 83.

2) **Voraussetzung der Sicherungshaft (I):**
Dringender Verdacht iS des § 112 I S 1 (dort 5) muss bestehen hinsichtlich einer der in S 1 Nrn 1 und 2 abschließend bezeichneten Straftaten (Anlasstaten), die schuldhaft begangen sein muss. Ausreichend ist der dringende Verdacht des Versuchs der Tat oder der Teilnahme an ihr (§§ 25ff StGB), auch der des Versuchs der Beteiligung nach § 30 StGB.

Die Vorschrift **gilt auch,** wenn nur der dringende Verdacht besteht, dass die Tat im Vollrausch (§ 323a StGB) begangen worden ist (Frankfurt NJW **65**, 1728; Hamm NJW **74**, 1667; KK-Graf 15; Hengsberger JZ **66**, 211; **aM** Krey ZStW **101**, 856; Paeffgen 162; einschr LR-Hilger 25).

Ferner setzt die Sicherungshaft **Wiederholungsgefahr** sowie die Notwendigkeit der Haft zur Abwendung der Gefahr voraus, in den Fällen der Nr 2 auch die Erwartung einer Freiheitsstrafe von mehr als 1 Jahr. Die früher in Nr 2 enthaltene Voraussetzung einer einschlägigen Vorstrafe ist durch das Verbrechensbekämpfungsgesetz gestrichen worden (krit dazu Bandisch StV **94**, 157; Neumann StV **94**, 275).

A. **Anlasstaten nach Nr 1** sind zunächst Straftaten gegen die sexuelle Selbstbestimmung. Sie brauchen weder wiederholt noch fortgesetzt (dazu unten 7) begangen worden zu sein. Schon die einmalige Verfehlung kann, jedenfalls bei erwachsenen Tätern, auf schwere Persönlichkeitsmängel hindeuten, die aufgrund bestimmter Tatsachen weitere Taten ähnlicher Art befürchten lassen (Bremen StraFo **08**, 73; Diemer-Nicolaus NJW **72**, 1694; Hellmer NJW **65**, 1728). Allerdings ist dieser Schluss nicht zwingend; er kann etwa entfallen, wenn die Anlasstaten in einer zumindest beziehungsähnlichen Konstellation begangen wurden (Jena StV **14**, 750). Die Vorschrift bezweckt, einen besonders schutzwürdigen Kreis der Bevölkerung vor mit hoher Wahrscheinlichkeit drohenden schweren Straftaten zu bewahren (BVerfGE **19**, 342, 350). Neu aufgenommen wurde hier durch Ges vom 22.3.2007 (BGBl I 354) aber auch die sog Deeskalationshaft bei Straftaten nach § 238 II, III StGB (qualifiziertes Stalkingdelikt), die dem Opferschutz dienen soll

§ 112a

(dazu Mitsch NJW **07**, 1241; Peters NStZ **09**, 242; krit Krüger NJ **08**, 150; nach Knauer/Reinbacher StV **08**, 377 nur mit verfassungskonformer Auslegung unter den Voraussetzungen des I Nr 2 anwendbar).

7   B. **Anlasstaten nach Nr 2:** Der Katalog enthält Straftaten, die erfahrungsgemäß besonders häufig von Serientätern begangen werden. Körperverletzung (§ 223 StGB) und Diebstahl (§ 242 StGB) gehören dazu nicht (LG Berlin StV **09**, 652). Bei dringendem Tatverdacht einer Straftat nach § 224 StGB kann ein früher abgeurteilter Totschlag für Wiederholungsgefahr ausreichen, wenn eine gefährliche Körperverletzung Durchgangsstadium zum Tötungsdelikt war (Hamm NStZ-RR **13**, 86 L). Eine fortgesetzte Handlung kommt nach der Umgestaltung dieses Rechtsinstituts durch den BGH GrS (vgl dazu 14 zu § 260) bei den hier aufgezählten Straftaten praktisch kaum noch in Betracht. Bei Straftaten nach § 243 StGB muss kein Regelbeispiel erfüllt sein. Betrugstaten sind nur dann Anlasstaten, wenn sie in ihrem Schweregrad (Art der Tatausführung und Umfang des Schadens) etwa dem besonders schweren Fall des Diebstahls nach § 243 StGB entsprechen (Stuttgart Justiz **73**, 254; vgl auch Naumburg StraFo **11**, 393), dies soll bei im Einzelfall zu erwartenden Vermögensschäden zwischen 500 und 2000 Euro nicht der Fall sein (Naumburg aaO; Karlsruhe StV **17**, 456 mwN; vgl auch Hamm StV **11**, 291; KG NStZ-RR **15**, 115; gegen eine schematische Betrachtung Hamm NStZ-RR **15**, 115, 116).

8   Die Anlasstat nach Nr 2 rechtfertigt die Sicherungshaft nur unter folgenden Voraussetzungen: Die Tat muss **wiederholt oder fortgesetzt** begangen worden sein, dh mindestens zweimal durch rechtlich selbstständige Handlungen (§ 53 StGB), wobei geringfügige Abweichungen in der rechtlichen Beurteilung ohne Bedeutung sind (LR-Hilger 27: die Qualifikation ist dem Grunddelikt gleichzustellen; vgl auch Koblenz JBlRP **02**, 318) oder durch eine fortgesetzte Handlung, die sich aus Einzelhandlungen zusammensetzt (Frankfurt StV **84**, 159). Wiederholt ist die Tatbegehung auch dann, wenn eine Anlasstat, die an sich dieselbe Strafgesetz verletzt wie eine weitere Tat, nur deswegen nicht als rechtliche selbständige Handlung zum Tragen kommt, weil sie im Wege der Gesetzeskonkurrenz hinter die Begehung einer noch schwereren Tat aus Nr 2 zurücktritt (Bremen StV **13**, 773: § 244 I Nr 3 StGB im Verhältnis zu 250 StGB). Dabei stellt I S 2 nun (zu der früher umstrittenen Frage) klar, dass auch Straftaten, die Gegenstand eines weiteren Ermittlungsverfahrens bei demselben oder einem anderen Gericht sind oder die in anderen Verfahren bereits rechtskräftig abgeurteilt wurden, berücksichtigt werden dürfen. Wiederholungsgefahr kann zu verneinen sein, wenn der Beschuldigte lediglich Beihilfe zu der Tat eines in Haft befindlichen Haupttäters geleistet hat (Karlsruhe StV **17**, 456).

9   Eine **schwerwiegende Beeinträchtigung der Rechtsordnung** muss durch die Anlasstat eingetreten sein. Art und Ausmaß des Schadens müssen bei jeder einzelnen Tat erheblich sein (BVerfGE **35**, 185, 192; Frankfurt StV **16**, 816; Braunschweig StV **12**, 352; Hamm StV **11**, 291; Jena StV **09**, 251). Die Taten müssen nicht nur im Unrechtsgehalt (Frankfurt StV **00**, 209; **10**, 31; 141 L; 583), wozu auch Beweggründe, Art der Tatausführung, Auswirkungen der Tat, Vorleben und Nachtatverhalten des Täters gehören (Hamm NStZ-RR **15**, 115f) und im Schweregrad (Saarbrücken StraFo **19**, 199 mit Anm Möller; gewerbsmäßige Ladendiebstähle; Frankfurt StV **16**, 816; Düsseldorf und KG, beide StV **10**, 585; LG Bonn StV **88**, 439; KK-Graf 14a; vgl auch LR-Hilger 31 ff) überdurchschnittlich, sondern auch geeignet sein, in weiten Kreisen das Gefühl der Geborgenheit im Recht zu beeinträchtigen (KG NStZ-RR **15**, 115). Dass die Vortat nur mit jugendgerichtlichen Zuchtmitteln geahndet wurde, steht der Annahme einer schwerwiegenden Beeinträchtigung nicht von vornherein entgegen (Bremen StV **13**, 773).

10   Bei der **Strafwartung von mehr als 1 Jahr Freiheitsstrafe,** die nur in den Fällen des I Nr 2 gefordert wird, kommt es nicht darauf an, ob eine Strafaussetzung nach § 56 StGB ausgeschlossen ist; bei Serientätern wird sie es idR sein. Liegt

schon ein noch nicht rechtskräftiges Urteil vor, so ist die erkannte Strafe maßgebend, sofern nicht die StA zuungunsten des Angeklagten Berufung eingelegt hat. Bei zu erwartender Jugendstrafe kommt es darauf an, ob auch ohne Einbeziehung von Vorerkenntnissen nach § 31 II JGG eine Jugendstrafe von mehr als 1 Jahr zu erwarten ist (LG Kiel StV **02**, 433); dasselbe gilt für die Einbeziehung von Nichtkatalogtaten in die Einheitsjugendstrafe (Braunschweig StraFo **08**, 330).

C. Der Begriff **Wiederholungsgefahr** ist in I als Gefahr der Begehung weiterer 11 erheblicher Straftaten gleicher Art oder Fortsetzung der Straftat definiert (vgl auch Hamm NStZ-RR **10**, 292 zur Bewertungseinheit).

Erheblich iS der Vorschrift sind Taten, die mindestens dem Bereich der mittle- 12 ren Kriminalität angehören (KG NStZ-RR **10**, 291; Hamm NStZ-RR **11**, 124 L; KK-Graf 18).

Um **gleichartige Taten** handelt es sich, wenn das bisherige und das künftig zu 13 befürchtende Verhalten des Täters im Erscheinungsbild übereinstimmen (vgl Hamm aaO). Eine völlige Übereinstimmung der verletzten Strafgesetze mit der Anlasstat wird nicht verlangt; es genügt die rechtsethische und psychologische Vergleichbarkeit (BezG Meiningen NStE Nr 2; krit SK-Paeffgen 17). Das vergangene und das zukünftige Verhalten des Täters müssen aber insgesamt als eine in sich gleichartige Serie erscheinen. IdR sind diejenigen Gruppen von Straftaten gleichartig, die in dem Katalog des I Nr 1 (vgl LG Krefeld NJW **72**, 2238) und in dem der Nr 2 jeweils nach dem Wort „nach" aufgeführt sind (KMR-Wankel 6, 9).

Die Wiederholungsgefahr muss durch **bestimmte Tatsachen** begründet wer- 14 den, die eine so starke innere Neigung des Beschuldigten zu einschlägigen Taten erkennen lassen, dass die Besorgnis begründet ist, er werde die Serie gleichartiger Taten noch vor einer Verurteilung wegen der Anlasstat fortsetzen (Köln StraFo **19**, 67; Karlsruhe StraFo **10**, 198; Oldenburg StraFo **12**, 186; Koblenz StraFo **14**, 295). Zu berücksichtigen sind insbesondere die Vorstrafen des Beschuldigten, die Abstände zwischen ihnen (Jena StraFo **09**, 21; Oldenburg StV **10**, 140; Koblenz aaO), die äußeren Umstände, in denen er sich bei Begehung der Taten befunden hat, seine Persönlichkeitsstruktur und sein soziales Umfeld (Bremen NStZ-RR **01**, 220). Vorverurteilungen zu jugendgerichtlichen Zuchtmitteln bleiben außer Betracht (Oldenburg StV **10**, 139).

Eine **einschlägige Vorstrafe** ist entgegen früherer gesetzlicher Regelung nicht 15 mehr erforderlich; liegen keine einschlägigen oder ähnlichen Straftaten vor, muss aber besonders sorgfältig geprüft werden, ob bestimmte Tatsachen die Gefahr der Wiederholung weiterer erheblicher Straftaten gleicher Art begründen (Dresden StV **06**, 534; Frankfurt StV **10**, 583; Hohmann StraFo **99**, 213).

D. **Erforderlich** muss die Sicherungshaft sein. Können die von dem Beschul- 16 digten ausgehenden Gefahren durch andere Maßnahmen – Anstaltsbehandlung eines Sittlichkeitsverbrechers, Drogentherapie eines Rauschgiftsüchtigen (Frankfurt StV **92**, 425), Heimunterbringung des sittlich gefährdeten Kindes – abgewendet werden, so ist sie unzulässig. Im Übrigen gilt § 116 III.

3) Subsidiarität der Sicherungshaft (II): Zunächst müssen stets die Voraus- 17 setzungen des § 112 geprüft werden. Liegen sie vor und kommt eine Haftverschonung nach § 116 I, II nicht in Betracht, so wird der Haftbefehl auch dann nach § 112 erlassen, wenn Wiederholungsgefahr besteht; auf § 112a darf er nicht gestützt werden. Liegt aber ein Haftgrund nach § 112 nicht vor oder müsste der Vollzug des nach dieser Vorschrift erlassenen Haftbefehls nach § 116 ausgesetzt werden, so wird der Haftgrund der Wiederholungsgefahr geprüft (Jena StV **11**, 735 mit abl Anm Tsambikakis), falls er gegeben ist, auch die Anwendung des § 116 III. II schließt auch aus, den auf § 112 gestützten Haftbefehl hilfsweise auf den Haftgrund der Wiederholungsgefahr zu stützen; denn auch dann handelt es sich um eine Anwendung dieses Haftgrundes (LG Bonn StV **88**, 439; Seebode StV **98**, 386). Ein Aktenvermerk, dass beim Wegfall der Haftvoraussetzungen nach § 112 oder vor einer Haftverschonung nach § 116 I, II eine Prüfung nach § 112a

§§ 113, 114

geboten erscheint, ist zwar nicht unzulässig, aber idR auch nicht angebracht (LR-Hilger 51).

Untersuchungshaft bei leichteren Taten

113 ¹ Ist die Tat nur mit Freiheitsstrafe bis zu sechs Monaten oder mit Geldstrafe bis zu einhundertachtzig Tagessätzen bedroht, so darf die Untersuchungshaft wegen Verdunkelungsgefahr nicht angeordnet werden.

II In diesen Fällen darf die Untersuchungshaft wegen Fluchtgefahr nur angeordnet werden, wenn der Beschuldigte
1. sich dem Verfahren bereits einmal entzogen hatte oder Anstalten zur Flucht getroffen hat,
2. im Geltungsbereich dieses Gesetzes keinen festen Wohnsitz oder Aufenthalt hat oder
3. sich über seine Person nicht ausweisen kann.

1   1) Eine **Einschränkung der UHaft** bei Straftaten mit geringer Strafandrohung bestimmt die Vorschrift. Ihr ist zu entnehmen, dass UHaft auch angeordnet werden darf, wenn nur eine Geldstrafe zu erwarten ist (Düsseldorf NJW **97**, 2965). Der Verhältnismäßigkeitsgrundsatz (§ 112 I S 2) wird in einem solchen Fall aber häufig dem Erlass eines Haftbefehls entgegenstehen (Wagner NJW **78**, 2002).

2   **Freiheitsstrafe** iS von I ist auch der Strafarrest nach § 9 WStG, nicht aber der Jugendarrest nach § 16 JGG (LR-Hilger 3), auch wenn dieser neben Jugendstrafe verhängt wird (§ 16a **JGG**). Gleichgültig ist, ob neben der Strafe weitere Rechtsfolgen (Einziehung uä) angedroht sind (KK-Graf 3).

3   2) Wegen **Verdunkelungsgefahr** darf die UHaft niemals angeordnet werden (I), wegen **Flucht** (§ 112 II Nr 1) ohne Beschränkungen.

4   Anordnung wegen **Fluchtgefahr** nur, wenn außer den Voraussetzungen des § 112 II Nr 2 auch die des II vorliegen (LR-Hilger 7), und zwar:

5   A. **Besondere Fluchtgefahr (Nr 1):** Auf welche Weise sich der Beschuldigte dem Verfahren entzogen hat (Flucht, Verborgenhalten), spielt keine Rolle. Fluchtanstalten sind alle Tätigkeiten, die ihre Erklärung vernünftigerweise darin finden, dass der Beschuldigte sich dem Verfahren entziehen will (Vermögensveräußerung, Passantrag, Anmietung einer geheimgehaltenen Wohnung und dgl).

6   B. **Wohnungslosigkeit (Nr 2):** Wegen der Begriffe Wohnung und Aufenthalt vgl 1, 3 zu § 8. Eine feste Wohnung muss der tatsächlichen Niederlassung entsprechen, nicht nur der polizeilichen Anmeldung, und für eine gewisse Dauer berechnet sein. Der feste Aufenthalt ist der Ort, an dem der Beschuldigte wenigstens für eine bestimmte Zeit erreichbar ist (erg 2 zu § 127a).

7   C. **Ausweislosigkeit (Nr 3):** Gleichgültig ist, aus welchen Gründen sich der Beschuldigte nicht ausweisen kann. Dem Ausweislosen steht gleich, wer sich nicht ausweisen will oder wer falsche Personalien angibt (KK-Graf 6a). Ist der Beschuldigte von Person bekannt, so ist Nr 3 nicht anwendbar.

8   3) **Mit besonderer Beschleunigung** ist die Strafsache zu behandeln, wenn ein Haftbefehl nach § 113 ergangen ist. IdR wird die öffentliche Klage durch Strafbefehl oder in dem Verfahren nach §§ 417 ff zu erheben sein. Ist eine Geldstrafe zu erwarten, so darf die UHaft nur ausnahmsweise die voraussichtliche Ersatzfreiheitsstrafe (§ 43 StGB) übersteigen (Seetzen NJW **73**, 2003; Wagner NJW **78**, 2005).

Haftbefehl

114 ¹ Die Untersuchungshaft wird durch schriftlichen Haftbefehl des Richters angeordnet.

II In dem Haftbefehl sind anzuführen

Verhaftung und vorläufige Festnahme **§ 114**

1. der Beschuldigte,
2. die Tat, deren er dringend verdächtig ist, Zeit und Ort ihrer Begehung, die gesetzlichen Merkmale der Straftat und die anzuwendenden Strafvorschriften,
3. der Haftgrund sowie
4. die Tatsachen, aus denen sich der dringende Tatverdacht und der Haftgrund ergibt, soweit nicht dadurch die Staatssicherheit gefährdet wird.

III Wenn die Anwendung des § 112 Abs. 1 Satz 2 naheliegt oder der Beschuldigte sich auf diese Vorschrift beruft, sind die Gründe dafür anzugeben, daß sie nicht angewandt wurde.

1) Der **Erlass des Haftbefehls (I)** ist dem Richter vorbehalten (Art 104 II S 1, 1 III S 2 GG). Zur Zuständigkeit vgl §§ 125, 128, zum Verfahren unten 19.

Der Haftbefehl muss **schriftlich** erlassen werden. Dabei kann ein vervielfältigtes 2 Schriftstück verwendet werden, wenn zahlreiche Beschuldigte gleichartiger Straftaten verdächtig sind (BVerfG NJW **82**, 29). Der Haftbefehl, der dem Beschuldigten verkündet wird (3 zu § 114a), braucht nicht schon vollständig abgefasst zu sein; das muss aber alsbald nachgeholt werden. In der Hauptverhandlung oder in einem anderen Gerichtstermin ist die Schriftform genügt, wenn der Haftbefehl vollständig (vgl dazu Oldenburg StraFo **06**, 282) in das Protokoll aufgenommen wird. Weil der Angeklagte ohnehin eine Abschrift erhalten muss (§ 114a II), empfiehlt sich aber auch hier die Abfassung eines Haftbefehls unter Verwendung des amtlichen Vordrucks, der unterzeichnet und dem Protokoll als Anlage beigefügt wird (Celle StraFo **98**, 171; Creifelds NJW **65**, 946).

2) **Inhalt des Haftbefehls (II):** 3

A. Der **Begründungszwang** nach II, der entspr für Haftbefehle nach §§ 230 4 II, 236, 329 IV S 1 und § 453c (dort II S 2) gilt, ist eine Sonderregelung gegenüber § 34. Er dient der Selbstkontrolle des Gerichts sowie der Unterrichtung des Beschuldigten und soll die Prüfung durch das Beschwerdegericht ermöglichen (Hamm NStZ-RR **02**, 335; Karlsruhe NStZ **86**, 134). Den inhaltlichen Anforderungen des II muss der Haftbefehl, unabhängig von den Anforderungen, die der ersuchte Staat stellt, auch dann entsprechen, wenn er die Grundlage für ein Einlieferungsersuchen bilden soll (Karlsruhe aaO; vgl auch RiVASt 94). Im Einzelnen sind außer der in II nicht erwähnten, aber unerlässlichen ausdrücklichen Anordnung der UHaft folgende Angaben erforderlich:

B. Der **Beschuldigte (Nr 1)** muss so genau bezeichnet werden, dass bei der 5 Vollstreckung des Haftbefehls eine Verwechslung ausgeschlossen ist. Ausreichend ist idR die Angabe des Vor- und Familiennamens, ggf auch des Alias-Namens, des Geburtstags und -orts, des Berufs und der letzten Wohnung; bei Ausländern empfiehlt sich die Angabe der Staatsangehörigkeit (KK-Graf 5). Anders als bei der Ausschreibung zur Festnahme (§ 131 IV) ist eine Personenbeschreibung entbehrlich, sofern sie nicht ausnahmsweise für die Identitätsfeststellung notwendig ist (KMR-Wankel 2; Creifelds NJW **65**, 946). Dann ist auch die Bezugnahme auf ein bei den Akten befindliches Lichtbild zulässig (Senge NStZ **97**, 348).

C. **Bezeichnung der Tat und der Strafvorschriften (Nrn 2, 4):** 6

a) Die **Tat** muss aus sich heraus verständlich beschrieben werden (Stuttgart 7 MDR **80**, 518). Der strafrechtliche Vorwurf ist in ähnlicher Weise wie in der Anklageschrift (§ 200 I) zu umschreiben (BGH NStZ-RR **17**, 347, auch speziell zu den Anforderungen bei einem Tatvorwurf nach § 129a V StGB). Das Tatgeschehen ist nach Ort und Zeit, Art der Durchführung, Person des Verletzten und den sonstigen Umständen so genau zu bezeichnen, dass ein bestimmter Lebensvorgang erkennbar ist, dem der Beschuldigte den gegen ihn erhobenen Tatvorwurf entnehmen kann (Brandenburg OLGSt Nr 1; StV **97**, 140; Düsseldorf StV **96**, 440; Hamm StraFo **00**, 30; Karlsruhe StV **02**, 147; Köln StV **99**, 156). Eine knappe Darstellung reicht aus, bei gleichartigen Taten auch eine zusammenfassende Dar-

§ 114

stellung. Jedoch muss stets für jedes gesetzliche Tatbestandsmerkmal erkennbar sein, durch welchen Teil des Tatgeschehens es erfüllt ist. Anzuführen ist auch der Teil des Tatgeschehens, aus dem sich bestimmte Teilnahmeformen und Straferschwerungen oder der Versuch ergeben. Stehen Tatort oder -zeit noch nicht fest, so genügen ungefähre Angaben, bei der Tatzeit mindestens die des Jahres, also nicht die Angabe: „in nicht rechtsverjährter Zeit", auf Grund deren die Tatidentität, die Zuständigkeit und die Verjährungsfrage geprüft werden können.

8 Unzulässig ist die **Bezugnahme** auf eine bei den Akten befindliche, dem Haftbefehl aber nicht als Anlage beigefügte Urkunde (Celle StraFo **15**, 113; Stuttgart NJW **82**, 1296) oder auf das gleichzeitig erlassene Urteil (Celle StraFo **98**, 171; Jena StV **07**, 588; Karlsruhe NJW **74**, 510; Stuttgart Justiz **85**, 31; 217; **97**, 62).

9 b) Ist der Beschuldigte **mehrerer Taten** dringend verdächtig, so braucht sich der Haftbefehl nicht auf alle zu erstrecken (LR-Hilger 10 mwN; **aM** Hamm NJW **71**, 1325; Kleinknecht JZ **65**, 117). Es kann sogar zweckmäßig sein, ihn auf Fälle zu beschränken, die seinen Erlass ohne jeden Zweifel rechtfertigen. Auch kann es im Interesse der Ermittlungen geboten sein, bestimmte Tatvorwürfe zunächst nicht in den Haftbefehl aufzunehmen (Düsseldorf MDR **84**, 774). Nach Anklageerhebung liegen derartige Gründe nicht mehr vor; auch bedarf es dann zur Erweiterung des Haftbefehls keines Antrags der StA (10 zu § 125). Der Haftbefehl ist daher spätestens bei der Eröffnung des Hauptverfahrens den Tatvorwürfen der Anklageschrift anzupassen (vgl 4 zu § 122).

10 c) **Strafvorschriften:** Vgl 11 ff zu 200. Nicht jede anzuwendende Strafvorschrift ist anzuführen. Jedoch muss ggf die Art der Teilnahme, das Konkurrenzverhältnis und, wenn die Strafvorschrift mehrere Begehungsarten kennt, die Begehungsweise gekennzeichnet werden. Auf etwa zu erwartende Sicherungsmaßregeln (§§ 61 ff StGB) wird hingewiesen, wenn das für die Frage der Verhältnismäßigkeit (§ 112 I S 2) von Bedeutung ist (KK-Graf 8; Creifelds NJW **65**, 947).

11 d) Der **dringende Tatverdacht** muss mit der Schilderung der Tatsachen begründet werden, aus denen er sich ergibt (Nr 4). Dazu ist eine kurze Darstellung der Verdachtsgründe erforderlich, die die Ermittlungen zutage gefördert haben. Handelt es sich um Indizien, so sind auch sie mitzuteilen (Creifelds NJW **65**, 948). Die Angabe der Beweismittel ist gesetzlich nicht vorgeschrieben. Wenn aber der dringende Tatverdacht daraus hergeleitet wird, dass bestimmte Beweismittel in starkem Maße auf die Täterschaft oder Beteiligung des Beschuldigten hinweisen, sind diese Beweismittel zu bezeichnen (Düsseldorf VRS **86**, 446; Creifelds aaO; Kleinknecht JZ **65**, 118). Auch sonst sollten, damit der Beschuldigte seine Verteidigung danach einrichten kann, die Beweismittel idR so weit angeführt werden, wie es ohne Gefährdung der Ermittlungen möglich ist (Düsseldorf MDR **84**, 774; Hamburg MDR **92**, 693; Kleinknecht MDR **65**, 783; weitergehend Kempf Rieß-FS 219 mwN: stets angeben). Ihr Beweiswert braucht aber nicht erörtert zu werden (Düsseldorf StV **88**, 534 mit abl Anm Rudolphi; StV **91**, 521 mit abl Anm Schlothauer; abl auch Paeffgen NStZ **92**, 482; vgl auch Kempf aaO 221: Beweiswürdigung erforderlich).

12 Soweit die **Staatssicherheit** gefährdet würde, kann von der Begründung des dringenden Tatverdachts abgesehen werden (dazu Creifelds NJW **65**, 949); das muss in dem Haftbefehl zum Ausdruck kommen (KK-Graf 15). Dem Beschuldigten muss die Begründung aber auch insoweit mündlich eröffnet werden, wenn er nach §§ 115, 115 III gehört wird (KK-Graf 15). Die (nach Meinung von Vogt NStZ **82**, 21 überflüssige) Ausnahme hat zwar besonders in Staatsschutzsachen Bedeutung, ist aber auf sie nicht beschränkt.

13 D. Der **Haftgrund (Nrn 3, 4)** als die prozessuale Grundlage des Haftbefehls ist ebenfalls zu bezeichnen. Dabei genügt die Kurzbezeichnung (Fluchtgefahr, Verdunkelungsgefahr, Wiederholungsgefahr). Im Fall des § 113 II muss angegeben werden, welcher der dort genannten Gründe vorliegt.

14 **Mehrere Haftgründe** brauchen nicht unbedingt nebeneinander verwendet zu werden (KK-Graf 12; LR-Hilger 13; Oppe NJW **66**, 93; **aM** SK-Paeffgen 8;

Hengsberger JZ **66**, 212). Beim Zusammentreffen von Flucht- und Verdunkelungsgefahr müssen aber beide Haftgründe genannt werden, damit der Beschuldigte die Aussichten für die Aufhebung des Haftbefehls (§ 120) oder die Aussetzung seines Vollzugs (§ 116) beurteilen und sein Prozessverhalten danach einrichten kann (vgl auch BGH **34**, 34, 36).

Zu **begründen (Nr 4)** ist jeder verwendete Haftgrund unter Angabe der bestimmten Tatsachen, aus denen er sich ergibt (15, 22 zu § 112). Von der Ausnahme zugunsten der Staatssicherheit abgesehen, ist es nicht zulässig, nur einen Teil dieser Tatsachen anzuführen. Der Beschuldigte soll nicht durch Teilangaben zu überflüssigen und verfahrensverzögernden Anträgen und Beschwerden veranlasst werden. Im Fall des § 112 III ist anzugeben, mit welchen Erwägungen der unbenannte Haftgrund ausgefüllt wird (Oppe NJW **66**, 93). Denn II befreit nicht von dem Begründungszwang nach § 34 (KK-Graf 15; Kleinknecht MDR **65**, 783; **aM** Creifelds NJW **65**, 950). 15

Zum Wegfall der Begründungspflicht wegen **Gefährdung der Staatssicherheit** vgl oben 12. 16

3) Zum **Verhältnismäßigkeitsgrundsatz (III)** braucht in dem Haftbefehl nur Stellung genommen zu werden, wenn seine Anwendung naheliegt oder wenn der Beschuldigte sich auf ihn beruft. Macht er nach Erlass des Haftbefehls zu Unrecht einen Verstoß gegen § 112 I S 2 geltend, so braucht der Haftbefehl nicht ergänzt zu werden; das Vorbringen wird in dem die Haftfortdauer anordnenden Beschluss erörtert. 17

4) Die **Änderung des Haftbefehls** ist notwendig, wenn im Laufe des Verfahrens der dringende Tatverdacht wegen einiger der in dem Haftbefehl angeführten Taten oder wenn einer von mehreren Haftgründen entfällt. Sie kommt auch in Betracht, wenn neue Taten oder weitere Tathandlungen bekannt werden oder wenn ein zusätzlicher Haftgrund entsteht. Die Änderung kann von Amts wegen erfolgen, aber auch von der StA oder dem Beschuldigten beantragt werden. Im Ermittlungsverfahren setzt die Einbeziehung weiterer Taten stets einen entspr Antrag der StA voraus (8 zu § 125). Der Haftbefehl kann durch einen ergänzenden Beschluss abgeändert werden (Hamm NJW **60**, 587). Sind die Änderungen wesentlich, so ist aber die Aufhebung des alten und der Erlass eines neuen Haftbefehls vorzuziehen; denn auch der Beschluss, durch den der Haftbefehl ergänzt wird, ist wie ein neuer Haftbefehl zu behandeln (Hamburg NStZ-RR **03**, 346; Stuttgart NStZ **06**, 588). Während laufender Hauptverhandlung besteht jedoch aus Gründen der Prozessökonomie keine Verpflichtung zur fortlaufenden Anpassung des Haftbefehls, solange etwaige Änderungen der Beweissituation Bestand und Vollzug des Haftbefehls nicht berühren (Köln NStZ **13**, 87 [Schultheis]). Zur vorherigen Anhörung des Beschuldigten vgl § 33 III, zur Bekanntmachung des Änderungsbeschlusses 5 zu § 114a, zur richterlichen Vernehmung 12 zu § 115, zur Entscheidung des Beschwerdegerichts 11 zu § 117. 18

5) Verfahren: Der Haftbefehl wird im Ermittlungsverfahren grundsätzlich nur auf Antrag der StA erlassen (§§ 125, 128). Eine Ausnahme gilt nach § 125 I bei Unerreichbarkeit der StA und bei Gefahr im Verzug (dort 9). Nach Erhebung der Klage kann das Gericht den Haftbefehl auch von Amts wegen erlassen, muss aber die StA vorher hören (10 zu § 125). Die vorherige Anhörung des Beschuldigten wird idR nach § 33 IV entfallen, jedoch nicht, wenn der Haftbefehl in der Hauptverhandlung erlassen wird. Die Bekanntmachung regelt § 114a I. Erlass und Vollzug eines Haftbefehls können vom Amts wegen zu beachtende Mitteilungspflichten begründen, zB nach der MiStra 15 I Nr 1, 19 I S 1 Nr 1, 23 I Nr 1, 24 I Nr 1, 26 I Nr 1, 32 Nr 3, 34 II S 1 Nr 2, 36 II Nr 1, 41; vgl hierzu auch §§ 12ff EGGVG. Die Ablehnung eines Antrags der StA auf Erlass eines Haftbefehls erfordert einen mit Gründen versehenen (§ 34) Beschluss. 19

6) Die **Vollstreckung des Haftbefehls** ist Sache der StA (§ 36 II S 1), die sich dazu ihrer Ermittlungspersonen (§ 152 GVG) oder der Polizei (§ 161) bedient; zur 20

§ 114a

Vollstreckung gegen einen Jugendlichen vgl § 72 III **JGG**. Der Haftbefehl erlaubt die Durchsuchung der Wohnung des Beschuldigten zwecks Ergreifung, ohne dass es dafür einer besonderen Anordnung bedarf (11 zu § 457; **aM** SK-Paeffgen 15), nicht aber die dritter Personen (6 zu § 105). Zum Vollzug des Haftbefehls vgl § 119, bei Soldaten der Bundeswehr RiStBV 50. Zur Überhaft und zur Frage, ob 2 Haftbefehle gleichzeitig vollzogen werden können, vgl 12 ff vor § 112. Ein Vollstreckungshindernis besteht während der Schutzfrist des freien Geleits (§ 295 I; Art 12 EuRHÜbk; Einl 216).

20a **Vollzogen** wird die UHaft in einer JVA. Männer und Frauen sind getrennt unterzubringen (KG NStZ **03**, 50; dort auch zur Unterbringung von Transsexuellen). Über Unterbringung in einer Krankenanstalt vgl RiStBV 58, 70. Zum Vollzug der einstweiligen Unterbringung nach § 126a eingehend Pollähne R & P **03**, 64 ff. Eine Alternative zur Überbelegung der Anstalten wäre die Einführung des elektronisch überwachten Hausarrestes (so zutr Neuhaus StV **99**, 342; Seebode StV **99**, 327).

21 **7) Rechtsmittel:** Der Beschuldigte kann Beschwerde nach § 304 I und weitere Beschwerde nach § 310 I (dort 8) einlegen, wenn Haftbefehl erlassen oder ein bereits erlassener Haftbefehl aufrechterhalten wurde (zur Haftbeschwerde des Beschuldigten vgl 8 ff zu § 117), die StA, wenn ihr Antrag auf Erlass oder Erweiterung eines Haftbefehls abgelehnt worden ist. Das gilt auch für Entscheidungen des erkennenden Gerichts (vgl BGH StV **91**, 525; erg 6 zu § 305), wobei aber die Überprüfungsmöglichkeiten während noch laufender Hauptverhandlung für das Beschwerdegericht mangels voller Kenntnis von deren bisherigen Ergebnissen eingeschränkt sind (BGH NStZ-RR **13**, 16; StV **04**, 143; Frankfurt StV **95**, 593; Hamm wistra **06**, 278; Karlsruhe StV **97**, 312; Stuttgart Justiz **03**, 457), ebenso, wenn die schriftlichen Urteilsgründe noch nicht vorliegen (Hamm NStZ **08**, 649). Das Tatgericht muss, ohne zu einer umfassenden Würdigung aller erhobenen Beweise verpflichtet zu sein, substantiiert darlegen, dass nach dem Ergebnis der Beweisaufnahme weiterhin dringender Tatverdacht besteht (BGH aaO; Bremen StV **10**, 581; Jena StV **10**, 34 L); andernfalls ist der die Haftfortdauer anordnende Beschluss – nicht der Haftbefehl – aufzuheben und die Sache zurückzuverweisen (Jena StV **05**, 559 mit zust Anm Deckers/Lederer StV **09**, 139). Der Nebenkläger ist nicht beschwerdeberechtigt (BGH NStZ-RR **03**, 368 mwN; Frankfurt StV **95**, 594 L; Hamm NStZ-RR **08**, 219; 1 zu § 118a; 1 zu § 400).

22 Tauchen nach Verkündung des erstinstanzlichen Urteils **neue Beweismittel** auf, ist das für die nachfolgenden Haftentscheidungen zwar im Berufungs-, nicht jedoch im Revisionsverfahren (wegen der dort eingeschränkten Überprüfung auf Rechtsfehler) von Bedeutung (BGH StV **04**, 142).

23 **8)** Die **Immunität** des Abgeordneten steht seiner Verhaftung nicht entgegen, wenn er bei Begehung der Tat oder im Laufe des folgenden Tages festgenommen wird (Art 46 II GG). Sonst ist eine Genehmigung des Parlaments erforderlich; die allgemeine Genehmigung des BTags zur Durchführung von Ermittlungsverfahren gegen Abgeordnete umfasst nach Anl 6 Abschn A Nr 7 Buchst a BT-GeschO nicht zugleich die Genehmigung zur Verhaftung (vgl auch RiStBV 192a II Buchst c).

Aushändigung des Haftbefehls; Übersetzung

114a ¹Dem Beschuldigten ist bei der Verhaftung eine Abschrift des Haftbefehls auszuhändigen; beherrscht er die deutsche Sprache nicht hinreichend, erhält er zudem eine Übersetzung in einer für ihn verständlichen Sprache. ²Ist die Aushändigung einer Abschrift und einer etwaigen Übersetzung nicht möglich, ist ihm unverzüglich in einer für ihn verständlichen Sprache mitzuteilen, welches die Gründe für die Verhaftung sind und welche Beschuldigungen gegen ihn erhoben werden. ³In diesem Fall ist die Aushändigung der Abschrift des Haftbefehls sowie einer etwaigen Übersetzung unverzüglich nachzuholen.

§ 114b

1) Bekanntmachung des Haftbefehls: Dass dem Beschuldigten der Haftbefehl bekanntzugeben ist, folgt aus § 35 und wird deshalb hier im Gegensatz zur früheren Fassung der Vorschrift nicht mehr ausdrücklich gesagt. § 114a bildet eine Ausnahme von dem Grundsatz, dass gerichtliche Entscheidungen dem Betroffenen vor ihrer Vollstreckung bekanntgegeben werden.

Erst **bei der Verhaftung** wird dem Beschuldigten der Haftbefehl bekanntgemacht, dh bei seiner Ergreifung auf Grund des vorher erlassenen Haftbefehls oder unmittelbar nach dessen Erlass, wenn der Beschuldigte vorläufig festgenommen worden war (§ 128). Ergeht der Haftbefehl in Anwesenheit des Beschuldigten in der Hauptverhandlung oder in einem anderen Gerichtstermin, so fallen Erlass und Bekanntmachung zusammen.

Die **Bekanntmachung** des in der Hauptverhandlung oder in einem anderen gerichtlichen Termin in Anwesenheit des Beschuldigten erlassenen Haftbefehls erfolgt durch Verkündung (§ 35 I S 1). Sonst wird der Haftbefehl dem Beschuldigten formlos (§ 35 II S 1), zweckmäßigerweise nach § 114a erforderliche Übergabe einer beglaubigten Abschrift, bekanntgemacht; er kann aber auch in einem Gerichtstermin, etwa nach § 115, verkündet werden (Hamburg NStZ-RR **03**, 346).

2) Eine **Abschrift des Haftbefehls** ist dem Beschuldigten in beglaubigter Form, einem Ausländer mit einer Übersetzung in eine ihm verständliche Sprache (Art 5 II **EMRK**; RiStBV 181 II) unverzüglich nach der Verhaftung und unabhängig von der Form der Bekanntmachung auszuhändigen. Wenn das nicht möglich ist, muss die Aushändigung auf dem schnellsten Wege nachgeholt werden (S 3). Das Gleiche gilt für Beschlüsse, mit denen der Haftbefehl geändert oder ergänzt wird (18 zu § 114). Ein Verzicht des Beschuldigten auf die Aushändigung ist wirksam, sollte ihm aber nicht nahegelegt werden (LR-Hilger 5).

3) Die **vorläufige Mitteilung (S 2)** der Straftat, deren er verdächtig ist und des Haftgrundes, soll dem Beschuldigten, wenn die Übergabe einer Haftbefehlsabschrift nicht möglich (zB wegen Gegenwehr des Beschuldigten oder weil keine Abschrift vorhanden oder eine Übersetzung in eine dem Beschuldigten verständliche Sprache nicht möglich ist) oder ausnahmsweise wegen der besonderen Umstände bei der Verhaftung (zB bei Anwesenheit Unbeteiligter) unzweckmäßig ist, wenigstens erkennbar machen, weshalb gegen ihn ein Haftbefehl ergangen ist. Die Bekanntgabe des vollständigen Haftbefehls ist dann unverzüglich, dh ohne vermeidbare Verzögerung, nachzuholen (S 3), und zwar spätestens bis zu der richterlichen Vernehmung nach §§ 115, 115a.

4) Nicht nur für Verhaftungen nach §§ 112 ff gilt die Vorschrift, sondern auch für solche nach § 230 II, 236, 329 IV S 1 und § 412 S 1. Sie ist auch auf bei vorläufigen Festnahmen nach §§ 127, 127b und beim Festhalten nach §§ 163b, 163c entspr anzuwenden (vgl § 127 IV, 127b I S 2, 163c I S 3). Für die Sicherungshaft gelten die §§ 114 ff entspr (§ 453c II S 2). Für Ordnungshaft nach §§ 177, 178 GVG und Beugehaft (zB § 70) gilt die Vorschrift nicht (krit Michalke NJW **10**, 19).

Belehrung des verhafteten Beschuldigten

114b [1] **¹Der verhaftete Beschuldigte ist unverzüglich und schriftlich in einer für ihn verständlichen Sprache über seine Rechte zu belehren.** ²Ist eine schriftliche Belehrung erkennbar nicht ausreichend, hat zudem eine mündliche Belehrung zu erfolgen. ³Entsprechend ist zu verfahren, wenn eine schriftliche Belehrung nicht möglich ist; sie soll jedoch nachgeholt werden, sofern dies in zumutbarer Weise möglich ist. ⁴Der Beschuldigte soll schriftlich bestätigen, dass er belehrt wurde; falls er sich weigert, ist dies zu dokumentieren.

§ 114b

II ¹ In der Belehrung nach Absatz 1 ist der Beschuldigte darauf hinzuweisen, dass er

1. unverzüglich, spätestens am Tag nach der Ergreifung, dem Gericht vorzuführen ist, das ihn zu vernehmen und über seine weitere Inhaftierung zu entscheiden hat,
2. das Recht hat, sich zur Beschuldigung zu äußern oder nicht zur Sache auszusagen,
3. zu seiner Entlastung einzelne Beweiserhebungen beantragen kann,
4. jederzeit, auch schon vor seiner Vernehmung, einen von ihm zu wählenden Verteidiger befragen kann,
4a. in den Fällen des § 140 die Bestellung eines Pflichtverteidigers nach Maßgabe des § 141 Absatz 1 und des § 142 Absatz 1 beantragen kann,
5. das Recht hat, die Untersuchung durch einen Arzt oder eine Ärztin seiner Wahl zu verlangen,
6. einen Angehörigen oder eine Person seines Vertrauens benachrichtigen kann, soweit der Zweck der Untersuchung dadurch nicht erheblich gefährdet wird,
7. nach Maßgabe des § 147 Absatz 4 beantragen kann, die Akten einzusehen und unter Aufsicht amtlich verwahrte Beweisstücke zu besichtigen, soweit er keinen Verteidiger hat, und
8. bei Aufrechterhaltung der Untersuchungshaft nach Vorführung vor den zuständigen Richter
   a) eine Beschwerde gegen den Haftbefehl einlegen oder eine Haftprüfung (§ 117 Absatz 1 und 2) und eine mündliche Verhandlung (§ 118 Absatz 1 und 2) beantragen kann,
   b) bei Unstatthaftigkeit der Beschwerde eine gerichtliche Entscheidung nach § 119 Absatz 5 beantragen kann und
   c) gegen behördliche Entscheidungen und Maßnahmen im Untersuchungshaftvollzug eine gerichtliche Entscheidung nach § 119a Absatz 1 beantragen kann.

² Der Beschuldigte ist auf das Akteneinsichtsrecht des Verteidigers nach § 147 hinzuweisen. ³ Ein Beschuldigter, der der deutschen Sprache nicht hinreichend mächtig ist oder der hör- oder sprachbehindert ist, ist in einer ihm verständlichen Sprache darauf hinzuweisen, dass er nach Maßgabe des § 187 Absatz 1 bis 3 des Gerichtsverfassungsgesetzes für das gesamte Strafverfahren die unentgeltliche Hinzuziehung eines Dolmetschers oder Übersetzers beanspruchen kann. ⁴ Ein ausländischer Staatsangehöriger ist darüber zu belehren, dass er die Unterrichtung der konsularischen Vertretung seines Heimatstaates verlangen und dieser Mitteilungen zukommen lassen kann.

1 **1) Belehrungspflicht:** Unverzüglich – dh ohne schuldhaftes Zögern – ist der Beschuldigte schriftlich und in einer ihm verständlichen Sprache über seine vielfältigen Rechte nach II zu belehren (I S 1); idR wird dies durch Aushändigung eines Merkblatts erfolgen. Erforderlichenfalls wird zusätzlich eine mündliche Belehrung vorgenommen (I S 2), so zB wenn der Beschuldigte ausschließlich eine „exotische" Sprache beherrscht oder Analphabet ist oder die schriftliche Belehrung nicht richtig verstanden hat. Entspr § 114a S 3 (dort 5) ist eine zunächst nicht mögliche schriftliche Belehrung nachzuholen, wenn dies in zumutbarer Weise möglich ist (I S 3).

2 Eine **schriftliche Bestätigung** über die erfolgte Belehrung soll der Beschuldigte abgeben (I S 4), also einen entspr Vermerk unterschreiben. Falls er sich weigert, was in der Praxis durchaus gelegentlich vorkommen wird, ist dies in den Akten zu dokumentieren.

3 **2) Belehrungsinhalt:** 6 verschiedene für alle Beschuldigten geltende Belehrungen sieht II S 1 vor, 2 nur für ausländische Beschuldigte regeln II S 2 und 3. Diese Belehrungen sind zwingend vorzunehmen. Die Belehrungen sind teilw auch in anderen Bestimmungen vorgeschrieben (II S 1 Nr 2–4, 6, S 3), teilw sind sie neu (II S 1, S 2). Im Einzelnen:

A. **II S 1 Nr 1:** Nach einer Festnahme ist für Beschuldigte von besonderem Interesse, wann ihre Festnahme von dem zuständigen Richter überprüft wird und wann sie Gelegenheit haben werden, ihm gegenüber Angaben zu machen. Daher schreibt Nr 1 nunmehr ausdrücklich eine Belehrung über die in §§ 115, 115a bestimmte Vorführung vor den Richter vor. 4

B. **II S 1 Nr 2–4:** Hier wird die auch nach § 136 I S 2, 3 und § 163a III S 2,4 vor Beginn der ersten richterlichen bzw staatsanwaltschaftlichen oder polizeilichen Vernehmung bestehende Belehrungspflicht für die Fälle der Verhaftung (6 zu § 114a) vorgeschrieben; die anderen Belehrungspflichten bleiben davon unberührt. Soweit Nr 4 die Belehrung über die Verteidigerwahl enthält, begründet dies – ebenso wie die Belehrung über die ärztliche Untersuchung nach Nr 5 –, worauf die Gesetzesbegründung ausdrücklich hinweist (BR-Drucks 829/08 S 20), keine Kostenübernahmepflicht des Staates. Weitere Belehrungspflichten hinsichtlich der Existenz anwaltlicher Notdienste und der Kostenfreiheit des Kontaktes mit dem Strafverteidiger fordert Jahn Rissing-van Saan-FS 293. 5

C. **II S 1 Nr 4a:** Die durch das Ges zur Stärkung der Verfahrensrechte Beschuldigter im Strafverfahren vom 2.7.2013 eingeführte, auf Art 4 II der Richtlinie 2012/13/EU zurückgehende Nr 4a erstreckt die schriftliche Belehrungspflicht darauf, dass der Beschuldigte in den Fällen notwendiger Verteidigung iSv § 140 I und II einen Anspruch auf unentgeltliche Rechtsberatung hat. Durch den Verweis auf § 141 I wird klargestellt, dass dem Beschuldigten in diesen Fällen auf seinen Antrag grundsätzlich unverzüglich ein Pflichtverteidiger zu bestellen ist, durch den auf § 142 I wird die für die Antragstellung zuständige Stelle bestimmt, über die der Beschuldigte zu belehren ist (eingeführt durch das Ges zur Modernisierung des Strafverfahrens vom 10.12.2019; siehe 2 ff zu § 141, 2 ff zu § 142). Der Beschuldigte muss – anders als im Fall des 136 I S 5 Hs 2 (11b zu § 136) – nicht darüber unterrichtet werden, dass er uU die Kosten der notwendigen Verteidigung zu tragen hat (siehe § 465; kritisch dazu Eisenberg JR **13**, 442, 449). 5a

D. **II S 1 Nr 5:** Die Belehrung über den Zugang zu einem Arzt oder einer Ärztin seiner Wahl entspricht einer Forderung des Europäischen Ausschusses zur Verhütung von Folter oder unmenschlicher oder erniedrigender Behandlung oder Strafe (CPT). Das Wahlrecht bezieht sich auch darauf, von einem Arzt *oder* einer Ärztin untersucht zu werden. Eine Kostenübernahmepflicht des Staates wird auch hier – wie bei Nr 4 – dadurch nicht begründet. 6

E. **II S 1 Nr 6:** Hier wird auf das Benachrichtigungsrecht nach § 114c I (dort 1, 1a) verwiesen. 7

F. **II S 1 Nr 7:** Die Belehrung in schriftlicher Form über das Recht, ohne Verteidiger Auskünfte und Abschriften aus den Akten zu erhalten, beruht auf Art 4 IIa der Richtlinie 2012/13/EU. 7a

G. **II S 1 Nr 8:** Durch Nr 8 wird die bereits in § 115 IV für die Vorführung vor den zuständigen Richter vorgesehene Belehrung über die Rechtsbehelfe im Rahmen der UHaft in Umsetzung von Art 4 III der Richtlinie 2012/13/EU auf den Zeitpunkt der Festnahme vorverlagert. Die Belehrungspflicht besteht unabhängig davon, ob der Beschuldigten einen Antrag gemäß § 115a III stellt (BT-Drucks 17/12578 S 17). 7b

H. **II S 2:** Der in Umsetzung von Art 4 IIa der Richtlinie 2012/13/EU neu eingeführte II S 2 dient dazu, gerade den noch nicht verteidigten Beschuldigten darüber zu informieren, dass ein von ihm zu wählender Verteidiger ein Recht auf Akteneinsicht geltend machen kann (BT-Drucks 17/12578 S 17). 8

I. **II S 3:** Die auf Art 3 1d der Richtlinie 2012/13/EU zurückgehende Pflicht zur Belehrung über das Recht auf unentgeltliche Hinzuziehung eines Dolmetschers oder Übersetzers für das gesamte Strafverfahren knüpft in ihren Vorausset- 8a

§ 114c

zungen an § 187 I und III GVG an (siehe dort). Da Beschuldigte gerade von diesem Recht oftmals nichts wissen werden – insbesondere, dass die Zuziehung für sie unentgeltlich erfolgt –, ist diese Belehrung besonders wichtig. Über die allgemeine Verweisungsvorschrift des § 77 I IRG ist II S 3 im jeweiligen **Auslieferungsverfahren** anwendbar, dh auch im Verfahren nach dem Rahmenbeschluss über den Europäischen Haftbefehl (vgl BT-Drucks 17/12578 S 17).

9 J. II S 4: Die **Benachrichtigung des Konsulats** des Heimatstaates eines Ausländers von der Verhaftung ist nach Art 36 I Buchst b WÜK (vgl § 19 GVG) und RiVASt 135 vorgeschrieben. Der Ausländer ist danach zu belehren, dass er die (unverzügliche) Benachrichtigung seiner konsularischen Vertretung von der Festnahme verlangen darf. Dies gilt auch für Ausländer, die ihren Lebensmittelpunkt in der BRD haben (BGH **52**, 48; Kreß GA **07**, 301; Weigend StV **08**, 40 Fn 15; **aM** Hillgruber JZ **02**, 95: teleologische Reduktion), nicht jedoch bei solchen, die zugleich die deutsche Staatsangehörigkeit besitzen (Hillgruber aaO; Kreß aaO). Eine Verletzung dieser Benachrichtigungspflicht – die unabhängig davon gegeben ist, ob der Betroffene die Hilfe seines Staates in Anspruch nehmen will (BGH **52**, 110) – stellt nach der Rspr des BVerfG einen revisiblen Verfahrensverstoß dar (NJW **07**, 499 unter Berücksichtigung der Entscheidung des IGH EuGRZ **01**, 287 unter Aufhebung von BGH NStZ-RR **03**, 375 und StV **03**, 57 mit abl Anm A. Paulus; vgl auch Burchard JZ **07**, 891; Kreß GA **04**, 707), berührt den Rechtskreis eines Mitbeschuldigten aber nicht. Ob der Verstoß zu einem **Beweisverwertungsverbot** führt und ob das Urteil auf diesem Verstoß beruht (§ 337), ist nach allgemeinen Grundsätzen (vgl Einl 55 ff) im Einzelfall zu klären (BVerfG 2 BvR 1579/11 vom 5.11.2013; NJW **11**, 207 unter teilw Aufhebung von BGH **52**, 48; StraFo **11**, 319; Esser JR **08**, 277; Kreß GA **07**, 307; Weigend StV **08**, 43; eingehend dazu Gless/Peters StV **11**, 369; **aM** Meyer-Mews StraFo **12**, 7 unter Hinweis auf BGH V ZB 223/09 vom 6.5.2010). Eine Kompensation wie bei rechtsstaatswidriger Verfahrensverzögerung (9 zu Art 6 EMRK) kommt nicht in Betracht (BGH **52**, 110 gegen BGH **52**, 48; StraFo **11**, 319; **12**, 239; vgl auch BVerfG 2 BvR 1579/11 vom 5.11.2013; zust Esser aaO; Kraatz JR **08**, 194; Paulus/Müller StV **09**, 500; **aM** Schomburg/Schuster NStZ **08**, 593, 597). Zu den Folgen des Verstoßes ausführlich auch Kreß aaO und Walter JR **07**, 99. Die Belehrungs- und Benachrichtigungspflicht gilt auch für die Polizei bei vorläufiger Festnahme (§ 127 IV). BGH **52**, 38 wendet die Widerspruchslösung (25 zu § 136) auch auf die zu spät erteilte Belehrung über das Recht auf konsularischen Beistand an; abl Ambos 79; Esser aaO 278; Gaede HRRS **07**, 405; Paulus/Müller aaO 498; v. Schlieffen DAV-FS 811; Strate HRRS **08**, 87 Fn 83; Weigend aaO; Beulke/Swoboda 469a, 460; zw und einschr auch BGH **52**, 110; vgl auch BGH StraFo **11**, 319. BGH **52**, 48 hält einen fehlenden Widerspruch jedenfalls dann für entbehrlich, wenn der Verstoß auch im weiteren Verfahrensgang nicht geheilt wurde.

10 3) Das Gesetz sieht nicht vor, dass **Verstöße** gegen die vorgeschriebenen Belehrungspflichten unmittelbare Folgen haben (krit Tsambikakis ZIS **09**, 507). Ein Beweisverwertungsverbot für nach Beschuldigten nach unvollständiger oder unrichtiger Belehrung gemachte Angaben ist nicht anzunehmen (zu § 114b II S 4 iVm Art 36 I b) 3 WÜK siehe aber soeben 9), da der Beschuldigte bei seiner verantwortlichen Vernehmung gemäß § 136 I (erneut) zu belehren ist und erst die hierbei begangenen Verstöße uU ein Beweisverwertungsverbot nach sich ziehen können (siehe dazu im Einzelnen 7 ff, 20–22 zu § 136 und oben 9).

Benachrichtigung von Angehörigen

114c ¹Einem verhafteten Beschuldigten ist unverzüglich Gelegenheit zu geben, einen Angehörigen oder eine Person seines Vertrauens zu benachrichtigen, sofern der Zweck der Untersuchung dadurch nicht erheblich gefährdet wird.

Verhaftung und vorläufige Festnahme § 114c

II ¹ Wird gegen einen verhafteten Beschuldigten nach der Vorführung vor das Gericht Haft vollzogen, hat das Gericht die unverzügliche Benachrichtigung eines seiner Angehörigen oder einer Person seines Vertrauens anzuordnen. ² Die gleiche Pflicht besteht bei jeder weiteren Entscheidung über die Fortdauer der Haft.

1) Benachrichtigungsrecht des Verhafteten (I): Einen Angehörigen oder 1 eine Person seines Vertrauens darf der Beschuldigte von der Verhaftung, nicht von weiteren Haftentscheidungen, durch den sog Zugangsbrief benachrichtigen. Die Benachrichtigung nach II wird dadurch nicht entbehrlich. Dem Verhafteten ist für die Benachrichtigung auf Verlangen Briefpapier und, wenn er mittellos ist, das Porto zur Verfügung zu stellen, auch Verständigung durch Telefax oder E-Mail kommt in Betracht (Michalke NJW **10**, 19). Zum Begriff „Verhaftung" 6 zu § 114a.

Ausnahmsweise wird das **Benachrichtigungsrecht eingeschränkt,** wenn der 1a Untersuchungszweck dadurch erheblich gefährdet würde. Durch das Gesetz vom 27.7.2017 (BGBl I 3295) wurde in Umsetzung von Art 5 III b der Richtlinie 2013/48/EU das Wort „erheblich" eingefügt. Damit wird deutlich gemacht, dass die Benachrichtigung die Regel ist, von der nur in zu begründenden und in den Akten zu dokumentierenden Ausnahmefällen abgewichen werden darf. In den in Frage kommenden Fällen darf zwar nicht der Zugangsbrief untersagt, aber die Art und Weise der Mitteilung bestimmt und der Empfängerkreis begrenzt werden (KK-Graf 5). Vgl auch § 114b II Nr 6.

Der Begriff Angehöriger ist nicht in dem engen Sinn des § 52 I und des § 11 2 I Nr 1 StGB zu verstehen; auch entfernte Verwandte sowie Adoptiv- und Pflegeeltern fallen unter den Begriff. Vertrauenspersonen sind insbesondere Freunde, Vereinskameraden, Geschäftspartner, Berufskollegen, Geistliche, bei Ausländern auch der Konsul. Der Wahlverteidiger ist stets eine Vertrauensperson, der Pflichtverteidiger nur, wenn ihn der Beschuldigte selbst benannt hat (BVerfGE **16**, 119, 123 = NJW **63**, 1820; vgl auch BVerfGE **38**, 32 = MDR **75**, 30). Den Empfänger bestimmt der Richter; an die Vorschläge des Beschuldigten ist er nicht gebunden (**aM** Tsambikakis ZIS **09**, 508), sollte ihm aber möglichst Rechnung tragen (LR-Hilger 22 zu § 114b).

2) Benachrichtigungspflicht (II) besteht schon auf Grund des Art 104 IV 3 GG. Sie soll die Allgemeinheit davor schützen, dass Staatsbürger ohne Kenntnis unabhängiger Dritter aus der Öffentlichkeit verschwinden; daneben dienst sie aber auch dem Schutz des Beschuldigten (LR-Hilger 1 zu § 114b).

Empfänger der Benachrichtigung muss ein Angehöriger oder eine Vertrau- 4 ensperson des Beschuldigten (dazu oben 2) sein. Der Richter ist in der Entscheidung frei, ob ein Angehöriger oder eine Vertrauensperson benachrichtigt wird, selbst wenn der Beschuldigte eine Vertrauensperson benennt. Ist dem Gericht, auch nach Befragen des Verhafteten, weder ein Verwandter noch eine Vertrauensperson bekannt, so unterbleibt die Benachrichtigung; Nachforschungen brauchen nicht angestellt zu werden (Eckels NJW **59**, 1908; Wagner JZ **63**, 690; **aM** SK-Paeffgen 9 mwN).

Eine bestimmte **Form** ist für die Benachrichtigung nicht vorgeschrieben. Es ge- 5 nügt ein einfacher Brief; auch eine mündliche oder telefonische Benachrichtigung ist zulässig. Die Benachrichtigung muss aber unverzüglich vorgenommen werden (dazu BVerfGE **38**, 32).

Die Pflicht zur Benachrichtigung gilt **ohne Ausnahme,** auch bei Verzicht oder 6 Widerspruch des Beschuldigten (LG Frankfurt a.M. NJW **59**, 61; KK-Graf 14; **aM** Eckels NJW **59**, 1908; Erdsiek NJW **59**, 232; Gehrlein Boujong-FS 773; Lorenzen SchlHA **59**, 163; Odersky MDR **58**, 832; Wagner JZ **63**, 290). Die in I enthaltene Einschränkung (Gefährdung des Untersuchungszwecks) gilt für II nicht (Loesdau MDR **62**, 774). Auch überwiegende Interessen des Beschuldigten oder des Staates entbinden nicht von der Benachrichtigungspflicht. Ausnahmen können aber für den Fall zugelassen werden, dass die Benachrichtigung zu einem übermä-

§ 114d

ßigen Eingriff in die grundrechtlich geschützte Sphäre des Beschuldigten (siehe KK-Graf 14) oder zu einer schwerwiegenden Gefahr für Angehörige des Beschuldigten oder dritte Personen oder für die Sicherheit des Staates führen kann (LR-Hilger 14 ff zu § 114b; enger SK-Paeffgen 11: nur in extrem notstandsartigen Fällen).

7 **Weitere Entscheidungen (II S 2)** sind solche, durch die nach §§ 207 IV, 268b die Fortdauer der UHaft angeordnet, nach §§ 115 IV, 117, 118 I, 118a IV, 122 (dort 16) der Haftbefehl aufrechterhalten oder eine (weitere) Haftbeschwerde verworfen wird (BVerfGE **16**, 119; vgl auch BbgVerfG NStZ-RR **00**, 185). Bei Beendigung der UHaft ist eine Benachrichtigung nicht erforderlich.

8 **Der Richter** ist für die Benachrichtigung verantwortlich. Er allein hat das Recht, den Empfänger auszuwählen. Zuständig ist im Fall der Verhaftung der Richter, dem der Beschuldigte nach §§ 115, 115a, 128 vorgeführt wird, sonst der Richter, der die Entscheidung über die Haft trifft, bei Kollegialgerichten der Vorsitzende (10 zu § 126). Eine Benachrichtigung, die bereits die Polizei oder StA vorgenommen hat, braucht nicht wiederholt zu werden (Maunz/Dürig 43 zu Art 104 GG; Kohlhaas NJW **51**, 262; a M SK-Paeffgen 14). Jedoch entbindet die Benachrichtigung durch den Verhafteten nach I nicht von der Benachrichtigungspflicht nach II (LR-Hilger 30 zu § 114b).

9 **3) Beschwerde** nach § 304 I, auch gegen die Entscheidung des erkennenden Gerichts, können StA und Beschuldigter gegen die Unterlassung der Benachrichtigung nach II einlegen, der Beschuldigte auch dann, wenn er selbst eine Benachrichtigung nach I nach außen gegeben oder sein Verteidiger Kenntnis erlangt hat (LR-Hilger 34 zu § 114b). Weitere Beschwerde ist nach § 310 II ausgeschlossen (KK-Graf 18; a M SK-Paeffgen 15). Kein Beschwerderecht haben die Angehörigen und die Vertrauenspersonen des Beschuldigten (KK-Graf aaO; Wagner JZ **63**, 692).

Mitteilungen an die Vollzugsanstalt

114d I [1] Das Gericht übermittelt der für den Beschuldigten zuständigen Vollzugsanstalt mit dem Aufnahmeersuchen eine Abschrift des Haftbefehls. [2] Darüber hinaus teilt es ihr mit
1. die das Verfahren führende Staatsanwaltschaft und das nach § 126 zuständige Gericht,
2. die Personen, die nach § 114c benachrichtigt worden sind,
3. Entscheidungen und sonstige Maßnahmen nach § 119 Abs. 1 und 2,
4. weitere im Verfahren ergehende Entscheidungen, soweit dies für die Erfüllung der Aufgaben der Vollzugsanstalt erforderlich ist,
5. Hauptverhandlungstermine und sich aus ihnen ergebende Erkenntnisse, die für die Erfüllung der Aufgaben der Vollzugsanstalt erforderlich sind,
6. den Zeitpunkt der Rechtskraft des Urteils sowie
7. andere Daten zur Person des Beschuldigten, die für die Erfüllung der Aufgaben der Vollzugsanstalt erforderlich sind, insbesondere solche über seine Persönlichkeit und weitere relevante Strafverfahren.

[3] Die Sätze 1 und 2 gelten bei Änderungen der mitgeteilten Tatsachen entsprechend. [4] Mitteilungen unterbleiben, soweit die Tatsachen der Vollzugsanstalt bereits anderweitig bekannt geworden sind.

II [1] Die Staatsanwaltschaft unterstützt das Gericht bei der Erfüllung seiner Aufgaben nach Absatz 1 und teilt der Vollzugsanstalt von Amts wegen insbesondere Daten nach Absatz 1 Satz 2 Nr. 7 sowie von ihr getroffene Entscheidungen und sonstige Maßnahmen nach § 119 Abs. 1 und 2 mit. [2] Zudem übermittelt die Staatsanwaltschaft der Vollzugsanstalt eine Abschrift der Anklageschrift und teilt dem nach § 126 Abs. 1 zuständigen Gericht die Anklageerhebung mit.

§ 114d

1) Die Vorschrift regelt die **gegenüber der Vollzugsanstalt bestehenden** 1
Mitteilungspflichten, und zwar in I die Pflichten des Gerichts, in II die der StA.
Dazu werden teilw in der früher bundeseinheitlich geltenden UVollzO enthaltene
Bestimmungen übernommen, soweit diese „das gerichtliche Verfahren" betreffen;
hierzu werden Informationspflichten gerechnet, die unmittelbar Ausfluss der gerichtlichen Entscheidungen (insbesondere über Erlass des Haftbefehls und die Anordnung von Beschränkungen) sind; der sonstige – überwiegende – Inhalt der
UVollzO, der die Aufgaben und Befugnisse der Vollzugsanstalt betrifft, ist nach
Änderung des Art 74 I Nr 1 GG (Ges vom 28.8.2006; BGBl I 2863) nunmehr
ausschließlich in Landesgesetzen zu regeln.

2) Mit dem **Aufnahmeersuchen** ist eine **Abschrift des Haftbefehls** zu 2
übermitteln (I S 1). Der Inhalt des Aufnahmeersuchens ist im Gesetz nicht näher
bestimmt. Es wird Personalangaben des Beschuldigten enthalten müssen. Angaben
über die dem Beschuldigten vorgeworfene Tat und den Haftgrund erscheinen
nicht erforderlich, weil sich dies aus dem mit zu übermittelnden Haftbefehl ergibt.
Weitere erforderliche Mitteilungen ergeben sich aus I S 2:
So ist nach **I S 2 Nr 1** der Vollzugsanstalt die zuständige StA und das nach 3
§ 126 zuständige Gericht anzugeben; dies ist schon deshalb erforderlich, damit die
Vollzugsanstalt den ihr nach § 114e obliegenden Mitteilungspflichten nachkommen
kann.

I S 2 Nr 2 betrifft sowohl die vom Beschuldigten selbst nach § 114c I als auch 4
die nach § 114c II vorgenommene Benachrichtigung. Damit erfährt die Vollzugsanstalt, wen sie – insbesondere in Notfällen – benachrichtigen kann.

I S 2 Nr 3 legt fest, dass die Vollzugsanstalt Kenntnis von den nach § 119 I, II 5
vom Gericht oder von der StA angeordneten Beschränkungen erhält. Soweit das
Gericht die von ihm getroffenen Anordnungen (ganz oder teilw) selbst ausführt, ist
die Vollzugsanstalt auch über die insoweit getroffenen Entscheidungen und (faktischen) Maßnahmen zu informieren (BR-Drucks 829/08 S 23).

I S 2 Nr 4 erstreckt die Mitteilungspflicht auf sonstige im Verfahren ergehende 6
gerichtliche Entscheidungen, deren Kenntnis für die Vollzugsanstalt zur Erfüllung
ihrer Aufgaben erforderlich sind. Eine weiter gehende Regelung enthält insoweit I
S 2 Nr 7.

I S 2 Nr 5 übernimmt die Regelung aus Nr 7 II. Die Mitteilung des Haupt- 7
verhandlungstermins ist schon deshalb wichtig, weil die Vollzugsanstalt die Vorführung des Beschuldigten zum Termin einplanen muss. Die Gesetzesbegründung
(aaO S 24) weist aber auch zutr darauf hin, dass das Ergebnis der Hauptverhandlung Auswirkungen auf das Verhalten des Beschuldigten haben kann (depressive
oder aggressive Verstimmungen).

I S 2 Nr 6 bestimmt, dass der Eintritt der Rechtskraft des Urteils mitge- 8
teilt werden muss. Dies hat unverzüglich zu geschehen, weil mit Eintritt der
Rechtskraft nach hM die UHaft ohne weiteres in Strafhaft übergeht (15 zu
§ 120).

I S 2 Nr 7 verallgemeinert eine früher in Nr 7 I UVollzO enthaltene Rege- 9
lung. Danach waren schon bisher „unverzüglich alle für die Persönlichkeit des
Gefangenen und dessen Behandlung und Verwahrung bedeutsamen Umstände"
mitzuteilen. Nr 7 I UVollzO führte im einzelnen „Überhaft, Vorstrafen und weitere schwebenden Strafverfahren" auf, erwähnte aber auch Umstände, „die auf
besonderen Fluchtverdacht, auf die Gefahr gewalttätigen Verhaltens, des Suizids
oder der Selbstbeschädigung, auf gleichgeschlechtliche Neigungen oder auf seelische oder geistige Abartigkeit sowie ansteckende Krankheiten" hindeuten. Dies
alles ist nun durch die Generalklausel in Nr 7 erfasst, die aber auch Raum für weitere Informationen verschiedenster Art gibt, zB dem Gefangenen drohende Racheakte oder Erpressungsversuche (BR-Drucks aaO S 24). Die Kenntnis der Daten
muss nicht *conditio sine qua non* für die Aufgabenerfüllung sein; es genügt, wenn
Aufgabenerfüllung durch die Datenübermittlung nicht unwesentlich gefördert
wird (BR-Drucks aaO).

10 Alle diese Mitteilungen sind **auch bei Änderungen** erforderlich, es sei denn, die Vollzugsanstalt hat schon auf sonstigem Wege – insbesondere nach II – davon erfahren (I S 3 und 4).

11 **3) Pflichten der StA** regelt II. Die StA ist danach befugt, der Vollzugsanstalt ohne Einschaltung des Gerichts direkt Informationen iSd I S 2 Nr 7 zu übermitteln. Es geht hier insbesondere um die Ausführung von beschränkenden Anordnungen, die nach § 119 II S 2 vom Gericht auf die StA übertragen worden sind. Hat die StA ihrerseits die Ausführung ganz oder teilw auf ihre Ermittlungspersonen delegiert, ist die Vollzugsanstalt auch über die von diesen getroffenen Maßnahmen von der StA in Kenntnis zu setzen. Dasselbe gilt für von der StA nach § 119 I S 4 selbst angeordnete Beschränkungen.

12 Dass die StA der Vollzugsanstalt eine **Ausfertigung der Anklageschrift** übermittelt, regelte schon früher Nr 7 II UVollzO. Dies wird in II S 2 nun auch hinsichtlich des Ermittlungsrichters vorgeschrieben; das ist sinnvoll, denn mit Anklageerhebung geht die Zuständigkeit vom Ermittlungsrichter nach § 126 II S 1 auf das mit der Sache befasste Gericht über, was Auswirkungen auf unerledigte Beschwerden und Haftentscheidungen hat (erg 7, 8 zu § 126).

Übermittlung von Erkenntnissen durch die Vollzugsanstalt

114e ¹Die Vollzugsanstalt übermittelt dem Gericht und der Staatsanwaltschaft von Amts wegen beim Vollzug der Untersuchungshaft erlangte Erkenntnisse, soweit diese aus Sicht der Vollzugsanstalt für die Erfüllung der Aufgaben der Empfänger von Bedeutung sind und diesen nicht bereits anderweitig bekannt geworden sind. ²Sonstige Befugnisse der Vollzugsanstalt, dem Gericht und der Staatsanwaltschaft Erkenntnisse mitzuteilen, bleiben unberührt.

1 Während § 114d Mitteilungspflichten von Gericht und StA an die Vollzugsanstalt regelt, ist hier umgekehrt **die Mitteilung** von Erkenntnissen durch die Vollzugsanstalt **an Gericht und StA** bestimmt. Die vorgeschriebene Übermittlung an Gericht *und* StA soll sicherstellen, dass die Information an der Stelle ankommt, wo sie benötigt wird. Der Begriff „Erkenntnisse" umfasst die früher in Nr 8 UVollzO bezeichneten „bedeutsamen Maßnahmen, Wahrnehmungen und anderen wichtigen Umstände, die den Gefangenen betreffen". Die Mitteilungspflicht beschränkt sich aber auf „aus Sicht der Vollzugsanstalt" bedeutsame und nur auf dem Gericht und der StA bisher nicht bekannte Erkenntnisse (krit Paeffgen GA **09**, 454; Tsambikakis ZIS **09**, 509). Andere Mitteilungspflichten – etwa nach Landesgesetzen – bleiben unberührt (vgl zB § 3 UVollzG RP).

Vorführung vor den zuständigen Richter

115 ¹ Wird der Beschuldigte auf Grund des Haftbefehls ergriffen, so ist er unverzüglich dem zuständigen Gericht vorzuführen.

ᴵᴵ Das Gericht hat den Beschuldigten unverzüglich nach der Vorführung, spätestens am nächsten Tage, über den Gegenstand der Beschuldigung zu vernehmen.

ᴵᴵᴵ ¹Bei der Vernehmung ist der Beschuldigte auf die ihn belastenden Umstände und sein Recht hinzuweisen, sich zur Beschuldigung zu äußern oder nicht zur Sache auszusagen. ²Ihm ist Gelegenheit zu geben, die Verdachts- und Haftgründe zu entkräften und die Tatsachen geltend zu machen, die zu seinen Gunsten sprechen.

ᴵⱽ ¹Wird die Haft aufrechterhalten, so ist der Beschuldigte über das Recht der Beschwerde und die anderen Rechtsbehelfe (§ 117 Abs. 1, 2, § 118 Abs. 1, 2, § 119 Abs. 5, § 119a Abs. 1) zu belehren. ² § 304 Abs. 4 und 5 bleibt unberührt.

Verhaftung und vorläufige Festnahme § 115

1) Die Vorführung vor das zuständige Gericht (I), dh vor den Richter, der 1
den Haftbefehl erlassen hat (vgl § 126 I), hilfsweise vor den Richter des nächsten
AG (§ 115a I), nicht aber vor einen ersuchten Richter (Stuttgart NStZ **06**, 588),
wohl aber vor einem beauftragten Richter (Köln NStZ **08**, 175 L; vgl unten 9), ist
zwingend vorgeschrieben; ein Verzicht des Beschuldigten ist unwirksam. I gilt für
alle richterlichen Haftbefehle vor oder nach Anklageerhebung, auch bei Haftbefehlserweiterung (unten 12) und auch für die nach §§ 127b II, 230 II, 236, 329 IV
S 1; seine entspr Anwendung auf den Sicherungshaftbefehl bestimmt § 453c II S 2.
Vorzuführen ist nach I der auf Grund des Haftbefehls ergriffene Beschuldigte. Die
Vorführung des vor Erlass des Haftbefehls festgenommenen Beschuldigten regeln
§§ 128, 129.

Ergreifung iS von I ist die Festnahme des Beschuldigten zum Zweck des Voll- 2
zugs des Haftbefehls. Wird der Beschuldigte auf Grund desselben Haftbefehls
erneut ergriffen, zB nachdem er geflüchtet war, so gilt I nicht. Dagegen ist die
Vorschrift anzuwenden, wenn der Haftbefehl aufgehoben und dann später wiederhergestellt worden oder wenn eine Anordnung nach § 116 IV ergangen ist.

Vorführung bedeutet nicht die persönliche Gegenüberstellung mit dem Rich- 3
ter, sondern das Unterstellen des Beschuldigten unter dessen unmittelbare Verfügungsgewalt (LR-Hilger 5; **aM** Rüping Hirsch-FS 970; erg 4 zu § 135). Schon das
Verbringen in das Gerichtsgebäude und die Einlieferung in das Gerichtsgefängnis
ist daher Vorführung. IdR wird der Beschuldigte zunächst in die UHaftanstalt
eingeliefert und der StA (vgl Koch NStZ **95**, 71) und der Richter davon benachrichtigt. Zur Vorführung gehört die Vorlage der Unterlagen, die der vorführende
Beamte über der Sache besitzt. Darüber hinaus ist die StA zur Herbeischaffung der
Akten verpflichtet (Schramm/Bernsmann StV **06**, 442; deren Ansicht, bei fehlender Aktenvorlage sei der Haftbefehl aufzuheben, dürfte aber zu weit gehen). Eine
symbolische Vorführung findet statt, wenn der Beschuldigte wegen Krankheit
nicht rechtzeitig vorgeführt werden kann (vgl RiStBV 51).

Unverzüglich ist der Beschuldigte vorzuführen, dh ohne jede vermeidbare 4
Verzögerung (vgl 8 zu § 25); insbesondere darf die Vorführung nicht zugunsten
weiterer polizeilicher Ermittlungen, etwa von Beschuldigtenvernehmungen, zurückgestellt werden (BGH **60**, 38 mwN sowie Anm Kasiske HRRS **15**, 69); erg
16 zu etwa daraus resultierenden Verwertungsverboten). I begründet allerdings kein
absolutes Verbot polizeilicher Beschuldigtenvernehmungen zwischen Festnahme
und Haftvorführung (BGH 3 StR 525/18 vom 19.2.2019: Vernehmung auf Drängen des Beschuldigten, die abgebrochen wurde, als seine Vorführung möglich war);
allerdings ist in den Fällen der notwendigen Verteidigung § 141a zu beachten (siehe dort).

Am Tage nach der Ergreifung darf er nur vorgeführt werden, wenn eine 5
frühere Vorführung nicht möglich ist. Spätestens an diesem Tage muss die Vorführung aber stattfinden, auch wenn er ein Sonnabend, Sonn- oder Feiertag ist. Die
Frist kann nicht verlängert werden; auf ihre Einhaltung kann der Beschuldigte
nicht wirksam verzichten. Ihre – nicht nur geringfügige – Überschreitung zwingt
zur Aufhebung des Haftbefehls und Freilassung des Beschuldigten (KK-Graf 5a;
LR-Hilger 9; SK-Paeffgen 7). Erg 6 zu § 128.

2) Dem Beschuldigten, der nach § 115 vorzuführen ist, ist gem §§ 140 I Nr 4, 5a
141 II S 1 Nr 1 (10-13 zu § 141) ein **Pflichtverteidiger zu bestellen.** Zu Zuständigkeit und Bestellungsverfahren siehe § 142 II-VI sowie die Komm dort.

3) Vernehmung (II, III): 6
Dem Gericht muss den Vorgeführten unverzüglich (oben 4) nach der Vorfüh- 7
rung, **spätestens am nächsten Tag** (oben 5) vernehmen (II). Die Vernehmung
entfällt selbstverständlich, wenn der Beschuldigte vernehmungsunfähig ist, muss
aber unverzüglich nachgeholt werden, wenn er wieder vernommen werden kann.
Wenn er wegen Erkrankung nicht vorgeführt werden konnte, muss der Richter
ihn im Krankenhaus aufsuchen oder den „nächsten" Richter (§ 115a) um die unverzügliche Vernehmung ersuchen. Zur Frage, ob von der Vernehmung abgesehen

Schmitt

§ 115

werden darf, wenn der Richter den dringenden Tatverdacht von vornherein verneint, vgl Lüderssen Pfeiffer-FS 249 ff.

8 Den **Ablauf der Vernehmung** bestimmt III. Handelt es sich um die 1. Vernehmung in der Sache, so gilt zusätzlich § 136 (LR-Hilger 18). Der Beschuldigte ist dann auch darüber zu belehren, dass er jederzeit einen Wahlverteidiger befragen kann (LR-Gless 46 zu § 136). Zieht er darauf einen Verteidiger hinzu, so ist die Vernehmung innerhalb der zeitlichen Grenze des II zurückzustellen, um dem Verteidiger die Anwesenheit zu ermöglichen (BbgVerfG NJW 03, 2009; VerfGHRP StV 06, 315 und NJW 06, 3341). Bei der Vernehmung ist der Beschuldigte auf die ihn belastenden Umstände hinzuweisen (III S 1). Die Tatsachen, die den dringenden Tatverdacht und die Haftgründe begründen, müssen ihm mitgeteilt werden; die Vorschrift hat im Gegensatz zu früher (vgl KG StV 93, 370; 94, 318 und 319; vgl auch BVerfG NJW 94, 573; StV 94, 465) an Bedeutung verloren, weil das Akteneinsichtsrecht des Verteidigers nach der Rspr des EGMR in Haftsachen nicht mehr beschränkt werden darf (25 zu § 147; Kempf Rieß-FS 223). Im Übrigen hat der Beschuldigte, dem dadurch rechtliches Gehör gewährt wird (BVerfG NStZ 94, 551), Gelegenheit, die Verdachts- und Haftgründe zu entkräften und die ihn entlastenden Tatsachen vorzutragen (III S 2). Stellt er Beweisanträge, so gilt § 166 (dazu ANM 338 ff)

9 Für die **Form der Vernehmung** gelten §§ 168, 168a. Hat ein Kollegialgericht den Haftbefehl erlassen, kann es den Beschuldigten in voller Besetzung vernehmen; die Übertragung d Vernehmung auf ein Mitglied d Spruchkörpers als beauftragten Richter ist aber zulässig (**aM** KMR-Wankel 12) und üblich. Das Anwesenheitsrecht der StA und des Verteidigers folgt aus § 168c (BGH NStZ 89, 282).

10 Der Richter **entscheidet** nach der Vernehmung, ob der Haftbefehl aufrechterhalten, nach § 120 I aufzuheben (dazu Lüderssen Pfeiffer-FS 239) oder außer Vollzug zu setzen (§ 116) ist.

11 War der StA bei der Vernehmung nicht zugegen, obwohl er benachrichtigt worden war, so gilt § 33 II nicht. Eine **Verletzung der** für die Vernehmung geltenden **Formvorschriften** (§§ 168, 168a) lässt, soweit sie nicht die Gewährung rechtlichen Gehörs betrifft, die Wirksamkeit der Haftentscheidung unberührt (Düsseldorf VRS 85, 430). Fehlt es aber an der ordnungsgemäßen Verkündung nach § 115 darf der Haftbefehl in einem Haftfortdauerbeschluss nach §§ 121, 122 nicht berücksichtigt werden (BVerfG StV 01, 691; BGH AK 41/16 vom 28.7.2016).

12 **4) Entsprechende Anwendung auf den bereits inhaftierten Beschuldigten:** Wird ein bestehender Haftbefehl geändert, erweitert oder durch einen anderen Haftbefehl ausgewechselt (vgl 18 zu § 114), so ist die richterliche Vernehmung nach III ebenfalls erforderlich (BVerfG StV 01, 691, 692 mwN; Celle StraFo 17, 67; Koblenz NStZ-RR 12, 93 L). Wird ein Haftbefehl erlassen, auf Grund dessen nur Überhaft (13 vor § 112) vermerkt wird, so ist § 115 erst anwendbar, wenn die Überhaft vollstreckt wird (LR-Hilger 27).

13 **5) Rechtsbehelfsbelehrung (IV).** Der nicht auf freien Fuß gesetzte Beschuldigte, nicht auch sein gesetzlicher Vertreter, muss über das **Beschwerderecht** nach § 304 I, IV S 2 Nr 1, V (8 zu § 117) belehrt werden, nicht über die Möglichkeit der weiteren Beschwerde nach § 310 I. Dass der Ausschluss der Beschwerde gegen Entscheidungen des OLG und der ER beim BGH auch hier gilt, stellt IV S 2 klar. Die Belehrungspflicht betrifft nicht nur die Anordnung der UHaft, sondern erstreckt sich auch auf das Recht der Beschwerde gegen gerichtliche Entscheidungen nach § 119 I, II.

14 Ferner ist der Beschuldigte über das **Antragsrecht** nach §§ 117 I, 118 I, II, 119 V, 119a I zu belehren, also über den Antrag auf Haftprüfung (§ 117 I), den Antrag auf mündliche Verhandlung (§ 118 I, II), den Antrag nach § 119 V bei Unstatthaftigkeit der Beschwerde und den Antrag nach § 119a I gegen behördliche Entscheidungen und Maßnahmen im UHaftvollzug.

15 Wird nach **vorläufiger Festnahme** ein Haftbefehl erlassen, ist IV über § 128 II S 3 anwendbar, ebenso nach § 115a III S 2, wenn der „nächste" Richter den Haftbefehl aufrechterhält.

6) Mit der **Revision** kann gerügt werden, dass unter Verletzung des Unverzüglichkeitsgebotes durchgeführte Vernehmungen des Beschuldigten unverwertbar sind. Dies setzt einen darauf bezogenen Widerspruch in der Hauptverhandlung, der zumindest in groben Zügen die Gründe der behaupteten Unverwertbarkeit darzulegen hat, sowie eine ausdrückliche Rüge der Verletzung des I nach § 344 II S 2 voraus (BGH **60**, 38 mit insoweit kritischen Anm Knauer NStZ **14**, 722 sowie Wohlers JR **15**, 281, 284; siehe auch 4 StR 263/16 vom 27.9.2016; Kasiske HRRS **15**, 69). Bei der gebotenen Abwägung können gegen die Annahme eines Verwertungsverbotes die Einhaltung der in Art 104 III GG bestimmten Frist, die nach Vorführung vor den Haftrichter und korrekter Belehrung gleichwohl erfolgte Aussage, bei der der Beschuldigte ausdrücklich keinen Beistand eines Verteidigers begehrte, sowie die Schwere des Tatvorwurfs sprechen; wird allerdings eine gebotene Vorführung bewusst unterlassen, um die Verteidigerbestellung durch den Haftrichter zu umgehen (vgl § 140 I Nr 4), kommt ein Verwertungsverbot für etwa betroffene polizeiliche Vernehmungen in Betracht (BGH aaO).

16

Vorführung vor den Richter des nächsten Amtsgerichts

115a ^I Kann der Beschuldigte nicht spätestens am Tag nach der Ergreifung dem zuständigen Gericht vorgeführt werden, so ist er unverzüglich, spätestens am Tage nach der Ergreifung, dem nächsten Amtsgericht vorzuführen.

^{II 1} Das Gericht hat den Beschuldigten unverzüglich nach der Vorführung, spätestens am nächsten Tage, zu vernehmen. ² Bei der Vernehmung wird, soweit möglich, § 115 Abs. 3 angewandt. ³ Ergibt sich bei der Vernehmung, dass der Haftbefehl aufgehoben, seine Aufhebung durch die Staatsanwaltschaft beantragt (§ 120 Abs. 3) oder der Ergriffene nicht die in dem Haftbefehl bezeichnete Person ist, so ist der Ergriffene freizulassen. ⁴ Erhebt dieser sonst gegen den Haftbefehl oder dessen Vollzug Einwendungen, die nicht offensichtlich unbegründet sind, oder hat das Gericht Bedenken gegen die Aufrechterhaltung der Haft, so teilt es diese dem zuständigen Gericht und der zuständigen Staatsanwaltschaft unverzüglich und auf den Umständen angezeigten schnellsten Wege mit; das zuständige Gericht prüft unverzüglich, ob der Haftbefehl aufzuheben oder außer Vollzug zu setzen ist.

^{III 1} Wird der Beschuldigte nicht freigelassen, so ist er auf sein Verlangen dem zuständigen Gericht zur Vernehmung nach § 115 vorzuführen. ² Der Beschuldigte ist auf dieses Recht hinzuweisen und gemäß § 115 Abs. 4 zu belehren.

1) Die **Vorführung vor das nächste AG (I)** ist notwendig, wenn die vor das zuständige AG nach § 115 (wegen großer Entfernung, Erkrankung des Beschuldigten uä) nicht rechtzeitig möglich ist. Das Einverständnis des Beschuldigten mit der Überschreitung der Frist des § 115 II ist wirkungslos. Für die Anwendung des I kommt es darauf an, ob die Frist des § 115 II unter den üblichen Umständen eingehalten werden kann; nur wenn dies auch unter Ausnutzung der zur Verfügung stehenden technischen und personellen Möglichkeiten ausgeschlossen ist, erfolgt die Vorführung nach § 115a (Koch NStZ **95**, 71 gegen Fischer NStZ **94**, 321).

1

Nächstes AG ist idR dasjenige, in dessen Bezirk der Beschuldigte ergriffen worden ist, uU das verkehrsmäßig am schnellsten erreichbare. Sind die Strafsachen für mehrere AG-Bezirke allgemein einem AG übertragen (4 zu § 58 GVG), so ist dieses Gericht zuständig (AnwK/UHaft-König 3; **aM** SK-Paeffgen 2). Wenn die rechtzeitige Vorführung anders nicht möglich ist, wird der Beschuldigte dem nächsten AG ohne Rücksicht darauf vorgeführt, ob es für Haftsachen zuständig ist (LR-Hilger 1).

2

Die Vorführung hat **unverzüglich** (8 zu § 25) zu erfolgen, spätestens am Tage nach der Ergreifung; die Fristüberschreitung führt nicht zur Freilassung (5 zu

3

§ 115a

§ 115), kann aber wegen § 136a (dort 20) die Unverwertbarkeit der Vernehmung zur Folge haben (vgl BGH StV **95**, 283).

3a Dem Beschuldigten, der nach § 115a vorzuführen ist, ist gem §§ 140 I Nr 4, 141 II S 1 Nr 1 (10-13 zu § 141) ein **Pflichtverteidiger zu bestellen**. Zu Zuständigkeit und Bestellungsverfahren siehe § 142 II-VI sowie die Komm dort.

4 2) Die **Vernehmung (II)** muss unverzüglich nach der Vorführung (4 zu § 115), spätestens am nächsten Tage, stattfinden (S 1). Sie richtet sich, soweit möglich, nach § 115 III (S 2). Wegen der Anwesenheitsrechte nach § 168c gelten keine Besonderheiten. Der Hinweis auf die Aussagefreiheit und die weiteren Hinweise nach § 136 I S 2–4 sind immer möglich, die Sachvernehmung nur, soweit der Richter dazu ohne Aktenkenntnis imstande ist.

5 Die **Entscheidungsbefugnis** des Richters ist beschränkt; er ist nur berechtigt, den Ergriffenen mit der Begründung freizulassen, dass er nicht die in dem Haftbefehl bezeichnete Person ist oder dass der Haftbefehl nicht mehr besteht (nicht, dass er fehlerhaft ist) oder die Aufhebung des Haftbefehls durch die StA nach § 120 III beantragt ist. Auch wenn der Richter den Haftbefehl für offensichtlich unbegründet hält, darf er ihn nicht nach § 120 aufheben. Der Gesetzgeber ist bei Änderung der Vorschrift durch Ges vom 29.7.2009 (BGBl I 2274, 2275) der entgegenstehenden Ansicht nicht gefolgt (Diehm StraFo **07**, 231 wegen Art 5 III EMRK; Heinrich StV **95**, 660, der entgegen II S 3 und 4 eine umfassende Entscheidungskompetenz des Richters bejaht; wie Heinrich auch Ziegert StV **97**, 439; dagegen zutr Nibbeling ZRP **98**, 342 und Schmitz NStZ **98**, 170, die aber beide eine Gesetzesänderung fordern). Der Richter darf auch nicht den Vollzug des Haftbefehls nach § 116 aussetzen (LR-Hilger 8; Schmitz aaO; **aM** Enzian NJW **73**, 838; Maier NStZ **89**, 59; Schröder NJW **81**, 1425; Seetzen NJW **72**, 1889; Sommermeyer NJ **92**, 340; Zieschang, FS 600 Jahre Würzburger Juristenfakultät, 2002, S 679, der § 115a jedoch dahin verfassungskonform auslegen will; offengelassen von BGH **42**, 343, 348); er kann lediglich bei Haftunfähigkeit vom Vollzug des Haftbefehls absehen (LG Frankfurt aM StV **85**, 464; das ist nicht „inkonsequent und widersprüchlich", wie Zieschang aaO S 677 meint, denn der Haftbefehl als solcher wird hierdurch nicht angetastet). Im Übrigen nimmt er nur die Einlassung des Beschuldigten entgegen. Der weitere Verfahrensgang stellt sich dann wie folgt dar:

6 Hält der Richter die Einwendungen des Beschuldigten nicht für offensichtlich unbegründet oder hat er sonst Bedenken gegen die Aufrechterhaltung des Haftbefehls, so **unterrichtet** er davon das zuständige Gericht und die zuständige StA (S 4) unverzüglich (BGH **42**, 343, 346) und auf den schnellstmöglichen Wege, idR telefonisch oder per e-mail; gerade diese Verständigungsmöglichkeiten lassen im übrigen die Diskussion um die eigene Entscheidungsbefugnis des nächsten Richters als weithin überholt erscheinen (**aM** KMR-Wankel 4a ff: Regelung ist verfassungswidrig und verstößt gegen EMRK). Nur wenn das zuständige Gericht oder die zuständige StA auch auf diesem Wege am Tage der Vorführung nicht erreichbar sind (zB am Wochenende) und die Aufrechterhaltung des Haftbefehls schlechthin unvertretbar wäre (zB Sachverhalt erfüllt keinen Straftatbestand), kann der Haftbefehl in entspr Anwendung des § 116 außer Vollzug gesetzt werden (Schröder StV **05**, 241; vgl auch AnwK/UHaft-König 8). Andernfalls hat das zuständige Gericht unverzüglich zu prüfen, ob der Haftbefehl aufzuheben oder außer Vollzug zu setzen ist. Entscheidet der vom „nächsten" Richter aber erreichte zuständige Richter, nach Anhörung der StA (§ 33 II), dass der Haftbefehl aufgehoben oder sein Vollzug ausgesetzt wird, so wird er die Anordnung idR durch den „nächsten" Richter ausführen lassen.

7 **Beschwerdeberechtigt** ist dann die für den Haftrichter nach § 115 zuständige StA; die Entscheidung trifft das dem zuständigen AG übergeordnete LG (KG JR **76**, 253). Wenn jedoch der „nächste" Richter selbstständig über den Haftbefehl verfügt hat, ist das ihm übergeordnete LG zuständig (KG aaO; LG Frankfurt aM StV **85**, 464). § 159 GVG ist nicht entspr anzuwenden (KG aaO; **aM** Seetzen NJW **72**, 189). Stellt der Beschuldigte nicht den Antrag nach III S 1 (unten 8), sondern legt er gegen den Haftbefehl Beschwerde ein, ist das dem zuständigen Richter übergeordnete LG zuständig (aM München StV **10**, 585 L: grundsätzlich auch das dem nächsten Richter übergeordnete LG).

3) Die **Vorführung vor das zuständige Gericht** zur Vernehmung kann der Beschuldigte, nicht die StA (AG Bremerhaven MDR **67**, 855), ohne weitere Begründung verlangen, wenn er nicht freigelassen wird (III S 1). Auf dieses Recht muss er hingewiesen werden (III S 2). Die Vorführung, für die das Gesetz keine Frist bestimmt, muss unverzüglich (8 zu § 25) stattfinden; ggf ist ein Einzeltransport anzuordnen (Koch NStZ **95**, 73; Schmitz NStZ **98**, 171). Eine Vernehmung durch das Rechtshilfegericht (§ 157 GVG) ersetzt die Vernehmung nach III nicht (Köln JMBlNW **68**, 129). Neben dem Antrag nach III S 1 ist die Haftbeschwerde wegen § 117 II S 1 unzulässig (Hamburg NStZ-RR **02**, 381).

8

Aussetzung des Vollzugs des Haftbefehls RiStBV 54, 57

116 I ¹ Der Richter setzt den Vollzug eines Haftbefehls, der lediglich wegen Fluchtgefahr gerechtfertigt ist, aus, wenn weniger einschneidende Maßnahmen die Erwartung hinreichend begründen, daß der Zweck der Untersuchungshaft auch durch sie erreicht werden kann. ² In Betracht kommen namentlich

1. die Anweisung, sich zu bestimmten Zeiten bei dem Richter, der Strafverfolgungsbehörde oder einer von ihnen bestimmten Dienststelle zu melden,
2. die Anweisung, den Wohn- oder Aufenthaltsort oder einen bestimmten Bereich nicht ohne Erlaubnis des Richters oder der Strafverfolgungsbehörde zu verlassen,
3. die Anweisung, die Wohnung nur unter Aufsicht einer bestimmten Person zu verlassen,
4. die Leistung einer angemessenen Sicherheit durch den Beschuldigten oder einen anderen.

II ¹ Der Richter kann auch den Vollzug eines Haftbefehls, der wegen Verdunkelungsgefahr gerechtfertigt ist, aussetzen, wenn weniger einschneidende Maßnahmen die Erwartung hinreichend begründen, daß die Verdunkelungsgefahr erheblich vermindern werden. ² In Betracht kommt namentlich die Anweisung, mit Mitbeschuldigten, Zeugen oder Sachverständigen keine Verbindung aufzunehmen.

III Der Richter kann den Vollzug eines Haftbefehls, der nach § 112a erlassen worden ist, aussetzen, wenn die Erwartung hinreichend begründet ist, daß der Beschuldigte bestimmte Anweisungen befolgen und daß dadurch der Zweck der Haft erreicht wird.

IV Der Richter ordnet in den Fällen der Absätze 1 bis 3 den Vollzug des Haftbefehls an, wenn

1. der Beschuldigte den ihm auferlegten Pflichten oder Beschränkungen gröblich zuwiderhandelt,
2. der Beschuldigte Anstalten zur Flucht trifft, auf ordnungsgemäße Ladung ohne genügende Entschuldigung ausbleibt oder sich auf andere Weise zeigt, daß das in ihn gesetzte Vertrauen nicht gerechtfertigt war, oder
3. neu hervorgetretene Umstände die Verhaftung erforderlich machen.

Übersicht

	Rn
1) Ausprägung des Verhältnismäßigkeitsgrundsatzes	1, 2
2) Vollzugsaussetzung bei Fluchtgefahr (I)	3–13
A. Rechtsfolge bei Vorliegen der Voraussetzungen	4
B. Nur bei Anordnung weniger einschneidender Maßnahmen	5
C. Gesetzliche Beispiele (I S 2)	6–10
D. Sonstige Maßnahmen	11, 12

	Rn
E. Verbindung mehrerer Weisungen und Auflagen	13
3) Vollzugsaussetzung bei Verdunkelungsgefahr (II)	14–16
4) Vollzugsaussetzung bei Wiederholungsgefahr (III)	17
5) Vollzugsaussetzung im Fall des § 112 III	18
6) Verfahren	19–21a
7) Anordnung des Vollzugs des Haftbefehls (IV)	22–30
A. Gröbliches Zuwiderhandeln (Nr 1)	23
B. Entfallen der Vertrauensgrundlage (Nr 2)	24–27
C. Neu hervorgetretene Umstände (Nr 3)	28
D. Verfahren	29
E. Vorläufige Festnahme	30
8) Beschwerde	31

1 1) Eine **besondere Ausprägung des Verhältnismäßigkeitsgrundsatzes** ist die Vorschrift (BVerfGE **19**, 342, 347 ff), die für das Jugendstrafverfahren durch § 72 I **JGG** ersetzt wird. Wenn der Zweck der UHaft, auch der nach §§ 230 II, 236, 329 IV S 1 (KG GA **72**, 127; Neuhaus StV **99**, 341), durch weniger einschneidende Maßnahmen erreicht werden kann, muss der Vollzug des Haftbefehls ausgesetzt werden, ggf schon bei seinem Erlass. Auch der Dauer solcher, notwendigerweise die Freiheitsrechte des Beschuldigten beschränkenden Maßnahmen sind aber Grenzen gesetzt. Der Haftbefehl muss daher aufgehoben werden, wenn seine Aufrechterhaltung trotz Aussetzung seiner Vollziehung nicht mehr verhältnismäßig ist (BVerfGE **53**, 152 = NJW **80**, 1448; BGH **39**, 233, 236; Bremen StV **94**, 666; Düsseldorf StraFo **03**, 378; erg 5 zu § 120). Bei vermeidbaren Verfahrensverzögerungen ist eine erneute Inhaftierung des Angeklagten vor Urteilserlass nicht mehr zulässig (Köln StV **88**, 345). Ob die Voraussetzungen des § 116 vorliegen, ist bei jeder Haftentscheidung zu prüfen (vgl Köln NStZ **12**, 112 zu einer auf einem Fehlverhalten eines Schöffen beruhenden Verfahrensverzögerung). Aus der Vorschrift folgt die Zulässigkeit der Beschränkung eines Haftbefehls dahin, dass er einem Ersuchen um Auslieferungshaft an einen bestimmten Staat nicht zugrunde gelegt werden darf (Volckart StV **83**, 436).

2 Die **befristete Aussetzung** des Vollzugs eines Haftbefehls ist nicht statthaft; denn die Frage, ob der Zweck der UHaft durch weniger einschneidende Maßnahmen erreicht werden kann, lässt sich nur einheitlich beantworten (Schleswig SchlHA **71**, 69; **aM** LR-Hilger 9; Neuhaus StraFo **00**, 15; NStZ **02**, 559; Paeffgen 171 Fn 34). § 116 darf insbesondere nicht zur Umgehung des Verbots, Urlaub aus der UHaft zu bewilligen, benutzt werden (Schleswig aaO). Unzulässig ist daher eine kurzfristige Vollzugsaussetzung zu dem Zweck, dem Beschuldigten geschäftliche Besprechungen (**aM** LR-Hilger 9) oder die Teilnahme an einer Beerdigung (Stuttgart MDR **80**, 423) oder einen stationären Krankenhausaufenthalt zu ermöglichen (Zweibrücken MDR **79**, 517; vgl aber auch § 23 UVollzG RP). Die von dem LG Köln (StV **82**, 374; **84**, 342) für zulässig gehaltene Beurlaubung zu dem Zweck, dem Gefangenen in Begleitung und unter Aufsicht von Mitarbeitern staatlich anerkannter Suchtberatungsstellen ein Vorstellungsgespräch zur Vorbereitung einer Drogentherapie zu ermöglichen, ist in Wahrheit eine zugelassene Ausführung mit besonderem Überwachungspersonal.

3 2) **Vollzugsaussetzung bei Fluchtgefahr (I):**

4 A. **Zwingend vorgeschrieben** ist die Aussetzung beim Vorliegen der Voraussetzungen des I. Trifft Fluchtgefahr mit anderen Haftgründen zusammen, so müssen auch die hierfür in II und III bestimmten Voraussetzungen erfüllt sein. Auch bei Flucht ist § 116 uU anwendbar (LR-Hilger 2; Neuhaus StV **99**, 341). Die Erwartung, dass der Zweck der Haft auch durch andere Maßnahmen erreicht werden kann, muss hinreichend begründet sein. Das ist der Fall, wenn mit großer Wahrscheinlichkeit anzunehmen ist, dass der Beschuldigte sich dem Verfahren nicht entziehen werde (vgl dazu Karlsruhe StraFo **97**, 91).

5 B. Nur bei **Anordnung weniger einschneidender Maßnahmen** lässt I die Vollzugsaussetzung zu. Sie können geringfügig sein; der völlige Verzicht auf sie wäre aber gesetzwidrig; denn wenn sie nicht erforderlich sind, muss der Haftbefehl aufgehoben werden. Die Maßnahmen müssen ihrer Art nach als Ersatzmittel für die UHaft geeignet und auf die Persönlichkeit des Beschuldigten sowie auf seine Verhältnisse abgestimmt sein. Sie dürfen keinen Sühnecharakter haben (Kleinknecht MDR **65**, 784) und an den Beschuldigten keine unzumutbaren Anforderungen stellen (Saarbrücken NJW **78**, 2460, 2462), insbesondere ihm keine Beschränkungen auferlegen oder Weisungen erteilen, die durch den gegebenen Haftgrund nicht gerechtfertigt sind (Celle StV **88**, 207; Oldenburg OLGSt S 17). Ein Arbeitszwang darf ebenso wenig bestimmt werden wie in der UHaft (vgl Paeffgen NStZ **00**, 135). In uneinschränkbare Grundrechte darf nicht eingegriffen werden. Dass mit einer Maßnahme zugleich eine Berufsbeschränkung verbunden ist, macht sie nicht unwirksam; die Anordnung eines vorläufigen Berufsverbots ist aber nur nach § 132a zulässig (Hamm StraFo **02**, 178). Vgl auch die Zusammenstellung bei Neuhaus StV **99**, 342 ff.

C. **Gesetzliche Beispiele** für weniger einschneidende Maßnahmen (S 2): **6**

a) **Meldepflicht (Nr 1):** In Betracht kommt nicht nur die Pflicht zur regelmä- **7** ßigen Meldung, dh zur persönlichen Vorstellung, bei Gericht, bei der StA oder, was die Regel ist, bei der Polizei, sondern auch bei anderen Dienststellen, zB beim Landratsamt oder, wenn der Beschuldigte Soldat ist, bei dem Disziplinarvorgesetzten. Die Meldung bei einer privaten Stelle, zB beim Arbeitgeber, ist keine Maßnahme nach Nr 1, sondern eine sonstige Maßnahme. Sie kann nur in Erwägung gezogen werden, wenn die Privatstelle einverstanden, zuverlässig und vertrauenswürdig ist. Der Richter bestimmt die Meldezeit und die Behörde in dem Haftverschonungsbeschluss. Zeitweise Aussetzung der Meldeauflage ist zulässig (Hamm StraFo **98**, 423). Die Verständigung der Behörde kann der Richter der StA überlassen.

b) **Aufenthaltsbeschränkungen (Nr 2):** Da die Anweisung, einen bestimmten **8** Ort nicht ohne Erlaubnis zu verlassen, kaum kontrollierbar ist, kommt die Vollzugsaussetzung unter einer solchen Beschränkung nur bei vertrauenswürdigen Beschuldigten in Betracht (LR-Hilger 20: Entlassung auf Ehrenwort). Die Überwachung durch die Polizei (vgl Kleinknecht JZ **65**, 118) führt idR zu einer unzumutbaren Bloßstellung des Beschuldigten. Hat das Gericht es der StA oder der Polizei überlassen, Ausnahmegenehmigungen zu erteilen, so ist gegen ihre Versagung nicht der Rechtsweg nach §§ 23 ff EGGVG, sondern die Anrufung des Gerichts zulässig.

c) Die **Weisung, die Wohnung nur unter Aufsicht zu verlassen (Nr 3), 9** kommt bei Jugendlichen in Betracht, deren Eltern oder sonstige Erziehungsberechtigte vertrauenswürdig und zur Übernahme der Aufsicht bereit sein. Ständige Begleitung verlangt die Aufsicht nicht; es kann genügen, dass die Aufsichtsperson den Beschuldigten auf dem Weg zur Schule oder zur Arbeitsstelle und zurück begleitet. Eine weitreichende neue Anwendungsmöglichkeit für diese Weisung eröffnet aber auch der im Einverständnis mit dem Beschuldigten vorgenommene Einsatz elektronischer Überwachungsmittel („Fußfessel"; vgl dazu eingehend Neuhaus StV **99**, 345 ff; Püschel StraFo **09**, 140).

d) Die **Sicherheitsleistung (Nr 4)** – in Art 5 III S 3 EMRK ausdrücklich er- **10** wähnt – verstößt nicht gegen Art 3 I GG, obwohl sie in 1. Hinsicht den wohlhabenderen Beschuldigten zur Entlassung aus der UHaft verhilft (Bamberg MDR **58**, 788; KK-Graf 18). Sie dient ausschließlich der Erfüllung des Zwecks der U-Haft, nämlich dass sich der Beschuldigte dem weiteren Verfahren nicht entzieht (BGH NStZ **16**, 620). Einzelheiten der Sicherheitsleistung regelt § 116a. Das Gericht darf die Aussetzung des Vollzugs gegen Sicherheitsleistung ohne Antrag (LR-Hilger 3, 4 zu § 116a), sogar ohne Einverständniserklärung des Beschuldigten anordnen (vgl Art 5 III S 3 EMRK). IdR wird aber ein Angebot des Beschuldigten vorliegen, das ihm der Richter nahelegen kann. Die Sicherheitsleistung dient nicht nur der Sicherung der Durchführung des Strafverfahrens, sondern auch der des Antritts der

§ 116

Erstes Buch. 9. Abschnitt

Strafe (vgl § 124 I). Eine Aufrechnung mit der Geldstrafe oder den Verfahrenskosten ist nicht zulässig (Frankfurt StV **00**, 509; LG München II StV **98**, 554 mit zust Anm Eckstein; zust auch Paeffgen NStZ **00**, 135); dafür gilt § 127a I Nr 2. Zur Problematik der Abtretung des Rückzahlungsanspruchs an den Geldgeber oder Verteidiger vgl Püschel StraFo **09**, 138.

11 D. **Sonstige Maßnahmen:** Außer den in I S 2 bezeichneten kommen alle Maßnahmen in Betracht, die geeignet sind, als Ersatz für den Vollzug des Haftbefehls zu dienen. Dazu gehört etwa die Sperre eines Sparbuchs oder Bankkontos, die Abgabe des Führerscheins (KK-Graf 12) oder die Anweisung an den Beschuldigten, eine bestimmte Wohnung zu nehmen oder sich einer Wohngruppe zur Drogentherapie anzuschließen (Hamm StV **84**, 123 mit Anm Budde).

12 In der Praxis wird vor allem die Weisung erteilt, die **Personalpapiere** zu den Akten zu geben; denn der Erlass des Haftbefehls berechtigt nicht zugleich zu deren Beschlagnahme (**aM** LG Offenburg NStZ **99**, 530 mit abl Anm Wohlers StV **00**, 32; abl auch Paeffgen NStZ **01**, 74). Die Abgabe des Reisepasses darf auch von Ausländern verlangt werden (Saarbrücken NJW **78**, 2460; Pawlik NJW **78**, 1730; **aM** AG Frankfurt NJW **77**, 1601), denen dann aber wegen der Ausweispflicht nach § 3 AufenthG darüber eine Bescheinigung ausgestellt werden muss. Inländern wird idR zur Auflage gemacht, auch den Personalausweis zu den Akten zu geben (Stuttgart Justiz **71**, 330; Fuhrmann JR **64**, 455; vgl aber Oske JR **64**, 454, der das für unzulässig hält); auch ihnen muss mit Rücksicht auf die Ausweispflicht nach § 1 I S 2 PersAuswG hierüber eine Bescheinigung erteilt werden (Stuttgart aaO).

13 E. Die **Verbindung mehrerer Weisungen und Auflagen** ist zulässig und oft zweckmäßig. Häufig ermöglicht erst sie die Aussetzung des Vollzugs des Haftbefehls. In Betracht kommt vor allem die Verbindung der Aufenthaltsbeschränkung mit der Anweisung, die Personalpapiere abzugeben.

14 **3) Vollzugsaussetzung bei Verdunkelungsgefahr (II):** Auch wenn dieser Haftgrund vorliegt, können weniger einschneidende Maßnahmen (oben 5) die Erwartung begründen, dass die Gefahr erheblich vermindert wird. Restlos beseitigt braucht sie nicht zu sein. II ist zwar nur als Kann-Vorschrift ausgestaltet; jedoch erfordert der Verhältnismäßigkeitsgrundsatz die Aussetzung des Vollzugs, wenn er entbehrlich ist (vgl unten 17).

15 Als Beispiel für hierzu geeigneten Maßnahmen nennt S 2 das **Verbot der Verbindungsaufnahme zu Beweispersonen**. Es umfasst die Verbindungsaufnahme durch Briefe und durch Mittelspersonen (KK-Graf 21) und gilt auch für die Verbindung mit Personen, die noch nicht Mitbeschuldigte, Zeugen oder Sachverständige sind, es aber voraussichtlich sein werden. Die darin liegende Einschränkung der Verteidigungsmöglichkeiten ist dadurch gerechtfertigt, dass der Beschuldigte sich schon früher dem Verdacht ausgesetzt hat, die Sachaufklärung zu behindern (Hengsberger JZ **66**, 213; krit Dahs NJW **65**, 83; Schorn NJW **65**, 843: mit Art 6 III Buchst b, c EMRK schwer vereinbar). Die Verbindung mit einem in der Hausgemeinschaft lebenden Angehörigen darf dem Beschuldigten nicht untersagt werden (Hamburg Rpfleger **66**, 374; M. Amelung StraFo **97**, 15; Kleinknecht MDR **65**, 784). Hat er keinen Verteidiger, so kann ihm der Richter trotz des Verbots die Aufnahme bestimmter Verbindungen zwecks Suche nach Verteidigungsmaterial gestatten (KK-Graf 21).

16 Die **Sicherheitsleistung** ist keine gesetzlich vorgesehene (vgl § 124 I) und idR auch keine geeignete Maßnahme zur Herabminderung der Verdunkelungsgefahr (KG JR **90**, 34; Frankfurt NJW **78**, 838; Tiedemann NJW **77**, 1977; **aM** Hamm StraFo **01**, 397; Köln StraFo **97**, 93; LR-Hilger 18; Hohlweck NStZ **98**, 600; Jungfer Meyer-GedSchr 227; Püschel StraFo **09**, 138; Paeffgen 171 und NStZ **92**, 482 hält die Sicherheitsleistung zwar für geeignet, aber im Hinblick auf den eindeutigen Gesetzeswortlaut nicht für zulässig).

17 **4) Die Vollzugsaussetzung bei Wiederholungsgefahr (III)** wird nur in besonderen Ausnahmefällen zu verantworten sein. In den Fällen des § 112a I Nr 1

kommt vor allem die Auflage an den Beschuldigten in Betracht, sich in ärztliche Behandlung oder in eine Krankenanstalt zu begeben, in den Fällen des § 112a I Nr 2 die Weisung, einen bestimmten Aufenthalt zu nehmen und nicht zu verlassen. Zulässig ist auch die Weisung, mit bestimmten Personen nicht zu verkehren, und die Unterstellung unter die Aufsicht einer bestimmten Person, etwa unter die eines Bewährungshelfers. Vgl auch § 71 II S 2 **JGG.** Die Sicherheitsleistung ist bei III ebenso unzulässig wie bei Verdunkelungsgefahr (**aM** KK-Graf 19).

5) Die **Vollzugsaussetzung im Fall des § 112 III** sieht § 116 nicht vor. Der **18** Verhältnismäßigkeitsgrundsatz verlangt aber auch hier die Haftverschonung unter bestimmten Auflagen, wenn dadurch erreicht werden kann, dass der Beschuldigte sich dem Verfahren nicht entzieht und auch keine Verdunkelungsmaßnahmen trifft (BVerfGE **19,** 342 = NJW **66,** 243; BVerfG NJW **66,** 772). Daher kann der Vollzug nach den Grundsätzen zu I und II ausgesetzt werden (BGH StV **16,** 443; Frankfurt StV **00,** 374; Köln NJW **96,** 1686; Oldenburg StraFo **08,** 27).

6) Verfahren: Der Vollzug des Haftbefehls wird von Amts wegen oder auf An- **19** trag der StA oder des Beschuldigten ausgesetzt.

Die Aussetzung erfolgt durch **Beschluss** des nach § 126 zuständigen Richters. **20** Das kann schon zugleich mit dem Erlass des Haftbefehls geschehen. Die StA ist nach § 33 II zu hören, wenn sie nicht selbst den Antrag gestellt hat. Der Beschluss muss mit Gründen versehen (§ 34) und den Beteiligten formlos bekanntgegeben werden (§ 35 II S 2). Die den Beschuldigten auferlegten Pflichten und Beschränkungen müssen in dem Beschluss so genau umschrieben sein, dass er weiß, wie er sich zu verhalten hat, und dass Zuwiderhandlungen gegen sie, die zum Widerruf der Haftverschonung zwingen (IV), eindeutig festgestellt werden können (Kleinknecht MDR **65,** 784).

Die nachträgliche **Änderung der Maßnahme,** auch ihre Verschärfung (zB die **21** Erhöhung der Sicherheitsleistung), ist zulässig; nach § 126 II S 2 kann der Vorsitzende allein sie anordnen.

Europäische Überwachungsanordnung (Rahmenbeschluss 2009/829/JI des **21a** Rates vom 23.10.2009): Haben Beschuldigte eines deutschen Strafverfahrens ihren rechtmäßigen gewöhnlichen Aufenthalt in einem anderen Mitgliedstaat der EU kann der nach § 126 zuständige deutsche Haftrichter die Überwachung von Haftverschonungsauflagen an diesen Mitgliedsstaat abgeben; Voraussetzung ist allerdings, dass der betreffende Mitgliedsstaat die Übernahme der Überwachung anerkennt (siehe im Einzelnen §§ 90y, 90z IRG; Schlothauer Weßlau-GS 313ff, auch zu praktischen Problemen bei der Umsetzung). Die Abgabe darf die ordnungsgemäße Durchführung des Strafverfahrens, vor allem das Erscheinen des Beschuldigten in der Hauptverhandlung, nicht gefährden. Auch der Schutz von Opfern oder der Allgemeinheit kann ihr entgegenstehen, etwa wenn Verdunkelungshandlungen oder Wiederholungstaten (siehe dazu die in Art 8 RB-EuÜA aufgeführten Überwachungsmaßnahmen) zu befürchten sind (vgl Art 2 I RB-EuÜA; Schlothauer aaO 317).

7) Die **Anordnung des Vollzugs des Haftbefehls (IV)** ist nur zulässig, wenn **22** die Voraussetzungen der Nrn 1–3 vorliegen (KG StraFo **97,** 27; Düsseldorf StV **88,** 207); dann ist sie aber zwingend geboten, im Fall der Nr 3 ohne zeitliches Zuwarten (Stuttgart NStZ **82,** 217 L = OLGSt S 29; **aM** SK-Paeffgen 25), es sei denn, ein milderes Mittel der Verfahrenssicherung – vor allem eine Verschärfung der Auflagen – genügt (BVerfG StV **06,** 139; **08,** 25, 27) oder ein Haftbefehl, der bereits fast 6 Monate lang vollzogen worden ist, wäre unverzüglich wieder aufzuheben, weil wegen Verstoßes des Beschuldigten gegen das Beschleunigungsgebot die Voraussetzungen des § 121 I nicht vorliegen (Karlsruhe StV **15,** 652). Wird der außer Vollzug gesetzte **Haftbefehl** aufgehoben und **durch einen neuen ersetzt,** so liegt darin sachlich eine Anordnung nach IV, die nur unter den dort bezeichneten Voraussetzungen zulässig ist (BVerfG StraFo **07,** 19; Dresden StraFo **09,** 521, 522; Düsseldorf StV **93,** 480; Karlsruhe wistra **05,** 316; Köln StV 08, 258; Stuttgart aaO); dasselbe

§ 116
Erstes Buch. 9. Abschnitt

gilt bei der Anordnung erheblich verschärfter Auflagen (Frankfurt StV **10**, 586 L). Der Erlass eines neuen Haftbefehls ist daher unzulässig, wenn sich bei Vorliegen derselben prozessualen Tat die Umstände im Vergleich zur Zeit der Außervollzugsetzung nicht verändert haben (Nürnberg StV **13**, 519).

23 A. **Gröbliches Zuwiderhandeln gegen Pflichten oder Beschränkungen** (Nr 1) erfordert kein absichtliches Handeln. Entscheidend ist vielmehr, ob durch das Zuwiderhandeln der Haftgrund wieder so verstärkt worden ist, dass der Haftbefehl vollzogen werden muss (Frankfurt StV **95**, 476). Bloße Nachlässigkeiten und Versehen genügen dazu nicht (KK-Graf 29).

24 B. **Entfallen der Vertrauensgrundlage (Nr 2):**

25 Wenn der Beschuldigte Anstalten zur **Flucht** trifft oder entspr Handlungen Dritter kennt und billigt, wird ohne weiteres der Vollzug des wegen Fluchtgefahr ergangenen Haftbefehls angeordnet. War Fluchtgefahr bisher nicht angenommen worden, so wird der Vollzug nur angeordnet, wenn nunmehr die Voraussetzungen des § 112 II Nr 2 vorliegen; der Haftgrund der Fluchtgefahr muss dann in den Haftbefehl aufgenommen werden (18 zu § 114). Entgegen dem zu engen Wortlaut der Nr 2 wird der Vollzug selbstverständlich auch dann angeordnet, wenn der Beschuldigte bereits geflohen ist.

26 Der Widerrufsgrund des **Ausbleibens** gilt nur, wenn der Beschuldigte zu einem gerichtlichen Termin oder zu einer Vernehmung bei der StA (nicht bei der Polizei) ordnungsgemäß, auch über einen Zustellungsbevollmächtigten (§ 116a III), geladen war (vgl dazu 2 zu § 51; 2 ff zu § 216) und entgegen seiner Verpflichtung nach §§ 133, 163a III, 230 II oder 236 ohne genügende Entschuldigung (dazu 18 ff zu § 329) ausgeblieben ist.

27 Die Generalklausel des **nicht gerechtfertigten Vertrauens** gilt immer, aber auch nur dann (BVerfG StraFo **05**, 502), wenn sich nachträglich auf Grund alter oder neu bekannt gewordener Tatsachen herausstellt, dass die Annahme, der Beschuldigte werde Pflichten und Beschränkungen erfüllen und sich dem Verfahren stellen, ein Irrtum war.

28 C. Als **neu hervorgetretene Umstände (Nr 3)** kommen nur solche Tatsachen in Betracht, die bei Würdigung des Wesens der Aussetzung zu ihrer Versagung geführt hätten (Düsseldorf StraFo **02**, 142; Frankfurt StV **98**, 31; Karlsruhe wistra **05**, 316; Koblenz StraFo **99**, 322; München NJW **78**, 771; KG StV **19**, 567). Eine lediglich andere Beurteilung des unverändert gebliebenen Sachverhalts rechtfertigt den Widerruf nicht (BVerfG StV **13**, 98). Die Schwelle für eine Widerrufsentscheidung ist sehr hoch anzusetzen; maßgeblich ist, ob die Vertrauensgrundlage der Aussetzungsentscheidung infolge der neu hervorgetretenen Umstände entfallen ist (eingehend dazu BVerfG StV **13**, 94; **08**, 25; **06**, 139 unter Aufhebung von BGH NStZ **06**, 297; BVerfG StraFo **07**, 19; Oldenburg StraFo **16**, 509; Nürnberg StraFo **11**, 224; Stuttgart StraFo **09**, 104; KG aaO; siehe auch Braunschweig StV **17**, 456 L zum Haftgrund der Wiederholungsgefahr). Wiederinvollzugsetzungsgründe sind etwa die Verstärkung des bisherigen – so zB die Fluchtgefahr wesentlich erhöhende neue Taten – oder das Hinzutreten eines weiteren Haftgrundes. Die Verurteilung zu einer weit höheren Strafe als bei Aussetzung erwartet (vgl BGH NStZ **05**, 279, 280; Düsseldorf StV **00**, 211; Hamm StV **03**, 512) rechtfertigt den Widerruf nur dann, wenn die beantragte oder verhängte Strafe von der bisherigen Strafewartung erheblich zum Nachteil des Angeklagten abweicht; dazu bedarf es nachvollziehbarer Feststellungen dazu, von welcher Strafewartung der Beschuldigte zum Zeitpunkt der Außervollzugsetzung ausgegangen ist (BVerfG StV **13**, 94; 2 BvR 1092/12 vom 11.7.2012). Die Invollzugsetzung bedarf in einem solchen Fall besonderer Begründung, wenn im Laufe des Verfahrens von der Verfolgung wesentlichem dem Beschuldigten zur Last gelegter Straftaten gemäß § 154 II abgesehen wurde oder wenn der Beschuldigte sich aufgrund der Verurteilung von Mittätern über die ihm drohende Freiheitsstrafe im Klaren war (BVerfG aaO). Sie scheidet – selbstverständlich – aus, wenn sich die Strafewartung durch das Urteil nur realisiert hat (Frankfurt StV **04**, 493; Oldenburg StraFo **08**, 468; vgl auch Zweibrücken StraFo **12**, 186: Anordnung der Sicherungsverwahrung). Neu hervorgetretene Umstände können sich nicht auf den (dringenden) Tatverdacht beziehen, denn dieser ist bereits Grundvoraussetzung für Erlass und Außervollzugsetzung des Haftbefehls (BVerfG aaO; StV **08**, 25). Das Einwirken auf einen Zeugen reicht nicht aus, wenn es für das vorliegende Verfahren bedeutungslos ist (Düsseldorf StV **84**, 339; **aM** Hamm wistra **98**, 364). Bloße Nachlässigkeiten oder Versehen genügen als Widerrufsgrund ebenfalls nicht (KG StV **02**, 607).

D. **Verfahren:** Die Anordnung des Vollzugs erfolgt auf Antrag der StA oder von Amts wegen durch mit Gründen versehenen (§ 34) Beschluss des nach § 126 zuständigen Richters, der auch dann zuständig ist, wenn die Anordnung nach I–III von dem Beschwerdegericht oder im Verfahren nach § 122 von dem OLG getroffen worden ist (dort 19). Zur Aufhebung der Maßnahmen, die der Aussetzung des Haftvollzugs gedient haben, vgl § 123 I Nr 2 (dort 3 ff). Wird der Beschuldigte auf Grund der Anordnung festgenommen, so ist er erneut nach §§ 115, 115a dem Richter vorzuführen; die Benachrichtigung nach § 114c ist erforderlich. 29

E. Die **vorläufige Festnahme** durch StA oder Polizei (§ 127 II) ist zulässig, wenn neue tatsächliche Umstände, insbesondere Anstalten zur Flucht, erkennbar sind, die zur Anordnung des Vollzugs nach IV zwingen, und wenn Gefahr im Verzug (19 zu § 127) besteht. Der Versuch des Beschuldigten, die Grenze zu überschreiten, berechtigt zur vorläufigen Festnahme nur, wenn eine entgegenstehende Anordnung nach I Nr 2 besteht oder die Fluchtabsicht offensichtlich ist. 30

8) **Beschwerde:** Gegen die Aussetzung des Vollzugs kann die StA Beschwerde nach § 304 I einlegen (nicht aber vorsorglich für den Fall der Außervollzugsetzung, s Naumburg NStZ **13**, 543); das Beschwerdegericht hat dann die gesamten Voraussetzungen des Haftbefehls zu prüfen (Stuttgart NJW **82**, 1296). Der Nebenkläger hat kein Beschwerderecht (1 zu § 400). Ist ein Antrag auf Haftverschonung abgelehnt oder nach IV der Vollzug des Haftbefehls angeordnet worden, so ist der Beschuldigte beschwerdeberechtigt (vgl 8 ff zu § 117). Er kann Beschwerde auch einlegen, wenn er die Weisungen und Beschränkungen für übermäßig belastend hält. Zur Beschwerde gegen den Beschluss des OLG vgl 13 zu § 304, gegen Verfügungen der Ermittlungsrichter des BGH und der OLGe 19 zu § 304 und zur weiteren Beschwerde 7 zu § 310. 31

Aussetzung gegen Sicherheitsleistung

116a ¹ **Die Sicherheit ist durch Hinterlegung in barem Geld, in Wertpapieren, durch Pfandbestellung oder durch Bürgschaft geeigneter Personen zu leisten.** ² **Davon abweichende Regelungen in einer auf Grund des Gesetzes über den Zahlungsverkehr mit Gerichten und Justizbehörden erlassenen Rechtsverordnung bleiben unberührt.**

II **Der Richter setzt Höhe und Art der Sicherheit nach freiem Ermessen fest.**

III **Der Beschuldigte, der die Aussetzung des Vollzugs des Haftbefehls gegen Sicherheitsleistung beantragt und nicht im Geltungsbereich dieses Gesetzes wohnt, ist verpflichtet, eine im Bezirk des zuständigen Gerichts wohnende Person zum Empfang von Zustellungen zu bevollmächtigen.**

1) **Art und Höhe der Sicherheitsleistung (I, II):** Die Sicherheit nach § 116 I Nr 4 kann nur auf eine der in I bezeichneten Arten geleistet werden (vgl aber BGH **42**, 343, 353 = JR **97**, 471, 473 mit abl Anm Seebode: nur Ordnungsvorschrift). Art und Höhe der Sicherheit setzt der Haftrichter (§ 126) fest; nach Erhebung der öffentlichen Klage ist der Vorsitzende allein zuständig (§ 126 II S 3). Die Sicherheit ist so zu bemessen, dass sie nach Art und Höhe auf den Beschuldigten einen psychischen Zwang ausübt, sich dem Verfahren zu stellen (Schleswig OLGSt Nr 2). 1

§ 116a

2 Für die **Hinterlegung von Geld oder Wertpapieren** gilt in 1. Hinsicht die Hinterlegungsordnung vom 10.3.1937 (RGBl I 285; BGBl III 300-15), letztes ÄndG vom 23.11.2007 (BGBl I 2614, 2616). Einer ausdrücklichen Annahme durch die StA bedarf es nicht (Hamm NJW **91**, 2717). Die Hinterlegung ist aber auch bei einem Treuhänder möglich. Trifft der Richter keine anderslautende Anordnung, so können für die Hinterlegung Vermögenswerte dritter Personen verwendet werden (Hamm JMBlNW **91**, 58).

2a Ist bestimmt, dass der Beschuldigte die Kaution als „**Eigenhinterleger**" zu leisten habe, ist eine Sicherheitsleistung durch Dritte ausgeschlossen. Der Beschuldigte kann aber ein Darlehen aufnehmen und den künftigen Rückzahlungsanspruch gegen die Hinterlegungsstelle an den Darlehensgeber abtreten (BGH NStZ **16**, 620 [ZS] mit Anm Bittmann).

3 Die **Pfandbestellung** iS von I schließt die Sicherungsübereignung und -abtretung sowie die Bestellung von Grundschulden ein.

4 **Bürgschaft** iS der Vorschrift ist nicht die Bürgschaft nach § 765 BGB, sondern die Leistung einer Sicherheit durch einen anderen als den Beschuldigten (BGH aaO; Karlsruhe StraFo **00**, 394), und zwar entweder durch aufschiebend bedingtes selbstschuldnerisches Zahlungsversprechen oder, was die Regel ist, durch Hinterlegung von Geld oder Wertpapieren im eigenen Namen (LR-Hilger 5 ff). Die Bürgschaft, die auch von einer Bank (BGH aaO; Rixen NStZ **99**, 329: nicht aber von einer Kommune) geleistet werden kann (dazu Münchhalffen/Gatzweiler 318; M. Amelung StraFo **97**, 301), bedarf nicht der Schriftform; idR wird sie aber schriftlich erklärt. Hält das Gericht diese Form der Sicherheitsleistung für ausreichend (Bedenken dagegen äußert Retemeyer, Sicherheitsleistung durch Bankbürgschaft, 1995, S 87 ff), so muss dies in dem Haftverschonungsbeschluss ausdrücklich angesprochen werden (Düsseldorf NStZ **90**, 97; Rpfleger **86**, 275).

4a Die Möglichkeit, **unbar Sicherheit zu leisten,** kann gemäß I S 2 durch eine nach dem ZahlVGJG vom 22.12.2006 (BGBl I 3416) erlassene RechtsVO der Landesregierungen bzw des BMJV eröffnet werden. Die zu erlassende RechtsVO regelt die Einzelheiten, in welcher Weise unbare Zahlungen zu leisten sind (zB durch EC-Karte oder Kreditkarte). Solange am Ort des Gerichts oder der Justizbehörde ein Kreditinstitut aufgrund besonderer Ermächtigung kostenlos Zahlungsmittel für das Gericht oder die Justizbehörde gegen Quittung annimmt („Outsourcing"), steht diese Zahlungsmöglichkeit der Barzahlung gleich (§ 2 ZahlVGJG; vgl auch § 224 AO).

5 **2) Zustellungsbevollmächtigter (III):** Der nicht in der BRep wohnende Beschuldigte kann die Aussetzung des Vollzugs des Haftbefehls gegen Sicherheitsleistung nach § 116 I Nr 4 nur erreichen, wenn er eine im Bezirk des zuständigen Gerichts (Büttner DRiZ **07**, 188; **aM** Düsseldorf VRS **71**, 369; LR-Hilger 15; SK-Paeffgen 6: auch außerhalb des Gerichtsbezirks; eregg 7 zu § 127a) wohnende bestimmte Person (dazu LG Baden-Baden NStZ-RR **00**, 372) zum Zustellungsbevollmächtigten bestellt. Dabei kommt es nicht auf den Wohnsitz (1 zu § 8) des Beschuldigten an; III gilt auch, wenn er sich für längere Zeit nicht in der BRep aufhält. Die Auswahl des Bevollmächtigten ist dem Beschuldigten überlassen; sie ist aber nur wirksam, wenn der Bevollmächtigte einverstanden ist, was der Beschuldigte nachweisen muss (Köln VRS **99**, 431 mwN). Ist bei Stellung des Haftverschonungsantrags noch kein Bevollmächtigter bestellt oder der Nachweis seines Einverständnisses noch nicht erbracht worden, so kann der Richter den Antrag ablehnen oder ihm mit der Auflage stattgeben, dass die Bestellung oder der Nachweis nachgeholt wird; er kann dem Beschuldigten aber auch Gelegenheit geben, das Versäumte vor der Entscheidung nachzuholen.

6 Das **Vollmachtsverhältnis** wirkt für die Dauer der Aussetzung des Haftbefehlsvollzugs (vgl § 123 I) und kann nicht widerrufen werden (Düsseldorf VRS **71**, 369). Der Austausch des Zustellungsbevollmächtigten ist nur mit Zustimmung des Richters möglich.

Der Bevollmächtigte tritt **für alle Zustellungen** an die Stelle des Beschuldigten 7
(BGH **10**, 62; RG **77**, 212, 214; Düsseldorf aaO; Koblenz NStZ-RR **04**, 373); die
Beschränkung des § 145a II S 1 gilt nicht (Greßmann NStZ **91**, 218). Die Vollmacht schließt die Ermächtigung ein, Mitteilungen für den Beschuldigten in Empfang zu nehmen, die nicht förmlich zugestellt werden (erg 4 ff zu § 145a). Das
zugestellte Schriftstück oder eine Abschrift davon hat der Bevollmächtigte unverzüglich an den Beschuldigten weiterzuleiten, wobei er die Zeitpunkte des Eingangs
und der Weiterleitung vermerken sollte (Greßmann aaO; vgl dort auch zur Wiedereinsetzung bei Fristversäumnis durch den Beschuldigten).

**Verhältnis von Untersuchungshaft zu anderen freiheitsentziehenden
Maßnahmen**

116b [1]Die Vollstreckung der Untersuchungshaft geht der Vollstreckung
der Auslieferungshaft, der vorläufigen Auslieferungshaft, der Abschiebungshaft und der Zurückweisungshaft vor. [2]Die Vollstreckung anderer
freiheitsentziehender Maßnahmen geht der Vollstreckung von Untersuchungshaft vor, es sei denn, das Gericht trifft eine abweichende Entscheidung, weil
der Zweck der Untersuchungshaft dies erfordert.

1) Vorrangregelung: Welche Art der Freiheitsentziehung neben angeordneter 1
UHaft den Vorrang hat, war früher nur unvollkommen in § 122 I StVollzG und
Nr 92 I bzw V UVollzO geregelt. Nunmehr ist durch das Ges vom 29.7.2009
(BGBl I 2274, 2275) eine eindeutige Regelung getroffen worden: Nach S 1 geht
die UHaft zwingend der Vollstreckung von Auslieferungshaft, vorläufiger Auslieferungshaft, Abschiebungshaft und Zurückweisungshaft vor. Die Vollstreckung anderer freiheitsentziehender Maßnahmen – insbesondere der Strafvollstreckung – geht
nach S 2 grundsätzlich der Vollstreckung von UHaft vor, jedoch kann das Gericht
eine abweichende Entscheidung treffen, falls dies der Zweck der UHaft erfordert.
Damit soll erreicht werden, dass die UHaft nur vollstreckt wird, wenn dies unabdingbar ist. Der Vorrang der Strafhaft tritt daher bereits dann ein, wenn die StA –
etwa durch Erlass eines Vollstreckungshaftbefehls – unmissverständlich zum Ausdruck bringt, dass die Vollstreckung einer Freiheitsstrafe nunmehr ansteht (KG
StraFo **11**, 108). § 116b ist gegenüber der Möglichkeit des Aufschubs oder der
Unterbrechung der Vollstreckung einer Freiheitsstrafe nach § 455a *lex specialis*
(BR-Drucks 829/09 S 30).

UHaft iS von § 116b ist nicht nur die Haft aufgrund eines Haftbefehls nach 2
§§ 112, 112a, sondern auch die nach §§ 230 II, 236, 329 IV, 412 S 1 angeordnete Haft.

2) Zur Sicherstellung der innerstaatlichen Strafverfolgung ist UHaft im- 3
mer vorrangig vor Auslieferungshaft und vorläufiger Auslieferungshaft (§§ 15, 16
IRG), Abschiebungshaft (§ 62 AufenthG, auch iVm § 57 III AufenthG) und Zurückweisungshaft (§ 15 V AufenthG) zu vollstrecken.

3) Andere freiheitsentziehende Maßnahmen: Solche grundsätzlich vor 4
UHaft zu vollstreckende Maßnahmen sind: **Nach dem StGB** Freiheitsstrafe
(§ 38), Ersatzfreiheitsstrafe (§ 43), Unterbringung in einem psychiatrischen Krankenhaus (§ 63), in einer Entziehungsanstalt (§ 64) und in der Sicherungsverwahrung (§ 66), **nach dem JGG** Jugendarrest (§ 16) und Jugendstrafe (§ 17), **nach
der StPO** Ordnungshaft (zB §§ 51 I S 2, 70 I S 2, vgl auch §§ 177, 178 GVG),
Erzwingungshaft (zB § 70 II; vgl auch § 96 OWiG), Unterbringung zur Beobachtung (§ 81), einstweilige Unterbringung (§ 126a), Unterbringung bei zu erwartender Sicherungsverwahrung (§ 275a V), Sicherungshaft (§ 453c), **nach der ZPO**
Erzwingungshaft (§ 901), Sicherungshaft (§ 918), schließlich Haft aufgrund einer
Anordnung nach § 4 des Überstellungsausführungsgesetzes.

4) Ausnahmen vom Grundsatz des S 2 sind nur zulässig, wenn die Abwehr der 5
die Anordnung der UHaft begründenden Gefahren (insbesondere Verdunkelungsgefahr, § 112 II Nr 3) „im organisatorischen Rahmen einer ansonsten offener als eine UHaft-

§ 117 Erstes Buch. 9. Abschnitt

anstalt/-abteilung organisierten Anstalt auch bei erheblicher Anstrengung mit angemessenen Mitteln nicht zu gewährleisten ist" (BR-Drucks 829/08 S 30). Statt der Vollstreckung von UHaft ist aber zu prüfen, ob nicht die Verlegung in eine andere Anstalt oder Abteilung ausreicht.

6 Erforderlich ist für die Umkehr der Vollstreckungsreihenfolge eine **Entscheidung des Gerichts.** Die Zuständigkeit ergibt sich aus § 126 I. Die Verfahrensbeteiligten sind vor der Entscheidung (anders als bei der regelmäßig erfolgenden Vollstreckung der Freiheitsstrafe) zu hören (KG NStZ-RR **11**, 189). Die nach S 2 ergehende Ausnahmeentscheidung ist nach §§ 119 V, 119a anfechtbar.

7 5) Die **Regelungen des § 119 I–V** gelten nach § 119 VI auch bei der Vollstreckung anderer freiheitsentziehender Maßnahmen (vgl 40, 41 zu § 119).

Haftprüfung   RiStBV 54 II

117 [1] **Solange der Beschuldigte in Untersuchungshaft ist, kann er jederzeit die gerichtliche Prüfung beantragen, ob der Haftbefehl aufzuheben oder dessen Vollzug nach § 116 auszusetzen ist (Haftprüfung).**

[II] [1] **Neben dem Antrag auf Haftprüfung ist die Beschwerde unzulässig.** [2] **Das Recht der Beschwerde gegen die Entscheidung, die auf den Antrag ergeht, wird dadurch nicht berührt.**

[III] **Der Richter kann einzelne Ermittlungen anordnen, die für die künftige Entscheidung über die Aufrechterhaltung der Untersuchungshaft von Bedeutung sind, und nach Durchführung dieser Ermittlungen eine neue Prüfung vornehmen.**

1   1) **Rechtsbehelfe gegen den Haftbefehl** sind der Antrag auf Haftprüfung nach I und die Beschwerde nach § 304 I.

2   A. Die **Haftprüfung auf Antrag (I)** des Beschuldigten (wegen der Haftprüfung von Amts wegen vgl unten 23) verpflichtet den nach § 126 I zuständigen Richter zu der Prüfung, ob der Haftbefehl nach § 120 aufzuheben oder sein Vollzug nach § 116 auszusetzen ist. Zwar haben StA und Gericht stets von Amts wegen zu prüfen, ob die Fortdauer der UHaft gerechtfertigt ist (2 zu § 120). Wenn das der Fall ist, wird das Ergebnis der Prüfung aber nicht aktenkundig gemacht. Demgegenüber ist das Verfahren nach I eine förmliche Haftprüfung, die zu einer ausdrücklichen Entscheidung führt.

3   Sie findet auf **Antrag des Beschuldigten,** der darüber nach § 115 IV belehrt worden ist, bei jeder Art von UHaft, auch nach § 230 II (Stuttgart MDR **90**, 75), §§ 236, 329 IV S 1, statt (KK-Graf 2). Zum Antragsrecht vgl 1 zu § 118b, zur Antragsrücknahme 2 zu § 118b. StA und Nebenkläger sind nicht antragsberechtigt. Ein in der Hauptverhandlung gestellter Antrag muss nicht sofort behandelt werden (BGH NStZ **06**, 463; erg 5 zu § 238).

4   **Antragsvoraussetzung** ist, dass der Haftbefehl vollzogen wird, über dessen Aufrechterhaltung oder Außervollzugsetzung entschieden werden soll (Bremen NJW **51**, 45; KK-Graf 2). Ist Überhaft vermerkt (13 vor § 112), insbesondere die UHaft zur Strafvollstreckung unterbrochen (§ 116b S 2; 14 vor § 112), so ist die Haftprüfung nach I daher unzulässig (Hamburg MDR **74**, 861; Stuttgart Justiz **77**, 103; **89**, 437), sofern nicht das Ende der Strafhaft nahe bevorstehe (Hamburg aaO; Stuttgart aaO); der Antrag kann aber in eine Haftbeschwerde umgedeutet werden (Hohmann NJW **90**, 1649).

5   Eine besondere **Form** ist für den Antrag nicht vorgeschrieben. Er kann, etwa bei der richterlichen Vernehmung nach § 115a II, mündlich, sonst schriftlich (Einl 128) oder zu Protokoll des UrkB der Geschäftsstelle (Einl 131 ff) des zuständigen Gerichts erklärt werden; § 299 I ist anwendbar (§ 118b).

6   Die **Entscheidung,** die nach der Rspr des EGMR grunds innerhalb von 20 Tagen zu erfolgen hat (EGMR Nr 22692/15 vom 8.3.2018 mit krit Anm Weigend StV **19**, 561; erg 13 zu Art 5 **EMRK**), ergeht ohne mündlicher Verhandlung,

624   *Schmitt*

Verhaftung und vorläufige Festnahme § 117

wenn der Beschuldigte das beantragt oder das Gericht es für geboten hält (§ 118 I, III, IV), sonst nach Aktenlage, wobei dem Haftrichter nicht verwehrt ist, vor der Entscheidung einzelne Beweise zu erheben, wenn das ohne wesentlichen Zeitverlust möglich ist (KK-Graf 10; Kleinknecht MDR **65**, 785). Vor der Entscheidung ist die StA nach § 33 II zu hören, der Beschuldigte nur unter den Voraussetzungen des § 33 III (dazu LR-Hilger 23); die Voraussetzungen des § 33 IV liegen nicht mehr vor. Der Haftrichter kann den Haftbefehl aufrechterhalten, nach § 120 aufheben oder seinen Vollzug nach § 116 aussetzen. Er kann ihn auch inhaltlich ändern, insbesondere einzelne Taten ausscheiden und den Haftgrund ändern (erg 18 zu § 114). Weitere Taten darf er im Ermittlungsverfahren nur auf Antrag der StA einbeziehen (8 zu § 125).

Die Entscheidung ergeht durch **Beschluss,** der nach § 34 mit Gründen zu versehen (Bezugnahmen auf den Haftbefehl und auf frühere Haftentscheidungen sind zulässig), dem Beschuldigten und der StA formlos bekanntzugeben (§ 35 II S 2) und mit der Beschwerde und weiteren Beschwerde anfechtbar ist. Ein Nichtabhilfebeschluss ersetzt die Entscheidung nach I nicht (Celle StV **89**, 253; Schleswig OLGSt Nr 2). 7

B. Die **Beschwerde** nach §§ 304 I gegen den Haftbefehl, auch wenn er noch nicht vollstreckt (Hamm NStZ-RR **01**, 254) oder nach § 116 oder bei Überhaft (13 vor § 112) nicht vollzogen wird, gegen seine Änderung und jede die Haftfortdauer anordnende Entscheidung zulässig, auch gegen Entscheidungen des OLG (§ 304 IV S 2 Nr 1) und des ER des BGH und des OLG (§ 304 V). Anfechtbar ist immer nur der zuletzt ergangene – den Bestand des Haftbefehls betreffende (Hamburg StV **94**, 323) – Haftentscheidung (Celle StV **15**, 305; Köln StraFo **13**, 24; Düsseldorf MDR **69**, 779; VRS **82**, 352; Schleswig SchlHA **86**, 106 [E/L]), auch des erkennenden Gerichts (§ 305 S 1). Weitere Beschwerde ist nach § 310 I zulässig. Wird nach Ausschöpfung aller zulässigen Rechtsmittel erneut Beschwerde eingelegt, so ist sie in einen Haftprüfungsantrag nach I umzudeuten (Karlsruhe Justiz **76**, 83), bei Nichtvollzug des Haftbefehls in einen Antrag auf Aufhebung (Karlsruhe Justiz **89**, 437). 8

Beschwerdeberechtigt sind der Beschuldigte und sein gesetzlicher Vertreter sowie der Verteidiger, auch die StA zu seinen Gunsten (erg 21 zu § 114). 9

Beschwerdeziel kann die Aufhebung des Haftbefehls nach § 120 oder die Aussetzung seines Vollzugs nach § 116 sein, aber auch die Ausscheidung einzelner Tatvorwürfe oder einzelner Haftgründe (Nürnberg MDR **64**, 943 für den Fall, dass ein Haftgrund durch besonderen Beschluss nachgeschoben worden ist; vgl auch BGH **34**, 34). Gegen die Unterbrechung der UHaft zur Strafvollstreckung oder die Ablehnung der Unterbrechung (§ 116b S 2; 14 vor § 112) hat der Beschuldigte die Rechte aus § 119 V, 119a. 10

Die **Entscheidung** ergeht idR nach Aktenlage (zur Entscheidung des Berufungs- oder Revisionsgerichts vgl 21 zu § 114); nach § 118 II kann aber auf Antrag des Beschuldigten oder von Amts wegen auch nach mündlicher Verhandlung entschieden werden. Bei Fehlerhaftigkeit des Haftbefehls entscheidet das Beschwerdegericht in der Sache selbst (§ 309 II); es darf zB einen nicht aus sich heraus verständlichen Haftbefehl durch einen ordnungsgemäßen ersetzen (Stuttgart NJW **82**, 1296; Justiz **85**, 31), auch den Tatvorwurf und die Haftgründe auswechseln (Stuttgart Justiz **82**, 217). Das Beschwerdegericht kann auch den alten Haftbefehl aufheben und einen neuen erlassen (Dresden StV **06**, 700 mit abl Anm Bosbach); wird der (rechtsfehlerhafte) Haftbefehl nicht vollzogen, kann es diese Entscheidung aber auch dem nach §§ 125, 126 zuständigen Gericht überlassen (Düsseldorf StV **96**, 440 mit abl Anm Weider; Hamm StV **00**, 154; Karlsruhe StV **02**, 147). Der Beschwerdebeschluss ist nach § 34 mit Gründen zu versehen und nach § 35 II S 2 formlos bekanntzumachen. 11

Während laufender Hauptverhandlung unterliegt die Beurteilung des dringenden Tatverdachts durch das erkennende Gericht nur eingeschränkter Nachprüfung durch das Beschwerdegericht. Allein das Gericht, vor dem die Beweisaufnah- 11a

Schmitt

§ 117

me stattfindet, ist in der Lage, deren Ergebnisse mit Blick auf das Vorliegen oder Nichtvorliegen des dringenden Tatverdachtes aus eigener Anschauung festzustellen und zu würdigen (BGH NStZ-RR **15**, 221; StB 14/15 vom 29.10.2015 jeweils mwN). Allerdings muss das Tatgericht das Beschwerdegericht durch eine hinreichend substantiierte Darlegung des bisherigen Ergebnisses der Beweisaufnahme in die Lage versetzen, seine Entscheidung über die Beschwerde auf einer tragfähigen Grundlage zu treffen (BGH JR **13**, 419 mit krit Anm Breidling; vgl auch Celle StraFo **15**, 113); eines „vorläufigen Urteils" im Sinne der Darlegung von Inhalt und Ergebnis der bisherigen Beweisaufnahme bedarf es dagegen nicht (vgl BGH NStZ-RR **17**, 18). Haben sich die Annahmen der Anklageschrift in der Beweisaufnahme bestätigt, kann der Hinweis hierauf unter Angabe der relevanten Beweismittel ausreichen (Jena NStZ **16**, 328 [Sh], KG NStZ **16**, 328 [Sh]; auch die Bezugnahme auf die Ausführungen der Staatsanwaltschaft kann genügen, wenn diese ihrerseits hinreichend substantiiert sind (BGH aaO). Bei fortgeschrittener Beweisaufnahme genügen Verweise auf frühere Haftfortdauerentscheidungen oder die Anklageschrift dagegen regelmäßig nicht; vielmehr muss das Tatgericht darlegen, auf welche in der Hauptverhandlung erhobenen Beweise es den dringenden Tatverdacht stützt, ohne dass es sich zu Inhalt und Ergebnis aller Beweiserhebungen erklären muss (eingehend BGH NJW **17**, 341 mit Anm Peglau). Auf etwaige Änderungen ist im Nichtabhilfebeschluss unter Berücksichtigung des Beschwerdevorbringens einzugehen. Begründungsmängel führen nicht zur Aufhebung des Haftbefehls, sondern zur Zurückverweisung der Sache an das erkennende Gericht (Celle StV **15**, 305). Zur Berücksichtigung des Beschleunigungsgebotes in diesen Fällen erg 3 zu § 120, 1a zu § 121.

11b Nach durch Urteil **abgeschlossener Hauptverhandlung** kommt eine Aufhebung des Haftbefehls durch das Beschwerdegericht nur ganz ausnahmsweise bei offenkundiger Begründetheit der Revision in Betracht (vgl Frankfurt StraFo **14**, 73; Schultheis NStZ **15**, 144, 148 mwN).

12 C. **Übergang der Zuständigkeit nach Beschwerdeeinlegung:** Nach Erhebung der öffentlichen Klage – gleichgültig, zu welchem Gericht (Naumburg NStZ-RR **97**, 307; krit Paeffgen NStZ **99**, 75 Fn 9) – ist insoweit (LG Mannheim NStZ **06**, 592) eine noch nicht erledigte Beschwerde gegen die Haftentscheidung des AG in einen Antrag auf Haftprüfung nach I durch das jetzt mit der Sache befasste Gericht umzudeuten (Düsseldorf VRS **83**, 195; **86**, 349; Frankfurt NJW **85**, 1233 mwN; Karlsruhe StV **94**, 664; Stuttgart Justiz **04**, 166; **aM** Rostek StV **02**, 225), ebenso **ausnahmsweise** im Fall, dass bei weiterer Haftbeschwerde Anklage zu derjenigen Strafkammer erhoben wird, die erst kurz zuvor als Beschwerdekammer über das Rechtsmittel entschieden hat (Hamm NStZ-RR **10**, 358 L). Erst gegen dessen Entscheidung ist Beschwerde zulässig. Das Gleiche gilt für den Fall, dass vor der Entscheidung über die weitere Beschwerde Anklage erhoben wird (Frankfurt StV **10**, 33 mwN), auch wenn über die Beschwerde zuvor bereits entschieden worden ist (Düsseldorf wistra **99**, 318; Hamm wistra **96**, 321; Schleswig SchlHA **97**, 153 [L/S]). Nach Eingang der Akten bei dem Berufungsgericht nach § 321 S 2 wird die Beschwerde gegen eine Haftentscheidung des 1. Richters als Antrag auf Haftprüfung nach I durch das Berufungsgericht behandelt (Hamm NJW **74**, 1574; Karlsruhe Justiz **86**, 144; Schleswig SchlHA **83**, 110 [E/L]); auch hierbei ist es unbeachtlich, ob das LG schon vorher eine Beschwerdeentscheidung getroffen hatte (Düsseldorf StV **93**, 482). Eine nach dem Zuständigkeitsübergang zu Unrecht erlassene Beschwerdeentscheidung ist als Haftprüfungsentscheidung anzusehen und als solche anfechtbar (Frankfurt NJW **73**, 683). Diese Grundsätze gelten auch, wenn der Vollzug des Haftbefehls nach § 116 ausgesetzt ist oder wenn der Haftbefehl nicht vollzogen wird, weil sich der Beschuldigte in anderer Sache in Strafhaft befindet (Frankfurt NStZ-RR **96**, 302; Stuttgart Justiz **77**, 103).

13 **Gegenstandslos** werden noch nicht beschiedene Haftbeschwerden bei Erlass der Entscheidung des OLG nach § 122 (dort 18) und nach Eintritt der Urteilsrechtskraft (Düsseldorf StV **88**, 110; Hamburg MDR **77**, 69).

Verhaftung und vorläufige Festnahme **§ 118**

D. **Vorrang vor der Haftbeschwerde (II S 1)** hat der in zulässiger Weise gestellte (Hamburg MDR 74, 861) Antrag auf Haftprüfung nach I, wenn er nicht nur für den Fall gestellt ist, dass die Haftbeschwerde erfolglos bleibt (Oldenburg MDR **86**, 163; aM Zweibrücken JurBüro **82**, 1857; Saarbrücken wistra **96**, 80 hält jedenfalls die weitere Beschwerde für unzulässig, weil mit Verwerfung der Beschwerde die Bedingung eingetreten sei). Die gleichzeitig oder vor oder nach dem Haftprüfungsantrag eingelegte Beschwerde, auch die weitere Beschwerde nach § 310 I (Düsseldorf MDR **69**, 779; Hamburg MDR **84**, 72; Schleswig SchlHA **86**, 104 [E/L]), ist daher unzulässig, wenn mit ihr die Aufhebung des Haftbefehls nach § 120 oder die Aussetzung seiner Vollziehung nach § 116 erstrebt wird (Karlsruhe NStE Nr 5). Das gilt auch, wenn beide Rechtsbehelfe von verschiedenen Berechtigten (1 zu § 118b) stammen (KK-Graf 7). Ob die Beschwerde gegen den Haftbefehl oder eine andere, die Haftfortdauer (zB nach §§ 207 IV, 268b) anordnende Entscheidung eingelegt ist, macht keinen Unterschied. Bei der Unzulässigkeit der Beschwerde bleibt es auch, wenn der Haftprüfungsantrag später zurückgenommen wird (Karlsruhe aaO; Schleswig SchlHA **88**, 109 [L/G]; Stuttgart Justiz **05**, 334); dann kann aber eine neue Haftbeschwerde eingelegt werden (str, vgl Stuttgart aaO). Eine unter Nichtbeachtung des II S 1 erlassene Beschwerdeentscheidung ist wirksam, wird aber auf weitere Beschwerde aufgehoben (Schleswig aaO; **aM** Stuttgart NStZ **94**, 401: Kein Rechtsschutzbedürfnis). Ist über den Haftprüfungsantrag vor dem Eingang der weiteren Beschwerde entschieden worden, so kann Beschwerde nur gegen diese Entscheidung eingelegt werden (Düsseldorf NStE Nr 1 und 2; Hamburg MDR **84**, 72). Die im Haftprüfungsverfahren ergangene Entscheidung kann ohne Beschränkungen mit der Beschwerde angefochten werden (II S 2). Zum Übergang der Zuständigkeit nach Anklageerhebung oben 12, 13.

2) **Ermittlungen zur Vorbereitung künftiger Entscheidungen (III):** Die Vorschrift lässt nicht Ermittlungen zur Vorbereitung der Entscheidung über den Haftprüfungsantrag nach I zu, sondern die Anordnung ergänzender Ermittlungen für eine künftige Entscheidung. Das setzt voraus, dass der Haftrichter in dem Verfahren nach I zwar die Haftfortdauer angeordnet, den Vollzug des Haftbefehls also nicht nach § 116 ausgesetzt hat (Kleinknecht MDR **65**, 786), aber der Meinung ist, bei weiterer Aufklärung sei nicht dem Beschuldigten günstigere Entscheidung zu erwarten. Die einzelnen Beweiserhebungen, die sich auch darauf beziehen können, ob Verschonungsauflagen nach § 116 in Betracht kommen, müssen genau bezeichnet werden; sie werden von der StA ausgeführt, die sich dazu ihrer Ermittlungspersonen (§ 152 GVG) oder der Polizei (§ 161) bedienen kann (KK-Graf 12; **aM** SK-Paeffgen 11: nur gerichtliche Beweiserhebungen durch beauftragte und ersuchte Richter). Sie kann die Beweisanordnung mit der Beschwerde anfechten; bleibt sie bestehen, so ist die StA aber an sie gebunden (KK-Graf 9).

Nach Erledigung der Ermittlungen müssen die Akten dem Richter erneut vorgelegt werden; er kann von Amts wegen eine **neue Haftprüfung** durchführen, wenn nunmehr begründete Aussicht auf eine Entscheidung nach § 120 oder nach § 116 besteht (Kleinknecht MDR **65**, 786). Jedoch darf der Richter die UHaft nicht schon vor der erneuten Prüfung zeitlich begrenzen (KK-Graf 13).

Auch das **Beschwerdegericht** kann III anwenden, da sein Verfahren der Sache nach ebenfalls eine Haftprüfung iS von I ist (Hamburg wistra **02**, 275 mwN). Es kann die Beweisanordnung im Hinblick auf eine künftige Haftprüfung durch den Haftrichter treffen (Hamburg aaO) oder sie mit der Anordnung erneuter Aktenvorlage zur eigenen Nachprüfung bei der Beschwerdeentscheidung verbinden. Das Gleiche gilt für das OLG im Verfahren nach § 122.

Verfahren bei der Haftprüfung

118 ¹ Bei der Haftprüfung wird auf Antrag des Beschuldigten oder nach dem Ermessen des Gerichts von Amts wegen nach mündlicher Verhandlung entschieden.

§ 118 Erstes Buch. 9. Abschnitt

II Ist gegen den Haftbefehl Beschwerde eingelegt, so kann auch im Beschwerdeverfahren auf Antrag des Beschuldigten oder von Amts wegen nach mündlicher Verhandlung entschieden werden.

III Ist die Untersuchungshaft nach mündlicher Verhandlung aufrechterhalten worden, so hat der Beschuldigte einen Anspruch auf eine weitere mündliche Verhandlung nur, wenn die Untersuchungshaft mindestens drei Monate und seit der letzten mündlichen Verhandlung mindestens zwei Monate gedauert hat.

IV Ein Anspruch auf mündliche Verhandlung besteht nicht, solange die Hauptverhandlung andauert oder wenn ein Urteil ergangen ist, das auf eine Freiheitsstrafe oder eine freiheitsentziehende Maßregel der Besserung und Sicherung erkennt.

V Die mündliche Verhandlung ist unverzüglich durchzuführen; sie darf ohne Zustimmung des Beschuldigten nicht über zwei Wochen nach dem Eingang des Antrags anberaumt werden.

1 1) Nach **mündlicher Verhandlung (I–IV)** kann sowohl im Haftprüfungsverfahren nach § 117 I oder V als auch (als Ausnahme von § 309 I) im Haftbeschwerdeverfahren (8 ff zu § 117) auf Antrag oder nach dem Ermessen des Gerichts von Amts wegen entschieden werden (I, II). Bei der Haftprüfung muss dem Antrag des Beschuldigten oder eines anderen Antragsberechtigten (1 zu § 118b), der nicht derselbe zu sein braucht, der den Antrag nach § 117 I gestellt hat, stattgegeben werden, im Beschwerdeverfahren nicht (Celle NdsRpfl **65**, 255). Die StA kann eine mündliche Verhandlung nur anregen.

2 Eine **weitere mündliche Verhandlung (III)** kann der Beschuldigte oder ein anderer Antragsberechtigter (1 zu § 118b) im Haftprüfungsverfahren nicht verlangen, wenn die UHaft bereits einmal nach (auf Antrag oder von Amts wegen durchgeführter, vgl Köln NStZ **07**, 608) mündlicher Verhandlung, auch im Beschwerdeverfahren, aufrechterhalten worden ist und danach nicht mindestens 3 Monate und seit der Letzten mündlichen Verhandlung nicht mindestens 2 Monate gedauert hat. Das Gericht ist aber nicht gehindert, auch in diesem Fall nach mündlicher Verhandlung zu entscheiden, wenn das geboten erscheint (Schröder NStZ **98**, 69). Die Frist wird unter Berücksichtigung aller in der Sache erlittenen UHaft berechnet; ununterbrochen braucht sie nicht vollzogen worden zu sein. War der Haftbefehl aber zwischenzeitlich aufgehoben oder außer Vollzug gesetzt worden, so ist III nicht anwendbar, wenn ein neuer Haftbefehl oder eine Anordnung nach § 116 IV erlassen worden ist und der Beschuldigte sich seitdem 3 Monate in UHaft befindet (KK-Graf 3). III ist aber auch anzuwenden, wenn im Haftprüfungstermin ein abgeänderter Haftbefehl verkündet wurde; unerheblich ist, ob der Antrag formal beschieden oder nach Erörterung zurückgenommen wurde (Köln aaO).

3 Im Haftprüfungsverfahren besteht **kein Anspruch auf mündliche Verhandlung (IV)** solange die Hauptverhandlung (im 1. Rechtszug oder in der Berufungsinstanz) andauert, wenn der Antrag schon vor ihrem Beginn gestellt worden war. Wird die Hauptverhandlung nach § 229 II unterbrochen, so dauert sie nicht iS von IV an (KK-Graf 4; SK-Paeffgen 5; **aM** Celle NStZ-RR **96**, 171, das darauf abstellt, in welcher zeitlichen Nähe zum letzten Hauptverhandlungstermin der Antrag auf mündliche Verhandlung gestellt worden ist und wie sein Inhalt gestaltet ist). Ein Anspruch auf mündliche Haftprüfung besteht ferner nicht, wenn ein auf Freiheitsentzug (Freiheits- oder Jugendstrafe, Straf- oder Jugendarrest, Sicherungsmaßregeln nach §§ 63, 64 StGB) lautendes Urteil ergangen ist. Rechtskräftig braucht es nicht zu sein.

4 2) **Unverzüglich (V),** dh ohne vermeidbare Verzögerung (8 zu § 25), muss die mündliche Verhandlung durchgeführt werden. Länger als 2 Wochen darf sie grundsätzlich nicht hinausgezögert werden. Die Frist beginnt mit dem Eingang des Antrags bei dem zuständigen Gericht; jedoch ist § 299 anwendbar (LR-Hilger 16;

aM KK-Graf 6). Für die Berechnung der Frist gilt § 43. Ein etwaiger Zuständigkeitswechsel nach Anklageerhebung lässt sie unberührt (BerlVerfGH NStZ-RR **15**, 249). Mit Zustimmung des Beschuldigten oder des sonstigen Antragsberechtigten (1 zu § 118b), der den Antrag auf mündliche Verhandlung gestellt hat, kann die Verhandlung hinausgeschoben werden, zB wenn vorher noch einzelne Ermittlungen durchgeführt werden sollen. Die Zustimmung muss sich auch auf die Dauer der Verzögerung beziehen. Erklärt sie der Verteidiger, so braucht der Beschuldigte nicht ebenfalls zuzustimmen (KK-Graf 6; **aM** LR-Hilger 19). Dass der Richter die Frist ohne Zustimmung überschreitet, zwingt jedenfalls dann nicht zur Entlassung des Beschuldigten aus der UHaft, wenn es sich um eine geringfügige Verspätung handelt, die nicht auf groben Bearbeitungs- oder Organisationsfehlern beruht (Hamm NStZ-RR **06**, 17; Köln StV **09**, 653 mit abl Anm Kühne; krit auch Paeffgen NStZ **10**, 206 Fn 31; zw BerlVerfGH aaO). Das Unterlassen der beantragten Haftprüfung kann mit Beschwerde angefochten werden (Braunschweig StV **05**, 39; Köln aaO; erg 3 zu § 304).

Mündliche Verhandlung bei der Haftprüfung

118a ¹ **Von Ort und Zeit der mündlichen Verhandlung sind die Staatsanwaltschaft sowie der Beschuldigte und der Verteidiger zu benachrichtigen.**

II ¹ **Der Beschuldigte ist zu der Verhandlung vorzuführen, es sei denn, daß er auf die Anwesenheit in der Verhandlung verzichtet hat oder daß der Vorführung weite Entfernung oder Krankheit des Beschuldigten oder andere nicht zu beseitigende Hindernisse entgegenstehen.** ² **Das Gericht kann anordnen, dass unter den Voraussetzungen des Satzes 1 die mündliche Verhandlung in der Weise erfolgt, dass sich der Beschuldigte an einem anderen Ort als das Gericht aufhält und die Verhandlung zeitgleich in Bild und Ton an den Ort, an dem sich der Beschuldigte aufhält, und in das Sitzungszimmer übertragen wird.** ³ **Wird der Beschuldigte zur mündlichen Verhandlung nicht vorgeführt und nicht nach Satz 2 verfahren, so muss ein Verteidiger seine Rechte in der Verhandlung wahrnehmen.**

III ¹ **In der mündlichen Verhandlung sind die anwesenden Beteiligten zu hören.** ² **Art und Umfang der Beweisaufnahme bestimmt das Gericht.** ³ **Über die Verhandlung ist ein Protokoll aufzunehmen; die §§ 271 bis 273 gelten entsprechend.**

IV ¹ **Die Entscheidung ist am Schluß der mündlichen Verhandlung zu verkünden.** ² **Ist dies nicht möglich, so ist die Entscheidung spätestens binnen einer Woche zu erlassen.**

1) Die **Benachrichtigung (I)** von Ort und Zeit der mündlichen Verhandlung erfolgt formlos, notfalls telefonisch (Hamm Rpfleger **49**, 518). Sie wird vom Vorsitzenden angeordnet und von der Geschäftsstelle ausgeführt. Benachrichtigt werden die StA, der Beschuldigte und der Verteidiger, der Antragsteller (1 zu § 118b), bei jugendlichen Beschuldigten auch die Erziehungsberechtigten und die gesetzlichen Vertreter (§ 67 II **JGG**), nicht jedoch Mitbeschuldigte (Köln NStZ **12**, 174; Karlsruhe StV **96**, 302; vgl auch BGH **42**, 391; **aM** Schulz StraFo **97**, 296; erg 1 zu § 168c). Der Nebenkläger wird nicht benachrichtigt, da er im Haftprüfungsverfahren – ebenso wie im Haftbeschwerdeverfahren (Hamm NStZ-RR **08**, 219 – nicht mitwirken kann (KK-Graf 1; **aM** SK-Paeffgen 3).

2) Die **Vorführung des Beschuldigten (II)** aus der UHaft ist die Regel. Unterbleiben darf sie nur bei Verzicht des Beschuldigten oder bei nicht zu beseitigenden Hindernissen (S 1). Der Verzicht ist widerruflich (KK-Graf 2). Unter den Voraussetzungen des Satzes 1 kann das Gericht den Einsatz der Videokonferenztechnik anordnen, die es dem Beschuldigten ermöglicht, seine Rechte bei der Haftprüfung selbst wahrzunehmen (S 2). Der Verteidiger hat in diesem Fall ein

§§ 118b, 119   Erstes Buch. 9. Abschnitt

Wahlrecht, ob er seinen Anspruch auf Anwesenheit im Sitzungszimmer des Gerichts oder in der JVA bei seinem Mandanten wahrnimmt (vgl Schlothauer StV **14**, 55, auch zu den Nachteilen der audiovisuellen Haftprüfung gegenüber einer persönlichen Anhörung des Beschuldigten). Bei Nichtvorführung des Beschuldigten und wenn nicht nach S 2 verfahren wird muss für ihn ein Verteidiger auftreten (S 3).

3   3) Die **mündliche Verhandlung (III)**, die nicht öffentl ist, muss der Haftrichter selbst durchführen; ein Rechtshilfeersuchen an das AG des Haftorts ist unzulässig (KG JR **64**, 267; München MDR **58**, 181). Die Verhandlung dient in 1. Hinsicht der Anhörung der Beteiligten (S 1). Die Anwesenheit der StA ist nicht erforderlich, die des Verteidigers nur, wenn der Beschuldigte nicht vorgeführt worden ist (oben 2); vgl auch § 34 III Nr 5 **EGGVG** für die Haftprüfung während einer Kontaktsperre.

4   Nach dem Ermessen des Gerichts werden **Beweise** im Freibeweis (7, 9 zu § 244) erhoben (BGH **28**, 116, 118). Da das Gericht Art und Umfang der Beweisaufnahme bestimmt (S 2), sind Beweisanträge der Beteiligten nur Anregungen, für die § 244 III–VI nicht gilt, die insbesondere auch nicht förmlich beschieden werden müssen (krit Welp Richter II-FS 582). Der Beschuldigte kann zwar Zeugen laden oder stellen; ihre Vernehmung steht ihm aber im Ermessen des Gerichts (LR-Hilger 9). Erg 3 zu § 166.

5   Für das **Protokoll** über die mündliche Verhandlung gelten die §§ 271–273 entspr, nicht aber § 274 (S 3).

6   4) Die **Entscheidung (IV)** ergeht durch mit Gründen versehenen (§ 34) Beschluss, durch den der Haftbefehl ggf geändert oder neu gefasst wird (vgl 18 zu § 114; 6 zu § 117). Grundsätzlich ist er am Schluss der Verhandlung zu verkünden (S 1). Sein Erlass kann aber bis zu 1 Woche hinausgeschoben werden; dann erhalten die Beteiligten formlos eine Beschlussausfertigung (§ 35 II S 2).

7   5) **Beschwerde:** Vgl 8 ff zu § 117. Hat die mündliche Verhandlung entgegen II S 2 ohne Verteidiger stattgefunden, so entscheidet das Beschwerdegericht nicht selbst, sondern verweist die Sache zurück (8 zu § 309), es sei denn, das Beschwerdegericht entscheidet nach § 118 II nach mündlicher Verhandlung (LR-Hilger 33). Die Beschwerde gegen die Ablehnung einer Beweiserhebung (oben 4) ist unzulässig (LG Zweibrücken VRS **113**, 236).

Anwendung von Rechtsmittelvorschriften

118b Für den Antrag auf Haftprüfung (§ 117 Abs. 1) und den Antrag auf mündliche Verhandlung gelten die §§ 297 bis 300 und 302 Abs. 2 entsprechend.

1   1) **Antragsberechtigt** nach §§ 117 I, 118 I, II sind neben dem Beschuldigten der Verteidiger, jedoch nicht gegen dessen Willen (§ 297), und der gesetzliche Vertreter (§ 298), dieser auch gegen den Willen des Beschuldigten (erg 2 zu § 298). Auch der Erziehungsberechtigte kann den Antrag stellen (§ 67 I **JGG**).

2   2) **Entsprechend anwendbar** für die Anträge nach §§ 117 I, 118 I, II sind ferner §§ 299 und 300 sowie für die Zurücknahme des Antrags durch den Verteidiger § 302 II.

Haftgrundbezogene Beschränkungen während der Untersuchungshaft

119 [1] Soweit dies zur Abwehr einer Flucht-, Verdunkelungs- oder Wiederholungsgefahr (§§ 112, 112a) erforderlich ist, können einem inhaftierten Beschuldigten Beschränkungen auferlegt werden. [2] Insbesondere kann angeordnet werden, dass

Verhaftung und vorläufige Festnahme **§ 119**

1. der Empfang von Besuchen und die Telekommunikation der Erlaubnis bedürfen,
2. Besuche, Telekommunikation sowie der Schrift- und Paketverkehr zu überwachen sind,
3. die Übergabe von Gegenständen bei Besuchen der Erlaubnis bedarf,
4. der Beschuldigte von einzelnen oder allen anderen Inhaftierten getrennt wird,
5. die gemeinsame Unterbringung und der gemeinsame Aufenthalt mit anderen Inhaftierten eingeschränkt oder ausgeschlossen werden.

³Die Anordnungen trifft das Gericht. ⁴Kann dessen Anordnung nicht rechtzeitig herbeigeführt werden, kann die Staatsanwaltschaft oder die Vollzugsanstalt eine vorläufige Anordnung treffen. ⁵Die Anordnung ist dem Gericht binnen drei Werktagen zur Genehmigung vorzulegen, es sei denn, sie hat sich zwischenzeitlich erledigt. ⁶Der Beschuldigte ist über Anordnungen in Kenntnis zu setzen. ⁷Die Anordnung nach Satz 2 Nr. 2 schließt die Ermächtigung ein, Besuche und Telekommunikation abzubrechen sowie Schreiben und Pakete anzuhalten.

II ¹Die Ausführung der Anordnungen obliegt der anordnenden Stelle. ²Das Gericht kann die Ausführung von Anordnungen widerruflich auf die Staatsanwaltschaft übertragen, die sich bei der Ausführung der Hilfe durch ihre Ermittlungspersonen und die Vollzugsanstalt bedienen kann. ³Die Übertragung ist unanfechtbar.

III ¹Ist die Überwachung der Telekommunikation nach Absatz 1 Satz 2 Nr. 2 angeordnet, ist die beabsichtigte Überwachung den Gesprächspartnern des Beschuldigten unmittelbar nach Herstellung der Verbindung mitzuteilen. ²Die Mitteilung kann durch den Beschuldigten selbst erfolgen. ³Der Beschuldigte ist rechtzeitig vor Beginn der Telekommunikation über die Mitteilungspflicht zu unterrichten.

IV ¹Die §§ 148, 148a bleiben unberührt. ²Sie gelten entsprechend für den Verkehr des Beschuldigten mit

1. der für ihn zuständigen Bewährungshilfe,
2. der für ihn zuständigen Führungsaufsichtsstelle,
3. der für ihn zuständigen Gerichtshilfe,
4. den Volksvertretungen des Bundes und der Länder,
5. dem Bundesverfassungsgericht und dem für ihn zuständigen Landesverfassungsgericht,
6. dem für ihn zuständigen Bürgerbeauftragten eines Landes,
7. dem oder der Bundesbeauftragten für den Datenschutz und die Informationsfreiheit, den für die Kontrolle der Einhaltung der Vorschriften über den Datenschutz in den Ländern zuständigen Stellen der Länder und den Aufsichtsbehörden nach § 38 des Bundesdatenschutzgesetzes,
8. dem Europäischen Parlament,
9. dem Europäischen Gerichtshof für Menschenrechte,
10. dem Europäischen Gerichtshof,
11. dem Europäischen Datenschutzbeauftragten,
12. dem Europäischen Bürgerbeauftragten,
13. dem Europäischen Ausschuss zur Verhütung von Folter und unmenschlicher oder erniedrigender Behandlung oder Strafe,
14. der Europäischen Kommission gegen Rassismus und Intoleranz,
15. dem Menschenrechtsausschuss der Vereinten Nationen,
16. den Ausschüssen der Vereinten Nationen für die Beseitigung der Rassendiskriminierung und für die Beseitigung der Diskriminierung der Frau,
17. dem Ausschuss der Vereinten Nationen gegen Folter, dem zugehörigen Unterausschuss zur Verhütung von Folter und den entsprechenden Nationalen Präventionsmechanismen,

§ 119

18. den in § 53 Abs. 1 Satz 1 Nr. 1 und 4 genannten Personen in Bezug auf die dort bezeichneten Inhalte,
19. soweit das Gericht nichts anderes anordnet,
    a) den Beiräten bei den Justizvollzugsanstalten und
    b) der konsularischen Vertretung seines Heimatstaates.

³ Die Maßnahmen, die erforderlich sind, um das Vorliegen der Voraussetzungen nach den Sätzen 1 und 2 festzustellen, trifft die nach Absatz 2 zuständige Stelle.

V ¹ Gegen nach dieser Vorschrift ergangene Entscheidungen oder sonstige Maßnahmen kann gerichtliche Entscheidung beantragt werden, soweit nicht das Rechtsmittel der Beschwerde statthaft ist. ² Der Antrag hat keine aufschiebende Wirkung. ³ Das Gericht kann jedoch vorläufige Anordnungen treffen.

VI ¹ Die Absätze 1 bis 5 gelten auch, wenn gegen einen Beschuldigten, gegen den Untersuchungshaft angeordnet ist, eine andere freiheitsentziehende Maßnahme vollstreckt wird (§ 116b). ² Die Zuständigkeit des Gerichts bestimmt sich auch in diesem Fall nach § 126.

Übersicht

	Rn
1) Beschränkungen für inhaftierte Beschuldigte	1–24
A. Geltungsbereich	2–6
B. Prüfung in jedem Einzelfall	7–22
C. Sonstige Beschränkungen	23, 24
2) Zuständigkeit	25–27
3) Ausführung der Anordnungen	28–30
4) Überwachungsfreiheit	31–34
5) Anfechtung	35–39
A. Beschwerde	36
B. Antrag auf gerichtliche Entscheidung	37–39
6) Vollstreckung einer freiheitsentziehenden Maßnahme	40, 41

1 **1) Beschränkungen für inhaftierte Beschuldigte:**
2 A. **Geltungsbereich:** Seit 1.9.2006 ist nach Änderung des Art 74 I Nr 1 GG (Ges vom 28.8.2006, BGBl I 2863) das Recht des UHaft*vollzugs* ausschließlich Sache der Länder (vgl dazu Seebode HRRS **08**, 236). Der Bundesgesetzgeber kann daher nur noch solche Maßnahmen regeln, die den Zweck der UHaft (Abwehr von Flucht-, Verdunkelungs- und Wiederholungsgefahren) betreffen (**aM** Celle StV **12**, 417; **10**, 194: Alleinzuständigkeit der Länder, § 119 finde in Niedersachsen, außer in Auslieferungshaftsachen [Celle NStZ **12**, 649], keine Anwendung; dagegen zutr abl BGH [ER] NJW **12**, 1158 mwN; Oldenburg StraFo **13**, 337; Kazele StV **10**, 258, abl auch Brocke/Heller StraFo **11**, 3 und Nestler HRRS **10**, 546). Das hatte eine tiefgreifende Änderung des § 119 zur Folge, der früher auch Fragen der Ordnung in der Vollzugsanstalt regelte (§ 119 IV und V aF); eingehend zur Abgrenzungsproblematik mit genauer Auflistung der dem Zweck der UHaft und den ihrer Ordnung dienenden Fällen König NStZ **10**, 185. Dabei kann es zwar allerdings durchaus Überschneidungen geben (vgl Paeffgen StV **09**, 46; Seebode aaO 239; Tsambikakis ZIS **09**, 503), so etwa bei der Fesselung des Gefangenen, die sowohl zur Abwehr von Fluchtgefahr als auch zur Sicherheit in der Anstalt erforderlich sein kann. Der UHaftvollzug war früher nicht gesetzlich geregelt; vielmehr galt die einheitlich von den Ländern erlassene UHaftvollzugsordnung (UVollzO). Diese ist nun in den Ländern durch UHaftvollzugsgesetze abgelöst worden (dazu Marhöfer Mehle-FS 373). Grundlegend zu den bei der Ausgestaltung des UHaftvollzuges zu beachtenden verfassungsrechtlichen Anforderungen BVerfG StV **13**, 521 mit Anm Morgenstern StV **13**, 529.

2a **UHaftvollzugsgesetze** sind nun in allen Bundesländern erlassen worden (dazu Köhne JR **11**, 198), wobei in Baden-Württemberg, Hamburg, Hessen, Niedersachsen und Nordrhein-Westfalen jeweils eigene UHaftvollzugsgesetze erlassen

Verhaftung und vorläufige Festnahme § **119**

wurden, während in den übrigen Bundesländern im Wesentlichen das auf der Basis eines gemeinsam erarbeiteten Ministerialentwurfs geschaffene Gesetz über den Vollzug der UHaft (UVollzG) gilt (vgl dazu AnwK/UHaft S 565: Synopse). Zur Sicherheit und Ordnung in der JVA mit Erläuterungen zu den UHaftvollzGen der Länder neben AnwK/StPO eingehend auch Schlothauer/Weider/Nobis 1029 ff. Zur UHaft bei Jugendlichen vgl § 89c JGG.

§ **119 gilt** nicht nur für die UHaft – auch als Überhaft (Karlsruhe StV **13**, 164) **3** – aufgrund eines nach §§ 112, 112a erlassenen Haftbefehls, sondern auch für die Hauptverhandlungshaft nach § 127b sowie für die nach §§ 230 II, 236, 275a V S 4, 329 IV, 412 S 1, 453c II S 2 angeordnete Haft und für die vorläufige Unterbringung nach § 126a II S 1.

Zum Zweck der UHaft **gehört auch,** dass ein Gefangener, der entwichen ist **4** oder sich sonst ohne Erlaubnis außerhalb der Anstalt aufhält, durch die JVA oder auf ihre Veranlassung hin festgenommen und in die Anstalt zurückgebracht wird, solange die Fahndung und Verfolgung in unmittelbarem Zusammenhang mit der Haft steht. Dieses Festnahmerecht ist bei Flucht eines Strafgefangenen ausdrücklich gesetzlich eingeräumt (zB Art 95 BayStVollzG, § 82 SächsStVollzG).

Für die Zulässigkeit der über die bloße Freiheitsentziehung hinausgehenden **5** Beschränkungen im Vollzug der UHaft ist hauptsächlich der im Haftbefehl angewendete Haftgrund maßgebend. Es kann jedoch auch auf die im speziellen Fall nicht herangezogenen Haftgründe zurückgegriffen werden (Frankfurt StV **16**, 443; Hamm NStZ-RR **10**, 292; Koblenz JBlRP **10**, 105, 106 mwN; vgl auch Nehm NStZ **97**, 307; **aM** König NStZ **10**, 187). Insbesondere ist eine Maßnahme zur Vermeidung von Verdunkelungsgefahr auch zulässig, wenn der Haftbefehl nur auf Fluchtgefahr gestützt ist (KG StV **10**, 370, 371; Celle NStZ-RR **10**, 159 zu § 143 I NJVollzG; Hamm StV **98**, 35 zu § 119 aF mit eingehender abl Anm Paeffgen); das ist „verfassungsrechtlich nicht zu beanstanden" (BVerfG 2 BvR 485/73 vom 29.10.1973). Denn was das Gesetz in Form der Haftgründe als nicht tolerierbar bezeichnet, muss der Richter nicht nur bei der Haftentscheidung, sondern auch bei seinen Einzelentscheidungen nach I S 2 beachten. Davon geht nun auch die Gesetzesbegründung aus (Karlsruhe StV **10**, 198). Daher ist auch der Haftbefehl zu berücksichtigen, für den nur Überhaft (13 vor § 112) vorgemerkt ist.

Zur Abwehr einer realen Gefahr für den Zweck der UHaft muss die Be- **6** schränkung erforderlich sein (BerlVerfGH StV **11**, 165; Düsseldorf NStZ **17**, 117; Dresden StraFo **16**, 206; KG StV **15**, 306; Hamm NStZ-RR **10**, 292; Rostock NStZ **10**, 350). Bloße Belästigungen oder die bloße Möglichkeit eines Missbrauchs (KG StV **12**, 612) rechtfertigen Freiheitsbeschränkungen noch nicht (BVerfGE **15**, 288, 295). Eine konkrete Verdunkelungsgefahr kann nicht darauf gestützt werden, dass der Angeklagte in dem erstinstanzlichen Verfahren umfassend von seinem Schweigerecht Gebrauch gemacht hat (Frankfurt StV **16**, 443). Allgemeine Eingriffsbefugnisse – zB §§ 81a, 81b, 94 ff, aber auch § 100f (BGH NJW **98**, 3284) – bleiben unberührt.

B. Jede Beschränkung muss **in jedem Einzelfall** auf ihre konkrete Erforder- **7** lichkeit geprüft und gemäß § 34 begründet werden. 119 sieht keine allgemein anzuordnenden Beschränkungen vor (BVerfG NStZ-RR **15**, 79; Köln StraFo **13**, 71; StV **11**, 743; KG StV **10**, 370; **11**; Düsseldorf StraFo **14**, 74; StV **11**, 746; Hamm StV **10**, 368; Dresden StraFo **16**, 206; Brocke/Heller StraFo **11**, 5; König NStZ **10**, 187) die Bezugnahme auf die Natur des Tatvorwurfs stellt daher keine ausreichend konkrete Einzelfallprüfung dar (BVerfG aaO). Diese auf den Einzelfall bezogene Prüfung ist schon wegen der vielfach mit jeder Beschränkung einhergehenden Grundrechtseinschränkung geboten. Daher ist eine Beschränkungsanordnung nach I S 1 auch nur gegen einen inhaftierten Beschuldigten zulässig, nicht gegen einen noch per Haftbefehl gesuchten (LG Berlin bei Schultheis NStZ **11**, 625; **aM** Köln NStZ **11**, 359). Der Katalog des I S 2 ist nicht abschließend; er enthält nur die häufig in Betracht kommenden Beschränkungen. Anordnungen, die anstaltsinterne Zuständigkeiten, Organisationsabläufe und Informationspflich-

§ 119

ten betreffen, stellen keine Beschränkungen nach § 119 I dar und fallen daher nicht unter die Regelungskompetenz des Haftgerichts (KG aaO). Bei den nach I 2 zulässigen Maßnahmen gebietet das Grundrecht der allg Handlungsfreiheit und der Grundsatz der Verhältnismäßigkeit, der den Vollzug der UHaft in besonderem Maß beherrschen muss, eine Abwägung aller Umstände des Einzelfalls (BVerfG aaO; **35**, 5, 9; BGH **44**, 138, 143; Einl 20). Allerdings wird bei Tatbeteiligten der Erfahrungssatz, dass der unkontrollierte Informationsaustausch untereinander die Wahrheitsfindung zu erschweren bzw zu vereiteln vermag, regelmäßig die **Trennung von Mitbeschuldigten** rechtfertigen; dies wird jedenfalls dann anzunehmen sein, wenn sie nicht geständig sind (KG NStZ-RR **14**, 377). Zu den Beschränkungen des I S 2 im einzelnen (vgl auch die Zusammenstellung bei Schultheis NStZ **11**, 626 ff):

8   a) Für **Besuch und Telekommunikation** kann – und wird idR – angeordnet werden, dass sie der Erlaubnis bedürfen (Nr 1).

9   aa) **Besuche:** Eine generelle Besuchssperre ist grundsätzlich unzulässig (Düsseldorf StV **94**, 324; Hamm StV **97**, 260), die Ablehnung der Besuchserlaubnis für Familienangehörige nur unter besonders strengen Voraussetzungen zulässig (Hamm StV **96**, 325). Besuchserlaubnisse werden aber zumeist nur als Einzelerlaubnisse für den jeweiligen Besuch bewilligt (Düsseldorf OLGSt Nr 6). Wird dem Antragsteller die Besuchserlaubnis erteilt, so wird zugleich die Dauer des Besuchs bestimmt.

10   Zur Ermöglichung von **Besuchen von Ehegatten und Kindern** müssen die zuständigen Behörden die erforderlichen und zumutbaren Anstrengungen unternehmen (Nürnberg OLGSt Nr 30). Eine großzügigere Besuchsregelung als bei anderen UGefangenen ist hier geboten (BVerfG NJW **93**, 3059; NStZ **94**, 604; Düsseldorf NStZ **17**, 117; StV **96**, 323; BVerfG StraFo **06**, 490: auch bei Kleinkindern). Das gilt auch, wenn beide Teile in UHaft sind, aber der Haftgrund der Verdunkelungsgefahr bei ihnen nicht besteht (Bremen StV **95**, 645; Düsseldorf NStZ **89**, 549; Frankfurt MDR **79**, 1042; Stuttgart StV **03**, 628; Paeffgen NStZ **90**, 532), uU sogar bei Verdunkelungsgefahr (Bremen StV **98**, 33; Hamburg StV **98**, 34; LG Göttingen NStZ-RR **04**, 28). Es stehen jedoch grundsätzlich nur die allgemeinen Besuchstage zur Verfügung. Nur in besonders gelagerten Ausnahmefällen kann es geboten sein und für die JVA zumutbar sein, für solche Besuche Gelegenheit zu anderer Zeit zu schaffen (BVerfGE **42**, 95). Die Gewährung eines Intimkontaktes mit dem Ehegatten kann idR nicht verlangt werden (Jena NStZ **95**, 256 = JZ **96**, 157 mit krit Anm Seebode; abl auch Paeffgen NStZ **96**, 73).

11   Für **Besuche von anderen UGefangenen** gilt Nr 1 einschließlich der Notwendigkeit der Überwachung ebenfalls (Hamburg NJW **65**, 364; Koblenz NStZ **91**, 207; **aM** Stuttgart OLGSt S 70).

12   Für **Verteidigerbesuche** gilt § 148 (erg unten 31). Das Verteidigungsverhältnis muss durch Vollmacht und Angabe der Strafsache, in der der Verteidiger tätig ist, ausgewiesen sein (11 zu § 148). Um Einzelfallentscheidungen handelt es sich bei dem Schriftwechsel zwischen einem UGefangenen und einem RA in Zivilsachen, notariellen Angelegenheiten und Testamentssachen. Erg 3 zu § 148.

13   bb) **Telekommunikation:** Das Begehren des UGefangenen, Telefonate mit Personen außerhalb der JVA zu führen oder von solchen zu empfangen, wird idR dem Zweck der UHaft widerstreiten (Düsseldorf StV **89**, 254; StraFo **98**, 285; Karlsruhe StraFo **02**, 28; Köln StraFo **11**, 55; krit Paeffgen NStZ **89**, 421). Bei Telefongesprächen mit Familienangehörigen ist jedoch ein großzügigerer Maßstab angebracht. Sie sind in regelmäßigen Abständen zuzulassen, wenn der Haftzweck und die Personen der Beteiligten es erlauben; Gefahren für den Haftzweck kann durch die Überwachung der Gespräche begegnet werden (vgl LG Bonn StraFo **11**, 355; Düsseldorf StraFo **01**, 287: einmal monatlich; Rostock StraFo **01**, 286: einmal wöchentlich; AG Cottbus StV **04**, 494: zweiwöchentlich; weitergehend Zweibrücken StV **19**, 567: in der Regel zu gestatten; **aM** die frühere Rspr: nur im Einzelfall bei besonders berechtigtem Interesse, siehe Düsseldorf NStZ **95**, 152; OLGSt

Nr 28; Schleswig SchlHA **97**, 152 [L/S]; Frankfurt StV **92**, 281; Hamm NStZ-RR **96**, 303; Stuttgart StV **95**, 260; erg 17).

b) **Überwachung von Besuchen, Telekommunikation sowie von Schrift- und Paketverkehr** (Nr 2; zu nach Art 8 EMRK gebotenen Einschränkungen der Besuchs- und Korrespondenzkontrolle vgl Pohlreich NStZ **11**, 564 ff):

aa) Soweit **Besuche** nach Nr 1 gestattet worden sind, können sie nach Nr 2 überwacht werden. Die Überwachungsmaßnahmen richten sich nach dem Risiko für den Zweck der UHaft. Flucht und Verdunkelungsgefahr müssen unterbunden werden (BVerfGE **42**, 95, 100, 101; BGH NStE Nr 13; dazu krit Paeffgen NStZ **90**, 531). Fehlt ein solches Risiko überhaupt, kann (Hamm StV **97**, 259: muss) der Haftrichter für den genehmigten Besuch gestatten, dass er ohne Überwachung stattfindet (Frankfurt StV **83**, 465; Hamm MDR **97**, 283 mwN; NStZ-RR **09**, 124, anders aber bei konkreten Anhaltspunkten für eine Gefährdung des Haftzwecks, Düsseldorf NStZ-RR **03**, 126), so vor allem bei Besuchen von Familienangehörigen (Hamm StV **10**, 368; Koblenz JBlRP **10**, 105, 107; vgl auch BVerfG NStZ **94**, 52; **96**, 614; Karlsruhe StraFo **06**, 377; Köln StV **95**, 259), aber auch bei Besuchen, die einem therapeutischen Gespräch (Frankfurt StV **83**, 289: Drogenberater) oder der Vorbereitung eines Sachverständigengutachtens dienen (Frankfurt StV **06**, 701). Eine akustische Überwachung ist nur zulässig, wenn mildere Maßnahmen zur Sicherstellung des Haftzwecks oder der Anstaltsordnung nicht ausreichen (Düsseldorf NStZ-RR **14**, 218; Dresden StraFo **16**, 206). Zur Überwachung der Besuche bei ausländischen UGefangenen durch Dolmetscher vgl Schleswig SchlHA **95**, 4 [L/T] und Korte StV **83**, 43; zur Pflicht des Gerichts, die Hinzuziehung von Dolmetschern anzuordnen und sie aus der Staatskasse zu entschädigen, Frankfurt StV **86**, 24; **84**, 427; München StV **96**, 491; LG Düsseldorf StV **12**, 357; erg 24 zu Art 6 EMRK. Zur Frage, ob der UGefangene Vertreter der Presse empfangen oder gar ein Fernsehinterview aus der UHaft heraus geben darf vgl Mansdörfer ZStW **123**, 570, 574.

Zulässig ist die vorherige **Durchsuchung** des Besuchers und der etwa von ihm mitgeführten Behältnisse nach Waffen, zu übermittelnden Nachrichten oder fluchterleichternden Gegenständen, falls es eine bestehende Fluchtgefahr erfordert (BGH NJW **73**, 1656), auch wenn es sich um Verteidiger handelt (BVerfGE **38**, 26). Die Anordnung, dass der Besuch nur in einem durch Trennscheiben gesicherten Raum stattfinden darf, ist grundsätzlich zulässig (Celle NStZ **81**, 196; Zweibrücken StraFo **04**, 380), insbesondere bei früheren Versuchen des Besuchers, Gegenstände unerlaubt zu übergeben (LG Frankfurt aM NStZ **81**, 496), jedoch nicht bei ganz geringfügigen Verstößen (Stuttgart StV **04**, 493).

bb) Wenn die Zustimmung zur **Telekommunikation** erteilt wird, wird idR auch die Überwachung des Gesprächs angeordnet werden (aM König NStZ **10**, 189); das Gespräch ist dann vollständig mitzuhören. Anders kann es – und muss es ggf mit Rücksicht auf Art 6 I GG – aber uU bei Gesprächen mit Familienangehörigen gehandhabt werden (Karlsruhe StV **13**, 164; KG StV **08**, 32). I S 7 stellt ausdrücklich klar, dass die Überwachung die Befugnis einschließt, Besuche und Telekommunikation abzubrechen, wenn dies der Zweck der UHaft erfordert.

cc) **Briefverkehr und Paketempfang** sind grundsätzl erlaubt. Die Überwachung ist nur bei Gefährdung der Haftzwecke anzuordnen (anders noch Stuttgart Justiz **99**, 114 mwN). Bloße Überwachungslästigkeiten müssen hingenommen werden (BVerfGE **34**, 370, 381; Zweibrücken StV **98**, 32 mit krit Anm Seebode StV **98**, 385 für Paketempfang; Veit MDR **73**, 279; oben 11). Bücher und Zeitschriften über die JVA zu bestellen, kann zur Erleichterung der Kontrolle dem UGefangenen aufgegeben werden. Bisher wurde die Beschränkung der Zahl der Briefe bei Schriftwechsel in Fremdsprachen (BVerfG NJW **04**, 1095, 1096: aber nicht pauschal auf etwa einen Brief pro Woche; eingehend dazu Kropp JR **03**, 53) und in extremen Fällen (KG JR **68**, 309; StV **85**, 66; Stuttgart MDR **73**, 335; Hamburg MDR **74**, 248) sowie die Weisung, den Schriftverkehr in deutscher Sprache zu führen, wenn Absender und Empfänger sie beherrschen (Düsseldorf

§ 119

NStZ **94**, 559; Hamm NStZ-RR **09**, 293, 294), als zulässig angesehen; hieran dürfte sich auch nach der Neufassung des § 119 nichts geändert haben, da die Gesetzesbegründung ausdrücklich betont, dass eine inhaltl Veränderung der möglichen Maßnahmen hiermit nicht beabsichtigt sei (BR-Dr 829/08 S 13); iÜ muss der mit der Übersetzung verbundene Arbeits- und Kostenaufwand aber hingenommen werden (BVerfG aaO; KG StraFo **04**, 168; Brandenburg OLGSt Nr 24; Celle StraFo **09**, 515). Grundsätzlich darf die Briefkontrolle – insbesondere beim Haftgrund der Fluchtgefahr – auf Stichproben beschränkt werden (BVerfG aaO); eine Beschränkung des Postverkehrs wegen Überlastung des Richters ist dann ausgeschlossen (KG NStZ **92**, 558; Zweibrücken StV **82**, 530). Bei Briefen des UGefangenen an nahe Angehörige sind iU andere Maßstäbe als sonst anzulegen (Brandenburg StV **95**, 420; Düsseldorf NStZ **98**, 319; Koblenz NStE Nr 8). Zur Überwachung von Paketen Düsseldorf JMBlNW **00**, 56 und § 41 UVollzG RP.

19 Die von der Rspr entwickelten **Grundsätze für das Anhalten von Schreiben** gelten, soweit sie durch den Zweck der UHaft gerechtfertigt sind. I S 7 stellt diese Befugnis ausdrücklich fest. Grund, einen Brief anzuhalten, ist nicht schon der Versuch der Umgehung der Briefkontrolle (Düsseldorf NStZ **91**, 360; Zweibrücken StV **92**, 236). Briefe dürfen grundsätzlich nicht wegen unsachlicher Äußerungen über das anhängige Strafverfahren oder beleidigender Angriffe gegen die mit dem Verfahren befassten Personen angehalten werden (BVerfGE **42**, 234, 237; **57**, 170; BVerfG StV **91**, 306; JR **95**, 379; NStZ **96**, 509; Düsseldorf StV **96**, 410; München StV **95**, 140; generell gegen die Zulässigkeit des Anhaltens solcher Schreiben mit beachtlichen Gründen Paeffgen NStZ **89**, 420f). Ein Brief kann aber beanstandet und angehalten werden, wenn er den Zweck verfolgt, Zeugen psychisch unter Druck zu setzen (Jena NStZ-RR **12**, 28), ferner, wenn er für den Eingeweihten nicht verständliche Passagen enthält und daraus auf eine reale Gefahr zu schließen ist, dass darin verdeckte, den Zweck der UHaft gefährdende Mitteilungen enthalten sind (vgl Hamburg MDR **73**, 243), nicht aber schon dann, wenn der Beschuldigte sich in seiner Strafsache an den gerichtlich bestellten Sachverständigen wendet (Schleswig StV **01**, 465) oder wenn er eine Belohnung für Hinweise zur Aufklärung der ihm vorgeworfenen Straftat auslobt (Hamm wistra **99**, 78). Beanstandete Briefe und Pakete werden an den Absender zurückgeleitet, soweit dies ohne Gefährdung des Zwecks der UHaft möglich ist, sonst werden sie zur Habe des Gefangenen genommen.

20 Hat ein Brief Beweisbedeutung iS des § 94 für das laufende Verfahren, so **beschlagnahmt** ihn der Richter **als Beweismittel** (vgl BGH NJW **61**, 2069; **aM** Lammer Hilger-FG 345: Verwertung zu Beweiszwecken im Strafverfahren unzulässig). Bezieht sich die Beweisbedeutung auf ein anderes Verfahren, so stellt er den Brief bei fehlender eigener Zuständigkeit (§ 98) einstweilen sicher und leitet ihn (oder wenigstens eine Fotokopie) der StA oder im gerichtlichen Verfahren dem zuständigen Richter zu (5 zu § 98; Jena NStZ-RR **12**, 28). Soweit dafür nicht auf die Rechtfertigungsgründe des III zurückgegriffen werden kann, ist § 108 sinngemäß entspr anwendbar (Celle NJW **74**, 805).

21 c) Die **Übergabe von Gegenständen** bei Besuchen bedarf der Erlaubnis (Nr 3). IdR auszuschließen sind Toilettenartikel, Getränke, Lebensmittel und sonstige Gegenstände, in denen Drogen enthalten sein könnten; denn es kann im Vollzug nicht ausgeschlossen werden, dass die eingeschmuggelten Drogen auch an andere Gefangene gelangen. Auch iÜ kann es notwendig sein, die Übergabe von Gegenständen zu unterbinden, die zur Flucht, zur Vornahme von Verdunkelungshandlungen oder zur Begehung weiterer Straftaten genutzt werden können.

22 d) **Trennung und Verbot gemeinsamer Unterbringung (Nr 4 und 5):** Dabei geht es nicht um die in § 119 II aF behandelte Frage der Unterbringung von Ugefangenen in einer Zelle; das hat nichts mit dem Zweck der UHaft, sondern mit der Ordnung in der Vollzugsanstalt zu tun und ist daher nunmehr in den Landes-UHaftvollzugsgesetzen zu regeln (vgl zB § 50 UVollzG RP). Hier wird vielmehr die Befugnis eingeräumt, zur Sicherung der Haftzwecke – vornehmlich zur Abwendung der Verdunkelungsgefahr – die Trennung von einzelnen oder allen anderen Gefangenen abzuordnen oder die gemeinsame Unterbringung mit anderen Gefangenen einzuschränken oder auszuschließen. Auch hier geht es um Einzelfallentscheidungen; die früher in Nr 22 UVollzO enthaltene Regel, dass Gefangene von allen anderen Gefangenen getrennt zu halten sind, die als Beschuldigte oder Zeugen mit demselben Verfahren in Verbindung stehen, ist als bei Fluchtgefahr nicht unbedingt erforderlich und daher zu weitgehend nicht übernommen worden. Bei Fluchtgefahr kommt die Anordnung aber zB in Betracht, wenn die Gefahr besteht, dass ein Beschuldigter versuchen könnte, mit anderen Gefangenen zusammen ein Entweichen aus dem Vollzug vorzubereiten (BR-Dr 629/08 S 34). Die Gefahr der Beeinträchtigung der Wahrheitsermittlung reicht ebenfalls aus, so wenn – wie vor allem bei nicht geständigen Beschuldigten – eine Absprache des Einlassungsverhaltens zu befürchten ist (KG NStZ **13**, 91 [Schultheis]). Ungleichheit gegenüber anderen UGefangenen auf Grund sachlich vertretbarer Erwägungen ist nicht willkürlich (BVerfGE **35**, 311 = NJW **74**, 26); daher kann zB dem einen die Teilnahme an allen Gemeinschaftsveranstaltungen gestattet werden, dem anderen nur die Teilnahme an solchen, die durch Aufsichtspersonal überwacht werden. Zu nach Art 3 EMRK gebotenen Einschränkungen von Isolationshaft vgl Pohlreich NStZ **11**, 563.

C. Sonstige Beschränkungen: Es können noch andere Maßnahmen als die in 23 I S 2 aufgeführten angeordnet werden. Hier ist etwa an die Fesselung des Beschuldigten zu denken, um eine Flucht – zB bei der Fahrt zu Gerichtsterminen – zu verhindern. Dabei muss der Fesselungsgrund aber in konkreten Tatsachen bestehen (Oldenburg NJW **75**, 2219), die Fesselung muss notwendig sein (Koblenz StV **89**, 209; Hoffmann/Wißmann StV **01**, 706; Pohlreich NStZ **11**, 568); für noch nicht überschaubare künftige Ereignisse darf sie nicht angeordnet werden (LG Koblenz StV **83**, 467; LG Stuttgart Justiz **90**, 338). Auch sonstige Beschränkungen sind zulässig, wenn der Zweck der UHaft es erfordert: So kann die Einbringung bestimmter Gegenstände untersagt werden, wenn der Verdacht besteht, dass sie zur Vorbereitung eines Entweichens aus der JVA – etwa durch Kontaktaufnahme mit anderen Personen, um deren Unterstützung zu gewinnen – benutzt werden können. Soweit früher der Zeitungsbezug oder die Einbringung von Rundfunk- und Fernsehgeräten untersagt oder eingeschränkt worden ist (vgl 52. Aufl 27 ff zu § 119), ging es aber zumeist um die Aufrechterhaltung der Ordnung in der Vollzugsanstalt; dies fällt nun in den Regelungsbereich der UHaftvollzugsgesetze der Länder. Es kann aber auch die Benutzung eines Flachbildschirm-Fernsehgerätes, das Datenverarbeitungs-, übermittlungs- und speicherfähigkeiten aufweist, dem Zweck der UHaft zuwiderlaufen, weil die gespeicherten oder übertragenen Daten in der Anstalt mit zumutbarem zeitlichem Aufwand nicht hinreichend kontrolliert werden können (Hamm NStZ **09**, 578). Mit der Benutzung eines eigenen Rundfunk- oder Fernsehgeräts, die grundsätzlich gestattet ist (Düsseldorf StV **91**, 221), kann die Gefahr unkontrollierten Kontakts mit der Außenwelt und zugleich innerhalb der Anstalt verbunden sein. Zur Vermeidung von Funkvereinbarungen über Befreiungsaktionen und anderer krimineller Aktionen kann im Einzelfall ihre Verwendung in der Zelle untersagt werden.

Den durch I eröffneten Möglichkeiten des Eingriffs in Grundrechte des Gefan- 24 genen sind jedoch **enge Grenzen gesetzt;** so ist etwa nur bei konkreter Gefährdung des Zwecks der UHaft unter Beachtung des Verhältnismäßigkeitsgrundsatzes eine körperliche Durchsuchung des Intimbereichs mit Inspektion von üblicherweise bedeckten Körperöffnungen bei Aufnahme in die UHaft zulässig (BVerfG StV **09**, 253). Die Abgabe einer Urinprobe kann ohne konkreten Anlass nicht verlangt werden (LG Koblenz StraFO **08**, 119; LG Traunstein StV **04**, 144), sonst schon (BVerfG NStZ **08**, 292; Oldenburg StV **07**, 88 mit krit Anm Pollähne; krit auch Paeffgen NStZ **08**, 140).

2) Zuständigkeit: Die nach I gebotenen Anordnungen trifft das zuständige 25 Gericht (I S 3), also nach § 126 I der Haftrichter (BGH [ER] NJW **12**, 1158; **aM**

§ 119

Celle StV **12**, 417: Zuständigkeit nach § 134a I 2 NdsJustizvollzugsG; erg oben 1), nach Anklageerhebung das in § 126 II bestimmte Gericht. Schriftform ist nicht vorgeschrieben, aber wegen des Begründungserfordernisses und wegen der Anfechtbarkeit geboten. Eine fernmündlich eingeholte und gegebene Anordnung wird nachträglich schriftlich getroffen und mitgeteilt. § 33 II gilt nicht, weil es sich um dem Vollzug angehörende Entscheidungen handelt; jedoch ist die Beteiligung des StA häufig nach der Natur der Sache geboten.

26 Der Erlass einer **Eilanordnung durch die StA oder die JVA** ist zulässig, wenn eine Entscheidung des Gerichts nicht rechtzeitig herbeigeführt werden kann (I S 4). In Verschärfung der früheren Regelung (§ 119 VI S 2 aF) muss jetzt die vorläufige Anordnung binnen 3 Werktagen dem Gericht zur Genehmigung vorgelegt werden (I S 5). Die Vorlegung ist aber nicht erforderlich, wenn sich die Anordnung erledigt hat, was insbesondere bei einer einzelnen Überwachungsmaßnahme der Fall sein kann. Dem betroffenen Beschuldigten bleibt es aber unbenommen, die Rechtmäßigkeit der Anordnung durch einen Antrag nach V überprüfen zu lassen; dasselbe gilt für eine erledigte Entscheidung des Gerichts.

27 **Mitteilungspflichten:** Dem Beschuldigten sind die nach I vom Gericht oder von der StA bzw der JVA getroffenen Anordnungen mitzuteilen, wie I S 6 nun ausdrücklich vorschreibt, wie sich aber auch aus § 35 II ergibt. Im Fall der angeordneten Überwachung einer Telekommunikation (I S 2 Nr 2) bestimmt III, dass die beabsichtigte Überwachung auch den Gesprächspartnern (eines Telefongesprächs, aber auch einer Mail oder einer SMS, vgl Bittmann NStZ **10**, 16) unmittelbar nach Herstellung der Verbindung – also bei Beginn des Telefonats – mitzuteilen ist. Darüber hinaus ist bestimmt, dass auch der Beschuldigte rechtzeitig vor Beginn der Telekommunikation über diese Mitteilungspflicht zu unterrichten ist und er selbst die Mitteilung über die Telekommunikationsüberwachung an die Gesprächspartner übernehmen kann. Dazu, ob er dies tun will, ist er zweckmäßigerweise bei Bekanntgabe der Telekommunikationsüberwachung an ihn zu befragen.

28 **3) Ausführung der Anordnungen (II):** Grundsätzlich obliegt die Ausführung der nach I getroffenen Anordnungen der anordnenden Stelle, also dem Gericht oder der StA (S 1). Hiervon macht aber S 2 die praktisch höchst bedeutsame Ausnahme, dass das Gericht – das sonst übermäßig belastet wäre – die Ausführungen von Anordnungen widerruflich auf die StA übertragen kann. Soweit der Vorsitzende nach I S 3 iVm § 126 II S 3 zuständig ist, wird als eine weniger weitgehende Übertragungsmöglichkeit zwecks Entlastung des Vorsitzenden auch die Übertragung auf ein richterliches Mitglied der StrK als zulässig anzusehen sein (**aM** Hamm NStZ-RR **10**, 292). Die StA kann – ebenfalls um Überlastungen vorzubeugen – ihrerseits sich bei der Ausführung der Hilfe ihrer Ermittlungspersonen (§ 152 GVG) oder der Vollzugsanstalt bedienen kann. Da die StA das Ermittlungsverfahren betreibt, wird sie auch vielfach sachgerechter als die Gerichte entscheiden können, ob etwa ein Brief anzuhalten oder zu beschlagnahmen ist. Der Einfachheit halber und nach dem Gegenstand der Anordnung ist es oftmals auch angebracht, dass die JVA die Ausführung von Anordnungen (zB Besuchs- oder Telekommunikationsüberwachung) übernimmt, wobei dies aber stets einer Delegation durch die StA bedarf.

29 Damit ist auch die früher umstrittene Frage, ob die **Briefkontrolle** nur vom Richter oder mit Einverständnis des UGefangenen vom StA vorgenommen werden darf, entschieden (abl Paeffgen GA **09**, 457); des Einverständnisses des StA bedarf es dazu nicht. Die Überprüfung der Pakete wird idR der StA und von dieser der JVA übertragen werden. Im Übrigen kann im Besitz solcher Sachen untersagt werden, die nach ihrer bestimmungsgemäßen Verwendung eine Gefahr für die Haftzwecke darstellen (zur Rspr des BVerfG vgl insoweit Kruis/Cassardt NStZ **95**, 524). Die Benutzung eines Laptops bzw eines elektronischen Lesegeräts (vgl LG Frankfurt StV **15**, 307) ist zu gestatten, wenn es zur ordnungsgemäßen Verteidigung erforderlich ist (Koblenz StV **95**, 86; LG Mannheim StraFo **08**, 469; ebenso

Hamm NStZ **97**, 566, falls das Diskettenlaufwerk ausgebaut wird; vgl auch Stuttgart NStZ-RR **03**, 347 und Staechelin StV **99**, 610; anders noch Hamm StV **97**, 199 mit abl Anm Nibbeling, abl auch Paeffgen NStZ **98**, 73).

Zutreffend ordnet S 3 die **Unanfechtbarkeit** der nach S 2 erfolgten Übertragungen an. Da nach V eine umfassende Anfechtungsmöglichkeit gegen die Anordnung selbst gegeben ist (unten 36, 37), ist eine gesonderte Anfechtungsmöglichkeit hinsichtlich der Übertragung nicht erforderlich. 30

4) Überwachungsfreiheit (IV): Für Verteidiger gelten Beschränkungen nach I nicht, soweit sie den durch § 148 I garantierten freien Verkehr mit dem Gefangenen einschränken würden; Ausnahmen sind nur nach §§ 148 II, 148a zulässig (vgl BVerfG StraFo **12**, 129; erg 16 zu § 148). Dem Verteidiger werden in S 2 eine Reihe von Institutionen gleichgestellt. Die Regelung entspricht teilw schon früher in der UVollzO enthaltenen Bestimmungen (Nr 1–4), teilw wurden entspr Regelungen aus dem StVollzG einbezogen (Nr 7–9, 13), im Übrigen wurden sie neu aufgenommen (Nr 5, 6, 10–12, 14–17, 19a). Die Überwachungsfreiheit nach Nr 18 (Geistliche und Abgeordnete) entspricht der Regelung in § 160a. Nr 19b betrifft den Kontakt mit konsularischen Vertretungen nach Art 36 Ia WÜK (dazu 10 zu § 114b). Die Einschränkungen nach § 148 II gelten auch hinsichtlich der in S 2 aufgeführten Institutionen. 31

Eine Überwachung darf von § 148 II abgesehen aber **in den Fällen der Nr 19** angeordnet werden, soweit das Gericht dies für geboten hält. Für die Anordnung ist ausnahmslos das Gericht zuständig; II S 2 findet hier keine Anwendung. 32

Demgegenüber sind **die Voraussetzungen** für einen unüberwachten Verkehr von der nach II zuständigen Stelle (Gericht oder StA) zu prüfen (S 3), also zB, ob es sich beim Schreiben an den Beschuldigten im Fall der Nr 18 um einen unter das Zeugnisverweigerungsrecht fallenden Inhalt iSd § 53 I Nr 1 oder 4 handelt (BR-Dr 829/08 S 41). 33

Nach den §§ 31 ff **EGGVG** kann der **Kontakt** zwischen dem Verteidiger und dem UGefangenen **vorübergehend gesperrt** werden, wenn dieser im Verdacht terroristischer Gewalttaten steht. 34

5) Anfechtung (V): 35

A. **Beschwerde (§ 304)** gegen richterliche Entscheidungen können der Beschuldigte und die StA einlegen. Das gilt nicht für Beschränkungen durch den ER des BGH, die dem UGefangenen im Hinblick auf den Zweck der UHaft nach I auferlegt werden und die sich lediglich auf die Art und Weise des Vollzugs erstrecken (BGH StV **12**, 419). Es gilt ebenfalls nicht, wenn das im 1. Rechtszug zuständige OLG entschieden hat (§ 304 IV S 2 Nr 1, dort 11; **aM** SK-Paeffgen 70; vgl aber unten 37). Der Anstaltsleiter hat hier – anders als § 119a III – kein Beschwerderecht. Er kann allenfalls nach fruchtlosen Gegenvorstellungen beim Richter versuchen, die StA zur Beschwerde zu veranlassen. Ein Beschwerderecht hat auch derjenige, dessen Antrag auf Kommunikation mit dem UGefangenen (ganz oder teilw) abgelehnt worden ist, zB auf Besuchserlaubnis (BGH **27**, 175; Düsseldorf StraFo **14**, 74; LR-Hilger 156; **aM** Bremen MDR **76**, 686; Karstendiek DRiZ **80**, 106), oder bei Überwachung des Schriftverkehrs (vgl auch Hamm MDR **69**, 161; Nürnberg MDR **80**, 165). Über eine noch nicht beschiedene Beschwerde entscheidet nach Anklageerhebung zum LG gemäß § 126 II S 3 der Vorsitzende der StrK (KG NStZ-RR **96**, 365); die Beschwerde ist insoweit in einen Antrag auf Aufhebung der Maßnahme umzudeuten (Frankfurt NStZ-RR **14**, 217). Die Beschwerde wird idR gegenstandslos nach Entlassung aus der UHaft und nach Urteilsrechtskraft (Karlsruhe NStZ **84**, 183), anders aber uU, wenn der Haftbefehl nur außer Vollzug gesetzt worden ist (Hamm NStZ-RR **10**, 292). Ausnahmen gelten auch für Briefbeanstandungen (BGHR § 304 II Betroffener 1; München StV **95**, 140 mwN) nach Überführung des UGefangenen in Strafhaft. Zum Verbot der Schlechterstellung 5 vor § 304, zum Rechtsschutz gegen erledigte Anordnungen oben 26 und 17 ff vor § 296. Weitere Beschwerde ist ausgeschlossen (7 zu § 310; **aM** SK-Paeffgen 73). 36

37 B. **Antrag auf gerichtliche Entscheidung:** Gegen Entscheidungen der Amts- und Landgerichte ist die Beschwerde (oben 36) gegeben – auch dann, wenn es sich um Entscheidungen des erkennden Gerichts iSd § 305 handelt (dort 7), so dass insoweit der Antrag auf gerichtliche Entscheidung ausscheidet. Er ist aber zulässig, wenn ein OLG oder der ER des BGH Anordnungen nach I getroffen hat, wobei der Antrag hier aber keinen Devolutiveffekt hat (BGH StB 19/11 vom 12.1.2012). Vor allem ist der Antrag gegen von der StA nach II S 2 angeordnete Maßnahmen gegeben. Die Zuständigkeit des Gerichts folgt aus § 126; funktional ist bei Anhängigkeit einer Sache beim Kollegialgericht der Vorsitzende zuständig (vgl KG StV **13**, 526, 527). Auf nach § 148 II getroffene Anordnungen ist V S 1 analog anwendbar (BGH [ER] NStZ **18**, 154).

38 Die **inhaltliche Prüfung** beim Antrag auf gerichtliche Entscheidung unterscheidet sich nicht von der auf Beschwerde. Es kann nicht nur die Zulässigkeit der Anordnung von Anfang an, sondern auch ihre Fortdauer beanstandet werden.

39 Der Antrag hat **keine aufschiebende Wirkung;** das Gericht kann aber vorläufige Anordnungen treffen (S 2 und 3). Das entspricht der Regelung des § 307 bei der Beschwerde.

40 6) Für die **Vollstreckung anderer freiheitsentziehender Maßnahmen** gelten I bis V ebenfalls (VI). Die Regelung bezieht sich auf § 116b, in dem nun das Verhältnis von UHaft zu anderen freiheitsentziehenden Maßnahmen geregelt ist (grundsätzliche Subsidiarität der UHaft). Auch dann, wenn UHaft nicht vollzogen wird, kann es sich zur Sicherstellung ihres Zweckes als notwendig erweisen, etwa im Strafvollzugsrecht nicht vorgesehene Beschränkungen anzuordnen. Hier ist dann auch der Rechtsweg nach V eröffnet; die gerichtliche Zuständigkeit richtet sich nach § 126.

41 Die Vorschrift ist auch anzuwenden, wenn **mehrere Haftbefehle** erlassen worden sind. Das kann die Notwendigkeit begründen, Beschränkungen anzuordnen, die wegen des tatsächlich vollzogenen Haftbefehls nicht erforderlich wären (erg 11 vor § 112).

Gerichtliche Entscheidung über eine Maßnahme der Vollzugsbehörde

§ 119a

I 1 Gegen eine behördliche Entscheidung oder Maßnahme im Untersuchungshaftvollzug kann gerichtliche Entscheidung beantragt werden. ²Eine gerichtliche Entscheidung kann zudem beantragt werden, wenn eine im Untersuchungshaftvollzug beantragte behördliche Entscheidung nicht innerhalb von drei Wochen ergangen ist.

II 1 Der Antrag auf gerichtliche Entscheidung hat keine aufschiebende Wirkung. ²Das Gericht kann jedoch vorläufige Anordnungen treffen.

III Gegen die Entscheidung des Gerichts kann auch die für die vollzugliche Entscheidung oder Maßnahme zuständige Stelle Beschwerde erheben.

1 1) **Geltungsbereich:** Da durch die Föderalismusreform (1 zu § 119) die Gesetzgebungszuständigkeit für den UHaftvollzug auf die Länder übergegangen ist, musste hier ein Rechtsweg gegen Entscheidungen und Maßnahmen geschaffen werden, die aus Zwecken der Sicherheit und Ordnung in der Vollzugsanstalt – idR von dieser selbst – getroffen werden. Bisher war hierfür nur der Rechtsweg nach §§ 23 I S 2, 25 I EGGVG mit der Zuständigkeit des OLG gegeben, was – wie die Gesetzesbegründung zurecht bemerkt (BR-Dr 829/08 S 44) – „in keinem angemessenen Verhältnis zu der Bedeutung der Sache steht".

2 Nunmehr ist auch hier die **Zuständigkeit des Haftrichters** nach § 126 gegeben, wie sich aus § 126 I S 1 ergibt („Maßnahmen, die sich auf die UHaft beziehen"; Jena StV **11**, 35, 36). Wenn Haftgericht und Vollzugsanstalt in unterschiedlichen Bundesländern liegen, was wohl nur ausnahmsweise der Fall sein wird, muss damit der Haftrichter über Entscheidungen einer Behörde eines anderen Bundeslandes mit möglicherweise anderem Vollzugsrecht befinden; das schien dem

Gesetzgeber aber zutr vertretbar und sachgerechter, als die Zuständigkeit des Haftrichters an den Sitz der Vollzugsanstalt zu binden (BR-Dr 829/08 S 45). Bei Anhängigkeit einer Sache vor einem **Kollegialgericht** ist der gesamte Spruchkörper zuständig; § 126 II S 3 ist nicht anwendbar, da es sich bei der Entscheidung nach § 119a nicht um eine „Maßnahme" iSd Vorschrift handelt (KG StV **13**, 526; erg 10 zu § 126).

§ 119a **gilt nicht nur** für die UHaft aufgrund eines nach den §§ 112, 112a erlassenen Haftbefehls, sondern wie § 119 (dort 3) auch für die nach anderen Vorschriften angeordnete Haft. 3

2) Die in Betracht kommenden **behördlichen Entscheidungen oder Maßnahmen** werden regelmäßig von der Vollzugsanstalt angeordnet worden sein. Sie müssen den individuellen Interessenbereich des einzelnen UGefangenen betreffen. In erster Linie wird es hierbei um Disziplinarmaßnahmen gegen den Gefangenen, aber auch um sonstige Beschränkungen gehen, etwa seine Fesselung, wenn – wie in § 119 V S 1 Nr 1 aF – die Gefahr besteht, dass er Gewalt gegen Personen oder Sachen anwendet, oder Einschränkungen bei Zeitungsbezug, Rundfunk- und Fernsehnutzung oder Einbringung von Gegenständen; auch Zwangsmaßnahmen auf dem Gebiet der Gesundheitsfürsorge gehören hierher. Auch die Ablehnung einer vom UGefangenen **begehrten Regelung oder Maßnahme** kann mit dem Rechtsbehelf des I S 1 überprüft werden (BGH [ER] StraFo **14**, 382: Besuchsregelung). Inwiefern solche Maßnahmen im Einzelnen zulässig sind, ist nicht mehr hier, sondern in den Erläuterungswerken zu den UHaftvollzuggesetzen der Länder zu erörtern. Abstrakt-generelle Regelungen, welche allgemein die Gestaltung der UHaft betreffen (sog **Allgemeinverfügungen**) sind dagegen keine Angelegenheiten des Vollzugs der UHaft, gegen die der Antrag auf gerichtliche Entscheidung nach § 119a zulässig ist (Hamm NStZ-RR **12**, 62: Antrag nach § 23 I EGGVG; vgl dagegen aber KG NStZ-RR **11**, 388; **aM** Schultheis NStZ **13**, 91; erg 18 zu § 23 EGGVG). 4

3) Zum **Antrag auf gerichtliche Entscheidung** gelten die Ausführungen zu § 119 V (dort 38) entspr. Ebenso wie in § 119 hat der Antrag keine aufschiebende Wirkung, jedoch können vorläufige Anordnungen getroffen werden (vgl 39 zu § 119). II gilt sowohl für Anträge nach I S 1 als auch solche nach I S 2 (dazu unten 6). Ein Rechtsschutzgesuch ist bei einer Flut von Eingaben nur dann missbräuchlich – und damit unzulässig-, wenn der konkrete Antrag objektiv nur den Sinn haben kann, dem Gegner zu schaden oder das Gericht zu belästigen (Köln NStZ-RR **13**, 285). 5

4) Bei Untätigkeit der Behörde kann ebenfalls der Antrag auf gerichtliche Entscheidung gestellt werden (I S 2). Das ist notwendig, weil der Betroffene erst dann den Antrag nach I S 1 stellen kann, wenn die Vollzugsanstalt über einen von ihm gestellten Antrag entschieden hat. Die Frist ist in einer der UHaft angemessenen Weise auf 3 Wochen festgesetzt und damit zutr erheblich kürzer als im Strafvollzug (§ 113 I StVollzG: 3 Monate). Die Gesetzesbegründung weist darauf hin (BR-Dr 829/08 S 46), dass – wie bei einem Antrag nach I S 1 – auch hier ein Rechtsschutzbedürfnis bestehen muss; soweit dort angeführt wird, dies sei zB zu verneinen, „wenn von der zuständigen Stelle über einen identischen Antrag entschieden wurde und sich die Sachlage seitdem nicht verändert hat", kann dem allerdings nicht zugestimmt werden. In einem solchen Fall ist der Antrag nicht unzulässig, vielmehr kann er unter Bezugnahme auf die frühere Entscheidung als unbegründet zurückgewiesen werden. 6

5) Anfechtung: Gegen die gerichtliche Entscheidung ist das Rechtsmittel der Beschwerde nach §§ 304 ff gegeben (Stuttgart NStZ **11**, 709). III stellt klar, dass das Beschwerderecht nicht nur für den durch die gerichtliche Entscheidung beschwerten Betroffenen, sondern auch für die für die vollzügliche Entscheidung oder Maßnahme zuständige Stelle – also idR die Vollzugsanstalt – gegeben ist. 7

8 Falls sich die behördliche Entscheidung noch vor dem Antrag auf gerichtliche Entscheidung oder vor der Entscheidung über diesen Antrag **erledigt** hat, gelten die Regeln über die Anfechtung erledigter Maßnahmen (17 ff vor § 296) entspr. Es muss dann also auch nach Aufhebung der behördlichen Entscheidung oder Maßnahme noch ein konkretes Interesse an der Feststellung der Rechtswidrigkeit bestehen (vgl Frankfurt NStZ-RR 04, 184; Schleswig SchlHA 95, 4 [L/T]).

9 Befindet sich der Beschuldigte inzwischen im **Strafvollzug**, so entscheidet über einen Antrag auf gerichtliche Entscheidung gegen einen VerwA die StVollstrK (§§ 109 ff StVollzG; §§ 78a, 78b GVG).

10 6) Der **Gegenstandswert** des Verfahrens nach § 119a soll regelmäßig dem Auffangwert nach § 52 II GKG entsprechen (Frankfurt NStZ-RR **16**, 296 mit kritischen Anm Greiner NStZ-RR **16**, 390: § 52 I GKG anzuwenden).

Aufhebung des Haftbefehls RiStBV 54 I, 55

§ 120

I ¹Der Haftbefehl ist aufzuheben, sobald die Voraussetzungen der Untersuchungshaft nicht mehr vorliegen oder sich ergibt, daß die weitere Untersuchungshaft zu der Bedeutung der Sache und der zu erwartenden Strafe oder Maßregel der Besserung und Sicherung außer Verhältnis stehen würde. ²Er ist namentlich aufzuheben, wenn der Beschuldigte freigesprochen oder die Eröffnung des Hauptverfahrens abgelehnt oder das Verfahren nicht bloß vorläufig eingestellt wird.

II Durch die Einlegung eines Rechtsmittels darf die Freilassung des Beschuldigten nicht aufgehalten werden.

III ¹Der Haftbefehl ist auch aufzuheben, wenn die Staatsanwaltschaft es vor Erhebung der öffentlichen Klage beantragt. ²Gleichzeitig mit dem Antrag kann die Staatsanwaltschaft die Freilassung des Beschuldigten anordnen.

1 1) **Aufhebung des Haftbefehls (I):**

2 A. **Wegfall der Haftvoraussetzungen** (S 1): Bei jeder Art von UHaft, auch nach §§ 230 II, 236, 329 IV S 1, ist das Vorliegen der Haftvoraussetzungen stets von Amts wegen zu prüfen (BGH MDR **71**, 547 [D]; Karlsruhe StV **15**, 652; RiStBV 54 I). Aber nur bei der Haftprüfung nach §§ 117, 122, beim Erlass des Eröffnungsbeschlusses (§ 207 IV) und beim Urteilserlass (§ 268b) muss das Ergebnis der Prüfung auch dann begründet werden, wenn das Gericht die Haftfortdauer für gerechtfertigt hält. Der Wegfall der Haftvoraussetzungen zwingt den Haftrichter (§ 126) zur sofortigen Aufhebung des Haftbefehls. Wenn zwar die in dem Haftbefehl bezeichneten Haftvoraussetzungen weggefallen, jedoch andere vorhanden sind, wird der Haftbefehl aber nicht aufgehoben, sondern umgestellt oder durch einen neuen ersetzt (KK-Schultheis 3; erg 18 zu § 114). Ist der Haftbefehl wegen Verdunkelungsgefahr ergangen, so muss berücksichtigt werden, dass sie nach der vollständigen Aufklärung der Tat meist entfällt; nach Erlass des Urteils im letzten Tatsachenrechtszug wird der Haftbefehl daher idR aufzuheben sein (Celle NJW **63**, 1264). Der Erlass eines weiteren Haftbefehls ist kein Aufhebungsgrund, die Verbüßung von Strafhaft in anderer Sache nur in Ausnahmefällen (LR-Hilger 9; **aM** Schumann JR **67**, 340). Die UHaft darf aber nicht aufrechterhalten werden, um vermutete weitere Straftaten aufzuklären, die selbst nicht Gegenstand des Haftbefehls sind (Oldenburg StV **09**, 258). Zur **Aufhebung** des Haftbefehls **durch das Revisionsgericht** 9 zu § 126.

3 B. **Fehlen der Verhältnismäßigkeit und Beschleunigungsgebot** (S 1): Unverhältnismäßig ist die UHaft, deren weiterer Vollzug zu der Bedeutung der Sache und den zu erwartenden Rechtsfolgen außer Verhältnis stehen würde (zur Straferwartung als Beurteilungskriterium siehe 23 zu § 112); dies gilt auch **unabhängig von § 121** bei Verletzung des Beschleunigungsgrundsatzes (Brandenburg StV **07**, 363; 589; Dresden StV **07**, 93; Düsseldorf NStZ-RR **01**, 255; Hamm StV **07**, 363; Koblenz StV **07**, 91; Köln StV **06**, 143; Oldenburg NJW **06**, 2646; Schleswig

StV **05**, 140), selbst wenn das Urteil noch innerhalb der Sechs-Monats-Frist zu erwarten ist (Nürnberg StraFo **14**, 72). UHaft-Verfahren sind von Beginn an und während der gesamten Dauer des Strafverfahrens (BVerfG StV **09**, 479; StV **09**, 592; StraFo **10**, 461; Naumburg StV **09**, 482), mit der größtmöglichen Beschleunigung zu betreiben (BVerfG DRiZ **08**, 60); dies gilt im Falle längerer Flucht zumindest ab dem Zeitpunkt, zu dem den Ermittlungsbehörden die Festnahme des Beschuldigten bekannt wird (KG StV **15**, 36).

Auch das **Zwischenverfahren** muss mit der gebotenen Zügigkeit gefördert werden, um im Falle der Eröffnungsreife über die Zulassung der Anklage zu beschließen (BVerfG 2 BvR 2781/10 vom 4.5.2011) und anschließend im Regelfall innerhalb von drei weiteren Monaten mit der Hauptverhandlung zu beginnen (BVerfG 2 BvR 2429/18 vom 23.1.2019). Insoweit begründet der Erlass oder die Aufrechterhaltung eines Haftbefehls, die einen dringenden Tatverdacht voraussetzen, zugleich die Eröffnungsreife (BVerfG 2 BvR 2781/10 vom 4.5.2011), es sei denn, die Anklage stützt sich auf eine von den bisherigen Haftentscheidungen zum Nachteil des Beschwerdeführers abweichende rechtliche Würdigung des Tatgeschehens (BVerfG 2 BvR 1108/19 vom 15.7.2019). 3a

Haftsachen haben grundsätzlich **Vorrang** vor der Erledigung anderer Strafverfahren (Hamm StV **06**, 481; erg 8 und 25 aE zu § 121) und erfordern eine straffe **Terminsplanung** (vgl BVerfG StV **08**, 198: mehr als 1 Verhandlungstag pro Woche; StraFo **13**, 160; BGH NStZ-RR **13**, 86 L; KG StraFo **13**, 502; Düsseldorf StV **07**, 92: idR mindestens 2 Verhandlungstage pro Woche; StV **12**, 420: jedenfalls 2 Verhandlungstage pro Monat zu wenig; vgl ferner Koblenz StV **11**, 167; Naumburg StV **08**, 589), mit Koordinierung der Erholungsurlaube der Verfahrensbeteiligten (Hamm StV **14**, 30) bzw intensiverer Terminierung und Verhandlung in den zwischen den Urlauben der Verfahrensbeteiligten verbleibenden Zeiträumen (Hamburg StraFo **17**, 501). Angesichts weiterer anhängiger Verfahren sowie von Schwierigkeiten bei der Abstimmung von Terminen mit anderen Verfahrensbeteiligten stößt die Einhaltung dieser Forderung in der Praxis oftmals auf große Probleme. Inzwischen setzt sich zunehmend eine **pragmatischere**, an den Gegebenheiten und Besonderheiten des Einzelfalls orientierte Sichtweise durch, die nicht schematisch auf eine rein rechnerische Betrachtung der Sitzungsfrequenz abstellt (vgl BGH NStZ-RR **16**, 217: höhere Sitzungsfrequenz wegen zahlreicher Rechtshilfeersuchen und schwieriger Zeugenladungen im Ausland nicht möglich; Stuttgart StV **14**, 752 mit Anm Herrmann: 1 Hauptverhandlungstag pro Woche kann ausreichen, wenn das Gericht alle ihm möglichen und zumutbaren Maßnahmen zur Beschleunigung ergriffen hat; vgl aber auch Stuttgart StV **14**, 756). Durch Einführung eines umfangreichen Beweisprogramms im Selbstleseverfahren kann zudem eine Konzentration des Prozessstoffes erreicht werden, welche einer höheren wöchentlichen Sitzungsfrequenz entspricht (vgl BGH StB 18/19 vom 17.7.2019 mwN). Auch der **EGMR** geht davon aus, dass hinsichtlich der Sitzungsfrequenz eine schematische Handhabung mit starrer Fristenregelung angebracht ist und berücksichtigt insoweit die praktischen Schwierigkeiten und Möglichkeiten im Einzelfall (EGMR NJW **15**, 3773; vgl auch BGH NStZ **15**, 221; erg 1 zu § 121; 11 zu Art 5 **EMRK**, 7a zu Art 6 **EMRK**). 3b

Selbst bei schwersten Tatvorwürfen (etwa Mord) kann die Verletzung des Beschleunigungsgebots die Aufhebung des Haftbefehls erfordern (BVerfG NJW **06**, 672; StV **07**, 644; **19**, 563 L; Brandenburg StV **19**, 568; Köln StraFo **15**, 323; Hamm StV **06**, 191). An den zügigen Fortgang des Verfahrens sind umso strengere Anforderungen zu stellen, je länger die UHaft schon andauert (BVerfG NJW **06**, 677; **12**, 513; StV **07**, 644, 646 mwN; **08**, 421, 422; Köln StV **14**, 32: Terminsdichte während laufender Hauptverhandlung; Naumburg StV **09**, 143). Das BVerfG beanstandet es, wenn die notwendigen Verfahrenshandlungen nicht unverzüglich vorgenommen werden, so dass sich in Wochen zu bemessende Verzögerungen ergeben (BVerfG NJW **06**, 1336; ähnlich EGMR StV **06**, 474 mit Anm Pauly: Verletzung des Art 5 III EMRK; dort 11). Eine ungewöhnlich lange Dauer des Revisionsverfahrens ist zu berücksichtigen (Köln StraFo **15**, 323). Ein 3c

§ 120

aufgehobener Haftbefehl kann nur unter denselben Voraussetzungen (28 zu § 116) wie ein außer Vollzug gesetzter Haftbefehl neu erlassen werden (Hamm StV **08**, 29 mit Anm Marquardt/Petri). Zusammenfassend zur Rspr des BVerfG zum Beschleunigungsgebot in Haftsachen Pieroth/Hartmann StV **08**, 276. Erg 1a, 16 ff zu § 121; 11 zu Art 5 **EMRK**, 7a ff zu Art 6 EMRK.

4   Bei der **Abwägung** (dazu Dresden StV **04**, 495) ist die (Mitursächlichkeit) von Verteidigungsverhalten für die Verfahrensdauer zu berücksichtigen (BGH NStZ-RR **19**, 283 mwN; EGMR NJW **15**, 3773; BVerfG StV **08**, 198; erg 21 zu § 121). Ihr dürfen nur die Tatvorwürfe zugrunde gelegt werden, derentwegen der Haftbefehl erlassen worden ist (Hamm StV **98**, 553). Es ist davon auszugehen, dass die UHaft nach § 51 I S 1 StGB angerechnet wird, ebenso nach § 51 III S 2 StGB die im Ausland vollzogene Auslieferungshaft (München NJW **82**, 1241; Stuttgart StV **94**, 588). Die Erwartung einer Strafaussetzung zur Bewährung nach § 56 StGB muss berücksichtigt werden, auch die einer späteren Aussetzung des Strafrests nach § 57 StGB (BVerfG StV **08**, 421, 422 mwN; VerfGH Berlin StraFo **17**, 369; Hamm NStZ-RR **04**, 152; **09**, 124; Nürnberg StV **09**, 534; LG Köln StraFo **98**, 351). Zur Aufrechterhaltung des Haftbefehls gegen einen im 1. Rechtszug zu einer Bewährungsstrafe verurteilten Angeklagten vgl 23 zu § 112. Wird die Strafe demnächst durch UHaft verbüßt sein, so muss der Haftbefehl deswegen nicht unbedingt aufgehoben werden (KG NStZ-RR **08**, 157; StV **88**, 208; Düsseldorf StV **94**, 86; Hamm MDR **93**, 673; Stuttgart Justiz **90**, 26; krit Paeffgen NStZ **89**, 418; **95**, 73), anders aber, wenn die UHaft die zu erwartenden Rechtsfolgen bereits übersteigt (Stuttgart Justiz **97**, 62, 63; Schlothauer StV **88**, 208; aM Frankfurt StV **88**, 392). In diesem Fall sowie auch sonst bei schwerwiegender Verletzung des Beschleunigungsgebotes ist der Haftbefehl aufzuheben (BVerfG StraFo **10**, 461; KG StraFo **10**, 26; **13**, 506: Organisationsverschulden der Justiz; Celle StraFo **09**, 515; Oldenburg StV **08**, 200).

5   Der Haftbefehl muss wegen Unverhältnismäßigkeit auch bei **Aussetzung des Vollzugs** nach § 116 aufgehoben werden (BVerfGE **53**, 152, 158 ff; BVerfG NStZ **95**, 295; NJW **06**, 668; BGH **39**, 233, 236; KG StV **91**, 473; Hamburg JR **83**, 259; Köln StV **05**, 396; Naumburg StV **09**, 143; Stuttgart NStZ-RR **03**, 29; Karlsruhe StV **15**, 653 L; Koblenz StV **19**, 565 L). Denn auch die Beschränkungen, denen der Beschuldigte durch Auflagen und Weisungen nach § 116 ausgesetzt ist, dürfen nicht länger andauern, als es nach den Umständen des Falles erforderlich ist (1 zu § 116).

6   Entsprechendes gilt, wenn auf Grund des Haftbefehls nur **Überhaft** (13 vor § 112) vermerkt ist; die Strafsache ist dann grundsätzlich ebenso beschleunigt zu bearbeiten wie jede andere Haftsache (BVerfG StV **03**, 30; KG StV **15**, 37; **09**, 483; Hamm NStZ-RR **15**, 78; Bremen StV **05**, 445; Karlsruhe StV **02**, 317; Stuttgart NStZ-RR **03**, 285; Thüringen StV **19**, 565 L). Dieser Konsequenz kann sich das Gericht auch nicht dadurch entziehen, dass es von dem Erlass eines „Überhaft-Haftbefehls" absieht (BVerfG StV **06**, 251) oder den Haftbefehl aus sonstigen Gründen nicht vollzieht (KG StraFo **11**, 91). Allerdings sind insoweit der Maßstab für die Beurteilung des Gewichts von Verzögerungen und die Anforderungen an eine beschleunigte Verfahrensführung wegen der geringeren Eingriffswirkung weniger streng; das Beschleunigungsgebot schwächt sich weiter ab, wenn keine haftgrundbezogenen Beschränkungen nach § 119 I angeordnet sind und eine Unterbringung im offenen Vollzug vorgesehen ist (KG NStZ-RR **17**, 287 L).

7   **Nach Urteilserlass** vergrößert sich das Gewicht des staatlichen Strafanspruchs, da auf der Grundlage eines gerichtlichen Verfahrens bereits ein Schuldnachweis gelungen ist (vgl BVerfG StV **05**, 220; BGH 1 StR 36/17 vom 24.1.2018). Dennoch kann die Aufhebung des Haftbefehls geboten sein, wenn sich die Zustellung des Urteils oder die Fertigstellung der Sitzungsniederschrift (Hamburg StV **15**, 309; Brandenburg StV **19**, 569) ungebührlich verzögert oder das Urteil in der Revision wegen eines Verfahrensfehlers aufgehoben werden musste (Celle StV **13**, 644). Dies gilt ebenso, wenn das Rechtsmittelverfahren nicht mit der gebotenen Beschleunigung betrieben wird (KG StV **07**, 644; Köln StV **16**, 445; vgl 8 zu

§ 121; 9c zu Art 6 EMRK); wie in der Tatsacheninstanz kann es geboten sein, der Bearbeitung von Haftsachen den Vorrang vor Nichthaftsachen zu geben (KG NStZ **18**, 426) und erforderlichenfalls durch gerichtsorganisatorische Maßnahmen eine zügige Bearbeitung zu gewährleisten. Allerdings soll der BGH als Revisionsinstanz nicht gehalten sein, Einzelheiten zum internen Arbeitsablauf des Senats den mit der Haftkontrolle befassten Gerichten (§ 126 II S 2) mitzuteilen, da dies dem Instanzenzug zuwiderlaufende Kontrollbefugnisse etablieren würde (BGH NStZ **18**, 552 mit Anm Bittmann und zust Anm Schäfer JR **18**, 414 gegen KG NStZ **18**, 426 mit Anm Gerson NStZ **18**, 379; kritisch zum BGH Ebner StraFo **18**, 299 sowie Bittmann aaO, die zu Recht auf die Verantwortungszuständigkeit der Landesjustiz für die Haftfortdauerentscheidung hinweisen, welche insoweit – in bestimmten Grenzen (dazu Bittmann aaO) – auch deren Kontrollzuständigkeit mit Blick auf den BGH impliziert; vgl auch Mosbacher JuS **18**, 767, 771). Zum Wiederwirksamwerden des Haftbefehls nach Wiedereinsetzung in den vorigen Stand vgl § 47 III.

C. Bei **Freispruch, Nichteröffnung oder endgültiger Verfahrenseinstel-** 8 **lung** (S 2), nicht bei Unzuständigkeitserklärung nach § 16 (SK-Rudolphi 6 zu § 16), wird gesetzlich vermutet, dass die Haftvoraussetzungen (bei Freispruch insbesondere der dringende Tatverdacht) weggefallen sind oder die Verhältnismäßigkeit nicht mehr gewahrt ist (Düsseldorf MDR **74**, 686; Hamm NJW **54**, 86; Karlsruhe NStZ **81**, 192; LG Mannheim StV **85**, 287). Auf Richtigkeit und Rechtskraft der Entscheidung kommt es nicht an; I S 2 gilt auch bei einem offensichtlich fehlerhaften Freispruch (Düsseldorf aaO; Roxin/Schünemann § 30, 51; Schlüchter 235). Daher muss der Haftbefehl stets aufgehoben werden (ebenso ein Außervollzugsetzungsbeschluss, vgl § 123 I Nr 1; Düsseldorf NStZ **99**, 585), bei Urteilserlass durch des. Beschluss, bei Verfahrenseinstellung auch die nach § 206a in diesem Beschluss; endgültige Verfahrenseinstellung ist auch die nach § 154b IV S 1 (Saarbrücken StV **88**, 110 L). Der Fall des § 170 II S 1 ist nach III zu behandeln (LR-Hilger 22).

Mit der Aufhebung des Haftbefehls ordnet das Gericht zugleich die **Freilassung** 9 des Beschuldigten an, wenn keine Überhaft vermerkt ist (RiStBV 55 I), und veranlasst die Entlassung. Bei Aufhebung in der Hauptverhandlung darf der Angeklagte nicht zwangsweise in die JVA zurückgebracht werden (LG Berlin NStZ **02**, 497; LR-Hilger 27; Stahl StraFo **01**, 261). Ihm wird zweckmäßigerweise eröffnet, dass er sich zwar frei bewegen könne, dass es sich aber empfiehlt, in die Anstalt zurückzukehren, um die Entlassungsförmlichkeiten zu erledigen (RiStBV 55 II S 2).

Ist gegen das Urteil oder gegen den Beschluss Berufung oder Beschwerde einge- 10 legt worden, so darf schon vor der Rechtsmittelentscheidung ein **neuer Haftbefehl** auf Grund neuer Tatsachen oder Beweise erlassen werden, die geeignet sind, die gesetzliche Vermutung des I S 2 zu widerlegen (KG StV **86**, 539; JR **89**, 344; Hamm NStZ **81**, 34; Karlsruhe NStZ **81**, 192 mwN). Das gilt aber nicht, wenn das freisprechende Urteil mit der Revision angefochten ist; denn in diesem Stadium des Verfahrens können neue Tatsachen oder Beweise nicht mehr berücksichtigt werden (Düsseldorf aaO; **aM** KMR-Wankel 5a; KK-Schultheis 20 für den Fall einer offensichtlich begründeten Revision).

Wird das freisprechende oder das Verfahren einstellende **Urteil vom Revisi-** 11 **onsgericht aufgehoben** und die Sache nach § 354 II an den Tatrichter zurückverwiesen, so wird die gesetzliche Vermutung, dass keine Haftgründe mehr vorliegen, wieder entkräftet, auch wenn der Aufhebungsgrund nur ein Verfahrensfehler ist (**aM** Wendisch StV **85**, 377). Der Tatrichter kann dann auch bei gleicher Beweislage einen neuen Haftbefehl erlassen (Frankfurt StV **85**, 375; Hamm NStZ **81**, 34; Karlsruhe NJW **70**, 439; Köln StV **96**, 389; Schlüchter 235; **aM** LR-Hilger 37; Paeffgen NStZ **89**, 423; Schlothauer/Weider/Nobis 1267). Bei der Beurteilung des dringenden Tatverdachts sind aber auch die Gründe des Revisionsurteils zu berücksichtigen (Hamm aaO; Karlsruhe aaO).

2) Ein **Rechtsmittel (II)** gegen den Beschluss, durch den Haftbefehl auf- 12 gehoben worden ist (Beschwerde der StA nach § 304 I, weitere Beschwerde nach

§ 310 I), hat keine die Freilassung aufschiebende Wirkung. Sie kann auch nicht durch eine Anordnung nach § 307 II herbeigeführt werden; die Vorschrift wird durch II ausgeschlossen. War der Haftbefehl nur außer Vollzug gesetzt worden, so gilt II aber nicht; die Anwendung des § 307 II ist zulässig (KK-Schultheis 19).

13 **3) Auf Antrag der StA (III)**, der keiner Begründung bedarf, muss der Haftrichter, auch das Beschwerdegericht und das OLG oder der BGH im Verfahren nach §§ 121, 122, im Ermittlungsverfahren den Haftbefehl aufheben. An den Antrag, ihn außer Vollzug zu setzen, ist das Gericht nicht gebunden (Düsseldorf StV **01**, 462 mit abl Anm Schlothauer; AG Stuttgart NStZ **02**, 391; KMR-Wankel 7; LR-Hilger 40; **aM** BGH [ER] NJW **00**, 967 mit unzutr (vgl Meyer-Goßner Hamm-FS 450) „erst-recht-Schluss"; zust aber LG Amberg StV **11**, 420; Nehm Meyer-Goßner-FS 291; Rinio NStZ **00**, 547). Da die Bindungswirkung des III S 1 nur im Ermittlungsverfahren besteht, braucht der Richter einem zugleich mit der Anklageerhebung gestellten Aufhebungsantrag nicht stattzugeben (teilw **aM** LR-Hilger 42).

14 Die **Freilassung des Beschuldigten** kann der StA zugleich mit der Antragstellung anordnen (S 2). Ein Ermessen ist ihm entgegen dem Wortlaut des Gesetzes nicht eingeräumt; die Aufhebung des Haftbefehls durch das Gericht darf er nicht abwarten (LR-Hilger 46). Die Anordnung soll idR schriftlich erfolgen (vgl im einzelnen zur Entlassung die Landesgesetze, zB § 10 UVollzG RP zum kurzfristigen freiwilligen Verbleib und zur Entlassungsbeihilfe).

15 **4) Mit der Rechtskraft des Urteils** geht die UHaft ohne weiteres in Strafhaft oder in den Vollzug der Sicherungsmaßregel über (BGH **38**, 63; NStZ **93**, 31 [K]; KG NStZ **12**, 230; Hamm NStZ **08**, 582); auf die Einleitung der Vollstreckung kommt es nicht an, es tritt sog Organisations- oder Zwischenhaft ein (BVerfG NJW **06**, 427). Nach **aM** (Braunschweig NJW **66**, 116; vgl ferner Celle NStZ **85**, 188; Düsseldorf NStZ **81**, 366; StV **88**, 110; Barthe NStZ **16**, 71 ff; Bringewat StVollstr 9 zu § 450) besteht dann Vollstreckungshaft, während der der Verurteilte wie ein Strafgefangener zu behandeln ist (dagegen ausdr Seebode StV **88**, 119; zum Ganzen Schlothauer/Weider/Nobis 1007 mwN zum Streitstand).

16 Der **Haftbefehl** wird gegenstandslos (BVerfGE **9**, 160 = NJW **59**, 431; KG aaO; Düsseldorf Rpfleger **84**, 73; Hamm StraFo **02**, 100 mit insoweit abl Anm Nobis; Stuttgart Justiz **84**, 213; **aM** Schweckendieck aaO). Dies soll wegen § 123 nach einer Entscheidung des KG (StV **11**, 740) nicht für den außer Vollzug gesetzten Haftbefehl gelten. Gegenstandslos wird auch eine noch nicht beschiedene Haftbeschwerde (13 zu § 117). Ist in dem rechtskräftigen Urteil aber auf eine Bewährungsstrafe oder nicht auf Freiheitsentzug erkannt, so muss der Haftbefehl aufgehoben werden. Zur Aufhebung von Maßnahmen nach § 116 I vgl § 123.

Fortdauer der Untersuchungshaft über sechs Monate　　　　　　**RiStBV 56**

§ 121

I Solange kein Urteil ergangen ist, das auf Freiheitsstrafe oder eine freiheitsentziehende Maßregel der Besserung und Sicherung erkennt, darf der Vollzug der Untersuchungshaft wegen derselben Tat über sechs Monate hinaus nur aufrechterhalten werden, wenn die besondere Schwierigkeit oder der besondere Umfang der Ermittlungen oder ein anderer wichtiger Grund das Urteil noch nicht zulassen und die Fortdauer der Haft rechtfertigen.

II In den Fällen des Absatzes 1 ist der Haftbefehl nach Ablauf der sechs Monate aufzuheben, wenn nicht der Vollzug des Haftbefehls nach § 116 ausgesetzt wird oder das Oberlandesgericht die Fortdauer der Untersuchungshaft anordnet.

III ¹Werden die Akten dem Oberlandesgericht vor Ablauf der in Absatz 2 bezeichneten Frist vorgelegt, so ruht der Fristenlauf bis zu dessen Entscheidung. ²Hat die Hauptverhandlung begonnen, bevor die Frist abgelaufen ist, so ruht der Fristenlauf auch bis zur Verkündung des Urteils. ³ Wird die **Hauptverhandlung ausgesetzt und werden die Akten unverzüglich nach der Aussetzung dem Oberlandesgericht vorgelegt, so ruht der Fristenlauf ebenfalls bis zu dessen Entscheidung.**

IV ¹ **In den Sachen, in denen eine Strafkammer nach § 74a des Gerichtsverfassungsgesetzes zuständig ist, entscheidet das nach § 120 des Gerichtsverfassungsgesetzes zuständige Oberlandesgericht.** ² **In den Sachen, in denen ein Oberlandesgericht nach den §§ 120 oder 120b des Gerichtsverfassungsgesetzes zuständig ist, tritt an dessen Stelle der Bundesgerichtshof.**

Übersicht

	Rn
1) Anspruch auf beschleunigte Aburteilung	1–2
2) Begrenzung der UHaft auf 6 Monate (I)	3–26
A. Fristberechnung	4–7
B. Zeitliche Geltung der Beschränkungen der UHaft	8–10
C. UHaft wegen derselben Tat	11–15
D. Unmöglichkeit des Urteilserlasses innerhalb der 6-Monats-Frist	16–26
3) Anordnung der Haftfortdauer (II)	27, 28
4) Begründung der Haftfortdauerentscheidung	28a
5) Ruhen des Fristenlaufs (III)	29–32
6) Staatsschutzsachen (IV)	33

1) Einen **Anspruch auf beschleunigte Aburteilung** hat der in UHaft (und 1 einstweiliger Unterbringung) befindliche Beschuldigte nach Art 5 III S 2 **EMRK** (dort 10 ff) und auf Grund des aus Art 2 II S 2 GG herzuleitenden verfassungsmäßigen Grundsatzes der Verhältnismäßigkeit (BVerfGE **20**, 45, 50; **20**, 144, 146; **36**, 264, 270; **53**, 152, 158 ff). I setzt die zulässige Gesamtdauer der UHaft bis zum Urteil, auch bei Unterbrechung des Vollzugs (LR–Hilger 10), wegen derselben Straftat (unten 11) auf 6 Monate fest (vgl KG StraFo **13**, 502). Die Vorschrift ist eng auszulegen; die Strafverfolgungsbehörden und Strafgerichte müssen alle möglichen und zumutbaren Maßnahmen ergreifen, um die notwendigen Ermittlungen mit der gebotenen Schnelligkeit abzuschließen und eine gerichtliche Entscheidung über die einem Beschuldigten vorgeworfenen Taten herbeizuführen (BVerfG StV **07**, 369). Nur ausnahmsweise und nur auf Anordnung des OLG dürfen die 6 Monate überschritten werden (II), eine UHaft von mehr als 1 Jahr bis zum Beginn der Hauptverhandlung kann nur in ganz besonderen Ausnahmefällen gerechtfertigt sein (BVerfG NJW **18**, 2948; StV **06**, 72, 78; **08**, 198, 199; 421, 422). Eine **schematische Handhabung** anhand starrer Fristen ist dennoch **nicht** angebracht; vielmehr hängt die zulässige Dauer der UHaft von den Umständen des Einzelfalls ab (siehe nur EGMR Nr 67522/09 vom 6.11.2014: UHaft von 7 Jahren in einem Mordfall mit internationalen Bezügen und der Notwendigkeit umfangreicher internationaler Rechtshilfe nicht konventionswidrig; BGH NStZ-RR **15**, 221: 5 Jahre UHaft bei besonderer rechtlicher und tatsächlicher Komplexität eines Verfahrens nach dem VStGB nicht unverhältnismäßig). Bereits bei Erlass des Haftbefehls ist zu beachten, dass die Frist eingehalten werden kann (Düsseldorf StV **88**, 390). Der Freiheitsanspruch des Beschuldigten ist den vom Standpunkt der Strafverfolgung aus erforderlichen und zweckmäßigen Freiheitsbeschränkungen ständig als Korrektiv entgegenzuhalten; sein Gewicht vergrößert sich regelmäßig gegenüber dem Strafverfolgungsinteresse mit zunehmender Dauer der UHaft; an einen zügigen Fortgang des Verfahrens sind daher um so strengere Anforderungen zu stellen, je länger die UHaft bereits andauert (BVerfG StV **13**, 640; 2 BvR 1164/12 vom 14.2.2012).

Das **Beschleunigungsgebot gilt für das gesamte Strafverfahren** (BVerfG 1a StV **09**, 479; StV **09**, 592; StraFo **10**, 461; Naumburg StV **09**, 482), selbstverständlich auch schon vor Ablauf der 6-Monatsfrist (KG StraFo **13**, 502, 504). Im **Zwischenverfahren** ist nach Anklageerhebung bei Entscheidungsreife über die Zulas-

§ 121

sung der Anklage zu beschließen und im Regelfall binnen 3 Monaten mit der Hauptverhandlung zu beginnen, es sei denn, das erkennende Gericht geht ohne Verstoß gegen das Willkürverbot davon aus, dass weitere Ermittlungen notwendig sind, zB weil die Anklage sich auf eine vom Haftbefehl abweichende rechtliche Beurteilung stützt (BVerfG NStZ-RR **19**, 350; erg 3a zu § 120), Auch **nach Beginn der Hauptverhandlung** sind an den zügigen Fortgang des Verfahrens umso strengere Anforderungen zu stellen, je länger die Untersuchungshaft andauert; bei absehbar umfangreicheren Verfahren macht dies nach der Rspr des BVerfG eine vorausschauende, auch größere Zeiträume umgreifende Verhandlungsdichte von durchschnittlich mindestens 1, das Verfahren tatsächlich fördernden Hauptverhandlungstag pro Woche notwendig (BVerfG StV **13**, 640; NJW **18**, 2948; 2 BvR 2429/18 vom 23.1.2019: deutlich weniger als 1 Tag pro Woche nicht ausreichend; BGH NStZ-RR **13**, 86 L; vgl auch Karlsruhe NStZ-RR **18**, 114; Köln StraFo **13**, 336). Dabei sind wertend auch Kurztermine mit zu berücksichtigen (BVerfG 2 BvR 2429/18 vom 23.1.2019). Bei der Prüfung der Rechtmäßigkeit weiterer Haftfortdauer sind die Komplexität der Rechtssache – insbesondere die Vielzahl der Beteiligten und der Anklagevorwürfe –, das Verhalten der Verteidigung,: die voraussichtliche Gesamtdauer des Verfahrens, die für den Fall einer Verurteilung im Raum stehende Straferwartung und das hypothetische Ende einer möglicherweise zu verhängenden Freiheitsstrafe zu würdigen (BVerfG aaO, auch zur notwendigen Begründungstiefe der Haftentscheidung). Eine Reduzierung der ursprünglich vorgesehenen Sitzungstage ist allerdings unbedenklich, wenn sie erst während der laufenden Verhandlung notwendig wird, um eine Aussetzung zu vermeiden (BGH StB 2/13 vom 19.3.2013: Verfahren mit starkem Auslandsbezug und erforderlich werdenden Rechtshilfeersuchen); dies muss gleichermaßen gelten, wenn sich Terminsschwierigkeiten – vor allem mit den Verteidigern der Angeklagten – anders nicht überwinden lassen. Eine **niedrige Sitzungsfrequenz** kann allerdings durch Probleme bei der Durchführung von Strafällen mit Auslandsbezug und dem Erfordernis internationaler Rechtshilfe gerechtfertigt sein (EGMR NJW **15**, 3773; erg 3b zu § 120, 11 zu Art 5 **EMRK,** 7a zu Art 6 **EMRK**). Das Beschleunigungsgebot verliert seine Bedeutung im Übrigen auch nicht durch den Erlass des Urteils 1. Instanz; erg 3 ff zu § 120, 7 a ff zu Art 6 EMRK.

1b Eine **absolute Höchstgrenze** für die Dauer von UHaft sieht weder die StPO noch die EMRK vor (EGMR EuGRZ **93**, 384). Es kommt auf eine Abwägung aller Umstände des Einzelfalls an. Eine ein Jahr übersteigende UHaft ist allerdings nur in besonderen Ausnahmefällen zu rechtfertigen (vgl BVerfG StV **08**, 198; Karlsruhe NStZ-RR **18**, 114). Der EGMR (NJW **01**, 2694) verlangt für eine zwei Jahre übersteigende UHaft „sehr zwingende Gründe" und „besondere Sorgfalt beim Betreiben des Verfahrens" (vgl auch Ambos NStZ **03**, 15); eine UHaft von nahezu 6 Jahren hat er trotz Schwierigkeiten des Verfahrens für unzulässig (NJW **03**, 1439), dagegen eine solche von fast 7 Jahren bei einem Mordfall mit internationalen Bezügen und vielfältigen Problemen internationaler Rechtshilfe für konventionskonform gehalten (EGMR Nr 67522/09 vom 6.11.2014); das BVerfG hat allerdings auch bei sehr großer Schwere des Tatvorwurfs (mehrfacher Mord) eine 8 Jahre lange UHaft beanstandet (NJW **05**, 3485). § 122a bestimmt für den Vollzug des auf Wiederholungsgefahr (§ 112a) gestützten Haftbefehls eine Höchstdauer.

2 Die zeitliche Begrenzung der UHaft nach **I gilt nicht,** wenn der Haftbefehl nach § 230 II (dort 10), § 236 oder § 329 IV S 1 (dort 45) ergangen ist, auch nicht bei Überhaft (BGH AK 41/16 vom 28.7.2016; 13 vor § 112) – bei der aber das Beschleunigungsgebot zu beachten ist (KG StV **03**, 627; Bremen StV **00**, 35; Brandenburg StV **99**, 161; Düsseldorf NJW **91**, 2302; Oldenburg StraFo **98**, 137; erg 6 zu § 120) –, in den Fällen der §§ 71 II S 1, 72 IV **JGG** (Celle NJW **65**, 2069) und des § 26 IRG. § 121 ist aber entspr bei einstweiliger Unterbringung nach § 126a anzuwenden (dort 10a). Vgl zur Beachtung des Beschleunigungsgebots auch die Richtlinien und Hinweise des GStA Celle für die Bearbeitung von Haftsachen StV **97**, 166.

2) **Begrenzung der UHaft auf 6 Monate (I):** 3

A. **Fristberechnung:** Die Frist beginnt nicht schon mit der vorläufigen Festnahme nach § 127, sondern erst mit Erlass des Haftbefehls nach § 128 II S 2 (Braunschweig NJW 66, 116). War schon vorher ein Haftbefehl erlassen worden, so ist der Tag der Festnahme maßgebend. § 43 ist anwendbar, sodass der erste Tag der UHaft nicht mitzurechnen ist (Hamm 3 Ws 429/07 vom 8.8.2007; Frankfurt NJW 66, 2076; **aM** LR-Hilger 13). Für die Fristberechnung werden aber nur die Zeiten berücksichtigt, in denen die UHaft tatsächlich vollzogen worden ist. 4

Unterbrechungen, zB nach § 116 oder zur Strafverbüßung, zählen nicht mit (Hamm JMBlNRW 82, 33; Karlsruhe Justiz 76, 263; Zweibrücken MDR 78, 245, auch nicht die Unterbringung zur Beobachtung nach § 81, wenn für ihre Dauer die UHaft ausdrücklich ausgesetzt worden ist (KMR-Wankel 3; **aM** KG NStZ 97, 148 trotz des Unterschieds zwischen ausgesetzter UHaft und Unterbringung; vgl auch Dresden NStZ-RR 02, 60). 5

Mitgerechnet wird die **einstweilige Unterbringung** nach § 126a, wenn sie durch UHaft ersetzt werden musste, weil die zunächst angenommenen Voraussetzungen der Vorschrift zweifelhaft geworden sind, und wenn sich die UHaft unmittelbar an die Unterbringung anschließt (hM, vgl nur Düsseldorf MDR 94, 192; NStZ 87, 475; Nürnberg StV 97, 537 L; Paeffgen NStZ 89, 518; 03, 82; **aM** aber nicht überzeugend und – wie Düsseldorf NJW 08, 867 zutr feststellt – durch § 126a II S 2 überholt München NStZ-RR 03, 366; Schleswig NStZ 02, 220 L mit zust Anm Döllel), nicht aber, wenn der Beschuldigte zwischenzeitlich auf freien Fuß gesetzt (Koblenz MDR 75, 422; **aM** Celle NStZ 91, 248; krit auch Sack NJW 75, 2240), nach dem PsychKG NW untergebracht (Düsseldorf StV 96, 553 mit Anm Varvatou/Schlothauer; Koblenz NStZ-RR 98, 21) oder gegen ihn eine Freiheitsstrafe vollstreckt worden war (Düsseldorf MDR 86, 956; **aM** Starke StV 88, 223: Anrechnung ohne Rücksicht auf Unterbrechung). 6

Entsprechendes gilt für die Unterbringung in einem **Erziehungsheim,** die nach § 72 IV S 2 JGG nachträglich durch UHaft ersetzt worden ist, wenn die Unterbringung nach § 72 IV S 1 JGG angeordnet worden war (Dresden JR 94, 377 mit abl Anm Brunner; Karlsruhe NStZ 97, 452), nicht aber bei Unterbringung Heranwachsender in einer nicht geschlossenen Einrichtung (Köln NStZ-RR 11, 121) und nicht bei unmittelbar vorhergehender Unterbringung nach § 71 II JGG (KG JR 90, 216; Dresden aaO; **aM** Paeffgen NStZ 94, 424; 96, 74). 6a

Nicht mitgerechnet wird eine im Ausland erlittene **Auslieferungshaft** (Hamm NJW 66, 314; Schleswig SchlHA 09, 241 [D/D]; Nürnberg GA 66, 90). Ebenso zählt nur die deutsche UHaft, nicht die bei den Behörden des Entsendestaats, wenn das Verfahren nach dem NATO-Truppenstatut auf die deutsche Justiz übergegangen ist (KK-Graf 14 vor § 112). Mitgerechnet wird aber der Gewahrsam, den die Behörden des Entsendestaats an einem Mitglied der Truppe auf Grund eines Haftbefehls der BRep nach Art V Buchst c NTS iVm Art 22 III des NTS-ZA vollzogen haben (Hamm NStZ 81, 272 L; JMBlNRW 74, 166; Koblenz NJW 74, 2193; **aM** Frankfurt NJW 73, 2218; Marenbach NJW 74, 396), sofern es sich dabei nicht nur um eine in der Form der „restriction" verhängte Ausgangssperre handelt (Zweibrücken NJW 75, 2150; Schwenk JZ 76, 582). 7

B. **Bis zu einem auf Freiheitsentziehung lautenden Urteil** (Freiheitsstrafe mit oder ohne Bewährung oder freiheitsentziehende Sicherungsmaßregeln) gelten die Beschränkungen der UHaft (Düsseldorf MDR 92, 1173). Eine versehentlich unterbliebene Haftprüfung wird nach Urteilserlass nicht nachgeholt (KG JR 67, 266; Köln JMBlNRW 77, 140; vgl nach Düsseldorf NJW 91, 2656: Keine Entscheidung trotz Aufhebung des Haftfortdauerbeschlusses durch das BVerfG). Jedoch kann unabhängig von I ein erheblicher Verstoß gegen das Beschleunigungsgebot durch eine vom Angeklagten nicht zu vertretende Verzögerung des Verfahrens auch nach Erlass des tatrichterlichen Urteils den Grundsatz der Verhältnismäßigkeit verletzen und daher ebenfalls der Fortdauer der UHaft entgegenstehen (BVerfG NStZ 05, 456; Bamberg StV 94, 141; Düsseldorf StraFo 98, 350; 8

§ 121

NStZ-RR **00**, 250; Frankfurt StV **06**, 648; Koblenz StV **04**, 329; Naumburg StV **07**, 253; **08**, 201; Oldenburg StV **08**, 201; Saarbrücken StV **07**, 365; Paeffgen NStZ **93**, 578; **06**, 143 Fn 22). Zur Beachtung des für Haftsachen geltenden Beschleunigungsgebots im Berufungsverfahren vgl Frankfurt StV **06**, 195; **07**, 249.

9 Der Wegfall der Haftbeschränkung nach dem Urteilserlass ist **endgültig**, auch wenn das Urteil auf ein Rechtsmittel durch ein dem I nicht entsprechendes Urteil (zB auf Geldstrafe) ersetzt wird oder wenn das Rechtsmittelgericht die Sache nach §§ 328 II, 354 II, 355 zurückverweist (Hamm NJW **65**, 1818; Karlsruhe Justiz **86**, 144; JZ **65**, 587; Zweibrücken JBlRP **10**, 51).

10 Ist der Haftbefehl wegen mehrerer Taten erlassen worden und ergeht das auf Freiheitsentziehung lautende Urteil nach **Teilabtrennung** nur wegen eines Teils dieser Taten, so ist das Verfahren nach den §§ 121, 122 durchzuführen, wenn die Haft nur wegen der nicht abgeurteilten Taten weiter vollzogen wird (Koblenz StV **98**, 557; vgl auch München NStZ **86**, 423 zur Zusammenrechnung der Haftzeiten in diesem Fall). Betrifft aber der Vollzug des Haftbefehls auch die bereits abgeurteilten Taten, so entfällt die Haftprüfung, die dann keinen Sinn hätte (Koblenz NStZ **82**, 343 mit abl Anm Dünnebier; Hamm NStZ-RR **02**, 382; KK-Schultheis 5a; **aM** Frankfurt NJW **66**, 2423; Stuttgart StV **95**, 201; LR-Hilger 22; Paeffgen NStZ **89**, 518; Schlüchter 239.1; vgl auch Oldenburg NStZ-RR **74**, 60). Die durch Anrechnung auf eine rechtskräftig erkannte Strafe vollständig verbrauchte UHaft ist nicht mit der wegen einer anderen Tat weiterhin vollzogenen UHaft zusammenzurechnen (Karlsruhe MDR **94**, 191; Saarbrücken NStZ **04**, 644; **aM** Paeffgen StV **95**, 75).

11 C. Nur **wegen derselben Tat** ist die Dauer der UHaft bis zum Urteil auf 6 Monate begrenzt. Der Begriff „derselben Tat" muss weit ausgelegt werden; er stimmt mit dem prozessualen Tatbegriff nicht überein (BGH NStZ **19**, 626; München StraFo **11**, 394; Düsseldorf StV **04**, 496 mwN; Nürnberg StV **17**, 457; kritisch dazu Schwarz NStZ **18**, 187). Vielmehr umfasst er alle Taten des Beschuldigten von dem Zeitpunkt an, in dem sie – im Sinne eines dringenden Tatverdachts – bekannt geworden sind und in den bestehenden Haftbefehl hätten aufgenommen werden können (BGH aaO; AK 14/17 vom 6.4.2017 mwN; Celle StV **12**, 421; KG StraFo **13**, 507 mwN); ein „Aufsparen" von Tatvorwürfen für einen zusätzlichen Haftbefehl zu Lasten des Beschuldigten ist unzulässig (Nürnberg StraFo **18**, 386). Maßgebend ist daher nicht, dass es sich um UHaft wegen Taten handelt, die Gegenstand desselben Verfahrens sind (dazu eingehend Düsseldorf aaO mwN). Ob die mehreren Verfahren bereits verbunden sind oder ob sie verbunden werden können, spielt ebenfalls keine Rolle (Celle aaO; NStZ **87**, 571; Oldenburg NJW **67**, 2371; Starke StV **88**, 226 ff; **aM** Braunschweig NJW **67**, 363; AK-Krause 6). Entsteht erst im weiteren Verlauf der Ermittlungen ein dringender Tatverdacht wegen einer anderen Tat, beginnt die Frist des I zu dem Zeitpunkt, an dem sich die Möglichkeit einer Haftbefehlserweiterung bei ordnungsgemäßer Ermittlungstätigkeit erstmals ergeben hat, sofern die weitere Tat sich allein den Erlass des Haftbefehls rechtfertigt (KG aaO; Celle aaO).

12 Zur **Tat iS des I** gehören vielmehr alle Taten des Beschuldigten von dem Zeitpunkt an, in dem sie bekannt geworden sind oder bei der gebotenen Beschleunigung hätten bekannt sein können (Jena StV **11**, 748) und daher in den Haftbefehl hätten aufgenommen werden können (Düsseldorf aaO mwN; Hamm StraFo **98**, 242; Stuttgart NStZ-RR **99**, 318; StV **08**, 85; Zweibrücken NStZ-RR **98**, 182; sog „erweiterter Tatbegriff"); die „Reservehaltung" von Tatvorwürfen, die den Erlass eines weiteren oder die Erweiterung des bestehenden Haftbefehls rechtfertigen, ist nicht zuzulassen (BGH AK 14/17 vom 6.4.2017; Dresden NJW **10**, 952; Frankfurt NJW **90**, 2144; Naumburg StraFo **09**, 148; KG StV **14**, 233; vgl auch Hamm StV **95**, 200).

13 Das bedeutet: Wird UHaft vollzogen, so darf sie nicht auf Grund eines weiteren Haftbefehls, der bereits **bei Erlass des 1. Haftbefehls bekannt gewesene Tatvorwürfe** zum Gegenstand hat, über 6 Monate hinaus fortdauern (BGH aaO;

Celle NJW 66, 1574). Das gilt auch dann, wenn Teile der Tat erst im Laufe der Ermittlungen bekannt werden. Gleichgültig ist, ob der weitere Haftbefehl in demselben oder in einem anderen Verfahren (auch dem einer anderen StA) erlassen worden ist (Schleswig SchlHA 97, 152 [L/S]; einschr Köln NStZ-RR 98, 181, dem zust Lange NStZ 98, 606: „neue Maßstäbe"; Jena StV 99, 329 mit abl Anm Schlothauer). Für die Prüfung sind nur die Taten von Bedeutung, die im Haftbefehl genannt sind oder hinsichtlich derer jedenfalls ein dringender Tatverdacht besteht (Karlsruhe NJW 04, 3725).

Werden erst **im Laufe des Ermittlungsverfahrens neue Taten bekannt,** so 14 kann die UHaft ohne Rücksicht auf ihre bisherige Dauer (BGH AK 14/17 vom 6.4.2017) auf Grund eines wegen dieser Taten erlassenen Haftbefehls oder auf Grund einer Erweiterung des 1. Haftbefehls bis zur Grenze des I vollzogen werden; die Frist beginnt von dem Zeitpunkt an zu laufen, in dem der Tatverdacht so dringend geworden ist, dass der 2. Haftbefehl hätte erlassen bzw der 1. Haftbefehl hätte ergänzt werden können (BGH aaO mwN; Rostock StRR 13, 475; Düsseldorf StV 04, 496; 96, 553; Zweibrücken StV 00, 629; Koblenz StV 10, 119 L mwN; **aM** Karlsruhe StV 11, 293: kein erneutes In-Lauf-Setzen); regelmäßig ist davon auszugehen, dass der Haftbefehl spätestens an dem auf die Beweisgewinnung folgenden Tag der veränderten Sachlage anzupassen ist (BGH aaO). Dies gilt auch für neue prozessuale Taten, die Teil einer Serie gleichgerichteter Taten sind (Nürnberg StraFo 18, 386; 16, 468; **aM** Koblenz 2 Ws 486/14 vom 17.9.2014); zur Erweiterung ist das Haftgericht selbst während der laufenden oberlandesgerichtlichen Haftprüfung befugt (Nürnberg aaO; erg 6 zu § 122).

Entsprechendes gilt, wenn der Beschuldigte während des Vollzugs des 1. Haftbe- 15 fehls, bei einer Unterbrechung des Vollzugs oder nach Aufhebung des Haftbefehls **neue Straftaten begeht.** Auch dann kann der Vollzug des wegen der neuen Taten erlassenen Haftbefehls, hier aber ohne Rücksicht auf den Zeitpunkt seines Erlasses, erneut die 6-Monatsgrenze des I ausschöpfen (Köln NStZ-RR 01, 123 mwN; Naumburg NStZ 05, 585; Oldenburg NJW 67, 2371 = JZ 68, 341 mit abl Anm Kleinknecht; Paeffgen NStZ 89, 514; 90, 535; Summa NStZ 02, 70; **aM** Celle NStZ 89, 243; krit auch Hilger Gollwitzer-Koll 65). In beiden Fällen ist es ohne Bedeutung, ob die Verfahren später zur gemeinsamen Verhandlung verbunden werden oder nicht (KG JR 67, 231).

D. **Unmöglichkeit des Urteilserlasses innerhalb der 6-Monats-Frist:** 16

a) Die **besondere Schwierigkeit oder der besondere Umfang der Ermitt-** 17 **lungen** führen nur dann zur Aufrechterhaltung der UHaft, wenn dadurch ihre Fortdauer gerechtfertigt, dh im Hinblick auf Art 2 II S 2 GG nicht unverhältnismäßig ist (BVerfG NJW 91, 2821; NStZ 91, 397; StV 98, 557). Sie ist auf Grund eines Vergleichs mit einem durchschnittlichen Ermittlungsverfahren zu beurteilen (KK-Schultheis 14; Kleinknecht MDR 65, 788) und kann zB darin liegen, dass eine Vielzahl von Straftaten aufzuklären ist, dass zahlreiche in- und ausländische Zeugen vernommen (vgl Hamm JZ 65, 545) oder zeitraubende Gutachten eingeholt werden müssen, dass sich das Verfahren gegen mehrere Mittäter richtet oder dass der Beschuldigte von seiner Aussagefreiheit nach § 136 I S 2 Gebrauch macht und dadurch die Ermittlungen erschwert (zu letzterem **aM** Knauer StraFo 07, 313). Sein sonstiges Prozessverhalten (Missbrauch des Beschwerderechts uä) begründet nicht die besondere Schwierigkeit der Ermittlungen.

b) **Andere wichtige Gründe:** Diese Ausnahmevorschrift ist, wie schon der 18 Gesetzeswortlaut deutlich macht, eng auszulegen (BVerfGE 20, 45, 50; 36, 264, 271; 53, 152, 159; zur Rspr des BVerfG Jahn NStZ 07, 257). Die wichtigen Gründe müssen in ihrem Gewicht den besonders genannten Gründen gleichstehen, brauchen ihnen aber der Art nach nicht zu ähneln (Temming/Lange NStZ 98, 63; Kleinknecht JZ 74, 586).

Entscheidend ist, ob die Strafverfolgungsbehörden und Gerichte alle zumutba- 19 ren Maßnahmen getroffen haben, um die Ermittlungen so schnell wie möglich abzuschließen und ein Urteil herbeizuführen (BVerfG aaO; Hamm NJW 68,

§ 121

1203, 1204; Köln StV **99**, 40; Schleswig SchlHA **84**, 101 [E/L]). Dabei sind umso strengere Anforderungen zu stellen, je länger die UHaft dauert (BVerfG 2 BvR 208/12 vom 17.1.2013; NStZ **00**, 153; KG StV **83**, 111; **85**, 116; Düsseldorf NJW **96**, 2587; Frankfurt StV **82**, 584; München StV **89**, 351). Die Anforderungen an die Zügigkeit der Bearbeitung von Haftsachen sind daher bei der 1. Haftprüfung nach § 122 I weniger streng als bei den späteren Prüfungen nach § 122 IV (KG aaO; Karlsruhe aaO). Sind Verfahrensverzögerungen der Sphäre des Staates zuzurechnen, kommt es auf ein „Verschulden" nicht an (BVerfG StV **06**, 703). UHaft von mehr als 1 Jahr bis zum Urteil ist nur ganz ausnahmsweise gerechtfertigt (BVerfG aaO; NJW **18**, 2948; Köln MDR **92**, 1070). Eine sicher bevorstehende, nicht gerechtfertigte und erhebliche Verzögerung steht einer bereits eingetretenen gleich (BVerfG EuGRZ **07**, 591; Stuttgart NStZ-RR **12**, 62). Bereits keine signifikante Verfahrensverzögerung, welche die Auswechslung des Pflichtverteidigers gebieten würde, liegt allerdings vor, wenn in einem Umfangsverfahren der Beginn der Hauptverhandlung wegen Verhinderung der Verteidiger um einige Wochen nach hinten verschoben werden muss (Frankfurt StV **12**, 612).

20 Auf eine **Abwägung** zwischen den Interessen der verletzten Rechtsgemeinschaft an der Verfahrenssicherung und dem Beschleunigungsanspruch des inhaftierten Beschuldigten kommt es dabei, anders als bei der Beurteilung der Verhältnismäßigkeit nach Art 2 II S 2 GG (vgl BVerfGE **20**, 45, 50), im Einzelfall **nicht** an (LR-Hilger 6). Daher ist die Schwere der dem Beschuldigten vorgeworfenen Tat und die im Raum stehende Straferwartung ohne jede Bedeutung (BVerfG StV **07**, 369; Nürnberg StraFo **16**, 248; Düsseldorf MDR **92**, 796; Jena StraFo **04**, 318); für Kapitalverbrechen gelten keine Ausnahmen (**aM** Jena StV **11**, 735 mit abl Anm Tsambikakis im Fall des § 112a bei Gefährdung hochrangiger Rechtsgüter und hoher Wahrscheinlichkeit erneuter Tatbegehung).

21 Ein **wichtiger Grund liegt vor,** wenn das Verfahren durch Umstände verzögert wird, denen die Strafverfolgungsbehörden durch geeignete Maßnahmen nicht haben entgegenwirken können (vgl KG StraFo **13**, 502, 504; Bamberg NJW **96**, 1222). Dazu gehören insbesondere die Erkrankung des in der Sache allein bearbeitenden StA (Hamm NJW **72**, 550), die Verhinderung unentbehrlicher Verfahrensbeteiligter oder Beweispersonen infolge Erkrankung oder Unabkömmlichkeit (BVerfGE **36**, 264, 274; Düsseldorf NJW **93**, 1149 Nr 18; NStE Nr 39), häufiger Verteidigerwechsel mit Akteneinsichtsgesuchen (Hamm StV **96**, 497), die Notwendigkeit, die Ermittlungen wegen des Wohles von sexuellem Missbrauch betroffenen Kindern behutsam zu führen (Bamberg NJW **95**, 1689), die von dem Beschuldigten auf Grund seiner besonderen Verteidigungskonzeption (Düsseldorf MDR **87**, 1048), wegen Wahrnehmung prozessualer Rechte (Nürnberg wistra **11**, 478), wegen unmittelbarer Einflussnahmen auf das Verfahren aus seinem Umfeld (Nürnberg StraFo **15**, 288), aber auch die durch Missbrauch des Beschwerderechts verschuldete Verfahrensverzögerung (Schleswig SchlHA 95, 4 [L/T]; LR-Hilger 28, 34 ff) und die Notwendigkeit, die Hauptverhandlung auszusetzen, etwa weil Beweisanträgen des Verteidigers stattgegeben werden muss oder weil der Verteidiger sich weigert, die (notwendige) Verteidigung zu führen (KG JR **81**, 86) bzw der Verteidigerin ihre Beiordnung zur Pflichtverteidigerin erzwingen will (BGH NStZ-RR **19**, 283).

21a Ein wichtiger Grund kann auch ausnahmsweise die kurzfristige, weder voraussehbare noch vermeidbare **Überlastung der StA oder des Gerichts** sein (Braunschweig NJW **67**, 1290; Düsseldorf NJW **93**, 1149 Nr 19; Frankfurt StV **83**, 379; Koblenz OLGSt S 115; Köln NJW **73**, 912), **nicht** jedoch eine nicht behebbare Belastung des Spruchkörpers (KG StraFo **13**, 509), selbst wenn sie auf einem Geschäftsanfall beruht, der sich trotz Ausschöpfung aller gerichtsorganisatorischen Mittel und Möglichkeiten nicht mehr innerhalb angemessener Fristen bewältigen lässt (BVerfG JR **14**, 488). Der Staat hat seine Gerichte derart mit Personal auszustatten, dass sie in der Lage sind, dem Beschleunigungsgebot Rechnung zu tragen (BVerfG NJW **18**, 2948); eine allein an statistischen Kennzahlen orientierte **Personalpolitik** ohne Berücksichtigung der tatsächlichen Belastung genügt dem nicht (Bremen StV **16**, 824). Ein gewisser Beurteilungsspielraum hinsichtlich der Notwendigkeit einzelner Ermittlungen zur Feststellung des hinreichenden Tatverdachts sollte der StA eingeräumt werden (Hoffmann NStZ **02**, 566). Eine Erörterung nach § 202a verstößt grundsätzlich nicht gegen den Beschleunigungsgrundsatz (Nürnberg StV **11**, 750), ebenso wenig die von sachlichen Erwägungen getragene Abtrennung der Verfahren inhaftierter Erwachsener von dem Verfahren gegen Jugendliche und Heranwachsende durch die Jugendkammer (Stuttgart NStZ **13**, 93 [Schultheis]). Ein an den EuGH gerichtetes **Vorabentscheidungsersuchen** nach Art 267 AEUV kann einen wichtigen Grund darstellen, setzt jedoch voraus, dass das vorlegende Gericht das – regelmäßig in 3 bis 4 Monaten erledigte – Eilvorlageverfahren betreibt (s Nr 33 ff der hierzu ergangenen Hinweise [2011/C 160/01]).

c) **Kein wichtiger Grund** ist eine strukturell zu geringe Personalausstattung 22 oder eine dauerhafte Überlastung mit Haftsachen (BVerfG StV **19**, 563 L; vgl auch KG StV **19**, 571 L. Insbesondere ist die Überlastung infolge Häufung anhängiger Sachen oder unzulänglicher Besetzung des Spruchkörpers, die schon länger andauert und durch die Besetzung freier Richterstellen (Bartsch NJW **73**, 1303 und Bondzio NJW **73**, 1468 gegen Hamm NJW **73**, 720) oder durch Ausschöpfung aller gerichtsorganisatorischen Mittel und Möglichkeiten, insbesondere durch Geschäftsverteilungsmaßnahmen der StA oder des Präsidiums des Gerichts, notfalls unter Heranziehung von Zivilrichtern (KG StV **85**, 116; **92**, 523; Düsseldorf StV **90**, 168; NJW **93**, 1088; Frankfurt MDR **93**, 787; NJW **96**, 1485; Schleswig StV **85**, 115; vgl auch BVerfGE **36**, 264, 273; BVerfG NJW **91**, 689; **92**, 2280; **03**, 2895; NStZ **91**, 397; **94**, 93), hätten beseitigt werden können (BGH **38**, 43; Celle StV **95**, 425; **02**, 150; Düsseldorf NJW **91**, 2303; 3046; **91**, 169; StraFo **96**, 185; Frankfurt StV **90**, 310; Hamburg StV **89**, 489; Jena NStZ-RR **97**, 364; Köln MDR **93**, 787; München StV **89**, 351; Nürnberg StraFo **08**, 469; vgl auch BVerfG DRiZ **08**, 60), kein wichtiger Grund, auch nicht die zeitweise Abwesenheit des Vorsitzenden (BVerfG NJW **94**, 2081), der Wechsel oder Urlaub des Vorsitzenden (Düsseldorf JMBlNW **94**, 272; Koblenz NStZ **97**, 252), des StA oder des Berichterstatters (BVerfG NStZ **94**, 93; Schleswig SchlHA **96**, 93 [L/T]) oder die Überlastung des Schwurgerichts mit nicht zum Katalog des § 74 II GVG gehörenden Haftsachen (Hamm NStZ **83**, 519).

Das Vorliegen einer Überlastung kann allerdings **nicht anhand starrer Fristen** 22a beurteilt werden. Vielmehr ist auf die Besonderheiten des Einzelfalls abzustellen. Dabei sind für die Zustellung der Anklage, die Einräumung einer der Bedeutung und der Schwierigkeit des jeweiligen Verfahrens angemessenen Stellungnahmefrist für die Angeschuldigten und die sich anschließende, eine Kenntnis der vollständigen Aktenlage voraussetzenden Entscheidung über die Eröffnung des Verfahrens ebenso eine angemessene Bearbeitungszeit in Rechnung zu stellen wie für den erforderlichen zeitlichen Aufwand für die Vorbereitung und Terminierung der Hauptverhandlung durch den Vorsitzenden (BGH StV **14**, 6: Terminierung frühestens 4 Monate nach Eingang der Anklage).

Ein wichtiger Grund liegt nicht vor, wenn der **Verzögerung des Verfahrens** 23 nicht von vornherein durch Anlegung von Zweitakten begegnet (BVerfG StV **99**, 162; Düsseldorf StV **01**, 695; Frankfurt StV **83**, 380; **86**, 22; Hamburg StV **83**, 289; Köln NJW **73**, 1009, 1010; Stuttgart StV **83**, 70; NStE Nr 29; vgl auch RiStBV 12 II) oder bei Erkrankung des Pflichtverteidigers nicht rechtzeitig ein anderer Verteidiger bestellt wird (Köln StraFo **09**, 384) oder eine mögliche Verfahrenstrennung unterbleibt (KG StraFo **09**, 514).

Ebenso fehlt es an einem wichtigen Grund, wenn die **StA oder auch die** 24 **Kriminalpolizei** (BVerfG StV **92**, 121; NStZ **94**, 553; Schleswig SchlHA **95**, 5 [L/T]) die Akten ohne vernünftigen Grund monatelang nicht (Bamberg StV **92**, 426; Bremen StV **92**, 426; Düsseldorf StV **90**, 503; Frankfurt StV **95**, 141; Hamm StraFo **04**, 318; Koblenz NJW **90**, 1375; Köln StV **92**, 524; NStZ-RR **09**, 87; Schleswig StV **92**, 525) oder nur zögerlich (Hamm StV **00**, 90) bearbeitet, insbe-

§ 121

sondere, wenn die StA die Anklage mit wochen- oder monatelanger Verzögerung (KG StV **83**, 111; **93**, 203; Bremen StV **92**, 181 und 182; Celle StV **85**, 331; Frankfurt StV **92**, 124; Jena StraFo **98**, 103; Köln NJW **73**, 1009) oder bei einem unzuständigen Gericht erhebt (BVerfG StV **92**, 522; KG aaO; Frankfurt aaO; Schleswig StraFo **07**, 288), wenn die UHaft nur zwecks Ermittlung und Aufklärung weiterer, nicht den Haftbefehl betreffende Taten aufrechterhalten wird (BVerfG NJW **92**, 1749 mwN und 1750; NStZ **02**, 100; Frankfurt NStZ-RR **96**, 268) bzw sich die Anklageerhebung in einer an sich anklagereifen Sache deshalb verzögert (KG StraFo **18**, 475), allgemeine Ermittlungen ohne konkrete Anhaltspunkte durchgeführt werden (Bamberg StV **12**, 363), wenn die StA ggf in Zusammenarbeit mit der Ausländerbehörde – nicht dafür Sorge trägt, dass ein wichtiger Zeuge zur Verfügung steht (KG NJW **97**, 878), oder wenn die StA nicht um die zügige Erstattung eines Sachverständigengutachtens besorgt ist (SächsVerfGH StraFo **04**, 54; Düsseldorf NStZ-RR **10**, 19 L; Celle StraFo **10**, 196; Hamm NStZ-RR **01**, 60; Jena StraFo **97**, 318; **04**, 318). Regelmäßig gegen das Beschleunigungsgebot verstößt es, wenn die StA eine bereits erhobene Anklage wieder zurücknimmt, um ein weiteres Verfahren hinzu zu verbinden und dann erneut Anklage zu erheben; dies gilt jedenfalls dann, wenn der Beschuldigte an den den Gegenstand des hinzuverbundenen Verfahrens zugrunde liegenden Taten nicht beteiligt war (Nürnberg StraFo **16**, 248).

25   Dasselbe gilt, wenn das **Gericht** im Ermittlungsverfahren die richterliche Vernehmung eines Zeugen wochenlang aufschiebt (Hamm NJW **04**, 2540), wenn es die Eröffnung des Hauptverfahrens (Nürnberg StV **11**, 39: trotz „Eröffnungsreife") ohne stichhaltigen Grund mehrere Monate hinauszögert (KG StV **94**, 90; Bamberg StV **91**, 169; Bremen StV **92**, 480; Düsseldorf StV **92**, 21; Frankfurt StV **92**, 426; Hamburg StV **85**, 198; Hamm StV **00**, 90; Jena StraFo **02**, 274; Koblenz StraFo **03**, 92; München StraFo **07**, 465; Schleswig SchlHA **95**, 5 [L/T]; Zweibrücken StV **02**, 152) oder die Hauptverhandlung erst 6 Monate oder noch später nach Erlass des Eröffnungsbeschlusses durchführt (Düsseldorf StV **82**, 531; **92**, 586; Frankfurt StV **82**, 584; erg 6 zu § 213), wenn das Verfahren durch unsorgfältige Terminvorbereitung (Düsseldorf StV **91**, 222; Frankfurt StV **85**, 198; Hamburg StraFo **07**, 26; Hamm StV **92**, 385; Koblenz StV **03**, 519; KG StraFo **13**, 502, 404) oder dadurch verzögert wird, dass der Geschäftsverteilungsplan geändert (BVerfG NJW **99**, 2802; Bremen StV **94**, 326) oder trotz bekannter Überlastung des zuständigen Spruchkörpers nicht geändert wird (BVerfG StV **97**, 535; Stuttgart StV **11**, 749), dass der Richter mehrere Monate dauernde kommissarische Vernehmungen anordnet (Koblenz MDR **68**, 603), ein zeitaufwändiges Rechtshilfeersuchen nicht unverzüglich stellt (Frankfurt NStZ **92**, 145; Karlsruhe NJW **91**, 3106), erforderliche Beiakten nicht unverzüglich beschafft (Koblenz MDR **74**, 60), unnötigerweise weitere Anklagen (Bamberg StV **91**, 29; Oldenburg StraFo **06**, 410), den Ausgang anderer Strafverfahren (Hamm StV **13**, 165) oder ein schriftliches Gutachten (Düsseldorf NJW **96**, 2588; Köln NJW **73**, 1009) abwartet oder wegen Überlastung des Wahlverteidigers (Hamm StV **02**, 151) oder des Sachverständigen die Hauptverhandlung um mehrere Monate hinausschiebt (Bremen StV **97**, 143; Düsseldorf StV **92**, 384; Zweibrücken NStZ **94**, 202), wenn sich das Gericht verzögerlich (Frankfurt StV **94**, 328) oder zu Unrecht für unzuständig erklärt (BVerfG NJW **00**, 1401; KG StV **06**, 253; Düsseldorf StV **92**, 425; Hamm StV **90**, 168; vgl dazu auch Braunschweig NdsRpfl **99**, 20 „Kompetenzkonflikt"; Hamburg StV **99**, 163 und Schleswig StraFo **07**, 288 „unzulässige Verweisung"; vgl aber auch Jena StV **07**, 647 mit abl Anm Paeffgen: nur beachtlich, wenn die Verneinung der Zuständigkeit auf einem groben Fehler des Gerichts beruht und dadurch erhebliche vermeidbare Verzögerungen entstehen) oder wenn die Hauptverhandlung ohne sachlich zwingenden Grund ausgesetzt wird (KG StraFo **13**, 502, 504; Bremen StV **86**, 540; Frankfurt StV **81**, 25; NStZ **88**, 239; Hamm NStZ-RR **02**, 348; Karlsruhe StV **00**, 91), insbesondere, wenn sie wenigstens gegen die erschienenen Mitangeklagten hätte durchgeführt werden können (Düsseldorf OLGSt S 73), uU auch, wenn die Aussetzung wegen begründeter Richter-

Verhaftung und vorläufige Festnahme **§ 121**

ablehnungen erfolgt (BVerfG StV **91**, 565), oder wenn das Verfahren gegen den Angeklagten hätte abgetrennt werden können (Oldenburg StraFo **10**, 198). Auch die Erledigung von Strafsachen, die keine Haftsachen sind, ist kein hinreichender Grund für die Verzögerung der Hauptverhandlung; Haftsachen haben Vorrang (Düsseldorf StV **88**, 390; Hamm NStZ-RR **01**, 61; Köln NJW **73**, 912); das gilt auch für die Jugendgerichte (Köln NJW **97**, 2252).

d) **Gerechtfertigt** soll die Fortdauer der UHaft nach überwiegender Meinung 26 in der Rspr trotz verzögerter Sachbehandlung sein, wenn sie durch spätere besonders beschleunigte Bearbeitung ausgeglichen worden ist und daher nicht mehr ins Gewicht fällt (BGH **38**, 43, 46; Brandenburg StraFo **07**, 199; Düsseldorf StV **03**, 172; **89**, 113; Jena NStZ **97**, 452; KG StV **93**, 203; Stuttgart Justiz **01**, 196; vgl auch KG StraFo **13**, 502, 505; aM Hamm StV **06**, 191, 195; Burhoff StraFo **00**, 109, 118; SK-Paeffgen 18) oder wenn auch bei zügiger Sachbehandlung der Erlass eines Urteils jedenfalls in der Frist des I nicht hätte erreicht werden können. Diese Rspr ist aus verfassungsrechtlicher Sicht mit Rücksicht auf die nicht einheitliche Rspr des BVerfG gewissen Unwägbarkeiten ausgesetzt (während das BVerfG einerseits [NJW **06**, 672, 675] dezidiert „erhebliche Bedenken" gegen einen möglichen Ausgleich bereits eingetretener Verzögerungen durch besonders beschleunigte Bearbeitung erhoben hat, hält es in anderen Entscheidungen [EuGRZ **07**, 591; NJW **06**, 668: überobligationsmäßiger Einsatz] eine derartige Kompensation grundsätzlich für möglich; vgl dazu KK-Schultheis 22a; SK-Paeffgen aaO).

3) Die **Anordnung der Haftfortdauer (II)** über 6 Monate hinaus darf nur das 27 OLG in dem Verfahren nach § 122 treffen. Zu diesem Verfahren kommt es aber nur, wenn schon der Haftrichter bei Ablauf der 6-Monatsfrist den Haftbefehl aufhebt oder seinen Vollzug nach § 116 aussetzt. Dabei kann er die Aufhebung des Haftbefehls sowohl darauf stützen, dass die Voraussetzungen des § 120 I vorliegen, als auch darauf, dass die des I nicht vorliegen (Braunschweig NJW **66**, 790; Stuttgart NJW **67**, 66; Kleinknecht MDR **65**, 787). Allerdings ist er bei der Haftentlassung aus den Gründen des I auf die Zustimmung der StA angewiesen, die ihn nach § 122 I zwingen kann, die Akten dem OLG vorzulegen (dort 5). Die Ansicht, auch die Haftentlassung aus den Gründen des I sei dem OLG vorbehalten (Schnarr MDR **90**, 90), trifft nur für den Fall zu, dass das OLG bereits einmal die Haftfortdauer angeordnet hat und nunmehr das Vorliegen der Voraussetzungen des I nach § 122 IV S 1 erneut geprüft werden muss (23 zu § 122); **aM** – auch insoweit Haftrichter befugt – Klein aaO).

Kein Grund, den Haftbefehl aufzuheben, ist die **verspätete Vorlage der Ak-** 28 **ten** bei dem OLG nach § 122 I; die Überschreitung der Frist des I ist unschädlich (BGH MDR **88**, 357 [S]; Hamm NStZ-RR **03**, 143; NJW **07**, 3220, 3221 mwN; Karlsruhe StV **00**, 513; **aM** Schlothauer/Weider/Nobis 922 bei Fn 160), verpflichtet jedoch dazu, an die Prüfung der materiellen Voraussetzungen der Haftfortdauer erhöhte Anforderungen zu stellen (Hamm aaO; Karlsruhe aaO).

4) Begründung: Haftfortdauerentscheidungen unterliegen einer besonderen 28a Begründungstiefe. In der Regel sind aktuelle Ausführungen zu dem weiteren Vorliegen der Voraussetzungen der UHaft, zur Abwägung zwischen dem Freiheitsgrundrecht des Beschuldigten und dem Strafverfolgungsinteresse der Allgemeinheit sowie zur Frage der Verhältnismäßigkeit geboten, weil sich die dafür maßgeblichen Umstände durch den Zeitablauf verschieben können (BVerfG 2 BvR 2429/18 vom 23.1.2019 mwN). Die Begründung muss in Inhalt und Umfang eine Überprüfung des Abwägungsergebnisses am Grundsatz der Verhältnismäßigkeit auch für das die Anordnung treffende Fachgericht im Rahmen der Eigenkontrolle gewährleisten und in sich schlüssig und nachvollziehbar sein (BVerfG aaO).

5) Ruhen des Fristenlaufs (III): 29
Es tritt bis zur Entscheidung des OLG nur ein, wenn ihm nach § 122 I vor Ab- 30 lauf der 6-Monats-Frist des I die **Akten vorgelegt werden** (S 1). Maßgebend für die Vorlage ist nicht der Tag, an dem sie verfügt wird, sondern der Tag, an dem die

§ 122

Akten beim OLG eingehen (KK-Schultheis 28; LR-Hilger 18; **aM** Frankfurt NJW **65**, 1730). Dabei muss es sich aber um die Originalakten oder um einen Haftband handeln, der die Prüfung nach I ermöglicht (Frankfurt NJW **66**, 2076).

31 Die Frist ruht auch **für die Dauer der Hauptverhandlung**, nach dem Wortlaut des III S 2 allerdings nur, wenn mit ihr schon vor Fristablauf begonnen worden ist; die Rspr (zust LR-Hilger 19) schließt aber aus Sinn und Zweck der §§ 121, 122, dass die Prüfungskompetenz des OLG in jedem Falle – auch bei Aufhebung des OLG-Haftfortdauerbeschlusses durch das BVerfG und Zurückverweisung der Sache – mit Beginn der Hauptverhandlung endet (KG StV **07**, 593; Dresden NStZ **04**, 644; Düsseldorf NStZ **92**, 402 mwN).

32 Wird sie **ausgesetzt**, so läuft die Frist von der Aussetzung an weiter (BGH NStZ **86**, 422; einschr Rostock NStZ-RR **09**, 20 L). Die Frist ruht aber bis zur Entscheidung des OLG, wenn ihm die Akten unverzüglich, dh ohne vermeidbare Verzögerung, vorgelegt werden (S 3).

33 6) **In Staatsschutzsachen (IV)** entscheidet das nach § 120 GVG zuständige OLG über die Haftfortdauer, wenn die Sache zur Zuständigkeit der Staatsschutz-StrK gehört, der BGH, wenn das OLG im 1. Rechtszug zuständig ist. Für die Zuständigkeitsfrage kommt es nicht darauf an, ob der Haftbefehl auf den Verdacht einer der in § 74a I GVG bezeichneten Taten gestützt ist, sondern darauf, ob das Verfahren eine solche Straftat zum Gegenstand hat (BGH **28**, 355). Vgl auch § 122 VII.

Besondere Haftprüfung durch das Oberlandesgericht   RiStBV 57

122 I In den Fällen des § 121 legt das zuständige Gericht die Akten durch Vermittlung der Staatsanwaltschaft dem Oberlandesgericht zur Entscheidung vor, wenn es die Fortdauer der Untersuchungshaft für erforderlich hält oder die Staatsanwaltschaft es beantragt.

II 1 Vor der Entscheidung sind der Beschuldigte und der Verteidiger zu hören. 2 Das Oberlandesgericht kann über die Fortdauer der Untersuchungshaft nach mündlicher Verhandlung entscheiden; geschieht dies, so gilt § 118a entsprechend.

III 1 Ordnet das Oberlandesgericht die Fortdauer der Untersuchungshaft an, so gilt § 114 Abs. 2 Nr. 4 entsprechend. 2 Für die weitere Haftprüfung (§ 117 Abs. 1) ist das Oberlandesgericht zuständig, bis ihr im Urteil ergeht, das auf Freiheitsstrafe oder eine freiheitsentziehende Maßregel der Besserung und Sicherung erkennt. 3 Es kann die Haftprüfung dem Gericht, das nach den allgemeinen Vorschriften dafür zuständig ist, für die Zeit von jeweils höchstens drei Monaten übertragen. 4 In den Fällen des § 118 Abs. 1 entscheidet das Oberlandesgericht über einen Antrag auf mündliche Verhandlung nach seinem Ermessen.

IV 1 Die Prüfung der Voraussetzungen nach § 121 Abs. 1 ist auch im weiteren Verfahren dem Oberlandesgericht vorbehalten. 2 Die Prüfung muß jeweils spätestens nach drei Monaten wiederholt werden.

V Das Oberlandesgericht kann den Vollzug des Haftbefehls nach § 116 aussetzen.

VI Sind in derselben Sache mehrere Beschuldigte in Untersuchungshaft, so kann das Oberlandesgericht über die Fortdauer der Untersuchungshaft auch solcher Beschuldigter entscheiden, für die es nach § 121 und den vorstehenden Vorschriften nicht zuständig wäre.

VII Ist der Bundesgerichtshof zur Entscheidung zuständig, so tritt dieser an die Stelle des Oberlandesgerichts.

Verhaftung und vorläufige Festnahme § 122

Übersicht

	Rn
1) Aktenvorlage (I)	1–7
2) Verfahren des OLG (II)	8–11
3) Entscheidung des OLG (III S 1, V)	12–20a
A. Prüfungsumfang	13, 13a
B. Zeitpunkt der Entscheidung	14
C. Aussetzung des Vollzugs des Haftbefehls (V)	15
D. Beschluss	16, 17
E. Haftbeschwerde	18
F. Änderung der Entscheidung	19–20a
4) Weitere Haftprüfung nach § 117 I (III S 2 bis 4)	21, 22
5) Weitere Haftprüfung nach § 121 I (IV)	23
6) Mehrere Beschuldigte (VI)	24
7) Zuständigkeit des BGH (VII)	25

1) Auf **Aktenvorlage (I)** des Haftrichters muss das OLG, im Übrigen kann es, 1
wenn ihm die Akten aus einem sonstigen Grund vorliegen (Düsseldorf StV **91**, 222
mwN), über die Haftfortdauer nach § 121 I entscheiden.

Die Vorlage **setzt voraus,** dass sich der Beschuldigte zZ in UHaft befindet, fin- 2
det also nicht statt, wenn er entwichen ist (Hamm JMBlNW **69**, 48), wenn die
UHaft zur Strafvollstreckung unterbrochen (Hamm JMBlNW **82**, 33) oder wenn
ihr Vollzug nach § 116 ausgesetzt ist (Hamm NJW **65**, 1730; Köln JMBlNW **86**,
22; Schleswig NJW **65**, 2119; Karlsruhe Justiz **78**, 475 lässt genügen, dass der erneute Vollzug des Haftbefehls unmittelbar bevorsteht; Schleswig SchlHA **83**, 110
[E/L] hält es für ausreichend, dass der erneute Vollzug auf Haftbeschwerde der
StA in Betracht kommt), sofern sich der Beschuldigte nicht trotzdem, weil er
die Sicherheitsleistung nicht erbracht hat, noch in UHaft befindet (Düsseldorf
JMBlNW **85**, 286).

Zuständig für die Vorlage ist der nach § 126 zuständige Haftrichter, bei Über- 3
tragung der Zuständigkeit nach § 126 I S 3 der neue Haftrichter (dort 3). Die Ansicht, dass auch das Beschwerdegericht zuständig sein könne (LR-Hilger 6), erscheint deshalb bedenklich, weil der Haftrichter, wenn kurz vor Ablauf der Frist
des § 121 I Haftbeschwerde eingelegt wird, die Akten nicht dem Bechwerdegericht, sondern nach I dem OLG vorzulegen hat. Der Fall, dass das Revisionsgericht
mit der Sache befasst ist (LR-Hilger 7 ff), hat keine praktische Bedeutung.

Zur **Vorbereitung der Vorlage** der Akten (ein Haftband genügt, wenn er dem 4
OLG die Prüfung ermöglicht) hat der Haftrichter den Haftbefehl nach Eröffnung
des Hauptverfahrens dem gegenwärtigen Sach- und Verfahrensstand anzupassen; im
Ermittlungsverfahren darf er ihn nur auf Antrag der StA auf neue Tatvorwürfe
erstrecken, die die Ermittlungen ergeben haben (9 zu § 114).

Der **Antrag der StA** verpflichtet den Haftrichter zur Vorlage, auch wenn er die 5
Voraussetzungen des § 121 I nicht für gegeben hält. Eine Stellungnahme zum Vorliegen dieser Voraussetzungen erübrigt sich. Mit Eingang des Antrags der StA verliert der Haftrichter die Befugnis, den Haftbefehl aufzuheben oder seinen Vollzug
auszusetzen (Karlsruhe Justiz **71**, 331; Kleinknecht JZ **65**, 119).

Von Amts wegen, auch entgegen der Stellungnahme der StA, legt der Haft- 6
richter dem OLG die Akten vor, wenn er die Voraussetzungen der §§ 112, 112a
weiterhin für gegeben und die Haftfortdauer nach § 121 I für gerechtfertigt hält
(27 zu § 121). Die Vorlage erfolgt über die StA beim LG und den GStA beim
OLG, unmittelbar an das OLG nur, wenn sonst die Frist des § 121 I nicht eingehalten werden kann. Aus Gründen des Beschleunigungsgebots ist der Haftrichter auch nach Beginn des Haftprüfungsverfahrens und bis zu dessen Abschluss
weiterhin befugt, bei Vorliegen wesentlicher neuer Tatumstände über Bestand
und Vollzug des Haftbefehls zu entscheiden, zB durch Erweiterung, Anpassung an
die Anklage oder Außervollzugsetzung (Nürnberg StraFo **16**, 468, 489; Köln
JMBlNW **86**, 22; SK-Paeffgen 3; **aM** Schnarr MDR **90**, 92 f).

Die Vorlage muss so **rechtzeitig** erfolgen, dass die Akten noch vor Ablauf der 7
Frist des § 121 I beim OLG vorliegen (KK-Schultheis 28 zu § 121; Kleinknecht

§ 122

JZ **65**, 119). Nur dann ruht der Fristenlauf bis zur Entscheidung des OLG (30 zu § 121).

8 **2) Verfahren des OLG (II):**
9 Beschuldigter *und* Verteidiger müssen vor der Entscheidung **rechtliches Gehör** erhalten (S 1). Die Anhörung veranlasst das OLG, nicht der vorlegende Richter (LR-Hilger 22 hält das aber für zulässig), auch nicht die StA. Die Stellungnahme des GStA braucht dem Beschuldigten und dem Verteidiger nur mitgeteilt zu werden, wenn neue Tatsachen oder Beweismittel geltend gemacht sind, die das OLG der Entscheidung zugrunde legen will. In der Praxis (insbesondere des 3. StS des BGH) ist es vielfach üblich, dem Beschuldigten und dem Verteidiger die Stellungnahme des GStA oder GBA zu übersenden und in der Entscheidung ggf darauf Bezug zu nehmen. Mit der Aufforderung zur Erklärung muss eine Äußerungsfrist bestimmt werden, die idR auf wenige Tage bemessen wird, aber auf Antrag verlängert werden kann. Beginnt vor Ablauf der Frist die Hauptverhandlung vor dem Tatrichter, so entfällt die Entscheidung nach § 122 (BGH MDR **88**, 357 [S]).

10 Eine **mündliche Verhandlung** vor dem OLG ist nicht zwingend vorgeschrieben (S 2). IdR wird nach Aktenlage entschieden. Ob ausnahmsweise eine mündliche Erörterung angezeigt erscheint, beurteilt das OLG nach pflichtgemäßem Ermessen; an Anträge der StA, des Beschuldigten oder des Verteidigers ist es nicht gebunden. Findet eine Verhandlung statt, so gilt § 118a entspr.

11 Sind **Ermittlungen** zu der Frage erforderlich, weshalb das Urteil noch nicht erlassen werden kann, so nimmt das OLG sie wegen der Eilbedürftigkeit der Entscheidung selbst im Freibeweis (7, 9, zu § 244) vor, insbesondere durch Einholung von Stellungnahmen der Justizverwaltung oder der Richter oder StA, die mit der Sache befasst sind oder waren.

12 **3) Entscheidung des OLG (III S 1, V):**

13 A. **Prüfungsumfang:** Gegenstand der Prüfung ist nur der im Verfahren nach I vorgelegte Haftbefehl (BGH AK 41/16 vom 28.7.2016; KK-Schultheiß 24) und damit grundsätzlich auch ausschließlich die darin geschilderte prozessuale Tat (BGH NStZ-RR **18**, 53). Das OLG hat zunächst das Fortbestehen der UHaft (oben 2) und ihrer allgemeinen Voraussetzungen (dringender Tatverdacht, Haftgrund, Verhältnismäßigkeit) festzustellen (Celle NJW **69**, 245; Hamm NJW **65**, 1730), auch das Vorliegen eines formgültigen Haftbefehls (wobei str ist, ob bei unzureichendem Haftbefehl dieser aufzuheben – so Celle StV **05**, 513 und Oldenburg NStZ **05**, 342 – oder die Sache an das zuständige Gericht zurückzugeben ist – so Stuttgart Justiz **02**, 248) und dessen ordnungsgemäße Eröffnung (Stuttgart NStZ **06**, 588) sowie die Subsidiarität nach § 72 I **JGG** (Zweibrücken StV **01**, 182, 183; **02**, 433). Erst wenn aus allgemeinen Gründen weder die Aufhebung noch die Außervollzugsetzung (unten 15) des Haftbefehls in Betracht kommt, wird geprüft, ob die Fortdauer der UHaft nach § 121 I gerechtfertigt ist.

13a Das OLG muss **eine doppelte Prüfung** vornehmen: Zum einen müssen Feststellungen darüber getroffen werden, ob die besondere Schwierigkeit oder der besondere Umfang der Ermittlungen oder andere wichtige Gründe ein Urteil bislang noch nicht zugelassen haben (17 ff zu § 121). Falls derartige Gründe vorliegen, ist in einem zweiten Schritt festzustellen, ob diese Gründe die Fortdauer der UHaft rechtfertigen. Stellt sich heraus, dass über einen Zeitraum von mehreren Wochen oder gar Monaten hinweg keine verfahrensfördernden Ermittlungshandlungen stattgefunden haben, kann eine Fortdauer der UHaft nicht angeordnet werden (BVerfG StV **07**, 369 mwN). Je nach dem Ergebnis der Prüfung ordnet das OLG entweder die Fortdauer der UHaft an oder hebt den Haftbefehl auf (Schnarr aaO 91; LR-Hilger 28 hält es für zulässig, die Aufhebung dem Haftrichter zu überlassen). Eine Haftverschonung wegen Fehlens der Voraussetzungen des § 121 I ist unzulässig (unten 15). Für einen Austausch der prozessualen Tat oder die Erweiterung des Haftbefehls um zusätzliche Tatvorwürfe, die sich aus den Akten ergeben, fehlt dem OLG die Zuständigkeit (BGH NStZ-RR **18**, 53, 54; Celle aaO mwN;

vgl auch Saarbrücken NStZ **15**, 660); es darf den Haftbefehl daher nicht selbst dem Ermittlungsergebnis entspr ergänzen oder ihn erneuern (2 zu § 125; erg 6 sowie 14 zu § 121).

B. Der **Zeitpunkt der Entscheidung** braucht nicht genau mit dem Ende der **14** Frist des § 121 I übereinzustimmen. Das OLG kann vielmehr die Haftfortdauer schon vorher anordnen (Düsseldorf OLGSt § 121 Nr 4; Hamm MDR **70**, 437). Auch die Aufhebung des Haftbefehls aus den Gründen des § 121 I ist mit sofortiger Wirkung schon einige Tage vor Ablauf der Frist zulässig (KG StV **06**, 254, 255), nicht aber schon Wochen vorher (Celle NStZ **88**, 517; LR-Hilger 29 ff; **aM** Hamburg NJW **68**, 1535; KK-Schultheis 27 zu § 121).

C. **Aussetzung des Vollzugs des Haftbefehls (V):** Das OLG darf die Haft- **15** verschonung nicht wegen Fehlens der Voraussetzungen des § 121 I anordnen; denn wenn die UHaft nicht über 6 Monate fortdauern darf, wäre es sinnlos, den Beschuldigten unter Auflagen zu entlassen, deren Nichteinhaltung nicht zum erneuten Vollzug des Haftbefehls führen darf (Braunschweig NJW **67**, 1290). Die Außervollzugsetzung des Haftbefehls kommt daher nur aus den Gründen des § 116 in Betracht. Das OLG sollte sie erst anordnen, wenn es festgestellt hat, dass an sich die Haftfortdauer nach § 121 I gerechtfertigt ist (Hamm wistra **01**, 35). Ohne diese Feststellung besteht die Gefahr, dass der Haftrichter, wenn er nach § 116 IV den Vollzug wieder anordnet (unten 19), bei der dann sofort erforderlichen Aktenvorlage nach I (Hamburg MDR **69**, 72; KK-Schultheis 26 zu § 121) die Frist des § 121 I nicht einhalten kann. Hat das OLG dagegen die Voraussetzungen des § 121 I bejaht, so findet, wenn der Tatrichter den Haftbefehl nach § 116 IV wieder in Vollzug setzt (unten 19), die nächste Haftprüfung vor dem OLG erst 3 Monate später statt.

D. Durch **Beschluss**, an dessen **Begründungstiefe** erhöhte Anforderungen zu **16** stellen sind (vgl BVerfGE **103**, 21; StraFo **13**, 160), entscheidet das OLG. Ordnet es die Haftfortdauer an, so gilt § 114 II Nr 4 entspr (III S 1). Der Beschluss muss daher die Tatsachen anführen, aus denen sich der dringende Tatverdacht und der Haftgrund ergeben, und er muss Ausführungen zur Frage der Verhältnismäßigkeit enthalten. Insoweit ist zwar eine Bezugnahme auf den Haftbefehl oder auf die Anklageschrift zulässig, auch auf die dem Beschuldigten und Verteidiger bekanntgegebene Stellungnahme des GStA oder GBA (oben 9); bringt der Inhaftierte jedoch substantiierte Einwände gegen die Fortdauer der UHaft – insbesondere gegen den dringenden Tatverdacht und die rechtlichen Voraussetzungen der Strafbarkeit – vor, muss das OLG hierauf eingehen (vgl BayVerfGH NStZ-RR **14**, 50). Ferner muss der Beschluss im Fall der Anordnung der Haftfortdauer das Vorliegen der Gründe des § 121 I feststellen (vgl BVerfG NJW **00**, 1401; **02**, 207; NStZ-RR **99**, 12); das erfordert eine konkrete Analyse der bisherigen Verfahrensabläufe (Scheinfeld GA **10**, 687 mwN). Es sind aktuelle Ausführungen zu dem weiteren Vorliegen der Voraussetzungen der UHaft, zur Abwägung zwischen dem Freiheitsgrundrecht des Beschuldigten und dem Strafverfolgungsinteresse der Allgemeinheit sowie zur Frage der Verhältnismäßigkeit geboten (BVerfG StV **07**, 369); die Bezugnahme auf frühere Beschlüsse reicht idR nicht aus (SächsVerfGH StraFo **03**, 238). Der Beschluss wird dem Beschuldigten und dem Verteidiger nach § 35 II S 2 formlos bekanntgemacht; § 145a gilt. Die StA erfährt seinen Inhalt bei der Rücksendung der Akten. Die unverzügliche Benachrichtigung der Angehörigen des Beschuldigten, der keinen Verteidiger hat, nach § 114c muss das OLG veranlassen (BVerfGE **38**, 32 = MDR **75**, 30).

Ein **Rechtsmittel** gegen die Entscheidung des OLG ist ausgeschlossen (§ 304 **17** IV S 2 Hs 1); zur Zulässigkeit der Verfassungsbeschwerde (Einl 230) vgl BVerfG NJW **00**, 1401; Bleckmann NJW **95**, 2192.

E. Eine **Haftbeschwerde** des Beschuldigten wird durch die Entscheidung des **18** OLG gegenstandslos; sie ist ebenso wie ein Haftprüfungsantrag für erledigt zu erklären (Düsseldorf VRS **82**, 193; Schnarr MDR **90**, 94). Dies gilt jedoch nicht, soweit die Entscheidung im besonderen Haftprüfungsverfahren nicht zu dem

§ 122

Erstes Buch. 9. Abschnitt

Erfolg führen kann, der dem Beschuldigten im Falle einer Beschwerdeentscheidung – etwa durch Abänderung und Neufassung des Haftbefehls zu seinen Gunsten – beschieden wäre (BGH NStZ-RR **12**, 285).

19 F. **Änderung der Entscheidung:** Das OLG darf seine Entscheidung nicht ändern, insbesondere wenn es den Haftbefehl wegen Fehlens der Voraussetzungen des § 121 I aufgehoben hat. Eine einmal nach dieser Vorschrift für unzulässig befundene UHaft darf, obwohl das verfassungsrechtlich zulässig wäre (BVerfGE **21**, 189 = MDR **67**, 463), nicht erneut vollzogen werden; die Aufhebung des Haftbefehls ist endgültig (Frankfurt StV **13**, 520; Celle StV **02**, 556; Düsseldorf StV **93**, 376; **96**, 493; München StV **96**, 676 mwN). Selbstverständlich ist auch dem Haftrichter eine Abänderung der auf § 121 I gestützten OLG-Entscheidung vor dem Urteilserlass (Schleswig SchlHA **83**, 110 [E/L]) untersagt (Frankfurt aaO). Das gilt auch, wenn der Haftbefehl wegen Verdunkelungsgefahr ergangen war und der Beschuldigte weiterhin in unlauterer Weise auf Zeugen einwirkt (Zweibrücken NJW **96**, 3222) oder wenn sich die Verfahrenslage wesentlich geändert hat und die Durchführung des Verfahrens ohne erneute Verhaftung des Beschuldigten gefährdet erscheint (Stuttgart NJW **75**, 1572; a**M** Celle NJW **73**, 1988; Frankfurt StV **85**, 196 mit abl Anm Wendisch; Hamburg StV **87**, 256; vgl auch Düsseldorf MDR **83**, 600 und KK-Schultheis 31 zu § 121, die dann eine unverzügliche Vorlage für erforderlich halten, damit das OLG den Erlass des neuen Haftbefehls genehmigt). Auch nach Beginn der Hauptverhandlung kann nichts anderes gelten (**aM** Hamburg StV **94**, 142 mit abl Anm Schlothauer = JR **95**, 72 mit abl Anm Paeffgen; erg aber unten 20). Der Haftrichter ist lediglich befugt, den Vollzug des von dem OLG nach § 116 ausgesetzten Haftbefehls unter den Voraussetzungen des § 116 IV wieder anzuordnen (Schnarr MDR **90**, 94 mwN; vgl auch Mehling NJW **65**, 2360).

20 Dem Erlass eines **Haftbefehls nach § 230 II** steht die Entscheidung des OLG niemals entgegen (KG StV **83**, 111, 112; Paeffgen aaO).

20a Mit **Erlass des Urteils** entfällt die Sperrwirkung einer Haftaufhebungsentscheidung nach § 121; dann kann erneut Haftbefehl ergehen (Düsseldorf StV **94**, 147; Schlothauer StV **94**, 147).

21 4) Die **weitere Haftprüfung nach § 117 I (III S 2–4)** obliegt dem OLG so lange, bis ein auf Freiheitsstrafe oder freiheitsentziehende Sicherungsmaßregeln lautendes Urteil ergeht (S 2). Einen Anspruch auf mündliche Haftprüfung vor dem OLG hat der Beschuldigte aber nicht (S 4).

22 Das OLG kann die Haftprüfung dem nach den allgemeinen Vorschriften zuständigen Haftrichter für die Dauer von höchstens 3 Monaten **übertragen** (S 3). Der Haftrichter hat sich dann mit den Haftvoraussetzungen nach § 121 I nicht zu befassen (IV S 1); denn die Übertragung bezieht sich nur auf die Haftprüfung, die nach § 117 I auf Antrag des Beschuldigten vorzunehmen ist (LR-Hilger 49; Pusinelli NJW **66**, 96). Der Haftrichter ist aber befugt, den Haftbefehl von Amts wegen aufzuheben, wenn er die Voraussetzungen des § 120 I für gegeben hält; er kann auch seinen Vollzug nach § 116 aussetzen.

23 5) Die **weitere Haftprüfung nach § 121 I (IV)** ist dem OLG vorbehalten (erg aber oben 22). Sie findet aber nicht von Amts wegen statt, sondern erst, wenn der Haftrichter die Akten wieder vorlegt (LR-Hilger 56; Pusinelli NJW **66**, 96; **aM** Nürnberg StV **11**, 294; SK-Paeffgen 13). Das OLG bestimmt, wann innerhalb der 3-Monatsgrenze das zu geschehen hat. Setzt es keine Frist fest, so gilt die 3-Monatsfrist des IV S 2; sie beginnt mit dem Erlass des Beschlusses bei der vorangegangenen Haftprüfung. Der Fristenlauf ruht entspr § 121 III S 2 während der Dauer der Hauptverhandlung (Düsseldorf NStZ **92**, 402; VRS **89**, 207). Wird die UHaft während des Fristenlaufs unterbrochen, so verlängert sich die Frist des IV S 1 ohne weiteres (Zweibrücken MDR **78**, 245). Das Verfahren richtet sich nach den Vorschriften, die für die 1. Prüfung anzuwenden sind (Zweibrücken aaO).

6) Bei **mehreren Beschuldigten (VI)** kann das OLG über die Haftfortdauer 24 einheitlich entscheiden, auch wenn die 6-Monatsgrenze des § 121 I noch nicht bei allen erreicht und daher insoweit keine Vorlage nach I erfolgt ist. Dadurch soll ermöglicht werden, dass im weiteren Verfahren einheitliche Haftprüfungsfristen entstehen. Da die Grenze des § 121 I auch in dem Verfahren nach VI zu beachten ist, darf das OLG bei einem Beschuldigten, der noch nicht 6 Monate in Haft ist, nur die Haftfortdauer anordnen. Die Aufhebung des Haftbefehls nach § 121 I ist unzulässig (LR-Hilger 44; am Hamburg NJW **68**, 1535; KK-Schultheis 14 hält die Entscheidung überhaupt nur für zulässig, wenn schon beurteilt werden kann, ob die Voraussetzungen des § 121 I bei Fristablauf vorliegen).

7) Der **BGH (VII)** entscheidet über die Haftfortdauer, wenn für die Sache nach 25 § 120 GVG ein OLG im 1. Rechtszug zuständig ist (vgl § 121 IV S 2).

Höchstdauer der Untersuchungshaft bei Wiederholungsgefahr

122a In den Fällen des § 121 Abs. 1 darf der Vollzug der Haft nicht länger als ein Jahr aufrechterhalten werden, wenn sie auf den Haftgrund des § 112a gestützt ist.

1) **Sicherungshaft wegen Wiederholungsgefahr (§ 122a)** darf wegen der- 1 selben Tat (11 ff zu § 121) abweichend von §§ 121 I, 122 IV S 2 nicht länger als 1 Jahr fortdauern. Der Haftbefehl muss nach Eintritt der Höchstgrenze aufgehoben werden; die Aussetzung des Vollzugs genügt nicht (15 zu § 122). Maßnahmen nach § 71 **JGG** bleiben aber zulässig. Von der Aufhebung des Haftbefehls kann nur abgesehen werden, wenn er auf einen anderen Haftgrund umgestellt wird. Ist der Haftbefehl unzulässigerweise (17 zu § 112a) auch auf einen Haftgrund nach § 112 gestützt, so findet § 122a keine Anwendung (KK-Schultheis 2). Die Höchstgrenze des § 122a führt dazu, dass das OLG (oder der BGH) schon bei der 2. Haftprüfung nach §§ 121, 122 den Entlassungszeitpunkt bestimmen muss.

2) Bei der **Berechnung der Höchstdauer** kommt es nur auf den Vollzug des 2 auf Wiederholungsgefahr gestützten Haftbefehls an; war der Vollzug unterbrochen, so werden alle Haftzeiten zusammengerechnet. Hat der Beschuldigte nach Erlass des Haftbefehls eine neue Straftat begangen und ist deswegen erneut ein auf § 112a gestützter Haftbefehl erlassen worden, so werden die Haftzeiten nicht zusammengezählt (LR-Hilger 11). § 121 III ist anwendbar (Frankfurt NStE Nr 1; Knauth DRiZ **78**, 337 für § 121 III S 2).

Aufhebung der Vollzugsaussetzung dienender Maßnahmen   RiStBV 57 II

123 [I] Eine Maßnahme, die der Aussetzung des Haftvollzugs dient (§ 116), ist aufzuheben, wenn
1. der Haftbefehl aufgehoben wird oder
2. die Untersuchungshaft oder die erkannte Freiheitsstrafe oder freiheitsentziehende Maßregel der Besserung und Sicherung vollzogen wird.

[II] Unter denselben Voraussetzungen wird eine noch nicht verfallene Sicherheit frei.

[III] Wer für den Beschuldigten Sicherheit geleistet hat, kann deren Freigabe dadurch erlangen, daß er entweder binnen einer vom Gericht zu bestimmenden Frist die Gestellung des Beschuldigten bewirkt oder die Tatsachen, die den Verdacht einer vom Beschuldigten beabsichtigten Flucht begründen, so rechtzeitig mitteilt, daß der Beschuldigte verhaftet werden kann.

1) Die **Aufhebung der Maßnahmen nach § 116 (I)** hat das nach § 126 zu- 1 ständige Gericht bei Vorliegen der gesetzlichen Voraussetzungen von Amts wegen oder auf Antrag der StA oder des Beschuldigten zu beschließen; die Maßnahmen entfallen nicht von selbst. I bestimmt folgende Aufhebungsgründe:

§ 123

2 **A. Aufhebung des Haftbefehls (Nr 1):** Die Maßnahmen nach § 116 I–III können nicht bestehen bleiben, wenn der Haftbefehl aufgehoben wird, dessen Außervollzugsetzung sie ermöglichen sollten. Eine Ausnahme gilt für den Fall der Rechtskraft eines auf Freiheitsstrafe ohne Strafaussetzung zur Bewährung lautenden Urteils. Die Aufhebung des Haftbefehls ist dann überflüssig. Erfolgt sie gleichwohl, so gilt für die Maßnahmen nach § 116 nicht I Nr 1, sondern Nr 2 (Hamburg MDR **77**, 949; Karlsruhe MDR **80**, 598; **aM** Frankfurt NJW **79**, 665, das aber die Aufhebung des Haftbefehls für unzulässig hält). Eine Sicherheitsleistung wird nicht dadurch frei, dass der außer Vollzug gesetzte Haftbefehl aus prozessualen Gründen hätte aufgehoben werden müssen, tatsächlich aber weiterhin in Kraft war (Frankfurt NStZ-RR **01**, 381; **aM** LG Lüneburg StV **87**, 111).

3 **B. Vollzug** (Nr 2) der UHaft oder der erkannten Freiheitsstrafe oder freiheitsentziehenden Sicherungsmaßregel: Der Vorschrift ist zu entnehmen, dass die Urteilsrechtskraft allein nicht zur Aufhebung der Maßnahmen nach § 116 führt. Das folgt ohne weiteres (krit Schweckendieck NStZ **11**, 10) daraus, dass auch diese Maßnahmen, nicht nur der Haftbefehl (4 vor § 112), der Sicherung der Vollstreckung eines auf Freiheitsstrafe oder freiheitsentziehende Sicherungsmaßregeln (dazu LR-Hilger 11 ff) lautenden Urteils dienen (KG NStZ **12**, 230 mwN; Bremen NJW **63**, 1024; Hamburg MDR **77**, 949).

4 Die Maßnahmen werden erst mit **Beginn des Vollzuges**, nicht bereits mit der Anordnung nach § 116 IV (**aM** Jena wistra **09**, 324) oder mit der Verhaftung des Angeklagten oder Verurteilten aufgehoben (KG aaO; Frankfurt NStZ-RR **01**, 143, 144); maßgebend ist die Einlieferung in die zuständige Anstalt. Die Maßnahmen sind aber schon bei Urteilsrechtskraft aufzuheben, wenn sie zur Sicherung der Vollstreckung nicht erforderlich erscheinen (Bremen aaO) oder wenn die StA ihre Aufhebung beantragt (Hamburg aaO).

5 2) Eine **Sicherheit** nach §§ 116 I S 2 Nr 4, 116a, die noch nicht nach § 124 I verfallen ist (Hamm NStZ-RR **96**, 270), wird bei Eintritt der Voraussetzungen des I ohne weiteres frei; jedoch ist zur Aufhebung der hinterlegten Sicherheit ein feststellender Gerichtsbeschluss erforderlich (Frankfurt NJW **83**, 295; Stuttgart MDR **84**, 164). Erst durch ihn erlangt der Hinterleger einen Herausgabeanspruch gegen die Hinterlegungsstelle nach der HinterlO (LG Berlin NStZ **02**, 278). Wer Hinterleger ist und ob seinem Herausgabeanspruch Rechte Dritter entgegenstehen, hat nicht das Gericht, sondern die Hinterlegungsstelle zu prüfen (Celle NdsRpfl **87**, 136). Der Anspruch kann in Vollziehung eines Vermögensarrests (§ 111e) nach § 111f I gepfändet werden (dort 2). Wird die Sicherheit erst mit der Rechtskraft des Urteils frei, so kann in sie vollstreckt werden, ohne dass zuvor ein dinglicher Arrest ausgebracht worden ist.

6 3) **Freigabe der Sicherheit eines Dritten (III):** Gemeint ist, wer nach § 116a I für den Beschuldigten eine Bürgschaft geleistet hat (dort 4), nicht, wer dem Beschuldigten oder einem Bürgen die Mittel zur Verfügung gestellt hat, mit denen sie selbst die Sicherheit geleistet haben (Stuttgart Justiz **88**, 373). Zur Abtretbarkeit des Rückzahlungsanspruchs des Eigenhinterlegers vgl München StV **00**, 509 mit abl Anm Sättele und AG Hamburg StV **00**, 512 mit abl Anm Schlothauer, zur Abtretung des Auskehrungsanspruchs an den Kautionsgeber vgl LG Gießen StraFo **06**, 324; eingehend hierzu Schlothauer DAV-FS 1039.

7 Die Sicherheit des Bürgen wird frei, wenn er den Beschuldigten innerhalb einer vom Gericht zu bestimmenden Frist, aber auch unabhängig von einer solchen Fristbestimmung (Hamm NJW **72**, 783), zur **Gestellung** veranlasst. Darunter ist nur die psychische Einwirkung auf den Beschuldigten zu verstehen, sich zu stellen; der Bürge darf den Beschuldigten nicht etwa zwangsweise oder mit polizeilicher Hilfe zur UHaft bringen (KK-Schultheis 9).

8 Der Bürge kann die Freigabe der Sicherheit ferner durch eine an das Gericht, die StA oder Polizei gerichtete **Fluchtanzeige** erreichen, die er so rechtzeitig erstattet hat, dass bei unverzüglichem Vorgehen der zuständigen Behörden der

Aussetzungsbeschluss aufgehoben und die Verhaftung vollzogen werden kann (Düsseldorf NStZ **85**, 38; Koblenz JBlRP **04**, 199). War sie rechtzeitig, so wird die Sicherheit auch dann frei, wenn dem Beschuldigten dennoch die Flucht gelingt (Düsseldorf aaO).

Der Bürge kann in beiden Fällen die Freigabe der Sicherheit auch dann verlangen, wenn sie schon **nach § 124 I verfallen** war (Hamm NJW **72**, 783; LR-Hilger 19). 9

Auch im Fall des III ist ein feststellender **Gerichtsbeschluss** (oben 5) erforderlich, der einen Antrag des Bürgen voraussetzt (EbSchmidt Nachtr 10, 13 ff). 10

4) Beschwerde nach § 304 I steht der StA zu, wenn das Gericht eine Maßnahme aufhebt oder die Freigabe der Sicherheit feststellt (Celle NStZ-RR **99**, 178), gegen eine ablehnende Entscheidung auch dem Beschuldigten und ggf dem Bürgen. Weitere Beschwerde (§ 310 I) ist ausgeschlossen (HK-Posthoff 10; zw LR-Hilger 30; **aM** SK-Paeffgen 13). 11

Verfall der geleisteten Sicherheit

124 I Eine noch nicht frei gewordene Sicherheit verfällt der Staatskasse, wenn der Beschuldigte sich der Untersuchung oder dem Antritt der erkannten Freiheitsstrafe oder freiheitsentziehenden Maßregel der Besserung und Sicherung entzieht.

II ¹ Vor der Entscheidung sind der Beschuldigte sowie derjenige, welcher für den Beschuldigten Sicherheit geleistet hat, zu einer Erklärung aufzufordern. ² Gegen die Entscheidung steht ihnen nur die sofortige Beschwerde zu. ³ Vor der Entscheidung über die Beschwerde ist ihnen und der Staatsanwaltschaft Gelegenheit zur mündlichen Begründung ihrer Anträge sowie zur Erörterung über durchgeführte Ermittlungen zu geben.

III Die den Verfall aussprechende Entscheidung hat gegen denjenigen, welcher für den Beschuldigten Sicherheit geleistet hat, die Wirkungen eines von dem Zivilrichter erlassenen, für vorläufig vollstreckbar erklärten Endurteils und nach Ablauf der Beschwerdefrist die Wirkungen eines rechtskräftigen Zivilendurteils.

1) Verfall der Sicherheit (I): Eine nicht schon nach § 123 II freigewordene Sicherheit verfällt – verfassungsrechtlich unbedenklich (BVerfG NStZ **91**, 142) – der Staatskasse (Köln StraFo **11**, 528: nicht dem Nebenkläger) unter den Voraussetzungen des I ohne weiteres. Jedoch ergibt sich aus II, dass eine Gerichtsentscheidung getroffen werden muss, die aber nur feststellende Bedeutung hat (Hamburg Rpfleger **62**, 220; Karlsruhe NStZ **92**, 204). Der Verfall tritt ein, wenn der Beschuldigte sich der Untersuchung oder dem Strafantritt entzieht. Er ist endgültig; dass der Beschuldigte sich später stellt oder verhaftet wird, ist ohne Bedeutung). 1

Die **Untersuchung** beginnt mit der Einleitung des Ermittlungsverfahrens und dauert bis zur Beendigung des Verfahrens durch Einstellung nach §§ 153 ff, 170 II, 206a, 206b, Nichteröffnung des Hauptverfahrens (§ 204) oder Rechtskraft des Urteils. Sie umfasst alle etwa notwendig werdenden verfahrensrechtlichen Maßnahmen, auch die Vollziehung der Entscheidung nach § 116 IV (Braunschweig NJW **64**, 1485; Karlsruhe MDR **85**, 694). 2

Dem **Strafantritt** kann sich nur der zu einer Freiheitsstrafe, auch Jugendstrafe (§ 17 JGG) und Strafarrest (§ 9 WStG), oder einer freiheitsentziehenden Sicherungsmaßregel nach §§ 63, 64, 66 StGB Verurteilte entziehen; Jugendarrest (§§ 16, 16a JGG) zählt dazu nicht (KMR-Wankel 3; **aM** LR-Hilger 10), auch nicht die Ersatzfreiheitsstrafe (LR-Hilger 11). 3

Das **Sich-Entziehen** besteht in einem Verhalten, das, wenn auch nur vorübergehend, den Erfolg hat, dass möglicherweise notwendig werdende verfahrensrechtliche Maßnahmen gegen den Beschuldigten nicht mehr jederzeit ungehindert durchgeführt werden können (Düsseldorf StV **87**, 110; Frankfurt NJW **77**, 1975, 4

§ 124

1976; NJW **78**, 838; NStZ-RR **01**, 381; Karlsruhe NStZ **92**, 204; vgl auch BGH **23**, 380, 384). Dabei genügt, dass der Beschuldigte diesen Erfolg bewusst in Kauf nimmt, absichtlich braucht er nicht zu handeln (Bamberg OLGSt Nr 5; Braunschweig NJW **64**, 1485; Düsseldorf aaO; krit dazu Paeffgen NStZ **89**, 529; **90**, 535); auch Schuldfähigkeit braucht dann nicht gegeben zu sein (BVerfG NStZ **91**, 142; München NStZ **90**, 249; zw Paeffgen NStZ **91**, 425). Gleichgültig ist, ob der Beschuldigte während der Zeit seiner Unauffindbarkeit oder Abwesenheit in der Sache selbst „benötigt" wird; es reicht aus, dass infolge seines Verhaltens neue Verfolgungsmaßnahmen eingeleitet werden (Braunschweig aaO; Hamm NStZ-RR **96**, 270; Karlsruhe aaO). Die bloße Vorbereitung, zB zur Flucht, führt nicht zum Verfall der Sicherheit (Frankfurt NJW **77**, 1975, 1976; KK-Schultheis 3), auch nicht der bloße Ungehorsam, insbesondere nicht der gegen die Auflagen nach § 116 (Düsseldorf NStZ **90**, 98 mwN), auch nicht die Nichtbefolgung der Ladung zum Strafantritt (Düsseldorf NStZ **96**, 404; Frankfurt NStZ-RR **03**, 143).

5 Der Beschuldigte entzieht sich der Untersuchung oder Vollstreckung **nur dadurch,** dass er sich von seiner Wohnung ohne Hinterlassung einer Anschrift entfernt (Hamm NJW **96**, 736: auch wenn ihm als Ausländer die Ausweisung droht), dass er sich ins Ausland absetzt (Braunschweig NJW **64**, 1485), dass er sonst flüchtig wird oder sich verborgen hält oder dass er, obwohl er an sich zur Verfügung steht, die Vollstreckungsbehörden durch Täuschung davon abhält, Vollstreckungsmaßnahmen einzuleiten oder durchzuführen (Düsseldorf NJW **78**, 1932 L = GA **79**, 111); die bloße Vorbereitung oder der bloße Versuch, sich ins Ausland zu begeben, reicht nicht aus (Frankfurt NStZ-RR **03**, 143). Der Erfolg des Sich-Entziehens entfällt aber nicht deshalb, weil das Verfahren, etwa nach § 231 II, ohne den Beschuldigten fortgesetzt werden kann (Celle aaO). Gleichgültig ist, ob die Verfolgungsbehörde das Erforderliche getan hat, um die Flucht des Beschuldigten zu verhindern (Hamburg MDR **80**, 74). Bei Suizid verfällt die Sicherheit nicht (KK-Schultheis 4; vgl 18 zu § 112); vgl im Übrigen zum Tod des Beschuldigten BGH **45**, 108, 116.

6 **2) Verfahren (II S 1):** Zuständig ist das Gericht des § 126, nach Rechtskraft der zuletzt mit der Sache befasst gewesene Tatrichter (Düsseldorf Rpfleger **84**, 73), auch im Fall des § 329 I (Stuttgart Justiz **84**, 213).

7 Die durch II S 1 vorgeschriebene **Aufforderung zur Erklärung** ist an den Beschuldigten und den Dritten zu richten, der für ihn die Sicherheit geleistet hat, aber nur, wenn dieser gegenüber der Hinterlegungsstelle im eigenen Namen als Hinterleger aufgetreten ist (Düsseldorf NStZ **90**, 97; Hamburg Rpfleger **62**, 220; Karlsruhe NStE Nr 6; StraFo **00**, 394). Sie wird nach § 35 II S 1 zugestellt, ggf dem Zustellungsbevollmächtigten (vgl § 116a III) oder, wenn der Aufenthalt des Beschuldigten nicht bekannt ist, öffentl nach § 40 (Hamburg NJW **62**, 2363), und mit einer Fristsetzung verbunden. Die Abtretung der Forderung auf Rückzahlung der Sicherheit an einen anderen ist unbeachtlich (Karlsruhe aaO; Paeffgen NStZ **90**, 432). Die StA ist an dem Verfahren durch Antragstellung, sonst nach § 33 II beteiligt.

8 Das Gericht entscheidet ohne mündliche Verhandlung durch **Beschluss,** der zu begründen (§ 34) und nach § 35 II S 1 zuzustellen ist. Eine Abänderung des unanfechtbar gewordenen Beschlusses ist unzulässig (Stuttgart MDR **82**, 341).

9 **3) Die sofortige Beschwerde (II S 2, 3)** steht dem Beschuldigten und dem Bürgen zu, der für ihn die Sicherheit geleistet hat (dazu oben 7), nicht einem Dritten, der lediglich hinter der von einer Bank zu leistenden Bürgschaft steht (Stuttgart Justiz **88**, 373), auch nicht der Dritte, der im Namen des Beschuldigten einen Geldbetrag hinterlegt hat (Düsseldorf Rpfleger **86**, 275; Koblenz JBlRP **04**, 199). Bei Fristversäumnis muss sich auch der Beschuldigte das Verschulden des Verteidigers anrechnen lassen (19 zu § 44). Die StA ist zwar in II S 2 nicht aufgeführt. Das bedeutet aber nicht, dass sie zur Anfechtung nicht berechtigt ist oder nur die einfache Beschwerde erheben kann; auch ihr steht die sofortige Beschwerde zu (Stuttgart Justiz **84**, 213; KK-Schultheis 11). War die Aufforderung nach II S 1,

die eine Entscheidungsvoraussetzung ist, unterblieben, so entscheidet das Beschwerdegericht nicht nach § 309 II selbst, sondern verweist die Sache zurück (Celle NStZ-RR **99**, 178; Düsseldorf NStZ **96**, 404; Hamm MDR **95**, 1161; a**M** Frankfurt NStZ-RR **97**, 272 L; KMR-Wankel 10).

Eine **mündliche Verhandlung** zur Erörterung der gestellten Anträge und der 10 etwa vom Gericht im Freibeweis (7, 9 zu § 244) geführten Ermittlungen findet vor der Entscheidung über die sofortige Beschwerde statt (II S 3), sofern sie in zulässiger Weise eingelegt ist (Neustadt JZ **52**, 663 mit abl Anm Niethammer; LR-Hilger 42) und der Beschwerdeführer auf sie nicht verzichtet hat (Düsseldorf OLGSt Nr 1; NStE Nr 3); weitergehend sehen die OLGe teilw von einer mündlichen Verhandlung auch ab, wenn die Entscheidung des Senats dadurch nicht beeinflusst werden kann (Hamm NJW **96**, 736; NStZ-RR **96**, 271; Stuttgart MDR **87**, 867; dagegen Paeffgen NStZ **97**, 118). Die Verhandlung ist nicht öffentl. Das Erscheinen der Beteiligten kann nicht erzwungen werden; nur wenn der Beschuldigte nicht auf freiem Fuß ist, kann er (a**M** LR-Hilger 45: muss er) zum Termin vorgeführt werden. Wenn das ausreichend erscheint, können die mündlichen Erklärungen des Beschuldigten durch einen beauftragten oder ersuchten Richter entgegengenommen werden (vgl 22, 23 zu § 454). Im Übrigen steht die Gestaltung des Verfahrens, das gesetzlich nicht geregelt ist, weitgehend im Ermessen des Gerichts. §§ 114 ff ZPO (Prozesskostenhilfe) gelten entspr (Düsseldorf NStZ **96**, 404).

Weitere Beschwerde ist ausgeschlossen (Stuttgart Justiz **63**, 63; KK-Schultheis 11 13 mwN; a**M** SK-Paeffgen 13).

Auch nach **Wechsel der Zuständigkeit** für die Haftentscheidungen durch An- 12 klageerhebung oder Berufungsvorlage nach § 321 S 2 bleibt die Zuständigkeit des Beschwerdegerichts bestehen (Hamm NStE Nr 7; erg 7 zu § 126).

4) Die **Wirkungen eines Zivilurteils (III)** hat der Beschluss, mit dem die Si- 13 cherheit für verfallen erklärt wird. Ein Zivilprozess ist daher ausgeschlossen, jedoch nicht eine Amtshaftungsklage nach § 839 BGB, die darauf gestützt ist, dass die Sicherheit durch Verschulden eines Beamten verfallen sei). Für die Beziehungen zwischen dem Beschuldigten und dem Dritten, der für ihn die Sicherheit geleistet hat, gilt III nicht (KK-Schultheis 14).

Mit dem Verfall **geht die Sicherheit auf das Land über,** dessen Gericht zZ 14 des Verfalls die Sachherrschaft über das Verfahren hat (LR-Hilger 24). Der Fiskus wird Eigentümer der zur Sicherheit geleisteten Gegenstände und Gläubiger verpfändeter Forderungen; eine Bürgschaft (§ 116a I) wird fällig (KK-Schultheis 7).

Zuständigkeit für den Erlass des Haftbefehls

125 I **Vor Erhebung der öffentlichen Klage erläßt der Richter bei dem Amtsgericht, in dessen Bezirk ein Gerichtsstand begründet ist oder der Beschuldigte sich aufhält, auf Antrag der Staatsanwaltschaft oder, wenn ein Staatsanwalt nicht erreichbar und Gefahr im Verzug ist, von Amts wegen den Haftbefehl.**

II ¹**Nach Erhebung der öffentlichen Klage erläßt den Haftbefehl das Gericht, das mit der Sache befaßt ist, und, wenn Revision eingelegt ist, das Gericht, dessen Urteil angefochten ist.** ²**In dringenden Fällen kann auch der Vorsitzende den Haftbefehl erlassen.**

1) **Haftbefehlserlass vor Erhebung der Klage (I):** Die Vorschrift enthält 1 eine besondere Zuständigkeitsregelung, die von der des § 162 I S 1 abweicht. „Unbeschadet" der hier getroffenen Regelung kann die StA aber nach § 162 I S 2 den Antrag nicht einem anderen Antrag (vgl 10 zu § 162) auch bei dem nach § 162 I S 1 zuständigen Gericht stellen; insoweit bestehen die Zuständigkeitsvorschriften – wie sich nun eindeutig aus § 162 I S 2 ergibt – nebeneinander (a**M** LG Zweibrücken NStZ-RR **04**, 304 – aufrechterhalten StraFo **09**, 243 L – beim Zusammentreffen mit § 145 GVG: § 125 I *lex specialis;* dagegen zutr Steinmetz SchlHA **05**, 147).

§ 125

2 A. **Sachlich zuständig** für den Erlass des Haftbefehls und die Ablehnung eines darauf gerichteten Antrags der StA ist das AG, und zwar der nach dem Geschäftsverteilungsplan zuständige Ermittlungsrichter (BGH StV **11**, 463, 466), in Staatsschutzsachen der Ermittlungsrichter des OLG oder des BGH (§ 169), in Jugendsachen der Jugendrichter (§ 34 I **JGG**; vgl auch BVerfG NStZ **05**, 643 und Reichenbach NStZ **05**, 617 zur Zulässigkeit der Bestellung eines „Jugendermittlungsrichters", LG Berlin NStZ **06**, 525 zur Zuständigkeit eines Ermittlungsrichters auch als Jugendrichter). Findet eine Hauptverhandlung vor dem LG oder OLG statt, so darf dieses Gericht wegen einer nicht zur Anklage stehenden, etwa erst in der Verhandlung begangenen Tat keinen Haftbefehl erlassen (Hamm NJW **49**, 191); anders ist es, wenn die Verhandlung vor dem Strafrichter stattfindet. Auch die Erstreckung des Haftbefehls auf weitere Straftaten ist dem AG vorbehalten; das OLG darf sie nicht etwa in dem Verfahren nach § 122 vornehmen (Hamm NJW **71**, 1325; MDR **75**, 950; Koblenz NStZ-RR **08**, 92 L = JBlRP **07**, 411; **aM** Kaiser NJW **66**, 436; Schnarr MDR **90**, 93; erg 13 zu § 122). Das Beschwerdegericht kann den Haftbefehl erlassen, wenn es von der StA angerufen worden ist, weil das AG einen entspr Antrag abgelehnt hat. Es darf aber nicht einen auf § 230 II gestützten Haftbefehl nach §§ 112, 112a aufrechterhalten (25 zu § 230).

3 B. **Örtlich zuständig** ist das AG, in dessen Bezirk ein Gerichtsstand begründet ist oder der Beschuldigte sich aufhält.

4 Ein **Gerichtsstand** (§§ 7–13a, 15) ist in dem AG-Bezirk begründet, wenn das AG selbst für die Sache zuständig ist, aber auch bei sachlicher Zuständigkeit eines Gerichts höherer Ordnung, das in dem AG-Bezirk liegt.

5 **Aufenthaltsort** iS des I ist der Ort, an dem sich der Beschuldigte zZ des Erlasses des Haftbefehls befindet (Hamm GA **68**, 343), auch wenn er nur auf der Durchreise ist, auch der Ort, an dem er in einer anderen Sache in Haft befindet. Wird der Beschuldigte nicht dem nach § 128 I S 1 zuständigen Richter vorgeführt, so kann der Ort der Vorführung vor das unzuständige Gericht nicht den Aufenthaltsort iS des I begründen (KMR-Wankel 3; KK-Schultheis 2; LR-Hilger 7; **aM** Voraufl; Celle NdsRpfl **56**, 39).

6 2) **Nach Anklageerhebung (II)** ist für den Erlass des Haftbefehls das mit der Sache befasste Tatgericht zuständig (S 1), dh das Gericht, bei dem die Anklage erhoben ist, das Berufungsgericht erst nach Vorlegung der Akten nach § 321 S 1, im Revisionsverfahren nicht das Revisionsgericht, sondern der letzte Tatrichter.

7 In **dringenden Fällen** kann der Vorsitzende den Haftbefehl erlassen (S 2). Dringend ist der Fall, wenn das Zusammentreten des Kollegiums nicht abgewartet werden kann, ohne dass die rechtzeitige Verhaftung in Frage gestellt wird. Das beurteilt der Vorsitzende nach pflichtgemäßem Ermessen. Seine Entscheidung bedarf keiner Bestätigung durch das Kollegialgericht. Dessen Entscheidung kann aber von der StA und dem Angeklagten herbeigeführt werden. Die Ablehnung eines Haftbefehlsantrags darf, da sie niemals dringend ist, nur das Kollegialgericht aussprechen.

8 3) **Mitwirkung der StA:** Vor Erhebung der öffentlichen Klage ist grundsätzlich ein Antrag der StA erforderlich, da sie für das Ermittlungsverfahren verantwortlich ist und die UHaft nach § 120 III jederzeit beenden kann (erg 9 zu § 128). Das gilt auch für die Erweiterung eines Haftbefehls um weitere Tatvorwürfe (Schnarr MDR **90**, 89; erg 18 zu § 114). Der Antrag einer unzuständigen StA genügt (Loh MDR **70**, 812).

9 Nur bei **Unerreichbarkeit der StA und Gefahr im Verzug** erlässt das Gericht den Haftbefehl von Amts wegen. Zur Unerreichbarkeit vgl 10 zu § 128. Gefahr im Verzug besteht, wenn ohne sofortigen Erlass des Haftbefehls die Gefahr besteht, dass die Verhaftung des Beschuldigten nicht mehr möglich sein wird.

10 **Nach Erhebung der öffentlichen Klage** kann das Gericht einen Haftbefehl von Amts wegen erlassen, muss die StA aber vorher hören (§ 33 I, II).

Verhaftung und vorläufige Festnahme § 126

Zuständigkeit für weitere gerichtliche Entscheidungen RiStBV 54 II

126 I ¹ Vor Erhebung der öffentlichen Klage ist für die weiteren gerichtlichen Entscheidungen und Maßnahmen, die sich auf die Untersuchungshaft, die Aussetzung ihres Vollzugs (§ 116), ihre Vollstreckung (§ 116b) sowie auf Anträge nach § 119a beziehen, das Gericht zuständig, das den Haftbefehl erlassen hat. ²Hat das Beschwerdegericht den Haftbefehl erlassen, so ist das Gericht zuständig, das die vorangegangene Entscheidung getroffen hat. ³Wird das vorbereitende Verfahren an einem anderen Ort geführt oder die Untersuchungshaft an einem anderen Ort vollzogen, so kann das Gericht seine Zuständigkeit auf Antrag der Staatsanwaltschaft auf das für diesen Ort zuständige Amtsgericht übertragen. ⁴Ist der Ort in mehrere Gerichtsbezirke geteilt, so bestimmt die Landesregierung durch Rechtsverordnung das zuständige Amtsgericht. ⁵Die Landesregierung kann diese Ermächtigung auf die Landesjustizverwaltung übertragen.

II ¹ Nach Erhebung der öffentlichen Klage ist das Gericht zuständig, das mit der Sache befaßt ist. ²Während des Revisionsverfahrens ist das Gericht zuständig, dessen Urteil angefochten ist. ³Einzelne Maßnahmen, insbesondere nach § 119, ordnet der Vorsitzende an. ⁴In dringenden Fällen kann er auch den Haftbefehl aufheben oder den Vollzug aussetzen (§ 116), wenn die Staatsanwaltschaft zustimmt; andernfalls ist unverzüglich die Entscheidung des Gerichts herbeizuführen.

III Das Revisionsgericht kann den Haftbefehl aufheben, wenn es das angefochtene Urteil aufhebt und sich bei dieser Entscheidung ohne weiteres ergibt, daß die Voraussetzungen des § 120 Abs. 1 vorliegen.

IV Die §§ 121 und 122 bleiben unberührt.

V ¹ Soweit nach den Gesetzen der Länder über den Vollzug der Untersuchungshaft eine Maßnahme der vorherigen gerichtlichen Anordnung oder der gerichtlichen Genehmigung bedarf, ist das Amtsgericht zuständig, in dessen Bezirk die Maßnahme durchgeführt wird. ²Unterhält ein Land für den Vollzug der Untersuchungshaft eine Einrichtung auf dem Gebiet eines anderen Landes, können die beteiligten Länder vereinbaren, dass das Amtsgericht zuständig ist, in dessen Bezirk die für die Einrichtung zuständige Aufsichtsbehörde ihren Sitz hat. ³Für das Verfahren gilt § 121b des Strafvollzugsgesetzes entsprechend.

1) Für die **weiteren Entscheidungen und Maßnahmen,** die sich auf die 1 UHaft beziehen, auch auf die Haft nach §§ 230 II, 236, regelt die Vorschrift die gerichtliche Zuständigkeit. Im Wesentlichen handelt es sich um Entscheidungen nach §§ 116, 116b, 117, 118, 118a, 123, 124 und um Maßnahmen und Entscheidungen nach §§ 119 und 119a.

2) **Vor Erhebung der Klage (I)** besteht die Zuständigkeit nach § 125 I fort 2 (S 1), wobei aber der Geschäftsverteilungsplan des Gerichts die Zuständigkeit eines anderen Richters bestimmen kann (Schramm/Bernsmann StV **06**, 442). Wenn das Beschwerdegericht den Haftbefehl erlassen hat, ist der 1. Richter zuständig (S 2).

Die **Übertragung der Zuständigkeit** auf ein anderes Gericht sieht S 3 für den 3 Fall vor, dass das Ermittlungsverfahren, zB infolge Abgabe der Sache an eine andere StA, an einem anderen Ort geführt oder die UHaft an einem anderen Ort vollzogen wird (krit Weider StV **10**, 107). Eine weitergehende Regelung trifft § 72 VI **JGG** für das Jugendstrafverfahren. Die Übertragung, zu der auch der Ermittlungsrichter nach § 169 befugt ist (LR-Hilger 10), setzt einen entspr Antrag der StA voraus, der bis zum Erlass des Übertragungsbeschlusses zurückgenommen werden kann. Das Gericht, dem die Sache übertragen wird, kann die Übernahme nicht ablehnen, weil es sie für unzweckmäßig hält (Hamburg NJW **66**, 606), wird aber nicht zuständig, wenn sie auf einem Irrtum beruht. Wenn später erneut die Vor-

Schmitt 667

§ 126

aussetzungen des S 3 gegeben sind, kann es die Sache seinerseits auf Antrag der StA auf ein anderes Gericht weiter- oder auf das 1. Gericht zurückübertragen. Mit dem Erlass des Übertragungsbeschlusses wird die Zuständigkeit des neuen Haftrichters begründet (Celle OLGSt S 1; KK-Schultheis 3) und werden das ihm übergeordnete LG und OLG für Entscheidungen über Beschwerden und weitere Beschwerden zuständig (BGH **14**, 180, 185; Celle aaO; Hamburg NJW **66**, 606; Koblenz JBlRP **05**, 140; **aM** KG JR **85**, 256). Das gilt auch für vor Erlass des Beschlusses eingelegte Beschwerden (Hamburg aaO). Der Vorlagebeschluss nach § 122 I ist ebenfalls an das OLG zu richten, das dem neuen Haftrichter übergeordnet ist (Köln JMBlNW **66**, 288; LR-Hilger 5 zu § 122; erg 3 zu § 122).

4 Der **Ermittlungsrichter des BGH** kann, nachdem der GBA die Sache nach § 142a IV GVG an die LandesStA abgegeben hat, die Zuständigkeit für die weiteren Haftentscheidungen entspr I S 3 auf das AG des Ermittlungs- oder Haftorts übertragen (BGH NJW **73**, 475). Auf Antrag der StA kann das AG auch ohne eine solche Übertragung die weiteren Haftentscheidungen übernehmen (BGH aaO).

5 **3) Nach Erhebung der öffentlichen Klage (II–IV):**

6 A. Grundsätzlich ist das **mit der Sache befasste Gericht** zuständig (II S 1), auch wenn ein an sich unzuständiges Gericht, bei dem Anklage erhoben worden ist (Düsseldorf MDR **81**, 691; LG Lüneburg StV **87**, 111; 4 zu § 170). Bei Zurückverweisung der Sache durch das Revisionsgericht ist mit dem Erlass dieser Entscheidung nur noch das Gericht zuständig, an das zurückverwiesen worden ist (II S 2; BGH NJW **96**, 2665), auch wenn ihm die Akten noch nicht zugeleitet worden sind (Schleswig SchlHA **86**, 104 [E/L]; Zweibrücken StV **88**, 70 L); eine noch nicht erledigte Haftbeschwerde ist dann in einen Haftprüfungsantrag umzudeuten (KG NStZ **00**, 444). Das Berufungsgericht wird zuständig, wenn ihm die Akten nach § 321 S 2 vorgelegt werden.

7 Auf **noch unerledigte Beschwerden** ergeht keine Entscheidung des Beschwerdegerichts; vielmehr hat das jetzt zuständige Gericht eine Entscheidung zu treffen (vgl zur Haftprüfung 12 zu § 117; anders nach Hamm NStE Nr 7 zu § 124 beim Verfall einer Sicherheit), im Fall des II S 3 der Vorsitzende (KG NStZ-RR **96**, 365; **aM** Karlsruhe NStZ **84**, 183).

8 Eine Haftentscheidung **während einer laufenden Hauptverhandlung** ist nach einer neueren Entscheidung des BGH (NStZ **11**, 356 mit Anm Börner JR **11**, 362) stets ohne Schöffen zu treffen, dh unabhängig davon, ob sie in der Hauptverhandlung oder während einer Unterbrechung erfolgt (ebenso KG StraFo **15**, 110; KG NStZ **09**, 589 mit Anm Krüger; München StraFo **10**, 383; Hamburg StV **98**, 143 mit abl Anm Schlothauer = JR **98**, 169 mit teilw zust Anm Katholnigg, zust auch Rönnau Weßlau-GS 293, 302; Bertram NJW **98**, 2934, abl hingegen Kunisch StV **98**, 687; Paeffgen NStZ **00**, 134 Fn 26).

8a Diese vom BVerfG als verfassungsrechtlich unbedenklich erachtete Auffassung (NStZ **98**, 418; dazu abl Paeffgen aaO; Sowada aaO) wird allerdings der gesetzlichen Regelung in § 30 GVG nicht gerecht (zust AnwK/UHaft-König 9; erg 2, 3 zu § 30 GVG). Nach der überzeugenden **Gegenauffassung** wirken die Schöffen dagegen sowohl bei Entscheidungen in der Hauptverhandlung (KG StraFo **16**, 292 mwN; Düsseldorf StV **84**, 159; Koblenz StV **10**, 36; 37; Köln NStZ **98**, 419 mit abl Anm Foth und zust Anm Siegert) als auch während unterbrochener Hauptverhandlung mit (Dehn NStZ **97**, 608; Linkenheil, Laienbeteiligung in der Strafjustiz, 2003, S 235; Sowada NStZ **01**, 174; ders ausführlich und überzeugend StV **10**, 37). Eine vermittelnde Ansicht hält die Mitwirkung der Schöffen bei der Entscheidung nach § 268b für notwendig, sonst nicht (Gittermann DRiZ **12**, 12 mwN). Die Ansicht von Katholnigg (JR **98**, 36 und 172), der zwischen eilbedürftigen (ohne Schöffen) und nicht eilbedürftigen (mit Schöffen) Haftentscheidungen differenzieren will, hat keine Zustimmung gefunden; Börner JR **10**, 481 schlägt vermittelnd – aber unnötig verkomplizierend – vor, eine Zwischenberatung mit den Schöffen durchzuführen, anschließend sollen die Berufsrichter die Haftentscheidung allein treffen, „wobei sie an das vorherige Beratungsergebnis gebunden sind und dieses nun den zu erwartenden weiteren Beweisergebnissen (?) sowie dem übrigen relevanten Akteninhalt gegenüberstellen". Sind die Schöffen tatsächlich einmal nicht rechtzeitig zu erreichen, hilft § 126 II S 4. Das OLG als Gericht 1. Instanz entscheidet allerdings immer in der für die Hauptverhandlung vorgesehenen Besetzung (vgl § 122 II S 2 GVG); also ggf mit 5 Richtern (BGH **43**, 91 = JR **98**, 33 mit abl Anm Katholnigg; abl auch Foth NStZ **98**, 262; zust Sowada NStZ **01**, 173).

Nach Einlegung der Revision entscheidet grundsätzlich der letzte Tatrichter **9** (II S 2; erg oben 6). Nur wenn das Revisionsgericht das angefochtene Urteil aufhebt (Teilaufhebung genügt) und sich ohne weiteres, dh ohne weitere Ermittlungen, ergibt, dass der Haftbefehl nach § 120 I S 1 nicht länger aufrechterhalten werden kann, ist das Revisionsgericht befugt, ihn zugleich mit dem Erlass des Revisionsurteils aufzuheben (Hamm StV **15**, 311: gesamte erkannte Strafe wäre vor erneuter Sachentscheidung zur Zurückverweisung im Wege der Anrechnung nach § 51 I StGB erledigt); verpflichtet ist es dazu nur im Fall des § 120 I S 2. Eine vorherige Aufhebung kommt nur in Betracht, wenn ein Verfahrenshindernis besteht, das zur Einstellung des Verfahrens führt (BGH **41**, 16; NStZ **97**, 145). Hat die Einstellung allerdings nur vorläufigen Charakter – wie bei Fehlen der Anklage oder des Eröffnungsbeschlusses – wird der Haftbefehl nicht aufgehoben (BGH NStZ **99**, 520, 521; 3 StR 280/11 vom 29.9.2011). Eine Befugnis zur Außervollzugsetzung des Haftbefehls (§ 116) hat das Revisionsgericht nicht (I S 1 mit II S 2).

B. Die **Zuständigkeit des Vorsitzenden (II S 3)** beschränkt sich grundsätz- **10** lich auf die Anordnung (und Ablehnung) einzelner Maßnahmen, insbesondere nach § 119. In Betracht kommen außer den Entscheidungen, die sich auf den Vollzug der UHaft beziehen, die Benachrichtigung nach § 114c II (dort 3 ff), die Festsetzung oder Anordnung einer Sicherheitsleistung nach § 116a (dort 1) und die Ausschreibung zur Festnahme oder zur Aufenthaltsermittlung (§§ 131 ff). Entscheidet anstelle des funktionell ausschließlich zuständigen Vorsitzenden das Kollegialgericht, so ist das hier – wo das Gesetz eine Zuständigkeit des Gerichts ausdrücklich nur ausnahmsweise nach II S 3 anerkennt – zwar nicht „unschädlich" (Frankfurt StV **88**, 536 mwN; München StV **95**, 140; Veit MDR **73**, 279; **aM** Düsseldorf NJW **68**, 1343; Hamburg NJW **65**, 2362; KMR-Wankel 14). Die Entscheidung wird aber bestandskräftig, wenn sie nicht angefochten wird; wenn Beschwerde eingelegt wird, verweist das Beschwerdegericht die Sache nicht an den 1. Richter zurück, sondern entscheidet unter Aufhebung des angefochtenen Beschlusses nach § 309 II in der Sache selbst (Bay **04**, 118; Düsseldorf MDR **85**, 603; JMBlNW **96**, 138; KK-Schultheis 13; vgl auch München aaO; **aM** Frankfurt aaO; Karlsruhe NJW **74**, 110; Koblenz NJW **81**, 1570; erg 6 zu § 309). Für Entscheidungen über Maßnahmen im UHaftvollzug bei Anhängigkeit einer Sache vor dem Kollegialgericht ist der gesamte Spruchkörper zuständig (KG StV **13**, 526; erg 2 zu § 119a).

Anfechtbar ist die Entscheidung des Vorsitzenden nur mit der Beschwerde **11** nach § 304; die Anrufung des Kollegialgerichts gegen seine Maßnahmen ist nicht zulässig; eine Umdeutung der Beschwerde in einen Antrag nach § 238 II kommt daher nicht in Betracht (BVerfG 2 BvR 1198/08 vom 26.8.2008).

In **dringenden Fällen** (7 zu § 125) kann der Vorsitzende auch den Haftbe- **12** fehl aufheben oder seinen Vollzug nach § 116 aussetzen, aber nur mit Zustimmung der StA (II S 4); andernfalls muss er unverzüglich das Gericht entscheiden lassen. Allgemein zur Herbeiführung der Entscheidung des Kollegialgerichts vgl 7 zu § 125.

Der durch Gesetz vom 19.6.2019 (BGBl I 840) eingeführte **Absatz V** enthält **13** eine Zuständigkeitsregelung für die erforderliche vorherige gerichtliche Anordnung bzw Genehmigung von Maßnahmen der Fixierung im Rahmen von Freiheitsentziehungen nach den Vollzugsgesetzen der Länder.

§ 126a

Einstweilige Unterbringung   RiStBV 59

126a ^I Sind dringende Gründe für die Annahme vorhanden, daß jemand eine rechtswidrige Tat im Zustand der Schuldunfähigkeit oder verminderten Schuldfähigkeit (§§ 20, 21 des Strafgesetzbuches) begangen hat und daß seine Unterbringung in einem psychiatrischen Krankenhaus oder einer Entziehungsanstalt angeordnet werden wird, so kann das Gericht durch Unterbringungsbefehl die einstweilige Unterbringung in einer dieser Anstalten anordnen, wenn die öffentliche Sicherheit es erfordert.

^{II 1} Für die einstweilige Unterbringung gelten die §§ 114 bis 115a, 116 Abs. 3 und 4, §§ 117 bis 119a, 123, 125 und 126 entsprechend. ² Die §§ 121, 122 gelten entsprechend mit der Maßgabe, dass das Oberlandesgericht prüft, ob die Voraussetzungen der einstweiligen Unterbringung weiterhin vorliegen.

^{III 1} Der Unterbringungsbefehl ist aufzuheben, wenn die Voraussetzungen der einstweiligen Unterbringung nicht mehr vorliegen oder wenn das Gericht im Urteil die Unterbringung in einem psychiatrischen Krankenhaus oder einer Entziehungsanstalt nicht anordnet. ² Durch die Einlegung eines Rechtsmittels darf die Freilassung nicht aufgehalten werden. ³ § 120 Abs. 3 gilt entsprechend.

^{IV} Hat der Untergebrachte einen gesetzlichen Vertreter oder einen Bevollmächtigten im Sinne des § 1906 Abs. 5 des Bürgerlichen Gesetzbuches, so sind Entscheidungen nach Absatz 1 bis 3 auch diesem bekannt zu geben.

1 1) Dem **Schutz der Allgemeinheit** vor gemeingefährlichen Rechtsbrechern dient die Vorschrift (eingehend dazu Pollähne R & P **02**, 229 ff). Sie soll nicht, wie § 112, die Verfahrenssicherung, sondern die Vorwegnahme der Unterbringung nach §§ 63, 64 StGB ermöglichen (Frankfurt NStZ **85**, 284). Ähnliche vorbeugende Maßnahmen lassen §§ 111a, 112a, 132a zu. Die einstweilige Unterbringung kann auch gegen Jugendliche und Heranwachsende angeordnet werden (Jena NStZ-RR **07**, 217).

2 Die **UHaft** gegen vermindert Schuldfähige (§ 21 StGB) wird durch § 126a auch dann nicht ausgeschlossen, wenn mit der Unterbringung nach §§ 63, 64 StGB zu rechnen ist (vgl Celle NStZ-RR **17**, 20; erg zu 20 zu § 112). Die einstweilige Unterbringung ist aber idR die angemessenere Maßnahme, weil sie die Möglichkeit der ärztlichen Behandlung bietet (KG JR **89**, 476), die ohne richterliche Genehmigung zulässig ist (Baumann NJW **80**, 1879; Koch NJW **69**, 177). Da UHaft und einstweilige Unterbringung nicht gleichzeitig vollzogen werden können, darf wegen derselben Tat immer nur eine dieser Maßnahmen angeordnet werden.

3 2) **Voraussetzungen der einstweiligen Unterbringung (I):**

4 A. **Dringende Gründe** (dazu 2 zu § 111a) müssen die Annahme rechtfertigen, dass der Beschuldigte eine rechtswidrige Tat (§ 11 I Nr 5 StGB) im Zustand der Schuldunfähigkeit (§ 20 StGB) oder der verminderten Schuldfähigkeit (§ 21 StGB) begangen hat und dass das Gericht in dem Urteil seine Unterbringung in einem psychiatrischen Krankenhaus (§ 63 StGB) oder in einer Entziehungsanstalt (§ 64 StGB) anordnen wird. Ob die Voraussetzungen des § 20 StGB oder nur die des § 21 StGB vorliegen, braucht noch nicht festzustehen.

5 B. Die **öffentliche Sicherheit** muss die einstweilige Unterbringung des Beschuldigten erfordern, und zwar zZ des Erlasses des Unterbringungsbefehls. Das ist der Fall, wenn die Wahrscheinlichkeit dafür spricht, der Beschuldigte werde weitere rechtswidrige Taten von solcher Schwere begehen, dass der Schutz der Allgemeinheit die einstweilige Unterbringung gebietet. Daran fehlt es, wenn weniger einschneidende Maßnahmen auf anderer Rechtsgrundlage genügen. Die bereits vollzogene Unterbringung nach einem landesrechtlichen Unterbringungsgesetz steht aber nicht entgegen (Düsseldorf OLGSt Nr 2; **aM** EbSchmidt Nachtr 10). Der Grundsatz der Verhältnismäßigkeit (Einl 20, 21) ist zu beachten (Starke, Die einstweilige Unterbringung in einem psychiatrischen Krankenhaus nach der StPO,

1991, S 76 ff, 127 f). Ebenso wie bei der UHaft (3 ff zu § 120, 1 ff zu § 121) sind mit zunehmender Dauer der Freiheitsentziehung stets höhere Anforderungen an das Vorliegen eines rechtfertigenden Grundes zu stellen; bei erheblichen, vermeidbaren und dem Staat zuzurechnenden Verfahrensverzögerungen kann allenfalls noch eine von dem Beschuldigten ausgehende außergewöhnlich hohe Gefahr für die Allgemeinheit zur Rechtfertigung einer ohnehin schon lang andauernden einstweiligen Unterbringung dienen (BVerfG NJW **12**, 513).

3) Durch einen **Unterbringungsbefehl** wird die einstweilige Unterbringung von dem nach § 125 zuständigen Gericht (II S 1) angeordnet. **6**

Für seinen **notwendigen Inhalt** gilt § 114 entspr (II S 1). Anstelle der schuldhaften Tat (§ 114 II Nr 2) ist die rechtswidrige Tat zu bezeichnen, anstelle des dringenden Tatverdachts (§ 114 II Nr 4) die dringenden Gründe für die Annahme der rechtswidrigen Tat. Ein Haftgrund (§ 114 II Nr 3) entfällt; statt dessen sind die Tatsachen anzugeben, die die Annahme rechtfertigen, dass die öffentliche Sicherheit die einstweilige Unterbringung erfordert. Auch § 114 III ist – entspr dem nunmehr in II S 1 in Bezug genommenen § 116 III – anzuwenden (LR–Hilger 12 und 13a). Die Art der Anstalt (psychiatrisches Krankenhaus oder Entziehungsanstalt) muss bezeichnet werden. Stehen nach dem Einweisungsplan mehrere Anstalten zur Verfügung, so wählt der Richter eine von ihnen aus. Im Rahmen des Verfahrens nach I 2 ist das OLG befugt, die Art der Anstalt, in der die Unterbringung erfolgen soll, auszutauschen (Saarbrücken NStZ **15**, 660). **7**

Für die **Bekanntmachung** des Unterbringungsbefehls gilt § 114a entspr (II S 1), für die Belehrung § 114b, für die Benachrichtigung der Angehörigen § 114c. Hat der Beschuldigte einen gesetzlichen Vertreter oder einen Bevollmächtigten iSd § 1906 V BGB, so sind der Unterbringungsbefehl und Entscheidungen über ihn nach II und III auch ihm bekanntzugeben (IV); die Existenz eines Bevollmächtigten kann über das von der Bundesnotarkammer geführte Vorsorgeregister abgefragt werden. Zu den Mitteilungspflichten vgl 19 zu § 114. **8**

Der **Vollzug** des Unterbringungsbefehls wird auf Grund des richterlichen Aufnahmeersuchens (2 zu § 114d) von der StA veranlasst (§ 36 II S 1). In Betracht kommt nur der Vollzug in einer öffentlichen Kranken- oder Entziehungsanstalt. Der Vollzug in einer Haftanstalt ist unzulässig, auch wenn sie über eine psychiatrisch-neurologische Abteilung verfügt (KK–Schultheis 5; SK–Paeffgen 9; Pollähne R & P **03**, 58; str). In einer JVA ist auch sonst die Unterbringung nur für höchstens 24 Stunden und nur dann zulässig, wenn eine sofortige Überführung in ein öffentliches psychiatrisches Krankenhaus oder in eine öffentliche Entziehungsanstalt nicht möglich ist; kurzzeitige Ausnahmen zur Sicherung der Hauptverhandlung sind aber zulässig, falls auch ein Einzeltransport nicht durchführbar ist (vgl im Einzelnen Hamm StV **05**, 446; NStZ **06**, 29). Im Übrigen gelten die Vorschriften über den Vollzug der Unterbringung nach § 63, 64 StGB entspr, wobei aber der Schutz der Allgemeinheit vor einem gemeingefährlichen Täter im Vordergrund steht (Frankfurt NStZ **85**, 284). Entspr anwendbar sind nach II S 1 auch §§ 119, 119a. Der schriftliche und mündliche Verkehr des Betroffenen mit der Außenwelt wird von der Anstalt kontrolliert. Die sonstigen Beschränkungen werden nach dem Zweck der Unterbringung ausgerichtet. Darüber hinaus darf durch entspr Ausgestaltung des Vollzuges auch einer etwa bestehenden Verdunkelungsgefahr begegnet werden. Eine **Zwangsbehandlung** ist nur zulässig, wenn eine ländergesetzliche Grundlage besteht, die den vom BVerfG an Voraussetzungen und Verfahren gestellten Anforderungen genügt (BVerfG 2 BvR 882/09 vom 23.3.2011; 2 BvR 633/11 vom 12.10.2011; vgl auch OLG Köln StraFo **12**, 406; eingehend zu Fragen des Vollzugs der einstweiligen Unterbringung Pollähne aaO 64 ff, speziell zur „Zwangsbehandlung" S 71 ff). **9**

4) Für das **weitere Verfahren** gelten die in II S 1 bezeichneten Vorschriften entspr, insbesondere §§ 115, 115a. Die früher str Frage, ob §§ 116, 116a anwendbar sind, ist nunmehr dahin gesetzlich geklärt, dass § 116 III und IV mit § 123 Anwendung finden; wobei die entspr Anwendung des § 116 III naturgemäß vom **10**

§ 126a

Vorliegen der Voraussetzungen des dort in Bezug genommenen § 112a unabhängig ist (BT-Drucks 16/5137 S 11). Als Weisungen kommen neben den in § 116 I genannten auch in Betracht, sich einer medikamentösen oder psychotherapeutischen Behandlung oder einer Entziehungskur zu unterziehen, keine alkoholischen Getränke oder andere berauschende Mittel zu sich nehmen und sich Alkohol- und Suchtmittelkontrollen zu unterwerfen, die mit körperlichen Eingriffen verbunden sind (Schöch Volk-FS 710). § 116 I und II gelten nicht, weil diese der Flucht- oder Verdunkelungsgefahr begegnen sollen, es bei der einstweiligen Unterbringung aber anders als bei der UHaft nicht um die Verfahrenssicherung, sondern um den Schutz der Allgemeinheit geht (oben 1). Die Fortdauer der einstweiligen Unterbringung wird entspr §§ 117–118b geprüft (Düsseldorf MDR **95**, 950). Für die **gerichtliche Zuständigkeit** gilt § **126**, auch gerichtlichen Entscheidungen über die Genehmigung einer Zwangsmedikation (BGH 2 Ars 426/16 vom 19.1.2017).

10a Das Ges vom 16.7.2007 (BGBl I 1327) hat eine **Haftprüfung durch das OLG** entspr §§ 121, 122 eingeführt (II S 2); damit wurde eine verfahrensrechtliche Schlechterstellung des vorläufig Untergebrachten gegenüber dem Gefangenen in der UHaft beseitigt. Es wird nach 6 Monaten geprüft, ob die Voraussetzungen des I weiterhin vorliegen; in die Berechnung der Frist ist zuvor vollzogene UHaft einzubeziehen (Düsseldorf NJW **08**, 867). Hier ist somit ein anderer Prüfungsmaßstab als in § 121 I anzulegen; die Prüfung erstreckt sich nicht darauf, ob die besondere Schwierigkeit oder der besondere Umfang der Ermittlungen oder ein anderer wichtiger Grund das Urteil noch nicht zulassen (Celle StraFo **07**, 372; Hamm NJW **07**, 3220; Köln NJW **07**, 3590; Schneider NStZ **08**, 72; eingehend und krit zur gesetzlichen Regelung Polläkne/Ernst StV **09**, 705). Bei der Prüfung ist zu beachten, dass § 126a dem Schutz der Allgemeinheit vor gefährlichen Straftätern dient; daher kann die vom Beschuldigten ausgehende Gefahr für höchste Rechtsgüter dazu führen, dass die Fortdauer der Unterbringung trotz vermeidbarer Verfahrensverzögerungen angeordnet werden muss (Bremen NStZ **08**, 650; vgl auch Saarbrücken NStZ **15**, 660). Neben der hier allein anzustellenden Prüfung der fortdauernden **Voraussetzungen des I** sind aber auch die Einhaltung des **Verhältnismäßigkeitsgrundsatzes** und das Beschleunigungsgebot zu beachten (KG StV **16**, 828; Bremen aaO; Celle aaO; Hamm aaO; Karlsruhe StraFo **10**, 113; Köln aaO; Koblenz StraFo **06**, 326; **07**, 200). Mit einem Sachverständigen ist regelmäßig eine Frist zur Gutachtenerstellung zu vereinbaren, deren Einhaltung durch Androhung von Ordnungsgeldern kontrolliert werden muss (KG StV **10**, 372).

11 Die **Aufhebung des Unterbringungsbefehls** ist zwingend vorgeschrieben, wenn die Voraussetzungen des III S 1 vorliegen. Durch die Rechtsmitteleinlegung darf (wie im Fall des § 120 II) die Freilassung nicht aufgehalten werden (III S 2). § 120 III gilt entspr (III S 3). Auch der Verhältnismäßigkeitsgrundsatz kann die Aufhebung gebieten (oben 5).

12 Zulässig ist die **Umwandlung des Unterbringungsbefehls** in einen Haftbefehl, wenn sich herausstellt, dass nicht die Voraussetzungen des § 126a, sondern die der §§ 112, 112a vorliegen; im umgekehrten Fall gilt dasselbe (KG JR **89**, 476; **aM** Bohnert JR **01**, 403: Haftbefehl und Unterbringungsbefehl bestehen nebeneinander). Vor der Entscheidung müssen StA und Beschuldigter gehört werden. Die Umwandlung kann auch das Beschwerdegericht vornehmen, gleichgültig, wer das Rechtsmittel eingelegt hat (Bremen JZ **51**, 465 L; KK-Schultheis 9).

13 Mit dem **Eintritt der Rechtskraft** des Urteils, das die Unterbringung anordnet, endet die einstweilige Unterbringung und beginnt der Vollzug der Sicherungsmaßnahme, auch wenn die Vollstreckung des Urteils noch nicht eingeleitet worden ist (Hamm OLGSt § 67e StGB S 3; erg 15 zu § 120).

14 **5) Anfechtung:** Gegen den Unterbringungsbefehl und die Ablehnung seines Erlasses ist nach § 304 I Beschwerde, auch gegen Entscheidungen des OLG (§ 304 IV S 2 Nr 1) und des Ermittlungsrichters des BGH oder OLG (§ 304 V), und nach § 310 I weitere Beschwerde zulässig. Mit den Kammern kann auch geltend gemacht werden, dass statt eines Unterbringungsbefehls ein Haftbefehl hätte erlassen werden müssen (KMR-Wankel 8). Anfechtbar ist auch die Umwandlung des Unterbringungsbefehls in einen Haftbefehl und die umgekehrte Entscheidung (KK-Schultheis 10). Wegen der Rechtsbehelfe gegen Maßnahmen der Vollzugsanstalt vgl 4 zu § 119a.

6) Für die **Immunität** gelten die gleichen Beschränkungen wie beim Erlass eines Haftbefehls (vgl 23 zu § 114).

Vorläufige Festnahme

127 ^{I 1} **Wird jemand auf frischer Tat betroffen oder verfolgt, so ist, wenn er der Flucht verdächtig ist oder seine Identität nicht sofort festgestellt werden kann, jedermann befugt, ihn auch ohne richterliche Anordnung vorläufig festzunehmen.** ²**Die Feststellung der Identität einer Person durch die Staatsanwaltschaft oder die Beamten des Polizeidienstes bestimmt sich nach § 163b Abs. 1.**

^{II} **Die Staatsanwaltschaft und die Beamten des Polizeidienstes sind bei Gefahr im Verzug auch dann zur vorläufigen Festnahme befugt, wenn die Voraussetzungen eines Haftbefehls oder eines Unterbringungsbefehls vorliegen.**

^{III 1} **Ist eine Straftat nur auf Antrag verfolgbar, so ist die vorläufige Festnahme auch dann zulässig, wenn ein Antrag noch nicht gestellt ist.** ²**Dies gilt entsprechend, wenn eine Straftat nur mit Ermächtigung oder auf Strafverlangen verfolgbar ist.**

^{IV} **Für die vorläufige Festnahme durch die Staatsanwaltschaft und die Beamten des Polizeidienstes gelten die §§ 114a bis 114c entsprechend.**

1) Die **vorläufige** Festnahme geht dem Erlass eines Haftbefehls idR voraus. § 127 lässt sie in 2 Fällen zu: Wird jemand auf frischer Tat betroffen oder verfolgt, so ist jedermann, Polizeibeamte und Privatpersonen, zur Festnahme berechtigt (I S 1). Die Vorschrift überträgt dem Bürger eine öffentliche Aufgabe (KK-Schultheis 6; Roxin/Schünemann § 31, 4); eine Rechtspflicht zur vorläufigen Festnahme begründet sie nicht (KK-Schultheis 6; Zipf IV 25 252). Bei Gefahr im Verzug sind die StA und die Beamten des Polizeidienstes zur vorläufigen Festnahme befugt, wenn die Voraussetzungen eines Haft- oder Unterbringungsbefehls vorliegen (II). Weitere Fälle der vorläufigen Festnahme regeln § 127b (zur Anordnung der Hauptverhandlungshaft) und (im Gerichtssaal) § 183 S 2 GVG. Die Verschonung von der vorläufigen Festnahme sieht § 127a vor. Das Verfahren nach der Festnahme richtet sich nach §§ 128, 129. Bei bereits existierendem Haftbefehl geht wegen Art 104 II S 1 GG, Art 5 III S 1 EMRK das Verfahren nach § 115 der Eilkompetenz nach II vor (LR-Hilger 36; offen gelassen von BGH NStZ **18**, 734).

2) Vorläufige Festnahme auf frischer Tat (I):

A. **Tat** iS des I S 1 ist eine Straftat, die zum Erlass eines Haftbefehls (§ 112) oder Unterbringungsbefehls (§ 126a) berechtigen würde. Der Versuch genügt, wenn er strafbar ist (BGH NJW **81**, 745; Hamm NJW **77**, 590), nicht aber eine straflose Vorbereitungshandlung; auch nicht die Begehung einer OWi (§ 46 III S 1 OWiG). **Strafunmündige Kinder** (§ 19 StGB) dürfen nicht festgenommen werden, auch nicht zu dem Zweck, die Feststellung ihrer Personalien oder diejenigen ihrer Aufsichtspflichtigen zu ermöglichen (KK-Schultheis 8; Ostendorf Heinz-FS 464, 473; Bülte ZStW **121**, 386; Eisenberg StV **89**, 556; Frehsee ZStW **100**, 303; **aM** KG JR **71**, 30; Verrel NStZ **01**, 286; erg 4 zu § 163b). Dem wird unter Hinweis darauf widersprochen, dass § 127 ja nur die Betreffen auf frischer Tat verlange, die vorläufige Festnahme zudem erzieherisch sinnvoll und ein Nichteinschreiten gegenüber einem *in flagranti* erwischten Kind dem allgemeinen Rechtsbewusstsein abträglich wäre (Bottke Geerds-FS 278 Fn 58; Krause Geerds-FS 495; Streng Gössel-FS 503). Diesen an sich zutr Erwägungen steht jedoch entgegen, dass § 127 die Begehung einer Straftat voraussetzt (unten 4) und Zweck der Fest-

§ 127

nahme nur ist, den Täter der Strafverfolgung zuzuführen (unten 8); Abhilfe kann daher nur der Gesetzgeber schaffen, soll es nicht nur bei den außerstrafrechtlichen (Erziehungs- und Fürsorge-)Maßnahmen verbleiben.

4 B. Nur wenn **wirklich eine Straftat begangen** worden ist, ist die Festnahme nach I S 1 zulässig (KG VRS **45**, 35; Hamm NJW **72**, 1826; **77**, 590; Günther Kühl-FS 885; Kramer 60; Rüping 244; Schlüchter 255 und JR **87**, 309; Schumann JuS **79**, 559). Nicht erkennbare Rechtfertigungs- und Schuldausschließungsgründe lassen das Festnahmerecht unberührt (Stuttgart OLGSt Nr 3). Dringender Tatverdacht oder ein anderer hoher Verdachtsgrad genügt aber nicht (Bülte ZStW **121**, 386; **aM** BGH – 6. ZS – NJW **81**, 745; Bay **86**, 52 = MDR **86**, 956; OLGSt S 11; Hamm NStZ **98**, 370; Stuttgart aaO; Zweibrücken NJW **81**, 2016; LR-Hilger 9 ff mwN zum Streitstand; Kargl NStZ **00**, 8 ff mit Einschränkung auf „festnahmegeeignete Delikte" unter Beachtung der „Restriktionen staatlicher Gewaltausübung"; offengelassen bei BGH VRS **44**, 437). Denn der Eingriff in die Freiheitsrechte eines anderen nach I S 1 darf dem Bürger nur gestattet werden, wenn er sicher ist, dass der andere alle Merkmale einer Straftat verwirklicht hat; andernfalls muss er die Festnahme oder Identifizierung den staatlichen Behörden überlassen. Es geht nicht an, einem Unschuldigen das Recht der Notwehr (unten 17) gegen freiheitsbeschränkende Angriffe von Privatpersonen zu nehmen. Bei Verkehrsstraftaten werden die Voraussetzungen des I nur selten vorliegen (BGH VRS **44**, 437). Insbesondere die Feststellung der Fahruntüchtigkeit eines Kraftfahrers ist einer Privatperson nur möglich, wenn schwere Ausfallerscheinungen offensichtlich sind (BGH aaO; Zweibrücken NJW **81**, 2016; vgl dazu auch Marxen Stree/Wessels-FS 705, der den Begriff der „frischen Tat" in materiell-rechtlicher Hinsicht näher zu bestimmen versucht).

5 C. **Auf frischer Tat betroffen** ist, wer bei der Begehung einer rechtswidrigen Tat oder unmittelbar danach am Tatort oder in dessen unmittelbarer Nähe gestellt wird (Bülte ZStW **121**, 401).

6 **Verfolgung auf frischer Tat** liegt vor, wenn sich der Täter bereits vom Tatort entfernt hat, sichere Anhaltspunkte (zB Tatspuren) aber auf ihn als Täter hinweisen und seine Verfolgung zum Zweck seiner Ergreifung aufgenommen wird (Hamburg GA **64**, 341; vgl auch 3 zu § 104). Unmittelbar an die Tatentdeckung braucht sich die Verfolgung nicht anzuschließen; der Verfolgende, der nicht der Entdecker der Tat zu sein braucht, kann sich zunächst Hilfskräfte oder -mittel beschaffen. Auf Sicht oder Gehör braucht der Täter nicht verfolgt zu werden; eine Rast ist unschädlich (RG **58**, 226). Die Dauer der Verfolgung ist nicht begrenzt; sie kann bis zur Ergreifung des Täters fortgesetzt werden.

7 D. **Zur Festnahme berechtigt** ist jedermann, nicht nur der durch die Straftat Verletzte. Volljährigkeit ist nicht erforderlich. Die Festnahmeberechtigung nach I S 1 setzt voraus, dass keine Polizeibeamten zugegen sind, und endet daher mit deren Eintreffen (Bülte ZStW **121**, 413). Gegen den Willen der Polizei dürfen Privatpersonen nicht tätig werden. Das Festnahmerecht nach I S 1 haben auch die Beamten der StA und der Polizei, auch außerhalb ihres Amtsbezirks (Kramer NJW **93**, 111), jedoch nicht zum Zweck der Identitätsfeststellung (Benfer MDR **93**, 828; **aM** Kramer aaO); insoweit gelten § 163b I (vgl I S 2) und (obwohl I S 2 die Vorschrift nicht erwähnt) § 163c (LR-Hilger 25 Fn 87).

8 E. Der **Zweck der Festnahme** darf nur darin bestehen, den Täter der Strafverfolgung zuzuführen. Wer diese Absicht nicht hat, besitzt zwar uU ein Festnahmerecht nach § 229 BGB (Bay **90**, 113; Düsseldorf NStZ **99**, 599), ist aber zur vorläufigen Festnahme nach § 127 nicht berechtigt (Lampe GA **78**, 7; **aM** wohl AG Grevenbroich NJW **02**, 1060). I S 1 erlaubt daher nicht die Festnahme zu dem Zweck, weitere Straftaten zu verhindern (BGH VRS **40**, 104, 106) oder den Täter wegen seines Fehlverhaltens zur Rede zu stellen (Hamm VRS **4**, 446; **9**, 215, 218). Auch die Blutalkoholuntersuchung hat kein zulässiger Festnahmezweck (vgl aber 29 zu § 81a).

F. **Festnahmegründe** sind Fluchtverdacht und die Unmöglichkeit der soforti- 9
gen Identitätsfeststellung.

Für den **Fluchtverdacht** genügt, dass nach den erkennbaren Umständen des 10
Falles unter Berücksichtigung allgemeiner Erfahrungen vernünftigerweise die
Annahme gerechtfertigt ist, der Betroffene werde sich der Verantwortung durch
die Flucht entziehen, wenn er nicht alsbald festgenommen wird (BGH VRS **38**,
115; **40**, 104; NStZ **92**, 27 [K]; Bay NStZ-RR **02**, 336). Die strengeren Voraussetzungen der Fluchtgefahr nach § 112 II Nr 2 (dort 17 ff) brauchen nicht vorzuliegen (LR-Hilger 21; Kramer 61 Fn 135; Schlüchter 250; **aM** Naucke NJW **68**,
1225; Rüping 243).

Zur **Feststellung der Identität** ist die Festnahme zulässig, wenn der Betroffe- 11
ne, weil er Angaben zur Person verweigert oder sich nicht ausweisen kann, nicht
ohne Vernehmung oder Nachforschungen identifiziert werden kann, die Feststellung an Ort und Stelle aber nicht möglich ist. Fluchtverdacht muss nicht bestehen.
Dass der Name des Betroffenen bekannt ist, macht die Festnahme idR unzulässig
(RG **67**, 351, 353; Köln VRS **75**, 104, 106), aber nicht in jedem Fall (Hamburg
MDR **64**, 778). Das Kennzeichen eines Kraftwagens ermöglicht meist keine genügende Feststellung der Identität seines Führers (KG VRS **16**, 112; Oldenburg
VRS **32**, 274; Schleswig NJW **53**, 275; Krüger NZV **03**, 220). Etwas anderes gilt
idR für Fahrzeuge öffentlicher Verkehrsbetriebe (LR-Hilger 24; **aM** Hamm
VRS **9**, 215). Die Identifizierung durch einen Dritten reicht selbst dann nicht aus,
wenn er sich genügend ausweisen kann (RG **72**, 300; KK-Schultheis 17). Die
Feststellung der Identität durch Polizeibeamte bestimmt sich demgegenüber ausschließlich nach § 163b I (I S 2, vgl dazu die Erl zu §§ 163b, 163c).

G. Die **Festnahme** ist ein Realakt ohne Anordnung und bedarf weder einer be- 12
stimmten Form noch einer näheren Begründung (Koblenz VRS **54**, 357, 359).
Jedoch muss dem Betroffenen erkennbar gemacht werden, dass es sich um eine
vorläufige Festnahme handelt und welche Tat dazu Anlass gibt (Bay **60**, 66 =
NJW **60**, 1583; Bay **64**, 34; Oldenburg NJW **66**, 1764). Die Befugnis zur Festnahme, die auch während der Nachtzeit besteht (RG **40**, 65), schließt das Recht
ein, den Betroffenen festzuhalten, ihn vorübergehend in der Privatwohnung zu
verwahren, um von dort telefonisch die Polizei herbeizurufen (KG JR **71**, 30), und
ihn zur nächsten Polizeiwache zu bringen (BGH VRS **38**, 115; Bay aaO). Die
Durchsuchung bei dem Verdächtigen (§ 102) wird durch die Ermächtigung des I
S 1 aber nicht gedeckt.

Die **Anwendung von Zwang**, die vorher nicht angekündigt zu werden 13
braucht (Bay **59**, 38, 41 = DÖV **60**, 130; Bay **60**, 66), ist auch Privatpersonen
gestattet (Karlsruhe NJW **74**, 806; Stuttgart NJW **84**, 1694). Erlaubt ist zB das
Anhalten des Fahrzeugs, dessen Führer auf frischer Tat betroffen worden ist, durch
Bereiten von Fahrthindernissen (RG **34**, 443, 446; KG VRS **17**, 358; Hamm
VRS **9**, 215, 217; **16**, 136; Oldenburg VRS **32**, 274; Schleswig NJW **53**, 275)
oder durch Wegnahme des Zündschlüssels (Saarbrücken NJW **59**, 1190).

Bei der Festnahme des Betroffenen ist auch die **Anwendung körperlicher** 14
Gewalt mit der Gefahr oder Folge körperlicher Verletzungen zulässig (Karlsruhe
NJW **74**, 806), insbesondere das feste Zupacken, auch wenn es Schmerzen verursacht (Bay **86**, 52, 55; Stuttgart NJW **84**, 1694; **aM** Arzt Kleinknecht-FS 11: nur
durch § 32 StGB gedeckt), falls erforderlich auch das Anspringen, zu Fall bringen
und am Boden fixieren (BGH **45**, 378 = NStZ **00**, 603) sowie das Anlegen von
Fesseln, wenn es im Verhältnis zur Bedeutung der Sache nicht unangemessen ist.
Freiheitsberaubung, Nötigung und Körperverletzung sind durch I S 1 gerechtfertigt (BGH aaO), nicht aber eine ernsthafte Beschädigung der Gesundheit (BGH
NStZ-RR **07**, 303).

Daher können zwar das Drohen mit einer **Schusswaffe** und die Abgabe von 15
Warnschüssen gerechtfertigt sein, nicht aber das gezielte Schießen auf den fliehenden Täter zum Zweck der Festnahme (BGH NJW **81**, 745; BGHR StGB § 32 I
Putativnotwehr 1), auch nicht das Schießen mit einer Gaspistole aus geringer Ent-

fernung (KG VRS **19**, 114) oder ein lebensgefährliches Würgen (BGH **45**, 378). Das gilt ausnahmslos, auch wenn der Betroffene eine schwerwiegende Straftat begangen hat (AK-Krause 14; Arzt Kleinknecht-FS 12; Bülte ZStW **121**, 408; Peters 438; Roxin/Schünemann § 31, 10; **aM** BGH MDR **79**, 985 [H]; KK-Schultheis 28; LR-Hilger 29; offen gelassen von BGH NStZ-RR **98**, 50; vgl auch BGH NJW **99**, 2533 = JR **00**, 297 mit zust Anm Ingelfinger: Schusswaffengebrauch nach § 54 I Nr 2b PolG BW gedeckt, jedoch nicht „gezielte Schüsse auf zentrale Bereiche des Menschen"; ebenso Karlsruhe Justiz **11**, 221).

16 I S 1 enthält auch keinen Rechtfertigungsgrund für eine **Gefährdung des Straßenverkehrs** (Celle MDR **58**, 443; Hamm VRS **23**, 452; Oldenburg VRS **32**, 274). Im Übrigen gilt auch für Eingriffe von Privatpersonen das Übermaßverbot (Bay **59**, 38, 41; Celle aaO; Oldenburg aaO; LR-Hilger 19; Naucke SchlHA **66**, 101; einschr KK-Schultheis 19; Schlüchter 252: nur bei offensichtlichem Missverhältnis; **aM** Arzt Kleinknecht-FS 8: Verhältnismäßigkeitsgrundsatz gilt nicht).

17 **Notwehr** (§ 32 StGB) gegen gerechtfertigte Maßnahmen des Festnehmenden darf der Betroffene nicht üben (RG **72**, 300). Dagegen ist der Festnehmende zur Notwehr berechtigt, wenn der Betroffene sich gegen eine rechtmäßige Maßnahme zur Wehr setzt (BGH **45**, 378 = NStZ **00**, 603 mit Anm Kargl/Kirsch; Hamm NJW **72**, 1826; Arzt Kleinknecht-FS 10).

18 3) Die **Festnahme bei Gefahr im Verzug (II)** ist der StA und den Beamten des Polizeidienstes, die nicht Ermittlungspersonen der StA zu sein brauchen, gestattet, wenn die Voraussetzungen der §§ 112, 112a, 126a vorliegen. Für das Steuerstrafverfahren sehen §§ 399 I, 402 I, 404 S 1 **AO** ein Festnahmerecht der Finanzbehörden und -beamten vor. Vgl ferner §§ 12, 14 ff BGSG.

19 **Gefahr im Verzug** (vgl 6 zu § 98) besteht, wenn die Festnahme infolge der Verzögerung gefährdet wäre, die durch das Erwirken eines richterlichen Haft- oder Unterbringungsbefehls eintreten würde. Das beurteilt der Beamte auf Grund pflichtgemäßer Prüfung der Umstände des Falles, soweit sie ihm zZ seines Einschreitens erkennbar sind (BGH **3**, 241, 243). Hat der Richter den Erlass eines Haftbefehls bereits abgelehnt, so schließt das die vorläufige Festnahme nach II wegen derselben Straftat aus, es sei denn, die früheren Ablehnungsgründe sind durch neue Umstände ausgeräumt (LG Frankfurt a. M. NStZ **08**, 591).

20 Zur **Durchführung** der vorläufigen Festnahme vgl oben 12 ff. Die Grenzen der Festnahmemittel werden für Polizeibeamte nach hM durch das Polizeirecht, insbesondere die Landesgesetze über die Anwendung unmittelbaren Zwangs bestimmt (Bay NStZ **88**, 519; Karlsruhe NJW **74**, 806, 807; Justiz **11**, 221; Koblenz VRS **54**, 357; **aM** Borchert JA **82**, 346, der mit Rücksicht auf § 6 **EGStPO** nur das UZwG des Bundes für anwendbar hält; Schmidt/Sobota NStZ **94**, 218 leiten die Befugnis zum Zwangsmitteleinsatz direkt aus II her; ausführlich zur Problematik unter Ablehnung der hM SK-Paeffgen 28 ff). Die Wohnung des Verdächtigen darf durchsucht werden, wenn konkrete Anhaltspunkte dafür bestehen, dass er dort aufzufinden ist (Kaiser NJW **80**, 876).

21 4) Das **Fehlen des Strafantrags (III)**, der Ermächtigung oder des Strafverlangens hindert die vorläufige Festnahme ebenso wenig wie den Erlass eines Haftbefehls (§ 130). Nur wenn die Beseitigung des vorläufigen Prozesshindernisses, zB wegen Ablaufs der Antragsfrist, wegen Verzichts auf die Antragstellung oder wegen Zurücknahme des Antrags, rechtlich nicht möglich oder wenn unwahrscheinlich ist, dass der Antrag gestellt wird, muss die vorläufige Festnahme unterbleiben (Geerds GA **82**, 238 ff). Für I hat das praktisch keine Bedeutung (vgl LR-Hilger 49).

22 Wegen eines **Privatklagedelikts** darf ein Haftbefehl erst erlassen werden, wenn die **StA** nach §§ 376, 377 die Verfolgung übernommen hat (5 zu § 384). Gleichwohl ist die vorläufige Festnahme nach I nicht nur zur Identifizierung, sondern auch wegen Fluchtverdachts zulässig (KK-Schultheis 47; Geerds GA **82**, 239, 248 ff; **aM** SK-Paeffgen 35; Hilger Fezer-FS 581). Der Beschuldigte ist dann aber in dem Verfahren nach § 128 auf freien Fuß zu setzen, wenn die StA nicht sofort erklärt, dass sie die Verfolgung übernimmt. Entsprechendes gilt für die vorläufige Festnahme durch Polizeibeamte nach II (KK-Schultheis aaO; Geerds aaO, 249).

5) Pflichten für StA und Polizei: Durch IV ist bestimmt, dass ebenso wie bei **22a** einer Verhaftung (§ 114) die Pflicht zur Information des Beschuldigten über den Grund der vorläufigen Festnahme (§ 114a) erfolgen und er entspr § 114b belehrt werden muss sowie gemäß § 114c Benachrichtigungen vorgenommen werden müssen. Damit werden auch bei einer vorläufigen Festnahme die Verteidigungsrechte des Beschuldigten gewahrt (dazu eingehend Weider StV **10**, 102).

6) Anfechtung: Wenn der Betroffene die Festnahme selbst beanstanden will, **23** gilt § 128; danach hat der Richter nur über die Fortdauer der Freiheitsentziehung zu entscheiden (dort 12). Über die Rechtmäßigkeit einer beendeten vorläufigen Festnahme nach II entscheidet entspr § 98 II der mit der Sache befasste Richter (BGH **44**, 171 mwN); die abweichende Meinung, die § 23 EGGVG anwenden wollte, ist durch die neuere Rspr überholt. Dasselbe wird nun (entgegen früherer Auffassung: BVerwGE **47**, 255; Brandenburg OLG-NL **95**, 190) auch gelten müssen, wenn es um die Art und Weise des Vollzugs der Festnahme geht (vgl 23 zu § 98; 17 zu § 105; 10 zu § 23 EGGVG).

7) Immunität: Die vorläufige Festnahme steht der Verhaftung iS des Art 46 II **24** GG gleich (Maunz/Dürig 50 zu Art 46 GG; KK-Schultheis 46). Sie ist daher ohne Genehmigung des Parlaments nur zulässig, wenn der Abgeordnete auf frischer Tat betroffen wird, nach Verfolgung auf frischer Tat nur, wenn die Festnahme im Laufe des Tages nach der Tat gelingt. Die vorläufige Festnahme zur Identitätsfeststellung ist ohne Einschränkung zulässig (aM LR-Hilger 4; RG **59**, 113).

8) Die Geltung des § 127 I S 1 zur **Festnahme von Piraterieverdächtigen** **25** auf Hoher See bejaht Esser ZIS **09**, 771, verneint aber für Soldaten der Marine die Anwendung des § 127 II.

9) Revision: Die Rüge missbräuchlicher Inanspruchnahme der Eilkompetenz **26** nach II, da bereits vor der Festnahme die Voraussetzungen des § 112 vorgelegen hätten, setzt voraus, dass der Beschwerdeführer die Tatsachen vorträgt, aus denen sich für die Ermittlungsbehörden die Anhaltspunkte für den dringenden Tatverdacht hätten ergeben können (BGH 3 StR 23/18 vom 28.6.2018).

Absehen von der Anordnung oder Aufrechterhaltung der
vorläufigen Festnahme RiStBV 60

§ 127a ᴵ Hat der Beschuldigte im Geltungsbereich dieses Gesetzes keinen festen Wohnsitz oder Aufenthalt und liegen die Voraussetzungen eines Haftbefehls nur wegen Fluchtgefahr vor, so kann davon abgesehen werden, seine Festnahme anzuordnen oder aufrechtzuerhalten, wenn

1. **nicht damit zu rechnen ist, daß wegen der Tat eine Freiheitsstrafe verhängt oder eine freiheitsentziehende Maßregel der Besserung und Sicherung angeordnet wird und**
2. **der Beschuldigte eine angemessene Sicherheit für die zu erwartende Geldstrafe und die Kosten des Verfahrens leistet.**

ᴵᴵ § 116a Abs. 1 und 3 gilt entsprechend.

1) Eine **Ergänzung des § 127 II** enthält die (ihrerseits durch § 132 ergänzte) **1** Vorschrift. Unter den Voraussetzungen des I kann der Beschuldigte ohne Mitwirkung eines Richters von den in § 127 II bezeichneten Polizeibeamten, auch wenn sie nicht Ermittlungspersonen der StA sind, von der vorläufigen Festnahme gegen Sicherheitsleistung verschont, aber auch von dem Richter, dem er nach § 128 vorgeführt worden ist, entlassen werden (LR-Hilger 11). Dadurch sollen vor allem

Schmitt 677

§ 127a

durchreisende Ausländer, die in der BRep eine geringfügige Straftat begangen haben, die Möglichkeit erhalten, die Festnahme abzuwenden.

2 2) Für **Beschuldigte ohne festen Wohnsitz** oder ohne festen Aufenthalt in Deutschland gilt I, nach seinem Sinn aber nur für Ausländer, nicht für nicht sesshafte deutsche Staatsbürger (LR-Hilger 3; **aM** KK-Schultheis 2; Mayer NStZ **16**, 76, 80). Zu den Begriffen Wohnsitz und gewöhnlicher Aufenthalt vgl 1, 3 zu § 8. Fester Wohnsitz und fester Aufenthalt (vgl § 113 II Nr 2) setzen die Niederlassung oder das Verbleiben für eine längere Zeit voraus, als sie für Besuch, Erholung oder vorübergehende berufliche Zwecke aufgewendet zu werden pflegt (erg 6 zu § 113).

3 3) **Voraussetzungen für die Freilassung:**

4 A. Nur der **Haftgrund der Fluchtgefahr** (§ 112 II Nr 2) darf vorliegen. Besteht nur oder auch Verdunkelungsgefahr (§ 112 II Nr 3), so ist I unanwendbar, ebenso, wenn nur die Voraussetzungen des § 126a vorliegen.

5 B. Ferner dürfen **keine Freiheitsstrafe** und keine freiheitsentziehende Sicherungsmaßregel zu erwarten sein (I Nr 1), auch kein Jugendarrest nach § 16 JGG. Dass neben der zu erwartenden Geldstrafe andere Maßnahmen, zB Fahrverbot, Entziehung der Fahrerlaubnis oder Einziehung zu erwarten sind, hindert die Freilassung nicht (LR-Hilger 6).

6 C. Eine **angemessene Sicherheit** muss der Beschuldigte leisten (I Nr 2). Der Polizeibeamte oder Richter bemisst sie unter Zugrundelegung der Strafzumessungspraxis der Gerichte (KK-Schultheis 5) so, dass sie voraussichtlich die Geldstrafe und die Kosten des Verfahrens (§ 464a I) deckt; andere Maßnahmen (oben 5) dürfen nicht berücksichtigt werden (LR-Hilger 6, 8). Für die Art der Sicherheitsleistung gilt § 116a I entspr (II). Die Sicherheit kann auch durch Dritte geleistet werden, zB durch Konsulate, Kraftfahrverbände, Banken, Versicherungsgesellschaften. Die Sicherheit und die dazu gehörenden Belege werden von der Behörde, der der anordnende Beamte angehört, an die StA weitergegeben, die dafür sorgt, dass die Sicherheit bei der Strafvollstreckung wie eine gepfändete Sache behandelt wird.

7 D. Einen **Zustellungsbevollmächtigten (II)** muss der Beschuldigte entspr § 116a III bestellen (dort 5 ff). Der Bevollmächtigte, der im Bezirk des zuständigen Gerichts wohnen (KMR-Wankel 8; Geppert GA **79**, 295; **aM** gegen den Wortlaut des § 116a III: Düsseldorf JMBlNW **86**, 249; LR-Hilger 10; SK-Paeffgen 6; Dünnebier NJW **68**, 1754), handlungsfähig (Einl 98) und mit dem Auftrag einverstanden sein muss (Düsseldorf aaO; Zweibrücken VRS **53**, 280), kann ein RA, ein Verwandter oder Bekannter des Beschuldigten sein, aber auch ein Spediteur, ein Vertreter eines Automobilklubs, auch ein Beamter der Strafverfolgungsbehörde, sogar der Beamte, der den Beschuldigten gestellt hat und die Anordnung trifft (Geppert GA **79**, 295 Fn 51; **aM** KK-Schultheis 6), nicht aber eine juristische Person oder Behörde (Dresden StV **16**, 219, 220) oder eine exterritoriale Person (Botschafts- oder Konsulatsangehöriger).

8 Die **Zustellungsvollmacht** muss schriftlich erteilt und zu den Akten genommen werden, ebenso, wenn das möglich ist, die Einverständniserklärung des Bevollmächtigten (Karlsruhe StV **07**, 571). Es genügt aber, dass sie festgestellt und aktenkundig gemacht ist (Zweibrücken aaO). Notfalls kann der Beamte daher das Einverständnis telefonisch einholen und das in den Akten vermerken. § 145a I gilt entspr (Bay **88**, 134 = JR **90**, 36 mit zust Anm Wendisch).

9 4) **Weiteres Verfahren:** Hat der Beschuldigte die Sicherheit hinterlegt und einen Zustellungsbevollmächtigten mit dessen Einverständnis bestellt, so wird die vorläufige Festnahme (§ 127 II) nicht angeordnet oder nicht aufrechterhalten. Der Beschuldigte kann das Gebiet der BRep verlassen. Der Strafbefehl oder, falls eine Hauptverhandlung stattfindet, die Ladung, wird dem Zustellungsbevollmächtigten zugestellt (vgl § 145a II S 2). Die Sicherheit wird als Vorschuss auf die in dem Strafbefehl oder Urteil festgesetzte Geldstrafe und die Verfahrenskosten behandelt;

§§ 123 II, III und 124 sind nicht anzuwenden. Eine in Bargeld geleistete Sicherheit wird also einfach auf die Geldstrafe und die Kosten verrechnet. Ein sie übersteigender Betrag wird erstattet. Ist die Sicherheit in Form einer Bürgschaft geleistet worden, so wird der Anspruch gegen den Bürgen geltend gemacht.

Vorläufige Festnahme und Haftbefehl bei beschleunigtem Verfahren

127b I ¹ Die Staatsanwaltschaft und die Beamten des Polizeidienstes sind zur vorläufigen Festnahme eines auf frischer Tat Betroffenen oder Verfolgten auch dann befugt, wenn

1. eine unverzügliche Entscheidung im beschleunigten Verfahren wahrscheinlich ist und
2. auf Grund bestimmter Tatsachen zu befürchten ist, daß der Festgenommene der Hauptverhandlung fernbleiben wird.

² Die §§ 114a bis 114c gelten entsprechend.

II ¹ Ein Haftbefehl (§ 128 Abs. 2 Satz 2) darf aus den Gründen des Absatzes 1 gegen den der Tat dringend Verdächtigen nur ergehen, wenn die Durchführung der Hauptverhandlung binnen einer Woche nach der Festnahme zu erwarten ist. ² Der Haftbefehl ist auf höchstens eine Woche ab dem Tage der Festnahme zu befristen.

III Über den Erlaß des Haftbefehls soll der für die Durchführung des beschleunigten Verfahrens zuständige Richter entscheiden.

1) **Zweck der Regelung:** Die 1997 neu in die StPO eingefügte Vorschrift soll 1 – wie bereits das Verbrechensbekämpfungsgesetz vom 28.10.1994 (BGBl I 3186) – StA und AG zu einer stärkeren Nutzung des beschleunigten Verfahrens (§§ 417 ff) veranlassen, indem sie die Möglichkeit schafft, Täter vorläufig festzunehmen, auch wenn die Voraussetzungen des § 127 I oder II nicht vorliegen, und einen (zeitlich befristeten) Haftbefehl zu erlassen, den ohne dies nach §§ 112 ff nicht möglich wäre. Sie zielt damit auf „reisende Straftäter", Wohnungslose, Ausländer (Scheffler NJW **94**, 2192), also insgesamt auf Personen, bei denen entweder aus sozialen Gründen oder aus Gründen, die in ihrer Persönlichkeit liegen, zu befürchten ist, dass sie einer beschleunigt anberaumten Hauptverhandlung fernbleiben würden (Wächtler StV **94**, 160). Daher kann sozusagen „vorsorglich" die (befristete) Haft angeordnet werden (Neumann StV **94**, 276; Wächtler aaO).

Wie schon gegen das gesamte beschleunigte Verfahren (vgl 3ff vor § 417) wer- 2 den auch gegen diese Regelung rechtliche **Bedenken** vorgebracht (Meyer-Goßner ZRP **00**, 348; Stintzing/Hecker NStZ **97**, 569 ff; abl auch AnwK/UHaft-König 2, 3; SK-Paeffgen 8 ff; Hartenbach ZRP **97**, 227; Herzog StV **97**, 215; Volk StP § 33, 12; zur verfassungsrechtlichen Problematik Grasberger GA **98**, 530; der Regelung zust aber Fülber, Die Hauptverhandlungshaft, 2000, zugl Diss Bochum): Da das beschleunigte Verfahren nur in Fällen der kleineren und mittleren Kriminalität anwendbar ist (höchstmögliche Freiheitsstrafe nach § 419 II: 1 Jahr), wird hiermit gerade in leichteren Fällen die Möglichkeit einer Verhaftung eröffnet, die in schwerer wiegenden Fällen nicht gegeben ist (vgl auch Asbrock StV **97**, 43; Scheffler aaO). Im Übrigen war eine Verhaftung bisher nach § 230 II nur bei erfolgtem Fernbleiben von der Hauptverhandlung zulässig und dies auch nur dann, wenn der Erlass eines Vorführungsbefehls nicht genügte (19 zu § 230); nunmehr ist die einschneidende Maßnahme der Verhaftung bereits auf den bloßen Verdacht hin, der Beschuldigte könne der Hauptverhandlung fernbleiben, möglich (Neumann aaO). Giring (Haft und Festnahme gemäß § 127b StPO im Spannungsfeld von Effektivität und Rechtsstaatlichkeit, 2005, zugl Diss Saarbrücken 2002/2003) fordert zu Recht die „umgehende und ersatzlose Streichung" der Vorschrift (S 424); ebenso Wenske NStZ **09**, 63, 67, der „10 Jahre Hauptverhandlungshaft" untersucht hat und zu dem Ergebnis gelangt, dass die „rechtspraktische Bedeutung" es nicht rechtfertige, an einer „de facto leer laufenden, aber tiefe Grundrechtseingriffe legitimierenden Vorschrift festzuhalten".

§ 127b

3 Schließlich ist zu **bezweifeln, ob** die Hauptverhandlungshaft **überhaupt sinnvoll** ist (so auch Stintzing/Hecker aaO; Volk StP 10, 69): Der Richter erhält dadurch zwar etwas mehr Zeit für die Ansetzung der Hauptverhandlung im beschleunigten Verfahren, erkauft dies aber mit der Notwendigkeit einer weiteren Anhörung des Beschuldigten in derselben Woche (nach III sollen Haftrichter und Richter der Hauptverhandlung identisch sein); bei Antrag auf Haftprüfung oder Haftbeschwerde ergeben sich aufwändige Zwischenverfahren (1 ff zu § 117). Da die Anordnung der Hauptverhandlungshaft in der Praxis ohnehin nur funktionieren kann, wenn hierfür jeweils ein StA und ein Richter bereitstehen (dazu unten 9), erscheint es sinnvoller, das beschleunigte Verfahren – bei dem der Sachverhalt einfach oder (dh idR aber *und*) die Beweislage klar sein müssen (16 zu § 417) – sogleich nach Vorführung des Beschuldigten (§ 418 II S 1) durchzuführen und hiermit nicht einige Tage zu warten.

4 **2) Vorläufige Festnahme:**

5 A. **Tat** iSd I ist jede Straftat (nicht eine OWi) eines Heranwachsenden oder Erwachsenen, nicht eines Jugendlichen (wegen § 79 **JGG:** beschleunigtes Verfahren gegen Jugendliche unzulässig) oder eines Kindes (3a zu § 127), für die keine höhere Strafe als Geldstrafe oder Freiheitsstrafe bis zu 1 Jahr zu erwarten ist; auch die Anordnung einer Maßregel der Besserung und Sicherung mit Ausnahme der Entziehung der Fahrerlaubnis darf nicht in Betracht kommen (vgl § 419 I). Versuch der Straftat genügt (3 zu § 127).

6 B. **Auf frischer Tat betroffen oder verfolgt** muss die Person sein. Hierzu gelten die Ausführungen 5 und 6 zu § 127 entspr.

7 C. **Zur Festnahme berechtigt** sind anders als in § 127 nur StA und Beamte des Polizeidienstes, die nicht Ermittlungspersonen der StA zu sein brauchen. Allerdings ist es möglich, gegen einen nach § 127 I oder II vorläufig Festgenommenen unter den Voraussetzungen von I Nr 1 und 2 einen Haftbefehl nach II zu erlassen.

8 D. **Festnahmegründe** sind die in I Nr 1 und 2 aufgeführten, die kumulativ vorliegen müssen:

9 a) Die unverzügliche **Entscheidung im beschleunigten Verfahren** (§§ 417 ff) muss **wahrscheinlich** sein; unverzüglich ist in Verbindung mit II dahin auszulegen, dass die Hauptverhandlung binnen einer Woche stattfindet. Unverzügliche Entscheidung im Normalverfahren genügt auch dann nicht, wenn in diesem auf die Einhaltung aller Fristen (§§ 201 I, 217, 218) verzichtet wird. Ob eine unverzügliche Entscheidung im beschleunigten Verfahren wahrscheinlich ist, wird für StA und Polizei aber nur dann abzusehen sein, wenn zur Durchführung dieses Verfahrens ein Richter bereitsteht; denn ob der normalerweise zuständige Richter am AG bereit und in der Lage sein wird, innerhalb einer Woche ein beschleunigtes Verfahren durchzuführen, ist für StA und Polizei nicht absehbar, da diesen ja die Belastung des Richters nicht bekannt ist, falls sie sich nicht mit dem jeweils zuständigen Richter absprechen wollen und können (Keller/Schairer Polizei 97, 312). IdR wird das Verfahren daher nur in Großstädten praktikabel sein (vgl auch Hellmann NJW 97, 2149).

10 b) **Befürchtung des Fernbleibens** in der Hauptverhandlung bedeutet, dass die Möglichkeit des Ausbleibens ernsthaft in Betracht kommen muss (Hellmann NJW 97, 2147; **aM** SK-Paeffgen 21: hohe Wahrscheinlichkeit erforderlich). Das Gesetz verlangt insoweit „bestimmte Tatsachen". Diese festzustellen, wird regelmäßig schwierig sein (vergleiche LR-Hilger 14). Zu denken ist in 1. Linie daran, dass der Betroffene schon früher einer Hauptverhandlung ferngeblieben ist oder dass ihm mangels festen Wohnsitzes eine Ladung nicht zugestellt werden kann, wobei auch die Anwendung der §§ 127a, 132 ausgeschlossen sein muss.

11 E. Zur **Festnahme** gelten die Ausführungen 12 ff zu § 127 mit der Maßgabe entspr, dass die auf Privatpersonen bezüglichen Erörterungen entfallen (oben 7). Da I eine vorläufige Bewertung durch die StA und die Polizei hinsichtlich der unverzüglichen Entscheidung im beschleunigten Verfahren und der Befürchtung des Fernbleibens voraussetzt und gestattet, darf sich der Betroffene gegen die vorläufige Festnahme auch dann nicht zur Wehr setzen, wenn er hinsichtlich der unverzüglichen Durchführung der Hauptverhandlung berechtigte Bedenken hat oder bereit ist, zum Hauptverhandlungstermin zu erscheinen. Auch hierin zeigt sich aber die Fragwürdigkeit der Vorschrift.

F. **Fehlen des Strafantrages:** Zwar enthält § 127b insoweit keine ausdrückliche Regelung; da es sich hierbei aber um einen weiteren Anwendungsfall einer vorläufigen Festnahme handelt und die Interessenlage gleich ist, kann § 127 III entspr angewendet werden (vgl 21 zu § 127; erg aber unten 19). 12

G. Die Bestimmungen über die **Informations-, Belehrungs- und Benachrichtigungspflichten** nach §§ 114a–114c gelten auch hier (I S 2). 12a

3) Erlass eines Haftbefehls: 13

A. **Vorführung vor den Richter:** Es gilt § 128 mit der Besonderheit, dass der Festgenommene nicht dem sonst für vorläufige Festnahmen zuständigen Haftrichter, sondern nach III dem Richter vorgeführt werden soll, der für die Hauptverhandlung zuständig sein wird (zur Praktikabilität dieser Bestimmung vgl oben 3). Nur „in begründeten Ausnahmefällen" (BT-Drucks 13/2576 S 3) soll hiervon unter Berücksichtigung der örtlichen Gegebenheiten abgesehen werden dürfen. 14

B. Für die **Vernehmung durch den Richter** ist über § 128 I S 2 auch hier § 115 III anzuwenden (vgl 7 zu § 128; 6ff zu § 115). 15

C. **Freizulasssen** ist der Beschuldigte, wenn die Durchführung der Hauptverhandlung nicht binnen einer Woche nach der Festnahme zu erwarten ist (II S 1); hierüber sollten sich StA und Polizei mit dem Richter allerdings schon vorher verständigt haben (oben 9). Darüber hinaus muss die Freilassung aber auch dann erfolgen, wenn selbst eine nur wenige Tage dauernde Haft unverhältnismäßig wäre (§ 112 I S 2 gilt auch hier), weil zB nur eine geringfügige Geldstrafe zu erwarten ist (**aM** Keller Kriminalistik **98**, 679). Schließlich muss nicht nur hinreichender (2 zu § 203), sondern dringender Tatverdacht (5 zu § 112) bestehen (LR-Hilger 8; Hellmann NJW **97**, 2146, der im Übrigen [S 2148] die Hauptverhandlungshaft auch dann für unzulässig hält, wenn durch eine Vorführung die Anwesenheit des Beschuldigten in der Hauptverhandlung sichergestellt werden kann). 16

D. **Haftbefehl:** 17

a) **Binnen einer Woche** muss die Durchführung der Hauptverhandlung zu erwarten sein; deshalb ist der Haftbefehl auf höchstens eine Woche ab dem Tage der Festnahme – nicht dem des Haftbefehlerlasses – zu befristen. Für die Berechnung der Frist gilt § 43 I (**aM** SK-Paeffgen 18: Einbeziehung des fristauslösenden Tages); § 43 II ist nicht anwendbar, so dass bei Festnahme an einem Sonntag die Frist auch am nächsten Sonntag abläuft. Lässt sich der Tag der Hauptverhandlung wie idR schon bei Haftbefehlserlass bestimmen, ist der Haftbefehl bis dahin zu begrenzen. Wird die Hauptverhandlung über die im Haftbefehl bestimmte Zeit durch Unterbrechung ausgedehnt oder muss sie ausgesetzt werden (§ 228 I), ist der Angeklagte freizulassen. Der Haftbefehl wird damit gegenstandslos; einer Aufhebung bedarf es nicht (**aM** LR-Hilger 15: deklaratorische Aufhebung). Wird der Angeklagte rechtskräftig zu einer Freiheitsstrafe ohne Bewährung verurteilt, kann sogleich die Strafvollstreckung eingeleitet werden (§§ 449ff); ein „automatischer" Übergang von Hauptverhandlungs- in Strafhaft, wie bei der UHaft (vgl 15 zu § 120), erfolgt hier aber nicht. 18

b) Die **Anordnung der Haft** setzt weder Flucht- noch Verdunkelungs- noch Wiederholungsgefahr, sondern nur die Befürchtung des Fernbleibens in der Hauptverhandlung (oben 10) voraus (Hellmann NJW **97**, 2147); §§ 112, 112a, 113 gelten insoweit nicht. Dagegen sind §§ 114ff anwendbar. Auch die Außervollzugsetzung des Haftbefehls soll nach dem Willen des Gesetzgebers (vgl BT-Drucks 13/2576 S 3) zulässig sein, obwohl § 116 einen wegen Fluchtgefahr (§ 116 I), 19

§ 128　Erstes Buch. 9. Abschnitt

Verdunkelungsgefahr (§ 116 II) oder Wiederholungsgefahr (§ 116 III) erlassenen Haftbefehl voraussetzt; entspr § 116 ist die Außervollzugsetzung eines nach II erlassenen Haftbefehls demnach möglich, wenn durch geeignete Maßnahmen das Erscheinen des Beschuldigten in der – auch dann binnen einer Woche durchzuführenden – Hauptverhandlung sichergestellt werden kann. Eine Wiederinvollzugsetzung des Haftbefehls bei Nichterscheinen des Beschuldigten in der Hauptverhandlung kann aber nur dann erfolgen, wenn die im Haftbefehl bestimmte Frist noch nicht abgelaufen und die erneute Ansetzung der Hauptverhandlung in der Frist möglich ist. Falls eine Freiheitsstrafe von mindestens 6 Monaten zu erwarten ist, muss dem unverteidigten Beschuldigten sogleich ein Verteidiger beigeordnet werden (§ 418 IV). Bei Fehlen des Strafantrags gilt § 130 entspr (vgl dort und oben 12); die nach jener Bestimmung zu setzende Frist muss aber noch mindestens einen Tag geringer als die nach I S 2 bestimmte sein, da mit der Hauptverhandlung ohne Vorliegen eines Strafantrages sinnvollerweise nicht begonnen werden kann.

20　**4) Anfechtung:**
21　A. Zur Überprüfung der **vorläufigen Festnahme** nach I vgl 23 zu § 127.
22　B. Gegen den **Haftbefehl** sind die gleichen Rechtsbehelfe gegeben wie bei Anordnung der UHaft nach §§ 112 ff, also Antrag auf Haftprüfung und Haftbeschwerde (vgl §§ 117 ff). Hierüber ist der Beschuldigte zu belehren (§ 115 IV). Wird Haftbeschwerde eingelegt, ist wegen der Wochenfrist nach II S 2 die Anlegung von Doppelakten unumgänglich (2 zu § 160). Zur Anfechtung, falls der Haftbefehl vor der Entscheidung des LG wegen Fristablaufs gegenstandslos geworden ist, vgl 17 ff vor § 296; KK-Schultheis 21.

Vorführung bei vorläufiger Festnahme　　　　　　　　　　　RiStBV 51

128 I ¹ Der Festgenommene ist, sofern er nicht wieder in Freiheit gesetzt wird, unverzüglich, spätestens am Tage nach der Festnahme, dem Richter bei dem Amtsgericht, in dessen Bezirk er festgenommen worden ist, vorzuführen. ² Der Richter vernimmt den Vorgeführten gemäß § 115 Abs. 3.

II ¹ Hält der Richter die Festnahme nicht für gerechtfertigt oder ihre Gründe für beseitigt, so ordnet er die Freilassung an. ² Andernfalls erläßt er auf Antrag der Staatsanwaltschaft oder, wenn ein Staatsanwalt nicht erreichbar ist, von Amts wegen einen Haftbefehl oder einen Unterbringungsbefehl. ³ § 115 Abs. 4 gilt entsprechend.

1　1) Das **Verfahren nach der vorläufigen Festnahme** nach § 127 I, II (nicht zur Feststellung der Identität nach § 127 I S 2) regelt § 128 für den Fall, dass die öffentliche Klage noch nicht erhoben worden ist. Die Vorschrift wird durch § 129 ergänzt. In beiden Vorschriften wird vorausgesetzt, dass noch kein Haftbefehl erlassen ist oder dass sein Erlass der Polizei bei der Festnahme nach § 127 II unbekannt war (LR-Hilger 4); andernfalls gelten die §§ 115, 115a (offen gelassen von BGH NStZ **18**, 734; erg 1 zu § 127). Zur Benachrichtigung seines Konsulats bei Festnahme eines Ausländers vgl 14 zu § 163c, 9 zu § 114b.

1a　Die **Bestellung eines Pflichtverteidigers** bestimmt sich nach §§ 140 I Nr 4, 141 II S 1 Nr 1, S 2 (10, 11, 13-15 zu § 141), das Bestellungsverfahren nach § 142 (siehe Komm dort).

2　2) **Freizulassen** ist der vorläufig Festgenommene, wenn er nicht innerhalb der Frist des I S 1 dem Richter vorgeführt werden kann oder wenn sich schon vorher ergibt, dass die Festnahmegründe nicht oder nicht mehr bestehen. Die Frist des I S 1 darf dann nicht abgewartet werden (vgl Frankfurt SJZ **50**, 53). Die Anordnung der Freilassung steht vor der Vorführung nur der StA oder Polizei zu, nicht etwa dem Richter nach telefonischer Unterrichtung über den Fall; er ist erst zuständig, nachdem ihm der Festgenommene vorgeführt worden ist (KK-Schultheis 2). Selbst dann kann aber die StA noch die Freilassung anordnen, solange kein Haft- oder Unterbringungsbefehl erlassen worden ist (KK-Schultheis 10).

Verhaftung und vorläufige Festnahme § **128**

3) Vorführung vor den Richter (I):

A. Die **Vorführung** ist erforderlich, wenn der Festgenommene weder freigelassen noch nach § 127a mit der Festnahme verschont wird. IdR führt die Polizei den Festgenommenen vor, nachdem sie ihn vernommen hat (§ 163a IV), ausnahmsweise eine Privatperson nach § 127 I S 1. Sie braucht den Festgenommenen nicht unmittelbar zu einem Richter zu bringen, sondern kann ihn auch bei dem nächsten Polizeirevier abliefern, dessen Beamte ihn dann entweder freilassen oder dem Richter vorführen. Wird der Festgenommene zunächst einer JVA zugeführt, so sorgt deren Leiter für die Vorführung vor den Richter.

Die Vorführung erfolgt nach I S 1 vor das **AG des Festnahmeortes**. Die Vorführung vor das nach § 125 I zuständige Gericht wird dadurch aber nicht ausgeschlossen (Celle JZ **56**, 125). In Staatsschutzsachen nach § 120 I, II GVG ist der Festgenommene nach Möglichkeit dem Ermittlungsrichter nach § 169 vorzuführen. Jugendliche und Heranwachsende können dem zuständigen Jugendrichter vorgeführt werden (§ 34 I **JGG**). Ist der Festgenommene erkrankt, so muss er mindestens symbolisch, dh durch Vorlegung der Akten, vorgeführt werden (RiStBV 51).

Unverzüglich (8 zu § 25) muss die Vorführung erfolgen, spätestens am Tage nach der Festnahme, dh mit Ablauf dieses Tages, auch wenn er ein Sonnabend, Sonn- oder Feiertag ist. Diese Frist des I S 1, die mit der des Art 104 III S 1 GG übereinstimmt, ist die äußerste Frist (BGH NStE Nr 3); sie darf nicht zur Regel gemacht (LG Hamburg StraFo **09**, 283; Dvorak StV **83**, 514) und somit – weil der Grundsatz des Art 104 II S 2 GG zu beachten ist – nur ausgenutzt werden, wenn eine frühere Vorführung aus sachlichen Gründen nicht möglich ist (BVerfG 2 BvR 2520/07 vom 4.9.2009). Landesverfassungen können nicht wirksam kürzere Fristen bestimmen (Koblenz OLGSt Nr 1; **aM** SK-Paeffgen 5). Die Dauer einer anderweitigen Freiheitsentziehung vor richterlicher Entscheidung ist nach Art 104 II GG in die Vorführungsfrist einzurechnen (BGH **34**, 365). Die Ermittlungsbehörde ist – anders als bei § 115 (dort 4) – allerdings nicht gehindert, vor der (fristgerechten) Vorführung notwendige Ermittlungen vorzunehmen, zB auch den Beschuldigten polizeilich zu vernehmen (BGH NStZ **18**, 734 mit Anm Berghäuser; NStZ **90**, 195; KK-Schultheis 5; krit Deckers NJW **91**, 1155; Nelles StV **92**, 389; Paeffgen NStZ **92**, 533; Rüping Hirsch-FS 970).

B. Die **richterliche Vernehmung** (II S 2) richtet sich nach § 115 III (dort 6 ff). Sie ist entbehrlich, wenn schon der Festnahmebericht das Fehlen von Haftgründen ergibt oder wenn ein Antrag der StA nach § 120 III S 1 vorliegt. Sonst muss sie frühzeitig vorbereitet werden, da StA und Verteidiger nach § 168c I, V vom Termin benachrichtigt werden müssen (9 zu § 115). Die Vernehmung muss so rechtzeitig stattfinden, dass die Entscheidung spätestens am Tage nach der Festnahme erfolgen kann (unten 13).

4) Entscheidung des Gerichts (II):

A. **Beteiligung der StA:** Wie im Fall des § 125 I ist grundsätzlich die StA zu beteiligen (Kaiser NJW **69**, 1097); denn nach II S 2 hängt der Erlass eines Haftbefehls idR von einem Antrag der StA ab (Naumburg StraFo **07**, 240, 241: nicht ausreichend durch die Polizei „im Auftrag der StA"). Der Richter muss die StA aber nach § 33 II auch anhören, wenn er den Festgenommenen freilassen will. Sie muss daher von jeder Vorführung unterrichtet werden. Das besorgt zweckmäßigerweise durch Aktenvorlage, fernschriftlich oder telefonisch. Liegen dem StA die Akten nicht vor, so kann er die Polizeibehörde beauftragen, seinen Antrag in den Akten zu vermerken, die dem AG vorzulegen sind. Ist erkennbar, dass das Ermittlungsverfahren schon von einer StA betrieben wird, so ist möglichst diese StA zu beteiligen, sonst die für den Bezirk der Festnahme zuständige StA. In Staatsschutzsachen wird die für die Sache zuständige StA beteiligt (§§ 74a, 120, 142a GVG).

§ 129

10 Bei **Nichterreichbarkeit der StA** – worüber ein Aktenvermerk zu fertigen ist (Naumburg aaO) – ist der Richter berechtigt und verpflichtet, von Amts wegen einen Haft- oder Unterbringungsbefehl zu erlassen, wenn die Voraussetzungen dafür gegeben sind. Unerreichbar ist die StA, wenn sie nicht rechtzeitig vor Ablauf der Vorführungsfrist, auch nicht telefonisch oder durch Fernschreiben, gehört werden kann (LR-Hilger 16; erg 3 zu § 165), aber auch, wenn sie infolge ungenügender Unterrichtung nicht in der Lage ist, zu der Frage der Verhaftung oder einstweiligen Unterbringung Stellung zu nehmen (KK-Schultheis 12).

11 Ist der StA erreichbar, so steht die **fehlende Antragstellung** dem Erlass eines Haft- oder Unterbringungsbefehls entgegen. Wird er gleichwohl erlassen, so ist er zwar nicht unwirksam; die StA kann aber nach § 120 III S 1 seine Aufhebung verlangen. Wenn das Gericht einen Antrag der StA auf Erlass eines Haft- oder Unterbringungsbeschlusses ablehnt, muss es einen mit Gründen versehenen (§ 34) Beschluss erlassen, den die StA mit der Beschwerde nach § 304 I anfechten kann.

12 B. **Entscheidungsmöglichkeiten:** Der Richter hat die Rechtmäßigkeit der vorläufigen Festnahme nicht zu prüfen; er entscheidet nur über die Fortdauer der Freiheitsentziehung. Er kann den Festgenommenen freilassen, nach § 127a mit der Festnahme verschonen (dort 1) oder einen Haft- oder Unterbringungsbefehl erlassen (§§ 112ff, 126a); den Vollzug des Haftbefehls kann er zugleich nach § 116 aussetzen. Nach II S 3 gilt wegen der Rechtsbehelfsbelehrung § 115 IV entspr (dort 12).

13 C. Über den **spätesten Zeitpunkt der Entscheidung** bestimmt § 128 nichts. Im Fall des § 129 Hs 2 ist spätestens am Tage nach der Festnahme zu entscheiden. Das muss auch für § 128 gelten, da in beiden Fällen insoweit nur eine einheitliche Regelung denkbar ist (KK-Schultheis 7; LR-Hilger 11; Rüping Hirsch-FS 970; **aM** KMR-Wankel 4; zw Frankfurt NJW **00**, 2037, dazu un Recht abl Gubitz NStZ **01**, 253, Paeffgen NStZ **01**, 81 und Schaefer NJW **00**, 1996). Ist die vollständige schriftliche Abfassung des Haft- oder Unterbringungsbefehls nicht rechtzeitig möglich, so reicht es aus, dass dem Betroffenen sein wesentlicher Inhalt zunächst mündlich bekanntgemacht wird. Die vollständige Abfassung und Übergabe des Haftbefehls an ihn (114a), bei Unterbringungsbefehl auch an den gesetzlichen Vertreter oder Bevollmächtigten (§ 126a IV), kann dann nachgeholt werden. Nicht aufschiebbar ist aber die Benachrichtigung nach § 114c.

Vorführung bei vorläufiger Festnahme nach Anklageerhebung

129 Ist gegen den Festgenommenen bereits die öffentliche Klage erhoben, so ist er entweder sofort oder auf Verfügung des Richters, dem er zunächst vorgeführt worden ist, dem zuständigen Gericht vorzuführen; dieses hat spätestens am Tage nach der Festnahme über Freilassung, Verhaftung oder einstweilige Unterbringung des Festgenommenen zu entscheiden.

1 1) Das **Verfahren nach der vorläufigen Festnahme** durch Beamte der StA oder der Polizei nach § 127 II regelt § 129 für den Fall, dass bereits die öffentliche Klage erhoben ist (vgl erg 1 zu § 128). Wird der Festgenommene nicht freigelassen (2 zu § 128), so ist er sofort, dh unmittelbar durch den Festnehmenden, dem mit der Strafsache befassten Gericht vorzuführen, sofern das innerhalb der auch für § 129 geltenden Frist des § 128 I S 1 möglich ist (KK-Schultheis 2). Andernfalls ist er dem AG des Festnahmebezirks (§ 128 I S 1) oder dem nach § 125 I zuständigen AG (5 zu § 128) vorzuführen; die Wahl trifft nicht der Festgenommene, sondern der vorführende Beamte nach pflichtgemäßem Ermessen. Der Richter, dem der Festgenommene zunächst vorgeführt worden ist, kann seine Vorführung vor das mit der Sache befasste Gericht verfügen, wenn er entgegen der vorführenden Behörde der Ansicht ist, dass sie noch innerhalb der Frist des § 128 II S 1 bewerkstelligt werden kann. Die **Bestellung eines Pflichtverteidigers** bestimmt sich nach §§ 140 I Nr 4, 141 II S 1 Nr 1, S 2 (10, 11, 13-15 zu § 141), das Bestellungsverfahren nach § 142 (siehe jeweils Komm dort).

Verhaftung und vorläufige Festnahme § 130

2) Entscheidung des Gerichts: Spätestens am Tage nach der Festnahme, dh 2
mit Ablauf dieses Tages (6 zu § 128), hat das Gericht über die Aufrechthaltung
der Freiheitsentziehung zu entscheiden (Hs 2).

Wird der Festgenommene rechtzeitig dem **mit der Sache befassten Gericht** 3
vorgeführt, so entscheidet es, in dringenden Fällen der Vorsitzende allein (§§ 125
II S 2, 126a II S 1), innerhalb der Frist des Hs 2 über die Freilassung, Verhaftung
oder einstweilige Unterbringung des Festgenommenen, nachdem es ihn vernommen hat. Die StA kann den Festgenommenen, anders als im Fall des § 128 (dort
2), nach der Vorführung nicht mehr auf freien Fuß setzen und auch nicht die Aufhebung des Haftbefehls erzwingen.

Wird der Festgenommene zunächst einem **anderen als dem mit der Sache** 4
befassten Gericht vorgeführt, so ist auch dieses Gericht befugt, ihn freizulassen,
wenn es, nachdem es ihn vernommen hat, die Voraussetzungen für den Erlass eines
Haft- oder Unterbringungsbefehls nicht für gegeben erachtet. Hält es sie für gegeben, so darf es gleichwohl keinen Haft- oder Unterbringungsbefehl erlassen, sondern ist darauf beschränkt, den Schwebezustand der vorläufigen Festnahme aufrechtzuerhalten und dessen förmlichen Übergang in die UHaft oder einstweilige
Unterbringung dem mit der Sache befassten Gericht zu überlassen, auch wenn die
Entscheidung dieses Gerichts nicht innerhalb der Frist des Hs 2 herbeigeführt werden kann (LR-Hilger 6; **aM** KK-Schultheis 4; Schlüchter 261.5).

Haftbefehl vor Stellung eines Strafantrags RiStBV 7

130 ¹ **Wird wegen Verdachts einer Straftat, die nur auf Antrag verfolgbar ist, ein Haftbefehl erlassen, bevor der Antrag gestellt ist, so ist der Antragsberechtigte, von mehreren wenigstens einer, sofort von dem Erlaß des Haftbefehls in Kenntnis zu setzen und davon zu unterrichten, daß der Haftbefehl aufgehoben werden wird, wenn der Antrag nicht innerhalb einer vom Richter zu bestimmenden Frist, die eine Woche nicht überschreiten soll, gestellt wird.** ² **Wird innerhalb der Frist Strafantrag nicht gestellt, so ist der Haftbefehl aufzuheben.** ³ **Dies gilt entsprechend, wenn eine Straftat nur mit Ermächtigung oder auf Strafverlangen verfolgbar ist.** ⁴ **§ 120 Abs. 3 ist anzuwenden.**

1) Haftbefehl ohne Strafantrag: Die vorläufige Festnahme wegen eines An- 1
tragsdelikts ist nach § 127 III schon vor Stellung des Strafantrags zulässig. Folgerichtig darf nach § 130 auch ein Haftbefehl erlassen werden, zunächst aber nur, um
dem Antragsberechtigten Gelegenheit zu geben, die Prozessvoraussetzungen des
Strafantrags zu schaffen. Beide Maßnahmen beruhen auf der Erwartung, dass das
zunächst bestehende Verfahrenshindernis alsbald beseitigt wird. Steht von vornherein fest, dass kein Strafantrag gestellt werden kann (21 zu § 127) oder ist unwahrscheinlich, dass er gestellt wird, so ist ein Haftbefehl daher unzulässig (KKSchultheis 2; Geerds GA **82**, 249 ff). Die Regelung des § 130 ist vor allem für den
Fall gedacht, dass gegen den vorläufig festgenommenen Beschuldigten ein Haftbefehl erlassen und alsbald vollzogen wird. Sie gilt aber auch, wenn der Vollzug des
Haftbefehls nach § 116 ausgesetzt worden ist, und in den (seltenen) Fällen, in
denen zunächst der Haftbefehl wegen des Antragsdelikts erlassen und der Beschuldigte erst dann zur Festnahme gesucht wird (KK-Schultheis 1). Denn wenn und
solange der Strafantrag fehlt, muss nicht nur die Freiheitsentziehung auf Grund
eines Haftbefehls auf das mögliche Mindestmaß beschränkt werden. S 3 dehnt
die Regelung des § 130 (entspr § 127 III S 2) auf den Fall aus, dass eine Tat nur
mit Ermächtigung oder auf Strafverlangen verfolgt wird; ggf ist eine Frist zu setzen,
ob die Ermächtigung zur Strafverfolgung erteilt wird (BGH StB 5/10 vom
14.4.2010).

2) Unterrichtung des Antragsberechtigten (S 1): Der Antragsberechtigte 2
muss unmittelbar nach Erlass des Haftbefehls davon unterrichtet werden, dass ein
Haftbefehl ergangen ist und dass er aufgehoben wird, wenn der Strafantrag nicht

innerhalb einer gleichzeitig bestimmten Frist (unten 4) gestellt wird. Die Benachrichtigung muss die Angaben enthalten, die der Antragsteller benötigt, um entscheiden zu können, ob er einen Strafantrag stellen will. Im Wesentlichen handelt es sich dabei um die Angaben nach § 114 II Nrn 1, 2; die Angabe des Haftgrundes (§ 114 II Nr 3) ist idR entbehrlich. Die Unterrichtung ordnet (ebenso wie die Benachrichtigung nach § 114c II) der Richter an, der den Haftbefehl erlassen hat; die Geschäftsstelle des Gerichts führt die Anordnung aus. Als Adressaten für den Strafantrag bezeichnet sich das Gericht idR selbst, weil dadurch die sofortige Aufhebung des Haftbefehls gewährleistet wird, wenn der Antrag nicht gestellt wird. Es kann sich empfehlen, dem Berechtigten anheimzustellen, den Strafantrag bei einer für ihn leicht erreichbaren zur Entgegennahme befugten Stelle (§ 158 II) anzubringen und das Gericht hiervon durch Eilbrief oder per Telefax zu benachrichtigen.

3   Sind **mehrere Antragsberechtigte** vorhanden, so muss nach S 1 wenigstens einer unterrichtet werden. Grundsätzlich sind aber alle Antragsberechtigten zu unterrichten, die bekannt und sofort erreichbar sind (Geerds GA **82**, 240). Werden nur einzelne Antragsberechtigte oder nur einer von ihnen verständigt, so entspricht es dem Sinn der Regelung, nach Möglichkeit den durch die Straftat am stärksten Betroffenen oder denjenigen zu unterrichten, von dem der Antrag am ehesten zu erwarten ist.

4   3) Die **Fristbestimmung (S 1)** erfolgt in der Unterrichtungsverfügung. Die vom Gesetz vorgeschlagene Wochenfrist kann überschritten werden, wenn das geboten erscheint (zB bei Abwesenheit oder Erkrankung des Antragsberechtigten), insbesondere, wenn eine Behörde über die Ermächtigung oder das Strafverlangen zu entscheiden hat (KK-Schultheis 10). Da der Haftbefehl nicht von selbst entfällt, wenn der Strafantrag nicht rechtzeitig gestellt wird, kann die Frist auch nach ihrem Ablauf verlängert werden (LR-Hilger 4).

5   4) Die **Aufhebung des Haftbefehls (S 2)** erfolgt, wenn innerhalb der gesetzten Frist kein Strafantrag gestellt wird. Liegt ein Antrag vor, so ist gleichgültig, ob der Antragsberechtigte, der nach S 1 benachrichtigt worden ist, oder ein anderer Berechtigter ihn gestellt hat. Ist der Strafantrag zwar verspätet gestellt, der Haftbefehl bei seinem Eingang aber noch nicht aufgehoben worden, so bleibt der Haftbefehl bestehen; war er schon aufgehoben, so ist ein neuer zu erlassen. Die Aufhebungsgründe des § 120 bleiben unberührt; S 4 bestimmt das überflüssigerweise für § 120 III. Der Haftbefehl muss insbesondere aufgehoben werden, wenn alle Antragsberechtigten ihre Strafanträge zurücknehmen.

6   5) Bei **Zusammentreffen mit einem Offizialdelikt** sollte der Haftbefehl nicht auf das Antragsdelikt gestützt werden, solange der Strafantrag nicht gestellt ist (KK-Schultheis 9). Wird der Haftbefehl wegen beiden Taten erlassen, so ist nach § 130 zu verfahren. Dabei ist zu unterscheiden: Liegt das Schwergewicht bei dem Antragsdelikt, muss der Haftbefehl also aufgehoben werden, wenn kein Strafantrag gestellt wird, so muss der Antragsberechtigte entspr unterrichtet werden. Andernfalls wird in die Mitteilung nach S 1 nur aufgenommen, dass die Tat, soweit ihre Verfolgung von einem Strafantrag abhängig ist, aus dem Haftbefehl ausgeschieden werden muss, wenn kein Antrag gestellt wird.

Abschnitt 9a. Weitere Maßnahmen zur Sicherstellung der Strafverfolgung und Strafvollstreckung RiStBV 39–43

Vorbemerkungen

1   1) **Keine abschließende Regelung** der Maßnahmen zur Sicherstellung der Strafverfolgung und Strafvollstreckung (zu letzterem vgl auch §§ 456a II S 3, 457 III) enthält dieser Abschnitt, sondern nur „weitere" neben sonstigen Verfolgungsmaßnahmen, die auf die Generalermittlungsklauseln der §§ 161 I S 1, 163 I S 2 oder auf spezielle Eingriffsbefugnisse nach §§ 94 ff gestützt werden.

Die in § 131 aF und RiStBV 39–43 nur unvollständig geregelte **Fahndung** 2
nach Beschuldigten und die Ermittlung von Zeugen sind durch das StVÄG 1999 in
den §§ 131–131c umfassend normiert worden, wobei sich Personen- und Sachfahndung allerdings auch überschneiden können (Hilger Rieß-FS 172). Den früheren Begriff „Steckbrief" verwendet die StPO nicht mehr, da er „die heutigen differenzierten Fahndungsmethoden nicht mehr adäquat kennzeichnet" (BT-Drucks 14/1484 S 19). Die Nutzung von Dateien für Fahndungszwecke richtet sich nach §§ 483, 485, 486 ff.

2) Die Fahndung unter **Einschaltung öffentlicher Kommunikationsmittel** 3
(RiStBV 40 II iVm Anl B), deren Zulässigkeit früher umstritten war, ist durch
§§ 131 III, 131b geregelt worden. Zur Beachtung des Art 6 **EMRK** vgl dort 13.

Auch die früher fragliche Zulässigkeit der Fahndung über **Internet** (dazu Pätzel 4
NJW **97**, 3131 ff; Soiné NStZ **97**, 166 ff, 321 ff) ist damit zu bejahen (erg 2 zu
§ 131c). Dies gilt unter bestimmten Voraussetzungen auch für die sog **Facebookfahndung** (3a zu § 131).

3) Für die **internationale Fahndung** gelten erg die hierfür erlassenen Richtlinien (RiVASt 85; RiStBV 41 II, 43). Liegen keine Anhaltspunkte dafür vor, dass 5
sich die gesuchte Person im Inland aufhält, soll bei auslieferungsfähigen Straftaten
in den Mitgliedstaaten der Europäischen Union sowie Island, Lichtenstein, Norwegen und der Schweiz gleichzeitig mit Einleitung der nationalen Fahndung auch
international gefahndet werden (RiStBV 41 II). Vgl hierzu ferner Einl 215 ff, 8a zu
§ 163; Meyer/Hüttemann ZStW **16**, 394.

4) § **132** steht mit den §§ 131–131c in keinem unmittelbaren Zusammenhang. Er 6
ergänzt die Regelungen in §§ 116a III und 127a hinsichtlich der Beschuldigten, die
im Geltungsbereich der StPO keinen festen Wohnsitz oder Aufenthaltsort haben.

Ausschreibung zur Festnahme RiStBV 39–42

131 I Auf Grund eines Haftbefehls oder eines Unterbringungsbefehls können der Richter oder die Staatsanwaltschaft und, wenn Gefahr im Verzug ist, ihre Ermittlungspersonen (§ 152 des Gerichtsverfassungsgesetzes) die Ausschreibung zur Festnahme veranlassen.

II ¹ Liegen die Voraussetzungen eines Haftbefehls oder Unterbringungsbefehls vor, dessen Erlass nicht ohne Gefährdung des Fahndungserfolges abgewartet werden kann, so können die Staatsanwaltschaft und ihre Ermittlungspersonen (§ 152 des Gerichtsverfassungsgesetzes) Maßnahmen nach Absatz 1 veranlassen, wenn dies zur vorläufigen Festnahme erforderlich ist. ²Die Entscheidung über den Erlass des Haft- oder Unterbringungsbefehls ist unverzüglich, spätestens binnen einer Woche herbeizuführen.

III ¹ Bei einer Straftat von erheblicher Bedeutung können in den Fällen der Absätze 1 und 2 der Richter und die Staatsanwaltschaft auch Öffentlichkeitsfahndungen veranlassen, wenn andere Formen der Aufenthaltsermittlung erheblich weniger Erfolg versprechend oder wesentlich erschwert wären.
²Unter den gleichen Voraussetzungen steht diese Befugnis bei Gefahr im Verzug und wenn der Richter oder die Staatsanwaltschaft nicht rechtzeitig erreichbar ist auch den Ermittlungspersonen der Staatsanwaltschaft (§ 152 des Gerichtsverfassungsgesetzes) zu. ³In den Fällen des Satzes 2 ist die Entscheidung der Staatsanwaltschaft unverzüglich herbeizuführen. ⁴Die Anordnung tritt außer Kraft, wenn diese Bestätigung nicht binnen 24 Stunden erfolgt.

IV ¹ Der Beschuldigte ist möglichst genau zu bezeichnen und soweit erforderlich zu beschreiben; eine Abbildung darf beigefügt werden. ²Die Tat, derer er verdächtig ist, Ort und Zeit ihrer Begehung sowie Umstände, die für die Ergreifung von Bedeutung sein können, können angegeben werden.

V Die §§ 115 und 115a gelten entsprechend.

§ 131

Erstes Buch. Abschnitt 9a

1 **1) Bedeutung der Vorschrift:** § 131 regelt die Ausschreibung des Beschuldigten zur Festnahme. Auch die internationale Fahndung kann auf die Vorschrift gestützt werden (Celle NdsRpfl **09**, 431 [SIS]). Die Ausschreibung ist zulässig, wenn ein Haftbefehl (§ 114) oder ein Unterbringungsbefehl (§ 126a) vorliegt (I) oder wenn die Voraussetzungen dafür gegeben sind, dessen Erlass aber ohne Gefährdung des Fahndungserfolgs nicht abgewartet werden kann (II). Letzteres kommt in Betracht, wenn ein Haftrichter nicht oder nicht rechtzeitig erreicht werden kann, die Ausschreibung aber zur vorläufigen Festnahme erforderlich ist (vgl Soiné Kriminalistik **01**, 174). Zur – zweifelhaften – Anwendung der Vorschrift auf den Erlass eines EuHB siehe 9-9g vor § 112.

2 **2) Eine Öffentlichkeitsfahndung** – dh eine Fahndung, die sich über behördeninterne Maßnahmen hinaus an die gesamte Bevölkerung oder aber auch an einen beschränkten Personenkreis richtet (LR-Hilger 17) – wird bei Straftaten erheblicher Bedeutung (vgl 5 zu § 98a) durch III gestattet, wenn die Voraussetzungen des I oder II gegeben sind. Der Gesetzgeber hat auf einen Deliktskatalog wie in §§ 98a I, 100a II, 100c II, 110a I verzichtet, aber damit doch klargestellt, dass diese zu einer öffentlichen Bloßstellung des Verfolgten führende Ausschreibung bei geringfügigen Straftaten untersagt ist (worunter aber zB ein Computerbetrug nach § 263a StGB nicht fällt, LG Saarbrücken wistra **04**, 279; LG Bonn NStZ **20**, 55).

3 Die Zulässigkeit der Öffentlichkeitsfahndung ist ferner an die **Subsidiaritätsklausel** gebunden, wonach andere Formen der Aufenthaltsermittlung erheblich weniger Erfolg versprechend oder wesentlich erschwert sein müssen (III S 1 aE), wenn also zB eine Ausschreibung zur Aufenthaltsermittlung (§ 131a) oder örtliche Nachforschungen nicht genügen. Daneben ist angesichts der Eingriffsintensität und Breitenwirkung einer Öffentlichkeitsfahndung der Verhältnismäßigkeitsgrundsatz zu beachten (Soiné Kriminalistik **01**, 175).

3a Personenbezogene Fahndungsdaten dürfen mit Rücksicht auf § 4b BDSG nicht an **soziale Netzwerke** übermittelt werden (Gerhold ZIS **15**, 156, 171). Rechtlich zulässig ist es jedoch, dass auf den Fahndungsaufruf aus dem sozialen Netzwerk heraus zugegriffen werden kann; dies kann dadurch erreicht werden, dass er ausschließlich auf polizeieigenen Servern veröffentlicht und auf der Fanpage der Plattform lediglich ein Hinweis auf den Fahndungsaufruf und dessen Internetadresse eingestellt wird (sog Link-Lösung, siehe Kolmey DRiZ **13**, 242, 244; Gerhold aaO) oder dass der Fahndungsaufruf mittels eines sog i-frame unmittelbar auf der Fanpage sichtbar gemacht wird (sog i-frame-Lösung, siehe Gerhold aaO 172). Bei einer Fahndung über soziale Netzwerke ist des – potentiellen – Verbreitungsgrades und der Möglichkeit die Persönlichkeit verletzender Kommentareinträge allerdings in besonderem Maße der Verhältnismäßigkeitsgrundsatz zu beachten; auch ist zu gewährleisten, dass sachdienliche Hinweise ausschließlich außerhalb der Kommunikationsstrukturen sozialer Netzwerke übermittelt und etwaige persönlichkeitsverletzende Kommentarinhalte von den offiziellen Fanpages entfernt werden (Gerhold aaO 173 mwN).

4 **3) Anordnungskompetenz:** Die Anordnung darf vom Richter (§ 162 bzw gemäß § 126 II S 3 vom Vorsitzenden allein) oder vom StA erlassen werden. Bei Gefahr im Verzug besteht in allen Fällen des § 131 eine Eilzuständigkeit der Ermittlungsperson der StA (dazu krit Ranft StV **02**, 41; vgl aber BVerfG NVwZ **09**, 1034, 1035 zu § 50 VII S 1 AufenthG); im Fall des III aber nur unter der weiteren Voraussetzung, dass der Richter oder die StA nicht rechtzeitig erreichbar sind. Erfolgt die Ausschreibung nach II, so ist die Entscheidung über den Erlass des Haft- oder Unterbringungsbefehls binnen einer Woche ab der Anordnung der Ausschreibung (vgl BGH **44**, 13) herbeizuführen. Wird der Haft- oder Unterbringungsbefehl fristgemäß erlassen, gilt dann I; wird der Erlass abgelehnt, ist die Ausschreibung unverzüglich zu beenden (Hilger NStZ **00**, 562). Hatte die Ermittlungsperson der StA die Ausschreibung nach III angeordnet, bleibt diese nur in

Kraft, wenn sie binnen 24 Stunden vom StA bestätigt wird (III S 3 und 4; krit dazu Brodersen NJW **00**, 2538; Ranft aaO). Maßnahmen, die von der Ermittlungsperson der StA zum Zwecke der Fahndung angeordnet wurden, bedürfen keine nachträglichen Bestätigung durch die StA (Brodersen aaO).

4) Inhaltlich (IV) sind die Anforderungen an die Ausschreibung geringer als 5 nach §§ 114 II, 126a II S 1 an den Haft- oder Unterbringungsbefehl (**aM** LR-Hilger 27). Es ist nur eine möglichst genaue Bezeichnung und Beschreibung erforderlich, um die Gefahr von Verwechslungen auszuschließen; eine Ablichtung, soweit vorhanden, kann beigefügt werden, sonst kommt die Beifügung eines erstellten „Phantombilds" in Betracht, auch einer Video- oder Filmsequenz (SK-Paeffgen 8). Die Angabe der Tat nach Ort und Zeit sowie von Umständen, die für die Ergreifung von Bedeutung sein können, ist möglich, aber nicht vorgeschrieben. Der Angabe des Haftgrundes bedarf es nicht.

5) Nach der Ergreifung des Beschuldigten auf Grund der Ausschreibung 6 gelten im Fall des I die §§ 115, 115a unmittelbar; für den Fall des II bestimmt V ihre entspr Anwendung. Bedeutung hat das nur für den Fall, dass der fehlende Haft- oder Unterbringungsbefehl noch nicht beschafft worden ist. Dann wird trotzdem so verfahren, als sei der Verfolgte auf Grund eines richterlichen Haft- oder Unterbringungsbefehls ergriffen worden. Das Verfahren nach §§ 128, 129 ist daher ausgeschlossen; es gelten nur die §§ 115, 115a (LR-Hilger 29; SK-Paeffgen 10).

6) Anfechtung: Gegen Anordnungen der StA und ihrer Ermittlungspersonen 7 ist der Antrag entspr § 98 II S 2 gegeben (Celle NStZ **10**, 534; LR-Hilger 30; **aM** SK-Paeffgen 14: § 23 **EGGVG**), gegen richterliche Anordnungen die Beschwerde nach § 304 I. Zur Prüfung der Rechtmäßigkeit der Anordnung nach deren Beendigung vgl 17 ff vor § 296. Zu den Folgen bei Verstößen gegen die Voraussetzungen der §§ 131 ff vgl Hilger Rieß-FS 173 ff, der – zu weitgehend – uU ein Verwertungsverbot hinsichtlich der gewonnenen Ergebnisse bejahen will.

Ausschreibung zur Aufenthaltsermittlung   RiStBV 41 V, 42

131a [I] Die Ausschreibung zur Aufenthaltsermittlung eines Beschuldigten oder eines Zeugen darf angeordnet werden, wenn sein Aufenthalt nicht bekannt ist.

[II] Absatz 1 gilt auch für Ausschreibungen des Beschuldigten, soweit sie zur Sicherstellung eines Führerscheins, zur erkennungsdienstlichen Behandlung, zur Anfertigung einer DNA-Analyse oder zur Feststellung seiner Identität erforderlich sind.

[III] Auf Grund einer Ausschreibung zur Aufenthaltsermittlung eines Beschuldigten oder Zeugen darf bei einer Straftat von erheblicher Bedeutung auch eine Öffentlichkeitsfahndung angeordnet werden, wenn der Beschuldigte der Begehung der Straftat dringend verdächtig ist und die Aufenthaltsermittlung auf andere Weise erheblich weniger Erfolg versprechend oder wesentlich erschwert wäre.

[IV] [1] § 131 Abs. 4 gilt entsprechend. [2] Bei der Aufenthaltsermittlung eines Zeugen ist erkennbar zu machen, dass die gesuchte Person nicht Beschuldigter ist. [3] Die Öffentlichkeitsfahndung nach einem Zeugen unterbleibt, wenn überwiegende schutzwürdige Interessen des Zeugen entgegenstehen. [4] Abbildungen des Zeugen dürfen nur erfolgen, soweit die Aufenthaltsermittlung auf andere Weise aussichtslos oder wesentlich erschwert wäre.

[V] Ausschreibungen nach den Absätzen 1 und 2 dürfen in allen Fahndungshilfsmitteln der Strafverfolgungsbehörden vorgenommen werden.

1) Bedeutung der Vorschrift: Beschuldigte und Zeugen können nach § 131a 1 zur Aufenthaltsermittlung ausgeschrieben werden, wenn ihr Aufenthalt unbekannt

§ 131b Erstes Buch. Abschnitt 9a

ist (I); darüber hinaus ist die Ausschreibung des Beschuldigten nach II auch zur Sicherstellung seines Führerscheins (vgl 15 zu § 111a; §§ 94 III, 111b I S 2, 463b), zur erkennungsdienstlichen Behandlung (§ 81b), zur Anfertigung einer DNA-Analyse (§§ 81c, 81g; erg 21 zu § 81g) oder zur Identitätsfeststellung (§ 163b) zulässig. Der Verhältnismäßigkeitsgrundsatz ist zu beachten; die Ausschreibung hat zu unterbleiben, wenn mildere Maßnahmen – zB Nachfrage bei Meldebehörden (vgl auch BGH NStZ **10**, 230: Amtshilfeersuchen an Meldebehörde) oder sonstige Erkundigungen – ausreichen (Hilger NStZ **00**, 563). I ist auch im OWi-Verfahren anwendbar (Soiné Kriminalistik **01**, 176).

2 2) Eine **Öffentlichkeitsfahndung (III)** wird – wie in § 131 III (dort 2) – zugelassen, wenn der Beschuldigte einer Straftat von erheblicher Bedeutung (vgl 2 zu § 131) verdächtig ist; sie ist aber nur zulässig, wenn die Aufenthaltsermittlung auf andere Weise erheblich weniger Erfolg versprechend oder wesentlich erschwert wäre. Diese Subsidiaritätsklausel ist bei der Ausschreibung eines Zeugen von besonderer Bedeutung, da dieser durch die öffentliche Ausschreibung uU Nachteile (Verwechslung mit Beschuldigtem, Nähe zur Straftat) erleiden kann (vgl auch IV S 2–4; Ranft StV **02**, 43: verfassungsrechtlich bedenklich). Die Vorschrift gilt auch für die Fahndung im Internet (KMR-Wankel 4; Brodersen NJW **00**, 2538).

3 3) **Anordnungskompetenz:** Ausschreibungen nach I und II dürfen durch den Richter (§ 162 bzw nach § 126 II S 3 durch den Vorsitzenden) und die StA, bei Gefahr im Verzug auch durch deren Ermittlungspersonen erfolgen (§ 131c I S 2). Für den sensiblen Bereich der Öffentlichkeitsfahndung (III) ist die Anordnung dem Richter vorbehalten, bei Gefahr im Verzug besteht aber eine Eilkompetenz der StA und ihrer Ermittlungspersonen (§ 131c I S 1; dazu krit Ranft StV **02**, 42). Das Vorliegen von Gefahr im Verzug (= Gefährdung des Fahndungserfolgs ohne die unverzügliche Anordnung) dürfte hier aber selten anzunehmen sein (SK-Paeffgen 10). Zum Außerkrafttreten von Anordnungen der Ermittlungspersonen der StA vgl § 131c II. Für die gerichtliche Überprüfung einer von der StA nach I angeordneten Aufenthaltsermittlung ist entspr § 98 II der Richter am AG zuständig (Brandenburg NStZ **04**, 54).

4 **Inhaltlich (IV)** gilt für die Ausschreibung des Beschuldigten dasselbe wie in § 131 (dort 5). Von besonderer Wichtigkeit ist aber bei der Ausschreibung eines Zeugen, dass seine Zeugenstellung deutlich erkennbar gemacht wird. Wegen der dem Zeugen durch eine Verwechslung mit der Eigenschaft als Beschuldigter drohenden Gefahren enthält IV S 3 und 4 weitere Einschränkungen hinsichtlich der Ausschreibung selbst und der Beifügung von Abbildungen des Zeugen (krit dazu Hilger NStZ **00**, 563).

5 **Fahndungshilfsmittel V** stellt für die Fälle des I und II klar, dass die Ausschreibung in allen Fahndungshilfsmitteln der Strafverfolgungsbehörden (vgl dazu den – nicht abschließenden – Katalog in RiStBV 40 I) vorgenommen werden darf; eine Beschränkung hierauf enthält V nicht (LR-Hilger 11; vgl auch SK-Paeffgen 5; Brodersen NJW **00**, 2537). Zur Öffentlichkeitsfahndung (III) vgl RiStBV Anl B.

Veröffentlichung von Abbildungen des Beschuldigten oder Zeugen

131b I Die Veröffentlichung von Abbildungen eines Beschuldigten, der einer Straftat von erheblicher Bedeutung verdächtig ist, ist auch zulässig, wenn die Aufklärung einer Straftat, insbesondere die Feststellung der Identität eines unbekannten Täters auf andere Weise erheblich weniger Erfolg versprechend oder wesentlich erschwert wäre.

II 1 Die Veröffentlichung von Abbildungen eines Zeugen und Hinweise auf das der Veröffentlichung zugrunde liegende Strafverfahren sind auch zulässig, wenn die Aufklärung einer Straftat von erheblicher Bedeutung, insbesondere die Feststellung der Identität des Zeugen, auf andere Weise aussichtslos oder

wesentlich erschwert wäre. ²Die Veröffentlichung muss erkennbar machen, dass die abgebildete Person nicht Beschuldigter ist.
III § 131 Abs. 4 Satz 1 erster Halbsatz und Satz 2 gilt entsprechend.

1) **Bedeutung der Vorschrift:** Über die Befugnis zur Veröffentlichung der 1 Abbildung in § 131 IV S 1 zwecks Festnahme des Beschuldigten hinaus lässt § 131b die Veröffentlichung von Abbildungen zur Aufklärungsfahndung hinsichtlich des Beschuldigten (I) und zur Identitätsfahndung bezüglich Beschuldigter und Zeugen (I, II) zu. Wie in § 131 (dort 5) kommt jede Art einer Ablichtung in Betracht (Hilger NStZ **00**, 563), also auch die Veröffentlichung eines „Phantombildes" eines unbekannten Täters (KK-Schultheis 3; SK-Paeffgen 3; **am** fehlerhaft gegen den Wortlaut von I AG Torgau NStZ-RR **03**, 112) sowie von Abbildungen über das **Internet** mit dem Ziel der Verbrechensaufklärung und Identitätsfeststellung (siehe Schiffbauer NJW **14**, 1053, auch zur praktischen Umsetzung durch die Polizeibehörden).

2) **Voraussetzungen:** Die Fahndung nach dem **Beschuldigten** ist nur bei dem 2 Verdacht der Begehung einer (bestimmten) Straftat von erheblicher Bedeutung (2 zu § 131; LG Bonn NStZ **20**, 55: [versuchter] Computerbetrug ausreichend; siehe dagegen LG Bonn NStZ **05**, 528: nicht bei einer OWi; AG Bonn NStZ-RR **16**, 248: nicht allein abstrakt nach möglichem Strafrahmen) und nur dann zulässig, wenn die Aufklärung der Straftat oder die Feststellung der Identität eines unbekannten Täters auf andere Weise erheblich weniger Erfolg versprechend oder wesentlich erschwert wäre (Subsidiaritätsklausel).

Für die Veröffentlichung von Abbildungen eines **Zeugen** gilt dasselbe, aber mit 2a einer teilw strengeren Subsidiaritätsklausel: Die Fahndung auf andere Weise muss danach aussichtslos (oder wesentlich erschwert) sein (II S 1 aE). Außerdem ist bei Anordnung und konkreter Ausgestaltung der Maßnahme die Schwere des Eingriffs in das Recht auf informationelle Selbstbestimmung des Zeugen zu gewichten, zB denkbare Auswirkungen auf sein berufliches Umfeld sowie unkontrollierbare Folgen bei Veröffentlichungen im Internet (siehe SächsVerfGH NJW **16**, 48). Der Name des Zeugen kann grundsätzlich genannt werden (III iVm § § 131 IV S 1 Hs 1; SächsVerfGH aaO), jedenfalls wenn man den Normzweck des II S 1 – wie der Wortlaut nahe legt – nicht auf die Öffentlichkeitsfahndung zu Identifizierungszwecken beschränkt.

3) **Anordnungskompetenz:** Diese Fahndungsart bedarf nach § 131c I der 3 Anordnung durch den Richter, nur bei Gefahr in Verzug dürfen sie auch die StA und ihre Ermittlungspersonen anordnen. Bei der Veröffentlichung in elektronischen Medien, etwa über das **Internet**, ist § 131c II zu beachten. Zum Außerkrafttreten der Anordnung vgl auch allgemein § 131c II und die Erl dort.

4) **Inhaltlich** gilt dasselbe wie in § 131 IV (dort 5). Auch hier ist es besonders 4 wichtig, dass klar erkennbar ist, ob die Person als der Verdächtiger oder als Zeuge gesucht wird (II S 2).

Anordnung und Bestätigung von Fahndungsmaßnahmen

131c ¹ ¹ Fahndungen nach § 131a Abs. 3 und § 131b dürfen nur durch den Richter, bei Gefahr im Verzug auch durch die Staatsanwaltschaft und ihre Ermittlungspersonen (§ 152 des Gerichtsverfassungsgesetzes) angeordnet werden. ²Fahndungen nach § 131a Abs. 1 und 2 bedürfen der Anordnung durch die Staatsanwaltschaft; bei Gefahr im Verzug dürfen sie auch durch ihre Ermittlungspersonen (§ 152 des Gerichtsverfassungsgesetzes) angeordnet werden.

II ¹ In Fällen andauernder Veröffentlichung in elektronischen Medien sowie bei wiederholter Veröffentlichung im Fernsehen oder in periodischen Druckwerken tritt die Anordnung der Staatsanwaltschaft und ihrer Ermittlungspersonen (§ 152 des Gerichtsverfassungsgesetzes) nach Absatz 1 Satz 1 außer Kraft, wenn sie nicht binnen einer Woche von dem Richter bestätigt wird. ²Im Übrigen treten Fahndungsanordnungen der Ermittlungspersonen der Staatsanwaltschaft (§ 152 des Gerichtsverfassungsgesetzes) außer Kraft, wenn sie nicht binnen einer Woche von der Staatsanwaltschaft bestätigt werden.

1 1) Die **Anordnungskompetenz** für Maßnahmen nach § 131 ist dort für die einzelnen Möglichkeiten nach I, II und III geregelt (vgl 4 zu § 131), für Anordnungen nach §§ 131a und 131b hier (I; vgl dazu 3 zu § 131a; 3 zu § 131b).

2 2) **Außerkrafttreten der Anordnungen (II):** Auch II bezieht sich nur auf Maßnahmen nach §§ 131a und 131b (Brodersen NJW 00, 2538). Da auch nichtöffentliche Ausschreibungen einen nicht unerheblichen Eingriff in Rechte der Betroffenen darstellen, ist ein automatisches Außerkrafttreten für die nach §§ 131a I, II und 131b durch die Ermittlungsperson der StA getroffenen Anordnungen bestimmt (II S 2), falls nicht binnen einer Woche nach Anordnung der Maßnahme (vgl BGH **44**, 13) die Bestätigung durch die StA erfolgt. Dasselbe gilt für einmalige Veröffentlichungen nach §§ 131a III und 131b (Soiné Kriminalistik **01**, 175). Soweit es sich aber um andauernde Veröffentlichungen in elektronischen Medien (zB im Internet) sowie wiederholte Veröffentlichungen im Fernsehen oder in periodischen Druckwerken handelt, muss die wegen Gefahr im Verzug durch die StA oder ihre Ermittlungspersonen getroffene Anordnung nach I S 1 binnen einer Woche durch den zuständigen Richter (§ 162 bzw § 126 II S 3) bestätigt werden; sonst tritt sie außer Kraft. Mit dem Außerkrafttreten müssen die getroffenen Maßnahmen beendet werden (Hilger NStZ **00**, 563).

Sicherheitsleistung, Zustellungsbevollmächtigter RiStBV 60

132 I ¹Hat der Beschuldigte, der einer Straftat dringend verdächtig ist, im Geltungsbereich dieses Gesetzes keinen festen Wohnsitz oder Aufenthalt, liegen aber die Voraussetzungen eines Haftbefehls nicht vor, so kann, um die Durchführung des Strafverfahrens sicherzustellen, angeordnet werden, daß der Beschuldigte

1. eine angemessene Sicherheit für die zu erwartende Geldstrafe und die Kosten des Verfahrens leistet und
2. eine im Bezirk des zuständigen Gerichts wohnende Person zum Empfang von Zustellungen bevollmächtigt.

²§ 116a Abs. 1 gilt entsprechend.

II Die Anordnung dürfen nur der Richter, bei Gefahr im Verzuge auch die Staatsanwaltschaft und ihre Ermittlungspersonen (§ 152 des Gerichtsverfassungsgesetzes) treffen.

III ¹Befolgt der Beschuldigte die Anordnung nicht, so können Beförderungsmittel und andere Sachen, die der Beschuldigte mit sich führt und die ihm gehören, beschlagnahmt werden. ²Die §§ 94 und 98 gelten entsprechend.

1 1) **Zweck der Vorschrift** ist es, die Durchführung des Strafverfahrens, einschließlich der Vollstreckung, gegen in der BRep nicht ansässige Beschuldigte sicherzustellen (LG Magdeburg NStZ **07**, 544). Sie ergänzt den § 127a, regelt aber im Unterschied zu dieser Vorschrift den Fall, dass gegen den Beschuldigten kein Haftbefehl erlassen werden kann. In Betracht kommen insbesondere Verfahren gegen durchreisende ausländische Kraftfahrer (vgl Geppert GA **79**, 281), solange sie sich noch im Inland befinden (SK-Paeffgen 2; Jakoby StV **93**, 448; **aM** LG Hamburg NStZ **06**, 719; KK-Schultheis 1; Müllenbach NStZ **01**, 637; aber dass der Beschuldigte anwesend sein muss, ergibt sich schon aus III, vgl unten 13 ff). Eine durch Art 6 EGV verbotene, versteckte Diskriminierung auf Grund der Staatsangehörigkeit liegt darin nicht (LG Erfurt NStZ-RR **96**, 180).

§ 132

2) Anordnung der Sicherheitsleistung (I): 2

A. Die **Anordnung setzt voraus,** dass der Beschuldigte einer Straftat dringend 3 verdächtig ist (dazu 5 ff zu § 112). Ferner müssen folgende Voraussetzungen erfüllt sein:
Der Beschuldigte darf in der BRep **keinen festen Wohnsitz** oder Aufenthalt 4 haben (dazu 2 zu § 127a).
Es dürfen die sonstigen **Voraussetzungen eines Haftbefehls nicht vorlie-** 5 **gen,** es besteht also entweder kein Haftgrund nach § 112 II oder der Verhältnismäßigkeitsgrundsatz (§ 112 I S 2) steht dem Erlass des Haftbefehls entgegen.
Schließlich muss eine **Geldstrafe als Hauptstrafe** zu erwarten sein (vgl I S 1 6 Nr 1). Eine daneben zu erwartende Freiheitsstrafe oder freiheitsentziehende Sicherungsmaßregel schließt die Anwendung des § 132 aus (Dünnebier NJW **68,** 1753). Dass neben der Geldstrafe andere Maßnahmen, zB Fahrverbot, Entziehung der Fahrerlaubnis oder Einziehung, zu erwarten sind, steht der Anordnung aber nicht entgegen (5 zu § 127a).

B. **Inhaltlich** besteht die Anordnung aus 2 Teilen: 7
Es wird eine angemessene **Sicherheit** festgesetzt, die so hoch ist, dass sie die zu 8 erwartende Geldstrafe und die Verfahrenskosten deckt (I S 1 Nr 1). Für die Art der Sicherheitsleistung gilt § 116a I entspr (I S 2). Zu den Einzelheiten vgl 6 zu § 127a.
Ferner wird angeordnet, dass der Beschuldigte einen **Zustellungsbevollmäch-** 9 **tigten** zu bestellen hat; dies kann auch ein Bediensteter der Ermittlungsbehörden sein, sofern nicht er oder nahe Angehörige durch die verfolgte Tat verletzt sind (Weiß NStZ **12,** 305, 308; **aM** LG Berlin NStZ **12,** 334; erg dazu 5 ff zu § 116a; 7, 8 zu § 127a). Die Zustellungsbevollmächtigung des Wahlverteidigers bleibt für die gesamte Dauer des Strafverfahrens bestehen; sie kann vor dessen Abschluss nicht durch einseitige Verzichtserklärung zum Erlöschen gebracht werden (KG StV **13,** 9 L).
Im Falle der **Zustellung eines Strafbefehls** ist die Vorschrift allerdings nur 9a dann mit Art 2, 3 I Buchst c, 6 I und III RL 2012/13/EU über das Recht auf Belehrung und Unterrichtung im Strafverfahren vereinbar, wenn der Beschuldigte tatsächlich über die volle Frist für einen Einspruch verfügt; ihre Dauer darf nicht durch die Zeitspanne verkürzt werden, die der Zustellungsbevollmächtigte zur Benachrichtigung des Adressaten benötigt (EuGH NJW **16,** 303 mit Anm Böhm, Brodowski StV **16,** 210 und Kulhanek JR **16,** 1). Inzwischen hat der EuGH seine Judikatur dahin präzisiert, dass es nach EU-Recht zulässig ist, dem ausländischen Beschuldigten für die Zustellung eines an ihn gerichteten Strafbefehls aufzugeben, einen Zustellungsbevollmächtigten zu benennen; die Frist für den Einspruch gegen den Strafbefehl läuft in diesem Fall bereits ab seiner Zustellung an diesen Bevollmächtigten. Sobald der Beschuldigte aber persönlich Kenntnis von dem Strafbefehl erlangt hat, hat er ab diesem Zeitpunkt noch die volle zweiwöchige Frist zur Einspruchseinlegung zur Verfügung (EuGH Rs C-124/16 ua vom 22.3.2017 mit Anm Brodowski StV **18,** 69; vgl auch München NStZ-RR **16,** 249 mit zust Anm Kulhanek; Gietl StV **17,** 263 hält § 132 für europarechtswidrig wegen eines Verstoßes gegen Art 18 AEUV und Richtlinie 2012/13; erg Seifert StV **18,** 123; 25 zu § 37).

C. Im **pflichtgemäßen Ermessen** der Strafverfolgungsbehörden steht die An- 10 ordnung; sie wird aber idR zu treffen sein, wenn die Voraussetzungen des I vorliegen; einer Begründung bedarf die Ermessensausübung nicht (Geppert GA **79,** 299 ff). Falls dies nach den konkreten Umständen möglich ist, ist der Beschuldigte zuvor – ggf auch telefonisch – **anzuhören** (§ 33); eine mögliche, aber unterbliebene Anhörung macht die Anordnungsentscheidung unwirksam (AG Kehl NStZ-RR **16,** 17).

Der **Verhältnismäßigkeitsgrundsatz** kann der Anordnung entgegenstehen, 11 insbesondere wenn die Einstellung nach § 153 naheliegt. Kommt die Einstellung nach § 153a in Betracht, so ist es zweckmäßig, den Beschuldigten vorweg zu befragen, ob er mit dieser Sachbehandlung und mit der Verrechnung der Sicherheit

§ 132

oder des beschlagnahmten Vermögenswerts auf die Auflage einverstanden ist (KK-Schultheis 5; krit SK-Paeffgen 4; Geppert GA **79**, 287).

12 3) Die **Anordnungsbefugnis (II)** ist die gleiche wie bei der Beschlagnahme (3 ff zu § 98), die im Fall des III ohnehin zu beachten ist. Zuständig ist der Richter bei dem AG, in dessen Bezirk die Handlung vorzunehmen ist (§ 162 I); aber auch das AG des § 125 I ist zuständig (Dünnebier NJW **68**, 1754). Das Gericht, das die Anordnung selten treffen wird, weil idR Gefahr im Verzug (6 zu § 98) vorliegt, entscheidet durch Beschluss nach Anhörung der StA und des Beschuldigten (§ 33 II, III). Ermittlungspersonen der StA (§ 152 GVG), die meist nicht rechtzeitig zu erreichen sein wird, können die Anordnung auch mündlich treffen; dann ist aber eine schriftliche Bestätigung geboten. Gegen ihre Anordnung ist entspr § 98 II S 2 der Antrag auf gerichtliche Entscheidung zulässig (vgl 23 zu § 98; LR-Hilger 13 mwN; **am** SK-Paeffgen 7: § 23 EGGVG), die nach § 304 I mit der Beschwerde angefochten werden kann. Polizeibeamten, die keine Ermittlungspersonen der StA sind, dürfen, anders als im Fall des § 127a (dort 1), die Anordnung nicht treffen.

13 4) **Beschlagnahme (III):** Kommt der Beschuldigte der Anordnung nach, leistet er also die Sicherheit und bestellt er einen Zustellungsbevollmächtigten, so darf er das Gebiet der BRep verlassen. Das Strafverfahren wird fortgesetzt, wobei idR durch Strafbefehl oder nach § 232 entschieden wird. Erg 9 zu § 127a.

14 A. **Leistet der Beschuldigte die Sicherheit nicht,** so können Beförderungsmittel und andere Sachen (auch Bargeld), die er bei sich führt und die ihm allein gehören, beschlagnahmt werden; wirtschaftliches Eigentum reicht nicht aus (**aM** KMR-Wankel 5). Die beschlagnahmten Gegenstände treten an die Stelle der Sicherheitsleistung und dürfen den Wert der angeordneten Sicherheit nicht wesentlich überschreiten. Sachen, die nach den §§ 111b, 111c beschlagnahmt werden, sind dabei nicht zu berücksichtigen. Beweismittel können dagegen zugleich nach III als Ersatz für nicht geleistete Sicherheit beschlagnahmt werden.

15 Auch die **Weigerung, einen Zustellungsbevollmächtigten zu bestellen,** kann zu einer Beschlagnahme führen. Dadurch soll der Beschuldigte, gegen den kein unmittelbarer Zwang angewendet werden darf, zur Erfüllung der Anordnung veranlasst werden.

16 Wird ein Gegenstand für **beide Zwecke** beschlagnahmt, so ist das kenntlich zu machen, weil die Beschlagnahmen zu verschiedenen Zeitpunkten enden können.

17 Die **Beendigung der Beschlagnahme** kann der Beschuldigte dadurch erreichen, dass er die geforderte Sicherheit nachträglich leistet (Geppert GA **79**, 297), dass er den Zustellungsbevollmächtigten nachträglich bestellt oder dass er bei Rechtskraft des Urteils Strafe und Kosten bezahlt. Die Beschlagnahme endet ferner, wenn der Beschuldigte freigesprochen oder das Verfahren eingestellt wird. Bei rechtskräftiger Verurteilung wird wegen der Geldstrafe und der Verfahrenskosten in die beschlagnahmten Gegenstände vollstreckt; sie werden wie gepfändete Sachen verwertet.

18 Für die **Anordnung der Beschlagnahme** gelten nach III S 2 die §§ 94, 98 entspr. Die formlose Sicherstellung (12 zu § 94) kommt nicht in Betracht. Für das Verfahren ist vor allem § 98 II von Bedeutung.

19 B. Das **Suchen nach Beschlagnahmegegenständen** ist durch die Beschlagnahmebefugnis nach III gedeckt (Geppert GA **79**, 297). Insbesondere, wenn auf das Fahrzeug oder auf die Ladung zurückgegriffen werden kann (zB bei Fernlastfahrern oder Fahrern von Wohnwagengespannen) und der Beschuldigte behauptet, kein Geld und keine sonstigen beschlagnahmefähigen Sachen bei sich zu führen, ist eine Durchsuchung des Fahrzeugs und der mitgeführten Sachen einschließlich der Ladung sowie der Personen unter Beachtung des Verhältnismäßigkeitsgrundsatzes zulässig. Auch die für die Weiterfahrt nicht unbedingt benötigten Kleidungsstücke und Gepäckteile können beschlagnahmt werden.

Abschnitt 9b. Vorläufiges Berufsverbot

Anordnung und Aufhebung eines vorläufigen Berufsverbots

132a I ¹ Sind dringende Gründe für die Annahme vorhanden, daß ein Berufsverbot angeordnet werden wird (§ 70 des Strafgesetzbuches), so kann der Richter dem Beschuldigten durch Beschluß die Ausübung des Berufs, Berufszweiges, Gewerbes oder Gewerbezweiges vorläufig verbieten. ² § 70 Abs. 3 des Strafgesetzbuches gilt entsprechend.

II Das vorläufige Berufsverbot ist aufzuheben, wenn sein Grund weggefallen ist oder wenn das Gericht im Urteil das Berufsverbot nicht anordnet.

1) Einen **Vorgriff auf das Urteil,** in dem nach § 70 StGB im gewöhnlichen Strafverfahren oder nach § 71 StGB im Sicherungsverfahren nach §§ 413 ff ein Berufsverbot angeordnet wird, erlaubt die Vorschrift. Entsprechende Regelungen enthalten die §§ 111a, 126a. Da der Beschuldigte nach §§ 2 II Nr 6, 4 I Nr 2 **StrEG** einen Entschädigungsanspruch gegen die Staatskasse hat, wenn im Urteil die Sicherungsmaßregel nach § 70 StGB nicht oder nur für einen kürzeren Zeitraum angeordnet wird, als das vorläufige Berufsverbot bestanden hat, müssen Strafverfahren, in denen eine Anordnung nach § 132a getroffen worden ist, mit ähnlicher Beschleunigung wie Haftsachen durchgeführt werden (Bremen StV **97**, 9). Auf das endgültige Berufsverbot wird die Zeit eines vorläufigen Berufsverbots nur angerechnet, soweit sie nach Verkündung des letzten tatrichterlichen Urteils verstrichen ist (§ 70 IV S 2 StGB).

2) **Voraussetzung der Maßnahme (I S 1)** sind dringende Gründe für die Annahme, dass im Urteil ein Berufsverbot nach § 70 StGB angeordnet wird. Das verlangt einen dringenden Tatverdacht (5 zu § 112) für die in § 70 I S 1 StGB vorausgesetzte rechtswidrige Tat und einen hohen Grad von Wahrscheinlichkeit, dass das Gericht die Voraussetzungen des § 70 I S 1 StGB bejahen und es für erforderlich halten wird, ein Berufsverbot anzuordnen, weil die Gesamtwürdigung des Täters und der Tat die Gefahr der Begehung weiterer Straftaten der in § 70 I S 1 StGB bezeichneten Art ergibt (Frankfurt NStZ-RR **03**, 113 mwN).

3) Eine **Kann-Bestimmung** ist I S 1. Allein das Vorliegen der gesetzlichen Voraussetzungen nach § 70 StGB rechtfertigt nach nunmehr hM ein vorläufiges Berufsverbot noch nicht. Wegen der überragenden Bedeutung von Art 12 I GG muss hinzukommen, dass die als Präventivmaßnahme mit Sofortwirkung ausgestaltete Anordnung wegen ihrer erheblichen Intensität und irreparablen Wirkung erforderlich ist, um bereits vor rechtskräftigem Abschluss des Verfahrens konkrete Gefahren für wichtige Gemeinschaftsgüter abzuwehren, die aus einer Berufsausübung durch den Beschuldigten resultieren können (so zutr Nürnberg StraFo **11**, 366 mwN; vgl auch LR-Gleß 8). Die Anordnung kann unterbleiben (aber nicht mit aufschiebender Wirkung getroffen werden), wenn das erkennende Gericht das Wirksamwerden des Berufsverbots nach § 456c I aufschieben könnte. Gesichtspunkte, die es dem erkennenden Gericht gestatten, von der Anordnung der Sicherungsmaßregel abzusehen, obwohl die Voraussetzungen des § 70 StGB vorliegen, können schon bei der Entscheidung nach § 132a berücksichtigt werden.

Nicht zu berücksichtigen ist, dass der Beschuldigte auch in einem berufs- oder ehrengerichtlichen Verfahren aus seinem Berufsstand ausgeschlossen wird (BGH **28**, 84; NJW **25**, 1712; M.J. Schmidt ZRP **75**, 79) oder dass gegen ihn in einem solchen Verfahren ein Berufsverbot verhängt werden kann, dass der Beschuldigte bereits seinen Beruf gewechselt hat oder nicht mehr berufstätig ist (BGH bei Herlan MDR **54**, 529), dass er sich zZ der Anordnung in UHaft befindet (BGH **28**, 84) oder dass die Verwaltungsbehörde schon ein Berufsverbot verhängt oder das Ruhen der Approbation des beschuldigten Arztes angeordnet hat (BGH NJW **75**,

§ 132a
Erstes Buch. Abschnitt 9b

2249; Naser/Zrenner NJW **82**, 2103; krit LK-Hanack 79 zu § 70 StGB; Weber/Droste NJW **90**, 2291).

5 Der **Verhältnismäßigkeitsgrundsatz** (vgl § 62 StGB) ist strikt zu beachten (Hamm StraFo **02**, 178; Karlsruhe StV **02**, 147). Daher ist ggf das vorläufige Berufsverbot auf bestimmte Tätigkeiten im Rahmen des Berufs oder der Gewerbeausübung zu beschränken (vgl BGH bei Herlan MDR **54**, 529: Verbot, weibliche Lehrlinge auszubilden; vgl aber auch BGH MDR **58**, 783).

6 4) Für die **Anordnung der Maßnahme** ist nur der Richter zuständig, im Ermittlungsverfahren der Richter beim Amtsgericht (§ 162), in Staatsschutzsachen auch der Ermittlungsrichter nach § 169. Örtlich zuständig ist jedes Amtsgericht, in dessen Bezirk ein Gerichtsstand nach §§ 7 ff begründet ist (LR-Gleß 11). Nach Anklageerhebung ist das Gericht zuständig, bei dem die Sache anhängig ist, das Berufungsgericht erst nach Vorlegung der Akten nach § 321 S 2, anstelle des Revisionsgerichts, das ein die Anordnung der Maßregel nach § 70 StGB ablehnendes Urteil aufhebt und die Sache zurückverweist, der Tatrichter (4 zu § 98; 7 zu § 111a).

7 Das Gericht entscheidet durch **Beschluss,** der mit Gründen zu versehen ist (§ 34), auf Grund der Aktenlage. Ermittlungen stellt es nicht an; rechtfertigt der Akteninhalt die Anordnung nicht, so ist der darauf gerichtete Antrag der StA abzulehnen. Die vorherige Anhörung des Beschuldigten ist – außer im Fall des § 33 IV S 1 – erforderlich (Frankfurt StV **01**, 496; LR-Gleß 14).

8 **Bekanntgemacht** wird der Beschluss der StA formlos (§ 35 II S 2). Dem Beschuldigten ist er im Hinblick auf die Strafvorschrift des § 145c StGB, auf die hingewiesen werden sollte, durch förmliche Zustellung bekanntzumachen (KK-Schultheis 8). Mit der Bekanntgabe an den Beschuldigten tritt das vorläufige Berufsverbot in Kraft.

9 **Inhaltlich** muss der Beschluss den Beruf oder Berufszweig, das Gewerbe oder den Gewerbezweig, dessen Ausübung dem Beschuldigten verboten wird, genau bezeichnen. Nicht genügend bestimmte Anordnungen sind unwirksam (vgl BGH GA **60**, 183; **67**, 153; MDR **79**, 455 [H]; Karlsruhe NStZ **95**, 446: Untersagung jeder selbstständigen Berufstätigkeit; BGH MDR **56**, 143 [D]: Verbot der Ausübung des Kaufmannsgewerbes; BGH MDR **58**, 139 [D]: Verbot, als Manager zu arbeiten; BGH MDR **56**, 144 [D]: Verbot, sich als Erfinder zu betätigen). Wirksam ist dagegen das Verbot der Ausübung jeden Handelsgewerbes (BGH NJW **58**, 1404 L; **65**, 1388) und des Vertreterberufs im weitesten Sinne (Celle NJW **65**, 265).

10 Die **Wirkung der Anordnung** besteht darin, dass der Beschuldigte die ihm verbotene Tätigkeit nicht mehr ausüben darf, nach I S 2 iVm § 70 III StGB auch nicht für einen anderen oder durch eine weisungsabhängige Person; andernfalls macht er sich nach § 145c StGB strafbar.

11 5) **Aufhebung der Maßnahme (II):** Während des ganzen Verfahrens ist von Amts wegen zu prüfen, ob der Grund für das vorläufige Berufsverbot noch besteht; ist er weggefallen, so muss die Anordnung nach § 132a unverzüglich aufgehoben werden. Die Nichtanordnung des Berufsverbots im Urteil zwingt zur Aufhebung durch das erkennende Gericht, auch wenn das Urteil noch nicht rechtskräftig ist. Eine erneute Anordnung nach § 132a ist dann vor der Entscheidung des Rechtsmittelgerichts nur zulässig, wenn neue Tatsachen oder Beweismittel vorliegen, die die Anordnung einer Sicherungsmaßregel nach § 70 StGB wahrscheinlich machen (KK-Schultheis 13; differenzierend LR-Gleß 22: jedenfalls in der Berufungsinstanz zulässig; vgl auch 13 zu § 111a).

12 Der bloße **Zeitablauf** ist kein Aufhebungsgrund, sofern es nicht wegen der ungewöhnlich langen Dauer des Verfahrens nicht mehr genügend wahrscheinlich ist, dass das Gericht die Anordnung nach § 70 StGB noch für erforderlich halten wird. Entsprechendes gilt für den Zeitablauf während des Berufungsverfahrens (LR-Gleß 20) und des Revisionsverfahrens (KK-Schultheis 12; **aM** LR-Gleß 21, SK-Paeffgen 16, die den letzten Tatrichter für verpflichtet halten, die Anordnung nach

§ 132a von Amts wegen aufzuheben, wenn während des Revisionsverfahrens die Zeit des vorläufigen Berufsverbots verstrichen ist).

Zuständig für die Aufhebung ist im Ermittlungsverfahren das AG, das die An- 13 ordnung getroffen hat; an den Aufhebungsantrag der StA ist es nicht gebunden. Nach Anklageerhebung entscheidet das mit der Sache befasste Gericht, das Berufungsgericht erst, nachdem ihn die Akten nach § 321 S 2 vorgelegt worden sind. Das Revisionsgericht hebt die Anordnung selbst auf, wenn es das in dem Urteil angeordnete Berufsverbot endgültig beseitigt oder das Verfahren einstellt (BGH NStZ-RR 04, 54). Hebt es das Urteil auf und verweist es die Sache zurück, so hat der Tatrichter, nicht das Revisionsgericht, das vorläufige Berufsverbot aufzuheben, wenn eine erneute Anordnung der Sicherungsmaßregel nach § 70 StGB nicht mehr wahrscheinlich ist.

6) Beschwerde nach § 304 I (ohne aufschiebende Wirkung, § 307 I) ist zuläs- 14 sig gegen den Beschluss, mit dem das vorläufige Berufsverbot angeordnet oder aufgehoben oder seine Anordnung oder Aufhebung abgelehnt worden ist. Anfechtbar sind auch Entscheidungen des erkennenden Gerichts (§ 305 S 2), wobei dem Beschwerdegericht aber wie bei der Haftprüfung (21 zu § 114) nur ein eingeschränkter Prüfungsmaßstab zur Verfügung steht (Nürnberg StraFo **11**, 366). Nicht anfechtbar sind aber Entscheidungen des OLG (§ 304 IV S 2) und der Ermittlungsrichter des BGH und der OLGe (§ 304 V). Weitere Beschwerde ist ausgeschlossen (§ 310 II).

7) Immunität: Obwohl es sich um keine freiheitsbeschränkende Maßnahme 15 handelt, kann das vorläufige Berufsverbot gegen Abgeordnete auf Grund der vom BTag erteilten allgemeinen Genehmigung angeordnet werden (LR-Gleß 27; RiStBV 192a II Buchst e S 1).

8) Mitteilungspflichten: Gegen Angehörige bestimmter Berufe sind von Amts 16 wegen Pflichten zur Mitteilung der Anordnung oder Aufhebung eines vorläufigen Berufsverbots zu beachten, zB MiStra 23 I Nr 2, 24 I Nr 2, 26 I Nr 2; erg §§ 12 ff EGGVG.

Zehnter Abschnitt. Vernehmung des Beschuldigten

Ladung RiStBV 44

133
^I **Der Beschuldigte ist zur Vernehmung schriftlich zu laden.**

^{II} **Die Ladung kann unter der Androhung geschehen, daß im Falle des Ausbleibens seine Vorführung erfolgen werde.**

1) Für richterliche Vernehmungen des Beschuldigten (3 zu § 136) im Vor- 1 verfahren (auch nach § 173 III) und im Zwischenverfahren nach § 202 (Schleswig SchlHA **58**, 290) gilt die Vorschrift. Die Ladung zur Hauptverhandlung und zu Vernehmungen nach § 233 II S 1 regelt § 216. Für Vernehmungen durch die StA ist § 133 entspr anwendbar (§ 163a III S 2). Ein Vorführungsrecht der Polizei besteht nur unter den Voraussetzungen der §§ 127, 163a, 163b (BGH NJW **62**, 1020; Bay **56**, 170; **62**, 177 = JR **63**, 67 mit Anm Dünnebier; Hust NJW **69**, 21).

2) Ladung (I). Eine Ladungsfrist besteht nicht. 2
Die Ladung muss regelmäßig **schriftlich** erfolgen, und zwar durch Brief, nicht 3 durch Postkarte (vgl RiStB V 44 I S 3). Die Ladung per Telefax steht der schriftlichen gleich. Zustellung ist nicht vorgeschrieben, aber wegen des erforderlichen Nachweises (unten 7) zweckmäßig. Eine Vernehmung ohne schriftliche Ladung schließt I nicht aus; sie kann daher auch auf Grund mündlicher oder telefonischer Ladung oder ohne Ladung (unaufgefordertes Erscheinen) stattfinden. Wenn der Beschuldigte der Ladung nicht folgt, ist dann aber eine Vorführung ausgeschlossen. Zur Ladung von UGefangenen unten 5a.

§ 133

4 **Inhaltlich** muss die Ladung den Vernehmungsort, der nicht die Gerichtsstelle zu sein braucht, und den Vernehmungstermin angeben und erkennen lassen, dass eine Beschuldigtenvernehmung stattfinden soll (vgl RiStBV 44 I S 1). Der Gegenstand der Beschuldigung muss kurz bezeichnet werden, soweit es mit dem Zweck der Untersuchung vereinbar ist (LR-Gleß 3 mwN; vgl RiStBV 44 I S 2). Ein Hinweis auf die Aussagefreiheit nach § 136 I S 2 ist nicht unzulässig (Düsseldorf JZ **74**, 137; EbSchmidt JZ **68**, 357), aber überflüssig.

5 **3) Zum Erscheinen verpflichtet** ist der schriftlich, nach Vernehmungsunterbrechung auch der mündlich geladene Beschuldigte, auch wenn er sich nicht zur Sache äußern will (LG Aachen JMBlNW **70**, 57; LG Krefeld MDR **68**, 68) und auch, wenn er dies schon ausdrücklich angekündigt hat (LG Hannover NJW **67**, 791; LG Nürnberg-Fürth NJW **67**, 2126; SK-Rogall 10).

5a **Gefangene in UHaft** werden zur richterlichen Beschuldigtenvernehmung schriftlich geladen. Die Androhung nach § 133 II oder § 216 I unterbleibt. Der Richter erlässt einen Vorführungsbefehl. Dieser ist Bestandteil der Ladung und nicht von der StA zu vollstrecken (§ 36 II). Er bedarf keiner bestimmten Form, kann also auch auf richterliche Anordnung von der Geschäftsstelle weitergeleitet werden, und zwar an den Leiter der JVA, wenn ihre Beamten vorzuführen haben. Besteht ein Vorführungsdienst in der Justiz oder obliegt die Vorführung nach den Abmachungen der Polizei, so geht die Vorführungsanordnung an diese Stelle und nachrichtlich an den Leiter der JVA. Die Vorführungsbeamten und die Bediensteten der JVA haben nach den für sie geltenden Bestimmungen erforderlichenfalls unmittelbaren Zwang anzuwenden. Das gilt für die Ladung zu einer richterlichen Zeugenvernehmung und für jegliche Ladung durch die StA entspr.

6 **4) Die Androhung der Vorführung (II)** steht im Ermessen des Gerichts (LG Mönchengladbach JZ **70**, 192) und kommt nur in Betracht, wenn sie auch wahrgemacht werden soll (vgl RiStBV 44 II). Ist mit dem Erscheinen des Beschuldigten sicher zu rechnen, so kann sie entfallen. Der Verhältnismäßigkeitsgrundsatz (Einl 20) steht der Androhung nicht entgegen (KK-Diemer 13–14; SK-Rogall 13). Bei mündlicher Ladung zur Fortsetzung der Vernehmung wirkt die Androhung fort; sie kann dann auch ausgesprochen werden, wenn sie in der schriftlichen Ladung nicht enthalten war.

7 **5) Der Erlass des Vorführungsbefehls** ist ebenfalls Ermessenssache (BayVerfGH MDR **63**, 739). Er setzt die Androhung der Vorführung in einer schriftlichen Ladung, deren Zugang nachgewiesen ist (nur im Fall der Vernehmungsunterbrechung genügt die mündliche Ladung), und das unentschuldigte Ausbleiben des Beschuldigten voraus, dem das Erscheinen im selbstverschuldetem Zustand der Verhandlungsunfähigkeit gleichsteht (Kaiser NJW **68**, 188). Eine genügende Entschuldigung muss nicht vorliegen; das Gericht hat alle ihm bekannten Hinderungsgründe zu berücksichtigen (KK-Diemer 12). Der Verhältnismäßigkeitsgrundsatz steht der Vorführung niemals entgegen (LR-Gleß 14); zulässig ist sie auch bei geringfügigem Schuldvorwurf (LG Krefeld MDR **68**, 68; vgl aber Zweibrücken NStZ **81**, 534 für ein ausländisches Rechtshilfeersuchen wegen einer OWi) und auch, wenn der Beschuldigte angekündigt hat, dass er nicht aussagen werde (LG Nürnberg-Fürth NJW **67**, 2126; KK-Diemer 13–14; LR-Gleß 14).

8 Wegen **Form, Inhalt und Bekanntgabe** des Vorführungsbefehls vgl 2ff zu § 134.

9 **6) Beschwerde** nach § 304 I gegen die Ladung ist zulässig, wenn sie eine Vorführungsandrohung enthält (LG Hannover NJW **67**, 691; KMR-Pauckstadt-Maihold 10; Fezer 3/43; **aM** KK-Diemer 15; wieder **aM** SK-Rogall 17; Gössel GA **76**, 62; EbSchmidt JZ **68**, 362: anfechtbar ist schon die Ladung). Der StA steht die Beschwerde zu, wenn das AG die Vorführung ablehnt (LG Aachen JMBlNW **70**, 57; LG Köln NJW **67**, 1873); das Beschwerdegericht darf die Vorführung aber nicht selbst anordnen (LG Mönchengladbach JZ **70**, 192). Weitere

Beschwerde ist nach § 310 II ausgeschlossen (Köln MDR **52**, 378; vgl auch KG StraFo **16**, 245).

Vorführung

134 ^I Die sofortige Vorführung des Beschuldigten kann verfügt werden, wenn Gründe vorliegen, die den Erlaß eines Haftbefehls rechtfertigen würden.

^{II} In dem Vorführungsbefehl ist der Beschuldigte genau zu bezeichnen und die ihm zur Last gelegte Straftat sowie der Grund der Vorführung anzugeben.

1) Die **sofortige Vorführung (I)**, dh die Vorführung ohne vorangegangene 1 Ladung und Androhung (LR-Gleß 1), ist unter den Voraussetzungen der §§ 112, 112a, auch des § 126a (KK-Diemer 1; LR-Gleß 4; SK-Rogall 4), zulässig. Dadurch soll dem Richter ein Mittelweg zwischen sofortiger Verhaftung und Ladung zur Vernehmung eröffnet werden. Er kommt etwa in Betracht im Fall des § 165 (EbSchmidt JZ **68**, 354) oder wenn die StA den Erlass eines Haftbefehls beantragt oder sich gegen seine Aufhebung beschwert hat (LR-Gleß 3).

2) Den **Vorführungsbefehl (II)** darf nur der nach §§ 125, 126, 162, 165, 169 2 zuständige Richter erlassen (RG **56**, 234). Eine vorherige Anhörung unterbleibt (§ 33 IV). Schriftform ist erforderlich.

A. **Inhalt:** Der Beschuldigte muss so genau bezeichnet werden, dass Verwechs- 3 lungen ausgeschlossen sind. Die gesetzliche Bezeichnung der ihm vorgeworfenen Straftat, nicht der tatsächliche Vorgang (SK-Rogall 11), und der Grund der Vorführung sowie Vorführungsort und -zeit sind anzugeben. Der Haftgrund ist ebenso zu bezeichnen wie in einem Haftbefehl (13 zu § 114). Jedoch müssen die Tatsachen nicht angegeben werden, aus denen sich dringender Tatverdacht und Haftgrund ergeben. Im Fall des § 133 müssen die Ladung, das Ausbleiben und das Fehlen ausreichender Entschuldigungsgründe dargetan werden.

B. Die **Bekanntmachung** des Vorführungsbefehls an den Beschuldigten ist 4 Voraussetzung für seine Vollstreckung (BGH NStZ **81**, 22), erfolgt aber erst unmittelbar vor deren Beginn. Auf Verlangen ist der Vorführungsbefehl dem Beschuldigten vorzuzeigen. Einen Anspruch auf Aushändigung einer Abschrift hat er nicht (LR-Gleß 7). Wird der Vorführungsbefehl in einem Eilfall telefonisch oder durch Fernschreiben veranlasst, so gilt § 114a entspr (Stuttgart Justiz **82**, 339).

C. Die **Vollstreckung** erfolgt nach § 36 II S 1 (Wendisch JR **78**, 447). Wegen 5 der UGefangenen vgl 5a zu § 133, wegen der Strafgefangenen zB § 36 I S 2 SächsStVollzG, Art 38 BayStVollzG. Der Vorführungsbefehl berechtigt die Polizei zum Betreten der Wohnung des Beschuldigten, nicht eines Dritten, zum Zweck seiner Ergreifung (KMR-Pauckstadt-Maihold 5; LR-Gleß 8; erg 6 zu § 105) und zur Festnahme des Beschuldigten (RG **12**, 162). Unmittelbarer Zwang darf auch sonst angewendet werden (BGH NStZ **81**, 22: Aufbrechen der Wohnungstür; Kaiser NJW **65**, 1217: Anlegung von Fesseln).

D. Die **Wirksamkeit** des Vorführungsbefehls endet mit dem Abschluss der Ver- 6 nehmung (KK-Diemer 8; LR-Gleß 10; SK-Rogall 15; **aM** Enzian NJW **57**, 451; Lampe MDR **74**, 535: schon mit deren Beginn). Bis dahin darf der Beschuldigte festgehalten werden. Nach der Vernehmung ist er zu entlassen, wenn kein Haftbefehl erlassen wird. Für eine neue Ladung ist ein neuer Vorführungsbefehl erforderlich (Enzian aaO; **aM** Rasehorn DRiZ **56**, 269).

3) **Beschwerde** nach § 304 I ist gegen den Vorführungsbefehl zulässig. Da sie 7 keine aufschiebende Wirkung hat (§ 307 I), ist sie aber regelmäßig überholt, bevor sie dem Beschwerdegericht zugeht; zur Anfechtung in diesem Fall vgl 17 ff vor § 296.

§§ 135, 136

8 **4) Abgeordnete:** Die zwangsweise Vorführung, nicht schon ihre Androhung, bedarf der Genehmigung des BTages (Anl 6 Abschn A Nr 14 Buchst k BT-GeschO.

Sofortige Vernehmung

135 ¹Der Beschuldigte ist unverzüglich dem Richter vorzuführen und von diesem zu vernehmen. ²Er darf auf Grund des Vorführungsbefehls nicht länger festgehalten werden als bis zum Ende des Tages, der dem Beginn der Vorführung folgt.

1 1) Der **Geltungsbereich der Vorschrift** erstreckt sich auf Vorführungen nach §§ 133, 134 I; in den Fällen der §§ 51 I S 3, 163a III S 2, 161a II S 1 gilt sie entspr. Die §§ 115, 115a sind nicht anzuwenden; § 135 geht vor (LR-Gleß 1). Hinter §§ 230, 236, 329 IV tritt die Vorschrift zurück.

2 2) **Beschleunigungsgebot (S 1):** Der Vorführbefehl berechtigt nur zur Freiheitsbeschränkung nach Art 104 I S 1 GG, nicht zur Freiheitsentziehung iS Art 104 II–IV GG (LR-Gleß 2; SK-Rogall 2; Lampe MDR **74**, 536; **aM** Baumann EbSchmidt-FS 541; Moritz NJW **77**, 796).

3 Der Beschuldigte muss daher, was schon bei der Wahl des Vorführungszeitpunkts zu berücksichtigen ist, **unverzüglich** vernommen werden. Das erfordert ein Handeln ohne jede nach den Umständen vermeidbare Säumnis (LR-Gleß 3). Gerechtfertigt sind nur Verzögerungen, deren Gründe in rechtlichen oder tatsächlichen Hindernissen liegen.

4 **Vorführung** bedeutet nicht die persönliche Gegenüberstellung mit dem Richter, sondern das Unterstellen des Beschuldigten unter dessen unmittelbare Verfügungsgewalt (vgl 3 zu § 115). Schon das Verbringen in das Gerichtsgebäude und die Einlieferung in das Gerichtsgefängnis ist daher Vorführung (LR-Gleß 4). Die Ergreifung des Beschuldigten mehrere Stunden vor dieser Vorführung verbietet I nicht. Er darf schon am Vorabend festgenommen werden, wenn nur das verhindert, dass er sich der Vorführung entzieht (BayVerfGHE 3 II 63).

5 Die **Vernehmung** muss unmittelbar nach der Vorführung stattfinden, sofern nicht Gründe in der Person des Richters (Erkrankung, unaufschiebbare Dienstgeschäfte) oder des Beschuldigten (Ermüdung durch den Transport) oder in der Gerichtsorganisation entgegenstehen (Lampe MDR **74**, 537). Der Richter muss die möglichen und zumutbaren organisatorischen Maßnahmen zur Einhaltung des I treffen. Auch die Verhinderung des teilnahmeberechtigten StA oder Verteidigers kann ein Hindernisgrund sein (SK-Rogall 6).

6 3) Die **zeitliche Grenze für das Festhalten** des Beschuldigten ist nach S 2 das Ende des nächsten Tages, auch wenn einer der beiden Tage ein Sonnabend, Sonntag oder Feiertag ist (LR-Gleß 7), gerechnet vom Beginn der Vorführung, dh der Ergreifung. Ein längeres Festhalten des Beschuldigten ist unzulässig, auch wenn die Vernehmung noch nicht möglich war.

7 Über die **Art des Festhaltens** entscheidet das Gericht (Kaiser NJW **65**, 1216). Zulässig ist die Bewachung oder Einschließung im Vernehmungsraum, uU aber auch die Aufnahme in eine Arrestzelle oder in das Gerichtsgefängnis. Die für UGefangene geltenden Erleichterungen (§ 119) müssen gewahrt werden.

Erste Vernehmung   RiStBV 45

136 I ¹Bei Beginn der ersten Vernehmung ist dem Beschuldigten zu eröffnen, welche Tat ihm zur Last gelegt wird und welche Strafvorschriften in Betracht kommen. ²Er ist darauf hinzuweisen, daß es ihm nach dem Gesetz freistehe, sich zu der Beschuldigung zu äußern oder nicht zur Sache auszusagen und jederzeit, auch schon vor seiner Vernehmung, einen von ihm zu wählenden Verteidiger zu befragen. ³Möchte der Beschuldigte vor seiner Vernehmung einen Verteidiger befragen, sind ihm Informationen zur Verfügung zu stellen, die es ihm erleichtern, einen Verteidiger zu kontaktieren. ⁴Auf bestehende anwaltliche Notdienste ist dabei hinzuweisen. ⁵Er ist ferner darüber zu belehren, daß er zu seiner Entlastung einzelne Beweiserhebungen beantragen und unter den Voraussetzungen des § 140 die Bestellung eines Pflichtverteidigers nach Maßgabe des § 141 Absatz 1 und des § 142 Absatz 1 beantragen kann; zu Letzterem ist er dabei auf die Kostenfolge des § 465 hinzuweisen. ⁶In geeigneten Fällen soll der Beschuldigte auch darauf, dass er sich schriftlich äußern kann, sowie auf die Möglichkeit eines Täter-Opfer-Ausgleichs hingewiesen werden.

II Die Vernehmung soll dem Beschuldigten Gelegenheit geben, die gegen ihn vorliegenden Verdachtsgründe zu beseitigen und die zu seinen Gunsten sprechenden Tatsachen geltend zu machen.

III Bei der ersten Vernehmung des Beschuldigten ist zugleich auf die Ermittlung seiner persönlichen Verhältnisse Bedacht zu nehmen.

IV ¹Die Vernehmung des Beschuldigten kann in Bild und Ton aufgezeichnet werden. ²Sie ist aufzuzeichnen, wenn

1. dem Verfahren ein vorsätzlich begangenes Tötungsdelikt zugrunde liegt und der Aufzeichnung weder die äußeren Umstände noch die besondere Dringlichkeit der Vernehmung entgegenstehen oder
2. die schutzwürdigen Interessen von Beschuldigten, die erkennbar unter eingeschränkten geistigen Fähigkeiten oder einer schwerwiegenden seelischen Störung leiden, durch die Aufzeichnung besser gewahrt werden können.
³ § 58a Absatz 2 gilt entsprechend.

Übersicht

	Rn
1) Erste Vernehmung	1, 2
2) Vernehmung des Beschuldigten	3
3) Gang der Vernehmung	4–13
A. Vernehmung zur Person	5
B. Eröffnung des Tatvorwurfs (I S 1)	6
C. Belehrung über die Aussagefreiheit (I S 2)	7–9
a) Interne Ermittlungen	7a
b) Schweigerecht der Juristischen Person	7b
c) Zeitpunkt und Form der Belehrung	8
d) Unterlassen der Belehrung	9
D. Hinweis auf das Recht zur Verteidigerkonsultation (I S 2-4)	10–10e
E. Hinweis auf das Beweisantragsrecht (I S 5 Hs 1)	11
F. Hinweis auf Recht zur Bestellung eines Pflichtverteidigers (I S 5 Hs 1)	11a
G. Hinweis auf nach § 465 entstehende Kosten (I S 5 Hs 2)	11b
H. Schriftliche Äußerung zur Sache (I S 6)	12
I. Möglichkeit eines Täter-Opfer-Ausgleichs (I S 6)	12a
J. Mitteilung der Verdachtsgründe (II)	13
4) Vernehmung zur Sache (III)	14–19
5) Bild- und Ton-Aufzeichnung (IV)	19a–h
6) Verwertungsverbote	20–23
7) Revision	24–28

1) Erste Vernehmung iS von I S 1, III ist die Erste richterliche Vernehmung **1** vor und außerhalb der Hauptverhandlung. Die Belehrungen nach I müssen trotz vorangegangener Vernehmung durch StA oder Polizei, nicht aber bei erneuter richterlicher Vernehmung (**aM** SK-Rogall 4), wiederholt werden. II enthält allgemeine Anweisungen für jede richterliche Vernehmung. Die Vernehmung durch den Haftrichter regeln §§ 115 III, 115a II S 2; in der Hauptverhandlung gilt § 243 II–IV. Wegen Vernehmungen durch StA und Polizei vgl § 163a III S 2, IV S 2.

Sachverständige haben keine Vernehmungsbefugnis (2 zu § 80); § 136 hat da- **2** her für sie keine Bedeutung (BGH NJW **68**, 2297; NStZ **97**, 296; KK-Diemer 3;

§ 136

SK-Rogall 27; **aM** LG Oldenburg StV **94**, 646; LR-Gleß 3; Arzt JZ **69**, 438; Hanack JZ **71**, 169; Rieß JA **80**, 296; Roxin/Schünemann § 25, 12; Weigend JZ **90**, 49; BGH **35**, 32, 35 hat zu dieser Frage nicht Stellung genommen, sondern erwähnt nur eine dort erfolgte ordnungsgemäße Belehrung durch den Sachverständigen); zu erwägen ist allerdings, ob eine Belehrungspflicht angenommen werden sollte, wenn der Sachverständige Zusatztatsachen (11 zu § 79) erhebt (vgl Schmitt-Recla NJW **98**, 800). Für die Gerichtshelfer (§ 160 III) gilt die Vorschrift entspr (25 zu § 160), nicht aber für die Bewährungshelfer, die nach § 56d StGB erst nach der Verurteilung tätig werden (**aM** Schipholt NStZ **93**, 470).

3 2) Die **Vernehmung des Beschuldigten** regelt § 136. Zum Begriff der Vernehmung 4 zu § 136a; zum Begriff Beschuldigter und zur Abgrenzung vom Tatverdächtigen vgl Einl 76 ff sowie 4a zu § 163a; zur Vernehmung Jugendlicher Eisenberg NStZ **99**, 281 ff. Der Richter ist an die Entscheidung der StA gebunden, dass der zu Vernehmende als Beschuldigter zu behandeln ist. Er darf ihn auch dann nicht als Zeugen vernehmen, wenn er Tatverdacht nicht für gegeben hält (Nehm Meyer-Goßner-FS 286). Hält er umgekehrt einen Zeugen für tatverdächtig, darf er die Zeugenvernehmung nicht fortführen; erforderlichenfalls hat er ihn sogleich als Beschuldigten zu vernehmen (AK-Schöch 6 zu § 162; LR-Gleß 9; von Gerlach NJW **69**, 779; Montenbruck ZStW **89**, 889; zu **polizeilichen** Vernehmungen BGH **51**, 367 sowie eingehend 4a zu § 163a mN; **aM** LR-Erb 34 zu § 162; Lenckner Peters-FS 341; Nehm aaO 283). Will ihn die StA gleichwohl nur als Zeugen vernehmen lassen, steht ihm die Außerungsfreiheit nach §§ 136, 163a zu; Maßregeln nach § 70 sind dann unzulässig (BGH NStZ **97**, 398 mit Anm Rogall). Für Kinder gilt, da sie keine Beschuldigten sein können (Einl 76), § 136 nicht (vgl Frehsee ZStW **100**, 298 ff; **aM** Ostendorf Heinz-FS 464, 469 f).

4 3) Der **Gang der Vernehmung** ergibt sich aus der nachstehenden Reihenfolge.

5 A. Die **Vernehmung zur Person** steht am Beginn jeder Vernehmung. Sie dient der Feststellung der Identität des Beschuldigten. Die darüber hinausgehende Ermittlung seiner persönlichen Verhältnisse (unten 16) gehört zur Sachvernehmung (erg 12 zu § 243). Obwohl sich das verfahrensrechtlich nicht erzwingen lässt, ist der Beschuldigte nach § 111 OWiG zu Angaben über seine Person verpflichtet (BGH **21**, 334; 364; **25**, 13, 17; Bay **69**, 79; Stuttgart MDR **87**, 521; **aM** Dingeldey JA **84**, 411), auch wenn dies auf eine Selbstbelastung hinausläuft (KK-Diemer 7; **aM** LR-Gleß 17; SK-Rogall 71 vor § 133 ff), sofern die Angaben nicht ausnahmsweise (Beruf, Staatsangehörigkeit) auch für die Schuldfrage von Bedeutung sind (Bay **80**, 79; 111). Anzugeben sind Vor-, Familien- und Geburtsnamen, Ort und Tag der Geburt, Familienstand, Beruf, Wohnort, Wohnung und Staatsangehörigkeit (vgl RiStBV 13 I S 1). Nach der Religion wird im Hinblick auf Art 140 GG iVm Art 136 III S 1 WeimRV nur gefragt, wenn der Sachverhalt dazu Anlass gibt (RiStBV 13 V). Das Gleiche gilt für Fragen nach Abstammung und politischer Gesinnung. Über Vorstrafen vgl unten 16.

6 B. Die **Eröffnung des Tatvorwurfs (I S 1)** erfolgt nach der Feststellung der Identität und vor der Belehrung nach I S 2 (LR-Gleß 20; SK-Rogall 39; EbSchmidt JZ **68**, 356). Schlagwortartige Angaben (Diebstahl, Raub, Betrug) genügen nicht. Der Sachverhalt muss dem Beschuldigten in groben Zügen und so weit bekanntgegeben werden, dass er sich verteidigen kann (Fincke ZStW **95**, 959 ff), aber nicht so weit, dass die wirksame Verbrechensbekämpfung Schaden leidet (Eser ZStW **86**, Beih 151). Insoweit besteht ein gewisser Beurteilungsspielraum des Vernehmenden, der aber überschritten ist, wenn dem Beschuldigten eines Gewaltdeliktes der Tod des Opfers verschwiegen wird (BGH NStZ **12**, 581 für eine polizeiliche Vernehmung mit Anm Neuhaus StV **13**, 488; zur Frage eines Verwertungsverbotes unten 21). Die Strafvorschriften werden zu Beginn der Vernehmung angegeben. Wenn danach neue rechtliche Gesichtspunkte auftreten, ist auch auf diese hinzuweisen (LR-Gleß 26; SK-Rogall 42; **aM** KK-Diemer 9). Bei

der Vernehmung über mehrere Taten kann die Vernehmung zunächst auf eine von ihnen beschränkt werden. Dass sich das Ermittlungsergebnis ändert, zwingt zu keiner neuen Vernehmung (Schäfer wistra 87, 165).

C. **Belehrung über die Aussagefreiheit (I S 2):** Durch die Belehrung soll gegenüber dem Beschuldigten eindeutig klargestellt werden, dass es ihm freisteht, nicht auszusagen, obwohl ihn ein Richter, StA oder Polizeibeamter in amtlicher Eigenschaft befragt (BGH GrS **42**, 139, 147; zust Franke JR **00**, 470; Popp NStZ **98**, 95; a**M** Roxin NStZ **95**, 466; **97**, 18: Schutz vor staatlich veranlasster irrtumsbedingter Selbstbelastung). Das Belehrungsgebot stellt klar, dass niemand verpflichtet ist, gegen sich selbst auszusagen (BGH **14**, 358, 364; vgl auch BVerfGE **56**, 37, 49; erg zur Selbstbelastungsfreiheit Einl 29a, 4 ff zu Art 6 **EMRK**). Der Beschuldigte braucht nicht Zeuge gegen sich selbst zu sein (BGH **25**, 325, 331). Es steht ihm frei, sich zu der Beschuldigung zu äußern oder, was aber nicht immer die zweckmäßigste Art der Verteidigung ist (BGH aaO), nicht zur Sache auszusagen (vgl EGMR NJW **02**, 499: „Kernstück des von Art 6 EMRK garantierten fairen Verfahrens"). Der Beschuldigte hat die Aussagefreiheit, die auch die Tatbeteiligung anderer umfasst, so dass die Belehrung nach § 52 III S 1 sinnlos ist (Bay NJW **78**, 387). I S 2 begründet die Aussagefreiheit nicht, sondern setzt sie voraus (Rogall 104 ff). Zum Verstoß gegen die Selbstbelastungsfreiheit außerhalb von Vernehmungen nach § 136 BGH NStZ **19**, 36 sowie 20c und Einl 29a. **7**

a) **Interne Ermittlungen:** Die Vorschrift findet auf die Befragung von Unternehmensmitarbeitern durch einen RA im Rahmen sog interner Ermittlungen keine Anwendung (vgl Greeve StraFo **13**, 89; Raum StraFo **12**, 395, 398; I. Roxin StV **12**, 116, 119 mwN; erg 16 zu § 53; 1a zu § 55; 10a zu § 97). Solche Vernehmungen durch Compliance-Anwälte von Unternehmen lösen, weil privater, nicht staatlicher Natur, grundsätzlich keine Belehrungspflicht – weder nach § 136, noch nach § 55 – aus (vgl Raum StraFo **12**, 395, 398; Kasiske NZWiSt **14**, 262, 264). Jedoch ist befragten Arbeitnehmern, die arbeitsvertraglich zur Teilnahme an Mitarbeitergesprächen verpflichtet sind, dort nach arbeitsrechtlichen Grundsätzen ein Schweigerecht zuzugestehen, soweit sie sich selbst dem Verdacht einer Straftat aussetzen müssten (so bereits LG Hamburg MDR **84**, 867; LAG Stuttgart DB **63**, 1055; vgl auch Karlsruhe NStZ **89**, 287; ferner Rudkowski NZA **11**, 612 mwN; Bauer StraFo **12**, 488; Raum aaO 397; insofern ebenso Tscherwinka I. Roxin FS 520, 528; I. Roxin StV **12**, 116, 120; vgl auch Leitner Schiller-FS 430, 435; ErfurterKomm z Arbeitsrecht Schmidt Rn 95 zu Art 2 GG; BGH MDR **89**, 631 zu den Grenzen der Auskunftspflichten eines freien Mitarbeiters; a**M** Kottek wistra **17**, 9, 10: zumindest faktischer Aussagezwang; Kasiske NZWiSt **14**, 262, 265; Anders wistra **14**, 329; Greco/Caracas NStZ **15**, 7, 9; Wehnert StraFo **12**, 253; Greeve StraFo **13**, 89, 94; Feigen-FG 53 ff; Watl/Litzka/Pusch NStZ **09**, 68, 70; LAG Hamm 14 Sa 1689/08 vom 3.3.2009 zur Auskunftsverpflichtung bei einem bestehenden Wettbewerbsverbot). Es besteht also im Rahmen von internen Ermittlungen grundsätzlich **arbeitsrechtlich keine Verpflichtung zur Selbstbezichtigung,** und es kommt auch keine zivilprozessuale Erzwingung solcher Angaben in Betracht (Raum aaO; siehe auch Tscherwinka aaO; Sidhu/v. Saucken/Ruhmannseder NJW **11**, 881, 883, die eine dahin gehende, aus dem Arbeitsverhältnis abgeleitete Belehrungspflicht des Compliance-Anwalts annehmen). Unter dieser Voraussetzung bedarf es zum Schutz betroffener Arbeitnehmer im späteren Strafverfahren auch nicht der Annahme eines systemwidrigen, weil nicht aus einem staatlich veranlassten Aussagezwang, sondern aus einem zivilrechtlichen Vertragsverhältnis abgeleiteten, Verwertungsverbotes für im Rahmen von Mitarbeitergesprächen gemachte, selbst belastende Angaben (Bauer aaO; Raum aaO 397 f; a**M** aber Kottek aaO 13 ff; I. Roxin aaO; Tscherwinka aaO 536, Wehnert aaO; Theile StV **11**, 381, 384; v. Galen NJW **11**, 945 mwN; Jahn StV **09**, 41, 43; Watl/Litzka/Pusch aaO; Sarhan wistra **15**, 449; Kottek wistra **17**, 9; LAG Hamm aaO zu einem aus § 60 HGB abgeleiteten Auskunftsanspruch, das sich allerdings insoweit zu Unrecht auf die Rspr des BVerfG [etwa NStZ **95**, 599] beruft; Greco/Caracas NStZ **7a**

§ 136

15, 7, 15: Verwendungsverbot mit Fernwirkung). Ebenso wenig besteht dann ein Bedürfnis, ein derartiges strafprozessuales Verwertungsverbot aus einer Parallele zu § 97 I S 3 InsO abzuleiten; dies gilt unabhängig davon, dass die gesetzliche Auskunftspflicht nach § 97 InsO und die vertraglichen Pflichten des Mitarbeiters aus dem Arbeitsverhältnis nicht vergleichbar sind (vgl LG Hamburg NJW **11**, 942, 944; Raum aaO; **aM** aber etwa Jahn/Kirsch StV **11**, 151, 152 mwN; vgl auch Kasiske aaO 267; für eine gesetzliche Regelung vergleichbar § 97 I S 3 InsO Greeve Feigen-FG 66). Erg 16 zu § 53, 10a–10c zu § 97.

7b b) Dagegen steht einer **JP in den Fällen der §§ 424, 426 und 444** ein – durch die in § 74e StGB bezeichneten Personen auszuübendes – **eigenständiges Schweigerecht** zu, wenn zu ihren Lasten die Anordnung einer Einziehung oder die Verhängung einer Geldbuße in Betracht kommt (Minoggio wistra **03**, 121; LR-Gössel 25a, b zu § 444; **aM** BVerfG NJW **97**, 1841, allerdings zu dem mit der vorliegenden Konstellation nicht vergleichbaren Fall eines gesetzlich geregelten Schweigerechts nach einem Landesmediengesetz). Dies ergibt sich aus dem – in § 444 II S 2 in Bezug genommenen – § 426 II, dessen Verweisung auf die Vorschriften über die Vernehmung des Beschuldigten, soweit eine Verfahrensbeteiligung inmitten steht, bei der Nebenbeteiligung von JP andernfalls obsolet wäre. Auch der EuGH gesteht einem Unternehmen ein Auskunftsverweigerungsrecht insoweit zu, als es sich durch die Antwort selbst belasten müsste (EuGH 374/87 vom 18.10.1989; siehe auch EuG T-112/98 vom 28.2.2001). Dieser Rechtsgedanke hat schließlich auch in § 59 V GWB Ausdruck gefunden, der im Kartellverfahren zur Auskunft verpflichtete Unternehmen berechtigt, die Auskunft auf solche Fragen verweigern, mit denen sie sich der Gefahr strafrechtlicher Verfolgung oder der Verfolgung nach dem OWiG aussetzen würden.

8 c) **Zeitpunkt und Form der Belehrung:** Der Hinweis nach I S 2 ist vor jeder ersten richterlichen (zum Erfordernis der Belehrung als Beschuldigter durch die Polizei siehe 4–4b zu § 163a, Einl 77) Vernehmung (zum Begriff 4 zu § 136a) zu erteilen, auch wenn er schon bei früheren Vernehmungen durch StA oder Polizei erfolgt war (Eisenberg BR 563) uU auch dann, wenn die erste Belehrung schon Jahre zurücklag (BGH **47**, 172; **aM** Geppert Otto-FS 916), und unabhängig davon, ob der Beschuldigte seine Rechte kennt oder nicht (BGH aaO). Der Hinweis ist von dem Vernehmenden, der damit keinen Dritten beauftragen darf (LR-Gleß 32), an den Beschuldigten selbst zu richten, nicht an den gesetzlichen Vertreter oder den Erziehungsberechtigten. Für den Hinweis sollten die Worte des Gesetzes benutzt werden; eine andere Fassung ist unschädlich, wenn sie dem Beschuldigten Klarheit über die Aussagefreiheit verschafft (BGH NJW **66**, 1718; 3 StR 63/10 vom 29.4.2010; Meyer JR **67**, 308). Die Aussageverweigerung des Beschuldigten muss der Vernehmende nicht einfach hinnehmen. Er muss sich zwar jeder Beeinträchtigung der Willensentschließung des Beschuldigten enthalten (Günther JR **78**, 92), darf ihm aber, wenn dazu Anlass besteht, die Nachteile eines Verteidigungsverzichts vor Augen führen (SK-Rogall 46). Die richterliche Fürsorgepflicht (Einl 155 ff) kann sogar zur unverhüllten Empfehlung zwingen, zur Sache auszusagen (Kleinknecht JZ **65**, 156; Peters 207). Der Beschuldigte kann seine Bereitschaft zur Äußerung von vornherein auf bestimmte Fragenkomplexe beschränken (Rogall 45). Er kann sie jederzeit zurücknehmen (Eser ZStW **79**, 576); auch die Beantwortung einzelner Fragen kann er ablehnen (BGH **5**, 332, 334). Die Vernehmung kann auch trotz anfänglicher Aussageverweigerung fortgesetzt werden, aber nur, solange nicht mit verbotenen Mitteln auf die Willensfreiheit des zu Vernehmenden und die Durchsetzbarkeit seines Aussageverweigerungsrechts eingewirkt wird (BGH NJW **09**, 3589). Zur Berücksichtigung des Schweigens des Beschuldigten bei der Beweiswürdigung vgl 15 ff zu § 261. Zur Frage, wann ein Verdächtiger als Beschuldigter zu vernehmen ist, siehe 4a zu § 163a.

9 d) Zur Frage eines Verwertungsverbotes bei **Unterlassen des Hinweises** auf die Aussagefreiheit nach I S 2 siehe 20.

D. Der **Hinweis auf das Recht zur Verteidigerkonsultation (I S 2)** ist 10
zugleich mit der Belehrung über die Aussagefreiheit zu erteilen; denn gerade die
Frage, ob der Beschuldigte aussagen oder schweigen will, kann die Beratung mit
einem Verteidiger erfordern. Das Recht auf Verteidigerkonsultation steht selbstständig neben dem Schweigerecht (Beulke NStZ **96**, 258). Wird dem Beschuldigten das Recht auf Zugang zu einem Verteidiger verweigert, liegt ein Verstoß gegen
Art 6 I, III c **EMRK** vor (EGMR EuGRZ **96**, 587, 592; NJW **09**, 3707).

Bei einem **Verstoß gegen die Belehrungspflicht** des I S 2 wird bei erneuter 10a
Vernehmung auch hier – wie bei Verstoß gegen die Belehrung über die Aussage-
freiheit (oben 9) – eine „**qualifizierte Belehrung**" verlangt werden müssen
(Neuhaus StV **10**, 46). Zur Frage des Verwertungsverbotes siehe 21, wegen der
Anwendung des I S 2 bei Vernehmungen nach § 115 vgl dort 8.

Erklärt der Beschuldigte, dass er **erst mit einem Verteidiger sprechen** 10b
wolle, so muss die beabsichtigte Vernehmung aufgeschoben und die weitere Entscheidung des Beschuldigten, ob er sich zur Sache einlassen will, abgewartet werden (BGH **38**, 372; vgl auch BGH NJW **92**, 2903, 2904); der Beschuldigte darf
nicht zu weiteren Angaben gedrängt werden (BGH NStZ **04**, 450; NJW **06**,
1008). Ihm ist vielmehr Gelegenheit zu geben, sich telefonisch mit dem Verteidiger in Verbindung zu setzen. Dem Angeklagten, der noch keinen Verteidiger hat,
sind Informationen zur Verfügung zu stellen, die es ihm erleichtern, einen Verteidiger zu kontaktieren (**I S 3**); insbesondere ist er auf bestehende anwaltliche Notdienste hinzuweisen (**I S 4**). Dem entgegenstehende frühere Rspr ist damit überholt (vgl etwa BGH **42**, 170 sowie NStZ **97**, 251, 252, die eine Fortsetzung der
Vernehmung bereits dann gestattet hatten, wenn Bemühungen um einen Verteidiger „wegen der mitternächtlichen Stunde" erfolglos erscheinen).

Spontanäußerungen des Beschuldigten – zumal zum Randgeschehen – 10c
dürfen nicht zum Anlass für sachaufklärende Nachfragen genommen werden, wenn
er die Konsultation eines Verteidigers begehrt und von seinem Schweigerecht Gebrauch macht (BGH **58**, 301 mit Anm Eisenberg StV **13**, 779; Britz NStZ **13**,
607; Wohlers JR **14**, 131; siehe aber erg 28, 4 zu § 136). Eine **Fortsetzung der
Vernehmung ohne Verteidiger** ist nur zulässig, wenn der Beschuldigte damit
nach erneutem Hinweis auf sein Recht der Verteidigerkonsultation (vgl BGH 5
StR 167/19 vom 19.6.2019 mit Anm Mosbacher JuS **20**, 128, 130; StraFo **19**, 420;
NStZ **13**, 299, der aber einen zusätzlichen Hinweis auf eine etwa fehlgeschlagene
Kontaktaufnahme für entbehrlich hält) ausdrücklich einverstanden ist und wenn
dem ernsthafte Bemühungen vorausgegangen waren, dem Beschuldigten bei der
Herstellung des Kontaktes zu einem Verteidiger zu helfen (BGH **42**, 15).

In den Fällen der notwendigen Verteidigung (§ 140) wird dieses Vorgehen 10d
allerdings oftmals nicht mehr genügen. Hat der Beschuldigte nämlich nach gebotener Belehrung gemäß I S 5 (siehe 11a) einen Antrag auf Bestellung eines Pflichtverteidigers gem § 141 I S 1 gestellt (2ff zu § 141), ist hierüber grundsätzlich spätestens vor einer Vernehmung oder Gegenüberstellung mit ihm zu entscheiden
(§ 141 I S 2; 7, 8 zu § 141). In diesem Fall sind Vernehmungen des Beschuldigten
und Gegenüberstellungen mit ihm vor der Bestellung eines Pflichtverteidigers nur
noch zulässig, wenn einer der Ausnahmetatbestände die durch das Gesetz zur Neuregelung der notwendigen Verteidigung vom 10.12.2019 (BGBl I 2128, 2129) eingefügten § 141a S 1 Nr 1 oder 2 (3–5 zu § 141a) vorliegt *und* der Beschuldigte
hiermit ausdrücklich einverstanden ist (7, 8 zu § 141a).

Die Vorschrift des I S 4 schützt nur den Beschuldigten, der zwar einen 10e
Verteidiger befragen möchte, aber keinen benennt, nicht aber den, der bereits
einen bestimmten RA bezeichnet hat (BGH 5 StR 167/19 vom 19.6.2019 mit
Anm Mosbacher JuS **20**, 128, 130). Äußert der Beschuldigte keinen Wunsch auf
Zuziehung eines Verteidigers, braucht er auch nicht auf den anwaltlichen Notdienst hingewiesen zu werden (siehe bereits BGH **47**, 233; NStZ **06**, 114), wie
sich aus I S 3 und 4 ergibt. In den Fällen der notwendigen Verteidigung (§ 140) ist
allerdings auch insoweit § 141 I zu beachten (siehe dort 2ff; erg 10d, 11a). Hat sich

§ 136

bereits ein Verteidiger – auch ohne Wissen des Beschuldigten – zur Übernahme der Verteidigung bereit erklärt, darf die Vernehmung ohne ihn nicht fortgesetzt werden (BGH NStZ **97**, 502; **08**, 643). Der Hinweis entfällt, wenn der Beschuldigte für dieses (nicht für ein anderes) Verfahren bereits einen Wahl- oder Pflichtverteidiger hat (KK-Diemer 14; **aM** LR-Gleß 40; SK-Rogall 48: nur, wenn er auch sein Recht kennt, sich mit dem Verteidiger zu beraten).

11 E. Der **Hinweis auf das Beweisantragsrecht (I S 5)** steht im Zusammenhang mit §§ 163a II, 166 I. Um ein Antragsrecht ieS handelt es sich nicht (ANM 335 ff). Der Hinweis erfolgt im Anschluss an die Belehrung über die Aussagefreiheit, kann aber im Lauf der Vernehmung nachgeholt werden. Er ist auch erforderlich, wenn der Beschuldigte erklärt, dass er sich zur Sache nicht äußern wolle; denn Beweisanträge kann er trotzdem stellen.

11a F. Darüber hinaus ist der Beschuldigte in den Fällen der notwendigen Verteidigung des § 140 über sein **Recht auf Bestellung eines Pflichtverteidigers** zu belehren (**I S 5**). Durch die Verweisungen in § 163a III S 2, IV S 2 gilt dies auch für staatsanwaltliche und polizeiliche Vernehmungen. Die Belehrung hat sich auf das Antragsrecht gemäß § 141 I (2 ff zu § 141) und den zuständigen Adressaten des Antrags iSv § 142 I zu erstrecken (2 ff zu § 142). Geht es um eine Vorführung zur Entscheidung über Haft ist dem Beschuldigten unabhängig von einem Antrag ein Pflichtverteidiger zu bestellen (§ 141 II Nr 1, dort 11 ff). Eine Vernehmung des Beschuldigten, ohne dass ihm zuvor ein Verteidiger bestellt wurde, wird in den Fällen notwendiger Verteidigung deshalb praktisch nur noch ausnahmsweise unter den engen Voraussetzungen des § 141a (2 ff zu § 141a) oder in Betracht kommen, wenn der Beschuldigte in den Fällen des § 141 I nach Belehrung gem I S 5 keinen Antrag auf Bestellung eines Pflichtverteidigers gestellt hat (5 zu § 141; vgl zur früheren Rechtslage BGH **60**, 38 mwN mit Anm Knauer NStZ **14**, 722 und Wohlers JR **15**, 281: Vernehmung ohne Verteidiger grundsätzlich auch beim Vorwurf schwerer Verbrechen möglich). Erg 8 zu § 163a.

11b G. Der Beschuldigte ist ferner darauf hinzuweisen, dass er im Falle der Bestellung eines Verteidigers die dadurch **nach § 465 entstehenden Kosten** insofern zu tragen hat, als er verurteilt wurde (I S 5 Hs 2). Glaubt der Beschuldigte wegen Mittellosigkeit keinen Verteidiger zuziehen zu können, darf er im Fall notwendiger Verteidigung wegen § 141 I aber nicht in diesem Irrtum belassen werden (so bereits BGH NStZ **06**, 236 und NStZ-RR **06**, 181 zur früheren Rechtslage, die in diesem Unterlassen aber bei erheblicher Schwere des Schuldvorwurfs keinen revisiblen Rechtsfehler sehen, was sich allerdings nach Einführung des § 141 I kaum mehr aufrechterhalten lässt).

12 H. **Schriftliche Äußerung zur Sache (I S 6):** Da der Beschuldigte sich zur Sache nicht zu äußern braucht, ist er auch berechtigt, mündliche Angaben abzulehnen und sich schriftlich zu erklären. Darüber ist er vor Beginn der Vernehmung, nicht schon in der Ladung (KK-Diemer 16; LR-Gleß 52; **aM** SK-Rogall 60), zu belehren, sofern es sich um einen für schriftliche Äußerungen geeigneten Fall handelt. Geeignet sind Fälle, in denen der Beschuldigte voraussichtlich bereit und hinreichend fähig ist, eine sachgerechte schriftliche Äußerung abzugeben. Die Belehrung entfällt, wenn die Vernehmung die Gewinnung einer nach § 254 verlesbaren Niederschrift bezweckt oder der Beschuldigte ersichtlich so ungewandt ist, dass ihm eine schriftliche Äußerung nicht zugetraut werden kann. Der Hinweis kann vor allem angebracht sein, wenn die Einlassung sehr umfangreich ist, wenn die Auswertung umfangreicher Unterlagen erforderlich ist oder wenn der Beschuldigte erklärt, er wolle sich vor der Vernehmung mit einem Verteidiger beraten. Eine Ergänzung der mündlichen Aussage durch eine schriftliche Äußerung steht dem Beschuldigten immer frei.

12a I. **Möglichkeit eines Täter-Opfer-Ausgleichs (I S 6):** Auch hierauf soll der Beschuldigte in geeigneten Fällen, dh, wenn ein solcher TOA in Betracht kommt, hingewiesen werden. Ungeeignet ist der Hinweis demnach, wenn der Beschuldigte nicht geständig ist oder anzunehmen ist, dass der Geschädigte dem TOA nicht zustimmen wird (LR-Gleß 53; SK-Rogall 61). Die Vorschrift tritt neben die Vorschrift des § 155a, in der StA und Gericht eine entspr Prüfungspflicht auferlegt ist. Über § 163a III S 2, IV S 2 gilt die Hinweispflicht auch für Vernehmungen durch die StA und die Polizei (Beispiel für die Formulierung eines solchen Hinweises bei Bosch Otto-FS 847).

J. Die **Mitteilung der Verdachtsgründe (II)** ist bei jeder Vernehmung erforderlich, weil dem Beschuldigten Gelegenheit gegeben werden soll, sie zu beseitigen. Das setzt voraus, dass er sie kennt. Die Erklärung des Beschuldigten, er wolle nicht aussagen, macht die Mitteilung nicht überflüssig; vielleicht entschließt er sich zur Aussage, nachdem er erfahren hat, was ihm vorgeworfen wird. Die Mitteilung der Verdachtsgründe unterbleibt in dem Umfang, in dem sie dem Beschuldigten im Interesse der Sachaufklärung verheimlicht werden müssen. Die Strafverfolgungsbehörden sind nicht etwa mit Rücksicht auf II gezwungen, vor der Vernehmung alles bekanntzugeben, was sie über den Fall wissen (**aM** LR-Gleß 56; Lesch ZStW **111**, 642). 13

4) Durch die **Vernehmung zur Sache** wird dem Beschuldigten rechtliches Gehör gewährt (BGH **25**, 325, 332). Er hat Gelegenheit, die Verdachtsgründe zu beseitigen und Entlastungstatsachen geltend zu machen (II). Diese Richtlinie prägt die Art der Vernehmung; in ihrem Rahmen ist die Vernehmung aber auf Ermittlung der Wahrheit und Beweissicherung ausgerichtet (Bay **77**, 126; Eser ZStW **79**, 620; **aM** LR-Gleß 57); denn die Angaben des Beschuldigten können als Beweis herangezogen werden (2 zu § 244). 14

Eine Vernehmung iS des § 136 liegt nur vor, wenn er sich selbst, nicht durch seinen Verteidiger (Bay **82**, 156), **mündlich** äußert (LR-Gleß 58; SK-Rogall 23; vgl auch BGHR StGB § 78c I Nr 1 Bekanntgabe 1). Die Verlesung von Niederschriften ist keine solche Äußerung (BGH **3**, 368). Um eine Vernehmung handelt es sich auch nicht, wenn der Richter Niederschriften über Vernehmungen durch Polizei oder StA verliest und der Beschuldigte nur ihre Richtigkeit bestätigt (BGH **7**, 73; MDR **74**, 725 [D]; NStZ **87**, 85). Nur zur Vereinfachung der Protokollierung ist es zulässig, nach der Äußerung des Beschuldigten die frühere Vernehmungsniederschrift zu verlesen und in das Protokoll so aufzunehmen, dass der Beschuldigte sie als Bestandteil seiner Erklärung vor dem Richter betrachtet wissen wolle (BGH **6**, 279, 281; NJW **52**, 1027). Empfehlenswert ist auch dieses Verfahren nicht (vgl BGH **7**, 73; Fezer JZ **89**, 348). 15

Bei der ersten Vernehmung sollen die **persönlichen Verhältnisse** des Beschuldigten ermittelt werden (III), sofern das bisher nicht geschehen ist. Dazu gehören Vorleben, Werdegang, berufliche Ausbildung und Tätigkeit, familiäre und wirtschaftliche Verhältnisse und sonstige Umstände, die für die Beurteilung der Tat und für die Rechtsfolgenfrage von Bedeutung sein können (vgl auch RiStBV 13 I S 3, 4; erg 12, 29 zu § 243). Vorstrafen werden nur erörtert, wenn sie für die Sache von Bedeutung sind (KK-Diemer 22; vgl RiStBV aaO; erg 27 zu § 243). Allgemein gilt der Vorbehalt, dass die persönlichen Verhältnisse nur ermittelt werden, soweit das nach der Schwere des Vorwurfs und nach dem Grad des Verdachts kein unangemessenes Eindringen in die Privatsphäre des Beschuldigten bedeutet (Einl 20, 21). 16

Die **Art der Vernehmung** regelt das Gesetz nicht. Insbesondere ist nicht vorgeschrieben, dass der Beschuldigte, wie der Zeuge nach § 69 I S 1, Gelegenheit zur zusammenhängenden Äußerung haben muss (**aM** offenbar BGH **13**, 358, 361). Zwar wird es oft (weitergehend LR-Gleß 62: idR) zweckmäßig sein, ihn erst zu befragen, nachdem er sich so geäußert hat (OGH **3**, 141). Die Vernehmung kann aber auch von vornherein in Form von Fragen und Antworten erfolgen (Köln MDR **56**, 694; KK-Diemer 19; Hammerstein Middendorff-FS 112; **aM** Schleswig SchlHA **73**, 186 [E/J]; SK-Rogall 33; erg 22 zu § 243). 17

Eine **Wahrheitspflicht** hat der Beschuldigte nicht (BGH **3**, 149, 152). Er hat aber auch kein *Recht* zur Lüge (BGH NStZ **05**, 517; LR-Gleß 63; Keller JR **86**, 18

§ 136

30; **aM** Fezer Stree/Wessels-FS 678, soweit sich der Beschuldigte nicht durch Lüge strafbar macht). Es ist daher zulässig, ihn zur Wahrheit zu ermahnen (**aM** Fezer aaO 683), ihn, wenn er die Unwahrheit sagt, in Widersprüche zu verwickeln und auf die strafmildernde Wirkung eines Geständnisses hinzuweisen (BGH **1**, 387).

19 Zum **Recht auf Anwesenheit** bei der Vernehmung vgl § 168c; zum **Protokoll** §§ 168, 168a. Bei einer in Deutschland erfolgenden Vernehmung kann ausländischen Ermittlungsbeamten die Teilnahme gewährt und ihnen gestattet werden, unmittelbar Fragen an den Beschuldigten zu stellen (BGH NStZ **07**, 344).

19a **5) Bild- und Tonaufzeichnung (IV):** Die durch Gesetz vom 17.8.2017 eingeführte und durch Gesetz vom 9.12.2019 geänderte Vorschrift stellt zunächst in S 1 klar, dass Vernehmungen generell wie bereits nach bisheriger Rechtslage (vgl § 163a I S 2) audiovisuell aufgezeichnet werden können. Neu ist, dass in den in S 2 genannten Fällen die Vernehmung verpflichtend in Bild und Ton aufzunehmen ist (dazu 19c–f). Dies soll vor allem der Wahrheitsfindung dienen, weil eine Videoaufzeichnung den Gang der Vernehmung zuverlässiger wiedergibt als ein Inhaltsprotokoll, ferner die Hauptverhandlung beschleunigen, da im Einzelfall die Ladung des Vernehmungsbeamten unterbleiben kann, sowie den Beschuldigten vor rechtswidrigen Vernehmungsmethoden und den Vernehmungsbeamten erforderlichenfalls vor falschen Anschuldigungen schützen (vgl BT-Drucks 18/11277 S 22).

19b Die Videoaufzeichnung muss die **gesamte Vernehmung** erfassen; hierzu gehören auch die erforderlichen Belehrungen nach I, nicht aber zwingend informatorische Vorgespräche (BT-Drucks 18/11277 S 26; kritisch dazu Weigend StV **19**, 852, 854). Eine klassische Niederschrift, die auf dem Mitprotokollieren durch den Vernehmungsbeamten beruht, ist weiterhin möglich; eine Verpflichtung zur Vollverschriftlichung im Sinne einer wörtlichen Übertragung der Videoaufzeichnung besteht nach der Gesetzesbegründung nicht, kann sich aber – etwa in eilbedürftigen Verfahren, zB Haftsachen – im Nachhinein anbieten. Sie wird auch sonst regelmäßig sinnvoll sein (vgl Singelnstein/Derin NJW **17**, 2646, 2649). IV gilt auch für Vernehmungen durch die Polizei und die StA (§ 163 III S 2, IV S 2).

19c In Verfahren, denen ein **vorsätzliches Tötungsdelikt** zugrunde liegt (S 2 Nr 1), ist die Vernehmung grundsätzlich verpflichtend aufzuzeichnen. Das sind vor allem solche nach den §§ 211 bis 221 StGB, auch wenn sie im Stadium des Versuchs stecken geblieben sind, aber auch erfolgsqualifizierte Delikte, sofern der Vorsatz auf die schwere Folge gerichtet war. Ist die rechtliche Qualifizierung, insbesondere die Abgrenzung zu einer fahrlässigen Begehungsweise, noch unklar, sollte im Zweifel eine Videoaufzeichnung erfolgen. Stellt sich erst während der Vernehmung heraus, dass ein vorsätzliches Tötungsdelikt in Betracht kommt, ist unverzüglich zu einer Bild- und Tonaufzeichnung überzugehen (Singelnstein/Derin NJW **17**, 2646, 2649).

19d **Die Pflicht zur Videoaufzeichnung entfällt** ausnahmsweise, wenn die äußeren Umstände oder eine besondere Dringlichkeit ihr entgegenstehen. Dabei wird es sich vor allem um Fälle handeln, in denen aufgrund einer Eilsituation die technischen Möglichkeiten der Videoaufzeichnung nicht gegeben sind, zB bei notwendigen Vernehmungen noch vor Ort (BT-Drucks 18/11277 S 25). Die Tatsache, dass die Vernehmung an einem Ort erfolgt, an dem die Aufzeichnungstechnik nicht zur Verfügung steht, begründet allerdings für sich allein keinen Ausnahmetatbestand (Singelnstein/Derin aaO).

19e **Besonders schutzbedürftige Personen** (IV S 2 Nr 2): Bei Beschuldigten, die erkennbar unter eingeschränkten geistigen Fähigkeiten oder einer schwerwiegenden seelischen Störung leiden, ist die Vernehmung ebenfalls in Bild und Ton aufzuzeichnen, wenn hierdurch ihre schutzwürdigen Interessen besser gewahrt werden können; dies wird regelmäßig anzunehmen sein (vgl BT-Drucks 18/11277 S 26).

19f Für die Vernehmung **minderjähriger Beschuldigter** gilt die Sondervorschrift des § 70c II JGG.

19g **Verwendungsbeschränkung** (IV S 3 iVm § 58a II): Durch den Verweis auf § 58a II werden die für Bild-Ton-Aufzeichnungen bei Zeugen geltenden Verwendungsbeschränkungen auf entsprechende Beschuldigtenvernehmungen übertragen. Die Verwendung der Videoaufzeichnung ist auf Zwecke der Strafverfolgung beschränkt (§ 58a II S 1), und die Aufzeichnung ist unverzüglich zu löschen, sobald sie für diese Zwecke nicht mehr benötigt wird (§ 58a II S 2 iVm § 101 VIII). § 58a II S 2 bis 6 regeln das Verfahren der Akteneinsicht und der Herausgabe an andere Stellen; nicht gesetzlich geregelt, aber mit Rücksicht auf den Schutz des Beschuldigten vor einer missbräuchlichen Weitergabe geboten ist es, die Videoaufzeichnung an die Akteneinsichtsberechtigten nur mit Kopierschutz herauszugeben (vgl BT-Drucks aaO S 24).

Die **Vernehmung des Beschuldigten in der Hauptverhandlung** wird nicht durch das Abspielen der Videoaufzeichnung ersetzt; § 243 V S 2 bleibt unberührt. Allerdings kann die Bild-Ton-Aufzeichnung zum Zwecke der Beweisaufnahme über ein Geständnis nach § 254 I vorgeführt werden (siehe dort 1a). Auch im Übrigen kann dies unter Aufklärungsgesichtspunkten geboten sein. **19h**

6) Verwertungsverbote: **20**

A. Der **unterbliebene Hinweis auf das Schweigerecht** nach I S 2 begründet – ebenso wie der gegen § 243 V S 1 (39 zu § 243) und auch im Bußgeldverfahren (Bamberg StraFo **19**, 111)– grundsätzlich ein Verwertungsverbot (BGH **38**, 214; **51**, 367; **53**, 112). Dies gilt auch, falls der Beschuldigte seine Angaben unter Vorhalt von Erkenntnissen gemacht hat, die unzulässig erlangt wurden (BGH NStZ **19**, 227 mwN). Das Verwertungsverbot besteht jedoch nicht, wenn feststeht, dass der Beschuldigte sein Recht zu schweigen ohne Belehrung gekannt hat (BGH **38**, 214, 224; vgl auch NStZ **12**, 581; SK-Rogall 78; **aM** Wohlers JR **02**, 295), oder wenn der verteidigte Angeklagte in der Hauptverhandlung ausdrücklich der Verwertung zugestimmt oder ihr nicht widersprochen hat (dazu näher unten 25). Ob diese Grundsätze uneingeschränkt auch im OWi-Verfahren gelten, ist str (bejahend Brüssow StraFo **98**, 294; Hecker NJW **97**, 1833; verneinend Göhler NStZ **94**, 72). Lässt sich nicht klären, ob die Belehrung erfolgt ist oder nicht, und hat der Beschuldigte seine Aussagefreiheit nicht gekannt, so ist die Aussage ebenfalls nicht verwertbar (BGH JR **07**, 125; LR-Gleß 78; einschr BGH StraFo **12**, 63, 64; **aM** BGH **38**, 214, 224; StV **99**, 354 mit abl Anm Wollweber; dagegen zutr auch Roxin JZ **92**, 923; vgl auch BezG Meiningen DAR **92**, 393; dem BGH zust aber Bauer wistra **93**, 99). BGH **39**, 349 wendet die in BGH **38**, 214 aufgestellten Grundsätze entspr auf den Fall an, dass der Beschuldigte die Belehrung infolge seines geistig-seelischen Zustandes nicht verstanden hat. Ein Verwertungsverbot besteht nach der Rspr aber nicht, wenn der Beschuldigte ohne Zutun des Vernehmungsbeamten vor der beabsichtigten Belehrung spontan eine Äußerung abgegeben hat (BGH NJW **90**, 461 = StV **90**, 194 mit krit Anm Fezer; mit Recht krit auch Artkämper Kriminalistik **96**, 396). Das Verwertungsverbot gilt auch nicht im Verfahren gegen einen Dritten, in dem der fehlerhaft nicht Belehrte ausschließlich Zeuge ist (Bay NJW **94**, 1296; dagegen Dencker StV **95**, 232). Dass ein Mitbeschuldigter nicht oder fehlerhaft belehrt worden ist, hindert die Verwertung gegen einen anderen Beschuldigten nicht, da dessen Rechtskreis durch den Fehler nicht betroffen ist (BGH NStZ-RR **16**, 377; NStZ **94**, 595, 596; wistra **00**, 311, 313; **aM** Roxin Kühne-FS 317, 324 ff; LR-Gleß 90; Dencker aaO; erg Einl 57b). Das Verwertungsverbot gilt auch nicht bei Beschuldigtenvernehmungen im Ausland ohne Belehrung (BGH NStZ-RR **02**, 67 [B]; noch offen gelassen von BGH NJW **94**, 3364; grundsätzlich für Verwertbarkeit auch Keller Fezer-FS 227). **20a**

Qualifizierte Belehrung: Der Verstoß gegen die Belehrungspflicht nach I S 2 wirkt regelmäßig bei späteren Vernehmungen fort, da der Beschuldigte in nachvollziehbarer Weise unter dem Eindruck steht, seine früher gemachten Angaben nicht mehr rückgängig machen zu können. Der Verfahrensfehler kann aber nach der Rspr durch eine qualifizierte Belehrung geheilt werden; das bedeutet, dass die neue Belehrung den Hinweis auf die Unverwertbarkeit der früheren Aussage enthalten muss (BGH **53**, 112; NStZ **19**, 227; **15**, 291; Hamm StV **10**, 5; München **20b**

§ 136

StraFo **09**, 206). Das Unterlassen der qualifizierten Belehrung macht die neue Aussage allerdings nicht schlechterdings unverwertbar. Vielmehr ist im Einzelfall abzuwägen, wobei neben dem Gewicht des Verfahrensverstoßes einerseits und des Sachaufklärungsinteresses andererseits (zum Abwägungsvorgang BGH NJW **09**, 3589; NStZ **19**, 227 mit Anm Arnoldi; erg zur Abwägungslehre Einl 55a) maßgeblich darauf abzustellen ist, ob der Beschuldigte nach erfolgter „einfacher" Beschuldigtenbelehrung davon ausgegangen ist, von seinen früheren Angaben nicht mehr abrücken zu können (BGH **53**, 112; StV **07**, 450, 452; einschr Roxin JR **08**, 18; Ellbogen NStZ **10**, 464; Gless/Wennekers JR **09**, 383; Kasiske ZIS **09**, 322; Neuhaus StV **10**, 51: Verwertungsverbot). Erg 4a, 4b zu § 163a; 30 zu § 136a zum Erfordernis einer qualifizierten Belehrung bei Verstößen gegen § 136a.

20c B. Das **Unterlassen einer audiovisuellen Aufzeichnung** (IV) führt grundsätzlich nicht zu einem Verwertungsverbot, auch wenn sich im Nachhinein herausstellt, dass die Voraussetzungen des IV S 2 vorgelegen haben (BT-Drucks 18/11277 S 25; siehe aber Weigend StV **19**, 852, 857; Singelnstein/Derin NJW **17**, 2646, 2649, die zumindest bei bewusstem, willkürlichem oder auf genereller Weisung beruhendem Unterlassen ein Verwertungsverbot bejahen wollen). Aus dem Fehlen der Bild-Ton-Aufzeichnung kann nicht geschlossen werden, dass die Vernehmungsförmlichkeiten nicht eingehalten wurden; dies ist wie sonst im Freibeweisverfahren zu klären (siehe unten 23 sowie 32 zu § 136a; BT-Drucks aaO). Im Übrigen soll IV eine nicht revisible Ordnungsvorschrift sein (BT-Drucks aaO; kritisch dazu Weigend aaO). Die Rüge, das Ergebnis der Vorführung einer aufgezeichneten Vernehmung sei im Urteil unrichtig wiedergegeben (§ 261), dürfte aber zulässig sein, wenn sich die Unrichtigkeit ohne weiteres aus einem Vergleich der Urteilsfeststellungen mit der Videoaufzeichnung, die Aktenbestandteil ist (IV S 3 iVm § 58a II), ergibt (vgl 14 zu § 337; 13 zu § 255a).

20d C. Ein Verwertungsverbot soll nach einer neueren Entscheidung des BGH regelmäßig auch bestehen, wenn die Verletzung der Aussagefreiheit durch eine Ermittlungsperson **außerhalb einer förmlichen Vernehmung** erfolgte (BGH NStZ **19**, 36 mit abl Anm Vogler: Ausnutzen einer gesundheitlichen Beeinträchtigung der dezidiert nicht aussagebereiten Betroffenen); für die Verwertbarkeit von Aussagen bei weiteren förmlichen Vernehmungen bedürfte es in einem solchen Fall einer qualifizierten Belehrung über die Unverwertbarkeit der vorherigen Angaben (dahingestellt von BGH aaO; erg 9, 10c, Einl 29a; zum Erfordernis eines Widerspruchs unten 25 aE).

21 D. Ein Verwertungsverbot besteht auch, wenn der Beschuldigte über das **Recht der Verteidigerkonsultation nach I S 2** nicht oder nur unzureichend (AG Neumünster StV **01**, 498) belehrt worden ist (BGH **47**, 172; Hamm NStZ-RR **06**, 47; Geppert Otto-FS 926; noch offen gelassen von BGH NStZ **97**, 609). Dies gilt auch, wenn ihm nach Belehrung über dieses Recht trotz einer entspr Bitte eine Rücksprache mit seinem Verteidiger verweigert und er zur Sache vernommen worden ist (BGH **38**, 372) oder wenn die Vernehmung des Beschuldigten nach fehlgeschlagener Kontaktaufnahme mit dem benannten oder einem anderen Verteidiger ohne erneuten Hinweis auf sein Recht auf Zuziehung eines Verteidigers fortgesetzt wurde (BGH 5 StR 167/19 vom 19.6.2019 mwN mit Anm Mosbacher JuS **20**, 128, 130 f), regelmäßig ferner, wenn Spontanäußerungen des Beschuldigten trotz einer solchen Bitte zum Anlass für sachaufklärende Nachfragen genommen werden (vgl BGH **58**, 301 mit Anm Britz NStZ **13**, 607; Wohlers JR **14**, 131; siehe aber erg 28, 4 zu § 136a). Wie bei dem unterbliebenen Hinweis auf das Schweigerecht nach I S 2 wirkt sich ein etwaiger Verstoß nicht auf davon nicht betroffene Mitbeschuldigte (vgl 20) aus.

21a **Verstöße gegen I S 3, 4, 5, II, III** begründen **kein absolutes** Verwertungsverbot in Bezug auf die gemachten Angaben; vielmehr ist im Wege einer einzelfallbezogenen Abwägung festzustellen, ob ein Verwertungsverbot vorliegt (für I S 5 aF siehe BGH NStZ **18**, 671 mit abl Anm Jäger und Ransiek StV **19**, 160 sowie Ahlbrecht/Fleckenstein StV **19**, 661; zust BGH 5 StR 628/19 vom 9.1.2020;

Mosbacher JuS **20**, 128, 131; vgl auch BGH NStZ **06**, 236; **aM** Neuhaus Schlothauer-FS **246**, 258).

Verstöße gegen die Pflicht zur Belehrung über das Antragsrecht zur Pflichtverteidigerbestellung nach I S 5 begründen ein – relatives – Verwertungsverbot, wenn sie als schwerwiegend, bewusst oder objektiv willkürlich zu qualifizieren sind. Dies wird vor allem anzunehmen sein, wenn nach den Umständen ein Fall der notwendigen Verteidigung offensichtlich auf der Hand lag und insoweit ein Beurteilungsspielraum nicht gegeben war; die Schwere des Tatvorwurfs kann dabei regelmäßig bei der Abwägung keine maßgebliche Rolle spielen, da in entsprechenden Fällen die Voraussetzungen des § 140 I Nr 1 und 2 unzweifelhaft vorliegen werden. **21b**

Eine Überschreitung des Beurteilungsspielraums bei der **Belehrung über den Tatvorwurf nach I S 1** begründet ein Verwertungsverbot jedenfalls dann nicht, wenn das Aussageverhalten des Beschuldigten hierdurch nicht beeinflusst wurde (BGH NStZ **12**, 581; kritisch dazu Jahn JuS **12**, 658; Neuhaus StV **13**, 488; erg oben 6). **21c**

E. Der **Verstoß gegen die Benachrichtigungspflicht nach Art 36 I Buchst b S 3 WÜK** (vgl 1 zu § 19 GVG) steht dem Verstoß gegen die Belehrung über die Aussagefreiheit oder über die Verteidigerkonsultation zwar nicht gleich (vgl BGH **52**, 110), kann aber nach Maßgabe des Einzelfalls, bei dem die Interessen des Beschuldigten mit dem Strafverfolgungsinteresse des Staates abzuwägen sind, ein Verwertungsverbot begründen, wenn dem Beschuldigten durch die fehlende Belehrung Nachteile entstanden sind (BVerfG 2 BvR 1579/11 vom 5.11.2013; NJW **11**, 207; BGH StV **11**, 603; Alsberg-Güntge 946; erg 9 zu § 114b). **21d**

F. **Jugendliche Beschuldigte** sind über ihr nach § 67 I JGG bestehendes Recht zu belehren, sich mit einem Erziehungsberechtigten zu besprechen; die Missachtung dieses Rechts kann zu einem Verwertungsverbot führen (Celle StraFo **10**, 114; LG Saarbrücken NStZ **12**, 167; dazu eingehend Möller NStZ **12**, 113). **21e**

G. Ob das Verwertungsverbot auch eine **Fernwirkung** entfalten und damit zur Unverwertbarkeit eines durch die Aussage gewonnenen weiteren Ermittlungsergebnisses führen kann, ist fraglich (bejaht von Oldenburg NStZ **95**, 412; erg 31 zu § 136a). **22**

H. Das Vorliegen der Voraussetzungen eines Verwertungsverbots ist im **Freibeweisverfahren** vom Gericht festzustellen (BGH NStZ **97**, 609; NStZ-RR **19**, 284). Eine entgegen Nr 45 I RiStBV (teilw) unterbliebene Protokollierung einer Belehrung hindert für sich allein die Verwertung der Aussage nicht (BGH 1 StR 153/11 vom 23.8.2011), kann aber ein gewichtiges Indiz für das Unterbleiben der Belehrung sein. **23**

7) Revision: Ein revisibler Verstoß ist gegeben bei – nicht geheiltem (oben 9) – Unterlassen der nach I S 2 erforderlichen Belehrungen über die Aussagefreiheit (oben 20) oder über die Möglichkeit der Verteidigerkonsultation (Kaufmann NStZ **98**, 474; Wollweber StV **99**, 355; oben 21); auch die Verweigerung der Rücksprache mit einem Verteidiger (oben 21) kann die Revision begründen (BGH **38**, 372). Zu Verstößen gegen IV siehe 20a. **24**

A. Nach der vom BGH vertretenen – vom BVerfG gebilligten (NJW **12**, 907, 911), nicht im Ermittlungsverfahren und im Zwischenverfahren anwendbaren (5 zu § 112; 2 zu § 203) – **Widerspruchslösung** muss der verteidigte Angeklagte der Verwertung der Aussage aber rechtzeitig widersprochen haben (BGH **38**, 214; **42**, 15, 22); dem verteidigten Angeklagten steht ein solcher gleich, der vom Gericht über die Möglichkeit des Widerspruchs unterrichtet worden ist (Gegenmeinung: Zustimmung des Angeklagten zur Verwertung erforderlich; dazu Gesetzesvorschlag Jahn StraFo **11**, 123). Der Widerspruch ist bis zu dem in § 257 genannten Zeitpunkt zulässig und kann bis zum Ende der Beweisaufnahme zurückgenommen werden (BGH **42**, 15, 23). Er kann grundsätzlich vorab erklärt werden, ohne nach Abschluss der Vernehmung wiederholt werden zu müssen **25**

§ 136

(BGH NStZ **15**, 46 mwN). **Widerspruch vor der Hauptverhandlung** genügt allerdings nicht (BGH NStZ **97**, 502; Frankfurt StV **11**, 611; Hamm NStZ-RR **10**, 148, 149; **aM** Radtke Schlothauer-FS 453, 468; Mosbacher Widmaier-FS 343; Schlothauer Lüderssen-FS 769); ein in einer später ausgesetzten Hauptverhandlung erhobener Widerspruch wirkt aber fort und muss daher nicht wiederholt werden (Stuttgart StV **01**, 388). Der Widerspruch muss eindeutig erklärt werden (vgl BGH NStZ **04**, 389: bezogen auf einen oder mehrere Vernehmungsbeamte sowie Frankfurt aaO mit abl Anm Bauer: bezogen auf mehr als einen in Betracht kommenden Verfahrensmangel; erg 20 zu § 344); er ist als wesentliche Förmlichkeit gemäß § 273 zu protokollieren. Als Ausdruck seiner Dispositionsbefugnis kann er vom Angeklagten bis zur jeweiligen das Verfahrensstadium beschließenden Entscheidung zurückgenommen werden (Radtke aaO). Wurde gegen die Verwertung kein Widerspruch erhoben, kann er auch im Berufungsverfahren (Stuttgart NStZ **97**, 405) oder nach Zurückverweisung der Sache durch das Revisionsgericht nicht mehr geltend gemacht werden (BGH **50**, 272; Bay NJW **97**, 404; Celle StV **97**, 68; Oldenburg StV **96**, 416; krit Kudlich HRRS **11**, 114; abl Burhoff StraFo **03**, 271). Es liegt im Lichte der Judikatur nahe, einen Widerspruch auch zu verlangen, wenn der Verstoß gegen das Prinzip der Selbstbelastungsfreiheit seitens der Ermittlungsbeamten außerhalb einer förmlichen Vernehmung erfolgte (siehe oben 20c; dahingestellt von BGH NStZ **19**, 36).

25a Dieses Erfordernis eines Widerspruchs, das die Rspr allerdings schon früher (vom Schrifttum unbeanstandet) bei fehlerhaften kommissarischen (§ 224) und ermittlungsrichterlichen (§ 168c V) Vernehmungen verlangt hat (dazu Meyer-Goßner/Appl StraFo **98**, 258), wird **in der Literatur heftig kritisiert** (Dahs StraFo **98**, 253; Brüssow StraFo **98**, 298; Fahl 171; Feigen Rudolphi-Symp 163; Fezer StV **97**, 58; Grünwald BewR 150; Herdegen NStZ **00**, 4; Kiehl NJW **94**, 1267; Kindhäuser NStZ **87**, 530; Tolksdorf Graßhof-FG 255; Ventzke StV **97**, 543; vgl auch Maul/Eschelbach StraFo **96**, 66; Meyer-Mews StraFo **09**, 141; Roxin JZ **97**, 346 und Hanack-FS 21; Tepperwien Widmaier-FS 591; zusammenfassend und ebenfalls strikt abl Heinrich ZStW **112**, 398 ff), hat aber auch Zustimmung erfahren (LR-Gössel Einl l 33; Ignor Rieß-FS 185; Krey 2/1137; Matt GA **06**, 326; Radtke Schlothauer-FS 453; R. Hamm NJW **96**, 2187; Verrel [Einl 29a] 126; Widmaier NStZ **92**, 521; Wohlers NStZ **95**, 46; Mosbacher Widmaier-FS 350, der in Rissing-van Saan-FS 357 das Erfordernis als „Unfall des § 238 II" bezeichnet; vgl dazu auch Berg StraFo **18**, 327, 331; Rode StraFo **18**, 336, 342 ff); es darf freilich nicht ohne weiteres auf andere Fälle als die Verletzung von Belehrungs- und Benachrichtigungspflichten ausgeweitet werden (vgl 34 zu § 81a; 33 zu § 136a; 12 zu § 252). Das bei rechtzeitigem Widerspruch eintretende Verwertungsverbot wirkt grundsätzlich auch gegenüber Mitbeschuldigten (LR-Gleß 90); der Widerspruch des vom Verstoß nicht betroffenen Mitbeschuldigten ist hingegen unbeachtlich (vgl im Einzelnen Schwaben [Einl 57b] S 138 ff).

26 Zum **Erlass eines Zwischenbescheids** über die Begründetheit des Widerspruchs ist das Gericht nicht verpflichtet (BVerfG 2 BvR 2025/97 vom 18.3.2009; BGH NStZ **07**, 719; **aM** Mosbacher Rissing-van Saan-FS 359 und NStZ **11**, 611; v. Schlieffen DAV-FS 812: Entscheidung vor Fortsetzung der Beweisaufnahme erforderlich), daran freilich auch nicht gehindert.

27 B. Auf dem Verstoß gegen die Belehrungspflichten kann das **Urteil beruhen,** wenn in der Hauptverhandlung nach § 254 ein Geständnis oder nach § 251 die Aussage eines Mitbeschuldigten verlesen bzw (im Fall des § 254) vorgeführt oder hierüber ein Zeuge gehört worden ist. Das Beruhen ist ausgeschlossen, wenn die Aussage im Urteil nicht verwertet worden ist oder wenn feststeht, dass der Beschuldigte seine Aussagefreiheit oder das Recht der Verteidigerkonsultation zweifelsfrei auch ohne die Belehrung gekannt hat (BGH **47**, 172; 173) oder der Verwertung der Angaben zugestimmt oder ihr nach Belehrung nicht widersprochen hat.

28 C. Die **Revisionsbegründung** muss darlegen, dass eine Belehrung unterblieben ist, erforderlichenfalls dass keine verwertbare Spontanäußerung vorlag (BGH

NStZ-RR **19**, 315; erg 4 zu § 136a) und dass der Verwertung nicht zugestimmt bzw ihr (ggf nach Belehrung) widersprochen worden ist (BGH **38**, 214, 226/227); außerdem sind der Inhalt der angeblich zu Unrecht verwerteten Aussage und die Umstände, aus denen sich die Verwertung sowie die Rechtzeitigkeit des Widerspruchs ergeben, anzuführen (BGH NJW **93**, 2125, 2127; NStZ **97**, 614). Das Revisionsgericht ist zu einer eigenen Prüfung berufen und dabei weder auf die Feststellungen des Tatgerichts beschränkt noch an dessen Beweiswürdigung gebunden (BGH **16**, 164, 167; NStZ-RR **19**, 284). Zum notwendigen Revisionsvorbringen hinsichtlich der Verweigerung der Zuziehung eines Verteidigers BGH NStZ **99**, 154; **10**, 97.

Verbotene Vernehmungsmethoden; Beweisverwertungsverbote

136a I ¹ Die Freiheit der Willensentschließung und der Willensbetätigung des Beschuldigten darf nicht beeinträchtigt werden durch Mißhandlung, durch Ermüdung, durch körperlichen Eingriff, durch Verabreichung von Mitteln, durch Quälerei, durch Täuschung oder durch Hypnose. ² Zwang darf nur angewandt werden, soweit das Strafverfahrensrecht dies zuläßt. ³ Die Drohung mit einer nach seinen Vorschriften unzulässigen Maßnahme und das Versprechen eines gesetzlich nicht vorgesehenen Vorteils sind verboten.

II Maßnahmen, die das Erinnerungsvermögen oder die Einsichtsfähigkeit des Beschuldigten beeinträchtigen, sind nicht gestattet.

III ¹ Das Verbot der Absätze 1 und 2 gilt ohne Rücksicht auf die Einwilligung des Beschuldigten. ² Aussagen, die unter Verletzung dieses Verbots zustande gekommen sind, dürfen auch dann nicht verwertet werden, wenn der Beschuldigte der Verwertung zustimmt.

Übersicht

	Rn
1) Allgemeines	1
2) Adressaten der Vorschrift	2–3b
3) Vernehmungen	4–4b
4) Willensentschließung und -betätigung	5
5) Verbotene Mittel (I)	6–24
A. Misshandlung	7
B. Ermüdung	8
C. Körperliche Eingriffe	9
D. Verabreichung von Mitteln	10
E. Quälerei	11
F. Täuschung	12–18
G. Hypnose	19
H. Zwang	20
I. Drohung mit einer verfahrensrechtlich unzulässigen Maßnahme	21, 22
J. Versprechen von gesetzlich nicht vorgesehenen Vorteilen	23
K. Anwendung des Polygraphen	24
6) Erinnerungsvermögen und Einsichtsfähigkeit (II)	25
7) Einwilligung des Beschuldigten (III S 1)	26
8) Verwertungsverbot (III S 2)	27–31
9) Beweis des Verfahrensverstoßes	32
10) Revision	33

1) Allgemeines: Die Vorschrift enthält eine Ausprägung des Art 1 I GG (Peters 337), nach Krack NStZ **02**, 120 dient sie daneben auch der Wahrheitsfindung und dem Schutz „vor der massiven Beeinträchtigung der Vernehmungsatmosphäre". Der Beschuldigte ist Beteiligter, nicht Gegenstand des Verfahrens (BGH **5**, 332); den Anspruch auf Achtung seiner Menschenwürde verliert er nicht, weil er einer Straftat verdächtig ist (BGH **14**, 358, 364; Kleinknecht NJW **64**, 2185; Nüse JR **66**, 284). Daher ist jede Beeinträchtigung seiner Willensentschließung und

§ 136a

-betätigung durch Zwang, Täuschung, Drohung und ähnliche Mittel verboten. § 136a gilt auch für Zeugen (§ 69 III) und Sachverständige (§ 72) und für Vernehmungen durch StA und Polizei (§§ 161a I S 2, 163a III S 2, IV S 2, V). Der Vorschrift ist der allgemeine Grundsatz zu entnehmen, dass die Wahrheit im Strafverfahren nicht um jeden Preis, sondern nur auf „justizförmige" Weise, dh in einem rechtsstaatlich geordneten Verfahren, erforscht werden darf (BVerfG NJW **84**, 428; BGH **14**, 358, 365; **31**, 304, 309; Köln NJW **79**, 1216, 1217).

2 2) **Adressaten der Vorschrift** sind in 1. Hinsicht die mit der Strafverfolgung beauftragten Staatsorgane (BGH **17**, 14, 19; Oldenburg NJW **53**, 1237). Sie dürfen die nach I, II verbotenen Vernehmungsmethoden weder selbst anwenden noch durch andere anwenden lassen (SK-Rogall 7). Sie dürfen den Beschuldigten nicht mit einem anderen Untersuchungsgefangenen, der ihn aushorchen soll, in eine Zelle sperren (EGMR StV **03**, 257; BGH **44**, 129); anders aber, wenn der Beschuldigte sich freiwillig einem Mitgefangenen offenbart (BGH NJW **89**, 844; Schneider NStZ **01**, 8 ff; krit Lesch GA **00**, 355 ff). Die bloße Entgegennahme von belastenden Informationen durch die Ermittlungsbehörden, die ein Zeuge durch Täuschung des Beschuldigten erlangt hat, führt nicht zu einem Beweisverwertungsverbot; anders kann dies allerdings zu beurteilen sein, wenn die Ermittlungsbehörden den Zeugen dabei gefördert, unterstützt, bestärkt oder sonst beeinflusst haben (BGH NStZ **17**, 593). § 136a gilt auch für Sachverständige (BGH **11**, 211; NJW **68**, 2297; VRS **29**, 203; LR-Gleß 8; Fezer 3/28; Geppert DAR **80**, 319 mwN; **aM** SK-Rogall 8; Fincke ZStW **86**, 658; Rüping 104) und Augenscheinsgehilfen (LR-Gleß 8; EbSchmidt NJW **62**, 665).

3 Eine **Drittwirkung** hat die Vorschrift grundsätzlich nicht (BGH **27**, 355, 357; KK-Diemer 3; Alsberg-Güntge 922). Sie hat keine Bedeutung für den Verteidiger (BGH **14**, 189, 192; Nürnberg OLGSt § 302 S 15), für den RA, der im Rahmen interner Ermittlungen für ein Unternehmen Mitarbeiter befragt (vgl I. Roxin StV **12**, 116, 119), für den eigenmächtig handelnden Dolmetscher (BGH 2 StR 712/77 vom 21.4.1978) und für Privatpersonen, die Straftaten ohne amtlichen Auftrag erforschen (Oldenburg NJW **53**, 1237; LG Zweibrücken NJW **04**, 85 [heimliche Videoaufzeichnungen]; Dencker 98 ff; Roxin/Schünemann § 24, 65; **aM** Gössel 192; Rogall ZStW **91**, 41; ausführlich dazu Bockemühl 120 ff; Mende, Grenzen privater Ermittlungen durch den Verletzten einer Straftat, 2001, zugl Diss Berlin; vgl auch Frank, Zur Verwertbarkeit rechtswidriger Tonbandaufnahmen Privater, 1996 und Wölfl, Heimliche Tonaufnahmen Privater im Strafverfahren, StraFo **99**, 74). Eine Ausnahme ist bei der Privatisierung von Polizeifunktionen (Keller Grünwald-FS 267 ff) oder zu machen, wenn im Auftrag oder Einverständnis der Ermittlungsbehörden Ermittlungshandlungen faktisch auf Private ausgelagert werden (Kaspar GA **13**, 206, 219). Im Übrigen ist nur unverwertbar, was Privatpersonen unter besonders krassem Verstoß gegen die Menschenwürde (Folter, Marter, Einkerkerung) zutage gefördert haben (Celle NJW **85**, 640; Hamburg NJW **05**, 2326, 2329 zu ausländischen Verhörspersonen; Beulke/Swoboda 479; Bockemühl 227; Kleinknecht NJW **66**, 1543; Nüse JR **66**, 285; Otto GA **70**, 305; **aM** Rüping 496; vgl auch SK-Rogall 10 ff; Eisenberg BR 395 ff; 630 ff; Grünwald BewR 162; vgl ferner Trüg/Habetha NStZ **08**, 488: entscheidende Frage, ob sich der Staat die Verletzung von Rechtsnormen durch Private zu Nutzen machen darf). Die Strafverfolgungsbehörden dürfen unzulässige Einwirkungen Dritter, auch von Behörden fremder Staaten (Schroeder ROW **69**, 199), aber auch sonst nicht ausnutzen, um von dem Beschuldigten Erklärungen zu erlangen (KK-Diemer 4; LR-Gleß 13).

3a Das wird auch hinsichtlich des **Ankaufs von Steuerdaten-CD's** angenommen, mit der sich Mitarbeiter des Bundesnachrichtendienstes heimlich kopierte Kontendaten der Liechtensteiner Treuhand AG gegen Zahlung eines Geldbetrages in Millionenhöhe verschafft hatten, um dadurch umfangreiche Steuerhinterziehungen aufzuklären (dazu Ambos 111; Bruns StraFo **08**, 189; Heine HRRS **09**, 540; Jahn Stöckel-FS 259; Kelnhofer/Krug StV **08**, 660; Kölbel NStZ **08**, 241; Ostendorf ZIS **10**, 305; Pitsch [Einl 50] S 338 ff; Schünemann NJW **08**, 305; Sieber NJW **08**, 886; Spatscheck Volk-FS 785; Trüg/Habetha NJW **08**, 890; NStZ **08**, 489); insoweit kann die bloße nachträgliche Entgegennahme der strafbar erlangten Daten kein Verwertungsverbot begründen, da es an dem Merkmal der vorherigen Beauftragung oder Förderung durch staatliche Stellen fehlt (Kaspar GA **13**, 206, 219 f). Die Rspr hat dementsprechend in diesen Fällen, in denen die Mitarbeiter des Bundesnachrichtendienstes die Daten nur entgegengenommen hatten, auch kein Verwertungsverbot angenommen (LG Bochum NStZ **10**, 351, bestätigt durch BVerfG NJW **11**, 2417; LG Düsseldorf NStZ-RR **11**, 84; krit und abl dazu Kühne Roxin-FS II 1269 sowie Trüg StV **11**, 111; Alsberg-Güntge 967; Beulke/Swoboda 481; hingegen zust aus völkerrechtlicher Sicht Coen NStZ **11**, 433; vgl auch FG Münster NZWiSt **14**, 312 mit Anm Wedler/Bülte).

Dies **bedeutet** jedoch **nicht, dass generell** und unter allen Umständen ein **3b** **Verwertungsverbot ausgeschlossen** erscheint. Nach VerfGH Rheinland-Pfalz (wistra **14**, 240 mit Anm Wicklein StV **14**, 469 und Pfisterer JR **15**, 314) sind die Gerichte verpflichtet, zu überprüfen, wie sich das Ausmaß und der Grad der staatlichen Beteiligung bei dem Datenerwerb konkret darstellen. Namentlich könne dabei in Zukunft die Anreizwirkung zur Beschaffung derartiger Bankdaten eine Rolle spielen, die von einem wiederholten Ankauf in einem engen zeitlichen Zusammenhang ausgehe; insofern könne es gleichsam mosaikartig zu einer Situation kommen, in welcher die Zurechnung des Handelns eines privaten Informanten zur staatlichen Sphäre geboten sein könne (VerfGH Rheinland-Pfalz aaO mit zust Anm Pfisterer aaO 322 ff sowie Anm Höring DStZ **15**, 341; vgl auch Beulke/Swoboda 481). Eingehend über „Private Beweisbeschaffung im Strafprozess" Godenzi, 2008 (zugl Diss Zürich), die der Ansicht ist (S 333), dass die rechtswidrige private Beweisbeschaffung als solche die Verwertungsverbotsfolge nicht auslösen könne, sondern diese nur eintrete, wenn der Staat das bereits präsente Beweismittel durch eigene zielgerichtete Ermittlungs- und Beweiserhebungsmaßnahmen nur rechtswidrig hätte beschaffen können (krit dazu SK-Rogall 17; Kaspar aaO 224; vgl auch Godenzi GA **08**, 499 ff).

3) Nur auf **Vernehmungen** bezieht sich § 136a. Eine Vernehmung liegt vor, **4** wenn der Vernehmende dem Beschuldigten in amtlicher Funktion gegenübertritt und in dieser Eigenschaft von ihm Auskunft verlangt (BGH GrS **42**, 139, 145 mwN; StV **12**, 129 mit abl Anm Roxin); einen „funktionalen Vernehmungsbegriff" in dem Sinne, dass hierzu alle Äußerungen des Beschuldigten gehören, welche ein Strafverfolgungsorgan direkt oder indirekt herbeigeführt hat, lehnt die Rspr ab (BGH aaO; unrichtig auch Gusy StV **95**, 450: „jede Anhörung des Bürgers gegen seinen Willen aus strafprozessualen Gründen", dagegen zutr Widmaier StV **95**, 621). Daraus folgt, dass Äußerungen des Beschuldigten vor Begründung der Beschuldigteneigenschaft (Einl 76), Spontanäußerungen oder Äußerungen außerhalb von Vernehmungen (BGH **34**, 365, 369: überwachtes Privatgespräch; BGH **52**, 11: Verdeckter Ermittler; NStZ-RR **19**, 315: passive Entgegennahme; erg 3 zu § 110c), auch bei Tests zur Glaubwürdigkeitsuntersuchung durch § 136a ebenso wenig geschützt werden wie prozessuale Willenserklärungen (LR-Gleß 17; dazu Einl 110); etwas anderes kann nur gelten, wenn Belehrungspflichten nach § 136 I S 2, 163a II S 2 gezielt umgangen wurden (BGH NJW **09**, 3589 mit Anm Meyer-Mews und Anm Ellbogen NStZ **10**, 464; vgl auch Eisenberg JR **11**, 409). Keine Vernehmung ist auch das Telefongespräch eines Polizeibeamten mit einer Partnervermittlung, die ihre Telefonnummer öffentl zwecks Kundenwerbung angegeben hat, auch wenn der Beamte seine amtliche Eigenschaft verschweigt (Wieczorek Kriminalistik **86**, 170; **aM** LG Stuttgart NStZ **85**, 568 mit Anm Hilger). § 136a erfasst auch nicht den Fall, dass ein Beschuldigter über einen nach § 100a überwachten Anschluss selbstbelastende Telefongespräche führt (BGH **33**, 217; SK-Rogall 23). Keine Vernehmung ist ein Gespräch, das ein Konsularbeamter mit einem in ausländischer Haft befindlichen deutschen Beschuldigten in Erfüllung seiner Hilfspflicht nach § 7 KonsG führt (BGH **55**, 314 mit Anm Norouzi

§ 136a

NJW **11**, 1525 und Anm Nagler StRR **11**, 328). Die Norm erfasst auch keine Handlungen, die auf die Abgabe prozessualer Willenserklärungen gerichtet sind (BGH 3 StR 256/18 vom 16.10.2018; BGH **17**, 14, 18: Rechtsmittelerklärungen).

4a Die Frage, wie eine sog „**Hörfalle**" zu beurteilen ist, dh, ob ein von einer Privatperson auf Veranlassung der Ermittlungsbehörden mit dem Tatverdächtigen zwecks Erlangung von Angaben zum Untersuchungsgegenstand ohne Aufdeckung der Ermittlungsabsicht geführtes belauschtes Gespräch verwertbar ist, ist heftig umstritten (vgl aus der Diskussion im Schrifttum Achenbach/Perschke StV **94**, 577; Bockemühl 77; Dencker StV **94**, 680; Duttge JZ **96**, 556; Fezer NStZ **96**, 289; Lagodny StV **96**, 167; Neuhaus Kriminalistik **95**, 787; Rothfuß StraFo **98**, 289; Roxin NStZ **95**, 465; **97**, 18; Schlüchter/Radbruch NStZ **95**, 354; Schneider JR **96**, 405; Seitz NStZ **95**, 519; Sternberg-Lieben Jura **95**, 299; Weiler GA **96**, 101). Der GrS des BGH (BGH **42**, 139, krit dazu Bernsmann StV **97**, 116, Derksen JR **97**, 167 und Rieß NStZ **96**, 505; abl auch Meurer Roxin-FS I 1281; Roxin NStZ **97**, 18; im Wesentlichen zust aber König Kriminalistik **97**, 179; Pawlik GA **98**, 385: „es gibt keine allgemeine Vertraulichkeitsvermutung"; Popp NStZ **98**, 95; Verrel NStZ **97**, 415) hat die Frage dahin entschieden, dass der Inhalt des Gesprächs im Zeugenbeweis jedenfalls dann verwertet werden darf, wenn es um die Aufklärung einer Straftat von erheblicher Bedeutung geht und die Erforschung des Sachverhalts unter Einsatz anderer Ermittlungsmethoden erheblich weniger Erfolg versprechend oder wesentlich erschwert gewesen wäre; wann eine Straftat von erheblicher Bedeutung vorliege, lasse sich aus der – nicht abschließenden – Aufzählung in §§ 98a, 100c, 110a entnehmen. Dies wurde im Vorlegungsfall (schwerer Raub) bejaht (BGH 5 StR 680/94 vom 22.8.1996). Ergänzend zu dieser Rspr wird aber daran festzuhalten sein, dass ein Verwertungsverbot auch dann angenommen werden muss, wenn ein solches Gespräch nach erklärter Verweigerung, Angaben zur Sache zu machen, mittels einer Täuschung durch die Ermittlungsbeamten herbeigeführt wird (vgl EGMR StV **03**, 257; BGH **39**, 335, 348; **40**, 66, 72; vgl auch BGH 5 StR 228/19 vom 14.8.2019; Eisenberg BR 638; Odenthal NStZ **95**, 580; Popp NStZ **98**, 95; Schneider GA **97**, 371; erg 2 aE zu Art 8 EMRK). Zu diesem Ergebnis gelangt auch BGH **52**, 11 mit Anm Duttge JZ **08**, 261, Engländer ZIS **08**, 163, Renzikowski JR **08**, 164 und Rogall NStZ **08**, 110 bei drängender Befragung durch einen Verdeckten Ermittler, nachdem sich der Beschuldigte bereits auf sein Schweigerecht berufen hatte; für eine weitergehende Geltung auf alle Fälle verdeckter Befragungen Engländer aaO 166, Renzikowski aaO 165 und Roxin Miebach-SH 43, 45. Roxin Geppert-FS 549 (ders StV **12**, 131) stellt die vom BGH entschiedenen Fälle der „Aushorchungen in der UHaft als Überführungsmittel" zusammen und sieht eine einheitliche Begründung für die Unverwertbarkeit der „erschlichenen" Überführungsmittel abgesehen von den Fällen der Verletzung des Kernbereichs privater Lebensgestaltung in dem staatlich veranlassten Vertrauensmissbrauch.

4b Auf den Einsatz (Scheingeschäfte) von **agents provocateurs und V-Leuten** ist § 136a nicht anwendbar (BGH GA **75**, 333; Frankfurt NJW **76**, 985, 986; SK-Rogall 23; ANM 482; Körner StV **82**, 384; Küper GA **74**, 321; Schünemann StV **85**, 430; **aM** LR-Gleß 4; Lüderssen Peters-FS 367; vgl auch Maul/Fischer NStZ **92**, 7 ff) anders liegt es beim Verdeckten Ermittler (vgl 3 zu § 110c). Auch für § 81a hat die Vorschrift keine Bedeutung (BGH **24**, 125, 129).

5 **4) Willensentschließung und -betätigung** dürfen nicht beeinträchtigt werden. § 136a verlangt aber nicht die Rücksichtnahme auf jeden Zustand einer körperlichen oder seelischen Beeinträchtigung, der sich auf Entschließungen des Beschuldigten nachteilig auswirkt (Bay **78**, 153; SK-Rogall 36; EbSchmidt NJW **62**, 666). Vernehmungen sind daher nur untersagt, wenn der Beschuldigte nicht mehr frei über seine Aussage, ihren Umfang und ihren Inhalt zu entscheiden vermag; erfasst werden sodann gravierende Verstöße gegen elementare rechtsstaatliche Grundsätze (KK-Diemer 8).

§ 136a

5) Verbotene Mittel (I): Die Aufzählung ist nicht abschließend; I enthält nur 6 Beispiele unzulässiger Beeinträchtigungen (BGH **5**, 332, 334). Verboten sind alle Methoden, mit denen derselbe Zweck verfolgt wird wie mit den in I ausdrücklich genannten Mitteln (Bay aaO; Erbs NJW **51**, 387; Kohlhaas JR **60**, 247). Bei nicht benannten Mitteln ist eine Gesamtbewertung vorzunehmen, die sich an dem Maß der Beeinträchtigung der Willensfreiheit durch die ausdrücklich bezeichneten unerlaubten Handlungsweisen zu orientieren hat.

A. **Misshandlung** ist jede erhebliche Beeinträchtigung der körperlichen Unver- 7 sehrtheit oder des körperlichen Wohlbefindens (vgl § 223 StGB), zB das Beibringen von Verletzungen, Fußtritte, Schläge, grelle Beleuchtung bei Vernehmungen, Lärmverursachung, ständiges Stören im Schlaf, Hungern- und Frierenlassen (LR-Gleß 22).

B. **Ermüdung** (allg H. W. Schmidt MDR **62**, 358) hindert die Vernehmung 8 nur in Extremfällen, zB bei Dauerverhören oder nach 30 bzw 38 Stunden ohne Schlaf (BGH **13**, 60; NStZ **15**, 46; vgl aber auch BGH NStZ **84**, 15 [Pf/M]: 24 Stunden Schlaflosigkeit unschädlich). Ermüdende Vernehmungen sind zulässig und oft unvermeidbar (BGH **38**, 291; NStZ **99**, 630). Auch sachlich gerechtfertigte nächtliche Vernehmungen schließt § 136a nicht aus (BGH **1**, 376 = JZ **52**, 86 mit Anm Bader). Verboten ist nur das Beeinträchtigen der Willensfreiheit durch Vernehmungen bis zur Erschöpfung der Willenskraft oder unter Ausnutzung eines solchen Zustands (BGH **12**, 332; **13**, 60; **38**, 291, 293; BGHR § 136a I Ermüdung 2). Dies wird vor allem anzunehmen sein, wenn zu der Schlaflosigkeit Umstände hinzukommen, die für eine körperliche und seelische Erschöpfung des Beschuldigten sprechen (siehe BGH NJW **15**, 360). Dabei kommt es auf den objektiven Zustand der Ermüdung an; ob der Vernehmende ihn herbeigeführt oder überhaupt erkannt hat, ist gleichgültig (BGH **1**, 376, 379; **12**, 332; Frankfurt VRS **36**, 366; aM SK-Rogall 44). In der Hauptverhandlung ist nur die Verhandlungsfähigkeit des Beschuldigten von Bedeutung (aM BGH **12**, 332, der für den Fall einer nächtlichen Hauptverhandlung einen Verstoß gegen § 136a erörtert; LR-Gleß 27; SK-Rogall 47).

C. **Körperliche Eingriffe** sind Maßnahmen, die sich unmittelbar auf den Kör- 9 per des Beschuldigten auswirken. Untersagt sind auch schmerzfreie und folgenlose Eingriffe. Meist werden Eingriffe schon als Misshandlung, Verabreichung von Mitteln oder Quälerei verboten sein.

D. **Verabreichung von Mitteln** ist jede Einführung von festen, flüssigen oder 10 gasförmigen Stoffen in den Körper. In welcher Form das geschieht (Einatmen, Einspritzen, Einführen in Körperöffnungen, Beimischen in Speisen und Getränke), ist gleichgültig (Erbs NJW **51**, 387). In Betracht kommen betäubende, hemmungslösende, einschläfernde und Weckmittel (BGH **11**, 211: Pervitin), insbesondere Rauschgifte und Alkohol (siehe aber Pluisch NZV **94**, 52 zum Bereitstellen geringer Mengen Alkohols zur Wiederherstellung des „Normalzustandes"). Hemmungslösende Mittel werden bei der Narkoanalyse verabreicht (sog Wahrheitsserum); sie ist daher ausnahmslos verboten (Hamm DRZ **50**, 212; Less DRZ **50**, 322; Niese ZStW **63**, 199; Radbruch Sauer-FS 123; EbSchmidt/Schneider SJZ **49**, 449; Schönke DRZ **50**, 145; aM Sauer JR **49**, 500; Schaumann Pfenninger-FS 139; Siegert DRiZ **53**, 99). Die Verabreichung von Mitteln, die nur der Stärkung oder Erfrischung dienen (Traubenzucker, Schokolade) und von Kaffee, Tee, Zigaretten und anderen Tabakwaren ist ebenso wenig untersagt (BGH **5**, 290) wie die Weigerung, sie dem Beschuldigten zu geben. Wie bei der Ermüdung (oben 8) ist es unerheblich, ob die Mittel dem Vernehmenden verabreicht oder von Beschuldigten vor oder während der Vernehmung selbst eingenommen worden sind und ob der Vernehmende die dadurch eingetretenen Folgen erkannt hat (Frankfurt VRS **36**, 366; LG Mannheim NJW **77**, 346; LG Marburg MDR **93**, 565; LR-Gleß 32; Eisenberg BR 643ff; aM Celle VRS **41**, 206; SK-Rogall 51). Beschuldigte unter Alkoholeinwirkung können vernommen werden, solange

§ 136a

sie verhandlungsfähig sind und ihre Willensfreiheit nicht ernsthaft beeinträchtigt ist (BGH MDR **70**, 14 [D]: trotz 2‰ Blutalkohol; Köln StV **89**, 520: nicht mehr bei 4‰ **aM** Kramer Kriminalistik **91**, 309: Kein Fall des § 136a; vgl auch Brüssow StraFo **98**, 297); zur Vernehmung einer unter Entzugserscheinungen leidenden Person vgl Hamm StV **99**, 360.

11 E. **Quälerei** ist das Zufügen länger andauernder oder sich wiederholender körperlicher oder seelischer Schmerzen oder Leiden, zB durch entwürdigende Behandlung (fortwährende Beschimpfungen und dgl), Dunkelhaft, Erzeugung von Angst und Hoffnungslosigkeit. Das Hinführen zur Leiche des Opfers kann unter besonderen Umständen Quälerei sein (BGH **15**, 187; AK-Maiwald 5; LR-Gleß 38; 2 zu § 88). Lichtbilder der Opfer dürfen dem Beschuldigten gezeigt werden (BGH 5 StR 19/79 vom 27.7.1979).

12 F. Die **Täuschung** des Beschuldigten bei der Vernehmung berührt zwar weder dessen Menschenwürde (Otto GA **70**, 290; Renzikowski JR **08**, 166) noch die Freiheit seiner Willensentschließung, ist aber eines Rechtsstaates unwürdig. Daher ist sie verboten. Der Begriff ist jedoch zu weit gefasst und muss einschr ausgelegt werden (BGH GrS **42**, 139, 149 mwN; Baumann GA **59**, 34; Otto GA **70**, 294; **aM** Eisenberg BR 655; eingehend Kasiske StV **14**, 423, 427 ff).

13 **Unbeabsichtigte Irreführungen** fallen darunter nicht (BGH **31**, 395, 400; **35**, 328, 329; NStZ **90**, 195; **05**, 517; Oldenburg NJW **67**, 1096; **aM** LR-Gleß 49, 50; Bremen NJW **67**, 2022; JZ **55**, 680; Düsseldorf NJW **60**, 210; Hamm NJW **60**, 1967; Grünwald NJW **60**, 1942; differenzierend Puppe GA **78**, 295; ausführlich zum Streitstand mwN Achenbach StV **89**, 516), auch nicht fahrlässige Fehlinformationen (BGH NStZ **04**, 631). Das gilt aber nur für tatsächliche Fragen. Irrtümlich falsche Rechtserklärungen des Vernehmenden sind keine Täuschungen (SK-Rogall 59; wohl auch BGH StV **89**, 515 mit abl Anm Achenbach; **aM** Bremen aaO; LR-Gleß 50).

14 **Gegenstand der Täuschung** können Rechtsfragen sein, zB dass der Beschuldigte als Zeuge vernommen werden soll, dass er zur Aussage verpflichtet sei (Bay **78**, 153 = NJW **79**, 2625; Oldenburg NJW **67**, 1096), dass er die Wahrheit sagen müsse (LG Regensburg StV **12**, 332) oder dass sein Schweigen als Schuldbeweis gewertet werden könne (Wessel JuS **66**, 171). Es kann sich auch um tatsächliche Umstände handeln, zB dass eine erdrückende Beweiskette vorliege (BGH **35**, 328; StV **17**, 507; Frankfurt StV **98**, 119), dass der Mittäter schon gestanden habe (vgl auch LG Freiburg StV **04**, 647: bewusst erzeugte Fehlvorstellung) oder anderes Beweismittel gefunden worden sei, aber auch um Absichten des Vernehmenden, zB dass er aus der Aussage keine nachteiligen Folgen ziehen werde (BGH MDR **54**, 17 [D]). Täuschung ist auch die Befragung zur Schuldfrage unter dem Vorwand der Vernehmung zur Person (Hamburg MDR **76**, 601), nicht aber das Vorspiegeln einer freundlichen Gesinnung (BGH NJW **53**, 1114; LR-Gleß 40).

15 **Kriminalistische List** (allg Puppe GA **78**, 289; Dahle Kriminalistik **90**, 431) verbietet § 136a nicht (Kleinknecht JZ **53**, 534; krit SSW-Eschelbach 32 ff; LR-Gleß 39; SK-Rogall 56; Degener GA **92**, 464; abl Lesch ZStW **111**, 644). Sie darf aber nur darin bestehen, dass Fangfragen gestellt und doppeldeutige Erklärungen (insoweit **aM** Erb Otto-FS 876) abgegeben werden. Falsche Angaben über Rechtsfragen und bewusstes Vorspiegeln oder Entstellen von Tatsachen sind immer untersagt (BGH **37**, 48; NStZ **97**, 251; Köln MDR **72**, 965; Kleinknecht aaO). Das gilt auch für geringfügige Verdrehungen der Wahrheit (Beulke StV **90**, 182). Zur List bei heimlichen Ermittlungsmaßnahmen Soiné NStZ **10**, 598; ferner Kasiske StV **14**, 423, 427 ff.

16 Das **Verschweigen von Rechten und Tatsachen** ist keine Täuschung (BGH **39**, 335, 348; NStZ **97**, 251). Wird eine gesetzlich vorgeschriebene Belehrung (§§ 136 I S 2, 163a III S 2, IV S 2, 243 V S 1) unterlassen, so beurteilen sich die Rechtsfolgen nach diesen Vorschriften (KK-Diemer 21). Auf die Verwertbarkeit von Angaben, die der Beschuldigte außerhalb der Vernehmung macht, braucht

er nicht hingewiesen zu werden (BGH DAR **77**, 177 [Sp]; LG Verden MDR **75**, 950). Auch was der Vernehmende vom Sachverhalt weiß, braucht er dem Beschuldigten nicht zu offenbaren (Bremen NJW **67**, 2022; VRS **36**, 182; Köln MDR **72**, 965; Laux SchlHA **51**, 39).

Der **Irrtum des Beschuldigten** über die Kenntnis des Richters von den Tatsa- 17 chen und das Vorliegen von Beweisen muss nicht berichtigt (Köln aaO; LR-Gleß 46; Erbs NJW **51**, 388), darf aber nicht durch zusätzliche Erklärungen ausgeweitet und vertieft werden (BGH MDR **86**, 978 [H]; KK-Diemer 22; SK-Rogall 61; vgl auch BGH StV **88**, 419 mit Anm Günther, der zutr der Ansicht ist, der BGH habe eine Vertiefung des Irrtums zu Unrecht verneint). Beseitigt werden muss dagegen ein erkennbarer Irrtum des Beschuldigten über seine Aussagefreiheit (LR-Gleß 47; EbSchmidt JR **61**, 71).

Heimliche Tonbandaufnahmen bei der Vernehmung sind grundsätzlich un- 18 zulässig. Die Vernehmung ist nichtöffentlich iS des § 201 StGB (Frankfurt NJW **77**, 1547) und darf daher nicht ohne Einwilligung des Beschuldigten aufgenommen werden, auch wenn er nicht weiß, dass seine Äußerungen in einer Niederschrift festgehalten werden (ANM 517; EbSchmidt JZ **56**, 208).

G. **Hypnose** ist die Einwirkung auf einen anderen, durch die unter Ausschal- 19 tung des bewussten Willens eine Einengung des Bewusstseins auf die von dem Hypnotisierenden gewünschte Vorstellungsrichtung erreicht wird; § 136a verbietet sie ausnahmslos (KK-Diemer 28; LR-Gleß 53; **aM** SK-Rogall 70; Lans DRZ **50**, 322; Peters 337: Lösung von posthypnotischen Hemmungen), auch wenn sie zur Auffrischung des Gedächtnisses von Zeugen mit deren Einwilligung angewendet werden soll (Erbs NJW **51**, 388; **aM** Fuchs Kriminalistik **83**, 6, eingehend Artkämper Kriminalistik **09**, 417).

H. **Zwang** ist zB in §§ 51, 70, 77, 112 ff, 134, 163a III zugelassen, darf aber nur 20 für die dort vorgesehenen Zwecke angewendet werden. Darüber hinaus ist er verboten. Maßgebend sind aber die objektiven Umstände (zB Festnahme ohne Festnahmegrund, LG Bremen StV **95**, 515); dass der Beschuldigte irrig glaubt, er befinde sich in einer Zwangslage, ist ohne Bedeutung. Insbesondere sind unangenehme Fragen nicht untersagt (LG Bremen MDR **52**, 122). Ein Verwertungsverbot besteht im Übrigen nur, wenn der Zwang gezielt als Mittel zur Herbeiführung einer Aussage angewandt worden ist, also darauf gerichtet war, ob überhaupt oder wie ausgesagt werden sollte (BGH 3 StR 348/12 vom 18.9.2012; NJW **95**, 2933, 2936 = StV **96**, 73 mit abl Anm Fezer; abl auch Bung StV **08**, 495; Paeffgen NStZ **97**, 119). Kein unzulässiger Zwang liegt in der Vernehmung eines vorläufig Festgenommenen vor Vorführung nach § 128 I S 1 (BGH NStZ **90**, 195).

I. Die **Drohung mit einer verfahrensrechtlich unzulässigen Maßnahme** 21 besteht im Inaussichtstellen einer Maßnahme, auf deren Anordnung der Vernehmende Einfluss zu haben behauptet (Achenbach StV **89**, 515; Grünwald NJW **60**, 1941), zB die Festnahme wegen Verdunkelungsgefahr (BGH MDR **71**, 18 [D]; Volk NJW **96**, 882) oder die Einleitung einer Entziehungskur (LG Mannheim NJW **77**, 346). Warnungen, Belehrungen und Hinweise sind keine Drohungen, wohl aber die Androhung der grundlosen Invollzugsetzung des Haftbefehls, falls kein Geständnis abgelegt werde (BGH StV **04**, 636 mit Anm Eidam StV **05**, 201; vgl dagegen BGH StraFo **13**, 162 zu „vorläufigen Einschätzungen" des Vors zur Haftfrage), oder die sachlich nicht gerechtfertigte Bloßstellung homosexueller Neigungen des Beschuldigten (Naumburg StV **04**, 529). Auch in der Anwendung der „Sanktionsschere" (19, 21, 32b zu § 257c) liegt ein Verstoß gegen § 136a (BGH NStZ **08**, 170).

Mit **zulässigen Maßnahmen** darf gedroht werden, sofern der Vernehmende 22 zugleich zum Ausdruck bringt, dass er seine Entschließung nur von sachlichen Notwendigkeiten abhängig machen werde. Zulässig ist daher die Androhung der (gerechtfertigten) vorläufigen Festnahme (BGH GA **55**, 246; MDR **53**, 723 [D]; **56**, 527 [D]), der Abschiebung ins Ausland (BGH MDR **79**, 637 [H]), eines Strafverfahrens nach § 164 StGB oder, bei einem offenbar falsch aussagenden Zeugen,

§ 136a

nach §§ 153 ff StGB (BGH MDR **56**, 527 [D]). Verboten sind auch nicht Vorhaltungen, die vernünftigerweise das Prozessverhalten des Beschuldigten nicht beeinflussen (BGH **1**, 387; **14**, 189, 191).

23 J. Das **Versprechen von gesetzlich nicht vorgesehenen Vorteilen,** dh die Abgabe einer bindenden Zusage, auf deren Einhaltung der Empfänger vertrauen kann (BGH **14**, 189, 191; Hamm NJW **68**, 954; StV **84**, 456; a**M** LR-Gleß 58; Grünwald NJW **60**, 1941: Inaussichtstellen des Vorteils genügt), für eine Aussage oder ihren besonderen Inhalt (BVerfG NJW **84**, 428) ist stets verboten, sofern es sich nicht um einen Bagatell„vorteil" handelt (BGH **5**, 290: Raucherlaubnis). Versprechen von Vorteilen, die dem Beschuldigten erst nach der Vernehmung zugute kommen sollen, sind dagegen zulässig, wenn sie nur Hinweise darauf enthalten, welche Änderungen der Verfahrenslage durch die Aussage eintreten werden. Die Haftentlassung bei Ablegung eines Geständnisses darf zugesagt werden, wenn die Haft nur wegen Verdunkelungsgefahr begründet ist (BGH MDR **52**, 532 [D]; a**M** LG Aachen NJW **78**, 2256), nicht aber bei Fluchtgefahr (BGH **20**, 268; vgl auch Köln NStZ **14**, 172 sowie KG StraFo **13**, 458 zum Versprechen, bei Abgabe eines Geständnisses keinen Haftbefehl zu beantragen). Statthaft ist auch die Zusage der Einstellung nach § 154 (BGH NStZ **87**, 217 [Pf/M]; vgl aber Hamm StV **84**, 456; krit Volk NJW **96**, 879) und der Vergünstigung nach § 31 BtMG (BGH NStZ **87**, 217 [Pf/M]), die Erklärung, der Beschuldigte werde, wenn er gestehe, nicht ins Ausland abgeschoben (BGH MDR **79**, 637 [H]), und der Hinweis auf die nach einem Geständnis eintretenden Strafmilderungsmöglichkeiten (BGH **1**, 387; **14**, 189; **20**, 268; vgl auch BGH NJW **90**, 1921), nicht aber für den Fall eines Geständnisses die Inaussichtstellung einer schuldunangemessen niedrigen Strafe (BGH StraFo **03**, 97) oder einer unzutreffenden günstigeren rechtlichen Bewertung der Tat (BGH NStZ **07**, 655) und das Versprechen des Vernehmenden, dass im Fall des Geständnisses von einer namentlichen Anzeige abgesehen werde (BGH MDR **54**, 17 [D]). Unzulässig ist auch die Zusage der Straffreiheit oder sonstiger Vergünstigungen gegenüber dem „Kronzeugen" (LR-Gleß 61; Füllkrug Kriminalistik **85**, 410; MDR **89**, 121). Die Zusage der Übernahme der einem aussagebereiten Zeugen durch einen anwaltlichen Beistand entstehenden Kosten enthält nicht das Versprechen von Vorteilen iS I (BVerfG NJW **84**, 428).

24 K. Die **Anwendung des Polygraphen** (Lügendetektor; dazu im Einzelnen Eisenberg BR 693 ff) wurde früher in entspr Anwendung von I als unzulässig angesehen; sie sollte auch durch Einwilligung des Beschuldigten, der damit seine Unschuld beweisen wollte, nicht in Betracht kommen, vor allem weil sonst mittelbarer Druck auf den leugnenden Beschuldigten ausgeübt wird (vgl Beulke/Swoboda 141). Nach der Grundsatzentscheidung des BGH (mit ausführlichen Nw zur bisherigen Rspr und Literatur) **44**, 308 = JR **99**, 379 mit Anm Amelung verstößt die freiwillige Mitwirkung des Beschuldigten hingegen nicht gegen Verfassungsgrundsätze oder § 136a: Die polygraphische Untersuchung mittels des Kontrollfragentests und – jedenfalls im Zeitpunkt der Hauptverhandlung – des Tatwissentests führe jedoch zu einem völlig ungeeigneten Beweismittel (§ 244 III S 3 Nr 4); denn es sei nicht möglich, eine gemessene körperliche Reaktion auf eine bestimmte Ursache zurückzuführen (aufrechterhalten von BGH NStZ **11**, 474; dazu abl Putzke ZJS **11**, 557). Nach dieser Entscheidung schien die Debatte um das „polygraphische Gutachten" in der Strafgerichtsbarkeit erledigt (Artkämper NJ **99**, 154). Weitere und neuere Untersuchungen sprechen sich aber für die Anwendung zur Entlastung des Beschuldigten (Meyer-Mews NJW **00**, 916), für die Anwendung im Ermittlungsverfahren (Fabian/Stadler Kriminalistik **00**, 607) oder für eine völlige Neubewertung aus (eingehend Putzke/Scheinfeld/Klein/Undeutsch ZStW **121**, 607 [Kurzfassung Putzke/Scheinfeld StraFo **10**, 58]; zu möglichen Auswirkungen neurowissenschaftlicher Erkenntnisse Stübinger ZIS **08**, 538). Vgl zur gesamten Problematik auch SK-Rogall 86 ff; Kargl/Kirsch JuS **00**, 537; Karow [26 zu § 244] S 93 ff; Landau Schäfer-SH 42; Schüssler, Polygraphie im deutschen Strafverfahren, 2002, zugl Diss Halle-Wittenberg, ders JR **03**, 188. Vgl ferner Jaworski NStZ **08**,

Vernehmung des Beschuldigten § 136a

195 zur Anwendung des Polygraphen in Polen zwecks Ausschließung Unschuldiger aus dem Kreis der Verdächtigen.

6) Erinnerungsvermögen und Einsichtsfähigkeit (II) des Beschuldigten 25 dürfen nicht beeinträchtigt werden. Das Erinnerungsvermögen ist die Fähigkeit, vergangene Tatsachen mittels Denkarbeit zu vergegenwärtigen, Einsichtsvermögen die Fähigkeit des Beschuldigten, die inhaltliche und wertmäßige Bedeutung seiner Aussage zu erkennen, sich seiner Verantwortung bewusst zu bleiben (Erbs NJW **51**, 389). Neben den Verboten des I hat II wenig praktische Bedeutung. Insbesondere verbietet er nicht Fang- und Suggestivfragen (Schlüchter 97).

7) Die Einwilligung des Beschuldigten (III S 1), auch die des gesetzlichen 26 Vertreters und des Verteidigers, ist unbeachtlich. Das betrifft vor allem die Anwendung des Lügendetektors, der Narkoanalyse und der Hypnose.

8) Ein **Verwertungsverbot** (III S 2) ist die Folge des Verstoßes gegen I, II. Es 27 besteht bei belastenden und entlastenden (KK-Diemer 38; LR-Gleß 71; Peters 337; **aM** Dencker 73 ff; Roxin/Schäfer/Widmaier StV **06**, 655: nur bei belastenden Aussagen), falschen und richtigen Aussagen (BGH **5**, 290; Baumann GA **59**, 41; **aM** Erbs NJW **51**, 389) und, im Gegensatz zu anderen Verboten dieser Art, auch bei nachträglicher Einwilligung des Beschuldigten in die Benutzung seiner Aussage (vgl aber auch BGH NStZ **08**, 706, wo offen gelassen ist, ob auf den Schutz des III S 2 verzichtet werden kann, falls anders eine effektive Verteidigung verwehrt ist; für uneingeschränkte Verwertbarkeit entlastender Aussagen hingegen Roxin StV **09**, 113). Nur weil diese weitergehende Rechtsfolge bestimmt werden sollte, erwähnt III S 2 entgegen der sonstigen Technik des Gesetzes das Verwertungsverbot ausdrücklich (Fezer JuS **78**, 105; Grünwald JZ **83**, 719; Hanack JZ **71**, 169). Das Verbot erstreckt sich auch auf die Verwertung von durch Folter im Ausland erlangte Beweise (Ambos StV **09**, 151).

Einen **ursächlichen Zusammenhang** zwischen Verstoß und Aussage setzt das 28 Verbot grundsätzlich voraus. Daran fehlt es zB, wenn der Beschuldigte ausgesagt hat, obwohl er die Täuschung erkannt hatte (Meyer JR **66**, 311; Rieß JA **80**, 301; vgl auch BGH **22**, 170, 175). Erwiesen muss der Ursachenzusammenhang nicht sein; es genügt, dass er nicht auszuschließen ist (BGH **5**, 290; **13**, 60; **34**, 365, 369; LG Mannheim NJW **77**, 346; LR-Gleß 70; SK-Rogall 102; Herdegen NStZ **90**, 518; Meyer NStZ **83**, 567). Bezieht er sich nur auf einen abtrennbaren Teil der Aussage, so besteht auch das Verwertungsverbot nur in diesem Umfang. Eine unter Anwendung von **Folter oder unmenschlicher Behandlung** iSv Art 3 EMRK erlangte Aussage ist aber auch dann unverwertbar, wenn das Urteil darauf nicht beruht (EGMR HRRS **07**, 655 Nr 60; erg 5 zu Art 3 EMRK).

Die **unmittelbare und die mittelbare Verwertung** der Aussage ist verboten 29 (Rogall JZ **96**, 950), auch die strafmildernde Beachtung eines unverwertbaren Geständnisses (**aM** Wesemann/Müller StraFo **98**, 113). Unzulässig sind die Verlesung der Niederschrift über die Vernehmung (EbSchmidt 22), das Abspielen von Tonbandaufnahmen über die Vernehmung (ANM 481), Vorhalte aus der Vernehmung (BGH MDR **73**, 371 [D]; Schroth ZStW **87**, 103), die Anhörung der Vernehmungsperson (Rogall MDR **77**, 979; Spendel NJW **66**, 1107) oder eines bei der Vernehmung anwesenden Dritten als Zeugen (Baumann GA **59**, 43; Heinitz JR **64**, 443) und die Verwertung des durch verbotene Mittel erlangten Gutachtens (BGH **11**, 211).

Eine **Fortwirkung** hat der Verstoß gegen § 136a grundsätzlich nicht. Der Be- 30 schuldigte kann daher – jenseits des Art 3 EMRK unterfallenden Bereiches (dazu anschl 30a) – erneut vernommen, und die neue Aussage kann verwertet werden (BGH **1**, 376, 379; **22**, 129, 134; **27**, 355, 359; **37**, 48; Hamburg MDR **76**, 601), auch wenn die jetzige Aussagebereitschaft ohne die unzulässige Vernehmung nicht entstanden wäre (Peters 338). Dabei kam es nach bisheriger Rspr nur darauf an, dass der Beschuldigte sich bei der 2. Aussage seiner Entscheidungsmöglichkeit bewusst war (BGH **37**, 48, 53; NStZ **88**, 419); ebenso wie bei § 136 (dort 9) ist

Schmitt 721

§ 136a   Erstes Buch. 10. Abschnitt

mit der neueren Rspr des BGH aber zu verlangen, dass der Beschuldigte auch hier „qualifiziert" dahin belehrt wird, dass die vorangegangenen Angaben nicht verwertet werden dürfen (Neuhaus NStZ **97**, 315 mwN; ebenso LG Frankfurt a. M. StV **03**, 325, zust Weigend StV **03**, 438; Kasiske ZIS **09**, 321; Roxin HRRS **09**, 186; Alsberg-Güntge 924; Arnoldi NStZ **19**, 230, 231; offen gelassen von BGH **53**, 112, 115). IdR ist von fehlender Fortwirkung auszugehen, wenn die unverwertbare Aussage schon länger zurückliegt und die Beeinträchtigung der Willensfreiheit nicht allzu schwerwiegend war (**aM** Neuhaus aaO); für eine Fortwirkung kann es aber sprechen, wenn die frühere Aussage nur pauschal bestätigt oder auf sie lediglich Bezug genommen worden ist (BGH NJW **95**, 2047; erg 9 zu § 136). Wer mit der Revision behauptet, der Verstoß habe fortgewirkt, muss das in der Revisionsbegründung näher darlegen (BGH NStZ **81**, 298 [Pf]; **88**, 419, 420; **aM** Neuhaus aaO; Seebode aaO 1002; Weigend aaO).

30a **Fortwirkung bei Verstoß gegen Art 3 EMRK:** Bei einer durch Folter oder unmenschliche Behandlung erlangten Aussage wird man dagegen davon auszugehen haben, dass der ursprüngliche Verstoß sich auf alle weiteren Vernehmungen im Ermittlungsverfahren auswirkt (EGMR NJW **10**, 3145; **06**, 3117; vgl auch bereits BGH **15**, 187; **17**, 364; Seebode Otto-FS 1004; zw BGH **22**, 129, 134). Soweit BGH **55**, 314 (mit Anm Norouzi NJW **11**, 1525 und Nagler StRR **11**, 328) eine Fortwirkung verneint, wenn erfolgte Misshandlungen keinen Einfluss auf den Inhalt später gemachter Angaben mehr hatten, erscheint dies mit der Rspr des EGMR zu Art 3 EMRK nicht ohne weiteres vereinbar (dazu insbesondere EGMR NJW **10**, 3145; näher 5 zu Art 3 EMRK; erg 31).

31 Eine **Fernwirkung** in der Weise, dass auch die bei der Aussage bekanntgewordenen Beweismittel nicht benutzt werden dürfen, besteht nach der Rspr grundsätzlich nicht (BGHSt **34**, 362; Hamburg MDR **76**, 601; Stuttgart NJW **73**, 1941; Ranft Spendel-FS 735); die Frage ist aber äußerst streitig (vgl dazu eingehend Eisenberg BR 714 ff; SK-Rogall 108 ff; Alsberg-Güntge 925; kritisch dazu SSW-Eschelbach 66 f; erg Einl 57). Beulke (ZStW **103**, 669) spricht sich für eine Fernwirkung aus, will aber entspr der amerikanischen *hypothetical clean path doctrine* eine Verwertung des Beweismittels zulassen, das im konkreten Fall sowieso auch „auf sauberem Weg" hätte gefunden werden können. Es wird auch Verwertbarkeit angenommen, wenn das Beweismittel bloß zufällig aufgefunden wurde („echter Zufallsfund"; vgl Pitsch [Einl 50] 95 ff; zust Ambos 149). Reinecke (Die Fernwirkung von Beweisverwertungsverboten, 1990, S 247) ist demgegenüber der Ansicht, dass die Verletzung eines bestehenden Verwertungsverbots grundsätzlich die Unverwertbarkeit der daraus resultierenden Beweisprodukte nach sich ziehen muss (ähnlich Müssig GA **99**, 137). Herrschend ist die Abwägungslehre, die zwischen der Schwere der begangenen Rechtsverletzung einerseits und der Bedeutung des Tatvorwurfs andererseits entscheidet (BVerfG wistra **10**, 341, 344; LR-Gleß 75, 76; abl dazu Seebode aaO 1009; Weigend aaO). Der EGMR nimmt im **Anwendungsbereich von Art 3 EMRK** regelmäßig eine Fernwirkung an, um solchen Ermittlungsmethoden Einhalt zu gebieten (EGMR NJW **10**, 3145); insgesamt wird das Verfahren aber nur unfair und konventionswidrig, wenn der Verstoß auch den Schuld- oder Strafausspruch beeinflusst hat (EGMR aaO; Schädler/Jakobs 12 zu Art 3 EMRK; erg 5 zu Art 3 EMRK).

32 9) Der **Beweis des Verfahrensverstoßes** muss von Amts wegen geführt werden (BGH MDR **51**, 658 [D]). Dabei gilt Freibeweis (BGH **16**, 164, 166; NJW **94**, 2904, 2905; SK-Rogall 101; **aM** Eisenberg BR 707; Fezer JZ **89**, 349; Peters 339; zum Freibeweis vgl 7, 9 zu § 244). Der Grundsatz *in dubio pro reo* gilt grundsätzlich nicht; ist der Verstoß nicht erwiesen, so ist die Aussage verwertbar (BGH aaO; NStZ **08**, 643; SK-Rogall 101; Kleinknecht NJW **66**, 1544; **aM** LR-Gleß 78; Fezer 3/67; Peters 339; vgl auch Montenbruck 163 ff, der Glaubhaftmachung ausreichen lassen will; Weßlau Amelung-FS 687 allg zu den Beweisanforderungen EGMR NJW **12**, 2173). Im Anwendungsbereich von Art 3 EMRK reicht es bei **Vernehmungen im Ausland** dagegen mit Rücksicht auf die Beweisschwierigkeiten in derartigen Fällen für ein Verwertungsverbot nach der Rspr des EGMR aus, dass ein „reales Risiko" aufgezeigt wird, wonach die Aussage unter Folter oder unmenschlicher bzw erniedrigender Behandlung gewonnen wurde (EGMR Nr 649/08 vom 25.9.2012 mit Anm Schüller ZIS **13**, 245; näher 5a zu Art 3 EMRK). Wegen des Ursachenzusammenhangs vgl oben 28.

10) Revision: Nur auf eine zulässige Verfahrensrüge (BGH **1**, 376; DAR **77**, 33 179 [Sp]) wird der Verstoß berücksichtigt (BGH wistra **88**, 70; StV **94**, 62); ein Verfahrenshindernis begründet er nicht (LG Frankfurt aM StV **03**, 327; Saliger ZStW **116**, 64; anders Weigend StV **03**, 436: nur dann nicht, wenn die Folgen des Verstoßes in vollem Umfang revisibel sind und dadurch die Verfahrensfairness wiederherstellbar ist; Gau, Die rechtswidrige Beweiserhebung nach § 136a StPO als Verfahrenshindernis [2006, zugl Diss Bochum]: bei Beweiserhebung durch Folter; vgl dagegen Einl 55; vgl auch BVerfG NJW **05**, 656). Die Revision muss idR den vollständigen Inhalt der Sitzungsniederschriften (BGH NStZ-RR **03**, 144), ferner die den Verstoß gegen § 136a enthaltenden Tatsachen und diejenigen Tatsachen mitteilen, aus denen sich die Möglichkeit eines Ursachenzusammenhangs mit der Aussage ergibt (BVerfG NStZ **02**, 487), ggf auch darlegen, wieso der Verstoß fortgewirkt hat (BGH NStZ **81**, 298 [Pf]; NJW **95**, 2047; StV **94**, 62; **96**, 360; NStZ **01**, 551). Geht es um eine im Ermittlungsverfahren gewonnene Aussage, ist doppelter Tatsachenvortrag erforderlich, nämlich hinsichtlich ihrer Entstehung und ihrer Verwertung (BVerfG aaO). Dass der Verwertung der Aussage in der Hauptverhandlung widersprochen worden ist, ist – anders als bei § 136 (dort 25) – nicht erforderlich (BGH 1 StR 458/95 vom 22.8.1995; StV **16**, 772 L; zw BGH StV **96**, 360 mit abl Anm Fezer StV **97**, 57), da es sich um ein gesetzlich normiertes Verwertungsverbot handelt (vgl dazu Berg StraFo **18**, 327, 329). Das Revisionsgericht stellt den Verfahrensverstoß im Freibeweis (7, 9 zu § 244) fest (BGH **14**, 189, 191; **16**, 164, 166; wistra **88**, 70; Frankfurt VRS **36**, 366). Auch hier gilt der Grundsatz *in dubio pro reo* nicht (BGH **16**, 164, 167; VRS **29**, 204; BGH bei Herlan MDR **55**, 652; aM LR-Gleß 80; R. Hamm 1025; Jahn StraFo **11**, 124). Der Angeklagte kann auch die unzulässige Herbeiführung der Aussagen von Zeugen und Sachverständigen (Grünwald JZ **66**, 490; Rogall JZ **96**, 950) und des Geständnisses von Mitangeklagten rügen (BGH MDR **71**, 18 [D]). Ist der Beschwerdeführer der Ansicht, das Gericht sei zu Unrecht von einem Verwertungsverbot ausgegangen, muss er die Verletzung der Aufklärungspflicht (§§ 244 II, 245) rügen; ggf muss dabei dargelegt werden, dass ein Verstoß gegen § 136a nicht fortgewirkt hat (BGH NJW **95**, 2047; erg oben 30).

Elfter Abschnitt. Verteidigung   RiStBV 106–108

Vorbemerkungen

1) Aufgabe und Rechtsstellung des Verteidigers: Der Verteidiger, gleich- 1 gültig, ob der Beschuldigte ihn gewählt hat (§§ 137, 138) oder ob er vom Gericht bestellt worden ist (§§ 140–144), hat einen gesetzlichen Auftrag zu erfüllen, der nicht nur im Interesse des Beschuldigten, sondern auch in dem einer am Rechtsstaatsgedanken ausgerichteten Strafrechtspflege liegt (BGH **29**, 99, 106; StraFo **11**, 92; krit LR-Lüderssen/Jahn 33 ff; Pauka StraFo **19**, 360; Jahn StV **14**, 40; erg 1 zu § 140). Nach hM ist er ein selbstständiges, dem Gericht und der StA gleichgeordnetes Organ der Rechtspflege (BVerfGE **38**, 105, 119; **53**, 207, 214; BGH **9**, 20, 22; **15**, 326; Beulke 163 ff, 200; Roxin Hanack-FS 8 ff; Satzger Widmaier-FS 554; erg Einl 82) in dem Sinne, dass er Teilhaber, nicht Gegner einer funktionsfähigen Strafrechtspflege ist (Dahs 11; ähnlich Hassemer ZRP **80**, 331; Fetzer Tolksdorf-FS 451, 461). Auch ihn trifft daher die Pflicht, dafür zu sorgen, dass „das Verfahren sachdienlich und in prozessual geordneten Bahnen durchgeführt wird" (BGH **38**, 111, 115; aM Bernsmann StraFo **99**, 226 ff; Eisenberg NJW **91**, 1257; vgl auch Maatz und Widmaier NStZ **92**, 513 ff sowie Basdorf StV **97**, 488 und Senge

Vor § 137

NStZ **02**, 227), so dass er auch den Angeklagten in der Hauptverhandlung nicht „nach Belieben schalten und walten lassen darf" (BGH aaO). Dem entspricht auch die Rspr des EGMR, der ausgeführt hat (NJW **04**, 3317; **06**, 2901), dass „der besondere Status von RAen als Mittler zwischen der Öffentlichkeit und den Gerichten es rechtfertigt, von ihnen zu erwarten, dass sie zu einer ordentlich funktionierenden Justiz beitragen und dadurch das Vertrauen der Öffentlichkeit in die Justiz aufrechterhalten". Eine allgemeine Hinweispflicht zur Einhaltung der Rechtmäßigkeit des Verfahrens obliegt dem Verteidiger aber nicht (BGH NStZ **08**, 300). Eine Mitwirkungspflicht an einem justizförmigen Verfahren trifft den Verteidiger nur insoweit, als er keine Verfahrensobstruktion betreiben, also insbesondere die ihm eingeräumten Rechte nicht missbräuchlich ausnutzen darf (Dornach NStZ **95**, 61; Meyer-Goßner BGH-FS 629; vgl auch BGH NStZ **05**, 341 und StraFo **06**, 497: nicht veranlasste Aufblähung des Verfahrens durch die Verteidigung; erg Einl 111). Der Verteidiger ist unabhängig, handelt also unter eigener Verantwortung (BGH **13**, 337, 343) und untersteht nicht der Kontrolle des Gerichts (BVerfGE **34**, 293, 302); ist aber auch an Weisungen des Beschuldigten nicht gebunden (BGH aaO). Er ist nicht Vertreter, sondern Beistand des Beschuldigten (BGH **9**, 356; **12**, 367, 369; StraFo **11**, 92; Celle NStZ **88**, 426; Düsseldorf StV **84**, 327; Hamm MDR **67**, 856; Dahs 13; Roxin Hanack-FS 8 ff; krit LR-Lüderssen/Jahn 109). Seine Aufgabe besteht darin, die Rechte des Beschuldigten allseitig zu wahren, zur Beachtung aller ihm günstigen rechtlichen und tatsächlichen Umstände beizutragen und auf strenge Justizförmigkeit des Verfahrens hinzuwirken (BGH **12**, 367, 369; **15**, 326, 327; NJW **64**, 2402, 2403; Hamm MDR **77**, 1038; München NJW **76**, 252, 253; Dahs 3). Dabei ist er nicht zur Unparteilichkeit, sondern zur Einseitigkeit zugunsten des Beschuldigten gegenüber den Strafverfolgungsbehörden und dem Gericht verpflichtet (Barton Müller-FS 31; Krekeler NStZ **89**, 146; Liemersdorf MDR **89**, 204). Wolf (Das System des Rechts der Strafverteidigung, 2000), der sowohl die Organtheorie als auch die Auffassung der „Parteigebundenheit" des Verteidigers für unhaltbar erachtet, sieht den Verteidiger als Inhaber eigener, von der Zustimmung des Beschuldigten unabhängiger Rechte, im Übrigen aber strikt als Vertreter des Beschuldigten (dazu eingehend und abl Beulke StV **07**, 261). Wieder anders sieht SK-Wohlers 29 den Verteidiger als „Prozesssubjektsgehilfen" des Beschuldigten an. Zu Berufsbild und Selbstverständnis des Strafverteidigers Kunz Schiller-FS 397; Pauka StraFo **19**, 360.

2 **2) Rechte und Pflichten des Verteidigers:** Die StPO enthält nur wenige Vorschriften über die Rechte des Verteidigers (vgl etwa §§ 147, 148, 163a III S 2, 239, 240 II, 249 II S 2, 251 I Nr 1, II Nr 3, 297). Sie ergeben sich im Übrigen aus seiner gesetzlichen Aufgabe. Der Verteidiger ist zu allen Handlungen berechtigt, die dem Schutz und der Verteidigung des Beschuldigten dienen; ihre Grenzen findet seine Tätigkeit an den Vorschriften des StGB (BGH NJW **02**, 2115), insbesondere des § 185 StGB (dazu Beulke Müller-FS 45), des § 258 StGB (vgl dazu Dessecker GA **05**, 142) und des § 261 StGB. Zu letzterer Vorschrift hat BVerfGE **110**, die Streitfrage nach ihrem Anwendungsbereich [vgl BGH **47**, 68; eingehend dazu SK-Wohlers 151 ff] dahin entschieden, dass § 261 II Nr 1 StGB auf einen Strafverteidiger nur dann anwendbar ist, wenn er im Zeitpunkt der Annahme des Honorars sicher weiß, dass das Geld aus einer Katalogtat stammt. Das BVerfG hat betont, dass die Strafverfolgungsbehörden und Gerichte auf die besondere Stellung des Strafverteidigers schon ab dem Ermittlungsverfahren angemessen Rücksicht nehmen müssen (vgl auch BVerfG NStZ **05**, 443; Leitner Widmaier-FS 337; Matt JR **04**, 326 will hieraus allgemein einen erhöhten Verdachtsgrad für strafprozessuale Eingriffsmaßnahmen gegen Strafverteidiger herleiten; das krit hingegen Fischer NStZ **04**, 473); auf diese verfassungsrechtliche Privilegierung kann sich der Verteidiger aber nicht berufen, wenn er „aus seiner Rolle als Organ der Rechtspflege heraustritt" (Frankfurt NJW **05**, 1727) oder sich sonst „verteidigungsfremd" verhält (BGH NJW **06**, 2421; zust Beulke Amelung-FS 561; krit dazu Böhm NJW **06**, 2371; Jahn JZ **06**, 1134). Allgemein sind die Grundsätze für

das anwaltliche Standesrecht zu beachten (vgl auch R. Hamm NJW 93, 289, der 6 „Verteidigungsgrundrechte" aufstellt, sowie die Übersicht bei Beulke Roxin-FS I 1182). Der Verteidiger ist berechtigt, eigene Ermittlungen zu führen (Bockemühl 42; Fezer 4/21; Rückel Peters-FG 265), insbesondere Zeugen, Mitbeschuldigte und Sachverständige vor und außerhalb der Hauptverhandlung zu befragen (BGH AnwBl **81**, 115; Frankfurt NStZ **81**, 144; Köln NJW **75**, 459; Kempf StraFo **03**, 79; Leipold StraFo **98**, 79; Parigger StraFo **03**, 262). Andererseits darf er die Rechtspflege nicht dadurch behindern, dass er die Wahrheitsforschung erschwert (BGH **9**, 20, 22; StV **99**, 153 mit abl Anm Lüderssen StV **99**, 537, zust aber Beulke Roxin-FS 1185), Beweisquellen trübt oder verfälscht (BGH **46**, 53, 55, 57; NJW **09**, 2690, 2693; Beulke/Witzigmann StV **09**, 395), Flucht oder Verdunkelungsmaßnahmen des Angeklagten fördert (dazu krit Krekeler NStZ **89**, 149) oder ihn vor einer bevorstehenden Verhaftung oder vor anderen Zwangsmaßnahmen warnt (BGH **29**, 99, 103). Der Verteidiger darf sich immer nur der prozessual und standesrechtlich erlaubten Mittel bedienen (dazu Fezer 4/38 ff; Ignor Schlüchter-FG 39; Meyer-Goßner BGH-FS 637). Es gehört nicht zu seinen Kernaufgaben, durch Ablehnungsanträge zu versuchen, eine Haftverschonung für seinen Mandanten zu erzwingen (BGH StraFo **11**, 92). Ein Recht zur Lüge hat er nicht (Beulke StV **90**, 182; Dahs StraFo **00**, 181; Krekeler NStZ **89**, 147; Pfeiffer DRiZ **84**, 341; Roxin Hanack-FS 12; Salditt StV **99**, 64; Widmaier BGH-FG 1047; a**M** Paulus NStZ **92**, 305; dagegen Haas NStZ **93**, 173); er ist aber trotz eines ihm gegenüber vom Beschuldigten abgelegten Geständnisses nicht gehindert, Freispruch zu beantragen (BGH **29**, 99, 107; Hammerstein NStZ **97**, 12). Eine Pflicht des Verteidigers, an der Rekonstruktion verloren gegangener Akten mitzuwirken, bejaht Rösmann NStZ **83**, 446, während Waldowski NStZ **84**, 448 sie zutr nur bei Verlust in dessen Einflussbereich annimmt; gänzlich abl hingegen Jahn/Lips StraFo **04**, 229. Zur strafrechtlichen Bewertung des Verteidigerhandelns noch immer instruktiv Beulke, Die Strafbarkeit des Verteidigers, 1989, mit tabellarischer Übersicht über zulässiges und unzulässiges Verhalten. Zur Wahrheitspflicht des (Revisions-) Verteidigers Knauer Widmaier-FS 291.

Die **Verletzung seiner Rechtspflichten** kann im Verfahren gegen den verteidigten Beschuldigten nicht geahndet werden; das Gericht darf auch nicht etwa von einer Verurteilung des Angeklagten absehen, weil die Verteidigung ihre Rechte missbraucht (verfehlt daher LG Wiesbaden NJW **95**, 409 = StV **95**, 239 mit abl Anm Asbrock; abl auch Beulke Amelung-FS 551). Das Gericht hat die Gestaltung der Verteidigung – auch im Hinblick auf etwaige Sprachschwierigkeiten des Beschuldigten – nicht zu überwachen (BGH 1 StR 341/07 vom 15.8.2007; krit dazu Gaede HRRS **07**, 413; erg Einl 99; 41 zu § 338); es ist aber ermächtigt, den Verteidiger beim Vorliegen bestimmter Voraussetzungen von dem Verfahren auszuschließen (§§ 138a ff). Von der Teilnahme an einer Sitzung kann er ausgeschlossen werden, wenn er sich weigert, die vorgeschriebene Robe zu tragen (11 zu § 176 GVG). Die Ungehorsamsfolgen des § 177 GVG treffen ihn nicht (dort 3); Ordnungsmittel nach § 178 GVG sind unzulässig. 3

3) Beginn und Beendigung der Verteidigerstellung: Wird die Verteidigung entgeltlich übernommen, was bei einem RA stets der Fall ist, so entsteht ein Geschäftsbesorgungsvertrag iS des § 675 BGB (BGH NJW **64**, 2402; Hamburg NJW **83**, 464; Hamm NJW **78**, 177; Schnarr NStZ **86**, 488) bei unentgeltlicher Übernahme (zB im Fall des § 138 II) ein Auftragsverhältnis nach § 662 BGB (Weiß NJW **83**, 90). Zur Begründung der Verteidigerstellung genügt nicht die Wahl durch den Beschuldigten, auch nicht die Ausstellung einer Vollmachtsurkunde; vielmehr ist erforderlich, dass der gewählte Verteidiger gegenüber dem Beschuldigten die Wahl annimmt (§ 151 BGB; BGH StraFo **10**, 339). Nach außen kommt das üblicherweise dadurch zum Ausdruck, dass er sich im Verfahren durch ausdrückliche Erklärung oder durch schlüssiges Verhalten als Verteidiger des Beschuldigten meldet (vgl BVerfGE **43**, 79, 94). Eine Voraussetzung für die Begründung der Verteidigerstellung ist das aber nicht (Schnarr aaO). 4

Vor § 137   Erstes Buch. 11. Abschnitt

5   Das Verteidigerverhältnis erstreckt sich auf alle in dem Verfahren gegen den Beschuldigten erhobenen Vorwürfe (BGH **27**, 148, 150) und, wenn es nicht auf bestimmte Prozesshandlungen (zB auf die Akteneinsicht) oder Verfahrensabschnitte (zB auf das Revisionsverfahren) beschränkt ist, auf das **gesamte Verfahren** bis zu dessen rechtskräftigem Abschluss, darüber hinaus auf Nachtragsentscheidungen, auf das Verfahren nach § 8 **StrEG** (dort 4), auf das Vollstreckungsverfahren (Hamm NJW **55**, 1201; Schleswig SchlHA **92**, 12), auf Strafvollzugsangelegenheiten (Hamm NJW **80**, 1404; München NJW **78**, 654), auf das Gnadenverfahren und auf die Wiederaufnahme des Verfahrens bis zum Wiederaufnahmebeschluss nach § 370 II (2 zu § 364a), nicht aber auf das Kostenfestsetzungsverfahren nach § 464b (dort 2) und das Verfahren nach § 10 **StrEG** (dort 3).

6   Die **Beendigung** des Verteidigerverhältnisses kann von dem Beschuldigten jederzeit durch Kündigung herbeigeführt werden. Der Verteidiger kann das Mandat niederlegen (BGH MDR **78**, 461 [H]), aus standesrechtlichen Gründen aber nicht zur Unzeit, insbesondere nicht kurz vor der Hauptverhandlung mit dem Ziel, seine Bestellung als Pflichtverteidiger unter Zeitdruck zu erreichen (Isele 766). Wird der Verteidiger zum Pflichtverteidiger bestellt, so endet damit die Wahlverteidigung (3 zu § 143a).

7   Mit dem **Tod des Beschuldigten,** dem die Todeserklärung gleichsteht, erlischt nach § 672 S 1 BGB das Verteidigungsverhältnis im Zweifel nicht (Celle NJW **02**, 3720 mwN; Frankfurt NStZ-RR **02**, 246; Schleswig SchlHA **07**, 293 [D/D]; SK-Wohlers 12 zu § 137; die früher vertretene Gegenmeinung – vgl Düsseldorf NJW **93**, 546 mwN, so aber auch noch Hamburg NStZ **04**, 280; StraFo **08**, 90; München NJW **03**, 1133 – ist durch BGH **45**, 108 überholt; erg 14 und 22 zu § 464, 2 zu § 464b). Dasselbe gilt im Fall der Pflichtverteidigung (KG StraFo **08**, 90; Karlsruhe NStZ-RR **03**, 286).

8   **4) Vollmacht:**

9   A. Eine besondere **Form** ist für die Beauftragung des Wahlverteidigers nicht vorgeschrieben (Hamm AnwBl **81**, 31; LG Hagen StV **83**, 145; Kaiser NJW **82**, 1367; Weiß NJW **83**, 89). Der Verteidiger muss die, missverständlich so bezeichnete (vgl Weiß aaO), „Verteidigervollmacht" demgemäß nicht unbedingt schriftlich beibringen; die Wirksamkeit der Verteidigerbestellung hängt von der Vorlage einer Vollmachtsurkunde nicht ab (Bay DAR **86**, 249 [R]; LG Cottbus StraFo **02**, 233; LG Schwerin NJW **06**, 1448). Für den Nachweis des Verteidigerverhältnisses genügt die Anzeige des Beschuldigten oder des Verteidigers (oben 4), insbesondere auch das gemeinsame Auftreten in der Hauptverhandlung (BGH NStZ-RR **98**, 18; vgl aber 9 zu § 145a). Die Vermutung spricht für die Bevollmächtigung des RA, der sich als Verteidiger meldet und eine Prozesshandlung für den Beschuldigten vornimmt (Bay **80**, 69; DAR **86**, 249 [R]; Allgayer NStZ **16**, 192, 195). Wenn im Einzelfall Zweifel an der Bevollmächtigung bestehen, kann aber die Vorlage einer Vollmachtsurkunde verlangt werden (Hamm AnwBl **81**, 31; München StV **08**, 127, 128; LG Hagen aaO). Die Aufnahme einer Abtretungserklärung in die Formularprozessvollmacht ist wegen Verstoßes gegen § 305c BGB unwirksam (LG Konstanz Rpfleger **08**, 596 mit zust Anm Lissner).

10   B. **Vertretungsvollmacht:** Der Verteidiger ist grundsätzlich nicht befugt, den Beschuldigten in dessen Abwesenheit von der Hauptverhandlung zu vertreten. Er kann dazu aber durch besondere Vollmacht ermächtigt werden; wegen der Einzelheiten vgl 2, 3 zu § 234. Vgl auch §§ 329 I, 350 II, 387 I, 411 II S 1.

11   C. **Untervollmacht:** Der Wahlverteidiger kann, im Gegensatz zum Pflichtverteidiger (60 zu § 142), einen unterbevollmächtigten Verteidiger auswählen und bevollmächtigen, wenn ihn der Beschuldigte hierzu ermächtigt hat; die Ermächtigung wird idR formularmäßig rechtsgültig (vgl § 305c BGB) in der Vollmachtsurkunde erteilt (BGH StraFo **06**, 454). Auch ohne eine besondere Ermächtigung ist der Wahlverteidiger berechtigt, zur Einlegung befristeter Rechtsmittel, die er nicht selbst vornehmen kann oder will, einen Unterbevollmächtigten zu bestellen (Jena

StraFo **12**, 363; KG JR **81**, 168). Die Untervollmacht braucht, wie die Hauptvollmacht (oben 9), nicht unbedingt schriftlich nachgewiesen zu werden (Düsseldorf StraFo **98**, 227; Hamm NJW **63**, 1793; Köln VRS **60**, 441). Der Unterbevollmächtigte wird zusätzlicher Verteidiger, wenn er neben dem bevollmächtigten Wahlverteidiger auftritt, nicht aber, wenn er nur an dessen Stelle tätig wird (5 zu § 137). Eine etwaige Beschränkung auf den Verhinderungsfall gilt nur im Innenverhältnis (M. J. Schmid MDR **79**, 805). Die Untervollmacht erlischt, wenn dem Hauptbevollmächtigten das Mandat entzogen wird oder wenn es aus anderen Gründen endet (BGH MDR **78**, 111 [H]).

5) **Sonstige Bevollmächtigte:** Außer durch einen Verteidiger kann sich der Beschuldigte bei der Abgabe von Willenserklärungen außerhalb der Hauptverhandlung oder ihr gleichstehender Termine durch sonstige Bevollmächtigte in der Erklärung, aber auch im Willen vertreten lassen, sofern gesetzlich nichts anderes bestimmt ist (vgl Stuttgart StV **16**, 139: früherer RA, dem die Zulassung entzogen wurde). Solche Bevollmächtigten können insbesondere für den Beschuldigten Anträge stellen und Rechtsmittel einlegen (Bay **64**, 85; **75**, 104; Hamburg MDR **69**, 598; erg Einl 134; 7 zu § 297). Sie müssen verhandlungsfähig, brauchen aber nicht geschäftsfähig nach bürgerlichem Recht zu sein (Bay aaO; **aM** W. Schmid SchlHA **81**, 109). Die Vollmacht, die schriftlich, mündlich oder durch schlüssige Handlung erteilt werden kann (RG **66**, 209, 212), muss bei der Vornahme der Prozesshandlung bestehen, kann aber später nachgewiesen werden (Bremen NJW **54**, 46). 12

Recht des Beschuldigten auf Hinzuziehung eines Verteidigers

§ 137

I ¹Der Beschuldigte kann sich in jeder Lage des Verfahrens des Beistandes eines Verteidigers bedienen. ²Die Zahl der gewählten Verteidiger darf drei nicht übersteigen.

II ¹Hat der Beschuldigte einen gesetzlichen Vertreter, so kann auch dieser selbständig einen Verteidiger wählen. ²Absatz 1 Satz 2 gilt entsprechend.

1) **Verteidigerwahl durch den Beschuldigten (I):** 1

A. Das **Recht, sich des Beistands eines Verteidigers zu bedienen (I S 1)**, ist dem Angeklagten verfassungsrechtlich verbürgt (BVerfGE **39**, 156, 163; **39**, 238, 243; **66**, 313, 319). Es handelt sich um einen Ausdruck des Rechts auf faires Verfahren (BVerfGE **68**, 237, 255; BVerfG NJW **84**, 862; erg Einl 19, 82). Bei nicht notwendiger Verteidigung wird dieses Recht durch § 228 II eingeschränkt (Düsseldorf GA **79**, 226); denn einen Anspruch darauf, dass das Gericht unter allen Umständen mit der Verhandlung innehalten muss, wenn der Wahlverteidiger verhindert ist, hat der Angeklagte nicht (BVerfG NJW **84**, 862; BGH NStZ **81**, 231; erg 10 zu § 228; 43 zu § 265). Liegt kein Fall des § 140 vor, kann sich der Angeklagte auch selbst verteidigen (Eser Widmaier-FS 153). 2

§ 137 gilt **in jeder Lage des Verfahrens,** auch im Ermittlungsverfahren (vgl §§ 136 I S 2, 163a III S 2, IV S 2; erg 10 zu § 136) und nach Rechtskraft des Urteils im Strafvollstreckungs-, Gnaden- und Wiederaufnahmeverfahren. Zum Privatklageverfahren vgl § 387 I. Über die Befugnisse des Verteidigers sagt § 137 nichts. Vgl zur Stellung des Verteidigers Einl 82 ff; 1 ff vor § 137. 3

B. Die **Beschränkung der Zahl der Wahlverteidiger (I S 2),** die mit dem GG vereinbar ist (BVerfGE **39**, 156), soll verhindern, dass das Verfahren durch die Mitwirkung einer Vielzahl von Verteidigern verschleppt oder vereitelt wird (BGH **27**, 124, 128). Der Beschuldigte darf aber immer 3 Verteidiger haben; scheidet einer aus, so kann er durch einen anderen ersetzt werden. Zur Kostenerstattung vgl 13 zu § 464a. 4

Bei der **Berechnung** zählen mit die Unterbevollmächtigte, wenn er neben dem Hauptbevollmächtigten, nicht aber an dessen Stelle, tätig wird (BGH MDR **78**, 111 [H]; KK-Laufhütte/Willnow 14 zu § 137; ohne diese Einschränkung: KG 5

§ 137

NJW 77, 912; vgl auch München NJW 76, 252, 254), und der nach § 138 II zugelassene Verteidiger (BGH MDR 80, 273 [H]), nicht aber der gemäß § 144 zusätzlich bestellte Pflichtverteidiger (BGH aaO; Bay StV 87, 97; KK-Laufhütte/ Willnow 6; **aM** LR-Lüderssen/Jahn 81).

6 Bei einer **Anwaltssozietät** (vgl auch 8 zu § 146) sind deren Mitglieder Verteidiger (BVerfGE 43, 79, 91); ihre Zahl darf daher 3 nicht überschreiten (Düsseldorf JZ 76, 491; KK-Laufhütte/Willnow 3). Dass die Vollmacht nicht (durch Streichung des Namens oder auf andere Weise) auf höchstens 3 Mitglieder der Sozietät beschränkt ist, beweist allein nicht, dass sie alle den Auftrag übernommen haben (vgl BVerfG aaO; BGH 27, 124, 127; Karlsruhe VRS 105, 348; Hamm MDR 80, 513; Stuttgart Justiz 84, 429). Es dürfen aber nicht mehr als 3 RAe die Wahl durch ausdrückliche Erklärung oder schlüssiges Verhalten annehmen (Hamm aaO).

7 Die **Zurückweisung** des unter Verstoß gegen § 137 I S 2 gewählten Verteidigers schreibt § 146a I vor; die Prozesshandlungen des zurückgewiesenen Verteidigers sind wirksam (§ 146a II).

8 **2) Verteidigerwahl durch gesetzliche Vertreter (II):**

9 A. Ein **selbstständiges Recht (II S 1)** auf Wahl eines Verteidigers für den Beschuldigten hat der gesetzliche Vertreter (19 zu § 52); vom Willen des Beschuldigten ist er unabhängig. Das gleiche Recht hat im Jugendstrafverfahren der Erziehungsberechtigte (§ 67 III JGG). Auch der Beschuldigte kann selbstständig einen Verteidiger wählen, sich aber ohne den gesetzlichen Vertreter nicht zur Honorarzahlung verpflichten (Schleswig NJW 81, 1681); das gilt auch für einen Betreuten, für den ein Einwilligungsvorbehalt nach § 1903 I BGB besteht (Koblenz StraFo 06, 242). Der von dem gesetzlichen Vertreter aus eigenem Recht beauftragte Verteidiger steht in demselben Vertrauensverhältnis zu dem Beschuldigten wie der Verteidiger, den er selbst gewählt hat.

10 B. **Beschränkung der Zahl der Verteidiger (II S 2):** Bei der Verteidigerwahl gilt I S 2 entspr. Bei wörtlicher Auslegung würde das bedeuten, dass der gesetzliche Vertreter wie der Beschuldigte 3 Verteidiger wählen darf, insgesamt also 6 Verteidiger von ihnen beauftragt werden dürften. Das entspricht nicht dem Zweck der zahlenmäßigen Beschränkung der Wahlverteidiger. II S 2 ist daher dahin auszulegen, dass „von der Seite des Beschuldigten", zu der auch der gesetzliche Vertreter (und der Erziehungsberechtigte nach § 67 III JGG) gehört, insgesamt nur 3 Verteidiger gewählt werden dürfen (KK-Laufhütte/Willnow 5; Fahl 234; **aM** KMR-Hiebl 44 mwN; LR-Lüderssen 77). Dabei tritt aber das Wahlrecht des gesetzlichen Vertreters und des Erziehungsberechtigten hinter dem Recht des Beschuldigten zurück, wenigstens einen Anwalt seines Vertrauens selbst zu wählen; ggf muss einer der anderen Verteidiger zurückgewiesen werden.

11 **3) Sockelverteidigung:** Hierunter wird die Koordinierung des Verteidigungsverhaltens mehrerer in der gleichen Sache Beschuldigter durch Zusammenarbeit zwischen den Verteidigern verstanden, insbesondere durch Kontaktaufnahme, Informationsaustausch und Absprachen. Die Sockelverteidigung ist nicht grundsätzlich unzulässig; § 146 steht ihr nicht entgegen (LG Frankfurt a. M. NStZ-RR 08, 205). Sie ist vielmehr insbesondere ratsam, wenn die Interessenlage der mehreren Beschuldigten weithin identisch ist, ihre Verteidigungsmöglichkeiten sich überwiegend gleichen und die Koordination der tatsächlichen und rechtlichen Durchdringung des Falles und des Handelns im Prozess geeignet ist, die Verteidigungschancen deutlich zu erhöhen (KG StraFo 03, 147). Zu den Grenzen und zu den bei der Sockelverteidigung auftretenden Problemen eingehend Müller StV 01, 649 mwN.

12 **4) Revision:** Auf der Mitwirkung von mehr als 3 Verteidigern kann das Urteil nicht beruhen (BGH 4 StR 7/98 vom 26.2.1998; **aM** Neuhaus StV 02, 44). Vgl im Übrigen 9 zu § 146a.

Verteidigung § 138

Wahlverteidiger RiStBV 106

138 I Zu Verteidigern können Rechtsanwälte sowie die Rechtslehrer an deutschen Hochschulen im Sinne des Hochschulrahmengesetzes mit Befähigung zum Richteramt gewählt werden.
II 1 Andere Personen können nur mit Genehmigung des Gerichts gewählt werden. ²Gehört die gewählte Person im Fall der notwendigen Verteidigung nicht zu den Personen, die zu Verteidigern bestellt werden dürfen, kann sie zudem nur in Gemeinschaft mit einer solchen als Wahlverteidiger zugelassen werden.

III Können sich Zeugen, Privatkläger, Nebenkläger, Nebenklagebefugte und Verletzte eines Rechtsanwalts als Beistand bedienen oder sich durch einen solchen vertreten lassen, können sie nach Maßgabe der Absätze 1 und 2 Satz 1 auch die übrigen dort genannten Personen wählen.

1) **Zugelassene Verteidiger (I):** 1
A. **Rechtsanwälte** können zu Verteidigern gewählt werden. Sie dürfen die Ver- 2 teidigung vor jedem Gericht führen; nur die beim BGH zugelassenen RAe unterliegen Beschränkungen (§ 172 I BRAO). Ist gegen einen RA ein Berufs- oder Vertretungsverbot (§ 132a, § 70 StGB, §§ 114 I Nr 4, 150, 161a BRAO) verhängt worden, so weist ihn das Gericht entspr § 146a I zurück (KK-Laufhütte/Willnow 4); die Wirksamkeit von Prozesshandlungen eines solchen RA richtet sich nach § 146a II (vgl auch Celle NStZ **89**, 41 mit Anm Feuerich NStZ **89**, 338).
Der **Fachanwalt für Strafrecht** ist durch § 1 S 2 der Fachanwaltsordnung vom 2a 11.3.1997 (abgedruckt in der Beilage zu NJW Heft 19/1997) eingeführt worden; er muss über nachzuweisende besondere Kenntnisse im Strafrecht verfügen.
Ein **Syndikusanwalt** kann zum Verteidiger gewählt werden, so weit er außer- 2b halb seines Dienstverhältnisses (dh seines Hauptberufs) handelt, unterliegt jedoch den Einschränkungen nach § 46 BRAO (dazu im einzelnen Kramer AnwBl **01**, 140). Ein ständiger anwaltlicher Berater darf nach hM auch in Wirtschafts- und Steuerstrafverfahren Verteidiger sein (**aM** Birkenstock wistra **02**, 47).
Ein **Unternehmensanwalt** kann als „Unternehmensverteidiger" tätig werden, 2c indem er in Strafverfahren im Bereich des Wirtschaftsstrafrechts die Interessen des Unternehmens unabhängig von oder neben den Interessen verdächtiger oder beschuldigter Mitarbeiter vertritt (vgl dazu Taschke Hamm-FS 752 und Volk-FS 801; Wessing Mehle-FS 665).
Ein Rechtsanwalt eines anderen EU-Mitgliedstaats, eines anderen Ver- 3 tragsstaates des Abkommens über den Europäischen Wirtschaftsraum und der Schweiz darf nach den Vorschriften des EuRAG in Deutschland tätig werden. Danach werden die „niedergelassenen europäischen RAe" nach §§ 2 ff, die deutschen RAen gleichgestellt sind, von den nur vorübergehend in Deutschland tätigen „dienstleistenden europäischen RAen" nach §§ 25 ff unterschieden, die nur im Einvernehmen mit einem RA handeln dürfen („Einvernehmensanwalt"); dazu unter einem Werner StraFo **01**, 221; eingehend LR-Lüderssen/Jahn 3a ff. Zur Übernahme der Kosten der Dolmetschertätigkeit für einen „Einvernehmensanwalt" vgl KG NStZ **02**, 52. Erg 20 zu § 37; 15 zu § 53; 5 zu § 148.

B. **Rechtslehrer an Hochschulen** sind alle hauptberuflichen (auch die ent- 4 pflichteten) Professoren, Honorarprofessoren und Privatdozenten, die an einer Universität der BRep (also nicht an einer privaten Hochschule) oder einer gleichrangigen wissenschaftlichen Hochschule mit der juristischen Fachbereich angehören und rechtswissenschaftliche (nicht unbedingt strafrechtliche) Vorlesungen halten oder halten dürfen (vgl BVerwG NJW **70**, 2314). Hierzu gehören auch die Fachhochschullehrer, wie I durch den Hinweis auf das Hochschulrahmengesetz klarstellt. Keine Rechtslehrer iS von I sind aber die Lehrbeauftragten und wissenschaftlichen Assistenten, selbst wenn sie einen Lehrauftrag haben (KG JZ **56**, 288 mit abl Anm Peters; vgl auch BVerwG NJW **70**, 2314; LR-Lüderssen/Jahn 9; **aM** KMR-

Schmitt 729

Hiebl 20; Deumeland StraFo **99**, 350). Sie können nur nach II zugelassen werden. Wechselt der Hochschullehrer nach Übernahme des Mandats an eine ausländische Universität, so bleibt er Wahlverteidiger (Koblenz NStZ **81**, 403; am Bergmann MDR **82**, 97, der die Entscheidung aber dahin missverstanden hat, dass auch die Annahme neuer Mandate zulässig ist), nicht aber, wenn er die Stellung als Rechtslehrer wegen Mängel der Amtsführung verliert (Koblenz aaO; H. Müller aaO). Die Vergütung richtet sich nach derjenigen der RAe (SK-Wohlers 21).

5 C. **Angehörige steuerberatender Berufe** (Steuerberater, Steuerbevollmächtigte, Wirtschaftsprüfer und vereidigte Buchprüfer) können im Ermittlungsverfahren wegen Steuerstraftaten nach § 369 **AO** abweichend von I zu Verteidigern gewählt werden, soweit die Finanzbehörde das Verfahren nach § 386 II **AO** selbstständig durchführt; im Übrigen können sie die Verteidigung nur in Gemeinschaft mit einem RA oder Hochschullehrer führen (§ 392 I **AO**).

6 D. Eine **Selbstbestellung** ist unzulässig. Ein Beschuldigter, der RA oder Rechtslehrer an einer Hochschule ist, darf sich nicht selbst zum Verteidiger wählen (vgl BVerfGE **53**, 207; BVerfG NJW **98**, 2205). Er kann auch nicht nach II als sein eigener Verteidiger oder Mitverteidiger zugelassen werden (Karlsruhe Justiz **97**, 378). Vgl auch 14 zu § 464a.

7 **2) Andere Personen (II):**

8 A. Nur **natürliche Personen** können außer RAen und Rechtslehrern mit Genehmigung des Gerichts zu Verteidigern gewählt werden (Bay **52**, 267; vgl auch BVerfGE **43**, 79, 91). Sie müssen geschäftsfähig sein (Seibert JZ **51**, 440). In Betracht kommen insbesondere ausländische Rechtsanwälte (Brangsch NJW **81**, 1180; vgl aber Stuttgart NStZ-RR **09**, 113: nicht, wenn er lediglich im Ausland weitere Aufklärungen tätigen soll; erg auch oben 3), Rechtsbeistände, die nach § 209 BRAO Mitglied der RAK sind (BGH **32**, 326, 329), ein Assessor (BVerfG NJW **03**, 882), Angehörige der steuerberatenden Berufe im Steuerstrafverfahren (§ 392 II **AO**), auch Familienangehörige, Freunde und Bekannte, nicht jedoch Mitangeklagte (Bay **53**, 15). Mit beachtlichen Gründen für eine ersatzlose Streichung der in der Praxis ohnehin nahezu bedeutungslosen Vorschrift Müller Rüßmann-FS 1043.

9 **Art 1 §§ 1, 8 RBerG**, der der Übernahme der Verteidigung entgegenstehen konnte, ist durch Art 20 Nr 1 RDG aufgehoben worden. Das RDG regelt nach § 1 I S 1 nur die Befugnis zur Erbringung außergerichtlicher Rechtsdienstleistungen und lässt nach § 1 II Regelungen in anderen Gesetzen über die Befugnis, Rechtsdienstleistungen zu erbringen – damit auch § 138 – unberührt.

10 B. Die **Genehmigung des Gerichts** ist Voraussetzung für die Entstehung eines wirksamen Verteidigungsverhältnisses (Karlsruhe NJW **88**, 2549; vgl aber Hilla NJW **88**, 2525). Eine Vollmacht berechtigt vorher allenfalls zur Vertretung (12 vor § 137).

11 Die Genehmigung wird nur für den Einzelfall und nur auf **Antrag** erteilt, der auch stillschweigend gestellt werden kann (KK-Laufhütte/Willnow 9), zB durch Einlegung eines Rechtsmittels (RG **55**, 213).

12 Über die Genehmigung entscheidet das Gericht nach Anhörung der StA (§ 33 II) durch **Beschluss**, der nach § 34 mit Gründen versehen werden muss, wenn der Antrag abgelehnt wird. In der Entgegennahme von Verfahrenshandlungen, Gewährung von Akteneinsicht, Ladung zur Verhandlung uä kann die stillschweigende Erteilung der Genehmigung liegen (BGHR § 138 III Zulassung 1; Düsseldorf VRS **99**, 370; Kaiser NJW **82**, 1369), aber es muss feststehen, dass sich das Gericht hierbei des Erfordernisses einer Genehmigung unter Abwägung der Interessen des Angeklagten gegen die Bedürfnisse der Rechtspflege bewusst war (Bay **91**, 1).

13 Die Entscheidung über den Genehmigungsantrag trifft das Gericht nach **pflichtgemäßem Ermessen** (Koblenz NStZ-RR **08**, 179). Es hat das Interesse des Beschuldigten an der Zulassung einer Person seines Vertrauens als Verteidiger gegen die Bedürfnisse der Rechtspflege abzuwägen (Bay **54**, 53; Düsseldorf NStZ **99**,

586). Die Genehmigung darf nicht auf besondere Ausnahmefälle beschränkt werden (Bay **78**, 27; Hamm NStZ **07**, 238 mwN). Sie muss vielmehr erteilt werden, wenn der Gewählte genügend sachkundig und vertrauenswürdig erscheint und auch sonst keine Bedenken gegen sein Auftreten als Verteidiger bestehen (BVerfG NJW **06**, 1503: Orientierung am Maßstab des § 43a BRAO; Bay aaO; Zweibrücken NZV **93**, 493). Insbesondere zugelassenen Rechtsbeiständen, die das Vertrauen des Beschuldigten genießen, muss die Genehmigung erteilt werden (Düsseldorf OLGSt Nr 3), regelmäßig aber nicht ehemalige RAe, deren Widerruf der Zulassung im BZR eingetragen wurde (Stuttgart StV **16**, 139). Verwandtschaftliche und freundschaftliche Beziehungen des Gewählten zu dem Beschuldigten und sein Interesse dieser Person am Ausgang des Verfahrens allein stellen seine Fähigkeit, die Verteidigung sachgerecht zu führen, nicht von vornherein in Frage (Hamm MDR **78**, 509). Abgelegte juristische Staatsexamina sind nicht unbedingt erforderlich (Hamm aaO; str).

Die **Genehmigung erstreckt sich,** wenn sie nicht entspr dem Antrag auf einzelne Verfahrenshandlungen oder -abschnitte beschränkt wird, auf das ganze Verfahren (Düsseldorf OLGSt Nr 3; SK-Wohlers 42). 14

Eine **nachträgliche Genehmigung,** die so lange erteilt werden kann, wie das Gericht mit der Sache befasst und der Verfahrensabschnitt, für den die Prozesshandlung bestimmt ist, noch nicht abgeschlossen ist, wirkt, rechtzeitige Antragstellung vorausgesetzt (Schleswig SchlHA **86**, 104 [E/L]), auf eine vorher vorgenommene Prozesshandlung zurück mit der Folge, dass sie als von Anfang an formgerecht zu behandeln ist (RG **55**, 213; Bay **78**, 27, 28; Hamburg JZ **55**, 218; Hamm MDR **51**, 503). Die Versagung der Genehmigung macht die zuvor erklärte Prozesshandlung unzulässig (RG **62**, 250). 15

Zuständig für die Entscheidung ist das mit der Sache befasste Gericht, nicht der Vorsitzende allein. Mit dieser Maßgabe ist im Ermittlungsverfahren § 142 III Nr 1 und 2 entspr anwendbar. Der Ermittlungsrichter ist zuständig, wenn die Zulassung auf die Mitwirkung bei einer Untersuchungshandlung nach § 162 beschränkt ist (BGHR § 138 II Zulassung 1). Das Rechtsmittelgericht ist zuständig, wenn ihm die Akten nach §§ 321 S 2, 347 II vorgelegt worden sind (8 zu § 347). Die Versagung der Genehmigung durch das untere Gericht bindet das Rechtsmittelgericht nicht, auch wenn eine dagegen eingelegte Beschwerde erfolglos war (Bay **78**, 27). 16

Die **Zurücknahme der Genehmigung** ist zulässig, wenn sich herausstellt, dass die Genehmigung rechtsfehlerhaft war (Bay **53**, 15), oder wenn die Genehmigungsvoraussetzungen nachträglich entfallen. Zuständig für die Zurücknahme ist das Gericht, das in diesem Zeitpunkt für die Erteilung der Genehmigung zuständig wäre (KK-Laufhütte/Willnow 11). Liegen die Voraussetzungen der §§ 138a, 138b vor, ist nach §§ 138c, 138d zu verfahren, nicht die Bestellung zurückzunehmen (3 zu § 138a; KK-Laufhütte aaO). 17

C. Bei **notwendiger Verteidigung** nach §§ 140, 231 IV dürfen Personen, die nicht nach I zum Verteidiger gewählt oder nach § 142 VI bestellt werden dürfen, nur gemeinschaftlich mit einem solchen Verteidiger zugelassen werden (Bay **91**, 1; KG JR **88**, 391). 18

Auch sonst sind ihre **Rechte eingeschränkt.** Zwar dürfen sie die Akten einsehen, in und außerhalb der Hauptverhandlung Ausführungen tatsächlicher oder rechtlicher Art machen und in der Hauptverhandlung den Angeklagten sowie Zeugen und Sachverständige befragen. Sie dürfen Erklärungen abgeben und Anträge, insbesondere Beweisanträge, stellen. Bei widersprüchlichen Erklärungen ist jedoch die des RA oder Hochschullehrers maßgebend. Diese Verteidiger sind auch berechtigt, Erklärungen des nach II zugelassenen Verteidigers zu widersprechen und dessen Anträge zurückzunehmen, allerdings nur bis zu dem Zeitpunkt, in dem die Erklärung nach allgemeinen Verfahrensgrundsätzen widerrufen und der Antrag zurückgenommen werden kann. 19

Auch **Rechtsmittel** können diese nach II zugelassenen Verteidiger nur gemeinsam mit dem RA oder Hochschullehrer einlegen. Bei mündlichen Erklärungen 20

Schmitt

§ 138a

genügt die Abgabe einer gemeinsamen Erklärung. Wenn Schriftlichkeit erforderlich ist, muss der RA oder Hochschullehrer aber entweder die Erklärung mitunterzeichnen oder innerhalb der Rechtsmittelfrist gegenüber dem Gericht eine eigene Erklärung abgeben, aus der hervorgeht, dass er einverstanden ist (KG NJW **74**, 916; Hamburg BB **81**, 658). Das gilt auch für den Fall, dass die Verteidigung nur nach § 140 II notwendig ist (KG JR **83**, 83). Verlangt das Gesetz, wie in § 345 II, die Unterzeichnung der Rechtsmittelerklärung, so ist die Erklärung des nach II zugelassenen Verteidigers nur wirksam, wenn der mitverteidigende RA oder Hochschullehrer die Schrift ebenfalls und ohne Zusätze, mit denen er seine Verantwortung ausschließt oder einschränkt, formgerecht unterschreibt (BGH **32**, 326; KG aaO). Das gilt auch für Erklärungen eines Rechtsbeistands, der Mitglied der RAK ist (BGH aaO). Bei der Urteilsverkündung genügt die Anwesenheit des nach II zugelassenen Verteidigers (Bremen VRS **65**, 36).

20a 3) **Anwaltlicher Beistand (III):** Das Recht der hier angeführten Zeugen und Verletzten, sich eines anwaltlichen Beistands zu bedienen, ergibt sich aus den §§ 68b (Zeugen), 378 (Privatkläger), 397 (Nebenkläger), 406g (Nebenklagebefugte) und 406f (Verletzte), Auch diese können alle in I genannten Personen wählen, andere nach III iVm II S 1 nur mit Genehmigung des Gerichts. Für die Genehmigung gelten die Ausführungen oben 10–17 entspr.

21 4) **Beschwerde:**
22 Gegen den Beschluss, der einen Verteidiger oder einen anwaltlichen Beistand mit der Begründung zurückweist, er könne **nicht nach I gewählt** werden, ist Beschwerde nach § 304 zulässig; beschwerdeberechtigt sind auch der Verteidiger (BGH **8**, 194; Hamburg MDR **69**, 598) und der Beistand. Entscheidungen der OLGe und der Ermittlungsrichter sind nach §§ 304 II S 2, V unanfechtbar.
23 Gegen die Versagung oder Zurücknahme der **Genehmigung nach II,** auch durch das erkennende Gericht (§ 305 S 1 steht nicht entgegen), können der Beschuldigte und der zum Verteidiger oder Beistand Gewählte Beschwerde einlegen (Bay **53**, 15; **54**, 53; Düsseldorf NStZ **88**, 91; KK-Laufhütte/Willnow 17; **aM** Frankfurt NStZ-RR **14**, 250: keine Beschwer der nicht als Verteidiger zugelassenen anderen Person). Gegen die Erteilung der Genehmigung nach II steht der StA die Beschwerde zu. Das Beschwerdegericht prüft die Entscheidung nur auf Ermessensfehler (Düsseldorf NStZ **88**, 91, 92; **99**, 586; Hamm NStZ **07**, 238; Koblenz NStZ **08**, 179).

Ausschließung des Verteidigers

138a
^I Ein Verteidiger ist von der Mitwirkung in einem Verfahren auszuschließen, wenn er dringend oder in einem die Eröffnung des Hauptverfahrens rechtfertigenden Grade verdächtig ist, daß er
1. an der Tat, die den Gegenstand der Untersuchung bildet, beteiligt ist,
2. den Verkehr mit dem nicht auf freiem Fuß befindlichen Beschuldigten dazu mißbraucht, Straftaten zu begehen oder die Sicherheit einer Vollzugsanstalt erheblich zu gefährden, oder
3. eine Handlung begangen hat, die für den Fall der Verurteilung des Beschuldigten Datenhehlerei, Begünstigung, Strafvereitelung oder Hehlerei wäre.

^{II} Von der Mitwirkung in einem Verfahren, das eine Straftat nach § 129a, auch in Verbindung mit § 129b Abs. 1, des Strafgesetzbuches zum Gegenstand hat, ist ein Verteidiger auch auszuschließen, wenn bestimmte Tatsachen den Verdacht begründen, daß er eine der in Absatz 1 Nr. 1 und 2 bezeichneten Handlungen begangen hat oder begeht.

^{III 1} Die Ausschließung ist aufzuheben,
1. sobald ihre Voraussetzungen nicht mehr vorliegen, jedoch nicht allein deshalb, weil der Beschuldigte auf freien Fuß gesetzt worden ist,

Verteidigung § 138a

2. wenn der Verteidiger in einem wegen des Sachverhalts, der zur Ausschließung geführt hat, eröffneten Hauptverfahren freigesprochen oder wenn in einem Urteil des Ehren- oder Berufsgerichts eine schuldhafte Verletzung der Berufspflichten im Hinblick auf diesen Sachverhalt nicht festgestellt wird,
3. wenn nicht spätestens ein Jahr nach der Ausschließung wegen des Sachverhalts, der zur Ausschließung geführt hat, das Hauptverfahren im Strafverfahren oder im ehren- oder berufsgerichtlichen Verfahren eröffnet oder ein Strafbefehl erlassen worden ist.

²Eine Ausschließung, die nach Nummer 3 aufzuheben ist, kann befristet, längstens jedoch insgesamt für die Dauer eines weiteren Jahres, aufrechterhalten werden, wenn die besondere Schwierigkeit oder der besondere Umfang der Sache oder ein anderer wichtiger Grund die Entscheidung über die Eröffnung des Hauptverfahrens noch nicht zuläßt.

IV ¹Solange ein Verteidiger ausgeschlossen ist, kann er den Beschuldigten auch in anderen gesetzlich geordneten Verfahren nicht verteidigen. ²In sonstigen Angelegenheiten darf er den Beschuldigten, der sich nicht auf freiem Fuß befindet, nicht aufsuchen.

V ¹Andere Beschuldigte kann ein Verteidiger, solange er ausgeschlossen ist, in demselben Verfahren nicht verteidigen, in anderen Verfahren dann nicht, wenn diese eine Straftat nach § 129a, auch in Verbindung mit § 129b Abs. 1, des Strafgesetzbuches zum Gegenstand haben und die Ausschließung in einem Verfahren erfolgt ist, das ebenfalls eine solche Straftat zum Gegenstand hat. ²Absatz 4 gilt entsprechend.

Übersicht

	Rn
1) Anwendungsbereich	1–3a
2) Ausschließungsgründe (I, II)	4–15
A. Tatbeteiligung (I Nr 1)	5
B. Missbrauch des ungehinderten Verkehrs mit dem Beschuldigten (I Nr 2)	6–8
C. Begünstigung, Strafvereitelung, Hehlerei (I Nr 3)	9–11
D. Verdachtsgrad	12–14
E. Verfahren wegen Straftaten nach § 129a StGB	15
3) Aufhebung der Ausschließung (III)	16–20
A. Wegfall der Ausschließungsvoraussetzungen (III S 1 Nr 1)	17
B. Freispruch des Verteidigers (III S 1 Nr 2)	18
C. Verzögerung des Verfahrens gegen den Verteidiger (III S 1 Nr 3)	19
D. Verfahren	20
4) Wirkung der Ausschließung	21–28
A. Jede Tätigkeit im Strafverfahren	22–24
B. Verbot der Verteidigung in anderen gerichtlichen Verfahren (IV)	25, 26
C. Unzulässigkeit der Verteidigung anderer Beschuldigter (V)	27
D. Zurückweisung des Verteidigers	28

1) Eine **abschließende Regelung** der strafprozessualen Ausschließungsgründe, 1 die zwingend (BGH **37**, 395, 396) und mit dem GG vereinbar ist (BVerfG NJW **75**, 2341; Stuttgart AnwBl **75**, 213), enthalten die §§ 138a, 138b (Fahl 325; Rieß NStZ **81**, 328). Andere Verfehlungen des Verteidigers, auch wenn sie grob standeswidrig oder sogar strafbar sind (Beleidigung, Bedrohung des Gerichts uä), rechtfertigen die Ausschließung nicht, ebenso wenig seine Vernehmung als Zeuge (18 vor § 48).

Die Ausschließungsgründe gelten **in jeder Lage des Verfahrens,** auch nach 2 Rechtskraft des Urteils (vgl § 138c III S 2) im Vollstreckungs-, Strafvollzugs-, Gnaden- und Wiederaufnahmeverfahren, sowie entspr im Bußgeldverfahren (BGH wistra **92**, 228) und im anwaltsgerichtlichen Verfahren (BGH **37**, 395).

Schmitt

§ 138a

3 Ausgeschlossen werden können **alle Verteidiger** (§ 138 I), auch die mit Zustimmung des Beschuldigten unterbevollmächtigten Verteidiger (Rieß NStZ **81**, 331), und die nach § 392 I AO zu Verteidigern gewählten Angehörigen steuerberatender Berufe (Karlsruhe NJW **75**, 943), ferner die nach § 138 II zugelassenen Verteidiger. Insbesondere unterfallen § 138a aber auch die nach § 142 bestellten Verteidiger (BGH **42**, 94; AK-Stern 9 mwN). §§ 138a ff enthalten gegenüber § 143a die speziellere Regelung (Düsseldorf NStZ **88**, 519; LR-Lüderssen/Jahn 3 ff; offen gelassen von BGH **42**, 94, 97).

3a Wird nach Eröffnung des Hauptverfahrens ein **mitangeklagter RA als Verteidiger** gewählt, ist er durch Beschluss des erkennenden Gerichts zurückzuweisen; §§ 138a ff sind nicht anwendbar (BGH StV **96**, 469; vgl auch BGH wistra **11**, 149, 150; **aM** Stuttgart Justiz **87**, 80, 81); Celle NJW **01**, 3564 wendet diesen Grundsatz auch auf den in demselben Ermittlungsverfahren mitbeschuldigten RA an; dagegen Hamm NStZ-RR **08**, 252.

4 2) **Ausschließungsgründe (I, II):**

5 A. **Tatbeteiligung (I Nr 1):** Das Tatgeschehen muss als Straftat zu qualifizieren (**aM** Milzer MDR **90**, 587: Strafbarkeit des Beschuldigten nicht zu prüfen) und die Tatbeteiligung dem Verteidiger vorwerfbar sein (BGH NStZ **86**, 37). Sie kann in der Form der Mittäterschaft, der mittelbaren Täterschaft oder der Teilnahme (Anstiftung, Beihilfe) bestehen (§§ 25–27 StGB). Eine darüber hinausgehende Beteiligung iS des § 60 Nr 2 (dort 12) reicht nicht aus (Zweibrücken wistra **95**, 319 mwN; Burhoff StRR **12**, 404; **aM** Schlüchter 125 Fn 392; vgl auch BGH MDR **77**, 984 [H]). Beteiligter iS von I Nr 1 ist der Verteidiger aber auch, wenn er der Haupttäter und der Beschuldigte der Teilnehmer ist (Fezer 4/47). Bei Beteiligung an einem nur auf Antrag zu verfolgenden Delikt wird nicht vorausgesetzt, dass auch gegen den Verteidiger Strafantrag gestellt ist (Hamburg NStZ **83**, 426); es genügt, dass die Tat im anwaltsgerichtlichen Verfahren geahndet werden kann (BGH NJW **84**, 316; wistra **00**, 311, 314). Zur Ausschließung kann bei Dauerdelikten auch eine Beteiligung nach Anklageerhebung führen (Stuttgart AnwBl **75**, 213). Zum erforderlichen Verdachtsgrad vgl unten 12 ff.

6 B. **Missbrauch des ungehinderten Verkehrs mit dem Beschuldigten** (I Nr 2): Dieser Ausschließungsgrund gilt nur, wenn der Beschuldigte nicht auf freiem Fuß (dazu 13 zu § 35) ist. Ob der Missbrauch (zum Begriff vgl Kröpil JR **97**, 316) des freien schriftlichen oder mündlichen Verkehrs mit dem Beschuldigten (§ 148 I) zu einem in I Nr 2 bezeichneten verfahrensfremden Zwecke mit oder ohne Wissen des Mandanten geschehen ist, spielt keine Rolle.

7 Beim Missbrauch zur **Begehung von Straftaten** muss sich der Verdacht (unten 12 ff) darauf beziehen, dass eine Straftat in der Form der Täterschaft oder Teilnahme vorwerfbar begangen oder dass jedenfalls mit ihrer Begehung begonnen worden ist (KK-Laufhütte/Willnow 10 mit zutr Hinweis auf den Wortlaut von II; **aM** LR-Lüderssen/Jahn 95). Der Verdacht, dass der Verteidiger erst künftig Straftaten begehen werde, reicht nicht aus. Bei Antragsdelikten setzt die Ausschließung voraus, dass mit der Stellung eines Strafantrags gerechnet werden kann; andernfalls ist die Ausschließung nicht verhältnismäßig (KK-Laufhütte/Willnow aaO). Auf die sofortige Verfolgbarkeit im Zeitpunkt der Ausschließung kommt es aber nicht an (KMR-Haizmann 8; **aM** LR-Lüderssen/Jahn 97).

8 Die **Sicherheit einer Vollzugsanstalt** ist gefährdet, wenn konkrete Gefahren für Personen und Sachen (Gebäude und Einrichtungen) in der Anstalt oder einem wesentlichen Teil der Anstalt (LR-Lüderssen/Jahn 101) oder für den durch den Freiheitsentzug begründeten Gewahrsam drohen, zB durch Einbringung von Waffen, Sprengstoff oder Ausbruchsmaterial (KK-Laufhütte/Willnow 11). Eine Störung der Sicherheit braucht noch nicht eingetreten zu sein; es genügt die nahe liegende Möglichkeit, dass sie eintreten wird (Parigger Koch-FG 206). Es muss aber der dringende Verdacht (unten 12 ff) begründet sein, dass die Handlung, die hierzu führen wird, bereits begonnen hat. Störungen, die nach Art, Wirkung oder Dauer nicht erheblich ins Gewicht fallen, rechtfertigen die Ausschließung nicht.

C. **Begünstigung, Strafvereitelung, Hehlerei (I Nr 3)**: Vgl §§ 257–260 9
StGB. Dieses strafbare Verhalten muss sich, wie die Tatbeteiligung nach I Nr 1, auf
die Tat beziehen, die iS des § 264 Gegenstand des Verfahrens ist.
 Ob eine Verurteilung des Beschuldigten wegen der **Haupttat** wahrscheinlich 10
ist, braucht das Gericht nicht zu prüfen. Es unterstellt, dass er alle Tatbestandsmerkmale erfüllt hat und dass seiner Verurteilung keine Prozesshindernisse entgegenstehen, und prüft nur, ob der Verteidiger, wenn diese Unterstellung zutrifft, einer Straftat nach §§ 257 ff StGB verdächtig ist (Braunschweig StV **84**, 500; Bremen NJW **81**, 2711). Zum Verdachtsgrad vgl unten 12 ff.
 Versuchte Strafvereitelung nach § 258 StGB genügt für die Ausschließung 11
(BGH 2 ARs 88/79 vom 4.5.1979; KG NStZ **83**, 556; Koblenz JBlRP **10**, 21; Köln NJW **75**, 459; Beulke NStZ **83**, 504; vgl auch Düsseldorf JZ **86**, 408, das mit Recht die verspätete Stellung eines Beweisantrags nicht für strafbar hält, Krekeler NStZ **89**, 152), nicht aber die (straflose) erfolglose Anstiftung eines Zeugen zur Falschaussage (Bremen NJW **81**, 2711; Frankfurt StV **92**, 360; aM Beulke NStZ **82**, 331) oder die Anwendung prozessual zulässiger Mittel (Bamberg StV **14**, 8; Düsseldorf NJW **91**, 996), anders möglicherweise beim Einsatz prozessual unzulässiger Mittel (Malmendier NJW **97**, 232). Allerdings kann bereits in der Benennung eines Zeugen, auf den der Verteidiger zuvor mit dem Ziel eingewirkt hat, ihn zu einer Falschaussage zu veranlassen, der Versuch der Strafvereitelung liegen (BGH NJW **83**, 2712; aM BGH **31**, 10 = NStZ **82**, 329 mit abl Anm Beulke). Das setzt aber voraus, dass der Zeuge die Falschaussage zugesichert und der Verteidiger mit seiner Benennung alles getan hat, was seiner Meinung nach ohne weiteres in die Vollendung des Tatbestandes des § 258 StGB einmünden würde (KG StV **84**, 336).
 D. **Verdachtsgrad:** Die Ausschließung setzt voraus, dass der Verteidiger einer 12
der in Nrn 1–3 bezeichneten Taten entweder dringend oder in einem die Eröffnung des Hauptverfahrens rechtfertigenden Grade verdächtig ist. Das bedeutet nicht, dass beide Verdachtsgrade wahlweise zur Verfügung stehen.
 Gemeint ist Folgendes: Der **dringende Verdacht** genügt immer. Er liegt vor, 13
wenn der Ausschließungsgrund mit großer Wahrscheinlichkeit gegeben ist (vgl 6 zu § 112); dabei ist eine Gesamtwürdigung aller Umstände erforderlich (BGH NJW **84**, 316; Hamburg NStZ **83**, 426).
 Der **hinreichende Verdacht** verlangt nur eine geringere Wahrscheinlichkeit für 14
das Bestehen des Ausschließungsgrundes (vgl 2 zu § 203). Er setzt nach der Rspr des BGH nicht voraus, dass wegen dieses Vorwurfs gegen ihn ein Ermittlungsverfahren eingeleitet und bis zur Anklagereife gediehen ist (BGH **36**, 133; StV **96**, 470; StraFo **18**, 519; Fezer JZ **96**, 614; Frye wistra **05**, 87; aM KG NStZ-RR **16**, 18; KK-Laufhütte/Willnow 6). Der vom BGH abweichenden Ansicht ist zuzustimmen; sie wird dem Ziel der Differenzierung zwischen dringendem und hinreichendem Tatverdacht im Gesetzeswortlaut besser gerecht, indem sie durch ein Abstellen auf eine fortgeschrittene Prozesssituation als Voraussetzung für die Annahme der Fallgruppe des hinreichenden Tatverdachts dessen im Verhältnis zum dringenden Tatverdacht reduzierten Verdachtsgrad ausgleicht.
 E. In **Verfahren wegen Straftaten nach § 129a StGB,** auch iVm § 129b 15
Abs 1 StGB, (II) ist für die Ausschließungsgründe nach I Nrn 1 und 2 weder dringender noch hinreichende Tatverdacht erforderlich. Es genügt, wie bei § 100a (dort 9), der auf bestimmte Tatsachen gestützte Verdacht für das rechtlich zu missbilligende Verteidigerverhalten (KG NJW **78**, 1538). Daher ist nicht erforderlich, dass in dem Strafverfahren ein Haftbefehl auf § 129a StGB gestützt ist. Wenn das Verfahren gegen den (nach Teilrechtskraft, Teileinstellung, Beschränkung der Verfolgung nach § 154a) nicht mehr wegen der Tat nach § 129a StGB anhängig ist, kommt die Anwendung des II nicht in Betracht (KK-Laufhütte/Willnow 9).
 3) Die **Aufhebung der Ausschließung** (III) ist zwingend vorgeschrieben, 16
wenn die Voraussetzungen des III Nr 1 oder 2 vorliegen. Sie kommt allerdings

§ 138a

nicht in Betracht, wenn das Verteidigungsverhältnis unabhängig von der Ausschließung nicht mehr besteht (Frankfurt NStZ-RR 11, 149). Im Fall der Nr 3 gilt die Einschränkung des III S 2. Vgl auch 3 zu § 138b.

17 A. **Wegfall der Ausschließungsvoraussetzungen (III S 1 Nr 1):** Eine Änderung der tatsächlichen Grundlagen der Ausschließungsentscheidung, die den Ausschließungsgrund entfallen lässt, zwingt zu ihrer Aufhebung. Dass die Tatsachengrundlage abweichend beurteilt wird, ist kein Aufhebungsgrund. Im Fall des I Nr 2 führt die Entlassung des Beschuldigten aus dem Gewahrsam allein nicht zur Aufhebung. Das gilt erst recht, wenn der Beschuldigte aus dem Gewahrsam entwichen ist oder sich sonst ohne Erlaubnis außerhalb der Gewahrsamsanstalt aufhält.

18 B. **Freispruch des Verteidigers (III S 1 Nr 2):** Schon der in der Vorschrift bezeichnete günstige Ausgang des Straf-, Ehren- oder Berufsgerichtsverfahrens zwingt zur Aufhebung; auf die Rechtskraft der Entscheidung kommt es nicht an (Stuttgart Justiz **87**, 80). Wird die Eröffnung des Hauptverfahrens abgelehnt oder das Verfahren endgültig eingestellt, so kommt nur die Aufhebung nach III S 1 Nr 1 in Betracht; dann muss die Rechtskraft der Entscheidung abgewartet werden.

19 C. **Verzögerung des Verfahrens gegen den Verteidiger (III S 1 Nr 3):** Die Jahresfrist beginnt mit dem Wirksamwerden der Ausschließung (unten 22) und endet mit dem Erlass (5 ff vor § 33) des Eröffnungsbeschlusses oder Strafbefehls. Ausnahmsweise kann die Ausschließung nach III S 2 unter den dort bestimmten Voraussetzungen für ein Jahr verlängert werden; die Voraussetzungen hierfür knüpfen an die für die UHaft-Verlängerung nach § 121 an.

20 D. **Verfahren:** Die Aufhebung tritt, auch im Fall des III S 1 Nr 3, nicht kraft Gesetzes ein, sondern erfolgt durch Beschluss des in diesem Zeitpunkt nach I zuständigen Gerichts (Karlsruhe Justiz **81**, 446). Sie kann sowohl von dem ausgeschlossenen Verteidiger oder dem Beschuldigten als auch, entspr § 138c II S 1, 2, von der StA oder dem Gericht beantragt werden. Der Antrag der StA und der Vorlegungsbeschluss des Gerichts sind zu begründen (9 zu § 138c). Die Beteiligung der RAK richtet sich nach § 138c II S 3, 4. Der BGH und das OLG entscheiden idR schriftlich, können aber entspr § 138d I auch eine mündliche Verhandlung anberaumen. Die Entscheidung ist unanfechtbar (13 zu § 138d).

21 **4) Wirkung der Ausschließung:**
22 A. **Von jeder Tätigkeit** in dem Strafverfahren bis zu dessen vollständiger Beendigung, also auch im Vollstreckungs-, Vollzugs-, Gnaden- und Wiederaufnahmeverfahren, ist der Verteidiger ausgeschlossen. Er darf nicht Verteidiger sein, nicht auf Grund einer Untervollmacht (11 vor § 137) auftreten und den Angeklagten auch nicht auf Grund einer besonderen Vollmacht bei einer bestimmten Prozesshandlung, zB bei der Rechtsmitteleinlegung, vertreten (Karlsruhe Justiz **81**, 446).

23 **Wirksam** wird der Ausschluss nicht schon mit der Zustellung des Ausschließungsbeschlusses, sondern erst mit seiner Rechtskraft (LR-Lüderssen/Jahn 146; KMR-Haizmann 32; 15 zu § 138d). Vorher kann aber angeordnet werden, dass die Rechte des Verteidigers aus den §§ 147, 148 ruhen (§ 138c III).

24 **Prozesshandlungen** des ausgeschlossenen Verteidigers sind unwirksam, ohne dass das besonders festgestellt werden muss (KK-Laufhütte/Willnow 5). Der Verteidiger, der sich an die Ausschließung nicht hält, wird förmlich zurückgewiesen (unten 28).

25 B. Das **Verbot der Verteidigung in anderen gerichtlichen Verfahren (IV)** soll verhindern, dass die Ausschließung umgangen wird. Es tritt mit dem Wirksamwerden der Ausschließung (oben 23) kraft Gesetzes ein. Andere gesetzlich geordnete Verfahren iS des IV sind Bußgeld-, Ehren- und Berufsgerichtsverfahren sowie sonstige rechtlich geregelte Disziplinarverfahren, auch das DNA-Identitätsfeststellungsverfahren nach § 81g (BVerfG NStZ **08**, 226). IV S 1 gilt auch, wenn die Ausschließung auf I Nr 2 beruht, der Beschuldigte aber nicht mehr in Haft ist, zB deshalb, weil er aus dem Gewahrsam entwichen ist oder sich sonst ohne Erlaubnis außerhalb der Anstalt befindet (vgl oben 8).

In sonstigen Angelegenheiten (IV S 2), zB in Zivil- und Verwaltungsgerichtsprozessen, darf der ausgeschlossene Verteidiger für den Beschuldigten tätig sein; er darf ihn aber nicht aufsuchen, wenn er sich in einer JVA befindet. 26

C. Die **Unzulässigkeit der Verteidigung anderer Beschuldigter (V)** folgt schon aus § 146; das Verbot wird in V nur vorsorglich aufgestellt. In anderen Verfahren darf der ausgeschlossene Verteidiger einen Mitbeschuldigten grundsätzlich verteidigen, wenn nicht andere Hinderungsgründe entgegenstehen. Davon gilt eine Ausnahme für den Fall, dass beide Verfahren eine Straftat nach § 129a, auch iVm § 129b Abs 1 StGB zum Gegenstand haben; um dieselbe terroristische Vereinigung braucht es sich dabei nicht zu handeln. Dann ist der Verteidiger, auch wenn sein Mandant nicht nach § 129a StGB angeklagt ist, als Verteidiger auch in dem anderen Verfahren ausgeschlossen. Die entspr Anwendung von IV, die V S 2 bestimmt, bedeutet, dass der Verteidiger die Mitbeschuldigten, von deren Verteidigung er nach V S 1 ausgeschlossen ist, auch in anderen Verfahren nicht verteidigen darf. 27

D. **Zurückweisung des Verteidigers:** Die Unzulässigkeit der Verteidigung nach IV, V tritt kraft Gesetzes ein und führt, wenn sie von dem ausgeschlossenen Verteidiger nicht beachtet wird, zur Zurückweisung im Fall des § 146a (KK-Laufhütte/Willnow 27; Dahs NJW **76**, 2149). Im Ermittlungsverfahren weist die StA den Verteidiger zurück (**aM** Dahs aaO: das nach § 138c I zuständige Gericht). Prozesshandlungen des ausgeschlossenen Verteidigers sind ohne weiteres unwirksam. 28

Ausschließung bei Gefahr für die Sicherheit der Bundesrepublik Deutschland

138b [1]Von der Mitwirkung in einem Verfahren, das eine der in § 74a Abs. 1 Nr. 3 und § 120 Abs. 1 Nr. 3 des Gerichtsverfassungsgesetzes genannten Straftaten oder die Nichterfüllung der Pflichten nach § 138 des Strafgesetzbuches hinsichtlich der Straftaten des Landesverrates oder einer Gefährdung der äußeren Sicherheit nach den §§ 94 bis 96, 97a und 100 des Strafgesetzbuches zum Gegenstand hat, ist ein Verteidiger auch dann auszuschließen, wenn auf Grund bestimmter Tatsachen die Annahme begründet ist, daß seine Mitwirkung eine Gefahr für die Sicherheit der Bundesrepublik Deutschland herbeiführen würde. [2]§ 138a Abs. 3 Satz 1 Nr. 1 gilt entsprechend.

1) Einen **zusätzlichen Ausschließungsgrund** in Staatsschutzsachen nach §§ 74a I Nr 3, 120 I Nrn 3, 7 GVG bestimmt die Vorschrift. Auch sie gilt in jeder Lage des Verfahrens und nach Urteilsrechtskraft (2 zu § 138a). 1

Die Ausschließung setzt den auf bestimmte Tatsachen gestützten Verdacht (Parigger Koch-FG 209; 15 zu § 138a) voraus, dass die Mitwirkung des Verteidigers eine **Gefahr für die Sicherheit der BRep** herbeiführen werde. Wie in § 92 III Nr 2 StGB kommt eine Gefährdung sowohl der äußeren als auch der inneren Sicherheit der BRep in Betracht. Sie betrifft die Fähigkeit, sich nach innen oder außen gegen Störungen zur Wehr zu setzen (KK-Laufhütte/Willnow 2). Die Ausschließung ist nur zulässig, wenn die nahe liegende Möglichkeit eines Schadenseintritts besteht. Das ist unter Abwägung aller Umstände des Falles zu beurteilen; die politische Gesinnung des Verteidigers allein besagt nichts (KK-Laufhütte/Willnow 3). 2

2) Die **Aufhebung der Ausschließung (S 2 iVm § 138a III S 1 Nr 1)** ist zwingend vorgeschrieben, wenn sich zur Überzeugung des Gerichts ergibt, dass die Tatsachengrundlage des Beschlusses nachträglich wegfällt (LR-Lüderssen/Jahn 8; 17 zu § 138a). 3

Zuständigkeit für die Ausschließungsentscheidung RiStBV 138 III

138c I ¹Die Entscheidungen nach den §§ 138a und 138b trifft das Oberlandesgericht. ²Werden im vorbereitenden Verfahren die Ermittlungen vom Generalbundesanwalt geführt oder ist das Verfahren vor dem Bundesgerichtshof anhängig, so entscheidet der Bundesgerichtshof. ³Ist das Verfahren vor einem Senat eines Oberlandesgerichtes oder des Bundesgerichtshofes anhängig, so entscheidet ein anderer Senat.

II ¹Das nach Absatz 1 zuständige Gericht entscheidet nach Erhebung der öffentlichen Klage bis zum rechtskräftigen Abschluß des Verfahrens auf Vorlage des Gerichts, bei dem das Verfahren anhängig ist, sonst auf Antrag der Staatsanwaltschaft. ²Die Vorlage erfolgt auf Antrag der Staatsanwaltschaft oder von Amts wegen durch Vermittlung der Staatsanwaltschaft. ³Soll ein Verteidiger ausgeschlossen werden, der Mitglied einer Rechtsanwaltskammer ist, so ist eine Abschrift des Antrages der Staatsanwaltschaft nach Satz 1 oder die Vorlage des Gerichts dem Vorstand der zuständigen Rechtsanwaltskammer mitzuteilen. ⁴Dieser kann sich im Verfahren äußern.

III ¹Das Gericht, bei dem das Verfahren anhängig ist, kann anordnen, dass die Rechte des Verteidigers aus den §§ 147 und 148 bis zur Entscheidung des nach Absatz 1 zuständigen Gerichts über die Ausschließung ruhen; es kann das Ruhen dieser Rechte auch für die in § 138a Abs. 4 und 5 bezeichneten Fälle anordnen. ²Vor Erhebung der öffentlichen Klage und nach rechtskräftigem Abschluß des Verfahrens trifft die Anordnung nach Satz 1 das Gericht, das über die Ausschließung des Verteidigers zu entscheiden hat. ³Die Anordnung ergeht durch unanfechtbaren Beschluß. ⁴Für die Dauer der Anordnung hat das Gericht zur Wahrnehmung der Rechte aus den §§ 147 und 148 einen anderen Verteidiger zu bestellen. ⁵§ 142 Absatz 5 bis 7 gilt entsprechend.

IV ¹Legt das Gericht, bei dem das Verfahren anhängig ist, gemäß Absatz 2 während der Hauptverhandlung vor, so hat es zugleich mit der Vorlage die Hauptverhandlung bis zur Entscheidung durch das nach Absatz 1 zuständige Gericht zu unterbrechen oder auszusetzen. ²Die Hauptverhandlung kann bis zu dreißig Tagen unterbrochen werden.

V ¹Scheidet der Verteidiger aus eigenem Entschluß oder auf Veranlassung des Beschuldigten von der Mitwirkung in einem Verfahren aus, nachdem gemäß Absatz 2 der Antrag auf Ausschließung gegen ihn gestellt oder die Sache dem zur Entscheidung zuständigen Gericht vorgelegt worden ist, so kann dieses Gericht das Ausschließungsverfahren weiterführen mit dem Ziel der Feststellung, ob die Mitwirkung des ausgeschiedenen Verteidigers in dem Verfahren zulässig ist. ²Die Feststellung der Unzulässigkeit steht im Sinne der §§ 138a, 138b, 138d der Ausschließung gleich.

VI ¹Ist der Verteidiger von der Mitwirkung in dem Verfahren ausgeschlossen worden, so können ihm die durch die Aussetzung verursachten Kosten auferlegt werden. ²Die Entscheidung hierüber trifft das Gericht, bei dem das Verfahren anhängig ist.

1 **1) Zuständigkeit (I):** Die Ausschließung des Verteidigers berührt in 1. Hinsicht das Strafprozessrecht, nicht das anwaltliche Berufsrecht (vgl BVerfGE **16**, 214, 217; **34**, 293, 306; BGH **15**, 326, 331; zur Struktur des Verfahrens Fezer Meyer-GedSchr 81, der eine Parallele zum Zwischenverfahren nach §§ 201 ff zieht). Daher entscheidet über sie ein Strafgericht, jedoch nicht das Gericht, das für das Strafverfahren zuständig oder bei dem es anhängig ist, sondern das OLG (I S 1). In bestimmten Fällen (I S 2) entscheidet der BGH; dazu gehören aber nicht solche Fälle betreffende Strafvollzugssachen (BGH **38**, 52). Im Fall des I S 3 ist ein anderer Senat zuständig.

2 **Örtlich zuständig** ist im Ermittlungsverfahren das Gericht, das für das Hauptverfahren zuständig wird, übergeordnete OLG, bei Vorlegung durch den

Verteidigung **§ 138c**

Tatrichter das diesem übergeordnete OLG und nach Urteilsrechtskraft das OLG, in dessen Bezirk die den Antrag stellende StA ihren Sitz hat, im Verfahren zur Vorbereitung der Wiederaufnahme das dem Wiederaufnahmegericht (1 zu § 367) übergeordnete OLG. Das OLG entscheidet in der **Besetzung** mit 3 Richtern (§ 122 I GVG), der 3 BGH mit 5 Richtern (§ 139 I GVG).

2) Ein **Vorlegungsverfahren (II S 1, 2)** setzt die Ausschließung voraus; BGH 4 und OLG entscheiden nicht von Amts wegen.

A. **Vor Rechtshängigkeit und nach Urteilsrechtskraft**: Ist das Verfahren bei 5 Gericht noch nicht oder nicht mehr anhängig, so entscheidet das nach I zuständige Gericht auf Antrag der StA, im Fall des § 386 II **AO** der Finanzbehörde (Karlsruhe NJW **75**, 943). Zur Begründung des Antrags vgl unten 9. Im Vollstreckungsverfahren stellt die für dieses Verfahren zuständige StA den Antrag, bei der Vorbereitung eines Wiederaufnahmeverfahrens die StA bei dem Gericht, das nach § 367, § 140a GVG über den Wiederaufnahmeantrag zu befinden hat. Die StA beim LG legt die Akten der StA beim OLG vor, die sie mit ihrer Stellungnahme an das OLG weiterleitet; sie kann den Antrag zurücknehmen (§ 145 GVG).

B. Im **gerichtlichen Verfahren** erlässt das mit der Sache befasste Gericht auf 6 Antrag der StA oder von Amts wegen einen Vorlegungsbeschluss, den es durch Vermittlung der StA an das nach I zuständige Gericht weiterleitet. Der Beschluss kann zurückgenommen werden, solange noch nicht über die Ausschließung entschieden worden ist, wenn er auf Antrag der StA ergangen ist, aber nur mit deren Zustimmung.

a) **Auf Antrag der StA (II S 1, 2)**: Hält die das Verfahren in dem betreffen- 7 den Verfahrensabschnitt betreibende StA die Ausschließung für notwendig, so stellt sie bei dem mit der Sache befassten Gericht unter Darlegung der Ausschließungsgründe (unten 9) den Antrag auf Vorlegung der Sache. Das Gericht ist nicht berechtigt, den Antrag zu prüfen und abzulehnen; es ist zum Erlass eines Vorlegungsbeschlusses und zur Vorlegung der Akten an das OLG verpflichtet, auch wenn es das aus sachlichen Gründen nicht für geboten hält (Düsseldorf StraFo **97**, 333 mwN; Karlsruhe NStZ **83**, 281). Der Vorlegungsbeschluss muss alle für die Schlüssigkeit des Begehrens notwendigen Merkmale selbst enthalten, die Bezugnahme auf den Antrag der StA genügt nach der Rspr nicht (Jena NStZ **05**, 49 f; Hamm NStZ-RR **99**, 50; dahingestellt von Celle StV **16**, 141). Enthält allerdings bereits der Antrag der StA alle erforderlichen Merkmale, sollte es ausreichen, dass das Gericht zu diesem Antrag in dem Beschluss Stellung nimmt (vgl Frye NStZ **05**, 50 gegen Jena ebenda).

b) **Von Amts wegen (S 2)** erlässt das Gericht, wenn es die Ausschließung für 8 geboten hält, einen mit Gründen versehenen (unten 9) Vorlegungsbeschluss. In der Hauptverhandlung entscheidet das Gericht in der durch §§ 30 I, 76 S 1, 122 GVG, außerhalb der Hauptverhandlung, auch wenn sie nur unterbrochen ist, in der dafür durch §§ 30 II, 76 S 2, 122 I GVG vorgeschriebenen Besetzung (KK-Laufhütte/Willnow 8; **aM** Dünnebier NJW **76**, 3, der einen Vorlegungsbeschluss während der Unterbrechung für unzulässig hält).

C. **Erforderliche Begründung**: In dem Antrag der StA und dem von Amts 9 wegen erlassenen Vorlegungsbeschluss müssen – entspr § 172 (dort 26 ff) – dem OLG die Tatsachen mitgeteilt werden, aus denen sich im Fall ihres Nachweises das die Ausschließung des Verteidigers rechtfertigende Verhalten ergeben soll; außerdem sind die Beweismittel anzugeben (Celle StV **16**, 141; Bamberg StV **14**, 8; Brandenburg StV **08**, 66; Düsseldorf StraFo **98**, 119; 304; Hamm NStZ-RR **99**, 50; Jena NJW **09**, 1894; Karlsruhe NJW **75**, 943). Fehlt es an einer solchen Darlegung, die durch Bezugnahme auf andere Schriftstücke nicht ersetzt werden kann (KG NJW **06**, 1537; Hamm aaO), so kann der Ausschließungsantrag vom OLG zur Nachbesserung zurückgegeben (Fezer Meyer-GedSchr 87) oder als unzulässig abgelehnt werden (1 zu § 138d; Celle StV **16**, 141); denn es ist nicht Aufgabe des

Schmitt

§ 138c   Erstes Buch. 11. Abschnitt

OLG, von sich aus nach den Grundlagen für eine etwaige Ausschließung zu forschen (Düsseldorf wistra 97, 239).

10   D. **Mitteilung an die Beteiligten:** II S 3 schreibt die Mitteilung einer Abschrift des Ausschließungsantrags der StA oder der Vorlage, dh des Vorlegungsbeschlusses des Gerichts, nur an den Vorstand der RAK für den Fall vor, dass der Verteidiger Mitglied einer RAK ist. Dass dem Verteidiger selbst und dem Beschuldigten der Antrag oder Beschluss ebenfalls bekanntzugeben ist, versteht sich von selbst. Die Mitteilungen ordnet nicht die StA oder der Tatrichter, sondern das nach I zuständige Gericht an (LR-Lüderssen/Jahn 16; **aM** KMR-Haizmann 15 für den Vorlegungsbeschluss). Sie werden regelmäßig mit der Ladung oder Terminsnachricht verbunden (3 zu § 138d). Zu dem mitgeteilten Antrag bzw Beschluss können sich der Vorstand der RAK und der Verteidiger **äußern.**

11   **3) Vorläufige Maßnahmen des Gerichts (III):**
12   A. Das **Ruhen der Verteidigerrechte** aus den §§ 147, 148 (S 1–3), wenn der Beschuldigte auf freiem Fuß ist, nur der Rechte aus § 147, kann das Gericht anordnen, wenn es das für erforderlich hält. Zulässig ist die Anordnung nur, wenn zu befürchten ist, dass der Verteidiger andernfalls die zu seiner Ausschließung zwingenden unerlaubten Tätigkeiten fortsetzen werde (Stuttgart AnwBl **75**, 170; 243; KK-Laufhütte/Willnow 19). In die Anordnung können nach III S 1 Hs 2 auch die Verfahren einbezogen werden, auf die sich die Ausschließung nach § 138a IV, V erstreckt. Zuständig ist vor Erhebung der öffentlichen Klage und nach rechtskräftigem Verfahrensabschluss das nach I für die Ausschließung zuständige OLG oder der BGH (III S 2), während des gerichtlichen Verfahrens das Tatgericht, bei dem es anhängig ist (III S 1). Vor der Anordnung sind die StA zu hören, wenn sie nicht selbst den Antrag gestellt hat (§ 33 II). Der Verteidiger und der Beschuldigte werden nach § 33 III gehört, sofern nicht § 33 IV eingreift. Der Beschluss, der nicht begründet zu werden braucht (**aM** KK-Laufhütte/Willnow aaO; LR-Lüderssen/Jahn 30), ist unanfechtbar (III S 3). Er hat zur Folge, dass dem Verteidiger Akteneinsicht und der Zugang zu dem in UHaft befindlichen Angeklagten verwehrt wird. Briefe des Verteidigers werden dem Angeklagten nicht ausgehändigt, Briefe des Angeklagten an den Verteidiger nicht befördert, sondern zurückgegeben.

13   B. Die **Bestellung eines Pflichtverteidigers (III S 4, 5)** ist für die Dauer der Anordnung, also bis zur Rechtskraft der Entscheidung über die Ausschließung, zwingend vorgeschrieben, auch wenn die Verteidigung nicht notwendig ist oder der Beschuldigte noch andere Verteidiger hat (Lampe MDR **75**, 530). Für das Bestellungsverfahren gilt § 142 V bis VII (37 ff zu § 142). Der „andere" Verteidiger kann auch ein dem Beschuldigten bereits bestellter Pflichtverteidiger sein (Stuttgart AnwBl **75**, 170). Seine Aufgabe beschränkt sich auf die Wahrnehmung der ruhenden Verteidigerrechte. Dabei muss er mit dem in seinen sonstigen Verteidigerfunktionen nicht beschränkten Verteidiger zusammenwirken, bei dieser Tätigkeit aber darauf bedacht sein, dass er dem Ausschließungsgrund keinen Vorschub leistet. Der Sinn seiner Einschaltung besteht vor allem darin, mit dem Beschuldigten das, was zur ordnungsmäßigen Verteidigung notwendig ist, auf schriftlichem oder mündlichem Weg zu erörtern; er besitzt – wie sich aus der Bezugnahme auf die §§ 147, 148 ergibt, eine Mittler- und Informationsfunktion (weitergehend KK-Laufhütte/Willnow 18: Recht auf Vornahme von Prozesshandlungen; krit Dünnebier NJW **76**, 6). Die Ansicht, dass dem Beschuldigten in den Fällen des § 140 I, II und auch sonst, wenn dem geboten erscheint, ein neuer Verteidiger zu bestellen ist, der nicht nur beschränkte Aufgaben hat (KMR-Haizmann 25; AK-Stern 21; LR-Lüderssen/Jahn 35), hat im Gesetz keine Stütze (vgl Oellerich StV **21**, 434). Vielmehr folgt aus § 140 I Nr 8, dass ein Pflichtverteidiger mit unbeschränktem Aufgabenbereich erst nach rechtskräftigem Ausschluss des Wahlverteidigers zu bestellen ist.

14   **4) Unterbrechung oder Aussetzung der Hauptverhandlung (IV):** Hat das Gericht einen Vorlegungsbeschluss nach II S 2 während der Hauptverhandlung

erlassen, so darf es sie nicht fortsetzen, auch wenn der Beschuldigte noch andere Verteidiger hat (LR-Lüderssen/Jahn 20). Es muss zugleich mit der Vorlage, dh mit Erlass des Vorlegungsbeschlusses, die Hauptverhandlung nicht nur bis zur Entscheidung durch das nach I zuständige Gericht, sondern bis zu deren Rechtskraft unterbrechen oder aussetzen. Die Unterbrechung darf höchstens 30 Tage dauern. Wird während dieser Zeit die Ausschließung des Verteidigers rechtskräftig abgelehnt, so kann die Hauptverhandlung fortgesetzt werden. Wird der Verteidiger rechtskräftig ausgeschlossen, so ist die Fortsetzung nur möglich, wenn die Verteidigung durch schon vorher tätige Mitverteidiger oder durch den Eintritt eines neuen Verteidigers, der sich kurzfristig einarbeiten kann, sichergestellt ist (KK-Laufhütte/Willnow 22). Andernfalls muss die Verhandlung ausgesetzt und später neu begonnen werden.

5) Das **Feststellungsverfahren (V)** soll dem Verteidiger die Möglichkeit nehmen, durch Niederlegung des Mandats die Einstellung des Ausschließungsverfahrens zu erreichen, dann aber erneut die Verteidigung des Beschuldigten zu übernehmen. Es soll auch verhindern, dass die Ausschließungsfolgen des § 138a IV, V umgangen werden (BGH NStZ **94**, 23 [K]). Daher ist das Gericht befugt, das Ausschließungsverfahren auch dann weiterzuführen, wenn der Verteidiger erst ausscheidet, nachdem die StA vor Anklageerhebung oder nach Urteilsrechtskraft den Antrag nach II S 1 gestellt oder im gerichtlichen Verfahren das Gericht die Sache dem nach I zuständigen Gericht vorgelegt, nicht jedoch, wenn der Verteidiger schon vorher das Mandat niedergelegt hat (Düsseldorf NStZ **94**, 450). Vorgelegt ist die Sache nicht erst mit dem Eingang der Akten bei diesem Gericht, sondern schon mit der Verkündung des Vorlegungsbeschlusses in der Hauptverhandlung oder, bei Vorlegung außerhalb der Hauptverhandlung, mit dem Ausgang des Beschlusses aus dem Geschäftsbereich der vorlegenden Gerichts (9 vor § 33). Dementsprechend ist auch der Antrag der StA bereits gestellt, wenn er den Geschäftsbereich der StA verlassen hat (KK-Laufhütte/Willnow 26). 15

Die **Entscheidung,** ob das Verfahren nach V weiterzuführen ist, trifft das nach I zuständige Gericht nach Anhörung der StA, des Verteidigers und des Beschuldigten nach pflichtgemäßem Ermessen. Die Weiterführung kommt nur in Betracht, wenn Anhaltspunkte dafür vorliegen, dass der Verteidiger in dem Verfahren, in dem er ausgeschlossen werden soll, erneut tätig werden will, oder wenn nach den Umständen und nach der Persönlichkeit des Verteidigers und des Beschuldigten Konflikte zu erwarten sind, denen durch die Verteidigungsverbote nach § 138a IV, V begegnet werden muss (Rieß NStZ **81**, 332; nur den zuletzt genannten Gesichtspunkt berücksichtigen Koblenz JR **80**, 477; vgl auch BGH NJW **92**, 3048; Düsseldorf NJW **95**, 739: Einstellung, falls der Verteidiger ausgeschieden und ein Bedürfnis für seine weitere Ausschließung entfallen ist; Hamm NStZ-RR **08**, 252, 253 aE: Einstellung, wenn Zulassung des Verteidigers als RA widerrufen). 16

Ein **Gerichtsbeschluss,** der die Weiterführung des Verfahrens ausdrücklich bestimmt, ist gesetzlich nicht vorgeschrieben, aber empfehlenswert (KK-Laufhütte/Willnow 28). Er bedarf keiner Begründung und kann wieder aufgehoben werden, wenn der Anlass zur Weiterführung entfallen ist. Ist die Sache entscheidungsreif, so wird die Feststellung getroffen, dass die Mitwirkung des Verteidigers in dem Verfahren zulässig oder dass sie unzulässig ist. Die Feststellung der Unzulässigkeit steht iS der §§ 138a, 138b, 138d der Ausschließung gleich (V S 2). 17

6) **Kosten (VI):** Die dem § 145 IV angeglichene Regelung gilt nur für das Ausschließungsverfahren, nicht für das Feststellungsverfahren nach V (KK-Laufhütte/Willnow 33). Die Belastung des ausgeschlossenen Verteidigers mit den Kosten setzt voraus, dass er die Ausschließung verschuldet hat (was im Fall des § 138b nicht der Fall sein muss), dass die Hauptverhandlung ausgesetzt, nicht nur unterbrochen worden ist und dass es unbillig wäre, die Staatskasse oder den Angeklagten mit den Kosten zu belasten. Die Entscheidung trifft nicht das nach I zuständige Gericht, sondern der Tatrichter, bei dem das Verfahren anhängig ist (VI S 2). Eine Entscheidung darüber, wer die Kosten und die notwendigen Auslagen des Vertei- 18

§ 138d

digers zu tragen hat, die in dem Zwischenverfahren über die Ausschließung oder deren Aufhebung entstehen, ergeht in diesem Verfahren (10 zu § 138d).

19 **7) Beschwerde** ist nach § 304 I, II zulässig gegen die Ablehnung des Antrags der StA auf Erlass eines Vorlegungsbeschlusses (Karlsruhe NStZ **83**, 281) und gegen die Kostenentscheidung nach VI, die die StA und der Verteidiger mit der Beschränkung des § 304 III anfechten können, der Angeklagte nur, wenn dem Verteidiger Kosten nicht auferlegt worden sind.

Verfahren bei Ausschließung des Verteidigers

138d

I Über die Ausschließung des Verteidigers wird nach mündlicher Verhandlung entschieden.

II ¹ Der Verteidiger ist zu dem Termin der mündlichen Verhandlung zu laden. ² Die Ladungsfrist beträgt eine Woche; sie kann auf drei Tage verkürzt werden. ³ Die Staatsanwaltschaft, der Beschuldigte und in den Fällen des § 138c Abs. 2 Satz 3 der Vorstand der Rechtsanwaltskammer sind von dem Termin zur mündlichen Verhandlung zu benachrichtigen.

III Die mündliche Verhandlung kann ohne den Verteidiger durchgeführt werden, wenn er ordnungsgemäß geladen und in der Ladung darauf hingewiesen worden ist, daß in seiner Abwesenheit verhandelt werden kann.

IV ¹ In der mündlichen Verhandlung sind die anwesenden Beteiligten zu hören. ² Für die Anhörung des Vorstands der Rechtsanwaltskammer gilt § 247a Absatz 2 Satz 1 entsprechend. ³ Den Umfang der Beweisaufnahme bestimmt das Gericht nach pflichtgemäßem Ermessen. ⁴ Über die Verhandlung ist ein Protokoll aufzunehmen; die §§ 271 bis 273 gelten entsprechend.

V ¹ Die Entscheidung ist am Schluß der mündlichen Verhandlung zu verkünden. ² Ist dies nicht möglich, so ist die Entscheidung spätestens binnen einer Woche zu erlassen.

VI ¹ Gegen die Entscheidung, durch die ein Verteidiger aus den in § 138a genannten Gründen ausgeschlossen wird oder die einen Fall des § 138b betrifft, ist sofortige Beschwerde zulässig. ² Dem Vorstand der Rechtsanwaltskammer steht ein Beschwerderecht nicht zu. ³ Eine die Ausschließung des Verteidigers nach § 138a ablehnende Entscheidung ist nicht anfechtbar.

1 **1) In mündlicher Verhandlung (I)** wird über die Ausschließung entschieden. Kommt eine Entscheidung zuungunsten des Verteidigers von vornherein nicht in Betracht, so ist eine solche Verhandlung aber entbehrlich. Das ist der Fall, wenn der Ausschließungsantrag der StA oder der gerichtliche Vorlegungsbeschluss unzulässig ist, weil das Gericht unzuständig ist oder weil die erforderliche Begründung (9 zu § 138c) fehlt (Bamberg AnwBl **80**, 33; Düsseldorf NStZ **83**, 185; Hamm NStZ-RR **99**, 50; Karlsruhe NJW **75**, 943 = JR **76**, 205 mit krit Anm Rieß; Karlsruhe NStZ **83**, 281, 282; LR-Lüderssen/Jahn 3; **aM** Fezer Meyer-GedSchr 91), aber auch, wenn schon der Beschluss oder der Antrag ergibt, dass eine Ausschließung aus Rechtsgründen nicht zulässig ist (KG NJW **06**, 1537; StraFo **08**, 242; Bremen NJW **81**, 2711; Düsseldorf NJW **91**, 996 mwN; Frankfurt StV **05**, 204; Stuttgart NJW **87**, 2883).

2 Die mündliche Verhandlung ist keine Hauptverhandlung vor dem erkennenden Gericht iS des § 169 GVG; sie ist daher **nicht öffentlich** (BGH NStZ **81**, 95 [Pf]; Stuttgart NJW **75**, 1669; Rieß NStZ **81**, 331; erg 1 zu § 169 GVG).

3 **2) Ladung (II):** Der Verteidiger muss unter Einhaltung der Ladungsfrist des II S 2 und mit dem Hinweis nach III förmlich geladen werden. Erscheint er in der Verhandlung, so sind Ladungsmängel und die Nichteinhaltung der Ladungsfrist unschädlich, wenn er sie nicht rügt. Die StA, der Beschuldigte und in den Fällen des § 138c II S 3 der Vorstand der RAK werden nur formlos benachrichtigt (II S 3). Spätestens mit der Ladung oder Terminsbenachrichtigung ist den Beteiligten

Verteidigung § 138d

der Ausschließungsantrag der StA oder der Vorlegungsbeschluss des Gerichts zur Kenntnis zu bringen (10 zu § 138c).

3) In der **Verhandlung (III, IV)** sind die anwesenden Beteiligten zu hören (IV 4 S 1). Sie kann ohne Mitwirkung der StA, in Abwesenheit des Beschuldigten und des Vorstands der RAK, unter den Voraussetzungen des III auch ohne den Verteidiger stattfinden, der ausgeschlossen werden soll, nicht aber, wenn er nachweist, dass ihm das Erscheinen unmöglich ist (vgl LR-Lüderssen/Jahn 2).

Eine **Vertretung des Verteidigers** durch einen anderen RA ist ausgeschlossen. 5 Auch in Anwesenheit des betroffenen Verteidigers darf ein anderer RA nicht als dessen „Verteidiger" an der Verhandlung mitwirken; § 137 ist nicht anwendbar (KG AnwBl **81**, 116 mit abl Anm H. Schmidt; **aM** offenbar BGH AnwBl **79**, 44; Dünnebier NJW **76**, 3 will § 137 I entspr anwenden). Der Verteidiger kann aber in der Verhandlung im Beistand eines RA erscheinen, der wie der Zeugenbeistand (11 vor § 48) kein Verfahrensbeteiligter ist und kein Antragsrecht hat (KG aaO; KK-Laufhütte/Willnow 6).

Den **Umfang der Beweisaufnahme** bestimmt das Gericht nach pflichtgemä- 6 ßem Ermessen (IV S 3). Die Aufklärungspflicht beschränkt sich auf den in dem Ausschließungsantrag der StA oder dem Vorlegungsbeschluss bezeichneten Sachverhalt; es ist nicht Aufgabe des Gerichts, ihn durch zusätzliche Ermittlungen zu erweitern (BGH NJW **91**, 2780, 2781; Karlsruhe NJW **75**, 943; Fezer JR **90**, 80, jedoch weitergehend in Meyer-GedSchr 89; erg 9 zu § 138c).

Die Beweise werden im **Freibeweisverfahren** (7, 9 zu § 244) erhoben 7 (BGH **28**, 116; NStZ **81**, 95 [Pf]; **83**, 503; Rieß NStZ **81**, 332; Ulsenheimer GA **75**, 111; **aM** LR-Lüderssen/Jahn 8). Die Anhörung des Vorstands der Rechtsanwaltskammer im Wege der Videokonferenztechnik ist zulässig (IV S 2).

Für das **Verhandlungsprotokoll** gelten die §§ 271–273 sinngemäß (IV S 3); 8 die Ergebnisse der Vernehmung werden entspr § 273 II nicht beurkundet (**aM** Dünnebier NJW **76**, 4).

4) Die **Entscheidung (V)** ergeht durch Beschluss, der mit Gründen zu verse- 9 hen (§ 34) und möglichst am Schluss der Verhandlung zu verkünden, spätestens binnen 1 Woche (§ 43) zu erlassen ist. Wird der Verteidiger ausgeschlossen, so sind er und der Beschuldigte bei der Bekanntgabe der Entscheidung nach § 35a über die zulässigen Rechtsmittel (VI S 1) zu belehren. Andernfalls wird nicht der Antrag der StA verworfen, sondern die Ausschließung abgelehnt (Fezer Meyer-GedSchr 86; Frye wistra **05**, 90).

Der Beschluss schließt ein Zwischenverfahren ab und ist daher mit einer **Kos-** 10 **tenentscheidung** zu versehen (6 zu § 464). Wird der Verteidiger ausgeschlossen, so trägt er entspr § 465 I die Kosten (Köln OLGSt § 258 StGB Nr 1 S 5; **aM** Rieß NStZ **81**, 332). Wird die Ausschließung abgelehnt, so sind der Staatskasse entspr § 467 I die Kosten und die notwendigen Auslagen des Verteidigers aufzuerlegen (BGH NJW **91**, 2917; Bremen NJW **81**, 2711; Karlsruhe NJW **75**, 943, 946; Koblenz JR **80**, 477; Rieß NStZ **81**, 332 mwN). Die Kosten für die Hinzuziehung eines anderen RA (oben 5) werden ihm nicht erstattet (10 zu § 464a).

5) **Anfechtung** (VI): 11

A. **Sofortige Beschwerde (VI S 1)** gegen den Ausschließungsbeschluss des 12 OLG (nicht des BGH) steht dem Verteidiger, dem Beschuldigten, für den der ausgeschlossene Verteidiger das Rechtsmittel einlegen kann (KK-Laufhütte/Willnow 14; vgl auch BGH **26**, 291, 295), und der StA zu. Der Vorstand der RAK hat kein Beschwerderecht (VI S 2). Im Fall des § 138b kann die StA sofortige Beschwerde auch einlegen, wenn das OLG die Ausschließung abgelehnt hat. Über das Rechtsmittel entscheidet der BGH (§§ 135 II, 139 II GVG) ohne mündliche Verhandlung.

Einstellung des Verfahrens ist wie bei § 138c (dort 16) möglich (BGH NJW **92**, 13 3048). **Nicht anfechtbar** ist der Beschluss des OLG, durch den die Ausschließung des Verteidigers nach § 138a abgelehnt worden ist (VI S 3; BGH NStZ-RR **02**,

Schmitt 743

§ 139

258 [B]). Auch der Beschluss, mit dem es das OLG ablehnt, die Ausschließung wieder aufzuheben, kann nicht angefochten werden (BGH **32**, 231).

14 B. Eine **Revisionsrüge** ist nach § 336 S 2 ausgeschlossen.

15 6) Mit der **Rechtskraft** des Beschlusses wird die Ausschließung wirksam (23 zu § 138a); dem Beschuldigten muss nunmehr ein Pflichtverteidiger bestellt werden (§ 140 I Nr 8). Die Rechtskraft ist aber nur beschränkt. Der Aufhebung der Ausschließung steht sie nicht entgegen (§§ 138a III, 138b S 2). Auch eine Wiederholung des Ausschließungsverfahrens ist zulässig, wenn neue Tatsachen oder Beweise vorliegen (Düsseldorf StraFo **98**, 305; Fezer Meyer-GedSchr 91). Dabei können die im 1. Ausschließungsverfahren bekannt gewesenen Tatsachen unterstützend herangezogen werden (KK-Laufhütte/Willnow 18).

Übertragung der Verteidigung auf einen Referendar

139 Der als Verteidiger gewählte Rechtsanwalt kann mit Zustimmung dessen, der ihn gewählt hat, die Verteidigung einem Rechtskundigen, der die erste Prüfung für den Justizdienst bestanden hat und darin seit mindestens einem Jahr und drei Monaten beschäftigt ist, übertragen.

1 1) Die **Übertragung der Verteidigung auf einen Referendar,** der die 1. Staatsprüfung bestanden hat und sich seit mindestens 1 Jahr und 3 Monaten im Vorbereitungsdienst befindet, ist nur dem RA als Wahlverteidiger gestattet, nicht dem Hochschullehrer, auch nicht dem Pflichtverteidiger (BGH NJW **58**, 1308; **67**, 165; **75**, 2351, 2352; Stuttgart NJW **55**, 1291). Sie darf nicht den Zweck verfolgen, dem Referendar die Verteidigung in eigener Sache zu ermöglichen (Karlsruhe MDR **71**, 320).

2 Die Übertragung erfolgt durch Untervollmacht (erg 11 vor § 137) und bedarf nicht der Genehmigung des Gerichts, aber der **Zustimmung des Angeklagten,** die schon in der allgemeinen Vollmachtsurkunde erteilt werden kann (erg 11 zu § 145). Hat den Verteidiger der gesetzliche Vertreter gewählt (§ 137 II), so muss dieser zustimmen (LR-Lüderssen/Jahn 11), bei Wahl durch den Erziehungsberechtigten (§ 67 III JGG) ist dessen Zustimmung erforderlich.

3 Die **Übertragung der Verteidigung auf einen Assessor,** der nicht als Vertreter nach § 53 BRAO bestellt ist, oder auf andere Rechtskundige, die nicht mehr im Justizdienst sind, lässt § 139 nicht zu (BGH NJW **26**, 319; Bay NJW **91**, 2434).

4 Im **Privatklageverfahren** gilt die Vorschrift auch für den Anwalt des Privatklägers (§ 387 II).

5 2) Schon **vor Eröffnung des Hauptverfahrens** ist die Übertragung zulässig. Der früher überwiegend vertretenen Gegenansicht (vgl BGH NJW **73**, 64; Dünnebier JR **73**, 367) ist durch die Neufassung der Vorschrift der Boden entzogen (Meyer-Goßner NJW **87**, 1162; krit Dünnebier Pfeiffer-FS 266).

6 3) Alle **Verteidigerrechte** hat der Referendar, dem die Verteidigung übertragen ist. Er darf insbesondere anstelle des RA in der Hauptverhandlung auftreten (Oldenburg DAR **05**, 701). Seine Prozesshandlungen sind ohne weiteres wirksam. Auch Zustellungen können an ihn vorgenommen werden (§ 145a I), aber nur über die Kanzlei des RA, nicht an seine Privatadresse. Der RA ist zur Überwachung der Verteidigertätigkeit des Referendars verpflichtet.

7 4) **Unabhängig von** § 139 kann sich der Verteidiger eines Referendars zu seiner Unterstützung bedienen, auch schon in einem früheren Ausbildungsstadium. Das gilt auch für die Hauptverhandlung, an der der RA selbst verantwortlich teilnimmt. Will der Referendar neben ihm mit eigenen Fragen und Erklärungen auftreten, so ist die Zustimmung des Gerichts (entspr § 138 II) erforderlich, obgleich der Verteidiger die Verantwortung für die Ausführungen des Referendars trägt.

Verteidigung § 140

Notwendige Verteidigung

140 I Ein Fall der notwendigen Verteidigung liegt vor, wenn
1. zu erwarten ist, dass die Hauptverhandlung im ersten Rechtszug vor dem Oberlandesgericht, dem Landgericht oder dem Schöffengericht stattfindet;
2. dem Beschuldigten ein Verbrechen zur Last gelegt wird;
3. das Verfahren zu einem Berufsverbot führen kann;
4. der Beschuldigte nach den §§ 115, 115a, 128 Absatz 1 oder § 129 einem Gericht zur Entscheidung über Haft oder einstweilige Unterbringung vorzuführen ist;
5. der Beschuldigte sich auf Grund richterlicher Anordnung oder mit richterlicher Genehmigung in einer Anstalt befindet;
6. zur Vorbereitung eines Gutachtens über den psychischen Zustand des Beschuldigten seine Unterbringung nach § 81 in Frage kommt;
7. zu erwarten ist, dass ein Sicherungsverfahren durchgeführt wird;
8. der bisherige Verteidiger durch eine Entscheidung von der Mitwirkung in dem Verfahren ausgeschlossen ist;
9. dem Verletzten nach den §§ 397a und 406h Absatz 3 und 4 ein Rechtsanwalt beigeordnet worden ist;
10. bei einer richterlichen Vernehmung die Mitwirkung eines Verteidigers auf Grund der Bedeutung der Vernehmung zur Wahrung der Rechte des Beschuldigten geboten erscheint;
11. ein seh-, hör- oder sprachbehinderter Beschuldigter die Bestellung beantragt.

II Ein Fall der notwendigen Verteidigung liegt auch vor, wenn wegen der Schwere der Tat, der Schwere der zu erwartenden Rechtsfolge oder wegen der Schwierigkeit der Sach- oder Rechtslage die Mitwirkung eines Verteidigers geboten erscheint oder wenn ersichtlich ist, dass sich der Beschuldigte nicht selbst verteidigen kann.

Übersicht

	Rn
1) Normzweck und Geltung	1–6
2) Gesetz zur Neuregelung des Rechts der notwendigen Verteidigung	7, 8
3) Katalog des I	9–20e
A. Hauptverhandlung vor OLG, LG oder Schöffengericht im 1. Rechtszug (Nr 1)	11–11c
B. Vorwurf des Verbrechens (Nr 2)	12
C. Mögliche Anordnung des Berufsverbots (Nr 3)	13
D. Vorführung zur Entscheidung über Haft oder einstweilige Unterbringung (Nr 4)	14–14b
E. Freiheitsentzug (Nr 5)	15–17
F. Unterbringung nach § 81 (Nr 6)	18
G. Sicherungsverfahren nach §§ 413 ff (Nr 7)	19
H. Ausschließung des Wahlverteidigers (Nr 8)	20
I. Bestellung eines Opferanwalts (Nr 9)	20a
J. Bedeutung der Vernehmung (Nr 10)	20b–20d
K. Seh, hör- oder sprachbehinderter Beschuldigter (Nr 11)	20e
4) Generalklausel des II	21–37
A. Schwere der zu erwartenden Rechtsfolge	23–23d
B. Schwere der Tat	24, 25
C. Schwierigkeit der Sach- oder Rechtslage	26–29
D. Unfähigkeit der Selbstverteidigung	30–32
E. Anwendung im Vollstreckungsverfahren	33–38
5) Anfechtung	39

1) Normzweck und Geltung: Eine Konkretisierung des Rechtsstaatsprinzips 1 (Einl 19) enthalten die Vorschrift (BVerfGE **46**, 202, 210; **63**, 380, 390) sowie das Regelungsgefüge der §§ 140 ff. Mit dem Institut der notwendigen Verteidigung

§ 140

und mit der Bestellung eines Verteidigers ohne Rücksicht auf die Einkommens- und Vermögensverhältnisse des Angeklagten sichert der Gesetzgeber das Interesse, das der Rechtsstaat an einem prozessordnungsgemäßen Strafverfahren und zu diesem Zweck nicht zuletzt an einer wirksamen Verteidigung des Beschuldigten hat (BVerfGE **65**, 171, 174; **68**, 237, 254; BGH **3**, 395, 398). Einen effektiven Zugang des Beschuldigten zu einem durch die Mitgliedsstaaten finanzierten Rechtsbeistand gebietet auch das EU-Recht (vgl Richtlinie [EU] 2016/1919 des Europäischen Parlaments und des Rates vom 26.10.2016 – PKH-Richtlinie).

2 § 140 **gilt auch** im Privatklageverfahren (BVerfGE **63**, 380) und im Jugendstrafverfahren (§ 68 Nr 1 **JGG**).

3 Die Notwendigkeit der Verteidigung nach § 140 besteht auch bei einem **Rechtskundigen**, selbst wenn er zu den nach § 138 I zu Verteidigern wählbaren Personen gehört (BGH MDR **54**, 564), da sie sich als Beschuldigte nicht selbst zum Verteidiger bestellen können (6 zu § 138).

4 Sind mehrere Sachen wegen des **persönlichen Zusammenhangs** nach § 2 ff **verbunden**, so ist nach § 5 die Verteidigung insgesamt notwendig, wenn sie es wegen einer der Sachen ist (BGH NJW **56**, 1766, 1767 aE; erg 1 zu § 5).

5 Bei **Mitangeklagten** sind die Voraussetzungen des § 140 bei jedem von ihnen gesondert zu prüfen.

6 **Sonderfälle**: Eine auf das Strafbefehlsverfahren beschränkte Verteidigerbestellung regelt § 408b, eine auf das beschleunigte Verfahren beschränkte enthält § 418 IV, im Vollstreckungsverfahren ist sie in § 463 III S 5 und VIII vorgesehen (siehe aber erg unten 33 ff), bei herbeigeführter Verhandlungsunfähigkeit in § 231a IV, im Fall der Kontaktsperre in § 34 III Nr 1 **EGGVG**. Für den Spezialfall, dass der Betroffene nur deshalb nicht im Maßregelvollzug verbleiben kann, weil ein Verbot rückwirkender Verschärfung im Recht der Sicherungsverwahrung zu berücksichtigen ist (§ 1 I ThUG), sieht § 7 I S 1 ThUG vor, dass dem Betroffenen zur Wahrnehmung seiner Rechte im Verfahren und für die Dauer der Therapieunterbringung ein RA beizuordnen ist. Dieser ist nur dann aus den im Bezirk des Prozessgerichts niedergelassenen RAn auszuwählen, wenn der Betroffene keinen zu seiner Vertretung bereiten RA finden konnte (Nürnberg StV **11**, 424).

7 2) Durch das **Gesetz zur Neuregelung der notwendigen Verteidigung** vom 10.10.2019 wurde das Institut der notwendigen Verteidigung im Gefolge der Umsetzung der PKH-Richtlinie (siehe 1) umfassend normiert und neu strukturiert. Dabei hat der Gesetzgeber die Richtlinienvorgaben unter Beibehaltung des Instituts der Pflichtverteidigung umgesetzt (vgl Müller-Jacobsen NJW **20**, 575) und an vielen Stellen Richterrecht in gesetzliche Regelungen überführt. Insgesamt lässt sich als Ergebnis der Gesetzesnovelle festhalten, dass die Konstellationen, in denen dem Beschuldigten bzw Angeklagten ein Pflichtverteidiger zu bestellen ist, erheblich erweitert wurden.

8 **Überblick über die §§ 140 ff**: Wie schon nach bisheriger Rechtslage sind die Tatbestände der notwendigen Verteidigung in § 140 erfasst, wobei der Katalog in mehrfacher Hinsicht den Vorgaben der PKH-Richtlinie entsprechend angepasst bzw ergänzt wurde. § 141 regelt nunmehr die konkreten Verfahrenssituationen, in denen dem Beschuldigten auf Antrag oder von Amts wegen ein Pflichtverteidiger zu bestellen ist, § 141a erlaubt unter engen Voraussetzungen ausnahmsweise Vernehmungen des Beschuldigten oder Gegenüberstellungen mit ihm vor der Bestellung eines Pflichtverteidigers. § 142 kodifiziert das zuvor nur fragmentarisch geregelte Verfahren zur Bestellung und Auswahl des Pflichtverteidigers, die §§ 143 und 143a bestimmen im Einzelnen die bislang nur ansatzweise geregelten Fragen der Dauer und Aufhebung der Bestellung sowie des Verteidigerwechsels. Schließlich normiert § 144 die Bedingungen, unter denen ein sog Sicherungsverteidiger bestellt bzw eine solche Bestellung wieder aufgehoben werden kann.

9 3) **Notwendige Verteidigung nach dem Katalog des I:**
10 Das Gesetz zur Neuregelung der notwendigen Verteidigung hat den **Katalog des I im Wesentlichen unangetastet** gelassen, allerdings einige Tatbestände

nach den Vorgaben der PKH-Richtlinie erweitert bzw präzisiert und andere aus dem Anwendungsbereich des II in den des I überführt. Ein Fall der notwendigen Verteidigung liegt nunmehr in folgenden, sich in ihrer praktischen Anwendung vielfach überschneidenden und teilweise kumulativ gegebenen, Fallgruppen vor:

A. Erwartung, dass die **Hauptverhandlung im 1. Rechtszug vor dem OLG, dem LG oder dem Schöffengericht** (Nr 1) stattfindet. Die Erstreckung auf schöffengerichtliche Verfahren rechtfertigt sich durch die diesen zugrundeliegende Straferwartung von 2 Jahren (vgl § 25 Nr 2 GVG), welche schon bisher nach der Rspr aufgrund der Schwere der zu erwartenden Rechtsfolge einen Fall der notwendigen Verteidigung begründete (siehe dazu 23 zu § 140 der 62. Aufl mN zur Judikatur). 11

Ein Fall der notwendigen Verteidigung liegt nunmehr bereits vor, **wenn zu erwarten ist**, dass die Hauptverhandlung vor einem der genannten Gerichte stattfinden wird, und nicht – wie nach früherer Rechtslage – erst dann, wenn sie dort tatsächlich stattfindet. Damit wird ein Perspektivenwechsel hin zu einer stärkeren Berücksichtigung der notwendigen Mitwirkung eines Verteidigers bereits im Ermittlungsverfahren vorgenommen (siehe Müller-Jacobsen NJW **20**, 575, 576). Insofern ist für die erforderliche Prognose nach Verfahrensstadien zu differenzieren: 11a

Im **Zwischenverfahren** ist die Erwartung regelmäßig zu bejahen, wenn die Anklage zum OLG, LG oder dem Schöffengericht erhoben wird, es sei denn, das für die Eröffnung des Hauptverfahrens zuständige Gericht kommt zu dem Ergebnis, das Verfahren beim Amtsrichter zu eröffnen (siehe 2 zu § 209). Umgekehrt kann ein Fall der Nr 1 vorliegen, wenn der Amtsrichter gemäß § 209 II vorlegt, weil er die Zuständigkeit eines höheren Gerichts für begründet hält (3 zu § 209). 11b

Im **Ermittlungsverfahren** bestimmt sich die Prognose nach den in seinem jeweiligen Stadium bekannten Tatsachen und Beweisen, welche den Vorwurf des strafbaren Verhaltens stützen. Der Anfangsverdacht reicht aus, wenn die zugrunde liegenden Anhaltspunkte bereits die Erwartung rechtfertigen, die Tat werde bei weiterer Verdichtung zum hinreichenden Tatverdacht vor einem der bezeichneten Gerichte angeklagt. Dies ist unproblematisch zu bejahen, wenn dem Beschuldigten ein Verbrechen zur Last gelegt wird, da dies die Zuständigkeit des Strafrichters gemäß § 25 GVG ausschließt. In Vergehensfällen kann es dagegen erforderlich sein, für die Prognose, dass die Anklage zu einem der in Nr 1 bezeichneten Gerichte erfolgen wird, weitere Ermittlungen abzuwarten; ein Bsp hierfür wären Ermittlungen zum Schadensumfang oder zu Vorstrafen des Beschuldigten beim einfachen Betrug (BT-Drucks 19/13829 S 31 f). 11c

B. **Vorwurf des Verbrechens** (Nr 2): Ein Fall der notwendigen Verteidigung liegt vor, wenn die Tat schon in der zugelassenen Anklage als Verbrechen (§ 12 I StGB) beurteilt worden ist oder wenn wegen eines Verbrechens Nachtragsanklage nach § 266 erhoben wird, aber auch, wenn in der Hauptverhandlung auf die Möglichkeit dieser Beurteilung nach § 265 I hingewiesen wird (KG StV **85**, 184; Düsseldorf MDR **84**, 689). War die Verteidigung nach Nr 2 notwendig, so bleibt sie es, selbst wenn der Angeklagte nur wegen eines Vergehens verurteilt wird (Düsseldorf aaO; Hamburg StraFo **15**, 145; Oldenburg StV **95**, 345), auch im Berufungsrechtszug, es sei denn, der Schuldspruch ist rechtskräftig und die Verurteilung wegen eines Verbrechens daher ausgeschlossen (Bay **93**, 173). Nr 2 gilt auch im vereinfachten Jugendverfahren nach §§ 76 ff **JGG** (Düsseldorf NStZ **99**, 211) sowie iVm §§ 59, 77 IRG für verantwortliche Vernehmungen im Rahmen eines internationalen Rechtshilfeersuchens (LG Hamburg StV **11**, 430; vgl SLGH § 59 IRG Rn 56). 12

C. **Mögliche Anordnung des Berufsverbots (Nr 3)**: Notwendig ist die Verteidigung, wenn eine solche Anordnung mit einiger Wahrscheinlichkeit zu erwarten ist (vgl BGH **4**, 320). Nr 3 setzt daher voraus, dass § 70 StGB in der Anklageschrift aufgeführt ist (RG **68**, 397) oder dass auf die Vorschrift nach § 265 II Nr 1 hingewiesen wird oder dass in der Hauptverhandlung sonst Umstände auftreten, die dem Gericht Anlass geben, sich mit der Maßregelfrage zu befassen (Celle NJW **64**, 877 L), zB 13

§ 140

wenn der StA die Anordnung beantragt. Wird die Hauptverhandlung nach diesem Antrag unterbrochen und steht zu Beginn des zur Urteilsverkündung anberaumten Termins schon fest, dass das Berufsverbot nicht angeordnet wird, so braucht aber in diesem Termin kein Verteidiger mitzuwirken (BGH MDR 57, 141 [D]).

14 D. **Vorführung nach den §§ 115, 115a, 128 I, 129 (Nr 4):** Ein Fall der notwendigen Verteidigung liegt nunmehr – anders als nach früherer Rechtslage, die auf den Zeitpunkt der Vollstreckung abstellte – bereits vor, wenn der Beschuldigte einem zuständigen Gericht zur Entscheidung über Haft oder einstweilige Unterbringung vorzuführen ist.

14a Dies ist zunächst anzunehmen, wenn die Vorführung des Beschuldigten **nach §§ 115, 115a** aufgrund eines Haftbefehls erfolgt. Damit sind **alle Arten von Haftbefehlen** erfasst (1 zu § 115), aber auch – durch die Bezugnahmen in § 126a II S 1, 275a VI S 4 –Unterbringungsbefehle nach § 126a I und § 275a VI S 1. Die Bestellung ist hier wegen § 141 II Nr 1 zwingend sofort von Amts wegen vorzunehmen (11 ff zu § 141).

14b Durch die Inbezugnahme der **§§ 128, 129** gilt Nr 4 darüber hinaus bei **vorläufiger Festnahme** vor oder nach Anklageerhebung, sei es nach § 127 I, II oder § 127b. Die Bestellung nach § 141 II Nr 1 erfolgt hier nur, wenn feststeht, dass der Beschuldigte tatsächlich dem zuständigen Richter vorgeführt wird, nicht aber, wenn er wieder in Freiheit gesetzt wird (vgl § 128 I S 1). Im Übrigen ist § 141 II S 2 zu beachten (14, 15 zu § 141).

15 E. **Freiheitsentzug (Nr 5):** Ein Fall der notwendigen Verteidigung liegt ferner vor, sobald sich der Beschuldigte aufgrund richterlicher Anordnung oder mit richterlicher Genehmigung in einer Anstalt befindet. Durch das Gesetz zur Neuregelung der notwendigen Verteidigung vom 10.12.2019 wurde die nach früherer Rechtslage bestehende zeitliche Beschränkung von mindestens drei Monaten Anstaltsunterbringung gestrichen.

16 Zu der **Anstaltsunterbringung iS Nr 5** gehören insbesondere Straf- und Abschiebehaft, UHaft (dazu nun aber Nr 4), auch im Ausland (Koblenz NStZ **84**, 522), Strafarrest, Auslieferungshaft und die Unterbringung nach §§ 63, 64, 66 StGB, nach den Unterbringungsgesetzen der Länder oder mit familiengerichtlicher Genehmigung nach §§ 1631b, 1800 BGB (vgl Celle NJW **65**, 2069). Auch Freigänger (zb Art 13 I Nr 1 BayStVollzG) befinden sich in einer Anstalt iS der Nr 5 (KG JR **80**, 348). Bei stationärer Behandlung in einer Drogentherapie-Einrichtung nach § 35 BtMG ist Nr 5 entspr anzuwenden (LG Gießen StV **91**, 204 mwN und zust Anm Nix), ebenso bei der persönliche Freiheit erheblich einschränkendem Aufenthalt in einem Erziehungsheim (LG Braunschweig StV **86**, 472) oder in einer stationären Alkohol-Entziehungsbehandlung (LG München I StV **99**, 421; LG Traunstein StV **95**, 126). Nr 5 ist iVm § 59, 77 IRG auf Antrag des Beschuldigten auch auf Vernehmungen aufgrund ausländischer Rechtshilfeersuchen anwendbar (LG Koblenz NJW **89**, 677; SLGH § 59 IRG Rn 56).

17 Zur **Aufhebung** der Bestellung in den Fällen der Nr 5 siehe § 143 II S 2 (5, 6 zu § 143).

18 F. **Unterbringung nach § 81 (Nr 6):** Die Vorschrift gilt schon, wenn über einen ernst gemeinten Antrag auf Unterbringung zur Beobachtung zu entscheiden ist (RG **67**, 259), auch wenn er keinen Erfolg hat. Die Verteidigung bleibt für das weitere Verfahren notwendig, auch wenn es nicht zur Anstaltsunterbringung kommt (BGH NJW **52**, 797; RG aaO).

19 G. Im **Sicherungsverfahren nach §§ 413 ff (Nr 7)** ist die Verteidigung bereits notwendig, wenn zu erwarten ist, dass es durchgeführt werden wird; dies gilt auch vor dem AG mit dem Ziel der Unterbringung nach § 64 StGB oder der Entziehung der Fahrerlaubnis nach § 69 StGB; in den anderen Fällen ist nach § 24 I Nr 2 GVG das AG nicht zuständig. Erg 9 zu § 413.

20 H. **Ausschließung des Wahlverteidigers (Nr 8):** Die Notwendigkeit der Mitwirkung eines Verteidigers nach der Rechtskraft des Beschlusses, mit dem der

Verteidigung § **140**

bisherige Verteidiger nach §§ 138a ff ausgeschlossen worden ist (15 zu § 138d), besteht unabhängig davon, ob die Verteidigung sonst notwendig gewesen wäre. Ist nur einer von mehreren Wahlverteidigern ausgeschlossen worden, so gilt Nr 8 nicht.

I. **Bestellung eines Opferanwalts (Nr 9):** Die Vorschrift sieht aus Gründen **20a** der Waffengleichheit unter Streichung des früheren Regelbeispiels in II S 1 die Mitwirkung eines Pflichtverteidigers zwingend vor, wenn dem Verletzten nach den §§ 397a, 406g III, IV ein Rechtsanwalt beigeordnet wird.

J. **Bedeutung der richterlichen Vernehmung (Nr 10):** Ein Fall der not- **20b** wendigen Verteidigung liegt auch vor, wenn dies aufgrund der Bedeutung einer richterlichen Vernehmung zur Wahrung der Rechte des Beschuldigten geboten erscheint. Der Gesetzgeber hat damit die früher in § 141 III S 4 enthaltene Regelung aus systematischen Gründen in den Katalog des I überführt (BT-Drucks 19/13829 S 33). Da die Vorschrift keine Einschränkungen enthält, bezieht sie sich zeitlich auf alle richterlichen Vernehmungen vor und nach Anklageerhebung. Erfasst sind zudem alle Arten richterlicher Vernehmungen, also Vernehmungen des Beschuldigten, aber auch Zeugen- und Sachverständigenvernehmungen.

Beschuldigtenvernehmungen durch den Haftrichter (§§ 115 II, 115a II, 128 **20c** I S 2) gebieten zwar mit Rücksicht auf den potentiellen Eingriff in das Freiheitsrecht des Beschuldigten (Art 2 II S 2 GG) stets die Bestellung eines Verteidigers, werden aber bereits durch Nr 4 erfasst. Ein praktisch relevanter Anwendungsfall für Nr 10 kann mit Rücksicht auf § 254 bei Vernehmungen nach § 168c I gegeben sein. Schließlich kommen auch richterliche Vernehmungen des Beschuldigten gemäß § 166 bzw des Angeklagten gem § 233 II in Betracht.

Ob bei richterlichen Zeugen- und Sachverständigenvernehmungen die **20d** Wahrung der Rechte des Beschuldigten die Mitwirkung eines Verteidigers gebietet, ist eine Frage des Einzelfalls. Es kommt auf die Bedeutung der Aussage für die Ermittlungen bzw die spätere Beweisführung sowie darauf an, ob der Zeuge/Sachverständige in der Hauptverhandlung voraussichtlich zur Verfügung stehen wird oder nicht (vgl BT-Drucks 18/11277 S 27). In Betracht kommen etwa Vernehmungen im Ermittlungsverfahren nach § 168c II, wenn es um die ermittlungsrichterliche Vernehmung wesentlicher oder gar zentraler Belastungszeugen (bzw von Sachverständigen) geht. Dies dürfte unabhängig davon gelten, ob der bis dahin unverteidigte Beschuldigte von einer solchen Vernehmung nach § 168c III ausgeschlossen werden soll (vgl aber BT-Drucks 18/11277 S 26 sowie bereits zur früheren Rechtslage BGH **46**, 93; StV **08**, 58; EGMR Nr 9154/10 vom 15.12.2015), da eine effektive Verteidigung es in solchen Fällen regelmäßig erfordern wird, dass dem Beschuldigten ein Verteidiger zur Seite steht, der für diesen das Fragerecht sachgerecht auszuüben vermag. Steht der Zeuge in der Hauptverhandlung nicht mehr zur Verfügung, kann dies ausschlaggebend für die Beurteilung der Frage werden, ob bei einer vernehmungsersetzenden Einführung der Aussage in die Hauptverhandlung das Konfrontationsrecht des (dann) Angeklagten gewahrt wurde (Art 6 IIId **EMRK;** vgl dazu 22–22g zu Art 6 EMRK). Weitere denkbare Anwendungsfälle sind richterliche Vernehmungen von Mitbeschuldigten (Burhoff StraFo **18**, 405, 406), sowie solche gemäß § 223, die allerdings wegen § 140 I Nr 1 nur für Verfahren vor dem Amtsrichter oder Berufungsverfahren vor dem LG relevant werden können. Ebenfalls zu denken ist an eine analoge Anwendung von § 223, wenn die Eröffnung des Hauptverfahrens alleine von der Aussage eines Zeugen oder Sachverständigen abhängt, der von einem beauftragten oder ersuchten Richter vernommen werden soll (Schlothauer StV **17**, 557, 558).

K. **Seh-, hör- oder sprachbehinderten Beschuldigten** ist auf Antrag ein **20e** Verteidiger zu bestellen (Nr 11). Schwerhörigkeit, die mit einem Hörgerät auszugleichen ist, oder geringfügige Sprechbehinderungen („Stottern") fallen nicht hierunter. Zur Verständigung mit hör- und sprachbehinderten Personen vgl § 186 GVG, mit Blinden § 191a GVG.

§ 140

21 **4) Notwendige Verteidigung nach der Generalklausel des II:** Das Gesetz zur Neuregelung der notwendigen Verteidigung vom 10.12.2019 hat den Regelungsgehalt des II grundsätzlich unangetastet lassen, allerdings seinen Anwendungsbereich durch Aufnahme zusätzlicher zwingender Anwendungsfälle in I (vor allem schöffengerichtliche Verfahren in I Nr 1 und die Vorführungsfälle in I Nr 4) verengt.

22 Für **Vergehenssachen vor dem Amtsrichter und dem Berufungsgericht** gilt die Vorschrift. Im Gegensatz zu den Fällen des I entscheidet der Vorsitzende über die Verteidigerbestellung nach pflichtgemäßem Ermessen (BGH NJW 63, 1114; Bay 94, 169, 170; KG StV 83, 186; a M LR-Lüderssen/Jahn 47); er hat einen Beurteilungsspielraum, dem allerdings durch die tatbestandlichen Voraussetzungen des II Grenzen gesetzt sind. Ob die Verteidigung nach II notwendig ist, richtet sich idR nach dem Gewicht des ganzen Verfahrens, nicht nur nach der Bedeutung des Verfahrensteils, für den der Verteidiger fehlt.

22a II gilt auch in **Jugendsachen** (§ 68 Nr 1 JGG; vgl auch schon Düsseldorf OLGSt Nr 13; Hamm NStZ 82, 298; Oldenburg VRS 78, 292). Eine dem II entspr Regelung enthalten §§ 428 II, 438 III, 444 II S 2 für die Einziehungsbeteiligten und Nebenbetroffenen sowie die JP und PV, deren Verfahrensbeteiligung angeordnet ist.

23 A. Die **Schwere der zu erwartenden Rechtsfolge** wurde durch das Gesetz zur Neuregelung der notwendigen Verteidigung vom 10.12.2019 ausdrücklich in den Wortlaut des II aufgenommen; dies entspricht inhaltlich der bisherigen Rspr, welche den Rechtsbegriff der „Schwere der Tat" maßgeblich mit Blick auf die zu erwartende Rechtsfolgenentscheidung interpretiert hat (vgl BT-Drucks 19/13829 S 34; zur Rspr BGH 6, 199; KG StV 85, 448; Celle wistra 86, 233; Frankfurt StV 83, 497; Hamburg NStZ 84, 281; Koblenz VRS 69, 293; Köln StV 86, 238; Stuttgart NStZ 81, 490; Zweibrücken NStZ 86, 135). Die hierzu ergangene Judikatur gilt daher weiterhin.

23a Nicht schon jede zu erwartende Freiheitsstrafe, aber eine **Straferwartung von 1 Jahr** Freiheitsstrafe sollte idR Anlass zur Beiordnung eines Verteidigers geben (KG StraFo 17, 153; NStZ-RR 13, 116; Bay NStZ 90, 142; Düsseldorf StV 95, 147; Frankfurt StV 95, 628; Hamm NStZ-RR 01, 107; Karlsruhe StV 92, 23; München wistra 92, 237; NJW 06, 789; Nürnberg StV 87, 191), ohne dass eine solche eine zwingende Voraussetzung wäre; das gilt auch bei einem angeklagten RA (Hamm StraFo 04, 170; erg 6 zu § 138). II wird bei weitem zu eng ausgelegt, wenn eine Straferwartung von 2 Jahren verlangt wird (so aber Celle StV 85, 184; Frankfurt StV 84, 370; vgl auch Zweibrücken NStZ 87, 89). Dass mehr als 2 Jahre Freiheitsstrafe ohne Mitwirkung eines Verteidigers nicht verhängt werden dürfen, ist unstreitig (Bay NStZ 90, 250 mwN; Stuttgart NStZ 81, 490). Die Grenze für die Straferwartung gilt auch, wenn sie nicht wegen einer erforderlichen Einheitsjugendstrafe (Hamm NStZ-RR 97, 78; NJW 04, 1338; Köln StV 91, 151) oder einer Gesamtstrafenbildung erreicht wird (KG StraFo 17, 153; StV 19, 175 L; Hamm NStZ 82, 298; Naumburg StraFo 13, 337; Jena StraFo 05, 200; Stuttgart NStZ 81, 490; StV 02, 237 L). Zu beachten ist allerdings, dass es sich um keine starren Grenzen handelt (KG aaO; Celle MDR 85, 164; StV 86, 184; Düsseldorf OLGSt Nr 13; Oldenburg NStZ 86, 135; LG Frankfurt aM NStZ 11, 183: nachträgliche Gesamtstrafenbildung einer Freiheitsstrafe von 1 Jahr mit einer Geldstrafe). In einfachen Fällen kann zB ausnahmsweise auch bei einer Strafmaßberufung gegen ein Urteil, das auf Freiheitsstrafe von mehr als 1 Jahr lautet, die Mitwirkung eines Verteidigers entbehrlich erscheinen (vgl auch Koblenz VRS 69, 293). Auch begründet ein Delikt mit geringfügiger Straferwartung nicht allein deshalb einen Anwendungsfall des II, weil die Strafe später voraussichtlich in eine Gesamtstrafe von mehr als 1 Jahr einzubeziehen sein wird (Stuttgart NStZ-RR 12, 214).

23b **Alle sonstigen Rechtsfolgen,** die in dem betreffenden Strafverfahren angeordnet werden können, sind zu berücksichtigen also Nebenstrafen, Nebenfolgen,

Verteidigung § 140

Maßregeln der Besserung und Sicherung (zB nach § 64 StGB – Bremen NZV **96**, 250; Karlsruhe VRS **84**, 38 oder nach § 69 StGB bei einem Berufskraftfahrer), sowie die Einziehung. Darüber hinaus fließen wie schon bisher **sonstige schwerwiegende Nachteile** 23c in die Beurteilung ein, die der Angeklagte infolge der Verurteilung zu gewärtigen hat (KG StV **83**, 186; Düsseldorf StraFo **99**, 24; Molketin wistra **86**, 97; einschr Hamburg NStZ **84**, 281: nur wenn sie mit Bestimmtheit zu erwarten sind). Hierher gehören zB die drohende Entlassung aus dem Beamtenverhältnis (KG aaO), oder die dem Ausländer nach §§ 53, 54 AufenthG drohende Ausweisung (Bay StV **93**, 180; Karlsruhe StraFo **02**, 193; LG Heilbronn NStZ-RR **02**, 269; Staudinger StV **02**, 330) oder auch drohender Bewährungswiderruf (Bay NJW **95**, 2738; Brandenburg NJW **05**, 521; Düsseldorf VRS **89**, 367; StraFo **98**, 341; Frankfurt StV **95**, 628; Hamm StraFo **97**, 142; **98**, 164; VRS **100**, 307; Karlsruhe NStZ **91**, 505; Köln StV **93**, 402; einschr Naumburg OLGSt Nr 19; Oldenburg NStZ-RR **05**, 318 L; Nürnberg StV **14**, 275 L). Zwar stellt die Gesetzesbegründung alleine auf Rechtsfolgen „im Strafverfahren" ab (BT-Drucks 19/13829 S 34). Aus den Materialien im Übrigen ergibt sich aber zweifelsfrei, dass der Gesetzgeber den Anwendungsbereich des II gegenüber der früheren Rechtslage nicht beschränken wollte (vgl etwa aaO 31); außerdem können unter den Begriff „Rechtsfolge" sprachlich auch solche gefasst werden, die nicht strafrechtlicher Natur sind.
In **Jugendstrafsachen** (§ 68 Nr 1 **JGG**) wird in der Rspr bei Verhängung einer 23d Jugendstrafe ohne Bewährung die Schwere der Rechtsfolge angenommen (Celle StV **06**, 686; Schleswig StV **09**, 86), aber auch, wenn diese ggf zur Bewährung ausgesetzt wird (vgl LG Chemnitz StV 19, 601 unter Hinweis auf die EU-Richtlinie 2016/800) oder bei Verhängung einer Einheitsjugendstrafe (KG StV **98**, 325), Ob bei drohender Jugendstrafe stets ein Verteidiger zu bestellen ist, ist allerdings str (dazu Gau StraFo **07**, 315; vgl auch Hamm StV **09**, 85, 86; Dölling NStZ **09**, 199; Schmitz-Justen DAV-FS 819).

B. Für die **Schwere der Tat** bleibt nur noch ein schmaler selbständiger An- 24 wendungsbereich, nachdem das Gesetz zur Neuregelung der notwendigen Verteidigung vom 10.12.2019 die Schwere der zu erwartenden Rechtsfolge in den Wortlaut des II aufgenommen hat. Ist die zu erwartende Rechtsfolge schwer, wird es regelmäßig auch die zugrunde liegende Tat sein.
Eine Schwere der Tat kann aber eigenständig **in Betracht zu ziehen** sein, 25 wenn die Tatfolgen zwar – wie etwa bei dem Vorwurf der fahrlässigen Tötung – besonders gravierend sind, aber besondere in der Tat oder der Person des Beschuldigten liegende Umstände keine gravierende Rechtsfolge im Rechtssinne erwarten lassen.

C. **Schwierigkeit der Sach- oder Rechtslage:** 26
Eine **schwierige Sachlage** besteht nicht stets bei längerer Dauer der Hauptver- 27 handlung oder bei schwieriger Beweislage (Hamm NStZ-RR **12**, 82 L) zB weil ein Indizienbeweis zu führen ist (Koblenz GA **79**, 276 L), oder Videoaufnahmen in Augenschein zu nehmen sind (KG NStZ-RR **13**, 116), kann aber vorliegen, wenn die Schuldfähigkeit des Angeklagten zu beurteilen ist (Zweibrücken JBlRP **09**, 114; vgl auch KG StV **90**, 298; Stuttgart StV **16**, 139, 140), wenn in einem länger dauernden Verfahren zahlreiche Zeugen zu vernehmen sind (Stuttgart StV **87**, 8), wenn Vorgänge der Betriebsführung, Buchhaltung und Bilanzierung zu überprüfen sind (LG Hildesheim wistra **89**, 320), wenn es notwendig ist, schwierige Beweise zur inneren Tatseite zu erheben (LG Hamburg StV **85**, 453), die Glaubwürdigkeit eines kindlichen Zeugen mit sachverständiger Hilfe zu beurteilen ist (Koblenz MDR **76**, 776), schwierige Indizienbeweise mit Hilfe von Sachverständigen zu führen (Hamm StV **84**, 66; LG Braunschweig NZV **03**, 49) oder eine Verständigung iSv § 257c im Raum steht (Naumburg StV **14**, 274; **aM** Bamberg StraFo **15**, 67). Bei Berufung der StA gegen ein freisprechendes oder einstellendes Urteil wird idR (Ausnahme vgl zB Karlsruhe DAR **05**, 573) ein Verteidiger beizuordnen sein (Bremen NJW **57**, 151; Düsseldorf StV **99**, 415; Frankfurt StV **90**, 12; Hamburg

Schmitt 751

StV **93**, 66 L; Hamm StV **19**, 175 L; vgl auch EGMR EuGRZ **92**, 472), auch wenn die StA den Wegfall der Bewährung (KG StraFo **13**, 425) oder eine Freiheitsstrafe anstatt einer Geldstrafe (Naumburg StraFo **16**, 207) erstrebt, ebenso bei sonstiger unterschiedlicher Beurteilung der Sach- oder Rechtslage (Bay NStZ **90**, 142; Frankfurt StV **92**, 220), zB bei Berufung der StA gegen einen Freispruch des Angeklagten (Hamm NStZ-RR **18**, 116 L), oder der Rechtsfolgenerwartung (Düsseldorf StV **88**, 290; Karlsruhe NStZ-RR **02**, 336; Köln StV **04**, 587; einschr Dresden NStZ-RR **05**, 318).

27a Für die Anwendung des II kann es auch eine Rolle spielen, dass nach § 147 I, VII nur der Verteidiger umfassende **Akteneinsicht** hat (Koblenz NStZ-RR **00**, 176 mwN). Die Sache ist daher für den Angeklagten schwierig, wenn ein wichtiger Zeuge seine Aussage in wesentlichen Punkten wiederholt geändert hat und ihm das vorzuhalten ist (Zweibrücken StV **86**, 240), wenn widersprüchliche Angaben zentraler Belastungszeugen vorliegen (Köln StraFo **11**, 508), wenn sich in den Akten ein Sachverständigengutachten über die Schuldfähigkeit des Angeklagten befindet, mit dem er sich auseinandersetzen muss (Köln VRS **78**, 118; Schleswig SchlHA **97**, 153 [L/S]), oder ein Sachverständigengutachten als entscheidendes Beweismittel gegen den Angeklagten (Hamm StraFo **02**, 397; LG Bochum StV **87**, 383) vorliegt oder wenn es sonst zur sachdienlichen Verteidigung gehört, dass einem Verteidiger der Akteninhalt bekannt ist (BGH JR **55**, 189; Celle NStZ **09**, 175; Düsseldorf VRS **83**, 193; Frankfurt NStZ-RR **09**, 207; Hamm NStZ-RR **01**, 107; Jena StV **04**, 585 Karlsruhe StV **87**, 518; Köln StV **86**, 238).

28 Eine **schwierige Rechtslage** ist dann gegeben, wenn bei Anwendung des materiellen oder des formellen Rechts auf den konkreten Sachverhalt bislang nicht ausgetragene Rechtsfragen entschieden werden müssen (Stuttgart StV **02**, 298), aber zB auch, wenn fraglich ist, ob ein Beweisergebnis einem Verwertungsverbot unterliegt (Bremen DAR **09**, 710; LG Schweinfurt StV **08**, 462; LG Köln StV **17**, 173), wenn die Subsumtion unter die anzuwendende Vorschrift des materiellen Rechts Schwierigkeiten bereiten wird (KG NJW **08**, 3449; StV **16**, 478; Brandenburg NJW **09**, 1287; LG Essen StV **16**, 15: Steuerstrafverfahren), wenn nicht abschließend geklärte Rechtsfragen namentlich außerhalb des Kernstrafrechts entscheidungserheblich sind (KG StV **16**, 478), regelmäßig auch, wenn die Möglichkeit einer Verständigung nach § 257c erörtert wird (Naumburg StraFo **14**, 21 mit kritischen Anm Ruhs NStZ **16**, 706; **aM** Bamberg StV **15**, 539 für das Berufungsverfahren, wenn dem Urteil erster Instanz eine Absprache zugrunde lag). Schwierig ist die Rechtslage jedenfalls dann, wenn ein nationales Gericht ein **Vorabentscheidungsersuchen** an den EuGH richtet (Art 267 AEUV iVm den entspr Hinweisen [2011/C 160/01]). Auch bei einer Hauptverhandlung vor der WirtschaftsStrK wird idR II anzuwenden sein (Düsseldorf OLGSt Nr 10).

29 Eine Verteidigerbestellung für die **Revisionsbegründung** kann, auch wenn sonst die Voraussetzungen des § 140 nicht vorliegen, wie schon nach früherer Rspr verlangt werden, wenn sie besondere Schwierigkeiten macht (Braunschweig NStZ-RR **14**, 51; KG NStZ-RR **14**, 279; NStZ **07**, 663; Karlsruhe StraFo **06**, 497; Koblenz StraFo **07**, 117), sonst nicht (Hamm NStZ-RR **13**, 87; NStZ **82**, 345 mit abl Anm Dahs; Koblenz wistra **83**, 122; Schleswig SchlHA **95**, 6 [L/T]; **aM** Saarbrücken StraFo **09**, 518), auch nicht zum Aufspüren bisher nicht erkannter Verfahrensfehler (Köln VRS **78**, 119; Oldenburg JR **85**, 256 mit abl Anm Dahs; Schleswig SchlHA **91**, 124 [L/T]; **aM** Dahs NStZ **82**, 345; Ziegler DAV-FS 933). Über einen Antrag auf Bestellung ist rechtzeitig vor Ablauf der Revisionsbegründungsfrist zu entscheiden (Hamm NStZ-RR **11**, 86; erg 17 zu § 346), andernfalls ein Verstoß gegen den Grundsatz des fairen Verfahrens vorliegt, der gegen eine etwaige Versäumung der Revisionsbegründungsfrist die Wiedereinsetzung rechtfertigt (Braunschweig NStZ-RR **14**, 51). Zur Bestellung eines neuen Pflichtverteidigers in der Revisionsinstanz siehe 32–35 zu § 143a.

30 D. **Unfähigkeit der Selbstverteidigung:** Die Verteidigungsfähigkeit des Angeklagten richtet sich nach seinen geistigen Fähigkeiten, seinem Gesundheitszustand und den sonstigen Umständen des Falles (KG StV **85**, 449; Hamburg NStZ **84**, 281). Eine Bestellung kommt zB in Betracht bei jugendlichem Alter (Celle StV **91**, 151) oder wenn der Beschuldigte unter Betreuung steht (Hamm NJW **03**, 3286; LG Berlin StV **16**, 487), woran nichts ändert, wenn er einen RA als Betreuer hat (Nürnberg StraFo **07**, 418), oder im Berufungsverfahren bei heranwachsenden Angeklagten, bei denen Zweifel an den individuellen geistigen Fähigkeiten und ihrer Reife bestehen (Bremen StV **17**, 724) oder je nach Sachlage bei ausländischen Jugendlichen (LG Hamburg StV **98**, 327; dazu zusammenfassend Beulke Böhm-FS 647 ff sowie Spahn StraFo **04**, 82 ff).

II ist schon anwendbar, wenn an der Fähigkeit zur Selbstverteidigung erhebliche Zweifel bestehen (Frankfurt StV **84**, 370; zB wenn der Angeklagte „seelisch abartig" (Hamm StV **84**, 66) oder Analphabet ist (Celle StV **83**, 187; **94**, 8 L; Köln Ss 150/03 vom 22.4.2003; LG Schweinfurt StraFo **09**, 105; vgl auch LG Hildesheim StraFo **08**, 75: Legastheniker) oder wenn sein Prozessverhalten unverständlich und für ihn nachteilig ist (Zweibrücken NStZ **86**, 135) oder er die prozessuale Situation verkennt (Celle StV **97**, 624 L: § 358 I). 30a

Wenn der Angeklagte als **Ausländer** Verständigungsschwierigkeiten hat, ist die Anwendung des II zu prüfen (Nürnberg NStZ-RR **14**, 183; KG StV **85**, 448; Celle NStZ **87**, 521; Karlsruhe NStZ **87**, 522; Koblenz MDR **94**, 1137; Köln wistra **89**, 157; München StV **86**, 422; Schleswig StV **90**, 12; Zweibrücken StV **88**, 379; vgl auch BVerfGE **64**, 135, 150). Ihm wird dann regelmäßig, aber nicht ausnahmslos (BGH **46**, 178; Nürnberg aaO; Düsseldorf NJW **89**, 677; Hamm NStZ **90**, 143; StV **95**, 64; Köln NJW **91**, 2223; Stuttgart Justiz **94**, 245; a**M** Zweibrücken StV **88**, 379; LG Freiburg StV **90**, 458; LG Köln StV **90**, 59), ein Verteidiger beizuordnen sein, wobei allerdings auch berücksichtigt werden kann, ob seine Rechte durch die Vorschrift des § 187 **GVG** hinreichend gewahrt werden (Nürnberg aaO). Das gilt jedenfalls dann, wenn der Fall in tatsächlicher oder rechtlicher Hinsicht Schwierigkeit von Gewicht aufweist, die unter Heranziehung eines Dolmetschers nicht ohne weiteres ausräumbar erscheinen (Frankfurt StV **97**, 573; StraFo **08**, 205), so insbesondere, wenn die Anwendung der §§ 20, 21 StGB in Frage kommt und dazu Gutachten einzuholen sind (Hamm JMBlNW **96**, 236), oder wenn ihm entgegen Art 6 IIIa **EMRK** die Anklageschrift nicht in übersetzter Form übermittelt worden ist (Karlsruhe StV **02**, 299; vgl auch § 187 II **GVG**) oder einer Einreisebewilligung bedarf (Stuttgart NStZ-RR **04**, 338). 30b

Wenn ein **Mitbeschuldigter** einen Verteidiger hat, kann die Beiordnung eines RA in Betracht kommen, etwa wenn sich die Beschuldigten gegenseitig belasten (Köln NStZ-RR **12**, 351; vgl auch Stuttgart StraFo **13**, 71: Einzelfallprüfung). Erst recht dürfte ein Fall der notwendigen Verteidigung bei mehreren, sämtlich sonst verteidigten Angeklagten (Hamm StV **09**, 85) anzunehmen sein. 31

Auch wenn der **Verletzte anwaltlich vertreten** ist, kann zur Wahrung des Anspruchs des Angeklagten auf ein faires Verfahren (Einl 19), insbesondere unter dem Aspekt der Waffengleichheit, die Beiordnung eines Pflichtverteidigers geboten sein (vgl BVerfGE **56**, 185; **63**, 380, 391; vgl auch BT-Drucks 17/6261 S 12). Ob daraus zu folgern ist, dass ihm insoweit regelmäßig ein Pflichtverteidiger beizuordnen ist (Hamm StraFo **04**, 242; Köln NStZ **89**, 542; Saarbrücken NStZ **06**, 718; Zweibrücken NStZ-RR **02**, 112; StraFo **05**, 28) oder eine Prüfung der Umstände des konkreten Falles Zweifel an der Fähigkeit des Angeklagten zur Selbstverteidigung begründen muss (KG NStZ-RR **16**, 53; StV **12**, 714 unter Hinweis auf I Nr 9 mit abl Anm Meyer-Goßner; siehe auch Hamburg StV **17**, 149 mit kritischer Anm Beulke/Sander, die zutreffend die geänderten und strukturell bedingte Benachteiligung des Beschuldigten in diesen Fällen hinweisen), wird in der Rspr der OLGe nicht einheitlich beurteilt. Der **EGMR** hat allerdings betont, dass sich weder aus dem Grundsatz der Waffengleichheit noch aus Recht auf unentgeltlichen Beistand eines Verteidigers ergibt, dass einer Partei in jedem Fall, in dem die Gegenpartei – etwa ein Nebenkläger – anwaltlich vertreten ist, ein unentgeltlicher Verteidiger bestellt werden muss (EGMR NJW **19**, 2005, 2006). Dass der **Privatkläger** an- 32

§ 140

waltlich vertreten ist, gibt dem Angeklagten keinen Anspruch auf Beiordnung eines Pflichtverteidigers (BVerfGE **63**, 380).

33   E. **Anwendung von II im Vollstreckungsverfahren:** Die Rechtswirkung der Verteidigerbestellung endet grundsätzlich mit der Rechtskraft des Urteils, wie § 143 I nunmehr ausdrücklich bestimmt (zur früheren Rspr siehe BGH NJW **52**, 797; Düsseldorf StraFo **11**, 371; Celle NStZ **85**, 519; Hamburg StV **81**, 349; Hamm NStZ **83**, 189; Saarbrücken NJW **73**, 1010, 1012). Hiervon unberührt bleibt aber die Möglichkeit, dem rechtskräftig Verurteilten wie bisher einen Pflichtverteidiger im Vollstreckungsverfahren beizuordnen (so ausdrücklich BT-Drucks 19/13829 S 43).

34   Ein **Fall der notwendigen Verteidigung** liegt insoweit **entsprechend II** vor, wenn die Schwere der Tat oder die Schwierigkeit der Sach- oder Rechtslage oder die Unfähigkeit des Verurteilten, seine Rechte sachgemäß wahrzunehmen, das gebietet (BVerfG NJW **02**, 2773; München StV **15**, 49; Köln NStZ-RR **10**, 326; Düsseldorf NStE Nr 35; Hamm StraFo **02**, 29; Schleswig NStZ-RR **08**, 253 L). Es ist insoweit allerdings nicht auf die Schwere oder die Schwierigkeit im Erkenntnisverfahren, sondern auf die Schwere des Vollstreckungsfalles für den Verurteilten oder auf besondere Schwierigkeiten der Sach- oder Rechtslage im Vollstreckungsverfahren abzustellen (Frankfurt StV **15**, 229; Stuttgart StV **18**, 379; Celle StraFo **12**, 523; KG NJW **15**, 1897; NStZ-RR **06**, 211; Hamm NStZ-RR **08**, 219; Schleswig SchlHA **09**, 242 [D/D]). Diese Voraussetzungen sind einschränkend auszulegen, da im Vollstreckungsverfahren in deutlich geringerem Maße als im kontradiktorisch ausgestalteten Erkenntnisverfahren ein Bedürfnis für die Mitwirkung eines Pflichtverteidigers besteht (BVerfG aaO; Köln aaO; Hamm aaO). Dennoch besteht in der Rspr die Tendenz, die Beiordnung auszuweiten (dazu anschl 33a). Ein Anspruch auf Beiordnung eines nicht im Gerichtsbezirk ansässigen RA besteht allerdings grundsätzlich nicht (vgl EGMR Nr 40451/06 vom 24.8.2010).

35   Die **Verteidigerbestellung kann insbesondere notwendig** sein in Verfahren mit dem Ziel des Widerrufs der Strafaussetzung nach § 56f StGB (Bamberg NStZ **85**, 39) oder nach § 57 V StGB (Celle NStZ-RR **08**, 80), über die bedingte Entlassung aus der Strafhaft nach § 57 StGB (Hamm StV **02**, 320; Frankfurt StV **15**, 229; Schleswig SchlHA **85**, 130 [E/L]); § 57a StGB (hier nach BVerfG NJW **92**, 2947, 2954 sogar idR geboten; ebenso Celle NStZ-RR **12**, 29; KG NJW **15**, 1897; Jena NStZ-RR **03**, 284 L; Karlsruhe Justiz **94**, 66), über die Aussetzung der Vollstreckung einer Maßregel nach §§ 67c I, 67d II (zur Sicherungsverwahrung siehe § 463 III S 5 und S 8 sowie oben 33), § 67e StGB (BVerfG NJW **86**, 767, 771; Frankfurt StraFo **14**, 304; München StV **15**, 49; Düsseldorf NStZ **89**, 92; Hamm StV **01**, 20; Jena StV **97**, 540; Karlsruhe StV **97**, 314; Köln NStZ **05**, 466; Stuttgart StV **93**, 378), über die Erledigterklärung der Unterbringung nach § 64 StGB (Karlsruhe NStZ **06**, 416), über den Widerruf der Aussetzung nach § 67g StGB (Bremen NStZ **86**, 379; Celle StV **87**, 400 L; Koblenz StV **83**, 93 L) sowie bei unbefristeter Führungsaufsicht nach § 68e II, III StGB (Celle StV **19**, 175 L). Bei Überprüfung von Beginn und weiterer Vollstreckung der unbefristeten stationären Maßregeln des § 63 StGB bzw des § 66 StGB ist die Beiordnung eines Verteidigers idR notwendig (KG NJW **15**, 1897; Brandenburg NStZ-RR **97**, 96 L; Braunschweig StV **01**, 21; erg 13 zu Art 5 EMRK). Auch bei § 456a kommt eine Beiordnung in Betracht (Oldenburg StraFo **10**, 115), im Fall des § 454b III wird sie regelmäßig zu erfolgen haben (16 zu § 454b). Die Beiordnung muss rechtzeitig erfolgen (Zweibrücken NStZ-RR **06**, 355: vor Gutachtenerstattung). Sie gilt idR nur für den jeweiligen Vollstreckungsabschnitt, nicht für das ganze Vollstreckungsverfahren, da die Beurteilung der Beiordnungsvoraussetzungen in den einzelnen Vollstreckungsabschnitten unterschiedlich ausfallen kann (Düsseldorf StraFo **11**, 371; München StraFo **09**, 527; Zweibrücken NStZ **10**, 470; Frankfurt NStZ-RR **03**, 252 mwN; **aM** Stuttgart NJW **00**, 3367); erfolgt sie in Verfahren, in denen die **Sicherungsverwahrung vollstreckt** wird, wirkt sie dagegen für jedes weitere Verfahren auf dem Gebiet der Vollstreckung fort (siehe

Verteidigung **§ 141**

§ 463 VIII S 2), selbst wenn sie in entsprechender Anwendung von II angeordnet wurde (Dresden StV **15**, 50). Auch im Zurückstellungsverfahren nach §§ 35, 36 BtMG kann die Bestellung eines Verteidigers geboten sein (Jena StraFo **09**, 83).

Im Vollstreckungsverfahren sieht ferner § **463 III S 5 und S 8** bzw **VIII** eine 36 Verteidigerbestellung in allen Fällen vor, in denen es nach Rechtskraft der anordnenden Entscheidung um die Vollstreckung der Sicherungsverwahrung geht (erg 6a bis 6c zu § 463).

Im **Vollstreckungshilfeverfahren** werden regelmäßig die II nachgebildeten 37 Voraussetzungen einer Bestellung nach § 53 II Nr 1 oder 2 IRG vorliegen (LG Kiel StV **11**, 429). Dies gilt sinngemäß auch im **Auslieferungsverfahren** gemäß § 40 II Nr 1 und 2 IRG.

Keine analoge Anwendung findet II im **Strafvollzugsverfahren** (KG NStZ **17**, 38 115; Bremen NStZ **84**, 91; vgl aber Litwinski/Bublies 165 ff; Müller-Dietz in Jung/Müller-Dietz 116 ff sowie Karlsruhe NStZ-RR **02**, 29 zum vollzugsrechtlichen Disziplinarverfahren); die Beiordnung von Rechtsanwälten ist insoweit in den §§ 120 II, 109 III StVollzG abschließend geregelt, was eine analoge Anwendung von II ausschließt (KG aaO).

6) Anfechtung: Wegen der sofortigen Beschwerde vgl 62-65 zu § 142, wegen 39 der Revision 66, 67 zu § 142; 41 zu § 338.

Zeitpunkt der Bestellung eines Pflichtverteidigers

141 I ¹ In den Fällen der notwendigen Verteidigung wird dem Beschuldigten, dem der Tatvorwurf eröffnet worden ist und der noch keinen Verteidiger hat, unverzüglich ein Pflichtverteidiger bestellt, wenn der Beschuldigte dies nach Belehrung ausdrücklich beantragt. ² Über den Antrag ist spätestens vor einer Vernehmung des Beschuldigten oder einer Gegenüberstellung mit ihm zu entscheiden.

II ¹ Unabhängig von einem Antrag wird dem Beschuldigten, der noch keinen Verteidiger hat, in den Fällen der notwendigen Verteidigung ein Pflichtverteidiger bestellt, sobald

1. er einem Gericht zur Entscheidung über Haft oder einstweilige Unterbringung vorgeführt werden soll;
2. bekannt wird, dass der Beschuldigte, dem der Tatvorwurf eröffnet worden ist, sich auf Grund richterlicher Anordnung oder mit richterlicher Genehmigung in einer Anstalt befindet;
3. im Vorverfahren ersichtlich ist, dass sich der Beschuldigte, insbesondere bei einer Vernehmung des Beschuldigten oder einer Gegenüberstellung mit ihm, nicht selbst verteidigen kann, oder
4. er gemäß § 201 zur Erklärung über die Anklageschrift aufgefordert worden ist; ergibt sich erst später, dass die Mitwirkung eines Verteidigers notwendig ist, so wird er sofort bestellt.

² Erfolgt die Vorführung in den Fällen des Satzes 1 Nummer 1 zur Entscheidung über den Erlass eines Haftbefehls nach § 127b Absatz 2 oder über die Vollstreckung eines Haftbefehls gemäß § 230 Absatz 2 oder § 329 Absatz 3, so wird ein Pflichtverteidiger nur bestellt, wenn der Beschuldigte dies nach Belehrung ausdrücklich beantragt. ³ In den Fällen des Satzes 1 Nummer 2 und 3 kann die Bestellung unterbleiben, wenn beabsichtigt ist, das Verfahren alsbald einzustellen und keine anderen Untersuchungshandlungen als die Einholung von Registerauskünften oder die Beiziehung von Urteilen oder Akten vorgenommen werden sollen.

§ 141

Übersicht

	Rn
1) Überblick	1
2) Bestellung auf Antrag des Beschuldigten (I)	2–9
A. Antrag	5, 6
B. Unverzügliche Bestellung	7–9
3) Bestellung von Amts wegen (II)	10–24
A. Vorführung (S 1 Nr 1)	11–15
B. Inhaftierung (S 1 Nr 2)	16, 17
C. Vorverfahren (S 1 Nr 3)	18, 19
D. Zwischenverfahren (S 1 Nr 4)	20–22
4) Bestellungsverfahren, Verteidigerwechsel	23

1 **1) Überblick:** Das Gesetz zur Neuregelung der notwendigen Verteidigung vom 10.12.2019 hat in § 141 die konkreten Verfahrenssituationen und die Zeitpunkte, in denen dem Beschuldigten bei Vorliegen eines Falles der notwendigen Verteidigung ein Pflichtverteidiger zu bestellen ist, umfassend geregelt. Insbesondere wurde nunmehr ein eigenes Antragsrecht des Beschuldigten normiert; außerdem wurden die Fallgruppen, in denen dem Beschuldigten von Amts wegen ein Pflichtverteidiger zu bestellen ist, erweitert. § 141 differenziert dementsprechend zwischen der Bestellung auf Antrag des Beschuldigten (I) und einer solchen von Amts wegen (II).

2 **2) Bestellung auf Antrag des Beschuldigten (I):** In den Fällen der notwendigen Verteidigung (§ 140) ist dem Beschuldigten auf Antrag unter folgenden Voraussetzungen ein Pflichtverteidiger zu bestellen:

3 Dem Beschuldigten muss bereits der **Tatvorwurf eröffnet** worden sein. Anträge, die zuvor, etwa aufgrund von Mutmaßungen über Ermittlungen, gestellt werden, sind unzulässig (BT-Drucks 19/13829 S 35).

4 Der Beschuldigte darf **noch keinen Verteidiger** haben. Dem steht der Fall gleich, dass der Wahlverteidiger ankündigt, mit der Bestellung sein Wahlmandat niederzulegen.

5 A. Es muss ein **Antrag des Beschuldigten** vorliegen. Ein mündlicher Antrag reicht aus. Es genügt jede Wortwahl oder jedes Verhalten (vgl § 140 I Nr 11), aus dem sich ergibt, dass der Beschuldigte rechtlichen Beistand wünscht. Stellt der Beschuldigte nach ordnungsgemäßer Belehrung keinen Antrag, darf er – außer in den Fällen des II – auch ohne Beistand eines Pflichtverteidigers vernommen werden (vgl Mosbacher JuS **20**, 128, 131; erg 10d, 11a zu § 136).

6 Über das Antragsrecht ist **zu belehren** (siehe auch 11a zu § 136 I S 5). Anlass zur Belehrung besteht, wenn Ermittlungsbeamte oder StA (siehe § 142 I S 1) nach pflichtgemäßer Bewertung des jeweiligen Standes des Ermittlungsverfahrens der Auffassung sind, dass ein Fall der notwendigen Verteidigung vorliegt. Dies wird beim Vorwurf des Verbrechens (§ 140 I Nr 2) regelmäßig bereits unmittelbar nach Einleitung des Ermittlungsverfahrens und Eröffnung des Tatvorwurfs, kann aber auch bei Vergehen schon zu diesem Zeitpunkt zu bejahen sein, wenn unter Berücksichtigung der Tatumstände und der Person des Täters – zB Vorstrafen – zu erwarten ist, dass die Hauptverhandlung im ersten Rechtszug vor einem der in § 140 I Nr 1 bezeichneten Gerichte stattfindet oder wegen der Schwere der zu erwartenden Rechtsfolge (§ 140 II) oder weil erkennbar ist, dass sich der Beschuldigte nicht selbst verteidigen kann (§ 140 II), ein Pflichtverteidiger zu bestellen ist.

7 B. Unter den Voraussetzungen des I S 1 ist der Pflichtverteidiger **unverzüglich** zu bestellen. Unverzüglich bedeutet nicht sofort, aber so bald wie möglich ohne schuldhaftes Zögern, dh ohne sachlich nicht begründete Verzögerung (vgl 8 zu § 25). Wegen § 142 V S 1 ist dem Beschuldigten eine angemessene Frist zur Bezeichnung eines Verteidigers einzuräumen, die je nach den Umständen sehr kurz ausfallen kann (vgl 22ff, 33 zu § 142; Müller-Jacobsen NJW **20**, 575, 578; im Übrigen (regelmäßig 1 Woche ausreichend, vgl bereits zur früheren Rechtslage Jahn StraFo **14**, 177, 185; **aM** Heydenreich StraFo **11**, 263, 265 mN; Lam/Meyer-

Verteidigung **§ 141**

Mews NJW **12**, 177, 180: mindestens 2 Wochen), wenn er nicht bereits in seinem Antrag einen RA benennt oder ausdrücklich um sofortige Bestellung ersucht (vgl Düsseldorf StraFo **11**, 275; LG Krefeld NStZ **10**, 592; Michalke NJW **10**, 18; BT-Drucks 16/13097 S 19; **aM** Schlothauer Samson-FS 714). Erg sogleich 8 sowie 33ff zu § 142.

Spätestens ist dem Beschuldigten vor einer Vernehmung oder einer Gegen- **8** überstellung mit ihm ein Pflichtverteidiger zu bestellen (I S 2). Die nach § 142 V S 1 zu setzende Frist zur Bezeichnung eines RA (32ff zu § 142) sollte möglichst so bemessen sein, dass die entsprechenden Verfahrenshandlungen erst nach ihrem Ablauf vorgenommen werden. Kommt es vor Ablauf der gesetzten Frist aus unabweisbaren Gründen zu einer Vernehmung oder Gegenüberstellung, hat die Bestellung allerdings erforderlichenfalls ohne (erneute) Gewährung rechtlichen Gehörs sofort zu erfolgen. Dies gilt auch für sonstige Verfahrenshandlungen, bei denen der Verteidiger ein Anwesenheitsrecht hat (zB §§ 168c II, 168d, 223, 225). Ausnahmsweise können im Vorverfahren trotz eines Antrags nach I S 1 Vernehmungen des Beschuldigten und Gegenüberstellungen mit ihm bei Vorliegen der Voraussetzungen des § 141a vor der Bestellung des Pflichtverteidigers durchgeführt werden (3ff zu § 141a).

Das **Bestellungsverfahren** bestimmt sich nach § 142 I und III-VI, ein etwaiger **9** Verteidigerwechsel nach § 143a.

3) Bestellung von Amts wegen (II): Unabhängig von einem Antrag des Be- **10** schuldigten ist ihm ein Pflichtverteidiger zu bestellen, sobald eine der Verfahrenssituationen des II Nr 1 bis 4 vorliegt. Voraussetzung ist wie bei der Bestellung nach I, dass ein Fall der notwendigen Verteidigung gemäß § 140 gegeben ist und der Beschuldigte noch keinen Verteidiger hat.

A. Vorführung (II S 1 Nr 1): Von Amts wegen ist dem Beschuldigten ein **11** Verteidiger zu bestellen, sobald er einem Gericht zur Entscheidung über Haft oder einstweilige Unterbringung vorgeführt werden soll. Damit sind die in § 140 I Nr 4 bezeichneten Vorführungen erfasst (14–14b zu § 140).

Geht es um **Vorführungen in den Fällen des §§ 115, 115a** aufgrund bereits **12** erlassener Haftbefehle, bedeutet „sobald", dass die Bestellung entsprechend dem Verfahren des § 142 bereits zum Zeitpunkt der Ergreifung des Beschuldigten in die Weg zu leiten ist, da ab dann die gesetzliche Pflicht zur Vorführung besteht; in den Fällen der vorläufigen Festnahme (§§ 128 I, 129) kann hingegen zugewartet werden, bis entschieden ist, ob ein Haftbefehl beantragt werden soll, weil erst dann eine Vorführung erforderlich ist (vgl BT-Drucks 19/13829 S 36).

Eine **Vernehmung ohne den Verteidiger kommt nicht in Betracht;** ist **13** dieser verhindert, muss umterminiert oder, was in Eilfällen regelmäßig geschehen wird, ein anderer Verteidiger bestellt werden (ebenso Schlothauer StV **17**, 557, 559; Burhoff StraFo **18**, 405, 409). Rechtliches Gehör ist dem Beschuldigten zwar wie auch sonst grundsätzlich zu gewähren (§ 142 V S 1). Dabei ist allerdings ebenfalls der regelmäßig bestehenden Eilbedürftigkeit der in Betracht kommenden richterlichen Vernehmungen Rechnung zu tragen. Daher wird die Frist häufig sehr kurz zu bemessen und ein entsprechender Vorschlag des Beschuldigten nicht immer umzusetzen sein (vgl § 142 V S 2 Hs 2). Zur Vorbereitung auf den Termin ist dem Verteidiger Akteneinsicht zu gewähren und eine Besprechung mit dem Beschuldigten zu ermöglichen (Burhoff aaO). Hinsichtlich der konkreten Ausgestaltung ist allerdings auch insoweit die regelmäßig bestehende, besondere Eilbedürftigkeit zu berücksichtigen.

Ausnahmen (II S 2): Erfolgt die Vorführung zur Entscheidung über den Erlass **14** eines Haftbefehls im beschleunigten Verfahren (§ 127b II) oder über die Vollstreckung eines Haftbefehls bei Ausbleiben des Angeklagten in der Hauptverhandlung (§ 230 II) oder im Berufungsverfahren (§ 329 III) wird ein Pflichtverteidiger allerdings nur bestellt, wenn der Angeklagte dies nach Belehrung beantragt (II S 2). Diese Ausnahmen vom Prinzip der Bestellung von Amts wegen in den Fällen des

§ 141

II S 1 Nr 1 sind aufgrund einer Stellungnahme des BR in den Gesetzestext gelangt (BT-Drucks 19/13829 S 64).

15 Im Falle des **§ 127b II liegt dem zugrunde,** dass es sich um Verfahren mit einfacher Sach- und Rechtslage handelt, in denen regelmäßig ein Geständnis des Angeklagten vorliegt, und nur Sanktionen im unteren Bereich zu erwarten sind; die Beiordnung eines Pflichtverteidigers könne, so heißt es, die Dauer des Freiheitsentzuges insoweit sogar verlängern, statt sie zu verkürzen (BT-Drucks aaO S 65). In den Fällen der §§ 230 II, 329 III soll der Angeklagte für sein schuldhaftes Fernbleiben vom Hauptverhandlungstermin durch die amtswegige Bestellung nicht „honoriert" werden; auch insoweit könne sich im Übrigen die Inhaftierung unter Berücksichtigung der für das Bestellungsverfahren erforderlichen Dauer unnötig verlängern (BT-Drucks aaO). In den genannten Ausnahmefällen bleibt es dem Angeklagten unbenommen, selbst durch einen Antrag unter den Voraussetzungen des I S 1 sein Recht auf Bestellung eines Pflichtverteidigers auszuüben.

16 B. **Inhaftierung (II S 1 Nr 2):** Dem Beschuldigten ist ferner auch ohne Antrag ein Verteidiger beizuordnen, wenn bekannt wird, dass er sich aufgrund richterlicher Anordnung oder mit richterlicher Genehmigung in anderer Sache in Haft befindet (Fälle des § 140 I Nr 5). Voraussetzung ist allerdings, dass dem Beschuldigten bereits der Tatvorwurf eröffnet wurde; damit werden Fälle von der Bestellungspflicht ausgeschlossen, in denen das Ermittlungsverfahren nicht offen geführt wird.

17 **Die Bestellung kann nach II S 3 unterbleiben,** wenn beabsichtigt ist, das Verfahren alsbald einzustellen und keine anderen Untersuchungshandlungen als die Einholung von Registerauskünften oder die Beiziehung von Urteilen oder Akten vorgenommen werden sollen. In diesem Fall wird die Bestellung eines Verteidigers zur Wahrung der Rechte des Beschuldigten als nicht für erforderlich erachtet; bei den bezeichneten Ermittlungshandlungen handelt es sich um solche von rein formalem Charakter, die keine Außenwirkung entfalten (BT-Drucks 19/13829 S 37).

18 C. **Vorverfahren (II S 1 Nr 3):** Die Bestellung eines Verteidigers von Amts wegen ist weiterhin erforderlich, wenn im Vorverfahren ersichtlich wird, dass sich der Beschuldigte nicht selbst verteidigen kann (Fälle des § 140 II, siehe 30–32 zu § 140); dies gilt insbesondere für Vernehmungen des Beschuldigten oder für Gegenüberstellungen mit ihm. Ein evtl entgegenstehender Wille des Beschuldigten ist unbeachtlich, wenn er die Tragweite seiner Entscheidung nicht zu übersehen vermag; dies wird in den einschlägigen Konstellationen regelmäßig anzunehmen sein.

19 Die Bestellung kann allerdings auch insoweit **nach Maßgabe des II S 3 unterbleiben** (siehe 17).

20 D. **Zwischenverfahren (II S 1 Nr 4):** Wird der Angeklagte gemäß § 201 zur Erklärung über die Anklageschrift aufgefordert oder ergibt sich die Notwendigkeit der Verteidigung später, ist ihm ebenfalls ein Verteidiger zu bestellen. Damit werden vor allem Fälle erfasst, bei denen erst die mit der Durchführung des Hauptverfahrens befasste Gericht zu der Auffassung gelangt, dass ein Fall der notwendigen Verteidigung vorliegt; zu denken wäre hier etwa daran, dass der Amtsrichter beabsichtigt, die Sache gemäß § 209 II dem Schöffengericht vorzulegen.

21 Damit dem zu bestellenden Verteidiger noch **genügend Zeit zur Stellungnahme** zur Verfügung steht, sollte dem Angeschuldigten die Anklageschrift mit der durch § 142 V S 1 vorgeschriebenen Aufforderung zugestellt werden, innerhalb einer bestimmten Frist einen RA seines Vertrauens zu bezeichnen, und den Pflichtverteidiger unmittelbar nach Ablauf der Frist, aber noch innerhalb der Erklärungsfrist nach § 201 I zu bestellen (erg 34 zu § 142).

22 Eine **Bestellung** zu einem späteren Zeitpunkt **nach Anklagezustellung** ist erforderlich, wenn sich die Notwendigkeit der Verteidigung erst später ergibt, zB wenn Nachtragsanklage wegen eines Verbrechens erhoben (BGH **9**, 243), die Tat erst in der Hauptverhandlung als Verbrechen beurteilt wird (§ 140 I Nr 2) oder sich die Schwere der Tat oder die Schwere der zu erwartenden Rechtsfolge oder

Verteidigung § 141a

die Schwierigkeit der Sach- und Rechtslage (§ 140 II) erst dort zeigt; die Hauptverhandlung muss dann nach Beiordnung des Verteidigers in ihren wesentlichen Teilen wiederholt werden (BGH aaO).

4) Für das **Bestellungsverfahren** gilt § 142, für einen etwaigen **Verteidigerwechsel** § 143a. 23

Vernehmungen und Gegenüberstellungen vor der Bestellung eines Pflichtverteidigers

141a [1] Im Vorverfahren dürfen Vernehmungen des Beschuldigten oder Gegenüberstellungen mit dem Beschuldigten vor der Bestellung eines Pflichtverteidigers abweichend von § 141 Absatz 2 und, wenn der Beschuldigte hiermit ausdrücklich einverstanden ist, auch abweichend von § 141 Absatz 1 durchgeführt werden, soweit dies
1. zur Abwehr einer gegenwärtigen Gefahr für Leib oder Leben oder für die Freiheit einer Person dringend erforderlich oder
2. zur Abwendung einer erheblichen Gefährdung eines Strafverfahrens zwingend geboten ist.

[2] Das Recht des Beschuldigten, jederzeit, auch schon vor der Vernehmung, einen von ihm zu wählenden Verteidiger zu befragen, bleibt unberührt.

1) Regelungszweck: Die Vorschrift soll es bei gravierenden Gefahrenlagen 1 oder erheblichen Gefährdungen des Strafverfahrens ermöglichen, im Vorverfahren in Abweichung von den Grundsätzen der Bestellung von Amts wegen nach § 141 II bzw nach Antrag des Beschuldigten gemäß § 141 I Vernehmungen des Beschuldigten oder Gegenüberstellungen mit ihm vor der Bestellung eines Pflichtverteidigers durchzuführen.

2) Ausnahmetatbestände (S 1): Die Vorschrift ist auf alle Vernehmungen des 2 Beschuldigten oder Gegenüberstellung im Vorverfahren anwendbar. Sie dürfen sowohl bei gebotener Pflichtverteidigerbestellung von Amts wegen (§ 141 II) als auch auf Antrag des Beschuldigten (§ 141 I) vor Bestellung des Pflichtverteidigers nur durchgeführt werden, wenn einer der Ausnahmetatbestände des S 1 Nr 1 oder 2 gegeben ist (im Fall des § 141 I bedarf es zusätzlich des Einverständnisses des Beschuldigten [siehe 7, 8]).

A. **Zur Abwehr einer gegenwärtigen Gefahr** für Leib oder Leben oder die 3 Freiheit einer Person muss die Vernehmung oder Gegenüberstellung vor der Bestellung dringend erforderlich sein (§ 141a Nr 1). Eine gegenwärtige Gefahr in diesem Sinne liegt vor, wenn bestimmte Tatsachen die Wahrscheinlichkeit begründen, dass ohne die sofortige Vernehmung oder Gegenüberstellung vor der Bestellung eines Pflichtverteidigers die bezeichneten Rechtsgüter sicher oder doch höchstwahrscheinlich (vgl BGH **26**, 179 zu § 34 StGB) geschädigt werden. Dringend erforderlich ist die Maßnahme, wenn sofortiges Handeln geboten ist und der für die Bestellung nach § 142 notwendige Zeitraum nicht abgewartet werden kann. Reicht eine vorläufige Bestellung durch die StA gemäß § 142 IV aus, um der Gefahr zu begegnen, ist Vernehmung oder Gegenüberstellung vor der Bestellung nicht dringlich iSd Nr 1.

B. **Zur Abwendung einer erheblichen Gefährdung** eines Strafverfahrens 4 muss die Vernehmung oder Gegenüberstellung vor der Bestellung eines Pflichtverteidigers zwingend geboten sein (§ 141a Nr 2). Dabei kann es sich auch um ein anderes als das gegen den Beschuldigten geführte Strafverfahren handeln.

Ein Strafverfahren ist **erheblich gefährdet,** wenn bestimmte Tatsachen die 5 Wahrscheinlichkeit begründen, dass ohne die sofortige Vernehmung oder Gegenüberstellung vor der Bestellung eines Pflichtverteidigers die Ermittlung der Wahrheit erheblich erschwert werden wird. Dies ist allgemein bei drohendem Beweismittelverlust anzunehmen, insbesondere aber wenn Beseitigung, Verfälschung oder

§ 141a

Vernichtung von Beweismitteln oder die Beeinflussung bzw Bedrohung von Zeugen durch Dritte zu befürchten ist. Dies gilt gleichermaßen, wenn die Flucht eines Mitbeschuldigten oder gesondert Verfolgten droht (BT-Drucks 19/13829 S 38) oder wenn bei Straftaten mit mehreren, noch nicht bekannten Tätern ohne die Ermittlungsmaßnahme deren Ermittlung und Festsetzung erheblich erschwert wird.

6 **Zwingend geboten** ist die Maßnahme, wenn der Gefährdung nicht anders – zB durch vorläufige Bestellung seitens der StA gemäß § 142 IV – begegnet werden kann.

7 **3) Einverständnis des Beschuldigten:** In den Fällen des § 141 I, dh bei Antrag des Beschuldigten auf Bestellung eines Pflichtverteidigers, muss der Beschuldigte darüber hinaus damit einverstanden sein, dass die Vernehmung oder Gegenüberstellung vor der Bestellung stattfindet. Dieses Erfordernis beruht darauf, dass der Beschuldigte mit seinem Antrag bereits deutlich gemacht hat, dass er Rechtsbeistand wünscht. Vor diesem Hintergrund dürfte § 141a insoweit allerdings auch nur selten zur Anwendung gelangen, da es aus Sicht des Beschuldigten nicht folgerichtig wäre, einen Antrag auf Bestellung eines Pflichtverteidigers zu stellen und sich sogleich damit einverstanden zu erklären, dass wesentliche Ermittlungshandlungen ohne Beistand eines solchen durchgeführt werden.

8 Das **Einverständnis** muss ausdrücklich erklärt werden. Missverständliche oder interpretationsbedürftige Formulierungen reichen ebenso wenig aus wie Schweigen oder konkludentes Verhalten. Es ist als wesentliche Förmlichkeit zu protokollieren (siehe § 168a I für richterliche Untersuchungshandlungen, § 168b III S 2 für solche der Ermittlungsbehörden).

9 **4) Ein praktischer Anwendungsbereich** für die Vorschrift kommt am ehesten in den Fällen des § 141 II in Betracht, die eigentlich die Bestellung eines Pflichtverteidigers von Amts wegen unabhängig vom Willen des Beschuldigten gebieten. Zu denken ist etwa an Konstellationen, in denen der Beschuldigte sich nach Belehrung über sein Schweigerecht und sein Recht auf Befragung eines Verteidigers zur Aussage bereit erklärt, ferner für Gegenüberstellungen, die auch ohne Zustimmung des Beschuldigten erfolgen können (siehe BT-Drucks 19/13829 S 38). Dennoch ist zu konstatieren, dass die Anwendung der Ausnahmevorschrift des § 141a auch in solchen Fällen mit Blick auf die engen Anwendungsvoraussetzungen in Nr 1 und 2 nur selten gegeben sein werden.

10 **5) Das Recht des Beschuldigten,** vor der Vernehmung einen von ihm zu wählenden Verteidiger zu befragen, bleibt von § 141a unberührt (S 2). Dem Beschuldigten ist somit zu ermöglichen, nach entspr Belehrung gem § 136 I S 2 vor der Vernehmung oder der Gegenüberstellung mit einem Verteidiger seiner Wahl zu sprechen (BT-Drucks 19/13829 S 38). Mit der Ermittlungsmaßnahme braucht allerdings nicht zugewartet zu werden, wenn ihre sofortige Durchführung unter den Voraussetzungen von § 141a im Sinne von Nr 1 und Nr 2 der Vorschrift dringend erforderlich bzw zwingend geboten ist.

11 **6) Beweisverwertungsverbot:** Verstöße gegen § 141a führen nicht zu einem absoluten Verwertungsverbot für die aus der Ermittlungsmaßnahme gewonnen Erkenntnisse, sondern sind nach den allgemeinen Grundsätzen der Abwägungslehre zu beurteilen. Maßgebend ist daher eine Einzelfallbetrachtung, welche das Interesse des Staates an der Tataufklärung gegen das Individualinteresse des Beschuldigten an der Bewahrung seiner Rechtsgüter gegeneinander abwägt (vgl etwa BGH 52, 110; ausf Einl 55a). Ein Verwertungsverbot kommt nur bei schwerwiegenden, bewussten oder objektiv willkürlichen Rechtsverstößen in Betracht (vgl BT-Drucks 19/13829 S 39). Dies wird etwa in Betracht zu ziehen sein, wenn die Ermittlungsmaßnahme in den Fällen des § 141 I (Antrags des Beschuldigten) ohne das notwendige Einverständnis des Beschuldigten durchgeführt oder sein Recht aus S 2 (soeben 10) bewusst übergangen wurde.

Zuständigkeit und Bestellungsverfahren

142 I ¹Der Antrag des Beschuldigten nach § 141 Absatz 1 Satz 1 ist vor Erhebung der Anklage bei den Behörden oder Beamten des Polizeidienstes oder bei der Staatsanwaltschaft anzubringen. ²Die Staatsanwaltschaft legt ihn mit einer Stellungnahme unverzüglich dem Gericht zur Entscheidung vor, sofern sie nicht nach Absatz 4 verfährt. ³Nach Erhebung der Anklage ist der Antrag des Beschuldigten bei dem nach Absatz 3 Nummer zuständigen Gericht anzubringen.

II Ist dem Beschuldigten im Vorverfahren ein Pflichtverteidiger gemäß § 141 Absatz 2 Satz 1 Nummer 1 bis 3 zu bestellen, so stellt die Staatsanwaltschaft unverzüglich den Antrag, dem Beschuldigten einen Pflichtverteidiger zu bestellen, sofern sie nicht nach Absatz 4 verfährt.

III Über die Bestellung entscheidet
1. Das Amtsgericht, in dessen Bezirk die Staatsanwaltschaft oder ihre zuständige Zweigstelle ihren Sitz hat, oder das nach § 162 Absatz 1 Satz 3 zuständige Gericht;
2. In den Fällen des § 140 Absatz 1 Nummer 4 das Gericht, dem der Beschuldigte vorzuführen ist;
3. Nach Erhebung der Anklage der Vorsitzende des Gerichts, bei dem das Verfahren anhängig ist.

IV ¹Bei besonderer Eilbedürftigkeit kann auch die Staatsanwaltschaft über die Bestellung entscheiden. ²Sie beantragt unverzüglich, spätestens innerhalb einer Woche nach ihrer Entscheidung, die gerichtliche Bestätigung der Bestellung oder der Ablehnung des Antrags des Beschuldigten. ³Der Beschuldigte kann jederzeit die gerichtliche Entscheidung beantragen.

V ¹Vor der Bestellung eines Pflichtverteidigers ist dem Beschuldigten Gelegenheit zu geben, innerhalb einer zu bestimmenden Frist einen Verteidiger zu bezeichnen. ²§ 136 Absatz 1 Satz 3 und 4 gilt entsprechend. ³Ein von dem Beschuldigten innerhalb der Frist bezeichneter Verteidiger ist zu bestellen, wenn dem kein wichtiger Grund entgegensteht; ein wichtiger Grund liegt auch vor, wenn der Verteidiger nicht oder nicht rechtzeitig zur Verfügung steht.

VI ¹Wird dem Beschuldigten ein Pflichtverteidiger bestellt, den er nicht bezeichnet hat, ist er aus dem Gesamtverzeichnis der Bundesrechtsanwaltskammer (§ 31 der Bundesrechtsanwaltsordnung) auszuwählen. ²Dabei soll aus den dort eingetragenen Rechtsanwälten entweder ein Fachanwalt für Strafrecht oder ein anderer Rechtsanwalt, der gegenüber der Rechtsanwaltskammer sein Interesse an der Übernahme von Pflichtverteidigungen angezeigt hat und für die Übernahme der Verteidigung geeignet ist, ausgewählt werden.

VII ¹Gerichtliche Entscheidungen über die Bestellung eines Pflichtverteidigers sind mit der sofortigen Beschwerde anfechtbar. ²Sie ist ausgeschlossen, wenn der Beschuldigte einen Antrag nach § 143a Absatz 2 Satz 1 Nummer 1 stellen kann.

Übersicht

	Rn
1) Überblick	1
2) Antrag des Beschuldigten nach § 141 I S 1 (I)	2–7
3) Antrag der StA bei Bestellung von Amts wegen nach § 141 II (II)	8–10
4) Zuständigkeit für die Bestellung (III)	11–21
5) Bestellung durch die StA bei besonderer Eilbedürftigkeit (IV)	22–29
A. Bestellung durch die StA (IV S 1)	23, 24
B. Gerichtliche Bestätigung/Entscheidung (IV S 2, 3)	25–29
6) Frist zur Bezeichnung eines Verteidigers (V S 1)	30–36
7) Bestellung des bezeichneten Pflichtverteidigers (V S 1, 3)	37–41

§ 142

Erstes Buch. 11. Abschnitt

	Rn
8) Wichtige, der Bestellung entgegenstehende Gründe (V S 3)	42–54
9) Auswahl des Pflichtverteidigers durch das Gericht (VI)	55–58
10) Wirkung der Bestellung	59, 60
11) Rechtsmittel	61–67
A. Sofortige Beschwerde (VII S 1)	62–64
B. Revision	65–67

1 **1) Überblick:** Das Gesetz zur Neuregelung der notwendigen Verteidigung vom 10.12.2019 hat das bis dahin in §§ 141, 142 nur fragmentarisch normierte Verfahren zur Bestellung und Auswahl des Pflichtverteidigers nunmehr in § 142 zusammengefasst und umfassend geregelt (siehe BT-Drucks 9/13829 S 39). Hinsichtlich des Verfahrens vor der Bestellung differenziert das Gesetz danach, ob ein Antrag des Beschuldigten vorliegt (I) oder dem Beschuldigten von Amts wegen ein Pflichtverteidiger zu bestellen ist (II). Die Zuständigkeit für die Bestellung entspricht im Wesentlichen der bisherigen Regelung in § 141 IV aF (III), allerdings sieht IV nunmehr eine besondere Eilzuständigkeit der StA und ein gerichtliches Bestätigungsverfahren vor. Die Auswahl des Pflichtverteidigers regeln V und VI, wobei VI für den Fall, dass das Gericht nicht den vom Beschuldigten bezeichneten Verteidiger bestimmt, gewisse Auswahlkriterien festlegt.

2 **2) Antrag des Beschuldigten nach § 141 I S 1 (I):**
3 A. Im **Ermittlungsverfahren** ist ein Antrag des Beschuldigten nach § 141 I S 1 bei den Behörden oder Beamten des Polizeidienstes oder bei der StA anzubringen (S 1). Zu den Behörden des Polizeidienstes gehören auch das BKA, die LKAs und die Bundespolizei sowie über § 402 AO die Finanzbehörden und die Zollfahndungsämter bzw die mit der Steuerfahndung betrauten Dienststellen der Landesfinanzbehörden (§ 404 AO); mit dem Begriff StA sind die Finanzbehörden erfasst, soweit sie in selbständig geführten Steuerverfahren als funktionale StA fungieren (BT-Drucks 19/13829 S 40).
4 Ein **mündlich gestellter Antrag reicht aus** (5 zu § 141). Die StA kann bei besonderer Eilbedürftigkeit selbst über die Bestellung entscheiden (S 2; zu den Voraussetzungen und zum Verfahren siehe 23, 24).
5 Andernfalls legt die StA den Antrag **mit einer Stellungnahme unverzüglich** (8 zu § 25) dem zuständigen Gericht (III) zur Entscheidung vor. Die Stellungnahme muss sich dazu verhalten, ob die StA einen Fall der notwendigen Verteidigung für gegeben hält und ggf welchen. Sie kann kurz gehalten werden, etwa durch Hinweis auf den entsprechenden Fall des § 140, wenn die Situation eindeutig ist. Hat der Beschuldigte einen Verteidiger teilt die StA dies – wegen der vom Gericht erforderlichenfalls nach V oder VI zu treffenden Entscheidung – ebenfalls mit.
6 Stellt der Beschuldigte den **Antrag bei der Polizei,** hat diese unverzüglich die StA zu informieren, die dann nach S 2 verfährt; dies hat bei besonderer Eilbedürftigkeit ggf mündlich zu geschehen (vgl BT-Drucks aaO).
7 B. **Nach Erhebung der Anklage** ist der Antrag bei dem Gericht anzubringen, bei dem das Verfahren anhängig ist (S 3 iVm III Nr 3).

8 **3) Antrag der StA im Vorverfahren nach § 141 II (II):**
9 Muss nach § 141 II S 1 Nr 1 bis 3 dem Beschuldigten **von Amts wegen** ein Pflichtverteidiger bestellt werden, stellt die **StA** unverzüglich (8 zu § 25) den erforderlichen Antrag bei dem zuständigen Gericht. Dies gilt nicht, wenn sie aufgrund besonderer Eilbedürftigkeit selbst über die Bestellung entscheidet (IV).
10 Die Antragsverpflichtung der StA entfaltet vor allem **Relevanz,** wenn sich im Ermittlungsverfahren ein Fall der notwendigen Verteidigung ergibt, ohne dass richterliche Ermittlungshandlungen – zB nach §§ 115, 115a, 168c – inmitten stehen, mithin das zuständige Gericht noch keine Kenntnis von dem Verfahren hat.

11 **4) Zuständigkeit (III):**
12 A. Im **Ermittlungsverfahren** entscheidet das AG, in dessen Bezirk die StA oder ihre zuständige Zweigstelle ihren Sitz hat (Nr 1). Die StA kann aber auch zur

Verteidigung **§ 142**

Verfahrensbeschleunigung die Bestellung bei dem nach § 162 I S 3 zuständigen AG beantragen, bei dem sie eine gerichtliche Vernehmung oder Augenscheinseinnahme beantragt hat (vgl BT-Drucks 18/11277 S 28).

B. In den **Fällen des § 140 I Nr 4** (14–14b zu § 140) entscheidet stets das Gericht, dem der Beschuldigte vorzuführen ist (Nr 2). Bei Ergreifung aufgrund eines bestehenden Haftbefehls ist dies der Richter, der ihn erlassen hat (§§ 115 I, 126 I), hilfsweise der Richter des nächsten AG (115a I); dies gilt gemäß § 126a II S 1 gleichermaßen für Unterbringungsbefehle, im Fall der einstweiligen Unterbringung nach § 275a ist das dort in VI bezeichnete Gericht zuständig (19 zu § 275a). **13**

Eine, ggf alternative, Zuständigkeit des Ermittlungsrichters des OLG bzw des BGH kann sich in den Fällen der Nr 1 und 2 über § 169 ergeben (siehe dort 1–4). **14**

C. **Nach Erhebung der Anklage** entscheidet der Vorsitzende des Gerichts, bei dem das Verfahren anhängig ist (Nr 3). **15**

Das ist im **Zwischenverfahren und Hauptverfahren** der Vorsitzende des für das Hauptverfahren zuständigen Tatgerichts; dieses ist gemäß § 143a III S 2 auch für die Beiordnung eines neuen Pflichtverteidigers für die Revisionsinstanz auf Antrag des Angeklagten zuständig. Im Übrigen ist der Vorsitzende des Revisionsgerichts für die Entscheidung zuständig, sobald die Sache dort anhängig ist, zB, wenn sich erst zu diesem Zeitpunkt herausstellt, dass – etwa wegen Schwierigkeit der Rechtslage (29 zu § 140) – ein Fall der notwendigen Verteidigung vorliegt. **16**

D. Die Bestellung erfolgt durch **ausdrückliche Verfügung.** Allerdings kommt wie schon nach bisheriger Rspr auch eine Bestellung aufgrund schlüssigen Verhaltens in Betracht, so etwa durch die Aufforderung, für den Angeklagten als Verteidiger tätig zu werden (Hamburg NJW **98**, 621), ebenso durch die gesetzlich gebotene Inanspruchnahme eines Verteidigers, der nicht Wahlverteidiger ist (Düsseldorf NStZ **84**, 43; Hamm Rpfleger **98**, 440; Koblenz StraFo **97**, 256; Saarbrücken NJW **07**, 309), oder das widerspruchslose Mitwirkenlassen im Verfahren (Jena NJW **07**, 1476). **17**

E. Das zuständige Gericht bzw der Vorsitzende entscheiden auch (durch Beschluss, der nach § 34 mit Gründen zu versehen und nach § 35 bekanntzumachen ist) über die **Ablehnung eines Antrags** auf Verteidigerbestellung (Frankfurt NStZ-RR **07**, 244; Hamm NJW **73**, 818; Karlsruhe NJW **74**, 110; Zweibrücken StV **82**, 128; VRS **50**, 437) sowie über die Aufhebung der Bestellung nach §§ 143, 143a. Dass an Stelle des Vorsitzenden das Kollegialgericht entschieden hat, ist unschädlich (BVerwG NJW **69**, 2029; BGH NStZ **04**, 632; Bay **04**, 118 6; Nürnberg OLGSt § 350 Nr 1; **aM** Düsseldorf JMBlNW **98**, 22; Karlsruhe aaO). Eine noch nicht erledigte sofortige Beschwerde gegen die Versagung einer Beiordnung ist nach Anklageerhebung vom Vorsitzenden des erkennenden Gerichts zu bescheidender Antrag auf Beiordnung zu behandeln (vgl Celle NStZ-RR **10**, 381). **18**

F. Eine **rückwirkende Bestellung** soll nach der weit überwiegenden Rspr der OLGe zur früheren Rechtslage schlechthin unzulässig und unwirksam sein (BGH NStZ-RR **09**, 348; Hamm NStZ-RR **09**, 113; vgl auch KG NStZ-RR **14**, 279), und zwar auch dann, wenn der Antrag rechtzeitig gestellt, aber versehentlich nicht über ihn entschieden worden ist (Köln NStZ-RR **11**, 325; KG NStZ **07**, 343; 372, 373 mwN; Bamberg NJW **07**, 3796); zur Begründung wird ausgeführt, dass bei den §§ 140 ff „immer nur die Sicherung einer ordnungsgemäßen Verteidigung im Vordergrund steht" und die Vorschriften nicht „in eine Sozialregelung für mittellose Beschuldigte" verkehrt werden dürften (KG StV **07** aaO 374). **19**

Es ist allerdings **zweifelhaft**, ob sich diese Judikatur mit Blick auf die mit dem Gesetz zur Neuregelung der notwendigen Verteidigung vom 10.12.2019 verfolgten Zwecke aufrechterhalten lässt. Denn die Neukonzeption der §§ 140 ff wurde notwendig, um Art 4 PKH-Richtlinie umzusetzen; dieser verlangt von den Mitgliedstaaten, beschuldigten Personen, die nicht über ausreichende Mittel zur Bezahlung eines Rechtsbeistandes verfügen, Anspruch auf PKH zu gewähren, wenn dies im **20**

§ 142

Interesse der Rechtspflege erforderlich ist (vgl BT-Drucks 19/13829 S 21). Die Intention des Gesetzgebers (und der PKH-Richtlinie) ist es also nicht nur, eine ordnungsgemäße Verteidigung zu gewährleisten, sondern gleichermaßen, mittellose Beschuldigten von den Kosten ihrer Verteidigung freizustellen. Dies spricht dafür, eine rückwirkende Bestellung für zulässig zu erachten, wenn trotz Vorliegens der Voraussetzungen der §§ 140, 141 über den Antrag auf Pflichtverteidigerbestellung nicht entschieden oder wenn der Antrag ohne Begründung abgelehnt wurde (so schon zur früheren Rechtslage die Rspr zahlreicher LGe (vgl die in StV **05**, 82 ff, StV **07**, 344 ff und StraFo **09**, 106 mitgeteilten Entscheidungen sowie eingehend LG Stuttgart Justiz **09**, 14; ferner LG Potsdam StraFo **04**, 381).

21 Die Problematik entfällt aber, wenn von einer stillschweigenden Beiordnung (oben 17) ausgegangen werden kann (BGH StraFo **06**, 455; NStZ-RR **09**, 348; Jena aaO; Oldenburg StV **04**, 587; LG Koblenz NJW **04**, 962).

22 **5) Besondere Eilbedürftigkeit (IV):**

23 A. Ist die Bestellung **besonders eilbedürftig,** kann auch die StA entscheiden (IV S 1). Eine besondere Eilbedürftigkeit ist gegeben, wenn angesichts der Umstände des Falles eine Bestellung durch das nach III zuständige Gericht nicht abgewartet werden kann, etwa weil eine Vernehmung oder Gegenüberstellung keinen Aufschub duldet. Dies dürfte vor allem in den Fällen des § 141a Nr 1 und 2 in Betracht zu ziehen sein, in denen zwar grundsätzlich die dort bezeichnete Gefahr bzw Gefährdung zu bejahen sind, deren Abwehr bzw Abwendung aber durch eine vorläufige Bestellung des Pflichtverteidigers durch die StA ausreichend begegnet werden kann (3–6 zu § 141a).

24 Die StA kann **auf Antrag des Beschuldigten oder von Amts** wegen entscheiden. Eine ablehnende Entscheidung ist zu begründen (vgl Art 6 II PKH-Richtlinie, wonach der Beschuldigte schriftlich darüber zu informieren ist, wenn sein Antrag ganz oder teilweise zurückgewiesen wurde); die Begründung kann allerdings im richterlichen Bestätigungsverfahren nachgeholt werden (IV S 2; vgl BT-Drucks 19/13829 S 41).

25 **B. Gerichtliche Bestätigung (IV S 2 und 3):**
26 **Die StA ist verpflichtet,** unverzüglich, jedenfalls aber binnen einer Woche nach ihrer Entscheidung, die gerichtliche Bestätigung der Bestellung oder der Ablehnung des Antrags des Beschuldigten einzuholen (S 2).

27 Die **Wochenfrist** beginnt mit dem Tag, an dem die Bestellung verfügt bzw der Antrag des Beschuldigten abgelehnt wurde; sie berechnet sich nach § 43. Wird sie überschritten, bleibt eine erfolgte Bestellung wirksam; dies gilt auch, wenn die StA es vollständig unterlässt, eine gerichtliche Bestätigung ihrer Anordnung einzuholen.

28 **Der Beschuldigte kann jederzeit selbständig** die gerichtliche Entscheidung beantragen (IV S 3). Dies wird vor allem praktisch werden, wenn Polizei oder StA einen Antrag des Beschuldigten abgelehnt haben (kritisch dazu allerdings Müller-Jacobsen NJW **20**, 575, 577, die dies für ein unrealistisches Szenario hält), kommt aber auch in Betracht, wenn dem Beschuldigten von der StA nicht der von ihm bezeichnete Verteidiger bestellt wurde (vgl V S 2 und VI).

29 Das für die Entscheidung **zuständige Gericht** bestimmt sich nach III. Es entscheidet nach den Maßstäben der §§ 140, 141 und verfährt erforderlichenfalls nach § 142 V und VI. Es kann im Bestätigungsverfahren auch einen Verteidigerwechsel nach § 143a vornehmen.

30 **6) Anhörung zur Auswahl des Pflichtverteidigers (V S 1 und 2):**
31 A. **Gelegenheit zur Bezeichnung eines RA (V S 1)** ist dem Beschuldigten zu geben. Dies gilt auch bei der Bestellung weiterer Verteidiger gemäß § 144 I in den Fällen des § 143a II S 1 Nr 2 und 3 (§ 143a I S 2 iVm V S 1).

32 Dazu ist dem Beschuldigten eine **Frist zur Bezeichnung eines Verteidigers** einzuräumen (V S 1). Anders als nach früherer Rechtslage (§ 142 I S 1 aF war als Sollvorschrift ausgestaltet) hat die Anhörung daher ausnahmslos zu erfolgen. Sie

kann nach S 1 allenfalls dann **entbehrlich** sein, wenn der Beschuldigte, zB gegenüber Ermittlungsbeamten oder der StA, bereits den Wunsch nach Beiordnung eines bestimmten Verteidigers geäußert hat.

Der Vorsitzende setzt dem Beschuldigten eine **angemessene Frist.** Die Länge 33 der gewährten Frist hängt von den Umständen des Einzelfalls unter Berücksichtigung der – etwa nach § 141 II Nr 1 bis 4 – gegebenen Verfahrenssituation ab. In Eilfällen, insbesondere bei Vorführungen zur Entscheidung über Haft oder einstweilige Unterbringung (§ 141 II Nr 1) oder bei ersichtlicher Verteidigungsunfähigkeit (§ 141 II Nr 3) oder wenn über einen Antrag des Beschuldigten vor dessen Vernehmung oder einer Gegenüberstellung mit ihm zu entscheiden ist (§ 141 I S 2), kann diese auf eine kurze Bedenkzeit reduziert werden. In besonderen Eilfällen kann die Anhörung auch telefonisch stattfinden.

In den Fällen des § 141 II Nr 4 wird die Frist zur Benennung eines RA 34 zweckmäßigerweise mit der Zustellung der Anklageschrift (§ 201 I) verbunden. Sie sollte aber jedenfalls deutlich kürzer bemessen werden als die zur Erklärung über die Anklage, damit dem zu bestellenden Pflichtverteidiger genügend Zeit zur Stellungnahme verbleibt (erg 20, 21 zu § 141).

War die **Frist zu kurz bemessen,** kann der Beschuldigte unter den Voraus- 35 setzungen des § 143a II Nr 1 beantragen, ihm einen anderen von ihm bezeichneten Verteidiger zu bestellen (12, 13 zu § 143a).

B. Für die Anhörung des Beschuldigten **gilt § 136 I S 3 und 4 entspr** (V S 2). 36 Das bedeutet, dass ihm Informationen zur Verfügung zu stellen sind, die es ermöglichen, einen bestimmten Verteidiger zu bezeichnen. Auf bestehende anwaltliche Notdienste ist der Beschuldigte hinzuweisen. Dem Beschuldigten kann auch eine Liste mit Rechtsanwälten ausgehändigt werden, aus denen der Vorsitzende den Pflichtverteidiger ggf nach VI S 2 auszuwählen hätte (siehe aber 50).

7) Bestellung des bezeichneten Pflichtverteidigers (V S 1, 3): Die Be- 37 stellung des vom Beschuldigten bezeichneten Verteidigers setzt voraus, dass sie innerhalb der Frist erfolgt und ihr kein wichtiger Grund entgegensteht (V S 3 Hs 1).

A. Lässt der Beschuldigte die ihm gesetzte **Frist verstreichen,** so kann der Vor- 38 sitzende, sofern der Beschuldigte nicht schon früher zum Ausdruck gebracht hat, durch welchen Verteidiger er verteidigt werden möchte, davon ausgehen, dass er keinen Verteidiger bezeichnen will oder kann. Der Vorsitzende ordnet ihm dann – wenn auch nach Fristablauf kein Vorschlag des Beschuldigten eingegangen ist (vgl Köln StV **15**, 20; Stuttgart StV **16**, 139, 141; LG Braunschweig StraFo **09**, 520) – nach den Grundsätzen zu VI S 1 und 2 einen Verteidiger bei. Dasselbe gilt, wenn der Beschuldigte, der sich über die Tragweite seiner Erklärung bewusst ist (Düsseldorf StV **11**, 651; KG StV **15**, 19), ausdrücklich auf die Benennung eines Verteidigers **verzichtet.**

B. **Bezeichnet der Beschuldigte innerhalb der Frist einen RA,** ist dieser 39 grundsätzlich zu bestellen. Einen Rechtsanspruch auf Beiordnung des gewünschten RA unter allen Umständen hat der Beschuldigte allerdings nicht (BVerfG StV **06**, 451 mit Anm Hilger; BGH 3 StR 236/17 vom 20.12.2018). Auch der RA kann nicht verlangen, in einer bestimmten Sache zum Verteidiger bestellt zu werden (BVerfGE **39**, 238, 242; Köln NStZ **82**, 129). Da jedoch ein Vertrauensverhältnis zwischen Verteidiger und Beschuldigtem eine wesentliche Voraussetzung für die sachdienliche Verteidigung ist, muss dem Beschuldigten ein RA seines Vertrauens beigeordnet werden, wenn nicht ausnahmsweise wichtige Gründe entgegenstehen; das ergibt sich aus dem grundsätzlich geschützten (Einl 19) Anspruch auf ein faires Verfahren (BVerfGE **39**, 238, 243; **68**, 237, 256; BGH **48**, 170; NJW **88**, 3273; **01**, 237). V S 2 Hs 1 trägt dieser verfassungsrechtlichen Lage Rechnung.

Der **bisherige Wahlverteidiger** kann nach Anhörung des Beschuldigten als 40 Pflichtverteidiger beigeordnet werden, wenn er das Mandat niedergelegt hat. Sein Antrag, ihn zum Pflichtverteidiger zu bestellen, enthält die Erklärung, die Wahl-

§ 142

verteidigung solle mit der Beiordnung enden (BGH StV **81**, 12; Düsseldorf NStZ **86**, 137; Frankfurt StV **83**, 408; Köln NStZ **91**, 248; München wistra **92**, 237; KG NJW **12**, 245). Mit der Beiordnung erlischt seine Vollmacht (BGH NStZ **91**, 94; **am** Schnarr NStZ **96**, 217), nicht aber die besondere Ernennung zum Zustellungsbevollmächtigten, die für das gesamte Verfahren gilt (KG aaO; erg 12 zu 145a).

41 Die Beiordnung des bisherigen Wahlverteidigers kommt allerdings wegen V S 2 idR **nicht in Betracht,** wenn – etwa während laufender Hauptverhandlung – eine kontinuierliche Wahrnehmung der Verhandlungstage (vgl BGH 1 StR 373/11 vom 12.1.2012) oder sonst seine Verfügbarkeit nicht gewährleistet erscheint oder seiner Bestellung sonstige wichtige Gründe entgegenstehen (43 ff).

42 **8) Wichtige, der Bestellung entgegenstehende Gründe (V S 3):**

43 A. Ein **gesetzlich normierter wichtiger Grund,** den vom Beschuldigten bezeichneten Rechtsanwalt nicht zu bestellen, liegt vor, wenn der Verteidiger nicht oder nicht rechtzeitig zur Verfügung steht (V S 3 Hs 2). Damit wird dem Beschleunigungsgebot Rechnung getragen (Einl 160; 7 zu Art 6 EMRK).

44 Der Verteidiger steht **nicht zur Verfügung,** wenn er die Verteidigung aufgrund anderweitiger Termine und Mandate gar nicht wahrnehmen kann, oder wenn er es ablehnt, die Verteidigung zu übernehmen.

45 Der Verteidiger steht **nicht rechtzeitig zur Verfügung,** wenn er aus terminlichen Gründen an einer Ermittlungshandlung, die seine Mitwirkung erfordert, nicht teilnehmen kann, mit der wegen ihrer Eilbedürftigkeit aber nicht zugewartet werden kann.

46 Dabei wird es sich im **Ermittlungsverfahren** vor allem um Vorführungen zur Entscheidung über Haft oder einstweilige Unterbringung (§ 141 II Nr 1), ggf aber auch um Vernehmungen des Beschuldigten und von Zeugen sowie um Gegenüberstellungen mit dem Beschuldigten handeln. Je nach Sachlage wird eine kurze Wartezeit einzuräumen sein, ein Anspruch auf Verschiebung besteht allerdings nicht (BT-Drucks 19/13829 S 42; erg zu § 141).

47 Im **Zwischen- und Hauptverfahren** kann der Bestellung etwa entgegenstehen, dass sich mehrere Mitangeklagte in UHaft befinden, wenn der bezeichnete Verteidiger für die vorgesehenen Hauptverhandlungstage terminlich verhindert ist (BVerfG StV **06**, 451; 2 BvR 1146/08 vom 24.7.2008; BGH 3 StR 236/17 vom 20.12.2018; NStZ **07**, 163; Celle NStZ **08**, 583; Jena NStZ-RR **09**, 114 L; Köln StV **06**, 463). Durch die Verhinderung eines Verteidigers darf jedenfalls in Haftsachen nicht eine mehrmonatige Verfahrensverzögerung eintreten (BGH JR **07**, 209; Hamm StV **06**, 481). Dem Beschleunigungsgebot kann in Haftsachen dadurch entsprochen werden, dass als Verteidiger nur der RA beigeordnet wird, der zusichern kann, an sämtlichen Hauptverhandlungstagen teilzunehmen (BGH NStZ-RR **07**, 149 L). Stets sind aber der Wunsch des Angeklagten nach einem Verteidiger seines Vertrauens und das Gebot der möglichst kurzen Dauer der UHaft sorgfältig miteinander abzuwägen (BGH StraFo **09**, 519; Hamburg NJW **06**, 2792; Hamm NJW **06**, 2788; Naumburg NStZ-RR **09**, 114; vgl auch BGH NJW **06**, 3077, 3078; StV **09**, 4; Broß DAV-FS 972).

48 B. Ein wichtiger Grund kommt darüber hinaus bei **Interessenkonflikten** in Betracht. So steht zB das Verbot der Mehrfachverteidigung nach § 146 der Bestellung des bezeichneten Verteidigers entgegen (dort 3). Die Bestellung eines Verteidigers aus der Sozietät, die auch einen Mitbeschuldigten vertritt, ist dagegen nur bei konkreten Anhaltspunkten für einen Interessenkonflikt unzulässig (BGH NStZ **14**, 660; **16**, 115; vgl auch BVerfG **43**, 79; **45**, 272; 8 zu § 146; Burhoff StRR **11**, 448; enger Bremen StV **19**, 175 mit Anm Pfordte/Horvat StV **19**, 200: bereits bei Absehbarkeit eines Interessenkonflikts; vgl auch OLG Stuttgart NStZ-RR **11**, 279 für die Entpflichtung). Diese können etwa angenommen werden, wenn eine Anklage wegen einer gemeinsam begangenen Tat vorliegt, sodass eine wechselseitige Bezichtigung von Tatbeiträgen in Betracht kommt, es sei denn, diese Gefahr erscheint aufgrund des konkreten Einlassungsverhaltens als ausgeräumt (Bremen aaO).

In Betracht kommen bei Vorliegen konkreter Hinweise auch **sonstige Interes-** 49
senkonflikte (siehe BGH StV **16**, 473: Beziehung und Bürogemeinschaft zwischen Verteidigerin und Nebenklagevertreter). In Fällen denkbaren Interessenwiderstreits ist der Angeklagte zu hören (BGH NStZ **16**, 115; siehe allerdings auch StV **16**, 473, der eine entspr Unterlassung für unbeachtlich angesehen hat, weil der Angekl im Verfahren keine Einwände gegen die Bestellung erhoben habe; kritisch dazu Barton aaO StV **16**, 476), es sei denn, aufgrund Eilbedürftigkeit kann mit der Bestellung nicht zugewartet werden. Die bloße Erklärung des Einverständnisses mit der Vertretung wird aber regelmäßig nicht genügen, einen bestehenden Interessenkonflikt zu beseitigen (Bremen aaO 178).

C. **Keinen wichtigen Grund** stellt es dar, dass der bezeichnete Verteidiger 50
nicht dem Kreis der vom Gericht nach VI S 2 auszuwählenden Rechtsanwälte angehört; dem Beschuldigten ist vorrangig der Verteidiger zu bestellen, der sein Vertrauen genießt (vgl BT-Drucks 19/13829 S 42). Ausnahmsweise kann dies anders sein, wenn aufgrund konkreter Anhaltspunkte feststeht, dass dem bezeichneten Rechtsanwalt die für die Verteidigung erforderlichen Spezialkenntnisse fehlen (siehe dazu bereits Schleswig StV **87**, 478, 479; Jahn Tepperwien-FH 27; Meyer-Goßner NJW **87**, 1162).

D. **Keinen wichtigen Grund** stellt es ferner dar, dass der Beschuldigte bei sei- 51
nem Vorschlag **keinen ortsansässigen RA** bezeichnet hat. Die frühere gesetzliche Einschränkung, dass der Verteidiger möglichst aus der Zahl der örtlichen RAe ausgewählt werden sollte, ist bereits durch das 2. OpferRRG gestrichen worden. Vielmehr hat die Rücksicht auf das Vertrauensverhältnis den Vorrang vor der Ortsnähe (so bereits aus der früheren Rspr BGH **43**, 153; Bay StV **06**, 6; Rostock StraFo **08**, 206; Stuttgart StraFo **06**, 112; Düsseldorf StV **90**, 254; Koblenz NStZ **89**, 386; vgl auch Hamm StraFo **02**, 397, 398; LG München I StV **08**, 347), auch bei der Beiordnung eines weiteren Verteidigers zur Sicherung der Hauptverhandlung (vgl BVerfG NJW **01**, 3695, 3696 mwN).

Eine Beiordnung unter **Beschränkung auf die Vergütung eines ortsansäs-** 52
sigen RA ist unzulässig (Celle AnwBl **81**, 196; Düsseldorf VRS **116**, 273; Frankfurt StV **89**, 241; Hamm NJW **68**, 854; Saarbrücken AnwBl **82**, 214; StV **83**, 362; Zweibrücken AnwBl **79**, 440), sofern sich der RA damit nicht ausdrücklich einverstanden erklärt hat (Hamm JurBüro **79**, 1668; Koblenz MDR **79**, 427 L; LG Duisburg MDR **90**, 76; weitergehend LG Frankfurt aM StV **87**, 158 mit zutr abl Anm Krehl: auch bei Nichtanfechtung des Beiordnungsbeschlusses); das Einverständnis kann nach der Rspr – allerdings nur mit Wirkung für die Zukunft (Zweibrücken NStZ-RR **97**, 287) – lediglich zur Sicherung einer wirksamen Verteidigung, nicht zum Schutz der wirtschaftlichen Interessen des RA, zurückgenommen werden (Nürnberg NStZ **97**, 358; Karlsruhe Justiz **86**, 51).

E. **Ist zu befürchten,** dass ein RA die Verteidigung **nicht sachgerecht und** 53
ordnungsgemäß führt, sondern verfahrensfremde Zwecke verfolgen wird, so darf er nach der Rspr nicht bestellt werden (BGH StRR **08**, 24; KG JR **78**, 346). Allein die Bereitschaft zu „konfliktfreudiger Verteidigung" genügt – selbstverständlich – nicht (vgl Köln StraFo **06**, 328; **07**, 28). Auch liegt ein wichtiger Grund nicht schon in einem objektiv unzweckmäßigen oder prozessordnungswidrigen Verhalten des Verteidigers, vielmehr muss es sich um ein Fehlverhalten von besonderem Gewicht handeln und Wiederholungsgefahr bestehen (KG StV **93**, 236). Dass der Verteidiger früher einen Mitangeklagten verteidigt hat (BGH NStZ **98**, 263), genügt alleine für sich ebenfalls nicht, wobei aber im Einzelfall etwas anderes gelten kann (dazu eingehend BGH **48**, 170).

F. Dass der RA mit dem Beschuldigten **verwandt** oder dessen **Vormund** 54
ist, steht grundsätzlich der Beiordnung nicht entgegen (Düsseldorf NJW **90**, 528).

Schmitt

§ 142

55 9) **Auswahl durch das Gericht (VI):** Wird dem Beschuldigten aus wichtigem Grund nicht der bezeichnete Verteidiger bestellt, ist er zwingend aus dem **Gesamtverzeichnis der BRAK** auszuwählen (S 1). Dabei soll entweder ein Fachanwalt für Strafrecht oder ein anderer geeigneter Rechtsanwalt bestellt werden, der gegenüber der Rechtsanwaltskammer sein entsprechendes Interesse bekundet hat (S 2). Die Auswahl eines anderen Rechtsanwaltes ist nur ausnahmsweise möglich, wenn keiner, der diese Kriterien erfüllt, rechtzeitig zur Verfügung steht; auch in diesem Fall muss der auszuwählende Rechtsanwalt aber die Gewähr für eine fachgerechte Verteidigung bieten.

56 Mit dieser Neuregelung will der Gesetzgeber dem Erfordernis von Art 7 I PKH-Richtlinie nach **Sicherung einer angemessenen Qualität** der Verteidigung Rechnung tragen (BT-Drucks 19/13829 S 42). Ob die Interessenbekundung eines Rechtsanwalts insoweit geeignet ist, die erforderliche fachliche Qualifikation nachzuweisen (siehe BT-Drucks aaO), mag allerdings bezweifelt werden. Vorzugswürdig erscheint es jedenfalls, einen Fachanwalt für Strafrecht zum Pflichtverteidiger zu bestellen, wenn ein solcher – rechtzeitig – zur Verfügung steht.

57 Die Bestellung des **bisherigen Wahlverteidigers** ist zulässig, wenn der Beschuldigte ihm aus unzutreffenden Gründen das Mandat entzogen hat (BGH **39**, 310); ob die Gründe zutreffend sind, muss das Gericht ggf aufklären (BGH NStZ **00**, 326). Vgl dazu 19 ff, 24 ff zu § 143a.

58 Die **Bestellung eines beamteten Hochschullehrers** durch das Gericht nach VI ist **nicht** zulässig, da ihm die Voraussetzungen für die Zulassung zur Anwaltschaft fehlen (siehe §§ 7 Nr 10, 14 II Nr 5 BRAO; BGH AnwZ 49/18 vom 26.2.2019); allerdings ist ein Hochschullehrer gemäß V S 2 zu bestellen, wenn der Beschuldigte ihn bezeichnet hat und keine wichtigen Gründe entgegenstehen. Die Bestellung eines Referendars ist entgegen früherer Rechtslage (siehe § 142 II aF) nicht zulässig.

59 10) Die **Wirkung der Beiordnung** besteht in der Begründung einer öffentlich-rechtlichen Pflicht des Verteidigers, bei der ordnungsgemäßen Durchführung des Strafverfahrens und insbesondere in der Hauptverhandlung durch sachdienliche Verteidigung des Angeklagten mitzuwirken (Frankfurt NJW **72**, 1964; München Rpfleger **82**, 486; vgl auch BVerfG AnwBl **87**, 194; 1 BvR 1955/17 22.7.2019: Besondere Form der Indienstnahme Privater zu öffentlichen Zwecken). Der RA ist zur Übernahme der Pflichtverteidigung verpflichtet; nur aus wichtigem Grund kann er nach §§ 48 II, 49 BRAO Befreiung verlangen (dazu LR-Lüderssen/Jahn 30 ff).

60 Die Bestellung ist **auf die Person beschränkt.** Unterbevollmächtigung (11 vor § 137) ist nicht zulässig (BGH 4 StR 346/13 vom 15.1.2014; NStZ **83**, 208 [Pf/M]; 354 [Pf/M]; **95**, 356; **96**, 21 [K]; KG JR **81**, 86; Allgayer NStZ **16**, 192, 194; **aM** LR-Lüderssen/Jahn 35). Auch der Sozius des beigeordneten RA darf die Verteidigung nicht führen (BGH StV **81**, 12; Bay **80**, 97; StV **83**, 55 L). Bei vorübergehender Verhinderung wird die Vertretung mit Zustimmung des Vorsitzenden für zulässig gehalten (KG NStZ-RR **05**, 327 mwN; Dahs 151); richtiger erscheint es, den Vertreter vorübergehend beizuordnen (vgl Allgayer aaO). Erscheint der Vertreter nicht geeignet, um eine angemessene Verteidigung des Beschuldigten zu gewährleisten, so muss der Vorsitzende notfalls die gesamte Beiordnung zurücknehmen (siehe § 143a II Nr 3). Erklärt der nicht zum allgemeinen oder amtlichen Vertreter bestellte erschienene RA, er sei als „Vertreter" des beigeordneten Verteidigers erschienen, könne aber nicht als Verteidiger des Angeklagten auftreten, da er mit dem Verfahrensstoff nicht vertraut sei, liegt der absolute Revisionsgrund des § 338 Nr 5 vor; dies gilt selbst dann, wenn lediglich über die Abtrennung des Verfahrens verhandelt und entschieden wird, da hierdurch eine grundlegende Veränderung des prozessualen Verhältnisses der Angeklagten zueinander herbeigeführt wird (BGH StV **11**, 650).

Verteidigung **§ 143**

11) Rechtsmittel: 61
A. Mit der **sofortigen Beschwerde** sind nunmehr (siehe zur früheren Rechts- 62
lage 9–10b zu § 141, 9 zu § 142 der 62. Aufl: Beschwerde gemäß § 304) gerichtliche Entscheidungen über die Bestellung eines Pflichtverteidigers anfechtbar (VII S 1). Statthaft ist sie damit gegen richterl Ablehnungen der Bestellung bzw Bestellungen eines Pflichtverteidigers, es sei denn, der Beschuldigte kann einen Antrag nach § 143a II S 1 Nr 1 stellen (VII S 2; siehe 9–11 zu § 143a), ferner gegen Entscheidungen im richterl Bestätigungsverfahren nach IV S 2 und 3. Der Ablehnung steht die Nichtbescheidung eines Bestellungsantrags gleich (LG Magdeburg NStZ-RR 09, 87). Erfasst sind richterliche Entscheidungen in jedem Verfahrensstadium, auch solche des erkennenden Gerichts (dies war nach früherer Rechtslage str, siehe 10a zu § 141 der 62. Aufl), ebenso, anders als nach früherer Rechtslage, Entscheidungen des Vorsitzenden des StS eines OLG nach § 304 IV S 2 Nr 1.
Beschwerdeberechtigt ist der Beschuldigte, sofern eine Beschwer vorliegt, der 63
nicht beigeordnete RA hat kein eigenes Beschwerderecht (vgl dazu schon Düsseldorf StraFo 00, 414; Koblenz wistra 86, 118; Hamburg NJW 78, 630; Schleswig SchlHA 95, 7 [L/T]. Die StA kann stets die gesetzwidrige Beiordnung (siehe Celle NStZ 09, 56) bzw Nichtbeiordnung eines Verteidigers rügen.
Eine **nicht erledigte sofortige Beschwerde** ist nach Aktenvorlage gemäß 64
§ 321 S 2 in einen erneuten Antrag auf Verteidigerbestellung umzudeuten (vgl Stuttgart NStZ-RR 08, 21 zur alten Rechtslage; 12 zu § 117).
B. Die **Revision** kommt in den Fällen des § 338 Nr 5 in Betracht, wenn die 65
Hauptverhandlung ohne Verteidiger durchgeführt wurde, obwohl ein Fall der notwendigen Verteidigung iSv § 140 vorlag (siehe 41 zu § 338).
Ein **Verwertungsverbot** für Vernehmungen des Beschuldigten oder Gegen- 66
überstellungen mit ihm im **Vorverfahren** unter Verstoß gegen §§ 140, 141, 142 liegt im Sinne der Abwägungslösung vor, wenn ein schwerwiegender, bewusster oder objektiv willkürlicher Rechtsverstoß anzunehmen ist (vgl BGH **47**, 172, 180 zur Notwendigkeit der Bestellung eines Pflichtverteidigers im Vorverfahren nach § § 141 III S 2 aF; siehe auch BGH 5 StR 228/19 vom 14.8.2019; erg Einl 55a). Dies wird angesichts des nunmehr engmaschigen Normenkonstrukts zum Vorliegen eines Falles der notwendigen Verteidigung mit detaillierten Handlungsanweisungen an Ermittlungsbehörden und Gerichte zum Verfahren vermutlich häufiger als nach früherer Rechtslage in Betracht zu ziehen sein. In jedem Fall empfiehlt es sich aber für die Verteidigung, behauptete Verstöße in der Hauptverhandlung mit einem Widerspruch geltend zu machen.
Im Übrigen gilt für gerichtliche Entscheidungen über die Bestellung eines 67
Pflichtverteidigers § 336 S 2.

Dauer und Aufhebung der Bestellung

143 I ¹Die Bestellung des Pflichtverteidigers endet mit der Einstellung oder dem rechtskräftigen Abschluss des Strafverfahrens einschließlich eines Verfahrens nach den §§ 423 oder 460.

II ¹Die Bestellung kann aufgehoben werden, wenn kein Fall notwendiger Verteidigung mehr vorliegt. ²In den Fällen des § 140 Absatz 1 Nummer 5 gilt dies nur, wenn der Beschuldigte mindestens zwei Wochen vor Beginn der Hauptverhandlung aus der Anstalt entlassen wird. ³Beruht der Freiheitsentzug in den Fällen des § 140 Absatz 1 Nummer 5 auf einem Haftbefehl gemäß § 127b Absatz 2, § 230 Absatz 2 oder § 329 Absatz 3, soll die Bestellung mit der Aufhebung oder Außervollzugsetzung des Haftbefehls, spätestens zum Schluss der Hauptverhandlung, aufgehoben werden. ⁴In den Fällen des § 140 Absatz 1 Nummer 4 soll die Bestellung mit dem Ende der Vorführung aufgehoben werden, falls der Beschuldigte auf freien Fuß gesetzt wird.

III Beschlüsse nach Absatz 2 sind mit der sofortigen Beschwerde anfechtbar.

§ 143

1 **1) Ende der Bestellung (I):** Die Bestellung eines Pflichtverteidigers endet grundsätzlich erst mit der Einstellung oder dem rechtskräftigen Abschluss des Strafverfahrens. Sie gilt auch für das Adhäsionsverfahren (vgl bereits Rostock StV **11**, 656; Dresden 1 Ws 155/06 vom 13.6.2007; Hamburg wistra **06**, 37, 39; Schleswig NStZ **98**, 101; erg 16 zu § 404; **aM** zur früheren Rechtslage Koblenz NStZ-RR **14**, 184 L; Karlsruhe StraFo **13**, 84; Hamm StraFo **13**, 85 mwN) sowie für Einlegung und Begründung der Revision und das Revisionsverfahren einschließlich der Revisionsverhandlung; insoweit kommt allerdings die Bestellung eines neuen Pflichtverteidigers nach § 143a III in Betracht (32–34 zu § 143a). Die Bestellung wirkt ebenfalls fort, bis ggf im abgetrennten Einziehungsverfahren gemäß § 423 oder im Verfahren der nachträglichen Gesamtstrafenbildung gemäß § 460 abschließend entschieden ist.

2 **2)** Die vorherige **Aufhebung der Bestellung** kommt in den II geregelten Fällen in Betracht.

3 A. Sie **kann** aufgehoben werden, wenn sich herausstellt, dass **kein Fall der notwendigen Verteidigung mehr** vorliegt (II S 1). Dies ist anzunehmen, wenn sich im Lauf des Verfahrens ergibt, dass die tatbestandlichen Voraussetzungen, die zur Annahme eines Falles der notwendigen Verteidigung iSv § 140 Nr 1–10, II geführt haben, nicht mehr gegeben sind. Das ist bspw der Fall, wenn die StrK oder das Schöffengericht in den Fällen des § 140 I Nr 1 das Hauptverfahren gemäß § 209 I vor dem Strafrichter eröffnen (2 zu § 209) und auch kein sonstiger Fall der notwendigen Verteidigung vorliegt (BT-Drucks 19/13829 S 43).

4 Die Aufhebung steht **im Ermessen** des Gerichts. Regelmäßig ist die Aufhebung der Bestellung aber nur zulässig, wenn sich die Umstände wesentlich verändert haben (so bereits aus der früheren Rspr BGH 7, 69; Düsseldorf NStZ **11**, 653; Köln NJW **06**, 76; Schleswig SchlHA **96**, 93 [L/T]; Stuttgart StV **85**, 140). Das Gericht kann von der Aufhebung absehen, wenn dies aus Gründen der prozessualen Fürsorgepflicht zugunsten des Beschuldigten geboten erscheint. Dies wird vor allem davon abhängen, ob und inwieweit die bisherige Tätigkeit des Pflichtverteidigers, vor allem hinsichtlich ihres Umfangs, ein berechtigtes Vertrauen des Beschuldigten begründet hat, der Pflichtverteidiger werde ihm auch nach Wegfall der Voraussetzungen des § 140 bis zum Abschluss des Strafverfahrens zur Seite stehen.

5 B. **In den Fällen des § 140 I Nr 5** kann die Bestellung nur aufgehoben werden, wenn der Beschuldigte mindestens zwei Wochen vor Beginn der Hauptverhandlung aus der Anstalt entlassen wird ((II S 2). Wird der Beschuldigte weniger als 2 Wochen vor der Hauptverhandlung entlassen, bleibt die Bestellung bestehen. Die Zweiwochengrenze entspricht § 140 III S 1 aF und beruht auf dem Gedanken, dass während der Inhaftierung eine Vorbereitung der eigenen Verteidigung nur eingeschränkt möglich ist (BT-Drucks 19/13829 S 44).

6 Die **Bestellung kann aufgehoben werden,** wenn der Beschuldigte mindestens 2 Wochen vor der Hauptverhandlung aus der Verwahrung entlassen wird und die Verteidigung nicht aus einem anderen Grund notwendig ist; sie fällt also nicht qua Gesetzes automatisch weg (siehe Hamburg StraFo **14**, 383). Das Gericht muss daher stets prüfen, ob die Beiordnung des Verteidigers aufrechtzuerhalten ist, weil die auf der Freiheitsentziehung beruhende Behinderung der Verteidigung trotz der Freilassung nachwirkt; das wird idR der Fall sein (vgl zur früheren Rechtslage Düsseldorf NStZ **11**, 653; Celle StV **11**, 84; Bremen StraFo **02**, 231; Frankfurt StV **83**, 497; **90**, 487; **97**, 573, 574; Hamburg StV **94**, 176: auch bei Flucht des Beschuldigten). Wird die Bestellung – durch eine ausdrücklich zu treffende und mit Gründen zu versehende Entscheidung (Hamburg StraFo **14**, 383) – aufgehoben, so muss dem Angeklagten jedenfalls genügend Zeit bleiben, sich vor der Hauptverhandlung um einen Wahlverteidiger zu bemühen (Koblenz OLGSt Nr 3).

7 C. **Hauptverhandlungshaft (II S 3):** Eine Ausnahme für die in den Fällen des § 140 I Nr 5 nach S 2 geltende Beschränkung der Aufhebung des Pflichtverteidigung enthält II S 3. In den Fällen der Hauptverhandlungshaft (§§ 230 II, 329 III), auch derjenigen zur Durchführung des beschleunigten Verfahrens (§ 127b II), soll die Bestellung mit der Aufhebung oder Außervollzugsetzung des Haftbefehls, spätestens zum Schluss der Hauptverhandlung aufgehoben werden. In den genannten Fällen wird der Haftbefehl in der Regel frühestens in der Hauptverhandlung aufgehoben bzw außer Vollzug gesetzt, im Übrigen wird er am Ende der Hauptverhandlung automatisch gegenstandslos; wäre II S 2 in diesen Verfahrenssituationen uneingeschränkt anwendbar, könnte sich der Beschuldigte durch Nichterscheinen in der Verhandlung einen Pflichtverteidiger für diese und weitere Instanzen verschaffen (so die Gesetzesmaterialien, BT-Drucks 19/13829 S 44). Diesem potentiellen Missbrauch soll durch die grundsätzliche Pflicht vorgebeugt werden, die Bestellung in den in II S 3 bezeichneten Konstellationen aufzuheben.

D. **In den Vorführungsfällen des § 140 I Nr 4** soll die Bestellung bereits mit dem Ende der Vorführung aufgehoben werden, falls der Beschuldigte auf freien Fuß gesetzt wird (II S 4). Wird bei einer vorläufigen Festnahme ein Haftbefehl nicht erlassen oder außer Vollzug gesetzt, ist regelmäßig der Grund für eine Pflichtverteidigung entfallen, sofern kein anderer Fall der notwendigen Verteidigung vorliegt (vgl BT-Drucks aaO).

3) **Sofortige Beschwerde** ist gegen die Entscheidung über die Aufhebung der Pflichtverteidigerbestellung gegeben (III). Der Pflichtverteidiger hat kein eigenes Beschwerderecht (vgl dazu schon die Rspr zur früheren Rechtslage, KG StraFo **18**, 432; Bamberg MDR **90**, 460; Hamburg NJW **98**, 621 mwN; Hamm NJW **06**, 2712; Schleswig SchlHA **87**, 117 [L]; aM Hamm NStZ **15**, 718; vgl auch Düsseldorf NStZ **86**, 138; Köln NStZ **82**, 129: bei Willkür); seine Rechte aus Art 12 GG werden durch die Abberufung nicht beeinträchtigt (BVerfG StV **98**, 356).

Die **Revision** kommt unter den Voraussetzungen des § 338 Nr 5 in Betracht (siehe dort 41). Im Übrigen gilt § 336 S 2.

Verteidigerwechsel

§ 143a I 1 Die Bestellung des Pflichtverteidigers ist aufzuheben, wenn der Beschuldigte einen anderen Verteidiger gewählt und dieser die Wahl angenommen hat. ² Dies gilt nicht, wenn zu besorgen ist, dass der neue Verteidiger das Mandat demnächst niederlegen und seine Beiordnung als Pflichtverteidiger beantragen wird, oder soweit die Aufrechterhaltung der Bestellung aus den Gründen des § 144 erforderlich ist.

II 1 Die Bestellung des Pflichtverteidigers ist aufzuheben und ein neuer Pflichtverteidiger zu bestellen, wenn

1. der Beschuldigte, dem ein anderer als der von ihm innerhalb der nach § 142 Absatz 5 Satz 1 bestimmten Frist bezeichnete Verteidiger beigeordnet wurde oder dem zur Auswahl des Verteidigers nur eine kurze Frist gesetzt wurde, innerhalb von drei Wochen nach Bekanntmachung der gerichtlichen Entscheidung über die Bestellung beantragt, ihm einen anderen von ihm bezeichneten Verteidiger zu bestellen, und dem kein wichtiger Grund entgegensteht;
2. der anlässlich einer Vorführung vor den nächsten Richter gemäß § 115a bestellte Pflichtverteidiger die Aufhebung seiner Bestellung aus wichtigem Grund, insbesondere wegen unzumutbarer Entfernung zum künftigen Aufenthaltsort des Beschuldigten, beantragt, der Antrag ist unverzüglich zu stellen, nachdem das Verfahren gemäß § 115a beendet ist; oder
3. das Vertrauensverhältnis zwischen Verteidiger und Beschuldigtem endgültig zerstört ist oder aus einem sonstigen Grund keine angemessene Verteidigung des Beschuldigten gewährleistet ist.

² In den Fällen der Nummern 2 und 3 gilt § 142 Absatz 5 und 6 entsprechend.

III 1 Für die Revisionsinstanz ist die Bestellung des bisherigen Pflichtverteidigers aufzuheben und dem Beschuldigten ein neuer, von ihm bezeichneter

§ 143a
Erstes Buch. 11. Abschnitt

Pflichtverteidiger zu bestellen, wenn er dies spätestens binnen einer Woche nach Beginn der Revisionsbegründungsfrist beantragt und der Bestellung des bezeichneten Verteidigers kein wichtiger Grund entgegensteht. ²Der Antrag ist bei dem Gericht zu stellen, dessen Urteil angefochten wird.

IV Beschlüsse nach den Absätzen 1 bis 3 sind mit der sofortigen Beschwerde anfechtbar.

Übersicht

	Rn
1) Überblick	1
2) Wahl eines anderen Verteidigers (I)	2–7
3) Bestellung eines neuen Pflichtverteidigers (II)	8–10
A. Bestellung eines anderen als des bezeichneten Verteidigers (S 1 Nr 1)	9–11
B. Kurze Frist zur Auswahl des Verteidigers (S 1 Nr 1)	12, 13
C. Auf Antrag des Pflichtverteidigers in den Fällen des § 115a (S 1 Nr 2)	14–18
D. Endgültige Zerstörung des Vertrauensverhältnisses (S 1 Nr 3)	19–24
E. Keine angemessene Verteidigung gewährleistet (S 1 Nr 3)	24–30
F. Konsensualer Verteidigerwechsel	31
4) Verteidigerwechsel in der Revisionsinstanz (III)	32–35
5) Rechtsmittel (IV)	36

1 **1) Überblick:** § 143a regelt umfassend die verschiedenen Verfahrenslagen, in denen ein Wechsel des bestellten Pflichtverteidigers in Betracht kommt. Die Vorschrift unterscheidet dabei grundsätzlich zwischen der Ersetzung des Pflichtverteidigers durch einen Wahlverteidiger (I) sowie der Ersetzung des Pflichtverteidigers durch einen neuen Pflichtverteidiger (II). III enthält eine Spezialregelung für die Auswechslung des Pflichtverteidigers im Revisionsverfahren; IV sieht den Rechtsbehelf der sofortigen Beschwerde gegen Beschlüsse nach I bis III vor.

2 **2) Wahl eines anderen Verteidigers (I):**

3 **A. Grundsatz (S 1):** Wie schon nach bisheriger Rechtslage ist die Bestellung des Pflichtverteidigers aufzuheben, wenn der Beschuldigte einen anderen Verteidiger gewählt und dieser die Wahl angenommen hat. Die Beauftragung eines Wahlverteidigers, der die Wahl angenommen hat, beendet die Pflichtverteidigung zwar nicht ohne weiteres (Hamm JMBlNW **59**, 197), zwingt aber zur Zurücknahme der Beiordnung (Koblenz StV **16**, 144; Karlsruhe StV **10**, 179 L), sofern der gewählte Verteidiger dauerhaft und nicht nur punktuell zur Übernahme der Verteidigung bereit ist (KG StraFo **16**, 342). Der Gesetzgeber hat mit dem Gesetz zur Neuregelung der notwendigen Verteidigung vom 10.12.2019 zwei in der Rspr entwickelte Ausnahmen vom Grundsatz des I S 1 kodifiziert:

4 **B. Ausnahmen (S 2):**

5 a) Die Verpflichtung zur Aufhebung der Bestellung bei Wahl eines anderen Verteidigers besteht zum einen nicht, wenn zu besorgen ist, dass der **Wahlverteidiger das Mandat alsbald** wegen Mittellosigkeit des Angeklagten wieder **niederlegen** und seine Bestellung zum Pflichtverteidiger beantragen werde (S 2 Alt 1; siehe dazu bereits KG StV **10**, 63; Düsseldorf StV **97**, 576; Stuttgart NStZ-RR **96**, 207; Zweibrücken NStZ **82**, 298). Damit werden vor allem die Fälle erfasst, in denen die Beauftragung des Wahlverteidigers nur geschieht, um die Entbindung des bisherigen Pflichtverteidigers zu erzwingen und zu erreichen, dass der Wahlverteidiger an dessen Stelle Pflichtverteidiger wird (vgl Celle NStZ-RR **10**, 381; Köln NJW **06**, 389; Düsseldorf VRS **99**, 57; vgl auch BGH 1 StR 373/11 vom 12.1.2012; siehe aber auch Stuttgart StV **16**, 142 zu einem Ausnahmefall). Einem solchen Missbrauch entgegenzuwirken erscheint auch deswegen gerechtfertigt, weil II die Möglichkeiten der Bestellung eines neuen Pflichtverteidigers erweitert hat (vgl BT-Drucks 19/13829 S 45). Die Befürchtung, der Wahlverteidiger werde das Wahlmandat alsbald niederlegen und seine Beiordnung beantragen, kann allerdings durch eine entsprechende Erklärung des Wahlverteidigers ausgeräumt werden (vgl BGH NStZ **14**, 660), dass die Wahlverteidigung gesichert ist.

Die Bestellung des Wahlverteidigers zum Pflichtverteidiger kommt **entspr S 2** **6** **auch nicht in Betracht,** wenn er die Entpflichtung des bisherigen Pflichtverteidigers bereits erwirkt und diesen aus seiner Verteidigerstellung gedrängt hat; insoweit ist es ohne Belang, ob der Beiordnungsantrag in unmittelbarem zeitlichen Zusammenhang mit der Entpflichtung oder mit zeitlicher Verzögerung gestellt wurde (siehe dazu bereits KG NStZ **17**, 64); in diesem Fall kommt die erneute Beiordnung des früheren Pflichtverteidigers in Betracht (siehe dazu bereits die Rspr zur alten Rechtslage, BGH StraFo **08**, 505; KG JR **74**, 433; KG StV **87**, 428; Koblenz MDR **86**, 604; Zweibrücken NStZ **82**, 298). Zum selben Ergebnis gelangt man, wenn man mit Rücksicht auf den Missbrauchsgedanken insoweit einen wichtigen Grund iSv § 142 V S 2 bejaht, welcher der Bestellung des bezeichneten Verteidigers entgegensteht.

b) Die Aufhebung der Bestellung des bisherigen Pflichtverteidigers kommt wei- **7** terhin nicht in Betracht, wenn ihre Aufrechterhaltung **aus den Gründen des** **§ 144 erforderlich** ist (S 2 Alt 2). In diesem Fall besteht ein unabweisbares Bedürfnis dafür, zur Sicherung des Verfahrens den Pflichtverteidiger neben der Wahlverteidiger tätig bleiben zu lassen. Siehe dazu 2 ff zu § 144.

3) Die **Bestellung eines neuen Pflichtverteidigers** an Stelle des alten hat **8** nach II in folgenden Fällen zwingend zu erfolgen:

A. Auf Antrag des Beschuldigten, wenn ihm **ein anderer als der von ihm** in- **9** nerhalb der Frist des § 142 V S 1 **bezeichnete Verteidiger beigeordnet** wurde (II S 1 Nr 1). Erfasst werden damit die Fälle, in denen dem Beschuldigten der ursprünglich bezeichnete Verteidiger nicht bestellt wurde, weil dem ein wichtiger Grund iSv § 142 V S 2 Hs 2 entgegenstand. Welcher Grund die Bestellung verhindert hat, spielt dabei keine Rolle (vgl BT-Drucks 19/13829 S 46).

Der Antrag muss **innerhalb von drei Wochen** nach Bekanntmachung der ge- **10** richtlichen Entscheidung über die Bestellung gestellt werden (kritisch dazu Müller-Jacobsen NJW **20**, 575, 578, die die Frist für zu kurz hält, um die Qualität der Beistandsleistung zu beurteilen). Dies ist der originäre Gerichtsbeschluss iSv § 142 III, aber auch die gerichtliche Bestätigung im Verfahren nach § 142 IV. Für die Bekanntmachung gelten die allgemeinen Vorschriften (siehe §§ 35, 145a I), ebenso für die Berechnung der Wochenfrist (§ 43). Auch Wiedereinsetzung kommt nach den allgemeinen Regeln der §§ 44, 45 in Betracht.

Ist der Antrag rechtzeitig gestellt, muss dem Beschuldigten der nunmehr be- **11** zeichnete Verteidiger beigeordnet werden, es sei denn, es steht dem ein **wichtiger Grund** entgegen (42 ff zu § 142). Die Bestellung des bereits innerhalb der Frist des § 142 V S 1 benannten Verteidigers kommt in Betracht, wenn der wichtige Grund, welcher der Bestellung entgegenstand, inzwischen weggefallen ist. Dies kann etwa anzunehmen sein, wenn der Verteidiger nunmehr – rechtzeitig – zur Verfügung steht oder ein Interessenkonflikt nicht mehr besteht.

B. Auf Antrag des Beschuldigten innerhalb von drei Wochen (dazu 10), wenn **12** ihm nach § 142 V S 1 **nur eine kurze Frist zur Auswahl** des Pflichtverteidigers gesetzt worden war (II S 1 Nr 1). Die Entpflichtung des bestellten und Beiordnung des gewählten Verteidigers war auch schon nach früherer Rechtslage in der obergerichtlichen Rspr für den Fall anerkannt, dass der Beschuldigte seine ursprüngliche Auswahl unter hohem Zeitdruck treffen musste (Dresden NStZ-RR **12**, 213; KG NStZ-RR **12**, 351; siehe auch BGH NStZ-RR **05**, 240; Braunschweig StV **13**, 612; Thüringer OLG StraFo **12**, 139).

Wann eine kurze Frist iSv Nr 1 vorliegt, ist eine **Frage des Einzelfalls**. Allge- **13** meine Kriterien für die Beurteilung lassen sich kaum aufstellen. Eine kurze Frist wird aber jedenfalls anzunehmen sein, wenn dem Beschuldigten wegen besonderer Eilbedürftigkeit nur eine kurze Bedenkzeit eingeräumt worden war (BT-Drucks aaO); die Anwendung der Vorschrift ist aber auf solche Fälle beschränkt.

§ 143a

14 C. Der für eine **Vorführung vor den nächsten Richter gemäß § 115a** kurzfristig bestellte Verteidiger beantragt die Aufhebung seiner Beiordnung aus wichtigem Grund; dies ist nach der Gesetzesformulierung insbesondere bei unzumutbarer Entfernung zum künftigen Aufenthaltsort des Beschuldigten anzunehmen (II S 1 Nr 2).

15 Eine für den beigeordneten Verteidiger **unzumutbare Entfernung** ist gegeben, wenn ihm die Distanz des Aufenthaltsortes des Beschuldigten zu seinem Kanzleisitz eine sachgerechte Verteidigung mit vertretbarem Aufwand nicht ermöglicht. Dies ist zB der Fall, wenn der Beschuldigte nach der Vorführung in eine weit entfernte JVA verbracht wird, aber auch wenn er, unter Fortgeltung eines anderen Grundes der notwendigen Verteidigung, einen vom Kanzleisitz weit entfernten Wohnsitz nimmt.

16 Ein **sonstiger wichtiger Grund** kann darin bestehen, dass der Verteidiger zwar die Vorführung wahrnehmen konnte, ihm aber wegen anderer Mandate die Kapazitäten für eine längerfristige Übernahme der Verteidigung fehlen (BT-Drucks 19/13829 S 47).

17 Der Verteidiger muss seine Entpflichtung **unverzüglich beantragen,** nachdem das Verfahren gemäß § 115a beendet ist (S 1 Nr 2 Hs 2). Beendet ist es mit der gerichtlichen Entscheidung darüber, ob der Haftbefehl in Vollzug zu setzen ist, einschließlich der für diesen Fall vorgesehenen Belehrungen (vgl § 115a III), oder ob der Beschuldigte freigelassen wird. Regelmäßig wird der bestellte Verteidiger den Antrag bereits im Vorführungstermin stellen, weil er dann bereits absehen kann, ob ein wichtiger Grund iSd Nr 2 Hs 1 vorliegt.

18 Für das **weitere Verfahren** gilt § 142 V und VI entsprechend (II S 2). Wird dem Entpflichtungsantrag entsprochen, ist dem Beschuldigten erneut Gelegenheit zu geben, innerhalb einer zu bestimmenden Frist einen Verteidiger zu bezeichnen (§ 142 V S 1). Für die Bestellung des bezeichneten bzw die Auswahl eines vom Beschuldigten nicht bezeichneten Rechtsanwaltes gelten § 142 V S 2, 3 und VI.

19 D. Bei **endgültiger Zerstörung des Vertrauensverhältnisses** ist die Bestellung des Pflichtverteidigers aufzuheben und ein neuer Pflichtverteidiger zu bestellen (II S 1 Nr 3 Alt 1). Dies entspricht der st obergerichtlichen Rspr, die daher weiterhin Geltung beanspruchen kann (vgl BT-Drucks 19/13829 S 47). Endgültig zerstört ist das Vertrauensverhältnis, wenn zu besorgen ist, dass die Verteidigung objektiv nicht (mehr) sachgerecht geführt werden kann (BVerfG NJW **01**, 3695, 3697; BGH **39**, 310, 314/315; NStZ **04**, 632; Hamm NJW **06**, 2502).

20 Das ist vom **Standpunkt eines vernünftigen und verständigen** Beschuldigten aus zu beurteilen (BGH 3 StR 236/17 vom 20.12.2018; Düsseldorf StV **93**, 6; Hamm StV **82**, 510). Der Beschuldigte soll die Entpflichtung nicht durch eigenes Verhalten erzwingen können. Ein im Verhältnis des Angeklagten zum Verteidiger wurzelnder wichtiger Grund wird deshalb in der Rspr regelmäßig nicht anerkannt, wenn dieser Grund allein vom Angeklagten verschuldet ist.

21 **Pauschale, nicht näher belegte Vorwürfe** des Angeklagten gegen den Verteidiger rechtfertigen die Entpflichtung nicht (BGH StraFo **08**, 243; Bamberg StV **84**, 234; Düsseldorf AnwBl **87**, 495; Hamburg NStZ **85**, 518; Koblenz OLGSt S 3; Köln StV **94**, 234; Schleswig SchlHA **90**, 117 [L/G]). Unüberbrückbare Auffassungsgegensätze ideologischer oder politischer Art sind kein Aufhebungsgrund (Karlsruhe NJW **78**, 1172; vgl aber Hamm NJW **75**, 1238), ebenso wenig Differenzen über die bzw ein geplanter Wechsel der Verteidigungsstrategie (KG NStZ-RR **12**, 352; Köln StV **11**, 659). Der Angeklagte kann den Widerruf der Bestellung nicht dadurch erreichen, dass er den Verteidiger beschimpft oder bedroht (BGH NStZ **98**, 267; StraFo **08**, 243; Schleswig SchlHA **82**, 122 [E/L]; Hilgendorf NStZ **96**, 4) oder gar tätlich angreift (KG AnwBl **78**, 241; aM Hilgendorf aaO); hat dieser aber deswegen Strafanzeige erstattet, ist dem Entpflichtungsantrag idR stattzugeben (BGH **39**, 310).

22 Die ernsthafte Störung des Vertrauensverhältnisses muss der Angeklagte oder der Verteidiger **substantiiert darlegen** (BGH JR **96**, 124; StV **97**, 565; Bremen

NStZ **14**, 358; KG NStZ-RR **12**, 352; Karlsruhe NStZ **88**, 239). Das Gericht wird nach Abwägung aller Umstände, die der – behaupteten – Vertrauenskrise zugrundeliegen, die Beiordnung aufheben, wenn dies für eine sachgerechte Verteidigung erforderlich erscheint und der ordnungsgemäßen Durchführung des Verfahrens nicht entgegensteht (siehe KK-Willnow 5 zu § 143 aF).

Für das **weitere Verfahren** gilt auch hier § 142 V und VI entspr (II S 2). 23

E. Die Entpflichtung es auch vorzunehmen, wenn **aus sonstigen Gründen** 24 eine angemessene Verteidigung des Beschuldigten nicht gewährleistet ist (IIS 1 Nr 3 Alt 2). Der Gesetzgeber hat damit einen weiteren in der obergerichtlichen Rspr anerkannten Fall des Rechts auf Verteidigerwechsel normiert, der auf dem Gedanken der Sicherung einer sachgerechten Verteidigung beruht.

Eine **angemessene Verteidigung ist nicht gewährleistet,** wenn Umstände 25 vorliegen, die den Zweck der Pflichtverteidigung, dem Beschuldigten einen geeigneten Beistand zu sichern und den ordnungsgemäßen Verfahrensablauf zu gewährleisten, ernsthaft gefährden (BVerfGE **39**, 238, 244; BGH 3 StR 236/17 vom 20.12.2018; KG JR **82**, 349; Stuttgart MDR **79**, 780).

Damit werden vor allem **grobe Pflichtverletzungen** des Verteidigers erfasst 26 (vgl BT-Drucks 19/13829 S 47; Frankfurt StV **85**, 225; 450), nicht aber jedes unzweckmäßige oder prozessordnungswidrige Verhalten (KG JR **82**, 349; StraFo **16**, 342; Nürnberg StV **95**, 287; Hamburg NStZ **98**, 586 verlangt zudem zutr vor der Aufhebung eine Abmahnung; vgl auch BGH NStZ-RR **16**, 115); denn das Gericht ist nicht verpflichtet, den bestellten Verteidiger daraufhin zu überwachen, ob er seine Verteidigungstätigkeit ordnungsgemäß erfüllt (BGH NStZ **96**, 21 [K]; StraFo **06**, 454; NStZ-RR **09**, 35 [C]; KG aaO; Nürnberg aaO; Stuttgart MDR **79**, 780). Nur wenn klar erkennbar ist, dass der Verteidiger unfähig oder – zB bei Untätigkeit (Düsseldorf NStZ-RR **11**, 48; vgl auch Braunschweig StV **12**, 719) – unwillig ist, den Angeklagten sachgemäß zu verteidigen, kann es die Fürsorgepflicht (Einl 162) gebieten, ihn abzulösen (KG NJW **08**, 3652; Köln StraFo **07**, 157; BGH StraFo **11**, 355: Mitwirkung des bisherigen Verteidigers an einer vom Gericht initiierten, grob sachwidrigen Verständigung; vgl auch BVerfG StV **98**, 356 und KG StV **09**, 572).

Eine grobe Pflichtverletzung **kann ferner darin bestehen,** dass der Pflichtver- 27 teidiger gegenüber dem Gericht eine nicht abgesprochene Sachdarstellung abgibt (München StV **15**, 155) oder auf Abschluss einer Honorarvereinbarung drängt (KG StV **13**, 142). Auch die ernsthafte und definitive Weigerung des Verteidigers, den Angeklagten zu verteidigen, kann als grobe Pflichtverletzung zur Aufhebung der Bestellung führen (Frankfurt NStZ-RR **97**, 77; Schleswig SchlHA **02**, 152 [D/D]; ebenso Untätigkeit (Düsseldorf NStZ-RR **11**, 48; AG Frankfurt/Main StraFo **19**, 378 mit Anm Peter: fehlender Besuch des inhaftierten Beschuldigten über längeren Zeitraum), nicht aber, dass der Verteidiger sich weigert, eine vom Angeklagten eingelegte, offensichtlich aussichtslose Revision zu begründen (Bremen AnwBl **64**, 288; Düsseldorf StV **84**, 327; Stuttgart MDR **79**, 780), da der Verteidiger berechtigt ist, seine Mitwirkung an der Begründung einer solchen Revision zu verweigern (BGH AR **86**, 202 [Sp]; Dahs 891, 905; vgl auch EGMR NJW **08**, 2317, 2319), anders wiederum, wenn sie nicht augenscheinlich aussichtslos ist (Karlsruhe StV **05**, 77 L) oder wenn er sie nur aus Zeitgründen verweigert (Stuttgart StV **02**, 473) oder wenn er die Frist schlicht versäumt (BGH StraFo **16**, 382: NStZ-RR **18**, 84).

Sie soll nach der Rspr auch vorliegen, wenn einer von zwei Pflichtverteidigern 28 an einem beträchtlichen Teil der **Hauptverhandlung nicht teilnimmt** (Stuttgart NStZ **16**, 436 mit kritischem Anm Koch StV **16**, 482); das erscheint jedoch mit Rücksicht auf § 227 und den Umstand, dass ein Verteidiger im Rahmen ggf mit dem anderen Verteidiger abzustimmender Arbeitsteilung wesentliche Vor- und Nacharbeit auch ohne ständige Teilnahme an der Hauptverhandlung zu leisten vermag, nicht unzweifelhaft. Keine grobe Pflichtverletzung ist anzunehmen bei Flucht des Angeklagten während laufender Hauptverhandlung (Hamm NStZ **15**,

§ 143a

718), unvorschriftsmäßiger Kleidung des Verteidigers (BGH NStZ **88**, 510) oder seiner Weigerung, auf Einhaltung der Ladungsfrist zu verzichten (KG StV **08**, 68).

29 Für das **weitere Verfahren** der Bestellung eines neuen Pflichtverteidigers gilt auch insoweit § 142 V und VI entspr (II S 2).

30 Die Aufhebung der Bestellung kommt in **entspr Anwendung von II Nr 3** auch bei dem nach § 397a bestellten Beistand eines Nebenklägers in Betracht, wenn hierfür tragfähige Gründe vorliegen (BGH NStZ **10**, 714).

31 F. Auch ein **konsensualer Verteidigerwechsel** bleibt wie nach bisheriger Rspr möglich (vgl BT-Drucks 19/13829 45). Er ist zulässig, wenn der Angeklagte und beide Verteidiger damit einverstanden sind, dadurch keine Verfahrensverzögerung eintritt und keine Mehrkosten entstehen (Karlsruhe NStZ **16**, 305; **17**, 305; KG StraFo **16**, 513; Saarbrücken StraFo **16**, 514; Naumburg StraFo **16**, 515; Bremen NStZ **14**, 358; Oldenburg NStZ-RR **10**, 210; Braunschweig StraFo **08**, 428; Düsseldorf StraFo **07**, 156; Frankfurt StV **08**, 128; Hamm NStZ-RR **09**, 264 L; Jahn StraFo **14**, 77, 192). Das gilt im gesamten Verfahren.

32 4) Einen **Verteidigerwechsel in der Revisionsinstanz** ermöglicht III. Die Bestellung des bisherigen Pflichtverteidigers ist aufzuheben und dem Beschuldigten ein neuer, von ihm bezeichneter Pflichtverteidiger zu bestellen, wenn er dies spätestens binnen einer Woche nach Beginn der Revisionsbegründungsfrist beantragt und der Bestellung des bezeichneten Verteidigers kein wichtiger Grund entgegensteht (III S 1). Damit wird der Tatsache Rechnung getragen, dass es zur Durchführung einer Revision, speziell zur Begründung von Verfahrensrügen, vertiefter Spezialkenntnisse im Revisionsrecht bedarf, die der Verteidiger in der Tatsacheninstanz oftmals nicht hat; dem Angeklagten soll daher die Möglichkeit gegeben werden, unter erleichterten Voraussetzungen in der Revision durch einen Spezialisten vertreten zu werden, wenn er dies wünscht (vgl BT-Drucks 19/13829 S 47).

33 Der Antrag ist **spätestens binnen einer Woche** nach Beginn der Revisionsbegründungsfrist zu stellen (§ 345 I). Damit soll dem Beschuldigten bzw seinem bisherigen Verteidiger, der die Revision eingelegt hat, eine Überlegungsfrist eingeräumt werden, ob ein Verteidigerwechsel sinnvoll erscheint (vgl BT-Drucks aaO). Mit Rücksicht auf die ohnehin knapp bemessene Revisionsbegründungsfrist erscheint es allerdings zweckmäßig, den Antrag nach S 1 möglichst frühzeitig zu stellen.

34 Der **Antrag ist fristgemäß bei dem Gericht zu stellen,** dessen Urteil angefochten wird (III S 2; siehe auch 6 zu § 341). Wiedereinsetzung ist zwar unter den Voraussetzungen des § 44 möglich, die Fristen (§§ 341 I, 345 I werden aber dadurch nicht gehemmt (vgl BT-Drucks aaO S 48). Dem Antrag ist zu entsprechen, wenn **kein wichtiger Grund entgegensteht** (42 ff zu § 142). Kein wichtiger Grund ist es, falls der Verteidigerwechsel Mehrkosten verursacht (BT-Drucks aaO).

35 Zur Bestellung eines Pflichtverteidigers in der **Revisionsinstanz** bei noch nicht verteidigtem Angeklagten siehe 9 ff zu § 350.

36 5) **Rechtsmittel (IV):** Entscheidungen über den Verteidigerwechsel nach I-III sind mit der sofortigen Beschwerde anfechtbar. Der Pflichtverteidiger hat kein eigenes Beschwerderecht (vgl dazu schon die Rspr zur früheren Rechtslage, KG StraFo **18**, 432; Bamberg MDR **90**, 460; Hamburg NJW **98**, 621 mwN; Hamm NJW **06**, 2712; Schleswig SchlHA **87**, 117 [L]), ebensowenig der Wahlverteidiger (Hamm aaO; Koblenz StV **81**, 530). Wurde dem Beschuldigten nicht der von ihm nach II Nr 1 bezeichnete Verteidiger als neuer Pflichtverteidiger bestellt, prüft das Beschwerdegericht, ob das Gericht – vor allem hinsichtlich der Annahme eines wichtigen Grundes – die Grenzen seines Beurteilungsspielraums eingehalten und im Übrigen die Person des Pflichtverteidigers ermessensfehlerfrei nach Maßgabe des § 142 VI ausgewählt hat; es kann den vom Beschuldigten im Antrag nach II Nr 1 bezeichneten Verteidiger bestellen (vgl dazu schon KG StV **85**, 448; Düsseldorf StV **86**, 239; Karlsruhe NJW **78**, 1064). Für die Revision gilt § 336 S 2.

Zusätzliche Pflichtverteidiger

144 ⁱ In den Fällen der notwendigen Verteidigung können dem Beschuldigten zu seinem gewählten oder einem gemäß § 141 bestellten Verteidiger bis zu zwei Pflichtverteidiger zusätzlich bestellt werden, wenn dies zur Sicherung der zügigen Durchführung des Verfahrens, insbesondere wegen dessen Umfang oder Schwierigkeit, erforderlich ist.

ⁱⁱ ¹ Die Bestellung eines zusätzlichen Verteidigers ist aufzuheben, sobald seine Mitwirkung zur zügigen Durchführung des Verfahrens nicht mehr erforderlich ist. ² § 142 Absatz 5 bis 7 Satz 1 gilt entsprechend.

1) Bestellung zusätzlicher Pflichtverteidiger (I): Das Gesetz zur Neuregelung der notwendigen Verteidigung vom 10.12.2019 hat die bereits seit langem in der Rspr anerkannte Praxis der Bestellung zusätzlicher Pflichtverteidiger nunmehr gesetzlich normiert (BT-Drucks 19/13829 S 48). Bis zu zwei Pflichtverteidiger können dem Beschuldigten nach § 144 I in den Fällen der notwendigen Verteidigung vom Gericht zusätzlich zu einem gewählten oder einem nach § 141 bestellten Verteidiger bestellt werden. 1

Voraussetzung für die Bestellung ist, dass sie **zur zügigen Durchführung des Verfahrens,** insbesondere wegen dessen Umfang oder Schwierigkeit, erforderlich ist. Dies entscheidet das Gericht nach pflichtgemäßem Ermessen. Die zusätzliche Bestellung von Pflichtverteidigern kann vor allem erforderlich sein, wenn bei einer Vielzahl von Hauptverhandlungstagen Unterbrechungsfristen nach § 229 zu wahren oder in Haftsachen eine bestimmte Sitzungsfrequenz einzuhalten ist (3a zu § 120, 1a zu § 121), zu erwartende Terminskollisionen dem aber entgegenstehen können. 2

Das gesetzliche Kriterium entspricht der früheren Rspr, welche die zusätzliche Bestellung, uU auch neben mehreren Wahlverteidigern (Hamm NJW **75,** 1238), für geboten erachtet hat, wenn anders der zügige Fortgang des Verfahrens und vor allem der Hauptverhandlung nicht gesichert werden kann (Koblenz NStZ **82,** 43; Rpfleger **88,** 116; Düsseldorf NJW **10,** 391; Hamburg StV **00,** 409; StraFo **00,** 383; Karlsruhe StV **01,** 557), zB wenn zu befürchten ist oder schon feststeht, dass der Wahlverteidiger in der Hauptverhandlung nicht ständig anwesend sein wird oder sonst die zur reibungslosen Durchführung des Hauptverfahrens erforderlichen Maßnahmen nicht treffen kann oder will (BGH **15,** 306, 309; NJW **73,** 1985; Frankfurt NJW **72,** 2055; StV **87,** 379; **94,** 288; Hamm NJW **75,** 1238; Stuttgart NJW **79,** 559), insbesondere, wenn er schon früher mehrmals die Verteidigung niedergelegt hat (Düsseldorf NStZ **86,** 137), oder wenn in einem Großverfahren wegen des Umfangs und der Schwierigkeit der Sache sowie der langen Verfahrensdauer ein unabweisbares Bedürfnis für die Mitwirkung mehrerer Verteidiger besteht (Hamm NJW **78,** 1986; Karlsruhe NJW **78,** 1172; Rostock StraFo **02,** 230; Frankfurt StV **93,** 348; Karlsruhe StraFo **09,** 517) oder sonstige Gründe der prozessualen Fürsorge (Einl 155 ff) sie gebieten (Düsseldorf JurBüro **86,** 887: Mittellosigkeit des Angeklagten). 3

Dies gilt nach der Judikatur allerdings nicht, weil in einer 4-Tages-Sache dem Ausfall des Wahlverteidigers vorgebeugt werden soll (Frankfurt StV **86,** 144), weil der Wahlverteidiger aus terminlichen Gründen verhindert ist, der Hauptverhandlung wahrzunehmen (Celle StV **88,** 100; Düsseldorf StraFo **99,** 414; Köln StraFo **98,** 267), ebenso nicht zu dem Zweck, die Vertretung der Verteidiger untereinander zu ermöglichen (Frankfurt StV **95,** 68 und 68/69). Dem entsprechend ist die Bestellung zusätzlicher Pflichtverteidiger für die Verhandlungstage, an denen der erste verhindert ist, nicht möglich (Hamm StV **11,** 660). Unzulässig ist auch die Beiordnung zweier Verteidiger mit der Maßgabe, dass nur eine Verteidigervergütung gezahlt wird (Frankfurt NJW **80,** 1703). 4

Die **Schwierigkeit des Verfahrens** kann aus tatsächlichen oder rechtlichen Gründen gefolgert werden, wobei sich oftmals Überschneidungen zum Umfang des Verfahrens ergeben werden. Zu denken ist zB an die Fälle, bei denen eine Masse 5

§ 144

von Urkunden zu sichten ist, insbesondere wenn dies mit der Notwendigkeit einhergeht, besonders komplizierte Rechtsfragen – zB im Wirtschaftsstrafrecht – zu beurteilen.

6 In Betracht kommen aber auch **Gründe in der Person des bisherigen Verteidigers,** die der zügigen Durchführung des Verfahrens entgegenstehen können, zB Krankheit oder fehlende bzw nur partielle Verfügbarkeit aufgrund anderweitiger Mandate.

7 Die Bestellung kann auch **gegen den Willen des Angeklagten** und des Wahlverteidigers („Zwangsverteidiger") erfolgen (vgl BT-Drucks 19/13829 S 48), was allerdings den Ausnahmefall bilden sollte. In diesem Fall kann sie zwar zum Wegfall der Einheitlichkeit der Verteidigung führen (Rudolph DRiZ **75**, 210; Welp ZStW **90**, 122; 823 ff; vgl auch Römer ZRP **77**, 92); das muss aber erforderlichenfalls im Interesse einer wirkungsvollen staatlichen Strafrechtspflege in Kauf genommen werden. Die Befugnisse des „aufgezwungenen" Verteidigers sind nicht in irgendeiner Weise eingeschränkt (**aM** SK-Wohlers 44 vor § 137 mwN).

8 2) **Die Bestellung ist aufzuheben,** sobald die Mitwirkung des zusätzlichen Pflichtverteidigers zur zügigen Durchführung des Verfahrens nicht mehr erforderlich ist (II S 1), dh wenn die speziellen Voraussetzungen des I, welche Grundlage der Bestellung waren, entfallen sind. Dies wird nur bei wesentlichen Änderungen des Verfahrens anzunehmen sein. Bei Bestellungen zur Sicherung einer umfangreichen Hauptverhandlung kann dies häufig erst mit deren Abschluss angenommen werden (BT-Drucks 19/13829 S 49), es sei denn, es ist nach dem jeweiligen Verfahrensstand – etwa aufgrund eines Geständnisses des Angeklagten – mit einer abgekürzten Beweisaufnahme zu rechnen.

9 Liegt **kein Fall der notwendigen Verteidigung mehr** vor, ist die Bestellung ebenfalls nach allgemeinen Grundsätzen aufzuheben.

10 3) **§ 142 V und VI gilt entsprechend** (II S 2). Dem Beschuldigten ist daher auch vor der Bestellung eines zusätzlichen Pflichtverteidigers Gelegenheit zu geben, innerhalb einer vom Gericht bestimmten Frist einen Verteidiger zu bezeichnen (§ 142 V S 1). Das Gericht bestellt den bezeichneten Verteidiger, wenn dem kein wichtiger Grund entgegensteht (§ 142 V S 3), die gerichtliche Bestellung erfolgt nach § 142 VI.

11 4) **Rechtsmittel:** Die Bestellung eines zusätzlichen Pflichtverteidigers wie deren Aufhebung sind mit der **sofortigen Beschwerde** anfechtbar (II S 2 iVm § 142 VII S 1). Dies gilt auch für die Bestellung eines Pflichtverteidigers neben einem Wahlverteidiger (siehe dazu schon Düsseldorf StraFo **99**, 276; 414; Frankfurt StV **89**, 384; **94**, 288; StV **01**, 610; Köln StV **89**, 242; Zweibrücken NStZ **88**, 144), ebenso gegen die Ablehnung eines darauf gerichteten Antrags (München NJW **81**, 2208). Ausnahmsweise wird dies auch für die Beiordnung eines zweiten Pflichtverteidigers zu gelten haben, wenn der Angeklagte substantiiert geltend macht, dass die Vorschrift des § 142 V S 1 nicht beachtet wurde, kein Vertrauensverhältnis besteht oder der bestellte Verteidiger unfähig erscheint, die Verteidigung ordnungsgemäß und in Koordination mit dem weiteren Verteidiger zu führen; die Beschwer kann sich insoweit daraus ergeben, dass der Angeklagte seine Verteidigungsstrategie entgegen seinem Willen mit zwei statt mit einem Verteidiger abstimmen muss (so bereits die Judikatur zur früheren Rechtslage, KG StraFo **16**, 414 mwN; vgl auch BVerfG NStZ-RR **19**, 156; **aM** Jena NStZ-RR **12**, 317). Ein Beschwerderecht besteht auch für die Ablehnung der Beiordnung eines zweiten Pflichtverteidigers (Frankfurt NStZ-RR **07**, 244; **aM** Celle NStZ **98**, 637). Der Wahlverteidiger hat kein eigenes Beschwerderecht. Erg 62, 63 zu § 142, 9 zu § 143.

12 Die **Revision** kommt nach § 338 Nr 5 nur in Betracht, wenn im Falle fortbestehender notwendiger Verteidigung die Aufhebung der Bestellung (II) dazu geführt hat, dass der Angeklagte gar nicht mehr vertreten war (siehe 41 zu § 338). Im Übrigen gilt § 336 S 2.

§ 145

Ausbleiben oder Weigerung des Pflichtverteidigers

145 I ¹ Wenn in einem Falle, in dem die Verteidigung notwendig ist, der Verteidiger in der Hauptverhandlung ausbleibt, sich unzeitig entfernt oder sich weigert, die Verteidigung zu führen, so hat der Vorsitzende dem Angeklagten sogleich einen anderen Verteidiger zu bestellen. ² Das Gericht kann jedoch auch eine Aussetzung der Verhandlung beschließen.

II Wird der notwendige Verteidiger erst im Laufe der Hauptverhandlung bestellt, so kann das Gericht eine Aussetzung der Verhandlung beschließen.

III Erklärt der neu bestellte Verteidiger, daß ihm die zur Vorbereitung der Verteidigung erforderliche Zeit nicht verbleiben würde, so ist die Verhandlung zu unterbrechen oder auszusetzen.

IV Wird durch die Schuld des Verteidigers eine Aussetzung erforderlich, so sind ihm die hierdurch verursachten Kosten aufzuerlegen.

1) Bestellung eines Pflichtverteidigers (I S 1): 1

A. Eine **Ergänzung der §§ 140 I, II, 231a IV** enthält die Vorschrift. Sie regelt 2 den Fall, dass bei notwendiger Verteidigung zwar ein Verteidiger gewählt oder bestellt worden ist, dass er aber die Verteidigung in der Hauptverhandlung nicht führt. Sie dient nicht primär der Verfahrenssicherung, sondern soll das Recht des Beschuldigten auf eine effektive und angemessene Verteidigung wahren (BGH NJW **13**, 2981).

Der Vorsitzende hat dem Angeklagten dann sogleich, dh ohne weitere Verhand- 3 lung in der Sache (RG **44**, 16), nicht unbedingt ohne Unterbrechung der Verhandlung, einen **anderen Verteidiger zu bestellen;** das kann auch der bisherige Wahlverteidiger sein, auch wenn er das Mandat niedergelegt oder der Angeklagte ihm das Mandat entzogen hatte (BGH NStZ **92**, 292; Stuttgart NJW **79**, 559 = JR **79**, 170 mit Anm Pelchen; vgl aber unten 9). Dem I S 1 ist der Grundsatz zu entnehmen, dass bei notwendiger Verteidigung der Verteidiger zu den Personen gehört, deren ununterbrochene Anwesenheit in der Hauptverhandlung erforderlich ist, dass aber nicht stets derselbe Verteidiger anwesend sein muss (vgl 10 zu § 226). Daher kann mit dem neu bestellten Pflichtverteidiger die Verhandlung grundsätzlich ohne Wiederholung einzelner Teile weitergeführt werden (BGH **13**, 337, 340; NStZ **81**, 231; **aM** Fezer 11/55: Wiederholung; SK-Wohlers 15: nur im Ausnahmefall; vgl aber auch unten 11 ff).

Ein **Pflichtverteidiger wird nicht bestellt,** wenn der Angeklagte sofort einen 4 anderen Verteidiger wählt (KK-Laufhütte/Willnow 6) oder wenn die Verhandlung nach I S 2 oder nach § 265 IV (unten 12) ausgesetzt wird. Wegen des Ausbleibens des Wahlverteidigers bei nicht notwendiger Verteidigung vgl § 228 II.

B. **Ausbleiben in der Hauptverhandlung:** Gemeint ist das Ausbleiben trotz 5 ordnungsgemäßer Ladung (RG **53**, 264) und ohne Befreiung nach § 231c. Der Grund des Ausbleibens ist gleichgültig. Mangelnde Verhandlungsfähigkeit des Verteidigers steht seiner Abwesenheit gleich (LR-Lüderssen/Jahn 14; erg 3 zu § 51; 14 zu § 329). Das verspätete Erscheinen fällt nicht unter die Vorschrift (Bamberg StraFo **03**, 419). I gilt auch nicht, wenn von mehreren Verteidigern wenigstens einer erscheint.

C. **Sichentfernen zur Unzeit** ist das Weggehen während der Hauptverhand- 6 lung oder das Ausbleiben nach einer Unterbrechung, wenn Prozesshandlungen vorgenommen werden, die wesentliche Vorgänge der Hauptverhandlung darstellen (dazu 36 ff zu § 338) darstellen (Koblenz NStZ **82**, 43; Köln NJW **05**, 3588). Zulässig ist das Sichentfernen, wenn es nach § 231c genehmigt ist oder wenn sich der Verteidiger mit Zustimmung des Angeklagten von einem Unterbevollmächtigten (11 vor § 137) vertreten lässt. Ein „prozessuales Notwehrrecht" des Verteidigers, das ihn zum Verlassen des Sitzungssaals berechtigt, gibt es nicht (Köln aaO; **aM** Zwiehoff JR **06**, 505).

§ 145

7   D. Die **Weigerung, die Verteidigung zu führen,** braucht nicht ausdrücklich erklärt zu werden. Es genügt, dass der Verteidiger untätig bleibt, obwohl ein Tätigwerden nach den Umständen geboten wäre (BGH StV **93**, 566; Karlsruhe StV **03**, 152). Dauernde Ungebühr reicht nicht aus (LR-Lüderssen/Jahn 18; vgl aber Hamm NJW **54**, 1053).

8   **2) Unterbrechung oder Aussetzung der Verhandlung:**
9   A. **Anstelle der Pflichtverteidigerbestellung (I S 2)** kann das Gericht nach pflichtgemäßem Ermessen die Verhandlung aussetzen. Dies ist idR geboten, wenn der Verteidiger nur kurzfristig ausfällt, zB wegen Erkrankung, und dem Angeklagten ein Verteidigerwechsel erspart werden soll. Dabei hat das Gericht – über den Wortlaut der Vorschrift hinaus – auch zu prüfen, ob nicht eine Unterbrechung der Hauptverhandlung der entstandenen Konfliktlage – Kontinuität der Verteidigung oder Fortführung der Hauptverhandlung mit neuem Verteidiger – angemessen Rechnung trägt (BGH NJW **13**, 2981; LR-Lüderssen/Jahn 20). Kommt danach eine Aussetzung nicht in Betracht, hat sich das Gericht um einen mit dem Pflichtverteidiger abgestimmten Termin zur Fortsetzung der Hauptverhandlung ernsthaft zu bemühen (BGH NJW **92**, 849) bzw eine Unterbrechung zu verlängern (Schleswig SchlHA **96**, 94 [L/T]).

10   B. Bei **Bestellung des Verteidigers erst im Lauf der Hauptverhandlung (II)** nach § 142 III Nr 3 kann das Gericht die Aussetzung von Amts wegen beschließen. Dazu besteht Anlass, wenn die Hauptverhandlung nicht, was unerlässlich ist, in Anwesenheit des neu bestellten Verteidigers in ihren wesentlichen Teilen wiederholt werden oder wenn der Verteidiger sich während der laufenden Verhandlung nicht genügend vorbereiten kann.

11   C. **Auf Verlangen des neu bestellten Verteidigers (III)** muss die Verhandlung unterbrochen oder ausgesetzt werden (BGH NStZ **00**, 212). Der Verteidiger muss selbst beurteilen, ob er für die Erfüllung seiner Aufgabe hinreichend vorbereitet ist; das Gericht prüft dies grundsätzlich nicht nach (BGH NStZ **13**, 122 mit Anm Wohlers JR **13**, 373; JR **98**, 251; siehe aber unten 13). Verneint er dies, muss er die Erklärung dahin abgeben, ihm verbleibe nicht die zur Vorbereitung der Verteidigung erforderliche Zeit. Das kann er aber nur bei Übernahme der Verteidigung geltend machen; er kann die Unterbrechung oder Aussetzung nicht etwa zu einem beliebigen späteren Zeitpunkt erzwingen (BGH **13**, 337, 339; NJW **73**, 1985).

12   Ob die Verhandlung ausgesetzt werden muss oder eine Unterbrechung genügt, entscheidet das Gericht nach **pflichtgemäßem Ermessen** (BGH **13**, 337, 343; Eisenberg NJW **91**, 1263; **aM** LR-Lüderssen/Jahn 26; SK-Wohlers 19: Wahlrecht des Verteidigers). Die Unterbrechung kommt nur in Betracht, wenn der durch § 229 begrenzte Zeitraum für die Vorbereitung der Verteidigung ausreicht und sich der Verteidiger über den Verlauf und die wesentlichen Ergebnisse der bisherigen Verhandlung zuverlässig unterrichten kann (BGH **13**, 337, 344). Dann hat aber die Unterbrechung den Vorrang vor der Aussetzung (KK-Laufhütte/Willnow 10; vgl BGH NJW **73**, 1985).

13   Unabhängig von dem Verlangen des Verteidigers kann die **Aussetzung nach § 265 IV** geboten sein (BGH NJW **65**, 2164; BGH NJW **73**, 1985; NStZ **81**, 231; **09**, 650). Stellt allerdings der neu bestellte Verteidiger seine Fähigkeit zu sachgerechter Verteidigung nicht in Frage, wird regelmäßig auch das Gericht keinen Anlass haben, seine Vorstellungen von einer angemessenen Vorbereitungszeit gegen ihn durchzusetzen und von ihm nicht angestrebte prozessuale Maßnahmen zu treffen (BGH NStZ **13**, 122). Gibt es jedoch greifbare Anhaltspunkte dafür, dass dies nicht der Fall sein könnte, muss das Gericht eine Aussetzung – oder Unterbrechung – prüfen; dies ist etwa der Fall, wenn der Verteidiger objektiv keine genügende Vorbereitungszeit hatte oder sich seine Einschätzung sonst unter dem Aspekt einer effektiven Verteidigung als evident interessenwidrig darstellt (BGH NJW **13**, 2981).

Verteidigung § 145

Der **Angeklagte selbst** kann auf Grund des III weder eine Unterbrechung 14
noch eine Aussetzung erzwingen (BGH NJW **63**, 1114; **73**, 1985).

III gilt entsprechend, wenn kein Pflichtverteidiger bestellt zu werden braucht, 15
weil der Angeklagte sogleich einen anderen Verteidiger wählt (Karlsruhe StV **91**,
199).

3) Auferlegung der Kosten (IV): 16

A. Nur **bei Aussetzung der Verhandlung** nach I S 2 oder III gilt die Vor- 17
schrift, nicht bei Aufhebung des Hauptverhandlungstermins (Nürnberg AnwBl **71**,
25) oder bei bloßer Unterbrechung nach § 229 (Celle MDR **79**, 864). IV ist ferner nur bei notwendiger Verteidigung nach §§ 140 I, II, 231a IV anwendbar
(Hamm NJW **63**, 1416), dann aber sowohl auf den Pflichtverteidiger als auch auf
den Wahlverteidiger (Bay NJW **52**, 1066; München MDR **79**, 779); die Kosten
können jedoch nicht dem ausgebliebenen Wahlverteidiger auferlegt werden, wenn
der Pflichtverteidiger erscheint (Köln StV **97**, 122). Die Aussetzung muss aus einem der Gründe des I S 1 erfolgt sein.

Auf **andere Fälle** kann IV nicht entspr angewendet werden (KG NStZ-RR **00**, 18
189; Frankfurt JR **50**, 570: verspäteter Beweisantrag; Hamm NStZ **83**, 186: Aussetzung wegen unzulänglicher Führung der Verteidigung; Köln StV **01**, 389:
Entpflichtung wegen pflichtwidrigen Verhaltens; Nürnberg StV **98**, 584: Unmöglichkeit des Verteidigergesprächs mit dem Angeklagten wegen Erkrankung; Jena
StV **03**, 432: verspäteter Aussetzungsantrag; **aM** Frankfurt NJW **77**, 913: Entpflichtung des Verteidigers wegen prozessordnungswidrigen Verhaltens; Hamburg
NStZ **82**, 171: schuldhafte Herbeiführung der Verhandlungsfähigkeit des Angeklagten; vgl auch Bamberg StV **89**, 470; unrichtig LG Berlin NStZ **03**, 280: verspätete Aktenrückgabe; vgl auch BVerfG NJW **09**, 1582 sowie eingehend Fahl
48 ff).

B. Durch die **Schuld des Verteidigers** muss die Aussetzung erforderlich ge- 19
worden sein; er muss sich prozessordnungswidrig und pflichtwidrig verhalten haben
(Hamm NJW **63**, 1416; Koblenz NStZ **82**, 43).

Das setzt zunächst voraus, dass er Kenntnis nicht nur von dem Termin hatte 20
(Hamm JMBlNW **78**, 57), sondern insbesondere die **Notwendigkeit der Verteidigung kannte.** Der Pflichtverteidiger hat diese Kenntnis stets; der Wahlverteidiger kann sie in den Fällen des § 140 I ohne weiteres aus Anklageschrift oder
Eröffnungsbeschluss gewinnen. Im Fall des § 140 II bedarf es idR einer Feststellung des Vorsitzenden darüber, dass die Verteidigung notwendig ist (Hamm NJW
74, 328; StraFo **97**, 79; München MDR **79**, 779; LG Berlin StV **95**, 295; vgl auch
Bay NJW **52**, 1066). Erforderlich ist eine entspr Erklärung in der Hauptverhandlung oder eine richterliche Entschließung, die aktenkundig gemacht und dem
Verteidiger bekanntgegeben werden muss (LG Bielefeld StV **04**, 32 L). Nur wenn
die Voraussetzungen des § 140 II offensichtlich vorliegen (zB bei Verhandlung über
die Berufung des zu 3 Jahren Freiheitsstrafe verurteilten Angeklagten), handelt der
Verteidiger auch ohne eine solche Feststellung schuldhaft (vgl Saarbrücken JBl Saar
62, 14).

Im Einzelnen ist ein Verschulden des Verteidigers an der Aussetzung ange- 21
nommen worden, wenn er ausgeblieben ist, weil er den Termin vergessen hatte
(Düsseldorf JMBlNW **82**, 235), weil er ohne Rückfrage beim Gericht von einer
Terminsabsetzung ausgegangen ist (Düsseldorf VRS **77**, 363) oder weil er die Vorbereitungszeit für zu kurz hielt (Düsseldorf AnwBl **81**, 201), wenn er das Mandat
unmittelbar vor der Hauptverhandlung niedergelegt hat, weil der Mandant seiner
Zahlungspflicht nicht nachgekommen ist (Düsseldorf AnwBl **72**, 63; JurBüro **97**,
372; Koblenz MDR **75**, 773; Saarbrücken JBl Saar **62**, 14), oder wenn er es in der
Hauptverhandlung ohne Angabe von Gründen (Saarbrücken StV **89**, 5) oder wegen Spannungen mit dem Gericht niederlegt (Hamm NJW **67**, 897), wenn er
einem Referendar – nicht hingegen einem anderen RA seiner Sozietät (so aber LG
Duisburg StV **05**, 600 mit abl Anm Jahn/Kett-Straub) – Untervollmacht erteilt
und selbst ausgeblieben ist, ohne sich rechtzeitig der Zustimmung des Angeklagten

Schmitt

zu vergewissern (KG JR **72**, 206; zu weitgehend hingegen LG Berlin NStZ **00**, 51; vgl hierzu BGH StraFo **06**, 454), wenn er sich aus der Hauptverhandlung entfernt hat, weil der Angeklagte sich abfällig über ihn geäußert hat (Köln MDR **77**, 598), weil seinem Aussetzungsantrag nach § 222a II nicht stattgegeben worden ist (Frankfurt StV **81**, 289; vgl aber RAK Frankfurt StV **81**, 210), weil er seine Bestellung zum Pflichtverteidiger erzwingen wollte (Stuttgart NStZ **19**, 630: auch, wenn seine Vergütung nicht gesichert war) oder weil der Vorsitzende uniformierte Polizeibeamte zu seinem Schutz hinzugezogen hat (Schleswig MDR **77**, 775). Verspätetes Erscheinen ist nicht stets schuldhaft (Düsseldorf StV **84**, 372: Vertrauen auf Zuwarten des Gerichts). Die rechtzeitige Anzeige der Verhinderung (notfalls durch Telefon oder Telefax) ist erforderlich (Jena OLG-NL **95**, 48 L: auch bei kurzfristiger Pflichtverteidigerbestellung); erfolgt sie, schließt sie das Verschulden aus (Frankfurt StV **87**, 8; Hamm StV **95**, 514). Zur Überprüfung der Verhandlungsfähigkeit des Verteidigers, der sich, angeblich aus Krankheitsgründen, zur Unzeit entfernt hat, kann eine amtsärztliche Untersuchung angeordnet werden (Hamburg NStZ **82**, 172).

22 C. **Verfahren:** Die Entscheidung nach IV wird sofort getroffen; sie wird nicht bis zur Kostenentscheidung nach den §§ 464ff aufgeschoben (erg 23 zu § 51; 2 zu § 467). Zuständig ist das Gericht, nicht der Vorsitzende allein (Hamm StV **95**, 514). Wurde die Hauptverhandlung zunächst nur unterbrochen, kann aber ohne die Schöffen über die Aussetzung und die Kostenfrage entschieden werden (BVerfG NJW **09**, 1582; Stuttgart VRS **116**, 116).

23 Ist der Verteidiger anwesend, so erhält er vorher **rechtliches Gehör;** der ausgebliebene Verteidiger kann es sich nachträglich durch Beschwerde nach § 304 II verschaffen. Im Ergebnis gilt § 51 II S 3 entspr; der ausgebliebene Verteidiger hat die Möglichkeit, sich nachträglich zu entschuldigen (Düsseldorf StV **84**, 8; erg 24 zu § 51).

24 D. **Kostentragungspflicht:** IV begründet einen Schadensersatzanspruch der Staatskasse (Stuttgart NStZ **82**, 130). Seine Höhe wird nicht in dem Beschluss nach IV, sondern erst in dem Verfahren nach § 464b festgesetzt (vgl 14 zu § 51). Zu erstatten sind die durch die ausgesetzte Verhandlung entstandenen Kosten (§ 464a I) in dem Umfang, in dem der Angeklagte sie nach § 465 I S 1 bei Verurteilung oder die Staatskasse nach § 467 I bei Freispruch zu tragen hätte (Karlsruhe NJW **80**, 951). Dabei ist der wirkliche Verfahrensablauf entscheidend, nicht hypothetische Überlegungen über einen anderen Verlauf der Hauptverhandlung (Karlsruhe aaO).

25 4) Für die **Anfechtung** der Verteidigerbestellung gelten 61 ff zu § 141, 9, 10 zu § 143, 36 zu § 143a. Die Entscheidungen über Unterbrechung oder Aussetzung sind nach § 305 S 1 der Anfechtung entzogen (LR-Lüderssen/Jahn 39; aM SK-Wohlers 21). Der Beschluss nach IV ist mit der einfachen Beschwerde nach § 304 II anfechtbar; die Wertgrenze des § 304 III gilt.

26 5) **Revision:** Wird ohne Verteidiger weiterverhandelt, begründet das nach § 338 Nr 5 die Revision (BGH NJW **93**, 340; StV **93**, 566; AK-Stern 34; erg 41 zu § 338), bei Verstoß gegen III gilt § 337, idR wird das Urteil darauf beruhen (vgl aber BGH NStZ **00**, 212 mit Anm Hammerstein NStZ **00**, 327). Krankheitsbedingte Abwesenheit des Verteidigers begründet idR nicht die Revision, wenn für den Angeklagten ein anderer verteidigungsbereiter Verteidiger auftritt (BGH NStZ-RR **00**, 289 [K]).

Zustellungen an den Verteidiger RiStBV 108, 154

145a

I **Der gewählte Verteidiger, dessen Vollmacht sich bei den Akten befindet, sowie der bestellte Verteidiger gelten als ermächtigt, Zustellungen und sonstige Mitteilungen für den Beschuldigten in Empfang zu nehmen.**

Verteidigung § 145a

II ¹ Eine Ladung des Beschuldigten darf an den Verteidiger nur zugestellt werden, wenn er in einer bei den Akten befindlichen Vollmacht ausdrücklich zur Empfangnahme von Ladungen ermächtigt ist. ² § 116a Abs. 3 bleibt unberührt.

III ¹ Wird eine Entscheidung dem Verteidiger nach Absatz 1 zugestellt, so wird der Beschuldigte hiervon unterrichtet; zugleich erhält er formlos eine Abschrift der Entscheidung. ² Wird eine Entscheidung dem Beschuldigten zugestellt, so wird der Verteidiger hiervon zugleich unterrichtet, auch wenn eine Vollmacht bei den Akten nicht vorliegt; dabei erhält er formlos eine Abschrift der Entscheidung.

1) **Zustellung an den Verteidiger (I):** 1

A. Eine **gesetzliche Zustellungsvollmacht** des **gewählten sowie des be-** 2 **stellten** Verteidigers, die auch gegen den Willen des Beschuldigten gilt (Bay **69**, 110; KG StraFo **19**, 110), begründet die Vorschrift, um das Zustellungswesen zu vereinfachen; es ist daher auch nicht möglich, die Vollmacht des Wahlverteidigers dahin einzuschränken, dass sie sich nicht auf Zustellungen erstrecken soll (Dresden NStZ-RR **05**, 244; Jena NJW **01**, 3204; Köln NJW **04**, 3196; **aM** Hamm NJW **91**, 1317). Die gesetzliche Zustellungsvollmacht dauert so lange fort, bis ihr Widerruf aktenkundig geworden ist. Hat der Beschuldigte mehrere Verteidiger, so gilt I für jeden von ihnen; die Wirksamkeit der Zustellung wird aber weder dadurch berührt, dass nur an einen von ihnen zugestellt wurde (BVerfG NJW **01**, 2532), noch dadurch, dass die anderen von der Zustellung nicht unterrichtet worden sind (BVerfG NJW **02**, 1640; BGH NJW **77**, 640; erg unten 14). Zur Zustellung an RAe vgl 19, 29 zu § 37.

B. Neben der gesetzlichen gibt es die **rechtsgeschäftliche Zustellungsvoll-** 2a **macht** (BGH NStZ **97**, 293; Rostock VRS **107**, 442; Stuttgart Justiz **03**, 300; Schnarr NStZ **97**, 15), die nicht auf die nach § 137 I S 2 3 zulässigen Wahlverteidiger beschränkt ist und die – anders als die gesetzliche Zustellungsvollmacht (unten 9) – auch später (zB durch unterschriebenen Empfangsnachweis oder durch anwaltschaftliche Versicherung) nachgewiesen werden kann (BGH aaO; StraFo **10**, 339; Bay **04**, 1 = NJW **04**, 1263; DAR **03**, 380). Zur „außergerichtlichen Vollmacht" im OWi-Verfahren (sog „Verjährungsfalle") vgl Düsseldorf JR **08**, 522 mit Anm Fahl; Karlsruhe NStZ **09**, 295 mit Anm Fahl ZIS **09**, 380; Fromm StraFo **10**, 225; Göhler 44a zu § 51 OWiG.

C. Ein **wirksames Verteidigungsverhältnis** setzt I voraus: er gilt also nicht 3 beim Fehlen der nach § 138 II erforderlichen Genehmigung und nach Zurückweisung des Verteidigers nach § 146a. Ist eine Sozietät von mehr als 3 RAen bevollmächtigt, so darf an sie nicht zugestellt werden, wenn unter Verstoß gegen § 137 I S 2 alle das Mandat angenommen haben (Bay **76**, 1 = NJW **76**, 861; Hamm JMBlNW **82**, 58; MDR **80**, 513; erg 6 zu § 137); eine gleichwohl erfolgte Zustellung ist aber wirksam (§ 146a II; KMR-Müller 6).

I gilt für **jede Art von Zustellungen,** also nicht nur für die Zustellung von 4 gerichtlichen Entscheidungen, auch im Fall des § 232 IV, sondern zB auch für die Zustellung der Anklageschrift nach § 201 I.

Die gesetzliche Zustellungsvollmacht ermächtigt auch zum Empfang **sonstiger** 5 **Mitteilungen** in Strafsachen für den Beschuldigten, selbst wenn sie nicht förmlich zugestellt zu werden brauchen (BGH **26**, 379, 381; Bay **74**, 66 = VRS **47**, 301: Hinweis nach § 72 I S 2 OWiG; Kleinknecht JZ **65**, 155). Das gilt auch für Mitteilungen der StA (BGH EzSt § 33a Nr. 1; NStZ **81**, 95 [Pf]: Anträge nach § 349 III S 1, IV). Wenn eine Mitteilung nur an den Verteidiger zu richten ist, liegt kein Fall des I vor.

Die Vorschrift ermächtigt im Übrigen zwar zu Zustellungen an den Verteidiger, 6 begründet aber **keine Rechtspflicht,** Zustellungen an den Beschuldigten durch ihn zu bewirken. Zustellungen an den Beschuldigten sind wirksam und setzen die Rechtsmittelfristen in Lauf (BVerfG NJW **01**, 2532; BGH **18**, 352, 354; Bay **88**,

§ 145a Erstes Buch. 11. Abschnitt

162 = VRS **76**, 307; Düsseldorf NStZ **89**, 88; Frankfurt StV **86**, 288; Karlsruhe VRS **105**, 348; Köln VRS **101**, 373), auch wenn der Verteidiger zuvor gebeten hat, Zustellungen nur an ihn zu bewirken (Stuttgart NStZ-RR **09**, 254 L); dies gilt auch, wenn bei Urteilszustellungen RiStBV 154 I nicht beachtet wurde, was allenfalls ausnahmsweise einen Wiedereinsetzungsantrag begründen kann (BGH NStZ-RR **19**, 24; 4 StR 556/13 vom 12.2.2014). Wird sowohl dem Verteidiger als auch dem Beschuldigten zugestellt, so gilt § 37 II.

7 D. **Aktenkundigkeit der Verteidigerstellung:** Die Bestellung des Pflichtverteidigers ergibt sich stets aus den Akten.

8 Bei Wahlverteidigung genügt grundsätzlich nicht das Bestehen einer schriftlich oder mündlich erteilten Vollmacht; vielmehr muss sich die **Vollmachtsurkunde in den Akten** befinden (vgl aber Rostock NStZ-RR **03**, 336 und Stuttgart Justiz **03**, 300: anders bei einer rechtsgeschäftlichen Zustellungsvollmacht, s oben 2). Eine Blankovollmacht genügt selbst dann nicht, wenn sich der Verteidiger in einem begleitenden Schriftsatz selbst als Vollmachtsnehmer bezeichnet (Stuttgart NStZ-RR **01**, 24). Ausreichend ist aber die Einreichung einer unbeglaubigten Abschrift oder Ablichtung (Bay DAR **83**, 252 [R]). Wird die Vollmachtsurkunde erst nach der Anordnung der Zustellung vorgelegt, so ist die Zustellung an den Verteidiger wirksam, wenn die Urkunde sich bei deren Ausführung in den Akten befindet (Hamm OLGSt S 15), nicht aber, wenn sie dorthin erst nach der Zustellung gelangt (Düsseldorf VRS **93**, 169; Schleswig StV **90**, 12 mwN).

9 Da das Gesetz eine schriftliche Bevollmächtigung nicht verlangt (9 vor § 137), ist I auch anwendbar, wenn die **Vollmacht in der Hauptverhandlung** mündlich erteilt und das im Sitzungsprotokoll beurkundet worden ist (Bay **75**, 150 = VRS **50**, 292; DAR **85**, 244 [R]; Celle NJW **84**, 444; Düsseldorf VRS **68**, 461). Ist das nicht geschehen, reicht allein das aus der Sitzungsniederschrift ersichtliche Auftreten des Verteidigers in Anwesenheit des Angeklagten nicht aus (BGH **41**, 303, 304 mwN; NStZ-RR **09**, 144; Bay **92**, 157 = VRS **84**, 447; Karlsruhe NStZ-RR **96**, 237).

10 Die **Untervollmacht** des Wahlverteidigers (11 vor § 137) enthält für den bevollmächtigten RA eine Zustellungsvollmacht nach I (Koblenz VRS **64**, 275). Der allgemeine Vertreter des RA (§ 53 BRAO) kann Zustellungen für den Beschuldigten ohne Untervollmacht entgegennehmen. Der Pflichtverteidiger darf keine Untervollmacht erteilen (60 zu § 142).

11 Die Zustellungsvollmacht nach I besteht **nach Beendigung des Mandats** fort, bis die Anzeige des Beschuldigten, der sich dabei durch den neuen Verteidiger vertreten lassen kann (Köln NStZ-RR **16**, 175), oder des bisherigen Verteidigers über das Erlöschen des Verteidigerverhältnisses zu den Akten gelangt ist (Köln aaO; Bay **69**, 110; Koblenz VRS **71**, 203); allerdings ist bei Stellung eines Wiederaufnahmeantrags durch einen neuen Verteidiger idR davon auszugehen, dass nunmehr nur noch dieser zur weiteren Verteidigung berechtigt sein soll (Düsseldorf NStZ **93**, 403). Übernimmt der Verteidiger nach Niederlegung des Mandats erneut die Verteidigung, gilt I nur, wenn eine neue Vollmacht zu den Akten gegeben wird (Hamm NStZ-RR **09**, 144; Stuttgart NStZ-RR **02**, 369). Beim Pflichtverteidiger endet die Zustellungsvollmacht mit der Aufhebung der Beiordnung; erfolgt diese nicht, gilt die Zustellungsvollmacht daher auch noch im Wiederaufnahmeverfahren (Düsseldorf MDR **94**, 936). Sie wirkt grundsätzlich auch im Verfahren zur nachträglichen Gesamtstrafenbildung (§ 460) fort, da dieses in die Rechtskraft der ergangenen Entscheidung eingreift (KG NStZ-RR **11**, 86; Köln StV **11**, 219 L).

12 2) Eine **Ladung des Beschuldigten (II)** darf dem Verteidiger nur auf Grund einer ausdrücklichen Vollmacht, die in der allgemeinen Vollmachtsurkunde enthalten sein (einschr Düsseldorf StV **90**, 536; Köln StV **93**, 402) oder sich sonst aus den Akten ergeben kann (Celle NdsRpfl **94**, 314), zugestellt werden; die allgemeine Vollmacht zur Entgegennahme von „Zustellungen aller Art" genügt nicht (Karlsruhe MDR **80**, 687; Köln NStZ-RR **98**, 240). Eine besondere Vollmacht zur Entgegennahme von Ladungen muss auch dem Pflichtverteidiger erteilt werden (Hamm NStZ **17**, 432; Düsseldorf StV **82**, 127), aber nur vom Beschuldigten selbst, nicht durch das Gericht (Köln NStZ-RR **99**, 334). Liegt sie nicht vor, kommt eine Ladung über den Pflichtverteidiger nicht in Betracht (vgl Karlsruhe StraFo **11**, 509: Ladung zur Berufungshauptverhandlung). Wird der Wahlverteidiger zum Pflichtverteidiger bestellt, so ist eine erneute ausdrückliche Bevollmächtigung erforderlich (Düsseldorf aaO; dies gilt nach KG NJW **12**, 245 nicht, wenn der Beschuldigte zuvor den Wahlverteidiger ausdrücklich als Zustellungs- und Ladungsbevollmächtigten benannt hat; vgl auch Mayer NStZ **16**, 76, 77). Ohne die ausdrücklich erklärte Vollmacht ist die Zustellung der Ladung an den Verteidiger wirkungslos (Bay NJW **04**, 532). Liegt die Vollmacht aber vor, so gilt sie auch für das Berufungsverfahren, obgleich hier die Säumnisfolgen der §§ 329, 330 eintreten können (3 zu § 323). Die Mitteilung von Ort und Zeit eines Termins, zu dem der Beschuldigte nicht zu erscheinen braucht (zB nach §§ 224 I, 350 I S 1), ist keine Ladung iS des III; sie kann, auch wenn sie formlos ergeht, an die Adresse des Verteidigers gerichtet werden. § 116a III wird durch II S 1 nicht berührt (II S 2).

3) Benachrichtigung von der Zustellung (III): Die Vorschrift ist Ausdruck **13** der prozessualen Fürsorgepflicht des Gerichts (Einl 155 ff). Sie soll sicherstellen, dass der Beschuldigte bei Zustellung an den Verteidiger und der Verteidiger bei Zustellung an den Beschuldigten unverzüglich von der zugestellten Entscheidung Kenntnis erlangen (Stuttgart VRS **67**, 39). Wurde ein Urteil an den bestellten Verteidiger zugestellt, ist dies allein für den Fristenlauf maßgeblich; der Betroffene kann deshalb einen Antrag nach § 44 gegen die Versäumung der Rechtsmittelfrist nicht darauf stützen, er selbst habe von der Zustellung nicht rechtzeitig Kenntnis erlangt (Hamm NStZ-RR **16**, 216). Bei der Zustellung von Anträgen und Mitteilungen, die keine Entscheidungen sind, gilt III nicht (BGH EzSt § 33a Nr 1; NStZ **81**, 95 [Pf]; StraFo **03**, 172). Der Verteidiger erhält nach III S 2 formlos eine Abschrift der Entscheidung, auch wenn seine Vollmacht nicht bei den Akten, das Verteidigungsverhältnis aber auf andere Weise bekanntgeworden ist.

III ist nur eine **Ordnungsvorschrift** (BGH NJW **77**, 640; dazu BVerfG **14** NJW **02**, 1640: verfassungsrechtlich unbedenklich). Unterbleibt die Benachrichtigung, so ist die Zustellung gleichwohl wirksam; für den Fristenablauf ist nur die Zustellung, nicht die Benachrichtigung nach III maßgebend (BGH aaO; NStZ **10**, 584 zur Urteilszustellung; KG StV **15**, 228; Bay NJW **93**, 150; Düsseldorf VRS **64**, 269; Frankfurt NJW **82**, 1297; Hamburg NJW **65**, 1614; Stuttgart VRS **67**, 39; vgl auch BVerfG NJW **78**, 1575). Das gilt insbesondere, wenn dem Verteidiger zugestellt worden und die Benachrichtigung des Angeklagten nicht möglich ist, weil sein Aufenthalt nicht festgestellt werden kann (BGH aaO; NStZ **91**, 28 [M/K]). Jedoch ist das Fehlen der Benachrichtigung idR ein Wiedereinsetzungsgrund nach § 44 (dort 17; KG aaO; Stuttgart StV **11**, 85; **aA** München StV **11**, 86m abl Anm Bockemühl; uU kann es sogar die Revision begründen (vgl Frankfurt NStZ **90**, 556; Stuttgart aaO). Für die Ladung des Beschuldigten gilt III nicht, auch nicht für Mitteilungen der StA (BGH NStZ **81**, 95 [Pf]).

4) Ein RA als Vertreter des Privat- oder Nebenklägers ist nach §§ 378 S 2, **15** 379 I S 2 iVm § 378 S 2 zustellungsbevollmächtigt. Für Ladungen gilt II entspr (7 zu § 378).

5) Für die **Einziehungsbeteiligung** gilt die Vorschrift entspr (§§ 434 I S 2, 440 **16** III, 444 II S 2).

Verbot der Mehrfachverteidigung

146 ¹Ein Verteidiger kann nicht gleichzeitig mehrere derselben Tat Beschuldigte verteidigen. ²In einem Verfahren kann er auch nicht gleichzeitig mehrere verschiedener Taten Beschuldigte verteidigen.

§ 146

1 1) Das **Verbot der Mehrfachverteidigung** soll den Beschuldigten, auch gegen seinen Willen, davor schützen, dass der Verteidiger in einen Interessenwiderstreit gerät und dadurch seine Beistandsfunktion, die es auch im öffentlichen Interesse zu bewahren gilt, beeinträchtigt wird (BVerfGE **45**, 354, 358 = NJW **77**, 1767). Das Verbot der Mehrfachverteidigung besteht bei Tatidentität (S 1) und bei Verfahrensidentität (S 2); die sukzessive Mehrfachverteidigung ist nicht mehr verboten (BGH NStZ **94**, 500; NStZ-RR **02**, 12). § 146 kann auch nicht entspr auf den Fall angewendet werden, dass ein Verteidiger, Bevollmächtigter oder sonstiger Beistand durch die Wahrnehmung von Interessen Dritter in einen Interessenwiderstreit gerät; nach dem Willen des Gesetzgebers (vgl BT-Drucks 10/1313 S 22) muss der Verteidiger einen solchen Konflikt (schon wegen § 356 StGB) selbst lösen (BGH NStZ **92**, 292; Düsseldorf NStZ **91**, 352 mwN). Die Vorschrift ist auch nicht auf den Fall entspr anwendbar, dass der Bewährungshelfer als Bevollmächtigter sofortige Beschwerde einlegt (Bringewat MDR **88**, 617 gegen Düsseldorf NStZ **87**, 340). Sie findet allerdings im Auslieferungsverfahren Anwendung (KG StraFo **18**, 425 unter Hinweis auf § 40 III IRG).

2 2) **Allgemeine Grundsätze:**

3 A. Die mehrfache **Verteidigung** untersagt § 146. Ein angeklagter RA, der einen an derselben Tat beteiligten Mitangeklagten verteidigt, wird entspr § 146a I S 3 zurückgewiesen (BGH wistra **11**, 149; **aM** Stuttgart Justiz **87**, 80: §§ 138a ff).

4 Verteidigung iS des § 146 ist bereits die **Anbahnung eines Mandats** (KG StV **85**, 405 mit abl Anm Hassemer; München NJW **83**, 1688; **aM** Düsseldorf StV **84**, 106; Beulke 126; Kratzsch JA **83**, 675; vgl auch BVerfG NJW **76**, 231; BGH **28**, 67).

5 § 146 **verbietet** aber **nicht,** dass sich die Verteidiger mehrerer derselben Tat Beschuldigter untereinander und ihr Vorgehen miteinander besprechen (Düsseldorf NJW **02**, 3267 = JR **03**, 346 mit zust Anm Beulke).

6 B. **Verteidiger** iS § 146 ist nicht nur der Wahlverteidiger, sondern auch der Pflichtverteidiger; er darf nicht bestellt werden, wenn er bereits Verteidiger eines Mitbeschuldigten ist (BGH **26**, 335; **27**, 22; 48 zu § 142).

7 Es macht keinen Unterschied, ob der Verteidiger die Verteidigung als Hauptverteidiger oder nur als **Unterbevollmächtigter oder allgemeiner Vertreter** nach § 53 BRAO führt (BGH **27**, 154, 158). Auf den Umfang der Tätigkeit kommt es dabei nicht an; § 146 gilt auch, wenn sich die Tätigkeit des Unterbevollmächtigten auf die Erledigung bestimmter Aufgaben beschränkt, zB auf Kontaktgespräche mit dem Beschuldigten (BVerfG NJW **76**, 231; München NJW **76**, 252), auf die Vertretung im Haftprüfungstermin (BGH NStZ **84**, 15 [Pf/M]; Hamburg MDR **77**, 776) oder auf Besuche in der UHaft (**aM** LG Bremen StV **85**, 143).

8 Auch die **Mitglieder einer Anwaltssozietät** (vgl auch 6 zu § 137) dürfen nicht mehrere Beschuldigte verteidigen (Karlsruhe NJW **76**, 248; MDR **77**, 69; Köln NStZ **83**, 560). Das gilt aber nur, wenn sich die Sozietätsanwälte zu Verteidigern bestellt haben (BGH NStZ **83**, 228; Karlsruhe aaO). Eine nachträgliche Beschränkung auf jeweils einen Beschuldigten schließt die Anwendung des § 146 aus (Celle StV **89**, 471; vgl auch Stuttgart NStZ-RR **11**, 279 L). Es ist zulässig, dass von den in der Sozietät zusammengeschlossenen RAen auf Grund entspr Einzelvollmachten jeder einen anderen Mitbeschuldigten verteidigt (BVerfGE **43**, 79; **45**, 272, 295 ff; Karlsruhe NStZ **99**, 212). Dabei ist unschädlich, dass in der Vollmachtsurkunde keiner der darin genannten RAe durch Streichung seines Namens oder andere Weise ausgeschlossen ist; maßgebend ist, dass sich die Anwälte jeweils als Verteidiger nur eines Mitbeschuldigten bestellen (BVerfGE aaO; BGH **27**, 124, 127; Frankfurt NStZ **83**, 472; LG Regensburg NJW **05**, 2245). Ob wegen der Gefahr eines Interessenkonflikts darin aber ein Verstoß gegen § 43a IV BRAO, § 3 I, II BerufsO liegt, ist str (bejahend Eylmann StraFo **98**, 145, verneinend Kleine-Cosack StraFo **98**, 149; vgl auch Lüderssen StV **98**, 357). Eine **Pflichtverteidigerbestellung** kommt aber bei einer Anwaltssozietät idR nicht in

Betracht (Frankfurt NStZ-RR **99**, 333; LG Frankfurt aM StV **98**, 358; Stuttgart OLGSt Nr 5 zu § 142 aF); dies gilt jedenfalls dann, wenn konkrete Hinweise auf einen Interessenkonflikt vorliegen, wobei ggf unterschiedliche Verteidigungsziele der Beschuldigten zu berücksichtigen sind und es auf die vorherige rechtskräftige Aburteilung eines Mitangeklagten und dessen Ausscheiden aus dem Verfahren nicht ankommen soll (BGH NStZ **14**, 660; vgl auch Hamm StV **04**, 641); die gleichwohl erfolgte Bestellung führt jedoch nur bei konkret erkennbarem Interessenwiderstreit zur Zurücknahme der Bestellung (Frankfurt StV **99**, 199; Stuttgart StV **00**, 656; vgl auch BGH aaO).

C. **Unwiderleglich vermutet** wird der Interessenwiderstreit bei Mehrfachverteidigung (Düsseldorf JMBlNW **84**, 234; Karlsruhe MDR **77**, 777). Denn die Gefahr, dass es bei der gleichzeitigen Verteidigung mehrerer Beschuldigter durch einen RA zum Interessenwiderstreit kommt, lässt sich in keinem Fall ausschließen (vgl BVerfGE **39**, 156, 164). Auch die verdeckte Interessenkollision, die weder der Verteidiger noch einer der Beschuldigten aufdecken kann oder will und die dem Gericht daher nicht erkennbar wird, soll von vornherein verhindert werden. Ob tatsächlich ein Interessenwiderstreit besteht, hat das Gericht daher nicht zu prüfen (BGH **27**, 22, 24; 148, 151; Düsseldorf NStZ **88**, 289; Frankfurt NJW **80**, 898; Hamm NJW **80**, 1059; Karlsruhe NJW **76**, 249; München NJW **80**, 1477; Beulke NStZ **85**, 293; Dünnebier NJW **76**, 7; Günther JZ **81**, 818; **aM** Frankfurt NStZ **83**, 472). 9

D. **In allen Verfahrensabschnitten** gilt das Verbot, also schon im Ermittlungsverfahren (vgl § 146a I S 2), sofern die Beschuldigteneigenschaft (Einl 76) bereits begründet ist (Karlsruhe MDR **86**, 605), und noch im Vollstreckungsverfahren (Düsseldorf NStZ **85**, 521; München NJW **80**, 1477; Schleswig SchlHA **85**, 131 [E/L]; Dünnebier Pfeiffer-FS 282). § 146 ist im Privatklageverfahren (Karlsruhe Justiz **78**, 114; vgl auch BVerfG AnwBl **77**, 223 mit krit Anm Krämer) und im Bußgeldverfahren anzuwenden (Bay NJW **77**, 820; Karlsruhe NJW **77**, 161; Koblenz NJW **78**, 2608; Köln NStZ **83**, 560; Stuttgart MDR **77**, 686; vgl auch BVerfGE **45**, 272). Zur Bedeutung des § 146 im Steuerstrafverfahren vgl Streck MDR **78**, 893. 10

Die Vorschrift gilt auch für die gleichzeitige **Vertretung einer Nebenbeteiligten** (§§ 444 II S 2, 442 I, 434 I) und eines der Tatbeteiligung beschuldigten Organs (vgl Hamburg NJW **13**, 626); die Unzulässigkeit erstreckt sich insoweit auf eine Vertretung der Nebenbeteiligten im „Innenverhältnis" (Hamburg aaO mit zust Anm Meyer-Mews). Unzulässig ist ferner die Vertretung **mehrerer Strafgefangener** in den Verfahren nach den §§ 23 ff EGGVG und §§ 109 ff **StVollzG** (München NStZ **85**, 383), nicht aber allgemein in Strafvollzugssachen (Nestler-Tremel NStZ **86**, 534; **aM** Celle StV **86**, 108; vgl auch BVerfG NJW **86**, 1161). 11

Im **Auslieferungsverfahren** (vgl §§ 2 ff IRG) ist § 146 nicht anwendbar; denn dieses Verfahren ist Teil des Strafverfahrens des fremden Staates, der um die Auslieferung ersucht (vgl Rebmann NStZ **81**, 45). Wenn dagegen mehrere Beschuldigte wegen derselben Tat in die BRep eingeliefert werden sollen, gilt § 146 auch für die Verteidigung in dem Einlieferungsverfahren, das bereits zum Strafverfahren in der BRep gehört. 12

3) **Verbot der Mehrfachverteidigung bei Tatidentität (S 1):** Mehrere derselben Tat Beschuldigte darf der Verteidiger nicht gleichzeitig (unten 18 ff) verteidigen. § 146 erfasst jedoch, obwohl auch das mit dem GG vereinbar wäre (BVerfGE **45**, 354), nicht den Fall, dass den Beschuldigten in verschiedenen Verfahren (unten 16) verschiedene verfahrensrechtlich unabhängige Straffälle zur Last gelegt werden (Bay NJW **77**, 820; Celle VRS **67**, 347; Stuttgart GA **79**, 395; NStZ **85**, 326). 13

Maßgebend dafür, ob dieselbe Tat iS des S 1 vorliegt, ist vielmehr der **strafprozessuale Tatbegriff** des § 264 (dort 2 ff). Eine Ausnahme kann auch nicht für den Fall gemacht werden, dass zwar keine verfahrensrechtliche Tatidentität besteht, die 14

§ 146

Taten aber in engem Sachzusammenhang stehen, wie zB bei Begünstigung, Hehlerei und Strafvereitelung (Schleswig SchlHA **93**, 226).

15 Zur Frage der Anwendung des § 146 in **Verfahren nach § 129a StGB** vgl BGH **27**, 148; KG NStZ **81**, 75; Düsseldorf AnwBl **81**, 22; Frankfurt StV **96**, 84; Nestler-Tremel NStZ **86**, 534; Rebmann NStZ **81**, 44.

16 Für die Anwendung des S 1 macht es, verfassungsrechtlich unbedenklich (BVerfG NJW **76**, 231; **82**, 1803), keinen Unterschied, ob auch **Verfahrensidentität** besteht. Bei Tatidentität ist die Mehrfachverteidigung vielmehr auch verboten, wenn gegen die mehreren Beschuldigten getrennte Verfahren geführt werden und der Verteidiger in jedem dieser Verfahren einen von ihnen verteidigen will (BGH **26**, 291, 296; **27**, 148, 150; 154, 155; Bremen NStZ **85**, 89; Düsseldorf NJW **75**, 2220; Hamm NStZ **84**, 425; Koblenz MDR **77**, 335; München NJW **76**, 252; Beulke 126 ff und NStZ **85**, 289). Auch in diesem Fall ist nicht zu prüfen, ob ein Interessenwiderstreit tatsächlich vorliegt (BGH **26**, 367, 370, Frankfurt NJW **80**, 898; Koblenz aaO; vgl auch LG Hamburg MDR **90**, 652).

17 4) **Verbot der Mehrfachverteidigung bei Verfahrensidentität (S 2)**: Auf Tatidentität (oben 13 ff) kommt es nicht an, wenn die Verfahren gegen die mehreren Beschuldigten verbunden worden sind. Ihre gleichzeitige (unten 18 ff) Verteidigung ist dann immer unzulässig, auch schon im Ermittlungsverfahren. Wenn nicht zugleich Tatidentität vorliegt und die Mehrfachverteidigung daher nicht auch nach S 1 verboten ist, beginnt die Unzulässigkeit der Verteidigung nach S 2 mit der Verfahrensverbindung und endet von selbst, wenn die Verfahren wieder getrennt werden. Eine Verbindung nach § 237, die keine Verfahrensidentität schafft (BGH **36**, 348), genügt nicht (Stuttgart NStZ **85**, 326; **aM** OLG Celle NStZ **11**, 236; KK-Laufhütte/Willnow 8; Beulke NStZ **85**, 289).

18 5) Nur die **gleichzeitige Verteidigung** mehrerer Beschuldigter verstößt gegen § 146. Die sukzessive Mehrfachverteidigung, dh die Übernahme oder Fortführung der Verteidigung des Beschuldigten, nachdem die des Mitbeschuldigten erledigt ist, verbietet die Vorschrift nicht (oben 1). Nicht mehr gleichzeitig iS des § 146 ist die Verteidigung nur dann, wenn der Verteidiger rechtlich nicht in der Lage ist, für seinen früheren Mandanten weiterhin als Verteidiger tätig zu werden (Jena NJW **08**, 311; Karlsruhe NStZ **88**, 567). Nach rechtskräftigem Abschluss des Verfahrens gegen den früher verteidigten Beschuldigten darf ein anderer Tatteilnehmer verteidigt werden (BGH NStZ **94**, 500; LG Dessau-Roßlau StraFo **08**, 74), es sei denn, der Verteidiger ist auch noch im Strafvollstreckungs- oder Strafvollzugsverfahren für den früher verteidigten Beschuldigten tätig (vgl auch LR-Lüderssen/Jahn 23, 24).

19 Gleichzeitig ist die Verteidigung daher nur dann nicht, wenn die Verteidigerbeziehung zu dem früheren Mandanten **rechtlich beendet** ist, sei es, dass er verstorben ist, sei es, dass er dem Verteidiger das Mandat entzogen oder dieser es niedergelegt hat. Wenn der Verteidiger dem Gericht diese Beendigung nicht schon früher angezeigt hat, muss er bei Übernahme oder Fortführung der Verteidigung des anderen Beschuldigten erklären, dass er den früher verteidigten Beschuldigten nicht mehr verteidigt.

20 Fehlt es an der rechtlichen Beendigung der früheren Verteidigertätigkeit, so gilt § 146 **ohne Rücksicht auf den Umfang der früheren Tätigkeit** des Verteidigers (BGH **28**, 67). Eine Unterscheidung zwischen Verteidigung auf materiellem oder formellem Gebiet kennt die Vorschrift nicht; die spätere Verteidigung ist bei Fehlen der rechtlichen Beendigung der früheren auch dann unzulässig, wenn die frühere sich auf unwesentliche Prozesshandlungen beschränkt hat (Düsseldorf NStZ **83**, 471: Sachstandsanfrage; **aM** Frankfurt NStZ **83**, 472 mit abl Anm Paulus, das sogar die Berufungseinlegung für unschädlich hält). § 146 gilt aber nicht, wenn der Verteidiger für den früheren Mandanten überhaupt nicht tätig geworden ist (Karlsruhe MDR **77**, 777; Rebmann NStZ **81**, 45).

6) Unzulässigkeit der gegen § 146 verstoßenden Verteidigung: 21
Ist der Verteidiger von den mehreren Beschuldigten **gleichzeitig beauftragt** 22
worden, so sind sämtliche Verteidigungen unzulässig (Celle StV **86**, 108; Düsseldorf NStZ **84**, 235; Hamm NJW **80**, 1059; Koblenz MDR **80**, 514; VRS **65**, 372; Köln NStZ **83**, 560). Beim Fehlen sonstiger Anhaltspunkte ist für die Auftragserteilung das Datum der Vollmachtsurkunde maßgebend (Düsseldorf JMBlNW **86**, 34; Hamm aaO; Koblenz NJW **78**, 2609). Lassen sich die Daten der Verteidigungsübernahme nicht feststellen, so sind beide Verteidigungen unzulässig (Koblenz MDR **80**, 514; VRS **65**, 372).

Bei **nicht gleichzeitiger Beauftragung** ist grundsätzlich nur die Verteidigung 23
unzulässig, durch deren Übernahme der Verteidiger gegen das Verbot des § 146 verstoßen hat, also die später übernommene (BGH **26**, 291, 297; **27**, 148, 150; Bremen NStZ **85**, 89; Hamm NStZ **84**, 425; Koblenz VRS **65**, 372; Schleswig SchlHA **85**, 131 [E/L]; Stuttgart NStZ **85**, 326, 327; **aM** Hamm NStZ **83**, 378; **85**, 327; Beulke 126; Dünnebier NJW **76**, 7, die beide Verteidigungen für unzulässig halten). Die zuerst übernommene Verteidigung bleibt zulässig und darf fortgeführt werden. Eine Ausnahme soll nach Düsseldorf NStZ **83**, 88 gelten, wenn nicht auszuschließen ist, dass die Übernahme der späteren Verteidigung die Führung der zuerst übernommenen beeinflusst hat.

Die Unzulässigkeit der Verteidigung **schließt aus**, dass der Verteidiger die Interessen des Beschuldigten in dem Strafverfahren in anderer Weise (als Unterbevollmächtigter, Beauftragter) wahrnehmen darf (BGH **26**, 335, 337; 367, 373; Bay **76**, 153 = MDR **77**, 336; **aM** M.J. Schmid MDR **79**, 805); lediglich eine interne Mitarbeit bei einem anderen Verteidiger ist möglich (BGH NStZ **91**, 398). 24

7) Die **Zurückweisung** des Verteidigers, der gegen § 146 verstößt, regelt § 146a. 25

Zurückweisung eines Wahlverteidigers

146a [I] [1] Ist jemand als Verteidiger gewählt worden, obwohl die Voraussetzungen des § 137 Abs. 1 Satz 2 oder des § 146 vorliegen, so ist er als Verteidiger zurückzuweisen, sobald dies erkennbar wird; Gleiches gilt, wenn die Voraussetzungen des § 146 nach der Wahl eintreten. [2] Zeigen in den Fällen des § 137 Abs. 1 Satz 2 mehrere Verteidiger gleichzeitig ihre Wahl an und wird dadurch die Höchstzahl der wählbaren Verteidiger überschritten, so sind sie alle zurückzuweisen. [3] Über die Zurückweisung entscheidet das Gericht, bei dem das Verfahren anhängig ist oder das für das Hauptverfahren zuständig wäre.

[II] Handlungen, die ein Verteidiger vor der Zurückweisung vorgenommen hat, sind nicht deshalb unwirksam, weil die Voraussetzungen des § 137 Abs. 1 Satz 2 oder des § 146 vorlagen.

1) Zurückweisung des Verteidigers (I): Die Folgen des Verstoßes gegen 1
§§ 137 I S 2, 146 treten nicht kraft Gesetzes ein; die Verteidigung wird nicht ohne weiteres unwirksam. § 146a bestimmt vielmehr, dass der Verteidiger ausdrücklich zurückgewiesen werden muss, sobald erkennbar ist, dass die Verteidigung unzulässig ist. Erst wenn der Zurückweisungsbeschluss unanfechtbar ist, verliert er seine Verteidigerbefugnisse. Bei der Zurückweisung hat das Gericht keinen Ermessensspielraum; beim Vorliegen der gesetzlichen Voraussetzungen muss es sie anordnen (vgl BGH **26**, 291; NJW **77**, 156). § 146a I gilt entspr für Verteidiger, die in demselben Verfahren Angeklagte sind (BGH wistra **11**, 149).

Diese Grundsätze gelten nach S 1 Hs 2 auch wenn im **Fall des § 146 S 2** die 2
Voraussetzungen des § 146 erst dadurch eintreten, dass Verfahren gegen mehrere Beschuldigte verbunden werden, die denselben Verteidiger gewählt haben. Der Zurückweisung, die beide Verteidigungen betrifft, kann der Verteidiger dann allerdings dadurch entgehen, dass er die Verteidigerbeziehung zu einem der Beschuldigten beendet (19 zu § 146).

§ 146a
Erstes Buch. 11. Abschnitt

3 Der **Pflichtverteidiger** wird nicht zurückgewiesen. Stellt sich heraus, dass seine Tätigkeit gegen § 146 verstößt, so wird seine Beiordnung aufgehoben und ein anderer Pflichtverteidiger bestellt (vgl BT-Drucks 10/1313 S 23).

4 **Als Verteidiger zurückzuweisen** ist im Fall des § 137 I S 2 derjenige, der zum Verteidiger gewählt wird, obwohl bereits 3 Verteidiger tätig sind (KG NJW **77**, 912). Maßgebend ist grundsätzlich das Datum der Vollmachtsurkunde. Wenn mehrere Verteidiger gleichzeitig ihre Wahl anzeigen und dadurch die Höchstzahl der wählbaren Verteidiger überschritten wird, müssen alle zurückgewiesen werden (S 2). Das Gericht darf nicht etwa einen von ihnen als Verteidiger zulassen und nur die anderen zurückweisen; denn es muss dem Angeklagten überlassen bleiben, von wem er verteidigt werden will. Im Fall des § 146 ist der Verteidiger zurückzuweisen, dessen Verteidigung nach den Grundsätzen 21 ff zu § 146 unzulässig ist.

5 Durch mit Gründen zu versehenen (§ 34) **Beschluss**, vor dessen Erlass die StA nach § 33 II und der betroffene Verteidiger nach § 33 III zu hören sind (vgl Bay StV **88**, 97), wird über die Zurückweisung entschieden; den Beteiligten sollte aber zuvor Gelegenheit gegeben werden, die Verteidigungsverhältnisse so zu gestalten, dass eine Zurückweisung entbehrlich ist (Zweibrücken StraFo **09**, 516). Zuständig ist das Gericht, nicht der Vorsitzende allein, bei dem das Verfahren anhängig ist, das Rechtsmittelgericht erst nach Vorlage der Akten nach §§ 321 S 2, 347 II. Im Vorverfahren entscheidet das Gericht, das für das Hauptverfahren zuständig wäre, bei Zuständigkeitswahl nach § 24 I Nrn 2, 3 GVG das Gericht, bei dem die StA die Anklageerhebung beabsichtigt; es kann die Entscheidung entspr § 209 dem AG übertragen (23 zu § 81). Tritt der Verteidiger gegenüber der StA auf, so führt sie die Entscheidung der danach zuständigen Gerichts herbei (Dünnebier Pfeiffer-FS 282).

6 **2) Wirksamkeit der Prozesshandlungen (II):** Die Zurückweisung des Verteidigers wirkt nur für die Zukunft. Prozesshandlungen des Verteidigers vor der Zurückweisung bleiben (trotz Nichtigkeit des Mandatsvertrages, vgl Wasmuth NStZ **89**, 349 ff) wirksam. Daher kann der Fall eintreten, dass sich für die Revisionsbegründung eine Vielzahl von Verteidigern bestellt (krit dazu Foth NStZ **87**, 441). Das Revisionsgericht ist dann verpflichtet, sich mit jeder Revisionsbegründungsschrift auseinanderzusetzen; nur in der Hauptverhandlung über die Revision braucht es nicht mehr als 3 Verteidiger zuzulassen.

6a Ob dem Verteidiger für die vor seiner Zurückweisung vorgenommene Tätigkeit ein **Honoraranspruch** zusteht, ist str (verneinend GStA Zweibrücken NStZ-RR **04**, 191, bejahend LR-Lüderssen/Jahn 14 mwN).

7 **3) Anfechtung:**
8 Der StA steht gegen den Beschluss, mit dem ihr Antrag auf Zurückweisung eines Verteidigers abgelehnt wird, die **Beschwerde** nach § 304 I zu (16 vor § 296). Das gleiche Rechtsmittel hat im Fall der Zurückweisung jeder davon betroffene Beschuldigte und der zurückgewiesene Verteidiger im eigenen Namen (BGH **26**, 291; Köln NStZ **82**, 129; München NJW **76**, 863), aber auch namens und im Auftrag des Beschuldigten (BGH aaO; **27**, 148; Stuttgart Justiz **84**, 430; H.W. Schmidt MDR **77**, 529): § 305 S 1 steht nicht entgegen (Karlsruhe AnwBl **89**, 54; aM Hamm NStZ **87**, 476). Der Zurückweisungsbeschluss des OLG ist nach § 304 IV S 2 unanfechtbar (BGH NJW **77**, 156).

9 Die **Revision** kann auf das Unterlassen der Zurückweisung nach § 146a mit Erfolg nur gestützt werden, wenn die Verteidigung der mehreren Angeklagten der Aufgabe der Verteidigung im Einzelfall tatsächlich widerstritten hat und der Beschwerdeführer die Tatsachen darlegt, aus denen sich das ergibt (BGH **27**, 22; BGH **27**, 154, 159; NStZ **81**, 190; **86**, 513, 514; aM Dünnebier Pfeiffer-FS 278: maßgebend ist allein der Verstoß gegen § 146; erg 41 zu § 338). Ob dem Tatrichter der Verstoß gegen § 146 bekannt war, ist gleichgültig (Koblenz aaO; aM BGH **27**, 22, 24 = JR **77**, 211 mit insoweit abl Anm Meyer; erg 9 zu § 337). Dass der Verteidiger eines Mitangeklagten nach § 146 hätte zurückgewiesen werden

müssen, kann nicht gerügt werden (BGH NStZ **85**, 205 [Pf/M]; Bremen NStZ **85**, 89). Ist ein Verteidiger zurückgewiesen worden, ohne dass die Voraussetzungen des § 146 vorgelegen haben, so begründet das die Revision nicht, wenn der Angeklagte anderweit ordnungsgemäß verteidigt war (BGH **27**, 154, 159).

Akteneinsichtsrecht, Besichtigungsrecht; Auskunftsrecht des Beschuldigten RiStBV 160, 213

147 I Der Verteidiger ist befugt, die Akten, die dem Gericht vorliegen oder diesem im Falle der Erhebung der Anklage vorzulegen wären, einzusehen sowie amtlich verwahrte Beweisstücke zu besichtigen.

II ¹Ist der Abschluss der Ermittlungen noch nicht in den Akten vermerkt, kann dem Verteidiger die Einsicht in die Akten oder einzelne Aktenteile sowie die Besichtigung von amtlich verwahrten Beweisgegenständen versagt werden, soweit dies den Untersuchungszweck gefährden kann. ²Liegen die Voraussetzungen von Satz 1 vor und befindet sich der Beschuldigte in Untersuchungshaft oder ist diese im Fall der vorläufigen Festnahme beantragt, sind dem Verteidiger die für die Beurteilung der Rechtmäßigkeit der Freiheitsentziehung wesentlichen Informationen in geeigneter Weise zugänglich zu machen; in der Regel ist insoweit Akteneinsicht zu gewähren.

III Die Einsicht in die Protokolle über die Vernehmung des Beschuldigten und über solche richterlichen Untersuchungshandlungen, bei denen dem Verteidiger die Anwesenheit gestattet worden ist oder hätte gestattet werden müssen, sowie in die Gutachten von Sachverständigen darf dem Verteidiger in keiner Lage des Verfahrens versagt werden.

IV ¹Der Beschuldigte, der keinen Verteidiger hat, ist in entsprechender Anwendung der Absätze 1 bis 3 befugt, die Akten einzusehen und unter Aufsicht amtlich verwahrte Beweisstücke zu besichtigen, soweit der Untersuchungszweck auch in einem anderen Strafverfahren nicht gefährdet werden kann und überwiegende schutzwürdige Interessen Dritter nicht entgegenstehen. ²Werden die Akten nicht elektronisch geführt, können ihm an Stelle der Einsichtnahme in die Akten Kopien aus den Akten bereitgestellt werden.

V ¹Über die Gewährung der Akteneinsicht entscheidet im vorbereitenden Verfahren und nach rechtskräftigem Abschluss des Verfahrens die Staatsanwaltschaft, im Übrigen der Vorsitzende des mit der Sache befassten Gerichts. ²Versagt die Staatsanwaltschaft die Akteneinsicht, nachdem sie den Abschluss der Ermittlungen in den Akten vermerkt hat, versagt sie die Einsicht nach Absatz 3 oder befindet sich der Beschuldigte nicht auf freiem Fuß, so kann gerichtliche Entscheidung durch das nach § 162 zuständige Gericht beantragt werden. ³Die §§ 297 bis 300, 302, 306 bis 309, 311a und 473a gelten entsprechend. ⁴Diese Entscheidungen werden nicht mit Gründen versehen, soweit durch deren Offenlegung der Untersuchungszweck gefährdet werden könnte.

VI ¹Ist der Grund für die Versagung der Akteneinsicht nicht vorher entfallen, so hebt die Staatsanwaltschaft die Anordnung spätestens mit dem Abschluß der Ermittlungen auf. ²Dem Verteidiger oder dem Beschuldigten, der keinen Verteidiger hat, ist Mitteilung zu machen, sobald das Recht zur Akteneinsicht wieder uneingeschränkt besteht.

Übersicht

	Rn
1) Allgemeine Grundsätze	1–7
A. Zur Akteneinsicht berechtigt	2
B. Datenschutzrechtliche Auskunftsansprüche	3
C. Hinweispflicht auf neue Ermittlungsergebnisse	4
D. Nichtverfahrensbeteiligte	5
E. Erteilung von Abschriften und Ablichtungen	6, 7

§ 147

	Rn
2) Akteneinsicht des Verteidigers (I)	8–23
A. Verteidiger	9
B. Im gesamten Verfahren	10–12
C. Akten	13–18b
D. Besichtigung amtlich verwahrter Beweisstücke	19
E. Tonbandaufnahmen und Videoaufzeichnungen	19a–19d
F. Weitergabe der durch die Akteneinsicht erlangten Kenntnisse an den Beschuldigten	20–23
3) Beschränkung des Akteneinsichtsrechts (II, III, VI)	24–27
A. Gefährdung des Untersuchungszwecks (II S 2)	25, 25a
B. Beschuldigter in UHaft (II S 2)	26, 27
C. Vermögensarrest	28
D. Ausnahmen von der Beschränkung (III)	29
E. Aufhebung der Beschränkung (VI)	30
4) Akteneinsichtsrecht des nicht verteidigten Beschuldigten (IV)	31, 32
5) Zuständigkeit (V S 1)	33–37
A. Ermittlungsverfahren	34
B. Nach Anklageerhebung	35
C. Nach rechtskräftigem Abschluss	36
D. Entscheidung	37
6) Anfechtung	38–42
A. Entscheidungen der StA	39–40a
B. Richterliche Entscheidungen	41
C. Revision	42
7) Verjährungsunterbrechung	43

1 **1) Allgemeine Grundsätze:**

2 A. **Zur Akteneinsicht berechtigt** ist der Verteidiger (§ 147), der nicht verteidigte Beschuldigte unter den Voraussetzungen von IV (siehe 31, 32), der Prozessbevollmächtigte des Privatklägers (§ 385 III), des Nebenklägers (§ 406e), des Einziehungsbeteiligten oder Nebenbetroffenen (§§ 428 I S 2, 438 III) sowie der bußgeldbeteiligten JP oder PV (§ 444 II S 2). Ferner hat das Akteneinsichtsrecht der Bevollmächtigte des Verletzten (§ 406e) und (ohne gesetzl Regelung) des Antragstellers in den Verfahren nach den §§ 23 ff **EGGVG**, 109 ff **StVollzG**, nicht aber der Zeugenbeistand (BGH NStZ-RR **10**, 246 mit abl Anm Meyer-Lohkamp/Block StraFo **11**, 86) und der psychosoziale Prozessbegleiter (§ 406g). Zur Akteneinsicht durch Sachverständige vgl § 80 II.

3 B. **Datenschutzrechtliche Auskunftsansprüche** sind im Anwendungsbereich des § 147 ausgeschlossen (Polenz NJW **09**, 1924).

4 C. **Hinweispflicht:** Ein Tatgericht, dem im Zwischenverfahren oder während laufender Hauptverhandlung durch Polizei oder Staatsanwaltschaft neue verfahrensbezogene Ermittlungsergebnisse zugänglich gemacht werden, trifft aus dem Gesichtspunkt der Verfahrensfairness (Art 6 I **EMRK**) die Pflicht, den Angeklagten und seinen Verteidiger hiervon zu unterrichten, damit diese sich Kenntnis von den Ergebnissen dieser Ermittlungen verschaffen können; dabei kommt es nicht darauf an, ob das Gericht selbst die neuen Ermittlungsergebnisse für irrelevant hält (BGH NStZ **17**, 549 mit Anm Tully).

5 D. Die **Akteneinsicht an Nichtverfahrensbeteiligte** (bisher nur in RStBV 185 erörtert) regeln nun §§ 474 ff (eingefügt durch das StVÄG 1999) umfassend (vgl dort). Die Übermittlung personenbezogener Daten (aus Dateien oder Akten) von Amts wegen an öffentliche Stellen des Bundes oder eines Landes für andere Zwecke als die des Verfahrens, für die die Daten erhoben worden sind, ist, soweit keine bereichsspezifischen Normen bestehen, in den §§ 12 ff EGGVG (iVm der MiStra) geregelt; ein solcher Fall liegt auch vor, wenn eine nicht am Verfahren beteiligte öffentliche Stelle eine Mitteilung von Amts wegen anregt.

6 E. Die **Erteilung von Abschriften und Ablichtungen** aus den Akten ist ein Unterfall der Akteneinsicht (Hamm NJW **85**, 2040; Köln NJW **85**, 336, 337). Der Verteidiger hat allerdings keinen Anspruch darauf, dass ihm Abschriften oder Ablichtungen ausgehändigt werden (BGH MDR **73**, 371 [D]; Bay **53**, 28 = JR **53**,

465; KG Rpfleger **83**, 325; Hamburg NJW **63**, 1024); zur Erteilung einer Abschrift der Sitzungsniederschrift vgl aber 6 aE zu § 35.

Der Verteidiger kann sich jedoch, wenn nicht besondere Gründe entgegen 7 stehen, Abschriften oder Ablichtungen **selbst anfertigen** oder auf seine Kosten anfertigen lassen (Bay aaO; Bode MDR **81**, 287), auch in Verschlusssachen (vgl näher BGH **18**, 369, 371 ff, auch zu Auflagen; Hamburg aaO), grundsätzlich aber nur durch sein eigenes Büropersonal (LR-Lüderssen/Jahn 100). Entsprechendes gilt für die Aufnahme von Tonaufzeichnungen und grundsätzlich auch für Videoaufzeichnungen (Schleswig NJW **80**, 352, 353); im Einzelfall ist dem Verteidiger jedoch auf Antrag nach Übersendung einer Leerkassette, CD-ROM usw eine Kopie zu überlassen (Bay **90**, 128, 131 = NJW **91**, 1070; Koblenz NStZ-RR **00**, 311; AG Cottbus bei Burhoff StRR **09**, 146 [Messfilm]; AG Bad Liebenwerda StraFo **09**, 384 [Messfoto]; vgl auch AG Peine bei Burhoff StRR **08**, 390: kein Anspruch auf Umformatierung; erg 19–19d zu Tonaufzeichnungen von TKÜ-Maßnahmen). Dabei muss er dafür sorgen, dass Missbrauch ausgeschlossen ist. Seinen an der Bearbeitung der Sache beteiligten juristischen Mitarbeitern darf er den Aktenauszug überlassen. Er darf ihn auch einem Dolmetscher oder einem von ihm herangezogenen Sachverständigen, soweit erforderlich, zur Verfügung stellen (Detter Salger-FS 234, 238; Erb ZStW **121**, 898). Der Presse dagegen darf er den Inhalt der Akten höchstens zur Wahrung des berechtigten Interesses des Beschuldigten mitteilen, ihr aber keine Abschriften überlassen (SK-Wohlers 84; Dahs 280). Die Einsicht in Niederschriften überwachter Telefonate darf nicht von der Erklärung abhängig gemacht werden, der Verteidiger werde keine Ablichtungen fertigen bzw diese nach Beendigung des Verfahrens vernichten (Köln StV **09**, 686 L).

2) Akteneinsichtsrecht des Verteidigers (I): 8

A. Der **Verteidiger** darf die Akten einsehen, sobald er gewählt (4 vor § 137) 9 oder bestellt (§ 142) ist, der zur Verfahrenssicherung bestellte weitere Pflichtverteidiger (§ 144) unabhängig vom „Erstverteidiger" (Köln ZfS **10**, 106: kein Verweis auf von Letzterem gefertigte Kopien). Dass er als Zeuge benannt ist, steht nicht entgegen (Celle NdsRpfl **60**, 259). Die Akteneinsicht ist einem RA auch zur Prüfung, ob er das Mandat übernehmen will (Anbahnungsfall), zu gestatten (Danckert StV **86**, 171; zw HK-Julius 9); er muss dann aber die Aufforderung des Beschuldigten, die Vertretung zu übernehmen, vorweisen (KMR-Müller 1). Der Wahlverteidiger, der seine Bevollmächtigung nur bei Zweifeln durch Vorlage einer schriftlichen Vollmachtsurkunde nachweisen muss (LG Chemnitz StraFo **09**, 207; erg 9 vor § 137), kann mit der Akteneinsicht einen Unterbevollmächtigten beauftragen oder sie ggf einem juristischen Mitarbeiter oder Sachverständigen übertragen (Brandenburg NJW **96**, 67), ggf auch den Beschuldigten hinzuziehen (Köln StV **99**, 12; vgl auch unten 19). Das Akteneinsichtsrecht endet mit dem Erlöschen der Vollmacht, der Aufhebung der Bestellung (§ 143a), der Zurückweisung nach § 146a, der Anordnung des Ruhens der Rechte aus §§ 147, 148 nach § 138c III S 1 und der Rechtskraft des Beschlusses über die Ausschließung nach §§ 138a ff.

B. **Im gesamten Verfahren** kann der Verteidiger die Akten einsehen, im Vor- 10 verfahren mit der Beschränkungsmöglichkeit nach II (unten 24 ff). Während der Hauptverhandlung kann die Einsicht nicht verlangt werden (**aM** LR-Lüderssen/Jahn 100), sofern der Verteidiger nicht erst in ihrem Verlauf gewählt oder bestellt worden ist (Stuttgart NJW **79**, 559, 560) oder zuvor keine ausreichende Akteneinsicht erhalten hat (Hamm NJW **04**, 381; erg unten 15). Auch bei Einleitung von Vorermittlungen (4a zu § 152) wird ein Akteneinsichtsrecht zu bejahen sein (BGH NStZ-RR **09**, 145; Krause Strauda-FS 358; LR-Lüderssen/Jahn 120: entspr Anwendung; **aM** Senge Hamm-FS 712: erst im Ermittlungsverfahren). Aufgrund der Verweisung in § 116 I S 2 BRAO gilt § 147 im **anwaltsgerichtlichen Verfahren;** die Akteneinsicht erstreckt sich dabei auch auf Akten anderer Gerichte als der Strafgerichte soweit sie für die Entscheidung über den Vorwurf berufsrechtswidrigen Verhaltens von Belang sind (vgl Riemer DVBl **14**, 802).

§ 147

11 Nach rechtskräftigem Abschluss des Verfahrens muss Akteneinsicht gewährt werden, wenn sie der Vorbereitung von Prozesshandlungen, insbesondere von Anträgen im Vollstreckungsverfahren (zur Einsicht in das Vollstreckungsheft der StA LG Ulm StraFo **12**, 378) oder von Wiederaufnahmeanträgen nach §§ 359 ff dient; § 147 gilt aber nicht, wenn der frühere Beschuldigte Akteneinsicht für Zwecke begehrt, die mit seiner Verteidigung in der Strafsache nicht mehr zusammenhängen (Schäfer MDR **84**, 454 gegen Hamm NJW **84**, 880; vgl auch BGH NStZ-RR **20**, 50).

12 Die Akteneinsicht muss **ausreichend und in zumutbarer** Weise gewährt werden (Hamm NJW **72**, 1096, 1097; Köln VRS **23**, 295), uU mehrfach, wenn der Akteninhalt umfangreicher geworden ist (Hamburg JR **66**, 274; Hamm VRS **49**, 113). Die Dauer der Überlassung der Akten und Unterlagen richtet sich nach den Umständen des Einzelfalls (BGH JR **06**, 297 mit zust Anm Cirener/Sander, dort auch zu den standesrechtlichen Folgen verzögerter Aktenrückgabe durch den RA; zu den strafrechtlichen Folgen – § 258 StGB – Erb JR **06**, 526).

13 C. Die **Akten,** die dem Gericht vorliegen (BGH NStZ **09**, 399, 400; Saarbrücken NStZ **05**, 344; Celle NZV **13**, 308) oder bei Anklageerhebung wegen ihrer potenziellen Beweisbedeutung vorzulegen wären bzw nach Anklageerhebung vom Gericht entgegengenommen werden, darf der Verteidiger einsehen (BGH StV **88**, 193, 194; **10**, 228, 230; Frankfurt NStZ **03**, 566; Wölky StraFo **13**, 493). Hierzu gehören **nicht** die Handakten der StA (Kleinknecht Dreher-FS 721; vgl auch Nr 186 III 1 RiStBV) und andere innerdienstliche Vorgänge, zB vom Vorsitzenden nicht unterschriebene „Nebenprotokolle", die nur technische Hilfsmittel sind (BGH 3 StR 449/450/81 vom 8.10.1981; Karlsruhe NJW **82**, 299), Senatsakten des Revisionsgerichts (BGH NStZ **07**, 538; StraFo **05**, 28; 1 StR 697/08 vom 5.2.2009; 5 StR 493/16 vom 10.4.2017), Entwürfe von Urkunden, die erst nach Fertigstellung Bestandteile der Akten werden (BGH **29**, 394), und vom Gericht in der Hauptverhandlung angefertigte Notizen (BGH StV **10**, 228, 229; nicht aber Notizen von Richtern aus einer anderen Hauptverhandlung, wenn sie ohne Anspruch auf Vertraulichkeit weitergegeben werden, **aM** Hamm NStZ **05**, 226 = StraFo **04**, 419 mit abl Anm Fischer) oder hergestellte Tonbandaufnahmen, die nur als Gedächtnisstütze verwendet werden sollen (BGH 2 StR 280/67 vom 20.2.1969; Praml MDR **77**, 16; erg unten 18a, 11 zu § 169 GVG). Auch auf nach § 119 I S 2 Nr 2, S 7 angehaltene und zur Habe des Angeklagten genommene Schreiben bezieht sich das Akteneinsichtsrecht nicht (vgl BGH MDR **88**, 357 ff [S]). Die Einsichtnahme erstreckt sich auch nicht auf polizeiliche Arbeitsvermerke zum Fortgang der Ermittlungen, die eine bloße Bewertung bis dahin angefallener Ermittlungsergebnisse enthalten (BGH StV **10**, 228, 229; Holzner Polizei **10**, 298).

14 Im Übrigen gilt der **Grundsatz der Aktenvollständigkeit und -wahrheit.** Es steht nicht im Belieben der Ermittlungsbehörden, ob sie Ermittlungshandlungen in den Akten vermerken und zu welchem Zeitpunkt sie dies tun; die Verteidigung – aber auch das Gericht im Hinblick auf beantragte Maßnahmen, zB nach §§ 102, 105 (siehe namentlich zu den sog legendierten Kontrollen 1b, c zu § 105) – muss den Gang des Verfahrens aus den Akten nachvollziehen können, weshalb konkrete Ermittlungshandlungen und ihr Ergebnis aufgenommen werden müssen (vgl BVerfG StV **17**, 361, 362 2 BvR 1884/17 vom 15.5.2019). Schriftstücke, Ton- oder Bildaufnahmen, Videoaufzeichnungen (Bay NJW **91**, 1070; Stuttgart NJW **03**, 767; siehe § 58a), aus denen sich schuldspruch- oder rechtsfolgenrelevante Umstände ergeben können, dürfen den Akten nicht ferngehalten werden (BGH StV **10**, 228, 229; StraFo **15**, 458; Köln StV **15**, 677), insbesondere auch nicht die UHaft betreffende Unterlagen (BGH **37**, 204). Was für das Verfahren geschaffen worden ist, darf der Akteneinsicht nicht entzogen werden (BGH aaO; Koblenz NJW **81**, 1570; vgl auch Nürnberg StV **12**, 168: beigezogene Gefangenenpersonalakten); andernfalls wäre der Anspruch auf rechtliches Gehör (BVerfGE **18**, 405 = NJW **65**, 1171) sowie auf ein faires Verfahren verletzt. Eng begrenzte gesetzliche Ausnahmen können sich aus § 96 und § 110b III ergeben (siehe Komm dort).

Eine **Ausnahme** gilt nur für wirksam erklärte Vertraulichkeitszusagen (16–17a **14a** zu § 158; Anlage D zur **RistBV;** Lorenz StraFo **16**, 316, 321) bzw nach § 96 gesperrte Akten oder Aktenteile (Celle StV **82**, 264; Hamm NJW **84**, 880; Mayer Kriminalistik **16**, 228, 229 f; erg 3, 12, 12a zu § 96; 8 zu § 110b; 17, 17a zu § 158), nicht aber für Verschlusssachen (LR-Lüderssen/Jahn 64; zu dem hierbei zu beachtenden Verfahren RiStBV 213; erg unten 21, 29). Die aktive Täuschung über die Hintergründe der Festnahme eines Beschuldigten – etwa im Rahmen einer sog legendierten Kontrolle (1a zu § 105) – durch **Darstellung unrichtiger Sachverhalte** in den Ermittlungsakten ist – natürlich – nicht zulässig (vgl BGH NStZ **10**, 294).

Demnach muss Einsicht in **alle Akten** gewährt werden, die dem Gericht nach **15** § 199 II S 2 vorzulegen sind, dh in alle vom 1. Zugriff der Polizei (§ 163) an gesammelten be- und entlastenden Schriftstücke einschließ etwaiger Bild- (Karlsruhe AnwBl **81**, 18; Schleswig NJW **80**, 352, 353) und Tonaufnahmen (Köllner StraFo **95**, 50; Marxen NJW **77**, 2188; Schäfer NStZ **84**, 205) nebst hiervon gefertigter Verschriftungen (BGH StV **10**, 228, 229), CDs mit den Daten eines ausgelesenen Mobiltelefons (LG Essen StraFo **12**, 100), digitale Fotos (AG Lemgo NStZ **12**, 287), Fahndungsnachweise (Hamburg NStZ **92**, 50), auch in die Strafregisterauszüge (BVerfGE **62**, 338; Frankfurt NJW **60**, 1731), ferner in die nach Anklageerhebung entstandenen Aktenteile und in die vom Gericht herbeigezogenen oder von der StA nachgereichten Beiakten (BGH **30**, 131, 138; KG JR **65**, 69; Karlsruhe AnwBl **81**, 18; NStZ **82**, 299; Koblenz NJW **81**, 1570; Schleswig StV **89**, 95), nicht aber Akten, deren Beiziehung nur angeordnet worden ist, die aber tatsächl nicht beigezogen wurden (BGH **49**, 317); das Ergebnis während der Hauptverhandlung durchgeführter verfahrensbezogener Ermittlungen ist ebenso mitzuteilen (BGH **36**, 305; erg 29 zu § 101 und 16 aE zu Art 6 EMRK; vgl aber zu einem Sonderfall „befremdlichen" Verteidigerverhaltens BGH 1 StR 432/07 vom 25.9.2007) wie die Tatsache, dass ohne Veranlassung des Gerichts verfahrenserhebliche Urkunden, Ermittlungsberichte oder andere Beweismittel zu den Akten gelangt sind (BGH StV **01**, 4; **05**, 652).

Speziell zur Akteneinsicht im **Steuerstrafverfahren** Burkhard StV **00**, 526; **15a** Müller-Jacobsen/Peters wistra **09**, 458; auch insoweit hat der Verteidiger ein umfassendes Einsichtsrecht in alle Ermittlungsakten der Strafsachenstelle des Finanzamtes (§ 385 I **AO** iVm § 147). Dies kann die Identität steuerlicher Hinweisgeber einschließen, die grundsätzlich als Zeugen im Strafverfahren zu behandeln sind (vgl von Dorrien wistra **13**, 374; siehe aber auch 17 zu § 158); auch Unterlagen der Betriebsprüfung sind regelmäßig erfasst (Rostock NZWiSt **15**, 351 mit Anm Krug/Skoupil).

Auch in die **Akten anderer Behörden** (Marbeth-Kubicki StraFo **03**, 369; **16** Rieß Peters-FG 121 Fn 39; **aM** Schäfer NStZ **84**, 206: Beweisstücke) ist Einsicht zu gewähren, es sei denn, sie sind nur zur vertraulichen Behandlung übersandt worden (**aM** BGH **42**, 71: Vertraulichkeitsbitte ist unbeachtlich); das schließt aber ihre Verwertung durch das Gericht in der Hauptverhandlung nach Gewährung rechtlichen Gehörs nicht aus (BGH aaO), denn dafür wäre eine Sperre nach § 96 erforderlich. § 147 II ist aber *lex specialis* gegenüber den allgemeinen Herausgabe- und Beschlagnahmegrundsätzen nach § 96 (BGH **49**, 317); das gilt auch für von der ermittelnden StA abgetrennte Verfahren hinsichtlich der Akten des Ausgangsverfahrens (BGH **50**, 224; zu beiden Entscheidungen Senge Strauda-FS 463, ferner Tsambikakis Richter II-FS 533).

Das Einsichtsrecht soll sich grundsätzlich nur auf das gegen den jeweils Beschul- **16a** digten geführte Verfahren, **nicht** hingegen auf **Aktenbestandteile anderer Verfahren** erstrecken, selbst wenn die Verfahren zeitweise gemeinsam geführt und später getrennt wurden (BGH **52**, 58, 62: insoweit fremde Akten; *in concreto* aber wegen Art 6 I EMRK Einsicht in die demselben Spruchkörper vorliegenden Akten der Parallelverfahren wegen „untrennbar verwobenen Gesamtkomplexes"; anders allerdings nach EGMR Nr 11603/06 vom 4.5.2010 bei Parallelverfahren, in denen die Ermittlungen noch nicht abgeschlossen sind; vgl auch BGH NStZ **10**, 531). Dies erscheint zweifelhaft, da die Verbindung und Trennung von Verfahren

§ 147

von prozessualen Zufälligkeiten bzw prozesstaktischen Erwägungen der StA abhängt, welche den für den effektiven, durch § 147 gewährleisteten Informationsanspruch der Verteidigung maßgeblichen tatsächlichen Zusammenhang der Verfahren nicht beseitigen (vgl dazu Lesch Paeffgen-FS 527, 551 ff).

17 Teil der Akten sind auch **Beweismittelordner,** die nur Ablichtungen von sichergestellten Urkunden enthalten (vgl Köln NJW **85**, 336, 337; Schäfer NStZ **84**, 205) und die vorläufigen Aufzeichnungen der Protokolle nach § 168a II (vgl Kurth NJW **78**, 2484).

18 Auch polizeiliche **Spurenakten,** soweit sie bei der Verfolgung einer bestimmten Tat gegen einen bestimmten – bekannten oder unbekannten – Täter angefallen sind, gehören zu den Akten, falls ihr Inhalt für die Feststellung der dem Beschuldigten vorgeworfenen Tat und für etwaige gegen ihn zu verhängende Rechtsfolgen von (bei großzügigster Auslegung, BGH NStZ **83**, 228) irgendeiner Bedeutung sein kann (BVerfGE **63**, 45; BGH **30**, 131 = StV **81**, 500; Hamm NStZ **84**, 423; Rostock NZWiSt **15**, 351; Fezer JZ **96**, 614; Odersky Rebmann FS 350; a**M** alle Spurenakten ohne Rücksicht auf Zahl, Umfang und Bezug zum Beschuldigten AK-Stern 20; Bender/Nack ZRP **83**, 1; Kleinknecht Dreher-FS 722; Peters 231; Wasserburg NJW **80**, 2440; Welp Peters-FG 310; krit auch Velten Fezer-FS 108; ausführlich zum Problem Beulke Dünnebier-FS 285; Meyer-Goßner NStZ **82**, 353; Lesch Paeffgen-FS 527, 539 ff; erg unten 40; 24 zu § 163; 2 zu § 199). Ein Einsichtsrecht besteht dagegen **nicht,** wenn die in Frage stehenden Akten allenfalls einen theoretischen Bezug zu der dem Beschuldigten vorgeworfenen Tat aufweisen (vgl Düsseldorf NZV **16**, 140 mit Anm Fromm: Daten der Geschwindigkeitsmessungen des Tattages).

18a Von der StA erstellte **Computerausdrucke** sind zu den Akten zu nehmen und werden deren Bestandteil. Dateien (§§ 483 ff) sind interne Hilfs- und Arbeitsmittel der Strafverfolgungsbehörden (oben 13) und unterliegen grundsätzlich nicht der Einsicht (Hilger Rieß-FS 179; Meier/Böhm wistra **92**, 170), allerdings können Ausdrucke von Dateien den Akten beigefügt und damit zu Aktenbestandteilen werden (vgl Fetzer DRiZ **90**, 489; StV **91**, 142; Schäfer wistra **89**, 8); zur Dateieinsicht § 487 II. In Form von Computerdateien gespeicherte Kurzübersetzungen und inhaltliche Zusammenfassungen abgehörter Telefonate sind als Auswertungen gewonnenen Beweismaterials selbst potentielle Beweismittel und unterliegen der Akteneinsicht (BGH StV **10**, 228 mit Anm Stuckenberg; vgl auch Wesemann DAV-FS 893).

18b Ein Anspruch auf Vorlage sämtlicher **Arbeitsunterlagen eines Sachverständigen,** die zur Vorbereitung seines Gutachtens gedient haben, besteht nicht; das Gericht kann allerdings im Rahmen seiner Aufklärungspflicht gehalten sein, auf deren Offenlegung zu dringen (BGH StV **95**, 565; weitergehend Lehmann GA **05**, 639: grundsätzlich Recht auf Teilhabe; vgl auch AG Kleve bei Burhoff StRR **09**, 107 [Bedienungsanleitung eines Messgeräts im Bußgeldverfahren]; vgl auch 4 zu § 246a). Zum Recht auf Akteneinsicht in die psychiatrischen Krankenhaus geführten Krankenunterlagen bei Unterbringung im Maßregelvollzug vgl BVerfG NJW **06**, 1116 mit krit Anm Klatt JZ **07**, 95 und zust Anm Peter StV **07**, 421 sowie nachfolgend Karlsruhe StV **08**, 309.

19 D. **Besichtigung amtlich verwahrter Beweisstücke:** Das Besichtigungsrecht ist kein Teil des Akteneinsichtsrechts, sondern ergänzt es (Rieß Peters-FG 120; vgl auch Schäfer NStZ **84**, 203). Beweisstücke sind in den Akten oder anderswo aufbewahrte Gegenstände, die nach den §§ 94 ff durch Beschlagnahme oder durch Sicherstellung in anderer Weise in amtlichen Gewahrsam gelangt sind, ferner die nach §§ 111b ff sichergestellten Gegenstände, soweit sie zugleich als Beweismittel dienen können, auch wenn sie nicht in dieser Eigenschaft sichergestellt worden sind (2 zu § 94; Düsseldorf NZV **16**, 140, 141; Bamberg NStZ **18**, 235). Für Beweisstücke gilt ein **Migabeverbot.** Sie dürfen niemals aus dem amtlichen Gewahrsam entlassen werden, um ihre Authentizität mit Blick auf die Wahrheitsfindung zu gewährleisten (BGH NStZ **81** 95 [Pf]; LG Heilbronn StV **88**, 293 L; Beulke/

Witzigmann StV **13**, 75, 76 mwN; KK-Laufhütte/Willnow 10; einschr LR-Lüderssen/Jahn 115; Wölky StraFo **13**, 493, 494 ff: nur bei möglichem Substanzverlust im Fall der Mitgabe). In Betracht kommen Urkunden und Urkundensammlungen (Köln NJW **85**, 336, 337; einschr Rieß aaO 122: nur wenn ihre Beschaffenheit beweiserheblich ist) sowie Augenscheinsgegenstände – etwa Tonaufzeichnungen von TKÜ-Maßnahmen (Nürnberg StraFo **15**, 102 mit krit Anm Wesemann/Mehmeti; Karlsruhe NJW **12**, 2742 mit kritischen Anm Wölky StraFo **13**, 493; Frankfurt StV **01**, 611; KG NStZ **18**, 119) oder kinderpornografisches Bildmaterial auf Computern – und Gegenstände, die Grundlage für einen Sachverständigenbeweis sein oder für Vorhalte bei Zeugen- oder Beschuldigtenvernehmungen verwendet werden können (Rieß aaO), nicht aber beigezogene Gerichtsakten in ihrer Gesamtheit (KG JR **92**, 123) oder Akten anderer Behörden (oben 16). Durch ihre Verschriftlichung bzw Verbildlichung (zB bei kinderpornografischen Computerdateien) ändert sich ihre Rechtsnatur als Beweismittel nicht (Frankfurt NJW **13**, 1107, 1109; **aM** Beulke/Witzigmann Schiller-FS 49, 53 f; Jahn Beulke-FS 801, 814 ff; erg 21). Der Verteidiger darf die Beweisstücke an ihrem Verwahrungsort besichtigen; dazu ist ihm aber rechtzeitig vor der Hauptverhandlung (KG StV **89**, 9; Schlag Koch-FG 238) und ohne Rücksicht darauf Gelegenheit zu geben, ob sie in ihr möglicherweise einem Verwertungsverbot unterliegen (Rieß aaO Fn 44; **aM** Schäfer NStZ **84**, 203). Sind sie auf andere Weise als durch amtliche Verwahrung sichergestellt (16 zu § 94), so muss dafür Sorge getragen werden, dass dem Verteidiger die Besichtigung ermöglicht wird, notfalls durch Umwandlung der Sicherstellung in eine amtliche Verwahrung (Rieß aaO 123). Bei der Besichtigung darf der Verteidiger Aufzeichnungen machen, Lichtbilder herstellen und Sachverständige hinzuziehen (Rieß aaO 124; eingehend zu letzterem Schlag Koch-FG 234 ff); die Überlassung von Bildmaterial mit kinderpornographischem Inhalt ist mit Rücksicht auf § 184b V StGB jedoch nur gestattet, wenn dies zur Erfüllung des Gutachtenauftrages erforderlich ist (BGH NStZ **14**, 514; erg 21).

E. **Tonbandaufnahmen und Videoaufzeichnungen** (dazu Kintzi DRiZ **96**, 188) sind Beweisstücke, soweit sie – wie in der Praxis regelmäßig – auf einem Server der Polizei originär gespeichert werden; die Originale sind nicht herausgabefähig (zur Frage, ob ein Anspruch auf eine Datenkopie besteht, sogleich 19b). Vom Besichtigungsrecht erfasst werden das gesamte vom ersten Zugriff der Polizei (§ 163) an in dem Verfahren gegen den Beschuldigten gesammelte Beweismaterial einschließlich etwaiger Bild- und Tonaufnahmen (BGH StV **10**, 228). Die „Besichtigung" iSv I erfolgt grundsätzlich nur am Ort ihrer amtlichen Verwahrung (BGH NStZ **14**, 347; KG StraFo **16**, 296) in der Weise, dass der Verteidiger sich – zB in der Geschäftsstelle oder einer Polizeistation, aber auch in der JVA gemeinsam mit dem Angeklagten – vorspielen lässt. Insoweit muss auch in zeitlicher Hinsicht ausreichend Gelegenheit zur Anhörung gegeben werden; dabei trifft die Verteidigung die prozessuale Obliegenheit, von der ihr eingeräumten Möglichkeiten Gebrauch zu machen, ohne dass sie allerdings auf die Hinzuziehung von Hilfspersonen verwiesen werden kann (BGH aaO; die vom BGH offen gelassene Frage, ob von der Verteidigung die Anschaffung einer speziellen Auswertungssoftware zur Lesbarmachung entsprechender Dateien auf eigene Kosten verlangt werden kann, dürfte zu verneinen sein).

Sind die Aufnahmen für den Verteidiger ohne Erklärungen des Angeklagten und/oder eines Dolmetschers **unverständlich**, ist deren Anwesenheit beim Abhören zu gestatten (Frankfurt aaO; Köln StV **95**, 12; vgl auch LG Düsseldorf StraFo **08**, 505; Wesemann DAV-FS 901). Einen Anspruch auf Übersetzung in fremder Sprache geführter Telefongespräche, die gemäß §§ 100a, 100b aufgezeichnet wurden, gibt die Vorschrift nicht (BGH NStZ **08**, 230; Koblenz NStZ **95**, 611; **aM** Wesemann aaO 895). Ebenso wenig kann eine Auflistung der aufgezeichneten Gespräche mit Ausweis der Gesprächsteilnehmer und ihrer Rufnummern sowie der Gesprächsdauer verlangt werden (BGH NStZ **14**, 347).

§ 147 Erstes Buch. 11. Abschnitt

19c **Akteneinsicht in TKÜ-Audiodateien:** Reicht das Besichtigungsrecht der originär bei der Polizei gespeicherten Datenmengen zu Informationszwecken **nicht aus**, was etwa regelmäßig bei umfangreichen TKÜ-Maßnahmen der Fall sein wird, die vernünftigerweise „vor Ort" nicht zu erfassen und zu bewältigen sind, hat der Verteidiger Anspruch auf Überlassung einer **Kopie** von bereits bei den Akten in Form von CD's oder DVD's befindlichen Datenkopien (Saarbrücken StV **19**, 179; Frankfurt StV **16**, 148 mit Anm Killinger; vgl auch KG StraFo **16**, 296, 297; NStZ **18**, 119; Zweibrücken StV **17**, 437 mit Anm Wölky; Mosbacher JuS **17**, 127, 130; **aM** Hamburg NStZ **16**, 695; Celle NStZ **16**, 305 mit kritischen Anm Knauer/Pretsch; siehe aber auch Celle NStZ-RR **17**, 48, 50: „in bestimmten Fällen"); solche bei den Akten befindliche Datenkopien sind Aktenbestandteile, die nicht dem Besichtigungsrecht von Beweisstücken, sondern dem Akteneinsichtsrecht unterfallen (Saarbrücken StV **19**, 179; Frankfurt aaO; Zweibrücken aaO; Wettley/Nöding NStZ **16**, 633, 634). Gibt es bei den Akten noch keine solche Kopie hat die Verteidigung unter dem Gesichtspunkt des fairen Verfahrens, speziell der Waffengleichheit mit der StA, einen Anspruch auf originäre Herstellung (Wettley/Nöding aaO 638).

19d Bei der insoweit erforderlichen **Abwägung** (siehe Celle NStZ-RR **17**, 48, 50) sollen **nach der Rspr** auch die Persönlichkeits- und Datenschutzinteressen der von der TKÜ-Maßnahme betroffenen Dritten zu berücksichtigen sein, die mit der aufzuklärenden Tat in keiner Weise in Verbindung stehen (Celle aaO; Frankfurt StV **16**, 148; KG StraFo **17**, 420; **16**, 296; Karlsruhe NStZ **12**, 590 mit allerdings negativem Abwägungsergebnis mit abl Anm Meyer-Mews; abl auch Wettley/Nöding aaO 635; Beulke/Witzigmann aaO X; Killinger aaO; vgl auch Frankfurt StV **01**, 611; offen gelassen von BGH NStZ **14**, 347; erg oben 7). Dies erscheint zweifelhaft, soweit die Verweisung auf ein Besichtigungsrecht der polizeilich verwahrten Originale aufgrund der Datenmengen faktisch einer Versagung des Informationsrechts der Verteidigung darstellt. Jedenfalls sollte aber ein „abstraktes Missbrauchsrisiko" (so Celle NStZ **16**, 305, 306; Hamburg NStZ **16**, 695) der Übergabe von Kopien der Telekommunikationsdaten nicht per se entgegenstehen, da der Verteidiger als Organ der Rechtspflege standesrechtlich verpflichtet ist, einen solchen Missbrauch auszuschließen und einem befürchteten Missbrauch auch durch Maßnahmen wie Verschlüsselungen der Dateien vorgebeugt werden kann (vgl Zweibrücken StV **17**, 437; KG jeweils aaO; siehe auch Mosbacher JuS **17**, 127, 129). Soweit eingewandt wird, dass die nach Abschluss des Verfahrens gem § 101 VIII S 1 gebotene Löschung der Daten nicht gewährleistet sei (Celle aaO; Hamburg aaO 696; vgl dazu auch 28 zu § 101), kann dem durch eine Erklärung des Verteidigers begegnet werden, die Datenkopien nach Abschluss des Verfahrens zurückzugeben (vgl Wettley/Nöding aaO 636; **aM** allerdings Hamburg aaO; Celle aaO mit abl Anm Knauer/Pretsch; vgl auch Celle NStZ-RR **17**, 48). Zur Frage der Anfechtbarkeit siehe 32.

20 F. Zur **Weitergabe der durch die Akteneinsicht erlangten Kenntnisse an den Beschuldigten** ist der Verteidiger berechtigt und idR auch verpflichtet (BGH **29**, 99, 102; Frankfurt NStZ **81**, 144). Im gleichen Umfang, wie er ihn über den Akteninhalt mündlich unterrichten darf, ist er prozessual dazu berechtigt, dem Beschuldigten Abschriften oder Ablichtungen des Akteninhalts auszuhändigen (BGH aaO; GA **68**, 307); auch die Aushändigung einer vollständigen Aktenkopie ist grundsätzlich zulässig (Welp Peters-FG 316).

21 Das gilt, abgesehen von dem Sonderfall der Verschlusssachen (BGH **18**, 369, 371 ff), aber nicht, wenn durch die Aushändigung eine **Gefährdung des Untersuchungszwecks** eintreten würde (BGH **29**, 99, 103; Beulke 90; Liemersdorf MDR **89**, 207; **aM** Dahs 275; Dedy StraFo **01**, 152; Krekeler wistra **83**, 47; Mehle NStZ **83**, 557; Tondorf StV **83**, 257; Welp Peters-FG 316 ff) oder wenn zu befürchten ist, dass die Ablichtungen oder Abschriften zu verfahrensfremden Zwecken, zB für eine Straftat oder private Veröffentlichung, missbraucht werden (BGH aaO; B. Mehle Mehle-FS 409; Welp aaO; Beulke/Witzigmann Schiller-FS 49,

798 Schmitt

Verteidigung **§ 147**

62f) bzw wenn bereits die Weitergabe eine Straftat begründen kann (vgl BGH NStZ **14**, 514 mit Anm Meyer-Lohkamp StV **14**, 772). Für die **Weitergabe der Ablichtungen von Schriften iSv § 184b StGB** an einen Sachverständigen kommt es darauf an, ob die Überlassung des kinderpornografischen Materials zur Erfüllung des Gutachtenauftrages erforderlich war (BGH aaO), was davon abhängen dürfte, ob es – zumindest auch – um die Beurteilung der Bilder als kinderpornografisch geht oder zB ausschließlich um Fragen des technischen Zugriffs auf die Dateien durch den Beschuldigten; eine Weitergabe an den Mandanten dürfte mit Rücksicht auf die genannte Entscheidung des BGH nicht zulässig sein (vgl auch Frankfurt NJW **13**, 1107, 1108; **aM** Beulke/Witzigmann aaO 63 f; Meyer-Lohkamp aaO). Der Untersuchungszweck ist auch gefährdet, wenn der Beschuldigte aus einem Aktenauszug erfährt, dass eine Durchsuchung seiner Wohnung bevorsteht oder dass die StA einen Haftbefehl gegen ihn beantragt hat (BGH aaO; **aM** Donath/B. Mehle NJW **09**, 1399). Dagegen reicht die nur selten auszuschließende Möglichkeit, dass sich der Beschuldigte zur Verdunkelung der Sache, etwa zum Aufbau eines falschen Alibis, entschließen könnte, nicht aus (BGH aaO).

Das Informationsrecht besteht aber nicht in **Angelegenheiten, die nicht** 22 **mehr im Rahmen der Verteidigung** liegen (vgl BGH **52**, 58, 65), zB wenn es sich um Einzelheiten handelt, die ausschließlich die Mitbeschuldigten oder persönliche Kontroversen zwischen Justizangehörigen betreffen (Lüttger NJW **51**, 746).

Zur **Rückforderung der dem Beschuldigten überlassenen Aktenauszüge** 23 ist der Verteidiger nicht verpflichtet (Bode MDR **81**, 287); dennoch sollte er dem Mandanten stets aufgeben, die Auszüge und Abschriften nach Erledigung der Strafsache zurückzugeben, und ihn, am besten schriftlich, davor warnen, die Unterlagen Dritten zu zeigen (vgl auch Dahs 275; § 353d StGB). Nach BAG NJW **09**, 1897, 1898 darf der Beschuldigte die Auszüge nur dann seinem Arbeitgeber weitergeben, wenn dieser selbst ein Einsichtsrecht nach § 475 hat und die StA einer Weitergabe zustimmt.

3) Beschränkung des Akteneinsichtsrechts des Verteidigers (II, III, VI): 24

A. Wenn der Abschluss der Ermittlungen noch nicht nach § 169a in den Akten 25 vermerkt ist, kann dem Verteidiger die Akteneinsicht nach II S 1 – grundsätzlich verfassungsrechtlich unbedenklich (BVerfG wistra **04**, 179; BGH NStZ-RR **04**, 321; abl Kempf StraFo **04**, 300; vgl aber unten 25a) – ganz oder teilweise verweigert werden, soweit sie den **Untersuchungszweck gefährden** würde. Die Gefährdung dürfte auch aus einem anderen Strafverfahren ableitbar sein (BGH NStZ-RR **12**, 16, 17 f [ER]; vgl BT-Drucks 16/11644 S 34, 16/13097 S 19 und VII S 1, §§ 406e II S 2, 477 II S 1; ferner Singer Strauda-FS 464); jedoch ist dabei die Möglichkeit teilweiser Akteneinsicht besonders sorgfältig zu prüfen. Eine konkrete Gefahr wird bei alledem nicht vorausgesetzt (Pfeiffer Odersky-FS 459; **aM** Burkhard wistra **96**, 173; Eisenberg NJW **91**, 1260; Groh DRiZ **85**, 52: Vorliegen konkreter Anhaltspunkte, die objektiv geeignet erscheinen, den Untersuchungszweck zu gefährden); andererseits genügt für die Beschränkung nicht nur eine vage und entfernte Möglichkeit der Gefährdung (Schlothauer StV **01**, 195; weitergehend Kempf StraFo **04**, 300). Wenn aber zB bestimmte Untersuchungshandlungen vorbereitet werden, die nur durch Überraschung erfolgreich sein können (vgl § 33 IV), kann die Akteneinsicht immer versagt werden (vgl dazu eingehend Walischewski StV **01**, 243; erg unten 25b).

Bei **noch nicht vollzogenem Haftbefehl** richtet sich der Anspruch auf Akteneinsicht danach, ob das staatliche Geheimhaltungsinteresse auch nach einem Bekanntwerden des Haftbefehls weiterhin das Informationsinteresse des Beschuldigten überwiegt; insoweit können dem Beschuldigten in weitem Umfang die Informationen vorenthalten werden, welche die Haftentscheidung tragen und seine Flucht erleichtern könnten (BGH NStZ **19**, 478 [ER] mit Anm Börner; KG StraFo **12**, 15 mit abl Anm Herrmann und Börner StV **12**, 361). Dies gilt bei dem auf freien Fuß befindlichen Beschuldigten entspr § 33 IV S 1 auch im Haftbeschwer- 25a deverfahren, da ein noch nicht vollstreckter Haftbefehl in weitaus geringerer Intensität als der laufende Vollzug der Maßnahme in die Grundrechte des Beschuldigten eingreift (BGH aaO; vgl auch Stuttgart NStZ **90**, 247; Peglau JR **12**, 231, 235). Die Beschränkung der Akteneinsicht muss wieder aufgehoben werden, wenn ihr Grund entfallen ist. Selbstverständlich gestattet II S 1 weder die Darstellung eines unwahren Sachverhalts in den Ermittlungsakten noch die aktive Täuschung des Beschuldigten über die wahren Hintergründe seiner Festnahme (BGH NStZ **10**, 294). Bei einer Beschwerde gegen einen noch nicht vollstreckten Haftbefehl muss die Beschwerdeentscheidung nicht zurückgestellt werden, bis eine Akteneinsicht ohne Gefährdung des Untersuchungszwecks möglich ist (BGH StB 5/19 vom 3.4.2019 [ER]; erg 40a).

26 B. **Befindet** sich der **Beschuldigte in UHaft** oder ist diese im Fall des § 127 II beantragt, hat der Verteidiger unter dem Gesichtspunkt der „Waffengleichheit" ein nicht beschränkbares Recht auf Zugang zu den für die Beurteilung der Rechtmäßigkeit der Freiheitsentziehung wesentlichen – ggf auch entlastenden – Informationen (II S 2, 1. Hs; vgl Deckers StraFo **09**, 444; Michalke NJW **10**, 18; AnwK/UHaft-König 3), auch für das Verfahren vor dem nächsten AG (§ 115a; vgl Bittmann NStZ **10**, 15; weiterg Deckers aaO 443; Weider StV **10**, 105). Die Akteneinsicht des Pflichtverteidigers und entspr Mitteilung an den Wahlverteidiger reichen aus (OLG Naumburg NStZ **11**, 599). Die durch Ges vom 29.7.2009 (BGBl I 2274) eingefügte Unterausnahme dient der Umsetzung der st Rspr des EGMR (NJW **02**, 2013 ff; StV **08**, 475, bestätigt durch Große Kammer EuGRZ **09**, 566, 578). Der EGMR hat – frühere Standards (vgl BVerfG NJW **94**, 573; BGH NJW **96**, 734) verschärfend – jeweils eine Verletzung des Art 5 IV EMRK darin gesehen, dass dem Verteidiger des inhaftierten Beschuldigten keine hinreichende Akteneinsicht gewährt wurde (EGMR EuGRZ **09**, 472, 474 mwN).

27 **Auf welche Weise** die erforderlichen Informationen erteilt werden, hat der Gesetzgeber „dem Einzelfall überlassen" (BT-Drucks 16/11644 S 34). Allerdings hat er die praktische Anwendung der Vorschrift durch eine Konkretisierung der wenig aussagekräftigen Formulierung „in geeigneter Weise" zu erleichtern versucht, deren Auslegung aber vorausehbar ein beträchtliches Konfliktpotential birgt (zutr Jahn I. Roxin-FS 585, 592); nach dem 2. Hs des II S 2 ist aber idR (weiterg Beulke/Witzigmann NStZ **11**, 257; Herrmann StRR **10**, 8; Weider aaO) im vorgenannten Umfang („insoweit") Akteneinsicht zu gewähren (BT-Drucks 16/13097 S 19). Hierbei ist zu beachten, dass der EGMR zu Recht die mündliche Information und die – auch schriftliche – Zusammenfassung der Tatsachen durch den Richter oder StA nicht hat ausreichen lassen; eine Schilderung des Sachverhalts nach dem Verständnis der Ermittlungsbehörden mache es dem Betroffenen faktisch unmöglich, die Zuverlässigkeit dieser Darstellung wirksam anzufechten. Bei der **Entscheidung über die Haftanordnung bzw deren Rechtmäßigkeit** darf das Gericht nicht solche Teile der Akten zugrundelegen, die dem Verteidiger zuvor vorenthalten worden sind (BT-Drucks 16/11644 S 34; vgl noch EGMR NStZ **09**, 164). Ggf muss der Haftbefehl aufgehoben werden (BVerfG NStZ **94**, 551; 2 BvR 533/13 vom 9.9.2013; Brandenburg OLGSt Nr 1 zu § 114; LG Magdeburg StraFo **04**, 167; Kühne/Esser aaO; sehr krit Bohnert GA **95**, 468; vgl aber Hamm wistra **08**, 195, 197: entlastende Umstände gleichwohl verwertbar). Dies gilt gleichermaßen für die Prüfung der besonderen Haftvoraussetzungen des § 121 I, da zur Beurteilung der Rechtmäßigkeit der Freiheitsentziehung nach II S 2 auch gehört, ob das Verfahren hinreichend gefördert wurde (Peglau JR **12**, 231, 233; vgl dagegen Hamm – 3. StS – wistra **08**, 195, 198 gegen Hamm – 2. StS – StV **02**, 318 zur Rechtslage vor der Gesetzesänderung). Auf den erlassenen, aber **noch nicht vollzogenen Haftbefehl** ist II S 2 nach seinem eindeutigen Wortlaut nicht anwendbar; insoweit gilt II S 1 (KG StraFo **12**, 15; Peglau aaO 234; vgl auch München NStZ-RR **12**, 317; erg oben 25; **aM** LR-Lüderssen/Jahn 77 zu § 147: entspr Anwendung von II S 2; diff Beulke/Witzigmann NStZ **11**, 254; SK-Wohlers 66 zu § 147: Einzelfallentscheidung; erg 25).

Verteidigung **§ 147**

C. Dieselben Grundsätze müssen nach Art 103 I GG gelten, wenn gegen den **28** Beschuldigten der **Vermögensarrest** (§§ 111e, 111f) angeordnet worden ist (BVerfG NJW **04**, 2443; **06**, 1048; LG Kiel NStZ **07**, 424; LG Ravensburg NStZ-RR **07**, 114), auch bei einer Durchsuchung (BVerfG NStZ **07**, 274; LG Neubrandenburg NStZ **08**, 655; **aM** LG Saarbrücken NStZ-RR **06**, 80, dagegen Börner NStZ **07**, 682; noch weiter gehend nimmt LG Berlin StV **10**, 352 ein Recht auf Akteneinsicht selbst im Beschwerdeverfahren gegen den noch nicht vollstreckten Durchsuchungsbeschluss an; zust Börner NStZ **10**, 417), nicht aber bei einer bloßen Beschlagnahme nach § 94 (LG Berlin NStZ **06**, 472); eingehend Park StV **09**, 276.

D. **Ausgenommen von der Beschränkung** nach II sind die in III bezeichne- **29** ten Niederschriften und Gutachten. Sachverständigengutachten iS III sind nicht die in den Akten befindlichen Übersetzungen fremdsprachiger Urkunden (Hamburg StV **86**, 422; **aM** Welp StV **86**, 450). Bei den Beschuldigtenvernehmungen kommt es nicht darauf an, ob sie von der Polizei, der StA oder einem Richter durchgeführt worden sind. Die Beschränkung gilt insbesondere nicht für polizeiliche Vernehmungen, auf die bei richterlichen Vernehmungen Bezug genommen worden ist (Hamm NStZ **87**, 572). III gilt entspr für schriftliche Äußerungen des Beschuldigten nach §§ 136 I S 4, 163a I S 2, IV S 2 und auch für Vernehmungen, bei denen der nunmehr Beschuldigte noch als Zeuge vernommen worden war (Hamm StV **95**, 571). Für Niederschriften über richterliche Untersuchungshandlungen, bei denen dem Verteidiger (zu Recht oder zu Unrecht) die Anwesenheit gestattet worden ist, gilt III auch dann, wenn sie nicht die Vernehmung des Beschuldigten, zu dem das Verteidigerverhältnis besteht, zum Gegenstand haben, sondern die von Mitbeschuldigten, Zeugen oder Sachverständigen oder einen richterlichen Augenschein. Diese Ausnahmen werden zweckmäßigerweise in der Versagungsanordnung durch Aufzählung klargestellt. Eine Ausnahme von III bestimmt § 34 III Nr 2 S 3 **EGGVG**.

E. Spätestens bei der **Anbringung des Vermerks nach § 169a** muss die Be- **30** schränkung aufgehoben werden (VI). Das dadurch erlangte volle Einsichtsrecht des Verteidigers darf später nicht mehr eingeschränkt werden (BGH NStZ **98**, 97), auch nicht bei Wiederaufnahme der Ermittlungen. Von der Aufhebung der Beschränkung ist der Verteidiger unverzüglich zu unterrichten (VI S 2). War bereits ein Antrag auf Akteneinsicht abgelehnt worden, so muss ihm nunmehr entsprochen werden; erst danach darf Anklage erhoben werden (Meyer-Goßner NStZ **82**, 357).

4) Das Akteneinsichtsrecht des nicht verteidigten Beschuldigten (IV) 31 wurde durch das Gesetz vom 5.7.2017 (BGBl I 2208) erweitert und in IV geregelt, die Mitgabe von Papierakten zum Zwecke der Einsichtnahme durch RAe wurde nunmehr in § 32 f II, III übernommen. Anders als nach früherer Rechtslage (siehe dazu 3, 4 der 60. Aufl) hat der unverteidigte Beschuldigte nunmehr selbst unter den in IV genannten Voraussetzungen einen Anspruch auf Akteneinsicht. Gestrichen wurde die früher in VII enthaltene Beschränkung auf „Auskünfte und Abschriften aus den Akten", da die Integrität der Akten nach pflichtgemäßem Ermessen im Einzelfall gewahrt werden kann, indem an Stelle der Einsichtnahme in die Akten Kopien aus den Akten bereitgestellt werden (IV S 2); auch bedarf es anders als nach VII aF nicht mehr einer Prüfung, inwieweit die Akteneinsicht „zu einer angemessenen Verteidigung erforderlich ist", da die Beurteilung dieser Frage allein der Person überlassen bleiben soll, die sich verteidigt (BT-Drucks 18/9416 S 60).
Den Anspruch auf Akteneinsicht hat der Beschuldigte allerdings nur, 32 soweit der Untersuchungszweck, auch in Bezug auf andere Strafverfahren, nicht gefährdet werden kann und nicht überwiegend schutzwürdige Interessen Dritter entgegenstehen (IV S 1). Zur Gefährdung des Untersuchungszwecks vgl 25 sowie 11, 12 zu § 406e. Bei schutzwürdigen Interessen Dritter ist insbesondere an die Wahrung der Intimsphäre Dritter sowie an den Schutz gefährdeter Zeugen und

Schmitt 801

§ 147

von Geschäfts- und Betriebsgeheimnissen zu denken (erg 9, 10 zu § 406e). Die Akten dürfen allerdings dem Beschuldigten grundsätzlich nicht überlassen werden (Karlsruhe VRS **118**, 211, 214; weitergehend Dedy StraFo **01**, 153), wie sich aus einem Vergleich mit der für RAe geltenden Regelung des § 32 f II ergibt. Wird die Akteneinsicht beschränkt und kann der Beschuldigte sich ohne deren vollständige Kenntnis nicht hinreichend verteidigen, so ist ihm ein Pflichtverteidiger beizuordnen (27a zu § 140); ist das wegen des geringfügigen Vorwurfs untunlich, muss die Akteneinsicht gewährt werden (EGMR NStZ **98**, 429). Der Zugang zu den für die Beurteilung der Rechtmäßigkeit der U-Haft wesentlichen Informationen darf nicht beschränkt werden (näher dazu oben 26, 27; insoweit wird hier aber ein Verteidiger bestellt sein, §§ 140 I Nr 4, 5, 141 II S 1 Nr 1). Die datenschutzrechtliche Zweckbindung (früher VII S 2) ist nunmehr in § 32 f V geregelt (siehe Komm dort). Zur Besichtigung von Beweisstücken siehe 19, zum Rechtsschutz unten 39.

33 **5) Zuständigkeit (V S 1):**

34 A. **Im vorbereitenden Verfahren** – auch nach Einstellung des Ermittlungsverfahrens – entscheidet die StA (die FinB in Fällen des § 386 II **AO**) über die Akteneinsicht. Die Polizei darf keine Akteneinsicht gewähren; die Entscheidung trifft immer die StA (Welp Peters-FG 324). Das gilt auch für Unfall- und Tatortskizzen oder -aufnahmen, die bei der Beschuldigtenvernehmung verwendet worden sind (**aM** Kleinknecht Kriminalistik **65**, 454). Das Gericht ist im Ermittlungsverfahren niemals zuständig, auch wenn sich die Akten bei ihm auf Beschwerde oder zur Vornahme einer richterlichen Handlung befinden (BGH NStZ-RR **10**, 246; Köln StraFo **13**, 24; Hamm NStZ **82**, 348; Stuttgart Justiz **70**, 113; Börner StV **10**, 417; Park StV **09**, 284; Pfeiffer Odersky-FS 461; **aM** Welp aaO).

35 B. Vom **Eingang der Anklage bei Gericht** an bis zum rechtskräftigen Abschluss des Verfahrens, auch in der Hauptverhandlung (§ 238 II gilt nicht), ist der Vorsitzende des jeweils mit der Sache befassten Gerichts zuständig; dies gilt auch für das Revisionsgericht nach Vorlage der Akten auf Revision (vgl BGH NStZ-RR **20**, 50). Dies betrifft nicht nur die Akten, die dem Gericht tatsächlich vorliegen, sondern auch solche, die ihm – etwa als Beiakten- gem I vorzulegen gewesen wären (Rostock NZWiSt **15**, 351, 353). Es gilt auch, wenn die Akteneinsicht nicht durch die StA, sondern durch die ermittelnde Finanzbehörde verweigert wird (vgl § 399 AO; Rostock aaO).

36 C. **Nach rechtskräftigem Abschluss** des Verfahrens ist wiederum die StA zuständig (vgl BGH NStZ-RR **20**, 50: GenStA nach abgeschlossenem Revisionsverfahren).

37 D. Einen **Bescheid** mit kurzer Begründung erfordert die Versagung der Akteneinsicht (Burkhard wistra **96**, 173). Hiervon kann sowohl in der Entscheidung der StA als auch der des nach V S 2 iVm § 162 angerufenen Gerichts (unten 39) abgesehen werden, wenn durch Offenlegung der Gründe der Untersuchungszweck gefährdet werden könnte (V S 4). Zum Übergehen eines Antrags vgl Karlsruhe VRS **118**, 211.

38 **6) Anfechtung:**

39 A. **Entscheidungen der StA** sind nur in 3 Fällen anfechtbar (V S 2), nämlich 1., wenn die Versagung (LG Landau StV **01**, 613 mit abl Anm Schlothauer: wegen Gefährdung des Untersuchungszwecks, nicht aus anderen Gründen; abl auch Hagmann StV **08**, 483 Fn 6) erfolgt, nachdem bereits der Abschluss des Ermittlungen (§ 169a) in den Akten vermerkt worden ist (II S 1, oben 24); 2., wenn die Versagung die in III bezeichneten Niederschriften und Gutachten betrifft (oben 26), und 3., wenn sich der Beschuldigte nicht auf freiem Fuß befindet (oben 25a), also vor allem bei UHaft oder einstweiliger Unterbringung nach § 126a, oder bei Auslieferungshaft im Ausland, in dem Verfahren, in dessen Akten er die Einsichtnahme begehrt (nicht aber bei Haft in anderer Sache: BGH NStZ-RR **12**, 16, 17

[ER] mit krit Anm Tsambikakis StV **12**, 323; LG Mannheim StV **01**, 613; KK-Laufhütte/Willnow 26; **aM** LG München I StV **06**, 11; LR-Lüderssen/Jahn 160b; Tsambikakis Richter II-FS 531). In diesen Fällen wird – ebenso wie in §§ 406e IV S 2, 478 III – der Antrag auf gerichtl Entscheidung zugelassen; das gilt nach VII S 2 auch für die Versagung der Erteilung von Auskünften und Abschriften an den nicht-verteidigten Beschuldigten. Die gerichtl Zuständigkeit folgt aus § 162 (ggf iVm § 169 I); das Verfahren und die Kostenentscheidung bestimmen sich nach den in V S 3 in Bezug genommenen Vorschriften. Mit der gerichtlichen Entscheidung wird bei begründetem Antrag entweder die verlangte Akteneinsicht direkt gewährt oder, wenn dies nicht möglich ist, die StA hierzu angewiesen (Hamm wistra **08**, 195, 198; Schlothauer StV **01**, 194, 195). Nach Rechtskraft (oben 36) sowie im Fall der Einstellung nach § 170 II sind die Entscheidungen der StA wiederum nach V S 2 anfechtbar (Hamm NJW **03**, 768; Schlothauer aaO 193). Die Gewährung von Akteneinsicht an den Beschuldigten soll der Verletzte nach Stuttgart NJW **06**, 2565 nach V S 2 anfechten können (zw; dazu auch B. Mehle Mehle-FS 398).

Im Übrigen ist nur die Dienstaufsichtsbeschwerde (22 vor § 296) gegeben (LG **40** Neubrandenburg NStZ **08**, 655; im Wesentlichen auch BGH NStZ-RR **09**, 145 [idR nicht anfechtbar]; **aM** SK-Wohlers 112: V S 2 entspr; ebenso Saarbrücken NStZ-RR **08**, 48 L; HK-Julius 26). Auch der Antrag nach §§ 23 ff EGGVG ist nicht zulässig, denn aus V S 2 folgt nun, dass in den übrigen Fällen ein Rechtsbehelf nicht gegeben sein soll (Rostock NZWiSt **15**, 351 353; Frankfurt NStZ-RR **05**, 376; vgl auch Hamm wistra **03**, 317). Eine Ausnahme besteht nur zur Erzwingung der Einsicht in die den Ermittlungsakten nicht beigefügten Spurenakten (BVerfGE **63**, 45; Hamm NStZ **84**, 423; **aM** KK-Laufhütte/Willnow 26); hier bleibt der Antrag nach § 23 EGGVG zulässig. Dasselbe gilt für den nach rechtskräftigem Abschluss des Verfahrens für den durch die Gewährung von Akteneinsicht Beschwerten. Eine Ausweitung der Anfechtungsmöglichkeit für einen außergewöhnlich gelagerten Sonderfall erwägt BGH **49**, 317 = NStZ **05**, 569 mit Anm Pananis = JR **05**, 114 mit Anm Vogel (dazu ferner Senge Strauda-FS 465). Erg 3 aE zu § 491.

Ist das Gericht nach V S 1 an die Entscheidung der StA zur Versagung der Ak- **40a** teneinsicht **gebunden,** muss es ggf die Entscheidung über eine Beschwerde gegen eine beendete Maßnahme ausschieben (BVerfG 2 BvR 533/13 vom 9.9.2013; NStZ **07**, 274; NStZ-RR **08**, 16; krit Park StV **09**, 279; Rau StraFo **08**, 14; weiter gehend Börner NStZ **07**, 682: § 147 V S 2 entspr). Dies gilt nicht für Beschwerden gegen einen noch nicht vollstreckten Haftbefehl (BGH NStZ **19**, 478 [ER] mit Anm Börner; erg 25a).

B. **Richterliche Entscheidungen,** auch des OLG im 1. Rechtszug, über die **41** Akteneinsicht nach § 147 können nach § 304 I, IV S 2 Nr 4 im Ermittlungs- und Zwischenverfahren mit der Beschwerde angefochten werden (Hamburg NJW **63**, 1024; H7amm NJW **68**, 169; Karlsruhe Justiz **84**, 108). Das gilt auch für Entscheidungen des Ermittlungsrichters nach V S 2 (vgl BT-Drucks 16/12098 S 21), wegen § 305 S 1 aber nicht für den Angeklagten bei Entscheidungen des erkennenden Gerichts (Nürnberg wistra **15**, 365; Frankfurt NStZ-RR **01**, 374; StV **04**, 362 mit abl Anm Lüderssen; Hamm NStZ **05**, 226 = StraFo **04**, 419 mit abl Anm Fischer; Koblenz StV **03**, 608; NStZ **95**, 611; Stuttgart NJW **03**, 767; Naumburg NStZ-RR **10**, 151; LG Limburg NStZ-RR **11**, 378; **aM** die frühere Rspr der OLGe, siehe Brandenburg NJW **96**, 67 mwN; Stuttgart NJW **96**, 1908). Wegen § 305 S 2 ist die Beschwerde der StA allerdings zulässig, wenn durch die betreffenden Zwangsmaßnahmen Rechte von am Verfahren nicht beteiligten Personen betroffen sind (Nürnberg StraFo **15**, 102; Karlsruhe NJW **12**, 2742; **aM** Saarbrücken StV **19**, 179) Entscheidungen über die Form der Gewährung von Akteneinsicht sind gemäß § 32f III nicht anfechtbar (siehe dort 12).

C. Die **Revision** kann auf die Verweigerung der Akteneinsicht nicht gestützt **42** werden (vgl Hamm NJW **72**, 1096), wegen IV S 2 iVm § 336 S 2 auch nicht auf die Art der Ausgestaltung des Rechts auf Akteneinsicht (BGH NStZ **00**, 46;

NStZ-RR **08**, 48 L). Nur wenn deswegen in der Hauptverhandlung ein Antrag auf Unterbrechung oder Aussetzung gestellt und durch Gerichtsbeschluss abgelehnt worden ist, kann der Revisionsgrund des § 338 Nr 8 geltend gemacht werden (vgl BGH NStZ **85**, 87; StV **88**, 193; KG StV **82**, 10; VRS **83**, 428; Hamm VRS **49**, 113); zum notwendigen Revisionsvorbringen vgl BGH NStZ-RR **04**, 50 L; 4 StR 490/16 vom 21.12.2016; Bay NJW **92**, 2242; Hamm NJW **04**, 381; StraFo **05**, 468; NStZ-RR **07**, 209 L sowie zu einem Fall verfahrensfremder Akten (oben 16) BGH NStZ **10**, 531.

43 7) **Verjährungsunterbrechung:** In der Gewährung der Akteneinsicht kann zugleich die Bekanntgabe einer Verfahrenseinleitung iS des § 78c I S 1 Nr 1 StGB liegen (vgl BGH NStZ **02**, 429; **08**, 214; StV **09**, 696, 697).

Kommunikation des Beschuldigten mit dem Verteidiger

148 ¹ Dem Beschuldigten ist, auch wenn er sich nicht auf freiem Fuß befindet, schriftlicher und mündlicher Verkehr mit dem Verteidiger gestattet.

II ¹ Ist ein nicht auf freiem Fuß befindlicher Beschuldigter einer Tat nach § 129a, auch in Verbindung mit § 129b Abs. 1, des Strafgesetzbuches dringend verdächtig, soll das Gericht anordnen, dass im Verkehr mit Verteidigern Schriftstücke und andere Gegenstände zurückzuweisen sind, sofern sich der Absender nicht damit einverstanden erklärt, dass sie zunächst dem nach § 148a zuständigen Gericht vorgelegt werden. ² Besteht kein Haftbefehl wegen einer Straftat nach § 129a, auch in Verbindung mit § 129b Abs. 1, des Strafgesetzbuches, trifft die Entscheidung das Gericht, das für den Erlass eines Haftbefehls zuständig wäre. ³ Ist der schriftliche Verkehr nach Satz 1 zu überwachen, sind für Gespräche mit Verteidigern Vorrichtungen vorzusehen, die die Übergabe von Schriftstücken und anderen Gegenständen ausschließen.

Übersicht

	Rn
1) Grundsatz der freien Verteidigung (I)	1–16
A. Ungehinderter Verkehr zwischen Verteidiger und Beschuldigtem	2, 2a
B. Verteidiger im Strafverfahren	3, 4
C. Verkehr mit nicht auf freiem Fuß befindlichen Beschuldigten	5, 5a
D. Schriftverkehr	6–8
E. Unüberwachte Besuche	9–15
F. Fernsprechverkehr	16
2) Besondere Überwachung (II)	17–21
A. Voraussetzungen	18
B. Gerichtliche Anordnung	19
C. Überwachung des Schriftverkehrs (II S 1)	20
D. Trennvorrichtungen beim Verteidigerbesuch (II S 3)	21
3) Entspr Anwendung der §§ 148, 148a	22
4) Anfechtung	23–25

1 1) Den **Grundsatz der freien Verteidigung** stellt I auf.

2 A. Ein **ungehinderter Verkehr** zwischen Verteidiger und Beschuldigten zu Zwecken der Verteidigung gehört zu den unabdingbaren Voraussetzungen einer solchen Verteidigung (vgl BVerfG NJW **07**, 2749, 2750; **10**, 1740, 1741; BGH **53**, 261; Schäfer Hanack-FS 77; Welp GA **77**, 132, NStZ **86**, 295). Der Verkehr zwischen Verteidiger und Beschuldigten ist daher von jeder Behinderung und Erschwerung freigestellt (BGH **27**, 260, 262; NJW **73**, 2035, 2036). Unüberwachter mündlicher und schriftlicher Verkehr ist gewährleistet, gleichviel, ob der Beschuldigte inhaftiert oder auf freiem Fuß ist (BGH **33**, 347, 349; erg Einl 56a). Die Telefonüberwachung nach § 100a ist unzulässig, soweit der Verteidiger nicht aufgrund bestimmter Tatsachen selbst der Beteiligung an der Katalogtat des Mandan-

Verteidigung **§ 148**

ten tat- oder teilnahmeverdächtig ist (21 zu § 100a; vgl auch 24 zu § 100c, 12 zu § 100f, 21 zu § 100g, 13 zu § 111; und 5 zu § 110a zu den dort geregelten Überwachungsmaßnahmen; erg unten 16), und bei einem nicht auf freiem Fuß befindlichen Beschuldigten bestehen grundsätzlich (Ausnahmeregelungen enthalten II und §§ 31 ff EGGVG) die Beschränkungsmöglichkeiten nach § 119 nicht (§ 119 IV S 1; vgl auch § 22 UVollzG NW sowie bereits Saarbrücken NJW **78**, 1446). Der Verteidiger hat ein eigenes Recht auf ungehinderten Verkehr mit seinem inhaftierten Mandanten (BGH **33**, 347, 349; NJW **73**, 1656; KG JR **77**, 213; Frankfurt NJW **77**, 2177; NStZ **82**, 134; vgl auch § 138c II S 1); ein Anspruch auf Durchführung einer gemeinsamen Besprechung zweier inhaftierter Mitangeschuldigter oder eines Mitangeschuldigten mit dem Verteidiger des anderen besteht aber nicht (Schleswig SchlHA **02**, 152 [D/D]). Der unbeschränkte Verkehr ist dem Verteidiger **nur zum Zweck der Verteidigung** gestattet (BVerfGE **46**, 1, 12; **49**, 24, 48; NJW **10**, 1740; BGH **26**, 304, 307; NJW **73**, 2035, 2036; erg unten 8, 15) und nur in diesem Umfang nicht unbefugt iS des § 115 I Nr 1 OWiG (BVerfG NJW **10**, 1740). Dem Verteidiger als Organ der Rechtspflege wird grundsätzlich vertraut, dass er die ihm zu diesem Zweck eingeräumten Rechte nicht missbraucht (BGH **27**, 260, 265; Hamburg NJW **79**, 1724; Saarbrücken NJW **78**, 1446, 1448). Rundfunkaufnahmen dürfen den vertraulichen Austausch am Rande der Verhandlung nicht beeinträchtigen (BVerfG NJW **08**, 977, 980 mit Hinweis auf § 176 GVG).

Als **Zeuge** muss der frühere Beschuldigte nach rechtskräftigem Abschluss seines 2a Verfahrens (bis dahin schützen I sowie § 55, Beulke Fezer-FS 4, 10) in einem neuen Strafverfahren gegen seinen früheren Verteidiger, soweit nicht auch jetzt noch § 55 eingreift, aussagen (13 zu § 53); der Umstand, dass die Vernehmung die Frage zum Gegenstand hat, ob sich der Anwalt durch die Art der früheren Strafverteidigung strafbar gemacht hat (insbes nach § 258 StGB), führt nicht zu einem auf I gestützten Recht zur umfassenden Auskunftsverweigerung über die Interna der früheren Verteidiger-Mandanten-Beziehung, das gibt schon der Wortlaut nicht her (so im Erg auch Koblenz NStZ-RR **08**, 283, bestätigt durch BVerfG 2 BvR 112/08 vom 28.1.2008; **aM** Beulke Fezer-FS 10 ff [„Fernwirkung"]; Bosbach NStZ **09**, 180 ff; eingehend ders [2 zu § 53] S 195 ff [§ 68a I; s aber dort 5]; Schäfer Hanack-FS 102; Wessing Mehle-FS 682; vgl auch R. Hamm NJW **93**, 295, der eine „gesetzliche Vorsorge" fordert; vgl noch BGH **53**, 257, 261 mit Bespr Ruhmannseder NJW **09**, 2648; 49 zu § 244).

B. Nur der **Verteidiger** im Strafverfahren hat die Rechte aus I, auch bei Unter- 3 bringung des Mandanten nach ThUG (LG Regensburg StV **12**, 489), nicht der Beistand nach § 149, auch nicht der Verteidiger in einem Disziplinarverfahren (LG Koblenz MDR **81**, 72), ein Rechtsassessor nur unter den Voraussetzungen des § 138 II S 1 (vgl Celle NStZ **11**, 598: Besuche in U-Haft). Dies setzt neben einem bestehenden Verteidigungsverhältnis (anschl 4) voraus, dass der Betroffene förmlich als **„Beschuldigter"** iSv I anzusehen ist (siehe Einl 60, 76 ff) bzw dass ein Unternehmen die beschuldigtenähnliche Stellung eines Beteiligungs- bzw Einziehungsinteressenten nach § 444 II S 2, 434 I, 432 inne hat (siehe jeweils dort; vgl ferner LG Bonn NZWiSt **13**, 21, 25 mit abl Anm Kirsch; Frank/Vogel NStZ **17**, 313, 315; Schneider NStZ **16**, 309, 312; **aM** LG Gießen wistra **12**, 409; Jahn/Kirsch NZWiSt **13**, 28 mwN; erg 10c zu § 97). Eine Vorverlagerung des Schutzes im Sinne eines möglichen materiellen Verteidigungsinteresses zur Vorbereitung später evtl erforderlich werdender Verteidigung wäre mit dem Wortlaut von I nicht vereinbar und würde zudem Missbrauchsmöglichkeiten eröffnen, denen wegen der Schwierigkeit, im Einzelfall den maßgeblichen Schutzbeginn sicher zu bestimmen, praktisch kaum entgegengewirkt werden könnte (Oesterle StV **16**, 118, 119; vgl Thum HRRS **12**, 535, 537, 538; **aM** Klengel/Buchert NStZ **16**, 383, 385; Jahn/Kirsch aaO, die auf einen Zusammenhang mit einer konkreten, spezifisch strafrechtlichen Angelegenheit zum Zwecke späterer Verteidigung abstellen wollen). Ein RA oder Notar, der sich außerhalb eines Strafverfahrens mit einem Gefangenen in Verbindung setzen will, unterliegt den üblichen Beschränkungen (Bremen NJW **63**, 1465 mit abl Anm Tiedemann NJW **63**, 1841; Hamm NJW **71**, 1852; Nürnberg JR **71**, 120 mit abl Anm Sebode; Saarbrücken JBl Saar **61**, 47; Welp GA **77**, 132; **am** HK-Julius 8; Seebode MDR **71**, 98; zur Überwachung eines solchen Besuchs vgl früher UVollzO 36 IV S 2 [idR nicht]; § 35 IV UVollzG Berl, § 23 II HmbUVollzG [keine Überwachung]; ohne spezielle Regelung §§ 19, 22 UVollzG NW, § 35 UVollzG RP). Erg unten 22.

4   Die Bevorrechtigung nach I setzt ein bereits durch gerichtliche Beiordnung oder durch Annahme des Verteidigungsauftrags (4 vor § 137) **bestehendes Verteidigungsverhältnis** voraus (Hamm StV **10**, 587 mit abl Anm Bung; LG Bonn NZWiSt **13**, 21, 25 mit abl Anm Jahn/Kirsch; KK-Laufhütte/Willnow 4; Thum aaO 538f; weitergehend AG Koblenz StV **06**, 650 mit zust Anm Wilhelm: auch noch nach Kündigung des Mandats). Wer mit einem Beschuldigten ohne jeden Auftrag in Verbindung treten will, um über ein Mandat zu verhandeln (Anbiederungs- oder Angebotsfall), darf sich nicht als Verteidiger und seine Post nicht als Verteidigerpost bezeichnen. Ein Verteidigungsverhältnis besteht auch nicht in dem sog Anbahnungsfall, in dem der Beschuldigte oder einer seiner Angehörigen den RA zu einem Besuch auffordert, um die Übernahme der Verteidigung zu besprechen (KG JR **79**, 40; StV **85**, 405 [Beschuldigter]; Hamm NStZ **10**, 471 [Angehöriger], München StRR **12**, 348 mit abl Anm Barton; LG Mannheim AnwBl **76**, 357 [Beschlagnahme des Aufforderungsschreibens des Beschuldigten]; KK-Laufhütte/Willnow 5; Beulke 237 Fn 133a; **am** Düsseldorf StV **84**, 106 [Beschuldigter]; AnwK/UHaft-König 2; Danckert StV **86**, 171; Fezer StV **93**, 255; Grube JR **09**, 363; Hanack JR **86**, 36; Jahn/Kirsch NZWiSt **13**, 28, 30; vgl auch LG Darmstadt StV **03**, 628). Denn dem Missbrauch wäre Tür und Tor geöffnet, wenn die JVA verpflichtet wäre, für jeden Gefangenen eine Vielzahl von „Anbahnungsgesprächen" unbeaufsichtigt zuzulassen; insbesondere könnte so ständig das Verbot des § 146 umgangen werden (gegen diese Argumentation HK-Julius 7 unter Hinweis auf § 146a). Wenn aber ein Missbrauch im Einzelfall auszuschließen ist, kann der Richter dem RA auch zur Anbahnung ein unbewachtes Gespräch mit dem Beschuldigten gestatten (KG StV **91**, 307; 524; weitergehend Schmitz NJW **09**, 40; Wohlers StV **10**, 154).

5   C. Den **Verkehr mit dem nicht auf freiem Fuß befindlichen Beschuldigten** regelt I. Wo der Beschuldigte verwahrt wird (JVA, Entziehungsanstalt, psychiatrisches Krankenhaus), spielt keine Rolle. In UHaft braucht er sich nicht zu befinden; I gilt auch für den Verkehr mit Strafgefangenen, sofern und solange die Verteidigungstätigkeit ausgeübt wird (SK-Wohlers 5). In Betracht kommt die Verteidigung eines Strafgefangenen in einem neuen Strafverfahren (Celle NStZ **03**, 686), in einer Strafvollstreckungssache (KG JR **77**, 213), in einer Gnadensache und in einem Wiederaufnahmeverfahren (Hamm NJW **80**, 1404), aber auch im Zusammenhang mit einem Antrag auf gerichtliche Entscheidung nach § 23 EGGVG (Bremen NJW **63**, 1465) oder § 109 **StVollzG** (Hamm aaO; München NJW **78**, 654). Einem dienstleistenden europäischen RA eines anderen EG-Mitgliedstaates (3 zu § 138) ist nach § 30 EuRAG der Verkehr nur in Begleitung eines Einvernehmensanwalts erlaubt. Das Gericht kann Ausnahmen zulassen, wenn eine Gefährdung der Sicherheit nicht zu besorgen ist; §§ 138a bis d, 146, 146a, 148 gelten für den Einvernehmensanwalt entspr. Auch ein ausländischer Verteidiger in einem ausländischen Strafverfahren hat grundsätzlich das Recht auf unüberwachten Umgang mit dem Gefangenen (Celle aaO).

5a   **Nicht verletzt** durch die Strafverfolgungsorgane wird die Vertraulichkeit der Verteidigungskommunikation, wenn sich der Beschuldigte in Anwesenheit von Ermittlungsbeamten gegenüber dem Verteidiger in einer Weise äußert, dass dies ohne weiteres wahrgenommen werden kann (BGH JR **19**, 205 mit Anm Bünnigmann).

6   D. Der **Schriftverkehr** des Beschuldigten mit dem Verteidiger darf in seinem Umfang nicht beschränkt und, von der Ausnahmeregelung des II abgesehen, in-

haltlich nicht überwacht werden (vgl auch §§ 37 II, 39 IV UVollzG RP; Art 32 I BayStVollzG; BVerfG StV **01**, 212 mit abl Anm Marberth-Kubicki StV **01**, 433 erlaubt aber die Erstreckung einer Postsperre nach § 99 I InsO auf die Verteidigerpost). Der Beschuldigte darf der JVA seine Schreiben an den Verteidiger verschlossen zur Beförderung übergeben; die als Verteidigerpost bezeichneten Schreiben des Verteidigers werden ihm ungeöffnet ausgehändigt. Pakete werden überprüft (§ 41 UVollzG RP), nicht aber die einliegenden Briefe, wenn sie als Verteidigerpost gekennzeichnet sind. Die Öffnung von Verteidigerpost ist selbst dann nicht zulässig, wenn der Gefangene zustimmt, da der Verteidiger aus § 148 ein eigenes Recht auf ungehinderten Zugang zu seinem Mandanten hat, über das dieser nicht verfügen kann (Dresden StV **06**, 654; aM Stuttgart NStZ **11**, 348). Dies gilt ebenso – selbst bei Missbrauchsverdacht – für als Verteidigerpost gekennzeichnete Sendungen (BGH 1 StR 13/13 vom 25.4.2014). Zur Übergabe von Unterlagen erg 15.

Die **Briefkontrolle** darf sich, wenn die Voraussetzungen des II nicht vorliegen, 7 nur darauf beziehen, ob es sich nach den äußeren Merkmalen wirklich um einen Schriftwechsel mit dem Verteidiger handelt (BGH StV **15**, 339; Düsseldorf NJW **83**, 186; Krey 1/258). Eine Öffnung der Sendung ist aber auch zu diesem Zweck nicht zulässig (BGH aaO; Bremen StV **06**, 650; einschr LG Tübingen NStZ **08**, 653: Durchsicht bei gewichtigen Anhaltspunkten für Missbrauch von Seiten des Beschuldigten); begründete Zweifel an der Verteidigerstellung dürfen lediglich dazu führen, das Schriftstück ungeöffnet zurückzusenden (BGH aaO). Auch aus Sicherheitsgründen soll die Öffnung der Verteidigerpost zur Feststellung der Absenderidentität und zur Überprüfung auf unzulässige Einlagen nicht statthaft, auch nicht im Beisein des Gefangenen (Frankfurt StV **05**, 226; Karlsruhe NStZ **87**, 188; Koblenz NStZ **86**, 332; Stuttgart NStZ **83**, 384; NJW **92**, 61; **aM** Koblenz StV **82**, 427 mit abl Anm Dünnebier; vgl allerdings weitergehend EGMR NJW **19**, 3131: Kontrolle konventionsgemäß bei „plausiblen Gründen" für strafbares Verhalten oder wenn die Sicherheit des Gefängnisses oder Dritter bedroht ist). Für den Fall, dass der Beschuldigte sich in U-Haft befindet, stellt § 119 IV S 3 klar, dass die nach § 119 II zuständige Stelle prüfen muss, ob die Voraussetzungen für einen unüberwachten Verkehr erfüllt sind (vgl dort 31–33; praxisrelevante Fallkonstellationen bei Grube JR **09**, 366). Soweit nicht auf diese Regelung verwiesen wird (§§ 126a II S 1, 275a VI S 4, 453c II S 2), gilt: Mit dieser Prüfung kann die JVA beauftragt werden; die Anordnung, dass jeder Brief erst dem Richter vorgelegt werden muss, ist idR überflüssig (Düsseldorf aaO hält sie sogar für unzulässig).

Einer **Beschlagnahme** der Schriftstücke, die vom Verteidiger herrühren und 8 sich beim Beschuldigten befinden, steht I grundsätzlich entgegen (37 zu § 97). Nur wenn gewichtige Anhaltspunkte dafür vorliegen, dass der Verteidiger sich an der dem Beschuldigten zur Last gelegten Tat beteiligt hat, hindert § 148 die Beschlagnahme der Verteidigerpost nicht, die als Beweismittel für das Verfahren gegen den Beschuldigten, für ein Strafverfahren gegen Verteidiger oder für das Ausschließungsverfahren nach §§ 138a ff von Bedeutung sein kann (erg 38 zu § 97). Erst recht – und schon bei Vorliegen eines bloßen Anfangsverdachts – darf ein Brief des Verteidigers beschlagnahmt und in einem gegen ihn eingeleiteten Verfahren (erg 4 zu § 97) verwertet werden, der auf eine Straftat hindeutet, die der Verteidiger – unabhängig von der seinem Mandanten zur Last gelegten Tat – bei Gelegenheit der Verteidigung begangen hat (BGH **53**, 257 mit krit Anm Norouzi StV **10**, 670; Barton JZ **10**, 103, Kühne HRRS **09**, 548 und Wohlers JR **09**, 523 [dem BGH zust BVerfG NJW **10**, 2937; Gössel NStZ **10**, 288; Ruhmannseder NJW **09**, 2648]: beim inhaftierten Mandanten in einem Verfahren gegen den Verteidiger wegen versuchter Strafvereitelung als Zufallsfund beschlagnahmter Verteidigerbrief enthält Beleidigungen des Vorsitzenden Richters; erg ui weitergehend EGMR NJW **19**, 3131).

E. **Unüberwachte Besuche** seines Mandanten in der Haftanstalt sind dem Ver- 9 teidiger grundsätzlich ohne Einschränkung in Bezug auf Zeit (Dauer) und Häufigkeit gestattet.

§ 148

10 Der Verteidiger ist aber an die **anstaltsüblichen Besuchszeiten** gebunden, wenn sie im Rahmen des Zumutbaren den organisatorischen Möglichkeiten der JVA entsprechen (KG JR **77**, 213; Hamm NStZ **85**, 432; Karlsruhe NStZ **97**, 407 mit abl Anm Schriever NStZ **98**, 159; abl auch Paeffgen NStZ **99**, 76 Fn 12, 13; vgl auch früher UVollzO 36 VII). Die Festsetzung solcher Besuchszeiten verstößt nur dann gegen I, wenn sie den Verkehr mit dem Verteidiger nicht mehr regelt, sondern nur wesentlich erschwert (KG aaO; Stuttgart NStZ **98**, 212).

11 Der Verteidiger muss das **Verteidigungsverhältnis nachweisen** (KG JR **77**, 213, 214); zur Zuständigkeit nach § 119 IV S 3 oben 7. Das geschieht idR durch Vorlage der Vollmacht des Gefangenen oder der Bestellungsanordnung des Gerichts (abl Meyer-Lohkamp/Venn StraFo **09**, 269). Eine besondere Sprecherlaubnis darf die JVA nur verlangen, wenn an dem Verteidigerverhältnis Zweifel bestehen, insbesondere, wenn nicht sicher ist, ob ein Fall des § 137 I S 2, II S 2 oder des § 146 vorliegt (**aM** LR-Lüderssen/Jahn 12). Sonst darf die JVA die Vorlage eines Dauersprechscheins nur auf besondere Anweisung des Richters oder StA fordern (Frankfurt NStZ **82**, 134; **aM** LG Würzburg NJW **72**, 1824 mit abl Anm Seebode).

12 **Durchsuchungen** des Verteidigers sind unzulässig, weil sie den freien Verkehr mit dem Mandanten einschränken und den Beschuldigten möglicherweise in seiner Verteidigung beeinträchtigen (Callies StV **02**, 676). Aus Sicherheitsgründen, insbesondere bei erhöhter Fluchtgefahr, dürfen der Haftrichter (vgl § 119 I S 3, 4 mit Eilkompetenz der StA oder JVA) oder die nach Landesuntersuchungshaftvollzugsrecht zuständige Stelle (vgl zB §§ 149 I S 2 NJVollzG, 4 UVollzG NW), bei Strafhaft des Mandanten (abgesehen von dem Fall des § 119 VI) der Leiter der JVA, den Besuch des Verteidigers aber davon abhängig machen, dass er sich und die mitgeführten Behältnisse nach Waffen und anderen gefährlichen Gegenständen durchsuchen lässt (BVerfGE **38**, 26, 30; BGH NJW **73**, 1656; **04**, 457 [ER]; KG NJW **71**, 476; Hamm NJW **80**, 1404, 1405; Beulke 196; einschr Saarbrücken NJW **78**, 1446; Hanack JR **71**, 273; vgl auch Art 29 I S 2 iVm § 27 III BayStVollzG, § 26 I NRWStVollzG; § 22 II S 1 UVollzG NW). Von dem Inhalt der Verteidigerakten darf bei einer solchen Durchsuchung keine Kenntnis genommen werden (BGH aaO; § 149 I S 3 Hs 1 NJVollzG, § 22 II S 2 UVollzG NW; § 34 S 3 UVollzG RP).

13 Für den Verkehr mit einem der deutschen Sprache unkundigen Beschuldigten darf der Verteidiger einen **Dolmetscher** hinzuziehen (siehe 25 zu Art 6 EMRK mN zur Rspr); sein Besuchsrecht schließt aber weder die Mitnahme eines Dolmetschers noch einer Schreibkraft nach seiner Wahl ein (LG Köln NStZ **83**, 237). Erlaubt ist das Mitführen eines Notebooks (BGH NJW **04**, 457) oder eines Diktiergeräts (Frankfurt AnwBl **80**, 307). Auch die Urkunden und Gegenstände, die er für die Unterredung mit seinem Mandanten benötigt, darf der Verteidiger unüberwacht in die JVA einbringen (BGH NJW **73**, 1656, 1657; Hamm NJW **80**, 1404).

14 Für das Gespräch können der Beschuldigte und der Verteidiger die **Zurverfügungstellung eines Raumes** verlangen, in dem Gespräche mit gewöhnlicher Lautstärke geführt werden können, ohne dass unter normalen Bedingungen ein Mithören möglich ist (Hamm StV **85**, 241; Krey 1/252). Der Verteidigerbesuch darf weder akustisch noch optisch überwacht werden (vgl auch § 35 IV UVollzG RP; § 26 II NRWStVollzG).

15 Die **Übergabe von Verteidigungsunterlagen** ist dem Verteidiger gestattet. Er darf dem Beschuldigten Schriftstücke und sonstige Gegenstände, die unmittelbar der Vorbereitung oder Durchführung der Verteidigung dienen, also unmittelbar das Strafverfahren, nicht aber andere Verfahren, betreffen, ohne Kontrolle und ohne besondere Erlaubnis übergeben (BVerfG NJW **10**, 1741 mit krit Anm Weider StV **10**, 144; BGH **26**, 304; Dresden NStZ **98**, 535; LG Bonn NZWiSt **13**, 21, 25; Fezer 4/59; Welp GA **77**, 141; vgl auch § 35 V S 2 Nr 1 UVollzG RP; §§ 149 I S 3 Hs 2 NJVollzG, 22 II S 3 UVollzG NW; § 26 I S 3 NRWStVollzG; Piel/Püschel/Tsambikakis/Wallau ZRP **09**, 36 zur Übergabe von Datenträgern mit Audiodateien abgehörter Telefongespräche; **aM** Jahn NZWiSt **13**, 28 mwN). Dabei darf er aber die richterliche Briefkontrolle nicht umgehen; Schreiben Dritter, die an den Beschuldigten gerichtet sind, darf er ihm ohne besondere Erlaubnis selbst dann nicht übergeben, wenn sie der Verteidigung dienen (BGH **26**, 304, 308); das gilt auch für Schriftsätze aus anderen Verfahren (BVerfG aaO; **aM** Grube JR **09**, 364; LR-Lüderssen/Jahn 17).

F. Auch der **Fernsprechverkehr** und der Verkehr durch andere Telekommunikationsmittel unterfällt dem Überwachungsverbot (Schäfer Hanack-FS 82). Dies gilt ungeachtet der Neufassung des § 119 I, wie § 119 IV S 1 deutlich macht (BVerfG StraFo **12**, 129). § 148 geht der Vorschrift des § 160a IV 1 grunds vor (vgl LG Ellwangen StraFo **13**, 380; erg 24a zu § 100a); eine Überwachung des Verteidigers nach § 100a ist deshalb nur ausnahmsweise möglich, wenn er aufgrund bestimmter Tatsachen selbst der Katalogtat des Mandanten im Sinne „echter Beteiligung" tat- oder teilnahmeverdächtig ist (21 zu § 100a; vgl ferner BVerfG aaO; KK-Bruns 46 zu § 100a iVm 39 zu § 97); dies gilt sinngemäß auch für die in § 100c und § 100f geregelten Überwachungsmaßnahmen (24 zu § 100c, 12 zu § 100f). In UVollzGen der Länder ist mit näheren Maßgaben und Vorbehalten ein Anspruch des UGefangenen auf unüberwachte Telefongespräche mit seinem Verteidiger − grundsätzlich auf eigene Kosten − vorgesehen (vgl zB § 40 S 2 iVm § 34 S 1 Nr 1 UVollzG RP; § 22 I Buchst b UVollzG NW, § 149 I NJVollzG und zum Verbot des Mithörens bereits BGH **33**, 347, 350; Waldowski AnwBl **75**, 106; Welp NStZ **86**, 295; vgl zB auch Art 35 I S 2 BayStVollzG). Die organisatorischen Voraussetzungen für regelmäßig unüberwachte Telefonate sind von der JVA zu schaffen (vgl BGH NStZ **11**, 592), von der auch die telefonische Verbindung hergestellt werden kann (BVerfG aaO). Spricht der Gefangene von einem Geschäftszimmer der JVA aus, so kann er aber nicht verlangen, während des Gesprächs allein gelassen zu werden (BGH [ER] NStZ **99**, 471). Das Recht auf unüberwachte Ferngespräche erstreckt sich nur auf den Verteidiger, der sein im zugrunde liegenden Verfahren mandatiert hat (Köln NStZ **11**, 55: im Ausland ansässiger RA; erg 3 zu § 119).

2) Die **besondere Überwachung nach II** soll verhindern, dass der einer Straftat nach § 129a StGB (dringend) verdächtige Gefangene sich aus der JVA heraus weiterhin für die terroristische Vereinigung betätigt und so zu deren Fortbestand beiträgt (BGH NStZ **84**, 177). Nicht erfasst ist der Fall, dass sich eine terroristische Vereinigung nach dem Tod mehrerer Mitglieder aufgelöst hat (München StV **13**, 528 mit Anm Birkhoff/Hawickhorst StV **13**, 540) oder dass ein rechtskräftig nach § 129a StGB Verurteilter ausschließlich aufgrund dieser Verurteilung zu überwachen ist (bisher § 29 I S 2, 3 **StVollzG**); dies fällt gemäß Art 74 I Nr 1 GG fortan in die Gesetzgebungskompetenz der Länder (zB Art 32 I S 2, 3 BayStVollzG). Die Regelung des II ist als Ausnahme von dem Grundsatz der freien Verteidigung in I abschließend (§ 119 IV S 1); sie ist eng auszulegen (BVerfG StraFo **12**, 129) und darf auf ähnliche Fallgestaltungen nicht entspr angewendet werden (BGH **30**, 38, 41; krit zu II und § 148a Gohl Rebmann-FS 199); jedoch darf die Anordnung eines Trennscheibeneinsatzes (unten 22) auf (die Nachfolgeregelungen zum) § 4 II S 2 StVollzG (zB Art 6 II S 2 BayStVollzG) gestützt werden, um der konkreten, anderweitig nicht ausschließbaren Gefahr zu begegnen, dass ein Gefangener seinen Verteidiger zur Freipressung als Geisel nimmt (vgl BGH **49**, 61; krit dazu Beulke/Swoboda NStZ **05**, 67). Erg unten 22.

A. **Voraussetzung** der besonderen Überwachung des Beschuldigten ist, dass gegen ihn der dringende Tatverdacht einer Straftat nach § 129a, auch iVm § 129b StGB besteht, nicht aber, dass er sich deswegen in UHaft befindet oder auch nur ein Haftbefehl ergangen ist. Die Haftform ist vielmehr gleichgültig: Die Überwachung ist insbesondere auch bei UHaft in anderer Sache, bei Unterbrechung der UHaft zur Strafvollstreckung (§§ 116b, 119 VI) und bei Strafhaft zulässig (Celle NJW **80**, 1118; Stuttgart Justiz **96**, 25).

B. Für die Überwachung nach II ist eine **gerichtliche Anordnung** stets erforderlich, dh auch dann, wenn bereits ein auf § 129a, auch iVm § 129b I StGB ge-

§ 148

stützter Haftbefehl erlassen worden ist (die in BGH **36**, 205 insoweit gemachte Ausnahme vom Erfordernis eines gesonderten, richterlichen Ausspruchs ist seit dem 1.1.2010 [Ges vom 29.7.2009, BGBl I 2274] überholt). Auch wenn in der Mehrzahl der Fälle die Überwachung geboten ist, trägt der Gesetzestext dem Verhältnismäßigkeitsgrundsatz Rechnung und lässt („soll") Ausnahmen zu, etwa wenn der Beschuldigte mit den Ermittlungsbehörden kooperiert oder seine Betätigung für die terroristische Vereinigung aufgegeben hat (KG StV **11**, 296). Für die Bestimmung des Anordnungsgerichts nimmt II S 1 auf § 126 Bezug; ist in dem neuen Ermittlungsverfahren wegen § 129a StGB noch kein Haftbefehl ergangen, verweist II S 2 auf das für dessen Erlass zuständige Gericht (§§ 125, 162 I S 2, 169 I). Zumeist wird die Anordnung im Zusammenhang mit dem Haftbefehlserlass getroffen werden.

20   C. **Überwachung des Schriftverkehrs (II S 1):** Sendungen eines Verteidigers an den Gefangenen oder des Gefangenen an einen Verteidiger werden aufgrund der gerichtlichen Anordnung zurückgewiesen, wenn sich der Absender nicht damit einverstanden erklärt, dass sie zunächst dem Überwachungsrichter (§ 148a) vorgelegt werden. Die Weitergabe an den Adressaten ist nur über dessen Kontrolle möglich. Das Einverständnis kann allgemein oder bei der Vorlegung der einzelnen Sendung erklärt werden. IdR werden Verteidiger und Beschuldigter von dem Haftrichter aufzufordern sein, die Erklärung abzugeben. Liegt die Erklärung vor, so wird die Sendung unmittelbar an den Überwachungsrichter weitergeleitet (2 zu § 148a; vgl zB § 22 III UVollzG NW). Die Formulierung „im Verkehr mit Verteidigern" erfasst alle Fälle des schriftlichen Verkehrs zwischen Verteidiger und Beschuldigten, also auch den früher gesondert geregelten Fall des Verkehrs des Inhaftierten mit einem Verteidiger in einem anderen gesetzlich geordneten Verfahren, dh in jedem Verfahren, in dem es einen Beschuldigten und einen Verteidiger gibt (erg 25 zu § 138a).

21   D. **Trennvorrichtungen beim Verteidigerbesuch (II S 3):** Die Regelung, die rechtsgültig ist (KG JR **79**, 519; Hamm NJW **80**, 1404), zwingt zur Ausstattung der Sprechzellen mit Trennscheiben, durch die die Übergabe von Gegenständen ausgeschlossen wird (vgl dazu KG aaO). Andere Vorrichtungen kommen praktisch nicht in Betracht. Eine zusätzliche optische Überwachung ist unzulässig (KMR-Müller 12; LR-Lüderssen/Jahn 43).

22   **3) Entsprechende Anwendung** der §§ 148, 148a: Die Einschränkungen nach § 119 I entfalten auch keine Wirkung im schriftlichen und mündlichen Verkehr des Gefangenen mit den in § 119 IV S 2 Nr 1–19 (vgl dort 31–33) aufgezählten Personen und Institutionen.

23   **4) Anfechtung:**
24   Gegen einzelne Maßnahmen der StA, ihrer Ermittlungspersonen oder der JVA, die in die Rechte nach I eingreifen, können der Gefangene und der Verteidiger die **Entscheidung des Haftrichters** herbeiführen (§§ 119 IV, VI, 119a, 126). Allgemeine Anordnungen der JVA können nur mit Antrag auf gerichtliche Entscheidung nach § 23 EGGVG angefochten werden (BGH **29**, 135: Durchsuchung der Besucher; KG aaO: Besuchssperre; Frankfurt StV **05**, 226: Kontrolle der Verteidigerpost in Anwendung eines ministeriellen Erlasses; Hamm NStZ **85**, 432: Festsetzung von Besuchszeiten; Grube JR **09**, 365; KK-Laufhütte/Willnow 3; erg 18 zu § 23 EGGVG), im Strafvollzug nach § 109 **StVollzG**. Hat der Haftrichter, auch das AG oder LG als erkennendes Gericht (§ 126 II), die Maßnahme selbst angeordnet, so ist Beschwerde nach § 304 I zulässig (7 zu § 305); der Antrag nach § 119 V S 1 ist aber gegen nicht beschwerdefähige (§§ 304 IV S 2, V; dort 13, 19) Entscheidungen des OLG sowie des Ermittlungsrichters des BGH statthaft. Der Verteidiger kann die Rechtsbehelfe im eigenen Namen einlegen (vgl BGH **29**, 135, 137; NJW **73**, 1656, 1657; KG JR **77**, 213).

25   **Haftbeschränkungsanordnungen nach II**, welche die Art und Weise des Vollzugs regeln, können zwar in den Fällen des § 304 IV, V nicht mit der Be-

schwerde, aber in analoger Anwendung des § 119 V überprüft werden (BGH StV **19**, 113 [ER]).

Durchführung von Überwachungsmaßnahmen

148a I ¹Für die Durchführung von Überwachungsmaßnahmen nach § 148 Abs. 2 ist der Richter bei dem Amtsgericht zuständig, in dessen Bezirk die Vollzugsanstalt liegt. ²Ist eine Anzeige nach § 138 des Strafgesetzbuches zu erstatten, so sind Schriftstücke oder andere Gegenstände, aus denen sich die Verpflichtung zur Anzeige ergibt, vorläufig in Verwahrung zu nehmen; die Vorschriften über die Beschlagnahme bleiben unberührt.

II ¹Der Richter, der mit Überwachungsmaßnahmen betraut ist, darf mit dem Gegenstand der Untersuchung weder befaßt sein noch befaßt werden. ²Der Richter hat über Kenntnisse, die er bei der Überwachung erlangt, Verschwiegenheit zu bewahren; § 138 des Strafgesetzbuches bleibt unberührt.

1) **Zuständiger Überwachungsrichter (I S 1):** Für die Kontrollmaßnahmen 1 nach § 148 II ist (nur, § 119 IV S 1 und 2 Nr 1–19) das AG zuständig, in dessen Bezirk die Vollzugsanstalt liegt, und zwar der Richter, der vom Präsidium in der Geschäftsverteilung mit dieser Aufgabe betraut worden ist (§ 21e I S 1 GVG).

2) Die **Überwachungsmaßnahmen** nach § 148 II S 1, 2 bestehen in der Kon- 2 trolle der dem Richter von der JVA (vgl zB § 22 III UVollzG NW), dem Verteidiger oder dem Beschuldigten vorgelegten Schriftstücke und anderen Gegenstände. Der Überwachungsrichter kann ihre Weiterbeförderung an den Verteidiger oder die JVA zur Aushändigung an den Beschuldigten anordnen oder durch mit Gründen versehenen Beschluss ablehnen (dann gibt er sie dem Absender zurück); er kann auch Strafanzeige nach § 138 StGB erstatten (unten 5). Weitere Entscheidungsmöglichkeiten hat er nicht.

Die **Beförderungserlaubnis wird versagt,** wenn sich der Schriftverkehr auf 3 die Förderung einer terroristischen Vereinigung bezieht. Aber auch Schriftstücke und Gegenstände, die keine solche Zweckbestimmung haben, jedoch sonst für verteidigungsfremde Zwecke bestimmt sind, können von der Beförderung ausgeschlossen werden (Bay **79**, 65, 69 = MDR **79**, 862; Hamburg NJW **79**, 1724; LG Baden-Baden NStZ **82**, 81; KK-Laufhütte/Willnow 8; **a**M KG JR **79**, 216; LG Köln NJW **79**, 1173 L; Beulke 196; Fezer 4/66; Welp GA **77**, 142); denn es muss nicht geduldet werden, dass der Verteidiger unter den Augen des Gerichts seine Rechte missbraucht. Was den Verteidigungszwecken dient, bestimmt aber in 1. Hinsicht der Verteidiger selbst (LG Stuttgart StV **85**, 67); die Beförderung darf nur in klaren Missbrauchsfällen verweigert werden (LR-Lüderssen/Jahn 6 mwN). Von der Beförderung ausgeschlossen sind auch Gegenstände, die die Sicherheit der Anstalt beeinträchtigen (Stuttgart NStZ **83**, 384). Die zurückgehaltene Sendung wird an den Absender zurückgeleitet (vgl aber auch unten 5).

Vor der Entscheidung wird die **StA nicht gehört;** § 33 II gilt nicht, da von 4 dem Inhalt der Sendung außer dem Überwachungsrichter niemand Kenntnis nehmen darf (Bay **79**, 65 = MDR **79**, 862).

3) **Zur Erstattung einer Strafanzeige (I S 2)** ist der Überwachungsrichter 5 verpflichtet, wenn er aus dem Schriftverkehr von dem Vorhaben oder der Ausführung einer der in § 138 I, II StGB bezeichneten Straftaten erfährt. Bei der Anzeigeerstattung darf er die bei der Überwachung erlangten Kenntnisse an die StA weitergeben (II S 2 Hs 2). Die Schriftstücke und sonstigen Gegenstände, die den Verdacht begründen, muss er vorläufig in Verwahrung nehmen, bis über ihre Beschlagnahme nach §§ 94, 98 entschieden wird, wobei aber § 97 hier nicht gilt (BGH NStZ **90**, 93: Redaktionsversehen). Erst wenn sie beschlagnahmt worden sind, gibt er sie an die StA weiter. Erfolgt in angemessener Frist keine Beschlagnahme, so werden die Schriftstücke und Gegenstände dem Adressaten ausgehän-

§ 148a

digt, wenn sie nicht aus anderen Gründen von der Beförderung auszuschließen sind (KMR-Müller 3). Die Beschlagnahme kann ggf auch in einem wegen § 129a StGB bereits anhängigen Ermittlungsverfahren erfolgen (BGH StV **90**, 146 mit abl Anm Nestler-Tremel; **aM** auch HK-Julius 1).

6 **4) Ausschluss des Überwachungsrichters (II S 1):** Der mit Überwachungsmaßnahmen nach § 148 II S 1, 2 betraute Richter darf mit der Sache sonst weder befasst sein noch befasst werden.

7 **Betraut** mit den Überwachungsmaßnahmen ist der Richter beim AG nicht schon deshalb, weil er für sie nach dem Geschäftsverteilungsplan zuständig ist, sondern erst, wenn es zur Prüfung eines vorgelegten Schriftstücks oder anderen Gegenstandes gekommen ist.

8 **Als Überwachungsrichter ausgeschlossen** ist der Haftrichter, solange er nach § 126 I S 1 für die weiteren richterlichen Entscheidungen und Maßnahmen zuständig ist. Ausgeschlossen ist nicht der Richter, der früher einmal mit der Sache befasst war, es aber jetzt nicht mehr ist, zB der früher tätig gewesene Haftrichter, wenn nach Erhebung der Anklage die Zuständigkeit für Haftentscheidungen nach § 126 II S 1, § 120 I Nr 6 GVG auf das OLG übergegangen ist. Auch wer als Ermittlungsrichter eine inzwischen abgeschlossene Untersuchungshandlung vorgenommen hat, ist nicht ausgeschlossen, selbst wenn die Möglichkeit besteht, dass weitere Anträge bei ihm gestellt werden.

9 **Von der Mitwirkung in der Strafsache ausgeschlossen** ist der Überwachungsrichter. Der Ausschluss erstreckt sich auf alle wegen derselben Tat iS des § 264, auch gegen andere Tatbeteiligte, zu treffenden Entscheidungen, nicht nur auf die Mitwirkung in der Hauptverhandlung (LR-Lüderssen/Jahn 15, 16). II S 1 ergänzt insoweit den § 23, geht aber in der Ausschlusswirkung weiter; denn der Tätigkeit als Überwachungsrichter steht auch eine spätere Mitwirkung am Verfahren als StA oder Verteidiger entgegen (LR-Lüderssen/Jahn 16; **aM** KMR-Müller 8 für die Mitwirkung als Verteidiger). Der Ausschluss gilt nur für den Überwachungsrichter selbst, nicht für die Beschwerderichter (BGH MDR **82**, 282 [H]; KG NJW **79**, 771; KK-Laufhütte/Willnow 12; offengelassen bei BGH **29**, 196, 199; **aM** SK-Wohlers 18; erg unten 12). Für das Verfahren gelten die §§ 22, 24, 28 entspr.

10 **5) Die Verschwiegenheitspflicht des Überwachungsrichters (II S 2)** besteht gegenüber jedermann, auch gegenüber dem mit der Sache befassten Gericht und der StA, sofern nicht die Voraussetzungen des § 138 StGB vorliegen (oben 5). Zur Zeugnisverweigerung ist der Richter nicht nur berechtigt, sondern verpflichtet (Welp GA **77**, 134 Fn 31). Die Pflicht zur Verschwiegenheit bezieht sich aber nur auf den Inhalt der Schriftstücke und Gegenstände, nicht auf Zeit, Art und sonstige Umstände des technischen Vorgangs der Vorlegung (KK-Laufhütte/Willnow 10; **aM** SK-Wohlers 14), auch nicht auf die Zahl der Gegenstände.

11 Der Verschwiegenheitspflicht unterliegen auch die **Gehilfen des Richters**, zB die Geschäftsstellenbeamten und Schreibkräfte (KK-Laufhütte/Willnow 10), auch die von dem Richter herangezogenen Sachverständigen (Stuttgart NStZ **83**, 384), Dolmetscher (deren Zuziehung als geringerer Eingriff gegenüber einer Sperre jeglichen Schriftverkehrs eines Ausländers anzusehen und daher zulässig ist, vgl LG Baden-Baden NStZ **82**, 82; LG Köln StV **88**, 536; **aM** Kreitner NStZ **89**, 5) und sonstigen Hilfspersonen (Stuttgart Justiz **83**, 240).

12 **6) Anfechtung:** Gegen die Maßnahmen des Richters beim AG bei der Durchführung der Überwachung können der Beschuldigte und der Verteidiger Beschwerde nach § 304 I einlegen, über die das LG entscheidet (BGH **29**, 196; Bay **90**, 1), ohne dass die StA gehört wird (Bay aaO; oben 4). Die Mitwirkung eines nach II S 1 ausgeschlossenen Richters in der Strafsache ist ein zwingender Aufhebungsgrund nach § 338 Nr 2. Der Verwertung von unter Verletzung der Schweigepflicht offenbarten Kenntnissen als Urteilsgrundlage kann mit der Revision nach § 337 gerügt werden.

Verteidigung § 149

Zulassung von Beiständen

149 I ¹Der Ehegatte oder Lebenspartner eines Angeklagten ist in der Hauptverhandlung als Beistand zuzulassen und auf sein Verlangen zu hören. ²Zeit und Ort der Hauptverhandlung sollen ihm rechtzeitig mitgeteilt werden.

II Dasselbe gilt von dem gesetzlichen Vertreter eines Angeklagten.

III Im Vorverfahren unterliegt die Zulassung solcher Beistände dem richterlichen Ermessen.

1) Die **Zulassung** des Ehegatten, des Lebenspartners (vgl § 1 LPartG) oder des 1 gesetzlichen Vertreters als Beistand (vgl dazu Kaum 44 ff) kann nur auf dessen Antrag, nicht von Amts wegen (RG **41**, 348) und nicht auf Antrag des Beschuldigten erfolgen (Düsseldorf NJW **79**, 938). Dessen Zustimmung ist nicht erforderlich (RG **38**, 106; KK-Laufhütte/Willnow 1; vgl auch LR-Lüderssen/Jahn 4, die jedoch eine Ausnahme hinsichtlich der Ehegatten oder Lebenspartners machen). Auch der Berufsbetreuer ist – in seinem Aufgabenkreis (dazu eingehend Elzer BtPrax **00**, 139) – gesetzlicher Vertreter iS des II (KG FamRZ **05**, 1776 L; LR-Lüderssen/Jahn 1; a**M** BGH NStZ **08**, 524; 4 StR 354/12 vom 25.9.2012; [s aber §§ 1896 II S 2, 1902 BGB]).

Im Vorverfahren entscheidet über den Zulassungsantrag das entspr § 142 III 2 Nr 1 zuständige Amtsgericht, und zwar nach pflichtgemäßem Ermessen (III). Für die Hauptverhandlung, auch für vorweggenommene Beweiserhebungen nach §§ 223, 225 (EbSchmidt 7), besteht ein Rechtsanspruch auf die Zulassung (Köln VRS **79**, 53), auch wenn der Antragsteller ein Mitangeklagter (LR-Lüderssen/Jahn 15) oder wenn er als Zeuge geladen und erschienen ist (BGH **4**, 205). Für die Entscheidung ist der Vorsitzende des Gerichts zuständig. Sie muss sofort nach Antragstellung (BGH aaO) und ausdrücklich getroffen werden.

2) **Rechtsstellung:** Der Beistand kann zugleich Zeuge sein (BGH **4**, 205; erg 3 23 vor § 48); dann muss er aber der Hauptverhandlung zeitweise fernbleiben (§§ 58 I, 243 II–IV; vgl aber 4 zu § 58). Er kann auch neben einem Verteidiger und in Anwesenheit des Angeklagten auftreten, hat aber keinen Anspruch auf Bewilligung von Prozesskostenhilfe und Beiordnung eines RA (BGH MDR **78**, 626 [H]). Allerdings kann er, wie der Zeuge, einen RA als Beistand hinzuziehen (BGH aaO; erg 11 vor § 48). Sein Recht erschöpft sich aber auch dann in der Beratung des Angeklagten und in der Stellungnahme zur Sache; prozessuale Rechte des Angeklagten kann er, anders als der Beistand im Jugendstrafverfahren nach § 69 **JGG**, nicht wahrnehmen (BGH **47**, 62, 66; erg 30 zu § 244), auch keine Rechtsmittel einlegen (Düsseldorf NJW **97**, 2533; vgl auch § 298 I). Der Vorsitzende kann ihn aus den Gründen des § 247 zeitweise von der Verhandlung ausschließen (BGH aaO). Zum Fragerecht vgl 3 zu § 240. Das dem Verteidiger in § 148 I gewährte Recht auf ungehinderten Verkehr mit dem Beschuldigten hat der Beistand nicht; der Grundsatz des fairen Verfahrens (Einl 19) kann aber eine Überwachung aller Gespräche verbieten (BGH **44**, 82).

3) **Die Benachrichtigung von der Hauptverhandlung (I S 2)** soll so recht- 4 zeitig erfolgen, dass der Beistand in ihr erscheinen kann (BGH **47**, 62, 64). Eine förmliche Ladung ist nicht vorgeschrieben.

4) **Anfechtung:** Antragsteller und Beschuldigter können gegen die Ablehnung 5 und den Widerruf der Zulassung Beschwerde nach § 304 I einlegen, StA und Beschuldigter auch gegen die Zulassung; § 305 S 1 steht nicht entgegen. Die Ablehnung des Zulassungsantrags und die verspätete Zulassung können nach § 337 die Revision begründen, wenn das Urteil darauf beruht (BGH **4**, 205; LR-Lüderssen/Jahn 21). Das Gleiche gilt für eine zu weitgehende Einschränkung der Beistandsrechte (BGH **44**, 82) und für das Unterlassen der Benachrichtigung nach I S 2 (offen gelassen von BGH aaO, dort wN).

Schmitt

§ 150

150 (weggefallen)

Zweites Buch. Verfahren im ersten Rechtszug

Erster Abschnitt. Öffentliche Klage

Anklagegrundsatz

151 Die Eröffnung einer gerichtlichen Untersuchung ist durch die Erhebung einer Klage bedingt.

1) **Akkusationsprinzip** (Anklagegrundsatz): Nur auf Anklage kann es zur gerichtlichen Untersuchung kommen. 1

2) Die **gerichtliche Untersuchung** tritt nicht automatisch mit der Erhebung 2 der Klage ein. Sie entsteht erst durch förmlichen Eröffnungsbeschluss (§ 203; vgl auch § 156). Erst dieser macht die Strafsache rechtshängig (Einl 63; 1 zu § 156).

Anklagebehörde; Legalitätsgrundsatz

152 ^I Zur Erhebung der öffentlichen Klage ist die Staatsanwaltschaft berufen.

^II Sie ist, soweit nicht gesetzlich ein anderes bestimmt ist, verpflichtet, wegen aller verfolgbaren Straftaten einzuschreiten, sofern zureichende tatsächliche Anhaltspunkte vorliegen.

1) Das **Offizialprinzip (I)** bedeutet, dass die Strafverfolgung grundsätzlich dem 1 Staat (für die Rechtsgemeinschaft) obliegt, nicht dem einzelnen Bürger. Ausnahme: Privatklageverfahren (§§ 374 ff). Von dem Anklagemonopol der StA bestehen auch im Offizialverfahren noch Ausnahmen, in denen es zur gerichtlichen Untersuchung ohne Mitwirkung der StA kommen kann: Strafbefehlsantrag der FinB in Steuerstrafverfahren (§ 400 **AO**; Einl 11 ff). Vgl auch Einl 37, 38; §§ 155 II, 160 I, 163. Aus I ergibt sich nicht die Pflicht der StA zur Auskunft, ob eine beabsichtigte Handlung strafbar ist (Hamburg NJW **65**, 776).

2) Das **Legalitätsprinzip (II)** bedeutet Verfolgungszwang, und zwar gegen jeden Verdächtigen (BVerfG NStZ **82**, 430), und muss die Voraussetzungen dafür bestehen, Anklagezwang (BGH **15**, 155; Geerds SchlHA **62**, 181). Es ist für die StA das notwendige Korrelat zu ihrem Anklagemonopol (I). Mit ihm sollen die Grundsätze der Gleichheit vor dem Gesetz (Art 3 I GG), der Verpflichtung des Staates zu effektiver Strafverfolgung (BVerfG 2 BvR 1568/12 vom 13.11.2014 mit Anm Kröpil JA **15**, 1282) und der Gerechtigkeit im Rahmen des Möglichen verwirklicht werden. Dem Verfolgungszwang korrespondiert allerdings grundsätzlich (zu Ausnahmen siehe 1a zu § 172; Esser/Lubrich StV **17**, 418) kein Anspruch Verletzter auf effektive Strafverfolgung; vielmehr steht diesem insoweit lediglich ein Reflexrecht zu (BVerfG aaO; Würdinger HRRS **16**, 29). II wird durch § 170 I und durch §§ 172 ff (BVerfG aaO; Würdinger aaO) ergänzt. Die Erhebung der öffentlichen Klage gehört ebenfalls zur Erfüllung des Legalitätsprinzips, wie sich aus den §§ 172 ff ergibt. Die weitere Beteiligung der StA am gerichtlichen Verfahren nach der Klageerhebung ist eine prozessuale Aufgabe eigener Art, nicht mehr Teil des Legalitätsprinzips (Strate StV **85**, 338; str). Dieses beeinflusst das weitere Prozessverhalten der StA nur noch mittelbar (Kleinknecht Bruns-FS 180; **aM** Geppert GA **79**, 300; vgl auch LR-Beulke 17). Zum Erledigungsverhalten der deutschen Staatsanwaltschaft Heinz Kühne-FS 213 ff.

A. Es **berechtigt und verpflichtet** (vgl auch § 163), mangels gegenteiliger ge- 3 setzlicher Bestimmungen (zB § 393 II **AO**), wegen verfolgbarer (vgl Einl 145; § 376) Straftaten bei zureichenden Anhaltspunkten einzuschreiten. Dazu gehört auch, dass die StA verpflichtet ist, von ihren Zwangsbefugnissen Gebrauch zu machen (Schroeder JZ **85**, 1033). In diesem Sinn ist II auch eine Kompetenznorm. Gegen eine konkrete Person muss sich der Anfangsverdacht nicht richten (vgl Scheinfeld/Willenbacher NJW **19**, 1357).

3a Der Verfolgungszwang und die dazu gehörende Kompetenz besteht **bei Steuerstraftaten auch für die FinB** (§§ 385, 386, 397, 399 II **AO**). Bei Verdacht einer Steuerstraftat ermitteln die FinB den Sachverhalt (§ 386 I S 1 **AO**), wobei der Begriff der Tat wie in § 264 I auszulegen ist. Im Rahmen dieser sog unselbständigen Ermittlungskompetenz nehmen sie die Rolle der Polizei ein (Sediqui wistra **17**, 259, 260 mwN); sie erstreckt sich grundsätzlich nicht auf möglicherweise in prozessualer Tateinheit stehende Allgemeindelikte (Frankfurt wistra **87**, 32; Bender wistra **98**, 93, 94; siehe aber erg 13 zu § 160; **aM** Sediqui aaO 261). Eine sog selbständige Ermittlungskompetenz der FinB besteht allerdings in Fällen, in denen ausschließlich eine Steuerstraftat in Betracht kommt; insoweit tritt die FinB – in den Grenzen der §§ 399 I, 400, 401 **AO**) in die Stellung der StA ein (vgl § 386 II Nr 1 **AO**; Sediqui aaO 260; erg Einl 12 sowie 13, 13a zu § 160).

3b Verdeckt agierende sog **Flankenschutzfahnder,** die häufig bei Außen- bzw Betriebsprüfungen zusammen mit Finanzbeamten auftreten, dürfen den Steuerpflichtigen nicht dahingehend ausforschen, ob überhaupt ein Anfangsverdacht iSv II besteht; dies wäre mit dem nemo-tenetur-Grundsatz (Einl 29a) nicht vereinbar und würde die Grenzen zwischen Besteuerungsverfahren und Steuerstrafverfolgung unzulässig vermischen. Erst recht dürfen sie bei bereits bestehendem Anfangsverdacht nicht ohne Belehrung des Steuerpflichtigen als Beschuldigter die Tatsachen oder Beweismittel für eine Steuerstraftat sammeln (Durst PStR **12**, 274, 275; Franzen/Gast/Joecks-Jäger 93 zu § 397 AO; erg 1 zu § 105; zum Begriff des Beschuldigten Einl 76 ff). Allerdings erweisen sich in der Praxis die Übergänge vom Besteuerungsverfahren zum Strafverfahren häufig als fließend und entspr Abgrenzungen als äußerst schwierig (vgl Franzen/Gast/Joecks-Jäger 4 ff, 50 ff), was durch die im Gesetz (§ 208 **AO**) angelegte Doppelrolle der Steuerfahndung befördert wird. Über Bindung der StA an höchstrichterliche Rspr vgl 11 vor § 141 GVG.

4 B. Der **Anfangsverdacht** muss schon in konkreten Tatsachen bestehen (Hamburg GA **84**, 289, 290; Geerds GA **65**, 327; Walder ZStW **95**, 867 ff); vage Anhaltspunkte und bloße Vermutungen reichen nicht aus (BVerfG **115**, 166, 197; NJW **14**, 3085). Die Frage, ob zureichende tatsächliche Anhaltspunkte vorliegen, ist keine Ermessensentscheidung (vgl unten 9), wenngleich ein gewisser Beurteilungsspielraum besteht (BGH NJW **70**, 1543; NStZ **88**, 510; München NStZ **85**, 549; Sailer NJW **77**, 1138; vgl auch BVerfG NJW **84**, 1451; **aM** Störmer ZStW **108**, 516; eingehend hierzu Hellmann Kühne-FS 235, 238 ff; Eisenberg/Conen NJW **98**, 2241). Bei ihrer Beurteilung können auch offenkundige Tatsachen des Zeitgeschehens eine Rolle spielen (Willms JZ **57**, 465). Behördenzeugnisse dürfen herangezogen werden (BGH NStZ **19**, 546). Der Anfangsverdacht muss es nach den **kriminalistischen Erfahrungen** als möglich erscheinen lassen, dass eine verfolgbare Straftat vorliegt (Bruns H. Kaufmann-GedSchrift 866; Freund GA **95**, 13; Hund ZRP **91**, 464; Kuhlmann NStZ **83**, 130; Senge Hamm-FS 701; Rettenmaier/Rostalski StV **18**, 313 speziell zu Verfahren nach §§ 299a, b StGB; vgl auch BVerfG NJW **15**, 851: Berücksichtigung kriminalistischer Erfahrungssätze zulässig). Dazu genügen auch entfernte Indizien (vgl 25 zu § 261). Bloße Vermutungen rechtfertigen es nicht, jemandem eine Tat zur Last zu legen (vgl auch LR-Beulke 22). Sie können zu besonderer Achtsamkeit und zu Beobachtungen veranlassen; jedoch ergibt sich die Grundlage für dieses der Strafverfolgung vorgelagerte Verhalten nicht aus der StPO (eingehend dazu Groß Dahs-FS 249). Auch auf Strafanzeigen hin, die noch keinen konkreten Anfangsverdacht begründen, kommt die Einleitung eines Ermittlungsverfahrens nicht in Betracht (Bay **85**, 71, 75; Dahs NJW **85**, 1114). Der Anfangsverdacht braucht aber weder dringend (vgl §§ 111a, 112) noch hinreichend (vgl § 203) zu sein (Bay aaO; Karlsruhe Justiz **03**, 270; München NStZ **85**, 549); de facto braucht er auch das Maß noch nicht zu erreichen, das für schwerwiegende Eingriffe, zB nach §§ 80–81c, 94, 99, 100a, notwendig ist (BVerfGE **17**, 117, 118; Einl 20, 21). Ob Tatsachen, die einem Beweisverwertungsverbot (Einl 50 ff) unterliegen, zur Begründung eines Anfangsverdachts herangezogen, mithin zur Grundlage weiterer Ermittlungen gemacht werden dürfen, ist str; nach hM ist dies nicht generell zu bejahen oder zu verneinen, sondern zwischen der Schwere einerseits des das Beweisverbot begründenden Rechtsverstoßes andererseits der aufzuklärenden Tat abzuwägen (vgl LR-Beulke 26, 27; für generelle Unverwertbarkeit aber – auch schon bei Zweifeln über die Verwertbarkeit – Hengstenberg [Einl 57e] S 132, 146). Die missbräuchliche Ausnutzung des den Ermittlungsbehörden zustehenden Beurteilungsspielraums kann einen (in der Revision auf Verfahrensrüge zu beachtenden) Verstoß gegen den Grundsatz des fairen Verfahrens (Einl 19) begründen (BGH JR **05**, 300 mit Anm Lesch). Auf **interne Ermittlungen** in Unternehmen ist II nicht anwendbar (vgl aber Schulz Schiller-FS 573, 583, der darauf hinweist, dass insofern die Möglichkeit besteht, durch die Weitergabe der Ergebnisse dieser Ermittlungen an die StA das Verbot von Ermittlungen ins Blaue hinein zu unterlaufen).

Anfangsverdacht bei legalem Verhalten: Steht fest, dass eine Straftat begangen worden ist, kann aus legalem Verhalten einer Person ohne weiteres auf den Anfangsverdacht geschlossen werden (so etwa aus dem – an sich rechtlich zulässigen – Erwerb von Tatmitteln oder der Tatwaffe, zB eines Hammers oder eines Messers). Problematisch sind Fälle, bei denen bei bestimmten Handlungen nach kriminalistischer Erfahrung lediglich die Möglichkeit besteht, dass das Verhalten einer Person einen strafbaren Hintergrund hat. Die Rspr hat insoweit darauf abgestellt, ob **weitere Anhaltspunkte** hinzutreten, insbesondere ob die betreffenden Verhaltensweisen den Eindruck einer bewussten Verdeckung von Begleitumständen erwecken. Das BVerfG hat dies etwa in einem Fall gebilligt, in dem die Vorinstanzen aus der Einrichtung geheimer Bankkonten im Ausland einen Anfangsverdacht für den Vorwurf der Steuerhinterziehung angenommen hatten (siehe BVerfG NJW **94**, 2079 zu LG Düsseldorf wistra **85**, 201 f; vgl ferner Hoven NStZ **14**, 361, 365). Rechtlich nicht zulässig dürfte es daggen sein, ohne zusätzliche derartige „Verdeckungsmaßnahmen" **ausschließlich** aus unzweifelhaft legalem Verhalten des Betroffenen zureichende Anhaltspunkte im Sinne von II dafür ableiten zu wollen, dass überhaupt eine Straftat begangen worden ist, da dies rechtstreue Handlungen unter Generalverdacht stellen würde und auf die „Konstruktion eines latenten Anfangsverdachtes" (Hoven aaO 367; in diesem Sinne auch BVerfG NStZ-RR **19**, 118, 120) hinausliefe. Dies dürfte insbesondere für solche Handlungen zu gelten haben, welche zwar unmittelbar das in Straftatbeständen geregelte soziale Verhalten tangieren, die Grenze zu strafbarem Tun aber sicher – noch – nicht überschreiten. So könnte etwa **allein** aus dem Umstand, dass bei einem Betroffenen synthetische Substanzen gefunden werden, die noch nicht Aufnahme in den Anlagen I bis III des BtMG gefunden haben, nicht der Anfangsverdacht eines BtM-Delikts abgeleitet werden, ebenso wenig aus zwar umstrittenen, aber von den Finanzbehörden als (noch) unbedenklich eingestuften Steuersparmodellen der Verdacht der Steuerhinterziehung, ferner nicht der Anfangsverdacht eines Steuerdelikts allein aus der bloßen – weil schon begrifflich anonymen – Inhaberschaft von Tafelpapieren und deren Einlieferung in ein Depot (BFH DStR **01**, 1387; siehe Satzger Beulke-FS 1009, 1019), schließlich auch nicht alleine aus dem Erwerb und Besitz von Kinderfotos, die **sicher** noch nicht die Schwelle zu § 184c StGB überschritten haben, der Anfangsverdacht des Besitzes kinderpornografischer Schriften (in diesem Sinne wohl auch BVerfG NJW **14**, 3085, 3088 [Tz 40], wo die Annahme eines Anfangsverdachts durch das LG beim Erlass eines Durchsuchungsbeschlusses ua als verfassungsrechtlich unbedenklich gewertet wurde, weil das LG „gerade nicht … davon ausgegangen" sei, dass der Beschuldigte sich beim Erwerb von Nacktphotos von Kindern „ausschließlich legal verhalten" habe). Das BVerfG hält es jedoch zumindest für verfassungsrechtlich unbedenklich, aus Verhalten des Betroffenen in einem von tatsächlichen Wertungen abhängigen **Grenzbereich** zwischen strafrechtlich relevantem und irrelevantem Verhalten, einen Anfangsverdacht abzuleiten (BVerfG aaO zur strafrechtlichen Relevanz möglicherweise kinderpor-

4a

nografischem Materials, bei dem zumindest auch der kriminalistische Erfahrungssatz berücksichtigt werden könne, dass „die Grenze zur strafbaren Kinderpornografie bei dem Bezug solcher als strafrechtlich relevant einschätzbarer Medien über das Internet – jedenfalls bei Anbietern, die auch eindeutig strafbares Material liefern – nicht zielsicher eingehalten werden" könne und regelmäßig auch überschritten werde; in diesem Sinne auch BVerfG NJW **15**, 851, wo erg darauf hingewiesen wird, dass „bei Menschen mit pädophiler Neigung unter anderem ein Hang zum Sammeln und Aufbewahren einmal erworbenen Materials vorliegt, um das Material stets zur Verfügung zu haben und es mit Gleichgesinnten auszutauschen"; vgl auch BVerfG NStZ-RR **19**, 118, 120 zu in Internetforen verbreiteten Texten, die sexuelles Interesse an Kindern dokumentieren; kritisch zu einer Berücksichtigung „subjektiv-empirisch" erhöhter Tatbegehung durch eine bestimmte Gruppe von Personen Satzger aaO 1020).

4b C. **Vorermittlungen** zur Klärung, ob auf Grund vorliegender tatsächlicher Anhaltspunkte die Einleitung eines Ermittlungsverfahrens veranlasst ist, sind zulässig (Lange DRiZ **02**, 264; Senge Hamm-FS 706 mwN; kritisch Baldarelli Kriminalistik **13**, 356; zu – nicht als solchen bezeichneten – Vorfeldermittlungen nach § 4 III und IV WpHG durch die BaFin de Sousa Mendes GA **16**, 380, 387 ff). Sie werden gelegentlich nur unter einem AR- (allgemeines Register) statt unter einem Js-Aktenzeichen geführt (dagegen Schaefer Müller-FS 633) und häufig auf der Überlegung beruhen, dass die Einleitung eines – formellen – Ermittlungsverfahrens für die betroffene Person ganz erhebliche private und berufliche Nachteile haben kann, wenn der Tatvorwurf aktenkundig bzw öffentlich wird (vgl BGH **51**, 372; Hellmann Kühne-FS 235 ff, vor allem zu Verfahren nach der AO; Rogall Frisch-FS 199, 1213). Die Ermittlungen sind in diesem Stadium auf Maßnahmen beschränkt, welche – wie etwa informatorische Befragungen oder die Einsichtnahme in freiwillig herausgegebene Unterlagen (Pfordte StraFo **16**, 53, 57) – nicht in den strafprozessualen Zwangsbefugnissen geregelt sind. Der Ermittlungsumfang ist durch den Grundsatz der Verhältnismäßigkeit begrenzt (Keller/Griesbaum NStZ **90**, 416). Davon zu unterscheiden sind die **Vorfeldermittlungen,** die erst dazu dienen, solche Anhaltspunkte zu gewinnen (Rieß Otto-FS 964; Hornig PStR **14**, 103 zur nicht unbedenklichen Praxis bei Ermittlungen wegen Steuerhinterziehung in Bankenfällen); sie sind in strafprozessualer Hinsicht unzulässig, weil insoweit keinerlei Anfangsverdacht besteht (LR-Beulke 22; vgl auch RiStBV Anl E Nr 6 und dazu zutr Pfordte aaO 58). Der im Vorermittlungsstadium Betroffene hat nicht die Stellung eines Beschuldigten, Zwangs- und Eingriffsmaßnahmen, dürfen nicht vorgenommen werden (Krause Strauda-FS 357 ff; Lange aaO 268 ff). Ob und inwieweit im Zuge von Vorfeldermittlungen der Sicherheitsbehörden gewonnene Erkenntnisse im Strafverfahren als Beweismittel verwertet werden dürfen, ist noch ungeklärt (vgl Weßlau Hilger-FG 72), ihre Verwertbarkeit dürfte jedoch regelmäßig zu verneinen sein. Das Verbot von Vorfeldermittlungen darf nicht durch den Einsatz Privater umgangen werden; diese sind aber in Grenzen (insbesondere nach §§ 201 ff StGB) befugt, Sachaufklärungen anzustellen (dazu eingehend Brunhöber GA **10**, 579 ff).

4c D. Eine **rechtliche Prüfung** kommt zu der Prüfung des Sachverhalts hinzu. Die StA muss zur Vermeidung von Staatshaftung (BGHZ **20**, 178; NStZ **88**, 510) prüfen, ob der angezeigte oder sonst bekanntgewordene Sachverhalt überhaupt unter ein Strafgesetz fällt und von ihr zu verfolgen ist (vgl dazu die „Richtlinien für die Prüfung eines Anfangsverdachts wegen einer Straftat" des GStA Brandenburg, JMBl **98**, 106). Der Anfangsverdacht kann daher zu verneinen sein, wenn ohne Zweifel ein Rechtfertigungsgrund vorlag, zB ein Fall der Nothilfe nach § 32 StGB bei Tötung eines Luftpiraten zur Rettung einer unter Todesdrohung als Geisel festgehaltenen Stewardeß (Geerds ArchKrim **151**, 52; Wittschier in Jung/Müller-Dietz 42). Zur Notwehr des Polizeibeamten vgl Schwabe JZ **74**, 634 mwN; zum Einsatz von Lockspitzeln und verdeckt ermittelnden Polizeibeamten in diesem Zusammenhang vgl BGH StV **89**, 518. Ob Tatsachen, die unter Verstoß gegen ein

Öffentliche Klage **§ 152**

Beweisverwertungsverbot (vgl Einl 55 ff) erlangt worden sind, zur Bejahung eines Anfangsverdachts verwertet werden dürfen, ist sehr str (vgl dazu LR-Beulke 26); es wird insoweit mit der wohl hM eine Abwägung zwischen dem Gewicht des Verfahrensverstoßes mit der Schwere der aufzuklärenden Straftat vorzunehmen sein (AK-Schöch 11). Fest steht aber, dass unzulässig gewonnene Erkenntnisse als Beweismittel schon für das Ermittlungsverfahren ausscheiden; dem Beschuldigten dürfen sie weder vorgehalten noch darf darauf die Anwendung strafprozessualer Maßnahmen gestützt werden (BGH **27**, 355; LR-Beulke 27; erg 35 zu § 100a).

E. **Ermittlungsverfahren gegen Unbekannt:** Richtet sich der Anfangsverdacht noch nicht gegen eine bestimmte Person, so wird das Ermittlungsverfahren zunächst gegen Unbekannt geführt (LR-Beulke 23). Dass es ein Ermittlungsverfahren gibt, in dem ein Beschuldigter noch nicht vorhanden ist, zeigt zB § 69 I S 2. Ist eine oder sind mehrere bestimmte Personen zureichend verdächtig, so wird das Ermittlungsverfahren gegen sie geführt. Sie müssen daher zu Beschuldigten gemacht (Einl 76) und bei der StA ins Js-Register eingetragen werden; nicht angängig ist es aber, das Verfahren ohne nähere Konkretisierung nur „gegen die Verantwortlichen einer Firma" zu führen (Dahs Böttcher-FS 33). Aus dem Beschuldigtenverhältnis, das sich aus den Akten ergeben muss (weil das Ermittlungsverfahren ein schriftliches Verfahren ist), kann nur die StA förmlich wieder entlassen (§ 170 II), selbst wenn sich schon frühzeitig, vielleicht sogar noch im ersten Zugriff der Polizei (§ 163), ergeben hat, dass in Wirklichkeit kein zureichender Verdacht gegen die Person (mehr) besteht. 5

F. **Güter- und Pflichtenabwägung:** Das Übermaßverbot (Einl 20, 21) kann die StA nicht vom Einschreiten abhalten, um dem Beschuldigten vermeintlich unverhältnismäßig schweren Nachteil zu ersparen (BGH bei Steffen DRiZ **72**, 154). Jedoch kann das erkennbare Einschreiten zeitweise aufgeschoben werden, zB aus kriminaltaktischen Gründen, etwa um die Hintermänner, Drahtzieher oder sonstigen wichtigen Beteiligten ausfindig machen zu können, oder auch, wenn es bei Abwägung aller Umstände zum Schutz besonders gewichtiger Rechtsgüter gerechtfertigt und erforderlich ist, zB um eine akute schwere Gefahr von Geiseln abzuwehren (vgl Krause/Nehring 82). Bei Geiselnahme kann erforderlichenfalls Vorsprung versprochen und sogar erleichtert werden. Ein solches Versprechen ist rechtlich nicht bindend (§ 134 BGB; §§ 258, 258a StGB). 6

3) Das sog **Opportunitätsprinzip**, die Ausnahme vom Verfolgungszwang trotz an sich bestehender Verfolgungsvoraussetzungen (Hassemer StASchlH-FS 529; Weigend ZStW **109**, 103), ist – zumindest im Wesentlichen – nur das negative Seite des Legalitätsprinzips, weil die Nichtverfolgung von konkreten Wertungs- und Beurteilungskriterien abhängig gemacht ist (zB „Schuld gering", „öffentliches Interesse", § 153; „nicht beträchtlich ins Gewicht fällt", § 154 I Nr 1, auch § 153c II). Wenn die Nichtverfolgung von der Anwendung solcher unbestimmten Rechtsbegriffe abhängig ist, handelt es sich nicht um Ermessensentscheidungen iS eines echten Wahlrechts zwischen Verfolgung oder Nichtverfolgung – trotz des Ausdrucks „Ermessen" in § 467 IV –, sondern um Rechtsanwendung; wesentlich ist jedoch, dass dabei ein weiter Beurteilungsspielraum (Steffen DRiZ **72**, 154), eine größere Bandbreite der Entscheidungsmöglichkeiten (Redeker DÖV **71**, 762) besteht und aus diesem Grund abweichende Entscheidungen möglich sind (Opportunitätsprinzip ieS; vgl auch 1 zu § 170; 5 ff vor § 141 GVG). 7

Ganz **ausnahmsweise** steht der Verfolgung im echten – pflichtgemäß auszuübenden – Ermessen (zB § 153c I S 1 Nr 1, 2; § 45 I S 1 **JGG**; § 47 I OWiG für OWien; Opportunitätsprinzip iwS). 8

Über die verfassungsrechtlichen **Grenzen** des Opportunitätsprinzips vgl Faller Maunz-FG 69; krit zur terminologischen Unterscheidung Schroeder Peters-FS 411 ff. Eingehend (und bejahend) Döhring, Ist das Strafverfahren vom Legalitätsprinzip beherrscht?, 1999, zugl Diss Passau 1999. 9

§ 152a

10 **4) Behebbare Verfahrenshindernisse** versucht die StA zu beseitigen, wenn es im öffentlichen Interesse liegt (LR-Beulke 30). Dieser Versuch kann zur Verfolgungspflicht gehören (vgl auch Einl 145, 150 ff), zB bei Immunität (Karlsruhe Justiz **62**, 82; vgl 9 zu § 152a).

11 **5) Von neuem gilt das Legalitätsprinzip (II),** wenn nach Anklageerhebung und nach einer rechtskräftigen Abschlussentscheidung des Gerichts neue Strafverfolgung zulässig wird (zB 5 zu § 211; 39 zu § 153; 1 zu § 362; Kleinknecht Bruns-FS 475 ff). Jedoch kann von der neuen Strafverfolgung nach einer Bestimmung des Opportunitätsprinzips abgesehen werden.

Landesgesetzliche Vorschriften über die Strafverfolgung von Abgeordneten — RiStBV 191–192b

152a **Landesgesetzliche Vorschriften über die Voraussetzungen, unter denen gegen Mitglieder eines Organs der Gesetzgebung eine Strafverfolgung eingeleitet oder fortgesetzt werden kann, sind auch für die anderen Länder der Bundesrepublik Deutschland und den Bund wirksam.**

1 **1) Abgeordnete:** § 152a verleiht den Landesregelungen denselben Geltungsbereich, wie er dem Art 46 GG zugunsten der BTags-Abg zukommt (vgl Bockelmann, Die Unverfolgbarkeit der Abgeordneten nach deutschem Immunitätsrecht, 1951). Zur Aufhebung der Immunität eines Abgeordneten nun grundlegend BVerfGE **104**, 310 = NJW **02**, 1111.

Art 46 GG lautet:

I ¹ Ein Abgeordneter darf zu keiner Zeit wegen seiner Abstimmung oder wegen einer Äußerung, die er im Bundestage oder in einem seiner Ausschüsse getan hat, gerichtlich oder dienstlich verfolgt oder sonst außerhalb des Bundestages zur Verantwortung gezogen werden. ² Dies gilt nicht für verleumderische Beleidigungen.

II Wegen einer mit Strafe bedrohten Handlung darf ein Abgeordneter nur mit Genehmigung des Bundestages zur Verantwortung gezogen oder verhaftet werden, es sei denn, dass er bei Begehung der Tat oder im Laufe des folgenden Tages festgenommen wird.

III Die Genehmigung des Bundestages ist ferner bei jeder anderen Beschränkung der persönlichen Freiheit eines Abgeordneten oder zur Einleitung eines Verfahrens gegen einen Abgeordneten gemäß Artikel 18 erforderlich.

IV Jedes Strafverfahren und jedes Verfahren gemäß Artikel 18 gegen einen Abgeordneten, jede Haft und jede sonstige Beschränkung seiner persönlichen Freiheit sind auf Verlangen des Bundestages auszusetzen.

2 **2) Ein Verfahrenshindernis** – Einl 145 – (mit Verfassungsrang) ist die Immunität. Mit dieser ist nicht die Indemnität (= materielle Immunität) gemeint („darf zu keiner Zeit zur Verantwortung gezogen werden", Art 46 I GG), sondern nur die formelle (oder prozessuale) Immunität („darf nur mit Genehmigung zur Verantwortung gezogen werden", Art 46 II, III GG). Das Verfahrenshindernis beginnt idR mit der Annahme der Wahl beim Wahlleiter (vgl §§ 45, 48 I BWG); es entfällt durch die Genehmigung der Strafverfolgung oder das Ende des Mandats (BGH NStZ **92**, 94). Vgl aber Art 49 GG.

3 Denn die Immunität **schützt das Parlament.** Dieses entscheidet über die Genehmigung völlig frei; der Abg hat nicht einmal den Anspruch auf rechtliches Gehör; von ihm selbst gestellter Antrag ist unbeachtlich (Anl 6 zur BT-GeschO Abschn A Nr 3; unten 4). Soweit ein Abg ohne Genehmigung des Parlaments verfolgt werden darf (vgl Art 46 II Hs 2 GG; Uhlitz DVBl **62**, 123), kann das Parlament nach den einschlägigen Bestimmungen das Verfahrenshindernis schaffen, indem es die Aussetzung des Verfahrens verlangt (Art 46 IV GG).

4 **3) Einzelheiten:** RiStBV 191 ff; Grundsätze in Immunitätsangelegenheiten (Anl 6 zur BT-GeschO), die vom BT-Ausschuss für Wahlprüfung, Immunität und Geschäftsordnung aufgestellt worden sind und jeweils bei Beginn einer Wahlperio-

Öffentliche Klage § **152a**

de beschlossen werden (vgl § 107 II BT-GeschO). Die Durchführung von Ermittlungsverfahren gegen BTags-Abg, sofern es sich nicht um Beleidigungen politischen Charakters handelt, ist allgemein genehmigt (vgl BGBl 1980 I 1264); die Genehmigung umfasst aber nicht die Erhebung der öffentlichen Klage (vgl RistBV 192a II). Bußgeldverfahren fallen nicht unter Art 46 II GG (Düsseldorf NJW **89**, 2207; **aM** Brocker GA **02**, 48; vgl RiStBV 298).

A. Ist die **Ablehnung oder Einstellung eines Verfahrens** (§§ 170 II, 153 I) **5** gegen einen Abg ohne weitere Beweiserhebung zur Sache möglich, dann zieht die StA den Abg nicht zur Verantwortung (iS des Art 46 II GG), wenn sie eine solche Verfügung trifft (**aM** Brocker GA **02**, 46). Anders im Fall des § 153a I, wenn ein Ermittlungsverfahren durchzuführen ist (7 zu § 153a). Zur Klärung der Frage, ob es sich um eine querulatorische, vexatorische, absolut unernste oder absolut unbegründete Anzeige handelt, können gewisse Ermittlungen über die Persönlichkeit des Anzeigenden vorgenommen werden.

B. Die **Mitteilung der Anschuldigung** oder des Verdachts an den Abg mit **6** dem Anheimstellen, sich zu äußern, ist der StA ohne Aufhebung der Immunität zur Vorbereitung einer Entscheidung darüber gestattet, ob ein Ersuchen auf Entscheidung über die Genehmigung zur Strafverfolgung gestellt werden soll. Einer Beschuldigtenvernehmung aber und anderen Ermittlungen gegen den Abg steht dessen Immunität entgegen. Die Polizei gibt dem Abg die Gelegenheit zur Stellungnahme nur im unmittelbaren Anschluss an die Tat an Ort und Stelle, überlässt dies aber sonst der StA. Ein polizeilicher Aktenvermerk über Äußerungen des Abg ersetzt in aller Regel nicht die Mitteilung des Verdachts an ihn durch die StA.

C. **Verhaftung iS des Art 46 II GG** sind nur die UHaft (§§ 112 ff) und die **7** vorläufige Festnahme (§§ 127 II, 127b I), die zum Haftbefehl führen soll. Die nach Art 46 II Hs 2 GG erlaubte Festnahme „bei Begehung der Tat" bedeutet wie in § 127 (dort 5) „auf frischer Tat betroffen" (LR-Beulke 25). Durchsuchung zur Ergreifung nach § 102 ist nur im Rahmen des Art 46 II GG (oder der entspr landesverfassungsrechtlichen Bestimmung) zulässig (18 zu § 102). Führt sie zur Festnahme, so wird zugleich der Weg für weitere Durchsuchung nach § 102 frei (unter Beachtung des § 97 IV). Die Verhaftung zur Vollstreckung bedarf der besonderen Genehmigung (Anl 6 zur BT-GeschO Abschn A Nr 7 Buchst b, 8). Eine erneute Verhaftung nach vorheriger Freilassung und Verstreichen des der Tat folgenden Tages bedarf wieder der Genehmigung (Anl 6 zur BT-GeschO Abschn A Nr 6 II). Stets umschließt die Genehmigung zur Verhaftung die Genehmigung zur zwangsweisen Vorführung, nicht umgekehrt. Über die Verbringung zur Blutentnahme nach § 81a vgl dort 35. Maßnahmen nach §§ 111a, 132a sind nur mit Genehmigung des Parlaments zulässig.

D. **Gegen Tatbeteiligte** (einschl Hehler und Begünstiger), die selbst nicht Im- **8** munität genießen, darf ein Strafverfahren eingeleitet und durchgeführt werden. Der Abg darf als Zeuge vernommen werden, wobei die §§ 53 I S 1 Nr 4, 53a, 55 zu beachten sind. Es darf bei ihm auch nach den §§ 103, 104 unter Beachtung des § 97 IV durchsucht werden.

E. Die **Entscheidung des Parlaments** führt die StA oder das Gericht herbei **9** (auf dem Dienstweg; RiStBV 192); der Privatkläger hat keinen Anspruch auf Aufhebung der Immunität des Abgeordneten (OVG Berlin-Brandenburg NStZ-RR **12**, 55; **aM** LR-Beulke 36 Fn 119; erg 1 zu § 382).

4) Die sog **mitgebrachten Strafverfahren:** Der Immunitätsausschuss des **10** BTags hat folgenden Grundsatz aufgestellt: Bei Übernahme des Abg-Mandats anhängige Strafverfahren sowie jede Haft, Vollstreckung einer Freiheitsstrafe oder sonstige Beschränkung der persönlichen Freiheit sind von Amts wegen auszusetzen, da alle diese Maßnahmen gegen einen Abg der Genehmigung des Parlaments bedürfen (Anl 6 zur BT-GeschO Abschn A Nr 16; vgl Brocker GA **02**, 50 ff).

§ 153

11 5) **Inhalt und Umfang** der Genehmigung des Parlaments ergeben sich aus dessen Verhandlungen iVm dem von der StA gestellten Antrag (vgl dazu KMR-Plöd 18 ff). Das Gericht hat seiner Entscheidung dem von der Genehmigung erfassten Vorgang so zugrunde zu legen, wie er sich nach dem Ergebnis der Hauptverhandlung darstellt. An die rechtliche Beurteilung, die die StA bei ihrem Antrag an das Parlament vertreten hat, ist es nicht gebunden (BGH **15**, 274).

12 6) **Mitglieder des Europäischen Parlaments:** Ihre Immunität bestimmt sich nach Art 9, 10 des Protokolls über die Vorrechte und Befreiungen der EG (BGBl 1965 II 1453, 1482; dazu eingehend Kreicker GA **04**, 643). Mitglieder, die zugleich BTags-Abg sind, verlieren im Geltungsbereich des EuAbgG ihre Immunität nur, soweit das Europäische Parlament und der BTag die Immunität aufheben (§ 5 II EuAbgG). Zur Aufhebung der Immunität vgl RiStBV 192b.

13 7) Ein **Verwertungsverbot** für unter Verstoß gegen die Immunität erlangte Beweismittel wird idR nicht anzunehmen sein (LR-Beulke 52; **aM** Brocker GA **02**, 52), nach BGH NStZ **92**, 94 jedenfalls dann nicht, wenn das Abg-Mandat inzwischen beendet ist.

14 8) Die **Übermittlung** der das Verfahren abschließenden Entscheidung an den Präsidenten der Körperschaft, der der Abg angehört, regelt § 8 EGStPO (s dort). Für die Mitteilung schreibt RiStBV 192 V die Einhaltung des Dienstwegs vor.

Absehen von der Verfolgung bei Geringfügigkeit   RiStBV 93, 211, 222a

153

I ¹Hat das Verfahren ein Vergehen zum Gegenstand, so kann die Staatsanwaltschaft mit Zustimmung des für die Eröffnung des Hauptverfahrens zuständigen Gerichts von der Verfolgung absehen, wenn die Schuld des Täters als gering anzusehen wäre und kein öffentliches Interesse an der Verfolgung besteht. ²Der Zustimmung des Gerichtes bedarf es nicht bei einem Vergehen, das nicht mit einer im Mindestmaß erhöhten Strafe bedroht ist und bei dem die durch die Tat verursachten Folgen gering sind.

II ¹Ist die Klage bereits erhoben, so kann das Gericht in jeder Lage des Verfahrens unter den Voraussetzungen des Absatzes 1 mit Zustimmung der Staatsanwaltschaft und des Angeschuldigten das Verfahren einstellen. ²Der Zustimmung des Angeschuldigten bedarf es nicht, wenn die Hauptverhandlung aus den in § 205 angeführten Gründen nicht durchgeführt werden kann oder in den Fällen des § 231 Abs. 2 und der §§ 232 und 233 in seiner Abwesenheit durchgeführt wird. ³Die Entscheidung ergeht durch Beschluß. ⁴Der Beschluß ist nicht anfechtbar.

Übersicht

	Rn
1) Opportunitätsprinzip	1
2) Geringe Schuld	2–6
3) Kein öffentliches Verfolgungsinteresse	7–8a
4) Absehen von der Verfolgung durch die StA	9
5) Zustimmung des Gerichts	10–13
6) Bei geringfügigen Vergehen ohne gerichtliche Zustimmung	14–20a
7) Einstellung durch Gerichtsbeschluss	21–24
8) In jeder Lage des Verfahrens	25
9) Zustimmung der StA	26
10) Zustimmung des Angeschuldigten	27
11) Entscheidungen über die Verfahrenskosten und Entschädigung	28–32
12) Beschwerde	33–36
13) Beschränkter Strafklageverbrauch	37, 38
14) Revision	39
15) Nachträgliches objektives Verfahren	40
16) Mitteilungspflichten	41
17) Schiedsstellen	42

Öffentliche Klage § 153

1) Opportunitätsprinzip bei Vergehen (9 zu § 152): Die Vorschrift gilt nicht 1 für Verbrechen, sondern nur, wenn das Verfahren ein Vergehen (§ 12 II StGB) zum Gegenstand hat. Das ist auch der Fall, wenn die Tat zunächst als Verbrechen geprüft worden, dieser rechtliche Gesichtspunkt aber dann wieder entfallen ist (BGH NJW 02, 2401). Das gilt sowohl bei der Anwendung des I als auch im Fall des II (im Ergebnis ebenso LR-Beulke 10). Im Prinzip setzen das Absehen von der Verfolgung und die Einstellung des Verfahrens Übereinstimmung zwischen StA und Gericht voraus. Der Zustimmung des Nebenklägers bedarf es nicht, weil er kein Mitverfügungsrecht über das Legalitätsprinzip hat. Das Absehen von der Verfolgung oder der öffentlichen Klage durch die StA bedarf nicht der Zustimmung des Gerichts bei Vergehen mit einer im Mindestmaß nicht erhöhten Strafe, wenn die durch die Tat verursachten Folgen gering sind (unten 14 ff). Teileinstellung wegen einer von mehreren Taten (§ 264) ist zulässig. Wird das Verfahren rechtsirrig wegen eines Teils der Tat oder bei Tateinheit wegen einer der mehreren Gesetzesverletzungen eingestellt, so handelt es sich in Wahrheit um Anwendung des § 154a (KG VRS **67**, 123; LR-Beulke 8). Im Privatklageverfahren verdrängt § 383 II als Spezialvorschrift die §§ 153, 153a.

2) Geringe Schuld (I S 1): 2

A. **Als gering anzusehende Schuld:** Ist die Tat nicht strafbar oder nicht ver- 3 folgbar (vgl §§ 152 II, 170 II S 1), so scheidet eine Anwendung des § 153 von vorneherein aus, ebenso bei fehlender Schuld des Beschuldigten (verfehlt daher Stuttgart NStZ **02**, 448 L = Justiz **02**, 232: Einstellung trotz durch Sachverständigengutachten nachgewiesener Schuldunfähigkeit, was zu fehlerhaften Folgerungen sowohl hinsichtlich fehlender Zustimmung des Beschuldigten als auch zur Beschwerdeeinlegung führt). Jedoch setzt die Anwendung des § 153 nicht voraus, dass die Schuld nachgewiesen ist. Es genügt vielmehr, dass für sie eine gewisse Wahrscheinlichkeit besteht, jedenfalls die Unwahrscheinlichkeit eines Freispruchs, falls das Verfahren durchgeführt würde. Das Gesetz verlangt eine nur hypothetische Schuldbeurteilung (BVerfGE **82**, 106). Es muss also mit Wahrscheinlichkeit anzunehmen sein, dass die Schuld des Täters als gering anzusehen wäre. Die Strafsache braucht nicht weiter aufgeklärt zu werden, als es für diese Prognose notwendig ist (LR-Beulke 35 ff), falls nicht das öffentliche Interesse an der Strafverfolgung (unten 7, 8) die Durchführung des Verfahrens gebietet. Auch wenn zu erwarten ist, dass sich eine dem Beschuldigten günstigere Erledigungsart als die Einstellung nach § 153 ergeben könnte, zB Einstellung nach § 170 II, ist diese zusätzliche Klärung nicht geboten (LR-Beulke 36; Ranft 1148; **aM** Vogler ZStW **89**, 785; Wagner Eckert-GS 941; erg Einl 8, 20 ff).

B. **Maß der Schuld:** Die Schuld ist gering, wenn sie bei Vergleich mit Verge- 4 hen gleicher Art nicht unerheblich unter dem Durchschnitt liegt (LR-Beulke 24; Hobe Leferenz-FS 633 ff; M-K. Meyer GA **97**, 409/410; krit Boxdorfer NJW **76**, 317). Ein absolutes Mindestmaß kann nicht bestimmt werden. Jedoch muss eine Strafe im untersten Bereich des in Betracht kommenden Strafrahmens angemessen sein (Rieß NStZ **81**, 8). Die Art der Tatausführung, verschuldete Auswirkungen der Tat, das Maß der Pflichtwidrigkeit und andere die Größe der Schuld des Täters betreffende Gesichtspunkte (§ 46 II StGB) sind zu berücksichtigen (Boxdorfer aaO; Hobe aaO). Das Verschulden kann auch durch eine schon bei der Tat in Gang befindliche Rechtsentwicklung verringert werden (Cramer Maurach-FS 495), weil durch eine solche Entwicklung „die Gesinnung, die aus der Tat spricht, und der bei der Tat aufgewandte Wille" (§ 46 II StGB) an Vorwerfbarkeit verlieren können, ferner durch die (nach Cramer wistra **99**, 290: auch nur zu erwartende) überlange Verfahrensdauer (BGH NJW **90**, 1000; **95**, 737), im Verkehrsstrafrecht durch Verzicht auf die Fahrerlaubnis (Eisele NZV **99**, 232).

C. **Zusammentreffen von Offizial- und Privatklagedelikt:** Die StA kann 5 zwar auf den Privatklageweg verweisen, wenn hinsichtlich des Offizialdelikts die Voraussetzungen des § 170 II vorliegen (4 zu § 171). Sie darf aber nicht wegen des

§ 153

Offizialdelikts das Verfahren nach § 153 einstellen und wegen der damit zusammentreffenden Straftat auf den Privatklageweg verweisen (Kuhlmann MDR **74**, 897; 10 zu § 376).

6 D. **Zusammentreffen von Straftat und OWi:** Wenn die Schuld für die Straftat gering ist und kein öffentliches Interesse an ihrer Verfolgung besteht, kann die Einstellung auf sie beschränkt werden. Dann wird „eine Strafe nicht verhängt" (§ 21 II OWiG). Wenn die StA das Verfahren dann nicht auch wegen der OWi mangels hinreichenden Tatverdachts oder mangels Verfolgungsinteresses einstellt, sondern die Verfolgung der OWi für erforderlich hält (§ 43 I OWiG), gibt sie die Sache insoweit an die VerwB ab (BGH **41**, 385, 390 mwN; **am** Bohnert GA **00**, 116); anders im Fall des § 153a (dort 35).

7 3) **Kein öffentliches Verfolgungsinteresse (I S 1):** Trotz geringer Schuld kann das öffentliche Interesse anzunehmen sein (**aM** M-K. Meyer GA **97**, 404), und zwar aus Gründen der Spezial- und der Generalprävention (LR-Beulke 31; Boxdorfer NJW **76**, 317; Hanack Gallas-FS 339 ff; Naucke Maurach-FS 197 ff; Wagner GA **72**, 43) oder auch wegen des Interesses der Allgemeinheit an der konkreten Straftat, zB zur Klärung des kriminogenen Hintergrundes (KK-Schoreit [6. Aufl] 25; einschr LR-Beulke 29 Fn 82) oder zur Verhinderung weiteren Schadens für den Verletzten oder uU (vgl Beulke/Fahl NStZ **01**, 429) wegen der Stellung des Verletzten im öffentlichen Leben; ferner wegen außergewöhnlicher Tatfolgen, auch soweit sie dem Täter nicht als verschuldet zuzurechnen sind (BGH **10**, 259). Durch Zeitablauf zwischen der Tat und ihrer Entdeckung kann das öffentliche Interesse verringert werden (BGH NStZ **97**, 543). Zur Berücksichtigung völlig unangemessener Verzögerung des Verfahrens vgl 9 zu Art 6 EMRK. Das öffentliche Interesse kann in geeigneten Fällen durch Spenden an gemeinnützige Einrichtungen nachträglich entfallen, insbesondere wenn zwischen Tatvorwurf und Zahlungsempfänger ein innerer Zusammenhang besteht (Wackernagel/Cordes NJW **18**, 3414, 3418). Zu den Begriff des öffentlichen Interesses ausfüllenden Richtlinien Magnus GA **12**, 621 ff.

8 Das Justizinteresse an der Herbeiführung einer gerichtlichen Entscheidung **aus reinen Rechtsgründen,** zB über die Gültigkeit einer Vorschrift, genügt im Allgemeinen nicht; anders, wenn die Größe der Schuld davon abhängt oder die Entscheidung geboten erscheint, um zu verhindern, dass sich Ungesetzlichkeiten im Sozialleben einbürgern (Boxdorfer NJW **76**, 317; einschr Hobe Leferenz-FS 643). Ist die Tat bereits disziplinar geahndet, so kann dies den Ausschlag für die Verneinung des öffentlichen Interesses an der Strafverfolgung geben (Einl 179).

8a Bei der Auslegung des Merkmals des öffentlichen Verfolgungsinteresses müssen die Konstellationen berücksichtigt werden, in denen das BVerfG einen verfassungsrechtlichen **Anspruch auf effektive Strafverfolgung** bejaht hat (1a zu § 172); bei Personenschäden sind dabei für die Bestimmung des Ausmaßes im konkreten Einzelfall sämtliche unmittelbaren und mittelbaren Tatfolgen in die Bewertung einzubeziehen (BVerfG 2 BvR 1763/16 vom 15.1.2020).

9 4) **Absehen von der Verfolgung durch die StA (I):** Die Polizei ist nicht befugt, in eigener Zuständigkeit von der Verfolgung nach § 153 I abzusehen. Sie muss nach ihrem Zugriff die Akten stets der StA vorlegen (§ 163 II S 1), die allein für die Abschlussverfügung zuständig ist. Jedoch darf die Polizei ihre aus eigener Initiative begonnenen Ermittlungen (nach der erforderlichen Beweissicherung) abbrechen, wenn sie der Meinung ist, die StA werde das Verfahren nach § 153 I einstellen (LR-Beulke 40; Geppert GA **79**, 287 Fn 16). Die StA kann, falls sie es für geboten hält, weitere Ermittlungen durchführen oder veranlassen (§ 161). Über Fühlungnahme der StA mit anderen Behörden vgl RiStBV 93 I S 1, II. Wenn die FinB das Ermittlungsverfahren führt (Einl 12), kann sie es (anstatt der StA) einstellen (§§ 399 I, 398 **AO**). Gegenvorstellungen und Dienstaufsichtsbeschwerde des Verletzten sind zulässig (erg 22 ff vor § 296).

Öffentliche Klage § 153

5) Zustimmung des Gerichts (I S 1): Die Ausnahme vom Legalitätsprinzip 10
soll grundsätzlich vom Gericht mitverantwortet werden (vgl aber unten 14 ff), zumal dem Verletzten bei Einstellung des Verfahrens durch die StA nach I (wie in anderen Fällen des Opportunitätsprinzips) das Klageerzwingungsverfahren nicht offensteht (§ 172 II S 3). Die Einstellung ist aber nicht erzwingbar (LR-Beulke 68; Aulinger JR 02, 302). Ist in einer Steuerstrafsache das AG Zustimmungsgericht, so gilt im Ermittlungsverfahren § 391 I S 2 **AO.** Die Zustimmung des Gerichts ändert nichts daran, dass die Abschlussverfügung eine solche der StA ist. Das Fehlen dieser Zustimmung macht die Einstellung nicht unwirksam (Einl 104; vgl § 44 III Nr 4 VwVfG für VerwAe; **aM** Wagner ZStW **109**, 589). Hält sich das von der StA angegangene Gericht nicht für zuständig, so erlässt es einen Unzuständigkeitsbeschluss, der mit Beschwerde anfechtbar ist (§ 304; LG Itzehoe StV **93**, 537).

Die Erteilung oder Versagung der Zustimmung des Gerichts ist **keine Ent-** 11
scheidung, sondern nur eine Prozesserklärung; daher bedarf es nicht des rechtlichen Gehörs (§ 33 II). Die Erklärung ist auch nicht mit der Beschwerde anfechtbar (BGH **38**, 381, 382; LG Ellwangen JZ **80**, 365; LR-Beulke 46; **aM** Gössel 95; Wagner ZStW **109**, 587; vgl auch unten 33).

Will der StA im Verfahren gegen einen **Jugendlichen** von der Verfolgung abse- 12
hen, weil die Voraussetzungen des § 153 I vorliegen, so bedarf es dazu nach § 45 I **JGG** nicht der Zustimmung des Richters. § 153 wird somit durch §§ 45, 47 **JGG** verdrängt (hM, vgl LR-Beulke 14; SK-Weßlau/Deiters 11). Die richterliche Zustimmung ist auch entbehrlich bei einem Heranwachsenden, wenn die StA Jugendstrafrecht für anwendbar hält (§ 109 II iVm § 45 I **JGG**).

Die Zustimmung des **Beschuldigten** ist bei der Anwendung des I nicht erfor- 13
derlich, nicht einmal seine Anhörung, falls die Schuldfrage (oben 2) ohne sie zu beurteilen ist (LR-Beulke 41 mwN).

6) Bei geringfügigen Vergehen ohne gerichtliche Zustimmung (I S 2): 14

A. **Nicht mit einer im Mindestmaß erhöhten Strafe** darf die Straftat be- 15
droht sein. Daher bedarf zB eine Einstellung bei § 244 StGB der richterlichen Zustimmung. Da § 243 StGB nur eine Strafzumessungsregel enthält, handelt es sich in diesen Fällen nicht um ein Vergehen mit einer im Mindestmaß erhöhten Strafdrohung; I S 2 ist hier also anwendbar (LR-Beulke 50). Hinzu kommt, dass in § 243 II StGB selbst die Strafzumessungsregel für den Fall aufgehoben wird, dass die gestohlene Sache geringwertig ist.

B. **Geringe Folgen der Tat:** Das RpflEntlG hat die Voraussetzung, dass es sich 16
um ein Vermögensvergehen handeln müsse, gestrichen. Daher kann der StA nunmehr bei geringen Tatfolgen auch in sonstigen Bagatellfällen, zB bei §§ 229, 240 I, III, 267 I, II, § 21 StVG von der Verfolgung ohne richterliche Zustimmung absehen (krit dazu Schlüchter-RpflEntlG 18). Gleichwohl wird der Anwendungsbereich der Vorschrift weiterhin im Wesentlichen bei den als Antragsdelikte ausgestalteten Bagatellfällen des Diebstahls und der Unterschlagung (§ 248a StGB), der Hehlerei (§ 259 II StGB), des Betrugs (§ 263 IV StGB), des Erschleichens von Leistungen (§ 265a III StGB) und der Untreue (§ 266 II StGB) liegen (vgl Böttcher/Mayer NStZ **93**, 154: Gedankliche Verknüpfung mit § 248a StGB und den dazu entwickelten Maßstäben soll erhalten bleiben). In all diesen Fällen setzt die Anwendung des § 153 voraus, dass wirksam Strafantrag gestellt ist. Darüber hinaus ist I S 2 auch anwendbar bei anderen Vermögens- und Eigentumsdelikten, bei denen Fälle mit ähnlich geringem Unrechtsgehalt vorkommen, zB unbefugter Gebrauch eines Fahrzeugs (§ 248b StGB), Entziehung elektrischer Energie (§ 248c StGB).

Ob die durch die Tat verursachten **Folgen gering** sind, richtet sich bei Vermö- 17
gensdelikten vornehmlich nach dem entstandenen Schaden; die Wertgrenze dürfte etwa bei 50 € liegen, unabhängig von den jeweiligen Währungsverhältnissen ausgedrückt, etwa beim Netto-Tagesverdienst eines durchschnittlichen Arbeiters. Das Affektionsinteresse wird nicht berücksichtigt (zB großer Erinnerungswert eines

Schmitt 825

§ 153

objektiv geringwertigen Gegenstandes; vgl dazu Fischer 3 ff zu § 248a StGB). Jedoch kann dieses bei der Frage des öffentlichen Interesses eine Rolle spielen (zB bei Gegenständen im Museum oder von Museumswert). Bei der Beurteilung des öffentlichen Interesses darf die kriminologische Erkenntnis nicht vernachlässigt werden, dass viele Schwerkriminelle mit kleinen Delikten beginnen (Schlüchter aaO). Das Merkmal „geringe Tatfolgen" lässt sich bei abstrakten Gefährdungsdelikten und ohne Erfolg im Versuch steckengebliebenen Taten nur schwer ausfüllen (Rieß AnwBl **93**, 55 Fn 76); hierbei könnte eine nur geringe (auch seelische) Auswirkung der Tat auf das Opfer einen Maßstab liefern (so Schlüchter aaO; vgl im Übrigen zum Begriff „geringe Tatfolgen" Siegismund/Wickern wistra **93**, 83).

18 C. **Grenzfälle:** Gelangt die StA zu der noch vertretbaren Auffassung, die Mitwirkung des Gerichts sei nicht erforderlich, so braucht sie sich nicht an das Gericht zu wenden. Es ist ihr aber unbenommen, das Gericht in einem Grenzfall einzuschalten. Hält dieses seine Mitwirkung nicht für notwendig, so beschließt es, die Sache mit dieser Begründung ohne Stellungnahme zur Zustimmungsfrage zurückzugeben (KMR-Plöd 23; **aM** LR-Beulke 54, der das Gericht zur Entscheidung für verpflichtet hält). Verweigert das Gericht die Zustimmung aus sachlichen Gründen, so kann die StA neu um die Zustimmung nachsuchen, wenn sich die Sachlage ändert, von der das Gericht ausgegangen war (LR-Beulke 54). Hat das Gericht ein öffentliches Interesse an der Strafverfolgung angenommen, so kann die StA noch prüfen, ob § 153a anzuwenden ist.

19 Kommt die StA bei einer **neuerlichen Überprüfung** ihrer zunächst vertretenen Auffassung zu dem Ergebnis, dass es der richterlichen Mitwirkung nicht bedarf, so ist durch die vorangegangene Zustimmungsverweigerung des Gerichts kein rechtliches Hindernis eingetreten, von I S 2 Gebrauch zu machen (**aM** LR-Beulke 47).

20 D. **Steuerstraftaten** (Zollstraftaten): Nach § 398 **AO** kann die StA oder nach § 399 I **AO** die FinB bei einigen Steuer-(Zoll-)straftaten, bei denen nur eine geringwertige Verkürzung der fiskalischen Einnahmen eingetreten ist oder der Täter nur geringwertige Vorteile erlangt hat, ebenfalls ohne Zustimmung des Gerichts von der Verfolgung unter den Voraussetzungen des § 153 I S 1 absehen. Die Einschränkungen nach § 398 **AO** haben gegenüber § 153 I S 1 keine Bedeutung mehr (Siegismund/Wickern wistra **93**, 84; im Einzelnen str, vgl einerseits Malms wistra **94**, 338, andererseits Weber-Blank wistra **95**, 134). Auch ein Absehen von der Verfolgung mit Auflagen ist ohne Zustimmung des Gerichts nun möglich (§ 153a I S 6).

20a E. Bei **Betäubungsmittelstraftaten** lässt § 31a BtMG unter den Voraussetzungen des § 153 I S 1 das Absehen von der Verfolgung ohne Zustimmung des Gerichts zu, wenn bei einem Vergehen nach § 29 Abs 1, 2 oder 4 BtMG der Täter die Betäubungsmittel lediglich zum Eigenverbrauch in geringer Menge anbaut, herstellt, einführt, ausführt, durchführt, erwirbt, sich in sonstiger Weise verschafft oder besitzt (vgl dazu zB die Richtlinien des Leitenden OStA beim LG Hamburg vom 10.11.1992, StV **93**, 279, und den GemRdErl des MJ und des MI Niedersachsens vom 24.11.1994, NdsRpfl **94**, 351 mit Änd vom 17.11.1995, NdsRpfl **95**, 382, sowie AV JMBW vom 3.8.1995, Justiz **95**, 366; zur Sanktionspraxis Aulinger NStZ **99**, 111). Nach BVerfGE **90**, 145 ist in diesen Fällen grundsätzlich von der Verfolgung abzusehen (krit dazu Nelles/Velten NStZ **94**, 366). Für die gerichtliche Einstellung nach § 31a II BtMG gilt hingegen dasselbe wie für § 153 II (unten 21 ff).

21 7) **Einstellung durch Gerichtsbeschluss (II):** Nach Erhebung der öffentlichen Klage (§ 170 I) geht die Zuständigkeit zur Einstellung auf das Gericht über, zunächst auf das Eröffnungsgericht, im Hauptverfahren auf das erkennende Gericht des 1. Rechtszugs und nach Einlegung eines Rechtsmittels auf das Rechtsmittelgericht (vgl unten 25).

Öffentliche Klage § 153

A. Prüfung des Gerichts: Die Möglichkeit der Einstellung bedeutet die 22 Pflicht, darauf zu achten, ob sie sich im Lauf des Verfahrens abzeichnet (unten 25; Einl 20, 21). Diese Verpflichtung des Gerichts besteht unabhängig von der Initiative oder Auffassung der Verfahrensbeteiligten (unten 23).

B. Anregung eines Verfahrensbeteiligten: StA und Angeschuldigter haben 23 lediglich ein Zustimmungsrecht und durch Versagung der Zustimmung ein Verhinderungsrecht, aber nicht das Recht, die Einstellung im gerichtlichen Verfahren mit der Folge zu beantragen, dass das Gericht einen förmlichen Beschluss erlassen müsste. Alle Verfahrensbeteiligten haben aber die Befugnis, die Einstellung anzuregen. In einer solchen Anregung des StA oder des Angeschuldigten liegt zugleich die Zustimmung (unten 26, 27). Hat der Angeschuldigte einen gesetzlichen Vertreter, so bedarf es dennoch nur der Zustimmung des Angeschuldigten selbst.

C. Beschluss (II S 3): Die Beschlussform ist für die gerichtliche Einstellung in 24 allen Fällen vorgeschrieben, also auch für den Fall, dass mit ihr die Hauptverhandlung abgeschlossen wird. Wird in diesem Fall versehentlich die Form des Urteils gewählt, so wird dieses wie ein Beschluss behandelt (11 ff zu § 296). Die Begründung des Einstellungsbeschlusses ist nicht vorgeschrieben (anders in § 47 II S 3 **JGG**). Sie ist auch nicht nach § 34 erforderlich, kann jedoch geboten sein, um die Rechtskraftwirkung (unten 37) klarzustellen. Erfolgt die Einstellung erst nach dem letzten Wort des Angeklagten (§ 258 II, III), kann das Gericht die aus seiner Sicht feststehende (geringe) Schuld im Beschluss aussprechen (BVerfGE **82**, 106 = NJW **90**, 2741).

8) In jeder Lage des Verfahrens (II): Von der Erhebung der öffentlichen 25 Klage an; doch nicht mehr nach deren zulässiger Zurücknahme (§ 156), weil diese wieder I anwendbar macht. II gilt bis zum rechtskräftigen Abschluss des Erkenntnisverfahrens, auch für das Revisionsgericht (2 zu § 353), selbst noch bei horizontaler Teilrechtskraft (LR-Beulke 61; Naucke StASchlH-FS 466), zB bei Rechtskraft des Schuldspruchs (vgl Gössel JR **82**, 273; Einl 185; zur vertikalen Teilrechtskraft 9 zu § 449).

9) Zustimmung der StA (II): Mit diesem Erfordernis wird ihrem Anklage- 26 monopol (Einl 37) Rechnung getragen (BGHZ **64**, 347, 350). Sein Zweck besteht insbesondere darin, dass die Beurteilung des öffentlichen Interesses an der Strafverfolgung der Strafverfolgungsbehörde nicht entzogen wird (vgl aber Terbach, Einstellungserzwingungsverfahren, 1996, S 197 und NStZ **98**, 174, der aus Art 19 IV GG die Befugnis des Gerichts herleitet, bei rechtswidriger Verweigerung der Zustimmung diese zu substituieren und das Verfahren gleichwohl einzustellen). Im Übrigen liegt dem Erfordernis der Übereinstimmung zwischen Gericht und StA bei Beendigung des Verfahrens nach Opportunitätsgrundsätzen (oben 1) der Rechtsgedanke der gegenseitigen Kontrolle (oben 10) zugrunde. Stimmt die StA der Einstellung zu (zB in der Form einer Anregung; oben 23), und kommt es nicht zu einem Einstellungsbeschluss, so kann sie in einem späteren Stadium des Verfahrens (zB nach weiterer Beweiserhebung) ihre Zustimmung versagen, auch in der Form der Zurücknahme der vorher erklärten, nicht zum Tragen gekommenen Zustimmungserklärung; sonst ist sie aber an ihre Erklärung gebunden (LG Neuruppin NJW **02**, 1967). Über die Verbindung mit einer Anregung zu den Nebenentscheidungen vgl unten 31. Nicht erforderlich ist die Zustimmung des Nebenklägers (BGH NStZ **99**, 312; 18 zu § 396) oder, wenn es sich um ein Steuerstrafverfahren handelt (Einl 11 ff), der FinB (LR-Beulke 76). Gegen die Verweigerung der Zustimmung der StA ist kein Rechtsmittel gegeben (SK-Weßlau/Deiters 63).

10) Zustimmung des Angeschuldigten (II): Er hat, nachdem er einmal in 27 den Status des Angeschuldigten versetzt oder gar schon die Hauptverhandlung gegen ihn im Gang ist, die Befugnis, die Durchführung zum Zweck einer ihm günstigen Entscheidung (Freispruch oder Einstellung wegen eines Verfahrenshindernisses) zu erzwingen, wobei er das Risiko der Verurteilung in Kauf nimmt.

Schmitt

§ 153

Eine bedingte Zustimmung (Einstellung ohne Kostentragungspflicht) ist unwirksam (a**M** Düsseldorf MDR **89**, 932; LG Neuruppin NJW **02**, 1967); die Erklärung ist bedingungsfeindlich (Schleswig SchlHA **83**, 111 [E/L]; KK-Diemer 34; KMR-Plöd 29; a**M** LR-Beulke 70; unten 31). Die Zustimmung enthält kein Schuldeingeständnis (BVerfGE **82**, 106). Hat er zugestimmt und ist es nicht zur Einstellung gekommen, so kann er in einem fortgeschrittenen Stadium des Verfahrens seine Zustimmung zurücknehmen oder bei neuer Befragung versagen. Ist mit seiner Zustimmung Einstellungsbeschluss ergangen, so kann er seine Erklärung nicht mehr widerrufen (KG JR **78**, 524). Eine Ausnahme von dem Zustimmungserfordernis schafft II S 2, der auch dann gilt, wenn das anwesende Verteidiger des ausgebliebenen Angeklagten der Einstellung widerspricht (Düsseldorf MDR **92**, 1174); die Vorschrift entspr auch für den Fall anzuwenden, dass gegen den Angeklagten nach § 231b I verhandelt wird und der Grund hierfür noch nicht entfallen ist, wenn der Einstellungsbeschluss erlassen werden soll, wäre zwar sachgerecht, erscheint aber in Anbetracht der Gesetzesfassung unzulässig (vgl LR-Beulke 73). Auch bei überlanger Verfahrensdauer (oben 4; 9 zu Art 6 EMRK) bedarf es zur Einstellung der Zustimmung des Angeklagten (Frankfurt NStZ-RR **98**, 52).

28 **11) Entscheidungen über die Verfahrenskosten und Entschädigung:**
29 A. **Kosten und notwendige Auslagen:** Die Verfügung der StA, von der Verfolgung abzusehen (I), wird nicht mit einer Kostenentscheidung verbunden (§ 464 I). Dieser Verfügung kann nur unter den Voraussetzungen des § 467a eine Kostenentscheidung des Gerichts folgen. Für den gerichtlichen Einstellungsbeschluss gilt § 464 I ivm § 467 I–IV (mit Ausnahme von III S 2 Nr 2). Zur Anwendung des § 467 IV vgl dort 19.

30 B. **Entschädigung:** Ist eine entschädigungsfähige Strafverfolgungsmaßnahme vollzogen worden (§ 2 **StrEG**), so ist mit dem gerichtlichen Einstellungsbeschluss eine förmliche Entscheidung über die Entschädigung zu verbinden (§ 8 **StrEG**; dort 1, 2). Im Fall der Einstellung des Ermittlungsverfahrens durch die StA ergeht eine gerichtliche Entschädigung nach Maßgabe des § 9 **StrEG**. Materiell-rechtlich gelten § 3 (dort 1) und § 5 II, III **StrEG**. Der Grundsatz des § 6 I Nr 1 **StrEG** ist bei der Entscheidung nach § 3 **StrEG** zu berücksichtigen. Bei Einstellung nach II in der Berufungsinstanz kommt ein Entschädigungsanspruch des Beschuldigten wegen vorläufiger Entziehung der Fahrerlaubnis in 1. Instanz nur in Betracht, wenn sich die Maßnahme nach § 111a als grob unverhältnismäßig oder rechtsmissbräuchlich darstellt (Braunschweig NStZ-RR **13**, 95).

31 C. **Einfluss der StA und des Angeschuldigten:** Der gerichtlichen Einstellung müssen beide zustimmen (Ausnahmen für den Angeklagten: II S 2). Bei der Befragung nach der Zustimmung können sie sich im gerichtlichen Verfahren auch zur Kosten- und Entschädigungsentscheidung äußern. Sie dürfen ihre Zustimmung aber nicht nur für den Fall erklären, dass eine bestimmte Nebenentscheidung ergeht (oben 27). Die Zustimmung ist auch gültig, wenn der Stellungnahme zur Auslagenentscheidung nicht entsprochen wird (KG JR **78**, 524; Hamm VRS **108**, 265, 266). Ein Zustimmungsmangel steht der Verwarnung mit Strafvorbehalt (§ 59 StGB) nicht entgegen (Horn NJW **80**, 106).

32 D. **Begründung:** Da die Nebenentscheidungen nicht anfechtbar sind (unten 36), bedürfen sie auch keiner Begründung (§ 34).

33 **12) Beschwerde (II S 4):**
34 A. **Hauptentscheidung:** Die gerichtliche Einstellung ist für StA und Angeschuldigten nicht anfechtbar, auch nicht für den Nebenkläger (§ 400 II S 2; vgl auch BGH StraFo **15**, 163). Jedoch ist die Beschwerde (§ 304) für StA und Angeschuldigten (BGH NJW **02**, 2401 = JR **03**, 125 mit zust Anm Radtke: aber nicht für den Nebenkläger) zulässig, wenn die prozessuale Voraussetzung fehlte, selbst wenn der Beschwerdeführer der Einstellung zunächst zugestimmt hatte (Hamm NStZ-RR **04**, 144 mwN). Das gilt zB, wenn das Verfahren ein Verbrechen zum

Öffentliche Klage § 153

Gegenstand hat (Hamm aaO; oben 1) oder wenn eine erforderliche Zustimmung nicht oder nicht wirksam erklärt worden ist (Köln NJW **52**, 1029; LR-Beulke 82). Fehlt die erforderliche Zustimmung des Angeschuldigten, so hat er das Beschwerderecht nach § 304 (Düsseldorf StraFo **99**, 277; Frankfurt NStZ-RR **98**, 52; Hamm VRS **108**, 75; Schleswig SchlHA **83**, 111 [E/L]). Zwar beschwert ihn die Einstellung als solche nicht (8 ff vor § 296), aber es ist sein verfahrensrechtliches Mitspracherecht verletzt (oben 27). Die gerichtliche Erteilung oder Versagung der Zustimmung zur Einstellung des Ermittlungsverfahrens ist als bloße Prozesserklärung nicht anfechtbar (oben 11). Der fehlerhaft eine Einstellung nach II aufhebende Beschluss des Beschwerdegerichts ist wirksam, steht einer erneuten Einstellung nach II aber nicht entgegen (BGH NJW **02**, 2401 = JR **03**, 125 mit zust Anm Radtke).

Lehnt das Gericht eine beantragte Einstellung ab, so haben die Beteiligten 35 gegen diese Prozesserklärung nicht das Recht der Beschwerde (LR-Beulke 81; SK-Weßlau/Deiters 62).

B. **Nebenentscheidungen** (oben 28 ff): Unanfechtbar ist die Kosten- und Aus- 36 lagenentscheidung (17 zu § 464), nicht aber die Entscheidung über die Entschädigung (§ 8 III S 1 **StrEG**).

13) Beschränkter Strafklageverbrauch: Die Verfügung der StA nach I, die 37 trotz richterlicher Zustimmung zurücknehmbar ist, verbraucht die Strafklage nicht (LR-Beulke 56 mwN, der aber einen „sachlich einleuchtenden Grund" verlangt; **aM** Radtke NStZ **99**, 483: § 153a I S 5 entspr; erg Einl 182). Dem entsprechend gilt auch das europarechtliche Doppelbestrafungsverbot iSv Art 54 SDÜ nicht (vgl Hieramente StraFo **14**, 445, 452; erg Einl 177a-c). Bei Einstellung durch das Gericht nach II kann eine mit dem Vergehen zusammentreffende OWi noch nach § 21 II OWiG verfolgt werden (oben 6). Neue Verfolgung ist auch möglich, wenn sich herausstellt, dass ein Verbrechen vorliegt (BGH NJW **04**, 375; Hamm GA **93**, 231; Radtke JR **03**, 129), wobei es unerheblich ist, ob der Verbrechensvorwurf auf neue Tatsachen oder nur auf eine andere rechtliche Bewertung stützt (Beulke JR **05**, 37 Fn 6 mwN, str). In diesem Fall kommt auch ohne Verletzung des Art 54 SDÜ eine Verfolgung im EU-Ausland in Betracht (Hieramente aaO).

Dass **neue Tatsachen und Beweismittel** dazu führen, die Schuld des Be- 38 schuldigten nicht mehr als gering anzusehen oder hierdurch ein öffentliches Strafverfolgungsinteresse begründet wird, genügt entgegen einer vielfach im Schrifttum vertretenen Meinung (vgl LR-Beulke 91) nach BGH NJW **04**, 375 mit abl Anm Heghmanns NStZ **04**, 633 = JZ **04**, 737 mit zust Anm Kühne nicht, um das Verfahren wieder aufzunehmen. Falls nun Tatsachen und Beweismittel allerdings eine andere (schärfere) rechtliche Beurteilung ermöglichen, muss dies die Wiederaufnahme rechtfertigen. Die Ansicht des BGH, nur bei Vorliegen eines Verbrechens sei die Wiederaufnahme zulässig, berücksichtigt nicht die – vom Gesetzgeber doch bewusst getroffene – unterschiedliche Regelung in § 153 einerseits und § 153a I S 5 andererseits (zutr Beulke aaO; Heghmanns aaO). Dass die Anordnung nach I mit Zustimmung des Gerichts erging, ist unerheblich (**aM** AG Verden StV **11**, 616). Wiederaufnahme bleibt auch möglich, wenn bei der Einstellung verkannt wurde, dass es sich um einen Teilakt einer Dauerstraftat oder einer Bewertungseinheit (vgl Einl 175-175b) gehandelt hat (von BGH aaO offen gelassen). Entfällt der Strafklageverbrauch nach richterlichem Einstellungsbeschluss (II), so wird neue Anklage erhoben, wie sich aus § 47 III **JGG** ergibt. Die Existenz der Nova ist Prozessvoraussetzung für das neue Verfahren (7 zu § 211).

14) Die **Revision** kann nicht auf die Nichtanwendung des § 153 II gestützt 39 werden (5 zu § 336). Jedoch kann das Revisionsgericht bei zulässiger Revision das Verfahren – mit Zustimmung der bei ihm bestehenden StA und des Angeklagten – selbst einstellen (2 zu § 353; oben 25).

15) Nachträgliches objektives Verfahren: Wenn die StA von der Erhebung 40 der öffentlichen Klage abgesehen (I) oder das Gericht das Verfahren eingestellt (II)

§ 153a Zweites Buch. 1. Abschnitt

hat, kann die StA nachträglich das objektive Verfahren betreiben mit dem Ziel der (Wertersatz-)Einziehung oder der Unbrauchbarmachung (§ 76a I, III StGB; §§ 435, 436, 439). Dieses Verfahren kommt insbesondere in Betracht, wenn es sich um die Einziehung gefährlicher Gegenstände (§ 74b StGB) oder um die Einziehung von Schriften mit strafbarem Inhalt und die Unbrauchbarmachung der Vervielfältigungsvorrichtungen handelt (§ 74d I S 1, 2 StGB). Der Antrag nach § 435 ist aber auch zulässig, wenn die Einziehung Strafcharakter hat (§§ 74, 74a StGB). Die Einziehung des Tatertrages (§ 73 StGB) odes Wertes des Tatertrages (§ 73c StGB) kann das Ziel des objektiven Verfahrens namentlich dann sein, wenn ein anderer den Vermögensvorteil erlangt hat (§ 73b StGB).

41 **16) Mitteilungspflichten,** die von Amts wegen zu beachten sind, können an die Einstellung anknüpfen, zB nach der MiStra 15 I Nr 4, II, III, 19 I S 1 Nr 4, II, III, 22 II Nr 4, III, IV, 42 I S 1 Nr 2, 43 Nr 3, 44 Nr 3; vgl aber § 14 II S 1, 4 **EGGVG** (dort 14, 16).

42 **17)** Nur noch von historischer Bedeutung ist das **(DDR-)Gesetz über die Schiedsstellen in den Gemeinden** vom 13.9.1990 (GBl 1527), nach dem statt der Einstellung nach § 153 bei Vergehen mit geringfügigen Folgen die Abgabe an eine Schiedsstelle zulässig war, falls der Beschuldigte zustimmte und kein öffentliches Interesse an der Verfolgung bestand. Dieses galt nach dem EV (Anl I Kap III Sachgebiet A Abschn III Nr 14b) in den Ländern des Beitrittsgebiets fort. Es ist jedoch in Brandenburg idF der Bek vom 21.11.2000 (GVBl I 158), in Mecklenburg-Vorpommern idF des Ges vom 10.7.1998 (GVOBl 636) anzuwenden; in Sachsen wurde es durch das Schiedsstellengesetz vom 27.5.1999 (GVBl 9/1999), in Sachsen-Anhalt durch das Schiedsstellen- und Schlichtungsgesetz vom 22.6.2001 (GVBl 214), geändert durch Ges vom 7.12.2001 (GVBl 540), in Thüringen durch das Schiedsstellengesetz vom 17.5.1996 (GVBl 61), geändert durch Art 25 des Ges vom 24.10.2001 (GVBl 265), ersetzt. In (Gesamt-)Berlin gilt statt dessen das Berliner Schiedsamtsgesetz vom 7.4.1994 (GVBl 109). Im Übrigen sind die das strafrechtliche Schlichtungsverfahren betreffenden §§ 40–45 des Gesetzes durch Art 3 des Ges vom 20.12.1999 (BGBl I 2491, 2492) aufgehoben worden.

Absehen von der Verfolgung unter Auflagen und Weisungen RiStBV 93, 93a, 211, 222d

153a [1] [1]Mit Zustimmung des für die Eröffnung des Hauptverfahrens zuständigen Gerichts und des Beschuldigten kann die Staatsanwaltschaft bei einem Vergehen vorläufig von der Erhebung der öffentlichen Klage absehen und zugleich dem Beschuldigten Auflagen und Weisungen erteilen, wenn diese geeignet sind, das öffentliche Interesse an der Strafverfolgung zu beseitigen, und die Schwere der Schuld nicht entgegensteht. [2]Als Auflagen oder Weisungen kommen insbesondere in Betracht,

1. zur Wiedergutmachung des durch die Tat verursachten Schadens eine bestimmte Leistung zu erbringen,
2. einen Geldbetrag zugunsten einer gemeinnützigen Einrichtung oder der Staatskasse zu zahlen,
3. sonst gemeinnützige Leistungen zu erbringen,
4. Unterhaltspflichten in einer bestimmten Höhe nachzukommen,
5. sich ernsthaft zu bemühen, einen Ausgleich mit dem Verletzten zu erreichen (Täter-Opfer-Ausgleich) und dabei seine Tat ganz oder zum überwiegenden Teil wieder gut zu machen oder deren Wiedergutmachung zu erstreben,
6. an einem sozialen Trainingskurs teilzunehmen oder
7. an einem Aufbauseminar nach § 2b Absatz 2 Satz 2 oder an einem Fahreignungsseminar nach § 4a des Straßenverkehrsgesetzes teilzunehmen.

§ 153a

³ Zur Erfüllung der Auflagen und Weisungen setzt die Staatsanwaltschaft dem Beschuldigten eine Frist, die in den Fällen des Satzes 2 Nummer 1 bis 3, 5 und 7 höchstens sechs Monate, in den Fällen des Satzes 2 Nummer 4 und 6 höchstens ein Jahr beträgt. ⁴ Die Staatsanwaltschaft kann Auflagen und Weisungen nachträglich aufheben und die Frist einmal für die Dauer von drei Monaten verlängern; mit Zustimmung des Beschuldigten kann sie auch Auflagen und Weisungen nachträglich auferlegen und ändern. ⁵ Erfüllt der Beschuldigte die Auflagen und Weisungen, so kann die Tat nicht mehr als Vergehen verfolgt werden. ⁶ Erfüllt der Beschuldigte die Auflagen und Weisungen nicht, so werden Leistungen, die er zu ihrer Erfüllung erbracht hat, nicht erstattet. ⁷ § 153 Abs. 1 Satz 2 gilt in den Fällen des Satzes 2 Nummer 1 bis 6 entsprechend. ⁸ § 246a Absatz 2 gilt entsprechend.

II ¹ Ist die Klage bereits erhoben, so kann das Gericht mit Zustimmung der Staatsanwaltschaft und des Angeschuldigten das Verfahren vorläufig einstellen und zugleich dem Angeschuldigten die in Absatz 1 Satz 1 und 2 bezeichneten Auflagen und Weisungen erteilen. ² Absatz 1 Satz 3 bis 6 und 8 gilt entsprechend. ³ Die Entscheidung nach Satz 1 ergeht durch Beschluß. ⁴ Der Beschluß ist nicht anfechtbar. ⁵ Satz 4 gilt auch für eine Feststellung, daß gemäß Satz 1 erteilte Auflagen und Weisungen erfüllt worden sind.

III Während des Laufes der für die Erfüllung der Auflagen und Weisungen gesetzten Frist ruht die Verjährung.

IV ¹ § 155b findet im Fall des Absatzes 1 Satz 2 Nummer 6, auch in Verbindung mit Absatz 2, entsprechende Anwendung mit der Maßgabe, dass personenbezogene Daten aus dem Strafverfahren, die nicht den Beschuldigten betreffen, an die mit der Durchführung des sozialen Trainingskurses befasste Stelle nur übermittelt werden dürfen, soweit die betroffenen Personen in die Übermittlung eingewilligt haben. ² Satz 1 gilt entsprechend, wenn nach sonstigen strafrechtlichen Vorschriften die Weisung erteilt wird, an einem sozialen Trainingskurs teilzunehmen.

Übersicht

	Rn
1) Zurückdrängung des Strafens im Bereich der kleineren Kriminalität	1–5
2) Zu beseitigendes öffentliches Interesse	6
3) Keine entgegenstehende Schwere der Schuld	7, 8
4) Zustimmung des Gerichts	9
5) Zustimmung des Beschuldigten	10, 10a
6) Wesen und Art der Auflagen und Weisungen	11–13
7) Katalog der Auflagen und Weisungen	14–22c
8) Erfüllungsfrist	23
9) Widerruf und Verfallklausel	24, 25
10) Überwachung	26
11) Vorbereitung der Entscheidung der StA	27–32
12) Entscheidung der StA	33–38
13) Nachträgliche Änderungen	39–41
14) Keine Mitwirkung des Gerichts bei nachträglicher Änderung durch die StA	42
15) Entstehung eines Verfahrenshindernisses	43–45
16) Durchführung des Strafverfahrens	46
17) Vorläufige Einstellung des gerichtlichen Verfahrens	47
18) Durchführung des gerichtlichen Einstellungsverfahrens	48–50
19) Nachträgliche Änderung des Beschlusses	51
20) Bedingtes und endgültiges Verfahrenshindernis	52
21) Endgültiger Einstellungsbeschluss	53–55
22) Verjährung	56
23) Rechtsbehelfe	57, 58
24) Nachträgliches objektives Verfahren	59
25) Eintragungen ins Zentralregister	60
26) Mitteilungspflichten	61

§ 153a

1 1) Die **Zurückdrängung des Strafens im Bereich der kleineren Kriminalität** hatte mit der durch das EGStGB 1974 eingefügten Vorschrift des § 153a zu einem neuen Verfahren geführt (zur Entwicklung und Bedeutung des § 153a vgl Beulke Dahs-FS 209; Beulke Heintschel-Heinegg-FS 33; Herrmann ZStW **96**, 467; Rieß ZRP **83**, 93). Die Praxis hat den Anwendungsbereich der Vorschrift im Laufe der Zeit immer mehr auch über den Bereich der kleineren in den der mittleren Kriminalität bis hin zu umfangreichen Wirtschaftsstrafverfahren ausgedehnt. Dieser extensiven Auslegung der Vorschrift ist der Gesetzgeber gefolgt und hat durch das RpflEntlG die Voraussetzung, dass die Schuld gering sein müsse, dahin abgeändert, dass die Schwere der Schuld dem Absehen von der Erhebung der öffentlichen Klage nicht entgegenstehen dürfe.

1a Wegen der Besonderheiten dieser Verfahrensart sollte sie **aus dem Zusammenhang der §§ 153 ff herausgenommen** werden (Meyer-Goßner ZRP **82**, 242; Rieß Koch-FG 222; vgl auch Saliger GA **05**, 164), zumal das RpflEntlG die normative Bindung zu § 153 aufgelöst hat – hier: keine entgegenstehende Schwere der Schuld, dort: geringe Schuld, vgl Fezer ZStW **106**, 24 ff. Die Bedenken dagegen, dass die StA nach I Sanktionen verhängt (vgl dazu nur Horstmann, Zur Präzisierung und Kontrolle von Opportunitätseinstellungen, 2002, S 208 ff; LR-Meyer-Goßner[23] 111 ff) würden dadurch allerdings noch nicht beseitigt.

2 A. **Zweck des § 153a:** Es handelt sich um ein zweckmäßiges vereinfachtes Erledigungsverfahren im Bereich der kleineren und mittleren Kriminalität mit Beschleunigungs- und Entlastungseffekt (LR-Beulke 3), um verurteilungslose Friedensstiftung in diesem Bereich ohne Verzicht auf Sanktionen, aber ohne Strafe und Vorbestraftsein. Es als eine Art Freikauf vom Verfolgungsrisiko anzusehen (Schmidhäuser JZ **73**, 529; Walter ZStW **95**, 57), geht zu weit (LR-Beulke 10, 15; Beulke/Fahl NStZ **01**, 427), auch wenn es dazu leider in der Praxis nicht selten missbraucht wird (zur neueren rechtspolitischen Diskussion siehe etwa Brüning ZIS **15**, 586). Kriminalpolitisch ist das Verfahren eine Variante zur Strafaussetzung zur Bewährung, die allerdings rechtstechnisch ganz anders ausgestaltet ist. Die Unschuldsvermutung nach Art 6 II **EMRK** ist bei einer Einstellung nach § 153a nicht widerlegt (BVerfG MDR **91**, 891; NStZ-RR **96**, 168; SächsVerfGH StraFo **09**, 108; Frankfurt NJW **96**, 3353, 3354; Fezer ZStW **106**, 33; krit Salditt Müller-FS 611: Verdacht bleibt bestehen). Ist zweifelhaft, ob überhaupt ein Straftatbestand erfüllt ist, muss die Rechtsfrage geklärt werden; die Anwendung des § 153a gegenüber einem möglicherweise Unschuldigen ist untersagt (zutr Beulke/Fahl aaO 427, R. Hamm NJW **01**, 1694 und Saliger GA **05**, 155 gegen LG Bonn NJW **01**, 1736). Zivil- und öffentlich-rechtliche **außerstrafrechtliche Folgen** – etwa Schadensersatz, Disziplinarmaßnahmen – dürfen nicht allein an die notwendige Zustimmung des Beschuldigten zu einer Einstellung nach § 153a bzw an die Erfüllung der Auflagen und Weisungen geknüpft werden (Rettenmaier NJW **13**, 123).

3 B. **Einstellung des Verfahrens in zwei Etappen (I, II):** Nach § 153a wird das Verfahren, das nur ein Vergehen zum Gegenstand hat (1 zu § 153), zunächst vorläufig mit Anordnung von Auflagen und Weisungen und nach deren Erfüllung endgültig eingestellt. Während die endgültige Einstellung nach § 153 I, II voraussetzt, dass die Schuld des Täters als gering erscheint, ist nach § 153a I S 1 nur noch erforderlich, dass die Schwere der Schuld der vorläufigen Einstellung nicht entgegensteht (hierzu unten 7). Die vorläufige Einstellung ist nur zulässig, wenn die Voraussetzungen für die sofortige Einstellung nach § 153 lediglich deshalb nicht gegeben sind, weil ein öffentliches Interesse an der Strafverfolgung besteht. Dieses darf aber nur so stark sein, dass es durch die Anordnung von Auflagen und Weisungen und deren Erfüllung beseitigt werden kann (unten 6). Werden die Auflagen und Weisungen erfüllt, so tritt das Verfahrenshindernis des I S 5 ein (unten 43, 52). Sodann bedarf es nur noch einer förmlichen endgültigen Einstellung (unten 45, 53). Mit der vorläufigen Einstellung ist nur ein bedingtes Verfahrenshindernis verbunden (für die Fortsetzung desselben oder die Einleitung eines anderen Verfahrens gegen denselben Beschuldigten wegen derselben Tat), das, falls es nicht durch Aufhebung der vorläufigen Einstellung endet, sich später entweder in ein endgültiges umwandelt oder durch Nichterfüllung auferlegter und übernommener Pflichten entfällt (unten 24, 25).

C. Jugendstrafverfahren: Das Verhältnis zwischen § 153a und §§ 45, 47, 109 II JGG ist zweifelhaft. Nach einer Ansicht wird § 153a durch diese Vorschriften verdrängt (Brunner/Dölling 3 zu § 45 JGG; Böhm Spendel-FS 783), nach anderer Ansicht bleibt § 153a anwendbar, wenn dies für den Jugendlichen günstiger ist (Eisenberg NStZ **91**, 450 gegen LG Aachen ebenda). Zutr erscheint es, die Anwendung des § 153a auf den Fall zu beschränken, dass der Beschuldigte nicht geständig ist, so dass eine Anordnung nach § 45 III JGG unzulässig ist (Nothacker JZ **82**, 62; vgl auch Bohnert NJW **80**, 1930 ff). 4

Wird gegen einen **Heranwachsenden** nicht materielles Jugendstrafrecht, sondern Erwachsenenstrafrecht angewandt, so kann aber ohne diese Beschränkung nach § 153a verfahren werden. 5

2) Zu beseitigendes öffentliches Interesse (I, II): Vgl Boxdorfer NJW **76**, 317; Hobe Leferenz-FS 640 ff; Metzger Stöckel-FS 287. Bei der Frage, ob das öffentliche Interesse an der Strafverfolgung besteht (und daher § 153 ausscheidet, dort 7, 8), sind etwaige von dem Beschuldigten vor der Einleitung des Verfahrens oder vor der Entscheidung erbrachte Leistungen von der in Nrn 1–5 bezeichneten Art zu berücksichtigen. Mit Rücksicht einerseits auf die besondere Problematik des § 153a und andererseits auf seinen kriminalpolitischen Grundgedanken ist es geboten, ihn möglichst einheitlich anzuwenden. Dabei ist stets die kriminologische Erfahrung zu berücksichtigen, dass am Anfang der schweren Kriminalität sehr häufig leichte Vergehen stehen, ferner die Rspr des BVerfG zu den Konstellationen, in denen ein Anspruch des Bürgers auf effektive Strafverfolgung Dritter besteht (siehe BVerfG 2 BvR 1763/16 vom 15.1.2020 zu § 153; 8a zu § 153, 1a zu § 172). 6

3) Keine entgegenstehende Schwere der Schuld (I, II): In § 153 ist darauf abgestellt, dass die Schuld des Täters als gering anzusehen wäre (dort 3 ff). Bei § 153a kommen auch gewichtigere Fälle in Betracht; jedoch darf es sich höchstens um eine Schuld im mittleren Bereich handeln (weiter einschr Loos Remmers-FS 570, zust Scheinfeld Herzberg-FS 856: nur anwendbar, wenn im gerichtlichen Verfahren lediglich mit einer Geldstrafe zu rechnen wäre). Das Maß der Schuld muss mindestens auf Grund eines in dieser Frage durchgeführten Ermittlungsverfahrens als nicht zu schwer beurteilt werden können (Siegismund/Wickern wistra **93**, 86). Es muss insoweit hinreichender Tatverdacht bestehen (Scheinfeld aaO 845 mwN; weitergehend Düsseldorf VRS **68**, 263, 266); denn nur dann kann dem Beschuldigten die (freiwillige) Übernahme besonderer Pflichten zugemutet werden (erg oben 2 aE). Die Vorschrift wird insbesondere (aber nicht nur) gegen Ersttäter Anwendung finden (vgl Schlüchter-RpflEntlG 23). 7

Typische Anwendungsfälle sind nicht zu schwerwiegende Eigentums- und Vermögensdelikte, die keine Antragsdelikte mehr sind (vgl 16 zu § 153), leichte und mittelschwere Verkehrsstraftaten und die Verletzung der Unterhaltspflicht. Auch bei fahrlässiger Tötung kommt § 153a in besonders gelagerten Fällen in Betracht. Bei Wirtschafts- und Steuerstraftaten kann von der Verfolgung abgesehen werden, wenn der Schaden nicht zu erheblich ist und es sich um ein einmaliges Fehlverhalten handelt (vgl auch Böttcher/Mayer NStZ **93**, 154). Bei noch aufklärbarem **Tatverdacht wegen eines Verbrechens** darf § 153a nicht angewendet werden (Deiters/Albrecht ZIS **13**, 483; noch weitergehender KK-Diemer 9: es dürfen keine Anhaltspunkte für ein Verbrechen vorliegen); dies ergibt sich im Ermittlungsverfahren aus § 160 I, im Verfahrensstadium des II aus § 244 II. 8

4) Zustimmung des Gerichts (I S 1): Bei geringfügigen Vergehen ist sie nicht notwendig (I S 7 iVm § 153 I S 2, dort 14). Das gilt auch für geringfügige Steuerstraftaten (20 zu § 153), jedoch nicht im Fall des I S 2 Nr 7 (I S 7). Das Fehlen der erforderlichen Zustimmung steht der Entstehung eines Verfahrenshin- 9

§ 153a

dernisses bei Erfüllung der Auflage oder Weisung (unten 45) nicht entgegen (Stuttgart NStZ **07**, 540; Karl NStZ **95**, 535; a**M** Schroeder NStZ **96**, 319, der dann das Klageerzwingungsverfahren nach § 172 für zulässig erachtet. Erg 10 zu § 153). Eine kurze Begründung sollte nur bei Ablehnung der Zustimmung erfolgen, bei Zustimmung ist sie überflüssig (zutr R. Hamm NJW **01**, 1695 gegen LG Bonn NJW **01**, 1736).

10 **5) Zustimmung des Beschuldigten (I S 1):** Sie ist – anders als im Fall des § 153 I – für die vorläufige Einstellung des Ermittlungsverfahrens nach I deshalb erforderlich, weil der Beschuldigte bereit sein muss, die Auflagen und Weisungen zu akzeptieren und zu erfüllen (vgl auch unten 12). Er kann auch die Anregung zur Anwendung des § 153a geben (23 zu § 153). Über das Verfahren zur Herbeiführung der Zustimmung vgl unten 27. Die Zustimmung bezieht sich auch auf die Auflagen und Weisungen, zu deren Konkretisierung auch die Fristen gehören (LR-Beulke 41). Eine Zustimmung, die an Bedingungen geknüpft ist (Kostenfrage), ist unwirksam (LG Koblenz NJW **83**, 2458; erg 27 zu § 153). Die Zustimmung stellt kein Schuldeingeständnis dar und darf daher – bei Nichterfüllung der Auflagen – nicht als Beweis für die Täterschaft des Beschuldigten gewertet werden (Düsseldorf StV **08**, 13).

10a Ein **Geständnis** vermag zwar die Schuld soweit zu vermindern, dass der Anwendungsbereich des § 153a eröffnet ist; jedoch darf die Einstellung des Verfahrens nicht von einem Schuldeingeständnis abhängig gemacht werden (vgl aber kritisch zum sog Fall Edathy Rosenstock StV **15**, 654; Fahl JR **16**, 241; Trentmann ZStW **16**, 445).

11 **6) Wesen und Art der Auflagen und Weisungen:**
12 A. **Kein Strafcharakter:** Die Pflichten werden dem Beschuldigten auferlegt. Da er aber zustimmen muss (oben 10) und die Erfüllung auch dann noch unterlassen kann, wenn er der vorläufigen Einstellung zugestimmt hatte, handelt es sich nicht um strafähnliche Sanktionen (BGH **28**, 174, 176; Beulke Dahs-FS 215; Saliger GA **05**, 168). Es handelt sich um ein Beendigungsverfahren mit Selbstunterwerfung, wobei die Auflagen den Charakter besonderer nichtstrafrechtlicher Sanktionen haben (LR-Beulke 9; Rieß Koch-FG 218); denn sie sind Leistungen, die der Genugtuung für das begangene Unrecht dienen, wie sich aus § 56b III StGB und § 23 II JGG ergibt.

13 B. **Kompensation des öffentlichen Interesses** (oben 8): Die Eignungsprüfung lässt nur ein Abwägen von Umständen unter dem Generalnenner „öffentliches Interesse an der Strafverfolgung" zu. Die Wirkung der Einstellung des Strafverfahrens auf das subjektive Empfinden des Beschuldigten spielt dabei allenfalls nur eine mittelbare Rolle. Dagegen gehört es zum öffentlichen Interesse, die Resozialisierung des Täters, wenn möglich, mit den weniger einschneidenden Maßnahmen nach § 153a zu erreichen. Das öffentliche Interesse wird im Allgemeinen nicht kompensierbar sein bei erschwerenden Umständen, bei Vorstrafe oder nicht weit zurückliegender Behandlung nach § 153a wegen einer ähnlichen Tat (Eckl JR **75**, 100), wohl aber bei lange zurückliegender Tatzeit und überlanger Dauer des Strafverfahrens (vgl LG Frankfurt aM NJW **97**, 1994). Vom öffentlichen Strafverfolgungsinteresse ist die der Einstellung grundsätzlich nicht entgegenstehende „öffentliche Interessiertheit" zu unterscheiden (Scheinfeld Herzberg-FS 866).

14 **7) Katalog der Auflagen und Weisungen (I S 2):** In Nrn 1–3 handelt es sich um Auflagen (vgl § 56b I StGB), in Nr 4–6 um Weisungen (vgl § 56c II Nr 5 StGB). Es können mehrere Pflichten in verschiedener Kombination auferlegt werden; im Gegensatz zur früheren Regelung ist der Katalog aber nicht mehr abschließend („insbesondere"), sondern lässt auch andere Auflagen und Weisungen zu (krit dazu aus verfassungsrechtlichen Gründen Britz/Jung Meyer-Goßner-FS 307; dagegen Beulke Dahs-FS 214), zB bei leichten und mittelschweren Gewalthandlungen die Weisung, an Beratungsstunden in einer sozialen Betreuungsstelle teilzunehmen (Beulke MSchrKrim **94**, 360; vgl auch Beulke/Theerkorn

Öffentliche Klage § 153a

NStZ **95**, 474), oder der Verzicht auf sichergestellte oder beschlagnahmte Gegenstände (abl Britz/Jung aaO), vgl auch Schirrmacher (1999, zugl Diss Osnabrück 1997), der „neue Reaktionen auf umweltdeliktisches Verhalten" vorschlägt. Die nicht im Katalog genannten Auflagen und Weisungen bedürfen in jedem Fall der Zustimmung des Gerichts (BT-Drucks 14/1928 S 8). Die Auflagen und Weisungen müssen irgendeinen Zusammenhang mit der Straftat haben; Schranken ergeben sich aus verfassungsrechtlichen (zB nach Art 1, 2, 4, 9 GG) und spezial-gesetzlichen (zB ausländer-, familien-, steuer- oder straßenverkehrsrechtlichen) Regelungen (vgl LR-Beulke 70 ff und Dahs-FS 216 ff mit vielen Beispielen für unzulässige Auflagen und Weisungen).

Therapieweisung: Kommt wegen einer der in § 181b StGB genannten Straftaten eine Weisung in Betracht, wonach sich der Angeklagte psychiatrisch, psycho- oder sozialtherapeutisch betreuen und behandeln zu lassen hat, sieht der durch das Ges vom 14.3.2013 (StORMG) eingeführte I S 8 durch Verweisung auf § 246a II vor, dass regelmäßig vor einer Einstellung nach Maßgabe von I und II (siehe II S 1) ein Sachverständigengutachten über den Zustand und die Behandlungsaussichten des Angeklagten einzuholen ist. 14a

A. **Wiedergutmachung (Nr 1):** Die Wiedergutmachung „nach Kräften" aufzuerlegen (vgl § 56b II Nr 1 StGB; 15 I Nr 1 JGG), ist nicht zulässig. Die Leistung muss so konkret bestimmt werden, dass nach Ablauf der Frist die Erfüllung oder Nichterfüllung und damit der Eintritt oder Nichteintritt des Verfahrenshindernisses (I S 5) klar auf der Hand liegt. Um weder bei dem Beschuldigten noch bei dem Verletzten den Eindruck entstehen zu lassen, der festgesetzte Wiedergutmachungsbetrag sei eine endgültige Fixierung des Schadens, empfiehlt sich der Zusatz, dem Verletzten werde nicht die Möglichkeit abgeschnitten, im Zivilrechtsweg den nach seiner Meinung entstandenen weitergehenden Schaden geltend zu machen. Die Wiedergutmachungsauflage sollte, falls dafür sachlicher Anlass besteht, regelmäßig gemacht werden (LR-Beulke 51). Dass der Beschuldigte trotz des hinreichenden Verdachts (oben 7) die strafrechtliche Schuld bestreitet, macht die Wiedergutmachungsauflage nicht unzulässig (unten 47; **aM** Dreher Welzel-FS 938); denn die Schadloshaltung des Verletzten ist auch sonst Verfahrensziel (zB § 111b V, dort 5). Handelt es sich nicht nur um eine einmalige Leistung, so wird ein Erfüllungsplan (Leistungsplan) aufgestellt (vgl unten 20, 23). 15

a) **Vermögensschaden:** Es handelt sich um zivilrechtlichen Schadenersatz, bei dem sich die Verursachung nach der Adäquanztheorie richtet. Es kann sich auch um mittelbaren Schaden handeln, zB fahrlässige Tötung des Kindes – Nervenzusammenbruch der Mutter; Unfall-Krankenhausaufenthalt mit dort erlittener Infektion. Die Ursächlichkeit fehlt, soweit der Schaden auch ohne die Tat eingetreten wäre. Mitwirkendes Verschulden des Verletzten mindert die Pflicht zum Schadenersatz (§ 254 BGB). Die Auflage, die Gerichtskosten oder die notwendigen Auslagen des Nebenklägers zu übernehmen, ist unzulässig (Frankfurt MDR **80**, 515; vgl auch BGH **9**, 365). Wenn der Schaden nicht genau feststeht, darf er zwar geschätzt werden, aber die auferlegte Wiedergutmachung darf jedenfalls die Schadensersatzpflicht nicht übersteigen (Lackner/Kühl 3a zu § 56b StGB). Die Auflage ist aber auch bei Verjährung des Anspruchs möglich (Fischer 6 zu § 56b StGB). Erhält der Verletzte Ersatz von einer Versicherung, so wird die Anordnung nach Nr 1 idR nicht angebracht sein, weil der Verletzte sonst doppelt entschädigt würde (KK-Diemer 14). 16

b) **Immaterieller Schaden:** Bei Beleidigung kann eine (mündliche oder schriftliche) Ehrenerklärung gegenüber dem Verletzten auferlegt werden (LR-Beulke 54). In den Fällen, in denen bei Durchführung des Verfahrens die Anordnung der öffentlichen Bekanntmachung einer Erklärung zu erwarten wäre, kann auch die Pflicht zu solcher Bekanntmachung auferlegt werden (zB §§ 200, 165 StGB). Auch die Zahlung von Schmerzensgeld (§ 253 II BGB) kann zur Auflage gemacht werden (LR-Beulke 53; vgl auch LG Bremen NJW **71**, 153 bei Strafaussetzung); bei 17

Schmitt

§ 153a

Persönlichkeitsverletzungen auch für immateriellen Schaden. § 254 BGB ist auch hier zu berücksichtigen.

18 B. **Geldzahlung (Nr 2):** Zugunsten einer gemeinnützigen Einrichtung: Die Einrichtung muss nicht steuerrechtlich als gemeinnützig anerkannt sein (LR-Beulke 55). Die Leistung an eine Einzelperson, zB an den Verletzten oder seine Angehörigen (über die Wiedergutmachung nach Nr 1) hinaus, kann nach Nr 2 nicht angeordnet werden (vgl LG Bremen NJW **71**, 153). Ein Rechtsverhältnis zwischen dem Beschuldigten und der Einrichtung entsteht nicht.

19 Von der Auflage der **Zahlung an die Staatskasse** kann eher Gebrauch gemacht werden als bei Bewährungsauflagen, weil die Geldzahlung hier als Sanktion an die Stelle einer Geldstrafe tritt. Dem Beschuldigten können zwar im Fall des I die Auslagen der Staatskasse nicht auferlegt werden (vgl auch unten 55); aber das Entstehen größerer Auslagen dieser Art kann ein Grund dafür sein, den Geldbetrag an die Staatskasse zahlen zu lassen (LR-Beulke 56). Für den Betrag besteht kein gesetzliches Höchstmaß (vgl aber Fünfsinn NStZ **87**, 97). Eine Grenze bildet die Unzumutbarkeit bei offensichtlichem Missverhältnis zur Tatschuld oder zu den wirtschaftlichen Verhältnissen des Beschuldigten. Hat der Beschuldigte einen verrechenbaren Anspruch gegen die Staatskasse aus einer erbrachten Sicherheitsleistung, bedarf es für eine Verrechnung seiner Zustimmung (Celle StraFo **15**, 204).

20 Auch bei der Anwendung der Nr 2 ist, falls es sich nicht nur um eine einmalige Leistung handelt, ein **Tilgungsplan** (mit Raten und Fristen) angebracht. Über die Verfahren bei Zuweisung von Geldbeträgen im Strafverfahren zugunsten gemeinnütziger Einrichtungen haben die LJVen eine einheitliche Regelung getroffen, die am 1.1.1975 in Kraft getreten ist (vgl zB Justiz **74**, 35; BayJMBl **75**, 3, 26; **77**, 220; NdsRpfl **74**, 9; JMBlNW **74**, 109).

20a Ist gegen den Beschuldigten das **Insolvenzverfahren eröffnet,** darf die Einstellung nicht von der Zahlung einer Geldauflage an die Staatskasse abhängig gemacht werden, wenn der Beschuldigte durch die Erfüllung der Auflage seine Gläubiger benachteiligt; geleistete Zahlungen können dann uU durch den Insolvenzverwalter zurückverlangt werden (BGH NStZ **09**, 521 mit zust Anm Drees und abl Anm Ziemann JR **09**, 167; abl auch Beulke/Edlbauer Mehle-FS 63). Dadurch wird jedoch das Verfahrenshindernis nach I S 5 (unten 45) nicht beseitigt (Eggers/Reuker wistra **11**, 413; Pfordte StV **10**, 591; Ziemann aaO 171).

21 C. **Sonstige gemeinnützige Leistungen (Nr 3):** Beispiele: Hilfsdienst in einem Krankenhaus, Pflegeheim, Altenheim oder im Umweltschutz nach einem Leistungsplan unter Berücksichtigung der Zumutbarkeit. Vgl dazu RiStBV 93 IV: Berücksichtigung von Einrichtungen der Opferhilfe, Straffälligen- und Bewährungshilfe usw.

22 D. **Unterhaltszahlungen (Nr 4):** Diese Weisung kommt insbesondere bei Verfahren nach § 170 StGB in Betracht, aber auch etwa bei Betrug oder falscher Aussage in einem Unterhaltsprozess. Regelmäßig wird eine Geldzahlung auferlegt werden; ausnahmsweise können aber auch Naturalleistungen in Betracht kommen (LR-Beulke 59; **aM** AK-Schöch 33). Es können mehrere Weisungen nach Nr 4 (gegenüber mehreren Berechtigten) zusammentreffen.

22a E. **Täter-Opfer-Ausgleich (Nr 5):** Neben der materiell-rechtlichen Regelung in § 46a StGB wird in Nr 5 (iVm § 155a, s oben dort) die verfahrensrechtliche Möglichkeit eröffnet, über einen Täter-Opfer-Ausgleich zur Verfahrenseinstellung zu gelangen (vgl dazu auch schon Rundverfügung des GStA SchlHA **91**, 153 = StV **92**, 42, ferner Erl des Thüringer JM JMBl 1994, 109 und Rautenberg NJ **94**, 300; für das Jugendstrafverfahren vgl Gemeinsamen RdErl JMBlNW **95**, 97). Wegen § 155a I S 3 kann gegen den Willen des Verletzten die Weisung nach Nr 5 nicht erteilt werden (LR-Beulke 62); idR wird sie nur bei einem geständigen Beschuldigten in Betracht kommen (KK-Diemer 24; erg 3 zu § 155a). Im Gegensatz zu allen anderen Nrn fehlt es in Nr 5 dann an einem sicher feststellbaren Erfolg, das die Verfahrenseinstellung rechtfertigt, wenn schon das ernsthafte Bemühen um einen Ausgleich oder um Schadenswiedergutmachung genügen soll (SK-Weßlau/

Öffentliche Klage § 153a

Deiters 48). Hier ist eine Feststellung der StA (in den Akten) erforderlich, dass das vom Beschuldigten gezeigte Bemühen als ausreichend anzusehen ist (vgl Schöch Roxin-FS I 1063); das wird nur in Betracht kommen, wenn dem Beschuldigten das Misslingen des Ausgleichs nicht anzulasten ist (vgl Tolmein ZRP **99**, 410).

F. **Sozialer Trainingskurs (Nr 6):** Die Teilnahme an einem solchen Pro- 22b gramm soll die persönliche und soziale Verantwortung des Täters fördern und dadurch seine Fähigkeit zur Verhaltenskontrolle aufbauen bzw stärken. Die maximal auf 1 Jahr angelegte (S 3) Weisung kommt vor allem zur Bekämpfung häuslicher Gewalt in Betracht; sie richtet sich dem entspr im wesentlichen an Männer, die gegenüber ihren (ehemaligen) Partnerinnen gewalttätig geworden sind (BT-Drucks 17/1466 S 6). Eine Festlegung auf eine bestimmte Kursgestaltung hat der Gesetzgeber bewusst nicht vorgenommen, um den Besonderheiten örtlicher Programme Rechnung zu tragen; allerdings sind die Qualitätsstandards der Bundesarbeitsgemeinschaft „Täterarbeit Häusliche Gewalt" vom 11.5.2007 einzuhalten (BT-Drucks aaO). **§ 155b findet gem IV S 1 mit der Maßgabe Anwendung,** dass nicht den Beschuldigten betreffende personenbezogene Daten an die mit der Durchführung des sozialen Trainingskurses befasste Stelle nur mit Einwilligung des Betroffenen übermittelt werden dürfen. Damit soll vor allem den Interessen des Opfers an der Verfügungsbefugnis über hochsensible persönliche Daten und damit seinem Recht auf informationelle Selbstbestimmung Rechnung getragen werden. Die durch das Einwilligungserfordernis hervorgerufenen Einschränkungen können sich allerdings auch auf den Umfang der den Beschuldigten betreffenden Daten negativ auswirken, die an die Trainingsstelle zu übermitteln sind; dies kann insbesondere die Frage betreffen, ob gemäß § 155b I S 2 die Akten zur Einsichtnahme übersandt werden dürfen (vgl BT-Drucks 17/10164 S 6). IV S 1 gilt gemäß S 2 entsprechend für soziale Trainingskurse, die dem Täter aufgrund strafrechtlicher Vorschriften aufgegeben werden, namentlich für die durch das Ges vom 15.11.2012 neu eingeführte Weisung bei einer Verwarnung mit Strafvorbehalt (§ 59a II S 1 Nr 5 StGB). Im Übrigen gilt § 155b uneingeschränkt (siehe dort).

G. **Aufbauseminar/Fahreignungsseminar (Nr 7):** Die Teilnahme an einem 22c Aufbauseminar nach § 2b II S 2 StVG oder an einem Fahreignungsseminar nach § 4a StVG soll den besonderen Bedürfnissen des Straßenverkehrs Rechnung tragen. Aus § 69 II StGB folgt aber, dass allein die Teilnahme an einem Aufbauseminar in den dort genannten Fällen für eine Einstellung nicht ausreicht (BT-Drucks 13/6914 S 94), so dass Nr 7 insoweit praktisch nur in den Fällen anwendbar ist, in denen auch im Fall der Verurteilung ausnahmsweise vom Entzug der Fahrerlaubnis abgesehen worden wäre (LR-Beulke 66).

8) **Erfüllungsfrist (I S 3):** Eine Fristbestimmung ist nur wirksam, wenn der 23 Beschuldigte der Einstellung zugestimmt hatte (Bay **83**, 69 = VRS **65**, 288). Aus der Bestimmung von Höchstfristen ergibt sich, dass die Leistungsfristen für die im Einzelfall auferlegten mehreren Auflagen und Weisungen unterschiedlich bemessen werden können. IdR sollen sie unter dem Höchstmaß liegen und möglichst 3 Monate nicht übersteigen. Sind verschieden lange Fristen bestimmt, so ist für den Eintritt des endgültigen Verfahrenshindernisses (I S 5) die längste maßgebend, falls der Beschuldigte nicht schon vorher alle Pflichten erfüllt hat.

9) **Widerruf und Verfallklausel:** Erklärt der Beschuldigte, die übernomme- 24 nen Pflichten nicht erfüllen zu wollen, oder ergibt sich der mangelnde Erfüllungswille aus seinem Verhalten, so kann die vorläufige Aussetzung wegen Entstehens ihrer Grundlage widerrufen werden, falls auch nachträgliche Änderungen (unten 39) nicht angebracht sind (Analogie zu § 56f I, II StGB). In geeigneten Fällen kann auch schon von vornherein klargestellt werden, unter welchen Voraussetzungen die vorläufige Einstellung entfällt (Verfallklausel; Analogie zu § 42 S 2 StGB).

Auf das **Verschulden der Nichterfüllung** der Auflagen und Weisungen 25 kommt es nicht an (Düsseldorf MDR **76**, 423). Um nachträglich entstehende Umstände, die die Erfüllung unmöglich machen, durch Änderung der Pflichten oder

Schmitt 837

§ 153a Zweites Buch. 1. Abschnitt

Fristen berücksichtigen zu können, falls dies gerechtfertigt erscheint, empfiehlt es sich, dem Beschuldigten bei der vorläufigen Einstellung die alsbaldige Mitteilung solcher Umstände anzuraten.

26 **10) Überwachung:** Die Erfüllung der übernommenen Pflichten ist Aufgabe des Beschuldigten, daher nicht Vollstreckung (§ 36 II). Sie wird im Fall des I von der StA (BGH **38**, 381, 382), im Fall des II von dem Gericht überwacht, wobei den Geschäftsstellen im Verwaltungsweg die technische Mithilfe aufgetragen werden kann. Es empfiehlt sich, die besonderen Pflichten so auszugestalten, dass der Beschuldigte den Nachweis für die Erfüllung erbringen oder die begünstigte Stelle den Empfang der Leistung der überwachenden Stelle gegenüber bestätigen muss.

27 **11) Vorbereitung der Entscheidung der StA:**
28 A. **Zuständigkeit:** Beabsichtigt das Revisionsgericht, das Verfahren nach II S 1 einzustellen (siehe 47), erteilt die StA bei dem Revisionsgericht die erforderliche Zustimmung (BT-Drucks 18/11277 S 28).

29 B. **Vorklärung:** Zeichnet sich nach den durchgeführten Ermittlungen zur Schuldfrage (oben 7) die Möglichkeit einer Anwendung des I ab, so legt die Polizei die Sache der StA vor (9 zu § 153), falls dies noch nicht geschehen ist; die StA klärt die Höhe des Schadens und die Leistungsfähigkeit des Beschuldigten, zB durch Vernehmung des Verletzten und des Beschuldigten. Dann folgt die Konkretisierung der Auflagen und Weisungen (oben 14 ff).

30 C. **Befragung des Beschuldigten:** IdR wird eine Frist zur Erklärung des Einverständnisses mit den konkretisierten besonderen Pflichten gesetzt. Die Frist muss Raum lassen für die Befragung eines Verteidigers. Hat der Beschuldigte schon einen Verteidiger, so kann die Befragung an seine Adresse gerichtet werden (§ 145a). In geeigneten Fällen kann der Beschuldigte auch auf die (ihm ohnehin unbenommene) Möglichkeit eines Abänderungsvorschlags hingewiesen werden. Die StA darf es aber nicht zu einem unsachgemäßen Feilschen kommen lassen. Zunächst nicht richtig oder unvollständig erkennbare oder erkannte relevante Umstände können auch durch nachträgliche Änderung (I S 4) berücksichtigt werden.

31 D. **Befragung des Gerichts:** Wenn die Zustimmung des Gerichts erforderlich ist (oben 9), stellt die StA einen entspr Antrag mit Angabe der vorgesehenen Pflichten und Fristen. Das angegangene Gericht gibt die Sache (ohne Entscheidung über die Zustimmung) zurück, wenn nach seiner Auffassung ein anderes Gericht über die Eröffnung des Hauptverfahrens zu entscheiden hätte oder wenn es seine Zustimmung nicht für erforderlich hält (I S 7 iVm § 153 I S 2). Es kann noch kleinere Änderungen, insbesondere genauere Konkretisierung anregen (**aM** LR-Beulke 105: Vorschlag anderer Auflagen und Weisungen zulässig), entscheidet im Übrigen aber nur, ob es die Prozesserklärung der Zustimmung abgeben soll (10 zu § 153).

32 E. **Reihenfolge der Befragungen** (vgl oben 30, 31): Im Allgemeinen wird – schon aus praktischen Gründen – zunächst die Zustimmung des Gerichts eingeholt und dann erst der Beschuldigte befragt werden (LR-Beulke 108). Der umgekehrte Weg kann sich aber zB empfehlen, wenn erhebliche Zweifel bestehen, ob der Beschuldigte einer angemessenen Lösung iS des § 153a zustimmen werde oder wenn seine Leistungsfähigkeiten und -möglichkeiten erst geprüft werden müssen (zB im Fall des I S 2 Nr 3), bevor das Gericht um Zustimmung zu einem konkreten Vorschlag angegangen werden kann.

33 **12) Entscheidung der StA (I):**
34 A. **Zusammentreffen mit einem Privatklagedelikt:** Eine auf das Offizialdelikt beschränkte Anwendung des § 153a ist nicht zulässig (LR-Beulke 17; erg 5 zu § 153).

35 B. **Zusammentreffen mit einer OWi:** Obwohl die Anwendung des § 153a keine Strafverhängung ist, kann nicht für das Vergehen § 153a angewandt und die

838   Schmitt

Öffentliche Klage § 153a

OWi geahndet werden (§§ 21, 43 OWiG; LR-Beulke 27; Göhler 27 zu § 21 OWiG); denn anders als im Fall des § 153 (dort 6) handelt es sich bei der Anwendung des § 153a um eine Art Sachentscheidung mit strafrechtlicher Sanktion. Diese ist zwar nicht Strafe; dennoch kann sich die Kompensierung des öffentlichen Interesses an der Verfolgung durch die Auflagen und Weisungen (oben 8) nur auf die ganze Tat iSd § 264 beziehen (LG Berlin VRS **113**, 116). Das nach der Erfüllung der übernommenen Pflichten entstehende Verfahrenshindernis bezieht sich auch auf den rechtlichen Gesichtspunkt der OWi (Bay **83**, 69 = VRS **65**, 288; Frankfurt NJW **85**, 1850; Nürnberg NJW **77**, 1787; Oldenburg StV **02**, 240; unten 52), sofern Identität der Tat iS des § 264 gegeben ist (unten 45). Dies ist im Verhältnis zwischen § 266a StGB und der OWI des § 23 I Nr 1 AEntG nicht der Fall (BGH NJW **12**, 2051 mit Anm Waßmer NStZ **12**, 706).

C. **Mitteilung:** Die Verfügung wird entweder förmlich zugestellt (wobei § 145a 36 gilt) oder formlos mit der Bitte um Empfangsbekenntnis mitgeteilt. Eines förmlichen Nachweises des Zugangs bedarf es nicht, wenn sich auf andere Weise, zB aus dem Schriftwechsel, eindeutig ergibt, dass der Beschuldigte die übernommenen besonderen Pflichten genau kennt und auch von der vorläufigen Einstellung Kenntnis hat. Auch der Anzeigeerstatter erhält (formlos) Mitteilung von der Verfügung. Er kann gegen diese aber nur mit Gegenvorstellungen und Dienstaufsichtsbeschwerde (6, 9 vor § 296) vorgehen.

D. **Verfügung der FinB:** Soweit die FinB das Ermittlungsverfahren führen darf 37 und führt und Strafbefehlsantrag stellen kann (§§ 399 I, 400 **AO**), darf sie nach I verfahren, ggf auch ohne Zustimmung des Gerichts (oben 9).

E. **Rechtsbehelfe:** Ist die Verfügung der StA ordnungsgemäß zustande gekom- 38 men, so kann auf Gegenvorstellungen oder Dienstaufsichtsbeschwerde des Verletzten (9 zu § 153) ohne Widerrufsgrund (oben 24) das vorläufige Absehen von der Anklage nicht rückgängig gemacht werden, weil der Beschuldigte auf die von ihm akzeptierte strafrechtliche Friedensregelung vertrauen darf. Anders ist es jedoch, wenn sich ergibt, dass es sich um ein Verbrechen handelt, weil dann das endgültige Verfahrenshindernis nicht entstehen kann (oben 3, unten 45). Ein weiterer Spielraum besteht hinsichtlich der einzelnen Auflagen und Weisungen. Das Klageerzwingungsverfahren ist ausgeschlossen (§ 172 II S 3; Karlsruhe Justiz **90**, 28).

13) Nachträgliche Änderungen (I S 4): 39

A. **Unterscheidung von neuer vorläufiger Einstellung:** Eine solche ist zu- 40 lässig und kann in Ausnahmefällen angebracht sein. Änderungen sind zulässig, auch wenn die Frist bereits abgelaufen ist (LR-Beulke 85; Eckl JR **75**, 101), sofern die vorläufige Einstellung noch nicht widerrufen oder sonstwie entfallen ist (oben 24, 25, 38). Nach dem Eintritt eines dieser Ereignisse muss das Verfahren fortgesetzt werden, falls es nicht von neuem vorläufig eingestellt wird. Hierbei besteht kein Verschlechterungsverbot.

B. **Mitwirkung bei nachträglicher Änderung:** Die Aufhebung einer Auflage 41 oder Weisung bedarf nicht der Zustimmung des Beschuldigten, wohl aber eine Änderung, selbst wenn sie in einer Erleichterung für den Beschuldigten besteht. Die gesetzten Fristen können aus wichtigem Grund auch einmal verlängert werden. Einen Anspruch auf nachträgliche Änderung hat der Beschuldigte nicht.

14) Keine Mitwirkung des Gerichts bei nachträglicher Änderung durch 42 **die StA:** Der gerichtlichen Zustimmung bedarf es für die Änderungen auch dann nicht, wenn die vorläufige Einstellung vom Gericht durch Zustimmung gebilligt worden war (KK-Diemer 38; a**M** LR-Beulke 83). Jedoch darf die StA bei nachträglichen Änderungen die Pflichten und Auflagen im Gesamtquantum nur so weit verändern, dass sie noch geeignet sind, das öffentliche Interesse an der Strafverfolgung zu beseitigen (oben 6). Dabei darf bei gleich bleibender Sachlage die vom Gericht mitverantwortete Bemessungsgrundlage nicht wesentlich geändert werden (Düsseldorf VRS **88**, 437; LR-Beulke 81). Eine nachträgliche wesentliche Verschlechterung der Leistungsfähigkeit des Beschuldigten kann eine wesentliche Erleichterung der Auflagen und Weisungen rechtfertigen.

43 **15) Entstehung eines Verfahrenshindernisses (I S 5):**
44 A. **Während des Schwebezustands** ist die Fortsetzung des Verfahrens unzulässig. Sie steht daher der Erfüllung der erteilten Auflagen oder Weisungen durch den Beschuldigten zwecks endgültiger Verfahrenseinstellung nicht entgegen (Stuttgart wistra **07**, 276); dieses beschränkte Verfahrenshindernis gilt aber erst nach förmlicher vorläufiger Einstellung, nicht bereits von dem Zeitpunkt an, ab dem aufeinander bezogene Auflagen der StA und Zustimmungserklärungen des Beschuldigten und des Gerichts vorliegen (a**M** LG Kleve StraFo **11**, 93). Allerdings hindert die vorläufige Einstellung nicht das Fortbestehen eines Haftbefehls, der nach § 116 ausgesetzt ist, und die weitere Gültigkeit der angeordneten weniger einschneidenden Maßnahmen (vgl auch 1 zu § 205); häufig wird allerdings der Aufhebungsgrund der Unverhältnismäßigkeit bestehen. Das Gleiche gilt für die Aufrechterhaltung einer Beschlagnahme von Beweismitteln (§ 94). Entsteht dadurch Schaden, so ist durch geeignete Maßnahmen die Sicherstellung des Beweiswertes für ein etwa noch folgendes Strafverfahren anzustreben, so dass die Sachen selbst herausgegeben werden können. Dagegen muss eine vorläufige Maßnahme zur Sicherung einer bei späterer Durchführung des Verfahrens zu erwartenden Rechtsfolge aufgehoben werden (zB die vorläufige Entziehung der Fahrerlaubnis nach § 111a oder die Sicherstellung nach § 111b).

45 B. Ein **endgültiges Verfahrenshindernis – beschränkter Strafklageverbrauch – (I S 5)** entsteht, wenn und sobald der Beschuldigte die Pflichten voll, nicht nur teilweise, erfüllt hat (Düsseldorf VRS **72**, 193; Frankfurt NJW **85**, 1850; KG StV **18**, 401), ohne dass die vorläufige Einstellung vorher entfallen ist (oben 24, 25, 38); die Auflage, einen Erfüllungsnachweis zu erbringen, ist allerdings als reine Annexauflage ohne eigene Bedeutung (LG Berlin VRS **121**, 141, 143 mwN). Hingegen entsteht kein Verfahrenshindernis, wenn der Beschuldigte eine Auflage erfüllt, die einen Mitbeschuldigten betrifft und nur durch ein Kanzleiversehen in seine Hand geraten ist (LR-Beulke 96; a**M** AG Grevenbroich JR **84**, 302 mit abl Anm Gössel), oder wenn versehentlich nur die Geschäftsstelle der StA die Verfahrenseinstellung angeboten hatte (Bay **99**, 60 = NJW **00**, 968). Das Prozesshindernis ergreift die gesamte Tat iS des § 264 (KG NStR-RR **17**, 86; Karlsruhe Justiz **90**, 38), auch wenn mehrere Delikte im Verhältnis der Tatmehrheit zueinander stehen (KG StV **18**, 401: §§ 315c, 142 StGB) und auch die davon umfassten OWien (Frankfurt aaO; siehe aber BGH NJW **12**, 2051 zum Verhältnis zwischen § 266a StGB und der OWi des § 23 I Nr 1 AEntG; erg oben 35). Es bezieht sich aber nach I S 5 nicht auf eine Strafverfolgung wegen derselben Tat unter dem rechtlichen Gesichtspunkt eines Verbrechens. Die endgültige Einstellung ist durch die StA ausdrücklich auszusprechen (KK-Diemer 46). Sie ist nicht mit einer Entscheidung über Kosten und Auslagen oder Entschädigung für eine Strafverfolgungsmaßnahme verbunden; jedoch kommt § 9 **StrEG** in Betracht. Über die Verfolgbarkeit einer mit dem Vergehen zusammentreffenden OWi vgl unten 35, unten 52.

46 **16) Durchführung des Strafverfahrens:** Entfällt die vorläufige Einstellung (oben 24, 25, 38), so erhebt die StA die öffentliche Klage. Der hinreichende Tatverdacht ist ja bereits festgestellt (oben 7). Das Gericht ist dann nicht gehindert, nach II zu verfahren. Wird das Verfahren aber durchgeführt, so werden die in Teilerfüllung der Auflagen und Weisungen erbrachten Leistungen – auch bei Freispruch (LR-Meyer-Goßner[23] 68) – nicht erstattet. Das Gericht kann sie bei Verurteilung jedoch, wie im Falle des § 56f III StGB, auf die Strafe anrechnen (Hanack Gallas-FS 362; Krick NStZ **03**, 68), auch auf eine Freiheitsstrafe (wie § 26 III S 2 JGG zeigt: „auf Jugendstrafe anrechnen"). Nach Fristablauf erbrachte Leistungen sind zu erstatten (Kalomiris NStZ **98**, 500; a**M** LR-Beulke 89). Wurde versehentlich trotz rechtzeitiger und vollständiger Leistung ein Strafbefehl erlassen, ist das

Verfahren nach Einspruch wegen Strafklageverbrauchs (oben 45) einzustellen; bei rechtskräftigem Strafbefehl ist Wiederaufnahme des Verfahrens (§ 359 Nr 5) zulässig (LG Berlin VRS **121**, 141; Kalomiris aaO).

17) Vorläufige Einstellung des gerichtlichen Verfahrens (II): Die materiellen Voraussetzungen sind in I genannt: Bestehendes, aber durch Auflagen und Weisungen zu beseitigendes öffentliches Interesse an der Strafverfolgung (oben 6, 11) und keine entgegenstehende Schwere der Schuld (oben 7). Förmliche Voraussetzungen sind: Erhobene öffentliche Klage, die Zustimmung der StA, die sich auch auf die Auflagen (LG Frankfurt aM NJW **85**, 2601 L; LR-Beulke 122) einschließlich des Empfängers des Geldbetrages im Fall des I S 2 Nr 2 (Düsseldorf VRS **88**, 437; **aM** LG Zweibrücken NJW **90**, 1247) beziehen muss, und deren Verweigerung nicht anfechtbar ist (Hamm NStZ **85**, 472: jedenfalls nicht nach § 23 EGGVG), und die Zustimmung des Angeschuldigten (oben 10). Die Befugnis nach II hat neben dem Tatrichter, und zwar von dem Zeitpunkt an, in dem das Verfahren durch die Klageerhebung bei Gericht anhängig wird, nunmehr auch das Revisionsgericht, nachdem durch Gesetz vom 17.7.2017 der Passus „bis zum Ende der Hauptverhandlung, in der die tatsächlichen Feststellungen letztmalig geprüft werden können", gestrichen wurde (erg oben 28). Nach Zurückverweisung der Sache (§ 354 II) entsteht die Einstellungsmöglichkeit nach II von neuem; für den Tatrichter in jeder Lage des Verfahrens (II), also auch, wenn das Urteil teilw rechtskräftig ist (LR-Beulke 121; **aM** Gössel JR **82**, 273; erg 25 zu § 153). 47

18) Durchführung des gerichtlichen Einstellungsverfahrens (II): Anlass zur Prüfung kann die Anregung eines Verfahrensbeteiligten oder die eigene Initiative des Gerichts sein (vgl 22, 23 zu § 153). Da die Anwendung des 153a schon im Vorverfahren (I) und nach Anklageerhebung im Zwischenverfahren geprüft wird, rechtfertigt sich die vorläufige Einstellung nach II in der Hauptverhandlung nur, wenn sich die frühere Beurteilungsgrundlage nach dem Ergebnis der Hauptverhandlung entscheidend geändert hat (SK-Weßlau/Deiters 73). 48

A. **Befragung der Beteiligten:** Im Zuge der etwa erforderlichen Vorklärung (oben 29) kann das Gericht die StA um Ermittlungen ersuchen, die sich dabei der Gerichtshilfe bedienen kann, soweit es sich um Klärung in deren speziellen Aufgabenbereich handelt (20 zu § 160). Nach der Konkretisierung der beabsichtigten Auflagen und Weisungen (oben 11, 14 ff) durch das Gericht befragt der Vorsitzende den StA, ob er zustimme. Konkrete Anträge, die der StA mit seiner Zustimmungserklärung für die zu erteilenden Auflagen und Weisungen stellt, bedeuten eine Einschränkung der Zustimmung. Daher hat sie das Gericht, wenn es nach II verfahren will, bei deren Gestaltung als Mindestgrundlage zu berücksichtigen (Hamm JMBlNW **77**, 201). Ist der StA einverstanden, so wird der Angeschuldigte befragt (vgl oben 30). Vor dem Einstellungsbeschluss erhält der Nebenkläger das rechtliche Gehör (18 zu § 396); seine Zustimmung ist jedoch nicht erforderlich (BVerfG wistra **03**, 419). Fehlt die Zustimmung der StA oder des Angeschuldigten, so ist das Gericht nicht gehindert, nach § 59 StGB auf Verwarnung mit Strafvorbehalt zu erkennen (Horn NJW **80**, 106). Die Vorschrift darf jedoch nicht allein deshalb angewendet werden, weil der Richter über die Verweigerung der Zustimmung der StA verärgert ist (Düsseldorf NStZ **85**, 362 mit Anm Horn). 49

B. **Beschluss (II S 3):** Die Beschlussform gilt auch, wenn das Verfahren in der Hauptverhandlung vorläufig eingestellt wird (vgl 24 zu § 153). Eine Entscheidung über die Kosten und Auslagen und über eine etwaige Entschädigung für eine Strafverfolgungsmaßnahme ist erst mit dem Beschluss zu verbinden, mit dem das Verfahren endgültig eingestellt wird (unten 55). Zur Erfüllungskontrolle vgl oben 26, auch 20. 50

19) Nachträgliche Änderung des Beschlusses (II S 2 iVm I S 4): Die nachträgliche Änderung bedarf der Zustimmung des Angeschuldigten (I S 4; vgl oben 41), nicht aber entspr I S 4 der des StA, da die Zuständigkeit nun beim Gericht liegt (vgl oben 42; **aM** LG Saarbrücken wistra **11**, 199; LR-Beulke 125 mit 51

§ 153a

83). Die nachträgliche Änderung ist von der ebenfalls zulässigen neuen Einstellung zu unterscheiden, die im gerichtlichen Verfahren aber nur in ganz besonderen Ausnahmefällen in Betracht kommt. Ihr müssen StA und Angeschuldigter in allen Punkten zustimmen.

52 **20) Bedingtes und endgültiges Verfahrenshindernis (II S 2 iVm I S 5):** Bis zur Erfüllung der Auflagen und Weisungen besteht noch kein endgültiges, sondern nur ein bedingtes Verfahrenshindernis; dem entsprechend sind auch europarechtlich die Voraussetzungen von Art 54 SDÜ nicht gegeben (vgl Hieramente StraFo **14**, 445, 453; EuGH NJW **14**, 3007; erg Einl 177a–c). Bei Nichterfüllung wird das Verfahren fortgesetzt. Dies muss mindestens in der Ladung zum Ausdruck kommen. Jedoch empfiehlt es sich, dem vorangegangenen Beschluss (oben 50) einen förmlichen Wiederaufnahmebeschluss mit Begründung entgegenzusetzen (Stuttgart MDR **80**, 250). Endgültig entsteht das Verfahrenshindernis – ganz von selbst – mit der Erfüllung der Auflagen und Weisungen (Düsseldorf MDR **76**, 423), auch wenn die festgesetzte Frist noch nicht abgelaufen war (oben 45), aus Gründen des Vertrauensschutzes auch bei fehlender Zustimmung der StA (Karlsruhe NStZ **87**, 42; LG Hamburg NStE Nr 6); jedenfalls insoweit sind auch europarechtlich die Voraussetzungen des in Art 54 SDÜ geregelten Doppelbestrafungsverbotes erfüllt. Waren die Auflagen teilw unzulässig, so führt auch die Erfüllung der zulässigen Auflagen zu keinem Prozesshindernis (Düsseldorf MDR **85**, 956; aM Frankfurt MDR **80**, 515, 516). Das Prozesshindernis bezieht sich nur auf die Verfolgung der Tat als Vergehen ohne Rücksicht auf die rechtliche Subsumtion in diesem Bereich (oben 45). Insofern ist hier der Strafklageverbrauch stärker als bei der Einstellung nach § 153 II (dort 37, 38), weil es sich um eine Verfahrensbeendigung mit Sanktionen handelt. Das Wirkungskriterium „nicht mehr als Vergehen" bedeutet nur eine Abgrenzung nach oben (zum Verbrechen hin). Im Übrigen gilt das Verfahrenshindernis für die ganze Tat im Sinne des § 264, also auch für eine in ihr enthaltene OWi (oben 35 und 45) und auch dann, wenn sich nachträglich herausstellt, dass die Tat einen größeren Schuldumfang als ursprünglich angenommen aufweist oder wenn sich die vermeintliche Einzeltat als Teil einer Dauerstraftat oder gesetzlichen Handlungseinheit erweist (Düsseldorf NStZ-RR **97**, 123; vgl aber auch BGH NStZ **98**, 251). Das Verfahrenshindernis geht als Spezialregelung dem § 21 II OWiG vor (vgl Frankfurt NJW **85**, 1850; Nürnberg MDR **77**, 599). Neue Strafverfolgung des Beschuldigten wegen derselben Tat ist zulässig, wenn sich der Verdacht eines Verbrechens ergibt. Neue Tatsachen oder Beweismittel sind dafür nicht erforderlich (LR-Beulke **99**; unten 54; vgl auch Achenbach ZRP **77**, 89).

53 **21) Endgültiger Einstellungsbeschluss:** Dieser ist in § 467 V ausdrücklich vorgesehen und rechtlich geboten (Celle StraFo **15**, 204; Stuttgart MDR **80**, 250). Er findet seine Grundlage nicht in § 206a, sondern in der Sonderregelung des § 153a (Düsseldorf MDR **76**, 423; Frankfurt MDR **80**, 515; Zweibrücken MDR **86**, 165; LR-Beulke 101). Der Beschluss hat aber nur deklaratorische Bedeutung; er stellt das endgültige Verfahrenshindernis fest (Frankfurt aaO). Das gilt im Vergehensbereich sogar dann, wenn die Einstellungsvoraussetzungen durch die neuen Tatsachen oder Beweismittel nachträglich ganz und gar widerlegt erscheinen (Kleinknecht Bruns-FS 186).

54 Ist der **Verbrechensvorwurf lediglich übersehen** worden, obwohl er nach dem gesamten Akteninhalt begründet war, so ist die neue Strafverfolgung wegen des Verbrechens dennoch zulässig (Radtke [Einl 182] 351; aM Kleinknecht aaO). Für die möglich gewordene neue Strafverfolgung als Verbrechen gilt wiederum das Legalitätsprinzip (13 zu § 152).

55 Mit dem Beschluss wird die **Nebenentscheidung** verbunden, dass die Kosten des Verfahrens der Staatskasse zur Last fallen (§ 467 I). Die notwendigen Auslagen des Angeschuldigten dürfen grundsätzlich nicht der Staatskasse auferlegt werden (§ 467 V), § 465 II muss aber auch hier gelten (LG Frankenthal bei Kotz NStZ-RR **04**, 291; aM Zweibrücken StV **04**, 30 mit krit Anm Duttge). Die notwendigen Auslagen des Nebenklägers hat idR der Angeschuldigte zu tragen (§ 472 II S 2). Eine Entscheidung ergeht ggf über die Entschädigung für eine Strafverfolgungsmaßnahme (vgl 1 zu § 3 StrEG).

22) Verjährung (III): Die Regelung ergänzt § 78b I StGB (in Anlehnung an § 79a Nr 2 Buchst b StGB, der die Vollstreckungsverjährung betrifft). Sie gilt gleichermaßen in den Fällen des I und des II. Das Ruhen der Verjährung beginnt mit dem (aktenmäßigen) Erlass der Einstellungsverfügung nach I oder des Beschlusses nach II (6, 7 vor § 33). Hatte der Beschuldigte seine Zustimmung nicht erteilt, so tritt die Rechtsfolge des III nicht ein (Bay **83**, 69 = VRS **65**, 288). Der Zustand des Ruhens endet mit dem Ende der vorläufigen Einstellung. Bei neuer vorläufiger Einstellung (oben 40) beginnt eine neue Spanne des Ruhens der Verjährung. 56

23) Rechtsbehelfe: Die vorläufige Einstellung nach II ist nicht anfechtbar (II S 4). Das gilt auch für den Nebenkläger (9 zu § 400). Dieser kann nur, falls er das rechtliche Gehör nicht erhalten hatte (oben 49), einen Antrag nach § 33a stellen (vgl auch Frankfurt NStZ-RR **08**, 327: Keine Beschwerde). Jedoch können die StA und der Angeschuldigte einfache Beschwerde (§ 304) einlegen, wenn sie nicht oder nicht wirksam (Hamm MDR **77**, 949) oder nicht hinsichtlich aller Auflagen und Weisungen in ihrer wesentlichen Ausgestaltung zugestimmt haben (Düsseldorf VRS **88**, 438 mwN; Karlsruhe NStZ **87**, 42; oben 47, 49; ferner 34, 35 zu § 153). Wie der Einstellungsbeschluss nach II ist auch die Ablehnung der Einstellung nicht anfechtbar (34, 35 zu § 153). Die **endgültige** Einstellung (oben 53) ist nicht anfechtbar (II S 4), auch nicht mit der Beschwerde nach § 304 I; dies gilt selbst dann, wenn dem endgültigen Einstellungsbeschluss unverzichtbare prozessuale Voraussetzungen fehlen, zB Zustimmung der StA oder des Beschuldigten (siehe etwa Karlsruhe Justiz **00**, 403) oder die angeordneten Maßnahmen jeder rechtlichen Grundlage entbehren (so zB LG Koblenz NJW **83**, 2458; vgl hierzu im einzelnen K. Jostes, Leistungsstörungen und Fehlverhalten von Gericht und Staatsanwaltschaften bei der Einstellung von Strafverfahren gem § 153a StPO, 2004, zugl Diss Gießen 2004), da diese Ausnahmetatbestände bei einem endgültigen Einstellungsbeschluss, dessen alleiniger Prüfungsmaßstab die Erfüllung der Auflagen ist, keine Relevanz besitzen (Celle StraFo **15**, 204; KK-Diemer 61). Die Feststellung, dass erteilte Auflagen und Weisungen erfüllt sind, ist – auch iVm einer endgültigen Verfahrenseinstellung – nicht anfechtbar (II S 5; LG Kiel NStZ-RR **98**, 343; SK-Weßlau/Deiters 88) Die Anfechtung des Wiederaufnahmebeschlusses (oben 52) ist nach § 305 S 1 ausgeschlossen (Düsseldorf MDR **85**, 867; Stuttgart MDR **80**, 250). Wenn sich der Verdacht eines Verbrechens ergibt (oben 54), leitet die StA zu dessen Verfolgung ein neues Verfahren ein, ohne durch den Einstellungsbeschluss gehindert zu sein, weil hier die Verfolgung der Tat als Verbrechen kein Verfahrenshindernis besteht. Die Revision kann nicht auf die unterlassene Anwendung des § 153a gestützt werden (vgl 39 zu § 153). § 359 ist nicht analog anwendbar (Frankfurt NJW **96**, 3353; LG Baden-Baden NStZ **04**, 513 [zu § 47 JGG]; **aM** Hellmann MDR **89**, 952; erg 5 vor § 359 und oben 46 aE). 57

Unanfechtbar ist die **Entscheidung über die Kosten und Auslagen** (17 zu § 464), nicht aber die über die Entschädigung nach dem StrEG (§ 8 III S 1 **StrEG**). 58

24) Selbständige Einziehung (§ 76a StGB iVm §§ 435, 436): Hat die StA nach I vorläufig von der Erhebung der öffentlichen Klage abgesehen oder das Gericht nach II das Verfahren vorläufig eingestellt, so kann die StA dennoch ein objektives Verfahren betreiben (40 zu § 153). Sie braucht dafür nicht abzuwarten, bis das endgültige Verfahrenshindernis eingetreten ist. Sie wird allerdings bei der Ausübung des Ermessens berücksichtigen müssen, ob der Beschuldigte nach Sachlage darauf vertrauen darf, dass gegen ihn selbst keine strafähnliche Maßnahme mehr ergriffen wird, wenn er die übernommenen Pflichten erfüllt. 59

25) Eintragungen ins Zentralregister: In das BZR werden die Entscheidungen nach § 153a nicht eingetragen. 60

61 26) **Mitteilungspflichten,** die von Amts wegen zu beachten sind, können an die endgültige (§ 20 I S 1 EGGVG, dort 1) Einstellung anknüpfen, zB nach der MiStra; vgl dazu 41 zu § 153.

Absehen von der Verfolgung bei möglichem Absehen von Strafe

153b ¹ Liegen die Voraussetzungen vor, unter denen das Gericht von Strafe absehen könnte, so kann die Staatsanwaltschaft mit Zustimmung des Gerichts, das für die Hauptverhandlung zuständig wäre, von der Erhebung der öffentlichen Klage absehen.

II Ist die Klage bereits erhoben, so kann das Gericht bis zum Beginn der Hauptverhandlung mit Zustimmung der Staatsanwaltschaft und des Angeschuldigten das Verfahren einstellen.

1 **1) Von Strafe absehen** kann das Gericht bei einigen Straftaten, zB in den Fällen der §§ 83a, 84 IV, V, 85 III, 86 IV, 86a III, 87 III, 89 III, 98 II, 99 III, 113 IV, 129 V, VI, 129a IV, V, 139 I, 157, 158 I, 174 IV, 182 IV, 218a IV S 2, 314a, 315 VI, 315b VI, 330b I StGB; § 20 II VereinsG, §§ 29 V, 31 BtMG. Auch in den Fällen der §§ 46a, 46b StGB kann § 153b angewendet werden (Bernsmann ZRP **94**, 332; Peglau wistra **09**, 412); ferner bei § 23 III StGB und § 60 StGB (Ranft 1174ff; Wagner GA **72**, 33, 50; **aM** Schroeder Peters-FS 411, 421), aber nicht, wenn an der Herbeiführung eines Schuldspruchs ein öffentliches Interesse besteht (Schroeder Fezer-FS 551, 552). § 153b gilt auch in den Fällen des § 199 StGB, wenn Straffreierklärung zu erwarten ist (LR-Beulke 3).

2 **2) Im Ermittlungsverfahren (I)** trifft die StA die Entscheidung mit Zustimmung des Gerichts (10 zu § 153). Mit der Klausel „für die Hauptverhandlung zuständig" ist wie in den Fällen der § 153 I, 153a I das Gericht gemeint, das für die Eröffnung des Hauptverfahrens zuständig wäre. Die §§ 153 I, 153a I und 153b I schließen einander nicht aus (teilw **aM** LR-Beulke 7; Schroeder Fezer-FS 552); gegenüber § 153a I S 2 Nr 5 (TOA) ist § 153b (iVm § 46a StGB) idR vorrangig (LR-Beulke 8; **aM** SK-Weßlau/Deiters 39 zu § 153a). §§ 154, 154a sind alternativ anwendbar (vgl Dallinger JZ **51**, 620; LR-Beulke 6; diff R/H-Radtke 9). Das Absehen hat **keine Rechtskraftwirkung** (vgl 37 zu § 153). Das Klageerzwingungsverfahren ist nicht zulässig (§ 172 II S 3). Die Anwendung von I stellt kein Verfahrenshindernis für die Erhebung einer Privatklage dar. Bleibt bei der Einstellung noch ein Verdacht für ein Privatklagedelikt, so besteht dennoch keine Pflicht der StA, auf die Möglichkeit der Privatklage hinzuweisen. Es ist nur zweckmäßig und üblich, dies zu tun. Über Kosten und Entschädigung vgl 28ff zu § 153.

3 **3) Nach Klageerhebung (II):** „Beginn der Hauptverhandlung": § 243 I S 1. Die Entscheidung erfolgt durch Beschluss, der nicht begründet werden muss (SK-Weßlau/Deiters 14; **aM** R/H-Radtke 22). Ist der Ausschlussgrund einmal eingetreten, so entfällt er in weiteren Verfahren nicht mehr. Auch der Angeschuldigte muss zustimmen (wie im Fall des § 153 II). Bei Nebenklage gilt § 396 III entspr (dort 18); der Nebenkläger erhält das rechtliche Gehör vor der Einstellung nach II (§ 33 III). Für die Entscheidung über die Verfahrenskosten und die notwendigen Auslagen und über die Entschädigung des Angeklagten sowie für den **Strafklageverbrauch** des gerichtlichen Einstellungsbeschlusses gilt das Gleiche wie bei der Einstellung nach § 153 II (dort 28ff, 37f). Der Strafklageverbrauch des gerichtlichen Einstellungsbeschlusses betrifft auch die Privatklage.

4 **4) Selbstständige Anordnung von Einziehung:** Nach der Einstellung des Verfahrens durch die StA nach I oder durch das Gericht nach II kann die StA das selbständige Einziehungsverfahren beantragen (§§ 435, 436; § 76a I, III StGB; 40 zu § 153).

5 **5) Jugendstrafrecht:** § 153b bezieht sich im Jugendstrafrecht nur auf Jugendstrafe. Er ist daher nur anzuwenden, wenn diese Strafe in Betracht kommt (R/H-

Radtke 10; a**M** Eisenberg 13 zu § 45 JGG); dann auch, wenn der Beschuldigte ein Heranwachsender ist, für den Jugendstrafrecht gilt. Bei den Möglichkeiten nach den §§ 45, 47, 109 II **JGG** braucht in diesen Fällen im Allgemeinen nicht auf § 153b zurückgegriffen zu werden (LR-Beulke 6; vgl auch Bay NJW **61**, 2029; Bohnert NJW **80**, 1931).

6) Beschwerde (§ 304): Bei gesetzmäßigem Verfahren hat keiner die Beschwerde gegen den Einstellungsbeschluss des Gerichts nach II (BGH **10**, 88, 91); dies gilt gleichermaßen, wenn das Gericht den Antrag eines Verfahrensbeteiligten auf Einstellung durch Beschluss abgelehnt hat (R/H-Radtke 29). Nur bei fehlender Einverständniserklärung ist Beschwerde zulässig (KK-Diemer 9). Erg 33 ff zu § 153; § 400 II S 2.

Absehen von der Verfolgung bei Auslandstaten   RiStBV 94–97, 99

§ 153c

I ¹Die Staatsanwaltschaft kann von der Verfolgung von Straftaten absehen,
1. die außerhalb des räumlichen Geltungsbereichs dieses Gesetzes begangen sind oder die ein Teilnehmer an einer außerhalb des räumlichen Geltungsbereichs dieses Gesetzes begangenen Handlung in diesem Bereich begangen hat,
2. die ein Ausländer im Inland auf einem ausländischen Schiff oder Luftfahrzeug begangen hat,
3. wenn in den Fällen der §§ 129 und 129a, jeweils auch in Verbindung mit § 129b Abs. 1, des Strafgesetzbuches die Vereinigung nicht oder nicht überwiegend im Inland besteht und die im Inland begangenen Beteiligungshandlungen von untergeordneter Bedeutung sind oder sich auf die bloße Mitgliedschaft beschränken.

²Für Taten, die nach dem Völkerstrafgesetzbuch strafbar sind, gilt § 153f.

II Die Staatsanwaltschaft kann von der Verfolgung einer Tat absehen, wenn wegen der Tat im Ausland schon eine Strafe gegen den Beschuldigten vollstreckt worden ist und die im Inland zu erwartende Strafe nach Anrechnung der ausländischen nicht ins Gewicht fiele oder der Beschuldigte wegen der Tat im Ausland rechtskräftig freigesprochen worden ist.

III Die Staatsanwaltschaft kann auch von der Verfolgung von Straftaten absehen, die im räumlichen Geltungsbereich dieses Gesetzes durch eine außerhalb dieses Bereichs ausgeübte Tätigkeit begangen sind, wenn die Durchführung des Verfahrens die Gefahr eines schweren Nachteils für die Bundesrepublik Deutschland herbeiführen würde oder wenn der Verfolgung sonstige überwiegende öffentliche Interessen entgegenstehen.

IV Ist die Klage bereits erhoben, so kann die Staatsanwaltschaft in den Fällen des Absatzes 1 Nr. 1, 2 und des Absatzes 3 die Klage in jeder Lage des Verfahrens zurücknehmen und das Verfahren einstellen, wenn die Durchführung des Verfahrens die Gefahr eines schweren Nachteils für die Bundesrepublik Deutschland herbeiführen würde oder wenn der Verfolgung sonstige überwiegende öffentliche Interessen entgegenstehen.

V Hat das Verfahren Straftaten der in § 74a Abs. 1 Nr. 2 bis 6 und § 120 Abs. 1 Nr. 2 bis 7 des Gerichtsverfassungsgesetzes bezeichneten Art zum Gegenstand, so stehen diese Befugnisse dem Generalbundesanwalt zu.

1) Die StA allein entscheidet (ebenso wie im Fall des § 153d), und zwar unter Abwägung des öffentl. Interesses an der Verfolgung (7, 8 zu § 153) gegen widerstreitende Interessen, zB Rückwirkungen auf das Ansehen der BRep. Im Gegensatz zu §§ 153 I S 1, 153a I S 1–4, 153b I, 153e I bedarf es dabei keiner Mitwirkung des Gerichts, weil vielfach politische Gesichtspunkte zu berücksichtigen sind (Bock GA **10**, 596). Mit der Entscheidung wird die im Ausland begange-

§ 153c Zweites Buch. 1. Abschnitt

ne Straftat Gegenstand eines inländischen Ermittlungsverfahrens (BGH NJW 90, 1428). Eine Rechtskraftwirkung hat die Entscheidung der StA, von der Verfolgung abzusehen, nicht (LG Gießen StV **84**, 327; Bock aaO 597). Allg zu § 153c vgl Krauth/Kurfess/Wulf JZ **68**, 732. § 153c gilt nach § 4 II NTSG mit den dort bezeichneten Maßgaben entspr. In allen Fällen, in denen die StA nach § 153c verfährt, ist das Klageerzwingungsverfahren unzulässig (§ 172 II S 2 Hs 2).

1a In den **Fällen des § 6 Nr 5 StGB** hatte der 2. Strafsenat des BGH in einem Anfragebeschluss gem § 132 III GVG (NStZ **15**, 568 mit Anm Schiemann und Afshar HRRS **15**, 331) einen materiell-rechtlich verstandenen Inlandsbezug für erforderlich gehalten, um eine gleichförmige, der revisionsgerichtlichen Kontrolle zugängliche Rechtsausübung zu gewährleisten; die Vorschrift des I laufe insoweit auch nicht leer, da die StA im Rahmen ihrer Ermessensentscheidung von der Verfolgung absehen könne, obwohl ein Inlandsbezug vorliege und deutsches Strafrecht anwendbar sei, und hierbei außenpolitische Zweckmäßigkeitserwägungen berücksichtigen könne (III iVm Nr 94 I S 2 RiStBV; **aM** dagegen der 1. StS 1 ARs 10/15 vom 16.12.2015; vgl auch der 2. StS in seinem späteren Urteil in derselben Sache [NJW **17**, 1043], wo zwar eine Einschränkung des Weltrechtsprinzips in § 6 Nr 5 StGB für Taten des „Vertriebs von BtM" verneint, aber eine Beschränkung des Anwendungsbereichs aus völkerrechtlicher Sicht für möglich erachtet wird).

2 2) Das **Absehen** ist zulässig, bevor das Ermittlungsverfahren gegen einen bestimmten Beschuldigten geführt wird (6 zu § 160) oder überhaupt Ermittlungen eingeleitet werden. Es ist gerechtfertigt, wenn ein öffentliches Interesse an der Strafverfolgung nicht oder nicht mehr besteht oder wenn diese zu unbilligen Härten führen würde (eingehend dazu Esser/Fischer JZ **10**, 217). Etwa zu erwartende Nebenstrafen und Nebenfolgen stehen nicht entgegen (Oehler JR **79**, 218). Wenn eine Anwendung des § 153c in Frage kommt, muss die Polizei beim 1. Zugriff der StA unverzüglich die Möglichkeit der Entscheidung geben (23 zu § 163); umgekehrt muss die StA die Polizei unverzüglich, ggf vorweg unterrichten, wenn die Absicht des Absehens besteht.

3 3) **Tatort außerhalb der BRep (I S 1 Nr 1):** Die Bestimmung, die auf ähnlichen Erwägungen beruht wie § 9 StGB, berücksichtigt insbesondere den Fall, dass der Täter oder der Teilnehmer einer anderen Rechtsordnung untersteht, andererseits nach dem StGB strafbar ist und dadurch in Konfliktsituationen geraten kann. Sowohl der Tätigkeitsort als auch der Erfolgsort müssen außerhalb des Bereiches liegen (2ff zu § 7; § 9 StGB). Wenn nach zwischenstaatlichen Rechtsvereinbarungen bestimmte Taten, die außerhalb des Geltungsbereichs der StPO begangen sind, so zu behandeln sind wie im Geltungsbereich begangene, gilt Nr 1 nicht. Über solche Verpflichtungen vgl RiStBV 94 II.

4 Nr 1 gilt auch, wenn die Straftat an Bord eines **deutschen Schiffes oder Luftfahrzeugs** (§ 4 StGB) außerhalb des Geltungsbereichs der StPO begangen wird (Esser/Fischer JZ **10**, 218).

5 Zum Staatsgebiet der BRep gehören auch deren **maritime Eigengewässer** (die durch feste Bauten abgegrenzten Seehäfen vom Staatsgebiet umgebenen Meeresbuchten) sowie das dem Festland der BRep und ihren Eigengewässern vorgelagerte Küstenmeer in einer Breite von zwölf Seemeilen (Wille, Die Verfolgung strafbarer Handlungen an Bord von Schiffen und Luftfahrzeugen, 1974, S 7, 12, 13). In solchen Fällen kommt nur Nr 2 in Betracht.

6 4) **Ausländertaten im Inland auf ausländischen Schiffen oder Luftfahrzeugen (I S 1 Nr 2):** Da der ausländische Heimatstaat des Fahrzeugs idR die Tat seiner Staatsangehörigen verfolgen kann und wird, rechtfertigt sich das Opportunitätsprinzip. Angelegenheiten, die nur die innere Ordnung des Fahrzeugs berühren und den Ordnungsbereich der BRep nicht tangieren, geben grundsätzlich keinen Anlass zu Strafverfolgungsmaßnahmen. Ein Verzicht auf Strafverfolgung kommt in den Fällen der Nr 2 insbesondere in Betracht, wenn die Tat nicht gegen einen Staatsangehörigen der BRep oder einen ihrer Amtsträger (§ 11 I Nr 2 StGB) oder

Öffentliche Klage § 153c

Interessen der BRep begangen ist, falls sie auch nicht den Frieden oder die gute Ordnung in den Küstengewässern der BRep gestört oder gefährdet hat.

A. **Ausländer:** Wer die Tat begangen hat, muss vor dem Absehen von der Strafverfolgung soweit ermittelt sein, dass wenigstens mit großer Wahrscheinlichkeit festgestellt werden kann, dass es ein Ausländer war, dh ein Nichtdeutscher, der auch ein Staatenloser sein kann (erg unten 12). 7

B. **Ausländische Schiffe oder Luftfahrzeuge:** Das sind diejenigen, die nicht zu den deutschen iS des § 4 StGB und des § 10 gehören (vgl zu § 10). 8

C. **Strafprozessuale Zwangsmaßnahmen im Inland an Bord eines ausländischen Schiffes:** Wenn die Straftat verfolgt wird, darf das völkerrechtlich gewährleistete Recht auf ungehinderte Durchfahrt durch die Küstengewässer (oben 5) durch strafprozessuale Maßnahmen grundsätzlich nicht gestört werden (näher Wille [oben 5] 78 ff mwN). Jedoch muss dieses Recht den berechtigten Interessen der BRep am Schutz seiner Bürger und an der Wahrung seiner Rechtsordnung weichen, falls der Verhältnismäßigkeitsgrundsatz nicht entgegensteht (Einl 20). 9

Das **Recht auf Nacheile** gestattet, das Schiff noch auf der hohen See zu verfolgen, wenn die Straftat in den Hoheitsgewässern der BRep begangen wurde. Dieser völkerrechtliche Grundsatz kommt in Art 23 des Übereinkommens über die Hohe See vom 29.4.1958 (BGBl 1972 II 1089; 1975 II 843) zum Ausdruck. 10

D. **Strafprozessuale Zwangsmaßnahmen im Inland an Bord eines ausländischen Luftfahrzeugs:** Völkerrechtliche Schranken für solche Maßnahmen bestehen nicht (Dahm, Völkerrecht, Bd 1, S 722). Ein Recht auf freie Überquerung fremden Luftraums kann nur vertraglich vereinbart werden. Einzelheiten ergeben sich aus dem Abkommen von Tokio vom 14.9.1963 (BGBl 1969 II 121; dazu Wille [oben 5] 155 ff). 11

E. **Kriminelle und terroristische Vereinigungen** im In- und Ausland brauchen unter den Voraussetzungen des I S 1 Nr 3 ebenfalls nicht verfolgt zu werden. 11a

F. **VStGB:** Für Taten nach dem VStGB gilt nach I S 2 nicht § 153c, sondern § 153f (s dort). Weitere Einstellungsmöglichkeiten bestehen nach § 28 IStGHG im Fall der Überstellung des Beschuldigten an den IStGH (vgl Einl 207b). 11b

5) Ausland (II) ist jedes Gebiet außerhalb des Inlands (vgl oben 3). Die Auslandsbestrafung verbraucht die Strafklage im Geltungsbereich der StPO nicht (BVerfG StraFo **08**, 151; vgl aber Einl 177 ff). Die vollstreckte Auslandsstrafe ist jedoch auf die Inlandsstrafe anzurechnen (§ 51 III StGB). Die Rechtsfolgendifferenz muss relativ gering sein und darf das generelle Strafverfolgungsinteresse nicht erheblich beeinträchtigen (vgl 7 zu § 154). Einer zu erwartenden Bestrafung mit Strafaussetzung zur Bewährung kommt dabei weniger Gewicht zu als einer nicht ausgesetzten Strafe. Der rechtskräftige ausländische Freispruch ist grundsätzlich (vgl aber Einl 177a) kein Verfahrenshindernis. Daher lässt Nr 3 auch nach ihm das Opportunitätsprinzip gelten. 12

6) Distanztat (III): Die Vorschrift ergänzt I S 1 Nr 1, knüpft an die Regelung des § 9 StGB an und gilt für Straftaten, bei denen der Tätigkeitsort außerhalb, der Erfolgsort – dh das betroffene Rechtsgut – innerhalb des Geltungsbereichs des Gesetzes liegen, und setzt die angegebene Interessenkollision voraus. 13

A. **Gefahr eines schweren Nachteils für die BRep:** Es genügt die Gefahr für eines der Bundesländer. Sie kann die äußere Sicherheit betreffen (vgl §§ 93 I, 94 I, 97a StGB), aber auch die innere, oder sonst das Wohl, zB das wirtschaftliche Wohl, den inneren politischen Frieden, den Arbeitsfrieden. 14

B. **Sonstige entgegenstehende überwiegende öffentliche Interessen:** Die Gefahr des schweren Nachteils ist das Hauptbeispiel eines entgegenstehenden Interesses. Sie überwiegt grundsätzlich das Verfolgungsinteresse. Durch die Anführung des Beispiels ist zum Ausdruck gebracht, dass die sonstigen Interessen etwa von gleichem Rang sein müssen. Es soll eine Freilassungsaktion in einem anderen Machtbereich erreicht oder nicht gehindert werden. Das Besondere in III ist, dass 15

Schmitt 847

§ 153d

nur das öffentliche Interesse berücksichtigt werden darf, das Interesse eines Beschuldigten oder Verletzten nur soweit, als es mit dem öffentlichen Interesse zusammenfällt. Die Interessenkollision zwischen dem öffentlichen Interesse an der Strafverfolgung (Spezial- und Generalprävention, Gleichbehandlung) und dem entgegenstehenden öffentlichen Interesse macht eine Abwägung notwendig. Das Opportunitätsprinzip gilt nur, wenn das entgegenstehende insgesamt das größere Gewicht hat (eingehend Bock GA **10**, 589).

16 7) **Nach Anklageerhebung (IV):** Über § 156 hinaus kann die StA die Klage in jeder Lage des Verfahrens (hierzu 25 zu § 153; 19 zu § 154) durch einseitige Erklärung zurücknehmen, das Verfahren dadurch in das Stadium des Ermittlungsverfahrens zurückversetzen und einstellen. Das mit der Sache befasste Gericht kann der StA eine entspr Anregung geben. Die Einstellung verbraucht nicht die Strafklage (9 zu § 170; 37 zu § 153), selbst wenn schon ein (horizontal) teilrechtskräftiges Urteil vorlag (Einl 185).

17 A. Die **Voraussetzungen des III** (oben 13 ff) müssen bestehen, auch in den Fällen des I Nr 1 oder 2, in denen die StA vor Anklageerhebung freier gestellt ist.

18 B. **Ausgenommen** sind die Fälle des II (oben 12). Auch in den Fällen des I S 1 Nr 3 ist eine Klagerücknahme nur zulässig, soweit es § 156 gestattet; sie kommt in Betracht, wenn die StA nach Anklageerhebung feststellt, dass die zu erwartende Mehrstrafe nicht ins Gewicht fällt.

19 8) **In Staatsschutzsachen (V; §§ 74a, 120 GVG)**, ausgenommen Friedensverrat und Völkermord, stehen die Befugnisse nach I–III ausschließlich dem GBA zu, und zwar unabhängig von der Zuständigkeit für das Verfahren im staatsanwaltschaftlichen und gerichtlichen Bereich. Diese Zuständigkeitskonzentration beruht darauf, dass die § 153d, 153e mit § 153c konkurrieren können, und soll die Gewähr geben, dass das Opportunitätsprinzip im Staatsschutzbereich gleichmäßig angewendet wird. Führt das Verfahren eine Landes-StA, so unterrichtet sie unverzüglich den GBA, wenn die Anwendung des § 153c in Betracht kommen könnte. Der GBA kann sich auch selbst informieren; das Gericht kann der StA oder dem GBA eine Anregung geben, diesem notfalls auch von sich aus die Akten übersenden. Durch die Einschaltung des GBA bleibt die Anhängigkeit des Verfahrens im Land unberührt. Verfügt er das Absehen von der Strafverfolgung ggf iVm der Zurücknahme der Klage, so beendet er damit das im Land anhängige Verfahren (Bock GA **10**, 595; Müller/Wache Rebmann-FS 339).

20 9) **Kosten, Auslagen und Entschädigung:** Es gelten § 467a (vgl Düsseldorf NStZ **96**, 245) und § 9 StrEG.

21 10) **Nachträgliches objektives Verfahren (§ 76a I, III StGB iVm §§ 435, 436):** Den Antrag nach § 435 kann nur die StA stellen, die das Verfahren beendet hat; im Fall des V also der GBA (**aM** LR-Beulke 34; KK-Diemer 20).

**Absehen von der Verfolgung bei Staatsschutzdelikten
wegen überwiegender öffentlicher Interessen** RiStBV 98, 99

§ 153d ᴵ Der Generalbundesanwalt kann von der Verfolgung von Straftaten der in § 74a Abs. 1 Nr. 2 bis 6 und in § 120 Abs. 1 Nr. 2 bis 7 des Gerichtsverfassungsgesetzes bezeichneten Art absehen, wenn die Durchführung des Verfahrens die Gefahr eines schweren Nachteils für die Bundesrepublik Deutschland herbeiführen würde oder wenn der Verfolgung sonstige überwiegende öffentliche Interessen entgegenstehen.

ᴵᴵ Ist die Klage bereits erhoben, so kann der Generalbundesanwalt unter den in Absatz 1 bezeichneten Voraussetzungen die Klage in jeder Lage des Verfahrens zurücknehmen und das Verfahren einstellen.

1 1) **Über das in § 153c V gewährte Maß hinaus** wird im Staatsschutz das Opportunitätsprinzip erweitert. § 153d betrifft zwar dieselben Staatsschutzdelikte,

Öffentliche Klage § 153e

die in § 153c V genannt sind, und enthält auch die gleiche Zuständigkeitskonzentration beim GBA (21 zu § 153c). Er enthält aber im Fall der Interessenkollision nicht die Einschränkung, dass der Tätigkeitsort außerhalb des Geltungsbereiches des Gesetzes liegt. § 153d gilt also auch, wenn Tätigkeits- und Erfolgsort in diesem Bereich liegen. Zu § 153d vgl Bernsmann JZ **88**, 544 ff; Krauth/Kurfess/Wulf JZ **68**, 734. Die Vorschrift kommt in der Praxis beim Austausch von Spionen sowie dann in Betracht, wenn ein früherer Spion inzwischen in seinem Land eine hohe öffentliche Stellung einnimmt (Müller/Wache Rebmann-FS 340). Zur Gefahr eines schweren Nachteils für die BRep bzw sonstigen überwiegenden öffentlichen Interessen siehe 14, 15 zu § 153c. § 153d gilt nach § 4 I, II NTSG unter den dort bezeichneten Maßgaben entspr. Strafklageverbrauch tritt durch die Einstellung nicht ein (R/H-Radtke 14). Das Klageerzwingungsverfahren ist unzulässig (§ 172 II S 3).

2) **Nachträgliches objektives Verfahren** (§ 76a I, III StGB iVm §§ 435, 2 436): 21 zu § 153c.

**Absehen von der Verfolgung bei Staatsschutzdelikten wegen
tätiger Reue   RiStBV 100**

153e

I ¹Hat das Verfahren Straftaten der in § 74a Abs. 1 Nr. 2 bis 4 und in § 120 Abs. 1 Nr. 2 bis 7 des Gerichtsverfassungsgesetzes bezeichneten Art zum Gegenstand, so kann der Generalbundesanwalt mit Zustimmung des nach § 120 des Gerichtsverfassungsgesetzes zuständigen Oberlandesgerichts von der Verfolgung einer solchen Tat absehen, wenn der Täter nach der Tat, bevor ihm deren Entdeckung bekanntgeworden ist, dazu beigetragen hat, eine Gefahr für den Bestand oder die Sicherheit der Bundesrepublik Deutschland oder die verfassungsmäßige Ordnung abzuwenden. ²Dasselbe gilt, wenn der Täter einen solchen Beitrag dadurch geleistet hat, daß er nach der Tat sein mit ihr zusammenhängendes Wissen über Bestrebungen des Hochverrats, der Gefährdung des demokratischen Rechtsstaates oder des Landesverrats und der Gefährdung der äußeren Sicherheit einer Dienststelle offenbart hat.

II Ist die Klage bereits erhoben, so kann das nach § 120 des Gerichtsverfassungsgesetzes zuständige Oberlandesgericht mit Zustimmung des Generalbundesanwalts das Verfahren unter den in Absatz 1 bezeichneten Voraussetzungen einstellen.

1) **Einstellung nach Beitrag zur Gefahrenabwendung:** § 153e gilt auch bei 1 den entspr Straftaten gegen das NATO-Truppenstatut (Art 9 des 4. StÄG; dazu eingehend LR-Beulke 22). Zu § 153e vgl Bernsmann JZ **88**, 543; Krauth/Kurfess/Wulf JZ **68**, 735.

2) Die **Mitwirkung des Gerichts** ist in beiden Fällen zur Verfahrensbeendi- 2 gung notwendig, weil hier nicht das politische Interesse mit Strafverfolgungsinteressen abgewogen wird, die Ausnahme vielmehr von den gesetzlich umschriebenen Voraussetzungen abhängt, die im Verhalten des Beschuldigten liegen.

3) Die **Zuständigkeit des GBA und des OLG** besteht nicht nur, wenn sie 3 mit der Sache befasst sind, sondern auch, wenn das Verfahren von einer Landes-StA betrieben wird oder bei einem anderen Gericht anhängig ist. In diesem Fall wird, falls die Anwendung des § 153e in Betracht kommt, die Entscheidung auf Anregung der Landes-StA oder des mit der Sache befassten Gerichts in einem Zwischenverfahren getroffen (BGH **11**, 52; Kleinknecht JZ **57**, 409), das allerdings ggf zum Abschluss des Verfahrens führt. Die Zustimmung des OLG ist keine Entscheidung iS des § 33 III; aber auch vor einem Einstellungsbeschluss nach II braucht dem Beschuldigten nicht das rechtliche Gehör gewährt zu werden (LR-Beulke 16, 18; **aM** KMR-Plöd 12). Denn die Einstellung des Verfahrens ist eine

Schmitt 849

§ 153f Zweites Buch. 1. Abschnitt

justizinterne Angelegenheit; sie ist zudem keine Entscheidung zum Nachteil des Beschuldigten.

4 4) Die **dem Täter bekanntgewordene Entdeckung seiner Tat** bildet die maßgebliche zeitliche Zäsur zwischen dem 1. und dem 2. Fall. In jedem Fall muss der Beschuldigte einen Beitrag geleistet haben.

5 A. Der **Beitrag** setzt stets ein aktives Handeln voraus. Im 1. Fall genügt ein Wirken ohne Behörden, zB das Abhalten anderer von weiteren Gefährdungshandlungen. Im 1. Fall genügt auch, im 2. Fall genügt nur das Offenbaren bei einer Dienststelle.

6 B. Die **Gefahr**, zu deren Abwendung der Täter beiträgt, braucht nicht von ihm verursacht zu sein. Im Fall des S 2 ist nicht Voraussetzung, dass der Beschuldigte jegliches Wissen über Bestrebungen der angeführten Art offenbart; andererseits genügt es nicht, wenn er sein Wissen von der Tat selbst offenbart. Er muss vielmehr sein gesamtes wesentliches Wissen über derartige Bestrebungen offenbaren, das mit der Tat irgendwie zusammenhängt.

7 5) **Umfang der Einstellung:** Die Einstellung kann auf weniger schwere Straftaten ausgedehnt werden, für die § 153e an sich nicht gilt, die aber in Tateinheit mit dem Staatsschutzdelikt stehen (BGH 6 BJs 588/59 vom 12.1.1961). Andererseits ist ihre Einschränkung auf selbstständige, ja sogar auf unselbstständige Teilakte einer rechtlich oder tatsächlich einheitlichen Tat zulässig, wenn Trennbarkeit (1 ff zu § 318) besteht und die Voraussetzungen des § 153e nur für den Teil bestehen (KMR-Plöd 2 zu § 153d; **aM** SK-Weßlau/Deiters 3 zu § 153d).

8 6) **Der Gerichtsbeschluss (II)** kann nach Erhebung der öffentlichen Klage in jeder Lage des Zwischen- und Hauptverfahrens (Einl 63, 64), auch noch in der Revisionsinstanz durch den BGH (LR-Beulke 21), ergehen. Er hat im Gegensatz zur Einstellungsverfügung des GBA als gerichtliche Sachentscheidung eine beschränkte materielle Rechtskraft (KK-Diemer 13; vgl 37, 38 zu § 153). Kosten, Auslagen und Entschädigung: vgl 29, 30, 32 zu § 153.

9 7) **Nachträgliches objektives Verfahren** (§ 76a I, III StGB iVm §§ 435, 436): 21 zu § 153c.

Absehen von der Verfolgung bei Straftaten nach dem Völkerstrafgesetzbuch RiStBV 100

153f I ¹Die Staatsanwaltschaft kann von der Verfolgung einer Tat, die nach den §§ 6 bis 15 des Völkerstrafgesetzbuches strafbar ist, in den Fällen des § 153c Abs. 1 Nr. 1 und 2 absehen, wenn sich der Beschuldigte nicht im Inland aufhält und ein solcher Aufenthalt auch nicht zu erwarten ist. ²Ist in den Fällen des § 153c Abs. 1 Nr. 1 der Beschuldigte Deutscher, so gilt dies jedoch nur dann, wenn die Tat vor einem internationalen Gerichtshof oder durch einen Staat, auf dessen Gebiet die Tat begangen wurde, dessen Angehöriger durch die Tat verletzt wurde, verfolgt wird.

II ¹Die Staatsanwaltschaft kann insbesondere von der Verfolgung einer Tat, die nach den §§ 6 bis 12, 14 und 15 des Völkerstrafgesetzbuches strafbar ist, in den Fällen des § 153c Abs. 1 Nr. 1 und 2 absehen, wenn

1. kein Tatverdacht gegen einen Deutschen besteht,
2. die Tat nicht gegen einen Deutschen begangen wurde,
3. kein Tatverdächtiger sich im Inland aufhält und ein solcher Aufenthalt auch nicht zu erwarten ist und
4. die Tat vor einem internationalen Gerichtshof oder durch einen Staat, auf dessen Gebiet die Tat begangen wurde, dessen Angehöriger der Tat verdächtig ist oder dessen Angehöriger durch die Tat verletzt wurde, verfolgt wird.

² Dasselbe gilt, wenn sich ein wegen einer im Ausland begangenen Tat beschuldigter Ausländer im Inland aufhält, aber die Voraussetzungen nach Satz 1 Nr. 2 und 4 erfüllt sind und die Überstellung an einen internationalen Gerichtshof oder die Auslieferung an den verfolgenden Staat zulässig und beabsichtigt ist.

III Ist in den Fällen des Absatzes 1 oder 2 die öffentliche Klage bereits erhoben, so kann die Staatsanwaltschaft die Klage in jeder Lage des Verfahrens zurücknehmen und das Verfahren einstellen.

1) Bedeutung der Vorschrift: Die Vorschrift flankiert das in § 1 VStGB verankerte Weltrechtsprinzip im Verfahrensrecht (grundlegend dazu Geneuss, Völkerrechtsverbrechen und Verfolgungsermessen, Diss Berlin 2013). Durch sie wird das sonst nach § 153c bei Auslandstaten bestehende Verfolgungsermessen der StA für Auslandstaten, die unter das VStGB fallen, eingeschränkt (Stuttgart NStZ **06**, 467 mit Anm Singelnstein/Stolle ZIS **06**, 118; vgl dazu auch die Verfügung des GBA JZ **05**, 311; krit hierzu Kreß ZIS **07**, 518 und – auch krit zur gesetzlichen Fassung der Vorschrift – Gierhake ZStW **120**, 375). Für Fälle mit Inlandsbezug gilt das Legalitätsprinzip (2 zu § 152), somit besteht insoweit grundsätzlich für die StA eine Verfolgungspflicht, während im Übrigen die StA unter den hier aufgestellten Voraussetzungen (dazu unten 2 ff) von ihrer Verfolgungsmöglichkeit keinen Gebrauch machen muss, sondern ausländischen oder internationalen Strafverfolgungsbehörden den Vortritt lassen kann (BGH – ER – NStZ-RR **12**, 16). Damit soll auch eine „Überlastung der deutschen Ermittlungsressourcen durch Fälle, die keinen Bezug zu Deutschland aufweisen und bei denen die Aufnahme von Ermittlungen durch die deutschen Behörden auch keinen nennenswerten Aufklärungserfolg verspricht, vermieden werden" (BT-Drucks 14/8524 S 14); die Norm enthält damit auch eine Nichtverfolgungsermächtigung, weil es sinnlos wäre, ein Verfahren einzuleiten, um es dann unmittelbar nach dieser Norm wieder einzustellen (LR-Beulke 14; vgl auch SK-Weßlau/Deiters 3). Dem Tatortstaat und dem Heimatstaat von Täter und Opfer sowie einem internationalen Gerichtshof, der bereit ist, den Fall an sich zu ziehen, soll der Vorrang zukommen (Werle/Jeßberger JZ **02**, 73). **1**

Politische Opportunitäten wie vor allem **außenpolitische Anliegen** müssen **1a** de lege lata bei der Ermessensentscheidung außer Betracht bleiben (Werle NStZ **06**, 438; Singelnstein/Stoll ZIS **06**, 119; Kurth ZIS **06**, 86; R/H-Radtke 3; Geneuss 309 ff mwN; aM KK-Diemer 3). Für ihre Berücksichtigung sprechen zwar Gesichtspunkte wie mögliche außenpolitische Nachteile bei einer Strafverfolgung sowie Sensibilität in Bezug auf geschichtliche Vorgänge (KK-Diemer aaO; vgl auch Weßlau/Deiters aaO). Systematische Erwägungen stehen dem jedoch nach derzeitiger Gesetzeslage zwingend entgegen. Denn der Gesetzgeber hat Straftaten nach dem VStGB bewusst aus dem Anwendungsbereich der §§ 153c, 153d herausgenommen, die es erlauben, öffentliche Interessen wie etwa außenpolitische Anliegen der BRep Deutschland zu berücksichtigen. So verweist § 153 I nicht auf die Straftaten nach dem VStGB iSv § 120 I Nr 8 GVG, während § 153f gem § 153c S 2 lex specialis zu § 153c ist, weshalb dessen III nicht angewendet werden kann (siehe Geneuss 309 ff sowie 313 ff zu Vorschlägen de lege ferenda, um politische Aspekte bei der Entscheidung mit berücksichtigen zu können).

Immunität: In persönlicher Hinsicht ist die Verfolgung im Inland in den Fällen **1b** der §§ 18–20 GVG ausgeschlossen (siehe im Einzelnen dort; KK-Diemer 3a). Dem steht jedoch nicht entgegen, einen Verdächtigen aufgrund eines entspr Ersuchens an den IStGH zu überstellen (§ 21 GVG); insofern schließt Art 27 IStGH-Statut Immunitäten für Verbrechen nach dem IStGH-Statut (Art 6–8) aus.

2) Voraussetzungen für das Absehen von der Verfolgung (vgl Ambos NStZ **2 06**, 434):

A. **Allgemein** (für Ausländer und Deutsche) gilt (I S 1), **3**
a) dass es sich um eine Tat, die nach §§ 6 bis 15 VStGB strafbar ist – also Völkermord (§ 6 = § 220a StGB aF), Verbrechen gegen die Menschlichkeit (§ 7),

§ 153f

Kriegsverbrechen (§§ 8–12), Verbrechen der Aggression (§ 15) und sonstige (minder schwere) Straftaten (§ 13: Verletzung der Aufsichtspflicht; § 14: Unterlassen der Meldung einer Straftat) –, handeln muss,

b) dass diese Straftat entweder außerhalb des räumlichen Geltungsbereichs der StPO begangen wurde oder sie ein Teilnehmer an einer außerhalb des Geltungsbereichs begangenen Handlung in diesem Bereich begangen hat sowie

c) dass sich der Beschuldigte nicht im Inland aufhält und ein solcher Aufenthalt auch nicht zu erwarten ist.

4 Zum Begriff des **Tatorts außerhalb der BRep** vgl 3 zu § 153c.

4a Ob der Begriff der **Tat** wie in § 264 oder anders zu bestimmen ist, ist str. Der GBA (JZ **05**, 312) hat ihn zu II Nr 4 unter Hinweis auf Art 14 I IStGH-Statut dahin ausgelegt, dass er sich auf den Gesamtkomplex und nicht auf einen einzelnen Tatverdächtigen und seinen speziellen Tatbeitrag beziehe; das hat im Schrifttum mit Recht Widerspruch erfahren (vgl R/H-Radtke 22; Kreß ZIS **07**, 520 mwN). Der Hinweis auf die Formulierung in Art 14 I IStGH („Situation") verfängt in diese Zusammenhang nicht, da diese Vorschrift lediglich einen der Auslösermechanismen der Jurisdiktion des IStGH beschreibt, nicht aber die Funktion besitzt, den Lebenssachverhalt in Bezug auf Verbrechen zu umgrenzen, die einem bestimmten Beschuldigten vorgeworfen werden. Der Wortlaut von § 153f wie seine systematische Stellung sprechen vielmehr dafür, den Begriff der „Tat" wie in §§ 155, 264 als einheitlichen geschichtlichen Vorgang zu verstehen, der sich materiellrechtlich – auch – als Völkerstraftat würdigen lässt (R/H-Radtke 6, 22).

5 **Aufenthalt im Inland** ist auch dann gegeben, wenn sich der Beschuldigte nur vorübergehend – freiwillig (zB auf der Durchreise) oder unfreiwillig – in der BRep aufhält. Eine Pflicht zur Strafverfolgung besteht immer dann, wenn physisch eine Verhaftung durch deutsche Behörden zumindest möglich ist (SK-Weßlau/Deiters 9; weitergehend Basak KritV **07**, 356: StA muss Fakten beibringen, welche die Möglichkeit einer künftigen Einreise fernliegend erscheinen lassen). Ein Aufenthalt im Inland ist **zu erwarten,** wenn es konkrete Anhaltspunkte hierfür gibt. Dies hängt von einer Prognose ab, in die vor allem berufliche, familiäre und sonstige persönliche Beziehungen des Verdächtigen im Inland einfließen (LR-Beulke 16; SK-Weßlau/Deiters 9); ob im Falle hochrangiger Regierungsmitglieder eines ausländischen Staates auch regelmäßige Besuche inländischer Veranstaltungen mit berücksichtigt werden können, ist umstr und dürfte von den Umständen des Einzelfalls abhängen (dafür Ambos NStZ **06**, 434, 436; Kurth ZIS **06**, 81, 84; dagegen R/H-Radtke 13).

6 B. **Für Deutsche** ist ein Absehen von der Verfolgung weiterhin nur dann gestattet, wenn die Tat bereits vor einem internationalen Gerichtshof oder durch einen Staat, auf dessen Gebiet die Tat begangen oder dessen Angehöriger durch die Tat verletzt wurde, verfolgt wird (I S 2). Der Begriff „internationaler Gerichtshof" bezieht sich auf den IStGH sowie auf die nach Kapitel 7 der UN-Charta errichteten ad-hoc Gerichtshöfe für das ehemalige Jugoslawien und für Ruanda, nicht jedoch auf sog Hybrid-Gerichte wie den Special Court für Sierra Leone oder die Extraordinary Chambers in the Courts of Cambodia (R/H-Radtke 16). Der Widerspruch zu Art 17 IStGH-Statut, wonach der IStGH strafverfolgend erst tätig werden darf, wenn kein Staat, der Gerichtsbarkeit über die Sache hat, Ermittlungen durchführen oder aufnehmen will, ist dahin zu lösen, dass bereits das Stellen des Ersuchens an den IStGH, die Sache zu übernehmen, ausreicht (LR-Beulke Nachtr 24; Kirsch Strauda-FS 283). Eine anderweitige Strafverfolgung im Ausland genügt für sich allein nicht. Erforderlich ist vielmehr, dass die Tat im Ausland effektiv als Völkerrechtsverbrechen verfolgt wird; dies kann entspr den in Art 17 IStGH-Statut genannten Kriterien zu verneinen sein, wenn der andere Staat tatsächlich nicht willens oder nicht in der Lage ist, die Strafverfolgung ernsthaft durchzuführen. Eine Aburteilung durch ein ausländisches Gericht schließt die Verfolgung allerdings wegen des völkerrechtlichen ne-bis-in-idem-Grundsatzes aus (Geneuss [1] 185 ff). Ob die StA die Tat des Deutschen – wie sonst idR – selbst verfolgt oder die Aburteilung dem internationalen Gerichtshof oder dem Tatortstaat überlässt, richtet sich nach den Umständen des Einzelfalls. Übernimmt der IStGH nicht, kann die StA die Verfolgung jederzeit wieder aufnehmen (LR-Beulke aaO).

C. **Bei einem Ausländer** kann von der Verfolgung auch abgesehen werden, **7** wenn er die Tat im Inland auf einem ausländischen Schiff oder Luftfahrzeug begangen hat (I S 1 iVm § 153c I Nr 2). Vgl dazu 6 ff zu § 153c. Ausländer ist jeder, der nicht Deutscher ist, also nicht die deutsche Staatsangehörigkeit besitzt oder sonst Deutscher iSd Art 116 GG ist (LR-Beulke 14 zu § 153c). Für die Ausländereigenschaft kommt es auf den Zeitpunkt der Anklageerhebung, nicht auf die Tatzeit an (LR-Beulke aaO).

3) Absehen von der Verfolgung (II): In den hier bezeichneten Fällen kann **8** (nicht muss, vgl BT-Drucks 14/8892 S 6; KK-Diemer 7: regelmäßig; **aM** LR-Beulke 42: idR Verfolgungspflicht; diff Geneuss [1] 263 ff mit Vorschlägen zur Ausübung des Ermessens) von der Verfolgung abgesehen werden. Die Verfolgung kann also auch in der BRep geschehen, zB wenn sich hier eine größere Opfergruppe befindet (BT-Drucks aaO). Ein „Durchermitteln" ist auch hier wie in § 153c (dort 2) nicht erforderlich, ebenso wenig die Zustimmung des Beschuldigten oder des Gerichts zum Absehen von der Verfolgung. Abgesehen werden kann, wenn die Tat keinen Bezug zu Deutschland aufweist (II S 1 Nr 1 und 2), sich kein Tatverdächtiger im Inland aufhält (II S 1 Nr 3) und – was bei einem Deutschen zwingende Voraussetzung ist (oben 6) – die Tat vor einem internationalen Gerichtshof oder durch den unmittelbar betroffenen und daher vorrangigen Staat verfolgt wird (II S 1 Nr 4). Diese Voraussetzungen müssen kumulativ gegeben sein (LR-Beulke Nachtr 26), sonst bleibt es bei der Verfolgung in der BRep, also wenn es zB nur am Inlandsbezug fehlt oder nur die Verfolgung im Ausland eingeleitet ist; im ersteren Fall verlangt das Legalitätsprinzip im Zusammenhang mit dem Weltrechtsgrundsatz ein Einschreiten der deutschen Behörden, im zweiten Fall sollen die deutschen Strafverfolgungsbehörden ebenfalls ermitteln, um das „fremde Verfahren nach Kräften zu unterstützen und auch für eine etwaige spätere Übernahme des Falls durch Deutschland gerüstet zu sein" (BT-Drucks 14/8524 S 38).

Bei **Ausländern** wird das Absehen von der Verfolgung unter den Voraussetzungen **9** des II Nr 2 und 4 aber auch zugelassen, wenn er sich zwar im Inland aufhält, jedoch seine Überstellung an einen internationalen Gerichtshof (nach dem IStGHG) oder die Auslieferung an den verfolgenden Staat (nach dem IRG) zulässig und tatsächlich beabsichtigt ist (II S 2). Stuttgart NStZ **06**, 117 hält deswegen „erst recht" eine Einstellung für zulässig, wenn der Verdächtige einem unmittelbaren Zugriff des verfolgenden Staats unterliegt und damit ein Auslieferungsverfahren gar nicht erforderlich ist; dagegen berechtigte Bedenken von Ambos (NStZ **06**, 436 mwN in Fn 40), falls keine Verfolgung einer bestimmten Person wegen bestimmter Taten erfolgt.

Gegen Art 101 I S 2 GG verstößt Nr 4 nicht (BVerfG NJW **11**, 2569): Hier- **9a** durch wird nicht die Zuständigkeit des IStGH begründet, vielmehr ergibt sich die formelle, materielle und zeitliche Zuständigkeit des IStGH aus Art 5, 11 und 12 des IStGH-Statuts. Ein Verfahren vor dem IStGH ist grundsätzlich unzulässig, wenn ein nationales Verfahren stattfindet bzw bereits stattgefunden hat oder die in Rede stehende Tat nicht ausreichend schwer ist, um ein Eingreifen durch den IStGH zu rechtfertigen (Art 17 Ia–c, d des IStGH-Statuts).

4) Einstellung des Verfahrens (III). Über § 156 hinaus, somit auch nach Er- **10** öffnung des Hauptverfahrens bis zum vollständigen Eintritt der Rechtskraft (R/H-Radtke 31), kann die öffentliche Klage zurückgenommen und sodann das Verfahren von der StA eingestellt werden. Es gilt dasselbe wie bei § 153c (vgl dort 16 ff). Das Gericht selbst kann nicht einstellen, braucht aber der Einstellung auch nicht zuzustimmen. Das Klageerzwingungsverfahren nach § 172 II ist auch hier grundsätzlich unzulässig; überprüfbar soll allerdings nach hM sein, ob die Tatbestands-

§ 154 Zweites Buch. 1. Abschnitt

voraussetzungen nach I oder II überhaupt vorliegen, nicht jedoch das vom GBA ausgeübte Ermessen (Stuttgart NStZ **06**, 117; Kreß ZIS **07**, 521, 525; abl Ambos NStZ **06**, 434, 437 f; Basak KritV **07**, 363; Singelnstein/Stolle ZIS **06**, 118, 120; dagegen mit beachtlichen Argumenten R/H-Radtke 32; erg 3 zu § 172).

10a 5) **Strafklageverbrauch** tritt weder durch die Einstellung noch durch die Klagerücknahme ein; eine Wiederaufnahme des Verfahrens ist jederzeit auch ohne Vorliegen neuer Tatsachen oder Beweismittel möglich, da sich die Einstellungs- bzw Rücknahmevoraussetzungen – anders als etwa bei §§ 153, 153a – nicht auf Unrechts- oder Schuldgesichtspunkte beziehen (R/H-Radtke 34).

11 6) **Zuständig** ist der GBA (§ 120 I Nr 8 iVm § 142a I GVG). Die Zuständigkeit des OLG nach § 120 GVG ist auf alle Straftaten nach dem VStGB ausgedehnt worden, um damit auch eine konzentrierte Verfolgungszuständigkeit des GBA nach § 142a I GVG zu schaffen (Werle/Jeßberger JZ **02**, 733).

12 7) **Kosten, Auslagen und Entschädigung:** Vgl 20 zu § 153c.

Teileinstellung bei mehreren Taten   RiStBV 5, 101, 222a

154 I Die Staatsanwaltschaft kann von der Verfolgung einer Tat absehen,
1. wenn die Strafe oder die Maßregel der Besserung und Sicherung, zu der die Verfolgung führen kann, neben einer Strafe oder Maßregel der Besserung und Sicherung, die gegen den Beschuldigten wegen einer anderen Tat rechtskräftig verhängt worden ist oder die er wegen einer anderen Tat zu erwarten hat, nicht beträchtlich ins Gewicht fällt oder
2. darüber hinaus, wenn ein Urteil wegen dieser Tat in angemessener Frist nicht zu erwarten ist und wenn eine Strafe oder Maßregel der Besserung und Sicherung, die gegen den Beschuldigten rechtskräftig verhängt worden ist oder die er wegen einer anderen Tat zu erwarten hat, zur Einwirkung auf den Täter und zur Verteidigung der Rechtsordnung ausreichend erscheint.

II Ist die öffentliche Klage bereits erhoben, so kann das Gericht auf Antrag der Staatsanwaltschaft das Verfahren in jeder Lage vorläufig einstellen.

III Ist das Verfahren mit Rücksicht auf eine wegen einer anderen Tat bereits rechtskräftig erkannten Strafe oder Maßregel der Besserung und Sicherung vorläufig eingestellt worden, so kann es, falls nicht inzwischen Verjährung eingetreten ist, wieder aufgenommen werden, wenn die rechtskräftig erkannte Strafe oder Maßregel der Besserung und Sicherung nachträglich wegfällt.

IV Ist das Verfahren mit Rücksicht auf eine wegen einer anderen Tat zu erwartende Strafe oder Maßregel der Besserung und Sicherung vorläufig eingestellt worden, so kann es, falls nicht inzwischen Verjährung eingetreten ist, binnen drei Monaten nach Rechtskraft des wegen der anderen Tat ergehenden Urteils wieder aufgenommen werden.

V Hat das Gericht das Verfahren vorläufig eingestellt, so bedarf es zur Wiederaufnahme eines Gerichtsbeschlusses.

Übersicht

	Rn
1) Normzweck	1, 1a
2) Wegen einer anderen Tat rechtskräftig verurteilt	2
3) Wegen einer anderen Tat zu erwarten	3
4) Verbundene und getrennte Verfahren	4
5) Vielzahl von Taten	5
6) Ermittlungsverfahren (I)	6
7) Nicht beträchtlich ins Gewicht fällt (I Nr 1)	7
8) Zu erwartende Gesamtstrafe	8

Öffentliche Klage § 154

	Rn
9) Urteil in angemessener Frist nicht zu erwarten (I Nr 2)	9–11
10) Ausschließungsgründe für I Nr 2	12–14
11) Vorläufiges Absehen nach I	15
12) Nach Erhebung der öffentlichen Klage (II)	16–18
A. Beschluss	16a
B. Einstellung von Serienstraftaten	16b
C. Keine endgültige Einstellung mehr	17
D. Kosten- und Entschädigungsentscheidung	18
13) In jeder Lage des Verfahrens	19
14) § 154 und Verständigungen nach § 257c	19a
15) Beschwerde	20
16) Wiederaufnahme (V)	21–24
17) Berücksichtigung eingestellter Taten	25
18) Änderung der sachlichen Zuständigkeit, Anwendbarkeit von § 32 S 1 JGG	26
19) Revision	27

1) Normzweck: Verfahrensbeschleunigung durch Teilverzicht auf Strafverfolgung bei mehreren Taten isd § 264 ist das Ziel des § 154; er wird durch § 154a ergänzt, der die Abtrennung einzelner Tatteile oder Gesetzesverletzungen, aber auch die Beschränkung auf materiell-rechtlich selbständige Taten einer Tat isd § 264 erlaubt. Zur irrtümlichen Anwendung von § 154 statt § 154a und umgekehrt 29 zu § 154a. § 154 ermöglicht insbesondere die Beschränkung oder Vermeidung von Großverfahren. Die materiell-rechtlichen Strafzwecke dürfen dabei in ihrem Kern nicht tangiert und nicht wesentlich beeinträchtigt werden; auch berechtigte Belange des Verletzten müssen berücksichtigt werden (Böttcher Volk-FS 61). Die Möglichkeit der Abtrennung einer der verbundenen Strafsachen (11 zu § 4) bleibt als weitere Möglichkeit voll erhalten (Kurth NJW **78**, 2482). § 154 gilt auch im JGG-Verfahren (Brunner/Dölling 3b zu § 45 JGG; **aM** Bohnert NJW **80**, 1930). Zur Reichweite der Einstellung, wenn das Gericht irrtümlich nach § 154 anstatt nach § 154a II verfahren ist, siehe 29 zu § 154a. 1

Ausländische Verfahren oder Verurteilungen rechtfertigen, wie sich aus dem Regelungszusammenhang mit §§ 153c, 154b II ergibt, die Anwendung der Vorschrift nicht (LR-Beulke 10; **aM** LG Aachen NStZ **93**, 505; LG Bonn NJW **73**, 1566; LG Essen StV **92**, 223). Etwas anderes gilt unzweifelhaft nur bei Urteilen aus anderen EU-Staaten (vgl Art 3 des Rahmenbeschlusses 2008/675/JI des EU-Rates vom 24.7.2008); hinsichtlich außereuropäischer Strafverfahren und Verurteilungen ist es nach wie vor umstritten (dazu eingehend und Anwendung des § 154 befürwortend Peters NStZ **12**, 76). 1a

2) Wegen einer anderen Tat rechtskräftig verurteilt: Die Einstellung nach § 153a steht einem Urteil nicht gleich (Cramer wistra **99**, 291; **aM** Bandemer NStZ **88**, 297). Wenn die Einwirkung durch die Vollstreckung des bereits rechtskräftigen Urteils für die (Wieder-)Eingliederung des Verurteilten ausreicht, ist der Verzicht auf die Durchführung eines weiteren Verfahrens wegen einer anderen Tat und damit auf kumulierte Strafvollstreckung unter den näher bezeichneten Voraussetzungen vertretbar. 2

3) Wegen einer anderen Tat zu erwarten: Wenn die Durchführung des bzw der Verfahren wegen der mehreren Taten noch bevorsteht und die Rechtsfolgen, die wegen der minder bedeutenden Tat zu erwarten sind, in der Relation zu dem, was der Beschuldigte wegen der anderen Taten zu erwarten hat, nicht erheblich ins Gewicht fallen werden, ist der Verzicht auf die Strafverfolgung wegen der weniger bedeutenden Tat unter bestimmten Voraussetzungen ebenfalls vertretbar. 3

4) Verbundene und getrennte Verfahren: Die Anwendung des § 154 ist nicht davon abhängig, dass die Verfahren wegen der mehreren Taten auf Grund des persönlichen Zusammenhangs verbunden sind (vgl §§ 2–4). Sind sie verbunden, so kann schon ihre Trennung ein Mittel dazu sein, ein Großverfahren sowie die gegenseitige Behinderung im Fortgang der mehreren Strafsachen zu vermeiden, um 4

Schmitt 855

§ 154

wenigstens in dem einen Teil rasch zu einem rechtskräftigen Urteil zu gelangen. Mit der Trennung der Verfahren ist aber noch kein partieller Verzicht auf Strafverfolgung verbunden. Diesen ermöglicht erst § 154. Die mehreren Taten zum Gegenstand getrennter Verfahren zu machen, kann auch angebracht sein, um frühzeitig die Grundlage für die Entscheidung über die vorläufige Einstellung wegen einer der mehreren Taten nach § 154 zu gewinnen (erg 4 zu § 163).

5 5) **Bei einer Vielzahl von Taten** kann auch im Hinblick auf die Rechtsfolgen der schwersten oder mehrerer schwererer Taten der Verzicht auf die Verfolgung mehrerer anderer minderschwerer Taten vertretbar sein. Dies kann sogar bei mehreren gleichgewichtigen Taten der Fall sein, wenn eine Gesamtstrafe zu bilden wäre (Sack NJW **76**, 606; unten 8).

6 6) **Ermittlungsverfahren (I):** Die StA soll in weitem Umfang und in einem möglichst frühen Verfahrensstadium von I Gebrauch machen und prüft die Möglichkeit vom Beginn der Ermittlungen an (RiStBV 101; 4 zu § 163). Sie bedarf nicht der Zustimmung des Gerichts, die nach § 153 I S I und § 153a I S 1 erforderlich ist. Eine Zusage nach I, andere bei ihr anhängige Ermittlungsverfahren einzustellen, darf nicht Teil einer Verständigung nach § 257c sein (BVerfG NJW **13**, 1058, 1064 [Tz 79]; erg 13 zu § 257c). Wenn die StA wegen einer der mehreren Taten keine Anklage erhebt, ist das Gericht nicht mit ihr befasst; es kann diese Tat auch im gerichtlichen Verfahren wegen der anderen Tat nicht einbeziehen, weil es insoweit an der Prozessvoraussetzung der Anklageerhebung fehlt (Einl 148; 2 zu § 200). Wegen der Umgrenzungsfunktion der Anklageschrift sowie der möglichen Wiedereinbeziehung der eingestellten Taten muss die StA aber die ausgeschiedenen Vorgänge in der Anklage **exakt beschreiben** (BGH 4 StR 461/13 vom 3.12.2013; KG NStZ **12**, 349; zur Einstellung bei gleichförmigen Serienstraftaten siehe 16b). Der Verzicht auf die Strafverfolgung wegen der einen Tat ist auch nicht im Klageerzwingungsverfahren nachprüfbar (§ 172 II S 3). Der Ausdruck „vorläufig" (unten 15) wird in der Einstellungsverfügung nicht verwendet. Über den Bescheid an den Anzeigenden vgl RiStBV 101 II. Zu den von Amts wegen zu beachtenden Mitteilungspflichten vgl 41 zu § 153.

7 7) **Nicht beträchtlich ins Gewicht fällt (I Nr 1):** Die in I Nr 2 ausdrücklich vorgesehene Einstellungseinschränkung, dass die Einwirkung auf den Täter und die Verteidigung der Rechtsordnung nicht Schaden leiden dürfen, gilt nach dem Sinn der Regelung auch im Anwendung des I Nr 1. In Vergleich zu setzen sind auf beiden Seiten die Strafen oder/und die Maßregeln der Besserung und Sicherung (KK-Diemer 6). Darüber hinaus können und müssen aber auch die übrigen Maßnahmen (§ 11 I Nr 8 StGB) berücksichtigt werden (LR-Beulke 16). Auch die Verurteilung zu einer Verwarnung mit Strafvorbehalt kann genügen (LG Berlin NStZ **94**, 450). Ob das durch den Strafverfolgungsverzicht entfallende Rechtsfolgenquantum im Vergleich zu dem bereits rechtskräftig Festgesetzten oder zu dem in der anderen Sache zu Erwartenden beträchtlich ins Gewicht fällt, ist im Einzelfall unter Berücksichtigung aller Umstände zu beurteilen. Ein Prozentsatz lässt sich dafür nicht festlegen. Beträchtlich ins Gewicht fällt grundsätzlich der Wegfall einer zur Einwirkung auf den Täter erforderlichen Maßregel der Besserung und Sicherung. Ebenso scheidet die Anwendung des § 154 aus, wenn nur die Strafverfolgung wegen der mehreren Taten voraussichtlich zu einer Freiheitsstrafe führen würde. Jedenfalls ist § 154 nicht anzuwenden, soweit die wegen der nicht verfolgten Tat(en) zu erwartenden Rechtsfolgen nicht mehr deutlich hinter den der anderen Tat(en) zu erwartenden (oder verhängten) Rechtsfolgen zurückbleiben (Kurth NJW **78**, 2482). Ein solches Zurückbleiben besteht aber noch bei einem Rechtsfolgenminus von etwas mehr als einem Viertel (Kurth aaO).

8 8) **Bei zu erwartender Gesamtstrafe** ist bei der Abwägung nur das Rechtsfolgenminus relevant, das durch den Wegfall der auszuscheidenden Tat entsteht (LR-Beulke 20). Daher ist § 154 ggf sogar anwendbar, wenn für die Tat, deren Ausscheidung erwogen wird, ein schwererer Strafrahmen besteht als für die andere

Tat. Es darf aber auch hierbei nicht zur Gleichgewichtigkeit von ausgeschiedenen und verbleibenden Rechtsfolgen kommen (Kurth NJW **78**, 2482).

9) Darüber hinaus (I Nr 2), also auch, wenn das Rechtsfolgenminus beträchtlich ins Gewicht fällt, kann auf die Strafverfolgung wegen einer der mehreren Taten verzichtet werden, wenn es **unangemessen lange** dauern würde, bis ein Urteil in dieser Sache zu erwarten ist (Kurth NJW **78**, 2482). Wenn allerdings ein Urteil in angemessener Frist durch Verfahrenstrennung erreicht werden kann, ist dieser Weg vorzuziehen (LR-Beulke 23). Wie alle anderen materielen Voraussetzungen der Anwendbarkeit des § 154 setzt auch die Unangemessenheit der Verfahrensdauer einen Vergleich mit der anderen Strafsache voraus. Dabei ist die mit dem zeitlichen Abstand der Urteile abnehmende Effizienz der Einwirkung auf den Mehrfachtäter wesentlich. Auch I Nr 2 gestattet keinen prinzipiellen Eingriff in das materielle Strafrecht und befreit namentlich nicht von der Berücksichtigung der Schuld (Kurth aaO). Erg 15 zu § 154a zur Einstellung aus prozessökonomischen Gründen. 9

Ist das **andere Verfahren bereits rechtskräftig abgeschlossen,** so ist die Dauer des Verfahrens wegen der anderen Tat schon dann unangemessen, wenn die aus ihm zu erwartende Aufstockung der strafrechtlichen Sanktionen und der Einwirkung auf den Mehrfachtäter nach Erledigung der ersten Strafsache an Effizienz unverhältnismäßig gering einzuschätzen ist. 10

Sind beide Strafsachen erst durchzuführen, so ist es ebenfalls wesentlich, wie weit bei getrennten Verfahren die beiden Urteile auseinanderliegen würden. Je geringer die zusätzliche Einwirkung auf den Mehrfachtäter durch das spätere Urteil einzuschätzen ist, desto eher ist der Verzicht auf dieses länger dauernde Verfahren vertretbar. 11

10) Ausschließungsgründe für I Nr 2: Die Verfahrenstrennung nach § 4 hat Vorrang (KK-Diemer 12; LR-Beulke 23), auch wenn wegen des abgetrennten Verfahrensteils voraussichtlich eingestellt werden muss (Rieß NStZ **84**, 427 in Anm zu LG Kaiserslautern, das unter Urteil iS I Nr 2 zu Unrecht nur ein Sachurteil versteht). Ob auf die Strafverfolgung einer der mehreren Taten, mit der ein beträchtliches Weniger an Rechtsfolgen verbunden wäre, verzichtet werden kann, ist – wie das Absehen nach I Nr 1 – nach pflichtgemäßem Ermessen zu beurteilen; die Strafzwecke müssen durch die Verurteilung wegen der anderen Tat(en) erreichbar erscheinen (Kurth NJW **78**, 2482; oben 1, 9); sich hieraus ergebenden ungeschriebenen Ausschließungsgründen sind in I Nr 2 zwei absolute Grenzen für das Ermessen gesetzt. 12

Ist die **Einwirkung auf den Täter** durch die Summe der Rechtsfolgen erforderlich, um ihm zu seiner Wiedereingliederung zu verhelfen, so ist ein Teilverzicht hierauf und damit die Nichtverfolgung einer der mehreren Taten unzulässig. Das gilt zB, wenn durch den Verfolgungsverzicht eine Maßregel der Besserung und Sicherung ausscheiden würde, deren Vollstreckung geboten erscheint. 13

Die **Verteidigung der Rechtsordnung** darf durch den Teilverzicht ebenfalls nicht leiden. Daher scheidet eine Anwendung des I Nr 2 aus, wenn die Verfolgung wegen der Tat, deren Ausscheidung erwogen wird, notwendig ist, um künftigen ähnlichen Rechtsverletzungen durch andere vorzubeugen. Das Gleiche gilt, wenn durch die Nichtverfolgung der Tat die Bevölkerung in ihrem Vertrauen auf das Funktionieren der Rechtsordnung erschüttert würde (vgl BGH **24**, 63; Lange NJW **78**, 786: Raison des Rechts). 14

11) Vorläufig ist das Absehen nach I, weil die StA die Ermittlungen jederzeit wiederaufnehmen kann (9 zu § 170), wenn es ihr geboten erscheint, zB bei Unrichtigkeit ihrer Prognose über Ablauf und Ergebnis des anderen Verfahrens (erg aber unten 21a). Die Ermittlungen brauchen nicht weiter ausgedehnt zu werden, als notwendig ist, um eine sachgerechte Entscheidung über die Einstellung treffen und das Verfahren ggf später ohne Beweisverlust wiederaufnehmen zu können (Kurth NJW **78**, 2483; Volk NJW **96**, 880; 15 zu § 160). Eine mit der Straftat 15

§ 154

tateinheitlich zusammentreffende Ordnungswidrigkeit kann trotz Einstellung des Verfahrens hinsichtlich der Straftat nach § 154 I von der VerwB weiter verfolgt werden (BGH **41**, 385; Göhler wistra **96**, 132; Kindhäuser JZ **97**, 102; **aM** Schmidt wistra **98**, 211; erg 6 zu § 153; 35 zu § 153a).

16 **12) Nach Erhebung der öffentlichen Klage (II),** dh im Zwischenverfahren (BGH **36**, 361: auch wenn in derselben Sache bei einem anderen Gericht Anklage erhoben worden ist) und im Hauptverfahren (Einl 63, 64), kann das Gericht, auch das Revisionsgericht (2 zu § 353), das Verfahren einstellen, aber nur auf Antrag der StA, nicht von Amts wegen. Ein Antrag oder die Zustimmung des Nebenklägers ist nicht erforderlich, auch nicht, wenn nur er Berufung eingelegt hat (Celle NStZ **83**, 328; erg 18 zu § 396). Der Angeschuldigte braucht zu der beabsichtigten Einstellung nicht angehört zu werden (BGH NStZ **95**, 18 [K]; **aM** unter Hinweis auf § 33 I R/H-Radtke 42; LR-Beulke 40; Möller StraFo **13**, 241), es sei denn, es solle eine ihn benachteiligende Kostenentscheidung getroffen werden (Oldenburg StraFo **10**, 352; Dresden NStZ-RR **15**, 30). Gespräche von Richtern allein mit der StA über eine Teileinstellung des Verfahrens unterliegen nicht den Transparenz- und Dokumentationsregeln des Verständigungsgesetzes iSd §§ 243 IV, 257c III (BGH NStZ **18**, 49 [2. StS] unter Aufgabe von NStZ **16**, 171 [mit abl Anm Schneider und Niemöller JR **16**, 146, 148 ff]; offen gelassen von BGH 4 StR 343/16 vom 6.12.2016). Die Einstellung nach II einer unter das JGG fallenden Tat darf nicht dazu führen, dass hinsichtlich der verbleibenden, nach Erwachsenenstrafrecht abzuurteilenden Tat § 32 I JGG umgangen wird (Düsseldorf StV **17**, 721).

16a A. Die Einstellung erfolgt durch **Beschluss** (BGH DAR **97**, 181 [To]), aus dem sich die eingestellte Tat sowie die betroffenen Angeklagten konkret ergeben müssen, da er sonst keine Sperrwirkung entfaltet (BGH 4 StR 461/13 vom 3.12.2013; 210/08 vom 29.7.2008). Dabei können auszuscheidende Taten sowohl „positiv" beschrieben werden, indem die einzustellenden Taten konkret bezeichnet werden, als auch „negativ", indem genau angegeben wird, welche der angeklagten Taten weiterhin Verfahrensgegenstand sind (BGH NJW **15**, 181). Das Wort „vorläufig" sollte im Beschluss nicht enthalten sein (vgl unten 17, 18). Besteht keine Klarheit über die ausgeschiedenen Verfahrensteile, ist die Einstellung nach II wirkungslos und steht einer Aburteilung nicht entgegen (BGH aaO; 2 StR 561/11 vom 14.3.2012). Zu den von Amts wegen zu beachtenden Mitteilungspflichten vgl 41 zu § 153. Zur unzutreffenden Annahme mehrerer prozessualer Taten und Einstellung nach II siehe 29 zu § 154a.

16b B. Auch bei der **Einstellung von gleichförmigen Serienstraftaten** (etwa in Fällen des sexuellen Missbrauchs von Kindern oder von Rauschgiftdelikten) dürfen keine Zweifel sowohl über den Umfang der abgeurteilten als auch der eingestellten Taten bestehen. Höhere Anforderungen als an Tatkonkretisierungen in Anklageschriften bzw im Verurteilungsfall in den Urteilsgründen dürfen allerdings auch in diesen Fällen nicht gestellt werden (BGH 2 StR 128/14 vom 13.8.2014; siehe auch § 200 Rn 9 sowie § 267 Rn 6a jeweils mwN). Nicht ausreichend ist es danach zwar, wenn bei der Verurteilung ein Tatzeitraum zu Grunde gelegt wird, dem es an einem hinreichend bestimmten End- bzw Anfangszeitpunkt fehlt (BGH 4 StR 7/11 vom 13.4.2011 sowie 4 StR 461/13 vom 3.12.2013) oder wenn es wegen unterschiedlicher Tatmodalitäten an einer hinreichenden Konkretisierung der eingestellten und abgeurteilten Taten mangelt (BGH 4 StR 210/08 vom 29.7.2008 zu Betäubungsmitteltaten). Wird jedoch hinsichtlich sämtlicher gleichförmiger, nicht weiter konkretisierbarer Taten der gesamte angeklagte Tatzeitraum zu Grunde gelegt und dieser mit Verurteilung und Beschluss gemäß II vollständig ausgeschöpft, so ist dies rechtlich unbedenklich (BGH 2 StR 128/14 vom 13.8.2014 zu Straftaten des sexuellen Missbrauchs von Kindern); so kann die Anzahl der – ggf nach tatrichterlicher Schätzung – festgestellten Taten anhand von Tatzeitraum und Tatfrequenz konkretisiert, der Gesamtzahl der angeklagten Taten gegenübergestellt und eine Differenz ermittelt werden, die in der Einstellungsentscheidung zum Ausdruck kommt (BGH aaO; NJW **15**, 181).

Öffentliche Klage § **154**

C. **Keine endgültige Einstellung mehr:** Das vorläufig eingestellte Verfahren 17
ist einer endgültigen Einstellung nicht mehr zugänglich, nur der (weitgehenden)
Wiederaufnahme (III–V; Bay **66**, 74; LR-Beulke 42; unten 21, 22).
Die vorläufige Einstellung durch Gerichtsbeschluss ist endgültig gemeint und beendet die gerichtliche Anhängigkeit (BGH **30**, 197; Naumburg StraFo **15**, 285; Düsseldorf MDR **83**, 252; **88**, 164; Frankfurt NStZ **88**, 328), auch iS des § 154e (dort 4 ff), und hat sogar (anders als im Fall des § 205) beschränkte materielle Rechtskraft (BGH **10**, 88, 94; Einl 182). Der – wirksame (vgl BGH NStZ **01**, 656) – Einstellungsbeschluss schafft ein Verfahrenshindernis (BGH **30**, 197, 198; Bay NStZ **92**, 403; 1 StR 45/11 vom 25.1.2012; Düsseldorf StraFo **99**, 302; Brandenburg StraFo **19**, 381), das in der Revisionsinstanz von Amts wegen zu beachten ist (BGH NStZ-RR **07**, 83; NStZ **07**, 476). Die StA kann die Anklage auch dann nicht mehr zurücknehmen, wenn der Beschluss vor Eröffnung des Hauptverfahrens ergangen ist (BGH **36**, 361, 363). Beweissicherungen (für den Fall der Verfahrensfortsetzung nach III, IV) sind trotz der Rechtskraft des Beschlusses zulässig (LR-Beulke 52 und JR **86**, 52; weitergehend Celle NStZ **85**, 218 mit abl Anm Schoreit, das sogar die Terminsanberaumung zwecks Verjährungsunterbrechung zulässt). Auch die Verfolgung als Ordnungswidrigkeit bleibt zulässig (Bay NZV **04**, 269; erg oben 15)

D. **Kosten- und Entschädigungsentscheidung:** Da es sich bei der gerichtli- 18
chen Einstellung trotz des missverständlichen Wortlauts des II in Wahrheit um eine endgültige (nur unter dem Vorbehalt einer Wiederaufnahme des Verfahrens stehende) Einstellung handelt (oben 17), ist sie mit einer Entscheidung über die Verfahrenskosten und die notwendigen Auslagen des Beschuldigten (6 zu § 464) zu versehen (BGH NJW **96**, 2518, 2519; 4 StR 631/11 vom 25.1.2012); ggf ist auch über die Entschädigung für Strafverfolgungsmaßnahmen (2 zu § 8 StrEG) zu befinden. Beim BGH werden idR bei einer dort erfolgenden Einstellung die notwendigen Auslagen des Angeklagten nach § 467 I, IV der Staatskasse auferlegt (vgl aber 19 zu § 467).

13) **In jeder Lage des Verfahrens** (vgl § 153 II) gilt § 154, also auch im Be- 19
rufungsrechtszug (erg 11 zu § 302) und auch noch in der Revisionsinstanz (2 zu § 353), sogar bei (horizontaler) Teilrechtskraft (BGH StraFo **11**, 184; StraFo **14**, 511; Köln NJW **52**, 1029), mit der noch keine Teilvollstreckbarkeit verbunden ist (Einl 185a; 5 zu § 449). Es ist auch zulässig, in der Hauptverhandlung das Verfahren wegen einer Tat abzutrennen und auszusetzen, wenn die Sache wegen der anderen Tat entscheidungsreif ist (BGH MDR **75**, 25 [D]; 11 zu § 4). § 154 gilt nicht mehr im Vollstreckungsverfahren (erg Einl 65). Dagegen steht die Vollstreckung der wegen der anderen Tat erkannten Strafe der Einstellung nicht entgegen. Jedoch ist § 154 nach seinem Sinn nicht mehr anwendbar, wenn die neue Tat erst nach Abschluss des Vollstreckungsverfahrens wegen der anderen Tat begangen worden ist (LR-Beulke 15).

14) **§ 154 und Verständigungen nach § 257c:** Im anhängigen Verfahren ist 19a
eine vorläufige Einstellung nach II zulässiger Gegenstand einer Verständigung nach § 257c (siehe 13 zu § 257c). Ansonsten ist zulässig, dass die StA anlässlich von Verständigungsgesprächen ankündigt, von der Verfolgung anderer bei ihr anhängiger Ermittlungsverfahren nach I im Hinblick auf die zu erwartende Verurteilung des Angeklagten abzusehen oder auf die Einstellung bereits anhängiger weiterer Verfahren nach II hinzuwirken, sofern nicht der Eindruck erweckt wird, derartige Ankündigungen würden von der Bindungswirkung der Verständigung iSd § 257c IV erfasst; eine entsprechende Klarstellung kann durch eine entsprechende Belehrung des Angeklagten durch den Vorsitzenden erfolgen (BGH NStZ **17**, 56 mit Anm Bittmann; erg 16, Eckstein NStZ **17**, 609).

15) **Beschwerde:** Ist der Beschluss nach II ordnungsgemäß ergangen, so ist Be- 20
schwerde gegen ihn nicht zulässig (BGH **10**, 88; Celle NStZ **83**, 328; Düsseldorf MDR **81**, 338; SK-Weßlau/Deiters 50; aM Zweibrücken NJW **96**, 866; Schulz

Schmitt

§ 154

StraFo **06**, 444; Möller StraFo **13**, 241). Der Beschuldigte ist durch die Einstellung nicht beschwert (BGH NStZ-RR **08**, 183; Bamberg StV **81**, 402; Zweibrücken aaO; vgl auch Baukelmann JR **84**, 392; 8 ff vor § 296), selbst wenn das Verfahren wegen eines Prozesshindernisses (Einl 141 ff) hätte eingestellt werden müssen (Maatz MDR **86**, 884); anders ist es nur, wenn die Unschuld des Beschuldigten eindeutig feststand (BVerfG NJW **97**, 46; BGH NStZ-RR **07**, 21 L; KG StraFo **10**, 428; vgl auch LG Arnsberg wistra **08**, 440; AG Lebach StraFo **13**, 249). Auch die Kostenentscheidung ist nicht anfechtbar (Düsseldorf JurBüro **91**, 854). Der Beschuldigte kann sich auch nicht gegen die Ablehnung der vorläufigen Einstellung beschweren, weil § 154 nicht seinem Schutz dient. Auch eine Beschwerde der StA gegen die Ablehnung eines Einstellungsantrags ist unzulässig (SK-Weßlau/ Deiters 52; **aM** KMR-Plöd 26). Wird das Verfahren gesetzwidrig, zB ohne Antrag der StA, eingestellt (Düsseldorf AnwBl **79**, 40), so kann sie sich beschweren (§ 304 I; LG Regensburg NJW **90**, 1742), nicht aber schon dann, wenn das Gericht rechtsfehlerhaft die Voraussetzungen des I bejaht hatte (Düsseldorf NStE Nr 6).

21 16) Wiederaufnahme:

21a A. **Im Falle des I:** Die StA kann das Verfahren jederzeit – bis zur Verjährung – wiederaufnehmen, auch konkludent durch Anklageerhebung (BGH NStZ-RR **07**, 20), sogar trotz einer entgegenstehenden „Zusage" (BGH **37**, 10). Für sie enthalten III, IV nur Richtlinien, jedoch keine Beschränkung, insbesondere keine Bindung an die Frist des IV (BGH **30**, 165; NJW **85**, 3217; NStZ **86**, 469; **aM** Klein/ Koll StraFo **11**, 78; Mombert NStZ **84**, 535); zutr wird aber ein „sachlich einleuchtender Grund" verlangt (BGH **54**, 1, 7; StraFo **08**, 423, 424; LR-Beulke 35; SK-Weßlau/Deiters 29; offen gelassen von BGH NStZ **11**, 651 und 5 StR 566/19 vom 14.11.2019). Bei Serienstraftaten, bei denen früher der Beschuldigte durch die Annahme einer fortgesetzten Handlung (vgl dazu 14 zu § 260) vor ständig neuer Strafverfolgung geschützt war (vgl Einl 175 f), wird eine erneute Verfolgung wegen bisher nicht mitangeklagter Taten aber nur als zulässig erachtet werden können, wenn die Voraussetzungen des IV vorliegen; etwas anderes würde kein faires Verfahren (Einl 19) darstellen (zust Ostendorf Eckert-GS 650; vgl auch BGHR StrEG § 8 Verfahrensabschluss 2; Arzt JZ **94**, 1001: Stückweise Anklage könnte Rechtsmissbrauch bedeuten). Das europarechtliche Doppelbestrafungsverbot nach Art 54 SDÜ gilt nicht (Hieramente StraFo **14**, 445, 452; erg Einl 177a–c).

22 B. **Im Fall des II:** Mit der Einstellung durch Gerichtsbeschluss entsteht ein vAw zu beachtendes Verfahrenshindernis, zu dessen Beseitigung es eines Wiederaufnahmebeschlusses nach V bedarf (BGH NStZ-RR **18**, 116; Brandenburg StV **19**, 832). Den Wiederaufnahmebeschluss (III, IV) muss das Gericht – dh der Spruchkörper (Koblenz StraFo **01**, 242) – erlassen, dessen Einstellungsbeschluss rückgängig gemacht werden soll (BGH GA **81**, 36; MDR **73**, 192 [D]; LG Heilbronn StV **86**, 52). Stillschweigende Wiederaufnahme, zB durch einen Eröffnungsbeschluss nach § 203 (Brandenburg aaO) oder Anberaumung eines Termins zur Hauptverhandlung, genügt nicht (Bay NStZ **92**, 403; Düsseldorf StraFo **99**, 302; Schleswig SchlHA **90**, 117 [L/G]; **aM** Celle NStZ **85**, 218 mit abl Anm Schoreit). Die Wiederaufnahme kommt nur bei Vorliegen sachlicher Gründe in Betracht, etwa wenn der Angeklagte im Bezugsverfahren nicht oder nur geringfügig verurteilt wurde, nicht aber deshalb, weil er flüchtig ist (Hamm StraFo **08**, 382) oder weil der Vorsitzende vor Erlass des Einstellungsbeschlusses unlängliche Aktenkenntnis hatte (Naumburg StraFo **15**, 285). Der Beschluss ist auch nach Ablauf der Frist des IV zulässig, wenn sich herausstellt, dass das eingestellte Verfahren kein Vergehen, sondern ein Verbrechen zum Gegenstand hat (BGH **54**, 1, 6; NStZ **86**, 36; NJW **09**, 2548, 2549; LR-Beulke 63; Satzger Schöch-FS 924); bei einer derartigen Konstellation steht bei einer Einstellungsentscheidung im Inland auch Art 54 SDÜ einer Drittverfolgung im Ausland nicht entgegen (Hieramente aaO). Hat das AG eine Tat nach § 154 ausgeschieden und die Strafsache dann an das LG verwiesen (§ 270), so darf nicht das LG den Wiederaufnahmebeschluss erlassen; es kann nur bei dem AG die Wiederaufnahme und die Abgabe der Sache an sich anregen

Öffentliche Klage § 154

(BGH MDR **73**, 192 [D]). Im Berufungsverfahren ist die Wiederaufnahme nicht mehr zulässig (München wistra **08**, 319; Hamm JMBlNW **69**, 258). Der Zustimmung der StA bedarf die Wiederaufnahme durch das Gericht in keinem Fall (BGH **13**, 44; **30**, 197; Frankfurt NStZ **85**, 39); jedoch ist die Anhörung der StA und des Angeklagten vor der Entscheidung notwendig (§ 33 II, III).

In der **Revision** ist die Wiederaufnahme durch ein sachlich oder örtlich unzu- 22a ständiges Gericht als Verfahrenshindernis von Amts wegen zu beachten (Befassungsverbot, vgl Einl 143, 150); hat nur ein nach dem Geschäftsverteilungsplan unzuständiger Spruchkörper entschieden, bedarf es einer Verfahrensrüge (BGH StV **05**, 532).

C. Die **Dreimonatsfrist** des IV ist eine Ausschlussfrist zugunsten des Angeklag- 23 ten. Sie beginnt mit dem rechtskräftigen Abschluss des anderen Verfahrens, gleichviel, ob dieser in Verurteilung, Freispruch oder in Einstellung – durch Urteil (§ 260 III) oder Beschluss (§§ 153 II, 204, 206a) – besteht (RG **73**, 308), nicht aber bei einer Einstellung nach § 170 II (Düsseldorf StraFo **08**, 75; str), anders aber bei einer Entscheidung des OLG nach § 174. Ist der Beschluss nach II im Hinblick auf mehrere noch nicht abgeschlossene Strafsachen ergangen, so beginnt die Frist, wenn das letzte der Verfahren rechtskräftig abgeschlossen ist. Das Verfahren kann auch schon vor dem rechtskräftigen Abschluss des anderen Verfahrens wiederaufgenommen werden (Celle NStZ **85**, 218). Wurden die zunächst eingestellten Taten allerdings bereits bei der Strafzumessung schärfend berücksichtigt (siehe unten 25), stellt sich bei einer Wiederaufnahme wegen dieser Taten nach IV und anschließender förmlicher Verurteilung die Frage nach der Vereinbarkeit mit Art 6 II EMRK (siehe EGMR NJW **19**, 203).

D. Will das Gericht dem **Wiederaufnahmeantrag der StA nicht stattgeben,** 23a erlässt es einen mit Gründen versehenen (§ 34) Beschluss. Ist der Antrag erst im Schlussvortrag gestellt, kann das Gericht den Angeklagten auch (ohne Beschluss) insoweit freisprechen (BGH NStZ **84**, 468).

E. **Beschwerde** steht dem Angeschuldigten gegen den Wiederaufnahmebe- 24 schluss nicht zu (Düsseldorf JR **83**, 471 mit Anm Meyer-Goßner; Karlsruhe NJW **80**, 2367; München NJW **78**, 1449; LR-Beulke 77), und zwar im Eröffnungsverfahren analog § 210 I, im Hauptverfahren nach § 305 (Rieß NStZ **85**, 40). Auch die StA kann weder gegen den Wiederaufnahmebeschluss noch gegen die Ablehnung der Wiederaufnahme Beschwerde einlegen (Düsseldorf aaO; Frankfurt NStZ **85**, 39; Stuttgart MDR **84**, 73; KK-Diemer 35; **aM** Oldenburg NStZ **07**, 167 mit abl Anm Meyer-Goßner NStZ **07**, 421; LR-Beulke 79: eingeschränkte Prüfungsbefugnis auf Ermessensmissbrauch). Etwas anderes ist nur dann (wie bei 24 zu § 154a) anzunehmen, wenn hinsichtlich der „anderen Tat" Freispruch erfolgt ist (Bamberg NStZ-RR **97**, 44; Meyer-Goßner aaO), oder wenn die materiellen Voraussetzungen für die Wiederaufnahme nicht vorliegen (KG StraFo **09**, 286).

17) Eine **Berücksichtigung** gem § 154 II **eingestellter Taten** bei der Be- 25 weiswürdigung oder – strafschärfend – der Strafzumessung kommt – konventionsrechtlich mit Blick auf Art 6 II EMRK grundsätzlich unbedenklich (EGMR NJW **19**, 203; erg 14, 15 zu Art 6 EMRK; siehe aber auch oben 23 aE) – in Betracht, wenn diese Taten prozessordnungsgemäß festgestellt sowie in den Urteilsgründen so konkret dargestellt werden, dass sie in ihrem wesentlichen Unrechtsgehalt abzuschätzen sind und der Angeklagte hierauf hingewiesen wurde (vgl BGH NJW **14**, 2514; StV **15**, 555; StraFo **13**, 463; 3 StR 355/16 vom 20.12.2016; 5 StR 1/12 vom 5.7.2012; NStZ **98**, 51 mwN; **aM** SK-Weßlau/Deiters 57: Verwertungsverbot wegen Art 6 II EMRK; erg 2 zu § 154a), wobei ein solcher Hinweis allerdings keine wesentliche Förmlichkeit des Verfahrens darstellt, die zwingend in das Protokoll aufzunehmen ist (BGH NStZ-RR **14**, 92; 1 StR 157/10 vom 29.6.2010 mwN). Dabei ist eine Abtrennung mit dem Ziel der Einstellung nicht anders zu behandeln als die erfolgte Einstellung selbst (BGH NStZ **04**, 162). Ob dies auch

§ 154a

Zweites Buch. 1. Abschnitt

bei Einstellung selbstständiger Taten nach § 154 I durch die StA anzunehmen ist, ist str (bejahend BGH NStZ **83**, 20; verneinend BGH **30**, 165; vgl dazu Sander StraFo **04**, 48). Jedenfalls steht die Einstellung nach I einer auf diese Tat bezogenen Beweisaufnahme und Verwertung deren Ergebnisses bei der Strafzumessung nicht entgegen, wenn auch die Anwendung des I in einem solchen Fall dann allerdings wenig sinnvoll ist (BGH StV **04**, 415). Die Auseinandersetzung mit eingestellten Taten im Urteil ist erforderlich, wenn sie beweismäßige Relevanz für die abgeurteilten Taten entfalten (BGH **44**, 153, 160; NStZ **18**, 618 mwN mit Anm Gubitz/Buchholz). Zur Anrechnung von in dem nach § 154 eingestellten Verfahren erlittener UHaft auf eine in einem anderen Verfahren verhängte Strafe vgl BVerfG NStZ **99**, 125; 477; BGH **43**, 112; NStZ **99**, 24.

26 **18) Die sachliche Zuständigkeit** kann sich auf Grund einer Einstellung nach II **ändern,** wenn dadurch das die bisherige Zuständigkeit begründende Delikt entfällt (erg 17 zu § 154a; 2 zu § 209). Werden bei Anklagen, die sowohl Taten betreffen, welche der Angeklagte als Jugendlicher oder Heranwachsender als auch als Erwachsener begangen haben soll, die nach Jugendstrafrecht zu beurteilenden Straftaten von der Verfolgung ausgenommen, steht damit die Zuständigkeit des Erwachsenengerichts fest; eine Erhaltung der Zuständigkeit des JugG trotz danach nur noch abzuurteilender Erwachsenenstraftaten kommt nicht in Betracht (**aM** Drees NStZ **95**, 482). In diesem Fall ist wegen der alleinigen Aburteilung der als Erwachsener begangenen Taten auch eine analoge Anwendung von § 32 S 1 JGG iVm § 105 I JGG nicht möglich, da der Wortlaut des § 32 S 1 JGG eindeutig darauf abstellt, dass mehrere Straftaten aus verschiedenen Alters- und Reifestufen „gleichzeitig abgeurteilt" werden und auch die historische Auslegung der Regelung einer Analogie entgegensteht (zutr BGH 4 StR 189/19 vom 7.8.2019 mwN gegen BGH NZWiSt **19**, 298 [1. StS, nicht tragend]).

27 **19) Revision:** Ist eine Verfahrensbeschränkung in der Hauptverhandlung aufgrund Unbestimmtheit (oben 16) wirkungslos geblieben, prüft das Revisionsgericht als Verfahrensvoraussetzung nur, ob die ausgeurteilten Taten von der Anklage erfasst sind; der Einstellungsbeschluss begründet kein Verfahrenshindernis (BGH NJW **15**, 181 unter Aufgabe von 4 StR 461/13 vom 3.12.2013). Ist der Einstellungsbeschluss dagegen wirksam, prüft das Revisionsgericht als Verfahrensvoraussetzung von Amts wegen, ob den ausgeurteilten Taten eine Einstellung entgegensteht (BGH aaO). Sind eingestellte Taten ausgeurteilt worden, stellt es das weitere Verfahren insoweit ein (BGH 4 StR 192/13 vom 4.6.2013; 1 StR 45/11 vom 25.1.2012); lässt sich den Urteilsgründen nicht hinreichend sicher entnehmen, dass dies nicht der Fall ist, kommt eine Aufhebung und Zurückverweisung in Betracht (BGH 4 StR 300/11 vom 9.11.2011). Hat das Tatgericht nach II eingestellte Taten bei der Beweiswürdigung oder Strafzumessung nicht berücksichtigt, obwohl dies geboten gewesen wäre (siehe 25), ist zu differenzieren: Ergibt sich die Erörterungsbedürftigkeit der Gründe der Teileinstellung unmittelbar aus den schriftlichen Urteilsgründen, ist ein insoweit gegebener Erörterungsmangel bereits auf die Sachrüge hin zu beachten; ist das nicht der Fall, muss die Revision einen von ihr behaupteten Erörterungsmangel mit der Verfahrensrüge geltend machen und dazu vortragen, in welchem Verfahrensabschnitt die Einstellung erfolgte und ob und ggf welche Gründe für die Einstellung in der Hauptverhandlung erörtert worden sind (BGH NStZ **18**, 618 mit Anm Gubitz/Buchholz; vgl auch BGH NStZ-RR **01**, 174; Hamm NStZ-RR **03**, 368).

Beschränkung der Verfolgung RiStBV 5, 101, 101a

154a I ¹ Fallen einzelne abtrennbare Teile einer Tat oder einzelne von mehreren Gesetzesverletzungen, die durch dieselbe Tat begangen worden sind,

1. für die zu erwartende Strafe oder Maßregel der Besserung und Sicherung oder

Öffentliche Klage § 154a

2. neben einer Strafe oder Maßregel der Besserung und Sicherung, die gegen den Beschuldigten wegen einer anderen Tat rechtskräftig verhängt worden ist oder die er wegen einer anderen Tat zu erwarten hat,

nicht beträchtlich ins Gewicht, so kann die Verfolgung auf die übrigen Teile der Tat oder die übrigen Gesetzesverletzungen beschränkt werden. ²§ 154 Abs. 1 Nr. 2 gilt entsprechend. ³Die Beschränkung ist aktenkundig zu machen.

II Nach Einreichung der Anklageschrift kann das Gericht in jeder Lage des Verfahrens mit Zustimmung der Staatsanwaltschaft die Beschränkung vornehmen.

III ¹Das Gericht kann in jeder Lage des Verfahrens ausgeschiedene Teile einer Tat oder Gesetzesverletzungen in das Verfahren wieder einbeziehen. ²Einem Antrag der Staatsanwaltschaft auf Einbeziehung ist zu entsprechen. ³Werden ausgeschiedene Teile einer Tat wieder einbezogen, so ist § 265 Abs. 4 entsprechend anzuwenden.

Übersicht

	Rn
1) Vereinfachung und Verfahrensbeschleunigung	1
2) Berücksichtigung ausgeschiedenen Verfahrensstoffes	2, 2a
3) Ergänzende Regelungen	3
4) Keine Ausklammerung strafrechtlicher Rechtsfolgen	4
5) Abtrennbare Teile der Tat (I)	5
6) Einzelne von mehreren Gesetzesverletzungen (I)	6, 7
6a) Serienbetrugstaten	7a
7) Verhältnis der beiden Ausscheidungsmöglichkeiten zueinander	8
8) Nicht beträchtlich ins Gewicht fallen (I)	9–14
9) Vermeidung einer unangemessen langen Verfahrensdauer (I S 2)	15, 16
10) Änderung der gerichtlichen Zuständigkeit	17
11) Beschränkung durch StA im Ermittlungsverfahren	18–20
12) Beschränkung durch Gericht (II)	21–23
13) Wiedereinbeziehung des Ausgeschiedenen (III S 1)	24–26
14) Revision	27, 27a
15) Strafklageverbrauch	28
16) Irrige Anwendung von §§ 154, 154a	29

1) Der **Vereinfachung und Beschleunigung des Verfahrens** bei einer Tat **1** (§ 264), dient § 154a (BGH **32**, 84, 87; NJW **14**, 2132: uneinheitliches Organisationsdelikt). Bei § 154 handelt es sich um das Absehen von der Strafverfolgung einer (ganzen) Tat eines Mehrfachtäters. § 154a gestattet eine Beschränkung der sonst allgemein geltenden umfassenden Kognitionspflicht (24 f zu § 264), wobei aber die gesamte Tat nach §§ 155, 264 Gegenstand der Urteilsfindung bleibt (BGHR Beschränkung 2), so dass verfahrensrechtlich nur ein Urteil möglich ist (BGH **29**, 341, 342). Wie im Fall des § 154 sind dem partiellen Strafverfolgungsverzicht Grenzen gesetzt, das eine Mal durch die Beträchtlichkeitsklausel (I S 1), das andere Mal durch das Gebot, dass trotz der Einschränkung die Einwirkung auf den Täter und die Verteidigung der Rechtsordnung noch hinreichend sein müssen (I S 2 iVm § 154 I Nr 2). Hinter den Interessen des Nebenklägers tritt § 154a zurück (§ 397 II). Im JGG-Verfahren gilt § 154a ebenso wie § 154 (dort 1).

2) Der **Berücksichtigung des ausgeschiedenen Verfahrensstoffes** bei der **2** Strafzumessung steht die Beschränkung nach der Rspr nicht entgegen, wenn das Gericht ihn prozessordnungsgemäß festgestellt und den Angeklagten zuvor auf diese Möglichkeit hingewiesen hat (BGH **30**, 147, 148; 197, 198; NJW **87**, 509; NStZ **81**, 100; **83**, 20; **84**, 20; **94**, 195; StV **00**, 656; **09**, 117; Sander StraFo **04**, 47; **aM** mit beachtlichen Gründen AK-Schöch 30; Beulke/Swoboda 340; Beulke/Stoffer StV **11**, 444). Das Gleiche gilt für die Berücksichtigung bei der Beweiswürdigung (BGH **31**, 303; BGH StV **88**, 191). Das Unterlassen des Hinweises muss mit der Verfahrensrüge in der Form des § 344 II S 2 gerügt werden (BGH

§ 154a

NJW **87**, 509; NStZ **93**, 501; Rieß NStZ **87**, 134; Schimansky MDR **86**, 283; vgl auch BVerfG NStZ **95**, 76). Ein ausdrücklicher Hinweis ist entbehrlich, wenn der Angeklagte durch den Ablauf der Hauptverhandlung auf die beabsichtigte Heranziehung der ausgeschiedenen Tatteile aufmerksam geworden sein muss, ein Vertrauenstatbestand somit nicht geschaffen worden ist (BVerfG aaO; BGH NStZ **87**, 133; **04**, 277; NJW **96**, 2585; StraFo **01**, 236) oder wenn das Verteidigungsverhalten des Angeklagten durch die Heranziehung nicht beeinflusst werden kann (BGH NStZ **87**, 134; NStZ **92**, 225 [K]). Umgekehrt ist eine Berücksichtigung ausgeschlossen, wenn der Angeklagte nach dem Gang der Hauptverhandlung auf die Nichtwiedereinbeziehung vertrauen durfte (BGH NStZ **96**, 611; vgl auch BGH NStZ **99**, 416). Können und sollen die ausgeschiedenen Tatteile verwertet werden, ist ihre Darstellung in den Urteilsgründen erforderlich; Bezugnahme auf die Anklageschrift genügt nicht (BGH StV **95**, 520).

2a Der erforderliche Hinweis ist als eine **wesentliche Förmlichkeit** in der Hauptverhandlung zu protokollieren (München NJW **10**, 1827, 1828; LR-Beulke 59 zu § 154; Beulke/Stoffer StV **11**, 446; **aM** BGH StV **11**, 399; erg 33 zu § 265; 7 zu § 273).

3 **3) Ergänzende Regelungen:** Beim Zusammentreffen von Straftat und OWi wird nur das StrafG angewandt (§ 21 I S 1 OWiG), der Bußgeldtatbestand also von der Strafverfolgung ausgenommen. Auf Nebenfolgen aus dem OWi-Recht kann aber neben der strafrechtlichen Sanktion erkannt werden (§ 21 I S 2 OWiG).

4 **4) Die Ausklammerung bestimmter strafrechtlicher Rechtsfolgen** ist in § 154a nicht vorgesehen. Insofern wird die Bestimmung für Einziehung, Vernichtung und Unbrauchbarmachung durch § 421 ergänzt. Aber der Verzicht auf die Verfolgung einer bestimmten Rechtsverletzung nach § 154a kann mit der Wirkung verbunden sein, dass eine strafrechtliche Rechtsfolge ausscheidet (unten 6).

5 **5) Abtrennbare Teile der Tat (I 1. Variante):** Erfasst werden einzelne Elemente innerhalb einer Tat im prozessualen Sinne, die in tatsächlicher Hinsicht in gewissem Umfang in sich abgeschlossen sind (SKStPO-Weßlau 4; Krell NStZ **14**, 686, 688). Abtrennbar sind zB Teile einer falschen Zeugenaussage oder Teile einer Dauerstraftat (LR-Beulke 6; erg 16ff zu § 264). Ein einzelnes Tatbestandsmerkmal dagegen ist kein abtrennbarer Teil der Tat (BGH MDR **80**, 985 [H]; siehe aber unten 6a zu Serienbetrugstaten). Die Hauptbedeutung dieser Verfolgungsbeschränkung liegt darin, dass solche Tatteile aus der Verfolgung ausgeklammert werden können, die von vornherein aus tatsächlichen oder rechtlichen Gründen besondere Beweisschwierigkeiten bereiten würden, ferner darin, dass solche Teile ausgeschieden werden, die erst sehr spät, etwa erst in der Hauptverhandlung, bekannt werden (9 zu § 264). Ist bei einer sonstigen Tat ein Teil insbesondere dann abtrennbar, wenn er nur durch die Einheitlichkeit des Lebensvorgangs mit dem anderen verbunden ist (2 zu § 264). Die Abtrennung ändert nichts daran, dass mit der Erhebung der Anklage die ganze Tat anhängig wird; für den abgetrennten Teil handelt es sich allerdings um „latente" Anhängigkeit, die sich durch die jederzeit zulässige Wiedereinbeziehung des abgetrennten Tatteils (unten 24, 25) in eine „normale" verwandelt.

6 **6) Einzelne von mehreren Gesetzesverletzungen (I 2. Var):** Ausscheidbar sind insbesondere einzelne von mehreren in Tateinheit zusammentreffenden Gesetzesverletzungen (§ 52 StGB); nach den konkreten Umständen des Falles kann dann uU sogar auch die Gesetzesverletzung ausgeschieden werden, die einen höheren Strafrahmen enthält (vgl auch Kurth NJW **78**, 2483). Ausscheidbar sind auch Straferhöhungstatbestände (18 zu § 265; 15 zu § 267).

7 Nur **bestimmte Teile oder Gesetzesverletzungen** können aus der Untersuchung ausgeschieden werden. Das ergibt sich daraus, dass Gegenstand der Untersuchung nach der Ausscheidung die übrigen Teile oder die übrigen Gesetzesverletzungen bleiben müssen (BGHR Beschränkung 2). Es ist grundsätzlich nicht zulässig, die Untersuchung auf bestimmte Teile oder Gesetzesverletzungen zu be-

schränken. Die sog Umgestaltung der Strafklage (24 ff zu § 264) muss in dem verbleibenden Verfolgungsbereich möglich sein. Die Beschränkung wird in der Anklageschrift zum Ausdruck gebracht (14 zu § 200). Über die Mitteilung an den Anzeigenden vgl RiStBV 101a IV.

6a) Serienbetrugstaten: Bei massenhaft begangenen Delikten nach § 263 StGB (oder auch § 263a StGB) kommt eine Beschränkung der Strafverfolgung von der vollendeten auf die versuchte Tat, etwa um die Vernehmung einer Vielzahl Geschädigter zur Frage des Irrtums zu vermeiden, zwar in direkter Anwendung des § 154a nicht in Betracht. Bei der Beschränkung auf den Versuch handelt es sich weder um einen abtrennbaren Teil der Tat im Sinne der Variante 1, weil die Tathandlung dieselbe ist, noch stellt die Vollendung gegenüber dem Versuch eine zusätzliche Gesetzesverletzung im Sinne der Variante 2 dar (Heghmanns ZJS **13**, 423, 426 ff; Krell NStZ **14**, 686, 688). Eine **analoge Anwendung des § 154a** erscheint jedoch gerechtfertigt, wenn der Nachweis der Tatvollendung im Verhältnis zu den erwartbaren Rechtsfolgen mit einem unverhältnismäßigen Aufwand verbunden wäre, da der damit angesprochene Gesichtspunkt der Verfahrensökonomie die Grundlage der Einschränkung des Legalitätsprinzips durch Verfahrensbeschränkung bildet (vgl BGH NJW **14**, 2132; BGH **58**, 119; Krell aaO 686, 689 f; **aM** Beulke/Berghäuser Breidling-FS 13). Wegen § 244 II nicht zulässig ist es, ohne Zustimmung der StA aus verfahrensökonomischen Gründen bei nicht näher aufgeklärten Fällen „lediglich" wegen versuchten Betruges zu verurteilen (vgl Ullenboom NZWiSt **18**, 317, 319 mN). 7a

7) Verhältnis der beiden Ausscheidungsmöglichkeiten zueinander: Mit der Ausscheidung eines Tatteils braucht keine Ausscheidung einer Gesetzesverletzung verbunden zu sein. Anders ist es bei Ausscheidung einer Gesetzesverletzung. Wenn mit ihr nicht ein bestimmter Sachverhalt entfällt, führt sie nicht zu der durch § 154a bezweckten Verfahrensvereinfachung und hat dann keinen Sinn. Die Prüfung, ob eine Gesetzesverletzung und mit ihr ein bestimmter Sachverhalt ausgeschieden werden sollen, hat daher den Vorrang, weil damit zugleich ein Tatteil ausgeschieden wird, der nicht beschrieben zu werden braucht. Beide Ausscheidungsmöglichkeiten stehen aber nebeneinander zur Verfügung. 8

8) Nicht beträchtlich ins Gewicht fallen (I): Ob das durch die gewillkürte Reduzierung der Untersuchung entstehende Rechtsfolgenminus beträchtlich ins Gewicht fällt, richtet sich nach dem Einzelfall (7 zu § 154). Dabei kommt es darauf an, wie gewichtig sich der Wegfall im Verhältnis zur Bezugssanktion auswirkt, weshalb auch abstrakt bedeutsame Tatbestände durch Beschränkung entfallen können (BGH NStZ-RR **19**, 384). 9

A. **I S 1 Nr 1:** Wenn das erwartete Rechtsfolgenminus bei Verurteilung wegen der Tat nicht beträchtlich ist, besteht für die Einschränkung der Strafverfolgung in diesem Punkt kein Hindernis. Wäre es beträchtlich, ist I S 1 Nr 1 unanwendbar. 10

B. **I S 1 Nr 2:** § 154 lässt bei einem Mehrfachtäter die Nichtverfolgung einer ganzen Tat zu, wenn die dadurch entstehende Rechtsfolgenminus nicht beträchtlich ist. Diesen Gedanken dehnt I S 1 Nr 2 auf den Fall aus, in dem die Verfolgung wegen einer von mehreren Taten lediglich beschränkt wird. In Fällen, in denen wegen einzelner Tatteile oder einzelner Gesetzesverletzungen ein Urteil in angemessener Frist nicht zu erwarten ist, kann daher die Verfolgung auf die übrigen Teile oder Gesetzesverletzungen beschränkt werden (Kurth NJW **78**, 2483). Die Beschränkung auf einzelne Gesetzesverletzungen ist nach Nr 2 auch dann zulässig, wenn die Rechtsfolgenerwartung wegen derselben Tat beträchtlich verringert wird, dies mit Blick auf die wegen einer anderen Tat zu erwartenden Rechtsfolgen aber hinnehmbar erscheint (BGH wistra **14**, 439; vgl auch 3 StR 575/14 vom 21.5.2015; NStZ-RR **19**, 384). 11

Bei **Verbindung mehrerer Strafsachen** gegen denselben Beschuldigten ist die Verfolgungsreduzierung auch dann zulässig, wenn das zu erwartende Rechtsfol- 12

§ 154a

genminus im Verhältnis zu der wegen der anderen Tat(en) zu erwartenden Strafen oder Maßregeln nicht beträchtlich ist. Entscheidend ist in diesem Fall die Relation zu dem Gesamtergebnis.

13 Bei **getrennten Strafverfahren** gegen denselben Beschuldigten wegen mehrerer Taten kann sich die Nichtbeträchtlichkeit auch aus dem Vergleich mit dem in den anderen Verfahren erwarteten Strafausspruch ergeben.

14 Auch **aus einer bereits rechtskräftigen Verurteilung** wegen einer anderen Tat kann abgeleitet werden, dass das durch die Anwendung des § 154a entstehende Rechtsfolgenminus nicht beträchtlich ist. Eine frühere Verurteilung, die zurzeit der gegenwärtig untersuchten Tat bereits vollständig erledigt war, scheidet für den Vergleich jedoch aus (vgl dazu 2 zu § 154).

15 9) **Zur Vermeidung einer unangemessen langen Verfahrensdauer (I S 2 iVm § 154 I Nr 2)** ist die Ausscheidung eines Teils der Tat oder einer Gesetzesverletzung in gewissen Grenzen ebenfalls zulässig, wenn gerade wegen dieses Teils ein Urteil in angemessener Frist nicht zu erwarten ist (Kurth NJW **78**, 2483). Zur Beschränkung „aus prozessökonomischen Gründen", falls die Anwendbarkeit des deutschen Strafrechts nach §§ 6, 7 StGB zweifelhaft erscheint bzw ein Verfahrenshindernis in Betracht kommt, BGH 4 StR 41/19 vom 23.4.2019.

16 Die beiden **absoluten Ausschließungsgründe** (12 zu § 154) für diese Strafverfolgungsbeschränkung bestehen darin, dass die Einwirkung auf den Täter (13 zu § 154) und die Verteidigung der Rechtsordnung (14 zu § 154) keinen Schaden leiden dürfen.

17 10) Die **gerichtliche Zuständigkeit** kann sich infolge der Verfahrensbeschränkung ändern (erg 26 zu § 154; 2 zu § 209). Beschränkt etwa das OLG, bei dem ua wegen Vergehens gegen § 129a StGB Anklage erhoben worden ist, die Untersuchung zugleich mit der Zulassung der Anklage auf Gesetzesverletzungen, die seine erstinstanzliche Zuständigkeit nicht begründen, so hat es das Hauptverfahren vor dem zuständigen Gericht niedriger Ordnung zu eröffnen (BGH **29**, 341 mit Anm Dünnebier NStZ **81**, 152; BGH **41**, 385, 392; Kurth NJW **78**, 2484; Sowada 706), das nach einer für notwendig gehaltenen Wiedereinbeziehung nach III die Sache aber nach §§ 225a, 270 erneut vor das höhere Gericht bringen kann (BGH aaO; LR-Beulke 16; SK-Weßlau/Deiters 15).

18 11) **Im Ermittlungsverfahren** soll die StA von der Kann-Vorschrift des I in weitem Umfang und in einem möglichst frühen Verfahrensstadium Gebrauch machen (RiStBV 101a I; 6 zu § 154; 4 zu § 163). Das Aktenkundigmachen (I S 3) der staatsanwaltschaftlichen **Verfolgungsbeschränkung** nach I bezweckt die Unterrichtung aller Ermittlungsorgane und des Verteidigers. Ausgeschiedene Tatteile oder Strafbestimmungen sind konkret zu bezeichnen; die Feststellung, das Verfahren werde gemäß § 154 und/oder § 154a iSd Anklage beschränkt, entspricht als zu ungenau nicht dem Gesetz und ist daher unwirksam (BGH NStZ-RR **12**, 50 mwN); außerdem kann bei nicht hinreichender Konkretisierung des ausgeschiedenen Tatteils für den Fall der Wiedereinbeziehung ein Verfahrenshindernis bestehen, weil die Anklage insoweit nicht hinreichend umgrenzt ist (vgl dazu Möllmann/Lorenzen wistra **18**, 331; erg 24, 2, 26 zu § 200).

19 A. **Eine vorläufige Maßnahme** ist die Verfolgungsbeschränkung nach I durch die StA. Denn sie kann sie bis zur Anklageerhebung jederzeit wieder aufheben (15 zu § 154).

20 B. **In der Anklageschrift** und im Strafbefehlsantrag weist die StA auf die von ihr angeordnete Beschränkung hin (RiStBV 101a III).

21 12) Das **Gericht (II)**, das mit der Sache befasst ist, kann die Beschränkung nach I nur auf Antrag oder mit Zustimmung der StA vornehmen. Diese soll bei der Abweichung von der Regel der umfassenden Beurteilung der Tat in gleicher Weise wie das Gericht beteiligt sein (vgl 26 zu § 153). Wenn die StA nicht von sich aus den Antrag gestellt oder die Zustimmung erklärt hat, kann das Gericht bei ihr

Öffentliche Klage § 154a

anfragen, ob sie zustimmen würde. Die Zustimmung des Nebenklägers ist erforderlich, wenn die Beschränkung das zur Nebenklage berechtigende Delikt betrifft (BGH 1 StR 190/01 vom 12.6.2001; erg 13 zu § 495); sie kann auch konkludent erklärt werden, etwa wenn nach rechtlicher Erörterung einer möglichen Verfahrensweise nach II in der Hauptverhandlung der Nebenkläger ausdrücklich keine Einwände erhebt.

A. In jeder Lage des Verfahrens (II), nicht nur im Eröffnungsbeschluss 22 (§ 207 II Nrn 2, 4), kann das Gericht die Beschränkung mit Zustimmung der StA vornehmen (25 zu § 153), ggf auch erst zugleich mit dem Urteil (BGH NStZ **96**, 324 [K]). Daraus ergibt sich, dass dieser Weg auch dann offensteht, wenn ein Antrag der StA auf Beschränkung im gerichtlichen Verfahren vorher abgelehnt worden ist. Nach einer Berufungsbeschränkung auf den Rechtsfolgenausspruch ist § 154a aber ausgeschlossen (31 zu § 318). Der erforderliche Antrag oder die Zustimmung der StA ist im Revisionsverfahren Sache der StA bei dem Revisionsgericht. Die Beschränkung durch das Revisionsgericht kann eine Zurückverweisung der Sache im Schuldspruch überflüssig machen (kritisch zur Praxis des BGH Heghmanns Beulke-FS 771). Erg 3 zu § 354. Der abgetrennte Verfahrensteil scheidet vorbehaltlich III aus dem weiteren Verfahren aus (Düsseldorf MDR **88**, 769). Eine Kosten- und Auslagenentscheidung ergeht grundsätzlich nicht; sie kommt nur ausnahmsweise bei Beschränkung auf einzelne materiell-rechtlich selbständige Teile der Tat iSd § 264 (oben 1) in Betracht (BGHR Kostenentscheidung 1; LR-Beulke 27).

B. Beschwerde gegen die mit dem Eröffnungsbeschluss oder später vorgenom- 23 mene Beschränkungen ist für den Angeklagten nicht zulässig, weil er nicht beschwert ist (20 zu § 154e); gegen die Ablehnung eines Beschränkungsantrags kann er sich nicht beschweren, weil I nicht seinem Schutz dient (5 zu § 304). Für die StA ist die Beschwerde nach § 305 S 1 unzulässig (SK-Weßlau/Deiters 43).

13) Die Wiedereinbeziehung des Ausgeschiedenen (III S 1) im gerichtli- 24 chen Verfahren ist in jeder Lage des Verfahrens (oben 22; zu Einschränkungen im Revisionsverfahren siehe aber 27) zulässig, weil die Beschränkungsvoraussetzungen jederzeit in der einen oder anderen Richtung sich verändern können. Das gilt auch, wenn die StA trotz Vorliegens *einer* Tat iSd § 264 fehlerhaft nach § 154 I (dort 1) statt nach § 154a I eingestellt hatte (BGH **25**, 388; **49**, 359, 365 = JR **05**, 168 mit zust Anm Kudlich). Dass die StA wegen der Gesetzesverletzung keine Anklage erhoben hat, steht der Wiedereinbeziehung nicht entgegen, wenn sie in der Anklageschrift hinreichend konkretisiert (siehe oben 18) mitgeteilt und zugleich die Strafverfolgungsbeschränkung erklärt worden ist (BGH NStZ **85**, 515); anders ist es, wenn sie in der Anklageschrift nicht einmal erwähnt ist (BGH StV **81**, 397). Kann dem Angeklagten die Gesetzesverletzung, auf die die Verfolgung beschränkt worden ist, nicht nachgewiesen werden, so muss das Gericht, um seiner Pflicht nach § 264 zu genügen, auch ohne Antrag den ausgeschiedenen Teil wiedereinbeziehen (BGH **22**, 105; **29**, 315; **32**, 84; BGH NStZ **82**, 517; **85**, 515; **95**, 540; BGHR Beschränkung 3; vgl auch 2 StR 190/12 vom 15.11.2012), kann aber den Freispruch bei gleicher Sach- und Rechtslage auch ohne förmliche Wiedereinbeziehung darauf erstrecken (BGH NJW **89**, 2481; StV **97**, 566; NStZ-RR **06**, 311 L; Celle NdsRpfl **90**, 315). Ob eine Verpflichtung zur Wiedereinbeziehung auch besteht, wenn in der Hauptverhandlung erkennbar wird, dass die ausgeschiedenen Gesetzesverletzungen von so erheblichem Gewicht sind, dass die Voraussetzungen des § 154a nicht mehr vorliegen (so LR-Beulke 35), hat BGH NStZ **02**, 489 offen gelassen. Im Eröffnungsverfahren ist die Wiedereinbeziehung ein Beschluss notwendig (§ 207 II Nrn 2, 4). Sonst ist der Beschluss ratsam, aber – im Gegensatz zu § 154 V – nicht vorgeschrieben. Zumindest muss die Einbeziehung deutlich zum Ausdruck gebracht werden (BGH NJW **75**, 1749), zB durch entspr Hinweis nach § 265 I (BGH NStZ **94**, 495). Die Zustimmung der StA ist für die Wiedereinbeziehung nicht notwendig.

Schmitt

§ 154a

25　A. Einem **Antrag der StA (III S 2)** muss das Gericht entsprechen. Dem liegt der Gedanke zugrunde, dass eine vom Legalitätsprinzip abweichende Sacherledigung eine Ausnahme ist, bei der der Einfluss der StA nicht ausgeschaltet werden darf (oben 21). Zulässig ist auch ein bedingter Antrag, etwa für den Fall des Freispruchs oder des Unterschreitens einer bestimmten Strafhöhe (BGH **29**, 396).

26　B. Die **Aussetzung** des Verfahrens nach der Wiedereinbeziehung (III S 3 iVm § 265 IV) ist nicht obligatorisch, auch nicht, wenn der Angeklagte oder der StA den Antrag stellt (38 ff zu § 265).

27　**14) Revision**: Ist die Strafverfolgung infolge falscher Anwendung der Rechtsbegriffe des I zu Unrecht beschränkt worden, so kann die StA den Mangel als Verstoß gegen die Pflicht zu umfassender Aufklärung und rechtlicher Beurteilung der Tat rügen (§ 336 S 1; 24 ff zu § 264), auch der Nebenkläger, wenn das Nebenklagedelikt betroffen ist (§ 397 II S 2). Hat der Tatrichter den Angeklagten freigesprochen, aber die Wiedereinbeziehung der ausgeschiedenen Teile unterlassen und will die StA dies beanstanden, muss sie eine ordnungsgemäße Verfahrensrüge erheben (BGH NStZ **96**, 241; LR-Beulke 47; **aM** BGH NStZ **95**, 540, 541: Sachrüge genügt); das Revisionsgericht verweist die Sache (falls es die ausgeschiedenen Teile nicht gleich selbst wiedereinbezieht) zur Wiedereinbeziehung und neuen Verhandlung zurück (BGH NStZ-RR **01**, 263 [B]), uU kann es die die Freisprechung tragenden rechtsfehlerfreien Feststellungen aufrechterhalten (BGH **32**, 84; BGHR Beschränkung 3). Im Übrigen ist § 154a auch im Revisionsrechtszug anwendbar (oben 22). Ein Antrag der StA, früher ausgeschiedene Gesetzesverletzungen nach III S 2 wieder einzubeziehen, ist allerdings unbeachtlich, wenn er das Revisionsgericht daran hindern würde, einen rechtsfehlerfrei getroffenen Schuldspruch zu bestätigen (BGH **21**, 326; NStZ-RR **14**, 239; NJW **84**, 1365, wo auf die Möglichkeit der StA verwiesen wird, in der Tatsacheninstanz hilfsweise die Wiedereinbeziehung zu beantragen).

27a　Der **Angeklagte** kann eine **Verletzung des fairen Verfahrens** rügen, wenn sich eine Verfahrensbeschränkung gem II nach den Umständen des Einzelfalls – zB bei synallagmatischer Verknüpfung mit Prozessverhalten des Angeklagten, etwa der Rücknahme von Beweisanträgen – als Umgehung des in § 257c II S 3 normierten Verbots darstellt, sich über den Schuldspruch zu verständigen; dies kann anzunehmen sein, wenn das Gericht bei der Einstellung seinen Beurteilungsspielraum überschreitet oder sein Vorgehen sonst vom Gesetz nicht gedeckt ist (BVerfG NStZ **16**, 422 mit im Erg zust Anm Bittmann).

28　**15)** Der **Strafklageverbrauch** durch eine rechtskräftige gerichtliche Sachentscheidung erstreckt sich auch auf die ausgeschiedenen Teile der Tat und Rechtsverletzungen (KK-Diemer 14; eing Einl 171). Das gilt bereits bei Rechtskraft des Schuldspruchs (Hamm JMBlNW **69**, 140). Eine Beschränkung auf einen Teilakt einer Bewertungseinheit (Einl 175b) durch die StA verbraucht bei Verurteilung wegen dieses Teilakts die Strafklage insgesamt; anders hingegen bei Freispruch (**aM** LR-Beulke 43).

29　**16)** Wird **irrig § 154 statt § 154a oder umgekehrt** § 154a statt § 154 angewendet, so richtet sich das weitere Verfahren hinsichtlich Rechtshängigkeit, Rechtskraft und Wiederaufnahme nach der tatsächlich anzuwendenden, nicht nach der irrig angewendeten Norm; insbesondere bleiben trotz einer – irrtümlichen – Einstellung nach § 154 statt nach § 154a verbleibende abtrennbare Teile der Tat iSv §§ 155, 264, die von der Einstellung ersichtlich nicht erfasst sein sollten, wegen der umfassenden Kognitionspflicht des Gerichts weiterhin rechtshängig (vgl BGH **25**, 388; **49**, 359 zu einer – fehlerhaften – Einstellung durch die StA gem § 154 I; R/H-Radtke 34; BGH 2 StR 11/05 vom 23.3.2005 bei unzutreffender Annahme von § 154 II; **aM** zu einer Einstellung nach § 154 II allerdings BGH 4 StR 461/13 vom 3.12.2013 – vom 4. StS in der Entscheidung NJW **15**, 181 inzwischen aufgegeben – mit abl Anm Allgaier, wo formal darauf abgestellt wird, dass das Gericht eine Einstellung nach § 154 II „beschlossen hat").

Öffentliche Klage **§ 154b**

Absehen von der Verfolgung bei Auslieferung und Ausweisung

154b ᴵ Von der Erhebung der öffentlichen Klage kann abgesehen werden, wenn der Beschuldigte wegen der Tat einer ausländischen Regierung ausgeliefert wird.

ᴵᴵ Dasselbe gilt, wenn er wegen einer anderen Tat einer ausländischen Regierung ausgeliefert oder an einen internationalen Strafgerichtshof überstellt wird und die Strafe oder die Maßregel der Besserung und Sicherung, zu der die inländische Verfolgung führen kann, neben der Strafe oder der Maßregel der Besserung und Sicherung, die gegen ihn im Ausland rechtskräftig verhängt worden ist oder die er im Ausland zu erwarten hat, nicht ins Gewicht fällt.

ᴵᴵᴵ Von der Erhebung der öffentlichen Klage kann auch abgesehen werden, wenn der Beschuldigte aus dem Geltungsbereich dieses Bundesgesetzes abgeschoben, zurückgeschoben oder zurückgewiesen wird.

ᴵⱽ ¹Ist in den Fällen der Absätze 1 bis 3 die öffentliche Klage bereits erhoben, so stellt das Gericht auf Antrag der Staatsanwaltschaft das Verfahren vorläufig ein. ² § 154 Abs. 3 bis 5 gilt mit der Maßgabe entsprechend, daß die Frist in Absatz 4 ein Jahr beträgt.

1) Der gleiche **Grundgedanke** ist in § 456a und § 17 StVollstrO enthalten. In 1 I ist dieselbe Tat gemeint, in II sind es zwei verschiedene Taten. Der Auslieferung oder der Überstellung nach §§ 2 ff IStGHG v 21.6.2002 (BGBl I 2144) an einen internationalen Strafgerichtshof (dazu Einl 207a, 207b) ist in III die Ausweisung (vgl §§ 53, 54 AufenthG) gleichgestellt. Dieser ist das amtl Abschieben eines Beschuldigten in einen anderen Staat gleichzustellen, zB durch den Entsendestaat iS des NTS. Ein Deutscher darf – vorbehaltlich einer Auslieferung an einen EU-Mitgliedsstaat oder die Überstellung an einen internationalen Gerichtshof (vgl auch II) – weder ausgeliefert noch ausgewiesen werden (Art 16 II GG).

2) Die **StA** kann von der Klage nach I–III absehen, und zwar ohne Zustim- 2 mung des Gerichts (vgl dazu die Hinweise des JM BW Justiz **96**, 500, des GStA SchlH SchlHA **94**, 85, die AV JM NdsRpfl **97**, 194 und das Rdschr JBlRP **01**, 212). Voraussetzung für I ist das Vorliegen einer bestandskräftigen Entscheidung des OLG über die Zulässigkeit der Auslieferung, nicht aber deren Vollziehung (Karlsruhe NJW **07**, 617). Die StA kann das Ermittlungsverfahren jederzeit wiederaufnehmen, wenn Grund dafür besteht und kein Verfahrenshindernis (zB Verjährung) entgegensteht (vgl 15 zu § 154).

3) Das **Gericht** muss dem Antrag der StA auf Einstellung stattgeben (IV; Düs- 3 seldorf MDR **90**, 568), wenn der Beschuldigte tatsächlich ausgeliefert, überstellt oder ausgewiesen ist; dasselbe gilt, wenn die Auslieferung, Überstellung oder Ausweisung bestandskräftig angeordnet worden ist (Düsseldorf NStE Nr 1; LR-Beulke 4). Vorher kann die StA die Aussetzung des Strafverfahrens (§ 228; Grützner GA **54**, 383) und ggf einen Auslieferungshaftbefehl beantragen.

4) Die **Wiederaufnahme** nach IV S 2 ist zulässig, wenn die Voraussetzungen 4 der gerichtlichen Einstellung entfallen oder sich als fehlend erwiesen, insbesondere, wenn der Angeschuldigte wieder im Geltungsbereich der StPO ist und bei Berücksichtigung des Legalitätsprinzips und des § 153 Ic Nr 3 noch ein Bedürfnis für die Strafverfolgung besteht. Die in IV S 2 bestimmte entspr Anwendung des § 154 III–V bezieht sich nur auf den Fall des II. Nur beim Absehen von Anklageerhebung mit Rücksicht auf eine im Ausland zu erwartende Strafe ist die Wiederaufnahme an eine Frist gebunden; da Strafnachrichten aus dem Ausland oft verspätet eingehen, verlängert IV S 2 die Frist des § 154 IV für diesen Fall auf 1 Jahr.

5) **Kosten- und Entschädigungsentscheidung:** Obwohl IV S 1 die gericht- 5 liche Entscheidung als vorläufig bezeichnet, handelt es sich hier wie bei § 154 (dort 17) in Wahrheit um eine endgültige Einstellung (Düsseldorf NStE Nr 1).

Schmitt

§ 154c

Ebenso wie bei § 154 (dort 18) ist daher über Kosten und notwendige Auslagen (6 zu § 464) und Entschädigung für Strafverfolgungsmaßnahmen (2 zu § 8 StrEG) zu entscheiden (Düsseldorf MDR **90**, 568 mwN; vgl auch Hamburg MDR **81**, 604 mit Anm zur Megede; Hamburg MDR **85**, 604).

Absehen von der Verfolgung des Opfers einer Nötigung oder Erpressung RiStBV 102

154c ᴵ Ist eine Nötigung oder Erpressung (§§ 240, 253 des Strafgesetzbuches) durch die Drohung begangen worden, eine Straftat zu offenbaren, so kann die Staatsanwaltschaft von der Verfolgung der Tat, deren Offenbarung angedroht worden ist, absehen, wenn nicht wegen der Schwere der Tat eine Sühne unerläßlich ist.

ᴵᴵ Zeigt das Opfer einer Nötigung oder Erpressung oder eines Menschenhandels (§§ 240, 253, 232 des Strafgesetzbuches) diese Straftat an (§ 158) und wird hierdurch bedingt ein vom Opfer begangenes Vergehen bekannt, so kann die Staatsanwaltschaft von der Verfolgung des Vergehens absehen, wenn nicht wegen der Schwere der Tat eine Sühne unerlässlich ist.

1   1) Für die **Begehung durch Drohung** genügt der Versuch (§ 240 III StGB). Für die Drohung reicht schon die Androhung einer Strafanzeige oder sonstigen Mitteilung (zB an Arbeitgeber, Ehegatten), aus der ein empfindliches Übel für den Täter erwächst oder entstehen würde. Zur Bedeutung des § 154c vgl Krause MSchrKrim **69**, 214 und Spendel-FS 547.

2   2) **Der Zwangslage eines Opfers einer Nötigung oder Erpressung** soll über I hinaus durch den mit Ges vom 11.2.2005 (BGBl I S 239) neu eingefügten II auch dann Rechnung getragen werden, wenn die Nötigung oder Erpressung nicht durch die Drohung der Offenbarung einer Straftat begangen worden ist. Damit sollen besonders die Fälle erfasst werden, in denen Frauen zur Ausübung der Prostitution genötigt werden („Menschenhandel" nach §§ 232 ff StGB), aber zB wegen ihres illegalen Aufenthaltes in der BRep bei einer Strafanzeige auch ein gegen sie gerichtetes Strafverfahren gewärtigen müssen. Das Absehen von der Verfolgung setzt voraus, dass das vom Opfer begangene Vergehen erst durch die Anzeige bekannt geworden ist und dass – wie in I – eine Sühne wegen der Schwere der Tat nicht unerlässlich ist. Wann das der Fall ist, hängt von den Umständen des Einzelfalls ab.

3   3) **Kann-Bestimmung:** § 154c lässt eine Ausnahme vom Legalitätsprinzip zu, von der entgegen RiStBV 102 I nicht nur Gebrauch gemacht werden soll, wenn die Nötigung oder Erpressung strafwürdiger ist als die Tat des Genötigten oder Erpressten (LR-Beulke 8). Dem Täter, der genötigt oder erpresst worden ist oder werden sollte, soll die Aussage erleichtert werden. Ist die Nötigung oder Erpressung durch die Drohung begangen worden, eine OWi zu offenbaren, so berücksichtigt die VerwB den Rechtsgedanken des § 154c bei der Ausübung ihres pflichtgemäßen Ermessens nach § 47 OWiG. Zu den Mitteilungspflichten 41 zu § 153.

4   4) **Dem Gericht** gibt § 154c die Einstellungsmöglichkeit nicht. Ihm bleibt aber in geeigneten Fällen die Anwendung der §§ 153 II, 153a II. Die Anwendung des § 154c durch die StA ist auch nicht von richterlicher Zustimmung abhängig.

5   5) Die **Wiederaufnahme** des eingestellten Ermittlungsverfahrens ist zulässig, da die Strafklage nicht verbraucht ist; sie wird aber nur bei veränderter Sachlage ausnahmsweise in Betracht kommen (KK-Diemer 6; LR-Beulke 12; anders Radtke [Einl 182] 255 ff, 388: zulässig, wenn sich auf Grund neuer Tatsachen und Beweismittel ergibt, dass die Bestrafung der Tat des Genötigten unerlässlich ist). Gegen die Einstellung ist Dienstaufsichtsbeschwerde (22 vor § 296), aber nicht das Klageerzwingungsverfahren zulässig (§ 172 II S 3).

Öffentliche Klage § 154d

Verfolgung bei zivil- oder verwaltungsrechtlicher Vorfrage

154d [1] Hängt die Erhebung der öffentlichen Klage wegen eines Vergehens von der Beurteilung einer Frage ab, die nach bürgerlichem Recht oder nach Verwaltungsrecht zu beurteilen ist, so kann die Staatsanwaltschaft zur Austragung der Frage im bürgerlichen Streitverfahren oder im Verwaltungsstreitverfahren eine Frist bestimmen. [2] Hiervon ist der Anzeigende zu benachrichtigen. [3] Nach fruchtlosem Ablauf der Frist kann die Staatsanwaltschaft das Verfahren einstellen.

1) Zweck der Bestimmung: Die StA soll nicht durch Strafanzeige gezwungen werden, über komplizierte Vorgänge (zB Urheberrechtsverletzungen, vgl Letzgus Rebmann-FS 300), die in erster Linie zivil- oder verwaltungsrechtliche Bedeutung haben, schwierige Beweiserhebungen durchzuführen, wenn es dem Anzeigenden darauf ankommt, das Strafverfahren als Druckmittel auf einen Gegner oder zur Vorbereitung eines anderen Verfahrens zu benutzen. Rechtliche Schwierigkeiten reichen für die Anwendung nicht aus (vgl Groß GA **96**, 152; Haas MDR **90**, 684; weitergehend D. Meyer JurBüro **90**, 1403; vgl auch Brandenburg OLGSt Nr 1). Den umgekehrten Fall (Aussetzung des Zivil- zugunsten des Strafverfahrens) regelt § 149 ZPO (dazu eingehend Schwind NStZ **06**, 598). 1

2) Nur für Vergehen (§ 12 II StGB) gilt § 154d, nicht auch für Verbrechen. Bei OWien wird im Hinblick auf § 47 OWiG die an sich zulässige sinngemäße Anwendung des § 154d (§ 46 I, II OWiG) kaum praktische Bedeutung gewinnen. 2

3) Die **zivil- oder verwaltungsrechtliche Vorfrage** ist eine solche Frage materiell-rechtlicher Art, die bei Durchführung des Strafverfahrens zunächst von der StA entschieden werden müsste. Dabei muss es sich um eine präjudizielle Vorfrage handeln, nicht ausreichend ist die Aufklärung von Tatsachen, die auch für ein Strafverfahren von Bedeutung wären (Stuttgart NStZ-RR **03**, 145, 146 mwN; Schelzke NZWiSt **19**, 15). Für arbeits- und sozialgerichtliche Verfahren gilt § 154d entspr (KK-Diemer 4). Eine Vorfrage, über die nicht im Strafverfahren zu entscheiden wäre, scheidet hier aus. Das Gleiche gilt für Fragen, deren Klärung für die Entschließung der StA nicht entscheidend sein kann, wie zB die Frage eines zivilrechtlichen Anspruches auf Grund der Straftat. In geeigneten Fällen darf die StA ihre Entscheidung nach § 170 bis zum rechtskräftigen Abschluss des anderen Verfahrens zurückstellen (Kaiser NJW **63**, 1190; vgl § 262 II; § 396 AO). In Verfahren wegen Unterhaltspflichtverletzung (§ 170 StGB) kommt § 154d in Betracht, wenn der Beschuldigte negative Abstammungsklage (§ 640 ZPO) erheben will (KK-Diemer 2; Krause GA **69**, 99; **aM** SK-Weßlau/Deiters 6: § 262 II entspr). 3

4) Anfechtbar ist die Fristsetzung nach S 1 nur mit der Dienstaufsichtsbeschwerde (KG JR **59**, 29). Das Klageerzwingungsverfahren nach § 172 ist nach allgM nicht schon gegen die Fristsetzung zulässig, sondern erst gegen die endgültige Einstellung nach S 3, wobei sich die Prüfung des OLG aber darauf beschränkt, ob die gesetzlichen Voraussetzungen der Vorschrift erfüllt sind oder ob das StA eingeräumte Ermessen rechtsfehlerhaft ausgeübt wurde (Brandenburg OLGSt Nr 1; Nürnberg StraFo **11**, 184; LR-Beulke 20). Nach Stuttgart NStZ-RR **03**, 145 ist das Klageerzwingungsverfahren auch unzulässig, wenn die Voraussetzungen des § 154d vorliegen und es geboten ist, die Klärung der Vorfrage in einem zivilrechtlichen Verfahren abzuwarten (erg 3 zu § 172). 4

5) Die endgültige Einstellung nach S 3 steht im Ermessen der StA (LR-Beulke 16). Sie hindert die Ermittlungsbehörde aber nicht, die Strafverfolgung nach Abschluss des zwischen den Parteien geführten Zivilrechtsstreits wieder aufzunehmen, wenn sich daraus Anhaltspunkte für ein strafbares Verhalten des Beschuldigten ergeben (BGH NJW **08**, 2038, 2939). 5

Schmitt 871

§ 154e

Absehen von der Verfolgung bei falscher Verdächtigung oder Beleidigung RiStBV 103

154e ᴵ Von der Erhebung der öffentlichen Klage wegen einer falschen Verdächtigung oder Beleidigung (§§ 164, 185 bis 188 des Strafgesetzbuches) soll abgesehen werden, solange wegen der angezeigten oder behaupteten Handlung ein Straf- oder Disziplinarverfahren anhängig ist.

ᴵᴵ Ist die öffentliche Klage oder eine Privatklage bereits erhoben, so stellt das Gericht das Verfahren bis zum Abschluß des Straf- oder Disziplinarverfahrens wegen der angezeigten oder behaupteten Handlung ein.

ᴵᴵᴵ Bis zum Abschluß des Straf- oder Disziplinarverfahrens wegen der angezeigten oder behaupteten Handlung ruht die Verjährung der Verfolgung der falschen Verdächtigung oder Beleidigung.

1 **1) Zweck der Bestimmung:** Das wegen der angezeigten oder behaupteten Handlung anhängige andere Verfahren soll den Vorrang haben, weil es sich mit dem der falschen Verdächtigung oder Beleidigung zugrunde liegenden Sachverhalt befasst und sein Ergebnis möglicherweise Einfluss auf die Entscheidung über die falsche Verdächtigung oder Beleidigung haben kann. Damit sollen zugleich widersprechende Entscheidungen über denselben Sachverhalt möglichst ausgeschlossen werden (BGH **8**, 133, 135; **10**, 88, 89 zu § 164 VI StGB aF). § 154e gilt auch, wenn der Vorwurf der falschen Verdächtigung nur alternativ erhoben wird (Karlsruhe JR **89**, 82).

2 **2) Anhängigkeit des anderen Verfahrens (I):** Das Strafverfahren beginnt mit der Einleitung des Ermittlungsverfahrens (BGH GA **79**, 223; 5 zu § 160) oder der Erhebung der Privatklage. Die Möglichkeit zur Privatklage genügt nicht (**aM** StA Mosbach NStE Nr 1; Milzer MDR **90**, 20); in solchen Fällen kommt Einstellung nach § 153 I oder § 170 II mit eventueller späterer Wiederaufnahme des Ermittlungsverfahrens (37 zu § 153; 9 zu § 170) in Betracht. Die Anhängigkeit entfällt mit der Einstellung nach § 170 II (BGH **10**, 88, 90) oder mit einer Einstellung nach dem Opportunitätsprinzip (zB §§ 153 I, 153a I, 154 I). Wenn der Anzeigende als Verletzter den Antrag nach § 172 II stellen kann, dauert das Verfahrenshindernis längstens bis zum fruchtlosen Ablauf der Antragsfrist oder bis zur Verwerfung des Antrags fort (BGH GA **79**, 223); durch eine neue Anzeige wegen derselben Tat nach dem endgültigen Verfahrensabschluss lebt das Verfahrenshindernis nicht wieder auf (BGH aaO). Das gerichtliche Verfahren endet mit dessen rechtskräftigem Abschluss (vgl II), auch durch einen Beschluss der in § 467 IV bezeichneten Art (dort 19), zB nach §§ 153 II, 153a II, auch nach § 154 II (BGH **10**, 88, 90).

3 Nicht nur das **förmliche Disziplinarverfahren** ist in § 154e gemeint (zB §§ 52ff BDG), schon das Verfahren nach § 17ff BDG genügt (Bay **61**, 80 = MDR **61**, 707; Bremen StV **91**, 252 mwN; SK-Weßlau/Deiters 9).

4 **3) Vorübergehende Einstellung durch die StA (I):**
5 A. **Soll-Vorschrift:** Das Absehen von der Erhebung der öffentlichen Klage (vgl auch § 153a I) bezieht sich nicht auf die Einleitung oder Fortführung des Ermittlungsverfahrens. Nach dem Sinn der Bestimmung (oben 1) soll das Nebeneinander zweier paralleler Ahndungsverfahren möglichst vermieden werden. Daher wird das Ermittlungsverfahren wegen der falschen Verdächtigung oder Beleidigung idR schon vor seinem Abschluss einzustellen sein. Aber die StA kann (zumindest) in außergewöhnlichen Fällen ihre Ermittlungen bis zum Ende führen, zB wegen drohenden Beweisverlustes. In derartigen Fällen ist die StA, da das Absehen von der öffentlichen Klage nur eine Soll-Vorschrift ist, nicht gehindert, ihre Ermittlungen durch Einstellungsverfügung oder auch die öffentliche Klage abzuschließen. Eine ausdrückliche Verfügung ist geboten, um die Verzögerung dem Verletzten und etwaigen sonstigen interessierten Personen zu erklären, bei voraussichtlich längerer Aussetzungsdauer auch, um das Ruhen der Verjährung (III) sicherzustellen.

Öffentliche Klage § 154e

B. Die **Entscheidungsbefugnis** (nach 4, 5) steht der StA zu. Die Polizei, die 6 wegen der angezeigten oder behaupteten Handlung ermittelt (§ 163) gibt daher die Vorgänge an die StA, allerdings nach Sicherung gefährdeter Beweise, zB durch Vernehmungen oder durch Beschlagnahme von Beweismitteln (§§ 94, 98 I), und nach Sicherstellung gefährdeter Einziehungsgegenstände (§§ 111b, 111j I). Der Ermittlungsrichter ist nicht befugt, einen Antrag (§ 162) mit der Begründung zurückzuweisen, dieser sei nach I unzulässig.

C. **Verfügung:** Ist das Ermittlungsverfahren noch nicht abgeschlossen, so stellt 7 die StA das Verfahren vorübergehend für die Dauer der Anhängigkeit des anderen Verfahrens ein. Aber auch wenn die Ermittlungen schon beendet sind, das Verfahren aber nicht eingestellt wird, ist die Formulierung „von der Erhebung der öffentlichen Klage" vorübergehend abzusehen im Allgemeinen nicht ratsam, weil für die endgültige Abschlussverfügung ja gerade das Ergebnis des anderen Verfahrens abgewartet werden soll (oben 1). Die Verfügung wird dem Anzeigenden mitgeteilt (RiStBV 103).

D. **Zusammentreffen mit anderen Straftaten:** Werden dem Beschuldigten 8 in demselben Verfahren außer der falschen Verdächtigung oder Beleidigung noch andere Straftaten vorgeworfen und handelt es sich dabei um eine andere Tat (§ 264), so wird das Verfahren wegen dieser fortgeführt, erforderlichenfalls nach Abtrennung. Handelt es sich bei den mehreren Vorwürfen um eine Tat, so gibt es nur eine einheitliche Fortführung des Verfahrens im Rahmen des I oder eine einheitliche vorübergehende Einstellung. Im Fall der Ausscheidung der falschen Verdächtigung oder der Beleidigung nach § 154a kann das Verfahren, auch das gerichtliche, fortgeführt werden, solange der ausgeschiedene Teil nicht wieder einbezogen wird (LR-Beulke 4).

4) Widerruf der Einstellung durch die StA: Die Einstellung durch die StA 9 ist nicht obligatorisch. Daher handelt es sich nicht um ein Verfahrenshindernis für das Ermittlungsverfahren (einschließlich Abschlussverfügung), sondern nur um Richtlinien für die Verfahrensgestaltung (vgl 21a zu § 154). Die StA kann daher ihre Einstellungsverfügung widerrufen, zB wegen drohenden Beweisverlustes (KK-Diemer 8).

5) Aussetzung des gerichtlichen Verfahrens (II): 10

A. **Beim Gericht des 1. Rechtszugs:** Nach Erhebung der Klage durch die 11 StA oder den Privatkläger ist die Anhängigkeit des anderen Verfahrens ein vorübergehendes Verfahrenshindernis (BGH **8**, 151; **10**, 88, 89 zu § 164 VI StGB aF; Einl 151), das nach hM von Amts wegen zu beachten ist (Bremen StV **91**, 252 mwN). Es führt aber nur zu einem Beschluss mit Einstellung bis zum Abschluss des anderen Verfahrens, dh zur Aussetzung des gerichtlichen Verfahrens (BGH **8**, 133); § 260 III ist nicht anzuwenden (BGH GA **79**, 223, 224). Denn die Einstellung wegen des Verfahrenshindernisses würde zu einem nicht gebotenen Abschluss des gerichtlichen Verfahrens (samt Entscheidung über Kosten und Auslagen) führen und nach Wegfall des Verfahrenshindernisses die Erhebung einer neuen Anklage notwendig machen, obwohl die erhobene Klage zulässig war (oben 2).

Das **zeitweilige Verfahrenshindernis** des II ist auch noch in anderer Bezie- 12 hung eingeschränkt: Es zieht nicht die Unzulässigkeit gerichtlicher Entscheidungen nach sich, die die Sachentscheidung nur vorbereiten (LR-Beulke 15).

B. **Beim Rechtsmittelgericht:** Auch das Berufungsgericht verfährt nach II, 13 wenn dessen Voraussetzungen vorliegen. Das Revisionsgericht verweist die Sache nach § 354 II an den Tatrichter zurück, wenn II nicht beachtet worden ist (BGH **8**, 151 zu § 164 VI StGB aF; Karlsruhe JR **89**, 82).

6) Ruhen der Verjährung (III; Ergänzung des § 78b I S 1 StGB): Das Ruhen 14 beginnt erst mit der förmlichen vorübergehenden Einstellung nach I oder II (LR-Beulke 21). Dabei kommt es auf den Zeitpunkt des aktenmäßigen Erlasses der Entscheidung an (6, 7 vor § 33). Das Ruhen dauert bis zum (aktenmäßigen) Erlass der das andere Verfahren abschließenden Entscheidung; falls diese anfechtbar ist, bis zu deren Rechtskraft. Ausnahme: Wenn die StA ihre Einstellungsverfügung widerruft (oben 9), wird deren verjährungshemmende Wirkung beendet.

15 **7) Rechtsbehelfe:** Gegen die vorübergehende Einstellung des Ermittlungsverfahrens oder ihre Unterlassung ist nur die Dienstaufsichtsbeschwerde zulässig (18 zu § 172). Die gerichtliche Entscheidung nach II ist nach § 304 anfechtbar, soweit nicht § 305 entgegensteht. Die Verletzung des II durch den Tatrichter ist Revisionsgrund nach § 337 (BGH **8**, 133; 151; beide zu § 164 VI StGB aF; oben 13).

Einstellung des Verfahrens bei vorübergehenden Hindernissen

154f Steht der Eröffnung oder Durchführung des Hauptverfahrens für längere Zeit die Abwesenheit des Beschuldigten oder ein anderes in seiner Person liegendes Hindernis entgegen und ist die öffentliche Klage noch nicht erhoben, so kann die Staatsanwaltschaft das Verfahren vorläufig einstellen, nachdem sie den Sachverhalt so weit wie möglich aufgeklärt und die Beweise so weit wie nötig gesichert hat.

1 **1)** Wenn die **öffentliche Klage noch nicht erhoben** ist, gilt § 154f, danach ist § 205 anzuwenden. Wird die erhobene Klage wieder zurückgenommen (§ 156), gilt wieder § 154f.

2 **2)** Die Vorschrift ist **anwendbar,** wenn der Beschuldigte – zB wegen unbekannten Aufenthalts – nicht vernommen werden kann oder wenn er nach seiner Vernehmung (§ 163a) unbekannt verzogen ist, so dass ihm die Anklageschrift nach § 201 nicht mitgeteilt oder ein Strafbefehl nicht zugestellt (15 ff zu § 409) werden kann; auch länger dauernde Verhandlungsunfähigkeit des Beschuldigten kann der Anklageerhebung entgegenstehen.

3 **3)** Wie § 205 ist die Bestimmung als **„Kann"-Vorschrift** ausgestaltet. Damit bleibt für die StA die Möglichkeit trotz Vorliegens der Voraussetzungen des § 154f die öffentliche Klage zu erheben, um etwa die Verjährung der Strafverfolgung nach § 78c I S 1 Nr 10 StGB durch einen gerichtlichen Beschluss nach § 205 unterbrechen zu lassen (BR-Drucks 178/09 S 34).

4 **4) Vor einer vorläufigen Einstellung** ist der Sachverhalt so weit wie möglich aufzuklären; ferner sind – wie in § 205 (dort 6) – die Beweise zu sichern. Wird das Verfahren gegen mehrere Beschuldigte geführt und liegen nur hinsichtlich eines von ihnen die Einstellungsvoraussetzungen vor, ist sein Verfahren abzutrennen und vorläufig einzustellen, das Verfahren gegen die übrigen Beschuldigten aber weiter zu betreiben.

5 **5)** Der Gesetzgeber hat die zu 205 bestehende Streitfrage, ob die Vorschrift auch bei **nicht in der Person des Beschuldigten liegenden Hindernissen** entspr anzuwenden ist (vgl 8 zu § 205), nicht erörtert. Hier besteht – anders als bei § 205 – ein solches Bedürfnis aber nicht: Kann zB der einzige Belastungszeuge wegen unbekannten Aufenthalts nicht geladen werden, so hindert das die Erhebung der öffentlichen Klage nicht. Liegt auch kein ausreichendes Vernehmungssurrogat (Niederschrift, Videoaufzeichnung) vor, so muss das Gericht entspr § 205 das Verfahren vorläufig einstellen.

Umfang der gerichtlichen Untersuchung und Entscheidung

155 I Die Untersuchung und Entscheidung erstreckt sich nur auf die in der Klage bezeichnete Tat und auf die durch die Klage beschuldigten Personen.

II Innerhalb dieser Grenzen sind die Gerichte zu einer selbständigen Tätigkeit berechtigt und verpflichtet; insbesondere sind sie bei Anwendung des Strafgesetzes an die gestellten Anträge nicht gebunden.

Öffentliche Klage § **155a**

1) Das Anklageprinzip (1 zu § 152) wird hier ergänzt durch die Pflichten des 1
Gerichts, die Anklage erschöpfend zu behandeln (unten 2), über sie aber auch
nicht hinauszugehen (BGHR § 264 I Tatidentität 18), weder in sachlicher (vgl zu
§ 264, auch § 266) noch in persönlicher Beziehung. „Tat" bedeutet das Gleiche
wie in § 264 (LR-Beulke 3; Oehler Schröder-FS 439, 443).

2) Prinzip der materiellen Wahrheitserforschung (II S 1; §§ 244 II, 2
384 III), Ermittlungsgrundsatz, Untersuchungsgrundsatz, auch als Instruktions-
oder Inquisitionsprinzip bezeichnet: Für die StA und ihre Organe ergibt sich die
Pflicht zur Wahrheitserforschung insbesondere aus den §§ 152 II, 160, 163 (vgl
Einl 23, 37, 38), für die FinB im Steuerstrafverfahren aus denselben Vorschriften
iVm §§ 385 I, 386, 399 **AO** (vgl Einl 11 ff).

3) Beweislast: Der Beschuldigte hat nicht seine Unschuld zu beweisen 3
(Einl 80). Eine Verurteilung setzt voraus, dass das Gericht (mit Hilfe der StA)
nachweist, was zur Verurteilung erforderlich ist (§ 244 II). Über den Grundsatz *in
dubio pro reo* vgl 26 ff zu § 261; hierzu und zur Beweislast vgl Walter JZ **06**, 340.

4) Bei der Anwendung des Strafgesetzes (II S 2) ist das Gericht nicht an die 4
Anträge der StA oder anderer Prozessbeteiligter gebunden. Bei der Anwendung
des Prozessrechts ist die Regelung verschieden. Das Gericht ist insbesondere verpflichtet, über Anträge zu entscheiden (zB über Rechtsmittel, Beweisanträge).

Täter-Opfer-Ausgleich

155a [1]Die **Staatsanwaltschaft und das Gericht sollen in jedem Stadium
des Verfahrens die Möglichkeiten prüfen, einen Ausgleich zwischen Beschuldigtem und Verletztem zu erreichen.** [2]**In geeigneten Fällen
sollen sie darauf hinwirken.** [3]**Gegen den ausdrücklichen Willen des Verletzten
darf die Eignung nicht angenommen werden.**

1) Ausgleich: Durch diese prozessuale Vorschrift soll dem – zuvor nur in § 46a 1
StGB geregelten – TOA ein breiterer Anwendungsbereich verschafft werden.
Nicht erst in der Hauptverhandlung sondern schon – und vor allem (BGH **48**,
134) – im Ermittlungsverfahren ist von der StA und im Zwischen- und Hauptverfahren vom Gericht die Möglichkeit eines TOA zu prüfen. Halten StA oder Gericht die Vornahme eines TOA für geeignet, dh in Fällen, in denen § 46a StGB
anwendbar wäre, sollen sie den Beschuldigten nach § 136 I S 4 darauf hinweisen (dort 12a; vgl aber unten 2) und auf den TOA hinwirken. Wie Letzteres im
Einzelnen geschehen soll, hat der Gesetzgeber nicht geregelt, weil er für landesrechtliche Regelungen, die den jeweils landesspezifischen Gegebenheiten und
entwickelten Konzepten (dazu Nw in KK-Diemer 6) zur Durchführung des TOA
Rechnung tragen, Raum lassen wollte (krit dazu Busch NJW **02**, 1326; Tolmein
ZRP **99**, 409; vgl auch Finger ZRP **02**, 514).

Eine Grenze für die Ausgleichsbemühungen stellt der ausdrücklich erklärte ent- 2
gegenstehende **Wille des Verletzten** dar (S 3); der Verletzte muss zwar nicht,
sollte deshalb aber zuerst befragt werden, ob er mit einem TOA einverstanden ist,
weil verneinendenfalls keine Bemühungen von StA und Gericht mehr entfaltet
werden dürfen (SK-Weßlau/Deiters 6; **aM** Busch NJW **02**, 1327).

2) Durchführung: Die Initiative zum TOA muss nicht von der StA oder dem 3
Gericht, sondern kann auch von dem Beschuldigten selbst, seinem Verteidiger
(dazu eingehend Detter Mehle-FS 157) oder vom Verletzten und dessen Vertreter
ausgehen; für die eingeschalteten Rechtsanwälte entsteht für die Tätigkeit im
Rahmen des TOA nach Nrn 4102 Ziff 4, 4103 VVRVG ein Gebührenanspruch.
StA und Gericht können auf die Möglichkeit des TOA hinweisen; sie können
in geeigneten Fällen (LR-Beulke 4: nur in Ausnahmefällen) unmittelbar selbst vermitteln (abl SK-Weßlau/Deiters 9; Tolmein ZRP **99**, 410) oder die Ausgleichsstelle (§ 155b, dort 1a) einschalten. Die Eignung eines Verfahrens für den TOA und

Schmitt 875

§ 155b Zweites Buch. 1. Abschnitt

das Maß des von der Rspr verlangten „kommunikativen Prozesses" zwischen Täter und Opfer sind von der zugrunde liegenden Straftat, vom Umfang der beim Opfer eingetretenen Schädigungen und damit vom Grad seiner persönlichen Betroffenheit abhängig (BGH **48**, 134 mit krit Anm Götting StraFo **03**, 248 und KasparJR **03**, 423). Der TOA ist nicht auf bestimmte Delikte beschränkt, kommt aber im Wesentlichen wohl nur bei Körperverletzungs- und Ehrdelikten, uU auch noch bei Freiheitsdelikten, Raub und Erpressung in Betracht (LR-Beulke 10). Regelmäßig wird ein Geständnis des Beschuldigten zu verlangen sein; bei einem die Tat explizit bestreitenden – nicht aber bei einem zur Sache schweigenden – Beschuldigten ist der TOA idR ausgeschlossen (BGH aaO; Schädler NStZ **05**, 368; vgl zu Ausnahmen aber BGH StV **08**, 464; vgl ferner Bemmann JR **03**, 229). Hinreichender Tatverdacht muss bestehen (vgl. Loos Küper-FS 321). Die Bemühungen um einen TOA dürfen das Verfahren im Übrigen nicht unangemessen verzögern (Weimer NStZ **02**, 352); der Angeklagte hat keinen Anspruch auf Unterbrechung oder Aussetzung der Hauptverhandlung zur Durchführung eines TOA (BGH aaO).

4   **3) Folgen:** Liegt das Einverständnis des Verletzten (oben 2) vor, so erteilt die StA (falls sie nicht nach erfolgtem TOA nach § 153b verfahren will, vgl dazu Heghmanns 742) oder das Gericht mit – soweit erforderlich (vgl § 153a I S 1, 7, II S 1) – Zustimmung des anderen dem Beschuldigten die Weisung nach § 153a I S 2 Nr 5. Die Ausgleichsstelle (§ 155b) kann, muss aber nicht eingeschaltet werden (zum praktischen Ablauf Weber DRiZ **00**, 42). War der TOA erfolgreich, so idR von der Stellungnahme des Vermittlers abhängt (krit dazu Schöch Roxin-FS I 1063), entsteht ein Verfahrenshindernis (dazu 14 und 43 ff zu § 153a), scheitert er, nimmt das Strafverfahren seinen Fortgang, wobei das ernsthafte Bemühen des Beschuldigten noch im Urteil strafmildernd gewertet werden kann.

5   **4) Urteilsgründe:** Erfolgt der TOA erst in der Hauptverhandlung, müssen die wesentlichen Einzelheiten über die erfolgreichen oder den nicht erfolgreichen Ausgleich einschließlich der Frage der Zustimmung oder der Verweigerung des Tatopfers in den Urteilsgründen in dem Umfang dargelegt werden, dass sie revisionsgerichtliche Prüfung (unten 6) ermöglichen; die Urteilsgründe müssen die „wertende Betrachtung" und die Ausübung tatrichterlichen Ermessens erkennen lassen, ob die Voraussetzungen des TOA angenommen und von der eröffneten Milderungsmöglichkeit nach §§ 46a, 49 StGB Gebrauch gemacht worden ist (BGH **48**, 134; StV **08**, 463).

6   **5) Revision:** Auf eine Verletzung der Vorschrift (durchgeführter oder nichtdurchgeführter TOA) kann die Revision nicht gestützt werden (LR-Beulke 15; **aM** Weimer NStZ **02**, 350), wohl aber auf die unrichtige Annahme des Vorliegens der Voraussetzungen nach § 46a StGB für einen TOA (BGH NJW **03**, 1466).

Durchführung des Täter-Opfer-Ausgleichs

155b ¹¹Die Staatsanwaltschaft und das Gericht können zum Zweck des Täter-Opfer-Ausgleichs oder der Schadenswiedergutmachung einer von ihnen mit der Durchführung beauftragten Stelle von Amts wegen oder auf deren Antrag die hierfür erforderlichen personenbezogenen Daten übermitteln. ²Der beauftragten Stelle kann Akteneinsicht gewährt werden, soweit die Erteilung von Auskünften einen unverhältnismäßigen Aufwand erfordern würde. ³Eine nicht-öffentliche Stelle ist darauf hinzuweisen, dass sie die übermittelten Daten nur für Zwecke des Täter-Opfer-Ausgleichs oder der Schadenswiedergutmachung verwenden darf.

II ¹Die beauftragte Stelle darf die nach Absatz 1 übermittelten personenbezogenen Daten nur verarbeiten, soweit dies für die Durchführung des Täter-Opfer-Ausgleichs oder der Schadenswiedergutmachung erforderlich ist und schutzwürdige Interessen der betroffenen Person nicht entgegenstehen. ²Sie darf personenbezogene Daten nur verarbeiten, soweit dies für die Durchführung des Täter-Opfer-Ausgleichs oder der Schadenswiedergutmachung erforderlich ist und die betroffene Person eingewilligt hat. ³Nach Abschluss ihrer Tätigkeit berichtet sie in dem erforderlichen Umfang der Staatsanwaltschaft oder dem Gericht.

III Ist die beauftragte Stelle eine nichtöffentliche Stelle, finden die Vorschriften der Verordnung (EU) 2016/679 und des Bundesdatenschutzgesetzes auch dann Anwendung, wenn die personenbezogenen Daten nicht automatisiert verarbeitet werden und nicht in einem Dateisystem gespeichert sind oder gespeichert werden.

IV ¹Die Unterlagen mit den in Absatz 2 Satz 1 und 2 bezeichneten personenbezogenen Daten sind von der beauftragten Stelle nach Ablauf eines Jahres seit Abschluss des Strafverfahrens zu vernichten. ²Die Staatsanwaltschaft oder das Gericht teilt der beauftragten Stelle unverzüglich von Amts wegen den Zeitpunkt des Verfahrensabschlusses mit.

1) **Regelungsgehalt:** Die Vorschrift schafft „aus Gründen der Normenklarheit 1 und zum Ausschluss zweckändernder Verwendungen eine bereichsspezifische gesetzliche Grundlage sowohl für die Übermittlung von personenbezogenen Daten an die Ausgleichsstelle als auch für die Erhebung solcher Daten durch die Ausgleichsstelle sowie deren Verarbeitung und Nutzung" (BT-Drucks 14/1928 S 6). Sie ist gem § 153a IV auf die Teilnahme an einem sozialen Trainingskurs mit der Maßgabe anwendbar, dass personenbezogene Daten, die nicht den Beschuldigten betreffen, nur mit Einwilligung des Betroffenen übermittelt werden dürfen (erg 22b zu § 153a).

Ausgleichsstellen können auf TOA oder Konfliktschlichtung spezialisierte pri- 1a vate Vereine oder Einrichtungen sein, aber auch Jugend- und Erwachsenengerichtshilfen, die sozialen Dienste des Strafvollzugs sowie Schiedsleute uä.

2) **Verfahren:** 2

A. Die **Übermittlung** der erforderlichen Daten aus den Verfahrensakten durch 3 StA und Gericht regelt I S 1. Die Übermittlung kann von Amts wegen oder auf Antrag der Ausgleichsstelle (Pfeiffer 1; aM KK-Diemer 2) geschehen; einer Einwilligung des Betroffenen bedarf es nicht. Die Übermittlung ist bereits zur Abklärung der Frage, ob die Einleitung eines Ausgleichsverfahrens möglich erscheint, zulässig. Nur soweit die Erteilung der Auskünfte einen unverhältnismäßigen Aufwand erfordern würde, ist nach S 2 die Gewährung von Akteneinsicht zulässig (vgl zur Form der Gewährung, § 32f); das ist etwa bei komplizierten Sachverhalten mit einer Vielzahl von Personen oder bei komplexen und mehrbändigen Ermittlungsakten der Fall (Busch NJW 02, 1326) oder wenn die Kenntnis des Akteninhalts für den TOA erforderlich ist (LR-Beulke 4). Öffentlichen Stellen sollten die Akten aber stets übersandt werden dürfen (Busch JR 03, 94: teleologische Reduktion der Vorschrift).

B. Mit der **Zweckbindung** befasst sich II. Über die Zweckbindung (TOA oder 4 Schadenswiedergutmachung) ist die nicht-öffentliche Ausgleichsstelle nach I S 3 zu informieren. Die Zweckbindung gilt auch für diejenigen personenbezogenen Daten, die erst im Rahmen der Durchführung des TOA von der beauftragten Stelle nach II S 2 erhoben werden. Nicht nur die Einwilligung des Verletzten (vgl 2 zu § 155a) sondern diejenige jedes Betroffenen – also auch des Beschuldigten – ist zur Verarbeitung und Nutzung der erhobenen Daten erforderlich (vgl dazu Busch NJW 02, 1327). Die Einwilligung ist idR schriftlich zu erteilen, mündliche Einwilligung genügt aber, wenn die Belehrung über die Rechte des Betroffenen selbst beschafft werden (Busch JR 03, 96). Entspr § 136 I S 2 wird der staatlich beauftragte Kontaktvermittler den Beschuldigten auch belehren müssen (Schöch BGH-FG 1063). Zumindest über das Ergebnis des Verfahrens vor der Ausgleichsstelle – ggf aber auch über den Gang des Verfahrens – hat diese StA oder Gericht zu berichten (II S 3; SK-Weßlau/Deiters 7). Die Berichtspflicht ist durch den Umfang der von Beschuldigtem und Verletzten erteilten Einwilligung begrenzt (LR-Beulke 13 ff).

§ 156 Zweites Buch. 1. Abschnitt

5 C. **Datenschutz** (III): Für die Erhebung, Verarbeitung und Nutzung von Daten durch eine nicht-öffentliche Stelle gelten die Vorschriften der §§ 27 ff BDSG nach III – entgegen § 27 BDSG – auch dann, wenn die Daten bei der Ausgleichsstelle nicht in oder aus Dateien, sondern aktenmäßig verarbeitet werden, jedoch nur insoweit, als § 155b keine speziellere Regelung trifft (SK-Weßlau/Deiters 9; Busch NJW 02, 1327). III schließt somit die Möglichkeit zur zweckändernden Verwendung nach § 28 BDSG aus (HK-Gercke 3; Pfeiffer 5).

6 D. Die **Vernichtung der Unterlagen** bei der Ausgleichsstelle binnen Jahresfrist nach Abschluss des Verfahrens schreibt IV vor. IV S 2 stellt die Einhaltung der Frist sicher.

Anklagerücknahme

156 Die öffentliche Klage kann nach Eröffnung des Hauptverfahrens nicht zurückgenommen werden.

1 1) Die **Rechtshängigkeit** entsteht mit der Eröffnung des gerichtlichen Verfahrens nach Anklageerhebung (13 zu § 207) oder mit dem Verfahrensereignis, das dieser Eröffnung bei den besonderen Verfahrensarten entspricht (Hamm VRS **58**, 363, 365). Mit ihr verliert die StA grundsätzlich (Ausnahmen unten 3 bis 5) die Dispositionsbefugnis über die Klage (BGH **29**, 224, 229); auch eine Änderung der in der Anklageschrift angegebenen Tatzeiten, durch die bisher von der Anklage nicht erfasste Straftaten in die Strafverfolgung einbezogen werden sollen, ist dann nicht mehr zulässig (BGH **46**, 130). Das ist eine Folge des Legalitätsprinzips (Roxin § 14 B III; vor LR-Beulke 1 Fn 1). Mit der Rechtshängigkeit entsteht auch ein Verfahrenshindernis für ein anderes Verfahren gegen denselben Beschuldigten wegen derselben Tat (13 zu § 207). Nach Erlass des Beschlusses über die Nichteröffnung des Hauptverfahrens ist die Zurücknahme der Anklage ebenfalls ausgeschlossen (Frankfurt JR **86**, 470 mit Anm Meyer-Goßner; LR-Beulke 7; Fahl 216 ff; Sowada 700; Weßlau JR **02**, 475).

2 2) Die **Zurücknahme** versetzt das Verfahren in den Stand des Ermittlungsverfahrens zurück (Düsseldorf StV **10**, 512 L). Das Legalitätsprinzip (§ 152 II) wird durch § 156 nicht berührt. Die Rücknahme kann darauf beruhen, dass die Klage nachträglich als unbegründet erscheint. In diesem Fall kann die StA das Verfahren nach der Rücknahme der Klage einstellen. Andernfalls muss sie die Klage neu erheben; hierfür gelten die Formvorschriften des § 200 (Düsseldorf aaO; Karlsruhe Justiz **82**, 438). Die Rücknahme kann aber auch den Zweck haben, das Verfahren nach den Opportunitätsbestimmungen der §§ 153 ff einzustellen oder die Strafsache vom unzuständigen Gericht an das zuständige (Bay NJW **73**, 2312), auch vor einen anderen Spruchkörper desselben Gerichts (BGH NStZ **84**, 132), zu bringen oder die Verbindung mehrerer zusammenhängender Sachen zu erreichen (3 ff zu § 2; 2 ff zu § 4). Über das Verbot, den Beschuldigten dem gesetzlichen Richter zu entziehen, vgl Art 101 I S 2 GG; 3 ff zu § 16 GVG.

3 3) **Strafbefehlsverfahren:** Der Antrag kann nicht mehr zurückgenommen werden, wenn der Strafbefehl rechtskräftig ist (§ 410 III). Bei rechtzeitigem Einspruch ist die Klage bis zum Beginn der Hauptverhandlung (zur Sache), danach noch bis zur Urteilsverkündung mit Zustimmung des Angeklagten zurücknehmbar (§ 411 III S 1). In der nach § 408 III S 2 anberaumten Hauptverhandlung kann die StA die Klage nur bis zum Beginn der Verhandlung zur Sache zurücknehmen (Düsseldorf MDR **84**, 70; 8 zu § 411).

4 Im **Steuerstrafverfahren** kann der von der FinB gestellte Antrag von dieser zurückgenommen werden, bis Hauptverhandlung nach § 408 II anberaumt oder Einspruch gegen den Strafbefehl erhoben wird (§§ 400, 406 I **AO**). Von diesem Zeitpunkt an geht das Rücknahmebefugnis auf die StA über.

4) **Sonderregelungen** enthalten die §§ 153c IV, 153d II, 153f III, 411 III. 5
Auch zu dem Zweck, das Verfahren nach § 153 I einzustellen, darf die StA die
Klage zurücknehmen (LR-Beulke 8). Das Gleiche gilt, wenn das Verfahren nach
§ 153a I eingestellt werden soll.

Bezeichnung als Angeschuldigter oder Angeklagter

157 Im Sinne dieses Gesetzes ist
Angeschuldigter der Beschuldigte, gegen den die öffentliche Klage erhoben ist,
Angeklagter der Beschuldigte oder Angeschuldigte, gegen den die Eröffnung des Hauptverfahrens beschlossen ist.

1) Der **Begriff Beschuldigter** ist hier nicht definiert. Über ihn und seine Abgrenzung zum Verdächtigen vgl Einl 77. 1

2) **Mit der Erhebung der öffentlichen Klage** (Einl 60) wird der Beschuldigte zum Angeschuldigten. 2

3) **Mit der Eröffnung des Hauptverfahrens**, bei den besonderen Verfahrensarten mit dem ihr entspr Prozessereignis (Einl 64), wird der Beschuldigte zum Angeklagten. 3

4) Der **Oberbegriff** ist der des Beschuldigten. Zur Begründung und Beendigung der Beschuldigteneigenschaft vgl Einl 76, 81. Dieser Oberbegriff wird daher auch verwendet, wenn er für alle Verfahrensstadien gelten soll (vgl zB 2 zu § 102). 4

5) Als **Verurteilten** bezeichnet das Gesetz den Beschuldigten nach Rechtskraft 5
eines verurteilenden Erkenntnisses (vgl §§ 449ff). Die Regelungen über die Wiederaufnahme des Verfahrens sprechen zT vom Verurteilten (§§ 359, 364a, 364b I, 367 I S 2, 373 II), zT aber auch vom Angeklagten (§§ 362, 366 II, 367).

Zweiter Abschnitt. Vorbereitung der öffentlichen Klage

Strafanzeige; Strafantrag　　　　　　　　　　　　　　　　RiStBV 6, 8, 9

158 I ¹Die Anzeige einer Straftat und der Strafantrag können bei der Staatsanwaltschaft, den Behörden und Beamten des Polizeidienstes und den Amtsgerichten mündlich oder schriftlich angebracht werden. ²Die mündliche Anzeige ist zu beurkunden. ³Dem Verletzten ist auf Antrag der Eingang seiner Anzeige schriftlich zu bestätigen. ⁴Die Bestätigung soll eine kurze Zusammenfassung der Angaben des Verletzten zu Tatzeit, Tatort und angezeigter Tat enthalten. ⁵Die Bestätigung kann versagt werden, soweit der Untersuchungszweck, auch in einem anderen Strafverfahren, gefährdet erscheint.

II Bei Straftaten, deren Verfolgung nur auf Antrag eintritt, muß der Antrag bei einem Gericht oder der Staatsanwaltschaft schriftlich oder zu Protokoll, bei einer anderen Behörde schriftlich angebracht werden.

III ¹ Zeigt ein im Inland wohnhafter Verletzter eine in einem anderen Mitgliedstaat der Europäischen Union begangene Straftat an, so übermittelt die Staatsanwaltschaft die Anzeige auf Antrag des Verletzten an die zuständige Strafverfolgungsbehörde des anderen Mitgliedstaats, wenn für die Tat das deutsche Strafrecht nicht gilt oder von der Verfolgung der Tat nach § 153c Absatz 1 Satz 1 Nummer 1, auch in Verbindung mit § 153f, abgesehen wird.
² Von der Übermittlung kann abgesehen werden, wenn
1. die Tat und die für ihre Verfolgung wesentlichen Umstände der zuständigen ausländischen Behörde bereits bekannt sind oder

§ 158

2. der Unrechtsgehalt der Tat gering ist und der verletzten Person die Anzeige im Ausland möglich gewesen wäre.

IV ¹Ist der Verletzte der deutschen Sprache nicht mächtig, erhält er die notwendige Hilfe bei der Verständigung, um die Anzeige in einer ihm verständlichen Sprache anzubringen. ²Die schriftliche Anzeigebestätigung nach Absatz 1 Satz 3 und 4 ist dem Verletzten in diesen Fällen auf Antrag in eine ihm verständliche Sprache zu übersetzen; Absatz 1 Satz 5 bleibt unberührt.

Übersicht

	Rn
1) Allgemeines	1–5
2) Behördliche und dienstliche Anzeigepflicht	6, 6a
3) Adressaten von Strafanzeige und Strafantrag	7, 8
4) Formvorschriften	9–15
5) Vertrauliche Anzeigen, Vertraulichkeitszusagen	16–17a
6) Zurücknahme des Strafantrags	18
7) Beschränkung des Strafantrags	19–22
8) Auslegung des Strafantrags	23
9) Unterlassung, Schadensersatzpflicht	24, 25
10) Offenbarung strafrechtlich geschützter Geheimnisse	26
11) Anzeige von Straftaten in einem anderen EU-Mitgliedsstaat (III)	27–30
12) Der deutschen Sprache nicht mächtige Verletzte (IV)	31

1 1) Allgemeines:

2 A. Die **Strafanzeige** ist die Mitteilung eines Sachverhalts, der nach Meinung des Anzeigenden Anlass für eine Strafverfolgung bietet. Sie ist eine bloße Anregung des Verletzten oder einer anderen Person, es möge geprüft werden, ob Anlass zur Einleitung eines Ermittlungsverfahrens besteht (Bay NJW **86**, 441, 442; Koblenz VRS **71**, 37; **aM** Walther Jung-FS 1045; dies JR **08**, 406: subjektiv-öffentl Recht). Sie verpflichtet zur Prüfung (§§ 152 II, 160 I, 163). Ein Anspruch auf Unterlassung einer Strafanzeige besteht grundsätzlich nicht (vgl unten 24).

3 Die Anzeige kann aber auch mit einem **Antrag auf Strafverfolgung** verbunden sein, der keine Prozessfähigkeit voraussetzt (Einl 98). Ein Nebenbeteiligter (Einl 73) ist der Anzeigende nicht (KK-Griesbaum 5; Röhl NJW **64**, 275); anders in den Fällen der §§ 172 (vgl § 175 S 1), 395 I Nr 6, 406g, 469.

4 B. Der **Strafantrag** (II, §§ 77–77d StGB) ist die ausdrückliche oder durch Auslegung zu ermittelnde Erklärung des nach dem Gesetz zum Strafantrag Befugten, dass er die Strafverfolgung wünsche (BGH NJW **51**, 368; MDR **74**, 13 [D]; Braunschweig OLGSt Nr 1; Düsseldorf MDR **86**, 165). Er ist eine Prozessvoraussetzung (Einl 141), deren Fehlen zu einem Bestrafungsverbot (Einl 143) führt; falls das Fehlen in der Tatsacheninstanz übersehen wurde, kann dies aber in der Revisionsinstanz nur auf eine erhobene Sachrüge berücksichtigt werden (Einl 150; anders die hM). Die Tat (1 ff zu 264) muss genügend gekennzeichnet sein (Schlichter GA **66**, 354), nicht der Täter (vgl unten 21). Das Fehlen des Strafantrags ist aber, wenn die Behebung des Mangels zu erwarten ist, kein absolutes Verbot des strafrechtlichen Vorgehens, wie sich aus §§ 127 III, 130 ergibt. Der Strafantrag kann mit einer Strafanzeige verbunden sein und umgekehrt (BGH NStE Nr 2); entscheidend ist nur, dass der Verfolgungswille unmissverständlich und schriftlich zum Ausdruck gebracht wird (BGH NStZ **95**, 353). Es kann zB in der Anzeige wegen Einbruchsdiebstahls oder eines Raubüberfalls in der Wohnung zugleich ein Strafantrag wegen Hausfriedensbruchs liegen (BGH GA **57**, 17; NStZ-RR **10**, 53). Eine Vermisstenmeldung enthält für sich allein aber noch keinen Strafantrag (BGH NStZ **90**, 25 [M]). Der Strafantrag kann auch gestellt werden, wenn das Verfahren – zu Recht oder zu Unrecht – schon im Gang ist. Er setzt nicht voraus, dass der Täter bekannt ist.

5 C. Die **Antragsfrist** (§ 77b StGB) beginnt erst, wenn dem Antragsberechtigten Tat und Täter bekanntgeworden sind. Über das Ende der Frist vgl 1 zu 43. Sind die Eltern antragsberechtigt (§ 77 III StGB), so beginnt die Frist für sie, sobald der Vater oder die Mutter die Kenntnis hat (BGH **22**, 103; **aM** Schönke-Schröder/Sternberg-Lieben/Bosch 4 zu § 77b StGB), anders als sonst in Fällen der Gesamtvertretung (RG **47**, 338). Im Fall des § 77 IV StGB wird die Frist für jeden einzelnen Berechtigten durch seine Kenntnis in Lauf gesetzt (§ 77b III StGB). Die Frist wird nur durch rechtzeitigen Eingang bei einer deutschen Behörde gewahrt (Bay NJW **72**, 1631; Stuttgart OLGSt S 1). Der Strafantrag ist auch schon zulässig, wenn eine Tat unmittelbar bevorsteht und sich bereits so abzeichnet, dass man sie genügend konkretisieren kann (BGH **13**, 363; Düsseldorf NJW **87**, 2526; **aM** Schroth NStZ **82**, 1). Der Strafantrag eines Minderjährigen ist nicht allein deshalb wirksam, weil der Minderjährige noch vor Ablauf der Antragsfrist volljährig geworden ist (BGH NJW **94**, 1165).

2) Eine **behördliche oder dienstliche Anzeigepflicht** besteht nicht allgemein. So besteht außerhalb des Bereichs, der den Amtsträgern der Strafverfolgung zugewiesen ist, keine allgemeine Pflicht, ihnen bekanntgewordene Straftaten anzuzeigen (BGH **43**, 82, 85; zust Walter NStZ **10**, 61 [Strafvollzugsbedienstete]; erg 9, 10 zu § 160; 9, 10 zu § 163). Das gilt auch für Sozialbehörden (SK-Wohlers/Deiters 10). Sie besteht aber, wenn auch eine Privatperson anzeigepflichtig ist (vgl § 138 StGB, auch iVm § 148a I S 2, §§ 37 II S 2 BeamtStG, 67 II S 2 BBG), oder auf Grund besonderer Bestimmungen (zB § 163 I; § 183 GVG; § 14 GwG; § 41 I OWiG; § 67 IV TKG; § 84a I WiPrO; § 4 V WpHG), etwa auch aus dem Steuerrecht (§ 31b S 2 **AO** [§ 261 StGB, § 1 II GwG; dazu Hetzer EuZW **08**, 564; Höll ZIS **10**, 316], § 116 **AO** [Steuerstraftat; dazu Bülte NStZ **09**, 57; Kelnhofer/Krug StV **08**, 665; Kölbel NStZ **08**, 243; Sieber NJW **08**, 882], § 4 V S 1 Nr 10 S 3 EStG [Korruptionsverdacht, dazu BFH NJW **08**, 3517; Höll aaO 311; Kretschmer StraFo **08**, 498; einschr Gatzweiler DAV-FS 486]); vgl auch § 12a IV S 6, IVa ZollVG. Der Dienstvorgesetzte eines Soldaten (§ 40 WStG) gibt die Sache – unabhängig von der disziplinaren Prüfung – an die StA ab, wenn das Dienstvergehen eine Straftat ist und die Abgabe entweder zur Aufrechterhaltung der militärischen Ordnung oder wegen der Art der Tat oder der Schwere des Unrechts oder der Schuld geboten ist (§ 33 III WDO). Als besondere Bestimmungen genügen auch Dienstvorschriften (RG **53**, 108; **73**, 266; KMR-Plöd 14; offengelassen von BGH aaO 87). Eine andere Behörde hat zur Anzeige bei erheblichen Straftaten verpflichtet, falls die disziplinare Ahndung nicht ausreicht oder nicht in Betracht kommt und das öffentliche Interesse die Strafverfolgung erfordert (vgl RG **73**, 265; **74**, 180; **aM** Roxin/Schünemann § 39, 6), falls nicht eine andere Vorschrift entgegensteht, wie zB § 30 **AO**; die Verschwiegenheitspflicht gemäß §§ 37 I BeamtStG, 67 I BBG steht der Anzeige einer Korruptionsstraftat nach §§ 331–337 StGB nicht entgegen (§§ 37 II S 1 Nr 3 BeamtStG, 67 II S 1 Nr 3 BBG). Dieser Ermessensspielraum gilt auch für den Gemeindevorsteher, der zugleich Polizeiorgan ist, wenn er seine Kenntnisse bei Verwaltungsgeschäften erlangt. Wer nur Polizeibeamter ist, muss polizeilich behandeln, wenn ihm dienstlich zur Kenntnis gelangt (BGH **4**, 167, 170; **38**, 388, 391).

Eine **Privatperson** trifft grundsätzlich keine Anzeigepflicht; Ausnahmen bestehen für die in § 138 StGB bezeichneten Taten (vgl aber § 139 StGB) sowie nach § 11 GwG für den Verdacht der Geldwäsche (oder den Terrorismusfinanzierung).

3) Die **Adressaten** der Anzeige sind in 1 des Strafantrags in II bezeichnet. Der Begriff „anderen Behörde" in II ist iS der Behörde des Polizeidienstes nach I zu verstehen (RG **67**, 125, 128; Koblenz OLGSt S 1). Bei einer Tat, die ausschließlich eine Steuerstraftat darstellt, kann Adressat anstatt der StA auch die FinB sein (§§ 369, 386 I, II, 399 I **AO**). Soweit das Gericht als Adressat in Betracht kommt, sind in I nur die AGe genannt; der Strafantrag dagegen kann nach II „bei einem Gericht" angebracht werden, dh bei einem AG oder einem mit der Sache befassten Gericht, also auch beim LG oder das die Untersuchung führt (KK-Griesbaum 39), auch beim Revisionsgericht zur Behebung des Verfahrenshindernisses.

Die Zuständigkeit zur Entgegennahme enthält **auch eine Verpflichtung** hierzu (KMR-Plöd 17; Krause/Nehring 201). Das schließt aber nicht aus, dass dem

§ 158

Anzeigenden, der eine mündliche Anzeige erstattet, nahegelegt wird, sich an die für die Bearbeitung zuständige Stelle zu wenden, falls das ohne erheblichen Aufwand an Zeit und Mühe und ohne Gefahr der Fristversäumung möglich ist. Ein Strafantrag, der bei einer anderen Stelle angebracht ist, wird durch die Weiterleitung an eine zuständige Stelle wirksam, falls er vom Antragsteller unterschrieben ist und ihn die zuständige Stelle innerhalb der Antragsfrist erhält. Andere als die in I genannten Adressaten sind nicht zur Entgegennahme (allgM), wohl aber zur Weiterleitung einer entgegengenommenen Anzeige an das für die Sache zuständige Rechtspflegeorgan verpflichtet (LR-Erb 27; SK-Wohlers/Deiters 10; **aM** EbSchmidt 9; HK-Zöller 9).

9 **4) Formvorschriften:**

10 A. **Anzeige** (I): Wird sie mündlich oder telefonisch angebracht, so wird sie in ihrem wesentlichen Inhalt beurkundet (KK-Griesbaum 17), wofür keine besondere Form vorgeschrieben ist (Koblenz VRS **71**, 37). Bei mündlichen Anzeigen empfiehlt es sich, das aufzunehmende Schriftstück unterzeichnen zu lassen. Bei der Aufnahme einer Anzeige gegen einen Angehörigen gilt § 163 III noch nicht, sondern erst bei einer Vernehmung des Anzeigenden. Jedoch wird sich die Belehrung nach § 52 III meist schon bei der Anzeige empfehlen.

10a **Anzeigen von Verletzten**: Die durch das 3. Opferrechtsreformgesetz vom 21.12.2015 (BGBl I 2525) angefügten S 3 bis 5 dienen der Umsetzung von Art 5 I der EU-Opferschutzrichtlinie. Soweit S 3 eine schriftliche Anzeigebestätigung vorsieht, wird lediglich eine für alle Anzeigen bereits bestehende Praxis (vgl Nr 9 RistBV) ausdrücklich für Verletzte kodifiziert. S 4 konkretisiert den Inhalt der Bestätigung dahin, dass eine kurze Zusammenfassung der Angaben des Verletzten zu Tatzeit, Tatort und angezeigter Tat aufzunehmen sind; stichwortartige Angaben reichen insoweit aus (krit dazu Polläne StV **16**, 671, 676). Eine detaillierte rechtliche Bewertung den in Betracht kommenden Delikte ist nicht erforderlich, die bereits früher übliche allgemeine Beschreibung, etwa als „Körperverletzung", genügt (vgl BT-Drucks 18/4621 S 24).

10b S 5 ermöglicht es, die **Anzeigebestätigung** wegen Gefährdung des Untersuchungszwecks zu **versagen**. Die Formulierung orientiert sich am Wortlaut von § 406 II S 2, auf die dortige Kommentierung kann verwiesen werden (11 zu § 406e). Allerdings erscheint es nicht generell geboten, hiervon bei in Betracht kommenden „Aussage gegen Aussage"-Konstellationen unter Hinweis auf eine mögliche Beeinträchtigung der im weiteren Verfahren gebotenen Konstanzanalyse Gebrauch zu machen (so aber Ferber NJW **16**, 279), wenn sich die Anzeigebestätigung auf stichwortartige Angaben beschränkt (s 10a). Darüber hinaus kann bei offensichtlich rechtsmissbräuchlichen Anzeigen die Bestätigung versagt werden, da insoweit der Schutzzweck der Opferschutzrichtlinie nicht betroffen ist (vgl BT-Drucks 18/4621 S 24).

11 B. Der **Strafantrag (II)** ist schriftlich, auch durch Fernschreiben oder Telefax (Einl 128, 139, 139a), zu stellen (SK-Wohlers/Deiters 48); bei der StA oder dem Gericht kann er auch zu Protokoll angebracht werden (Einl 132, 138; erg 6 zu § 374). Der Anschluss als Nebenkläger genügt den Formerfordernissen des II (BGH **33**, 114, 116). Die telefonische Antragstellung ist unwirksam (BGH NJW **71**, 903; erg Einl 140). Die Schriftform verlangt die Unterschrift des Antragstellers (KG NStZ **90**, 144; Hamm NJW **86**, 734; AK-Schöch 30; Buettner ZRP **08**, 124, 126; **aM** Düsseldorf NJW **82**, 2566; 5 Ss 198/08 vom 11.11.2008; Hamm MDR **90**, 847). Es genügt nicht, dass der Beamte über den Strafantrag und der darauf beruhenden Vernehmung einen Aktenvermerk anlegt (Bay NStZ **94**, 86), wohl aber, dass er den Strafantrag in Stenogramm oder auf Tonband auf Grund mündlicher Erklärung aufnimmt und später in Reinschrift überträgt (Bay **97**, 68 = JR **97**, 523 mit abl Anm Stree; abl auch SK-Wohlers/Deiters 49). Es reicht auch aus, dass eine der StA oder der Polizeidienststelle vorgesetzte Behörde einen bei ihr eingegangenen Strafantrag in beglaubigter Abschrift weiterleitet (Bay NJW **57**, 919). Das Gleiche gilt, wenn eine Behörde den Antrag eines ihrer Beam-

Vorbereitung der öffentlichen Klage § 158

ten weiterleitet (RG **71**, 358) oder selbst Strafantrag stellt (RG **72**, 388). Sonst muss grundsätzlich die Urschrift an das zuständige Rechtspflegeorgan gelangen (Koblenz OLGSt S 1, 3).

C. Die **Anzeige eines Handlungsunfähigen** (Einl 98) oder eine **anonyme** 12 **Anzeige** (9 zu § 160) sind nicht gegenstandslos, falls sie Verdacht begründen. Hieran fehlt es idR bei der Anzeige eines offensichtlichen Querulanten (vgl BVerfGE **1**, 87 = NJW **52**, 177; LR-Erb 15). Soll die Anzeige zugleich Antrag des Verletzten nach § 171 sein, so muss der gesetzliche Vertreter handeln (1 zu § 171).

D. **Antragsunmündigkeit** (§ 77 III StGB) macht den Strafantrag wirkungslos. 13 Ein solcher Antrag kann aber Anlass zur Verfolgung wegen eines anderen Delikts sein (oben 12). Wer das Antragsdelikt selbst begangen oder sich daran beteiligt hat, kann nicht für den antragsunmündigen Berechtigten Strafantrag stellen, wie sich aus § 181 BGB ergibt, der auch für das öffentliche Recht gilt (BGH **6**, 155, 157; KK-Griesbaum 35). Dies bestätigt auch § 77 II S 3 StGB. Zur Verhinderung des gesetzlichen Vertreters bei Stellung eines Strafantrags vgl Stuttgart NJW **71**, 2237; Sch/Sch-Sternberg-Lieben/Bosch 21 ff zu § 77 StGB.

E. Die **Vertretung des Anzeigenden** ist zulässig, und zwar sowohl in der Er- 14 klärung (Vertreter = Bote) als auch im Willen (Einl 127). Die Vollmacht bedarf keiner bestimmten Form. Ihr Nachweis ist nur notwendig, wenn die Anzeige ein Antrag nach § 171 sein soll.

F. Die **Vertretung des Strafantragstellers** ist ebenfalls zulässig (erg 12 vor 15 § 137; 6 zu § 374; Einl 127). Die Prokura nach § 49 I HGB umfasst die Befugnis, Strafanträge in Bezug auf Straftaten zu stellen, aufgrund derer Rechte des Unternehmens verletzt worden sind; anders liegt es aber, wenn dies eine Grundlagenentscheidung erfordert, bei der eine Vertretung des Unternehmensinhabers im Willen unzulässig ist (BGH NJW **10**, 92, 97 mit Anm Bittmann zu § 119 II BetrVG). Für den Lauf der Strafantragsfrist muss sich der Dienstvorgesetzte die Kenntnis seines ständigen Vertreters zurechnen lassen (BGH **44**, 209 = JR **99**, 516 mit zust Anm Lampe).

5) Auch eine **vertrauliche Anzeige** durch einen **Informanten im Einzelfall** 16 ist zulässig. Der Polizei darf nicht vorgeschrieben werden, die Entgegennahme von Anzeigen, die unter der Bedingung der Geheimhaltung des Anzeigeerstatters angeboten werden, mit dem Hinweis abzulehnen, seine Geheimhaltung könne nicht zugesichert werden (BGH MDR **52**, 659 [D]; Krüger Polizei **83**, 77). Vor der Zusicherung ist regelmäßig die Einwilligung der StA einzuholen (I.5.2 Anlage D **RistBV**). Sie kommt grundsätzlich nur im Bereich der Schwerkriminalität, im Bereich der mittleren Kriminalität nur ausnahmsweise nach besonders sorgfältiger Prüfung im Einzelfall und im Bereich der Bagatellkriminalität überhaupt nicht in Betracht (I.3 1a) – c) Anlage D **RistBV**). Im Allgemeinen bezwecken das Begehren und die Zusage der Vertraulichkeit lediglich, dass der Name dessen, der die Hinweise gibt, dem Betroffenen nicht bekanntgegeben werden soll, nicht aber, dass von den mitgeteilten Tatsachen als solchen bei den weiteren Ermittlungen kein Gebrauch zu machen sei. Wenn andere Umstände auf den Mitteilenden als Zeugen hinlenken, darf er vernommen werden, erst recht, wenn sich Anhaltspunkte für eine leichtfertig oder bewusst wahrheitswidrige Aussage oder gar für eine Tatbeteiligung ergeben (vgl I.4a), 4c) Anlage D **RistBV**). Das Begehren, auch nicht als Zeuge in das Verfahren hineingezogen zu werden, darf mit Rücksicht auf das Recht des Beschuldigten auf umfassende Kenntnis der ihn belastenden Beweisumstände nur ausnahmsweise für den Fall berücksichtigt werden, dass der Mitteilende sicher als Zeuge entbehrlich ist und andere Umstände auf ihn als Zeugen hinlenken (vgl Geißer GA **85**, 247).

Vertraulichkeitszusagen können für die Polizei **auf längere Zeit tätige Ver-** 17 **trauenspersonen** in eng begrenzten Einzelfällen gemacht werden, in denen eine hohe Gewaltbereitschaft sowie außergewöhnliche kriminelle Energie bei der Tätergruppierung vorherrscht und daraus besondere Gefahren für Leib oder Leben

§ 158

der Vertrauensperson resultieren, denen nicht durch Zeugenschutzmaßnahmen – etwa nach §§ 68a, 247a – begegnet werden kann (BVerfG NJW 10, 925, 927). Nach der Rspr des BGH wird dies nur zur Bekämpfung besonders gefährlicher und schwer aufklärbarer Kriminalität bejaht werden können (BGH 32, 115 [GSSt]; siehe auch I.3 1a) Anlage D **RiStBV**). Im Bereich der Wirtschaftskriminalität werden diese Voraussetzungen regelmäßig nicht vorliegen (Lorenz StraFo 16, 316, 318). Der Einsatz von V-Personen kommt überdies nur in Betracht, wenn die Aufklärung sonst aussichtslos oder wesentlich erschwert wäre (vgl 3.2 Anlage D **RiStBV**). Die Zusicherung erfordert idR die vorherige Einwilligung des Behördenleiters der StA. Sie erfolgt unter den Voraussetzungen von Anlage D **RiStBV**; dies bedeutet ua, dass die StA nur in begründeten Ausnahmefällen über die Identität der Vertrauensperson unterrichtet wird (I.5.4 Anlage D **RiStBV**), was allerdings mit der Regelung des § 68 IV S 3 nur schwer in Einklang zu bringen ist (vgl dazu Mayer Kriminalistik 16, 228, 230).

17a Polizei und StA sind an die Zusicherung der Vertraulichkeit/Geheimhaltung gebunden (I.4 Anlage D **RiStBV**). Der **Preisgabe des Namens** entgegen der Zusicherung kann entgegenhalten werden, dass das Vertrauen in Zusagen der Ermittlungsbehörden und damit der Einsatz von Vertrauenspersonen auf Dauer unmöglich gemacht würde, wenn die Vertrauenspersonen sich nicht auf sie verlassen könne (BVerfG aaO mwN). Die Bindung entfällt nur, wenn Anhalt dafür besteht, dass die Auskunftsperson den Angezeigten bewusst wahrheitswidrig oder leichtfertig belastet hat (BVerwG DÖV 65, 488), wenn die V-Person von einer Weisung vorwerfbar abweicht, sie sich bei der Tätigkeit strafbar macht oder wenn sich eine Tatbeteiligung des Empfängers der Zusicherung herausstellt (siehe I.4a)–d) Anlage D **RiStBV**). Nach Zusicherung der Vertraulichkeit kann uU die Genehmigung zur Aussage über den Namen des Gewährsmannes versagt werden (vgl 12a zu § 96). Soweit Vertraulichkeit zugesichert ist, wird die Anzeige, die den Anzeigenden erkennen lässt, nicht zu den Ermittlungsakten genommen (erg 9 zu § 160; 12–12b zu § 96; kritisch zum Ganzen SSW-Eschelbach 3ff zu § 96).

18 **6) Zurücknahme; Verzicht:** Die Erklärung der Zurücknahme (§ 77d StGB) bedarf keiner bestimmten Form (RG 8, 79; 55, 23), muss aber dem mit der Sache befassten Strafrechtspflegeorgan zugehen (BGH 16, 105); das ist vor Einschaltung der StA auch die Polizei (LR-Erb 54; ebenso BGH NJW 57, 1368 für den Verzicht; **aM** SK-Wohlers/Deiters 58). Die Ankündigung, der Antrag werde möglicherweise zurückgenommen, kann der Vermeidung unnötiger Ermittlungen dienen; sie ist keine Bedingung des Antrags. Die Rücknahme enthält zugleich einen Verzicht auf den Strafantrag. Dieser kann im Übrigen auch von vornherein erklärt werden (Einl 117). Die Zurücknahme kann auch unter der Bedingung einer bestimmten Kosten- und Auslagenentscheidung erklärt werden (Einl 118; 5, 6 zu § 470).

19 **7) Beschränkbar** ist der Strafantrag, und zwar auf einzelne Personen, aber auch sachlich und rechtlich auf einzelne abtrennbare Teile einer Tat oder einzelne von mehreren Gesetzesverletzungen, die durch eine und dieselbe Handlung begangen worden sind (Kriterien für die Beschränkbarkeit der Untersuchung in § 154a). Ist eine Beschränkung nicht erkennbar, so bezieht sich der Antrag auf die ganze Tat iS des § 264 (BGH 33, 114, 116) und auf alle in Betracht kommenden Täter und Teilnehmer sowie auf alle Antragsdelikte, die in der Tat zu sehen sind (RG 62, 83, 89; KG JR 56, 351). Eine Beschränkung der Anzeige als solcher (I) ist zwar zulässig, aber rechtlich ohne Bedeutung.

20 **In tatsächlicher Hinsicht** kann der Antrag zB auf bestimmte Äußerungen innerhalb eines beleidigenden Schriftstücks beschränkt werden. Im Übrigen bleibt es dabei, dass sich das Strafverfahren auf die ganze Tat (§ 264) bezieht. Bei Beleidigung durch eine Druckschrift bezieht sich der Strafantrag auf die gesamte Verteilungsaktion mit ihren Ausläufern, auch soweit sie zZ des Antrags noch nicht in Gang waren. Erst wenn spätere Verteilungshandlungen nicht mehr im natürlichen

Zusammenhang mit den früheren stehen, sind sie eine neue Tat, deren Verfolgung von einem Strafantrag abhängig ist.

In **persönlicher Hinsicht** kann sich der Antragsberechtigte darauf beschränken, jeweils binnen drei Monaten gegen die ihm bekannt werdenden Täter und Beteiligten Strafantrag zu stellen (vgl oben 5). Das schließt aber nicht den allgemeinen Strafantrag aus, der zu einem Ermittlungsverfahren gegen Unbekannt führt. Wird in diesem Fall ein Täter ermittelt, dessen Bestrafung der Antragsteller nicht wünscht, so kann er den Antrag insoweit zurücknehmen. 21

In **rechtlicher Hinsicht** ist eine Beschränkung auf eine von mehreren rechtlich zusammentreffenden Gesetzesverletzungen (§ 52 StGB) zulässig (Frankfurt NJW **52**, 1388). 22

8) **Auslegungs- und ergänzungsfähig** ist der Strafantrag. Dabei können außerhalb des Wortlauts liegende Tatsachen mitberücksichtigt werden, sofern ihr Zusammenhang und ihre Bedeutung erkennbar sind (vgl RG **64**, 106; **75**, 257, 259; Düsseldorf VRS **71**, 28, 31). 23

9) Ein **Anspruch auf Unterlassung** einer Strafanzeige (§§ 823 II, 1004 BGB) besteht nicht (vgl auch BGH NJW **62**, 243, 245; **86**, 2502, 2503: keine Widerrufsklage). Anders ist es nur hinsichtlich missbräuchlicher Äußerungen, die in keinem inneren Zusammenhang mit der Ausführung oder Verteidigung von Rechten stehen, der die Anzeige dienen soll, oder wenn wissentlich unwahre oder leichtfertig unhaltbare Behauptungen aufgestellt werden (BVerfG 1 BvR 1404/04 vom 15.12.2008; LG Heidelberg AnwBl **77**, 23). 24

Wer im guten Glauben eine Strafanzeige erstattet hat, macht sich **nicht schadensersatzpflichtig**, auch wenn sich die Behauptung als unrichtig oder unaufklärbar erweist (BVerfGE **74**, 257 [dazu Müller-Dietz Tröndle-FS 567]; Ellbogen/Erfurth CR **08**, 638); vgl auch § 13 I GwG. 25

10) Ein **Recht zur Offenbarung** strafrechtlich geschützter Geheimnisse (zB §§ 203, 355 StGB, 17 UWG) gewährt § 158 nicht (LR-Erb 13; Sieber NJW **08**, 884; zu anderen Befugnisnormen MüKoStGB-Cierniak 84 ff zu § 203), wohl aber muss die arbeitsvertragliche Rücksichtnahmepflicht uU zurückstehen (zur Kündigung eines Arbeitsverhältnisses wegen einer Strafanzeige BAG NJW **04**, 1547; **07**, 2204; Gach/Rützel BB **97**, 1959; vgl auch BVerfG NJW **01**, 3474, BVerwG NJW **01**, 3280 [§ 61 I S 3 BBG nF] und insgesamt zu Fragen des (externen) *whistleblowing* Berndt/Hoppler BB **05**, 2628; Bürkle DB **04**, 2158; Bussmann/Matschke wistra **08**, 94; Deiseroth/Derleder ZRP **08**, 248; Hauschka DB **06**, 1143; Hefendehl ZStW **119**, 839 Fn 133; ders Amelung-FS 617; Koch ZIS **08**, 502; Kölbel JZ **08**, 1134; Wessing DAV-FS 917; erg oben 6, 9 zu § 160 sowie 3a zu § 136a zur sog Liechtensteiner Steueraffäre). 26

11) Anzeige einer in einem **anderen Mitgliedstaat der EU** begangenen Straftat: III dient der Umsetzung von Art 11 II des Rahmenbeschlusses des Rates der EU vom 15.3.2001 über die Stellung des Opfers im Strafverfahren (ABl L 82 S 1). Die Vorschrift regelt die Übermittlung der Strafanzeige des Verletzten (2 vor § 406d) an die zuständige Strafverfolgungsbehörde eines anderen Mitgliedstaates der EU. 27

A. Eine **Pflicht zur Übermittlung** trifft die StA nur, wenn die Straftat ausschließlich in einem anderen Mitgliedstaat begangen worden ist, der anzeigende Verletzte im Inland wohnt, die Weiterleitung beantragt und die Tat aus bestimmten, im Ges bezeichneten Gründen hier nicht verfolgt wird. Der Fall, dass für die Tat deutsches Strafrecht nicht gilt, liegt zB vor, wenn ein in Deutschland wohnhafter Angehöriger eines anderen Mitgliedstaats dort Opfer einer auch nicht von §§ 5, 6 oder 7 II StGB erfassten Straftat geworden ist; die Alternative, dass die StA von der Verfolgung einer (auch) deutschem Strafanwendungsrecht unterfallenden Tat nach § 153c I S 1 Nr 1, ggf iVm § 153f, absieht, greift etwa ein, wenn ein Deutscher eine ausschließlich (3 zu § 153c) in einem anderen Mitgliedstaat begangene Straftat zu seinem Nachteil (vgl § 7 I StGB) hier anzeigt. 28

29 B. Nach Ermessen von der Übermittlung **absehen** kann die StA gemäß S 2 Nr 1, wenn sowohl die Begehung der Tat als solche als auch die vom Verletzten bei der Anzeigeerstattung mitgeteilten, für die Verfolgung wesentlichen Umstände wie Tatablauf und Beweismittel der zuständigen ausländischen Strafverfolgungsbehörde bereits bekannt sind. Nach S 2 Nr 2 kann bei leichten Straftaten von einer Abgabe abgesehen werden, wenn der Verletzte den Sachverhalt im anderen Staat hätte anzeigen, etwa der örtlichen Polizei in verständlicher Form hätte schildern können (vgl BT-Drucks 16/12098 S 23: Entwendung einfachen Modeschmucks im Wert von 20 €). Für schwerere Straftaten gilt diese Einschränkung nicht.

30 C. Auch in **anderen** als den von III erfassten Fällen mit Auslandsbezug kommt nach den Grundgedanken der oben 27 genannten Richtlinie eine Einzelfallentscheidung der StA darüber in Betracht, ob – unter Beachtung der rechtshilferechtlichen Vorgaben der §§ 61a I, 92 I IRG – eine Übermittlung der Anzeige an die ausländische Strafverfolgungsbehörde angebracht ist (vgl die Aufzählung verschiedener Fallgestaltungen in BT-Drucks 16/12098 S 23).

31 **12) Der deutschen Sprache nicht mächtige Verletzte** erhalten nach dem durch das 3. Opferrechtsreformgesetz vom 21.12.2015 (BGBl I 2525) neu angefügten IV die notwendige Hilfe bei der Verständigung, um die Anzeige in einer ihnen verständlichen Sprache anzubringen (S 1). Außerdem ist die schriftliche Anzeigebestätigung nach I S 3 und 4 (s oben 10a) dem Verletzten in eine ihm verständliche Sprache zu übersetzen (S 2). Dazu bedarf es, wie sich aus der offenen Formulierung ergibt, nicht zwingend der Verständigung/Übersetzung mittels Dolmetscher; vielmehr kann in geeigneten Fällen aus Gründen der Praktikabilität auch auf sprachkundige Personen der Ermittlungsbehörden oder auf zuverlässige Begleitpersonen des Verletzten zurückgegriffen werden. In den Fällen des I S 5 bedarf es der Übersetzung der Anzeigebestätigung nicht (IV S 3 Hs 2; s oben 10b).

Anzeigepflicht bei Leichenfund und Verdacht auf unnatürlichen Tod RiStBV 33–38

159
I Sind Anhaltspunkte dafür vorhanden, daß jemand eines nicht natürlichen Todes gestorben ist, oder wird der Leichnam eines Unbekannten gefunden, so sind die Polizei- und Gemeindebehörden zur sofortigen Anzeige an die Staatsanwaltschaft oder an das Amtsgericht verpflichtet.

II Zur Bestattung ist die schriftliche Genehmigung der Staatsanwaltschaft erforderlich.

1 **1)** Der **Beweissicherung** dient § 159 für den Fall, dass der Tod durch eine Straftat eines anderen herbeigeführt worden ist. Die „Leichensache" ist kein Ermittlungsverfahren iS des § 160 (BGH **49**, 29; **aM** AnwK-Walther 1).

2 A. **Nicht natürlich** ist der durch Suizid, Unfall, durch eine rechtswidrige Tat (dh eine solche, die den Tatbestand eines Strafgesetzes verwirklicht, § 11 I Nr 5 StGB) oder sonst durch Einwirkung von außen herbeigeführte Tod. Der Tod nach Operation fällt nur unter § 159, wenn wenigstens entfernte konkrete Anhaltspunkte für einen Kunstfehler oder für sonstiges Verschulden des behandelnden Personals vorliegen (Maiwald NJW **78**, 563; weiter Hoppmann Kriminalistik **14**, 155, 158 ff).

3 B. **Unbekannt** ist ein Toter, der nicht sofort identifiziert werden kann. Stirbt eine nicht identifizierte Person nach längerer Behandlung im Krankenhaus, so wird ihr Leichnam nicht „gefunden" (**aM** AnwK-Walther 4); anders, wenn jemand unter den Augen anderer gestorben ist, aber eine sofortige Identifizierung nicht möglich ist (KK-Griesbaum 3; LR-Erb 4). Wird jemand in unzweifelhafter Nothilfe (§ 32 II StGB) zur Rettung einer unter Todesdrohung festgehaltenen Geisel oder sonst mit offensichtlichem Rechtfertigungsgrund erschossen, so bedarf es keines Ermittlungsverfahrens (**aM** SK-Wohlers/Deiters 4; erg 4 zu § 152).

C. Die **Polizei** sorgt unverzüglich zur Sicherung der Ermittlungen dafür, dass 4
die Leiche geborgen und bewacht oder sicher untergebracht wird. Bis zum Eintreffen des Arztes, der zur Leichenschau zugezogen wird, dürfen keine Veränderungen vorgenommen werden, die nicht aus Gründen der öffentlichen Sicherheit zwingend erforderlich sind.

2) Die **Anhaltspunkte** für den unnatürlichen Tod müssen konkret sein und 5
wenigstens auf eine entfernte Möglichkeit einer Straftat hinweisen, zB Spuren, die auf Gewaltanwendung hindeuten. Sie können sich aus dem Ort und den näheren Umständen der Auffindung ergeben, ferner aus auffälligem Verhalten anwesender Personen (Hoppmann Kriminalistik **14**, 155, 157), bei jüngeren Menschen sogar aus dem Fehlen von Anhaltspunkten für einen natürlichen Tod (LR-Erb 3). Es spricht viel dafür, dass zahlreiche Tötungsdelikte unerkannt bleiben, weil Ärzte, welche die Todesbescheinigung ausstellen, aufgrund Unkenntnis und Überforderung fälschlicherweise einen natürlichen Tod bescheinigen (eingehend Hoppmann aaO).

3) **Polizei- und Gemeindebehörden** jeder Art sind verpflichtet, und zwar 6
der Leiter oder ein nach der Geschäftsverteilung beauftragter Angehöriger der Behörde (LR-Erb 5). Wenn eine Meldung gemacht ist, entfällt die Pflicht der anderen Behörde. Der leitende Arzt eines gemeindlichen Krankenhauses ist als solcher nicht Behörde. Ist die Leitung eines solchen Krankenhauses zur Vertretung der Gemeinde berechtigt, so ist sie Behörde. Das gilt auch, wenn dabei die Anzeigepflicht einen Arzt trifft. Die Erfüllung der Anzeigepflicht ist in diesem Fall nicht unbefugt und fällt daher nicht unter § 203 I Nr 1 StGB (LR-Erb 5; **aM** Kleinewefers/Wilts NJW **64**, 428).

4) **Adressat** der „sofortigen Anzeige", die keine Strafanzeige, sondern eine In- 7
formation darstellt (Einl 79), ist die StA oder, insbesondere, wenn diese nicht alsbald zu erreichen ist, das AG des Ortes, wo sich die Leiche befindet. Über die Zuständigkeit für die Sektionsanordnung vgl 7 ff zu § 162. Die Anzeige sollte möglichst an die StA gerichtet werden, da der Richter beim AG nur die Rolle eines NotStA spielt (§ 165). Wenn nicht Gefahr im Verzug ist, gibt er daher die Anzeige an die StA ab. Über die Identifizierung der Leiche vgl § 88 (dort 1). Zur Ermittlungspflicht der StA in Todesfällen vgl BVerfG EuGRZ **10**, 145; Maiwald NJW **78**, 561 ff.

5) Die **Überführung** der Leiche von der Unfallstelle an einen anderen Ort ist 8
nicht von der Genehmigung der StA oder des Richters abhängig. Jedoch muss die Polizei zB Maßnahmen zur Identifizierung des Toten treffen (1 zu § 88), Lichtbilder von der Unfallstelle fertigen, bevor die Leiche weggebracht wird, oder die Einnahme eines Augenscheins durch den StA oder den Richter (§ 86) anregen. Zur Vermeidung einer wesentlichen Erschwerung der Leichenschau oder -öffnung, etwa durch Überführung zur Unzeit, kann die Leiche beschlagnahmt werden (4 zu § 94).

6) **Bestattungsschein (II):** Die schriftliche Genehmigung muss dem Standes- 9
beamten auf schnellstem Weg zugeleitet werden. Wenn Eilbrief (ggf mit fernmündlicher Vorankündigung) im Einzelfall nicht genügen sollte, kann auch so verfahren werden (abl SK-Wohlers/Deiters 13): Anruf des freigebenden StA bei der dem Standesamt nächstgelegenen Polizeibehörde, Bitte um Rückruf (zwecks Ausschluss von Missbrauch zur Beseitigung eines Beweismittels), Bitte und Ermächtigung, dem Standesamt die Genehmigung der StA schriftlich zu überbringen. Aus dem Bestattungsschein muss sich ergeben, ob auch die Feuerbestattung genehmigt wird (RiStBV 38).

§ 160

Pflicht zur Sachverhaltsaufklärung RiStBV 1–109

160 I Sobald die Staatsanwaltschaft durch eine Anzeige oder auf anderem Wege von dem Verdacht einer Straftat Kenntnis erhält, hat sie zu ihrer Entschließung darüber, ob die öffentliche Klage zu erheben ist, den Sachverhalt zu erforschen.

II Die Staatsanwaltschaft hat nicht nur die zur Belastung, sondern auch die zur Entlastung dienenden Umstände zu ermitteln und für die Erhebung der Beweise Sorge zu tragen, deren Verlust zu besorgen ist.

III ¹ Die Ermittlungen der Staatsanwaltschaft sollen sich auch auf die Umstände erstrecken, die für die Bestimmung der Rechtsfolgen der Tat von Bedeutung sind. ² Dazu kann sie sich der Gerichtshilfe bedienen.

IV Eine Maßnahme ist unzulässig, soweit besondere bundesgesetzliche oder entsprechende landesgesetzliche Verwendungsregelungen entgegenstehen.

Übersicht

	Rn
1) Verfolgungszwang (I)	1–13a
A. Einleitung eines Ermittlungsverfahrens	5–8
B. Anzeige	9
C. Außerdienstlich erlangtes Wissen	10
D. Ziel der Ermittlungen	11, 12
E. Steuerstrafverfahren	13, 13a
2) Belastende und entlastende Umstände (II)	14
3) Beweissicherung (II)	15
4) Verkehr mit ausländischen Behörden, Befreiungen, Rechtshilfe	16
5) Für die Rechtsfolgen bedeutsame Umstände (III S 1)	17–22
6) Gerichtshilfe (III S 2)	23–27
7) Datenschutz (IV)	28

1 1) Der **Verfolgungszwang nach I** ergibt sich bereits aus § 152 II. Über das Ermittlungsverfahren vgl Einl 60, 62. Die StA ist verantwortlich für die Rechtmäßigkeit und Ordnungsmäßigkeit, Gründlichkeit und Zuverlässigkeit des Ermittlungsverfahrens (BGH NJW 09, 2612; EbSchmidt 3 vor § 158; Gössel GA **80**, 325; 3 ff zu § 163; 1 ff vor § 141 GVG) und nicht zuletzt für die Beachtung des Beschleunigungsgrundsatzes (BVerfGE **36**, 264, 272; Einl 160), vor allem in Haftsachen.

2 Ein wesentliches Mittel zur Beschleunigung ist die gleichzeitige Vornahme mehrerer Ermittlungen, wozu Hilfs- und **Doppelakten** anzulegen sind (RiStBV 12 II, 54 III, 56 III).

3 In größeren Sachen werden erforderlichenfalls **mehrere Sachbearbeiter** (unter einheitlicher Leitung) zu beauftragen sein (BVerfGE **20**, 45, 50; Brete/Thomsen wistra **08**, 372; Krehl/Eidam NStZ **06**, 5), auch soweit die StA den Sachverhalt nicht selbst aufklärt, sondern andere Stellen damit beauftragt (RiStBV 3 II sowie Anlage A).

4 An § 152 II knüpft I auch insofern an, als der Verfolgungszwang nur bei zureichenden tatsächlichen Anhaltspunkten gilt, die den Verdacht einer Straftat begründen. Für den sog ersten Zugriff der Strafverfolgung setzt § 163 I die Polizei der StA gleich.

5 A. Die **Einleitung eines Ermittlungsverfahrens** wird notwendig mit der Erlangung der Kenntnis nach I, mit dem Entstehen des Anfangsverdachts (4 zu § 152; BFH DB **08**, 2174, 2175). Die Einleitung des Ermittlungsverfahrens unterbricht die Strafverfolgungsverjährung noch nicht (vgl § 78c I Nr 1 StGB). Bereits zu diesem Zeitpunkt können Mitteilungspflichten von Amts wegen zu beachten sein, zB nach § 60a I a KWG (auch iVm § 34 S 2 Zahlungsdiensteaufsichtsgesetz) sowie der MiStra 32 Nr 1, 34 II S 1 Nr 1, 41 I a, 42 I S 1 Nr 1, 43 Nr 1, 44 Nr 1, 51 I Nr 1; vgl ferner §§ 12 ff EGGVG. Zu Folgemitteilungen verpflichtet § 20 EGGVG (MiStra 7).

Vorbereitung der öffentlichen Klage § 160

a) **Zum Beschuldigten** wird der Verdächtige gemacht durch eine Maßnahme, 6
die erkennbar darauf abzielt, gegen ihn strafrechtlich vorzugehen (Einl 76).
Richtet sich der konkrete Verdacht aber noch nicht gegen eine bestimmte Person, dann ist
es zunächst ein Verfahren gegen Unbekannt.

b) Bei **Steuerstraftaten** (vgl unten 13) muss die Einleitung eines Strafverfahrens 7
(das Ermittlungsverfahren ist bereits Strafverfahren, Einl 59 ff) gegen eine bestimmte
Person unverzüglich unter Angabe des Zeitpunkts durch Aktenvermerk über die
erste strafrechtliche Maßnahme festgestellt werden (§ 397 I, II **AO**), gleichviel, ob
sie von der FinB (vgl § 386 **AO**), der Polizei oder der StA (auch nach § 165) getroffen wird. Die Maßnahme kann auch in einer Einleitungsverfügung bestehen
(vgl BFH DB **08**, 2174, 2175), etwa auf einer Anzeige hin. Der Vermerk ist nicht
konstitutiv für die Einleitung, dient vielmehr nur der Beweissicherung für den
Zeitpunkt des Beginns des Strafverfahrens. Diese Regelung erklärt sich daraus, dass
das Steuerstrafverfahren meist aus dem Besteuerungsverfahren hervorgeht und mit
der Einleitung des ersteren die Anwendbarkeit von Zwang nach § 328 AO unzulässig wird (§ 393 I S 2, 3 **AO**; vgl dazu BGH NJW **05**, 763).
Mit der Eröffnung (durch Mitteilung oder schlüssige Handlung) an den Be- 8
schuldigten (§ 397 III **AO**) erlischt dessen Befugnis, sich durch **Selbstanzeige** für
leichtfertige, uU auch für vorsätzliche Steuerverkürzung Straf- oder Bußgeldfreiheit zu verschaffen (§§ 371, 378 III AO). Daher muss der Vermerk die Beschuldigten und die Tat möglichst vollständig und genau angeben; die Einleitung bezieht
sich bei der Einkommensteuerhinterziehung auf die Steuererklärung insgesamt und
nicht nur auf die Angaben zu einzelnen Einkunftsarten (BGH NStZ-RR **09**, 340,
341; **aM** Salditt Volk-FS 647). Wird die Untersuchung später auf weitere Taten
(1 ff zu § 264) oder weitere Beschuldigte ausgedehnt, so ist ein entspr Nachtragsvermerk anzubringen.

B. **Durch eine Anzeige** iS von Strafanzeige oder Strafantrag (§ 158 I, II): Die 9
Anzeige begründet die Erforschungspflicht, wenn sich aus ihr der Verdacht einer
Straftat schlüssig ergibt. Fehlt es daran, sind aber Anhaltspunkte dafür vorhanden,
dass möglicherweise nur der Sachverhalt ungenau oder lückenhaft angegeben ist, so
muss geklärt werden, ob der Verdacht bei Heilung dieses Mangels schlüssig erscheint (vgl Einl 79). Bei schlüssiger Anzeige gilt dann § 170 I, II. Auch anonyme
Anzeigen und Selbstanzeigen können den Verdacht begründen (Koblenz VRS **71**,
37; KK-Griesbaum 6 zu § 158), sind aber mit Vorsicht zu behandeln (RiStBV 8; 9
zu § 163; zu einer bedenklichen Aufforderung der Polizei zur anonymen Anzeigeerstattung per Internet vgl Backes/Lindemann, Staatlich organisierte Anonymität
als Ermittlungsmethode bei Korruptions- und Wirtschaftsdelikten, 2006, sowie
Backes StV **06**, 712, LR-Erb 21; wN bei Koch ZIS **08**, 501 Fn 15; erg 6 zu § 158
zur Anzeige von Korruptionsstraftaten nach §§ 331 ff StGB durch Beamte). Die
Einleitung eines Steuerstrafverfahrens aufgrund einer Selbstanzeige iS des § 371
AO ist grundsätzlich zulässig und geboten (BFH DB **08**, 2174, 2175 mwN und
Anm Rolletschke wistra **09**, 166). Zu den „anderen Wegen" gehören zB die Erlangung der Kenntnis aus Akten oder Schriftstücken anderer Behörden oder aus
Nachrichten von Presse und Rundfunk, die mit bestimmten und nachprüfbaren
Tatsachen belegt sind, sowie Mitteilungen nach § 183 GVG (vgl allgemein zum
Anzeige-/Überwachungssystem Velten Fezer-FS 98). Zur Weiterleitung einer Anzeige innerhalb der EU § 158 III (dort 27 ff).

C. Das **außerdienstlich erlangte Wissen** soll den StA nach der Rspr zur Straf- 10
verfolgung verpflichten, falls es sich um Straftaten handelt, die nach Art oder Umfang „die Belange der Öffentlichkeit und der Volksgesamtheit in besonderem
Maße berühren" (so BGH **12**, 277, 281 unter Bezugnahme auf RG **70**, 251;
Karlsruhe JR **89**, 210 mit abl Anm Geerds; Köln NJW **81**, 1794; einschr – aber
noch immer zu weitgehend – BGH **38**, 388 = NStZ **93**, 383 mit abl Anm Mitsch
= JR **95**, 165 mit abl Anm Rudolphi; dazu auch Koblenz NStZ-RR **98**, 332).
Dem kann nicht zugestimmt werden: Eine so unklare Differenzierung ist zu unbestimmt, um darauf prozessuale Verfolgungspflichten (und bei Nichtanzeige eine

Köhler 889

§ 160

Strafbarkeit nach § 258a StGB) zu gründen (Anterist, Anzeigepflicht und Privatsphäre des StA, 1968; Geerds Schröder-GedSchr 389 ff; Krause GA **64**, 110 und JZ **84**, 548; **aM** aber BVerfG NJW **03**, 1030 = JZ **04**, 303 mit zutr abl Anm Seebode). Lediglich die beamtenrechtliche Treuepflicht (mit disziplinarrechtlichen Folgen bei ihrer Verletzung) kann den StA bei außerdienstlich erlangter Kenntnis schwerer Straftaten zum Einschreiten verpflichten (KK-Griesbaum 29 zu § 158; vgl auch Krey 1/418, der eine strafprozessuale Verfolgungspflicht nur bei Verbrechen bejaht [zust HK-Zöller 8 zu § 158, Artkämper Kriminalistik **01**, 433] und LR-Erb 23 ff, der hierzu auf den Straftatenkatalog des § 138 StGB verweist [im Ergebnis ähnlich AK-Schöch 11]).

11   D. **Ziel der Ermittlungen** ist die Entschließung der StA darüber, ob, wieweit und nach welcher Strafbestimmung die öffentliche Klage geboten erscheint oder ob das Verfahren einzustellen ist (§ 170 I, II). Weiter sind sie zunächst nicht auszudehnen (vgl BFH DB **08**, 2174, 2176; Hilger JR **85**, 94; RiStBV 5 I S 1). Dabei ist Konzentration auf das Wesentliche notwendig. Wenn und sobald zu erwarten ist, dass das Verfahren nicht eingestellt wird, erstrecken sich die Ermittlungen – wenn auch in zweiter Linie – auch auf die in III bezeichneten Umstände.

12   **Gegenüber dem Beschuldigten** hat die StA die Pflicht zur Prüfung, ob die Tat überhaupt strafbar ist, zur Aufklärung des Sachverhalts, zur beschleunigten Anklageerhebung oder Einstellung (Anm 160). Säumnis kann Schadensersatzpflicht erzeugen (BGHZ **20**, 178 = NJW **56**, 1028; BGH AnwBl **58**, 152). Jahn C 69 mwN sieht in I (und § 152 II) iS der von ihm vertretenen Beweisbefugnislehre eine Ermächtigung zur Verwertung der Beweise im Ermittlungsverfahren.

13   E. Bei **Steuerstraftaten** ist grundsätzlich die FinB Ermittlungsbehörde (§§ 386, 399 I **AO**). Die StA ist dadurch nicht von der Pflicht befreit, dafür zu sorgen, dass einem Verdacht nachgegangen wird; sie kann die Sache jedoch an die FinB abgeben. Die FinB darf das Ermittlungsverfahren nur dann führen, wenn ausschließlich der Verdacht einer Steuer- oder Zollstraftat besteht. Bei Tateinheit zwischen einer solchen Straftat und einer anderen Straftat führt die StA, mit der Einschränkung des § 386 II Nr 2 AO, das Ermittlungsverfahren auch dann, wenn die Strafe nach § 52 II StGB dem Steuerstrafgesetz zu entnehmen wäre. Die StA kann die FinB um die Durchführung der Ermittlungen jedoch auch dann nach § 161 ersuchen, wenn die Steuerstraftat mit einer allgemeinen Straftat tateinheitlich zusammentrifft (BGH **36**, 283 mit abl Anm Reiche wistra **90**, 90; zust aber Pütz wistra **90**, 212); Braunschweig wistra **98**, 71 bejaht dies auch für die Tat iSd § 264 (zw; abl Bender wistra **98**, 93).

13a   **Unterrichtspflicht:** Ungeachtet ihrer eigenständigen Ermittlungskompetenz (§§ 386 I S 1, II, 399 I **AO**) hat die FinB die StA frühzeitig über alle bei der Steuerfahndung anhängigen Ermittlungsverfahren zu unterrichten, in denen die Ausübung des Evokationsrechts (§ 386 IV S 2 **AO;** RiStBV 267) nicht fern liegt, etwa weil ein Haftbefehlsantrag in Betracht kommt, eine Erledigung im Strafbefehlsverfahren zweifelhaft oder die Beweislage schwierig ist (BGH NJW **09**, 2319 mit Anm Eisenberg wistra **09**, 477; Theile ZIS **09**, 446; vgl auch Nr 18, 132 AStBV [St] 2010); zur Pflicht der FinB zur Information der StA über nichtsteuerliche Straftaten vgl Randt in Franzen/Gast/Joecks 53 zu § 386 AO.

14   2) **Belastende und entlastende Umstände (II)** hat die StA gleichermaßen zu ermitteln (dazu Heghmanns GA **03**, 448: unverzichtbar für rechtsstaatliche Sachaufklärung im Vorverfahren; Kelker ZStW **118**, 389; vgl auch Eschelbach HRRS **08**, 193). Denn nur dies entspricht ihrer Stellung als ein zu Gerechtigkeit und Objektivität verpflichtetes Rechtspflege- und Justizorgan (BGH NStZ **08**, 231; Einl 37, 38; 1 ff vor § 141 GVG) und gehört zum fairen Verfahren (Kelker StV **08**, 385; Kuhlmann DRiZ **76**, 11, 13; Einl 156). Diese Pflicht gilt auch für die Umstände nach III und § 43 **JGG,** und zwar auch für die Hauptverhandlung (BGH bei Steffen DRiZ **72**, 153, 154; vgl aber Jahn GA **04**, 284; ZStW **118**, 456). Wissen eines „Kronzeugen" über Katalogtaten iS des § 100a II iVm § 46b I S 1 Nr 1 StGB ist vom Beginn des Ermittlungsverfahrens an entgegenzunehmen und

nach dem Zweck der in § 46b III StGB angeordneten Präklusion (vgl Fischer 21 zu § 46b StGB; krit Salditt StV **09**, 377) so rechtzeitig einer Überprüfung zuzuführen, dass – soweit möglich (König NJW **09**, 2483) – die Ergebnisse in die Hauptverhandlung eingeführt werden können (vgl auch Peglau wistra **09**, 410). Die Suche nach entlastendem Material rechtfertigt idR nicht die Durchsuchung der Kanzlei eines beschuldigten RA; die Vorlage kann diesem überlassen werden (BVerfG NJW **08**, 1937; 2422; LG Nürnberg-Fürth StV **10**, 136, 139).

3) Die **Beweissicherung (II)** besteht in erster Linie in der Erhebung der Beweise, deren Verlust zu befürchten ist, gleichviel, ob es sich um persönliche Beweismittel (Einl 49) oder sachliche Beweismittel (Urkunden und andere Schriftstücke, § 249, und Augenscheinsobjekte, 4 ff zu § 86) handelt. Ist ein Zeuge lebensgefährlich erkrankt, so besteht die Beweissicherung darin, dass eine verlesbare Äußerung durch richterliche Vernehmung (§§ 223, 251 II Nr 1), notfalls wenigstens durch staatsanwaltschaftliche oder polizeiliche Vernehmung (§ 251 I Nr 3) veranlasst wird. Die sachlichen Beweismittel werden vor allem nach § 94 gesichert (KK-Griesbaum 25; **aM** Schroeder JZ **85**, 1030), erforderlichenfalls durch vorgeschaltete Durchsuchung (§§ 102–104). Der Verlust des Beweismittels droht stets und muss durch Untersuchung nach § 81a abgewendet werden, wenn der Grad der Trunkenheit des Beschuldigten festgestellt werden muss. **Nachermittlungen** der StA nach Anklageerhebung sind bei einem entsprechenden Anlass (zB Beweisantrag des Beschuldigten oder wegen § 152 II, wenn sie in der Hauptverhandlung Kenntnis von bisher unbekannten Straftaten erhält) zulässig (BGH 5 StR 623/18 vom 7.5.2019 mit Anm Mosbacher JuS **20**, 128, 129 f), es sei denn, sie stören das Tatgericht in seinen Aufklärungsbemühungen (Mosbacher aaO mwN; erg 5 zu § 202).

4) Verkehr mit ausländischen Behörden, Befreiungen, Rechtshilfe: RiStBV 24, 193–199; §§ 18–20 GVG.

5) Umstände, die für die Bestimmung der Rechtsfolgen der Tat von Bedeutung sind (III S 1; RiStBV 14–17): Die Rechtsfolgenumstände betreffen die Täterpersönlichkeit, bei schweren Taten auch die Entwicklung der Persönlichkeit und die Umstände, die zur Tat geführt haben. Was erforderlich ist, ergibt sich insbesondere aus § 46 StGB, auch aus § 47 I StGB („Einwirkung auf den Täter") und § 56 I, II (Sozialprognose). Zu diesem Zweck bedarf es auch der Feststellung von Eintragungen im BZR (hierzu RiStBV 16; aber auch unten 21). Bei Jugendlichen gilt der weitergehende § 43 **JGG.**

Kommt eine Geldstrafe in Betracht und verweigert der Beschuldigte die Auskunft oder macht er nur allgemeine Angaben über seine wirtschaftlichen Verhältnisse (zB „geordnet") oder sind seine Angaben zweifelhaft, so führt bei Arbeitnehmern idR die Befragung des Arbeitgebers zu der gewünschten Auskunft. Die Einholung einer Auskunft bei der FinB scheitert an deren Pflicht zur Wahrung des Steuergeheimnisses (5 zu § 161). Bei freiberuflich Tätigen spielt daher die Schätzung (§ 40 III StGB) eine besondere Rolle. Im Übrigen soll durch die Möglichkeit der Schätzung der Höhe des Tagessatzes gerade eine unvertretbare Belastung durch Ermittlungen der Beweisgrundlage vermieden werden. Aber eine gewisse Schätzgrundlage muss angestrebt werden. Bei Schülern, Studenten und Hausfrauen kommt die Feststellung in Betracht, welche Einkünfte die Beschuldigten bei zumutbarem Einsatz ihrer Arbeitskraft oder auf Grund von Unterhaltsansprüchen haben könnten. Ermittlungen bei Banken sind nicht unzulässig (4 zu § 161).

A. **Einordnung in die Gesamtermittlungen:** Nach III S 1 wird gezielt und systematisch idR erst dann ermittelt, wenn sich abzeichnet, dass es zu einer Verurteilung kommen wird. Diese Reihenfolge ergibt sich nicht nur aus der Natur der Sache, sondern auch aus der gebotenen Rücksicht auf den Persönlichkeitsschutz des Beschuldigten (vgl 29 zu § 243).

B. **Aufgabe der StA (III S 1):** Sie kann Vernehmungen durchführen, Sachverständige einschalten (vgl 1 zu § 73) oder auch einen Augenscheinsgehilfen (4 zu

§ 160

86). S 2 erwähnt ausdrücklich die Gerichtshilfe (dazu unten 23 ff). Über die Aufklärung der tatsächlichen Grundlage für die Rechtsfolgenentscheidung durch die Polizei vgl 20, 21 zu § 163. Ergänzende Ermittlungsaufträge werden möglichst der Gerichtshilfe erteilt, weil es sich um deren Spezialaufgabe handelt. Voraussetzung dafür ist, dass die beschleunigte Durchführung gewährleistet erscheint.

21 C. **Grenzen der Ermittlungen** setzen das Verwertungsverbot nach §§ 51, 63 IV, 66 **BZRG** (dazu 33 zu § 243; 14 zu § 261) und – insbesondere für das Eindringen in die Intim- und Privatsphäre des Beschuldigten – der Verhältnismäßigkeitsgrundsatz iVm der Bedeutung der Sache (Einl 20, 21).

22 D. **Nachholung:** Nehmen die Ermittlungen nach III S 1 und die Beschaffung des Auszugs aus dem Zentralregister und der Akten längere Zeit in Anspruch, so kann Anklage erhoben werden mit der Ankündigung, dass das noch Ausstehende nachgereicht wird (KK-Griesbaum 27). Stehen die früheren Strafakten nicht zur Verfügung, so genügt es – mindestens in aller Regel –, eine beglaubigte Urteilsabschrift zu beschaffen (vgl RiStBV 73).

23 **6) Gerichtshilfe (III S 2; § 463d):** Ihre Einrichtung ist nach Art 294 EGStGB idR Sache der LJV. In manchen Gegenden gibt es aber auch Vereinigungen, die sich der Gerichtshilfe widmen. Die Jugendgerichtshilfe (dazu Gundelach StraFo **19**, 45; Eisenberg StV **98**, 304), die auch in Verfahren gegen Heranwachsende tätig wird (§ 107 **JGG**), ist Verfahrensbeteiligte (§§ 38 III, 50 III **JGG**), die Erwachsenengerichtshilfe nicht.

24 A. **Aufgaben der Gerichtshilfe:** Sie hat nicht zur Überführung oder zur Nichtüberführung beizutragen (BGH NStZ **08**, 709), sondern nur mitzuhelfen bei der Gewinnung der Tatsachengrundlage für die richtige Rechtsfolgenentscheidung sowie für künftige resozialisierende Behandlung. Dies schließt die Opferberichterstattung, auch mit Bezug auf Fragen der Verfahrensgestaltung, ein (Hölscher/Trück/Hering NStZ **08**, 673; vgl auch BGH aaO; RiStBV 15). Ihre Einschaltung durch StA oder Gericht liegt nahe, wenn der Einsatz der Mittel der Sozialarbeit für den genannten Zweck besondere Erkenntnisse verspricht und in angemessenem Verhältnis zur Bedeutung der Sache steht. Zur Bedeutung der Gerichtshilfe vgl Bruns, Strafzumessungsrecht, 2. Aufl (1974), S 186; Geiter/Schuldzinski/Walter BewHi **94**, 425; Rahn NJW **76**, 838; Schöch Leferenz-FS 127; Sonnen und Thier StASchlH-FS 431, 447; zur Jugendgerichtshilfe Schaffstein/Beulke § 34. Zum Einsatz der Gerichtshilfe im Ermittlungsverfahren vgl zB RV GStA SchlHA **95**, 184.

25 B. **Auftrag an die Gerichtshilfe:** In der Mehrzahl der Fälle bedarf es keiner über III S 1 hinausgehenden Konkretisierung des Auftrags. In besonders einfachen und besonders schwierigen Fällen besteht aber Anlass, das Maß der Ermittlungen der Gerichtshilfe zu konkretisieren, damit je nach Fall nicht übertrieben und nichts Notwendiges unterlassen wird (vgl auch 21). Da das Maß der notwendigen Ermittlungen oft nicht von Anfang an richtig abzuschätzen ist, kann ein Stufenplan angezeigt sein, bei dem der Auftrag zu weiteren Ermittlungen von dem Ausgang der Ermittlungen der ersten Stufe abhängig gemacht wird. Der Gerichtshelfer, der mit der Ausführung des Auftrags betraut ist, wird in aller Regel – vor oder nach anderen Ermittlungen – auch mit dem Beschuldigten Kontakt aufzunehmen haben. Bei Befragungen muss er den Beschuldigten nach § 136 I S 2 belehren, Zeugen nach §§ 52 III S 1, 55 II (LR-Erb 104, 106; Roxin/Schünemann § 25, 12; Bottke MSchrKrim **81**, 71; Schöch Leferenz-FS 137 mwN). Ein Recht auf Akteneinsicht (vgl dazu Groß/Fünfsinn NStZ **92**, 109) und auf Verkehr mit dem inhaftierten Beschuldigten ohne besondere Erlaubnis der StA hat er nicht (KMR-Plöd 14; **aM** Schöch aaO S 138; diff LR-Erb 104, 106).

26 C. **Einführung in die Hauptverhandlung:** Im Allgemeinen genügt es, die im Bericht festgehaltenen Tatsachen zum Gegenstand von Fragen an den Angeklagten und die Beweispersonen zu machen (16 zu § 200). Es ist rechtlich auch nicht unzulässig, den Bericht selbst zum Gegenstand des Vorhalts zu machen (Brunner

NStZ **84**, 468; Rahn NJW **73**, 1358; Sontag NJW **76**, 1436; **am** Rüping 201; erg 28 zu § 249). Die Verlesung des Berichts durch den anwesenden Vertreter der Gerichtshilfe ist stets zulässig (BGH NStZ **84**, 467 mit abl Anm Brunner; KMR-Plöd 15; **am** Eisenberg NStZ **85**, 84), bei dessen Abwesenheit nur unter den Voraussetzungen des § 251 I (BGH NStZ **08**, 709; KK-Griesbaum 36 f; Eisenberg aaO; einschr LR-Erb 114). Dagegen ist die Verlesung nach § 256 nicht zulässig, weil es sich um eine Äußerung eines einzelnen Gerichtshelfers oder auch um die Äußerung mehrerer Angehöriger der Gerichtshilfe handelt, nicht aber um eine solche einer öffentlichen Behörde (LR-Erb 114; ANM 299; Bottke MSchrKrim **81**, 73; Schöch Leferenz-FS 140; Sontag NJW **76**, 1437; im Ergebnis auch Eisenberg aaO, weil die Berichte Leumundszeugnisse sind; vgl auch 15 zu § 256). Wird die Vernehmung des Gerichtshelfers als Zeuge beantragt, so kann das Gericht dem Antrag, falls er nicht abgelehnt wird, dadurch entsprechen, dass es die Personen, von denen der Gerichtshelfer sein Wissen hat, vernimmt (46 zu § 244). Wenn der Informant das Zeugnis in der Hauptverhandlung befugt verweigert, sind die Auskünfte, die er dem Gerichtshelfer erteilt hat, nicht verwertbar (7 zu § 252). Die Anhörung des Gerichtshelfers als Sachverständigen ist rechtlich zulässig, wird aber selten in Betracht kommen (vgl BGH aaO; Eisenberg BR 1515b; LR-Erb 116 mwN; Schöch aaO 139; weitergehend Hölscher/Trück/Hering NStZ **08**, 676 für den bewerteten Teil des Berichts; **am** Bottke aaO 74 Fn 61; Kühne 164 Fn 6: nur [sachverständiger] Zeuge). Diese Grundsätze gelten auch für die Jugendgerichtshilfe (oben 23).

D. **Kein Recht auf Anwesenheit** und Anhörung in der Hauptverhandlung hat 27 der Gerichtshelfer nach der StPO (BGH NStZ **08**, 709; anders § 50 III **JGG**; Rahn NJW **76**, 838).

7) Datenschutz (IV): Die Vorschrift entspricht der Regelungssystematik da- 28 tenschutzrechtlicher Bestimmungen bei der Kollision bereichsspezifischer Vorschriften, wonach grundsätzlich der bereichsspezifischen Regelung (über die Verwendung der Daten) in dem Gesetz, das die Erhebung der Daten regelt, der Vorrang vor der Regelung im „Empfängergesetz", also der StPO, eingeräumt wird (LR-Erb 40 f; vgl auch 18e zu § 161). Damit ist für den Schutz besonderer Amts- und Berufsgeheimnisse oder des Steuer- und Sozialgeheimnisses (§ 30 **AO**, 35 SGB I, §§ 67 ff SGB X; vgl 5, 6, 18e zu § 161) sichergestellt. Das Gebot, eine Maßnahme nach Wegfall ihrer Voraussetzungen oder nach Zweckerreichung unverzüglich zu beenden, ist nicht ausdrücklich ausgesprochen, weil es sich bereits aus den allgemeinen Grundsätzen über die Zulässigkeit von Ermittlungsmaßnahmen ergibt (Soiné Kriminalistik **01**, 245).

Maßnahmen bei zeugnisverweigerungsberechtigten Berufsgeheimnisträgern

160a

I ¹ Eine Ermittlungsmaßnahme, die sich gegen eine in § 53 Absatz 1 Satz 1 Nummer 1, 2 oder Nummer 4 genannte Person, einen Rechtsanwalt oder einen Kammerrechtsbeistand richtet und voraussichtlich Erkenntnisse erbringen würde, über die diese das Zeugnis verweigern dürfte, ist unzulässig. ² Dennoch erlangte Erkenntnisse dürfen nicht verwendet werden. ³ Aufzeichnungen hierüber sind unverzüglich zu löschen. ⁴ Die Tatsache ihrer Erlangung und der Löschung der Aufzeichnungen ist aktenkundig zu machen. ⁵ Die Sätze 2 bis 4 gelten entsprechend, wenn durch eine Ermittlungsmaßnahme, die sich nicht gegen eine in Satz 1 in Bezug genommene Person richtet, von dieser Person Erkenntnisse erlangt werden, über die sie das Zeugnis verweigern dürfte.

II ¹ Soweit durch eine Ermittlungsmaßnahme eine in § 53 Abs. 1 Satz 1 Nr. 3 bis 3b oder Nr. 5 genannte Person betroffen wäre und dadurch voraussichtlich Erkenntnisse erlangt würden, über die diese Person das Zeugnis verweigern dürfte, ist dies im Rahmen der Prüfung der Verhältnismäßigkeit besonders zu berücksichtigen; betrifft das Verfahren keine Straftat von erheb-

§ 160a
Zweites Buch. 2. Abschnitt

licher Bedeutung, ist in der Regel nicht von einem Überwiegen des Strafverfolgungsinteresses auszugehen. ²Soweit geboten, ist die Maßnahme zu unterlassen oder, soweit dies nach der Art der Maßnahme möglich ist, zu beschränken. ³Für die Verwertung von Erkenntnissen zu Beweiszwecken gilt Satz 1 entsprechend. ⁴Die Sätze 1 bis 3 gelten nicht für Rechtsanwälte und Kammerrechtsbeistände.

III Die Absätze 1 und 2 sind entsprechend anzuwenden, soweit die in § 53a Genannten das Zeugnis verweigern dürften.

IV ¹Die Absätze 1 bis 3 sind nicht anzuwenden, wenn bestimmte Tatsachen den Verdacht begründen, dass die zeugnisverweigerungsberechtigte Person an der Tat oder an einer Datenhehlerei, Begünstigung, Strafvereitelung oder Hehlerei beteiligt ist. ²Ist die Tat nur auf Antrag oder mit Ermächtigung verfolgbar, ist Satz 1 in den Fällen des § 53 Abs. 1 Satz 1 Nr. 5 anzuwenden, sobald und soweit der Strafantrag gestellt oder die Ermächtigung erteilt ist.

V Die §§ 97, 100d Absatz 5 und 100g Absatz 4 bleiben unberührt.

Übersicht

	Rn
1) Bedeutung	1
2) Geistliche, Verteidiger, Rechtsanwälte, Abgeordnete (I)	2–7b
3) Berufsgeheimnisträger iS des § 53 I S 1 Nr 3–3b, 5 (II)	8–13
4) Mitwirkende Personen (III)	14
5) Verdacht der Beteiligung (IV)	15, 16
6) §§ 97, 100d VI als Spezialvorschriften (V)	17
7) Revision	18

1 **1) Bedeutung:** § 160a unterwirft **Ermittlungsmaßnahmen**, nicht nur verdeckte (§ 101 I), Einschränkungen, wenn sie zu Erkenntnissen führen, die in einer Vernehmungssituation dem Zeugnisverweigerungsrecht eines Berufsgeheimnisträgers unterfallen würden. Zu diesem Zweck führt die durch Ges vom 21.12.2007 (BGBl I 3198) eingefügte und durch Gesetz vom 22.12.2010 (BGBl I 2261) erweiterte, verfassungsgemäße (BVerfGE **129**, 208 [Tz 243 ff]), Vorschrift ein abgestuftes System von Beweiserhebungs- und -verwertungsverboten ein. § 160a gilt nicht für die Vernehmung des Berufsgeheimnisträgers als Zeugen; das Recht zur Zeugnisverweigerung richtet sich unmittelbar nach § 53. § 160a ist schon nach seinem Wortlaut auf selbst beschuldigte Zeugnisverweigerungsberechtigte nicht anwendbar (BGH **53**, 257, 262 mit insoweit zust Anm Barton JZ **10**, 103). Seine Schutzwirkung entfällt, wenn der Berufsgeheimnisträger (auch nach einer zunächst unzulässigen Beweiserhebung) wirksam von der Pflicht zur Verschwiegenheit entbunden wird (§ 53 II), nicht aber schon dann, wenn er die vom Zeugnisverweigerungsrecht geschützten Erkenntnisse freiwillig den Strafverfolgungsbehörden übermittelt (BT-Drucks 16/5846 S 37 zu § 160a II [§ 53b II des Ges-Entwurfs]; KMR-Plöd 2; dazu näher Glaser/Gedeon GA **07**, 425 ff; kritisch zur Umsetzung des Schutzes des Kernbereichs privater Lebensgestaltung [24 a, 100a, 13 a) § 100c] vor heimlichen Ermittlungsmaßnahmen in I S 5 und II Reiß StV **08**, 542). Zur Wirkungslosigkeit der Beschränkungen nach § 119 I gegenüber dem in I bezeichneten Personenkreis vgl. § 119 IV S 1, 2 Nr 18. Eine verfassungswidrige Ungleichbehandlung im Verhältnis zu zeugnisverweigerungsberechtigten Angehörigen liegt nicht vor (BVerfG NJW **10**, 287). Ob **zufällig erlangte Erkenntnisse** der Ermittlungsbehörden im Nachhinein dadurch zur Ermittlungsmaßnahme iSv § 160a werden, dass sie in einem bestimmten prozessualen Kontext in die Hauptverhandlung eingeführt werden, erscheint zweifelhaft (so aber LG Augsburg StV **14**, 468: zufällig mitgehörtes Gespräch des Verteidigers mit dem Angeklagten, aus dem Schlüsse zu dessen Verhandlungsfähigkeit gezogen werden konnten).

2 **2) Geistliche, Verteidiger, Rechtsanwälte und Abgeordnete (I):**
3 A. Ein **absolutes Erhebungsverbot** (S 1) stellt die nach § 53 I S 1 Nr 1, 2 und 4 Zeugnisverweigerungsberechtigten sowie Rechtsanwälte und die ihnen nach

Satz 1 gleich gestellten Personen von gegen sie gerichteten staatlichen Ermittlungsmaßnahmen gleich welcher Art frei (zum Personenkreis vgl 12, 13, 15, 15a und 23 zu § 53). Der **Begriff des RA** ist nach der Neufassung von § 53 I Nr 3 sowie der Streichung des Passus „eine nach § 206 der BRAO in eine Rechtsanwaltskammer aufgenommene Person" in I durch das Gesetz vom 30.10.2017 (BGBl I 3618) weit zu interpretieren und erfasst alle Berufsträger aus EU- und Nicht-EU-Staaten, deren Ausbildung und Befugnisse dem Beruf des RA in Deutschland entsprechen (15 zu § 53; BT-Drucks 18/12940 S 12; zu Zweifelsfällen und zur Prognose siehe 3a). Gegen Geistliche (in ihrer Eigenschaft als Seelsorger), Verteidiger (siehe BVerfG StraFo **15**, 61), Rechtsanwälte und Abgeordnete dürfen sich keine Maßnahmen richten, die der Ermittlung von Umständen dienen, welche vom Zeugnisverweigerungsrecht der Genannten umfasst sind. Wegen dieser Anknüpfung hängt die Reichweite des Erhebungsverbots vom Umfang des Zeugnisverweigerungsrechts der genannten Zielpersonen ab; dieses ist auf die bei der Berufsausübung **anvertrauten oder bekanntgewordenen Tatsachen** begrenzt (vgl allgemein 7 ff und erg 12 [Seelsorger], 13 [Verteidiger], 16 [Rechtsanwalt], 24 [Abgeordneter] zu § 53). Der Schutz ist (anders als nach II) absolut ausgestaltet, hängt also nicht von Erwägungen zur Verhältnismäßigkeit im Einzelfall ab; auf die Ausübung des Zeugnisverweigerungsrechts kommt es nicht an. Die Telekommunikation mit dem Verteidiger wird durch § 148 und ggf auch durch § 100d V S 2 weitergehend geschützt (näher 25 zu § 100d; vgl auch unten 7, 15 sowie 12 zu § 100f und 5 zu § 110a). Vom Erhebungsverbot nicht umfasst sind gegen andere Personen (Beschuldigte, Dritte) gerichtete Maßnahmen; diese bleiben auch dann zulässig, wenn nicht ausgeschlossen werden kann oder gar zu erwarten ist, dass möglicherweise auch die Kommunikation mit den vorgenannten Berufsgeheimnisträgern über vom Zeugnisverweigerungsrecht umfasste Inhalte betroffen sein wird (BT-Drucks 16/5846 S 35; siehe zur Frage des Verwendungsverbotes in Fällen des I S 5 aber unten 7).

Prognose: Eine Maßnahme gegen die in I S 1 genannten Personen ist unzulässig, wenn eine Prognose („voraussichtlich") ergibt, dass Erkenntnisse aus dem nach § 53 geschützten Bereich zu erwarten sind. Die Prognose ist aufgrund der vorliegenden tatsächlichen Anhaltspunkte zu erstellen. Gesonderter vorausgehender Ermittlungen bedarf es nicht; diese können jedoch durchgeführt werden, um festzustellen, ob der in Aussicht gefasste Adressat der Maßnahme – zB ein nach eigenem Bekunden im Ausland tätiger RA – ein geschützter Berufsgeheimnisträger ist. Der gesetzliche Maßstab setzt keine „zweifelsfreie" Erkenntnis voraus (aM KK-Griesbaum 6), räumt Gericht oder Strafverfolgungsbehörde aber einen Beurteilungsspielraum ein (krit und enger SK-Wolter/Greco 19 ff). Das Erhebungsverbot greift nicht ein, wenn konkrete Anhaltspunkte dafür bestehen, dass geschützte Inhalte mit Gegenständen verknüpft werden, die dem Ermittlungsziel unterfallen, um eine Überwachung zu verhindern (vgl BVerfGE **120**, 274 zum Kernbereichsschutz). 3a

B. Für das **Verständnis** des (absoluten) **Verwendungsverbots** (Einl 57d) in S 2 kommt dem Zweck des I, der Rechtsprechung des BVerfG zum Schutz des Kernbereichs privater Lebensgestaltung Rechnung zu tragen (BT-Drucks 16/5846 S 35 zu § 53b I des Ges-Entwurfs), besondere Bedeutung zu. Demnach dürfen zunächst alle Erkenntnisse, die in dem Zeitraum des Bestehens des Erhebungsverbots (oben 3) gewonnen werden, insgesamt und ungeachtet ihres Inhalts nicht verwertet werden (vgl BVerfGE **109**, 279 sowie StraFo **15**, 61; siehe aber unten 15). Mit dem Wort „dennoch" setzt das Gesetz aber nicht notwendig einen Verstoß gegen das Erhebungsverbot voraus. Trotz seines Bestehens erlangt auch Erkenntnisse aus Maßnahmen, bei denen sich die *ex ante* fehlerfreie negative Prognose über Bestand oder Reichweite des Zeugnisverweigerungsrechts erst im Nachhinein als unzutreffend erweist. Die Selbstständigkeit des Verwendungsverbots (in Grenzfällen) ergibt sich auch aus dem gebotenen Schutz des Kernbereichs privater Lebensgestaltung: Jedenfalls soweit dieser Bereich bei Geistlichen (in ihrer Eigenschaft als Seelsorger) 4

§ 160a Zweites Buch. 2. Abschnitt

und Verteidigern betroffen ist, kann das Eingreifen des Verwendungsverbots nicht von der vorangegangenen Verletzung des Erhebungsverbots abhängig gemacht werden (vgl BVerfGE **109**, 279; s auch § 100c IV, V; Baum/Schantz ZRP **08**, 139). Aus diesen verfassungsrechtlichen Vorgaben und dem Willen des Gesetzgebers, für die in I genannten Berufsgeheimnisträger eine einheitliche Regelung zu treffen (BT-Drucks aaO sowie 17/2637 S 7), folgt die Gleichstellung auch der Rechtsanwälte und Abgeordneten, und weiter, dass die Verwendung der erlangten Erkenntnisse nicht nur als Beweismittel, sondern auch, soweit sie als Spurenansätze in Betracht kommen, verboten ist (vgl 17 zu § 100c; Müller-Jacobson NJW **11**, 257; Glaser/Gedeon GA **07**, 429; Rogall JZ **08**, 827), es sei denn, der Betroffene hat den Berufsgeheimnisträger gemäß § 53 II S 1 von seiner Schweigepflicht entbunden (BT-Drucks 16/5846 S 37; BeckOK-Sackreuther 8). Das Verwendungsverbot erfasst auch entlastende Erkenntnisse (BeckOK-Patzak 5; vgl auch SK-Wolter/Greco 25).

5 C. Unverzüglich zu **löschen** sind Aufzeichnungen über nach I S 2 unverwertbare Erkenntnisse (I S 3); erg 27 zu § 100a zur Person des Verpflichteten). Zwar besteht keine Verpflichtung zur Echtzeiterfassung der Ermittlungshandlung, dem Unverzüglichkeitsgebot ist aber nur bei zeitnaher Auswertung der Maßnahme Genüge getan (BeckOK-Sackreuther 9). I S 3 geht – auch in den Fällen des I S 5 – der Regelung des § 101 VIII vor (BGH NJW **14**, 1314 mit Anm Scharenberg StV **14**, 391). Zuständig für die Löschung ist die für die Auswertung der Überwachungsergebnisse betraute Person, in Zweifelsfällen die StA, die sich auch generell eine Entscheidungsprärogative vorbehalten kann (BeckOK-Sackreuther 10).

6 D. **Dokumentation** (I S 4): Um die Einhaltung der Löschungspflicht, vor allem aber, um die spätere Nachvollziehbarkeit im Rahmen von Rechtsschutzbegehren Betroffener zu sichern, müssen sowohl die Tatsache der Erlangung unverwendbarer Erkenntnisse (aber natürlich nicht diese selbst) als auch die Löschung entsprechender Aufzeichnungen in den Akten festgehalten werden.

7 E. Für den Fall der **zufälligen Betroffenheit** eines Geistlichen (in seiner Eigenschaft als Seelsorger), eines Verteidigers, Rechtsanwalts oder Abgeordneten durch eine nicht gegen ihn gerichtete – und daher zulässige (oben 3 aE; **aM** Reiß StV **08**, 547) – Ermittlungsmaßnahme ordnet I S 5 die entspr Geltung des Verwendungsverbots sowie der Löschungs- und Dokumentationspflicht an (I S 2–4, oben 4–6). Erbringt also die gegen eine andere Person (Beschuldigter, Dritter) gerichtete Maßnahme Erkenntnisse, die von einem der genannten Berufsgeheimnisträger erlangt wurden und über die dieser das Zeugnis verweigern dürfte, so greift auch insoweit das absolute Verwertungsverbot ein. Der **Begriff der „Erkenntnisse"** in S 5 ist weit zu verstehen und erfasst zB auch aus der Auswertung von Verbindungsdaten geschlossene Kontaktaufnahmen des Beschuldigten zu seinem (späteren) Verteidiger (offen gelassen von BGH 4 StR 523/11 vom 11.1.2012). Aus dem Verhältnismäßigkeitsprinzip (Einl 20) kann sich darüber hinaus ausnahmsweise die Pflicht ergeben, eine solche Ermittlungsmaßnahme zu unterbrechen oder zu beschränken, wenn während des Vollzugs erkannt wird, dass Erkenntnisse über vom Zeugnisverweigerungsrecht des Geistlichen, Strafverteidigers oder Abgeordneten geschützte Inhalte erlangt werden (vgl Wolter GA **07**, 194: Vorwirkung; zu § 148 vgl oben 3). Nach dem Wortlaut von S 5 werden hingegen Erkenntnisse vom Verwertungsverbot nicht erfasst, die von einem Dritten erlangt wurden, an die der Berufsgeheimnisträger die Information weitergegeben hat (vgl BT-Drucks 17/2637 S 7).

7a F. **Zeitliche Geltung bei Verteidigern und Rechtsanwälten**: Das von I geschützte berufsbezogene Vertrauensverhältnis beginnt nicht erst mit dem Abschluss des zivilrechtlichen Geschäftsbesorgungsvertrages, sondern umfasst auch das entsprechende Anbahnungsverhältnis (BGH StV **16**, 414 mit Anm Kämpfer NStZ **16**, 742); da I Verteidiger und Rechtsanwälte schützt, kommt es nicht darauf an, ob ein Mandatsverhältnis zustande kommt (vgl BGH aaO; Kämpfer aaO; erg 10 zu § 53).

G. **Anwendbarkeit von I bei Doppelfunktion:** Ist ein Rechtsanwalt auch als 7b
Steuerberater für den Beschuldigten tätig, kommt es für die Anwendbarkeit von I
darauf an, ob durch die Ermittlungsmaßnahme auch in das anwaltliche Vertrauensverhältnis eingegriffen werden soll; ist das nicht der Fall, beurteilt sich die Maßnahme nach II (BeckOK-Sackreuther 6).

3) Berufsgeheimnisträger is des § 53 I S 1 Nr 3–3b, 5 (II): 8

A. Ein **relatives Beweiserhebungsverbot** sieht II S 1 und 2 bei den von I 9
nicht erfassten Berufsgeheimnisträgern, dh den – sonstigen – Angehörigen der in
§ 53 I S 1 Nr 3–3b und 5 (dort 17, 21, 22, 28 ff) genannten Beratungs- und Heilberufe sowie der Medien vor; die Differenzierung zu I trägt – verfassungsrechtlich
unbedenklich – dem Umstand Rechnung, dass absolute Beweiserhebungs- und
Beweisverwertungsverbote wegen der hohen Bedeutung der Verfolgung von Straftaten auf wenige Ausnahmefälle zu begrenzen sind (BVerfGE **129**, 208 [Tz 248,
250 ff]; vgl auch § 119 IV S 1, 2 Nr 18, § 20u BKAG, § 3b G 10, § 5 III–V Thür-PAG). Für Insolvenzverwalter gilt II nicht (3 zu § 53). Aufgrund des durch Ges
vom 22.12.2010 (BGBl I 2261) eingefügten S 4 ist II allerdings nicht mehr auf
Rechtsanwälte sowie ihnen weitgehend gleich gestellte Berufsgeheimnisträger mit
anwaltlichen Aufgaben anwendbar, für die nunmehr weitergehend das absolute
Verbot des I S 1 gilt (nach BVerfG aaO Tz 262 ist dies vor Art 3 GG noch zu
rechtfertigen, weil eine Differenzierung zwischen Anwälten und Verteidigern aufgrund der Nähe der Tätigkeitsfelder faktisch kaum möglich ist). Das relative Beweiserhebungsverbot des II greift wie das absolute in I nur im Rahmen der
Reichweite des jeweiligen Zeugnisverweigerungsrechts ein, das heißt zB nicht,
wenn eine Entbindung von der Verschwiegenheitspflicht vorliegt (vgl allgemein
7 ff, und erg 18–20 [Ärzte usw], 21 [Schwangerschaftsberater], 22 [Berater für Fragen der Betäubungsmittelabhängigkeit], 33 ff [Presse] zu § 53). Steuerberater sind
geschützt, wenn sie für den Mandanten die Steuerberatung im eigentlichen Sinne
und nicht lediglich die Buchführung übernommen haben und der Beratungsauftrag noch nicht abgeschlossen ist (Schwarz wistra **17**, 4, 6). Wie sich aus der gegenüber I S 1 abweichenden Fassung von II S 1 Hs 1 und auch aus der Wertung
des § 101 IV ergibt, hängt die Betroffenheit des Berufsgeheimnisträgers nicht davon ab, ob sich die beabsichtigte Ermittlungsmaßnahme gegen ihn richtet
(BVerfG aaO; offenbar **aM** Glaser/Gedeon GA **07**, 425, 427; vgl auch Jahn C 60:
„Zufallsfund"). Es kommt vielmehr darauf an, ob die Prognose („voraussichtlich";
erg oben 3a) ergibt, dass die Maßnahme das Zeugnisverweigerungsrecht nach
§ 53 unterliegende Erkenntnisse erbringen würde. Der Umstand, dass mit solchen
Inhalten zu rechnen ist, muss bei der stets erforderlichen Verhältnismäßigkeitsprüfung besonders beachtet werden; hieraus ergeben sich Bestand und Umfang des
Beweiserhebungsverbots im Einzelfall (unten 10, 11).
Das Gesetz hat hier somit dem **Verhältnismäßigkeitsgrundsatz** (Einl 20) ei- 9a
nen besonderen Stellenwert eingeräumt. Abzuwägen sind das Interesse der Allgemeinheit, ggf auch des Opfers, an einer wirksamen Strafrechtspflege gegen das
öffentliche Interesse an den von dem Berufsgeheimnisträger wahrgenommenen
Aufgaben und das individuelle Interesse an der Geheimhaltung der ihm anvertrauten oder bekannt gewordenen Tatsachen (siehe BGH NStZ **16**, 741 mit Anm Gercke StV **17**, 2: Psychotherapeutin). Wenn der Gegenstand des Verfahrens nicht
zumindest eine Straftat von erheblicher Bedeutung (5 zu § 98a; speziell zu Steuerstraftaten Schwarz wistra **17**, 4; erg 40 zu § 97) umfasst, ist die Annahme eines
überwiegenden Strafverfolgungsinteresses regelmäßig ausgeschlossen (II S 1 Hs 2).
In dem hiernach verbleibenden Rahmen kommt den (Recherche-)Interessen der
Medien dann aber kein grundsätzlicher Vorrang zu (BVerfGE **107**, 299, 332). Bei
Tod des Geheimnisinhabers – etwa eines Patienten – ist iRd Abwägung zu beachten, dass die Schutzwirkung des hierdurch entstehenden postmortalen Achtungsanspruchs weniger weit reicht als das allg Persönlichkeitsrecht des Lebenden (BGH
StraFo **12**, 173).

§ 160a

10 Ist nach dem **Ergebnis der Abwägung** die in Aussicht genommene Ermittlungsmaßnahme nicht uneingeschränkt zulässig, greifen die in II S 2 bezeichneten Rechtsfolgen ein: Eine unverhältnismäßige Maßnahme hat zu unterbleiben. Ist die Verhältnismäßigkeit teilweise nicht gegeben, muss die Maßnahme entspr beschränkt werden; wenn dies nach ihrer Art nicht möglich ist, ist sie zu unterlassen. Eine **Löschungsverpflichtung** für den Fall, dass die Abwägung die Unverwertbarkeit im weiteren Verfahren ergibt, besteht nach dem ausdrücklichen Wortlaut – anders als nach I S 3 – **nicht** (von BGH NStZ **16**, 741 offen gelassen).

11 B. II S 3 regelt die **Verwertung** von Erkenntnissen, die dem Zeugnisverweigerungsrecht der in II S 1 genannten Berufsgruppen unterliegen. Sie hängt von einer Prüfung der Verhältnismäßigkeit im Einzelfall ab (zu den Kriterien oben 9a). Durch den Verweis auf II S 1 ergibt sich ein weitgehender Gleichlauf in der Beurteilung der Beweiserhebung und -verwertung. Ein Verwertungsverbot kann aber im Einzelfall auch unabhängig von einem Verstoß gegen das Erhebungsverbot (S 1) eingreifen. Zu dem oben 4 erörterten Fall, dass sich die *ex ante* fehlerfreie negative Prognose über Bestand oder Reichweite des Zeugnisverweigerungsrechts im Nachhinein als unzutreffend erweist, kommt hier hinzu, dass die Prüfungen regelmäßig zu unterschiedlichen Zeitpunkten vorgenommen werden; in der Zwischenzeit kann die Sachlage erhebliche Änderungen erfahren haben: Erschien die Erhebung von Erkenntnissen, die dem Zeugnisverweigerungsrecht unterliegen, wegen der zunächst angenommenen schweren Straftat gerechtfertigt, so ist die spätere Verwertung der hierdurch erlangten Informationen idR gleichwohl unverhältnismäßig, wenn keine Straftat von erhebl Bedeutung iS von II S 1 Hs 2 mehr inmitten steht. Umgekehrt können die Ergebnisse einer auf dem Verdacht einer weniger schweren Straftat beruhenden und daher unzulässigen Beweiserhebung gleichwohl verwertbar sein, wenn sich später herausstellt, dass es sich in Wahrheit um eine Straftat von erheblicher Bedeutung handelt (BT-Drucks 16/5846 S 37; HK-Zöller 13; **aM** Puschke/Singelnstein NJW **08**, 117).

12 Nur **zu Beweiszwecken** verbietet II S 3 die Verwertung geschützter Erkenntnisse, wenn sich als Ergebnis der Abwägung (oben 9a) die Unverhältnismäßigkeit einer solchen Nutzung ergibt (krit Wolter GA **07**, 186). Die Vorschrift untersagt – anders als I S 2 und 5 (oben 4, 7) nicht die mittelbare Verwertung in der Weise, dass die erlangten Informationen zur Grundlage weiterer Ermittlungen gemacht werden (Gercke Schlothauer-FS 423, 432; Glaser/Gedeon GA **07**, 429 zu § 53b II des Ges-Entwurfs; KK-Griesbaum 16 aE; abweichend Jahn C 96: Frühwirkung [Einl 57e] bei in einem neu eingeleiteten Verfahren; **aM** auch HK-Zöller 14).

13 C. Wäre ein **Arzt** (unmittelbar oder mittelbar, dazu oben 9) von der Ermittlungsmaßnahme betroffen, ist zu unterscheiden: Arztgespräche können im Einzelfall dem Kernbereich privater Lebensgestaltung zuzuordnen sein (BVerfGE **109**, 279; weitergehend Reiß StV **08**, 543 ff, 547 für alle in § 53 I S 1 Nr 3 genannten Heilberufe). Dessen Schutz darf nicht durch Abwägung mit den Strafverfolgungsinteressen nach Maßgabe des Verhältnismäßigkeitsgrundsatzes relativiert werden (BVerfGE **109**, 279); folglich greift insoweit ein absolutes Erhebungs- und Verwendungsverbot ein, das auch Spurenansätze mit umfasst. Nur soweit der unantastbare Bereich des Höchstpersönlichen nicht betroffen ist, unterliegt die Erhebung und Verwertung von Informationen, die vom ärztlichen Zeugnisverweigerungsrecht erfasst werden, der Abwägung nach II (vgl BVerfGE **32**, 373; MedR **06**, 586; **aM** offenbar BT-Drucks 16/5846 S 36 zu § 53b II des Ges-Entwurfs; KK-Griesbaum 15). Diese wird allerdings idR jedenfalls bei kernbereichsnahen, besonders sensiblen Informationen, die in einem Arzt-Patienten-Gespräch ausgetauscht werden, zu einem Überwiegen der schutzwürdigen Individualinteressen führen.

14 4) Auf **mitwirkende Personen** iSv § 53a erstreckt III den Schutz der in I und II enthaltenen Verbote nach dem Vorbild des § 97 III, IV S 3 (vgl dort 43 sowie 2 ff zu § 53a).

Vorbereitung der öffentlichen Klage **§ 160a**

5) Der **Verdacht der Beteiligung** sowie der Begünstigung, Strafvereitelung **15** oder Hehlerei (nicht aber der Geldwäsche) lässt die in I bis III enthaltenen Erhebungs- und Verwertungsverbote entfallen (IV S 1; krit Knierim StV **08**, 604); Verteidiger sind allerdings wegen § 148 bei der Telekommunikation sowie den in § 100c, § 100f und § 110a geregelten Überwachungs- bzw Ermittlungsmaßnahmen weitergehend geschützt (21 zu § 100a; 24 zu § 100d; 12 zu § 100f; siehe ferner 41 zu § 100g). Nur nach sorgfältiger, sich auf bestimmte Tatsachen (9 zu § 100a) stützender Prüfung darf der Verstrickungsverdacht angenommen werden (erg 18–20 zu § 97; zur Gesetzesgenese Leitner Widmaier-FS 334). Das BVerfG fordert über den Anfangsverdacht hinausgehende Verdachtsgründe (BVerfG NJW **07**, 2752 f; vgl auch EGMR Nr 73607/13 vom 27.4.2017). Voraussetzung ist aber nicht, dass gegen den Berufsgeheimnisträger ein Ermittlungsverfahren eingeleitet worden ist (BT-Drucks 16/6979 S 45; **aM** KMR-Plöd 13; vgl auch oben 1). Entsteht der Verdacht erst nach einer unzulässigen Beweiserhebung, entfällt die Schutzwirkung der Absätze 1 bis 3 und die erlangten Erkenntnisse können verwertet werden (BGH **18**, 227, **25**, 168, jew zu § 97). Wenn sich der Verdacht allerdings erst aus den unzulässig gewonnenen Ermittlungsergebnissen ergibt, entfällt die Unverwertbarkeit nach I S 2, 5 oder II S 3 nicht (vgl 48 zu § 97; **aM** BT-Drucks 16/5846 S 37 zu § 53b des Ges-Entwurfs, sogar für den Fall des absoluten Verwendungsverbots nach I S 2; siehe ferner KK-Griesbaum 7, 1; Burhoff ErmV 745). Fällt der Verdacht nachträglich weg, folgt allein aus der Zulässigkeit der Erhebung der Beweise nicht schon deren Verwertbarkeit; denn die Verwertungsregelungen in I S 2, 5 sowie II S 3 sind selbständig im jeweils maßgeblichen Entscheidungszeitpunkt zu beurteilen (oben 4, 7, 11; Mitsch AfP **12**, 521, 526; Knierim aaO 604; Burhoff ErmV 745). Die die Verwertbarkeit in diesem Fall bejahende Rechtsprechung zu § 97 (BGH NStZ **83**, 85; zust LR-Menges 151 zu § 97) kann daher mit der Folge der Anwendbarkeit der genannten Verwertungsverbote für § 160a nicht aufrechterhalten werden (so schon zu § 97 Fezer 7/45; Herdegen GA **63**, 143; Schlüchter 308: Schmidt [20 zu § 97] 71; vgl auch SK-Wohlers/Greco 48 ff zu § 97; Mitsch Lenckner-FS 737; Thum HRRS **12**, 535, 540).

Bei **Medienangehörigen** (§ 53 I S 1 Nr 5) greift die Verstrickungsregelung im **16** Falle eines Antrags- oder Ermächtigungsdelikts erst ein, wenn die entspr Erklärung vorliegt (IV S 2). Die dem Informantenschutz dienende Regelung ist vor allem mit Blick auf die Verletzung des Dienstgeheimnisses konzipiert, das nur mit Ermächtigung verfolgt wird (§ 353b IV StGB; vgl BT-Drucks 17/3355 S 7). Der weitergehende besondere Schutz der Presse folgt (wegen V; siehe anschl 17) aus § 97 V S 2 2. Hs. (siehe dort 45a). Für bei einer Durchsuchung gemachte Zufallsfunde gilt § 108 III (dort 10).

6) Dem § 160a gehen die §§ 97, 100d V als **Spezialvorschriften** vor (V; BT- **17** Drucks 16/5846 S 38; BVerfG NJW **18**, 2385, 2387 mit Anm Knauer NStZ **19**, 164; BGH NJW **18**, 3261, 3263; LG Stuttgart StV **19**, 7 mit Anm Jahn/Kirsch mwN; LG Mannheim NZWiSt **12**, 424, 430; Erb Kühne-FS 171, 176; Thum HRRS **12**, 535; Mitsch AfP **12**, 521, 522, 525; Burhoff ErmV 746). § 160a tritt daher zurück, wenn § 97 an einen Eingriff höhere Anforderungen stellt; so sind etwa Mitteilungen zwischen dem Beschuldigten und seinem Arzt oder Steuerberater nach § 97 I ohne ein weiteres beschlagnahmefrei, einer Verhältnismäßigkeitsprüfung nach § 160a II iVm § 53 I Nr 3 bedarf es nicht (Schuster NZWiSt **12**, 28, 30; Jahn NStZ **12**, 718; Schneider NStZ **16**, 309, 310; Park 626; vgl auch Ballo NZWiSt **13**, 46, 50). Dies gilt gleichermaßen für nach § 97 V beschlagnahmefreie Gegenstände (Erb aaO; Mitsch aaO 525). § 97 geht aber auch vor, wenn umgekehrt § 160a ein höheres Schutzniveau vorsieht; V enthält also keine „Meistbegünstigungsklausel" (Jahn aaO 718 f; Park aaO; erg 50 zu § 97; 22a–25 zu § 100c; speziell zu Beschlagnahmen bei sog internen Ermittlungen 10a–c zu § 97; dazu auch BVerfG aaO). Die Verwendung oder Verwertung der Beweismittel, die durch Verstoß gegen ein Beschlagnahmeverbot nach § 97 erlangt wurden, richtet sich dagegen nach I S 2, 5 bzw II S 3 oder III, da § 97 für die **Folgen einer rechts-**

§ 160b

widrigen Beschlagnahme keine Regelung trifft (BVerfG aaO 2391; erg 50 zu § 97; oben 15). Ausführlich zum Ganzen Valerius, Das Vertrauensverhältnis zwischen Anwalt und Mandant, Diss 2013, 103, 113 ff). Ob rechtmäßig erlangte Beweismittel in einem anderen Strafverfahren oder für die Aufklärung einer anderen prozessualen Tat verwertet werden dürfen, richtet sich hingegen nach den allgemeinen Grundsätzen (vgl 49 zu § 97; insoweit missverständlich BVerfG aaO). Im Übrigen verweist § 100d V S 3 zurück auf § 160a IV.

18   **7) Die Revision** kann darauf gestützt werden, dass Erkenntnisse bei der Beweiswürdigung verwertet worden sind, obwohl sie einem Verwertungsverbot nach I S 2, 5 oder II S 3 (auch iVm III) unterliegen. Eines ausdrücklichen Widerspruchs in der Hauptverhandlung bedarf es jedenfalls dann nicht, wenn angesichts des Prozessverhaltens offensichtlich ist, dass der Angeklagte mit einer strengbeweislichen Verwertung zu seinen Lasten nicht einverstanden ist (vgl BGH **50**, 206, 216); er ist jedoch mit Rücksicht darauf, dass diese Rechtsfrage zu § 160a noch nicht höchstrichterlich entschieden ist, anzuraten (Burhoff ErmV 747; siehe auch KK-Griesbaum 22, der einen Widerspruch fordert, wenn der Angeklagte über die Verwertung zweifelsfrei disponieren kann). Die Revisionsbegründung muss dartun, dass die Voraussetzungen des IV nicht vorlagen, wenn diese Möglichkeit ernsthaft in Betracht zu ziehen ist (BGH **37**, 245 zu § 97; ebenso BGH **38**, 144, 146 zur Entbindung von der Schweigepflicht). Die unzutreffende Annahme eines Verwertungsverbots kann mit der Aufklärungsrüge beanstandet werden. Soweit ein Beurteilungsspielraum besteht (oben 3a, 9a), ist die Nachprüfung auf den Maßstab der Vertretbarkeit beschränkt (vgl BGH StraFo **12**, 173; BGH **41**, 30; weitergehend KK-Griesbaum 22, 24, der dies auch auf die Verhältnismäßigkeitsprüfung nach II überträgt).

Erörterung des Verfahrensstands mit den Verfahrensbeteiligten

160b   [1] Die Staatsanwaltschaft kann den Stand des Verfahrens mit den Verfahrensbeteiligten erörtern, soweit dies geeignet erscheint, das Verfahren zu fördern. [2] Der wesentliche Inhalt dieser Erörterung ist aktenkundig zu machen.

1   **1) Zielsetzung** dieser Vorschrift ist es, die Gesprächsmöglichkeiten zwischen der StA und den Verfahrensbeteiligten zu fördern. Zwar sind solche Gespräche schon immer in der Praxis üblich gewesen (Bittmann NStZ **15**, 548); sie zu untersagen, wäre auch nicht sinnvoll und ein solches Verbot wäre auch praktisch nicht durchsetzbar. Es war daher richtig, ausdrücklich zu bestimmen, dass – entgegen im Schrifttum gegen solche Gespräche gelegentlich geäußerte Bedenken (Schünemann Rieß-FS 543; Weigend NStZ **99**, 59; dagegen schon Meyer-Goßner Gollwitzer-Koll 175) – die StA mit den Verfahrensbeteiligten Gespräche führen darf, die geeignet sind, das Verfahren zu fördern. Die StA „kann" solche Erörterungen vornehmen; es ist aber demnach nicht so, dass es solche Erörterungen geben „soll" oder gar geben „muss".

2   **2) „Verfahrensbeteiligte"** sind die Personen oder Stellen, die nach dem Gesetz eine Prozessrolle ausüben, dh durch eigene Willenserklärungen im prozessualen Sinn gestaltend als Prozesssubjekt mitwirken müssen oder dürfen (erg Einl 71 ff). Dazu gehören im Ermittlungsverfahren der Beschuldigte und sein Verteidiger. Ein Beitritt als Nebenkläger wird nach § 396 I S 2 erst mit Erhebung der öffentlichen Klage wirksam; das schließt aber nicht aus, nebenklageberechtigte Personen auch hier schon als Verfahrensbeteiligte anzusehen. Gerade wenn zwischen StA und Verteidigung über eine im Hauptverfahren vorzunehmende Verständigung verhandelt wird, kann es im Einzelfall angebracht sein, die nebenklageberechtigte Person – also das Tatopfer – an den Erörterungen zu beteiligen.

3   Verfahrensbeteiligte ist selbstverständlich auch die **Finanzbehörde** in Steuerstrafverfahren (vgl §§ 403, 407 I **AO**; zum Zusammenwirken von StA und Finanzbehörde vgl BGH NJW **09**, 2319).

Keine Verfahrensbeteiligten sind hingegen die nicht nebenklageberechtigten 4
Verletzten (§ 406 f); denn diesen stehen nicht prozessuale Gestaltungs-, sondern
nur Informations- und Schutzrechte zu. Auch Zeugen und Sachverständige sind
nicht verfahrensbeteiligt iSd § 160b, ebenso wenig Angehörige der Bewährungs-
und Gerichtshilfe (N/Sch/W-Schlothauer 13).

3) Geeignet zur Verfahrensförderung müssen die Erörterungen sein. Das ist 5
allerdings keine bedeutsame Einschränkung für die Gespräche: Da es in erster Linie
um Beschränkungen bei der Strafverfolgung gehen wird, wird die Geeignetheit in
aller Regel zu bejahen sein. Im Übrigen wird vielfach der Verteidiger das Gespräch
mit der StA schon deshalb suchen, um die „Verhandlungsmasse" auszuloten. Die
StA ist aber nicht verpflichtet, solche Gesprächsangebote aufzugreifen (oben 1).

A. **Gegenstand** der Erörterungen kann insbesondere sein, die Strafverfolgung 6
nach § 154a I zu beschränken oder von der Verfolgung von Straftaten nach § 154 I
abzusehen, wenn der Beschuldigte erklärt, dass er in der Hauptverhandlung hinsichtlich einer oder mehrerer bestimmter Straftaten ein Geständnis ablegen werde.
Die Erörterungen können aber – wie bisher schon üblich – auch die Verfahrenserledigung durch Einstellung nach § 153a oder durch Strafbefehl (§§ 407 ff) zum
Gegenstand haben, einen Täter-Oper-Ausgleich bezwecken (§ 155a), und insbesondere aber auch der Vorbereitung einer Verständigung im Hauptverfahren
(§ 257c) dienen. Erg 14 zu § 172.

B. Eine bestimmte **Form** ist für die Erörterungen nicht vorgeschrieben. Sie 7
werden idR mündlich erfolgen, können aber auch telefonisch vorgenommen werden. Es müssen nicht alle Verfahrensbeteiligten gleichzeitig anwesend sein oder
beteiligt werden. Auch hier gilt der Grundsatz der freien Gestaltung des Ermittlungsverfahrens (Einl 60).

4) Aktenkundig zu machen ist der wesentliche Inhalt des Gesprächs (S 2). Es 8
ist also die Tatsache, dass und mit welchen Verfahrensbeteiligten Erörterungen
stattgefunden haben und das Ergebnis dieser Erörterungen in den Akten zu vermerken; sie sollten auch in der Hauptverhandlung offengelegt werden (BGH
StV **12**, 649). Dabei wird nicht jegliche – insbesondere telefonische – Kontaktaufnahme festzuhalten sein; ein Vermerk ist vielmehr nur dann erforderlich, wenn das
Gespräch zu einem – positiven oder negativen – Ergebnis geführt hat (zust Bittmann wistra **09**, 414; a**M** SK-Deiters 5 zu § 212). Sind Vereinbarungen getroffen
worden, hat also etwa die StA dem Beschuldigten bestimmte Verfahrensweisen (zB
die Einstellung weiterer Verfahren nach § 154 I) zugesagt, ist dies besonders sorgfältig zu dokumentieren, um spätere Streitigkeiten über den genauen Inhalt der
Abmachungen zu vermeiden (BGH NStZ **12**, 347). Gleiches gilt für Zusicherun-
gen des Beschuldigten bzw seines Verteidigers hinsichtlich einer im Hauptverfahren vorgesehenen Verständigung. Ein Verstoß gegen dieses Dokumentations-
und Transparenzgebot kann zur Unwirksamkeit einer getroffenen Verständigung
führen.

5) Löst sich die StA oder ein Verfahrensbeteiligter später von einer verbindlich 9
getroffenen Vereinbarung, so entfällt auch für den Gegner die Verpflichtung zu
deren Einhaltung. Hat aber die StA oder der Verfahrensbeteiligte seinen Teil der
Vereinbarung erfüllt, kann sich grundsätzlich der andere Teil nicht mehr ohne
weiteres von der Vereinbarung lösen. Das bedeutet insbesondere:
Hat der Angeklagte in der Hauptverhandlung das der StA zugesagte Geständnis 10
abgelegt, kann die StA ihre verpflichtend gegebene **Zusage einer Sachbehandlung nach § 154 I** oder der Beantragung einer bestimmten Mindest- oder
Höchststrafe (Strafunter- oder Strafobergrenze nach § 257c III S 2) nicht mehr
zurücknehmen (LR-Erb 11). Legt der Angeklagte in der Hauptverhandlung allerdings das versprochene Geständnis nicht ab, so ist die StA nicht mehr an ihre gegebenen Zusagen gebunden.
Die **Zusage des Gerichts,** selbständige Verfahrensteile oder ein anderes bei 11
ihm anhängiges Verfahren nach § 154 II einzustellen, hat BGH **52**, 165 (dazu Ei-

senberg NStZ 08, 698, Fahl NStZ 09, 613; Fezer JZ 08, 1059) als zulässig und verbindlich angesehen, wenn das Gericht sich Erklärungen der StA, einen entspr Antrag zu stellen, zu eigen gemacht hat; das folge aus dem Gebot fairer Verfahrensgestaltung (Art 6 I S 1 EMRK, Art 20 III GG). Hält sich das Gericht nicht an diese Zusage, so begründet dies nach Ansicht des BGH aber idR kein Verfahrenshindernis, sondern nur einen wesentlichen Strafmilderungsgrund (BGH aaO unter Hinweis auf BGH 37, 10; zust Fahl aaO 614). Richtiger wäre es, eine trotz Zusage einer Antragstellung nach § 154 II durch die StA erhobene Anklage wegen Verstoßes gegen die Grundsätze des fairen Verfahrens (Einl 19) nicht zuzulassen und eine gleichwohl erfolgte Verurteilung wegen eines daraus resultierenden Verfahrenshindernisses (Befassungsverbot, vgl Einl 143, 143a) aufzuheben und das Verfahren einzustellen (vgl auch LR-Erb 11; Beulke/Swoboda 396e; Eisenberg aaO 699 aE; Fezer aaO 1060; Lindemann JR 09, 82; Sauer wistra 09, 143; vgl ferner Graumann HRRS-Fezer-FG 53: Einstellung entspr § 154).

Allgemeine Ermittlungsbefugnis der Staatsanwaltschaft

161 I ¹Zu dem in § 160 Abs. 1 bis 3 bezeichneten Zweck ist die Staatsanwaltschaft befugt, von allen Behörden Auskunft zu verlangen und Ermittlungen jeder Art entweder selbst vorzunehmen oder durch die Behörden und Beamten des Polizeidienstes vornehmen zu lassen, soweit nicht andere gesetzliche Vorschriften ihre Befugnisse besonders regeln. ²Die Behörden und Beamten des Polizeidienstes sind verpflichtet, dem Ersuchen oder Auftrag der Staatsanwaltschaft zu genügen, und in diesem Falle befugt, von allen Behörden Auskunft zu verlangen.

II Soweit in diesem Gesetz die Löschung personenbezogener Daten ausdrücklich angeordnet wird, ist § 58 des Bundesdatenschutzgesetzes nicht anzuwenden.

III ¹Ist eine Maßnahme nach diesem Gesetz nur bei Verdacht bestimmter Straftaten zulässig, so dürfen die auf Grund einer entsprechenden Maßnahme nach anderen Gesetzen erlangten personenbezogenen Daten ohne Einwilligung der von der Maßnahme betroffenen Personen zu Beweiszwecken im Strafverfahren nur zur Aufklärung solcher Straftaten verwendet werden, zu deren Aufklärung eine solche Maßnahme nach diesem Gesetz hätte angeordnet werden dürfen. ² § 100e Absatz 6 Nummer 3 bleibt unberührt.

IV In oder aus einer Wohnung erlangte personenbezogene Daten aus einem Einsatz technischer Mittel zur Eigensicherung im Zuge nicht offener Ermittlungen auf polizeirechtlicher Grundlage dürfen unter Beachtung des Grundsatzes der Verhältnismäßigkeit zu Beweiszwecken nur verwendet werden (Artikel 13 Abs. 5 des Grundgesetzes), wenn das Amtsgericht (§ 162 Abs. 1), in dessen Bezirk die anordnende Stelle ihren Sitz hat, die Rechtmäßigkeit der Maßnahme festgestellt hat; bei Gefahr im Verzug ist die richterliche Entscheidung unverzüglich nachzuholen.

Übersicht

	Rn
1) Ermittlungsgeneralklausel (I)	1–2
2) Post und Telekommunikation	3
3) Bankgeheimnis	4, 4a
4) Steuergeheimnis	5
5) Sozialgeheimnis	6
6) Grundsatz der freien Gestaltung des Ermittlungsverfahrens	7–9
7) Ermittlungen durch StA oder durch Polizei (I S 2)	10–14
8) Medienkontakte	15–17
9) Auskunft über Fernmeldeverkehr	18
10) Antrag auf gerichtliche Entscheidung	18a
11) Verwendung von Daten aus Maßnahmen nach anderen Gesetzen (III)	18b–18e

Vorbereitung der öffentlichen Klage § 161

	Rn
12) Verwendung von Daten aus Maßnahmen der Eigensicherung (IV) ..	19, 20
13) Löschung (II)	21

1) Ermittlungsgeneralklausel: § 161 ist durch das StVÄG 1999 dahin geändert worden, dass er eine – bis dahin fehlende – Ermittlungsgeneralklausel („StA ist befugt") enthält (Wollweber NJW **00**, 3623); die Vorschrift ist damit die gesetzliche Ermächtigungsgrundlage für Ermittlungen jeder Art, auch für solche mit einem Grundrechtseingriff verbundenen Ermittlungshandlungen, die weniger intensiv eingreifen (aber nur für solche, vgl BGHSt **51**, 211, 218) und deshalb nicht von einer speziellen Eingriffsermächtigung erfasst werden, wie zB die kurzfristige Observation (zur Abgrenzung 1 zu 163f), Erkundigungen in der Nachbarschaft, der Einsatz von V-Leuten (allerdings zweifelnd BGH NStZ **10**, 528 zur Durchführung eines verdeckten Verhörs mit dem Ziel, eine selbst belastende Äußerung eines noch nicht förmlich vernommenen Beschuldigten herbeizuführen) oder Scheinaufkäufern, auch einfache Fahndungsmaßnahmen (Hilger NStZ **00**, 564; Soiné Kriminalistik **01**, 246), die Überprüfung auf Anhaftungen „künstlicher DNA" (Krumdiek StRR **09**, 129, 131: Bestrahlen mit UV-Licht; erg 6 zu § 81a) sowie uU finanzielle Gegenleistungen für „zeugenschaftliche Kooperation" (so Kölbel NStZ **08**, 243; erg 3 zu § 136a); zur Internet-Aufklärung 7 zu § 100a, 28 zu § 163 I bildet daher auch die Rechtsgrundlage für die allgemeine Erhebung personenbezogener Daten (BVerfG NJW **09**, 1405), für die Gewährung von Akteneinsicht an Privatpersonen gelten die speziellen Vorschriften der §§ 475 ff (BVerfG NJW **09**, 2876, 2877). Auf I können auch Beweiserhebungen gestützt werden, wenn die an sich notwendige Anordnung der Zwangsmaßnahme aufgrund der Einwilligung des Betroffenen entbehrlich ist (vgl hierzu etwa 3 zu § 81a, 1 zu § 94, 1 zu § 105); I ist mithin eine Rechtsvorschrift iSd § 51 I BDSG (**aM** El-Ghazi ZIS 19, 110, 117 f, allerdings ohne I in Betracht zu ziehen). Der Einsatz **„stiller SMS"** kann hingegen nicht auf die Ermittlungsgeneralklausel gestützt werden, weil damit das Grundrecht auf informationelle Selbstbestimmung (Art 2 I iVm Art 1 I GG) in erheblicher Weise berührt wird; die alleinige Rechtsgrundlage bildet § 100i I Nr 2 (BGHSt **63**, 82; erg 6a zu § 100a; 21 zu § 100g; 4 zu § 100i; zu bisher vertretenen Ansichten, vgl 61. Aufl). **1**

Insbesondere die **behördliche Auskunft** kann unmittelbar eingeholt werden, selbst wenn die geforderten Nachrichten erst noch durch (zumutbare) Materialsammlung oder Beobachtung dienstlicher Vorgänge gewonnen werden müssen; denn die Behörde muss möglichst gute Beweise zur Verfügung stellen (BGH **29**, 109, 112; vgl auch BVerfGE **57**, 250, 283 = NJW **81**, 1719, 1723). Die Behörden sind der StA gegenüber zur Auskunft rechtlich verpflichtet (Karlsruhe NJW **86**, 145; Erdsiek NJW **60**, 616; Kurth NStZ **83**, 543; Meyer JR **86**, 172), ebenso gegenüber der FinB in Steuerstrafsachen (§§ 386, 399 I **AO**; vgl 31 zu § 163); erst recht gegenüber dem Gericht (§§ 202, 244 II; BGH **30**, 34, 35; **36**, 328, 337; Rieß Hilger-FG 175 Fn 6; SK-Wohlers/Deiters 19; zur Verwertung selbstbelastender Angaben im Verwaltungsverfahren Schlothauer Fezer-FS 267 ff). Für die Weitergabe von Daten an die StA gilt § 15 I iVm § 14 II Nr 7 BDSG. Zur umstr Frage der Zulässigkeit der Erhebung eines beim Passregister gespeicherten Lichtbildes eines Betroffenen durch die Bußgeldstelle einschr Stuttgart StraFo **03**, 16 mit abl Anm Steffen, Verwertung bejahend Bay **03**, 105 = NJW **04**, 241, Bamberg DAR **06**, 336 sowie Niehaus NZV **03**, 166; krit LR-Gössel Einl L 100; vgl auch 28 zu § 163. Wenn die in § 97 I Nrn 1–3 bezeichneten Unterlagen im Gewahrsam einer Behörde sind, darf die StA keine Auskunft daraus verlangen, falls die Beschlagnahme unzulässig wäre. Wenn nicht eine ausdrückliche gesetzliche Vorschrift die Auskunftspflicht einschränkt (unten 3–5), darf die Auskunft nicht verweigert werden, sofern nicht die oberste Dienstbehörde erklärt, dass das Bekanntwerden ihres Inhalts dem Wohl des Bundes oder eines deutschen Landes Nachteile bereiten würde; das gilt insbesondere für Auskünfte über Namen und Anschrift von Gewährsleuten (BGH **29**, 390, 393; NJW **81**, 1052; erg 12 zu § 96). Die auch nur teilw Verweigerung der Auskunft muss begründet werden (BGH **29**, 109, 112; vgl **1a**

§ 161

auch BVerfGE **57**, 250, 281 ff). Zur Einholung nachrichtendienstlicher Erkenntnisse Griesbaum Breidling-FS 121, 136; Verwertung von Erkenntnissen von Informanten und V-Personen der Nachrichtendienste Soiné NStZ **07**, 247. Auskunftsverlangen der StA an die ermittelnden Polizeibehörden sind in § 161 I S 1 nicht gemeint; insoweit gilt § 152 I GVG (Füllkrug ZRP **84**, 193; Geißer GA **83**, 392), wohl auch für im Rahmen der Strafverfolgungsvorsorge erhobene Daten (vgl BVerfGE **113**, 348; **aM** KK-Griesbaum 32a). § 161 geht § 4 ZSHG nach dessen V vor (LR-Erb 38; einschr – aber unzutr – Hilger Gössel-FS 608). Einsicht in die Akten anderer Strafverfahren oder Auskünfte daraus erhalten Gericht und StA nach § 474 I (dort 2).

2 **Von anderen Stellen oder Personen** kann ebenfalls Auskunft verlangt werden (RiStBV 67). Dabei handelt es sich um eine formlose Art der Zeugenvernehmung (LG Frankfurt aM NJW **54**, 688 mit Anm Sichtermann). Bei Verweigerung kann die förmliche Vernehmung erzwungen (§§ 161a, 51), uU auch die Herausgabe verlangt (§ 95) oder die Durchsuchung und Beschlagnahme angeordnet werden. Auf die in Betracht kommende Möglichkeit dieser Art kann ggf bei dem Auskunftsverlangen hingewiesen werden. Der Zugriff auf bei Dritten gespeicherte **Datenbestände** ist umstritten. § 161 I ist nach der Rspr des BVerfG eine ausreichende Rechtsgrundlage für ein Auskunftsersuchen der StA, das auf hausinterne Datenabgleiche durch private Stellen (zB Banken, Kreditkartenunternehmen) gerichtet ist und insoweit heimlich erfolgt (BVerfG NJW **09**, 1405, 1407 mit abl Anm Schnabel CR **09**, 385; AG Halle-Saalkreis DuD **07**, 464; LR-Erb 39f; **aM** Petri StV **07**, 266; Schnabel DuD **07**, 427; Singelnstein NStZ **12**, 593, 603: § 94, es sei denn, die Daten werden unaufgefordert oder freiwillig übergeben). Die Herausgabe einer einzelnen IP-Adresse des Auftraggebers eines bestimmten Überweisungsvorgangs nach §§ 15 V S 4, 14 II TMG durch ein Unternehmen, das IT-Leistungen für Banken anbietet, kann nicht auf die Generalklausel gestützt werden. Dynamische IP-Adressen fallen in den Schutzbereich des Art 10 I GG (BVerfG **130**, 151), weshalb sich ihre Erhebung nicht nach § 100g richtet (siehe dort 8). Auskunft über statische IP-Adressen können nach § 100j I S 1 erhoben werden (dort 2), weil es sich hierbei um Bestandsdaten handelt, die nicht Art 10 GG zugeordnet sind (BVerfGE aaO).

3 **2) Post und Telekommunikation:** Von den Unternehmen dieses Wirtschaftssektors (einschließlich der Nachfolger der Deutschen Bundespost) kann keine „behördliche" Auskunft verlangt werden. Soweit das Post- und Fernmeldegeheimnis nach Art 10 GG, § 39 PostG, § 88 TKG berührt wird, gelten § 99 (dort 14) und § 100g. Zu Bestandsdaten der Kunden von Telekommunikationsunternehmen siehe § 100j. Bei der Deutschen Postbank AG befindliche Unterlagen fallen nicht unter das Postgeheimnis, sondern unter das Bank„geheimnis" (unten 4).

4 **3) Ein Bank„geheimnis"** steht dem Auskunftsverlangen nicht entgegen (LG Frankfurt aM NJW **54**, 688; LG Hamburg NJW **78**, 958; LG Hof NJW **68**, 65; KK-Griesbaum 8; ANM 476 mwN; Bilsdorfer DStR **84**, 498); vgl aber § 30a **AO**. Zur Auskunft verpflichtet sind aber nur öffentlich-rechtliche Kreditinstitute (KK-Griesbaum 8; Tiedemann NJW **72**, 665; zw Sichtermann, Bankgeheimnis und Bankauskunft, 1984, S 341; Bedenken auch bei LR-Erb 39 sowie Reichling JR **11**, 15 für öffentlich-rechtlich organisierte Sparkassen). Privatbanken können zu Auskünften nicht gezwungen werden (LG Hof aaO; Reichling aaO 16; Selmer, Steuerrecht und Bankgeheimnis, 1981, S 76; Sichtermann aaO S 340), sind aber ihren Kunden gegenüber berechtigt, die Auskunft zur Abwendung einer Beschlagnahme freiwillig zu erteilen (LR-Erb 41; Kretschmer wistra **09**, 181; Reichling aaO; Probst NJW **76**, 214; **aM** Selmer aaO S 78; Sichtermann aaO 341; vgl eingehend und diff zum Bankauskunftsersuchen Jansen [oben 1a] 441). Unter Berufung auf das Bankgeheimnis darf Rechtshilfe in der EU im Rahmen des Protokolls vom 16.10.2001 zu dem Rechtshilfe-Übk vom 29.5.2000 (Einl 215b) nicht abgelehnt werden.

Vorbereitung der öffentlichen Klage § 161

Die **Bundesanstalt für Finanzdienstleistungsaufsicht** erteilt allerdings im **4a** automatisierten Verfahren den Strafverfolgungsbehörden und Gerichten auf Ersuchen gemäß § 24c III S 1 Nr 2 KWG Auskünfte aus den bei den Kreditinstituten nach § 24c I S 1 KWG zu führenden Dateien, die die Kontonummern und den Namen des Inhabers und eines Verfügungsberechtigten (die sog Stammdaten) enthalten. Auf den Inhalt der Konten kann damit nicht zugegriffen werden (vgl dazu BVerfGE **118**, 168 = NJW **07**, 2464 mit Anm Neuling HRRS **07**, 382; Brender ZRP **09**, 198).

4) Das **Steuergeheimnis** (§ 30 AO) steht der Auskunftserteilung entgegen, sofern seine Offenbarung nicht gesetzlich zugelassen ist oder der Betroffene zustimmt (§ 30 IV Nrn 2, 3 AO). Den Amtsträgern (§ 30 I AO) und den ihnen nach § 30 III AO gleichgestellten Personen ist es untersagt, die in § 30 II AO bezeichneten Tatsachen unbefugt zu offenbaren; sie dürfen darüber weder als Zeuge aussagen noch amtliche Auskünfte geben oder Akten und andere Schriftstücke herausgeben. Ausnahmen bestimmt § 30 IV, V AO (vgl dazu Hamburg NStZ **96**, 43 mit Anm Hellmann NStZ **96**, 556; Hamm NStZ **09**, 162; Höll ZIS **10**, 310, 318; Schützeberg StRR **09**, 455). Ausführlich zum Steuergeheimnis im Strafverfahren Blesinger wistra **91**, 239, 294; **08**, 416; vgl auch Stahl/Demuth DStR **08**, 601; Lührs MDR **96**, 21. Zum unter bestimmten Voraussetzungen nach § 161 zulässigen Ankauf von sog **Steuerdaten-CD's** VerfGH RhPf wistra **14**, 240 sowie 3a, 3b zu § 136a.

5) Das **Sozialgeheimnis** (§ 35 SGB I) verbietet die Auskunft durch Behörden **6** nach § 67 S 1 SGB X nur dann nicht, wenn der Betroffene einwilligt oder eine gesetzliche Offenbarungspflicht nach §§ 68–77 SGB X besteht (vgl dazu Kunkel StV **00**, 531; **02**, 333; Lührs MDR **96**, 21; Riekenbrauk StV **92**, 37). Aus § 35 III SGB I ergibt sich ein auch im Strafverfahren geltendes Zeugnisverweigerungsrecht und Beschlagnahmeverbot zugunsten der Sozialbehörde (LG Braunschweig CR **88**, 22). Dasselbe gilt nach § 61 I SGB VIII nunmehr auch für die Jugendgerichtshilfe, insbesondere sind nach § 76 SGB X in deren Akten enthaltene der ärztlichen Schweigepflicht unterliegende Daten geschützt (LG Hamburg NStZ **93**, 401 mit zust Anm Dölling; vgl auch Eisenberg NStZ **86**, 308; zur Beschlagnahme ärztlicher Abrechnungsunterlagen bei Krankenkassen vgl Seibert NStZ **87**, 398); im Übrigen ist die Jugendgerichtshilfe aber nach § 61 III SGB VIII zur Weitergabe erhobener Daten an das JugG berechtigt und verpflichtet (Dölling BewHi **93**, 128). Im Rahmen der Amtshilfe (Art 35 I GG) müssen die Personalien des Betroffenen sowie Namen und Anschrift seines derzeitigen Arbeitgebers offenbart werden, soweit kein Grund zu der Annahme besteht, dass dadurch schutzwürdige Belange des Betroffenen beeinträchtigt werden (§ 68 I SGB X). Solche Belange stehen der Auskunftserteilung an die StA zur Aufklärung einer Straftat idR nicht entgegen (KG JR **85**, 25; vgl auch Köln VRS **64**, 198; LG Stuttgart NStZ **91**, 551). Ohne die Einschränkungen des § 68 müssen nach § 73 SGB X, aber nur auf richterliche Anordnung (Celle NJW **97**, 2964), personenbezogene Daten des Beschuldigten und anderer Personen (dazu Karlsruhe NJW **06**, 3656) zur Aufklärung eines Verbrechens iS § 12 I StGB offenbart werden, zur Aufklärung eines Vergehens iS § 12 II StGB nur, soweit sich das Auskunftsersuchen auf die in § 72 I S 1 SGB X bezeichneten Angaben und auf Angaben über erbrachte und demnächst zu erbringende Geldleistungen beschränkt (LG Frankfurt aM NJW **88**, 84). Darüber hinaus ermächtigt § 69 I Nr 1, 2 SGB X die Sozialbehörde zur Offenbarung personenbezogener Daten, soweit sie zur Erfüllung einer sozialgesetzlichen Aufgabe oder für die Durchführung eines damit zusammenhängenden gerichtlichen Verfahrens einschließlich eines Strafverfahrens erforderlich ist. Ohne Einschaltung des Gerichts kann die StA daher die Offenbarung personenbezogener Daten zur Aufklärung eines Arbeitsunfalles (LG Stuttgart NStZ **93**, 552; aM SK-Wohlers/Deiters 35; Zeibig NStZ **99**, 339), eines Betruges durch Erschleichen von Sozialleistungen (Welke DÖV **10**, 175 [Abrechnungsbetrug im Pflegedienstbereich]), insbesondere aber einer Straftat nach § 170 StGB verlangen, die dazu geführt hat,

§ 161 Zweites Buch. 2. Abschnitt

dass die Sozialbehörde für den Unterhaltsverpflichteten einspringen musste (vgl im Einzelnen Hardtung NJW 92, 211; Kerl NJW 84, 2444; am LG Hamburg NJW 84, 1570). Nach § 78 I S 1 SGB X dürfen die Stellen, denen personenbezogene Daten, Betriebs- und Geschäftsgeheimnisse mitgeteilt worden sind, sie nur zu dem Zweck verwenden, zu dem sie ihnen befugt offenbart worden sind. In einem anderen Strafverfahren als dem, in dem die richterliche Anordnung ergangen ist, dürfen die Angaben daher nicht verwertet werden. Jedoch kann in dem anderen Verfahren eine besondere richterliche Anordnung getroffen werden, deren Inhalt sich darauf beschränken kann, dass die Verwertung der Daten auch in diesem Verfahren zulässig ist (ANM 475).

7 6) Der **Grundsatz der freien Gestaltung des Ermittlungsverfahrens** (vgl auch 47 zu § 163) ergibt sich aus § 161. Alle zulässigen Maßnahmen sind zu ergreifen, die geeignet und erforderlich sind, zur Aufklärung der Straftat beizutragen (BVerfG NStZ **96**, 45). Die Heimlichkeit eines polizeilichen Vorgehens ist kein Umstand, der für sich allein schon die Unzulässigkeit der ergriffenen Maßnahmen begründet (BVerfG NJW **09**, 1405, 1407; BGH GrS **42**, 139, 150). Über die Anlegung von Karteien und Dateien s §§ 483 ff (vgl auch Walder ZStW **95**, 884), über Fahndung RiStBV 39 ff (erg unten 17), über die Beiziehung von Vorstrafakten RiStBV 73. Über Zusammenarbeit in Angelegenheiten des Verfassungsschutzes vgl Bundesverfassungsschutzgesetz vom 20.12.1990 (BGBl I 2970), letztes ÄndG vom 31.7.2009 (BGBl I 2499); RiStBV 205 I; Soiné ZRP **08**, 108; Welp DÖV **70**, 267. Grundsätze über die „Zusammenarbeit von StA und Polizei" enthält zB für Schleswig-Holstein der Erl vom 18.5.2010 (Amtsbl Schl-H **10**, 401).

8 A. **Kriminaltaktische Gesichtspunkte:** Es ist möglich und oft zweckmäßig, erst einmal Ermittlungen durchzuführen, ohne dass der Beschuldigte davon erfährt, um zunächst zu klären, ob der Vorwurf sich nicht rasch erledigt (Heghmanns Eisenberg-FS 519; vgl auch 3 zu § 163a), oder um dem Beschuldigten das Ergebnis schon bei seiner ersten Vernehmung vorhalten zu können. Der Aufschub der Vernehmung des Beschuldigten (§ 163a I S 1) kann auch deshalb angebracht sein, weil überraschende Durchsuchung oder Festnahme anzustreben ist (vgl § 33 IV S 1).

9 B. **Übermaßverbot** (vgl 8 zu § 152): Es wirkt auf Art, Maß und Reihenfolge (19 zu § 160) der Ermittlungen und namentlich der Eingriffsmaßnahmen (Einl 20, 21). Bei der medialen Kommunikation von Ermittlungssachverhalten ist die Unschuldsvermutung zu beachten; Vorverurteilungen sind zu vermeiden (näher 16 sowie 13 zu Art 6 EMRK).

10 7) Die **Ermittlungen** kann die StA selbst vornehmen (RiStBV 3 I) oder durch die Polizei vornehmen lassen (RiStBV 11), soweit nicht andere gesetzliche Vorschriften die Befugnis besonders regeln, bei Steuerstraftaten auch durch die FinB oder deren Hilfsorgane (§§ 402 I, 404 **AO;** vgl 13 zu § 160). Die eigenen Vernehmungen des StA sind entweder Ermittlungsvernehmungen, wenn die Auskunftsperson vorher noch nicht oder noch nicht vollständig oder nur mangelhaft vernommen worden ist, oder Bestätigungsvernehmungen, bei denen es hauptsächlich auf eine prüfende und abwägende Erörterung ankommt. Die StA kann auch um (uneidliche oder eidliche) Vernehmung im Ausland durch einen Konsularbeamten der BRep ersuchen (§ 15 KonsG). Zur Zulässigkeit der Mitwirkung sachverständiger Privatpersonen Brüning StV **08**, 100; erg 8b zu § 105.

11 A. **Ersuchen und Aufträge der StA** (S 2; § 152 I GVG; erg 1, 3 zu § 163): Der Grundsatz des S 2 gilt nicht nur für das Ermittlungsverfahren, sondern für das gesamte Strafverfahren (Einl 43; 1 zu § 152). Die Polizei erhält damit auch die Befugnis, wie die StA von allen Behörden Auskunft zu verlangen (I S 2 aE). Die Anordnungen der StA richten sich an die Polizeibehörde, solange noch kein bestimmter Beamter mit der Bearbeitung in dem konkreten Fall befasst ist (Schulz/Händel/Soiné 38; 2 zu § 152 GVG). Zu der vielfach üblichen, allerdings in RiStBV 11 I missbilligten Praxis, den gesamten Akten nur „m. d. B. um Ermittlun-

gen" zu übersenden, vgl Groß/Fünfsinn NStZ **92**, 108. Bei Gefahr im Verzug wendet sich die StA an einen einzelnen Beamten (zB am Tatort oder bei besonderer Eile). Dem Wunsch der StA, die Sache von einem bestimmten (besonders sachkundigen) Beamten bearbeiten zu lassen, trägt die Polizei iS der gebotenen engen Zusammenarbeit (3 zu § 163) Rechnung. Wenn einmal ein bestimmtes Dezernat oder ein bestimmter Beamter bei der Polizei mit der Sache befasst ist, kann die StA ihre Ersuchen unmittelbar dorthin richten. Der Leitungsbefugnis der StA (3 zu § 163) unterliegen nicht nur die Ermittlungshandlungen ieS, sondern alle Maßnahmen zur Förderung des Strafverfahrens, also auch zB Beschlagnahme, Durchsuchung, vorläufige Festnahme. Führt die FinB das Ermittlungsverfahren wegen einer Steuerstraftat (§ 386 **AO**), so tritt sie bei Anwendung des § 161 an die Stelle der StA (§ 399 I **AO**); sonst hat sie die Pflichten der Polizei (§§ 401 I, 404 **AO**). Über unmittelbaren Zwang zur Durchsetzung von Strafverfolgungsmaßnahmen vgl unten 14. Die Leitungsbefugnis schließt ein, dass die StA der Polizei im Detail dort freie Hand lässt, wo diese die bessere Sachkunde hat, häufig also auf dem Gebiet der Kriminaltechnik und Kriminaltaktik. Allerdings besitzt die Polizei heute auch insbesondere auf Grund ihrer umfangreichen Datensammlungen vielfach einen Informationsvorsprung, der es der StA erschwert, ihre Leitungsbefugnis auszuüben (vgl dazu Lilie ZStW **106**, 625, ferner Heghmanns GA **03**, 434).

B. Das **Bundeskriminalamt** kann für alle StAen Ermittlungen durchführen, **12** soweit es nach § 4 I BKAG zuständig oder ihm die Zuständigkeit nach § 4 II Nr 1 und 2 BKAG übertragen worden ist; der GBA kann seine Ermittlungen stets durch das BKA vornehmen lassen (erg RiStBV 30–32). Die Verpflichtung anderer Polizeibehörden zum 1. Zugriff bleibt unberührt, ebenso die Sachleitungsbefugnis der StA nach S 2 (§ 4 III S 2 BKAG); erg unten 13 aE. Das BKA hat auch ein eigenständiges und allgemeines Recht zur Datenerhebung (§ 7 II BKAG; dazu Paeffgen StV **02**, 339) und ist an der Antiterrordatei beteiligt (§ 1 I ATDG; Ruhmannseder StraFo **07**, 184; krit Zöller JZ **07**, 771; zum Zugriff des GBA vgl § 6 IV ATDG). Es unterrichtet die zuständige Strafverfolgungsbehörde nach 10 I S 2 Nr 2 GwG über Erkenntnisse über Geldwäsche und Terrorismusfinanzierung.

C. Zu **präventivpolizeilichen Maßnahmen** – also zur Verhinderung oder **13** Verhütung (zur Auslegung dieses im BPolG, BKAG und ZFdG verwendeten Begriffes vgl Roggan NJW **09**, 257) von Straftaten – darf die StA der Polizei keine Weisung erteilen (KK-Griesbaum 32; vgl auch RiStBV Anl A Abschn A II), zB nicht zum Gebrauch der Schusswaffe zum Zweck der Befreiung von Geiseln (Krey ZRP **71**, 224; Krey/Meyer ZRP **73**, 1; 17 zu § 163). Im Rahmen der Abwehr von Gefahren des internationalen Terrorismus obliegt dem BKA auch die (originäre) Aufgabe, bestimmte, in § 129a I und II StGB bezeichnete terroristische Straftaten zu verhüten (§ 4a I BKAG); soweit allerdings wegen einer Zuwiderhandlung gegen dieses Vereinigungsverbot bereits ein Anfangsverdacht besteht, ist die Zuständigkeit der StA (des GBA) für die Strafverfolgung begründet (vgl Merten NJW **92**, 355; grds auch Roggan NJW **09**, 258, 260; s noch LR-Erb 27 zu § 163; erg 6 zu § 152; 17 zu § 163).

D. **Anwendung unmittelbaren Zwangs durch Polizeibeamte auf Anord- 14 nung des StA:** RiStBV Anl A. Die Beurteilung der Zweck- und Verhältnismäßigkeit durch die StA ist für die Polizei bindend.

8) **Kontakte mit Presse und Rundfunk:** **15**

A. **Information:** Die Unterrichtung findet eine Grenze in dem Ermittlungsge- **16** heimnis. Das bedeutet, dass die Aufklärung der Straftat nicht durch Unterrichtung der Publikationsorgane beeinträchtigt werden darf. Mit dieser Einschränkung hat die aktuelle Berichterstattung über schwere Straftaten oder solche, die die Öffentlichkeit besonders berühren, im Allgemeinen den Vorrang vor dem Persönlichkeitsschutz des Beschuldigten. Jedoch ist neben der Rücksicht auf den unantastbaren innersten Lebensbereich und der Unschuldsvermutung der Grundsatz der

§ 161

Verhältnismäßigkeit zu beachten. Danach ist eine Namensnennung, Abbildung oder sonstige Identifikation des Täters nicht immer zulässig (BVerfGE **35**, 202; **119**, 309; BVerfG NJW **00**, 1859; **09**, 3357 mit Bespr Jahn S 3344 [Zusf der bisherigen Rspr]; NJW-RR **10**, 1195 [zur Namensnennung S 12]; BGH NJW **00**, 1036; NJW **10**, 2432; Hamburg AfP **08**, 95; Hamm NJW **00**, 1278; München ZUM **09**, 777 mit Anm v Becker; VG Saarlouis NJW **03**, 3431; DRiZ **08**, 356 L; Neuling StV **08**, 390; RiStBV 4a, 23; allgemein zu den Grenzen der Öffentlichkeitsarbeit vgl auch Lehr NStZ **09**, 409); das Schutzbedürfnis des Beschuldigten kann gemindert sein, wenn dieser von sich aus die Medienöffentlichkeit sucht (vgl BVerfG NJW **09**, 350, 352; 2117, 2119; KG NJW-RR **07**, 345). Diese Grundsätze hat auch die Polizei, soweit sie Informationsbefugnis hat (krit KMR-Plöd 24), zu beachten; im Zweifel muss sie die Entscheidung der StA herbeiführen (vgl auch Krause/Nehring 180). Die Veröffentlichung des Lichtbilds des Verdächtigen in der Presse ist nur bei schwerwiegenden Straftaten zulässig (Hamm NStZ **82**, 82; noch enger Hamburg ZUM **10**, 62 bei einem Jugendlichen; zur Verdachtsberichterstattung ausführlich Hohmann NJW **09**, 881; Molle ZUM **10**, 331; vgl auch Fehn Kriminalistik **08**, 385); zur Gefahr einer Vorverurteilung eingehend Schaefer Müller-FS 623. Erg 1 zu § 475.

17 B. **Inanspruchnahme zur Fahndung:** RiStBV Anl B. Die Öffentlichkeit kann außer nach §§ 131 ff auch durch Plakatanschläge und Aussetzung von Belohnung (nach den Bestimmungen der Länder und nach RiStBV 220) eingeschaltet werden.

18 9) Zur **Auskunft über den Fernmeldeverkehr** vgl 14 zu § 99.

18a 10) Über den **Antrag auf gerichtliche Entscheidung** gegen Ermittlungsmaßnahmen nach I vgl 23 zu § 98; 9, 10 zu § 23 EGGVG.

18b 11) **Die Verwendung von Daten,** die durch nicht strafprozessuale hoheitliche, vor allem präventiv-polizeiliche Maßnahmen, erlangt wurden, regelt der durch Ges vom 21.12.2007 (BGBl I 3198) eingefügte – durch Ges vom 20.11.2019 (BGBl I 1724) inhaltlich nicht veränderte – III. Er führt zu einer Gleichbehandlung aller vom Verdacht bestimmter Straftaten abhängiger Ermittlungsmaßnahmen (das sind vor allem heimliche Maßnahmen, zB §§ 100a, 100f, anders nur §§ 99, 100h I Nr 1; erg 3 zu § 479), lässt allerdings § 100e VI Nr 3 unberührt (III S 2); diese Bestimmung, die Daten aus polizeirechtlichen Online-Durchsuchungen und Wohnraumüberwachungen betrifft, geht III S 1 vor. Werden Daten aus vergleichbaren Maßnahmen nach anderen Gesetzen – insbesondere nach den Polizeigesetzen oder den Gesetzen über die Nachrichtendienste – in das Strafverfahren eingeführt, so dürfen sie nach III S 1 nur dann zu Beweiszwecken verwendet werden, wenn dies der Feststellung einer Straftat dient, aufgrund derer die Maßnahme auch nach der StPO hätte angeordnet werden dürfen (Gedanke des hypothetischen Ersatzeingriffs, vgl Einl 57c; BT-Drucks 16/5846 S 64).

18c Diese **Voraussetzungen** müssen im Zeitpunkt der Verwertung der Daten im Strafverfahren erfüllt sein; allein maßgeblich ist, ob die Daten nunmehr zur Klärung des Verdachts einer Katalogtat (bestimmte Straftat iS des III S 1) verwendet werden sollen (BGH **54**, 69, 78 zu § 100d V Nr 3 [jetzt § 100e VI Nr 3]; enger Knierim StV **08**, 601; **09**, 207: Nachstellung der konkreten historischen Ermittlungssituation; vgl auch Singelnstein ZStW **120**, 880 ff). Erforderlich ist weiter, dass das andere Ges die in der strafprozessualen Verwendung liegende Zweckumwandlung gestattet (BGH aaO 3451; Singelnstein ZStW **120**, 862: Zweckbindungsgrundsatz; Griesbaum Breidling-FS 121, 137) wie etwa § 4 IV Nr 2 G 10. Die Weiterverwendung der Daten im Strafverfahren setzt grundsätzlich voraus, dass sie im Ausgangsverfahren zB polizeirechtlich rechtmäßig erhoben wurden (BGH NStZ-RR **16**, 176; siehe auch BGH StraFo **18**, 30: G 10 mit Anm Lantermann StraFo **18**, 150; ferner BGH NJW **17**, 3173: legendierte Kontrollen [erg dazu 1a-e zu § 105]; vgl aber KK-Griesbaum 40a; Singelnstein ZStW **120**, 889; Wollwebe NJW **00**, 3623; Voigt StV **17**, 435); bei rechtswidriger Datenerhebung ist hierüber

Vorbereitung der öffentlichen Klage § 161

anhand der von der Rspr für sog relative Verwertungsverbote vertretenen Abwägungslehre zu entscheiden (BGH NStZ-RR **16**, 176). Jedenfalls außerhalb von Fällen bewusster Umgehung des Ges ist die Unverwertbarkeit die Ausnahme (Einl 55a, 57d); eine bewusste Umgehung liegt aber etwa vor, wenn Gefahrenabwehrrecht zur Legitimierung einer in Wahrheit bezweckten Strafverfolgungsmaßnahme nur vorgeschoben wird (vgl BGH NJW **17**, 3173).

Soll die Verwendung der Daten **nicht zu Beweiszwecken,** sondern zB als weiterer Ermittlungsansatz (Spurenansatz) oder zur Ermittlung des Aufenthaltsortes eines Beschuldigten erfolgen, gilt die Einschränkung des III S 1 hingegen nicht (vgl BT-Drucks 16/5846 S 64). Zufallserkenntnisse dürfen daher, auch wenn sie keine bestimmte Straftaten iSv III S 1 betreffen, als Spurenansatz oder zur Ermittlung des Aufenthaltsorts des Beschuldigten verwertet werden (BVerfG NJW **05**, 2766 [§ 100a]; SSW-Ziegler 27; KK-Griesbaum 36 LR-Erb 80; MüKoStPO-Kölbel 45). Der Gesetzgeber hat diese Auffassung durch das Ges vom 20.11.2019 (BGBl I 1724) bestätigt, indem er die im GesE der BReg vorgeschlagenen Restriktionen (vgl BT-Drucks 19/4671 S 10, 63f) gerade nicht übernommen hat (vgl BT-Drucks 19/11190 S 10). Die zum früheren Recht vertretene Gegenauffassung (Jahn C 96, der eine Frühwirkung [Einl 57e] bejaht; Singelnstein NStZ **12**, 593, 604; HK-Zöller 32; Hefendehl GA **11**, 209, der eine Abstufung nach der „Datensensibilität" vornehmen will; krit zu der im Ges verwandten Begrifflichkeit Rogall JZ **08**, 828; vgl auch Glaser/Gedeon GA **07**, 435; Singelnstein ZStW **120**, 887) dürfte damit überholt sein. Die Daten können somit Anlass zur Gewinnung neuer Beweismittel sein, was auch der Rspr des BVerfG entspricht BVerfG aaO; NJW **09**, 1405, 1407 sowie 4 zu § 479). Aufgrund des in III 2 bestimmten Vorrangs des § 100e VI Nr 3 gilt dies nicht für Daten aus Online-Durchsuchungen und Wohnraumüberwachungen, die auf polizeirechtlicher Grundlage durchgeführt werden (erg 25f zu § 100e). Mit **Einwilligung** der von der Maßnahme jeweils Betroffenen können die erlangten personenbezogenen Daten (§ 51 I BDSG) aber auch in Strafverfahren, die keine Katalogtat zum Gegenstand haben, zu Beweiszwecken weiterverwendet werden (erg oben 1).

25 II Nr 2b BKAG ermächtigt das BKA, zur Verfolgung von Straftaten (soweit erforderlich) die nach §§ 38ff BKAG erhobenen personenbezogenen Daten an Strafverfolgungsbehörden zu übermitteln, jedoch nur dann, „wenn ein Auskunftsverlangen nach der Strafprozessordnung zulässig wäre" (vgl oben 1a, 1a zu § 163). Diese Einschränkung soll den Gleichlauf mit der jeweiligen strafprozessualen Erhebungsbefugnis gewährleisten, begrenzt aber die Übermittlung als Spurenansatz grundsätzlich nicht (oben 18d; vgl aber Velten Fezer-FS 95). Erkenntnisse aus einem auf § 20k BKAG gestützten verdeckten Eingriff in informationstechnische Systeme (präventive online-Durchsuchung, vgl § 100b) können daher grundsätzlich als Ermittlungsansatz übermittelt werden, ohne dass dem etwa § 160 IV entgegenstünde (vgl allgemein LR-Erb 33 aE zu § 160). Der hypothetische Ersatzeingriff nach III schließt – seit der Einfühnrung des § 100b – die unmittelbare Verwertung der durch die online-Durchsuchung gewonnenen Erkenntnisse zu Beweiszwecken nicht mehr aus. Personenbezogene Daten aus Telekommunikationsüberwachung (§ 51 BKAG) – auch aus Quellen-TKÜ nach § 51 II BKAG (vgl 14a–l zu § 100a; **aM** Vogel/Brodowski StV **09**, 634) – und online-Durchsuchung darf das BKA aber aus Gründen der Verhältnismäßigkeit nur zur Verfolgung von Straftaten mit einer Strafobergrenze von mindestens 5 Jahren übermitteln (zur Wohnraumüberwachung vgl 26 zu § 100e). Die Übermittlungsadressaten („sonstige öffentliche Stellen") dürften durch die Benennung des Übermittlungszwecks (Strafverfolgung) hinreichend bestimmt sein (vgl BVerfGE **110**, 33, 70 = NJW **04**, 2213, 2220; **118**, 168, 191 = NJW **07**, 2464, 2468). Die Zweckbindung des Empfängers ist in § 25 VI BKAG geregelt. Zu Anwendbarkeit und Voraussetzungen eingehend BGH JR **18**, 44ff mit Anm Löffelmann.

12) IV betrifft die **Verwendung personenbezogener Informationen,** die durch eine Wohnraumüberwachung aus einem Einsatz technischer Mittel (§ 100c)

18d

18e

19

§ 161a

zur Eigensicherung (also nicht zur selbständigen Erkenntnisgewinnung) im Zuge nicht offener Ermittlungen auf polizeirechtlicher Grundlage erlangt wurden (zB zum Schutz Verdeckter Ermittler, vgl § 110a II). Die Vorschrift schränkt die Verwertung „zu Beweiszwecken" (so auch Albrecht StV **01**, 419; Brodersen NJW **00**, 2539; KMR-Plöd 26; **am** LR-Erb 92 und SK-Wohlers/Deiters 55: auch als Spurenansatz) ein, indem sie diese (materiell) dem Verhältnismäßigkeitsgrundsatz unterwirft und (formell) an die Feststellung der Rechtmäßigkeit der polizeilichen Maßnahme (so auch SK-Wohlers/Deiters 54; weitergehend LR-Erb 75: auch der strafprozessualen Verwendung) durch das zuständige AG (§ 162 I) knüpft; diese Feststellung muss grundsätzlich vor der Verwendung erfolgen, bei Gefahr im Verzug muss sie unverzüglich nachgeholt werden. IV, der die Verwertung nicht an einen Straftatenkatalog bindet (krit Eisenberg BR 2538a: mögl Konflikt mit § 100e VI Nr 3; anders LR-Erb 91: § 100e VI ist eine Ausführungsregelung zu Art 13 V GG; erg 30 zu § 100c). Zu sonstigen Verwendungsbeschränkungen für präventiv-polizeilich erhobene Daten (somit auch nicht bei einer Wohnraumüberwachung zur Eigensicherung gewonnene, vgl aber § 100e VI Nr 3) erg oben 18b ff. Den umgekehrten Fall (Verwendung strafprozessual erhobener Daten für präventiv-polizeiliche Zwecke) regeln §§ 479 II, III S 1, 481 (vgl 10f zu § 479; 1 zu § 481).

20 Die **richterliche Entscheidung** beschränkt sich auf eine Rechtmäßigkeitsprüfung, wozu aber die Prüfung der Verhältnismäßigkeit gehört (erg 14 zu § 162); ob die polizeirechtliche Maßnahme und die Art der Eigensicherung sachgerecht waren, ist nicht zu prüfen (LR-Erb 96). Die örtliche Zuständigkeit richtet sich nach dem Sitz der Polizeibehörde als „anordnende Stelle", die die zur Eigensicherung führende Maßnahme veranlasst hat (LR-Erb 97). Die Entscheidung des AG ist mit der Beschwerde nach § 304 anfechtbar.

21 **13) II** ordnet den Vorrang der in der StPO ausdrücklich geregelten **Löschungsvorschriften** (zB § 81h III, § 100a IV, § 100c V) vor § 58 III BDSG an. Damit soll das bisherige hohe Schutzniveau hinsichtlich der in Strafverfahren erhobenen und daher regelmäßig besonders sensiblen Daten gewahrt werden (BT-Drucks 19/4671 S 63).

Vernehmung von Zeugen und Sachverständigen durch die Staatsanwaltschaft RiStBV 64–72

161a

I ¹Zeugen und Sachverständige sind verpflichtet, auf Ladung vor der Staatsanwaltschaft zu erscheinen und zur Sache auszusagen oder ihr Gutachten zu erstatten. ²Soweit nichts anderes bestimmt ist, gelten die Vorschriften des sechsten und siebenten Abschnitts des ersten Buches über Zeugen und Sachverständige entsprechend. ³Die eidliche Vernehmung bleibt dem Richter vorbehalten.

II ¹Bei unberechtigtem Ausbleiben oder unberechtigter Weigerung eines Zeugen oder Sachverständigen steht die Befugnis zu den in den §§ 51, 70 und 77 vorgesehenen Maßregeln der Staatsanwaltschaft zu. ²Jedoch bleibt die Festsetzung der Haft dem nach § 162 zuständigen Gericht vorbehalten.

III ¹Gegen Entscheidungen der Staatsanwaltschaft nach Absatz 2 Satz 1 kann gerichtliche Entscheidung durch das nach § 162 zuständige Gericht beantragt werden. ²Gleiches gilt, wenn die Staatsanwaltschaft Entscheidungen im Sinne des § 68b getroffen hat. ³Die §§ 297 bis 300, 302, 306 bis 309, 311a und 473a gelten jeweils entsprechend. ⁴Gerichtliche Entscheidungen nach den Sätzen 1 und 2 sind unanfechtbar.

IV Ersucht eine Staatsanwaltschaft eine andere Staatsanwaltschaft um die Vernehmung eines Zeugen oder Sachverständigen, so stehen die Befugnisse nach Absatz 2 Satz 1 auch der ersuchten Staatsanwaltschaft zu.

V § 185 Absatz 1 und 2 des Gerichtsverfassungsgesetzes gilt entsprechend.

Vorbereitung der öffentlichen Klage § 161a

1) Bedeutung: § 161a dient der Konzentration des Ermittlungsverfahrens in der Hand der StA (3ff zu § 163), der Straffung und Beschleunigung des Ermittlungsverfahrens sowie der optimalen Aufklärung des Sachverhalts. Den Befugnissen der StA entspricht deren Pflicht, von ihren Rechten Gebrauch zu machen (LG Tübingen MDR **89**, 1015). Die Vorschrift gilt nunmehr, wie der wiederholte Verweis auf § 162 III belegt, auch im Hauptverfahren (BT-Drucks 16/12098 S 24, 25; **aM** KMR-Plöd 1; LR-Erb 7; erg 17 zu § 162). 1

2) Zeugenvernehmung (I; erg 1 zu § 68): Die Klausel „auf Ladung" bezieht sich nur auf die Pflicht zu erscheinen. Zur Aussage ist der Zeuge auch verpflichtet, wenn er vom StA zur Vernehmung aufgesucht wird (unten 17). Nach S 2 gelten die §§ 48–71, sofern nichts anderes bestimmt ist, entspr, dh soweit ihre Anwendung mit den Besonderheiten des Ermittlungsverfahrens vereinbar ist. § 57 gilt nur hinsichtlich der Ermahnung zur Wahrheit (**aM** HK-Zöller 5: ggf Hinweis auf §§ 145d, 164, 257, 258 StGB). Alle Bestimmungen, die sich auf die Vereidigung beziehen (I S 3), sind nicht anwendbar. Für die Maßregelung enthalten II und III Sonderregelungen. Über die Einholung einer schriftlichen Aussage des Zeugen vgl RiStBV 67, einer behördlichen Auskunft RiStBV 68. Zur Protokollierung vgl § 168b II, III. § 161a I gilt nicht für informatorische Befragungen im Rahmen von Vorermittlungen (Senge Hamm-FS 711; 4a zu § 152) oder für eine Vernehmung zur Sache allein durch Polizeibeamte in Anwesenheit des StA, der zur Vernehmung geladen hat (Hamburg StraFo **09**, 464). 2

A. Die **Ladung** (I S 2 iVm § 48) führt die StA selbst aus; § 38 gilt für sie nicht. Die Ladung muss die Strafsache, erforderlichenfalls mit kurzer Bezeichnung der Tat, erkennbar machen und zum Ausdruck bringen, dass der Adressat als Zeuge vernommen werden soll. Mit der formlosen Ladung kann der Hinweis auf die gesetzliche Pflicht nach S 1 verbunden werden. Verspricht diese Art der Ladung keinen Erfolg oder soll möglichst große Sicherheit dafür geschaffen werden, dass der Zeuge zu dem festgesetzten Termin erscheint, so wird er unter Hinweis auf die gesetzlichen Folgen seines Ausbleibens gegen Nachweis (§ 37) geladen. Die Androhung ist Aufforderung, bei Verhinderung Entschuldigungsgründe vorzubringen (§ 51 II S 1, 2; unten 16). Befindet sich der Zeuge in Straf- oder UHaft, so unterbleibt der Hinweis; der StA ordnet aber die Vorführung aus der JVA an (5a zu § 133; vgl auch Art 38 III BayStVollzG sowie entspr Vorschriften weiterer Bundesländer, die auch für Vernehmungstermine der StA gelten; 17 zu § 163a). Der Verteidiger hat bei der Vernehmung kein Anwesenheitsrecht und wird daher nicht von dem Vernehmungstermin benachrichtigt (KK-Griesbaum 6); anders bei der Vernehmung des Beschuldigten durch den StA (20 zu § 163a). 3

B. **Inhalt des Hinweises:** 4

a) **Kostenfolge und Ordnungsgeld:** Mit dem Hinweis auf diese Folgen muss die Belehrung über die spätere Eventualfolge der Festsetzung einer Ersatzordnungshaft durch das Gericht (II S 2 iVm § 51 I S 2) nicht verbunden werden. Zur Geltung des § 51 für Kinder und strafrechtlich nicht verantwortliche Personen vgl 15 zu § 51. 4a

b) **Zwangsweise Vorführung (§ 51 I S 3 Hs 1):** Der Hinweis auf diese Möglichkeit ist bei der Ladung zur gerichtlichen Zeugenvernehmung vorgeschrieben, ohne dass es darüber einer Entscheidung im Einzelfall bedarf. Denn diese Vernehmung muss grundsätzlich durchgesetzt werden. Das gilt nach dem Grundsatz der freien Gestaltung des Ermittlungsverfahrens (7 zu § 161) nicht für die Ladung eines Zeugen durch die StA. Diese kann sich auf die Vernehmung des widerstrebenden Zeugen verzichten und dafür von anderen Beweismitteln Gebrauch machen. Die StA kann sich in geeigneten Fällen auch mit einer schriftlichen Äußerung des Zeugen begnügen (vgl 46d zu § 163). Vor allem kann sie das Widerstreben des Zeugen dazu veranlassen, die StA, in deren Bezirk er wohnt, oder auch den Ermittlungsrichter um die Vernehmung zu ersuchen (IV; § 162 I S 1, 3). Daher ist die Androhung der Vorführung im Hinblick auf die Besonderheiten des Ermitt- 5

§ 161a Zweites Buch. 2. Abschnitt

lungsverfahrens (oben 1) nicht obligatorisch, sondern der Entscheidung im Einzelfall vorbehalten.

6 **3) Durchführung der Zeugenvernehmung (I):** Die Vernehmung von Zeugen ist trotz der Wichtigkeit von Sachbeweisen und des damit häufig verbundenen Sachverständigenbeweises eine wichtige und mitunter sogar die einzige Beweismöglichkeit. Über Vernehmungstechnik und Protokollierung der Aussage vgl Geerds Vernehmungstechnik IX, XI [dazu ferner Adler/Hermanutz Kriminalistik **09**, 535; Heubrock Kriminalistik **10**, 75; Weihmann Kriminalistik **10**, 82], über die Vernehmung von Kindern, Jugendlichen und Heranwachsenden VII [dazu ferner Hermanutz/Adler Kriminalistik **09**, 623; Weihmann aaO].

7 A. **Zur Person und Generalfragen (§§ 68, 68a II):** Grundsätzlich wird zwischen der Vernehmung hierzu und der Vernehmung zur Sache (§ 69) unterschieden. Das Zeugnisverweigerungsrecht (I S 2 iVm §§ 52–54) bezieht sich nur auf letztere. Die Generalfragen dienen hauptsächlich der Klärung, ob ein Zeugnisverweigerungsrecht nach § 52 I besteht (6c zu § 68a); ggf auch der Frage, ob die Mitwirkung des gesetzlichen Vertreters notwendig ist (§ 52 II). Wenn eine dieser Fragen oder beide zu bejahen sind, wird nach § 52 III belehrt (46b, 46d zu § 163 für die Polizei). Sagt der Zeuge nicht aus, so erübrigen sich weitere Generalfragen.

8 B. **Zur Sache** (§ 69; dort 3): Die Berichtsform besteht darin, dass der Zeuge in freier, ungezwungener, durch möglichst wenig Zwischenfragen unterbrochener Rede Auskunft gibt (5 zu § 69). Danach folgen die Erläuterungs- und Ergänzungsfragen. Unterstützende Fragen sind allerdings idR bei dem Bericht notwendig, um zu verhindern, dass der Zeuge von der Sache abschweift, sich verrennt oder sogar „festlügt" (5 zu § 69). Wesentlich ist dabei, dass immer gleich festgestellt wird, was der Zeuge selbst beobachtet hat oder nur vom Hörensagen weiß. Über die Verwendung von schriftlichen Unterlagen vgl 8 zu § 69.

9 C. **Art der Fragen:** Fragen und Antworten müssen konkrete Tatsachen zum Gegenstand haben (2 vor § 48). Persönliche Schlussfolgerungen und Urteile des Zeugen gehören zur Aussage nur, soweit sie sich von den Tatsachen nicht trennen lassen oder für die Persönlichkeit des Beschuldigten oder des Verletzten oder für die Glaubwürdigkeit eines Zeugen Bedeutung haben können. Die Vernehmungsmethoden des § 136a sind verboten (I S 2 iVm § 69 III). Unzulässig sind Suggestivfragen, durch eine eine Aussage in bestimmter Richtung nahegelegt wird, wenn sie auf eine Täuschung mit dem Risiko der Verursachung einer falschen Aussage hinauslaufen (erg 25 zu § 136a). Dagegen sind sie statthaft, wenn dieses Risiko ausgeschaltet wird, zur Prüfung, ob der Zeuge beeinflussbar und glaubwürdig ist (14, 15 zu § 241).

10 D. **RA als Beistand des Zeugen:** Vgl §§ 406f, 406g für Verletzte und § 68b für sonstige Zeugen. Dies gilt auch für Zeugenvernehmungen durch die StA (vgl I S 2; Granderath MDR **83**, 798; s auch unten 20b; 46c zu § 163).

10a E. **Der Verteidiger** hat kein Anwesenheitsrecht, wie sich aus einem Vergleich zwischen I 52 zu §§ 163a IV 52 iVm 168c I, V ergibt; er darf aber zugelassen werden (Burhoff ErmV 3815).

11 **4) Sachverständigengutachten** (I; 7 vor § 72): Nach S 2 gelten die §§ 73–76, 78, 80 entspr.

12 A. **Auswahl:** Im Vorverfahren zieht die StA den Sachverständigen zu (zur Problematik Erb ZStW **121**, 892), im Stadium des § 163 auch die Polizei (1, 1a zu § 73). Die Erfüllung der Pflicht, ein Gutachten zu erstatten (§ 75 I, II), kann mit den Mitteln des II iVm § 77 erzwungen werden. Der StA gibt dem Verteidiger, falls vorhanden, zweckmäßigerweise (weiter SK-Wohlers/Albrecht 38: grundsätzlich stets; zu weitgehend Dierlamm Müller-FS: Rechtsanspruch, bei Verstoß grds Verwertungsverbot [dazu 1 zu § 73]) Gelegenheit, vor der Auswahl eines Sachverständigen Stellung zu nehmen, es sei denn, dass der Gegenstand der Untersuchung ein häufig wiederkehrender tatsächlich gleichartiger Sachverhalt ist (zB Blutalkohol-

Vorbereitung der öffentlichen Klage § 161a

gutachten) oder eine Gefährdung des Untersuchungszweckes (vgl § 147 II) oder eine Verzögerung des Verfahrens zu besorgen ist (RiStBV 70 I). Auch kann eine Fühlungnahme mit dem Vorsitzenden des künftigen erkennenden Gerichts, falls die Zuständigkeitsfrage schon beurteilt werden kann, zweckmäßig sein (BGH **44**, 26, 31), ggf auch ein Antrag auf Bestellung des Sachverständigen beim Ermittlungsgericht (BGH aaO 32; LR-Erb 26; **aM** SK-Wohlers/Albrecht aaO).

B. **Auftrag und Fristabsprache:** Der Auftrag muss genau umgrenzt sein 13 (RiStBV 72). Die verfügbaren Anknüpfungstatsachen werden dem Sachverständigen mitgeteilt (1 zu § 80). Wenn geboten, wird ihm weitere Aufklärung nach § 80 verschafft, sei es auf sein Verlangen, sei es bei der Leitung der Tätigkeit des Sachverständigen (§ 78). Die Fristabsprache spielt sich in der für den Richter erläuterten Art und Weise ab (vgl 12 zu § 73) und ist aktenkundig zu machen.

C. **Schriftlich oder mündlich** (§ 82): Die StA wird sich häufig mit einem 14 mündlichen Gutachten begnügen können. Bei der Vernehmung braucht dann nur das Ergebnis mit den Hauptargumenten festgehalten zu werden (§ 168b II). Das wird vielfach als Grundlage für die Abschlussverfügung nach § 170 I, II genügen. Bei beabsichtigter Klageerhebung kann die StA mit dem Sachverständigen schon bei seiner Vernehmung eine weitere Frist für die Nachreichung eines schriftlichen Gutachtens absprechen (enger LR-Erb 29). In der Zwischenzeit kann das Gericht idR auf Grund der Vernehmung des Sachverständigen das Hauptverfahren eröffnen und den Termin für die Hauptverhandlung bestimmen.

D. **Ladung und Vernehmung:** Die Sachverständigenvernehmung spielt in der 15 Hauptverhandlung eine wesentlich größere Rolle als im Vorverfahren. Denn in diesem Stadium werden Sachverständige idR lediglich beauftragt, ihr Gutachten schriftlich zu den Akten zu geben. Soweit es dann noch einer Erörterung bedarf, wird häufig das Ergebnis in einem Vermerk niedergelegt werden können. Bei möglichen Verständigungsschwierigkeiten und Fehlerquellen ist die Vernehmung notwendig, auch wenn ein schriftliches Gutachten vorliegt. Über die Vernehmung und ihre Protokollierung vgl Geerds Vernehmungstechnik X, XI. Nach S 2 iVm § 72 gilt § 48 entspr (oben 3). Da zwangsweise Vorführung des Sachverständigen unzulässig ist (§ 77 I), scheidet ein Hinweis auf dieses Zwangsmittel (oben 5) von vornherein aus. Der Verteidiger hat kein Anwesenheitsrecht (vgl oben 3; KK-Griesbaum 6; **aM** SK-Wohlers/Albrecht 43.

5) Unberechtigtes Ausbleiben des Zeugen (II iVm § 51; vgl dort): Voraus- 16 setzung für die Maßnahmen ist der Hinweis in der Ladung (oben 3 ff). Die StA trifft die gleichen Anordnungen wie der Richter. Nur die Ersatzordnungshaft muss er bei dem nach § 162 I S 1, III zuständigen Gericht beantragen (II S 2; vgl 8, 17 zu § 162 sowie BT-Drucks 16/12098 S 24, 25). Das ist erst notwendig, wenn das Ordnungsgeld nicht beigetrieben werden konnte. Die zwangsweise Vorführung braucht die StA auch dann nicht anzuordnen, wenn sie den Hinweis auf diese Möglichkeit gegeben hatte (Welp, Zwangsbefugnisse der StA, 1976, S 24). Die Kosten der Vorführung und des Vollzugs einer etwaigen Ersatzordnungshaft gehören zu den Kosten, mit denen der Zeuge belastet wird.

6) Unberechtigte Zeugnisverweigerung (II iVm § 70; vgl dort): Die An- 17 ordnungen nach § 70 I, IV sind unabhängig davon, wie der Zeuge geladen worden ist. Sie sind auch zulässig, wenn der Zeuge überhaupt nicht geladen, sondern vom StA zur Vernehmung aufgesucht worden ist (oben 2). Wenn sich der Zeuge noch informieren muss (8 zu § 69), muss ihm hierfür die erforderliche Zeit eingeräumt werden. Zeichnen sich hierbei Voraussetzungen ab, so erhält der Zeuge unter Hinweis auf die drohenden Folgen das rechtliche Gehör. Die Festsetzung der Haft durch das nach § 162 I S 1, III zuständige Gericht (8, 17 zu § 162) erfolgt erst nach dem Hinweis auf die Grundlosigkeit der Weigerung und deren Folge (17 zu § 70). Die Vollstreckung der Erzwingungshaft erfolgt durch die StA (LR-Erb 46); gegen deren Anordnungen über den weiteren Vollzug der Haft, insbesondere über das Bestehen von Vollstreckungshindernissen, kann entspr § 98 II S 2 die Entschei-

§ 161a

dung des Ermittlungsrichters beantragt werden (BGH **36**, 155; erg 14 zu § 36). Zu den Kosten gehören die Auslagen für die Ladung, für die Herbeischaffung anderer Beweismittel zu dem Termin (zB Ladung oder Vorführung von Gegenüberstellungspersonen, § 58 II) sowie die Kosten des Vollzugs einer etwaigen Ersatzordnungs- oder Erzwingungshaft (KK-Griesbaum 13). Eine ordnungsmittelbewehrte staatsanwaltliche Zeugenvernehmung liegt bei grundloser Zeugnisverweigerung nur vor, wenn ein Staatsanwalt selbst sie wesentlich leitet und nicht einem Polizeibeamten überlässt (Hamburg NStZ **10**, 716).

18 **7) Maßregelung des Sachverständigen (II iVm § 77):** Der Hinweis in der Ladung (oben 15) ist Voraussetzung im Fall des Nichterscheinens (oben 3). Bei der Verweigerung des Gutachtens des erschienenen Sachverständigen werden der Hinweis und damit das rechtliche Gehör vor der Anordnung gegeben. Bei Verweigerung der Absprache einer angemessenen Frist oder der Einhaltung eines abgesprochenen Termins für das mündliche oder schriftliche Gutachten gilt II S 1 iVm § 77 II.

19 **8) Antrag auf gerichtliche Entscheidung (III):**

20 A. Zum **Antrag** gegen Entscheidungen der StA über die Ungehorsamsfolgen nach II S 1 befugt ist der betroffene Zeuge oder Sachverständige, aber auch der Beschuldigte, wenn er beschwert ist (28 zu § 51). Über den Antrag entscheidet das gemäß § 162 zuständige Gericht, im Ermittlungsverfahren also grundsätzlich das Ermittlungsgericht am Sitz der StA (bzw ihrer Zweigstelle; III S 1 iVm § 162 I S 1). In Fällen, in denen das Ermittlungsverfahren Straftaten zum Gegenstand hat, die nach § 120 GVG im ersten Rechtszug zur Zuständigkeit des OLG gehören oder in denen die GBA die Ermittlungen führt, gilt erg § 169 I (dort 2a).

20a Auch die **Androhung** der Vorführung in der Zeugenladung ist eine Entscheidung (oben 5; BGH **39**, 96), nicht aber der bloße formularmäßige Hinweis auf die möglichen gesetzlichen Folgen eines unentschuldigten Ausbleibens (BGH NStZ **89**, 539; BGHR Rechtsmittel 2; **aM** SK-Wohlers/Albrecht 47. In ihr liegt auch eine Beschwer für den Zeugen, weil er, falls er die Ladung nicht befolgt, mit der Anordnung der Vorführung und deren überraschender Ausführung rechnen muss (§ 33 IV). Da der nach Beginn der Vorführung gestellte Antrag keine aufschiebende Wirkung hat (III S 3 iVm § 307), ist er mit Beendigung der Vorführung (§ 135) prozessual überholt; zur Anfechtung in diesem Fall vgl 17 ff vor § 296 (**aM** KMR-Plöd 16: keine prozessuale Überholung).

20b B. **Zeugenbeistand (III S 2):** Gegen belastende Entscheidungen der StA nach § 68b I S 3, II S 1 (iVm §§ 161a I S 2, 163 III S 2) kann – anders als bei gerichtlichen Maßnahmen (§ 68b III S 1) – der betroffene Zeuge Antrag auf gerichtliche Entscheidung stellen (zur Zuständigkeit oben 20; erg 46c, 51 zu § 163).

21 C. **Beschwerdevorschriften (III S 3):** Der Antrag kann auch auf einen bestimmten Beschwerdepunkt beschränkt werden (KK-Griesbaum 23; 4 zu § 304). Aufschiebende Wirkung hat er nicht (vgl im Einzelnen § 307); ob die StA in den Fällen oben 20b die Vernehmung fortsetzt oder die Entscheidung des Gerichts abwartet, obliegt daher ihrem pflichtgemäßen Ermessen (§ 307 II; BT-Drucks 16/12098 S 26; krit Matt/Dierlamm/Schmidt StV **09**, 715). Wegen der Kosten gilt nunmehr § 473a entspr (vgl dort). Außerdem gilt § 34 2. Alt.

22 D. **Nicht anfechtbar (III S 4):** Der Ausschluss der Beschwerde (verfassungsrechtliche Bedenken bei Matt/Dierlamm/Schmidt StV **09**, 715, 718) bezieht sich auf die Entscheidung des Gerichts (in den Fällen oben 20, 20b) im Ganzen, also auch auf die Kosten des Antrags, und schließt daher nach § 464 III S 1 Hs 2 (iVm § 473a S 3) auch die sofortige Beschwerde gegen die Kostenentscheidung aus (vgl LR-Erb 66). Gegen richterliche Haftanordnungen nach II S 2 ist die Beschwerde nach allgemeinen Grundsätzen zulässig (Erb aaO; vgl insoweit auch 28 zu § 51; 20 zu § 70; 13, 19 zu § 304).

9) Ersuchen an eine andere StA (IV): Es handelt sich um Amtshilfe (Art 35 GG; 1 vor § 156 GVG); § 162 und der darin enthaltene Grundsatz bleiben unberührt. Die Bedeutung des IV besteht nur darin, dass die ersuchte StA die bezeichneten Befugnisse erhält, obwohl sie das Ermittlungsverfahren nicht selbst führt. Von der Amtshilfe wird – wie allgemein – nur aus besonderen Gründen Gebrauch gemacht. Ein solcher Grund kann zB darin bestehen, dass die andere StA aus anderen Verfahren oder Vorgängen mit der Sache und den Zusammenhängen vertraut ist. Ist dies auch bei der Polizei der Fall, so kann das Ersuchen, falls zweckmäßig, zunächst an sie gerichtet werden, ggf mit dem Zusatz, es bei Nichtausführbarkeit an die für den Wohn- oder Aufenthaltsort des Zeugen zuständige StA zur Erledigung weiterzuleiten. Ob die Akten – ganz oder teilw – beigefügt werden müssen, richtet sich nach dem Einzelfall. Handelt es sich um Zeugenvernehmung, so kann die ersuchende StA darum bitten, von einer zwangsweisen Vorführung abzusehen (vgl oben 5). Um die Fristabsprache mit dem Sachverständigen kann die andere StA nicht ersucht werden (aM LR-Erb 63). In dem Ersuchen kann die andere StA aber gebeten werden, von Anordnungen, die im Ermessen der StA stehen (§ 77 I S 3, II), abzusehen. 23

10) Dolmetscher (V): Bei der Vernehmung von der deutschen Sprache nicht mächtigen Zeugen ist § 185 I und II GVG anzuwenden (s Kommentierung dort). 24

Ermittlungsrichter   RiStBV 10

162 I ¹Erachtet die Staatsanwaltschaft die Vornahme einer gerichtlichen Untersuchungshandlung für erforderlich, so stellt sie ihre Anträge vor Erhebung der öffentlichen Klage bei dem Amtsgericht, in dessen Bezirk sie oder ihre den Antrag stellende Zweigstelle ihren Sitz hat. ²Hält sie daneben den Erlass eines Haft- oder Unterbringungsbefehls für erforderlich, so kann sie, unbeschadet der §§ 125, 126a, auch einen solchen Antrag bei dem in Satz 1 bezeichneten Gericht stellen. ³Für gerichtliche Vernehmungen und Augenscheinnahmen ist das Amtsgericht zuständig, in dessen Bezirk diese Untersuchungshandlungen vorzunehmen sind, wenn die Staatsanwaltschaft dies zur Beschleunigung des Verfahrens oder zur Vermeidung von Belastungen Betroffener dort beantragt.

II Das Gericht hat zu prüfen, ob die beantragte Handlung nach den Umständen des Falles gesetzlich zulässig ist.

III ¹Nach Erhebung der öffentlichen Klage ist das Gericht zuständig, das mit der Sache befasst ist. ²Während des Revisionsverfahrens ist das Gericht zuständig, dessen Urteil angefochten ist. ³Nach rechtskräftigem Abschluss des Verfahrens gelten die Absätze 1 und 2 entsprechend. ⁴Nach einem Antrag auf Wiederaufnahme ist das für die Entscheidungen im Wiederaufnahmeverfahren zuständige Gericht zuständig.

1) Ermittlungshandlungen und Anordnungen von Zwangsmaßnahmen kann die StA beantragen (I). Im 1. Fall handelt es sich um bloße Amtshilfe, im 2. funktionell um Akte der Rspr (Rieß NStZ **83**, 521; **91**, 513; diff Rabe von Kühlewein GA **02**, 642: „häufig funktionelle Exekutivtätigkeit"; abl Brüning/Wenske ZIS **08**, 342: Verstoß gegen den Grundsatz der Gewaltenteilung in Art 20 II S 2 GG; zur Gesetzesgenese Rieß Volk-FS 575). Ferner sind der Amtsanwalt im Rahmen seiner Zuständigkeit (§ 142 I Nr 3, II GVG) und in Steuerstrafsachen die FinB, falls sie das Ermittlungsverfahren selbstständig führt (§§ 386, 399 I **AO**), antragsbefugt. Zur Antragsbefugnis der Polizei vgl 26 zu § 163. Bei Gefahr im Verzug und Unerreichbarkeit des StA greift der Richter beim AG von Amts wegen ein (§ 165; vgl ferner 166). Die Vorschrift gilt nach § 46 I, II OWiG sinngemäß auch im Bußgeldverfahren (BGH **52**, 222 mit Anm Harms NStZ **09**, 465), nicht aber im Rahmen sog Vorermittlungen (4a zu § 152; vgl LR-Erb 14 vor § 158; aM LG Offenburg NStZ **93**, 506). 1

Köhler

§ 162

2   A. **Anlass** kann sein Beweissicherung, auch bessere Aufklärung, insbesondere im Hinblick auf die richterliche Vereidigung der Zeugen (§ 62).

3   B. Wo der **Antrag vermeidbar** ist, sollte die StA andere Mittel anwenden (Fuhrmann JR **65**, 253). Einen Antrag auf richterliche Vernehmung eines Zeugen zu stellen, ist jedoch dann erforderlich, wenn dieser vereidigt werden soll (§ 62), zugunsten besonders schutzbedürftiger Zeugen (§§ 58a, 255a II) oder wenn zur Beweissicherung eine verlesbare Vernehmungsniederschrift angestrebt wird (15 zu § 160). Die richterliche Vernehmung des Beschuldigten kann zur Erlangung eines zum Zweck der Beweisaufnahme verlesbaren Geständnisprotokolls (§ 254) beantragt werden. In anderen Fällen wird das Ersuchen an das AG bei Ausnutzung der §§ 161a, 163a III entbehrlich sein. Erg unten 15.

4   2) **Untersuchungshandlung** ist jede im Zusammenhang mit einem Strafverfahren vor Anklageerhebung anfallende zulässige (vgl II) Handlung zur Förderung des Verfahrens oder zur Sicherung oder Vorwegnahme einer im Straferkenntnis zu erwartenden Maßnahme, zB das Verlangen einer Auskunft nach § 161 I S 1 (vgl LG Bonn JZ **66**, 33), auch gegenüber einer Bank (LG Frankfurt aM NJW **54**, 688; Müller NJW **68**, 1996; erg 1 ff zu § 161). Es sind zu unterscheiden Anordnungen (zB §§ 81, 81a, 81c, 81f, 81h, 98, 105, 111e, 114, 116, 120, 126a II S 1, 132a) und „Verhandlungen" mit Ausnahme von Niederschriften (§§ 168, 168a).

5   Dabei darf der Richter beim AG Ermittlungshandlungen, die die **StA nicht beantragt hat,** nicht vornehmen; eine Ausnahme bestimmt § 165. Ist die Anordnung einer Zwangsmaßnahme beantragt, so darf der Richter nicht selbstständig ermitteln; fehlt es an den tatsächlichen Grundlagen, so ist der Antrag ohne weiteres abzulehnen (LG Stuttgart NStZ **83**, 520 mit Anm Rieß).

6   **Aus verfahrenspsychologischen Gründen,** die der prozessualen Fürsorgepflicht zuzurechnen sind (Einl 156), kann es angebracht sein, dass eine Untersuchungshandlung beim Ermittlungsrichter beantragt wird, obwohl sie die StA selbst vornehmen könnte, falls die Aufklärung der Sache dadurch nicht in schädlicher Weise verzögert wird. Dieser Fall kann zB eintreten bei der Einholung einer behördlichen Auskunft nach § 161 I S 1 (LG Bonn JZ **66**, 33) oder bei dem Verlangen der Herausgabe von Bankunterlagen (§ 95).

7   3) Im Ermittlungsverfahren ist **zuständig das sog Ermittlungsgericht** (I S 1), also der für diese Aufgabe (nach § 21e GVG; unten 13) bestellte Richter beim AG (oder der besondere Ermittlungsrichter in den Fällen des § 169). Die Vornahme der Untersuchungshandlung besteht bei einer „Verhandlung" in deren Ansetzung und Durchführung, bei einer „Anordnung" in dem Erlass des Beschlusses und seiner Vollstreckung (§ 36 II). Über Zeugenladung vgl § 48.

8   A. **Grundsatz** (I S 1): Nach der Änderung der Vorschrift durch das Ges vom 21.12.2007 (BGBl I 3198) stellt die StA ihre Anträge auf gerichtliche Untersuchungshandlungen grundsätzlich bei dem Amtsgericht, in dessen Bezirk sie ihren Sitz hat; wird der Antrag durch eine Zweigstelle – auch eine Außenstelle – der StA (3 zu § 141 GVG; HK-GS/Pflieger 5) gestellt, so ist er bei dem AG zu stellen, in dessen Bezirk die Zweig- oder Außenstelle ihren Sitz hat. Damit wird gegenüber der früheren Regelung, wonach die StA ihre Anträge bei dem AG zu stellen hatte, in dessen Bezirk die Handlung vorzunehmen war, eine praktisch sehr bedeutsame, vernünftige (Konzentration bei einem AG statt Antragstellung bei einer Vielzahl von Gerichten) und die ermittlungsgerichtliche Zuständigkeit erheblich vereinfachende Regelung getroffen. Schwierigkeiten, die mit der früheren differenzierten Zuständigkeitsregelung verbunden waren (s 50. Aufl 9 ff) sind damit behoben. Die Regelung gilt auch für die Erhebung von Verkehrsdaten nach § 100g; die frühere Rechtsprechung (BGH NStZ-RR **02**, 369; wistra **02**, 473) ist überholt. Im OWi-Verfahren ist auf den Sitz der Verfolgungsbehörde (ihrer Zweigstelle) abzustellen (BGH **52**, 222 mit zust Anm Harms NStZ **09**, 465; **aM** LG Arnsberg wistra **09**, 368; vgl auch §§ 62, 68 I OWiG). Beauftragt der GStA nach § 145 GVG eine

andere StA (als Behörde), richtet sich die Zuständigkeit nach deren Sitz (Düsseldorf JMBlNW 08, 65 zu § 162 I S 2 aF; **am** LG Zweibrücken NStZ-RR **04**, 304; StraFo **09**, 243 L).

B. **Ausnahmen:**

a) Der **Erlass eines Haft- oder Unterbringungsbefehls** kann nach §§ 125 I, 126a II bei dem AG beantragt werden, in dem ein Gerichtsstand begründet ist, insbesondere also am Tatort (§ 7), am Wohnsitz oder gewöhnlichen Aufenthaltsort des Beschuldigten (§ 8) oder am Ergreifungsort (§ 9) sowie in den sonstigen Fällen örtlicher Zuständigkeit (§§ 10–13a, 15), schließlich auch dort, wo sich der Beschuldigte gerade aufhält (5 zu § 125). Stattdessen kann sich die StA nach I S 2 auch an das Ermittlungsgericht ihres Sitzes wenden; diese weitere Wahlmöglichkeit besteht nach dem Wortlaut aber nur, wenn „daneben" mindestens eine weitere Untersuchungshandlung iS des I S 1 beantragt wird (HK-GS/Pflieger 6; HK-Zöller 6; Bezjak/Sommerfeld ZJJ **08**, 252; Wiesneth DRiZ **10**, 46; vgl BT-Drucks 16/5846 S 84 [„Kumulation"], 94; 16/6979 S 45). Ansonsten kann ein dauerhaftes Auseinanderfallen von Haft- und sonstigem Ermittlungsgericht nach § 126 I S 3 (dort 3) vermieden werden (Bittmann NStZ **10**, 16; vgl auch Weider StV **10**, 107).

b) **Gerichtliche Vernehmungen und Augenscheinnahmen:** Hierfür ist – anders als nach I S 1 – auch das AG zuständig, in dessen Bezirk diese Untersuchungshandlungen vorzunehmen sind (I S 3). Nach der gesetzlichen Regelung stellt die StA bei diesem AG den Antrag, wenn dies „zur Beschleunigung des Verfahrens oder zur Vermeidung von Belastungen Betroffener" angebracht ist. I S 3 ist insbesondere anzuwenden, wenn einem Zeugen nicht zugemutet werden kann, in den AG-Bezirk, in dem die StA ihren Sitz hat, anzureisen (vgl RiStBV 4c, 19a). Für das Ermittlungsgericht ist die Beurteilung der StA bis zur Grenze der Willkür bindend (LG Nürnberg-Fürth NStZ-RR **08**, 313). Wohnt ein Zeuge im Rahmen von polizeilichen Zeugenschutzmaßnahmen an einem geheim gehaltenen Ort, ist das AG zuständig, in dessen Bezirk sich die Polizeidienststelle befindet, über die der Zeuge geladen werden kann (LG Karlsruhe NStZ **97**, 509). Bei einer Video-Vernehmung kommt es auf den Wohnort der zu vernehmenden Person und nicht etwa darauf an, wo sich das Video-Vernehmungszimmer befindet (München NStZ **04**, 642; AnwK-Walther 11; **am** LG München II NStZ-RR **05**, 317; LR-Erb 29).

c) **Sonderregelungen** enthalten zB § 81 III (Unterbringung des Beschuldigten zur Beobachtung), § 100e II (Antrag auf Wohnraumüberwachung bzw Online-Durchsuchung), § 142 III (Bestellung eines Verteidigers), § 157 GVG sowie § 67 III S 1 IRG (dazu AG Eggenfelden NStZ-RR **09**, 280), nicht aber § 42 JGG (so LG Köln ZJJ **08**, 390; zur Problematik ausführlich Bezjak/Sommerfeld ZJJ **08**, 251).

C. **Geschäftsverteilung:** Der Ermittlungsrichter wird durch den Geschäftsverteilungsplan (§ 21e I S 1 GVG) bestimmt. Zu den ihm zugewiesenen Untersuchungshandlungen im Ermittlungsverfahren gehören, sofern nichts anderes bestimmt ist, auch die Entscheidungen über die UHaft, soweit nicht der weitere Jugendrichter zuständig ist (§§ 34, 107 JGG; vgl Eisenberg Meyer-Goßner-FS 294 Fn 11).

4) **Richterliche Prüfung (II):** Nur die Zulässigkeit der Untersuchungshandlung hat der Richter zu prüfen (dazu Nehm Meyer-Goßner-FS 284 ff; unten 15), trotz der Befugnisse der StA nach § 161a nicht die Zweckmäßigkeit und Notwendigkeit (KG JR **65**, 268; Stuttgart MDR **83**, 955; LG Zweibrücken VRS **90**, 126; LR-Erb 35; Nelles, Kompetenzen und Ausnahmekompetenzen in der StPO, 1980, S 54 ff; vgl auch BVerfGE **31**, 43; BVerfG DRiZ **76**, 216; Prechtel, Das Verhältnis der StA zum Ermittlungsrichter, Diss München 1995). Bei Veränderung der Lage darf der Richter so verfahren, wie es dem mutmaßlichen Willen der StA entspricht (Rieß NStZ **91**, 514; **am** Geppert DRiZ **92**, 407). Bei Handlungen, die wegen des mit ihnen verbundenen Zwangseingriffs in verfassungsrechtlich geschützte

§ 162 Zweites Buch. 2. Abschnitt

Rechte dem Richter vorbehalten sind (zB §§ 102, 103, 105), ist das richterliche Ermessen hingegen nicht beschränkt (Düsseldorf NStZ 90, 145; Erb aaO). Das Ersuchen um Vernehmung des Beschuldigten, der bisher nicht ausgesagt hat (2 zu § 163a), ist grundsätzlich zulässig. Eine Ausnahme ist denkbar, wenn er offenbar wohl überlegt erklärt hat, er wolle auch beim Richter keine Aussage machen oder wenn dies nach den Umständen sicher anzunehmen ist (Düsseldorf NStZ 90, 144). Ist der Vernehmungsantrag zulässig, so kann in Bagatellsachen doch die Vorführung (§ 133) unzulässig sein (Einl 20, 21). Die Berechtigung einer Zeugnisverweigerung ist zu prüfen und kann zur Ablehnung des Vernehmungsantrags führen (BGH **36**, 298, 300; Nehm Meyer-Goßner-FS 287).

15 **Erforderlichkeit der Untersuchungshandlung:** Da die StA die Möglichkeiten der §§ 161a, 163a III hat, wird sie den Antrag nach I nur stellen, wenn besondere Gründe es geboten erscheinen lassen, zB weil der Zeuge vereidigt werden soll. Dasselbe gilt für die FinB (oben 1). Jedoch darf der Ermittlungsrichter den Antrag nicht mit dem Hinweis auf die Möglichkeiten des §§ 161a, 163a III ablehnen (LG Stuttgart NStZ-RR **11**, 279; LG Düsseldorf NStZ **85**, 377 mwN; LG Freiburg NStZ **93**, 146; LG Köln MDR **95**, 1252; LG Tübingen MDR **89**, 1015; **aM** LG Köln NStZ **89**, 41). Über die Erforderlichkeit der richterlichen Untersuchungshandlung entscheidet allein die StA (LG Saarbrücken wistra **93**, 280; Geppert DRiZ **92**, 407; Rieß NStZ **91**, 516 mwN; Volk-FS 576; **aM** Brüning/Wenske ZIS **08**, 346: ER, der nur in Fällen drohenden Beweisnotstands tätig werden darf); nur bei offensichtlich willkürlichen oder erkennbar aus sachfremden Erwägungen gestellten Vernehmungsanträgen wird Unzulässigkeit des Antrags angenommen werden können (vgl Ebsen NStZ **07**, 501; Schellenberg NStZ **91**, 72). Im Übrigen prüft der Ermittlungsrichter grundsätzlich nur seine Zuständigkeit und die rechtliche Zulässigkeit der Untersuchungshandlung (Rieß NStZ **91**, 514; **aM** Brüning/Wenske aaO: auch Anfangsverdacht, Verjährung). Abzulehnen ist die beantragte Untersuchungshandlung aber, wenn die Maßnahme völlig ungeeignet oder ihr Zweck bereits erreicht ist (Boetticher/Landau BGH-FS 560; Nehm Meyer-Goßner-FS 289) oder sie offensichtlich unverhältnismäßig wäre (Einl 21, 22; Zweibrücken GA **81**, 418; LG Saarbrücken NStZ **89**, 132 mit Anm Weyand; LG Verden StV **86**, 427; vgl aber BayVerfGH MDR **63**, 739), oder wenn ein Antrag auf Vernehmung des Beschuldigten rechtsmissbräuchlich – nämlich offensichtlich ohne Notwendigkeit nur zwecks Verjährungsunterbrechung – gestellt ist (Geilen Schreiber-FS 89).

16 5) Es ist **keine Ausführung des Ersuchens** der StA, wenn der Richter dem Beschuldigten bei der Ladung mitteilt, er könne sich schriftlich äußern (§ 136 I S 2; vgl auch Hamm JMBlNW **74**, 53), oder in seinem Nichterscheinen werde die Erklärung gesehen, schweigen zu wollen. Der Vernehmungsbehelf des § 163a I S 2 gilt nicht für den Richter, der um Vernehmung (mit Ladung und schriftlichem Protokoll, §§ 133, 168, 168a) ersucht worden ist (11 zu § 163a). Gegen die Ablehnung hat die StA die Beschwerde nach § 304.

17 6) **Nach Erhebung der öffentlichen Klage gilt III:** Die Zuständigkeit des Ermittlungsrichters geht mit der Anklageerhebung auf das jeweils mit der Sache befasste Gericht über (S 1; früher schon BGH **27**, 253; Frankfurt StV **06**, 122). Die StA ist zwar weiterhin berechtigt und ggf verpflichtet, belastende und entlastende Spuren zu verfolgen (was zB § 98 III bestätigt), ohne die gerichtliche Untersuchung zu stören (RG **60**, 263; Stuttgart MDR **83**, 955; **aM** SK-Weßlau/Deiters 7 zu § 151; Wohlers 222; erg Einl 87; 5 zu § 202), insbesondere, wenn das Gericht die Hauptverhandlung für weitere Ermittlungen ausgesetzt hat (1 ff zu § 228). Hält sie aber eine richterliche Untersuchungshandlung für geboten, wendet sie sich an das mit der Sache befasste Gericht (LG Coburg MDR **53**, 120 mit Anm Kleinknecht); gegen dessen Willen kann sie Untersuchungshandlungen nicht erzwingen (Stuttgart aaO). Während des Revisionsverfahrens ist der letzte Tatrichter zuständig (S 2), mit Erlass einer zurückverweisenden Entscheidung das Gericht, an das zurückverwiesen wird (vgl 6, 9 zu § 126). Nach Rechtskraft lebt die Zuständigkeit des Ermittlungsrichters wieder auf (S 3; BT-Drucks 16/11644 S 35), nicht aber im Strafvollstreckungsverfahren (vgl zB § 457 III S 3; Düsseldorf NJW **81**, 2133). Mit Eingang eines Wiederaufnahmeantrags beim für das Wiederaufnahmeverfahren zuständigen Gericht geht die Entscheidungskompetenz auf dieses über (S 4; § 367 I S 1; § 140a GVG).

7) Beschwerde: Wird gegen eine Entscheidung des Ermittlungsrichters Beschwerde eingelegt, so ist für diese das ihm übergeordnete Beschwerdegericht zuständig. Dorthin richtet die sachbearbeitende StA ihre Anträge und Stellungnahmen, ggf ohne Einschaltung der dem Beschwerdegericht zugeordneten örtlichen StA (KK-Griesbaum 20; Loh MDR **70**, 813); denn § 143 I GVG gilt hier nicht, weil es sich auch noch in der Beschwerdeinstanz um Amtshilfe für die das Verfahren führende StA handelt (vgl BVerfGE **31**, 43). 18

Mit **Erhebung der öffentlichen Klage** (oben 17) geht die Kontrolle auf das mit der Sache befasste Gericht über (Frankfurt StV **06**, 122). Die Beschwerde ist daher, wenn vorher nicht das dem Ermittlungsgericht übergeordnete Beschwerdegericht eine Entscheidung getroffen hat, umzudeuten in einen Antrag an das erstinstanzliche Gericht (Frankfurt NStZ-RR **14**, 217; Jena wistra **10**, 80; Karlsruhe Justiz **98**, 130; 31 zu § 98; 19 zu § 111a; 20 zu § 111e; 12 zu § 117; 7 zu § 126; 7 zu § 169; vgl auch BGH **53**, 1, 6; missverständlich Schmidt NStZ **09**, 246). 19

Aufgaben der Polizei im
Ermittlungsverfahren RiStBV 13–21, 43, 65–67, 70 V, 101, 101a

163

I ¹Die Behörden und Beamten des Polizeidienstes haben Straftaten zu erforschen und alle keinen Aufschub gestattenden Anordnungen zu treffen, um die Verdunkelung der Sache zu verhüten. ²Zu diesem Zweck sind sie befugt, alle Behörden um Auskunft zu ersuchen, bei Gefahr im Verzug auch, die Auskunft zu verlangen, sowie Ermittlungen jeder Art vorzunehmen, soweit nicht andere gesetzliche Vorschriften ihre Befugnisse besonders regeln.

II ¹Die Behörden und Beamten des Polizeidienstes übersenden ihre Verhandlungen ohne Verzug der Staatsanwaltschaft. ²Erscheint die schleunige Vornahme richterlicher Untersuchungshandlungen erforderlich, so kann die Übersendung unmittelbar an das Amtsgericht erfolgen.

III ¹Zeugen sind verpflichtet, auf Ladung vor Ermittlungspersonen der Staatsanwaltschaft zu erscheinen und zur Sache auszusagen, wenn der Ladung ein Auftrag der Staatsanwaltschaft zugrunde liegt. ²Soweit nichts anderes bestimmt ist, gelten die Vorschriften des Sechsten Abschnitts des Ersten Buches entsprechend. ³Die eidliche Vernehmung bleibt dem Gericht vorbehalten.

IV ¹Die Staatsanwaltschaft entscheidet
1. über die Zeugeneigenschaft oder das Vorliegen von Zeugnis- oder Auskunftsverweigerungsrechten, sofern insoweit Zweifel bestehen oder im Laufe der Vernehmung aufkommen,
2. über eine Gestattung nach § 68 Absatz 3 Satz 1, Angaben zur Person nicht oder nur über eine frühere Identität zu machen,
3. über die Beiordnung eines Zeugenbeistands nach § 68b Absatz 2 und
4. bei unberechtigtem Ausbleiben oder unberechtigter Weigerung des Zeugen über die Verhängung der in den §§ 51 und 70 vorgesehenen Maßregeln; dabei bleibt die Festsetzung der Haft dem nach § 162 zuständigen Gericht vorbehalten.

²Im Übrigen trifft die erforderlichen Entscheidungen die die Vernehmung leitende Person.

V ¹Gegen Entscheidungen von Beamten des Polizeidienstes nach § 68b Absatz 1 Satz 3 sowie gegen Entscheidungen der Staatsanwaltschaft nach Ab-

§ 163

satz 4 Satz 1 Nummer 3 und 4 kann gerichtliche Entscheidung durch das nach § 162 zuständige Gericht beantragt werden. ²Die §§ 297 bis 300, 302, 306 bis 309, 311a und 473a gelten jeweils entsprechend. ³Gerichtliche Entscheidungen nach Satz 1 sind unanfechtbar.

VI ¹Für die Belehrung des Sachverständigen durch Beamte des Polizeidienstes gelten § 52 Absatz 3 und § 55 Absatz 2 entsprechend. ²In den Fällen des § 81c Absatz 3 Satz 1 und 2 gilt § 52 Absatz 3 auch bei Untersuchungen durch Beamte des Polizeidienstes sinngemäß.

VII § 185 Absatz 1 und 2 des Gerichtsverfassungsgesetzes gilt entsprechend.

Übersicht

	Rn
1) Erforschungspflicht	1–19
2) Beginn der Erforschungspflicht	20, 21
3) Beweissicherung und Unterbrechung der Verfolgungsverjährung	22
4) Vorlage der Verhandlungen	23, 24
5) Vorlage jeder Ermittlungssache	25
6) Unmittelbare Vorlage an das AG	26
7) Ermittlungsbefugnisse der Polizei	27–34b
8) Grenzen der Befugnisse	35–46
9) Zeugenvernehmungen	47–60
A. Pflicht zum Erscheinen (III S 1)	48, 49
B. Geltung von Zeugenvorschriften (III S 2)	50–54
C. Staatsanwaltliche Entscheidungsbefugnisse (IV)	55–59
D. Antrag auf gerichtliche Entscheidung (V)	60
10) Belehrung bei Untersuchungen nach § 81c	61
11) Belehrung bei Sachverständigen (VI)	62
12) Dolmetscher (VII)	63
13) Grundsatz der freien Gestaltung des Ermittlungsverfahrens	64
14) Schlussvermerk	65, 66
15) Beschwerde; Antrag auf gerichtliche Entscheidung	67, 68

1 **1) Erforschungspflicht (I):** Im Rahmen des gesetzlichen Mandats wird die (Kriminal-)Polizei (erg unten 12) tätig, ohne Aufträge der StA (11 zu § 161) abzuwarten (Düsseldorf VRS **69**, 235, 237). In diesem Rahmen ist ihr gesetzlicher Auftrag gleich dem der StA (§§ 160 I, 161 I). Die Behörden und Beamten des Polizeidienstes sind auch bei ihren Ermittlungen nach § 163 „verlängerter Arm der StA" (BVerwGE **47**, 255, 263; BGH NJW **03**, 3142). Sie haben nur eine „Durchgangszuständigkeit" (Ernesti NStZ **83**, 61; ZRP **86**, 59; Krey 3/202). Ungeachtet der organisatorischen Selbstständigkeit der Polizei bilden ihre Ermittlungen und die der StA stets eine Einheit, auch soweit sie ohne Auftrag der StA durchgeführt werden (BGH aaO; Geißer GA **83**, 388; Rüping ZStW **95**, 894; Ulrich ZRP **77**, 158). Für schwerwiegende Grundrechtseingriffe bedarf es einer speziellen Eingriffsermächtigung (vgl § 94 ff), im Übrigen enthält I S 2 (ebenso wie § 161 I) – anders als vor dem StVÄG 1999, als es nur eine Organisationsnorm war – eine generelle Eingriffsbefugnis für Ermittlungen jeder Art (Hilger NStZ **00**, 563; Hefendehl StV **01**, 703; Soiné Kriminalistik **01**, 247).

1a Die Befugnis, von allen Behörden **Auskunft zu verlangen,** besteht für die Polizei neben dem Fall der Auftragserteilung durch die StA nach § 161 I S 2 gemäß § 163 I S 2 auch bei Gefahr im Verzug (dh bei Gefährdung des Ermittlungserfolgs); sonst hat sie nur ein Fragerecht („ersuchen"), für die Behörde besteht dann aber keine Verpflichtung zur Auskunftserteilung. Die Polizei ist im Rahmen ihrer Befugnisse wie die StA zum Einschreiten bei zureichenden tatsächlichen Anhaltspunkten für das Vorliegen einer Straftat verpflichtet (§ 152 II; vgl LR-Erb 17; Velten Fezer-FS 103); der Verstoß gegen das Legalitätsprinzip ist nach §§ 258, 258a StGB, die Verfolgung eines Unschuldigen nach § 344 StGB strafbar. Mit Ausnahme von BKA, LKA und Bundespolizeidirektion haben weitere Polizeivollzugsbehörden nur unter den engen Voraussetzungen des § 11 II ATDG Zugriff auf die Antiterrordatei (vgl dazu Zöller JZ **07**, 768).

Vorbereitung der öffentlichen Klage § 163

Wenn das **Opportunitätsprinzip** ies (echtes Wahlrecht, 7 zu § 152) gilt, er- 2
mittelt die Polizei nur beim Bestehen von Anhaltspunkten dafür, dass die StA ein
öffentliches Interesse bejahen könnte (zB bei Privatklagedelikten; RiStBV 86, 87 I
S 2; weitergehend LR-Erb 27). In den Fällen, in denen lediglich die StA darüber
zu befinden hat, ob die Strafverfolgung durchzuführen ist (3 zu § 152), ermittelt
die Polizei so weit, dass die StA ihre Entscheidung treffen kann (erg unten 4).

A. Die **Lenkung des Ermittlungsverfahrens** (Einl 41, 60 ff) ist Aufgabe der 3
StA (§ 152 I, II, § 160), der Herrin des Verfahrens in diesem Stadium (BVerfG
NJW **76**, 231; Krey 1/204; **aM** Knemeyer Krause-FS 471; dagegen Bindel
DRiZ **94**, 166), im Steuerstrafverfahren auch der FinB (§§ 386, 399 I **AO**). Die
(Kriminal-)Polizei ist Ermittlungsorgan der StA (§ 161; vgl auch § 152 GVG). Aus
dem Verhältnis zwischen § 160 und § 163 folgt, dass die Polizei auf das StA-
Ermittlungsverfahren hinarbeitet (zur Entscheidung nach § 170). Daher ist die StA
grundsätzlich zur justizgemäßen Sachleitung der polizeilichen Ermittlungen ver-
pflichtet (BGH **51**, 285, 295; NJW **09**, 2612; KK-Griesbaum 2; Roxin DRiZ **97**,
119; **aM** Knemeyer/Deubert NJW **92**, 3131; vgl auch Einl 41; 11 zu § 161).
Sie hat die Rechtskontrolle (BGH **34**, 214, 216; Füllkrug ZRP **84**, 193; Roxin
DRiZ **69**, 385; Rüping ZStW **95**, 909) und trägt die Grundverantwortung für die
richtige Beschaffung und Zuverlässigkeit des im Justizverfahren benötigten Beweismaterials (Frank/Titz ZRP **08**, 127; Görgen DRiZ **76**, 296; Kuhlmann
DRiZ **76**, 265; Rüping aaO; zur Entwicklung der gesetzlichen Aufgabenvertei-
lung Rieß Volk-FS 560; *de lege ferenda* Rieß Schäfer-FS 195 ff; Gössel GA **80**, 325,
346 ff; vgl auch Buckow StraFo **08**, 379 zur „Durchreichung" polizeilicher Be-
schlussentwürfe an den ER; Conen Eisenberg-FS 468 zu heimlichen Ermittlungsmaßnahmen). Daher dürfen Zeugen, außer in Eilfällen (vgl RiStBV Anl D Nr 5.2;
gegen diese Ausnahme SK-Wohlers/Deiters 19 zu § 158), Vertraulichkeitszusagen
nur im Einverständnis mit der StA gemacht werden (vgl Füllkrug aaO; Geerds
Krause-FS 464; Geißer GA **85**, 261; J. Meyer ZStW **95**, 843 ff; Rebmann
NJW **85**, 5; erg 17 zu § 158). Das Gericht ist an diese Zusage nicht gebunden
(BGH **35**, 82). Bei dieser Aufgabe gibt es grundsätzlich keinen staatsanwaltsfreien
Raum (Geißer GA **83**, 385). Bei der Bestimmung des Maßes seiner Einschaltung
muss der StA die Erkenntnis berücksichtigen, dass weitgehend im Ermittlungsver-
fahren die Weichen auf das richtige oder falsche Urteil hin gestellt werden (KK-
Griesbaum 2).

Um der StA die Erfüllung ihrer Aufgaben zu ermöglichen, muss die Polizei in 4
schwierigen Fällen **von vornherein im Kontakt mit dem StA** vorgehen, insbesondere bei Tötungsdelikten (BGH NJW **09**, 2612). Dieser kann vom Beginn der
Ermittlungen an auch auf die Gestaltung der einzelnen Ermittlungshandlungen
Einfluss nehmen, zB dahin wirken, dass ein Sachverständiger eingeschaltet wird,
etwa zur Spurensicherung oder auch zur ersten Vernehmung des Beschuldigten.
Allein die StA kann auf Grund ihrer forensischen Erfahrung in schwierigen Fällen
beurteilen, was für das Strafverfahren notwendig ist. Ihre Sache ist es auch, frühzeitig den Stoff des Verfahrens nach den §§ 154, 154a zu beschränken, der Polizei
allgemein oder im Einzelfall die erforderlichen Weisungen zu erteilen (RiStBV 3
II, 11, 101 I, 101a I) und den Status des zu Vernehmenden klarzustellen (BGH
aaO).

Das gilt auch für die **Trennung oder Verbindung** zusammenhängender Straf- 5
sachen nach § 2 (BGH MDR **87**, 249). Aus diesen Gründen muss sie sich in
schwierigen Sachen von Anfang an aktiv einschalten (Heimeshoff DRiZ **72**, 164).
Daher hat sie auch die Befugnis, das Ermittlungsverfahren jederzeit an sich zu ziehen. Die Polizei wird dann nur noch nach § 161 S 2 tätig oder in einer stets bleibenden Notzuständigkeit für eilige Untersuchungshandlungen. Die StA darf auch
an Ermittlungshandlungen der Polizei jederzeit teilnehmen, in einer Steuerstrafsache auch die FinB (§ 403 I S 1 **AO**); anders, wenn die Polizei in Ausführung einer
richterlichen Anordnung nach Erhebung der Klage tätig wird, zB nach § 202 (vgl
Einl 44). Das auf der Leitungsbefugnis beruhende einseitige Anwesenheitsrecht

§ 163

StA im Ermittlungsverfahren ist kein Verstoß gegen den Grundsatz der sog Waffengleichheit zwischen StA und Beschuldigtem (Einl 88).

6 Dem **Verteidiger**, der um Auskunft ersucht, muss die Polizei das mitteilen, was sie dem Beschuldigten bei Beginn der Vernehmung über den Vorwurf sagen müsste (§ 163a IV S 1; Kleinknecht Kriminalistik 65, 454). Die Akteneinsicht gewährt nur die StA (33 zu § 147), für Akteneinsicht und Auskünfte an Private vgl aber § 480 I S 3.

7 B. **Zuständigkeiten**: Die Behörden und Beamten des Polizeidienstes sind nebeneinander genannt. Die Polizeibehörden müssen alle Maßnahmen zur Erfüllung der Pflicht nach I treffen, insbesondere geeignete Beamte zur Verfügung stellen, einteilen, entspr ausrüsten und überwachen.

8 Über das Recht zur Nacheile (§ 167 GVG) hinaus besteht folgende Ermächtigung: Nach dem **Abkommen über die erweiterte Zuständigkeit der Polizei der Länder bei der Strafverfolgung** vom 8.11.1991 (abgedr zB in BWGABl **93**, 719) sind die Polizeivollzugsbeamten der vertragsschließenden Bundesländer ermächtigt, Amtshandlungen auch in anderen Bundesländern vorzunehmen, wenn einheitliche Ermittlungen, insbesondere wegen der räumlichen Ausdehnung der Tat oder der in der Person des Täters oder in der Tatausführung liegenden Umstände, notwendig erscheinen. Das gilt nicht nur bei Sammelverfahren (unten 19). Der einzelne Beamte muss andere relevante Erkenntnisse an den zuständigen Beamten weitergeben. Der dienstfreie und in Zivilkleidung befindliche Beamte wird nicht sachlich unzuständig (Celle NdsRpfl **64**, 258).

8a **Über die Grenzen der BRep hinaus** dürfen die Beamten der Polizeien des Bundes und der Länder nach Art 40 I des SDÜ (vgl Gleß NStZ **00**, 57 ff; Sommer StraFo **99**, 37) bei auslieferungsfähigen Straftaten die Observation eines Verdächtigen auf dem Hoheitsgebiet einer anderen Vertragspartei (Partnerstaaten zZ vgl Einl 216) grundsätzlich nur fortsetzen, wenn diese einem zuvor gestellten Rechtshilfeersuchen zugestimmt hat; bei bestimmten besonders schweren – in Art 40 VII aufgezählten – Straftaten darf nach Art 40 II eine Observation bei „besonderer Dringlichkeit der Angelegenheit" auch ohne vorherige Zustimmung über die Grenzen hinweg fortgesetzt werden. Nach Art 41 ist eine Nacheile gegenüber einer verfolgten oder aus der Haft entflohenen Person unter ähnlichen Voraussetzungen zulässig; die BRep hat in ihren Erklärungen zu Art 41 IX ihren Nachbarstaaten gestattet, das Recht der Nacheile ohne räumliche und zeitliche Begrenzung für alle auslieferungsfähigen Straftaten und unter Einräumung des Festhalterechts auszuüben (vgl dazu ferner Heinrich NStZ **96**, 365). Nach dem EU-Rechtshilfe-Übk (vgl Einl 215d) wird ua die Bildung gemeinsamer Ermittlungsgruppen (Art 13; vgl §§ 61b, 93 IRG) und die grenzüberschreitende Überwachung der Telekommunikation (Art 18) ermöglicht werden. Die LJVen, das BMI und das BMJV haben Richtlinien über die internationale Fahndung nach Personen, insbesondere der Fahndung nach Personen im Schengener Informationssystem (SIS) und auf Grund eines Europäischen Haftbefehls vereinbart (zB für das Saarland in Kraft gesetzt am 1.4.2009, ABl des Saarlandes **09**, 563). Vgl auch RiStBV 41 II, 43; Einl 40; 9 aE vor § 94.

8b **Europol** (vgl den Beschl des Rates 2009/371/JI vom 6.4.2009 zur Errichtung des Europäischen Polizeiamts, umgesetzt durch Art 1 des Ges vom 31.7.2009 zur Änderung des Europol-Ges [BGBl I 2504]; dazu Niemeier/Walter Kriminalistik **10**, 17) hat demgegenüber keine Exekutivbefugnisse in den Mitgliedstaaten der EU (vgl Tolmein StV **99**, 108 sowie zur Bedeutung des Vertrags von Lissabon BVerfG NJW **09**, 2267 [Tz 38, 41, 68]; erg Einl 40, 207 f).

9 C. **Voraussetzung für den sog ersten Zugriff** ist für die Polizei ebenso wie für die StA, dass zureichende tatsächliche Anhaltspunkte bestehen, die den Verdacht einer Straftat begründen (4 zu § 160). Eine im Gesetz nicht erwähnte, der Einleitung des Ermittlungsverfahrens vorgeordnete Phase ist das „Herumfragen", eine informatorische, formlose Befragung zur Gewinnung eines groben Bildes, ob wirklich der Verdacht einer Straftat besteht und wer als Beschuldigter oder als

Vorbereitung der öffentlichen Klage § 163

Zeuge in Betracht kommt (Geppert Oehler-FS 323; Kleinknecht Kriminalistik **65**, 451; Krause/Nehring 160; Einl 79; unten 46b).

Bei **außerdienstlich erlangter Kenntnis** von Verdachtsgründen gilt für den 10 Polizeibeamten dasselbe wie für den StA (10 zu § 160).

D. Ein **Auftrag**, der dem I in positiver oder negativer Richtung widerspricht, 11 darf weder aus dem Polizeisektor noch von der StA erteilt werden; er dürfte nicht befolgt werden (vgl 3 ff zu § 146 GVG).

E. Beim **Verdacht einer OWi** gilt § 53 OWiG. Wenn der Sachverhalt aufge- 12 klärt wird, wobei das Opportunitätsprinzip gilt, legt die Polizei die bei ihr anfallenden Ermittlungsakten der VerwB vor (§ 53 I S 3 OWiG), weil sie für dieses Verfahren die Grundverantwortung trägt (vgl oben 3), sofern die StA nicht die Verfolgung übernommen hat (§§ 42, 63 OWiG).

F. **Besondere Zuständigkeiten:** Das Bundeskriminalamt (§ 4 BKAG; RiStBV 13 30–32) nimmt bei bestimmten Straftaten (12 zu § 161) die Aufgaben nach § 163 wahr. Jedoch werden dadurch die anderen Polizeibehörden nicht ihrer Pflicht enthoben, zunächst zuzugreifen (vgl auch 2 zu § 143 GVG).

Sonstige Träger von Polizeiaufgaben, für die in ihrem Zuständigkeitsbe- 14 reich § 163 gilt: Die Bundespolizei (früher: Bundesgrenzschutz) nach dem durch das Ges vom 21.6.2005 (BGBl I 1818) geänderten, in BPolG umbenannten BGSG (dazu Schwabe NJW **98**, 3698; die sachliche und örtliche Zuständigkeit ist in der BPolZV näher geregelt), der nicht nur der Grenzschutz (§ 2) obliegt, sondern die ua auch als Bahnpolizei (§ 3) tätig wird, zur Luftsicherheit (§ 4), zum Schutz von Bundesorganen (§ 5), zu Maßnahmen auf See (§ 6) und zur Unterstützung von anderen Bundesbehörden (§§ 9, 10, 11) eingesetzt werden kann, zur Verhinderung unerlaubter Einreise in das Bundesgebiet (§ 22) und zur Identitätsfeststellung einer Person (§ 23) tätig wird, aber auch die polizeilichen Aufgaben auf dem Gebiet der Strafverfolgung bei bestimmten „grenzbezogenen" Taten wahrnimmt (§ 12); die Hauptzollämter und Zollfahndungsämter (auch das ZKA, § 16 ZFdG), soweit es sich um bestimmte Straftaten nach der AO (§§ 208 I S 1 Nr 1, 369, 404 **AO**; vgl Kramer wistra **90**, 169; Pütz wistra **90**, 212), dem AWG und dem MOG handelt (§ 37 II AWG, § 37 II MOG; BGH **36**, 283), ferner um international organisierte Geldwäsche (§§ 1 III c, 12b ZollVG); die Angehörigen der VerwB bei der Erforschung von Straftaten nach dem WiStG 1954 (§ 13 II iVm § 63 I S 1 OWiG); die Beauftragten der zuständigen Behörden in Eichsachen nach § 34 EichG idF vom 22.2.1985 (BGBl I 410; III 7141-6); die für die Ausführung des BBergG zuständigen Landesbehörden (§ 147 BBergG; die Beamten des Hydrographischen Instituts, die Polizeivollzugsbeamten des Bundes, die Beamten des Zollgrenzdienstes und der Wasser- und Schifffahrtsverwaltungen des Bundes bei Straftaten nach § 146 BBergG im Bereich des Festlandsockels (§ 148 II BBergG).

G. **Andere Verfahrensbeteiligte** als den StA, die nicht selbst vernommen wer- 15 den oder sonst Gegenstand der Ermittlungshandlung sind, darf die Polizei zu ihrer Ermittlungshandlung zulassen, obgleich sie keinen Anspruch auf Anwesenheit haben (Kion NJW **66**, 1800), wenn es Ermittlungsgründe geboten erscheinen lassen.

Der **Verteidiger hat kein Recht auf Anwesenheit** bei den polizeilichen 16 Zeugenvernehmungen (Krause/Nehring 227 ff; Krüger Kriminalistik **74**, 392; erg 16 aE zu Art 6 EMRK), er kann aber zugelassen werden (Burhoff ErmV 3506).
Erziehungsberechtigte und gesetzliche Vertreter haben bei der Vernehmung von Jugendlichen als Beschuldigte gemäß § 67 I **JGG** ein Anwesenheits- und Konsultationsrecht (Eisenberg 11 zu § 67 JGG; Ostendorf Heinz-FS 464, 474 ff), auf die Polizei hinweisen muss (Ostendorf aaO 476, der bei einem Verstoß gegen die Belehrungspflicht ein auf Widerspruch zu beachtendes Beweisverwertungsverbot annimmt). Zum Anwesenheitsrecht des Verteidigers bei polizeilichen Beschuldigtenvernehmungen siehe § 163a IV S 3 (dort Rn 20) iVm § 168c I (dort Rn 1 ff), des Verletztenbeistands vgl § 406 f, zum Zeugenbeistand III S 1–3 und dazu unten 46b, c, 51.

Köhler

§ 163

17 H. **Kollision zwischen Strafverfolgung und Präventivmaßnahmen:** Die StA ist nur Strafverfolgungsorgan (1 ff vor § 141 GVG), also für Präventivmaßnahmen nicht zuständig, soweit das Gesetz nichts anderes bestimmt (1 zu § 112a). Zum Zusammentreffen von Strafverfolgung und Gefahrenabwehr vgl RiStBV Anl A Abschn B III; erg 6 zu § 152, 13 zu § 161; zu den „doppelfunktionalen Maßnahmen der Vollzugspolizei" eingehend Ehrenberg/Frohne Kriminalistik **03**, 737. Im Hinblick auf die neu in die StPO eingefügten Zwangsmaßnahmen (§§ 98a, 98c, 100c, 110a ff, 163b, 163c, 163d, 163e, 163f), die sich ähnlich oftmals auch in den Polizeigesetzen der Länder befinden und dort schon zuvor enthalten waren, wird aber bereits von einer „Verpolizeilichung" des Strafprozessrechts gesprochen (Paeffgen Rudolphi-Symp 13).

18 I. Ein **schriftliches Verfahren** ist das Ermittlungsverfahren. Daher müssen alle Beweiserhebungen und alle relevanten Beobachtungen der Ermittlungsbeamten in irgendeiner Form aktenkundig gemacht werden (Einl 62). Das gilt auch für auffällige Verhaltensweisen von Auskunftspersonen und für andere konkrete Beobachtungen, die für die Glaubwürdigkeit Bedeutung haben können. Aktenkundig ist auch die Mitwirkung von V-Leuten oder Informanten zu machen (LG Berlin StV **86**, 96). Die mündlichen Vernehmungen von Zeugen und Beschuldigten werden grundsätzlich protokolliert (23 zu § 163a), je nach Eignung nach Anhörung der gesamten Aussage oder in Teilen oder in einem Zug-um-Zug-Protokoll mit weitgehender wörtlicher Wiedergabe der Aussage. Zur Bild-Ton-Aufzeichnung einer polizeilichen Zeugenvernehmung vgl III S 1, unten 46b und c, 4a ff zu § 58a.

19 K. Über **Sammelverfahren** vgl 9, 11 zu § 2; RiStBV 25–29. Die Zusammenfassung mehrerer Verfahren, die einzeln zu verschiedenen StAen gehören würden, zu einem Sammelverfahren ist idR Aufgabe der beteiligten StAen (3 zu § 143 GVG). Im Verfahrensstadium nach § 163 kann die Initiative hierzu auch von der Polizei ausgehen (erg RiStBV 28).

20 2) **Beginn der Erforschungspflicht:** Diese entsteht für die Polizei wie für die StA, sobald sie Kenntnis von dem Vorfall erhält (5 zu § 160). Der Auftrag, die zur Verhütung der Verdunkelung erforderlichen Anordnungen zu treffen, bedeutet keine Beschränkung der Erforschungspflicht. Auch die Ermittlungen der Polizei dienen der Vorbereitung der staatsanwaltschaftlichen Entscheidung, mit der das Ermittlungsverfahren abzuschließen ist (11 zu § 160). Die Erforschungspflicht der Polizei ist nach dem Gesetz nicht anders beschränkt als die der StA (§ 160). Auch § 160 II gilt für die Polizei entspr. Ein Geständnis muss durch Kontrollvernehmungen und kontrollierende Sachbeweise auf Richtigkeit geprüft werden (Peters Kriminalistik **70**, 428).

21 Die (grobe, sich in diesem Verfahrensstadium aufdrängende) Persönlichkeitserforschung und sonstige Klärung der **Tatsachengrundlage für die Rechtsfolgenentscheidung** (§ 160 III S 1) ist – unbeschadet der Pflicht nach II – ebenfalls Aufgabe der Polizei, jedoch nur so weit, wie sie unzweifelhaft notwendig und zulässig ist (Rössmann Kriminalistik **68**, 194; 20 zu § 160).

22 3) **Beweissicherung und Unterbrechung der Verfolgungsverjährung:** Beide obliegen der Polizei ebenso wie der StA (§ 160 II; § 78c I Nr 1 StGB). Die Bekanntgabe, dass ein Ermittlungsverfahren eingeleitet ist, muss eine schriftliche oder mündliche amtliche Mitteilung an den Beschuldigten sein. Sie kann auch mit anderen Mitteilungen verbunden werden, zB im Fall des § 163a I S 2 iVm den erforderlichen Belehrungen (dort 4, 5). Bei der schriftlichen Mitteilung und bei der Anordnung der Vernehmung tritt die Unterbrechung bereits mit der Unterzeichnung ein (§ 78c II StGB).

23 4) Die **Vorlage der Verhandlungen (II S 1)**, dh der entstandenen Ermittlungsvorgänge (Akten, sachliche Beweismittel und Einziehungsgegenstände) an die zuständige StA muss ohne Verzug, dh nach der unaufschiebbaren Beweissicherung (oben 22), unter Berücksichtigung des Grundsatzes der Aktenvollständigkeit (siehe

Vorbereitung der öffentlichen Klage § 163

14 zu § 147) und nach den gebotenen Untersuchungshandlungen in sachgemäßer Berücksichtigung der in 3 genannten Grundsätze der engen Zusammenarbeit, geschehen. In Staatsschutzsachen, in denen im 1. Rechtszug das OLG zuständig ist (§ 120 I, II S 1 GVG), werden die Akten dem GBA vorgelegt (§ 142a I GVG; RiStBV 202 IV). Die von der Polizei über den Straffall für den eigenen Gebrauch angelegten Kriminalakten darf der Beschuldigte nur mit Genehmigung der StA einsehen (Schoreit NJW **85**, 169 gegen VGH München NJW **84**, 2235, das den Rechtsweg vor den Verwaltungsgerichten für zulässig hält).

Von allen verfolgten Spuren (oben 18) muss die StA Kenntnis erhalten, auch 24 wenn sie von der Polizei nicht weiter verfolgt worden sind. Eine solche Spur kann sich später als wichtig erweisen oder bei Wiederaufnahme Bedeutung erlangen (Peters Kriminalistik **70**, 426). Daher hat die Polizei der StA sämtliche Spurenakten (zum Begriff vgl Wieczorek Kriminalistik **84**, 598) vorzulegen, die bei den Ermittlungen entstanden sind, allerdings nur, soweit sie irgendeinen Bezug zu Tat und Täter haben; sonst verbleiben sie als verfahrensfremde Vorgänge bei der Polizei, sind aber der StA auf Aufforderung hin vorzulegen (str, vgl dazu 18 zu § 147). Größere Gegenstände kann die Polizei unter Verständigung der StA in Verwahrung nehmen oder an geeigneten Orten aufbewahren. Wegen der Vorlegung gespeicherter Daten vgl Ernesti NStZ **83**, 62. Mit der Aktenübersendung endet die Erforschungspflicht der Polizei nicht (erg 16 aE zu Art 6 EMRK); sie darf aber die Ermittlungen der StA nicht stören (vgl 17 zu § 162). Nach § 482 (MiStra 11) teilt die StA der Polizei ihr Aktenzeichen und den Ausgang des Verfahrens mit. Die Polizei darf nach § 481 personenbezogene Informationen aus Strafverfahren auch nach Maßgabe der Polizeigesetze verwenden.

5) Jede Ermittlungssache ist vorzulegen, gleichviel, ob sie auf Strafanzeige 25 oder Strafantrag (§ 158) oder von Amts wegen (I) begonnen worden ist. Das gilt auch, wenn nach der Einleitung eines Ermittlungsverfahrens der Tatverdacht schlechthin entfällt oder der Verdächtige nicht ermittelt wird. Wenn es zweckmäßig ist, den Beschuldigten aus diesem Verhältnis alsbald zu entlassen, zB um ihn als Zeugen zur Verfügung zu haben oder ihn zu rehabilitieren, so werden die Akten der StA zur Teileinstellung zugeleitet (8 zu § 170). Der polizeiliche Vorgesetzte darf die nach seiner Meinung zu Unrecht von einem Polizeibeamten aufgenommene Sache, für die nach ihrer Art das Legalitätsprinzip gilt, nicht aus dem Geschäftsgang entfernen. Er kann nur etwaige Zweifel in einem Begleitbericht ausdrücken (BGH MDR **56**, 563). Bei Steuerstraftaten legt die Polizei ihre Akten unter den Voraussetzungen des § 386 II AO der FinB (KK-Griesbaum 25; vgl aber LR-Erb 95: nur fakultativ), in „gemischten" Fällen der StA vor.

6) Auch unmittelbar an das AG (II S 2) kann die Polizei die Akten leiten, 26 wenn sie eine besonders eilige richterliche Untersuchungshandlung (4ff zu § 162) für geboten hält. Einen Antrag auf eine bestimmte Untersuchungshandlung kann an sich nur der StA stellen; die Polizei kann aber eine Anregung geben. Der Richter wird dann unter den Voraussetzungen des § 165 tätig (Hamm NJW **09**, 242, 243; Rieß Volk-FS 579; erg 25b zu § 81a); dies gilt nicht in den Fällen der §§ 100e I S 1, II, 100f IV (dort 14) und 100g II S 1 (dort 24). Die Spezialregelung des II S 2 und § 165 heben § 33 II für den Fall auf, dass die StA nicht rasch genug erreichbar ist (3 zu § 165). Kein Fall des II S 2, sondern der Normalfall des § 162 liegt vor, wenn die Polizei dem AG mit den Akten einen Antrag der StA übermittelt (LR-Erb 198). II S 2 gibt der Polizei nicht die Befugnis, eine Beschwerde zum LG einzulegen (18 zu § 142).

7) Die Ermittlungsbefugnis der Polizei umfasst die Erhebung aller zulässigen 27 Beweise. Auf einzelnen Gebieten sind ihr dabei Schranken gesetzt, auf der anderen Seite ist sie Möglichkeiten gegeben, die praktisch nur ihr offen stehen. Vgl hierzu Perschke, Zur Zulässigkeit nicht spezialgesetzlich geregelter Ermittlungsmethoden im Strafverfahren, 1997 (zugleich Diss Osnabrück 1995).

§ 163

28 A. **Allgemeine Ermittlungen:** Vernehmung des Beschuldigten (§ 163a I, II, IV) und der Zeugen (III und dazu unten 46a ff; 6 zu § 161a); Herausgabeverlangen (§ 95 I; dort 2); Heranziehung eines Sachverständigen (III S 4, 5; 1 zu § 73) und die vorläufige Festnahme (§§ 127 II, 127b I). Zu nennen ist ferner außer den Maßnahmen für das Strafverfahren nach § 81b auch die Anfertigung von Lichtbildern vom Tatort, vom Auffindungsort und von Gegenständen, die bei der Tat eine Rolle gespielt haben (Hefendehl StV **01**, 704). Zulässig ist auch das Photographieren von Ansammlungen, wenn es naheliegt, dadurch bisher unbekannte oder gesuchte Täter früherer Straftaten ermitteln zu können (BGH NJW **75**, 2075). Ebenso wichtig ist es, dass von den Opfern der Tat Aufnahmen gemacht werden. Bei unbekannten Toten kann das Röntgen-Identifizierungsverfahren von Erfolg sein, das auf dem Vergleich von Röntgenaufnahmen einer Leiche mit solchen Aufnahmen beruht, die bei Lebzeiten der Person aufgenommen worden sind, um die es sich bei dem Opfer mutmaßlich handelt. Dabei können Auskünfte der Krankenversicherungen von Wert sein (vgl 5 zu § 161). Die Einholung behördlicher Auskunft ist zulässig (oben 1a), unter den Voraussetzungen der §§ 2b PersAuswG oder 22 PassG auch die Anforderung eines Lichtbildes aus dem Personalausweis- oder Passregister, bei Gefahr im Verzug auch im Wege des Online-Zugriffs, §§ 2c II PersAuswG, 22a II PassG (erg unten 51; 15 aE zu § 81b), zur Zuordnung von Beweismitteln ferner die Anforderung der nach § 49 III–V, VII AufenthG erhobenen Daten eines Ausländers (§ 89 II AufenthG; erg 6 zu § 163b).

28a Zulässig ist auch die **Internetermittlung** durch Online-Zugriff auf öffentlich zugängliche Daten, etwa unter Zuhilfenahme der im Internet verfügbaren Suchmaschinen (vgl Rückert ZStW **129**, 302, 328), ebenso auf – ohne besondere Zugangsberechtigung – zugängliche Datenbestände wie sie etwa in offenen Newsgroups oder in offenen Internet-Chats entstehen (Vgl BVerfGE **120**, 274 = NJW **08**, 822, 836; Rosengarten/Römer NJW **12**, 1764, 1767; Ostendorf/Frahm/Doege NStZ **12**, 529, 537; Brenneisen/Staack Kriminalistik **12**, 627; Kieszcewski ZStW **123**, 737, 739; Bär ZIS **11**, 58; Gercke GA **12**, 475, 481 mwN), ebenso die Ermittlung des Besitzers einer statischen IP-Adresse über öffentlich zugängliche Informationsplattformen (erg 45 zu § 100g). Die automatisierte Erfassung und Verarbeitung der so erlangten Beweisdaten in einem Verfahren gegen einen oder mehrere konkrete Beschuldigte ist ebenfalls zulässig, da es sich insoweit im Kern lediglich um eine automatisierte Erleichterung der Analyse zulässig gewonnener Daten handelt; die automatisierte Erhebung und Auswertung von Online-Rasterdaten („Schleppnetzfahndung im Netz") fällt allerdings, da regelmäßig eine Vielzahl von Daten Unbeteiligter erhoben und ausgewertet wird, nicht unter die Ermittlungsgeneralklausel (vgl Rückert ZStW **129**, 302, 331 f, der vorschlägt, sich hinsichtlich der Eingriffsvoraussetzungen an §§ 98a, 111, 163d zu orientieren). Nach der Ermittlungsgeneralklausel zulässig ist die **Kommunikation in sozialen Netzwerken** unter einer Legende, wenn die Anmeldung unter einem Pseudonym problemlos möglich ist und von einer Vielzahl von Nutzern praktiziert wird (vgl BT-Drucks 17/6587 S 3; Soine NStZ **14**, 248); auch die anonyme oder pseudonyme Kommunikation von Polizeibeamten mit einer Zielperson ist danach zulässig (vgl BVerfGE **120**, 274, 345; Soine aaO). Dies gilt nicht bei Eingriffen in das Fernmeldegeheimnis (7 zu § 100a) sowie für die auf Dauer angelegte legendierte Teilnahme an geschlossenen Benutzergruppen unter Überwindung von Zugangskontrollen (4 zu § 110a). Für die Übermittlung personenbezogener Informationen aus Strafverfahren zwischen Behörden des Polizeidienstes und für eine entspr Akteneinsicht gelten die §§ 474 I, 480 I S 5 (vgl Stuttgart NStZ **08**, 359 zu § 478 aF).

28b In Fällen des **Cybercrime mit Bitcoins** (zu Begriff und Funktionsweise Greier wistra **16**, 249; Beck NJW **15**, 580; zu den Schwierigkeiten der Ermittlung aufgrund Dezentralität und Pseudonymität derartiger Straftaten Grzywotz/Köhler/Rückert StV **16**, 753, 758) erlaubt es die Ermittlungsgeneralklausel, die Transaktionsdaten in der sog Blockchain mittels spezieller Software mit anderen Datensätzen, zB aus anderen Bereichen des Internets, zu verknüpfen, um Bitcoin-Adressen bestimmten natürlichen oder juristischen Personen oder Personengruppen – etwa kriminellen Organisationen – zuordnen zu können (siehe Grzywotz/Köhler/ Rückert aaO, die allerdings offen lassen, ob es für den Software-Einsatz einer speziellen gesetzlichen Ermächtigungsnorm bedarf).

Für Bagatellstraftaten sehen Richtlinien der Länder ein **Vereinfachtes Ermittlungsverfahren** vor; vgl für Niedersachsen Gemeinsamen RdErl vom 5.7.1995 (NdsRpfl **95**, 266) und für Sachsen-Anhalt Gemeinsamen RdErl vom 27.4.1995 (MBl 1154). 28c

Aus verfahrenspsychologischen Gründen kann es angebracht sein, bei einer Untersuchungshandlung, die voraussichtlich besonderes öffentliches Aufsehen erregen wird, die StA oder den Ermittlungsrichter (oben 26) einzuschalten, wenn die Aufklärung der Sache dadurch nicht in schädlicher Weise verzögert wird (6 zu § 162). 29

B. **Notwehr und Nothilfe:** Neben ihren sonstigen Befugnissen stehen den Strafverfolgungsbeamten auch das Notwehr- und Nothilferecht nach den §§ 32, 35 StGB zu (Maurach/Zipf § 26 II B 4; Schultz MDR **80**, 816; so ausdrücklich zB Art 60 II BayPAG, § 35 PolGNW). § 34 StGB ist ebenfalls öffentlich-rechtliche Eingriffsnorm (BGH **27**, 260; KK-Griesbaum 12; Lange NJW **78**, 784; Schwabe NJW **77**, 1902; **aM** Amelung NJW **78**, 623; Lisken ZRP **90**, 19; LR-Erb 9), soweit die allgemeine Bestimmung nicht durch besondere Regelungen verdrängt wird (zB nach §§ 34 ff EGGVG). 30

Die **Eingriffskompetenz** steht häufig nur den Ermittlungspersonen der StA (§ 152 GVG) zu. Vor allem die Beschlagnahme einer beweglichen Sache (§§ 98 I, 111b I, 111e I S 2), die Durchsuchung (§§ 105 I, 111b IV), die körperliche Untersuchung des Beschuldigten (§ 81a) oder von Zeugen (§ 81c II) sowie die Anordnung einer Sicherheitsleistung (§ 132 II) dürfen – außer dem Richter und StA – nur die Ermittlungspersonen der StA anordnen; bei Steuerstraftaten auch die FinB und deren Hilfsorgane (§§ 399 I, II, 402, 404 **AO;** vgl Brete/Thomsen wistra **08**, 367). Die Durchführung dieser Maßnahmen dagegen kann auch Polizeibeamten ohne Ermittlungspersoneneigenschaft überlassen werden, gleichviel wer die (zulässige) Anordnung getroffen hat. 31

C. **Zwang** anzuwenden, gestattet I nicht (Einl 45, 46). Zwang zur Identitätsfeststellung kann nach den §§ 163b, 163c angewendet werden, auch nach § 127 I. Diese Regelungen lassen die polizeilichen Normen mit Ermächtigung zum Zwang unberührt (1 zu § 6 EGStPO; §§ 9, 10 MEPolG; Art 13, 14 BayPAG; §§ 9, 10 PolGNW). 32

D. **Razzia:** Die §§ 163b, 94, 95, 102, 103, 111b ergeben eine Rechtsgrundlage (Brodag 377; vgl auch Schultz JR **66**, 207). Eine Razzia zur Straftataufklärung kann mit einer zur Gefahrenabwehr (§ 9 I Nr 3 MEPolG; Art 13 I Nr 2, 21 I Nr 3, 22 I Nr 4 BayPAG; § 12 I Nr 2, II Nr 4 PolGNW) kombiniert werden (oben 17; vgl aber Ernesti NStZ **83**, 61). Besteht zB der konkrete Verdacht (§ 152 II), dass in den Räumen einer Drogenberatungsstelle (§ 203 I Nr 4 StGB) mit Rauschgift gehandelt wird, so kann durch eine Razzia mit großem Polizeiaufgebot und vorübergehender Straßenabsperrung in jenen Räumen nach Rauschgifthändlern gefahndet werden (BVerfGE **44**, 357, 370 = NJW **77**, 1489). 33

E. **Fahndungsmaßnahmen:** RiStBV 39–43 und Anlage B. Von wesentlicher Bedeutung sind die in §§ 98a, 98b geregelte Rasterfahndung, die in § 100h erlaubte Herstellung von Bildaufnahmen, der Einsatz besonderer technischer Mittel zur Obversation und die Aufzeichnung des nichtöffentlich gesprochenen Wortes, der nach §§ 110a ff zulässige Einsatz Verdeckter Ermittler, die Ausschreibung zur Festnahme oder Aufenthaltsermittlung, ggf mit Öffentlichkeitsfahndung nach §§ 131 ff, sowie die polizeiliche Beobachtung nach § 163e und die längerfristige Observation nach § 163f. 34

Auch die Einschaltung von **Kontaktpersonen oder V-Leuten** mit dem Ziel, stärkere Beweise zu gewinnen, ist zulässig (**aM** Hefendehl StV **01**, 704; zweifelnd zur Durchführung eines verdeckten Verhörs mit dem Ziel, eine selbst belastende 34a

§ 163

Äußerung eines noch nicht förmlich vernommenen Beschuldigten herbeizuführen BGH NStZ **10**, 528), ebenso der Einsatz von **V-Leuten** (EGMR NJW **09**, 3565; HRRS **08**, 292; BVerfGE **57**, 250, 284 = NJW **81**, 1719, 1724; BVerfG NJW **87**, 1874; BGH **32**, 115, 121 ff [GSSt]); auch insoweit wird aber die Schaffung einer gesetzlichen Ermächtigung gefordert (dazu Beulke/Swoboda 424 mwN), wie sie zT im Polizeirecht besteht (§§ 20g II Nr 4, 23 II Nr 3 BKAG, § 28 II Nr 3 BPolG; § 28 II Nr 4 POGRP). Allerdings ist der längerfristige Einsatz von V-Leuten nur zur Aufklärung besonders gefährlicher und schwer aufklärbarer Kriminalität, wie etwa der Rauschgift- und Bandenkriminalität, zulässig (vgl BVerfGE **57**, 250, 284; BGH aaO; Beulke/Swoboda mwN). Die Polizeibehörde ist berechtigt, ihnen vor ihrem Einsatz zuzusichern, dass ihre Identität in dem zum Schutz vor Leibes- und Lebensgefahren erforderlichen Maße geheimgehalten wird (BGH **33**, 83, 91). Vgl allg zum Einsatz von V-Leuten RiStBV Anl D I; erg 4a zu § 110a. Die für die Strafverfolgungsbehörde tätig werdende Person darf nicht gegen § 136a verstoßen. Sie muss die Grundrechte achten und darf diese Schranken nur mit einem anerkannten Rechtfertigungsgrund übersteigen, weil ein Verstoß dem Staat zuzurechnen wäre (Krause/Nehring 245; Einl 18 ff, 55; erg 4–4b zu Art 6 EMRK), es sei denn, die Polizei konnte mit einem Fehlverhalten der V-Person nicht rechnen (vgl BGH **45**, 321, 336; **47**, 44, 48; enger Hilger NStZ **92**, 523 Fn 128).

34b Ein **agent provocateur** darf weiter jedenfalls dann eingeschaltet werden, wenn der bereits bestehende starke Verdacht schwerwiegenden strafbaren Verhaltens auf seine Richtigkeit getestet werden soll (BGH **32**, 345; NJW **80**, 1761; NStZ **81**, 104), nicht aber, um den Täter erst durch nachhaltige Einwirkung zur Tatbegehung oder zu einem „Quantensprung" zu bestimmen (BGH **45**, 321; **47**, 44; NJW **81**, 1626; NStZ **14**, 277; krit Conen StRR **09**, 84, Gaede/Buermeyer HRRS **08**, 283 ff [jew unter Hinweis auf EGMR NJW **09**, 3565; HRRS **08**, 292; siehe ferner EGMR StraFo **14**, 504 mit Anm Sommer], auch zur „Beweislast"; Greco StraFo **10**, 52; vgl zum Ganzen auch Beulke/Swoboda 424 mwN sowie 4a, 4b zu Art 6 EMRK zur Rspr des EGMR). Ein Verstoß gegen den Grundsatz des fairen Verfahrens liegt auch dann vor, wenn der Täter zunächst von sich aus an die V-Person herangetreten ist, sein späterer Versuch auszusteigen von dieser jedoch mit rechtsstaatswidrigen Mitteln vereitelt wird (BGH NStZ **09**, 405). In die Bestimmung des Zeitpunkts des Zugriffs dürfen präventive und polizeitaktische Erwägungen einfließen (BGH NStZ **08**, 685; bestätigt durch BVerfG 2 BvR 2076/07 vom 28.11.2007). In der Revision kann eine rechtsstaatswidrige Tatprovokation nur mit einer den Anforderungen d § 344 II S 2 genügenden Verfahrensrüge gerügt werden, es sei denn, der Verstoß ergibt sich ausnahmsweise aus den Urteilsgründen (BGH NStZ **15**, 226). Zu den Rechtsfolgen einer unzulässigen Tatprovokation – Strafzumessungslösung oder Beweisverwertungsverbot – Einl 148a sowie 4a, b zu Art 6 **EMRK**.

35 **8) Grenzen der Befugnisse:** Kein Zweifel besteht darüber, dass die Polizei eine Person zur Vernehmung (vgl III, § 163a) schriftlich oder mündlich vorladen kann, wenn Tatsachen die Annahme rechtfertigen, die Person werde sachdienliche Angaben zu der Tat machen können, die geklärt werden soll (über vorherige informatorische Befragung vgl Einl 79, unten 46b). Das Gleiche gilt, wenn gegen die Person erkennungsdienstliche Maßnahmen (§ 81b) durchzuführen sind. Nicht im ersteren, aber im letzteren Fall kann unmittelbarer Zwang angewendet werden, wenn der Betroffene der Ladung ohne hinreichenden Grund keine Folge leistet, auch unmittelbar nach der mündlichen Vorladung (erg 15 zu § 81b).

36 A. Der **Beschuldigte** ist nicht verpflichtet, zur Sache Aussagen zu machen (§ 163a III). Zur Person muss er im Rahmen des § 111 I OWiG aussagen (5 zu § 136).

37 B. Der **Zeuge** ist zwar zum Zeugnis (§§ 48 I, III S 1) und nunmehr auch zum Erscheinen (III S 1, unten 48, 49) verpflichtet. Jedoch gelten bei der Aussage zur Sache die gesetzlichen Weigerungsrechte (dazu III S 2, IV Nr 1, unten 50, 56). Die

Polizei hat allerdings die Befugnis zur Identitätsfeststellung nach den Polizeigesetzen (vgl auch oben 32).

C. **Schutz der Wohnung:** Sucht der Polizeibeamte den Beschuldigten oder **38** Zeugen in seiner Wohnung auf, so darf er sich, da er keine Zwangsbefugnis hat, nur so lange dort aufhalten, wie der Wohnungsinhaber damit einverstanden ist (Schleswig NJW **56**, 1570). In Betracht kommt aber ein Betreten aus polizeilichen Gründen nach den Landespolizeigesetzen (vgl § 19 MEPolG; Art 23 BayPAG; § 19 PolGNW); zum Betreten einer Wohnung durch einen Verdeckten Ermittler vgl § 110b III.

D. Der **Sachverständige**, der schon im polizeilichen Ermittlungsverfahren her- **39** angezogen werden darf (1 zu § 73), kann der Polizei gegenüber durch seine Stellung im öffentlichen Dienst oder durch allgemeine Vereinbarung oder durch Annahme eines Auftrags zur Begutachtung verpflichtet sein. Die Polizei kann diese Verpflichtung jedoch nicht mit Ordnungs- und Zwangsmitteln durchsetzen. Dies kann aber die StA (§ 161a II). Über Belehrungspflichten gegenüber dem Sachverständigen III S 4 (unten 46e).

E. **Ton- und Bildaufnahmen:** **40**

a) **Als Ermittlungshandlungen:** Die heimliche Aufnahme durch Bildaufnah- **41** men gestattet § 100h I S 1 Nr 1, die des nichtöffentlich gesprochenen Wortes erlauben § 100a, § 100c und § 100f unter den dort jeweils bezeichneten Voraussetzungen. Im Übrigen gilt:

I. **Erklärungen gegenüber der Strafverfolgungsbehörde:** Das wissentlich **42** an die Adresse eines Strafverfolgungsorgans gerichtete Wort (bei schriftlichen, mündlichen oder telefonischen Hinweisen oder Anzeigen, bei einer Vernehmung, einer Augenscheinnahme, einem informatorischen Gespräch, unten 46b) gehört nicht der Privatsphäre oder gar der Intimsphäre an, die in Art 2 I iVm Art 1 I GG vor Einwirkung der öffentlichen Gewalt geschützt ist (BVerfGE **34**, 238 = NJW **73**, 891; Schleswig NJW **80**, 352) und auch in § 201 StGB (**aM** Frankfurt JR **78**, 168 mit zust Anm Arzt). Auf jeden Fall ist die Aufnahme zulässig, wenn besondere Umstände sie rechtfertigen. Denn es ist nicht vorgeschrieben, wie die Äußerungen der Auskunftspersonen von den Vernehmungsbeamten festzuhalten sind. Keiner Einwilligung bedarf auch die Videoaufzeichnung nach III S 1, § 58a (dort 7a).

II. **Privatgespräche:** Grundsätzlich unzulässig und unverwertbar ist die heimli- **43** che Aufnahme eines Privatgesprächs, das der Sprechende außerhalb der Strafverfolgungsmaßnahmen nichtöffentlich führt (§ 201 StGB). Zulässig ist sie aber in den Fällen des §§ 100a, 100c, 100f sowie bei Rechtfertigung nach §§ 32, 34 StGB.

b) **Protokollbedeutung:** Das aufgenommene Wort wird in einen Aktenver- **44** merk oder ein Protokoll umgesetzt. Die Aufnahme ist dabei Hilfsmittel (oben 18).

c) **Verwertung als Beweismittel:** Die Ton- und Bildaufnahmen sind Augen- **45** scheinsobjekte (10, 11 zu § 86; 1 zu § 255a). Zum Vorhalt einer Tonaufnahme genügt idR die Fixierung in den Akten, notfalls mit Abspielen (BGH JZ **56**, 227; MDR **56**, 527 [D]; 9 zu § 69; 29 zu § 249).

d) **Heimliche Aufnahmen durch einen Dritten** dürfen, soweit sie nach **46** §§ 100c, 100f gestattet sind, verwertet werden. Sonst kommt eine Verwertung höchstens dann in Betracht, wenn überwiegende Interessen der Allgemeinheit dies zwingend gebieten und demgegenüber das schutzwürdige Interesse des Sprechenden an der Nichtverwertung zurücktreten muss (BVerfGE **34**, 238 mit krit Anm Arzt JZ **73**, 506; BGH **19**, 325, 332; Bay NJW **90**, 197; Düsseldorf NJW **66**, 214); auch der EGMR schließt die Verwendung solcher Aufnahmen nicht grundsätzlich aus (NJW **89**, 654). Das ist insb der Fall bei Beweisbeschaffung, wenn daran bei Güter- und Pflichtenabwägung ein überwiegendes Interesse besteht (Fischer 11 zu § 201 StGB; Arzt JZ **73**, 506, 508), zB bei Notwehr (BGH **14**, 358) oder not-

§ 163

wehrähnlicher Lage (Celle NJW **65**, 1677; Frankfurt NJW **67**, 1047; erg Einl 56b).

47 9) **Zeugenvernehmungen (III–V):** Die Vernehmung von Zeugen durch Beamte des Polizeidienstes wurde durch das Gesetz vom 17.8.2017 (BGBl I 3202, 3209) geändert und neu gefasst.

48 A. **Pflicht zum Erscheinen (III S 1):** Zeugen sind nunmehr verpflichtet, auf Ladung vor Ermittlungspersonen der StA zu erscheinen und zur Sache auszusagen, wenn der Ladung ein Auftrag der StA zugrunde liegt. Dies beruht auf der Überlegung, dass es nach bisheriger Rechtslage allein vom Zeugen – nämlich im Fall der Weigerung, vor der Polizei zu erscheinen – abhing, ob es zu einer staatsanwaltlichen Vernehmung kam (siehe 37 zu § 163 der 60. Aufl), ohne dass es hierfür einen in der Vernehmung selbst liegenden inhaltlichen Grund gegeben hätte; es geht also bei der Neuregelung um Ressourcenschonung auf Seiten der StA und um die Beschleunigung der Verfahren (vgl BT-Drucks 18/11277 S 28).

49 Wer **Ermittlungsperson der StA** ist bestimmt sich nach § 152 II GVG iVm den jeweiligen Rechtsverordnungen der Landesregierungen oder Landesjustizverwaltungen (erg Komm zu § 152 GVG); es genügt, wenn dies bei mehreren Vernehmungspersonen diejenige ist, welche die Vernehmung leitet (vgl BT-Drucks 18/11277 S 29). Es muss ein konkreter Auftrag der StA vorliegen, womit die Entscheidungsbefugnis der StA gewährleistet bleiben soll (BT-Drucks 18/11277 S 28). Die StA muss im Einzelfall prüfen, ob der Zeuge zum Erscheinen verpflichtet und ob die Vernehmung überhaupt von der Polizei durchgeführt werden soll. Es wird also künftig polizeiliche Vorladungen mit und ohne Erscheinenspflicht des Zeugen geben; dies ist wegen der unterschiedlichen Rechtsfolgen im Ladungsschreiben deutlich zu machen (Singelnstein/Derin NJW **17**, 2646, 2650). Es bleibt allerdings abzuwarten, ob sich nicht ungeachtet dessen in der Praxis formalisierte Abläufe ausbilden werden, welche einer generellen Ermächtigung der Polizei, jedenfalls für bestimmte Fallgruppen, nahekommen (für die Zulässigkeit einer generellen Übertragung Soiné NStZ **18**, 141). Der StA bleibt es im Übrigen unbenommen, die Ladung eines Zeugen vor die Polizei direkt zu veranlassen. Ebenso kann es die Polizei in einfach gelagerten Fällen dabei belassen, von dem Zeugen eine schriftliche Stellungnahme zu erbitten.

50 B. **Entsprechende Geltung von Zeugenvorschriften (III S 2):** Für die Durchführung der Vernehmung gelten die Vorschriften des 6. Abschnitts des ersten Buches, dh die §§ 48–71, entsprechend. Dies bezieht sich namentlich auf die Belehrungspflichten nach §§ 52 III, 55 II und 57 I. Diese entstehen erst, wenn es tatsächlich zur Vernehmung des Zeugen kommt, also noch nicht bei einer vorgeordneten allgemein gehaltenen, formlosen informatorischen Nachfrage, ob die Person überhaupt als Zeuge in Betracht kommt (Einl 79; oben 9). Im Fall des § 52 I ist ggf auch die Belehrung der in § 52 II genannten Personen notwendig, da § 52 III seinerseits auf diese Vorschrift Bezug nimmt. Auf das Auskunftsverweigerungsrecht muss bei gegebenem Anlass hingewiesen werden (14 zu § 55).

51 **Weiter gelten** § 48 (Form, Frist und Inhalt; siehe 1a ff zu § 48), § 58 (Einzelvernehmung, Gegenüberstellung), §§ 58a, 58b (Videoaufzeichnung), § 68 (persönliche Verhältnisse und deren Schutz; früher schon BGH **33**, 83; erg 14 zu § 251), § 68a und § 69 (Form und Inhalt der Befragung; erg 6 zu § 161a) sowie § 68b (Wahl bzw Beiordnung eines Zeugenbeistands; erg unten 57 sowie 3, 9 zu § 68b). Zur Anwesenheit des Verteidigers siehe oben 16.

52 **Vernehmungsmethoden:** Aus § 136a – anwendbar über III S 2 iVm § 69 III – ergibt sich, dass zulässig ist, was nicht unter ein solches Verbot fällt, allerdings nur, sofern im Einzelfall nicht ein anderes Verbot eingreift (unten 64). Für die polizeiliche Vernehmung unter Verstoß gegen § 136a I, II gilt auch das Verwertungsverbot nach § 136a III S 2 (dort 27 ff).

53 **Bei schriftlicher Vernehmung,** die im Ermittlungsverfahren genügen kann (vgl auch 2 zu § 161), muss der Zeuge in der Aufforderung zur Aussage ggf über ein Zeugnisverweigerungsrecht nach § 52 und bei nicht fern liegender Möglichkeit

Vorbereitung der öffentlichen Klage **§ 163**

einer Selbstbelastung oder einer Belastung von Angehörigen auf das Auskunftsverweigerungsrecht nach § 55 hingewiesen werden.
Die Vernehmung kann auch im Wege der **Video-Konferenztechnik** erfolgen 54 (III S 2 ivm §§ 58a, 58b; näher jeweils dort).

C. **Staatsanwaltliche Entscheidungsbefugnisse (IV):** IV fasst die bisher in 55 III S 2 geregelten Anordnungskompetenzen de StA zusammen und erweitert sie.
Nach IV S 1 Nr 1 **entscheidet die StA bei Zweifeln** über das Bestehen der 56 Zeugeneigenschaft und etwaige Zeugnis- oder Auskunftsverweigerungsrechte. Der vernehmende Polizeibeamte ist also in Zweifelsfällen verpflichtet, mit dem Sachbearbeiter der StA Rücksprache zu halten, was allerdings bereits der bisherigen Praxis entspricht. Damit soll die Sachleitung und Verantwortung der StA für die Rechtmäßigkeit der Ermittlungen unterstrichen werden (BT-Drucks 18/11277 S 29).

Zuständig für die – ggf auch fernmündlich zu erteilende – Gestattung, Anga- 57 ben zur Person nicht oder nur über eine frühere Identität zu machen (§ 68 III S 1), sowie für die Beiordnung eines Zeugenbeistands (68b II) ist die StA (IV S 1 Nr 2, 3). Daraus folgt, dass die StA für die Fälle, in denen IV Zweifelsfällen gehalten ist, die StA unmittelbar in Kenntnis zu setzen (Bott StraFo **18**, 410, 414).

Für **Zwangsmaßnahmen gegen den Zeugen** nach §§ 51, 70 bei unberech- 58 tigtem Ausbleiben oder unberechtigter Weigerung ist ebenfalls die StA zuständig; Die Festsetzung von Ordnungs- und Erzwingungshaft bleibt allerdings dem nach § 162 zuständigen Gericht vorbehalten (IV S 1 Nr 4). Die zwangsweise Vorführung des Zeugen (§ 51 I S 3) kann vor die Polizei oder der StA angeordnet werden (BT-Drucks 18/11277 S 29).

Die **übrigen Entscheidungen,** die im Rahmen der in III S 2 in Bezug ge- 59 nommenen Vorschriften erforderlich werden, trifft der für die polizeiliche Vernehmung leitende Beamte. Das gilt etwa für Beginn, Unterbrechung und Beendigung der Vernehmung sowie das taktische Vorgehen (Soiné NStZ **18**, 141, 143), aber auch für die Videoaufzeichnung der Aussage und den Ausschluss des Zeugenbeistands von der Vernehmung nach § 68b I S 3 (zum Rechtsschutz hiergegen vgl sogleich 60; zur Dokumentation der Ausschlussgründe 16 zu § 68b).

D. **Antrag auf gerichtliche Entscheidung (V):** Gegen eine Entscheidung des 60 Polizeibeamten, einen anwaltlichen Beistand nach § 68b I S 3 von der Vernehmung des Zeugen auszuschließen, kann gerichtliche Entscheidung durch das nach § 162 zuständige Gericht beantragt werden. Dies gilt auch für die Entscheidungen der StA über die Beiordnung eines Zeugenbeistandes nach § 68b II, IV S 1 Nr 3 sowie über die Zwangsmaßnahmen nach § 51, 70, IV S 1 Nr 4 gegen nicht erschienene oder unberechtigt nicht aussagende Zeugen. Die §§ 297 bis 300, 302, 306 bis 309, 311a und 473a gelten jeweils entsprechend (V S 2). So kann der Antrag etwa durch den Verteidiger (§ 297) oder den gesetzlichen Vertreter (§ 298) gestellt werden. Über die Fortführung der Vernehmung nach erfolgtem Ausschluss des anwaltlichen Beistands entscheidet der Vernehmungsbeamte nach S 2 iVm § 307 I, II (krit Matt/Dierlamm/Schmidt StV **09**, 718; vgl 21 zu § 161a). Die auf den Antrag ergangenen gerichtlichen Entscheidungen sind unanfechtbar (V S 3).

10) **Bei Untersuchung nach § 81c** ist in den Fällen des § 81c III S 1 und 2 61 die Belehrung des Angehörigen, ggf des gesetzlichen Vertreters, über das Untersuchungsverweigerungsrecht Aufgabe der Polizei (VI S 2 ivm § 52 III), wenn eine Ermittlungsperson der Anordnung getroffen hat (§ 81c V). Der Polizei ist in diesem Fall der Auftraggeber für die Untersuchung (13 zu § 36; 24 zu § 81c). Der die Untersuchung Veranlassende muss den Betroffenen auch dann vor der Untersuchung belehren, wenn dieser sich freiwillig untersuchen lässt (4, 7 zu § 81c).

11) Der **Sachverständige (VI S 1),** der von der Polizei hinzugezogen wird 62 (oben 39), ist ggf mündlich oder schriftlich (oben 53) über sein Gutachtensverweigerungsrecht nach § 52 I, III zu belehren (1 zu § 76); dies gilt ebenso, falls Anhaltspunkte für die Angemessenheit einer solchen Belehrung bestehen, über sein Recht, die Auskunft über Tatsachen oder die Schlussfolgerungen zu verweigern, wenn

Köhler

durch die Angabe eine Verfolgungsgefahr iS des § 55 I, II entstehen würde (1 zu § 76).

63 **12) Dolmetscher (VII):** Bei der Vernehmung von Zeugen, die der deutschen Sprache nicht mächtig sind, ist § 185 I und II GVG anzuwenden (s Komm dort).

64 **13)** Im Übrigen gilt der **Grundsatz der freien Gestaltung** des Ermittlungsverfahrens (7 zu § 161) auch für die Polizei, und zwar im Rahmen der Verfassung (Einl 20, 21), der Gesetze und anderer Vorschriften und unter Berücksichtigung dessen, was sich zwangsläufig aus der Natur der Sache ergibt (BVerfGE **103**, 142 = NJW **01**, 1121, 1123). Der Ablauf des Ermittlungsverfahrens kann nicht gesetzlich schematisiert werden, weil Spielraum für kriminalistische Taktik und richtigen Einsatz der Kriminaltechnik bleiben muss.

65 **14) Schlussvermerk:** Einer zusammenfassenden Darstellung der Ermittlungen in Form eines Schlussberichts bedarf es nach der StPO nicht. In schwierigen, umfangreichen oder unübersichtlichen Fällen muss aber eine knappe Übersicht über die Ermittlungen in einem Schlussvermerk gegeben werden, zum einen zur Selbstkontrolle des Beamten und zur Erleichterung der Aufsicht des Vorgesetzten, zum anderen aus Ordnungsgründen, insbesondere in umfangreichen Sachen, bei zahlreichen Tatbeteiligten oder Beweispersonen. Dabei wird auf wichtige Einzelheiten und besondere Vorkommnisse hingewiesen (die jeweils unverzüglich in den Akten festzuhalten sind). Im Hinblick auf § 111l kommt der Angabe der Verletzten und etwaiger Beschlagnahmemitteilungen an sie besondere Bedeutung zu. Auch wenn die Polizei einem förmlichen Beweisantrag des Beschuldigten nicht entsprochen hat, erscheint idR ein Hinweis hierauf geboten (15 zu § 163a).

66 Eine **rechtliche Würdigung unterbleibt** grundsätzlich, erst recht eine Stellungnahme zur Schuldfrage (Schulz/Händel/Soiné 28). Dagegen kann im Einzelfall ein Hinweis darauf sachgemäß sein, unter welchen rechtlichen Gesichtspunkten die Ermittlungen geführt worden sind und welche Zweifel sich dabei ergeben haben.

67 **15) Beschwerde** gegen polizeiliche Maßnahmen im Ermittlungsverfahren ist zulässig, und zwar als Sachaufsichtsbeschwerde, soweit die eigentliche Sachbehandlung beanstandet wird, oder als Aufsichtsbeschwerde ieS, die lediglich das Verhalten des Beamten als solches beanstandet (vgl 22 vor § 296). Im ersteren Fall ist der StA – auch soweit der Polizeibeamte nicht als Ermittlungsperson (dazu 8 zu § 152 GVG) und ohne Auftrag der StA im ersten Zugriff tätig geworden ist (LR-Erb 101; SK-Wohlers/Albrecht 35) –, im letzteren der Dienstvorgesetzte für die Entscheidung zuständig.

68 Über den **Antrag auf gerichtliche Entscheidung** gegen polizeiliche Maßnahmen, soweit er nicht in V geregelt ist (dazu 60), vgl 23 zu § 98; 9, 10 zu § 23 EGGVG. Der Rechtsschutz gegen die (auch schon vollzogene) Anforderung eines Lichtbildes bei den Pass- oder Personalausweisbehörden für die Zwecke eines konkreten Ermittlungsverfahrens gemäß § 2b PersAuswG oder § 22 PassG richtet sich nach § 98 II S 2 entspr (LG Rostock StV **08**, 627).

Vernehmung des Beschuldigten　　　　　　　　　　　　　RiStBV 44, 45

163a I ¹Der Beschuldigte ist spätestens vor dem Abschluß der Ermittlungen zu vernehmen, es sei denn, daß das Verfahren zur Einstellung führt. ²In einfachen Sachen genügt es, daß ihm Gelegenheit gegeben wird, sich schriftlich zu äußern.

II Beantragt der Beschuldigte zu seiner Entlastung die Aufnahme von Beweisen, so sind sie zu erheben, wenn sie von Bedeutung sind.

III ¹Der Beschuldigte ist verpflichtet, auf Ladung bei der Staatsanwaltschaft zu erscheinen. ²Die §§ 133 bis 136a und 168c Abs. 1 und 5 gelten entsprechend. ³Über die Rechtmäßigkeit der Vorführung entscheidet auf Antrag des

Vorbereitung der öffentlichen Klage § 163a

Beschuldigten das nach § 162 zuständige Gericht. ⁴Die §§ 297 bis 300, 302, 306 bis 309, 311a und 473a gelten entsprechend. ⁵Die Entscheidung des Gerichts ist unanfechtbar.

IV ¹Bei der ersten Vernehmung des Beschuldigten durch Beamte des Polizeidienstes ist dem Beschuldigten zu eröffnen, welche Tat ihm zur Last gelegt wird. ²Im übrigen sind bei der Vernehmung des Beschuldigten durch Beamte des Polizeidienstes § 136 Absatz 1 Satz 2 bis 6, Absatz 2, 3 Absatz 2 bis 4 und § 136a anzuwenden. ³§ 168c Absatz 1 und 5 gilt für den Verteidiger entsprechend.

V § 187 Absatz 1 bis 3 und § 189 Absatz 4 des Gerichtsverfassungsgesetzes gelten entsprechend.

Übersicht

	Rn
1) Vernehmung des Beschuldigten	1–3
2) Erste Beschuldigtenvernehmung durch die Polizei (IV)	4–10
3) Schriftliche Vernehmung des Beschuldigten (I S 2)	11–14
4) Beweisanträge (II)	15, 16
5) Durchsetzung der Beschuldigtenvernehmung durch die StA (III)	17–22
6) Niederschriften über Untersuchungshandlungen	23–26
7) Verwertungsverbote	26a
8) Revision	27

1) Die **Vernehmung des Beschuldigten** (I S 1; § 136 II, III; zum Begriff des 1 Beschuldigten 4a sowie Einl 76 ff) im Ermittlungsverfahren ist obligatorisch. Sie dient sowohl seiner Information über das eingeleitete Verfahren als auch der Sachaufklärung (LR-Erb 32; Rieß Geerds-FS 514); danach auftauchende neue Umstände, die sich aber im Rahmen derselben prozessualen Tat halten, verpflichten idR nicht zu ihrer Wiederholung (LR-Erb 42; **aM** Kempf DAV-FS 598). Der Betroffene muss spätestens mit dem Beginn dieser Vernehmung zum Beschuldigten gemacht werden (Einl 76, 77; 17 zu Art 6 EMRK). Bei Nichtgewährung des rechtlichen Gehörs im Ermittlungsverfahren kann nach Anklageerhebung der Vorsitzende des Gerichts die Nachholung bei der StA anregen (weitergehend LR-Erb 121: Pflicht zur Rückgabe; Meineke StV **15**, 325: Unwirksamkeit); im Übrigen wird der Mangel durch die Aufforderung zur Erklärung nach § 201 geheilt (AnwK-Walther 31; KMR-Plöd 25; Schäfer wistra **87**, 170; **aM** SK-Wohlers/Albrecht 11; Kempf aaO 599; Leitner Volk-FS 301; Wagner ZStW **109**, 577). Die Vernehmung kann gem § 136 IV S 1 bzw muss in den Fällen des § 136 IV S 2 in Bild und Ton aufgezeichnet werden (19a-f zu § 136). Auch eine Vernehmung mittels Einsatz der **Videokonferenztechnik** ist möglich (siehe §§ 58a, 58b für Zeugenvernehmungen); dies erspart den Versand von Verfahrensakten und kann zu einer Beschleunigung des Ermittlungsverfahrens beitragen; es hat zugleich den Vorteil, dass die Vernehmung durch den die Ermittlungen leitenden Beamten vorgenommen werden kann.

A. **Wer den Beschuldigten vernimmt,** ist Angelegenheit der Strafverfol- 2 gungsbehörden. IdR wird es die Polizei im Rahmen des ersten Zugriffs (§ 163) tun, in Steuerstrafsachen der Behörden und Beamten der Finanzverwaltung (3 zu § 163). Hat die StA das Ermittlungsverfahren eingeleitet, so vernimmt sie den Beschuldigten selbst oder ersucht die Polizei (§ 161 I S 1) oder bei besonderem Anlass eine andere StA (vgl § 161a IV) oder ausnahmsweise den Ermittlungsrichter (§ 162 I; dort 3) um die Vernehmung. Ob diese früher oder später vorzunehmen ist, hängt vom Einzelfall ab (7, 8 zu § 161; 47 zu § 163; krit SK-Wohlers/Albrecht 9). Da der Beschuldigte kein Recht hat, das Vernehmungsorgan zu wählen, ist rechtlich dem Erfordernis des I genügt, wenn ihm die Gelegenheit zur Äußerung bei der Polizei gegeben wird (**aM** Wagner ZStW **109**, 577). Erklärt der Beschuldigte, nur auszusagen, wenn er eine Protokollabschrift erhält, so kann sie ihm gegeben werden, wenn Missbrauch nicht zu befürchten ist (Brodag 274, 878; unten 26).

Köhler 933

§ 163a

3 B. **Ist die Sache einstellungsreif,** gleichviel auf Grund welcher Bestimmungen (§§ 170 II S 1, 153 I, 153b I, 153c I–III, 153d I, 153e I, 153f I oder wegen Verfahrenshindernisses, Einl 146), so bedarf es der Beschuldigtenvernehmung nicht mehr (8 zu § 161; erg 5 zu § 152a; **am** SK-Wohlers/Albrecht 7; Wagner ZStW **109**, 574: nur bei § 170 II); anders im Fall des § 153a I (LR-Erb 38). Liegt nach Meinung der Polizei ein Einstellungsfall vor, gibt sie die Sache an die StA ab (§ 163 II S 1).

4 **2) Erste Beschuldigtenvernehmung durch die Polizei (IV):** Grundsätzlich gelten für die Belehrungspflichten eines Polizeibeamten dieselben Regeln wie bei einem Richter oder Staatsanwalt (vgl BGH NStZ **12**, 581, 582; 3 ff zu § 136). Da allerdings die Bestimmung des § 136 I S 1 bei der polizeilichen Vernehmung (nicht bei einer informatorischen Befragung, vgl Einl 79) durch IV S 1 ersetzt wird, ist der vernehmende Polizeibeamte rechtlich nicht verpflichtet, dem Beschuldigten zu eröffnen, welche Strafvorschriften ihm im Einzelnen in Betracht kommen (BGH aaO). Das Gleiche gilt, wenn in Steuerstrafsachen ein Finanzbeamter vernimmt, der dem Polizeibeamten gleichsteht (3 zu § 163). Dass der Beschuldigte als solcher zu einem Vorwurf vernommen werden soll, muss ihm schon bei der Vorladung, falls eine solche nicht stattfindet, spätestens am Beginn der Vernehmung eröffnet werden. Der Vernehmende hat hinsichtlich der Ausgestaltung der Eröffnung einen gewissen Beurteilungsspielraum; eine Verpflichtung zur Mitteilung aller bekannten Tatumstände besteht nicht (BGH **62**, 123, 140 f: Genese des Tatverdachts bei sog legendierten Kontrollen; erg dazu 1a–e zu § 105). Die nähere Bezeichnung der Tat (IV S 1; dazu BGH aaO; näher und erg 6, 21 zu § 136; 4 zu § 152) kann bis zum Beginn der Vernehmung zur Sache aufgeschoben werden. Von den Hinweispflichten nach IV S 2 iVm § 136 I S 2–4 wird die Polizei nur befreit, wenn die Hinweise schon vorher ein Polizeibeamter oder, wie hier bei sinnvoller Auslegung hinzugefügt werden muss, ein StA oder Richter gegeben hat. Eingehend zur Belehrung und Vernehmung von Beschuldigten durch Polizeibeamte Weihmann Kriminalistik **10**, 82).

4a **Ob ein Verdächtiger als Beschuldigter zu belehren** ist, unterliegt der pflichtgemäßen Beurteilung des Vernehmungsbeamten (BGH **51**, 367, 371; NJW **19**, 2627, 2630; zum Beschuldigtenbegriff Einl 76 ff). Nicht ausreichend ist die allgemeine kriminalistische Erfahrung (allerdings wird der Halter eines KFZ beim Verdacht der Unfallflucht regelmäßig als Beschuldigter zu belehren sein; s Nürnberg StV **15**, 155; zu denkbaren Konstellationen bei Verdacht auf Trunkenheitsfahrt Soine NZV **16**, 411, 414); erforderlich sind vielmehr hinreichend gesicherte Erkenntnisse hinsichtlich Tat und Täter (BGH NJW **19**, aaO; NStZ **08**, 48; NStZ-RR **12**, 49). Der Vernehmende ist dabei nicht gehindert, den Verdächtigen mit dem Tatverdacht zu konfrontieren und ihm auf die Abklärung der Verdachtslage zielende Vorhalte und Fragen zu stellen (BGH NJW **19**, aaO). Die Grenzen des Beurteilungsspielraums sind jedoch überschritten, wenn trotz starken Tatverdachts nicht von der Zeugen- zur Beschuldigtenvernehmung übergegangen wird und auf diese Weise willkürlich die Beschuldigtenrechte umgangen werden (BGH aaO; NStZ-RR **12**, 49). Dabei kommt es nicht auf die Stärke des Tatverdachts, sondern auch darauf an, wie sich das Verhalten des Vernehmungsbeamten nach außen, auch in der Wahrnehmung des Vernommenen, darstellt (BGH **51**, 367, 371; erg Einl 77). Eine Pflicht zur Belehrung besteht, sobald die Ermittlungsbehörde eine Maßnahme trifft, die nach ihrem äußeren Erscheinungsbild darauf abzielt, den Vernommenen als Täter einer Straftat zu überführen. Insoweit kommt es nicht darauf an, wie der Vernehmungsbeamte selbst sein Verhalten rechtlich bewertet (BGH NStZ **15**, 291: konkludente Zuweisung der Beschuldigtenrolle gegenüber Dritten). Vielmehr ist der Willkürmaßstab objektiv zu bestimmen; ein bewusst auf Umgehung der Beschuldigtenrechte gerichtetes Verhalten der Vernehmungsbeamten ist nicht erforderlich (BGH NJW **19**, 2627, 2630).

4b Wird nach diesen Maßstäben ein Tatverdächtiger zunächst zu Unrecht als Zeuge vernommen, so besteht ein **Beweisverwertungsverbot** für diese Zeugenverneh-

Vorbereitung der öffentlichen Klage § 163a

mung (vgl BGH aaO mwN; erg 20a zu § 136); jedoch kann der Belehrungsverstoß dadurch geheilt werden, dass der Beschuldigte bei Beginn der nachfolgenden Vernehmung auf die Nichtverwertbarkeit der früheren Angaben hingewiesen wird (BGH **53**, 112; erg 20b zu § 136). Ohne eine solche qualifizierte Belehrung ist auch ein Beweisverwertungsverbot für die nachfolgende Beschuldigtenvernehmung in Betracht zu ziehen. Denn die Unkenntnis von der Unverwertbarkeit der früheren Angaben kann dazu geführt haben, dass der Angeklagte bei der Vernehmung als Beschuldigter nur Angaben gemacht hat, weil er meinte, seine Zeugenaussage ergänzen zu müssen (vgl BGH NStZ **15**, 291; Mosbacher JuS **15**, 701, 702). Die Annahme eines Verwertungsverbotes hängt insoweit von einer Abwägung des staatlichen Strafverfolgungsinteresses mit dem Individualinteresse des Beschuldigten an der Wahrung seiner Rechte ab (BGH **53**, 112, 116; 9 zu § 136; offen gelassen von BGH NStZ **15**, 291; erg 20b zu § 136). Dabei wiegt die Verletzung der Pflicht zur qualifizierten Belehrung regelmäßig nicht so schwer wie der vorangegangene Verfahrensfehler (BGH NStZ **19**, 227, 229).

Die Hinweise sind nicht nur förmliche Vorgänge, müssen vielmehr **echte Be-** 5
lehrungen über die Bedeutung der Befugnisse sein, ggf mit Gespräch hierüber unter Beachtung der Entschließungsfreiheit des Beschuldigten (8 zu § 136).

A. **Hinweis auf die Aussagefreiheit** (§ 136 I S 2; 7 zu § 136): Die Beleh- 6
rungspflicht ist nur für Vernehmungen eingeführt, gilt aber auch für Tests, an denen der Beschuldigte nicht mitzuwirken braucht (**aM** Brandenburg NStZ **14**, 524 [Atemalkoholmessung]; KK-Griesbaum 27; vgl Einl 80; 12 zu § 81a). Das Recht, keine Angaben zu machen, bezieht sich nicht auf die Personalien im Rahmen des § 111 OWiG (5 zu § 136; 36 zu § 163). Über die Würdigung des Schweigens vgl 15 ff zu § 261.

B. Der **Hinweis auf das Recht der Verteidigerkonsultation** (§ 136 I S 2, 7
dort 10; vgl auch EGMR NJW **09**, 3707; **19**, 1999 zu Art 6 III Buchst c, dort 20) muss auch nach der vorläufigen Festnahme oder Verhaftung gegeben werden, insoweit als Teil der in §§ 114b, 127 IV vorgesehenen Belehrungen. IS des I ist es noch keine Vernehmung, wenn der Beschuldigte erklärt, er wolle vorher einen Verteidiger befragen. In diesem Fall muss der Versuch der Vernehmung zur Sache im Ermittlungsverfahren wiederholt werden. Dieser erübrigt sich jedoch, wenn der Beschuldigte endgültig erklärt, nicht aussagen zu wollen, oder wenn er oder sein Verteidiger eine schriftliche Äußerung abgibt, die erkennbar an die Stelle einer Einlassung bei der Vernehmung treten soll.

C. Die Pflicht, dem Beschuldigten die **Kontaktaufnahme mit einem Vertei-** 7a
diger zu erleichtern und erforderlichenfalls auf anwaltliche Notdienste hinzuweisen (§ 136 I S 3, 4; dort 10a, 10b), gilt auch bei der polizeilichen Beschuldigtenvernehmung.

D. In den Fällen der notwendigen Verteidigung ist der Beschuldigte über sein 8
Recht auf Bestellung eines Pflichtverteidigers zu belehren (**I S 5**). Die Belehrung erstreckt sich auf das Antragsrecht des Beschuldigten gemäß § 141 I (2 ff zu § 141) und den zuständigen Adressaten des Antrags iSv § 142 I (2 ff zu § 142). Da Vernehmungen des Beschuldigten und Gegenüberstellungen mit ihm vor der Bestellung eines Pflichtverteidigers nur noch ausnahmsweise unter den engen Voraussetzungen des § 141a – bzw in den Fällen des § 141 I, wenn der Beschuldigte nach Belehrung gem § 136 I S 5 keinen Antrag stellt (11a zu § 136; 5 zu § 141) – in Betracht kommen (2 ff zu § 141a), wird die Vernehmung in Anwesenheit des (Pflicht)Verteidigers bei der polizeilichen Beschuldigtenvernehmungen im Ermittlungsverfahren der Regelfall sein (erg 10d, 11a zu § 136).

Der **Hinweis auf das Recht zu Entlastungsbeweisanträgen** (§ 136 I S 5; 8a
dort 11) soll dem Beschuldigten klarmachen, dass ihm auch in dieser Form Gelegenheit zur Entlastung bei der Vernehmung gegeben werden soll, selbst wenn er persönlich sonst zur Sache keine Angaben machen will. Zur Behandlung der Beweisanträge vgl unten 15.

Köhler

§ 163a

9 E. Der **Hinweis auf die Möglichkeit der schriftlichen Äußerung** (§ 136 I S 6) soll in geeigneten Fällen gegeben werden (12 zu § 136). Dabei handelt es sich um den Hinweis auf ein Recht des Beschuldigten, der von Amts wegen nur zu geben ist, wenn er nach Art des Falls und der Persönlichkeit des Beschuldigten sinnvoll ist (Kleinknecht Kriminalistik **65**, 455). Um einen geeigneten Fall handelt es sich bei einer erforderlichen Stellungnahme zu umfangreichen Unterlagen oder vorliegender Fachliteratur (BGH wistra **99**, 66), idR aber nicht, wenn der Beschuldigte nach Verhaftung oder vorläufiger Festnahme erstmals polizeilich vernommen werden soll (vgl oben 7).

9a F. **Anwesenheits- und Mitwirkungsrecht des Verteidigers:** Mit der Ergänzung des IV um eine Verweisung auf § 168c I und V hat das Gesetz vom 27.7.2017 (BGBl I 3295) in Umsetzung von Art 3 IIIb der Richtlinie 2013/48/EU nunmehr ein Recht des Beschuldigten begründet, dass er auch bei polizeilichen Vernehmungen in Anwesenheit seines Verteidigers befragt wird (vgl BT-Drucks 18/9534 S 20; erg 1 sowie 5 ff zu § 168c). Das Erklärungs- und Fragerecht des § 168c I S 2 gilt ebenfalls.

9b G. Der durch **Ges vom 2.7.2013** in Umsetzung von Art 2, 3 und 5 III der Richtlinie 2010/64/EU eingeführte V stellt – was sich bereits nach bisher geltender Rechtslage aus Art 6 IIIe EMRK ergab – klar, dass der Beschuldigte unter den Voraussetzungen von § 187 I und III GVG sowie § 189 IV GVG (siehe jeweils dort) bei allen staatsanwaltlichen und polizeilichen Vernehmungen Anspruch auf **Dolmetscher- und Übersetzungsleistungen** hat und entsprechend zu belehren ist.

10 H. **Inhalt und Gestaltung des Protokolls:** Das Protokoll muss Inhalt und Gang der Vernehmung bis in die Kleinigkeiten hinein wiedergeben, und zwar möglichst in direkter Rede. Das Protokoll wird zweckmäßigerweise jeweils auf dem gleichen Stand gehalten wie die Vernehmung. Zur Bild- und Tonaufzeichnung siehe 19a–f zu § 136; zu den weiteren Dokumentationspflichten § 168b.

11 3) **Schriftliche Vernehmung des Beschuldigten** (I S 2): Das schriftliche Verfahren bei der Vernehmung im Vorverfahren kann in einfachen Sachen von dem Vernehmenden gewählt werden, jedoch nicht von dem um Vernehmung ersuchten Ermittlungsrichter (16 zu § 162).

12 A. Die **Hinweise** nach § 136 I S 1, 2 werden dann ebenfalls schriftlich gegeben. Für den Hinweis nach § 136 I S 6 ist in diesem Fall kein Raum.

13 B. **Aufklärungsgrundsatz:** Erklärt der Beschuldigte auf den Versuch der schriftlichen Vernehmung, keine Angaben machen zu wollen, oder gibt er in der ihm (zweckmäßigerweise) gesetzten Frist keine Antwort, so ist mit dem Eingang der Äußerung oder mit dem Fristablauf die Forderung des I S 1 zwar erfüllt, der Beschuldigte vernommen; aber der Aufklärungsgrundsatz kann im Einzelfall gebieten, noch eine mündliche Vernehmung zu versuchen, ggf nach § 161a oder § 162.

14 C. **Verlesbare Urkunde:** Gibt der Beschuldigte – mit oder ohne Aufforderung – eine eigene schriftliche Äußerung ab, anstatt oder in Ergänzung einer protokollierten Aussage, so handelt es sich um eine in der Hauptverhandlung verlesbare Urkunde (13 zu § 249), auch wenn der Angeklagte in der Hauptverhandlung nicht zur Sache auszusagen bereit ist. Nicht verlesbar dagegen ist eine Erklärung, die der Verteidiger in seiner Formulierung für den Beschuldigten abgegeben hat (Celle NStZ **88**, 426; Jena VRS **109**, 24; erg 30 zu § 243).

15 4) **Beweisanträge** (II; oben 8): Die beantragten Beweise sind zu erheben, wenn sie von Bedeutung sind; § 244 III–V gilt nicht. Die Beweiserheblichkeit beurteilt die StA nach pflichtgemäßem Ermessen (AnwK-Walther 15; KK-Griesbaum 8; KMR-Plöd 7); nach **aM** hat der Beschuldigte einen Beweiserhebungsanspruch und das Merkmal „von Bedeutung" als unbestimmter Rechtsbegriff aufzufassen (AK-Achenbach 8; LR-Erb 115; Krekeler NStZ **91**, 367; Nelles StV **86**, 77; Toepel 302; vgl auch Weigend StraFo **13**, 45, 48). Wird ein Beweisantrag während

einer richterlichen Vernehmung im Ermittlungsverfahren (§§ 115 III, 162) oder in einer mündlichen Verhandlung nach § 118a gestellt, so handelt es sich gegenüber dem Richter meist um Anregungen; die StA muss die Anträge nach II behandeln. In den Fällen des § 166 jedoch muss der Richter beim AG den beantragten Beweis selbst erheben. Auch sonst ist die Beweiserhebung bei Beschuldigtenvernehmungen von Bedeutung, wenn der Verlust des Beweismittels droht (Alsberg-Tsambikakis 588). Der Zeitpunkt der Beweiserhebung steht im Übrigen im Ermessen der Strafverfolgungsbehörde (7 zu § 161; 47 zu § 163); es gilt das Freibeweisverfahren. Entspricht die Polizei einem Beweisantrag nicht, so empfiehlt es sich, im Schlussvermerk (48 zu § 163) bei der Vorlage der Akten an die StA hierauf hinzuweisen, weil eine endgültige Ablehnung Sache der StA ist (Alsberg-Tsambikakis 589; Nelles StV **86**, 76; 1 ff zu § 160). Gegen die Ablehnung des Bewesantrags gibt es kein Rechtsmittel.

Einem **Beweisermittlungsantrag** (25 zu § 244) ist ebenfalls nachzugehen, 16 wenn er von Bedeutung ist (SK-Wohlers/Albrecht 74).

5) Durchsetzung der Beschuldigtenvernehmung durch die StA (III): 17 Wie der Zeuge und der Sachverständige (§ 161a), ist auch der Beschuldigte (vgl 4a zu § 152; Einl 76 ff) verpflichtet, auf Ladung vor der StA zu erscheinen (S 1). Wenn der nicht auf freiem Fuß befindliche Beschuldigte nicht in der JVA aufgesucht (unten 18) und dort vernommen wird, ist mit seiner Ladung – wie beim Zeugen (3 zu § 161a) – der an die JVA gerichtete Vorführungsbefehl zu verbinden (5a zu § 133; zB Art 38 III BayStVollzG, der wie entsprechende Vorschriften der anderen Bundesländer auch für Vernehmungstermine der StA gilt; vgl auch 13 zu § 214). Die StA muss vor ihrer ersten Vernehmung dem Beschuldigten die in § 136 angeführten Hinweise geben, auch wenn dies die Polizei schon vorher getan hat (oben 6 ff). Nur das Erscheinen bei der StA, nicht bei der Polizei oder bei einer anderen Stelle, kann erzwungen werden (BGH **39**, 96).

A. **Ladung des Beschuldigten zur staatsanwaltschaftlichen Vernehmung** 18 (III S 2): Die Bezugnahme auf § 133 schließt die öffentliche Zustellung der Ladung an den Beschuldigten (§ 40 I) aus, steht aber dem Unterbleiben einer förmlichen Ladung nicht entgegen. Der Beschuldigte kann vom StA zur Vernehmung aufgesucht werden. Es genügt auch formlose Aufforderung, wenn davon ausgegangen werden kann, dass er erscheinen wird, zB telefonische oder durch einen Polizeibeamten übermittelte Aufforderung. Wenn aber Zweifel bestehen, ob der auf freiem Fuß befindliche Beschuldigte auf formlose Ladung erscheinen wird und sein Erscheinen wichtig ist, wird er zum Vernehmungstermin schriftlich durch Brief und mit der Androhung geladen, dass er im Fall des Ausbleibens zwangsweise vorgeführt werde (III S 2 iVm § 133; RiStBV 44 I S 1, 2). Die Androhung unterbleibt, wenn sie voraussichtlich nicht durchgeführt würde (RiStBV 44 II; unten 22).

B. **Vorführungsbefehl:** Er ist gegen den auf freiem Fuß befindlichen Beschul- 19 digten (vgl oben 17) nur nach der Androhung der Vorführung in der Ladung zulässig (III S 2 iVm §§ 133 II, 134 II). Ohne diese Androhung kommt ein Vorführungsbefehl nur in Betracht, wenn die Voraussetzungen für einen Haftbefehl vorliegen (§ 134 I). Von diesem Fall abgesehen, handelt es sich um eine im Einzelfall zu treffende Entscheidung, ob die StA in der Ladung des Beschuldigten für den Fall unberechtigten Ausbleibens die Vorführung androhen will oder nicht (vgl 5, 16 zu § 161a). Die Vorführung ist auch gegen den Beschuldigten, der Angaben zur Sache verweigert, zulässig, um ihn Zeugen gegenüberzustellen (BGH **39**, 96). III gilt für jede StA, die einen Beschuldigten vernimmt, also auch für die ersuchte StA (§ 161a IV).

C. **Verständigung des Verteidigers:** Wenn der Beschuldigte einen (gewählten 20 oder bestellten) Verteidiger hat, ist ihm die Anwesenheit bei der Vernehmung des Beschuldigten durch die StA gestattet; er hat auch ein Erklärungs- und Fragerecht (III S 2 iVm § 168c I S 1 bis 3; dort 1). Von dem Vernehmungstermin ist

§ 163a

der Verteidiger auch vorher zu benachrichtigen, wenn dadurch nicht der Untersuchungserfolg gefährdet wird (III S 2 iVm § 168c V S 1, 2; gegen die Ausnahme LR-Erb 65). Diese Benachrichtigung bedarf keiner bestimmten Form. Macht der Verteidiger geltend, an der Wahrnehmung des Termins verhindert zu sein, so kann der Termin verlegt werden, wenn dadurch nicht eine Gefährdung des Untersuchungserfolges oder eine schädliche Verzögerung des Verfahrens entsteht. Einen Anspruch auf Verlegung des Termins hat der Verteidiger nicht (III S 2 iVm § 168c V S 3).

20a D. Für die **Durchführung der Vernehmung** und die **Belehrungspflichten** (4 ff zu § 136) gilt im Übrigen § 136 entsprechend (III S 2; erg 4 oben ff). In den Fällen der notwendigen Verteidigung (§ 140) ist der Beschuldigte darüber zu belehren, dass er die Bestellung eines Pflichtverteidigers nach Maßgabe des § 141 I und § 142 I beantragen kann (III S 2 iVm § 136 I S 5 (siehe dort 11a sowie 2 ff zu § 141, 2 ff zu § 142; erg oben 8).

21 E. **Antrag des Beschuldigten auf gerichtliche Entscheidung (III S 3–5):** Über die Rechtmäßigkeit der Vorführung entscheidet auf Antrag des Beschuldigten das nach § 162 zuständige Gericht (vgl erg 20, 21 zu § 161a und zur Unanfechtbarkeit 22 zu § 161a). Zum Antrag auf nachträgliche Feststellung der Rechtswidrigkeit vgl 18a vor § 296.

22 Da der Vorführungsbefehl nicht vor der Vollstreckung mitgeteilt wird, das Gesetz es vielmehr genügen lässt, dass die Vorführung angedroht wird und der Antrag auf gerichtliche Entscheidung keine aufschiebende Wirkung hat (III S 4, § 307), wird die Antragsbefugnis nur dann nicht ausgehöhlt, wenn er **bereits gegen die Androhung** in der Ladung zulässig ist (LR-Erb 76; Gössel GA **76**, 62). Denn eine Pflicht, den Vorführungsbefehl dem Beschuldigten – außer bei sofortiger Vorführung (§ 134 I) – vor der Vollstreckung (§ 36 II) mitzuteilen, besteht nicht; sie widerspräche dem Grundsatz, dass Entscheidungen, deren Vollstreckung durch vorherige Mitteilung gefährdet werden kann, nicht vor ihrer Vollstreckung mitgeteilt zu werden brauchen. Die Androhung in der Ladung ist eine Einzelfallentscheidung über die Vorführung (oben 18). Obwohl sie die StA nicht bindet, ist der Beschuldigte durch sie beschwert, wenn er ohne oder mit vielleicht nicht ausreichender Entschuldigung nicht zum Vernehmungstermin erscheint, da er dann jederzeit mit der Vorführung rechnen muss (20a zu § 161a; zur Problematik vgl Welp, Zwangsbefugnisse der StA, 1976, S 23, 28).

23 **6) Niederschriften über Untersuchungshandlungen:**

24 A. **StA:** § 168b.

25 B. **Polizei:** § 168b gilt ebenfalls (BGH NStZ **97**, 611). Wesentlich ist, dass die gesetzlich vorgeschriebenen Belehrungen dokumentiert werden (§ 168b III; vgl RiStBV 45). Jedoch bedarf es der Mitwirkung eines Protokollführers nicht. Bei weniger wichtigen oder ergebnislosen Vernehmungen kann auch ein Aktenvermerk genügen. Die Notwendigkeit der Festhaltung in den Akten ergibt sich auch aus § 147 (Einl 62), ferner aus Gründen der Beweissicherung (§ 251 I; vgl auch 1 zu § 82). Wird eine Niederschrift aufgenommen, so wird nach § 168a III verfahren. Auch von den Möglichkeiten des § 168a II kann Gebrauch gemacht werden. Die Unterschrift des Vernommenen ist kein wesentliches Erfordernis der polizeilichen Niederschrift.

26 C. **Aushändigung einer Abschrift:** Das Gesetz gewährt nicht ausdrücklich einen Anspruch hierauf. Jedoch wird dem Beschuldigten (nicht aber dem Zeugen, vgl KG StraFo **15**, 459, 460 mN) im Interesse seiner Verteidigung auf sein ausdrückliches Verlangen und seine Kosten (aM KG Rpfleger **95**, 226) eine Abschrift auszuhändigen sein, wenn der Untersuchungszweck dadurch nicht gefährdet wird (Arzt JR **78**, 170, 171; weiterg LR-Erb 107). Auch bei polizeilicher oder richterlicher Vernehmung im Ermittlungsverfahren ist für die Entscheidung und Aushändigung stets die StA zuständig (3 zu § 163).

7) **Verwertungsverbote:** 9 sowie 20–23 zu § 136.

8) **Revision:** Auf einen Verstoß gegen I kann die Revision nicht gestützt werden (SK-Wohlers/Albrecht 12; erg oben 1); vgl im Übrigen 24–28 zu § 136.

Maßnahmen zur Identitätsfeststellung

163b I ¹Ist jemand einer Straftat verdächtig, so können die Staatsanwaltschaft und die Beamten des Polizeidienstes die zur Feststellung seiner Identität erforderlichen Maßnahmen treffen; § 163a Abs. 4 Satz 1 gilt entsprechend. ²Der Verdächtige darf festgehalten werden, wenn die Identität sonst nicht oder nur unter erheblichen Schwierigkeiten festgestellt werden kann. ³Unter den Voraussetzungen von Satz 2 sind auch die Durchsuchung der Person des Verdächtigen und der von ihm mitgeführten Sachen sowie die Durchführung erkennungsdienstlicher Maßnahmen zulässig.

II ¹Wenn und soweit dies zur Aufklärung einer Straftat geboten ist, kann auch die Identität einer Person festgestellt werden, die einer Straftat nicht verdächtig ist; § 69 Abs. 1 Satz 2 gilt entsprechend. ²Maßnahmen der in Absatz 1 Satz 2 bezeichneten Art dürfen nicht getroffen werden, wenn sie zur Bedeutung der Sache außer Verhältnis stehen; Maßnahmen der in Absatz 1 Satz 3 bezeichneten Art dürfen nicht gegen den Willen der betroffenen Person getroffen werden.

1) Für Zwecke der Strafverfolgung geben die §§ 163b, 163c eine Grundlage für die Identitätsfeststellung von Verdächtigen (I) und Unverdächtigen (II). Sie gelten im Bußgeldverfahren entspr (§ 46 I OWiG; vgl zur Videoüberwachung im Straßenverkehr Düsseldorf NJW **10**, 1216 mit krit Anm Krumm DAR **10**, 215; Koblenz NStZ **10**, 589; AG Meißen NStZ-RR **10**, 154 L; die AG-Entscheidungen bei Deutscher StRR **09**, 477, 478; Arzt/Eier NZV **10**, 117 mN [die für eine Anwendung der §§ 46 I, II OWiG, 163 I S 2 eintreten] sowie Roggan NJW **10**, 1044; erg 1 zu § 100h; 9 zu § 81b). Auf polizeirechtliche Regelungen können Identitätsfeststellungen zu repressiven Zwecken nicht gestützt werden (LR-Erb 2, 10; 1 zu § 6 EGStPO; erg unten 10ff).

2) In jedem Stadium des Strafverfahrens kann es zur Anwendung des I kommen, jedoch nur gegen einen Tatverdächtigen (unten 4). Gegen den Unverdächtigen sind die Maßnahmen davon abhängig, dass sie zur Aufklärung einer Straftat erforderlich sind (II). Daraus ergibt sich die Einschränkung, dass II nicht mehr anwendbar ist, wenn es in dem Verfahren nicht mehr um die Aufklärung der Straftat geht.

3) Belehrung: Bei Beginn der ersten Maßnahme zum Zweck der Feststellung der Identität wird dem zu Prüfenden, wenn er zu den Verdächtigen (I) gehört, eröffnet, welcher Straftat er verdächtig ist (I S 1 Hs 2 iVm § 163a IV S 1); ein Verstoß hiergegen führt zur Unrechtmäßigkeit der Maßnahme iSd § 113 III StGB (Hamm NStZ **13**, 62), es sei denn, der Grund für die Identitätsfeststellung ist offensichtlich oder die Belehrung würde den Vollstreckungszweck gefährden (Hamm aaO; KG NJW **02**, 3789; zu Letzterem **aM** LR-Erb 22). Die in Betracht kommenden Strafvorschriften brauchen nicht bezeichnet zu werden. Der Unverdächtige (II) ist darüber zu unterrichten, welche Straftat durch seine Identifizierung aufgeklärt werden soll (II S 1 Hs 2 iVm § 69 I S 2). Die Belehrung braucht sich nicht auf den Namen des Beschuldigten zu erstrecken (**aM** Roxin/Schünemann § 31, 20) und kann unterbleiben, wenn der Grund der Maßnahme dem Betroffenen bekannt ist (Kurth NJW **79**, 1379). Bei Fehlen der erforderlichen Belehrung ist die Maßnahme idR rechtswidrig (KG StV **01**, 260 mwN). Erg 13 zu § 163c.

4) Maßnahmen gegen Tatverdächtige (I S 1): Der Betroffene braucht noch nicht die Stellung eines Beschuldigten (Einl 76ff) erlangt zu haben. Ein Verdacht besteht schon, wenn der Schluss auf die Begehung einer Straftat, auch des Ver-

§ 163b Zweites Buch. 2. Abschnitt

suchs, gerechtfertigt ist und Anhaltspunkte vorliegen, die die Täterschaft oder Teilnahme des Betroffenen als möglich erscheinen lassen (BVerfGE **92**, 191; KK-Griesbaum 9; LR-Erb 11; vgl auch BGH NStZ **16**, 551: Anfangsverdacht ausreichend); dann ist gemäß § 163a IV S 1 zu belehren (Geppert Schroeder-FS 683). Tatverdächtig iS I S 1 können auch Schuldunfähige sein, nicht aber Strafunmündige (§ 19 StGB). Ein Kind, dem man sofort ansieht, dass es noch im Kindesalter steht, zählt daher nicht zu den Verdächtigen (LR-Erb 11a; Kurth NJW **79**, 1378 Fn 24; a**M** Riegel BayVBl **78**, 591; vgl dazu auch Verrel NStZ **01**, 285). Maßnahmen zu seiner Identifizierung können aber nach II geboten sein, sofern nicht nur das Kind tatverdächtig ist (Streng Gössel-FS 504; erg 1 zu § 103).

5 **5) Erforderliche Maßnahmen (I S 1)** gegen den Verdächtigen: Diese Generalklausel wird in S 2 und S 3 für schwerwiegendere Eingriffe ergänzt und eingeschränkt. In der Voraussetzung der Erforderlichkeit, die durch den Verhältnismäßigkeitsgrundsatz begrenzt wird (Einl 20 ff), liegt zugleich das Erfordernis der Eignung der Maßnahme.

5a Bei **Demonstrationen,** bei denen es zu Gewalttätigkeiten kommt, ist der Begriff des Verdachts im Lichte der von Art 8 GG garantierten Versammlungsfreiheit auszulegen (BVerfG 1 BvR 289/15 vom 2.11.2016). Die bloße Teilnahme an einer Versammlung, aus der heraus durch einzelne oder eine Minderheit Gewalttaten begangen werden, genügt nicht; dies schließt es allerdings nicht aus, gegen eine ganze Gruppe von Versammlungsteilnehmern nach I S 1 und 2 vorzugehen, wenn sich aus deren Gesamtauftreten ein Verdacht auch gegenüber den einzelnen Mitgliedern der Gruppe ergibt und das Vorgehen der übrigen Versammlungsteilnehmer weitgehend ausspart (BVerfG aaO).

6 A. **Im Einzelnen:** Die Identität kann mit vielerlei Mitteln festgestellt werden. Im Wesentlichen ist hervorzuheben: Der Verdächtige wird angehalten, nach Belehrung (oben 3) nach seinen Personalien (vgl § 111 I OWiG) gefragt und aufgefordert, sich auszuweisen. Dabei kann der Beamte verlangen, dass ihm die mitgeführten Ausweispapiere ausgehändigt werden. Oft müssen auch Feststellungen aus den polizeilichen Unterlagen getroffen oder Erkundigungen bei anderen Stellen oder Personen eingezogen oder die Echtheit der Ausweispapiere geprüft werden (Kurth NJW **79**, 1379 Fn 38); die Kopie eines ausländischen Passes kann bei der Ausländerbehörde angefordert werden (§ 89 II AufenthG; Hamm ZfS **10**, 111).

7 B. **Festhalten (I S 2)** ist Freiheitsentziehung (Art 104 II GG; § 163c I; vgl dort 5; ebenso KMR-Plöd 9; a**M** Heghmanns/Scheffler-Jahn II 54), aber noch keine vorläufige Festnahme iS §§ 127 II, 127b I. Es kommt nur solange in Betracht, wie die der Polizei bekannten Daten für eine eindeutige Identitätsbestimmung noch nicht ausreichen (vgl BGH **59**, 292). Das Anhalten zwecks Befragung nach Namen und Anschrift und die Einsicht in die freiwillig ausgehändigten Ausweispapiere ist noch keine Freiheitsentziehung. Diese beginnt erst mit der Verhinderung der Person, sich zu entfernen, wozu schon die Aufforderung, sich nicht zu entfernen, genügt (KK-Griesbaum 16). Das Verbringen zur polizeilichen Dienststelle ist gegenüber dem Festhalten am Ort der Überprüfung wiederum eine weitere Stufe in den Kontrollmaßnahmen (Riegel ZRP **78**, 16). Der Eingriff in die persönliche Freiheit ist nur bei berechtigten Zweifeln an der Identität zulässig; kann sich die festgehaltene Person ausweisen, ist dies nur anzunehmen bei Anhaltspunkten für eine Fälschung des Ausweises oder dafür, dass die Person mit dem Ausweisinhaber nicht übereinstimmt (BVerfG NStZ **11**, 529; erg 12 zu 81b).

8 **Zulässigkeitsvoraussetzung** für die Festhaltung ist, dass die Identität sonst nicht oder nur unter erheblichen Schwierigkeiten festgestellt werden kann (BVerfG StV **92**, 210). Dies kann seine Ursache in der Schwierigkeit der Beschaffung zuverlässiger Unterlagen haben (zB bei einem Ausländer) oder dem Klärungsbedürfnis bei wechselnden und widersprüchlichen Angaben des Kontrollierten oder anderer Auskunftspersonen (Hamburg StV **08**, 12, 13).

C. Die **Durchsuchung der Person und der mitgeführten Sachen** ist als 9 Identifikationsmittel ebenfalls nur zulässig, wenn die Identität sonst nicht oder nur unter erheblichen Schwierigkeiten festgestellt werden kann (Hamm NStZ-RR **09**, 271). Sie kann die erkennungsdienstliche Behandlung (unten 13) und das damit verbundene Festhalten der kontrollierten Person überflüssig machen.

a) Das **Durchsuchen der Person** besteht in dem Suchen in der Kleidung und 10 auf der Körperoberfläche nach Gegenständen oder Zeichen, die zur Identifikation beitragen können (zB Ausweise oder sonstige Papiere, Leberflecke, Muttermale, Tätowierungen; erg 9 zu § 102). Die Durchsuchung kann auch auf Waffen, andere gefährliche Werkzeuge und Explosivstoffe erstreckt werden, wenn dies nach den Umständen zum Schutz des Polizeibeamten oder eines Dritten gegen eine Gefahr für Leib oder Leben erforderlich ist (Eigensicherung nach Polizeirecht, vgl Hamburg StV **08**, 12, 13; Heghmanns/Scheffler-Jahn II 57).

b) Zu den **mitgeführten Sachen** gehören zB eine Brieftasche, eine Aktentasche, ein Koffer. Auch ein Fahrzeug, das der Verdächtige führt, gehört dazu (BGH 11 NStZ **16**, 551; LR-Erb 46); das gewaltsame Öffnen des PKW ist als unselbständige Begleitmaßnahme von der Erlaubnis umfasst (BGH aaO; erg 13 zu § 105). Anders verhält es sich jedoch, wenn der Verdächtige von dem Inhaber des Fahrzeugs lediglich mitgenommen worden ist. In diesem Fall gilt für die Durchsuchung des Fahrzeugs § 103 oder das Polizeirecht (§ 18 I Nr 6 MEPolG; Art 22 I Nr 6 BayPAG; § 40 I Nr 6 PolGNW).

c) **Von Personen gleichen Geschlechts** wird nach dem Polizeirecht die 12 Durchsuchung durchgeführt. Das gilt nicht, wenn ein Arzt durchsucht, aber auch sonst nicht, wenn die sofortige Durchsuchung zum Schutz gegen eine Gefahr für Leib oder Leben erforderlich ist (vgl § 17 III MEPolG; Art 21 III BayPAG; § 39 III PolGNW).

D. **Erkennungsdienstliche Maßnahmen** (I S 3; 8 zu § 81b) gegen den Ver- 13 dächtigen sind ebenfalls nur zulässig, wenn die Identität sonst nicht oder nur unter erheblichen Schwierigkeiten festgestellt werden kann (oben 8, 9). Diese Voraussetzung gilt aber nicht, wenn gegen den Verdächtigen schon ein Strafverfahren geführt wird und die erkennungsdienstlichen Maßnahmen zur Durchführung dieses Verfahrens notwendig werden, weil dann nach § 81b (1. Altern) verfahren wird. Zur Durchführung der erkennungsdienstlichen Maßnahmen ist die Verbringung zu einer Polizeidienststelle mit den erforderlichen Einrichtungen notwendig.

6) Maßnahmen gegen Unverdächtige (II): Die Duldungspflicht des Unver- 14 dächtigen ist mit der des § 81c verwandt und gehört iwS zur Zeugenpflicht (7 vor § 48).

A. **Zur Aufklärung einer Straftat geboten (II S 1):** Das ist der Fall, wenn 15 im Zeitpunkt der beabsichtigten Identitätsfeststellung konkrete Anhaltspunkte dafür bestehen, dass die Person als Zeuge oder als Augenscheinsobjekt (14 zu § 86) benötigt wird. Hauptfall: Ein Unverdächtiger, der als Zeuge in Betracht kommt, will sich gerade vom Tatort entfernen.

B. Die **erforderlichen Maßnahmen** sind zulässig. Die Generalklausel des I S 1 16 gilt auch hier (erg oben 4, 5), jedoch mit stärkeren Einschränkungen.

C. Das **Festhalten** (II S 2 Hs 1; oben 7) ist nur zulässig, wenn die in I S 2 ge- 17 nannte Voraussetzung vorliegt und die Maßnahme zur Bedeutung der Sache nicht außer Verhältnis steht (Einl 20, 21). Es kommt also nicht auf die Bedeutung der zu erwartenden Aussage an, die idR ohnehin zum Kontrollzeitpunkt nicht beurteilt werden kann, sondern auf die Bedeutung der Strafsache im Ganzen. Daher darf zB ein Passant, der einen Verkehrsunfall ohne größere Folgen beobachtet hat, nicht nach II festgehalten werden (Kurth NJW **79**, 1379). Im Übrigen darf das Festhalten nicht eine Art Beugehaft sein, muss vielmehr auf die Durchführung von bestimmten Identifizierungsmaßnahmen abzielen. Wenn der (potenzielle) Zeuge entgegen § 111 OWiG seine Personalien nicht angibt, wird er insoweit zum Verdächtigen (Göhler 141, 144 vor § 59 OWiG; KK-Griesbaum 6; Vogel NJW **78**, 1227 Fn 168; **aM** HK-Zöller 4; LR-Erb 26).

18 D. Die **Durchsuchung des Unverdächtigen und seiner Sachen** (II S 2 Hs 2; oben 11) ist nur zulässig, wenn und soweit sie zu seiner Identifizierung erforderlich ist (oben 2, 5, 16), jedoch nicht gegen den Willen des Betroffenen (erg unten 19). Das Hindernis des entgegenstehenden Willens kann durch ein aufklärendes Gespräch mit erlaubten Mitteln (vgl § 136a) behoben werden. Wenn es erst während der Durchsuchung entsteht oder hervortritt, muss die Durchsuchung beendet werden.

19 E. **Erkennungsdienstliche Behandlung des Nichtverdächtigen (II S 2 Hs 2)** darf, falls zu seiner Identifizierung erforderlich (oben 5, 16), wie die Durchsuchung nicht gegen seinen Willen durchgeführt werden. Nicht erforderlich ist eine Einverständniserklärung des Unverdächtigen (AnwK-Walther 20; HK-Zöller 13; KK-Griesbaum 31; KMR-Plöd 22; **aM** Achenbach JA **81**, 663; LR-Erb 43; SK-Wolter 53). Seine ablehnende Erklärung kann auch in schlüssigen Handlungen bestehen (KK-Griesbaum 31; Einl 126). Unmittelbarer Zwang zur Durchführung der erkennungsdienstlichen Maßnahmen (15 zu § 81b) darf gegen den Unverdächtigen nicht angewendet werden. Denn Zwang wäre nur bei Weigerung zulässig; diese steht aber den Maßnahmen überhaupt entgegen (Brodag 835).

20 7) **Entsteht der Verdacht einer Straftat** während des Identifizierungsvorgangs (zB durch Angabe der geprüften Person oder durch eingehende Auskünfte), so entfallen die besonderen Zulässigkeitseinschränkungen des II; es gilt dann I. Das ist vor allem für die Durchsuchung und die erkennungsdienstlichen Maßnahmen von Bedeutung, weil diese dann auch gegen den Willen der Person und unter Anwendung von Zwang durchgeführt werden können (15 zu § 81b).

21 8) Die **StA und die Beamten des Polizeidienstes (I S I)** sind befugt, die Maßnahmen durchzuführen, und zwar auch im Fall des II, der an I anknüpft. Eine richterliche Anordnung ist aus Praktikabilitätsgründen nicht vorgesehen (vgl auch LR-Erb 49). Wenn die StA die Anordnung trifft, beauftragt sie die Polizei mit der Ausführung (Einl 41, 43). Führt die FinB ein Ermittlungsverfahren wegen einer Steuer- oder Zollstraftat, so tritt sie an die Stelle der StA (Einl 12, 42). Die polizeilichen Befugnisse haben auch die sonstigen Träger der polizeilichen Strafverfolgungsaufgaben (13, 14 zu § 163). Sie können die allgemeine Polizei um Amtshilfe ersuchen (Art 35 GG; § 25 III MEPolG; Art 50 IV BayPAG; § 47 III PolGNW). Notwehr gegen rechtswidrige polizeiliche Maßnahmen ist eingeschränkt (Hamm NStZ-RR **09**, 271).

22 9) **Zufallsfunde (§ 108):** Werden bei der Durchsuchung der Person und der mitgeführten Sachen (I S 3, II S 2 Hs 2) Beweismittel gefunden, die für die Aufklärung der Strafsache von Bedeutung sind, so werden sie nach § 94 sichergestellt (Kurth NJW **79**, 1379 Fn 38). Wenn sie auf die Begehung einer anderen Straftat hindeuten, gleichviel, ob diese schon Gegenstand eines anderen Verfahrens ist oder nicht, werden sie einstweilen in Beschlag genommen und die StA hiervon verständigt (§ 108 I S 1, 2). Dafür spricht auch § 111 III. Hiernach gilt § 108 für die Zufallsfunde, die bei einer Durchsuchung an der Kontrollstelle auftauchen (KK-Griesbaum 21; **aM** HK-Zöller 9; SK-Wolter 7–10). Dieses Durchsuchen ist auch ein solches nach § 163b.

Freiheitsentziehung zur Identitätsfeststellung

163c [1] ¹Eine von einer Maßnahme nach § 163b betroffene Person darf in keinem Fall länger als zur Feststellung ihrer Identität unerläßlich festgehalten werden. ²Die festgehaltene Person ist unverzüglich dem Richter bei dem Amtsgericht, in dessen Bezirk sie ergriffen worden ist, zum Zwecke der Entscheidung über Zulässigkeit und Fortdauer der Freiheitsentziehung vorzuführen, es sei denn, daß die Herbeiführung der richterlichen Entscheidung voraussichtlich längere Zeit in Anspruch nehmen würde, als zur Feststellung der Identität notwendig wäre. ³Die §§ 114a bis 114c gelten entsprechend.

II Eine Freiheitsentziehung zum Zwecke der Feststellung der Identität darf die Dauer von insgesamt zwölf Stunden nicht überschreiten.

III Ist die Identität festgestellt, so sind in den Fällen des § 163b Abs. 2 die im Zusammenhang mit der Feststellung angefallenen Unterlagen zu vernichten.

1) **Nur soweit unerlässlich (I S 1)** darf die Festhaltung (7 zu § 163b) im Rahmen des II ausgedehnt werden. Unerlässlich bedeutet so viel wie unverzichtbar (14 zu § 231a), enthält also das Gebot möglichster Beschleunigung. Sobald die Festhaltung für die Identitätsfeststellung nicht mehr erforderlich ist, muss der Festgehaltene auf freien Fuß gesetzt werden (BVerfG NStZ-RR **06**, 381).

2) Die **Vorführung vor den Richter** (I S 2; Art 104 II S 2 GG) ist von Amts wegen durchzuführen. Sie besteht in der persönlichen Verbringung des Festgehaltenen zum AG, oder in dem Vorführen im Polizeigebäude, wenn der Richter dorthin kommt.

3) **Unverzüglich** muss der Festgehaltene vorgeführt werden, gleichviel, ob er einen Antrag auf richterliche Entscheidung stellt oder nicht. Unverzüglich ist nicht gleichzusetzen mit „ohne schuldhaftes Zögern" (§ 121 BGB), sondern bedeutet, dass bei der Herbeiführung der richterlichen Entscheidung jede Verzögerung, die sich nicht sachlich oder rechtlich rechtfertigen lässt, vermieden werden muss (vgl BVerfG NVwZ **09**, 1033; BVerwG NJW **74**, 807, 810). Dabei setzt die Frist des II lediglich eine äußerste Grenze, befreit aber nicht von der Pflicht, unverzüglich eine richterliche Entscheidung herbeizuführen (BGH **59**, 292).

Da nach der neueren Rspr des BVerfG (BVerfGE **103**, 142; **105**, 239) stets **ein richterlicher Notdienst** (Bereitschaftsdienst) einzurichten ist (vgl auch § 22c GVG), wird auch außerhalb der allgemeinen Dienststunden idR eine Vorführung möglich sein (vgl auch Rüping Hirsch-FS 971).

4) **Verzicht auf Vorführung** befreit an sich nicht von der Vorführungspflicht. Wenn der Festgehaltene jedoch erklärt, er wolle freiwillig im Dienstgebäude der Polizei so lange warten, bis die Identität festgestellt ist oder bis er wegen des Fristablaufs nach II ohnehin auf freien Fuß gesetzt werden muss, fehlt es an einer Freiheitsentziehung und braucht der Wartende nicht vorgeführt zu werden (KMR-Plöd 5; einschr KK-Griesbaum 4; LR-Erb 7). Denn Freiheitsentziehung ist das Ingewahrsamhalten gegen den Willen der Person, sofern sie sich nicht im Zustand der Willenlosigkeit befindet (vgl § 415 II FamFG).

5) Eine **Ausnahme von der Vorführungspflicht** sieht I S 2 Hs 2 für den Fall vor, dass bis zur Erlangung der richterlichen Entscheidung voraussichtlich längere Zeit vergeht als bis zur Feststellung der Identität. Das ist keine Einschränkung des Art 104 II S 2 GG, sondern eine verfassungskonforme Regelung für die Fälle, in denen eine Anrufung des Richters zu einer sachlich nicht mehr gebotenen Verlängerung der Festhaltung führen würde. Stellt sich während der Festhaltung heraus, dass die Freiheitsentziehung (im Rahmen des II) doch länger ausgedehnt werden muss, als zunächst angenommen, so ist im Zeitpunkt dieser Erkenntnis von neuem zu prüfen, ob nunmehr die richterliche Entscheidung noch vor der Entlassung des Festgehaltenen erreichbar ist.

6) **Gerichtliches Verfahren:** Die Vorführung zum AG ist Aufgabe der Polizeibehörde, weil ihre Maßnahme überprüft wird.

A. **Sachliche Zuständigkeit:** Das AG ist unabhängig davon zuständig, in welchem Verfahrensstadium die Entscheidung über die Festhaltung notwendig wird (2 zu § 163b).

§ 163c   Zweites Buch. 2. Abschnitt

9   B. **Funktionell zuständig** ist der Richter, dem die Geschäftsverteilung (§ 21e GVG) die Entscheidung als Aufgabe zuweist. Das wird idR derselbe Richter sein, der über die Festhaltung zu entscheiden hat, wenn diese präventiv-polizeilichen Zwecken dient (§ 14 II MEPolG; Art 18 III BayPAG; § 36 II PolGNW). Fehlt es an einer Regelung im Geschäftsverteilungsplan, so gilt § 162 (vgl 7 zu § 162).

10 C. **Örtlich zuständig (I S 2)** ist das AG des Ergreifungsortes. Ergreifung ist nicht identisch mit dem Auffinden der zu kontrollierenden Person und auch nicht mit dem Beginn des Identifizierungsvorgangs. Der Begriff Ergreifung steht hier für den Entschluss zur Festhaltung (7 zu § 163b; oben 5). Dieser fällt mit dem Beginn der Festhaltung zusammen. Das Verbringen des Festgehaltenen zu einer Polizeidienststelle in einem anderen AGBezirk ändert die Zuständigkeit nicht (anders bei der gerichtlichen Überprüfung der präventiv-polizeilichen Festhaltung, bei der das AG zuständig ist, in dessen Bezirk die Person festgehalten wird; § 14 II S 1 MEPolG; Art 18 III S 1 BayPAG; § 36 II S 1 PolGNW).

11 D. **Am Verfahren beteiligt** sind der Festgehaltene, der das rechtliche Gehör erhält (Einl 23 ff), und die Polizeibehörde. Diese muss dem Richter die Entscheidungsgrundlage unterbreiten. Soweit das nicht durch Unterlagen möglich ist, muss sie die Festhaltungsgründe darlegen. Von der Beteiligung der StA (§ 33 II) kann wegen des Beschleunigungsgebotes (oben 1) abgesehen werden, wenn ein StA nicht sofort erreichbar ist (Kurth NJW **79**, 1380; weitergehend KK-Griesbaum 11; LR-Erb 14; vgl auch 26 zu § 163). Der Verteidiger oder Rechtsanwalt als Rechtsbeistand ist zur Anwesenheit berechtigt (LR-Erb 15; Krause StV **84**, 171; **aM** Kurth aaO Fn 68; Riegel BayVBl **78**, 593).

12 7) Die **richterliche Entscheidung** ergeht über Zulässigkeit und Fortdauer der Festhaltung (Art 104 II S 1 GG). Das bedeutet nicht, dass für die Vergangenheit festgestellt wird, ob das Festhalten zulässig war. Es wird nur die Zulässigkeit der gegenwärtigen Festhaltung als Voraussetzung für eine etwaige Fortdauer geprüft. Der Entscheidungstenor befasst sich nur mit der Frage der Fortdauer (LR-Erb 18). Der Richter ordnet entweder an, den Festgehaltenen alsbald auf freien Fuß zu setzen, oder er lässt die weitere Festhaltung für eine bestimmte Anzahl von Stunden oder bis zur Höchstdauer des II zu. Gegen die Fortdauer der Freiheitsentziehung kann der Betroffene sich beschweren (§ 304), idR auch noch nach Erledigung (KK-Griesbaum 13; erg 18a vor § 296 [BGH **36**, 242, 245 ff ist insoweit überholt]), nicht aber die StA gegen die Freilassung (vgl LR-Erb 20: kein Raum für eine „sinnvolle Sachentscheidung").

13 8) Die **Mitteilungs-, Belehrungs- und Benachrichtigungspflichten** in den §§ 114a–114c (vgl dort) gelten nach I S 3 für den Fall des Festhaltens durch die Polizei zum Zweck der Identitätsfeststellung entsprechend, dh ggf nach der jeweiligen Sachlage gemäß modifiziert (zB Frist iS des § 114b II S 1 Nr 1 richtet sich nach II; Nichtverdächtigem kann keine gegen ihn erhobene Beschuldigung eröffnet werden; vgl im Einzelnen BT-Drucks 16/11644 S 35, 42, 46, ferner Bittmann NStZ **10**, 15: Nichtverdächtiger hat unbedingtes Recht, selbst nach § 114c I zu informieren).

14 Ein **Ausländer** ist nach I S 3 iVm § 114b II S 3 (in Befolgung von Art 36 I Buchst b WÜK) darüber zu belehren, dass er die Benachrichtigung seiner konsularischen Vertretung von der Festhaltung verlangen sowie selbst dieser Mitteilungen zukommen lassen kann (vgl näher 9 zu § 114b). Diese Pflicht gilt in erster Linie für die Polizei, nicht nur für den Richter (BVerfG NJW **07**, 499, 503; BGH **52**, 110, 112; Kreß GA **07**, 302; Walter JR **07**, 101). Belehrung und Benachrichtigung haben unverzüglich zu erfolgen (vgl dazu auch Weigend StV **08**, 40).

15 9) **Insgesamt 12 Stunden (II)** ist die Höchstdauer der Festhaltung (7 zu § 163b). Dieser Zeitraum ist kürzer als bei präventiv-polizeilicher Festhaltung nach einigen Polizeigesetzen (§ 16 Nr 3 MEPolG; Art 20 Nr 3 BayPAG; § 17 I Nr 3 POGRP; anders § 42 II BPolG; § 38 II PolGNW). Die Frist beginnt auch, wenn

944   Köhler

der Betroffene seine zunächst bestehende Freiwilligkeit (oben 5) erkennbar aufgibt (Kurth NJW **79**, 1380). Der Ausdruck „insgesamt" trägt dem Umstand Rechnung, dass der erste Teil der Festhaltung auf polizeilicher (7 zu § 163b) und ein weiterer Teil ggf auf richterlicher Entschließung (oben 12) beruht. Die Frist muss unbedingt eingehalten werden. Es müssen daher alle nötigen Vorkehrungen getroffen werden, um sie nicht zu überschreiten; längeres Festhalten verstößt gegen Art 5 Ic **EMRK** (EGMR NJW **99**, 775; dazu Eiffler NJW **99**, 762).

10) Behandlung der Unterlagen (III): Sowohl bei der Aufbewahrung als auch hinsichtlich der Vernichtung ist der Unterschied zwischen einem Verdächtigen und einem Unverdächtigen wesentlich. 16

A. **Fall der Verdächtigenüberprüfung (§ 163b I):** Die dabei gewonnenen Identifizierungsunterlagen werden zu den Strafakten genommen. Sie können zugleich in die polizeilichen Unterlagen aufgenommen werden (2 zu § 81b; KK-Griesbaum 18; a**M** HK-Zöller 17; SK-Wolter 5 zu § 163b). Der Verdächtige darf die Entfernung der Unterlagen aus dieser Sammlung und ihre Vernichtung unter den gleichen Voraussetzungen verlangen, als wenn sie nach § 81b gewonnen worden wären (dort 16 ff). Die Entfernung und Vernichtung der bei den Strafakten abgelegten Unterlagen kann er nicht fordern (16 zu § 81b). 17

B. **Fall der Unverdächtigenüberprüfung (§ 163b II):** Zu den im Zusammenhang mit der Feststellung angefallenen Unterlagen gehören nicht die Ergebnisse der Identifizierung (zB Personalien; Achenbach JA **81**, 664; Vogel NJW **78**, 1227), auch nicht die gesondert aufzubewahrenden bei der Vorführung entstandenen richterlichen Akten (LR-Erb 30). Die übrigen, insbesondere durch die erkennungsdienstliche Behandlung angefallenen Unterlagen werden durch die Ermittlungsbehörde vernichtet, dürfen also nicht zu den polizeilichen Sammlungen genommen werden. 18

C. **Rechtsbehelfe:** Die Vernichtung der nach § 163b I gewonnenen Unterlagen (oben 17) aus den polizeilichen Sammlungen kann der Betroffene verlangen, wenn die Notwendigkeit ihrer weiteren Verwahrung völlig entfallen ist (19 zu § 81b). Wird sein Verlangen abgelehnt, so steht ihm die Klage zum VG offen (23 zu § 81b). Verlangt der Betroffene von der StA, die bei den Ermittlungsakten befindlichen, nach § 163b II gewonnenen Unterlagen (oben 18) zu vernichten, so betrifft diese Angelegenheit nicht das weitere Strafverfahren. Bei Ablehnung des Antrags ist § 23 **EGGVG** anwendbar (KK-Griesbaum 19; Merten/Merten ZRP **91**, 215; Ranft 808; vgl Stuttgart NJW **77**, 2276 für den Fall der Vernichtung von Ablichtungen inzwischen freigegebener Beweisgegenstände). 19

Speicherung und Abgleich von Daten aus Kontrollen

163d I ¹Begründen bestimmte Tatsachen den Verdacht, daß
1. eine der in § 111 bezeichneten Straftaten
oder
2. eine der in § 100a Abs. 2 Nr. 6 bis 9 und 11 bezeichneten Straftaten
begangen worden ist, so dürfen die anläßlich einer grenzpolizeilichen Kontrolle, im Falle der Nummer 1 auch die bei einer Personenkontrolle nach § 111 anfallenden Daten über die Identität von Personen sowie Umstände, die für die Aufklärung der Straftat oder für die Ergreifung des Täters von Bedeutung sein können, in einem Dateisystem gespeichert werden, wenn Tatsachen die Annahme rechtfertigen, daß die Auswertung der Daten zur Ergreifung des Täters oder zur Aufklärung der Straftat führen kann und die Maßnahme nicht außer Verhältnis zur Bedeutung der Sache steht. ²Dies gilt auch, wenn im Falle des Satzes 1 Pässe und Personalausweise automatisch gelesen werden. ³Die Übermittlung der Daten ist nur an Strafverfolgungsbehörden zulässig.

§ 163d

II ¹ Maßnahmen der in Absatz 1 bezeichneten Art dürfen nur durch den Richter, bei Gefahr im Verzug auch durch die Staatsanwaltschaft und ihre Ermittlungspersonen (§ 152 des Gerichtsverfassungsgesetzes) angeordnet werden. ² Hat die Staatsanwaltschaft oder eine ihrer Ermittlungspersonen die Anordnung getroffen, so beantragt die Staatsanwaltschaft unverzüglich die richterliche Bestätigung der Anordnung. ³ § 100e Absatz 1 Satz 3 gilt entsprechend.

III ¹ Die Anordnung ergeht schriftlich. ² Sie muß die Personen, deren Daten gespeichert werden sollen, nach bestimmten Merkmalen oder Eigenschaften so genau bezeichnen, wie dies nach der zur Zeit der Anordnung vorhandenen Kenntnis von dem oder den Tatverdächtigen möglich ist. ³ Art und Dauer der Maßnahmen sind festzulegen. ⁴ Die Anordnung ist räumlich zu begrenzen und auf höchstens drei Monate zu befristen. ⁵ Eine einmalige Verlängerung um nicht mehr als drei weitere Monate ist zulässig, soweit die in Absatz 1 bezeichneten Voraussetzungen fortbestehen.

IV ¹ Liegen die Voraussetzungen für den Erlaß der Anordnung nicht mehr vor oder ist der Zweck der sich aus der Anordnung ergebenden Maßnahmen erreicht, so sind diese unverzüglich zu beenden. ² Die durch die Maßnahmen erlangten personenbezogenen Daten sind unverzüglich zu löschen, sobald sie für das Strafverfahren nicht oder nicht mehr benötigt werden; eine Speicherung, die die Laufzeit der Maßnahmen (Absatz 3) um mehr als drei Monate überschreitet, ist unzulässig. ³ Über die Löschung ist die Staatsanwaltschaft zu unterrichten.

1   1) Eine **computergestützte Fahndungsmaßnahme** gestattet die Vorschrift (zur Entstehungsgeschichte der Vorschrift vgl KK-Moldenhauer 1f; Rogall NStZ 86, 385). Da hierbei Datenmassen verarbeitet werden müssen, von denen in weitem Umfang auch unbescholtene Bürger betroffen sind, gegen die keinerlei Tatverdacht besteht, war nach den Grundsätzen des Urteils des BVerfG zum Volkszählungsgesetz (BVerfGE **65**, 1: Recht auf informationelle Selbstbestimmung; erg 2 vor § 12 EGGVG; vgl auch BVerfGE **120**, 378 mit Anm Roßnagel NJW **08**, 2548) die Schaffung ausdrücklicher gesetzlicher Grundlagen erforderlich. Der Gesetzgeber hat dem durch die Einfügung des § 163d für einen Teilbereich der computergestützten Fahndung, die sog Netzfahndung (LR-Erb 5 nennt sie „Kontrollfahndung"), Rechnung getragen.

2   Die **Vorschrift ermöglicht** die Errichtung von Kurzzeit-Dateien für die automatische Speicherung und Verarbeitung der Daten, die bei bestimmten Massenkontrollen (Personenkontrollen an der Grenze oder an Kontrollstellen nach § 111) anfallen, deren erschöpfende Auswertung an Ort und Stelle aber, auch durch Abfrage in den Fahndungsdateien des polizeilichen Informationssystems, nicht möglich ist. Durch die in § 163d vorgesehene Speicherung und spätere Auswertung der Daten in einer EDV-Anlage soll die Möglichkeit, Straftaten aufzuklären und Straftäter zu ergreifen, vergrößert werden. Bei Massenkontrollen anderer Art (zB nach § 36 V StVO, § 12 I, II GüKG und nach allgemeinem Polizeirecht) ist eine Datenspeicherung zum Zweck der Strafverfolgung ausgeschlossen; § 163d enthält eine insoweit abschließende Regelung (LR-Erb 7). Die Einstellung des § 163d in die StPO bedeutet nicht, dass andere computergestützte Fahndungsmaßnahmen ausgeschlossen sind. Vielmehr sind die Rasterfahndung und die Polizeiliche Beobachtung ausdrücklich in §§ 98a, b und § 163e geregelt.

3   2) **Datenspeicherung und Auswertung (I):**
4   A. **Zulässige Maßnahmen (I S 1)** sind die zeitweilige Speicherung und die Auswertung von Daten über Personen mit bestimmten (mutmaßlich mit denen des Täters übereinstimmenden) Merkmalen oder Eigenschaften (unten 17) in einer Datei, dh in einem automatisierten Informationssystem (LR-Erb 39). Gespeichert und verarbeitet werden dürfen jedoch nur solche Daten, die bei einer Kontrollstelle nach § 111 oder bei einer grenzpolizeilichen Kontrolle nach §§ 2, 23 BPolG an-

Vorbereitung der öffentlichen Klage § 163d

fallen (KK-Moldenhauer 10f; enger LR-Erb 23ff), in Bayern nach den für die bayerische Grenzpolizei, in Bremen und Hamburg nach den dort für die Wasserschutzpolizei geltenden Bestimmungen (vgl Schoreit aaO). Aus welchem Anlass die Personenkontrolle durchgeführt worden ist, spielt keine Rolle. Bei grenzpolizeilichen Kontrollen dürfen Daten zur Aufklärung jeder möglichen Katalogtat (unten 9) gespeichert werden, an Kontrollstellen nach § 111 nur zur Aufklärung der in dieser Vorschrift bezeichneten Taten (LR-Erb 12). Gleichgültig ist auch, in welcher Weise (Beobachtung bei Sichtkontrollen, Einsicht in die Personalpapiere oder automatisches Ablesen dieser Papiere) die Daten erhoben worden sind (LR-Erb 27).

Bei den **Daten,** die gespeichert und verarbeitet werden dürfen, handelt es 5 sich in 1. Hinsicht um die persönlichen Identitätsmerkmale (Name, Geburtstag, Wohnort), die sich aus den Ausweispapieren ergeben (KK-Moldenhauer 12). Darüber hinaus können Umstände gespeichert und verarbeitet werden, die für die Aufklärung der Tat oder für die Ergreifung des Täters, auch des Teilnehmers (KK-Moldenhauer 13), von Bedeutung sein können (krit Kühl NJW **87,** 742; Riegel CR **86,** 143: „kaum mehr eingrenzbar"), zB Typ und Kennzeichen des benutzten Kraftwagens, Erkenntnisse über den Ort, die Art und Weise sowie die sonstigen Umstände der Identitätsfeststellung, auch die Ergebnisse von Durchsuchungen und erkennungsdienstlichen Behandlungen (LR-Erb 31; Rogall NStZ **86,** 390).

Die **Dateien,** in denen Speicherung und Verarbeitung stattzufinden haben, 6 werden im Gesetz nicht näher gekennzeichnet. Ihre Speicherung und Verarbeitung ist nicht auf die StA beschränkt, wie sich aus IV S 3 (der sonst überflüssig wäre) ergibt (HK-Zöller 8; Wittig JuS **97,** 966 Fn 76; vgl auch KK-Moldenhauer 14). Die StA darf, wie stets im Strafverfahren, die Ermittlungen der Polizei übertragen oder überlassen. Auch bei der Speicherung und Auswertung der Daten nach I darf sie sich der Polizei bedienen, die hierfür (im Wege der Auftragsdatenverarbeitung nach § 11 BDSG) ihre örtlichen, landes- oder bundesweiten EDV-Systeme einsetzt (Rogall NStZ **86,** 390; vgl auch Baumann StV **86,** 497; Kühl NJW **87,** 740). Verfügt die StA über die erforderlichen technischen Voraussetzungen, so kann sie die Datenspeicherung auch selbst vornehmen.

Die **Auswertung der Daten** erfolgt durch Verarbeitung in einem automati- 7 schen Informationssystem oder auch mit herkömmlichen Mitteln (LR-Erb 44). In Betracht kommt insbesondere der Abgleich, dh die programmgesteuerte Durchführung von Suchläufen, mit anderen Dateien der Strafverfolgungsbehörden (KK-Moldenhauer 15; Rogall NStZ **86,** 389, 390; vgl § 98c). Ein Datenabgleich mit anderen behördlichen oder privaten Dateien ist nur unter den Voraussetzungen der §§ 98a, b zulässig; denn eine Ermächtigung zur Rasterfahndung enthält § 163d I selbst nicht (vgl auch Rogall GA **85,** 1; NStZ **86,** 390). Begründen die ausgewerteten Daten einen Tatverdacht, so sind sie in die Ermittlungsvorgänge gegen den Beschuldigten aufzunehmen (unten 21).

B. **Voraussetzung der Maßnahmen (I S 1)** ist der Verdacht, dass ein noch 8 nicht ermittelter Straftäter, von dem aber schon eine Beschreibung möglich ist, eine der in I S 1 bezeichneten Taten begangen hat.

Bestimmte Tatsachen (vgl 9 zu 100a; 22 zu 112) müssen den **Verdacht** be- 9 gründen, dass eine der in § 100a II Nrn 6 bis 9 und 11 bezeichneten schwerwiegenden Straftaten nach dem BtMG, dem Grundstoffüberwachungsgesetz, dem KWKG oder dem WaffG (vgl § 111 I S 1) eine Straftat nach § 129a (auch iVm § 129b) sind, oder eine der in dieser Vorschrift bezeichneten Straftaten, eine Straftat nach § 250 I Nr 1 StGB (aF, eine Anpassung an § 250 nF ist noch nicht erfolgt; vgl Mitsch ZStW **111,** 100) oder eine räuberische Erpressung unter Führung von Schusswaffen nach § 255 StGB (vgl 3 zu § 111) begangen worden ist. Teilnahme und Versuch genügen (LR-Erb 11; Rogall NStZ **86,** 388, 389; **aM** SK-Wolter 38), nicht aber die versuchte Beteiligung nach § 30 StGB, auch nicht eine Vorbereitungshandlung (Schnarr NStZ **90,** 260).

§ 163d

10 Ferner müssen die Maßnahmen in ihrer konkreten räumlichen und zeitlichen Gestaltung (unten 18) eine **Erfolgsaussicht** haben. Die Annahme muss gerechtfertigt sein, dass es gelingen könnte, durch Auswertung der gespeicherten Daten den Täter, auch den Teilnehmer (KK-Moldenhauer 8, 13; Rogall NStZ **86**, 389), zu ergreifen oder die Tat aufzuklären. Die Erfolgserwartung muss aber nicht schon auf Grund bestimmter Tatsachen bestehen (**aM** LR-Erb 19). Es genügt eine gewisse Wahrscheinlichkeit, die sich auch auf Erfahrungswissen, insbesondere auf die kriminalistische Erfahrung, stützen kann (KMR-Plöd 6; erg 5 zu § 111).

11 Schließlich muss der **Verhältnismäßigkeitsgrundsatz** gewahrt sein. Abzuwägen sind die Schwere der Tat und das Ausmaß der Belastung der Betroffenen durch die Maßnahme (Kühl NJW **87**, 742; Rogall NStZ **86**, 389), auch der Grad der Erfolgsaussicht und die Notwendigkeit der Netzfahndung (LR-Erb 22). Eine Subsidiaritätsklausel (wie § 100a I Nr 3) enthält § 163d nicht. Wenn die Maßnahmen erforderlich und nicht unverhältnismäßig sind, können sie angeordnet werden, auch wenn Ermittlungen auf andere Weise weder ausgeschlossen noch wesentlich erschwert sind (LR-Erb 10; Rogall aaO).

12 C. Auch bei **automatischer Ablesung (I S 2)** von Pässen und Personalausweisen an den Kontrollstellen ist I anwendbar. Die Vorschrift enthält eine (überflüssige) Klarstellung, dass § 163d eine gesetzliche Ausnahme von dem grundsätzlichen Verbot der § 3a II PersAuswG, § 17 II PassG ist, wonach personenbezogene Daten, soweit gesetzlich nichts anderes bestimmt ist, beim automatischen Lesen des Passes oder Personalausweises nicht in Dateien gespeichert werden dürfen (vgl dazu auch VG Aachen DuD **09**, 192, 193).

13 D. **Zweckbestimmung der Datenverarbeitung (I S 3):** Die gespeicherten Daten dürfen nur anderen Strafverfolgungsbehörden (StA einschließlich GBA, Polizei, auch Strafgerichte, vgl LR-Erb 42 mwN) übermittelt werden. Ein Datentransfer an andere Behörden, auch und insbesondere an die Nachrichtendienste, ist ausgeschlossen (Rogall NStZ **86**, 390; **aM** SK-Weßlau 32 zu § 477). Weitere Beschränkungen ergeben sich daraus, dass die gespeicherten Daten außer für das anhängige Strafverfahren nur für die Strafverfolgung auf Grund von Zufallsfunden benutzt werden dürfen (vgl § 479 II S 1, dort 3 ff). Auch ein beliebiger Datentransfer an andere Strafverfolgungsbehörden ist daher nicht statthaft (LR-Erb 43).

14 3) **Zuständig** (II) für die Anordnung der Maßnahme ist, wie nach § 111 II (dort 15), grundsätzlich der Ermittlungsrichter (§§ 162, 169); er wird nur auf Antrag der StA tätig. Bei Gefahr im Verzug können die StA und, wenn kein StA erreichbar ist (LR-Erb 44), ihre Ermittlungspersonen (§ 152 GVG) die Anordnung treffen. Gefahr im Verzug liegt vor, wenn die richterliche Anordnung nicht eingeholt werden kann, ohne dass der mit der Datenspeicherung und -verarbeitung verfolgte Zweck gefährdet wird (vgl auch 6 zu § 98). Das wird insbesondere der Fall sein, wenn die Polizei unmittelbar nach kriminellen Anschlägen wegen Gefahr im Verzug Kontrollstellen nach § 111 errichtet hat, die unverzüglich durch die Netzfahndung nach § 163d ergänzt werden sollen.

15 Wird die Anordnung von der StA oder deren Ermittlungspersonen getroffen, so muss die StA unverzüglich, dh ohne vermeidbare Verzögerung (8 zu § 25), die **richterliche Bestätigung** der Anordnung beantragen (II S 2). Bestätigt sie der Richter nicht binnen 3 Werktagen (dazu 7 zu § 100), so tritt sie ohne weiteres außer Kraft (II S 3 iVm § 100e I S 3), und zwar mit der Folge, dass die Maßnahmen unverzüglich zu beenden und die bis dahin gespeicherten Daten zu löschen oder zu vernichten sind. Hebt die StA die Anordnung vor Ablauf der 3-Tagesfrist auf oder sind nach deren Ablauf keine Daten mehr vorhanden, so entfällt die richterliche Kontrolle (LR-Erb 53; Rogall aaO; **aM** SK-Wolter 59).

16 4) Die **Anordnung der Maßnahme (III)** muss schriftlich ergehen (III S 1); die fernschriftliche Anordnung und die Anordnung per Telefax stehen gleich, nicht aber die telefonische (KK-Moldenhauer 24; **aM** Kühl NJW **87**, 743; Rogall NStZ **86**, 390).

Inhaltlich muss die Anordnung das Verfahren, in dem sie ergeht, und den Ver- 17
fahrensgegenstand (HK-GS/Pflieger 5), ferner die Verdachtsmerkmale bezeichnen
(III S 2). Der Personenkreis, der von der Maßnahme erfasst werden soll, muss nach
bestimmten Merkmalen oder Eigenschaften so genau beschrieben werden, wie das
nach den zZ der Anordnung vorhandenen Kenntnissen über den oder die Tatverdächtigen möglich ist (Kühl NJW **87**, 742; vgl aber auch LR-Erb 57, der entgegen
der hM auch eindeutig nicht verdächtige Kontaktpersonen einbeziehen will). Werden neue Merkmale oder Eigenschaften bekannt, so ist ihre Beschreibung nachzuliefern (KK-Moldenhauer 26; Rogall aaO). Wenn eine hinreichend konkrete Beschreibung nicht möglich ist, muss die Anordnung unterbleiben.

In der Anordnung müssen auch **Art und Dauer** (III S 3) der Maßnahmen fest- 18
gelegt werden, ferner ihr Umfang und ihre räumliche Erstreckung. Es muss insbesondere bestimmt werden, bei welchen Kontroll- oder Grenzübergangsstellen die
Daten zu erheben sind und welche Stelle sie zu speichern und auszuwerten hat
(KK-Moldenhauer 26; zw LR-Erb 57).

Grundsätzlich müssen die Maßnahmen auf **höchstens 3 Monate** befristet 19
werden (III S 4); eine einmalige Verlängerung um höchstens 3 Monate ist zulässig (III S 5), darüber hinaus auch dann nicht, wenn die 1. Anordnung auf weniger als 3 Monate befristet war (KK-Moldenhauer 28). Die zeitlichen Beschränkungen beziehen sich aber nur auf die Einspeicherung neuer Daten. Die bisher
gespeicherten Daten dürfen in der Datei belassen und auch noch später ausgewertet und übermittelt werden, solange nicht nach IV S 2 ihre Löschung erforderlich
ist.

5) Beendigung; Löschung (IV S 1–3): Fallen die Anordnungsvoraussetzun- 20
gen nach I S 1 weg, ist die Frist des III S 4, 5 abgelaufen oder ist der mit der Anordnung verfolgte Zweck erreicht, so müssen die Maßnahmen unverzüglich, dh
ohne vermeidbare Verzögerung (8 zu § 25), beendet werden (IV S 1). Einspeicherung, Auswertung und Übermittlung der Daten sind einzustellen.

Die **Löschung der Daten** ist aber erst erforderlich, wenn die durch die Maß- 21
nahmen erlangten Daten für das Strafverfahren nicht oder nicht mehr benötigt
werden (IV S 2 Hs 1). Das insbesondere der Fall, wenn die Auswertung ergibt,
dass tatverdächtige Personen nicht entdeckt worden sind (Rogall NStZ **86**, 391).
Entsteht oder verstärkt sich der Tatverdacht gegen eine oder mehrere bestimmte
Personen, so werden die Daten aus der Datei in die Ermittlungsakten übernommen (oben 7); auch dann sind sie, ggf die ganze Datei, zu löschen (Schnarr
ZRP **90**, 296). Auf die in die Akten aufgenommenen Erkenntnisse bezieht sich das
Löschungsgebot nicht (Hilger NStZ **97**, 372). Insgesamt darf die Speicherung die
Laufzeit der Maßnahmen nicht um mehr als 3 Monate überschreiten (IV S 2
Hs 2); sie darf also niemals länger als 9 Monate aufrechterhalten werden.

Über die Löschung ist die **StA zu unterrichten** (IV S 3), wenn sie nicht selbst 22
die Datei errichtet hat. IdR wird sie sich von der Polizei ein Löschungsprotokoll
vorlegen lassen und es zu den Akten nehmen (Rogall NStZ **86**, 391).

6) Hinsichtlich der **Verwendung der Daten** gelten die Verwendungsregelun- 23
gen in § 161 III und § 479 II und III (vgl dort).

Zufallsfunde, dh bei der Datenauswertung durch die speichernde Stelle ge- 24
wonnene Erkenntnisse, die sich auf andere als die in dem anhängigen Verfahren
verfolgten Straftaten beziehen, sind zu Beweiszwecken nur unter den einschränkenden Voraussetzungen der § 161 III S 1, § 479 II S 1 (dort 3 ff) verwertbar, insbesondere zur Ermittlung einer Person, die zum Zweck der Strafverfolgung oder -vollstreckung zur Fahndung oder Aufenthaltsfeststellung ausgeschrieben ist. Aufgrund der Einschränkung „zu Beweiszwecken" dürfen die Daten als Spurenansatz
auch für andere Straftaten als solche iSd § 1 S 1 verwendet werden (18d zu § 161; 4
zu § 479). Allerdings ist bei der Datenverarbeitung mit einem für die Maßnahme
entsprechend ausgerichteten Auswertungsprogramm mit echten Zufallsergebnissen
idR nicht zu rechnen (vgl LR-Erb 376).

25 7) **Die Benachrichtigungspflicht** hinsichtlich der Maßnahmen nach I S 1 richtet sich nach § 101 I, IV Nr 10; danach sind nur die Personen, gegen die nach Auswertung der Daten weitere Ermittlungen geführt wurden, zu benachrichtigen. Die Betroffenen, gegen die ein Tatverdacht nicht entstanden oder erhärtet worden ist, brauchen nicht benachrichtigt zu werden. Vgl im Einzelnen 4 ff zu § 101.

26 8) **Anfechtung:** Für die Betroffenen, gegen die nach Auswertung der Daten weitere Ermittlungen geführt wurden (vgl 7 zu § 101), steht als *lex specialis* der (befristete) Rechtsbehelf nach § 101 VII S 2–4 iVm IV S 1 Nr 10 gegen die richterliche oder nicht-richterliche Anordnung sowie die Art und Weise ihres Vollzugs zur Verfügung (25 ff zu § 101). Für danach nicht Antragsberechtigte gilt: Beschwerde (§ 304 I) ist gegen die richterliche Anordnung (auch des Ermittlungsrichters des BGH oder OLG, § 304 V aE) statthaft; ist die Maßnahme bereits erledigt, kommt dabei die Feststellung der Rechtswidrigkeit in Betracht (vgl 17 ff vor § 296). Die Rechtswidrigkeit von Anordnungen der StA und ihrer Ermittlungspersonen ist nach hM – verfassungsrechtlich unbedenklich (BVerfG MDR **90**, 980) – entspr § 98 II S 2 geltend zu machen (BGHR Datenspeicherung 1; LR-Erb 83; Kühl NJW **87**, 743; Rogall NStZ **86**, 392; erg 23 zu § 98).

Ausschreibung zur Beobachtung bei polizeilichen Kontrollen

163e I ¹Die Ausschreibung zur Beobachtung anläßlich von polizeilichen Kontrollen, die die Feststellung der Personalien zulassen, kann angeordnet werden, wenn zureichende tatsächliche Anhaltspunkte dafür vorliegen, daß eine Straftat von erheblicher Bedeutung begangen wurde. ²Die Anordnung darf sich nur gegen den Beschuldigten richten und nur dann getroffen werden, wenn die Erforschung des Sachverhalts oder die Ermittlung des Aufenthaltsortes des Täters auf andere Weise erheblich weniger Erfolg versprechend oder wesentlich erschwert wäre. ³Gegen andere Personen ist die Maßnahme zulässig, wenn auf Grund bestimmter Tatsachen anzunehmen ist, daß sie mit dem Täter in Verbindung stehen oder eine solche Verbindung hergestellt wird, daß die Maßnahme zur Erforschung des Sachverhalts oder zur Ermittlung des Aufenthaltsortes des Täters führen wird und die auf andere Weise erheblich weniger Erfolg versprechend oder wesentlich erschwert wäre.

II Das Kennzeichen eines Kraftfahrzeuges, die Identifizierungsnummer oder äußere Kennzeichnung eines Wasserfahrzeuges, Luftfahrzeuges oder eines Containers kann ausgeschrieben werden, wenn das Fahrzeug auf eine nach Absatz 1 ausgeschriebene Person zugelassen ist oder das Fahrzeug oder der Container von ihr oder einer bisher namentlich nicht bekannten Person genutzt wird, die einer Straftat von erheblicher Bedeutung verdächtig ist.

III Im Falle eines Antreffens können auch personenbezogene Daten eines Begleiters der ausgeschriebenen Person, des Führers eines nach Absatz 2 ausgeschriebenen Fahrzeuges oder des Nutzers eines nach Absatz 2 ausgeschriebenen Containers gemeldet werden.

IV ¹Die Ausschreibung zur polizeilichen Beobachtung darf nur durch das Gericht angeordnet werden. ²Bei Gefahr im Verzug kann die Anordnung auch durch die Staatsanwaltschaft getroffen werden. ³Hat die Staatsanwaltschaft die Anordnung getroffen, so beantragt sie unverzüglich die gerichtliche Bestätigung der Anordnung. ⁴§ 100e Absatz 1 Satz 3 gilt entsprechend. ⁵Die Anordnung ist auf höchstens ein Jahr zu befristen. ⁶Eine Verlängerung um jeweils nicht mehr als drei Monate ist zulässig, soweit die Voraussetzungen der Anordnung fortbestehen.

1 1) **Ausschreibung zur Beobachtung:** Unter dem Begriff Polizeiliche Beobachtung wird die planmäßige, grundsätzlich heimliche Beobachtung einer Person (oder eines Objekts) zwecks Erstellung eines vollständigen Bewegungsbildes

verstanden. Sie ist nicht mit der nicht geregelten, auf §§ 161 I, 163 I gestützten kurzfristigen oder der in § 163f geregelten längerfristigen Observation einer Person durch die Polizei zu verwechseln (Möhrenschlager wistra **92**, 328; Rieß NJ **92**, 497) und auch von der Herstellung von Bildaufnahmen nach § 100h I S 1 Nr 1 zu unterscheiden. Die Polizeiliche Beobachtung ist seit langem üblich; sie wurde aber vielfach als Eingriff in die durch Art 2 I GG garantierte Freiheit des Beobachteten bezeichnet; mit Rücksicht auf das vom BVerfG betonte Recht auf informationelle Selbstbestimmung (BVerfGE **65**, 1; erg 2 vor § 12 EGGVG) wurde die Schaffung einer ausdrücklichen gesetzlichen Ermächtigungsgrundlage gefordert (vgl LR-Erb 1; zusammenfassend zur Problematik Bottke Meyer-GedSchr 37 ff). Das OrgKG hat mit § 163e eine entspr Eingriffsnorm geschaffen (vgl eingehend Krahl NStZ **98**, 339), die die Polizeiliche Beobachtung aber nicht schlechthin und uneingeschränkt zulässt, sondern sie an strenge Voraussetzungen knüpft und Beschränkungen unterwirft. Soweit Polizeiliche Beobachtungen auf polizeirechtlicher Grundlage durchgeführt werden (zB § 31 BPolG), dürfen dabei gewonnene Erkenntnisse nach Maßgabe des § 161 II (dort 18b ff) auch im Strafverfahren verwendet werden.

2) **Ziel** der Polizeilichen Beobachtung ist die von der betroffenen Person unbemerkte, unauffällige Ermittlung und Sammlung von Erkenntnissen, um sich ein „Bewegungsbild" von ihr zu verschaffen (Hilger NStZ **92**, 525). Darüber hinaus dient die Beobachtung dazu, Zusammenhänge und Querverbindungen zwischen dieser und anderen Personen zu erfassen (Hilgendorf-Schmidt wistra **89**, 210), um damit kriminelle Strukturen aufspüren und insbesondere die organisierte Kriminalität bekämpfen zu können. Ihre Praktikabilität für die Strafverfolgung ist allerdings zu bezweifeln (Krahl NStZ **98**, 341); die Vorschrift unterliegt auch sonst vielfältiger Kritik (vgl LR-Erb 5). 2

3) **Anordnung gegen einen Beschuldigten** 3
A. **Anlässlich von polizeilichen Kontrollen,** die die Feststellung der Personalien zulassen, kann die Ausschreibung zur Beobachtung angeordnet werden. Die Kontrollstellen werden nicht für die Polizeiliche Beobachtung errichtet, sondern bereits bestehende Kontrollstellen werden hierfür genutzt (Hilger NStZ **92**, 525 Fn 167). In Betracht kommen Kontrollstellen nach §§ 111, 163b, ferner solche nach den Polizeigesetzen der Länder und Grenzkontrollstellen. Zur Feststellung der Personalien gehören auch Erkenntnisse über sonstige Umstände wie Begleiter, Reiseweg, Transportmittel und mitgeführte Gegenstände (Hilger aaO). Alle diese Daten dürfen erfasst, der ausschreibenden Behörde gemeldet, von dieser ausgewertet, gespeichert und ggf an zur Erfassung solcher Daten errichtete Zentralbehörden weitergemeldet werden. 4

B. Es muss um eine **Straftat von erheblicher Bedeutung** gehen. Der Begriff deckt sich insoweit mit dem in §§ 98a I, 110a I verwendeten, allerdings ist er hier nicht durch einen Straftatenkatalog oder in sonstiger Weise eingeschränkt, so dass grundsätzlich wegen jeden Straftatbestandes, der diese Voraussetzung erfüllt (vgl dazu 5 zu § 98a), die Polizeiliche Beobachtung angeordnet werden darf. Einschränkungen ergeben sich nur aus der Notwendigkeit des Vorhandenseins einer polizeilichen Kontrollstelle (oben 4) sowie aus der Subsidiaritätsklausel (unten 7). 5

C. **Zureichende tatsächliche Anhaltspunkte** müssen für die bedeutsame Straftat bestehen. Das bedeutet, dass zumindest ein Anfangsverdacht (vgl auch II: Straftat ... verdächtig) bestehen muss (Krahl NStZ **98**, 340); hinreichender oder dringender Tatverdacht ist nicht erforderlich, in diesem Verfahrensstadium auch kaum gegeben. Das Verfahren muss sich aber gegen einen bestimmten Beschuldigten richten. 6

D. Eine **Subsidiaritätsklausel** wie in § 98a I S 2 (Rasterfahndung) ist auch hier vorgesehen (I S 2 2. Hs). Zu den Merkmalen „erheblich weniger Erfolg versprechend" (Erfolgsprognose) und „wesentlich erschwert" (Verfahrensverzögerung) vgl 3 zu § 98a. 7

§ 163e

8 **4) Anordnung gegen andere Personen:** Auch hier müssen zureichende tatsächliche Anhaltspunkte dafür bestehen, dass durch eine bereits bekannte (HK-Zöller 7; **aM** LR-Erb 22), als Täter verdächtigte Person eine Straftat von erheblicher Bedeutung begangen worden ist. Zusätzliche Voraussetzungen sind jedoch, dass auf Grund bestimmter Tatsachen (22 zu § 112) anzunehmen ist, die zu beobachtende Person (Kontaktperson) habe bereits eine Verbindung zum Täter oder wolle diese herstellen. Die Polizeiliche Beobachtung ist nur zur Erforschung des Sachverhalts oder zwecks Ermittlung des Aufenthaltsortes des Täters zulässig. Auch hier gilt die Subsidiaritätsklausel (oben 7). Für Berufsgeheimnisträger gilt § 160a.

9 **5)** Die **Ausschreibung eines Kfz-Kennzeichens,** das auf den Beschuldigten (oben 3ff) oder eine Kontaktperson (oben 8) zugelassen ist oder von diesen genutzt wird, regelt II. Entspr Möglichkeiten der Ausschreibung bestehen für Wasser- und Luftfahrzeuge sowie Container. Aber nicht nur Fahrzeuge oder Container einer nach I ausgeschriebenen Person, sondern darüber hinaus auch derartige Gegenstände einer namentlich bisher nicht bekannten Person, die einer Straftat von erheblicher Bedeutung (oben 5) verdächtig ist, dürfen danach ausgeschrieben werden; eine solche Ausschreibung kommt in Betracht, wenn außer dem Kfz-Kennzeichen, der Identifizierungsnummer oder der äußeren Kennzeichnung kein Ansatz für Ermittlungen gegeben ist (vgl Hilger NStZ 92, 525 Fn 172). Andere Gegenstände als Fahrzeuge oder Container können, wenn sie keinen Personenbezug aufweisen, nach §§ 161 I S 1, 163 I S 2 ausgeschrieben werden (BT-Drucks 16/10816 S 9).

10 **6) Weitere Personen:** Auch der Begleiter einer nach I ausgeschriebenen Person oder der Führer eines nach II ausgeschriebenen Fahrzeuges (Nutzer eines Containers) dürfen im Fall des Antreffens an der Kontrollstelle erfasst und der ausschreibenden Strafverfolgungsbehörde gemeldet werden. Damit wird die polizeiliche Erfassung in nicht unbedenklicher Weise (SK-Wolter 12; Krahl NStZ 98, 341; Strate StV **89**, 410) auf Personen ausgedehnt, die möglicherweise in keinerlei Zusammenhang mit der angenommenen Straftat stehen.

11 Schließlich kann unter den Voraussetzungen des § 163e auch gegen einen unter **Führungsaufsicht** stehenden Verurteilten die Ausschreibung zur Polizeilichen Beobachtung nach § 463a II angeordnet werden (vgl RiStBV 41 VII).

12 **7) Verfahren:**

13 A. **Zuständigkeit:** Grundsätzlich trifft der Ermittlungsrichter (§§ 162, 169) die Anordnung. Lediglich bei Gefahr im Verzug (6 zu § 98) besteht eine Kompetenz der StA. Ermittlungspersonen der StA (§ 152 GVG) dürfen die Polizeiliche Beobachtung nicht anordnen; eine solche Zuständigkeitserweiterung hielt der Gesetzgeber nicht für erforderlich (BT-Drucks 12/2720 S 48; vgl aber zur unmittelbaren Aktenvorlage 26 zu § 163 [gegen ein „Übergehen" der StA KK-Moldenhauer 22, wie hier LR-Erb 38]). Die Anordnung der StA muss – wie in anderen Fällen der Eilkompetenz auch (vgl §§ 98 I S 2, 100e I S 3) – unverzüglich (8 zu § 25) richterlich bestätigt werden; sie tritt außer Kraft, wenn die Bestätigung nicht binnen 3 Werktagen erfolgt (IV S 1 iVm § 100e I S 3; zur Fristberechnung vgl 1 zu § 100b). Zwischenzeitlich erlangte Erkenntnisse dürfen grundsätzlich verwertet werden (Rieß NJ **92**, 497; vgl auch 11 zu § 98b).

14 B. **Anordnung:** Der Richter oder StA wird sie idR (**aM** LR-Erb 42: stets) schriftlich erteilen (vgl § 98b I S 4), notfalls darf sie aber auch mündlich ergehen. In der Anordnung ist die auszuschreibende Person (I) so genau wie möglich zu bezeichnen (Hilger NStZ **92**, 525 Fn 173) bzw das Kfz-Kennzeichen, die Identifizierungsnummer oder äußere Kennzeichnung anzugeben. Es kann auch festgelegt werden, dass die Beobachtung nur an bestimmten Kontrollstellen oder nur zu bestimmten Zeiten stattfinden soll. Die richterliche Bestätigung bedarf der Schriftform.

C. **Geltungsdauer:** Unter kriminalistischen Gesichtspunkten erscheint eine zu 15 kurze Beobachtungsphase idR wenig Erfolg versprechend (Hilgendorf-Schmidt wistra **89**, 210); eine zu lange andauernde Beobachtung kann unverhältnismäßig sein. IV S 5 schreibt daher eine Befristung der Anordnung auf höchstens 1 Jahr vor. Mehrmalige Verlängerung bei Fortbestehen der Anordnungsvoraussetzungen um jeweils nicht mehr als 3 weitere Monate ist zulässig (IV S 6; LR-Erb 40; SK-Wolter 27). Wird die Anordnung nicht verlängert, tritt sie ohne weiteres außer Kraft.

8) Eine **Benachrichtigung** der Zielperson der Maßnahme und der Personen, 16 deren personenbezogene Daten gemeldet worden sind, sieht § 101 I, IV S 1 Nr 11 grundsätzlich vor (näher dort 4 ff). Kennzeichnungs- und Löschungspflichten ergeben sich aus § 101 III (dort 3) und VIII (dort 27).

9) **Anfechtung:** Es gelten die Ausführungen in 26 zu § 163d hinsichtlich des 17 Antrags der Zielperson sowie der Person, deren personenbezogene Daten gemeldet worden sind (§ 101 VII S 2 iVm IV S 1 Nr 11 als *lex specialis;* vgl 14, 25 ff zu § 101), und der allgemeinen Rechtsbehelfe entspr.

Längerfristige Observation

163f I ¹Liegen zureichende tatsächliche Anhaltspunkte dafür vor, dass eine Straftat von erheblicher Bedeutung begangen worden ist, so darf eine planmäßig angelegte Beobachtung des Beschuldigten angeordnet werden, die
1. durchgehend länger als 24 Stunden dauern oder
2. an mehr als zwei Tagen stattfinden

soll (längerfristige Observation). ²Die Maßnahme darf nur angeordnet werden, wenn die Erforschung des Sachverhalts oder die Ermittlung des Aufenthaltsortes des Täters auf andere Weise erheblich weniger Erfolg versprechend oder wesentlich erschwert wäre. ³Gegen andere Personen ist die Maßnahme zulässig, wenn auf Grund bestimmter Tatsachen anzunehmen ist, dass sie mit dem Täter in Verbindung stehen oder eine solche Verbindung hergestellt wird, dass die Maßnahme zur Erforschung des Sachverhalts oder zur Ermittlung des Aufenthaltsortes des Täters führen wird und dies auf andere Weise erheblich weniger Erfolg versprechend oder wesentlich erschwert wäre.

II Die Maßnahme darf auch durchgeführt werden, wenn Dritte unvermeidbar betroffen werden. ² § 100d Absatz 1 und 2 gilt entsprechend.

III ¹Die Maßnahme darf nur durch das Gericht, bei Gefahr im Verzug auch durch die Staatsanwaltschaft und ihre Ermittlungspersonen (§ 152 des Gerichtsverfassungsgesetzes) angeordnet werden. ²Die Anordnung der Staatsanwaltschaft oder ihrer Ermittlungspersonen tritt außer Kraft, wenn sie nicht binnen drei Werktagen von dem Gericht bestätigt wird. ³ § 100e Absatz 1 Satz 4 und 5, Absatz 3 Satz 1 gilt entsprechend.

1) Die **längerfristige Observation** wird in I S 1 als eine über einen durchge- 1 hend länger als 24 Stunden dauernden Zeitraum oder eine zwar unterbrochene, aber an mehr als 2 Tagen (unabhängig von der jeweiligen Dauer) stattfindende planmäßige Beobachtung des Beschuldigten durch deutsche Strafverfolgungsorgane definiert. Etwaige vorhergehende Observationen durch ausländische Stellen im Ausland sind nicht einzubeziehen (BGH 3 StR 572/19 vom 21.1.2020). Für diese Maßnahme stellt § 163f eine ins Einzelne gehende – den für den präventiv-polizeil Bereich in §§ 20g II Nr 1, 23 II Nr 1 BKAG § 28 II Nr 1 BPolG getroffenen Bestimmungen entspr – Regelung auf und unterscheidet damit die längerfristige zutr von der kurzfristigen Observation, die als weniger schwerwiegende Ermittlungsart nach §§ 161 I, 163 I ohne weitere Einschränkungen von StA und Polizei vorgenommen werden kann (vgl 1 zu § 161, 1 zu § 163; BVerfG StraFo **09**, 453; Hefendehl StV **01**, 704). Mit dieser gesetzl Regelung hatte das StVÄG 1999 eine

§ 163f Zweites Buch. 2. Abschnitt

seit langem erhobene Forderung erfüllt und damit die bis dahin ergangene Rspr sanktioniert (vgl BGH **44**, 13; NStZ **92**, 44; Düsseldorf NStZ **98**, 268).

1a Eine längerfristige Observation **liegt nicht nur dann vor,** wenn diese von vornherein auf eine Überschreitung der in I S 1 Nr 1 und 2 genannten Fristen gerichtet ist, sondern auch, wenn sich während einer zunächst kurzfristig angelegten Beobachtung herausstellt, dass die Fristen überschritten werden müssen (vgl BVerfG StraFo **09**, 453: keine Rückwirkung auf den Zeitpunkt der ersten Beobachtung). Sobald sich die Notwendigkeit der Fristüberschreitung ergibt, ist die richterliche Anordnung nach III einzuholen. § 163f gilt aber nicht, wenn sich im Laufe eines Ermittlungsverfahrens in nicht vorhersehbarer Weise mehrfach die Notwendigkeit einer vorübergehenden und kurzfristigen Observation ergibt, auch nicht für eine erneute kurzfristige Beobachtung nach Zielerreichung der zuvor angeordneten längerfristigen Observation (Zäsur; vgl zum Ganzen BVerfG 2 BvR 1691/07 vom 2.7.2009; Hamburg StV **07**, 628).

1b **Grenzüberschreitende Observationen** sind nach Maßgabe der jeweils nationalen Rechtsordnungen nach dem SDÜ, dem 2. Zusatzprotokoll vom 8.11.2001 zum EuRhÜbK (Ratifikation durch die BRep in Vorbereitung) sowie im Bereich des Zollfahndungsdienstes des Neapel-II-Übereinkommens vom 18.12.1997 zulässig; darüber hinaus sehen bilaterale Verträge mit Österreich, den Niederlanden, der Schweiz, Belgien, Dänemark, Frankreich, Luxemburg und Polen grenzüberschreitende Observationen unter den Voraussetzungen des nationalen Rechts vor (siehe zum Ganzen BT-Drucks 17/4333 S 3 f).

2 Soweit die längerfristige Observation **mit anderen schwerwiegenden Eingriffen verbunden** ist, zB mit dem Einsatz technischer Mittel nach § 100h I S 1, müssen zusätzlich die dafür erforderlichen Voraussetzungen gegeben sein (vgl Hamm NStZ **09**, 347; Demko NStZ **04**, 62); dabei ist aber besonders der Verhältnismäßigkeitsgrundsatz zu beachten (BGH **46**, 266; Steinmetz NStZ **01**, 344; krit zur „Totalüberwachung" Bernsmann StV **01**, 385; Deckers StraFo **02**, 117; Gercke Mehle-FS 219; vgl auch BVerfGE **112**, 304; 2 zu § 100c; anders Puschke, Die kumulative Anordnung von Informationsbeschaffungsmaßnahmen im Rahmen der Strafverfolgung, 2006 [zugl Diss Berlin 2005] S 79 ff: Kumulation „qualifizierter" Maßnahmen als andersartiger, einer gesonderten EGL erfordernder Eingriff).

3 **2) Voraussetzungen:**

4 A. Nur bei **Straftaten erheblicher Bedeutung** ist die Maßnahme zulässig. Auf einen einschränkenden Deliktskatalog wie in §§ 98a I, 100a II, 100c II oder § 110a I hat der Gesetzgeber verzichtet. Diese Straftatenkataloge bilden zwar Anhaltspunkte, die längerfristige Observation ist aber auch beim Verdacht dazu geringfügigerer Straftaten, insbesondere der Eigentums- und Vermögenskriminalität, zulässig, nicht jedoch im Bagatell- oder dem nur wenig darüber liegenden Bereich (erg 5 zu § 98a); dies ist erforderlich, weil die längerfristige Observation bei der Bekämpfung der schwerwiegenden Kriminalität von praktisch großer Bedeutung ist (Hilger NStZ **00**, 564). Die Maßnahme richtet sich gegen den Beschuldigten (I S 1, 2). Sie kann sich auch gegen eine sog Kontaktperson (I S 3) richten das ist vor allem eine Person mit engen persönlichen Verbindungen zu einem namentlich noch nicht bekannten oder sich verborgen haltenden Täter (Soiné Kriminalistik **01**, 248); für Berufsgeheimnisträger gilt insoweit § 160a.

4a B. Zum erforderlichen **Tatverdacht** siehe 4 zu § 152 (vgl auch BGH StB 12/16 vom 11.8.2016).

5 C. Die üblichen **Subsidiaritätsklauseln (I S 2, 3),** die praktisch wenig wirksam sind (SK-Wolter 7; Meyer-Goßner ZRP **00**, 348), enthält die Vorschrift; sie sind § 163e I S 2, 3 nachgebildet (vgl dort 7 und 8). Dass andere Personen durch die längerfristige Observation idR betroffen werden, lässt sich nicht vermeiden und wird daher von II gestattet. Begleiter des Beschuldigten dürfen entspr § 163e III gemeldet werden (vgl KMR-Plöd 6).

3) Anordnung (III): Für die längerfristige Observation ist grundsätzlich das Gerichts (§ 162), in Auslieferungssachen das OLG (§§ 14 I, 77 I IRG; vgl Hamm NStZ **09**, 347), zuständig; die Anordnung durch die StA oder – nachrangig – durch ihre Ermittlungspersonen reicht nur noch bei Gefahr im Verzug aus (vgl 6 zu § 98). Damit wird ua der Tatsache Rechnung getragen, dass es bei längerfristiger Observation vielfach zu einer Kumulierung von Ermittlungsmaßnahmen kommt (oben 2). Soweit die längerfristige Observation ohne eine gerichtliche Anordnung vorgenommen worden ist, muss sie binnen 3 Werktagen gerichtlich bestätigt werden (III S 2); die Frist läuft mit dem Erlass der Anordnung, nicht erst mit dem Beginn der Observation (vgl BGH **44**, 243, 246; erg 2 zu § 100b).

Die **Dauer der Observation** ist auf höchstens drei Monate befristet (III S 3 iVm § 100e I S 4); sie kann bei Fortbestehen der Voraussetzungen unter Berücksichtigung der gewonnenen Ergebnisse entspr § 100e I S 5 verlängert werden (III S 3).

Die Anordnung hat **schriftlich** zu ergehen (III S 3 iVm § 100e III S 1); sie ist gemäß § 34 zu begründen.

Eine **Benachrichtigung** der Zielperson der Maßnahme und der erheblich mitbetroffenen Personen sieht § 101 I, IV S 1 Nr 12 grundsätzlich vor (näher dort 4 ff). Kennzeichnungs- und Löschungspflichten ergeben sich aus § 101 III (dort 3) und VIII (dort 27).

4) Anfechtung: Es gelten die Ausführungen in 26 zu § 163d hinsichtlich des Antrags der Zielperson sowie der erheblich mitbetroffenen Personen (§ 101 VII S 2 iVm IV S 1 Nr 12 als *lex specialis;* vgl 11, 25 ff zu § 101) und der allgemeinen Rechtsbehelfe entspr.

5) Revision: Eine Observation ohne die erforderliche Anordnung oder über die zulässige Dauer hinaus (oben 6 und 7, nicht der Verstoß gegen die Schriftform, oben 8) führt zu einem Verwertungsverbot hinsichtlich der dabei gewonnenen Erkenntnisse (einschr – Einzelfallabwägung – Hamburg StV **07**, 628 [insoweit von BVerfG StraFo **09**, 453 nicht beanstandet]; vgl auch LR-Erb – Steinmetz NStZ **01**, 348; zur Fristüberschreitung erg 15 zu § 100b); werden sie doch im Urteil verwertet, begründet das die Revision. Ob die Anordnung notwendig war und den Subsidiaritätsgrundsatz beachtet hat (oben 4 und 5), unterliegt nur eingeschränkter revisionsrechtlicher Kontrolle auf Willkür (HK-Zöller 14; LR-Erb 23; aM SK-Wolter 17 und 65 f zu § 100a; erg 35 ff zu § 100a; 15 zu § 110b). Der Kernbereichsschutz ist nunmehr (BGBl I 1724) mit Blick auf BVerfGE **141**, 220 (Tz 176 f) in II 2 und dem dortigen Verweis auf § 110d I und II gesetzlich geregelt (BT-Drucks 19/4671 S 64).

6) Zufallserkenntnisse: Etwaige hinsichtlich anderer Straftaten erlangte Zufallserkenntnisse sind zu Beweiszwecken nur unter den einschränkenden Voraussetzungen des § 479 II S 1 verwertbar. Die Verwertbarkeit für polizeiliche Zwecke ergibt sich aus §§ 479 II S 2, 481.

Festnahme von Störern

164 Bei Amtshandlungen an Ort und Stelle ist der Beamte, der sie leitet, befugt, Personen, die seine amtliche Tätigkeit vorsätzlich stören oder sich den von ihm innerhalb seiner Zuständigkeit getroffenen Anordnungen widersetzen, festnehmen und bis zur Beendigung seiner Amtsverrichtungen, jedoch nicht über den nächstfolgenden Tag hinaus, festhalten zu lassen.

1) Das **amtliche Selbsthilferecht** (gegen diese bezeichnete SK-Wolter 1) gilt bei zulässigen Amtshandlungen strafprozessualer Art (Bay **62**, 316) in allen Verfahrensstadien (Einl 58; EbSchmidt NJW **69**, 394) für alle im Strafprozess amtlich Handelnden (insbesondere Polizei, StA, Gericht) gegen Störung, dh strafprozessual rechtswidriges Verhalten (vgl Baufeld GA **04**, 178; Geerds Maurach-FS 517). Es genügt, dass die Störung unmittelbar bevorsteht (LG Frankfurt aM NJW **08**, 2201, 2202). Die Festnahme und Festhaltung kommt zB in Betracht bei Einnahme eines

§ 164

Augenscheins außerhalb der Diensträume des Beamten, bei Durchsuchung einer Wohnung (dazu Eisenberg Rolinski-FS 173) oder eines Geschäftsraumes, bei Durchsuchung einer Person, falls diese Amtshandlung von einem Dritten gestört wird. Das Festnahme- und Festhalterecht darf nur ausgeübt werden, wenn die Störung nicht mit weniger einschneidenden Maßnahmen behoben werden kann (zu Platzverweis, „Stubenarrest", Telefonsperre vgl LG Frankfurt aaO; LR-Erb 8; SK-Wohlers 21 ff zu § 106; Rengier NStZ **81**, 375; erg 13 zu § 105), und nur so lange, bis die Störung beseitigt ist (Celle MDR **55**, 692; Einl 20, 21), längstens bis zum Ende des nächsten Tages (Art 104 II S 3 GG), selbst wenn die Festnahme richterlich angeordnet worden ist. Es richtet sich gegen Dritte (zB Neugierige), auch gegen Personen, die zu der Amtshandlung zugelassen sind (15, 16 zu § 163; LR-Erb 5, 5a). Ein bestehendes Anwesenheitsrecht geht für die Dauer der Festnahme unter (KK-Griesbaum 7). Für Richter gilt außerdem (SK-Wohlers 19 zu § 106; **aM** Pfeiffer 5; SK-Wolter 3: nur; vgl auch HK-Zöller 2) § 180 GVG. Das nach dem Polizeigesetzen bestehende Recht der Polizei zur Platzverweisung zwecks Abwehr einer Gefahr bleibt unberührt (Art 16 BayPAG; § 34 PolGNW; 1 zu § 6 EGStPO); zur Ingewahrsamnahme nach § 32 I Nr 2 HSOG LG Frankfurt aaO.

2 **2) Abgrenzung zum unmittelbaren Zwang:** Wenn eine Person einen Eingriff rechtlich zu dulden hat (zB der Inhaber der zu durchsuchenden Räume, § 106 I S 1) und seine Durchführung stört, wird die Maßnahme mit unmittelbarem Zwang bewirkt (SK-Wolter 16; Einl 45; 13 zu § 105). Wenn sich der Betroffene zwar dem Eingriff selbst nicht widersetzt, aber andere zugleich stattfindende Amtshandlungen stört, kann es aus diesem Grund geboten sein, ihn nach § 164 festzuhalten (BGH [ER] StraFo **19**, 66).

3 **3) Abgrenzung zu den Abwehrmitteln des Hausrechts:** Wenn die weniger einschneidenden Mittel des Hausrechts genügen, sind sie schon nach dem Verhältnismäßigkeitsgrundsatz (Einl 20, 21) anzuwenden, bevor von dem Festnahme- und Festhalterecht nach § 164 Gebrauch gemacht wird. Die Klausel „an Ort und Stelle" bedeutet nur, dass es sich um eine Störung handeln muss, die am Ort der Amtshandlung vorgenommen wird oder sich unmittelbar störend dort auswirkt (SK-Wolter 8). Ein vor oder bei der Amtshandlung eintreffender Drohbrief oder eine ähnliche mittelbare Einwirkung ist kein Fall des § 164. Die Klausel bedeutet auch nicht, dass überall, wo der Beamte oder sein Behördenleiter das Hausrecht ausüben, § 164 ausscheidet (EbSchmidt NJW **69**, 394; vgl auch Hamburg VRS **28**, 196; **30**, 440; **aM** Geerds Maurach-FS 517; Schulz/Händel/Soiné 7). Denn es gibt Fälle, in denen diese Mittel nicht ausreichen oder nicht alsbald und vor allem nicht genügend wirksam gemacht werden können, in denen daher die Störung der Amtshandlung im dienstlichen Areal nur mit Hilfe des § 164 verhindert werden kann. Dabei ist auch an den Fall zu denken, dass das Dienstgebäude mehrere Zugänge hat, die wegen des sonstigen Dienstbetriebs nicht verschlossen, aber auch nicht so bewacht werden können, dass der Störer ferngehalten werden kann. Auch wenn der Störer von der Straße aus die ordnungsgemäße Durchführung der Amtshandlung im dienstlichen Areal mit Hilfe eines Megaphons oder durch sonstigen Lärm oder durch Werfen von Gegenständen verhindert, kommt die Anwendung des § 164 in Betracht.

4 **4) Die Anordnung** der Festnahme trifft der die Amtshandlung leitende Beamte oder Richter. Der Beamte braucht – ebenso wie im Fall des § 127 – nicht Ermittlungsperson der StA (§ 152 II GVG) zu sein (KK-Griesbaum 10).

5 **5) Vollzogen** wird die Anordnung in einer den Störer möglichst wenig belastenden Weise, die auch für den Vollzugsbeamten zumutbar ist, zB durch Absonderung in einem Raum des durchsuchten Hauses oder durch bewachte Absonderung in einem Kraftwagen. Bei länger andauernder Amtshandlung kommt auch die vorübergehende Verbringung in einen Arrestraum in Betracht, falls dies erforderlich und angemessen erscheint (LR-Erb 14; **aM** SK-Wolter 18). Während einer

Unterbrechung der Amtshandlung (zB während der Nacht) muss der Störer idR freigelassen werden. Bei Wiederbeginn muss geprüft werden, ob die Fortsetzung der Festnahme geboten ist.

6) Rechtsbehelf: Gegen die Ausübung des Selbsthilferechts durch die Polizei 6 oder StA sieht die StPO keinen Rechtsbehelf vor. Daher gelten §§ 23, 28 I S 4 EGGVG (Amelung NJW **79**, 1688; LR-Erb 19; a**M** Roxin/Schünemann § 29, 15: § 98 II S 2 entspr). Die Beschwerde (§ 304) gegen die richterliche Anwendung des § 164 ist mit dem Ende der Festhaltung prozessual überholt; zur Anfechtung in diesem Fall vgl 17 ff vor § 296.

Richterliche Untersuchungshandlungen bei Gefahr im Verzug

165 Bei Gefahr im Verzug kann der Richter die erforderlichen Untersuchungshandlungen auch ohne Antrag vornehmen, wenn ein Staatsanwalt nicht erreichbar ist.

1) Der **Richter** wird nach § 165 vorübergehend (§ 167) für die StA tätig, falls 1 die StA nicht rasch genug erreichbar ist (unten 3) und Gefahr im Verzug besteht (6 zu § 98), dh durch den Verzug die Aufklärung der Sache oder die Sicherung eines Beweismittels (§ 94) oder eines Einziehungsgegenstandes (§ 111b) gefährdet wird. Dies gilt selbst dann, wenn die StA schon Ermittlungen eingeleitet hat. Der Richter darf jedoch dann nicht als Not-StA tätig werden, wenn ihm bekannt ist, dass die StA nicht handeln will (KK-Griesbaum 1; LR-Erb 8; differenzierend SK-Wohlers/Albrecht 13).

2) Zuständig ist jedes AG, in dessen Bezirk die Amtshandlung nötig wird; 2 nach außen kommt es dabei auf den Geschäftsverteilungsplan nicht an (§ 22d GVG). Eine Zuständigkeit des LG besteht hier nicht (Köln StV **04**, 417).

3) Unerreichbarkeit des StA: Vgl 10 zu § 128. Nicht erreichbar ist die StA 3 auch, wenn er aus anderen Gründen die Untersuchungshandlung nicht rechtzeitig beantragen oder selbst vornehmen kann. Das kann auch darauf beruhen, dass er telefonisch nicht hinreichend informiert werden kann, sei es wegen der Schwierigkeit des Sachverhalts, der nur durch Augenschein richtig beurteilt werden kann, sei es aus Geheimhaltungsgründen oder wegen gestörter Telefonverbindung (KK-Griesbaum 1; Krauth/Kurfess/Wulf JZ **68**, 736; einschr SK-Wohlers/Albrecht 11).

4) Richterlicher Art sind die Untersuchungshandlungen ebenso wie im Fall 4 des § 162. § 165 begründet die Pflicht für den Richter, ohne Antrag nach § 162 tätig zu werden, was auch im Fall des § 163 II S 2 auf Anregung der Polizei geschieht (dort 26, auch zu Ausnahmen). Daher gelten die §§ 168, 168a, 168c, 168d, auch § 22 Nr 4 (dort 12; so auch KMR-Plöd 9; SK-Wohlers/Albrecht 17; a**M** RG **68**, 375, 377; LR-Erb 12; vgl noch BGH **9**. 233, 234).

5) Hat eine **unzuständige Behörde** die Untersuchungshandlung veranlasst, ist 5 diese rechtswidrig, aber nicht unwirksam (LG Freiburg StV **01**, 268; a**M** LG Frankfurt aM NJW **68**, 118). Beschwerdebefugt sind StA und Beschuldigter (LG Freiburg aaO).

Beweisanträge des Beschuldigten bei richterlichen Vernehmungen

166 [I] Wird der Beschuldigte von dem Richter vernommen und beantragt er bei dieser Vernehmung zu seiner Entlastung einzelne Beweiserhebungen, so hat der Richter diese, soweit er sie für erheblich erachtet, vorzunehmen, wenn der Verlust der Beweise zu besorgen ist oder die Beweiserhebung die Freilassung des Beschuldigten begründen kann.

[II] Der Richter kann, wenn die Beweiserhebung in einem anderen Amtsbezirk vorzunehmen ist, den Richter des letzteren um ihre Vornahme ersuchen.

§§ 167, 168 Zweites Buch. 2. Abschnitt

1 1) Eine **Notbeweisaufnahme** zugunsten des Beschuldigten durch den Richter sieht die Vorschrift vor; einer weitgehenden Verlagerung der Beweiserhebung im Vorverfahren von der StA auf den Richter dient sie aber nicht, wie der Zusammenhang mit § 165 ergibt (im Ergebnis ebenso LG Zweibrücken VRS **113**, 236; LR-Erb 3a; Alsberg-Tsambikakisa 602; **am** Schlothauer StV **95**, 158, der dem Beschuldigten hiernach einen Anspruch auf richterliche Vernehmung zwecks Beantragung von Beweiserhebungen geben will). Unerheblich ist es hingegen, aus welchem Anlass der Beschuldigte vernommen wird; Hauptfälle sind §§ 126 I, 162, 165. Selbstverständlich ist die Vorschrift nur im Ermittlungsverfahren anwendbar (Hamm StraFo **02**, 100 mit insoweit abl – unzutr – Anm Nobis; LR-Erb 2).

2 2) **Zuständig** ist jeder den Beschuldigten vernehmende Richter in den Fällen der §§ 115 II, III, 115a II, 126a II, 128 I, 162, 165, auch im Fall des § 118a I, II (Köln NStZ-RR **09**, 123; LG Zweibrücken VRS **113**, 236; LR-Erb 3; Schlothauer StV **95**, 161), nicht jedoch in dem des § 122 II S 2 oder im Beschwerdeverfahren nach § 118 II (Erb aaO; **am** SK-Wohlers/Albrecht 5); der Beschuldigte hat auch keinen Anspruch auf eine richterliche Vernehmung allein zu dem Zweck, Beweisanträge zu stellen (Alsberg-Tsambikakis 607 mwN). Lehnt der Richter den Beweisantrag ab, muss er dies protokollieren und seine Entscheidung begründen (Alsberg-Tsambikakis 603).

3 3) **Beweiserhebung:** Erheblich ist hinsichtlich der Freilassung des Beschuldigten alles, was zur Aufhebung oder Außervollzugsetzung des Haftbefehls führen kann (Schlothauer StV **95**, 159), soweit es sich um einzelne Beweiserhebungen handelt, die für sich allein oder iVmit dem Akteninhalt hierzu geeignet sind (Köln NStZ-RR **09**, 123; erg oben 1); alternativ kommt es darauf an, ob ein Beweismittel verloren zu gehen droht, etwa weil ein Zeuge schwer erkrankt ist oder ein Augenscheinsgegenstand unterzugehen droht (Kretschmer StraFo **13**, 184, 186; Alsberg-Tsambikakis 601; weitergehend LR-Erb 6, Schlothauer aaO 160: Gefahr erheblicher Beweisverschlechterung). Die Leitungsbefugnis der StA darf durch die beantragten Beweiserhebungen nicht beeinträchtigt werden.

4 4) Die **Aufhebung des Haftbefehls** ist Sache des Richters, der ihn erlassen hat (§§ 115a II S 4, 126 I; vgl 5 zu § 115a). § 166 selbst gibt kein Freilassungsrecht (KK-Griesbaum 7; ANM 340), wohl aber § 120 III S 2 für die zuständige StA (§ 167). Bei vorläufiger Festnahme ermöglichen die §§ 128 II, 129 die Freilassung.

5 5) **Beschwerde** gegen die Ablehnung einer beantragten Beweiserhebung kommt nach hM schon wegen § 167 nicht in Betracht (so im Ergebnis auch LG Berlin StV **04**, 10 mit abl Anm Wohlers; Eisenberg BR 561; LR-Erb 13; **aM** SK-Wohlers/Albrecht 19; Schlothauer StV **95**, 164; für eine Beschwerdemöglichkeit de lege ferenda Kretschmer aaO). Bei angeblich drohendem Beweismittelverlust kann die abgelehnte Beweiserhebung bei der StA erneut beantragt werden (§ 163a II), gegen die Haftentscheidung sind die Rechtsbehelfe nach § 117 I, II gegeben (LG Zweibrücken VRS **113**, 236).

Weitere Verfügung der Staatsanwaltschaft

167 In den Fällen der §§ 165 und 166 gebührt der Staatsanwaltschaft die weitere Verfügung.

1 Der **Richter** hat in den Fällen der §§ 165, 166 nur als Vertreter der StA gehandelt (vgl Schnarr NStZ **91**, 211 mwN; Einl 60 ff).

Protokoll über richterliche Untersuchungshandlungen

168 [1] Über jede richterliche Untersuchungshandlung ist ein Protokoll aufzunehmen. [2] Für die Protokollführung ist ein Urkundsbeamter der Geschäftsstelle zuzuziehen; hiervon kann der Richter absehen, wenn er die

Schmitt

Vorbereitung der öffentlichen Klage § 168

Zuziehung eines Protokollführers nicht für erforderlich hält. ³ In dringenden Fällen kann der Richter eine von ihm zu vereidigende Person als Protokollführer zuziehen.

1) Der **Begriff der richterlichen Untersuchungshandlung** (S 1) ist hier identisch mit dem Begriff Verhandlung (§ 168a I). Zu ihm gehören – anders als im Fall des § 162 (dort 4) – nicht auch Beschlüsse nach Aktenlage und Anordnungen, die ohne Verhandlung getroffen werden. Anders als bei den staatsanwaltschaftlichen Untersuchungshandlungen (§ 168b) genügt es nicht, dass das Ergebnis aktenkundig gemacht wird. Würde sich der Richter hierauf beschränken, so würde das Ergebnis der Verhandlung zwar nicht von der Verwertung ausgeschlossen, der Vermerk könnte aber nur wie eine Aktennotiz eines anderen Ermittlungsorgans über ein Untersuchungsergebnis gewertet werden (vgl BGH **27**, 339). Für das Protokoll über die Hauptverhandlung gelten die §§ 271–274.

2) Die **Zuziehung eines UrkB** (S 2 Hs 1; 3 zu § 153 GVG) ist die Regel. Er braucht nicht demselben Gericht anzugehören (BGH NJW **86**, 390, 391). Wenn er mitwirkt, muss er während der ganzen Verhandlung, soweit er sie zu protokollieren hat (unten 3), anwesend sein. Jedoch kann er während der Untersuchungshandlung mit einem anderen ausgetauscht werden. Das Protokoll muss in diesem Fall erkennen lassen, wieweit es von dem einen und wieweit es von dem anderen aufgenommen worden ist, zumal jeder seinen Teil unterschreiben muss (§ 168a IV S 1).

3) Ohne Protokollführer (S 2 Hs 2) kann der Richter das Protokoll fertigen, wenn ihm die Mitwirkung eines Protokollführers nicht erforderlich erscheint. Die Aufteilung des Protokolls in einen Teil mit und einen Teil ohne Protokollführer ist nicht ausgeschlossen. Soweit er das Protokoll allein fertigt, ist der Richter allein verantwortlich. Insofern besteht nur die Einschränkung des § 168a IV S 4 für den Übertragungsgehilfen. Über die Erforderlichkeit der Zuziehung eines Protokollführers entscheidet der Richter nach seinem Ermessen (LR-Erb 20). Seine Entscheidung kann grundsätzlich auch nicht Gegenstand einer Maßnahme der Dienstaufsicht sein (BGH DRiZ **78**, 281). Die JV ist verpflichtet, nicht nur die notwendige technische Ausstattung, sondern auch weiterhin eine genügende Anzahl von Protokollführern zur Verfügung zu halten (Kurth NJW **78**, 2484).

4) Eine andere Person als ein UrkB (S 3): Wenn der Richter die Zuziehung eines Protokollführers für erforderlich hält, ihm aber ein UrkB seines oder eines anderen Gerichts nicht zur Verfügung steht, kann er in einem dringenden Fall eine andere Person für diese Aufgabe zuziehen, zB einen Gerichtsbediensteten, der nicht generell UrkB ist, aber diese Funktion wahrnehmen kann (1, 3 zu § 153 GVG); oder mit Einverständnis des Dienstherrn eine Person, die bei der StA tätig oder sonst Angehöriger des öffentlichen Dienstes ist (zB bei der Polizei oder im Gemeindedienst). Es kann aber auch auf eine Privatperson zurückgegriffen werden, wenn sie geeignet erscheint und auf Vergütung verzichtet, es sei denn, dass die JV die Vergütungsfrage im speziellen Fall oder allgemein vorher geregelt hat. Das gilt nicht für die Hauptverhandlung (BGH NStZ **81**, 31).

A. **Dringend ist der Fall,** wenn die Untersuchungshandlung bei ordnungsgemäßer Erledigung keinen Aufschub verträgt und dem Richter ein UrkB seines oder eines anderen Gerichts nicht zur Verfügung steht.

B. **Zu vereidigen** ist die andere Person für die Wahrnehmung der Protokollführerfunktion, weil sie nicht in der besonderen Verpflichtung des UrkB steht (1 zu § 153 GVG). Bei einem UrkB der StA fehlt deshalb dieser Grund. Daher braucht nicht zu der Aufnahme des Protokolls über die richterliche Untersuchungshandlung nicht besonders vereidigt zu werden (**aM** KK-Griesbaum 6). Wenn die Vereidigung erforderlich ist, wird sie nicht durch allgemeine oder andersartige Vereidigung ersetzt. Die fehlende Vereidigung steht der Verlesung des Protokolls, nicht jedoch der Vernehmung des Richters als Zeuge über den Inhalt der Aussage entgegen (Düsseldorf StV **95**, 9 L).

Schmitt

§ 168a

7 C. **In jedem Einzelfall** einer richterlichen Untersuchungshandlung muss die jeweils zugezogene andere Person vereidigt werden. Eine allgemeine Vereidigung als Protokollführer gibt es nicht, selbst dann nicht, wenn dem Richter (zB von einer polizeilichen Dienststelle) bei Bedarf häufig eine bestimmte Person als Protokollführer zur Verfügung gestellt wird. Die Vereidigung bezieht sich immer nur auf den einzelnen Fall der Heranziehung, den der Richter als dringend beurteilt. Sie kann auch nicht durch einen Hinweis auf eine frühere Vereidigung ersetzt werden (BGH **27**, 339 = JR **78**, 525 mit Anm Meyer-Goßner).

8 D. **Ausnahmsweise** können mehrere Verhandlungen zusammen einen einzigen dringenden Heranziehungsfall ausmachen, zB wenn mehrere Zeugen vorgeladen oder mehrere vorgeläufig Festgenommene vorgeführt sind, die trotz des Fehlens des UrkB alsbald zu vernehmen sind (vgl BGH aaO).

9 E. **Aus jedem Protokoll** muss die Vereidigung der anderen Person als wesentliche Förmlichkeit ersichtlich sein (§ 168a I). Wenn die mehreren Verhandlungen zusammen einen einzigen dringenden Heranziehungsfall bilden (oben 8) und der Protokollführer nur einen Eid geleistet hat, wird die Vereidigung in jedem der mehreren Protokolle als geschehen vermerkt, weil sie sich auf jede der Untersuchungshandlungen bezogen hat.

10 5) **Art der Protokollierung**: Im Allgemeinen diktiert der Richter das Protokoll, das außerhalb der Hauptverhandlung aufgenommen wird (krit dazu Schünemann Meyer-Goßner-FS 390). Dabei kann er zunächst zuwarten, bis er über den Inhalt der Erklärungen der Auskunftsperson oder über das Ergebnis des Augenscheins gewisse Klarheit gewonnen hat. In geeigneten Fällen kann er die Formulierung auch mehr oder weniger dem Protokollführer überlassen. Ebenso kann er die Auskunftsperson bitten, gewisse Teile ihrer Aussage zu diktieren. Er selbst muss dabei aber stets auf Klarheit in den Formulierungen hinwirken.

11 6) Die **Verlesung einer Niederschrift** über eine frühere richterliche Vernehmung in der Hauptverhandlung ist unter den Voraussetzungen des § 251 I, II nur zulässig, wenn sie die wesentlichen Förmlichkeiten erfüllt (BGHR § 274 Beweiskraft 17; 32 zu § 251). Bei zu Unrecht unterlassener Vereidigung der anderen Person als Protokollführer (S 3) ist eine wesentliche Förmlichkeit der Aufnahme des Protokolls nicht erfüllt. Daher scheidet die Verlesung nach § 251 II aus (dort 32). Daran ändert es nichts, dass der Richter von der Zuziehung eines Protokollführers überhaupt hätte absehen können (LR-Erb 25). Die Niederschrift darf aber unter den Voraussetzungen des § 251 I verlesen werden (LR-Erb 23).

Art der Protokollierung richterlicher Untersuchungshandlungen RiStBV 5b

168a I ¹Das Protokoll muß Ort und Tag der Verhandlung sowie die Namen der mitwirkenden und beteiligten Personen angeben und ersehen lassen, ob die wesentlichen Förmlichkeiten des Verfahrens beachtet sind. ²§ 68 Abs. 2, 3 bleibt unberührt.

II ¹Der Inhalt des Protokolls kann in einer gebräuchlichen Kurzschrift, mit einer Kurzschriftmaschine, mit einem Tonaufnahmegerät oder durch verständliche Abkürzungen vorläufig aufgezeichnet werden. ²Das Protokoll ist in diesem Fall unverzüglich nach Beendigung der Verhandlung herzustellen. ³Die vorläufigen Aufzeichnungen sind zu den Akten zu nehmen oder, wenn sie sich dazu eignen, bei der Geschäftsstelle mit den Akten aufzubewahren. ⁴Tonaufzeichnungen können gelöscht werden, wenn das Verfahren rechtskräftig abgeschlossen oder sonst beendet ist.

III ¹Das Protokoll ist den bei der Verhandlung beteiligten Personen, soweit es sie betrifft, zur Genehmigung vorzulesen, zur Durchsicht vorzulegen oder auf einem Bildschirm anzuzeigen. ²Die Genehmigung ist zu vermerken. ³Das Protokoll ist von den Beteiligten zu signieren oder zu unterschreiben oder es ist darin anzugeben, weshalb dies unterblieben ist. ⁴Ist der Inhalt des Proto-

Vorbereitung der öffentlichen Klage **§ 168a**

kolls nur vorläufig aufgezeichnet worden, so genügt es, wenn die Aufzeichnungen vorgelesen oder abgespielt werden. [5] In dem Protokoll ist zu vermerken, daß dies geschehen und die Genehmigung erteilt ist oder welche Einwendungen erhoben worden sind. [6] Die Anzeige auf einem Bildschirm, das Vorlesen oder die Vorlage zur Durchsicht oder das Abspielen kann unterbleiben, wenn die beteiligten Personen, soweit es sie betrifft, nach der Aufzeichnung darauf verzichten; in dem Protokoll ist zu vermerken, daß der Verzicht ausgesprochen worden ist.

IV [1] Das Protokoll ist von dem Richter sowie dem Protokollführer zu unterschreiben. [2] Ist der Inhalt des Protokolls ohne Zuziehung eines Protokollführers ganz oder teilweise mit einem Tonaufnahmegerät vorläufig aufgezeichnet worden, so unterschreiben der Richter und derjenige, der das Protokoll hergestellt hat. [3] Letzterer versieht seine Unterschrift mit dem Zusatz, daß er die Richtigkeit der Übertragung bestätigt. [4] Der Nachweis der Unrichtigkeit der Übertragung ist zulässig.

1) Die **Namen der mitwirkenden und beteiligten Personen (I)** müssen neben dem Ort und dem Tag der Untersuchungshandlung angegeben werden. Die Mitwirkenden sind außer dem Richter die Verfahrensbeteiligten, die ein Anwesenheits- und Mitwirkungsrecht haben (§ 168c; § 67 **JGG**), der Dolmetscher und der Protokollführer, wenn und soweit sie mitwirken. Zur Nennung der Namen gehört auch – wie im Protokoll über die Hauptverhandlung (§ 272 Nr 2) – die Angabe der prozessualen Funktion, in der die Anwesenden mitwirken. Das Gleiche gilt für die sonstigen beteiligten Personen, zB für die zu vernehmende Auskunftsperson oder für den zugezogenen Sachverständigen. Zu Einschränkungen aus Gründen des Zeugenschutzes (I S 2) vgl 10 ff zu § 68.

2) Die **wesentlichen Förmlichkeiten (I)** sind die Fakten und Vorgänge, die für die Gesetzmäßigkeit des Protokolls von Bedeutung sind (vgl 6 zu § 273). Sind für die Protokollierung mehrere Gestaltungsmöglichkeiten zulässig, so muss die angewendete ersichtlich sein, zB die Zuziehung eines Protokollführers oder deren Unterlassung. Wesentlich sind ferner die Förmlichkeiten, die für die Verhandlung vorgeschrieben sind, zB bei Vernehmungen die erforderlichen Hinweise und Belehrungen, die Aufteilung der Vernehmung in eine solche zur Person und eine solche zur Sache (§§ 68, 69) sowie die Frage der Vereidigung.

3) Der **sachliche Inhalt** des Protokolls ist in § 168a nicht näher bezeichnet. Er ergibt sich aus der Art der Untersuchungshandlung. Bei einer Vernehmung sind zB deren Ergebnisse festzuhalten (§§ 68, 69, 136), bei Augenschein dessen Ergebnis (§ 86). Anlagen können zum Bestandteil des Protokolls gemacht werden, zB vom Zeugen übergebene Schriftstücke oder das schriftliche Gutachten, das der Sachverständige mündlich vorträgt. Beobachtungen, die nicht Teil der Vernehmung sind, werden in geeigneter Weise (zB einem Zusatz) festgehalten (vgl Einl 62).

4) **Vorläufige Aufzeichnung (II):** Der Protokollführer oder, wenn ein solcher nicht zugezogen wird, der Richter selbst kann vorläufige Aufzeichnungen über den Inhalt des Protokolls (einschließlich der Angaben nach I) machen. Hiervon soll möglichst weitgehend Gebrauch gemacht werden (RiStBV 5a). Die Entscheidung hierüber trifft der Richter. Die vorläufigen Aufzeichnungen sind noch nicht das Protokoll, bilden aber dessen verbindliche Grundlage. Der Zustimmung der zu vernehmenden Person bedarf es für die vorläufige Aufzeichnung nicht, auch nicht bei Verwendung eines Tonbands (BGH **34**, 39, 52; Kurth NJW **78**, 2484 Fn 40; vgl auch Koblenz NStZ **88**, 42; **aM** Kühne StV **91**, 103) oder bei Anfertigung einer Bild-Ton-Aufnahme nach §§ 58a, 136 IV, 168e S 4 (vgl 8 zu § 58a; ein vollständiges Protokoll ist auch in diesem Fall erforderlich, erg 9 zu § 58a; LR-Erb 18b).

Unverzüglich nach der Beendigung der Verhandlung ist das Protokoll herzustellen (II S 2), dh ohne vermeidbare Verzögerung (8 zu § 25). Die vorläufigen

Schmitt

§ 168a

Aufzeichnungen bleiben aufbewahrt (II S 3), weil der Nachweis der Unrichtigkeit der Übertragung zulässig ist (IV S 4). Das gilt auch für Tonbänder. Diese können jedoch bereits nach Beendigung des Verfahrens gelöscht und neu verwendet werden. Für Videoaufnahmen verweist § 58a II S 2 auf § 101 VIII.

6 5) Die **Protokollgenehmigung durch die Beteiligten (III S 1)** ist anzustreben. Nach der Klausel „soweit es sie betrifft" ist die Genehmigung nur von den Personen einzuholen, die protokollierte Erklärungen abgegeben haben oder Gegenstand des Augenscheins waren. Zugleich ergibt sich aus ihr, dass die Beteiligten das Protokoll nur jeweils in dem Teil zu genehmigen brauchen, der sie betrifft. Eine darüber hinausgehende Protokollgenehmigung ist aber unschädlich.

7 Die **Verfahrensbeteiligten** können auf die Formulierungen während der Verhandlung Einfluss nehmen. Ihre Genehmigung ist nicht vorgeschrieben. Der Richter und der Protokollführer müssen die Niederschrift unterschreiben und dadurch die Gewähr für die Richtigkeit übernehmen.

8 6) Das **Genehmigungsverfahren** besteht bei dem bereits fertigen Protokoll darin, dass es dem Betroffenen vorgelesen, zur Durchsicht vorgelegt oder auf einem Bildschirm angezeigt wird (III S 1). Dabei braucht es von den Urkundspersonen noch nicht unterschrieben zu sein (IV S 1), zumal noch auf Einwendungen oder ohne solche im Genehmigungsverfahren Änderungen vorgenommen werden können. Soweit erst vorläufige Aufzeichnungen bestehen, werden sie vorgelesen oder abgespielt. Werden sie genehmigt, steht dies noch rein stilistischen Änderungen bei der endgültigen Fassung des Protokolls nicht entgegen. Nur der Inhalt muss erhalten bleiben. Der Schutz vor unzutreffender Veränderung ist durch die Aufbewahrung der Unterlagen (oben 5) und die Zulässigkeit des Nachweises der Unrichtigkeit der Übertragung (IV S 4) gewährleistet. Die Erteilung der Genehmigung oder ihre Verweigerung ist im Protokoll zu vermerken (III S 2, 4). Auch wenn das Protokoll von dem Beschuldigten weder genehmigt noch unterschrieben worden ist, bleibt es ein richterliches Protokoll und damit gemäß § 254 verwertbar (BGH NStZ-RR **05**, 258 [B], bestätigt durch BVerfG NStZ **06**, 46).

9 7) **Einwendungen des Betroffenen gegen die Formulierungen** werden, soweit sie berechtigt sind, berücksichtigt und führen noch bei der Bekanntgabe des bisher für das Protokoll Vorgesehenen zu einer Fassungsänderung. Wenn sie der Betroffene wegen Nichtberücksichtigung oder trotz Fassungskorrektur nicht fallen lässt, werden sie im Protokoll vermerkt (III S 5). Trotzdem wird der Betroffene gefragt, ob er im Hinblick auf die festgehaltenen Einwendungen das Protokoll genehmige (obwohl III S 5 nur von einem Entweder-Oder ausgeht).

10 8) Der **Verzicht** auf die Anzeige auf einem Bildschirm, die Mitteilung des Inhalts des Protokolls oder der vorläufigen Aufzeichnungen ist zulässig; er ist zu protokollieren (III S 6). Dieser Verzicht und die Genehmigung des Protokolls müssen nicht zusammentreffen. Der Verzicht wirkt nur so weit wie das Betroffensein. Ein darüber hinausgehender genereller Verzicht ist unschädlich, befreit insoweit aber nicht von der Mitteilungspflicht.

11 9) **Unterschriften (IV S 1–3):** Richter und Protokollführer unterschreiben das Protokoll (IV S 1), wenn kein Protokollführer zugezogen wurde, die Person, die das Protokoll erstellt hat (IV S 2). Bei Zuziehung eines Protokollführers genügt es für die Verantwortung des Richters und damit für seine Unterschrift, dass er das Protokoll auf seine inhaltliche Richtigkeit und Vollständigkeit im Gesamtzusammenhang überprüft hat (Kurth NJW **78**, 2484). Der Mangel einer erforderlichen Unterschrift kann später durch Nachholung geheilt werden (LR-Erb 44; Einl 159), zB um die Verlesbarkeit nach § 251 II zu sichern (vgl 11 zu § 168).

12 10) **Beweiskraft des Protokolls (IV S 4):** Ganz allgemein hat das Protokoll nicht die Beweiskraft des § 274 (BGH **26**, 281; **32**, 25, 30). Daher kann die Unrichtigkeit des Protokolls eingewendet und der Einwand im Freibeweisverfahren geprüft werden (BGHR § 274 Beweiskraft 17; 7, 9 zu § 244; 4 zu § 274). Ein

Verfahrensbeteiligter kann sich auch auf die vorläufigen Aufzeichnungen über die Verhandlung berufen und behaupten, diese seien bei der Protokollfertigung nicht richtig übertragen worden. Wenn diese Behauptung durch den Vergleich bestätigt wird, ist das Protokoll, soweit die Widersprüche reichen, entkräftet. Insoweit wird es dann durch die vorläufigen Aufzeichnungen ersetzt (Stuttgart NStZ **86**, 41; vgl hierzu Rieß NStZ **87**, 444; **aM** SK-Wohlers/Albrecht 29: Genehmigung durch die Urkundspersonen erforderlich).

Protokoll über ermittlungsbehördliche Untersuchungshandlungen RiStBV 5a

168b [I] Das Ergebnis der Untersuchungshandlungen der Ermittlungsbehörden ist aktenkundig zu machen.

[II] [1] Über die Vernehmung des Beschuldigten, der Zeugen und Sachverständigen soll ein Protokoll nach den §§ 168 und 168a aufgenommen werden, soweit dies ohne erhebliche Verzögerung der Ermittlungen geschehen kann. [2] Wird über die Vernehmung des Beschuldigten kein Protokoll gefertigt, ist die Teilnahme seines Verteidigers an der Vernehmung aktenkundig zu machen.

[III] [1] Die in § 163a vorgeschriebenen Belehrungen des Beschuldigten vor seiner Vernehmung sowie die in § 58 Absatz 2 Satz 5 vorgeschriebene Belehrung vor einer Gegenüberstellung sind zu dokumentieren. [2] Dies gilt auch für die Entscheidung des Beschuldigten darüber, ob er vor seiner Vernehmung einen von ihm zu wählenden Verteidiger befragen möchte, und für das Einverständnis des Beschuldigten gemäß § 141a Satz 1.

1) Aktenkundig zu machen (I): Der Obersatz in I trägt dem Prinzip Rechnung, dass in den Akten alle wesentlichen Vorgänge aller Ermittlungsbehörden festgehalten werden müssen, damit jedes weitere mit der Sache befasste Ermittlungsorgan, namentlich auch das Gericht, wenn es im Vorverfahren oder im gerichtlichen Verfahren tätig wird, sowie der Verteidiger (vgl § 147) die Entwicklung und das bisherige Ergebnis des Verfahrens erkennen können (vgl bereits Karlsruhe NStZ **91**, 50 L). Das Aktenkundigmachen von Ermittlungshandlungen kann bestehen in Aktenvermerken, in Beifügung von Fotos, Skizzen, Zeichnungen oder von eingeholten Auskünften; für sich gefertigte Notizen oder Aufzeichnungen des Polizeibeamten gehören nicht dazu (Düsseldorf StraFo **07**, 338). I gilt auch für Untersuchungshandlungen, die in Anordnungen bestehen (4 zu § 162), zB für die Anordnung einer Beschlagnahme nach den §§ 98 I, 111c I S 1. 1

2) Protokoll (II): Die Einhaltung der Soll-Vorschrift, die auch bei polizeilichen Vernehmungen beachtet werden sollte (BGH NStZ **95**, 353), ist die Regel. Kleinere Verzögerungen müssen dabei in Kauf genommen werden. Das Abweichen von der Soll-Vorschrift und die Anwendung von I sind aber auch zulässig, soweit dies im Einzelfall aus begründetem Anlass, zB wegen völliger Bedeutungslosigkeit der Aussage, gerechtfertigt ist. Über den Einsatz technischer Hilfsmittel (§ 168a II) entscheidet der StA. Er soll möglichst weitgehend von ihnen Gebrauch machen (RiStBV 5a). Über die **Aushändigung einer Abschrift** des Protokolls vgl 26 zu § 163a. Wird kein Protokoll gefertigt, ist zumindest die Teilnahme des Verteidigers des Beschuldigten aktenkundig zu machen (II S 2). 2

3) Dokumentation (III): Sämtliche vor den Vernehmungen nach § 136 I sowie § 163a vorzunehmenden Belehrungen sind aktenkundig zu machen (III S 1 iVm § 163a III S 2). Dazu gehören auch die Belehrungspflichten nach § 58 II S 5 über die Möglichkeit zur Bestellung eines Pflichtverteidigers in den Fällen der notwendigen Verteidigung im Zusammenhang mit einer Gegenüberstellung (III S 1; eingeführt durch das Gesetz zur Neuregelung der notwendigen Verteidigung vom 10.12.2019; 15a zu § 58) und § 187 GVG (III S 1 iVm § 163a V). Dies gilt ferner für die Entscheidung des Beschuldigten darüber, ob er vor seiner Vernehmung einen von ihm zu wählenden Verteidiger befragen möchte (III S 2) und für 3

§ 168c

das Einverständnis des Beschuldigten damit, dass im Vorverfahren ausnahmsweise abweichend von § 141 I vor der Bestellung eines Pflichtverteidigers eine Vernehmung des Beschuldigten oder eine Gegenüberstellung mit ihm durchgeführt wird (III S 2 iVm § 141a, eingeführt durch Gesetz zur Neuregelung der notwendigen Verteidigung vom 10.12.2019; 7, 8 zu § 141a).

Anwesenheitsrecht bei richterlichen Vernehmungen

168c I [1] Bei der richterlichen Vernehmung des Beschuldigten ist der Staatsanwaltschaft und dem Verteidiger die Anwesenheit gestattet. [2] Diesen ist nach der Vernehmung Gelegenheit zu geben, sich dazu zu erklären oder Fragen an den Beschuldigten zu stellen. [3] Ungeeignete oder nicht zur Sache gehörende Fragen oder Erklärungen können zurückgewiesen werden.

II [1] Bei der richterlichen Vernehmung eines Zeugen oder Sachverständigen ist der Staatsanwaltschaft, dem Beschuldigten und dem Verteidiger die Anwesenheit gestattet. [2] Diesen ist nach der Vernehmung Gelegenheit zu geben, sich dazu zu erklären oder Fragen an die vernommene Person zu stellen. [3] Ungeeignete oder nicht zur Sache gehörende Fragen oder Erklärungen können zurückgewiesen werden. [4] § 241a gilt entsprechend.

III [1] Der Richter kann einen Beschuldigten von der Anwesenheit bei der Verhandlung ausschließen, wenn dessen Anwesenheit den Untersuchungszweck gefährden würde. [2] Dies gilt namentlich dann, wenn zu befürchten ist, daß ein Zeuge in Gegenwart des Beschuldigten nicht die Wahrheit sagen werde.

IV Hat ein nicht in Freiheit befindlicher Beschuldigter einen Verteidiger, so steht ihm ein Anspruch auf Anwesenheit nur bei solchen Terminen zu, die an der Gerichtsstelle des Ortes abgehalten werden, wo er in Haft ist.

V [1] Von den Terminen sind die zur Anwesenheit Berechtigten vorher zu benachrichtigen. [2] Die Benachrichtigung unterbleibt, wenn sie den Untersuchungserfolg gefährden würde. [3] Auf die Verlegung eines Termins wegen Verhinderung haben die zur Anwesenheit Berechtigten keinen Anspruch.

1 **1) Richterliche Beschuldigtenvernehmung (I):** Ein Anwesenheitsrecht besteht für die StA und den Verteidiger. Für die Beschuldigtenvernehmung durch die Polizei (§ 163a IV S 3 iVm § 168c I und V) und die StA ist ein Anwesenheitsrecht des Verteidigers ebenfalls vorgesehen (§ 163a III S 2 iVm I), auch wenn nur eine Identifizierungsgegenüberstellung (9 zu § 58) stattfindet, nicht aber – verfassungsrechtlich unbedenklich (BVerfG NJW 07, 204) – für die Vernehmung von Mitbeschuldigten (BGH 42, 391; StV 02, 584; NStZ 10, 159; Düsseldorf NStZ-RR 03, 238; LR-Erb 14; Senge Müller-FS 702; **aM** Roxin Kühne-FS 317, 331; SK Wohlers/Albrecht 11ff; von Dellingshausen Stree/Wessels-FS 685; Endriss Rieß-FS 69; Schulz StraFo 97, 294; Gless NStZ 10, 99; Schwaben NStZ 02, 291; Mosbacher NStZ 15, 303; offen gelassen von Karlsruhe StV 96, 302; vgl zur Problematik auch LR-Lüderssen/Jahn Einl M 45). Der Verteidiger hat bei der richterlichen Vernehmung ein Erklärungs- und Fragerecht; ungeeignete oder nicht zur Sache gehörende Fragen können zurückgewiesen werden (I S 2 und 3, eingeführt durch Gesetz vom 27.8.2017 [BGBl I 3295] in Umsetzung von Art 3 III b der Richtlinie 2013/48/EU; so schon Voraufl 1). Das Vernehmungsprotokoll des StA ist in der Verlesbarkeit in der Hauptverhandlung nicht dem richterlichen gleichgestellt (§§ 249, 251, 254).

2 **2) Richterliche Zeugen- oder Sachverständigenvernehmung (II):** StA, Beschuldigtem und Verteidiger ist die Anwesenheit gestattet. Die angeführten Anwesenheitsrechte bestehen nicht bei der Vernehmung durch den StA (§ 161a). Die unterschiedliche Regelung beruht vor allem auf dem Unterschied in der Verlesbarkeit der Niederschriften (oben 1) und der unterschiedlichen Behandlung der Strafbarkeit unrichtiger Aussagen (§§ 153, 154 StGB). Die bei der richterlichen

Vernehmung anwesenden Verfahrensbeteiligten haben ein Erklärungs- und Fragerecht; ungeeignete oder nicht zur Sache gehörende Fragen oder Erklärungen können zurückgewiesen werden (II S 2 und 3, eingeführt durch Ges vom 27.8. 2017 [BGBl I 3295] in Umsetzung von Art 3 III b der Richtlinie 2013/48/EU).

§ 241a gilt entspr, um sicherzustellen, dass minderjährige Zeugen auch bei Vernehmungen außerhalb der Hauptverhandlung grundsätzlich allein durch den vernehmenden Richter befragt werden (II S 4; BT-Drucks 18/934 S 22).

3) Ausschließung des Beschuldigten (III): Die Klausel „wenn zu befürchten ist", die der Beispielsfall des S 2 enthält, gilt auch im Fall des S 1. Die Gefährdung des Untersuchungszwecks nach S 1 ist zu befürchten, wenn nach den Umständen des Einzelfalls in nicht geringem Maß zu erwarten ist, der Beschuldigte werde das, was er bei der Vernehmung erfährt, möglicherweise für Verdunkelungsmaßnahmen verwerten (KK-Griesbaum 6; LR-Erb 15; Krause NJW **75**, 2283; **aM** SK-Wohlers/Albrecht 20). Gegen den Ausschließungsbeschluss ist Beschwerde zulässig (§ 304); sie wird jedoch nach dem Termin gegenstandslos (17 zu § 296; **aM** SK-Wohlers/Albrecht 25). Der Verstoß gegen III kann ein Verwertungsverbot nach sich ziehen (StK beim AG Bremerhaven StV **03**, 328 mit Anm Meyer-Lohkamp). 3

4) Der nicht in Freiheit befindliche Beschuldigte (IV; 13 zu § 35; eine entspr Regelung enthält § 224 II), der einen Verteidiger hat, hat einen Anspruch auf Anwesenheit nur, wenn die Vernehmung am Vollzugsort stattfindet. Erklärt der unverteidigte Beschuldigte, dass er auf Anwesenheit bei der Vernehmung verzichte, so kann diese auch ohne ihn an einem anderen Ort als dem Vollzugsort durchgeführt werden. Wird sein Antrag auf Vorführung abgelehnt, so kann er hiergegen Beschwerde einlegen (§ 304); diese wird nach der Vernehmung gegenstandslos (vgl 17 vor § 296). Dem Beschuldigten, der keinen Verteidiger hat, ist gemäß § 140 I Nr 10 vor der zum Zwecke der Beweissicherung durchgeführten richterlichen Vernehmung des zentralen Belastungszeugen ein **Verteidiger zu bestellen,** wenn er gemäß III von der Anwesenheit ausgeschlossen ist (siehe bereits BGH **46**, 93; EGMR Nr 9154/10 vom 15.12.2015; erg 9 sowie 20b–d zu § 140). 4

5) Die **Benachrichtigung (V)** darf nicht schon dann unterbleiben, wenn ein Ausschlussgrund nach III vorliegt (BGH StV **11**, 336; **13**, 3 L) oder wenn sie zu einer Verzögerung des Verfahrens führen würde (KK-Griesbaum 17; Meyer-Goßner JR **77**, 258), sondern nur dann, wenn die Gefahr besteht, dass der Untersuchungserfolg vereitelt oder verschlechtert würde sowie dann, wenn der Beschuldigte bereits nach III vom Termin ausgeschlossen worden war (offen gelassen von BGH **31**, 140, 142; StV **11**, 336 sowie NStZ **15**, 98; auch insoweit für eine Benachrichtigungspflicht Mosbacher NStZ **15**, 303). Untersuchungserfolg iS des V ist die Gewinnung einer Aussage, die in einem späteren Verfahrensabschnitt verwertet werden kann (BGH **29**, 1). Die Gefährdung beurteilt der vernehmende Richter, der darüber einen Aktenvermerk zu fertigen hat (BGH **31**, 140, 142; **aM** Dölp NStZ **90**, 117), später das erkennende Gericht (BGH NStZ **90**, 136; unten 6), und zwar nach tatrichterlichem Ermessen (BGH NJW **03**, 3142; abl Wohlers GA **03**, 897). Enthält die Entscheidung des Ermittlungsrichters keine Begründung oder fehlt sie ganz, muss der Tatrichter selbständig die Voraussetzungen für ein Unterbleiben der Benachrichtigung prüfen; dessen Entscheidung ist vom Revisionsgericht nur auf Unvertretbarkeit überprüfbar (vgl BGH NStZ **03**, 671; Mosbacher NStZ **15**, 304). Dagegen muss der Tatrichter vom Ermittlungsrichter aktenkundig gemachte Gründe nicht selbständig überprüfen bzw sich zu eigen machen (Mosbacher aaO; vgl ferner BGH **29**, 1,4; **31**, 140, 142; siehe aber auch BGH NStZ **15**, 98, auch – allerdings ohne nähere Begründung – darauf abstellt, dass das erkennende Gericht rechtsfehlerfrei die Voraussetzungen des V für gegeben erachtet hat). 5

Die **Gefährdung** kann Folge einer zeitlichen Verzögerung sein, sich aber auch aus anderen Umständen ergeben, zB aus Anhaltspunkten dafür, dass der Zeuge mit Nachdruck zu einer Falschaussage angehalten wird (BGH **29**, 1, 3; **32**, 125, 129 [GSSt]; NJW **03**, 3142; LR-Erb 42ff; **aM** Grünwald Dünnebier-FS 361; Krause StV **84**, 5a

172; Nelles StV **86**, 75; Welp JZ **80**, 134; Zaczyk NStZ **87**, 536) oder unter Druck zur Ausübung seines Zeugnisverweigerungsrechts veranlasst werden soll (Bay **77**, 130 = JR **78**, 173 mit krit Anm Peters). Die Benachrichtigung des Verteidigers darf nicht schon aus Gründen unterlassen werden, die allein in der Person des Beschuldigten liegen (BGH **29**, 1, 4); auch eine mögliche Beeinträchtigung von weiteren Ermittlungshandlungen, deren Notwendigkeit sich aus dem Ergebnis der Vernehmung ergibt, vermag ein Unterbleiben der Benachrichtigung nicht zu rechtfertigen (BGH NStZ **99**, 417). Auch wenn einem Zeugen von den Strafverfolgungsbehörden Vertraulichkeit zugesichert worden ist, darf die Benachrichtigung nur unter den Voraussetzungen des V S 2 unterbleiben (BGH NJW **03**, 3142). V S 3 schließt nicht aus, dass einem begründeten Verlegungswunsch unter Berücksichtigung des Beschleunigungsgebotes und der Bedeutung der Vernehmung für das Verfahren und für die Verteidigung im Einzelfall Rechnung getragen wird. Das Unterlassen der Benachrichtigung hindert die Anwesenheit des Verteidigers nicht, der auf andere Weise von der Vernehmung Kenntnis bekommen hat (19 zu § 223). Der Verteidiger kann nicht verpflichtet werden, dem Beschuldigten eine bevorstehende richterliche Vernehmung zu verschweigen (LG Hamburg StraFo **03**, 131). Bestellt sich erst während einer bereits laufenden Vernehmung ein Verteidiger, kann es nur unter dem Gesichtspunkt des fairen Verfahrens, nicht wegen V S 1 geboten sein, mit der Vernehmung innezuhalten (BGH StV **06**, 228 mit abl Anm Wohlers). Unterbleibt die Benachrichtigung, kann darin idR nicht eine konkludente Entscheidung des Ermittlungsrichters nach V S 2 gesehen werden (Schleswig StV **08**, 401).

6   **6) Verwertungsverbot bei Verstoß gegen V:** Wenn keine Anhaltspunkte für die Ausnahme nach V S 2 vorlagen, die Benachrichtigungspflicht also verletzt worden ist – wobei es keinen Unterschied macht, ob die erforderliche Benachrichtigung absichtlich, versehentlich oder unter Verkennung der gesetzlichen Voraussetzungen unterblieben ist (BGH NJW **03**, 3142, zust BVerfG StV **06**, 72, 77; BGH **51**, 150) und ob der vernommene Beschuldigte sein Aussageverweigerungsrecht gekannt hat (zw BGH NJW **09**, 1619; dagegen zutr Kudlich JR **09**, 303) – darf die Niederschrift ohne Einverständnis des Angeklagten und des Verteidigers nicht als richterliches Protokoll gemäß § 251 II in der Hauptverhandlung verlesen werden (32 zu § 251), es sei denn, das Unterbleiben der Benachrichtigung hat sich nicht auf das von II bis V geschützte Mitwirkungsrecht ausgewirkt (München NStZ **15**, 300 mit Anm Mosbacher; vgl auch BGH NStZ **15**, 98). Ausgeschlossen ist damit auch die Vernehmung des Ermittlungsrichters (BGH **26**, 332, 335; StV **11**, 336; NStZ **86**, 207 [Pf/M]; KG StV **84**, 63); denn diese stünde der verbotenen Verlesung einer richterlichen Vernehmungsniederschrift gleich. Zulässig bleibt es nach der Rspr aber, die Niederschrift nach Maßgabe des § 251 I als schriftliche Äußerung, auch als Niederschrift über eine „andere" Vernehmung zu verlesen; dabei muss sich der Tatrichter allerdings des minderen Beweiswerts bewusst sein und entspr § 265 I darauf hinweisen, dass er die Verlesungsgrundlage umstellen will (BGH NStZ-RR **19**, 222; NStZ **98**, 312 mit zust Anm Wönne; **aM** SK-Wohlers/Albrecht 43; Widmaier Friebertshäuser-FG 185, der wegen des Verstoßes jeden inhaltlichen Zugriff auf die Aussage verwehrt). Demnach muss es auch erlaubt sein, aus der Niederschrift Vorhalte zu machen (BGH **34**, 231 = StV **87**, 233 mit abl Anm Fezer; **aM** BGH **31**, 140; vgl auch 15 zu § 251).

6a   Grundsätzlich **entsteht** das **Beweisverwertungsverbot** erst, wenn der Angeklagte in der Hauptverhandlung spätestens zum Zeitpunkt des § 257 widerspricht (BGH NJW **96**, 2239, 2241; Mosbacher NStZ **15**, 304 schlägt allerdings insoweit mit beachtlichen Gründen ein für alle Verfahrensstadien geltendes und von Amts wegen zu berücksichtigendes Verwertungsverbot vor „reserviert" das Widerspruchserfordernis lediglich für die revisionsrechtliche Geltendmachung; erg 9). Wird der Mangel **vor der Hauptverhandlung** entdeckt, so kann zur Beweissicherung jedenfalls Wiederholung der Vernehmung geboten sein (Einl 159; 39 zu § 337). Dasselbe gilt für eine ohne Benachrichtigung des Verteidigers durchgeführte Beschuldigtenvernehmung (BGH NStZ **89**, 282; dort auch zu einem möglichen Verlust des Rechts, der Verwertung zu widersprechen). Der Verstoß gegen V S 1 führt nach BGH **53**, 191 (krit dazu Fezer NStZ **09**, 524, Gleß NStZ **10**, 98; Kudlich JR **09**, 303, Weßlau StV **10**, 41; Roxin Kühne-FS 317, 330 ff) **nicht** zu einem **Verwertungsverbot** hinsichtlich eines **Mitbeschuldigten** (zw; erg Einl 57b sowie Mosbacher NStZ **15**, 303).

7) Für die **Zuziehung eines Dolmetschers** gilt § 185 GVG (dort 1, 4). War 7 er notwendig und zugezogen, ist er aber nicht vereidigt worden, so ist die Verlesung des richterlichen Protokolls nach § 251 II nicht zulässig (dort 32), wohl aber nach Maßgabe des § 251 I (dort 15).

8) Rechtshilfevernehmung im Bereich einer fremden Rechtsordnung: 8 Hier stellt das Unterbleiben der Benachrichtigung keinen Rechtsfehler dar, soweit die fremde Rechtsordnung kein Anwesenheitsrecht einräumt. Soweit sie den in § 168c genannten Beteiligten aber die Anwesenheit bei der Vernehmung erlaubt, muss das Rechtshilfeersuchen mit der Bitte verbunden werden, die ersuchende Behörde von dem Termin so rechtzeitig zu benachrichtigen, dass die Beteiligten von dem Zeitpunkt der Vernehmung verständigt werden und an ihr teilnehmen können (RiVASt 29 II S 2; BGH **42**, 86, 91 = JZ **97**, 45). Erg aber 34 – insbesondere 34a – zu § 251.

9) Revision: Der Verwertung der Niederschrift muss in der Hauptverhandlung 9 **widersprochen** worden sein (BGH NJW **96**, 2239, 2241; NStZ-RR **02**, 110; erg 32 zu § 251 aE). Die Rüge nach V S 1 kann den Vertrag erfordern, dass der Beschuldigte auch nicht durch seinen Verteidiger Kenntnis von der bevorstehenden Vernehmung erhalten hat (vgl BGH NStZ **15**, 98). Hat der Tatrichter die Vernehmungsniederschrift durch Verlesung nach § 251 II verwertet (oben 6), weil er unter Würdigung aller Umstände die Unterlassung der Benachrichtigung (oben 5) für gerechtfertigt hielt, so darf das Revisionsgericht bei entspr Verfahrensrüge nur prüfen, ob dem Tatrichter dabei ein Rechtsfehler, insbesondere eine Überschreitung der dem tatrichterlichen Ermessen gesetzten Schranken, unterlaufen ist (BGH **29**, 1, 3; **42**, 86, 91/92; NStZ **99**, 417; Krause StV **84**, 173; **aM** Wohlers GA **03**, 898). Hat der Tatrichter aber die Prüfung unterlassen, so darf das Revisionsgericht nicht prüfen, ob die Voraussetzungen von V S 2 vorlagen (BGH **31**, 140; NJW **03**, 3142; Krause aaO). Wenn das Gegenteil nicht nachgewiesen ist, muss davon ausgegangen werden, dass die Benachrichtigung unterblieben ist (Bay **53**, 62; Bremen OLGSt § 224 S 1; Frankfurt NJW **52**, 1068). Wurde die erforderliche Verteidigerbestellung (oben 4) unterlassen, soll dies nach BGH **46**, 93 (zust Schwaben NStZ **02**, 293; zw Franke GA **02**, 578) zwar kein Verwertungsverbot für die Aussage nach sich ziehen, jedoch dürfe eine Feststellung nur dann auf die Angaben des Vernehmungsrichters gestützt werden, wenn dessen Bekundungen durch andere wichtige Gesichtspunkte außerhalb der Aussage bestätigt würden. Demgegenüber nimmt die hM im Schrifttum zurecht ein Verwertungsverbot an (Ambos NStZ **03**, 17; Endriss Rieß-FS 74; Fezer JZ **01**, 363 und Gössel-FS 627; Gleß NJW **01**, 3606; Gössel Meurer-GS 381; Ignor Rieß-FS 189; Klemke StV **03**, 415; Kunert NStZ **01**, 217; Sowada NStZ **05**, 6; Schlothauer StV **01**, 127; Schwenn StraFo **08**, 76; Widmaier Schäfer-SH 76; ebenso AG Hamburg StV **04**, 11 mit zust Anm Meyer-Lohkamp, bestätigt durch OLG Hamburg, vgl StV **04**, 370; vgl aber auch Düsseldorf NStZ-RR **03**, 238). Der **EGMR** hat in einem Fall einen **Verstoß gegen Art 6 IIId EMRK** bejaht, in dem dem nach III von der Vernehmung der zentralen Belastungszeugen ausgeschlossenen Beschuldigten entgegen § 141 III aF (jetzt § 140 I Nr 10) kein Verteidiger bestellt worden war (oben 20b-d zu § 140), im Laufe des Verfahrens eine konfrontative Befragung der Zeugen – im entschiedenen Fall wegen der Geltendmachung von ZVR – nicht mehr möglich war und die Verurteilung ua auf der Aussage des Ermittlungsrichters beruhte (EGMR Nr 26 171/07 vom 19.7.2012; vgl auch Nr 9154/10 vom 15.12.2015 [Große Kammer]; erg 22e, 22g zu Art 6 EMRK).

§ 168d, 168e

Anwesenheitsrecht bei Einnahme eines richterlichen Augenscheins

168d ^{I 1} Bei der Einnahme eines richterlichen Augenscheins ist der Staatsanwaltschaft, dem Beschuldigten und dem Verteidiger die Anwesenheit bei der Verhandlung gestattet. ² § 168c Abs. 3 Satz 1, Abs. 4 und 5 gilt entsprechend.

^{II 1} Werden bei der Einnahme eines richterlichen Augenscheins Sachverständige zugezogen, so kann der Beschuldigte beantragen, daß die von ihm für die Hauptverhandlung vorzuschlagenden Sachverständigen zu dem Termin geladen werden, und, wenn der Richter den Antrag ablehnt, sie selbst laden lassen. ² Den vom Beschuldigten benannten Sachverständigen ist die Teilnahme am Augenschein und an den erforderlichen Untersuchungen insoweit gestattet, als dadurch die Tätigkeit der vom Richter bestellten Sachverständigen nicht behindert wird.

1 1) **Wie bei der Vernehmung von Zeugen oder Sachverständigen** (§ 168c) sind das Anwesenheitsrecht und die Benachrichtigung geregelt. § 168d gilt nicht für den Fall, dass die Leichenöffnung auch im Beisein eines Richters stattfindet; denn § 87 enthält eine Sonderregelung über die Anwesenheit bei der Leichenöffnung (**aM** SK-Wohlers/Albrecht 3). Bei der Einnahme eines Augenscheins durch den StA hat keiner der Verfahrensbeteiligten ein Anwesenheitsrecht. Es steht im Ermessen des StA, ob er einen Verfahrensbeteiligten oder einen Sachverständigen zuzieht, den der Beschuldigte in das Verfahren als Beweisperson einführen will.

2 2) **Richterlicher Augenschein unter Zuziehung eines Sachverständigen (II):** Die Vorschrift soll einem Sachverständigen, den der Beschuldigte in die Hauptverhandlung einführen will, die Anwesenheit bei einem richterl Augenschein ermöglichen, damit er sich aus eigener Anschauung die erforderl Anknüpfungstatsachen für sein Gutachten verschaffen kann (Alsberg-Tsambikakis 608). Wird der Beschuldigte von dem Termin benachrichtigt (I S 2 iVm § 168c V S 1), muss ihm mitgeteilt werden, dass von dem Richter ein Sachverständiger zugezogen wird, da er sonst nicht von seinem Recht nach II Gebrauch machen kann. Er kann dies auch, wenn nur ein Verteidiger und nicht er selbst geladen wird. Der Richter kann den Antrag auf Ladung des vom Beschuldigten vorgeschlagenen Sachverständigen ablehnen, wenn durch die Mitwirkung dieses Sachverständigen die Tätigkeit des zum richterl Augenschein herangezogenen Sachverständigen behindert würde (II S 2). Selbst laden bedeutet unmittelbar laden lassen (§ 220 I, II). Auch der auf eine solche Ladung erscheinende Sachverständige kann bei gegebenem Anlass nach II S 2 von der Mitwirkung ausgeschlossen werden (vgl SK-Wohlers/Albrecht 10).

3 Die **Beschwerde** steht dem Beschuldigten zu, wenn der Richter einen von ihm benannten oder geladenen Sachverständigen von der Teilnahme am Augenschein ausschließt (SK-Wohlers/Albrecht 13; Kretschmer StraFo **13**, 184, 186); nach Durchführung der Augenscheinnahme ist sie gegenstandslos (LR-Erb 20; **aM** SK-Wohlers/Albrecht 13; erg 16 ff vor § 296). Eine Beschwerde gegen die richterliche Entscheidung, den Sachverständigen nicht zu laden, ist nicht zulässig, da der Beschuldigte das Recht zur Selbstladung hat (BeckOK-Monka 4; **aM** Alsberg-Tsambikakis 615; SK-Wohlers/Albrecht 13).

Vernehmung von Zeugen getrennt von Anwesenheitsberechtigten
RiStBV 19, 19a

168e ¹ Besteht die dringende Gefahr eines schwerwiegenden Nachteils für das Wohl des Zeugen, wenn er in Gegenwart der Anwesenheitsberechtigten vernommen wird, und kann sie nicht in anderer Weise abgewendet werden, so soll der Richter die Vernehmung von den Anwesenheitsberechtigten getrennt durchführen. ² Die Vernehmung wird diesen zeitgleich in Bild und Ton übertragen. ³ Die Mitwirkungsbefugnisse der Anwesenheitsberechtigten bleiben im übrigen unberührt. ⁴Die §§ 58a und 241a finden entsprechende Anwendung. ⁵Die Entscheidung nach Satz 1 ist unanfechtbar.

1) Beschränkungen der Anwesenheitsrechte der Beteiligten, zB nach §§ 168c II, 406g II S 1, sieht die Bestimmung für die Vernehmung besonders schutzbedürftiger Zeugen (1 zu § 58a) durch den Ermittlungsrichter vor (in der Hauptverhandlung gilt § 247a; zur kommissarischen Vernehmung vgl 20 zu § 223; bei polizeilichen und staatsanwaltschaftlichen Zeugenanhörungen fehlt es an einer „Parteiöffentlichkeit"). Durch die Anwesenheit etwa einer Vielzahl von Verfahrensbeteiligten können insbesondere kindliche Opferzeugen massiven psychischen Belastungen ausgesetzt werden, wodurch deren Vernehmung erheblich erschwert wird. Die Problematik kann sich in vergleichbarer Weise aber auch bei anderen Zeugen, die Opfer einer Sexualstraftat oder eines Gewaltdelikts geworden sind und bei psychisch geschädigten oder sonst kranken oder gebrechlichen Zeugen stellen. Im Interesse des Wohls besonders schutzbedürftiger Zeugen und der Wahrheitsfindung gestattet die Bestimmung daher, dass sich der Richter mit dem Zeugen während der Vernehmung in einem gesonderten Zimmer aufhält. Die übrigen Verfahrensbeteiligten können die Anhörung mit Hilfe einer Videosimultanübertragung zeitgleich in einem anderen Raum mitverfolgen. Die Bestimmung dient damit vornehmlich dem Zweck, eine sekundäre Traumatisierung schutzbedürftiger Zeugen durch Maßnahmen der Strafverfolgung zu vermeiden, auch belastenden Mehrfachvernehmungen durch eine umfassende richterliche Anhörung entgegenzuwirken (vgl 1 zu § 58a). Der den Zeugen entlastende Effekt wird jedoch gering bleiben, wenn der vernehmende Richter ihn nicht in geeigneter Weise unterstützt und auf seine Bedürfnisse Rücksicht nimmt (vgl Busse/Volbert/Steller 205). Anzustreben ist eine tatnahe, von Suggestionen freie Schilderung des Erlebten (vgl die Hinweise bei Eisenberg BR 1318 ff, 1413 ff; für eine aufzuzeichnende richterliche Vernehmung gegen Ende des Ermittlungsverfahrens Weigend, Gutachten zum 62. DJT, C 64 Fn 204). Bei gefährdeten und gemäß §§ 96 analog, 110b III zu sperrenden Zeugen kann die vorgesehene Videosimultanübertragung dem Interesse an der Geheimhaltung ihrer Person zuwiderlaufen (vgl KK-Griesbaum 4; Schlüchter/ Greff Kriminalistik **98**, 534), so dass die Anwendung der Vorschrift die besonderen Risiken und Gefahren einer Vernehmung insoweit nicht ausgleichen wird (für die Hauptverhandlung vgl 1 zu § 247a).

2) Nur in Ausnahmefällen wird wegen der Anlehnung des S 1 an Voraussetzungen des § 247 S 2 Anlass für eine Beschränkung der Anwesenheitsrechte bei einer ermittlungsrichterlichen Zeugenvernehmung sein. Erforderlich ist, dass die dringende Gefahr eines schwerwiegenden Nachteils für das Wohl des Zeugen besteht; das Gesetz kombiniert damit Kriterien des § 247 S 2, die dort für Zeugen aus unterschiedlichen Altersstufen gelten (vgl im Einzelnen 11 und 12 zu § 247). Die Ursache der Gefahr muss in einer Vernehmung in Gegenwart der Anwesenheitsberechtigten liegen, so dass überhaupt erst deren tatsächliches Erscheinen Anlass für Schutzmaßnahmen bietet. Der Begriff der Vernehmung ist in S 1 und 2 genauso wie in § 58a zu verstehen (dort 4a). Die getrennte Durchführung der Vernehmung ist subsidiär gegenüber anderen Schutzmaßnahmen, etwa dem Ausschluss des Beschuldigten nach § 168c III (HK-Zöller 6; **aM** LR-Erb 13; vgl auch KK-Griesbaum 6) oder dem Unterlassen der Benachrichtigung gemäß 168c V, der zeugenschonenden Maßnahmen nach §§ 68 I S 2, II, III, 68a, 68b, 241a entspr (2 zu § 168c), 406 f (RiStBV 19a I S 2), 406g; zur Bedeutung der Mitwirkungsbefugnisse des Angeklagten und seines Verteidigers im Falle einer Aufzeichnung nach § 58a I vgl § 255a II S 1 und dort 8b.

3) Getrennte Durchführung der Zeugenvernehmung:

A. **Liegen die Voraussetzungen des S 1 vor,** wird der Ermittlungsrichter im Allgemeinen auf Grund seiner Fürsorgepflicht gehalten sein, die getrennte Vernehmung anzuordnen („soll"), es sei denn, der Zeuge legt hierauf keinen Wert;

§ 168e

eines Antrags bedarf es nicht. Auch wenn es zur audiovisuellen Zeugenvernehmung kommt, kann der Beschuldigte gemäß § 168c III von der Anwesenheit bei der Übertragung der Vernehmung ausgeschlossen werden; dies kommt in Betracht, wenn zu befürchten ist, der Zeuge werde die Wahrheit nicht sagen, wenn der Beschuldigte seine Aussage am Bildschirm mitverfolgt (KK-Griesbaum 6; **aM** Janovsky Kriminalistik **99**, 453, 455). Auch §§ 168c V S 2, 406g II S 3 bleiben anwendbar. Um dem Verteidiger die Teilnahme zu ermöglichen, ist uU eine kurzfristige Terminsverlegung erforderlich (München StV **00**, 352). Hatten der Angeklagte und sein Verteidiger keine Gelegenheit zur Mitwirkung an der getrennten Zeugenvernehmung, kann eine nach S 4 erstellte Aufzeichnung nicht unter den erleichterten Voraussetzungen des § 255a II S 1 in die Hauptverhandlung eingeführt werden (vgl dort 8a).

5 B. Als **Folge seiner Anordnung** vernimmt der Richter den Zeugen – anders als nach § 247a – in Abwesenheit der übrigen Verfahrensbeteiligten getrennt, dh an einem – ggf kindgerecht ausgestatteten – Ort, der sich nicht notwendig in dem Gebäude befinden muss, in dem sich die anderen Beteiligten aufhalten; es kommt lediglich darauf an, dass die technischen Voraussetzungen (unten 6, 7) gegeben sind. Der Zeuge kann von einem Beistand, einem aussagepsychologischen Sachverständigen (LR-Erb 16, str) oder (als Verletzter) von einer Vertrauensperson nach § 406f II begleitet werden – letzteres, wenn der Richter ihr die Anwesenheit gestattet; allerdings kann eine solche Unterstützung bereits die Voraussetzungen der Bestimmung entfallen lassen (vgl oben 2).

6 C. **Zeitgleich in Bild und Ton** wird den (erschienenen) Anwesenheitsberechtigten die Vernehmung per Standleitung (Videodirektschaltung) übertragen (S 2). Die Videokamera sollte Richter und Zeugen gleichzeitig erfassen.

7 Die **Mitwirkungsbefugnisse der Beteiligten**, insbesondere das Fragerecht (BGH **46**, 93, 100), dürfen nach S 3 nicht mehr, als durch die technischen Gegebenheiten bedingt in Mitleidenschaft gezogen werden; eine Tonübertragungsanlage in das Vernehmungszimmer dürfte ausreichen (vgl KK-Griesbaum 7). Die Vernehmung eines Zeugen unter 18 Jahren wird nach dem gemäß S 4 entspr anwendbaren § 241a grundsätzlich vom Richter allein durchgeführt. Wird den Beteiligten die unmittelbare Befragung nach § 241a II S 2 nicht gestattet, so genügt eine sog Ohrknopfverbindung zum Richter; andernfalls – und in den übrigen Fällen – bedarf es jedenfalls zeitweise darüber hinaus einer unmittelbaren Sprechverbindung zum Vernehmungszimmer (zum praktischen Vorgehen und zur technischen Umsetzung vgl Janovsky Kriminalistik **99**, 455).

8 D. Ein **Protokoll** der Vernehmung ist nach §§ 168, 168a zu erstellen; eine Videoaufzeichnung (unten 9) kann hierfür Grundlage sein (vgl § 168a II S 1). Ansonsten ist die Vernehmung mit einem Tonaufnahmegerät aufzuzeichnen oder durch einen Protokollführer, der sich nicht im Vernehmungszimmer aufhalten darf (Pfeiffer 3; **aM** LR-Erb 17).

9 4) Für die **Aufzeichnung der Vernehmung** auf Bild-Ton-Träger gilt § 58a entspr (S 4). Wenn die Voraussetzungen der getrennten Vernehmung nach S 1 vorliegen, sollte in der Regel aufgezeichnet werden, um dem Zeugen im Rahmen der §§ 58a II S 1, 255a Mehrfachvernehmungen zu ersparen (1 zu § 58a); zur Bedeutung der Mitwirkungsbefugnisse des Beschuldigten und des Verteidigers s oben 4. Von § 58a kann jedoch auch unabhängig von den Voraussetzungen des § 168e Gebrauch gemacht werden (Rieß NJW **98**, 3241 Fn 31); zur Aufnahme der Aussage eines entspr § 96 oder nach § 110b III zu sperrenden Zeugen vgl 7 zu § 58a.

10 5) **Anfechtbarkeit:** Die Entscheidung des Ermittlungsrichters über die getrennte Durchführung der Vernehmung ist unanfechtbar und damit zugleich – soweit überhaupt Revisibilität nach § 336 S 1 in Betracht kommt – gemäß § 336 S 2 einer revisionsgerichtlichen Nachprüfung entzogen (erg 3 zu § 336); das gilt nach dem Wortlaut und dem Zweck des S 5 auch für die Ablehnung eines Antrags

Vorbereitung der öffentlichen Klage　§ **169**

auf Videovernehmung (LR-Erb 31; SK-Wohlers/Albrecht 23). Wegen der Rechtsbehelfe gegen die Entscheidung über die Videoaufzeichnung vgl 15 zu § 58a; die Zulassung oder Nichtzulassung einer (mittelbaren) Frage im Rahmen des § 241a unterliegt der Beschwerde, in der Regel aber nicht der Revision (3 zu § 336).

Ermittlungsrichter des Oberlandesgerichts und des Bundesgerichtshofes

RiStBV 202, 203

169 I ¹ In Sachen, die nach den §§ 120 oder 120b des Gerichtsverfassungsgesetzes zur Zuständigkeit des Oberlandesgerichts im ersten Rechtszug gehören, können die im vorbereitenden Verfahren dem Richter beim Amtsgericht obliegenden Geschäfte auch durch Ermittlungsrichter dieses Oberlandesgerichts wahrgenommen werden. ² Führt der Generalbundesanwalt die Ermittlungen, so sind an deren Stelle Ermittlungsrichter des Bundesgerichtshofes zuständig.

II Der für eine Sache zuständige Ermittlungsrichter des Oberlandesgerichts kann Untersuchungshandlungen auch dann anordnen, wenn sie nicht im Bezirk dieses Gerichts vorzunehmen sind.

1) **Ermittlungsrichter des OLG und des BGH** sind – jeweils neben dem allgemein zuständigen Ermittlungsrichter des AG (7 ff zu § 162; LR-Erb 7) – alternativ zuständig, soweit es sich um eine Strafsache nach § 120 I GVG oder um eine aus der Zuständigkeit der StA bei der Staatsschutzkammer des LG durch den GBA in Ausübung seines Evokationsrechts herausgenommene Strafsache nach § 74a GVG handelt (§ 120 II GVG). **1**

2) Der **Ermittlungsrichter des BGH** (I S 2; über die Institution Martin NJW **69**, 713 ff) ist zuständig, wenn und solange die staatsanwaltschaftliche Kompetenz des GBA besteht (§ 142a GVG), also im Fall der primären Zuständigkeit des GBA (dh in den Fällen des § 120 I GVG) bis zu einer etwaigen Abgabe an den GStA bei dem zuständigen OLG; in den Strafsachen nach § 74a GVG von der Übernahme durch ihn bis zu einer etwaigen Abgabe an die Landes-StA (BGH NJW **73**, 475); die Zuständigkeit als Haftrichter überträgt er entspr § 126 I S 3 (BGH aaO). **2**

Darüber hinaus ist er (neben dem Ermittlungsrichter beim AG) auch zuständig zur Entscheidung über im vorbereitenden Verfahren **durch den GBA** ergangene Entscheidungen (§ 161a III S 1 iVm §§ 162, 169 I). **2a**

3) Der **Ermittlungsrichter des OLG** (I S 1) ist nur zuständig, wenn und solange die StA beim OLG die staatsanwaltschaftliche Kompetenz hat. Seine Zuständigkeit im Ermittlungsverfahren, die neben derjenigen des Ermittlungsrichters beim AG besteht, ergibt sich aus § 161a III S 1 iVm §§ 162 I S 1, 169 I S 1. **3**

4) Der **Ermittlungsrichter des AG** (§ 162) wird nach dem Sinn des § 169 nur eingeschaltet, wenn zur Ausführung des Ersuchens keine besondere Erfahrung in Staatsschutzsachen notwendig ist. Jedoch darf er ein an ihn gerichtetes Ersuchen nicht wegen Unzuständigkeit ablehnen, auch nicht ein notwendiges Eingreifen als NotStA (§ 165). Er ist ausschließlich zuständig in Staatsschutzsachen nach § 74a I GVG, solange sie nicht der GBA nach § 74a II GVG übernommen hat; er wird wieder allein zuständig, wenn der GBA die übernommene Sache an die für die Staatsschutzkammer zuständige StA zurückgibt (§ 142a IV GVG). **4**

5) Der **für eine Sache zuständige Ermittlungsrichter des OLG** (II) ist derjenige, der nach der Geschäftsverteilung sachlich und örtlich zuständig ist. II erweitert seine Kompetenz im Vergleich zum Ermittlungsrichter des AG (7 ff zu § 162). II gilt insbesondere auch, wenn von vornherein feststeht, dass die Anordnung nur außerhalb des Bezirks durchzuführen ist. Soweit richterliche Ausführungshandlungen notwendig werden, kann ein Ermittlungsrichter außerhalb des **5**

§§ 169a, 170

Bezirks um Ausführung ersucht werden (§ 157 GVG), falls der Anordnende sie nicht selbst dort ausführen will (§ 166 GVG). Den Ermittlungsrichter des BGH erwähnt II nicht, weil sein Bezirk ohnehin das Bundesgebiet ist oder sein kann.

6 Ist die Zuständigkeit des Ermittlungsrichters des OLG oder des BGH aber **regional unter mehreren Richtern aufgeteilt**, so gilt II in beiden Fällen analog, wenn die Anordnung zwar im Bezirk ihres Gerichts, aber außerhalb ihres eigenen Zuständigkeitsbereichs durchzuführen ist.

7 6) Über **Beschwerden** gegen die in § 304 V bezeichneten Verfügungen und Beschlüsse des Ermittlungsrichters des AG oder des OLG in den Sachen, die zur Zuständigkeit des OLG im 1. Rechtszug gehören, entscheidet dieses Gericht (§ 120 III S 1 iVm § 73 I GVG). Ist aber in den in § 304 V bezeichneten Fällen eine Verfügung des Ermittlungsrichters des BGH angefochten, so entscheidet der BGH (§ 135 II GVG). Wenn der GBA die Sache inzwischen nach § 142a II, IV GVG abgegeben hat, entfällt sowohl die Zuständigkeit des Ermittlungsrichters des BGH als auch die Beschwerdezuständigkeit des BGH (BGH NJW **73**, 477). Das Gleiche gilt, wenn inzwischen Klage bei einem OLG (§ 120 GVG) erhoben worden ist (BGH **27**, 253).

Vermerk über den Abschluss der Ermittlungen RiStBV 109

169a Erwägt die Staatsanwaltschaft, die öffentliche Klage zu erheben, so vermerkt sie den Abschluß der Ermittlungen in den Akten.

1 1) Der **Abschluss der Ermittlungen** wird durch den Vermerk zu einer Zäsur für das Ermittlungsverfahren, sofern es nicht eingestellt wird. Er ist aber auch vor Anwendung des § 153a I erforderlich (LR-Erb 3). Durch den Vermerk werden der Ermittlungsteil und der Entschließungsteil getrennt. Der Abschlussvermerk ist nicht Prozessvoraussetzung (Einl 141). Für ihn gilt auch nicht § 23 **EGGVG** (Bottke StV **86**, 123). Ein Recht des Beschuldigten auf ein Schlussgehör durch die StA ist damit nicht verbunden (dafür de lege ferenda Leitner Volk-FS 301).

2 2) **Bedeutung:** Für die Akteneinsicht des Verteidigers: § 147 II, V S 2, VI. Diese Folge des Abschlussvermerks bleibt auch bestehen, wenn weitere Ermittlungen vorgenommen werden müssen, die durch § 169a nicht ausgeschlossen sind (LR-Erb 4; **aM** Strauß NStZ **06**, 556, gegen ihn zutr Hildenstab NStZ **08**, 249). Richtet sich das Verfahren gegen mehrere Beschuldigte, so wird der Abschlussvermerk erst angebracht, wenn die Ermittlungen gegen alle diejenigen abgeschlossen sind, gegen die die StA Anklage zu erheben erwägt.

Entscheidung über eine Anklageerhebung RiStBV 87, 88, 90, 91, 211

170 I Bieten die Ermittlungen genügenden Anlaß zur Erhebung der öffentlichen Klage, so erhebt die Staatsanwaltschaft sie durch Einreichung einer Anklageschrift bei dem zuständigen Gericht.

II 1 Andernfalls stellt die Staatsanwaltschaft das Verfahren ein. 2 Hiervon setzt sie den Beschuldigten in Kenntnis, wenn er als solcher vernommen worden ist oder ein Haftbefehl gegen ihn erlassen war; dasselbe gilt, wenn er um einen Bescheid gebeten hat oder wenn ein besonderes Interesse an der Bekanntgabe ersichtlich ist.

1 1) **Genügender Anlass:** Er setzt voraus, dass ein Verfahrenshindernis nicht besteht (Einl 141), das Verfahren nicht nach einer Bestimmung des Opportunitätsprinzips (§§ 153 ff) eingestellt wird (unten 5) und dass der Beschuldigte der Straftat hinreichend verdächtig ist (§ 203; Lüttger GA **57**, 193). Der unbestimmte Rechtsbegriff „hinreichender Tatverdacht" lässt einen nicht unerheblichen Beurteilungsspielraum (BVerfG NStZ **02**, 606; BGH NJW **70**, 1543; Fluck NJW **01**, 202; Sailer NJW **77**, 1138; **aM** Störmer ZStW **108**, 517; erg 4, 9 zu § 152), zumal es sich um eine Prognose handelt (27 zu § 261). Die Aufklärung von Widersprüchen zwischen den Angaben des Beschuldigten und den vorhandenen Beweisergebnissen darf der Hauptverhandlung überlassen werden (BGH aaO; Dresden StV **01**, 581 L). Es muss also nach dem gesamten Akteninhalt bei vorläufiger Tatbewertung (BGH **23**, 304, 306) die Verurteilung des Beschuldigten mit Wahrscheinlichkeit zu erwarten sein (BGH StV **01**, 579 mit Anm Thode; vgl auch Düsseldorf StV **08**, 511 bei „Aussage gegen Aussage", erg 11a zu § 261). Dabei gilt der Grundsatz *in dubio pro reo* nicht; er kann nur mittelbar eine Rolle spielen (Bamberg NStZ **91**, 252; krit dazu Weiland NStZ **91**, 574; 26 ff zu § 261).

Es kommt auf die **eigene Prognose des StA** an, ob er selbst nach Sach- und Rechtslage wahrscheinlich am Ende einer Hauptverhandlung zum Antrag auf Verurteilung gelangen würde (SK-Wohlers/Albrecht 27; Roxin DRiZ **97**, 114; zum Problem der Bindung der StA an die ständige oder gefestigte höchstrichterliche Rspr vgl 11 vor § 141 GVG). Er kann jedoch eine der bisherigen Praxis widersprechende Auffassung durch Anklage zur Entscheidung stellen, auch bei zweifelhafter Aussicht.

Besondere Arten der Klage sind der Strafbefehlsantrag (§ 407), die mündliche Klageerhebung im beschleunigten Verfahren (§ 418 III S 2) und die mündliche Nachtragsanklage (§ 266 II S 1).

2) Die Erhebung der öffentlichen Klage ist Prozessvoraussetzung für die gerichtliche Untersuchung (§ 151; Einl 146). Mit ihr wird das Gericht mit der Sache befasst, auch wenn es nicht zuständig ist (Düsseldorf MDR **81**, 691). Die StA muss die Anklage zwar zum zuständigen Gericht erheben; aber das Gericht kann die Zuständigkeit anders beurteilen und die Sache an das nach seiner Auffassung sachlich zuständige Gericht bringen (§§ 209, 209a). Die Rechtshängigkeit tritt aber erst mit der Eröffnung der gerichtlichen Untersuchung ein (1 zu § 156).

3) Einstellung des Verfahrens (II S 1):

A. **Einstellungsgründe:** Das Fehlen eines genügenden Anlasses zur Erhebung der öffentlichen Klage (oben 1) kann sachliche oder rechtliche Gründe haben. Die Einstellung kann zB beruhen auf dem Fehlen hinreichenden Tatverdachts oder auf einem Verfahrenshindernis (oben 1). Weitere Einstellungsmöglichkeiten bestehen nach §§ 153 ff. Der Einstellung nach II S 1 steht nicht entgegen, dass der Beschuldigte der Einstellung nach § 153a nicht zugestimmt hat (LG München I AnwBl **82**, 36). Die Einstellung ist ohne Verzögerung zu verfügen; sie darf nicht in der Schwebe gehalten werden (Hilger JR **85**, 93 mwN in Fn 20; Rieß Geerds-FS 506). Eine ausnahmsweise Einstellung wegen unangemessener Verfahrensverzögerungen erwägt Mansdörfer GA **10**, 153, 165.

B. **Verweisung auf den Privatklageweg** (RiStBV 87, 89 II): Bei Einstellung des Verfahrens wegen Verneinung des öffentlichen Interesses bei Privatklagedelikten (§ 376) wird ein Verfahrenshindernis für das Offizialverfahren (Miehe Grünwald-FS 383) festgestellt (Einstellungsverfügung mit der Begründung, dass kein öffentliches Interesse an der Strafverfolgung bestehe – RiStBV 89 II –, im Bescheid iVm der sog Verweisung auf den Privatklageweg). Das Klageerzwingungsverfahren ist hier ebenso wenig zulässig wie bei Verneinung des hinreichenden Tatverdachts wegen des Privatklagedelikts (§ 172 II S 3). Die Einstellung mit Verweisung auf den Privatklageweg kann mit der Abgabe an die VerwB nach § 43 OWiG verbunden werden.

C. **Teileinstellung** bei verbundenen Strafsachen ist zulässig. Dabei handelt es sich um eine Trennung der mehreren Strafsachen, die vorher verbunden worden waren. Durch die Teileinstellung kann eine Tat (§ 264) oder ein Beschuldigter schon im Ermittlungsstadium aus dem Verfahren ausgeschieden werden (vgl v Heintschel-Heinegg JA **90**, 111 ff). Dadurch kann der bisherige Beschuldigte Zeuge werden und zu frühzeitiger Rehabilitation oder ggf zu frühzeitiger Entschädigung (§ 9 **StrEG**) kommen.

9 D. **Strafklageverbrauch** tritt durch die Einstellung nach II S 1 nicht ein (Einl 168 ff). Das Ermittlungsverfahren kann vielmehr jederzeit wiederaufgenommen werden, wenn Anlass dazu besteht (BGH NJW **11**, 2310; Hamm VRS **58**, 33; Radtke NStZ **99**, 483; vgl auch Graalmann-Scheerer 49). Ein Vertrauensschutz auf den Bestand der Einstellungsverfügung besteht nicht (Loos JZ **78**, 594).

9a Das **europarechtl Doppelbestrafungsverbot** des Art 54 SDÜ hindert hier die Verfolgung in einem anderen Staat der EU nicht, da eine „rechtskräftige Aburteilung" nicht vorlegt, wenn das Verfahren gegen den Beschuldigten – wie im Falle des II S 1 (soeben 9) – jederzeit ohne Vorlage von nova weitergeführt werden kann (vgl EuGH [Große Kammer] NJW **16**, 2939; BGH NStZ **17**, 174; eingehend zur Rspr des EuGH Wegner HRRS **16**, 396 ff; erg Einl 177a–c); dies gilt auch, wenn eine erste Entscheidung aus formalen Gründen ohne materielle Beurteilung des zur Last gelegten Sachverhalts für nichtig erklärt wurde (BGH NJW **16**, 3044: ohne Sachprüfung erfolgte Verfahrenseinstellung wegen überlanger Dauer eines Ermittlungsverfahrens).

10 **4)** Die **Mitteilung an den Beschuldigten (II S 2)** ist vorgeschrieben, wenn er in der bezeichneten Weise in das Verfahren verstrickt war. Sie kann auch in anderen Fällen zweckmäßig sein (vgl dazu SK-Wohlers/Albrecht 53; **aM** Gillmeister StraFo **96**, 115: wegen der „Subjektstellung des Beschuldigten" stets erforderlich). Jede Vernehmung als Beschuldigter – gleichgültig, ob durch Gericht, StA oder Polizei, auch ohne Aufnahme eines Protokolls – löst die Belehrungspflicht aus; hat der Beschuldigte aber auf eine Vorladung oder ein behördliches Anschreiben gar nicht reagiert, wird idR eine Benachrichtigung von der Verfahrenseinstellung entbehrlich sein (von der Heide NStZ **08**, 677). Wenn sich die Unschuld des Beschuldigten ergeben hat oder jeglicher begründete Verdacht entfallen ist, wird ihm dies in der Einstellungsverfügung bescheinigt (RiStBV 88 S 2). Sonst braucht der Bescheid im Allgemeinen nicht mit Gründen versehen zu werden (RiStBV 88 S 1). Die StA ist zur Offenlegung ihrer Entscheidungsvorgänge bei der Abschlussverfügung nicht verpflichtet (Schroers Wolff-FS 478). Zur Belehrung über den Entschädigungsanspruch vgl § 9 I S 4 **StrEG**.

11 **5)** Eine **Behörde** oder Körperschaft des öffentlichen Rechts, die Strafanzeige erstattet hat oder die sonst am Ausgang des Verfahrens interessiert ist, soll der StA vor der Einstellung des Verfahrens anhören (RiStBV 90). Über die Anhörung oberster Staatsorgane des Bundes und der Länder in Staatsschutzsachen vgl RiStBV 211 I, III Buchst a; über die Anhörung der FinB, falls die StA das Ermittlungsverfahren in Steuerstrafsachen selbst durchführt, vgl § 403 IV **AO**. Im Übrigen können von Amts wegen zu beachtende Mitteilungspflichten bestehen, zB nach der MiStra 15 III, 19 III, 32 Nr 7, 36 II Nr 4, 36a I c, 37 II Nr 3, 42 I S 1 Nr 2, 43 Nr 3, 44 Nr 3; vgl aber § 14 II S 1, 4 EGGVG (dort 14, 16).

12 **6)** In **Steuerstrafsachen** stellt die FinB das Verfahren ein (oben 5 ff), wenn sie das Ermittlungsverfahren anstelle der StA geführt hat (§§ 386, 399 **AO**). Hält sie die öffentliche Klage für gerechtfertigt und stellt sie keinen Antrag auf Erlass eines Strafbefehls (§ 400 **AO**), so gibt sie die Sache an die StA ab, in umfangreichen Sachen möglichst mit einem Vermerk über das Ermittlungsergebnis.

13 **7) Anfechtung:** Die Einstellung ist unter den Voraussetzungen des § 172 anfechtbar, sonst nicht, insbesondere nicht nach § 23 EGGVG (dort 9). Ein Anspruch auf Ersatz von Verteidigerkosten besteht grundsätzlich nicht (1 zu § 467a). Eine „verspätete" Einstellung kann aber einen Amtshaftungsausspruch auslösen (v. Galen DAV-FS 491, die auch erwägt (S 501), ggf einen Entschädigungsanspruch aufgrund Sonderopfer zu bejahen). Vernichtung der in Papierform geführten Akten und zur Löschung bei der StA gespeicherter personenbezogener Daten des Betroffenen vgl KG StraFo **09**, 337; erg Einl 64 und 9 zu § 489.

14 **8) Verständigung zwischen StA und Angeklagtem (Verteidiger):** Eine Verständigung zwischen StA und dem Angeklagten bzw für diesen mit dem Verteidiger ist nicht ausgeschlossen und uU sogar anzustreben (vgl dazu Schaefer AnwBl **98**, 263 zur RV des GStA bei dem OLG Frankfurt „Kooperation im Ermittlungsverfahren"). Die Probleme, die sich für die Gerichte im Rahmen einer Verständigung nach § 257c ergeben können (dazu die Erl dort) bestehen hier nicht, weil die StA im Rahmen der §§ 153 ff bei der Entscheidung über Anklage oder Einstellung des Verfahrens einen weiten Ermessensspielraum besitzt. Vgl hierzu § 160b und die Erl dort. Hier wird es vor allem um Beschränkungen des Anklagevorwurfs bei zugesagtem Geständnis durch Einstellungen nach § 154 I gehen (vgl Dahs 176 ff; Schmidt-Hieber 73 ff). An die dabei gemachten Zusagen ist die StA gebunden (Scheffler wistra **90**, 320; G. Schöch NJW **04**, 3464; a**M** Weigend JR **91**, 259; eingehend zur Problematik der Absprachen im Ermittlungsverfahren Landau DRiZ **95**, 132; zu den hierbei bestehenden Gefahren Backes Hassemer-FS 985), ebenso an die Zusage, eine bestimmte Tat bei Rechtsmittelrücknahme in einem anderen Verfahren nicht zu verfolgen (BGH **37**, 10 = JR **91**, 256 mit krit Anm Weigend und Anm Gatzweiler NStZ **91**, 46). Eine verbindliche Festlegung der Strafe durch eine *vor* der Hauptverhandlung getroffene Vereinbarung ist selbstverständlich unzulässig (BGH NStZ **97**, 501). Ebenso ist es ausgeschlossen, die Nichtverfolgung selbstständiger prozessualer Taten zuzusichern, die noch gar nicht bekannt, deshalb nicht bestimmbar sind und auch in ihrem Gewicht und Schuldgehalt nicht beurteilt werden können (BGH NStZ **00**, 495).

Einstellungsbescheid RiStBV 89, 91

171 ¹ **Gibt die Staatsanwaltschaft einem Antrag auf Erhebung der öffentlichen Klage keine Folge oder verfügt sie nach dem Abschluß der Ermittlungen die Einstellung des Verfahrens, so hat sie den Antragsteller unter Angabe der Gründe zu bescheiden.** ² **In dem Bescheid ist der Antragsteller, der zugleich der Verletzte ist, über die Möglichkeit der Anfechtung und die dafür vorgesehene Frist (§ 172 Abs. 1) zu belehren.** ³ **§ 187 Absatz 1 Satz 1 und Absatz 2 des Gerichtsverfassungsgesetzes gilt entsprechend für Verletzte, die nach § 395 der Strafprozessordnung berechtigt wären, sich der öffentlichen Klage mit der Nebenklage anzuschließen, soweit sie einen Antrag auf Übersetzung stellen.**

1) Der **Antrag auf Erhebung der öffentlichen Klage** ist eine Strafanzeige nach § 158 I mit dem erkennbaren Willen, die Strafverfolgung zu veranlassen (Celle NStZ-RR **11**, 280 L). Er kann in einem Strafantrag, in einer Ermächtigung zur Strafverfolgung oder im Strafverlangen (§§ 77, 77e StGB) enthalten sein. Der Bescheid ist dem Antragsteller ohne Rücksicht darauf zu erteilen, ob er gleichzeitig Verletzter (S 2) und prozessfähig ist (vgl aber 7, 9 zu § 172). Er muss nur handlungsfähig sein (12 zu § 158). Keinen Bescheid erhalten idR uneinsichtige Querulanten (Kockel/Vossen-Kempkens NStZ **01**, 180). Erhebt die StA nur wegen eines Teils der Tat (§ 264) Anklage, so wird die Tat damit im Ganzen Gegenstand des gerichtlichen Verfahrens (vgl aber § 154a). Hinsichtlich des in der Anklage nicht enthaltenen Teils bedarf es daher keiner Einstellungsverfügung. Ergebt sie dennoch, so handelt es sich nicht um einen Fall der §§ 171, 172 (Karlsruhe NJW **77**, 62; SK-Wohlers/Albrecht 5; erg 1, 37 zu § 172). Hat das Ermittlungsverfahren mehrere Taten iS des § 264 zum Gegenstand und wird das Verfahren wegen einer von ihnen eingestellt, so wird dem Antragsteller hierüber Bescheid gegeben. 1

2) Der **Bescheid** ist obligatorisch (Solbach NStZ **87**, 352), es sei denn, dass der Anzeigende bloß eine Anregung geben wollte und erkennbar auf Nachricht verzichtet hat oder ein Fall hartnäckiger und uneinsichtiger Querulanz vorliegt (SK-Wohlers/Albrecht 8; Fahl 176; Franzheim GA **78**, 142; Solbach DRiZ **79**, 183). Auch bei sog „Kettenanzeigen" (der ablehnend beschiedene Anzeigeerstatter erstattet Anzeige gegen den Sachbearbeiter wegen Rechtsbeugung usw) kann von weiteren Bescheiden wegen Rechtsmissbrauchs abgesehen werden (Fahl 179). 2

§ 171

3   A. **Inhaltlich** ist er verschieden, je nachdem, ob Ermittlungen durchgeführt worden sind oder nicht. Im 1. Fall (vgl § 170 I, II) teilt die StA mit, dass sie das Verfahren eingestellt hat. Hat der Antrag von vornherein keinen konkreten Verdacht begründet (§ 160 I) und daher nicht zu Ermittlungen geführt, so erteilt die StA den Bescheid, dass sie dem Antrag auf Durchführung eines Verfahrens keine Folge gebe oder es ablehne, Ermittlungen durchzuführen (oder in Ermittlungen einzutreten). Die Begründung muss in einer dem Antragsteller verständlichen Weise die tatsächlichen und rechtlichen Gründe angeben, auf denen der Bescheid beruht (vgl dazu Hellebrand 296 ff). Dabei ist eine in sich schlüssige und nachvollziehbare Zusammenfassung des für die Einstellung relevanten wesentlichen Ergebnisses der Ermittlungen sowie eine entsprechende Auseinandersetzung mit dem Vorbringen des Antragstellers erforderlich (Bremen StV **18**, 268 mit Anm Zöller). Der Geschädigte muss auch erfahren, ob es sich um eine Teileinstellung oder um eine Einstellung in vollem Umfang handelt (BVerfG NStZ **02**, 370, 371). Erg 11.

4   B. Wenn ein **Privatklagevergehen** angezeigt ist und die StA das öffentliche Interesse an der Strafverfolgung (nach oder ohne Ermittlungen) verneint, so verbindet sie mit ihrer Einstellungsverfügung die Verweisung des Antragstellers, falls dieser zur Erhebung der Privatklage befugt ist, auf den Privatklageweg (7 zu § 170). Stellt die StA ihr Ermittlungsverfahren aus anderen Gründen ein, so unterlässt sie die Verweisung auf den Privatklageweg, obwohl dieser durch die Einstellung rechtlich nicht abgeschnitten wird (Solbach DRiZ **77**, 182).

5   **3) Förmliche Mitteilung an den Antragsteller (S 1):** Über die Mitteilung an den Beschuldigten vgl § 170 II. Der Antragsteller (oben 1) erhält die Einstellungsverfügung formlos, wenn er nicht Verletzter ist (9 ff zu § 172), weil dann nur die nicht an bestimmte Fristen gebundenen Rechtsbehelfe der Gegenvorstellungen und Dienstaufsichtsbeschwerde zulässig sind (22 ff vor § 296). Ist er aber Verletzter, so wird er über sein Recht zur Einstellungsbeschwerde (S 2) belehrt. In diesem Fall ist die Einhaltung der Beschwerdefrist eine Zulässigkeitsvoraussetzung für einen etwaigen späteren Antrag zum OLG (34 zu § 172). Da es aber in verhältnismäßig wenigen Fällen später zu einem solchen Antrag durch den Verletzten kommt, enthält RiStBV 91 II eine flexible Regelung über die Form der Mitteilung. Die förmliche Zustellung der Einstellungsverfügung an den Verletzten ist gesetzlich nicht vorgeschrieben (Schleswig OLGSt § 172 Nr 11; AK-Moschüring 5; **aM** Celle NStZ **90**, 505 mit abl Anm Nöldeke NStZ **91**, 52; Wagner NStZ **91**, 201 schlägt die entspr Anwendung von § 41 II VwVfG vor), empfiehlt sich aber, wenn mit einem späteren Antrag zum OLG zu rechnen ist. Mit der Wahl der ebenfalls zulässigen brieflichen Mitteilung (iVm einem vorbereiteten Empfangsbekenntnis und der Bitte um Ausfüllung und Rücksendung) ist das Risiko verbunden, dass bei einem Antrag an das OLG eine Sachentscheidung deshalb getroffen werden muss, weil die Verspätung der förmlichen Einstellungsbeschwerde nicht nachgewiesen werden kann.

6   **4) Einstellungsbeschwerde (§ 172 I S 1):** Die Beschwerde ist nicht nur ein Rechtsbehelf zur Erlangung einer Entscheidung des GStA, sondern Vorschaltbeschwerde im Klageerzwingungsverfahren (6 zu § 172).

7   **5) Beschwerdebelehrung (S 2):** Sie ist auch dann notwendig, wenn mit einem späteren Antrag an das OLG nicht zu rechnen ist. Sie wird aber nur gegeben, wenn das Klageerzwingungsverfahren zulässig ist (6, 8 zu § 172), also nicht in den Fällen des § 172 II S 3 (vgl Nürnberg MDR **59**, 1030). Sie wird in konkreter Form erteilt und muss eindeutig sein. Über das Recht zur Erhebung der Dienstaufsichtsbeschwerde wird der Antragsteller nicht belehrt (KK-Moldenhauer 12), auch nicht darüber, dass er uU Privatklage erheben kann (Solbach DRiZ **84**, 476).

8   A. Ihr **Gegenstand** ist nur die Vorschaltbeschwerde, nicht der Antrag an das Gericht nach § 172 II, über den erst mit dem Beschwerdebescheid belehrt wird. Zur Belehrung nach S 2 gehört auch der Hinweis, dass die Beschwerde an den GStA bei dem OLG zu richten ist und innerhalb der Frist bei der StA oder dem

GStA eingelegt sein muss. Unterbleibt die Belehrung zu Unrecht oder ist sie in einem wesentlichen Punkt mangelhaft (14 zu § 35a), so läuft die Beschwerdefrist nicht (§ 172 I S 2).

B. Die **Belehrung unterbleibt,** wenn die StA das Verfahren eingestellt hat, weil sie keinen in Betracht kommenden Täter ermitteln konnte (**aM** SK-Wohlers/ Albrecht 15); denn in diesem Fall wäre das Klageerzwingungsverfahren (8 zu § 172) auf einen unmöglichen Erfolg gerichtet und daher unzulässig (34, 35 zu § 172). **9**

6) Übersetzung: Nach dem durch das 3. Opferrechtsreformgesetz (BGBl I 2525) neu angefügten S 3 können zur Nebenklage berechtigte (§ 395) Verletzte den Antrag stellen, dass ihnen der Einstellungsbescheid sowie die Möglichkeit der Anfechtung und die dafür vorgesehene Frist übersetzt werden. Diesem Antrag wird regelmäßig stattzugeben sein, da die Übersetzung von den strafprozessualen Antragstellern notwendig sein wird, um das strafprozessuale Recht der Beschwerde aus § 172 I ausüben zu können (siehe die Formulierung des in S 3 in Bezug genommenen § 187 I S 1 GVG). **10**

7) Bei **Begründungsmängeln** des Einstellungsbescheides ist idR eine Neubescheidung erforderlich; nur in Ausnahmefällen kann das OLG in der Sache ohne vorherige Neubescheidung entscheiden (Bremen StV **18**, 268 mit Anm Zöller). **11**

Beschwerde des Verletzten; Klageerzwingungsverfahren   **RiStBV 105**

172 I ¹Ist der Antragsteller zugleich der Verletzte, so steht ihm gegen den Bescheid nach § 171 binnen zwei Wochen nach der Bekanntmachung die Beschwerde an den vorgesetzten Beamten der Staatsanwaltschaft zu. ²Durch die Einlegung der Beschwerde bei der Staatsanwaltschaft wird die Frist gewahrt. ³Sie läuft nicht, wenn die Belehrung nach § 171 Satz 2 unterblieben ist.

II ¹Gegen den ablehnenden Bescheid des vorgesetzten Beamten der Staatsanwaltschaft kann der Antragsteller binnen einem Monat nach der Bekanntmachung gerichtliche Entscheidung beantragen. ²Hierüber und über die dafür vorgesehene Form ist er zu belehren; die Frist läuft nicht, wenn die Belehrung unterblieben ist. ³Der Antrag ist nicht zulässig, wenn das Verfahren ausschließlich eine Straftat zum Gegenstand hat, die vom Verletzten im Wege der Privatklage verfolgt werden kann, oder wenn die Staatsanwaltschaft nach § 153 Abs. 1, § 153a Abs. 1 Satz 1, 7 oder § 153b Abs. 1 von der Verfolgung der Tat abgesehen hat; dasselbe gilt in den Fällen der §§ 153c bis 154 Abs. 1 sowie der §§ 154b und 154c.

III ¹Der Antrag auf gerichtliche Entscheidung muß die Tatsachen, welche die Erhebung der öffentlichen Klage begründen sollen, und die Beweismittel angeben. ²Er muß von einem Rechtsanwalt unterzeichnet sein; für die Prozeßkostenhilfe gelten dieselben Vorschriften wie in bürgerlichen Rechtsstreitigkeiten. ³Der Antrag ist bei dem für die Entscheidung zuständigen Gericht einzureichen.

IV ¹Zur Entscheidung über den Antrag ist das Oberlandesgericht zuständig. ²Die §§ 120 und 120b des Gerichtsverfassungsgesetzes sind sinngemäß anzuwenden.

Übersicht

	Rn
1) Klageerzwingungsverfahren	1–4
2) Dreistufigkeit	5–8
3) Verletzter	9–12
4) Beschwerdeentscheidung	13–14
5) Beschwerdefrist	15–17

§ 172

	Rn
6) Dienstaufsichtsbeschwerde	18
7) Ablehnender Beschwerdebescheid	19, 20
8) Prozesskostenhilfe	21–24
9) Antragsfrist	25
10) Form des Antrags nach III	26–33a
11) Unzulässigkeit des Antrags	34–35
12) Wiederaufnahme der Ermittlungen	36
13) Wiederholung des Klageerzwingungsverfahrens	37
14) Teilantrag	38
15) Staatsschutzsachen	39

1 **1)** Das **Klageerzwingungsverfahren** sichert das Legalitätsprinzip auf Initiative des Verletzten, der die Strafverfolgung des Beschuldigten wünscht, aber wegen des Anklagemonopols der StA (Einl 37) selbst kein gerichtliches Strafverfahren gegen den Rechtsbrecher in Gang setzen darf. Das Anklagemonopol der StA wird dadurch nicht durchbrochen; der Antragsteller kann nur erreichen, dass die StA zur Anklage gezwungen wird (§ 175). Das Klageerzwingungsverfahren ist grundsätzlich nur bei einer Einstellung nach § 170 II zulässig (erg unten 3).

1a Über § 172 hinaus gibt es **grundsätzlich keinen verfassungsrechtlich verbürgten Anspruch auf Strafverfolgung** eines anderen (BVerfG NStZ **02**, 606; NStZ-RR **20**, 51). Nach neuerer Rechtsprechung des BVerfG besteht allerdings in bestimmten Fallkonstellationen ein subjektives öffentliches Recht, dh ein verfassungsrechtlicher Rechtsanspruch des Verletzten, auf wirksame Strafverfolgung gegen Dritte. Dies wurde angenommen bei erheblichen Straftaten gegen das Leben, die körperliche Unversehrtheit, die sexuelle Selbstbestimmung und die Freiheit der Person (BVerfG 2 BvR 1568/12 vom 13.11.2014), bei spezifischen Fürsorge- und Obhutspflichten des Staates ggü Personen, die ihm anvertraut sind (BVerfG NJW **15**, 3500) sowie bei Vorwürfen, ein Amtsträger habe bei Wahrnehmung öffentlicher Aufgaben Straftaten begangen (BVerfG aaO sowie NStZ-RR **20**, 51; **15**, 347, 348; Würdinger HRRS **16**, 29; erg Esser/Lubrich StV **17**, 418 sowie 2 zu § 152). Dies bedeutet nicht, dass in diesen Konstellationen dem Recht auf effektive Verfolgung Dritter nur durch Anklageerhebung genügt werden kann; erforderlich ist aber eine detaillierte und vollständige Dokumentation des Ermittlungsverlaufs sowie eine nachvollziehbare Begründung von Einstellungsentscheidungen, die vom OLG zu kontrollieren sind (BVerfG 2 BvR 1763/16 vom 15.1.2020 mwN).

1b **Ausnahmsweise** kommt im Verfahren nach §§ 172ff auch die **Anweisung an die StA** in Betracht, **Ermittlungen** überhaupt erst **aufzunehmen** und durchzuführen, wenn die StA den Anfangsverdacht rechtsfehlerhaft aus rechtlichen Gründen verneint und deshalb den Sachverhalt nur unzureichend oder gar nicht aufgeklärt hat oder wenn die StA fehlerhaft unter Verneinung des Anfangsverdachts aus tatsächlichen Gründen nach § 152 II keinerlei Ermittlungen durchgeführt hat (KG NStZ-RR **14**, 14; München NJW **07**, 3734; Köln NStZ **03**, 682; Hamm StV **02**, 128).

2 A. **Privatklagevergehen:** Der Ausschluss des Klageerzwingungsverfahrens gilt stets, wenn es sich um eine Straftat von der Art handelt, derentwegen die StPO das Privatklageverfahren prinzipiell zulässt (§ 374). Unter dieser Voraussetzung ist das Klageerzwingungsverfahren auch dann unzulässig, wenn der Antragsteller die Verneinung des öffentlichen Interesses an der Strafverfolgung (§ 376) für rechtlich unzutr hält (KK-Moldenhauer 39). Zulässig ist es hingegen, wenn die StA das Verfahren gegen einen Jugendlichen nach § 170 II eingestellt hat, nicht aber bei Einstellung wegen Fehlens der Verfolgungsgründe des § 80 I S 2 **JGG** (Stuttgart NStZ **89**, 136 mwN zum Streitstand und abl Anm Brunner). Betrifft die angezeigte Tat iS § 264 auch ein Offizialdelikt, so ist das Klageerzwingungsverfahren für beide Delikte zulässig, wenn der Antragsteller auch durch das Offizialdelikt verletzt ist (Frankfurt NStZ-RR **06**, 47; Koblenz VRS **63**, 359, 360; KK-Moldenhauer 40 mwN); besteht aber hinsichtlich des Offizialdelikts kein hinreichender Tatverdacht, wird das Klageerzwingungsverfahren unzulässig (Stuttgart OLGSt Nr 29).

B. **Geltungsbereich des Opportunitätsgrundsatzes:** In den Fällen, in denen 3 die StA nach einer der in II S 3 genannten Bestimmungen von der Verfolgung der Tat absieht (Düsseldorf wistra 93, 200) oder die Anklage beschränkt, ist das Klageerzwingungsverfahren auch dann unzulässig, wenn sie ihre Entscheidung ohne gerichtliche Mitwirkung trifft. Dies ist der Fall bei der Anwendung der §§ 153 I S 2, 153a I S 7, 153c I–V, 153f I–III, 154b I–III, 154c. Das gilt im Grundsatz auch bei der Anwendung des § 45 **JGG**; denn das Klageerzwingungsverfahren gilt nur, wenn es sich um die Sicherung des Legalitätsprinzips handelt (Nürnberg MDR **65**, 845; oben 1). Der Ausschluss des Klageerzwingungsverfahrens nach II S 3 gilt nicht, wenn die StA in Überschreitung ihrer Befugnis das Verfahren trotz Verbrechensverdachts eingestellt hat (Hamm MDR **93**, 460; SK-Wohlers 38) oder wenn sonst der Anwendungsbereich der angewandten Einstellungsnorm überhaupt nicht gegeben ist (LR-Graalmann-Scheerer 22; vgl auch BVerfG 2 BvR 1763/16 vom 15.1.2020; erg 34 zu § 153). Im Fall des § 153a I ist – verfassungsrechtlich unbedenklich (BVerfG NJW **02**, 815) – das Klageerzwingungsverfahren bereits während des vorläufigen Absehens von der Erhebung der Klage nach I S 1, 7 ausgeschlossen; später besteht das Verfahrenshindernis des § 153a I S 5 (erg dort 52). Zu § 154d s dort 4.

Zusammentreffen von Verbrechens- und Vergehensverdacht: Hat die 4 StA den hinreichenden Tatverdacht unter dem Gesichtspunkt eines Verbrechens verneint und das Ermittlungsverfahren wegen des Vergehens nach dem Opportunitätsprinzip eingestellt, so gilt zur Erzwingung der Anklage unter dem Gesichtspunkt des Verbrechens § 172 (Hamm MDR **97**, 285 mwN; zu der erforderlichen Antragsbegründung Bamberg NStZ **11**, 534); anders aber, wenn die StA gar keine konkreten Anhaltspunkte für ein Verbrechen hatte und das Ermittlungsverfahren deshalb legitim nicht auf diesen rechtlichen Gesichtspunkt erstreckt hat. In diesem Fall müsste ggf erst ein Ermittlungsverfahren wegen des Verbrechensverdachts durchgeführt werden. Wird nach Beendigung des gerichtlichen Verfahrens nach einer Opportunitätsbestimmung neue Strafverfolgung gegen denselben Beschuldigten wegen derselben Tat zulässig, weil neue Tatsachen oder Beweismittel dem Einstellungsbeschluss die Grundlage entzogen haben, so gelten wiederum § 152 II (dort 11) und § 172 (Zweibrücken MDR **91**, 79).

2) Dreistufigkeit: 5

A. **Antrag** (1 zu § 171): Nur der Antragsteller ist legitimiert, das Klageerzwin- 5a gungsverfahren zu betreiben, und zwar nur, wenn er zugleich Verletzter ist (vgl unten 9 ff). Antragsteller ist derjenige, der sich schon direkt bei der StA – ggf auch über eine andere Stelle, etwa die Polizei – mit dem Antrag nach § 171 eingeschaltet hat (Koblenz NStZ-RR **12**, 317; Hamm JZ **62**, 171; Karlsruhe Justiz **92**, 187; Oldenburg MDR **87**, 431); dabei muss es sich bei Antragsdelikten um einen förmlichen Strafantrag (§ 158) gehandelt haben, so dass ein erst mit der Beschwerde nach I (Oldenburg aaO) oder dem Antrag nach II (Düsseldorf NStE Nr 32) gestellter Strafantrag nicht genügt. Ebenso wenig reicht aus, dass der Ast lediglich eine disziplinarrechtliche Reaktion hervorrufen wollte (Koblenz aaO). Das Antragsrecht ist ein persönliches Recht; es geht nicht auf die Angehörigen oder Erben des Verletzten über (Celle NStZ **88**, 568; Düsseldorf VRS **76**, 370 mwN; NJW **92**, 2370; **aM** Weber A. Kaufmann-GedSchr 781).

B. **Einstellungsbeschwerde (I)** ist eine Vorschaltbeschwerde auf dem Weg 6 zum OLG (Kleinknecht JZ **52**, 488, 490; Solbach DRiZ **77**, 181). Sie entfällt in Staatsschutzverfahren, in denen der GBA oder GStA zuständige StA ist (§§ 120 I, II, 142a I, II GVG). Diese Beschwerde ist auch zulässig, wenn der Bescheid nach § 171 stillschweigend ergeht (Einl 123), die StA also endgültig untätig bleibt oder überhaupt die Einleitung eines Ermittlungsverfahrens ablehnt (BGH 5 AR 29/13 vom 21.1.2014; Karlsruhe Justiz **05**, 253; vgl auch BVerfG NJW **17**, 3141).

C. **Antrag an OLG (II):** Das Klageerzwingungsverfahren findet vor dem OLG 7 statt. Es ist ein prozessual selbstständiges Verfahren (BVerfGE **42**, 172, 175 =

§ 172

NJW 76, 1629). Der Antragsteller muss prozessfähig sein, weil der Antrag vermögensrechtliche Folgen haben kann (§§ 176, 177; Düsseldorf MDR 89, 377 mwN; Stuttgart NJW 09, 3524). Das ergibt sich auch daraus, dass der Antragsteller in dem OLG-Verfahren in einer tragenden Prozessrolle ist, die mit der des Privatklägers im Privatklageverfahren verglichen werden kann (§ 374 III). Ist der Antragsteller nicht prozessfähig, so muss für ihn der gesetzliche Vertreter tätig werden.

8 D. Das **Ziel der Beschwerde und des Antrags** ergibt sich aus III und aus den §§ 174, 175 (Erhebung der öffentlichen Klage). Das gilt auch, wenn die StA nach Auffassung des Antragstellers das Ermittlungsverfahren zu Unrecht wegen eines behebbaren Verfahrenshindernisses (12 zu § 152) eingestellt hat. In einem solchen Fall kann es zu einer Teilanordnung des OLG kommen (Karlsruhe MDR **63**, 523: Anweisung, die Aufhebung der Immunität zu betreiben). Nach Meinung von Bremen (OLGSt § 175 Nr 1) und Zweibrücken (GA **81**, 94) ist, wenn die Ermittlungen unzureichend sind oder wenn die StA die Einleitung eines Ermittlungsverfahrens von vornherein abgelehnt hat, auch die Anweisung des OLG zulässig, die Ermittlungen aufzunehmen oder fortzusetzen (vgl 2 zu § 175).

9 3) **Verletzter** ist, wer durch die behauptete Tat – ihre tatsächliche Begehung unterstellt – **unmittelbar** in einem Rechtsgut verletzt ist (Hamm NStZ **86**, 327; Karlsruhe Justiz **88**, 400; Koblenz NJW **85**, 1409; Köln NJW **72**, 1338; München NJW **85**, 2430; 6 ff zu § 22; zum Verletztenbegriff bei modernen Rechtsguts- und Deliktsstrukturen Hefendehl GA **99**, 584; vgl auch Frisch JZ **74**, 7, der auf das Genugtuungsinteresse abstellt, und Haas GA **88**, 493, der bei Eigentums- und Vermögensdelikten „zivilrechtliche Wertungen" berücksichtigen will). Dabei wird nur das von der Strafrechtsordnung anerkannte Interesse berücksichtigt (Celle NdsRpfl **62**, 141).

10 Der Begriff des Verletzten wird hier **weit ausgelegt**, weil der Schutz des Legalitätsprinzips innerhalb des gesetzlichen Rahmens des § 172 umfassend sein soll. Es reicht jedoch **nicht** aus, dass der Antragsteller durch die Tat lediglich wie jeder andere Staatsbürger betroffen ist, zB dadurch, dass die Beschuldigte pornographische Schriften verbreitet (Hamburg NJW **66**, 1933; MDR **72**, 342 zu § 184 StGB aF) oder ein Staatsschutzdelikt begeht (Düsseldorf JZ **87**, 836). Dies soll nach der obergerichtlichen Rspr gleichermaßen der Fall sein, wenn der Antragsteller von einem Umweltdelikt betroffen ist, und zwar selbst dann, wenn der Geschädigte einen Vermögensschaden erlitten hat (Karlsruhe NJW **19**, 2950 zu § 326 StGB; **aM** Schall Rengier-FS 447, 451). Verletzt kann allerdings eine JP sein oder ein Personenverein (§ 374 III) sein, ferner eine Behörde oder sonstige Stelle, die Aufgaben der öffentlichen Verwaltung wahrnimmt (§ 194 III S 2 StGB), auch die Behörde einer Kirche und anderen Religionsgesellschaft (§ 194 III S 3 StGB); ebenso eine Regierung (§§ 90b, 102 ff StGB) oder ein Gesetzgebungsorgan (§§ 90b, 105 ff StGB).

11 **Beispiele:** Verletzt sind die mittelbar durch eine Straftat nach § 130 I, II StGB verletzten Mitglieder eines Bevölkerungsteils (KK-Moldenhauer 23; aber nicht die einer Religionsgemeinschaft: Stuttgart NJW **02**, 2893), die Person, die durch einen falschen Eid oder falsche uneidliche Zeugenaussage betroffen ist, zB dadurch, dass ihre Stellung im Prozess erschwert worden ist (Bremen NStZ **88**, 39; Düsseldorf JZ **89**, 404; OLGSt Nr 6; Koblenz VRS **79**, 437 mwN; Schleswig SchlHA **10**, 230 [D/D]), oder dass bei abgeschlossenen Verfahren sich die Aussage zu ihrem Nachteil ausgewirkt hat (Düsseldorf NStZ **95**, 49; StraFo **01**, 165), aber nicht schon ein anderer Zeuge (Düsseldorf StraFo **00**, 21; Stuttgart Justiz **89**, 68), ebenso bei falscher eidesstattlicher Versicherung nach § 156 StGB (eingehend dazu Frankfurt NStZ-RR **02**, 174 mwN); ein Arrestbeklagter bei einer sein Vermögen gefährdenden falschen eidesstattlichen Versicherung (Bremen NJW **50**, 960); der Unterhaltsberechtigte und der Träger der Sozialhilfe oder ein anderer öffentlicher Versorgungsträger bei Verletzung der Unterhaltspflicht nach § 170 StGB (Hamm NStZ-RR **03**, 116 L); der durch den Betrug Getäuschte, aber nicht Geschädigte, sofern ihm wegen der schädigenden Vermögensdisposition eine Ersatzforderung droht (Celle StraFo **19**, 113); im Hinblick auf einen Prozessbetrug oder wegen

Vorbereitung der öffentlichen Klage **§ 172**

eines hierzu erstellten unrichtigen Gesundheitszeugnisses nach § 278 StGB nicht derjenige, der seine Ansprüche abgetreten hat (Celle NJW **08**, 1463), bei § 267 StGB derjenige, zu dessen Nachteil die gefälschte Urkunde im Rechtsverkehr gebraucht wird oder werden soll (Karlsruhe Justiz **03**, 271); der in Not Geratene bei § 323c StGB (Celle OLGSt Nr 25; nicht aber dessen Angehörige, Düsseldorf NJW **92**, 2370) und die nach § 395 nebenklageberechtigten Angehörigen des durch die Straftat Getöteten (Celle NStZ-RR **11**, 280 L), zB der Ehegatte bei Tötung des anderen Ehegatten (Hamm MDR **52**, 247); ferner das Kind des getöteten Elternteils (KG JR **57**, 71; Celle NJW **54**, 1660); die Eltern des getöteten minderjährigen oder volljährigen Kindes (Frankfurt NJW **63**, 1368; Hamburg NJW **55**, 1770). Dagegen sind die Geschwister des Getöteten nicht ohne weiteres als Verletzte anzusehen (Koblenz MDR **77**, 950). Verletzter ist ferner der Dienstvorgesetzte, der ein Antragsrecht nach § 194 III S 1 StGB hat (BGH **9**, 266), und im Falle des Erschleichens von Prozesskostenhilfe im Klageerzwingungsverfahren die Staatskasse, nicht der Anzeigeerstatter (Düsseldorf MDR **88**, 77).

Nicht zu den Verletzten gehören die Tatbeteiligten (Hamburg NJW **80**, **12** 848) oder die erfolglos zu einer Straftat Angestifteten (Düsseldorf MDR **90**, 568), hinsichtlich der Strafvereitelung das Opfer der Vortat (Frankfurt NStZ-RR **98**, 279; Schleswig SchlHA **96**, 94 [L/T]; Stuttgart Justiz **02**, 414), die Eltern eines sexuell missbrauchten Kindes (Stuttgart NStZ-RR **12**, 116), auch nicht die nach §§ 180a, 181a StGB ausgebeutete Person (BGH GA **73**, 117; Hamm NJW **72**, 1874; dazu Frisch JZ **74**, 7); ferner die Ärztekammer bei unerlaubter Ausübung des ärztlichen Berufs (Stuttgart NJW **69**, 569); die Ausländerbehörde bei Verstößen gegen das Aufenthaltsgesetz (Karlsruhe NJW **87**, 1835); die Naturschutzbehörde bei Straftat gegen das NaturschutzG (Celle OLGSt S 54); ein Tierschutzverein oder der Eigentümer oder der Halter des Tieres bei Tierquälerei (Braunschweig NStZ **14**, 174; Celle NStZ **07**, 483; Hamm MDR **70**, 946; Koblenz JBlRP **02**, 311; Stuttgart Justiz **10**, 309); der Dienstherr eines bestochenen Amtsträgers (Nürnberg NJW **97**, 1320) oder die durch eine Straftat nach §§ 331 ff StGB betroffenen Bürger (Koblenz wistra **85**, 83; JBlRP **02**, 281; zu § 339 StGB vgl Dresden NStZ-RR **98**, 338 und Karlsruhe NStZ-RR **01**, 112) oder der durch eine Straftat nach § 315c StGB konkret Gefährdete (Stuttgart NJW **97**, 1320), es sei denn, ein tödlicher Unfall habe nahe gelegen (Brandenburg VRS **114**, 373; Celle NStZ-RR **04**, 369). Zu den Verletzten gehören nicht andere dem Getöteten nahestehende Personen als die in § 395 II Nr 1 genannten Verwandten (Celle NStZ-RR **16**, 285 L), auch nicht die mittelbar geschädigten späteren Erben (Düsseldorf wistra **94**, 155 mwN) oder der Abtretungsempfänger (Brandenburg NStZ-RR **09**, 245; erg oben 5a). Grundsätzlich sind auch die einzelnen Aktionäre einer AG nicht Verletzte iSd § 172 (Braunschweig wistra **93**, 31; Frankfurt NJW **11**, 691; aM Zielinski wistra **93**, 6), ebenso nicht eine gelöschte Gesellschaft (Hamburg wistra **15**, 80), die Gesellschafter einer GmbH (Celle NJW **07**, 1223; Stuttgart NJW **01**, 840), anders dagegen bei der GmbH & Co. KG (Celle NStZ-RR **13**, 348 L); zur Verletzteneigenschaft bei der Organuntreue eingehend Tiedemann Mehle-FS 625.

4) Beschwerdeentscheidung (I): **13**
A. **Abhilfe durch die StA:** Die StA kann die Beschwerde durch Aufhebung **13a** ihres Bescheides nach § 171 gegenstandslos machen (RiStBV 105 II). Hilft die StA der Beschwerde nicht ab, so legt sie die Sache dem GStA vor (unten 14). Nimmt sie die Ermittlungen wieder auf und stellt sie das Verfahren dann erneut ein, so gelten wieder die §§ 171, 172, und zwar auch, wenn die Beschwerde verspätet war und daher als Dienstaufsichtsbeschwerde behandelt worden ist (vgl unten 16, 18).

B. Der **GStA** entscheidet, wenn oder soweit die StA nicht abhilft. Ist die Be- **14** schwerde bei ihm eingereicht worden und hat er um Bericht und Aktenvorlage ersucht, so prüft die StA nach Erhalt der Beschwerde die Frage der Abhilfe (oben 13a; RiStBV 105 III). Wird die Beschwerde nicht gegenstandslos, so verwirft sie der GStA als unzulässig, wenn sie nicht fristgemäß, nicht vom Antragsteller, von einem nicht handlungsfähigen Antragsteller oder gegen einen anderen Antragsteller

§ 172

nicht Verletzter ist, eingelegt worden ist, ferner in den Fällen des II S 3. Zugleich trifft er aber eine Sachentscheidung, da auch die unzulässige Beschwerde subsidiär eine Dienstaufsichtsbeschwerde darstellt, auf die ein Bescheid erteilt wird, es sei denn, dass der Beschwerdeführer nicht handlungsfähig ist (unten 18). Die Entscheidung ist zu begründen (vgl BVerfG 2 BvR 498/15 vom 25.10.2019). Ein wiederholendes und nicht auf neue Tatsachen gestütztes Strafverfolgungsverlangen eines bereits beschiedenen Verletzten kann unter Verweis auf die bereits erfolgte Bescheidung abgelehnt werden (vgl BVerfG NJW **17**, 3141). Hebt der GStA den Bescheid der StA auf die zulässige förmliche Beschwerde oder im Dienstaufsichtswege auf, so gelten bei neuer Einstellung des Verfahrens durch die StA die §§ 171, 172 so, als wäre es die erste Einstellung.

15 5) Die **Beschwerdefrist** beginnt mit der Bekanntmachung des Bescheides (5 zu § 171; 1 zu § 43), falls richtige und vollständige Beschwerdebelehrung (I S 2) erteilt worden ist.

16 A. Die **Frist beginnt** unter dieser Voraussetzung (oben 15) – und nur dann – mit dem Zugehen der Zustellung oder der formlosen Mitteilung (5 zu § 171), nicht erst mit der tatsächlichen Kenntnisnahme (Stuttgart VRS **116**, 114; SK-Wohlers 46), Ausnahme 19 zu § 37. Bei wiederholter Einstellung nach Aufhebung der ersten Einstellungsverfügung und Wiedereintritt in das Ermittlungsverfahren ist das erste Beschwerdeverfahren überholt. Für die Zulässigkeit des Klageerzwingungsverfahrens kommt es dann nur darauf an, ob die formellen Voraussetzungen für die Beschwerde gegen die letzte Einstellungsverfügung erfüllt sind (Celle OLGSt Nr 26; Hamm NJW **57**, 1730; LR-Graalmann-Scheerer 130; **aM** Düsseldorf NStZ **89**, 193 mwN und abl Anm Rieß; vgl auch oben 13a).

17 B. **Wiedereinsetzung in den vorigen Stand** kann analog §§ 44 ff gewährt werden (10 vor § 42). Nach der einen Ansicht ist hierfür anstatt des Gerichts der GStA zuständig (abweichend vom § 46 I; Hamm NJW **73**, 1055; München NJW **77**, 2365; Oldenburg NJW **67**, 1814; Stuttgart Justiz **96**, 347), nach der anderen, zutr Meinung das OLG (KG JR **82**, 209; Hamm NStZ **90**, 450 mit abl Anm Schmid, dagegen Asper NStZ **91**, 146; LR-Graalmann-Scheerer 134; **aM** Celle MDR **80**, 335; **72**, 67; Köln MDR **72**, 623; SK-Wohlers 52: jedenfalls, wenn der GStA bereits sachlich entschieden hat und die Wiedereinsetzung iVm dem Antrag nach II, III begehrt wird). Bewilligt das OLG die Wiedereinsetzung, so entscheidet es sogleich über den Klageerzwingungsantrag, auch wenn der GStA die Beschwerde nur als Dienstaufsichtsbeschwerde behandelt hatte (Düsseldorf aaO; **aM** Stuttgart NStZ-RR **96**, 143). Unschädlich ist, dass der Klageerzwingungsantrag noch nicht gestellt, sondern erst angekündigt wird (Stuttgart Justiz **88**, 404; LR-Graalmann-Scheerer 136; **aM** Düsseldorf NJW **88**, 431).

18 6) Die **Dienstaufsichtsbeschwerde,** die an keine Frist gebunden ist, ist neben der förmlichen Beschwerde zulässig. Über sie entscheidet der GStA beim OLG, wenn eine Entscheidung der StA angegriffen ist und diese der Beschwerde nicht abgeholfen hat (dazu im Einzelnen Thode DRiZ **07**, 57). Gegen den Beschwerdebescheid des GStA ist Dienstaufsichtsbeschwerde an den JM zulässig (1 zu § 147 GVG), gleichviel, ob der Antrag nach II gestellt wird oder nicht. Die Dienstaufsichtsbeschwerde steht jedem, der handlungsfähig ist, zu, ohne dass er prozessfähig zu sein braucht (Einl 98). Gegen jede staatsanwaltschaftliche Entscheidung sind auch Gegenvorstellungen zulässig (vgl 23 vor § 296); ebenso gegen eine Entscheidung, die der JM in Ausübung seiner Dienstaufsicht getroffen hat.

19 7) **Bei ablehnendem Beschwerdebescheid** nach I ist der Beschwerdeführer nach II S 1 über das Recht zum Antrag nach II sowie über die dafür vorgesehene Form (III) und Frist (II S 1) zu belehren; einer Belehrung über die Notwendigkeit, die antragsbegründenden Tatsachen und Beweismittel anzugeben (unten 27 ff), bedarf es aber nicht (Nürnberg NStZ-RR **98**, 143 mwN). Bei fehlender oder in wesentlichen Punkten unvollständiger Belehrung läuft die Frist nicht (vgl 8 zu § 171). Die Belehrung entfällt in den Fällen des II S 3.

Bei Verwerfung der Einstellungsbeschwerde aus formellen Gründen 20
(7 zu § 174) richtet sich der Antrag auf gerichtliche Entscheidung nicht gegen die
ablehnende Sachentscheidung, die im Dienstaufsichtsweg getroffen worden ist
(oben 18). Das OLG prüft daher im Rahmen seiner Zulässigkeitsprüfung, ob die
formellen Voraussetzungen, die zu dem ablehnenden Beschwerdebescheid geführt
haben, zutreffen. Aus dieser Rechtsauffassung ergibt sich: Auch bei Verwerfung der
förmlichen Einstellungsbeschwerde als unzulässig muss der Antragsteller über die
Zulässigkeit des Antrags an das Gericht belehrt werden (Hamm NStZ **90**, 450 mit
abl Anm Schmid; gegen ihn Asper NStZ **91**, 146; Stuttgart Justiz **96**, 347).

8) Prozesskostenhilfe (III S 2 Hs 2): 21

A. Den **Antrag** auf Bewilligung der Prozesskostenhilfe für das gerichtliche Ver- 21a
fahren kann der prozessfähige Antragsberechtigte stellen, bei mangelnder Prozessfähigkeit der gesetzliche Vertreter, und zwar schriftlich oder zu Protokoll der Geschäftsstelle des OLG, wobei Vertretung zulässig ist (12 ff vor § 137). Der Antrag
muss vor Ablauf der Frist nach II S 1 gestellt werden (Bremen NJW **62**, 169;
Hamm Rpfleger **61**, 81; Koblenz MDR **85**, 957; Stuttgart Justiz **83**, 342; aM
Celle NdsRpfl **95**, 73; Düsseldorf JMBlNW **88**, 215: Antrag ist nicht fristgebunden; vgl auch BGH JZ **57**, 183). Innerhalb dieser Frist muss der Antragsteller die
Erklärung über seine persönlichen und wirtschaftlichen Verhältnisse auf dem vorgeschriebenen Vordruck einreichen (Koblenz aaO; Stuttgart Justiz **84**, 368). Es
gelten die §§ 114 ff ZPO (vgl dazu im einzelnen Kaster MDR **94**, 1073), jedoch
nur so weit, wie sie die Voraussetzungen (Hamm NStZ-RR **00**, 244: „ausreichendes Maß an Tatverdacht") und Wirkungen der Prozesskostenhilfe (Stuttgart Justiz
83, 342) sowie das Bewilligungsverfahren betreffen; die Beschwerde richtet sich
nach der StPO (vgl 8, 17 zu § 379). Eine kurze Angabe des Sachverhalts und der
wesentlichen Beweismittel ist notwendig (Celle NdsRpfl **87**, 37, 39; Düsseldorf
VRS **83**, 272; Hamm NStZ-RR **98**, 279 mwN; Koblenz MDR **72**, 886; Schleswig SchlHA **93**, 227 [L/T]; vgl § 117 I S 2 ZPO).

B. **Anhörungen:** Die StA ist vor der Entscheidung zu hören (§ 33 II). Der Be- 22
schuldigte muss rechtliches Gehör erhalten, bevor die Prozesskostenhilfe bewilligt
wird, weil damit eine ihm nachteilige Vorentscheidung getroffen wird (BayVerfGH
JR **62**, 316; Röhl NJW **64**, 275; 2 zu § 173; vgl auch § 118 ZPO).

C. **Beiordnung eines RA** (unten 32): Die Bewilligung der Prozesskostenhilfe 23
umfasst außer den Kosten des Verfahrens (§ 464a I S 1) die Beiordnung eines RA
(Kaster MDR **94**, 1073; Müller NJW **55**, 1181). Behauptet der Verletzte, keinen
RA zu finden, so kann ihm ohne Bewilligung der Prozesskostenhilfe ein solcher
durch das OLG in entspr Anwendung des § 78b ZPO beigeordnet werden (Bam-
berg NJW **07**, 2274; Koblenz NJW **82**, 61; Köln NStZ-RR **08**, 117 L; Saarbrü-
cken NJW **64**, 1534; Stuttgart Justiz **01**, 222; KK-Moldenhauer 55; Rieß
NStZ **86**, 433; aM Bremen NStZ **86**, 475; Celle NStZ **85**, 234 mit abl Anm Mey-
er-Goßner; Düsseldorf NStZ **85**, 571; VRS **97**, 42; Frankfurt NStZ **81**, 491;
Hamm NStZ **95**, 562; NJW **03**, 3286). Das folgt aus der Gesetzeslogik, da das
Gesetz bei Anwaltszwang auch sicherstellen muss, dass jeder Antragsteller einen
RA bekommen kann (vgl auch SK-Wohlers 59). Der Rechtsschutz darf nicht am
Fehlen eines postulationsfähigen Vertreters scheitern (BVerfG 2 BvR 17/90 vom
21.6.1990). Der Antragsteller muss aber glaubhaft machen, dass er trotz intensiver
Suche keinen zur Vertretung bereiten RA gefunden hat; sonst ist sein Antrag un-
zulässig (Bamberg aaO; Hamm NJW **08**, 245; Köln aaO; Schleswig SchlHA **95**, 6
[L/T]; **96**, 94 [L/T]; Stuttgart Justiz **95**, 23). Die Entscheidung des OLG ist entge-
gen § 78b II ZPO wegen § 304 IV S 2 unanfechtbar.

D. **Kostenbeitrag des Antragstellers:** Hat der Antragsteller aus seinem Ein- 24
kommen oder Vermögen zu den Prozesskosten beizutragen, so setzt das Gericht
zugleich mit der Bewilligung der Prozesskostenhilfe die zu zahlenden Monatsraten
und aus dem Vermögen zu zahlende Beträge fest (§§ 115 I, II, 120 I ZPO).

§ 172

25 **9) Die Antragsfrist** von einem Monat (**II S 1**) beginnt mit der Bekanntmachung der Beschwerdeentscheidung nach I (vgl 5 zu § 171; § 43), falls mit ihr eine ordnungsgemäße Belehrung nach II S 2 verbunden ist, und wird durch rechtzeitigen Eingang der Antragsschrift bei dem zuständigen OLG gewahrt (III S 2; 11 ff vor § 42; erg oben 16). Sie kann nicht verlängert werden (Düsseldorf NJW **87**, 2453; erg 5 vor § 42). Gegen ihre Versäumung ist Wiedereinsetzung zulässig (1, 3 zu § 44). Das Verschulden des RA, der den Antrag gestellt hat, ist dem Antragsteller zuzurechnen (19 zu § 44). Ist die Prozesskostenhilfe rechtzeitig beantragt (vgl oben 21) und wird nach der Entscheidung darüber der Antrag an das OLG unverzüglich, aber erst nach Ablauf der Monatsfrist gestellt, so wird Wiedereinsetzung gewährt (BVerfG NJW **93**, 720 mwN; dafür gilt aber nicht die Frist des § 45 I S 1, sondern die des § 172 II S 1 (Hamburg StraFo **07**, 157).

26 **10) Form des Antrags nach III:**

27 **A. Inhalt (III S 1):**

27a a) Notwendig ist eine aus sich heraus **verständliche Schilderung des Sachverhalts**, der die Unterstellung des hinreichenden Tatverdachts die Erhebung der öffentlichen Klage in materieller und formeller Hinsicht rechtfertigen würde (vgl Bamberg NStZ-RR **12**, 248; Celle NJW **08**, 2202; Stuttgart NStZ-RR **05**, 113). Die Sachdarstellung muss auch in groben Zügen den Gang des Ermittlungsverfahrens, den Inhalt der angegriffenen Bescheide und die Gründe für den behaupteten Unrichtigkeit mitteilen (KG NJW **69**, 108; JR **83**, 345; Celle wistra **10**, 494 [zu § 142 II PatG]; Düsseldorf NJW **89**, 3296; VRS **82**, 36; Koblenz wistra **85**, 83; NStZ-RR **07**, 317 L; Schleswig NStZ **89**, 286; Stuttgart NStZ-RR **02**, 79; **03**, 331; Langer JR **89**, 96; Krumm NJW **13**, 2948; vgl auch BVerfG 2 BvR 2040/15 vom 27.7.2016; **aM** Celle MDR **87**, 518; NStZ **89**, 43; LR-Graalmann-Scheerer 145 ff; Schulz-Arenstorff NJW **78**, 1302; einschr auch Bamberg NJW **89**, 544); dazu gehört auch die Mitteilung des wesentlichen Inhalts der Beweismittel aus der Ermittlungsakte, auf die sich der Antragsteller stützen möchte (BVerfG NJW **15**, 3500). Diese Auslegung von III verstößt weder gegen das Willkürverbot noch gegen Art 19 IV GG (BVerfG NJW **79**, 364; NJW **15**, 3500; 2 BvR 1107/16 vom 22.5.2017 mwN). Das OLG soll dadurch in die Lage versetzt werden, ohne Rückgriff auf die Ermittlungsakten (einschließlich Beiakten) und Eingaben eine Schlüssigkeitsprüfung vorzunehmen (Schleswig NStZ **13**, 302 mit Anm Krumm; Düsseldorf StV **83**, 498; VRS **82**, 352; Koblenz MDR **77**, 950; vgl auch BVerfG aaO). Die Anforderungen dürfen aber **nicht überspannt** werden: So ist eine wörtliche Wiedergabe der Bescheide nicht erforderlich, wenn sich deren Inhalt aus dem Klageerzwingungsantrag erschließt (BVerfG NStZ **07**, 272; NJW **93**, 382), ebenso wenig bedarf es der Wiedergabe der kompletten Aussage des Geschädigten und aller Zeugen (BVerfG NJW **16**, 44 mit Anm Neelmeier; BVerfG 2 BvR 967/07 vom 4.9.2008; SächsVerfGH NJW **04**, 2729) oder einer Auseinandersetzung mit den Argumenten eines Sachverständigengutachtens im Einzelnen (BVerfG aaO; NStZ **07**, 272). Ist bereits der Erlass eines Strafbefehls abgelehnt worden, müssen die tragenden Gründe der Entscheidung mitgeteilt werden (Frankfurt NStZ-RR **02**, 78). Auch die Darstellung eines über den Gegenstand des Klageerzwingungsverfahrens anhängigen oder anhängig gewesenen Zivil- oder Verwaltungsgerichtsverfahrens kann erforderlich sein (Stuttgart Justiz **04**, 128; erg 4 zu § 154d).

27b b) Die **Wahrung der Frist des II** muss der Antragsschrift – verfassungsrechtlich unbedenklich (BVerfG NJW **88**, 1773: folgerichtig, jedenfalls aber gut vertretbar) – zu entnehmen sein (Schleswig NStZ **13**, 302; Bamberg NStZ-RR **12**, 248; KG JR **89**, 260; Celle StraFo **11**, 226; Düsseldorf NStZ-RR **98**, 365; StraFo **00**, 22; Hamm NStZ **92**, 250; NStZ-RR **97**, 309; Karlsruhe NStZ **82**, 520; Schleswig SchlHA **91**, 125 [L/T]; Krumm StraFo **11**, 207; **aM** Frankfurt NStZ-RR **06**, 311; **07**, 209 L), wobei es aber bei offensichtlicher Fristwahrung der genauen Angabe eines Eingangsdatums nicht bedarf (BVerfG NJW **93**, 382; BVerfG NStZ **04**, 215: Angabe des 2 Tage vor Fristablauf erfolgten Posteinwurfs genügt; BVerfG NStZ-

RR **05**, 176: ausreichend, wenn zwischen Abfassung der Beschwerdeschrift und Eingang bei Gericht 5 Tage liegen; vgl auch Hamm VRS **109**, 351). Auch die Wahrung der Beschwerdefrist des I muss sich der Antragsschrift entnehmen lassen (Hamm NStZ **19**, 487; KG NStZ-RR **16**, 176) gleichermaßen für die Einhaltung der Beschwerdefrist des I S 1, da diese funktionell einer gerichtlichen Frist gleichzusetzen ist.

c) **Verletzteneigenschaft und Antragsbefugnis** müssen, sofern sie nicht **27c** ohne weiteres ersichtlich sind, begründet werden (Bamberg NStZ-RR **12**, 248; Düsseldorf AnwBl **86**, 156; OLGSt Nr 17; Stuttgart OLGSt Nr 23; Justiz **04**, 213; Rackow GA **01**, 485). Es genügt zB nicht die Angabe, der Antragsteller gehöre zu den Angehörigen des durch die Tat Getöteten, selbst nicht die Angabe, er sei dessen Bruder oder Schwester (Koblenz aaO; oben 9 ff).

d) Bei **Antragsdelikten** muss dargelegt werden, dass der Antrag innerhalb der **28** Frist des § 77b StGB gestellt worden ist (Karlsruhe wistra **95**, 154 mwN). Dazu gehört ggf auch die Angabe des Zeitpunktes, in dem der Antragsteller von der Tat und der Person des Täters Kenntnis erlangt hat (Celle GA **62**, 152; Düsseldorf JMBlNW **83**, 30).

e) Beruht die Einstellung darauf, dass **Strafverfolgungsverjährung** eingetreten **29** ist, so muss auch dargelegt werden, dass und aus welchem Grund trotzdem die Tat noch verfolgbar sein soll. Das Gleiche gilt, wenn die Verjährung nach dem Sachvortrag des Antragstellers normalerweise eingetreten sein müsste (Hamburg MDR **85**, 75; München NJW **73**, 2120).

f) Eine **Bezugnahme** auf die Akten, frühere Eingaben oder andere Schriftstü- **30** cke ist weder zur Darlegung der Verletzteneigenschaft (Düsseldorf OLGSt Nr 6) noch zur Darstellung des Sachverhalts zulässig (Hamm VRS **107**, 197; Koblenz NJW **77**, 1461). Auch auf Anlagen zu dem Klageerzwingungsantrag darf nicht Bezug genommen werden, wenn erst durch die Kenntnisnahme vom Inhalt dieser Anlagen die erforderliche geschlossene Sachdarstellung (oben 27) erreicht wird (KG NStE Nr 28; Düsseldorf StV **83**, 498; Saarbrücken wistra **95**, 36; Schleswig SchlHA **88**, 109 [L/G]; aM Bamberg NStZ **90**, 202 zur Feststellung der Wahrung der Fristen). Das gilt auch, wenn Schriftstücke nicht als Anlagen beigefügt, sondern als Ablichtungen in die Antragsschrift aufgenommen worden sind und sich die eigene „Sachdarstellung" nur auf verbindende Sätze beschränkt (BerlVerfGH NJW **04**, 2728; Celle NStZ **97**, 406; Koblenz OLGSt Nr 15). Allenfalls können Anlagen mit klarer Sachdarstellung zur Ergänzung des Antrags verwendet werden (Köln JR **54**, 390). Diese werden dadurch Teil der Antragsschrift unter der Voraussetzung, dass der RA ersichtlich die Verantwortung für sie übernimmt (Koblenz NJW **77**, 1461). Im Fall des § 211 (dort 5) muss die tatsächliche und rechtliche Begründung des nach § 204 ergangenen Beschlusses wiedergegeben werden (KG JR **83**, 345). Fremdsprachlichen Urkunden muss eine beglaubigte Übersetzung in die deutsche Sprache beigefügt werden (Stuttgart NStZ **07**, 664 L).

g) Schließlich müssen die **Beweismittel** angeführt werden, mit denen nach **31** Auffassung des Antragstellers der hinreichende Tatverdacht bewiesen wird (Celle NStZ **88**, 568). In dem Antrag können auch neue Tatsachen oder Beweismittel vorgebracht werden; ein vollständiger Austausch der Tatsachengrundlage zwischen Ermittlungsverfahren und Klageerzwingungsantrag ist aber nicht zulässig (Stuttgart Justiz **07**, 281). Auch ob und ggf wie der Beschuldigte sich eingelassen hat, ist anzugeben (Krumm StraFo **11**, 208).

B. Nur ein **RA** (III S 2), der bei einem Gericht im Geltungsbereich der StPO **32** zugelassen ist (Hamburg NJW **62**, 1689), kann das Gericht für den verletzten Antragsteller anrufen, nicht eine andere Person, auch wenn sie als Verteidiger auftreten könnte (§ 138). Er muss innerhalb der Monatsfrist bevollmächtigt sein (Düsseldorf MDR **83**, 153); jedoch genügt der spätere Nachweis der rechtzeitig erteilten Vollmacht (vgl 9 zu § 137). Eine Befreiung vom Anwaltszwang ist ausgeschlossen (Koblenz NJW **82**, 61). Der Antrag nach II kann nicht zu Protokoll der Geschäftsstelle des OLG gestellt werden. Der RA ist für die Einhaltung der Form (oben 27 ff) selbst verantwortlich; Hinweise des OLG dazu kann er nicht verlangen (Nürnberg NStZ-RR **02**, 112).

33 C. Zur **Unterzeichnung (III S 2)** durch den RA vgl Einl 129. Sie setzt Mitprüfung und Übernahme der Verantwortung – für den gesamten Antrag einschließlich der Anlagen – voraus (Hamm NStZ-RR **01**, 300); ist deren Fehlen aus einem Zusatz, zB „keine Haftung für die Vorgehensweise" (Düsseldorf VRS **91**, 182), oder aus sonstigen Umständen, zB nur Stempel und Unterschrift auf dem vom Antragsteller selbst verfassten Schriftsatz (Düsseldorf NJW **90**, 1002), ersichtlich, so ist die Unterschrift unwirksam und der Antrag unzulässig (Düsseldorf NJW **89**, 3296; Frankfurt NStZ-RR **02**, 15; München NStZ **84**, 281; Schleswig SchlHA **08**, 234 [D/D]; vgl 14 zu § 345). Nach Ablauf der Frist des II S 1 kann der Mangel nicht mehr geheilt werden (München aaO).

33a D. Der Antrag ist bei dem für die Entscheidung **zuständigen Gericht** einzureichen (III S 3). Örtlich zuständig ist das OLG, in dessen Bezirk die StA ihren Sitz hat, die den Einstellungsbescheid erlassen hat; eine Entscheidung des OLG in der Sache setzt allerdings voraus, dass eine in seinem Bezirk liegende StA für die Anklageerhebung zuständig wäre (Karlsruhe NStZ **15**, 717; KK-Moldenhauer 56). Im Falle der sachlich begründeten Substitution der Tatortstaatsanwaltschaft durch eine andere StA gem §§ 145 I, 147 Nr 2 GVG richtet sich die örtliche Zuständigkeit des für das Klageerzwingungsverfahren zuständigen OLG allein nach dem Sitz der beauftragten StA, auch wenn dort kein Gerichtsstand begründet ist (Karlsruhe aaO **718**; KK-Moldenhauer aaO).

34 **11) Unzulässig** ist der Antrag, wenn eine förmliche Voraussetzung fehlt, insbesondere, wenn die Fristen nach I (allgM, anders aber Deckenbrock/Dötsch StraFo **03**, 372 entspr §§ 68 ff VwGO bei Ausführungen der StA zur Sache im Ablehnungsbescheid) oder nach II oder die Form nach III nicht eingehalten worden sind, oder nur ein Antrag gestellt, aber nicht fristgerecht eine Begründung eingereicht wurde (Hamm DAR **03**, 87); eine formgerechte Wiederholung des Antrags ist dann ausgeschlossen (Düsseldorf NStZ-RR **00**, 146 L: auch bei Wiederholung der Strafanzeige). Ebenso ist der Antrag nicht zulässig, wenn der Beschuldigte nicht bezeichnet (Düsseldorf VRS **77**, 226; Hamburg MDR **93**, 1226; Hamm NStZ-RR **01**, 83 mwN; Stuttgart Justiz **98**, 176; **04**, 128) oder unbekannten Aufenthalts (Stuttgart NStZ-RR **99**, 277) ist oder gegen ihn wegen Unmöglichkeit (1 zu § 205) seiner Gestellung vor ein deutsches Gericht nicht verhandelt werden kann (Celle NStZ-RR **08**, 78; Stuttgart NStZ **03**, 682) oder wenn ein Beschuldigter fehlt (Düsseldorf VRS **83**, 431 und 434; Stuttgart NStZ-RR **03**, 331 mwN) oder er ohne weiteren Sachvortrag nicht identifiziert werden kann (Karlsruhe VRS **113**, 46), wenn der Antragsteller unter keinem rechtlichen Gesichtspunkt Verletzter (oben 9 ff) ist, wenn der Verletzte die Beschwerde nach I zurückgenommen hat (Düsseldorf JMBlNW **90**, 178). Stuttgart NJW **02**, 2191 hält den Antrag wegen fehlenden Rechtsschutzbedürfnisses auch für unzulässig, wenn Antragsteller und Beschuldigter über den vermögensrechtlichen Verfahrensgegenstand im Zivilprozess einen Vergleich mit Abgeltungsklausel geschlossen haben; eine Ausnahme gelte nur für unwirksame (Karlsruhe aaO) oder wegen arglistiger Täuschung angefochtene Vergleiche.

35 Unzulässig ist der Antrag ferner im Rahmen des **Opportunitätsprinzips** (oben 3); dies gilt auch dann, wenn die StA die Tat bei Bejahung des öffentlichen Interesses verfolgen kann, wie nach § 376, und zwar selbst dann, wenn sie zunächst das Verfahren betrieben, später aber eingestellt hat (KG JR **67**, 392 mit Anm Kohlhaas). Gegenstandslos wird der Antrag, wenn die Tat, derentwegen der Antragsteller die Erhebung der öffentlichen Klage anstrebt, inzwischen Gegenstand eines gerichtlichen Strafverfahrens geworden ist, sei es auf Anklage einer anderen StA, sei es durch Übergang von einem gerichtlichen Bußgeld- zu einem Strafverfahren nach § 81 OWiG. Das Gleiche gilt, wenn er vor der Entscheidung zurückgenom-

men wird (Einl 116). In diesen Fällen ergeht entspr Feststellungsbeschluss ohne Kostenentscheidung (§ 177).

12) Die **Wiederaufnahme der Ermittlungen** durch die StA auf Grund des Antragsvorbringens ist zulässig. Wird Anklage erhoben, ist der Antrag gegenstandslos; der Antragsteller wird damit aber nicht so gestellt, als sei sein Antrag erfolgreich gewesen (**aM** München NStZ **86**, 376; erg 9 zu § 395). Nach hM erledigt sich der Antrag aufgrund prozessualer Überholung auch dann, wenn ungewiss bleibt, ob die Ermittlungen zur Anklageerhebung führen werden (Bamberg wistra **16**, 123 mwN; NStZ **10**, 590; Brandenburg NStZ-RR **05**, 45; Jena NStZ-RR **07**, 223; KK-Moldenhauer 57; LR-Graalmann-Scheerer 116). Dies erscheint zweifelhaft, da der Antragsteller nicht nur die Wiederaufnahme der Ermittlungen, sondern eine Entscheidung nach § 175 erstrebt (vgl Hamm NStZ-RR **99**, 148; München NStZ **86**, 376 sowie Bamberg NStZ **89**, 543; erg 2 zu § 175). 36

13) Die **Wiederholung** des gesamten Klageerzwingungsverfahrens ist uU zulässig, wenn die StA das Ermittlungsverfahren nach der Verwerfung des Antrags auf gerichtliche Entscheidung wiederaufgenommen und dann erneut eingestellt (Nürnberg MDR **64**, 524; Zweibrücken MDR **87**, 341 L), aber nicht schon, wenn sie die Wiederaufnahme von Ermittlungen abgelehnt hat (Düsseldorf NStE Nr 26). Diese Wiederaufnahme ist ohne weiteres zulässig, wenn der Antrag vom OLG als unzulässig verworfen worden ist (Köln NStZ **03**, 682). Bei Verwerfung nach § 174 I jedoch kann die StA das Ermittlungsverfahren nur auf Grund neuer Tatsachen oder Beweismittel wiederaufnehmen (§ 174 II; Kleinknecht Bruns-FS 179, 189), sei es von Amts wegen, sei es auf erneute Vorstellungen des Antragstellers. Nur wenn der Antragsteller die Wiederaufnahme durch Nova veranlasst hat, kann er nach erneuter Einstellung des Ermittlungsverfahrens wiederholt von I und II Gebrauch machen, um nachprüfen zu lassen, ob die Nova genügen (Frankfurt NStZ-RR **03**, 268; Köln aaO; vgl auch 5 zu § 211). 37

14) Teilantrag: Für einen Teil der Tat (§ 264) ist der Antrag nicht zulässig (Frankfurt NStZ-RR **01**, 20 L; Karlsruhe NJW **77**, 62; Bliesener NJW **74**, 874; Meyer-Goßner JR **77**, 216; Solbach DRiZ **84**, 476; **aM** Hamm NJW **74**, 68, 69; MDR **65**, 765), ebenso wenig zur Einbeziehung eines bestimmten rechtlichen Gesichtspunkts (Karlsruhe aaO); denn die Prüfung im Eröffnungsverfahren (§ 203) und das weitere Verfahren beziehen sich auch auf den nach Meinung des Verletzten zu Unrecht nicht berücksichtigten Teil. 38

15) In **Staatsschutzsachen**, die zur Zuständigkeit des OLG im 1. Rechtszug gehören (§ 120 GVG), ist keine förmliche Einstellungsbeschwerde zulässig, wohl aber der Antrag auf gerichtliche Entscheidung an das örtlich zuständige OLG (Stuttgart NStZ **06**, 117), gleichviel, ob die Einstellungsverfügung vom GStA bei diesem OLG oder vom GBA (§ 142a GVG) erlassen worden ist. Eine Beschwerde gegen den Beschluss des OLG ist nicht zulässig (BGH MDR **92**, 549 [S]; NStZ **03**, 501; NStZ-RR **04**, 228 [B]). 39

Verfahren des Gerichts nach Antragstellung

173 I Auf Verlangen des Gerichts hat ihm die Staatsanwaltschaft die bisher von ihr geführten Verhandlungen vorzulegen.

II **Das Gericht kann den Antrag unter Bestimmung einer Frist dem Beschuldigten zur Erklärung mitteilen.**

III **Das Gericht kann zur Vorbereitung seiner Entscheidung Ermittlungen anordnen und mit ihrer Vornahme einen beauftragten oder ersuchten Richter betrauen.**

1) Das **Verfahren** des Gerichts steht in seinem pflichtgemäßen Ermessen (BVerfG NStZ **02**, 606). Der GStA ist stets vor der Entscheidung zu hören (§ 33 II). Er kann seine Entscheidung, gegen die sich der Antrag richtet, ändern, solange 1

§ 174

das OLG nicht entschieden hat. Für eine entspr Anwendung der Vorschriften des Verwaltungsprozessrechts Würdinger HRRS **16**, 29.

2 2) Die **Beteiligung des Beschuldigten (II)** zu Beginn des gerichtlichen Verfahrens ist in der vorgesehenen Form Ermessensentscheidung. Seine Anhörung ist aber erforderlich, bevor dem Antrag stattgegeben wird, wie sich aus § 175 S 1 ergibt (BVerfGE **42**, 172). Ist das rechtliche Gehör zu Unrecht unterblieben, so kann der Mangel in dem auf die Anklage eingeleiteten gerichtlichen Verfahren nicht mehr geheilt werden (BVerfG aaO). Er muss vielmehr ggf nach § 33a im gerichtlichen Klageerzwingungsverfahren selbst behoben werden. Entbehrlich ist die Beteiligung insbesondere, wenn der Antrag unzulässig ist.

3 3) **Lückenschließende Beweiserhebungen (III)** werden vom OLG veranlasst, wenn sie erwarten lassen, dass sich der hinreichende Tatverdacht ergibt (Düsseldorf VRS **77**, 226; vgl auch KG NStZ **90**, 355; Rackow GA **01**, 485 zur Klärung der Verletzteneigenschaft). Wie die Ermittlungen geführt werden können, legt III abschließend fest (erg aber 2 zu § 175). Zu dem Beweisergebnis muss der Antragsteller gehört werden, bevor es zu seinem Nachteil verwertet wird (§ 33 III; Einl 23 ff).

Verwerfung des Antrags

174 I Ergibt sich kein genügender Anlaß zur Erhebung der öffentlichen Klage, so verwirft das Gericht den Antrag und setzt den Antragsteller, die Staatsanwaltschaft und den Beschuldigten von der Verwerfung in Kenntnis.

II Ist der Antrag verworfen, so kann die öffentliche Klage nur auf Grund neuer Tatsachen oder Beweismittel erhoben werden.

1 1) **Nur bei Verwerfung des zulässigen Antrags** gilt § 174. Ergibt die vorgeordnete Zulässigkeitsprüfung (34, 35 zu § 172), dass der Antrag als unzulässig zu verwerfen ist, so erhalten der Antragsteller und der GStA den Beschluss, der Beschuldigte nur, wenn er beteiligt worden ist (§ 173 II). Der Verwerfung des Antrags als unzulässig kommt nicht die Wirkung des II zu (AK-Moschüring 13; LR-Graalmann-Scheerer 15; **aM** Hamm MDR **65**, 930; Stuttgart MDR **91**, 79 unter Verwechslung von Sperrwirkung und Antragsrecht, vgl LR-Meyer-Goßner[23] 14; unten 6).

2 2) **Kein genügender Anlass:** Dazu 1 ff zu § 170; auch hier ist also hinreichender Tatverdacht erforderlich (Rostock NStZ-RR **96**, 272). Der Antrag wird bei dessen Fehlen als unbegründet verworfen, verbunden mit der Kostenentscheidung nach § 177. Betrifft der Antrag eine Straftat, die von Amts wegen zu verfolgen ist, und ist er schlüssig begründet (§ 172 III S 1), stellt das OLG aber nur den hinreichenden Tatverdacht für ein Privatklagedelikt oder eine OWi fest, so wird der Antrag als unbegründet (nicht als unzulässig) verworfen (Celle NdsRpfl **63**, 258). Wenn sich dagegen schon aus der Begründung ergibt, dass kein strafrechtliches Offizialdelikt in Betracht kommt, ist der Antrag unzulässig (SK-Wohlers 8). Beruht die Antragsberechtigung nur auf einer Straftat oder Rechtsverletzung von mehreren, die in der Tat enthalten sind (1 ff zu § 264), so ist diese doch ganz und in jeder Beziehung Gegenstand der Prüfung (1, 37 zu § 172).

3 3) Eine **Einstellung des Verfahrens** in entspr Anwendung des § 153 II (mit Zustimmung des GStA) ist nicht zulässig (Hamburg VRS **38**, 442; KK-Moldenhauer 4; LR-Graalmann-Scheerer 9; **aM** Braunschweig NJW **58**, 1361; NStZ **14**, 174; Celle MDR **85**, 249; Hamm NJW **75**, 1984; Stuttgart MDR **82**, 954). Sie wäre systemwidrig (LR-Meyer-Goßner[23] 5) und nicht sachgerecht, nachdem StA und GStA von dieser Möglichkeit keinen Gebrauch gemacht hatten (LR-Graalmann-Scheerer 10). Die Geringfügigkeit berechtigt auch nicht zur Verwerfung des Antrags als unzulässig oder unbegründet (**aM** Köln NJW **91**, 764 mwN; SK-

Wohlers 7). Auch § 153a II darf das OLG nicht entspr anwenden (AK-Moschüring 8; **aM** Stuttgart NJW 97, 3103).

4) Bekanntzumachen ist der Beschluss nach § 174 dem Antragsteller, der StA und dem Beschuldigten; diesem auch, wenn er von dem Ermittlungsverfahren oder dem Klageerzwingungsverfahren nichts weiß, weil er von der Schutzwirkung des II Kenntnis erhalten soll. Förmliche Zustellung ist nicht vorgeschrieben (§ 35 II).

5) Unanfechtbar ist der Beschluss nach § 174 (vgl Einl 115; BGH 2 ARs 349/15 vom 10.2.2016). Auch Gegenvorstellungen (23 vor § 296) sind durch II ausgeschlossen (Nürnberg MDR **66**, 351). Jedoch kann der Antrag auf gerichtliche Entscheidung uU wiederholt werden (36 zu § 172).

6) Wirkung (II): Bei Verwerfung aus sachlichen Gründen kann die StA die Klage nur auf Grund neuer Tatsachen und Beweismittel erheben (Einl 182). Dieser (beschränkte) Strafklageverbrauch tritt nur wegen der Offizialdelikte ein – insoweit aber gegen alle durch die Tat Verletzten (Koblenz NStZ-RR **98**, 339) –, nicht hinsichtlich der Privatklagedelikte, die durch die Entscheidung nicht berührt werden (Celle NdsRpfl **63**, 258; Gössel 103). „Neu": dem OLG bei seinem Beschluss nicht bekannt (3, 4 zu § 211; 30 zu § 359). Ein neues Beweismittel liegt auch dann vor, wenn ein bereits früher vernommener Zeuge entgegen seiner früheren Aussage andere, für die Entscheidung bedeutsame Angaben macht (Hamburg NJW **63**, 1121). Das neue Material muss erheblich sein (SK-Wohlers 13). Vgl zu § 211 und zu § 359 Nr 5. Macht der Verletzte bei der StA neue Tatsachen und Beweismittel geltend, so prüft die StA, ob das Vorbringen im Zusammenhang mit den früheren Ermittlungen einen durch tatsächliche Anhaltspunkte konkretisierten Verdacht begründet, der durch weitere Ermittlungen zum hinreichenden Verdacht werden kann (4 zu § 160). Über Wiederholung des Klageerzwingungsverfahrens vgl 37 zu § 172. In den Grenzen des beschränkten Strafklageverbrauches gilt auch das europarechtliche Doppelbestrafungsverbot des Art 54 SDÜ (Hieramente StraFo **14**, 445, 453; erg Einl 177a–c).

Wenn ein **Verfahrenshindernis** zur Verwerfung des Antrags führt, entsteht zwar kein Strafklageverbrauch (Einl 172); die Entscheidung steht aber einer neuen Strafverfolgung entgegen, wenn und solange ihr nicht durch Nova die Grundlage entzogen ist (vgl Einl 166; 1 zu § 211).

Anordnung der Anklageerhebung

175 [1] **Erachtet das Gericht nach Anhörung des Beschuldigten den Antrag für begründet, so beschließt es die Erhebung der öffentlichen Klage.** [2] **Die Durchführung dieses Beschlusses liegt der Staatsanwaltschaft ob.**

1) Nach Anhörung des Beschuldigten: Für ihre Form gilt § 173 II. Die Anhörung ist notwendig, wenn das OLG erwägt, dem Antrag stattzugeben; sonst gilt die Kann-Vorschrift des § 173 II. Hat der Beschuldigte einen Verteidiger, so kann die Mitteilung mit dem Anheimgehen der Äußerung an diesen gerichtet werden (§ 145a). Dem Antragsteller braucht die Stellungnahme des GStA nicht mitgeteilt zu werden, es sei denn, dass es nach § 33 III notwendig ist (BVerfGE **19**, 36; Einl 28, 29).

2) Anordnung der öffentlichen Klage: Der Beschluss des OLG muss das Wesentliche enthalten, das die StA in ihre Klage aufzunehmen hat (§ 200). Mit der Anordnung, die Ermittlungen wieder aufzunehmen, kann das Klageerzwingungsverfahren nicht beendet werden, es sei denn, die StA habe rechtsirrtümlich bisher von der Durchführung von Ermittlungen abgesehen (KG NStZ **90**, 356; Braunschweig wistra **93**, 33; Brandenburg VRS **114**, 374; Hamm StV **02**, 128; Koblenz NStZ **95**, 50; Köln NStZ **03**, 682; München NJW **07**, 3734; Stuttgart Justiz **03**, 270; Zweibrücken NZV **01**, 387; LR-Graalmann-Scheerer 17; Rieß NStZ **86**,

437; **90**, 10; Stoffers NStZ **93**, 499; **aM** München StraFo **14**, 422 mit Anm Strate; AK-Moschüring 4; SK-Wohlers 2; Kuhlmann NStZ **81**, 193). Ob die Wiederaufnahme der Ermittlungen durch die StA das Klageerzwingungsverfahren regelmäßig erledigt, ist str (dafür die wohl hM, siehe nur Jena NStZ-RR **07**, 223; Bamberg wistra **16**, 123 mwN; dagegen Hamm NStZ-RR **99**, 148; näher 36 zu § 172).

3 3) **Auszuführen** hat die StA den Beschluss. Ihr obliegt auch die Auswahl des Gerichts nach den §§ 24 ff GVG (Koblenz VRS **63**, 359, 361). Sie ist an den Beschluss in tatsächlicher und rechtlicher Hinsicht gebunden und kann das Verfahren nicht mehr nach §§ 153 I, 153a I einstellen. Jedoch sind das Gericht und die StA nach Klageerhebung nicht gehindert, § 153 II anzuwenden oder nach § 153a II zu verfahren. Zurücknehmen darf die StA die Klage nicht mehr, weil sie dadurch den Beschluss des OLG vereiteln würde, es sei denn, dass sie die Klage nur alsbald bei einem anderen zuständigen Gericht erheben will. Ist die Erhebung der Klage angeordnet, so stehen dem Strafbefehlsverfahren idR Bedenken entgegen.

4 4) **Nach Erhebung der Anklage** bindet der Inhalt des Beschlusses weder die StA noch das Gericht (Karlsruhe NJW **77**, 62), auch nicht das OLG, selbst wenn es nach § 210 II erneut mit der Sache befasst wird. Der Beschluss des OLG wird gegenstandslos, wenn die Tat, derentwegen Anklage erhoben werden soll, inzwischen Gegenstand eines gerichtlichen Strafverfahrens geworden ist (35 zu § 172).

Sicherheitsleistung durch den Antragsteller

176 I ¹ Durch Beschluß des Gerichts kann dem Antragsteller vor der Entscheidung über den Antrag die Leistung einer Sicherheit für die Kosten auferlegt werden, die durch das Verfahren über den Antrag voraussichtlich der Staatskasse und dem Beschuldigten erwachsen. ² Die Sicherheitsleistung ist durch Hinterlegung in barem Geld oder in Wertpapieren zu bewirken. ³ Davon abweichende Regelungen in einer auf Grund des Gesetzes über den Zahlungsverkehr mit Gerichten und Justizbehörden erlassenen Rechtsverordnung bleiben unberührt. ⁴ Die Höhe der zu leistenden Sicherheit wird vom Gericht nach freiem Ermessen festgesetzt. ⁵ Es hat zugleich eine Frist zu bestimmen, binnen welcher die Sicherheit zu leisten ist.

II Wird die Sicherheit in der bestimmten Frist nicht geleistet, so hat das Gericht den Antrag für zurückgenommen zu erklären.

1 1) **Durch besonderen Beschluss**, der einen zulässigen Antrag voraussetzt, kann vor der Entscheidung in der Sache Sicherheit verlangt werden, bei deren Nichtleistung der Antrag vom OLG für zurückgenommen erklärt wird (II). Dies gilt nicht, wenn dem Antragsteller Prozesskostenhilfe bewilligt ist (§ 122 I Nr 2 ZPO iVm § 172 III S 2 Hs 2).

2 2) **Für die Kosten des Klageerzwingungsverfahrens** kann Sicherheit verlangt werden, also zur Sicherung der Vollstreckung der Kostenentscheidung nach § 177. Solche Kosten können durch Untersuchungshandlungen nach § 173 III entstehen, zB durch Sachverständigengutachten.

3 3) Die **Art der Sicherheitsleistung** erfolgt nach I S 2 durch Hinterlegung in barem Geld oder in Wertpapieren oder nach I S 3 unbar (vgl dazu 4a zu § 116a).

Kosten

177 Die durch das Verfahren über den Antrag veranlaßten Kosten sind in den Fällen der §§ 174 und 176 Abs. 2 dem Antragsteller aufzuerlegen.

1 1) **Antrag ohne Erfolg:** In den angegebenen Fällen ergeht die Kostenentscheidung, nicht bei Erledigung des Antrags infolge Wiederaufnahme der Ermittlungen durch die StA (Schleswig SchlHA 86, 106 [E/L]; Koblenz NStZ 90, 48; zw Rieß NStZ 90, 9f), jedoch auch dann, wenn der Antrag zurückgenommen wird (Düsseldorf JZ 89, 452; Koblenz OLGSt § 172 Nr 9; SK-Wohlers 2; Rieß NStZ 90, 9; aM KG NStE Nr 1; Celle OLGSt Nr 3 mit abl Anm Rieß; München JurBüro 83, 1209; Zweibrücken MDR 85, 250; KK-Moldenhauer 1). Wird der Antrag aus formellen Gründen als unzulässig verworfen, so werden dem Antragsteller ebenfalls keine Kosten auferlegt (Bremen MDR 84, 164; Koblenz NJW 77, 1461, 1462; NJW 85, 1409; wistra 85, 83). Das hat seinen Grund darin, dass in diesem Fall eine Gebühr nach dem KVGKG nicht anfällt und der Antragsteller seine notwendigen Auslagen ohnehin selbst zu tragen hat. Stirbt der Antragsteller vor der Entscheidung des OLG, so ist das Verfahren einzustellen (SK-Wohlers 7; aM Weber A. Kaufmann-GedSchr 781), eine Kostenentscheidung ergeht nicht (Düsseldorf GA 84, 129); dasselbe gilt bei Tod des Beschuldigten (SK-Wohlers aaO).

2) Die veranlassten Kosten: Es handelt sich um die Gebühr nach Nr 3200 KVGKG, die Kosten etwaiger Ermittlungen (§ 173 III) und die notwendigen Auslagen des Beschuldigten im OLG-Verfahren (§ 464a II; Koblenz NStZ 90, 48 mwN; Stoffers JurBüro 93, 644); zur Frage, inwieweit Verteidigerkosten geltend gemacht werden können, vgl Rieß NStZ 90, 8.

3) Antrag mit Erfolg: Es ergeht keine Entscheidung über die durch das Verfahren beim OLG veranlassten Kosten. Der Antragsteller kann sich aber als Nebenkläger dem gerichtlichen Verfahren anschließen (§ 395 I Nr 3). Seine notwendigen Auslagen fallen bei Verurteilung – und nur dann – idR dem Angeklagten zur Last (§ 472 I). Dazu gehören auch die durch den Antrag veranlassten Kosten; denn es kommt bei den notwendigen Auslagen des Nebenklägers nur auf deren Notwendigkeit für die Rechtsverfolgung, nicht auf den Zeitpunkt der Entstehung an (erg 8 zu § 472). Das gilt auch, wenn das Verfahren durch Strafbefehl erledigt wird (Rieß NStZ 90, 9). Bei Anordnung der Wiederaufnahme der Ermittlungen durch das OLG (2 zu § 175) ergeht keine Kostenentscheidung (Stoffers JurBüro 93, 645), auch nicht bei Wiederaufnahme der Ermittlungen durch die StA (Brandenburg NStZ-RR 05, 45; Jena NStZ-RR 07, 223).

Dritter Abschnitt. Gerichtliche Voruntersuchung

178–197 (weggefallen)

Vierter Abschnitt. Entscheidung über die Eröffnung des Hauptverfahrens

Vorbemerkungen

1) Im Eröffnungsverfahren (Zwischenverfahren) – Einl 63 – prüft das Gericht, welche Verfahren auf Grund der Anklage durchgeführt und welche zur Vermeidung unnötiger Hauptverfahren schon vorher beendet werden sollen („Filterfunktion" des Zwischenverfahrens, vgl Rieß Rolinkski-FS 239; Weidemann v. Heintschel-Heinegg-FS 499). Mit der Eröffnung des Hauptverfahrens, dh mit der Zulassung der Anklage (§ 207), wird der Verfahrensstoff bestimmt und die Rechtshängigkeit erzeugt (1 zu § 156). Warum es trotz der Filterfunktion der §§ 170, 203 in etwa 3% aller gerichtlichen Strafverfahren zu einem Freispruch kommt, bedürfte einer empirisch-rechtsdogmatischen Untersuchung (Kinzig Kerner-FS 727).

2) Die immer wieder erhobene Forderung, Eröffnungsrichter und Richter der Hauptverhandlung personell zu trennen, wird insbesondere etwa Schünemann GA 78, 161; zuletzt Traut/Nickolaus StraFo 12, 51; Vormbaum ZIS 15, 328) könnte zwar der postulierten Gefahr einer Vorfestlegung der Tatsachenrichter entgegenwirken und zu einer Aufwertung des Zwischenverfahrens beitragen. Allerdings ist anzunehmen, dass sie auch zu einer merklichen Verlängerung führen würde. Da dieser Vorschlag zudem zusätzliche richterliche Ressourcen erforderte und eine Arbeitsverdoppelung zur Folge hätte – der Richter der Hauptverhandlung müsste wie der Eröffnungsrichter wieder die gesamten Akten durcharbeiten –, hat er kaum Aussicht auf Verwirklichung.

198 (weggefallen)

Entscheidung über die Eröffnung des Hauptverfahrens

199 ¹ Das für die Hauptverhandlung zuständige Gericht entscheidet darüber, ob das Hauptverfahren zu eröffnen oder das Verfahren vorläufig einzustellen ist.

II ¹ Die **Anklageschrift** enthält den Antrag, das Hauptverfahren zu eröffnen. ² Mit ihr werden die Akten dem Gericht vorgelegt.

1   1) Die **StA wendet sich** stets an das nach ihrer Beurteilung für das Hauptverfahren zuständige Gericht (§ 200 I S 2). Die Anklageschrift ist Voraussetzung für das weitere Verfahren (BGH **5**, 227; Einl 148).

2   2) **Mit den Akten** wird die Anklageschrift dem Gericht vorgelegt. Dazu gehören alle Vorgänge, die die Polizei nach § 163 II S 1 übersandt hat (dort 23, 24), sowie die bei der StA entstandenen Vorgänge mit Ausnahme der Handakten. Die StA hat insoweit kein Auswahlrecht, sie darf kein be- und entlastendes Material zurückhalten (BGH StraFo **09**, 338;, braucht aber die für diesen Beschuldigten bedeutungslosen Vorgänge nicht vorzulegen (str, ausführlich dazu Meyer-Goßner NStZ **82**, 356; erg 18 zu § 147). Dementsprechend sind Beiakten nur beizufügen, wenn ihr Inhalt von Bedeutung für die Schuld- oder Rechtsfolgenfrage sein kann (BGH **30**, 131, 139; Frankfurt NJW **82**, 1408; LG Hannover StV **15**, 683); unter den Voraussetzungen des § 96 kann allerdings die Herausgabe von Akten oder Aktenteilen verweigert werden (Frankfurt aaO; Geißer GA **83**, 400; Schäfer NStZ **90**, 46; **aM** LR-Lüderssen/Jahn 57 ff zu § 147 mwN; vgl auch BVerfGE **63**, 45; SK-Paeffgen 5). Zur Dauer der Aufbewahrung von Spurenakten nach vorläufiger Einstellung des Ermittlungsverfahrens vgl Schnarr ZRP **96**, 128.

3   3) **Entscheidung:** Für beide angegebenen Entscheidungsmöglichkeiten gibt es mehrere Entscheidungsformen (1 ff zu § 204).

Inhalt der Anklageschrift   RiStBV 110–113, 280

200 I ¹ Die Anklageschrift hat den Angeschuldigten, die Tat, die ihm zur Last gelegt wird, Zeit und Ort ihrer Begehung, die gesetzlichen Merkmale der Straftat und die anzuwendenden Strafvorschriften zu bezeichnen (Anklagesatz). ² In ihr sind ferner die Beweismittel, das Gericht, vor dem die Hauptverhandlung stattfinden soll, und der Verteidiger anzugeben. ³ Bei der Benennung von Zeugen ist deren Wohn- oder Aufenthaltsort anzugeben, wobei es jedoch der Angabe der vollständigen Anschrift nicht bedarf. ⁴ In den Fällen des § 68 Absatz 1 Satz 2, Absatz 2 Satz 1 genügt die Angabe des Namens des Zeugen. ⁵ Wird ein Zeuge benannt, dessen Identität ganz oder teilweise nicht offenbart werden soll, so ist dies anzugeben; für die Geheimhaltung des Wohn- oder Aufenthaltsortes des Zeugen gilt dies entsprechend.

II ¹ In der Anklageschrift wird auch das wesentliche Ergebnis der Ermittlungen dargestellt. ² Davon kann abgesehen werden, wenn Anklage beim Strafrichter erhoben wird.

Übersicht

	Rn
1) Funktion und Aufbau der Anklageschrift	1–3
A. Bezeichnung Verfahrensgegenstand (Umgrenzungsfunktion)	2
B. Adressat	3
C. Inhalt	4
2) Anklagesatz (I S 1)	5–15
A. Angaben zur Person	6
B. Tatbegriff	7–10
C. Gesetzliche Merkmale der Straftat	11
D. Anzuwendende Strafvorschriften	12–14
E. Nebenbeteiligte	15
3) Beweismittel (I S 2 – 5)	16, 16a
4) Wesentliches Ergebnis der Ermittlungen (II)	17–22
5) Weitere Förmlichkeiten	23, 24
6) Mängel der Anklageschrift	25–27
7) Ordnungswidrigkeiten	28
8) Mitteilungspflichten	29

1) Funktion und Aufbau der Anklageschrift (dazu Heghmanns 759 ff; **1** Pfeiffer Bemmann-FS 582 ff):

A. **Bezeichnung des Verfahrensgegenstandes:** Die Anklageschrift unterrich- **2** tet den Angeschuldigten über den gegen ihn erhobenen Vorwurf (Informationsfunktion) und bezeichnet in persönlicher und sachlicher Hinsicht den Gegenstand, über den das Gericht im Eröffnungsverfahren zu entscheiden hat (**Umgrenzungsfunktion;** BGH **40**, 390, 392; NStZ **17**, 551; LR-Stuckenberg 3 ff). Die Umgrenzungsfunktion dient dazu, die Tat als unverwechselbaren geschichtlichen Vorgang zu kennzeichnen (BGH NStZ **17**, 551; erg 7). Bei Zulassung der Anklage (§ 207) bezeichnet die Anklageschrift in persönlicher und sachlicher Hinsicht den Gegenstand des Hauptverfahrens (§§ 207, 243 III, 264). Eine weitere Anklageschrift kann nachgereicht werden, wenn die Verbindung beider Sachen nach § 4 beantragt wird. Bei der Abfassung muss der Eindruck vermieden werden, als handele es sich um ein endgültiges Untersuchungsergebnis.

B. **Adressat:** Die Anklageschrift wird adressiert an das AG – Strafrichter – im **3** Fall des § 25 GVG und sonst an den Vorsitzenden des für die Entscheidung über die Eröffnung des Hauptverfahrens zuständigen Gerichts (§ 199); auch der Spruchkörper (zB WirtschaftsStrK, JugK) ist zu bezeichnen (RiStBV 110 III S 2). Hält die StA bei Anklage zum LG die Mitwirkung eines 3. Richters für geboten (§ 76 II GVG), ist dies anzuregen (RiStBV 113 III).

C. **Inhalt:** Der Hauptteil der Anklageschrift ist der Anklagesatz (I S 1). Ihm **4** folgt die Angabe der Beweismittel (I S 2) und der 2. Teil, zu dem das wesentliche Ergebnis der Ermittlungen gehört (II). Am Ende enthält die Anklageschrift die Anträge der StA auf Eröffnung des Hauptverfahrens (§ 199 II S 1) und ggf auf Erlass oder Aufrechterhaltung eines Haft- oder Unterbringungsbefehls (§ 207 IV). Vor diesen Anträgen werden zweckmäßigerweise die Bestimmungen des GVG angegeben, aus denen sich die Zuständigkeit des angegangenen Gerichts ergibt.

2) Der **sog Anklagesatz (I S 1)** ist der wesentliche Inhalt der Anklageschrift, **5** was vor allem § 243 III zeigt (vgl auch §§ 114 II Nr 1, 2, 270 II, 383 I S 2). Zur Unzulässigkeit eines zu langen (weil Beweiswürdigung enthaltenden) Anklagesatzes vgl BGH NJW **87**, 1209; erg 2 zu § 30 GVG.

A. Die **Angaben zur Person (§ 409 I S 1 Nr 1)** enthalten die in **6** RiStBV 110 II Buchst a bezeichneten Daten. Auch der Name des Verteidigers ist in geeigneter Weise anzugeben (RiStBV 110 II Buchst b).

B. Der Begriff der **Tat** entspricht dem des § 264 (BGH StraFo **11**, 395; 1 StR **7** 194/11 vom 9.8.2011). Die Tat wird also mit Zeit und Ort sowie weiteren Einzelheiten der Tatbegehung (2 StR 409/16 vom 4.4.2017) als historisches Ereignis in der Weise geschildert, dass die Identität des gemeinten geschichtlichen Vorgangs

(BGH **5**, 227) klargestellt wird (BGH **16**, 47, 48; **29**, 124, 126). Die Tat muss sich von anderen gleichartigen strafbaren Handlungen desselben Täters unterscheiden lassen; fehlt es daran, ist die Anklage unwirksam (BGH StraFo **19**, 206; StV **15**, 148; BGHR Tat 3). Es darf nicht unklar bleiben, über welchen Sachverhalt das Gericht nach dem Willen der StA urteilen soll (BGH 1 StR 194/11 vom 9.8. 2011). Dabei muss die Schilderung umso konkreter sein, je größer die allgemeine Möglichkeit ist, dass der Angeschuldigte verwechselbare weitere Straftaten gleicher Art verübt hat (BGHR Tat 4 und 7; NStZ-RR **18**, 353 mwN).

7a **Wann** die Tat in dem beschriebenen Sinne **hinreichend umgrenzt** ist, kann nicht abstrakt, sondern nur nach Maßgabe der Umstände des Einzelfalls beurteilt werden; aus der besonderen rechtlichen Ausgestaltung eines Deliktstatbestandes kann sich ergeben, dass erhöhte Anforderungen zu stellen sind (BGH NStZ **18**, 347 mwN). Die Ausführungen im wesentlichen Ergebnis der Ermittlungen dürfen bei der Überprüfung herangezogen werden (BGH **46**, 130, 134; StraFo **19**, 206; 2 StR 242/16 vom 26.4.2017; NStZ-RR **18**, 353). Unrichtigkeiten bei der Tatzeitangabe können unschädlich sein (Karlsruhe MDR **82**, 248; Köln VRS **107**, 312; vgl auch Celle NStZ **15**, 603 mit krit Anm Mosbacher zu § 95 II Nr 2 AufenthG), uU auch das völlige Fehlen der Angaben, wenn die Tat durch andere Umstände ausreichend konkretisiert wird (BGH 2 StR 459/10 vom 1.6.2011 mwN). Auf eine Verfolgungsbeschränkung nach § 154a I wird in der Anklageschrift hingewiesen (RiStBV 101a III). Kommt wahldeutige Verurteilung (27 zu § 260) in Betracht, so müssen sowohl bei gleichartiger (BGH **32**, 146) als auch bei ungleichartiger (Celle NJW **88**, 1225) Wahlfeststellung beide Taten angeklagt werden, falls es sich um selbstständige Taten iS des § 264 handelt (Schröder NJW **85**, 780: 15 zu § 264). Anklage in Wahlfeststellung setzt aber voraus, dass die beiden Sachverhalte im Verhältnis exklusiver Alternativität stehen (Stuttgart NJW **96**, 2879). Enthält der Anklagesatz weitere Angaben, die nicht die angeklagte prozessuale Tat, sondern einen anderen Lebensvorgang betreffen, wird dieser hierdurch nicht zum Verfahrensgegenstand (BGH StV **18**, 103, 104). Zum notwendigen Inhalt der Anklageschrift zur Erfüllung der Umgrenzungsfunktion wegen einer Steuerhinterziehung vgl BGH NStZ **13**, 409, wegen § 266a BGH 1 StR 370/17 vom 9.1.2018 mit Anm Lange StV **18**, 1; 5 StR 538/17 vom 12.4.2018; 2 StR 242/16 vom 26.4.2017; Mayer/Carra NZWiSt **18**, 281; wegen Untreue BGH NStZ **18**, 347 mit Anm Bittmann; wegen Insolvenzverschleppung BGH NStZ **18**, 347.

8 a) **Jedes gesetzliche Merkmal** des (äußeren und inneren) Tatbestandes wird mit dem entspr (äußeren oder inneren) Vorgang oder Zustand belegt. Die Darstellung der Tat wird gestrafft, da sie nur das Thema der Hauptverhandlung in tatsächlicher Hinsicht angeben soll. Einzelheiten des Tatgeschehens, die hierfür entbehrlich sind, werden in den Anklagesatz nicht aufgenommen. Eine Anklageschrift, die hiergegen verstößt, darf das Gericht nicht zulassen (BGH JZ **87**, 316). Ob im Steuerstrafverfahren nur die Höhe oder auch die Berechnung der verkürzten Steuer angegeben werden muss, ist str (verneinend Bay NStZ **92**, 403, bejahend Düsseldorf NJW **89**, 2145; NStZ **91**, 99), vgl dazu – unter Darstellung der bisherigen Rspr – Karlsruhe wistra **94**, 319.

9 b) **Vielzahl von Handlungen oder Verletzten**: Bei einer Vielzahl von Handlungen gegenüber demselben Geschädigten müssen die einzelnen Taten deutlich voneinander abgegrenzt werden (BGH NStZ **97**, 331 [K]; **15**, 96; **16**, 745; NJW **10**, 308). Bei einer Serie von Straftaten muss daher zunächst versucht werden, die einzelnen Taten nach konkreten Tatbildern zu beschreiben (BGH NStZ **94**, 352), vgl zB bei Anklage wegen Betrugs (BGH **57**, 88; NStZ **06**, 624), wegen Bestechung (BGHR § 200 I S 1 Tat 10), wegen Hehlerei (Hamm wistra **01**, 236), wegen sexueller Handlungen gegenüber Kindern (BGH NStZ **95**, 200; 245; **96**, 294; **99**, 208; 520; **05**, 282; KG StV **16**, 547; Düsseldorf NStZ **96**, 298; Koblenz NJW **95**, 3066), wegen Verstößen gegen das BtMG (BGH NStZ **95**, 96; Düsseldorf JMBlNW **95**, 237), wegen Fahrens ohne Fahrerlaubnis Köln VRS **90**, 288; Zweibrücken MDR **96**, 956). Wenn das nicht möglich ist, die einzelnen Taten nach Tatbegehung oder Tatort also nicht individualisierbar sind, weil sie sich stets in derselben Weise am selben Ort abgespielt haben, muss eine zeitliche Eingrenzung vorgenommen werden (vgl BGH NStZ **14**, 49; Düsseldorf StraFo **96**, 151). Lassen sich auch insoweit keine genauen Feststellungen mehr treffen, ist nach dem Zweifelsgrundsatz von Mindestzahlen auszugehen (zB mindestens 10 Mal von Mai bis Juli 1994; unklar BGH **40**, 44 mit abl Anm Peters NStZ **94**, 591: Höchstzahl angeben). Bei einer Vielzahl sexueller Übergriffe gegenüber Kindern genügt die Anklageschrift ihrer Umgrenzungsfunktion, wenn der Verfahrensgegenstand durch die Festlegung des zeitlichen Rahmens der Tatserie, die Nennung der Höchstzahl der innerhalb dieses Zeitraums begangenen Taten und die wesentlichen Grundzüge des Tatgeschehens bestimmt wird (vgl BGH NStZ-RR **18**, 291 L). Ist eine Vielzahl von Personen verletzt oder getötet worden, so müssen die festgestellten Geschädigten aufgezählt oder so bezeichnet werden, dass die Tat insgesamt genügend konkretisiert ist; eine sonstige Generalklausel genügt nicht (vgl BGH **10**, 137; JZ **67**, 643; NStZ **84**, 229; Stuttgart Justiz **93**, 266). Zu § 266a StGB hält der BGH es allerdings nicht für erforderlich, dass die Anklage die betroffenen Arbeitnehmer individualisiert, sondern für ausreichend, sie pauschal den jeweiligen Sozialversicherungsträgern zuzuordnen (BGH NStZ **18**, 338 mit krit Anm Lange StV **19**, 1; vgl auch BGH 2 StR 242/16 vom 26.4.2017; Mayer/Carra NZWiSt **18**, 281. Im Übrigen kann ein etwaiger Mangel einer solchen Rahmenklage durch § 154a geheilt werden (Bauer JZ **67**, 625, 628; Bruns Grützner-GebGabe 473). Was die Tatzeit angeht, muss wenigstens der Zeitraum angegeben werden, über den sich die Tat insgesamt erstreckt hat (BGH MDR **72**, 752 [D]).

Auch bei einer **Vielzahl gleichförmiger Taten oder Tateinzelakte** ist nach 9a der Entscheidung des GrS des BGH (**56**, 109) eine einengende Auslegung des I S 1 in Bezug auf die Individualisierung der Taten, wie sie dem 1. StS des BGH vorschwebte, ausgeschlossen; er hat die Meinung des 1.StS abgelehnt, es sei ausreichend, wenn über die Angabe der Zahl der Taten, des Gesamtschadens und des gesamten Tatzeitraums hinaus die gleichartigen Taten gruppiert bezeichnet werden und wenn die Einzelheiten im wesentlichen Ermittlungsergebnis detailliert (etwa tabellarisch) aufgelistet werden (BGH NJW **08**, 2131; dagegen Ziegert Schöch-FS 879; BGH NStZ **09**, 703; NStZ-RR **10**, 313 mit abl Anm Lesch; zust auch Kröpil DRiZ **10**, 369). Auch in diesen Fällen ist also eine Auslagerung der Details in das wesentliche Ergebnis der Ermittlungen nicht zulässig (BGH **56**, 183; NStZ **11**, 420; Börner NStZ **11**, 437; siehe allerdings auch BGH NZWiSt **17**, 190 [2. StS] zur Erfüllung der Umgrenzungsfunktion bei sog uneigentlichen Organisationsdelikten sowie BGH NStZ **17**, 551, wonach es einer individualisierenden Beschreibung sämtlicher Einzelakte nicht bedürfe, wenn diese durch dieselbe Handlung des Angeschuldigten zu gleichartiger Tateinheit und damit prozessual zu einer Tat verbunden seien). Einschränkungen lässt der GrS nur bei § 243 III S 1 zu (dort 13). Zur Behandlung der Revision unten 26, 27. Zur Fassung der Anklage bei einem sog Organisationsdelikt vgl Oldenburg NStZ **06**, 467.

c) **Rechtsfolgenrelevante Tatsachen:** Zur Schilderung der Tat iS RiStBV 10 110 II Buchst c gehören an sich nicht die Merkmale und Umstände, die die Rechtsfolgen betreffen. Um den Angeschuldigten umfassend zu informieren, auf welche Rechtsfolgen er sich einstellen muss, werden – auch zur Entlastung der Hauptverhandlung von Hinweisen nach § 265 – in der Praxis aber auch solche Tatsachen mit aufgenommen, wie zB die Darlegung der Voraussetzungen des § 21, in Betracht kommender Maßregeln der Besserung und Sicherung oder eines besonders schweren oder minder schweren Falls (LR-Stuckenberg 32; Reuther Eisenberg-FS 443; Rieß GA **07**, 379). Mit Blick auf § 265 II Nr 1 gilt dies auch für die Maßnahmen der Einziehung und der Unbrauchbarmachung (§ 11 I Nr 8).

C. **Gesetzliche Merkmale** der Straftat sind die abstrakten Tatbestandsmerkma- 11 le der anzuwendenden materiell-rechtlichen Strafvorschriften. Ihre Angabe bezweckt, dem Beschuldigten aufzuzeigen, dass sich die Schilderung der vorgeworfenen Tat und die tatbezogenen gesetzlichen Strafbarkeitsvoraussetzungen decken.

§ 200

Bei der Angabe der gesetzlichen Merkmale sind auch die Bestimmungen zu berücksichtigen, die den nach der Auffassung der StA zu erwartenden Schuldspruch qualifizieren, zB Versuch, Teilnahmeform, Tateinheit, Tatmehrheit (Kaiser NJW **81**, 1028). Entspr der in der Praxis übl Aufnahme der Tatsachen, die die in Betracht kommenden Rechtsfolgen betreffen (oben 10), sind deren gesetzl. Merkmale hier zu bezeichnen, zB §§ 21 oder 61 ff oder 243 StGB (KK-Schneider 16).

12 D. **Anzuwendende Strafvorschriften:** Dazu gehören 2 Teile:

13 a) Die **rechtliche Bezeichnung** der Straftat, wie sie in der Urteilsformel zur Bezeichnung des Schuldspruchs nach § 260 IV S 1, 2 enthalten sein muss. Ob die Straftat ein Vergehen oder Verbrechen ist (§ 12 I, II StGB), muss nicht, sollte aber – zumindest bei Verbrechen – angegeben werden. Da der Anklagesatz – wie im Fall der späteren Verurteilung der Schuldspruch – den strafrechtlichen Vorwurf enthält, sollten für die rechtliche Bezeichnung der Tat die für den Schuldspruch geltenden Regeln angewendet werden (22 ff zu § 260). Hat ein Tatbestand mehrere Begehungsformen, so muss angegeben werden, welche Tatbestandsalternative gemeint ist (BGH NStZ **84**, 133; **85**, 464).

14 b) Die **gesetzliche Bezeichnung** wie beim Urteil (§ 260 V, dort 54) und beim Strafbefehl (§ 409 I S 1 Nr 4). Für die Anklageschrift ist die gesonderte Zusammenstellung der anzuwendenden Strafbestimmungen in einer Liste nicht vorgeschrieben, aber zu empfehlen. Vorschriften über bloße Straffolgen der tatbestandsmäßigen Handlung, Hinweise auf die gesetzliche Strafdrohung der Tat und andere Bestimmungen, die gleichermaßen für alle in Betracht kommenden Straftaten gelten, müssen in die Anklageschrift nicht aufgenommen werden (BGH **29**, 124, 126). Das gilt insbesondere für Nebenstrafen und -folgen nach §§ 44, 45 StGB und Maßnahmen nach §§ 73 ff StGB (vgl BGH **22**, 336, 338; **aM** KMR-Seidl 21). Rechtsfolgen, die außer der Tat besondere tatsächliche Umstände voraussetzen (vgl etwa §§ 63 ff, 125a, 243 StGB), sind jedoch entspr § 265 II mit der Gesetzesbezeichnung anzuführen; auch auf § 57a StGB ist hinzuweisen, falls die besondere Schuldschwere bejaht werden soll (vgl Kintzi DRiZ **93**, 343). Die Liste der anzuwendenden Strafvorschriften steht am besten am Ende des Anklagesatzes. Sie wird in die Verlesung des Anklagesatzes (§ 243 III S 1) miteinbezogen. Auf eine Ausscheidung einzelner Gesetzesverletzungen nach § 154a I weist die StA in der Anklageschrift hin (RiStBV 101a III Hs 2).

15 E. **Nebenbeteiligte** (Einl 73) sind mit identifizierenden Angaben zur Person anzuführen. Soweit ihre Beteiligung am gerichtlichen Verfahren von deren Anordnung abhängt, wird sie in der Anklageschrift beantragt. Ferner ist die tatsächliche und rechtliche Grundlage für die gegen sie in Betracht kommende Maßnahme darzulegen. Das gilt für den Einziehungsbeteiligten (§ 424 I S 1), den Nebenbetroffenen (§ 438 I) und die JP oder PV (§ 444; dort 4). Ihnen wird die Anklageschrift auch mitgeteilt (7 zu § 201; 4 zu § 426).

16 3) **Beweismittel (I S 2 bis 5):** Verzeichnet werden die wesentlichen persönlichen und sachlichen Beweismittel (Einl 49). Bei den Zeugen und Sachverständigen sind die Namen und Anschriften anzugeben, die sich aus § 68 (dort 8) ergibt (KMR-Seidl 33, 34; **aM** Schweckendieck NStZ **02**, 414), wobei es sich der Angabe der vollständigen Anschrift nicht bedarf (I S 3). Der StA gibt nur die Beweismittel an, deren Verwendung in der Hauptverhandlung er für notwendig hält (RiStBV 111 I). Soll nach seiner Auffassung ein Zeuge oder Sachverständiger nicht geladen, sondern anstelle seiner Vernehmung eine Niederschrift oder Erklärung verlesen werden (§§ 251 I, II, 256), so wird nur das Schriftstück unter den Urkunden als Beweismittel aufgeführt. Wenn der Vorsitzende (§ 214) nicht alle benannten oder noch andere Zeugen oder Sachverständige lädt, erhalten die Beteiligten durch die Mitteilung nach § 222 I Kenntnis hiervon. Der Gerichtshelfer wird – von besonderen Ausnahmefällen abgesehen – nicht als Zeuge und sein Bericht nicht als Urkunde angeführt (26 zu § 160).

Aus Gründen des **Zeugenschutzes** kann statt des Wohnortes nach § 68 I S 2, 16a
II S 1 eine ladungsfähige Anschrift angegeben werden ((I S 4; vgl 2, 10 zu § 68).
Falls die Identität des Zeugen nach § 68 III ganz oder teilweise geheim gehalten
werden soll (vgl 14 ff zu § 68), ist dies anzugeben (I S 5); Angeklagter und Gericht
werden dadurch schon mit der Anklage unterrichtet, dass auch Aussagen geschützter Zeugen in die Hauptverhandlung eingeführt werden sollen (Hilger NStZ 92,
459).

4) Der 2. Teil der Anklageschrift enthält das **wesentliche Ergebnis der Er-** 17
mittlungen (ieS, § 200 II) und die täterbezogenen Rechtsfolgentatsachen, und
zwar in dieser Reihenfolge, die auch bei der Beweisaufnahme einzuhalten ist. Er ist
bestimmt einerseits für den Angeklagten und seinen Verteidiger (vgl unten 21),
andererseits für das über die Eröffnung des Hauptverfahrens entscheidende Gericht.

Anzuführen sind die Tatsachen samt Beweisgrundlage, aus denen sich der hin- 18
reichende Tatverdacht (1 zu § 170, § 203) ergibt. Dabei können Nebenumstände
der Tat, ihre Vorgeschichte und Daten aus der Lebensgeschichte des Beschuldigten
angeführt werden, soweit sie von Bedeutung sind. Bloß formelhafte Wendungen
genügen nicht, wie zB: „Der Angeschuldigte leugnet zwar, wird aber durch die
Beweismittel überführt werden."

Aufzunehmen sind ferner die **persönlichkeitsbezogenen Rechtsfolgenum-** 19
stände (RiStBV 110 II Buchst g; oben 10). Dazu gehören auch, falls Geldstrafe in
Betracht kommt, die Grundlagen für die Bestimmung der Höhe des Tagessatzes
(§ 40 II StGB); ferner die Tatsachen, die für die Anordnung einer Nebenstrafe,
Maßregel oder Nebenfolge (die nach der Liste der Strafvorschriften [oben 14] in
Betracht kommt) von Bedeutung sind; ebenso die verwertbaren Vorstrafen oder
sonstigen Erkenntnisse aus dem Zentralregister und dem Erziehungsregister.
Rechtliche Ausführungen gehören im Allgemeinen nicht in diesen Abschnitt. Sie
sind aber angebracht, wenn es sich um Streitfragen von wesentlicher Bedeutung
handelt (vgl auch LR-Stuckenberg 61).

Der **Bericht des Gerichtshelfers** (§ 160 III S 2) wird nicht in das wesentliche 20
Ergebnis der Ermittlungen aufgenommen. Dass rechtsfolgenrelevante Umstände
(auch) in diesem Bericht erwähnt sind, hindert aber nicht ihre Anführung im wesentlichen Ergebnis der Ermittlungen.

Auch zur Vorbereitung des rechtlichen Gehörs (§ 33 III) im Wege des 21
§ 201 I vor einem etwaigen Eröffnungsbeschluss dient die Angabe des wesentlichen
Ergebnisses der Ermittlungen. Daher ist von der Ausnahme des II S 2 für Strafrichtersachen (§ 25 GVG) nur dann Gebrauch zu machen, wenn bei einfacher Beweislage die Mitteilung des Anklagesatzes zusammen mit der Angabe der Beweismittel
den Erfordernissen des § 33 III genügt. Darauf beruht RiStBV 112 I.

Für die Schöffen ist der 2. Teil der Anklageschrift nicht bestimmt (BGH **13,** 22
73; GA **60,** 314; RiStBV 126 II S 3; 7, 49 zu § 261). Die Trennung dieses Teils
vom Anklagesatz ist nach hM auch notwendig, weil durch Beweiswertungen ein
Schöffe befangen werden könnte (vgl aber 2 zu § 30 GVG).

5) Weitere Förmlichkeiten, I S 2; § 199 II; RiStBV 110 III, IV. Die An- 23
gaben über UHaft werden in der Praxis idR im Kopf der Anklageschrift an auffälliger Stelle vermerkt, ggf mit Angabe des nächsten Haftprüfungstermins. Sie gehören aber nicht zum Anklagesatz und dürfen nicht in der Hauptverhandlung verlesen werden (15 zu § 243). Der Antrag zur Frage der Fortdauer
einer gegenwärtig vollzogenen UHaft (§ 207 IV) wird mit dem Antrag auf Eröffnung des Hauptverfahrens verbunden. Die Anklageschrift muss vom StA unterschrieben sein (Einl 128); das Fehlen der Unterschrift ist aber unschädlich, wenn
die Anklage mit Wissen und Wollen des zuständigen Beamten der StA zu den
Akten gereicht worden ist (München StraFo **11,** 226).

Ein **Geheimvermerk** der StA auf der Anklageschrift ist zulässig, auch mit ei- 24
nem auf den konkreten Fall zugeschnittenen, für den Beschuldigten bestimmten
Hinweis auf Strafbestimmungen, erforderlichenfalls mit Auflagen zum Schutz des
Geheimnisses (vgl BGH **18,** 369, 373; RiStBV 213). Jedoch darf die Verteidigung,

§ 200 Zweites Buch. 4. Abschnitt

zB die Akteneinsicht (§ 147), dadurch nicht beschränkt werden; äußerstenfalls ist von § 153d Gebrauch zu machen. Vgl auch 8 zu § 35; ferner zu § 174 III GVG.

25 **6) Mängel der Anklageschrift:** Es ist zu unterscheiden zwischen Nichterfüllung der Funktion der Anklageschrift und bloß äußeren oder aufteilungsmäßigen Mängeln (vgl dazu Kuckein StraFo **97**, 33 ff).

26 **A. Funktioneller Mangel = Mangel der Umgrenzungsfunktion** (oben 2): Fehlt es an der genügenden Identifizierung des Angeschuldigten, so gibt das Gericht die Anklageschrift zurück; dasselbe gilt bei mangelnder Identifizierung der Tat (BGH NJW **54**, 360, 361; BGHR § 200 I S 1 Anklagesatz 4), sofern nicht Auslegung nach dem in der Anklageschrift niedergelegten wesentlichen Ermittlungsergebnis genügt (BGH **5**, 227; **10**, 137; **57**, 138, 139; NJW **10**, 308; Düsseldorf VRS **87**, 358). Auf die mündliche Ergänzung in der Hauptverhandlung braucht sich das Gericht nicht verweisen zu lassen (Stuttgart Justiz **83**, 266). Wird der Mangel nicht behoben, ist die Eröffnung des Hauptverfahrens abzulehnen; dies gilt namentlich, wenn die StA eine „Nachbesserung" verweigert (Frankfurt NStZ-RR **03**, 146; Celle StV **12**, 456; Karlsruhe wistra **04**, 276, 279; LR-Stuckenberg 86; aM KK-Schneider 33: keinerlei Heilungsmöglichkeit). Wird der Mangel im Eröffnungsverfahren nicht durch Klarstellung behoben, so sind Anklageschrift und Eröffnungsbeschluss unwirksam, was zur Einstellung des Verfahrens führt; eine Klarstellung in der Hauptverhandlung kommt nicht in Betracht, da dies dem Anklageprinzip des § 151 widerspräche (BGH NStZ **18**, 347; KG StV **16**, 547; Oldenburg StV **10**, 511; vgl auch 11, 12 zu § 207; 16 zu § 243).

27 **B. Sonstige Mängel:** Sind im Anklagesatz Teile enthalten, die nicht hineingehören, so kann dies dem Sitzungs-StA Anlass geben, sie bei der Verlesung wegzulassen (16 zu § 243). Ein Mangel, der nur die Informationsfunktion (oben 2) der Anklage betrifft (Stuttgart Justiz **93**, 266), zB Fehlen der gesetzlichen Merkmale der Straftat oder der anzuwendenden Strafvorschrift (BGHR § 200 I S 1 Anklagesatz 5), fehlerhafte Ausgliederung der Tatdetails bei einer Vielzahl von gleichförmigen Taten oder Tateinzelakten in das wesentliche Ergebnis der Ermittlungen (oben 9a) sowie Mängel im Aufbau, in der Darstellung des wesentlichen Ergebnisses der Ermittlungen (BGH **40**, 390; anders aber bei dessen vollständigem Fehlen, LG Cottbus StV **14**, 332 mit zust Anm Eisenberg StV **14**, 724) oder im Äußeren der Anklageschrift (zB das versehentliche Unterlassen der Unterschrift, BGH 4 StR 323/17 vom 5.12.2017; München wistra **11**, 280; Düsseldorf wistra **93**, 352) machen die Anklageschrift nicht unwirksam (BGH **40**, 44; 390; **57**, 138, 139; Nürnberg StraFo **13**, 462; aM Düsseldorf JR **98**, 37 mit abl Anm Rieß; Schleswig StV **95**, 455; LG Dresden StV **96**, 203) und führen deswegen auch nicht zu einem Verfahrenshindernis (Einl 146, 154). Mängel dieser Art können daher auch weder die Ablehnung der Eröffnung des Hauptverfahrens zur Folge haben (Nürnberg StraFo **11**, 150; aM Rieß JR **98**, 41) noch mit der Revision geltend gemacht werden (BGH NStZ **95**, 19 [K]). Der Vorsitzende des Gerichts sollte aber die Anklage zur Mängelbeseitigung an die StA zurückgeben. Bei Beharren der StA hat die Mitteilung der Anklageschrift (§ 201 I) zu erfolgen (§ 201; vgl auch KK-Schneider 34: Rechtsverstoß der Gehörsverletzung im Eröffnungsbeschluss beheben). Falls das Gericht die Mitteilung der Anklageschrift ablehnt, steht der StA dagegen die (einfache) Beschwerde zu (Karlsruhe Justiz **98**, 535; Häger Meyer-GedSchr 174). Wird dieser stattgegeben, muss die Anklage zugestellt werden, wird sie verworfen, muss die StA eine berichtigte Anklage einreichen; weigert sich die StA auch jetzt noch, ist die Eröffnung des Hauptverfahrens abzulehnen.

28 **7) Auf eine Ordnungswidrigkeit** erstreckt die StA die öffentliche Klage bei Zusammenhang mit der Straftat nach Maßgabe der §§ 42, 64 OWiG (vgl RiStBV 280). Beide sind dann besondere Anklagepunkte mit gesonderten Anklagesätzen. Bei rechtlichem Zusammentreffen mit einer Straftat gelten die §§ 21, 40 OWiG. In diesem Fall wird die OWi in den Anklagesatz nur aufgenommen, wenn Nebenfolgen angestrebt werden (§ 21 I S 1 OWiG).

8) Eine Vielzahl von **Mitteilungspflichten**, etwa in Strafverfahren gegen Beamte nach § 49 BeamtStG, § 125c I, II BRRG (MiStra 15 I Nr 2, II) und gegen Ärzte, Zahnärzte sowie Tierärzte wegen Verstößen gegen das BtMG gemäß § 27 III S 1 Nr 2 BtMG (MiStra 50 I Nr 2), oder Mitteilungsermächtigungen, insbesondere nach §§ 12 ff **EGGVG**, hat die StA bei Anklageerhebung zu beachten; die Einzelheiten ergeben sich aus der MiStra (vgl die Erl zu §§ 12 ff EGGVG). 29

Übermittlung der Anklageschrift

201 I ¹Der Vorsitzende des Gerichts teilt die Anklageschrift dem Angeschuldigten mit und fordert ihn zugleich auf, innerhalb einer zu bestimmenden Frist zu erklären, ob er die Vornahme einzelner Beweiserhebungen vor der Entscheidung über die Eröffnung des Hauptverfahrens beantragen oder Einwendungen gegen die Eröffnung des Hauptverfahrens vorbringen wolle. ²Die Anklageschrift ist auch dem Nebenkläger und dem Nebenklagebefugten, der dies beantragt hat, zu übersenden; § 145a Absatz 1 und 3 gilt entsprechend.

II ¹Über Anträge und Einwendungen beschließt das Gericht. ²Die Entscheidung ist unanfechtbar.

1) Die **Mitteilung der Anklageschrift** mit der Aufforderung zur Erklärung (I) dient der Gewährung rechtlichen Gehörs (Einl 23 ff). Sie trägt auch dem Art 6 III **EMRK** Rechnung; zur Notwendigkeit der Beifügung einer fremdsprachigen Übersetzung vgl dort 18 und § 187 GVG. Ein Verzicht auf die Mitteilung ist unbeachtlich (Hamburg NStZ **93**, 53 mwN). Die Mitteilung ist auch dann erforderlich, wenn die Eröffnung des Hauptverfahrens voraussichtlich (zB wegen Vorliegens eines Verfahrenshindernisses) abgelehnt wird (KK-Schneider 9; SK-Paeffgen 4; **aM** Schleswig SchlHA **96**, 95 [L/T]), ebenso wenn die „Nachbesserung" der Anklage (26, 27 zu § 200) abgelehnt wird (LG Oldenburg NStZ-RR **11**, 150; **aM** Frankfurt NStZ-RR **03**, 147); denn der Angeschuldigte darf über den Vorgang der Anklageerhebung nicht im Dunkeln gelassen werden. In Staatsschutzsachen kann entspr § 174 III GVG ein Schweigegebot verhängt werden (KK-Schneider 5 mwN; 24 zu § 200). 1

A. Dem **Angeschuldigten** muss die Anklageschrift mitgeteilt werden. Hat er einen Verteidiger, so gilt § 145a I, III; zum Verfahren bei Notwendigkeit der Verteidigerbestellung vgl 21 zu § 141; 7, 37 ff zu § 142. Im Verfahren gegen Jugendliche erfolgt die Mitteilung auch an Erziehungsberechtigte und gesetzliche Vertreter (§ 67 II **JGG**). 2

B. Auch dem **Nebenkläger** (§ 395) und dem **Nebenklagebefugten** (§ 406h), letzterem allerdings nur auf seinen Antrag, muss die Anklageschrift mitgeteilt werden (I S 2). Statt an sie selbst, kann die Mitteilung auch an ihren Vertreter erfolgen (§ 145 I, III entspr). Nebenbeteiligte (Einl 73) erhalten nach §§ 435 II, 440 III, 444 II S 1, 2 die Anklageschrift erst mit der Terminsnachricht. 2a

C. Der **Vorsitzende** trifft die Anordnung nach I; bewirkt wird sie durch den UrkB. Unterlässt er die Mitteilung, dass es auf richterliche Anordnung handelt, so ist das unschädlich (Bremen JZ **55**, 680). Die förmliche Zustellung ist nur bei Mitteilung an den Angeschuldigten erforderlich, da die Fristbestimmung nach I eine richterliche Entscheidung iS des § 35 ist (Celle StV **98**, 531; Karlsruhe NJW **74**, 709, 712). 3

D. Die **Erklärungsfrist** muss angemessen sein. Maßgebend sind Umfang und Schwierigkeit der Sache (Krekeler wistra **85**, 56). Eine Wochenfrist ist idR mindestens erforderlich. Die Frist kann verlängert werden. Da sie keine Ausschlussfrist ist, werden Einwendungen und Anträge berücksichtigt, die nach ihrem Ablauf, aber vor Erlass (5 ff vor § 33) der Entscheidung nach §§ 203, 204 eingehen (Schleswig SchlHA **54**, 109; Krekeler aaO); auch sie müssen daher nach II S 1 beschieden werden (LR-Stuckenberg 21; Krekeler aaO). 4

§ 201 Zweites Buch. 4. Abschnitt

5   **2) Einwendungen und Beweisanträge:**

6   A. **Einwendungen** gegen die Eröffnung des Hauptverfahrens können etwa darin bestehen, dass das Fehlen des Tatverdachts aus tatsächlichen oder rechtlichen Gründen oder das Bestehen von Verfahrenshindernissen geltend gemacht, insbesondere der Zuständigkeitseinwand nach §§ 6a, 16 erhoben wird. Beweisanträge sollten entspr § 219 I S 1 bestimmte Tatsachen und Beweismittel angeben; notwendig ist dies jedoch nicht (Alsberg/Tsambikakis 586); sie dürfen nur zu dem Zweck gestellt werden, die Entscheidung nach den §§ 203, 204 vorzubereiten (vgl § 202 S 1). Nebenkläger und Nebenklagebefugte können zwar keine Einwendungen gegen die Eröffnung des Hauptverfahrens erheben (1 zu § 395); sie sind aber nicht gehindert, ihrerseits Beweisanträge zu stellen. Über solche Beweisanträge braucht das Gericht allerdings nicht förmlich nach II zu beschließen, da sich II nur auf die nach I 2. Hs an den Angeschuldigten gerichtete Aufforderung bezieht.

7   B. Ein **Beschluss des Gerichts** (II S 1) in der durch § 30 II, 76 I GVG vorgeschriebenen Besetzung, beim OLG in der Fünferbesetzung des § 122 II GVG (SK-Paeffgen 14; Kretschmer StraFo **13**, 187; **aM** KK-Schneider 16; LR-Stuckenberg 31: Dreierbesetzung), ist zur Entscheidung über Einwendungen und Anträge des Angeschuldigten erforderlich. Vor der Entscheidung ist die StA zu hören (§ 33 II). Äußert sich der Angeschuldigte schon vor Fristablauf, so kann sofort entschieden werden. Die Ablehnungsentscheidung, die nach § 34 begründet werden muss, kann mit der über die Eröffnung des Hauptverfahrens in einem gemeinsamen Beschluss verbunden werden. Einwendungen gegen die Annahme des hinreichenden Tatverdachts können stillschweigend durch den Erlass des Eröffnungsbeschlusses abgelehnt werden, nicht aber Beweisanträge (LR-Stuckenberg 39).

8   C. Die **Ablehnung von Beweisanträgen** ist stets gerechtfertigt, wenn die Beurteilung des hinreichenden Tatverdachts keine weiteren Beweiserhebungen erfordert. Eine Ablehnung mit dieser Begründung genügt (Köln JMBlNW **60**, 221). Die Ablehnungsgründe des § 244 III, IV gelten nicht (KK-Schneider 18; Kretschmer StraFo **13**, 187, 188; **aM** KMR-Seidl 26; Fezer 9/72), geben aber Anhaltspunkte für die Entscheidung (Paeffgen NStZ **02**, 282). Unzulässig ist die Ablehnung mit der Begründung, die Beweise würden ohnehin in der Hauptverhandlung erhoben, die Entscheidung werde dem Vorsitzenden nach § 219 vorbehalten (LR-Stuckenberg 37), die Beweistatsache werde in der Hauptverhandlung als wahr unterstellt (RG **73**, 193; Alsberg/Tsambikakis 620). Ein Hinweis auf das Antragsrecht nach §§ 219, 244 III ist nicht vorgeschrieben (**aM** KMR-Seidl 28), kann aber zweckmäßig sein. Nur die unzulässige Ablehnung löst Hinweispflichten aus. Der Vorsitzende, dem die Entscheidung nach § 219 vorbehalten wurde, muss den Angeklagten darauf aufmerksam machen, dass der Antrag wiederholt werden muss (RG **72**, 231, 233). Bei unzulässiger Wahrunterstellung ist ein Hinweis an den Angeklagten erforderlich, wenn das erkennende Gericht die Tatsache nicht als wahr behandeln will (LR-Stuckenberg 37).

9   **3) Unanfechtbar** ist die Entscheidung (II S 2), auch soweit Einwände nach §§ 6a, 16 zurückgewiesen werden. Die Einwände können aber in der Hauptverhandlung wiederholt werden. Die Unanfechtbarkeit bezieht sich auch auf die Ablehnung eines Antrags auf Verlängerung der Erklärungsfrist (Hamm NJW **77**, 210; Krekeler wistra **85**, 56), aber nicht auf die Entscheidung über die Eröffnung des Hauptverfahrens; für sie gilt § 210. Ist der Eröffnungsbeschluss ohne vorherige Zustellung der Anklageschrift an den Angeschuldigten erlassen worden, kann Antrag nach § 33a gestellt werden; die daraufhin ergangene sachliche Überprüfungsentscheidung ist unanfechtbar (KG StraFo **08**, 328; erg 10 zu § 33a).

10 Der Mangel der Mitteilung der Anklageschrift berechtigt den Angeklagten, die Aussetzung der Hauptverhandlung und Nachholung der unterlassenen Mitteilung zu verlangen (BGH NStZ **17**, 63); die Ablehnung begründet die **Revision** (Celle StV **98**, 531). Werden solche Anträge nicht gestellt, so ist davon auszugehen, dass der Angeklagte auf die Geltendmachung des Mangels verzichtet hat (BGH

NStZ **82**, 125; **aM** LR-Stuckenberg 46), es sei denn, der Angeklagte hatte keinen Verteidiger (Hamm und Stuttgart StV **03**, 490). Entsprechendes gilt für den Fall, dass ein ausländischer Angeklagter keine Übersetzung der Anklageschrift erhalten hat (Celle StraFo **05**, 30; Düsseldorf JZ **85**, 200; Karlsruhe StraFo **05**, 370). Dass ein Aussetzungsantrag gestellt und abgelehnt worden ist, muss in der Revisionsbegründungsschrift dargetan werden (Düsseldorf aaO). Die unzulässige Ablehnung von Beweisanträgen kann mit der Revision nicht gerügt werden, da das Urteil darauf nicht beruht. Die Verletzung von Hinweispflichten (oben 8) kann aber die Aufklärungsrüge (§ 244 II) begründen (7 zu § 219). Die versäumte Mitteilung der Anklageschrift nach I S 2 kann hingegen die Revision des Nebenklägers nicht begründen.

Anordnung ergänzender Beweiserhebungen

202 ¹Bevor das Gericht über die Eröffnung des Hauptverfahrens entscheidet, kann es zur besseren Aufklärung der Sache einzelne Beweiserhebungen anordnen. ²Der Beschluß ist nicht anfechtbar.

1) Einzelne, ergänzende Beweiserhebungen kann das Gericht, nicht der 1 Vorsitzende allein, von Amts wegen, ausnahmsweise schon vor der Mitteilung der Anklageschrift nach § 201 I (Celle MDR **66**, 781), oder auf Antrag (6 zu § 201) anordnen, soweit sie ihm vor der Entscheidung über die Eröffnung des Hauptverfahrens notwendig erscheinen (Meyer-Goßner NJW **70**, 415) und ihrer Art nach gesetzlich statthaft sind (Hamm MDR **74**, 509). Verpflichtet ist das Gericht dazu grundsätzlich nicht (Siewert/Mattheus DRiZ **93**, 357); hält es aber eine bessere Aufklärung für möglich, darf es die Eröffnung des Hauptverfahrens nicht einfach ablehnen, vielmehr muss es diese Aufklärung durch eigene Beweiserhebungen oder durch die StA (unten 3) vornehmen (Saarbrücken NStZ-RR **09**, 88; SK-Paeffgen 2; Beining HRRS **16**, 408; Eisenberg JZ **11**, 672; **aM** LG Köln StV **07**, 572 mit differenzierender Anm Rieß; Siewert/Mattheus aaO). Eine Nachholung wesentlicher Teile des Ermittlungsverfahrens kommt hingegen nicht in Betracht (Celle StV **12**, 456; Karlsruhe wistra **04**, 276, 279; LG Berlin NStZ **03**, 504; AG Gummersbach StraFo **14**, 511; Beining aaO). Auch bei Verletzung des § 163a I (dort 1) besteht keine Pflicht zur Rückgabe der Anklageschrift an die StA (**aM** Kempf DAV-FS 602). Über die Fortdauer der Ermittlungspflicht der StA vgl 16 zu § 162.

A. Die **Anordnung** bezeichnet die Zeugen und Sachverständigen, die noch zu 2 hören sind, und das Beweisthema. Das Gericht kann auch das Aufsuchen von Zeugen oder die Beschaffung anderer Beweismittel (zB Lichtbilder, Skizzen) anordnen. Auch die Vernehmung des Beschuldigten zu einer bestimmten Beweisfrage (aber nicht generell, vgl Meyer-Goßner StV **02**, 394 gegen Koch StV **02**, 222) kann angeordnet werden (Celle MDR **66**, 781). Einen „Anhörungstermin im Zwischenverfahren" (so Fischer StV **03**, 109) zur Vorbereitung der Hauptverhandlung kennt das Gesetz nicht (LR-Stuckenberg 4; vgl dagegen 1 vor § 212).

B. **Ausgeführt** wird die Anordnung durch Beweiserhebungen in entspr An- 3 wendung der §§ 223 ff (BGH VRS **36**, 356; Schleswig SchlHA **58**, 290; **aM** AK-Loos 8; LR-Stuckenberg 17); über eine Vernehmung ist ein Protokoll aufzunehmen (Hamburg StV **96**, 418; vgl 24 zu § 223). Das Gericht kann auch die StA bitten, selbst durch Ermittlungspersonen die erforderlichen Ermittlungen vorzunehmen. Verpflichtet ist die StA hierzu nicht (KG JR **66**, 230; Feizer 9/73; Schlüchter 411; Siewert/Mattheus DRiZ **93**, 355; **aM** LG Münster JR **79**, 40 mit zust Anm Peters; LR-Stuckenberg 16; SK-Paeffgen 7; Strate StV **85**, 340: Grundsätze der Amtshilfe gelten). Zulässig ist auch der Weg der Rechtshilfe (§§ 157–159 GVG). Ergeben sich in dem Zwischenverfahren nach § 202 neue Tatsachen oder Beweismittel, so ist § 33 III zu beachten.

§ 202a

4 2) Auch eine **kommissarische Vernehmung** nach §§ 223, 224 zur Beweissicherung für die Hauptverhandlung ist schon im Eröffnungsverfahren zulässig (10 zu § 223).

5 3) **Nach der Eröffnung des Hauptverfahrens** gelten die §§ 219–221. Über weitere Beweiserhebungen durch den Vorsitzenden im Zuge der Vorbereitung der Hauptverhandlung vgl 2 zu § 221. Auch die StA darf, ohne das gerichtliche Verfahren zu stören, noch weiterhin von sich aus ermitteln, wenn sich dies aufdrängt (BGH 5 StR 623/18 vom 7.5.2019 mit Anm Mosbacher JuS **20**, 128, 129 f; LG Münster JR **79**, 40 mit zust Anm Peters; Hildenstab NStZ **08**, 249 zutr gegen Strauß NStZ **06**, 556; **aM** Strate StV **85**, 337; einschr auch Odenthal StV **91**, 441: nur zum Zweck der Beweissicherung oder –sammlung).

6 4) **Die Unanfechtbarkeit** der Anordnung (S 2) erfasst auch die in einer solchen Anordnung etwa enthaltene Auswahl eines bestimmten Sachverständigen (Düsseldorf VRS **80**, 353). Auf einen Verstoß gegen § 202 kann die Revision nicht gestützt werden (LR-Stukenberg 22; Beining HRRS **16**, 409).

Erörterung des Verfahrensstands mit den Verfahrensbeteiligten

§ 202a ¹Erwägt das Gericht die Eröffnung des Hauptverfahrens, kann es den Stand des Verfahrens mit den Verfahrensbeteiligten erörtern, soweit dies geeignet erscheint, das Verfahren zu fördern. ²Der wesentliche Inhalt dieser Erörterung ist aktenkundig zu machen.

1 1) **Erörterung mit den Verfahrensbeteiligten:** Wie für das Ermittlungsverfahren in § 160b wird hier die Möglichkeit der Erörterung des Verfahrensstandes im Zwischenverfahren gestattet, wobei aber nun das Gericht beteiligt ist und dieses die StA und die Verfahrensbeteiligten (2 zu § 160b) zur Erörterung auffordert; die Anregung zu einem solchen Gespräch kann aber selbstverständlich auch von der StA oder einem anderen Verfahrensbeteiligten ausgehen (für Ausweitung der Kommunikation zwischen dem Gericht und den Verfahrensbeteiligten Kempf StraFo **14**, 107). Erörterungen mit nur einem von mehreren Mitangeschuldigten sind nicht verboten, müssen aber mit der gebotenen Zurückhaltung geführt werden, um jeden Anschein der Parteilichkeit zu vermeiden; jedenfalls sind aber die anderen Mitangeklagten tunlichst über die Erörterungen zu informieren (vgl BGH NStZ **09**, 701; StV **11**, 72; Schlothauer StraFo **11**, 492; vgl auch BGH StraFo **12**, 137). Hinsichtlich Durchführung und Aktenkundigmachen des Gesprächs gelten die Ausführungen zu § 160b entspr (dort 8). Einen Beispielsfall, wie ein solches Gespräch *nicht* aussehen soll, erörtert Salditt DAV-FS 794.

2 Die Erörterungen werden vornehmlich zur **Vorbereitung einer Verständigung** (§ 257c) geführt werden. Die gegen solche vorbereitenden Gespräche im Schrifttum erhobenen Bedenken (1 zu § 160b) sind damit beseitigt (**aM** SK-Paeffgen 6; Salditt StraFo **15**, 5). Der Erörterungstermin ist so zu gestalten, dass im Anschluss umgehend über die Eröffnung des Hauptverfahrens entschieden und die Hauptverhandlung anberaumt werden kann (Nürnberg StV **11**, 750). Die Gespräche lösen aber weder eine Bindung des Gerichts an dabei in Aussicht gestellte Strafober- oder -untergrenzen aus (vgl Altenhain/Haimerl StV **12**, 399), noch kann durch sie ein durch den fair-trial-Grundsatz geschützter Vertrauenstatbestand entstehen (BGH StV **11**, 645 mwN; NStZ **13**, 411; KK-Schneider 20); jedoch kann sich uU daraus die Verpflichtung ergeben, den Angeklagten auf ein beabsichtigtes Abweichen von einer früheren Ankündigung hinzuweisen (BGH NJW **11**, 3463). Zur Frage der Bindungswirkung bei Zusagen einer Einstellung nach § 154 II siehe 11 zu § 160b.

3 2) Beabsichtigt das Gericht, die **Eröffnung des Hauptverfahrens abzulehnen** (§ 204), ist eine vorherige Erörterung mit den Verfahrensbeteiligten überflüssig und unzulässig, was freilich nicht ausschließt, dass das Gericht bei der StA die Rücknahme der Anklage (2 zu § 156) anregen kann. Ist sich das Gericht aber noch unschlüssig, ob es die Anklage zulassen soll oder nicht, ob es sie teilweise oder mit rechtlichen Änderungen zulassen soll, kann eine Erörterung mit den Verfahrensbeteiligten zur Klärung strittiger Punkte sachdienlich sein (N/Sch/W-Schlothauer 10; **aM** Schroeder Paeffgen-FS 850); allerdings ist dann darauf zu achten, dass nicht die Hauptverhandlung durch eingehende Erörterung mit den Verfahrensbeteiligten gleichsam vorweggenommen wird, insbesondere darf diese Erörterung weder zu einer Nachholung wesentlicher Teile des Ermittlungsverfahrens führen (1 zu § 202), noch zu einem Anhörungstermin im Zwischenverfahren umfunktioniert werden (2 zu § 202).

3) „Gericht" sind nur die Berufsrichter, nicht die Schöffen; denn diese wirken hier – wie auch sonst – außerhalb der Hauptverhandlung nicht mit (§§ 30 I, 77 I GVG). Das ist auch hinnehmbar (krit jedoch Altenhain/Hagemeier/Haimerl NStZ 07, 74), weil *verbindliche* Vereinbarungen erst mit Zustimmung der Schöffen in der Hauptverhandlung getroffen werden können (BGH wistra **12**, 198; erg 23 zu § 257c) und dort zu ihrer Wirksamkeit protokolliert werden müssen (§ 273 I a S 1). Es ist aber auch nicht zu beanstanden, wenn bei der Großen StrK des LG und beim StS der OLG 1. Instanz insbesondere erste Anbahnungsgespräche einem der Richter, idR dem Vorsitzenden, als beauftragten Richter übertragen werden (BGH **59**, 252, 258; StV **11**, 202 mit Anm Schlothauer; **aM** KMR-Seidl 14; LR-Stuckenberg Nachtr 2); werden allerdings feste Vereinbarungen – zB über den in der Hauptverhandlung festzusetzenden Strafrahmen bei Ablegung eines Geständnisses – getroffen (was allerdings Salditt I. Roxin-FS 687 wohl für unzulässig hält), so sollten alle Richter daran beteiligt sein.

4) Der Vermerk (S 2) ist von einem Mitglied des Gerichts zu unterschreiben (Wenske DRiZ **12**, 201). Eine Beschwerde der Verfahrensbeteiligten ist weder gegen die Ablehnung noch gegen die Durchführung von Erörterungen zulässig. Ein Verstoß gegen § 202a ist nicht revisibel (Wenske aaO).

Eröffnungsbeschluss RiStBV 115

§ 203

Das Gericht beschließt die Eröffnung des Hauptverfahrens, wenn nach den Ergebnissen des vorbereitenden Verfahrens der Angeschuldigte einer Straftat hinreichend verdächtig erscheint.

1) Die Grundlage für den Eröffnungsbeschluss bilden im Rahmen der Anklage (Einl 37; 2 zu § 200) die vorangegangenen Ermittlungen, also die ganzen Akten, nicht bloß die Anklageschrift. Über besondere Verfahrensarten vgl Einl 63. Dass ein Eröffnungsbeschluss ergangen ist, stellt eine Prozessvoraussetzung (Einl 146) für das weitere Verfahren dar (BGH **10**, 278; **29**, 341, 342; NStZ **86**, 276). Es bedarf regelmäßig einer schriftlichen Niederlegung der Entscheidung, aus der sich – ggf iVm sonstigen Urkunden – mit Sicherheit erkennen lässt, dass die zuständigen Richter die Eröffnung des Hauptverfahrens tatsächlich beschlossen haben (BGH StV **17**, 785; vgl auch Hamburg StV **19**, 833 L: mündlich verkündete sowie protokollierte Willenserklärung reicht aus).

2) Hinreichender Verdacht besteht bei vorläufiger Tatbewertung (BGH **23**, 304, 306; Bay NStZ **83**, 123; Karlsruhe wistra **85**, 163, 164; **05**, 72, 73) in der Wahrscheinlichkeit der späteren Verurteilung (vgl 1 zu § 170; LR-Stuckenberg 10). Die gleiche hohe Wahrscheinlichkeit wie beim dringenden Tatverdacht iS §§ 112 I S 1, 126a I wird nicht vorausgesetzt (Celle StV **16**, 13; Koblenz OLGSt § 212 StGB Nr 1; KK-Schneider 4; Schlüchter 400; **aM** LR-Stuckenberg 13). Dabei besteht ein gewisser Beurteilungsspielraum (BGH NJW **70**, 1543; Saarbrücken NStZ-RR **09**, 88). Entlastende Einlassungen des Angeschuldigten, für deren Richtigkeit es keine zureichenden Anhaltspunkte gibt, können – wie bei der Beweiswürdigung im Urteil (6 zu § 261) – unberücksichtigt bleiben (BGH **54**, 275, 294); für *in dubio pro reo* (26ff zu § 261) ist bei einem Wahrscheinlichkeitsurteil noch kein Raum (Verrel JR **02**, 213; **aM** Schuhr JR **16**, 270). Jedoch kann der

§ 203   Zweites Buch. 4. Abschnitt

hinreichende Verdacht mit der Begründung verneint werden, dass nach Aktenlage bei den gegebenen Beweismöglichkeiten am Ende wahrscheinlich das Gericht nach diesem Grundsatz freisprechen wird (Bay NStZ **83**, 123; Karlsruhe StV **12**, 459). Nach Nürnberg NJW **10**, 3793 liegt es im „vertretbaren Entscheidungskorridor", schon auf Grund Aktenlage den einzigen Belastungszeugen einer besonderen Glaubhaftigkeitsprüfung zu unterziehen; jedoch ist bei ungefähr gleicher Wahrscheinlichkeit von Verurteilung und Nichtverurteilung das Hauptverfahren zu eröffnen (Koblenz NJW **13**, 98; Stuttgart Justiz **11**, 218; **15**, 11; 298), in dem die zweifelhafte Tatfrage zu klären ist (Koblenz aaO), und zwar vor dem höheren Gericht (Stuttgart NStZ-RR **12**, 117). Es muss für eine Straftat des Angeschuldigten einschließlich der Rechtswidrigkeit und der Schuld (§ 20 StGB) wahrscheinlich genügender Beweis vorliegen (Saarbrücken aaO), ohne dass ein persönlicher Strafausschließungs- oder -aufhebungsgrund gegeben ist (Celle NStE Nr 5). Beweisverwertungsverbote sind von Amts wegen ohne Widerspruch zu berücksichtigen (vgl BGH NJW **19**, 2627; Schlothauer aaO 763 ff). Auch darf kein Hindernis der Strafverfolgung vorliegen (Einl 141 ff). Ob dies der Fall ist, wird im Freibeweisverfahren geprüft, im Strengbeweisverfahren aber dann, wenn es auf die Klärung von Tatsachen ankommt, die die angeklagte Straftat betreffen (BGH **46**, 349; Köln NStZ-RR **17**, 150; dazu eingehend Paeffgen NStZ **02**, 281; erg 7 zu § 206a). Andere Gesichtspunkte, insbesondere außerprozessuale Interessen an der öffentlichen Erörterung bestimmter Vorgänge, bleiben außer Betracht.

3   **Entfällt der hinreichende Tatverdacht** nach Eröffnung des Hauptverfahrens, so berechtigt das nicht zur Aufhebung des Eröffnungsbeschlusses (LG Lüneburg NStZ **85**, 41; KK-Schneider 19 zu § 207; LR-Stuckenberg 45 ff zu § 207); der Angeklagte hat dann Anspruch auf ein freisprechendes Urteil (**aM** LG Kaiserslautern StV **99**, 13 mit verfehlten Erwägungen zur sonst angeblich unmöglichen Verfahrensbeendigung; LG Konstanz JR **00**, 306; Hohendorf NStZ **85**, 399 und Ulsenheimer NStZ **84**, 440 wollen die Zurücknahme des Eröffnungsbeschlusses bis zum Beginn der Hauptverhandlung zulassen; vgl auch SK-Paeffgen 14 zu § 206a).

4   **3) Fehlender Eröffnungsbeschluss:** Wenn dieser verlorengegangen ist, wird er durch einen seinen Inhalt feststellenden neuen Gerichtsbeschluss ersetzt (RG **55**, 160); ist das nicht möglich, ist das Verfahren einzustellen (Oldenburg NStZ **06**, 119). Ist ein Eröffnungsbeschluss überhaupt noch nicht erlassen worden, so kann er nach – abzulehnender (Meyer-Goßner Pv 13 und Eser-FS 378) – neuerer Rspr in der Hauptverhandlung nachgeholt werden (BGH **29**, 224; zust KK-Schneider 21 zu § 207; krit dazu Meyer-Goßner JR **81**, 214; **aM** auch SK-Paeffgen 4; SSW-Beulke Einl 108; Dahs Rev 244; vgl auch LR-Stuckenberg 57 ff zu § 207; Rieß NStZ **06**, 299; zw MüKoStPO-Kudlich Einl 376), wobei beim LG stets in der 3er Besetzung (ohne Schöffen) zu entscheiden ist (BGH **50**, 267; **60**, 248; NStZ-RR **06**, 146; **07**, 317; NStZ **12**, 50; **16**, 302; erg 8 ff zu § 76 GVG). Die Hauptverhandlung kann mit Zustimmung des Angeklagten und des Verteidigers – sodann nach Belehrung über die Möglichkeit, die Aussetzung der Hauptverhandlung zu beantragen (§§ 217 I, 218) – danach sogleich fortgesetzt werden (BGH aaO). Das soll auch gelten, wenn bereits mehrere Termine ohne Eröffnungsbeschluss stattgefunden haben, aber vertagt worden sind (Köln JR **81**, 213 mit abl Anm Meyer-Goßner, die aber Nachholung vor der letzten Hauptverhandlung verlangt). In der Berufungsverhandlung kann der Eröffnungsbeschluss nicht mehr nachgeholt werden (BGH **33**, 167; HansOLG StraFo **19**, 160). Bei der Entscheidung über die Revision zwingt das Fehlen des Eröffnungsbeschlusses zur Einstellung des Verfahrens; eine Zurückverweisung kommt nicht in Betracht (BGH **10**, 278, 279; NStZ **86**, 276; **87**, 239; **94**, 227 [K]; **16**, 302; 447; Bay **85**, 141; Bamberg StV **16**, 790 L; Zweibrücken StraFo **08**, 470; **aM** BGH **29**, 224, 228; zw Rieß NStZ **06**, 300). Dies gilt selbst dann, wenn das Tatgericht in der Hauptverhandlung nach § 154 II verfahren ist (BGH 5 StR 133/18 vom 5.6.2018).

5   **Es fehlt** auch – teilweise – an einer Eröffnung des Hauptverfahrens, wenn ein Verfahren einem anderen hinzuverbunden und in dem nachfolgenden Eröffnungs-

beschluss ausdrücklich ausschließlich auf die Anklage des früheren Verfahrens Bezug genommen wird; die Ladung von Zeugen in der Terminsverfügung, die in der Anklage des hinzuverbundenen Verfahrens genannt sind, bedeutet keine konkludente Eröffnung des Hauptverfahrens auch bezüglich jener Anklage (BGH NStZ-RR **17**, 86).

Nichteröffnungsbeschluss

204 ^I **Beschließt das Gericht, das Hauptverfahren nicht zu eröffnen, so muß aus dem Beschluß hervorgehen, ob er auf tatsächlichen oder auf Rechtsgründen beruht.**
^{II} **Der Beschluß ist dem Angeschuldigten bekanntzumachen.**

1) **Nur bei Ablehnung der Eröffnung** des Hauptverfahrens gilt § 204, nicht 1 dagegen, wenn das Gericht lediglich eine Unzuständigkeitserklärung wegen fehlender örtlicher Unzuständigkeit abgibt (4 zu § 16) oder ein Gericht höherer Ordnung oder höheren Rangs für zuständig hält (§§ 209 II, 209a). Der Nichteröffnungsbeschluss ist, wenn er wegen Fehlens einer Verfahrensvoraussetzung ergeht, eine Prozessentscheidung (vgl 47 zu § 260), sonst eine Sachentscheidung. Ob das eine oder das andere der Fall ist, gehört nicht in den Entscheidungssatz, sondern in die Begründung. Die Ablehnung der Eröffnung durch die auf Grund eines Zuständigkeitsstreits von dem Präsidium bestimmte StrK wegen fehlender „Eröffnungszuständigkeit" ist unzulässig (Düsseldorf MDR **84**, 73). § 206a ist hier unanwendbar (KG NStZ **16**, 374).

A. **Rechtsgründe:** Aus rechtlichen Gründen ist die Eröffnung abzulehnen, 2 wenn die Anklage funktionelle Mängel enthält (vgl 26 zu § 200), wenn ein Verfahrenshindernis vorliegt (Einl 142ff; KG NStZ **16**, 374), wenn der Sachverhalt keinen Straftatbestand erfüllt oder wenn auf Grund rechtlicher Erwägungen – zB weil ein Rechtfertigungs-, Schuldausschließungs- oder Strafaufhebungsgrund eingreift – eine Verurteilung des Angeschuldigten ausscheidet (Martin NStZ **95**, 528). Der nur vorübergehend unbekannte Aufenthalt des Angeschuldigten führt zur vorläufigen Einstellung nach § 205 (KG aaO; Schleswig SchlHA **84**, 102 [E/L]). Die ungewöhnlich lange Dauer des Ermittlungs- und Zwischenverfahrens kann im Extremfall die Ablehnung der Eröffnung zur Folge haben (LG Bad Kreuznach NJW **93**, 1725).

B. Aus **tatsächlichen Gründen** wird das Hauptverfahren nicht eröffnet, wenn 3 die Beweise keinen hinreichenden Tatverdacht gegen den Angeschuldigten zu begründen vermögen. Vgl dazu 1 ff zu § 170; 2 zu § 203.

C. Eine **Doppelbegründung** – Ablehnung sowohl aus tatsächlichen als auch 4 aus rechtlichen Gründen – ist unzulässig (hM; aM Martin NStZ **95**, 528); wegen § 211 muss klargestellt sein, worauf die Ablehnung beruht. Stehen sowohl tatsächliche als auch Rechtsgründe der Eröffnung entgegen, ist es eine Frage der Praktikabilität, welchen von ihnen der Vorzug gegeben wird (LR-Stuckenberg 16; Martin aaO). Auch das Fehlen einer Verfahrensvoraussetzung geht anderen Ablehnungsgründen nicht unbedingt vor (LR-Stuckenberg 15; Martin aaO); denn zB bei Verneinung des Tatbestandes einer Sachbeschädigung sollte nicht auf den ebenfalls fehlenden Strafantrag abgestellt werden müssen. Eine – deutlich als solche zu bezeichnende – Hilfsbegründung ist hingegen zulässig.

2) **Auch andere Entscheidungen** kommen in Betracht, wenn das Hauptver- 5 fahren nicht eröffnet wird, insbesondere die Einstellung des Verfahrens nach §§ 153 II, 153a II, 153b II, 153c IV, 153f III, ferner die vorläufige Einstellung nach §§ 154 II, 154b IV, 154e II oder nach § 205.

3) **Erschöpfend und gleichzeitig** muss die Entscheidung im Eröffnungsver- 6 fahren den Anklagestoff behandeln (Köln StraFo **95**, 55; Nürnberg MDR **72**, 967; 3 zu § 207), was aber eine Teilabtrennung (§ 2 II) nicht ausschließt (Celle wistra

§ 205 Zweites Buch. 4. Abschnitt

13, 405). Erforderlichenfalls beantragt die StA eine Ergänzung der Beschlussfassung. Eine teilweise Ablehnung der Eröffnung kommt nur in Betracht, wenn es sich um isd § 264 selbständige Taten handelt (München NJW **13**, 3799; erg 2 zu § 210).

7 **4) Der Nichteröffnungsbeschluss** muss in einer Verwechslungen ausschließenden Weise erkennen lassen, welche Tat (1 ff zu § 264) er betrifft, damit keine Zweifel über den Verbrauch der Strafklage entstehen (§ 211). Er muss außerdem die Ablehnungsgründe angeben (§ 34 iVm § 210 II).

8 **5) Nebenentscheidungen** können erforderlich sein:
9 A. **Aufhebung des Haftbefehls** (§ 120 I S 2, der auch im Fall des I gilt) oder des Unterbringungsbefehls (§ 126a III).
10 B. **Aufhebung einer Beschlagnahme**, sofern sie nicht für ein etwa zulässiges neues gerichtliches Strafverfahren (vgl zu § 211) oder für ein objektives Verfahren (§§ 435, 436) aufrechtzuerhalten ist.
11 C. **Kosten und Entschädigung:** §§ 464, 467, 469, 470; § 8 StrEG.
12 **6) Bekanntmachung** (§ 35 II): Dem StA ist der Beschluss nach § 204 zuzustellen (§§ 35 II S 1, 36 I). Dadurch wird die Frist des § 210 II in Lauf gesetzt. Daher gilt § 41 S 2. Auch dem Nebenkläger wird zugestellt (§§ 397 I S 2 iVm 385 I S 2), und zwar mit Rechtsmittelbelehrung (§ 35a; 6 zu § 210). Die Bekanntmachung an den Angeschuldigten nach II bedarf der förmlichen Zustellung, wenn der Beschluss selbstständig anfechtbare Nebenentscheidungen (zB § 8 III **StrEG**) enthält; auch sonst sollte er aber wegen der urteilsgleichen Wirkung zugestellt werden. Die Benachrichtigung des Verletzten regelt § 406d I.

Einstellung des Verfahrens bei vorübergehenden Hindernissen   RiStBV 104

205 ¹Steht der Hauptverhandlung für längere Zeit die Abwesenheit des Angeschuldigten oder ein anderes in seiner Person liegendes Hindernis entgegen, so kann das Gericht das Verfahren durch Beschluß vorläufig einstellen. ²Der Vorsitzende sichert, soweit nötig, die Beweise.

1 **1) Bei vorübergehenden Hindernissen** tatsächlicher oder rechtlicher Art für das Hauptverfahren gilt § 205, zB bei vorübergehender Verhandlungsunfähigkeit (Einl 97) und bei anderen vorübergehenden, in der Person des Beschuldigten liegenden Hindernissen, zB bei der Abschiebung des Angeklagten (Brandenburg NStZ-RR **05**, 49) oder bei der Rückkehr eines Ausländers in seine Heimat (Koblenz VRS **68**, 364) und Unmöglichkeit seiner Gestellung (vgl § 276; BGH **37**, 145, 146). Dabei handelt es sich nicht um Verfahrenshindernisse im technischen Sinn (Einl 60a, 141; unten 3). Dem Erlass eines Haftbefehls steht die vorläufige Einstellung nach § 205 daher nicht entgegen (BGH NStZ-RR **13**, 251, 253; Hanack JR **77**, 435). Auch kann Strafbefehl beantragt und erlassen werden. Jedoch entsteht ein Verfahrenshindernis, das zur Einstellung des Verfahrens führt (§ 206a), bei endgültiger Verhandlungsunfähigkeit des Angeschuldigten (BGH NJW **70**, 1981; Einl 97; vgl aber § 413).

2 **2) Vorab ist zu prüfen,** ob nicht aus anderen Gründen ein endgültiger Beschluss auf Nichteröffnung des Hauptverfahrens nach § 204 zu erlassen ist, zB wenn die Geisteskrankheit schon bei der Tat vorlag. Ist in einem solchen Fall das Hauptverfahren bereits eröffnet, so ist durch Urteil in der Hauptverhandlung freizusprechen oder, wenn es dazu wegen Verhandlungsunfähigkeit des Angeklagten nicht kommen kann, das Strafverfahren endgültig nach § 206a einzustellen, was den Weg für das Sicherungsverfahren nach § 413 freimacht (dort 1).

3 **3) Einen allgemeinen Grundsatz** enthält § 205, der in jeder Lage des Verfahrens gilt. Im vorbereitenden Verfahren gilt für die StA § 154f. Von der Kann-Bestimmung wird nur Gebrauch gemacht, wenn das Hindernis für längere Zeit

besteht. Sonst genügt – unter Berücksichtigung des Beschleunigungsgebotes (Bay NJW **78**, 176; Einl 160) – Zuwarten oder eine Entscheidung nach §§ 228, 229. Hat der Angeschuldigte seine Verhandlungsunfähigkeit (dazu eingehend Eisenberg Ostendorf-FS 297) selbst herbeigeführt, so kann § 231a die Fortsetzung des Verfahrens ermöglichen. Besteht das Hindernis in Abwesenheit, so kann, falls zulässig, das Verfahren durchgeführt werden nach §§ 232 I, 233, 350, 412. Die Möglichkeit, ein Berufungsverfahren nach §§ 40 III, 329 I abzuschließen, geht der Einstellung nach § 205 vor (Stuttgart MDR **82**, 775). Bei Auslandsaufenthalt kommt auch ein Ersuchen an den Aufenthaltsstaat um Übernahme des Verfahrens in Betracht, zB bei fahrlässiger Tötung durch Auslandsverkehrsdelikt. Zur Unterbrechung der Verjährung vgl § 78c I Nr 11 StGB. Über Mitteilung an den Verletzten vgl § 406d I, an den Anzeigenden vgl RiStBV 104 III iVm 103. Bestellung eines Verteidigers (§ 142) ist zulässig (LG Heilbronn StV **92**, 509).

4) Mit der einfachen Beschwerde (§ 304) ist der gerichtliche Einstellungsbeschluss für die StA und den Angeschuldigten anfechtbar, auch wenn er im Hauptverfahren ergeht (Düsseldorf StV **96**, 84); unanfechtbar ist er aber für den Nebenkläger (9 zu § 400). Das Gleiche gilt für die gerichtliche Ablehnung einer beantragten Einstellung, wenn der Beschluss im Eröffnungsverfahren ergeht; wird er im Hauptverfahren erlassen, so steht der Beschwerde § 305 S 1 entgegen (Frankfurt NJW **69**, 570). Dafür kann ggf ein Revisionsgrund nach § 338 Nr 8 bestehen (LR-Stuckenberg 48). Die vorläufige Einstellung kann nicht mit dem Ziel angefochten werden, das Beschwerdegericht prüfen und erstmals entscheiden zu lassen, ob § 206a anzuwenden ist (Celle MDR **77**, 161; 10 zu § 206a).

5) Die **Fortsetzung des Verfahrens** ist jederzeit möglich, und zwar von Amts 5 wegen oder auf Antrag der StA, selbst stillschweigend durch Vornahme neuer Ermittlungen, also ohne besonderen Aufhebungsbeschluss (**aM** LR-Stuckenberg 41). Während der Einstellung wird von Zeit zu Zeit geprüft, ob der Einstellungsgrund entfallen ist. Bei dieser Prüfung ist auch jeweils die Haftfrage miteinzubeziehen und ggf sicherzustellen, dass das Verfahren alsbald fortgesetzt wird, wenn der Einstellungsgrund wegfällt. Zu diesem Zweck kann auch die Aussetzung eines Haftbefehls nach § 116 aufgehoben werden, und zwar unabhängig davon, ob der Haftbefehl wegen Verstoßes gegen die Auflagen wieder in Vollzug gesetzt werden könnte (30 zu § 116). Auch wird, falls erforderlich, die Verjährung unterbrochen (§ 78c StGB).

6) Beweissicherung (S 2): Der Vorsitzende kann die Beweise selbst erheben 6 oder eine Anordnung treffen, die wie eine solche nach § 202 ausgeführt wird (dort 3). Die Beweissicherung kann ihre Schranken in anderen Verfahrenshindernissen finden, zB in der Immunität (vgl zu § 152a; Nau NJW **58**, 1670).

7) Mehrere Beschuldigte: Wenn die Voraussetzungen des § 205 nur für einen 7 von ihnen vorliegen, ist die vorläufige Einstellung hinsichtlich der anderen nicht zulässig. IdR wird dies ein Fall der Trennung der verbundenen Strafsachen sein (§§ 2 II, 4).

8) Bei **nicht in der Person des Beschuldigten liegenden Hindernissen** 8 oder Verfahrenshemmnissen anderer Art, zB Unauffindbarkeit, Verhinderung oder Vernehmungsunfähigkeit eines wesentlichen Zeugen, ist § 205 entspr anwendbar (BGH NStZ-RR **13**, 251; LR-Stuckenberg 32; SSW-Rosenau 6). Die teilw entgegenstehende Rspr (Düsseldorf JR **84**, 435; Frankfurt NStZ **82**, 218; Koblenz StV **93**, 513; München NJW **78**, 176; Stuttgart Justiz **01**, 552) unterscheidet nicht zwischen der sachlichen Berechtigung – dh der Frage, *ob* das Verfahren trotz des Hindernisses fortgeführt werden muss – und der prozessualen Befugnis, also was bei Verneinung der Notwendigkeit, das Verfahren fortzuführen, in formeller Hinsicht zu geschehen hat (Meyer-Goßner aaO; zust Loos JR **98**, 344; ähnlich LR-Stuckenberg 34); danach gilt: Steht ein Zeuge oder Sachverständiger in absehbarer Zeit nicht zur Verfügung, kommt die prozessual grundsätzlich zulässige Einstellung aus sachlichen Gründen nicht in Betracht; dann ist vielmehr die frühere Aussage des Zeugen nach § 251 zu verlesen (BGH NStZ **85**, 230; Düsseldorf StV **96**, 84) bzw das Verfahren ohne die Zeugenaussage fortzusetzen (Hamm NJW **98**, 1088). Nur wenn insofern keine Möglichkeit der Fortführung des Verfahrens gegeben ist, wird es nach § 205 vorläufig eingestellt (LG Düsseldorf StV **08**, 348).

9 9) Das **Revisionsverfahren ist nicht entspr** § 205 einzustellen, weil der Angeklagte vor der Verkündung des angefochtenen Urteils eine Klage beim VG gegen die Sperrerklärung für eine VP erhoben hat (BGH 1 StR 503/19 vom 19.11.2019).

Keine Bindung an Anträge

206 Das Gericht ist bei der Beschlußfassung an die Anträge der Staatsanwaltschaft nicht gebunden.

1 1) **Anträge und Auffassung der StA** binden das Gericht nicht, soweit es eigene Entscheidungsbefugnis hat, die zB fehlt hinsichtlich der Bestimmung des Beschuldigten und der Tat oder des öffentlichen Interesses nach §§ 230 I, 248a StGB oder § 376. Das Gericht ist weder an die Beweiswürdigung noch an die rechtliche Beurteilung der StA gebunden (vgl § 264 II); auch nicht an die Beurteilung der Zuständigkeit durch die StA (§ 209 II), soweit diese nicht der StA vom Gesetz überlassen sind (zB die Auswahl unter mehreren Gerichtsständen, 10 vor § 7).

Einstellung des Verfahrens bei Verfahrenshindernis

206a I Stellt sich nach Eröffnung des Hauptverfahrens ein Verfahrenshindernis heraus, so kann das Gericht außerhalb der Hauptverhandlung das Verfahren durch Beschluß einstellen.

II Der Beschluß ist mit sofortiger Beschwerde anfechtbar.

1 1) Ein **Verfahrenshindernis** (Einl 141 ff) berechtigt außerhalb der Hauptverhandlung zur Einstellung des Verfahrens durch Beschluss. Ob das Verfahrenshindernis vor oder nach Erlass des Eröffnungsbeschlusses eingetreten ist, spielt keine Rolle. Ein angefochtenes Urteil verliert dann seine Wirkung, ohne dass es aufgehoben wird (zu beachten aber unten 6). In der Hauptverhandlung muss ein Einstellungsurteil nach § 260 III erlassen werden, auch wenn diese nach § 229 unterbrochen ist (KG NStZ **93**, 297; NJW **93**, 673; LR-Stuckenberg 6; Krack 223; **aM** Hohmann NJ **93**, 296; Paeffgen SK 5). Die Auslegung eines außerhalb der Hauptverhandlung ergangenen Einstellungsbeschlusses als Einstellungsurteil ist nicht möglich (Hohmann aaO, Jahntz aaO, Meurer JR **93**, 95 gegen KG aaO). Da die Vorschrift nur bei Vorliegen eines Verfahrenshindernisses anwendbar ist, berechtigt sie nicht zur Einstellung des Verfahrens aus anderen Gründen, etwa wegen „Unzumutbarkeit" (so aber LG Ellwangen JR **93**, 257 mit aM Anm Otto).

2 A. **Nicht nur für längere Zeit (§ 205):** Die Einstellung nach § 206a setzt voraus, dass zunächst, falls es die prozessuale Fürsorgepflicht gebietet, versucht wird, einen behebbaren Mangel zu heilen (BGH NStZ-RR **13**, 251; Einl 159; vgl auch die Regelung des § 130); das gilt auch noch in der Revisionsinstanz (BGH **57**, 138, 146). Die Einstellung setzt nicht voraus, dass das Verfahrenshindernis für immer besteht. Es muss aber erheblich weiter wirken als das vorläufige und dadurch zu einem dauernden werden. Das bestätigt auch § 416 III.

3 B. Die **Einstellung des Verfahrens** ist stets geboten, wenn das Verfahrenshindernis dem Verfahren schlechthin entgegensteht (Einl 154), zB bei Verhandlungsunfähigkeit (Einl 97; LG Wuppertal StraFo **15**, 151), bei übermäßiger Gefahr für Leib oder Leben des Beschuldigten (BVerfGE **51**, 324) oder bei nicht aufgehobener Immunität (§ 152a). Besteht das Verfahrenshindernis in Unzuständigkeit, so

gibt es eine Reihe von Sonderregelungen, insbesondere die §§ 6, 6a, 16, 209, 225a, 269, 270. Auf bestimmte Verfahrensabschnitte kann die Einstellung nicht beschränkt werden (Bay **85**, 52, 56).

Betrifft das Verfahrenshindernis **nur eine der mehreren Taten** (§ 264), die 4 Gegenstand des Verfahrens sind, oder nur einen der mehreren Mitbeschuldigten, so wird das Verfahren aber nur insoweit eingestellt. Lässt sich dem Einstellungsbeschluss keine Beschränkung entnehmen, erfasst er das gesamte Verfahren (Köln StraFo **18**, 115).

Bei **horizontaler Teilrechtskraft des Urteils** führt ein entstehendes Verfah- 5 renshindernis zur Einstellung des ganzen Verfahrens (erg 12 zu § 449), auch noch dann, wenn das Verfahren nur noch im Rechtsfolgenausspruch (ganz oder teilw) anhängig ist (Bay DAR **74**, 181 [R]; Einl 154). Betrifft das Verfahrenshindernis nur die Verfolgbarkeit nach einem von mehreren Strafgesetzen (§ 52 StGB), so wird dem ohne Einstellungsbeschluss Rechnung getragen (BGH NJW **14**, 1025). Ein gleichwohl erlassener Einstellungsbeschluss ist unwirksam (Düsseldorf VRS **65**, 39).

C. **Im Rechtsmittelverfahren** ist § 206a nur anwendbar, wenn das Verfahrens- 6 hindernis erst dort eintritt, zB infolge Verjährung, Rücknahme des Strafantrags, Tod des Angeklagten (unten 8), durch neues Gesetz (BGH **21**, 369) oder durch Strafklageverbrauch (BGH NStZ **12**, 709; zum fehlenden oder unwirksamen Eröffnungsbeschluss siehe aber 4 zu § 203), **nicht** aber bei Abschiebung des Angeklagten nach Einlegung der Revision und vor Zustellung des angefochtenen Urteils (BGH NStZ **19**, 745 mit Anm Mosbacher JuS **20**, 128, 131 f). Das Verfahren wird somit eingestellt, das angefochtene Urteil ist damit gegenstandslos; der in manchen Entscheidungen – auch des BGH (zB Beschluss vom 5.4.2016, 5 StR 525/15) – zu lesende Zusatz „ohne dass es einer Aufhebung des Urteils bedarf" ist nicht nur überflüssig, sondern unrichtig, da § 206a keine Befugnis zur Aufhebung von Urteilen enthält und §§ 349 ff hier, weil das angefochtene Urteil nicht unrichtig war, sondern erst durch das neu eingetretene Verfahrenshindernis unrichtig geworden ist, unanwendbar sind. Nach Urteilserlass darf der Erstrichter dann aber nur einstellen, wenn gegen sein Urteil ein Rechtsmittel eingelegt worden ist (**aM** Möllmann [oben 1] 84: auch dann nicht), sonst nicht (erg 3 und 11 zu § 346).

Hatte der Erstrichter hingegen bei Urteilserlass **das Vorliegen eines Ver-** 6a **fahrenshindernisses übersehen**, so ist das eingelegte Rechtsmittel begründet und es ist nicht eine Erstentscheidung nach § 206a, sondern unter Aufhebung des angefochtenen Urteils (wozu § 206a nicht berechtigt: die Einstellung macht nur entgegenstehende Urteile gegenstandslos) eine Rechtsmittelentscheidung zu treffen (eingehend dazu Meyer-Goßner Pv 43 ff; 108 ff; zust KG StraFo **09**, 286 aE; Celle NStZ **08**, 118; Düsseldorf StraFo **12**, 332; Jena VRS **110**, 128, 129; KK-Schneider 4; MüKoStPO-Wenske 23; SK-Paeffgen 8; SSW-Rosenau 3; zweifhaft BGH wistra **07**, 154 und StV **11**, 483; vgl auch die Bedenken in BGH **52**, 119, 123; zutr BGH StV **11**, 457, 458). Die Gegenmeinung (BGH **24**, 208, 212; **32**, 275, 290; Frankfurt NJW **91**, 2849; HansOLG StraFo **19**, 160) wendet demgegenüber § 206a auch in diesen Fällen an, bringt damit aber das Rechtsmittelsystem der StPO durcheinander (vgl zur Berufung 8 zu § 329; zur Revision 29, 29a zu § 349, 6 zu § 354 und 5 zu § 357, zur Wiederaufnahme 6 zu § 371) und gibt § 206a eine Bedeutung, die der Vorschrift nicht zukommt. Unzutreffend hält auch LR-Stuckenberg 17 (unter Übernahme der Kommentierung von Rieß) noch unter Verkennung des fundamentalen Unterschieds zwischen Erst- und Rechtsmittelentscheidung an der überholten Ansicht fest (gegen die dort angestellten weiteren unzutr Erwägungen – Rn 17 aE – vgl 29a zu § 349). Zur Prüfung der Verfahrensvoraussetzungen bei der Berufung vgl iÜ 4 zu § 319, bei der Revision 11 zu § 346.

D. Tatsächliche **Zweifel** darüber, ob ein Verfahrenshindernis gegeben ist, die 7 grundsätzlich im Wege des Freibeweises (aber auch im Strengbeweis durch eine Hauptverhandlung, falls es auf den genauen Tathergang ankommt, vgl Paeffgen

NStZ **02**, 283 f; erg 2 zu § 203), nicht behoben werden können, müssen ebenfalls zur Einstellung des Verfahrens führen (BGH **46**, 349, 352; NStZ **10**, 160; Celle NStZ-RR **12**, 75, 76; Köln NStZ-RR **17**, 150). Das folgt aus der Funktion der Prozessvoraussetzung als Bedingung für die Zulässigkeit eines Sachurteils (eingehend dazu Meyer-Goßner Pv 60 ff; Rieß BGH-FG 839; SK-Paeffgen 19). Demgegenüber wird vielfach auch auf den Grundsatz *in dubio pro reo* abgestellt (so Schwabenbauer, Der Zweifelssatz im Strafprozessrecht, 2012, zugl Diss Regensburg, S. 97 ff; zB bei Zweifel über den Verjährungseintritt, vgl BGH NJW **95**, 1297, 1299; Zopfs 345 ff), was idR zu demselben Ergebnis führt (LR-Kühne Einl K 44); der BGH warnt vor einer „schablonenhaften Antwort" (BGH **18**, 274). Richtig ist jedoch: Die Verfahrensvoraussetzungen müssen sicher und nicht nur möglicherweise vorliegen; lassen sie sich nicht sicher feststellen, so ist *deswegen* das Verfahren einzustellen, ohne Rücksicht darauf, ob dies für den Angeklagten günstig ist oder nicht (Meyer-Goßner aaO 551; so im Ergebnis auch LR-Stuckenberg 39). Auch die Verhandlungsfähigkeit des Angeklagten muss somit sicher gegeben sein (vgl dazu Hamburg JR **79**, 384; erg Einleitung 97, 97a; 34 zu § 261); bei Zweifeln an dauernder Verhandlungsunfähigkeit kommt nur Einstellung nach § 205 in Betracht (BGH NStZ **96**, 242).

8 E. Der **Tod des Beschuldigten** schließt eine Sachentscheidung aus (BGH NJW **83**, 463 mwN; Hamburg NJW **83**, 464). Das Verfahren muss jedoch zu einem ordnungsgemäßen Abschluss gebracht werden; es ist daher – wie auch sonst bei Vorliegen eines unbehebbaren Verfahrenshindernisses – nach § 206a einzustellen (BGH **45**, 108 mwN auch zur überholten Gegenmeinung, die „Selbstbeendigung" des Verfahrens annahm; dem BGH zust Celle NJW **02**, 3720; Stuttgart NStZ **04**, 407), auch bei Todeseintritt während des Revisionsverfahrens (BGH NStZ-RR **08**, 146; **14**, 349 L), auch wenn schon Teilrechtskraft eingetreten oder die Revision in Unkenntnis des Todes verworfen worden war (BGH StV **06**, 118; StraFo **16**, 25); eine Urteilsaufhebung erfolgt neben der Einstellung nicht (aber nicht, weil es keiner Aufhebung „bedarf" – wie BGH 1 StR 276/11 vom 24.8.2011 mwN unrichtig meint –, sondern weil hier keine Rechtsmittelentscheidung ergeht); vgl unten 6; erg 14 zu § 464. Ein Ermittlungsverfahren wird nach § 170 II eingestellt. Dem Tod steht die Todeserklärung gleich (Hamm NJW **78**, 177). Vor dem Tod oder in Unkenntnis des Todes ergangene abschließende Sachentscheidungen werden gegenstandslos (BGH NStZ-RR **03**, 103 [B]).

9 2) **Weitere Besonderheiten:** Die Einstellung des subjektiven Strafverfahrens wegen Verhandlungsunfähigkeit des Beschuldigten steht einem Sicherungsverfahren nach §§ 413 ff nicht entgegen. Ergibt sich in diesem Verfahren nach der Eröffnung des Hauptverfahrens, dass der Beschuldigte nicht oder nicht mehr verhandlungsunfähig ist, so wird das Verfahren in ein Strafverfahren übergeleitet (§ 416 III).

10 3) **Sofortige Beschwerde (II, § 311)** ist nur gegen den Einstellungsbeschluss zulässig. Der die beantragte Einstellung ablehnende Beschluss ist nicht anfechtbar, auch nicht nach § 304 (Schleswig SchlHA **03**, 192 [D/D]; allgM). Die sofortige Beschwerde steht der StA zu, ebenso dem Nebenkläger, (§ 400 II S 1), nicht aber dem Anzeigeerstatter (Braunschweig NdsRpfl **62**, 166), weil er als solcher – abgesehen von §§ 469, 470 – im Hauptverfahren nicht beteiligt ist (Einl 70), auch nicht dem Angeschuldigten, und zwar mangels Beschwer (Düsseldorf OLGSt Nr 1; Jena NStZ-RR **06**, 311 L; Köln OLGSt Nr 3; KK-Schneider 13; **aM** Hamburg MDR **67**, 688; LR-Stuckenberg 103; SK-Paeffgen 28). Der Angeschuldigte wäre nur beschwert, wenn der Vorrang des § 206b nicht berücksichtigt worden ist (7 zu § 206b). Die Beschwer fehlt auch bei Einstellung, die mit dauernder Verhandlungsunfähigkeit infolge Geisteskrankheit (zB Querulantenwahn) begründet ist (Nürnberg OLGSt S 11; **aM** Hamburg JR **62**, 228; JZ **67**, 546). Hebt das LG als Beschwerdegericht den Beschluss des AG auf, stellt es aber in Verbindung damit das Verfahren nach § 205 vorläufig ein, so ist hiergegen die Beschwerde nach § 304 zulässig (Hamburg GA **69**, 145; 4 zu § 205). Für die Anfechtung der Auslagenentscheidung in dem Einstellungsbeschluss gilt § 464 III S 1 Hs 1 (dort 19).

4) Der **formell rechtskräftige Beschluss** bedeutet die bindende Feststellung 11
des Verfahrenshindernisses (Einl 166). Er kann daher nicht deshalb wieder aufgehoben werden, weil er auf einem Irrtum über verfahrenserhebliche Tatsachen beruht (Köln NJW **81**, 2208). Ein solcher Widerruf wäre wirkungslos (Bay **70**, 115). Das gilt aber nicht, wenn der Irrtum durch ein täuschendes Verhalten des Beschuldigten selbst oder durch ein diesem zuzurechnendes Täuschungsverhalten eines Dritten verursacht worden ist; der Einstellungsbeschluss ist dann aufzuheben, das eingestellte Verfahren ist fortzusetzen (BGH **52**, 119 mit zust Anm Kühl NJW **08**, 1008; zust auch Rieß NStZ **08**, 297; abl hingegen Ziemann HRRS **08**, 364: neue Anklage erforderlich; vgl auch SK-Paeffgen 31 ff). Dasselbe gilt, wenn das festgestellte Verfahrenshindernis später beseitigt wird, zB durch Wegfall der Verhandlungsunfähigkeit oder nachträgliche Stellung eines wirksamen Strafantrags. Im Übrigen entfaltet der Beschluss aber die gleichen Wirkungen wie ein Einstellungsurteil nach § 260 III (dort 47, 48; LR-Stuckenberg 113; Krack 237). Für eine mögliche neue Strafverfolgung gilt das Legalitätsprinzip (11 zu § 152).

Einstellung des Verfahrens wegen Gesetzesänderung

206b [1] Wird ein Strafgesetz, das bei Beendigung der Tat gilt, vor der Entscheidung geändert und hat ein gerichtlich anhängiges Strafverfahren eine Tat zum Gegenstand, die nach dem bisherigen Recht strafbar war, nach dem neuen Recht aber nicht mehr strafbar ist, so stellt das Gericht außerhalb der Hauptverhandlung das Verfahren durch Beschluß ein. [2] Der Beschluß ist mit sofortiger Beschwerde anfechtbar.

1) Die **weitgehend verfehlte Vorschrift** (zur Kritik vgl insbesondere LR- 1
Stuckenberg 4), mit der die Übergangsbestimmung des Art 96 des 1. StRG zum Dauerrecht erhoben worden ist, will das Verfahren vereinfachen und dem Angeklagten die Hauptverhandlung ersparen. Sie lässt (systemwidrig) die Einstellung des Verfahrens durch Beschluss zu, wenn die Tat nach § 2 III StGB nicht mehr strafbar ist.

Es handelt sich also um eine **sachlich-rechtliche Entscheidung** (München 2
NJW **74**, 873; Küper NJW **75**, 1330; unrichtig Bay **69**, 143 = JR **70**, 270 mit insoweit abl Anm Küper: Prozesshindernis), mit der richtigerweise nicht die Einstellung, sondern die Freisprechung des Angeklagten ausgesprochen werden müsste. Der Sache nach ist der Beschluss nach § 206b ein freisprechendes Erkenntnis (Bloy GA **80**, 164; Bohnert GA **82**, 174; Küper JR **70**, 273 und Pfeiffer-FS 439).

2) Nach Eröffnung des Hauptverfahrens ist die Vorschrift anwendbar (LR- 3
Stuckenberg 6; das Wort „anhängig" statt „rechtshängig" ist ein Redaktionsversehen). Ist es noch nicht eröffnet, so führt der Wegfall der Strafbarkeit zur Nichteröffnung nach § 204.

Im 1. Rechtszug ist § 206b ohne Rücksicht darauf anzuwenden, ob die Ge- 4
setzesänderung vor oder (solange das Verfahren dort anhängig ist) nach Erlass des Urteils eingetreten ist. Nur wenn das Gericht sie im Urteil übersehen hat, darf der 1. Richter keinen Beschluss nach § 206b erlassen (LR-Stuckenbergß 8). In der Hauptverhandlung führt der Wegfall der Strafbarkeit zum Erlass eines freisprechenden Urteils (München NJW **74**, 873; Bohnert GA **82**, 175).

Im Berufungsrechtszug gilt die Vorschrift anwendbar, auch wenn schon Teil- 5
rechtskraft eingetreten ist (LR-Stuckenberg 9; erg 5 zu § 354a), jedoch nur, wenn die Strafbarkeit erst hier entfallen ist, denn § 206b gibt ebenso wenig wie § 206a (dort 6) die Befugnis zu einer Urteilsaufhebung; vielmehr ist sonst eine Entscheidung durch Urteil (Aufhebung und Freispruch) zu treffen (Düsseldorf NJW **91**, 711; KK-Schneider 5; SSW-Rosenau 4; **aM** LR-Stuckenberg 9).

§ 207   Zweites Buch. 4. Abschnitt

6 Im **Revisionsrechtszug** ist für die Anwendung der Vorschrift kein Raum: Tritt die Gesetzesänderung erst hier ein, gilt § 354a (KK-Schneider 7; MüKoStPO-Wenske 16; **aM** KMR-Seidl 8: § 206b geht vor; wieder anders: LR-Stuckenberg 10; SK-Paeffgen 8; Wahlrecht zwischen § 206b und § 354a); war sie im 1. Urteil übersehen worden, so ist nach § 349 IV bzw § 354 I zu verfahren (die Gegenauffassung will auch hier verfehlt – dazu 29 zu § 349; KK-Schneider 7 – ein Wahlrecht zwischen § 206b und § 349 II annehmen, was zu Streitfragen hinsichtlich der Notwendigkeit einer zulässigen Revisionsbegründung und der Erhebung der Sachrüge führt, vgl Bohnert GA **82**, 176; Küper NJW **75**, 1329).

7 3) Die **Strafbarkeit der Tat ist entfallen,** wenn sie nach der Gesetzesänderung unter keinem rechtlichen Gesichtspunkt mehr verfolgt werden kann. Ist sie nunmehr als OWi zu ahnden, so gilt § 206b nicht (Saarbrücken NJW **74**, 1009); vielmehr geht das Verfahren entspr § 82 OWiG in ein Bußgeldverfahren über (Bay **69**, 17; KK-Schneider 8; LR-Stuckenberg 13; Göhler 27 zu § 82 OWiG). Ist die OWi wegen eines Prozesshindernisses (zB wegen Verjährung) nicht mehr verfolgbar, so muss das Verfahren nach § 206a eingestellt werden (BGH **20**, 77; Saarbrücken aaO). Wäre die Tat wegen eines Prozesshindernisses auch ohne die Gesetzesänderung nicht mehr verfolgbar, so erfolgt die Einstellung aber nach § 206b (LR-Stuckenberg 15; Bohnert GA **82**, 175). Die Vorschrift gilt auch, wenn versäumt wurde, rechtzeitig eine Gesetzesänderung (vgl Bremen NStZ **10**, 174 zu § 95 AufenthG) oder eine Anpassung eines Blanketttatbestandes vorzunehmen (dazu Schröder Mehle-FS 601 zu § 8 FahrpersonalG).

8 4) Die **Entscheidung** ergeht nach Anhörung der StA (§ 33 II), nicht des Angeklagten, durch nach § 34 mit Gründen zu versehenden Beschluss in der für Entscheidungen außerhalb der Hauptverhandlung vorgeschriebenen Gerichtsbesetzung; das OLG entscheidet daher nur mit 3 Richtern (LR-Stuckenberg 16 mwN; SK-Paeffgen 12; erg 4 zu § 122 GVG).

9 Die **Kostenentscheidung** richtet sich nach § 467 I, II, III S 1; die Vorschrift des § 467 III S 2 Nr 2 ist nicht anwendbar (dort 17).

10 Zur **Entschädigung** nach § 2 StrEG vgl 1 vor § 1 StrEG.

11 5) **Sofortige Beschwerde** (S 2) gegen den Einstellungsbeschluss steht der StA, dem Privatkläger und dem zugelassenen Nebenkläger (§ 400 II S 1) zu; der Angeklagte ist mangels Beschwer nicht beschwerdeberechtigt. Beschlüsse des OLG im 1. Rechtszug sind entspr § 304 IV S 2 Nr 2 unanfechtbar. Die Beschwerde gegen den die Einstellung ablehnenden Beschluss ist nach § 305 S 1 ausgeschlossen.

12 6) Die **Rechtskraft** des Beschlusses entspricht der eines freisprechenden Urteils. Sie hat daher den Verbrauch der Strafklage zur Folge (KK-Schneider 12; LR-Stuckenberg 22; SK-Paeffgen 15; **aM** AK-Loos 9; Möllmann [1 zu § 206a] 35: Anwendung des § 211).

Inhalt des Eröffnungsbeschlusses   RiStBV 115 II

207 I In dem Beschluß, durch den das Hauptverfahren eröffnet wird, läßt das Gericht die Anklage zur Hauptverhandlung zu und bezeichnet das Gericht, vor dem die Hauptverhandlung stattfinden soll.

II Das Gericht legt in dem Beschluss dar, mit welchen Änderungen es die Anklage zur Hauptverhandlung zuläßt, wenn

1. wegen mehrerer Taten Anklage erhoben ist und wegen einzelner von ihnen die Eröffnung des Hauptverfahrens abgelehnt wird,
2. die Verfolgung nach § 154a auf einzelne abtrennbare Teile einer Tat beschränkt wird oder solche Teile in das Verfahren wieder einbezogen werden,
3. die Tat rechtlich abweichend von der Anklageschrift gewürdigt wird oder

Entscheidung über die Eröffnung des Hauptverfahrens § 207

4. die Verfolgung nach § 154a auf einzelne von mehreren Gesetzesverletzungen, die durch dieselbe Straftat begangen worden sind, beschränkt wird oder solche Gesetzesverletzungen in das Verfahren wieder einbezogen werden.

III ¹ In den Fällen des Absatzes 2 Nr. 1 und 2 reicht die Staatsanwaltschaft eine dem Beschluß entsprechende neue Anklageschrift ein. ² Von der Darstellung des wesentlichen Ergebnisses der Ermittlungen kann abgesehen werden.

IV Das Gericht beschließt zugleich von Amts wegen über die Anordnung oder Fortdauer der Untersuchungshaft oder der einstweiligen Unterbringung.

1) Durch **Zulassung der Anklage (I)** zur Hauptverhandlung wird das Hauptverfahren auf Grund vorläufiger Tatbewertung unter den Voraussetzungen des § 203 eröffnet. Dabei umschreibt das Gericht den Verfahrensgegenstand idR nicht selbst; durch die Zulassung macht es vielmehr den Anklagesatz zum integrierenden Bestandteil des Eröffnungsbeschlusses (BGH GA 80, 108). Zugleich bezeichnet der Eröffnungsbeschluss das Gericht, vor dem die Hauptverhandlung stattfindet (vgl zu § 209), bei mehreren Spruchkörpern gleicher Art auch den nach der Geschäftsverteilung zur Entscheidung berufenen. Über den Erlass des Beschlusses vgl 5 ff vor § 33, über Unterschrift auch Einl 128; 6 vor § 33.

2) Mit **Änderungen (II)** kann das Gericht die Klage zulassen. Es kann jedoch weder einen weiteren Angeklagten noch eine neue Tat (§ 264), die nicht Gegenstand der Anklage ist, in die Untersuchung einbeziehen (BGH NStE Nr 5; erg Einl 37, 38). Das Gericht legt die Änderungen in dem Beschluss dar. Damit kommt zum Ausdruck, dass es sich um eine Gesamtentscheidung über den Anklagestoff in persönlicher und sachlicher Beziehung handelt. Selbst wenn diese Gesamtentscheidung aus Gründen der Praktikabilität aufgeteilt wird in einen Beschluss, der Grundlage für die Hauptverhandlung sein soll, und einen weiteren, der einen Teil des Anklagestoffes aus der Hauptverhandlung ausscheidet, müssen beide Beschlüsse jedenfalls gleichzeitig ergehen (Nürnberg MDR **72**, 967; aM LR-Stuckenberg 8).

A. **Nur teilweise Eröffnung des Hauptverfahrens (II Nr 1):** Sind mehrere Strafsachen miteinander zu einem Verfahren verbunden, so kann in der einen eröffnet und in der anderen die Eröffnung abgelehnt werden; Voraussetzung ist aber, dass die mehreren, in Tatmehrheit stehenden Taten nicht eine Tat iSd § 264 bilden (München NJW **13**, 3799; erg 6 zu § 204, 2 zu § 210). Das Ausscheiden einer Tat kann auch in der vorläufigen Einstellung nach § 154 II bestehen (erg 1, 5 zu § 154a). Ist wegen zweier Taten nach § 42 I OWiG Anklage erhoben, wegen der Haupttat aber das Verfahren unter keinem rechtlichen Gesichtspunkt (vgl auch unten 6) zu eröffnen, so entfällt die Zuständigkeit des Gerichts für die Zusammenhangstat; das Gericht lehnt die Eröffnung des Hauptverfahrens aus diesem Grund ab und die StA gibt die Sache an die VerwB ab (Göhler 8 zu § 82 OWiG). Keine teilw Ablehnung, sondern ein Fall des II Nr 3 liegt vor, wenn bei Eröffnung wegen einer Tat nach § 129 StGB der Tatverdacht hinsichtlich eines in Tateinheit dazu stehenden Vergehens verneint wird (BGH NStZ **89**, 190; vgl auch BGHR § 264 I Ausschöpfung 3).

B. **Abtrennbare Teile der Tat (II Nr 2):** Der Änderungsbeschluss ist nicht erforderlich, wenn die Beschränkung schon von der StA angeordnet worden ist (20 zu § 154a; 7, 14 zu § 200) und vom Gericht übernommen wird. Die Wiedereinbeziehung kann das Gericht von sich aus beschließen. Will die StA im Eröffnungsverfahren – etwa auf Grund der nach § 202 durchgeführten zusätzlichen Ermittlungen – die von ihr in der Anklageschrift vorgenommene Ausscheidung eines Teils der Tat rückgängig machen, so muss das Gericht ihrem Antrag entsprechen (§ 154a III S 2). Vor dieser Wiedereinbeziehung muss dem Angeschuldigten, soweit nicht noch nicht geschehen, das rechtliche Gehör nach § 33 III gewährt werden. Vgl im Übrigen zu §§ 154a, 397 II.

Schmitt

5 C. **Andere rechtliche Würdigung (II Nr 3):** Der Beschluss muss iVm der Anklageschrift auch erkennen lassen, welche Tatsachen nach Auffassung des Gerichts die gesetzlichen Merkmale des anderen Tatbestands erfüllen (BGH **23**, 304). Aus der anderen rechtlichen Beurteilung kann sich auch eine andere sachliche Zuständigkeit für das Hauptverfahren ergeben (§§ 209, 209a). Wenn die andere rechtliche Beurteilung nicht eindeutig ist, kann das Gericht im Eröffnungsbeschluss auch die Belehrung nach § 265 I vorwegnehmen und auf die Möglichkeit einer anderen rechtlichen Beurteilung hinweisen (BGH aaO). Es ist auch nicht gehindert, in Anwendung des II Nr 3 besonders vorgesehene Rechtsfolgenumstände hervorzuheben, die nicht in der Anklageschrift enthalten sind (10 zu § 200), und den Hinweis nach § 265 II vorwegzunehmen (32 zu § 265).

6 Nur **unter dem rechtlichen Gesichtspunkt einer OWi** lässt das Gericht die Klage nach II Nr 3 zu, wenn es abweichend von der Anklage den hinreichenden Tatverdacht hinsichtlich der Straftat verneint, ihn aber für eine OWi bejaht und deren Verfolgung für geboten hält (§§ 82, 47 II OWiG). Die Strafsache wird damit in ein Bußgeldverfahren übergeleitet (§ 82 II OWiG). Gegen die Ausscheidung des strafrechtlichen Gesichtspunktes im Eröffnungsbeschluss hat die StA kein Beschwerderecht (vgl 5 zu § 210); sie kann aber, falls sie Anlass dazu hat, den Übergang zum Strafverfahren nach § 81 II S 1 OWiG erzwingen.

7 D. **Einzelne Gesetzesverletzungen (II Nr 4):** Auch hier handelt es sich um die Ausscheidung oder Wiedereinbeziehung einzelner Rechtsverletzungen (vgl oben 4). Sie können mit der Zulassung der Anklage nach § 154a auf Antrag der StA ausgeschieden oder mit oder ohne deren Zustimmung wieder einbezogen werden. Der Begriff Straftat ist hier iS von Tat (§ 264) zu verstehen, was in § 154a I klargestellt worden ist (LR-Stuckenberg 20).

8 E. **Form des Eröffnungsbeschlusses:** Der Beschluss muss schriftlich abgesetzt werden (Einl 128). Ist dies unterblieben, so besteht ein Verfahrenshindernis (Einl 146), das durch die nachträgliche Erklärung des Richters, die Eröffnung des Hauptverfahrens beschlossen zu haben, nicht beseitigt wird (BGH StV **13**, 132 mit Anm Stuckenberg; BGH StV **15**, 740). Entscheidend sind nicht Wortlaut und äußere Form. Es genügt die schlüssige und eindeutige schriftliche Willenserklärung des Gerichts, dass es eine bestimmt bezeichnete Anklage zur Hauptverhandlung zulässt (BGH NStZ **00**, 442 mwN); wobei eine mündlich verkündete und protokollierte Entscheidung einer schriftlichen gleichsteht (BGH NStZ-RR **02**, 68 [B]). Das kann zB der Fall sein, wenn das Gericht eine neue Strafsache mit einer bereits anhängigen verbindet und gleichzeitig Termin zur Hauptverhandlung bestimmt (BGH aaO; Bay **97**, 113) oder eine entspr Entscheidung im Rahmen eines Haftprüfungsverfahrens (Hamm NStZ **90**, 146) oder den Besetzungsbeschluss nach § 76 II GVG iVm einem gleichzeitig ergangenen Haftbefehl erlässt (BGHR § 203 Beschluss 4). Die Termins- und Ladungsverfügung allein genügt aber idR nicht (BGH StV **11**, 457; HansOLG StraFo **19**, 160; Bay **00**, 161; Hamm VRS **98**, 199; Zweibrücken NStZ-RR **98**, 74 mwN; StraFo **08**, 470; schon gar nicht eine nur teilw ausgefüllte (Koblenz NStZ-RR **09**, 288; StraFo **10**, 248; Hamm StV **17**, 808: Fehlendes Az sowie fehlende Personalien des Beschuldigten), es sei denn, die Akten ergeben eindeutig, dass der Richter die Eröffnung tatsächlich beschlossen hat (vgl BGH 3 StR 229/19 vom 17.9.2019; Hamm aaO; Düsseldorf NStZ-RR **00**, 114 mwN). Ein Beschluss, mit dem das LG vom SchG ein Verfahren übernimmt, kann den Eröffnungsbeschluss nicht ersetzen (BGH NStZ **84**, 520), auch nicht die die mit einem Eröffnungsbeschluss herbeigeführte Verbindung mit einem von einem anderen Gericht abgegebenen Verfahren (BGH NStZ **87**, 239). Ein Verbindungsbeschluss oder ein Verweisungsbeschluss nach § 270 können den Eröffnungsbeschluss nur ersetzen, wenn das verbindende bzw das verweisende Gericht die Eröffnungsvoraussetzungen geprüft hat und dies zum Ausdruck gekommen ist (BGH NStZ **88**, 236; **16**, 747; HansOLG aaO; Hamm VRS **101**, 120; NStZ-RR **14**, 114 L; Köln NStZ-RR **04**, 48; vgl auch Düsseldorf NStZ **96**, 298).

3) Eine neue Anklageschrift (III), die dem Beschluss entspricht und somit die zugelassene Anklage enthält, muss die StA einreichen, wenn der Eröffnungsbeschluss am sachlichen Gegenstand des Verfahrens etwas geändert hat (II Nrn 1, 2). Diese Anklageschrift hat nur deklaratorische Bedeutung und wird daher nicht mehr nach § 201 behandelt. Sie soll lediglich Verwirrung vermeiden und insbesondere dem Angeklagten klarmachen, welche tatsächlichen Vorgänge Gegenstand der Hauptverhandlung sind. Daher ist sie ihm zuzustellen (§ 215 S 2). Zugleich soll ein Anklagesatz geschaffen werden, der sich zur Verlesung in der Hauptverhandlung eignet (§ 243 III S 1).

4) Über die **UHaft (IV)** oder die einstweilige Unterbringung nach § 126a bedarf es einer ausdrücklichen Entscheidung nur, wenn ein Haft- oder ein Unterbringungsbefehl besteht und vollzogen wird oder wenn er erlassen oder außer Vollzug oder wieder in Vollzug gesetzt werden soll. Befindet sich der Angeklagte in UHaft, so ist der Gegenstand der Prüfung der gleiche wie bei der Haftprüfung nach § 117. Über die Bestellung eines Verteidigers vgl § 140 I Nr 1 und 5.

5) Mängel des Eröffnungsbeschlusses: Schwere formelle oder sachliche Mängel können den Eröffnungsbeschluss unwirksam machen (BGH **57**, 138, 149; NStZ **84**, 133; Einl 105b; zur revisionsrechtlichen Kontrolle der Mangelhaftigkeit von Anklage und Eröffnungsbeschluss zusammenfassend Kuckein StraFo **97**, 33), zB wenn der Beschluss der StrK nicht schriftlich abgefasst wurde (BGH NStZ **17**, 55), wenn die StrK den Beschluss nur mit einem (BGH StV **86**, 329) oder nur mit zwei Richtern gefasst hat (BGH **10**, 278; **60**, 248; StV **83**, 2; 401; **15**, 743; NStZ **95**, 19 [K]; **16**, 302; NStZ-RR **07**, 4 [B]; erg 8 zu § 76 GVG), wobei es aber nicht auf die Zahl der Unterschriften ankommt (BGH NStZ **14**, 400), oder wenn der Vorsitzende ohne förmliche Beratung allein unterschrieben hat (BGH StV **81**, 329; **83**, 318) oder wenn und soweit die Beschränkung einer Auslieferungsbewilligung durch den Fremdstaat entgegensteht (BGH **29**, 94), nicht aber, wenn sich das Gericht über die örtliche Zuständigkeit geirrt hat (Beukelmann NStZ **09**, 588). Ein Eröffnungsbeschluss des AG kann trotz fehlender Unterschrift gültig sein, falls er tatsächlich gefasst worden ist und nicht bloß ein Entwurf war (Bay NJW **58**, 2027; Bay **89**, 102; Düsseldorf StV **83**, 408; Stuttgart NStZ-RR **10**, 343; Zweibrücken NStZ-RR **98**, 75 mwN; **aM** Frankfurt NJW **91**, 2849; vgl auch Karlsruhe StraFo **03**, 273); dasselbe gilt für einen auch sonst unvollständig ausgefüllten Vordruck (Koblenz NStZ-RR **09**, 288; Zweibrücken StV **12**, 460). Unrichtige Besetzung der Abteilung oder Kammer macht den Beschluss nicht unwirksam (BGH NStZ **81**, 447; StV **14**, 325 L; 1 zu § 22d GVG), ebenso wenig die Mitwirkung eines nach §§ 22, 23 ausgeschlossenen Richters (BGH **29**, 351; NStZ **85**, 464; **aM** LR-Stuckenberg 67) oder der Unzuständigkeit des Eröffnungsgerichts (Bay JR **75**, 200), zB wenn das SchG anstatt des JugSchG entschieden hat (Koblenz GA **77**, 374), anders aber, wenn ein Gericht ohne zu ihm erhobene Anklage einen Eröffnungsbeschluss erlassen hat(BGH NStZ-RR **03**, 1 [B] und BGH NStZ **05**, 464: Eröffnungsbeschluss ist gegenstandslos), oder wenn die Hauptverhandlung nach unzulässiger Verweisung ein Gericht, das sich örtlich unzuständig erklärt, gleichwohl aber einen Eröffnungsbeschluss erlassen hatte, durchgeführt wird (LR-Stuckenberg 62). Dass der Eröffnungsbeschluss auf unvollständiger Aktengrundlage ergangen ist, hat auf seine Wirksamkeit ebenfalls keinen Einfluss (Rieß NStZ **83**, 247; erg 2 zu § 203), auch nicht die unzulässige Würdigung der Ermittlungen (BGH NStZ **84**, 15 [Pf/M]) oder die unterlassene Bestellung eines Verteidigers (Düsseldorf VRS **82**, 126). Der funktionelle Mangel einer zugelassenen Anklage (26 zu § 200), im Eröffnungsbeschluss nicht behoben, haftet auch diesem an (BGH GA **73**, 111; **80**, 108). Zum Nachweis, dass ein nicht mehr vorhandener Eröffnungsbeschluss ergangen ist, vgl BGH NStZ **85**, 420.

6) Heilung des Mangels: Wenn die Behebung des Mangels möglich ist, gehört sie zu den Aufgaben des Gerichts (Einl 159). Die Behebung des Mangels ist auch noch in der Hauptverhandlung möglich (BGH GA **80**, 108), nach der Rspr sogar die Nachholung des Eröffnungsbeschlusses (4 zu § 203). Der Vorgang muss aus dem Protokoll ersichtlich sein (§§ 273, 274; BGH GA **73**, 111, 112). In der Hauptverhandlung kann ein Mangel der Anklageschrift, der sich im Eröffnungsbeschluss fortgesetzt hat, durch den StA bei der Verlesung des Anklagesatzes (16 zu § 243) geheilt werden, wenn der Vorsitzende dem zustimmt, oder durch dessen entspr Erklärung (BGH NStZ **84**, 133); dies gilt nicht für Mängel der Umgrenzungsfunktion (BGH NStZ **18**, 347 mit Anm Bittmann; erg 7, 26 zu § 200). Es handelt sich dabei um eine wesentliche Förmlichkeit, die im Protokoll zu beurkunden ist (BGH aaO). Die Entscheidung, ob der Verdacht zu Recht als hinreichend beurteilt wurde, hat das Gericht in der Hauptverhandlung nicht mehr zu prüfen (BGH MDR **80**, 107 [H]; Meyer JR **83**, 257; 2 zu § 203); insofern scheidet daher auch eine Heilung dieses etwaigen Mangels aus. Bei offensichtlichen Versehen äußerer Art ist Berichtigungsbeschluss zulässig (Bay NStZ-RR **99**, 111; Bremen JR **58**, 190; 10 zu § 268), aber nicht, wenn sich der Eröffnungsbeschluss auf Grund einer Personenverwechslung gegen eine andere Person als den Tatverdächtigen richtet (BGH NStZ **90**, 290). Kommt es nicht zur Heilung des Mangels, so muss das Verfahren wegen Fehlens einer Prozessvoraussetzung (Befassungsverbot, Einl 143) eingestellt werden (§§ 206a, 260 III; 26 zu § 200). Die Einstellung erfasst das gesamte Verfahren, das damit abgeschlossen ist und nicht mehr fortgeführt werden kann (BGH NStZ **12**, 225; **16**, 747; Koblenz StraFo **13**, 116; erg 4 zu § 203). Soll der in dem eingestellten Verfahren erhobene Vorwurf erneut gegenüber dem Angeklagten geltend gemacht werden, muss daher eine neue Anklage erhoben werden, deren Zulässigkeit andererseits das Einstellungsurteil nicht entgegensteht (BGH JR **57**, 69; LM Nr 5; Bay JR **86**, 430, 431; Düsseldorf NStZ **96**, 298, 300; Frankfurt GA **88**, 226; LR-Stuckenberg 85 ff mwN; erg Einl 154).

13 **7) Rechtshängigkeit** (1 zu § 156) tritt vor dem im Beschluss bezeichneten Gericht, vor dem die Hauptverhandlung stattfinden wird, mit dem Erlass des Eröffnungsbeschlusses ein (BGH **29**, 341, 343). Mit ihr erlangt dieses Gericht die Eigenschaft des erkennenden Gerichts (6 zu § 28; 2 zu § 305). Mit der Rechtshängigkeit entsteht ein Verfahrenshindernis für die Verfolgung der Tat in einem anderen Verfahren (Bay MDR **88**, 77; erg Einl 145). Dabei handelt es sich nicht um Strafklageverbrauch (Einl 171 ff). Zur Berichtigung eines fehlerhaften Eröffnungsbeschlusses vgl Karlsruhe NStZ **09**, 587 mit Anm Beukelmann.

14 **8) Anfechtung:** Vgl § 210 I, II. Mit der Revision kann die Fehlerhaftigkeit des Eröffnungsbeschlusses wegen § 336 S 2 vom Angeklagten nicht gerügt werden (BGH NStZ **81**, 447; **85**, 464; StV **14**, 325 L), von der StA nur, soweit ihr eine einfache Beschwerde gegen den Eröffnungsbeschluss zustand (4 zu § 210; Meyer-Goßner NStZ **89**, 89). Seine Unwirksamkeit ist als Mangel einer Prozessvoraussetzung von Amts wegen zu beachten (Einl 150; 1 zu § 203).

208 (weggefallen)

Eröffnungszuständigkeit

209 ^I Hält das Gericht, bei dem die Anklage eingereicht ist, die Zuständigkeit eines Gerichts niedrigerer Ordnung in seinem Bezirk für begründet, so eröffnet es das Hauptverfahren vor diesem Gericht.

^{II} Hält das Gericht, bei dem die Anklage eingereicht ist, die Zuständigkeit eines Gerichts höherer Ordnung, zu dessen Bezirk es gehört, für begründet, so legt es die Akten durch Vermittlung der Staatsanwaltschaft diesem zur Entscheidung vor.

1 **1) Zuständigkeitsprüfung:** Die StA erhebt die Anklage bei dem zuständigen Gericht (§ 170 I). Das Gericht ist aber an den Antrag der StA nicht gebunden

(§ 206), sondern muss die Zuständigkeit selbst prüfen. Für die örtliche Zuständigkeit gelten dabei § 16 und § 42 **JGG,** für die Zuständigkeit der besonderen StrK § 6a, des JugG die §§ 39–41, 108 **JGG,** für die sonstige Zuständigkeit im 1. Rechtszug der Geschäftsverteilungsplan (§ 21e GVG; dort 22). Hält sich das Gericht nicht für sachlich zuständig, so darf es nicht nur eine Unzuständigkeitserklärung abgeben oder die Eröffnung des Hauptverfahrens vor sich wegen eines Prozesshindernisses ablehnen, sondern muss die Sache an das nach seiner Auffassung sachlich zuständige Gericht bringen (1 zu § 6). Das Gleiche gilt für die Zuständigkeit besonderer StrKn, soweit es in diesem Bereich eine Rangfolge gibt (§ 209a).

2) Bei Zuständigkeit eines Gerichts niedrigerer Ordnung (I; 2 vor § 1) 2 eröffnet das Gericht, an das die StA die Anklage adressiert hat, das Hauptverfahren bei diesem mit bindender Wirkung. Die Strafsache wird dadurch bei diesem Gericht rechtshängig. Die StrK kann das Verfahren nach I vor dem AG eröffnen, und zwar vor dem Strafrichter oder dem SchG (§§ 24, 25 GVG). Ist die Anklage beim SchG erhoben, so kann dieses, nämlich sein Vorsitzender (§ 30 II GVG), das Hauptverfahren bei dem nach der Geschäftsverteilung zuständigen Strafrichter desselben Gerichts eröffnen. Ist die Anklage zum OLG erhoben (§ 120 I, II S 1 GVG), so kann es das Hauptverfahren vor jedem der nachgeordneten Gerichte eröffnen, wenn hinreichender Tatverdacht hinsichtlich der Strafvorschrift fehlt, die die Zuständigkeit des OLG begründet (Bay StV **87**, 392), oder wenn das OLG die Verfolgung nach § 154a auf die nicht zu seiner Zuständigkeit gehörende Gesetzesverletzung beschränkt (BGH **29**, 341; erg 17 zu § 154a). I wird noch durch § 120 II S 2 GVG ergänzt.

3) Bei Zuständigkeit eines Gerichts höherer Ordnung (II; 2 vor § 1) legt 3 das Gericht, zu dem die Anklage erhoben ist, die Akten diesem durch Vermittlung der StA nach Durchführung des Verfahrens nach § 201, idR bei Entscheidungsreife, vor (BGH **6**, 109; KMR-Seidl 17). Das gilt auch, wenn der Strafrichter die Zuständigkeit des SchG für gegeben erachtet (LG Lübeck SchlHA **66**, 46). Das Gericht der höheren Ordnung prüft sodann seine Zuständigkeit. Hält es ein noch höheres Gericht für zuständig, so verfährt es ebenfalls nach II (Meyer-Goßner JR **86**, 473). Sonst eröffnet es das Hauptverfahren, ggf nach weiterer Beweiserhebungen (§ 202), vor sich oder nach I bei dem zuständigen Gericht niedrigerer Ordnung (LG Zweibrücken VRS **119**, 122); es darf auch bei missbräuchlicher Vorlage nicht einfach die „Übernahme ablehnen" (Frankfurt NStZ-RR **09**, 315). Es hat jedoch in beiden Fällen die Möglichkeiten des § 207 II (vgl aber 17 zu § 154a). Hält es die Voraussetzungen für die Eröffnung nicht für erfüllt, so legt es, falls die Zuständigkeit des LG oder des OLG nach § 24 I Nr 1 GVG (dort 3) gegeben ist, gleichwohl vor (KK-Schneider 14); in den übrigen Fällen der Vorschrift (Nr 2 und 3) verfährt es nach § 204 (vgl LG Frankfurt aM NJW **08**, 91, 92). Hält die StaatsschutzStrK die besondere Bedeutung nach § 120 II GVG für gegeben, so führt sie eine Entscheidung des GBA über die Übernahme herbei (LR-Stuckenberg 50). Die Vorlage allein zu dem Zweck, ein beim Landgericht anhängiges Berufungsverfahren mit dem vorgelegten Verfahren zu verbinden und sodann ein (einheitliches) erstinstanzliches Verfahren durchzuführen, ist unzulässig (BGH **37**, 15, 19). Eröffnet das höhere Gericht das Verfahren vor sich, obwohl seine Zuständigkeit offenkundig nicht gegeben ist, so entzieht es den Angeschuldigten seinem gesetzlichen Richter (BGH **38**, 212).

4) Innerhalb desselben Gerichts unter gleichrangigen Spruchkörpern kann 4 eine Strafsache wegen geschäftsplanmäßiger Unzuständigkeit formlos abgegeben werden (BGH **25**, 242; LR-Stuckenberg 9; vgl 6 zu § 269). Über Kompetenzkonflikte vgl 14 ff vor § 1.

5) Innerhalb desselben Gerichtsbezirks spielt sich die Zuständigkeitsver- 5 schiebung nach I und II ab. Die Verschiebung der Strafsache in einen anderen Gerichtsbezirk würde die örtliche Zuständigkeit des Eingangsgerichts betreffen, für die nach § 209 gilt, sondern § 16. Wegen örtlicher Unzuständigkeit kommt es

§ 209a
Zweites Buch. 4. Abschnitt

nicht zu einer unmittelbaren Abgabe der Sache an ein anderes Gericht, sondern zu einer Unzuständigkeitserklärung des mit der Sache befassten Gerichts (4 zu § 16). Zu dieser Entscheidung kommt es wegen der Vielzahl der Gerichtsstände und des Wahlrechts der StA (10 vor § 7) selten.

6   **6) Erstinstanzliche bezirkliche Zusammenfassung:** Das gemeinsame SchG (§ 58 II GVG) kann das Verfahren nach I nicht nur bei einem Strafrichter desselben AG, sondern auch bei einem Strafrichter eines anderen AG, das zu seinem Bezirk gehört, eröffnen (LR-Stuckenberg 16). Umgekehrt kann ein Strafrichter dieses Bezirks die Sache nach II an das gemeinsame SchG vorlegen. Diese Grundsätze gelten bei allen Zusammenfassungen dieser Art (vgl 1, 2 zu § 58 GVG), auch in den Fällen der §§ 74a, 74c, 74d GVG.

7   **7) Beschluss nach I:** Sofern die StA die Eröffnung vor dem niederen Gericht nicht selbst beantragt oder ihr zugestimmt hatte, muss der Beschluss begründet werden (vgl §§ 210 II, 34; Celle NStZ **17**, 495). Mit seinem Erlass (5 ff vor § 33) wird das Gericht, das in dem Eröffnungsbeschluss als dasjenige bezeichnet ist, vor dem die Hauptverhandlung stattfinden soll (§ 207 I), erkennendes Gericht, die Strafsache bei ihm rechtshängig (13 zu § 207; 21 zu § 270). Eine Vorlage nach § 225a bzw eine Verweisung nach § 270 an ein höheres Gericht auf Grund veränderter Sachlage bleibt aber zulässig (Karlsruhe NStZ **90**, 100; hins 225a str, vgl Frankfurt NStZ-RR **09**, 315, 316; LR-Stuckenberg 31; insoweit offen gelassen von BGH **47**, 311, wo im Übrigen aber entgegen der Ansicht des BGH durchaus eine „veränderte Sachlage" vorlag). Der Beschluss wird den Verfahrensbeteiligten mitgeteilt, dem Angeklagten zugestellt (§§ 35, 215; dort 1).

8   **8) Beschluss nach II:** Der Anhörung der Beteiligten nach § 33 I, III bedarf es nicht (LR-Stuckenberg 41), weil mit dem Beschluss lediglich die nächste Entscheidung dem anderen Gericht übertragen wird. Dagegen ist der Beschluss eine Entscheidung iS des § 35, weil sich mit ihm der Adressat weiterer Anträge und Einwendungen (5 ff zu § 201) ändert. Den Beteiligten wird der Beschluss daher formlos mitgeteilt (§ 35 II), der StA durch Übersendung der von ihr weiterzuleitenden Akten (II).

9   **9) Beschwerde (§ 304)** ist gegen den Vorlegungsbeschluss (II) nicht zulässig (KK-Schneider 19), und zwar mangels Beschwer (8 vor § 296) und außerdem, weil ihr der Sinn und Zweck des Beschlusses entgegenstehen würde und sogar der Eröffnungsbeschluss unanfechtbar ist (§ 210 I).

Besondere funktionelle Zuständigkeiten

209a Im Sinne des § 4 Abs. 2, des § 209 sowie des § 210 Abs. 2 stehen
1. die besonderen Strafkammern nach § 74 Abs. 2 sowie den §§ 74a und 74c des Gerichtsverfassungsgesetzes für ihren Bezirk gegenüber den allgemeinen Strafkammern und untereinander in der in § 74e des Gerichtsverfassungsgesetzes bezeichneten Rangfolge und
2. die Jugendgerichte für die Entscheidung, ob Sachen
   a) nach § 33 Abs. 1, § 103 Abs. 2 Satz 1 und § 107 des Jugendgerichtsgesetzes oder
   b) als Jugendschutzsachen (§ 26 Abs. 1 Satz 1, § 74b Satz 1 des Gerichtsverfassungsgesetzes)
   vor die Jugendgerichte gehören, gegenüber den für allgemeine Strafsachen zuständigen Gerichten gleicher Ordnung
Gerichten höherer Ordnung gleich.

1   **1) Zweck:** Unter Spruchkörpern gleichen Ranges iS der sachlichen Zuständigkeit (2 vor § 1) gibt es besondere Zuständigkeiten. Die Spruchkörper mit besonderer Zuständigkeit haben im Eröffnungsverfahren den Vorrang.

§ 209a

Die **beiden Gleichstellungsklauseln** des § 209a sollen den Vorrang wegen **2** seiner Bedeutung im Eröffnungsverfahren wirksam werden lassen. Nr 1 betrifft den Vorrang der besonderen StrKn in der Rangfolge des § 74e GVG (8 vor § 1), Nr 2 den Vorrang der JugGe vor den Erwachsenengerichten (10 ff vor § 1).

2) Nach der Eröffnung des Hauptverfahrens gelten die Gleichstellungs- **3** klauseln des § 209a in einigen Fällen weiter: Die beiden Klauseln gelten für die Zuständigkeit bei Verbindung (§ 4 II). Für die Verweisung der Strafsache vor Beginn der Hauptverhandlung oder während dieser gilt nur noch die Gleichstellungsklausel der Nr 2 Buchst a, also der Vorrang des JugG als Spezialgericht für Jugendliche und Heranwachsende (vgl Karlsruhe NStZ **87**, 375). Im Vorverfahren kann die WirtschaftsStrK eine Haftbeschwerde in entspr Anwendung des § 209a an die allgemeine StrK abgeben (Koblenz NStZ **86**, 327; 425 mit Anm Rieß).

3) Der **Vorrang der besonderen StrKn** (Nr 1; 7, 8 vor § 1) untereinander **4** und gegenüber den allgemeinen StrKn: Die besondere Zuständigkeit ist im Eröffnungsverfahren so anzusehen, als handele es sich um eine sachliche Zuständigkeit höherer Ordnung. Dabei ist der Rang der besonderen StrKn im Verhältnis zueinander in § 74e GVG festgelegt.

A. **Auswirkungen im Fall des § 209 I:** Das SchwurG (§ 74 II GVG) kann das **5** Hauptverfahren eröffnen vor der WirtschaftsStrK (§ 74e Nr 2 GVG); wenn diese nicht in Betracht kommt, vor der StaatsschutzStrK (§ 74e Nr 3 GVG); wenn auch deren Zuständigkeit nicht gegeben erscheint, vor der allgemeinen StrK. Die WirtschaftsStrK kann das Hauptverfahren eröffnen vor der StaatsschutzStrK; falls diese ausscheidet, vor einer allgemeinen StrK. Die StaatsschutzStrK kann das Verfahren vor der allgemeinen StrK eröffnen. Dabei erfolgt aber keine Zuweisung an eine bestimmte allgemeine StrK (BGH StV **90**, 97 L); welche StrK zuständig ist, richtet sich nach dem Geschäftsverteilungsplan (LR-Stuckenberg 13).

B. **Auswirkungen im Fall des § 209 II:** Wegen eigener Unzuständigkeit **6** können innerhalb des LG über die StA vorlegen: Das SchwurG an keine andere StrK; die WirtschaftsStrK an das SchwurG; die StaatsschutzStrK an das SchwurG oder, falls dieses nicht in Betracht kommt, an die WirtschaftsStrK. Die allgemeine StrK kann vorlegen an das SchwurG; falls dessen Zuständigkeit ausscheidet, an die WirtschaftsStrK; wenn auch diese nicht in Betracht kommt, an die StaatsschutzStrK. Die besondere StrK, der vorgelegt wird, darf ggf nicht nur ihre Unzuständigkeit feststellen, sondern entscheidet stets über die Eröffnung des Hauptverfahrens, auch wenn sie der Auffassung ist, dass die allgemeine StrK zuständig ist (Rieß NJW **79**, 1536).

4) Vorrang der JugGe vor den Erwachsenengerichten (Nr 2): Im Eröff- **7** nungsverfahren wird das JugG im Verhältnis zu einem gleichrangigen Erwachsenengericht so angesehen, als wäre es ein Gericht höherer Ordnung (2 zu § 1). Das gilt nicht nur für den Fall, dass sich das Verfahren gegen einen Jugendlichen oder Heranwachsenden richtet (Nr 2 Buchst a), sondern auch für den Fall, dass es eine Jugendschutzsache betrifft (Nr 2 Buchst b), selbst wenn es sich dabei um eine SchwurG-Sache handelt (BGH **42**, 39; **aM** Katholnigg NStZ **96**, 346).

A. **Auswirkungen im Fall des § 209 I** (12 vor § 1): Wenn das JugG, zu dem **8** Anklage erhoben ist, das Erwachsenengericht für zuständig hält, kann im Hauptverfahren eröffnen der Jugendrichter (§ 33 II **JGG**) vor dem Strafrichter (§ 25 GVG), das JugSchG vor dem SchG, die JugK vor einer anderen StrK, und zwar in der Reihenfolge, die sich aus § 74e GVG ergibt.

B. **Auswirkungen im Fall des § 209 II:** Wegen eigener Unzuständigkeit **9** können über die StA vorlegen: Der Strafrichter an den Jugendrichter, das SchG an das JugSchG, die allgemeine oder besondere StrK an die JugK.

C. **Auswirkung bei Verbindung von Sachen des JugG und des Erwach- 10 senengerichts** (§§ 103 I, II S 1, 112 S 1 **JGG**): Werden Sachen dieser Art verbunden anhängig gemacht (§§ 103 I S 1, 112 S 1 **JGG** iVm § 2 I), so ist die Klage

§ 210

zum JugG zu erheben. Dieses hat die Kompetenz-Kompetenz (12 vor § 1) für den Verbindungsbeschluss und ist im Fall der Verbindung zuständig, wenn für die Strafsache gegen den Erwachsenen ein Gericht gleicher Ordnung zuständig wäre. Seine Zuständigkeit bleibt nach § 47a **JGG** (vgl 13 vor § 1), der dem § 103 III **JGG** vorgeht, auch nach Erledigung oder Abtrennung des Verfahrens gegen den Jugendlichen nach Eröffnung des Hauptverfahrens und Weiterführung nur gegen den Erwachsenen bestehen (BGH **30**, 260; Bay MDR **80**, 958). Ein Beschluss über die Abtrennung des Verfahrens gegen den Erwachsenen und die Abgabe an das für allgemeine Strafsachen zuständige Gericht darf nur zugleich mit einer Entscheidung über die Eröffnung des Hauptverfahrens in der abgegebenen und in der behaltenen Sache ergehen (KG StV **85**, 408; Düsseldorf NStZ **91**, 145; Hamm NStE Nr 1 zu § 103 JGG).

11 Eine **Ausnahme** enthält § 103 II S 2, 3 **JGG**. Wenn für die Erwachsenensache die WirtschaftsStrK oder StaatsschutzStrK (§§ 74c, 74a GVG) zuständig ist, hat diese den Vorrang vor der JugK und der JugSchutzK (LR-Stuckenberg 38). Wenn für die Erwachsenenstrafsache das SchwurG zuständig wäre, hat bei der Verbindung die JugK den Vorrang (vgl dazu eingehend Meyer-Goßner NStZ **89**, 297).

Rechtsmittel gegen den Eröffnungs- oder Ablehnungsbeschluss

210 I **Der Beschluß, durch den das Hauptverfahren eröffnet worden ist, kann von dem Angeklagten nicht angefochten werden.**

II **Gegen den Beschluß, durch den die Eröffnung des Hauptverfahrens abgelehnt oder abweichend von dem Antrag der Staatsanwaltschaft die Verweisung an ein Gericht niederer Ordnung ausgesprochen worden ist, steht der Staatsanwaltschaft sofortige Beschwerde zu.**

III ¹ **Gibt das Beschwerdegericht der Beschwerde statt, so kann es zugleich bestimmen, daß die Hauptverhandlung vor einer anderen Kammer des Gerichts, das den Beschluß nach Absatz 2 erlassen hat, oder vor einem zu demselben Land gehörenden benachbarten Gericht gleicher Ordnung stattzufinden hat.** ² **In Verfahren, in denen ein Oberlandesgericht im ersten Rechtszug entschieden hat, kann der Bundesgerichtshof bestimmen, daß die Hauptverhandlung vor einem anderen Senat dieses Gerichts stattzufinden hat.**

1 1) **Unanfechtbarkeit für den Angeklagten (I):** Sie besteht auch bei Eröffnung vor einem Gericht niederer Ordnung (Hamm MDR **82**, 691). Es gilt jedoch § 33a (KG StraFo **07**, 241 mwN; vgl auch LG Nürnberg-Fürth NStZ **83**, 136; Rieß NStZ **83**, 249). Unanfechtbar ist auch die Zurückstellung der Eröffnungsentscheidung bei einem von mehreren Mitangeklagten, es sei denn, hierdurch solle ein unzulässiger Rollentausch (22 vor § 48) ermöglicht werden (Frankfurt NStZ-RR **03**, 117). Die Haftentscheidung nach § 207 IV ist mit der einfachen Beschwerde anfechtbar (§ 304). Karlsruhe StV **02**, 184 lässt die einfache Beschwerde auch zu, wenn das Verfahren gegen einen nicht angeklagten Betroffenen eröffnet wird; dagegen zutr Frankfurt NStZ-RR **03**, 81. Eine Verfassungsbeschwerde gegen den Eröffnungsbeschluss ist ausgeschlossen (BVerfG NJW **95**, 316; **aM** Eschelbach GA **04**, 241 wegen BVerfGE **107**, 395; erg dazu 1 zu § 33a). Verletzt eine erneute Eröffnungsentscheidung allerdings Art 103 III GG, weil entgegen § 211 keine neuen Tatsachen und Beweismittel gegeben sind, so ist die Beschwerde in verfassungskonformer Auslegung der Vorschrift zulässig (BVerfG StV **05**, 196).

2 2) **Sofortige Beschwerde der StA (II)** ist zulässig bei Ablehnung, die auf Verneinung des hinreichenden Tatverdachts oder auf einem Verfahrenshindernis beruht, das nicht in den Bereich des § 209 fällt, bei gleichzeitiger Teileröffnung und Teilablehnung (6 zu § 204) nur gegen den letzteren Teil, gegen ihn jedoch auch dann, wenn beide Teile eine Tat iSd § 264 bilden (München NJW **13**, 3799). Sie ist ferner zulässig gegen die Verweisung der Strafsache an ein Gericht niederer Ordnung nach § 209 I; dabei prüft das Beschwerdegericht die Eröffnungsentscheidung in vollem Umfang, auch hinsichtlich des Vorliegens hinreichenden Tatverdachts (BGH **53**, 238; **54**, 275, 281; StB 16/13 vom 15.10.2013; Celle NStZ **17**, 495; **aM** KG NStZ-RR **05**, 26; Saarbrücken wistra **02**, 118), ohne Beschränkung auf die von der StA geltend gemachten Beschwerdepunkte (Bay NJW **87**, 511). Eine bloße Verweisung an ein anderes Gericht ist, ebenso wie eine bloße Unzuständigkeitserklärung (1 zu § 209), nicht zulässig, weil § 209 I eine Muss-Vorschrift ist. Würde eine solche Verweisung ausgesprochen, so hätte die StA das Recht der einfachen Beschwerde (unten 4). Die entspr Anwendung von II hält Stuttgart (MDR **82**, 252) für geboten, wenn die WirtschaftsStrK in der Berufungsinstanz eine Sache an eine allgemeine StrK verweist. Die Möglichkeit der sofortigen Beschwerde nach II schließt nach § 336 S 2 die Revision aus (BGH GA **81**, 321; **aM** Nelles NStZ **82**, 96).

Im Rahmen des Beschwerdeverfahrens darf das Beschwerdegericht das Verfahren zwar wegen seiner höheren Kompetenz vor einem niedrigeren, nicht aber vor sich eröffnen und die Sache auch nicht – anders als bei § 209 (dort 3) – an ein noch höheres Gericht weiterreichen, da es hierfür im Rahmen des Beschwerdeverfahrens nicht zuständig ist; denn nur das Gericht, bei dem die Sache anhängig gemacht worden ist, ist hierzu befugt (Meyer-Goßner JR **86**, 472, zust KMR-Seidl 22; so im Ergebnis auch BeckOK-Ritscher 7; **aM** LR-Stuckenberg 29 und JR **12**, 470; vgl auch BGH **57**, 165, wonach für eine Vorlageentscheidung „gewichtige Gründe" sprächen, im entschiedenen Fall vor der Vorlage aber jedenfalls nicht willkürlich erfolgt sei); die allgemeine StrK darf auch nicht selbst vor einem JugG eröffnen (offen gelassen von Zweibrücken NStZ **94**, 48). Hatte das Beschwerdegericht übersehen, dass die sofortige Beschwerde verspätet war, muss es seinen gleichwohl erlassenen Eröffnungsbeschluss aufheben (Jena StraFo **09**, 207; erg 5 vor § 296). 2a

Die **Gleichstellungsklauseln** des § 209a Nrn 1 und 2 gelten auch bei der Anwendung des Begriffs des Gerichts niederer Ordnung in II. Hat eine besondere StrK das Hauptverfahren entgegen dem Antrag nicht vor sich eröffnet, sondern vor einer besonderen StrK, die ihr in der Rangfolge des § 74e GVG nachsteht, oder vor einer allgemeinen StrK, so kann die StA gegen diesen Eröffnungsbeschluss sofortige Beschwerde einlegen. Das Gleiche gilt, wenn das JugG gegen den Antrag der StA das Hauptverfahren vor einem gleichrangigen Erwachsenengericht eröffnet hat (KG NStZ **06**, 521 mit Anm Eisenberg). 3

3) Einfache Beschwerde der StA ist nach § 304 zulässig, wenn die JugK das Verfahren an die allg StrK formlos abgibt (Koblenz JR **82**, 479 mit Anm Brunner), das Gericht abweichend von der StA das Verfahren vorläufig einstellt (5 zu § 204) oder sich für sachlich unzuständig erklärt, statt nach § 209 II zu verfahren (RG **32**, 52; LR-Stuckenberg 40); ebenso, wenn der Eröffnungsbeschluss die Anklage nicht völlig erschöpft (**aM** KK-Schneider 4) und ein Ergänzungsantrag der StA abgelehnt wird oder wenn ein Teil der Anklagevorwürfe nach § 2 II abgetrennt wird (Celle wistra **13**, 405) oder wenn das Gericht entgegen § 155 I durch Einbeziehung einer anderen Tat oder eines anderen Täters über die Anklage hinausgeht (SK-Paeffgen 9), nicht aber bei Eröffnung vor einem Gericht höherer Ordnung, es sei denn, es liege Willkür vor (Meyer-Goßner NStZ **89**, 88 zu LG Göttingen ebenda). Die formlose Abgabe an einen gleich- oder höherrangigen Spruchkörper innerhalb des Gerichts kann die StA mangels Beschwer nicht anfechten. Zur Beschwerde gegen die Erklärung der örtlichen Unzuständigkeit vgl 7 zu § 16; beschränkt sie sich eine nach § 210 II eingelegte Beschwerde der StA auf die Rüge der örtlichen Unzuständigkeit des AG, vor dem das LG eröffnet hat, liegt in der unzulässigen sofortigen eine zulässige einfache Beschwerde (**aM** Hamburg wistra **03**, 38). 4

4) Unzulässig ist die Beschwerde, wenn das Gericht die Tat nur rechtlich anders qualifiziert (vgl auch 6 zu § 207). Hier muss die StA ihren abweichenden Standpunkt in der Hauptverhandlung oder mit der Revision geltend machen (München NStZ **86**, 183; LG Zweibrücken VRS **124**, 33). 5

6 5) Der **Nebenkläger** kann wie die StA sofortige Beschwerde einlegen, wenn die Eröffnung des Hauptverfahrens abgelehnt worden ist (§ 400 II S 1), aber nur wegen des Nebenklagedelikts (Celle OLGSt Nr 1; vgl auch München NStZ 86, 183 mit Anm Dahs und weiterer Anm Meyer-Goßner NStZ **86**, 328). Ist das Hauptverfahren vor einem niedrigeren Gericht eröffnet worden, so steht dem Nebenkläger die sofortige Beschwerde nicht zu (8 zu § 400). Der Verletzte, der nicht Nebenkläger ist, hat kein Beschwerderecht (Oldenburg NdsRpfl **54**, 35).

7 6) **Wahlrecht nach III:**

8 A. „**Vor einer anderen Kammer**" **(S 1)** ist auszulegen is von „andere Abteilung oder Kammer", wie es in § 354 III heißt (Oldenburg NStZ **85**, 473 mit Anm Rieß); denn die Verweisungsmöglichkeit in beiden Altern soll nicht nur dem OLG, sondern auch dem LG als Beschwerdegericht eingeräumt sein (Oldenburg aaO). Vor einer bestimmten StrK wird auch dann nicht eröffnet, wenn der Geschäftsverteilungsplan keine Ausweichkammer vorsieht (Sowada 806 Fn 246; **aM** Koblenz OLGSt § 212 Nr 1; vgl auch 38 zu § 354).

9 B. Das **andere Gericht** muss benachbart sein, dh in der Nähe liegend, wenn auch nicht angrenzend (**aM** Sowada 805 Fn 244). Jedoch muss es zum Bezirk des Beschwerdegerichts gehören (Hamm MDR **82**, 691; erg 41 zu § 354). Nach Abschluss des Hauptverfahrens tritt die ursprüngliche Zuständigkeit wieder ein (47 zu § 354).

10 C. **Besondere Gründe** müssen aber für die Anwendung des III bestehen, der insoweit bei verfassungskonformer Auslegung verfassungsrechtlich unbedenklich ist (BVerfG StV **00**, 537; **aM** Seier StV **00**, 586; Sowada 805); diese müssen – wenn sie nicht auf der Hand liegen – in der Beschwerdeentscheidung dargelegt werden (BGH StraFo **17**, 192). Sie ist zB gerechtfertigt, wenn nur an einem anderen Gerichtsort eine unvoreingenommene Verhandlung zu erwarten ist oder von dem bisherigen Richter nach der Art seiner Meinungsäußerung im angefochtenen Beschluss nicht erwartet werden kann, dass er sich die Auffassung des Beschwerdegerichts innerlich voll zu eigen machen wird (Düsseldorf OLGSt S 5; Frankfurt NJW **05**, 1727, 1736; Hamburg JR **79**, 384; krit Marcelli NStZ **86**, 59; Seier aaO), zB wenn er sich in der für die Eröffnung entscheidenden Rechtsfrage festgelegt hat (Köln NStZ **02**, 35). Bei der Ermessensentscheidung kann auch die Vermeidung gravierender Verfahrensnachteile für den Angeklagten berücksichtigt werden (BVerfG 2 BvR 1229/05 vom 15.9.2005; BGH aaO). Eine Bindung wie im Fall des § 358 I besteht aber nicht. Das Gericht, vor dem eröffnet worden ist, hat auf den vom Angeklagten rechtzeitig erhobenen Einwand gemäß § 16 S 2, 3 gleichwohl seine örtliche Zuständigkeit zu prüfen; seine Prüfung ist allerdings auf die Voraussetzungen des III beschränkt (BGH aaO; Marcelli aaO; LR-Stuckenberg 36; **aM** Meyer-Goßner JR **79**, 385). Eine **analoge Anwendung** des III auf andere Beschlussentscheidungen ist grundsätzlich unzulässig (Meyer-Goßner aaO; **aM** Hamburg JR **79**, 383 zu § 206a II); lediglich in dem ganz ähnlichen Fall der Anordnung der Wiederaufnahme des Verfahrens durch das Beschwerdegericht sollte III entspr angewendet werden (erg 18 zu § 370).

11 D. In der **Geschäftsverteilung** müssen die verschiedenen Möglichkeiten berücksichtigt werden (Düsseldorf StV **85**, 407; erg 4 zu § 21e GVG). Es gelten die Grundsätze 38 zu § 354. Eine Änderung des Beschlusses, weil das Gericht, vor dem eröffnet worden ist, keinen Auffangspruchkörper hat, ist unzulässig (Oldenburg NStZ **85**, 473). Kann ein solcher Spruchkörper ausnahmsweise nicht gebildet werden, so muss nach § 15 verfahren werden (Oldenburg aaO; erg 38 zu § 354). Ein Richter, der an der früheren Entscheidung mitgewirkt hat, ist nicht ausgeschlossen (39 zu § 354).

Wiederaufnahme nach Ablehnungsbeschluss

211 Ist die Eröffnung des Hauptverfahrens durch einen nicht mehr anfechtbaren Beschluß abgelehnt, so kann die Klage nur auf Grund neuer Tatsachen oder Beweismittel wieder aufgenommen werden.

1) Beschränkte Sperrwirkung für neue Strafverfolgung: § 211 gilt für jeden Fall der Nichteröffnung des Hauptverfahrens (1 ff zu § 204), also sowohl bei Sachentscheidung durch Verneinung des hinreichenden Tatverdachts (Einl 182) als auch bei Nichteröffnung wegen eines Verfahrenshindernisses, das der Strafverfolgung im Ganzen entgegensteht (BGH **7**, 64; Einl 172). Hat sich das Gericht lediglich für unzuständig erklärt, so gilt § 211 nicht (LR-Stuckenberg 5). Bei der Ablehnung wegen eines Verfahrenshindernisses handelt es sich nicht um Strafklageverbrauch; aber § 211 verleiht diesem Beschluss die gleiche Sperrwirkung. Wie die Anknüpfungspunkte des Beschlusses sind dann auch die Voraussetzungen für neue Strafverfolgung verschieden. Bei der Verneinung des hinreichenden Tatverdachts ist die neue Strafverfolgung nur zulässig, wenn die Nova der Sachentscheidung die Grundlage entziehen; bei der Ablehnung wegen eines Verfahrenshindernisses ist ein neues Verfahren zulässig, wenn die Nova der Feststellung des Prozesshindernisses den Boden entziehen oder, was dem gleichsteht, wenn das angenommene Verfahrenshindernis beseitigt wird (LR-Stuckenberg 14; Kleinknecht Bruns-FS 475 ff; zB durch nachträglich wirksamen Strafantrag); oder wenn es seine Wirkung auf andere Weise verliert (zB dadurch, dass die StA für die neue Strafverfolgung das öffentliche Interesse nach § 230 I StGB bejaht). 1

Unanfechtbar ist der Beschluss, falls die Beschwerde nach § 210 vergeblich eingelegt oder ihre Frist verstrichen ist. Seine Sperrwirkung erfasst auch eine Privatklage, die anstelle der durch § 211 ausgeschlossenen öffentlichen Klage erhoben werden soll (Köln NJW **52**, 1152). 2

2) Neue Tatsachen oder Beweismittel (vgl auch § 174 II) rechtfertigen die neue Anklage, wenn sie vom Standpunkt des eröffnenden Gerichts aus geeignet sind, allein oder im Zusammenhang mit den übrigen, dem Erstgericht schon bekannt gewesenen Tatsachen und Beweismitteln die Frage nach dem Vorliegen eines hinreichenden Tatverdachts iSd § 203 nunmehr anders zu beurteilen als bisher (BGH NStZ **17**, 593 mwN; KK-Schneider 5; LR-Stuckenberg 11). Mögliche Beweisverwertungsverbote sind dabei zu berücksichtigen, da es für die Verurteilungswahrscheinlichkeit auch auf die Beweisbarkeitsprognose ankommt; insoweit hat außer Betracht zu bleiben, ob es in der Hauptverhandlung eines Widerspruchs zur Aktivierung des Verwertungsverbotes bedürfte (BGH aaO mit Anm Ventzke; Stuckenberg JR **17**, 484). Ist die Ablehnung auf Unwirksamkeit der Anklageschrift gestützt (26 zu § 200), so stellt die Behebung des Mangels in der neuen Anklage eine die Sperrwirkung beseitigende neue Tatsache dar (Celle StV **12**, 456, 459; Düsseldorf NStZ **82**, 335; vgl auch 11 zu § 206a). Im Übrigen kommt es nur darauf an, ob die neuen Tatsachen oder Beweismittel dem damaligen Beschlussgericht nicht bekannt waren, gleichviel, ob sie ihm hätten bekannt sein können oder damals schon bestanden (BGH **7**, 64, 66; vgl auch BGH NStZ **17**, 593). Beruhte der Ablehnungsbeschluss auf einem Subsumtionsfehler oder Irrtum, so kann er daher nicht widerrufen werden (BGH **52**, 213, 218; vgl auch Bay **70**, 115 zu § 206a), weil das Erfordernis der Nova dadurch umgangen würde. 3

Ob die Grundlage des früheren Beschlusses durch die Nova entfallen ist, wird **vom Rechtsstandpunkt des früheren Richters** beurteilt (BGH StV **90**, 7 L). Der neue Beschlussrichter ist – auch wenn er derselbe ist – an eine als falsch erkannte Rechtsauffassung, auf der der frühere Beschluss beruht, gebunden (BGH **18**, 225). Wenn er aber auf Grund dieser Rechtsauffassung wiederaufnehmen kann, legt er dem neuen Eröffnungsbeschluss die richtige Auffassung zugrunde (Hanack JZ **71**, 218). Auch ein neues Sachverständigengutachten genügt (BGH aaO; Köln NStZ **12**, 175). Die abweichende Aussage eines früheren Zeugen ist kein neues Beweismittel, aber eine neue Tatsache (RG **60**, 99); dasselbe gilt, wenn 4 ein Zeuge nunmehr auf sein Zeugnisverweigerungsrecht verzichtet (BGHR Neue Tatsachen 2).

5 3) Eine **neue Anklage** wird beim Wegfall der Sperre erhoben (Nürnberg OLGSt S 1; LR-Stuckenberg 16, 18; **am** MüKoStPO-Wenske 39ff). Dies bestätigt auch der rechtsähnliche § 47 III **JGG**. Für die neue Strafverfolgung gilt wiederum das Legalitätsprinzip (Rieß NStZ **83**, 248), solange die Nova nicht entfallen (13 zu § 152); insoweit ist dann auch § 172 anwendbar (KG JR **83**, 345; KK-Schneider 8; LR-Stuckenberg 20). Die neue Klage kann zurückgenommen werden, solange kein neuer Eröffnungsbeschluss erlassen ist (§ 156); danach gilt § 210 (Frankfurt NStZ-RR **03**, 81).

6 Die **Zuständigkeit des Gerichts** für das neue Verfahren richtet sich nach der neuen Sach- und Rechtslage. In der neuen Anklage muss auf den früheren Nichteröffnungsbeschluss Bezug genommen werden. Dabei sind die neuen Tatsachen und Beweismittel besonders zu bezeichnen, die die Sperrwirkung beseitigen. Nur insofern besteht eine Verbindung des neuen Verfahrens mit dem früheren, die allerdings während des ganzen neuen Verfahrens andauert (unten 7).

7 4) **Neues Eröffnungsverfahren:** Ein Eröffnungsbeschluss kann in dem neuen Verfahren nur erlassen werden, wenn die neuen Tatsachen oder Beweismittel so erheblich sind, dass sie dem früheren Ablehnungsbeschluss die Grundlage entziehen. Dieser wird mit dem neuen Eröffnungsbeschluss nicht aufgehoben (LR-Stuckenberg 22); denn das frühere Verfahren bleibt abgeschlossen, das neue ist selbstständig und nur hinsichtlich der Sperrklausel von dem früheren abhängig (allgM; anders jetzt allerdings Radtke NStZ **99**, 484, der aber zu Unrecht den Gegensatz zwischen § 211 und §§ 359ff leugnet). Da die Neuheit der Tatsachen oder Beweismittel Voraussetzung für das neue Verfahren ist, obliegt ihre Prüfung auch später dem jeweils mit der Sache befassten Gericht (BGH **18**, 225; LR-Stuckenberg 24; Einl 150), so dass entgegen § 210 II hier von Verfassungs wegen auch eine Beschwerde gegen die neue Eröffnungsentscheidung gegeben ist (vgl 1 zu § 210).

8 Auch **die früheren Nebenentscheidungen** werden nicht aufgehoben. War eine Entschädigungsentscheidung getroffen worden, so gilt § 14 I **StrEG**. Die Entscheidung über die Kosten des Verfahrens, die in dem früheren Nichteröffnungsbeschluss getroffen worden ist, kann nicht entspr § 14 I S 1 StrEG korrigiert werden (KK-Schneider 11; KMR-Seidl 18).

9 5) **Nebenklage:** Eine im vorausgegangenen Verfahren begründete Nebenklägerstellung lebt nicht wieder auf. Der Anschluss (§ 396 I S 1) im neuen Verfahren geschieht unabhängig von dem früheren Verfahren (LR-Stuckenberg 23).

10 6) Das **Sicherungsverfahren** nach §§ 413ff kann trotz der Ablehnung nach § 211 eingeleitet werden (RG **72**, 145).

11 7) **Revision:** Ob Nova iSd § 211 vorgelegen haben, prüft das Revisionsgericht als besondere Prozessvoraussetzung von Amts wegen auf der Grundlage des zum Zeitpunkt der Eröffnung des Hauptverfahrens vorliegenden Akteninhalts (BGH NStZ **17**, 593). Bestand bezüglich der Nova ein Beweisverwertungsverbot ist dieses ebenfalls von Amts wegen zu berücksichtigen, ohne dass es eines Verwertungswiderspruchs bedarf (BGH aaO).

Fünfter Abschnitt. Vorbereitung der Hauptverhandlung

Vorbemerkungen

1 1) Dem **Vorsitzenden** obliegt im Wesentlichen die Vorbereitung der Hauptverhandlung. Das Gericht wirkt nur in den gesetzlich vorgeschriebenen Fällen (vgl §§ 223, 225, 233) mit. Aufgabe des Vorsitzenden ist nicht nur die Terminsanberaumung (§ 213) und die Ladung des Angeklagten und der Beweispersonen zur

Hauptverhandlung (§ 214 I S 1), sondern auch die Anordnung, im Freibeweis (7, 9 zu § 244) Ermittlungen nach unerreichbaren Zeugen vorzunehmen, weitere sachliche Beweismittel herbeizuschaffen (§ 221), ggf auch die zum Schutz der Zeugen oder zur Sicherung der Hauptverhandlung vor Störungen erforderlichen Maßnahmen vorzubereiten.

Darüber hinaus kann der Vorsitzende sich bis zur Hauptverhandlung eine noch gründlichere **Aktenkenntnis** verschaffen, als er sie für die Mitwirkung bei der Entscheidung über die Eröffnung des Hauptverfahrens (§§ 203 ff) brauchte, indem er zur Vorbereitung der Hauptverhandlung nicht nur die bei den Akten befindlichen Lichtbilder und Urkunden in Augenschein nimmt, sondern auch Örtlichkeiten (Tatort, Unfallstelle usw) informatorisch besichtigt (6 zu § 86). 2

2) Keine erschöpfende Regelung der zur Vorbereitung der Hauptverhandlung erforderlichen und zulässigen Anordnungen enthalten die §§ 212 ff. Zu beachten sind auch die §§ 205, 230 II, 231a, 232 I und 233. Dencker (StV **94**, 503) weist auf die Möglichkeit hin, den Prozessbeteiligten vor der Hauptverhandlung einen Bericht zukommen zu lassen, in dem das nach Aktenlage „Unstreitige" dargestellt wird; ob ein solcher — einen erheblichen Aufwand erfordernder — Bericht zur Vereinfachung des Verfahrens beitragen kann, erscheint aber sehr fraglich, zumal jetzt auch § 212 eine Kontaktaufnahme ermöglicht. 3

Zur Vorbereitung der Hauptverhandlung gehört auch die Zahlung von **Reisekostenvorschüssen** an mittellose Zeugen und Sachverständige nach § 3 JVEG (vgl 3 zu § 71) sowie an mittellose Angeklagte nach Abschn I des bundeseinheitlich geltenden Verwaltungsvorschriften über die Bewilligung von Reiseentschädigungen an mittellose Personen und Vorschusszahlungen an Zeugen und Sachverständige in der ab 1.8.1977 geltenden Fassung (abgedruckt bei Piller/Hermann unter 10d). Die Entscheidung trifft in beiden Fällen das Gericht; wegen der Anfechtbarkeit vgl § 4 III JVEG und 14 zu § 23 EGGVG. 4

3) Beweiserhebungen zur Schuld- oder Rechtsfolgenfrage darf das Gericht vor und außerhalb der Hauptverhandlung grundsätzlich nur vornehmen, wenn und soweit das Gesetz (vgl §§ 223, 225, 231a I S 2, 233 II) eine Vorwegnahme der Hauptverhandlung vorsieht. Sonst sind die Anhörung des Angeklagten zur Sache und die Vernehmung oder Beschaffung von schriftlichen Unterlagen von Zeugen und Sachverständigen nur in ganz besonders gelagerten Ausnahmefällen zulässig (vgl BGH MDR **66**, 427 mit krit Anm Dallinger; RG **65**, 322; Hamm MDR **74**, 419; Meyer-Goßner NJW **70**, 415; unrichtig LG Nürnberg-Fürth NJW **83**, 584 = JR **83**, 257 mit abl Anm Meyer: Anordnung von „Nachermittlungen" durch den Vorsitzenden). Dabei müssen die Vorschriften beachtet werden, die den Prozessbeteiligten die Mitwirkung an vorweggenommenen Beweiserhebungen sichern (Hamm aaO). Ausführlich dazu KMR-Eschelbach 24 ff. 5

4) Ermittlungen der StA zur Vorbereitung der Hauptverhandlung sind nach Rechtshängigkeit der Sache nicht unzulässig (Hahn GA **78**, 331), müssen aber auf Eilfälle (Beweissicherung und dgl) beschränkt bleiben (eingehend dazu Odenthal StV **91**, 441). Ihr notwendig erscheinende richterliche Untersuchungshandlungen darf die StA nicht bei dem Ermittlungsrichter (§§ 162, 169), sondern nur bei dem Vorsitzenden des erkennenden Gerichts beantragen (Stuttgart MDR **83**, 955; LG Coburg MDR **53**, 120 mit zust Anm Kleinknecht). 6

5) Ermittlungen des Verteidigers sind ebenfalls nicht unzulässig, insbesondere zur Informationsbeschaffung, aber auch zur Entwicklung einer Verteidigungsstrategie (vgl dazu eingehend Schlothauer, Vorbereitung der Hauptverhandlung, 2. Aufl 1998, S 36 ff und in AK 7 ff; König StraFo **96**, 98 ff; Wächtler StraFo **07**, 141 ff; erg 2 vor § 137). 7

Erörterung des Verfahrensstands mit den Verfahrensbeteiligten

212 Nach Eröffnung des Hauptverfahrens gilt § 202a entsprechend.

1 **1) Erörterungen** iSd §§ 160b, 202a sind auch noch nach Eröffnung des Hauptverfahrens zulässig und insbesondere zur Vorbereitung einer Verständigung (§ 257c) oftmals geboten. Dies gilt nicht nur für den Verfahrensabschnitt zwischen Eröffnungsbeschluss (§ 207) und Hauptverhandlungstermin, sondern auch nach Beginn der Hauptverhandlung für die Abschnitte zwischen einzelnen Verhandlungstagen und für die Zeit nach einer ausgesetzten Hauptverhandlung und vor dem neuen Hauptverhandlungstermin (BGH NStZ **16**, 221 mit Anm Allgayer).

Bestimmung eines Termins zur Hauptverhandlung RiStBV 116

213 ^I Der Termin zur Hauptverhandlung wird von dem Vorsitzenden des Gerichts anberaumt.

^{II} In besonders umfangreichen erstinstanzlichen Verfahren vor dem Land- oder Oberlandesgericht, in denen die Hauptverhandlung voraussichtlich länger als zehn Tage dauern wird, soll der Vorsitzende den äußeren Ablauf der Hauptverhandlung vor der Terminbestimmung mit dem Verteidiger, der Staatsanwaltschaft und dem Nebenklägervertreter abstimmen.

1 **1) Terminsanberaumung (I)** ist die Festsetzung von Ort, Tag und Stunde der Hauptverhandlung (Köln VRS **69**, 451). Zur Ortsangabe gehört auch die Bezeichnung des Gerichtssaals (Holch JR **79**, 350).

2 **Verhandlungsort** ist idR ein Raum im Gerichtsgebäude, nicht das Amtszimmer des Richters (RiStBV 124 I). Aus triftigen Gründen kann der Vorsitzende die Hauptverhandlung oder einen Teil von ihr aber auch am Tatort, in einer JVA (Hamm NJW **74**, 1780: aus Sicherheitsgründen), am Aufenthaltsort (Wohnung oder Krankenhaus) eines reiseunfähigen Angeklagten oder Zeugen oder in einem anderen Raum (vgl Hamm NJW **60**, 785: Gastwirtschaft) stattfinden lassen (erg 6 zu § 169 GVG). Die gesamte Hauptverhandlung kann außerhalb des Gerichtsbezirks durchgeführt werden (BGH **22**, 250; erg 1 zu § 166 GVG).

3 Der **Terminstag** kann notfalls ein Sonn- oder Feiertag sein (vgl BGH NStZ **19**, 109). Jedoch ist bei der Terminsanberaumung auf konfessionelle Verhältnisse Rücksicht zu nehmen (RiStBV 116 II); ein Termin an einem nichtstaatlichen Feiertag, an dem dem Angeklagten aus religiösen Gründen jede Einlassung verboten ist, kann die Gewährung des rechtlichen Gehörs in Frage stellen (BGH **13**, 123).

4 Die **Terminsstunde** ist so festzusetzen, dass ein reibungsloser Ablauf der Hauptverhandlung gesichert ist und den Beteiligten jeder vermeidbare Zeitverlust erspart bleibt (vgl RiStBV 116 III). Sie kann – und muss ggf (vgl BGH NStZ **07**, 281) – auch außerhalb der Dienstzeiten des Gerichts liegen. Falls das sachdienlich ist (zB im Anschluss an eine Augenscheinseinnahme am Unfallort), kann der Termin auch zur Nachtzeit stattfinden (BGH **12**, 332); jedoch muss die Verhandlungszeit dann so bemessen werden, dass eine Übermüdung der Beteiligten ausgeschlossen ist (BGH aaO; vgl auch Hanack JZ **71**, 170).

5 Ein Verbot, im Termin so anzuberaumen, dass gegen den Angeklagten **2 Hauptverhandlungen vor verschiedenen Gerichten** parallel zueinander stattfinden, besteht nicht (BGH NStZ **84**, 274; **aM** SK-Deiters 11: nur in besonderen Ausnahmefällen).

6 **2) Im Ermessen des Vorsitzenden** (dh des Richters, der bei der Terminsbestimmung den Vorsitz in dem Spruchkörper führt), vor dem das Verfahren eröffnet worden ist, liegt die Terminsanberaumung. Sie muss, falls keine besonderen Gründe entgegenstehen, alsbald nach Eröffnung des Hauptverfahrens, im Berufungsrechtszug nach Vorlage der Akten nach § 321 S 2 stattfinden. Terminsabsprachen

Vorbereitung der Hauptverhandlung **§ 213**

können schon vorher vorbehaltlich der Anklagezulassung erfolgen. Das Gebot der Verfahrensbeschleunigung (Einl 160) macht es notwendig, dass die Hauptverhandlung baldmöglichst durchgeführt wird, insbesondere in Haftsachen (BGH NStZ **06**, 513; erg 10 zu Art 5 EMRK), in denen sie grundsätzlich innerhalb von 3 Monaten nach Eröffnung des Hauptverfahrens beginnen muss (BVerfG StV **06**, 72, 78; **08**, 421, 423; NJW **12**, 513; Nürnberg StraFo **08**, 469; **09**, 149); eine starre Frist ist das aber nicht (BGH NStZ **14**, 226). Der Vorsitzende muss und darf jedoch nicht warten, bis auch die letzte Untersuchung und Ermittlungshandlung abgeschlossen ist (BGH 1 StR 274/07 vom 12.9.2007; dagegen Pfordte Widmaier-FS 421, 423). Andererseits muss der Termin so weit hinaus anberaumt werden, dass alle Verfahrensbeteiligten ausreichend Zeit zur Vorbereitung haben. Der Vorsitzende hat das Recht, die anfallenden Sachen auf die verfügbaren Sitzungstage so zu verteilen, wie es eine zweckmäßige Erledigung der Geschäfte erfordert (BGH **15**, 390, 392). Bei der Ermessensausübung müssen aber außer der Belastung des Gerichts und der Reihenfolge des Eintritts der Rechtshängigkeit auch berechtigte Wünsche der Prozessbeteiligten berücksichtigt werden (BGH NStZ **98**, 311; JR **07**, 209 mit zust Anm Eidam; Celle VRS **113**, 54, 56; München StV **07**, 518; LG Frankfurt aM StV **04**, 420), insbesondere auch erforderliche Anreisezeiten (Bamberg NJW **06**, 2341). Rechtliches Gehör braucht ihnen jedoch nicht gewährt zu werden (Frankfurt NStZ-RR **97**, 272). Der Vorsitzende ist nicht verpflichtet, mit sämtlichen Prozessbeteiligten vor der Terminsanberaumung Fühlung zu nehmen, um etwaige Verhinderungsgründe zu ermitteln und zu berücksichtigen; das gilt insbesondere für die Schöffen (BGH aaO) und bei einer Vielzahl von Verteidigern (KG StV **09**, 57 mit krit Anm Schlothauer). Eine Absprache des Termins mit dem Verteidiger ist aber zumindest zweckmäßig (vgl Brandenburg OLG-NL **96**, 71; Brause Kriminalistik **95**, 351; Neuhaus StraFo **98**, 84), wird sich in Verfahren mit schwieriger Beweislage und einem seit langem in dieses eingearbeiteten Verteidiger als notwendig erweisen (Frankfurt StV **97**, 402; LG Braunschweig StV **97**, 403) und ist daher in größeren Sachen aus der Praxis üblich (erg 10 ff zu § 228). Diesen Anforderungen wird – zumindest die obergerichtliche – neuere Rspr weithin gerecht (vgl die Zusammenstellung von 58 Entscheidungen bei Müller Widmaier-FS 359). Hat eine Terminsabsprache nicht stattgefunden, muss sich der Vorsitzende bei substantiierten Verlegungsanträgen des Verteidigers ernsthaft bemühen, dessen nachvollziehbarem Begehren Rechnung zu tragen (BGH NStZ-RR **10**, 312; vgl auch BGH NStZ **18**, 607 mit Anm Wohlers JR **18**, 529: Wahlverteidiger; erg anschließend 7). Zusammenfassend zur Terminierung in Wirtschaftsstrafsachen BGH NJW **08**, 2451.

3) Auf eine **Verlegung des Termins** haben die Prozessbeteiligten grundsätzlich keinen Anspruch (vgl LG Nürnberg-Fürth StV **09**, 180 zur Verhinderung des Nebenklägervertreters). Der Vorsitzende entscheidet über solche Anträge nach pflichtgemäßem Ermessen unter Berücksichtigung der Interessen des Beteiligten, des Gebots der Verfahrensbeschleunigung und der Terminsplanung des Gerichts (Frankfurt StV **95**, 11; Hamm NStZ-RR **01**, 107; StV **04**, 642; LG Hamburg StV **89**, 340; LG Bonn StraFo **96**, 174; Krumm StV **12**, 177; erg 10 zu § 228). Ein – *vor* Terminsansetzung (Hamm NStZ **10**, 231) – gebuchter Urlaub des Angeklagten oder seines Verteidigers wird aber idR – jedenfalls bei kleineren Verfahren – zur Terminsverlegung führen (Köln DAR **05**, 576 mit zust Anm Bister; LG Oldenburg StraFo **08**, 471). Auch muss der Vorsitzende sich nach der Rspr ernsthaft bemühen, dem Recht des Angeklagten, sich von einem RA seines Vertrauens vertreten zu lassen, soweit wie möglich Geltung zu verschaffen und einem nachvollziehbaren Begehren des Verteidigers im Rahmen der zeitlichen Möglichkeiten des Gerichts sowie des Gebots der Verfahrensbeschleunigung Rechnung zu tragen (BGH NStZ **18**, 607 mit Anm Arnoldi, der mit Recht darauf hinweist, dass diese Rspr sich vom in § 228 II zum Ausdruck kommenden Willen des Gesetzgebers weit entfernt hat; vgl auch BGH NStZ-RR **10**, 312, 313). Die Verhinderung des gewählten Verteidigers auf Grund anderweiter Pflichtverteidigung kann

Schmitt

§ 213

ebenfalls ein gewichtiger Grund für eine Verlegung sein (anders Frankfurt NStZ-RR **14**, 250, wenn der Verteidiger erst kurz vor dem Termin neu mandatiert wurde).

8 **4) Beschwerde** gegen die Bestimmung oder Aufhebung eines Hauptverhandlungstermins, insbesondere gegen die Ablehnung des Antrags auf Terminsverlegung ist grundsätzlich nach § 305 S 1 ausgeschlossen. Sie kann nur dann ausnahmsweise als zulässig angesehen werden, wenn sie darauf gestützt ist, dass die Entscheidung des Vorsitzenden rechtswidrig ist, wozu auch die fehlerhafte Ausübung seines Ermessens gehört, wenn dies zu einer selbständigen Beschwer des Prozessbeteiligten geführt hat (KG StraFo **17**, 68: Aufhebung eines Termins zur Berufungshauptverhandlung zur Vermeidung einer Pflichtverteidigerbestellung); die Beurteilung der Zweckmäßigkeit der Entscheidung ist dem Beschwerdegericht entzogen (KG aaO; StV **09**, 577; Celle NJW **12**, 246; Dresden NJW **04**, 3196; Frankfurt StV **95**, 9; **01**, 157; Hamburg StV **95**, 11; Karlsruhe StV **91**, 509; München NStZ **94**, 451; StV **07**, 518; Nürnberg StV **05**, 491; LG Düsseldorf NStZ **04**, 168; LG Hamburg StV **96**, 659; LG Magdeburg StraFo **97**, 112; LG München II NJW **95**, 1439; einschr Stuttgart Justiz **06**, 8: nur bei evidentem und gewichtigem Rechtsfehler; **aM** – Beschwerde stets unstatthaft – Düsseldorf JMBlNW **95**, 248; Hamm NStZ **89**, 133; NStZ-RR **10**, 283; Karlsruhe StV **82**, 560 mit abl Anm Moos; SK-Deiters 16 ff; Kropp NStZ **04**, 668; vgl auch Düsseldorf JZ **86**, 864 für die Beschwerde des Zeugen). Zulässig ist die Beschwerde auch dann, wenn dem Angeklagten gegen das Urteil – wie nach § 55 II JGG – kein Rechtsmittel zusteht (Koblenz NStZ-RR **12**, 21). Das Beschwerdegericht kann den Termin zwar nicht anstelle des Vorsitzenden festsetzen; es kann aber die Rechtmäßigkeit oder Rechtswidrigkeit der angefochtenen Verfügung feststellen (Bamberg StraFo **99**, 237; Frankfurt StV **90**, 201; **93**, 6; **01**, 157; LG Hildesheim NJW **89**, 1174) und den Hauptverhandlungstermin aufheben (Dresden aaO; LG Braunschweig StraFo **14**, 115). Zur Frage, wann eine Beschwerde Aussicht auf Erfolg hat, vgl die Zusammenstellung von Einzelfällen bei Neuhaus StraFo **98**, 87 und Krumm StV **12**, 179, 180.

9 **5) Abstimmung mit den Verfahrensbeteiligten (II):**
10 A. In **besonders umfangreichen** erstinstanzlichen Verfahren vor dem LG oder dem OLG soll nach dem durch das Gesetz vom 17.8.2017 (BGBl I 3202, 3209) neu eingeführten II der Vorsitzende den äußeren Ablauf der Hauptverhandlung mit Verteidiger, Staatsanwaltschaft und Nebenklägervertreter abstimmen. Dies soll bei Großverfahren zu einer effizienten Durchführung der Hauptverhandlung beitragen. Dass die Hauptverhandlung mehr als 10 Tage dauern wird, ist nach dem Gesetzeswortlaut regelmäßig ein Indiz für den besonderen Umfang des Verfahrens. Anders kann es allerdings sein, wenn eine entsprechend hohe Zahl von Verhandlungstagen lediglich notwendig wird, weil der Angeklagte nur eingeschränkt verhandlungsfähig ist oder wenn Zeugen verhindert sind (BT-Drucks 18/11277 S 31) und deshalb nur wenige Stunden am Tag verhandelt werden kann.

11 B. **Inhaltlich** ist die Abstimmung auf den **äußeren Ablauf** der Hauptverhandlung beschränkt. Dieser Begriff sollte im Sinne der vom Gesetz intendierten verbesserten Kommunikation zwischen den Verfahrensbeteiligten weit interpretiert werden. Dazu gehören etwa die Planungen des Gerichts zu Reihenfolge und Umfang der aus seiner Sicht von Amts wegen durchzuführenden Beweisaufnahme sowie die Überlegungen der Verfahrensbeteiligten zu deren Art und Umfang. Mit Rücksicht auf die denkbaren Anwendungsprobleme sollten auch die Absicht und ggf die Modalitäten einer Erklärung des Verteidigers zur Anklage nach § 243 V S 3 und 4 erörtert werden (zB ihr Gegenstand und Umfang, vgl 31d, e zu § 243). Gleiches gilt für alle Arten gerichtsorganisatorischer Fragen wie etwa die Sitzordnung im Gerichtssaal, erforderliche sitzungspolizeiliche Maßnahmen oder der geplante Umgang des Gerichts mit der (Medien)Öffentlichkeit. Wie zielführend ein solcher Abstimmungstermin im Einzelfall ist, hängt allerdings davon ab, ob und inwieweit das Gericht und die Verfahrensbeteiligten bereit sind, offen miteinander zu kommunizieren.

C. Hinsichtlich der **Form** der Abstimmung wird es regelmäßig sinnvoll sein, einen Erörterungstermin mit den Verfahrensbeteiligten durchzuführen; der Wortlaut von II ermöglicht es jedoch auch, die Abstimmung telefonisch vorzunehmen. Soll der Abstimmungstermin mit einer inhaltlichen Erörterung des Verfahrensstandes nach §§ 212, 202a verbunden werden – was in der Praxis häufig der Fall sein wird, vor allem, wenn die Möglichkeit einer Verständigung im Raum steht – empfiehlt sich die Teilnahme aller Berufsrichter (vgl 4 zu § 202a). 12

6) Revision kann auf die Ablehnung des Vorsitzenden, den Termin zu verlegen, nicht gestützt werden; gerügt werden kann vielmehr regelmäßig nur die Ablehnung eines deswegen in der Hauptverhandlung gestellten Aussetzungsantrags (Düsseldorf JMBlNW **95**, 248; Koblenz VRS **45**, 284; Julius StV **90**, 56; Arnoldi NStZ **18**, 608). Allerdings hält der BGH einen Aussetzungsantrag für entbehrlich, wenn ein Verlegungsantrag des Verteidigers nicht beschieden wurde (BGH NStZ **18**, 607 [1. StS] mit kritischen Anm Arnoldi; zw). Wird die rechtzeitig vorgetragene Bitte um Terminsverlegung so spät abgelehnt, dass es Angeklagten und Verteidigern nicht möglich war, für ein Erscheinen zu dem neuen Termin irgendwelche Vorkehrungen zu treffen, so kann mit der Revision Verletzung des Anwesenheitsrechts gerügt werden (Hamm JR **71**, 471 mit Anm Kohlhaas). Bei ermessensfehlerhafter Ablehnung eines Verlegungsantrages wegen Verhinderung des Verteidigers ist die Revision begründet (Braunschweig StV **04**, 366; Krumm StV **12**, 181). Auf eine Verletzung von II kann die Revision nicht gestützt werden, da es sich um eine Ordnungsvorschrift handelt (BT-Drucks aaO). 13

**Ladungen durch den Vorsitzenden; Herbeischaffung
der Beweismittel**   **RiStBV 116 IV, V, 117**

214 I ¹Die zur Hauptverhandlung erforderlichen Ladungen ordnet der Vorsitzende an. ²Zugleich veranlasst er die nach § 397 Absatz 2 Satz 3, § 406d Absatz 1 und § 406h Absatz 2 Satz 2 erforderlichen Benachrichtigungen vom Termin; § 406d Abatz 4 gilt entsprechend. ³Die Geschäftsstelle sorgt dafür, dass die Ladungen bewirkt und die Mitteilungen versandt werden.

II Ist anzunehmen, daß sich die Hauptverhandlung auf längere Zeit erstreckt, so soll der Vorsitzende die Ladung sämtlicher oder einzelner Zeugen und Sachverständigen zu einem späteren Zeitpunkt als dem Beginn der Hauptverhandlung anordnen.

III Der Staatsanwaltschaft steht das Recht der unmittelbaren Ladung weiterer Personen zu.

IV ¹Die Staatsanwaltschaft bewirkt die Herbeischaffung der als Beweismittel dienenden Gegenstände. ²Diese kann auch vom Gericht bewirkt werden.

1) Anordnung und Ausführung der Ladung (I): 1

A. In der **Ladung,** dh der Aufforderung, in der Hauptverhandlung zu erscheinen (§ 48 I S 1), müssen das Gericht, der Sitzungssaal (oder ein anderer Verhandlungsort), der Zeitpunkt der Verhandlung, die Strafsache, in der verhandelt werden soll, und die Eigenschaft (Angeklagter, Zeuge, Sachverständiger usw) angegeben werden, in der die geladene Person erscheinen soll (Hamburg NStZ-RR **98**, 183). 2

B. Die **Ladung aller Beteiligten** richtet sich nach I. Die Vorschrift gilt für die Ladung des Angeklagten (§ 216), des Verteidigers (§ 218), des Privatklägers (§ 385 I S 1, II), des Nebenklägers (§ 397 I S 2), der Nebenbeteiligten (§§ 453, 442 I, II S 1, 444 I S 1) sowie der Zeugen und Sachverständigen. Über die Ladung von Kindern und Jugendlichen vgl 7 zu § 48. Im Fall des § 52 II ist auch der mitwir- 3

§ 214

kungsberechtigte gesetzlicher Vertreter zu laden, selbst wenn er die erforderliche Zustimmung bereits erteilt hat (KK-Gmel 3).

4 Im **Verfahren gegen Jugendliche und Heranwachsende** sollen neben dem Angeklagten auch der Erziehungsberechtigte und der gesetzliche Vertreter geladen werden (§ 50 II S 1 **JGG**), und zwar unter Hinweis auf die Folgen des Ausbleibens wie bei Zeugen (§ 50 II S 2 **JGG** iVm §§ 48, 51).

5 Für **Sonderfälle** vgl 6 zu § 48 (Ladungen im Ausland), 8 zu § 48 (Seeleute), 10 zu § 48 (Soldaten), Art 37 NTS-ZA (Soldaten der ausländischen NATO-Truppen), RiStBV 197 (Diplomaten).

6 C. Eine **Mitteilung vom Termin** erhalten die StA und die Behörden, die am Verfahren zu beteiligen sind (vgl RiStBV 117 II S 2), im Verfahren gegen Jugendliche und Heranwachsende auch die Jugendgerichtshilfe (§§ 50 III S 1, 109 I S 1 **JGG**). Auch der als Beistand zugelassene Ehegatte des Angeklagten und der gesetzliche Vertreter sollen vom Termin benachrichtigt werden (§ 149 I S 2, II).

6a Eine Mitteilung müssen ferner die **Verletzten** § 406d I S 1, wenn sie dies beantragt haben, erhalten sowie – auch ohne Antrag – die **anwaltlichen Beistände** von Nebenklägern oder Nebenklagebefugten **nach** § 397 II S 3 **und** § 406h II S 2. Die Mitteilung unterbleibt aber, wenn sie unter der angegebenen Anschrift nicht möglich ist (I S 2 2.Hs mit § 406d III S 1); zu einer Nachforschung nach der Anschrift ist das Gericht also nicht verpflichtet. Statt an den Verletzten kann die Mitteilung aber auch an einen als Vertreter bestellten oder als Beistand gewählten oder beigeordneten Rechtsanwalt erfolgen (S 2 iVm §§ 406d III S 2 und § 145a).

7 D. Die **Anordnung der Ladung (S 1) und der Mitteilungen (S 2)** trifft der Vorsitzende. Hinsichtlich der Ladung der Zeugen und Sachverständigen besteht für ihn keine Bindung an Anträge der StA in oder außerhalb der Anklageschrift, des Angeklagten und des Verteidigers. Die Anordnung ergeht idR schriftlich; erfolgt sie mündlich, so muss sie aktenkundig gemacht werden. Der Vorsitzende bestimmt auch die besonderen Hinweise (§§ 216 I, 232 I), die die Ladung enthalten soll. Eine Ladung ohne Anordnung des Vorsitzenden löst keine Säumnisfolgen (zB nach §§ 51, 230 II, 329 I, 412) aus, führt aber zur Entschädigung nach § 1 I S 1 Nr 1 JVEG.

8 Ist der **Angeklagte nicht auf freiem Fuß, so** ordnet der Vorsitzende auch seine Vorführung an (aM SK-Deiters 12). Für Straf- und Untersuchungsgefangene gelten die Regelungen der StVollzGe (zB Ast 38 II BayStVollzG); erg 5a zu § 133.

9 E. Die **Ausführung der Ladung und der Mitteilungen (S 3)** ist Aufgabe der Geschäftsstelle des Gerichts. Die Ladung durch sie entfällt, wenn die Ladung gegenüber der geladenen Person mündlich angeordnet oder von dem Vorsitzenden schon selbst bewirkt worden ist. Bei der Ladung des Angeklagten ist § 216 I, beim Zeugen § 48 iVm § 51 (vgl aber dort 32), beim Sachverständigen § 72 iVm § 48 und § 77 zu beachten. Den Nebenbeteiligten (Einl 73) sind mit der Ladung die vorgeschriebenen Hinweise zu geben (§§ 435 III, 442 I, II S 1, 444 II S 2). Die Geschäftsstelle muss auf Einhaltung der Ladungsfrist (§§ 217, 218 S 2) bedacht sein und darauf hinwirken, dass der Vorsitzende die Zustellung des Eröffnungsbeschlusses anordnet, sofern das bisher noch nicht geschehen ist.

10 Eine bestimmte Form ist für die Ladung nicht vorgeschrieben (vgl zur Ladung im Ausland BGH NStZ **90**, 226 [M]; dazu Julius StV **90**, 484 und Rose wistra **98**, 13; erg 63 zu § 244); dem auf freiem Fuß befindlichen Angeklagten, den Zeugen und den Sachverständigen soll sie jedoch **förmlich zugestellt** werden, damit sie nachweisbar ist; bei Zeugen und Sachverständigen kann aber eine einfachere Form der Ladung gewählt werden (RiStBV 117 I); dasselbe gilt für die Mitteilungen. Zur Ladung von Ausländern, die der deutschen Sprache nicht mächtig sind, vgl 3 zu § 184 GVG.

11 Die Geschäftsstelle erledigt auch **Vorführungsersuchen** des Vorsitzenden (§ 36 II gilt insoweit nicht), indem sie sie der Stelle zuleitet, der die Vorführung obliegt (Vorführungsdienst der Justiz, Leiter der JVA oder Polizei). Der Leiter der JVA muss in jedem Fall verständigt werden.

2) Ladungsplan (II): Der Vorsitzende muss für länger dauernde Verhandlungen eine sinnvolle Reihenfolge der beabsichtigten Beweiserhebungen festlegen. Zu diesem Zweck muss er sich frühzeitig einen Verhandlungsplan zurechtlegen, dem schon bei der Ladung Rechnung getragen werden soll. Wegen der Ladung von Zeugen „auf Abruf" vgl RiStBV 116 IV.

3) Unmittelbare Ladung durch die StA (III): Die Anordnung trifft der StA, die Geschäftsstelle führt sie aus; § 38 gilt nicht. Die unmittelbare Ladung durch die StA, die nach § 222 I S 2 zur rechtzeitigen Namhaftmachung der Beweispersonen verpflichtet, kommt insbesondere in Betracht, wenn der Vorsitzende nicht alle in der Anklageschrift aufgeführten Beweispersonen lädt (was aus der Mitteilung nach § 222 I S 1 erkennbar ist) oder wenn der StA nachträglich die Ladung weiterer, in der Anklageschrift noch nicht benannten Beweispersonen für erforderlich hält. Dieser Fall kann auch noch während der Hauptverhandlung eintreten. Im Fall des III gilt § 245 II. Ist der Zeuge, der geladen werden soll, nicht auf freiem Fuß, so ordnet der StA die Vorführung an.

4) Herbeischaffung der Beweisgegenstände: IV betrifft in 1. Hinsicht die bereits bei Anklageerhebung vorhandenen Beweisstücke. Befinden sie sich nicht bei den Akten, sondern in einem Asservatenraum oder in anderweitiger Verwahrung, so hat die StA sie zur Hauptverhandlung herbeizuschaffen. Der Vorsitzende kann ferner nach § 221 die Herbeischaffung weiterer Beweisstücke anordnen; nach IV kann er das selber bewirken oder die StA darum ersuchen. IV ergänzt die für persönliche Beweismittel geltende Vorschrift des III dahin, dass die StA zur Hauptverhandlung weitere Beweisgegenstände herbeischaffen kann (erg 4 zu § 245).

5) Eine **Beschwerde** gegen die Ladungsanordnung ist nach § 305 S 1 ausgeschlossen (Hamm MDR **78**, 690 L; Köln NJW **81**, 2480). Das gilt auch für den Zeugen, der befugt oder verpflichtet ist, nicht auszusagen (Hamm aaO). Auch die Beschwerde gegen die vorläufige Ablehnung von Ladungsanträgen ist unzulässig; denn der Antragsteller ist hierdurch nicht beschwert, weil III und § 220 zur unmittelbaren Ladung berechtigen und weil der Antrag in der Hauptverhandlung nach § 244 III–V der Entscheidung des Gerichts unterstellt werden kann.

Zustellung des Eröffnungsbeschlusses

§ 215
[1] **Der Beschluß über die Eröffnung des Hauptverfahrens ist dem Angeklagten spätestens mit der Ladung zuzustellen.** [2] **Entsprechendes gilt in den Fällen des § 207 Abs. 3 für die nachgereichte Anklageschrift.**

1) Zustellung des Eröffnungsbeschlusses (S 1):
A. Dem **Angeklagten** ist der Beschluss zuzustellen; hat er einen Verteidiger, so gilt § 145a I, III. Dass der Beschluss auch der StA mitzuteilen ist, folgt aus § 35 II. Für den Privatkläger gilt § 385 I S 2, ebenso für den Nebenkläger (§ 397 I S 2). Im Verfahren gegen Jugendliche erhalten auch die Erziehungsberechtigten und gesetzlichen Vertreter Abschriften (§ 67 II **JGG**).

Spätestens mit der Ladung muss der Eröffnungsbeschluss zugestellt werden. Kann bei Erlass des Beschlusses noch kein Termin zur Hauptverhandlung bestimmt werden, so wird aber mit der Zustellung nicht bis zur Ladung gewartet; denn der Angeklagte muss möglichst frühzeitig Gelegenheit erhalten, seine Verteidigung vorzubereiten.

B. Die **Anordnung** der Zustellung trifft der Vorsitzende. Sie muss ausdrücklich erfolgen. Die Anordnung der Ladung nach § 214 I S 1 ersetzt sie nicht (KK-Gmel 1). Die Zustellung wird durch die Geschäftsstelle ausgeführt; nach § 35 II S 1 muss förmlich zugestellt werden.

Der **Mangel der Zustellung** ist kein Verfahrenshindernis (BGH **33**, 183, 186; MDR **75**, 197 [D]). Er kann dadurch geheilt werden, dass der Beschluss in der Hauptverhandlung bekanntgemacht wird (Karlsruhe MDR **70**, 438; LR-Jäger 7).

§ 216
Zweites Buch. 5. Abschnitt

6 Ein **Verzicht auf die Zustellung** ist möglich (45 zu § 337). Er kann stillschweigend erklärt werden, zB durch Unterlassen eines Aussetzungsantrags in der Hauptverhandlung (RG JW **29**, 1044 mit Anm Oetker; KK-Gmel 2; LR-Jäger 7 will auf die Umstände des Einzelfalls abstellen; erg unten 8).

7 2) Die **nachgereichte Anklageschrift** (S 2) nach § 207 III muss ebenfalls entspr diesen Grundsätzen zugestellt werden. Ist der Eröffnungsbeschluss nicht schon vorher zugestellt worden, so können beide Zustellungen verbunden werden.

8 3) Die **Revision** kann nicht auf das Unterbleiben der Zustellung, sondern nur darauf gestützt werden, dass ein deswegen gestellter Aussetzungsantrag zu Unrecht zurückgewiesen worden ist (BGH **15**, 40, 45; KMR-Eschelbach 14; **aM** SK-Deiters 11). War die Anklage zugestellt und unverändert zugelassen worden, so ist der Angeklagte durch die Zurückweisung des Aussetzungsantrags aber nicht iS des § 338 Nr 8 in seiner Verteidigung beschränkt (BGH LM Nr 1; LR-Jäger 9)

Ladung des Angeklagten RiStBV 117, 120

216 I ¹Die Ladung eines auf freiem Fuß befindlichen Angeklagten geschieht schriftlich unter der Warnung, daß im Falle seines unentschuldigten Ausbleibens seine Verhaftung oder Vorführung erfolgen werde. ²Die Warnung kann in den Fällen des § 232 unterbleiben.

II ¹Der nicht auf freiem Fuß befindliche Angeklagte wird durch Bekanntmachung des Termins zur Hauptverhandlung gemäß § 35 geladen. ²Dabei ist der Angeklagte zu befragen, ob und welche Anträge er zu seiner Verteidigung für die Hauptverhandlung zu stellen habe.

1 1) Die **Ladung des Angeklagten zur Hauptverhandlung** regelt die Vorschrift. Zu laden ist auch der nach § 233 vom Erscheinen entbundene Angeklagte (dort 19). Im Zwischenverfahren (§§ 201 ff) wird nach § 133 geladen (dort 1). Für einen sprachunkundigen Ausländer wird eine Übersetzung der Ladung beigefügt (3 zu § 184 GVG; erg unten 8). Unter den Voraussetzungen des § 145a II kann die Ladung an den Verteidiger zugestellt werden, auch wenn der Angeklagte nicht auf freiem Fuß ist. Bei Unterbrechung der Hauptverhandlung gilt § 216 nicht für den Fortsetzungstermin (12 zu § 229).

2 2) Dem **auf freiem Fuß befindlichen Angeklagten (I)** wird die Ladung förmlich zugestellt (vgl RiStBV 117 I S 1); Ersatzzustellung (6 ff zu § 37) ist zulässig. Formlose Mitteilung der Ladung genügt nur, wenn die Ladungsfrist des § 217 I nicht beachtet zu werden braucht. Jedoch muss dem Angeklagten auch in diesem Fall ein Schriftstück ausgehändigt und überlassen werden, in dem Zeit, Ort und Terminsstunde, auch der Sitzungssaal (Bay **69**, 104 = JR **70**, 33; Düsseldorf MDR **87**, 868), bezeichnet sind. Das bloße Vorzeigen einer solchen Terminsnachricht genügt nicht, auch wenn der Angeklagte sie gelesen und unterschrieben hat (Bay **62**, 99 = NJW **62**, 1928). Die Warnung (unten 4) bedarf ebenfalls der Schriftform (KMR-Eschelbach 16; erg 3 zu § 323).

3 Der **Verzicht** auf die Zustellung der Ladung ist zulässig (Düsseldorf aaO); er kann stillschweigend darin zum Ausdruck kommen, dass der Angeklagte sich zur Sache einlässt, ohne das Fehlen der Ladung zu rügen (Hamburg HESt **3**, 28).

4 Die in I S 1 vorgeschriebene **Warnung** ist Voraussetzung für die Anwendung der Zwangsmittel des § 230 II. Daher kann sie unterbleiben, wenn das Gericht nach § 232 in Abwesenheit des Angeklagten verhandeln kann und will (I S 2); dann erfolgt in der Ladung der Hinweis nach § 232 I S 1. Die Warnung unterbleibt auch im Fall des § 233 (dort 19) und in den Fällen der §§ 329 I, 412; jedoch ist dann auf die anderen Folgen des Ausbleibens hinzuweisen (§ 323 I S 2). Bei Ladung im Ausland hat die Warnung wegen Nr 116 I RiVASt (keine Androhung von Zwangsmaßnahmen) zu unterbleiben (Brandenburg StV **09**, 348 L; NStZ **15**, 235; LG Münster NStZ-RR **05**, 382; **aM** Rostock NStZ **10**, 412). Etwas anderes

Vorbereitung der Hauptverhandlung § 216

soll – allerdings nur für Ladungen in sog Schengen-Staaten oder im EU-Raum (KG StraFo **13**, 425) – jedoch auch bei Ladung über den Verteidiger (LG Saarbrücken StraFo **10**, 340) gelten, wenn ausdrücklich darauf hingewiesen wird, dass die Zwangsmittel lediglich im Inland vollstreckt werden können (KG StraFo **11**, 356; Karlsruhe StV **15**, 345 mit abl Anm Rinklin); einem der deutschen Sprache nicht mächtigen Angeklagten muss der Hinweis aber in einer ihm verständlichen Sprache erteilt werden (Saarbrücken NStZ-RR **10**, 49; LG Heilbronn StV **11**, 406 L). Im Übrigen ist ein Haftbefehl gegen den Angeklagten auch ohne Warnung möglich, wenn die Voraussetzungen der §§ 112, 113 vorliegen.

3) Der **nicht auf freiem Fuß befindliche Angeklagte (II)** wird nach § 35 II 5 S 1 durch förmliche Zustellung geladen. Nicht auf freiem Fuß ist jeder, dem die Freiheit auf Anordnung des Gerichts oder einer Behörde entzogen und der dadurch in der Wahl seines Aufenthalts beschränkt ist (BGH 4, 308; **13**, 209, 212). Unzulässig ist (wegen der Notwendigkeit der Befragung nach II S 2) die Ersatzzustellung durch Niederlegung bei der Post (Saarbrücken VRS **43**, 39), nicht aber an den Anstaltsleiter nach § 178 I Nr 3 ZPO (24 zu § 37). Im Fall des II entfällt die Warnung nach I. Sie ist aber nachzuholen, wenn der Angeklagte vor dem Termin auf freien Fuß gesetzt wird (Köln StV **14**, 205).

Der Vorsitzende erlässt zugleich mit der Ladungsanordnung einen **Vorführ-** 6 **rungsbefehl**. Die Weitergabe des Vorführungsbefehls an die ausführende Stelle gehört zum Bewirken der Ladung (§ 214 I S 2). Führen Beamte der JVA vor, dürfen sie unmittelbaren Zwang anwenden.

Die **Befragung** nach II S 2 die bei, aber nicht unbedingt zugleich mit der Zu- 7 stellung erfolgen muss, soll dem Angeklagten Gelegenheit geben, förmliche Anträge zu stellen. Dass er schon Anträge nach § 201 gestellt hat, spielt keine Rolle. Die Befragung nimmt idR der Zustellungsbeamte vor, der auch ein bevollmächtigter Beamter der JVA sein kann (vgl 24 zu § 37). Sie kann aber auch einem anderen Beamten übertragen werden. Der Wortlaut der Befragung und die Anträge des Angeklagten müssen beurkundet werden (LG Potsdam StV **06**, 574). Einen allgemeinen Anspruch darauf, Anträge zu Protokoll der Geschäftsstelle des Gerichts zu erklären, hat der Angeklagte nicht (KK-Gmel 7; **aM** KMR-Eschelbach 22); eine Ausnahme gilt, wenn die Anträge auf andere Weise nicht wirksam gestellt werden können (vgl auch LR-Jäger 11). Bei unmittelbarer Ladung über den Verteidiger entfällt die Befragung nach II S 2; denn die Ermächtigung nach § 145a II gilt als Verzicht auf sie (BGH NJW **08**, 1604).

4) **Ladungsmängel,** die sich zu Lasten des Angeklagten (zu Nebenbeteiligten 8 siehe BGH 1 StR 185/16 vom 7.12.2016) ausgewirkt haben, machen die Ladung unwirksam. Dazu gehört aber nach BGH NJW **08**, 1604 nicht der Verstoß gegen II S 2 (**aM** LG Potsdam StV **06**, 574); demnach besteht deswegen auch kein Anspruch auf Aussetzung der Hauptverhandlung nach § 217 II. Ein beachtlicher Mangel hindert die Säumnisfolgen nur, wenn er ursächlich dafür war, dass der erscheinungswillige Angeklagte an der Verhandlung nicht hat teilnehmen können (Brandenburg NStZ-RR **09**, 318; Stuttgart NStZ-RR **05**, 319 mwN). Das ist auch der Fall, wenn es der Angeklagte unterlassen hat, den in der Ladung falsch bezeichneten Sitzungssaal (Bay **69**, 104 = JR **70**, 33) oder bei widersprüchlichen Zeitangaben die richtige Zeit zu erfragen (Frankfurt NStZ-RR **96**, 75). Es macht die Ladung nicht unwirksam, wenn sie durch die Geschäftsstelle entgegen der Anordnung des Vorsitzenden dem Verteidiger statt dem Angeklagten zugestellt wurde (LG Saarbrücken StraFo **10**, 340). Eine fehlende Übersetzung (oben 1) führt nicht zur Unwirksamkeit der Ladung, sondern begründet nur die Möglichkeit der Wiedereinsetzung in den vorigen Stand (Köln NStZ-RR **15**, 317 mwN).

5) Die **Revision** kann auf Ladungsmängel nur gestützt werden, wenn der An- 9 geklagte sie in der Hauptverhandlung geltend gemacht und deren Aussetzung beantragt hat (RG **48**, 386; LR-Jäger 16 ff; BGH 1 StR 185/16 vom 7.12.2016: Nebenbeteiligte). Dass der Angeklagte irrtümlich zum SchG statt zur StrK geladen

Schmitt 1033

worden ist, begründet die Revision auch dann nicht, wenn er vorbringt, er habe in der Annahme, noch einen 2. Tatsachenrechtszug vor sich zu haben, Verteidigungsvorbringen zurückgehalten (BGH **16**, 389).

Ladungsfrist

217 ^I Zwischen der Zustellung der Ladung (§ 216) und dem Tag der Hauptverhandlung muß eine Frist von mindestens einer Woche liegen.

^{II} Ist die Frist nicht eingehalten worden, so kann der Angeklagte bis zum Beginn seiner Vernehmung zur Sache die Aussetzung der Verhandlung verlangen.

^{III} Der Angeklagte kann auf die Einhaltung der Frist verzichten.

1 1) Die **Ladungsfrist (I)** soll dem Angeklagten ausreichend Gelegenheit zur Vorbereitung seiner Verteidigung gewähren (BGH **24**, 143, 146, 150). Für den Verteidiger gilt § 217 entspr (§ 218 S 2). Die anderen Prozessbeteiligten haben keinen Anspruch auf Einhaltung einer Ladungsfrist.

2 Bei der **Berechnung der Wochenfrist** sind der Zustellungstag und der für die Hauptverhandlung vorgesehene Tag nicht mitzurechnen; § 43 II gilt nicht (allg M).

3 Die **Ladungsfrist gilt auch** für die Verhandlung nach Zurückverweisung der Sache durch das Revisionsgericht nach § 354 II (RG **42**, 407) und für die Berufungsverhandlung (§ 323 I S 1), nicht aber für die Revisionsverhandlung (1 zu § 350). Im beschleunigten Verfahren gilt § 418 II S 3.

4 Ist die **Hauptverhandlung ausgesetzt** worden, muss die Ladungsfrist auch beim neuen Termin eingehalten werden (Bay **78**, 98; KK-Gmel 3; **aM** BGH **24**, 143, 145).

5 Die Ladungsfrist muss aber nicht eingehalten werden bei **Verlegung der Verhandlung** auf einen späteren Zeitpunkt (Bay **62**, 99 = NJW **62**, 1928; Jena VRS **118**, 296). Anders ist es bei Vorverlegung des Termins, sofern er nicht nur auf eine frühere Stunde desselben Tages verlegt wird (Zweibrücken NStZ **96**, 239 mwN).

6 Bei **Fortsetzung einer unterbrochenen Hauptverhandlung** ist keine förmliche Ladung erforderlich (12 zu § 229), daher auch nicht die Einhaltung einer Ladungsfrist (BGH NStZ-RR **03**, 98 [B]; NJW **82**, 248; JZ **57**, 673 mit zust Anm EbSchmidt; Bay **78**, 98 = MDR **79**, 159).

7 2) Den **Aussetzungsantrag wegen Nichteinhaltung der Ladungsfrist (II)**, dem das Gericht stattgeben muss, wenn er rechtzeitig gestellt ist (KG NZV **03**, 586), kann nur der Angeklagte persönlich oder für ihn der dazu bevollmächtigte Verteidiger stellen; der Verteidiger ist aus eigenem Recht nicht antragsberechtigt. Der Angeklagte soll nach § 228 III auf sein Antragsrecht hingewiesen werden. Er muss nicht zum Zweck der Antragstellung in der Hauptverhandlung erscheinen, sondern kann den Antrag schon vor ihrem Beginn schriftlich anbringen (BGH **24**, 143, 151 = JR **72**, 159 mit insoweit zust Anm Cramer; Düsseldorf VRS **97**, 139).

8 Nur **bis zur Vernehmung des Angeklagten** zur Sache nach § 243 V S 2 kann der Antrag gestellt werden: es handelt sich um eine befristete Verfahrenseinrede (Fuhrmann NJW **63**, 1320; Jescheck JR **52**, 400). Bei mehreren Angeklagten ist der Beginn der jeweiligen Sachvernehmung maßgebend. Ein verspäteter Antrag kann nur zur Aussetzung führen, wenn die Voraussetzungen des § 265 IV vorliegen.

9 Über den Aussetzungsantrag **entscheidet das Gericht** durch Beschluss (Bay **87**, 55, 56 = OLGSt § 212 Nr 1).

10 3) Den **Verzicht auf die Einhaltung der Ladungsfrist (III)** kann der Angeklagte auch gegen den Widerspruch seines Verteidigers erklären (KK-Gmel 8; **aM** Rieß NJW **77**, 883). Der Verteidiger braucht eine besondere Ermächtigung des

Angeklagten (KMR-Eschelbach 40; vgl auch BGH **12**, 367, 370). Der Verzicht, der unwiderruflich ist, kann durch schlüssiges Verhalten erklärt werden, zB durch den Antrag nach § 233 und durch Unterlassen des Aussetzungsantrags nach II bei Mitwirkung eines Verteidigers, auch wenn der Hinweis nach § 228 III unterlassen worden ist (BGH MDR **52**, 532 [D]; **aM** EbSchmidt Nachtr 11). Hat der Angeklagte keinen Verteidiger, so setzt der stillschweigende Verzicht voraus, dass er seine Rechte kennt oder über sie belehrt worden ist (Hamburg NJW **67**, 456; vgl auch BGH **24**, 143, 145).

4) Die **Erscheinungspflicht des Angeklagten,** auch wenn er vor Beginn der 11 Hauptverhandlung einen schriftlichen Aussetzungsantrag gestellt hat, über den noch nicht entschieden worden ist (oben 7), wird durch die Nichteinhaltung der Ladungsfrist nicht berührt (BGH **24**, 143, 150 ff). Die Fristeinhaltung ist daher keine Voraussetzung für Maßnahmen, die das Gesetz (zB in § 230 II, 232, 329 I, 412) an das Ausbleiben des Angeklagten knüpft (BGH **24**, 143, 149 = JR **72**, 159 mit insoweit abl Anm Cramer; Bay NJW **67**, 457; KG VRS **17**, 139; Bremen JR **59**, 391; Köln NJW **55**, 1243; Ordemann MDR **60**, 190; **aM** SK-Deiters 11 mwN; vgl auch LR-Jäger 14, der Zwangsmaßnahmen nach § 230 II idR für ausgeschlossen hält). Die Nichteinhaltung der Frist kann – muss aber nicht (vgl KG VRS **87**, 130) – das Ausbleiben des Angeklagten entschuldigen (Bremen aaO; Köln aaO), und zwar nicht nur, wenn die Ladung so spät zugestellt worden ist, dass er nicht mehr rechtzeitig erscheinen konnte, sondern auch dann, wenn die Nichteinhaltung der Frist iVm mit weiteren Umständen, die dem Gericht erkennbar sind (Abwesenheit, Krankheit), das Ausbleiben entschuldigt (BGH aaO; Bay aaO).

5) Die **Revision** kann auf die Nichteinhaltung der Ladungsfrist, die allein mit 12 dem Antrag nach II beanstandet werden kann, nicht gestützt werden (BGH **24**, 143; Bay **87**, 55, 56; NJW **67**, 457; Celle NJW **74**, 1258; Koblenz VRS **52**, 358; Saarbrücken VRS **44**, 190; **aM** Hamburg NJW **67**, 456; Hamm NJW **54**, 1856; Schlüchter Meyer-GedSchr 461 f); das gilt selbst dann, wenn die Belehrung nach § 228 III unterblieben ist (BGH MDR **52**, 532 [D]; KK-Gmel 10). Dagegen ist die unrichtige, auch stillschweigende, Ablehnung des rechtzeitig gestellten Aussetzungsantrags nach II ein Revisionsgrund (Bay **87**, 55, 56), auf dem das Urteil meist beruhen wird (vgl Bay NStZ **82**, 172 L). Der vom Angeklagten selbst erklärte Verzicht auf die Einhaltung der Ladungsfrist enthält nicht schon den Verzicht auf die Geltendmachung eines Verstoßes gegen § 140 II (Hamm NStZ-RR **98**, 243).

Ladung des Verteidigers

218 ¹Neben dem Angeklagten ist der bestellte Verteidiger stets, der gewählte Verteidiger dann zu laden, wenn die Wahl dem Gericht angezeigt worden ist. ²§ 217 gilt entsprechend.

1) Ladung des Verteidigers (S 1): 1
A. **Jeder Verteidiger** ist von Amts wegen zur Hauptverhandlung zu laden. 2
Der **Pflichtverteidiger** ist zu laden, solange seine Bestellung nicht widerrufen 3 worden ist (KMR-Eschelbach 8).
Der von dem Angeklagten oder einem anderen Berechtigten (vgl § 137 II S 1) 4 **gewählte Verteidiger** wird geladen, wenn seine Wahl (vgl dazu 4 vor § 137) dem Gericht, im Ermittlungsverfahren auch der Polizei (Köln VRS **98**, 138) oder der StA (Hamm VRS **41**, 133), angezeigt worden ist. Das Fehlen der Anschrift ist unschädlich, wenn sie leicht festgestellt werden kann (Köln DAR **82**, 24); bei unrichtiger Adressierung trägt der Verteidiger nur das Risiko der nicht mehr rechtzeitigen Ladung (Braunschweig StraFo **09**, 520). S 1 gilt auch, wenn der Angeklagte nach § 233 vom Erscheinen entbunden ist (Köln NJW **60**, 736). Die Vorlage einer Vollmacht setzt die Vorschrift nicht voraus (BGH **36**, 259; Bay **84**, 133; Bamberg NJW **07**, 393). Daher ist auch der Verteidiger zu laden, der in einer früheren Hauptverhandlung mit Billigung des Angeklagten aufgetreten ist (KK-Gmel 3)

§ 218

oder der seine Wahl sonst durch schlüssiges Verhalten angezeigt hat (Köln DAR **82**, 24).

5 Hat der Angeklagte **mehrere Verteidiger**, so sind sie, sofern nicht die Zurückweisung nach § 146a geboten ist, grundsätzlich alle zu laden (BGH **36**, 259, 260 mwN; NStZ **95**, 298; StV **01**, 663; Naumburg StraFo **09**, 332). Nur wenn mehrere Anwälte einer Sozietät bestellt sind, genügt idR die Ladung dessen, der die Wahl angezeigt hat; dasselbe gilt bei einer Bürogemeinschaft von RAen (BGH NStZ **07**, 348).

6 S 1 **gilt entsprechend** für den Beistand oder Vertreter des Nebenklägers (Celle MDR **66**, 256; Karlsruhe VRS **50**, 119; 8 zu § 397), für den gewählten oder bestellten Vertreter des Einziehungsbeteiligten (§ 428 I, II) oder des Nebenbetroffenen (§ 438 III) und für den Vertreter der JP oder PV (§ 444 II S 2).

7 B. Durch **förmliche Zustellung** ist der Verteidiger zu laden. Das gilt auch, wenn zwar die Ladungsfrist nicht eingehalten werden kann (unten 11), aber eine förmliche Ladung zeitlich noch möglich ist (Bay **84**, 133 = StV **85**, 140; Hamm MDR **71**, 320; Karlsruhe GA **79**, 347). Ist das nicht der Fall, so muss formlos, notfalls telefonisch, geladen werden. Dem S 1 ist genügt, wenn die Ladung den Verteidiger bei Beginn der Hauptverhandlung erreicht hat (BGH MDR **75**, 369 [D]). Durch den Geschäftsstellenvermerk über die Ausführung der Ladungsverfügung wird sie nicht bewiesen (Bay DAR **74**, 186 [R]; Köln DAR **85**, 125; Zweibrücken NStZ **81**, 355).

8 **Kein Ersatz für die förmliche Ladung** ist die aktenkundig gemachte Kenntnis des Verteidigers vom Termin (Bay StV **85**, 140; Celle VRS **47**, 299, 301; LR-Jäger 14; **aM** KG VRS **28**, 438; Celle NJW **74**, 1258; Hamburg VRS **40**, 38; Hamm NJW **69**, 705; Koblenz VRS **41**, 208). Noch weniger genügt es, dass der Verteidiger auf andere Weise vom Termin erfahren hat (Frankfurt StV **83**, 268; Hamm NJW **69**, 705; Koblenz DAR **09**, 469 L), etwa weil er von seinem Mandanten unterrichtet worden ist (Hamm VRS **45**, 442; Köln VRS **44**, 110) oder weil er die Akten eingesehen hat und daher rechtzeitig von dem Termin Kenntnis nehmen konnte (BGH NStZ **85**, 229; **95**, 298; Bay **84**, 133 = StV **85**, 140; Frankfurt StV **83**, 268; Hamm VRS **45**, 442; München NJW **05**, 2470; **06**, 1366). Erg aber unten 15.

9 C. Ein **Verzicht auf die Ladung ist möglich** (BGH NStZ **09**, 48). Er kann auch stillschweigend erklärt werden (Bay StV **85**, 140), etwa indem der Verteidiger bei der Anzeige seiner Wahl mitteilt, er habe von dem Termin Kenntnis (Jena VRS **113**, 345), oder indem er einen Vertagungsantrag stellt. Die Zustimmung des Angeklagten ist nicht erforderlich (**aM** Hamm NJW **54**, 1856). Bleibt der Verteidiger in der Hauptverhandlung aus, so kann, sofern die Verteidigung nicht notwendig ist, auch der Angeklagte nachträglich auf dessen Ladung verzichten (RG **43**, 161; Koblenz MDR **68**, 944; Schleswig SchlHA **53**, 269), wenn er weiß, dass der Verteidiger nicht ordnungsgemäß geladen worden ist (Brandenburg StV **96**, 368 L; Karlsruhe NJW **68**, 855; Justiz **74**, 135). Das setzt aber grundsätzlich eine eindeutige Erklärung voraus (Brandenburg aaO; Köln VRS **44**, 110). Ein stillschweigender Verzicht kommt nur in Betracht, wenn dem Angeklagten bekannt ist, dass er die Aussetzung der Hauptverhandlung verlangen kann (BGH **36**, 259, 261; Hamm NJW **69**, 705; Koblenz VRS **41**, 208; Naumburg StraFo **09**, 332; Oldenburg VRS **40**, 203). Dass sich der rechtsunkundige Angeklagte ohne Einwand oder Aussetzungsantrag (unten 12) auf die Verhandlung einlässt, rechtfertigt den Schluss auf einen Verzicht auf die Ladung nicht (Köln aaO).

10 2) Ladungsfrist (S 2 iVm § 217):

11 A. Die **Einhaltung der Ladungsfrist** des § 217 I ist nur erforderlich, wenn der Verteidiger in dem Zeitpunkt, in dem sie für den Angeklagten beginnt, seine Wahl angezeigt hat oder wenn er bereits gerichtlich bestellt ist (BGH NJW **63**, 1114; NStZ **83**, 209 [Pf/M]; Bay StV **85**, 140; Hamm MDR **71**, 320). Anders ist es, wenn die verspätete Beiordnung von dem Vorsitzenden verschuldet worden ist

(KK-Gmel 5). Unnötig ist die Einhaltung der Ladungsfrist, wenn der Verteidiger auf sie verzichtet hat.

B. Ob er den **Aussetzungsantrag** nach S 2 iVm § 217 II, III stellen oder auf 12 ihn verzichten will, entscheidet der in der Hauptverhandlung erschienene Verteidiger selbst (BGH **18**, 396; NStZ **85**, 229; KK-Gmel 8; **aM** Beulke 137; Hanack JZ **71**, 220: nicht gegen den Willen des Angeklagten). Er kann den Antrag auch schon vor der Hauptverhandlung schriftlich stellen (Celle NJW **74**, 1258; Koblenz VRS **52**, 357; Köln JMBlNW **86**, 275; erg 7 zu § 217). Die vor dem Termin gegenüber dem Vorsitzenden mündlich geäußerte Bitte um Aussetzung ist aber kein wirksamer Antrag (Celle aaO). Hatte der Verteidiger zwischen den Sitzungstagen einer mehrmonatigen Verhandlung ausreichend Gelegenheit zur ergänzenden Vorbereitung, so kann der Aussetzungsantrag abgelehnt werden (BGH NStZ **96**, 22 [Pf/M]), ebenso, wenn er zu einem Zeitpunkt, in dem eine Ladung noch rechtzeitig gewesen wäre, zuverlässige Kenntnis von dem Termin hatte (BGH StV **85**, 133 mit Anm Sieg StV **86**, 2). Im Fall des § 329 hat der Verteidiger keinen Anspruch auf Aussetzung (vgl KG VRS **63**, 126).

Das Recht, die Aussetzung zu verlangen, **geht auf den Angeklagten über,** 13 wenn er allein in der Hauptverhandlung erscheint (Celle NJW **74**, 1258), ebenso die Möglichkeit des – auch schlüssigen – Verzichts auf Ladung des Verteidigers und Einhaltung der Ladungsfrist (Frankfurt NStZ-RR **08**, 381). Auf das Recht, einen Aussetzungsantrag zu stellen, muss der rechtsunkundige Angeklagte aber dann idR entspr § 228 III hingewiesen werden (Celle aaO; Köln MDR **73**, 70).

Spätestens bis zum Beginn der Vernehmung des Angeklagten zur Sa- 14 **che** nach § 243 V S 2 muss der Antrag gestellt werden (S 2 iVm § 217 II). Wenn der Verteidiger aber erst später erscheint, gilt diese Begrenzung nicht (Hamm JZ **56**, 528; LR-Jäger 21). In diesem Fall muss er den Antrag aber, wie sich aus dem Sinn des § 217 II ergibt, unverzüglich nach seinem Erscheinen stellen (KK-Gmel 8; vgl auch Celle MDR **66**, 256 für den RA eines Nebenklägers). Mit dem Beginn der Urteilsverkündung endet diese Befugnis.

3) Revision: Der nicht geheilte Verstoß gegen S 1 begründet grundsätzlich die 15 Revision (BGH NStZ **09**, 48; Koblenz VRS **41**, 208; München NJW **06**, 1366; Stuttgart Justiz **90**, 407), auch wenn die Ladung ohne Verschulden des Gerichts unterblieben war (KG StV **96**, 10; Bamberg NJW **07**, 393), nicht aber, wenn die Bestellungsanzeige des Verteidigers wegen fehlerhafter Adressierung erst nach dem Hauptverhandlungstermin beim Gericht eingegangen ist (Stuttgart NJW **06**, 3796). Das Fehlen einer förmlichen Ladung kann aber unschädlich sein, wenn der Verteidiger auf andere Weise rechtzeitig vom Termin zuverlässig Kenntnis erlangt hat (BGH aaO; Koblenz DAR **09**, 592 mit Anm Fromm). Zum notwendigen Revisionsvorbringen vgl Bay NStZ-RR **96**, 245; Celle StV **12**, 588; Frankfurt NStZ-RR **08**, 381; Hamm StraFo **98**, 235; erg 20 zu § 344. IdR wird nicht ausgeschlossen werden können, dass die Hauptverhandlung in Anwesenheit des Verteidigers für den Angeklagten günstiger verlaufen wäre (BGH **36**, 259, 262; Bay StV **85**, 140; KG aaO; Hamm NJW **69**, 705; AnwBl **81**, 200; Düsseldorf StV **83**, 269). Das gilt auch, wenn sich der Verstoß nur auf einen der mehreren Verteidiger des Angeklagten bezieht (BGH NStZ **95**, 298; Karlsruhe NJW **68**, 855; Köln NStZ-RR **01**, 140), sofern nicht ersichtlich die Aufgaben dieses Verteidigers nach dem Willen des Angeklagten von dem erschienenen Verteidiger mit übernommen worden sind (BGH NStZ **05**, 646; **06**, 461); wird die Aussetzung trotz sicherer Kenntnis des Aussetzungsgrundes an mehreren Verhandlungstagen nicht verlangt, kann das Aussetzungsrecht verwirkt sein (BGH aaO; erg 47 zu 337).

Die **Nichteinhaltung der Ladungsfrist** kann ebenso wenig wie im Fall des 16 § 217 I mit der Revision gerügt werden (dort 12).

Die Nichtbeachtung eines vor der Hauptverhandlung gestellten **Aussetzungs-** 17 **antrags** ist auch dann ein Revisionsgrund nach § 338 Nr 8, wenn der Richter ihn nicht kannte (Bay DAR **74**, 186 [R]; Koblenz VRS **52**, 357).

§ 219

Beweisanträge des Angeklagten

219 I ¹Beweisanträge hat der Angeklagte bei dem Vorsitzenden des Gerichts zu stellen. ²Die hierauf ergehende Verfügung ist ihm bekanntzumachen.

II Beweisanträge des Angeklagten sind, soweit ihnen stattgegeben ist, der Staatsanwaltschaft mitzuteilen.

1 **1) Beweisanträge zur Vorbereitung der Hauptverhandlung** ermöglicht die Vorschrift. Antragsberechtigt sind (vgl allg Alsberg/Tsambikakis 640; Oske MDR **71**, 797) Angeklagte, Verteidiger, gesetzliche Vertreter, Erziehungsberechtigte und Nebenbeteiligte mit denselben Rechten wie der Angeklagte. Der Beweisantrag muss schriftlich (Einl 128) oder zu Protokoll der Geschäftsstelle (Einl 131 ff) gestellt werden und den Anforderungen des § 244 III S 1 entsprechen. Ein Antrag, der nicht auf Benutzung des Beweismittels in der Hauptverhandlung abzielt, ist kein Beweisantrag iS des § 219 (KK-Gmel 2). Bedingte Anträge, insbesondere Hilfsbeweisanträge (22 zu 244), sind zulässig (vgl Celle VRS **17**, 281, 284), können aber nur Erfolg haben, wenn schon vor der Hauptverhandlung beurteilt werden kann, ob das Gericht die Voraussetzungen für gegeben hält, von denen der Antragsteller die Herbeischaffung des Beweismittels abhängig macht. Der Antrag auf Augenscheinseinnahme (§ 225) fällt nicht unter § 219 (Celle NJW **57**, 1812); über ihn muss das ganze Gericht entscheiden.

2 **2) Zuständig** für die Entscheidung über den Antrag ist allein der Vorsitzende. Gerichtsbeschlüsse sind unzulässig (Celle NJW **57**, 1812; LR-Jäger 37). Die Entscheidung ist nur vorläufig (RG **75**, 165); sie nimmt die des erkennenden Gerichts nicht vorweg. Die Anhörung der StA vor der Entscheidung ist gesetzlich nicht vorgeschrieben (§ 33 II gilt für Verfügungen des Vorsitzenden nicht), ist aber zweckmäßig. Der Vorsitzende ist zur Entscheidung verpflichtet, sofern sie zeitlich möglich ist. Er muss den Antrag ablehnen oder ihm stattgeben; die „Verweisung" der Entscheidung an das erkennende Gericht ist unzulässig (BGH **1**, 286). Nur Beweisermittlungsanträge (25 zu § 244) brauchen nicht beschieden zu werden. Der Vorsitzende darf jedoch einen ernsthaft gestellten Beweisantrag nicht in einen Beweisermittlungsantrag umdeuten (BGH NStZ **82**, 189 [Pf]).

3 **3) Zulässige Ablehnungsgründe:** Ein Antrag, der den Erfordernissen des I S 1 nicht entspricht, wird unter Bezeichnung dieser Mängel abgelehnt. Ein vorheriger Hinweis darauf ist nicht erforderlich; denn der Angeklagte kann den Antrag, dessen Mangelhaftigkeit er aus dem Ablehnungsbeschluss ersieht, in vervollständigter Form wiederholen. Für den Antrag gelten im Übrigen die Ablehnungsgründe des § 244 III, IV, V S 2 (Köln MDR **53**, 376; LR-Jäger 2, 11; a**M** Peters 308; weiter gehend auch Deiters Dencker-FS 62). Anträge auf Sachverständigenladung können unter Hinweis auf die eigene Sachkunde des Gerichts (§ 244 IV S 1), die der Vorsitzende vorläufig beurteilen darf, abgelehnt werden (LR-Jäger 15). Unzulässig ist die Ablehnung mit der Zusage, die Beweistatsache als wahr unterstellen (BGH **1**, 51, 53; Alsberg/Tsambikakis 652; a**M** Deiters aaO 59). Abgelehnte Anträge kann der Antragsteller in der Hauptverhandlung wiederholen. Das erkennende Gericht entscheidet über sie ohne Bindung an die Ablehnungsgründe des Vorsitzenden (RG aaO; Oske MDR **71**, 797).

4 **4) Die Bekanntgabe der Verfügung** an den Antragsteller (I S 2) ist erforderlich, auch wenn dem Antrag stattgegeben wird (Köln JMBlNW **62**, 201; Oske MDR **71**, 797). Die formlose Bekanntgabe nach § 35 II S 2 genügt. Sie muss so rechtzeitig erfolgen, dass der Antragsteller noch von seinem Ladungsrecht nach § 220 Gebrauch machen kann. Eine Mitteilung an andere Beteiligte ist überflüssig, allerdings ist sie den Mitangeklagten mitzuteilen (KK-Gmel 9; LR-Jäger 19; Alsberg/Tsambikakis 653). Beweisanträge, denen stattgegeben wird, müssen aber der StA mitgeteilt werden (II), nach § 397 I S 5 auch dem Nebenkläger. Die ablehnende, nicht die stattgebende, Verfügung muss begründet werden. Dabei genügt

die Mitteilung, dass die Beweiserhebung entbehrlich erscheint (weitergehend LR-Jäger 17); ein Hinweis auf §§ 220, 244 III–V ist nicht vorgeschrieben. Der Vorsitzende kann seine Verfügung von Amts wegen oder auf Antrag ändern (Kretschmer StraFo **13**, 190).

5) Bei **unterlassener oder unzulässiger Entscheidung** über den Antrag treffen den Vorsitzenden in der Hauptverhandlung Fürsorgepflichten gegenüber dem Antragsteller. Bei unterlassener Beschuldigung muss er ihn befragen, ob er den Antrag aufrechterhalten wolle, und ihn ggf darauf hinweisen, dass der Antrag wiederholt werden muss (Bay GA **64**, 334; KG JR **50**, 567; Bremen VRS **36**, 180, 181). Ist der Angeklagte nicht anwesend, so muss der Antrag dem Gericht vorgelegt werden (Bay NJW **56**, 1042; Oske MDR **71**, 798). Das gilt entspr, wenn die Ladungsverfügung des Vorsitzenden nicht ausgeführt worden oder der geladene Zeuge nicht erschienen ist (Celle MDR **62**, 236; Hamburg JR **56**, 28). Bei unzulässiger „Verweisung" an das erkennende Gericht (oben 2) muss der Vorsitzende dafür sorgen, dass es den Antrag bescheidet (BGH **1**, 286; LR-Jäger 26). Die unzulässige Wahrunterstellung (oben 3) zwingt den Vorsitzenden dazu, dem Gericht den Inhalt seiner Verfügung bekanntzumachen und dem Antragsteller eine abweichende Ansicht des Gerichts mitzuteilen (BGH **1**, 51; Alsberg/Tsambikakis 669). Das gilt auch, wenn der Verteidiger den Antrag gestellt hat (Oske MDR **71**, 797).

6) **Anfechtung:** Die Beschwerde ist nach § 305 S 1 unzulässig.

Auf die Verletzung des § 219 kann die **Revision** nicht gestützt werden, da das Urteil darauf nicht beruhen kann (RG **75**, 165; KK-Gmel 12; aM Düsseldorf JMBlNW **87**, 101, 103 für den Fall, dass eine Entscheidung des Vorsitzenden unterblieben ist; vgl dazu auch SK-Deiters 41 ff). Nur die Verletzung der Fürsorgepflichten des Vorsitzenden (oben 5) kann nach § 244 II gerügt werden (Köln NJW **54**, 46; Saarbrücken VRS **29**, 292), insbesondere bei Nichteinhaltung der zugesagten Wahrunterstellung (BGH **1**, 51; anders BGH **32**, 44, 47 = JR **84**, 172 mit abl Anm Meyer, das den fair trial-Grundsatz [Einl 19] für verletzt hält), sofern nicht in der Nichtwiederholung des Antrags in der Hauptverhandlung ein Verzicht auf weitere Aufklärung zu sehen ist (dazu Hamm NZV **98**, 425; München StV **11**, 401 L; Fahl 129). Zum notwendigen Revisionsvorbringen vgl Bay GA **64**, 334; Bremen VRS **36**, 180; Düsseldorf aaO; Hamm aaO; München aaO.

Unmittelbare Ladung durch den Angeklagten

220 I ¹**Lehnt der Vorsitzende den Antrag auf Ladung einer Person ab, kann der Angeklagte sie unmittelbar laden lassen.** ²**Hierzu ist er auch ohne vorgängigen Antrag befugt.**

II **Eine unmittelbar geladene Person ist nur dann zum Erscheinen verpflichtet, wenn ihr bei der Ladung die gesetzliche Entschädigung für Reisekosten und Versäumnis bar dargeboten oder deren Hinterlegung bei der Geschäftsstelle nachgewiesen wird.**

III **Ergibt sich in der Hauptverhandlung, daß die Vernehmung einer unmittelbar geladenen Person zur Aufklärung der Sache dienlich war, so hat das Gericht auf Antrag anzuordnen, daß ihr die gesetzliche Entschädigung aus der Staatskasse zu gewähren ist.**

1) Die **unmittelbare Ladung von Zeugen und Sachverständigen (I)** (zu letzteren vgl insbesondere BGH **43**, 171 mit Anm Witting StV **98**, 174; zum psychiatrischen Sachverständigen Detter Meyer-Goßner-FS 431) zur Hauptverhandlung (nicht zur kommissarischen Vernehmung nach § 223) ermöglicht dem Angeklagten – und natürlich ebenso seinem Verteidiger (BGH NStZ **14**, 351; Bockemühl Breidling-FS 31) –, auf den Umfang der Beweisaufnahme einen größeren Einfluss zu nehmen als durch die Stellung von Beweisanträgen nach § 244 III S 1; denn die Vernehmung der so unmittelbar geladenen Beweispersonen kann das Gericht nur unter den engeren Voraussetzungen des § 245 II S 2, 3 ablehnen.

§ 220

Statt Beweispersonen förmlich zu laden, kann der Angeklagte sie auch in der Hauptverhandlung stellen (vgl § 222 II), dh zur Sitzung mitbringen; § 245 gilt dann aber nicht (dort 16).

2   Im Rahmen ihrer Beteiligungsbefugnisse haben auch **andere Verfahrensbeteiligte** das Recht der unmittelbaren Ladung, insbesondere der Nebenkläger (10 zu § 397), der Einziehungsbeteiligte (§ 433 I), der Verfahrensbeteiligte (§ 442 I, II S 1 und die JP oder PV bei Bußgeldbeteiligung im Fall des § 444 I, II.

3   IdR ist die unmittelbare Ladung erst angebracht, wenn ein **Antrag nach § 219** auf Ladung der Beweisperson gestellt und von dem Vorsitzenden abgelehnt worden ist (I S 1). Jedoch kann der Angeklagte die Beweisperson auch ohne einen solchen erfolglosen Antrag unmittelbar laden (I S 2).

4   Das **Verfahren** der unmittelbaren Ladung regelt § 38. Zu welchem Beweisthema sie vernommen werden soll, braucht der Angeklagte der Beweisperson bei der Ladung nicht mitzuteilen. Gericht und StA muss er zwar von der Ladung verständigen (§ 222 II); aber auch ihnen muss er das Beweisthema nicht angeben (9 zu § 222). Eine unmittelbare Ladung zu einem für eine Videovernehmung (§ 247a) geeigneten Ort (so Schlothauer StV **99**, 50 Fn 27) scheidet aus, weil diese Modalität von einem zuvor zu erlassenden Gerichtsbeschluss abhängt. Einen inhaftierten Zeugen hat der Vorsitzende ggf vorführen zu lassen (Pauka/Daners aaO 402). Allgemein dazu Bockemühl Breidling-FS 31, 36 ff).

4a   Bei der **Selbstladung von Auslandszeugen** ist zu differenzieren: Eine Zustellung der Ladung durch Einschreiben mit Rückschein (§ 37 II iVm § 183 I Nr 1 ZPO) ist in den Staaten möglich, die Art 48 ff SDÜ unterfallen (siehe zu diesen Einl 216); allerdings darf das Ladungsschreiben wegen Art 52 III SDÜ keinerlei Zwangsandrohungen und damit keinen Hinweis auf die Folgen des Ausbleibens enthalten (Bockemühl Breidling-FS 30, 40; Hartwig StV **96**, 629; vgl auch 25 zu § 37; **aM** Fezer StV **95**, 266; Gleß Eisenberg-FS 502). Im Übrigen ist die Postzustellung an Empfänger im Ausland unzulässig (25a zu § 37). In Betracht kommt bei in einem solchen Staat zu ladenden deutschen Staatsangehörigen eine Zustellung nach § 16 KonsG durch die deutsche Auslandsvertretung (25a zu § 37; Bockemühl aaO 41; Pauka/Daners StraFo **15**, 399, die auch auf die Möglichkeit einer formlosen Ladung für nicht deutsche Staatsbürger hinweisen).

5   Für **Urkunden und Augenscheinsgegenstände** gibt es keine dem § 220 vergleichbare Regelung. Der Angeklagte kann das Beweismittel zur Hauptverhandlung mitbringen, aber auch seine Vorlegung durch den Verfügungsberechtigten veranlassen.

6   2) Eine **Pflicht zum Erscheinen (II)** besteht für den unmittelbar geladenen Zeugen oder Sachverständigen nur im selben Umfang wie auf gerichtliche Ladung (LR-Jäger 9 unter Hinweis auf §§ 49, 50, 75, 76) und ferner nur, wenn ihm der Gerichtsvollzieher bei der Ladung nach § 38 (bei wiederholter Ladung erneut) die gesetzliche Entschädigung für Reisekosten und Versäumnis in bar angeboten oder – besser – deren Hinterlegung bei der Geschäftsstelle, praktisch bei der Gerichtskasse oder -zahlstelle, nachgewiesen hat. Die Vorschrift ist mit Art 6 Abs 3 Buchst d **EMRK** vereinbar (Schorn DRiZ **63**, 340).

7   Die **Höhe der Entschädigung** muss der Angeklagte nach dem JVEG selbst berechnen (KK-Gmel 9). Dem Sachverständigen, der durch die Ladung übrigens zu irgendwelchen Vorarbeiten nicht verpflichtet wird (dazu Pauka/Daners StraFo **15**, 404), muss er einen Betrag anbieten, der dessen voraussichtlichen Zeitaufwand mit dem Stundenhonorar des § 9 JVEG entspricht (vgl LR-Jäger 20 ff). Einen Vorschuss aus der Staatskasse für diese Auslagen kann der Angeklagte nicht verlangen (BGH MDR **76**, 841 [H]). Weist die Beweisperson das Angebot zurück oder verzichtet sie darauf, so beseitigt dies die Erscheinungspflicht nicht. Sie muss auch erscheinen, wenn der angebotene Betrag zu niedrig ist, sie ihn aber angenommen hat.

8   Bei **unentschuldigtem Ausbleiben** des nach II zum Erscheinen verpflichteten Zeugen oder Sachverständigen sind die Maßnahmen nach §§ 51, 77 von Amts

Vorbereitung der Hauptverhandlung § 220

wegen zu verhängen, wenn mit der Ladung nach § 48 der Hinweis auf sie verbunden war. Das gilt ohne Rücksicht darauf, ob ein Antrag auf Vernehmung der Beweisperson nach § 245 II S 1 Erfolg gehabt hätte (LR-Jäger 12; aM D. Meyer MDR 79, 814). Die ordnungsmäßige Ladung und die Voraussetzungen des II muss der Angeklagte dem Gericht nachweisen.

Einem **Missbrauch des Ladungsrechts** ist durch § 245 II vorgebeugt (LR- 9 Jäger 11; vgl auch BGH 44, 26, 32; eingehend dazu Fahl 463 ff; Pauka/Daners StraFo 15, 398).

3) **Entschädigung aus der Staatskasse (III)** wird nur auf Antrag der Beweis- 10 person, des Angeklagten oder der StA angeordnet, der Antrag kann noch nach dem Ende der Hauptverhandlung gestellt werden (Köln MDR 58, 622; LG Aachen NJW 60, 735 mit Anm Pentz); für Zeugen gilt jedoch grundsätzlich die 3-Monatsfrist des § 2 I S 1 JVEG (Fristverlängerung nach § 2 I S 3, Wiedereinsetzung bei Fristversäumnis auf Antrag nach § 2 II JVEG möglich). Sachverständige werden für die vor ihrer Ladung erstellten schriftlichen Gutachten nicht entschädigt (München NStZ 81, 450).

Voraussetzung für die Entschädigung ist die **Sachdienlichkeit der Verneh-** 11 **mung** für die Sachaufklärung; dadurch soll Missbräuchen des Selbstladungsrechts vorgebeugt werden (BGH MDR 76, 814 [H]). Bei der Beurteilung der Sachdienlichkeit, über die das Gericht in tatrichterlicher Würdigung des Ergebnisses und Verlaufs der Hauptverhandlung entscheidet (Düsseldorf MDR 85, 1050), ist ein von den Vorstellungen und Meinungen des Angeklagten unabhängiger objektiver Maßstab anzulegen (Düsseldorf aaO). Sachdienlichkeit ist nicht gleichbedeutend mit Entscheidungserheblichkeit (Hamburg MDR 78, 952). Sachdienlich ist die Beweiserhebung daher schon, wenn sie das Verfahren gefördert, also die Entscheidung oder den Verfahrensgang irgendwie beeinflusst hat (BGH StV 99, 576; Düsseldorf aaO; Hamburg aaO; München StV 96, 491 mit Anm Degenhard; vgl auch Detter Meyer-Goßner-FS 442; Pauka/Daners StraFo 15, 407). Das kann auch der Fall sein, wenn schon andere geeignete Beweismittel vorhanden waren, zB die Feststellungen des gerichtlich bestellten durch den gestellten Sachverständigen bestätigt wurden (KG NStZ 99, 476). Wegen mangelnder Glaubwürdigkeit des vernommenen Zeugen darf die Entschädigung nicht abgelehnt werden (KK-Gmel 14; vgl auch LR-Jäger 29), auch nicht, weil das Gericht dem Gutachten des Sachverständigen nicht gefolgt ist (Widmaier StV 85, 528). Anderseits besteht ein Entschädigungsanspruch nicht schon deshalb, weil die Beweisperson auf einen Antrag nach § 245 II S 1 vernommen worden ist (Düsseldorf MDR 85, 1050; Stuttgart MDR 81, 1038). Wird ihre Aussage in den Urteilsgründen erwähnt, so deutet das aber auf die Sachdienlichkeit der Vernehmung hin (Schleswig SchlHA 57, 276).

Eine **Entschädigungspflicht der Staatskasse nach III besteht nicht,** wenn 12 der Zeuge oder Sachverständige bereits von dem Angeklagten voll entschädigt worden ist (Düsseldorf VRS 86, 449 mwN; KK-Gmel 15; H. Schmidt MDR 67, 966; aM Widmaier StV 85, 528; vgl auch Detter Salger-FS 242; D. Meyer JurBüro 84, 655). Das gilt aber nicht, wenn der Entschädigungsbetrag nur hinterlegt ist (KK-Gmel 15; H. Schmidt aaO; aM SK-Deiters 31).

Die Anordnung nach III gibt lediglich der Beweisperson einen Anspruch gegen 13 die Staatskasse, berührt aber das **Verhältnis zwischen dem Angeklagten und der Staatskasse** nicht; insoweit gelten die §§ 465 ff (RG 16, 212; Karlsruhe MDR 85, 694). Die nach III gezahlten Beträge gehören zu den Kosten des Verfahrens, die der verurteilte Angeklagte der Staatskasse nach §§ 465 I S 1, 464a I S 1 zu erstatten hat. Wird der Angeklagte freigesprochen, so trägt die Staatskasse dagegen die nach III gezahlte Entschädigung selbst (LR-Jäger 25). Wird keine Anordnung nach III getroffen, so kann der Angeklagte die Erstattung seiner Aufwendungen nur in dem Verfahren nach § 464b erreichen (Düsseldorf Rpfleger 85, 324).

III gilt entsprechend für die von dem Angeklagten in der Hauptverhandlung 14 gestellten Zeugen und Sachverständigen (KMR-Eschelbach 27 mwN; aM LG Limburg NJW 57, 722).

§§ 221, 222　Zweites Buch. 5. Abschnitt

15　**4) Beschwerde** gegen die Ablehnung der Entschädigung nach III können die Beweisperson, die StA und der Angeklagte einlegen, sofern § 305 S 1 nicht entgegensteht (vgl Bremen GA **55**, 60; krit LR-Jäger 39). An der Beschwer des Angeklagten fehlt es, wenn in dem Urteil der Staatskasse die Verfahrenskosten in vollem Umfang auferlegt worden sind (Pentz NJW **60**, 735) oder wenn der Angeklagte inzwischen rechtskräftig verurteilt ist und die gesamten Verfahrenskosten zu tragen hat (Karlsruhe MDR **85**, 694).

Herbeischaffung von Beweismitteln von Amts wegen

221 Der Vorsitzende des Gerichts kann auch von Amts wegen die Herbeischaffung weiterer als Beweismittel dienender Gegenstände anordnen.

1　1) Eine **Ergänzung des** § **214 IV S 2** enthält die Vorschrift. Für das Gericht übt der Vorsitzende die Befugnis aus, die als Beweismittel dienenden Gegenstände heranzuschaffen. Nach § 221 kann er auch die Herbeischaffung von Beweisgegenständen anordnen, die in der Anklageschrift nicht aufgeführt sind; das gilt vor und in der Hauptverhandlung.

2　2) Mit der **Ausführung der Anordnung** beauftragt der Vorsitzende idR die StA (vgl § 214 IV S 1). Er kann sie aber auch der Geschäftsstelle des Gerichts übertragen. Die StA darf das Ersuchen nur ablehnen, wenn sie die Anordnung für unzulässig, nicht, wenn sie sie nur für unzweckmäßig hält (Frankfurt NJW **82**, 1408; Stuttgart Justiz **82**, 406; erg 2 zu § 199). Kommt sie einem Ersuchen des Gerichts nicht nach, so ist nur die Dienstaufsichtsbeschwerde gegeben (Stuttgart aaO).

3　3) Die **Unterrichtung der Prozessbeteiligten** von der Herbeiziehung neuer sachlicher Beweismittel schreibt das Gesetz nicht vor (vgl § 222 I S 1). Die Fürsorgepflicht erfordert aber die Unterrichtung (KK-Gmel 4; LR-Jäger 7 hält die Unterrichtung wenigstens für zweckmäßig; erg 2 zu § 222).

4　**4) Anfechtung:** Beschwerde gegen die Anordnung des Vorsitzenden ist nach § 305 S 1 ausgeschlossen. Die Revision kann auf die Verletzung des § 221 nicht gestützt werden (KK-Gmel 5; LR-Jäger 9).

Namhaftmachung von Zeugen und Sachverständigen　　RiStBV 118

222 I ¹Das Gericht hat die geladenen Zeugen und Sachverständigen der Staatsanwaltschaft und dem Angeklagten rechtzeitig namhaft zu machen und ihren Wohn- oder Aufenthaltsort anzugeben. ²Macht die Staatsanwaltschaft von ihrem Recht nach § 214 Abs. 3 Gebrauch, so hat sie die geladenen Zeugen und Sachverständigen dem Gericht und dem Angeklagten rechtzeitig namhaft zu machen und deren Wohn- oder Aufenthaltsort anzugeben. ³§ 200 Abs. 1 Satz 3 bis 5 gilt sinngemäß.

II Der Angeklagte hat die von ihm unmittelbar geladenen oder zur Hauptverhandlung zu stellenden Zeugen und Sachverständigen rechtzeitig dem Gericht und der Staatsanwaltschaft namhaft zu machen und ihren Wohn- oder Aufenthaltsort anzugeben.

1　1) Zur **Vorbereitung der Hauptverhandlung** müssen das Gericht und die Verfahrensbeteiligten rechtzeitig erfahren, welche Zeugen und Sachverständigen vernommen werden sollen. Dem Gericht muss die Planung der Hauptverhandlung, insbesondere die zutreffende Einschätzung ihrer Dauer (Stuttgart Justiz **71**, 312), ermöglicht werden. Die Verfahrensbeteiligten müssen in die Lage versetzt werden, rechtzeitig Erkundigungen über die Beweisperson einzuholen (BGH **23**, 244, 245), und der Angeklagte muss beurteilen können, ob und welche Beweismittel er ggf selbst beibringen soll (Hamm MDR **71**, 1029). Das Unterlassen der Benachrichtigung oder ihre Verspätung gibt den Verfahrensbeteiligten das Recht, die Aussetzung der Verhandlung zu beantragen (§ 246 II, III).

Auf **Urkunden und Augenscheinsgegenstände** ist § 222 nicht anwendbar (3 zu § 221). Um eine Aussetzung oder Unterbrechung nach § 246 II zu vermeiden, sollen dem Angeklagten aber mit der Ladung auch die als Beweismittel dienenden Gegenstände bezeichnet werden, soweit sie nicht in der Anklageschrift bezeichnet sind (RiStBV 118 III). 2

2) Mitteilungspflichten: 3

A. **Gericht (I S 1):** Sämtliche geladenen Zeugen und Sachverständigen müssen den Prozessbeteiligten (unten 6) namhaft gemacht werden, auch wenn sie bereits in der Anklageschrift aufgeführt sind (Hamm NJW **96**, 534). Die Mitteilung erfolgt zweckmäßigerweise in der Ladung oder in der Terminsmitteilung für die StA (RiStVB 118 I S 1). Das Gericht kann die Mitteilung allgemein der Geschäftsstelle übertragen (LR-Jäger 4). 4

B. **StA und Angeklagte (I S 2, II)** sowie andere Prozessbeteiligte, die das Recht der unmittelbaren Ladung haben (2 zu § 220), müssen dem Gericht und einander diejenigen Zeugen und Sachverständigen namhaft machen, die sie nach §§ 214 III, 220 I selbst laden, der Angeklagte auch diejenigen, die er in der Hauptverhandlung stellen will. Bei zu erwartender längerer Verhandlungsdauer werden StA und Angeklagte den Zeitpunkt, zu dem die Beweispersonen erscheinen sollen, zweckmäßigerweise mit dem Vorsitzenden absprechen. Andernfalls kann der Vorsitzende den Beweispersonen mitteilen, dass sie erst zu einem späteren Zeitpunkt zu erscheinen brauchen. 5

C. **Mitteilungsempfänger:** Das Gericht unterrichtet die StA, den Angeklagten und die anderen Prozessbeteiligten (Nebenkläger, Nebenbeteiligte). Die Mitteilung an den Verteidiger ist nicht vorgeschrieben, idR aber zweckmäßig. Die Mitteilung an den Angeklagten kann an den Verteidiger gerichtet werden, wenn er zum Empfang bevollmächtigt ist (Hamm NZV **04**, 595). Bei mehreren Angeklagten wird die Mitteilung jedem von ihnen gemacht, sofern die Aussagen einzelner Beweispersonen nicht offensichtlich nur für einen oder einige von ihnen von Bedeutung sind (KMR-Eschelbach 9; im Zweifel werden alle benachrichtigt). Die StA hat das Gericht und den Angeklagten zu benachrichtigen (I S 2), der Angeklagte das Gericht und die StA (II). Mitangeklagte braucht er nicht zu unterrichten; ihre Unterrichtung (auch durch das Gericht) kann aber zweckmäßig sein, wenn die Beweispersonen auch für diese Angeklagten von Bedeutung sind. 6

D. **Rechtzeitig** muss die Mitteilung erfolgen. Den Verfahrensbeteiligten muss genügend Zeit bleiben, Erkundigungen einzuziehen (vgl § 246 II) und Gegenzeugen zu laden oder ihre Ladung nach § 219 zu beantragen (KK-Gmel 5). Wieviel Zeit dazu benötigt wird, richtet sich nach den Umständen des Einzelfalls. 7

E. Eine bestimmte **Form** ist für die Benachrichtigung nicht vorgeschrieben. Sie erfolgt idR schriftlich, in Eilfällen auch mündlich oder telefonisch. 8

Inhaltlich muss die Benachrichtigung den Vor- und Nachnamen, Wohn- oder Aufenthaltsort (8 zu § 68; KK-Gmel 7; LR-Jäger 12) enthalten. Mit Verweisung in I S 3 auf § 200 I S 3 bis 5 – und damit auf § 68 I S 2 und II S 1 – ist aber klargestellt, dass aus Gründen des Zeugenschutzes von der Angabe des Wohnortes eines Zeugen abgesehen werden kann (erg 10ff zu § 68; 16a zu § 200). Sind die Beweispersonen schon in der Anklageschrift benannt, so kann auf sie Bezug genommen werden (RiStBV 118 I S 2). Die Angabe des Beweisthemas, zu dem der Zeuge oder Sachverständige vernommen werden soll, ist gesetzlich nicht vorgeschrieben (RG **67**, 180, 182), kann aber gelegentlich sachdienlich sein, um eine Aussetzung der Verhandlung zu vermeiden. 9

3) Die **Revision** kann der Angeklagte, der in der Hauptverhandlung anwesend oder vertreten war, nicht auf die Verletzung des § 222 stützen, sondern nur darauf, dass er einen Aussetzungsantrag nach § 246 II, III gestellt hat, dessen Ablehnung 10

§ 222a
Zweites Buch. 5. Abschnitt

auf Rechtsirrtum oder Ermessensmissbrauch beruht (BGH **1**, 284; **37**, 1, 2; NJW **90**, 1124; Hamm MDR **71**, 1029; Koblenz VRS **44**, 433). Anders ist es, wenn befugt in Abwesenheit des Angeklagten verhandelt worden ist (Koblenz VRS **46**, 447) oder wenn der Vorsitzende den rechtsunkundigen, nicht verteidigten Angeklagten nicht über sein Recht nach § 246 II belehrt hat (Jena VRS **113**, 345; erg 3 zu § 246). IdR wird das Urteil auf dem Mangel beruhen (KK-Gmel 12). Die StA kann die Revision ebenfalls darauf stützen, dass ihr Sitzungsvertreter einen zu Unrecht abgelehnten Aussetzungsantrag nach § 246 II, III gestellt hat.

Mitteilung der Besetzung des Gerichts

222a [I] [1]Findet die Hauptverhandlung im ersten Rechtszug vor dem Landgericht oder dem Oberlandesgericht statt, so ist spätestens zu Beginn der Hauptverhandlung die Besetzung des Gerichts unter Hervorhebung des Vorsitzenden und hinzugezogener Ergänzungsrichter und Ergänzungsschöffen mitzuteilen. [2]Die Besetzung kann auf Anordnung des Vorsitzenden schon vor der Hauptverhandlung mitgeteilt werden; die Mitteilung ist zuzustellen. [3]Ändert sich die mitgeteilte Besetzung, so ist dies spätestens zu Beginn der Hauptverhandlung mitzuteilen.

[II] Ist die Mitteilung der Besetzung oder einer Besetzungsänderung später als eine Woche vor Beginn der Hauptverhandlung zugestellt oder erst zu Beginn der Hauptverhandlung bekanntgemacht worden, so kann das Gericht auf Antrag des Angeklagten, des Verteidigers oder der Staatsanwaltschaft die Hauptverhandlung zur Prüfung der Besetzung unterbrechen, wenn dies spätestens bis zum Beginn der Vernehmung des ersten Angeklagten zur Sache verlangt wird und absehbar ist, dass die Hauptverhandlung vor Ablauf der in § 222b Absatz 1 Satz 1 genannten Frist beendet sein könnte.

[III] In die für die Besetzung maßgebenden Unterlagen kann für den Angeklagten nur sein Verteidiger oder ein Rechtsanwalt, für den Nebenkläger nur ein Rechtsanwalt Einsicht nehmen.

Übersicht

	Rn
1) Vorverlegung der Besetzungsrüge	1–2
2) Besetzungsmitteilung zu Beginn der Hauptverhandlung (I S 1)	3–7
3) Vorgezogene Mitteilung (I S 2)	8–16
4) Unterbrechung der Hauptverhandlung (II)	17–22
5) Einsicht in die Besetzungsunterlagen (III)	23, 24
6) Anfechtung	25

1 **1) Die Vorverlegung der Besetzungsrüge** nach § 338 Nr 1 in die Hauptverhandlung regeln die §§ 222a, 222b. Die unrichtige Gerichtsbesetzung darf grundsätzlich nicht erst mit der Revision gerügt werden, sondern muss schon bei dem Tatrichter beanstandet werden. Dies hat der Gesetzgeber durch Einführung des Vorabentscheidungsverfahrens (§ 222b III, dort 15 ff) unterstrichen. Für die Revision nach § 338 Nr 1 bleibt gegenüber der früheren Rechtslage nur ein deutlich schmalerer Anwendungsbereich. Dadurch soll im Interesse der Verfahrensbeschleunigung die Urteilsaufhebung wegen eines behebbaren Verfahrensmangels vermieden werden (BT-Drucks 532/19 S 29; vgl BGH 1 StR 422/15 vom 7.9.2016). Das Recht auf den gesetzlichen Richter (Art 101 I S 2 GG) wird dadurch nicht angetastet (vgl zur alten Rechtslage BVerfG NStZ **84**, 370; BGH **33**, 126, 129; KK-Gmel 2; aM Ranft NJW **81**, 1479; R. Hamm 326).

2 Auf **LG- und OLG-Strafsachen** im 1. **Rechtszug** ohne Rücksicht auf die voraussichtliche Dauer der Verhandlung ist die Regelung beschränkt. Sie gilt auch nach Aussetzung einer früheren Hauptverhandlung und nach Zurückverweisung durch das Revisionsgericht, nicht aber nach Änderung der Gerichtsbesetzung auf

Vorbereitung der Hauptverhandlung § 222a

den Einwand eines Prozessbeteiligten (§ 222b II S 3) und nicht im Berufungsverfahren (KG NStZ **18**, 491). In Bußgeldverfahren vor dem OLG wegen KartellO-Wien (§ 82 GWB), sind §§ 222a, 222b entspr anwendbar, in ehren- und berufsgerichtlichen Verfahren nach dem StBerG, der BRAO, der PatAO und WPO nicht (BT-Drucks 8/976 S 45). Für nach Beginn der Hauptverhandlung notwendige Änderungen der Besetzung durch Eintritt eines Ergänzungsrichters gilt sie nicht.

2) Besetzungsmitteilung zu Beginn der Hauptverhandlung (I S 1): 3

A. Der **Vorsitzende** macht die Mitteilung, sofern sie nicht bereits nach I S 2 al- 4 len Verfahrensbeteiligten vor der Hauptverhandlung schriftlich zugegangen ist. Sie erfolgt mündlich; ihr Aushang vor der Tür des Sitzungssaals genügt nicht (BGH **29**, 162). Die Mitteilung ist eine wesentliche Förmlichkeit der Hauptverhandlung iS des § 273 I (KK-Gmel 7).

B. **Spätestens zu Beginn der Hauptverhandlung** muss die Mitteilung erfol- 5 gen, jedoch nicht unbedingt unmittelbar nach Aufruf der Sache (§ 243 I S 1). Zunächst kann die Anwesenheit der Prozessbeteiligten und der Beweismittel nach § 243 I S 2 festgestellt werden. Es genügt, dass die Mitteilung vor der Vernehmung des 1. Angeklagten zur Person gemacht wird (BVerfG NJW **03**, 3545; BGH MDR **80**, 631 [H]; NJW **01**, 3062). Mit Rücksicht auf die Einführung des Vorabentscheidungsverfahren (§ 222b III), welches möglichst bereits vor der Hauptverhandlung Klarheit über die Ordnungsmäßigkeit der Besetzung schaffen soll (BT-Drucks 532/19 S 14), sollte allerdings eine Mitteilung der Besetzung erst zu Beginn der Hauptverhandlung möglichst vermieden werden. Sie bleibt zu diesem späten Zeitpunkt jedenfalls aber erforderlich, wenn die Zustellung der Mitteilung gescheitert ist oder wenn sich noch kurzfristig vorher die Besetzung ändert.

Ist die Mitteilung **verspätet,** so bleibt den Beteiligten wie nach früherer 6 Rechtslage die Besetzungsrüge erhalten (§ 338 Nr 1 Hs 2 Buchst b) aa). Der Fehler kann nicht durch Wiederholung der Hauptverhandlung von der Vernehmung des 1. Angeklagten zur Person an „geheilt" werden (BGH DAR **98**, 175 [To]). Erscheinen Nebenkläger oder Nebenbeteiligte erst, nachdem die Mitteilung erfolgt ist, oder liegt ihre Zulassung oder die Anordnung ihrer Beteiligung nach diesem Zeitpunkt, so wird die Mitteilung ihretwegen nicht wiederholt (vgl aber LR-Jäger 4). Die Rüge nach § 338 Nr 1 steht ihnen aber nicht zu, wenn sie trotz ordnungsgemäßer Ladung nicht rechtzeitig erschienen waren.

C. **Inhalt der Mitteilung:** Erforderlich ist die Bekanntgabe der Namen (nicht 7 der Anschriften) der Berufsrichter und Schöffen einschließlich der Ergänzungsrichter und -schöffen (§ 192 II, III GVG) und die Bezeichnung der Eigenschaft, in der sie mitwirken, insbesondere unter Hervorhebung des Vorsitzenden, nicht aber des Berichterstatters. Die Gründe für die Mitwirkung (Regelbesetzung, Vertretungsfall, Eintritt von Hilfsschöffen) werden nicht bekanntgegeben (LR-Jäger 3). Die Beteiligten müssen sich hiervon durch Einsichtnahme in die Besetzungsunterlagen selbst Kenntnis verschaffen. Eine Belehrung darüber sieht das Gesetz nicht vor. Auch ein Hinweis auf die Bedeutung der Mitteilung nach I S 1 und auf die Rügepräklusion nach § 338 Nr 1 Hs 2 ist nicht erforderlich (KK-Gmel 5).

3) Vorgezogene Mitteilung (I S 2): 8

A. **Anordnung, Inhalt und Zeitpunkt** stehen zwar wie nach früherer 9 Rechtslage im Ermessen des Vorsitzenden (I S 2 Hs 1). Dieses sollte jedoch mit Rücksicht auf das in § 222b III eingeführte Vorabentscheidungsverfahren (15 ff zu § 222b) dahingehend ausgeübt werden, dass die Besetzung umgehend mitzuteilen, sobald Klarheit über sie besteht (zu den dabei allerdings möglicherweise auftretenden praktischen Problemen 15 a ff zu § 222b). Die Mitteilung kann mit der Ladungsanordnung (§ 214 I S 1) verbunden werden. Ist zu dieser Zeit noch mit einer Besetzungsänderung zu rechnen, sollte allerdings, um die Mitteilung einer Änderung (§ 1 S 3) zu vermeiden und den Beteiligten überflüssige Nachforschungen zu ersparen, abgewartet werden, bis die endgültige Besetzung feststeht. Anzustreben

Schmitt 1045

§ 222a

ist, dass die Mitteilung in jedem Fall spätestens eine Woche vor Beginn der Hauptverhandlung dem Empfänger zugeht (II).

10 B. Die Besetzungsmitteilung ist **förmlich zuzustellen (I S 2)**. Dies ist erforderlich, da sie die einwöchige Ausschlussfrist des § 222b I S 1 auslöst und den Antragsteller zwingt, etwaige Ablehnungsgesuche unverzüglich anzubringen (§ 25 I S 2). Die Zustellung erfolgt nach den allgemeinen Vorschriften (siehe § 37), an den RA gegen Empfangsbekenntnis nach § 174 ZPO (vgl 19 zu § 37).

11 C. **Adressaten** der förmlichen Zustellung sind die Verfahrensbeteiligten, die die Gerichtsbesetzung rügen oder Ablehnungsanträge anbringen können; soweit die förmliche Zustellung an einzelne Beteiligte unterbleibt, wird die Frist des § 222b I S 1 für sie nicht in Gang gesetzt (vgl BT-Drucks 532/19 S 30) bzw die Rechtsfolge des § 25 I S 2 nicht ausgelöst.

12 Der **Angeklagte** hat in den in Betracht kommenden Verfahren stets einen Verteidiger (§ 140 I Nr 1); an diesen, bei einer Mehrheit von Verteidigern an jeden von ihnen, sollte die Mitteilung förmlich zugestellt werden (I S 2 Hs 2).

12a Die Zustellung ist allerdings nach der Gesetzesänderung **nicht mehr zwingend an den Verteidiger** zu richten, sondern kann stattdessen an den Angeklagten erfolgen (vgl dagegen 222a I S 2 Hs 2 aF). Dies sollte jedoch von den Gerichten aus Gründen der Verfahrensfairness vermieden werden. Der Zugang der Besetzungsmitteilung löst nicht nur die Wochenfrist für die Erhebung der Besetzungsrüge nach § 222b I S 1 aus, sondern macht es auch gemäß § 25 I S 2 erforderlich, etwaige Befangenheitsgesuche unverzüglich anzubringen. Die sehr knapp bemessene Frist für die Prüfung durch den Verteidiger sollte nicht noch potentiell dadurch weiter verkürzt werden, dass die Besetzungsmitteilung an den Angeklagten zugestellt wird. Für den Fall, dass die Zustellung dennoch an den Angeklagten erfolgt, sollte der Verteidiger seinen Mandanten bereits im Vorfeld darauf hingewiesen haben, dass er ihn umgehend hierüber informiert (Schork NJW **20**, 1, 2).

13 Ein Verteidigerwechsel zwingt nicht zur Wiederholung der Mitteilung (allg M). Die Mitteilung an die StA wird an die Behörde adressiert, nicht an den Sachbearbeiter.

14 Zugestellt wird ferner dem zugelassenen **Nebenkläger sowie den Einziehungsbeteiligten und Nebenbetroffenen (§§ 424 I S 1, 438 I)**. Haben sie einen Prozessbevollmächtigten, so kann und sollte die Mitteilung an diesen gerichtet werden; I S 2 Hs 2 gilt entspr (LR-Jäger 15).

15 Der **Antragsteller im Adhäsionsverfahren** ist nach § 406a I S 2 nicht rechtsmittelberechtigt; er erhält die Mitteilung nach I S 1 daher nicht.

16 D. Bei einer **Änderung der mitgeteilten Besetzung (I S 3)** wird die Mitteilung berichtigt. Das sollte unverzüglich geschehen, damit den Beteiligten überflüssige Erhebungen erspart werden und nicht überflüssigerweise Weise ein Vorabentscheidungsverfahren eingeleitet bzw – teilweise – durchgeführt wird (siehe dazu 15a–c zu § 222b). Außerdem bleibt nur bei einer unverzüglichen Änderungsmitteilung je nach dem zur Verfügung stehender Zeit bis zum Beginn der Hauptverhandlung die Möglichkeit erhalten, im Wege des Vorabentscheidungsverfahrens (§ 222b III) die Ordnungsmäßigkeit der Besetzung abschließend zu klären.

16a Wenn die **Berichtigung später als eine Woche vor der Hauptverhandlung** dem Adressaten zugestellt wird, kommt ein Unterbrechungsantrag (II) in Betracht (17 ff). Aber auch eine Berichtigung wenige Tage vor der Hauptverhandlung hat noch einen Sinn. Denn wenn die Zeit bis zum Beginn der Verhandlung ausreicht, um die Vorschriftsmäßigkeit der Änderung zu prüfen, kann der Unterbrechungsantrag durch das Tatgericht abgelehnt und das Vorabentscheidungsverfahren beschleunigt durchgeführt werden. Zumindest kann der Zeitraum, der den Verfahrensbeteiligten vor Beginn der Hauptverhandlung zur Verfügung steht, auf die Unterbrechungsfrist angerechnet werden (unten 22). **Spätestens** muss die Änderung zu Beginn der Hauptverhandlung (I S 1; oben 5) mitgeteilt werden. Bei umfangreichen oder wiederholten Änderungen empfiehlt sich die nochmalige vollständige Mitteilung der Gerichtsbesetzung.

Vorbereitung der Hauptverhandlung § 222a

4) Unterbrechung der Hauptverhandlung (II): 17
A. **Antrag:** Die Unterbrechung dient der Vorbereitung der Entscheidung dar- 18
über, ob Anlass besteht, den Besetzungseinwand (§ 222b) zu erheben; sie setzt
daher den Antrag eines zu diesem Einwand befugten Prozessbeteiligten voraus.
Dazu gehören außer den in II bezeichneten Beteiligten der zugelassene Nebenkläger, der Einziehungsbeteiligte und Nebenbetroffene (1 zu § 433; 9 zu § 438).
Der Antrag ist nur **zulässig,** wenn die Mitteilung nach I (auch die Änderungs- 18a
mitteilung nach I S 3) später als eine Woche vor Beginn der Hauptverhandlung
zugestellt oder erst zu Beginn der Hauptverhandlung bekannt gemacht worden ist
(vgl aber unten 21); die Frist wird nach § 43 I berechnet. Eine Belehrung über das
Antragsrecht sieht § 222a nicht vor. Dass bereits ein anderer Beteiligter die Unterbrechung beantragt hat, steht dem Antrag nicht entgegen (LR-Jäger 23).
Der Antrag muss von jedem Beteiligten **bis zum Beginn der Vernehmung** 18b
des 1. Angeklagten (vgl 7 zu § 6a; 2 zu § 25) mündlich gestellt werden und ist
nach § 273 I im Protokoll zu beurkunden.
Die Unterbrechung kommt allerdings nur dann in Betracht, wenn abzu- 18c
sehen ist, dass die Hauptverhandlung vor Ablauf der in § 222b I S 1 genannten
Frist beendet sein könnte (II aE). Voraussetzung für die Unterbrechung ist somit,
dass bei einer Prognose der Verfahrensdauer die Wochenfrist zur Prüfung der Besetzung voraussichtlich nicht ausreichen wird, weil die Hauptverhandlung bereits
vorher, insbesondere durch Urteilsverkündung, beendet sein wird (vgl BT-Drucks
532/19 S 31). Umgekehrt ist die Unterbrechung nicht zulässig, wenn die Hauptverhandlung ohnehin bereits für eine Dauer von mehr als einer Woche angesetzt ist
und keine Anhaltspunkte für eine vorzeitige Beendigung bestehen. Bei längerer
Verfahrensdauer verbleibt den Verfahrensbeteiligten die Möglichkeit, die Besetzung
während laufender Hauptverhandlung zu prüfen und erforderlichenfalls innerhalb
der Wochenfrist (§ 222b I S 1) das Vorabentscheidungsverfahren auszulösen.
Ein **Verlegungsantrag vor der Hauptverhandlung** zum Zweck der Prüfung 19
der Besetzung wird durch II an sich nicht ausgeschlossen, ist aber als vorgezogener
Unterbrechungsantrag in II zu behandeln, über den das Gericht, nicht der Vorsitzende allein, in der Hauptverhandlung nach II entscheidet (vgl jeweils zur alten
Rechtslage KMR-Eschelbach 54; Schroeder NJW 79, 1529; **aM** Rieß NJW 78,
2269).

B. **Die Entscheidung** über den Unterbrechungsantrag trifft das Gericht, nicht 20
der Vorsitzende allein, nach Anhörung der übrigen Beteiligten (§ 33 II) unter
Mitwirkung der Schöffen; § 228 I S 2 gilt nicht (LR-Jäger 22; **aM** Rieß NJW 78,
2269). Eine Begründung ist nicht erforderlich. Wird die Entscheidung unterlassen,
so bleibt die Besetzungsrüge nach § 338 Nr 1 Hs 2 Buchst b) cc) zulässig (dort 19).
Nach pflichtgemäßem Ermessen entscheidet das Gericht über den Antrag. 21
Maßgeblich ist, ob die Hauptverhandlung vor Ablauf der Wochenfrist beendet sein
könnte. Eine Unterbrechung wird deshalb regelmäßig nur noch in einfachen, im
Umfang limitierten Verfahren in Betracht kommen, deren Verhandlungsplanung
bereits vorsieht, sie innerhalb einer Woche abzuschließen. Im Übrigen richtet sich
die Entscheidung danach, ob der Aufschub zur Prüfung der Besetzung erforderlich
ist. Wenn ein Besetzungsfehler ausgeschlossen erscheint, kann der Antrag ohne Begründung abgelehnt werden (Bremen StV **86**, 540; **aM** SK-Deiters/Albrecht 23).
Lehnt das Gericht den Unterbrechungsantrag ab und erlässt es gleichwohl vor Ablauf
der Wochenfrist ein Urteil, kann die Besetzung im Wege der Revision überprüft
werden (§ 338 Nr 1 b) cc), dort 20c). Verhandelt das Gericht wider Erwarten länger
als 1 Woche, muss dagegen der Besetzungseinwand gem § 222b I S 1 binnen einer
Woche nach Bekanntmachung der Besetzung geltend gemacht werden, was grundsätzlich das Vorabentscheidungsverfahren (§ 222b III) auslöst; die Revision bleibt
dem Ast in diesem Fall erhalten, wenn das Gericht den Einwand der vorschriftswidrigen Besetzung ebenso abgewiesen oder zurückgewiesen hat (§ 338 1b) bb); 20 zu § 338).
Dauer der Unterbrechung: Die Hauptverhandlung ist auf Antrag für **1 Woche** 22
zu unterbrechen, wenn die Besetzung erst an ihrem Beginn mitgeteilt wird. Dieser

Schmitt 1047

§ 222a

Zeitraum orientiert sich an und sorgt für Gleichklang mit der Frist des § 222b I S 1. Eine längere Unterbrechung ist nicht zulässig. Zwar spricht § 338 Nr 1 b) cc) nF von „mindestens" einer Woche Prüfungsfrist als Voraussetzung für den Erhalt der Besetzungsrüge in der Revision, was impliziert, dass die Unterbrechung nach II auch länger als 1 Woche sein könnte. Dabei dürfte es sich jedoch um ein Redaktionsversehen des Gesetzgebers handeln. Eine 1 Woche übersteigende Frist stünde in Widerspruch zur Ausschlussfrist des § 222b I S 1, welche für alle Fälle der Besetzungsrüge gedacht ist. Es wäre auch nicht recht verständlich, warum in den kurzen Verfahren des II qua gewährter Unterbrechung die Wochenfrist des § 222b I S 1 verlängert werden könnte, während sie für lange dauernde, umfangreichere Verfahren uneingeschränkt gilt. Erg 20c zu § 338.

22a War die Besetzung oder ihre Änderung zwar vor der Hauptverhandlung, aber **später als 1 Woche zuvor zugestellt** worden, so kann berücksichtigt werden, dass dem Antragsteller diese Zeit schon zur Verfügung gestanden hat. Die Zeitspanne kann, anders als nach früherer Rechtslage (vgl BGH **29**, 283), nicht kürzer bemessen werden; dies ergibt sich aus § 338 Nr 1 b) cc). Die nachträgliche Verlängerung der Frist kommt in Betracht, wenn feststeht oder glaubhaft gemacht ist, dass dem Antragsteller die Besetzungsunterlagen nicht oder nicht rechtzeitig zur Verfügung gestellt wurden (siehe dazu anschl 23 f).

22b Rügt der Antragsteller **nach Ablauf der Unterbrechungsfrist,** die zugleich innerhalb der Wochenfrist des I S 1 liegen muss (soeben 22a), und in der vorgeschriebenen Form die Besetzung des Gerichts, gilt Folgendes: Hält das Gericht den Einwand für begründet, ist § 222b II S 2 anzuwenden (dort 12). Hält es den Besetzungseinwand für unbegründet, weist es ihn durch mit Gründen versehenen Beschluss zurück und setzt die Hauptverhandlung fort (11 zu § 222b). In diesem Fall sowie wenn das Gericht den Einwand übergeht, bleibt dem Antragsteller die Rüge der vorschriftswidrigen Besetzung in der Revision erhalten (§ 338 Nr 1 b) bb). Aus den Gesetzesmaterialien ergibt sich, dass die Durchführung des Vorabentscheidungsverfahrens in den Fällen des § 222a II grunds (siehe aber 21 aE) nicht in Betracht kommen soll (BT-Drucks 532/19 S 31).

23   **5) Einsicht in die Besetzungsunterlagen (III):** Zur Zulässigkeit des Besetzungseinwands gehört die Angabe der Tatsachen, aus denen sich die vorschriftswidrige Besetzung ergibt (§ 222b I S 2). Wer den Einwand erheben will, muss sich daher idR erst darüber unterrichten, auf welche Weise es zu der Gerichtsbesetzung gekommen ist. Zu diesem Zweck kann er bei dem Vorsitzenden mündlich oder schriftlich Auskunft einholen. Hält er das nicht für zweckmäßig oder ausreichend, so kann er Einsicht in die Besetzungsunterlagen nehmen (BGH **33**, 126, 130; **48**, 290; Rieß NJW **78**, 2269), auch in die der JV, insbesondere in die Geschäftsverteilungspläne nach §§ 21e, 21g GVG, die Schöffen- und Hilfsschöffenlisten (3 zu § 44 GVG) und die Unterlagen über die Schöffenwahl nach §§ 36 ff GVG (BGH aaO; Ranft NJW **81**, 1475) sowie über Verhinderungen und Vertreterbestellungen (LR-Jäger 17). Es ist aber nicht Aufgabe des Vorsitzenden, Unterlagen der JV zu beschaffen und bereitzustellen. Die Beteiligten können und müssen sich unmittelbar an die JV wenden (Düsseldorf MDR **79**, 1043; KK-Gmel 14; **aM** Hamm NJW **80**, 1009). Deren Weigerung, die Unterlagen offenzulegen, ist nicht anfechtbar, insbesondere nicht nach § 23 **EGGVG** (Hamm aaO; Kissel/Mayer 111 zu § 12 GVG), sondern erhält dem Beteiligten die Besetzungsrüge nach § 338 Nr 1 b) aa). Das Gleiche gilt, wenn die Unterlagen nur unvollständig oder für zu kurze Zeit zur Verfügung gestellt werden (19 zu § 338).

24   Ein **Rechtsanspruch** auf Einsicht in die Unterlagen besteht für die StA, den Verteidiger und den von ihm oder von dem Angeklagten zu diesem Zweck besonders bevollmächtigten RA. Nebenkläger und Nebenbeteiligte können ebenfalls durch einen RA Einsicht nehmen lassen. Der Angeklagte und diese Verfahrensbeteiligten selbst haben keinen Anspruch auf die Einsicht.

25   **6) Anfechtung.** Maßnahmen des Vorsitzenden im Zusammenhang mit Auskünften oder Einsichtnahmen in Besetzungsunterlagen sind nicht anfechtbar; auch

Vorbereitung der Hauptverhandlung § 222b

§ 238 II gilt nicht. Die Beschwerde gegen die Ablehnung des Unterbrechungsantrags oder die zu kurze Bemessung der Unterbrechung ist nach § 305 S 1 ausgeschlossen. Auch dem Gegner des Prozessbeteiligten, der die Unterbrechung erfolgreich beantragt hatte, steht gegen den Unterbrechungsbeschluss keine Beschwerde zu. Mit der Revision kann mit Erfolg nur nach § 338 Nr 1 a), b) die unrichtige Gerichtsbesetzung unter den dort genannten Voraussetzungen (17 ff zu § 338), nicht aber das Unterlassen der Mitteilung über die Besetzung (BGH DAR **98**, 175 [To]) oder die Fehlerhaftigkeit von Maßnahmen und Entscheidungen nach § 222a als solchen gerügt werden (Rieß NJW **78**, 2269 Fn 89). Zum grundsätzlich bei erhobenem Besetzungseinwand vorrangig durchzuführenden Vorabentscheidungsverfahren nach § 222b III siehe 15 ff zu § 222b.

Besetzungseinwand

222b I ¹Ist die Besetzung des Gerichts nach § 222a mitgeteilt worden, so kann der Einwand, daß das Gericht vorschriftswidrig besetzt sei, nur innerhalb einer Woche nach Zustellung der Besetzungsmitteilung oder, soweit eine Zustellung nicht erfolgt ist, ihrer Bekanntmachung in der Hauptverhandlung geltend gemacht werden. ²Die Tatsachen, aus denen sich die vorschriftswidrige Besetzung ergeben soll, sind dabei anzugeben. ³Alle Beanstandungen sind gleichzeitig vorzubringen. ⁴Außerhalb der Hauptverhandlung ist der Einwand schriftlich geltend zu machen; § 345 Abs. 2 und für den Nebenkläger § 390 Abs. 2 gelten entsprechend.

II ¹Über den Einwand entscheidet das Gericht in der für Entscheidungen außerhalb der Hauptverhandlung vorgeschriebenen Besetzung. ²Hält es den Einwand für begründet, so stellt es fest, daß es nicht vorschriftsmäßig besetzt ist. ³Führt ein Einwand zu einer Änderung der Besetzung, so ist auf die neue Besetzung § 222a nicht anzuwenden.

III ¹Hält das Gericht den Einwand für nicht begründet, so ist er spätestens vor Ablauf von drei Tagen dem Rechtsmittelgericht vorzulegen. ²Die Entscheidung des Rechtsmittelgerichts ergeht ohne mündliche Verhandlung. ³Den Verfahrensbeteiligten ist zuvor Gelegenheit zur Stellungnahme einzuräumen. ⁴Erachtet das Rechtsmittelgericht den Einwand für begründet, stellt es fest, dass das Gericht nicht ordnungsgemäß besetzt ist.

Übersicht

	Rn
1) Besetzungseinwand (I)	1–7
A. Kein Ausschluss der Amtsprüfung	2
B. Zulässigkeit und Notwendigkeit des Einwands	3–3b
C. Wochenfrist (I S 1)	4–4d
D. Form (I S 4)	5
E. Begründung (I S 2)	6, 7
2) Entscheidung des Tatgerichts (II)	8–14
A. Gerichtsbesetzung (II S 1)	9
B. Zeitpunkt	10, 10a
C. Inhalt (II S 2)	11–13
D. Bekanntgabe	14
3) Vorabentscheidungsverfahren (III)	15–23
A. Vorlage des Einwands beim Rechtsmittelgericht (III S 1)	16, 17
B. Verfahren des Rechtsmittelgerichts (III S 2-4)	18–23
4) Revision	24

1) Besetzungseinwand: 1
A. **Kein Ausschluss der Amtsprüfung:** Dass die Beteiligten den Einwand erheben können, schließt die Prüfung der Besetzung von Amts wegen nicht aus (BGH NStZ **96**, 48), auch nicht nach dem in I S 1 bezeichneten Zeitpunkt (SK-Deiters/Albrecht 2; **aM** Celle NdsRpfl **91**, 151; KMR-Sax Einl III 19; Wagner JR **80**, 53). Sie findet auch statt, wenn der Einwand nicht oder verspätet erhoben 2

worden ist; denn unabhängig von Anträgen der Beteiligten hat das Gericht, und zwar abweichend von II S 1 in der für die Hauptverhandlung vorgeschriebenen Besetzung, in jeder Lage des Verfahrens die Rechtmäßigkeit seiner Zusammensetzung zu prüfen (KG MDR **80**, 688; Bohnert 64 ff; Rieß JR **81**, 94; erg unten 12). Dazu kann es ohne Rücksicht auf eine bereits eingetretene Präklusion der Besetzungsrüge von den Prozessbeteiligten angeregt werden (KG aaO; Bohnert 65).

3 B. Der **Besetzungseinwand** ist **zu erheben,** wenn die Besetzung des Gerichts nach § 222a mitgeteilt wurde (I S 1). Die Zulässigkeit des Einwands, auf den verzichtet werden kann (BGH 1 StR 544/09 vom 2.11.2010), hängt allerdings nicht davon ab, dass die Besetzungsmitteilung nach § 222a erfolgt ist oder dass sie ordnungsmäßig war. In diesen Fällen ist der Einwand aber nicht erforderlich, um die Besetzungsrüge nach § 338 Nr 1 b zu erhalten (19, 20 zu § 338). Der Einwand setzt keinen Unterbrechungsantrag nach § 222a II voraus. Zum Einwand berechtigt sind alle Beteiligten, die gegen das Urteil Revision einlegen und die Besetzungsrüge erheben können, der Angeklagte und der Verteidiger ohne Rücksicht auf den Willen des anderen.

3a Auch die Beanstandung, die StrK sei **entgegen** § **76 II GVG** mit nur 2 statt 3 Berufsrichtern (oder umgekehrt) besetzt, muss nach der Rspr geltend gemacht werden (BGH **44**, 361; Katholnigg JR **99**, 305: direkte, BGH **44**, 328; NStZ-RR **99**, 212: entspr Anwendung), selbst wenn die Gerichtsbesetzung nach § 222a nicht mitgeteilt worden ist, da die Entscheidung, ob die StrK mit 2 oder 3 Berufsrichtern besetzt ist, bereits mit dem Eröffnungsbeschluss getroffen und bekannt gemacht wird (BGH NStZ **05**, 465).

3b **Ergänzend** zur Verpflichtung des Ast, den Besetzungseinwand zu erheben, 20a, b zu § 338.

4 C. Der **Besetzungseinwand** muss **binnen einer Woche** nach Zustellung der Besetzungsmitteilung erhoben werden; dies gilt auch, wenn der Ablauf der Frist in einen Zeitraum fällt, der nach Beginn der Hauptverhandlung liegt (I S 1 Alt 1). Nach Ablauf der Frist ist die Rüge präkludiert (BT-Drucks 532/19 S 37). Zur Kritik an der durch das Gesetz zur Modernisierung des Strafverfahrens eingeführten Frist siehe 4b.

4a Ist eine **Zustellung** vor Beginn der Hauptverhandlung **nicht erfolgt,** gilt die Wochenfrist ab Bekanntmachung der Besetzung in der Hauptverhandlung (I S 1 Alt 2). Erfasst werden damit die Fälle einer unterbliebenen oder gescheiterten Zustellung, aber auch die Mitteilung der Besetzung nach § 222a I S 1.

4b **Die Gesetzesmaterialien meinen,** dass die Wochenfrist den Verfahrensbeteiligten ausreichende Möglichkeiten zur Überprüfung der Besetzung biete (BT-Drucks 532/19 S 31). Das ist anzuzweifeln. Zum einen müssen dabei Umfang und Komplexität der Besetzungsprüfung berücksichtigt werden. So ist etwa die Einsicht in die Geschäftsverteilungspläne, die Schöffen- und Hilfsschöffenlisten, die Unterlagen über die Schöffenwahl sowie über Verhinderungen und Vertreterbestellungen erforderlich (dazu im Einzelnen 23 zu § 222a). Dies erfordert insbesondere für ortsfremde Verteidiger einen uU hohen logistischen Aufwand, zumal sie nicht vorhersehen und damit entsprechend planen können, wann die Wochenfrist durch Zustellung der Besetzungsmitteilung ausgelöst wird (vgl Stellungnahme der Strafverteidigervereinigungen vom 21.10.2019 S 12). Zum anderen ist der Besetzungseinwand, auch mit Blick auf ein evtl Vorabentscheidungsverfahren nach III, der Form des § 344 II S 2 zu entsprechen (siehe unten 6 und 19); insoweit befindet sich etwa ein Revisionsführer für die Abfassung einer Revisionsrüge in den grundsätzlich für Besetzungsrügen noch verbleibenden Fällen des § 338 Nr 1 zeitlich in einer ungleich komfortableren Lage. Innerhalb einer Woche die Besetzungsprüfung vorzunehmen und den Besetzungseinwand nach § 222b I ggf formell ordnungsgemäß auszuführen, erlegt dagegen den Verteidigern nur schwer innerhalb der Frist erfüllbare Obliegenheiten auf.

4c **Ändert sich die Besetzung später,** beginnt eine neue Frist von einer Woche nach Zustellung der Mitteilung für den nunmehr erforderlichenfalls vorzubringenden neuen Besetzungseinwand zu laufen. Das bedeutet allerdings praktisch, dass der Aufwand für den früheren Besetzungseinwand ganz oder teilweise umsonst war (siehe 15a–c; vgl auch Claus NJW 20, 57, 58).

Wiedereinsetzung gegen die Versäumung der Frist sollte unter engen Voraussetzungen **möglich** sein. Nach ihrem Sinn und Zweck handelt es sich bei der Frist des I S 1 zwar um eine Ausschlussfrist, die Verfahrensverzögerungen verhindern und für das weitere Verfahren Klarheit über die Ordnungsmäßigkeit der Besetzung schaffen soll; dies könnte dafür sprechen, Wiedereinsetzung grundsätzlich für nicht zulässig zu erachten (vgl BT-Drucks 532/19 S 14; KK-Gmel 5; LR-Jäger 15; KMR-Eschelbach 16, jeweils zu I S 1 aF). Eine Ausnahme sollte jedoch, gerade auch mit Rücksicht auf die sehr knapp bemessene Prüfungsfrist (dazu soeben 4b), gemacht werden, soweit die Versäumung der Frist auf einem Verschulden der Justizverwaltung beruht. Dies kann etwa anzunehmen sein, wenn es bei der Einsicht in die erforderlichen Besetzungsunterlagen zu Verzögerungen kommt, die der Justizverwaltung zuzurechnen sind. Ein eigenes Verschulden des Verteidigers kann allerdings nach Sinn und Zweck der Wochenfrist die Wiedereinsetzung nicht rechtfertigen. 4d

D. **Form (I S 4)**: Außerhalb der Hauptverhandlung ist der Einwand in der gleichen Form geltend zu machen wie die Besetzungsrüge der Revision (§§ 345 II, 390 II; BGH NStZ-RR **13**, 352). In der Hauptverhandlung wird er mündlich erhoben und begründet, zweckmäßigerweise unter gleichzeitiger Übergabe der schriftlichen Abfassung, was die nach § 273 I erforderliche Protokollierung erleichtert und die Beanstandungen klarstellt. Der Einwand kann auch in der Weise geltend gemacht werden, dass sich ein Beteiligter den Einwendungen eines anderen anschließt. 5

E. Zu **begründen** ist der Einwand (I S 2) wie nach § 344 II S 2 die Besetzungsrüge der Revision (BGH **44**, 161; 21 zu § 338). Der Umstand, dass hinsichtlich der Besetzungsrüge nunmehr regelmäßig das Vorabentscheidungsverfahren des III (siehe 15ff) bereits vor oder während laufender Hauptverhandlung an die Stelle des Revisionsverfahrens treten wird, wirkt sich auch auf die Vortragspflichten in diesem Verfahrensstadium aus. Anders als nach früherer Rspr (BGH StV **16**, 623) wird es regelmäßig erforderlich sein, den Geschäftsverteilungsplan des Gerichts vorzulegen. Es muss – ohne Bezugnahmen und Verweisungen – dargelegt werden, welcher Richter an Stelle eines an der Entscheidung tatsächlich beteiligten Richters hätte mitwirken müssen (BGH 1 StR 422/15 vom 7.9.2016), unter welchem rechtlichen Aspekt der Zuständigkeitsmangel beanstandet werden soll und welche Tatsachen dem zugrunde liegen (BGH NStZ **07**, 536; **18**, 110); zur Rüge vorschriftswidriger Schöffenbesetzung (siehe BGH StV **16**, 622). Fehlt die erforderliche und dem Verfahrensbeteiligten mögliche (BGH **53**, 268, 279) Begründung, so ist der Einwand nicht zulässig erhoben (BGH 1 StR 422/15 vom 7.9.2016). Das Gericht ist in diesem Fall nicht verpflichtet, aber befugt, die Vorschriftswidrigkeit der Besetzung zu prüfen (oben 1). 6

Alle Beanstandungen, auch soweit sie Ergänzungsrichter und -schöffen betreffen (BVerfG NJW **03**, 3545; BGH NJW **01**, 3062), sind gleichzeitig geltend zu machen (I S 3). Das Nachschieben von Tatsachen oder gar eines Einwands gegen die Besetzung in der Person eines anderen Richters ist auch dann nicht zulässig, wenn die Sachvernehmung des 1. Angeklagten noch nicht begonnen hat. Das gilt auch, wenn dem Beteiligten weitere Gründe für die schon anfänglich bestehende Fehlerhaftigkeit der Besetzung erst später bekanntgeworden sind (KK-Gmel 9; LR-Jäger 18; **aM** R. Hamm NJW **79**, 137; Ranft NJW **81**, 1476; vgl auch BVerfG NStZ **84**, 370). Denn wenn ihm alle Besetzungsunterlagen zur Einsicht vorgelegt worden waren, kann an dieser verspäteten Kenntnis nur er selbst (oder sein Verteidiger oder Prozessbevollmächtigter) schuld sein (grundsätzlich **aM** Ranft aaO, der sogar die Unzumutbarkeit rechtzeitiger Ermittlungen für möglich hält); waren die Unterlagen unvollständig, so bleibt ihm die Besetzungsrüge nach § 338 Nr 1 erhalten. Der Einwand kann innerhalb der Frist des I S 1 wiederholt werden, wenn er, etwa wegen Formmangels, als unzulässig zurückgewiesen worden war. 7

§ 222b

8 **2) Entscheidung des Tatgerichts (II):**

9 A. **Gerichtsbesetzung (II S 1):** Die Schöffen sind von der Mitwirkung bei der Entscheidung über die vorgezogene Besetzungsrüge ausgeschlossen (§ 76 I S 2 GVG). Das OLG entscheidet mit 3 Richtern (§ 122 I GVG; KK-Gmel 10). Richter, gegen deren Mitwirkung sich der Besetzungseinwand richtet, wirken bei der Entscheidung mit. Der Anrufung des Präsidiums bedarf es auch zur Frage der Verhinderung eines Richters nicht (BGH NStZ **89**, 9).

10 B. **Zeitpunkt:** Die Entscheidung ergeht nach Anhörung der Prozessbeteiligten (§ 33 II) zu dem frühest möglichen Zeitpunkt vor Beginn der Hauptverhandlung, wenn die Besetzungsmitteilung vor deren Beginn zugestellt wurde (I S 1 Alt 1). Nur wenn das Tatgericht rasch über den Einwand entscheidet, besteht die Aussicht, dass das Rechtsmittelgericht, wie vom Gesetzgeber intendiert (BT-Drucks 532/19 S 14), schon vor oder zu Beginn der Hauptverhandlung abschließend feststellt, ob das Gericht ordnungsgemäß besetzt ist. Aus diesem Grund geht der Gesetzgeber auch davon aus, dass die Besetzungsmitteilung so früh wie möglich vor Beginn der Hauptverhandlung erfolgt (BT-Drucks 532/19 S 30). Eine frühzeitige Besetzungsmitteilung macht aber nur Sinn, wenn feststeht, dass sich die Besetzung nicht mehr ändern wird; gerade das wird aber oftmals, jedenfalls vor den LGn mit Schöffenbeteiligung, nicht den praktischen Realitäten entsprechen (dazu im Einzelnen 15a, b).

10a Eine möglichst **zügige Entscheidung ist auch geboten,** wenn die Bekanntmachung erst in der Hauptverhandlung spätestens zu deren Beginn erfolgt (Fälle des I S 1 Alt 2). Das Gericht darf zwar grundsätzlich mit der Entscheidung so lange warten, bis sie ohne Verzögerung des Fortgangs der Hauptverhandlung möglich ist (vgl LR-Jäger 31). Der Aufschub muss aber in jedem Fall möglichst kurz sein, weil dem Beteiligten, der den Einwand erhoben hat, das Gericht nicht richtig besetzt erscheint und weil die mit dem Vorabentscheidungsverfahren nach III (siehe 15 ff) verknüpfte Intention des Gesetzgebers, so frühzeitig wie möglich Klarheit über die Ordnungsmäßigkeit der Besetzung zu gewinnen (BT-Drucks 532/19 S 14), mit zunehmender Dauer der Hauptverhandlung immer weniger verwirklicht werden kann.

11 C. **Inhalt (II S 2):** Ist der Einwand von einem dazu nicht befugten Beteiligten erhoben oder nicht formgerecht begründet worden, so wird er als unzulässig abgelehnt (BGH NStZ **14**, 668 mit zust Anm Wollschläger StV **15**, 100). Bei der Sachentscheidung gibt es 2 Möglichkeiten:

12 a) Ist der **Einwand begründet,** so beschränkt sich der Beschluss auf die Feststellung, dass das Gericht nicht vorschriftsmäßig besetzt ist, und auf ihre Begründung. Es ist dann Sache der zuständigen Organe (Vorsitzender, Präsidium, Präsident), die weiter erforderlichen Maßnahmen herbeizuführen oder zu treffen. Ist der Mangel unschwer zu beheben, so wird alsbald die ordnungsmäßige Besetzung herbeigeführt und unmittelbar nach der Entscheidung über den Einwand mit der Hauptverhandlung in richtiger Besetzung ohne erneute Ladung von neuem begonnen (BGH NStZ **08**, 475; krit Ventzke StV **09**, 69). Auch die Nachholung der erforderlichen Feststellung der Verhinderung des durch einen Vertreter ersetzten Richters ist noch zulässig (BGH **30**, 268; **33**, 234, 237; **aM** Kissel Rebmann-FS 73). In allen anderen Fällen muss die Hauptverhandlung ausgesetzt werden (aM KK-Gmel 16; LR-Jäger 34: Hauptverhandlung ist ohne weiteres beendet); denn eine Fortsetzung in anderer Besetzung scheidet aus (§ 226). Für die neue Hauptverhandlung gilt § 222a nicht mehr (II S 3). Die Besetzungsentscheidung des 1. Gerichts ist bindend (Bohnert 61).

13 b) Ist der **Einwand unbegründet,** so wird er durch mit Gründen versehenen Beschluss zurückgewiesen und die Hauptverhandlung fortgesetzt, sofern § 229 I das nicht ausschließt. Das Gericht ist an den Beschluss aber nicht gebunden, wenn es später und zwar in der Besetzung nach II S 2, zu der Auffassung kommt, dass es doch vorschriftswidrig besetzt ist (KG MDR **80**, 688; Bohnert 64; Rieß JR **81**, 93; Schlüchter 435; Vogt/Kurth NJW **85**, 105; **aM** LR-Jäger 38 mwN; erg oben 1).

D. Bekanntgegeben wird der Beschluss allen Prozessbeteiligten (KK-Gmel 13), schriftlich (§ 35 II S 2), sonst durch Verkündung in der Hauptverhandlung (§ 35 I S 1). Zur Vorlagepflicht an das Rechtsmittelgericht siehe sogleich 16,17. 14

3) Vorabentscheidungsverfahren (III): Das Gesetz zur Modernisierung des Strafverfahrens vom 10.12.2019 (BGBl I 2121, 2122) hat ein Vorabentscheidungsverfahren über Besetzungsrügen eingeführt. Über den erhobenen Einwand soll in der Regel schon vor oder zu Beginn der Hauptverhandlung abschließend durch ein höheres Gericht entschieden werden; auf diese Weise sollen insbesondere umfangreiche Hauptverhandlungen nicht „unter dem Damoklesschwert" einer Aufhebung wegen vorschriftswidriger Besetzung durchgeführt und Urteilsaufhebungen wegen vorschriftswidriger Besetzung reduziert werden (BT-Drucks 532/19 S 19; Lantermann HRRS **20**, 19, 20 f). 15

Es erscheint allerdings **zweifelhaft,** ob das Vorabentscheidungsverfahren so beschleunigt durchgeführt werden kann, dass das gesetzgeberische Ziel einer regelmäßig schon vor oder zu Beginn der Hauptverhandlung vorliegenden, abschließenden Entscheidung erreicht wird (vgl BT-Drucks 532/19 S 14). Oftmals wird schon **nicht sichergestellt** sein, dass ein frühzeitig eingeleitetes Vorabentscheidungsverfahren **überhaupt durchgeführt** wird. In der forensischen Praxis ist es nicht selten, dass sich die Gerichtsbesetzung vor Beginn der Hauptverhandlung ändert; dies betrifft namentlich die Kammerbesetzungen vor den LGn mit Schöffenbeteiligung (weniger die allein mit Berufsrichtern besetzten Staatsschutzsenate der OLGe). Jede Änderung macht jeweils eine erneute Besetzungsmitteilung notwendig (siehe § 222a I S 3), die wiederum die Frist des § 222b I S 1 auslöst; frühere Mitteilungen sowie ein durch sie ggf bereits ausgelöster Besetzungseinwand bzw eingeleitete Vorabentscheidungsverfahren werden damit zumindest teilweise gegenstandslos. Die Gefahr, auf diese Weise am Ende irrelevante Verfahren vor den Rechtsmittelgerichten zu produzieren und damit Verteidigungs- und Justizressourcen über Gebühr zu beanspruchen, ist naturgemäß umso höher, je größer der Zeitraum zwischen Zustellung der Gerichtsbesetzung und Beginn der Hauptverhandlung ist; gerade ein solch längerer Zeitraum wäre aber erforderlich, um möglichst noch vor Beginn der Hauptverhandlung eine abschließende Entscheidung des Rechtsmittelgerichts zu erlangen. 15a

Selbst wenn die **Rechtsmittelgerichte „häufig schon vor Beginn der Hauptverhandlung" entscheiden** (BT-Drucks 532/19 S 30) sollten, ist damit noch keineswegs gesagt, dass eine solche Entscheidung stets endgültig die Frage der Gerichtsbesetzung klärt; ändert sich nämlich die Gerichtsbesetzung noch kurzfristig im Zeitraum zwischen der Entscheidung des Rechtsmittelgerichts und dem Beginn der Hauptverhandlung, was in der Praxis – zB aufgrund Krankheit – durchaus vorkommt, gehen die zu einer nicht mehr relevanten Gerichtsbesetzung ergangene Entscheidung und das gesamte durchgeführte Vorabentscheidungsverfahren ins Leere. Ob die Rechtsmittelgerichte sich dieser Gefahr aussetzen wollen, indem sie alles daran setzen, über ein Vorabentscheidungsverfahren möglichst noch vor Beginn der Hauptverhandlung zu entscheiden, bleibt abzuwarten. Eher anzunehmen ist, dass sie zuwarten, bis sie sicher sein können, dass ihre Bemühungen nicht umsonst sein werden. 15b

Versuchen wiederum die **Tatgerichte Änderungsmitteilungen zu vermeiden,** indem sie die Besetzung erst kurzfristig vor Beginn oder zu Beginn der Hauptverhandlung mitteilen, wenn sie sicher sein können, dass sich nicht mehr ändern wird, wird der Beginn der Hauptverhandlung wie schon nach früherer Rechtslage durch Diskussionen um die Besetzung bestimmt und das Vorabentscheidungsverfahren zieht sich unter Umständen weit in die laufende Hauptverhandlung hinein. Dies widerspricht der erklärten Absicht des Gesetzgebers, Streit um die Gerichtsbesetzung möglichst aus der Hauptverhandlung herauszuhalten (vgl BT-Drucks 532/19 S 14; Claus NStZ **20**, 57, 58). Außerdem ist in solchen Fällen zu 15c

§ 222b

erwarten, dass die Tatgerichte bei Hauptverhandlungen, die nicht als Dauerverfahren angelegt sind, nicht selten bereits ein Urteil verkünden, bevor das Vorabentscheidungsverfahren abgeschlossen ist. Auch in diesem Fall wird das Vorabentscheidungsverfahren obsolet (vgl BT-Drucks 532/19 S 31, 38; erg 23; zu verfassungsmäßigen Bedenken hinsichtlich des gesetzlichen Richters in diesen Fällen Lantermann HRRS **20**, 19, 21 ff), die zu seiner Durchführung bis dahin von allen Beteiligten eingesetzten Ressourcen erweisen sich damit im Nachhinein als unnötig (immerhin bleibt dem Antragsteller insoweit nach § 338 Nr 1 b) bb) die Revision). In diesem Zusammenhang darf auch die Dauer des Vorabentscheidungsverfahrens mit dreitägiger Vorlagefrist durch das Tatgericht (III S 1), Gewährung rechtlichen Gehörs (III S 3) und rechtlicher Prüfung durch das Rechtsmittelgericht nicht unterschätzt werden. Ob die Verfahren vor den OLGn bzw dem BGH so zügig betrieben werden, wie dies der Intention des Gesetzgebers entspricht, erscheint vor diesem Hintergrund zweifelhaft; denkbar ist auch, dass die Rechtsmittelgerichte beim Tatgericht nachfragen, wie lange die Hauptverhandlung voraussichtlich dauern wird, und die Entscheidung ggf zurückstellen, falls dies nur ein kurzer Zeitraum sein sollte (vgl Schork NJW **20**, 1, 3).

16 A. **Vorlage des Einwands beim Rechtsmittelgericht (III S 1):** Hält das Gericht, dessen Besetzung gerügt wurde, den Einwand nicht für begründet, hat es ihn nach S 1 spätestens vor Ablauf von 3 Tagen dem Rechtsmittelgericht vorzulegen. Die Vorlagepflicht entfällt nur, wenn die Hauptverhandlung bereits vor Ablauf der 3 Tage durch Verkündung des Urteils beendet ist (BT-Drucks 532/19 S 32). Für Besetzungsänderungen während laufender Hauptverhandlung durch Eintritt eines Ergänzungsrichters gilt das Verfahren nach III nicht, da es insoweit schon an einer Besetzungsmitteilung iSd § 222a I fehlt (siehe 3 ff zu § 222a); hiervon zu unterscheiden ist die Verpflichtung des Ast, einen Besetzungseinwand gegen die ursprüngliche Besetzungsmitteilung auch auf etwaige Ergänzungsrichter und – schöffen zu erstrecken (oben 7).

17 Die **3-Tage-Frist berechnet sich** nach § 42. Rechtsmittelgericht ist bei erstinstanzlicher Zuständigkeit des LG nach § 121 I Nr 4 **GVG** das OLG, bei Einwänden gegen die erstinstanzliche Besetzung eines OLG gemäß § 135 II Nr 3 **GVG** der BGH.

18 B. **Verfahren des Rechtsmittelgerichts (III S 2-4):** Aus Beschleunigungsgründen ergeht die Entscheidung des Rechtsmittelgerichts ohne mündliche Verhandlung (S 1). Den Verfahrensbeteiligten ist zuvor rechtliches Gehör zu gewähren (S 2). Soll, wie vom Gesetzgeber intendiert, über den Besetzungseinwand schon vor oder zu Beginn einer Hauptverhandlung abschließend entschieden werden, erfordert dies kurze Stellungnahmefristen und eine rasche Entscheidung der Sache.

19 Die **Entscheidung des Rechtsmittelgerichts** erfolgt nach revisionsrechtlichen Grundsätzen. Die zu § 338 Nr 1 ergangene Rspr behält ihre Gültigkeit (dazu im Einzelnen 5 ff zu § 338). Die formellen Anforderungen an den Besetzungseinwand orientieren sich an den Grundsätzen des § 344 II S 2 (erg oben 6); soll das Rechtsmittelgericht beschleunigt im schriftlichen Verfahren entscheiden, muss es alleine an Hand der Begründung des Einwands ohne Rückgriff auf die Akten oder andere Schriftstücke oder von Amts wegen anzustellende Ermittlungen beurteilen können, ob die Besetzung des Gerichts vorschriftswidrig ist oder nicht. Verweisungen und Bezugnahmen machen die Besetzungsrüge unzulässig.

20 Etwaige formelle Versäumnisse können allerdings innerhalb der kurzen Frist zur Stellungnahme nach S 2 **behoben werden**. Dies erscheint mit Blick auf den erheblichen zeitlichen Druck, den Besetzungseinwand und Vorabentscheidungsverfahren nach neuer Rechtslage auf die Verteidigung ausüben (oben 4b), aus Gründen der Verfahrensfairness geboten, zumal das Verfahren dadurch nicht verlängert wird.

21 Hält das **Rechtsmittelgericht** den **Einwand für begründet**, stellt es fest, dass das Tatgericht nicht vorschriftsmäßig besetzt ist (S 4). Das Hauptverfahren ist damit in der betreffenden Besetzung beendet (vgl BT-Drucks aaO 32).

Vorbereitung der Hauptverhandlung § 223

Verwirft das Rechtsmittelgericht den Einwand, ist damit abschließend fest- 22
gestellt, dass die Besetzung des Tatgerichts ordnungsgemäß ist. Die Revision kann
darauf nicht mehr gestützt werden.

Entscheidet das Tatgericht vor der Entscheidung des Rechtsmittelgerichts 23
durch Urteil, ist das Vorabentscheidungsverfahren erledigt (BT-Drucks 532/19
S 32). In diesem Fall bleibt dem Angeklagten die Revision erhalten (§ 338 Nr 1 b)
bb). Insoweit besteht allerdings die Gefahr, dass bei den Rechtsmittelgerichten –
wie auch Verteidigung und Tatgericht – überflüssigerweise Ressourcen eingesetzt
wurden (erg 15a–15c).

4) Revision. Mit der Revision kann nicht Verletzung des § 222b gerügt 24
(BGH 1 StR 373/11 vom 12.1.2012), sondern nur die Besetzungsrüge erhoben
werden, sofern die Voraussetzungen des § 338 Nr 1 a) und b) vorliegen (dort 16 ff;
erg 22, 23, 21 zu § 222a). Wenn der Besetzungseinwand gem II S 3 zu einer Änderung der Besetzung des Gerichts geführt hat, nicht aber bei einer Änderung von
Amts wegen (Rieß JR **81**, 91; **aM** Bohnert 65), unterbleibt bei Beginn der neuen
Hauptverhandlung die Mitteilung nach § 222a, so dass auch § 338 Nr 1 Hs 2 nicht
gilt (R. Hamm NJW **79**, 137).

Vernehmungen durch beauftragte oder ersuchte Richter   **RiStBV 121**

223 I **Wenn dem Erscheinen eines Zeugen oder Sachverständigen in der Hauptverhandlung für eine längere oder ungewisse Zeit Krankheit oder Gebrechlichkeit oder andere nicht zu beseitigende Hindernisse entgegenstehen, so kann das Gericht seine Vernehmung durch einen beauftragten oder ersuchten Richter anordnen.**

II **Dasselbe gilt, wenn einem Zeugen oder Sachverständigen das Erscheinen wegen großer Entfernung nicht zugemutet werden kann.**

1) Die Vorwegnahme eines Teils der Hauptverhandlung ist die kommissa- 1
rische Vernehmung nach §§ 223, 224 (BGH **9**, 24, 27; SK-Deiters 7; **aM** KMR-
Eschelbach 2 mwN: nur Beweissicherung). Ihr Zweck ist die Gewinnung einer
Niederschrift über die Vernehmung eines Zeugen oder Sachverständigen, nicht
eines Mitbeschuldigten, die in der Hauptverhandlung nach § 251 I, II verlesen
werden kann. Ob die Verlesung zulässig ist, entscheidet das Gericht endgültig aber
erst in der Hauptverhandlung (19 zu § 251). Liegt bereits eine zur Verlesung geeignete richterliche Vernehmung vor, so bedarf es idR keiner weiteren kommissarischen Vernehmung. Seit Inkrafttreten des ZSchG kommt als weiterer Zweck die
Erstellung einer Bild-Ton-Aufzeichnung hinzu, die nach § 255a, der die Vorführung auf frühere Zeugenvernehmungen beschränkt, in die Hauptverhandlung eingeführt werden kann.

2) Voraussetzungen der kommissarischen Vernehmung: 2
A. Dem Erscheinen der Beweisperson entgegenstehende Hindernisse 3
(I): Diese Voraussetzungen stimmen mit geringen Abweichungen mit denen überein, unter denen nach § 251 I Nr 3, II Nr 1, 2 die Verlesung der Vernehmungsniederschrift zulässig ist.
Krankheit ist ein krankhafter körperlicher Zustand, der das Erscheinen der 4
Auskunftsperson in der Hauptverhandlung unmöglich macht. Schlechthin ausgeschlossen braucht es nicht zu sein, die Gefahr der erheblichen Verschlechterung des Zustands genügt (BGH **9**, 297, 300; Alsberg/Dallmeyer 464; erg 20 zu
§ 251).
Gebrechlichkeit liegt vor, wenn die Beweisperson zwar nicht krank ist, aber 5
wegen ihres körperlichen Zustands oder wegen ihres Alters in der Hauptverhandlung nicht erscheinen kann.
Andere nicht zu beseitigende Hindernisse sind zB eine bevorstehende län- 6
gere Auslandsreise (RG **66**, 213), Schwangerschaft, bei Kindern oder jugendlichen

Schmitt   1055

§ 223

Zeugen auch die berechtigte Weigerung der Erziehungsberechtigten, sie zum Erscheinen zu veranlassen (Saarbrücken NJW **74**, 1959 mit Anm Eschke NJW **75**, 354; erg 15 und 20 zu § 51). Ein Hindernis dieser Art liegt auch in den Fällen der §§ 49, 50 vor (LR-Jäger 13), ebenso wenn die Verwaltungsbehörde einen Zeugen für die Vernehmung in der Hauptverhandlung aus Gründen des § 96 oder des § 54 iVm § 37 BeamtStG (7 zu 54) endgültig „gesperrt" hat (BGH **29**, 390, 391; **32**, 115, 126 [GSSt]; NStZ **82**, 40). Nicht unter den Begriff fallen die berufliche Inanspruchnahme (KK-Gmel 8), Ordensregeln oder Lebensgewohnheiten (RG JW **14**, 430) und Urlaub (KMR-Eschelbach 49). Der Aufenthalt im Ausland ist nur dann ein Hindernis iS des I, wenn es nicht gelingt, die Beweisperson zum Erscheinen vor Gericht zu veranlassen (BGH **7**, 15; DAR **78**, 156 [Sp]; Hamm DAR **59**, 192; Karlsruhe VRS **51**, 61; 21 zu § 251), oder wenn es ihr nicht erlaubt wird, aus ihrem Heimatstaat in die BRep einzureisen (Hamm aaO). Wegen der Anstrengungen, die das Gericht unternehmen muss, um das Erscheinen des Zeugen oder Sachverständigen zu erreichen, gelten die gleichen Grundsätze wie im Fall der Unerreichbarkeit iS des § 244 III S 3 Nr 5 (dort 62 ff; vgl auch BGH **32**, 68, 72 ff = JR **84**, 514 mit Anm Schlüchter; Julius NStZ **86**, 61; erg 21 zu § 251).

7 Für **längere oder ungewisse Zeit** muss das Erscheinen der Beweisperson unmöglich sein. Krankheit ist daher kein Hinderungsgrund, wenn die Genesung bevorsteht eine Erkrankung an Grippe kann aber genügen (BGH bei Herlan MDR **55**, 529; erg 22 zu § 251).

8 B. Die **Unzumutbarkeit des Erscheinens** wegen großer Entfernung **(II)** kann nicht mit Streckenmaßen abgegrenzt werden. Zu berücksichtigen sind außer der geographischen Lage die persönlichen Verhältnisse der Beweisperson (BGH GA **64**, 275; RG JW **44**, 8) und die Verkehrsverhältnisse (Köln GA **53**, 186). Die Interessen der Beweisperson sind gegen die Bedeutung der Sache, die Wichtigkeit der Aussage und die Notwendigkeit der beschleunigten Durchführung des Verfahrens abzuwägen (BGH NStZ **81**, 271; StV **89**, 468; Hamm StV **14**, 329). Je wichtiger der Aufklärungswert der Aussage oder des Gutachtens ist, desto weniger kommt es auf die Entfernung der Beweisperson vom Gerichtssitz an (BGH NJW **86**, 1999, 2000; StV **83**, 444; Köln VRS **70**, 143; Alsberg/Dallmeyer 466); der einzige Belastungszeuge wird idR erscheinen müssen (Düsseldorf NJW **91**, 2781). Der Beweisperson ist es uU sogar zuzumuten, aus Übersee anzureisen (BGH **9**, 230). Bei Unzumutbarkeit der Unterbrechung des Urlaubs des Zeugen muss das Gericht notfalls die Hauptverhandlung um 1 oder 2 Sitzungstage verlängern (BGH StV **83**, 444).

9 Auch die Unzumutbarkeit muss für **längere oder ungewisse Zeit** bestehen. Daher muss stets geprüft werden, ob zu erwarten ist, dass der Beweisperson auch noch im Zeitpunkt der Hauptverhandlung das Erscheinen für längere oder ungewisse Zeit nicht zugemutet werden kann. Erg 23 zu § 251.

10 3) Die **Anordnung der kommissarischen Vernehmung** kann bereits im Eröffnungsverfahren nach §§ 201 ff (BGH VRS **36**, 356; RG **66**, 213; Schleswig SchlHA **58**, 290; 4 zu § 202) und noch in der Hauptverhandlung getroffen werden. Sie erfolgt von Amts wegen oder auf Antrag.

11 **Antragsberechtigt** ist neben dem StA, dem Angeklagten und den anderen Verfahrensbeteiligten auch der zur Hauptverhandlung geladene Zeuge oder Sachverständige (KMR-Eschelbach 63).

12 Der **Gerichtsbeschluss** muss die Beweisperson mit Namen und Anschrift bezeichnen; er muss auch angeben, welcher Hinderungsgrund nach I oder II vorliegt. Weshalb er vorliegt, muss nur dargelegt werden, wenn sich die Gründe dafür erst aus weiteren Umständen ergeben (BGH bei Herlan MDR **55**, 529: längere Dauer der Erkrankung; RG **18**, 261, 264: Unzumutbarkeit iS des II). Der Beschluss muss ferner das Vernehmungsthema bezeichnen, wenn es sich nicht aus früheren polizeilichen oder staatsanwaltschaftlichen Vernehmungen ergibt. Auf den Anklagesatz kann Bezug genommen werden. Der Beschluss wird in der Hauptverhandlung durch Verkündung, sonst durch formlose Mitteilung bekanntgemacht (§ 35 I S 1, II S 2).

Vorbereitung der Hauptverhandlung § 223

Die **Übersendung an den ersuchten Richter** erfolgt mit einem Anschreiben 13
des Vorsitzenden, in dem bei umfangreichen Sachen die Aktenteile bezeichnet werden, die für die Vernehmung wichtig sind (RiStBV 121 III), und in das auch ein Katalog der Fragen aufgenommen werden kann, die an die Beweisperson gestellt werden sollen. Sind mehrere Beweispersonen von verschiedenen Gerichten zu vernehmen, so kann es sich empfehlen, die Gerichte möglichst gleichzeitig unter Übersendung von Aktenauszügen um die Vernehmung zu ersuchen (RiStVB 121 II).

4) Durchführung der kommissarischen Vernehmung: 14

A. Durch einen **beauftragten oder ersuchten Richter** (1 zu § 63) wird der 15
Zeuge oder Sachverständige vernommen. Der beauftragte Richter braucht später in der Hauptverhandlung nicht mitzuwirken (BGH **2**, 1). Die Vernehmung durch die ganze StrK ist keine kommissarische Vernehmung (BGH **31**, 236). Die Vernehmung durch alle 3 Berufsrichter der erkennenden StrK ist zulässig (BGH NStZ **83**, 182; 421; SK-Deiters 21 mwN; **aM** Peters 548).

Um die Vernehmung kann auch ein **ausländischer Staat** ersucht werden (vgl 16
Art 3 ff EuRHÜbk; RiVASt 25 ff). Zu den einzuhaltenden Zuständigkeits- und Verfahrensvorschriften vgl 34 zu § 251.

Wegen der Teilnahme deutscher Richter an ausländischen Vernehmungen vgl 17
RiVASt 140 ff, wegen der **konsularischen Vernehmungen** 33 zu § 251.

B. In **nichtöffentlicher Sitzung** wird der Zeuge oder Sachverständige ver- 18
nommen. Die §§ 176–179 GVG über Sitzungspolizei, Ungehorsamsfolgen und Ordnungsmittel wegen Ungebühr gelten entspr (§ 180 GVG).

Die Verfahrensbeteiligten sind mit den in § 224 bestimmten Einschränkungen 19
zur **Teilnahme** berechtigt, der Verteidiger auch, wenn die Benachrichtigung nach § 224 I S 1 unterblieben ist (BGH **31**, 148, 153; **32**, 115, 129 [GSSt]). Wegen Gefährdung des Verteidigers darf der Verteidiger nicht ausgeschlossen werden (BGH **32**, 115 [GSSt] = JZ **84**, 430 mit Anm Fezer = NStZ **84**, 36 mit Anm Frenzel; dazu auch Bruns MDR **84**, 177; Tiedemann/Sieber NJW **84**, 758; erg 22 zu Art 6 EMRK); das gilt auch für die Vernehmung inländischer oder ausländischer Polizeibeamter (BGH NStZ **84**, 178).

Die **zeitweilige Entfernung des Angeklagten** nach § 247 ist zulässig (BGH 20
32, 32; erg 1 zu § 247). Jedoch besteht keine Unterrichtungspflicht nach § 247 S 4 (BGH NJW **67**, 404; KK-Diemer 18 zu § 247). Der Zeuge kann unter Einsatz der Videotechnologie vernommen werden; das Verfahren richtet sich nach § 247a, nicht nach § 168e (**aM** LR-Erb 6 zu § 168e). Gegenüber § 58a iVm § 168e S 4 schränkt die Spezialregelung (2a zu § 58a) des § 247a S 4 zwar die Voraussetzungen für eine Bild-Ton-Aufzeichnung der Aussage gerade bei besonders schutzbedürftigen Zeugen ein; die Anwendung des § 247a ist aber aus systematischen Erwägungen (oben 1) geboten. Die Direktübertragung einer unter den Voraussetzungen der §§ 223, 247a durchgeführten kommissarischen Vernehmung in die Hauptverhandlung ist nicht zulässig, weil dies voneinander zu trennende prozessuale Ereignisse gesetzwidrig vermischen und kaum überwindbare praktische Probleme (zB bei der Durchführung der Vernehmung) aufwerfen würde (KK-Diemer 3; SK-Frister 57 zu § 247a; Beulke ZStW **113**, 721; Rieck [14a zu § 247] 242; Rieß NJW **98**, 3242; StraFo **99**, 7; Eisenberg BR 1308; **aM** Schlüchter/Greff Kriminalistik **98**, 532; Weigend, Gutachten zum 62. DJT, C 56, dieser sogar für Vernehmungen durch den beauftragten Richter).

Bei der Vernehmung **gilt § 68;** dem Zeugen muss zunächst Gelegenheit gege- 21
ben werden, seine Wahrnehmungen im Zusammenhang wiederzugeben (BGH **32**, 115 [GSSt]; Bruns MDR **84**, 177).

Über die **Zulassung von Fragen** entscheidet der vernehmende Richter; er 22
kann aber auch entspr § 242 die Entscheidung des erkennenden Gerichts herbeiführen (BGH NStZ **83**, 421; Frankfurt NJW **47/48**, 395). Der Verteidiger, der an der kommissarischen Vernehmung nicht teilnehmen kann oder will, ist berechtigt, schriftlich formulierte Fragen einzureichen, die der Zeuge neben den von dem

Schmitt 1057

vernehmenden Richter gestellten beantworten soll (BGH MDR **78**, 460 [H]; **85**, 448 [H]; KK-Gmel 20; Gollwitzer Meyer-GedSchr 163). Von der vorherigen Erörterung der Fragen in der Hauptverhandlung darf die Befragung nicht abhängig gemacht werden (BGH NStZ **83**, 421).

23   C. Über die **Vereidigung** entscheidet der vernehmende Richter nach seinem Ermessen (§§ 59 I, 79 I). Vgl auch § 251 IV S 3, 4.

24   D. Für die **Vernehmungsniederschrift** gelten die §§ 168, 168a. Der vernehmende Richter darf in das Protokoll auch Feststellungen über das Verhalten der Beweisperson bei der Vernehmung aufnehmen, etwa dass der Zeuge bestimmte Angaben erst auf nachdrückliche Vorhalte gemacht hat. Er darf sogar Wertungen, die sich für ihn aus solchen Feststellungen ergeben, im Protokoll vermerken (BGH **45**, 354 mwN = JR **01**, 120 mit Anm Goeckenjan/Eisenberg). Den persönlichen Eindruck, den der beauftragte Richter von dem Vernommenen gewonnen hat (krit dazu Kölbel GA **06**, 469), darf er ebenfalls im Protokoll festhalten. Das Gericht darf derartige Feststellungen und Wertungen auf Grund der Verlesung der Sitzungsniederschrift bei der Beweiswürdigung berücksichtigen (vgl 31 zu § 251). Protokolle über kommissarische Vernehmungen sind herbeigeschaffte Beweismittel iS des § 245 I S 1 (dort 5).

25   **5) Beschwerde** gegen die Anordnung oder Ablehnung der kommissarischen Vernehmung ist nach § 305 S 1 ausgeschlossen (KK-Gmel 26; **aM** LG Düsseldorf NStZ **83**, 42 für den Fall der Ablehnung trotz drohenden Beweisverlusts; zust LR-Jäger 43; SK-Deiters 33). Auch die Beweisperson hat kein Beschwerderecht; denn sie hat keinen Anspruch auf kommissarische Vernehmung (allg M).

26   Die **Revision** kann nur auf Verletzung des § 251 bei der Verlesung der Vernehmungsniederschrift gestützt werden. Die Entscheidung des Tatrichters unterliegt nur in eingeschränktem Umfang (wie 16 zu § 337) der revisionsgerichtlichen Überprüfung (BGH NStE Nr 134 zu § 244).

Benachrichtigung der Beteiligten über den Termin RiStBV 121 IV

224 I ¹ Von den zum Zweck dieser Vernehmung anberaumten Terminen sind die Staatsanwaltschaft, der Angeklagte und der Verteidiger vorher zu benachrichtigen; ihre Anwesenheit bei der Vernehmung bedarf es nicht. ²Die Benachrichtigung unterbleibt, wenn sie den Untersuchungserfolg gefährden würde. ³Das aufgenommene Protokoll ist der Staatsanwaltschaft und dem Verteidiger vorzulegen.

II Hat ein nicht in Freiheit befindlicher Angeklagter einen Verteidiger, so steht ihm ein Anspruch auf Anwesenheit nur bei solchen Terminen zu, die an der Gerichtsstelle des Ortes abgehalten werden, wo er in Haft ist.

1   1) Die **Vorschrift ergänzt** § 223 dahin, dass StA, Angeklagte und Verteidiger von den Vernehmungsterminen zu benachrichtigen sind; sie setzt also einen Anspruch auf Anwesenheit bei der Vernehmung voraus. Das gilt für alle Vernehmungen nach § 223, auch wenn sie im Ausland stattfinden (BGH NStZ **88**, 563 mit Anm Naucke). Ist die Anwesenheit von Prozessbeteiligten in dem ausländischen Recht bei der Vernehmung gestattet oder nach deutschem Recht zulässig (dazu 34ff zu § 251), so ist der Vorsitzende verpflichtet, in den Rechtshilfeersuchen darum zu bitten, dass er von dem Vernehmungstermin so rechtzeitig verständigt wird, dass er Angeklagte und Verteidiger rechtzeitig vom Zeitpunkt der Beweisaufnahme benachrichtigen kann (BGH **35**, 82). § 224 gilt entspr für die Vernehmung des Angeklagten vor der Hauptverhandlung (Hamm MDR **74**, 419), nicht aber für die Vernehmung von Mitangeklagten (BGH MDR **76**, 988 [H]).

2   2) **Benachrichtigungspflicht (I S 1, 2):**
3   A. Die **Benachrichtigung obliegt** dem beauftragten oder ersuchten Richter. Stehen Zeit und Ort der Vernehmung durch den beauftragten Richter fest, so

§ 224

kann sie schon in den Beschluss nach § 223 aufgenommen werden (BGH VRS **26**, 211).

Zu benachrichtigen sind außer der StA, dem Angeklagten, auch wenn er in **4** Haft ist, und dem Verteidiger auch der Privatkläger (§ 385 I S 1) und der Nebenkläger (§ 397 I S 2 iVm § 385 I S 1), die Nebenbeteiligten (Einl 73), im Verfahren gegen Jugendliche die gesetzlichen Vertreter und die Erziehungsberechtigten (§ 67 II **JGG**), im Steuerstrafverfahren der Vertreter der FinB (§ 407 I S 3 **AO**). Die Benachrichtigung des nach § 145a I zustellungsbevollmächtigten Verteidigers genügt; der Angeklagte muss nicht besonders verständigt werden. Die Benachrichtigung des Angeklagten ersetzt aber nicht die des Verteidigers. Vom Vernehmungstermin müssen auch die Mitangeklagten benachrichtigt werden, nicht aber die Verteidiger von Angeklagten, denen in einem anderen Verfahren die gleiche Tat zur Last gelegt wird (BGH NJW **86**, 1999, 2000).

B. So **rechtzeitig** müssen die Beteiligten benachrichtigt werden, dass ihnen die **5** Anwesenheit oder die Regelung der Vertretung bei der Vernehmung möglich ist (BGH GA **76**, 242, 244; RG **59**, 280; 299, 301; Bay **51**, 113, 116 = HESt **3**, 29, 31). Notfalls muss die Benachrichtigung per Telefax oder telefonisch erfolgen.

C. Durch **förmliche Zustellung** oder eine andere Art der Mitteilung, die die **6** Benachrichtigung beweist, werden die Beteiligten verständigt. Denn es muss ein Nachweis dafür geschaffen werden, dass sie die Benachrichtigung erhalten haben (Bay NJW **53**, 1316). Der Nachweis der Absendung der Benachrichtigung genügt nicht (Bay aaO; Bremen OLGSt S 1; Frankfurt NJW **52**, 1068).

D. Die **Benachrichtigungspflicht entfällt,** wenn der Prozessbeteiligte auf sie **7** verzichtet (Bremen StV **92**, 59 mwN; Bohnert NStZ **83**, 345 ff), insbesondere aber, wenn eine **Gefährdung des Untersuchungserfolgs** zu befürchten ist (I S 2).

Diese Gefahr besteht nicht schon wegen einer zu erwartenden Verzögerung der **8** Sache (Bay **51**, 113; KK-Gmel 9), sondern nur, wenn die mit der Benachrichtigung verbundene Verzögerung zum Verlust oder zur Wertminderung des Beweismittels führen würde (BGH NJW **80**, 2088; RG **43**, 336; Hamm VRS **24**, 391; erg 5 zu § 168c) oder wenn bestimmte Anhaltspunkte dafür bestehen, dass der Angeklagte oder der Verteidiger die Benachrichtigung zur Vornahme von Verdunkelungsmaßnahmen ausnützen könnte (BGH **29**, 1, 3; **32**, 115, 122 [GSSt]; erg 5 zu § 168c). Die Gründe für das Unterlassen der Benachrichtigung werden zweckmäßigerweise aktenkundig gemacht. Zum Anwesenheitsrecht des nicht benachrichtigten Verteidigers vgl 19 zu § 223.

3) Ein **Anwesenheitsrecht** bei der Vernehmung haben die Prozessbeteiligten **9** (19 zu § 223). Erforderlich ist ihre Anwesenheit jedoch nicht (I S 2 Hs 2), auch nicht bei Vernehmungen im Ausland (BGH NStZ **92**, 394); das gilt auch für den notwendigen Verteidiger (BGH NJW **52**, 1426). Daher haben sie auch keinen Anspruch auf Terminsverlegung (BGH **1**, 284; vgl § 168c V S 3), gleichgültig, ob und aus welchem Grund sie verhindert sind (BGH VRS **26**, 211), selbst beim Zusammenfallen mehrerer Vernehmungstermine bei verschiedenen Gerichten (BGH NJW **52**, 1426). Zur Anwendung des 247 vgl dort 1 und 20 zu § 223.

Eine **Ausnahme** von dem Anwesenheitsrecht bestimmt II für den Fall, dass der **10** nicht auf freiem Fuß befindliche Angeklagte einen Verteidiger hat und der Vernehmungstermin nicht an der Gerichtsstelle des Ortes stattfindet, wo er in Haft gehalten wird, also bei allen Terminen, die nicht im Gerichtsgebäude stattfinden (BGH **1**, 271). Die Benachrichtigungspflicht nach I S 1 bleibt aber unberührt (BGH MDR **76**, 814 [H] zu § 168c V). II gilt entspr, wenn der Angeklagte an einer Vernehmung im Ausland nicht teilnehmen kann, weil er nach § 116 I Nr 2 die Auflage hat, die BRep nicht zu verlassen (Bamberg MDR **84**, 604).

4) Die **Vorlegung des Protokolls** (I S 3), auch einer Bild-Ton-Aufzeich- **11** nung, an StA und Verteidiger obliegt dem Vorsitzenden. Die Vorlegungspflicht besteht unabhängig davon, ob StA und Verteidiger bei der Vernehmung anwesend

§§ 225, 225a

waren (BGH **25**, 357). Dem Verteidiger wird entweder eine Abschrift oder eine Kopie übersandt oder mitgeteilt, dass er die Akten einsehen könne (BGH aaO 359). Der StA werden die Akten zur Kenntnisnahme von dem Protokoll zugeleitet. Der Angeklagte, auch wenn er sich selbst verteidigt, hat keinen Anspruch auf Vorlegung.

12 **5)** Die **Revision** kann auf einen Verstoß gegen § 224 nur gestützt werden, wenn der Beschwerdeführer der Verlesung des Protokolls in der Hauptverhandlung ausdrücklich widersprochen hat (BGH **1**, 284, 286; **9**, 24, 28; **25**, 357, 359; NJW **84**, 65, 66; Bay NJW **53**, 1316; Koblenz VRS **50**, 32; Köln VRS **60**, 441; 45 zu § 251; 45 zu § 337), wobei Widerspruch in 2. Instanz im Hinblick auf die neuere BGH-Rspr zum Widerspruchserfordernis (25 zu § 136) nicht genügt (**aM** Bremen StV **92**, 59; Schlothauer StV **06**, 398). Etwas anderes gilt nur, wenn der Angeklagte keinen Verteidiger hatte und seine Rechte nicht kannte. War die Verlesung gegen den Widerspruch des Beschwerdeführers erfolgt, so beruht das Urteil idR auf dem Mangel (BGH **9**, 24, 29; **26**, 332, 335). Das gilt auch für den Fall, dass die Protokollvorlegung nach I S 3 unterblieben (BGH **25**, 357, 359) oder die Benachrichtigung eines Angeklagten unterlassen worden ist, der nach II nicht zur Anwesenheit berechtigt war (BGH MDR **76**, 814 [H]). Der Verstoß gegen § 224 ist in einem anderen Verfahren, das gegen einen anderen Angeklagten wegen Beteiligung an der Tat geführt wird, aber kein Revisionsgrund (BGH NJW **86**, 1999 mit abl Anm Fezer StV **86**, 372).

Einnahme des richterlichen Augenscheins durch beauftragte oder ersuchte Richter

225 Ist zur Vorbereitung der Hauptverhandlung noch ein richterlicher Augenschein einzunehmen, so sind die Vorschriften des § 224 anzuwenden.

1 **1) Vor und in der Hauptverhandlung** kann die Augenscheinseinnahme (1 zu § 86) einem beauftragten oder ersuchten Richter (1 zu § 63) übertragen werden (2 zu § 86). Die Anordnung trifft stets das Gericht; § 219 gilt nicht (dort 1).

2 **2) Ein vorweggenommener Teil der Hauptverhandlung** ist die Augenscheinseinnahme nach § 225. Daher bestimmt die Vorschrift die Anwendung des § 224, insbesondere die Benachrichtigungspflicht nach § 224 I S 1. Die Anwesenheitsrechte der Prozessbeteiligten regeln §§ 168d, 224 II. Der Angeklagte kann nach § 168d II die Hinzuziehung eines von ihm beauftragten Sachverständigen verlangen. Augenscheinseinnahmen durch den beauftragten Richter sind auch außerhalb des Gerichtsbezirks zulässig (§ 166 GVG).

3 **3)** Das **Protokoll über die Augenscheinseinnahme**, das inhaltlich den §§ 86, 168a genügen muss, ist in den Verfahrensbeteiligten nach § 224 I S 3 vorzulegen (KK-Gmel 4; LR-Jäger 8). In der Hauptverhandlung wird es nach § 249 I S 1 im Urkundenbeweis verlesen (dort 11).

4 **4) Beschwerde** gegen den die Augenscheinseinnahme anordnenden oder ablehnenden Beschluss ist nach § 305 S 1 ausgeschlossen (25 zu § 223).

5 Für die Zulässigkeit der **Revision** wegen Verletzung der Benachrichtigungspflicht und des Anwesenheitsrechts gelten die Grundsätze 12 zu § 224.

Zuständigkeitsänderung vor der Hauptverhandlung

225a [1] [1]Hält ein Gericht vor Beginn einer Hauptverhandlung die sachliche Zuständigkeit eines Gerichts höherer Ordnung für begründet, so legt es die Akten durch Vermittlung der Staatsanwaltschaft diesem vor; § 209a Nr. 2 Buchstabe a gilt entsprechend. [2]Das Gericht, dem die Sache

Vorbereitung der Hauptverhandlung § 225a

vorgelegt worden ist, entscheidet durch Beschluß darüber, ob es die Sache übernimmt.

II [1] Werden die Akten von einem Strafrichter oder einem Schöffengericht einem Gericht höherer Ordnung vorgelegt, so kann der Angeklagte innerhalb einer bei der Vorlage zu bestimmenden Frist die Vornahme einzelner Beweiserhebungen beantragen. [2] Über den Antrag entscheidet der Vorsitzende des Gerichts, dem die Sache vorgelegt worden ist.

III [1] In dem Übernahmebeschluß sind der Angeklagte und das Gericht, vor dem die Hauptverhandlung stattfinden soll, zu bezeichnen. [2] § 207 Abs. 2 Nr. 2 bis 4, Abs. 3 und 4 gilt entsprechend. [3] Die Anfechtbarkeit des Beschlusses bestimmt sich nach § 210.

IV [1] Nach den Absätzen 1 bis 3 ist auch zu verfahren, wenn das Gericht vor Beginn der Hauptverhandlung einen Einwand des Angeklagten nach § 6a für begründet hält und eine besondere Strafkammer zuständig wäre, der nach § 74e des Gerichtsverfassungsgesetzes der Vorrang zukommt. [2] Kommt dem Gericht, das die Zuständigkeit einer anderen Strafkammer für begründet hält, vor dieser nach § 74e des Gerichtsverfassungsgesetzes der Vorrang zu, so verweist es die Sache an diese mit bindender Wirkung; die Anfechtbarkeit des Verweisungsbeschlusses bestimmt sich nach § 210.

Übersicht

	Rn
1) Abgabe an das sachlich zuständige Gericht	1–3
2) Vorlegung (I S 1)	4–8
3) Beweisantragsrecht (II)	9–13
4) Entscheidung des höheren Gerichts (I S 2, III)	14–21
5) Vorlegung an eine besondere Strafkammer (IV S 1, S 2)	22, 23
6) Beschwerde	24
7) Revision	25

1) Die **Abgabe an das sachlich zuständige Gericht** außerhalb der Hauptverhandlung ermöglicht die Vorschrift. Sie ergänzt §§ 209 II, 209a über die Abgabe vor Eröffnung des Hauptverfahrens und § 270 über die bindende Verweisung in der Hauptverhandlung. **1**

Nur an ein **Gericht höherer Ordnung** (dazu 2 zu § 1) kann, von der Ausnahme des IV S 2 abgesehen, eine Sache abgegeben werden; im Übrigen gilt § 269. Als Gerichte höherer Ordnung gelten, da I S 1 Hs 2 den § 209a Nr 2 Buchst a für entspr anwendbar erklärt, auch die JugGe (vgl 11 zu § 270), nicht aber die Jugendschutzgerichte; denn auf § 209a Nr 2 Buchst b ist nicht verwiesen (BGH 42, 39). Die Abgabe von dem JugG an ein allgemeines Strafgericht schließt § 47a JGG grundsätzlich aus; eine Ausnahme bestimmt § 103 II S 2, 3 JGG. Die Abgabe an eine StrK mit besonderer Zuständigkeit (§§ 74 II, 74a, 74c GVG) regelt IV. Im Berufungsverfahren ist die Vorschrift bei fehlender sachlicher Zuständigkeit in entspr Anwendung von § 225a ebenfalls anwendbar, da es sich bei der Nichterwähnung der Vorschrift in § 323 I um ein Redaktionsversehen handelt (BGH 3 StR 221/18 vom 21.8.2019; KK-Gmel 4; SK-Deiters/Albrecht 3; SSW-Grube 4; **aM** Voraufl; KMR-Eschelbach 7; offen gelassen von BGH StV **16**, 621). Zur Zuständigkeit besonderer Strkn vgl 14 zu § 6a und 6 zu § 74c GVG. **2**

§ 225a **gilt nicht entsprechend** für die geschäftsplanmäßige Zuständigkeit und die örtliche Zuständigkeit (erg 3 zu § 270). **3**

2) Die **Vorlegung (I S 1)** kann auf Antrag oder von Amts wegen vor Beginn „einer" Hauptverhandlung beschlossen werden, also nicht nur vor Beginn der 1. Hauptverhandlung, sondern im 1. Rechtszug auch, wenn schon eine Hauptverhandlung stattgefunden hat und ausgesetzt worden ist (Hohendorf NStZ **87**, 393), ferner nach Zurückverweisung der Sache an das AG durch das Revisionsgericht nach § 354 II. Während der Hauptverhandlung wird immer nach § 270 verfahren, **4**

§ 225a
Zweites Buch. 5. Abschnitt

auch wenn der Angeklagte nicht erschienen (Hamm MDR **93**, 1002) oder die Hauptverhandlung unterbrochen ist.

5   Die Vorlegung ist bei **sachlicher Unzuständigkeit** zwingend (§ 6). Sachliche Zuständigkeitsmerkmale, deren Prüfung mit der Eröffnung des Hauptverfahrens endet, wie die besondere Bedeutung des Falls iS der §§ 24 I Nr 3, 74 I GVG und die Rechtsfolgenerwartung nach § 25 Nr 2 GVG bleiben dabei außer Betracht (5 zu § 270). Daher ist eine Vorlegung der Sache durch den Strafrichter an das SchG unzulässig (Düsseldorf NStZ-RR **01**, 222 mwN; **aM** Hohendorf NStZ **87**, 393 ff; Paeffgen NStZ **02**, 195; vgl auch AG Höxter NStZ **84**, 474). Hatte der Strafrichter gleichwohl dem SchG vorgelegt, wird die Sache bei diesem rechtshängig; dieses – und nicht mehr der Strafrichter – ist damit für alle folgenden Entscheidungen – insbesondere auch für eine (weitere) Vorlegung nach I S 1 Hs 1 – zuständig (BGH NStZ **09**, 579).

6   Den **Vorlegungsbeschluss** erlässt das Gericht in der für Entscheidungen außerhalb der Hauptverhandlung vorgeschriebenen Besetzung. Der Beschluss zielt nur auf eine gerichtsinterne Richtigstellung ab und ist daher keine Entscheidung iS § 33 II, III, vor dessen Erlass rechtliches Gehör gewährt werden muss. Inhaltlich muss der Beschluss das Gericht bezeichnen, dem die Sache vorgelegt wird. Da dieses Gericht die Gründe kennen muss, aus denen das untere Gericht sich für sachlich unzuständig hält, muss der Beschluss auch begründet werden. Der Beschluss wird den Verfahrensbeteiligten formlos bekanntgemacht; der StA werden die Akten mit dem Beschluss übersandt.

7   Sie ist verpflichtet, sie mit ihrer Stellungnahme an das in dem Beschluss bezeichnete höhere Gericht **weiterzuleiten** (I S 1 Hs 1), auch wenn sie die Abgabe für unbegründet hält. Ist für dieses Gericht eine andere StA zuständig, so legt sie dieser lediglich die Akten vor. Die zuständige StA leitet sie dann mit ihrer Stellungnahme an das in dem Beschluss bezeichnete Gericht weiter.

8   Die **Zuständigkeit** des abgebenden Gerichts für Haft- und andere Nebenentscheidungen bleibt so lange bestehen, bis das höhere Gericht den Übernahmebeschluss (unten 26) erlassen hat.

9   **3) Beweisantragsrecht (II):** Für den Fall, dass ein Strafrichter (§ 25 GVG) oder ein Vorsitzender des SchG die Akten einem höheren Gericht vorlegt, auch bei Abgabe an das JugG oder das JugSchG (KK-Gmel 20; LR-Jäger 35; Alsberg/Tsambikakis 676), nicht aber im Fall des IV S 1 (unten 22), gibt II dem Angeklagten das Recht, innerhalb einer bei der Vorlage zu bestimmenden Frist die Vornahme einzelner Beweiserhebungen zu beantragen. Damit wird dem Umstand Rechnung getragen, dass zu der Abgabe vor allem ein neuer rechtlicher Gesichtspunkt oder ein in der Anklageschrift nicht besonders erwähntes, nach § 264 aber zur Aburteilung stehendes Tatgeschehen führen kann, zu dem der Angeklagte sich noch nicht hat äußern können und zu dessen tatsächlicher Beurteilung er noch keine Beweisanträge nach § 201 I hat stellen können, weil er sich der Notwendigkeit dieser Verteidigungsmaßnahme nicht bewusst war. Der Angeklagte erhält damit auch die Möglichkeit, die Entscheidung des höheren Gerichts über die Übernahme des Verfahrens zu beeinflussen (KMR-Eschelbach 27 mwN).

10 Für die Stellung des Beweisantrags wird dem Angeklagten durch den Strafrichter oder den Vorsitzenden des SchG eine **Frist** gesetzt, und zwar für die Vorlage nach I S 1. Zweckmäßigerweise wird sie in den Vorlegungsbeschluss aufgenommen, der dem Angeklagten dann zuzustellen ist. Die Frist, die von Amts wegen oder auf Antrag verlängert werden kann, muss so bemessen werden, dass der Angeklagte ausreichend Zeit für die Prüfung hat, ob und inwieweit Beweiserhebungen vor der Hauptverhandlung seiner Verteidigung dienen können. Ein verspäteter Antrag wird berücksichtigt, wenn über die Übernahme noch nicht entschieden worden ist. Andernfalls wird er nach § 219 behandelt (Alsberg/Tsambikakis 678; **aM** KMR-Eschelbach 32). Eine Belehrung darüber, wo der Antrag zu stellen ist, schreibt das Gesetz nicht vor (LR-Jäger 38); sie wird aber idR zweckmäßig sein (vgl 24 zu § 270).

1062   *Schmitt*

§ 225a

Der **Beweisantrag** ist bei dem Vorsitzenden des höheren Gerichts zu stellen, **11** dem die Sache vorgelegt wird; das vorlegende Gericht leitet ihn weiter, wenn der Antrag bei ihm gestellt wird. Der Antrag bedarf keiner besonderen Form, sollte aber das Beweismittel, dessen Benutzung der Angeklagte erstrebt, und die Tatsachen bezeichnen, die durch die Beweiserhebung aufgeklärt werden sollen. Bloße Beweisanregungen sind jedoch nicht unzulässig (LR-Jäger 36; Kretschmer StraFo **13**, 191).

Die **Entscheidung über den Antrag** trifft, sofern das Gericht nicht eine kom- **12** missarische Vernehmung nach § 223 oder eine Augenscheinseinnahme nach § 225 beschließen muss (vgl 26 zu § 270), nach Anhörung der StA der Vorsitzende des Gerichts, dem die Akten vorgelegt worden sind (II S 2). Die Entscheidung ergeht nach pflichtgemäßem Ermessen. Eine ablehnende Entscheidung muss nach § 34 mit Gründen versehen werden; dabei genügt der Hinweis, dass die beantragte Beweiserhebung vor der Hauptverhandlung nicht geboten erscheint. Maßgebend für die Ablehnung ist, ob zur Vorbereitung der Hauptverhandlung vor dem höheren Gericht noch eine weitere Sachaufklärung erforderlich erscheint. Das ist der Fall, wenn Beweise zu sichern sind, einzelne Beweiserhebungen eine umfangreiche Beweisaufnahme in der Hauptverhandlung ersparen können oder die Möglichkeit weiterer Sachaufklärung erforscht werden soll, damit eine Aussetzung der Hauptverhandlung vermieden werden kann. Die Ablehnungsgründe des § 244 III, IV haben nur geringe Bedeutung; jedoch ist die Ablehnung mit der Begründung zulässig, das Beweismittel sei völlig ungeeignet oder unerreichbar oder die Beweistatsache sei unerheblich. Eine Wahrunterstellung ist ebenso unzulässig wie im Fall des § 219 (erg 3 zu § 219).

Die Entscheidung muss so **rechtzeitig** getroffen werden, dass der Angeklagte **13** sein Prozessverhalten (Antrag nach § 219, Selbstladung nach § 220) danach einrichten kann. Vor Erlass des Übernahmebeschlusses darf die Entscheidung aber nicht getroffen werden. Sie erübrigt sich, wenn das Gericht die Übernahme der Sache nach I S 2 ablehnt (LR-Jäger 49).

4) Die Entscheidung des höheren Gerichts über die Übernahme ergeht **14** durch Beschluss (I S 2) nach Anhörung der Verfahrensbeteiligten (§ 33 II, III) in der für Entscheidungen außerhalb der Hauptverhandlung vorgeschriebenen Besetzung (BGH NStZ-RR **15**, 250: entspr dem Eröffnungsbeschluss, vgl 8 zu § 76 GVG). Erst mit Erlass des Übernahmebeschlusses wird die Sache beim höheren Gericht rechtshängig (BGH **44**, 121). Den fehlenden Eröffnungsbeschluss kann der Beschluss nicht ersetzen (vgl BGH NStZ **84**, 520). Ein konkludenter Übernahmebeschluss scheidet aus (SK-Deiters/Albrecht 20; **aM** LR-Jäger 19; offen gelassen von BGH NStZ **12**, 46).

A. Die **Sache wird übernommen,** wenn das höhere Gericht den hinreichen- **15** den Tatverdacht wegen der seine Zuständigkeit begründenden Gesetzesverletzung bejaht (BGH **29**, 341, 348). Ob hinreichender Tatverdacht auch wegen der angeklagten Tat besteht, wird nicht mehr geprüft (LR-Jäger 22).

In dem – schriftlich abzufassenden (BGH NStZ **17**, 55) – **Übernahmebe- 16 schluss** sind der Angeklagte und das Gericht zu bezeichnen, vor dem die Hauptverhandlung stattfinden soll (III S 1). Nach § 207 II Nrn 2–4, der nach III S 2 entspr anwendbar ist, darf das Gericht die nach dieser Vorschrift zulässigen Änderungen, Beschränkungen und Erweiterungen vornehmen; im Fall des § 207 II Nr 2 kann es die StA zur Einreichung einer neuen Anklageschrift auffordern (§ 207 III). Hat das Verfahren mehrere Taten iS des § 264 zum Gegenstand, so kann unter Trennung der verbundenen Sachen (11 zu § 4) die Übernahme auf eine oder einzelne von ihnen beschränkt werden.

Die förmliche **Zustellung** des Übernahmebeschlusses an den Angeklagten ist **17** entspr § 215 geboten, an die übrigen Prozessbeteiligten nur, soweit sie beschwerdeberechtigt sind. Bereits mit dem Erlass (5 ff vor § 33) des Übernahmebeschlusses wird die Sache bei dem übernehmenden Gericht anhängig (LR-Jäger 31) und das Gericht damit für alle weiteren Entscheidungen zuständig. § 207 IV gilt entspr (III S 2).

§ 225a

18 Eine **Weiterverweisung** der Sache nach §§ 225a, 270 ist nicht ausgeschlossen (LR-Jäger 32). Nur die Zuständigkeit des JugG kann grundsätzlich nicht mehr abgeändert werden (§ 47a **JGG**).

19 B. Bei **Ablehnung der Übernahme** muss die Beschlussbegründung ergeben, aus welchen tatsächlichen oder rechtlichen Erwägungen sich das höhere Gericht nicht für zuständig hält (LR-Jäger 25). Es bleibt dann bei der Rechtshängigkeit vor dem unteren Gericht. Der Beschluss wird den Beteiligten formlos bekanntgemacht (§ 35 II S 2); der StA muss er nach § 35 II S 1 zugestellt werden, wenn sie die Übernahme beantragt hatte. Die Akten werden an das vorlegende Gericht zurückgeleitet. Das Gericht, dem die Sache vorgelegt worden ist, darf sie nicht etwa an ein anderes Gericht weiterleiten, dem die Sache nach seiner Meinung hätte vorgelegt werden müssen. Hält es einen solchen Fall für gegeben, so lehnt es die Übernahme ab (KK-Gmel 14).

20 Eine **Verfolgungsbeschränkung nach § 154a** darf das Gericht, dem die Sache vorgelegt worden ist, erst vornehmen, wenn es sie übernommen hat. Es kann der Übernahme nicht dadurch aus dem Weg gehen, dass es nach § 154a verfährt (erg 17 zu § 154a); denn das niedere Gericht könnte die ausgeschiedenen Tatteile oder Gesetzesverletzungen jederzeit wieder einbeziehen und die Sache dann nach I S 1 erneut vorlegen (SK-Deiters/Albrecht 22). Entsprechendes gilt für die Trennung vom niederen Gericht verbundener Verfahren durch das höhere Gericht (Stuttgart NStZ **95**, 248).

21 Eine **Bindung an den Ablehnungsbeschluss** besteht nur bei gleich bleibender Sachlage. Aufgrund neuer Erkenntnisse kann in der Hauptverhandlung nach § 270 an das Gericht verwiesen werden, das die Übernahme nach § 225a abgelehnt hatte (LR-Jäger 33).

22 **5) Vorlegung an eine besondere StrK (IV S 1):** Notwendig ist die Vorlegung für die allgemeine StrK, wenn der Angeklagte mit Recht nach § 6a geltend macht, dass eine besondere StrK nach §§ 74 II, 74a oder 74c GVG zuständig sei. Die Vorlegungspflicht entsteht ferner für eine besondere StrK, wenn der Angeklagte nach § 6a mit Recht einwendet, dass eine höherrangige (§ 74e GVG) besondere StrK zuständig sei. Die JugK hat auch gegenüber den besonderen StrKn den Vorrang (§ 209a Nr 2 Buchst a); jedoch gilt die Einschränkung des § 103 II S 2 **JGG**. Für das Verfahren gelten keine Besonderheiten. Nur das Beweisantragsrecht nach II entfällt, da es sich nicht um eine Zuständigkeitsänderung infolge neu hervorgetretener tatsächlicher oder rechtlicher Umstände, sondern nur um die Einhaltung von besonderen Bestimmungen über die gesetzliche Zuständigkeitsverteilung bei den LGen handelt. Dass IV S 1 gleichwohl auf II Bezug nimmt, kann nur ein Redaktionsversehen sein (KMR-Eschelbach 60; Meyer-Goßner NStZ **81**, 169; **aM** KK-Gmel 20; LR-Jäger 51; Alsberg/Tsambikakis 676).

23 Eine **Verweisung mit bindender Wirkung (IV S 2)** findet statt, wenn das Gericht, das die Zuständigkeit einer anderen StrK auf einen Einwand nach § 6a für begründet hält, vor dieser StrK nach § 74e GVG den Vorrang hat. Der Verweisungsbeschluss, vor dessen Erlass die StA und die anderen Verfahrensbeteiligten zu hören sind (§ 33 II, III), muss den Anforderungen des III S 1 entsprechen. Dem Angeklagten wird er zugestellt, den übrigen Beteiligten nur, wenn sie ein Anfechtungsrecht haben (KK-Gmel 26). Anders als bei der Übernahme nach I–III (oben 20) kann das Gericht im Fall der IV S 2 die Gesetzesverletzung, die seine Zuständigkeit begründet, nach § 154a ausscheiden.

24 **6) Beschwerde:** Der Vorlegungsbeschluss ist als gerichtsinterne Maßnahme unanfechtbar (Bohnert 38). Der Übernahmebeschluss kann in den Grenzen des § 210 angefochten werden (III S 3, IV S 1). Für den Angeklagten ist er nach § 210 I unanfechtbar; die StA ist nach § 210 II nur beschwerdeberechtigt, wenn ihrem Antrag nicht entsprochen worden ist. Gegen den die Übernahme ablehnenden Beschluss hat die StA kein Beschwerderecht, auch dann nicht, wenn sie sich für die Zuständigkeit des höheren Gerichts ausgesprochen hatte (Celle StraFo **11**, 316;

Zweibrücken NStZ **98**, 211; Meyer-Goßner NStZ **81**, 169; a**M** KK-Gmel 30; LR-Jäger 64). Der Angeklagte ist durch den Beschluss nicht beschwert; der Nebenkläger kann ihn schon wegen § 400 II nicht anfechten (Zweibrücken MDR **92**, 1072). Gegen den Verweisungsbeschluss nach IV S 2 steht der StA die sofortige Beschwerde zu, wenn er entgegen ihrem Antrag erlassen worden ist. Gegen die Verfügung des Vorsitzenden über die Erhebung oder Nichterhebung einzelner Beweise nach II ist weder der Antrag nach § 238 II noch Beschwerde zulässig.

7) Revision: Nach § 336 S 2 kann weder geltend gemacht werden, dass ein Übernahmebeschluss nach § 225a zu Unrecht ergangen, noch dass die Verweisung nach IV S 2 unzulässig gewesen sei. Das Fehlen eines Übernahmebeschlusses (oben 14 ff) begründet aber die Revision (BGH **44**, 121).

Sechster Abschnitt. Hauptverhandlung RiStBV 123–145

Vorbemerkungen

1) Das **Kernstück des Strafprozesses** ist die Hauptverhandlung. In ihr wird nach dem mehr summarischen Vor- und Zwischenverfahren der Sachverhalt endgültig aufgeklärt und festgestellt, und zwar in einer Weise, die nach allgemeiner Prozesserfahrung größte Gewähr für die Erforschung der Wahrheit und zugleich für die bestmögliche Verteidigung des Angeklagten und damit für ein gerechtes Urteil bietet (vgl BVerfGE **74**, 358, 372 = NStZ **87**, 421).

2) Die **Begriffe Hauptverhandlung und Verhandlung** stimmen nicht überein. Denn auch außerhalb der Hauptverhandlung gibt es mündliche Verhandlungen (vgl etwa §§ 118 I, 138d I, 441 III S 1). Innerhalb der Hauptverhandlung beginnt das Verhandeln, die Verhandlung ieS, erst nach den in § 243 I–III bezeichneten förmlichen Vorgängen. Sie endet vor der Urteilsverkündung (§ 260 I).

3) Die **wesentlichen Verfahrensgrundsätze** für die Hauptverhandlung sind der Öffentlichkeitsgrundsatz (1 zu § 169 GVG), der Mündlichkeitsgrundsatz (7 zu § 261) und der Unmittelbarkeitsgrundsatz bei der Vernehmung von Zeugen und Sachverständigen (1 ff zu § 250). Zum Beschleunigungsgrundsatz, der für das gesamte Strafverfahren, nicht nur für die Hauptverhandlung gilt, vgl 10 zu Art 5 EMRK und 7 ff zu Art 6 EMRK, zur Sachaufklärungspflicht des Gerichts § 244 II.

Ununterbrochene Gegenwart RiStBV 124, 127, 128

§ 226

I Die **Hauptverhandlung erfolgt in ununterbrochener Gegenwart der zur Urteilsfindung berufenen Personen sowie der Staatsanwaltschaft und eines Urkundsbeamten der Geschäftsstelle.**

II 1 Der Strafrichter kann in der Hauptverhandlung von der Hinzuziehung eines Urkundsbeamten der Geschäftsstelle absehen. **²Die Entscheidung ist unanfechtbar.**

1) Den **Grundsatz der Verhandlungseinheit,** stellt die Vorschrift in I als Ausfluss des Mündlichkeitsgrundsatzes (7 zu § 261) auf; im Fall des § 275a und des § 27 JGG wird er durchbrochen.

Die **Hauptverhandlung** beginnt mit dem Aufruf der Sache (§ 243 I S 1) und endet mit der Urteilsverkündung (§ 268 II). Die Anwesenheitspflicht gilt für die gesamte Hauptverhandlung, auch für deren unwesentliche Teile (vgl aber 36 ff zu § 338).

Gegenwart iS des § 226 erfordert auch die geistige Anwesenheit. Wer der Hauptverhandlung geistig nicht folgen kann, etwa weil er schläft, gilt daher als abwesend (14 ff zu § 338; zum schlafenden StA vgl Hamm NJW **06**, 1448).

§ 226 Zweites Buch. 6. Abschnitt

4 Das Fehlen der **gleichzeitigen Anwesenheit** der in § 226 bezeichneten Personen ist unschädlich, wenn sie aus räumlichen Gründen (Ortsbesichtigung, Probefahrt mit einem Kraftwagen und dgl) nicht durchführbar ist. In diesem Fall muss aber der Ablauf des betreffenden Teils der Hauptverhandlung bei deren Fortsetzung mit den Verfahrensbeteiligten erörtert werden (Köln VRS **6**, 461).

5 2) Die **Richter,** auch die Schöffen, dürfen bis zur Urteilsverkündung nicht wechseln; andernfalls muss die ganze Hauptverhandlung wiederholt werden. Jedoch kann ein Ergänzungsrichter (§ 192 GVG) für einen ausgefallenen Richter eintreten, aber nur, wenn er an der Hauptverhandlung von Anfang an teilgenommen hat (BGH NJW **01**, 3062).

6 3) Die **StA** muss bis zum Schluss der Hauptverhandlung, auch bei der Urteilsverkündung, vertreten sein. Mehrere StAe können sich im Lauf der Verhandlung ablösen und nacheinander tätig werden (BGH **13**, 337; 341; **21**, 85, 89). Dass sie auch nebeneinander tätig werden können, bestimmt § 227 ausdrücklich. Über die Vernehmung des StA als Zeugen vgl 17 vor § 48, über Referendare als Sitzungsvertreter der StA § 142 III GVG.

7 4) **Auch Urkundsbeamte** (§ 153 GVG) müssen grundsätzlich während der ganzen Hauptverhandlung anwesend sein; § 168 S 2 Hs 2 gilt für die Hauptverhandlung nicht (BGH NStZ **81**, 31 L). Dem erkennenden Gericht braucht der UrkB nicht anzugehören (BGH NStZ **83**, 213 [Pf/M]; KK–Gmel 6: Sitzung außerhalb des Gerichtssitzes). Ein als Protokollführer vereidigter Verwaltungsbeamter darf aber nicht mitwirken (BGH NStZ **81**, 31 L). Mehrere UrkB können entspr § 227 nebeneinander tätig werden und ihre Aufgaben untereinander aufteilen; sie können auch nacheinander tätig werden (BGH **21**, 85, 89); zur Unterzeichnung der Sitzungsniederschrift in diesem Fall vgl 13 zu § 271.

7a Eine **Ausnahme** von der Anwesenheitspflicht eines UrkB macht der – durch das 1. JuMoG eingefügte – II: Der Strafrichter (§ 25 GVG) darf von der Hinzuziehung eines UrkB absehen; davon wird er nur bei einfachen und nicht umfangreichen Sachen Gebrauch machen, weil ihm hiermit eine zusätzliche Aufgabe aufgebürdet wird (zu Recht krit Sommer StraFo **04**, 297). Stellt sich erst während der Hauptverhandlung die Notwendigkeit der Mitwirkung eines UrkB heraus, ist der Strafrichter nicht gehindert, ihn nachträglich hinzuzuziehen. Verhandelt der Strafrichter ohne UrkB, kann er das Protokoll selbst schriftlich (etwa in Kurzschrift) aufnehmen, vor allem aber es unter Zuhilfenahme technischer Einrichtungen selbst aufzeichnen. Er hat dann nachträglich die schriftliche Abfassung des Protokolls zu veranlassen, wobei es der Übertragung der wesentlichen Ergebnisse der Vernehmungen aber nach § 273 II S 1 2. Halbs nicht bedarf, wenn alle zur Anfechtung Berechtigten auf Rechtsmittel verzichtet oder innerhalb der Frist kein Rechtsmittel eingelegt haben. Das schriftliche (in Langschrift abgefasste) Protokoll muss nicht schon während der Hauptverhandlung angefertigt werden; es wird nach § 271 I nur vom Strafrichter unterzeichnet, jedoch sollte derjenige, der die Aufzeichnung in Langschrift übertragen hat, entspr § 168a IV S 3 einen Übertragungsvermerk anbringen.

8 5) **Sonstige Personen:** Für einzelne Prozessbeteiligte ist die Anwesenheit in der Hauptverhandlung nicht vorgeschrieben.

9 Insbesondere **Nebenkläger und Nebenbeteiligte** müssen in der Hauptverhandlung nicht erscheinen und brauchen demgemäß auch nicht ununterbrochen anwesend zu sein.

10 Die ununterbrochene Anwesenheit des **Verteidigers** ist bei notwendiger Verteidigung nach §§ 140, 231a IV erforderlich, wie sich aus § 145 I S 1 ergibt (dort 3). Die Anwesenheitspflicht gilt dann auch bei der Erörterung der Anordnung, Fortsetzung oder Aussetzung der UHaft, obwohl das nicht notwendig ein wesentlicher Teil der Hauptverhandlung ist; denn diese Fragen sind auch für die Entscheidung in der Hauptsache wesentlich (BGH 5 StR 524/64 vom 18.12.1964). Die ununterbrochene Anwesenheit eines und desselben Verteidigers verlangt das Gesetz nicht. Mehrere Verteidiger können einander daher im Laufe der Hauptverhandlung ablösen und nacheinander tätig werden (BGH **13**, 337, 341; Frankfurt StV **88**, 211; 3 zu § 145). Zur gleichzeitigen Mitwirkung mehrerer Verteidiger vgl 2 zu § 227. Über die Vernehmung des Verteidigers als Zeugen vgl 18 vor § 48, über seine Beurlaubung von einem Teil der Hauptverhandlung § 231c. Über **Sachverständige** vgl 5 zu § 80, über **Dolmetscher** 7 zu § 185 GVG. 11

6) **Revision:** Vgl 9a, 21 und 36 ff zu § 338. Dass die Hauptverhandlung in un- 12 unterbrochener Gegenwart der zur Urteilsfindung berufenen Personen stattgefunden hat, wird durch das Hauptverhandlungsprotokoll, nicht durch das Urteilsrubrum bewiesen (vgl BGHR § 345 I Fristbeginn 2 und 6). Wegen II S 2 ist die Zuziehung oder Nichtzuziehung eines UrkB in der Revision nicht überprüfbar (§ 336 S 2).

Mehrere Staatsanwälte und Verteidiger

227 Es können mehrere Beamte der Staatsanwaltschaft und mehrere Verteidiger in der Hauptverhandlung mitwirken und ihre Verrichtungen unter sich teilen.

1) **Mehrere Beamte der StA** können in der Hauptverhandlung nebeneinan- 1 der mitwirken und ihre Verrichtungen untereinander teilen; eine solche Teilung ist jedoch keine Voraussetzung der gleichzeitigen Mitwirkung mehrerer StAe (BGH **13**, 337, 341).

2) **Mehrere Verteidiger** desselben Angeklagten können ebenfalls nebeneinan- 2 der tätig werden. Auch sie können dann ihre Verrichtungen unter sich teilen; dabei ist grundsätzlich nicht erforderlich, dass alle Verteidiger in der Hauptverhandlung ununterbrochen anwesend sind (BGH MDR **66**, 200 [D]; **81**, 457 [H]; NStZ **17**, 59, 62). Über die Mitwirkung von Wahl- und Pflichtverteidigern nebeneinander oder von mehreren Pflichtverteidigern vgl § 144.

3) Auch bei **Teilung der Verrichtungen** unter mehreren StAen steht die StA 3 dem Gericht als Einheit gegenüber. Jeder von mehreren nebeneinander tätigen Verteidigern nimmt dagegen seine Aufgabe selbstständig war. Stellt einer von ihnen einen Antrag, so ist über ihn zu entscheiden, auch wenn der andere von der Antragstellung absieht. Erklärt einer sein Einverständnis mit einer Prozesshandlung, widerspricht aber der andere, so gilt der Widerspruch (KK-Gmel 3).

Aussetzung und Unterbrechung RiStBV 137

228 I ¹Über die Aussetzung einer Hauptverhandlung oder deren Unterbrechung nach § 229 Abs. 2 entscheidet das Gericht. ²Kürzere Unterbrechungen ordnet der Vorsitzende an.

II Eine Verhinderung des Verteidigers gibt, unbeschadet der Vorschrift des § 145, dem Angeklagten kein Recht, die Aussetzung der Verhandlung zu verlangen.

III Ist die Frist des § 217 Abs. 1 nicht eingehalten worden, so soll der Vorsitzende den Angeklagten mit der Befugnis, Aussetzung der Verhandlung zu verlangen, bekanntmachen.

1) **Aussetzung und Unterbrechung der Hauptverhandlung (I):** 1
A. Die **Abgrenzung** richtete sich nach früherer Rspr (BGH NJW **82**, 248) und 2 ganz hM im Schrifttum (LR-Becker 2 mwN) nach der tatsächlichen Dauer der Unterbrechung, nicht danach, wie das Gericht sie bezeichnet und was es beabsichtigt hatte. Aussetzung war daher jedes Abbrechen der Verhandlung über den nach § 229 I oder II höchstzulässigen Zeitraum hinaus, Unterbrechung der verhandlungsfreie Zeitraum, der die zeitlichen Grenzen des § 229 nicht überschritt. Nun-

§ 228 Zweites Buch. 6. Abschnitt

mehr hat BGH **52**, 24 diese – auch im Hinblick auf den gesetzlichen Richter (Art 101 GG) – klare Regelung mit wenig überzeugender Begründung aufgegeben und entschieden, dass das Gericht jedenfalls dann, wenn in einer Hauptverhandlung „noch keine Erträge erzielt" worden seien, auch bei einer weiteren Verhandlung innerhalb der Fristen des § 229 eine Aussetzung der Verhandlung beschließen könne (abl auch LR-Becker aaO; zust aber SK-Deiters/Albrecht 5).

3   B. Die **Aussetzung** bedeutet den Abbruch der Verhandlung mit der Folge, dass später eine neue selbstständige Verhandlung stattfinden muss. Die Aussetzung ist zT gesetzlich vorgeschrieben (vgl §§ 138c IV, 145 III, 217 II, 265 III, IV); sonst kann sich ihre Notwendigkeit aus der Fürsorgepflicht des Gerichts (Celle NJW **61**, 1319; LR-Becker 10) oder aus der Sachaufklärungspflicht (vgl etwa 29 zu § 54) ergeben.

4   Zu beachten ist, dass die Notwendigkeit, das Strafverfahren zügig und ohne vermeidbare Verzögerungen durchzuführen, die Aussetzung **nur ausnahmsweise** zulässt (Frankfurt MDR **83**, 253; KK-Gmel 3). Insbesondere muss stets geprüft werden, ob eine Unterbrechung nach § 229 ausreicht (BGH 1 StR 544/09 vom 2.11.2010; Düsseldorf StV **97**, 282 mit Anm Zieschang). Wenn mehrere Taten i S des § 264 Gegenstand des Verfahrens sind, kann es uU ausreichen, das Verfahren nur teilw auszusetzen (BGH MDR **75**, 23 [D]).

5   **Aussetzungsanträge** können vor oder in der Hauptverhandlung gestellt werden. Ist ein Antrag schon vorher eingegangen, so muss das Gericht in der Hauptverhandlung mindestens klären, ob er aufrechterhalten wird (Bremen GA **64**, 211). Ausdrücklich als Aussetzungsantrag braucht der Antrag nicht bezeichnet zu sein. Es genügt, dass er sinngemäß das Begehren nach Aussetzung der Verhandlung enthält (Hamburg GA **65**, 60).

6   Die **Entscheidung** des Gerichts ergeht von Amts wegen oder auf Antrag durch Beschluss, auch wenn der Antrag nicht näher begründet worden ist. Sie muss vor der Urteilsverkündung getroffen werden, damit die Prozessbeteiligten Gelegenheit haben, weitere Ausführungen zu machen und andere Anträge zu stellen (KK-Gmel 7). Nur hilfsweise gestellte Anträge können in den Urteilsgründen abgelehnt werden (Schleswig SchlHA **56**, 298; LR-Becker 16). Im Fall des § 329 I kann der Aussetzungsantrag des Verteidigers durch Erlass des Verwerfungsurteils abgelehnt werden (11 zu § 329).

7   Der Ablehnungsbeschluss bedarf idR der **Begründung** (§ 34), die erkennen lassen muss, dass das Gericht die vorgetragenen von Amts wegen zu beachtenden Tatsachen zutr gewürdigt und sein Ermessen fehlerfrei ausgeübt hat. Handelt es sich um eine reine Ermessensentscheidung, so ist die Begründung entbehrlich (Celle NJW **61**, 1319; aM LR-Becker 19; erg 5 zu § 34). Bei der Beurteilung des Antrags ist neben der Aufklärungspflicht des Gerichts ua auch das Interesse des Angeklagten an einem beschleunigten Abschluss des Verfahrens gemäß Art 6 I S 1 EMRK zu berücksichtigen (BGH StV **16**, 774; erg 6 zu § 213).

8   C. **Zuständig** für die Entscheidung über die Aussetzung der Hauptverhandlung oder deren Unterbrechung nach § 229 II ist das Gericht (I S 1). Der Gerichtsbeschluss nach § 229 II wird idR in der Hauptverhandlung erlassen, kann aber auch außerhalb der Hauptverhandlung in der dafür vorgeschriebenen Besetzung ergehen (BGH **34**, 154, 155; LR-Becker 3; Bock Beulke-F S 636; erg 8 zu § 229). War die Verhandlung schon unterbrochen und ist die Unterbrechungsfrist oder die 10-Tagefrist nach § 229 I verstrichen, ohne dass danach weiterverhandelt worden ist, so kann die Unterbrechung nach § 229 II auch noch nach Ablauf der Unterbrechungsfrist, nicht aber rückwirkend nach Ablauf der Frist des § 229 II beschlossen werden (BGH aaO; Bock aaO), es sei denn, der Fristablauf war nach § 229 III gehemmt (offen gelassen von BGH NStZ **92**, 550).

9   **Kürzere Unterbrechungen,** dh kurze Pausen oder Unterbrechungen für Stunden oder Tage bis zur Höchstgrenze von 3 Wochen nach § 229 I ordnet der Vorsitzende an (I S 2), der nach pflichtgemäßem Ermessen entscheidet, dabei jedoch die Fürsorgepflicht des Gerichts und den Grundsatz des fairen Verfahrens

(Einl 156) beachten muss (Zweibrücken StV **90**, 57: Unterbrechung zur Ermittlung einer Zeugenanschrift). Die Unterbrechungsverfügung ergeht in der Hauptverhandlung. Außerhalb der Hauptverhandlung besteht sie in der Verlegung des Fortsetzungstermins; die Beteiligten müssen davon unterrichtet werden. Hat der Vorsitzende entgegen I eine Unterbrechung von mehr als 3 Wochen angeordnet, so wird der Mangel dadurch geheilt, dass er noch rechtzeitig einen Fortsetzungstermin im Rahmen des § 229 I bestimmt oder dass das Gericht einen entspr Unterbrechungsbeschluss erlässt.

2) **Verhinderung des Verteidigers (II):** Die Vorschrift betrifft nicht den Fall 10 der nach §§ 140, 231a IV notwendigen Verteidigung; insoweit gilt § 145 I. Durch II soll einer Verzögerung des Verfahrens durch den Angeklagten vorgebeugt werden. Es geht grundsätzlich zu seinen Lasten, wenn er keinen Verteidiger findet, der bereit oder in der Lage ist, ihn zu verteidigen (Düsseldorf GA **79**, 226; Stuttgart NJW **67**, 944, 945; StV **88**, 145). Einen Rechtsanspruch auf Aussetzung des Verfahrens hat er (auch bei Wechsel oder Hinzutritt eines weiteren Verteidigers, BGH NJW **91**, 1622, 1623) nicht; andererseits ist sie nicht ausgeschlossen, wenn das Gericht sie aus besonderen Gründen für angezeigt hält (Bay **62**, 226; Hamm GA **77**, 310; erg 6 zu § 213; 43 zu § 265). II ist insbesondere dann nicht anzuwenden, wenn das mit dem Grundsatz eines fairen Verfahrens (Einl 19) nicht vereinbar wäre (BGH NStZ **99**, 527; Bay StV **89**, 94; Frankfurt StV **98**, 13; Hamm VR S **41**, 45; Köln VR S **42**, 284; Oldenburg StV **15**, 156; Zweibrücken NZV **96**, 162; vgl auch 9 zu § 145); die Interessen der Beteiligten und das Gebot der Verfahrensbeschleunigung sind sorgsam gegeneinander abzuwägen (Braunschweig StV **08**, 293), wobei dem Verteidigerinteresse im Zweifel Vorrang gebührt (Koblenz NZV **09**, 569; DAR **10**, 401; vgl auch Meyer DAR **10**, 421). Insbesondere ist dem Recht des Angeklagten, sich von einem Verteidiger seines Vertrauens vertreten zu lassen (Art 6 III c EMRK), soweit wie möglich Rechnung zu tragen (vgl BGH NStZ **18**, 607 mwN mit Anm Arnoldi; erg 6, 7 zu § 213 zur Terminierung der Hauptverhandlung und Verlegungsanträgen). Eine Aussetzung kommt aber bei – kurzfristiger – Verhinderung des Wahlverteidigers grundsätzlich nicht in Betracht, wenn der Angeklagte durch einen Pflichtverteidiger ausreichend verteidigt wird (BGH JR **07**, 209 mit zust Anm Eidam; Bay **96**, 94).

Bei einer **Verspätung des Verteidigers** muss das Gericht eine angemessene 11 Zeit warten. Für ihre Dauer gelten die zu § 329 (dort 13) und § 412 (dort 3) entwickelten Grundsätze (vgl auch Kaiser NJW **77**, 1955; zum Bußgeldverfahren vgl Hamm NStZ-RR **97**, 179). Wenn der Angeklagte erklärt, dass er auf seinen Verteidiger warten wolle, wird idR eine Wartezeit von 15 Minuten angezeigt sein (Bay AnwBl **78**, 154; VR S **60**, 304; Düsseldorf VR S **64**, 276; Hamm VR S **55**, 368; **59**, 449; Koblenz VR S **45**, 455; Köln VR S **42**, 284; vgl auch Köln StV **84**, 147 zu dem Fall, dass eine Gegenüberstellung beabsichtigt ist). Eine längere Wartezeit ist erforderlich, wenn es sich um einen auswärtigen Verteidiger handelt (Frankfurt AnwBl **84**, 108) oder wenn das Gericht weiß, dass der Verteidiger auf dem Weg zu ihm ist (Bay VR S **67**, 438; Düsseldorf StV **95**, 454). Einem Antrag des Verteidigers auf Terminsverschiebung um 20 Minuten ist idR stattzugeben (Hamburg MDR **81**, 165; vgl auch Bay DAR **85**, 244 [R]; VR S **60**, 304 für den Fall der telefonischen Nachricht des Verteidigers, dass er sich verspäten werde). Eine Wartepflicht besteht auch, wenn bekannt ist, dass der Verteidiger im Hause noch einen anderen Termin wahrnimmt (Hamm VR S **68**, 49).

Die **Verhinderung des Verteidigers,** die ihre Ursache darin hat, dass das Ge- 12 richt mit der Verhandlung verspätet beginnt, kann zur Aussetzung der Verhandlung zwingen (Bay StV **84**, 13; Hamburg MDR **64**, 524). Durfte sich der Angeklagte verständigerweise darauf verlassen, dass der Verteidiger mitwirken werde, und ist er durch dessen Fehlen in seiner Verteidigung erheblich beschränkt, so kommt die Aussetzung des Verfahrens nach § 265 IV (dort 43ff) in Betracht (zum Verhältnis zwischen II und dieser Vorschrift vgl BGH NStZ-RR **06**, 272; Heubel NJW **81**, 2678).

§ 229

13 3) Die **Belehrungspflicht (III)** ergänzt den § 217 II über den Anspruch des Angeklagten auf Aussetzung bei Nichteinhaltung der Ladungsfrist. Hat der Angeklagte schon vorher auf die Fristeinhaltung verzichtet (§ 217 III), so entfällt die Belehrung (LR-Becker 31).

14 **4) Rechtsbehelfe:**
15 Gegen die Anordnung des Vorsitzenden auf **Unterbrechung** des Verfahrens ist der Antrag nach § 238 II idR mangels Beschwer unzulässig; auch Beschwerde ist nicht statthaft (LR-Becker 35). Dagegen kann gegen die Ablehnung eines Antrags auf Unterbrechung das Gericht nach § 238 II angerufen werden.
16 Der die **Aussetzung** ablehnende Beschluss ist nach § 305 S 1 unanfechtbar (KG JR **59**, 350; Hamm NJW **78**, 283; LR-Becker 38). Gegen den Aussetzungsbeschluss ist Beschwerde nach § 304 zulässig, wenn er mit der Urteilsfindung in keinem inneren Zusammenhang steht, sondern das Verfahren nur hemmt und verzögert (Bay aaO; KG JR **66**, 231; Braunschweig StV **87**, 332; Düsseldorf NStZ-RR **96**, 142; Frankfurt MDR **83**, 253; StV **88**, 195; Karlsruhe Justiz **77**, 227; Stuttgart Justiz **00**, 91; Zieschang StV **97**, 286; **aM** KMR-Eschelbach 32a). Der Beschluss, mit dem das Verfahren zwecks Anstellung weiterer Ermittlungen oder Einholung weiterer Beweise ausgesetzt wird, ist daher unanfechtbar (Braunschweig NStZ **14**, 176 mwN; Düsseldorf MDR **93**, 461; Köln StV **91**, 551 mwN; **91**, 552 mit Anm Müller; **aM** SK-Deiters/Albrecht 21; vgl auch Odenthal StV **91**, 447), ebenso ein Beschluss nach § 265 IV (KG StV **89**, 8; Stuttgart StraFo **11**, 97).

17 **5) Die Revision** kann, da § 228 keinen Aussetzungsanspruch gewährt, nur darauf gestützt werden, dass die Ablehnung der Aussetzung nach § 338 Nr 8 die Verteidigung unzulässig beschränkt hat (vgl KG StV **82**, 10). Dabei ist das Übergehen eines Aussetzungsantrags ebenso zu behandeln wie dessen ausdrückliche Ablehnung (60 zu § 338). Zum notwendigen Revisionsvorbringen gehört die inhaltliche Mitteilung des Aussetzungsantrags und des ihn ablehnenden Gerichtsbeschlusses (Koblenz VR S **49**, 278) sowie die Darlegung der dadurch erfolgten unzulässigen Beschränkung der Verteidigung in einem wesentlichen Punkt (BGH NJW **96**, 2383 = JR **96**, 473 mit zust Anm Gollwitzer; Bay StV **99**, 194), erforderlichenfalls auch die tatsächlichen Umstände, welche dem Revisionsgericht eine Beurteilung der Dringlichkeit des Aussetzungsbegehrens im Verhältnis zum Interesse des Angeklagten an einem beschleunigten Abschluss des Verfahrens gemäß Art 6 I 1 **EMRK** ermöglichen (BGH 2 StR 539/15 vom 8.6.2016). Entscheidet anstelle des nach I S 1 zuständigen Gerichts der Vorsitzende, so beruht das Urteil auf dem Mangel jedenfalls dann nicht, wenn dem Verfahren nicht widersprochen worden ist (BGH **33**, 217; Bock Beulke-F S 642). Auf die Unterlassung der Bekanntmachung nach III kann die Revision nicht gestützt werden, da es sich nur um eine Ordnungsvorschrift handelt (BGH **24**, 143, 146; erg 4 zu § 337).

Höchstdauer einer Unterbrechung   RiStBV 137

229 ᴵ Eine Hauptverhandlung darf bis zu drei Wochen unterbrochen werden.

ᴵᴵ Eine Hauptverhandlung darf auch bis zu einem Monat unterbrochen werden, wenn sie davor jeweils an mindestens zehn Tagen stattgefunden hat.

ᴵᴵᴵ ¹Hat eine Hauptverhandlung bereits an mindestens zehn Tagen stattgefunden, so ist der Lauf der in den Absätzen 1 und 2 genannten Fristen gehemmt, solange

1. ein Angeklagter oder eine zur Urteilsfindung berufene Person wegen **Krankheit** oder
2. eine zur Urteilsfindung berufene Person wegen gesetzlichen Mutterschutzes oder der Inanspruchnahme von Elternzeit

nicht zu der Hauptverhandlung erscheinen kann, längstens jedoch für zwei Monate. ²Die in den Absätzen 1 und 2 genannten Fristen enden frühestens

Hauptverhandlung **§ 229**

zehn Tage nach Ablauf der Hemmung. ³Beginn und Ende der Hemmung stellt das Gericht durch unanfechtbaren Beschluß fest.

IV ¹Wird die Hauptverhandlung nicht spätestens am Tage nach Ablauf der in den vorstehenden Absätzen bezeichneten Frist fortgesetzt, so ist mit ihr von neuem zu beginnen. ²Ist der Tag nach Ablauf der Frist ein Sonntag, ein allgemeiner Feiertag oder ein Sonnabend, so kann die Hauptverhandlung am nächsten Werktag fortgesetzt werden.

V ¹Ist dem Gericht wegen einer vorübergehenden technischen Störung die Fortsetzung der Hauptverhandlung am Tag nach Ablauf der in den vorstehenden Absätzen bezeichneten Frist oder im Fall des Absatzes 4 Satz 2 am nächsten Werktag unmöglich, ist es abweichend von Absatz 4 Satz 1 zulässig, die Hauptverhandlung unverzüglich nach der Beseitigung der technischen Störung, spätestens aber innerhalb von zehn Tagen nach Fristablauf fortzusetzen. ²Das Vorliegen einer technischen Störung im Sinne des Satzes 1 stellt das Gericht durch unanfechtbaren Beschluss fest.

Übersicht

	Rn
1) Grundsatz der Konzentration der Hauptverhandlung	1
2) Unterbrechung bis zu drei Wochen (I)	2
3) Unterbrechung bis zu einem Monat (II)	3
4) Fristhemmung (III)	4–8
A. Erkrankung (S 1 Nr 1)	5, 5a
B. Mutterschutz und Elternzeit (S 1 Nr 2)	6
C. Dauer	7
D. Gerichtsbeschluss	8
5) Fristberechnung (IV S 2)	9
6) Weiteres Verfahren	10–14
A. Fortsetzung der Hauptverhandlung in derselben Gerichtsbesetzung	11–13
B. Wiederholung der Hauptverhandlung (IV S 1)	14
7) Technische Störungen (V)	15
8) Revision	16

1) Der **Grundsatz der Konzentration der Hauptverhandlung** verlangt – ebenso wie der Grundsatz der Beschleunigung des Verfahrens nach Art 5 III S 2, 6 I S 1 **EMRK** – eine zügige Verhandlung ohne längere Unterbrechungen, durch die der lebendige Eindruck der mündlichen Verhandlung abgeschwächt und die Zuverlässigkeit der Erinnerung beeinträchtigt wird (BGH **23**, 224, 226; NJW **96**, 3019; Karlsruhe Justiz **88**, 72). Andererseits muss Vorsorge dagegen getroffen werden, dass die Hauptverhandlung schon deshalb ausgesetzt und wiederholt werden muss, weil ein in wenigen Tagen zu beseitigendes Hindernis ihrer Fortsetzung entgegensteht. In Großverfahren, die monate- oder sogar jahrelang andauern, sind längere Unterbrechungen unvermeidlich, um die physische und psychische Belastung der Beteiligten in erträglichen Grenzen zu halten. Daher gestattet § 229 Unterbrechungen der Hauptverhandlung von unterschiedlicher Länge, je nachdem, wie lange sie bereits gedauert hat. Da die frühere Unterbrechungsmöglichkeit von nur „bis zu 10 Tagen" in der Praxis zu Schwierigkeiten und zu sog „Schiebeterminen" geführt hat (vgl dazu Bertram NJW **94**, 2187; Schlüchter GA **94**, 419; Gehb/Drange ZRP **03**, 231), ist durch das 1. JuMoG die Unterbrechungsfrist auf 3 Wochen verlängert und durch das Gesetz zur Modernisierung des Strafverfahrens vom 10.12.2019 die maximale Hemmung der Frist auf 2 Monate erhöht worden. Der Gesetzgeber geht davon aus, dass bei Einhaltung dieser Fristen noch die Einheitlichkeit und Unmittelbarkeit der Hauptverhandlung gewahrt und der Gefahr begegnet ist, dass die Urteilsberatung nicht mehr ausschließlich auf dem Ergebnis der Hauptverhandlung beruht (siehe aber 4). Besondere Unterbrechungsregelungen enthalten §§ 138c IV S 2, 231a III S 4 und § 34 III Nr 6 **EGGVG**.

§ 229

2 2) **Jede Hauptverhandlung (I)** darf bis zu 3 Wochen unterbrochen (2 zu 228) werden. Wie lange sie vorher gedauert hat, spielt keine Rolle. Auch der Unterbrechungsgrund ist gleichgültig. Wiederholte Unterbrechungen sind zulässig. Die Vorschrift erlaubt daher nach Einschaltung von jeweils 1 Verhandlungstag ständige Unterbrechungen von 3 Wochen, was eine Hauptverhandlung in rechtlich bedenklicher Weise in die Länge ziehen kann (Sommer StraFo **04**, 297); daher wird von dieser Möglichkeit mit Rücksicht auf das Beschleunigungsgebot (Art 5 III S 2, 6 I S 1 **EMRK**) nur ausnahmsweise Gebrauch gemacht werden dürfen (Knauer/Wolf NJW **04**, 2934; Neuhaus StV **05**, 51; vgl auch Hamm StraFo **06**, 25), großzügiger aber BGH NStZ **06**, 710 mit zust Anm Dietmeier NStZ **07**, 657 und Gössel JR **07**, 40 und abl Anm Knauer StV **07**, 341.

3 3) **Hauptverhandlungen von bisher mindestens 10 Verhandlungstagen (II)** dürfen auch bis zu 1 Monat unterbrochen werden. Das Wort „jeweils" bedeutet, dass nach jedem Block von 10 Verhandlungstagen – über die regelmäßige Unterbrechungsfrist nach I hinaus – längere Unterbrechungen bis zu 1 Monat möglich sind (krit dazu Knauer/Wolf NJW **04**, 2934). Die Unterbrechungsmöglichkeit nach I wird dadurch also nicht berührt; andererseits stehen Unterbrechungen nach I der Anwendung des II nicht entgegen. Es kommt nur darauf an, dass insgesamt 10 Verhandlungstage stattgefunden haben (BGH StraFo **13**, 338). Schließt sich die Unterbrechung nach II einer Unterbrechung nach I an, ohne dass es dazwischen zu einer Sachverhandlung kommt (6 zu § 228), so läuft die Frist des II aber vom Beginn der 1. Unterbrechung an. Eine kürzer bemessene Unterbrechung kann jedoch auf 1 Monat verlängert werden (BGH **34**, 154, 156; erg 8 zu § 228). Auch die Unterbrechungen nach II sind nicht vom Vorliegen eines bestimmten Unterbrechungsgrundes abhängig. Für die Urteilsverkündung gilt II nicht, sondern § 268 III S 2 (BGH StV **82**, 4; StraFo **06**, 26; NStZ **04**, 52; erg 20 zu § 268).

4 4) **Fristhemmung (III):** Das Gesetz zur Modernisierung des Strafverfahrens vom 10.12.2019 (BGBl I S 2122) hat die Höchstdauer der Fristhemmung und ihre gesetzlichen Anwendungsmöglichkeiten erweitert, um die Aussetzung von Hauptverhandlungen aufgrund Erkrankung und Mutterschutz zu reduzieren (BT-Drucks 532/19 S 33). Die Fristverlängerung auf längstens 2 Monate bedeutet, dass nunmehr eine Maximalunterbrechung der Hauptverhandlung von 3 Monaten und 10 Tagen möglich ist (BT-Drucks aaO). Insofern erscheint es nicht widerspruchsfrei, die mögliche Gesamtunterbrechung der Hauptverhandlung unter den Voraussetzungen des § 229 zu erhöhen und zugleich in § 29 II S 1 unter Hinweis auf den Beschleunigungsgrundsatz – vor allem in Haftsachen – festzulegen, dass die Durchführung der Hauptverhandlung keinen Aufschub duldet (vgl auch Claus NStZ **20**, 58, 61).

5 A. Die **Erkrankung des Angeklagten oder einer zur Urteilsfindung berufenen Person (III S 1 Nr 1)** – also eines Berufsrichters (**nicht** eines Ergänzungsrichters, vgl Momsen/Willumat NStZ **18**, 369) oder eines Schöffen – (zum Begriff Krankheit vgl 7 zu § 223) kann die Durchführung der Hauptverhandlung trotz der Unterbrechungsmöglichkeiten nach I, II gefährden. Die Fristhemmung, die nach § 268 III S 3 auch für die Frist des § 268 III S 2 gilt, soll daher verhindern, dass eine Hauptverhandlung ausgesetzt und wiederholt werden muss, weil der Angeklagte oder einer der Richter am Tage nach Ablauf einer Unterbrechungsfrist wegen Krankheit (auf Verhandlungsunfähigkeit kommt es nicht an) nicht an der Verhandlung teilnehmen kann. Ob eine Verhandlung am Krankenbett möglich wäre, ist gleichgültig. Verhandlung nach §§ 231 II, 231a bleibt aber möglich (Schlothauer Müller-F S 645). Die Fristhemmung setzt außer der Krankheit (die uU auch schon länger bestehen kann, vgl Düsseldorf StV **97**, 282) voraus, dass die Hauptverhandlung bereits an mindestens 10 Tagen stattgefunden hat. Wird sie gegen mehrere Angeklagte geführt, so genügt es, dass einer von ihnen wegen Krankheit nicht erscheinen kann (KK-Gmel 11); oft wird es dann aber geboten sein, das Verfahren gegen den erkrankten Angeklagten abzutrennen und gegen die anderen fortzusetzen (Meyer-Goßner NJW **87**, 1163). Bei erneuter Erkrankung einer Person kann die Unterbrechungsfrist mehrfach gehemmt sein; es genügt, wenn zwischen den Unterbrechungen an einem Tag verhandelt worden ist (SK-Deiters/Albrecht 11; vgl auch BT-Drucks 532/19 S 3; **am** Zieschang StV **96**, 115; in den von ihm angeführten Extremfällen wird allerdings neu mit der Hauptverhandlung zu beginnen sein, erg oben 1).

Kann ein zur Urteilsfindung berufener **Richter wegen Krankheit** zu einer 5a
Hauptverhandlung **nicht erscheinen,** ist es im Hinblick auf das Prinzip des gesetzlichen Richters geboten, die Feststellung des Verhinderungsfalls zurückzustellen und abzuwarten, ob die Hauptverhandlung noch unter Mitwirkung des erkrankten Richters fortgesetzt werden kann. Solange die Fristen gehemmt sind, ist für eine Ermessensentscheidung des Vorsitzenden deshalb kein Raum. Das gilt auch hinsichtlich des Eintritts eines Ergänzungsrichters (BGH **61**, 160 mit zust Anm Ventzke NStZ **16**, 558 und abl Anm Schäfer JR **17**, 41; vgl auch Börner JR **17**, 16 Fn 32; erg 7 zu § 192 GVG) Etwas anderes ist etwa dann ausnahmsweise anzunehmen, wenn schon von vornherein feststeht, dass eine Fortsetzung der Hauptverhandlung mit dem erkrankten Richter auch nach Ablauf der maximalen Fristenhemmung nicht möglich sein wird, oder wenn andere vorrangige Prozessmaximen beeinträchtigt würden (BGH aaO; dazu krit Ventzke aaO).

B. Die Fristhemmung tritt nunmehr auch ein, wenn eine zur Urteilsfindung be- 6
rufene Person (dazu soeben 5, 5a) wegen **gesetzlichen Mutterschutzes oder der Inanspruchnahme von Elternzeit** nicht zur Hauptverhandlung erscheinen kann (III S 1 Nr 2). Soweit es den gesetzlichen Mutterschutz betrifft ist diese Regelung auf eine Entscheidung des BGH zurückzuführen, die eine Strafkammer als fehlerhaft besetzt ansah, weil in ihr eine Richterin mitwirkte, die sich im gesetzlichen Mutterschutz befand (BGH **61**, 296). Dass der Gesetzgeber sie auch auf die Inanspruchnahme von Elternzeit erstreckt hat, erscheint jedoch zu weitgehend, da die Elternzeit – anders als der Mutterschutz – nicht zwingend einzuhalten ist (Claus NStZ **20**, 58, 61 f).

C. **Dauer:** Kraft Gesetzes tritt die Fristhemmung ein. Sie dauert so lange, bis 7
der Angeklagte – oder die andere Person – wieder im Gericht erscheinen kann, aber nicht länger als **2 Monate.** Die Höchstdauer der Hemmung bezieht sich auf die jeweils nach I oder 2 angeordnete Unterbrechung (vgl BT-Drucks 532/19 S 33). Dabei ist zu unterscheiden: Erkrankt die Person während einer Unterbrechung der Hauptverhandlung nach I oder II, so läuft die Frist von 3 Wochen oder 1 Monat nicht weiter, solange die Erkrankung so schwerwiegend ist, dass die erkrankte Person nach Ablauf der Frist nicht an der Verhandlung teilnehmen kann (BGH NStZ **92**, 550); ist die Fortsetzung der Verhandlung schon auf einen Termin vor Fristablauf angesetzt, kommt es darauf an, ob die Person zu diesem Zeitpunkt verhandlungsfähig ist, falls nicht, gilt III (Schmitz NStZ **10**, 128, die hier ein Problem sieht, missversteht Gesetzesbegründung und Rspr). Nach Wegfall der Verhinderung, längstens nach 2 Monaten, läuft die Unterbrechungsfrist von selbst weiter. Erkrankt die Person dagegen während einer nicht unterbrochenen Hauptverhandlung, so kann der Vorsitzende (bei dessen Verhinderung sein Vertreter) eine Unterbrechung nach I oder das nach § 228 I S 1 dafür zuständige Gericht eine Unterbrechung nach II anordnen. Die Unterbrechungsfrist nach diesen Vorschriften beginnt dann erst mit dem Wegfall der Verhinderung zu laufen, spätestens nach 2 Monaten (vgl BGH NStZ **98**, 633 zur früheren 6-Wochen-Frist). Nach dem Ende der Hemmung dauert die Unterbrechungsfrist nach I oder II in jedem Fall noch 10 Tage an (III S 2); sie wird um diese Frist verlängert, um dem Gericht die Vorbereitung der Fortsetzung der Hauptverhandlung zu ermöglichen.

D. Durch unanfechtbaren **Gerichtsbeschluss,** der aber nur deklaratorische Be- 8
deutung hat (BGH NStZ **92**, 550, 551; NStZ-RR **16**, 178), müssen Beginn und Ende der Hemmung festgestellt werden (III S 3). Der Beschluss wird idR außerhalb der Hauptverhandlung ohne Mitwirkung der Schöffen gefasst (Rieß/Hilger NStZ **87**, 149 Fn 100); betrifft die Verhinderung einen Berufsrichter, muss sein

§ 229

geschäftsplanmäßig bestellter Vertreter mitwirken. Wenn bei Feststellung des Beginns schon abzusehen ist, wann die Verhinderung enden wird, genügt ein einziger Beschluss; andernfalls müssen 2 Beschlüsse erlassen werden. Um Beginn und Ende der Hemmung feststellen zu können, muss das Gericht im Freibeweisverfahren (7, 9 zu § 244) prüfen, ob, ab wann und bis wann die erkrankte Person wg ihrer Erkrankung bzw die zur Urteilsfindung berufene Person wegen Mutterschutz oder der Inanspruchnahme von Elternzeit nicht vor Gericht erscheinen kann. Im Fall der Krankheit wird ein ärztl Gutachten eingeholt werden müssen. Ist eine entspr Feststellung aus medizinischen oder anderen Gründen zunächst nicht möglich, muss mit der Feststellung des Beginns der Hemmung bis kurz vor das rechnerische Ende der jeweiligen Unterbrechungsfrist gewartet werden. Ein Beschluss über das Ende der Hemmung erübrigt sich, wenn die Prüfung ergibt, dass die erkrankte Person bereits einen Tag nach Ablauf der rechnerischen Unterbrechungsfrist nach I oder II an der Verhandlung teilnehmen kann. In diesem Fall ist trotz der zeitweiligen Verhinderung keine Hemmung eingetreten (BGH NStZ **92**, 550 mwN; StV **94**, 5; vgl auch LG Düsseldorf StV **97**, 284 mit Anm Zieschang).

9 **5) Fristberechnung (IV S 2):** Da die Fristen des § 229 keine Fristen i S der §§ 42, 43 sind (BGH NStZ **14**, 469; **17**, 424), bestimmt die Vorschrift ausdrücklich, dass die Hauptverhandlung am nächsten Werktag fortgesetzt werden kann, wenn der Tag nach Fristablauf ein Sonntag, allgemeiner Feiertag oder Sonnabend ist (dazu 2 zu § 43). Bei der Fristberechnung sind weder der Tag, an dem die Unterbrechung angeordnet wird, noch derjenige, an dem die Verhandlung wieder aufgenommen wird, in die Frist einzuberechnen (BGH NStZ-RR **16**, 178).

10 **6) Weiteres Verfahren:**

11 A. Die **Fortsetzung der Hauptverhandlung** in derselben Gerichtsbesetzung muss spätestens am Tag nach Ablauf der 3 Wochen- bzw 1 Monatsfrist erfolgen. Die Frist wird nur durch **Verhandlung zur Sache** gewahrt (BGH NJW **52**, 1149); die Rspr hierzu ist nicht ganz einheitlich. Jedenfalls muss die Sache in dem Fortsetzungstermin auf irgendeine Weise inhaltlich auf den abschließenden Urteilsspruch gefördert werden (BGH NStZ **09**, 225; **18**, 297). Ein Termin, der *allein* der Einhaltung der Unterbrechungsfrist dient ("Schiebetermin", oben 1), genügt nicht (BGH NStZ **11**, 532; **12**, 343; krit Erhard StV **13**, 658); dies ist etwa der Fall, wenn sich die Erörterung in Formalien erschöpft, die weder für die Urteilsfindung noch den Verfahrensgang eigenständiges Gewicht besitzen (BGH NStZ **18**, 297).

11a Die **Erörterung von Rechtsfragen** (BGH NStZ **09**, 225), von Verfahrensfragen oder Prozesshindernissen kann allerdings ausreichen, wenn deren Ziel die Klärung ist, durch welche Untersuchungshandlungen der Aufklärung des Sachverhalts Fortgang gegeben werden kann (BGHR § 229 I Sachverhandlung 4); dies gilt insbesondere dann, wenn die für den Fortsetzungstermin in Aussicht genommene sonstige Förderung des Verfahrens infolge unvorhersehbarer Ereignisse, etwa Nichterscheinen eines Zeugen oder Erkrankung eines Verfahrensbeteiligten, nicht stattfinden kann (BGH NStZ **18**, 297). Die Unterrichtung der Verfahrensbeteiligten, dass einem Beweisantrag stattgegeben worden ist, kann ausreichen (BGH NStZ **95**, 19; **11**, 229), nicht dagegen die Prüfung, ob und wann weiterverhandelt werden kann (BGH NStZ **16**, 171; 1 StR 824/75 vom 4.5.1976; Celle StV **92**, 101; anders aber, wenn erörtert wird, ob gegen den ausgebliebenen Angeklagten ggf nach § 231 II weiterverhandelt werden kann, BGH NStZ **14**, 220). Eine Verhandlung zur Sache liegt auch in der Anordnung nach § 249 II S 3 (BGH **58**, 59 mit zust Anm Arnoldi NStZ **13**, 474; vgl auch BGH 1 StR 75/19 vom 6.6.2019), nicht aber in der bloßen Protokollierung, dass das Selbstleseverfahren durchgeführt wurde (BGH NStZ **08**, 115), ebenso wenig darin, einen Pflichtverteidiger zu entpflichten oder zu bestellen (BGH NStZ **08**, 115).

11b Die **Erörterung der Verhandlungsfähigkeit** des Angeklagten (so BGHR § 229 I Sachverhandlung 1), selbst wenn dies im Ergebnis zur Feststellung von Verhandlungsunfähigkeit führen würde (vgl 5 StR 344/19 vom 8.10.2019), oder eines Ablehnungsgesuchs (so BGH 7.11.1978 – 1 StR 470/78) genügt (unentschieden, wenn auch eher abl BGH NStZ **06**, 710 mit zust Anm Dietmeier NStZ **07**, 658 und abl Anm Knauer StV **07**, 341). Die Verlesung des BZR-Auszuges, selbst wenn er keinen Eintrag aufweist, oder einer sonstigen Urkunde reicht aus (BGH StraFo **11**, 395; Gössel JR **07**, 41), allerdings darf die Verlesung nicht willkürlich zurückgehalten oder gar auf mehrere Sitzungstage verteilt werden (BGH NJW **96**, 3019; StV **98**, 359; vgl auch BGH NStZ **99**, 521: wiederholtes Verlesen des Strafregisterauszuges und Koblenz StV **97**, 288: Verlesung einer Urkunde, die später sicher noch einmal verlesen werden muss; zust Fahl 297; zw BGH NStZ **00**, 606); zum notwendigen Revisionsvorbringen in solchen Fällen vgl BGH NStZ-RR **98**, 335. Auch eine fehlerhafte Beweisaufnahme kann aber der Verfahrensförderung dienen (BGH NStZ **00**, 212; NStZ-RR **04**, 270 L); der Tag ist gleichwohl bei der Entscheidung, ob die Frist des § 229 gewahrt wurde, zu berücksichtigen (BGH 1 StR 605/13 vom 12.3.2014). Sind Sachen gegen mehrere Angeklagte verbunden, so genügt es, dass Vorwürfe gegen Mitangeklagte erörtert werden (BGH MDR **75**, 23 [D]). BGH NJW **09**, 384 lässt es auch ausreichen, dass zur Sache verhandelt werden sollte, dies aber wegen unvorhersehbarer Ereignisse nicht möglich war (zust Peglau JR **09**, 348; krit Deutscher StRR **12**, 48; Mandla NStZ **11**, 7; zw).

Zum Fortsetzungstermin braucht nicht förmlich geladen zu werden; die **mündliche Bekanntmachung des neuen Termins** bei der Unterbrechung der Hauptverhandlung genügt (BGH NStZ **88**, 421 mit Anm Meurer; Düsseldorf NJW **70**, 1889; Hilger NStZ **84**, 42; Meyer JR **85**, 32; RiStBV 137 I; erg 6 zu § 217), ist aber notwendig (Bay NZV **99**, 306). Auch wenn der Fortsetzungstermin außerhalb der Hauptverhandlung bestimmt wird, ist eine schriftliche Bekanntmachung nicht erforderlich (BGH **38**, 271 für den Fall, dass der Verteidiger benachrichtigt wurde; aM BGH NStZ **84**, 41 mit abl Anm Hilger). Ist der auf freiem Fuß befindliche Angeklagte bereits zur Anklage vernommen worden, so ist es zweckmäßig, ihn darüber zu belehren, dass nach § 231 II auch ohne ihn weiterverhandelt werden kann (Düsseldorf NJW **70**, 1889). Ist der Angeklagte nicht auf freiem Fuß, so wird der mündlichen Ladung der klarstellende Hinweis an die Vorführungsbeamten zugefügt, dass der Angeklagte zum Fortsetzungstermin wieder vorzuführen ist (5 zu § 216). 12

Eine **Ladungsfrist** besteht für die Fortsetzungsverhandlung nicht (6 zu § 217). 13

B. Die **Wiederholung der Hauptverhandlung** ist erforderlich, wenn sie nicht 14 spätestens am Tage nach Ablauf der in I–III bezeichneten Fristen fortgesetzt wird (IV S 1). Es muss eine völlig neue Hauptverhandlung stattfinden, zu der der Angeklagte und der Verteidiger schriftlich zu laden sind (§ 216). Die Ladungsfrist muss dann erneut eingehalten werden (vgl 4 zu § 217). Wegen der mündlichen Ladung von Zeugen und Sachverständigen vgl RiStBV 137 II.

7) **Technische Störungen (V):** Der durch das Gesetz zur Einführung der 15 elektronischen Akte vom 5.7.2017 (BGBl I 2208, 2213) eingeführte V soll ausschließen, dass eine Hauptverhandlung allein wegen einer kurzfristig zu beseitigenden technischen Störung wiederholt werden muss (BT-Drucks 18/9416 S 61). Als Ausnahme von IV S 1 darf das Gericht die Hauptverhandlung unverzüglich nach Beseitigung einer vorübergehenden technischen Störung, spätestens aber innerhalb von 10 Tagen nach Fristablauf fortsetzen (V S 1). Erforderlich ist, dass die Fortsetzung dem Gericht – und nicht etwa den Verfahrensbeteiligten – aufgrund der technischen Störung nicht möglich ist; dies ist nur dann der Fall, wenn aufgrund der Störung keinerlei prozessfördernde Handlungen oder Erörterungen zur Sache erfolgen können (BT-Drucks aaO). Beispiele wären etwa die Nichtverfügbarkeit der elektronischen Akte oder der Ausfall einer Videokonferenzanlage bei einer geplanten Zeugenvernehmung. Vorübergehend, iSne des Gesetzes wird eine technische Störung nur sein, wenn sie kurzfristig auftritt und nicht auf strukturellen Problemen beruht, dh wenn sie nicht absehbar war. Das Vorliegen einer technischen Störung stellt das Gericht durch unanfechtbaren Beschluss fest (V S 2).

§ 230

16 **8) Revision:** Die Fristüberschreitung ohne Wiederholung der Hauptverhandlung ist zwar kein zwingender Urteilsaufhebungsgrund; idR beruht das Urteil aber auf dem Verfahrensmangel (BGH 23, 224; StV 90, 52; 97, 282; NStZ 08, 115; Celle StV 92, 101; Karlsruhe StV 93, 66). Nur in ganz besonderen Ausnahmefällen ist der Verstoß gegen § 229 für das Urteil ohne Bedeutung (BGH StV 82, 4, 5; Düsseldorf StV 94, 362 mwN). Der Tatrichter selbst darf die Frist selbstverständlich nicht mit der Begründung überschreiten, das Urteil werde nicht auf der Gesetzesverletzung beruhen (BGH NStZ 86, 518). Auf die fehlerhafte Feststellung des Beginns und des Endes der Fristhemmung nach III kann die Revision nach § 336 S 2 nicht gestützt werden (BGH NStZ 16, 688). Sie kann aber rügen, dass die Voraussetzungen für die Hemmung überhaupt nicht vorgelegen haben (vgl Rieß/Hilger NStZ 87, 149). Zum notwendigen Rügevorbringen vgl BGH 3 StR 145/17 vom 4.10.2017.

Ausbleiben des Angeklagten

230 ^I Gegen einen ausgebliebenen Angeklagten findet eine Hauptverhandlung nicht statt.

^II Ist das Ausbleiben des Angeklagten nicht genügend entschuldigt, so ist die Vorführung anzuordnen oder ein Haftbefehl zu erlassen, soweit dies zur Durchführung der Hauptverhandlung geboten ist.

1 **1) Anwesenheit des Angeklagten in der Hauptverhandlung (I):**
2 A. **Anwesenheitspflicht:** Zwingend vorgeschrieben ist die Anwesenheit des Angeklagten, sofern das Gesetz nicht Ausnahmen zulässt, wie in §§ 231 II, 231a, 231b, 231c, 232, 233, 247, 329 II, 350 II, 387 I, 411 II S 1. Der Angeklagte kann auf seine Anwesenheit nicht wirksam verzichten (BGH **3**, 187, 191; **22**, 18, 20; **25**, 317, 318; NJW **76**, 1108); ein in Haft befindlicher Angeklagter muss, notfalls zwangsweise, vorgeführt werden (LR-Becker 8). Das Gericht kann den Angeklagten von seiner Anwesenheitspflicht auch nicht entbinden (BGH **22**, 18, 20; **25**, 317, 318; NJW **73**, 522; KG StV **85**, 52).
3 Die Anwesenheitspflicht soll dem Angeklagten nicht das **rechtliche Gehör** gewährleisten (Lampe MDR **74**, 539; Rieß JZ **75**, 266 und ZStW **90**, Beih 183 ff), sondern ihm auch die Möglichkeit allseitiger und uneingeschränkter Verteidigung sichern; außerdem soll dem Tatrichter im Interesse der Wahrheitsermittlung ein unmittelbarer Eindruck von der Person des Angeklagten, seinem Auftreten und seinen Erklärungen vermittelt werden (BVerfG NJW **07**, 2977, 2979; BGH **3**, 187, 190; **26**, 84, 90; Hamburg JR **87**, 78 mit Anm Foth; Roxin/Schünemann § 44, 42; Morgenstern JR **16**, 237; **aM** Stein ZStW **97**, 303: nur Anwesenheitszwang rechtfertigt das staatliche Interesse an der Vermeidung von Fehlurteilen; für Einschränkung der Teilnahmegebots auch Beukelmann v. Heintschel-Heinegg-F S 21; Julius GA **92**, 295 sowie Volk Böttcher-F S 213; vgl ferner Krack 278 ff). Es wird diskutiert, ob im Hinblick auf die – durch die Neufassung des § 329 aufgenommene – Rspr des EGMR, die eine Vertretung des Angeklagten durch seinen Verteidiger genügen lässt, auch § 230 weiter eingeschränkt werden muss (vgl Esser StV **13**, 339; Gerst NStZ **13**, 311; Püschel StraFo **12**, 495; zw Ast JZ **13**, 785; **aM** Frisch Paeffgen-F S 612).
4 Der Anwesenheitspflicht entspricht das **Anwesenheitsrecht** des Angeklagten (BGH **19**, 144, 147; **26**, 84, 90; Rieß JZ **75**, 266 und ZStW **90**, Beih 182). Er ist zur Anwesenheit auch dann berechtigt, wenn ausnahmsweise keine Anwesenheitspflicht besteht (BGH **26**, 228, 234; **28**, 35, 37; StV **81**, 510). Das Gericht darf ihm die Teilnahme an der Hauptverhandlung daher nicht verwehren, auch wenn es ohne ihn verhandeln könnte (BGH MDR **80**, 631 [H]: selbst herbeigeführte Verhandlungsunfähigkeit; vgl auch 18 zu § 231a). Es darf insbesondere dann nicht ohne ihn verhandeln, wenn er zu erkennen gibt, dass er die Teilnahme ernsthaft beabsichtigt, daran aber schuldlos verhindert ist.

B. Die **ununterbrochene Anwesenheit** des Angeklagten während der gesam- 5
ten Hauptverhandlung verlangt I, soweit nicht Ausnahmen bestimmt sind, wie in
§§ 231 II, 231b 231c, 247, 329, 411, 51 **JGG**.
Das gilt auch für **Ortsbesichtigungen** (BGH **3**, 187; **25**, 317, 318; RG **47**, 6
197; Hamburg GA **61**, 177). Demonstriert der Angeklagte zB bei einer Augenscheinseinnahme sein Tatverhalten außerhalb der Hörweite des Gerichts, so darf währenddessen nicht weiter zur Sache verhandelt werden (LR-Becker 6; **aM** Braunschweig NJW **63**, 1322 mit abl Anm Kleinknecht). Ist eine Ortsbesichtigung durch das Gericht in Anwesenheit des Angeklagten nicht möglich, so muss sie unterbleiben (Hamburg JR **87**, 78 mit Anm Foth: Weigerung des Hauseigentümers, dem Angeklagten Zutritt zu gewähren); das Gericht muss dann idR einen Augenscheinsgehilfen (4 zu § 86) beauftragen (Foth aaO). Während der Urteilsberatung, also in Abwesenheit des Angeklagten, darf der Augenschein nicht wiederholt werden (RG **66**, 28, Hamm NJW **59**, 1192).
Zur Hauptverhandlung gehört auch die **Urteilsverkündung** nach § 268 7
(dort 14); der Angeklagte muss daher anwesend sein (RG **42**, 244, 246; LR-Becker 5).

C. **Verhandlungsfähig** (dazu Einl 97) muss der Angeklagte in der Hauptver- 8
handlung sein; seine körperliche Anwesenheit genügt nicht (BGH **23**, 331, 334; OGH **2**, 375, 377; Rieß JZ **75**, 267). Schon bei Zweifeln an seiner Verhandlungsfähigkeit darf die Hauptverhandlung gegen ihn nicht durchgeführt werden (BGH NStZ **84**, 520). Hat er seine Verhandlungsunfähigkeit selbst herbeigeführt, so kann nach II oder nach § 231a verfahren werden (Düsseldorf NStZ **90**, 295).
Eine **Erkrankung** des Angeklagten zwingt grundsätzlich nur dazu, Ort, Zeit 9
und Dauer der Hauptverhandlung so einzurichten, dass er ihr folgen kann (Seetzen DRiZ **74**, 259). Auch eine Verhandlung am Krankenbett ist nicht ausgeschlossen (LR-Becker 7).

D. Findet die **Hauptverhandlung gegen mehrere Angeklagte** statt, so müs- 10
sen grundsätzlich (vgl aber § 231c) alle anwesend sein, auch wenn ausschließlich über die Tat eines Mitangeklagten verhandelt wird, an der sie nicht beteiligt waren und die sie auch sonst nicht betrifft (BGH StV **87**, 189).
In diesem Fall verstößt aber die **vorübergehende Abtrennung** des Verfahrens 11
gegen einen von ihnen nach § 4, deren Zulässigkeit durch die Regelung des § 231c nicht berührt wird (11 zu § 4), und die Weiterverhandlung gegen die Mitangeklagten in seiner Abwesenheit nicht gegen I, sofern in der weitergeführten Hauptverhandlung ausschließlich Vorgänge erörtert werden, die mit dem abgetrennten Verfahren in keinem inneren Zusammenhang stehen und daher die Anwesenheit des Angeklagten, gegen den das Verfahren abgetrennt worden ist, nicht erfordern (BGH **24**, 257; RG **69**, 363; **70**, 68, 69). Unzulässig ist die vorübergehende Abtrennung dagegen, wenn die Verhandlung in Abwesenheit des Angeklagten Vorgänge zum Gegenstand hat, die die gegen ihn erhobenen Vorwürfe berühren (BGH aaO; **30**, 74; BGH **32**, 100; 270, 273; StV **86**, 465). Etwas anderes gilt nur, wenn die Verhandlung auf einen Punkt beschränkt wird, der den abwesenden Angeklagten nicht betrifft (BGH **32**, 270). Die Abtrennung des Verfahrens gegen einen Mitangeklagten zu dem Zweck, es durch Urteil zu beenden, ist keine vorübergehende Abtrennung in diesem Sinn, auch wenn die Verfahren wieder verbunden werden, weil wider Erwarten das Verfahren gegen den Mitangeklagten nicht beendet werden konnte (BGH **33**, 119). Vgl erg 5 ff zu § 231; 40 zu § 338.

E. **Heilung des Verstoßes gegen I**: Vgl 3 zu § 338. 12

2) Zwangsmittel beim Ausbleiben des Angeklagten (II): 13

A. **Ausgeblieben** ist der Angeklagte, wenn er beim Aufruf der Sache (2 zu 14
§ 243) nicht im Gerichtssaal ist oder nicht alsbald eintrifft (KG StV **02**, 607) oder wenn er sich im Sitzungssaal nicht zu erkennen gibt (LR-Becker 7). Wenn er den Gerichtssaal nicht betreten will, lässt ihn der Vorsitzende entspr § 231 I S 2 herein-

Schmitt

§ 230

bringen (zust Kamp Rudolphi-F S 669); gelingt das nicht, so ist II anwendbar (Lemke NJW **80**, 1494).

15 Dem Ausbleiben **steht gleich,** dass der Angeklagte in selbst verschuldetem verhandlungsunfähigen Zustand erscheint (18 zu § 329; Kamp aaO 670; **aM** Welp JR **91**, 267: verfassungsrechtlich unzulässige Analogie), dass er sich während der Hauptverhandlung entfernt oder dass er in einem Fortsetzungstermin nicht erscheint (vgl § 231 II).

16 B. **Nicht entschuldigt** ist der Angeklagte, wenn weder er selbst noch ein anderer für ihn eine genügende Entschuldigung vorgebracht hat und auch sonst keine Entschuldigungsgründe bekanntgeworden sind. Wie bei § 329 (dort 19) kommt es nicht darauf an, ob sich der Angeklagte entschuldigt hat, sondern nur darauf, ob er entschuldigt ist (Köln StraFo **08**, 29; Schleswig SchlHA **08**, 490; einschr Kamp Rudolphi-F S 674). Maßgebend ist, ob dem Angeklagten wegen seines Ausbleibens unter Abwägung aller Umstände des Falles billigerweise ein Vorwurf gemacht werden kann (BVerfG NJW **07**, 2318; KK-Gmel 11). Im Einzelnen gelten die Grundsätze 21 ff zu § 329. Bei nachträglicher genügender Entschuldigung gilt § 51 II S 2 entspr; die bereits beschlossenen Zwangsmaßnahmen müssen umgehend, auch außerhalb der Hauptverhandlung, aufgehoben werden (KMR-Eschelbach 37).

17 C. **Zwangsmittel:**

18 a) **Allgemeine Voraussetzungen:** Das Gericht darf die Zwangsmittel des II nur anwenden, wenn anders das Verfahren nicht durchgeführt werden kann (Hamburg StraFo **12**, 60). Voraussetzung ist eine ordnungsgemäße Ladung (Köln NStZ-RR **06**, 22: Ladung im Ausland wegen völkerrechtlicher Unzulässigkeit der Androhung von Zwangsmitteln nicht möglich), die die Warnung nach § 216 I (s dort) enthält (weitergehend Welp JR **91**, 268, der bei Anordnung wegen schuldhaft herbeigeführter Verhandlungsunfähigkeit [oben 8, 15] einen entspr Hinweis in der Ladung verlangt); der Hinweis auf eine frühere Ladung genügt nicht (Hamm NStZ-RR **09**, 89; Zweibrücken StV **92**, 101). Die Nichteinhaltung der Ladungsfrist des § 217 I ist unschädlich (11 zu § 329).

19 Der **Grundsatz der Verhältnismäßigkeit** (Einl 20) muss gewahrt sein, wie durch II 2. Hs nun ausdrücklich klargestellt ist. Wenn das Erscheinen des Angeklagten schon mit einfacheren Mitteln sicher erreichbar ist, dürfen die Zwangsmittel des II nicht angewendet werden (Frankfurt StV **05**, 432; Gollwitzer Hanack-F S 151), etwa wenn der Angeklagte in anderer Sache in Strafhaft ist (Celle StraFo **09**, 151). Der Vorführungsbefehl hat als weniger einschneidende Maßnahme den Vorrang vor dem Haftbefehl, wenn er ausreicht (BVerfGE **32**, 87; BVerfG NJW **07**, 2318; KG VR S **129**, 8; StraFo **19**, 462; Braunschweig NStZ-RR **12**, 385 L; Düsseldorf NStZ **90**, 295). Stellt sich das erst nach Erlass des Haftbefehls heraus, so ist er in einen Vorführungsbefehl umzuwandeln (Köln JMBlNW **59**, 114). Scheitert die angeordnete Vorführung des Angeklagten zur Hauptverhandlung, kann umgekehrt – ohne erneute Ladung (**aM** LG Zweibrücken StraFo **06**, 289) – Haftbefehl erlassen werden, es sei denn, das Scheitern beruhte auf Organisationsmängeln bei der Polizei (LG Gera StV **97**, 294). Der Verhältnismäßigkeitsgrundsatz schließt die Anwendung des II nicht deshalb aus, weil die Freisprechung des Angeklagten sicher zu erwarten ist (SSW-Grube 16; **aM** Franz NJW **63**, 2264; vgl auch Kamp Rudolphi-F S 680); in Betracht kommt dann idR aber nur ein Vorführungsbefehl.

20 b) Der **Vorführungsbefehl,** der eine neue Ladung überflüssig macht, bedarf der Schriftform (Lemke NJW **80**, 1494) und muss die in § 134 II bezeichneten Angaben enthalten. Bekanntgegeben wird er dem Angeklagten erst bei einem Vollzug (4 zu § 134). Der Vorführungsbefehl setzt keine Aussetzung der Hauptverhandlung voraus, sondern kann auch erlassen werden, um das Erscheinen des Angeklagten in derselben Sitzung zu erzwingen (Lemke aaO; Rasehorn DRiZ **56**, 269), auch wenn der in Haft befindliche Angeklagte sich weigert, gefesselt an einer Augenscheinseinnahme teilzunehmen (Hamburg GA **61**, 177). Für die Vollstreckung gilt

Hauptverhandlung § 230

§ 36 II S 1 (dazu 5 zu § 134). Der Vorführungsbefehl darf nicht früher vollstreckt werden, als notwendig ist, um den Angeklagten rechtzeitig zur Hauptverhandlung zu bringen; im Übrigen gilt § 135 S 2 (Welp JR **91**, 270). Der Vorführungsbefehl ist vollstreckt und wird, anders als bei der Vorführung zur Vernehmung nach § 134 (dort 6), gegenstandslos, wenn der Angeklagte in den Sitzungssaal geführt worden ist (Gollwitzer Hanack-F S 153 mwN). Von da an besteht das Festhalterecht nach § 231 I S 2 (Enzian NJW **57**, 450).

c) Der **Haftbefehl** nach II, der auch gegen einen schuldunfähigen Angeklagten 21 erlassen werden kann (Hamm NJW **58**, 2125), dient nur der Sicherung der Weiterführung und Beendigung des Strafverfahrens (zum Erlass gegen einen im Ausland lebenden Angeklagten vgl Frankfurt NStZ-RR **99**, 18). § 116 IV Nr 2 geht § 230 II vor. Der Haftbefehl nach II setzt keinen dringenden Tatverdacht und keinen Haftgrund nach §§ 112, 112a voraus, sondern nur die Feststellung, dass der Angeklagte nicht erschienen und sein Ausbleiben nicht genügend entschuldigt ist (Düsseldorf JMBlNW **83**, 41; Karlsruhe MDR **80**, 868; vgl auch BVerfGE **32**, 87, 93). In ihm den Beginn der Vollstreckbarkeit festzusetzen, ist zulässig (Düsseldorf NStZ **90**, 295) und uU aus Gründen der Verhältnismäßigkeit notwendig (Welp JR **91**, 270). Für die Vollstreckung gilt § 36 II S 1. Der Haftbefehl muss inhaltlich § 114 II entsprechen (Frankfurt StV **95**, 237; aM LG Chemnitz StV **96**, 255 mit abl Anm Gollwitzer); er muss deutlich machen, dass das Gericht eine Abwägung mit der milderen Maßnahme der polizeilichen Vorführung vorgenommen hat (KG StraFo **19**, 462). Der Haftbefehl wird dem Angeklagten entspr § 114a bei der Verhaftung bekanntgemacht. Für die Vorführung vor das Gericht gelten die §§ 115, 115a entspr (Stuttgart MDR **90**, 75), für die ggf erforderliche Bestellung eines Pflichtverteidigers § 141 II S 1 Nr 1 und S 2 (10, 11, 13-15 zu § 141) sowie für Bestellungsverfahren und Rechtsmittel § 142 II-VII (siehe Komm dort).

Bei **EU-Ausländern** kommt ein Sitzungshaftbefehl in Betracht, wenn der An- 21a geklagte trotz ordnungsgemäßer Ladung nach § 216 in seiner Landessprache der Verhandlung fernbleibt; die Vollstreckung, die eine erst noch anzuberaumende künftige Verhandlung sichern soll, kann als Europäischer Haftbefehl erfolgen (Karlsruhe StV **15**, 346; Rostock NStZ **10**, 412; Ullenboom NJW **18**, 2671, 2673 mwN).

In entspr Anwendung des § 116 kann das Gericht die **Aussetzung des Voll-** 22 **zugs** beschließen, wenn eine weniger einschneidende Maßnahme genügende Gewähr dafür bietet, dass der Angeklagte an der Hauptverhandlung teilnehmen wird (Frankfurt StV **05**, 432). Eine Sicherheitsleistung (§ 116 I Nr 4) verfällt mit der Nichtbefolgung der Ladung, die dem Sich-Entziehen i S des § 124 I gleichsteht.

Zeitlichen Beschränkungen unterliegt der Haftbefehl, abgesehen von dem 23 Übermaßverbot (BVerfGE **32**, 87, 94) nicht, insbesondere nicht nach § 121 I (KG NStZ-RR **99**, 75; Oldenburg NJW **72**, 1585; aM Scharf/Kropp NStZ **00**, 297 sowie Kropp ZRP **01**, 405: beim AG höchstens 3, beim LG höchstens 6 Monate; dagegen Kamp Rudolphi-F S 682). Die Hauptverhandlung ist aber in angemessener Frist durchzuführen (Hamburg MDR **87**, 78; LG Dortmund StV **87**, 335; LG Saarbrücken StV **01**, 344; Gollwitzer Hanack-F S 157). Der Haftbefehl wirkt bis zum Ende der Hauptverhandlung (Scharf/Kropp aaO 298; aM Rupp NStZ **90**, 577), aber keinesfalls darüber hinaus (Saarbrücken NJW **75**, 791). Mit ihrem Abschluss wird er gegenstandslos (Karlsruhe MDR **80**, 868; Saarbrücken aaO), auch bei Einstellung nach § 205 (Hamm NStZ-RR **09**, 89; aM Nürnberg StraFo **16**, 253); seine Aufhebung durch Gerichtsbeschluss hat nur feststellende Bedeutung. Die Freiheitsentziehung auf Grund des Haftbefehls nach II ist, anders als die Freiheitsbeschränkung auf Grund eines Vorführungsbefehls (aM LR-Becker 43), nach § 51 StGB auf die Strafe anzurechnen.

d) Das **Gericht**, nicht der Vorsitzende allein, erlässt den Vorführungs- oder 24 Haftbefehl durch – zu begründenden (LG Zweibrücken NJW **09**, 1828) – Beschluss, an dem nach § 30 I GVG grundsätzlich die Schöffen mitwirken (Köln StV **05**, 433; Bremen MDR **60**, 244; LG Potsdam StraFo **19**, 383). Soll allerdings

§ 231

die vorgebrachte Entschuldigung geprüft oder der Eingang des glaubhaft angekündigten Nachweises abgewartet werden, so kann das Gericht, statt in einer zu diesem Zweck neu anberaumten Hauptverhandlung mit Schöffen zu entscheiden, den Beschluss nach II für einen späteren Zeitpunkt außerhalb der Hauptverhandlung (ohne Schöffen) vorbehalten (Schleswig SchlHA **13**, 316 [D/G]; Gollwitzer Hanack-F S 109; Welp JR **91**, 271; str, vgl zum Streitstand LG Gera NStZ-RR **96**, 239), sonst aber nicht (Köln aaO; LG Zweibrücken NStZ-RR **98**, 112).

25 e) **Beschwerde** ist gegen den Vorführungs- und Haftbefehl zulässig; § 305 S 1 steht nicht entgegen. Der Haftbefehl kann mit der weiteren Beschwerde nach § 310 I angefochten werden (Celle NJW **57**, 393; Hamburg NJW **63**, 1167; Karlsruhe NJW **69**, 1546), der Vorführungsbefehl nicht (Celle MDR **66**, 1022). Das Beschwerdegericht kann den Haftbefehl in einen Vorführungsbefehl umwandeln (vgl Celle NJW **57**, 393), aber nicht als Haftbefehl nach §§ 112, 112a aufrechterhalten; die Erstzuständigkeit nach § 125 II darf nicht umgangen werden (Hamm NStZ-RR **09**, 89, 90; Köln NStZ-RR **06**, 22; KK-Gmel 18). Zur Anfechtung im Falle der Erledigung des Vorführungs- oder Haftbefehls vgl 17 ff vor § 296.

26 3) **Revision**: Bei Verletzung von I gilt § 338 Nr 5, sofern der Angeklagte in einem wesentlichen Teil der Hauptverhandlung abwesend war (36 zu § 338). Die vorschriftswidrige Abwesenheit muss nach § 344 II als Verfahrensmangel gerügt werden; sie ist kein von Amts wegen zu beachtendes Prozesshindernis (BGH **26**, 84; erg Einl 146). Zum notwendigen Revisionsvorbringen gehört die Angabe des Verhandlungsteils, bei dem der Angeklagte gefehlt hat (BGH **26**, 84, 91; MDR **81**, 457 [H]; dagegen muss nicht mitgeteilt werden, worüber in seiner Abwesenheit verhandelt wurde und was die in seiner Abwesenheit vernommenen Personen ausgesagt haben (BGH NStZ **83**, 36; **aM** BGH NStZ **08**, 644, um prüfen zu können, ob es sich um einen wesentlichen Teil der Hauptverhandlung gehandelt hat; aber das ist keine Frage der Zulässigkeit der Rüge, sondern des Beruhens des Urteils auf dem Verstoß [36 zu § 338], also der Begründetheit). Die Abwesenheit eines Mitangeklagten kann nicht mit Erfolg gerügt werden (erg 4 zu § 338).

27 Ist das Urteil auf Grund einer **Personenverwechslung** nicht gegen den nach dem Eröffnungsbeschluss Angeklagten, sondern gegen eine andere Person ergangen, ist es auf Revision des gemeinten Angeklagten aufzuheben (Bamberg NStZ **07**, 292; KMR-Eschelbach 22; LR-Kühne Einl K 122; eingehend Meyer-Goßner ZI S **09**, 521; zust SK-Deiters 38). War es rechtskräftig geworden, ist es nach § 359 Nr 5 zu beseitigen, jedenfalls nach § 458 nicht zu vollstrecken (erg Einl 105); gegen den anderen wirkt das Urteil nicht (Bamberg aaO; LG Lüneburg MDR **49**, 767 mit abl Anm Grobler; nach **aM** KK-Gmel 7; LR-Becker 9: Unwirksamkeit des Urteils gegen beide). Die Rechtswirksamkeit des Urteils ist nicht berührt, wenn der richtige Angeklagte unter falschem Namen verurteilt wird (KG NStZ-RR **04**, 240; erg Einl 174; 10 zu § 458).

Anwesenheitspflicht des Angeklagten

231 I ¹Der erschienene Angeklagte darf sich aus der Verhandlung nicht entfernen. ²Der Vorsitzende kann die geeigneten Maßregeln treffen, um die Entfernung zu verhindern; auch kann er den Angeklagten während einer Unterbrechung der Verhandlung in Gewahrsam halten lassen.

II Entfernt der Angeklagte sich dennoch oder bleibt er bei der Fortsetzung einer unterbrochenen Hauptverhandlung aus, so kann diese in seiner Abwesenheit zu Ende geführt werden, wenn er über die Anklage schon vernommen war, das Gericht seine fernere Anwesenheit nicht für erforderlich erachtet und er in der Ladung darauf hingewiesen worden ist, dass die Verhandlung in diesen Fällen in seiner Abwesenheit zu Ende geführt werden kann.

Hauptverhandlung § 231

Übersicht

	Rn
1) Anwesenheitspflicht des Angeklagten (I S 1)	1–3
2) Fortsetzung der Verhandlung ohne den Angeklagten (II)	4–23
A. Ausnahmevorschrift	5–7
B. Voraussetzung der Fortsetzung	8–20a
a) Sichentfernen aus der Verhandlung	9–11
b) Ausbleiben in der Fortsetzungsverhandlung	12–18
c) Abschluss der Sachvernehmung	19
d) Entbehrlichkeit der weiteren Anwesenheit	20
e) Ladungshinweis	20a
C. Ausschluss der Fortsetzung ohne den Angeklagten	21
D. Verfahren	22
E. Rückkehr des Angeklagten	23
3) Rechtsbehelfe	24
4) Revision	25

1) Die **Pflicht des Angeklagten zur ununterbrochenen Anwesenheit** (I) **1** während der gesamten Hauptverhandlung (5 zu § 230), auch in der Berufungsverhandlung (§ 332), schließt das Verbot ein, sich aus der Hauptverhandlung zu entfernen. S 1 stellt das ausdrücklich klar.

Der Vorsitzende kann **geeignete Maßnahmen zur Verhinderung des Sich-** **2** **Entfernens** des Angeklagten treffen **(S 2 Hs 1)**, insbesondere den Angeklagten in die umfriedete Anklagebank verweisen oder ihn durch Justiz- oder Polizeibeamte ständig bewachen lassen. Auch eine Fesselung kann, falls die mit der Fesselung beabsichtigten Zwecke nicht auf weniger einschneidende Art und Weise erreicht werden können, zulässig sein (BGH NJW **57**, 271; Hamm NStZ-RR **14**, 114 L); dann gilt § 119 entspr (Dresden NStZ **07**, 479).

Die **Ingewahrsamnahme des Angeklagten** während einer Unterbrechung **3** der Verhandlung lässt S 2 Hs 2 zu. Sie setzt voraus, dass Anlass zu der Annahme besteht, der Angeklagte wolle sich der weiteren Verhandlung entziehen. Die Dauer der Unterbrechung spielt grundsätzlich keine Rolle; auch bei einer Unterbrechung, die sich über die Nachtstunden erstreckt, und bei einer wiederholten Unterbrechung ist die Maßnahme zulässig, eine feste Höchstdauer gibt es nicht (Gollwitzer Hanack-F S 163 ff). Bei einer mehrtägigen Unterbrechung wird aber ein Haftbefehl nach §§ 112 ff erlassen werden müssen (Frankfurt NStZ-RR **03**, 329; vgl auch Wendisch StV **90**, 166); auf S 2 Hs 2 kann er nicht gestützt werden (BVerfGE **21**, 184, 188). Die Vollstreckung der Anordnung ist Sache des Vorsitzenden; die StA ist nicht beteiligt. Der Vollzug obliegt dem Justizwachtmeister, der Polizei nur, wenn sie zur Wahrung der öffentlichen Sicherheit und Ordnung zugezogen worden und anwesend ist. Wenn der Angeklagte von Beamten der JVA vorgeführt worden ist, so ist die Ingewahrsamnahme deren Aufgabe. Vollzogen wird sie durch Bewachung oder Einschließung, auch durch Unterbringung in einer JVA.

2) Fortsetzung der Verhandlung ohne den Angeklagten (II): **4**

A. **Maßgebend für die Vorschrift** ist die Erwägung, dass es gegen die Interes- **5** sen der Strafrechtspflege verstieße, wenn dem Angeklagten die Möglichkeit gegeben würde, eine begonnene und vielleicht schon dem Abschluss nahe Hauptverhandlung dadurch unwirksam zu machen, dass er sich entfernt oder bei ihrer Fortsetzung ausbleibt (vgl BGH **19**, 144, 147; **25**, 317, 319; RG **22**, 247, 249).

II ist eine eng auszulegende **Ausnahmevorschrift** (BGH **3**, 187, 190; **19**, 144, **6** 148; **25**, 317, 320; NJW **77**, 1928; KG StV **85**, 52; Düsseldorf NJW **70**, 1889; Frankfurt NJW **74**, 2065), deren Anwendung aber nicht davon abhängt, dass der Vorsitzende zuvor nach I versucht hat, die Anwesenheit des Angeklagten zu erzwingen.

II gilt auch im **Berufungsverfahren** (Bremen MDR **79**, 864; Düsseldorf aaO). **7**

B. **Voraussetzungen der Weiterführung der Verhandlung:** **8**

§ 231

9 **a) Sich-Entfernen aus der Hauptverhandlung:** Nur das eigenmächtige Verlassen der Verhandlung ist gemeint (BGH **10**, 304, 305; BGH **25**, 317, 319; NJW **73**, 522; **77**, 1928; MDR **79**, 989 [H]; NStZ **84**, 41; Frankfurt NStZ-RR **03**, 329; Köln VR S **67**, 353; **70**, 16).

10 **Eigenmächtig** in diesem Sinne handelt der Angeklagte, der ohne Rechtfertigungs- oder Entschuldigungsgründe wissentlich seiner Anwesenheitspflicht nicht genügt (BGH **37**, 249; NStZ **98**, 476; **12**, 405); dem steht gleich, wenn er sich wissentlich ohne Not in eine Lage begibt, die für ihn voraussehbar mit dem erheblichen Risiko verbunden ist, zum angesetzten Verhandlungstermin nicht erscheinen zu können (BGH NStZ **19**, 481). Dass er versucht haben müsse, durch Missachtung seiner Anwesenheitspflicht den Gang der Rechtspflege zu stören und die Hauptverhandlung unwirksam zu machen, wie die Rspr früher angenommen hatte (vgl dazu BGH NStZ **88**, 422 mwN), ist nicht erforderlich (BGH **37**, 249). Dabei ist es nicht Sache des Angeklagten, den Verdacht der Eigenmächtigkeit auszuräumen (Karlsruhe NStE Nr 9); sie muss ihm vielmehr, auch noch im Zeitpunkt der Revisionsverhandlung (unten 25), zur Überzeugung des Gerichts nachgewiesen werden (BGH **10**, 304, 305; **16**, 178, 180; NStZ **84**, 209 [Pf/M]; NJW **87**, 2592; NStZ-RR **01**, 333; Bremen StV **85**, 50; Karlsruhe StraFo **01**, 415). Wiedereinsetzung entspr § 235, bei der die Säumnisgründe glaubhaft zu machen wären (§ 45 II S 1), ist daher ausgeschlossen (BGH **10**, 304).

11 Die **Eigenmächtigkeit fehlt**, wenn der Angeklagte sich mit ausdrücklicher oder stillschweigender Billigung des Gerichts entfernt (BGH NJW **73**, 522; StV **93**, 285; KG NStZ-RR **15**, 251 L), oder fortbleibt (BGH StraFo **14**, 335; Hamm StraFo **07**, 292) oder wenn er weggeht, ohne dass das Gericht ihn entspr der Aufforderung der StA auf seine Anwesenheitspflicht hinweist (KG StV **85**, 52). Nicht eigenmächtig handelt auch der in der Haft befindliche Angeklagte, der sich weigert, an einer Ortsbesichtigung gefesselt teilzunehmen; das Gericht hat die Macht, seine Teilnahme zu erzwingen (BGH **25**, 317 = JR **75**, 75 mit Anm Gollwitzer; **aM** Küper NJW **74**, 2218). Auch eine persönliche Konfliktlage kann der Eigenmächtigkeit entgegenstehen (Stuttgart OLGSt Nr 1).

12 **b) Ausbleiben in der Fortsetzungsverhandlung:** Die Anwendung von II hängt nicht davon ab, ob und wann der Angeklagte sein Fernbleiben entschuldigt hat (BGH StV **82**, 356; Frankfurt StV **87**, 380).

13 Maßgebend ist vielmehr, ob eine **Eigenmächtigkeit** des Angeklagten vorliegt und ihm nachgewiesen werden kann (oben 10); dass das Gericht Grund zu der Annahme hat, der Angeklagte habe den Termin vorsätzlich nicht wahrgenommen, genügt nicht (BGH NJW **80**, 950; **87**, 2592; NStZ **83**, 355 [Pf/M]; **84**, 209 [Pf/M] mwN; Bremen StV **85**, 50; Frankfurt StV **87**, 380).

14 Die Eigenmächtigkeit setzt zunächst den Nachweis **ordnungsgemäßer Ladung** (BGH **38**, 271, 273; Karlsruhe NJW **81**, 934; erg 8 zu § 216), nicht jedoch eine Belehrung über die Folgen des Ausbleibens voraus (BGH **46**, 81). Wer nicht wirksam geladen worden ist, muss auch nicht erscheinen (BGH NStZ **84**, 41). War der Angeklagte aber in einer unterbrochenen Hauptverhandlung nach ordnungsgemäßer Ladung eigenmächtig ausgeblieben, so muss er nicht nochmals geladen werden, wenn die Hauptverhandlung abermals unterbrochen und an einem anderen Tag fortgesetzt wird (Karlsruhe MDR **84**, 690; **aM** Karlsruhe NJW **81**, 934; vgl auch BGH NJW **87**, 2592: jedenfalls, wenn ein Verteidiger anwesend ist); denn II gestattet es, die Hauptverhandlung, nicht nur den Sitzungstag, an dem der Angeklagte ausgeblieben ist, in seiner Abwesenheit zu Ende zu führen. Dass der Angeklagte an einem Verhandlungstag eigenmächtig ausgeblieben ist, erlaubt die weitere Fortsetzung der Verhandlung ohne ihn aber nicht, wenn er an einem späteren Verhandlungstag unverschuldet nicht erschienen ist (BGH NStZ **86**, 422).

15 An der **Eigenmächtigkeit fehlt** es, wenn dem Angeklagten in der mündlichen Ladung ohne Einschränkung erklärt wird, bei seinem Nichterscheinen werde ohne ihn verhandelt (Köln StV **85**, 50; vgl auch Bremen StV **92**, 558: fehlerhafte Belehrung durch Verteidiger), oder wenn das Gericht ihm freigestellt hatte, ob er zur

Fortsetzungsverhandlung erscheinen wolle (BGH StV **87**, 189; Köln aaO; Stuttgart NJW **70**, 343), wobei es genügt, dass er dem Verhalten des Gerichts ein derartiges Einverständnis entnehmen konnte (BGH NStZ **89**, 284; MDR **90**, 489 [H]), oder wenn es ihm sogar erklärt hatte, er brauche nicht zu erscheinen (Celle StraFo **12**, 140). Das Ausbleiben ist ferner nicht eigenmächtig, wenn der Angeklagte nur verschlafen hat (BGH StV **88**, 185; NJW **91**, 1367) oder wenn er am Erscheinen durch Krankheit, nicht nur wegen unbedeutender Unpässlichkeiten (Stuttgart NJW **67**, 944), oder andere von seinem Willen unabhängige Umstände verhindert ist (BGH NStZ **91**, 28 [M/K]), etwa wegen einer Zugverspätung (BGH NStZ **03**, 561) oder weil er in anderer Sache in UHaft genommen (BGH VR S **36**, 212; Frankfurt StV **87**, 380; **aM** aber BGH StV **09**, 338, weil er durch eine Straftat ein Verhaftungsrisiko gesetzt habe; dagegen zutr Kühne StV **09**, 340) oder im Ausland festgenommen worden ist, ohne dass dies für ihn vorhersehbar war (BGH NStZ **19**, 481). Bei einem nicht auf freiem Fuß befindlichen Angeklagten kann von einem eigenmächtigen Ausbleiben auch sonst keine Rede sein, weil das Gericht grundsätzlich die Pflicht und die Macht hat, seine Anwesenheit an Gerichtsstelle durch Vorführung sicherzustellen (BGH **3**, 187, 190; **25**, 317, 319 NStZ **93**, 446; NJW **77**, 1928; **aM** Küper NJW **74**, 2218; **78**, 251; Lüderssen Meyer-GedSchr 276); jedoch ist eine am Maßstab der Verhältnismäßigkeit ausgerichtete Gesamtbetrachtung vorzunehmen, bei der alle Umstände des Einzelfalls einschließlich des Gewichts des erhobenen Tatvorwurfs und des erforderlichen Aufwandes für die Vorführung zu berücksichtigen sind (BGH **59**, 187).

An der Eigenmächtigkeit kann es auch fehlen, wenn der Angeklagte verspätet erscheint, das aber glaubhaft mit einem Irrtum über Terminstag oder -stunde erklärt (BGH StV **81**, 393; Bay **88**, 54 = NStE Nr 5; Bremen StV **85**, 50). Auch dringende berufliche Gründe können die Eigenmächtigkeit ausschließen (weitgehend Frankfurt NJW **74**, 2065; vgl dagegen BGH bei H. W. Schmidt MDR **81**, 976: bei einem RA nicht wegen Strafverteidigung in anderer Sache), zB die Notwendigkeit der Teilnahme an einer Betriebsratssitzung (Köln VR S **70**, 16). Insbesondere kann die Eigenmächtigkeit bei besonderen Konfliktslagen entfallen, zB wenn bei Teilnahme an der Verhandlung der Verlust des Arbeitsplatzes droht (BGH NJW **80**, 950; StV **84**, 325). 16

Dem **eigenmächtigen Ausbleiben steht gleich,** dass der Angeklagte sich nach seiner Vernehmung zur Sache (vorher gilt § 231a) in einen seine Verhandlungsfähigkeit (Einl 97) ausschließenden Zustand versetzt (BGH NJW **81**, 1052; NStZ **81**, 95 [Pf]; MDR **80**, 631 [H]; Rieß JZ **75**, 271 und ZStW **90**, Beih 193), insbesondere dass er sich, um das Verfahren zu verhindern, bewusst in eine krankhafte seelische Erregung hineinsteigert, die ihn verhandlungsunfähig macht (BGH **2**, 300, 304; erg 7 zu § 231a), auch bei Verhandlungsunfähigkeit infolge Alkoholgenusses (BGH NStZ **86**, 372) oder ernsthaften Suizidversuchs (BGH **16**, 178; **56**, 298 mit abl Anm Trüg NJW **11**, 3256 und zust Anm Arnoldi NStZ **12**, 108; **aM** SK-Deiters 28a; Eisenberg NStZ **12**, 67; Hanack JZ **72**, 81; Rieß ZStW **90**, Beih 194; vgl auch Koblenz NJW **75**, 322; AK-Keller 10; erg 7, 8 zu § 231a). Ebenso wie bei § 231a (dort 5) kann zeitweilige Verhandlungsunfähigkeit genügen, wenn sie die Beendigung des Verfahrens in vernünftiger Frist hindert (BGH NJW **81**, 1052), nicht aber, wenn sie sie nur in noch hinzunehmender Weise verzögert (BGH **19**, 144 mit abl Anm Pawlik NJW **64**, 779). 17

Die Pflicht des Angeklagten, die **Verhandlung am Krankenbett** zu dulden, lässt sich aus II nicht herleiten (Meurer NStZ **88**, 423; Schreiner NJW **77**, 2303; **aM** Laier NJW **77**, 1139: „innere Mitwirkungspflicht"; vgl auch BGH NJW **87**, 2592; KMR-Eschelbach 23). 18

c) **Abschluss der Sachvernehmung:** Der Angeklagte muss über die Anklage, dh über den zugelassenen Anklagesatz, schon abschließend vernommen sein, im Berufungsverfahren nur, soweit sie noch Gegenstand des Verfahrens ist (Bremen MDR **79**, 864). Das bedeutet aber nicht, dass er zu Angaben zur Sache gemacht haben muss. Er muss nur in der Hauptverhandlung nach § 243 V S 2 Gelegenheit zur 19

§ 231

umfassenden Äußerung gehabt haben (BGH 27, 216; NJW 87, 2592; MDR 72, 18 [D]). Sein Vorbehalt, er wolle erst zu einem späteren Zeitpunkt Erklärungen abgeben, ist unbeachtlich (BGH NJW 87, 2592). Die Vorstrafen brauchen während der Sachvernehmung noch nicht erörtert worden zu sein (BGH 27, 216).

20 d) **Entbehrlichkeit der weiteren Anwesenheit des Angeklagten:** Darüber entscheidet das Gericht, nicht der Vorsitzende allein, nach pflichtgemäßem Ermessen. Maßgebend sind die besonderen Umstände des Einzelfalls. Dabei kommt es immer auf die Prozesslage nach dem Ausbleiben des Angeklagten an (vgl dazu BGH 5 StR 18/18 vom 6.3.2018; Eisenberg NStZ **12**, 69); im Voraus kann die Entbehrlichkeit seiner Anwesenheit nicht beurteilt werden (RG **58**, 149, 153).

20a e) **Ladungshinweis:** Das Ges zur Stärkung des Rechts des Angeklagten auf Anwesenheit in der Verhandlung vom 17.12.2018 (BGBl I 2571) sieht nunmehr vor, dass der Angeklagte bereits in der Ladung auf die möglichen Konsequenzen seines Ausbleibens hingewiesen wird.

21 C. **Ausgeschlossen ist die Fortsetzung der Verhandlung** ohne den Angeklagten, wenn es notwendig ist, ihm rechtliche Hinweise nach § 265 I, II zu geben (BGH MDR **69**, 360 [D]; erg 18 zu § 232). In seiner Abwesenheit sind solche Hinweise unwirksam (BGH aaO). Etwas anderes gilt, wenn ein Verteidiger mitwirkt (§ 234a Hs 1). Dass das Gesetz Einverständniserklärungen des Angeklagten verlangt, wie in §§ 245 I S 2, 251 I Nr 1, II Nr 3, hindert die Fortsetzung der Verhandlung ohne ihn nicht. Denn durch sein Ausbleiben hat der Angeklagte das Recht verwirkt, in dieser Weise gestaltend auf das Verfahren einzuwirken (allg M; vgl auch BGH **3**, 206). § 234a Hs 2 ändert daran nichts (dort 5).

22 D. **Verfahren:** Ein besonderer Beschluss des Gerichts, nach II zu verfahren, ist nicht vorgeschrieben; es genügt, dass das Gericht seine Absicht, die Hauptverhandlung in Abwesenheit des Angeklagten fortzusetzen, schlüssig zum Ausdruck bringt (BGH MDR **75**, 198 [D]; NStZ **81**, 95 [Pf]; Köln StV **85**, 50; KK-Gmel 11). Eine Anordnung des Vorsitzenden allein, die die Schöffen nur schweigend hingenommen haben, genügt nicht (Köln StV **14**, 206; aM LR-Becker 31). Wird ein Beschluss erlassen, was zweckmäßig ist (BGH **59**, 187, 192), so kann er jederzeit wieder aufgehoben werden. Auch das Urteil braucht die Anwendung des II nicht zu rechtfertigen (KK-Gmel 13; LK-Becker 37). Die Urteilszustellung richtet sich nach § 35 II; die Zustellung an den Verteidiger ist nach § 145a I zulässig.

23 E. **Kehrt der Angeklagte in die Verhandlung zurück** oder erscheint er verspätet in der Fortsetzungsverhandlung, so nimmt er seine Stellung mit allen Rechten und Pflichten wieder ein (BGH NStZ **86**, 372; Stuttgart NStZ-RR **15**, 285: letztes Wort). Die Zulässigkeit des in seiner Abwesenheit durchgeführten Teils der Hauptverhandlung wird durch die Rückkehr nicht berührt. Da eine den §§ 231a II, 247 S 4 entspr Vorschrift fehlt, muss der Angeklagte nicht über die wesentlichen Inhalt des in seiner Abwesenheit Verhandelten unterrichtet werden (BGH **3**, 187, 189; KK-Gmel 12; zw BGH NStZ **99**, 256; aM Rieß JZ **75**, 271, der §§ 231a II, 231b entspr anwenden will). Im Einzelfall kann die Mitteilung aber zur Aufklärung der Sache (§ 244 II) oder, insbesondere beim nicht verteidigten Angeklagten, auf Grund der prozessualen Fürsorgepflicht (Einl 117) geboten sein (BGH NStZ-RR **03**, 2 [B]). Auf das weitere Verfahren hat das eigenmächtige Ausbleiben des Angeklagten keinen Einfluss; der Angeklagte kann aber mit der Behauptung, nicht eigenmächtig ferngeblieben zu sein, nach § 33a die Wiederholung des betroffenen Verfahrensteils beantragen (Weßlau StV **14**, 241). Entfernt der Angeklagte sich abermals eigenmächtig, darf die Verhandlung in seiner Abwesenheit nur weitergeführt werden, wenn die Voraussetzungen des II erneut vorliegen (BGH **19**, 144 mit abl Anm Pawlik NJW **64**, 779).

24 3) **Rechtsbehelfe:** Die Anrufung des Gerichts gegen Anordnungen des Vorsitzenden ist nach § 238 II zulässig (LR-Becker 40; **aM** BGH NJW **57**, 271). Die Beschwerde gegen solche Maßnahmen ist zulässig (Frankfurt NStZ-RR **03**, 329 mwN; dort auch zur Anfechtung bei Erledigung der Maßnahme; erg 17 ff vor

296). Weitere Beschwerde gegen die Ingewahrsamnahme nach I S 2 Hs 2 findet nicht statt (Oldenburg NdsRpfl **54**, 193).

4) Revision: Maßnahmen nach I S 2 können grundsätzlich nicht mit der Revision angegriffen werden; allenfalls kann geltend gemacht werden, dass die Anordnung des Vorsitzenden die Verteidigung in unzulässiger Weise beschränkt habe (BGH NJW **57**, 271: Fesselung). Der Verstoß gegen II ist ein zwingender Urteilsaufhebungsgrund nach § 338 Nr 5 (Celle StraFo **12**, 140; Köln StV **14**, 206). Zum notwendigen Revisionsvorbringen vgl 26 zu § 230; Eisenberg NStZ **12**, 70. Die Eigenmächtigkeit (oben 9 ff) muss auch im Zeitpunkt der Revisionsentscheidung nachgewiesen sein (BGH StV **84**, 326; NStZ-RR **01**, 333; NStZ **10**, 585; 1 StR 235/14 vom 29.4.2015); ob der Tatrichter mangels Kenntnis des Hinderungsgrundes von eigenmächtigem Ausbleiben ausgehen konnte, ist nicht bedeutsam (BGH 4 StR 549/06 vom 5.7.2007). Das Revisionsgericht prüft das im Freibeweis selbstständig nach (BGH **16**, 178, 181; NJW **87**, 1776, 1777; NStZ **84**, 209 [Pf/M] mwN; **88**, 421 mit Anm Meurer; **89**, 284; **99**, 418; Karlsruhe NStE Nr 9; Hauck JR **09**, 147); die Revisionsrechtfertigungsschrift muss ihm aber eine erste Nachprüfung ermöglichen (BGH StV **84**, 326: **12**, 72; Schleswig SchlHA **12**, 296 [D/D]). An die Feststellungen des Tatrichters ist das Revisionsgericht nicht gebunden (BGH **10**, 304; NStZ **97**, 295; Stuttgart NJW **67**, 944, 946). Nur wenn eine weitere Klärung nicht möglich ist, legt es seiner Entscheidung die nicht zu erschütternde Überzeugung des Tatrichters zugrunde (BGH MDR **79**, 281 [H]; aM Maatz DRiZ **91**, 200, der eine weitergehende Prüfungskompetenz des Revisionsgerichts verneint, was aber wegen der fehlenden Möglichkeit einer Wiedereinsetzung in den vorigen Stand bei unverschuldetem Ausbleiben bedenklich erscheint, vgl BGH **10**, 304; zw aber auch BGH StV **12**, 72: Bindung an rechtsfehlerfreie tatrichterliche Feststellungen zur Eigenmächtigkeit; dagegen eingehend Weßlau StV **14**, 236).

Herbeiführung der Verhandlungsunfähigkeit durch den Angeklagten RiStBV 122

§ 231a

I ¹ Hat sich der Angeklagte vorsätzlich und schuldhaft in einen seine Verhandlungsfähigkeit ausschließenden Zustand versetzt und verhindert er dadurch wissentlich die ordnungsmäßige Durchführung oder Fortsetzung der Hauptverhandlung in seiner Gegenwart, so wird die Hauptverhandlung, wenn er noch nicht über die Anklage vernommen war, in seiner Abwesenheit durchgeführt oder fortgesetzt, soweit das Gericht seine Anwesenheit nicht für unerlässlich hält. ² Nach Satz 1 ist nur zu verfahren, wenn der Angeklagte nach Eröffnung des Hauptverfahrens Gelegenheit gehabt hat, sich vor dem Gericht oder einem beauftragten Richter zur Anklage zu äußern.

II Sobald der Angeklagte wieder verhandlungsfähig ist, hat ihn der Vorsitzende, solange mit der Verkündung des Urteils noch nicht begonnen worden ist, von dem wesentlichen Inhalt dessen zu unterrichten, was in seiner Abwesenheit verhandelt worden ist.

III ¹ Die Verhandlung in Abwesenheit des Angeklagten nach Absatz 1 beschließt das Gericht nach Anhörung eines Arztes als Sachverständigen. ² Der Beschluß kann bereits vor Beginn der Hauptverhandlung gefaßt werden. ³ Gegen den Beschluß ist sofortige Beschwerde zulässig; sie hat aufschiebende Wirkung. ⁴ Eine bereits begonnene Hauptverhandlung ist bis zur Entscheidung über die sofortige Beschwerde zu unterbrechen; die Unterbrechung darf, auch wenn die Voraussetzungen des § 229 Abs. 2 nicht vorliegen, bis zu dreißig Tagen dauern.

IV Dem Angeklagten, der keinen Verteidiger hat, ist ein Verteidiger zu bestellen, sobald eine Verhandlung ohne den Angeklagten nach Absatz 1 in Betracht kommt.

§ 231a Zweites Buch. 6. Abschnitt

1 **1)** Eine **Ergänzung des § 231 II** für den Fall, dass der Angeklagte noch nicht zur Sache vernommen worden ist, enthält die mit dem GG zu vereinbarende (BVerfGE **41**, 246, 249; **51**, 324, 343) Vorschrift. Führt der Angeklagte seine Verhandlungsunfähigkeit erst nach Abschluss der Sachvernehmung herbei, so gilt ausschließlich § 231 II (BGH NJW **81**, 1052; NStZ **81**, 95 [Pf]; Rieß JZ **75**, 269).
2 Im Gegensatz zu dieser Vorschrift ist § 231a eine **Mussvorschrift** (BGH **26**, 228, 234; Rieß JZ **75**, 270; Warda Bruns-F S 427). Sie ist aber nur in Ausnahmefällen anwendbar (BGH **26**, 228, 241); bei leicht behebbarer vorübergehender Verhandlungsunfähigkeit kommt sie nicht in Betracht (Rieß ZStW **90**, Beih 196).

3 **2) Voraussetzungen der Abwesenheitsverhandlung:**
4 A. **Vorsätzliche und schuldhafte Herbeiführung der Verhandlungsunfähigkeit (I S 1):** Aufgrund eines ärztlichen Gutachtens und im Freibeweis (7, 9 zu § 244) muss die **Verhandlungsunfähigkeit** (dazu Einl 97) festgestellt werden (III S 1). Dass ihr späterer Wegfall ausgeschlossen erscheint, hindert die Anwendung des I nicht (KK-Gmel 3a; einschr Rieß JZ **75**, 270). Absolute Verhandlungsunfähigkeit wird nicht vorausgesetzt. Verhandlungsunfähig iSv I kann der Angeklagte vielmehr auch sein, wenn er nur für kürzere Zeitspannen, die zur Erledigung des Verfahrens in vernünftiger Frist nicht ausreichen, an der Verhandlung teilnehmen kann (BVerfGE **41**, 246; BGH **26**, 228; NJW **81**, 1052; aM Roxin/Schünemann § 44, 48 eingehend dazu Fahl 304 ff; erg unten 9).
5 **Vor Abschluss der Sachvernehmung** (vgl 19 zu § 231) muss die Verhandlungsunfähigkeit eingetreten sein. Ebensowenig wie bei § 231 (dort 19) gehört die Erörterung der Vorstrafen zur Sachvernehmung. Bei mehreren Angeklagten kommt es darauf an, ob der Angeklagte, gegen den nach § 231a verfahren werden soll, bereits zur Anklage vernommen worden ist.
6 **Mittel der Herbeiführung der Verhandlungsunfähigkeit** können sein Medikamentenmissbrauch, Genuss von Rauschgift, Nichtinanspruchnahme der Behandlungsmöglichkeiten während der UHaft, bewusstes Sich-Hineinsteigern in einen psychischen Ausnahmezustand (vgl Hamm NJW **77**, 1739), Hungerstreik (BGH **26**, 228, 239 ff) und andere Selbstbeschädigungen (vgl BVerfGE **51**, 324, 344), wie im Fall des § 231 II (dort 17) auch ein ernst gemeinter Suizidversuch (KK-Gmel 9; aM LR-Becker 7; einschr auch Rieß JZ **75**, 269: nur wenn Selbsttötung nicht die „dominierende Triebfeder" darstellt). Zur Bekämpfung seiner Verhandlungsunfähigkeit durch aktive Maßnahmen, die über das allgemein zur Erhaltung der Gesundheit übliche Maß hinausgehen, ist der Angeklagte nicht verpflichtet (Rieß ZStW **90**, Beih 197). Insbesondere braucht er sich nicht ärztlich behandeln zu lassen, um die volle Verhandlungsfähigkeit wiederherzustellen (BGH **26**, 228, 234; LG Nürnberg-Fürth NJW **99**, 1125; aM Nürnberg NJW **00**, 1804 mit zutr abl Anm Keller StV **01**, 671 und Müller NStZ **01**, 53; einschr ferner LG Lüneburg NStZ-RR **10**, 211; vgl auch SSW-Grube 5; Düsseldorf StraFo **00**, 384; LG Wuppertal StraFo **15**, 151; erg Einl 97).
7 **Vorsätzlich und schuldhaft** muss der Angeklagte seine Verhandlungsunfähigkeit herbeigeführt haben; bedingter Vorsatz genügt (BGH **26**, 228, 239; KK-Gmel 5; aM Roxin/Schünemann § 44, 48). Das Herbeiführen der Verhandlungsunfähigkeit wird dem Angeklagten aber nicht zugerechnet, wenn er aus einem der Gründe des § 20 StGB nicht schuldfähig ist (dazu eingehend BGH **56**, 298 mit abl Anm Trüg NJW **11**, 3256 und insoweit abl Anm Arnoldi NStZ **12**, 108; abl auch Eisenberg NStZ **12**, 67; erg 17 zu § 231).

8 B. **Wissentliche Verhinderung der Durch- oder Fortführung der Hauptverhandlung (I S 1):** Auf Dauer braucht die ordnungsgemäße Hauptverhandlung nicht verhindert zu werden. Es genügt, dass der Angeklagte nach dem Beschleunigungsgebot nicht vertretbare langfristige Verzögerung verursacht (BGH **26**, 228, 232; Rieß JZ **75**, 269). Dazu gehört insbesondere der Fall, dass er bei langer Verhandlungsdauer jeweils nur kurze Zeit verhandlungsfähig ist, diese Zeitspannen aber nicht ausreichen, um das Verfahren ordnungsgemäß, insbesondere in ange-

1086 Schmitt

messener Zeit, zu Ende zu führen (BVerfGE **41**, 246, 247; BGH aaO; NJW **81**, 1052; LR-Becker 3; Warda Bruns-F S 415; **aM** Rieß JZ **75**, 269; Roxin/Schünemann § 44, 48; oben 5). Entsprechendes gilt, wenn in kurzen Zeitabständen immer wieder ärztliche Unterstützungsmaßnahmen oder unzumutbare ärztliche Überwachungen notwendig wären. Kurzfristige Verzögerungen rechtfertigen die Anwendung des § 231a nicht (oben 1).

Wissentlich verhindert der Angeklagte die Hauptverhandlung in seiner Gegenwart, wenn er bei der Herbeiführung der Verhandlungsunfähigkeit weiß oder als sicher voraussieht, dass dieser Erfolg eintreten werde (BGH **26**, 228, 240); bedingter Vorsatz reicht insoweit nicht aus (LR-Becker 5; Rieß JZ **75**, 269 und ZStW **90**, Beih 197). Absicht ist nicht erforderlich (Rieß aaO). 9

C. Äußerung zur Anklage (I S 2): Die Gelegenheit zur Äußerung kann dem Angeklagten schon alsbald nach der Eröffnung des Hauptverfahrens (nicht früher) gegeben werden, wenn dann schon abzusehen ist, dass eine Verhandlung in seiner Abwesenheit in Betracht kommt. Der Beschluss nach III S 1 braucht noch nicht erlassen worden zu sein; die Anhörung sollte ihm sogar vorausgehen. Die Gelegenheit zur Äußerung gibt der Strafrichter, der Vorsitzende des SchG und im Verfahren vor dem LG oder OLG das Gericht in der Besetzung außerhalb der Hauptverhandlung oder eines seiner Mitglieder als beauftragter Richter; die Vernehmung durch einen ersuchten Richter (1 zu § 63) genügt nicht. Ergibt sich die Notwendigkeit der Anhörung erst in der Hauptverhandlung, so kann auch das erkennende Gericht die Anhörung durchführen. 10

I S 2 verlangt eine **Vernehmung zu der zugelassenen Anklage,** bei der dem Angeklagten Gelegenheit gegeben werden muss, die Verdachtsgründe zu beseitigen und die zu seinen Gunsten sprechenden Tatsachen geltend zu machen (§ 136 II). Der Angeklagte muss daher trotz seiner Verhandlungsunfähigkeit vernehmungsfähig, dh in der Lage sein zu entscheiden, ob er sich äußern will, Fragen und Vorhalte geistig zu verarbeiten, seine Verteidigung vorzubringen und den Inhalt seiner Aussage zu überblicken (Dresden NStE Nr 1; Rieß JZ **75**, 270). Der spätere Wegfall dieser Fähigkeit ist ohne Bedeutung (Rieß aaO). Dass der Angeklagte, der nach § 136 I S 2 über seine Aussagefreiheit belehrt werden muss, sich zu dem Anklagevorwurf äußert, verlangt I S 2 nicht. Die Anhörung kann daher beendet werden, wenn erkennbar wird, dass er sich nicht zur Sache oder nicht sachlich äußern will. 11

Bei der Vernehmung haben StA und Verteidiger ein **Anwesenheitsrecht;** § 168c I, V gilt entspr (LR-Becker 16). Die Verlesung der nach §§ 168, 168a hergestellten Vernehmungsniederschrift in der Hauptverhandlung schreibt das Gesetz nicht ausdrücklich vor; dass sie notwendig ist, ergibt sich aus dem Sinn der gesetzlichen Regelung (KMR-Eschelbach 31; Rieß JZ **75**, 270). 12

3) Die Unerlässlichkeit der Anwesenheit des Angeklagten schließt nach I S 1 die Anwendung des § 231a aus. Ob sie vorliegt, was nur ganz ausnahmsweise der Fall sein wird, entscheidet das Gericht nach pflichtgemäßem Ermessen, wobei das Anwesenheitserfordernis nur in begrenztem Maß mit dem Interesse an der Sachaufklärung gerechtfertigt werden kann (Rieß JZ **75**, 270). Die Anwesenheit des Angeklagten kann ausnahmsweise unerlässlich sein, wenn das Gericht wegen der besonderen Sachgestaltung ohne unmittelbaren Eindruck von dem Angeklagten oder ohne Gegenüberstellung mit Zeugen oder Mitangeklagten kein richtiges Urteil finden zu können glaubt. In aller Regel besteht die Rechtspflicht, ohne den Angeklagten zu verhandeln (Rieß aaO). 13

Der Ausdruck **„soweit"** macht deutlich, dass die Anwendung des I S 1 bei Mehrfachtätern nach Abtrennung des übrigen Verfahrens auf einen der i S des § 264 selbstständigen Straffälle und bei einer einheitlichen Tat auf die Verhandlung über den Schuldspruch beschränkt werden kann. 14

4) Notwendige Verteidigung (IV): Schon wenn eine Verhandlung ohne den Angeklagten auch nur in Betracht kommt, aber noch nicht im Ermittlungsverfahren, hat ihm der Vorsitzende ohne Rücksicht auf das Vorliegen der Voraussetzun- 15

§ 231a

gen des § 140 I, II einen Pflichtverteidiger zu bestellen, wenn er noch keinen Verteidiger hat. Die Verteidigerbestellung geht also der Anhörung des Arztes nach III S 1 und der Vernehmung des Angeklagten nach I S 2 voraus. Sie gilt für das gesamte Verfahren und entfällt daher auch dann nicht, wenn der Angeklagte wieder an der Verhandlung teilnimmt.

16   **5)** Durch **Beschluss (III S 1)** ordnet das Gericht die Verhandlung in Abwesenheit des Angeklagten an, nachdem es zur Frage seiner Verhandlungsunfähigkeit einen Arzt, nicht notwendigerweise einen Amtsarzt (LR-Becker 20), im Freibeweis (7, 9 zu § 244) als Sachverständigen gehört hat. Die Prozessbeteiligten werden vor der Beschlussfassung nach § 33 gehört. Erfolgt die Anhörung schriftlich, so kann das Anhörungsschreiben für den Angeklagten an den Verteidiger gerichtet werden (5 zu § 145a). Ist die Verhandlungsunfähigkeit schon geraume Zeit vor der Hauptverhandlung eingetreten und ist zu erwarten, dass sie fortdauert, so wird der Beschluss schon vor Beginn der Hauptverhandlung (S 2) möglichst frühzeitig erlassen, um die Aufschiebung oder Verlegung des Termins durch die sofortige Beschwerde nach III S 3 zu verhindern. Sonst ergeht der Beschluss in oder während der Unterbrechung der Hauptverhandlung. Der Beschluss ist nach § 34 mit Gründen zu versehen und nach § 35 unverzüglich bekanntzumachen; in der Hauptverhandlung genügt die unverzügliche Mitteilung allein an den Verteidiger, wenn die Bekanntmachung an den Angeklagten wegen seiner Verhandlungsunfähigkeit nur verspätet möglich ist (BGH **39**, 110 = JR **94**, 341 mit zust Anm Gollwitzer).

17   **6)** Die **Durchführung der gesamten Hauptverhandlung ohne den Angeklagten,** bis er wieder imstande ist, der Hauptverhandlung uneingeschränkt zu folgen (BGH **26**, 228, 233 ff), ist zulässig, wenn der Beschluss nach III rechtskräftig ist (vgl unten 24). Hinweise nach § 265 I, II werden dem Verteidiger erteilt (§ 234a Hs 1); das Einverständnis des Angeklagten nach §§ 245 I S 2, 251 I Nr 1, II Nr 3 ist nicht erforderlich (§ 234a Hs 2). Die Befugnis, ohne den Angeklagten zu verhandeln, schließt das Recht ein, ihn gegen seinen Willen von der Verhandlung fernzuhalten (BGH **26**, 228, 234; MDR **80**, 631 [H]; 4 zu § 230; vgl auch BVerfGE **41**, 246; krit Warda Bruns-F S 415 ff). Er ist zur Abwesenheit berechtigt (Rieß ZStW **90**, Beih 198; **aM** Warda aaO) und wird an der Verhandlung beteiligt, soweit er ihr folgen kann und äußerungsfähig ist. Das wird idR nur der Fall sein, wenn seine Verhandlungsunfähigkeit nicht völlig entfallen ist (vgl oben 5, 9). Stört der Angeklagte die Verhandlung, so kann nach § 177 GVG verfahren werden.

18   **7)** Nach **Wiedererlangung der Verhandlungsfähigkeit (II)** muss der Angeklagte, ohne dass es einer förmlichen Aufhebung des Beschlusses nach III S 1 bedarf (KK-Gmel 24), zur Hauptverhandlung wieder zugezogen werden. Voraussetzung dafür ist, dass die Verhandlungsfähigkeit nicht nur für kurze Zeitspannen, sondern in einem Maße besteht, dass eine ordnungsgemäße Fortsetzung der Hauptverhandlung in seiner Gegenwart möglich macht.

19   Ist der Angeklagte in Haft, so hat das Gericht in geeigneter Weise dafür zu sorgen, dass es von der Wiedererlangung der Verhandlungsfähigkeit **alsbald erfährt**, zB durch den Arzt der JVA. Die Weiterverhandlung ohne den Angeklagten ist von dem Zeitpunkt an unzulässig, in dem das Gericht die Mitteilung erhalten hat oder bei pflichtgemäßer Kontrolle hätte erhalten müssen. Befindet sich der Angeklagte auf freiem Fuß, so obliegt es dagegen in 1. Hinsicht ihm selbst, sich das rechtliche Gehör durch entspr Mitteilung zu verschaffen. Zur Kontrolle ist das Gericht allenfalls in Ausnahmefällen verpflichtet (LR-Becker 31; **aM** Bohnert 165: keine Kontrollpflicht). Ohne den Angeklagten kann daher so lange weiterverhandelt werden, bis er die Wiedererlangung seiner Verhandlungsfähigkeit mitteilt oder in der Hauptverhandlung erscheint (Düsseldorf StV **97**, 282 mit Anm Zieschang).

20   Die **Unterrichtung** des Angeklagten über den wesentlichen Inhalt des in seiner Abwesenheit Verhandelten ist Sache des Vorsitzenden. Sie muss alsbald, ohne vermeidbare Verzögerung, erfolgen. Für die Unterrichtungspflicht gelten im Übrigen

1088   *Schmitt*

die gleichen Grundsätze wie bei § 247 I S 4 (dort 14 ff). Eine erweiternde Auslegung des II dahin, dass die Unterrichtungspflicht auch besteht, wenn der noch verhandlungsunfähige Angeklagte an der Verhandlung gelegentlich und nicht nur kurzfristig wieder teilnimmt (oben 18), ist unangebracht (KK-Gmel 25).

8) **Beschwerde:** Gegen den Beschluss, der den Antrag auf Verhandlung ohne den Angeklagten ablehnt, ist die einfache Beschwerde nach § 304 I zulässig (Nürnberg NJW 00, 1804); § 305 S 1 steht nicht entgegen (KK-Gmel 27; Rieß JZ 75, 271; **aM** Bohnert 161). 21

Der Beschluss, der die Abwesenheitsverhandlung anordnet, ist mit der **sofortigen Beschwerde** anfechtbar (III S 3 Hs 1). Beschwerdeberechtigt sind der StA, der durch den Beschluss betroffene Angeklagte, sein Verteidiger und der gesetzliche Vertreter, nicht aber Mitangeklagte. Wird der Angeklagte vor der Beschwerdeentscheidung wieder verhandlungsfähig, so ist die Beschwerde gegenstandslos (**aM** LR-Becker 43; nur, wenn noch nicht in Abwesenheit des Angeklagten verhandelt worden war). Nach Abschluss der Hauptverhandlung ist die Beschwerde nicht mehr statthaft (BGH 39, 110; vgl aber unten 25 aE). 22

Die sofortige Beschwerde hat abweichend von § 307 I **aufschiebende Wirkung** (III S 3 Hs 2). Eine noch nicht begonnene Hauptverhandlung ist so weit hinauszuschieben, bis das Vorliegen einer Beschwerdeentscheidung erwartet werden kann. Eine schon begonnene Hauptverhandlung muss bis zur Entscheidung über die sofortige Beschwerde unterbrochen werden (III S 4 Hs 1). Die Unterbrechung, die nach § 228 I S 2 vom Gericht zu beschließen ist, darf bis zu 30 Tagen dauern, auch wenn die Voraussetzungen des § 229 II nicht vorliegen (III S 4 Hs 2). Die Frist steht in voller Länge auch dann zur Verfügung, wenn der Beschluss nach I während einer Unterbrechung nach einer anderen Vorschrift (zB nach §§ 229 I, II, 138c IV oder 34 VI EGGVG) ergeht. Sie rechnet vom Tag der Beschwerdeeinlegung bis zu dem Tag, an dem die Hauptverhandlung fortgesetzt wird. Wann die Beschwerdegericht entschieden hat, spielt bei der Berechnung keine Rolle; denn die Frist gilt nicht für die Herbeiführung der Beschwerdeentscheidung, sondern begrenzt die zulässige Unterbrechung der Hauptverhandlung bei der Anwendung des § 231a. 23

9) **Revision:** Die Anfechtbarkeit des Beschlusses nach III S 1 mit der sofortigen Beschwerde schließt die Revisionsrüge aus, das Gericht habe die Voraussetzungen des I zu Unrecht angenommen (§ 336 S 2). Die Rüge, der Angeklagte hätte nach II während der Hauptverhandlung wieder zugezogen werden müssen, ist zulässig, aber erfolglos, wenn er seine Verhandlungsfähigkeit bei ihrem vermeintlichen Wiedereintritt dem Gericht nicht mitgeteilt hat (oben 20). Wurde der Beschluss nach III S 1 erst verspätet bekanntgemacht (oben 17), kann dies uU die Revision begründen (vgl BGH **39**, 110 = JR **94**, 341 mit Anm Gollwitzer). 24

Fortsetzung nach Entfernung des Angeklagten zur Aufrechterhaltung der Ordnung

§ 231b

[I] [1] Wird der Angeklagte wegen ordnungswidrigen Benehmens aus dem Sitzungszimmer entfernt oder zur Haft abgeführt (§ 177 des Gerichtsverfassungsgesetzes), so kann in seiner Abwesenheit verhandelt werden, wenn das Gericht seine fernere Anwesenheit nicht für unerläßlich hält und solange zu befürchten ist, daß die Anwesenheit des Angeklagten den Ablauf der Hauptverhandlung in schwerwiegender Weise beeinträchtigen würde. [2] Dem Angeklagten ist in jedem Fall Gelegenheit zu geben, sich zur Anklage zu äußern.

[II] Sobald der Angeklagte wieder vorgelassen ist, ist nach § 231a Abs. 2 zu verfahren.

1) Der **Sicherung des Ablaufs der Hauptverhandlung** dient die Vorschrift, nicht der Sanktionierung des Ordnungsverstoßes (LR-Becker 1; Rieß JZ **75**, 271; 1

Vogel NJW **78**, 1225). Dass der Angeklagte von Beruf RA ist, steht der Anwendung der Vorschrift nicht entgegen (BVerfGE **53**, 207, 215).

2 Die **Dauer der Abwesenheitsverhandlung** kann auf einen bestimmten Verfahrensabschnitt oder auf bestimmte Sitzungstage beschränkt werden. Gesetzlich ist sie nicht begrenzt (Rieß aaO). Wenn die Befürchtung einer schwerwiegenden Beeinträchtigung des Ablaufs der Hauptverhandlung nicht vorher entfällt (vgl unten 7), kann die Verhandlung ohne den Angeklagten zu Ende geführt werden (BGH StV **08**, 174). Auch die Urteilsverkündung ist dann in seiner Abwesenheit zulässig (LR-Becker 2).

3 **2) Voraussetzungen der Abwesenheitsverhandlung (I S 1):**
4 A. Ein **Beschluss nach § 177 GVG,** durch den der Angeklagte wegen ordnungswidrigen Benehmens aus dem Sitzungssaal entfernt oder zur Haft abgeführt worden ist, muss ergangen sein oder (vgl unten 9) gleichzeitig mit der Anordnung nach § 231b getroffen werden.

5 B. **Nicht unerlässlich** darf die weitere Anwesenheit des Angeklagten sein. Dabei ist, wie bei § 231a (dort 14), die Erschwerung der Sachaufklärung kein hinreichender Grund, auch nicht die Beeinträchtigung der Verteidigungsmöglichkeiten des Angeklagten, selbst wenn er sich als RA selbst verteidigt.

6 C. Die **Befürchtung einer schwerwiegenden Beeinträchtigung des Ablaufs der Hauptverhandlung** muss bestehen. Das gesamte Verhalten des Angeklagten muss die Besorgnis rechtfertigen, dass er auch künftig nicht nur die ordnungsgemäße Durchführung der Hauptverhandlung stören werde, sondern dass auch Beeinträchtigungen von erheblichem Gewicht zu erwarten sind (LR-Becker 5). Dass der Angeklagte den Willen oder auch nur das Bewusstsein hat, den Ablauf der Hauptverhandlung zu beeinträchtigen, wird dabei nicht vorausgesetzt (KMR-Paulus 8; Rieß JZ **75**, 271 Fn 103).

7 Sobald schwerwiegende Störungen nicht mehr zu besorgen sind, muss der Angeklagte zur **Verhandlung wieder zugelassen** werden (RG **54**, 110, 115). Bei länger andauernden Verhandlungen muss idR versucht werden, den Angeklagten nach einiger Zeit wieder an der Verhandlung teilnehmen zu lassen (KG StV **87**, 519; KK-Gmel 6). Davon kann aber abgesehen werden, wenn die Annahme gerechtfertigt ist, dass er das störende Verhalten fortsetzen werde (BGH **9**, 77, 81; Rieß JR **75**, 271; Röhmler JA **76**, 664). Zur Frage, ob der Angeklagte jedenfalls zum letzten Wort wieder zugelassen werden muss, vgl 20 zu § 258.

8 **3) Gelegenheit zur Äußerung zu der Anklage (I S 2)** hat der Angeklagte idR in der Hauptverhandlung nach § 243 V S 1, 2 erhalten. Ist er schon vorher aus dem Sitzungssaal entfernt worden, so darf nach § 231b nur verfahren werden, wenn er zuvor durch das erkennende Gericht in der Hauptverhandlung zu der zugelassenen Anklage gehört worden ist; die Anhörung durch einen beauftragten oder ersuchten Richter genügt nicht (allgM). Stört der Angeklagte die Verhandlung auch bei seiner Anhörung, so wird sie abgebrochen. Das Gericht ist dann nicht verpflichtet, ihm in anderer Weise Gelegenheit zur Äußerung zu geben (LR-Becker 20).

9 **4) Gerichtsbeschluss:** Im Gegensatz zu § 231a schreibt das Gesetz hier den Erlass eines Beschlusses nicht ausdrücklich vor. Er ist auch entbehrlich, weil das Gericht durch Fortsetzung der Hauptverhandlung nach dem Erlass des Beschlusses nach § 177 GVG und der Entfernung des Angeklagten durch sein Vorgehen hinreichend deutlich macht, dass es für die weitere Hauptverhandlung die Anwesenheit des Angeklagten nicht für unerlässlich hält (BGH **39**, 72, 73).

10 **5) Unterrichtung des wieder vorgelassenen Angeklagten (II):** Sobald der Angeklagte wieder an der Hauptverhandlung teilnehmen darf, muss er entspr § 231a II unterrichtet werden; die Grundsätze 16 ff zu § 247 gelten sinngemäß (BGH StV **08**, 174). Von der Unterrichtung kann abgesehen werden, wenn sie im Hinblick auf das vorangegangene ungebührliche Verhalten des Angeklagten nicht

möglich erscheint (BGH NJW **57**, 1326; RG **35**, 433); ob das der Fall ist, muss besonders sorgfältig geprüft werden. Bei erneuten schwerwiegenden Störungen wird die Unterrichtung abgebrochen.

6) Rechtsbehelfe: Die Beschwerde gegen den Beschluss, dass nach § 231b in Abwesenheit des Angeklagten verhandelt werden soll, ist nach § 305 S 1 ausgeschlossen (LR-Becker 19 mwN). **11**

Mit der **Revision** kann nach § 338 Nr 5 gerügt werden, dass die Voraussetzungen des § 231b nicht vorgelegen haben oder entfallen waren (BGH NStZ **15**, 181). Soweit es um die Unerlässlichkeit der Anwesenheit des Angeklagten und der Dauer der Befürchtung weiterer schwerwiegender Störungen geht, kann das Revisionsgericht (auf entspr Rüge) nur prüfen, ob der Tatrichter die Rechtsbegriffe verkannt oder sein Ermessen missbraucht hat (BGH **39**, 72, 74). Nach § 337 können Verstöße gegen I S 2 und II gerügt werden (BGH NStZ-RR **10**, 283). Auf einer verspäteten Unterrichtung nach II wird das Urteil idR nicht beruhen (LR-Becker 20). **12**

Beurlaubung einzelner Angeklagter und ihrer Pflichtverteidiger

231c ¹Findet die Hauptverhandlung gegen mehrere Angeklagte statt, so kann durch Gerichtsbeschluß einzelnen Angeklagten, im Falle der notwendigen Verteidigung auch ihren Verteidigern, auf Antrag gestattet werden, sich während einzelner Teile der Verhandlung zu entfernen, wenn sie von diesen Verhandlungsteilen nicht betroffen sind. ²In dem Beschluß sind die Verhandlungsteile zu bezeichnen, für die die Erlaubnis gilt. ³Die Erlaubnis kann jederzeit widerrufen werden.

1) Zweck der Bestimmung: In umfangreichen Hauptverhandlungen gegen mehrere Angeklagte kann die Pflicht zur ständigen Anwesenheit solche Mitangeklagte unnötig belasten, die in einzelnen längeren Abschnitten von der Verhandlung überhaupt nicht betroffen sind. Auch der Zeitaufwand des Verteidigers ist insoweit nutzlos. **1**

§ 231c ermöglicht es in solchen Fällen, den **Angeklagten und den notwendigen Verteidiger,** nicht unbedingt beide zugleich (BGH NStZ **13**, 666), zeitweise von der Anwesenheit freizustellen. Obwohl der notwendige Verteidiger der Verhandlung ohne weiteres fernbleiben kann, soll es zulässig sein, auch ihn von der Teilnahme ausdrücklich zu entbinden (LR-Becker 6; Rieß NJW **78**, 2270 Fn 9). **2**

Der § 231c **erspart den Umweg der Abtrennung** und Wiederverbindung des Verfahrens; jedoch schließt die Vorschrift die kurzfristige Abtrennung des Verfahrens gegen einen Mitangeklagten nach den allgemeinen Vorschriften nicht aus (11 zu § 4). Im Gegensatz zur Abtrennung macht aber die Beurlaubung nach § 231c den Angeklagten nicht zum Zeugen (21 ff vor § 48). **3**

Die Vorschrift ist mit **großer Vorsicht** anzuwenden, weil sie leicht Revisionsgründe schafft (BGH MDR **79**, 807 [H]; NStZ **81**, 111; **89**, 219 [M]). Das Gericht muss prognostizieren, ob tatsächlich auszuschließen ist, dass nicht doch Verhandlungsstoff verhandelt wird, der – wenn auch nur mittelbar – sich auf den den beurlaubten Angeklagten betreffenden Schuld- oder Rechtsfolgenausspruch auswirken kann (BGH 3 StR 283/18 vom 4.10.2018; erg 24). Beim Vorwurf bandenmäßiger Begehung von Straftaten ist die Vorschrift idR unanwendbar (BGH NStZ **10**, 227). **4**

2) Voraussetzungen der Freistellung: **5**

A. Nur auf **Antrag** erfolgt die Beurlaubung. Der Antrag wird idR in der Hauptverhandlung mündlich gestellt, ist aber auch beachtlich, wenn er schon vor deren Beginn schriftlich eingereicht wurde (LR-Becker 9). Wer von einer versehentlich bewilligten Beurlaubung Gebrauch macht, holt den Antrag dadurch stillschweigend nach (BGH **31**, 323, 329 ff). **6**

§ 231c

7 **Antragsberechtigt** sind der Angeklagte und der Verteidiger, der den Antrag für den Angeklagten, aber nicht gegen dessen Widerspruch, und im eigenen Namen stellen kann. Wirken mehrere Verteidiger mit, so hat jeder das Antragsrecht unabhängig von den anderen. Die Antragsrechte des Angeklagten und des notwendigen Verteidigers sind ebenfalls voneinander unabhängig und stehen selbstständig nebeneinander; der Widerspruch des Angeklagten hindert daher nicht, den notwendigen Verteidiger auf dessen Antrag zu beurlauben (LR-Becker 7).

8 **Inhaltlich** muss der Antrag den Verhandlungsteil bezeichnen, von dem die Freistellung gewünscht wird; denn eine Beurlaubung ist immer nur in dem beantragten Umfang zulässig. Der allgemeine Antrag auf Beurlaubung von allen Verhandlungsteilen, die den Antragsteller nicht betreffen, genügt nicht (vgl auch LR-Becker 8).

9 **Wiederholte Antragstellung** für verschiedene Verhandlungsteile derselben Hauptverhandlung ist zulässig.

10 B. Nur für einen **Teil der Verhandlung** ist die Freistellung möglich. Sie kann schon für die Dauer der Vernehmung von Mitangeklagten über ihre persönlichen Verhältnisse nach § 243 II S 2 bewilligt werden (BGH **31**, 323, 330). Unzulässig ist sie für die Urteilsverkündung nach § 268. Dagegen gehören die Schlussvorträge noch zur Verhandlung (1 zu § 258). Ein Angeklagter kann daher für die Zeit freigestellt werden, in der den StA oder der Verteidiger ausschließlich zu den gegen Mitangeklagte erhobenen Vorwürfen plädiert.

11 Die **Dauer der Freistellung** ist, da es sich um keine Verhandlungsunterbrechung handelt, grundsätzlich nicht begrenzt; an die Fristen des § 229 ist sie nicht gebunden (BGH NJW **03**, 446, 452; Rieß NJW **78**, 2270).

12 C. **Nicht betroffen** von den Verhandlungsteilen muss der Antragsteller sein. Das ist der Fall, wenn gegen die Mitangeklagten auch unter Abtrennung des Verfahrens weiterverhandelt werden könnte (BGH **31**, 323, 331), insbesondere, wenn der beurlaubte Angeklagte an den von ihnen begangenen Taten nicht beteiligt ist (vgl BGH **32**, 100). Bei einem einheitlichen Tatgeschehen ist eine Beurlaubung grundsätzlich nicht möglich (BGH NStZ **83**, 34), sofern nicht in Abwesenheit des beurlaubten Angeklagten nur Umstände erörtert oder Beweise erhoben werden, die für ihn weder im Schuld- noch im Rechtsfolgenausspruch von Bedeutung sind, zB bei der Vernehmung eines Mitangeklagten über seine persönlichen Verhältnisse (BGH **31**, 323, 330ff) und bei der Verhandlung über die Schuldfähigkeit eines Mitangeklagten und der Anhörung eines Sachverständigen zu dieser Frage. Sind die Vorgänge auch nur teilw oder mittelbar für den Antragsteller von Bedeutung, so scheidet seine Beurlaubung aus (BGH NStZ **09**, 400), insbesondere, wenn im Zusammenhang mit dem gegen ihn erhobenen Tatvorwurf Beweise erhoben (BGH StV **84**, 102), wenn in seiner Abwesenheit Zeugen vernommen werden, die die Glaubwürdigkeit eines ihn belastenden Mitangeklagten stützen (BGH NStZ **85**, 205 [Pf/M]; Schlothauer Koch-FG 254), wenn auch ihn berührende Beweisanträge (auch rechtsfehlerfrei) abgelehnt werden (BGH MDR **89**, 1054 [H]) oder wenn der Schlussvortrag des Mitverteidigers sich auf ein einheitliches Tatgeschehen bezieht (BGH NStZ **83**, 34).

13 3) Durch **Beschluss des erkennenden Gerichts** in der Hauptverhandlung nach Anhörung der StA (§ 33 I), auch der Mitangeklagten (LR-Becker 10; KK-Gmel 9), muss über den Antrag entschieden werden. Der Vorsitzende allein ist nicht zuständig; die Beurlaubung durch ihn ist wirkungslos (BGH NStZ **85**, 375). Auch eine stillschweigende Befreiung durch schlüssige Handlung kommt nicht in Betracht (BGH aaO; LR-Becker 10; **aM** BGH NStZ **95**, 27; KMR-Paulus 11).

14 Die Entscheidung steht im **Ermessen des Gerichts**. Es hat einerseits den Zweck der Regelung (oben 1) und den Gesichtspunkt der Verfahrensvereinfachung zu beachten, andererseits die Gefahr zu berücksichtigen, dass während der Verfahrensteile, von denen die Freistellung gewünscht wird, doch Umstände zur Sprache kommen könnten, die den Antragsteller, wenn auch nur mittelbar, betreffen (LR-Becker 11).

Hauptverhandlung § 231c

Inhaltlich muss der Beschluss die Verhandlung, für die die Beurlaubung erfolgt, 15
genau bezeichnen (S 2). Das geschieht möglichst durch Angabe der Verhandlungsvorgänge (Vernehmung bestimmter Zeugen oder Sachverständiger, Beweisaufnahme über einen bestimmten Tatsachenkomplex, Verhandlung über einen bestimmten Anklagevorwurf usw) und ihrer voraussichtlichen Zeitdauer (KK-Gmel 10). Es ist aber auch zulässig, in dem Beschluss nur den Beurlaubungszeitraum zu bestimmen (KMR-Paulus 11; LR-Becker 12; **aM** Schlothauer Koch-FG 246), auch in der Weise, dass von einem bestimmten Tag an wieder mit der Zuziehung zu rechnen ist.

Einer **Begründung** bedarf der Freistellungsbeschluss nicht. Der den Antrag ab- 16
lehnende Beschluss muss dagegen erkennen lassen, ob die Voraussetzungen des § 231c nicht vorliegen oder ob das Gericht die Freistellung nach seinem Ermessen nicht für angebracht hält.

4) Folgen der Freistellung: Der Beurlaubte braucht an der Verhandlung wäh- 17
rend des Beurlaubungszeitraums nicht teilzunehmen. Ergibt sich allerdings während der Verhandlung, dass entgegen der Prognose der Inhalt des betreffenden Verhandlungsteils doch den beurlaubten Angeklagten betreffen kann, ist die Verhandlung ggf zu unterbrechen, jedenfalls aber dieser Verhandlungsteil zu wiederholen (BGH 3 StR 283/18 vom 4.10.2018; LR-Becker 21).

Diese zeitweilige Befreiung von der Anwesenheitspflicht lässt sein **Anwesen-** 18
heitsrecht aber unberührt (4 zu § 230), auch wenn die Verhandlung unter Ausschluss der Öffentlichkeit stattfindet (KMR-Paulus 14; Rieß NJW 78, 2270). Der beurlaubte Angeklagte und sein Verteidiger sind befugt, während der Befreiung in der Hauptverhandlung Prozesserklärungen abzugeben, sofern sie sich auf Prozessgegenstände beziehen, die für die Strafsache gegen den Beurlaubten von Bedeutung sind (KK-Gmel 14; Rieß aaO). Eine Verhandlung gegen den beurlaubten Angeklagten ist aber trotz dessen Anwesenheit erst nach Widerruf des Freistellungsbeschlusses (unten 21) zulässig (LR-Becker 17).

Die **Mitwirkungsrechte** in der Form der Zustimmung nach den §§ 245 I S 2, 19
251 I Nr 1, II Nr 3 entfallen, weil der Beurlaubte von diesen Beweiserhebungen nicht betroffen sein kann (Rieß aaO).

Eine **Unterrichtung** des Angeklagten und des Verteidigers über das in ihrer 20
Abwesenheit Verhandelte findet nicht statt. Der Vorsitzende ist allerdings nicht gehindert, ihnen darüber einen Überblick zu verschaffen (LR-Becker 20).

5) Der Widerruf der Freistellung (S 3) ist jederzeit möglich; er bewirkt, dass 21
die Verhandlung ohne den bisher beurlaubten Angeklagten oder Verteidiger nicht fortgesetzt werden darf (Rieß NJW 78, 2270). Der Widerruf erfolgt durch Gerichtsbeschluss, vor dessen Erlass nach § 33 die Verfahrensbeteiligten, auch der beurlaubte Angeklagte und sein Verteidiger, zu hören sind. Der Beschluss muss in der Hauptverhandlung verkündet und sollte dem beurlaubten Angeklagten und Verteidiger durch Zustellung bekanntgemacht werden (LR-Becker 15). Der Termin, an dem sie wieder teilnehmen müssen, wird ihnen mitgeteilt. Eine förmliche Ladung ist nicht erforderlich (Rieß aaO Fn 101); die Ladungsfristen der §§ 217 I, 218 S 2 gelten nicht (KMR-Paulus 12).

6) Im Sitzungsprotokoll sind nach § 273 I der Freistellungsantrag, der Ge- 22
richtsbeschluss, der Beginn und das Ende der Freistellung und der Abwesenheit des Angeklagten oder Verteidigers sowie der Widerruf und der Zeitpunkt des darauf folgenden Wiedererscheinens zu beurkunden (KK-Gmel 13; LR-Becker 22).

7) Rechtsbehelfe: Die Beschwerde gegen den die Freistellung gewährenden 23
oder ablehnenden Beschluss und den Widerrufsbeschluss ist nach § 305 S 1 ausgeschlossen (KMR-Paulus 18).

Auch die **Revision** kann auf die Fehlerhaftigkeit dieser Beschlüsse nicht gestützt 24
werden. Mit der Revision kann aber, sofern die Fehler nicht durch teilw Wiederholung der Verhandlung, auch in Anwesenheit des notwendigen Verteidigers, geheilt worden ist (3 zu § 338), nach § 338 Nr 5 gerügt werden, dass in Abwesenheit

§ 232

des Angeklagten oder des notwendigen Verteidigers Umstände erörtert worden sind, die den Angeklagten mindestens mittelbar betrafen (BGH NStZ **83**, 34; **85**, 205 [Pf/M]; **92**, 27 [K]; **12**, 463; StV **84**, 102; **88**, 370; **91**, 97). Der zwingende Aufhebungsgrund des § 338 Nr 5 liegt auch vor, wenn die Verhandlung in Abwesenheit des Angeklagten oder des Verteidigers ohne entspr Gerichtsbeschluss stattgefunden hat (BGH NStZ **85**, 375) oder wenn sie auf einen Verfahrensteil erstreckt worden ist, den der Beschluss nicht bezeichnet hat (BGH StV **86**, 418 L; **88**, 370; NStZ **12**, 463). Das gilt auch dann, wenn der Angeklagte selbst seine Beurlaubung beantragt hatte (BGH NStZ **10**, 227). Vgl zum Ganzen Schothauer Koch-FG 245 ff, dort auch zu den nach § 344 II S 2 an die Begründung der Rüge zu stellenden Anforderungen.

Durchführung der Hauptverhandlung trotz Ausbleibens des Angeklagten RiStBV 131

232 I ¹Die Hauptverhandlung kann ohne den Angeklagten durchgeführt werden, wenn er ordnungsgemäß geladen und in der Ladung darauf hingewiesen worden ist, daß in seiner Abwesenheit verhandelt werden kann, und wenn nur Geldstrafe bis zu einhundertachtzig Tagessätzen, Verwarnung mit Strafvorbehalt, Fahrverbot, Einziehung, Vernichtung oder Unbrauchbarmachung, allein oder nebeneinander, zu erwarten ist. ²Eine höhere Strafe oder eine Maßregel der Besserung und Sicherung darf in diesem Verfahren nicht verhängt werden. ³Die Entziehung der Fahrerlaubnis ist zulässig, wenn der Angeklagte in der Ladung auf diese Möglichkeit hingewiesen worden ist.

II Auf Grund einer Ladung durch öffentliche Bekanntmachung findet die Hauptverhandlung ohne den Angeklagten nicht statt.

III Das Protokoll über eine richterliche Vernehmung des Angeklagten wird in der Hauptverhandlung verlesen.

IV Das in Abwesenheit des Angeklagten ergehende Urteil muß ihm mit den Urteilsgründen durch Übergabe zugestellt werden, wenn es nicht nach § 145a Abs. 1 dem Verteidiger zugestellt wird.

Übersicht

	Rn
1) Normzweck und Reichweite	1–2
2) Voraussetzungen der Abwesenheitsverhandlung	3–12
3) Entscheidung des Gerichts	13
4) Hauptverhandlung ohne den Angeklagten	14–20
5) Nachträgliches Erscheinen des Angeklagten	21, 22
6) Urteilsinhalt	23
7) Zustellung des vollständigen Urteils (IV)	24–27
8) Rechtsbehelfe	28, 29
9) Antrag auf Wiedereinsetzung	30

1 **1)** Eine **Vereinfachung des Verfahrens** in Strafsachen von geringer Bedeutung ermöglicht die Vorschrift. Das Gericht braucht in solchen Fällen die Anwesenheit des Angeklagten nicht zu erzwingen, sondern kann unter den in I S 1 bezeichneten Voraussetzungen ohne den ausgebliebenen Angeklagten verhandeln. Dabei handelt es sich um ein Ungehorsamsverfahren (EbSchmidt 1; **aM** KMR-Paulus 2; Rieß ZStW **90**, Beih 201: vom Gericht gestattetes Fernbleiben); das Recht, der Hauptverhandlung fernzubleiben, begründet die Vorschrift nicht (BGH **25**, 165, 167; KK-Gmel 9; LR-Becker 1; **aM** Stein ZStW **97**, 329).

2 § 232 **gilt auch** im Berufungsverfahren (BGH **25**, 165; Bay JR **61**, 103; Stuttgart NJW **62**, 2023; Küper GA **71**, 289) und im JGG-Verfahren (§ 50 I **JGG**), nicht aber im Revisionsverfahren (vgl § 350 II). Die Vorschrift ist nicht deshalb unanwendbar, weil sich der ordnungsgemäß geladene Angeklagte im Ausland aufhält (1 zu § 285).

§ 232

2) Voraussetzungen der Abwesenheitsverhandlung: 3

A. **Ordnungsgemäße Ladung:** Vgl 9 zu § 329. Eine Ladung im Ausland genügt, auch wenn die Androhung von Zwangsmitteln unterbleiben musste. Die Nichteinhaltung der Ladungsfrist steht der Anwendung des § 232 nicht entgegen (allg M; 11 zu § 329). Aufgrund einer öffentlichen Ladung (§ 40) darf ohne den Angeklagten nicht verhandelt werden (II); über § 232 hinaus hat diese Einschränkung aber keine Bedeutung (9 zu § 329). 4

B. Der **Hinweis auf die Möglichkeit der Abwesenheitsverhandlung** ist eine unverzichtbare Zulässigkeitsvoraussetzung für das Abwesenheitsverfahren (LR-Becker 7). Das Einverständnis des Angeklagten oder seines Verteidigers mit der Verhandlung in seiner Abwesenheit kann ihn nicht ersetzen (Frankfurt NJW **52**, 1107; LR-Becker 15; **aM** Zweibrücken NJW **68**, 1977; Küper NJW **73**, 1334 und Wolter-F S 1025). Das Gericht fügt der Ladung den Hinweis nur bei, wenn es die Möglichkeit in Betracht zieht, ohne den Angeklagten zu verhandeln. 5

Anderenfalls **sieht es von dem Hinweis ab**, und der Angeklagte ist dann verpflichtet, in der Hauptverhandlung zu erscheinen (BGH **25**, 165, 166). Erscheint er nicht, gilt § 329. 6

Der Hinweis muss **klar und unmissverständlich** sein; die bloße Bezugnahme auf den Hinweis in einer früheren Ladung genügt nicht (Köln NStE Nr 2). Im Berufungsverfahren wird er durch den Hinweis nach § 323 I S 2 nicht ersetzt (Bay JR **61**, 103; Oldenburg aaO; NdsRpfl **54**, 17; Zweibrücken NJW **68**, 1977). Ein Hinweis auf § 234 ist nicht vorgeschrieben, kann aber zweckmäßig sein. 7

Kommt die **Entziehung der Fahrerlaubnis** in Betracht, so ist auch hierauf hinzuweisen (I S 3). 8

C. Die **zu erwartenden Rechtsfolgen** dürfen die in I S 1 bezeichneten nicht übersteigen. Dabei ist nicht die gesetzliche Strafandrohung maßgebend, sondern die nach den Umständen des Einzelfalls zu erwartende Strafe und Nebenfolge (Bay JR **61**, 103; Hamm NJW **54**, 1131; Stuttgart NJW **62**, 2023). Daher ist § 232 auch anwendbar, wenn eine Geldstrafe nur nach § 47 II StGB verhängt werden kann. Im Berufungsverfahren entspricht die zu erwartende Rechtsfolge wegen des Verschlechterungsverbots nach § 331 der im 1. Urteil erkannten Strafe (Stuttgart aaO). Bei Tatmehrheit kommt es auf die Gesamtstrafe an (Düsseldorf NJW **91**, 2781, 2782). Eine Geldstrafe von mehr als 180 Tagessätzen darf in keinem Fall verhängt werden. 9

Auf die **Nebenfolgen** der Einziehung, Vernichtung und Unbrauchbarmachung darf ohne Rücksicht auf ihren wirtschaftlichen Wert erkannt werden. Die Anordnung der Einziehung des Wertes von Taterträgen ist zulässig, obwohl I S 1 sie nicht aufführt. Andere dort nicht bezeichnete Nebenfolgen dürfen dagegen nicht angeordnet werden, insbesondere nicht die Bekanntmachungsbefugnis nach §§ 165, 200 StGB. 10

D. **Schuldhaftes Ausbleiben des Angeklagten:** Nur das eigenmächtige Ausbleiben (dazu 13 ff zu § 231) des Angeklagten rechtfertigt die Anwendung des § 232 (Karlsruhe NStZ **90**, 505 mwN). Daran fehlt es, wenn ein rechtzeitig gestellter Vertagungsantrag nicht beschieden worden ist (Köln NJW **52**, 637). Wie bei § 231 (dort 12) und § 329 (dort 18) kommt es nicht darauf an, ob sich der Angeklagte entschuldigt hat, sondern ob er entschuldigt ist. Von seinem eigenmächtigen Ausbleiben kann ausgegangen werden, wenn er nicht rechtzeitig erscheint und angemessene Zeit (vgl 13 zu § 329; 3 zu § 412) auf ihn gewartet worden ist. 11

Dem eigenmächtigen Ausbleiben steht das eigenmächtige **Sich-Entfernen aus der Hauptverhandlung** gleich. Die Verhandlung darf dann ohne den Angeklagten fortgesetzt werden, auch wenn die Voraussetzungen des § 231 II nicht vorliegen; diese Vorschrift enthält keine abschließende Regelung (LR-Becker 16; vgl auch Bay **72**, 17). 12

13 3) Die **Entscheidung des Gerichts** darüber, ob es ohne den Angeklagten verhandeln will, braucht nicht durch förmlichen Beschluss getroffen zu werden. Es handelt sich um eine Ermessensentscheidung. Das Gericht muss von der Abwesenheitsverhandlung insbesondere absehen, wenn die Sachaufklärungspflicht (§ 244 II) die Anwesenheit des Angeklagten erfordert (KK-Gmel 11; Gollwitzer JR **74**, 29).

14 4) Die **Hauptverhandlung ohne den Angeklagten** wird nach den allgemeinen Regeln durchgeführt. Da keine Sachvernehmung stattfindet, muss das Gericht die ihm erkennbare Einlassung des Angeklagten zur Sprache bringen.

15 **Protokolle über richterliche Vernehmungen des Angeklagten** als Beschuldigter in dem anhängigen Verfahren müssen verlesen werden (III), sofern der Angeklagte nicht nach § 234 durch einen Verteidiger vertreten wird, der seine Sachdarstellung vorträgt (Bay **74**, 35; KK-Gmel 14). Die richterliche Vernehmung ist aber keine Voraussetzung für die Abwesenheitsverhandlung (Bay aaO; Köln JMBlNW **59**, 72). Protokolle über Zeugenvernehmungen des Angeklagten in einem anderen Verfahren und über staatsanwaltschaftliche und polizeiliche Vernehmungen sind von der Verlesung ausgeschlossen. Jedoch darf aus solchen Protokollen die Art der Einlassung des Angeklagten zur Sache festgestellt werden (LR-Becker 24; Gollwitzer Tröndle-F S 464).

16 Der in der nach III verlesenen Niederschrift enthaltene **Einwand der örtlichen Unzuständigkeit** gilt unabhängig vom Zeitpunkt der Verlesung als rechtzeitig erhoben (KK-Gmel 13).

17 Ein im Protokoll enthaltener **Beweisantrag** gilt dagegen nicht als in der Hauptverhandlung gestellt, weil die Vernehmung, anders als die nach § 233 II S 1, kein vorweggenommener Teil der Verhandlung ist. Für Beweisanträge gilt daher § 244 III nicht; sie sind nur im Rahmen der Sachaufklärungspflicht nach § 244 II zu beachten (Hamm JMBlNW **62**, 203; Gollwitzer Tröndle-F S 466).

18 Werden **Hinweise** nach § 265 I, II notwendig, so können sie dem Verteidiger erteilt werden (§ 234a Hs 1); wirkt kein Verteidiger mit, so muss die Hauptverhandlung abgebrochen und fortgesetzt werden, nachdem dem Angeklagten der Hinweis gegeben worden ist (erg 21 zu § 231).

19 Die **Zustimmungsrechte** nach §§ 245 I S 2, 251 I Nr 1, II Nr 3 übt ebenfalls der Verteidiger aus (§ 234a Hs 2). Ist keiner erschienen, so entfällt das Erfordernis der Zustimmung des Angeklagten (erg 21 zu § 231).

20 Der **Abbruch der Hauptverhandlung** ist auch erforderlich, wenn sich herausstellt, dass die Sachaufklärungspflicht eine Erörterung der Sache mit dem Angeklagten gebietet, oder wenn die Hauptverhandlung ergibt, dass der in I S 1 festgelegte Rahmen für eine schuldangemessene Ahndung der Tat nicht ausreicht.

21 5) Das **nachträgliche Erscheinen des Angeklagten** in der Verhandlung zwingt den Vorsitzenden dazu, ihn zur Person und zur Sache zu vernehmen (§ 243 II S 2, IV S 1, 2) und ihm mitzuteilen, was die bisherige Verhandlung ergeben hat (KK-Gmel 15; einschr Gollwitzer Tröndle-F S 465). Die Verhandlung braucht aber nicht wiederholt zu werden, selbst wenn sie schon weit fortgeschritten ist (LR-Becker 27). Die Beschränkungen des I S 1 gelten nicht mehr.

22 Ist der Angeklagte **genügend entschuldigt, so** kann ihm auf seinen Antrag, über dessen Möglichkeit er ggf zu belehren ist, durch alsbaldigen Beschluss, der nicht zur Hauptverhandlung gehört, nach § 235 Wiedereinsetzung gewährt und die Hauptverhandlung sofort in seiner Anwesenheit wiederholt werden.

23 6) In dem **Urteil** darf nur eine Strafe oder Nebenfolge verhängt werden, die dem Katalog des I S 1 entspricht. Das Urteil muss darlegen, dass und weshalb die Voraussetzungen des 232 vorgelegen haben (SK-Deiters 18; **aM** LR-Becker 28). Auf von dem Angeklagten vorgebrachte oder sonst erkennbare Entschuldigungsgründe für sein Ausbleiben muss eingegangen werden (erg 33 zu § 329).

24 7) Die **Zustellung des vollständigen Urteils (IV)** erfolgt an den Pflichtverteidiger oder an den Wahlverteidiger, dessen Vollmacht sich bei den Akten befindet

(§ 145a I), sonst an den Angeklagten. Andere Zustellungsempfänger sind grundsätzlich ausgeschlossen (BGH **11**, 152, 156); eine Ausnahme gilt für den nach § 116a III bestellten Zustellungsbevollmächtigten (RG **77**, 212; München MDR **95**, 405 mwN) und für die nach § 132 I Nr 2 bevollmächtigte Person (Bay NStZ **95**, 561; München aaO).

Sofern nicht an den Verteidiger zugestellt wird, ist nach IV die Zustellung **25** durch **Übergabe** erforderlich. Das bedeutet aber nicht, dass die Übergabe an den Angeklagten stattfinden muss; auch die Übergabe an einen gesetzlich vorgesehenen Ersatzempfänger ist zulässig, insbesondere nach § 178 I Nr 1, 3 ZPO (BGH **11**, 152, 156; **22**, 52, 55; erg 7 zu § 37). Ausgeschlossen ist dagegen die Zustellung durch Niederlegung nach § 181 I ZPO (BGH **11**, 152) und die öffentliche Zustellung nach § 40 II (KMR–Paulus 20).

IV ist eine nur für das Abwesenheitsurteil nach § 232 geltende **Ausnahmevor-** **26** **schrift.** Auf andere Fälle der Verhandlung und Urteilsverkündung in Abwesenheit des Angeklagten ist sie nicht anwendbar, insbesondere nicht auf das Urteil nach § 233 (BGH **11**, 152; Hamm NJW **56**, 1809; **aM** Düsseldorf NJW **56**, 641; Janetzke NJW **56**, 620) und nach §§ 329, 412 (Bay NJW **57**, 1119; Celle NJW **60**, 930; Köln NJW **80**, 2720; Meyer JR **78**, 393; **aM** Janetzke aaO; erg 34 zu § 329).

Die mit dem Urteil zuzustellende **Rechtsmittelbelehrung** nach § 35a muss **27** neben dem Hinweis auf die Möglichkeit der Berufung und Revision den auf die Wiedereinsetzung enthalten (§ 235 S 2).

8) **Rechtsbehelfe:** Beschwerde gegen die Abwesenheitsverhandlung und den **28** Beschluss, mit dem sie abgelehnt wird, ist nach § 305 S 1 ausgeschlossen. Berufung ist wie gegen andere Urteile zulässig.

Die **Revision** kann nach § 338 Nr 5 darauf gestützt werden, dass die Vorausset- **29** zungen des § 232 nicht vorgelegen haben. Von Amts wegen wird das nicht geprüft, auch nicht das Fehlen des Hinweises nach I S 1 (Köln JMBlNW **59**, 72). Die Rüge, das Gericht habe zu Unrecht angenommen, dass der Angeklagte eigenmächtig ausgeblieben sei, kann sich nur auf den Urteilsinhalt stützen. Dem Gericht unbekannte Gründe können nur mit dem Wiedereinsetzungsantrag nach § 235 geltend gemacht werden (Düsseldorf NJW **62**, 2022; KK-Gmel 24; teilw **aM** LR-Becker 37; erg 48 zu § 329). Die Rüge, die Niederschrift sei entgegen III nicht verlesen worden, ist nur nach § 337 zulässig. Dass bei der Entscheidung über einen Mitangeklagten gegen § 232 verstoßen worden ist, kann nicht mit Erfolg gerügt werden (EbSchmidt 21; 26 zu § 230). Mängel der Urteilszustellung können mit der Verfahrensrüge geltend gemacht werden, Verfahrenshindernisse sind sie nicht (Bay **95**, 99).

9) Der **Antrag auf Wiedereinsetzung** (§ 235) kann unabhängig von der An- **30** fechtung des Urteils mit Berufung oder Revision gestellt werden. Beim Zusammentreffen mit dem Wiedereinsetzungsantrag ist die Berufung oder Revision unter der Rechtsbedingung der Verwerfung des Wiedereinsetzungsantrags eingelegt (§§ 315 II, 342 II). Vgl im Übrigen bei § 235.

Entbindung des Angeklagten von der Pflicht zum Erscheinen   RiStBV 120

§ 233

I [1] Der Angeklagte kann auf seinen Antrag von der Verpflichtung zum Erscheinen in der Hauptverhandlung entbunden werden, wenn nur Freiheitsstrafe bis zu sechs Monaten, Geldstrafe bis zu einhundertachtzig Tagessätzen, Verwarnung mit Strafvorbehalt, Fahrverbot, Einziehung, Vernichtung oder Unbrauchbarmachung, allein oder nebeneinander, zu erwarten ist. [2] Eine höhere Strafe oder eine Maßregel der Besserung und Sicherung darf in seiner Abwesenheit nicht verhängt werden. [3] Die Entziehung der Fahrerlaubnis ist zulässig.

II [1] Wird der Angeklagte von der Verpflichtung zum Erscheinen in der Hauptverhandlung entbunden, so muß er durch einen beauftragten oder er-

§ 233

suchten Richter über die Anklage vernommen werden. ²Dabei wird er über die bei Verhandlung in seiner Abwesenheit zulässigen Rechtsfolgen belehrt sowie befragt, ob er seinen Antrag auf Befreiung vom Erscheinen in der Hauptverhandlung aufrechterhalte. ³Statt eines Ersuchens oder einer Beauftragung nach Satz 1 kann außerhalb der Hauptverhandlung auch das Gericht die Vernehmung über die Anklage in der Weise durchführen, dass sich der Angeklagte an einem anderen Ort als das Gericht aufhält und die Vernehmung zeitgleich in Bild und Ton an den Ort, an dem sich der Angeklagte aufhält, und in das Sitzungszimmer übertragen wird.

III ¹Von dem zum Zweck der Vernehmung anberaumten Termin sind die Staatsanwaltschaft und der Verteidiger zu benachrichtigen; ihrer Anwesenheit bei der Vernehmung bedarf es nicht. ²Das Protokoll über die Vernehmung ist in der Hauptverhandlung zu verlesen.

Übersicht

	Rn
1) Normzweck und Reichweite	1–2
2) Voraussetzungen der Entbindung (I)	3–8
3) Gerichtsbeschluss	9–13
4) Vernehmung des Angeklagten (II, III)	14–18
5) Hauptverhandlung	19–24
6) Urteil, Urteilszustellung	25, 26
7) Rechtsbehelfe	27–29

1 1) Die **Entbindung von der Teilnahme an der Hauptverhandlung** kommt für Angeklagte in Betracht, die weit vom Gerichtsort entfernt wohnen oder wegen Krankheit oder Gebrechlichkeit oder aus beruflichen oder anderen privaten Gründen nicht oder nur unter Schwierigkeiten vor Gericht erscheinen können.

2 § 233 **gilt auch** im Verfahren nach Einspruch gegen einen Strafbefehl (Hamm NJW **69**, 1129) und im Berufungsverfahren (RG **61**, 278; **62**, 259; **66**, 364; Bay NJW **70**, 1055; Köln NJW **69**, 705; Küper JR **71**, 325). Die Entbindung durch das AG wirkt aber für dieses Verfahren nicht fort; es bedarf eines neuen Antrags und einer Entscheidung des Berufungsgerichts (RG **64**, 239, 244; Bay **56**, 20; Schleswig NJW **66**, 67; LR-Becker 4). Im JGG-Verfahren gilt § 50 I JGG. Dass sich der Angeklagte im Ausland aufhält, steht der Anwendung des § 233 nicht entgegen (1 zu § 285).

3 2) **Voraussetzungen der Entbindung (I):**

4 A. Nur **auf Antrag des Angeklagten** darf die Entbindung ausgesprochen werden. Der Antrag kann erst nach Eröffnung des Hauptverfahrens gestellt werden (LR-Becker 9 mwN); es kann aber im Einzelfall angebracht sein, den Angeklagten vor der Ladung zur Hauptverhandlung über das Antragsrecht zu belehren (RiStBV 120 I). Auch ein in derselben oder in anderer Sache in Haft befindlicher Angeklagter kann den Antrag stellen.

5 Der **Verteidiger** braucht für die Antragstellung eine über die Verteidigervollmacht hinausgehende Vertretungsvollmacht (BGH **12**, 367; Hamm NJW **69**, 1129). Dabei genügt nach heute hM (vgl Köln NStZ **02**, 268, 269 mwN) die allgemeine Vollmacht, den Angeklagten in dessen Abwesenheit zu vertreten.

6 Der **Vertreter** kann den Antrag **noch in der Hauptverhandlung** stellen (Hamm NJW **69**, 1129; Schleswig SchlHA **64**, 70), auch noch am Beginn der Berufungsverhandlung (BGH **25**, 281; Bay **72**, 47, 50; NJW **70**, 1055; Karlsruhe Justiz **69**, 127; Köln NJW **69**, 705; Zweibrücken NJW **65**, 1033; Küper JR **71**, 325); wird der Antrag abgelehnt, so darf sofort nach § 329 I verfahren werden (dort 5).

7 Der **Widerruf des Antrags** ist zulässig, solange über ihn nicht entschieden worden ist (LR-Becker 11). Danach kann der Angeklagte jederzeit erklären, dass er auf die Entbindung verzichte. Das hat zur Folge, dass der Entbindungsbeschluss aufgehoben werden muss (KMR-Paulus 14) und danach, wenn das nicht durch

Hauptverhandlung **§ 233**

andere Vorschriften gestattet ist, nicht ohne den Angeklagten verhandelt werden darf; die Zwangsmittel des § 230 II können angewendet werden (Köln NJW **52**, 637).

B. **Begrenzte Straferwartung:** Die Entbindung ist nur zulässig, wenn keine **8** anderen als die in I S 1, 3 bezeichneten Rechtsfolgen zu erwarten sind. Wie bei § 232 (dort 9) kommt es dabei nicht auf die abstrakte Strafandrohung, sondern auf die im Einzelfall zu erwartende Strafe an.

3) Durch **Gerichtsbeschluss** muss über den Antrag entschieden werden, in der **9** Hauptverhandlung in der dafür vorgesehenen Besetzung; ein schon vorher für den Fall der Antragstellung gefasster Beschluss ist nicht unzulässig (a**M** Frankfurt NJW **91**, 2849 = JR **92**, 348 mit abl Anm Wendisch).

Die Entscheidung, die keiner Begründung bedarf (a**M** LR–Becker 14), steht im **10** **Ermessen** des Gerichts, das nicht nur die Interessen des Angeklagten (vgl oben 1), sondern auch die Bedeutung der Sache und die Erfordernisse der Sachaufklärung zu berücksichtigen hat.

Die Entbindung gilt grundsätzlich **für die ganze Verhandlung;** ausnahmswei- **11** se kann sie auf einen zeitlich oder örtlich begrenzten Teil der Hauptverhandlung beschränkt werden, etwa wenn sie teils am Gerichtsort, teils an einem anderen Ort stattfindet. Eine Entbindung nur für einzelne sachliche Abschnitte der Hauptverhandlung ist aber unzulässig (Schleswig SchlHA **78**, 188; a**M** LR–Becker 13).

Der **Widerruf** des Entbindungsbeschlusses ist jederzeit möglich, wenn sich her- **12** ausstellt, dass die persönliche Anwesenheit des Angeklagten notwendig oder auch nur sachdienlich ist oder dass eine höhere als die nach I S 1 zulässige Strafe zu verhängen ist (LR–Becker 12; vgl auch Hamburg MDR **68**, 344).

Die Entscheidung über den Entbindungsantrag wird nach § 35 II S 1 durch **13** Verkündung in der Hauptverhandlung **bekanntgemacht,** wenn der Angeklagte anwesend ist oder wenn der Verteidiger den Antrag erst in der Hauptverhandlung gestellt hat; die Zustellung des Beschlusses an den Angeklagten ist in diesem Fall nicht erforderlich (BGH **25**, 281; vgl auch Küper NJW **74**, 1927; JR **71**, 325). Ein außerhalb der Hauptverhandlung ergangener Beschluss muss dem Angeklagten förmlich zugestellt werden, wobei § 145a I gilt (KK–Gmel 9), und zwar so rechtzeitig, dass er sich über sein weiteres Verhalten schlüssig werden kann (Bay NJW **70**, 1055). Das gilt auch für den stattgebenden Beschluss.

4) Die **Vernehmung des Angeklagten (II, III)** ist zwingend vorgeschrieben, **14** auch wenn bereits im Ermittlungsverfahren eine richterliche Vernehmung stattgefunden hat (Schleswig NJW **66**, 67; LR–Becker 18), im Berufungsrechtszug auch, wenn der Angeklagte schon im 1. Rechtszug nach II vernommen worden war (Schleswig aaO; KMR–Paulus 23).

Die Vernehmung ist ein **vorweggenommener Teil der Hauptverhandlung** **15** (BGH **25**, 42; Bay **74**, 35, 37; Hamburg NJW **72**, 2322; a**M** SK–Deiters 15). Sie muss dem Angeklagten so weit wie möglich die Verteidigungsmöglichkeiten eröffnen, die er sonst in der Hauptverhandlung hat. Dem Angeklagten muss daher, nachdem er über seine persönlichen Verhältnisse gehört worden ist (§ 243 II S 2), nach Belehrung über seine Aussagefreiheit (§ 243 V S 1) Gelegenheit gegeben werden, zu allen Tatsachen und Beweismitteln Stellung zu nehmen, die in der Anklageschrift aufgeführt sind. Außer der Sachvernehmung ist nach II S 2 Gegenstand der Vernehmung auch die Befragung des Angeklagten, ob er den Entbindungsantrag aufrechterhalten wolle, und zwingend (Oldenburg NdsRpfl **55**, 140) die Belehrung über die in seiner Abwesenheit zulässigen Rechtsfolgen.

Einer **Wiederholung der Vernehmung** bedarf es, wenn in der Hauptverhand- **16** lung neue Tatsachen oder Beweise zum Nachteil des Angeklagten berücksichtigt werden sollen, zu denen er sich noch nicht hat äußern können (Bay DAR **86**, 248 [R]; Hamm VR S **19**, 374; DAR **94**, 410; Schleswig SchlHA **81**, 89 [E/L]), oder wenn der Angeklagte zu erkennen gibt, dass er seine früheren Angaben ergänzen oder berichtigen will (Bay **56**, 20). Ist ein Hinweis nach § 265 I, II erforderlich, so

§ 233

muss ebenfalls eine neue Vernehmung stattfinden, auch wenn ein Verteidiger mitwirkt (3 zu § 234a), selbst wenn er vertretungsberechtigt ist (11 zu § 234).

17 Durch einen **beauftragten oder ersuchten Richter** (vgl 1 zu § 63) muss der Angeklagte vernommen werden (II S 1). Auch die Vernehmung durch einen deutschen Konsul nach § 15 IV KonsG und durch einen ausländischen Richter ist statthaft (LR-Becker 19). Das Vernehmungsersuchen nach II ist nicht deshalb unzulässig, weil der Antrag nach I S 1 noch nicht gestellt ist. Das erkennende Gericht kann den Angeklagten vielmehr von dem ersuchten Richter über seine Antragsbefugnis belehren lassen (BGH **25**, 42; erg 2 zu § 158 GVG). Dann sind aber die Zwangsmittel nach § 230 II, die der ersuchte Richter sonst anwenden darf (Hamburg GA **68**, 375), nicht zulässig (BGH aaO; Bremen GA **62**, 344; Frankfurt NJW **74**, 430; Hamburg NJW **72**, 2322). Das Ersuchen wird auch nicht dadurch unzulässig (vgl § 158 GVG), dass der Angeklagte bei Beginn der Vernehmung erklärt, er wolle sich in der Hauptverhandlung selbst verteidigen (Bremen GA **62**, 344; Koblenz Rpfleger **73**, 61; LR-Becker 20). Anders ist es, wenn er den Antrag zurücknimmt (oben 7).

17a Die Vernehmung kann nunmehr aber auch **durch den erkennenden Richter selbst** außerhalb der Hauptverhandlung im Wege der Videokonferenztechnik durchgeführt werden (II S 3). Dies hat den Vorteil, dass die Vernehmung durch den in der Sache eingearbeiteten Richter erfolgt und dadurch auch zeitraubender Aktenversand vermieden wird (Beukelmann v. Heintschel-Heinegg-F S 29; krit Jung Schünemann-F S 905). Dafür müssen allerdings die technischen Möglichkeiten sowohl am Ort, an dem sich der Angeklagte aufhält, als auch im Sitzungszimmer des Gerichts gegeben sein. Die Landesregierungen können aber – selbst oder nach Übertragung dieser Befugnis auf die Landesjustizverwaltungen – für ihren Bereich durch Rechtsverordnung bestimmen, dass die Vorschrift bis längstens 31.12.2017 keine Anwendung findet (Art 9 des Ges vom 25.4.2013, BGBl I, 935, 937).

18 Von dem Vernehmungstermin zu **benachrichtigen sind** entgegen III S 1 Hs 1 nicht nur der StA und der Verteidiger, sondern alle Prozessbeteiligten, auch der Mitangeklagte, gegen den die Aussage verwendet werden soll (RG **57**, 271, 272). Anwesend brauchen sie bei der Vernehmung nicht zu sein (III S 1 Hs 2). Das Fehlen der Benachrichtigung macht die Vernehmungsniederschrift unverlesbar, wenn der nicht verständigte Prozessbeteiligte ihr widerspricht (Braunschweig DAR **92**, 392).

19 5) Zur **Hauptverhandlung** muss auch der vom Erscheinen entbundene Angeklagte geladen werden (Schleswig SchlHA **77**, 181 [E/J]; LR-Becker 28; vgl auch RiStBV 120 III S 1); er hat ein Anwesenheitsrecht (BGH **12**, 367, 371; 4 zu § 230). In der Ladung wird die Warnung nach § 216 I weggelassen (RG aaO; KMR-Paulus 29); statt dessen wird der Angeklagte darüber belehrt, dass er nicht zu erscheinen braucht (RiStBV 120 III S 2).

20 In der Hauptverhandlung ist an der Stelle, an der sonst die Sachvernehmung des Angeklagten stattfindet, ohne besonderen Gerichtsbeschluss (KMR-Paulus 29) das **Protokoll zu verlesen (III S 2).** Andere Vernehmungsprotokolle, auf die der Angeklagte Bezug genommen hat, werden ebenfalls verlesen (LR-Becker 30). Anders als bei § 232 (dort 15) darf von der Verlesung nicht deshalb abgesehen werden, weil der vertretungsberechtigte Verteidiger in der Hauptverhandlung die Einlassung des Angeklagten vorträgt (Bay **74**, 35, 37; Spendel JZ **59**, 739/740).

21 Hat der Angeklagte bei der Vernehmung den **Einwand der örtlichen Unzuständigkeit** erhoben, so ist darüber ohne Rücksicht auf den Zeitpunkt zu entscheiden, in dem der Vorsitzende ihn in der Hauptverhandlung zur Sprache bringt (16 zu § 232).

22 **Beweisanträge,** die der Angeklagte bei der Vernehmung gestellt hat, ebenso Fragen, die er an Zeugen, Sachverständige oder Mitangeklagte gerichtet wissen will (Gollwitzer Meyer-GedSchr 161), gelten, anders als im Fall des § 232 (dort 17), als in der Hauptverhandlung selbst gestellt (Bay **55**, 267 = NJW **56**, 1042;

Alsberg/Güntge 738). Das gilt auch, wenn der Verteidiger, der den Angeklagten nach § 234 vertritt, sie nicht wiederholt (LR-Becker 31). Der Verteidiger ist aber befugt, den Antrag zurückzunehmen. Über den Beweisantrag muss das Gericht in der Hauptverhandlung entscheiden; lehnt ihn der unzuständige Vorsitzende vor der Hauptverhandlung ab, so ist das ohne rechtliche Wirkung. Dem Angeklagten muss die Entscheidung vor der Urteilsfällung nicht bekanntgegeben werden. Stellt der Angeklagte außerhalb der Vernehmung nach II schriftliche Beweisanträge, so wird über sie nur nach § 219 entschieden (Bay **55**, 267 = NJW **56**, 1042; Oske MDR **71**, 799; erg 34 zu § 244).

Die **Zustimmungsrechte** nach §§ 245 I S 2, 251 I Nr 1, II Nr 3 übt der Verteidiger aus (§ 234a Hs 2); wirkt keiner mit, so muss die Zustimmung des Angeklagten eingeholt werden (LR-Becker 35; erg 10 zu § 245). 23

Wegen der **Hinweise nach** § 265 I, II vgl oben 16. 24

6) Im **Urteil** dürfen keine höheren oder anderen als die in I S 1, 3 bezeichneten Rechtsfolgen verhängt werden (I S 2). 25

Die **Zustellung** des Urteils erfolgt an den Verteidiger (§ 145a I) oder an den Angeklagten (Frankfurt NJW **82**, 1297); § 232 IV gilt nicht (dort 26). 26

7) **Rechtsbehelfe:** Die Beschwerde gegen den Beschluss über die Entbindung oder über die Ablehnung des Entbindungsantrags ist nach § 305 S 1 ausgeschlossen (Bay **52**, 116; NJW **70**, 1055; Celle NJW **57**, 1163; Hamm NJW **69**, 1129). Das Gleiche gilt für den Widerrufsbeschluss (Hamburg MDR **68**, 344). Eine Ausnahme besteht, wenn der Tatrichter über einen Entbindungsantrag nicht sachlich entschieden, sondern ihn als unzulässig abgelehnt hat (Köln NJW **57**, 153; LR-Becker 41). 27

Mit der **Revision** kann nach § 338 Nr 5 gerügt werden, dass die Abwesenheitsverhandlung unzulässig, insbesondere kein wirksamer Entbindungsantrag gestellt war (RG **62**, 259), auch dass die durch I S 1, 3 bestimmten Grenzen der zulässigen Rechtsfolgen überschritten worden sind; von Amts wegen wird das nicht geprüft (KK-Gmel 22; LR-Becker 44; Treier NStZ **83**, 234; **aM** Hamm JR **78**, 120 mit abl Anm Meyer-Goßner; Köln GA **71**, 27: Verfahrenshindernis). Nur nach § 337 kann gerügt werden, dass die Vernehmung nach II S 1 (Schleswig NJW **66**, 67) oder die Belehrung über die zulässigen Rechtsfolgen nach II S 2 unterblieben (Oldenburg NdsRpfl **55**, 140) oder das Vernehmungsprotokoll in der Hauptverhandlung nicht verlesen worden ist. 28

Die **Wiedereinsetzung** in entspr Anwendung des § 235 kommt nicht in Betracht (KK-Gmel 21; LR-Becker 47; **aM** LG Frankfurt aM NJW **54**, 167 für den Fall, dass der Verteidiger nicht geladen worden ist). 29

Vertretung des abwesenden Angeklagten

234 Soweit die Hauptverhandlung ohne Anwesenheit des Angeklagten stattfinden kann, ist er befugt, sich durch einen Verteidiger mit nachgewiesener Vertretungsvollmacht vertreten zu lassen.

1) **Verteidiger als Vertreter des Angeklagten:** Der Verteidiger hat die Rechtsstellung eines Beistandes des Angeklagten (1 vor § 137); Vertreter des Angeklagten ist er idR nicht. Nach § 234 kann sich der Angeklagte aber, wenn befugt (vgl 6 zu § 232) in seiner Abwesenheit verhandelt wird (vgl §§ 231 II, 231a, 231b, 232, 233), durch einen mit nachgewiesener Vollmacht versehenen Verteidiger vertreten lassen. Die Anordnung seines persönlichen Erscheinens nach § 236 steht dem nicht entgegen (dort 1; 14 zu § 329; 4 zu § 411). 1

Besondere Vorschriften enthalten für das Berufungsverfahren § 329 I, für das Revisionsverfahren § 350 II, für das Privatklageverfahren § 387 I, für die Hauptverhandlung nach rechtzeitigem Einspruch gegen den Strafbefehl § 411 II S 1 und für die Nebenbeteiligten §§ 434 I S 1, 444 II S 2). 2

§ 234

3 Dass in der Abwesenheitsverhandlung auch ein **Verteidiger ohne Vertretungsvollmacht** mitwirken kann, ergibt sich aus § 137 I S 1; er kann dann aber nur Erklärungen abgeben, zu denen er keine Vertretungsvollmacht benötigt (Bay **80**, 69 = MDR **81**, 161).

4 Die **Vertretung des anwesenden Angeklagten** ist unzulässig (SK-Deiters 3; **aM** LR-Becker 4; erg 27 zu § 243) und auch überflüssig; denn Erklärungen des Verteidigers, denen der Angeklagte nicht widerspricht, gelten idR als Erklärungen des Angeklagten selbst (**aM** Geppert Rudolphi-F S 658; erg 16a zu § 261).

5 2) **Nachgewiesene Vollmacht:** Die wirksame Vertretung setzt grundsätzlich eine Vertretungsvollmacht voraus, die dem Gericht schon bei Beginn der Hauptverhandlung nachgewiesen sein muss. Der Nachweis kann wie nach früherem Rechtszustand durch eine schriftliche Vollmacht erfolgen, aber auch etwa durch Übermittlung eines mit einer qualifizierten elektronischen Signatur des Angeklagten versehenen Dokuments, in dem dieser das Bestehen einer Vollmacht bestätigt. Die formlose Erteilung einer Vertretungsvollmacht durch den Angeklagten und deren anschließende Verschriftlichung durch den Verteidiger genügen nicht (Hamburg StraFo **17**, 371 mwN; Mosbacher NStZ **13**, 314; **aM** Bay **01**, 153 = NStZ **02**, 277; erg 15 zu § 329). Die gewöhnliche Verteidigervollmacht (8 ff vor § 137) reicht ebenfalls nicht aus (Bay NJW **56**, 838; Düsseldorf JMBlNW **79**, 246; Köln StV **81**, 119; Stuttgart NJW **68**, 1733); die Vertretungsvollmacht kann aber – auch bei elektronischen Urkunden – zugleich in oder mit der Verteidigervollmacht erteilt werden (BGH **9**, 356). Sie muss nur klar zum Ausdruck bringen, dass der Verteidiger mit der Vertretung des Angeklagten beauftragt ist. Dabei genügt, dass die Vollmacht den Verteidiger dazu allgemein ermächtigt; eine Vollmacht zur Vertretung des Angeklagten „in dessen Abwesenheit" ist nicht erforderlich (BGH aaO; Oldenburg StV **18**, 148; Hamm StV **18**, 150; Düsseldorf VR S **81**, 292; Zweibrücken StV **81**, 539).

6 Zum Nachweis genügt es, wenn der Angeklagte die Vollmacht bei einer kommissarischen Vernehmung vor der Hauptverhandlung zu Protokoll erklärt (Hamm NJW **54**, 1856; KK-Gmel 3). Das Bestehen der Vertretungsvollmacht kann auch aus anderen schriftlichen Erklärungen des Angeklagten gegenüber dem Gericht sicher festgestellt werden (Düsseldorf NStZ **84**, 524; Hamburg NJW **68**, 1687; Koblenz MDR **72**, 801).

7 Eine von dem vertretungsberechtigten Verteidiger einem anderen RA erteilte **Untervollmacht** (11 vor § 137) bedarf nicht der Schriftform (Bay **91**, 41; Karlsruhe NStZ **83**, 43; Köln VR S **60**, 441); es genügt, dass sie auf andere Weise nachgewiesen ist (Hamm MDR **85**, 957).

8 3) Zur **Vertretung in der Erklärung und im Willen** berechtigt die Vertretungsvollmacht (BGH **9**, 356). Der Verteidiger hat neben seinen Befugnissen als Beistand auch die Befugnisse des abwesenden Angeklagten.

9 Im Rahmen der Vollmacht, die auf einzelne Prozesshandlungen beschränkt werden kann, darf er alle **zum Verfahren gehörenden Erklärungen** abgeben und entgegennehmen (BGH aaO; Bay **70**, 228; **82**, 156). Er kann zB den Einwand nach §§ 6a, 16 erheben, Ablehnungsanträge nach § 24 stellen, die Zustimmung nach §§ 153 II S 1, 153a II, 153b II, 265a, 303 S 1 erklären oder verweigern, für den Angeklagten auf die Einhaltung der Ladungsfrist nach § 217 I oder auf das Aussetzungsverlangen nach § 217 II, III verzichten (Hamm NJW **54**, 1856), die Zustimmung nach §§ 251 I Nr 1, II Nr 3, 245 I S 2 erklären (vgl § 234a Hs 2, der dazu sogar den nicht vertretungsfähigen Verteidiger ermächtigt) sowie Anerbieten nach § 56b III StGB und Zusagen nach § 56c IV StGB erklären.

10 Der Vertreter kann für den Angeklagten auch **Erklärungen zur Sache** abgeben, die in gleicher Weise wie die Einlassung oder das Geständnis des Angeklagten als Urteilsgrundlage verwertbar sind (Bay **70**, 228; **74**, 35; **82**, 156; Beulke Strauda-F S 90; Eisenberg/Pincus JZ **03**, 402; **aM** Geppert Rudolphi-F S 657; Gillmeister Mehle-F S 239). Vorher ist er nach § 243 V S 1 zu belehren (Bay **74**, 35;

82, 156). Zur Aussage verpflichtet ist er ebenso wenig, wie der Angeklagte selbst (KG VR S **33**, 448; erg 6 zu § 411).

Der **Hinweis nach** § 265 I, II kann dem Verteidiger erteilt werden, selbst 11 wenn er keine Vertretungsvollmacht hat (§ 234 Hs 1). Das gilt jedoch nicht in der Abwesenheitsverhandlung nach § 233; denn sie setzt voraus, dass der Angeklagte zur Anklage vernommen worden ist (§ 233 II S 1). Daraus folgt, dass seine erneute Vernehmung (auf die er allerdings verzichten kann) erforderlich ist, wenn die Anklage umgestaltet wird (Bay **55**, 186; LR-Becker 11; **aM** Karlsruhe DAR **60**, 144; erg 16 zu § 233; 3 zu § 234a).

Zur Frage, ob der Angeklagte i S des § 234 vertreten ist, wenn der Verteidiger 12 **keine Erklärungen** abgibt, vgl 16 zu § 329; 6 zu § 411.

4) Mit der **Revision** kann gerügt werden, dass eine wirksame Vertretungsvoll- 13 macht nicht bestanden hat, dass der Vertreter nicht zur Hauptverhandlung geladen worden ist (Köln NJW **60**, 736) und dass das Gericht sich unter Verstoß gegen seine Aufklärungspflicht nach § 244 II mit dem Erscheinen des Vertreters begnügt hat, statt den Angeklagten selbst zu hören.

Befugnisse des Verteidigers bei Vertretung des abwesenden Angeklagten

234a Findet die Hauptverhandlung ohne Anwesenheit des Angeklagten statt, so genügt es, wenn die nach § 265 Abs. 1 und 2 erforderlichen Hinweise dem Verteidiger gegeben werden; das Einverständnis des Angeklagten nach § 245 Abs. 1 Satz 2 und nach § 251 Abs. 1 Nr. 1, Abs. 2 Nr. 3 ist nicht erforderlich, wenn ein Verteidiger an der Hauptverhandlung teilnimmt.

1) **Hauptverhandlungen in Abwesenheit des Angeklagten** können (ganz 1 oder teilw) nach §§ 231, 231a I, 231b I, 232, 233, 329 II, 387 I und 411 II S 1 durchgeführt werden. § 234a will in diesen Fällen das Verfahren dadurch vereinfachen, dass der anwesende Verteidiger allgemein zur Wahrnehmung der Informations- und Zustimmungsbefugnisse des Angeklagten ermächtigt wird. Für die Verhandlung in Abwesenheit eines nach § 231c zeitweilig beurlaubten Angeklagten hat die Vorschrift keine Bedeutung, weil während der Beurlaubung nicht über Dinge verhandelt werden darf, durch die der Angeklagte betroffen ist (12 zu 231c). Wird der Angeklagte nach § 247 zeitweilig aus dem Sitzungszimmer entfernt, so ist § 234a ebenfalls nicht anwendbar; denn in diesem Fall findet die Hauptverhandlung nicht i S der Vorschrift ohne Anwesenheit des Angeklagten statt.

2) **Hinweise nach** § 265 I, II (Hs 1) können in allen Fällen gegeben werden 2 (vgl aber unten 3), in denen zulässigerweise in Abwesenheit des Angeklagten verhandelt werden darf und ein Wahl- oder Pflichtverteidiger mitwirkt. Eine besondere Vertretungsvollmacht braucht der Verteidiger nicht. Kann er im Einzelfall die Verteidigung nach dem Hinweis ohne zusätzliche Information des Angeklagten nicht mehr sachgerecht führen, so hat er die Möglichkeit, nach § 265 III, IV die Unterbrechung oder Aussetzung der Verhandlung zu beantragen.

Für die **Abwesenheitsverhandlung nach** § 233 gilt Hs 1 nicht. Denn sie setzt 3 voraus, dass der Angeklagte zur Anklage vernommen worden ist (§ 233 II S 1). Daraus folgt, dass seine erneute Vernehmung (auf die er allerdings verzichten kann) erforderlich ist, wenn die Anklage umgestaltet wird (16 zu § 233). Der Hinweis an den Verteidiger genügt daher nicht (KK-Gmel 3; **aM** LR-Becker 5; Gollwitzer Tröndle-F S 470).

3) **Zustimmungserklärungen (Hs 2)**: Prozesserklärungen nach §§ 245 I 4 S 2, 251 I Nr 1, II Nr 3 brauchen von dem Angeklagten nicht eingeholt zu werden, wenn zulässigerweise in seiner Abwesenheit verhandelt wird und ein Wahl- oder Pflichtverteidiger an der Verhandlung teilnimmt. Das Gleiche gilt für die Zustimmung nach § 325 Hs 2, die in § 234a nur deshalb nicht erwähnt ist, weil ihr neben § 251 I Nr 1 keine selbstständige Bedeutung zukommt. Für die Zustim-

mung zur Nachtragsanlage nach § 266 I gilt § 234a nicht; die Beteiligung des Angeklagten ist hier unerlässlich (Gollwitzer Tröndle-F S 470).

5 **Hs 2 bedeutet nicht,** dass die Zustimmungserklärungen des Angeklagten nur dann entbehrlich sind, wenn für ihn ein Verteidiger mitwirkt; denn der Angeklagte hat in den Fällen des § 231 II (dort 29) und des § 232 (dort 19) sein Zustimmungs- und Verzichtsrecht verwirkt (KK-Gmel 5; Gollwitzer aaO 469).

Wiedereinsetzung in den vorigen Stand bei Verhandlung ohne den Angeklagten

235 [1]Hat die Hauptverhandlung gemäß § 232 ohne den Angeklagten stattgefunden, so kann er gegen das Urteil binnen einer Woche nach seiner Zustellung die Wiedereinsetzung in den vorigen Stand unter den gleichen Voraussetzungen wie gegen die Versäumung einer Frist nachsuchen; hat er von der Ladung zur Hauptverhandlung keine Kenntnis erlangt, so kann er stets die Wiedereinsetzung in den vorigen Stand beanspruchen. [2]Hierüber ist der Angeklagte bei der Zustellung des Urteils zu belehren.

1 1) Der **Anwendungsbereich der Vorschrift** ist auf das Abwesenheitsurteil nach § 232 beschränkt. Sie gilt nicht in den Fällen der §§ 231 II (dort 10), 231a, 231b und 233. Entspr anwendbar ist sie weder im Revisionsverfahren (11 zu § 350) noch auf den Fall, dass der von dem nach § 233 entbundenen Angeklagten benannte Verteidiger zur Hauptverhandlung nicht geladen worden ist (29 zu § 233).

2 2) **Sachliche Voraussetzung der Wiedereinsetzung** ist außer der Versäumung des Termins, die nicht vorliegt, wenn der abwesende Angeklagte nach § 234 vertreten war (Bay **65**, 4, 5), das **fehlende Verschulden** des Angeklagten an der Säumnis (S 1 Hs 1 iVm § 44).

3 Bei Versäumung des Termins infolge falscher Auskunft des Verteidigers über seine Verlegung wird Wiedereinsetzung idR zu bewilligen sein (EbSchmidt 5; **aM** LG Köln MDR **82**, 73 mit abl Anm Schmellenkamp).

4 Bei **Unkenntnis von der Ladung** kommt es auf das Verschulden nicht an (S 1 Hs 2); die fehlende Kenntnis muss aber – wie bei § 44 S 2 (dort 22) – für die Säumnis ursächlich geworden sein (Stuttgart OLGSt Nr 1, das daneben sogar eine Verwirkung der Wiedereinsetzung annimmt). Kenntnis von der Ladung i S der Vorschrift hat der Angeklagte noch nicht erlangt, wenn er weiß, dass sie ihm zugegangen ist; erforderlich ist auch die Kenntnis von ihrem Inhalt (KK-Gmel 4). Verhindert der Angeklagte arglistig den Zugang der Ladung, so ist Wiedereinsetzung ausgeschlossen. Das Gleiche gilt, wenn er arglistig von dem Inhalt der ihm zugegangenen Ladung keine Kenntnis nimmt (LR-Becker 10).

5 3) **Nur auf Antrag** wird Wiedereinsetzung gewährt; denn der Angeklagte muss nach S 1 Hs 1 um sie „nachsuchen". Wiedereinsetzung von Amts wegen nach § 45 II S 3 ist daher ausgeschlossen (dort 12). Der Antrag muss binnen einer Woche nach Zustellung des Abwesenheitsurteils gestellt werden (S 1 Hs 1), und zwar bei dem Gericht, das das Urteil erlassen hat. Wegen der notwendigen Begründung vgl § 45 II S 1.

6 4) Die **Belehrung über die Wiedereinsetzungsmöglichkeit (S 2)** muss bei der Urteilszustellung nach § 232 IV erteilt werden (dort 27). Fehlt sie, so kann der Angeklagte entspr § 44 S 2 Wiedereinsetzung gegen die Versäumung der Wiedereinsetzungsfrist verlangen (LR-Becker 15 mwN).

7 5) Die **Entscheidung über den Antrag** trifft das Gericht, das das Abwesenheitsurteil erlassen hat, durch Beschluss, bei Bewilligung der Wiedereinsetzung mit der Kostenentscheidung nach § 473 VII (dort 38).

8 Die **Wiedereinsetzung beseitigt das Abwesenheitsurteil** ohne weiteres; in dem Beschluss braucht das nicht ausdrücklich ausgesprochen zu werden (Bay **72**,

Hauptverhandlung § 236

43, 45; VR S **61**, 137; Oldenburg VR S **68**, 282; erg 25 zu § 44). In der neuen Verhandlung muss stets ein neues Urteil erlassen werden, auch wenn es den gleichen Inhalt hat wie das frühere Abwesenheitsurteil (KMR-Paulus 14).

6) Wegen der **sofortigen Beschwerde** vgl § 46 II, III. 9

Anordnung des persönlichen Erscheinens des Angeklagten

236 Das Gericht ist stets befugt, das persönliche Erscheinen des Angeklagten anzuordnen und durch einen Vorführungsbefehl oder Haftbefehl zu erzwingen.

1) Nur **bei zulässiger Abwesenheitsverhandlung** nach §§ 231 II, 231a (bei 1 zeitweiliger Verhandlungsfähigkeit), 231b, 232, 233 gilt die Vorschrift, und zwar in allen Rechtszügen. Die Berufung kann bei unentschuldigtem Ausbleiben trotz der Anordnung nach § 236 verworfen werden (5 zu § 329). Im Verfahren nach einem Einspruch gegen den Strafbefehl hindert § 411 II S 1 die Anwendung des § 236 nicht (dort 4; 14 zu § 329). Im Revisionsrechtszug ist die Anordnung nach § 236 zulässig, wenn der Angeklagte im Freibeweis zu Verfahrensfragen vernommen werden soll (3 zu § 350). Im Privatklageverfahren gilt § 387 III, für Einziehungsbeteiligte und Nebenbetroffene §§ 427 II, 438 III. Die Befugnis des Angeklagten, sich in der Hauptverhandlung vertreten zu lassen (§§ 234, 329 I, 411 II S 1), wird durch die Anordnung nach § 236 nicht berührt (KK-Gmel 2 zu § 234; Wolter-F S 1022; **aM** Bay **72**, 47, 51; NJW **70**, 1055 mit abl Anm Küper NJW **70**, 1562; erg 1 zu § 234; 14 zu § 329; 4 zu § 411).

2) Die **Entscheidung** trifft das Gericht, nicht der Vorsitzende allein, durch einen – auf den Einzelfall bezogenen (LG Berlin VR S **118**, 364) – Beschluss. 2

Sie **setzt zunächst voraus,** dass die Anwesenheit des Angeklagten in der 3 Hauptverhandlung einen Beitrag zur Aufklärung des Sachverhalts erwarten lässt (BGH **30**, 172, 175 zu § 73 II OWiG).

Ist das der Fall, so steht die Entscheidung darüber, ob das persönliche Erscheinen 4 angeordnet wird, im **Ermessen des Gerichts.** Die pflichtgemäße Ermessensausübung verlangt eine sachgerechte und umfassende Würdigung aller für und gegen die Anordnung sprechenden Gesichtspunkte. Die berechtigten Interessen des Angeklagten und das Interesse an möglichst vollständiger Sachaufklärung sind gegeneinander abzuwägen (BGH aaO); auch die Bedeutung der Sache fällt ins Gewicht (Bay **73**, 112 zu § 73 II OWiG; Düsseldorf NStZ-RR **98**, 180: Strafbefehlsverfahren; Stuttgart NStE Nr 1). Der Verhältnismäßigkeitsgrundsatz und das Übermaßverbot (Einl 20, 21) sind zu beachten. Die Anordnung ist auch zulässig, wenn der Angeklagte sich im Ausland befindet (Schleswig SchlHA **64**, 70).

Der **Anordnung steht nicht entgegen,** dass der Angeklagte nicht gezwun- 5 gen werden kann, zur Sache auszusagen (Bay **72**, 47, 51/52), auch nicht der Umstand, dass er bereits mitgeteilt hat, er werde zur Sache keine Angaben machen (BGH **38**, 251, 257 mwN; Stuttgart aaO; **aM** Beukelmann v. Heintschel-Heinegg-F S 27).

Die **Aufhebung des Anordnungsbeschlusses** ist jederzeit von Amts wegen 6 oder auf Antrag möglich.

3) Die **Zustellung** des Beschlusses an den Angeklagten erfolgt idR zugleich mit 7 der Ladung zum Termin (Schleswig SchlHA **64**, 70; LR-Becker 13). Die Zwangsmittel des § 236 müssen in der Ladung angedroht werden (§ 216 I).

4) **Zwangsmittel** (17 ff zu § 230) braucht das Gericht auch dann nicht anzu- 8 wenden, wenn der Angeklagte trotz der Anordnung nach § 236 nicht erscheint. Es kann vielmehr ohne den Angeklagten verhandeln, wenn es nunmehr meint, seine Anwesenheit sei zur Sachaufklärung nicht erforderlich (LR-Becker 14; **aM** Bay **72**, 47, 51; NJW **70**, 1055 mit abl Anm Küper NJW **70**, 1562). Zu dieser Ansicht kann es auch noch nach einem erfolglosen Versuch gelangen, die Anwesenheit des

Schmitt

§ 237

Angeklagten zu erzwingen (Celle NJW **70**, 906; Hamburg NJW **68**, 1687; vgl auch Schleswig SchlHA **64**, 70).

9 **5) Rechtsbehelfe:** Die Beschwerde gegen die Anordnung nach § 236 schließt § 305 S 1 aus (Bay **52**, 116). Beschwerde gegen die Verhängung von Zwangsmitteln ist zulässig (§ 305 S 2), gegen den Haftbefehl auch die weitere Beschwerde nach § 310 I (dort 5).

10 Die **Revision** kann darauf gestützt werden, dass das Unterlassen der Anordnung nach § 236 die Sachaufklärungspflicht (§ 244 II) verletzt habe. Dabei muss der Beschwerdeführer im Einzelnen darlegen, aus welchen Gründen und in welcher Hinsicht eine weitere Sachaufklärung durch die Anwesenheit des Angeklagten in der Hauptverhandlung möglich gewesen wäre.

Verbindung mehrerer Strafsachen

237 Das Gericht kann im Falle eines Zusammenhangs zwischen mehreren bei ihm anhängigen Strafsachen ihre Verbindung zum Zwecke gleichzeitiger Verhandlung anordnen, auch wenn dieser Zusammenhang nicht der in § 3 bezeichnete ist.

1 **1)** Der **Verfahrensvereinfachung** dient die Vorschrift (BGH **19**, 177, 182; **26**, 271, 273: prozesstechnische Erleichterung). Anders als nach § 2, 4, 13 II werden die verbundenen Strafsachen nicht zu einem einzigen Verfahren verschmolzen; weder die sachliche noch die örtliche Zuständigkeit wird verändert. Die Verbindung bezweckt nur die gleichzeitige Verhandlung; jede der verbundenen Sachen folgt weiterhin ihren eigenen Gesetzen (unten 8). Zur Anwendung im Revisionsverfahren vgl Meyer-Goßner/Cierniak StV **00**, 697.

2 **2) Voraussetzungen der Verbindung:**
3 A. **Bei demselben Gericht** müssen die Sachen anhängig sein. Gericht i S des § 237 ist der einzelne Spruchkörper, nicht das Gericht als administrative Einheit, als Zusammenfassung aller bei ihm errichteten Spruchkörper (KK-Gmel 2; LR-Erb 6 zu 2; LR-Becker 4; MüKoStPO-Arnoldi 4, 5; SK-Deiters 3; SSW-Grube 3; Meyer-Goßner DRiZ **90**, 286; Sowada 721; Steinmetz JR **93**, 228; **aM** unzutr BGH **26**, 271, 273; noch offen gelassen von BGH **38**, 376, 379; vgl ferner Stuttgart NStZ **95**, 248 mit Anm Meyer-Goßner NStZ **96**, 51). Eine Verbindung von bei verschiedenen Spruchkörpern desselben Gerichts anhängigen Verfahren kommt nur nach § 4 in Betracht (Meyer-Goßner NStZ **04**, 354; vgl 6 ff zu § 4).

4 In den zu verbindenden Sachen muss die Hauptverfahren eröffnet sein (KK-Gmel 4; **aM** BGH **20**, 219, 221); allerdings brauchen sie sich nicht im selben **Verfahrensstadium** zu befinden. Im 1. Rechtszug anhängige Sachen können mit Sachen, die nach §§ 328 II, 354 II, III, 355 zurückverwiesen worden sind, verbunden werden. Die große JugK kann keine erstinstanzliche Sache auch mit einem bei ihr anhängigen Berufungsverfahren verbinden.

5 Eine Strafsache gegen **Jugendliche oder Heranwachsende** kann nach §§ 103, 104, 112 **JGG** von dem JugG mit einer Erwachsenensache verbunden werden (dazu BGH **29**, 67; BGH MDR **82**, 972 [H]; Karlsruhe MDR **81**, 693).

6 B. Ein **Zusammenhang** muss zwischen den Strafsachen bestehen, braucht aber nicht so eng zu sein, wie § 3 für die Verbindung nach §§ 2, 4, 13 vorschreibt. Es genügt, dass die gleichzeitige Verhandlung unter irgendeinem Gesichtspunkt zweckmäßig erscheint, zB weil derselbe Personenkreis als Täter oder Verletzte beteiligt ist, weil die Beweismittel übereinstimmen oder weil gleichartige Vorwürfe oder gleichartige Rechtsfragen zu klären sind (Roxin § 20 B III).

7 **3) Verbindungsbeschluss:** Die Verbindung erfolgt von Amts wegen oder auf Antrag, kann nach freiem Ermessen und ohne Begründung abgelehnt werden kann (BGH NJW **53**, 836; RG **57**, 44); denn einen Anspruch darauf, dass alle gegen ihn anhängigen Strafsachen in einer Hauptverhandlung erledigt werden, hat der Ange-

Hauptverhandlung **§ 238**

klagte nicht (BGH MDR **94**, 241 [S]; 10 zu § 4). Die Entscheidung ergeht durch Beschluss, der keiner Begründung bedarf und formlos bekanntgemacht wird. Auch eine stillschweigende Verbindung, etwa durch gemeinsame Terminsanberaumung, ist wirksam (KMR-Paulus 28; **aM** Hamm Rpfleger **61**, 411 mit Anm Tschischgale; LR-Becker 10).

4) Wirkung der Verbindung: § 237 bewirkt lediglich für die Dauer der Hauptverhandlung (KG JR **69**, 349) eine lose Verfahrensverbindung, durch die die Selbstständigkeit der verbundenen Sachen nicht berührt wird. Jede Sache folgt weiterhin ihren eigenen Gesetzen (BGH **19**, 177, 182; **26**, 271, 275; **36**, 348, 351). Eine Berufungssache bei der großen JugK, die mit einer erstinstanzlichen Sache verbunden ist (oben 4), bleibt eine Berufungssache (BGH aaO); eine vor der Verhandlung vorgenommene Berufungsbeschränkung bleibt wirksam (BGH NStZ **88**, 211 [M]). Mehrere Angeklagte werden aber durch die Verbindung stets zu Mitangeklagten; als Zeugen können sie nicht vernommen werden (21 vor § 48). Der in einer der Sachen erforderliche Ausschluss der Öffentlichkeit gilt für das ganze Verfahren. Die Entscheidung sollte nicht durch einheitlichen Urteilsausspruch ergehen (BGH **37**, 42; Meyer-Goßner DRiZ **85**, 245). Muss eine Gesamtstrafe nach § 53 StGB oder eine Einheitsstrafe nach § 32 JGG gebildet werden, was einen (persönlichen) Zusammenhang nach § 3 voraussetzt, so reicht dafür die nur zeitweilige Verbindung nach § 237 nicht aus; die Sachen müssen dann entspr § 4 I verbunden werden (BGH aaO gegen die frühere Rspr; LR-Becker 17; SK-Deiters 1; abl Bringewat JR **91**, 75; Steinmetz JR **93**, 232). Die entspr Anwendung des § 5 ist ausgeschlossen; daher erstreckt sich die Zuständigkeit des BGH zur Entscheidung über die Revision nicht auf eine nach § 237 verbunden gewesene Berufungssache; das gilt nicht nur dann, wenn kein Zusammenhang nach § 3 besteht (BGH **35**, 195 = JR **88**, 385 mit Anm Meyer) oder wenn in dem erstinstanzliche Sache betreffenden Teil Freispruch (BGHR Revision 2) oder Einstellung erfolgte, sondern in jedem Falle (BGH **36**, 348, 351; **37**, 42, 43; MDR **90**, 890 [H]; erg 7, 8d zu § 4; 1 zu § 135 GVG).

5) Auch über die **Trennung** der verbundenen Sachen entscheidet das Gericht nach freiem Ermessen (RG **70**, 65, 67). Nach Urteilserlass ist die Trennung zwingend. Da sie kraft Gesetzes eintritt (KG JR **69**, 349; SK-Deiters 10), ist ein entspr Gerichtsbeschluss nicht erforderlich. Zur vorübergehenden Abtrennung zwecks Vernehmung eines Mitangeklagten als Zeugen vgl 22 vor § 48.

6) Anfechtung: Vgl 16, 17 zu § 4.

8

9

10

Verhandlungsleitung

238 **I** Die Leitung der Verhandlung, die Vernehmung des Angeklagten und die Aufnahme des Beweises erfolgt durch den Vorsitzenden.

II Wird eine auf die Sachleitung bezügliche Anordnung des Vorsitzenden von einer bei der Verhandlung beteiligten Person als unzulässig beanstandet, so entscheidet das Gericht.

Übersicht

	Rn
1) Normzweck	1–3
2) Dem Vorsitzenden zugewiesene Aufgaben (I)	4–8
A. Verhandlungsleitung	5, 6
B. Vernehmung des Angeklagten und Aufnahme der Beweise	7
C. Persönliche Verpflichtung des Vorsitzenden	8
3) Antrag auf gerichtliche Entscheidung (II)	9–19
A. Sachleitung	10–13
B. Beanstandungsberechtigung	14–15
C. Form der Beanstandung	16
D. Beanstandung der Maßnahme als unzulässig	17

Schmitt 1107

§ 238 Zweites Buch. 6. Abschnitt

	Rn
E. Anordnungen des Strafrichters	18
F. Entscheidung des Gerichts	19
4) Rechtsbehelfe	20–23
A. Beschwerde	21
B. Revision	22–25

1 **1) Aufgabe des Vorsitzenden in der Hauptverhandlung** ist grundsätzlich die gesamte Prozessleitung. Das ist zT in gesetzlichen Einzelregelungen bestimmt (zB in §§ 228 I S 2, III, 231 I S 2, 231a II, 231b II, 239, 240, 241, 241a, 243 I S 2, II S 2, 247 S 4, 248, 249 II, 266 III); im Übrigen gilt die allgemeine Aufgabenzuweisung nach I. Andererseits sind bestimmte Anordnungen dem Gericht vorbehalten (zB §§ 4 II, 6a S 2, 27 I, 51, 70, 77, 228 I S 1, 230 II, 231 II, 231a III, 231b I, 231c, 233, 236, 237, 244 VI, 247, 251 IV, 265 IV, 266, 270).

2 **Vorabentscheidungen** des Vorsitzenden anstelle des an sich zuständigen Gerichts lässt die Rspr bei der Entscheidung über die Vereidigung von Zeugen zu (9 zu § 59; 4 zu § 60).

3 Im Gegensatz zu solchen Entscheidungen trifft der Vorsitzende die Maßnahmen nach I in der Hauptverhandlung **aus eigenem Recht** (RG **44**, 65, 67; Fuhrmann GA **63**, 64). Sie bedürfen nicht der Billigung durch das Gericht (W. Schmid H. Mayer-F S 544). Soweit es sich um Maßnahmen handelt, die unmittelbar die Urteilsfindung berühren, ist das Gericht an sie aber nicht gebunden; solche Maßnahmen sind nur vorläufiger Art.

4 **2) Dem Vorsitzenden zugewiesene Aufgaben (I):**
5 A. **Verhandlungsleitung:** Dazu gehören alle Maßnahmen zur Durchführung der Hauptverhandlung (LR-Becker 3), insbesondere die Eröffnung, Durchführung (ausnahmsweise auch ohne Akten: Hamm VR S **40**, 204), Unterbrechung und Schließung der Verhandlung und die Bestimmung des Verfahrensgangs, soweit er nicht durch § 243 festgelegt ist, auch die Urteilsverkündung (BGH MDR **75**, 24 [D]). Der Vorsitzende bestimmt die Reihenfolge, in der die Prozessbeteiligten gehört werden (BGH MDR **57**, 53), erteilt ihnen das Wort und entzieht es ihnen, wenn sie es missbrauchen. Der Vorsitzende ist grundsätzlich nicht verpflichtet, Anträge der Verfahrensbeteiligten zu jeder Zeit entgegenzunehmen (BGH NStZ **14**, 668); er bestimmt vielmehr den Zeitpunkt, zu dem den Antragstellern Gelegenheit zur Anbringung und Begründung ihrer Anträge gegeben wird (BGH 4 StR 192/10 vom 3.8.2010). Er kann es dem Angeklagten grundsätzlich nicht verbieten, während der Hauptverhandlung Aufzeichnungen zu machen (Salditt StV **93**, 443; **aM** BGH 1, 322 = JZ **52**, 43 mit zutr abl Anm EbSchmidt). Zur Verhandlungsleitung gehört auch die Sitzungspolizei nach § 176 GVG (LR-Becker 12; Fuhrmann GA **63**, 68; **aM** Jahn NStZ **98**, 392; erg unten 11).

6 Die **Zurücknahme** prozessleitender Anordnungen ist von Amts wegen oder auf Antrag möglich (KMR-Paulus 29f; Bohnert 178).

7 B. **Vernehmung des Angeklagten und Aufnahme der Beweise:** Zur Vernehmung gehören die Vernehmung des Angeklagten zu seinen persönlichen Verhältnissen (10ff zu § 243) und die Vernehmung zur Sache (24ff zu § 243). Der Vorsitzende ordnet die Beweiserhebungen an (BGH NStZ **82**, 432; Alsberg/Güntge 1419) und führt sie durch. Er hat für die sachgerechte Ausübung des Fragerechts (§§ 240 II, 241a) durch die Verfahrensbeteiligten Sorge zu tragen (BGH NJW **04**, 239). Er entlässt auch die Zeugen nach § 248.

8 C. **Persönlich** muss der Vorsitzende die Verhandlung leiten; er darf seine Aufgaben grundsätzlich weder ganz noch teilw einem anderen Gerichtsmitglied überlassen. Das gilt auch für die Erhebung von Beweisen. Wegen der Verlesung von Urkunden vgl aber 15 zu § 249. Ist der Vorsitzende wegen Heiserkeit am Sprechen gehindert, so liegt ein Fall der Verhinderung am Vorsitz nach § 21f GVG vor; als Beisitzer kann er an der Verhandlung mitwirken (Kissel/Mayer 14 zu § 21f GVG); ist dem Vorsitzenden trotz körperlicher Beschwerden die Verhandlungsführung

1108 *Schmitt*

(ggf für kürzere Zeiten) möglich, darf er sie nicht an den Vertreter abgeben (offengelassen von BGH MDR **94**, 764 [H]).

3) Antrag auf gerichtliche Entscheidung (II): 9

A. **Auf die Sachleitung bezügliche Anordnungen** können mit dem Zwi- 10 schenrechtsbehelf des II beanstandet werden, dessen Zweck es ist, Fehler des Vorsitzenden im Rahmen der Instanz zu korrigieren und damit Revisionen zu vermeiden (BGH **51**, 144 mit Anm Widmaier NStZ **07**, 230; Mosbacher JR **07**, 382; **aM** Ignor/Bertheau NStZ **13**, 188: nur Möglichkeit, nicht Pflicht zur Beanstandung).

Der Begriff **Anordnung** ist in weitestem Sinne zu verstehen. Darunter fallen 11 alle Maßnahmen, mit denen der Vorsitzende auf den Verfahrensablauf und die Verfahrensbeteiligten einwirkt (Erker 64), auch Maßnahmen der Sitzungspolizei (BGH NStZ **13**, 608) wie zB die Sitzordnung (BGH NStZ **19**, 297 mit Anm Börner; erg 4 zu § 176 GVG, 59 zu § 338), Fragen, Vorhalte, Ermahnungen und Belehrungen (KK-Schneider 11), auch die Feststellung, dass das von einer Zeugin behauptete Verlöbnis mit dem Angeklagten nicht besteht (BGH **55**, 65). Das bewusste Unterlassen einer beantragten Entscheidung steht einer Maßnahme i S des II nicht gleich (Erker 68 ff; Fuhrmann GA **63**, 68 ff; **aM** LR-Becker 18).

Der Begriff **Sachleitung** stimmt mit dem der Verhandlungsleitung nach I (oben 12 5) überein. Die früher vielfach übliche, aber an Abgrenzungsschwierigkeiten leidende (vgl Erker 26 ff) Unterscheidung zwischen formeller Leitung der Verhandlung (die allein die äußere Gestaltung des Verfahrens betrifft) und der Sachleitung ie S (vgl BGH NJW **57**, 271; Hamm NJW **72**, 1246), ist mit Recht überwiegend aufgegeben worden (vgl LR-Becker 19 ff; Erker 52; Fuhrmann GA **63**, 69 ff; Gössel 170); denn auch bei der formellen Verhandlungsleitung kommen Maßnahmen in Betracht, die den Angeklagten oder andere Prozessbeteiligte beschweren.

Die **Anrufung des Gerichts** setzt demnach nicht eine bestimmte Art von An- 13 ordnungen oder Maßnahmen des Vorsitzenden voraus, sondern nur, dass der Prozessbeteiligte, der sich an das Gericht wendet, schlüssig dartut, dass die Anordnung ihn beschwert (Erker 51 ff). Es gibt grundsätzlich (vgl aber 62 zu § 142; 28 zu § 265) keine von dem Antrag nach II ausgeschlossene Verfügungen und Maßnahmen des Vorsitzenden (LR-Becker 21 ff). Das gilt auch noch für Anordnungen nach Schluss der Beweisaufnahme bis zum Beginn der Urteilsverkündung (BGH NStZ **92**, 346; erg 33 zu § 244); auch Maßnahmen der Sitzungspolizei unterliegen der Prüfung durch das Gericht (BGH StV **09**, 680 mwN).

B. **Zur Beanstandung berechtigt** sind alle Prozessbeteiligten, die von der 14 Anordnung betroffen sind (**aM** Ebert StV **97**, 275; auch ohne Beschwer jederzeit), auch Zeugen und Sachverständige wegen der an sie gerichteten Fragen (8 zu § 68a; 20 zu § 241), nicht aber Zuhörer (Erker 75 ff). Beanstandungsberechtigt sind auch nicht die beisitzenden Berufsrichter und die Schöffen (Bohnert 179 ff; Ranft 1452; **aM** SK-Frister 23 mwN; Habetha NJW **16**, 3629); sie können eine gerichtliche Entscheidung ohne weiteres herbeiführen indem sie eine Beratung verlangen. Der Vorsitzende selbst kann nicht seine eigenen Maßnahmen beanstanden; er kann aber jederzeit die Entscheidung des Gerichts herbeiführen (Erker 71).

Eine Rechtspflicht zum **Hinweis auf das Beanstandungsrecht** besteht nicht 15 (KK-Schneider 20; LR-Becker 31).

C. Eine bestimmte **Form** ist für die (nach § 273 I in der Sitzungsniederschrift 16 zu beurkundende, vgl BGH NStZ-RR **03**, 5 [B]) Beanstandung nicht vorgeschrieben. Das Wort Beanstandung braucht nicht verwendet zu werden. Es genügt, dass ausdrücklich oder durch schlüssiges Verhalten (vgl Hamburg NJW **53**, 434) das Verlangen nach einer Gerichtsentscheidung geäußert (W. Schmid H. Mayer-F S 560) und die Unzulässigkeit der Maßnahmen sowie eine Beschwer des Antragstellers behauptet wird (Erker 78). Welche Anforderungen an die Substantiierung dieses Vorbringens zu stellen sind, richtet sich nach den Umständen des Einzelfalls.

§ 238

17   D. Nur die **Beanstandung der Maßnahme als unzulässig** lässt II zu. Dass sie unzweckmäßig oder unangebracht gewesen sei, kann mit dem Antrag nicht geltend gemacht werden (RG **44**, 65, 66; Seibert JR **52**, 470). Unzulässig i S von II sind Maßnahmen des Vorsitzenden, wenn sie gegen gesetzliche Vorschriften oder ungeschriebene Verfahrensgrundsätze verstoßen (Fuhrmann GA **63**, 73; W. Schmid H. Mayer-F S 558), aber auch, wenn Ermessensmissbrauch vorliegt (Fuhrmann GA **63**, 74; Erker 83). Bei der Beanstandung von Vorabentscheidungen des Vorsitzenden über Vereidigungsfragen (oben 2) handelt es sich nicht um einen Fall des II, sie sind daher auch auf ihre Zweckmäßigkeit zu prüfen (10 zu § 59).

18   E. Auch **Anordnungen des Strafrichters** (§ 25 GVG) können und müssen zum Erhalt der Revisionsrüge (unten 22) nach II beanstandet werden, obwohl hier Vorsitzender und Gericht identisch sind (Düsseldorf StV **96**, 252 mwN; Bischoff NStZ **10**, 80; Erker 113 ff; **aM** Ebert NStZ **97**, 565, der zwar II für anwendbar hält, jedoch einen Rügeverlust bei Nichtbeanstandung verneint).

19   F. Die **Entscheidung des Gerichts** ergeht nach Anhörung der Prozessbeteiligten (Erker 98) durch Beschluss, der nach § 273 I in das Hauptverhandlungsprotokoll aufzunehmen und in der Hauptverhandlung unverzüglich (KMR-Paulus 50 f; Erker 100; W. Schmid H. Mayer-F S 561), spätestens vor Beginn der Urteilsverkündung bekanntzumachen ist. Schlüssiges Verhalten des Gerichts kann den Beschluss nicht ersetzen (Erker 34; **aM** KMR-Paulus 50). Der Beschluss braucht nur dann begründet zu werden, wenn er den Antrag als unzulässig oder unbegründet ablehnt (LR-Becker 32; **aM** KMR-Paulus 50: auch bei stattgebender Entscheidung). Der Vorsitzende ist, wenn sich nachträglich neue Tatsachen ergeben, an die Gerichtsentscheidung nicht gebunden (vgl LR-Becker 37 mwN). Das Gericht kann seine Entscheidung ändern, wenn es seine rechtliche Beurteilung berichtigt oder wenn sich die Sachlage geändert hat (Erker 112). Sind Fragen zu einem sachfremden Thema insgesamt zurückgewiesen worden und werden gleichwohl weitere Fragen dazu gestellt, so umfassen die erstmalige Zurückweisung und der erstmalige Beschluss nach II auch deren Zurückweisung (BGH NJW **04**, 239).

20   **4) Rechtsbehelfe:**

21   A. **Beschwerde** gegen die Anordnung des Vorsitzenden nach § 304 ist nicht zulässig; der Zwischenrechtsbehelf des II schließt sie aus (Erker 60; KK-Schneider 24; SK-Frister 39; **aM** KMR-Paulus 55; LR-Becker 40: Ausschluss nach § 305 S 1). Der Beschluss des Gerichts nach II ist grundsätzlich nach § 305 S 1 unanfechtbar (KK-Schneider 24); Entscheidungen, durch die dritte Personen betroffen sind, können angefochten werden (§ 305 S 2).

22   B. **Revision:**

23   **Grundsatz:** Die Zulässigkeit einer Verfahrensrüge setzt grundsätzlich voraus, dass der Beschwerdeführer von dem Zwischenrechtsbehelf des II Gebrauch gemacht hat; wer davon absieht, verwirkt insoweit das Recht auf Revision (BGH **1**, 322, 325; **51**, 144 = NStZ **07**, 230 mit Anm Widmaier = JR **07**, 382 mit Anm Mosbacher, der auf fehlendes Rechtsschutzbedürfnis abstellt; zust KK-Schneider 36; abl SK-Frister 50; SSW-Grube 53; Bauer NStZ **12**, 191; Nagel StraFo **13**, 221). Es besteht also grundsätzlich eine Beanstandungspflicht (eingehend zur Problematik LR-Becker 43 ff; Bischoff NStZ **10**, 79; **aM** SK-Frister 52; Habetha NJW **16**, 3632; Lindemann StV **10**, 381; Nagel aaO; Roxin/Schünemann § 44, 18).

24   **Ausnahmen:** Für den Angeklagten, der ohne Verteidiger ist oder den Nebenkläger, der nicht den Beistand eines RA hat und die Beanstandungsmöglichkeit des II nicht kennt, gilt das nicht (Koblenz StV **92**, 263; Köln NStZ-RR **97**, 366; Stuttgart NStZ **88**, 240). Der Revisionsangriff ist auch sonst ohne vorherige Anrufung des Gerichts zulässig, wenn der Vorsitzende eine von Amts wegen vorzunehmende unverzichtbare Handlung unterlassen (BGH **38**, 260, 261; NStZ **81**, 71; 5 StR 90/19 vom 9.10.2019: Verlesung des Anklagesatzes; erg KK-Schneider 30; 13 zu § 59) oder wenn er sich über Verfahrensvorschriften, die keinerlei Entscheidungsspielraum zulassen, hinweggesetzt (BGH **42**, 73, 77: § 53 I Nr 3; BGH NJW

17, 181: § 247a I; BGH **45**, 203, 205, StV **12**, 706: § 252; BGH NStZ **12**, 585 mit zust Anm Ventzke StV **12**, 200: §§ 251 I Nr 1, 256 I Nr 2; vgl auch 18 zu § 252), oder wenn sich der Fehler des Vorsitzenden bei der Urteilsfindung fortgesetzt hat (BGH **7**, 281; **20**, 98; Köln NJW **57**, 1373; vgl auch BGH **3**, 368; JR **65**, 348: Nichterteilung oder Beschränkung des letzten Wortes). Gegen diese Einschränkungen hat sich Mosbacher NStZ **11**, 606 ausgesprochen, der auch bei Verletzung zwingenden Verfahrensrechts durch den Vorsitzenden II anwenden will; gegen ihn zutr Gaede wistra **10**, 214; Lindemann aaO 383; Widmaier NStZ **11**, 305; siehe auch BGH 5 StR 90/19 vom 9.10.2019. Die Anrufung des Gerichts nach II ist allerdings zur Erhaltung der Verfahrensrüge erforderlich, wenn sich der Vorsitzende in einer Art Zwischenfeststellung zu der Rechtsanwendung in einem Fall geäußert hat, in dem ihm bei der Bewertung der tatsächlichen Grundlagen einer zwingend vorgeschriebenen und unverzichtbaren Verfahrensvorschrift ein Beurteilungsspielraum eingeräumt ist (BGH **55**, 65 [Verlobung]; zust Mosbacher NStZ **11**, 609).

Ist eine **Entscheidung** nach II **unterblieben**, so beruht das Urteil nur dann 25 auf dem Mangel, wenn die beanstandete Maßnahme des Vorsitzenden gegen das Verfahrensrecht verstoßen hat (BGH **44**, 82, 91; weitergehend W. Schmid H. Mayer-F S 562 ff: schon wenn das Unterlassen der Entscheidung zur Irreführung des Beschwerdeführers geeignet war). War sie rechtmäßig kommt ein Beruhen allenfalls dann ausnahmsweise in Betracht, wenn sich der Angeklagte bei Kenntnis der Gründe für die Zurückweisung seiner Beanstandung anders und erfolgreicher als geschehen hätte verteidigen können (BGH 5 StR 623/18 vom 7.5.2019; KK-Schneider 27).

Kreuzverhör

§ 239 I 1 Die Vernehmung der von der Staatsanwaltschaft und dem Angeklagten benannten Zeugen und Sachverständigen ist der Staatsanwaltschaft und dem Verteidiger auf deren übereinstimmenden Antrag von dem Vorsitzenden zu überlassen. ² Bei den von der Staatsanwaltschaft benannten Zeugen und Sachverständigen hat diese, bei den von dem Angeklagten benannten der Verteidiger in erster Reihe das Recht zur Vernehmung.

II Der Vorsitzende hat auch nach dieser Vernehmung die ihm zur weiteren Aufklärung der Sache erforderlich scheinenden Fragen an die Zeugen und Sachverständigen zu richten.

1) Kreuzverhör: In der Hauptverhandlung des bundesdeutschen Strafprozesses 1 ist diese Form der Vernehmung ein Fremdkörper (Roxin/Schünemann § 44, 24; **aM** Gaede StV **12**, 55), da sie an den anglo-amerikanischen adversatorischen Parteienprozess anknüpft, während das Schwergewicht im deutschen Verfahren bei der Amtsaufklärung durch den Vorsitzenden und das Gericht liegt. In der Praxis wird von ihr so gut wie kein Gebrauch gemacht, was wohl vor allem daran liegt, dass sie einen übereinstimmenden Antrag von StA und Verteidigung voraussetzt (siehe 5).

Ein **informelles Kreuzverhör** in der Weise, dass der Vorsitzende unmittelbar 2 oder alsbald nach Entgegennahme des Berichts des Zeugen (§ 69 I S 1) zunächst den StA und den Verteidiger Fragen stellen lässt (§ 240 II) und seinerseits erst anschließend nochmals fragt, das erfordert, kann in geeigneten Fällen zweckmäßig sein und ist jedenfalls nicht unzulässig (vgl KK-Schneider 2; SK-Frister 15; Dencker Kleinknecht-F S 79).

2) Voraussetzungen (I S 1): 3
A. Nur **die von der StA und dem Angeklagten benannten Beweisper-** 4 **sonen** können ins Kreuzverhör genommen werden. Benannt i S I S 1 sind auch Zeugen und Sachverständige, die das Gericht auf bloße Anregung von StA oder Angeklagten geladen hat oder die von ihnen selbst geladen oder in der Hauptverhandlung gestellt worden sind. Auf die vom Privatkläger, Nebenkläger und den Nebenbeteiligten benannten Zeugen und Sachverständigen ist § 239 nicht an-

wendbar (LR-Becker 4; Gollwitzer Schäfer-F S 83 ff). Bei Jugendlichen unter 16 Jahren ist das Kreuzverhör nach § 241a ausgeschlossen. Bei der kommissarischen Vernehmung nach § 223 ist es zulässig (KK-Schneider 6; LR-Becker 5; **aM** KMR-Eschelbach 21).

5 B. Nur auf **übereinstimmenden Antrag von StA und Verteidiger,** dem das Gericht selbst dann stattgeben muss, wenn der Angeklagte widerspricht (Radtke/ Hohmann-Britz 6), findet ein Kreuzverhör statt. Wenn kein Verteidiger mitwirkt, ist es ausgeschlossen. Hat der Angeklagte mehrere Verteidiger, so müssen alle den Antrag stellen (KMR-Eschelbach 33; SK-Frister 5). Wirken für mehrere Angeklagte mehrere Verteidiger mit, so gilt das nur, wenn alle Angeklagten von dem Vernehmungsgegenstand betroffen sind (LR-Becker 7). Der Antrag, der auf die Vernehmung einzelner Beweispersonen beschränkt werden kann, muss vor Beginn der Vernehmung des Zeugen oder Sachverständigen gestellt werden; das bereits begonnene Verhör kann dem Vorsitzenden nicht entzogen werden (LR-Becker 8).

6 **3) Durchführung des Kreuzverhörs (I S 2, II):** Mit dem Verhör beginnt, wer die Beweisperson benannt hat (I S 2). Hat er es abgeschlossen, so setzt der Prozessgegner die Vernehmung fort. Ein zusammenhängender Bericht des Zeugen nach § 69 I S 1 muss auch beim Kreuzverhör herbeigeführt werden (KK-Schneider 7; KMR-Eschelbach 41. Dies ist Aufgabe des den Zeugen benennenden Verfahrensbeteiligten; erforderlichenfalls hat der Vorsitzende darauf hinzuwirken. Die formellen Befragungsregeln des angelsächsischen Strafprozesses, nach denen die den Zeugen aufrufende Partei grundsätzlich nur direkte Fragen stellen darf, während die Gegenpartei auch berechtigt ist, sog leading questions zu stellen, gilt nicht. Die anderen Prozessbeteiligten haben das Fragerecht nach § 240 II; das Kreuzverhör dürfen sie nicht fortführen.

7 **4) Fragerecht des Vorsitzenden:** Der Vorsitzende ist verpflichtet, nach Beendigung des Kreuzverhörs die zur Sachaufklärung erforderlichen weiteren Fragen an die Beweispersonen zu richten (II). Den Missbrauch des Fragerechts kann er nach § 241 I verhindern, einzelne Fragen kann er nach § 241 II zurückweisen. Den Antrag dazu kann auch der befragte Zeuge oder Sachverständige stellen; wird er abgelehnt, so kann er nach § 238 II auf gerichtliche Entscheidung antragen. Zum Beschwerderecht vgl 22 zu § 241.

Fragerecht

240 I Der Vorsitzende hat den beisitzenden Richtern auf Verlangen zu gestatten, Fragen an den Angeklagten, die Zeugen und die Sachverständigen zu stellen.

II 1 Dasselbe hat der Vorsitzende der Staatsanwaltschaft, dem Angeklagten und dem Verteidiger sowie den Schöffen zu gestatten. ² Die unmittelbare Befragung eines Angeklagten durch einen Mitangeklagten ist unzulässig.

1 **1) Das Fragerecht der Prozessbeteiligten** soll ihnen ermöglichen, auf die vollständige Erörterung des Prozessstoffs und auf die Ausschöpfung der persönlichen Beweismittel hinzuwirken (LR-Becker 1). Nur (anwesende) Angeklagte, Zeugen und Sachverständige können befragt werden; die „Befragung" der Richter und des StA ist unzulässig (KMR-Paulus 4; Gollwitzer Meyer-GedSchr 158). Die Befragung von Belastungszeugen gehört zu den Mindestrechten des Angeklagten nach Art 6 III Buchst d **EMRK** (siehe dort Rn 22-22g).

2 § 240 **gilt auch** bei kommissarischen Vernehmungen (22 zu § 223). Für die Vernehmung von Zeugen unter 16 Jahren gilt § 241a die Sondervorschrift.

3 **2) Die fragerechtigten Prozessbeteiligten** zählen I, II S 1 nicht erschöpfend auf (BGH NJW **69**, 437, 438). Zu ihnen gehören außer den Mitgliedern des erkennenden Gerichts (Berufsrichter und Schöffen) auch die Ergänzungsrichter und Ergänzungsschöffen (vgl RG **67**, 276, 277; Celle NdsRpfl **73**, 110), der Pri-

Hauptverhandlung § 240

vatkläger (§ 385 I S 1), der Nebenkläger (§ 397 I S 3) und ihre Rechtsbeistände oder Vertreter, die Erziehungsberechtigten und gesetzlichen Vertreter eines Jugendlichen (§ 67 **JGG**), der Beistand eines nebenklageberechtigten Verletzten nach § 406h (BGH NStZ **05**, 222) sowie der Beistand nach § 149 (BGH **47**, 62, 64; **aM** Bay **97**, 165) und der nach § 407 I S 5 **AO** zur Anwesenheit berechtigte Vertreter der FinB im Steuerstrafverfahren (vgl Celle NdsRpfl **69**, 190). Die Einziehungsbeteiligten und Nebenbeteiligten (§§ 427 I, 438 III) und die Vertreter der bußgeldbeteiligten JP und PV (§ 444 II) haben das Fragerecht im Rahmen ihrer Beteiligung, ebenso ihre Prozessbevollmächtigten (§ 428). Kein Fragerecht hat der RA als Beistand des Zeugen oder Verletzten (§§ 406f, 406h; 11 vor § 48; § 68b). Zum Fragerecht des Sachverständigen vgl § 80 II. Ausnahmsweise kann der Vorsitzende einem Zeugen gestatten, einen anderen Zeugen zu befragen und ihm Vorhalte zu machen (KMR-Paulus 12; SSW-Franke 5).

3) Ausübung des Fragerechts: 4

A. Die **Befragung** braucht sich nicht unbedingt in der äußeren Form von Einzelfragen zu vollziehen; auch kurze Vorhalte sind zulässig (KK-Schneider 5). Grundsätzlich müssen aber einzelne und genau umrissene Fragen gestellt werden. Zusammenhängende Erklärungen über einen Tatsachenkomplex können nicht verlangt werden; denn die Befragung ist keine Vernehmung (dagegen Gaede StV **12**, 56 unter Hinweis auf Art 6 IIId EMRK). Kurze Ausführungen zum besseren Verständnis der Frage sind erlaubt (Dahs 531). 5

B. Den **Zeitpunkt,** in dem das Fragerecht ausgeübt werden darf, bestimmt der Vorsitzende im Rahmen seiner Verhandlungsleitung (BGH **16**, 67, 70; NJW **69**, 437, 438). IdR ist die Ausübung des Fragerechts erst möglich, wenn der Vorsitzende die Vernehmung beendet hat. Ob er vorher schon Zwischenfragen zulässt, steht in seinem Ermessen. 6

Wollen **mehrere Prozessbeteiligte** den Angeklagten oder eine Beweisperson befragen, so wird der Vorsitzende das Wort zunächst den Richtern, dann dem StA und dem Verteidiger oder dem Prozessbeteiligten geben, der die Beweisperson benannt hat. Rechtlich ist er jedoch an keine bestimmte Reihenfolge gebunden (BGH NJW **69**, 437; LR-Becker 12; Sommer StraFo **10**, 107). 7

Das **Fragerecht endet** mit der Entlassung des Zeugen oder Sachverständigen nach § 248; in dem Verlangen, eine bereits vernommene und entlassene Beweisperson nochmals über eine bestimmte Frage zu hören, kann ein Beweisantrag nach § 244 III S 1 liegen (BGH **15**, 161, GA **58**, 305). 8

C. Das **Recht auf unmittelbare Befragung** bedeutet, dass die Fragen ohne Vermittlung des Vorsitzenden an den Angeklagten oder die Beweisperson gestellt werden dürfen. Der Vorsitzende ist, vorbehaltlich seiner Beanstandungsbefugnis und -pflicht nach § 241 II nicht berechtigt, die Fragen an sich zu ziehen und in einer ihm als richtig erscheinenden Form zu stellen oder das gewährte Fragerecht ohne sachlichen Grund wieder zu entziehen (Hamm StV **93**, 462); liegt ein solcher vor, so darf er jedoch die begonnene Befragung unterbrechen (stark einschr aber BGH NStZ **95**, 143: Vorsitzender bestimmt Beginn, Fortsetzung und Ende der Befragung allein; abl Degener StV **02**, 620: gesetzeswidrige Auslegung; abl auch Sommer StraFo **10**, 107). Er darf grundsätzlich auch nicht verlangen, dass ihm der Inhalt der Fragen vorher mitgeteilt oder das Schriftstück, aus dem dem Zeugen Vorhalte gemacht werden sollen, vor der Befragung vorgelegt wird (BGH **16**, 67). Etwas anderes gilt nur, wenn der Fragende sein Fragerecht schon vorher missbraucht hat; zur Abwendung weiterer Missbrauchs kann dann von ihm verlangt werden, dass er weitere Fragen zuvor mündl oder schriftl mitteilt (BGH NStZ **82**, 158; **83**, 209 [Pf/M]; Wagner Ju S **72**, 316; vgl auch § 257a; **aM** Miebach DRiZ **77**, 140). Das Recht auf unmittelbare Befragung schließt nicht aus, den Vorsitzenden zu bitten, für den Fragenden eine bestimmte Frage zu stellen; verpflichtet ist der Vorsitzende dazu aber nicht. Lehnt er die Bitte ab, so muss er dem Antragsteller auf dessen eigenes Fragerecht verweisen (KK-Schneider 9

6). Zur Befragung von Zeugen durch den Angeklagten im Fall des § 247 vgl dort 18.

10 D. **Ausgeschlossen von der unmittelbaren Befragung** (II S 2) sind – verfassungsrechtlich unbedenklich (BVerfG NJW **96**, 3408) – nur Angeklagte, die einen Mitangeklagten befragen wollen, auch wenn sie zugleich Nebenkläger oder wenn sie von Beruf RA sind (BVerfGE **53**, 207, 215). Sie müssen sich an den Vorsitzenden wenden, der die Frage an den Mitangeklagten richtet. Weigert er sich, so kann nach § 238 II das Gericht angerufen werden. Die unmittelbare Befragung des Mitangeklagten ist schlechthin unzulässig; der Vorsitzende darf sie auch nicht ausnahmsweise gestatten (LR-Becker 11). Der Verteidiger unterliegt der Einschränkung des II S 2 nicht; er kann Mitangeklagte unmittelbar befragen (BGH **16**, 67, 68), auch wenn der Angeklagte die Fragen für ihn vorformuliert hat. Die unmittelbare Befragung von Zeugen darf der Vorsitzende den Angeklagten nicht, auch nicht unter Hinweis auf das Fragerecht des Verteidigers, verwehren (BGH wistra **85**, 27).

Zurückweisung von Fragen durch den Vorsitzenden

241 ¹ Dem, welcher im Falle des § 239 Abs. 1 die Befugnis der Vernehmung mißbraucht, kann sie von dem Vorsitzenden entzogen werden.

II In den Fällen des § 239 Abs. 1 und des § 240 Abs. 2 kann der Vorsitzende ungeeignete oder nicht zur Sache gehörende Fragen zurückweisen.

1 1) Die **Entziehung des Fragerechts beim Kreuzverhör (I)** ist zulässig, wenn die Befugnis zur Vernehmung missbraucht wird.
2 Ein **Missbrauch** liegt vor, wenn durch Art oder Inhalt der Vernehmung die Wahrheitsfindung gefährdet, wenn schutzwürdige Interessen des Vernommenen verletzt oder gefährdet werden oder wenn der vernehmende StA oder Verteidiger nur sachfremde Zwecke verfolgt (LR-Becker 2; vgl auch Kröpil JR **97**, 315).
3 Zur Entziehung des Fragerechts ist der **Vorsitzende** berechtigt; er ist dazu verpflichtet, wenn wesentliche Interessen eines Verfahrensbeteiligten oder die Menschenwürde verletzt werden (LR-Becker 3).
4 Die **Wirkung der Entziehung** des Fragerechts besteht darin, dass anstelle des StA oder Verteidigers der Vorsitzende die Vernehmung fortsetzt (§ 239 II); derjenige, dem das Fragerecht entzogen ist, darf aber einzelne Fragen stellen (KMR-Paulus 6; LR-Becker 4; SSW-Franke 4; aM KK-Schneider 4). Die gegen einen Verteidiger ausgesprochene Entziehung des Fragerechts wirkt nicht gegen den oder die Mitverteidiger.

5 2) **Zurückweisung von Fragen (II):**
6 A. Das **Fragerecht als Ganzes** darf im Fall des § 240 II S 1 nicht entzogen werden (dazu eingehend Fahl 429 ff). Einem Missbrauch des Fragerechts muss zunächst dadurch begegnet werden, dass der Vorsitzende die vorherige Mitteilung der Fragen verlangt (9 zu § 240), sodann durch Zurückweisung einzelner Fragen (Karlsruhe NJW **78**, 436; Gollwitzer Meyer-GedSchr 164 ff; erg unten 7 ff). Bei fortgesetztem erheblichen Missbrauch kann der Vorsitzende (als letztes Mittel) auch das Stellen weiterer Fragen für bestimmte Abschnitte der Beweisaufnahme ganz unterbinden (BGH MDR **73**, 371 [D]; Karlsruhe aaO; KK-Schneider 17; LR-Becker 24; SSW-Franke 11; aM RG **38**, 57; KMR-Paulus 3; Miebach DRiZ **77**, 140; Roxin/Schünemann § 44, 23; ter Veen StV **83**, 167). Das erfordert aber entspr den Grundsätzen für die Ablehnung von Beweisanträgen (82 ff zu § 244) einen ausführlich begründeten Beschluss, aus dem klar hervorgeht, auf welche Umstände sich der der weiteren Fragen unterbindende Beschluss stützt (BGH aaO; Karlsruhe aaO; LR-Becker aaO; Frister StV **94**, 452; erg unten 21).

7 B. **Zurückweisung einzelner Fragen:**
8 a) **Allgemeine Grundsätze:**

§ 241

Die Zurückweisung ist ausgeschlossen bei einer **Befragung durch einen der** 9
Berufsrichter; denn in II ist § 240 I nicht aufgeführt. Hält der Vorsitzende die
Frage für bedenklich, so muss er daher einen Gerichtsbeschluss nach § 242 herbei-
führen (LR-Becker 5; **aM** RG **42**, 157, 159: Befragung ist unüberprüfbar).
Die Zurückweisung einer Frage unter **Wahrunterstellung** der Tatsache, auf die 10
sie abzielt, ist unzulässig.
Die **Zulassung erst zu einem späteren Zeitpunkt** ist keine Zurückweisung 11
(KMR-Paulus 19).

b) **Nicht zur Sache gehörig** sind Fragen, die sich nicht einmal mittelbar auf 12
die zur Aburteilung stehende Tat und ihre Rechtsfolgen beziehen (BGH **2**, 284,
287; NStZ **84**, 133; **85**, 183).
Erwägungen, die nach § 244 III S 3 Nr 2 zur Ablehnung eines Beweisantrags 13
wegen **Bedeutungslosigkeit** führen können (dort 54 ff), rechtfertigen aber die
Zurückweisung nach II noch nicht (BGH NStZ **84**, 133; **85**, 183; **08**, 173;
Bay **64**, 16). Gleichgültig ist, ob die Frage nach Ansicht des Gerichts unerheblich
ist; denn ein Urteil hierüber soll sich das Gericht erst bilden, wenn es die Antwort
gehört hat (BGH **2**, 284, 288; NStZ **81**, 71; **84**, 133; **85**, 183; **87**, 239; Bay aaO).
Fragen, die sich ersichtlich ernsthaft darum bemühen, die **Glaubwürdigkeit** 14
eines Zeugen zu prüfen, müssen zugelassen werden (BGH **2**, 284, 289; **13**, 252,
255; NStZ **90**, 400: Frage nach intimen Beziehungen bei Vorwurf der Vergewaltigung; erg aber 11 zu § 244), ebenso Fragen, die die Erinnerungsfähigkeit des Zeugen betreffen (Celle StV **85**, 7).

c) **Ungeeignet** sind Fragen, die in tatsächlicher Hinsicht nichts zur Wahrheits- 15
findung beitragen können oder aus rechtlichen Gründen nicht gestellt werden
dürfen (BGH **13**, 252, 253; **21**, 334, 360; Koblenz wistra **83**, 42; Peters JR **64**,
389), zB Fragen nach dem Wohnort des Zeugen im Fall des § 68 II, III und entehrende oder den privaten Lebensbereich betreffende Fragen nach § 68a (BGH **13**,
252, 254; **21**, 334, 360; NStZ **82**, 170; Hamm VR S **31**, 50; erg 8 zu § 68a). Ungeeignet sind auch Fang- und Suggestivfragen (LR-Becker 14; Dahs Rev 323) und
die Wiederholung schon beantworteter Fragen (BGH **2**, 284, 289; NStZ **81**, 71;
aM Sommer StraFo **10**, 105), sofern sich nicht die Prozessrolle des Befragten (jetzt
Zeuge statt Mitangeklagter) geändert hat (BGH NStZ **91**, 228 [M/K]) oder Widersprüche aufzuklären sind oder klarzustellen ist, ob eine vorausgegangene allgemeine Bekundung auch für einen erst danach zur Sprache gebrachten Einzelfall
gilt (BGH aaO). Fragen nach einem Geschäfts-, Betriebs- oder Erfindungsgeheimnis sind nicht schon ihrer Art wegen unzulässig (Koblenz wistra **83**, 42: Sachaufklärung hat immer Vorrang); jedoch kommt bei Erörterung solcher Umstände die
Ausschließung der Öffentlichkeit in Betracht (§ 172 Nrn 2, 3 GVG). Ungeeignet
sind schließlich Fragen an den Zeugen, die reine Werturteile betreffen (2 vor
§ 48), ferner Fragen an den Sachverständigen, die über den Gutachterauftrag hinausgehen (BGH NStZ **84**, 16 [Pf/M]; KK-Schneider 10; vgl auch 6 zu § 245),
und Fragen an den Zeugen oder Sachverständigen über die rechtliche Beurteilung
des Falles. Fragen an einen in ein Zeugenschutzprogramm nach dem ZSHG (10 vor
§ 48) aufgenommenen Zeugen über Zeugenschutzmaßnahmen sind nicht von
vornherein ungeeignet; das schließt aber die Zurückweisung einzelner Fragen, die
zur Erforschung der Wahrheit (§ 244 II) nicht erforderlich sind, nicht aus
(BGH **50**, 318 = JR **06**, 343 mit Anm Eisenberg/Reuther; krit Roggan GA **12**,
441; Sommer aaO 106). Vgl zu II eingehend auch Fahl 425.

3) Durch **prozessleitende Verfügung des Vorsitzenden** wird die Beschrän- 16
kung des Fragerechts auf Antrag oder von Amts wegen angeordnet; der Vorsitzende kann aber in den Fällen des II sogleich die Entscheidung des Gerichts nach
§ 242 herbeiführen (erg 1 zu § 242). Ob der Vorsitzende, bevor er die Frage zurückweist, den Fragesteller auf die Bedenken hinweist und ihm eine Abänderung
oder Zurücknahme der Frage empfiehlt, steht in seinem Ermessen (erg auch KK-
Schneider 13).

Schmitt

§ 241a

17 Die Verfügung des Vorsitzenden bedarf einer (kurzen) **Begründung**, damit der Fragesteller sein weiteres Verhalten auf diese Gründe einstellen kann; eine ausführliche Begründung erhält der Fragesteller erst in dem nach § 238 II ergehenden Gerichtsbeschluss (vgl unten 21).

18 4) In der **Sitzungsniederschrift** müssen die Zurückweisung einer Frage und andere Beschränkungen sowie die Anrufung des Gerichts nach § 238 II und der darauf ergehende Gerichtsbeschluss beurkundet werden. Wird die Zurückweisung nicht beanstandet, so kann von der Protokollierung abgesehen werden (KK-Schneider 15; **aM** SK-Frister 28). Zum Protokollvermerk bei der Entziehung des Fragerechts für bestimmte Abschnitte der Beweisaufnahme vgl oben 6.

19 5) Rechtsbehelfe:

20 A. Der **Antrag auf gerichtliche Entscheidung nach** § 238 II (**aM** Erker 115: § 242 ist die Sondervorschrift) ist gegen alle Verfügungen des Vorsitzenden zulässig, mit denen die Befugnis zum Kreuzverhör entzogen, eine Frage zurückgewiesen oder das Fragerecht sonst beschränkt wird. Den Antrag kann auch der Zeuge oder Sachverständige stellen, der eine an ihn gerichtete und vom Vorsitzenden zugelassene Frage für unzulässig hält (Wulf DRiZ **81**, 381).

21 Die **Entscheidung des Gerichts** ergeht durch Beschluss, der ausführlich zu begründen ist, wenn er die Verfügung des Vorsitzenden bestätigt; insbesondere muss das Gericht darlegen, ob es eine Frage als ungeeignet oder nicht zur Sache gehörig ansieht und warum (BGH NStZ-RR **01**, 138; StraFo **09**, 333). Denn der Antragsteller muss in die Lage versetzt werden, sein weiteres Prozessverhalten danach einzurichten, und dem Revisionsgericht muss die Prüfung ermöglicht werden, ob der Beschluss dem Gesetz entspricht (BGH **2**, 284, 286; StV **90**, 199). Die Grundsätze für die Begründung eines den Beweisantrag ablehnenden Beschlusses (82 ff zu § 244) gelten entspr (BGH aaO; **13**, 252, 255, 257).

22 B. **Beschwerde** ist nach § 305 S 1 grundsätzlich ausgeschlossen. Nur Zeugen und Sachverständige können die Zulassung einer Frage, die sie für unzulässig halten, mit der Beschwerde anfechten (§ 305 S 2). Die Beschwerdeentscheidung bindet das erkennende Gericht, nicht aber das Revisionsgericht (LR-Becker 30; vgl auch BGH **21**, 334, 359).

23 C. Die **Revision** kann unter der Voraussetzung, dass ein Gerichtsbeschluss nach § 238 II herbeigeführt worden ist (BGH NStZ **05**, 222; Bay **62**, 267; LR-Becker 32; erg 23 zu § 238), darauf gestützt werden, dass das Fragerecht fehlerhaft entzogen oder beschränkt oder eine Einzelfrage unberechtigt oder mit unzureichender Begründung (BGH MDR **75**, 726 [H]; KMR-Paulus 29, 30) zurückgewiesen worden ist. Das Fehlen der Begründung ist ausnahmsweise unschädlich, wenn der Grund für die Prozessbeteiligten auf der Hand liegt (BGH 5 StR 180/75 vom 4.5.1976). Der Angeklagte kann auch durch die Zurückweisung der Frage eines Mitangeklagten beschwert sein (BGH StV **82**, 204; zw BGH NStZ **91**, 228 [M/K]; erg 18 zu § 337). Auf der fehlerhaften Zurückweisung beruht das Urteil nicht, wenn eine uferlose Fortsetzung der bereits stattgefundenen langwierigen Befragung durch den Beschwerdeführer ersichtlich nichts mehr zur Sachaufklärung hätte beitragen können (BGH NStZ **82**, 158).

Vernehmung minderjähriger Zeugen durch den Vorsitzenden

241a [I] Die Vernehmung von Zeugen unter 18 Jahren wird allein von dem Vorsitzenden durchgeführt.

[II] [1] Die in § 240 Abs. 1 und Abs. 2 Satz 1 bezeichneten Personen können verlangen, daß der Vorsitzende den Zeugen weitere Fragen stellt. [2] Der Vorsitzende kann diesen Personen eine unmittelbare Befragung der Zeugen gestatten, wenn nach pflichtgemäßem Ermessen ein Nachteil für das Wohl der Zeugen nicht zu befürchten ist.

[III] § 241 Abs. 2 gilt entsprechend.

Hauptverhandlung § 241a

1) Die Vorschrift bezweckt den größtmöglichen Schutz kindlicher und jugendlicher Zeugen vor den psychischen Belastungen, die mit einer Vernehmung vor Gericht verbunden sind. Mittelbar dient die Vorschrift, wie § 247 S 2 und § 172 Nr 4 GVG, der besseren Erforschung des wahren Sachverhalts. Sie gilt entspr, wenn der Ermittlungsrichter eine Zeugenvernehmung getrennt durchführt (§ 168e S 4) und findet auch im Falle des § 247a Anwendung (dort 10). Zur Vernehmung sexuell missbrauchter Kinder vgl die „Handreichung für die Bearbeitung von Strafverfahren wegen sexueller Straftaten an Kindern", herausgegeben vom JMBW, bei Bölter DRiZ **96**, 273; vgl auch die Bek des JM Niedersachsen vom 23.8.1997 (NJW **98**, 359). Zum Einsatz der Videotechnologie in diesen Fällen vgl §§ 58a, 168e, 247a und 255a.

2) Vernehmung allein durch den Vorsitzenden (I): Kindliche und jugendliche Zeugen unter 18 Jahren sollen aus vernehmungspsychologischen Gründen grundsätzlich nur einem Gesprächspartner gegenüberstehen. Das ist nach dem Gesetz der Vorsitzende, der die größte Gewähr dafür bietet, dass er eine behutsame, dem jeweiligen Entwicklungsstand des Kindes angepasste Vernehmung durchführt und keine unsachgemäßen oder aggressiven Fragen stellt. Er allein darf den Zeugen vernehmen; eine Übertragung dieser Befugnis auf einen anderen Prozessbeteiligten sieht das Gesetz nicht vor. Das Kreuzverhör (§ 239) ist ausgeschlossen, grundsätzlich auch (vgl aber II S 2, unten 5) die unmittelbare Befragung durch die Prozessbeteiligten. Die Befragung durch den Sachverständigen nach § 80 II ist kein Teil der Vernehmung; die Vorschrift bleibt daher unberührt.

3) Befragung durch die anderen Prozessbeteiligten (II):

A. Ein **Recht auf mittelbare Befragung (S 1)** haben die nach § 240 I, II S 1 frageberechtigten Richter und Prozessbeteiligten. Der Vorsitzende ist, aber erst nach Abschluss seiner eigenen Vernehmung auf ihr Verlangen verpflichtet, weitere Fragen an den Zeugen zu stellen, sofern sie nicht unzulässig sind (unten 6). Er darf die Frage in der ihm angemessen erscheinenden Form stellen, inhaltlich aber nicht verändern (KMR-Paulus 7).

B. Die **unmittelbare Befragung (S 2)** kann der Vorsitzende einem nach § 240 I, II S 1 Frageberechtigten, nicht aber anderen Personen (KK-Schneider 7; SSW-Franke 5; **aM** LR-Becker 10), auf Antrag gestatten, wenn er nach pflichtgemäßem Ermessen meint, dass dadurch kein Nachteil für das Wohl des Zeugen zu befürchten ist. Ob das der Fall ist, beurteilt sich nach den Umständen des Einzelfalls; auch die Person des Fragestellers ist zu berücksichtigen. Der Vorsitzende kann daher einzelnen Frageberechtigten, etwa den beisitzenden Richtern, die unmittelbare Befragung gestatten, anderen aber verwehren. Ein Anspruch auf die unmittelbare Befragung besteht selbst dann nicht, wenn kein Nachteil für das Wohl des Zeugen zu befürchten ist. Die Erlaubnis kann der Vorsitzende jederzeit wieder entziehen. Ihre Gewährung und Versagung sind Maßnahmen nach § 238 I.

4) Die Zurückweisung von Fragen (III) ist unter den Voraussetzungen des § 241 II (dort 6ff) sowohl bei der mittelbaren als auch bei der unmittelbaren Befragung zulässig. Das gilt entspr, wenn der Fragesteller im Fall des II S 1 auf dem von ihm gewählten Wortlaut der Frage besteht, obwohl er mit dem Schutzzweck des § 241a nicht vereinbar ist (KK-Schneider 4). War das Verlangen von einem beisitzenden Richter gestellt und hat der Vorsitzende Zweifel an der Zulässigkeit der Frage, so gilt § 242 (LR-Becker 8).

5) Rechtsbehelfe: Gegen die Zurückweisung von Fragen (oben 6) und die Ablehnung einer mittelbaren oder unmittelbaren Befragung kann – und muss als Voraussetzung für eine Verfahrensrüge in der Revision (BGH 3 StR 47/12 vom 27.3.2012; erg 23 zu § 238) – nach § 238 II auf gerichtliche Entscheidung angetragen werden. Soweit die Ermessensausübung des Vorsitzenden nach II S 2 in Betracht kommt (oben 5), kann das Gericht aber nur prüfen, ob der Vorsitzende den Rechtsbegriff des Nachteils zum Wohl des Kindes verkannt oder rechtsmissbräuch-

§§ 242, 243   Zweites Buch. 6. Abschnitt

lich entschieden hat (LR-Becker 15). Wegen der Beschwerde vgl 22 zu § 241, wegen der Revision 23 zu § 241.

Entscheidung über die Zulässigkeit von Fragen

242 Zweifel über die Zulässigkeit einer Frage entscheidet in allen Fällen das Gericht.

1 1) Der **Anwendungsbereich der Vorschrift** ist auf die Fälle beschränkt, in denen das Gericht nicht schon nach § 238 II entscheiden kann. Das ist der Fall bei Fragen der beisitzenden Richter (9 zu § 241) und bei von einem Verfahrensbeteiligten geäußerten Zweifeln an der Zulässigkeit einer Frage des Vorsitzenden (LR-Becker 1; aM RG 42, 157, 159; Dölp NStZ 93, 419: unüberprüfbar; dagegen zutr Frister StV 94, 451; Schünemann StV 93, 607). § 242 ist auch anwendbar, wenn der Vorsitzende nicht selbst nach § 241 II entscheiden will (dort 16); dann muss er die Bedenken, die er gegen die Zulässigkeit der Frage hat, dem Fragesteller aber mitteilen, um ihm das rechtliche Gehör zu gewähren (KK-Schneider 1).

2 2) Über **Zweifel an der Zulässigkeit einer Frage** entscheidet das Gericht. Unzulässig sind nicht zur Sache gehörige oder ungeeignete Fragen i S des § 241 II (dort 12 ff, 15). Die Zweckmäßigkeit einer Frage hat das Gericht nicht nach § 242 zu prüfen.

3 3) Die **Entscheidung des Gerichts** können der Vorsitzende, die Mitglieder des Gerichts, die Prozessbeteiligten und der befragte Angeklagte, Zeuge oder Sachverständige herbeiführen. Sie ergeht nach Anhörung der Prozessbeteiligten (§ 33 I), insbesondere des Fragestellers, durch Beschluss, der ausführlich begründet werden muss, wenn er die Zulässigkeit der Frage verneint (21 zu § 241).

4 4) Wegen der **Rechtsbehelfe** vgl 19 ff zu § 241.

Gang der Hauptverhandlung   RiStBV 123, 134

243 I ¹Die Hauptverhandlung beginnt mit dem Aufruf der Sache. ²Der Vorsitzende stellt fest, ob der Angeklagte und der Verteidiger anwesend und die Beweismittel herbeigeschafft, insbesondere die geladenen Zeugen und Sachverständigen erschienen sind.

II ¹Die Zeugen verlassen den Sitzungssaal. ²Der Vorsitzende vernimmt den Angeklagten über seine persönlichen Verhältnisse.

III ¹Darauf verliest der Staatsanwalt den Anklagesatz. ²Dabei legt er in den Fällen des § 207 Abs. 3 die neue Anklageschrift zugrunde. ³In den Fällen des § 207 Abs. 2 Nr. 3 trägt der Staatsanwalt den Anklagesatz mit der dem Eröffnungsbeschluß zugrunde liegenden rechtlichen Würdigung vor; außerdem kann er seine abweichende Rechtsauffassung äußern. ⁴In den Fällen des § 207 Abs. 2 Nr. 4 berücksichtigt er die Änderungen, die das Gericht bei der Zulassung der Anklage zur Hauptverhandlung beschlossen hat.

IV ¹Der Vorsitzende teilt mit, ob Erörterungen nach den §§ 202a, 212 stattgefunden haben, wenn deren Gegenstand die Möglichkeit einer Verständigung (§ 257c) gewesen ist und wenn ja, deren wesentlichen Inhalt. ²Diese Pflicht gilt auch im weiteren Verlauf der Hauptverhandlung, soweit sich Änderungen gegenüber der Mitteilung zu Beginn der Hauptverhandlung ergeben haben.

V ¹Sodann wird der Angeklagte darauf hingewiesen, daß es ihm freistehe, sich zu der Anklage zu äußern oder nicht zur Sache auszusagen. ²Ist der Angeklagte zur Äußerung bereit, so wird er nach Maßgabe des § 136 Abs. 2 zur Sache vernommen. ³Auf Antrag erhält der Verteidiger in besonders umfangreichen erstinstanzlichen Verfahren vor dem Land- oder Oberlandesgericht, in denen die Hauptverhandlung voraussichtlich länger als zehn Tage dauern wird, Gelegenheit, vor der Vernehmung des Angeklagten für diesen eine Erklärung zur Anklage abzugeben, die den Schlussvortrag nicht vorwegnehmen darf. [4] Der Vorsitzende kann dem Verteidiger aufgeben, die weitere Erklärung schriftlich einzureichen, wenn ansonsten der Verfahrensablauf erheblich verzögert würde; § 249 Absatz 2 Satz 1 gilt entsprechend. [5] Vorstrafen des Angeklagten sollen nur insoweit festgestellt werden, als sie für die Entscheidung von Bedeutung sind. [6] Wann sie festgestellt werden, bestimmt der Vorsitzende.

Übersicht

	Rn
1) Regelmäßige Reihenfolge	1–3
2) Aufruf der Sache (I S 1)	4
3) Präsenzfeststellung (I S 2)	5
4) Entfernen der Zeugen (II S 1)	6–9
5) Vernehmung des Angeklagten über seine persönlichen Verhältnisse (II S 2)	10–12
6) Verlesung des Anklagesatzes (III)	13–18
7) Mitteilung von Erörterungen nach §§ 202a, 212 (IV)	18a–18h
8) Hinweis auf die Aussagefreiheit (V S 1)	19–23
9) Vernehmung des Angeklagten zur Sache (V S 2)	24–31
10) Erklärung des Verteidigers für den Angeklagten (V S 3, 4)	31a–31g
11) Feststellung der Vorstrafen (V S 5, 6)	32–35
12) Revision	36–42

1) Die **regelmäßige Reihenfolge der Verfahrensvorgänge in der Hauptverhandlung** des 1. Rechtszugs (für die Berufungsverhandlung gilt § 324) bis zur Beweisaufnahme bestimmt die Vorschrift. Abweichungen sind zulässig, wenn dafür triftige Gründe vorliegen, der Aufbau der Hauptverhandlung im Ganzen gewahrt bleibt und die Prozessbeteiligten nicht widersprechen (BGH **3**, 384; **13**, 358, 360; **19**, 93, 97; NStZ **86**, 371 mwN; StV **91**, 148; Bay **53**, 130; KG StV **82**, 10), wobei dem Angeklagten aber nicht das Recht beschnitten werden darf, sich im Zusammenhang zum Schuldvorwurf zu äußern (BGH StV **90**, 245). 1

Ohne Zustimmung kann von der in § 243 bestimmten Reihenfolge abgewichen werden, wenn eine Vielzahl von Einzeltaten zu verhandeln ist (sog **Punktesachen**). Dann kann in der Weise verfahren werden, dass zunächst eine allgemeine Äußerung des aussagebereiten Angeklagten herbeigeführt wird, sodann die Verhandlung auf jeweils eine oder mehrere Taten beschränkt wird und zu jedem dieser Teilkomplexe der Angeklagte gehört und die Beweise erhoben werden (BGH **10**, 342; **19**, 93, 96; MDR **55**, 397 [D]; Roxin/Schünemann § 44, 4). 2

In diesem Fall muss die **Sitzungsniederschrift,** in der jede wesentliche Abweichung von der Reihenfolge des § 243 beurkundet werden muss, aber ergeben, auf welchen Abschnitt sich die jeweilige Vernehmung des Angeklagten bezieht (BGH **10**, 342). 3

2) Mit dem **Aufruf der Sache (I S 1)** beginnt die Hauptverhandlung, ohne Rücksicht darauf, ob der Angeklagte erschienen ist oder nicht (BGH **52**, 24). Der Vorsitzende kann die Sache selbst aufrufen oder anordnen, dass der Gerichtswachtmeister oder der Protokollführer sie aufruft. Der Aufruf der Sache ohne eine solche Anordnung hat keine Rechtswirkung (LR-Becker 15). Unterbleibt der Aufruf versehentlich, so gilt als Beginn der Hauptverhandlung diejenige Handlung des Gerichts oder des Vorsitzenden, die den Beteiligten als erste erkennbar macht, dass die Sache verhandelt wird (LR-Becker 16; ähnlich KK-Schneider 7). 4

3) Präsenzfeststellung (I S 2): Die Anwesenheit des StA wird im Offizialverfahren vorausgesetzt. Der Vorsitzende hat daher nur festzustellen, ob der Angeklagte, der Verteidiger und die anderen Verfahrensbeteiligten (Nebenkläger, Nebenbeteiligte) erschienen sind. Der Aufruf der Zeugen und Sachverständigen beschränkt sich auf diejenigen Beweispersonen, die bereits für den Beginn der Hauptverhand- 5

§ 243

lung geladen sind. Ihr Aufruf mit den Namen (BGH **24**, 280, 282) und die Präsenzfeststellung dienen der Klärung, ob die Hauptverhandlung durchgeführt werden kann, ob noch Beweispersonen geladen und ob Zwangsmittel angewendet werden müssen. Die Präsenzfeststellung erstreckt sich ferner auf die herbeigeschafften sachlichen Beweismittel (14 zu § 214), für die § 245 I gilt. Die Präsenzfeststellung ist keine wesentliche Förmlichkeit der Hauptverhandlung i S des § 273 I (KK-Schneider 10; **aM** SK-Frister 13; offengelassen in BGH **24**, 280); gleichwohl ist es zweckmäßig, in der Sitzungsniederschrift festzuhalten, wer erschienen ist.

6 **4) Entfernen der Zeugen (II S 1):** Die Zeugen werden idR erst gemeinschaftlich nach § 57 ermahnt und belehrt (dort 1). Danach müssen sie den Sitzungssaal verlassen, weil die Beweisaufnahme erst nach der Vernehmung des Angeklagten stattfindet (§ 244 I) und jeder Zeuge einzeln vernommen werden muss (§ 58 I).

7 **Hinausgehen müssen auch** Erziehungsberechtigte und gesetzliche Vertreter als Begleitpersonen kindlicher Zeugen (7 zu § 48), der RA als Beistand des Zeugen (§ 406f I S 2; 11 vor § 48) und der Beistand des Angeklagten nach § 149 (3 zu § 58). Ebensowenig wie der Zeuge selbst dürfen sie sich vor Abschluss der Vernehmung im Zuhörerraum aufhalten. Das Entfernen kann nach § 176 GVG sitzungspolizeilich erzwungen werden (LR-Becker 27; erg 5 zu § 58).

8 Ein **Anwesenheitsrecht** haben trotz ihrer beabsichtigten Zeugenvernehmung der Sitzungsstaatsanwalt, solange er die Anklage in der Hauptverhandlung vertritt (17 vor § 48), der Verteidiger (18 vor § 48), der Nebenkläger sowie der nebenklageberechtigte Verletzte (3 zu § 58) sowie dessen Beistand (§ 406h I S 2 und II S 1) und, mit der Einschränkung des § 51 II–V **JGG** der gesetzliche Vertreter und der Erziehungsberechtigte. Wie weit der Sachverständige, der zugleich Zeuge ist (23 vor § 48), an der Hauptverhandlung teilnehmen darf, bestimmt der Vorsitzende (BGH NJW **98**, 2458, 2460).

9 Abweichend von II S 1 kann der Vorsitzende einem Zeugen die **Anwesenheit gestatten** (RG **54**, 297). Auch sonst hindert die Anwesenheit entgegen II S 1, der nur eine Ordnungsvorschrift ist, die Vernehmung des Zeugen nicht (RG aaO; KG VR S **38**, 56; KK-Schneider 14; erg 5 zu § 58).

10 **5) Die Vernehmung des Angeklagten über seine persönlichen Verhältnisse (II S 2)** muss vor der Verlesung des Anklagesatzes **(III)** vorausgehen.

11 Ihr Zweck ist in 1. Hinsicht die **Identitätsfeststellung;** sie bezieht sich daher nur auf die in § 111 I OWiG bezeichneten Angaben. Nur insoweit ist der Angeklagte, ebenso wie bei der Vernehmung durch StA oder Polizei, zur Aussage verpflichtet (5 zu § 136; **aM** SK-Frister 27). Neben der Identitätsfeststellung dient die Feststellung der Personalien der Klärung von Prozessvoraussetzungen (Verhandlungsfähigkeit des Angeklagten; Vorliegen einer gegen ihn gerichteten Anklage) und der Vergewisserung, dass der Angeklagte nach dem Eindruck, den er bei der Befragung macht, sich selbst verteidigen kann (LR-Becker 33). Verweigert der Angeklagte die Angaben zur Person, so kann das Gericht ohne weiteres auf Grund freibeweislicher Würdigung des Akteninhalts (7, 9 zu § 244) von den im Vorverfahren festgestellten Personalien ausgehen (LR-Becker 36).

12 Eine über die Identitätsfeststellung hinausgehende **Ermittlung der persönlichen Verhältnisse des Angeklagten,** insbesondere von Vorleben, Werdegang, beruflicher Ausbildung und Tätigkeit, familiärer und wirtschaftlicher Verhältnisse sowie sonstiger Umstände, die für die Beurteilung der Tat und den Rechtsfolgenausspruch von Bedeutung sein können, gehört zur Vernehmung zur Sache nach IV S 2 (BGH 5 StR 229/18 vom 24.10.2018; Bay **83**, 153). Der Angeklagte braucht wegen seiner Aussagefreiheit (7 zu § 136) hierzu keine Angaben zu machen (BGH StV **84**, 190, 192; Bay **71**, 44). Macht er bei der Vernehmung nach II S 2 auf Verlangen Angaben, die sich auf die Schuld- oder Straffrage beziehen, so dürfen sie nicht verwertet werden, wenn er danach auf den Hinweis nach IV S 1 die Einlassung verweigert (Bay **83**, 153; Hamburg MDR **76**, 601; Stuttgart NJW **75**, 703). Macht der Angeklagte dagegen über die Angaben zur Person hinaus keine Anga-

Hauptverhandlung **§ 243**

ben über seine persönlichen Verhältnisse, so muss das Gericht versuchen, sich mit anderen Erkenntnisquellen, insbesondere durch Vernehmung von Verwandten, ein Bild von seiner Persönlichkeit zu verschaffen (BGH StV **84**, 190, 192; **86**, 287 L).

6) Durch die **Verlesung des Anklagesatzes (III S 1)** werden dem Angeklagten nochmals die gegen ihn erhobenen Vorwürfe zur Kenntnis gebracht und die ehrenamtlichen Richter sowie die Öffentlichkeit über den Gegenstand der Verhandlung unterrichtet, Auf die Verlesung kann grundsätzlich nicht verzichtet werden (Hamm NStZ-RR **99**, 276). Der Verlesung bedarf es grundsätzlich auch bei Zurückverweisung der Sache durch ein Rechtsmittelgericht mit Ausnahme eingetretener Teilrechtskraft und von Beschränkungen oder Erweiterungen des Verfahrensgegenstandes nach § 154a II und III (BGH NStZ **18**, 614); sie hat auch in diesem Fall nach der Vernehmung des Angeklagten zu seinen persönlichen Verhältnissen durch den Staatsanwalt, nicht durch den Vorsitzenden Richter, zu erfolgen (BGH NStZ **19**, 293, der allerdings im konkreten Fall das Beruhen verneint hat). 13

Nach der Entscheidung des Gr S des BGH (**56**, 109 = JR **11**, 542 mit zust Anm Gössel) ist der Begriff „Verlesen" aber im Wege teleologischer Reduktion dahin auszulegen, dass es bei Anklagen wegen einer Vielzahl gleichförmiger Taten oder gleichförmiger Tateinzelakten genügt, wenn der Anklagesatz nur insoweit wörtlich vorgelesen wird, als in ihm die gleichartige Tatausführung, welche die Merkmale des jeweiligen Straftatbestands erfüllt, beschrieben und die Gesamtzahl der Taten, der Tatzeitraum sowie bei Vermögensdelikten der Gesamtschaden dargestellt sind; einer Verlesung der näheren individualisierenden Umstände der Einzeltaten oder Tatzeiteinzelakte bedarf es in diesen Fällen nicht (abl Börner NStZ **11**, 436). Der Gr S hat in diesen Fällen denjenigen, die § 249 II entspr anwenden wollten (LG Mühlhausen NStZ **07**, 358 mit zust Anm Wilhelm; vgl auch BGH NStZ **10**, 100) ebenso eine Absage erteilt wie der Meinung, es bedürfe einer Gesetzesänderung (Britz Müller-F S 107). Eine Übersetzung der Anklageschrift für den ausländischen Angeklagten ist nicht erforderlich, wenn dem des Lesens Kundigen eine schriftliche Übersetzung überlassen wird (BVerfG NStZ **04**, 214). Den Schöffen kann eine Abschrift des Anklagesatzes nach Verlesung ausgehändigt werden (BGH Gr S aaO; Häger Meyer-GedSchr 172). Die Verlesung muss immer im Ganzen erfolgen; auch in Punktesachen (oben 2) ist eine stückweise Verlesung unzulässig (KK-Schneider 3; LR-Becker 4; **aM** RG **44**, 312; Häger aaO 175). Sind mehrere Strafsachen verbunden, so werden alle Anklagesätze verlesen, es sei denn, sie sind (teilw) wörtlich identisch, was aber für die Verfahrensbeteiligten und die Öffentlichkeit klar ersichtlich sein muss (BGH NJW **08**, 2131). Die Verlesung muss nach der Vernehmung des Angeklagten zur Person und vor seiner Vernehmung zur Sache nach IV S 2 stattfinden (BGH MDR **75**, 368 [D]). Wird der Anklagesatz versehentlich erst nach der Sachvernehmung verlesen, so muss sie (in ausführlicher Form) wiederholt werden (RG **23**, 310). 13a

Anstelle des Anklagesatzes wird im Sicherungsverfahren nach §§ 413 ff der zur Hauptverhandlung zugelassene Antrag (§ 414 III), im objektiven Verfahren (§ 435) die Antragsschrift ohne das wesentliche Ergebnis der Ermittlungen verlesen (8 zu § 435; 10 zu § 436). Nach Einspruch gegen einen Strafbefehl (§ 441 I) trägt der StA nicht den gesamten Strafbefehl (so aber Koblenz VR S **38**, 56), sondern die sich aus Strafbefehlsantrag (5 ff zu § 407) und Strafbefehl ergebende Beschuldigung unter Weglassung der beantragten und festgesetzten Rechtsfolgen vor (erg 3 zu § 411). Ist die Sache durch Verweisungsbeschluss nach § 270 vor das Gericht gelangt, so wird dieser Beschluss mit dem darin enthaltenen Anklagesatz vorgetragen (BGH MDR **72**, 387 [D]); fehlt ein Anklagesatz (vgl 11 zu § 270), so wird er aus der Anklageschrift verlesen. Nach einer Vorlegung nach § 225a werden der Anklagesatz und der Übernahmebeschluss verlesen; nicht verlesen wird jedoch ein Vorlagebeschluss nach § 209 II (offen gelassen von BGH **43**, 360). Bei erneuter Hauptverhandlung nach Urteilsaufhebung (§§ 328 II, 354 II, III, 355) oder im Wiederaufnahmeverfahren wird der Anklagesatz erneut vorgetragen, und zwar mit 14

§ 243

den Einschränkungen (zB infolge von Teilrechtskraft) oder Erweiterungen, von denen in der neuen Verhandlung auszugehen ist. Wenn die Sache nur noch im Rechtsfolgenausspruch anhängig ist, wird statt des Anklagesatzes das zurückverweisende Urteil verlesen.

15 Bei der **Verlesung** ersetzt der StA das Wort Angeschuldigter, das jetzt nicht mehr passt, durch das Wort Angeklagter (Rautenberg NStZ **85**, 256). Die im Anklagesatz aufgeführten Personalien lässt er weg, da sie bereits nach II S 2 festgestellt worden sind (KMR-Eschelbach 75). Angaben über die UHaft des Angeklagten und die Sicherstellung des Führerscheins dürfen nicht verlesen werden. Die Verlesung des Eröffnungsbeschlusses ist überflüssig, aber nicht verboten (BGH **43**, 360).

16 **Unklarheiten des Anklagesatzes** beseitigt der StA durch zusätzliche Erklärungen darüber, welcher Vorwurf dem Angeklagten gemacht wird; auch der Vorsitzende ist dazu berechtigt und verpflichtet (BGH GA **73**, 111; NStZ **84**, 133). Auch Mängel des Anklagesatzes, die nicht so schwer wiegen, dass der Eröffnungsbeschluss unwirksam wäre, kann der StA oder der Vorsitzende in der Hauptverhandlung durch Klarstellung der Unvollständigkeiten oder Ungenauigkeiten beheben (BGH aaO; MDR **80**, 107 [H]; erg 26 zu § 200). Für den Verteidiger fordert Hammerstein (Salger-F S 299) ein Recht auf Gegenerklärung zur Anklage.

17 Bei **Zulassung der Anklage mit Änderungen** verliest der StA im Fall des § 207 II Nrn 1, 2 den Anklagesatz aus der nach § 207 III eingereichten neuen Anklageschrift. Im Fall des § 207 II Nr 3 trägt er den Anklagesatz mit der rechtlichen Würdigung des Eröffnungsbeschlusses vor; dabei kann er seine abweichende Auffassung äußern (III S 3). In den Fällen des § 207 II Nr 4 berücksichtigt er die vom Gericht bei der Zulassung der Anklage beschlossenen Änderungen, dh er lässt im Anklagesatz den ausgeschiedenen rechtlichen Gesichtspunkt und die dazu gehörenden Tatsachen weg oder er ergänzt den Anklagesatz in rechtlicher, falls erforderlich auch in tatsächlicher Hinsicht.

18 Die Verlesung des Anklagesatzes ist eine wesentliche Förmlichkeit der Hauptverhandlung und muss daher nach § 273 I in die **Sitzungsniederschrift** aufgenommen werden (BGH NStZ **84**, 521; **86**, 39; 374). Das Gleiche gilt für Hinweise des StA oder des Vorsitzenden zur Klarstellung oder Behebung eines Mangels des Anklagesatzes (BGH GA **73**, 111; NStZ **84**, 133).

18a **7) IV schreibt vor,** dass in der Hauptverhandlung durch den Vorsitzenden **bekannt gegeben** werden muss, ob – mündliche oder schriftliche – Erörterungen nach §§ 202a, 212 *vor* (BGH NStZ **17**, 299; 1 StR 352/14 vom 8.10.2014: nicht *in*) der Hauptverhandlung stattgefunden haben, wenn deren Gegenstand ausdrücklich oder konkludent (BGH NStZ **19**, 484) die Möglichkeit einer Verständigung nach § 257c gewesen ist (BGH NStZ **15**, 535 mit Anm Kudlich StV **16**, 89; BGH NStZ **17**, 52 mit Anm Claus; 1 StR 235/14 vom 29.4.2015), auch dann, wenn diese Gespräche ergebnislos geblieben sind (BGH NStZ **16**, 228 mit krit Anm Bittmann; ders NStZ **16**, 119; Schneider NStZ **14**, 201). Derartige verständigungsbezogenen Gespräche sind von sonstigen der Verfahrensförderung dienenden, nicht mitteilungspflichtigen Gesprächen abzugrenzen, zB Gesprächen mit rein organisatorischem Charakter, aber auch Rechtsgesprächen und Hinweisen auf die vorläufige Bewertung der Beweislage oder die strafmildernde Wirkung eines Geständnisses ohne Verständigungsbezug (BGH NStZ **19**, 684 mit Anm Bittmann; 5 StR 9/15 vom 14.4.2015; 3 StR 153/16 vom 28.7.2016; Swoboda Kindhäuser-F S 1049, 1057 f). Eine Mitteilungspflicht ist allerdings jedenfalls dann anzunehmen, wenn Fragen des prozessualen Verhaltens in Konnex zum Verfahrensergebnis gebracht werden und damit die Frage nach der Äußerung zu einer Straferwartung nahe liegt (BGH NStZ **19**, 484 mwN; BGH 1 StR 545/18 vom 9.10.2019). Hauptverhandlung iSd IV ist diejenige, die zum Urteil geführt hat; dass eine ursprüngliche Verständigung in einem ausgesetzten Verfahren ordnungsgemäß mitgeteilt wurde, genügt nicht (BGH NStZ **19**, 483); umgekehrt ist es ggf erforderlich, Gespräche aus einer ausgesetzten ausgesetzten Verhandlung mitzuteilen (vgl BGH StV **19**, 799 mit Anm Henckel; NStZ-RR **19**, 316). Die Mitteilungspflicht greift

Hauptverhandlung § 243

bei sämtlichen Vorgesprächen unter Beteiligung des Gerichts ein, die auf eine Verständigung im Sinne eines auf den Verfahrensgegenstand bezogenen Verhandelns abzielen (BGH **59**, 252, 255; NStZ **14**, 217; 219; **17**, 56 und 658, jeweils mit Anm Bittmann; StV **18**, 1; StraFo **16**, 470; krit Schmitt Tolksdorf-F S 406; BGH NStZ **15**, 537), aber auch nur bei solchen Gesprächen (Bittmann NStZ-RR **16**, 348 und Pfister NStZ **16**, 690 gegen die weitergehende, auch Rechtsgespräche erfassende Ansicht von BGH NStZ **16**, 688), nicht etwa bei einseitig an das Gericht herangetragenen, unerwidert gebliebenen Ansinnen (vgl etwa Saarbrücken NStZ **17**, 182). Die Mitteilungspflicht soll nach der Rspr allerdings auch dann ausgelöst werden, wenn sich das Gericht passiv verhält und nicht positioniert (BGH NStZ **18**, 487 und 363, jeweils mit Anm Bittmann). Die Mitteilungspflicht gilt auch bei Erörterungen über eine − komplette − Einstellung nach §§ 153, 153a, 154 oder § 47 OWiG (BVerfG NStZ **16**, 422 mit krit Anm Bittmann; BGH NStZ **16**, 743 mit abl Anm Bittmann und Anm Pflaum wistra **16**, 446; **aM** KG NStZ **14**, 293; Hamburg NStZ **15**, 661), aber nicht, wenn es nur um eine Haftverschonung bei Kautionsstellung geht (BGH NStZ **15**, 294), ferner nicht, wenn danach die Anklage zurückgenommen und eine neue Anklage erhoben worden ist (BGH NStZ **14**, 600), auch nicht, wenn es im Falle des § 154 II *allein* um die Möglichkeit einer Teileinstellung geht, ohne dass die Gespräche synallagmatisch in einen Konnex zu Prozessverhalten der Verfahrensbeteiligten gebracht werden (BGH NStZ **19**, 684 mit Anm Bittmann). Die Mitteilungspflicht gilt dagegen, wenn zwischen Eingang der Anklage und Eröffnung des Hauptverfahrens die Gerichtsbesetzung gewechselt hat (BGH NJW **14**, 3385; NStZ **16**, 221). Auf eine ggf gegenteilige Einschätzung durch das Gericht bzw die StA kommt es nicht an, wenn Gespräche in der Sache verständigungsbezogen sind (vgl BGH 1 StR 545/18 vom 9.10.2019).

Dass keine Gespräche − vor oder während der Hauptverhandlung − **stattgefunden haben,** muss ebenfalls mitgeteilt werden (BVerfG NJW **14**, 3504 mit zust Anm Hunsmann NStZ **14**, 594 und Niemöller JR **15**, 145 sowie krit Anm Klotz StV **15**, 1 gegen BGH NStZ **13**, 610; vgl auch BGH NStZ **13**, 724 mit krit Anm Grube StV **13**, 513 und Mosbacher aaO; so jetzt aber auch BGH NStZ **15**, 232). Aus dem Fehlen eines Vermerks nach IV S 1 ergibt sich − ebenso wie bei § 273 (dort 12c) − jedoch nicht, dass solche Erörterungen nicht stattgefunden haben (BVerfG aaO; BGH **59**, 21 mit zust Anm Knauer NStZ **14**, 115, Kudlich JZ **14**, 471 und Norouzi NJW **14**, 874 sowie abl Anm Niemöller JR **14**, 216); das klärt das Revisionsgericht dann im Freibeweisverfahren (BGH StV **14**, 658; Pfister aaO 194). 18b

Auch **nur mit dem Vorsitzenden geführte Gespräche** sind mitteilungspflichtig, wenn sie verständigungsbezogen sind und zwar auch dann, wenn sie alleine auf seine Initiative und ohne Vorberatung mit den übrigen Kammermitgliedern stattfanden (BGH NStZ **16**, 221 mit Anm Allgayer; NStZ-RR **18**, 355; SK-Frister 44a; Pfister aaO 189; Schmitt StraFo **12**, 391; **aM** BGH StV **11**, 202 mit abl Anm Schlothauer; Celle NStZ **14**, 290 mit Anm Knauer; Schneider aaO 198; offen gelassen von BGH StV **12**, 392; wistra **12**, 198). Dies gilt auch für den Fall, dass sich lediglich die StA zu Strafewartungen äußert, der Vorsitzende aber keine eigenen Strafewartungen formuliert (BGH StV **19**, 376). **Nur zwischen StA und Verteidigung** geführte Gespräche (8 zu § 160b) müssen dagegen nicht bekanntgegeben werden, wenn das Gericht hiervon Kenntnis erlangt hat (BGH NStZ-RR **15**, 379 mwN; NStZ **16**, 362 mit Anm Arnoldi; BGH 1 StR 20/16 vom 16.6.2016; **aM** BGH NStZ **12**, 347; München StraFo **14**, 157; offen gelassen, aber eher verneinend, von BGH NStZ **15**, 232), auch nicht Verhandlungen zwischen StA und Gericht über eine Einstellung nach § 154 II, falls sie keine Verständigungsregelung enthalten (BGH NStZ **18**, 49 [2. StS] mit Anm Bittmann unter Aufgabe von BGH NStZ **16**, 171 mit abl Anm Schneider und Niemöller JR **16**, 146; offen gelassen von BGH 4 StR 343/16 vom 6.12.2016; erg 16 zu § 154). 18c

Haben die **Gespräche zu einem Ergebnis** − zB zu einem Verständigungsvorschlag (BGH NStZ **15**, 352) − **geführt,** ist auch dies mitzuteilen (Altenhain/Haimerl JZ **10**, 336), ferner − jedenfalls in den Grundzügen − auch der dahin füh- 18d

§ 243

rende Entscheidungsprozess (BGH NStZ **14**, 219; NStZ **16**, 228 mit krit Anm Bittmann). Dies alles ist – als wesentliche Förmlichkeit – gemäß § 273 Ia S 2 zu protokollieren. Auch hier gilt aber, dass einer Verständigung vorgelagerte Gespräche, also etwa nur kurze telefonische Kontaktaufnahmen ohne konkretes Ergebnis, etwa die Frage an den Verteidiger, ob der Angeklagte ein Geständnis ablegen wird oder ob mit der Stellung von Beweisanträgen zu rechnen ist, nicht erwähnt zu werden brauchen (BGH **58**, 315; LR-Becker 52c; Schmitt Tolksdorf-F S 407; **aM** SK-Frister 44; Duttge Schünemann-F S 882; Schlothauer StV **13**, 678; vgl 5 zu § 160b). Im Zweifel wird aber in der Hauptverhandlung zu informieren sein (BVerfG NJW **13**, 1058, 1065), und zwar **nicht nur über die Tatsache der Verständigungsgespräche, sondern** – sowohl bei erfolgreichen als auch erfolglosen Gesprächen – **auch über den wesentlichen Inhalt** erfolgter Erörterungen (BGH StV **19**, 377; NStZ **13**, 722 mit Anm Mosbacher; BGH NStZ **14**, 221; 315; 1 StR 79/15 vom 25.11.2015; 3 StR 216/16 vom 10.1.2017; Spaniol StraFo **14**, 370), von welcher Seite die Frage einer Verständigung aufgeworfen wurde (BGH NStZ **18**, 363 mwN und Anm Bittmann), den Verständigungsvorschlag und ob er bei den anderen Gesprächsteilnehmern auf Zustimmung oder Ablehnung gestoßen ist (BGH NStZ **17**, 363 mit Anm Bittmann; **14**, 416; 418; **18**, 363 mit Anm Bittmann; **15**, 353 mit Anm Feldmann; **15**, 474; StV **16**, 95; Schneider NStZ **14**, 200; **abl** Ziegler v. Heintschel-Heinegg-F S 529); die Bezugnahme auf bereits protokollierte Mitteilungen zu früheren Erörterungen genügt nur, wenn klargestellt ist, dass diese den gleichen Inhalt hatten wie das spätere Gespräch (vgl BGH NStZ-RR **17**, 181). Eine bis in Einzelheiten der Argumentation für den jeweiligen „Standpunkt" reichende Mitteilungspflicht besteht aber nicht (BGH NStZ **15**, 416). Von wem die Initiative zu dem Verständigungsgespräch ausgegangen ist, gehört ebenfalls nicht zur Mitteilungspflicht, da es insoweit nicht um den Inhalt der Unterredung geht (BGH NStZ **15**, 293; **16**, 357, 361; 1 StR 172/16 vom 26.10.2016; **aM** Feldmann aaO; differenzierend Pfister StraFo **16**, 190).

18e **Nach Verlesung des Anklagesatzes,** aber vor der Belehrung des Angeklagten über seine Aussagefreiheit (V S 1; BGH NStZ **16**, 357, 361; 5 StR 613/13 vom 7.1.2014), erfolgt die – idR umgehende (BGH NStZ-RR **15**, 379) – Information über die Verständigungsgespräche und ihr Ergebnis; die Dokumentation in Form eines Vermerks über das Zusendung an die Verteidiger genügt nicht (BGH NStZ **16**, 362 mit Anm Arnoldi). Anschließend wird die Hauptverhandlung nach §§ 244ff durchgeführt, wobei es hierbei allerdings nach dem Ergebnis einer zulässigen erfolgreichen Verständigung zu Abweichungen kommen kann. Im Übrigen hat nur der Angeklagte einen Anspruch auf unverzügliche Unterrichtung, nicht hingegen die Öffentlichkeit (BGH 3 StR 163/15 vom 10.12.2015).

18f **Ergeben sich** im weiteren Verlauf der Hauptverhandlung gegenüber der zu Beginn der Hauptverhandlung gemachten Mitteilung **Änderungen,** sind diese – in aller Regel umgehend (BGH NStZ **15**, 353) – genauso bekannt zu geben und zu protokollieren (BGH **58**, 310 mit Anm Radtke NStZ **13**, 669; BGH NStZ **14**, 219). Jede Heimlichkeit über versuchte oder getroffene Verständigungen soll damit vermieden, die Öffentlichkeit also umfassend informiert werden (BGH NStZ **16**, 688 mit allgemein zust, zum konkreten Fall aber zutr abl Anm Pfister und abl Anm Bittmann NStZ-RR **16**, 347). Dies gilt insbesondere für Erörterungen, die nach § 212 nach Beginn, aber außerhalb der Hauptverhandlung stattgefunden haben (BGH StV **14**, 67); auch wenn solche (weiteren) Erörterungen ergebnislos geblieben sind, ist die Tatsache, dass sie stattgefunden (und kein Ergebnis gehabt) haben, mitzuteilen.

18g Die Mitteilung ist gemäß § 273 Ia S 2 **zu protokollieren** (vgl dort 12a, b). Unterbleibt die Protokollierung, hat dies gemäß § 274 zur Folge, dass sich weder das Gericht noch die Verfahrensbeteiligten auf eine stattgefundene Verständigung berufen können (LR-Becker 52d; **aM** SK-Frister 47). Erg unten 38a.

18h **Nach Aufhebung und Zurückverweisung** der Sache durch das Revisionsgericht umfasst die gesetzliche Mitteilungspflicht aus IV S 1 grundsätzlich nicht die im 1. Rechtsdurchgang durch eine andere StrK geführten Erörterungen. Das gilt

Hauptverhandlung § 243

für die Berufungsinstanz auch dann, wenn über das Rechtsmittel erstmals verhandelt wird und dem ergebnislos verlaufene verständigungsbezogene Erörterungen vor dem AG vorausgegangen sein sollten (Hamburg NStZ **16**, 182 mit zust Anm Moldenhauer).

8) Der **Hinweis auf die Aussagefreiheit (V S 1)** ist Ausdruck des nemo- 19 tenetur-Prinzips (Einl 29a; erg 7 zu § 136, 4 ff zu Art 6 **EMRK**). Er kann mehreren Angeklagten gleichzeitig erteilt werden (LR-Becker 57). Der Vorsitzende muss den Hinweis in der Hauptverhandlung selbst erteilen; andere Personen darf er damit nicht beauftragen. Wird der abwesende Angeklagte nach § 234 durch einen Verteidiger vertreten, so wird diesem der Hinweis gegeben (Bay **82**, 156).

Einziehungsbeteiligte und Nebenbetroffene sowie Organe der JP oder PV, 20 die in der Hauptverhandlung die Befugnisse eines Angeklagten haben (§§ 427 I, 438 III, 444 II S 2), werden vor ihrer Vernehmung ebenfalls darauf hingewiesen, dass es ihnen nach dem Gesetz freisteht, zu Fragen, auf die sich ihre Beteiligung bezieht, auszusagen oder nicht auszusagen. Das Gleiche gilt für die Nebenbeteiligten im Nachverfahren und im objektiven Verfahren (§§ 434, 435 III S 2, 438 III, 444 III S 1).

Der Hinweis muss in der Hauptverhandlung **wiederholt werden,** gleichviel, 21 wie oft er schon vorher nach §§ 115 III, 128 I S 3, 136 I S 2, 163a III S 2, IV S 2 oder in einer ausgesetzten Hauptverhandlung erteilt worden ist. Er muss auch in der Berufungsverhandlung (Stuttgart NJW **75**, 703) und in der neuen Hauptverhandlung nach Zurückverweisung der Sache nach §§ 328 II, 354 II, III wiederholt werden. Wurde der Hinweis in der Hauptverhandlung vergessen, ist er mit Belehrung über die Unverwertbarkeit der bisherigen Angaben nachzuholen (Geppert Meyer-GedSchr 107; erg 9 zu § 136).

Der Hinweis sollte mit dem **Wortlaut** des V S 1 erteilt werden; eine andere Fas- 22 sung ist aber unschädlich, sofern sie dem Angeklagten nur Klarheit über seine Aussagefreiheit verschafft (LR-Becker 56; erg 8 zu § 136).

Der Hinweis ist eine **wesentliche Förmlichkeit der Hauptverhandlung** i 23 S des § 273 I; er (nicht sein genauer Wortlaut) muss daher in der Sitzungsniederschrift beurkundet werden.

9) Vernehmung des Angeklagten zur Sache (V S 2): 24

A. Erst **nach Verlesung des Anklagesatzes** und nach dem Hinweis nach V 25 S 1 darf der Angeklagte zur Sache vernommen werden (BGH MDR **75**, 368 [D]). Vor dem Hinweis darf er auch nicht veranlasst werden, durch Kopfschütteln oder - nicken zum Ausdruck zu bringen, ob er sich zu den ihm vorgeworfenen Taten bekennt (BGH NStZ **88**, 85).

Die Vernehmung muss stets **vor der Beweisaufnahme** stattfinden (Bay **53**, 26 130; KG StV **82**, 10). Eine Zurückstellung der Sachvernehmung bis nach der Beweisaufnahme ist unzulässig (vgl aber unten 29); auch über sein Verhältnis zu den Mitangeklagten und Belastungszeugen muss der Angeklagte vorher vernommen werden (BGH NStZ **81**, 111). Mit Zustimmung des Angeklagten kann aber während seiner Vernehmung ein Teil der Beweisaufnahme vorweggenommen werden, insbesondere die Verlesung von Vernehmungsprotokollen (Neustadt NJW **64**, 313) und anderer Urkunden oder eine Augenscheinsannahme (BGH **19**, 93, 97). Hatte der Angeklagte zunächst die Einlassung verweigert, so ist das Gericht verpflichtet, auf sein Verlangen die Sachvernehmung in Unterbrechung der nicht unaufschiebbaren weiteren Beweisaufnahme vorzunehmen (BGH NStZ **86**, 370).

Eine **Vertretung des Angeklagten,** der *abwesend* ist, ist nach § 234 auch bei 27 der Einlassung möglich (vgl 10 zu § 234). Dagegen kann sich der in der Hauptverhandlung *anwesende* Angeklagte bei seiner Einlassung nicht durch den Verteidiger vertreten lassen (BGH **39**, 305; Bay **80**, 111; Celle NStZ **88**, 426; **aM** Hamm JR **80**, 82 mit abl Anm Fezer; Salditt StV **93**, 443; vgl auch Eisenberg/Pincus JZ **03**, 402, dagegen Olk JZ **06**, 207). Erg aber unten 30 sowie 4 zu § 234; zur Einlassung des Verteidigers für den schweigenden Angeklagten vgl 16a zu § 261.

§ 243

28 B. **Äußerung zur Anklage:** Der Vorsitzende, dessen Aufgabe die Vernehmung ist (§ 238 I), muss dem Angeklagten Gelegenheit geben, sich gegen den Anklagevorwurf zu verteidigen, dh die gegen ihn vorliegenden Verdachtsgründe zu beseitigen und die zu seinen Gunsten sprechenden Tatsachen geltend zu machen (§ 136 II). V S 2 zielt insgesamt darauf ab, es dem Angeklagten vorweg zu ermöglichen, seine Verteidigung zusammenhängend zu führen und das Gericht zu veranlassen, bei der folgenden Beweisaufnahme den von ihm geltend gemachten Gesichtspunkten Rechnung zu tragen (BGH NJW **57**, 1527; NStZ **81**, 111; **86**, 370; Bay **53**, 130; KG StV **82**, 10).

29 **Gegenstand der Vernehmung** ist der dem Angeklagten in der Anklageschrift zur Last gelegte geschichtliche Vorgang. Zur Sachvernehmung gehören aber auch die für die Rechtsfolgenfrage erheblichen Umstände, insbesondere die persönlichen Verhältnisse des Angeklagten (oben 12). Die Zurückstellung der Vernehmung zu diesen Umständen bis nach der Beweisaufnahme kann zweckmäßig sein, um für den Fall der Freisprechung oder Einstellung des Verfahrens unnötige Bloßstellungen des Angeklagten und überflüssige Erörterungen zu vermeiden (BGH NStZ **85**, 561). Ein „opening-Statement" des Verteidigers kommt zwar nach der StPO nicht in Betracht (str, vgl dazu Müller Hanack-F S 70 ff), wohl aber nunmehr eine Erklärung des Verteidigers für den Angeklagten zur Anklage in besonders umfangreichen erstinstanzlichen Verfahren (V S 3, 4, siehe 31a–f).

30 C. **Form der Vernehmung:** Will der Angeklagte sich äußern, so muss er dies mündlich tun. Die Vorlegung oder Verlesung einer Verteidigungsschrift ist nach der Rspr grundsätzlich nicht zulässig (BGH **3**, 368; **52**, 175; NStZ **04**, 163; 392; **07**, 349; **08**, 349; dazu eingehend und krit Schlösser NStZ **08**, 310 und Schlothauer StV **07**, 623; der Rspr zust SK-Frister 78; Fahl 408; Geppert Rudolphi-F S 654; Meyer-Mews JR **03**, 362; **abl** hingegen Dencker Fezer-F S 115; Mehle DAV-F S 655; Park StV **01**, 592; Salditt StV **93**, 444; Schäfer Dahs-F S 448). Dem Angeklagten steht somit kein Wahlrecht zu, ob er sich mündlich äußern oder schriftlich zur Sache einlassen will; legt er selbst über seinen Verteidiger nur eine schriftlich vorbereitete Erklärung vor, die das Gericht zur Kenntnis genommen hat, so hat er sich aber auch damit mündlich und nicht etwa im Wege des Urkundsbeweises geäußert; einen Anspruch auf Verlesung durch das Gericht im Urkundsbeweis hat der Angeklagte nicht (BGH NStZ **09**, 173; **19**, 168 mwN; eingehend dazu Miebach NStZ **19**, 318, 321; Detter Rissing-van Saan-F S 97 und Pfister Miebach-SH 27). Dies gilt auch für eine beantragte Verlesung nach § 254 als präsentes Beweismittel, weil die Erklärung nicht vom Gericht herbeigeschafft worden ist (BGH **37**, 168; Miebach aaO 322). Allerdings muss das Gericht die schriftliche Erklärung zur Kenntnis nehmen (BGH NStZ **13**, 59) und nach Aufklärungsgesichtspunkten (§ 244 II) behandeln: Enthält sie etwa ein (auch teilw) Geständnis, so ist sie – mit erheblich gemindertem Beweiswert (BGH NStZ **08**, 476; KG NStZ **10**, 533; Miebach aaO; ähnlich Dencker aaO 132; **aM** Gillmeister Mehle-F S 241) – zu verwerten und als Urkundsbeweis zu verlesen (LR-Becker 80); entspr Beweisanträge sind zu verbescheiden (BGH NJW **08**, 2356). Auch Eisenberg/Pincus JZ **03**, 397 bejahen Zulässigkeit und Erforderlichkeit der Verlesung bei gänzlich fehlender mündlicher Sachäußerung oder bei Ergänzungen oder Abweichungen zur mündlichen Aussage (ähnlich Beulke Strauda-F S 93: bei ausdrücklicher Genehmigung durch den Angeklagten). Beweisbehauptungen in einem vom Verteidiger gestellten Beweisantrag dürfen nicht in eine Einlassung des Angeklagten umgedeutet werden, wenn dieser sich dazu nicht erklärt hat (BGH StV **17**, 502). Zur Rechtsnatur der Erklärung des Verteidigers nach V S 3 siehe 31c.

31 Notizen kann der Angeklagte immer verwenden (BGH NStZ **15**, 418); ihm muss Gelegenheit gegeben werden, sich **möglichst im Zusammenhang** zu äußern (BGH **13**, 358, 360). Hiervon kann aber bei einem besonders verwickelten oder umfangreichen Anklagevorwurf oder auch dann abgesehen werden, wenn der Angeklagte zu einer zusammenhängenden Einlassung ohne Abschweifungen nicht in der Lage ist (BGH NStZ **00**, 549). Denn anders als für Zeugen (§ 69 I S 1)

Hauptverhandlung § 243

schreibt das Gesetz nicht vor, dass der Angeklagte veranlasst werden muss, das, was ihm vom Gegenstand seiner Vernehmung bekannt ist, im Zusammenhang anzugeben; es kann sich aber empfehlen (KMR-Eschelbach 167 mwN). Eine Vernehmung in der Form von Fragen und Antworten ist daher nicht unzulässig (Köln MDR **56**, 654; vgl auch RG **58**, 110, 111: grundsätzlich nur im Austausch von Rede und Gegenrede; erg 17 zu § 136).

10) Erklärung des Verteidigers für den Angeklagten (V S 3, 4): Das Gesetz vom 17.8.2017 hat die Möglichkeit geschaffen, dass der Verteidiger in besonders umfangreichen erstinstanzlichen Verfahren auf Antrag für den Angeklagten eine Erklärung zur Anklage abgeben darf. Dies soll die Kommunikation zu Beginn der Hauptverhandlung stärken, um zu einer offenen und effizienten Verfahrensführung beizutragen, sowie den Angeklagten auf umfassendes rechtliches Gehör gewährleisten (BT-Drucks 18/11277 S 31). **31a**

A. **Besonderer Umfang:** Wie bei § 213 ist der Umstand, dass die erstinstanzliche Hauptverhandlung voraussichtlich länger als 10 Tage dauern wird, indiziell für ihren besonderen Umfang. Diese Indizwirkung kann entfallen, wenn die hohe Zahl der Verhandlungstage darauf beruht, dass sie nur zeitlich begrenzt genutzt werden können, etwa weil der Angeklagte nur eingeschränkt verhandlungsfähig ist oder weil Zeugen aus organisatorischen Gründen auf eine Vielzahl von Verhandlungstagen geladen werden müssen. Ob bei Fehlen eines besonderen Umfangs im Einzelfall dennoch Eröffnungserklärungen aus Fairnessgründen zugelassen werden können (so Schneider Rogall-F S 667, 672 f), erscheint mit Rücksicht auf den Gesetzeswortlaut, der für eine abschließende Regelung spricht, zweifelhaft. **31b**

B. **Rechtsnatur und Anwendungsbereich:** V S 3 gewährt dem Verteidiger kein eigenes Erklärungsrecht zur Anklage, vielmehr stellt sie eine Erklärung des Angeklagten selbst dar. Dies folgt aus dem Wortlaut der Vorschrift, wonach der Verteidiger die Erklärung „für diesen" (dh den Angeklagten) abgibt, aus der systematischen Stellung nach dem in V S 2 normierten Äußerungsrecht des Angeklagten zur Sache sowie aus den Gesetzesmaterialien (BT-Drucks 18/11277 S 31; **aM** Schneider Rogall-F S 667, 677: Prozesserklärung des Verteidigers). Das kann zur Konsequenz haben, dass in der Erklärung des Verteidigers enthaltene tatsächliche Angaben zum angeklagten Sachverhalt prozessual als Einlassung des Angeklagten zu werten und zu würdigen wären. Ob es dazu zusätzlich eines ausdrücklichen „Sich-zu-eigen-Machens" seitens des Angeklagten bedürfte (Singelnstein/Derin NJW **17**, 2646, 2651; Schneider aaO; unklar dazu BT-Drucks aaO S 32, 34), erscheint zweifelhaft, da die Erklärung nach S 3 bereits qua Gesetz eine solche des Angeklagten darstellt und systematisch nach S 2 verortet ist, der voraussetzt, dass der Angeklagte zur Äußerung bereit ist; wenn der Verteidiger sie abgibt, ist außerdem davon auszugehen, dass er hierzu von dem Angeklagten ermächtigt wurde. Will der Angeklagte von seinem Schweigerecht Gebrauch machen, wird der Verteidiger deshalb, jedenfalls solange diese Rechtsfrage höchstrichterlich noch nicht geklärt ist, darauf zu achten haben, dass er in der Erklärung Ausführungen vermeidet, die als Einlassung des Angeklagten gewertet werden können, und sich darauf beschränken, aus seiner bzw der Angeklagten Sicht auf die wesentlichen und neuralgischen Punkte der Beweisaufnahme sowie möglicherweise entscheidungserhebliche Rechtsfragen hinzuweisen. Im Übrigen bleibt die persönliche Vernehmung des Angeklagten zur Sache nach V S 2 stets möglich, wenn dieser dazu bereit ist. **31c**

C. Die Erklärung des Verteidigers darf den **Schlussvortrag nicht vorwegnehmen.** Erforderlichenfalls kann der Vorsitzende ihm im Rahmen seiner Sachleitungsbefugnis das Wort entziehen (§ 238 I); insoweit ist er nicht auf das Umschwenken in das Selbstleseverfahren wie in Fällen des V S 4 beschränkt (Schneider Rogall-F S 667, 676). Ob dem Vorsitzenden damit ein „wirksames Mittel an die Hand gegeben" ist (BT-Drucks aaO), etwaigen Verstößen zu begegnen, erscheint allerdings zweifelhaft. Die praktische Handhabung der Vorschrift dürfte nicht unerhebliches Konfliktpotential bergen. Zwar wird es nicht zulässig sein, in diesem **31d**

Verfahrensstadium bereits die noch nicht erhobenen Beweise zu würdigen (so BT-Drucks aaO; Schneider aaO 675). Jedoch muss es mit Rücksicht auf Sinn und Zweck der Neuregelung grundsätzlich möglich sein, in der Erklärung nach V S 3 aus Sicht des Angeklagten auf die Beweislage im Sinne der Anklage einzugehen und auf mögliche kritische Punkte der Beweisführung im Rahmen der bevorstehenden Hauptverhandlung hinzuweisen. Die Grenzen zwischen legitimen Erklärungen des Angeklagten zur Anklage und einer nicht zulässigen Vorwegnahme des Schlussvortrages werden sich daher im Einzelfall nur schwer bestimmen lassen. Ob die Erklärung – wie von der Neuregelung intendiert – die Kommunikation mit den Verfahrensbeteiligten in der Hauptverhandlung stärkt, hängt im Übrigen davon ab, ob und inwieweit die Verteidigung sie als Chance begreift, frühzeitig sachorientiert auf die für das Strafverfahren maßgeblichen Tat- und Rechtsfragen einzugehen.

31e D. Der Vorsitzende kann dem Verteidiger **aufgeben**, die **weitere Erklärung schriftlich** einzureichen, wenn ansonsten der Verfahrensablauf erheblich verzögert würde. Die weitere Erklärung kann dann im Selbstleseverfahren eingeführt werden (V S 4 iVm § 249 II S 1); sie wird zu den Akten, nicht als Anlage zum Protokoll genommen (Schneider Rogall F S 667, 679). Im Unterschied zu Konstellationen des V S 3, in denen der Verteidiger inhaltlich den Schlussvortrag vorwegnimmt (dazu soeben 31d), geht es insoweit um das Unterbinden „zeitlich überbordender" (Schneider aaO 676) Eröffnungserklärungen. Damit soll eine missbräuchliche Ausübung des Erklärungsrechts verhindert werden, etwa „ausschweifende abseitige Erklärungen bei Taten, bei denen zB eine bestimmte politische Überzeugung eine Rolle spielt" (BT-Drucks 18/11277 S 32). Auch hier gilt jedoch, dass in der Neuregelung Konfliktstoff angelegt ist. Darüber, was noch eine legitime Wahrnehmung des Erklärungsrechts nach V S 3 darstellt oder schon eine nach Sachlage nicht gerechtfertigte erhebliche Verzögerung des Verfahrensablaufs iSv V S 4, lässt sich trefflich streiten. Außerdem ist der praktische Umgang mit schriftlichen Erklärungen problematisch, die beweiswürdigende Passagen aufweisen (die von Schneider aaO 685 ff erwogenen Möglichkeiten – Schwärzung der entspr Textteile, Rückgabe der Erklärung, Hinweis darauf, dass das Gericht die beweiswürdigenden Passagen nicht zur Kenntnis nehmen wird – erscheinen allesamt unbefriedigend). Es ist deshalb zu erwarten, dass die Handhabung der Vorschrift durch den Vorsitzenden im Einzelfall für Kontroversen im Gerichtssaal sorgen wird. Der Vorsitzende sollte deshalb versuchen, den Umfang der Eröffnungserklärung mit den Verfahrensbeteiligten – zB im Rahmen von Erörterungen nach § 213 II – bereits im Vorfeld abzusprechen und zu begrenzen. Dabei kommt es auf die Umstände des Einzelfalls, vor allem natürlich auf den Umfang des Verfahrensstoffes an. Allgemeine Grundsätze lassen sich kaum aufstellen. Jedenfalls wird aber Mitangeklagten bei in etwa identischem Tatvorwurf gleich viel Zeit einzuräumen sein (Schneider aaO 683), selbst wenn dies zu Überschneidungen und Wiederholungen führen kann; im Übrigen kann allerdings danach differenziert werden, inwieweit die Vorwürfe der Anklageschrift gegen den jeweils betroffenen Angeklagten zum Umfang des Verfahrensstoffes und der zu erwartenden Beweisaufnahme beitragen.

31f E. **Replik:** Der Vorsitzende kann der StA nach pflichtgemäßem Ermessen gestatten, auf die Erklärung zu replizieren (BT-Drucks 18/11277 S 34). Das kann etwa erfolgen, wenn die Erklärung die Ermittlungsbehörden in polemischer Weise als einseitig und voreingenommen attackiert (Schneider Rogall-F S 667, 674). Dies sollte allerdings auf Ausnahmefälle beschränkt werden, um den Beginn der Hauptverhandlung nicht den Charakter eines „Schlagabtauschs" zwischen Verteidigung und StA zu verleihen. Etwaigen polemischen, nicht sachbezogenen Äußerungen der Verteidigung im Rahmen des Erklärungsrechts sollte der Vorsitzende so weit wie möglich unmittelbar (durch Maßnahmen nach § 238 I, § 243 V S 4, siehe 31d, 31e) begegnen, ehe mit dem Einräumen eines Rechts für die StA auf Replik (siehe aber auch anschließend 31g aE).

Hauptverhandlung § 243

Der **Nebenkläger** hat kein Recht zur Replik. Seine Verfahrensrechte sind 31g grundsätzlich in § 397 I S 3 abschließend erfasst. Aus dem allgemeinen Anhörungsrecht in § 397 I S 4 kann das Recht auf Replik nicht abgeleitet werden, weil es bei V S 3 um eine Erklärung zur Anklage geht, deren Rechtfertigung sich allein aus dem Verhältnis zwischen der StA als Verfasser der Anklageschrift und der Verteidigung ergibt (vgl Schneider aaO 687 ff: Replik der StA keine Frage des rechtlichen Gehörs, sondern „Prozesserklärung eigener Art"). Dies kann allerdings zu dem unbefriedigenden Ergebnis führen, dass etwaige persönliche und unsachliche Attacken gegen den Nebenkläger in der Eröffnungserklärung zunächst – gerade auch mit Blick auf die (Medien)Öffentlichkeit – unerwidert bleiben. In solchen Fällen ist daran zu denken, der StA das Recht zur Replik zu geben, sofern nicht im Einzelfall Maßnahmen des Vorsitzenden nach § 238 I, V S 4 in Betracht kommen.

11) Feststellung der Vorstrafen (V S 5, 6): Darunter fallen nicht nur frühere 32 Verurteilungen, sondern auch andere Entscheidungen, die im BZR, im Erziehungsregister (§§ 3, 59 **BZRG**) oder im Verkehrszentralregister (§§ 28–30 StVG) eingetragen sind. Ihre Feststellung gehört nicht zur Vernehmung des Angeklagten zur Person (LR-Becker 84).

Für die Entscheidung von Bedeutung (S 5) ist die Vorstrafe nicht, wenn sie 33 nach §§ 51, 66 **BZRG** unverwertbar ist. Im Einzelfall können Vorstrafen schon für den Schuldspruch von Bedeutung sein, zB zur Feststellung der Gewohnheitsmäßigkeit des Handelns oder weil sie eine bestimmte Verbrechensmethode erkennen lassen, die ein Beweisanzeichen für die Begehung der neuen Tat sein kann. Dann werden die Vorstrafen schon bei der Vernehmung des Angeklagten zur Sache erörtert (LR-Becker 85). IdR sind die Vorstrafen aber nur für die Rechtsfolgenentscheidung von Bedeutung. Ist das der Fall, so müssen sie zur Sprache gebracht werden, sofern der Angeklagte nicht freizusprechen oder die Vorstrafe wegen einer Tat ergangen ist, die für die Ahndung der jetzt abzuurteilenden Tat keine Bedeutung hat.

Frühester **Zeitpunkt der Feststellung** ist die Vernehmung des Angeklagten 34 zur Sache (BGH VR S **34**, 219; Stuttgart NJW **73**, 1941; Kleinknecht JZ **65**, 159). Im Übrigen bestimmt der Vorsitzende den Zeitpunkt (S 4); er soll so spät wie möglich liegen (LR-Becker 87). Bei schwerwiegenden Vorverurteilungen, die nur für den Rechtsfolgenausspruch von Bedeutung sind, wird es idR geboten sein, ihre Feststellung so lange zurückzustellen, bis abzusehen ist, dass ein Freispruch oder die Einstellung des Verfahrens nicht in Betracht kommt (Kleinknecht aaO). Das gilt selbst für die richterliche Feststellung der Voraussetzungen des § 66 StGB.

Die Befugnis zur **Stellung von Beweisanträgen** über frühere Strafverfahren, 35 über ihren Inhalt und über frühere Bestrafungen wird durch S 5, 6 nicht eingeschränkt. Der Angeklagte kann solche Beweisanträge schon bei seiner Vernehmung zur Sache stellen (BGH **27**, 216, 220). Der StA sollte sie erst stellen, wenn eine Verurteilung wahrscheinlich ist. Der Vorsitzende ist immer berechtigt, die Herbeiführung der Entscheidung über den Antrag so lange zurückzustellen, bis die Beweiserhebung von Bedeutung ist (LR-Becker 88).

12) Revision: Auf Verstöße gegen I und II S 1 kann die Revision nicht gestützt 36 werden (oben 9 zu II S 1).

Auf einer unterlassenen oder **unvollständigen Befragung zur Person** nach II 37 S 2 wird das Urteil im Allgemeinen nicht beruhen (Köln NStZ **89**, 44).

Ein Revisionsgrund, auf dem das Urteil idR beruht, ist dagegen das **Unterlas-** 38 **sen der Verlesung des Anklagesatzes** oder des (oben 14) an seine Stelle tretenden Strafbefehls usw (BGH NStZ **18**, 614; NStZ **84**, 621; **86**, 39; 374; **00**, 214) sowie die unterlassene Übersetzung bei einem fremdsprachigen Angeklagten (BGH StV **93**, 2; erg 18 zu Art 6 **EMRK**). Das Beruhen ist nur auszuschließen, wenn ausnahmsweise wegen der Einfachheit der Sach- und Rechtslage weder der Gang der Hauptverhandlung noch das Urteil irgendwie von dem Verfahrensmangel berührt worden ist (BGH NJW **82**, 1057; NStZ **82**, 431; 518; **84**, 521; **86**, 39; 374;

95, 200; Hamm NStZ-RR **99**, 276; vgl auch Köln NStZ-RR **03**, 17 zum beschleunigten Verfahren) oder wenn die Prozessbeteiligten über den Gegenstand des Verfahrens auf andere Weise, zB durch Verlesung des Revisionsurteils, unterrichtet worden sind (BGH NStZ **06**, 649 5 StR 90/19 vom 9.10.2019). Die Verlesung eines nicht dem Gesetz entspr Anklagesatzes ist zwar ein Verfahrensverstoß, auf dem das Urteil aber regelmäßig nicht beruht (BGH NJW **87**, 1209 zu einem Anklagesatz mit Beweiswürdigung); das gilt auch für eine fehlerhafte Anklage bei einer Vielzahl von gleichförmigen Taten oder Tateinzelakten (9a zu § 200), wenn der Angeklagte die Details aus dem wesentlichen Ergebnis der Ermittlungen entnehmen konnte (BGH NStZ **11**, 420; StV **11**, 728; 1 StR 429/09 vom 15.3.2011; insoweit zust Börner NStZ **11**, 440; erg 27 zu § 200).

38a Bei einem Verstoß gegen die **Mitteilungspflichten nach IV** wird nach der Rspr des BVerfG (NJW **13**, 1058, 1067; NStZ **15**, 170; 172; dazu umfassend Allgayer NStZ **15**, 185; krit zur Rspr des BVerfG BGH 3 StR 163/15 vom 10.12.2015; NStZ **16**, 221 mit Anm Allgayer: keine Ergänzung der auf die Kausalität abstellenden Beruhensprüfung durch normative Gesichtspunkte; zust Niemöller JR **16**, 146; scharf abl Strate NJW **16**, 450, gegen ihn Pfister StraFo **16**, 192), ein Beruhen des Urteils auf einem Verstoß gegen § 257c grundsätzlich nicht auszuschließen sein (BGH **58**, 310; **59**, 252, 259; NStZ **14**, 217; 416; NJW **14**, 3385; StV **14**, 67; 653; **16**, 95; München StraFo **14**, 157; Schmitt Tolksdorf-F S 408), selbst wenn der Angeklagte von seinem Verteidiger vollumfänglich über den Inhalt des Verständigungsgesprächs unterrichtet worden ist (BGH NStZ **17**, 244 mwN). Das gilt selbst dann, wenn im Ergebnis eine Verständigung nicht zustande kommt, weil auch in einem solchen Fall nicht auszuschließen ist, dass das Prozessverhalten des Angeklagten durch die vorangegangenen Verständigungsgespräche beeinflusst wurde (BGH **59**, 252, 259; NStZ **15**, 178; **16**, 228 mit krit Anm Bittmann; BGH StraFo **16**, 470). Einer vorherigen Rüge nach § 238 II bedarf es nicht (BGH **59**, 252; Schneider NStZ **14**, 252; Ziegert StraFo **14**, 234; aM Grube NStZ **14**, 604). Die Revision muss sich dazu verhalten, ob Erörterungen der Verfahrensbeteiligten die Möglichkeit einer Verfahrensverständigung zum Gegenstand hatten, das heißt ausdrücklich oder konkludent Fragen des prozessualen Verhaltens des Angeklagten in Konnex zum Verfahrensergebnis gebracht wurden (BGH NStZ **14**, 529; **17**, 424; **17**, 483 mit Anm Bittmann). Die Verfahrensrüge muss bestimmt behaupten und konkret darlegen, in welchem Verfahrensstadium, in welcher Form und mit welchem Inhalt Gespräche stattgefunden haben, die auf eine Verständigung abzielten (BGH **58**, 315; **59**, 130 mit Anm Kudlich NStZ **14**, 285; BGH NStZ **14**, 529; **15**, 48; KG StV **14**, 78; gegen die Rspr Schlothauer StV **15**, 275; großzügiger allerdings BGH NStZ **17**, 482 mit kritischen Anm Bittmann); dazu genügt vollständiger Vortrag zu sich aus den Akten ergebenden, relevanten Vermerken (vgl BGH 4 StR 403/16 vom 14.3.2017) sowie ggf auch die Benennung der Gesprächsteilnehmer (Celle NStZ **14**, 290 mit Anm Knauer). Das Revisionsgericht kann die Frage dann im Freibeweis klären (BGH NStZ **13**, 724). Ist die Angriffsrichtung des Revisionsvortrags eindeutig, ist eine rechtliche Falschbezeichnung unschädlich (BGH NStZ **18**, 487: „Verstoß gegen § 273 Ia S 1").

38b Allerdings bleibt die **Rüge ausnahmsweise erfolglos,** wenn ein ursächlicher Zusammenhang zwischen Verfahrensverstoß und Urteil mit Sicherheit ausgeschlossen werden kann bzw rein theoretischer Natur ist (BGH 3 StR 163/15 vom 10.12.2015), wenn sich zB ergibt, dass es keine Gespräche unter Beteiligung der StrK gegeben hat (BGH NJW **15**, 266 sowie 1260; NStZ **15**, 232; 2 StR 389/13 vom 22.7.2015; KG StV **14**, 659 L; Niemöller JR **15**, 150; vgl auch BGH NStZ **15**, 48), oder wenn die StrK keine Kenntnis von einem Gespräch zwischen StA und Verteidigung erlangt hat (BGH StV **14**, 658), oder wenn – was im Freibeweisverfahren geklärt werden kann (BGH 5 StR 392/15 vom 8.12.2015) – zweifelsfrei feststeht, dass es keinerlei Gespräche gegeben hat, bei denen die Möglichkeit einer Verständigung im Raum stand (BGH 5 StR 9/15 vom 14.4.2015), oder wenn bei wertender Betrachtung (BGH NStZ-RR **19**, 316) sonst auszuschließen ist, dass Verlauf und Inhalt eines Vorgesprächs in irgendeiner Weise für das öffentliche Verständnis der Absprache Bedeutung erlangen konnte (BGH NStZ **16**, 221; **17**, 658; 5 StR 255/15 vom 5.8.2015; dazu eingehend und einschr Walther NStZ **15**, 383) oder die Selbstbelastungsfreiheit des Angeklagten dadurch in relevanter Weise beeinträchtigt worden ist (BGH NStZ **15**, 537; **16**, 362) oder bei lediglich geringfügigen Unvollständigkeiten oder Unrichtigkeiten der Mitteilung (BGH 1 StR 172/16 vom 26.10.2016). So kann etwa ein Ausschluss des Beruhens angenommen werden, wenn es um im Vergleich zur neuerlichen Verhandlung im Wesentlichen identische Gespräche in einer kurz zuvor ausgesetzten Verhandlung geht, über deren Inhalt der Angeklagte umfassend informiert worden war (BGH NStZ-RR **19**, 316). Es reicht aber idR nicht aus, wenn der Angeklagte über seinen Verteidiger von den Gesprächen unterrichtet worden ist; denn dadurch ist die Kontrolle durch die Öffentlichkeit, die bei der Beruhensprüfung zu beachten ist, ausgeblendet (BVerfG NStZ **15**, 170; 172 mit zust Anm Knauer/Pretsch; scharf abl aber Niemöller NStZ **15**, 493; BGH **60**, 150 mit zust Anm Leitmeier NJW **15**, 645; BGH NStZ-RR **17**, 51 L); dem entspr muss auch die Revision nicht dazu vortragen, ob und ggf mit welchem Inhalt der Angeklagte von seinem Verteidiger informiert wurde (BGH 3 StR 336/19 vom 26.11.2019 mwN). Durch die unzureichende Mitteilung von Verständigungsgesprächen, die allein Mitangeklagte betroffen haben, ist der Angeklagte idR nicht in seinen Rechten beeinträchtigt (BVerfG NStZ **14**, 528; BGH NStZ **15**, 417; **16**, 357, 360; 1 StR 235/14 vom 29.4.2015; anders aber im Fall BGH NStZ **16**, 228 mit krit Anm Bittmann). Zu unterlassenen Mitteilungen nach IV, welche ausnahmsweise den Schuldspruch unberührt lassen und alleine den Strafausspruch betreffen, siehe BGH NStZ **17**, 596 mit Anm Bittmann; vgl auch Oldenburg StV **18**, 13.

Auf die **Unterlassung des Hinweises nach V S 1** kann die Revision gestützt **39** werden; es handelt sich nicht um eine bloße Ordnungsvorschrift. Das Urteil beruht aber nicht auf dem Verstoß, wenn der Angeklagte seine Aussagefreiheit gekannt hat (BGH NStZ **83**, 210 [Pf/M]; LR-Becker 99; im Ergebnis ebenso BGH **25**, 325, wo aber [S 331] die Beruhensprüfung durch die Prüfung ersetzt wird, ob durch den Verstoß „der Zweck des Hinweisgebots vereitelt worden ist"). Deswegen aber eine erweiterte Darlegungspflicht des Angeklagten im Revisionsverfahren zu fordern (so BGH **25**, 325, 333), lässt sich mit den Grundsätzen des Revisionsrechts, das ein Rügevorbringen zur Frage des Beruhens nicht verlangt, schwerlich vereinbaren (abl daher SK-Frister 95 mwN; Bernsmann StraFo **98**, 75; Herdegen NStZ **90**, 518; offen gelassen von BGH **38**, 214, 227; erg 21 zu § 136; 27 zu § 344).

Eine **unzulängliche Vernehmung des Angeklagten zur Sache nach V S 2** **40** kann idR ebenso wenig gerügt werden wie die unvollständige Befragung eines Zeugen (vgl aber auch BGH NStZ **00**, 439; Koblenz OLGSt Nr 1), setzt aber jedenfalls voraus, dass gegen die Anordnung des Vorsitzenden nach § 238 II das Gericht angerufen worden ist (BGH NStZ **97**, 198). Ein Verstoß gegen V S 3 kann allenfalls unter den Voraussetzungen von § 238 II gerügt werden, wenn der Vorsitzende seinen Beurteilungsspielraum hinsichtlich des besonderen Umfangs der Verhandlungsdauer willkürlich ausgeübt hat; dies gilt entspr für die Anordnung nach V S 4, die weitere Erklärung schriftlich einzureichen (SSW-Sättele 37). Allerdings wird es insoweit mit Rücksicht auf das Recht des Angeklagten, sich jederzeit zur Sache einzulassen, nicht zuletzt auf das letzte Wort sowie das Recht des Verteidigers zum Schlussvortrag regelmäßig am Beruhen fehlen (vgl SSW-Sättele aaO). Ein Freibeweis darüber, dass die Einlassung des Angeklagten einen anderen als im Urteil festgestellten Inhalt hatte, ist unzulässig (BGH NStZ **09**, 282; Pfister Miebach-SH 27). Den Wortlaut einer schriftlichen Erklärung des Angeklagten kann das Revisionsgericht nicht berücksichtigen, wenn diese als Urkundsbeweis verlesen (oben 30) wurde (BGH StV **11**, 607 L).

Dass eine verwertbare **Vorstrafe nach V S 5, 6** nicht oder nur in einem späte- **41** ren Zeitpunkt hätte festgestellt werden dürfen, kann die Revision nicht mit Erfolg rügen (Bay MDR **72**, 626; KK-Schneider 131); das gilt selbst dann, wenn nach § 238 II ein Gerichtsbeschluss herbeigeführt worden ist.

§ 244

42 **Mitangeklagte** können aus einer Verletzung des § 243 zum Nachteil eines anderen Angeklagten keine Rechte herleiten (BGH MDR **73**, 192 [D]).

Beweisaufnahme; Untersuchungsgrundsatz; Ablehnung
von Beweisanträgen   RiStBV 130, 135

244 ¹ Nach der Vernehmung des Angeklagten folgt die Beweisaufnahme.

II Das Gericht hat zur Erforschung der Wahrheit die Beweisaufnahme von Amts wegen auf alle Tatsachen und Beweismittel zu erstrecken, die für die Entscheidung von Bedeutung sind.

III ¹ Ein Beweisantrag liegt vor, wenn der Antragsteller ernsthaft verlangt, Beweis über eine bestimmt behauptete konkrete Tatsache, die die Schuld- oder Rechtsfolgenfrage betrifft, durch ein bestimmt bezeichnetes Beweismittel Beweis zu erheben und dem Antrag zu entnehmen ist, weshalb das bezeichnete Beweismittel die behauptete Tatsache belegen können soll. ²Ein Beweisantrag ist abzulehnen, wenn die Erhebung des Beweises unzulässig ist. ³Im Übrigen darf ein Beweisantrag nur abgelehnt werden, wenn
1. eine Beweiserhebung wegen Offenkundigkeit überflüssig ist,
2. die Tatsache, die bewiesen werden soll, für die Entscheidung ohne Bedeutung ist,
3. die Tatsache, die bewiesen werden soll, schon erwiesen ist,
4. das Beweismittel völlig ungeeignet ist,
5. das Beweismittel unerreichbar ist oder
6. eine erhebliche Behauptung, die zur Entlastung des Angeklagten bewiesen werden soll, so behandelt werden kann, als wäre die behauptete Tatsache wahr.

IV ¹ Ein Beweisantrag auf Vernehmung eines Sachverständigen kann, soweit nichts anderes bestimmt ist, auch abgelehnt werden, wenn das Gericht selbst die erforderliche Sachkunde besitzt. ²Die Anhörung eines weiteren Sachverständigen kann auch dann abgelehnt werden, wenn durch das frühere Gutachten das Gegenteil der behaupteten Tatsache bereits erwiesen ist; dies gilt nicht, wenn die Sachkunde des früheren Gutachters zweifelhaft ist, wenn sein Gutachten von unzutreffenden tatsächlichen Voraussetzungen ausgeht, wenn das Gutachten Widersprüche enthält oder wenn der neue Sachverständige über Forschungsmittel verfügt, die denen eines früheren Gutachters überlegen erscheinen.

V ¹ Ein Beweisantrag auf Einnahme eines Augenscheins kann abgelehnt werden, wenn der Augenschein nach dem pflichtgemäßen Ermessen des Gerichts zur Erforschung der Wahrheit nicht erforderlich ist. ²Unter derselben Voraussetzung kann auch ein Beweisantrag auf Vernehmung eines Zeugen abgelehnt werden, dessen Ladung im Ausland zu bewirken wäre. ³Ein Beweisantrag auf Verlesung eines Ausgangsdokuments kann abgelehnt werden, wenn nach pflichtgemäßem Ermessen des Gerichts kein Anlass besteht, an der inhaltlichen Übereinstimmung mit dem übertragenen Dokument zu zweifeln.

VI ¹ Die Ablehnung eines Beweisantrages bedarf eines Gerichtsbeschlusses. ²Einer Ablehnung nach Satz 1 bedarf es nicht, wenn die beantragte Beweiserhebung nichts Sachdienliches zu Gunsten des Antragstellers erbringen kann, der Antragsteller sich dessen bewusst ist und er zur Verschleppung des Verfahrens bezweckt; die Verfolgung anderer verfahrensfremder Ziele steht der Verschleppungsabsicht nicht entgegen. ³Nach Abschluss der von Amts wegen vorgesehenen Beweisaufnahme kann der Vorsitzende eine angemessene Frist zum Stellen von Beweisanträgen bestimmen. ⁴Beweisanträge, die nach Fristablauf gestellt werden, können im Urteil beschieden werden; dies gilt nicht, wenn die Stellung des Beweisantrags vor Fristablauf nicht möglich war. ⁵Wird

Hauptverhandlung § 244

ein Beweisantrag nach Fristablauf gestellt, sind die Tatsachen, die die Einhaltung der Frist unmöglich gemacht haben, mit dem Antrag glaubhaft zu machen.

Übersicht

	Rn
1) Beweisaufnahme (I)	1–9
A. Begriff	2–4
B. Streng- und Freibeweis	5–9
2) Amtsaufklärungspflicht (II)	10–16
A. Grundsatz	11
B. Umfang	12–16
3) Beweisantrag	17–21i
A. Definition	18
B. Ernsthaftes Verlangen	19
C. Tatsache	20–20c
D. Beweismittel	21
E. Konnexität	21a–h
F. Verschleppungsabsicht	21i
4) Bedingte Beweisanträge, Hilfsbeweisanträge, Eventualbeweisanträge	22–22c
5) Beweisanregungen	23–27
A. Beweiserbieten	24
B. Beweisermittlungsanträge	25
C. Beweisanregungen im engeren Sinne	26
D. Verfahren	27
6) Stellung von Beweisanträgen	28–42
A. Antragsrecht	29–31
B. Form	32
C. Zeitpunkt	33–36
D. Hinwirken auf die Stellung sachdienlicher Anträge	37, 38
E. Protokollierung	39
F. Zurücknahme und Verzicht	40–42
7) Anordnung der beantragten Beweiserhebung	43–46
A. Entscheidungsbefugnis des Vorsitzenden	44
B. Rechtsbehelf	45
C. Austausch des benannten Beweismittels	46
8) Ablehnungsgründe für Beweisanträge	47–78d
A. Unzulässigkeit (III S 2)	48–49a
B. Offenkundigkeit (III S 3 Nr 1)	50–53a
C. Bedeutungslosigkeit (III S 3 Nr 2)	54–56b
D. Erwiesensein (III S 3 Nr 3)	57
E. Völlige Ungeeignetheit (III S 3 Nr 4)	58–61a
F. Unerreichbarkeit (III S 3 Nr 5)	62–66a
G. Wahrunterstellung (III S 3 Nr 6)	67–70
H. Sachverständigenbeweis (IV)	71–77b
a) Eigene Sachkunde	72–74d
b) Weiterer Sachverständiger	75–77
c) Ablehnungsbeschluss	77a
I. Augenschein (V S 1)	78
J. Auslandszeuge (V S 2)	78a–78c
K. Verlesen eines Ausgangsdokumentes (V S 3)	78d
9) Ablehnung von Beweisanträgen durch das Gericht (VI)	79–99
A. Auslegung des Beweisantrags	80
B. Gerichtsbeschluss (VI S 1)	81–90b
a) Grundsätze	82–84
b) Begründungsanforderungen	85–89
c) Bekanntgabe	90–90b
C. Änderung der Entscheidung	91
D. Entbehrlichkeit bei Verschleppungsabsicht (VI S 2)	92–93h
a) Voraussetzungen für die Annahme von Verschleppungsabsicht	93–93e
b) Verfahren bei Verschleppungsabsicht	93f–93h
E. Ablehnung im Urteil nach Fristsetzung (VI S 3, 4)	94–99
a) Nach Abschluss der von Amts wegen vorgesehenen Beweisaufnahme	95

Schmitt 1133

§ 244

	Rn
b) Fristsetzung	95a–95d
c) Verfristete Beweisanträge	96–98a
d) Beweisaufnahme	99
10) Revision	100–109
A. Aufklärungsrüge	101–103
B. Rechtsfehlerhafte Ablehnung wegen Verschleppungsabsicht	103a
C. Rechtsfehlerhafte Behandlung eines Beweisantrags	104–107
D. Rechtsfehler bei der Fristsetzung nach VI S 3	108, 109

1 1) Beweisaufnahme (I):

2 A. Begriff: Beweisaufnahme ist der Teil der Hauptverhandlung, in dem mit den gesetzlich zugelassenen Beweismitteln (Einl 49) von Amts wegen oder auf Antrag eines Prozessbeteiligten vergangene oder gegenwärtige Tatsachen und Erfahrungssätze aufgeklärt werden (Einl 47 ff). Aus I ergibt sich, dass die Vernehmung des Angeklagten zwar formal nicht zur Beweisaufnahme gehört. Er ist aber ein Beweismittel in weiterem Sinn, wenn er aussagt (BGH **2**, 269; **28**, 196, 198; Dencker ZStW **102**, 54; Fezer Ju S **77**, 234), in Augenschein genommen wird (KG NJW **79**, 1668) oder sonst ein Bild von dem Geschehensablauf abgibt, zB in einer Verkehrssache durch Vorführen seiner Fahrweise am Tatort.

3 Beweisbedürftigkeit: Beweis muss erhoben werden über entscheidungserhebliche Tatsachen, die der Angeklagte nicht glaubhaft eingesteht, und über Erfahrungssätze, die nicht allgemeingültig sind. Die Tatsachen können unmittelbar beweiserheblich oder nur mittelbar von Bedeutung (Indiztatsachen) sein (25 zu § 261). Privates Wissen darf der Richter als Beweisquelle nur verwenden, wenn es sich um **offenkundige Tatsachen oder Erfahrungssätze** handelt (dazu unten 50 ff). Er darf dem Angeklagten und den Beweispersonen aber auf Grund seines privaten Wissens Vorhalte machen; dann ist für die Urteil verwertbar, was sie auf den Vorhalt erklären (vgl 28 zu § 249). Verwertet das Gericht offenkundige Tatsachen oder Erfahrungssätze, so muss er sie in der Hauptverhandlung zur Sprache bringen (BVerfGE **10**, 177, 183; **48**, 206; BGH **6**, 292, 295; StV **81**, 223 mit Anm Schwenn/Strate; BGH StV **88**, 514; **94**, 527; NStZ **13**, 120; **12**; Bay NJW **95**, 976; Hamm StV **85**, 225; erg 24 zu § 261); eine Ausnahme gilt für Tatsachen, die so allgemein bekannt sind, dass die Beteiligten vernünftigerweise damit rechnen müssen, dass sie zur Grundlage der Entscheidung gemacht werden (BSG NJW **79**, 1063; BGHZ **31**, 43 = NJW **59**, 2213; Hamm VR S **41**, 49).

4 Inländisches gesetztes Recht kann nicht Gegenstand der Beweisaufnahme sein (unten 49), wohl aber, im Freibeweis (unten 7), **ausländisches Recht** und inländisches Gewohnheitsrecht (BGH NJW **94**, 3364, 3366; LR-Becker 8; erg 6 vor § 72).

5 B. Streng- und Freibeweis:

6 Strengbeweis ist das Beweisverfahren nach den §§ 244 bis 256 unter Beachtung der Grundsätze der Mündlichkeit (7 zu § 261) und Öffentlichkeit der Verhandlung (1 zu § 169 GVG). Das Gesetz verlangt ihn nur für die Feststellung der Schuld- und Rechtsfolgentatsachen in der Hauptverhandlung. Sonst gilt Freibeweis, auch soweit es um die Schuldfrage geht, zB im Haftprüfungsverfahren nach § 117. Das vorgeschriebene Strengbeweisverfahren darf nicht durch ein Freibeweisverfahren ersetzt, ein Beweisantrag daher nicht mit der Begründung abgelehnt werden, die Beweisfrage sei bereits im Freibeweisverfahren geklärt (BGH StV **95**, 339). Der Ausschluss des Beweisantragsrechts in §§ 384 III, 420 IV; 436 II sowie in § 78 III S 1 **JGG** und seine Einschränkung in § 77 OWiG lässt die sonstigen Grundsätze des Strengbeweises unberührt.

7 Freibeweis gilt für alle Beweiserhebungen außerhalb der Hauptverhandlung sowie in und während der Hauptverhandlung für die Feststellung von Prozessvoraussetzungen (Einl 141 ff) und sonstigen prozesserheblichen Tatsachen, auch wenn sie die Urteilsgrundlagen unmittelbar beeinflussen (BGH NStZ-RR **99**, 259 [K]). Dazu gehören die tatsächlichen Voraussetzungen der Prozessvoraussetzungen und Prozesshindernisse (BGH wistra **11**, 270, 271) und der Verwertungsverbote

(Einl 51 ff), soweit diese nicht Auswirkungen auf die Beurteilung des Inhalts der Aussage haben (BGH **45**, 354; NStZ **19**, 168), insbesondere nach § 136a III (dort 32), ferner der Eidesverbote nach § 60 (dort 1), der §§ 231 II, 231a (BGH **26**, 228, 238), des § 329 I (dort 19) und der Ablehnung eines Beweisantrags (BGH MDR **81**, 338; NJW **93**, 2881, 2882); zur Feststellung der Zeugnisfähigkeit Beulke Kargl-F S 45. Im Freibeweis wird auch in der Verhandlung nach § 138d (dort 7) und bei der Beweisaufnahme über ausländisches Recht (BGH NJW **94**, 3364) und inländisches Gewohnheitsrecht verfahren (6 vor § 72). Dem Revisionsgericht steht nur diese Beweisart zur Verfügung; erg 3 zu § 351.

Doppelrelevante, dh sowohl für die Schuld- oder Rechtsfolgenfrage als auch für Prozessentscheidungen erhebliche Tatsachen, wie etwa im Hinblick auf § 173 Abs 1 StGB und § 52 die verwandtschaftlichen Beziehungen zwischen Zeugen und Angeklagten, müssen im Strengbeweis festgestellt werden (BGH StV **82**, 101; **91**, 148; NStZ-RR **03**, 290 [B]; vgl auch Bay **95**, 107). Wenn die Beweisaufnahme aber zunächst nur der Entscheidung über Prozesstatsachen dient, ist Freibeweis zulässig (KK-Krehl 10; Willms Heusinger-EG 407 ff), selbst wenn die Bedeutung der Tatsache für den Tatvorwurf schon abzusehen ist (BGH **26**, 228, 238). Wird später eine Beweisaufnahme im Strengbeweis erforderlich, so muss die Prozessentscheidung der etwa abweichenden Beweisergebnis angepasst werden (Többens NStZ **82**, 185). Denn dem Urteil müssen einheitliche Feststellungen zugrunde liegen, und die im Strengbeweis getroffenen gehen vor (Willms aaO).

Das **Freibeweisverfahren** ist kein Verfahren nach Gutdünken (KK-Krehl 16; Willms Heusinger-EG 395 ff). Zu beachten sind die Aufklärungspflicht (BVerfG NJW **86**, 767, 768; **12**, 516, 517; BGH **26**, 281, 284; StraFo **11**, 314; Frankfurt NJW **83**, 1208), der Grundsatz des rechtlichen Gehörs (BGH **21**, 85, 87; DAR **79**, 186 [Sp]; MDR **74**, 367 [D]), Beweisverbote zum Schutz bestimmter Personen, zB § 97 und § 252, die Zeugnisverweigerungsrechte nach §§ 52 ff, die Vereidigungsverbote nach § 60 (Willms Heusinger-EG 399) und die Aussagefreiheit des Angeklagten nach § 136 I S 2. Für die Beweiswürdigung gelten keine Besonderheiten; das Gericht hat auch die Glaubwürdigkeit eingeholter dienstlicher Äußerungen und Angaben von Zeugen zu prüfen (Bay **00**, 94). Dagegen finden die Grundsätze der Mündlichkeit, Unmittelbarkeit und Öffentlichkeit keine Anwendung (BGH **16**, 164, 166). Das Gericht kann alle ihm zugänglichen Erkenntnisquellen benutzen, insb schriftl und telefonische Auskünfte einholen (BGH NStZ **84**, 134; Bay NJW **60**, 687; **66**, 1981; Hamm NJW **65**, 410). Zeugen müssen nicht vereidigt, Urkunden nicht verlesen werden. Beweisanträge der Prozessbeteiligten sind insoweit nur Anregungen, über die ohne Bindung an III–V und § 245 II im Rahmen der Aufklärungspflicht entschieden werden kann (BGH **16**, 164, 166; NStZ **84**, 18 [Pf/M]; Frankfurt NJW **83**, 1208; Nürnberg MDR **84**, 74; vgl auch BVerfGE **7**, 275, 279). Auch VI S 1 gilt nicht; die Mitteilung der Ablehnungsgründe durch den Vorsitzenden genügt (BGH NStZ **84**, 18 [Pf/M]; Frankfurt NJW **83**, 1208). Die im Freibeweis gewonnenen Ergebnisse müssen aber zum Gegenstand der mündl Verhandlung gemacht werden (Alsberg/Dallmeyer 294); dies kann auch durch dienstliche Erklärung eines Richters erfolgen (BGH NStZ **19**, 168).

2) Amtsaufklärungspflicht (II):

A. **Grundsatz:** Die Ermittlung des wahren Sachverhalts ist das zentrale Anliegen des Strafprozesses (BVerfGE **57**, 250, 275; **63**, 45, 61; BVerfG NJW **13**, 1058 mwN). Die Amtsaufklärungspflicht begründet für die Prozessbeteiligten einen unverzichtbaren Anspruch darauf, dass die Beweisaufnahme auf alle Tatsachen und alle tauglichen und erlaubten Beweismittel erstreckt wird, die für die Entscheidung von Bedeutung sind (BGH **1**, 94, 96; **32**, 115, 124 [GSSt]). Das Tatgericht ist grunds auch zu Nachermittlungen während laufender Hauptverhandlung befugt, ohne den anderen Verfahrensbeteiligten eine Teilhabe daran zu ermöglichen (BGH 5 StR 85/19 vom 22.5.2019 mit Anm Mosbacher JuS **20**, 128; siehe auch 18 zu § 24). In rechtlich unanfechtbarer Weise gewonnene Beweismittel müssen in das Verfahren eingeführt werden, wenn sie zur Sachaufklärung beitragen können

(Schleswig NJW **80**, 352); die **Verwertung von erhobenen Daten** ist allerdings selbst dann möglich, wenn das BVerfG eine strafprozessuale Frage im Wege einer einstweiligen Anordnung zwar vorübergehend so geregelt hatte, der Inhalt der Entscheidung in der Hauptsache zu derjenigen der einstweiligen Anordnung aber in Widerspruch steht (BGH **56**, 127, 134 = JR **11**, 311 mit zust Anm Löffelmann; abl Meinicke HRR S **11**, 398). Von den Anträgen und Wünschen der Beteiligten ist die Aufklärungspflicht unabhängig (BGH NJW **66**, 1524; NStZ **84**, 210 [Pf/M]; StV **83**, 495; Düsseldorf VR S **66**, 148). Das gilt auch gegenüber der StA (BGH NStZ-RR **10**, 236). So kann trotz Verzichts auf die Vernehmung eines Zeugen die Aufklärungspflicht seine Anhörung gebieten (BGH **56**, 6, 10). Das Gericht darf aus dem Verhalten desjenigen, der Beweisanträge stellen könnte, Anhaltspunkte für die Beantwortung der Frage gewinnen, ob eine weitere Beweisaufnahme geboten ist (BGH MDR **85**, 629 [H]). Beweiserhebungen zum Privat- und Intimleben eines Zeugen sind nur nach sorgfältiger Prüfung ihrer Unerlässlichkeit statthaft (BGH NStZ-RR **09**, 247). Zur Frage, inwieweit die Aufklärungspflicht die Vernehmung eines Verdeckten Ermittlers gebietet, vgl BGH NStZ **97**, 294.

12 B. **Umfang:** Die Aufklärungspflicht reicht so weit, wie die dem Gericht oder wenigstens dem Vorsitzenden aus den Akten (vgl BGH StV **02**, 350), durch Anträge oder Anregungen (vgl 23 ff) oder sonst durch den Verfahrensablauf (BGH **30**, 131, 140) bekanntgewordenen Tatsachen zum Gebrauch von Beweismitteln drängen oder ihn nahelegen (BGH **3**, 169, 175; **10**, 116, 118; **23**, 176, 187; **30**, 131, 140; StV **91**, 337; Hamm NStZ **84**, 462, 463). Dass das Gericht alle Beweismittel erschöpfen müsse, wenn auch nur die entfernte Möglichkeit einer Änderung der bisher begründeten Vorstellung von dem zu beurteilenden Sachverhalt bestehe (so BGH **23**, 176, 188; **30**, 131, 143; NStZ **83**, 210 [Pf/M]), geht für den Normalfall zu weit (zutr Widmaier NStZ **94**, 248: nur in Grenzfällen wie in den zitierten Entscheidungen); sonst ist eine „verständige Würdigung der Sachlage" vorzunehmen (BGH NStZ-RR **96**, 299; NStZ **98**, 50; 4 StR 208/14 vom 9.10.2014; offengelassen von BGH **40**, 3, wo aber betont wird, dass die Wichtigkeit der Beweiserhebung für die Wahrheitsfindung mit dem Beschleunigungsgebot abzuwägen sei). Das Gericht muss somit nur allen erkennbaren und sinnvollen Möglichkeiten zur Aufklärung des Sachverhalts nachgehen (BGH NStZ-RR **02**, 68 [B]; NStZ **05**, 44; BGHR § 244 VI Beweisantrag 23). Je weniger gesichert allerdings ein Beweisergebnis erscheint, desto größer ist der Anlass, weitere Beweismöglichkeiten zu nutzen (BGH StV **17**, 502; **96**, 249; NStZ-RR **96**, 299; **03**, 205; NStZ **13**, 725). Der Grundsatz des II schließt ein, dass das Gericht sich um den sachnächsten (Düsseldorf StraFo **08**, 120: Augenschein statt Zeugenvernehmung zum Inhalt pornographischer Bilder und bestmöglichen (Düsseldorf NStZ **08**, 358 mwN aus der Rspr des BVerfG und des BGH) Beweis bemühen muss (BVerfG StV **13**, 574), verbietet aber nicht, mittelbare Beweise zu erheben (BVerfGE **57**, 250, 277; vgl auch BGH NJW **93**, 803, 804: Urkundenbeweis nach § 253 bei Erinnerungsverlust des Zeugen nötig), und zwingt auch nicht stets dazu, neben dem mittelbaren Zeugen denjenigen, der den Vorgang selbst wahrgenommen hat (4 zu § 250) oder einen Mitangeklagten nach Abtrennung des Verfahrens erneut als Zeugen zu vernehmen (**aM** Bay StV **89**, 522), muss ihn aber ggf als Mitangeklagten hören (Bay StV **03**, 660). Dem Antrag, einen **bereits vernommenen Zeugen erneut** zu hören, muss das Gericht nur im Rahmen seiner Aufklärungspflicht nachkommen; anders nur, wenn der Zeuge zu einer neuen behaupteten Tatsache gehört werden soll (Hamburg StV **12**, 589; LR-Becker 175 ff). Die Aufklärungspflicht geht nicht so weit wie hM nicht so weit wie die Pflicht, Beweise auf Antrag zu erheben (**aM** Gössel ZI S **07**, 559); eine Beweisantizipation (unten 86, 86a) ist in gewissen Grenzen zulässig (Frister ZStW **105**, 357; Herdegen NStZ **84**, 97; Widmaier NStZ **94**, 416). Liegt andererseits einer der Ablehnungsgründe des III, IV vor, so zwingt idR auch die Aufklärungspflicht nicht zur Beweiserhebung (vgl auch BGH StV **10**, 287). Ausnahmen gelten für unerreichbare Zeugen (unten 66) und für weitere Sachverständige (unten 77). Zu Urteilsausführungen darüber, wes-

Hauptverhandlung § 244

halb er keine weiteren Beweise erhoben hat, ist der Tatrichter nicht verpflichtet. Für das Revisionsgericht sind solche Ausführungen ohne Bedeutung; es prüft die Notwendigkeit weiterer Aufklärung auf entspr Rüge aus seiner Sicht (BGH NStZ **85**, 324; **92**, 450; NStZ-RR **96**, 299; StV **96**, 581; **09**, 520; erg 101–103).

Eine **überschießende Aufklärung** überschreitet grundsätzlich den Zweck des **13** Strafverfahrens und kann auch mit dem Beschleunigungsgebot kollidieren; zu „ausufernder Aufklärung" ist der Richter nicht verpflichtet (BGH **40**, 3; erg unten 54 und 25 zu § 264). Eigene Ermittlungen zur Aufdeckung fremder Taten zwecks Anwendung des § 31 Nr 1 BtMG muss der Richter nicht anstellen (BGH NStZ **98**, 90). Steht fest, dass der Angeklagte freigesprochen werden muss, so findet keine weitere Beweisaufnahme über seine Unschuld statt (Bay NStZ-RR **03**, 178; erg Einl 8). Jedoch ist die Verwendung präsenter Beweismittel (§ 245) und uU auch der Gebrauch sofort oder leicht erreichbarer anderer Beweismittel im Rahmen der prozessualen Fürsorgepflicht (Einl 156) zulässig und geboten, ohne dass der Angeklagte darauf einen durchsetzbaren Anspruch hat.

Eine **Beschränkung der Beweisaufnahme bei Massenverfahren** aus verfah- **14** rensökonomischen Gründen ist grundsätzlich nur im Rahmen der § 154, 154a zulässig. Es ist daher nicht ohne weiteres erlaubt, aus prozessökonomischen Gründen in derartigen Verfahren die Beweiserhebung über den Eintritt des Taterfolgs zu unterlassen und nur wegen Versuchs zu verurteilen (BGH NJW **13**, 1545). In Massenbetrugsfällen kann es aber ausreichen, dass das Gericht sich die Überzeugung vom Vorliegen betrugsrelevanter Fehlvorstellungen aufgrund äußerer Umstände und allgemeiner Erfahrungssätze verschafft (BGH NStZ **19**, 43 mwN und krit Anm Frank). In Fällen eines normativ geprägten Vorstellungsbildes der Geschädigten kann es ebenso genügen, nur einige Zeugen, zB zur Feststellung eines Irrtums beim Vorwurf des Betrugs, zu vernehmen und daraus auf gleichgelagerte Irrtümer bei nicht vernommenen Geschädigten zu schließen (BGH NStZ **19**, 40; **15**, 98; NStZ-RR **17**, 375; wistra **09**, 433, 434; Ullenboom NZWiSt **18**, 317, 318 mwN zur Rspr). Dies gilt vor allem im Bereich gleichförmiger, massenhafter oder routinemäßiger betrügerischer Geschäfte, die von selbstverständlichen Erwartungen geprägt sind (BGH NStZ **19**, 40). Ausnahmsweise kann zum Vorliegen eines Irrtums auch ganz auf die Vernehmung von Zeugen verzichtet werden, wenn sich der Irrtum mit Rücksicht auf die äußeren Umstände und allgemeine Erfahrungssätze von selbst versteht (Peter StraFo **19**, 186, 189), zB wenn nichtexistierende Forderungen geltend gemacht und von den Geschädigten bezahlt werden (vgl BGH NStZ **19**, 43 mit Anm Frank; Peter aaO). Auch ist es zulässig, bei sog uneinheitlichen Organisationsdelikten aufgrund der Vernehmung einzelner getäuschter Personen zur Bemessung des Schuldumfangs eine Schätzung der Irrtumsquote vorzunehmen (BGH NStZ **15**, 98; StV **18**, 31; Ullenboom aaO). Ergänzend zur Frage des verfahrensrechtlichen Umgangs mit Massenbetrugsfällen 7a zu § 154a; 6b zu § 267; Ullenboom NZWiSt **18**, 317; Kuhli StV **16**, 40.

Schätzklauseln schränken die Aufklärungspflicht ein. Schätzklauseln nach sach- **15** lichem Recht (§§ 40 III, 73b, 73d II, 74c III StGB; § 29a III S 1 OWiG; § 38 IV S 2 GWB; § 8 III S 1 WiStG) bedeuten, dass das Gericht nicht alle für die Berechnung der Rechtsfolgen notwendigen Einzelheiten zu klären braucht, sondern sich mit der Ermittlung von Anhaltspunkten begnügen darf, die nach der Lebenserfahrung eine hinreichend sichere Beurteilung erlauben (BGH NJW **98**, 1723, 1727; Krause StraFo **02**, 249; zu den strafrechtlichen Vorschriften im einzelnen Hellmann GA **97**, 506 ff; Hofmann StraFo **03**, 70 ff). Solche tatsächlichen Anhaltspunkte, bei § 40 III StGB zB Art, Umfang und Ort der Berufstätigkeit und der allgemeine Lebenszuschnitt, müssen immer ermittelt, in der Hauptverhandlung erörtert und im Urteil dargelegt werden (Koblenz NJW **76**, 1275; Sander FS-Eisenberg II 497, 500 mwN). Einer Mitteilung des Schätzungsergebnisses in der Hauptverhandlung bedarf es nicht (Sander aaO). Das Beweisantragsrecht unterliegt hinsichtlich der Schätzungsgrundlagen keinen Einschränkungen (wie hier SSW-StGB Mosbacher/Claus 16 zu § 40 StGB; **aM** Sander aaO 501 mwN, der es alleine auf präsente Beweismittel anwenden will).

Schmitt 1137

15a Im Übrigen kann von weiteren Ermittlungen abgesehen werden, wenn der damit verbundene Aufwand, die eintretenden Verfahrensverzögerungen oder die Belastung für den Angeklagten unangemessen erscheinen (Bay DAR **78**, 206 [R]; Bremen OLGSt § 40 III StGB S 1; Celle NJW **84**, 185; vgl auch Endriss StV **97**, 82 zur Festlegung des Umrechnungsmaßstabes in § 51 IV S 2 StGB). Das hängt von der Bedeutung der Sache und dem Maß der durch die Schätzung festzusetzenden Rechtsfolgen ab (Fischer StraFo **12**, 432). Bei Serienstraftaten wird eine Schätzung namentlich dann unumgänglich sein, wenn Belege über kriminelle Geschäfte abhanden gekommen sind oder von vornherein fehlten (BGH **40**, 374, 376 mit abl Anm Bohnert NStZ **95**, 460; Geppert NStZ **96**, 63). Eingehend zur Schätzung bei Vermögensdelikten, Serienstraftaten und Steuerdelikten BGH StraFo **10**, 71. Präsente und unschwer erreichbare Beweise müssen aber erhoben werden. Den Prozessbeteiligten ist Gelegenheit zu geben, zu der beabsichtigten Schätzung und ihren Grundlagen Stellung zu nehmen und Anträge zu stellen. Beweisanträge zu den Schätzungsgrundlagen können nur aus den Gründen des III, IV abgelehnt werden. Anderen Beweisanträgen braucht das Gericht dagegen nicht stattzugeben, wenn sie zu übermäßig belastenden, im Hinblick auf die Bedeutung der Sache und die Höhe der Rechtsfolgen unvertretbaren Beweiserhebungen führen würden (BGH StraFo **07**, 509: Schätzung von Wirkstoffgehalten von Betäubungsmitteln; Hofmann StraFo **03**, 76). Für Anträge auf Erhebung der von dem Antragsteller herbeigeschafften Beweise gilt § 245 II S 2, 3. Die Grundlagen der Schätzung müssen im tatrichterlichen Urteil für das Revisionsgericht nachvollziehbar dargestellt werden.

16 Bei **Schätzungen im Verfahren nach §§ 403 ff** erstreckt sich die Aufklärungspflicht auch auf den Entschädigungsanspruch (LR-Hilger 9 zu § 404). Das Gericht kann aber den ursächlichen Zusammenhang zwischen dem konkreten Haftungsgrund und dem daraus entstandenen Schaden sowie die Schadenshöhe entspr § 287 ZPO nach freiem Ermessen schätzen (11 zu § 404). Beweisanträgen zur Höhe des Schadens braucht nicht entsprochen zu werden, wenn es für die Entscheidung nach Schätzungsgrundlagen darauf nicht ankommt (vgl RG **44**, 294).

17 3) **Beweisantrag:**

18 A. **Definition:** Der Beweisantrag wurde durch das Gesetz zur Modernisierung des Strafverfahrens vom 10.12.2019 in III S 1 gesetzlich definiert. Ein Beweisantrag liegt danach vor, wenn der Antragsteller ernsthaft verlangt, Beweis über eine bestimmte behauptete konkrete Tatsache, die die Schuld- oder Rechtsfolgenfrage betrifft, durch ein bestimmt bezeichnetes Beweismittel zu erheben und dem Antrag zu entnehmen ist, weshalb das bezeichnete Beweismittel die behauptete Tatsache belegen können soll. In dieser Legaldefinition werden verschiedene Kriterien zusammengefasst, die von der Rspr, zT nicht unumstritten (siehe 21a), entwickelt wurden. Die zu den Begriffsmerkmalen des Beweisantrags ergangene Judikatur kann daher grundsätzlich zur Auslegung der nunmehr gesetzlichen Tatbestandsmerkmale herangezogen werden. Allgemein folgen die inhaltlichen Anforderungen an den Beweisantrag aus der Notwendigkeit, dem Gericht eine sinnvolle Anwendung der Ablehnungsgründe der III-V zu ermöglichen (vgl BGH **37**, 162, 165; **39**, 251; **43**, 321; Rose NStZ **14**, 131; Widmaier NStZ **93**, 602; **94**, 248). Im Einzelnen:

19 B. **Ernsthaftes Verlangen:** Erforderlich ist ein ernsthaftes, unbedingtes oder an eine Bedingung geknüpftes Verlangen eines Prozessbeteiligten, über eine die Schuld- oder Rechtsfolgenfrage betreffende Behauptung durch bestimmte, nach der StPO zulässige Beweismittel Beweis zu erheben (BGH **1**, 29, 31; **6**, 128, 129; NStZ **81**, 361; StV **82**, 55; vgl auch § 219 I S 1). Dazu genügt nicht der Hinweis auf eine Beweismöglichkeit. Der Antragsteller muss vielmehr deutlich machen, dass er die Beweiserhebung verlangt und nicht in das gerichtliche Ermessen stellt. Um einen bloßen Beweisermittlungsantrag (siehe im Einzelnen 25) handelt es sich dagegen, wenn keine bestimmte Tatsache behauptet, sondern Beweis darüber verlangt wird, ob, warum, wann, wie, inwieweit (vgl BGH 4 StR 292/19 vom 15.8.

Hauptverhandlung § 244

2019) oder wo sie eingetreten ist (BGH 8, 76); jedoch muss dann zunächst klargestellt werden, ob es sich nicht nur um einen Formulierungsmangel handelt (Alsberg/Dallmeyer 103; erg unten 37, 38). Ein Antrag auf Ladung eines Zeugen vor das Prozessgericht (insbesondere eines Auslandszeugen, vgl unten 78a–78c) enthält aber stets auch jedes Weniger, also den Antrag auf audiovisuelle (§ 247a) oder kommissarische (§ 223) Vernehmung (BGH 45, 188, 190; Diemer Nehm-F S 263; Krekeler AnwBl 06, 596; zw BGH NStZ 08, 232: wohl ausdrücklicher Antrag erforderlich; dagegen Sättele StV 09, 456).

C. **Tatsache:** Der Antrag muss eine bestimmte Beweistatsache bezeichnen 20 (BGH 39, 251). Überspannte Anforderungen dürfen – namentlich beim Sachverständigenbeweis (BGH StV 19, 802) – nicht gestellt werden. Die Wiedergabe der Tatsache in ihren allgemeinen Umrissen genügt (vgl BGH MDR 76, 815 [H]). Die Beweistatsache kann sich auch schon aus den Umständen, unter denen der Beweisantrag gestellt ist, insbesondere den sonstigen Vorbringens des Ast, oder auch dem Akteninhalt ergeben (vgl BGH StV 19, 802; Köln StV 95, 293). Schlagwortartige Verkürzungen (Glaubwürdigkeit, Verwahrlosung von Zeugen, Ausfallerscheinungen beim Angeklagten, vgl BGH StraFo 11, 99; „angesichts des Tatgeschehens zu erwartende Verletzungsspuren", vgl auch BGH NStZ 19, 628 mit Anm Ventzke; siehe aber gegenteilig BGH 5 StR 524/18 vom 22.1.2019: „Großhandel") und einfache Rechtsbegriffe (Kauf, Miete, Anstiftung) können benutzt werden (BGH 1, 137; NStZ 08, 52; 14, 282; StV 10, 287), jedoch kann das Gericht verlangen, dass der Antragsteller die seiner Wertung zugrundeliegenden Tatsachen darlegt (BGH 37, 162; NStZ 91, 547; 12, 280). Die Beweistatsache muss **bestimmt behauptet** werden (vgl BGH NJW 95, 1501, 1503; 99, 2683, 2684); das gilt auch für die Tatsachen, die die Konnexität begründen sollen (BGH NJW 11, 1239; abl Habetha StV 11, 239; Ventzke NStZ 11, 301; krit auch Schneider NStZ 12, 169). Es darf zB nicht offen bleiben, an welchem Tag sich die Beweistatsache ereignet hat (Köln VR S 64, 279, 281). Nicht ausreichend ist auch die Behauptung, eine bestimmte psychische Störung sei „naheliegend" (vgl BGH 4 StR 292/19 vom 15.8.2019). Anträge auf **erneute Vernehmung eines Zeugen** sind nach Maßgabe des II zu beurteilen, wenn sie lediglich auf Wiederholung einer bereits durchgeführten Beweisaufnahme oder auf Feststellung von deren Inhalt gerichtet sind; anders verhält es sich, wenn der Ast neu hervorgetretene Tatsachen konkret vorträgt (siehe BGH StV 19, 808, dort auch zu den Rügeanforderungen in der Revision).

Negativtatsachen: Keine hinreichend bezeichnete Tatsache ist es idR, 20a behauptet wird, ein bestimmtes Ereignis habe nicht stattgefunden (BGH 39, 251, 254 mwN; vgl hierzu die abl Anm Hamm StV 93, 455 und die zust Anm Widmaier NStZ 93, 602; ferner BGH StV 96, 248; Bay NJW 96, 331; eingehend zum Ganzen Schneider Eisenberg-F S 616). Anders kann es aber bei einfach gelagerten Abläufen eines bestimmten Vorgangs sein (BGH NStZ 99, 362; NJW 03, 2761; StV 05, 115; Jena StV 05, 11), zB wenn eine Person habe in ihrer Anwesenheit angeblich geschehenes Ereignis *nicht* wahrgenommen und das Ereignis habe daher nicht stattgefunden, da die Person es nach den konkreten Umständen hätte bemerken müssen (BGH 52, 322). Vgl auch Niemöller StV 03, 687, 696: Die Behauptung muss so bestimmt sein wie die spiegelbildliche Positivbehauptung.

Von der Beweistatsache ist das **Beweisziel** zu unterscheiden (BGH NStZ 07, 20b 112; aM Herdegen NStZ 98, 449). Dies ist das Beweisergebnis, das sich der Antragsteller aus dem begehrten Beweis erhofft (BGH 39, 251; NStZ 95, 96; StV 05, 254; NStZ-RR 10, 181); ob das Beweisziel erreicht wird, hängt von den vom Gericht aus der Beweistatsache gezogenen Schlüssen ab. Der Angabe des Beweisziels bedarf es im Antrag nicht; es ist im Beweisantragsrecht nur insoweit von Bedeutung, als die für den Beweisantrag unabdingbare bestimmte Tatsachenbehauptung nicht durch die Angabe des Beweisziels ersetzt werden kann (Naumburg StV 12, 589). Wird lediglich ein Beweisziel benannt, liegt kein Beweisantrag vor (vgl BGH 4 StR 146/19 vom 12.9.2019; StV 19, 802; BayObLG StraFo 19, 516).

Schmitt

§ 244

20c **Bewertungen festgestellter Beweistatsachen** können nicht Gegenstand eines Beweisantrags sein (BGH NStZ **06**, 712 zur Verwertung einer „operativen Fallanalyse"; dazu a**M** Schiemann NStZ **07**, 686, dort auch zur Definition und zur forensischen Bedeutung dieser Methode: Vernehmung des „Fallanalytikers" als Sachverständiger). Mehrere in einem Antrag behauptete Tatsachen dürfen sich nicht widersprechen (BGH NStZ **98**, 209).

21 D. **Beweismittel:** Für die zu beweisende Tatsache muss ein bestimmtes Beweismittel angegeben werden. Im Beweisantrag ist der Zeuge grundsätzlich mit vollständigem Namen und genauer Anschrift zu benennen; nur wenn der Antragsteller hierzu nicht in der Lage ist, genügt es, im Einzelnen den Weg zu beschreiben, auf dem dies zuverlässig ermittelt werden kann (BGH NStZ **14**, 604). Bei der Benennung eines Zeugen ist aber der Vortrag derjenigen Tatsachen hinreichend, die es dem Gericht ermöglichen, ihn zu identifizieren und zu ermitteln (BGH NStZ **81**, 309; **95**, 246; **99**, 152; **09**, 649; StraFo **10**, 341; KG StV **93**, 349; Hamm StV **08**, 570; Köln StV **96**, 368; **02**, 355; **06**, 685). Ein Zeuge, der erst aus einem Personenkreis herausgefunden werden soll, ist aber noch nicht individualisiert (BGH **40**, 3). Beim Antrag auf Sachverständigenbeweis muss im Hinblick auf § 73 I kein bestimmter Sachverständiger bezeichnet werden (Celle MDR **59**, 950; Hamm MDR **76**, 338). Bei Urkunden muss das zu Beweiszwecken zu verwertende Dokument genau bezeichnet werden; so reicht etwa der Antrag auf Beiziehung von Akten nicht aus (BGH NStZ-RR **98**, 276; NStZ **99**, 371; Bamberg NStZ **18**, 235). Dies gilt ebenso für elektronische Dokumente; die Benennung einer elektronischen Akte oder eines Datenträgers genügt nicht (Weiß wistra **18**, 245, 251). Ein Beweismittelkreis kann benannt werden, wenn jedes einzelne Beweismittel Aufschlüsse zur Sache geben soll; andernfalls liegt ein Beweisermittlungsantrag vor (unten 25).

21a E. **Konnexität:** Das von der neueren Rspr des BGH entwickelte zusätzliche Merkmal der Konnexität ist durch das Gesetz zur Modernisierung des Strafverfahrens vom 10.12.2019 in die Legaldefinition des Beweisantrages in III S 1 aufgenommen worden (vgl BT-Drucks 532/19 S 34). Konstituierend für das Vorliegen eines Beweisantrags ist damit ein **Konnex** – also ein verbindender Zusammenhang – zwischen Beweistatsache und Beweismittel, damit das Tatgericht die Ablehnungsgründe der Bedeutungslosigkeit der Beweistatsache und völligen Ungeeignetheit des Beweismittels sinnvoll zu prüfen vermag (BT-Drucks 532/19 S 34; vgl dazu schon BGH **43**, 321, 329; **52**, 284; NStZ **98**, 97; NStZ **99**, 522; **00**, 437; **06**, 585; **14**, 282; Basdorf Widmaier-F S 53; Knauer StraFo **12**, 475; Senge NStZ **02**, 231; Schneider Eisenberg-F S 627; **abl** zur früheren Rspr Fahl 549; Habetha/Trüg 421; Trüg StraFo **10**, 143; Herdegen NStZ **99**, 180 und Gössel-F S 539; abl auch Fezer Meyer-Goßner-F S 629; Rose NStZ **14**, 134).

21b Indem die Konnexität nunmehr grundsätzlich bereits dem Beweisantrag zu entnehmen sein muss, wird dem Antragsteller eine **zusätzliche Darlegungslast** auferlegt. Dem Antrag muss nachvollziehbar zu entnehmen sein, weshalb das bezeichnete Beweismittel die behauptete Tatsache belegen können soll. Erforderlich, aber auch ausreichend ist etwa die Darlegung der Umstände, aus denen sich ergibt, warum es dem Zeugen möglich sein kann, die Beweistatsache zu bekunden (BGH NStZ **14**, 351 mit Anm Ferber) bzw weshalb die Auskunftsperson die in ihr Wissen gestellte Beobachtung aus eigener Wahrnehmung gemacht haben und darüber berichten kann (BGH NStZ-RR **01**, 43). Das dürfte wie auch schon nach der früheren Rspr nicht gelten, wenn sich der erforderliche Zusammenhang von selbst versteht, zB bei unmittelbaren Tatzeugen. Die Anforderungen an die Darlegung der Konnexität im Beweisantrag können allerdings auch erhöht sein, wenn sich eine aus dem Akteninhalt ergebende Verschriftlichung von Angaben des benannten Zeugen sowie seine etwaige dienstliche Erklärung auf der einen und die aufgestellte Beweisbehauptung auf der anderen Seite diametral entgegenstehen (BGH NStZ **17**, 100).

Ausführungen zur inhaltlichen Plausibilität der Beweisbehauptung können dagegen grundsätzlich vom Antragsteller nicht verlangt werden (BGH NStZ **13**, 476). **Zu weit** geht es, wenn die Rspr im Sinne einer „qualifizierten Konnexität" auch Ausführungen zur Eignung des Beweisbegehrens für die weitere Sachaufklärung auf der Grundlage der bisherigen Beweisaufnahme verlangt (BGH **52**, 284; abl auch LR-Becker 114; Beulke/Witzigmann StV **09**, 58; Eidam JR **08**, 520; Eisenberg ZI S **08**, 469; Jahn StV **09**, 664; Knauer StraFo **12**, 477; Schneider aaO 628; Sturm StraFo **09**, 410; Trüg StV **13**, 67; Ventzke StV **09**, 657; vgl ferner BGH NStZ **09**, 171: „sehr weitgehend"; zw auch BGH StraFo **10**, 152; NStZ **15**, 295). Würde man dies verallgemeinernd als konstituierend für das Vorliegen eines Beweisantrags erachten, müsste der Antragsteller plausibel machen, warum das von ihm benannte Beweismittel trotz ggf entgegenstehender bisheriger Beweisergebnisse die unter Beweis gestellte Behauptung belegen können soll. Insoweit besteht die Gefahr, dass durch erhöhte Anforderungen an die Darlegungslast im Sinne einer solchen „qualifizierten Konnexität" faktisch ein vom Gesetz sowie Sinn und Zweck des Beweisantragsrechts nicht vorgesehener Ablehnungsgrund des „Widerspruchs zur bisherigen Beweisaufnahme" legitimiert wird, der zudem dem Verbot der Beweisantizipation widerstreitet (vgl 86, 86a). Insoweit muss verhindert werden, dass sich die Tatgerichte qua eines weit verstandenen Konnexitätserfordernisses den formellen Anforderungen an die Ablehnung eines Beweisantrags nach den Absätzen III, IV und V entziehen.

21c

Das ist auch zu berücksichtigen, wenn es um sog **Beweisbehauptungen aufs Geratewohl** geht. Diesen fehlt es zwar nach der gesetzgeberischen Konzeption bereits an der gebotenen Ernsthaftigkeit des Verlangens (so ausdrücklich BT-Drucks 532/19 S 35). Sie wären danach von den Fällen fehlender Konnexität zu unterscheiden und würden so eine eigenständige und zusätzliche Fallgruppe möglicher Herabstufung formeller Beweisanträge zu lediglich nach den Grundsätzen der Amtsaufklärungspflicht zu beurteilenden Anträgen darstellen (vgl Claus NStZ **20**, 58, 60). Dabei bleibt allerdings unklar, worin der Unterschied zum nunmehr gesetzlich normierten Merkmal der Konnexität bestehen und wie eine praktisch handhabbare Abgrenzung erfolgen soll (soeben 21a). Dies gilt namentlich, soweit die Judikatur vom Ast nunmehr unter bestimmten Umständen „qualifizierte" Angaben in Relation zum bisherigen Ergebnis der Beweisaufnahme verlangt (dazu soeben 21c). Außerdem lässt sich mit Blick auf die Entwicklung der Rspr konstatieren, dass die Konnexität als dogmatischer Ansatz die frühere Judikatur zu „ins Blaue hinein" aufgestellten Beweisbehauptungen weitgehend substituiert hat (vgl LR-Becker 113). Mehr spricht deshalb dafür, „ins Blaue hinein" oder „aufs Geratewohl" gestellte Anträge als Evidenzfälle fehlender Konnexität zu werten (vgl KK-Krehl 84; dazu 21g, h).

21d

Bei der Annahme, ein Antrag sei evident „aufs Geratewohl" oder „ins Blaue hinein" gestellt worden, ist allerdings in jedem Fall **äußerste Zurückhaltung** geboten. Der Antragsteller muss die Wahrheit der behaupteten Tatsachen nicht versichern; er kann auch Beweis über Tatsachen verlangen, die er vermutet oder für möglich hält (BGH **21**, 118, 125; NJW **83**, 126; **87**, 2384; StV **03**, 369; NStZ **13**, 536; StraFo **18**, 434; KG StV **83**, 95; Köln NStZ **87**, 341). Dies gilt auch dann, wenn sie objektiv ungewöhnlich oder unwahrscheinlich erscheinen (BGH NStZ **08**, 474). Daran muss auch nach der Gesetzesnovelle festgehalten werden, wenn man das Beweisantragsrecht nicht in seiner Substanz aushöhlen will. Dass das Beweisbegehren dem bisherigen Ergebnis der Beweisaufnahme widerstreitet, ist dem Recht zur Stellung von Beweisanträgen immanent. Sinn und Zweck des Beweisantragsrechts besteht gerade darin, das Gericht, sofern keine gesetzlich normierten Ablehnungsgründe bestehen, dazu zu zwingen, die Beweisaufnahme über das von ihm nach Maßgabe der Aufklärungspflicht für erforderlich gehaltene auf alternative Geschehensabläufe zu erstrecken. Ein zu weit verstandenes Konnexitätserfordernis darf deshalb, gerade auch nicht qua Qualifizierung von Beweisbegehren als „ins Blaue hinein" gestellt, dazu führen, Beweisanträge, die im Widerspruch zur bisherigen Beweisaufnahme stehen, in den Bereich des Aufklärungsermessens zu verschieben.

21e

§ 244

21f Dass die Behauptung dem bisherigen Beweisergebnis widerspricht (BGH StV **93**, 3) oder dieses keine Anhaltspunkte für ihre Richtigkeit ergeben hat (BGH NStZ **02**, 383) macht den Beweisantrag deshalb nicht wegen fehlender Konnexität zum Beweisermittlungsantrag (siehe bereits BGH NJW **88**, 1859; NStZ **88**, 468; NStZ **93**, 247), ebenso wenig dass es – auch für den Antragsteller – zweifelhaft ist, ob sich die benannten Zeugen an die Beweistatsache erinnern (zusammenfassend zum Ganzen BGH NStZ **13**, 476; KG NStZ **15**, 419; Hamburg StV **99**, 81; krit Ventzke StV **09**, 655; unzutr KG StV **15**, 103 mit abl Anm Trüg).

21g Wie bereits angedeutet kommt lediglich in **Evidenzfällen**, bei denen Anhaltspunkte für die unter Beweisgestellte Tatsache **offensichtlich fehlen**, ausnahmsweise die Annahme eines Beweisermittlungsantrags (unten 25) in Betracht (zur früheren Rspr siehe BGH NStZ **92**, 397; StV **97**, 567; Köln StV **99**, 83; OLGSt Nr 10; zw BGH StraFo **07**, 509; **10**, 466; NJW **11**, 1239, 1240; **aM** Habetha StV **11**, 242; Herdegen NStZ **99**, 178; Trüg StraFo **10**, 142; vgl auch BGH 1 StR 88/18 vom 6.4.2018; NJW **83**, 126; **87**, 2384), der nach den Maßstäben der Aufklärungspflicht zu beurteilen ist (BGH NStZ **13**, 476). Damit verengt sich der Anwendungsbereich bei im Widerspruch zur bisherigen Beweisaufnahme stehenden Beweisbegehren auf ersichtlich „aus der Luft gegriffene" Beweisbehauptungen, bei denen die Beweisbehauptung als offensichtlich unhaltbar und hochgradig unwahrscheinlich darstellt (vgl BGH NStZ **08**, 474; **13**, 476; Schneider ZRP **19**, 126, 128). Ob ein Beweisantrag in diesem Sinne aufs Geratewohl gestellt ist, ist aus der Sicht eines verständigen Antragstellers auf der Grundlage der von ihm selbst nicht in Frage gestellten Tatsachen zu beurteilen (BGH NStZ **89**, 334; **03**, 497; **06**, 405; **09**, 226; Köln VR S **81**, 285). Mit dieser Begründung darf der Antrag aber nur abgelehnt werden, wenn der Antragsteller bei einer solchen Sachlage auf Befragen keine plausible Antwort über seine Wissensquellen oder die Gründe für seine Vermutung geben kann (BGH StV **85**, 311; Köln NStZ **08**, 584).

21h Trotz aller Definitionsversuche wird eine **trennscharfe Abgrenzung** zwischen zulässigerweise vermuteten oder für möglich gehaltenen und lediglich ins Blaue hinein behaupteten Tatsachen allerdings **kaum möglich** sein (so zutr Stellungnahme Strafverteidigervereinigungen zum Referentenentwurf S 7), und in hohem Maße von der subjektiven Einschätzung des Gerichts abhängen. Es ist deshalb erforderlich, dass der ggf ablehnende Beschluss die zugrunde liegenden Erwägungen im Einzelnen darlegt, um eine rechtliche Prüfung des Revisionsgerichts zu ermöglichen; dies erfordert einen hohen argumentativen Aufwand des Tatgerichts (vgl dazu schon BGH NStZ **04**, 51).

21i F. Zur Behandlung von Anträgen, die zum Zwecke der **Prozessverschleppung** gestellt wurden, siehe VI S 2 (92–93h).

22 **4) Bedingte Beweisanträge; Hilfsbeweisanträge; Eventualbeweisanträge:** Ein Beweisantrag kann unter der Bedingung gestellt werden, dass eine bestimmte Prozesslage eintritt (Schlothauer StV **88**, 548), dass ein anderer Beteiligter bestimmte Anträge stellt oder nicht stellt, dass das Gericht zu einer bestimmten Auffassung gelangt (Michalke StV **90**, 185), etwa einen Zeugen für glaubwürdig (BGH NStZ **89**, 191) oder für unglaubwürdig hält oder dessen früher gemachte Angaben für erwiesen erachtet (Zweibrücken StV **95**, 347), oder dass es eine bestimmte Entscheidung trifft (BGH **29**, 396), etwa einen anderen Antrag ablehnt, einem Antrag des Prozessgegners stattgibt oder einen bestimmten Zeugen vereidigt (SSW-Sättele 134). Über einen solchen Antrag ist nur zu entscheiden, wenn die Bedingung eintritt.

22a Demgegenüber wird der **Hilfsbeweisantrag** von der Entscheidung über einen (unbedingt gestellten) verfahrensabschließenden Hauptantrag abhängig gemacht (Michalke aaO), insbesondere, aber nicht notwendig, von der Freisprechung oder der Verurteilung des Angeklagten zu einer bestimmten Rechtsfolge (Schlothauer aaO 543). Solche Anträge sind grundsätzlich zulässig; unzulässig ist jedoch ein Hilfsbeweisantrag, der sich nach der zu beweisenden Behauptung gegen den Schuldspruch richtet, aber nur für den Fall einer bestimmten Rechtsfolgentscheidung als gestellt gelten soll (BGH **40**, 287; NStZ **95**, 246; NStZ-RR **98**, 50; vgl aber andererseits BGH NStZ **98**, 209). Anträge im Schlussvortrag sind im Zweifel Hilfsbeweisanträge (BGH MDR **51**, 275 [D]; Hamm GA **72**, 59; VR S **38**, 293; Karlsruhe MDR **66**, 948). Die verfahrensrechtliche Besonderheit von Hilfsanträgen liegt darin, dass sie grundsätzlich erst in den Urteilsgründen beschieden werden müssen (BGHR § 244 VI Hilfsbeweisantrag 6; siehe aber auch nun zu VI S 3 unten 94 ff).

Das gilt auch für einen **Eventualbeweisantrag**, der irreführend teilw dem Hilfsbeweisantrag (Hamm Peters-FG 173; Michalke aaO), teilw dem bedingten Beweisantrag (Schlothauer aaO 546) gleichgesetzt wird. Es handelt sich dabei um eine Kombination von bedingtem Beweisantrag (oben 22) und Hilfsbeweisantrag (oben 22a), nämlich um einen bedingten Beweisantrag, der im Schlussvortrag als Hilfsantrag gestellt wird (BGH StV **90**, 149; ähnlich Niemöller JZ **92**, 885; vgl aber auch Widmaier Salger-F S 422 mit anderen Abgrenzungen). 22b

Zur **Entscheidung** über Hilfs- und Eventualbeweisanträge **im Urteil** siehe 90a. 22c

5) Beweisanregungen unterscheiden sich von den Beweisanträgen dadurch, 23 dass eine Beweiserhebung in das Ermessen des Gerichts gestellt wird, weil der Antragsteller einen Beweisantrag nicht stellen will oder aus tatsächlichen oder rechtlichen Gründen nicht stellen kann. Das Gericht entscheidet über solche Anregungen im Rahmen seiner Aufklärungspflicht nach II (BGH **6**, 128; **30**, 131, 142; NJW **68**, 1293; NStZ **81**, 309; Koblenz VR S **65**, 441, 443).

A. Das **Beweiserbieten** ist der Hinweis auf die Möglichkeit einer Beweiserhebung, die der Prozessbeteiligte dem Gericht für den Fall anheimstellt, dass die Aufklärungspflicht zu ihr zwingt (BGH VR S **41**, 203, 206). Die Auslegung der Erklärung wird meist ergeben, dass in Wahrheit ein Beweisantrag vorliegt. 24

B. **Beweisermittlungsanträge** (vgl Bergmann MDR **80**, 987; Schulz 25 NStZ **91**, 449) dienen der Vorbereitung von Beweisanträgen, die der Antragsteller noch nicht stellen kann, weil er die Beweistatsache nicht kennt oder das Beweismittel nicht bestimmt bezeichnen kann (vgl BGH **30**, 131, 142; GA **81**, 228; StV **83**, 185). Es geht ihm zunächst nur um das Auffinden brauchbaren Verteidigungsmaterials. Solche Anträge sind stets zulässig. Beweisermittlungsanträge sind zB Anträge auf Sachverständigengutachten mit unbestimmtem Ausgang (BGH NStZ **85**, 205 [Pf/M]: Untersuchung auf den Geisteszustand; Köln NStZ **87**, 341: Verwechslung einer Blutprobe) oder auf Augenscheineinnahmen, deren Ergebnis ungewiss ist (KG JR **54**, 272; Koblenz VR S **49**, 40). Ein Antrag, durch Nachforschungen geeignete Beweismittel aufzufinden (vgl BGH MDR **60**, 329), liegt zB vor, wenn Zeugen nur unbestimmt bezeichnet werden können (Saarbrücken VR S **49**, 45: Zeuge NN aus der Nachbarschaft), insbesondere aber, wenn erst aus einer Vielzahl gleichartiger Beweismittel diejenige ermittelt werden soll, das die Beweisbehauptung bestätigen kann. Das ist der Fall bei der Benennung eines Kreises von Zeugen (BGH NStZ **83**, 210 [Pf/M]; StV **96**, 581) oder einer Urkundensammlung (BGH **6**, 128; **18**, 347; **30**, 131, 142) oder bei dem Antrag auf Beiziehung von Akten, denn insoweit ist für einen Beweisantrag die genaue Kennzeichnung des zu Beweiszwecken zu verwertenden Dokuments erforderlich (BGH NStZ-RR **98**, 276; NStZ **99**, 371; Bamberg NStZ **18**, 235). Beweisermittlungsanträge iw S sind Anträge, mit denen das Gericht zu Maßnahmen, wie der Aussetzung des Hauptverfahrens, der Zurverfügungstellung von Akten uä, veranlasst werden soll, die der Antragsteller zur Gewinnung von Beweismaterial benutzen will (BGH NStZ **97**, 562: Beiziehung von „Krankenunterlagen").

C. **Beweisanregungen ie S** sind Anträge, die aus Rechtsgründen nicht als Be- 26 weisanträge gestellt werden können, weil sie nicht den Umfang, sondern nur die Art und Weise der Beweisaufnahme betreffen, die durch Beweisanträge nicht beeinflusst werden kann. Dazu gehören Anträge auf Gegenüberstellungen (BGH NJW **60**, 2156; NStZ **81**, 96 [Pf/M]; **88**, 420, 421), auch wenn die Zeugenvernehmung im Ausland stattfindet (BGH NStZ **92**, 394), auf Wiederholung einer

Beweiserhebung zu derselben Beweisfrage (BGH **14**, 21, 22; NStZ **83**, 375; **88**, 18 [Pf/M]; NStZ-RR **02**, 258 [B]; StV **91**, 2; **01**, 98; anders aber bei Vernehmung zu einer neuen Behauptung: BGH StV **95**, 566), wozu nicht die Vernehmung eines Zeugen rechnet, der bisher nur als Mitbeschuldigter vernommen worden ist (BGH NJW **85**, 76; NStZ **81**, 487; **83**, 468; StV **84**, 498), sowie Anträge auf Vornahme von Versuchen und Experimenten (BGH NJW **61**, 1486; NStZ **87**, 218 [Pf/M]; VR S **28**, 190) und auf Unterbringung zur Beobachtung nach § 81 (dort 3).

27   D. **Verfahrensrechtliche Besonderheiten:** Beweisanregungen sind, mit Ausnahme der Beweiserbieten (oben 24), in das Sitzungsprotokoll aufzunehmen (Nürnberg MDR **84**, 74). Die Ablehnung des Antrags erfordert keinen Gerichtsbeschluss (BGH **6**, 128; MDR **80**, 987 [H]; NStZ **82**, 296; **477**; Düsseldorf VR S **64**, 216, 219). Ausreichend, aber auch erforderlich ist die Ablehnung durch den Vorsitzenden (BGH NStZ **08**, 109; **09**, 401; Mosbacher Miebach-F S 23); die Anrufung des Gerichts nach § 238 II ist zulässig (BGH aaO 131). Dass sich die Ablehnung „mit den Für und Gegen eine Beweistätigkeit des Gerichts sprechenden Umständen auseinandersetzen müsse" (so Herdegen Meyer-GedSchr 196), verlangt die Rspr aber nicht. Ihre Ablehnung kann nur unter Aufklärungsgesichtspunkten gerügt werden (vgl BGH **30**, 131; Bamberg NStZ **18**, 235 mwN; erg 101 ff).

28   **6) Stellung von Beweisanträgen:**
29   A. **Antragsrecht:** Das Beweisantragsrecht folgt aus dem Anspruch auf rechtliches Gehör nach Art 103 I GG (BVerfGE **46**, 315, 319; **50**, 32; **65**, 305; erg Einl 28). Das Gericht muss den Antrag entgegennehmen und prozessordnungsgemäß bescheiden. Auch bei offensichtlichem Missbrauch des Beweisantragsrechts darf die Annahme des Antrags nicht abgelehnt (BGH JR **80**, 218) und der Antrag nicht ohne inhaltliche Prüfung als unzulässig zurückgewiesen werden (BGH **29**, 149; vgl auch BGH NStZ **86**, 371).

30   **Berechtigt zur Antragstellung** (allg Alsberg/Güntge 690 ff) sind der StA, der Anträge zur Be- und Entlastung und, unabhängig von diesen Gesichtspunkten, zur Sachaufklärung stellen kann (BGH NJW **52**, 273), der Privatkläger (vgl aber 14 zu § 384), der Nebenkläger (§ 397 I S 3) im Rahmen seiner Anschlussberechtigung (Gollwitzer Schäfer-F S 67 ff), der Antragsteller im Anhangverfahren nach §§ 403 ff, soweit seine vermögensrechtlichen Ansprüche betroffen sind (BGH NJW **56**, 1767), der Nebenbetroffene, sofern der Beweisantrag nicht die Schuldfrage betrifft (§§ 438 III, 430 II; BGH StV **19**, 804). Angeklagte können Beweisanträge selbst bei Geschäftsunfähigkeit stellen, auch im Widerspruch zu ihrer bisherigen Einlassung (BGH MDR **77**, 461 [H]), Nebenbeteiligte nach §§ 433 I S 1, 440 III, 442, 444 II S 2 mit der sich aus § 436 II ergebenden Einschränkung. Der Verteidiger, auch der Pflichtverteidiger, hat ein selbstständiges Antragsrecht (BGH NJW **53**, 1314; **69**, 281), das vom Willen des Angeklagten unabhängig ist (BGH NStZ **09**, 581; Hamm VR S **42**, 115, 117; Köln VR S **24**, 217; Schlothauer Beulke-F S 1029; Einl 84); die Anträge können auch im Widerspruch zur Einlassung des Angeklagten (BGH **21**, 118, 124; Köln VR S **17**, 140) und sogar zu seinem Geständnis stehen. Antragsberechtigt sind ferner Erziehungsberechtigte und gesetzliche Vertreter (§ 67 I **JGG**) und Beistände nach § 69 **JGG**, nicht aber nach § 149 (BGH MDR **78**, 626 [H]), auch nicht der nach § 407 I **AO** teilnahmeberechtigte Finanzamtsvertreter.

31   **Gemeinsame Antragstellung** mehrerer Berechtigter ist zulässig, auch von Prozessgegnern, sofern sie mit der Beweisführung nicht entgegengesetzte Interessen verfolgen. Möglich ist auch der Anschluss an den Antrag eines anderen Beteiligten, selbst stillschweigend. Eine gemeinschaftliche Antragstellung oder ein stillschweigender Anschluss erwächst aus der „Verbundenheit der Interessen" mehrerer Prozessbeteiligter (BGH **32**, 10, 12; NStZ **81**, 96 [Pf] **84**, 42; VR S **28**, 378, 380); entscheidend ist die „Konkordanz des Verteidigungsvorbringens" (KK-Krehl 98). In einem solchen Fall ist auch der Beteiligte, der sich dem Antrag nicht ausdrücklich angeschlossen hat, rügeberechtigt (unten 105).

B. Form: Beweisanträge müssen in der Hauptverhandlung (33 f) und mündlich **32** (vgl aber § 257a) gestellt werden. Die Vorlegung schriftlicher Anträge kann den mündlichen Vortrag nicht ersetzen (Frankfurt NStZ-RR **98**, 210; Alsberg/Güntge 724). Der Vorsitzende muss daher ggf auf die Verlesung hinwirken (LR-Becker 126) oder sie selbst vornehmen. Üblicherweise überreicht der Antragsteller von sich aus einen Schriftsatz und verliest ihn (Hamm JMBlNW **70**, 251). Sonst kann der Vorsitzende um schriftliche Niederlegung ersuchen; der Antragsteller muss dem aber nicht nachkommen (Bay DAR **79**, 240 [R]; Hamm aaO). Einen Anspruch darauf, einen Beweisantrag in das Sitzungsprotokoll zu diktieren, haben die Prozessbeteiligten nicht (Hamm JMBlNW **70**, 251; Köln VR S **70**, 370).

C. Zeitpunkt: Beweisanträge sind bis zum Beginn der Urteilsverkündung zu- **33** lässig (BGH **16**, 389, 391; **21**, 118, 124; NStZ **82**, 41; Köln VR S **64**, 279; erg 1 zu § 246), auch im Verkündungstermin (BGH NStZ **81**, 311; **05**, 395; KG StV **91**, 59). Dies gilt nach wie vor auch, wenn der Antrag nach Ablauf einer nach VI S 3 gestellten Frist ohne hinreichenden Grund gestellt wird; in diesem Fall erlaubt die Fristversäumnis lediglich eine Bescheidung des Antrags im Urteil.

Sogar **nachdem** das **Gericht zur Urteilsverkündung im Sitzungssaal er- 34 schienen** ist, können noch Anträge gestellt werden (RG **66**, 88; Schleswig SchlHA **76**, 171 [E/J]). Lehnt der Vorsitzende die Entgegennahme des Antrags ab, gilt § 238 II (BGH NStZ **92**, 346; erg 13 zu § 238), es sei denn, der Vorsitzende lässt den Antragsteller überhaupt nicht zu Wort kommen (BGH NStZ **92**, 248; **07**, 112). Nach Beginn der Urteilsverkündung bis zum Schluss der mündlichen Begründung (BGH **25**, 333, 335) steht es im Ermessen des Vorsitzenden, ob weitere Anträge entgegengenommen werden (BGH MDR **75**, 24 [D]; NStZ **86**, 182; VR S **36**, 368; Neustadt NJW **62**, 1632); er braucht seine ablehnende Entscheidung nicht zu begründen (BGH NStZ **86**, 182). Die Anrufung des Gerichts nach § 238 II ist jetzt ausgeschlossen (BGH MDR **75**, 24 [D]; erg 4 zu 268). Maßgebend ist die Aufklärungspflicht nach II (BGH aaO; Saarbrücken OLGSt § 244 II S 45; Scheffler aaO). Wenn aber die Urteilsbegründung zur Entgegennahme des Antrags unterbrochen worden ist, gelten III–V (BGH StV **85**, 398).

Vor der Hauptverhandlung gestellte Anträge müssen in der Hauptverhand- **35** lung wiederholt werden (RG **73**, 193), sofern nicht unzulässigerweise die Wahrunterstellung zugesagt worden ist (8 zu § 201; 5 zu § 219). Das Übergehen eines außerhalb der Hauptverhandlung gestellten Beweisantrags kann uU die Verletzung der Aufklärungspflicht [oben 10] begründen (BGH NStZ-RR **02**, 68 [B]); StV **17**, 502; KG NStZ **19**, 488). Die Wiederholung ist **auch nach Aussetzung** (nicht bei bloßer Unterbrechung nach § 229) der Hauptverhandlung (Bay DAR **64**, 242 [R]) und nach Zurückverweisung durch das Revisionsgericht erforderlich.

Anträge, die **der vom Erscheinen entbundene Angeklagte** bei seiner Ver- **36** nehmung nach § 233 II S 1 gestellt hat, gelten als in der Hauptverhandlung gestellt (RG **40**, 354, 356; Bay **55**, 267), auch wenn dort ein Verteidiger mitwirkt (LR-Becker 31 zu § 233). Über schriftliche Anträge des vom Erscheinen Entbundenen vor der Hauptverhandlung wird dagegen nur nach § 219 entschieden (Bay aaO).

D. Das Gericht hat die Pflicht, die Prozessbeteiligten **zur Stellung sachdienli- 37 cher Anträge zu veranlassen** und bei der Stellung ihrer Beweisanträge zu unterstützen (BGH **22**, 118, 122); dies folgt aus II sowie aus seiner Fürsorgepflicht (Einl 155 ff). Erkennbare Missverständnisse sind durch entspr Hinweise auszuräumen (BGH NStZ **93**, 228 [K]; **94**, 463). Auf die mündliche Wiedergabe schriftlich gestellter Anträge (oben 32) und auf die Vervollständigung unzulänglicher Beweisanträge muss hingewirkt werden (BGH StV **81**, 330; **96**, 362), sofern das nicht von vornherein zwecklos erscheint (RG **51**, 42; Bergmann MDR **76**, 889).

Eine Fragepflicht besteht vor allem, wenn der Sachverhalt die Vermutung **38** nahelegt, dass der Antragsteller den Antrag aus Ungeschick, ungenügender Überlegung, infolge eines Versehens oder aus ähnlichen Gründen nicht so genau und vollständig gefasst hat, wie er dazu an sich in der Lage wäre (BGH NStZ **85**, 205 [Pf/M]; NStZ **95**, 356), insbesondere, wenn er die Beweistatsachen nicht (BGH GA **60**, 315) oder nicht bestimmt genug (BGH NStZ **14**, 419) oder nicht deutlich genug angibt (BGH **19**, 24, 25; Bay VR S **59**, 266; Köln VR S **64**, 279) und wenn das Ziel des Antrags nicht erkennbar (BGH **1**, 137, 138; NJW **59**, 396) oder das Beweismittel nicht ausreichend bezeichnet ist (Saarbrücken VR S **38**, 59). Das gilt für Hilfs- und Eventualbeweisanträge (oben 22a, 22b) genauso (**aM** Fahl 596; offen gelassen in BGH NStZ **94**, 583, 584 R; § 244 VI Hilfsbeweisantrag 6). Diese Pflichten bestehen auch gegenüber StA, Privat- und Nebenkläger sowie Verteidiger (BGH **22**, 118, 122; vgl auch BGH **19**, 24, 25; Hamm VR S **40**, 205). Zur ausnahmsweisen Pflicht des Antragstellers, ein erkennbares Missverständnis des Gerichts auszuräumen, siehe 83a.

39   E. **Protokollierung:** Nach § 273 I muss der Beweisantrag, auch der Hilfsantrag (BGH MDR **68**, 552 [D]; **75**, 468 [D]), nicht aber eine mündliche Begründung, die der Antragsteller dem Antrag hinzufügt (Nürnberg MDR **84**, 74), im Protokoll beurkundet werden (10 zu § 273). Es muss den Antragsteller und den Inhalt des Antrags ausweisen (BGH GA **60**, 315). War der Antrag aus einem dem Gericht überreichten Schriftsatz verlesen worden, so genügt in der Sitzungsniederschrift die Bezugnahme auf das als Anlage zum Protokoll genommene Schriftstück.

40   F. **Zurücknahme und Verzicht:**
41   Zulässig sind die Zurücknahme des Beweisantrags und der Verzicht (vgl Alsberg/Güntge 753 ff) auf die bereits beschlossene Beweiserhebung, solange das Beweismittel nicht im Sitzungssaal präsent ist; dann gilt § 245 I S 2. Die Zurücknahme muss eindeutig erklärt werden (BGH MDR **71**, 18 [D]; Koblenz wistra **84**, 122); eine schlüssige Handlung kann aber genügen (BGH NStZ **93**, 28 [K]). Sie liegt idR nicht in der Erklärung des Antragstellers, er stelle keine weiteren Beweisanträge (BGH aaO; NStZ **83**, 212 [Pf/M]; StV **87**, 189), er verzichte auf eine weitere Beweisaufnahme, er sei mit dem Schluss der Beweisaufnahme einverstanden (BGH StV **03**, 318; Düsseldorf StV **01**, 104 mwN). Kein Verzicht bedeutet das Unterlassen der Wiederholung eines versehentlich nicht beschiedenen Antrags (vgl jedoch Hamm JR **71**, 516). Ein Verzicht kann aber angenommen werden, wenn der Antragsteller auf den Antrag nicht mehr zurückkommt, nachdem ein Beweis erhoben worden ist, den er als gleichwertig ansehen kann (BGH MDR **57**, 268 [D]), oder wenn von 8 Zeugen, deren Vernehmung zum selben Beweisthema er beantragt hatte, 5 erschienen sind und die Beweistatsache nicht bestätigt haben (KG StV **87**, 80). Die Zurücknahme kann auf einen Teil des Antrags beschränkt (BGH aaO; RG **75**, 165, 168), aber nicht unter einer Bedingung erklärt werden.
42   Die Rücknahme **wirkt nur** gegen den Beteiligten, der sie erklärt, nicht gegen einen anderen, der sich dem Antrag angeschlossen hatte. Die Erklärung ist unwiderruflich (Einl 116), hindert aber nicht die erneute Stellung des Antrags. Zurücknahme und Verzicht müssen nach § 273 I im Sitzungsprotokoll beurkundet werden (BGH StV **83**, 319). Wurde der Antrag wegen einer vom Gericht angekündigten Entscheidung zurückgenommen, muss das Gericht bei Änderung seiner Rechtsansicht einen entspr Hinweis erteilen (BGH NStZ **06**, 55).

43   **7) Anordnung der beantragten Beweiserhebung:**
44   A. **Entscheidungsbefugnis des Vorsitzenden:** Die beantragte Beweisaufnahme kann der Vorsitzende nach § 238 I anordnen (BGH NStZ **82**, 432; KMR-Paulus 406), sofern nicht eine Aussetzung oder Unterbrechung der Verhandlung erforderlich ist (§ 228 I S 1).
45   B. **Rechtsbehelf:** Gegen seine Anordnung, die nicht begründet zu werden braucht (KK-Krehl 115), kann nach § 238 II das Gericht angerufen werden, auch wenn nur die Notwendigkeit und Sachdienlichkeit der Beweiserhebung bestritten wird (vgl Erker 96 ff).
46   C. **Austausch des benannten Beweismittels**: Ein Austausch des benannten Beweismittels (allg dazu Schulz StV **83**, 341) ist beim Antrag auf Beweis durch

Hauptverhandlung § 244

Sachverständigen (§ 73 I S 1) und Augenschein (V) zulässig (zur Ersetzung des Augenscheins durch Urkundenbeweis vgl BGH **27**, 135). Sonst gilt der Grundsatz, dass das Gericht stets ein besseres oder gleichwertiges Beweismittel benutzen darf (BGH **22**, 347; BGH NJW **83**, 126; Köln NStZ **87**, 341; StV **99**, 83 mit abl Anm Julius; **aM** LR-Becker 145; Hanack JZ **72**, 114; Schulz StV **83**, 345; vgl auch Köln OLGSt Nr 10), beim Zeugenbeweis aber nur, wenn der Zeuge nicht über ein eigenes Erlebnis, sondern über Feststellungen Auskunft geben soll, die von subjektiven Vorstellungen und der eigenen Beobachtungsgabe unabhängig sind (BGH aaO; Köln aaO; vgl auch BGH NJW **11**, 1299, 1300; Schulz StV **83**, 437), der Urkundenbeweis also das bessere Beweismittel ist (BGH NStZ **08**, 529). BGH NJW **14**, 1025 neigt dazu, diese Rspr auch anzuwenden, wenn das Gericht die zu beweisende Tatsache auf die Einlassung des Angeklagten stützt.

8) Ablehnung von Beweisanträgen (III S 2, 3, IV, V): Die nach früherer 47 Rechtslage in III S 1 und S 2 enthaltenen Ablehnungsgründe wurden durch das Gesetz zur Modernisierung des Strafverfahrens vom 10.12.2019 (BGBl I 2121, 2122) neu geordnet. Die Unzulässigkeit der Beweiserhebung ist jetzt in S 2 erfasst, die früher in S 3 enthaltenenAblehnungsgründe sind – mit Ausnahme der Prozessverschleppungsabsicht (dazu VI S 2, 92-93h) nunmehr in S 3 enumerativ aufgeführt. Die Absätze IV und V blieben unverändert.

A. **Unzulässigkeit (III S 2):** Zu unterscheiden ist die Unzulässigkeit des Be- 48 weisantrags von der der Beweiserhebung. Unzulässige Anträge sind zB Anträge von nichtberechtigten Antragstellern (oben 30) oder die sachwidrige Verknüpfung einer Frage des Schuldspruchs mit einem Aspekt der Strafzumessung (BGH 3 StR 325/17 vom 7.9.2017 mwN; Antrag auf Einholung eines psychiatrischen Gutachtens, falls das Tatgericht beabsichtigt, den Angeklagten zu einer nicht mehr bewährungsfähigen Freiheitsstrafe zu verurteilen). Unzulässige „Ausforschungsbeweisanträge" gibt es nicht (**aM** BGH DAR **76**, 95 [Sp]; **80**, 205 [Sp]; Schleswig SchlHA **77**, 181 [E/J]); sie sind zulässige Beweisermittlungsanträge (oben 25).

Der **zwingende Ablehnungsgrund des III S 2** betrifft nur Anträge auf unzu- 49 lässige Beweiserhebungen. Der Begriff ist ebenso auszulegen wie in § 245 I S 1, II S 2 (dort 7, 23). Unzulässig ist zB die Beweiserhebung mit der StPO nicht zugelassenen Beweismitteln (Mitangeklagte, Privatkläger, erfolgreich abgelehnte Sachverständige) und über Themen, die nicht Gegenstand einer Beweisaufnahme sein können (BGH 3 StR 63/10 vom 29.4.2010; Alsberg/Güntge 791 ff). Hierher gehören Wahrnehmungen der erkennenden Richter oder sonstiger Verfahrensbeteiligter in der laufenden Verhandlung (BGHR Unzulässigkeit 4, 7, 9, 10 und 12; BGH NStZ **95**, 219 [K]; StV **04**, 355; erg 20 zu § 22); soweit sich ein Richter dazu in einer dienstlichen Erklärung geäußert hat, darf die Äußerung im Rahmen der Beweiswürdigung im Urteil nicht verwertet werden (BGH **47**, 270). Mitschriften, die ein nunmehr als Zeuge vernommener Richter in einer früheren Hauptverhandlung als erkennender Richter angefertigt hat, sind einer Beweisaufnahme nicht zugänglich (BGH **54**, 37). Auch Mitteilungen des Angeklagten an seinen amtierenden Verteidiger vor der Hauptverhandlung können grundsätzlich nicht Gegenstand der Beweisaufnahme sein (so zwar im Ergebnis zutr BGH StV **08**, 284 mit abl Anm Beulke/Ruhmannseder, die aber zu Recht die Begründung – Schutz des Verteidigungsverhältnisses – beanstanden, so auch BGH StV **10**, 287; krit auch Bosbach StraFo **11**, 172). Unzulässig ist auch die Beweiserhebung über Bestand und Auslegung des inländischen Rechts und seine Anwendung auf den Entscheidungsfall (BGH NJW **68**, 1293; KG VR S **17**, 358; Hamm VR S **11**, 59; KK-Krehl 3; **aM** LR-Krause 12 vor § 72), die schuldangemessene Höhe der Strafe (BGH **25**, 207), die günstige Sozialprognose nach § 56 I StGB, soweit eine solche lediglich behauptet wird, nicht jedoch, wenn hierzu konkret Tatsachen vorgetragen werden, wobei eine Beweiserhebung allerdings idR wegen eigener Sachkunde des Gerichts [unten 73] wird abgelehnt werden können (Bay JR **03**, 294). Gleiches gilt für die Frage, ob die Verteidigung der Rechtsordnung der Strafaussetzung nach § 56 III StGB entgegensteht (Celle JR **80**, 256). Der BGH (StV **91**, 99; **04**, 355;

Schmitt 1147

ebenso LR-Becker 199) hat in der Vergangenheit unter bestimmten Umständen auch einen zu verfahrensfremden Zwecken gestellten Beweisantrag für unzulässig gehalten; aber eine Beweiserhebung dazu wäre nicht verboten, vielmehr käme nach neuer Rechtslage eine Verfahrensweise nach VI S 2 in Betracht, dh der betreffende Antrag bedürfte keiner Ablehnung durch Gerichtsbeschluss (siehe 92 ff).

49a **Hauptsächlich kommt die Ablehnung nach III S 2 in Betracht,** wenn ein Beweisthema- oder Beweismittelverbot (Einl 51 ff) besteht. Das Beweisthema unterliegt zB einem Beweisverbot, wenn in dem anhängigen Verfahren insoweit schon eine Bindungswirkung eingetreten ist (Einl 187; 5 ff zu § 327; 20 zu § 353) oder wenn die Beweistatsache wegen Geheimhaltungsbedürftigkeit nicht aufgeklärt werden darf (vgl zB § 43 **DRiG**). Beweismittelverbote bestehen in den Fällen der §§ 52 (dort 2, 24), 53 (dort 1), §§ 53a, 54 (dort 25), §§ 81c, 96, 250 (dort 9 ff), § 252 (dort 12 ff); **nicht aber** in den Fällen des § 53 I Nr 3 allein wegen einer vom Berechtigten verweigerten Schweigepflichtentbindung (19a, 45 zu § 53). Ferner ist die Beweiserhebung unzulässig, wenn der Beweis durch verbotene Methoden (§§ 136a, 69 III), durch Unterlassen gesetzlich vorgeschriebener Belehrungen (§§ 52 III S 1, 81c III S 2 Hs 2) oder durch andere Verstöße gegen gesetzliche Vorschriften erlangt worden ist. Ist der Schuldspruch rechtskräftig, sind Beweisanträge, die auf Feststellung der Unschuld oder der Schuldunfähigkeit des Angeklagten gerichtet sind, unzulässig (BGH **44**, 119; erg 21 zu § 353). Wegen der verfassungsrechtlichen Beweisverbote vgl Einl 56. Zu den Vortragspflichten in der Revision siehe 106 sowie BGH NStZ-RR **19**, 26.

50 **B. Offenkundigkeit (III S 3 Nr 1)** der Beweistatsache oder ihres Gegenteils (BGH **6**, 292, 296; Bay **66**, 4; Bamberg NStZ **15**, 235; Hamburg NJW **68**, 2303) macht die Beweiserhebung überflüssig. Offenkundigkeit ist der Oberbegriff für Allgemein- und Gerichtskundigkeit. Zur Pflicht des Gerichts, offenkundige Tatsachen in der Hauptverhandlung zu erörtern, vgl oben 3 sowie BGH 3 StR 508/17 vom 17.5.2018, zur Protokollierungspflicht vgl 7 aE zu § 273, zur Beachtung bei der Beweiswürdigung Hamm NStZ-RR **14**, 250.

51 **Allgemeinkundig** sind Tatsachen und Erfahrungssätze, von denen verständige und erfahrene Menschen regelmäßig ohne weiteres Kenntnis haben oder über die sie sich aus allgemein zugänglichen zuverlässigen Quellen unschwer unterrichten können (BVerfGE **10**, 177, 183; BVerwG NVwZ **83**, 99; KG NJW **72**, 1909), und zwar ohne besondere Fachkenntnisse (BGH **6**, 292, 293; **26**, 56, 59; DAR **81**, 199 [Sp]; VR S **58**, 374). Die Allgemeinkundigkeit kann örtlich, zeitlich und persönlich beschränkt sein (BGH **6**, 292, 293; DAR **81**, 199 [Sp]). Quellen der Allgemeinkundigkeit, die das Gericht jederzeit benutzen darf, sind vor allem (digitale) Nachschlagewerke, Zeitungen, Hör- und Fernsehfunk, Land- und Straßenkarten (Brandenburg StraFo **97**, 205), Geschichtsbücher uä. Allgemeinkundig können insbesondere Naturvorgänge, Daten (BGH **48**, 28: aber nicht Fahrzeug- und Halterdaten des Fahrzeugregisters), geographische Verhältnisse, geschichtlich erwiesene Tatsachen (zB der millionenfache Judenmord in den Gaskammern der Konzentrationslager während des 2. Weltkriegs, vgl BGH **40**, 97, 99 mwN; NJW **02**, 2115) sein. Die Merkmale des gesetzlichen Tatbestands und andere unmittelbar beweiserhebliche Tatsachen können niemals allgemeinkundig sein (vgl auch LR-Becker 206 für Schriften mit strafbarem Inhalt).

52 **Gerichtskundig** sind Tatsachen und Erfahrungssätze, die der Richter im Zusammenhang mit seiner amtlichen Tätigkeit zuverlässig in Erfahrung gebracht hat (BVerfGE **10**, 177, 183; BGH **6**, 292, 293; Bay VR S **66**, 33; KG JR **56**, 387; Düsseldorf VR S **73**, 210; Frankfurt StV **83**, 192; Köln VR S **44**, 211; **65**, 450; für Aufgabe des Begriffs SK-Frister 123 ff). Gleichgültig ist, ob er diese Kenntnisse in dem anhängigen oder in einem anderen Verfahren gewonnen hat (BGH **6**, 292, 293; Köln VR S **65**, 450). Auch die Feststellungen anderer Richter, von denen das Gericht nicht erfahren hat, können nicht gerichtskundig sein (BGH aaO; KG VR S **117**, 197). In ausgesetzten Hauptverhandlungen des anhängigen Verfahrens erworbene Kenntnisse sind niemals gerichtskundig (Nüse GA **55**, 72), auch nicht

Hauptverhandlung § 244

Tatsachen, die unmittelbar das Vorliegen oder Nichtvorliegen von Merkmalen des äußeren oder inneren Tatbestands ergeben (BGH **45**, 354, 359; **47**, 270, 274; StV **06**, 118; NStZ **16**, 123). Die Gerichtskundigkeit beschränkt sich ebenso wie die Allgemeinkundigkeit (oben 51) auf mittelbar beweiserhebliche Tatsachen, vor allem auf sog Hintergrundmaterial.

Bei **Kollegialgerichten** erfordert die Offenkundigkeit nicht die Kenntnis aller 53 Richter (LR-Becker 212; Dahs Rev 450). Das gilt auch für die Gerichtskundigkeit (BGH **34**, 209, 210). Es genügt, dass die Kenntnis einer Tatsache bei einem Gerichtsmitglied vorhanden ist, das sie aber an alle anderen Mitglieder vermitteln muss (**aM** KK-Krehl 140); für die Überzeugung des Gerichts von der Offenkundigkeit genügt die Mehrheit der Mitglieder (ausführlich dazu Keller ZStW **101**, 414; Meyer-Goßner Tröndle-F S 558).

Zur **Revision** siehe erg 104a. 53a

C. **Bedeutungslosigkeit der Beweistatsache (III S 3 Nr 2):** Eine Tatsache 54 ist für die Entscheidung ohne Bedeutung, wenn ein Zusammenhang zwischen ihr und der abzuurteilenden Tat nicht besteht; der Umfang der Aufklärungsbemühungen des Gerichts ist insoweit auch an seiner Pflicht zur Beschleunigung und Konzentration der Hauptverhandlung zu messen (BGH NStZ **96**, 334; weshalb entgegen Foth NStZ **95**, 375 das Gericht idR auch nicht verpflichtet ist, sonstige – in der Anklage nicht enthaltene – behauptete oder verjährte Straftaten aufzuklären; zur Ermittlung und Verwertung solcher „überschießender" Feststellungen vgl aber oben 13 und 25 zu § 264). Bedeutungslos ist eine Beweistatsache auch dann, wenn sie trotz eines bestehenden Zusammenhangs nicht geeignet ist, die Entscheidung irgendwie zu beeinflussen (BGH StV **10**, 557 mwN; 558). Die Bedeutungslosigkeit kann sich aus rechtlichen oder tatsächlichen Gründen ergeben.

Aus Rechtsgründen ist eine Tatsache bedeutungslos, wenn eine Verurteilung 55 schon aus anderen (bereits erwiesenen) Gründen nicht möglich ist, zB wegen Vorliegens von Prozesshindernissen, Strafausschließungs- oder Strafaufhebungsgründen (Stuttgart Justiz **97**, 177). Der schon bewiesene Mangel am inneren Tatbestand macht Feststellungen zum äußeren Geschehensablauf nur ausnahmsweise überflüssig (BGH **16**, 374, 379; GA **74**, 61; MDR **56**, 272 [D]; LR-Becker 218).

Aus tatsächlichen Gründen bedeutungslos sind Indiztatsachen (25 zu § 261), 56 wenn zwischen ihnen und dem Gegenstand der Urteilsfindung keinerlei Sachzusammenhang besteht (Fall des § 245 II S 2; vgl dort 25) oder wenn sie trotz eines solchen Zusammenhangs selbst im Fall ihres Erwiesenseins die Entscheidung nicht beeinflussen könnten, weil sie nur mögliche, nicht zwingende Schlüsse zulassen und das Gericht den möglichen Schluss nicht ziehen will (BGH NStZ **18**, 111; **15**, 354 und 355; NJW **88**, 501; KG StV **88**, 380). Dabei kommt es darauf an, ob im konkreten Fall nach allgemeiner oder jedenfalls richterlicher Erfahrung der Zusammenhang zwischen Beweisbehauptung und Verfahrensgegenstand ohne weiteres sicher zu verneinen ist (BGH NStZ **14**, 168). Das Gericht beurteilt das auf der Grundlage des bisherigen Beweisergebnisses (BGH StraFo **07**, 378; NStZ-RR **10**, 211; NStZ **15**, 296). Es darf die Beweiswürdigung allerdings nicht in der Weise vorwegnehmen, dass es die Beweiserheblichkeit der Indiztatsache mit der Begründung verneint, das Gegenteil sei bereits erwiesen (vgl 57) oder erklärt, auch wenn der Zeuge die Behauptung bestätige, müsse dies nicht richtig sein (BGH StV **81**, 167; **01**, 95; NStZ **84**, 564; **97**, 503; NStZ-RR **13**, 383) oder dass es die unter Beweis gestellte Tatsache in Zweifel zieht oder Abstriche an ihr vornimmt (BGH StV **08**, 288; **10**, 558; NStZ **14**, 282; NStZ-RR **14**, 316; 1 StR 141/15 vom 9.7.2015; 4 StR 199/15 vom 30.7.2015), oder dass es die mögliche Aufklärung zugunsten des Angeklagten sprechender Umstände unterlässt (BGH StV **90**, 291 und 292; **14**, 586).

Im **Ablehnungsbeschluss** muss das Gericht seine konkreten Erwägungen dar- 56a legen (BGH NStZ-RR **12**, 255 L; **14**, 252; StV **14**, 513; **15**, 206; 2 StR 211/14 vom 29.12.2014). Der Antragsteller muss noch in der Hauptverhandlung Gelegenheit erhalten, sich bei der weiteren Verfolgung seiner Rechte nach der Ablehnung

Schmitt 1149

und ihren Gründen zu richten, sodass das Revisionsgericht grundsätzlich nur die Ablehnungsentscheidung zu überprüfen hat und es ihm verwehrt ist, den Beweisantrag selbst rechtlich zu beurteilen (BGH NStZ **18**, 111). Daher wird ein Mangel der Beschlussbegründung auch nicht durch eine nähere Begründung in den Urteilsgründen beseitigt (BGH NStZ **03**, 380; StV **10**, 557). Das Tatgericht hat die Beweistatsache so, als sei sie bewiesen, ohne Abstriche (BGH NStZ **19**, 294), in das bisher gewonnene Beweisergebnis einzustellen und als Teil des Gesamtergebnisses in seiner indiziellen Bedeutung zu würdigen (BGH NStZ **19**, 232; **15**, 599; **16**, 365 mit zust Anm Ventzke; StV **18**, 478). Es muss – wogegen in der Praxis häufig verstoßen wird – angegeben werden, ob sie auf tatsächlichen oder rechtlichen Gründen beruht und auf welchen (BGH **2**, 284, 286; NJW **80**, 1533, 1534; NStZ **82**, 213; **00**, 267). Es ist idR rechtsfehlerhaft, wenn die Ablehnung allein auf die inhaltsleere Aussage gestützt wird, die unter Beweis gestellte Indiz- oder Hilfstatsache lasse für den Fall ihres Erwiesenseins keinen zwingenden sondern lediglich einen möglichen Schluss zu, den das Gericht auf der Grundlage der bisherigen Beweisaufnahme nicht ziehen wolle (vgl BGH NStZ **14**, 110; 111 mit Anm Allgayer; **19**, 547 mwN; StV **16**, 341). Wird die Unerheblichkeit aus tatsächlichen Umständen gefolgert, müssen diese vielmehr mitgeteilt werden (BGH wistra **95**, 30; NStZ **08**, 299; **13**, 352; Düsseldorf StraFo **02**, 19; Hamburg StV **10**, 122); das ist insbesondere deshalb erforderlich, damit sich der Antragsteller auf die dadurch geschaffene Verfahrenslage einstellen kann (BGH StV **90**, 246; **91**, 408; **93**, 3 je mwN). Bei einer Mehrzahl unter Beweis gestellter Tatsachen bedarf es einer über die einzelne Beweistatsache hinausgehenden Gesamtwürdigung, warum die zu beweisende Tatsache das Gericht auch im Falle des Nachweises unbeeinflusst gelassen hätte (BGH StV **11**, 646); dies gilt namentlich für mehrere Beweisanträge, die die Glaubwürdigkeit eines Zeugen erschüttern sollen (vgl BGH 4 StR 598/17 vom 22.5.2018). Geht es um die Glaubwürdigkeit eines Zeugen, ist zu begründen, warum die zu beweisende Tatsache das Gericht auch im Falle ihres Nachweises unbeeinflusst lassen würde (BGH StV **90**, 340; NStZ **07**, 352; Frankfurt StV **95**, 346). Die erforderliche Begründung braucht jedoch in der Regel weder die Ausführlichkeit noch die Tiefe der Beweiswürdigung der späteren Urteilsgründe aufzuweisen; die Angabe der wesentlichen Indiztatsachen genügt (BGH NStZ **19**, 547 [3. StS]; teilweise strenger allerdings BGH NStZ **19**, 295 [4. StS] mit Anm Ventzke; **07**, 352; **13**, 611; NStZ-RR **14**, 54; NJW **05**, 1132; erg 56).

56b **Im Urteil** darf sich das Gericht mit der Ablehnungsbegründung nicht in Widerspruch setzen (BGH 3 StR 429/18 vom 27.11.2018; 3 StR 132/18 vom 24.7.2018; 5 StR 143/13 vom 14.5.2013; NStZ **13**, 118; StV **09**, 411), insbesondere die Urteilsgründe nicht auf das Gegenteil der unter Beweis gestellten Tatsache stützen (BGH StV **96**, 648; **97**, 237; NStZ **00**, 267; **12**, 525; **15**, 179; NStZ-RR **00**, 210; **02**, 68 [B]; **13**, 117 L; StraFo **08**, 29). Werden die als bedeutungslos erachteten Indizien im Urteil als erwiesen (unten 57) behandelt, ist dies nur unschädlich, wenn sie gleichwohl weiterhin als bedeutungslos gewürdigt werden (BGH StraFo **14**, 335).

57 D. **Erwiesensein der Beweistatsache (III S 3 Nr 3):** Wenn das Gericht von der Richtigkeit der Beweistatsache auf Grund des bisherigen Ergebnisses der Beweisaufnahme schon so überzeugt ist, dass es sie dem Urteil ohne weitere Beweisaufnahme zugrunde legen will, braucht es keinen Beweis zu erheben. Wird deswegen ein Beweisantrag abgelehnt, dürfen sich die Urteilsfeststellungen dazu nicht in Widerspruch setzen (BGH NStZ **89**, 83). Eine Auseinandersetzung mit der als erwiesen unterstellten Tatsache ist ua dann erforderlich, wenn die Beweiswürdigung ohne deren Erörterung lückenhaft bleibt (BGH NStZ **11**, 472). Gleichgültig ist, ob die Tatsache zugunsten des Angeklagten oder zu seinen Ungunsten wirkt (BGH StV **83**, 319 L; LR-Becker 228). Beweiserheblich muss die Tatsache nicht sein (BGH 2 StR 111/09 vom 27.8.2010; 1 StR 159/17 vom 15.5.2018).

58 E. **Völlige Ungeeignetheit des Beweismittels (III S 3 Nr 4):** Der Richter muss keine Beweise erheben, deren Gelingen infolge völliger Ungeeignetheit des benannten Beweismittels von vornherein ausgeschlossen erscheint (BGH **14**, 339; NJW **52**, 191; MDR **73**, 372 [D]). Die Ablehnung von Beweisanträgen setzt dann aber voraus, dass das Gericht ohne jede Rücksicht auf das bisher gewonnene Beweisergebnis (BGH StV **02**, 352) im Freibeweis (LR-Becker 231), ggf auch unter Zuhilfenahme eigener Sachkunde (vgl BGH 5 StR 44/17 vom 23.3.2017), jedoch ohne sich im Ergebnis auf eigene Sachkunde iSv IV S 1 zu berufen (vgl BGH NStZ **18**, 300), feststellen kann, dass sich mit dem angebotenen Beweismittel das in dem Beweisantrag in Aussicht gestellte Ergebnis nach sicherer Lebenserfahrung nicht erzielen lässt (BGH NStZ **95**, 45; **00**, 156; **08**, 351; NStZ-RR **13**, 185; **14**, 316; KG StraFo **19**, 465); eine Beweisantizipation derart, der Zeuge werde die Beweisbehauptung nicht bestätigen, vermag eine Ungeeignetheit des Beweismittels aber idR nicht zu begründen (BGH NStZ-RR **97**, 302). Die „relative" Ungeeignetheit des Beweismittels genügt nicht (BGH NJW **83**, 404; MDR **78**, 988 [H]; StV **83**, 7; **84**, 232; KG StV **93**, 120; Düsseldorf NStZ **90**, 506). Ein geminderter, geringer oder zweifelhafter Beweiswert darf somit nicht mit völliger Ungeeignetheit gleichgesetzt werden (BGH StV **93**, 508; NStZ **08**, 116; zw BGH NStZ **97**, 503, 504 mit insoweit abl Anm Herdegen NStZ **97**, 505).

Völlig ungeeignet ist ein **Zeuge,** der wegen dauernder körperlicher oder geis- 59 tiger Gebrechen oder wegen einer vorübergehenden geistigen Störung, insbesondere infolge Trunkenheit, die in sein Wissen gestellte Wahrnehmung nicht machen konnte, der wegen seiner feindseligen Einstellung zu Staat und Justiz nicht gewillt ist, vor Gericht Angaben zu machen, und von dem daher nur eine Störung der Hauptverhandlung zu erwarten ist (BGH bei H. W. Schmidt MDR **83**, 4), oder der zu Vorgängen aussagen soll, die sich im Innern eines anderen Menschen abgespielt haben, falls er keine äußeren, einen Schluss auf die inneren Tatsachen ermöglichenden Umstände bekunden kann (BGH StV **84**, 61; **87**, 236; NStZ **08**, 580; 707; krit Schneider Eisenberg-F S 707; erg 2 vor § 48) oder die nur ein Sachverständiger zuverlässig wahrnehmen kann (BGH VR S **21**, 429, 431). BGH NStZ **99**, 46 nimmt auch bei beständiger Zeugisweigerung völlige Ungeeignetheit an (dazu mit Recht krit Hecker JR **99**, 428 und Hiebl StraFo **99**, 86).

Für lange zurückliegende Vorgänge benannte Zeugen können völlig un- 59a geeignet sein, wenn es unmöglich, jedenfalls nur unwahrscheinlich (BVerfG NStZ **04**, 215) erscheint, dass sie sie zuverlässig in ihrem Gedächtnis behalten haben (BGH DAR **83**, 203 [Sp]; MDR **73**, 372 [D]; StV **82**, 339, 341; NStZ **93**, 295). Das ist nach der Lebenserfahrung unter Berücksichtigung der Umstände des Einzelfalls unter Anlegung eines strengen Maßstabs (vorweggenommene Beweiswürdigung!) zu beurteilen (BGH NStZ **89**, 219 [M]; **04**, 508; Köln StV **95**, 293). Maßgebend sind der Gegenstand der Beweisbehauptung, die Persönlichkeit des Zeugen, die Bedeutung des Vorgangs für ihn und die Länge des Zeitablaufs (BGH DAR **83**, 203 [Sp]; NStZ-RR **12**, 51; Bay **64**, 135). Wenn Anhaltspunkte dafür vorhanden sind, dass der Zeuge sich noch erinnert, darf der Antrag nicht abgelehnt werden (BGH StV **05**, 115; NStZ **10**, 52); grundsätzlich ist es Sache des Antragstellers, solche Anhaltspunkte darzutun (BGH NStZ-RR **97**, 331). Einen Erfahrungssatz, dass sich Zeugen nicht an lange zurückliegende Geschehnisse erinnern, gibt es nicht (BGH StV **13**, 70).

Die besonderen persönlichen Verhältnisse des Zeugen machen ihn nur in 59b besonderen Ausnahmefällen zu einem völlig ungeeigneten Beweismittel (BGH NStZ **84**, 42; StV **85**, 356). Ohne Hinzutreten besonderer Umstände genügen insbesondere nicht verwandtschaftliche Beziehungen zu dem Angeklagten (BGH DAR **77**, 174 [Sp]; Alsberg/Güntge 1189), der Verdacht der Tatbeteiligung (BGH DAR **81**, 198 [Sp]; Hamm NJW **68**, 954, 955), die rechtskräftige Aburteilung als Teilnehmer an der dem Angeklagten vorgeworfenen Tat (Hamburg NJW **53**, 917), Vorstrafen, auch nach §§ 153 ff StGB (RG JW **28**, 2255; KG JR **83**, 479). Ebenso wenig darf die Beweiserhebung abgelehnt werden, weil der Zeuge nach § 55 die Auskunft verweigern darf (BGH MDR **78**, 281 [H]; **81**, 196 [H]; StV **90**, 394; anders aber, wenn er sich ernsthaft und endgültig auf § 55 berufen hat, vgl BGH

§ 244 Zweites Buch. 6. Abschnitt

StV **19**, 808; BGHR Unerreichbarkeit 17), weil er mit dem Angeklagten verfeindet (Hamm JMBlNW **50**, 62) oder von ihm wirtschaftlich abhängig ist (RG JW **32**, 404).

59c **Der Augenschein** ist ungeeignet, wenn er nicht rekonstruierbare örtliche Verhältnisse zur Tatzeit beweisen soll (BGH DAR **62**, 74 [M]; Schleswig SchlHA **84**, 104 [E/L]).

59d **Niederschriften** über Telefongespräche (bei der Überwachung nach § 100a), sind als Beweismittel völlig ungeeignet, wenn die Originaltonbänder abhanden gekommen sind und daher die Übereinstimmung zwischen Urkundeninhalt und Tonband nicht festgestellt werden kann (LG Frankfurt aM StV **87**, 144).

60 **Sachverständige** sind ungeeignet, wenn sie zu ohne besondere Sachkunde wahrnehmbaren Vorgängen gehört werden sollen (KG VR S **48**, 432; Düsseldorf VR S **60**, 122; Koblenz VR S **48**, 35), wenn das Gutachten zu keinem verwertbaren Beweisergebnis führen kann, zB wenn es auf unausgereiften Untersuchungsmethoden beruhen würde (BGH NStZ **85**, 515), wenn es auf der Grundlage der Parapsychologie erstellt werden soll (BGH NJW **78**, 1207) oder wenn nicht mehr rekonstruierbare Vorgänge durch Experimente oder Versuche aufgeklärt werden sollen (Bay **66**, 4: Zuverlässigkeit eines Radargeräts beim Einsatz zur Tatzeit; BGH VR S **50**, 115: Individueller Abbauwert der Blutalkoholkonzentration zur Tatzeit; BGH VR S **35**, 264, 266; **36**, 189; Spiegel DAR **82**, 372: Fahrversuche zur Prüfung der Reaktionsfähigkeit; BGH MDR **77**, 108 [H]: Libidoverlust infolge Trunkenheit zur Tatzeit). Dies gilt gleichermaßen, wenn dem Sachverständigen die für das verlangte Gutachten erforderliche Sachkunde fehlt, oder wenn die dafür erforderlichen Anknüpfungstatsachen nicht bekannt (BGH **14**, 339; MDR **77**, 108 [H]; **78**, 627 [H]; StV **82**, 102; Bay VR S **59**, 266) oder vom Gericht bereits als Beweisgrundlage ausgeschlossen worden sind (BGH NStZ **18**, 300 mit Anm Ventzke) und wenn die tatsächlichen Grundlagen für das Gutachten nach Meinung des Gerichts, das dazu erforderlichenfalls im Freibeweis (oben 7, 9) sachkundigen Rat einholen muss (BGH NJW **83**, 404; NStZ **12**, 349; Celle StV **03**, 431), auch nicht beschafft werden können (BGH NStZ **83**, 211 [Pf/M]; **03**, 611; StV **90**, 7; vgl auch BGH NStZ **13**, 290 zur Beweiserhebung über das Alter des Angeklagten).

61 Es liegt aber **keine völlige Ungeeignetheit** vor, wenn das Gutachten keine sicheren Schlüsse auf die Richtigkeit der Beweistatsache zulässt (BGH NJW **83**, 404; NStZ **84**, 564; **85**, 14 [Pf/M]; StV **16**, 342), wenn nur wenige Anknüpfungstatsachen vorliegen (BGH StV **07**, 513) oder wenn zwar genügende Anknüpfungstatsachen fehlen, diese aber noch erbracht werden können (BGH NStZ **07**, 476; StraFo **11**, 308, 311; StV **15**, 206), oder wenn die Stellungnahme des Sachverständigen für die Feststellung von Anknüpfungstatsachen bedeutsam werden kann (BGH StV **90**, 98; 246; Bay NJW **03**, 3000), oder wenn ihm das zur Verfügung stehende Material Schlussfolgerungen ermöglicht, ob die Beweisbehauptung zutrifft (BGH NStZ **95**, 97; **09**, 48; **16**, 116), oder wenn das Gutachten die unter Beweis gestellte Behauptung, wenn auch nicht sicher erweisen, so doch wahrscheinlich machen kann (BGH 4 StR 45/97 vom 13.3.1997; vgl auch BGH StV **14**, 588 für anthropologische Gutachten). Dies gilt ebenso, wenn das Gericht den Beweisantrag letztlich mit Erwägungen ablehnt, die es aufgrund eigener Sachkunde angestellt hat (BGH StV **18**, 699). Dass ein Zeuge seine Einwilligung in eine psychiatrische Untersuchung verweigert wird, führt nicht zur völligen Ungeeignetheit, da idR nicht ausgeschlossen werden kann, dass der Sachverständige auf andere Weise – zB Aktenstudium, Beobachtung des Zeugen in der Hauptverhandlung – ausreichende Anknüpfungstatsachen ermitteln kann (BGH NStZ **09**, 346).

61a Der **ablehnende Abschluss** bedarf einer **Begründung**, die ohne jede Verkürzung oder sinnentstellende Interpretation der Beweisthematik alle tatsächlichen Umstände dartun muss, aus denen das Gericht auf die völlige Wertlosigkeit des angebotenen Beweismittels schließt (BGH NStZ-RR **10**, 211; KG StraFo **19**, 465).

Hauptverhandlung § 244

F. Unerreichbarkeit des Beweismittels (III S 3 Nr 5): 62
Wenn alle **Bemühungen des Gerichts**, die der Bedeutung und dem Wert des 62a
Beweismittels entsprechen, zu dessen Beibringung erfolglos geblieben sind und
keine begründete Aussicht besteht, es in absehbarer Zeit herbeizuschaffen, ist das
Beweismittel unerreichbar (BGH **29**, 390; NJW **79**, 1788; **90**, 398; NStZ **82**, 78;
212; **83**, 180; 422; **84**, 211 [Pf/M]; **85**, 375; **87**, 218 [Pf/M]; StV **86**, 418, 419;
Hamburg StV **09**, 9). Nur ausnahmsweise darf das Gericht solche Bemühungen als
von vornherein aussichtslos unterlassen (BGH GA **64**, 374; **68**, 19; **87**, 218 [Pf/M]).
Dass ein Zeuge unbekannt verzogen ist, macht ihn nicht ohne weiteres unerreichbar (BGH bei Herlan MDR **54**, 341; 1 StR 517/19 vom 5.12.2019; KG StV **05**,
13; Hamm VR S **74**, 365; Köln StV **02**, 355; München NStZ-RR **07**, 50), auch
nicht der Umstand, dass ihn Polizeibeamte über das Wochenende nicht angetroffen
haben (BGH StV **84**, 5) oder dass er auf Ladung nicht erschienen ist (Schleswig
SchlHA **87**, 118 [L]). Hausermittlungen genügen nicht, wenn eine Nachfrage bei
der Ausländer- oder Meldebehörde Erfolg verspricht (BGH StV **83**, 319; **96**, 581:
auch hinsichtlich solcher Personen beim BZR und beim Ausländerzentralregister
möglich, deren Geburtsort und -datum nicht bekannt sind), Auskünfte von Behörden nicht, wenn die Befragung von Verwandten oder Bekannten aussichtsreich
erscheint (Frankfurt StV **86**, 468). Maßgebend ist auch nicht, ob der Zeuge am
Terminstag verfügbar ist, sondern ob er in absehbarer Zeit vernommen werden
kann (BGH NStZ **83**, 180). Jedoch muss nicht durch Zeitungsanzeigen nach ihm
gesucht werden (Dahs Rev 349). Das Maß der erforderlichen Nachforschungen
richtet sich immer nach der Bedeutung des Beweismittels für die Wahrheitsfindung
(BGH **22**, 118, 120; MDR **88**, 819 [H]; NStZ **82**, 127; StV **82**, 507; **83**, 7; Frankfurt StV **84**, 147), der Schwere der dem Angeklagten vorgeworfenen Tat (BGH
StV **81**, 602; KG StV **83**, 95; München aaO; Schleswig SchlHA **79**, 144; **aM** Herdegen NStZ **84**, 338) und der bereits zur Sachaufklärung aufgewendeten Bemühungen (Hamburg VR S **56**, 457, 461). Auch der Beschleunigungsgrundsatz
(Einl 160) darf beachtet werden (BGH GA **75**, 237; NStZ **82**, 127; BGHR § 251 II
Unerreichbarkeit 3; Schleswig StV **82**, 11). Eine nur vorübergehende Unerreichbarkeit berechtigt nicht zur Ablehnung des Beweisantrags (Celle NJW **61**, 1490).
Zeugen im Ausland brauchen unter den in V S 2 iVm S 1 bezeichneten Vor- 63
aussetzungen nicht geladen zu werden (siehe 78a-c). Falls dem Gericht ihre Vernehmung zur Erforschung der Wahrheit erforderlich erscheint, hat es dagegen zu
prüfen, ob sie erreichbar sind. Von Unerreichbarkeit ist auszugehen, wenn der
bisherigen Bemühungen, sie zum Erscheinen zu veranlassen, erfolglos geblieben
sind und auch in Zukunft nicht zu erwarten ist, dass sie erscheinen werden (BGH
NJW **79**, 1788; **00**, 443, 447; NStZ **83**, 276; **93**, 294; Karlsruhe Justiz **88**, 134;
Köln VR S **65**, 40; vgl Bay StV **88**, 56: Ermittlungen über zuständige Botschaft im
Ausland und Interpol). Ein Zeuge, der im Verdacht der Tatbeteiligung steht, darf
nicht von vornherein als unerreichbar angesehen werden (BGH NJW **82**, 2738;
83, 528). Auch die Mitteilung des Zeugen allein, dass er nicht erscheinen werde,
genügt nicht (BGH NStZ **85**, 281; StV **01**, 664), selbst wenn sie auf Befragen der
Polizei oder eines Beamten der Haftanstalt erfolgt (BGH NStZ **85**, 206 [Pf/M]);
das Gericht kann aber mit dem Zeugen unmittelbar Kontakt aufnehmen, um seine
Aussagebereitschaft festzustellen (dazu Rose wistra **98**, 12/13). Eine andere Möglichkeit ist ggf die Vernehmung des Zeugen, falls er damit einverstanden ist, durch
ein deutsches grenznahes Gericht (2 zu § 157 GVG). Soweit entspr völkerrechtliche Vereinbarungen bestehen, ermöglicht § 183 I Nr 1 eine vereinfachte Ladung
durch Einschreiben mit Rückschein (vgl 25 zu § 37). Ist das nicht der Fall, muss
versucht werden, den Zeugen durch den Aufenthaltsstaat zu laden (BGH NJW **53**,
1522; **83**, 527; GA **55**, 123, 126; NStZ **84**, 375; StV **82**, 57; **84**, 408; Herdegen
NStZ **84**, 339); das ist auch bei Fehlen eines Rechtshilfeabkommens nicht unmöglich (BGH NStZ **90**, 27 [M]). Einfacher und idR schneller ist aber die Ladung
über die deutschen Konsularvertretungen (Angabe der hierfür in Betracht kommenden Länder bei Julius StV **90**, 484 Fn 1). Die durch die Ladung eintretende
Verfahrensverzögerung begründet die Unerreichbarkeit nicht (BGH NJW **85**, 391,

§ 244

392 aE; StV **86**, 418). Ggf ist der Zeuge in der Ladung auf das durch Art 12 EuRHÜbk gewährte sichere Geleit hinzuweisen (BGH **32**, 68, 74; NJW **79**, 1788; **82**, 2738; **83**, 528; NStZ **81**, 146; **82**, 171). Erreichbar ist grundsätzlich auch ein Zeuge, der grenzüberschreitend unter Inanspruchnahme audiovisueller Verfahren gemäß § 247a im Wege der Rechtshilfe vernommen werden kann, wenn der Tatrichter dies nicht als für die Wahrheitsfindung wertlos erachtet (BGH **45**, 188, 190, 197; vgl 6, 7 und 9 zu § 247a) oder eine Ablehnung des Beweisantrages nach V S 2 in Betracht kommt (BGH NJW **01**, 695); Einzelheiten sind im EuRHÜbk geregelt (dazu Gleß Eisenberg-F S 505). Die erfolglose Ladung ist nur eine hinreichende, keine notwendige Bedingung für die Feststellung, dass der ausländische Zeuge unerreichbar ist (BGH **7**, 15; NStZ **82**, 212; **85**, 15 [Pf/M]; 375).

64 Auch **ohne Ladungsversuch** kann das Gericht unter besonderen Umständen zu der Überzeugung gelangen, dass der Zeuge auf diese Weise nicht zum Erscheinen bewogen werden kann (BGH NStZ **85**, 375; NStZ **87**, 17 [Pf/M]; NJW **90**, 1124, 1125; NStZ **91**, 143; StV **92**, 216). Das Fehlen der Ladung ist jedoch von Bedeutung, wenn nicht auszuschließen ist, dass der Zeuge bei Einhaltung des vorgeschriebenen Verfahrens erschienen wäre (BGH StV **84**, 60). Das gilt auch für den Fall, dass das Gericht ihn unzulässigerweise unmittelbar telegrafisch geladen hat; eine solche Ladung braucht der Zeuge nicht zu beachten (BGH StV **85**, 48). Befindet sich der Zeuge im Ausland in Haft, so ist zu erwägen, ob der ausländische Staat nach Art 11 Abs 1 EuRHÜbK um seine zeitweilige Überstellung zu ersuchen ist (BGH NStZ **81**, 146; Karlsruhe Justiz **88**, 134).

65 Die **Möglichkeit der kommissarischen Vernehmung** macht einen Zeugen, dessen Erscheinen vor Gericht nicht erzwungen werden kann, nicht stets erreichbar. Das Gericht muss prüfen, ob eine solche Vernehmung möglich und sinnvoll ist (BGH NJW **91**, 186; **00**, 443, 447). Eine Beweisantizipation, welche die bisherige Beweislage und den denkbaren Ertrag der beantragten Beweiserhebung berücksichtigt, ist möglich (Schneider FS-Eisenberg II 513, 515). Es darf eine mögliche Herabsetzung des Beweiswerts der Aussage durch die besonderen Umstände einer solchen Vernehmung sowie ein etwaiges Näheverhältnis zum Angeklagten oder eine denkbare Verstrickung (Schneider FS-Eisenberg II 513, 523) berücksichtigt und den Zeugen für unerreichbar halten (BGH **13**, 300; **22**, 118, 122; NJW **83**, 527; 2396; NStZ **83**, 211 [Pf/M]; **85**, 14 [Pf/M]; 375, 376; StV **04**, 465; Hamburg JR **80**, 32; Schneider aaO 527 will insoweit allerdings die Grundsätze des II anwenden). Das gilt insbesondere, wenn eine Gegenüberstellung (BGH GA **66**, 123, 125; **75**, 237) oder der persönliche Eindruck von dem Zeugen erforderlich ist. Dabei ist aber die Möglichkeit der audiovisuellen Vernehmung nach § 247a zu berücksichtigen (BGH **45**, 188). Der Tatrichter hat seine diesbezügliche Entscheidung nach pflichtgemäßem Ermessen zu treffen (BGH NStZ **15**, 102); sie ist in der Revision nur eingeschränkt überprüfbar (BGH StV **04**, 465 mit krit Anm Julius, der in solchen Fällen die audiovisuelle Vernehmung für idR erforderlich hält). Die für die Ausübung des Ermessens maßgebenden Erwägungen müssen aber schlüssig ergeben, weshalb die kommissarische oder audiovisuelle Vernehmung zur Sachaufklärung ungeeignet und daher ohne Beweiswert ist; ein wegen Fehlens des persönlichen Eindrucks lediglich geminderter Beweiswert darf idR nicht mit einer völligen Untauglichkeit des Beweismittels gleichgesetzt werden (BGH **55**, 11). Zu einer Beweisaufnahme im Ausland oder zur Teilnahme an ihr ist das Gericht hingegen nicht verpflichtet (BGH NStZ **85**, 14 [Pf/M]; 375, 376; StV **81**, 601; NStE Nr 134; **aM** Karlsruhe Justiz **88**, 134). Will das Gericht aber eine frühere nichtrichterliche Vernehmungsniederschrift zu Beweiszwecken verlesen, muss idR erörtert werden, warum eine frühere mögliche Beweisart haben sollt, jetzt aber eine kommissarische Aussage jedoch zur Aufklärung nichts beitragen könne (BGH StV **93**, 232; NStZ **11**, 422; Köln StV **95**, 574).

66 **Rechtliche Hinderungsgründe**, zB die Zeugnisverweigerungsrechte nach §§ 52ff und die Nichterteilung der Aussagegenehmigung nach § 54, machen die Beweiserhebung unzulässig (oben 48 ff), nicht das Beweismittel unerreichbar (LR-Becker 247; **aM** BGH MDR **80**, 987 [H]). Dagegen sind Gefangene während der

§ 244

Kontaktsperre nach §§ 31 ff **EGGVG** und V-Leute der Polizei und der Nachrichtendienste unerreichbar, wenn die Behörde Namen und Anschrift nicht preisgibt (BGH **32**, 115, 126 [GSSt]; Geißer GA **83**, 398; Rebmann NStZ **82**, 317; einschr BGH **31**, 148, 154: nur wenn Entscheidung der Behörde gerechtfertigt ist). Ein Beweisantrag darf aber nur abgelehnt werden, nachdem das Gericht die zuständige Behörde (12 zu § 96) zu einer substantiierten Äußerung über ihre Sicherheitsbedenken veranlasst und wenigstens versucht hat, das Einverständnis mit einer Vernehmung zu erlangen, die diesen Bedenken Rechnung trägt (BVerfGE **57**, 250, 287; BGH **29**, 109, 113; **30**, 34; **35**, 82, 84; **36**, 159; NStZ **83**, 325; **87**, 518; **01**, 333), insbesondere unter Ausschluss der Öffentlichkeit (BGH **29**, 109, 113; NJW **80**, 2088; **81**, 770), in Abwesenheit des Angeklagten (18 ff zu § 247), mit Hilfe audiovisueller Verfahren nach § 247a (dort 1a), unter Verlegung an einen anderen Ort (BGH **22**, 311, 313) oder im Wege der kommissarischen Vernehmung (BGH **29**, 109, 113; 390, 391), aber nicht unter Ausschluss des Angeklagten und des Verteidigers (18 ff zu § 223). Zur Zulässigkeit der Vernehmung anonymer, pseudonymer und vermummter Zeugen vgl 14 ff zu § 68. Die Aufklärungspflicht kann dazu zwingen, Vernehmungsbeamte über frühere Vernehmungen zu hören, selbst wenn der Informant zu Unrecht nach § 96 gesperrt worden ist (BGH **36**, 159 gegen BGH **33**, 83, 92, anders nur bei willkürlicher oder offensichtlich rechtsfehlerhafter Sperrung) oder Polizeibeamte mit der Vernehmung zu beauftragen und als Zeugen vom Hörensagen zu hören (BGH NJW **81**, 770; Karlsruhe Justiz **81**, 366, 368; Rebmann NStZ **82**, 315, 319; **aM** Strate StV **85**, 340) oder schriftliche Äußerungen des Zeugen einzuholen und nach § 251 I Nr 1, 2 zu verlesen (dort 7, 9; vgl auch BVerfG aaO). Die Vernehmung einer Person als Zeuge ist nicht schon deshalb unzulässig, weil sie mit einer gesperrten Person identisch sein kann, es sei denn, es bestünde durch die Vernehmung Gefahr für Leib oder Leben des Zeugen (BGH **39**, 141). Wegen der nach § 96 gesperrten Behördenakten vgl dort 2 und 10.

Im **Ablehnungsbeschluss** muss die Unerreichbarkeit mit Tatsachen belegt werden (BGH StV **83**, 185 L; NStZ **93**, 50; Schleswig SchlHA **76**, 170). Es muss idR dargetan werden, dass und welche Ermittlungen stattgefunden haben, um das Beweismittel zur Hauptverhandlung herbeizuschaffen (BGH aaO; NStZ **87**, 218 [Pf/M]; Köln StraFo **02**, 294); jedoch müssen Umstände, die ggf den behaupteten Rechtsfehler widerlegen könnten, nicht vorgetragen werden (BGH StV **12**, 73). Wenn das Gericht eine kommissarische Vernehmung nicht für ausreichend hält, müssen auch die Gründe dafür dargelegt werden (BGH GA **71**, 85; NStZ **83**, 325). 66a

G. **Wahrunterstellung (III S 3 Nr 6):** Eine Beweiserhebung ist überflüssig, 67 wenn das Gericht die Beweistatsache so behandelt, als wäre sie wahr. Da nur entlastende Tatsachen in Betracht kommen, muss der Beweisantrag zugunsten des Angeklagten gestellt sein. Tatsachen, aus denen Schlüsse zuungunsten des Angeklagten gezogen werden können, dürfen von vornherein nicht als wahr unterstellt werden (BGH NStE Nr 133). Umgekehrt gilt: Aus als wahr unterstellten Tatsachen dürfen keine Schlüsse zuungunsten des Angeklagten gezogen werden (BGH **1**, 137; LR-Becker 306; **aM** – vereinzelt – BGH NJW **76**, 1950 mit abl Anm Tenckhoff). Sowohl unmittelbar beweiserhebliche (BGH StV **99**, 307: aber nicht solche, die das Kerngeschehen betreffen) als auch Indiztatsachen (25 zu § 261) können als wahr unterstellt werden (Bringewat MDR **86**, 356; Herdegen NStZ **84**, 341; Veh ZI S **10**, 246; einschr Schweckendieck NStZ **97**, 259; **aM** LR-Becker 296), jedoch keine Rechtsfragen (BGHR StGB § 21 Erheblichkeit 1). Immer geht die der Aufklärungspflicht vor (BGH NJW **59**, 396; **61**, 2069; NStZ **11**, 106; Bay DAR **81**, 249 [R]), zB wenn die Beweisbehauptung wegen ungeklärter Umstände für eine Wahrunterstellung ungeeignet ist (BGH StV **96**, 648). Eine Wahrunterstellung ist regelmäßig (BGH NStZ-RR **99**, 260 [K]: Ausnahme, wenn die Tatsache im Urteil ohne jede Einschränkung als erwiesen behandelt wird) auch nicht zulässig, wenn der Angeklagte zur Prüfung der Glaubwürdigkeit eines Zeugen Tatsachen unter

§ 244

Beweis stellt, die dieser bestreitet (BGH NStZ **92**, 28 [K]; **07**, 282; StV **90**, 294; **96**, 647; **aM** – vereinzelt geblieben – BGH NStZ **87**, 218 [Pf/M]; Hamm NStZ **83**, 522), oder wenn die Voraussetzungen des § 31 BtMG dargetan werden sollen (vgl BGHR § 244 III S 2 Wahrunterstellung 24).

68 Das Gesetz sieht die Wahrunterstellung **nur für erhebliche Beweistatsachen** vor. Bedeutungslosigkeit und Wahrunterstellung schließen einander als Ablehnungsgründe aus; von vorneherein als bedeutungslos zu qualifizierende Tatsachen dürfen deshalb nicht als wahr unterstellt werden (BGH NStZ-RR **03**, 268; **13**, 50; **15**, 321 L; NStZ **04**, 51; Schneider NStZ **13**, 216). Maßgebend für die Beurteilung der Erheblichkeit ist jedoch der Zeitpunkt des Beschlusserlasses (BGH NJW **61**, 2069, 2070; MDR **79**, 282 [H]; Hamm NStZ **83**, 522; Karlsruhe Justiz **77**, 357). Eine Zusage, dass die Tatsache auch im Urteil als erheblich behandelt wird, liegt nach der Rspr in der Wahrunterstellung nicht. Daher ist auch eine Unterrichtung des Antragstellers darüber, dass das Gericht auf Grund der Urteilsberatung als unerheblich behandeln will, nicht erforderlich (BGH NStZ **81**, 96 [Pf]; 296 [Pf]; **83**, 357 [Pf/M]; **13**, 538; NStZ-RR **09**, 179; 5 StR 285/08 vom 23.7.2008; Celle NStZ **86**, 91; **aM** KK-Krehl 187; LR-Becker 312; Börner StraFo **14**, 136; Hamm/Pauly 507; Schneider NStZ **13**, 218; Niemöller Schlothauer-F S 443, 451 mit ausführlicher Darstellung zum Streitstand). Davon macht die Rspr aber mit Recht eine Ausnahme, wenn es naheliegt, dass der Angeklagte wegen der Wahrunterstellung weitere Beweisanträge unterlässt (BGH **30**, 383; StraFo **12**, 230; Hamm NStZ **83**, 522; LR-Becker 313; Niemöller aaO; abl Herdegen NStZ **84**, 342 Fn 142; Müller Meyer-GedSchr 290; Schneider aaO).

69 Auf die **Beweistatsache selbst**, nicht nur darauf, was das Beweismittel sie bekunden oder sonst ergeben werde, bezieht sich die Zusage der Wahrunterstellung (BGH NStZ **84**, 210 [Pf/M]; StV **95**, 5; Bay NJW **96**, 331; Koblenz VR S **52**, 125); dem als Beweismittel benannten Zeugen darf nicht im Wege einer vorweggenommenen Beweiswürdigung die Glaubwürdigkeit abgesprochen werden (BGH StV **95**, 172; Hamburg StV **01**, 332). Die behaupteten Tatsachen müssen in ihrem wirklichen Sinn ohne jede Einengung, Verschiebung oder sonstige Änderung als wahr behandelt werden (BGH NStZ **82**, 213; **83**, 211 [Pf/M]; **84**, 211 [Pf/M]; **86**, 207 [Pf/M]; **89**, 129; wistra **90**, 196; NStZ **08**, 299). Dabei ist nicht der Wortlaut, sondern der Sinn und Zweck des Antrags maßgebend (BGH NJW **59**, 396; MDR **78**, 112 [H]; NStZ **86**, 207 [Pf/M]), wie er nach dem Gesamtvorbringen des Antragstellers in der Hauptverhandlung zu beurteilen ist (BGH GA **84**, 21; BGHR § 244 III S 2 Wahrunterstellung 23).

70 Die **Urteilsfeststellungen und die Beweiswürdigung** dürfen der Wahrunterstellung nicht widersprechen (BGH **32**, 44, 47; StV **88**, 91; NStZ **03**, 101; Koblenz VR S **72**, 441), auch dann nicht, wenn der Beweisantrag nicht genügend konkretisiert, unklar oder widersprüchlich war oder mit anderer Begründung hätte abgelehnt werden können (BGH NStZ **18**, 48; NStZ-RR **98**, 13; StV **12**, 581; Stuttgart StraFo **05**, 204). Die Beweistatsache darf nur nach entspr Hinweis an den Angeklagten als erwiesen angesehen und zu seinem Nachteil verwertet werden (BGH **51**, 364 mit zust Anm Niemöller StV **07**, 626). Das Gericht braucht aber aus der als wahr unterstellten Indiztatsache nicht die Schlussfolgerungen zu ziehen, die der Antragsteller gezogen wissen will (BGH NStZ **13**, 538). Sie untersteht der freien Beweiswürdigung wie alle anderen Tatsachen (BGH NJW **76**, 1950; NStZ **82**, 213; **83**, 211 [Pf/M]; **85**, 206 [Pf/M]; StV **86**, 467). Grundsätzlich müssen die Urteilsgründe erkennen lassen, was das Gericht als wahr unterstellt (BGH NStZ **96**, 562); eine Auseinandersetzung mit der als wahr unterstellten Tatsache in den Urteilsgründen ist aber nur erforderlich, wenn die übrigen Feststellungen dazu drängen (BGH **28**, 310; NStZ **83**, 211 [Pf/M]; StV **88**, 91; wistra **01**, 150; NStZ-RR **03**, 268; **15**, 321 L) oder sich die Beweislage sonst als lückenhaft erwiese (BGH 5 StR 143/18 vom 23.1.2019), insbesondere, wenn sonst nicht ersichtlich ist, wie Beweiswürdigung und Wahrunterstellung in Einklang gebracht werden können (BGH NStZ **84**, 211 [Pf/M]; **11**, 231; StV **83**, 441; **84**, 142; **07**, 18; StraFo **02**, 354; Bay StV **05**, 14; Koblenz VR S **72**, 441). Auch insoweit bestehen keine Besonderheiten gegenüber den durch die Beweisaufnahme festgestellten Tatsachen.

H. Sachverständigenbeweis 71

a) **Wegen eigener Sachkunde (IV S 1)** kann das Gericht Sachverständigen- 72 beweisanträge ablehnen, soweit nicht (zB in §§ 80a, 81, 246a, § 73 **JGG**) etwas anderes bestimmt ist. In 1. Hinsicht gelten aber die Ablehnungsgründe des III (zust Deckers Rissing-van Saan-F S 92). Woher der Richter die eigene Sachkunde bezieht, ist gleichgültig (zu Grenzen der eigenen Sachkunde, insbesondere bei der Beurteilung jugendlicher Täter, vgl Lüderssen Schreiber-F S 289). Es kann sich um jedermann ohne besondere Sachkunde festzustellende Tatsachen (BGH NStZ **13**, 118), aber auch um beruflich oder außerberuflich erworbenes Spezialwissen handeln, insbesondere um Kenntnisse auf Grund von Gutachten, die in gerichtlichen Verfahren erstattet worden sind. Der Richter kann sich das erforderliche Wissen auch während des Prozesses aneignen (BGH DAR **77**, 175 [Sp]; NStZ **83**, 325), insbesondere auf Grund von Aussagen eines sachverständigen Zeugen (BGH DAR **83**, 205 [Sp]) oder des Gutachtens eines Sachverständigen ((BGH StV **19**, 226; Koblenz OLGSt § 529 RVO S 3), auch wenn er sich ihm nicht anschließt (BGH aaO; NStZ **84**, 467; **10**, 586), aber nicht durch Befragung eines Sachverständigen außerhalb der Hauptverhandlung, wenn dessen förmliche Vernehmung auf Grund eines Beweisantrags geboten wäre (BGH wistra **13**, 389, 399; StV **15**, 84 mit abl Anm Niemöller NStZ **15**, 16; 4 StR 621/17 vom 3.7.2018). Bei Kollegialgerichten genügt es, wenn einer der mitwirkenden Richter seine Sachkunde den anderen vermittelt (BGH **12**, 18; NStZ **83**, 325; Stuttgart DAR **76**, 23; Alsberg/Güntge 1360; Fezer 12/18; str). Einer Erörterung der Sachkunde in der Hauptverhandlung bedarf es dazu nicht (BGH StV **98**, 248); eine Beweisaufnahme über die Sachkunde des Gerichts findet nicht statt (BGH NStZ **00**, 156).

Im **Ablehnungsbeschluss** muss nicht dargelegt werden, aus welchen Gründen 73 sich das Gericht die erforderliche Sachkunde zutraut, im Urteil nur, wenn es sich um Fachwissen handelt, das idR nicht Allgemeingut aller Richter ist (BGH **12**, 18; NStZ **83**, 325; **09**, 346; StV **84**, 232; **01**, 665; 3 StR 114/07 vom 11.4.2007). Die Ausführlichkeit, mit der das zu geschehen hat, richtet sich nach der Schwierigkeit der Beweisfrage (BGH **12**, 18; StV **89**, 331; Bay **01**, 64) sowie danach, ob die Materie eine besondere Ausbildung oder kontinuierliche wissenschaftliche oder praktische Erfahrung erfordert (BGH NStZ **17**, 300). Besondere Ausführungen sind nötig, wenn zunächst ein Sachverständiger bestellt war und sich das Gericht erst nach dessen erfolgreicher Ablehnung nach § 74 (BGH 3 StR 349/78 vom 4.10.1978) oder nach dessen Nichterscheinen (BGH NStZ-RR **97**, 171) auf seine eigene Sachkunde besonnen oder wenn das Gericht die vom Sachverständigen erörterte Frage im Widerspruch zu dessen Gutachten gelöst hat (BGH StV **93**, 234; NStZ-RR **97**, 172; **99**, 275; **02**, 259 [B]; **15**, 82; NStZ **00**, 437; **15**, 539; 5 StR 385/18 vom 12.12.2018; Hamm StraFo **02**, 262) oder im Gegensatz zum Obergutachter (Hamm StV **01**, 221) entschieden hat. Stellt das Gericht auf Umstände ab, die dem gehörten Sachverständigen unbekannt waren, so muss es grundsätzlich dem Sachverständigen Gelegenheit geben, sich mit den abweichenden Anknüpfungstatsachen auseinanderzusetzen und sie in seine Begutachtung einzubeziehen (BGH NStZ **95**, 201; Zweibrücken NStZ-RR **00**, 47).

Bei der **Beurteilung der Glaubwürdigkeit von Zeugen** kann sich das Ge- 74 richt eigene Sachkunde zutrauen (BVerfG NJW **04**, 209, 211; BGH **8**, 130; NStZ **00**, 214; **13**, 672; krit Deckers DAV-F S 411); Ausnahmen gelten aber, wenn besondere Umstände vorliegen (BGH NStZ **82**, 42; 95, 558; **10**, 100; **13**, 672; StV **90**, 8; NStZ-RR **01**, 132 [K]; StraFo **12**, 268; zB Psychose (Bay StV **96**, 476), hochgradige Medikamentenabhängigkeit (BGH StV **90**, 532; **91**, 405), Epilepsie (BGH StV **91**, 245), Asperger-Syndrom (Karlsruhe StraFo **15**, 464), Gehirnschwund auf Grund langjährigen Alkoholabusus (BGH NStZ **15**, 49), schwere Schädelverletzungen (Stuttgart NStZ-RR **03**, 51), beginnende demenzielle Erkrankung (BGH NStZ **19**, 41). Eigene Sachkunde hat das Gericht grundsätzlich

§ 244

auch für kindliche und jugendliche Zeugen (BGH **3**, 52; NStZ **81**, 400; **99**, 257; **05**, 394; **10**, 51; NStZ-RR **06**, 241), insbesondere wenn die Aussage durch andere Umstände erhebliche Unterstützung findet (BGH **7**, 82, 85; NStZ-RR **99**, 48) oder entwertet wird (BGH StV **95**, 115; BGHR Sachkunde 4), aber nicht, wenn das Kind jünger als 4 Jahre ist (Zweibrücken StV **95**, 293), wenn Besonderheiten in der Person des Zeugen bestehen (BGH NStZ **90**, 228 [M]; NStZ-RR **97**, 171; StV **02**, 637; **04**, 241; BGHR Sachkunde 6; NStE Nr 121; Düsseldorf StV **90**, 13) oder bei Auffälligkeiten im Aussageverhalten (BGH StV **91**, 547; **99**, 470; NStZ **01**, 105; Brandenburg StraFo **99**, 127; Düsseldorf JR **94**, 379). Psychiatrische Begutachtung wird aber nur dann angezeigt sein, wenn die Zeugentüchtigkeit dadurch in Frage gestellt ist, dass der Zeuge an einer geistigen Erkrankung leidet oder sonst Hinweise darauf vorliegen, dass die Zeugentüchtigkeit durch aktuelle psychopathologische Ursachen beschränkt sein kann (BGH NJW **05**, 1519; NStZ-RR **06**, 242; StraFo **13**, 26). Die aussagepsychologische Begutachtung eines Zeugen ist regelmäßig auch dann zulässig, wenn dieser die notwendige Einwilligung in die Exploration verweigert (BGH NStZ **15**, 299; eingehend zur Zulässigkeit der aussagepsychologischen Begutachtung, insbesondere bei nicht voll geschäftsfähigen Zeugen, Hilgert NJW **16**, 985).

74a Die **wissenschaftlichen Anforderungen** an ein psychologisches Glaubwürdigkeitsgutachten (wie Nullhypothese, Inhaltsanalyse, Aussagegenese, Sexualanamnese) hat BGH **45**, 164 eingehend dargelegt (vgl dazu auch Boetticher Schäfer-SH 8; Jansen StV **00**, 224; Meyer-Mews NJW **00**, 916; Otte NJW **00**, 929; Schaefer NJW **00**, 928; krit dazu Fischer Widmaier-F S 191, 219: Glaubhaftigkeit einer Aussage ist nicht das Ergebnis einer umfassenden Beweiswürdigung, sondern ein *Indiz*, das vom Richter mit oder ohne Zuziehung eines Sachverständigen festzustellen und als eines unter vielen Beweisanzeichen in die Beweiswürdigung einzustellen ist; vgl auch KK-Krehl 49 ff). Der BGH hat in der Folgezeit aber klargestellt, dass die Gerichte nicht einheitlich einer bestimmten Prüfstrategie folgen müssen (BGH NStZ **01**, 45; **08**, 116). Eine Glaubwürdigkeitsbeurteilung kann im Übrigen die Beweiswürdigung nicht ersetzen (BGH NStZ **03**, 276). Zur Bewertung eines Glaubwürdigkeitsgutachtens vgl ferner BGH StV **98**, 116; **03**, 61; Brause NStZ **13**, 129; zur Glaubwürdigkeitsuntersuchung vgl eingehend Schleswig SchlHA **97**, 137; Deckers Eisenberg-F S 488; Eisenberg BR 1864 ff. Das Gericht wird idR einen Psychologen mit der Untersuchung beauftragen, nur bei Hinweisen auf eine geistige Erkrankung des Zeugen oder auf Beeinträchtigung durch psychopathologische Ursachen einen Psychiater (BGH NJW **02**, 1813).

74b Die Beurteilung der **Glaubwürdigkeit des Angeklagten** gehört zum Wesen richterlicher Rechtsfindung, so dass entspr Beweisanträge idR wegen eigener Sachkunde des Gerichts abgelehnt werden können (BGH NStZ **87**, 182; **aM** Fischer NStZ **94**, 3; vgl auch Meyer-Mews aaO 918); die Hinzuziehung eines Sachverständigen ist aber nicht unzulässig (BGH NStZ **05**, 394). Zur Beurteilung der Eignung iSd § 69 I StGB hat der Tatrichter idR die notwendige eigene Sachkunde (BGH **50**, 93, 105).

74c Die **Frage der Schuldfähigkeit** des Angeklagten (§ 20 StGB) hat das Gericht in eigener Verantwortung zu beurteilen; es handelt sich insoweit um eine Rechtsfrage, die vor dem Hintergrund einer Gesamtwürdigung von Tat und Täter zu beantworten ist (BGH 4 StR 644/09 vom 7.4.2010). Das Gericht kann sie mangels Anzeichen dafür, dass der Angeklagte in geistiger Hinsicht von der Norm abweicht, auf Grund der Beobachtung in der Hauptverhandlung mit seinem medizinischen Allgemeinwissen beurteilen (BGH VR S **39**, 101). Sonst darf es sich die zur Beurteilung des Geisteszustandes erforderlichen Fachkenntnisse idR nicht zutrauen (BGH NStZ **97**, 296; **08**, 644; NStZ-RR **03**, 19; Düsseldorf StV **84**, 236; Oldenburg StV **04**, 477; Schmitt Geerds-F S 541), so insbesondere wenn der Angeklagte Besonderheiten und Eigentümlichkeiten aufweist (BGH NStZ-RR **09**, 115; Hamm NStZ-RR **14**, 85 L) oder einmal schwere Hirnverletzungen erlitten hat (BGH MDR **90**, 95 [H]; NStZ **92**, 225 [K]; NJW **93**, 1540; wistra **94**, 29; NStZ-RR **02**, 69 [B] oder Gehirnschwund, BGH NStZ-RR **14**, 185; erg 8 zu

Hauptverhandlung § 244

§ 73),es sei denn, diese liegen schon sehr lange zurück und Anhaltspunkte für eine bleibende Gehirnschädigungen fehlen (Frankfurt NStZ-RR **97**, 366). Zu den Anforderungen an ein psychiatrisches Sachverständigengutachten über die Schuldfähigkeit des Angeklagten und die Voraussetzungen seiner Unterbringung in einem psychiatrischen Krankenhaus sowie zu den Prüfungsanforderungen an das Gericht bei Vorliegen eines methodenkritischen Gegengutachtens BGH NStZ **05**, 205 = JR **05**, 213 mit Anm Nedopil; vgl auch Boetticher/Nedopil/Bosinski/Saß NStZ **05**, 57, krit dazu Bock StV **07**, 269 und Eisenberg NStZ **05**, 304, gegen beide Schöch Widmaier-F S 978 ff.

Ob eine **Spielsucht** zur erheblichen Verminderung oder Aufhebung der **74d** Schuldfähigkeit geführt hat, kann das Gericht idR selbst beurteilen; eine Spielleidenschaft kann nämlich allenfalls dann beachtlich sein und die Zuziehung eines Sachverständigen erforderlich machen, wenn feststeht, dass der Angeklagte seine Straftat zwecks Fortsetzung des Spielens begangen hat (BGH NStZ **94**, 501; **04**, 31; **05**, 281; BGH **49**, 365; NJW **13**, 181; 1 StR 122/11 vom 8.6.2011; Hamm NStZ-RR **98**, 241; a**M** Kellermann StV **05**, 287); zur Unterbringung nach § 63 StGB vgl BGH **58**, 192 und dazu Schneider Tolksdorf-F S 413.

b) Die **Anhörung eines weiteren Sachverständigen** (IV S 2) kann – verfas- **75** sungsrechtlich unbedenklich (BVerfG NJW **04**, 209) – nach IV S 2 Hs 1 auch abgelehnt werden, wenn bereits nach den Gutachten anderer Sachverständiger das Gegenteil der behaupteten Tatsache erwiesen ist; dabei muss dies *allein* durch das frühere Gutachten bewiesen sein (BGH **39**, 49, 52; NStZ **05**, 159; StraFo **14**, 75), nicht auf Grund anderer Beweismittel (BGH VR S **35**, 207; Koblenz StV **01**, 561) oder einer Gesamtwürdigung aller eingeholten Gutachten und der sonstigen Beweisumstände (BGH MDR **93**, 165). „Früheres Gutachten" kann auch ein nach § 256 I Nr 2 verlesenes ärztliches Attest sein (BGH **52**, 322). „Weiterer" Sachverständiger kann ausnahmsweise auch der Angehörige einer anderen Fachrichtung sein (BGH **34**, 355), zB ein Sexualwissenschaftler gegenüber einem Psychiater (BGH NJW **90**, 2945), ein Psychoanalytiker gegenüber einem Psychiater (BGH NStZ **99**, 630), ein Blutgruppen- gegenüber einem DNA-Sachverständigen (BGH **39**, 49), ein Rechtsmediziner gegenüber einem Gynäkologen (BGHR Zweitgutachter 3), nicht aber ein Gynäkologe gegenüber einem Psychiater (BGH NStE Nr 126). Das Gericht kann den Antrag aber auch ablehnen, weil es durch diese Gutachten genügend sachkundig geworden ist, um die Beweisfrage beurteilen zu können (BGH DAR **82**, 205 [Sp]; **87**, 203 [Sp]; NStZ **82**, 189 [Pf]; **84**, 467; **85**, 421). Es muss dann aber die Ausführungen des Sachverständigen im Einzelnen wiedergeben und seine Gegenansicht unter Auseinandersetzung mit ihnen näher begründen (vgl 13 zu § 267). Wenn der Richter einen Antrag auf Einholung eines weiteren Sachverständigengutachtens, der auf substantiiert dargelegte methodische Mängel des Erstgutachtens gestützt ist, wegen eigener Sachkunde zurückweist, darf er sich in den Urteilsgründen nicht dadurch in Widerspruch setzen, dass er seiner Entscheidung das Erstgutachten ohne Erörterung der geltend gemachten Mängel zugrunde legt (BGH **55**, 5 mit zust und ins Einzelne gehenden Anm Eisenberg JZ **10**, 474 und Trück NStZ **10**, 586 sowie Deckers Rissing-van Saan-F S 87; ähnlich BGH StraFo **12**, 269). Hat sich der Richter auf Grund des Gutachtens eines psychiatrischen Sachverständigen die nötige Sachkunde verschafft, dass Auffälligkeiten in der Person des Zeugen auf dessen Zeugtüchtigkeit keinen Einfluss haben, braucht er nicht noch einen Psychologen als weiteren Sachverständigen zur Glaubwürdigkeit des Zeugen zu hören (BGH NStZ **98**, 366). Dass die bereits gehörten Gutachter zu voneinander abweichenden Ergebnissen gekommen sind, zwingt nicht zur Anhörung weiterer Sachverständiger (BGH DAR **80**, 206 [Sp]; MDR **70**, 732 [D]).

Bei **Zweifeln an der Sachkunde** des 1. Gutachters muss dem Beweisantrag **76** stattgegeben werden (IV S 2 Hs 2). Solche Zweifel sind nicht schon berechtigt, weil der Sachverständige bestimmte Untersuchungsmethoden nicht angewendet (BGH GA **61**, 241), weil er Schwierigkeiten bei der Auslegung einer Gerichtsent-

§ 244

scheidung hat (BGH **23**, 176, 185), idR auch nicht, weil er nur Psychiater und nicht auch Psychologe (BGH NStZ **90**, 400) oder Neurologe (BGH StV **91**, 244) ist. Geht es aber um die Frage, ob eine Erkrankung Auswirkungen auf die Aussagetüchtigkeit hat, darf sich das Gericht nicht mit der Beauftragung eines Psychologen begnügen, sondern muss (zusätzlich) einen Psychiater heranziehen (BGH StV **97**, 60; NStZ **97**, 199). Weicht das mündliche Gutachten von dem schriftlich erstatteten ab, zwingt dies noch nicht zur Anhörung eines weiteren Sachverständigen (BGH **8**, 113, 116), es sei denn, im entscheidenden Punkt bestehe gegenüber dem schriftlichen Gutachten ein nicht erklärbarer Widerspruch (BGH NStZ **90**, 244; **91**, 448; **14**, 476; Karlsruhe StV **04**, 477) oder der Sachverständige vollzieht eine „totale Kehrtwende" (EGMR StraFo **02**, 81); eingehend zu den notwendigen Darlegungen in der Revisionsbegründung bei Rüge des Abweichens des in der Hauptverhandlung mündlich erstatteten vom schriftlichen Gutachten BGH NStZ **13**, 98. Widersprüche innerhalb des mündlichen Gutachtens zwingen ebenfalls zur Anhörung eines weiteren Sachverständigen (BGH **23**, 176, 185; DAR **88**, 230 [Sp]). Dem Antrag muss ferner entsprochen werden, wenn die Auffassung des Sachverständigen mit den Erkenntnissen der Wissenschaft nicht in Einklang steht (BGH StV **89**, 335) oder wenn ein anderer Sachverständiger über überlegene Forschungsmittel verfügt. Damit sind nur die Hilfsmittel gemeint, deren sich ein Sachverständiger für seine wissenschaftlichen Untersuchungen zu bedienen pflegt (BGH **23**, 176, 186; GA **61**, 241; **62**, 371; NStZ **88**, 373), nicht aber persönliche Kenntnisse und Fähigkeiten, größere Berufserfahrung, höheres Lebensalter, größerer Umfang des zur Verfügung stehenden Beobachtungsmaterials, wissenschaftliche Veröffentlichungen (BGH aaO; **34**, 355, 358; Koblenz VR S **45**, 367, 370). Kein überlegenes Forschungsmittel ist auch die Beobachtung nach § 81 (BGH **8**, 76; **23**, 176, 187; 311). Hat ein Sachverständiger bestimmte Untersuchungsmethoden nicht angewendet, so beweist das nicht, dass er über sie nicht verfügt (BGH GA **61**, 241; StV **85**, 489). Ein Sachverständiger verfügt nicht deshalb über überlegene Forschungsmittel, weil sich der Angeklagte von ihm untersuchen lassen will; mit einer Untersuchungsverweigerung gegenüber anderen Sachverständigen kann daher die Begutachtung durch einen bestimmten psychiatrisch/psychologischen Sachverständigen nicht erzwungen werden (BGH **44**, 26).

77 Die **Aufklärungspflicht** kann bei besonderer Schwierigkeit der Beweisfrage zur Anhörung weiterer Sachverständiger auch zwingen, wenn ein darauf gerichteter Antrag nach IV S 2 abgelehnt werden könnte (vgl BGH **23**, 176, 187: Extremer Fall der Sexualpathologie; BGH **10**, 116, 119; Celle NJW **74**, 616: Schriftgutachten; BGH NStZ-RR **97**, 42: Widersprüchliche Gutachten; vgl auch Düsseldorf JMBlNW **87**, 101, 104; StV **86**, 376; Erb ZStW **121**, 896; Wasserburg StV **89**, 333). Auch in Kapitalstrafsachen muss nicht stets ein Sachverständiger zur Schuldfähigkeit des Angeklagten gehört werden, falls der Tatrichter mit Blick auf Tat und Täter über die notwendige Sachkunde verfügt (BGH NJW **08**, 1329; im Wesentlichen zust Erb StV **08**, 618).

77a c) Im **Ablehnungsbeschluss** muss im Falle des IV S 1 die eigene Sachkunde nicht näher begründet werden (BGH **12**, 18; LR-Becker 339; wohl **aM** BGH NStZ **17**, 300 mit Anm Ventzke, wo allerdings ergänzend auch die Möglichkeit einer Darlegung in den Urteilsgründen erörtert wird; SK-Frister 220 f); ergibt sie sich nicht aus der Lebenserfahrung, muss sie allerdings im Urteil dargelegt werden. Im Fall des IV S 2 ist eine nähere Begründung erforderlich, wenn einer der dort bezeichneten Umstände behauptet wird (BGH **10**, 116, 118; Celle NJW **74**, 616; Düsseldorf NJW **70**, 1984; KK-Krehl 207).

78 I. **Anträge auf Augenscheinsbeweis** (V S 1): Für die Ablehnung solcher Anträge ist allein die Sachaufklärungspflicht der maßgebende Gesichtspunkt (BGH NStZ **81**, 310; **84**, 565; **88**, 88). Drängt sie nicht zur Augenscheinseinnahme durch das Gericht, so kann die Benutzung anderer Beweismittel genügen, insbesondere die Besichtigung von Lichtbildern der Örtlichkeit (BGH aaO; VR S **37**, 55; Koblenz VR S **49**, 273) und die Anhörung von Zeugen, insbesondere von Augen-

scheinsgehilfen (4 zu § 86). Das Verbot der Beweisantizipation (oben 46) gilt für den Antrag auf Augenscheinnahme nicht; er kann – vorausgesetzt, dass tatsächlich eine weitere Sachaufklärung nicht erforderlich ist (BGH NStZ **06**, 406) – auch mit der Begründung abgelehnt werden, dass die Beschaffenheit des Augenscheinsgegenstandes schon auf Grund der in der Hauptverhandlung erhobenen Beweise feststehe (BGH **8**, 177, 180; NStZ **85**, 206 [Pf/M]; Köln NJW **66**, 606). Das gilt grundsätzlich auch für den Fall, dass Zeugen dazu ausgesagt haben (BGH VR S **20**, 202, 204; Koblenz VR S **45**, 28; **49**, 40; Köln StV **83**, 451). Nur wenn der Augenschein gerade zu dem Zweck beantragt ist, die Aussage eines Zeugen zu widerlegen, muss er idR erhoben werden (BGH **8**, 177, 181; NStZ **84**, 565; StV **94**, 411; KG NStZ **07**, 480; Köln VR S **65**, 450). Das gilt auch, wenn mehrere Mitglieder eines wesentlich gleichartigen Erlebnis- und Interessenkreises ausgesagt haben (BGH NJW **61**, 280; Koblenz StV **13**, 553; Köln StV **02**, 238), nicht aber für Zeugen, die nur ein gemeinsamer Pflichtenkreis verbindet, zB Polizeibeamte (Celle MDR **65**, 227; Schleswig SchlHA **79**, 205 [E/J]; a M Koblenz VR S **48**, 120). Eine Augenscheinnahme iSd V S 1 kann auf fremdem Staatsgebiet nicht durchgeführt werden (BGH NStZ **91**, 121 [M/K]). Es empfiehlt sich, die Ablehnung eines Augenscheins im Beschluss entsprechend zu begründen; die Wiederholung des Gesetzeswortlauts genügt idR nicht (KG NStZ **07**, 480).

J. Auslandszeuge (V S 2): Die Vernehmung eines Auslandszeugen kann nach V S 2 – verfassungsrechtlich unbedenklich (BVerfG StV **97**, 1; nach Ansicht von Günther Widmaier-F S 253 aber gegen Art 6 III Buchst d EMRK verstoßend) – unter den gleichen Voraussetzungen abgelehnt werden wie die Einnahme eines Augenscheins, wenn also nach dem pflichtgemäßen Ermessen des Gerichts die Beweiserhebung zur Erforschung der Wahrheit nicht erforderlich ist (vgl dazu Herdegen NStZ **98**, 445 ff; krit Johnigk Rieß-F S 197). Der Regelung liegt der Gedanke zugrunde, dass sich das Gericht außerhalb seiner Amtsaufklärungspflicht (oben 10) auf die Beweismittel beschränken soll, die es aus seinem eigenen Hoheitsbereich herbeischaffen kann (BR-Drucks 314/91 S 103; abl Herdegen NJW **96**, 27; Schomburg/Klip StV **93**, 210). Damit ist eine vorweggenommene Beweiswürdigung erlaubt und erforderlich (BGH **40**, 60; NStZ **94**, 554; NJW **01**, 695; **05**, 2322; NStZ **07**, 349; **14**, 469); das Gericht darf seine Entscheidung davon abhängig machen, welche Ergebnisse von der beantragten Beweisaufnahme zu erwarten sind und wie diese zu würdigen wären (BGH 3 StR 144/18 vom 12.7. 2018). Jedoch gelten die von der Rspr zu V S 1 entwickelten Grundsätze über die – engeren – Grenzen zulässiger Beweisantizipation nicht (BGH NStZ **94**, 593; 1 StR 336/13 vom 13.2.2014); die Ladung eines Auslandszeugen darf also nicht abgelehnt werden, wenn dadurch die Aussage eines einzigen – nach Ansicht des Gerichts glaubwürdigen – Zeugen widerlegt werden soll (zw Fezer JZ **96**, 659; vgl auch Gerst StV **18**, 755, 759 unter Hinweis auf Art 6 III d EMRK).

Dem Gericht steht **zur Prüfung** der Voraussetzungen des V S 2 **das Freibeweisverfahren** (oben 7, 9) offen (BGH StV **97**, 511; **03**, 317; 5 StR 143/18 vom 23.1.2019); es ist deshalb auch befugt, sich unmittelbar (zB telefonisch) mit dem Zeugen in Verbindung zu setzen, um herauszufinden, ob er Sachdienliches zur Klärung der Beweisfrage beitragen kann (BGH NStZ **95**, 244; vgl auch BGH StraFo **07**, 118). Bei der Entscheidung sind auch die Schwierigkeiten einer Ladung zu berücksichtigen, die allerdings wegen der vereinfachten Ladungsvorschriften (25, 25a zu § 37), namentlich innerhalb der EU bzw zwischen den Staaten des Schengen-Verbundes, deutlich geringer geworden sind (Gleß Eisenberg-F S 499 hält die Vorschrift deshalb jedenfalls in Bezug auf EU-Auslandszeugen für nicht mehr zeitgemäß und will sie insoweit teleologisch reduzieren; ebenso Gerst StV **18**, 755, 758). Es sind somit neben dem Gewicht der Strafsache die Bedeutung und der Beweiswert des Beweismittels vor dem Hintergrund des Ergebnisses der bisherigen Beweisaufnahme einerseits und der zeitliche und organisatorische Aufwand der Ladung und Vernehmung mit den damit verbundenen Nachteilen durch die Verzögerung des Verfahrens andererseits unter Beachtung des Grundsatzes der

§ 244

Verhältnismäßigkeit abzuwägen (BGH NJW **02**, 2403; StraFo **16**, 289). V S 2 gilt auch dann, wenn der Zeuge im Ausland im Rechtshilfeweg – ggf nach § 247a (dort 6, 9) – vernommen werden soll; das Gericht ist bei Vorliegen der Voraussetzungen also auch nicht verpflichtet, den Zeugen im Ausland selbst zu vernehmen (BGH NJW **98**, 3363). Mit der Ablehnung nach V S 2 entfällt die Pflicht, sich um den Zeugen weiter zu bemühen, gleichgültig, ob sein Aufenthalt bekannt ist oder nicht; es ist auch nicht mehr zu prüfen, ob eine Vernehmung im Ausland im Wege der Videokonferenz nach § 247a erfolgen kann (BGH NJW **01**, 695; NStZ **14**, 531; NStZ-RR **15**, 278; **aM** wohl Gleß JR **02**, 98). In den Urteilsgründen darf sich das Gericht nicht mit der Beschlussentscheidung in Widerspruch setzen (BGH StV **97**, 511). Das Revisionsgericht prüft im Übrigen nur, ob die vom Tatrichter nach seinem pflichtgemäßen Ermessen zu treffende Entscheidung Rechtsfehler aufweist (BGH NJW **98**, 3363; dagegen Fezer BGH-FG 875). Kommt das Tatgericht unter Berücksichtigung sowohl des Vorbringens im Beweisantrag als auch der Erkenntnisse der bisherigen Beweisaufnahme zu dem Ergebnis, dass der Zeuge die Beweisbehauptung nicht bestätigen werde oder ein Einfluss auf die Überzeugungsbildung auch dann sicher ausgeschlossen ist, wenn er sie bestätigt, ist die Ablehnung des Beweisantrags in der Regel nicht zu beanstanden (BGH 3 StR 144/18 vom 12.7.2018 mwN). Zur eingeschränkten verfassungsrechtlichen Prüfung vgl BerlVerfGH NJW **04**, 1791.

78c Im **Ablehnungsbeschluss** muss das Gericht die Gründe dafür, warum es die Vernehmung des – angeblich erreichbaren – Zeugen (nur hierfür ist die Vorschrift von praktischer Bedeutung, vgl Oldenburg NdsRpfl **94**, 315; zum unerreichbaren Zeugen vgl 62–66a) für entbehrlich erachtet, im Ablehnungsbeschluss darlegen (BGH StraFo **10**, 341; Köln StraFo **08**, 383; Rose NStZ **12**, 27), also insbesondere die Erwägungen mitteilen, auf die sich seine Überzeugung stützt, die beantragte Beweiserhebung werde keinen Einfluss auf die Feststellungen haben (BGH **40**, 60; NStZ **98**, 158; StraFo **10**, 155; StV **11**, 398), und zwar auch dann nicht, wenn der Zeuge die in sein Wissen gestellte Behauptung bestätigen werde (BGH NStZ-RR **15**, 278; 3 StR 144/18 vom 12.7.2018). Hierbei kommt es auf die Ergebnisse der bereits durchgeführten Beweisaufnahme an (BGH NStZ **09**, 168); die Vernehmung des Auslandszeugen wird umso eher notwendig sein, je ungesicherter das bisherige Beweisergebnis erscheint (BGH NStZ **14**, 531). Der Antrag ist danach abzulehnen, wenn die Richtigkeit der Beweisbehauptung durch sonstige Beweismittel geklärt werden kann (LR-Becker 357; Böttcher/Mayer NStZ **93**, 155) oder die beantragte Zeugenvernehmung keine weitere wesentliche Aufklärung verspricht (krit dazu Schoreit DRiZ **91**, 405) oder der Zeuge bereits polizeilich vernommen wurde, dabei nichts zur Aufklärung beitragen konnte und andere Angaben nicht zu erwarten sind. Die Amtsaufklärungspflicht setzt der Ablehnung enge Grenzen (Siegismund/Wickern wistra **93**, 86) und verwehrt sie, wenn die Aussage des Zeugen nach dem Inhalt des Beweisantrages von ausschlaggebender Bedeutung sein kann (BGH NStZ **07**, 349; **14**, 51 mit Anm Heine; BGH NStZ **17**, 96 mit Anm Ventzke; Maatz Remmers-F S 586).

78d K. **Verlesung von Ausgangsdokumenten (V S 3):** Ein Beweisantrag auf Verlesung eines Ausgangsdokumentes kann nach dem durch das Gesetz zur Einführung der elektronischen Akte vom 5.7.2017 (BGBl I 2017 S 2208) neu eingeführten V S 3 abgelehnt werden, wenn nach pflichtgemäßem Ermessen des Gerichts kein Anlass besteht, an der inhaltlichen Übereinstimmung mit dem übertragenen Dokument zu zweifeln. Erfasst wird der Urkundsbeweis hinsichtlich aller Dokumente, die nach § 32e I übertragen wurden. Ein Beweisantrag wird schon nicht vorliegen, wenn keine Tatsachen plausibel vorgetragen werden, die eine Diskrepanz zwischen dem Ausgangsdokument und dem umgewandelten Dokument ergeben; in diesem Fall ist nach II zu entscheiden. Anträge auf Inaugenscheinnahme von Dokumenten, etwa wenn es um deren Beschaffenheit geht, können nach V S 1 beschieden werden (BT-Drucks 18/9416 S 62).

§ 244

9) Ablehnung des Beweisantrags durch das Gericht (VI): 79

A. Auslegung bei unklaren oder mehrdeutigen Anträgen: Wie jede straf- 80
prozessuale Willenserklärung ist auch der Beweisantrag der Auslegung fähig (BGH
JR **51**, 509; Koblenz VR S **49**, 273), auch wenn er vom StA (BGH MDR **76**, 815
[H]) oder Verteidiger stammt. Wenn die Befragung des Antragstellers nicht möglich ist, muss daher durch Auslegung versucht werden, den Sinn und Inhalt eines
unklaren Antrags zu ermitteln. Das gilt gleichermaßen für Beweistatsachen (BGH
NJW **68**, 1293) wie für Beweismittel (Koblenz VR S **47**, 180) und für das Beweisziel (BGH StraFo **07**, 331). Auszugehen ist vom Wortlaut. Zur Auslegung sind alle
dazu geeigneten Umstände heranzuziehen, insbesondere der Gang der Hauptverhandlung (BGH JR **51**, 509; Celle NdsRpfl **82**, 66), die übrigen Ausführungen des
Antragstellers (Bay VR S **62**, 450; Bergmann MDR **76**, 889) oder seines Verteidigers (Schleswig DAR **61**, 310), vorbereitende Schriftsätze und der sonstige Akteninhalt (Schleswig SchlHA **70**, 198 [E/J]; Dahs Rev 329). Bei mehreren Auslegungsmöglichkeiten muss die dem Antragsteller günstigere gewählt werden (Hamm
VR S **21**, 368). Davon unberührt bleibt die Pflicht des Gerichts, auf die Stellung
sachdienlicher Beweisanträge hinzuwirken (dazu oben 37, 38).

B. Ablehnung durch Gerichtsbeschluss (VI S 1): 81

a) Grundsätze: Die Ablehnung des Antrags erfolgt durch einen mit Gründen 82
versehenen Gerichtsbeschluss (§ 34). Der Hinweis des Vorsitzenden, die StrK halte
einen Zeugen für unerreichbar, erfüllt die Funktion eines solchen Beschlusses nicht
(BGH NStZ **83**, 568), ebensowenig ein Vermerk des Vorsitzenden (BGH 1 StR
517/19 vom 5.12.2019). Die zulässigen Ablehnungsgründe sind in III, IV und V
erschöpfend aufgezählt (BGH **29**, 149, 151; Hamm VR S **42**, 208). Ob es daneben
in Ausnahmefällen eine Ablehnung wegen groben Missbrauchs des Antragsrechts
geben kann, wie BGH NStZ **86**, 371 erwogen hat, ist, vor allem mit Blick auf die
nunmehr vom Gesetzgeber geschaffene Möglichkeit, mit Verschleppungsabsicht
gestellte Anträge nicht als Beweisanträge zu behandeln (siehe VI S 2) abzulehnen
(vgl dazu schon Bottke NStZ **94**, 82; Herdegen Meyer-GedSchr 199; Metzger in
Jung/Müller-Dietz 96).

Das **Fehlen eines Beschlusses** ist unschädlich, wenn sich aus dem Verhalten des 83
Antragstellers ergibt, dass er den Beweisantrag nicht aufrechterhalten will (BGHR
Entscheidung 2 mwN), oder er nach den Umständen nicht im unklaren darüber
sein konnte, dass das Gericht von der Erledigung des Beweisantrages ausgegangen
war oder dass von der beantragten Beweiserhebung Abstand genommen wird und
dies widerspruchslos hingenommen wird (BGH NStZ **05**, 463; **09**, 649; Düsseldorf
Rpfleger **93**, 460), oder wenn ausnahmsweise sonst das Beruhen des Urteils auf dem
fehlenden Ablehnungsbeschluss ausgeschlossen werden kann (zB weil die behauptete Beweistatsache mit den angebotenen Beweismitteln nicht zu beweisen ist, Koblenz OLGSt N 17 oder die Beweisbehauptung für das rechtlich relevante Beweisthema ohne jede Bedeutung ist (BGH 5 StR 462/18 vom 18.3.2019 mN).

Das **Erfordernis eines begründeten Ablehnungsbeschlusses** besteht hinge- 84
gen auch bei misslungener Ladung eines Zeugen (BGH NStZ **99**, 419) sowie bei
der Teilablehnung eines Beweisantrags, die auch vorliegt, wenn anstelle des benannten Beweismittels ein schlechteres (BGH StV **96**, 411; **aM** BGH StV **83**, 6
mit abl Anm Schlothauer), nicht aber, wenn ein gleichwertiges verwendet wird
(dazu Schultz StV **83**, 349 ff; vgl BGH **34**, 355, 357; NStZ **92**, 225 [K]). Der Vorsitzende darf nicht anstelle des Gerichts entscheiden, auch nicht im Einverständnis
der Prozessbeteiligten (BGH NStZ **83**, 422; wistra **94**, 66). Maßgebend für die
Entscheidung des Gerichts ist der Verfahrensstand im Zeitpunkt der Beschlussfassung; anders als die „beweismittelbezogenen" Ablehnungsgründe der Unerreichbarkeit und Ungeeignetheit müssen die „beweisthemabezogenen" Ablehnungsgründe der Offenkundigkeit, Bedeutungslosigkeit, Erwiesenheit und Wahrunterstellung aber auch noch bei Urteilserlass gegeben sein (Niemöller Hamm-F
S 537 ff; vgl aber einschr zur Wahrunterstellung 70). Ein Beweisantrag, dem zunächst stattgegeben wurde, kann bei anderer Bewertung nach Anhörung der Betei-

ligten später noch abgelehnt werden (Hamm StraFo 06, 73). Die Bescheidung eines Beweisantrages erst im Anschluss an die Urteilsverkündung ist revisionsrechtlich unbeachtlich und steht der Nichtbescheidung des Antrags gleich (BGH 1 StR 113/07 vom 28.3.2007).

85 b) Die **Begründung des Ablehnungsbeschlusses** soll den Antragsteller darüber unterrichten, wie das Gericht den Antrag beurteilt, damit er in der Lage ist, sich in seiner Verteidigung auf die Verfahrenslage einzustellen, die durch die Antragsablehnung entstanden ist, insbesondere weitere Anträge zu stellen (BGH **19**, 24, 26; NStZ **83**, 568; StV **82**, 253; **07**, 176; KG VR S **48**, 432; Köln VR S **49**, 283). Im Einzelnen müssen in dem Ablehnungsbeschluss die rechtlichen und tatsächlichen Erwägungen dargelegt werden, aus denen der Beweisantrag abgelehnt wird (vgl dazu Fezer BGH-FG 862 ff). Einer vorherigen Anhörung zur beabsichtigten Entscheidung bedarf es nicht, anders nur bei einem Hilfsbeweisantrag (unten 90a). Durch die Beschlussbegründung soll auch dem Revisionsgericht die rechtliche Prüfung der Ablehnung ermöglicht werden (BGH **2**, 284, 286; NJW **94**, 1484; Bay DAR **56**, 165; KG VR S **29**, 204). Eine über den Gesetzeswortlaut nicht hinausgehende Beschlussbegründung genügt daher nicht (BGH **13**, 252, 257; NStZ **81**, 96 [Pf]; VR S **16**, 424; Düsseldorf MDR **80**, 868); bei einfacher Sachlage kann ein Verstoß gegen diesen Grundsatz aber unschädlich sein.

86 **Verbot der Beweisantizipation:** Ein Beweisantrag darf grundsätzlich nicht mit der Begründung abgelehnt werden, das Gegenteil der Beweistatsache sei schon erwiesen, die Beweiserhebung verspreche keinen Erfolg (BGH StV **86**, 418; **94**, 62; **97**, 567). Das Verbot der Vorwegnahme der Beweiswürdigung bezieht sich auf Beweismittel und Beweistatsachen. Das Gericht darf nicht von vorneherein annehmen, dass das Beweismittel die Beweisbehauptung nicht bestätigen werde, etwa weil die Angaben eines Zeugen nur auf Schätzung beruhen (BGH NStZ **83**, 468), oder (vom Fall der völligen Ungeeignetheit abgesehen, siehe 58–61), dass es wertlos sei (BGH **23**, 176; NJW **66**, 1524; NStZ **84**, 42; NStZ-RR **12**, 82). Es darf auch nicht davon ausgehen, dass die Beweistatsache nicht beweisbar oder durch die bisherige Beweisaufnahme schon widerlegt sei (BGH StV **93**, 621; **01**, 95; Düsseldorf VR S **84**, 453).

86a Das **Verbot gilt** aber **nicht schlechthin**. Es erfährt mit Rücksicht auf die jeweilige Struktur der in Betracht kommenden Ablehnungsgründe eine Reihe von Einschränkungen und Modifizierungen. Dies gilt etwa für die Bedeutungslosigkeit, sofern die Beweistatsache so als sei sie bewiesen, in das bisherige Beweisergebnis eingestellt wird (siehe 56), die Wahrunterstellung, welcher die Prognose immanent ist, dass sich die unter Beweis gestellte Behauptung nicht widerlegen lassen wird (siehe 67 ff), ferner für die Prognose, ob ein Beweismittel völlig ungeeignet ist (58 ff) sowie die Unerreichbarkeit, die sich ua nach der Bedeutung des Beweismittels für die Wahrheitserforschung richtet (siehe 62a). Auch die Ablehnung der Vernehmung eines Auslandszeugen (V S 2) erlaubt in gewissen Grenzen eine vorweggenommene Beweiswürdigung (78a, b).

87 **Unter jedem in Betracht kommenden Gesichtspunkt** muss der Ablehnungsbeschluss den Antrag würdigen (Frankfurt NJW **53**, 198; Hamm NJW **63**, 603). Die Beschlussbegründung muss den Antrag nach seinem wirklichen Inhalt und Sinn (BGH NStZ **81**, 96 [Pf]) und ohne Umdeutung oder Verkürzung in seiner vollen Tragweite erledigen (BGH NStZ **83**, 210 [Pf/M]; StV **83**, 90). Bei mehreren Anträgen müssen die Ablehnungsgründe für jeden Antrag dargelegt werden (BGH **21**, 118, 124; **22**, 124, 126). Entsprechendes gilt, wenn in dem Antrag mehrere Beweismittel benannt waren (BGH StV **87**, 236). Ein und derselbe Antrag kann zwar auch aus mehreren Gründen abgelehnt werden (BGH NJW **53**, 1314), wobei sich die Ablehnungsgründe aber nicht widersprechen dürfen (BGH NStZ **04**, 51; NJW **11**, 1299, 1300). Der Beschluss ist auslegungsfähig (BGH **1**, 29, 32; NJW **03**, 2761, 2762; Stuttgart NJW **67**, 1627), aber nicht aus den Urteilsgründen. Ein unvollständig oder mangelhaft begründeter Beschluss kann auch nicht in den Urteilsgründen ergänzt oder geändert werden (BGH **19**, 24, 26; **29**,

149, 152; NJW **85**, 76; NStZ **82**, 213; **84**, 16 [Pf/M]; 17 [Pf/M]; StV **07**, 176; StraFo **10**, 341; vgl auch Hamm StV **05**, 542 zu § 244 V S 2).

Entnimmt der Antragsteller aber aus der Ablehnungsbegründung, dass das Gericht seinen **Antrag missverstanden** hat, muss er dies sogleich und nicht erst mit der Revision rügen (BGH StV **01**, 436; 504; **89**, 465; vgl auch BGH NStZ **02**, 656; **03**, 381; NStZ-RR **08**, 382; StV **09**, 62; **am** Hamm/Pauly 295). Dies gilt aber nur dann, wenn das gerichtliche Missverständnis jedenfalls auch auf der ungenauen Formulierung des Beweisantrags beruht, zB wenn das Gericht einen Antrag nicht als Beweisantrag wertet, weil der Antragsteller einen Zeugen nicht für bestimmte Wahrnehmungen, sondern für ein Beweisziel benennt (vgl BGH NStZ **09**, 171, 173; 3 StR 355/17 vom 2.5.2018). Wird ein abgelehnter Antrag wiederholt, kann uU eine Bezugnahme auf den Ablehnungsbeschluss genügen (BGH NStZ-RR **08**, 146 L). 88

Erg zu **Begründungsanforderungen bei einzelnen Ablehnungsgründen** siehe 56a, b (Bedeutungslosigkeit), 66a (Unerreichbarkeit), 77a (Sachverständigenbeweis) und 78c (Auslandszeuge). 89

c) **Bekanntgegeben** werden muss der Beschluss spätestens vor dem in § 258 I bezeichneten Schluss der Beweisaufnahme (BGH **19**, 24, 26). Bis dahin kann die Entscheidung zurückgestellt werden (BGH NStZ **11**, 168; Schulz StV **83**, 342). Den Urteilsgründen darf die Mitteilung der Ablehnungsgründe nicht vorbehalten werden (BGH NJW **51**, 412; NStZ **84**, 17 [Pf/M]; VR S **35**, 132; Köln VR S **49**, 183). Der Antragsteller kann auf die Bekanntgabe vor Urteilserlass aber verzichten; der Vermerk des Protokolls, dass auf ausdrückliches Befragen keine Beweis- oder Beweisermittlungsanträge mehr gestellt wurden und die Beweisaufnahme im allseitigen Einverständnis geschlossen wurde, weist idR jedoch keine eindeutige Verzichtserklärung aus (BGH StV **87**, 189; **03**, 318; Zweibrücken StV **95**, 347; erg oben 37). Ein Verzicht liegt hingegen bei dem nach § 233 entbundenen Angeklagten darin, dass er weder erscheint noch einen Vertreter entsendet. 90

Über einen **Hilfs- oder einen Eventualbeweisantrag** wird dagegen **erst im Urteil** entschieden. Das folgt aus der Abhängigkeit des Hilfs- vom Hauptantrag (BGH StV **90**, 149; Brause NJW **92**, 2868; Niemöller JZ **92**, 884 ff); eine andere Auffassung (so SK-Frister 88 ff) würde zu einer teilweisen Bekanntgabe der Urteilsgründe vor der Urteilsverkündung führen (BGH NStZ **91**, 47 mit abl Anm Scheffler NStZ **91**, 348 und Schlothauer StV **91**, 349). Demgegenüber geht die Gegenansicht (früher hM) von einem in dem Hilfsantrag liegenden Verzicht auf die Bekanntgabe vor Urteilserlass aus (BGH **32**, 10, 13; StV **90**, 149) und schließt daraus konsequent (und unter allerdings unzutreffender Berufung auf BGH MDR **51**, 275, dort von Dallinger verkürzt und missverständlich wiedergegeben), dass dieser Verzicht auch widerrufen und damit Entscheidung vor Urteilserlass verlangt werden könne. Das ist abzulehnen (vgl BGH NStZ **91**, 47; **95**, 98; StV **96**, 529; Fahl 573; Niemöller aaO; Widmaier Salger-F S 431, der zurt darauf hinweist, dass sonst der Hilfsbeweisantrag dem Antragsteller mehr Informationen verschaffen würde als ein unbedingt gestellter Beweisantrag). Die Ablehnungsbegründung kann somit zwar auch schon in der Verhandlung, wird aber idR – und muss dann (KG NStZ-RR **04**, 146) – in der Urteilsbegründung erfolgen (vgl Alsberg/Güntge 1454; vgl aber auch BGH NStZ **85**, 494 [Pf/M]: ausdrückliche Erwähnung des Antrags ist nicht erforderlich). Das gilt auch, wenn dem Antrag stattgegeben wird, die Beweiserhebung aber nicht durchgeführt werden kann und das Gericht den Antrag nunmehr ablehnt (BGH **32**, 10). Im Übrigen kann lediglich dann, wenn der Hilfsantrag in einen Hauptantrag geändert wird, das Gericht zu einer Entscheidung vor Urteilserlass gezwungen werden (BGH **32**, 10, 14). 90a

Eine **Ausnahme** bestand nach der Rspr für den Ablehnungsgrund der **Verschleppungsabsicht** nach früherer Rechtslage: Insoweit musste die Ablehnung des Hilfsbeweisantrages ggf nach Wiedereröffnung der Verhandlung dem Ast vor der Urteilsverkündung durch Gerichtsbeschluss (VI S 1) bekanntgegeben werden, um ihm Gelegenheit zu geben, den darin liegenden Vorwurf zu entkräften (BGH 90b

22, 124; NStZ **86**, 372; **98**, 207; KK-Krehl 94). An dieser Judikatur sollte im Grundsatz auch nach Einführung des VI S 2 **festgehalten werden,** der nunmehr in Verschleppungsabsicht gestellten Anträgen die rechtliche Qualität eines Beweisantrags abspricht (92 ff). Unabhängig von der Frage, ob die Verschleppungsabsicht einen formellen Ablehnungsgrund darstellt (wie nach früherer Rechtslage) oder ob sie vom Gericht nach Aufklärungsgesichtspunkten beurteilt wird (jetzt VI S 2), beinhaltet sie einen Missbrauchsvorwurf, zu dem dem Ast aus Gründen der Verfahrensfairness sowie um Überraschungsentscheidungen zu vermeiden rechtliches Gehör gewährt werden sollte. Beabsichtigt der Vorsitzende deshalb, hilfsweise gestellte Anträge wegen Verschleppungsabsicht zurückzuweisen, wird er dem Ast Gelegenheit zur Stellungnahme geben. Hiervon zu unterscheiden ist die Rechtslage nach Verstreichenlassen einer vom Gericht nach VI S 3 gesetzten Frist; insoweit kommt die Ablehnung eines Antrags in den Urteilsgründen wegen Verschleppungsabsicht in Betracht (94 ff).

91 C. **Änderung der Entscheidung:** Das Gericht kann den Ablehnungsbeschluss in der Hauptverhandlung, vor allem in der Urteilsberatung, erneut prüfen und ggf die Ablehnungsgründe ändern oder ergänzen. Hierüber müssen die Prozessbeteiligten vor Schluss der Beweisaufnahme, notfalls unter Wiedereröffnung einer bereits geschlossenen Verhandlung, durch einen mit Gründen versehenen Beschluss unterrichtet werden (BGH **19**, 24, 26; **32**, 44, 47; Bay DAR **72**, 205 [R]; Schleswig SchlHA **77**, 182 [E/J]; Schlothauer StV **86**, 227). Das Unterlassen dieser Unterrichtung steht der ungerechtfertigten Ablehnung eines Antrags gleich. Entsprechendes gilt, wenn von einer durch Gerichtsbeschluss angeordneten (BGH NJW **83**, 2396) Beweisaufnahme abgesehen wird. Auch dann muss ein mit Gründen versehener Beschluss verkündet werden (BGH StV **85**, 488), so dass die bloße Feststellung der Unerreichbarkeit des Zeugen nicht genügt (BGH **32**, 10, 12; StV **83**, 318). Lediglich ergänzende Ausführungen in den Urteilsgründen sind nicht geeignet, Rechtsfehler des Ablehnungsbeschlusses zu heilen (BGH NStZ **07**, 349). Entscheidet sich das Gericht nachträglich dafür, einen abgelehnten Beweis doch zu erheben, so bedarf das weder der förmlichen Aufhebung des Ablehnungsbeschlusses noch einer besonderen Begründung.

92 D. **Entbehrlichkeit bei Verschleppungsabsicht (VI S 2):** Einer Ablehnung durch förmlichen Gerichtsbeschluss bedarf es nach dem durch das Gesetz zur Modernisierung des Strafverfahrens vom 10.12.2019 eingeführten Satz 2 (BGBl I S 2122) nicht bei Beweisersuchen mit dem Ziel der Prozessverschleppung. Derartige mit Verschleppungsabsicht gestellte Anträge sind danach nicht mehr als Beweisanträge zu behandeln. Dies stellt einen tiefen Eingriff in die Substanz des Beweisantragsrechts dar. Im Einzelnen:

93 a) **Voraussetzungen für die Annahme von Verschleppungsabsicht:** Hinsichtlich der Voraussetzungen für die Annahme von Verschleppungsabsicht kann auf die bisherige Rspr zurückgegriffen werden, soweit sie die fehlende Sachdienlichkeit der beantragten Beweiserhebung sowie die Absicht der Verfahrensverzögerung betrifft.

93a **In objektiver Hinsicht** erfordert Verschleppungsabsicht zunächst, dass die beantragte Beweiserhebung **nichts Sachdienliches zu Gunsten des Ast erbringen kann.** Dies ist anzunehmen, wenn der Vorsitzende bzw das Gericht von der Aussichtslosigkeit- oder Nutzlosigkeit der beantragten Beweiserhebung überzeugt sind (vgl BGH StraFo 16, 384; NStZ **11**, 230; **10**, 161; NStZ-RR **09**, 21). Die Prognose erfolgt durch eine Vorwegwürdigung des voraussichtlichen weiteren Beweisergebnisses auf der Grundlage des bisherigen Ergebnisses der Beweisaufnahme (BGH **21**, 118; NJW **01**, 1956; Köln NStZ **83**, 90). Ausschlaggebend ist insoweit, ob eine erdrückende Beweislage gegeben ist, welche keinen Raum für die Annahme lässt, die beantragte Beweiserhebung könne sie zu Gunsten des Ast ändern. Es reicht weder aus, dass sich in der bisherigen Beweisaufnahme keine Anhaltspunkte für die Richtigkeit des Beweisbegehrens ergeben haben (vgl BGH NStZ **82**, 292), noch, dass ein Erfolg der Beweisaufnahme „völlig unwahrscheinlich" sei, (BGH StraFo **17**, 21; KK-Krehl 176).

Keine Voraussetzung mehr für die Annahme von Verschleppungsabsicht ist **93b** nach der Legaldefinition in VI S 2, dass durch die beantragte Beweiserhebung eine **objektive Verzögerung** des Verfahrens eintreten würde. Verschleppungsabsicht knüpft somit objektiv allein daran an, ob durch die beantragte Beweiserhebung ein Erkenntnisgewinn für das Verfahren zu erwarten ist (zust Schneider ZRP **19**, 126, 129; vgl dazu auch schon Niemöller NStZ **08**, 181). Erklärtes Ziel des Gesetzgebers ist es, insoweit das Begriffsverständnis der Verschleppungsabsicht in § 244 VI S 2 dem in § 26a I Nr 3 sowie § 245 II S 3 anzugleichen (BT-Drucks 532/19 S 36). Der völlige Verzicht (so ausdr BT-Drucks aaO) auf das objektive Erfordernis einer Verzögerung des Verfahrens bedeutet, dass Verschleppungsabsicht auch bei geringfügigen Hinderungen des Verfahrensablaufs, zB bei präsenten oder kurzfristig herbeizuschaffenden Beweismitteln, angenommen werden kann. Insoweit wirkt es allerdings widersprüchlich, dem Ast subjektiv Verschleppungsabsicht zu unterstellen, wenn durch den Beweisantrag auch für ihn erkennbar objektiv keine nennenswerte Verzögerung des Verfahrens herbeigeführt würde, zB bei Vorlage einer Urkunde oder der Sistierung eines Zeugen (anders wäre dies allerdings bei präsenten Beweismitteln zu beurteilen, wenn der Ast ein Massenaufgebot an Zeugen präsentiert oder eine Fülle neuer Urkunden vorlegt). Vgl zur älteren Rspr, die eine nicht nur unerhebliche Verzögerung verlangt hatte BGH NJW **58**, 1789; **82**, 2201; NStZ **84**, 230; StV **86**, 418; Köln StV **97**, 458, sowie zu neueren Tendenzen in der Judikatur, die bereits jede Verzögerung ausreichen lassen wollten BGH **51**, 333 *[obiter dictum]* (zust BGH StraFo **07**, 509). Im Einzelnen zum früheren Streitstand in Rspr und Schrifttum Rn 67 der 62. Auflage; KK-Krehl 177 f.

Darüber hinaus **muss der Ast sich subjektiv der Tatsache bewusst** sein, **93c** dass die beantragte Beweiserhebung nichts Sachdienliches zu seinen Gunsten ergeben wird und er muss mit dem Antrag zumindest auch (zur Verfolgung anderer verfahrensfremder Zwecke siehe sogleich 93d) die **Verfahrensverzögerung bezwecken.** Maßgebend sind Kenntnis und Einstellung des Antragstellers zZ der Beschlussfassung. Ist der Antrag vom Verteidiger gestellt, so kommt es auf dessen Absicht an (BGH **21**, 118, 121; NJW **53**, 1314; **64**, 2118; **69**, 281), sofern er nicht die Verantwortung ablehnt (BGH GA **68**, 19; Karlsruhe Justiz **76**, 440) oder sich von dem Angeklagten ersichtlich als Werkzeug missbrauchen lässt (BGH NJW **53**, 1314; **69**, 281; NStZ **84**, 466; NStZ **93**, 229 [K]; Köln VR **S 24**, 217).

Dass der **Ast auch andere verfahrensfremde Ziele verfolgt,** steht der An- **93d** nahme von Verschleppungsabsicht nach der gesetzlichen Definition nicht entgegen. Unter den Begriff fallen daher alle missbräuchlich gestellten Scheinbeweisanträge, denen eine multiple Motivlage zugrunde liegt, auch diejenigen, mit denen der Antragsteller sein Antragsrecht zu dem Zweck missbraucht, Zeugen bloßzustellen (Köhler NJW **79**, 350), Propaganda zu machen (RG **65**, 304, 306) oder Richter dadurch auszuschalten, dass er sie als Zeugen benennt (BGH NStZ **03**, 558; AK-Schöch 78; vgl aber oben 49). Beweisanträge, die auch nicht ansatzweise der Erforschung der Wahrheit dienen, sondern nur bezwecken, das Gericht im Wege einer Absprache zur Verhängung einer unangemessen niedrigen Strafe zu zwingen, können ebenfalls zurückgewiesen werden (BGH NStZ **05**, 45).

Ob Verschleppungsabsicht in der Person des Ast vorliegt, bestimmt sich **93e** nach Art eines Indizienbeweises, in den gesamtwürdigend alle für und gegen sie sprechenden Umstände eingestellt werden. Dabei sind insbesondere der bisherige Verfahrensablauf (BGH 1 StR 373/11 vom 12.1.2012) und das Prozessverhalten des Antragstellers von Bedeutung (BGH NStZ **86**, 519; StV **89**, 234 mit krit Anm Michalke und krit Anm Frister StV **89**, 380: Verweigerung einer Begründung zum Beweisantrag; vgl dazu zust Fahl 487, abl Herdegen Meyer-GedSchr 204). Für diese Absicht können eine Vielzahl gleichartiger Anträge sprechen, ferner die „scheibchenweise", auf mehrere Verhandlungstage verteilte Stellung gleichartiger Anträge, auch die Wiederholung eines zurückgenommenen Antrags (BGH NJW **82**, 2201) oder ein sonst nicht erklärlicher Wechsel des Verteidigungsvorbringens (BGHR Prozessverschleppung 5; Karlsruhe Justiz **76**, 440), insbesondere, wenn frühere Entlastungsbeweise misslungen waren (BGH NJW **53**, 1314). Die verspätete Antragstellung allein genügt nicht (BGH **21**, 118, 123; NStZ **82**, 41; **84**, 230; StV **09**, 5; VR S **38**, 58; Koblenz VR S **73**, 52, 54; Schleswig StV **85**, 225; vgl aber die Fälle BGH NStZ **86**, 519 und Hamburg JR **80**, 32), kann aber uU bei einer dem Angeklagten seit langer Zeit bekannten erdrückenden Beweislage für eine Verschleppungsabsicht sprechen (BGH NStZ **90**, 350; vgl auch BGH StV **97**, 567 mit insoweit abl Anm Wohlers; zust aber Sander NStZ **98**, 207). Der Ast kann zur Darlegung der Gründe für eine späte Antragstellung verpflichtet sein, wenn er eine ablehnende Entscheidung vermeiden will (BGH **51**, 333; **aM** BGH NStZ **86**, 371). Ebenso kann es ein Indiz für die innere Tatsache der Verschleppungsabsicht darstellen, wenn der Antragsteller nach einer Fristsetzung im Sinne von VI S 3 die Gründe für die verspätete Antragstellung nicht nachvollziehbar und substantiiert darlegen kann und auch die Aufklärungspflicht nicht zur Beweiserhebung drängt (vgl dazu schon BGH **52**, 355; erg 97 f).

93f b) **Verfahren bei Verschleppungsabsicht:** Da Beweisersuchen mit dem Ziel der Prozessverschleppung nach der gesetzgeberischen Konzeption keine Beweisanträge mehr sind, können sie vom Vorsitzenden zunächst ohne formellen Gerichtsbeschluss im Rahmen seiner Sachleitungsbefugnis gem § 238 I abgelehnt werden; gegen die Entscheidung des Vorsitzenden ist sodann die Beanstandung nach § 238 II möglich, über die durch das Gericht „in freier Würdigung" entschieden wird (BT-Drucks 532/19 S 35). Dies ist auch möglich, falls Anträge nach Ablauf einer nach VI S 3 gesetzten Frist gestellt werden. Die Würdigung des Tatgerichts soll in der Revision nur daraufhin überprüft werden können, ob es seinen Beurteilungsspielraum überschritten hat (BT-Drucks aaO; Claus NStZ **20**, 58, 60).

93g Diese Verfahrensweise birgt allerdings in hohem Maße die Gefahr in sich, zu einer Entkernung des Beweisantragsrechts zu führen. Ein weit verstandener, revisionsrechtlichen Prüfung nur sehr eingeschränkt unterliegender Anwendungsbereich der Verschleppungsabsicht kann zu einer substanziellen Entwertung der formellen Voraussetzungen für die Ablehnung von Beweisanträgen insgesamt führen. Insoweit ist zu bedenken, dass Anträge, die wegen Prozessverschleppungsabsicht abgelehnt werden können, grundsätzlich den formellen Anforderungen an das Vorliegen eines Beweisantrags in III S 1 entsprechen. Qua Gesetz werden sie aber nunmehr in den nur begrenzt überprüfbaren Bereich des Aufklärungsermessens verschoben und damit von den formellen Ablehnungsvoraussetzungen der enumerativ aufgezählten Ablehnungsgründe in III Nr 1 bis 6 sowie dem Erfordernis eines begründeten Gerichtsbeschlusses nach VI S 1 abgekoppelt.

93h Dies macht es unabweisbar, die **Anforderungen an Nachvollziehbarkeit und Begründungstiefe** des auf die Beanstandung der Entscheidung des Vorsitzenden ergehenden Gerichtsbeschlusses zu erhöhen. Die Entscheidung des Gerichts nach § 238 II muss deshalb die tatsächlichen und rechtlichen Gesichtspunkte aufzeigen, welche die Maßnahme des Vorsitzenden bestätigen. Erforderlich ist insbesondere, dass das Tatgericht in der Entscheidung die für und gegen Verschleppungsabsicht sprechenden Indizien aufführt und sich mit ihnen auseinandersetzt (zu diesen soeben 93e). Zur Revision siehe 103a.

94 E. **Ablehnung im Urteil nach Fristsetzung (VI S 3, 4):** Beweisanträge können auch unter den Voraussetzungen von VI S 2 und 3 ausnahmsweise im Urteil beschieden werden. Diese durch das Gesetz vom 17.8.2017 (BGBl I 3202, 3209) eingefügte Ergänzung von VI soll dem Gericht die Möglichkeit geben, dem Stellen von Beweisanträgen zur Verfahrensverzögerung zu begegnen, ohne das Beweisantragsrecht selbst zu beschneiden (BT-Drucks 18/11277 S 32). Das Verfahren soll dadurch beschleunigt werden, dass bei verfristeten Beweisanträgen die Bescheidung in der Hauptverhandlung entfällt. Die Regelung knüpft dabei an entsprechende Bestrebungen in der Judikatur des BGH an, den Anwendungsbereich der Prozessverschleppungsabsicht zu erweitern (siehe nur BGH NJW **05**, 2466; **52**,

355; das BVerfG [NJW **10**, 592; 2036] hatte hiergegen keine verfassungsrechtlichen Einwände erhoben), deren rechtliche Grundlage jedoch umstritten war (zum Ganzen mit umfangreichen Nachweisen 69c ff der 62. Auflage). Durch die durch das Gesetz zur Modernisierung des Strafverfahrens vom 10.12.2019 in VI S 2 eröffnete Möglichkeit, bei Vorliegen von Verschleppungsabsicht bereits das Vorliegen eines Beweisantrags zu verneinen (dazu 92 ff), wird allerdings der ursprünglichen gesetzlichen Intention bei der Einführung des Verfahrens nach VI S 3 und 4 weitgehend die Grundlage entzogen.

a) **Nach Abschluss der von Amts wegen vorgesehenen Beweisaufnahme** 95 kann der Vorsitzende den Verfahrensbeteiligten eine angemessene, für alle Verfahrensbeteiligten gleichermaßen geltende (Schneider NStZ **19**, 489, 491; Mosbacher NStZ **18**, 9, 11) Frist zum Stellen von Beweisanträgen bestimmen (VI S 2). Dies gilt nach dem Wortlaut für alle Verfahren unabhängig von ihrem Umfang und geht damit über die frühere Rspr hinaus (Schlothauer Fischer-F S 819, 823; kritisch Singelnstein/Derin NJW **17**, 2646, 2651; Krehl Fischer-F S 705, 710, der prinzipiell einfache, ein- und mehrtägige Verfahren vor dem AG oder LG aus dem Anwendungsbereich herausnehmen will, wofür sich jedoch im Wortlaut keine Stütze findet). Die Verfahrensbeteiligten, vor allem die Verteidigung, werden nach den Materialien damit nicht gezwungen, alle Beweisanträge bereits zu Beginn der Hauptverhandlung zu stellen, sondern können ihre Verteidigungsstrategie dem Verlauf der Beweisaufnahme anpassen (BT-Drucks aaO 33). Die von Amts wegen vorgesehene Beweisaufnahme ergibt sich aus der Ladungsverfügung sowie weiteren Ladungen, deren Notwendigkeit sich für das Gericht – zB unter dem Gesichtspunkt von § 244 II – erst im Laufe der Hauptverhandlung ergeben hat (vgl Krehl Fischer-F S 705, 709 f; Hamm StV **18**, 525, 529 f), ferner aus dem für die Einführung des in Aussicht genommenen Beweisprogramms wesentlichen Urkunden nach § 249 I oder II. Sie ist erst abgeschlossen, wenn auch vom Gericht geladene Sachverständige gehört worden sind. In jedem Fall erscheint es sinnvoll, dass der Vorsitzende den Verfahrensbeteiligten den betreffenden Zeitpunkt mitteilt, auch wenn es hierauf keinen gesetzlichen Anspruch gibt (vgl Schlothauer Fischer-F S 819, 825; Schneider NStZ **19**, 489, 492). Entsprechende Hinweise können auch schon im Rahmen eines Erörterungstermins gemäß § 213 II gegeben werden. Zur Revision siehe 108.

b) **Fristsetzung:** Dem Gericht soll zwar mit der **Fristsetzung ein Instrument** 95a an die Hand gegeben werden, das Verfahren in Fällen effizient zu führen, in denen der Verdacht besteht, dass zu einem späten Verfahrenszeitpunkt gestellte Beweisanträge mit dem Ziel der Verfahrensverzögerung gestellt werden (BT-Drucks aaO). Inwieweit es dieses Instrumentes allerdings überhaupt noch bedarf, wenn man dem Tatrichter die Möglichkeit eröffnet, nach seiner freien Würdigung in Verschleppungsabsicht gestellte Anträge nach Aufklärungsgesichtspunkten zu beurteilen (siehe VI S 2, oben 92 ff), mag bezweifelt werden. Jedenfalls enthält der Wortlaut des Gesetzes über den Abschluss des gerichtlichen Beweisprogramms hinaus keine Einschränkung des richterlichen Ermessens. Es besteht deshalb die Gefahr, dass die Fristsetzung sich auch unabhängig von derartigen Verdachtsmomenten für eine Verfahrensverzögerung zur Standardpraxis der Tatgerichte entwickeln wird.

Demgegenüber **sollte das Verfahren nach VI S 3 nur angewandt werden,** 95b wenn sich konkrete Anhaltspunkte dafür ergeben haben, dass die Stellung von Beweisanträgen zu einem späteren Zeitpunkt der Verfahrensverzögerung dienen könnte (zutreffend gegen eine anlasslose Fristsetzung Singelnstein/Derin aaO; Krehl Fischer-F S 705, 709 f; **aM** Schneider NStZ **19**, 489, 494 unter Hinweis auf Probleme bei der Umsetzung in Fällen mehrerer Angeklagter); diese sollten im Anordnungsbeschluss kurz aufgeführt werden (vgl Mosbacher NStZ **18**, 11). Solche Indizien können sich wie beim Ablehnungsgrund der Prozessverschleppungsabsicht nach Würdigung der Umstände des Einzelfalls aus dem gesamten Prozessverhalten des Antragstellers ergeben, zB unbegründeten vorherigen Antragstellungen, auch erfolglosen Befangenheits-, Aussetzungs- und Unterbrechungsgesuchen, sukzessiven Antragstellungen (Mosbacher NStZ **18**, 9, 11; **am** Krehl Fischer-F S 705, 710), der „Verweigerung des vom Gericht gesuchten Dialogs" (Schneider aaO 493) sowie widersprüchlichem Prozessverhalten (erg zu den verwertbaren Indizien 93e). Auch Prozessverhalten aus dem Ermittlungs- oder Zwischenverfahren kann in die Beurteilung einfließen (wohl ebenso Mosbacher NStZ **18**, 9, 10; **am** Krehl Fischer-F S 705, 709, der eine Fristsetzung nur erlauben will, wenn sich aus Beweisanträgen in der Hauptverhandlung konkrete Anhaltspunkte auf verfahrensverzögerndes Verhalten ergeben). Sinnvoll erscheint es, dass das Gericht vor der Fristsetzung gestellte Beweisanträge beschieden hat (Mosbacher aaO 9). Die Fristsetzung gilt wegen der entsprechenden Anwendbarkeit von VI im Ablehnungsverfahren nach § 245 (28 zu § 245) – wenngleich mit geringer praktischer Relevanz – auch für Beweisanträge nach § 245 (Mosbacher aaO 11; **aM** Krehl Fischer-F S 705, 711; Schlothauer Fischer-F S 819, 821; Börner JZ **18**, 232, 239).

95c Die **Angemessenheit der Frist** hängt naturgemäß vom Einzelfall ab. Die Frist muss so bemessen sein, dass jeder Verfahrensbeteiligte mit Rücksicht auf die Schwere der strafrechtlichen Vorwürfe sowie den Umfang und die Komplexität des Verfahrens und der bis dahin durchgeführten Beweisaufnahme sein Beweisantragsrecht effektiv ausüben kann. Ob meistens eine Frist von einer Woche ausreicht (vgl Mosbacher aaO 11; vgl auch SSW-Sättele 129: nicht weniger als 1 Woche) mag zweifelhaft erscheinen, da es häufig um umfangreiche Verfahren gehen wird; jedenfalls dürfte regelmäßig eine dreiwöchige Frist, in besonders gelagerten Fällen auch eine solche von einem Monat genügen (vgl die zulässigen Unterbrechungsfristen in § 229 I, II). Zu berücksichtigen ist dabei vor allem, dass die Verteidigung sich mit dem Angeklagten abstimmen muss, ob überhaupt Beweisanträge gestellt werden sollen und ggf welche und mit welchem Inhalt. Da Beweisanträge nur in der Verhandlung gestellt werden können (oben 32, 34), muss das Ende der Frist auf einen Hauptverhandlungstag fallen. Die Verfahrensbeteiligten sollten zuvor angehört werden. Die Fristsetzung ist gemäß § 273 I zu beurkunden (vgl Schlothauer Fischer-F S 819, 826). Zur Revision siehe 108.

95d **Innerhalb der Frist gestellte Beweisanträge** werden wie auch sonst im Beschlusswege nach VI S 1 beschieden. Das Gericht kann auch nach Ablauf der Frist entscheiden. Danach gestellte weitere Beweisanträge können dann zwar gemäß VI S 3 im Urteil beschieden werden; stützt sich der neue Beweisantrag jedoch auf die Begründung des ablehnenden Beschlusses, wird regelmäßig ein Fall des VI S 3 Hs 2 vorliegen, wonach die Antragstellung vor Fristablauf nicht möglich war (vgl Krehl Fischer-F S 705, 714; Schlothauer Fischer-F S 819, 827).

96 c) **Verfristete Beweisanträge:** Nach Ablauf der Frist gestellte Beweisanträge, auch Hilfsbeweisanträge (Krehl Fischer-F S 705, 716; erg vgl 92) können grundsätzlich im Urteil beschieden werden (S 3 Hs 1). Die Bescheidung folgt den für Hilfsbeweisanträge entwickelten Grundsätzen (oben 92). Der Katalog der Ablehnungsgründe wird nicht erweitert; eine Ablehnung allein wegen des Fristablaufs ist nicht möglich. Es kommen aber alle Ablehnungsgründe in Betracht. Die erforderliche Begründungstiefe entspricht der für eine Ablehnung durch Beschluss in der Verhandlung. Die Ablehnung wegen Verschleppungsabsicht erfolgt nach Aufklärungsgesichtspunkten (siehe VI S 2, oben 92 ff). Das Fristversäumnis kann dabei wie schon nach früherer Rechtsprechung (siehe nur BGH **52**, 355) nach Maßgabe des Einzelfalls indiziell berücksichtigt werden; ein „faktischer Automatismus" im Sinne einer Gleichsetzung von Fristablauf und der Annahme von Prozessverschleppungsabsicht ist nicht zulässig.

96a Auch kann das Gericht bei seiner Ermessensentscheidung berücksichtigen, ob die Ablehnung eines Beweisantrags im Urteil das **Informationsinteresse des Antragstellers unvertretbar beeinträchtigt;** dies kann etwa angenommen werden, wenn die Ablehnungsbegründung sich für den Antragsteller mit Rücksicht auf den Prozessverlauf als Überraschungsentscheidung darstellen würde. Dagegen ist es für eine Bescheidung in den Urteilsgründen nicht erforderlich, dass es sich

Hauptverhandlung § 244

bei der Zurückweisung von Beweisanträgen um die Erstreckung bereits bekannt gegebener Ablehnungsgründe handelt (so aber Krehl Fischer-F S 705, 716; Börner JZ **18**, 232, 236 f); eine so weitgehende Beschränkung des Anwendungsbereichs von VI S 3 findet im Wortlaut keine Stütze und widerspricht der Intention des Gesetzgebers. Ebenso besteht gegenüber Volljuristen bei verfristeten Beweisanträgen auch keine Rechtspflicht des Gerichts, in der Hauptverhandlung auf mögliche Defizite hinzuweisen (Mosbacher NStZ **18**, 9, 13). Die Aufklärungspflicht (§ 244 II) bleibt aber unberührt.

War die **Stellung des Beweisantrags vor Fristablauf nicht möglich**, bleibt 97 es bei der Entscheidung im Beschlusswege in der Verhandlung (S 3 Hs 2). Die Unmöglichkeit fristgemäßer Antragstellung ist für jeden Ast gesondert zu prüfen (Schneider NStZ **19**, 489, 497). Dabei wird es sich vor allem um Fälle handeln, in denen der Antragsteller erst nach Ablauf der Frist von dem Beweismittel Kenntnis erlangt hat; dies ist regelmäßig nicht der Fall, wenn sich das Beweismittel aus den Verfahrensakten ergibt. Das Wissen des Angeklagten wird dem Verteidiger nicht ohne weiteres zugerechnet; gibt er seinem Verteidiger erst nach Ablauf der Frist die notwendigen Informationen, kann dies bei entsprechender Glaubhaftmachung (dazu anschließend 98) die Unmöglichkeit der rechtzeitigen Antragstellung begründen, es sei denn, es liegen konkrete Anhaltspunkte für kollusives Verhalten vor (vgl Mosbacher NStZ **18**, 8, 12). In Betracht kommen auch Konstellationen, bei denen dem Antragsteller zwar das Beweismittel, etwa die Person eines Zeugen, bereits bekannt, eine Kontaktaufnahme oder die Schaffung der Ladungsvoraussetzungen jedoch zuvor nicht möglich war. Dies muss gleichermaßen gelten, wenn rechtliche Hinweise des Gerichts nach § 265 I, II eine Anpassung der Verteidigungsstrategie an die veränderte Prozesslage durch Stellen zuvor nicht in Betracht gezogener Beweisanträge erfordern. Neu in das Verfahren eintretende Verteidiger müssen sich – außer in den Fällen der §§ 145 III, 265 IV – wie auch sonst (BGH NStZ **13**, 122) so behandeln lassen, als seien sie von Beginn an verfahrensbeteiligt gewesen.

Die Tatsachen, die die Einhaltung der Frist unmöglich gemacht haben, sind mit 98 dem Antrag **glaubhaft zu machen** (S 4), ein Nachschieben von Gründen wie bei § 45 II S 1 ist nicht möglich. Inhaltlich bedeutet das, dass die Tatsachen soweit bewiesen sein müssen, dass das Gericht sie für wahrscheinlich hält; das Gericht muss in die Lage versetzt werden, ohne verzögernde weitere eigene Ermittlungen über den Antrag zu entscheiden (siehe Schneider NStZ **19**, 489, 497: „parate Beweismittel"; vgl auch 7 zu § 26, 5a zu § 45). Als Mittel der Glaubhaftmachung kommen wie auch sonst (siehe 8, 9, 10 zu § 26, 6 zu § 45) vor allem schriftliche Erklärungen, insbesondere anwaltliche oder staatsanwaltliche Versicherungen (nicht aber – insofern anders als im Rahmen des § 45 [vgl 18 zu § 44] –, wenn durch diese ausschließlich eigene Verantwortlichkeit für eine Fristüberschreitung beseitigt werden soll, vgl Schneider aaO 500) und eidesstattliche Versicherungen von Zeugen sowie Urkunden in Betracht; Erklärungen – auch eidesstattliche – des Angeklagten reichen grundsätzlich nicht aus (9 zu § 26; Schneider aaO 498 f; Mosbacher aaO 12 f); das führt jedoch nicht dazu, gegenüber einem unverteidigten Angeklagten Fristsetzungen aus dem Anwendungsbereich der Fristsetzungsbefugnis nach VI S 3 herauszunehmen (so aber Krehl Fischer-F S 705, 719). Auf das Zeugnis eines früheren Verteidigers kann sich der aktuelle zur Glaubhaftmachung nur berufen, wenn eine Entbindung von der Schweigepflicht vorliegt. Der Glaubhaftmachung bedarf es nicht, wenn die Gründe gerichtsbekannt sind oder sich aus den Akten ergeben.

Die **Entscheidung über die Glaubhaftmachung** trifft das Gericht nach 98a pflichtgemäßem Ermessen (zum erforderlichen Beweisgrad 10 zu § 45). Es muss den Antragsteller nicht im Wege eines Zwischenbescheides darauf hinweisen, dass und aus welchen Gründen die Glaubhaftmachung scheitert. Dies ergibt sich schon daraus, dass das Gesetz eine Ergänzung der Gründe für die Glaubhaftmachung, anders als bei § 45 II S 1, nicht vorsieht; es widerspräche auch dem Zielsetzung der Neuregelung, einen zügigen Verfahrensabschluss zu ermöglichen, wenn die abge-

§ 244

schaffte Bescheidungspflicht nach § 244 VI S 1 durch eine solche nach unzulänglicher Glaubhaftmachung ersetzt würde (vgl Mosbacher NStZ **18**, 9, 12; Schneider NStZ **19**, 489, 500; **aM** Krehl Fischer-F S 705, 720; Schlothauer Fischer-F S 819, 829). Entsprechende Anträge auf Zwischenbescheidung können als unzulässig verworfen werden (Mosbacher aaO 12).

99 d) Tritt das Gericht **nach Fristablauf erneut in die Beweisaufnahme** ein, etwa weil ein Ablehnungsgrund nicht ersichtlich ist oder es die Aufklärungspflicht gebietet, muss es eine erneute Frist zur Stellung von Beweisanträgen bestimmen, wenn es dies für erforderlich hält, um Verfahrensverzögerungen zu begegnen (BT-Drucks 18/11277 S 33). Bereits verfristete Beweisanträge können nicht erneut gestellt werden (Mosbacher NStZ **18**, 8, 14; **aM** Krehl Fischer-F S 705, 717); sie sind nur nach Maßgabe von § 244 II zu beachten.

100 **10) Revision**

101 A. Die **Aufklärungsrüge** ist zulässig, wenn das Gericht Ermittlungen unterlassen hat, zu denen es sich auf Grund seiner Sachaufklärungspflicht nach II gedrängt sehen musste (oben 12). Wenn ein Beweisantrag gestellt und abgelehnt worden war, ist statt der Erhebung einer Aufklärungsrüge die Verletzung von III–VI zu beanstanden. Die Aufklärungsrüge kommt hingegen in Betracht, wenn ein Beweisantrag nicht gestellt oder als unzulässig abgelehnt (BGH NStZ **84**, 210 [Pf/M]) oder nach Beweisantragsgrundsätzen verbeschieden worden war (BGH NStZ **04**, 370).

102 In zulässiger Form ist die Aufklärungsrüge (auch bei Augenschein und Auslandszeuge nach V S 1 und 2) nur erhoben, wenn die Revision die Tatsache, die das Gericht zu ermitteln unterlassen hat, und das Beweismittel bezeichnet, dessen sich der Tatrichter hätte bedienen sollen (BGH **2**, 168). Bei Zeugen ist die ladungsfähige Anschrift (Bamberg StraFo **18**, 159) bzw der Aufenthaltsort (BGH NStZ **19**, 428) mitzuteilen. Urkunden sind genau zu bezeichnen; ggf bedarf es Vortrags, dass die Urkunde nicht – über einen Vorhalt – Gegenstand der Vernehmung eines Zeugen war (vgl BGH 4 StR 637/17 vom 14.8.2018). Erhöhte Vortragspflichten bestehen, wenn der Beschwerdeführer beanstandet, das Tatgericht habe ein Beweisverwertungsverbot zu Unrecht angenommen oder abgelehnt, da sich dies regelmäßig nach den Umständen des Einzelfalls unter Abwägung aller maßgeblichen Gesichtspunkte sowie der widerstreitenden Interessen beurteilt (BGH NStZ **19**, 107). Ferner muss das zu erwartende Beweisergebnis benannt (BGH 5 StR 572/18 vom 10.1.2018; 1 StR 651/17 vom 15.5.2018) sowie bestimmt behauptet und konkret angegeben werden, welche Umstände das Gericht zu weiteren Ermittlungen hätten drängen müssen (BGH NStZ **99**, 45 mwN; **11**, 471; Bay **95**, 163); dies gilt auch bei behaupteten Verstößen gegen V S 1 und 2 (BGH NStZ-RR **17**, 119: Auslandszeuge; 4 StR 146/19 vom 12.9.2019: Augenschein). Dabei kann auch das Verhalten desjenigen, der einen Beweisantrag hätte stellen können, bewertet werden (BGH MDR **85**, 629 [H]; 1 StR 595/91 vom 7.1.1992; Widmaier NStZ **94**, 418; vgl aber einschränkend BGH StV **17**, 788). Umstände, die zu einer weiteren Beweiserhebung drängten, können sich aus Beweisanregungen (Beweiserbieten, Beweisermittlungsanträge), schriftlichen Hinweisen auf Beweisquellen oder anderen Hinweisen in den Akten ergeben, wobei die Aktenstellen genau bezeichnet werden müssen (BGH VR **32**, 205). Umgekehrt kann es gegen eine Pflicht des Gerichts zur weiteren Aufklärung sprechen, wenn die gerügten Umstände in der Hauptverhandlung von niemandem zur Sprache gebracht worden sind (BGH NStZ-RR **19**, 57). Außerdem muss die Revision hinreichend vortragen, welches Ergebnis von der unterbliebenen Beweiserhebung zu erwarten gewesen wäre (BGH NStZ-RR **10**, 316; Hamm NZV **02**, 139), dh was das Beweismittel an tatsächlichem Beurteilungsstoff für die Beweisfrage ergeben hätte (vgl Einl 48). Bei Zeugen müssen die Angaben konkret vorgetragen werden, die der Zeuge hätte machen können, bei psychiatrischen Sachverständigen konkrete Tatsachen, aus denen sich etwa die Voraussetzungen für eine Anwendung der §§ 20, 21 StGB ergeben (Bamberg StraFo **18**, 159: nicht ausreichend allgemeine Hinweise auf jahrelangen Drogenkonsum oder Alkoholsucht), bei Urkunden reicht es regelmäßig nicht aus, lediglich auf deren Inhalt zu verweisen (siehe BGH 1 StR 257/18 vom 11.10.2018). Wird beanstandet, dass das Gericht einen Zeugen nach Ablehnung eines Beweisantrags nicht vernommen hat, muss die Revision hierzu den Beweisantrag und die Begründung des ablehnenden Gerichtsbeschlusses vortragen; denn an die Aufklärungsrüge können nicht geringere Anforderungen gestellt werden als an die Rüge fehlerhafter Ablehnung eines Beweisantrags (BGH NStZ **84**, 329; **15**, 540; NJW **98**, 2229; Bay **94**, 256). Dass die nicht aufgeklärten Tatsachen sich zugunsten des Beschwerdeführers ausgewirkt hätten, muss dargetan werden; eine Aufklärungsrüge, die eine Feststellung verlangt, „ob" etwas so geschehen sei oder die ein günstiges Ergebnis nur für „möglich" erachtet, ist daher unzulässig (BGH 1 StR 320/95 vom 18.7.1995). Die Aufklärungsrüge muss aber nicht darlegen, weshalb es sich aufgedrängt habe, der Zeuge werde in dem behaupteten Sinn aussagen (BGH StraFo **09**, 385).

Unzulässig ist die Aufklärungsrüge, wenn sie auf Widersprüche zwischen 103 Urteilsfeststellungen und Sitzungsniederschrift (BGH MDR **66**, 384 [D]; KG JR **68**, 195) oder darauf gestützt ist, dass der Tatrichter ein benutztes Beweismittel nicht voll ausgeschöpft, insbesondere einem Zeugen bestimmte Fragen nicht gestellt oder bestimmte Vorhalte nicht gemacht habe (BGH **4**, 125; **17**, 351; NStZ **81**, 96 [Pf]; **85**, 13 [Pf/M]; **97**, 296; 450; **00**, 156; **09**, 468). Eine Ausnahme gilt, wenn das Unterlassen der Befragung oder des Vorhalts sich aus dem Urteil (BGH **17**, 351; NStZ **85**, 14 [Pf/M]; StV **84**, 231) oder die Nichtbefragung aus dem Protokoll ergibt (vgl dazu eingehend Pelz NStZ **93**, 364 ff).

B. Rechtsfehler bei der **Ablehnung eines Antrags wegen Verschleppungs-** 103a **absicht** nach VI S 2 können nur gerügt werden, wenn der Revisionsführer gemäß § 238 II einen Gerichtsbeschluss herbeigeführt hat. Aufgrund der gesetzgeberischen Konzeption ist klar, dass das Revisionsgericht seine eigene Würdigung der Verschleppungsabsicht nicht an die Stelle der Würdigung des Vorsitzenden bzw des Gerichts stellen darf (BT-Drucks 532/19 S 35). Allerdings muss auch sichergestellt sein, dass die Entscheidung des Tatrichters zur Verschleppungsabsicht revisionsrichterlich überprüfbar bleibt, wenn man nicht den Umgang der Gerichte mit dem Beweisantragsrecht insgesamt weitgehend der revisionsgerichtlichen Kontrolle entziehen will. Bei Ablehnung wegen Verschleppungsabsicht müssen daher in dem auf die Beanstandung ergehenden Beschluss die Umstände wie bisher eingehend gewürdigt werden, aus denen das Gericht auf das Vorliegen dieser Absicht schließt (siehe dazu oben 93e). Das Revisionsgericht muss durch den Beschluss in die Lage versetzt werden, auf die Verfahrensrüge zu prüfen, ob der Tatrichter seiner Entscheidung für die Annahme von Verschleppungsabsicht – und damit die Einstufung des Antrags als bloßes Beweissuchen – stützende Beweisanzeichen zugrunde gelegt und er sich bei seiner Gesamtwürdigung der Indizien im Rahmen des ihm eingeräumten Beurteilungsspielraums gehalten hat. Eine eigene Würdigung der Verschleppungsabsicht an Hand der vom Tatgericht festgestellten Indizien stellt das Revisionsgericht zwar grundsätzlich nicht an. Dies schließt es aber nicht aus, dass die Revision vom Tatgericht nicht berücksichtigte Umstände darlegt, die gegen Verschleppungsabsicht sprechen; in diesem Fall kann es an der gebotenen Gesamtwürdigung der für und gegen Verschleppungsabsicht sprechenden Beweisanzeichen fehlen.

C. Die **rechtsfehlerhafte Behandlung eines Beweisantrags** kann in dem 104 Unterlassen der Bescheidung (es sei denn, das Urteil beruht nicht darauf, vgl BGH 1 StR 336/11 vom 19.10.2011), in der Nichtausführung einer auf den Antrag beschlossenen Beweiserhebung oder in der mangelhaften Ablehnung des Antrags bestehen. In allen Fällen ist die Rüge der Verletzung von III–V oder VI zu erheben; die Rüge des Verstoßes gegen § 338 Nr 8 bringt keine Vorteile (vgl Alsberg/Güntge 1612). Auch ein Widerspruch zwischen Urteilsgründen und Ablehnungsbeschluss kann Revisionsgrund sein (BGH **19**, 24, 26), zB bei Abweichung von der Ablehnung wegen Bedeutungslosigkeit (BGH StV **93**, 173); Wahrunterstellung oder völliger Ungeeignetheit des Beweismittels (BGH NStZ **19**, 103 mit Anm Schneider). Wird eine zugesagte Wahrunterstellung nicht eingehalten, so ist allein III S 2 verletzt; der Antragsteller hat nicht etwa die Wahl, stattdessen Verletzung des fair trial-Grundsatzes (Einl 19) zu rügen (Herdegen NStZ **84**, 343; **aM** BGH **32**, 44 = JR **84**, 172 mit abl Anm Meyer). Gleichgültig ist aber, ob das Beweisbegehren als Beweis- oder Beweisermittlungsantrag einzustufen ist (BGH NStZ **85**, 14 [Pf/M]; vgl aber auch Mosbacher Miebach-SH 24); die fehlerhafte Behandlung eines Beweisantrages als Beweisermittlungsantrag führt aber idR zur Aufhebung des Urteils (Naumburg StV **12**, 589). Die Rüge der StA, das Gericht habe durch eine Wahrunterstellung seine Aufklärungspflicht verletzt, setzt idR voraus, dass die StA der Wahrunterstellung bereits in der Hauptverhandlung entgegengetreten ist (BGH NJW **92**, 2838).

104a Der Beschwerdeführer kann rügen, das Tatgericht habe den Rechtsbegriff der **Offenkundigkeit** verkannt (vgl BGH 3 StR 508/17 vom 17.5.2018 mwN; siehe oben 50-53). Behauptet er, die offenkundige Tatsache sei nicht oder nicht ordnungsgemäß in die Hauptverhandlung eingeführt worden, muss er die entsprechenden Verfahrensvorgänge vollständig vortragen (BGH aaO).

105 **Rügeberechtigt** sind außer dem Antragsteller auch solche Prozessbeteiligte, die mit dessen Interessen so erkennbar übereinstimmen, dass das Gericht auch ihnen gegenüber zur rechtlich einwandfreien Behandlung des Antrags verpflichtet war (BGH NStZ **84**, 372; StV **87**, 189; **98**, 523; Koblenz StV **13**, 553; **aM** BGH StraFo **11**, 280; StV **11**, 711 L: Aufklärungsrüge nach II erforderlich; erg 18 zu § 337).

106 Zum **notwendigen Revisionsvorbringen** gehört bei der Rüge der **Nichtbescheidung** des Antrags die inhaltliche Mitteilung des Beweisantrags (Stuttgart NJW **68**, 1732; R. Hamm 660 mit Fn 1474) sowie ggf die konkrete Auseinandersetzung mit Umständen, die gegen die Richtigkeit des Revisionsvorbringens sprechen (BGH NStZ **05**, 222). Wird die **fehlerhafte Ablehnung** gerügt, so müssen außer dem Inhalt des Antrags (Beweistatsache und Beweismittel), der Stellungnahme der StA hierzu (BGH 5 StR 206/18 vom 24.10.2018; 5 StR 206/18: auch wenn diese nicht in der Revisionsgegenerklärung der StA erwähnt wird), auch der gerichtliche Ablehnungsbeschluss und etwa jeweils dort in Bezug genommene Unterlagen oder Aktenbestandteile (BGH 4 StR 38/19 vom 9.4.2019) sowie die die Fehlerhaftigkeit des Beschlusses ergebenden Tatsachen mitgeteilt werden (BGH **3**, 213; NJW **69**, 281; NStZ **84**, 330; letzteres offengelassen von BGH NStZ **93**, 50), wenn auch nicht unbedingt wörtlich (BGH NStZ **86**, 519; Koblenz VR S **52**, 125), so doch inhaltlich vollständig (BGH 4 StR 549/91 vom 13.2.1992), nicht dagegen, an welchem Sitzungstag der Beweisantrag gestellt und abgelehnt wurde (vgl BGH 4 StR 547/18 vom 26.2.2019). Ist die Annahme eines Beweisverwertungsverbotes tragender Grund für die Ablehnung eines Beweisantrages nach III S 1 sind regelmäßig Beweisantrag und Ablehnungsbeschluss im Wortlaut mitzuteilen, da sich die Fehlerhaftigkeit der Annahme eines Beweisverwertungsverbotes bereits daraus ergeben kann (BGH NStZ-RR **19**, 26). Auch für die Prüfung der Rüge etwaig notwendige, weitere Verfahrenstatsachen (zB erneute Antragstellung) müssen vollständig vorgetragen werden (BGH aaO; StV **13**, 73; **15**, 85). Ist gleichzeitig die Sachrüge erhoben, so genügt eine (auch stillschweigende) Bezugnahme auf die Urteilsgründe, wenn dort der Inhalt des Antrags oder des Ablehnungsbeschlusses wiedergegeben worden ist. Das gilt insbesondere, wenn ein Hilfsbeweisantrag – bei dem die Rüge grundsätzlich denselben Anforderungen entsprechen und darüber hinaus auch die Bedingung, unter der der Antrag gestellt wurde, enthalten miss (BGH NStZ-RR **13**, 349) – in den Urteilsgründen abgelehnt worden ist (BGH StV **82**, 525; Stuttgart OLGSt Nr 3 zu § 265 mwN). Lässt der Tatsachenvortrag mehrere Möglichkeiten der Fehlerhaftigkeit der Beweisantragsablehnung zu oder besteht die Möglichkeit einer fehlerhaften Ablehnung des Beweisantrags als solchem oder einer Verletzung von VI durch Ablehnung erst im Urteil (vgl BGH 4 StR 541/16 vom 10.1.2017, so muss der Beschwerdeführer die „**Angriffsrichtung**" klar herausstellen (BGH 3 StR 193/16 vom 13.12.2016; 24 zu § 344). Der Inhalt des Beweisantrags und die Beweistatsachen müssen auch dann dargelegt werden, wenn Ablehnung wegen Prozessverschleppung (BGH NStZ **94**, 47), wegen Unerreichbarkeit (dazu BGH NStZ **15**, 346; StraFo **15**, 211), oder wegen Ungeeignetheit des Beweismittels erfolgt ist (KK-Krehl 228 ff; teilw **aM** SK-Frister 256). Die Rüge, der Tatrichter sei von einer Wahrunterstellung in den Urteilsgründen abgerückt, erfordert den Vortrag, ob und ggf wie er sich nach der Zurückweisung des Beweisantrags weiterhin mit diesem befasst hat (BGH NStZ **94**, 140). Bei der Rüge, die Zuziehung eines weiteren Sachverständigen sei abgelehnt worden, muss idR das vorliegende Gutachten mitgeteilt werden (BGH StV **99**, 195 L); sonst kommt es aber grundsätzlich nicht auf den Inhalt des vorbereitenden schriftlichen, sondern auf den des mündlich in der Hauptverhandlung erstatteten, aus den Urteilsgründen ersichtlichen Gutachtens an (BGH NStZ **05**, 582, str; erg oben 76). Bei der Rüge der fehlerhaften Ablehnung eines Beweisantrags auf aussagepsychologische Begutachtung eines Zeugen gem IV S 1 muss auch vorgetragen werden, dass der Zeuge mit der Begutachtung einverstanden gewesen wäre (vgl BGH NStZ **20**, 48).

Das **Revisionsgericht prüft** die tatsächlichen Umstände, auf denen der Ablehnungsbeschluss beruht, nicht nach (BGH JR **83**, 35; NStZ **84**, 466; **aM** BGH **21**, 118, 123). Die Auswechslung der Ablehnungsgründe durch das Revisionsgericht kommt idR nicht in Betracht (BGH NJW **53**, 35; NStZ **00**, 437; KG VR S **48**, 432; Köln StV **96**, 368), es sei denn, der zum Tragen kommende Ablehnungsgrund war für den Revisionsführer auch erkennbar und er konnte sich darauf einstellen (KG StV **19**, 834 L; siehe zB BGH NStZ **11**, 646 und StV **94**, 635 mit abl Anm Müller: Ablehnungsgrund der Prozessverschleppung nach früherem Recht umfasst die Ablehnung nach V S 2; BGH NStZ **97**, 286: Ablehnung nach § 244 V S 2 statt wegen völliger Ungeeignetheit). Das Beruhen des Urteils auf der rechtsfehlerhaften Antragsablehnung kann ausgeschlossen werden, wenn der Tatrichter die Beweistatsache als wahr unterstellt hat (BGH 5 StR 786/76 vom 26.5.1977; Alsberg/Güntge 1677; **aM** Scheffler NStZ **89**, 159). Wenn ein Hilfsbeweisantrag in zulässiger Weise erst in den Urteilsgründen beschieden worden ist, kann das Revisionsgericht die Ursächlichkeit eines Verstoßes gegen § 244 III–V mit der Begründung verneinen, dass der Tatrichter den Antrag mit anderer Begründung rechtsfehlerfrei hätte ablehnen können (BGH NStZ **93**, 229 [K]; StV **98**, 248; Hamm NZV **93**, 122; erg 38 zu § 337), wobei sich die Gesichtspunkte, die für die Ersetzung oder Ergänzung maßgebend sind, aber aus den Urteilsgründen selbst ergeben oder auf der Hand liegen müssen (BGH NStZ **08**, 116; **06**, 406 mit Anm Gössel; Stuttgart OLGSt Nr 16). Auf dem Übergehen eines Hilfsbeweisantrages beruht ein Urteil nicht, wenn die Urteilsgründe ergeben, dass das Tatgericht die Beweisbehauptung für unerheblich hält oder halten durfte oder dass es sie wie eine erwiesene oder als wahr unterstellte Tatsache behandelt hat (BGH NStZ-RR **06**, 382; 1 StR 509/10 vom 30.11.2010; BGHR § 267 III S 1 Strafzumessung 14).

D. Rechtsfehler bei der Fristsetzung nach VI S 3 können einen Verstoß gegen VI S 1 begründen. Dies betrifft vor allem die Frage, ob die Voraussetzungen für eine Fristsetzung überhaupt vorgelegen haben, etwa weil die von Amts wegen vorgesehene Beweisaufnahme noch nicht abgeschlossen war oder ein Ermessensmissbrauch bei der Anordnung festzustellen ist. Die Unangemessenheit der Frist nach VI S 3 kann ausnahmsweise ebenfalls gerügt werden; dies kann aber nur Erfolg haben, wenn es sich um eine nach Maßgabe aller Umstände eindeutig zu gering bemessene Frist gehandelt hat (vgl auch Krehl Fischer-F S 705, 721). Ob bei evident zu kurz bemessener immerhin eine angemessene Frist in Lauf gesetzt wird, deren – gedachte – Überschreitung durch den Ast der Revision den Boden entzieht (Schneider NStZ **19**, 489, 495) erscheint zweifelhaft; vielmehr dürften derartige Konstellationen nach Maßgabe des Einzelfalls unter Berücksichtigung von Beruhensgesichtspunkten zu beurteilen sein. In jedem Fall muss der Antragsteller aber vom Zwischenrechtsbehelf des § 238 II Gebrauch gemacht haben (vgl Mosbacher NStZ **18**, 8, 14). Ausnahmsweise kann auch gerügt werden, dass das Ge-

§ 245

richt zu Unrecht eine Glaubhaftmachung nach VI S 4 verneint hat, nicht aber, dass es hierüber im Urteil ohne vorherigen Zwischenbescheid entschieden hat (siehe 98a; a**M** Krehl Fischer-F S 705, 721; Hamm/Pauly 688). Das Revisionsgericht ist ausnahmsweise befugt, die Ablehnungsgründe auszuwechseln (vgl BGH NStZ **11**, 646; **97**, 286; erg 107).

109 Mit der **Sachrüge** kann **nicht** geltend gemacht werden, ein am Verfahren nicht beteiligter **Sachverständiger** vertrete zu den entscheidenden Beweisfragen eine von dem gehörten Sachverständigen abweichende Auffassung (BGH NJW **98**, 3654). Auch die fehlerhafte Annahme eigener Sachkunde (oben 73 ff) kann nur mit einer Verfahrensbeschwerde beanstandet werden, falls sich die fehlende Sachkunde nicht unmittelbar aus den Urteilsausführungen ergibt (offen gelassen von BGH 1 StR 338/98 vom 11.8.1998).

Umfang der Beweisaufnahme; präsente Beweismittel

245 I ¹Die Beweisaufnahme ist auf alle vom Gericht vorgeladenen und auch erschienenen Zeugen und Sachverständigen sowie auf die sonstigen nach § 214 Abs. 4 vom Gericht oder der Staatsanwaltschaft herbeigeschafften Beweismittel zu erstrecken, es sei denn, daß die Beweiserhebung unzulässig ist. ²Von der Erhebung einzelner Beweise kann abgesehen werden, wenn die Staatsanwaltschaft, der Verteidiger und der Angeklagte damit einverstanden sind.

II ¹Zu einer Erstreckung der Beweisaufnahme auf die vom Angeklagten oder der Staatsanwaltschaft vorgeladenen und auch erschienenen Zeugen und Sachverständigen sowie auf die sonstigen herbeigeschafften Beweismittel ist das Gericht nur verpflichtet, wenn ein Beweisantrag gestellt wird. ²Der Antrag ist abzulehnen, wenn die Beweiserhebung unzulässig ist. ³Im übrigen darf er nur abgelehnt werden, wenn die Tatsache, die bewiesen werden soll, schon erwiesen oder offenkundig ist, wenn zwischen ihr und dem Gegenstand der Urteilsfindung kein Zusammenhang besteht oder wenn das Beweismittel völlig ungeeignet ist.

Übersicht

	Rn
1) Präsente Beweismittel	1
2) Beweiserhebungspflicht von Amts wegen (I)	2–14
A. Gerichtlich geladene Zeugen und Sachverständige	3
B. Sonstige herbeigeschaffte Beweismittel	4, 5
C. Umfang bei persönlichen Beweismitteln	6
D. Wegfall wegen Unzulässigkeit (I S 1)	7
E. Wegfall bei allseitigem Verzicht (I S 2)	8–14
3) Beweiserhebungspflicht auf Antrag (II)	15–29
A. Präsente Beweispersonen	16
B. Sonstige herbeigeschaffte Beweismittel (II S 1)	17
C. Beweisantrag	18–20
D. Zulässige Ablehnungsgründe (II S 2, 3)	21–27
E. Ablehnungsverfahren	28
F. Stattgebender Beschluss	29
4) Revision	30

1 **1) Präsente Beweismittel:** § 245 unterscheidet zwischen den vom Gericht geladenen Zeugen und Sachverständigen sowie den nach § 214 IV vom Gericht oder der StA herbeigeschafften sachlichen Beweismitteln (I) und den vom Angeklagten oder der StA geladenen Zeugen und Sachverständigen und den sonstigen herbeigeschafften Beweismitteln (II). Im Fall des I ist das Gericht grundsätzlich von Amts wegen zur Beweiserhebung verpflichtet, im Fall des II nur auf Antrag. Im Privatklageverfahren gilt § 245 nicht (14 zu § 384). Ob sich der Begriff des präsenten Zeugen mit Rücksicht auf die heute gegebenen technischen Möglichkeiten (z. B. Skype) überholt hat, stellt Gerst StraFo **13**, 106 in Frage (erg 6 zu § 247a).

§ 245

2) Beweiserhebungspflicht (I): 2

A. Gerichtlich geladene und erschienene Zeugen und Sachverständige 3
müssen ohne Antrag vernommen werden. Dem liegt die Erwägung zugrunde, dass die Prozessbeteiligten möglicherweise mit Rücksicht auf die gerichtliche Ladung einen Beweisantrag nach § 219 oder die Ladung der Beweisperson nach § 220 unterlassen haben. Der Zeitpunkt der Ladung ist gleichgültig. Die Beweiserhebungspflicht setzt nur voraus, dass die Beweisperson nicht wieder abbestellt worden, dass sie vor Schluss der Beweisaufnahme erschienen (Bay DAR **82**, 253 [R]; Schleswig SchlHA **69**, 152 [E/J]), dass dem Gericht ihr Erscheinen erkennbar (BGH **24**, 280, 282) und dass sie noch in dem Zeitpunkt anwesend ist, zu dem sie vernommen werden soll (Düsseldorf MDR **81**, 161), sich also nicht vorzeitig entfernt hat, nicht bereits entlassen (BGH NStZ **86**, 207 [Pf/M]) oder in sofort vollstreckte Ordnungshaft genommen worden ist (BGH MDR **54**, 17 [D]). Die Beweiserhebungspflicht entfällt, wenn die Vernehmung nicht möglich ist. Das ist der Fall, wenn ein Zeuge sich auf sein Weigerungsrecht nach §§ 52 ff beruft; tut er das auf Grund irriger Belehrung durch das Gericht, so ist § 245 verletzt (BGH MDR **74**, 16 [D]). Dem Nichterschienenen steht gleich, wer wegen Alkohol- oder Drogengenusses (Düsseldorf MDR **81**, 161) oder wegen Gefahr für Gesundheit oder Leben (BGH MDR **76**, 634 [H]) nicht vernehmbar ist. Kann ein Sachverständiger ohne weitere Vorbereitung sein Gutachten nicht erstatten, so ist er ebenfalls kein präsentes Beweismittel (BGH **6**, 289, 291; dies gilt ebenso, wenn es ihm völlig an der erforderlichen Sachkunde fehlt, vgl Arnoldi NStZ **18**, 305, 307)). Das Gericht ist dann nicht gehalten, ihm deswegen weitere Vorbereitungen oder Untersuchungen zu gestatten (BGH NStZ **93**, 395), es sei denn, dies ist ohne Verzögerung der Hauptverhandlung möglich; letzteres dürfte bei Sprachsachverständigen anzunehmen sein, die herbeigeschaffte Tonaufzeichnungen in Augenschein nehmen sollen (Momsen/Rackow/Schwarze NStZ **18**, 625). Insoweit darf die Untersuchungshaft nicht als Hindernis betrachtet werden (BGH **43**, 171).

B. Sonstige herbeigeschaffte Beweismittel iS von I S 1 sind Urkunden und 4
Augenscheinsgegenstände (nicht aber mitgebrachte schriftliche Zeugenaussagen und Sachverständigengutachten; für sie gelten §§ 251 I, 256), auch der Ausdruck in digitaler Form gespeicherter Dokumente (Trüg StV **16**, 343; offen gelassen von BGH ebenda). Die Verweisung auf § 214 IV ist irreführend; denn unter I fallen auch die bereits bei der Vorlage nach § 199 II S 2 in den Akten vorhandenen Beweisstücke, deren besondere „Herbeischaffung" zur Hauptverhandlung nicht erforderlich ist. Daneben fallen unter I diejenigen Urkunden und Augenscheinsgegenstände, die das Gericht bis zum Schluss der Beweisaufnahme und die die StA vor der Hauptverhandlung herbeizieht (**aM** für von der StA von sich aus herbeigeschaffte Beweismittel Fezer JR **92**, 36). Sachliche Beweismittel, die StA erst in der Hauptverhandlung vorlegt, fallen unter II (LR-Becker 21; **aM** SK-Frister 24).

Ohne besonderen Antrag werden Beweismittel **nur** benutzt, wenn 5
das Gericht ihre Präsenz nach § 243 I S 2 festgestellt oder wenn es sie selbst zu Beweiszwecken herbeigezogen hat, wie Protokolle über kommissarische Vernehmungen (BGH MDR **54**, 151 [D]; LR-Becker 24). Das bloße Vorhandensein der Beweisgegenstände an der Gerichtsstelle macht sie noch nicht zu Beweismitteln iSd I; dazu werden sie erst, wenn das **Gericht zu erkennen gegeben** hat, dass von ihnen in der Beweisaufnahme Gebrauch gemacht werden soll (BGH **37**, 168); dies ist nicht schon der Fall bei der bloßen Beiziehung einer Ermittlungsakte (vgl 3 StR 51/18 vom 24.7.2018: Anwendungsfall des II). Insofern bedarf es der individuellen Bezeichnung des Beweismittels; der bloße Hinweis auf allgemeine Urkundensammlungen genügt nicht (Arnoldi NStZ **18**, 305, 308). Sonst hängt die Beweiserhebungspflicht von einem Antrag eines Prozessbeteiligten ab (BGH aaO). Der Antrag ist nicht deshalb entbehrlich, weil der Prozessbeteiligte schon vor der Hauptverhandlung das Beweismittel zu den Akten eingereicht oder seine Benutzung beantragt hat oder weil es bereits in der Anklageschrift aufgeführt ist (BGH aaO). Es handelt sich um einen Beweisantrag; daher müssen nicht nur die Urkun-

§ 245

den in den Akten oder anderen Urkundensammlungen, deren Verwendung der Beteiligte wünscht, genau bezeichnet und ihre Fundstelle angegeben (BGH **18**, 347; ebenso für abzuspielende Tonbänder, KG NJW **80**, 952), vielmehr muss auch das Beweisthema konkret bezeichnet werden (Fezer JR **92**, 37).

6 C. Der **Umfang der Beweiserhebungspflicht** wird bei persönlichen Beweismitteln durch die Ladung bestimmt. Als Zeuge Geladene brauchen nicht als Sachverständige vernommen zu werden und umgekehrt (BGH DAR **05**, 249 [Te]). Wer in beiden Eigenschaften geladen worden ist, muss aber als Zeuge und Sachverständiger gehört werden. Ein Sachverständiger, der sich dazu sofort äußern kann, muss auch Fragen beantworten, die nicht Inhalt seines Gutachtenauftrags waren (BGH **6**, 289, 291). In dem Antrag, bestimmte Fragen zuzulassen, liegt aber nicht zugleich der Antrag, den Sachverständigen zu einem anderen als dem ursprünglich vorgesehenen Gegenstand zu hören (BGH GA **83**, 361).

7 D. **Wegfall der Beweiserhebungspflicht wegen Unzulässigkeit der Beweisbenutzung** (I S 1): Die Beweiserhebung nach I ist nur unzulässig, wenn auch ein Beweisantrag nach II S 2 und nach § 244 III S 1 als unzulässig abgelehnt werden müsste (dort 49). Die Bedeutungslosigkeit der Beweistatsache fällt darunter nicht; I zwingt daher zur Erhebung von Beweisen, die aus rechtlichen oder tatsächlichen Gründen für die Entscheidung ohne Bedeutung sind (BGH NStZ **97**, 610; die Entscheidungen BGH **17**, 28, 30; 337, 345 sind überholt). Besteht ein Prozessbeteiligter auf der Erhebung solcher Beweise oder beantragt er sie ausdrücklich, so kann die Beweiserhebung daher nur wegen Missbrauchs von Verteidigungsrechten abgelehnt werden (KK-Krehl 15, 16; Fahl 461; **am** KG NJW **80**, 953: wegen Unzulässigkeit). Unterbleibt die Beweisaufnahme wegen ihrer Unzulässigkeit, so ist ein Vermerk darüber unter Angabe der Gründe im Sitzungsprotokoll zweckmäßig. Gegen die Entscheidung des Vorsitzenden, ein Beweismittel nicht zu verwenden oder es entgegen einem Beweisverbot zu benutzen, ist der Antrag nach § 238 II zulässig (BGH NStZ **06**, 178).

8 E. **Wegfall der Beweiserhebungspflicht bei allseitigem Verzicht (I S 2):** Die Präsenz des Beweismittels gibt jedem Prozessbeteiligten einen Anspruch auf Beweiserhebung. Nur bei allseitigem Einverständnis darf von ihr abgesehen werden. Sind demgegenüber Zeugen erst zu einem späteren Zeitpunkt geladen und noch nicht erschienen, gilt I S 2 (BGH NStZ **19**, 234).

9 a) Der **allseitige Verzicht** verlangt einen Verzicht der StA, des Angeklagten, dem Nebenbeteiligte (§§ 434, 442, 444) insoweit gleichstehen, als die Beweiserhebung den Gegenstand ihrer Beteiligung wenigstens mittelbar berühren kann, und des Verteidigers, nicht aber des Nebenklägers (12 zu § 397). Hat der Angeklagte mehrere Verteidiger, so müssen alle zustimmen; die Zustimmung des nach § 138 II zugelassenen Verteidigers und Verteidigers nach § 392 **AO** ist weder ausreichend noch neben der des RA oder Hochschullehrers erforderlich. Im Jugendstrafverfahren müssen gesetzliche Vertreter und Erziehungsberechtigte nicht zustimmen, wohl aber der Beistand nach § 69 **JGG**. Die Zustimmung des Beistands nach § 149 und der Prozessbevollmächtigten von anwesenden Nebenbeteiligten ist nicht erforderlich, auch nicht die von Mitangeklagten, für deren Verteidigung die Beweiserhebung bedeutungslos ist, zB im Fall der Verfahrensverbindung nach §§ 2 ff bei Beweisaufnahme über eine Tat, an der der Mitangeklagte nicht beteiligt war, oder über Strafzumessungstatsachen, die nur einen der Angeklagten betreffen.

10 Bei **Abwesenheit des Angeklagten** nach § 233 darf ohne dessen Zustimmung von der Beweiserhebung nicht abgesehen werden (Bay **63**, 171). In den Fällen der §§ 231 II, 329 II S 1 braucht das Einverständnis des Angeklagten nicht vorzuliegen; er hat sein Mitwirkungsrecht verwirkt (LR-Becker 32; vgl auch BGH **3**, 206). Wirkt an der Abwesenheitsverhandlung sein Verteidiger mit, so ist der Verzicht des Angeklagten in keinem Fall erforderlich (§ 234a Hs 2). Im Fall des § 247 ist er stets notwendig (BGH MDR **83**, 282 [H]).

b) Die **Verzichtserklärung** kann in einer schlüssigen Handlung liegen (vgl 11
BGH NJW **78**, 1815; GA **76**, 115), etwa in dem Einwirken auf einen Zeugen,
nichts auszusagen (Hamm VRS **45**, 123). Bloßes Stillschweigen ist kein Verzicht
(Köln StV **04**, 311), insbesondere nicht das Unterlassen des Widerspruchs gegen
Erklärungen anderer Prozessbeteiligter oder das Unterlassen der Antragstellung,
auch nach ausdrücklicher Befragung durch das Gericht. Im Schweigen des Angeklagten zu dem Verzicht des Verteidigers liegt aber die eigene Zustimmung
(Bay NJW **78**, 1817; Beulke 136), auch wenn ihm selbst keine ausdrückliche Gelegenheit zur Äußerung gegeben worden ist. Entsprechendes gilt im umgekehrten
Fall (Rieß NJW **77**, 883). Erg 3 zu § 303.

c) **Ganz oder teilweise** kann auf Beweismittel verzichtet werden, dh auf sämt- 12
liche präsenten Beweismittel, deren Existenz und Präsenz dem Verzichtenden aber
bewusst sein müssen, auf eines oder mehrere davon oder auf die teilw Benutzung
eines Beweismittels, zB auf die teilw Verlesung einer Urkunde oder eines Gutachtens oder, wenn ein Zeuge zu mehreren Tatkomplexen aussagen soll, auf seine
Vernehmung zu einem von ihnen (LR-Becker 34, 35). Bei unterschiedlichem
Ausmaß des Verzichts der Prozessbeteiligten ist die zulässigerweise am stärksten
beschränkte Einverständniserklärung maßgebend (KK-Krehl 19). Hat ein Zeuge
bereits mit der Aussage begonnen, so kann auf seine weitere Vernehmung zu demselben Tatkomplex nicht mehr verzichtet werden (LR-Becker 36).

d) **Bedingungsfeindlich** ist die Erklärung (Einl 118). Sie kann nicht nur für 13
den Fall abgegeben werden, dass das Gericht eine Verurteilung überhaupt oder mit
bestimmtem Inhalt unterlässt. Zulässig ist aber ein zunächst unter Vorbehalt oder
ein befristet erklärter Verzicht (LR-Becker 37).

e) **Endgültigkeit des Einverständnisses:** Der Verzicht kann weder zurückge- 14
nommen noch widerrufen werden (Oldenburg NdsRpfl **79**, 110; LR-Becker 38);
eine Ausnahme gilt, wenn er dem Erklärenden abgenötigt worden ist. Im Widerruf
des Verzichts liegt auch kein Beweisantrag nach § 244 III S 1 (LR-Becker aaO;
Arnoldi NStZ **18**, 305 308, der mit Recht darauf hinweist, dass es idR bereits an
der für einen Beweisantrag erforderlichen konkreten Tatsachenbehauptung fehlen
wird). Der Verzicht berechtigt das Gericht, vorbehaltlich der Aufklärungspflicht
nach § 244 II (BGH MDR **81**, 455 [H]; StV **83**, 495; Koblenz VRS **71**, 238,
240), von der Beweiserhebung abzusehen, auch wenn er in dem Rechtszug, für den
er erklärt wurde. Die spätere Stellung von Beweisanträgen nach § 244 III S 1 hindert
der Verzicht nicht. Hatte der Prozessbeteiligte einen solchen Antrag schon gestellt,
so erstreckt sich der Verzicht nach I S 2 auch auf ihn.

3) Beweiserhebungspflicht auf Antrag (II): 15

A. **Präsente Beweispersonen** iS von II S 1 sind die von der StA nach § 214 III 16
und von anderen Prozessbeteiligten nach § 220 I und II (6, 7 zu § 220) geladenen
und erschienenen (oben 3) Zeugen und Sachverständigen, nicht ein anwesender
Verteidiger (BGH StV **95**, 567). Die StA kann formlos, auch mündlich und telefonisch, laden. Andere Beteiligte müssen die Form des § 38 wahren (BGH NJW **52**,
836; NStZ **81**, 401; Alsberg/Tsambikakis 1526; erg 2-4 zu § 38); andernfalls, insbesondere aber ohne Ladung erschienenen (gestellten) Beweispersonen, müssen sie
einen Beweisantrag nach § 244 III S 1 stellen. Präsent sind auch vom Nebenkläger (Hamm VRS **11**, 59; Pauka/Daners StraFo **15**, 407 Fn 98; **aM** SK-Frister
50) und, sofern die Vernehmung für den sie betreffenden Verhandlungsteil von
Bedeutung sein kann, von Nebenbeteiligten nach §§ 433 I S 1, 442 I sowie von
einer JP oder PV nach § 444 geladenen Beweispersonen. Dem Privatkläger steht
zwar das Recht der unmittelbaren Ladung zu (§ 386 II); jedoch ist § 245 nicht
anwendbar (oben 1). Das Fehlen der Entschädigung nach § 220 II steht der Anwendung des II nicht entgegen (RG **54**, 257). Auch das Unterlassen der rechtzeitigen Namhaftmachung nach § 222 I S 2 berechtigt nur zu dem Aussetzungsantrag
nach § 246 II. Der Antragsteller mit Ausnahme der StA muss dem Gericht die
Ladung der Hauptverhandlung nachweisen (BGH NStZ **12**, 346).

§ 245

17 B. **Sonstige herbeigeschaffte Beweismittel (II S 1)** sind die von der StA in der Hauptverhandlung vorgelegten (oben 4) und die von anderen Prozessbeteiligten vor oder in der Hauptverhandlung eingereichten sachlichen Beweismittel, also Urkunden, wobei Ablichtungen nicht genügen (BGH NStZ **94**, 593; erg 6 zu § 249) und Augenscheinsgegenstände (vgl BGH 3 StR 51/18 vom 24.7.2018: Lichtbildmappe in beigezogener Ermittlungsakte). Dies gilt auch für Beweisanträgen beigefügte Urkunden; die Ablehnung von deren Verlesung richtet sich somit nach II, nicht nach § 244 III (offen gelassen von BGH 1 StR 185/16 vom 7.12. 2016). Die Vorlegung erfolgt formlos; es genügt, dass die Beweismittel dem Gericht überreicht werden (BGH MDR **75**, 369 [D]; NStZ **93**, 28 [K]). Schriftliche Erklärungen des Angeklagten, der bisher zur Sache geschwiegen hat, können nicht verlesen werden (**aM** Eisenberg/Pincus JZ **03**, 400).

18 C. Ein **Beweisantrag** ist Voraussetzung für die Beweiserhebungspflicht (**II S 1**). Das schließt die Beweisbenutzung ohne Antrag aber nicht aus (LR-Becker 5).

19 a) **Antragsberechtigt** ist außer dem Beteiligten, der das Beweismittel herbeigeschafft hat, jeder andere Verfahrensbeteiligte im Rahmen seiner Beteiligung.

20 b) **Form und Inhalt** des Antrags unterscheiden sich nicht von dem des Beweisantrags nach § 244 III S 1 (dort 17 ff, 32; BGH StraFo **11**, 511). Bedingte Anträge, insbesondere Hilfsbeweisanträge, sind zulässig (LR-Becker 54). Die Beweistatsachen müssen bestimmt behauptet werden; das gilt auch für persönliche Beweismittel (KK-Krehl 26). Die bloße Überreichung einer Urkunde ist kein Beweisantrag, verpflichtet das Gericht aber, auf die Antragstellung hinzuwirken. Der Antrag muss spätestens bei Schluss der Beweisaufnahme gestellt werden (**aM** LR-Becker 53: bis zum Beginn der Urteilsverkündung). Das Beweismittel muss nicht schon bei der Antragstellung präsent sein; es genügt, dass der Antragsteller in diesem Zeitpunkt das zur Herbeischaffung Erforderliche veranlasst. Es muss aber jedenfalls zum Zeitpunkt der Entscheidung über den Beweisantrag präsent sein (MükoStPO-Trüg/Habetha 40; Arnoldi NStZ **18**, 305, 310; **aM** LR-Becker 46 zu § 220: Zeitpunkt der Antragstellung maßgebend). Die Zurücknahme des Antrags ist zulässig, seine Wiederholung nur, wenn er wegen fehlender Präsenz des Beweismittels abgelehnt worden war.

21 D. **Zulässige Ablehnungsgründe (II S 2, 3):**

22 a) Der **Katalog der sachlichen Ablehnungsgründe** ist enger als der des § 244 III-V. Eine Ablehnung wegen Unerreichbarkeit, die bei präsenten Beweismitteln sinnlos wäre, und unter Wahrunterstellung ist unzulässig. Der Ablehnungsgrund der Unerheblichkeit gilt nur in begrenztem Umfang (BGH NStZ **14**, 351; Pauka/Daners StraFo **15**, 408). Die Ablehnung eines Antrags auf Anhörung eines Sachverständigen wegen eigener Sachkunde des Gerichts ist ausgeschlossen (BGH NStZ **94**, 400); auch das Auswahlrecht des Gerichts nach § 73 I S 1 besteht nicht (Schulz StV **83**, 342). Für weitere Sachverständige gilt die in § 244 IV S 2 bestimmte Ausnahme vom Verbot der Beweisantizipation nicht (eingehend zu den von der Verteidigung geladenen Sachverständigen Detter Salger-FS 231). Auf präsente Augenscheinsgegenstände findet § 244 V S 1 keine Anwendung.

23 b) Bei **Unzulässigkeit der Beweiserhebung (II S 2)** ist die Ablehnung zwingend. Die Unzulässigkeitsgründe sind dieselben wie bei § 244 III S 2 (dort 49).

24 c) **Offenkundige und schon erwiesene Tatsachen** brauchen nicht weiter aufgeklärt zu werden. Anders als bei § 244 III S 2 (dort 50) ist aber die Offenkundigkeit des Gegenteils der behaupteten Beweistatsache kein zulässiger Ablehnungsgrund (LR-Becker 60). Durch §§ 220, 245 II soll den Prozessbeteiligten gerade Gelegenheit gegeben werden, das Gegenteil der vom Gericht für offenkundig gehaltenen Tatsachen oder Erfahrungssätze zu beweisen.

25 d) **Fehlender Sachzusammenhang:** Der Begriff ist wesentlich enger als der der Bedeutungslosigkeit in § 244 III S 3 Nr 2 (dort 54). Die Ablehnung ist nur zulässig, wenn jede Sachbezogenheit zwischen Beweistatsache und Gegenstand der

Urteilsfindung fehlt (Marx NJW **81**, 1415). Bloße Unerheblichkeit aus rechtlichen oder tatsächlichen Gründen genügt nicht (LR-Becker 62).

e) **Völlige Ungeeignetheit** ist wie bei § 244 III S 3 Nr 4 (dort 58) ohne jeden Rückgriff auf das Ergebnis der bisherigen Beweisaufnahme ausschließlich nach den Eigenschaften des Beweismittels selbst zu beurteilen. Dabei ist ein strenger Maßstab anzulegen. Die Ablehnung wird nur in Betracht kommen, wenn Prozessbeteiligte versuchen, dem Gericht einen offensichtlich unfähigen oder nach seinem Fachgebiet ungeeigneten Sachverständigen aufzudrängen (LR-Becker 65). Ein aussagepsychologischer Sachverständiger ist nicht schon deshalb völlig ungeeignet, weil er während der Vernehmung des betreffenden Zeugen in der Hauptverhandlung nicht anwesend war (BGH StV **11**, 711). Bloße Zweifel an seiner Geeignetheit berechtigen nicht zur Ablehnung des Sachverständigen. Die Ungeeignetheit von Zeugen ist idR durch ihre Vernehmung festzustellen. 26

f) Durch das Gesetz zur Modernisierung des Strafverfahrens vom 10.12.2019 wurde der frühere Ablehnungsgrund der **Prozessverschleppung aus dem Katalog des II S 3 gestrichen** (BGBl I S 2122). Der Vorsitzende kann nunmehr im Rahmen seiner Sachleitungsbefugnis prüfen, ob die Voraussetzungen für Verschleppungsabsicht vorliegen (92 ff zu § 244). Dagegen kann die Entscheidung des Gerichts gemäß § 238 II angerufen werden. 27

E. Das **Ablehnungsverfahren** entspricht dem des § 244 VI. Der Vorsitzende kann die Beweise ohne weiteres erheben. Die Ablehnung bedarf eines mit Gründen versehenen Gerichtsbeschlusses, der in der Hauptverhandlung vor Schluss der Beweisaufnahme bekanntgemacht werden muss (Rieß NJW **78**, 2270). Zwar gilt grundsätzlich auch § 244 VI S 3 bis 5 (dazu 94–99 zu § 244; ebenso Mosbacher NStZ **18**, 9, 11; **aM** Krehl Fischer-FS 705, 711; Schlothauer Fischer-FS 819, 821); allerdings dürfte die praktische Bedeutung bei präsenten Beweismitteln gering sein. 28

F. Der **stattgebende Beschluss** führt zur Beweiserhebung nur über die in dem Antrag behauptete Beweistatsache. Zu anderen Tatsachen und in anderer Eigenschaft (oben 6) braucht das Gericht das Beweismittel nicht zu benutzen. Eine kurze Befragung des Zeugen genügt; das Fragerecht nach § 240 II gestattet dem Antragsteller die Ausübung seiner Verteidigungsrechte (LR-Becker 70). Er kann trotz des stattgebenden Beschlusses noch auf die Beweiserhebung verzichten. Das Einverständnis der anderen Prozessbeteiligten ist dazu nicht erforderlich; sie können aber ihrerseits die Beweiserhebung beantragen (oben 19). 29

4) Revision: Das unberechtigte Unterlassen der Benutzung eines präsenten Beweismittels kann im Fall des I die Revision begründen. Dass es sich um herbeigeschaffte (und nicht nur bei Gericht liegende, vgl oben 5) Beweismittel gehandelt hat, ist in der Begründung darzulegen (BGH **37**, 168, 174; vgl zu den Rügeerfordernissen auch Celle StV **89**, 243); die Revision muss sich bei der Rüge der unterlassenen Vernehmung eines Zeugen auch vortragen, zu welchen Beweisthemen der Zeuge im Ermittlungsverfahren bisher vernommen wurde und zu welchen Tatsachen er nach Aktenlage bei seiner Vernehmung in der Hauptverhandlung Angaben machen sollte (BGH NJW **96**, 1685; Arnoldi NStZ **18**, 305, 311). Entsprechendes gilt im Fall des II, wenn ein Beweisantrag übergangen, in unzulässiger Weise oder mit rechtsfehlerhafter Begründung abgelehnt worden ist. Das Urteil beruht auf dem Verfahrensmangel nur dann nicht, wenn auszuschließen ist, dass die unterlassene Beweiserhebung die Entscheidung beeinflusst haben könnte (BGH NJW **96**, 1685), zB wenn sich dies aus den Ausführungen im Urteil sicher ergibt (vgl BGH 5 StR 209/17 vom 19.9.2017) oder feststeht, dass der Zeuge von seinem Aussageverweigerungsrecht Gebrauch gemacht hätte (BGH MDR **78**, 459 [H]). 30

Ablehnung von Beweisanträgen wegen Verspätung

246 I Eine Beweiserhebung darf nicht deshalb abgelehnt werden, weil das Beweismittel oder die zu beweisende Tatsache zu spät vorgebracht worden sei.

§ 246

II Ist jedoch ein zu vernehmender Zeuge oder Sachverständiger dem Gegner des Antragstellers so spät namhaft gemacht oder eine zu beweisende Tatsache so spät vorgebracht worden, daß es dem Gegner an der zur Einziehung von Erkundigungen erforderlichen Zeit gefehlt hat, so kann er bis zum Schluß der Beweisaufnahme die Aussetzung der Hauptverhandlung zum Zweck der Erkundigung beantragen.

III Dieselbe Befugnis haben die Staatsanwaltschaft und der Angeklagte bei den auf Anordnung des Vorsitzenden oder des Gerichts geladenen Zeugen oder Sachverständigen.

IV Über die Anträge entscheidet das Gericht nach freiem Ermessen.

1 1) Eine **Ergänzung** des § 244 III enthält I. Den Verfahrensbeteiligten kann – abgesehen vom Fall des § 244 VI S 3 (Fristsetzung nach Abschluss der von Amts wegen vorgesehenen Beweisaufnahme, siehe 94 ff zu § 244) – nicht vorgeschrieben werden, wann sie in der Hauptverhandlung einen Beweisantrag zu stellen haben (BGH NStZ **90**, 350). Beweisanträge können daher bis zum Beginn der Urteilsverkündung gestellt werden (33 zu § 244). Dass sie sie schon früher hätten angebracht werden können, ist kein Ablehnungsgrund, auch wenn nach den früheren Erklärungen des Antragstellers ein Antrag nicht mehr zu erwarten war (BGH NStZ **86**, 371). Daran hat auch die Einführung von § 244 VI S 3, 4 nichts geändert; selbst wenn der Antragsteller eine danach vom Vorsitzenden gesetzte Frist verstreichen lässt, kommt eine Ablehnung des Beweisantrags in den Urteilsgründen nicht wegen der Fristversäumnis, sondern nur unter den Voraussetzungen der gesetzlich geregelten Ablehnungsgründe in Betracht (erg 96 zu § 244). Hätte der Antrag allerdings schon lange vor der Hauptverhandlung gestellt werden können, kann dies uU für eine Verschleppungsabsicht sprechen, so dass eine Ablehnung nach § 244 VI S 2 durch den Vorsitzenden in Betracht kommen kann (vgl BGH NStZ **90**, 350 zu § 244 III aF); vgl auch 93-93e zu § 244.

2 2) Einen **Aussetzungsantrag (II–IV)** können Prozessbeteiligte stellen, denen infolge verspäteter Namhaftmachung der geladenen Beweispersonen (§ 222) die Möglichkeit genommen ist, deren Glaubwürdigkeit und die sachliche Zuverlässigkeit ihrer Aussage zu prüfen und etwaige Gegenbeweise anzubieten. Das Gleiche gilt, wenn ihnen Beweistatsachen, deren Bedeutung für das Verfahren vorher nicht erkennbar war, nicht rechtzeitig bekanntgegeben werden. Für sachliche Beweismittel, deren Vorhandensein den Beteiligten nicht rechtzeitig zur Kenntnis gebracht worden ist, gelten II–IV entspr (Hamm VRS **49**, 113). Die Vorschrift findet keine Anwendung bei der Vernehmung von Zeugen an hierfür nicht vorgesehenen Terminstagen.

3 Eine **Belehrung** über das Antragsrecht ist nicht vorgeschrieben, wird aber ausnahmsweise auf Grund der Fürsorgepflicht (Einl 156 ff) bei einem Angeklagten ohne Verteidiger geboten sein (Köln OLGSt S 1; LR-Becker 13).

4 **Antragsberechtigt** ist der Gegner des Antragstellers (dazu 3 zu § 303), aber nicht der Nebenkläger (11 zu § 397), im Fall des III jeder betroffene Verfahrensbeteiligte (**aM** SK-Frister 18).

5 Die **Entscheidung** über den Antrag, als den ein bloßer „Protest" nicht angesehen werden kann (Frankfurt NJW **47/48**, 395), trifft das Gericht (nicht der Vorsitzende allein) nach pflichtgemäßem Ermessen (BGH MDR **84**, 278 [H]; Stuttgart NStZ **90**, 356) unter Beachtung der Aufklärungspflicht (§ 244 II) und der berechtigten Interessen der Prozessbeteiligten, insbesondere des Angeklagten (BGH VRS **19**, 132). II und III beziehen sich nur auf Umstände von verfahrenserheblicher Bedeutung (BGH **37**, 1, 3; NJW **90**, 1124). Die Ablehnung ist gerechtfertigt, wenn die Beweisperson bereits bekannt war (BGH StV **82**, 457) oder Nachforschungen nach ihr offensichtlich nicht nötig sind (BGH MDR **84**, 278 [H]) oder allgemein keine Umstände erkennbar sind, die das Verlangen als begründet erscheinen lassen; dabei ist auch der verfassungsrechtlich gebotene Schutz des Zeugen zu beachten (BGH **37**, 1; Schnarr Kriminalistik **90**, 295). Darf der Wohnort

des Zeugen nach § 68 I S 2, II, III geheim gehalten werden und wird er daher bei der Ladungsmitteilung nach § 222 nicht angegeben, besteht kein Anspruch auf Aussetzung aus diesem Grund (Hilger NStZ **92**, 459). Wird dem Antrag stattgegeben, so ist § 145 IV auf den Prozessgegner nicht anzuwenden (Frankfurt JR **50**, 570). Zur Begründung des Ablehnungsbeschlusses vgl 3 zu § 34.

Die Aussetzung kann auch von **Amts wegen** angeordnet werden. Die kürzere Unterbrechung durch den Vorsitzenden (§ 228 I S 2) hat den Vorzug, wenn sie genügt und der Antragsteller sich mit ihr zufrieden gibt (KMR-Paulus 10). Bei Änderung der Sachlage gilt § 265 IV.

3) **Anfechtung:** Die Entscheidung nach IV ist mit der Beschwerde nicht anfechtbar (§ 305 S 1). Missbrauch des Ermessens bei der Ablehnung des Aussetzungsantrags begründet aber die Revision (BGH NJW **90**, 1124; Bay **54**, 156; LR-Becker 24), zB bei Ablehnung mit der Begründung, der Verteidiger hätte sich die fehlenden Kenntnisse durch Akteneinsicht verschaffen können (Hamm JMBlNW **68**, 236). Vgl erg 10 zu § 222.

Vernehmung eines Sachverständigen vor Entscheidung über eine Unterbringung

§ 246a

I ¹ Kommt in Betracht, dass die Unterbringung des Angeklagten in einem psychiatrischen Krankenhaus oder in der Sicherungsverwahrung angeordnet oder vorbehalten werden wird, so ist in der Hauptverhandlung ein Sachverständiger über den Zustand des Angeklagten und die Behandlungsaussichten zu vernehmen. ² Gleiches gilt, wenn das Gericht erwägt, die Unterbringung des Angeklagten in einer Entziehungsanstalt anzuordnen.

II Ist Anklage erhoben worden wegen einer in § 181b des Strafgesetzbuchs genannten Straftat zum Nachteil eines Minderjährigen und kommt die Erteilung einer Weisung nach § 153a dieses Gesetzes oder nach den §§ 56c, 59a Absatz 2 Satz 1 Nummer 4 oder § 68b Absatz 2 Satz 2 des Strafgesetzbuchs in Betracht, wonach sich der Angeklagte psychiatrisch, psycho- oder sozialtherapeutisch betreuen und behandeln zu lassen hat (Therapieweisung), soll ein Sachverständiger über den Zustand des Angeklagten und die Behandlungsaussichten vernommen werden, soweit dies erforderlich ist, um festzustellen, ob der Angeklagte einer solchen Betreuung und Behandlung bedarf.

III Hat der Sachverständige den Angeklagten nicht schon früher untersucht, so soll ihm dazu vor der Hauptverhandlung Gelegenheit gegeben werden.

1) Die **Zuziehung eines Sachverständigen** verlangt die Vorschrift; sie dient „dem Schutz und dem wohlverstandenen Interesse des Angeklagten ebenso wie dem öffentlichen Interesse an einer sachgerechten Auswahl und Anordnung der Maßregel, auch um zu gewährleisten, dass nicht ungeeignete Angeklagte in den jeweiligen Einrichtungen des Maßregelvollzugs untergebracht werden. Sie ist schon deshalb der Disposition des Angeklagten unter dem Blickwinken einer Verwirkung oder eines Verzichts grundsätzlich entzogen" (BGH 5 StR 16 und 36/12 vom 28.2.2012). Die Bestimmung unterscheidet zwischen der Unterbringungen des Angeklagten in einem psychiatrischen Krankenhaus (§ 63 StGB) oder in der Sicherungsverwahrung (§§ 66, 66a StGB) und der in einer Entziehungsanstalt (§ 64 StGB):

A. Wenn die Anordnung einer **Maßregel nach §§ 63 oder 66 StGB** oder eines **Vorbehalts nach § 66a StGB** in Betracht kommt, dh wenn diese Anordnungen möglich erscheinen (BGH wistra **10**, 68), ist ein Sachverständiger zuzuziehen. Der Sachverständige muss kein Arzt sein; idR wird aber die Anhörung eines anderen Sachverständigen nicht ausreichen (BGH MDR **76**, 17 [D]). Im Fall des § 63 StGB ist ein Psychiater zu hören (Müller-Dietz NStZ **83**, 204); im Fall der §§ 66, 66a StGB hat der Gutachter (Feltes StV **00**, 282 empfiehlt hier einen Kriminologen; krit Nowara DAV-FS 714) sich zu den einen Hang ausmachenden Persönlich-

§ 246a

keitsmerkmalen sachverständig zu äußern (BGH MDR **90**, 97 [H]). § 246a stellt nur Mindestanforderungen (zu den „Mindestanforderungen für Prognosegutachten" Boetticher ua NStZ **06**, 537); die Aufklärungspflicht (§ 244 II) kann die Zuziehung mehrerer Sachverständiger gebieten (BGH **18**, 374). „Eigene Sachkunde" des Gerichts kann die Zuziehung nicht ersetzen (BGH NStZ-RR **00**, 36 [K]; StV **01**, 665 L).

3 B. Hinsichtlich einer **Anordnung nach § 64 StGB** verlangt I S 2 die Zuziehung eines Sachverständigen nur dann, wenn das Gericht die Unterbringung „erwägt", also gegenüber den schwer wiegenden Unterbringungen nach §§ 63, 66, 66a StGB in einschränkender Weise. Eine Begutachtungspflicht besteht somit nicht, wenn eine Unterbringung zwar in Betracht kommt, nach den Gegebenheiten im Einzelfall vom Gericht jedoch nicht in Erwägung gezogen wird (vgl BGH NStZ **12**, 463). Unterschiedlich wird die Frage beurteilt, ob die Beauftragung nur notwendig ist, wenn das Gericht konkret eine Unterbringung erwägt (so die Ansicht des BRats BT-Drucks 16/1110 S 25), oder nur dann nicht, wenn unter Ausschöpfung des dem Gericht in § 64 StGB eingeräumten eng begrenzten Ermessensspielraums eine Unterbringung offensichtlich nicht in Frage kommt (so der Rechtsausschuss des BTags BT-Drucks 16/5137 S 11). Die letztgenannte Ansicht widerstreitet jedenfalls der Absicht des BRats (aaO), Gutachterkapazitäten zu schonen (krit dazu Eisenberg GA **07**, 357; vgl auch LR-Becker 8). BGH NStZ **12**, 463, 464 hat die Frage offen gelassen.

3a **Wenn das Tatgericht einen Sachverständigen** zur Prüfung der Unterbringung des Angeklagten **hinzuzieht**, erwägt es die Maßregelanordnung konkret und hat deshalb ein Gutachten einzuholen. Dem Sachverständigen ist in diesem Fall zu ermöglichen, von ihm für erforderlich gehaltene Erkenntnisquellen – insbesondere frühere Gutachten – zu verarbeiten; dies kann nicht mit der Begründung abgelehnt werden, auf das Ergebnis des Gutachtens komme es nicht an (BGH **59**, 1).

3b C. II statuiert eine Soll-Vorschrift zur frühzeitigen Begutachtung schon vor der Hauptverhandlung für den Bereich der Therapieweisungen (§ 153a; §§ 56c, 59 II S 1 Nr 4, § 68b II S 2 StGB) bei Sexualstraftaten zum Nachteil von Minderjährigen, soweit dies zur Feststellung einer Betreuung und Behandlung erforderlich ist.

4 2) **In der Hauptverhandlung** muss der Sachverständige vernommen werden. Die Verlesung einer Vernehmungsniederschrift nach § 251 oder eines schriftlichen Gutachtens nach § 256 genügt nicht (BGH MDR **53**, 723 [D]). Die Vorlage eines vorbereitenden schriftlichen Gutachtens ist zwar üblich und idR sinnvoll, kann aber – abgesehen von § 244 II – nicht verlangt werden (BGH **54**, 177; **aM** KMR-Hiebl 40; Deckers ua NStZ **11**, 69; Ziegert StV **11**, 199; erg 2 zu § 82). Der Sachverständige muss nicht während der ganzen Hauptverhandlung anwesend sein (BGH **27**, 166, 167; NStZ **87**, 219 [Pf/M]). Ergibt sich erst in der Hauptverhandlung, dass eine Maßregel in Betracht kommt, so braucht der bereits durchgeführte Teil der Verhandlung nicht wiederholt zu werden (BGH NStZ **87**, 219 [Pf/M]; das Gericht ist dann aber zu ganz besonderer Sorgfalt bei der weiteren Sachbehandlung verpflichtet (BGH NJW **68**, 2298). Bei der Vernehmung muss der Sachverständige stets umfassend gehört werden; er muss den gesamten Sachverhalt kennen und würdigen, der den Zustand des Angeklagten und die Behandlungsaussichten betrifft und den das Gericht der Entscheidung zugrunde legen will (BGH **27**, 166). Im Sicherungsverfahren nach §§ 413 ff gilt § 415 V.

5 3) Eine **Untersuchung**, die im Vorverfahren auch von der StA angeordnet worden sein kann (BGH **18**, 374), soll der Vernehmung vorausgehen (vgl auch §§ 80a, 414 III). Das Wort „soll" bedeutet nur, dass die Untersuchung auch während der Hauptverhandlung vorgenommen werden darf, wobei die Beobachtung des Angeklagten in der Hauptverhandlung allein aber nicht genügt (BGHR § 246a S 1 Untersuchung 1); denn die Untersuchung ist nicht zwingend vorgeschrieben (BGH **9**, 1; NStZ **90**, 27; **00**, 215; **02**, 384). Verweigert der Angeklagte die Mitwirkung, so ist sie nach §§ 81, 81a anzuordnen (BGH NJW **72**, 348), es sei denn, die verweigerte Untersuchung setze ihrer Art nach die freiwillige Mitwirkung des Angeklagten voraus und ihre zwangsweise Vornahme könne deswegen kein verwertbares Ergebnis erbringen; das bedeutet aber nicht, dass damit auch auf die Einholung des Gutachtens verzichtet werden dürfte (BGH NStZ **94**, 95; **04**, 263; StraFo **09**, 208, 209). Die Erklärung des Angeklagten, er sei gesund, befreit von der Untersuchung nicht (RG **68**, 198, 200). Eine weit zurückliegende Untersuchung in einem anderen Strafverfahren wird – vor allem, wenn es um eine Unterbringung nach §§ 63, 66 StGB geht – idR nicht genügen; die Untersuchung muss aber nicht unmittelbar vor der Hauptverhandlung stattgefunden haben (BGH **18**, 374). Ihrem Gegenstand nach muss sie unter dem Gesichtspunkt der in Betracht kommenden Maßregel oder Maßregeln durchgeführt werden (RG **68**, 327; **69**, 129, 133), also „maßnahmespezifisch" sein, so dass eine allgemeine psychiatrische Untersuchung nicht genügt (BVerfG NJW **95**, 3047 gegen BGH NStZ **94**, 592). Die Untersuchung zur Unterbringung nach § 63 StGB deckt aber die zu einer Unterbringung nach § 66 StGB idR mit ab (BGH NStZ-RR **03**, 98 [B]).

4) Revision: Der Verstoß gegen I S 1, 2 ist Revisionsgrund nach § 337 **6** (BGH **9**, 1; **27**, 166, 168). Das gilt auch, wenn der Sachverständige nicht genügend über den für sein Gutachten erheblichen Sachverhalt unterrichtet worden ist (BGH **27**, 166). Das Unterlassen der Untersuchung (III) begründet ebenfalls die Revision; es kann auch mit der Aufklärungsrüge (101 ff zu § 244) geltend gemacht werden (BGHR StGB § 66 I Hang 5; erg 5 zu § 80a). Mit ihr kann auch die Nichtzuziehung eines weiteren Sachverständigen gerügt werden (BGH **18**, 374) oder die fehlende Anwesenheit des Sachverständigen während eines wesentlichen Teils der Verhandlung (BGH StV **99**, 470).

Entfernung des Angeklagten bei Vernehmung von Mitangeklagten und Zeugen

247 ¹Das Gericht kann anordnen, daß sich der Angeklagte während einer Vernehmung aus dem Sitzungszimmer entfernt, wenn zu befürchten ist, ein Mitangeklagter oder ein Zeuge werde bei seiner Vernehmung in Gegenwart des Angeklagten die Wahrheit nicht sagen. ²Das gleiche gilt, wenn bei der Vernehmung einer Person unter 18 Jahren als Zeuge in Gegenwart des Angeklagten ein erheblicher Nachteil für das Wohl des Zeugen zu befürchten ist oder wenn bei einer Vernehmung einer anderen Person als Zeuge in Gegenwart des Angeklagten die dringende Gefahr eines schwerwiegenden Nachteils für ihre Gesundheit besteht. ³Die Entfernung des Angeklagten kann für die Dauer von Erörterungen über den Zustand des Angeklagten und die Behandlungsaussichten angeordnet werden, wenn ein erheblicher Nachteil für seine Gesundheit zu befürchten ist. ⁴Der Vorsitzende hat den Angeklagten, sobald dieser wieder anwesend ist, von dem wesentlichen Inhalt dessen zu unterrichten, was während seiner Abwesenheit ausgesagt oder sonst verhandelt worden ist.

Übersicht

	Rn
1) Ausnahmen von der Anwesenheitspflicht des Angeklagten	1
2) Entfernung bei Wahrheitsgefährdung (S 1)	2–10
3) Entfernung bei Vernehmung von Kindern oder Jugendlichen (S 2)	11
4) Entfernung bei Vernehmung erwachsener Zeugen (S 2)	12
5) Entfernung des Angeklagten zum eigenen Schutz (S 3)	13
6) Gerichtsbeschluss	14, 14a
7) Unterrichtung des Angeklagten (S 4)	15–17
8) Ergänzende Befragung durch den Angeklagten	18
9) Revision	19–22

1) Ausnahmen von der Anwesenheitspflicht des Angeklagten (§ 231 I 1 S 1), auch wenn er RA ist (BVerfGE **53**, 207, 215), lässt § 247 im Interesse der

Sachaufklärung, des Schutzes kindlicher und jugendlicher Zeugen (vgl auch § 51 I **JGG**), erwachsener Zeugen und des Angeklagten selbst zu (vgl Meyer-Goßner Pfeiffer-FS 311). Die Vorschrift gilt auch bei Vernehmungen nach §§ 223, 224 (BGH **32**, 32), muss aber als Ausnahmebestimmung eng ausgelegt werden (BGH GSSt 1/09 vom 21.4.2010 mwN). Die Ausschließung des Nebenklägers rechtfertigt sie nicht (LR-Becker 7; erg 2 zu § 397), auch nicht die Abwesenheit des bei der Rekonstruktion des Unfallgeschehens mitwirkenden Angeklagten von der Verhandlung bei der Augenscheinseinnahme (LR-Becker 9, 17; **aM** Braunschweig NJW **63**, 1322 mit abl Anm Kleinknecht). Von der Ermächtigung des § 247 ist idR Gebrauch zu machen, wenn die Voraussetzungen der Vorschrift vorliegen.

2   2) **Entfernung des Angeklagten bei Wahrheitsgefährdung (S 1):**
3   A. Eine **konkrete Gefahr** für die Wahrheitsfindung muss bestehen („wenn zu befürchten ist"), zu deren Abwendung die zeitweise Entfernung des Angeklagten notwendig und unvermeidbar erscheint (BGH **3**, 384, 386). Die Befürchtung muss sich auf konkrete, im Einzelfall begründete Tatsachen stützen und nicht etwa nur auf allgemeine Erwägungen (BGH 3 StR 194/14 vom 24.6.2014). Die Bereitschaft des Zeugen oder Mitangeklagten, in Gegenwart des Angeklagten auszusagen, ist ohne Bedeutung (BGH MDR **72**, 199 [D]). Maßgebend ist die dem Gericht bekannte Sachlage bei der Beschlussfassung; wenn spätere Erkenntnisse zu einer abweichenden Beurteilung führen, muss die Vernehmung nicht wiederholt (KK-Diemer 5; LR-Becker 37; **aM** Hamburg NJW **75**, 1573; SK-Frister 64), dem Angeklagten aber die eingehende Befragung der Auskunftsperson ermöglicht werden (Fischer NJW **75**, 2034). § 247 darf, soweit er der Sachaufklärung dient, nicht engherzig angewendet werden (Granderath MDR **83**, 800). Es genügt, dass sich die Gefahr der Beeinträchtigung der Wahrheitsfindung auf bestimmte Tatkomplexe oder Punkte beschränkt, zB auf die Angaben zur Person (RG **38**, 10, aber nicht zur Umgehung der in BGH **32**, 32, 35 f aufgestellten Grundsätze, vgl BGHR Abwesenheit 7) oder auf den Vorhalt einer Urkunde.

4   Die Entfernung des Angeklagten ist zB **zulässig,** wenn ein Zeuge (oder ein Mitangeklagter: BGH NStZ-RR **02**, 69 [B]) ankündigt, dass er in Gegenwart des Angeklagten von seinem Zeugnisverweigerungsrecht Gebrauch machen werde (BGH **22**, 18; BGHR § 247 S 2 Begründungserfordernis 3; an dieser Rspr hält BGH NStZ **01**, 608 trotz § 247a fest), ebenso bei Geltendmachung eines umfassenden Auskunftsverweigerungsrechts nach § 55 (BGH NStZ-RR **04**, 116), oder wenn die Zeugenvernehmung aus den in § 96 und § 54 iVm § 37 IV S 1 BeamtStG (7 zu § 54) anerkannten Gründen in Gegenwart des Angeklagten von der obersten Dienstbehörde nicht ermöglicht wird (BGH **32**, 32; GrS **32**, 115, 125; GrS **42**, 175, 176; vgl auch BVerfGE **57**, 250, 286/287).

5   **Nicht ausreichend** ist der bloße Wunsch des Zeugen, in Abwesenheit des Angeklagten auszusagen (BGH **22**, 18, 21; NStZ **99**, 419; **15**, 103; NStZ-RR **02**, 217), oder die Befürchtung, mehrere Mitangeklagte würden ihre Aussagen einander anpassen (BGH **15**, 194; 195; NJW **57**, 1161; LR-Becker 18; **aM** Hanack JZ **72**, 81, der das zu Unrecht als „überstreng" bezeichnet). Auch der Widerspruch des gemäß § 1897 BGB bestellten Betreuers genügt nicht (BGH **46**, 142).

6   B. **Während der Vernehmung** darf der Angeklagte ausgeschlossen werden, auch während eines Teils der Vernehmung, zB für die Beantwortung einer einzigen Frage (BGH MDR **75**, 544 [D]). Die Anordnung ist so auszulegen, dass der Ausschluss sich auf alle Verfahrensvorgänge bezieht, die mit der Vernehmung oder dem bezeichneten Teil der Vernehmung in enger Verbindung stehen oder sich daraus entwickeln (BGH aaO; 4 StR 99/18 vom 17.10.2018: Belehrung gemäß § 57); allerdings darf es sich dabei nicht um Verfahrensvorgänge mit selbstständiger verfahrensrechtlicher Bedeutung handeln (BGH StV **87**, 377; Strate NJW **79**, 909; zw BGH NStZ **02**, 384, dagegen BGH NJW **03**, 597). Es geht daher zu weit, wenn BGH NJW **79**, 276 (= JR **79**, 434 mit Anm Gollwitzer) und BGH StV **95**, 250 (mit abl Anm Stein) die Verhandlung über den Ausschluss der Öffentlichkeit in Abwesenheit des Angeklagten tolerieren (ebenso Park NJW **96**, 2215: inakzeptabel); allerdings kann der Fehler die Revision nicht begründen, wenn die Öffentlichkeit nach § 171b III GVG ausgeschlossen werden musste (BGHR Abwesenheit 13). Der Ausschluss umfasst aber immer die Vernehmung zur Person und die Belehrung nach § 52 III S 1 (BGH MDR **72**, 199 [D]) sowie den Vorhalt von Urkunden (BGH **21**, 332, 333) oder die Verwendung von Augenscheinsobjekten als Vernehmungsbehelfe (BGH NStZ **03**, 320). Entfällt der Entfernungsgrund vor Abschluss der Vernehmung, so ist der Angeklagte sofort wieder zuzulassen; einer Wiederholung der Vernehmung bedarf es grundsätzlich nicht. Die Entscheidung trifft das Gericht durch Beschluss; die formlose Zulassung kann aber ausreichen.

Andere Beweisvorgänge sind während der Abwesenheit des Angeklagten untersagt, auch wenn sie der sachdienlichen Vernehmung des Zeugen oder Mitangeklagten förderlich wären. Sie müssen daher, wenn sie trotzdem stattgefunden haben, nach Wiedereintritt des Angeklagten wiederholt werden (BGH NStZ **85**, 496 [Pf/M]). Das gilt insbesondere für die Vernehmung weiterer Zeugen (BGH NStZ **93**, 350), für die Verlesung von Urkunden (BGH **21**, 332; StV **84**, 102; **92**, 550 mwN; NStZ **97**, 402; **01**, 262; NJW **19**, 692) und für Augenscheinseinnahmen (BGH NStZ **86**, 564; **07**, 717; **14**, 223; StV **81**, 57; **84**, 102; **86**, 418; **05**, 6; NJW **88**, 429; **03**, 597; NStZ-RR **14**, 53; vgl aber auch BGH JR **89**, 254 mit krit Anm Hanack), wobei aber geklärt werden muss, ob es sich wirklich um eine Augenscheinseinnahme oder nur um einen Vorhalt als Vernehmungsbehelf gehandelt hat (BGH NStZ-RR **04**, 237; **05**, 260 [B]; NStZ **11**, 51). Eine – etwa wegen einer Sperrerklärung entspr § 96 – unmögliche Augenscheinseinnahme kann durch Vernehmung eines Augenscheinsgehilfen (4 zu § 86) ersetzt werden (Karlsruhe NStZ-RR **08**, 315). Augenscheinseinnahme am Körper des Zeugen ist zulässig (BGH StraFo **08**, 76). Anträge – zB Beweisanträge oder Ablehnungsgesuche – dürfen entgegengenommen werden; es darf aber nicht über sie verhandelt oder gar entschieden werden (siehe Metz NStZ **17**, 446, 451). 7

Zur **Verhandlung über die Vereidigung des Zeugen** muss der Angeklagte stets zugezogen werden (BGH **22**, 289, 297; **26**, 218, 220; NStZ **87**, 335; 519; **99**, 522; Bay StV **05**, 7; stRspr; daran sollte sich auch durch Abschaffung der Regelvereidigung – vgl 1 zu § 59 – grundsätzlich nichts geändert haben, Peglau/Wilke NStZ **05**, 188; Metz NStZ **17**, 446, 450; siehe allerdings BGH **51**, 81 für eine praktisch seltene Konstellation sowie vg dazu 20b). War er wegen der Gefahr der Enttarnung des Zeugen oder wegen der Gefahr der gesundheitlichen Schädigung ausgeschlossen, so muss die Verhandlung in Abwesenheit dieses Zeugen geführt werden (BGH **22**, 289, 297; NJW **85**, 1478). 8

Auch bei der **Zeugenvereidigung** muss der Angeklagte anwesend sein (BGH **26**, 218; NStZ **82**, 256; **83**, 181; **86**, 133; **88**, 19 [Pf/M]), sofern er nicht wegen Enttarnung oder Gefährdung des Zeugen ausgeschlossen war (BGH **37**, 48; NJW **85**, 1478), ebenso bei der **Verhandlung über die Entlassung des Zeugen** (BGH GS NJW **10**, 2450). 9

Zu den unter Rn 8 bis 10 erörterten Vorgängen gilt etwas anderes **im Jugendstrafverfahren**, da § 51 I S 1 **JGG** nicht auf die „Vernehmung", sondern auf die „Erörterung" abstellt (BGH NStZ **02**, 216 mit Anm Eisenberg NStZ **02**, 331). 10

3) Entfernung des Angeklagten bei Vernehmung von Kindern oder Jugendlichen (S 2): Der Begriff Wohl des Kindes umfasst das körperliche und seelische Wohl. Erheblich ist der Nachteil nur, wenn er über die Vernehmung hinaus noch eine gewisse Zeit andauert. Auch bei der Anwendung des S 2 muss die Befürchtung durch konkrete Umstände begründet sein, zB durch ein Abhängigkeitsverhältnis zwischen dem Zeugen und dem Angeklagten oder durch Furcht des Zeugen vor Rache oder anderen Nachteilen. Das Gericht entscheidet hierüber nach pflichtgemäßem Ermessen (KK-Diemer 10); ob das Kind den Ausschluss wünscht oder nicht, ist unbeachtlich (BGH NJW **06**, 1008, 1009; NStZ **10**, 53). Auf die Gefährdung der Wahrheitsfindung kommt es bei S 2 nicht an. Der Begriff Vernehmung stimmt mit dem in S 1 überein (oben 6 ff); Angaben der Eltern zur Person des Kindes sind keine Zeugeneinvernahme der Eltern, sondern nur ein 11

§ 247 Zweites Buch. 6. Abschnitt

Vernehmungsbehelf bei Vernehmung des Kindes (BGH NStZ **94**, 354). Dem Schutz kindlicher und jugendlicher Zeugen dienen auch § 241a und § 172 Nr 4 GVG.

12 **4) Entfernung des Angeklagten bei Vernehmung erwachsener Zeugen** (S 2): Die Entfernung des Angeklagten ist zulässig, wenn seine Gegenwart bei dem Zeugen zu einer erheblichen Gesundheitsgefährdung mit der Folge der Vernehmungsunfähigkeit führen kann (BGH **22**, 289; Hamburg NJW **75**, 1573). Der Angeklagte kann entfernt werden, wenn seine Gegenwart bei der Vernehmung des Zeugen, bei dem es sich nicht um das Tatopfer zu handeln braucht, einen Gesundheitsnachteil für den Zeugen befürchten lässt, gleichviel aus welchem Grund. Der Gesundheitsnachteil braucht nur vorübergehend (Nervenzusammenbruch bei der Vernehmung), muss aber schwerwiegend sein; in Betracht kommen im Wesentlichen nur schwere psychische Beeinträchtigungen. Geringfügige und daher noch hinnehmbare Beeinträchtigungen des Wohlbefindens reichen nicht aus (vgl Hanack JR **89**, 255). Auch die bloße Möglichkeit der Gesundheitsgefährdung genügt nicht. Vielmehr muss eine dringende Gefahr, eine auf tatsächliche Umstände gestützte hohe Wahrscheinlichkeit für den Gesundheitsnachteil des Zeugen vorliegen. Wenn das der Fall ist, erfordert es die richterliche Fürsorgepflicht, von Amts wegen die Entfernung des Angeklagten anzuordnen, sofern nicht der Zeuge selbst darauf keinen Wert legt. Auch die Vereidigung darf dann ggf in Abwesenheit des Angeklagten erfolgen (BGH **37**, 48, 49). Insbesondere bei V-Leuten kann den Zeugen in Lebens- oder Leibesgefahr auch bringen, dass der Angeklagte von ihrem Aussehen Kenntnis erlangt (vgl Rieß/Hilger NStZ **87**, 150).

13 **5) Entfernung des Angeklagten zum eigenen Schutz (S 3):** Für die Dauer der Erörterungen über seinen Zustand und die Behandlungsaussichten bei der Beweisaufnahme (gleichgültig, mit welchen Beweismitteln) oder in den Schlussvorträgen darf die Entfernung des Angeklagten angeordnet werden, wenn sonst ein erheblicher Nachteil für seine Gesundheit zu befürchten ist. Das Gericht kann hierüber im Freibeweis (7, 9 zu § 244) einen anwesenden Sachverständigen hören (LR-Becker 24). Sonstige Gründe – etwa der Wunsch des Angeklagten, ein Gutachten nicht mitanhören zu müssen – reichen nicht aus (BGH StV **93**, 285). Die Ausschließung des Angeklagten ist gerechtfertigt, wenn die Aussicht besteht, dass der Nachteil bei Einzelerörterungen in seiner Abwesenheit nicht oder in erheblich geringerem Maße eintreten wird; von dem wesentlichen Inhalt der Erörterungen muss der Angeklagte ohnehin nachträglich unterrichtet werden (S 4). Zur Frage einer weiter gehenden Unterrichtung über den Inhalt des Gutachtens durch den Verteidiger oder den Sachverständigen vgl Tzschaschel NJW **90**, 749. Beruht die in S 3 bezeichnete Befürchtung auf der Anwesenheit der Öffentlichkeit, so kann sie nach § 171b GVG ausgeschlossen werden.

14 **6) Durch Gerichtsbeschluss,** nicht durch Verfügung des Vorsitzenden allein, wird der vorübergehende Ausschluss des Angeklagten angeordnet (BGH **1**, 346, 350; **15**, 194, 196; **22**, 18, 20; StV **93**, 285; vgl aber BGH NStZ **02**, 46: nicht bei nur informatorischer Anhörung eines Zeugen). Die Prozessbeteiligten sind nach § 33 I zu hören. Aus dem nach § 35 I S 1 zu verkündenden Beschluss muss hervorgehen, für welchen Teil der Hauptverhandlung der Angeklagte sich entfernen muss, welchen Fall des § 247 das Gericht für gegeben hält und welche konkreten Anhaltspunkte für die entspr Befürchtung bestehen (BGH NStZ **99**, 419; Hamm NStZ **05**, 467; Oldenburg StraFo **00**, 115; Eisenberg/Schlüter JR **01**, 341; vgl auch BGH **15**, 194; Koblenz MDR **77**, 777). Das Einverständnis der Beteiligten entbindet nicht von der Beschlussfassung und der Begründungspflicht (BGH **22**, 18, 20; NStZ **91**, 296; **02**, 44; **18**, 739; StV **93**, 285; StraFo **03**, 204; Hamm StraFo **09**, 287; Schleswig StV **11**, 351; **aM** Dahs Widmaier-FS 95). Die Bekanntgabe des Beschlusses in Anwesenheit des Angeklagten (BGH StV **00**, 120; StraFo **15**, 22; Schleswig SchlHA **12**, 293 [D/D]) und seine Entfernung sind nach § 273 I im Sitzungsprotokoll zu beurkunden (Hamburg NJW **65**, 1242).

Hauptverhandlung § 247

Das **Gesetz sieht nicht vor**, dass der ausgeschlossene Angeklagte die Vernehmung durch Videoübertragung mitverfolgen kann (BGH NStZ **09**, 582; offen gelassen von BGH NStZ **01**, 608); dies ist jedoch sehr zu empfehlen (BGH StraFo **02**, 191, 192; Beulke ZStW **113**, 720) und erscheint *de lege ferenda* für S 1 und 2 erwägenswert (so auch Dahs Paeffgen-FS 559; Weigend, Gutachten zum 62. DJT, C 54), die Praxis verfährt vielfach auch so. Zu einer Wiederholung der Übertragung bei technischen Störungen ist das Gericht aber nicht verpflichtet; die Übertragung erleichtert zwar auch die Unterrichtung des Angeklagten nach S 4, entbindet aber nicht von dieser Verpflichtung (BGH NStZ **06**, 116; **aM** BGH **51**, 180, falls sich der Vorsitzende vergewissert hat, dass die Übertragung nicht durch technische Störungen beeinträchtigt wurde; vgl auch BGH NStZ **19**, 421; zust SK-Frister 67; Kretschmer JR **07**, 258 und Rieck JZ **07**, 745; erg 16a); es besteht auch die Möglichkeit der Heilung (unten 21) durch Verzicht auf die Befragung des Zeugen (BGH 5 StR 482/10 vom 27.1.2011). 14a

7) Die **Unterrichtung des Angeklagten (S 4)** muss, auch wenn sie schon der Verteidiger vorgenommen hat (BGH NJW **57**, 1326), alsbald nach seiner Wiederzulassung vor jeder weiteren Verfahrenshandlung erfolgen (BGH **3**, 384; NStZ **98**, 263; NStZ-RR **00**, 292 [K]), auch wenn die Vernehmung des Zeugen nur unterbrochen wird (BGH **38**, 260; NStZ **92**, 346; **99**, 522; **10**, 465; StV **02**, 353; NStZ-RR **07**, 85; **18**, 117). Insbesondere ist sie notwendig vor der Vernehmung eines weiteren Zeugen (BGH NJW **88**, 429; ob das auch gilt, wenn mehrere Zeugen nacheinander in Abwesenheit des Angeklagten vernommen werden, hat BGH 4 StR 490/96 vom 5.11.1996 offen gelassen) und der Vereidigung und Entlassung der vernommenen Beweisperson (BGH NJW **85**, 1478; NStZ **83**, 181; **87**, 519; StV **92**, 550; **96**, 471; Stuttgart OLGSt Nr 1), aber nicht, wenn die Entlassungsanordnung sofort zurückgenommen wird (BGH 2 StR 574/91 vom 15.4. 1992). Die Unterrichtung muss nicht unbedingt in Gegenwart der vernommenen Beweispersonen erfolgen (BGH NJW **85**, 1478; MDR **69**, 17 [D]; 5 StR 334/93 vom 25.8.1993; Gollwitzer JR **76**, 341). Nach Vernehmung mehrerer Mitangeklagter jeweils in Abwesenheit der anderen muss die Unterrichtung in Gegenwart der anderen Angeklagten stattfinden (BGH **15**, 194; NJW **57**, 1161). 15

In welcher Weise der Vorsitzende die Unterrichtung vornimmt, obliegt seiner Sachleitungsbefugnis. Die Unterrichtung beschränkt sich grundsätzlich auf den **wesentlichen Inhalt** der Aussage. Was wesentlich ist, bestimmt der Vorsitzende nach pflichtgemäßem Ermessen (BGH MDR **57**, 267 [D]; Hamburg JR **50**, 413). Dem Angeklagten muss alles mitgeteilt werden, was er wissen muss, um sich sachgerecht verteidigen zu können (BGH **1**, 346, 350; NStZ **83**, 181; StV **93**, 287), insbesondere auch die in seiner Abwesenheit gestellten Anträge und abgegebenen Erklärungen (BGH NStZ **18**, 303; **83**, 181; Frankfurt StV **87**, 9: Zurücknahme eines Beweisantrags), nicht aber die Begründung der Anträge (RG **32**, 88). Die Unterrichtung muss sich auch auf inzwischen ergangene Beschlüsse und Anordnungen und sonstige wesentliche Prozesshandlungen erstrecken, zB auf die Ablehnung einer Frage nach § 242 (Gollwitzer JR **79**, 435). Im Zusammenhang mit der Unterrichtung muss der Angeklagte nicht nochmals ausdrücklich gefragt werden, ob er noch Fragen an die kindliche Zeugin stellen wolle, wenn er – und sein Verteidiger – bei der Befragung bereits Gelegenheit dazu hatten (vgl BGH 5 StR 555/19 vom 26.11.2019). Zur Unterrichtung über den Inhalt einer Zeugenaussage und zur Wiederholung einer Augenscheinseinnahme, wenn beide Beweiserhebungen im Zusammenhang vorgenommen wurden, vgl BGH NJW **88**, 429. 16

Die **Unterrichtungspflicht** soll auch **allein durch eine Simultanübertragung** der Zeugenvernehmung in einen anderen Raum erfüllt werden können, da dies eine weitaus umfassendere und zuverlässigere Information des Angeklagten als die Unterrichtung durch den Vorsitzenden ermögliche (BGH NJW **17**, 3397 [1. StS] mit Anm Metz; vgl auch BGH NJW **19**, 692; Schneider NStZ **18**, 128; **aM** BGH [3. StS] NStZ **09**, 582; **06**, 116); diese Form der Unterrichtung soll zudem grundsätzlich Vorrang gegenüber der durch den Vorsitzenden haben (BGH [1. StS 16a aaO], insoweit nicht tragend; mit Recht abl Mosbacher JuS **18**, 129, 133; Schneider aaO 132). Dies lässt sich allerdings nicht mit dem Wortlaut von S 4 vereinbaren, wonach die Unterrichtung erfolgt, sobald der Angeklagte wieder anwesend ist, was selbst bei erfolgter Übertragung eine zusätzliche Unterrichtung durch den Vorsitzenden erforderlich macht (vgl BGH [3. StS] aaO). Es erscheint zweifelhaft, ob insoweit die Voraussetzungen für eine Rechtsfortbildung vorliegen, da die gesetzliche Regelung eindeutig ist und auch nicht zwingend als ergänzungsbedürftig erscheint (vgl Mosbacher und Schneider aaO, erg Einl 202).

17 In der **Sitzungsniederschrift** muss die Unterrichtung, aber nicht ihr Inhalt beurkundet werden (BGH MDR **57**, 267 [D]; NStZ-RR **05**, 259 [B]; NStZ **10**, 465).

18 **8)** Eine **ergänzende Befragung durch den Angeklagten** ist zu gestatten, aber nicht immer eine unmittelbare Befragung. Wenn der Ausschluss des Angeklagten während der ganzen Vernehmung des Zeugen geboten ist, kann er zwar Fragen stellen, muss aber wieder abtreten, bevor der Zeuge sie beantwortet (BGH **22**, 289, 296; NJW **85**, 1478; GA **70**, 111; MDR **69**, 17 [D]; Gollwitzer JR **76**, 341), und er muss danach erneut unterrichtet werden. Der Gefahr eines unwürdigen „Hin und Her" kann erforderlichenfalls durch strikte Anwendung der §§ 241 II, 241a III begegnet werden (vgl Metz NStZ **17**, 446, 450; siehe aber auch MüKoStPO-Cierniak/Niehaus 18: Videovernehmung nach § 247a). Soll eine Gefährdung oder Enttarnung des Zeugen verhindert werden, so muss er bei der Entgegennahme der Frage des Angeklagten den Gerichtssaal verlassen (BGH NJW **85**, 1478).

19 **9) Revision:** Der zwingende Aufhebungsgrund nach § 338 Nr 5 ist gegeben, wenn der Beschluss über den zeitweiligen Ausschluss des Angeklagten fehlt (BGH **4**, 364; NJW **76**, 1108; vgl auch BGH NStZ **83**, 36) oder wenn der Beschluss in Abwesenheit des Angeklagten verkündet worden ist (BGH StraFo **15**, 22), beim Fehlen einer ausreichenden Begründung des Beschlusses nur, wenn die sachlichen Voraussetzungen des § 247 nicht vorliegen oder wenn zweifelhaft bleibt, ob das Gericht von zulässigen Erwägungen ausgegangen ist (BGH **15**, 194, 196; **22**, 18, 20; NStZ **87**, 84; StV **04**, 305; Hamm StraFo **00**, 57).

20 Die Revision ist danach **ferner begründet**, wenn die im Beschluss festgesetzte Dauer der Entfernung des Angeklagten erheblich überschritten ist oder wenn in Abwesenheit des Angeklagten Verfahrensvorgänge stattgefunden haben, die nicht zur Vernehmung gehören (oben 7 ff):

20a Hierunter fallen insbesondere eine **Augenscheinseinnahme** (BGH **15**, 194, 196; **21**, 332, 333; NJW **88**, 429; JR **89**, 254; StV **81**, 57; **89**, 192; NStZ-RR **03**, 5 [B]; **aM** BGH StV **09**, 226 mit abl Anm Schlothauer) und die Verlesung von Schriftstücken im **Urkundsbeweis** (BGH NJW **19**, 692); einschr aber unten 21.

20b Auch die **Vereidigung des Zeugen** zählt dazu (BGH **26**, 218; NStZ **82**, 256; **86**, 133; NStZ-RR **03**, 100 [B]; Dresden StV **99**, 637; **aM** Basdorf Salger-FS 215). Nach früherer Rspr wurde auch die Verhandlung über die Vereidigung dazu gerechnet (BGH **22**, 289, 297; **26**, 218, 220), anders aber mit Rücksicht auf die Neufassung des § 59 [dort 1] BGH **51**, 81 (= JR **07**, 78 mit zust Anm Müller, abl hingegen SK-Frister 85; vgl auch Metz NStZ **17**, 446, 450, der mit Recht darauf hinweist, dass die praktische Relevanz der Entscheidung gering ist), sofern nicht von der Vereidigung nach § 60 Nr 1 abgesehen wird (offen gelassen von BGH aaO).

20c Die umstrittene Frage, ob die **Verhandlung über die Entlassung des Zeugen** noch zur Vernehmung gehört, hat der GrS des BGH iS der bisherigen Rspr verneint (BGH **55**, 87 mwN); die fortdauernde Abwesenheit des Angeklagten bei der Verhandlung über die Entlassung des Zeugen begründet damit idR den absoluten Revisionsgrund nach § 338 Nr 5 (BGH GrS aaO; NStZ-RR **11**, 151; StV **12**, 519; StraFo **13**, 339; vgl auch Fezer NStZ **11**, 49), auch nach einer ergänzenden Vernehmung des Zeugen (BGH NStZ **14**, 532 mit zust Anm Ventzke StV **15**, 89; BGH NStZ **15**, 104) und auch, wenn die Vernehmung des Zeugen für den Ange-

klagten per Video übertragen wurde (BGH StV **15**, 86 L; oben 14a), es sei denn, der Angeklagte hatte nach ausdrücklicher Befragung des Vorsitzenden von seinem Fragerecht keinen Gebrauch machen wollen (BGH NStZ **11**, 534).
Zum notwendigen Revisionsvorbringen vgl BGH NStZ **98**, 425; **00**, 328; **20d** **01**, 48; Schneider NStZ **18**, 128, 134. Bei der Vernehmung der Opferzeugin als zentraler Belastungszeugin bedarf es keiner Darlegungen zum wesentlichen Aussageinhalt; ebenso wenig muss die Revision dazu vortragen, dass der Angeklagte den Sitzungssaal freiwillig verlassen hat und zuvor keine Einwände gegen die Entfernung des Angeklagten erhoben wurden (BGH NStZ **18**, 739). Zwar erwägt BGH NStZ **01**, 48 eine Einschränkung des absoluten Revisionsgrundes nach § 338 Nr 5 für den Fall, dass die Voraussetzungen des § 247 zweifelsfrei vorliegen und das Einverständnis des Angeklagten und aller Prozessbeteiligter mit seiner Abwesenheit „auf der Anerkennung dieser verfahrensrechtlich eindeutigen Situation beruht"; die Entscheidung ist allerdings vereinzelt geblieben (siehe dagegen BGH NStZ **18**, 739 mwN). Die Verfahrensrüge der vorschriftswidrigen Abwesenheit des Angeklagten ist auch ohne Beanstandung nach § 238 II zulässig (BGH StV **10**, 562). Allerdings verlangt BGH NJW **17**, 3397 (1. StS) für die Rüge, dass das Gericht von einer audiovisuellen Übertragung der Zeugenvernehmung zur Unterrichtung des Angeklagten abgesehen hat, die Herbeiführung eines Gerichtsbeschlusses (mit Recht kritisch dazu Schneider aaO 133 f).

Trotz § 338 Nr 5 erfolgt **keine Urteilsaufhebung** (oder nur eine teilw, vgl **21** BGH 3 StR 163/07 vom 19.7.2007), wenn ein Beruhen des Urteils auf dem Verfahrensfehler denkgesetzlich ausgeschlossen ist (BGH NStZ-RR **02**, 102 [B]; NStZ **06**, 713; erg 36 zu § 338) oder auch wenn das in Abwesenheit des Angeklagten in Augenschein genommene Objekt bei der Unterrichtung nach § 247 S 4 gezeigt wird (BGH **54**, 184 mit abl Anm Erb NStZ **10**, 347) oder wenn dem Angeklagten das Augenscheinsobjekt bestens bekannt ist (BGH NStZ **11**, 51) oder wenn der Fehler durch die Verhandlung und Entscheidung über die Vereidigung oder Entlassung desselben Zeugen nach einer erneuten Vernehmung in Anwesenheit des Angeklagten geheilt wird (BGH **48**, 221; vgl auch BGH StV **04**, 30 5).

Ein **Revisionsgrund nach** § 337 kann – nach den Umständen des Einzelfalls **22** (vgl BGH 4 StR 167/13 vom 4.6.2013) – vorliegen, wenn die Unterrichtung nach S 4 unterlassen worden oder verspätet erfolgt ist (BVerfG NJW **02**, 814; BGH NStZ-RR **18**, 117 mwN; NStZ **95**, 557). Auf die Rüge, die Unterrichtung sei nicht ausreichend gewesen, prüfen einige Revisionsgerichte im Freibeweis deren Inhalt (BGH MDR **57**, 267 [D]; Koblenz OLGSt S 9; **aM** Hamburg JR **50**, 413); BGH NStZ-RR **01**, 133 [K] und **08**, 66 [B] verlangen zu weitgehend die Herbeiführung eines entspr Gerichtsbeschlusses in der Hauptverhandlung.

Anordnung einer audiovisuellen Vernehmung von Zeugen RiStBV 222

247a [I 1] Besteht die dringende Gefahr eines schwerwiegenden Nachteils für das Wohl des Zeugen, wenn er in Gegenwart der in der Hauptverhandlung Anwesenden vernommen wird, so kann das Gericht anordnen, daß der Zeuge sich während der Vernehmung an einem anderen Ort aufhält; eine solche Anordnung ist auch unter den Voraussetzungen des § 251 Abs. 2 zulässig, soweit dies zur Erforschung der Wahrheit erforderlich ist. [2] Die Entscheidung ist unanfechtbar. [3] Die Aussage wird zeitgleich in Bild und Ton in das Sitzungszimmer übertragen. [4] Sie soll aufgezeichnet werden, wenn zu besorgen ist, daß der Zeuge in einer weiteren Hauptverhandlung nicht vernommen werden kann und die Aufzeichnung zur Erforschung der Wahrheit erforderlich ist. [5] § 58a Abs. 2 findet entsprechende Anwendung.

[II 1] Das Gericht kann anordnen, dass die Vernehmung eines Sachverständigen in der Weise erfolgt, dass dieser sich an einem anderen Ort als das Gericht aufhält und die Vernehmung zeitgleich in Bild und Ton an den Ort, an dem sich der Sachverständige aufhält, und in das Sitzungszimmer übertragen

§ 247a

wird. ²Dies gilt nicht in den Fällen des § 246a. ³Die Entscheidung nach Satz 1 ist unanfechtbar.

Übersicht

	Rn
1) Normzweck, Rechtshilfe	1–1b
2) Audiovisuelle Vernehmung besonders schutzbedürftiger Zeugen (S 1 Hs 1)	2–5
3) Audiovisuelle Vernehmung aus den Gründen des § 251 II (S 1 Hs 2)	6
4) Entscheidung nach pflichtgemäßem Ermessen	7
5) Gerichtsbeschluss	8–9
6) Durchführung der Vernehmung	10
7) Aufzeichnung der Aussage	11, 12
8) Rechtsbehelfe	13, 14
9) Sachverständigenvernehmung	15–17

1 1) Im Interesse einer **schonenden Vernehmung** besonders schutzbedürftiger Zeugen (1 zu § 58a) und damit zugleich der Wahrheitsfindung sieht I S 1 Hs 1 Ausnahmen von der Pflicht des Zeugen, in der Hauptverhandlung zu erscheinen und unmittelbar vor den Verfahrensbeteiligten auszusagen, vor. Die Vielzahl der in der Hauptverhandlung Anwesenden kann insbesondere (aber nicht nur) kindliche Opferzeugen massiv belasten und eine unbefangene Aussage erheblich erschweren (vgl § 168e für richterliche Vernehmungen im Ermittlungsverfahren sowie 20 zu § 223, auch zu einer Verknüpfung der Anwendung der §§ 223, 247a). In I S 1 Hs 2 treten Erwägungen der Prozessökonomie und der Verfahrensbeschleunigung hinzu (vgl unten 6, 7). Mit der Bestimmung hat das ZSchG den Einsatz der Videotechnologie in der Hauptverhandlung geregelt und dabei auf das besonders in Großbritannien erprobte und bewährte Modell zurückgegriffen, bei dem der Vorsitzende und die übrigen Verfahrensbeteiligten (erg unten 10) den Sitzungssaal nicht verlassen und der Zeuge, der sich an einem anderen Ort aufhält, mittels einer Bild-Ton-Direktübertragung vernommen wird (zu den Erfahrungen im angloamerikanischen Rechtskreis vgl Bohlander ZStW **107**, 82 und Köhnken StV **95**, 376; zur Zulässigkeit einer Videokonferenz nach deutschem Recht vgl das RhÜbk-EU vom 29.5.2000 – dazu BGH NStZ-RR **05**, 65 [B] –, zur Zulässigkeit der Durchführung einer Videokonferenz zur Unterstützung einer ausländischen Hauptverhandlung gegen einen in Deutschland inhaftierten Beschuldigten Rinio NStZ **04**, 188; krit zur Videovernehmung Eisenberg StV **12**, 67). Der Gesetzgeber ist damit den Bedenken gegen das sog „Mainzer Modell" – Vernehmung des Zeugen durch den Vorsitzenden außerhalb des Gerichtssaals – gefolgt; eine derartige oder eine sonstige gegen I verstoßende Vernehmungsart ist somit unzulässig (BGH NJW **17**, 181 mit Anm Kretschmer JR **17**, 177). In der von § 247a gewählten Form kann die audiovisuelle Zeugenvernehmung bei allen Spruchkörpern zur Anwendung kommen. II erstreckt die Möglichkeit der audiovisuellen Vernehmung auf Sachverständige (im Einzelnen unten 15 ff).

1a Die Vorschrift ist als **Ausnahmebestimmung** zu § 250 S 1 eng auszulegen (erg unten 4, 7; vgl zur Systematik auch KK-Diemer 8 ff). Ihre Anwendung kommt aber auch bei gefährdeten und für eine unmittelbare Vernehmung in der Hauptverhandlung nach §§ 96 analog, 110b III gesperrten Zeugen in Betracht, wenn der Zeuge gerade durch die Vernehmung in der Hauptverhandlung in Leibes- oder Lebensgefahr gerät und dort nicht durch geeignete und zulässige Vorkehrungen geschützt werden kann (Griesbaum NStZ **98**, 440). Läuft auch die Videosimultanübertragung dem Interesse an der Geheimhaltung ihrer Person zuwider, so kann dabei auch eine optische – und notfalls zusätzlich auch eine akustische – Abschirmung des Zeugen erfolgen (BGH NStZ **06**, 648; dagegen *de lege lata* Valerius GA **05**, 466; krit auch Schuster StV **07**, 507; erg 18 zu § 68 mwN). Auch die konkrete Gefahr eines Suizids kann der audiovisuellen Vernehmung von Zeugen entgegenstehen (BGH NStZ **01**, 160).

Hauptverhandlung § 247a

Die **rechtshilferechtlichen Voraussetzungen** der Videokonferenz wurden **1b** durch Art 10 des Übk über die Rechtshilfe in Strafsachen zwischen den Mitgliedstaaten der EU vom 29.5.2000 (ABl EG Nr C 197, S 1) im Einzelnen geregelt (SK-Frister 65); das Übk ist in der BRep am 28.7.2005 in Kraft getreten (BGBl II 650). Nach § 61b IRG ist die Auferlegung von Kosten oder die Festsetzung eines Ordnungsmittels gegen einen Zeugen oder Sachverständigen, der einer Ladung zur Einvernahme durch eine ausländische Justizbehörde im Wege der Videokonferenz keine Folge leistet, nicht zulässig.

2) Audiovisuelle Vernehmung besonders schutzbedürftiger Zeugen (I **2** **S 1 Hs 1):**

A. Die **dringende Gefahr eines schwerwiegenden Nachteils** für das kör- **3** perliche oder seelische Wohl des Zeugen muss bestehen; auf eine Gefährdung der Wahrheitsfindung stellt I S 1 Hs 1 nicht ab. Die Bestimmung kombiniert damit Kriterien des § 247 S 2, die dort für Zeugen aus unterschiedlichen Altersstufen gelten (vgl im Einzelnen 11 und 12 zu § 247). Im Unterschied zu § 247 S 2 muss die Gefahr nicht allein von der Gegenwart des Angeklagten, sondern von der Präsenz der in der Hauptverhandlung Anwesenden ausgehen. Dass der Zeuge im Zeugenschutzprogramm (10 vor § 48) ist, schließt für sich allein die Gefährdung noch nicht aus (**aM** Hohnel NJW **04**, 1356). Eine Urkundenverlesung gemäß § 251 I oder II sowie insbesondere die Vorführung einer Bild-Ton-Aufzeichnung nach § 255a können in geeigneten Fällen eine erneute Vernehmung überhaupt entbehrlich machen (vgl auch RiStBV 222 II: Vermeidung der Vernehmung eines Kindes bei glaubhaftem richterlichem Geständnis).

Entgegen der früheren Einschränkung, wonach § 247a nur zur Anwendung ge- **4** langte, wenn der Gefahr nicht in anderer Weise, zB nach §§ 68 I S 2, II, III, 68a, 68b; §§ 241a, 247, 397 I, 397a, 406 f und 406h sowie § 176 GVG begegnet werden konnte (vgl BGH NStZ **01**, 261), ist **das Verfahren nicht subsidiär;** das 1.OpferRRG hat die Subsidiaritätsklausel mit Recht gestrichen (krit aber Ferber NJW **04**, 2564). So wird es sich idR empfehlen, die Videovernehmung anzuordnen, um den Ausschluss des Angeklagten nach § 247 abzuwenden (vgl auch Diemer Nehm-FS 263). Bedürfen aber zB kindliche Zeugen der persönlichen Zuwendung und Ansprache oder haben sie – weil sie etwa Opfer pornographischer Aufnahmen waren – Scheu vor einer Kameraaufzeichnung, so kann die Anwendung des § 247 dem § 247a vorzuziehen sein (BT-Drucks 15/1976 S 12). Ist ein Augenschein am Körper des Zeugen einzunehmen (vgl Rieß NJW **98**, 3242), kommt ohnehin nur eine Videovernehmung nach I S 1 Hs 1 in Betracht, da § 247 insoweit nicht (auch nicht kumulativ) anwendbar ist (unten 5 sowie 7 zu § 247 und BGH JR **89**, 254). Wird ein Zeuge, der das 16. Lebensjahr vollendet hat, ausschließlich durch die Anwesenheit des Angeklagten der dringenden Gefahr eines schwerwiegenden Nachteils „nur" für sein Wohl ausgesetzt, scheiden sowohl Maßnahmen nach § 247 S 2 Hs 2 als auch nach § 247a S 1 Hs 1 aus. Insgesamt wird das Gericht jeweils abwägen müssen, „welche Maßnahme das Spannungsverhältnis zwischen Zeugenschutz, Aufklärungspflicht und Verteidigungsinteressen am besten zum Ausgleich bringt" (Hilger GA **04**, 482).

B. Während der **Vernehmung des Zeugen** erlaubt die Bestimmung die Bild- **5** Ton-Direktübertragung in die Hauptverhandlung. Anders als in § 247 (vgl dort 6 ff) umfasst der Begriff – wie in § 58a I (dort 4a) und § 168e S 1 und 2 (dort 2) – alle Verfahrensvorgänge, die mit der Vernehmung in enger Verbindung stehen oder sich aus ihr entwickeln und daher zu diesem Verfahrensabschnitt gehören, auch wenn es sich um Verfahrensvorgänge von selbstständiger verfahrensrechtlicher Bedeutung handelt, etwa eine Augenscheinseinnahme, im Zusammenhang mit der Aussage steht, zB am Körper des Zeugen (vgl oben 4) oder die Verhandlung und Entscheidung über die Vereidigung sowie die Vereidigung selbst (vgl auch 17 zu § 172 GVG). Diese Auslegung entspricht dem Zweck der Norm, die Konfrontation des besonders schutzbedürftigen Zeugen mit den in der Hauptverhandlung Anwesenden zu vermeiden sowie der mit der Wendung „an einem anderen Ort"

Schmitt 1193

§ 247a Zweites Buch. 6. Abschnitt

angestrebten größeren Flexibilität in räumlicher Hinsicht (BT-Drucks 13/9063 S 4); hinzu kommt, dass die Verteidigungsrechte des Angeklagten und die verfahrensrechtlichen Anforderungen an anderweitige Beweiserhebungsakte sowie die Entscheidungen des Gerichts einschließlich der darauf bezogenen Erörterungen durch die Videodirektschaltung nicht berührt werden. Fehlt ein Zusammenhang mit der Vernehmung des Zeugen, kann die Übertragung notfalls auch unterbrochen werden.

6 **3) Audiovisuelle Zeugenvernehmung aus den Gründen des § 251 II (I S 1 Hs 2):** Je nach den Umständen des Einzelfalls auch aus Gründen des Zeugenschutzes, jedenfalls aber im Interesse der Wahrheitsfindung sowie zur Erleichterung und Beschleunigung des Verfahrens (auch zur Kostenersparnis) ermöglicht S 1 Hs 2 eine – die unmittelbare Vernehmung in der Hauptverhandlung ersetzende – Videovernehmung via Standleitung unter den Voraussetzungen des § 251 II. Die Bezugnahme auf die Anordnung in Hs 1 beschränkt die audiovisuelle Vernehmung auf Personen, die im maßgeblichen (BGH **46**, 73, 77) Zeitpunkt ihrer Anhörung in der Hauptverhandlung die Position eines Zeugen einnehmen, mag es sich auch um frühere Mitbeschuldigte handeln. Die Verweisung auf § 251 II Nr 1 belegt, dass die Videovernehmung eines Zeugen nicht mit seinem Erscheinen in der Hauptverhandlung gleichzusetzen ist (BGH aaO; 21 zu § 251; das muss demnach auch für eine Vernehmung per Skype gelten; zw Gerst StraFo **13**, 103). Sie kann in Einzelfällen die audiovisuelle Vernehmung besonders gefährdeter Zeugen, die wegen konkreter Leibes- oder Lebensgefahr für eine unmittelbare Anhörung in der Hauptverhandlung gemäß §§ 96 analog, 110b III gesperrt sind (vgl BGH **36**, 159), erlauben (Griesbaum NStZ **98**, 440; erg 18 zu § 68), wenn dem nicht die Videosimultanübertragung nach S 3 entgegensteht (oben 1a). Zulässig ist eine Videovernehmung nach S 1 Hs 2 jedoch nur, soweit dies zur Erforschung der Wahrheit erforderlich ist. Mit diesem (nach Seitz JR **98**, 312: überflüssigen) Hinweis hebt das Gesetz hervor, dass die Anordnung der audiovisuellen Vernehmung unter Aufklärungsgesichtspunkten nicht erforderlich ist, wenn von ihr keine weitergehende oder bessere Aufklärung zu erwarten ist als etwa durch das Verlesen eines richterlichen Vernehmungsprotokolls (BGH **46**, 73 mit zust Anm Rose JR **01**, 345 und krit Anm Sinn JZ **01**, 51; Diemer NStZ **01**, 396; **aM** Albrecht StV **01**, 366; Schwaben NStZ **02**, 289). Auch die Vorführung einer etwa vorhandenen Bild-Ton-Aufzeichnung nach § 255a oder die Verlesung nichtrichterlicher Vernehmungsprotokolle bzw schriftlicher Erklärungen, auch iVm anderen Beweismitteln, können zur Erforschung der Wahrheit genügen. Umgekehrt kann je nach Lage des Einzelfalls, vor allem bei kritischer Beweislage, mangelbehaftetem oder unvollständigem Protokoll oder wenn die Amtsaufklärungspflicht der Anwendung des § 251 I Nr 1, II Nr 3 widerstreitet (vgl 8 und 24 zu § 251), die Videovernehmung des Zeugen mit Hilfe einer Videosimultanübertragung in der Hauptverhandlung erforderlich sein. Die Regelung des S 1 Hs 2 ist auch mit Blick auf internationale Tendenzen, insbesondere zum Schutz von Zeugen grenzüberschreitende Vernehmungen im Wege der Rechtshilfe unter Inanspruchnahme audiovisueller Verfahren zuzulassen, in das Gesetz eingefügt worden (vgl BGH **45**, 188, 191, 194). Zur Zulässigkeit einer Verbindung mit einer kommissarischen Vernehmung vgl 20 zu § 223; dies kann allerdings auf technische Grenzen stoßen (BGH NStZ **00**, 385 [Tschechien]).

7 **4)** Nach **pflichtgemäßem Ermessen** entscheidet das Gericht über das Vorliegen der Voraussetzungen des I S 1 (vgl zu § 247 BGH NStZ **87**, 84, 85) und, falls es dies bejaht, über die Anordnung der Videovernehmung („kann"). Im Rahmen seines Rechtsfolgeermessens wird es vornehmlich die nachfolgenden konfligierenden Aspekte zu gewichten und gegeneinander abzuwägen haben: die berechtigten Interessen des Zeugen, denen insbesondere im Falle des I S 1 Hs 1 das Gebot prozessualer Fürsorge korrespondiert; das Recht des Angeklagten auf ein faires Verfahren, insbesondere sein Anspruch auf rechtliches Gehör und sein Fragerecht; das durch den Verzicht auf die körperliche Anwesenheit des Zeugen beeinträchtigte

Hauptverhandlung § 247a

Unmittelbarkeitsprinzip nach § 250 S 1 (Fischer JZ **98**, 820; positiver Meurer JuS **99**, 939); das Aufklärungsgebot des § 244 II, das einerseits durch die Einbeziehung eines technischen Mediums in die Kommunikation leidet, andererseits unter dem Gesichtspunkt des bestmöglichen Beweises (12 zu § 244) die persönliche Befragung des Zeugen gegenüber einer Verlesung des Protokolls oder einer Vorführung der Aufzeichnung einer früheren Vernehmung vorzuziehen nahelegen kann; in erster Linie in den Fällen des I S 1 Hs 2 Gesichtspunkte der Prozessökonomie und der Verfahrensbeschleunigung. Auch die Anforderungen an die technische Ausgestaltung sind zu berücksichtigen (unten 10). Ergebnis der richterlichen Abwägung kann durchaus sein, dass die Videovernehmung im Einzelfall für die Wahrheitsfindung wertlos, der Zeuge daher ein ungeeignetes Beweismittel ist (BGH **45**, 188, 197); dies kann insbesondere der Fall sein, wenn angesichts der Gesamtumstände, etwa wegen eines besonderen Näheverhältnisses zum Angeklagten oder einer denkbaren Verstrickung des Zeugen, mit einer Falschaussage zu rechnen ist (vgl BGH aaO; Schneider FS-Eisenberg II, 513, 523 ff).

5) Durch **Gerichtsbeschluss**, nicht durch Verfügung des Vorsitzenden allein, wird angeordnet, dass der Zeuge sich während seiner Anhörung an einem anderen Ort aufhält und mittels einer Bild-Ton-Direktübertragung vernommen wird, während das Gericht einschließlich des Vorsitzenden mit den anderen Verfahrensbeteiligten (vgl aber unten 10) im Sitzungssaal verbleibt. Die Prozessbeteiligten sind nach § 33 I zu hören. Das Einverständnis der Beteiligten entbindet nicht von der Beschlussfassung. Aus dem nach § 35 I S 1 zu verkündenden und nach § 273 I im Sitzungsprotokoll zu beurkundenden Beschluss muss aus Gründen der Rechtsklarheit hervorgehen, welchen Fall des I S 1 das Gericht für gegeben hält (BGHR StGB § 46 III Sexualdelikte 4). Gemäß § 34 ist eine weitergehende Begründung wegen des Rechtsmittelausschlusses nach I S 2 iVm § 336 S 2 (unten 13) nicht erforderlich (BGH NStZ-RR **18**, 158; KMR-Lesch 22; SSW-Tsambikakis 20; aM KK-Diemer 15; SK-Frister 46). Keiner Begründung bedarf eine Entscheidung, mit der das Gericht einen Antrag auf Videovernehmung ablehnt (vgl unten 13 und allgemein 3 zu § 34). **8**

Die **Entscheidung** trifft das Gericht idR in der Hauptverhandlung; sie kann aber auch außerhalb der Hauptverhandlung ohne Mitwirkung der Schöffen getroffen werden, da zur Vorbereitung der audiovisuellen Vernehmung mitunter eine erhebliche Vorlaufzeit erforderlich ist, um die technischen und tatsächlichen Modalitäten der Vernehmung abzuklären (BGH StV **12**, 65 mit abl Anm Eisenberg; abl auch SK-Frister 46a). **8a**

Die Bestimmung des **genauen Vernehmungsorts**, dh des Vernehmungszimmers, kann das Gericht dem Vorsitzenden überlassen, der ihn gemäß § 214 I S 1 in die Anordnung der Ladung aufnimmt. Unter dem „anderen Ort" versteht das Gesetz nicht nur ein gerichtliches Vernehmungszimmer in unmittelbarer Nähe des Sitzungssaales; vielmehr kommt auch ein entspr – ggf kindgerecht – hergerichteter Raum in einem anderen Gebäude, das sich außerhalb des Gerichtsortes befinden kann, in Betracht. Es ist Aufgabe des JM, ggf seiner nachgeordneten Dienststellen, das Gericht so auszustatten, dass die Videovernehmung durchgeführt werden kann (BGH **51**, 232). Der Ort kann auch im Ausland liegen (vgl oben 6), wobei die Regeln des internationalen Rechtshilfeverkehrs zu beachten sind (Rieß NJW **98**, 3241; vgl BGH **45**, 188, 192 für die USA). Bei in ein Zeugenschutzprogramm aufgenommenen gefährdeten Zeugen kommt auch ein dem Gericht unbekannter Ort im In- oder Ausland in Betracht (Caesar NJW **98**, 2315); die Ladung erfolgt in diesem Fall über die zuständige polizeiliche Dienststelle. Entscheidend ist bei einer grenzüberschreitenden Vernehmung, dass die Einhaltung der für die Hauptverhandlung geltenden wesentlichen Verfahrensgarantien gewährleistet ist, insbesondere, dass eine unbeeinflusste Vernehmung möglich ist, bei der die Verhandlungsleitung beim Vorsitzenden liegt (§ 238) und die ungeschmälerte Ausübung der prozessualen Befugnisse aller Prozessbeteiligten sichergestellt ist; Vertreter des ersuchten und des ersuchenden Staates können im Vernehmungsraum anwesend **9**

Schmitt

sein, Dolmetscher dort und im Sitzungssaal tätig werden (BGH **45**, 188, 195). Das gilt insbesondere auch für die Fälle des I S 1 Hs 2.

10 **6) Die Durchführung der Vernehmung** (als Teil der Hauptverhandlung) hat das Gesetz in den technischen Einzelheiten nicht geregelt (dazu Janovsky Kriminalistik **99**, 455; Schöch Meyer-Goßner-FS 377); es fordert lediglich, dass die Aussage zeitgleich in Bild und Ton in das Sitzungszimmer übertragen wird (I S 3; BGH NJW **17**, 181). Die Simultanübertragung muss allen Verfahrensbeteiligten eine möglichst umfassende Wahrnehmung der verbalen und körperlichen Äußerungen des Zeugen (KK-Diemer 17; Schlothauer StV **99**, 50; krit Fischer JZ **98**, 820) und eine unbeeinträchtigte Ausübung ihrer prozessualen Rechte erlauben. Umgekehrt dürfte im Allgemeinen anzustreben sein, dass der Zeuge ebenfalls die Vorgänge im Gerichtssaal – über Monitor – sieht und nicht nur die an ihn gestellten Fragen – über Kopfhörer oder Telefon – hört (vgl auch Rieß StraFo **99**, 6); nur bei entspr ausgestalteter wechselseitiger Bild-Ton-Übertragung ist zB eine Gegenüberstellung möglich. Dem Gesetz liegt die Erwartung zugrunde, dass eine entspannte Vernehmungsatmosphäre auch dann geschaffen werden kann, wenn der Zeuge nur über einen Bildschirm vernommen wird; dies soll insbesondere für im Umgang mit den neuen Medien wesentlich unbefangenere Kinder gelten (BT-Drucks 13/9063 S 5; krit Caesar NJW **98**, 2315). Der Zeuge kann am Vernehmungsort von seinem Beistand – auch nach § 397a, da der Nebenkläger kein notwendiger Verfahrensbeteiligter ist (vgl 9 zu § 226) – und (als Verletzter) von einer zugelassenen Vertrauensperson nach § 406f II begleitet werden (Laubenthal Zipf-GS 481; Rieß NJW **98**, 3241). Ob diese Personen allerdings den Vorsitzenden dabei unterstützen dürfen, seine Fragen in eine kindgerechte Sprache zu übertragen (so BT-Drucks 13/7165 S 10), erscheint bedenklich (Weigend, Gutachten zum 62. DJT, C 56; vgl auch BGH **43**, 63; NStZ **94**, 354). Im Übrigen gelten die allgemeinen Bestimmungen über die Zeugenvernehmung, insbesondere auch §§ 238, 241a, 247. So kann der Angeklagte aus dem Sitzungszimmer entfernt werden, wenn zu befürchten ist, dass der Zeuge – in dem Bewusstsein, dass der Angeklagte seine Aussage vor dem Bildschirm mitverfolgt – nicht die Wahrheit sagen wird (Diemer NJW **99**, 1669; allerdings gilt insoweit der engere Vernehmungsbegriff des § 247 (dort 6 ff), der Angeklagte ist rechtzeitig wieder vorzulassen und zu unterrichten, damit er selbst noch Fragen an den Zeugen stellen (lassen) kann (vgl 15 bis 18 zu § 247). Zu bedenken ist auch, dass das Abspielen einer nach I S 4 erstellten Aufzeichnung in einer weiteren Hauptverhandlung gemäß § 255a II S 1 nicht zulässig ist, wenn neben I S 1 von § 247 Gebrauch gemacht wird (vgl 8 zu § 255a). Nach §§ 171b, 172 GVG kann die Öffentlichkeit auch von der audiovisuellen Zeugenvernehmung ausgeschlossen werden.

11 **7) Die Aufzeichnung der Aussage** soll unter den Voraussetzungen des I S 4 angeordnet werden; mit dieser Einschränkung gegenüber § 58a I, der in der Hauptverhandlung nicht anwendbar ist (2a zu § 58a), nimmt das Gesetz einerseits Rücksicht auf das Persönlichkeitsrecht des Zeugen, andererseits dient es seinem Schutzbedürfnis, indem es ihm ggf eine weitere Vernehmung erspart. Liegen die Voraussetzungen der Bestimmung allerdings vor, bedarf es nicht seines Einverständnisses mit der Aufzeichnung (zur Aufnahme für justizinterne Zwecke vgl aber 11, 13 zu § 169 GVG). Die in I S 4 geforderte Prognose erfordert (entgegen Seitz JR **98**, 312) nicht die Beurteilung, ob es zu einer weiteren Hauptverhandlung kommen wird. Die Besorgnis, der Zeuge könne in einer solchen für eine erneute Vernehmung nicht zur Verfügung stehen, setzt konkrete Anhaltspunkte voraus, die die Vermutung rechtfertigen, einer weiteren Anhörung des Zeugen werden Hindernisse tatsächlicher oder rechtlicher Art – etwa die absehbare Weigerung der Erziehungsberechtigten, eine weitere Einvernahme ihres Kindes zu gestatten (oben 6) – entgegenstehen (erg 7 zu § 58a). Lediglich Bezugspunkt dieser Prognose ist eine weitere Hauptverhandlung: Eine solche kann sich vor allem nach Einlegung der Berufung oder nach Aufhebung und Zurückverweisung durch das Revisionsgericht ergeben; der Wortlaut deckt aber ferner (über die Vorstellungen im Gesetzgebungsverfahren hinaus, vgl BT-Drucks 13/7165 S 5, 10) sein – bei Abtrennung – nachfolgende Verhandlung gegen einen Mittäter (KK-Diemer 18), wobei, bestimmt man zutr den additiven Sinn des Worts „weitere" aus der Sicht des Zeugen, um dessen Schutz es bei I S 4 auch geht, noch nicht einmal ursprüngliche Verfahrensidentität notwendig ist LR-Becker 24). Zur Erforschung der Wahrheit (in einer weiteren Hauptverhandlung) erforderlich kann die Aufzeichnung insbesondere sein, wenn es sich um eine umfangreiche Aussage handelt, Gegenstand der Vernehmung ein komplexes Tatgeschehen ist oder sich die Einvernahme besonders schwierig gestaltet. Das gilt zB, wenn der Zeuge erstmals vor dem LG aussagt und daher kein Inhaltsprotokoll seiner Aussage erstellt wird. Im Übrigen wird eine Bild-Ton-Aufzeichnung einen im Regelfall höheren Beweiswert im Verhältnis zu einer Vernehmungsniederschrift besitzen. Der mit § 58a I S 2 Nr 2 insoweit übereinstimmende Wortlaut der Bestimmung lässt keinen Zweifel an der Übertragbarkeit der dortigen Grundsätze zu (anders KK-Diemer 19, der sich zu Unrecht auf eine mit § 255a korrespondierende Fassung beruft). Die Formulierung des Gesetzes („soll") stellt sicher, dass bei Vorliegen der Voraussetzungen eine Aufzeichnung im Interesse des schutzbedürftigen Zeugen und der Wahrheitsfindung idR erstellt wird.

Mangels ausdrücklicher Regelung könnte die **Entscheidung nach I S 4** Sache des Vorsitzenden gemäß § 238 I sein. Jedoch spricht der enge sachliche Zusammenhang zwischen den Entscheidungskriterien nach I S 1 und nach I S 4 – auf Tatbestands- wie auf Rechtsfolgenseite – dafür, die in I S 1 vorgesehene Zuständigkeit des Gerichts auf die Entscheidung über eine Aufzeichnung der Aussage zu erstrecken (ähnlich KK-Diemer 20; vgl auch LR-Becker 27 mwN: ratsam). Die nach § 35 I S 1 zu verkündende und gemäß § 273 I zu protokollierende Anordnung der Aufzeichnung ergeht nach Anhörung der Beteiligten (§ 33 I) und ist gemäß § 34 zu begründen. Für die Verwendung der Bild-Ton-Aufzeichnung, für Akteneinsicht und Löschung verweist S 5 auf § 58a II (vgl dort 10, 11). Eine Vorführung kommt nach § 255a I, auch nach II S 1 in Betracht, wenngleich dessen zu erwartende Anwendung die in I S 4 vorausgesetzte Besorgnis nicht rechtfertigt (oben 11 und 7 zu § 58a).

8) **Rechtsbehelfe:** Die Unanfechtbarkeit der Entscheidung nach I S 1 ordnet I S 2 für alle Beteiligten, auch für den betroffenen Zeugen, an. Dies gilt jedoch nur für die Überprüfung der Entscheidung nach § 247a I S 1 als solcher; die Verletzung sonstiger Vorschriften (zB §§ 226 I, 241a, 247) bei Gelegenheit einer audiovisuellen Zeugenvernehmung kann mit der Revision geltend gemacht werden (BGH NJW **17**, 181; erg unten 14). Der Rechtsmittelausschluss gilt nach dem Wortlaut und dem Zweck, Verfahrensverzögerungen und Unsicherheiten im Prozess zu vermeiden, auch für den Fall, dass eine ablehnende Entscheidung des Gerichts ergangen ist (LR-Becker 31; Diemer NStZ **01**, 396; offen gelassen in BGH 3 StR 331/99 vom 10.11.1999). Wenn die Auswahl des Vernehmungsorts dem Vorsitzenden überlassen wurde (vgl oben 9), kann dessen Verfügung nach § 238 II beanstandet werden; der gerichtliche Beschluss ist nach I S 2 unanfechtbar. Gemäß § 336 S 2 ist die Entscheidung nach I S 1 damit zugleich revisionsgerichtlicher Kontrolle entzogen (vgl BGHR StGB § 46 III Sexualdelikte 4; einschr KMR-Lesch 36; Diemer StraFo **00**, 217; offen gelassen von BGHR Audiovisuelle Vernehmung 6). Dem kann nicht mit der auf § 244 II gestützten Rüge, der Zeuge hätte bei gegenteiliger Entscheidung (weiter) zur Sachaufklärung beigetragen, der Boden entzogen werden (LR-Becker 32; Rieß StraFo **99**, 7 bei Nichtanwendung des § 247a zugunsten unmittelbarer persönlicher Vernehmung; **aM** Leitner StraFo **99**, 48; Weider/Staechelin StV **99**, 53; vgl zu § 171b V (früher III) GVG BGH NStZ **96**, 243); das Gleiche gilt für eine Rüge nach § 338 Nr 8, der Beschluss des Gerichts gemäß I S 1 habe die Verteidigung unzulässig beschränkt (LR-Becker 32; vgl 6 zu § 336; LR-Franke 13 zu § 336; Diemer NStZ **01**, 397; Weider/Staechelin aaO; **aM** SK-Frister 80). Wegen der Rechtsbehelfe im Zusammenhang mit einer Vernehmung gemäß § 241a vgl dort 7. Der Zeuge kann sich gegen die Anordnung

der Aufzeichnung nach S 4 beschweren (§§ 304 II, 305 S 2), nicht aber – mangels Beeinträchtigung eigener Rechte – gegen das Absehen von einer Aufnahme (zw BVerfG NJW **14**, 1082 mit krit Anm Eisenberg NStZ **14**, 425 und Hamm StV **15**, 139). Für die übrigen Beteiligten schließt § 305 S 1 die Beschwerde aus.

14 **Revisibel** ist das Fehlen eines die audiovisuelle Zeugenvernehmung anordnenden Beschlusses, aus dem sich ergibt, auf welchen Ausnahmetatbestand des I S 1 das Gericht sich stützt (BGH NStZ-RR **18**, 118); dem steht eine Anordnung allein des Vorsitzenden gleich (BGH aaO; NStZ **08**, 421; eine Beanstandung nach § 238 II ist – wie auch bei sonstigen revisiblen Verstößen im Rahmen einer audiovisuellen Zeugenvernehmung (BGH NJW **17**, 181) – nicht erforderlich (vgl BGH **4**, 364, 366 zu § 247). Allerdings wird durch die Verkündung des Gerichtsbeschlusses erst nach der Vernehmung der zunächst begangene Rechtsfehler geheilt (BGH 5 StR 228/19 vom 14.8.2019). Das Beruhen kann ausgeschlossen sein, wenn die Feststellungen nicht auf den Angaben des betreffenden Zeugen gründen (vgl BGH NStZ-RR **18**, 118). § 336 S 2 steht einer Verfahrensbeschwerde auch dann nicht entgegen, wenn der Tatrichter über eine Anwendung des § 247a gar nicht – auch nicht konkludent – entschieden hat (BGH **45**, 188, 197; LR-Becker 33). Im Falle einer unzulänglichen Simultanübertragung liegt ein Verstoß gegen I S 3, jedenfalls gegen § 244 II vor, der die Verfahrensrüge begründen kann (Diemer und Schlüchter, jeweils aaO). Die revisionsrechtliche Nachprüfung ist auch insoweit eröffnet, als das Gericht kumulativ von § 247 Gebrauch gemacht hat (vgl 19 zu § 247). Die Revision kann auf die Entscheidung über die Aufzeichnung der Aussage grundsätzlich nicht gestützt werden, weil das Urteil hierauf nicht beruhen kann. Weitere revisionsrechtliche Fragen erörtern Diemer NStZ **01**, 393 (der zu weitgehend bei irriger Annahme der tatbestandlichen Voraussetzungen des § 247a die Revision stets zulassen will), Schlothauer StV **99**, 50 und Weider/Staechelin aaO. Die Beanstandung der Nichtdurchführung einer audiovisuellen Vernehmung bedarf einer zulässig erhobenen Verfahrensrüge (BGH NStZ-RR **03**, 290 [B]). Erg 10 zu § 338.

15 **9) Sachverständigenvernehmung (II):** Die Vernehmung eines Sachverständigen in der Hauptverhandlung kann durch Einsatz der Videokonferenztechnik ersetzt werden. Das kommt namentlich in Betracht. wenn es sich um ein leicht abgrenzbares, isoliertes Beweisthema handelt, für dessen Beurteilung der Sachverständige keine in der Hauptverhandlung erst oder zusätzlich festzustellende Anknüpfungstatsachen benötigt (so BT-Drucks 17/12418 S 20). Diese Vernehmung ist somit mehr als eine reine Verlesung des Gutachtens durch das Gericht nach § 256 I, aber nicht so aufwendig, wie eine Einvernahme des Sachverständigen im Sitzungssaal. Für eine Videovernehmung sind die Fälle nicht geeignet, in denen es auf den persönlichen Eindruck des Gutachters vom Angeklagten in der Hauptverhandlung ankommt.

16 **Nicht zulässig** ist die Videovernehmung des Sachverständigen in den Fällen des § 246a (II S 2), also dann, wenn es um eine Unterbringung nach §§ 63, 64, 66 StGB geht. Wegen der gravierenden Folgen für den Angeklagten erschien dem Gesetzgeber in diesen Fällen die persönliche Anwesenheit des Sachverständigen in der Hauptverhandlung zu Recht unverzichtbar.

17 **Unanfechtbar** sind sowohl die Anordnung als auch die Nichtanordnung der Videovernehmung (II S 3). Sie können also nicht mit einer Beschwerde nach § 304 angefochten werden und sind damit gemäß § 336 S 2 auch der Revision entzogen.

Entlassung der Zeugen und Sachverständigen RiStBV 135

248 ¹Die vernommenen Zeugen und Sachverständigen dürfen sich nur mit Genehmigung oder auf Anweisung des Vorsitzenden von der Gerichtsstelle entfernen. ²Die Staatsanwaltschaft und der Angeklagte sind vorher zu hören.

Hauptverhandlung § 249

1) Das **eigenmächtige Weggehen** der vernommenen Beweisperson von der 1
Gerichtsstelle, dh vom Verhandlungsort, der sich nicht notwendig im Gerichtsgebäude befinden muss (KK-Diemer 1), zieht die Folgen der §§ 51, 77 nach sich
(4 zu § 51). Es steht im pflichtgemäßen Ermessen des Vorsitzenden, ob er das
Weggehen erlaubt (dann kann die Beweisperson ohne Vergütungsanspruch weiter
als Zuhörer anwesend sein) oder anordnet (dann muss sich die Beweisperson entfernen). Seine Entscheidung kann nach § 238 II beanstandet werden. Die Beweisperson kann aus § 248 weder einen Anspruch auf vorzeitigen Weggang noch auf
weitere Anwesenheit als Zeuge oder Sachverständiger herleiten.

Zur **vorläufigen Beurlaubung** noch nicht vernommener Beweispersonen ist 2
der Vorsitzende nach § 238 I berechtigt; mit § 248 hat das nichts zu tun (KK-Diemer 2; SSW-Franke 3).

2) Die **Anhörung der StA und des Angeklagten** vor der Genehmigung 3
oder Anordnung des Weggehens schreibt S 2 vor. Anzuhören sind auch die anderen frageberechtigten (3 zu § 240) Prozessbeteiligten. Die Anhörung gibt ihnen
Gelegenheit zu der Erklärung, dass sie an die Beweisperson weitere Fragen stellen
wollen (RG **46**, 196, 198). Hat ein Zeuge die Aussage befugt verweigert, so gilt
S 2 nicht (RG **41**, 32).

3) Die **Revision** kann auf Verletzung des § 248 nur gestützt werden, wenn das 4
Gericht gegen die Entlassung der Beweisperson erfolglos nach § 238 II angerufen
worden war (BGH StV **85**, 355; **96**, 248; str, vgl LR-Becker 13). Das Urteil kann
auf der Verletzung des S 2 nur beruhen, wenn dadurch die Stellung von Fragen
oder der Vorhalt bestimmter Umstände an die Beweisperson verhindert worden ist,
was der Revisionsführer im Einzelnen vortragen muss (Stuttgart NStZ **94**, 600;
LR-Becker 14; **aM** SK-Frister 18: erneute Vorladung muss verlangt werden).

Führung des Urkundenbeweises durch Verlesung; Selbstleseverfahren

249 I 1 Urkunden sind zum Zweck der Beweiserhebung über ihren Inhalt
in der Hauptverhandlung zu verlesen. ² Elektronische Dokumente
sind Urkunden, soweit sie verlesbar sind.

II 1 Von der Verlesung kann, außer in den Fällen der §§ 253 und 254, abgesehen werden, wenn die Richter und Schöffen vom Wortlaut der Urkunde
Kenntnis genommen haben und die übrigen Beteiligten hierzu Gelegenheit
hatten. ² Widerspricht der Staatsanwalt, der Angeklagte oder der Verteidiger
unverzüglich der Anordnung des Vorsitzenden, nach Satz 1 zu verfahren, so
entscheidet das Gericht. ³ Die Anordnung des Vorsitzenden, die Feststellungen
über die Kenntnisnahme und die Gelegenheit hierzu und der Widerspruch
sind in das Protokoll aufzunehmen.

Übersicht

	Rn
1) Grundsatz	1
2) Urkunden (I)	2–7
A. Begriff	3
B. Fremdsprachige Urkunden	4, 5
C. Abschriften, Kopien	6, 6a
D. Augenscheinseinnahme von Urkunden	7
3) Beispiele	8–13
A. Gerichtliche Entscheidungen	9
B. Auskünfte aus Registern	10
C. Augenscheinsprotokolle	11
D. Andere Urkunden	12
E. Elektronische Dokumente (I S 2)	13
4) Formen des Urkundenbeweises	14–27
A. Verlesung (I)	15
B. Selbstleseverfahren (II)	16–24

	Rn
C. Ersatz der Verlesung durch Bericht des Vorsitzenden	25–27
5) Vorhalt aus Urkunden	28, 29
6) Revision	30–32

1 **1) Grundsatz:** Urkundenbeweis bedeutet Ermittlung und Verwertung des gedanklichen Inhalts eines Schriftstücks. Er ist zulässig, wenn das Gesetz ihn nicht ausdrücklich untersagt (BGH **20**, 160, 162; **27**, 135, 136). § 249 regelt nur die Form, nicht die Notwendigkeit dieses Beweises (BGH MDR **72**, 753 [D]; Schneidewin JR **51**, 481); hierfür sind §§ 244 II, III und 245 maßgebend. Der Inhalt von Urkunden kann daher auch durch andere Beweismittel, insbesondere durch Zeugen, festgestellt werden (BGH NStZ **85**, 464). Ist Urkundenbeweis erforderlich, so wird er durch Verlesung (I) oder Selbstlesung (II) erhoben; ferner ist mit Zustimmung der Beteiligten ein Bericht des Vorsitzenden über den Urkundeninhalt zulässig (unten 25 ff). Für Beweiserklärungen, die für das Verfahren hergestellt worden sind, gilt das Verwertungsverbot des § 250 S 2; Ausnahmen lassen §§ 251, 253, 254, 256 zu. Wegen der verfassungsrechtlichen Beweisverbote vgl Einl 56. Kein Urkundenbeweis ist der Vorhalt von Urkunden bei der Vernehmung (dazu unten 28, 29). Zur Beurkundung des Beweises vgl 9 zu § 273.

2 **2) Urkunden (I):**

3 A. **Begriff:** Urkunden sind Schriftstücke jeder Art, die verlesbar und geeignet sind, durch ihren (allgemein verständlichen oder durch Auslegung zu ermittelnden) Gedankeninhalt Beweis zu erbringen (BGH **27**, 135, 136; Krause 113). Die Verlesung muss dazu führen, dass die Schriftzeichen unmittelbar in sinnvolle Worte umgesetzt werden (Krause 116). Mit den sog Beweiszeichen (vgl Fischer 5 zu § 267 StGB) lässt sich nur Augenscheinsbeweis führen. Anders als bei § 267 StGB kommt es weder auf die Beweisbestimmung noch auf die Echtheit der Urkunde an (Krause 106); der Aussteller muss nicht erkennbar sein (Roxin/Schünemann § 28, 4). Auch in digitaler Form gespeicherte textliche Dokumente sind Urkunden (Trüg StV **16**, 343).

4 B. **Fremdsprachige Schriftstücke** können wegen § 184 GVG ebenfalls nicht im Urkundenbeweis verwertet werden (Krause 117; **aM** LR-Mosbacher 32 für den Fall, dass alle Beteiligten die Fremdsprache beherrschen). Wenn das Gericht keine eigene Sachkunde hat (vgl § 244 IV S 1), also keines seiner Mitglieder den Text übersetzen kann (Krause 117 ff), muss ein Sachverständiger (der Übersetzer ist nicht Dolmetscher iSv § 185 GVG; vgl BGH **1**, 4, 7) herangezogen werden. Ist schon eine Übersetzung in die deutsche Sprache bei den Akten, steht § 250 der Verlesung nicht entgegen (BGH **27**, 135, 137); der Vernehmung des Übersetzers oder eines anderen Sprachkundigen als Sachverständigen bedarf es daher nicht, wenn sich das Gericht von der Richtigkeit der Übersetzung überzeugt hat (BGH GA **82**, 40; NStZ **83**, 357 [Pf/M]; NJW **93**, 3337; **aM** Alsberg/Dallmeyer 435).

5 In **Geheim- oder Kurzschrift** abgefasste Texte können nicht Gegenstand des Urkundenbeweises sein (Alsberg/Dallmeyer 433; **aM** für Kurzschrift KK-Diemer 8). Regelmäßig ist Sachverständigenbeweis erforderlich (LR-Mosbacher 36).

6 C. **Abschriften,** Durchschläge, Ablichtungen, mechanische Vervielfältigungen und Mikrofilme, dürfen statt des Originals als Beweismittel verwendet werden (BGH **15**, 253; **27**, 135, 137; **33**, 196, 210; NJW **66**, 1719; GA **67**, 282; NStZ **86**, 519). Ihre Beglaubigung ist nicht notwendig (KK-Diemer 12 mwN). Einen Ersatz für die Urschrift bilden sie aber nur, wenn ihre Übereinstimmung mit dem Original feststeht (BGH NStZ **94**, 593), was im Strengbeweisverfahren festgestellt werden muss (BGH NStZ **94**, 227 [K]; SK-Frister 41). Es gilt aber der Grundsatz der freien Beweiswürdigung (BGH NStZ **86**, 519; Jena VRS **114**, 453).

6a **Zur Einführung elektronischer** Dokumente iSv I S 2 in die HV, siehe 13 sowie Weiß wistra **18**, 245.

7 D. **Gegenstand des Augenscheins, nicht** des Urkundenbeweises, ist eine Urkunde, wenn es nicht auf ihren Inhalt, sondern auf ihr Vorhandensein oder ihre

Beschaffenheit ankommt (BGH 1 StR 316/16 vom 22.9.2016; NJW **11**, 3733; weitergehend BGH NStZ **14**, 606; 1 StR 316/16 vom 22.9.2016; 13 zu § 86), insbesondere auf die Feststellung von Verfälschungsmerkmalen (Hamm NJW **53**, 839; Krause 114). Augenschein ist auch für eine richterliche Schriftvergleichung erforderlich (RG **65**, 294) sowie für das bei einer Geschwindigkeitsmessung gefertigte Lichtbild mit der eingeblendeten numerischen Anzeige der gemessenen Geschwindigkeit (Bay **02**, 50). Der Inhalt von Tonbandaufnahmen wird zwar durch Augenschein festgestellt (11 zu § 86); jedoch kann auch eine Niederschrift darüber hergestellt und im Urkundenbeweis verwertet werden (BGH **27**, 135; erg 3 zu § 86; 15a zu § 86 zu Video- und Bilddateien; 30 zu § 100a; 2 zu § 251).

3) Beispiele: Durch das Gesetz vom 5.7.2017 (BGBl I 2208, 2212) wurde I **8** neu gefasst und dabei auf die früher in I S 2 enthaltene Herausstellung bestimmter Arten von Urkunden verzichtet; eine sachliche Änderung der Rechtslage ist damit nicht verbunden (BT-Drucks 18/9416 S 63). Verlesbar sind ua:

A. **Gerichtliche Entscheidungen:** Verlesbar sind Urteile (auch der Zivil-, **9** Verwaltungs- und Finanzgerichte) gegen den Angeklagten und gegen Dritte (BGH **1**, 337, 341), gleichgültig, in welchem Verfahren sie ergangen und ob sie rechtskräftig sind (Düsseldorf StV **82**, 512), gerichtliche Beschlüsse, aber nicht höchstpersönliche, das Urteil nur vorbereitende handschriftliche Aufzeichnungen eines Richters (SK-Frister 17; vgl auch BGHZ **109**, 260, 265). Zweck der Verlesung kann die Unterrichtung über Gang und Stand des Verfahrens sein (Wömpner NStZ **84**, 481), insbesondere durch Verlesung des vom Revisionsgericht aufgehobenen Urteils (BGH GA **76**, 368; RG JW **31**, 1816 mit Anm Alsberg), etwa um die bindend gewordenen Schuldfeststellungen bekanntzumachen (BGH NJW **62**, 59; Bay MDR **82**, 249), und des Revisionsurteils zur Feststellung der Bindungswirkung nach § 358 I (BGH **7**, 6). Auch im Wiederaufnahmeverfahren ist die Verlesung des früheren Urteils zulässig (2 zu § 373). Das Urteil darf aber auch zum Zweck der Tatsachenfeststellung für die Schuld- oder Rechtsfolgenfrage verlesen werden. Insbesondere darf dadurch Beweis darüber erhoben werden, wie der Angeklagte oder ein Zeuge sich früher geäußert hat (BGH **6**, 141; MDR **55**, 121; Hamm NJW **74**, 1880); § 250 S 1 steht dem nicht entgegen (BGH **31**, 323, 332; KK-Diemer 17). Unüberprüft dürfen die tatsächlichen Feststellungen des früheren Urteils aber für die neue Verhandlung nicht übernommen werden (BGH aaO; NStZ-RR **19**, 122 L; RG **60**, 297; Düsseldorf StV **82**, 512; Köln StV **90**, 488; Zweibrücken StV **92**, 565). Der Tatrichter kann sich aber aufgrund eigener Beweiserhebung von der Richtigkeit der Schlüsse des früheren Tatrichters überzeugen (BGH **43**, 106; NStZ-RR **19**, 224). So können die Aufklärungspflicht oder Beweisanträge andere Beweiserhebungen als die bloße Verlesung des Urteils gebieten (BGH **43**, 106). Eine andere Beweiswürdigung als im verlesenen Urteil ist somit zulässig, setzt aber eine umfassende Bewertung aller früheren und neu zutage getretenen Umstände voraus (BGHR § 261 Überzeugungsbildung 19). Erg Einl 170.

B. Unverändert sind **Auskünfte aus dem BZR** verlesbar: Vorstrafen und Vor- **10** belastungen des Angeklagten und des Zeugen dürfen aus den Auszügen nach §§ 41, 61 **BZRG** und § 30 StVG unter Beachtung des § 51 I **BZRG** festgestellt werden. Bestreitet der Betroffene die Richtigkeit des Auszugs oder ergeben sich sonst Zweifel, so ist Beweis nach allgemeinen Grundsätzen zu erheben (RG **56**, 75; Alsberg/Dallmeyer 444). Vgl auch RiStBV 134. Ebenso verlesbar sind Auszüge aus anderen öffentlichen Registern wie Grundbuch, Erziehungs-, Verkehrszentral- oder Gewerbezentralregister. Dies gilt auch für die früher ausdrücklich in I S 2 erwähnten Personenstandsregister. In Betracht kommen insoweit insbesondere Personenstandsurkunden der Standesbeamten nach dem PersonenstandsG v 19.2. 2007 (BGBl I 122). Dazu gehören Geburts-, Heirats- und Sterbeurkunden sowie Auszüge aus dem Familienbuch. Einfache Abschriften können ausreichen (BGH 5 StR 121/63 vom 14.5.1963).

§ 249

11 C. **Augenscheinsprotokolle:** Nur richterliche Protokolle, die unter Beachtung der §§ 168d I S 2, 168c V, 224, 225 zustande gekommen sind, dürfen verlesen werden (Krause 149; Schneidewin JR **51**, 486). StA und Polizeibeamte müssen grundsätzlich über ihre Besichtigungen als Zeugen vernommen werden (18 zu § 86); eine Ausnahme gilt nach § 256 I Nr 5. Die richterlichen Protokolle müssen aus dem anhängigen Verfahren stammen (Krause 149; **aM** KK-Diemer 20 und LR-Mosbacher 24: nur zum Zwecke des Vorhalts). Mitprotokollierte Erklärungen von Angeklagten und Zeugen, die lediglich Hinweise zur Augenscheinseinnahme enthalten, dürfen mitverlesen werden (erg 16 zu § 86; 16 zu § 87); zum verwertbaren Beweisstoff gehören sie nicht (BGH **33**, 217, 221). Augenscheinsprotokolle iS I S 1 sind auch Protokolle über die Leichenschau nach § 87 I, an der ein Richter mitgewirkt hat (RG **53**, 348; LR-Mosbacher 25; 7 zu § 87), nicht aber über die Leichenöffnung nach § 87 II (RG aaO; 16 zu § 87).

12 D. **Andere Urkunden** sind zB Schriftstücke mit strafbarem (§§ 184, 185 StGB) Inhalt, Protokolle über nach §§ 153 ff StGB strafbare Aussagen, Briefe (BGH GA **67**, 282) und andere vom Angeklagten herrührende Schriftstücke, auch wenn sie ein Geständnis enthalten (1 zu § 254), insbesondere Eingaben in dem anhängigen Verfahren an Gerichte (RG **18**, 23), Polizeibehörden (Hamm VRS **42**, 99), Verwaltungsbehörden (Düsseldorf VRS **41**, 436; Koblenz LRE **15**, 294; Zweibrücken GA **81**, 275; StV **86**, 290) und StA (RG **35**, 234; Hamm JMBlNW **68**, 215; 14 zu § 163a), Gerichtsbeschlüsse (BGH **31**, 323, 331) und Einstellungsbescheide der StA (RG **24**, 263; **46**, 200). Schriftsätze des Verteidigers, die eine Sachdarstellung enthalten, sind nicht verlesbar (BGH **39**, 305; Celle NStZ **88**, 426); das gilt auch, wenn die gedankliche Urheberschaft des Angeklagten feststeht (LR-Mosbacher 13; erg 27 zu § 243). Für schriftliche Äußerungen von Zeugen, Sachverständigen und Mitbeschuldigten gilt § 251 I, II, für schriftliche Gutachten auch § 256 I.

13 E. **Elektronische Dokumente** sind ebenfalls Urkunden soweit sie verlesen werden können (I S 2). Nach der Gesetzesbegründung sind damit jegliche Formen elektronischer Information (zB Text-, Tabellen oder Bilddateien) zu verstehen, die ein Schriftstück bzw eine körperliche Urkunde ersetzen sollen und grundsätzlich zur Wiedergabe in verkörperter Form, etwa einem Ausdruck, geeignet sind (BT-Drucks 18/9416 S 1; Weiß wistra **18**, 245, 247 f). Gemeint ist damit eine direkte Verlesung von dem Bildschirm, auf dem das Dokument sichtbar gemacht wird; eines Ausdrucks in Papierform bedarf es nicht. Verlesen werden können originär elektronische Dokumente, aber auch solche, die durch eine Umwandlung nach § 32e I entstanden sind (BT-Drucks 18/9416 S 62 f; siehe Komm dort). Verlesbar als Urkunde ist ein elektronisches Dokument, wenn sich die Daten als sinntragende Worte deuten lassen; ist das nicht der Fall, kommt nur der Augenschein in Betracht (Weiß aaO 248). Fragen der Authentizität und Integrität des betreffenden Dokuments betreffen nicht die Zulässigkeit des Urkundenbeweises, sondern seine Beweisqualität und damit vor allem Fragen der Beweiswürdigung. Das Selbstleseverfahren (II) ist bei elektronischen Dokumenten ebenso zulässig wie bei herkömmlichen Schriftstücken (BT-Drucks 18/9416 S 63).

14 **4) Formen des Urkundenbeweises:**

15 A. Die **Verlesung (I)** ist die regelmäßige Form des Urkundenbeweises (BGH NStZ-RR **02**, 70 [B]). Sie wird üblicherweise durch den Vorsitzenden angeordnet; das schließt aber nicht aus, dass von vornherein, nicht erst auf Einwendungen nach § 238 II, das Gericht einen entspr Beschluss fasst (BGH NJW **85**, 1848). Voraussetzung der Verlesung ist beides nicht. Der Vorsitzende oder in seinem Auftrag ein Gerichtsmitglied (Krause 116), auch ein Ergänzungsrichter (RG **27**, 172) oder Protokollführer verliest die Urkunde. Der Umfang der Verlesung hängt von der Aufklärungspflicht ab; die ganze Urkunde muss – falls sie nicht in vollem Umfang verwertet werden soll (BGH NStZ **04**, 279) – nicht unbedingt verlesen werden (BGH **11**, 29, 31; NStZ **84**, 211 [Pf/M]), sofern nicht die Voraussetzungen des

§ 245 I vorliegen oder ein Antrag nach §§ 244 III S 1, 245 II S 1 nicht abgelehnt werden kann. Bei teilweiser Verlesung, sind die verlesenen Teile exakt zu kennzeichnen; dies gilt auch für elektronische Dokumente iSv I S 2 (Weiß wistra **18**, 245, 250). Bei Gleichartigkeit der Urkunden genügt die Verlesung einer repräsentativen Auswahl. Die Verlesung muss nach § 273 I im Protokoll beurkundet werden; der Vermerk, dass die Urkunde zum Gegenstand der Verhandlung gemacht wurde, reicht zum Nachweis der Verlesung nicht aus (9 zu § 273).

B. Selbstleseverfahren (II): 16

a) Der **Verfahrensvereinfachung** dient das Selbstleseverfahren (allg dazu 17 Schlund, Das Selbstleseverfahren – Grund und Grenzen, Diss Freiburg 2018). Es gibt praktisch den Mündlichkeitsgrundsatz für den Urkundenbeweis auf; denn Gegenstand der Urteilsfindung ist der Inhalt der selbst gelesenen Urkunden auch, soweit er in der Hauptverhandlung nicht, auch nicht innerhalb der Erklärung nach § 257 I oder durch Fragen, Vorhalte oder Mitteilungen des Vorsitzenden, zur Sprache gekommen ist (krit Meyer-Lohkamp StV **14**, 121). Die Anordnung nach II ist auch nicht ausgeschlossen, wenn dadurch sämtliche verfahrensrelevanten Urkunden eingeführt werden, da II keine Einschränkung vorsieht und der Gesetzgeber die Verlesung in der Verhandlung sowie die Selbstlesung als grundsätzlich gleichwertig konzipiert hat (vgl Mosbacher NStZ **13**, 199, 202; Schlund aaO 75 ff, 242 ff, die insoweit kritisch auf die Intransparenz des Verfahrens nach II für die Verteidigung hinweist).

Ein **Verzicht** der Prozessbeteiligten auf die Verlesung nach I ist nicht erforder- 18 lich. Der Mitteilung des wesentlichen Inhalts der Schrift durch den Vorsitzenden bedarf es nicht. Wer den Prozess als Zuhörer verfolgt, erhält daher von dem Inhalt des nach II in die Hauptverhandlung eingeführten Beweismittels keine Kenntnis. Der Gesetzgeber nimmt diese Einbuße an Transparenz der Hauptverhandlung im Hinblick auf die erheblichen prozesswirtschaftlichen Vorteile des mit der Verlesung nach I gleichwertigen Selbstleseverfahrens in Kauf.

Dieses Verfahren **kommt insbesondere in Betracht,** wenn von umfangrei- 19 chen Schriften oder ganzen Druckwerken (vgl BGH NStZ **00**, 307, 309 zu Comics) nicht nur der Inhalt (dann ist der Bericht des Vorsitzenden vorzuziehen; unten 25 ff), sondern der genaue Wortlaut festgestellt werden muss, auch wenn er unmittelbar entscheidungserheblich ist (BGH **30**, 10, 14; krit AK-Meier 26; HK-Julius 13; Eisenberg BR 2035 iVm 2068). In den Fällen der §§ 253 und 254 ist das Selbstleseverfahren unzulässig, nicht aber in den Fällen der §§ 251, 256 (krit Dahs NJW **95**, 555; Scheffler NJW **94**, 2194). Im Übrigen gelten folgende Grundsätze (zusammenfassende Darstellung bei Kirchner StraFo **15**, 52):

b) Auf **Anordnung des Vorsitzenden** findet das Verfahren nach II statt. Diese 20 kann auch in der protokollierten Übergabe der Unterlagen „für das Selbstleseverfahren" gesehen werden (vgl BGH 5 StR 143/18 vom 23.1.2019). Die dem Selbstleseverfahren unterfallenden Urkunden sind grundsätzlich genau zu bezeichnen; dies gilt auch für elektronische Dokumente iSv I S 2 (Weiß wistra **18**, 245, 250). Bei umfangreichen Konvoluten kann allerdings eine zusammenfassende und pauschale Benennung, ggf auch mit dem negativen Ausschluss nicht erfasster Dokumente, genügen (BGH NStZ **19**, 422 mit Anm Ventzke; vgl auch BGH NStZ **12**, 346: die in einem Sonderband enthaltenen Urkunden).

Abweichend von § 238 II können die Prozessbeteiligten einen **Widerspruch** 21 gegen die Anordnung des Selbstleseverfahrens (nicht gegen dessen Ablauf, Celle StV **16**, 794) nur unverzüglich, dh ohne vermeidbare Verzögerung, geltend machen. Obwohl II S 2 ausdrücklich nur den Widerspruch der StA, des Angeklagten und des Verteidigers (damit auch des Beistands nach § 69 III S 2 **JGG**) zulässt, sind, wie üblich, auch die Nebenbeteiligten widerspruchsberechtigt, soweit sie von dem Urkundenbeweis betroffen sind, nicht aber der Nebenkläger (11 zu § 397) sowie die Eltern und gesetzlichen Vertreter im Jugendstrafverfahren (KK-Diemer 35; **aM** Eisenberg BR 2046). Über den Widerspruch entscheidet das Gericht, dem bei der Wahl zwischen I und II eigenes Ermessen zusteht, durch mit Beschwerde nicht anfechtbaren (§ 305 S 1) Beschluss. Die Anordnungen des Vorsitzenden zur Durchführung des Selbstleseverfahrens einschließlich der Feststellungen nach II S 3 können gemäß § 238 II beanstandet werden.

22 c) **Selbstlesung des Gerichts (II S 1):** Die Richter, auch die Ergänzungsrichter, müssen die Urkunde lesen, und zwar vor Schluss der Beweisaufnahme (BGH 30, 10, 11; a**M** KMR-v. Heintschel-Heinegg 42: vor Anordnung). Das gilt auch für die Schöffen (BGH NStZ **05**, 160). Richter und Schöffen darf dazu auch schon vor Verlesung des Anklagesatzes (BGH NStZ **12**, 346 mit abl Anm Albrecht ZJS **12**, 163), in der Berufungsverhandlung vor dem Vortrag des Berichterstatters (§ 324 I), Gelegenheit gegeben werden. Sonst müssen sie die Urkunden zwischen den Sitzungstagen oder in angemessenen Sitzungspausen lesen. Dazu ist ihnen das Original oder eine Abschrift oder Ablichtung der Schrift oder Ausdrucke von in Computersystemen gespeicherten Dokumenten (siehe aber Jahn/Brodowski Rengier-FS 409, 411, wonach zur Durchführung des Selbstleseverfahrens insoweit auch digitale Medien in Betracht kommen) zur Verfügung zu stellen. Vorsitzender und Berichterstatter werden die Schrift idR schon bei der Terminsvorbereitung gelesen haben. Gelegenheit zur Kenntnisnahme reicht – anders als bei den Prozessbeteiligten (unten 23) – hier nicht aus (BGH aaO).

22a Eine **Pflicht, die Selbstlesung zu überwachen** oder inhaltlich zu überprüfen, trifft den Vorsitzenden nicht (LR-Mosbacher 85; HK-Julius 11). Grundsätzlich genügt ihm (vgl unten 24) die Erklärung der Berufsrichter und Schöffen, die Urkunden gelesen zu haben; verbleiben ihm jedoch begründete Zweifel, muss er die Verlesung nach I anordnen (KK-Diemer 39; ähnlich Eisenberg BR 2040). Kontrollfragen der Prozessbeteiligten an die Richter sind unzulässig (SK-Frister 79; teilw a**M** Eisenberg und Paulus, jeweils aaO).

23 d) **Selbstlesung der Prozessbeteiligten (II S 1):** Sie sind nicht verpflichtet, die Urkunde zu lesen; das Gericht muss ihnen, dem Angeklagten neben seinem Verteidiger, dazu aber Gelegenheit geben, sofern sie nicht ausdrücklich darauf verzichten. Das gilt auch für Prozessbeteiligte, die vor der Hauptverhandlung die Akten eingesehen haben, insbesondere für StA und Verteidiger. Da sie zu dieser Zeit noch nicht mit der Urkundenverlesung nach I rechnen werden, darf ihnen die Gelegenheit zur Selbstlesung nicht mit der Begründung verweigert werden, sie hätten die Schrift schon früher lesen können. Einzelne Prozessbeteiligte (etwa einen von mehreren Angeklagten) von der Selbstlesung auszuschließen, weil der Inhalt der Urkunde für ihre Verteidigung keine Bedeutung hat, ist ebenfalls unzulässig; das kann und muss jeder Beteiligte selbst beurteilen (Gollwitzer Sarstedt-FS 30). Für die Selbstlesung ist den Beteiligten die Schrift für eine angemessene Zeit im Original, in Abschrift oder Ablichtung zur Verfügung zu stellen; den nach § 147 zur Akteneinsicht Berechtigten können auch die Akten überlassen werden. Zum Selbstleseverfahren bei einem des Lesens unkundigen Verfahrensbeteiligten BGH NStZ **11**, 300 mit abl Anm Lindemann StV **11**, 458); zu weiteren Einzelheiten des Selbstleseverfahrens vgl Knierim/Rettenmaier StV **06**, 155; Ventzke StV **14**, 114.

24 e) **Protokollierung (II S 3):** Die Urkunde, die Gegenstand des Selbstleseverfahrens gewesen ist, muss nach § 273 I im Protokoll bezeichnet werden (BGH NStZ **00**, 47). Nach II S 3 ist im Protokoll auch zu beurkunden, dass der Vorsitzende die Selbstlesung angeordnet und (später) in der Hauptverhandlung ausdrücklich festgestellt hat, dass die Richter und Schöffen die Schrift gelesen haben und den übrigen Prozessbeteiligten Gelegenheit gegeben worden ist, vom Wortlaut der Urkunde Kenntnis zu nehmen (BGH StV **00**, 655; StraFo **10**, 27; NStZ-RR **04**, 237 [B]; **14**, 185); die möglicherweise missverständliche Protokollierung „vom Inhalt" sollte vermieden werden (vgl aber BGH StV **10**, 226; NJW **10**, 3382: im Zweifel so auszulegen; noch weitergehend BGH StV **14**, 68, der die „Feststellung der Kenntnisnahme" hat genügen lassen). Erst wenn die Feststellungen nach II S 3 getroffen worden sind, ist das Selbstleseverfahren abgeschlossen, und die betreffenden Urkunden stehen der Urteilsfindung als Beweisstoff zur Verfügung (BGH NStZ **17**, 722). Erhebt ein Prozessbeteiligter nach II S 2 Widerspruch, so ist auch das im Protokoll zu beurkunden. Dass der darauf ergehende Gerichtsbeschluss in die Sitzungsniederschrift aufzunehmen ist, ergibt sich aus § 273 I; das gilt auch im Fall einer Beanstandung nach § 238 II (oben 21).

C. Ersatz der Verlesung durch Bericht des Vorsitzenden: 25

a) **Zulässigkeit:** Die Rspr lässt seit jeher zu, dass die Verlesung im allseitigen 26 Einverständnis durch einen Bericht des Vorsitzenden über den Urkundeninhalt ersetzt wird, wenn die Aufklärungspflicht nicht entgegensteht (BGH **1**, 94; **11**, 29, 159; Düsseldorf VRS **59**, 269; Hamm MDR **64**, 344; Köln VRS **73**, 203, 211; **aM** die überwiegende Ansicht im Schrifttum; vgl LR-Mosbacher 45; SK-Frister 84; Hellmann StV **95**, 123). Mit der Einführung des Selbstleseverfahrens nach II hat der Gesetzgeber diese Art des Urkundenbeweises nicht abschaffen wollen (BGH **30**, 10; vgl auch KK-Diemer 28; **aM** Fezer 13/42; Geerds Blau-FS 71 Fn 17). Beide Beweisverfahren verfolgen unterschiedliche Zwecke: Das Selbstleseverfahren soll die Beweisaufnahme vor allem vereinfachen, wenn es auf den Wortlaut umfangreicher Schriften ankommt; der Bericht des Vorsitzenden ist ein noch einfacheres Beweisverfahren für den Fall, dass nur der Urkundeninhalt beweiserheblich ist und der genaue Wortlaut nicht Urteilsgrundlage werden soll (vgl Alsberg/Dallmeyer 575).

b) **Voraussetzungen:** Nur über einzelne Urkunden, deren Verlesung nicht 27 nach §§ 250, 256 ausgeschlossen wäre (RG **64**, 78) und deren Inhalt nicht unmittelbar die dem Angeklagten vorgeworfene Straftat verkörpert (BGH **11**, 29), darf Bericht erstattet werden, nicht über den Inhalt ganzer Akten, auch nicht über längere Schriftstücke, deren Inhalt wörtlich in das Urteil aufgenommen werden soll (BGH **5**, 278; **11**, 29, 31; 159, 160; MDR **72**, 18 [D]; Bay DAR **83**, 252 [R]). Der Bericht darf nur in einer streng sachlichen Schilderung des Urkundeninhalts bestehen und nicht auf eine Würdigung der Beweisbedeutung der Urkunde hinauslaufen (BGH **1**, 94, 97). Die bloße Erörterung der Urkunde mit dem Angeklagten ist kein „Bericht" (Schleswig OLGSt § 256 Nr 1). Alle Prozessbeteiligten müssen sich ausdrücklich oder stillschweigend durch Unterlassen eines Widerspruchs mit dem Berichtsverfahren einverstanden erklären. Der Bericht des Vorsitzenden ist ein Akt der Beweisaufnahme; er muss daher im Sitzungsprotokoll beurkundet werden (Düsseldorf VRS **59**, 269, 270; Hamburg VRS **44**, 214; Hamm MDR **64**, 344; Köln VRS **73**, 136; StV **15**, 761).

5) Vorhalt aus Urkunden: Wenn es auf den genauen Wortlaut kurzer und 28 leicht fasslicher Schriftstücke, auch fremdsprachiger (BGH MDR **75**, 369 [D]), nicht ankommt, kann ihr Inhalt durch Vorhalt an den Angeklagten, einen Sachverständigen oder Zeugen in die Hauptverhandlung eingeführt werden. Der Vorhalt ist kein Urkundenbeweis, sondern Vernehmungsbehelf (BGH **14**, 310, 312; **34**, 231, 235; NStZ **85**, 464). Beweisgrundlage ist die Erklärung desjenigen, dem der Vorhalt gemacht wird (BGH **11**, 159, 160; Düsseldorf StraFo **02**, 20; KK-Diemer 42 mwN); nur sie ist für die Entscheidung verwertbar (BGH **21**, 149, 150; NJW **86**, 2063; StV **90**, 485; erg 14 zu § 250). Hat die Beweisperson trotz des Vorhaltes keine Erinnerung an den Inhalt der früheren Erklärung, bleibt diese somit unverwertbar (BGH NJW **11**, 3733; Hamm StV **04**, 643; Karlsruhe StV **07**, 630; Oldenburg StV **12**, 330 L; **aM** KG VRS **130**, 116). Die Einführung von längeren, sprachlich schwierigen oder inhaltlich schwer verständlichen Urkunden durch Vorhalt ist unzulässig (BGH NStZ **99**, 424; **00**, 427; StV **00**, 655; **02**, 542; NJW **06**, 1529, 1531; Frankfurt NStZ-RR **00**, 377; Köln StraFo **99**, 92; vgl aber auch BGH NStZ-RR **02**, 97 [B]); dies gilt aber – jedenfalls grundsätzlich – nicht, wenn der Inhalt der Urkunde durch abschnittsweisen Vorhalt und die jeweilige Bestätigung der Beweisperson in die Hauptverhandlung eingeführt wird (offen gelassen von BGH NStZ **14**, 604). Das Gleiche gilt für Gutachten über die Blutalkoholkonzentration und ähnliche Urkunden, zu denen der Angeklagte, dem sie vorgehalten werden, keine Erklärungen abgeben kann (Celle StV **84**, 107; Düsseldorf NJW **88**, 217, 218; VRS **59**, 269; vgl aber § 256). Den Vorhalt macht idR der Vorsitzende; er ist aber auch den Prozessbeteiligten gestattet. Zum Zweck des Vorhalts dürfen Urkunden auch verlesen werden (BGH **21**, 285). Unterliegen sie einem Verwertungsverbot, so ist auch der Vorhalt ausgeschlossen (12 zu § 252). Das Verbot des Urkundenbeweises nach §§ 251, 254 macht den Vorhalt jedoch nicht ohne weiteres unzulässig (BGH **11**, 338, 340; **14**, 310, 312; **34**, 231, 235); er kann auch einer nicht verlesbaren Urkunde entnommen werden (BGH **11**, 160; NStZ **83**, 86). In die Sitzungsniederschrift wird der Vorhalt nicht aufgenommen (BGH **21**, 285, 286; NStZ **99**, 522; Koblenz VRS **67**, 146; Köln VRS **73**, 136, 137; erg 8 aE zu § 273); der Vermerk im Protokoll, etwas sei „erörtert" worden, spricht aber dafür, dass ein Vorhalt gemacht wurde (Stuttgart NStZ-RR **03**, 270).

29 Für **Tonbandaufnahmen** gilt das entspr (Bay NJW **90**, 197). Sie können in der Form der Inhaltsangabe oder des Abspielens vorgehalten werden (vgl BGH **14**, 339; Roxin/Schünemann § 28, 9).

30 **6) Revision:** Wird der Inhalt einer Urkunde wörtlich in das Urteil aufgenommen, ohne dass sie im Urkundenbeweis in die Hauptverhandlung eingeführt worden ist, so ist nicht § 249, sondern § 261 verletzt (BGH StV **00**, 655; NStZ **17**, 722). Ob ein Vorhalt erfolgt ist, muss das Revisionsgericht ggf im Freibeweis feststellen (BGH **22**, 26); wird im Urteil auf die „verlesene" Urkunde abgestellt oder wird die Urkunde bzw die Vernehmungsniederschrift dort wörtlich wiedergegeben, spricht dies gegen einen bloßen nicht protokollierungspflichtigen Vorhalt (BGH NStZ **07**, 235; Jena StV **07**, 25), was auch entsprechenden Vortrag der Revision entbehrlich machen kann (vgl BGH NStZ **17**, 722). Dass der Inhalt der Urkunde in der Hauptverhandlung „erörtert" wurde, genügt nicht (Arnoldi NStZ **16**, 691 gegen BGH ebda). Zur ordnungsgemäßen Begründung einer Verfahrensrüge gehört – verfassungsrechtlich unbedenklich (BVerfGE **112**, 185) – die Behauptung, die Urkunde sei weder auf andere Weise – zB durch Vorhalt (BGH MDR **87**, 981 [H]; Düsseldorf StV **95**, 120; Hamm NJW **04**, 381; Köln VRS **73**, 136), Bericht (BGH StraFo **09**, 425) oder Zeugenvernehmung (Köln VRS **100**, 123) – in die Hauptverhandlung eingeführt noch sei von ihr nach II S 1 Kenntnis genommen worden (BGH wistra **90**, 197; **92**, 30; Koblenz NStZ **04**, 396).

31 Die **Anordnung des Selbstleseverfahrens** nach II kann nur noch rechtzeitigem Widerspruch (II S 2) zum Gegenstand einer zulässigen Verfahrensrüge gemacht werden (vgl BGH NStZ **19**, 422 mit Anm Ventzke). Auf einer fehlerhaften oder fehlenden Anordnung wird das Urteil regelmäßig auch beruhen, da die Verlesung nach I einen größeren Beweiswert hätte erbringen können (BGH **57**, 306 = JR **13**, 380 mit abl Anm Gössel; **aM** Arnoldi NStZ **13**, 475; Mosbacher NStZ **13**, 199; Ventzke **14**, 118); jedoch kann im Einzelfall das Beruhen des Urteils auf dem Verstoß nach § 337 auszuschließen sein (BGH aaO). Auf dem Unterlassen einer Entscheidung über den Widerspruch nach II S 2 wird das Urteil im Allgemeinen nicht beruhen (Eisenberg BR 2069). Die Möglichkeit, ein fehlerhaftes Verfahren nach II in einem Bericht des Vorsitzenden (oben 25 ff) umzudeuten (BGH **30**, 10, 14) wird – nach Wegfall der in II S 2 aF vorgesehenen Mitteilung des wesentlichen Urkundeninhalts – idR am Fehlen entsprechender, zu protokollierender Ausführungen des Vorsitzenden scheitern (oben 18, 27; 9 zu § 273).

32 Die **Art und Weise der Durchführung** des Selbstleseverfahrens muss – anders als die Rüge nicht ordnungsgemäßer Feststellung (Celle StV **16**, 794) – grundsätzlich zunächst nach § 238 II beanstandet werden, um später in der Revision eine Verfahrensrüge erheben zu können (BGH NStZ **11**, 300; NZWiSt **19**, 28; 4 StR 88/17 vom 13.9.2017; erg 23 zu § 238). Die Rüge, die Berufsrichter oder Schöffen hätten den Inhalt der Urkunde nicht gelesen, hat Erfolg, wenn die Feststellung über die Kenntnisnahme nach II S 3 nicht im Protokoll vermerkt wurde (BGH NStZ **17**, 722; **05**, 160 mwN; **06**, 512; **11**, 533; **14**, 224; Celle StV **16**, 794; **aM** LR-Mosbacher 111); dem Revisionsgericht ist es damit verwehrt, im Freibeweisverfahren nachzuforschen, ob die Kenntnisnahme tatsächlich unterblieben ist (BGH StraFo **10**, 27; StV **16**, 795 L). Der Protokollvermerk nach II S 3 beweist aber nur die ordnungsgemäße Durchführung dieses Verfahrens, sondern allein die Tatsache,

dass der Vorsitzende eine entspr Feststellung getroffen hat (BGH NJW **10**, 3382; NStZ-RR **11**, 20; 1 StR 213/10 vom 11.10.2012), wobei eine fehlerhafte Formulierung unschädlich ist, wenn feststeht, dass II Genüge getan wurde (BGH StV **14**, 68; NStZ-RR **15**, 278; **abl** Ventzke StV **14**, 120). Die Rüge, die Richter und Schöffen hätten aber tatsächlich vom Wortlaut der Schriftstücke nicht Kenntnis genommen, ist damit jedoch nicht schlechthin ausgeschlossen (BGH aaO), setzt allerdings Vortrag der Revision zu den konkreten tatsächlichen Umständen voraus, aus denen sich das Unterbleiben der Selbstlesung oder die nicht ausreichende Zeit dafür ergeben sollen (BGH NStZ **18**, 230 mwN und Anm Gubitz). Nicht gerügt werden kann, dass die Richter die Urkunden nicht mit der gebotenen Intensität gelesen hätten (BGH NStZ **12**, 584; **abl** Ventzke StV **14**, 116).

Grundsatz der persönlichen Vernehmung

250 [1] **Beruht der Beweis einer Tatsache auf der Wahrnehmung einer Person, so ist diese in der Hauptverhandlung zu vernehmen.** [2] **Die Vernehmung darf nicht durch Verlesung des über eine frühere Vernehmung aufgenommenen Protokolls oder einer Erklärung ersetzt werden.**

1) Der **Unmittelbarkeitsgrundsatz**, den § 250 im Interesse möglichst zuverlässiger Beweisgewinnung aufstellt, gilt nur für Wahrnehmungen von Zeugen und Sachverständigen (**aM** Geppert Rudolphi-FS 643) und nur im Strengbeweisverfahren (6 zu § 244), dort aber grundsätzlich auch, wenn (vgl § 384 III) der Umfang der Beweisaufnahme im Ermessen des Gerichts steht (Bay DAR **74**, 187 [R]; **77**, 211 [R]; Hamm VRS **42**, 369; **43**, 54; **49**, 193); er ist allerdings für das beschleunigte Verfahren nach § 420 I und über § 411 II S 2 auch für das Verfahren nach Einspruch gegen einen Strafbefehl durchbrochen. Die Vorschrift bestimmt ein Beweismittelverbot, das grundrechtlich nicht geschützt ist (BVerfGE **1**, 418, 429), auf das die Prozessbeteiligten aber nur in den Fällen der §§ 251 I Nr 1, II Nr 3, 255a verzichten können (Hamm VRS **49**, 113; Stuttgart NJW **76**, 1852). 1

Der Unmittelbarkeitsgrundsatz bedeutet den **Vorrang des Personalbeweises** vor dem Urkundenbeweis (BGH **15**, 253), aber auch vor dem Augenscheinsbeweis (Alsberg/Güntge 860; **aM** KMR-Paulus 7). Den schriftlichen Erklärungen eines Zeugen stehen daher die von ihm angefertigten Skizzen und Zeichnungen über seine Wahrnehmungen gleich (12 zu § 86), auch Tonbandaufnahmen, die seine Äußerungen über Wahrnehmungen festhalten (KK-Diemer 3; Dahs Rev 300), nicht aber, da sie nur den objektiven Zustand einer Sache oder Örtlichkeit wiedergeben, die von dem Zeugen aufgenommenen Lichtbilder, Filme und Videoaufnahmen (BGH GA **68**, 305; LR-Sander/Circener 11; Schlüchter 539; **aM** Krause 160; vgl auch Bay **65**, 79). Zur Durchbrechung des Unmittelbarkeitsgrundsatzes durch Vorführung einer Bild-Ton-Aufzeichnung vgl § 255a. Für Streichung des Grundsatzes der materiellen Unmittelbarkeit der Beweisaufnahme (= grundsätzliche Verlesungsmöglichkeit von Protokollen oder schriftlicher Erklärungen) im Hinblick auf das Beweisantragsrecht Frister Fezer-FS 211 ff. 2

Von der hier behandelten **materiellen** ist die **formelle Unmittelbarkeit** zu unterscheiden: Sie fordert, dass die Beweisaufnahme grundsätzlich vor dem erkennenden Gericht selbst erfolgen muss (Beulke/Swoboda 410; Ranft 1657; krit Weigend Eisenberg-FS 657). Dieses Prinzip hat Auswirkungen zB auf die Frage der Aktenkenntnis von Richtern und Schöffen (2 zu § 30 GVG), auf die Teilnahme blinder Richter (11 zu § 338) usw. SK-Velten (7, 15ff vor § 250) will von der materiellen Unmittelbarkeit noch das Transfergebot (= Verbot der Delegation der Beweiserhebung in das Ermittlungsverfahren) unterscheiden. 2a

2) Ein **weiterreichender Grundsatz**, dass allgemein bei der Beweisaufnahme stets das sachnächste Beweismittel benutzt werden muss, lässt sich dem § 250 nach hM nicht entnehmen (BGH NStZ-RR **14**, 152 L; LR-Sander/Cirener 23; vgl aber 12 zu § 244). Grundsätzlich muss sich das Gericht aber um die Vernehmung 3

§ 250

des unmittelbaren Zeugen (ggf unter Anwendung der §§ 247 oder 247a oder mittels Vernehmung durch einen beauftragten Richter oder besonderer Anordnungen über die Durchführung der Befragung nach § 241a II) bemühen (BGH StraFo **02**, 353; NStZ **04**, 50). Ist dies nicht möglich, ist eine besonders sorgfältige Würdigung der Aussagen des Zeugen vom Hörensagen erforderlich (BGH **49**, 112, 119: „sorgfältigste Überprüfung"; Brandenburg NStZ **02**, 611; Koblenz StV **07**, 520; krit zu dieser sog Beweiswürdigungslösung Wohlers StV **14**, 563).

4 Die Vernehmung des **Zeugen vom Hörensagen**, die den Unmittelbarkeitsgrundsatz nicht verletzt (BGH **17**, 382, 384), ist nicht nur zulässig, wenn die Tatsachen, die ihm von anderen mitgeteilt worden sind, einen Straftatbestand erfüllen (zB den des § 186 StGB), sondern auch, wenn die Mitteilung als Beweisanzeichen für die Richtigkeit der mitgeteilten Tatsachen dienen soll (BGH **1**, 373; **6**, 209; **17**, 382, 384; **22**, 268, 270; NStZ **99**, 578; VRS **16**, 202, 205; LR-Sander/Cirener 25 ff; vgl auch BVerfGE **57**, 250, 292 ff; **aM** Seebode/Sydow JZ **80**, 506 mwN; zusammenfassend [„Bestandsaufnahme"] zum Zeugen vom Hörensagen Detter NStZ **03**, 1). Unerheblich ist, ob der Zeuge seine Wahrnehmungen zufällig, im Auftrag der Polizei oder als „gerufener Zeuge" im Auftrag des Gerichts gemacht hat (BGH **33**, 178, 181). Das Gericht kann sich mit der Vernehmung des Zeugen vom Hörensagen selbst dann begnügen, wenn es möglich wäre, daneben den Gewährsmann zu hören (KK-Diemer 11; Alsberg/Güntge 862; **aM** Grünwald JZ **66**, 493; Hanack JZ **72**, 235; Peters 317; **aM** auch Bay StV **82**, 412, das das Vorliegen von Hindernissen rechtlicher oder tatsächlicher Art verlangt). Es ist immer eine Frage der Aufklärungspflicht, ob der Tatrichter die mittelbare Beweisführung für ausreichend halten (BGH **1**, 373, 376; **17**, 382, 384; **32**, 115, 123 [GSSt]; NStZ **83**, 210 [Pf/M]; StV **88**, 91; Braunschweig OLGSt § 244 Nr 3) oder ihr mit Rücksicht auf die besonderen Umstände des Falles sogar den Vorzug geben darf (vgl KK-Diemer 11). Kann der Richter sich in der Sitzung aber mit eigenen Augen ein Bild von Tatsachen machen, in denen die gesetzlichen Merkmale der Straftat gefunden werden, ist der Gebrauch eines ersetzenden Beweismittels von vornherein ausgeschlossen (Düsseldorf StraFo **08**, 120).

5 Das Wissen eines **V-Manns der Polizei**, der dem Gericht infolge Verweigerung der Aussagegenehmigung (vgl § 54) oder der Auskunft über Person und Anschrift nicht zur Verfügung steht, kann inhaltlich durch Vernehmung eines Beamten der Polizei oder des Verfassungsschutzamtes in den Prozess eingeführt werden (BVerfG NJW **92**, 168; BGH **32**, 115, 122 [GSSt]; **33**, 178, 181; NJW **80**, 1761; **81**, 1626; NStZ **81**, 70; krit Bruns StV **83**, 49; J. Meyer ZStW **95**, 846; Rüping 423; vgl auch BVerfGE **57**, 250, 292 ff). Dass die Verhörsperson über die Person ihres Informanten keine Auskunft gibt, steht der Verwertung der von diesem mitgeteilten Tatsachen nicht entgegen (BVerfG NJW **92**, 168; BGH **17**, 382; Herdegen NStZ **84**, 200; **aM** Frenzel NStZ **84**, 40; Joachim StV **92**, 247). Denn grundsätzlich darf ein Zeuge, der von einem anderen etwas erfahren hat, hierüber vernommen werden, selbst wenn er den anderen nicht einmal kennt. Die Urteilsfeststellungen dürfen darauf aber – wie auch sonst (vgl BGH StV **99**, 7; NStZ **02**, 656) – idR nur gestützt werden, wenn diese Bekundungen durch andere wichtige Beweisanzeichen bestätigt worden sind (BVerfG NStZ **95**, 600; NJW **01**, 2245; BGH **17**, 382, 386; **33**, 178, 181; **36**, 159, 166; **42**, 15, 25; StV **94**, 413; 638; **96**, 583; **00**, 649, 650; NStZ **94**, 502; NStZ-RR **02**, 176; **13**, wistra **13**, 400; 5 StR 138/13 vom 9.4.2013; BGHR § 250 S 1 Unmittelbarkeit 3 und § 261 Überzeugungsbildung 27; Köln NStZ **96**, 355; zw BGHR § 261 Zeuge 13 für den Fall, dass der Gewährsmann namentlich bekannt ist; vgl auch BGH StV **88**, 237; erg 22 zu Art 6 EMRK). Beispiele für solche Beweisanzeichen finden sich bei Nack Kriminalistik **99**, 171. Das Gebot äußerster Vorsicht bei der Beweiswürdigung – dazu eingehend BGH StV **16**, 774 – gilt in besonderem Maße, wenn die Zahl der Zwischenglieder in der Beweisführung wächst (BGH **34**, 15, 18). Welche Anstrengungen das Gericht unternehmen muss, um die Vernehmung des V-Manns zu ermöglichen, hat mit § 250 nichts zu tun, sondern ist eine Frage der Aufklärungspflicht nach § 244 II und, wenn ein Beweisantrag gestellt ist, des Vorliegens des Ablehnungsgrundes der Unerreichbarkeit (62 zu § 244). Gleiches gilt für einen Verbindungsführer eines Nachrichtendienstes (Soiné NStZ **07**, 252).

3) Vernehmungsprotokolle und andere Erklärungen fallen unter das Beweisverbot. **6**
Wer das **Protokoll** aufgenommen hat (Gericht, StA, Polizei, andere Behörde), **7**
ist gleichgültig, ebenso, wann und in welchem Verfahren es entstanden ist (BGH **20**, 160; zw BGH wistra **00**, 432).
Erklärungen iS S 2 sind nur diejenigen, die von vornherein zu Beweiszwecken **8**
verfasst worden sind (BGH **6**, 141, 143; **20**, 160, 161; NStZ **82**, 79; LR-Sander/Cirener 8 mwN). Sie müssen nicht schriftlich sein; die Vernehmung darf auch nicht durch die Verlesung einer **elektronischen Erklärung** ersetzt werden (BT-Drucks 18/9416 S 63). In Betracht kommen vor allem Strafanzeigen (Schleswig SchlHA **74**, 187 [E/J]), Erläuterungen zu früheren Vernehmungen und Antworten auf Auskunftsersuchen der Strafverfolgungsbehörden. Zweckbestimmung der Urkunde muss aber nicht unbedingt der Beweis in dem vorliegenden Strafverfahren (LR-Sander/Cirener 8; Alsberg/Güntge 862; **aM** BGH NStZ **82**, 79; offengelassen in BGH **20**, 160, 161; vgl auch BGH JZ **87**, 315) oder überhaupt in einem Strafverfahren sein (**aM** BGH 5 StR 549/63 vom 7.1.1964). Schriftstücke, die nicht zu Beweiszwecken angefertigt worden sind, wie Briefe und Tagebücher, fallen nicht unter das Beweisverbot (Mosbacher NStZ **14**, 2); denn § 250 bezweckt nicht, aus dem Urkundenbeweis alles auszuscheiden, was Gegenstand des Zeugenbeweises sein kann. Eine schriftliche Erklärung des die Auskunft nach § 55 Verweigernden ist verlesbar (BGH NStZ **88**, 36 = JR **87**, 522 mit abl Anm Meyer).

4) Wahrnehmungen der Beweisperson (Zeugen, Sachverständige, Mitbe- **9**
schuldigte, nicht Mitangeklagte, BGH NStZ **12**, 322) dürfen durch die Verlesung nicht in den Prozess eingeführt werden. Protokolle haben immer solche Wahrnehmungen zum Inhalt, schriftliche Erklärungen vor allem, wenn es sich um den Bericht über einen Vorgang handelt, dessen wahrheitsgemäße Wiedergabe nur durch eine Person möglich ist, die ihn mit einem oder mehreren ihrer 5 Sinne wahrgenommen hat (BGH **15**, 253; **27**, 135), aber auch Wahrnehmungen über innere Empfindungen des Zeugen selbst, die unmittelbar durch sinnlich wahrgenommene Vorgänge ausgelöst worden sind (KK-Diemer 5; erg 2 vor § 48).

Eine Ausnahme von dem Beweisverbot besteht für sinnliche **Wahrnehmungen** **10**
bei Verrichtungen mechanischer Art, die erfahrungsgemäß keinen bleibenden Eindruck in der Erinnerung der damit befassten Person hinterlassen. Das gilt insbesondere für Hersteller von Buchungs- oder Abrechnungsstreifen, die Rechnungen, Quittungen oder Eintragungen in Geschäftsbüchern zusammenfassen (BGH **15**, 253; KK-Diemer 6), und für Schreibkräfte, die eine Tonbandaufzeichnung in Maschinenschrift übertragen (BGH **27**, 135), ebenso für EDV-Ausdrucke und für das von einem Testgerät ausgedruckte Protokoll über das Ergebnis einer Atemalkoholmessung (BGH NStZ **05**, 526) sowie für aus einem Handy oder einer SIM-Karte ermittelte Daten (BGH 2 StR 492/15 vom 29.6.2016). Hier ist unmittelbar der Urkunden- oder Augenscheinsbeweis zulässig. Für die Tätigkeit des Übersetzers gilt das nicht (5 zu § 249).

Sachverständigengutachten fallen ebenfalls unter das Verlesungsverbot **11**
(BGH **1**, 4, 7; **22**, 268, 270; NStZ **15**, 476; StraFo **15**, 156; Alsberg/Güntge 867; Wömpner NStZ **83**, 294). Gleichgültig ist, ob der Sachverständige sein Gutachten auf Grund der von ihm festgestellten Befundtatsachen (10 zu § 79) abgibt, ob er nur abstrakte Erfahrungssätze vermittelt oder ob er seine Sachkunde auf einen Sachverhalt anwendet, der mit anderen Beweismitteln in das Verfahren eingeführt wird (SK-Velten 7; **aM** Stuttgart NJW **76**, 1852; Gössel DRiZ **80**, 370: nur für eigene Wahrnehmungen des Sachverständigen). Ein Sachverständiger darf daher auch keine Untersuchungsergebnisse vortragen, die ein anderer Sachverständiger gefunden hat (Bay DAR **65**, 286 [R]).

§ 251

12 **5) Nur die Ersetzung, nicht die Ergänzung** der im Protokoll oder in einer schriftlichen Erklärung festgehaltenen Äußerung der Beweisperson, auch eines Mitangeklagten, verbietet S 2 (BGH NStZ **14**, 607; NJW **65**, 874; eingehend dazu Erb v. Heintschel-Heinegg-FS 139; Mosbacher NStZ **14**, 1). Wird der Zeuge oder Sachverständige in der Hauptverhandlung vernommen, so ist die Verlesung daher – etwa zum Zwecke des Vorhalts oder zur Überprüfung der Glaubwürdigkeit (BGH aaO) – zulässig, wenn sie weder ganz noch teilw an die Stelle der Vernehmung treten soll (BGH **1**, 4, 5; **20**, 160, 162; StV **08**, 123; Stuttgart NJW **79**, 559; Alsberg/Güntge 869; aM SK-Velten 20). Auf diese Weise kann im Interesse der Wahrheitsfindung der wörtliche Inhalt einer Urkunde ergänzend zur Aussage in der Hauptverhandlung zur Kenntnis des Gerichts gebracht und seiner Beweiswürdigung zugänglich gemacht werden (BGH NJW **65**, 874). Das gilt nach Ansicht des 1. StS des BGH auch, wenn der Zeuge die Aussage nach § 55 teilw verweigert hat (BGH NJW **87**, 1093: jedenfalls bei schriftlichen Erklärungen; dazu eingehend und krit Dölling NStZ **88**, 6), anders hingegen der 2. StS des BGH zu § 53 (NStZ **16**, 428). Dabei ist gleichgültig, ob durch die Verlesung die Aussage der Beweisperson oder des Mitangeklagten unterstützt oder ihre Wahrheit überprüft (LG Lübeck StV **84**, 111; Peters JZ **65**, 650; Wömpner NStZ **83**, 296), Lücken der Zeugenaussage geschlossen (BGH 3 StR 400/17 vom 8.2.2018: Vernehmung von Polizeibeamten ergänzende Verlesung von Polizeiberichten) oder ob der Inhalt der Urkunde, und im Wege der freien Beweiswürdigung auch seine Richtigkeit (LR-Sander/Cirener 19), festgestellt werden soll, weil der Zeuge erklärt, er erinnere sich nicht mehr, habe aber damals wahrheitsgemäße Angaben gemacht (BGH **23**, 213, 220; NJW **70**, 1558; Hamm NJW **77**, 2090; NStZ **07**, 542). Ist die ergänzende Verlesung nach diesen Maßstäben zulässig, können darauf gerichtete Beweisanträge nicht unter Hinweis auf § 250 S 2 abgelehnt werden (vgl BGH NStZ **14**, 607). **Nicht zulässig** ist dagegen die Verlesung polizeilicher Vernehmungen des Angeklagten zur Ergänzung der Vernehmung der Vernehmungsbeamten (BGH NStZ **19**, 106).

13 Auch der **Beweis der Existenz der Urkunde** kann durch ihre Verlesung geführt werden (Wömpner NStZ **83**, 294). Sie darf ferner verlesen werden, wenn ihr strafbarer Inhalt festgestellt werden soll (RG **22**, 51).

14 **6) Vorhalte** an den Angeklagten oder einen Zeugen aus der Vernehmungsniederschrift oder schriftlichen Erklärung eines ausgebliebenen Zeugen schließt § 250 nach ganz hM nicht aus (krit Schünemann Meyer-Goßner-FS 404). Bestätigt der Angeklagte oder die Beweisperson die dort bezeichneten Tatsachen, so können sie dem Urteil als Teil der Einlassung (Eisenberg/Pincus JZ **03**, 399) oder Zeugenaussage zugrunde gelegt werden (BGH StV **91**, 197 mwN). Erg 28 zu § 249.

15 **7) Revision:** Die Rüge, der Tatrichter habe unter Verletzung der Sachaufklärungspflicht einen sachferneren statt den sachnäheren Zeugen vernommen, muss darlegen, inwiefern sich dem Tatrichter die Vernehmung des sachnäheren Zeugen hätte aufdrängen müssen und was dieser gesagt hätte (BGH StV **88**, 91). Wird die unzulässige Verwertung einer Urkunde gerügt, so muss angegeben werden, von wem sie stammt und ob ihr Verfasser in der Hauptverhandlung vernommen worden ist (BGH 5 StR 676/77 vom 20.12.1977). Ferner muss der Inhalt des Schriftstücks – ggf auch in ihm in Bezug genommene weitere Urkunden und Zeugenvernehmungen (BGH 1 StR 159/17 vom 15.5.2018) – mitgeteilt werden, damit das Revisionsgericht prüfen kann, ob die Verlesung nicht nach §§ 249, 256 zulässig war (BGH MDR **78**, 989 [H]; StV **99**, 197 L). Bei möglicher Verlesung zur Ergänzung einer Aussage (oben 12) muss sich die Revision hierzu äußern (BGH NStZ **95**, 609).

Urkundenbeweis durch Verlesung von Protokollen

251 ¹ Die Vernehmung eines Zeugen, Sachverständigen oder Mitbeschuldigten kann durch die Verlesung eines Protokolls über eine Verneh-

Hauptverhandlung **§ 251**

mung oder einer Urkunde, die eine von ihm erstellte Erklärung enthält, ersetzt werden,
1. wenn der Angeklagte einen Verteidiger hat und der Staatsanwalt, der Verteidiger und der Angeklagte damit einverstanden sind;
2. wenn die Verlesung lediglich der Bestätigung eines Geständnisses des Angeklagten dient und der Angeklagte, der keinen Verteidiger hat, sowie der Staatsanwalt der Verlesung zustimmen;
3. wenn der Zeuge, Sachverständige oder Mitbeschuldigte verstorben ist oder aus einem anderen Grunde in absehbarer Zeit gerichtlich nicht vernommen werden kann;
4. soweit das Protokoll oder die Urkunde das Vorliegen oder die Höhe eines Vermögensschadens betrifft.

II Die Vernehmung eines Zeugen, Sachverständigen oder Mitbeschuldigten darf durch die Verlesung des Protokolls über seine frühere richterliche Vernehmung auch ersetzt werden, wenn
1. dem Erscheinen des Zeugen, Sachverständigen oder Mitbeschuldigten in der Hauptverhandlung für eine längere oder ungewisse Zeit Krankheit, Gebrechlichkeit oder andere nicht zu beseitigende Hindernisse entgegenstehen;
2. dem Zeugen oder Sachverständigen das Erscheinen in der Hauptverhandlung wegen großer Entfernung unter Berücksichtigung der Bedeutung seiner Aussage nicht zugemutet werden kann;
3. der Staatsanwalt, der Verteidiger und der Angeklagte mit der Verlesung einverstanden sind.

III Soll die Verlesung anderen Zwecken als unmittelbar der Urteilsfindung, insbesondere zur Vorbereitung der Entscheidung darüber dienen, ob die Ladung und Vernehmung einer Person erfolgen sollen, so dürfen Protokolle und Urkunden auch sonst verlesen werden.

IV ¹ In den Fällen der Absätze 1 und 2 beschließt das Gericht, ob die Verlesung angeordnet wird. ² Der Grund der Verlesung wird bekanntgegeben. ³ Wird das Protokoll über eine richterliche Vernehmung verlesen, so wird festgestellt, ob der Vernommene vereidigt worden ist. ⁴ Die Vereidigung wird nachgeholt, wenn sie dem Gericht notwendig erscheint und noch ausführbar ist.

Übersicht

	Rn
1) Ausnahmen von dem Beweisverbot des § 250	1–3
2) Zeugen, Sachverständige, Mitbeschuldigte	4
3) Verlesung von Protokollen und Urkunden aller Art (I)	5–17
A. Alle Arten	6–12
B. Nichtrichterliche Protokolle	13–15
C. Schriftliche und elektronische Erklärungen	16, 17
4) Verlesung richterlicher Vernehmungsprotokolle (II)	18–36
A. Voraussetzungen der Verlesung	19–28
B. Verlesbare Protokolle	29–36
5) Verlesung von Protokollen und Urkunden im Freibeweis (III)	37
6) Verfahren (IV)	38–44
A. In vollem Umfang	39
B. Gerichtsbeschluss (IV)	40, 41
C. Vereidigung	42–44
7) Revision	45, 46

1) Ausnahmen von dem Beweisverbot des § 250 lässt die Vorschrift, ohne 1 Rücksicht auf Art und Schwere des Tatvorwurfs (BGH NStZ **85**, 230), im Interesse der Wahrheitsfindung und zur Erleichterung und Beschleunigung des Verfahrens zu (BGH **10**, 186, 189; **26**, 18, 20; vgl auch BVerfGE **57**, 250, 277). Ihrer Anwendung steht in Verfahren gegen Angehörige der NATO-Verbände Art VII Abs 9

Buchst c NTS nicht entgegen (BGH **26**, 18; vgl auch Marenbach NJW **74**, 1070). Die Verlesung von Niederschriften über frühere Vernehmungen des Angeklagten richtet sich nicht nach § 251, sondern nach §§ 231a I S 2, 233 III S 2 und 254 (Köln StV **83**, 97).

2 **Aufnahmen auf Tonträger** dürfen nach § 255a I entspr § 251 abgespielt und verwertet werden (LR-Sander/Cirener 12). Für die Vorführung von Videoaufnahmen verweist § 255a I auf § 251. Für Tonbandaufnahmen folgt dies aus einer teleologischen Auslegung der Vorschrift, der deren Wortlaut nicht entgegensteht, weil dem Gesetzgeber die neuen technischen Möglichkeiten nicht bekannt waren: Wenn schon eine „blutleere" Vernehmungsniederschrift verlesen werden darf, muss „erst recht" das Abspielen einer Tonbandaufnahme erlaubt sein (vgl Kintzi JR **96**, 189; Mildenberger, Schutz kindlicher Zeugen im Strafverfahren durch audiovisuelle Medien, Diss Passau 1995, S 228 f, 260 f).

3 Durch das **1. JuMoG** wurde die Vorschrift verändert: Während früher in I die Verlesung richterlicher und in II diejenige sonstiger Vernehmungsniederschriften enthalten war, sind nunmehr in I für *alle* Vernehmungsniederschriften und schriftlichen Erklärungen geltende und in II zusätzliche Bestimmungen für richterliche Vernehmungsniederschriften getroffen worden. Neu hinzugekommen ist die Verlesungsmöglichkeit nach I Nr 4 (Protokolle oder Urkunden über das Vorliegen oder die Höhe eines Vermögensschadens). Durch das **Gesetz zur effektiveren und praxistauglicheren Ausgestaltung des Strafverfahrens** vom 17.8.2017 wurde die Verlesungsmöglichkeit nach I Nr 2 neu eingeführt, durch das **Gesetz zur Einführung der elektronischen Akte in der Justiz** vom 5.7.2017 die Terminologie etwas verändert (vor allem wurde der bisherige Begriff „Niederschrift" durch „Protokoll" ersetzt).

4 **2) Zeugen, Sachverständige, Mitbeschuldigte, Angeklagter:** Für die Zulässigkeit der Verlesung ist nicht die Stellung der Auskunftsperson maßgebend, die sie zZ der Vernehmung hatte, sondern die Rolle, die sie bei einer Vernehmung im gegenwärtigen Verfahren einnehmen würde (BGH **10**, 186). Daher kann auch die Aussage eines früheren Mitbeschuldigten verlesen werden, gegen den das Verfahren abgetrennt worden ist (BGH aaO). Die Vernehmung eines Zeugen kann durch die Verlesung der Vernehmung als Beschuldigter, deren geringerer Beweiswert aber berücksichtigt werden muss, ersetzt werden, auch wenn sie in einem anderen Verfahren stattgefunden hat (BGH aaO); das Fehlen der Belehrung nach § 136 I S 2 steht der Verlesung entgegen (EbSchmidt NJW **68**, 1218). Ist der Zeuge früher als Beschuldigter vernommen worden, so darf die Niederschrift aber nicht verlesen werden, wenn ihm ein Zeugnisverweigerungsrecht nach §§ 52 ff, nicht nur ein Auskunftsverweigerungsrecht nach § 55, zustehen würde (BGH **10**, 186, 190; erg 11 zu § 252).

5 **3) Verlesung von Protokollen** eines Zeugen, Sachverständigen oder Mitbeschuldigten oder von **Urkunden**, die eine von ihnen erstellte Erklärung enthalten (I):

6 A. **Alle Arten** der in Rn 3 bezeichneten Protokolle über eine Vernehmung (also **richterliche und nichtrichterliche**) und der bezeichneten Erklärungs-Urkunden können nach I verlesen werden (zur Verlesung sonstiger Zeugnisse und Gutachten vgl insbesondere § 256). Hierzu gehören nach der Rspr auch Zusammenfassungen von Vernehmungsniederschriften, zB entsprechende Vermerke von Polizeibeamten, nicht aber polizeiliche Aktenvermerke, die keine Vernehmung zum Gegenstand haben (BGH NStZ **18**, 740 mwN zu § 251 aF; vgl auch Hamburg NJW **05**, 2326); ob es sich der Sache nach um das Protokoll einer Vernehmung handelt, hängt von dessen Inhalt sowie den Umständen ab, unter denen das Dokument Eingang in die Verfahrensakten gefunden hat (BGH aaO). Die Verlesbarkeit des Protokolls hängt davon ab, dass eine der in Nr 1 bis 3 bezeichneten Voraussetzungen erfüllt ist:

7 a) Mit **Einverständnis der Prozessbeteiligten (Nr 1),** das nach § 273 I in der Sitzungsniederschrift beurkundet werden und im Zeitpunkt der Anordnung der Verlesung vorliegen muss (BGH NStZ **20**, 94), wenn es ausdrücklich erklärt wird (7, 8 zu § 273), ist die Verlesung zulässig, vorausgesetzt, dass der Angeklagte einen Wahl- oder Pflichtverteidiger hat, der an der Hauptverhandlung mitwirkt und in dem Zeitpunkt, in dem die Einverständniserklärungen abgegeben werden sollen, auch anwesend ist (BGH StraFo **17**, 24). Erforderlich ist das Einverständnis der StA, des Verteidigers und des Angeklagten, dem Nebenbeteiligte (§§ 434, 442, 444) insoweit gleichstehen, als die Beweiserhebung den Gegenstand ihrer Beteiligung wenigstens mittelbar berühren kann. Auch das Einverständnis des Privatklägers muss eingeholt werden, nicht dagegen das des Nebenklägers (11 zu § 397). Hat der Angeklagte mehrere Verteidiger, so müssen alle zustimmen. Die Zustimmung des Verteidigers ersetzt die des (anwesenden) Angeklagten nicht; fehlt die Einverständniserklärung eines von ihnen, so ist die Verlesung unzulässig. Schweigt der Angeklagte, nachdem der Verteidiger das Einverständnis erklärt hat, so kann darin aber die stillschweigende Erklärung seines eigenen Einverständnisses liegen (erg, auch zur stillschweigenden Zustimmung, unten 27). Das Einverständnis des Angeklagten braucht nicht eingeholt zu werden, wenn zulässig in seiner Abwesenheit verhandelt wird (§ 234a Hs 2); zustimmen muss aber der nach § 247 zeitweilig ausgeschlossene Angeklagte. Mitangeklagte müssen das Einverständnis nur erklären, wenn die Verlesung die Tat betrifft, an der sie beteiligt waren. Im Jugendstrafverfahren muss nur der Beistand nach § 69 **JGG** zustimmen, nicht der gesetzliche Vertreter und der Erziehungsberechtigte. Vgl zum Ganzen auch unten 24 ff, insbesondere zum Widerruf der Einverständniserklärung unten 28.

Die **Aufklärungspflicht** nach § 244 II wird durch Nr 1 nicht berührt. Sie kann **8** dazu zwingen, die Beweisperson selbst dann persönlich zu hören (Zeugen ggf nach § 247a), wenn die Prozessbeteiligten mit der Verlesung von Protokollen oder Schriftstücken einverstanden sind (BGH **10**, 186, 191 ff; NStZ **88**, 37; 283; Rieß/Hilger NStZ **87**, 151), insbesondere, wenn die Vernehmungsniederschrift ersichtlich ungenau oder unklar (Celle StV **91**, 294) oder die Beweisperson das alleinige Beweismittel ist (Düsseldorf StV **91**, 294; StraFo **99**, 305; vgl auch Köln StV **98**, 585).

b) Dient die Verlesung lediglich der **Bestätigung eines Geständnisses (Nr 2)** **8a** ist sie nunmehr auch dann möglich, wenn der Angeklagte, der keinen Verteidiger hat, und der Staatsanwalt zustimmen. Diese durch Gesetz vom 17.8.2017 (BGBl I 2017 S 3202) eingeführte Regelung bezweckt, das Verfahren bei geständigem Täter zu beschleunigen, indem mit Einverständnis des Angeklagten und der StA Protokolle oder Urkunden von Zeugen, Sachverständigen oder Mitbeschuldigten verlesen werden können. Die Verlesung darf ausschließlich zum Zweck der Überprüfung/Bestätigung des Geständnisses erfolgen. Sie kommt nur bei weiterhin geständigem Täter in Betracht, denn aus bezüglich entlastender Tatsachen und einem Teilgeständnis (SSW-Kudlich/Schuhr 24). Die Aufklärungspflicht kann es gebieten, trotz Zustimmung von Angeklagtem und StA die Vernehmungsperson persönlich in der Hauptverhandlung zu hören.

c) Bei **Unmöglichkeit der Vernehmung (Nr 3)** ist die Verlesung nach Nr 3 **9** idR auf Grund der Aufklärungspflicht geboten. Das gilt beim Tod der Beweisperson oder der Mitbeschuldigten und bei Unmöglichkeit, sie in absehbarer Zeit – sei es auch nur kommissarisch (BGH StV **92**, 548) – zu vernehmen, zB wegen Krankheit (dazu unten 20), Gebrechlichkeit (5 zu § 223) oder Unerreichbarkeit (62 zu § 244; erg unten 21). Etwa erforderliche Ermittlungen werden im Freibeweis (7, 9 zu § 244) angestellt. Die nach § 244 III S 2 zu stellenden Anforderungen an die gerichtliche Ermittlungspflicht gelten auch hier. Sie hängen von einer Einzelfallabwägung der Bedeutung der Zeugenaussage für die Wahrheitsfindung einerseits gegen das Interesse an einer beschleunigten Durchführung des Verfahrens unter Berücksichtigung der Aufklärungspflicht andererseits ab (BGH NStZ **18**, 740). Weite Entfernung des Zeugen vom Gerichtsort reicht idR nicht aus. Die Unerreichbarkeit kann sich daraus ergeben, dass die oberste Dienstbehörde (6 zu § 54; 12 zu § 96) sich weigert, Namen und Aufenthalt eines V-Manns mitzuteilen oder

§ 251

eine entspr Aussagegenehmigung für einen Behördenbediensteten zu erteilen (BGH **29**, 109, 111; **33**, 70; **33**, 83; KG StV **95**, 348; Rebmann NStZ **82**, 317; vgl auch BVerfGE **57**, 250, 273; aM Engels NJW **83**, 1530; Fezer 14/28 ff und JZ **96**, 610; Grünwald Dünnebier-FS 347; StV **84**, 58; krit auch Bruns MDR **84**, 182; eingehend Orend, Die rechtliche Unmöglichkeit im Rahmen des § 251 I Nr 2 StPO, 2010, zugl Diss Passau 2009, S 139 ff).

10 Das Erfordernis, dass in **absehbarer Zeit** keine Vernehmung möglich ist, bezieht sich auf eine Vernehmung vor dem erkennenden Gericht, nicht nach § 223 (BGH NStZ **85**, 561 mwN; **86**, 470). Es muss sich um eine nicht zu kurze Zeitspanne handeln, um die die Hauptverhandlung bei Abwägung aller Umstände, auch der Bedeutung der Beweisfrage und der Schwere der Straftat sowie des Beschleunigungsgrundsatzes, nicht mehr aufgeschoben werden kann (BGH **13**, 300, 302; **22**, 118, 120; NStZ **93**, 144; erg 62a, 64 zu § 244). Die Hoffnung, dass der Zeuge irgendwann in ferner Zukunft doch noch erscheinen und vernommen werden kann, steht der Verlesung nicht entgegen (BGH NStZ **03**, 562).

11 Bei **rechtlichen Hindernissen** gilt I nicht, zB wenn der Zeuge nach dem Zustandekommen des Protokolls oder der schriftlichen Erklärung befugt das Zeugnis nach §§ 52 ff oder in der Hauptverhandlung nach § 55 die Auskunft verweigert (BGH **51**, 325 mwN, auch zur Gegenmeinung; abl Hecker JR **08**, 121; Murmann StV **08**, 339; zust Ambos 40; Cornelius NStZ **08**, 246; zw BGH **51**, 280; vgl auch BGH NStZ **10**, 466; eingehend Orend [oben 9] 61 ff; erg unten 24). Eine Verlesung ist jedoch zulässig, wenn das Gericht von der Vernehmung absehen muss, weil für den Zeugen oder seine Familie bei wahrheitsgemäßer Aussage konkrete Gefahr für Leib oder Leben besteht; das bedarf aber genauer Prüfung (BGH NStZ **93**, 350 mit abl Anm Eisenberg StV **93**, 624, der statt dessen die Vernehmung der Verhörsperson verlangt). Schließlich ist die (ergänzende) Verlesung zulässig und nach Aufklärungsgesichtspunkten erforderlich, wenn ein Zeuge aus gesundheitlichen Gründen in der Hauptverhandlung nicht abschließend vernommen werden kann (BGH **51**, 280; zust Gubitz/Bock NJW **08**, 959; Murmann aaO).

12 d) Hinsichtlich eines **Vermögensschadens (Nr 4)**, und zwar sowohl für die Frage, ob ein solcher Schaden gegeben ist, als auch für die Höhe des Schadens ist die Verlesung eines Protokolls oder einer Urkunde zulässig. Damit wird die Vernehmung von Zeugen entbehrlich, die außer Angaben über diese Tatsache nichts zur Aufklärung der Straftat beitragen können. Dies kommt insbesondere bei Straftaten, die gegen fremdes Vermögen gerichtet sind, in Betracht (zB bei Betrugsfällen, Autoaufbrüchen, Sachbeschädigungen usw), aber etwa auch bei Verkehrsstraftaten, zB zur Höhe von Reparaturkosten eines Pkw (Engelbrecht DAR **04**, 496) oder des Schadens bei unerlaubtem Entfernen vom Unfallort. Zur Abgrenzung des „Vermögensschadens" vom immateriellen Schaden vgl 16, 17 zu § 153a. Auch eine teilweise Verlesung eines Protokolls oder Urkunde ist zulässig (vgl das Wort „soweit" in Nr 3). Falls Gegenstand des Verfahrens ein Verbrechen ist oder es bei einem Vergehen um sehr hohe Schadenssummen geht, wird idR aber auch jetzt noch die persönliche Vernehmung der Verlesung vorzuziehen sein (vgl auch Knauer/Wolf NJW **04**, 2936 sowie Neuhaus StV **05**, 52, die insoweit eine restriktive Anwendung der Vorschrift verlangen; ebenso SK-Velten 22).

13 B. **Nichtrichterliche Protokolle** können **auch** verlesen werden, wenn richterliche Protokolle vorhanden und verlesbar sind (BGH **19**, 354; **27**, 139, 140; NStZ **86**, 469). Gleichgültig ist, von welcher Behörde (StA, Polizei, Finanz-, Bußgeld- oder andere Behörde) und in welchem Verfahren das Protokoll aufgenommen worden ist. Auch Vernehmungsprotokolle der Polizeibehörden im Ausland dürfen verlesen werden (BGH MDR **78**, 806 [H]; vgl aber BGH **34**, 334, 341: Verlesungsverbot, wenn der ausländische Staat der Verwertung widerspricht und berechtigterweise die Rechtshilfe verweigert).

14 Bestimmten **Formerfordernissen** braucht das Protokoll nicht zu genügen. Die Verlesung hindert insbesondere nicht das Fehlen der Unterschrift des Vernehmungsbeamten (BGH **5**, 214) oder der Auskunftsperson (Düsseldorf StV **84**, 107).

Hauptverhandlung § 251

Auch die Person des Zeugen muss nicht feststehen. Das Protokoll über die Aussage eines Zeugen, der anonym geblieben ist, darf daher verlesen werden (BGH 33, 83; **aM** Engels NJW **83**, 1530; Taschke StV **85**, 269; Tiedemann/Sieber NJW **84**, 761), auch die eines Zeugen, der einen falschen Namen benutzt hat (AK-Dölling 40; Fischer NJW **74**, 68; **aM** Frankfurt NJW **73**, 2074). Ein Verstoß gegen die Belehrungspflicht nach §§ 52 III S 1, 161a I S 2, 163 III steht der Verlesung der Aussage eines noch lebenden Zeugen entgegen (erg 2 zu § 252).

Zulässig ist die Verlesung **fehlerhaft zustande gekommener richterlicher** 15 **Protokolle,** die nach II nicht verwertet werden dürfen (unten 32), als nichtrichterliche Vernehmungsniederschriften, so insbesondere bei unterlassener Benachrichtigung nach § 168c V (BGHR § 244 III S 2 Unerreichbarkeit 15; Franzheim NStZ **83**, 230; Park StV **00**, 219; **aM** Krause StV **84**, 173; Velten StV **07**, 97 zu BGH StV **05**, 255); der Richter muss sich dabei aber des mindesten Beweiswertes des Beweismittels bewusst sein und die Verfahrensbeteiligten entspr § 265 I auf die beabsichtigte Verwertung als nichtrichterliche Vernehmung hinweisen (BGH NStZ-RR **19**, 222; NStZ **98**, 312 erg 6 zu § 168c).

C. **Von der Beweisperson erstellte Erklärungen:** Gemeint sind Urkunden 16 und schriftliche oder elektronische Äußerungen, die unter das Beweisverbot des § 250 fallen (dort 8). Wenn sie von ihm nicht erfasst werden, können sie ohne weiteres nach § 249 I verlesen werden. Nach I Nr 3 verlesbar sind etwa dienstliche Äußerungen (Saarbrücken NJW **71**, 1904) und Ordnungswidrigkeitsanzeigen (Köln OLGSt S 13) verstorbener Beamter sowie Gutachten verstorbener Sachverständiger (RG **71**, 10), nicht aber Aktenvermerke des Vernehmungsbeamten (BGH NJW **92**, 326; Düsseldorf OLGSt Nr 1; D. Meyer MDR **77**, 544). Verlesbar sind auch Urkunden, die nicht von der Beweisperson selbst, aber, klar erkennbar (Köln StV **83**, 97), in ihrem Auftrag und mit ihrem Willen hergestellt worden sind (BGH aaO; Kohlhaas NJW **54**, 538); die Unterschrift des Zeugen kann fehlen. Vor der Hauptverhandlung braucht die Urkunde noch nicht bestanden zu haben.

Verlesbar sind auch die erst **vom Gericht eingeholten Äußerungen** des Zeu- 17 gen (BGH GA **54**, 374 mit Anm Grützner; LR-Sander/Cirener 11; **aM** J. Meyer ZStW **95**, 856), insbesondere von nach § 96 gesperrten Zeugen (KG StV **95**, 348) oder von V-Leuten der Polizei, die aus anzuerkennenden Gründen nicht einmal für eine kommissarische Vernehmung zur Verfügung stehen (BGH NStZ **81**, 270; KMR-Paulus 14 zu § 250; vgl auch BVerfGE **57**, 250, 278 ff). Die Gegenmeinung (vgl Bruns, Neue Wege zur Lösung des strafprozessualen „V-Mann-Problems", 1982, S 41 ff; Engels NJW **83**, 1530; J. Meyer NStZ **86**, 132; ZStW **95**, 855 ff) nimmt dem Angeklagten die Möglichkeit, in solchen Fällen Entlastungstatsachen durch die schriftliche Anhörung der Beweisperson zu beweisen; die Überführung des Angeklagten auf Grund solcher Äußerungen wird bei rechtsfehlerfreier Beweiswürdigung ohnehin nicht möglich sein (erg 22 zu Art 6 EMRK).

4) Verlesung richterlicher Vernehmungsprotokolle (II): 18

A. Die **Voraussetzungen der Verlesung** müssen noch in der Hauptverhand- 19 lung vorliegen (BGH **1**, 103; **9**, 297, 300). Fallen sie nach der Verlesung weg, so ist das nur von Bedeutung, wenn die Aufklärungspflicht zur Vorladung des Zeugen zwingt (**aM** SK-Velten 31). II schafft über I hinausgehende Möglichkeiten der Verlesung für richterliche Vernehmungsniederschriften. Im Einzelnen setzt die Verlesung voraus:

a) **Krankheit, Gebrechlichkeit, andere nicht zu beseitigende Hindernis-** 20 **se** (Nr 1): Die Begriffe stimmen mit denen des § 223 I überein (vgl dort 4 ff). In entspr Anwendung des II Nr 1 dürfen die Protokolle auch verlesen werden, wenn der erschienene Zeuge ohne Gefahr für seinen Gesundheitszustand nicht vernommen werden kann (BGH **9**, 297; München StV **06**, 464; erg 4 zu § 223). Da Krankheit und Gebrechlichkeit (sowie andere nicht zu beseitigende Hindernisse, dazu im Folgenden) auch bereits nach I Nr 2 die Verlesung ermöglichen (oben 9 ff), läuft II Nr 1 weithin leer (Neuhaus StV **05**, 51); er kann nur dadurch Bedeu-

§ 251

tung erlangen, dass man wegen der geringeren Zuverlässigkeit nichtrichterlicher Vernehmungen an I Nr 2 in tatsächlicher Hinsicht schärfere Anforderungen stellt als an die Verlesung nach II Nr 1 (so zutr Knauer/Wolf NJW **04**, 2935).

21 **Hinderungsgrund** ist nicht die Tatsache allein, dass der Zeuge außerhalb des Geltungsbereichs der StPO wohnt; in diesem Fall muss, soweit angemessen und geboten, erst versucht werden, ihn zum Erscheinen zu veranlassen (BGH **22**, 118; 8 zu § 223; 62a zu § 244). Soweit aber nach § 244 V S 2 die Vernehmung eines Auslandszeugen abgelehnt worden ist (78a-c zu § 244), steht dieser einem unerreichbaren Zeugen gleich; die Vernehmungsniederschrift ist dann also verlesbar (Maatz Remmers-FS 587; **aM** Rose [63 zu § 244] 312). Die Weigerung des dauernd außerhalb des Geltungsbereichs der StPO wohnenden Zeugen, zur Vernehmung in der Hauptverhandlung zu erscheinen, ist ein nicht zu beseitigendes Hindernis (BGH **7**, 15; **13**, 300; **32**, 68; 6 zu § 223). Ihr steht das aus einer allgemein gefassten Entschuldigung erkennbare Fehlen des Willens zum Erscheinen gleich (BGH 1 StR 586/67 vom 5.3.1968). Des aussichtslosen Versuchs einer Ladung bedarf es auch sonst nicht, wenn das Gericht auf Grund gewissenhafter Prüfung davon überzeugt ist, dass der im Ausland wohnende Zeuge nicht erscheinen werde (vgl 63 zu § 244). Ein Fall der Nr 1 kann auch vorliegen, wenn bei einem kindlichen oder jugendlichen Zeugen der Erziehungsberechtigte sich weigert, den Zeugen zum Erscheinen zu veranlassen (BGH NStZ-RR **19**, 222; Saarbrücken NJW **74**, 1959; Orend [oben 9] 226ff). Die Möglichkeit einer Videovernehmung (§ 247a) steht einer Verlesung nach Nr 1 nicht entgegen, da es auf die körperliche Anwesenheit des Zeugen in der Hauptverhandlung ankommt (BGH **46**, 73, 76 mit Anm Sinn JZ **01**, 51; Albrecht StV **01**, 364). Kein Hindernis für die Verlesung in der Hauptverhandlung ist die Gefährdung des Zeugen, etwa eines V-Manns der Polizei, die durch den Ausschluss der Öffentlichkeit (§ 172 Nr 1a GVG) oder die Verlegung der Hauptverhandlung an einen anderen Ort beseitigt werden kann (BGH **22**, 311, 313).

22 Die **Länge der Zeit,** in der die Auskunftsperson nicht vernommen werden kann, ist danach zu beurteilen, wann sie vor Gericht erscheinen, nicht danach, wann das Verfahren weiter betrieben werden kann. Dass die Verhandlung nicht innerhalb der Fristen des § 229 fortgesetzt werden und eine neue Verhandlung wegen der Geschäftslage des Gerichts vorerst nicht stattfinden kann, erlaubt die Verlesung daher nicht (BGH 5 StR 510/68 vom 5.11.1968; vgl auch LR-Jäger 15 zu § 223). Maßgebend ist neben dem Beschleunigungsgebot die Bedeutung der Sache und die Wichtigkeit der Aussage (BGH **32**, 68, 73; NStZ-RR **97**, 268; Bay StV **82**, 412; München StV **06**, 464).

23 b) **Unzumutbarkeit des Erscheinens (Nr 2):** Der Begriff stimmt mit dem des § 223 II überein (dort 8). Die Unmöglichkeit, einen in Haft befindlichen Zeugen rechtzeitig vorzuführen, steht der Unzumutbarkeit nicht gleich (BGH GA **70**, 183).

24 c) Das **Einverständnis der Prozessbeteiligten (Nr 3),** das nach § 273 I im Protokoll beurkundet werden muss (dort 7), gestattet die Verlesung nur, wenn § 244 II nicht entgegensteht (oben 8) und keine Beweisverbote bestehen (BGH **42**, 73). Die Verlesung ist daher ausgeschlossen, wenn gegen die Belehrungspflicht nach § 52 III S 1 (vgl aber 2 zu § 252 für verstorbene und 11 zu § 252 für flüchtige Zeugen) oder gegen § 69 I S 1 verstoßen worden war oder wenn die nach §§ 168a IV S 1, 271 I S 1 erforderlichen Unterschriften fehlen (Hamm JMBlNW **83**, 51), wenn die erschienene Zeuge erstmals in der Hauptverhandlung von seinem Zeugnisverweigerungsrecht Gebrauch macht (12 zu § 252) oder unter Berufung auf § 55 nicht aussagt (BGH NStZ **82**, 342; StV **96**, 191; **aM** BGH NJW **02**, 309; SK-Velten 38; erg oben 11).

25 Das Einverständnis kann schon **vor der Hauptverhandlung** erklärt werden, zB in der Verhandlung, die zum Zweck der kommissarischen Vernehmung des Zeugen ausgesetzt worden ist; es kann dann aber in der späteren Verhandlung widerrufen werden (Bay DAR **71**, 206 [R]; KMR-Paulus 36).

Hauptverhandlung **§ 251**

Alle Prozessbeteiligten müssen einverstanden sein, außer den in Nr 3 genann- 26
ten Beteiligten auch die Nebenbeteiligten (Einl 73), wenn die Verlesung ihre
Beteiligung betrifft (§§ 433 I S 1, 442 I, II S 2, 444 II S 2), nicht aber der Nebenkläger (12 zu § 397). Hat der Angeklagte einen Verteidiger, so müssen beide
zustimmen (Bay **57**, 132; **78**, 17). Das Schweigen des Angeklagten zur Zustimmung des Verteidigers ist aber als Einverständniserklärung zu werten (Bay aaO;
KMR-Paulus 37; **aM** Hamm VRS **36**, 51, 53; Stuttgart JR **77**, 343 mit Anm
Gollwitzer; erg 11 zu § 245; 3 zu § 303). Erforderlich ist auch die Zustimmung des
nach § 233 vom Erscheinen entbundenen Angeklagten (dort 3); wird er nach
§ 234 vertreten, so genügt aber die des Vertreters (LR-Sander/Cirener 69; erg 10
zu § 234; 4 zu § 234a). Der Zustimmung des Angeklagten bedarf es nicht in den
Fällen der §§ 231 II, 231a und 231b; er hat sein Anhörungsrecht verwirkt (erg 10
zu § 245). Im Fall des § 231c ist sie nicht erforderlich, weil ihn die Beweisaufnahme nicht betrifft (dort 10). Wirkt an der Abwesenheitsverhandlung ein Verteidiger
mit, so ist die Zustimmung des Angeklagten in keinem Fall erforderlich (§ 234a
Hs 2). Wird der Angeklagte nach § 247 zeitweilig ausgeschlossen, so ist seine Zustimmung einzuholen.

Das Einverständnis kann **stillschweigend** erklärt werden (BGH **9**, 230, 232; 27
StV **83**, 319 mit abl Anm Schlothauer), zB dadurch, dass der Verlesung nicht widersprochen wird (BGH NStZ **83**, 325; **aM** Park StV **00**, 221). Dies setzt aber
voraus, dass aufgrund der vorangegangenen Verfahrensgestaltung davon ausgegangen werden darf, dass sich alle Verfahrensbeteiligten der Tragweite ihres Schweigens bewusst waren (BGH NStZ **17**, 299 mwN: Fehlen einer entspr Erörterung
und des Gerichtsbeschlusses nach IV S 1 und 2; BGH NStZ **20**, 94 mit Anm
Ventzke), zB weil der Tatrichter vorher klargestellt hat, dass nach II Nr 3 verfahren
werden soll (BGH NJW **84**, 65, 66; NStZ **86**, 207 [Pf/M]; StraFo **10**, 158; Bay
StV **90**, 399). Wer sich schon vor der Hauptverhandlung einverstanden erklärt hat,
muss ausdrücklich widersprechen, wenn er seine Meinung geändert hat (BGH **3**,
206, 209; siehe aber auch BGH NStZ **17**, 299: keine stillschweigende Zustimmung durch Schweigen zu einer Verlesungsankündigung). In das Sitzungsprotokoll
wird die stillschweigende Zustimmung nicht aufgenommen (8 zu § 273). Das Fehlen des Einverständnisses kann durch nachträgliche Einholung geheilt werden.

Der **Widerruf** der Einverständniserklärung ist bis zur Anordnung der Verlesung 28
des Protokolls möglich (LR-Sander/Cirener 23; offen gelassen von BGH NStZ **12**,
404, ob sogar bis zur Verlesung), danach ist er unwirksam (BGH 1 StR 620/74
vom 14.1.1975; Koblenz VRS **57**, 116).

B. Verlesbare Protokolle: 29

a) **Richterliche Vernehmungsprotokolle** aller Art können verlesen werden, 30
Protokolle der StA und Polizei nach I, nach II auch nicht mit Zustimmung der
Beteiligten (BGH MDR **76**, 989 [H]; VRS **5**, 212). Verlesbar sind richterliche
Protokolle aus dem Ermittlungsverfahren nach §§ 162, 168c, 169 (BGH **10**, 186),
aus dem Zwischenverfahren nach § 202 (BGH MDR **77**, 461 [H]) und aus kommissarischen Vernehmungen nach § 223 (BGH VRS **36**, 356), auch wenn sich der
Vernehmungsgrund geändert hat, Protokolle aus einer früheren Hauptverhandlung, auch die nur nach § 273 II protokollierten (BGH **24**, 183; Bay MDR **82**,
517; Saarbrücken NJW **74**, 1959), sowie Vernehmungen ohne förmliche Beschlussfassung (RG **58**, 100; **66**, 213, 216; Oldenburg NdsRpfl **54**, 17). Die Vernehmung kann auch in einem anderen Strafverfahren (BGH **10**, 186; Bay **53**, 92;
StV **81**, 12), in einem Zivil- oder Verwaltungsgerichtsverfahren (RG **56**, 257) oder
in einem Disziplinarverfahren stattgefunden haben. Dann genügt die Einhaltung
der für dieses Verfahren geltenden Förmlichkeiten.

b) Die **in dem Protokoll in Bezug genommenen Schriftstücke und poli-** 31
zeilichen Protokolle (BGH NJW **53**, 35) dürfen mit verlesen werden, nicht aber
die Niederschriften über die Aussagen von Angeklagten oder Zeugen, auf die der
Vernommene sich bezogen. Vermerke des Richters über den Verfahrensgang
und über das Verhalten des Vernommenen dürfen ebenfalls verlesen werden

Schmitt 1217

§ 251

(BGH **2**, 1, 3; NStZ **83**, 182), auch Vermerke über seine persönlichen Eindrücke von dem Zeugen, nicht aber über seine Einschätzung der Identität des Zeugen mit einer bestimmten Person (Hamm VRS **66**, 44, 45). Die Schuldfrage betreffende Wahrnehmungen des beauftragten Richters dürfen nicht im Wege dienstlicher Erklärung in die Hauptverhandlung eingeführt werden (BGH **45**, 354). Ebenso wenig darf er Beobachtungen, die er bei der Vernehmung nicht in der Niederschrift selbst festgehalten hat (zB über auffälliges Gebaren oder das äußere Erscheinungsbild), den anderen Gerichtsmitgliedern bei der Beratung vermitteln, weil das § 261 widersprechen würde (BGH **2**, 1, 2; NStZ **83**, 182; **89**, 382 mit abl Anm Itzel; vgl auch Foth MDR **83**, 176, der mündlichen Bericht in der Hauptverhandlung für zulässig hält).

32 c) Nur ein **ordnungsgemäß errichtetes Protokoll** darf nach II verlesen werden (BGH GA **76**, 218, 220; Park StV **00**, 218); zur Verlesung fehlerhaft zustande gekommener richterlicher Protokolle nach I vgl oben 15; zur Frage, ob einem Zeugen Vorhalte aus einer richterlichen Vernehmung gemacht werden dürfen, wenn diese unter Verletzung der Benachrichtigungspflicht des § 168c V zustande gekommen ist, vgl BGH **34**, 231. Unzulässig ist die Verlesung zB bei einem Verstoß gegen § 22 (RG **30**, 70), gegen § 68 (BGH StV **84**, 231) und gegen § 69 I (BGH NJW **53**, 35; MDR **81**, 632 [H]; Stuttgart DAR **55**, 67) oder bei Mitwirkung eines Protokollführers, der nicht nach § 153 V GVG mit Aufgaben des UrkB betraut werden durfte (BGH NStZ **84**, 564) oder nicht nach § 168 S 3 vereidigt worden ist (BGH **27**, 339; NStZ **81**, 95 [Pf]; **84**, 564), ebenso bei Mitwirkung eines Dolmetschers, dessen nach § 189 GVG erforderliche Vereidigung unterblieben ist (BGH **22**, 118; Bay **77**, 3). Auch das Fehlen der Unterschrift des Richters schließt die Verlesung aus (BGH **9**, 297), ebenso das Fehlen der Unterschrift des Protokollführers sowie des Bestätigungsvermerks und der Unterschrift der Schreibkraft nach § 168a IV S 2 und 3 (Stuttgart NStZ **86**, 41; vgl auch Rieß NStZ **87**, 444). Unschädlich ist das Fehlen der Unterschrift des Zeugen (RG **34**, 396; vgl auch Düsseldorf StV **84**, 107). Ist die Verlesung nach diesen Grundsätzen unzulässig, so ist ohne Bedeutung, dass Angeklagter und Verteidiger ihr nicht widersprochen haben (RG **53**, 106; Stuttgart aaO). Sind der Angeklagte und der Verteidiger von dem Vernehmungstermin nicht benachrichtigt worden, so darf das Protokoll gleichwohl mit ihrem Einverständnis verlesen werden (BGH **9**, 24; **26**, 332; **29**, 1, 2; StV **85**, 397; Bay **84**, 107; KG StV **84**, 68); nur der ausdrücklich im Rahmen des Äußerungsrechts nach § 257 erklärte Widerspruch führt zur Nichtverwertbarkeit der Aussage (BGH NStZ **87**, 132, 133; NJW **96**, 2239, 2241). Wegen des Verstoßes gegen Belehrungspflichten und Beweisverbote vgl oben 11.

33 d) Die **konsularische Vernehmung** (Einl 210), auch die von freiwillig erschienenen ausländischen Zeugen (BGH NStZ **84**, 128), steht der eines inländischen Gerichts gleich (§ 15 IV KonsG), auch wenn ein Honorarkonsul sie durchgeführt hat. Da das Protokoll von dem vernehmenden Konsularbeamten selbst geführt werden kann (§ 15 III S 3 KonsG), ist die Niederschrift auch verlesbar, wenn kein Protokollführer mitgewirkt hat.

34 e) Bei **Vernehmungen im Ausland** durch ein Mitglied des Gerichts findet die StPO unmittelbar Anwendung (BGH NStZ **96**, 609 mit zust Anm Rose NStZ **98**, 154); sonst genügt die Einhaltung der dort bestehenden Zuständigkeits- und Verfahrensvorschriften (BGH **1**, 219; **2**, 300, 304; **35**, 82, 83; **42**, 86, 90; StV **82**, 153; VRS **41**, 203, 206). Daher können auch Vernehmungsprotokolle der StA, der Polizei und anderer Beamter verlesen werden, die nach dem ausländischen Recht zur Vernehmung ermächtigt sind (BGH **7**, 15; MDR **82**, 282 [H]; NStZ **83**, 181; **85**, 376). Eingehend und einschr hierzu aber unter Berücksichtigung der neueren Rechtsentwicklung Gless JR **08**, 319; Nagler StV **13**, 324; vgl ferner Oehmichen/Schneider/v. Wistinghausen StraFo **15**, 230).

34a Nach Art 4 I EuRhÜbk (Einl 215b) richtet sich die Erledigung von Rechtshilfeersuchen zwischen den Vertragsparteien (zZ 19 EU-Staaten sowie Norwegen und Island, zum jeweiligen Stand vgl www.Bundesgerichtshof.de – Bibliothek –

Internationale Rechtshilfe) nunmehr allerdings nach dem Recht des ersuchenden Staates, so dass die Nichtbeachtung deutscher Verfahrensgarantien – insbesondere die fehlende Benachrichtigung von der Vernehmung – zur Unverwertbarkeit der Aussage führen kann (vgl BGH StV **07**, 627 mit Anm Schuster StV **08**, 396). Im Übrigen gilt:

Sieht das ausländische Recht eine **Benachrichtigung** der Prozessbeteiligten von dem Vernehmungstermin vor, steht die Nichtbeachtung der Vorschrift der Verlesung entgegen (BGH StV **05**, 255; Celle StV **95**, 179; vgl aber oben 15). Unschädlich ist hingegen das Fehlen der im ausländischen Recht nicht vorgesehenen oder nicht zulässigen Benachrichtigung (BGH **1**, 219, 221; MDR **77**, 461 [H]; NStZ **85**, 376; Hamm VRS **24**, 391; erg 8 zu § 168c; 1 zu § 224), ebenso die Abnahme des Voreids (BGH NStZ **00**, 547; Koblenz OLGSt Nr 3) und das Fehlen der Vereidigung (BGH VRS **31**, 268). Jedoch muss das Protokoll (oder wenigstens das Übersendungsschreiben) von dem Vernehmungsbeamten unterschrieben sein (BGH MDR **79**, 637 [H]). 35

Dagegen steht eine fehlende **Belehrung** über ein Zeugnisverweigerungsrecht, die nach deutschem Recht erforderlich gewesen wäre, der Verlesung entgegen, auch wenn das ausländische Recht eine solche Belehrung nicht vorsieht (BGH NStZ **92**, 394); ob das auch bei einer fehlenden Beschuldigtenbelehrung gilt, hat BGH NStZ **94**, 595 mit Anm Wohlers NStZ **95**, 43 offen gelassen (verneinend Rogall JZ **96**, 954). Eingehend zur Verwertung im Ausland gewonnener Beweismittel Böse ZStW **114**, 148 sowie Daamen, Zur Verwertbarkeit ausländischer Vernehmungsniederschriften, 2004, zugl Diss Marburg, wobei ersterer die Ergebnisse der Rspr weithin ablehnt, während letzterer die daran geübte Kritik für unzutr hält. Eingehend nun auch Schuster, Die Verwertbarkeit im Ausland gewonnener Beweise im deutschen Strafprozess (2006, zugl Diss Mainz 2005), vgl dort insbesondere auch zur Nichtgewährung deutscher Beteiligungsrechte (S 180), zu Abweichungen bei Zeugnis- und Aussageverweigerungsrechten (S 186), zur fehlenden Belehrung über das Schweigerecht (S 204) und zur fehlenden Möglichkeit der Verteidigerkonsultation (S 214). Zur Verwertbarkeit von Protokollen über die Vernehmung anonymer Zeugen vgl Düsseldorf StV **92**, 558 mit krit Anm Walther. 36

5) Verlesung von Protokollen und Urkunden im Freibeweis (III): Die Vorschrift besagt nur, dass der Grundsatz der Unmittelbarkeit der Beweisaufnahme (1 zu § 250) für die Urkundenverlesung im Freibeweis (7, 9 zu § 244) nicht gilt (LR-Sander/Cirener 71 ff). Die Verlesung ordnet der Vorsitzende im Rahmen der Sachleitung an (vgl IV S 1); eines Gerichtsbeschlusses bedarf es nur im Fall der Beanstandung (§ 238 II). 37

6) Verfahren (IV): 38

A. **In vollem Umfang** muss das Protokoll oder die Urkunde verlesen werden (Ausnahme oben 12). Die Teilverlesung ist nur mit Zustimmung der Prozessbeteiligten zulässig (BGH NStZ **88**, 283). Durch einen Bericht des Vorsitzenden (25 ff zu § 249) darf die Verlesung nicht ersetzt werden (LR-Sander/Cirener 83). 39

B. Ein **Gerichtsbeschluss (IV S 1, 2)**, der im Sitzungsprotokoll beurkundet werden muss, ist – „angesichts der potentiellen Bedeutung der Verlesung für die Zuverlässigkeit der Beweisgewinnung und Rekonstruktion des Tatgeschehens" (BGH NJW **10**, 3383) – erforderlich, auch wenn alle Beteiligten mit der Verlesung einverstanden sind (BGH NStZ **88**, 283; NStZ-RR **07**, 52; Bay NJW **05**, 1592; DAR **94**, 386 [B]; Hamburg StV **16**, 796). Der Vorsitzende allein darf nur das Absehen von der Verlesung anordnen. 40

Der Beschluss muss **mit Gründen versehen** werden, auch wenn die Prozessbeteiligten darauf keinen Wert legen (BGH NJW **52**, 1305; NStZ **86**, 325; Koblenz OLGSt Nr 2). Die tatsächlichen Gründe der Verlesung, nicht nur die Gesetzesbestimmungen (BGH NStZ **10**, 403; Karlsruhe NJW **73**, 1942), müssen so genau angegeben werden, dass sie rechtlich nachprüfbar sind (BGH aaO; **9**, 230; NStZ **83**, 569; StV **84**, 324; **93**, 144; Bay StV **81**, 12; Düsseldorf StraFo **99**, 305; 41

Hamm StV **14**, 329). Im Fall des II Nrn 1, 2 muss erkennbar sein, dass die Voraussetzungen der kommissarischen Vernehmung fortbestehen; dabei kann die Bezugnahme auf den die Vernehmung nach § 223 anordnenden Beschluss ausreichen (BGH StV **83**, 232). In den Fällen des I Nr 1 und des II Nr 3 genügt der Hinweis auf die Vorschrift.

42 **C. Vereidigung (S 3, 4):**

43 a) Die **Feststellung** der Nichtvereidigung ist überflüssig, wenn die Auskunftsperson als Beschuldigter vernommen worden ist oder eidesunmündig war oder wenn die Nichtvereidigung in dem verlesenen Protokoll vermerkt ist (Stuttgart DAR **55**, 67). Die Feststellung, die in der Sitzungsniederschrift beurkundet werden muss, kann bis zum Schluss der Hauptverhandlung nachgeholt werden. Nicht erforderlich ist die Bekanntgabe der Gründe für die frühere Vereidigung (insoweit aM LR-Sander/Cirener 87) oder Nichtvereidigung.

44 b) **Nachholung:** Eine notwendige und durchführbare Vereidigung ist nachzuholen (S 4); im Fall des II gilt IV S 4 nicht (BGH 1 StR 401/93 vom 26.10.1993). Die Notwendigkeit der Vereidigung bestimmt sich nach den allgemeinen Vorschriften der §§ 59ff; IV S 4 erweitert die Ausnahmen der §§ 60, 61 nicht (BGH **1**, 269, 272; NStZ **84**, 179; Stuttgart StV **87**, 55). Das Gericht hat über die Nachholung von Amts wegen durch förmlichen Beschluss zu entscheiden (BGH **1**, 269, 270; Stuttgart aaO). Das ist jedoch nicht erforderlich, wenn der ersuchte Richter von der Vereidigung abgesehen hatte; dann bedarf es eines Beschlusses nur, wenn die Nichtvereidigung beanstandet wird (vgl BGH NStZ **90**, 230 [M]). Wird die Nachholung angeordnet, so muss der Zeuge nochmals kommissarisch vernommen werden (vgl LR-Sander/Cirener 91).

45 7) **Revision:** Das Revisionsgericht prüft auf entspr Rüge die Gründe des Verlesungsbeschlusses (oben 35) auf Rechtsfehler (BGH MDR **79**, 990 [H]). Das Fehlen eines Zustimmungspflichtigen nach I Nr 1 begründet die Revision (BGH NStZ **12**, 585), ebenso das Fehlen des Beschlusses nach IV S 1 (BGH NStZ **93**, 144; **20**, 94; Brandenburg NStZ **96**, 300; Hamburg StV **16**, 796), auch das Fehlen oder ein Mangel in der Begründung nach IV S 2 (vgl BGH NStZ **83**, 569). Dass Angeklagter und Verteidiger der Verlesung nicht widersprochen haben, spielt hier keine Rolle (BGH NStZ **86**, 325; NStZ-RR **97**, 268). Das Urteil beruht aber nicht auf dem Verstoß, wenn allen Beteiligten der Grund der Verlesung klar war (BGH NStZ **86**, 325; **10**, 403; **11**, 356; **16**, 117; NStZ-RR **01**, 261 [B]; **07**, 52; 4 StR 583/10 vom 8.2.2011), was nach BGH NJW **10**, 3383 aber „mit Rücksicht auf Sinn und Zweck des Beschlusserfordernisses nur in Ausnahmefällen angenommen werden kann" (zust Krüger NStZ **11**, 594). Die Revision begründet auch das Fehlen der Feststellung nach IV S 3 und des Beschlusses nach IV S 4 (BGH NStZ **84**, 179, 180; StV **00**, 654). Dies gilt ebenso, wenn eine Verlesung nach I Nr 2 (auch) zu anderen Zwecken als der Bestätigung eines Geständnisses gedient hat, was sich etwa aus den Urteilsgründen ergeben kann. Die Geltendmachung von Mängeln der kommissarischen Vernehmung ist verwirkt, wenn der Verlesung des Vernehmungsprotokolls in der Hauptverhandlung nicht widersprochen wird (BGH **1**, 284, 286; **9**, 24, 28; NJW **52**, 1224; NStZ **84**, 65, 66).

46 Zum **notwendigen Revisionsvorbringen** gehören Angaben über den Inhalt des Protokolls oder der Urkunde (BGH NStZ **00**, 215), über den Aussteller einer nach I Nr 1 verlesenen Urkunde, über die Möglichkeit der Vernehmung der Beweisperson in der Hauptverhandlung sowie über die Verwertung des Protokolls oder der Urkunde im Urteil (Düsseldorf NStE Nr 15), zB auch im Falle des I Nr 2.

Verbot der Protokollverlesung nach Zeugnisverweigerung

252 Die Aussage eines vor der Hauptverhandlung vernommenen Zeugen, der erst in der Hauptverhandlung von seinem Recht, das Zeugnis zu verweigern, Gebrauch macht, darf nicht verlesen werden.

Hauptverhandlung § 252

Übersicht

	Rn
1) Anwendungsbereich	1–6
A. § 52	2
B. §§ 53, 53a	3
C. § 54	4
D. § 55	5
E. Entsprechende Anwendung	6
2) Inhalt und Reichweite	7–10
A. Äußerungen aus freien Stücken	8
B. Schriftliche Mitteilungen und Erklärungen	9
C. Äußerungen gegenüber Sachverständigen	10
3) Zeuge früher Beschuldigter	11
4) Rechtsfolge: Beweisverbot	12–15
A. Analoge Anwendung auf Vernehmungspersonen	13
B. Zulässige Vernehmung richterlicher Verhörspersonen	14–15
5) Verzicht auf das ZVR	16
6) Verzicht auf das Verwertungsverbot	16a, 16b
7) Unerreichbare Zeugen	17
8) Revision	18

1) Anwendungsbereich: Eine **Ergänzung der §§ 52 ff** für den Fall nachträglicher Zeugnisverweigerung enthält § 252; er schließt dann die Verwertung der Aussage des Zeugen, nicht eines Mitangeklagten (BGH **3**, 149; VRS **31**, 453), insbesondere deren Verlesung, auch wenn es sich um eine richterliche Vernehmungsniederschrift handelt (BGH NStZ **97**, 95), aus; unerheblich ist, ob die Aussage für den Angeklagten günstig oder ungünstig war (BVerfG NStZ-RR **04**, 18; **aM** LR-Sander/Cirener 8; Alsberg-Güntge 871). Dies gilt auch für von einem Sachverständigen gewonnene Zusatztatsachen (BGH MDR **87**, 625 [H]). Der Aussageverweigerung in der Hauptverhandlung steht der Fall gleich, dass der Zeuge schon vorher mitteilt, er werde nicht aussagen. Ob die Voraussetzungen des § 252 vorliegen, ist im Freibeweisverfahren zu prüfen (BGH NStZ **96**, 295). 1

A. Im **Fall des § 52** ist gleichgültig, ob das Angehörigenverhältnis, auch ein Verlöbnis, vor oder nach der früheren Vernehmung entstanden ist (BGH **22**, 219, 220; **27**, 231; NJW **72**, 1334; **80**, 67; StV **88**, 92; zw BGH **45**, 342, 347, wo dann aber ein Verwertungsverbot wegen unlauterer Verfahrensmanipulation – Heirat zwecks Erlangung des Zeugnisverweigerungsrechts – verneint wurde). im Fall des Verlöbnisses (§ 52 I Nr 1) ist allerdings im praktischer Hinsicht der Beurteilungsspielraum des Vorsitzenden zu beachten (BGH 4 StR 437/13 vom 11.2.2014; erg 4 zu § 52). Das Verwertungsverbot besteht aber nicht, wenn der Angehörige, ohne die nachträgliche Aussageverweigerung erklärt zu haben, unerreichbar (vgl BGH 5 StR 350/14 vom 14.8.2014), geisteskrank geworden (RG **9**, 88, 91) oder verstorben ist (BGH **22**, 35; MDR **66**, 384 [D]; Nürnberg HESt **3**, 40; **aM** EbSchmidt NJW **68**, 1218; Geppert Jura **88**, 310; Peters JR **68**, 430). Verstirbt er nach Abgabe der Erklärung, so ist die Aussage unverwertbar (Celle NJW **68**, 415; LR-Sander/Cirener 18; Schlüchter 505; **aM** Michaelis NJW **69**, 730); das gilt auch dann, wenn er später außergerichtlich erklärt hatte, er werde in der Hauptverhandlung doch aussagen (**aM** Köln StraFo **04**, 382 mit zutr abl Anm Foth; wie hier Alsberg-Güntge 873). Das Verwertungsverbot wirkt gegenüber allen Angeklagten, auch wenn das Angehörigenverhältnis nur zu einem von ihnen besteht, sofern gegen sie ein sachlich nicht trennbarer Vorwurf erhoben worden ist (BGH **7**, 194, 196; **27**, 139, 141; **34**, 138; **215**, 216). Dabei genügt es nach bisheriger Rspr, dass in irgendeinem Verfahrensabschnitt ein gegen die mehreren Beschuldigten gerichtetes Verfahren in Bezug auf dieselbe Tat im Sinne des historischen Geschehens geführt wurde (BGH NStZ **12**, 340 mwN; erg, auch zu den Voraussetzungen des Bestehens des ZVR in Einzelnen 11 zu § 52). Ob an dieser Judikatur festzuhalten ist, erscheint zweifelhaft (siehe die bei BGH NStZ **12**, 221 – obiter – geäußerten Bedenken; näher dazu 11a zu § 52). 2

§ 252

3 B. Im **Fall der** §§ **53, 53a** ist § 252 nur anwendbar, wenn schon bei der früheren Vernehmung ein Zeugnisverweigerungsrecht bestanden hat (Dresden NStZ-RR **97**, 238; **aM** Mitsch AfP **12**, 521, 524 zu § 53 I Nr 5; Theuner [1 zu § 53] 331: selbst bei unlauterer Verfahrensmanipulation). Dies gilt jedoch nicht, wenn der Zeuge damals nach §§ 53 II S 1, 53a II von der Schweigepflicht entbunden war (BGH **18**, 146; StV **97**, 233 L; **aM** Geppert Jura **88**, 311). Der Ermittlungsrichter darf etwa über den Inhalt der vor ihm gemachten Aussage eines gemäß § 53 I Nr 3 zur Verweigerung des Zeugnisses berechtigten Arztes vernommen werden, wenn der Arzt bei dieser Aussage gemäß § 53 II von der Verpflichtung zur Verschwiegenheit entbunden war (BGH aaO). Dies gilt auch der Rspr des BGH entspr für Angaben im Rahmen einer polizeilichen Vernehmung, da durch das Zeugnisverweigerungsrecht des § 53 der Berufsgeheimnisträger geschützt werde und § 252 schon mangels der in der Vorschrift vorausgesetzten Pflichtenkollision des bei seiner Vernehmung im Ermittlungsverfahren von seiner Schweigepflicht entbundenen Berufsgeheimnisträgers nicht anwendbar sei (BGH NStZ **12**, 281 mit krit Anm Geppert; Gercke Schlothauer-FS 423, 430; Mitsch JR **12**, 432; zust Beulke/Swoboda 420a; erg 49 zu § 53).

4 C. Im **Fall des** § **54** gilt § 252, wenn der Zeuge in der irrigen Annahme ausgesagt hatte, er sei nicht zum Schweigen verpflichtet (Celle MDR **59**, 414; Gössel NJW **81**, 2220; **aM** KK-Diemer 8; LR-Sander/Cirener 5; Alsberg-Güntge 873). Wird die Aussagegenehmigung widerrufen (23 zu § 54), bleibt das, was der Zeuge vorher in der Hauptverhandlung ausgesagt hat, verwertbar, nicht aber seine Bekundungen im Vorverfahren (Celle MDR **59**, 414; LR-Ignor/Bertheau 20 zu § 54; SK-Velten 9; **aM** SK-Rogall 8 zu § 54; KK-Diemer 8).

5 D. Für das **Auskunftsverweigerungsrecht nach** § **55** hat § 252 keine Bedeutung (BGH **6**, 209, 211; **17**, 337, 350; **83**, 796 [H]; Bay NJW **84**, 1256; Mitsch JZ **92**, 183; Alsberg-Güntge 873; **aM** Eisenberg BR 1284 mit 1127; Fezer 15/57 ff; Geppert Jura **88**, 312; Hanack JZ **72**, 238; Rengier 236; Rogall NJW **78**, 2538), auch wenn ausnahmsweise (2 zu § 55) die ganze Aussage verweigert werden darf (BGH **17**, 245) oder wenn der Zeugen bei gleichzeitig bestehendem ZVR nach § 52 (nur) von seinem Recht nach § 55 Gebrauch macht.

6 E. **Entsprechend anwendbar** ist § 252 im Fall des § 76 (ANM 467; **aM** KMR-Paulus 1 zu § 72), nicht im Fall des § 81c (**aM** Geppert Jura **88**, 365; Rengier Jura **81**, 304; erg 25 zu § 81c) und auch nicht, wenn der Angehörige eines Mitangeklagten früher als Beschuldigter Angaben gemacht hat, aber als Angeklagter in der Hauptverhandlung die Aussage insoweit verweigert (BGH **45**, 342, 350; erg aber unten 11), oder wenn im Mitangeklagter, der früher Angaben als Zeuge gemacht hat, jetzt schweigt (BGH **3**, 149; BGHR Verwertungsverbot 9). Die Angeklagtenstellung darf aber nicht durch eine Verfahrensverbindung herbeigeführt werden, um das Zeugnisverweigerungsrecht zu umgehen (BGH **45**, 342, 351).

7 2) **Inhalt und Reichweite:** Auf **Aussagen vor der Hauptverhandlung**, auch in einer früheren Hauptverhandlung (BGH MDR **69**, 18 [D]), in einem anderen Strafverfahren (BGH **20**, 384; StV **05**, 536) oder in einem Zivilprozess (BGH **17**, 324; **aM** KMR-Paulus 23 mwN), bezieht sich § 252. Darunter fallen nicht nur Angaben des Zeugen bei einer förmlichen, in ein Protokoll aufgenommenen Vernehmung, sondern auch Angaben gegenüber der (Jugend)Gerichtshilfe (BGH NJW **05**, 765), schriftliche Erklärungen in einem von der Polizei zugesandten Fragebogen (Stuttgart VRS **63**, 52), unprotokolliert gebliebene Angaben gegenüber Polizeibeamten (ANM 468) und Angaben bei einer telefonischen Befragung zum Tatgeschehen (Bay DAR **86**, 247 [R]). Die informatorische Anhörung steht insoweit der förmlichen Vernehmung gleich (BGH **29**, 230 = JR **81**, 125; Bamberg NStZ-RR **12**, 83; Jena StV **06**, 518; Hamburg StV **90**, 535; Köln VRS **80**, 32 mwN; Stuttgart VRS **83**, 52). Auf wessen Initiative die Vernehmung stattfindet, spielt keine Rolle (Bay NJW **83**, 1132). § 252 ist aber nicht anwendbar, wenn der Tatrichter während der Hauptverhandlung zu dem Ergebnis gelangt, dass ein dem Zeugen ursprünglich zugebilligtes Verweigerungsrecht tatsächlich nicht bestand oder besteht (BGH 55, 65).

A. Nur **Äußerungen,** die ein Zeuge vor oder außerhalb der Vernehmung **aus** 8 **freien Stücken** getan hat, werden von § 252 nicht erfasst (BGH **1**, 373; **29**, 230; **36**, 384, 389; NStZ **92**, 247; **07**, 652; NJW **98**, 2229; Bay NStZ-RR **01**, 49; Saarbrücken NJW **08**, 1396 mit krit Anm Mitsch NStZ **09**, 287). Das gilt vor allem für den Inhalt einer Strafanzeige, mit der keine Vernehmung verbunden ist (BGH NJW **56**, 1886; NStZ **89**, 15 [M]; **aM** Rengier Jura **81**, 301), für Äußerungen bei der Bitte um polizeiliche Hilfe (BGH GA **70**, 153; NStZ **86**, 232; Bay **51**, 605; VRS **65**, 290; **aM** Rengier aaO; vgl auch LG Lüneburg NJW **69**, 442) oder im Rahmen polizeilicher Notrufe (Hamm NStZ **12**, 53), für Spontanäußerungen und -reaktionen (Hamm aaO; Saarbrücken NJW **08**, 1396) auch im Anschluss an eine Vernehmung (Hamm JMBlNW **72**, 262; München 4 St RR 27/09 vom 23.4.2009) und für Informationen, die ein V-Mann den von ihm herbeigerufenen Polizeibeamten gibt (LG Frankfurt aM MDR **86**, 340; StV **88**, 337). Der gezielte Einsatz eines V-Mannes gegenüber einem Zeugnisverweigerungsberechtigten verstößt nach Ansicht des BVerfG – jedenfalls wegen Fehlens einer gesetzlichen Grundlage – gegen das Gebot des fairen Verfahrens (NStZ **00**, 489 mit krit Anm Rogall und abl Anm Lesch JR **00**, 334; NJW **10**, 287), wobei aber offen geblieben ist, ob dies auch ein Verwertungsverbot nach sich zieht (verneinend BGH **40**, 211; Gollwitzer JR **95**, 469; Schlüchter/Radbruch NStZ **95**, 354; Sternberg-Lieben JZ **95**, 844; bejahend Wolter BGH-FG 969; vgl auch Rogall JZ **96**, 951). Verwertbar ist die Mitteilung der Zeugin gegenüber einem Polizeibeamten, der an der Wohnungstür geklingelt hat, ihr Mann sei nicht zu Hause (Stuttgart Justiz **72**, 322), nicht aber die Angabe, er lenke das von der Polizei gesuchte Fahrzeug (Bay NStZ **05**, 468; Frankfurt StV **94**, 117).

B. **Schriftliche Mitteilungen** und Erklärungen des Zeugen in dem anhängigen 9 oder einem anderen Verfahren, auch in einem Zivil- oder Verwaltungsgerichtsverfahren, fallen nicht unter § 252 (BGH NStZ **98**, 26 [K]; **aM** Bay DAR **85**, 245 [R]), ebenso wenig Briefe des Zeugen an den Angeklagten (RG **22**, 51) und Äußerungen gegenüber anderen Zeugen (BGH **1**, 373; **20**, 384, 385; JR **51**, 349; Bay NJW **83**, 1132) oder gegenüber einer Sozialbehörde, von der der Zeuge Hilfe oder Unterstützung erlangen will (BGH GA **70**, 153; NStZ **86**, 232). Dies gilt nicht für Schriftstücke, die der Zeuge bei seiner Vernehmung übergeben hat und die Bestandteil seiner Aussage geworden sind (unten 12).

C. **Äußerungen gegenüber Sachverständigen** fallen nicht unter § 252, so- 10 weit es sich um Befundtatsachen (10 zu § 79) handelt (BGH **11**, 97, 99; Hamm NStZ **12**, 53, 54; LR-Sander/Cirener 42 mwN; **aM** HK-Julius 13; SK-Velten 20; einschr auch Wohlers StV **96**, 194); dagegen stehen Mitteilungen über Zusatztatsachen (11 zu § 79) einer Aussage gleich (stRspr, vgl BGH **36**, 384, 386; NStZ **07**, 353; ferner BGH **46**, 189 für die erneute Hauptverhandlung nach Wiederaufnahme des Verfahrens); das gilt auch für frühere Äußerungen im Zivilprozess oder in einem Verfahren der freiwilligen Gerichtsbarkeit (BGH **36**, 384; NJW **98**, 2229 zu § 50b FGG = § 159 FamFG). Erg 25 zu § 81c.

3) **War der Zeuge früher Beschuldigter** in demselben oder in einem ande- 11 ren Verfahren, so ist seine damalige Einlassung unverwertbar, soweit er jetzt als Zeuge die Aussage befugt nach § 52 verweigert oder verweigern könnte (BGH **10**, 186; **20**, 384; **42**, 391; Bay NJW **83**, 1132; Koblenz NJW **83**, 2342). Das schließt zugleich aus, dass das früher gegen ihn ergangene Urteil verlesen (BGH NStZ **03**, 217) oder der vernehmende Richter über die Beschuldigtenvernehmung gehört wird (BGHR Verwertungsverbot 6; vgl unten 13), selbst wenn er den Beschuldigten überflüssigerweise nach § 52 III S 1 belehrt hatte (BGH GA **79**, 144; StV **02**, 3 L; Bay NJW **78**, 387, Koblenz aaO). Wenn jedoch ein Mitangeklagter flüchtig ist, der sich sonst in demselben Verfahren hätte verantworten müssen, kann die Niederschrift über seine Vernehmung als Beschuldigter nach § 251 I Nr 3 oder II Nr 1

§ 252

verlesen werden. Dass er dabei nicht über das Recht zur Verweigerung des „Zeugnisses" belehrt worden ist, steht dem nicht entgegen, weil diese Belehrung bei der Beschuldigtenvernehmung nicht in Betracht kam (BGH 27, 139).

12   4) **Rechtsfolge:** Ein **Beweisverbot,** auf das die Beteiligten nicht verzichten können (BGH **10**, 77; NStZ **97**, 95; Karlsruhe OLGSt S 21; vgl auch R. Hamm StraFo **98**, 364; siehe aber erg 16a), bestimmt § 252. Es gilt nur dann nicht, wenn die Strafbarkeit des Inhalts der Aussage in einem Verfahren gegen den Zeugen oder den Anstifter zum Falscheid festgestellt werden muss (Hamm NJW **81**, 1682; Geppert Jura **88**, 368).

12a **Über seinen Wortlaut hinaus** verbietet § 252 die Verlesung der Aussage einschließlich der Schriftstücke, die der Zeuge bei der Vernehmung übergeben hat und die Bestandteil seiner Aussage geworden sind (BGH **22**, 219; StV **96**, 196; **01**, 108). Dies soll auch für ein bei der Vernehmung übergebenes Tonband über ein von dem Zeugen mitgehörtes Gespräch, dessen Inhalt der Zeuge bei seiner Aussage hätte wiedergeben können (BGH NStZ **13**, 247 mit kritischen Anm Böse GA **14**, 266, der sich mit beachtlichen Gründen gegen eine Ausdehnung auf „andere Beweisstücke" wendet) sowie für entspr Handy-Videoaufnahmen (vgl BGH NStZ **13**, 725 mit Anm Britz) gelten. § 252 erstreckt sich ebenso auf jede andere Verwertung (BGH **2**, 99; **7**, 194; **29**, 230, 232; **32**, 25, 29; Hamm NStZ **03**, 107). Der Inhalt der Aussage darf insbesondere nicht durch Verlesung eines früheren Urteils (BGH **20**, 384, 386), durch Vorhalt (28 zu § 249) der früheren Aussage an Angeklagte oder Zeugen (BGH **2**, 99; **7**, 194; **21**, 149; NJW **56**, 1886; **80**, 67, 68) oder durch Anhörung von Personen festgestellt werden, die bei der Vernehmung zugegen gewesen sind (BGH **13**, 394). Eine Tonbandaufnahme oder eine Videoaufzeichnung (4 zu § 168a; 1 zu § 255a) über die frühere Vernehmung darf ebenfalls nicht zu Beweiszwecken abgespielt werden. Eines **Widerspruchs** des Angeklagten gegen die Verwertung bedarf es (anders als bei § 136, dort 25) **nicht** (BGH StV **98**, 470; Hamm aaO).

13   **A. Analoge Anwendung auf Vernehmungspersonen:** Grundsätzlich ist auch die Vernehmung von Verhörspersonen – oder auch sonstiger Personen, die bei der Vernehmung des Zeugnisverweigerungsberechtigten zugegen waren (vgl BGH StV **18**, 479) – ausgeschlossen. Beamte der StA, Polizei oder Finanzbehörden dürfen über den Inhalt der Aussage nicht vernommen werden (BGH **21**, 218 = JR **67**, 467; Bay DAR **87**, 313 [B]; Braunschweig OLGSt § 244 Nr 3;), auch nicht über ihre Eindrücke bei der Vernehmung (BGH NJW **79**, 1722), wohl aber über Auffälligkeiten im Verhalten des Zeugen (Hamm JMBlNW **72**, 262: Vernichtung des Protokolls). Auch die bei einer „Vernehmung" durch den Verteidiger gemachten Angaben dürfen nicht verwertet werden (BGH **46**, 1; **aM** Freund Meurer-GS 369; Roxin Rieß-FS 459).

14   **B. Zulässige Vernehmung richterlicher Verhörspersonen:** Eine Ausnahme von dem Vernehmungsverbot gilt für den Fall, dass der Zeuge von einem Straf- oder Zivilrichter vernommen worden ist, der ihn nach § 52 III S 1 oder der sonst einschlägigen Verfahrensvorschrift ordnungsgemäß, ggf vorsorglich für den Fall der Angehörigeneigenschaft (BGH **32**, 25, 31), über sein Zeugnisverweigerungsrecht belehrt hatte oder nur deshalb nicht belehrt hat, weil der Zeuge das Angehörigenverhältnis verschwiegen hat (BGH **48**, 294; abl Eisenberg/Zötsch NJW **03**, 3676). Dann ist die **Vernehmung der mitwirkenden Richter,** auch der Schöffen (BGH **13**, 394, 398), nicht aber des UrkB oder sonstiger Prozessbeteiligter (BGHR Verhörsperson 1), über den Inhalt der Aussage zulässig (BGH stRspr, siehe **61**, 221 [GSSt]; **32**, 25, 29; **36**, 384, 385; **45**, 342, 345; **46**, 189, 195; NJW **96**, 1501, 1503; NStZ **12**, 521; zust Krey Meyer-GedSchr 243; krit Eisenberg NStZ **88**, 488; Eser NJW **63**, 234; El-Ghazi/Merold StV **12**, 250ff; Neumann ZIS **16**, 121, die allerdings für eine gesetzliche Regelung plädiert; **aM** SK-Velten 3f; AK-Meier 20; Meyer StV **15**, 319; Geppert Jura **88**, 306ff; Fezer JZ **90**, 876; Grünwald BewR 130; Welp JR **96**, 78; Alsberg-Güntge 881; diff SSW-Kudlich/Schuhr 26; zumindest zweifelnd offenbar der 1. Strafsenat des BGH – 1

Hauptverhandlung § 252

ARs 64/14 vom 27.1.2015); dies gilt allerdings nicht für Vernehmungen nach § 168c, bei denen gegen die Benachrichtigungspflicht gem § 168c V verstoßen wurde (BGH StV **11**, 336; vgl auch EGMR Nr 26171/07 vom 19.7.2012, auch zum Unterlassen einer Verteidigerbestellung nach §§ 140 I Nr 10; erg 6 zu § 168c). Die Privilegierung richterlicher Vernehmungen rechtfertigt sich aus der aus § 251 folgenden erhöhten – auch dem Zeugen erkennbaren (§§ 153 ff StGB) – Bedeutung der richterlichen gegenüber einer sonstigen Vernehmung (BGH NJW **17**, 94 [GSSt]; **49**, 72, 77 mit abl Anm Degener StV **06**, 509; vgl auch BGH NStZ **15**, 710). Zur ordnungsmäßigen Belehrung, die das Gericht, wenn § 274 nicht gilt, im Freibeweis (7, 9 zu § 244) feststellen muss (BGH **26**, 281, 283), gehört auch, dass ein verstandesschwacher Zeuge darüber belehrt wird, dass er trotz Zustimmung seines gesetzlichen Vertreters nicht auszusagen braucht (BGH NStZ **84**, 43).

Ein über die Belehrung über das ZVR hinausgehender **Hinweis** darauf, dass die Aussage verwertbar bleibt, wenn der Zeuge später das Zeugnis verweigert, wird jedoch nicht vorausgesetzt (BGH **61**, 221 [GSSt] mit Anm Brand und Schumann JR **17**, 381 auf eine Vorlage des 2. Strafsenates – NStZ **15**, 710; 2 StR 656/13 vom 24.2.2016 – der die Verwertung einer früheren richterlichen Vernehmung nur dann für zulässig erachtete, wenn der Richter den Zeugen **qualifiziert** über die Möglichkeit der Einführung und Verwertung seiner Aussage im weiteren Verfahren belehrt hat; siehe dazu allerdings nunmehr in derselben Sache BGH 2 StR 656/13 vom 22.3.2017). Auch der bloße Umstand, dass ein Zeuge vor der Hauptverhandlung **polizeilich** vernommen worden war, löst für sich betrachtet keine Pflicht zur „qualifizierten" Belehrung auszulösen (BGH NStZ **15**, 656). 14a

Dem Richter dürfen aus der Vernehmungsniederschrift, einschließlich der darin in Bezug genommenen Protokolle, **Vorhalte zur Auffrischung des Gedächtnisses** gemacht, und sie darf zu diesem Zweck auch vorgelesen werden (BGH **11**, 338, 341; **21**, 149; NJW **10**, 1824, 1825). Verwertbar ist nur das, was der Richter auf den Vorhalt erinnert; erinnert er sich trotzdem nicht an die Vernehmung und erklärt er nur, dass er die Aussage seinerzeit richtig und vollständig aufgenommen habe, so darf ihr Inhalt nicht verwertet werden (BGH aaO; NStZ **12**, 521; NStZ-RR **12**, 212). Der Richter ist allerdings verpflichtet, vor seiner Vernehmung die Vernehmungsniederschriften einzusehen, um sich erforderlichenfalls die Einzelheiten ins Gedächtnis zurückzurufen (BGH NStZ **12**, 521). 15

5) Der **Verzicht auf das Zeugnisverweigerungsrecht** lässt Beweiserhebungen über den Inhalt der früheren Aussage zu. Solange in der Hauptverhandlung aber Ungewissheit darüber besteht, ob der Zeuge von seinem Weigerungsrecht Gebrauch macht, ist die Vernehmung anderer Verhörspersonen als der Richter unzulässig. Erst muss festgestellt werden, dass der Zeuge zur Aussage bereit ist (BGH **2**, 110; **7**, 194, 197; **25**, 176; NJW **96**, 206; StV **00**, 236; Bay NStZ **05**, 468). Das Gleiche gilt für Vorhalte an den Angeklagten (BGH **2**, 110). Hat ein Polizeibeamter dem Angeklagten bei dessen Vernehmung Vorhalte aus der Aussage eines nicht nach § 52 III S 1 belehrten Zeugen gemacht, so schließt das die Vernehmung des Polizeibeamten als Zeugen über das, was ihm der Angeklagte erklärt hat, nicht aus (BGH NJW **55**, 1289; Nüse JR **66**, 283). 16

6) Verzicht auf das Verwertungsverbot: Die Geltendmachung des Zeugnisverweigerungsrechts hindert den Zeugen nach der Rspr des BGH aber nicht, nach ordnungsgemäßer („qualifizierter") Belehrung (BGH **57**, 254; NStZ **07**, 352; NStZ **15**, 232; **aM** allerdings wohl BGH NStZ-RR **06**, 181: schriftliche Erklärung des Zeugen genügt, einschr auch BGH NStZ **07**, 652: Belehrung idR nicht erforderlich; dagegen Fezer HRRS **07**, 284: Erklärung des Zeugen *in* der Hauptverhandlung nötig; erg 31a zu § 52), welche den Zeugen darüber informiert, dass seine Aussage in vollem Umfang zu Lasten oder zu Gunsten des Angeklagten verwertet werden kann, die **Verwertung der bei einer nicht-richterlichen Vernehmung gemachten Aussage zu gestatten** (BGH **45**, 203 = JR **00**, 339 mit abl Anm Fezer; Firsching StraFo **00**, 124; Vogel StV **03**, 598; dem BGH zust LR-Sander/Cirener 22; Amelung Schlüchter-GS 430; abl Beulke Gollwitzer-Koll 2; 16a

§ 252

Roxin Rieß-FS 451; R/H-Pauly 31; Wollweber NJW 00, 1702, 01, 3760, gegen ihn Ranft NJW 01, 1305, 3761; zw offenbar BGH 5 StR 482/10 vom 27.1.2010; Basdorf Tepperwien-FH 5; vgl ferner Keiser NStZ 00, 458; Kett-Straub ZStW 117, 375; Lammer Rieß-FS 301; Schwaben NStZ 02, 293). Die Erklärung des Zeugen muss eindeutig sein (BGH NStZ 07, 652; NStZ-RR 07, 289 [B]); ggf ist er zu befragen, ob er der Verwertung zustimmt (BGH StraFo 03, 170), jedoch ist der Richter zu einer solchen Befragung idR nicht verpflichtet (BGH NStZ 03, 498 = JR 04, 31 mit abl Anm Fezer). Anwaltliche Erklärung für den Zeugen wird regelmäßig genügen (BGH NStZ 07, 712). Die Belehrung über Möglichkeit und Rechtsfolgen eines Verzichts sowie die daraufhin abgegebene Verzichtserklärung des Zeugen sind als wesentliche Förmlichkeiten gemäß § 273 I ins Protokoll aufzunehmen (BGH 57, 254). Liegt ein wirksamer Verzicht vor, ist die frühere Aussage des Zeugen nach allgemeinen Regeln verwertbar; sie kann durch Vernehmung der Verhörsperson als Zeuge erfolgen (BGH NStZ-RR 06, 181; NStZ 07, 652); dabei sind Vorhalte aus einer Aufzeichnung der Aussage zulässig, die unmittelbare Verwertung ist jedoch grundsätzlich untersagt, da die Verzichtserklärung nicht den Grundsatz der Unmittelbarkeit einschränkt (BGH 52, 148). Möglich ist aber eine Verlesung nach § 251 II Nr 3 (BGH 57, 254). Der Widerruf des Verzichts führt nicht zur Unverwertbarkeit der bis dahin gemachten Angaben des Zeugen in der Hauptverhandlung (BGH NJW 04, 1466; NStZ 15, 656).

16b Diese **Rspr des BGH** ist **bei Opferzeugen** mit Blick auf das Konfrontationsrecht des Art 6 IIId) EMRK **nicht unbedenklich.** Dem Opferzeugen wird durch die Kombination von Zeugnisverweigerung und Verzicht auf das Verwertungsverbot des § 252 das Recht eingeräumt, seiner kontradiktorischen Befragung durch die Verteidigung in der Hauptverhandlung aus dem Weg zu gehen und zugleich eine den Angeklagten belastende mittelbare Verwertung seiner früheren Aussage zu ermöglichen. Insofern könnte bei derartigen Prozesskonstellationen zweifelhaft sein, ob – wie in der Rspr des EGMR gefordert (näher 22c, d zu Art 6 EMRK) – ausreichende, der Justiz nicht zurechenbare Gründe für die gegebene Einschränkung des Konfrontationsrechts vorliegen (Schmitt NStZ 13, 213; vgl auch Schädler StraFo 08, 232). Jedenfalls aber ist bei der Würdigung der so zustande gekommenen Aussage der erheblich geringere Beweiswert zu beachten (BGH 45, 203, 208), so dass kaum jemals eine Verurteilung auf diese Aussage allein wird gestützt werden können (Vogel StV 03, 601; Schmitt aaO; Alsberg-Güntge 886; vgl auch BGH StV 03, 604 sowie 22 f, g zu Art 6 EMRK).

17 7) Die Aussage eines vor der Hauptverhandlung vernommenen, in ihr **unerreichbaren Zeugen** darf verlesen werden, wenn er damals ordnungsgemäß belehrt worden war (ob frühere Belehrung erforderlich ist, lässt BGH 27, 139, 143 mwN offen). Einer vorherigen Einholung einer Erklärung des Zeugen, ob er jetzt von seinem Zeugnisverweigerungsrecht Gebrauch machen wolle, bedarf es – entgegen BGH 25, 176 – nicht; denn § 251 sieht dies nicht vor (vgl auch KK-Diemer 12; Hanack JR 77, 436).

18 8) **Revision:** Im Fall der Vernehmung des Richters (oben 14) ist es ein Revisionsgrund, wenn das Urteil nicht ausdrücklich feststellt, ob und wie sich das Gericht von der ordnungsgemäßen Belehrung des Zeugen überzeugt hat (BGH NJW 79, 1722; aM KK-Diemer 32). Revisionsgrund ist es auch, wenn in unzulässiger Weise eine nichtrichterliche Verhörsperson vernommen worden ist. Zum notwendigen Revisionsvorbringen bei der Behauptung, es habe wegen einer aus „freien Stücken" abgegebenen Äußerung kein Verwertungsverbot vorgelegen (oben 8), BGH NJW 98, 2229; erg zum erforderlichen Vortrag in der Revision BGH NStZ 13, 247; 13, 725 mit Anm Britz). Es ist nicht erforderlich, dass der Verwertung der Aussage in der Hauptverhandlung widersprochen worden ist (vgl 25 zu § 136; BGH 2 StR 419/19 vom 17.12.2019); auch der Beanstandung nach § 238 II bedarf es nicht (BGH 45, 203, 205; NStZ 07, 353; NStZ-RR 12, 212 f; Berg StraFo 18, 327, 329). Für die Zulässigkeit der Rüge eines Verstoßes gegen

Hauptverhandlung   § 253

§ 252 bedarf es nicht des Vortrags, der Zeuge habe nicht nach qualifizierter Belehrung auf das Verwertungsverbot verzichtet (BGH **57**, 254).

Protokollverlesung zur Gedächtnisunterstützung

253 I Erklärt ein Zeuge oder Sachverständiger, daß er sich einer Tatsache nicht mehr erinnere, so kann der hierauf bezügliche Teil des Protokolls über seine frühere Vernehmung zur Unterstützung seines Gedächtnisses verlesen werden.

II **Dasselbe kann geschehen, wenn ein in der Vernehmung hervortretender Widerspruch mit der früheren Aussage nicht auf andere Weise ohne Unterbrechung der Hauptverhandlung festgestellt oder behoben werden kann.**

1) Den **Urkundenbeweis** lässt die Vorschrift in Durchbrechung des Unmittelbarkeitsgrundsatzes des § 250 zu (BGH **3**, 199, 201; 281, 283; **11**, 338, 341; **20**, 160, 162; NJW **86**, 2063). Sie regelt nicht nur, wie eine Mindermeinung annimmt (SK-Velten 5 ff mwN; Gerst StraFo **18**, 273, 279), eine besondere Form des Vorhalts durch Verlesen. Die Vorschrift erlaubt die Verlesung zum Zwecke des Urkundsbeweises als letzten Ausweg, wenn Vorhalte aus dem Protokoll keine Übereinstimmung der gegenwärtigen Aussage mit dem Inhalt des Protokolls bewirkt und auch nicht dazu geführt haben, dass der Zeuge bekundete, bei dessen Aufnahme abweichend von seiner gegenwärtigen Aussage tatsächlich das dort Festgehaltene ausgesagt zu haben (BGH NJW **65**, 874). Ersetzt wird durch den Urkundenbeweis die Vernehmung des Verhörsbeamten, nicht der Beweisperson (Wömpner NStZ **83**, 296). Außerhalb der Hauptverhandlung gilt § 253 nicht (SK-Velten 8). Zur Vorführung von Bild-Ton-Aufzeichnungen vgl § 255a.

Die **Entscheidung** über die Anwendung der Vorschrift trifft der Vorsitzende nach pflichtgemäßem Ermessen (§ 238 I), das Gericht nur auf Beanstandung nach § 238 II. Eine Pflicht zur Verlesung kommt nur unter den Voraussetzungen des § 244 II in Betracht (BGH NStZ-RR **19**, 188). Zur Protokollierung vgl § 255.

2) **Allgemeine Voraussetzung der Verlesung** ist die Anwesenheit des Zeugen oder Sachverständigen in der Hauptverhandlung (BGH MDR **70**, 198 [D]; KG NJW **79**, 1668; Saarbrücken JR **73**, 472; LR-Mosbacher 21; Wömpner NStZ **83**, 296). Er muss zunächst vollständig vernommen werden, wobei aber die Vernehmung bei „komplexem Verfahrensstoff" in einzelne Abschnitte gegliedert werden darf (BGH NStZ **11**, 422; erg 5 zu § 69). Erforderlichenfalls wird damit ein Vorhalt als Vernehmungsbehelf (8 zu § 249) verbunden oder andere zulässige Hilfe zur Gedächtnisauffrischung (8 zu § 69) geleistet. Nur wenn das nicht zum Erfolg führt, darf nach § 253 verfahren werden (BGH **3**, 281, 284; **20**, 160, 162; NJW **86**, 2063; NStZ **02**, 46). Die Beweisperson muss sich dann zum Protokollinhalt äußern und seinen Inhalt in ihre Aussage einbeziehen können.

3) **Weitere Voraussetzungen der Verlesung:**

A. **Erklärung, sich nicht erinnern zu können (I):** Die Erklärung, die nicht im Protokoll beurkundet werden muss, braucht nicht ausdrücklich abgegeben worden zu sein (BGH **3**, 281, 285). Wenn die Erinnerungslücken schon durch die Vernehmung erkennbar werden, ist sie sogar entbehrlich (BGH **1**, 337, 340; KK-Diemer 5; **aM** Gerst StraFo **18**, 273, 276: ausdrückliche Erklärung des Zeugen erforderlich). Für den Fall, dass der Zeuge erklärt, sich nicht einmal an den Vorgang zu erinnern, zu dem er früher vernommen worden ist, gilt I entspr (LR-Mosbacher 11). Die Richtigkeit der Erklärung des Zeugen prüft das Gericht nicht nach (RG **59**, 248); es kann nach § 253 auch verfahren werden, wenn es sie für falsch hält (**aM** Gerst aaO).

B. **Widerspruch zwischen jetziger und früherer Aussage (II),** der erst in der Hauptverhandlung, nicht schon bei früheren Vernehmungen, aufgetreten ist und ohne deren Unterbrechung nicht anders als durch die Verlesung behoben

§ 254 Zweites Buch. 6. Abschnitt

werden kann. Es ist zunächst zu versuchen, den Widerspruch durch Befragung des Zeugen selbst zu beheben, der ihn erklären, aufklären oder ausräumen kann; erst wenn das nicht möglich ist, kommt die Feststellung des Widerspruchs als Voraussetzung für die Verlesung in Betracht (Gerst StraFo **18**, 273, 278). Die Behebbarkeit ist im Übrigen idR ausgeschlossen, wenn der Richter oder Beamte, der die frühere Vernehmung geleitet hat, nicht als Zeuge geladen worden ist (RG **55**, 223), uU aber sogar im Fall seiner Anwesenheit und Vernehmung (RG **34**, 48). Eine ausdrückliche Feststellung darüber, dass der Widerspruch nur durch die Verlesung behoben werden kann, braucht das Gericht nicht zu treffen. Bestreitet der Zeuge die Richtigkeit des Protokolls, so kann die Aufklärungspflicht die Vernehmung der Verhörsperson erfordern.

7   **4) Verlesbar** sind die unter Einhaltung der Formvorschriften zustande gekommenen Protokolle oder Protokollabschriften (RG **50**, 129) von richterlichen oder nichtrichterlichen (Bay NJW **54**, 363) Vernehmungen des Zeugen, nicht des Verhörsbeamten (BGH NStZ **84**, 17; **13**, 479), aus jedem Abschnitt des Strafverfahrens, auch aus anderen Strafverfahren und aus Zivil- oder Verwaltungsgerichtsverfahren, auch wenn der Zeuge früher als Beschuldigter vernommen worden ist (RG **55**, 223). Die bei der Aussage in Bezug genommenen schriftlichen Erklärungen der Beweispersonen können mitverlesen werden, auch schriftliche Gutachten des Sachverständigen. Wegen anderer schriftlicher Erklärungen des Zeugen vgl 8 zu § 250. Dasselbe gilt für Bild-Ton-Aufnahmen und Tonaufzeichnungen (vgl § 255a I; LR-Mosbacher 17).

8   Der **Umfang der Verlesung** wird durch ihren Zweck bestimmt. Das Protokoll darf verlesen werden, soweit es die Gesamtheit der Tatsachen betrifft, die mit der nicht erinnerten Bekundung oder dem Widerspruch in innerem Zusammenhang stehen (LR-Mosbacher 20). Das ganze Protokoll muss verlesen werden, wenn die Beschränkung auf einen Teil unmöglich erscheint (RG **57**, 377; Koblenz GA **74**, 222).

9   Eine **nochmalige Verlesung** ist erforderlich, wenn das Protokoll bereits zum Zweck des Vorhalts verlesen worden war (Köln NJW **65**, 830).

10 **5) Unberührt bleibt** die Möglichkeit, der Beweisperson aus dem Protokoll Vorhalte (28 zu § 249; oben 3) zu machen (BGH **1**, 4, 8; 337, 339; **3**, 199, 201; 281, 283; krit Beulke/Swoboda 421), Vernehmungsniederschriften anderer Art, etwa ein Protokoll über die Aussage eines anderen Zeugen, zum Zweck des Vorhalts zu verlesen oder Notizen und Aufzeichnungen zu verlesen, die der vernommene Zeuge dem Gericht vorgelegt hat oder die ihm bereits vorliegen (BGH **20**, 160, 162; 12 zu § 250). Auch die Aussagekonstanz eines Zeugen (zur Beurteilung seiner Glaubwürdigkeit) kann grundsätzlich durch Vorhalt seiner früheren Aussagen überprüft werden (BGH StV **93**, 59 mit abl Anm Weider, gegen ihn Fischer StV **93**, 670; BGH StV **96**, 412 L; **aM** Hamburg StV **90**, 102 L; Stuttgart StV **90**, 257).

Verlesung eines richterlichen Protokolls bei Geständnis oder Widersprüchen

254 I Erklärungen des Angeklagten, die in einem richterlichen Protokoll oder in einer Bild-Ton-Aufzeichnung einer Vernehmung enthalten sind, können zum Zweck der Beweisaufnahme über ein Geständnis verlesen beziehungsweise vorgeführt werden.

II Dasselbe kann geschehen, wenn ein in der Vernehmung hervortretender Widerspruch mit der früheren Aussage nicht auf andere Weise ohne Unterbrechung der Hauptverhandlung festgestellt oder behoben werden kann.

1   **1) Erklärungen des Angeklagten** in einem **richterlichen Protokoll** können nach § 254 verlesen werden; wegen der Verlesung der vom Angeklagten herrührenden Schriftstücke vgl 13 zu § 249. Wie im Fall des § 253 handelt es sich nach zutr hM um einen Urkundenbeweis (BGH **1**, 337; **14**, 310, 313; KG JR **58**, 369;

1228   *Schmitt*

KK-Diemer 2; LR-Mosbacher 1; SK-Velten 5). Im allseitigen Einverständnis kann die Verlesung durch die Bekanntgabe des Geständnisses durch den Vorsitzenden (vgl 25 ff zu § 249) ersetzt werden (BGH VRS **32**, 352, 353; Alsberg/Dallmeyer 484). Ob das Gericht sich mit der Verlesung begnügt oder den Vernehmungsrichter als Zeugen vernimmt, ist eine Frage der Aufklärungspflicht nach § 244 II. Für Nebenbeteiligte (Einl 73), gegen die eine Maßnahme angeordnet werden soll (§§ 433 I S 1, 442 I, II S 1, 444 II S 2), gilt § 254 entspr (Alsberg/Dallmeyer 494 Fn 762). Auf Tonbandaufnahmen ist die Vorschrift nicht anwendbar (vgl LR-Mosbacher 10; **aM** Alsberg/Dallmeyer 495; Hanack JZ **72**, 275; EbSchmidt JZ **64**, 540; zu Bild-Ton-Aufzeichnungen siehe 1a). Die Verlesung ordnet der Vorsitzende an (2 zu § 253); wegen der Protokollierung vgl § 255.

2) Erklärungen des Angeklagten in einer Bild-Ton-Aufzeichnung einer 1a Vernehmung dürfen nunmehr ebenfalls in die Hauptverhandlung durch Vorführen eingeführt werden. Diese durch das Gesetz vom 17.8.2017 (BGBl I 3202, 3210) eingeführte Regelung knüpft an die Neufassung von § 136 IV an (dort 19a–f), welcher die Möglichkeit einer audiovisuellen Aufzeichnung der Beschuldigtenvernehmung, auch bei polizeilichen und staatsanwaltlichen Vernehmungen, ab 1.1. 2020 in bestimmten Fällen verpflichtend, vorsieht. Entgegen der amtlichen Überschrift werden damit die Voraussetzungen für die Einführung nichtrichterlicher Vernehmungsprotokolle in die Hauptverhandlung durch Augenschein geschaffen. Dies wird mit dem erhöhten Beweiswert derartiger Videoaufzeichnungen begründet, welcher Beschränkungen der Verwendung nicht rechtfertige (BT-Drucks 18/11277 S 34). Für die Vorführung gelten dieselben Voraussetzungen wie für das Verlesen eines richterlichen Protokolls (dazu 2 ff). Die Vernehmung der Verhörsperson bleibt davon unberührt (vgl BT-Drucks aaO).

3) Zum Zweck der Beweisaufnahme über ein Geständnis (I) ist die Ver- 2 lesung oder Vorführung zulässig. Sie erlaubt dem Gericht die Feststellung, dass der Angeklagte in der vorliegenden Strafsache, nicht in einer anderen (RG **54**, 126; KG StV **99**, 197; Hamburg StV **97**, 11), ein Geständnis abgelegt, dass es einen bestimmten Inhalt gehabt hat und dass es wahr ist (Schroth ZStW **87**, 110). Geständnis in diesem Sinn ist das Zugestehen der Tat oder einzelner Tatsachen, die für die Entscheidung zur Schuld- oder Rechtsfolgenfrage erheblich sein können (Dencker ZStW **102**, 62, 68; Jahn Wolter-FS 767), gleichgültig, ob es sich um belastende oder entlastende (BGH MDR **77**, 984 [D]), um unmittelbar beweiserhebliche oder um Indiztatsachen handelt (RG **45**, 196; **54**, 126). Verlesbar bzw durch Abspielen der Videoaufzeichnung vorführbar sind auch Angaben über die persönlichen Verhältnisse des Angeklagten, über die Vorgeschichte der Tat und über Verbindungen zu Mitangeklagten und Mittelspersonen (BGH aaO). Auch die Tatsache, dass der Angeklagte ein Geständnis nicht abgelegt (RG aaO) oder dass er es widerrufen hat, kann so festgestellt werden (RG **54**, 126, 128). Widerruft der Angeklagte das Geständnis erst in der Hauptverhandlung, kommt die Verlesung bzw Vorführung ebenfalls in Betracht (Weigend StV **19**, 852, 856).

4) Zur Aufklärung von Widersprüchen (II) ist die Verlesung bzw Vorfüh- 3 rung unter den gleichen Voraussetzungen zulässig wie im Fall des § 253 II (dort 6; Jahn Wolter-FS 968).

5) Verlesbar sind nur ordnungsgemäß zustande gekommene (vgl BGH StV **85**, 4 314; Hamburg NJW **75**, 1573: Mitwirkung eines entgegen § 189 GVG nicht vereidigten Dolmetschers; BGH NJW **94**, 596, 600: Unterschrift des Protokollführers) Niederschriften über vor einem Richter (wegen ausländischer und konsularischer Vernehmungen vgl 33 ff zu § 251; BGH NStZ **94**, 595 mit Anm Wohlers NStZ **95**, 45; einschr Britz NStZ **95**, 607) abgegebene Erklärungen des jetzigen Angeklagten (BGH **27**, 13, 17), auch Sitzungsniederschriften über eine frühere Hauptverhandlung (Bay MDR **82**, 517), auch wenn sie der Verteidiger für den Angeklagten abgegeben hat (Hamm StV **05**, 122) und auch, wenn die Erklärungen nur nach § 273 II protokolliert worden sind (30 zu § 251). Ob der Angeklagte sie

§ 254

als Beschuldigter oder als Zeuge abgegeben hat, ist gleichgültig (MüKoStPO-Kreicker 9; KMR-Paulus 4; **am** KK-Diemer 3), ebenso, in welchem Verfahrensabschnitt er sie gemacht hat (BGH **3**, 149, 150). Verlesbar sind auch Erklärungen in einem anderen Strafverfahren und in Zivil- und Verwaltungsgerichtsverfahren (RG **56**, 257; Schneidewin JR **51**, 485; offengelassen von BGH NStZ **96**, 612). Erklärungen des Angeklagten vor nichtrichterlichen Beamten können mitverlesen werden, wenn er zu erkennen gegeben hat, dass er diese Angaben als Bestandteil seiner Erklärungen vor dem Richter betrachtet wissen will (BGH **6**, 279, 281; **7**, 73, 74; NJW **52**, 1027), und wenn der vernehmende Richter sie darauf vollständig verlesen, nicht nur vorgehalten hat (BGH NJW **96**, 1547, 1550; StV **87**, 49; **89**, 90; **91**, 340). Diese Grundsätze gelten sinngemäß auch für die Vorführung von nichtrichterlichen Bild-Ton-Aufzeichnungen.

5 **6) Verwertbar** ist das verlesene Protokoll auch gegen einen Mitangeklagten, sofern das Geständnis zwar die dem geständigen Angeklagten vorgeworfene Tat betrifft, sich aber auch auf tatsächliche Vorgänge bezieht, mit denen der Anklagevorwurf gegen den Mitangeklagten im inneren Zusammenhang steht (BGH **3**, 149, 153; **22**, 372; KK-Diemer 8; **am** Roxin/Schünemann § 46, 19). Dies dürfte auch für Bild-Ton-Aufzeichnungen einer nichtrichterlichen Vernehmung gelten.

6 **7) Polizeiliche oder staatsanwaltliche Protokolle** dürfen, nicht zum Zweck der Beweisaufnahme über ihren Inhalt verlesen werden; insoweit begründet § 254 ein Verwertungsverbot (BGH **1**, 337, 339; **14**, 310, 311; Frankfurt StV **96**, 202; Köln VRS **63**, 365; Zweibrücken VRS **60**, 442; Wömpner NStZ **83**, 298; **am** Bohlander NStZ **98**, 396: mit Einverständnis des Beschuldigten verlesbar). Zum Beweis dafür, dass eine solche Urkunde vorhanden ist, sind sie verlesbar (BGH **3**, 149, 150; Wömpner aaO). Dies gilt nicht für die Fälle der Bild-Ton-Aufzeichnung einer Vernehmung (1a).

7 **Vorhalte** aus polizeilichen Protokollen verbietet § 254 ebenfalls nicht, auch nicht deren Verlesung zu diesem Zweck (BGH **1**, 337, 339; **3**, 149, 150; **14**, 310, 311; **21**, 285; 1 StR 6/12 vom 7.3.2012; Jahn Wolter-FS 966; **am** Roxin/Schünemann § 46, 25; 28 zu § 249).

8 Bestreitet der Angeklagte die Richtigkeit der Niederschrift oder äußert er sich nicht zur Sache, so muss der **Vernehmungsbeamte als Zeuge** gehört werden (BGH NJW **66**, 1524); das ist immer zulässig (BGH **3**, 149, 150; **14**, 310, 312; **22**, 170, 171; NJW **66**, 1524; Roxin/Schünemann § 46, 26; **am** Erb v. Heintschel-Heinegg-FS 141; Grünwald JZ **69**, 754; Jahn aaO 965; Schroth ZStW **87**, 130). Das Protokoll darf ihm vorgehalten und zu diesem Zweck auch verlesen werden (BGH **1**, 4, 8; 337, 338; **14**, 310, 312; **am** Dahs Rev 311; Hanack JZ **72**, 274; Riegner NJW **61**, 63). Verwertbar ist aber nur, was er selbst noch von der Vernehmung in Erinnerung hat (BGH **14**, 310, 312; Köln VRS **63**, 365); die bloße Angabe, er habe die Erklärungen des Angeklagten richtig protokolliert, macht den Protokollinhalt nicht verwertbar (BGH **14**, 310; **23**, 213, 220; NStZ **95**, 47; **am** Wömpner NStZ **83**, 299). Eine Verlesung des Vernehmungsprotokolls zur Ergänzung der Vernehmung des Vernehmungsbeamten kommt nicht in Betracht (BGH 4 StR 584/17 vom 23.5.2018; Langkeit/Cramer StV **96**, 230; **am** Kloke NStZ **19**, 374, 382; J. Meyer [11 zu § 251] S 130 mit Fn 483).

9 **8) Die Revision** kann die Zulässigkeit der Verlesung nicht mit der Behauptung angreifen, das verlesene Protokoll enthalte kein Geständnis (RG **45**, 196; BGH MDR **75**, 369 [D]; **am** SK-Velten 22); das Gleiche gilt für den Widerruf des Geständnisses und den Widerspruch iSv II. Anders ist es jedoch, wenn die Voraussetzungen des I oder II rechtsfehlerhaft bejaht worden sind. Auch die fehlende Übereinstimmung der Urteilsfeststellungen mit dem Inhalt des verlesenen Protokolls oder der vorgeführten Bild-Ton-Aufzeichnung kann gerügt werden (14 zu § 337); dabei muss aber dargelegt werden, dass die verlesene Niederschrift bzw die Vorführung zum Zeitpunkt der Urteilsberatung noch beweiserheblich, also etwa der Widerspruch nicht aufgeklärt worden war (BGH NJW **03**, 150, 152). Die unterblie-

bene Verlesung bzw Vorführung nach § 254 kann die Aufklärungsrüge begründen (101 ff zu § 244), ebenso das Unterlassen der Erhebung weiterer sich aus dem Inhalt der Niederschrift aufdrängender Beweise (LR-Mosbacher 27).

Protokollierung der Verlesung

255 In den Fällen der §§ 253 und 254 ist die Verlesung und ihr Grund auf Antrag der Staatsanwaltschaft oder des Angeklagten im Protokoll zu erwähnen.

1) Im **Sitzungsprotokoll** muss die Urkundenverlesung schon nach § 273 I beurkundet werden (BGH NJW **86**, 2063; Köln NJW **65**, 830; LR-Mosbacher 2). § 255 erweitert das dahin, dass auf Antrag, der nach § 273 I ebenfalls in das Protokoll aufzunehmen ist, auch der Grund der Verlesung vermerkt werden muss.

2) **Antragsberechtigt** ist außer StA und Angeklagtem der Verteidiger (BGH **12**, 367, 371; Hanack JZ **72**, 275; Rieß NJW **77**, 882), ferner die Nebenbeteiligten (Einl 73) im Rahmen ihrer Beteiligung (1 zu § 433) sowie der Privatkläger, nicht aber der Nebenkläger (11 zu § 397).

3) Die **Revision** kann auf die fehlende Protokollierung nicht gestützt werden, da das Urteil darauf nicht beruht (26 zu § 344). Das Revisionsgericht muss ggf im Freibeweis (7, 9 zu § 244) feststellen, ob die Voraussetzungen der §§ 253, 254 vorgelegen haben (Schneidewin JR **51**, 489).

Vorführung einer aufgezeichneten Zeugenvernehmung

255a I Für die Vorführung der Bild-Ton-Aufzeichnung einer Zeugenvernehmung gelten die Vorschriften zur Verlesung eines Protokolls über eine Vernehmung gemäß §§ 251, 252, 253 und 255 entsprechend.

II 1 In Verfahren wegen Straftaten gegen die sexuelle Selbstbestimmung (§§ 174 bis 184j des Strafgesetzbuches) oder gegen das Leben (§§ 211 bis 222 des Strafgesetzbuches), wegen Misshandlung von Schutzbefohlenen (§ 225 des Strafgesetzbuches) oder wegen Straftaten gegen die persönliche Freiheit nach den §§ 232 bis 233a des Strafgesetzbuches kann die Vernehmung eines Zeugen unter 18 Jahren durch die Vorführung der Bild-Ton-Aufzeichnung seiner früheren richterlichen Vernehmung ersetzt werden, wenn der Angeklagte und sein Verteidiger Gelegenheit hatten, an dieser mitzuwirken, und wenn der Zeuge, dessen Vernehmung nach § 58a Absatz 1 Satz 3 in Bild und Ton aufgezeichnet worden ist, der vernehmungsersetzenden Vorführung dieser Aufzeichnung in der Hauptverhandlung nicht unmittelbar nach der aufgezeichneten Vernehmung widersprochen hat. ²Dies gilt auch für Zeugen, die Verletzte einer dieser Straftaten sind und zur Zeit der Tat unter 18 Jahre alt waren oder Verletzte einer Straftat gegen die sexuelle Selbstbestimmung (§§ 174 bis 184j des Strafgesetzbuches) sind. ³Das Gericht hat bei seiner Entscheidung auch die schutzwürdigen Interessen des Zeugen zu berücksichtigen und den Grund für die Vorführung bekanntzugeben. ⁴Eine ergänzende Vernehmung des Zeugen ist zulässig.

1) Die **Vorführung der Bild-Ton-Aufzeichnung** einer Zeugenvernehmung zum Beweis des Inhalts der Aussage, dh der festgehaltenen Gedankenäußerungen des Zeugen einschließlich seiner – nonverbalen – Reaktionen regelt I für die Hauptverhandlung durch Verweisung; danach finden auf diesen Beweis des Aussageinhalts durch Augenschein (Diemer NJW **99**, 1673) die Vorschriften, die sich auf die Verlesung des Protokolls über eine – richterliche oder nichtrichterliche – Zeugenvernehmung beziehen, uneingeschränkt entsprechende Anwendung (krit zur Beschränkung der Unmittelbarkeit der Beweisaufnahme Fischer JZ **98**, 820). Die durch das ZSchG eingefügte Bestimmung hat insoweit nur klarstellende Be-

§ 255a

deutung (zur früheren Rechtslage vgl Weigand, Gutachten zum 62. DJT, C 61); ihre praktische Bedeutung ist bisher gering (vgl Vogel [1 zu 247a] 119ff, 260). Sie dient neben dem Zeugenschutz (vgl 1 zu § 58a) der Wahrheitsfindung sowie der Erleichterung und Beschleunigung des Verfahrens. Die Videoaufzeichnung einer Zeugenvernehmung ist vorgesehen in den §§ 58a, auch iVm 168e S 4, und 247a S 4. Deren Vorführung wird in I nicht auf einen bestimmten Kreis von Zeugen oder Straftaten beschränkt, andererseits ist die Bestimmung nach Wortlaut, Schutzrichtung des ZSchG und Systematik (Ausnahmevorschrift) einer (analogen) Anwendung auf Sachverständige nicht zugänglich. Insoweit verbleibt es bei der Möglichkeit einer Verlesung nach §§ 251, 253. Wie bei § 251 (dort 4) kommt es nur auf die verfahrensrechtliche Stellung der Auskunftsperson im Zeitpunkt der Vorführung an; das gilt zB für eine nach § 247a S 4 aufgezeichnete Zeugenaussage eines früheren Mitbeschuldigten (vgl 6 zu § 247a). Der Tatrichter hat sich die erforderliche Gewissheit über die Beziehung der Aufzeichnung zu dem Verfahrensgegenstand, ggf auch deren Echtheit und Unversehrtheit, zu verschaffen (vgl BGH **14**, 339, 341; **27**, 135, 138).

2   A. **In den Fällen der §§ 251, 253** ersetzt die Vorführung des in der Aufzeichnung der richterlichen oder nichtrichterlichen Vernehmung enthaltenen Inhalts der Aussage die gerichtliche Einvernahme des Zeugen über seine Wahrnehmungen (krit dazu Beulke ZStW **113**, 734, 738; vgl auch Stüber [2a zu § 250] S 245ff). Nur insoweit ist eine Ausnahme vom Unmittelbarkeitsgrundsatz gegeben; im Übrigen bleibt § 250 unberührt (BGH **52**, 148). Das Einverständnis nach § 251 I Nr 1 und II Nr 3 muss sich speziell auf das Abspielen beziehen. Auch bei der Vorführung der Aufzeichnung einer Zeugenvernehmung sind aber die durch die Aufklärungspflicht gezogenen Grenzen einer Ersetzung zu beachten (vgl 8, 22, 24 zu § 251; ferner Deckers NJW **99**, 1370 zur Verteidigerbefragung und Jung GA **98**, 325 zur Verfremdungsgefahr durch mediale Aufzeichnungen; zu Art 6 IIId **EMRK** vgl dort 22). Darf ein fehlerhaft zustande gekommenes richterliches Protokoll nicht nach § 251 II verlesen werden, kann auch die Aufnahme der Zeugenaussage nicht entspr § 251 I verwendet werden (vgl BGH NStZ **98**, 312 mit Anm Wönne sowie 6 zu § 168c, 15 und 32 zu § 251; enger Schlothauer StV **99**, 50; zum Erfordernis eines rechtzeitigen Widerspruchs bei Verstößen gegen die Benachrichtigungspflicht nach §§ 168c V, 224 I vgl 12 zu § 224, 32 und 45 zu § 251; Dahs StraFo **98**, 253; Meyer-Goßner/Appl StraFo **98**, 258; Tolksdorf Graßhof-FG 259; Hartwig JR **98**, 359; erg 25 zu § 136).

3   B. **In den Fällen des § 252** ist die Vorführung gleich der Verlesung stets unzulässig (12ff zu § 252). Steht dem Zeugen jedoch nur ein Auskunftsverweigerungsrecht nach § 55 zu, so hindert das nicht die Vorführung seiner Aussage als früherer Mitbeschuldigter, es sei denn, er war damals nicht nach § 136 I S 2 belehrt worden (vgl BGH **10**, 186; 4 zu § 251). Hat der Zeuge hingegen ein Zeugnisverweigerungsrecht nach § 52 und ist er darüber bei seiner früheren Aussage nicht belehrt worden, so ist diese grundsätzlich – auch nach I – unverwertbar (32 zu § 52, dort auch zu Ausnahmen bei Kenntnis, Verzicht oder Tod des Zeugen). Ist der Zeuge jedoch damals belehrt worden, ist im Falle seiner Erreichbarkeit zunächst zu klären, ob der Zeuge zur Aussage bereit ist; solange dies nicht geschehen ist, verbietet § 252 einen Vorhalt an den Angeklagten und jede andere Beweiserhebung – auch nach § 255a – mit Ausnahme der Vernehmung des Richters als Verhörsperson (vgl BGH NJW **96**, 206 mit Anm Wohlers StV **96**, 192; krit zum Ausschluss der Vorführung auch bei nichtrichterlicher Vernehmung BGH **49**, 72, 77 mit Anm Degener StV **06**, 509; vgl auch Kretschmer JR **06**, 457; erg 16 zu § 252). Will der Angehörige nach erneuter Belehrung von seinem Zeugnisverweigerungsrecht keinen Gebrauch machen, kann statt einer erneuten Vernehmung die Aufzeichnung seiner früheren Aussage abgespielt werden. Gestattet er unter Verweigerung im Übrigen lediglich die Verwertung dieser Aussage (vgl 16a zu § 252), darf die Verhörsperson vernommen und die Videoaufzeichnung als Vorhalt benutzt werden. Ist der angehörige Zeuge in der Hauptverhandlung unerreichbar, weil sein

Aufenthalt nicht ermittelt werden kann, so darf seine frühere Aussage vorgespielt werden, wenn er damals ordnungsgemäß belehrt worden war (vgl SK-Velten 10); einer Erklärung des Zeugen, ob er jetzt vom Zeugnisverweigerungsrecht Gebrauch machen wolle, bedarf es nicht, da I iVm § 251 solches nicht vorsieht (vgl 17 zu § 252 mwN). Die Vorführung der Aufzeichnung ohne höchstpersönlichen, nach ordnungsgemäßer richterlicher Belehrung erklärten Verzicht auf das Weigerungsrecht nach § 52 ist jedoch unzulässig, wenn die Erziehungsberechtigten sich aus Gründen des Kindeswohls berechtigt weigern, das Kind in der Hauptverhandlung vernehmen zu lassen (BGH NJW **96**, 206).

C. Aus der **Betrachtung der Person des Zeugen** können in gleichem Umfang wie bei Vernehmungen Schlüsse gezogen werden (vgl 14 zu § 86), wobei die Bedeutung der Abgrenzung in den Hintergrund tritt, weil die Videoaufzeichnung zugleich Gegenstand der Augenscheinseinnahme im herkömmlichen Sinn ist (Laubenthal JZ **96**, 342). Unabhängig von den Voraussetzungen des § 255a kann die Aufzeichnung zum Zweck des Vorhalts (krit Rieß StraFo **99**, 4 wegen der Suggestion; **aM** Pott, Rechtsprobleme bei der Anwendung von Videotechnologie im Strafprozess, 2004 [zugl Diss Marburg 2003] S 127: Vorhalt unzulässig; vgl aber auch oben 3) oder als Mittel des Augenscheins zum Beweis von Umständen, die außerhalb der den Gegenstand der Vernehmung bildenden Gedankenäußerungen liegen, verwendet werden (**aM** SK-Velten 13). Geht es um die äußere Beschaffenheit des Bild-Ton-Trägers, so bedarf es eines gesonderten Augenscheins (vgl zu Urkunden 13 zu § 86; 7 zu § 249).

D. Eine **Gleichstellung von Bild-Ton-Aufzeichnungen mit Vernehmungsniederschriften** enthält I jedenfalls nicht uneingeschränkt (**aM** KK-Diemer 4; Seitz JR **98**, 313). § 58a II S 1, auch iVm § 168e S 4 oder § 247a S 5, macht die Verwendung der Aufnahme nämlich davon abhängig, dass dies zur Erforschung der Wahrheit erforderlich ist. Es gibt keinen Grund, § 255a I insoweit als Spezialregelung für die Hauptverhandlung anzusehen; vielmehr gebietet die mit der allgemeinen Vorschrift des § 58a II S 1 bezweckte Rücksicht auf die schutzwürdigen Interessen des Zeugen, dh vor allem auf sein Persönlichkeitsrecht, die Beachtung der – erkennbar auch auf die Vorführung in der Hauptverhandlung abzielenden (vgl 1 zu § 58a: Vermeidung von Mehrfachvernehmungen; vgl auch § 247a S 4) – Verwendungsbeschränkung. Ihre Begrenzung auf die der Verhandlung vorgelagerten Verfahrensabschnitte ist im Gesetzgebungsverfahren zu keinem Zeitpunkt erwogen worden, die im ursprünglichen Gesetzentwurf der Fraktionen der CDU/CSU und F.D.P. (BT-Drucks 13/7165; Schlüchter Schneider-FS 449 Fn 23) vorgesehene, inhaltlich vergleichbare und daher überflüssige Subsidiaritätsklausel ist im weiteren Verlauf des Gesetzgebungsverfahrens konsequenterweise in Wegfall gekommen. Folglich ist stets zu prüfen, ob die Vorführung der Aufzeichnung ergiebiger sein wird als die Verlesung der Vernehmungsniederschrift und ob es im konkreten Verfahren auf diesen erhöhten Beweiswert ankommt (zust Schöch Meyer-Goßner-FS 373). Das wird mit Blick auf die Vorzüge der Wiedergabe einer Vernehmung durch Abspielen einer Videoaufnahme, insbesondere ihren regelmäßig höheren Beweiswert, häufig, wenn aber gleichsam automatisch der Fall sein (wie hier Rieß StraFo **99**, 4; Beulke/Swoboda 430m; weitergehend Weigend, Gutachten zum 62. DJT, C 63 und Weider/Staechelin StV **99**, 53; anders Leitner StraFo **99**, 48: I als lex specialis; ähnlich Pott [oben 4] S 31, 59).

2) Ersetzung der Vernehmung eines Zeugen (II):
Zulässig ist die Ersetzung seiner Vernehmung durch die Vorführung einer Bild-Ton-Aufzeichnung einer früheren richterlichen Vernehmung bei den in II genannten Straftaten, wenn der Zeuge unter 18 Jahre alt ist oder wenn er zur Zeit der Tat unter 18 Jahre alt war und nunmehr als allgemein das Opfer einer Sexualstraftat war.

A. Eine **weitergehende Durchbrechung des Unmittelbarkeitsgrundsatzes** (§ 250) sieht S 1 zur Vermeidung oder jedenfalls zur Verkürzung einer erneuten Vernehmung junger Zeugen in der Hauptverhandlung unter engen Voraussetzun-

§ 255a

gen vor (zur Altersgrenze 1 zu § 241a). Die Vorschrift bezweckt damit, diese Gruppe besonders schutzbedürftiger Zeugen vor den erheblichen psychischen Belastungen und Beeinträchtigungen einer erneuten Vernehmung in der fremden Umgebung einer Hauptverhandlung – regelmäßig (vgl aber § 247a) in Gegenwart einer Reihe von Verfahrensbeteiligten – zu bewahren, indem sie die Einführung des Inhalts einer früheren richterlichen Aussage durch die Vorführung ihrer Bild-Ton-Aufzeichnung zulässt (vgl auch 1 zu § 58a). Dieser Schutzzweck wird durch den auch hier geltenden § 58a II S 1 (oben 5) nicht beeinträchtigt. Die durch die Aufklärungspflicht gezogenen Grenzen einer Ersetzung (oben 2) sollten bei den eigentlichen Opferzeugen nicht zu eng gezogen werden (vgl Meurer JuS 99, 940). Bei Bedarf kann nach S 4 verfahren werden (erg unten 10). Die Voraussetzungen des S 1 müssen im Zeitpunkt der Vorführung vorliegen. Fallen sie danach weg, vollendet etwa der Zeuge im weiteren Verlauf der Hauptverhandlung sein 18. Lebensjahr, so ist das nur von Bedeutung, wenn die Aufklärungspflicht zur Vorladung des Zeugen zwingt.

8
8a B. **Im Einzelnen setzt S 1 voraus:**
Gegenstand der Hauptverhandlung muss eine Straftat aus dem (eigenständigen) Katalog der Vorschrift sein. Mit der Anknüpfung an das „Verfahren" stellt das Gesetz auf die prozessuale Tatidentität ab (1 ff zu § 264). Kommt in diesem Rahmen eine weitere Straftat iS der §§ 52, 53 StGB hinzu, hindert das die Vorführung der Aufzeichnung nicht, so zB § 227 StGB, der stets die Katalogtat des § 222 StGB einschließt (BGH **49**, 72, 79). Der Schutzzweck der Bestimmung (oben 7) wird nicht dadurch berührt, dass noch eine Nichtkatalogtat hinzutritt (LR-Mosbacher 11; SK-Velten 17; zw Rieß StraFo **99**, 4 Fn 55, wenn die Vernehmung keinen Zusammenhang mit der Katalogtat aufweist). Ist danach aber die Vorführung einheitlich zulässig, darf sie auch zum Zweck der Feststellung der Schuld und des Schuldumfangs weiterer Delikte verwertet werden. Der Zeuge braucht nicht Opfer der angeklagten Tat zu sein (BGH NJW **12**, 3382; zust Krüger/Wengenroth StV **12**, 452; einschr Diemer NJW **99**, 1674; vgl unten 9); in diesem Fall darf er aber im Zeitpunkt der Vorführung noch nicht 18 Jahre alt sein. Ferner setzt die Bestimmung mit Blick auf die Anwesenheitsrechte insbesondere in den §§ 168c II, 224, 230 iVm 137, 140 die Bild-Ton-Aufnahme einer früheren richterlichen Vernehmung des Zeugen voraus. Eine solche Aufnahme lassen die §§ 58a, auch iVm 168e S 4, und 247a S 4, zu. Die Aufzeichnung einer nichtrichterlichen Vernehmung nach § 58a (dort 4, 4a) kann allenfalls nach I zum Beweis des Aussageinhalts abgespielt werden (zu ihrer Verwendung als Vorhalt oder Augenscheinsobjekt vgl oben 4). Nur die Aufnahme einer ordnungsgemäßen richterlichen Vernehmung, die die wesentlichen Verfahrensvorschriften gewahrt hat (vgl 32 zu § 251), kann nach II S 1 vorgeführt werden, da ein „Ausweichen" auf § 251 I hier nicht möglich ist. Im Falle eines nach § 52 zeugnisverweigerungsberechtigten, erreichbaren Zeugen setzt die Vorführung eine ordnungsgemäße Belehrung bei der früheren richterlichen Vernehmung voraus (vgl 32 zu § 52, dort auch zu Ausnahmen bei Kenntnis, Verzicht und Tod des Zeugen). Nach BGH **49**, 72, 82 (nicht entscheidungstragend) kann der Zeuge, da es sich bei der Aufzeichnung um einen vorverlagerten Teil der Hauptverhandlung handelt und II – anders als I – nicht auf § 252 Bezug nimmt, durch nachträgliche Ausübung seines Zeugnisverweigerungsrechts die Verwertung der Aufzeichnung seiner früheren richterlichen Vernehmung nicht verhindern (ebenso BGH 5 StR 555/19 vom 26.11.2019; LR-Mosbacher 21; Kretschmer JR **06**, 458; **aM** Vorauflage; KK-Diemer 9a; Degener StV **06**, 514); deshalb bedarf es vor dem vernehmungsersetzenden Vorspielen der ermittlungsrichterlichen Vernehmung nicht der vorherigen Klärung der Frage, ob der Zeuge sein ZVR in der Hauptverhandlung ausüben wolle (BGH 5 StR 555/19 vom 26.11.2019). Gleiches muss im Fall des II S 4 (unten 10) gelten.

8b Ferner müssen Angeklagter und Verteidiger Gelegenheit gehabt haben, **an der Vernehmung mitzuwirken**, insbesondere durch Ausübung des Fragerechts (etwa im Fall des § 168c II; vgl München StV **00**, 352); das gilt auch für Vernehmungen

Hauptverhandlung § 255a

im Wege der Rechtshilfe. Die Mitwirkungsbefugnisse im Rahmen der §§ 168e, 247a genügen (BGH **49**, 72, 82). Die Mitwirkung des Beschuldigten, der zum damaligen Zeitpunkt noch keinen Verteidiger hatte, genügt nur, wenn kein Fall der notwendigen Verteidigung vorliegt (KK-Diemer 10; weitergehend Schlothauer StV **99**, 49: stets; erg unten 9), was allerdings nur sehr selten so sein wird. Die Vorführung ist auch unzulässig, wenn zwar der Verteidiger, nicht aber der Angeklagte Gelegenheit zur Mitwirkung hatte; ob dessen Ausschluss nach § 168c III oder V S 2 rechtlich zulässig war oder nicht, ist unbeachtlich (BGH aaO). Auf die tatsächliche Wahrnehmung der Mitwirkungsrechte kommt es nicht an (KK-Diemer 11; Vogel/Norouzi JR **04**, 218; **aM** Beulke ZStW **113**, 713; Schlothauer aaO). Bestand jedoch keine Gelegenheit zur Mitwirkung darf die Aufzeichnung nur abgespielt werden, wenn sich der Angeklagte bzw sein Verteidiger damit einverstanden erklären (SK-Velten 33; **aM** HK-Julius 16: Widerspruchslösung [25 zu § 136] anwendbar).

In den Fällen des § 58a I S 3 (Straftaten gegen die sexuelle Selbstbestimmung nach §§ 174 bis 184j StGB), eingeführt durch das Gesetz zur Modernisierung des Strafverfahrens vom 10.12.2019 [BGBl I 2121, 2122]) kommt die vernehmungsersetzende Vorführung der Bild-Ton-Aufzeichnung **nicht in Betracht, wenn der Zeuge** dieser unmittelbar nach der im Ermittlungsverfahren aufgezeichneten richterlichen Vernehmung **widersprochen** hat (8d-h zu § 58a). Das Recht zum Widerspruch – wie auch das Zustimmungserfordernis vor der Aufzeichnung der Vernehmung* – soll das Persönlichkeitsrecht der Opfer von Sexualstraftaten wahren (BT-Drucks 532/19 S 25, 36; zur Kritik an der gesetzgeberischen Konzeption siehe aber 8a, 8c und 8 f zu § 58a). Der Widerspruch muss allerdings direkt im Anschluss an die Vernehmung gegenüber dem Richter erklärt worden sein, andernfalls der Zeuge an seine vor der Vernehmung erklärte Zustimmung gebunden bleibt; dies gilt gleichermaßen, wenn der Zeuge einen rechtzeitig erklärten Widerspruch zurücknimmt (BT-Drucks 532/19 S 36 f).

Der Widerspruch hat zur Konsequenz, dass der Zeuge in der Hauptverhandlung vernommen werden muss. Da der Widerspruch nur die vernehmungsersetzende Vorführung der Videoaufzeichnung ausschließt, bleibt darüber hinaus ihre Vorführung in Ergänzung der persönlichen Vernehmung oder im Wege des Vorhalts möglich (siehe 9a); dies wird häufig – zumindest bei nicht geständigem Täter – unter Aufklärungsgesichtspunkten geboten sein, um die Aussagekonstanz zu überprüfen.

C. Nach **pflichtgemäßem Ermessen** kann die Vernehmung des Zeugen durch die Vorführung ersetzt werden, wenn die Voraussetzungen des S 1 vorliegen. Wird von der Vernehmungsersetzung Gebrauch gemacht, ist die durch Vorspielen der Bild-Ton-Aufzeichnung eingeführte Vernehmung so zu behandeln, als sei der Zeuge in der Hauptverhandlung selbst gehört worden (BGH **49**, 68). Bei der Abwägung, ob die Vernehmung durch das Vorspielen der Aufzeichnung ersetzt werden soll, sind insbesondere die schutzwürdigen Interessen des Zeugen (S 3), das Aufklärungsgebot und das Verteidigungsinteresse des Angeklagten (Deckers NJW **99**, 1370) zu berücksichtigen, während Gesichtspunkte der Verfahrensbeschleunigung und Prozessökonomie zurücktreten. Mit Blick auf die Durchbrechung des Unmittelbarkeitsprinzips werden die gegen eine Vorführung sprechenden Rechtsgrundsätze besonders zu gewichten sein, wenn der Zeuge nicht zu den Opfern der Straftat zählt bzw durch sie nicht in vergleichbarer Weise betroffen ist (etwa als Hinterbliebener nach einem Tötungsdelikt oder als Tatzeuge); das Gleiche gilt, wenn die Vernehmung in den oben 8a genannten Fällen eine Nichtkatalogtat betrifft. Stets ist auch an zeugenschonende Alternativen (zB § 247a) zu denken. Im Interesse der Wahrheitsfindung wird die Vorführung einer früheren richterlichen Vernehmung oftmals nur genügen, wenn der Verteidiger nach Einsicht in die vollständigen Akten gleichberechtigt an der Einvernahme mitwirken konnte (Schünemann StV **98**, 400: kommunikative Kontrolle), die Zulässigkeit der Vorführung hängt hiervon aber nicht ab (BGH **48**, 268 = StV **03**, 650 mit abl Anm Schlothau-

§ 255a

er = JR **04**, 212 mit abl Anm Vogel/Norouzi; **aM** auch Beulke Gollwitzer-Koll 16; Eisenberg/Zötsch NJW **03**, 3677; Renzikowski Mehle-FS 537; Schlothauer StV **99**, 49; vgl auch Rieß StraFo **99**, 4; Walther JZ **04**, 1110).

9a Hält das Gericht die **persönliche Vernehmung des Zeugen** für unabweisbar geboten, ist es nicht gehindert, dem Zeugen bei der Vernehmung die Bild-Ton-Aufzeichnung vorzuhalten oder sie – zB um die Frage der Aussagekonstanz zu beurteilen – im Anschluss ergänzend durch Vorspielen in Augenschein zu nehmen; dies ist dann aber kein Anwendungsfall des § 255a (BGH **49**, 68 mit krit Anm Kölbel NStZ **05**, 220; abl auch Walther JZ **04**, 1112).

10 D. Eine **ergänzende Vernehmung des Zeugen** ist nach S 4 zulässig. Sie kann nach Maßgabe der gerichtlichen Aufklärungspflicht gemäß § 244 II geboten sein und ist dann vom Gericht von Amts wegen anzuordnen (BGH **48**, 268, zust Schlothauer StV **03**, 654 und Vogel/Norouzi JR **04**, 257; BGH NStZ-RR **05**, 45 L). Dies wird vor allem bei Aussage gegen Aussage-Konstellationen in Betracht zu ziehen sein, bei denen ein unmittelbarer Eindruck von dem Zeugen von besonderer Bedeutung ist; insoweit darf nicht aus dem Blick verloren werden, dass die unmittelbare Vernehmung in der Hauptverhandlung grundsätzlich einen höheren Beweiswert als die Vorführung einer Videoaufzeichnung besitzt.

10a Mit einer neuen Behauptung, zu der der Zeuge noch nicht gehört worden war, kann auch ein dahingehender **Beweisantrag** gestellt werden (vgl BGH StV **95**, 566 und 26 zu § 244; Karlsruhe StraFo **10**, 71; Schünemann StV **98**, 400, der weitergehend einen Anspruch der Verteidigung auf ergänzende Zeugenvernehmung bereits bejaht, wenn diese Bedenken gegenüber der Richtigkeit und Vollständigkeit der früheren Aussage substantiieren kann; abl hierzu Schlüchter/Greff Kriminalistik **98**, 534); der Antrag unterliegt allerdings den allgemeinen Ablehnungsgründen (BGH **48**, 268; Beulke ZStW **113**, 714; krit Schlothauer aaO 654; Walther JZ **04**, 1111).

10b Der Zeuge wird idR **in der Hauptverhandlung** unter Anwendung zeugenschonender Maßnahmen, ggf in der Form des § 247a, ergänzend zu vernehmen sein. Es gilt § 241a; nach dem Zweck des II (oben 7) ist gemäß §§ 241a III iVm 241 II streng darauf zu achten, dass keine unzulässigen Wiederholungsfragen gestellt werden (vgl 15 zu § 241). Stehen dem Erscheinen des Zeugen Hindernisse iS des § 223 entgegen, etwa die berechtigte Weigerung der Eltern, das Kind oder den Jugendlichen in der Hauptverhandlung aussagen zu lassen (6 zu § 223), so wird im Allgemeinen (vgl aber 65 zu § 244) dessen kommissarische Vernehmung anzuordnen sein (zur Videovernehmung in diesem Zusammenhang vgl 20 zu § 223). Eine Bild-Ton-Aufzeichnung dieser Vernehmung kann nach § 255a vorgeführt werden, regelmäßig nach I iVm § 251 II Nr 1, gemäß II S 1 nur, wenn der Angeklagte und sein Verteidiger Gelegenheit hatten, an der kommissarischen Vernehmung mitzuwirken (oben 8). Nur in eng begrenzten Ausnahmefällen, etwa wenn gravierende Nachteile für das Kindeswohl zu befürchten sind, wird es die Rücksichtnahme auf den Zeugen gebieten, von einer ergänzenden Beweisaufnahme abzusehen, mit der Folge, dass der Grundsatz *in dubio pro reo* eingreift und es ggf zum Freispruch des Angeklagten kommen kann (vgl BGH NJW **93**, 2451; KK-Diemer 13; Meier, Recht der Jugend und des Bildungswesens, 1996, 459). Wenn die ergänzende Vernehmung konkrete Gefahren für Leib oder Leben (Suizidgefahr) des Zeugen begründet, der das Gericht nicht durch andere Schutzmaßnahmen zu begegnen vermag, kann es nach II S 2 iVm § 244 II, III zu einer erneuten Befragung nicht verpflichtet sein (vgl BGH **39**, 141; vgl ferner BGH NStZ **84**, 31 und 10 vor § 48).

11 3) Das **Verfahren** zur Anordnung der Vorführung der Aufzeichnung ergibt sich für I aus den dort in Bezug genommenen Vorschriften. Die Entscheidung über eine Ersetzung der Vernehmung nach II S 1 trifft gemäß II S 3 das Gericht nach einer Interessenabwägung (BGH NStZ-RR **19**, 27). Für die Protokollierung gilt § 273 I, nicht § 255, auf den II S 1 nicht verweist. Das Gleiche gilt – mit Ausnahme der Ablehnung von Beweisanträgen (§ 244 VI S 1; vgl oben 10) – für Ent-

Hauptverhandlung § 256

scheidungen nach II S 2. Auch in den Fällen des II ist in der Hauptverhandlung der Grund für die Vorführung bekanntzugeben (II S 3).

4) Beschwerde: Gegen die Anordnung der Vorführung der Bild-Ton-Aufzeichnung kann der Zeuge – soweit der Vorsitzende entscheidet, nach vorheriger Anrufung des Gerichts (21 zu § 238) – Beschwerde einlegen (§§ 304 II, 305 S 2), für die Verfahrensbeteiligten steht der Zulässigkeit des Rechtsmittels (gegen einen Gerichtsbeschluss) § 305 S 1 entgegen. Einen beschwerdefähigen Anspruch auf Vorführung der Aufzeichnung seiner früheren Vernehmung hat der Zeuge nicht (KK-Diemer 12). 12

5) Revision: Hat sich das Gericht mit der Vorführung der Bild-Ton-Aufzeichnung begnügt, obwohl die Umstände zu einer persönlichen (ggf ergänzenden) Vernehmung des Zeugen drängten (12 zu § 244), so ist nicht § 255a, sondern die Aufklärungspflicht (§ 244 II) verletzt (vgl auch 15 zu § 250 zum notwendigen Revisionsvorbringen). Umgekehrt kann auch das Unterlassen der Vorführung die Aufklärungsrüge begründen, ebenso das Unterbleiben der Erhebung weiterer sich nach ihrem Inhalt aufdrängender Beweise. Bei unzulässiger (ersetzender) Vorführung und Verwertung der Aufzeichnung ist gegen den Grundsatz der persönlichen Vernehmung (§ 250) verstoßen worden; das kann gerügt werden, auch wenn nicht nach § 238 II das Gericht angerufen worden ist. Die Rüge (§ 261), das Beweisergebnis der Vorführung sei im Urteil unrichtig wiedergegeben, ist im Falle des I – nicht aber bei einer Vorführung nach II (BGH NJW 03, 2761, 2763; zw, siehe erg 14 zu § 337) – zulässig, wenn sich die fehlende Übereinstimmung ohne weiteres, dh ohne dass es einer Rekonstruktion bedarf, aus den Akten – der Videoaufzeichnung, die Aktenbestandteil ist (vgl § 58a II S 2 und dort 11) – ergibt (vgl 14 zu § 337, OLG Stuttgart NStZ **86**, 41, 42: Schlothauer StV **99**, 50;); zu I vgl im Übrigen 45, 46 zu § 251, 18 zu § 252 und 3 zu § 255. Der Verstoß gegen das Beschlusserfordernis (II S 3, vgl oben 11) kann mit der Verfahrensrüge beanstandet werden (BGH NStZ-RR **19**, 27). 13

**Verlesung der Erklärungen von Behörden
und Sachverständigen** RiStBV 68, 111 III

256 I Verlesen werden können

1. die ein Zeugnis oder ein Gutachten enthaltenden Erklärungen
   a) öffentlicher Behörden,
   b) der Sachverständigen, die für die Erstellung von Gutachten der betreffenden Art allgemein vereidigt sind, sowie
   c) der Ärzte eines gerichtsärztlichen Dienstes mit Ausschluss von Leumundszeugnissen,
2. unabhängig vom Tatvorwurf ärztliche Atteste über Körperverletzungen,
3. ärztliche Berichte zur Entnahme von Blutproben,
4. Gutachten über die Auswertung eines Fahrtschreibers, die Bestimmung der Blutgruppe oder des Blutalkoholgehalts einschließlich seiner Rückrechnung,
5. Protokolle sowie in einer Urkunde enthaltene Erklärungen der Strafverfolgungsbehörden über Ermittlungshandlungen, soweit diese nicht eine Vernehmung zum Gegenstand haben und
6. Übertragungsnachweise und Vermerke nach § 32e Absatz 3.

II Ist das Gutachten einer kollegialen Fachbehörde eingeholt worden, so kann das Gericht die Behörde ersuchen, eines ihrer Mitglieder mit der Vertretung des Gutachtens in der Hauptverhandlung zu beauftragen und dem Gericht zu bezeichnen.

§ 256 Zweites Buch. 6. Abschnitt

Übersicht

	Rn
1) Normzweck	1, 2
2) Zeugnis oder ein Gutachten enthaltende Erklärungen	3–10
A. Zeugnisse und Gutachten	4–6
B. Leumundszeugnisse	7–10
3) Öffentliche Behörden (I Nr 1a)	11–15
A. Behörden	12–14
B. Von der Behörde stammende Erklärungen	15
4) Gutachten allgemein vereidigter Sachverständiger (I Nr 1b)	16
5) Ärzte eines gerichtsärztlichen Dienstes (I Nr 1c)	17
6) Ärztliche Atteste über Körperverletzungen (I Nr 2)	18–21
7) Ärztliche Berichte über Blutprobenentnahmen (I Nr 3)	22
8) Sonstige Gutachten und Berichte (I Nr 4)	23–25
9) Erklärungen über Ermittlungshandlungen (I Nr 5)	26, 27
10) Übertragungsnachweise und Vermerke nach § 32e III (I Nr 6)	27a
11) Kollegiale Fachbehörden (II)	28
12) Anordnung der Verlesung	29
13) Revision	30

1 **1) Einen Urkundenbeweis** in Durchbrechung des Unmittelbarkeitsgrundsatzes des § 250 und über § 251 hinaus lässt die Vorschrift zu. Während es dort um die Ersetzung der Vernehmung von Zeugen, Sachverständigen und Mitbeschuldigten durch Verlesung von Vernehmungsniederschriften und Erklärungen geht, können nach § 256 bestimmte Zeugnisse, Gutachten, Atteste, Berichte und Protokolle verlesen werden. Wegen der besonderen Autorität von Behörden kann von einer mündlichen Vernehmung ihrer Bediensteten idR abgesehen werden (Koblenz NJW **84**, 2424; Rogall Gössel-FS 516). Durch das 1. JuMoG ist allerdings eine Ausweitung von den behördlichen auch auf private Gutachten erfolgt, soweit sie von allgemein vereidigten Sachverständigen erstattet worden sind (I Nr 1b), da diesen idR dasselbe Vertrauen wie einem behördlichen Gutachten entgegengebracht werden kann. Die Vorschrift ist aber darüber hinaus in I Nr 5 noch auf Erklärungen der Strafverfolgungsbehörden erstreckt worden, was den sachlichen Zusammenhang mit den übrigen Alternativen sprengt (vgl Knauer/Wolf NJW **04**, 2936: „geradezu radikale Änderung") und nicht unbedenklich ist, weil hier – anders als in der Gesetzesbegründung behauptet (BR-Drucks 378/03 S 61) – die Objektivität der doch grundsätzlich an einer Bestrafung des Beschuldigten interessierten Strafverfolgungsbehörde im Gegensatz zu den andern in der Vorschrift bezeichneten Institutionen nicht ohne weiteres gewährleistet ist (vgl auch Neuhaus StV **05**, 52; Sommer StraFo **04**, 298: „Dokumentationsinteresse eines Polizeibeamten weicht oftmals erheblich von dem Erkenntnisinteresse der Verfahrensbeteiligten im Prozess ab"; ferner allgemein Kerner/Trüg Weber-FS 472: „für die Kriminalpolizei steht der kriminalistische Erfolg der ‚Überführung des Täters' im Fokus").

2 Die **Aufklärungspflicht** (§ 244 II) bleibt von § 256 unberührt (BGH **1**, 94, 96; Krüger I. Roxin-FS 605; vgl auch RiStBV 111 III S 2 Hs 2). Zwingt sie nicht zur persönlichen Anhörung der Beweisperson, können entspr Anträge der Prozessbeteiligten abgelehnt werden (BGH NStZ **81**, 95 [Pf]; Bay NJW **53**, 194; siehe auch BGH 3 StR 218/18 vom 9.8.2018). Für das beschleunigte und über § 411 II S 2 für das Verfahren nach Einspruch gegen einen Strafbefehl bestehen gemäß § 420 II erweiterte Verlesungsmöglichkeiten.

3 **2) Ein Zeugnis oder ein Gutachten enthaltende Erklärungen** öffentlicher Behörden, allgemein vereidigter Sachverständiger oder von Gerichtsärzten können verlesen werden, nicht aber Leumundszeugnisse.

4 A. Bei den **Zeugnissen und Gutachten** ist gleichgültig, an wen sie gerichtet und auf wessen Veranlassung sie ausgestellt worden sind (Gössel DRiZ **80**, 369; Krause 167). Nur darf es sich nicht um innerdienstliche Notizen oder Vermerke oder um Berichte an Vorgesetzte handeln (LR-Stuckenberg 31).

5 Das **Zeugnis**, das wohl nur als „behördliches" (I Nr 1a) in Betracht kommt, gibt Auskunft über amtlich festgestellte Tatsachen und über andere Wahrnehmun-

Hauptverhandlung § 256

gen von Behördenangehörigen, die ohne § 256 als Zeugen zu vernehmen wären. Dabei kann es sich um Feststellungen aus amtlichen Unterlagen oder über (vor oder nach der Tat entstandene) amtliche Vorgänge oder um Wahrnehmungen handeln, die einzelne Behördenangehörige bei (nicht nur gelegentlich) ihrer Tätigkeit für die Behörde gemacht haben (Alsberg/Dallmeyer 532). Das können auch Mitteilungen anderer Behörden oder dritter Personen sein. Für Äußerungen der mit der Sache befassten Strafverfolgungsorgane, insbesondere für Aktenvermerke der Polizei und der StA, gilt nicht I Nr 1a (BGH NStZ **82**, 79; **88**, 420, 421; **95**, 143), wohl aber I Nr 5 (unten 26). Für Erklärungen einer mit der Sache nicht befassten Strafverfolgungsbehörde, zB über Anhängigkeit oder Stand eines anderen Verfahrens oder über die Existenz oder den Aufenthalt bestimmter Personen ist hingegen auch I Nr 1a anwendbar.

Gutachten iS I Nr 1 ist jede sachverständige Äußerung der Behörde oder des 6 allgemein vereidigten Sachverständigen oder Gerichtsarztes, gleichgültig, ob sie auf dem bereits vorhandenen Tatsachenmaterial oder erst nach Eingang des Gutachterauftrags angestellten Untersuchungen beruht (Bay **52**, 228 = NJW **53**, 194; Alsberg/Dallmeyer 534; **aM** Frankfurt NJW **52**, 757); es kommt nicht darauf an, ob die dem Gutachten zugrunde liegenden Feststellungen von dem zuständigen Repräsentanten der Behörde selbst oder von einem seiner Mitarbeiter getroffen worden sind (BGH DAR **02**, 203 [To]). Auch behördliche Rechtsgutachten sind verlesbar (BGH NJW **96**, 1355, 1358). Außer der gutachtlichen Äußerung ist die Mitteilung der ihr zugrunde liegenden Befundtatsachen (10 zu § 79) verlesbar (BGH MDR **55**, 397 [D]), die über Zusatztatsachen (11 zu § 79) nur, wenn darin ein Zeugnis der Behörde iS I S 2 liegt (BGH aaO; Karlsruhe NJW **73**, 1426); sonst muss der Gutachter als Zeuge vernommen werden (BGH aaO). Zur Vertretung des Gutachtens vor Gericht vgl im übrigen Seyler GA **89**, 559 ff.

B. **Leumundszeugnisse** dürfen nicht verlesen werden, gleichgültig, ob sie den 7 Angeklagten, einen Zeugen oder einen Dritten betreffen (LR-Stuckenberg 13) und ob die Prozessbeteiligten mit der Verlesung einverstanden sind. Entgegen der missverständlichen Gesetzesfassung bezieht sich das Verbot der Verlesung von Leumundszeugnissen selbstverständlich auf die ganze Nr 1 und nicht nur auf Nr 1c, wo es ohnehin kaum Leumundszeugnisse geben wird.

Der **Begriff** Leumundszeugnis ist weit auszulegen. Darunter fallen nicht nur 8 Äußerungen über den Ruf, den Angeklagte, Zeuge oder Dritte bei anderen genießt, sondern alle Wertäußerungen über seine Persönlichkeit, insbesondere über Fähigkeiten und Eigenschaften, wie Glaubwürdigkeit, Zuverlässigkeit, sittliche Führung, berufliches Können (vgl RG **53**, 280; **59**, 374; KK-Diemer 7). Ob der Verfasser seine eigene Ansicht oder die Meinung anderer wiedergibt, spielt keine Rolle.

Leumundszeugnisse sind zB (vgl SK-Velten 26) Schulzeugnisse, soweit sie 9 das sittliche Verhalten und die Wahrheitsliebe betreffen, Beurteilungen von Dienstvorgesetzten (OGH **3**, 80, 81), Zeugnisse der Beschäftigungsbehörde über die Einschätzung des Charakters und der sittlichen Eigenschaften (Hamburg StV **85**, 496), Berichte der Jugendämter über die Führung von Jugendlichen und der JVAen über die Führung von Gefangenen. Bezieht sich die Äußerung der Behörde nur auf einzelne Leumundstatsachen, so ist die Verlesung zulässig (KMR-Paulus 13). Auch das psychologische Gutachten über die Glaubwürdigkeit ist kein Leumundszeugnis (BGH 5 StR 365/59 vom 20.10.1959).

In der **Nichtverlesbarkeit** stehen die behördlichen Leumundszeugnisse den 10 privaten (§ 250) gleich; zur Feststellung des Leumunds ist immer Zeugenbeweis erforderlich (RG **53**, 280), es sei denn, I Nr 5 sei anwendbar (dazu unten 26). Wenn und soweit die Erklärung ein Leumundszeugnis enthält, ist auch die Bekanntgabe ihres Inhalts durch den Vorsitzenden und ihr Vorhalt gegenüber dem Angeklagten oder einer Beweisperson unzulässig (SSW-Franke 4; 28 zu § 249).

§ 256 Zweites Buch. 6. Abschnitt

11 3) **Öffentliche Behörden** (I Nr 1a):

12 A. Dies sind **nach öffentlichem Recht eingerichtete**, in den Organismus der Staatsgewalt eingegliederte, mit der Erfüllung öffentlicher Aufgaben betraute Stellen des Staates oder eines anderen Trägers der öffentlichen Verwaltung, die in ihrem Bestand von dem oder den sie jeweils leitenden Beamten unabhängig sind (BVerfGE **10**, 20, 48; BGH VRS **11**, 449, 451; Bay **64**, 36, 38 = NJW **64**, 1192; Koblenz NJW **84**, 2424; vgl auch § 1 IV VwVfG). Obrigkeitliche Befugnisse brauchen sie nicht zu haben (BGHZ **25**, 168, 188; Karlsruhe NJW **73**, 1426). In Betracht kommen auch Behörden im Ausland (BGH NJW **92**, 58, 59; 4 StR 524/17 vom 5.6.2018: Schreiben eines ausländischen Generalkonsulats).

13 **Behörden sind zB** (vgl SK-Velten 21) öffentliche Kliniken und Krankenhäuser (BGH NStZ **84**, 231; Karlsruhe aaO), Universitätsinstitute für Rechtsmedizin (BGH NJW **67**, 299; NStZ-RR **01**, 262 [B]; VRS **44**, 37, 39; **48**, 209), staatliche Gesundheitsämter (BGH **1**, 94, 97; MDR **55**, 397 [D]), chemische Untersuchungsanstalten (BGH NJW **53**, 1801) und Veterinär-Untersuchungsämter (Celle NJW **66**, 1881), meteorologische Institute und Wetterämter (LR-Stuckenberg 25), das BKA und die Landeskriminalämter (BGH NJW **68**, 206; Hamburg NJW **69**, 571), die Physikalisch-Technische Bundesanstalt in Berlin (Koblenz NJW **84**, 2424), das Zollkriminalinstitut in Köln, ferner Handels- und Handwerkskammern (RG **52**, 198), die Deutsche Bundesbank und die Landeszentralbanken (vgl RG **63**, 122; zu den Kreditinstituten eingehend Jansen [1a zu § 161] 256 ff), Führer militärischer Einheiten der Bundeswehr (LR-Stuckenberg 23), Gerichtsvollzieher (Bay StV **02**, 646).

14 **Keine Behörden sind** in der Rechtsform der GmbH betriebene oder sonst privatrechtlich organisierte Krankenhäuser (BGH NStZ **88**, 19 [Pf/M]; StraFo **15**, 246) und Technische Überwachungsvereine (Bay **55**, 89; Hamm BA **81**, 274, 276; Köln MDR **64**, 254), Berufsgenossenschaften (RG **34**, 367) und Notare (ausgenommen die staatlichen Notariate in BW), sowie im Gegensatz zur früheren Rechtslage (vgl KG VRS **14**, 452) idR auch nicht mehr die Nachfolger der Deutschen Bundespost (Deutsche Post AG, Deutsche Postbank AG und Deutsche Telekom AG; vgl zur Neuorganisation der Post Gramlich NJW **94**, 2787).

15 B. **Von der Behörde stammende Erklärungen** können verlesen werden. Der Erklärende muss die Behörde repräsentieren (BGH StV **87**, 285: Polizeipräsident; Bay NJW **64**, 1192; Karlsruhe NJW **73**, 1426). Er muss allgemein oder auf Grund besonderer Anordnung zu ihrer Vertretung berechtigt sein (BGH NStZ **84**, 231; StV **84**, 142 L) und darf nicht völlig außerhalb der Zuständigkeit der Behörde handeln (BGH VRS **48**, 209, 210; Karlsruhe aaO; Justiz **77**, 104; Gössel DRiZ **80**, 369). Die Erklärung muss von dem Behördenleiter oder in dessen Vertretung von einem dazu befugten Sachbearbeiter unterschrieben sein (Hamburg NJW **69**, 570). Das Fehlen eines Zusatzes „iV" oder „iA" spricht dagegen, dass das Gutachten im Namen der Behörde erstattet ist (BGH NStZ **84**, 231; **85**, 36; **88**, 283; Köln StV **95**, 630), nicht aber unbedingt, wenn es unter einem privaten Briefkopf abgegeben worden ist (BGH VRS **11**, 449; **48**, 209); in Zweifelsfällen muss sich das Revisionsgericht darüber im Freibeweis Klarheit verschaffen (Schäfer NStZ **96**, 247). Berichte der Gerichtshilfe und der Jugendgerichtshilfe sind idR nicht für die Behörde abgegeben (26 zu § 160). Formmängel sind unschädlich, insbesondere das Fehlen des Dienstsiegels und des amtlichen Stempels (RG **43**, 405). In Zweifelsfällen muss bei der Behörde zurückgefragt werden (BGH VRS **11**, 449; **44**, 37, 39; Düsseldorf StV **83**, 273; Hamburg NJW **69**, 571).

16 4) **Gutachten allgemein vereidigter Sachverständiger** (I Nr 1b) dürfen wie Behördengutachten verlesen werden. Zur allgemeinen Vereidigung vgl 5 zu § 79. Ihre idR von hoher Sachautorität geprägten Erklärungen rechtfertigen es, sie den Behördengutachten gleichzustellen (vgl BGH NStZ **20**, 94). Daher ist nur noch in Zweifelsfällen ihre persönliche Vernehmung erforderlich. Es bleibt den Prozessbeteiligten aber unbenommen, durch Stellung von Beweisanträgen zur näheren Erläuterung des Gutachtens oder zur Behebung von Unklarheiten, Mängeln oder Auslassungen auf der persönlichen Vernehmung des Sachverständigen zu bestehen (Knauer/Wolf NJW **04**, 2936; Neuhaus StV **05**, 52). Dasselbe kann die – unberührt bleibende (oben 2) – Aufklärungspflicht des Gerichts gebieten. Eine Ausdehnung der Vorschrift auf private Institute kommt nicht in Betracht (BGH aaO mit Anm Ventzke).

5) Ärzte eines gerichtsärztlichen Dienstes (I Nr 1c): Gemeint sind vor allem die bayerischen LG-Ärzte (Ges vom 27.7.1950; VO vom 6.10.1950 [Bay BS II 55, 56]), nicht die Ärzte der gerichtsmedizinischen Institute und der JVAen (Karlsruhe Justiz **77**, 104). Zwar sind auch die Gutachten der LG-Ärzte Behördengutachten (Art 3 II des Ges vom 12.7.1986 [BayGVBl 120]), sie können aber ohne Rücksicht auf die interne Organisation des gerichtsärztlichen Dienstes verlesen werden (LR-Stuckenberg 43). 17

6) Ärztliche Atteste über Körperverletzungen (I Nr 2) dürfen unabhängig vom Tatvorwurf verlesen werden. Mit dieser durch Gesetz vom 17.8.2017 (BGBl I 2017 S 3202) eingeführten Änderung wird die Verlesbarkeit eines ärztlichen Attests nicht mehr wie früher an das zu beweisende Delikt (dazu 60. Aufl Rn 20), sondern an den Inhalt des Attests geknüpft (BT-Drucks 18/11277 S 34); es genügt also unabhängig vom Tatvorwurf, dass sich aus dem Attest eine körperliche Beeinträchtigung ergibt. Dadurch wird den Ärzten vermehrt erspart werden, allzu oft vor Gericht erscheinen zu müssen. Gleichgültig ist, auf wessen Veranlassung und zu welchem Zweck das Attest ausgestellt worden ist und ob der Angeklagte Täter oder Opfer der Körperverletzung ist (KG StV **83**, 237). 18

Verlesbar sind nur schriftliche Bestätigungen approbierter Ärzte (dazu Krüger I. Roxin-FS 608) über eigene Wahrnehmungen bei der Untersuchung und Behandlung von Kranken und Verletzten. Eine besondere Form, insbesondere Unterschriftsform ist nicht erforderlich (BGH 1 StR 57/19 vom 7.8.2019; vgl NStZ-RR **19**, 285: Lesbarkeit der Unterschrift nicht notwendig). Der ausstellende Arzt muss lediglich erkennbar sein und es muss ausgeschlossen sein, dass es sich um einen Entwurf handelt (BGH 1 StR 57/19 vom 7.8.2019; vgl auch Düsseldorf StV **15**, 542). Die Verwendung von Kopien ist – wie auch sonst im Urkundsbeweis (6 zu § 249) – zulässig (BGH NStZ-RR **19**, 285). Enthält das Attest außer dem Befundbericht eine gutachtliche Äußerung, zB über Schwere und Folgen der Verletzung, Minderung der Erwerbsfähigkeit und voraussichtliche Heilungsmöglichkeiten, so kann es auch insoweit verlesen werden (LR-Stuckenberg 49). **Unzulässig** ist aber die Verlesung von Tatsachen, die der Arzt bei Gelegenheit der Untersuchung ohne besondere Sachkunde festgestellt hat, zB Zustand der Kleidung, Angaben des Verletzten oder eines Dritten über den Zeitpunkt oder die Ursache der Verletzung (BGH **4**, 15; StV **84**, 142; Düsseldorf aaO; Hamburg StV **00**, 9). Vorhalte an den Angeklagten oder Beweispersonen unter Benutzung des Inhalts des Attestes sind ebenfalls zulässig (vgl BGH StraFo **09**, 152; NStZ **10**, 466), zum Beweis dient dann insoweit aber nur die Vorhalt hin abgegebene Erklärung (erg 14 zu § 250). 19

Unabhängig vom Tatvorwurf: Das Attest kann bei Körperverletzungen nach §§ 223, 224, 229, 340 StGB, aber auch dann verlesen werden, wenn es sich nach seinem Inhalt um eine schwere Körperverletzung (§ 226) oder um eine Körperverletzung mit Todesfolge (§ 227 StGB) handelt. Darüber hinaus sind im Gegensatz zum früheren Rechtszustand (vgl BT-Drucks aaO) auch Atteste verlesbar, wenn es dem **Nachweis einer anderen Straftat** als einer Körperverletzung dienen soll, etwa einem Sexualdelikt, einer Raubstraftat oder einem versuchten Totschlag. Eine Verlesung ist nunmehr auch möglich, wenn sie nur für die Rechtsfolgen von Bedeutung sein kann, zB für das Vorliegen von Regelbeispielen. Im Übrigen gilt für die Ausübung des richterlichen Ermessens § 244 II (vgl Krüger StV **18**, 316, 318). 20

Mit Einverständnis von StA, Verteidiger und Angeklagtem ist die Verlesung des Attestes nach § 251 I Nr 1 zulässig. 21

§ 256

22 **7) Ärztliche Berichte über Blutprobenentnahmen (I Nr 3),** die erkennen lassen müssen, von wem sie herrühren (Bay StV **89**, 6), sind die dem Gutachten über die Schuldfähigkeit oder Fahrtüchtigkeit zugrunde liegenden Anknüpfungstatsachen über Ort, Zeitpunkt und Verhalten (Bewusstsein, Stimmung, Erscheinungsbild) des Betroffenen bei der Blutprobenentnahme (BGH DAR **79**, 186 [Sp]; Rieß NJW **75**, 87 Fn 86) sowie die Ergebnisse der bei dieser Gelegenheit durchgeführten klinischen Tests. Die Verwertung der Berichte kann nur durch Verlesung nach I Nr 3 oder Vernehmung des Sachverständigen erfolgen (Bay StraFo **02**, 399; Düsseldorf VRS **77**, 364; erg oben 21).

23 **8) Sonstige Gutachten und Berichte (I Nr 4):** Um Gutachten einer öffentlichen Behörde oder eines Arztes im gerichtsärztlichen Dienst braucht es sich nicht zu handeln.

24 **Fahrtschreiber:** Gemeint ist die Auswertung eines Fahrtschreiberdiagramms. Das Gutachten darf verlesen werden, soweit es die Ablesung und Auswertung des einprogrammierten Zeichensystems zum Inhalt hat und soweit das Aufzeichnungsergebnis dahin ausgewertet ist, ob der Fahrtschreiber einwandfrei gearbeitet hat, nicht aber, soweit allgemein die Funktionsweise des Geräts beschrieben ist (Celle JR **78**, 122 mit Anm Puppe).

25 Die eine **Blutprobe** auswertenden (auch privaten) Gutachten sind sowohl zur Blutgruppenbestimmung als auch zur Berechnung des Blutalkoholgehalts verlesbar; das gilt auch, soweit sie sich über die Qualität der Blutgruppe äußern. Die Verlesung ist idR ausreichend (BGH **28**, 235, 236); ausnahmsweise kann § 244 II die Vernehmung des Sachverständigen erfordern, zB wenn bei der Bestimmung des Blutalkoholgehalts die der Rückrechnung zugrunde liegenden Umstände sich bei der Beweisaufnahme nicht bestätigt haben.

26 **9) Erklärungen der Strafverfolgungsbehörden** über Ermittlungshandlungen (I Nr 5): Diese Verlesungsmöglichkeit beruht auf dem Bemühen, die Hauptverhandlung von Vernehmungen zu entlasten, bei denen der zu Vernehmende idR nicht mehr bekunden kann, als sich aus dem Protokoll oder der Urkunde ergibt. Der Gesetzgeber dachte hierbei insbesondere an Protokolle und Vermerke über – aber nicht hierauf beschränkt (Celle NStZ **14**, 175) – Routinevorgänge, wie etwa Beschlagnahme, Spurensicherung, Durchführung einer Festnahme, Sicherstellungen, Hausdurchsuchungen, Observationsberichte (BGH NJW **16**, 1601; LG Berlin StV **15**, 544 mit krit Anm Krüger; **aM** SK-Velten 33; Conen FS-Eisenberg II 371, 381 ff). Nach dem uneingeschränkten Wortlaut der Vorschrift können sowohl Erklärungen der Strafverfolgungsbehörden über die den Gegenstand der Hauptverhandlung betreffende Ermittlungshandlungen als auch über solche in anderen Verfahren verlesen werden (BGH JR **16**, 261 mit zust Anm Braun; **aM** SK-Velten aaO; Conen aaO; vgl auch oben 5). Bei Verlesungen nach I Nr 5 wird aber in besonderem Maße auf Einhaltung der Aufklärungspflicht nach § 244 II zu achten sein (oben 1, 2; LG Berlin aaO); so kann die Inaugenscheinnahme einer Videoaufzeichnung nicht durch die Verlesung des über sie gefertigten Vermerks ersetzt werden (Düsseldorf NStZ **08**, 358). Die Verfahrensbeteiligten müssen ggf durch Stellung von Beweisanträgen zur weiteren Aufklärung beitragen (Neuhaus StV **05**, 52; Sommer StraFo **04**, 298). Es genügt für die Verlesung, dass erkennbar ist, auf wessen Erkenntnissen die in dem Bericht beschriebenen Vorgänge beruhen; einer handschriftlichen Unterzeichnung bedarf es nicht (BGH 5 StR 330/18 vom 1.8.2018).

27 Auf **Vernehmungen** erstreckt sich die Verlesungsmöglichkeit nicht; dafür gilt § 251. Der Begriff der „Vernehmung" ist weit zu fassen: Hierzu gehören auch die informatorische Befragung (Einl 79; Knauer/Wolf NJW **04**, 2936; Krüger NStZ **11**, 595), der Vermerk über Befragungen (Schleswig StV **15**, 541; vgl auch BGH 5 StR 462/18 vom 18.3.2019) oder polizeiliche Schlussberichte, in denen die Vernehmungsergebnisse wiedergegeben werden.

27a **10) Übertragungsnachweise und Vermerke nach § 32e III (I Nr 6)** dürfen ebenfalls verlesen werden. Diese durch das Gesetz zur Einführung der elektro-

Hauptverhandlung § 257

nischen Akte in der Justiz vom 5.7.2017 eingeführte Regelung ermöglicht es, die Zeugenvernehmung einer Person, die einen sog Umwandlungsvermerk nach § 32e III gefertigt hat, durch Urkundsbeweis zu ersetzen; die Vernehmung bleibt aber möglich (BT-Drucks 18/9416 S 63).

11) Kollegiale Fachbehörden (II): Die Vorschrift ergänzt § 83 III. Sie vereinfacht das Verfahren für den Fall, dass die kollegial organisierte und besetzte Behörde das nach I verlesene Gutachten zu erläutern oder zu ergänzen hat oder dass das Gutachten nicht verlesen, sondern in der Hauptverhandlung erstattet wird (einschr Rogall Gössel-FS 516: nur Erläuterung möglich). Wenn es das Gericht für ausreichend hält, brauchen dann nicht alle Mitglieder des Kollegiums, das die Behörde vertritt, in der Hauptverhandlung zu erscheinen, sondern es genügt, dass auf entsprechendes Ersuchen ein Mitglied von diesem Kollegium beauftragt wird. Dem Ersuchen, das nur das Gericht stellen (RG **39**, 140) und das schon mit dem Gutachtenauftrag oder mit der Ladung (§§ 214, 221) an die Behörde gerichtet werden kann, braucht die Fachbehörde nicht zu entsprechen. Der Beauftragte hat in der Hauptverhandlung die Stellung eines Sachverständigen (5 zu § 83; **aM** Rogall aaO 522: Urteilsgrundlage ist und bleibt allein das verlesene behördliche Gutachten; vgl auch SK-Velten 36). 28

12) Die **Anordnung der Verlesung** trifft der Vorsitzende im Rahmen der Sachleitung (§ 238 I); nur auf Beanstandung nach § 238 II entscheidet das Gericht. Der förmlichen Verlesung steht die Inhaltsfeststellung gleich (Düsseldorf VRS **59**, 269, 270; Hamm OLGSt § 274 S 3; Köln VRS **73**, 136; 25 ff zu § 249). 29

13) Revision: Ob die nach I Nr 1a verlesene Erklärung für eine Behörde abgegeben worden ist (oben 15), klärt das Revisionsgericht ggf im Freibeweis (BGH VRS **44**, 32, 39; Düsseldorf StV **83**, 273; Köln NStZ-RR **97**, 367, 368). Dies gilt gleichermaßen für I Nr 1 b) und c); einer Beanstandung nach § 238 II bedarf es nicht (BGH NStZ **20**, 94 mit Anm Ventzke). Hat sich das Gericht mit der Verlesung begnügt, obwohl die Umstände zu einer persönlichen Vernehmung des Zeugen oder Gutachters drängten (12 zu § 244), so ist nicht § 256, sondern die Aufklärungspflicht (§ 244 II) verletzt (BGH NStZ **93**, 397). Bei unzulässiger Verlesung – zB wegen fehlender Unterzeichnung (Düsseldorf StV **15**, 542) – und Verwertung des Zeugnisses, Gutachtens, Attestes oder Protokolls ist gegen den Grundsatz der persönlichen Vernehmung (§ 250) verstoßen worden (BGH NJW **80**, 651); das kann gerügt werden, auch wenn nicht nach § 238 II das Gericht angerufen worden ist (BGH NStZ **12**, 585; Düsseldorf aaO; zw BGH StV **15**, 534; vgl auch Krüger StV **18**, 316, 318). 30

Befragung des Angeklagten und Erklärungsrechte nach einer Beweiserhebung

257 I Nach der Vernehmung eines jeden Mitangeklagten und nach jeder einzelnen Beweiserhebung soll der Angeklagte befragt werden, ob er dazu etwas zu erklären habe.

II **Auf Verlangen ist auch dem Staatsanwalt und dem Verteidiger nach der Vernehmung des Angeklagten und nach jeder einzelnen Beweiserhebung Gelegenheit zu geben, sich dazu zu erklären.**

III **Die Erklärungen dürfen den Schlußvortrag nicht vorwegnehmen.**

1) Befragung des Angeklagten (I): Die Vorschrift sichert dem Angeklagten das rechtliche Gehör; sie dient auch der Sachaufklärung, indem der Angeklagte die Möglichkeit erhält, durch zeitnahe Erklärungen der Verfestigung eines Meinungsbildes beim Gericht entgegenzuwirken (BGH 1 StR 651/17 vom 15.5.2018 mN; eingehend zum Erklärungsrecht des Verteidigers Burkhard StV 04, 390). Sie stellt klar, dass der Angeklagte nach jeder Beweiserhebung, auch im Verfahren nach § 249 II und nach der Einnahme des gerichtlichen Augenscheins befragt werden soll, ob er Erklärungen abzugeben hat. Gibt er Erklärungen ab, so müssen auch sie 1

Schmitt 1243

§ 257

bei der Entscheidung berücksichtigt werden (5 zu § 261). Die Befragung ist Aufgabe des Vorsitzenden.

2 Obwohl es sich um eine **Sollvorschrift** handelt, darf der Vorsitzende von der Befragung nicht ohne besonderen Grund absehen (vgl Neuhaus Herzberg-FS 885). Es steht ihm aber frei, den Angeklagten nicht erst nach jeder Beweiserhebung, sondern bereits bei Beginn der Verhandlung oder der Beweisaufnahme auf sein Recht nach I hinzuweisen. Die Befragung ist nicht deshalb überflüssig, weil schon der Verteidiger Erklärungen abgegeben hat.

3 **I gilt auch** für Nebenbeteiligte, denen die Befugnisse des Angeklagten zustehen, im Rahmen ihrer Beteiligung (§§ 433 II S 1, 442 I, II, 444 II S 2). Im Jugendstrafverfahren brauchen Erziehungsberechtigte und gesetzlicher Vertreter nicht befragt zu werden (BGH DAR **77**, 176 [Sp]; KK-Diemer 2; Brunner/Dölling 6 zu § 67 JGG; **aM** LR-Stuckenberg 7; Eisenberg 9 zu § 67 JGG).

4 In der **Sitzungsniederschrift** genügt eine allgemeine Feststellung, dass I beachtet worden ist; ein Vermerk nach jedem Beweiserhebungsakt ist nicht erforderlich (BGH MDR **67**, 175 [D]; StV **94**, 468 mit abl Anm Schlothauer für den Fall, dass die Erklärung nach I eine erstmalige Einlassung des bisher schweigenden Angeklagten zur Sache enthält).

5 **2) StA und Verteidiger (II),** bei mehreren Verteidigern jeder von ihnen, dürfen sich auf Verlangen äußern, müssen also nicht besonders befragt werden. Ihre Erklärungen dürfen sie erst abgeben, wenn ihnen der Vorsitzende dazu ausdrücklich oder durch schlüssige Handlung Gelegenheit gibt.

5a **Widerspruch** gegen die Verwertung eines Beweises muss zum erstmöglichen Zeitpunkt geltend gemacht werden; in der Berufungsinstanz besteht keine Möglichkeit zum Widerruf mehr, wenn er in der 1. Instanz nicht oder verspätet erhoben worden ist (Celle NStZ **14**, 118 mwN; vgl auch BGH **38**, 214, 215; **50**, 272, 274; erg 25 zu § 136).

6 **II gilt auch** für Privatkläger (§ 385 I S 1), Nebenklage (§ 397 I S 3; vgl aber Hamburg StV **90**, 153: Ausführungen des zuvor als Zeuge vernommenen Nebenklägers zur Sache sind Zeugenaussagen) und Prozessbevollmächtigte der Nebenbeteiligten (§ 434).

7 Die Abgabe einer Erklärung nach II ist in der **Sitzungsniederschrift** zu beurkunden (dazu Burkhard StV **04**, 397).

8 **3) Grenzen der Erklärungsrechte (III):** Der Schlussvortrag darf durch die Erklärungen nach I und II nicht vorweggenommen werden (eingehend dazu Fahl 389 ff). Sie dürfen sich immer nur auf die unmittelbar vorangegangene Beweiserhebung beziehen (LR-Stuckenberg 11; Rieß NJW **75**, 94; **aM** Burkhard StV **04**, 393; Hohmann StraFo **99**, 155), insbesondere zum Beweiswert des Beweismittels kritisch Stellung nehmen, Unklarheiten und Widersprüche aufzeigen und auf Zusammenhänge mit anderen Beweismitteln hinweisen (im Einzelnen dazu Hammerstein Rebmann-FS 237). Eine Gesamtwürdigung des bisherigen Verhandlungsergebnisses ist unzulässig (SSW-Franke 6; Leipold StrFo **01**, 301; **aM** SK-Velten 7). Das Recht, Anträge zu stellen, schränkt III aber nicht ein. Überschreitet ein Verfahrensbeteiligter die Grenzen des III, so entzieht ihm der Vorsitzende in Ausübung seiner Sachleitung nach § 238 I das Wort; hiergegen kann nach § 238 II das Gericht angerufen werden (Müller Fezer-FS 153 ff hält dies für ausreichend und III daher für überflüssig).

9 **4) Revision:** Auf eine Verletzung des § 257 kann die Revision gestützt werden (LR-Stuckenberg 37 mwN; SK-Velten 12; Burkhard StV **04**, 397; Hammerstein Rebmann-FS 236; Hohmann StraFo **99**, 157). Das Urteil wird aber auf dem Verstoß idR nicht beruhen (BGH 3 StR 166/16 vom 23.8.2016; Leipold StraFo **01**, 301). Jedenfalls bedarf es für die Zulässigkeit auch Vortrags dazu, welche Äußerungsmöglichkeiten mit welchen Inhalten dem Angeklagten verloren gegangen sind und aus welchen Gründen er durch den Verstoß gegen I in seinen Verteidigungsmöglichkeiten beschränkt worden ist (BGH 1 StR 651/17 vom 15.5.2018).

Hauptverhandlung **§ 257a**

Rügt der Verteidiger den Verstoß, muss er vortragen, dass ihm das Wort nicht gewährt wurde und er dagegen vergeblich nach § 238 II vorgegangen ist (BGH NStZ **07**, 234).

Form von Anträgen und Anregungen zu Verfahrensfragen

257a [1] Das Gericht kann den Verfahrensbeteiligten aufgeben, Anträge und Anregungen zu Verfahrensfragen schriftlich zu stellen. [2] Dies gilt nicht für die in § 258 bezeichneten Anträge. [3] § 249 findet entsprechende Anwendung.

1) **Anwendungsbereich der Vorschrift:** Den Verfahrensbeteiligten muss rechtliches Gehör gewährt werden (Einl 23 ff). Grundsätzlich ist im Strafverfahren dafür auch Anhörung im wörtlichen Sinne zu fordern (Bandisch StV **94**, 158; Krahl GA **98**, 334; Schlüchter GA **94**, 428 Fn 226), also die sprachliche Äußerung in mündlicher Verhandlung und die Kenntnisnahme der Reaktion des Gerichts auf die Ausführungen (R. Hamm StV **94**, 459). An den Grundprinzipien unseres Strafverfahrens, die durch die Grundsätze der Öffentlichkeit (§ 169 S 1 GVG), der Mündlichkeit (7 zu § 261) und der Unmittelbarkeit (1 zu § 250) gekennzeichnet sind, will und kann eine vereinzelte Vorschrift wie der durch das Verbrechensbekämpfungsgesetz 1994 eingefügte § 257a nichts ändern (vgl auch Dahs NJW **95**, 556; Krahl aaO 335 ff). Nach der Gesetzesbegründung (BT-Drucks 12/6853 S 19, 34) soll die Vorschrift die „straffere Durchführung" von Groß- und Umfangsstrafverfahren ermöglichen (ob sie dies Ziel erreichen kann, ist aber schon fraglich, vgl dazu Münchhalffen StraFo **95**, 20 und Friebertshäuser-FG 139; bejahend hingegen Nehm/Senge NStZ **98**, 385). Aus der Gesetzesfassung ist dieser Zweck jedoch nicht zu entnehmen. 1

Die Vorschrift bedarf daher der **teleologischen Reduktion:** Nur wenn durch eine Vielzahl von Anträgen oder Anregungen zu Verfahrensfragen oder durch mehrere Anträge außerordentlichen Umfangs der Verfahrensablauf bei mündlichem Vortrag erheblich (um Stunden oder gar Tage) verzögert werden würde, kann eine Anordnung nach § 257a in Betracht kommen (vgl Schlüchter aaO 427). Für eine Anordnung, die auch künftige Anträge und Anregungen erfasst, muss die Feststellung eines zuvor erfolgten Missbrauchs des Antragsrechts verlangt werden (Krahl aaO 340; vgl König Kriminalistik **95**, 477; **aM** Pfeiffer 2; Fahl 398; Senge NStZ **02**, 231). Nur bei einer solchen teleologischen Reduktion der Vorschrift kann sie rechtsstaatlichen Anforderungen genügen und kann die gegen sie erhobene scharfe Kritik, die von der Bezeichnung als „Maulkorb-Paragraph" (Bandisch aaO; R. Hamm aaO 458; Scheffler NJW **94**, 2194) über Einführung einer „Geisterverhandlung" (R. Hamm aaO 457) bis zur Befürchtung einer „Grabesstille" im Gerichtssaal (Scheffler aaO) reicht, entkräftet werden (König/Seitz NStZ **95**, 5 weisen insoweit auf den fair trial-Grundsatz hin); Krahl aaO 342 hält die Vorschrift allerdings selbst dann für rechtswidrig. 2

2) **Anordnung:** Für einen oder mehrere zu stellende Anträge oder Anregungen kann den Verfahrensbeteiligten die Schriftform aufgegeben werden. Wenn eine allgemeine Anordnung für alle auch in Zukunft zu stellenden Anträge und Anregungen, ohne dass deren Inhalt schon bekannt- oder vorherzusehen ist, getroffen werden soll, setzt dies einen festgestellten Missbrauch des Antragsrechts voraus (oben 2). 3

Die Anordnung steht **im pflichtgemäßen Ermessen** des Gerichts. Sie kann zB auch getroffen werden, wenn die Verfahrensbeteiligte von sich aus schon einen umfangreichen schriftlichen Antrag vorlegen will. Sie kommt nicht in Betracht, wenn dem Verfahrensbeteiligten schriftliche Antragstellung nicht zumutbar oder nicht möglich ist (BT-Drucks 12/6853 S 34). 4

3) **Anordnender und Adressat:** Nur das Gericht in voller Besetzung, nicht der Vorsitzende allein kann die Anordnung treffen. Der Vorsitzende sollte aber 5

Schmitt 1245

§ 257a Zweites Buch. 6. Abschnitt

zuvor auf diese Möglichkeit, wenn sie in Betracht kommt (aber natürlich nicht als „Drohung", wie R. Hamm StV **94**, 457 befürchtet), hinweisen. Sie kann gegenüber allen Verfahrensbeteiligten ergehen, also StA, Verteidiger, Angeklagtem, Nebenkläger und Nebenbeteiligten.

6 **4) Inhalt:** Die Anordnung kann sich auf alle Arten von Anträgen und Anregungen zu Verfahrensfragen beziehen, insbesondere auf Beweis- und Beweisermittlungsanträge, Anträge auf Einstellung, Unterbrechung oder Aussetzung des Verfahrens. Die Anordnung kann auf bestimmte Anträge (zB nur auf Beweisanträge) oder auch zeitlich (zB nur am heutigen Verhandlungstag) beschränkt werden. Eine Begründung der Anordnung schreibt das Gesetz zwar nicht vor; aus der erforderlichen teleologischen Reduktion der Vorschrift (oben 2) ist aber ein Begründungserfordernis zu schließen. Vor allem, wenn die Anordnung für sämtliche zukünftigen Anträge und Anregungen erfolgt, bedarf sie einer Begründung, warum der Verfahrensbeteiligte missbräuchlich gehandelt hat (oben 3).

7 Die Anordnung ist **ausgeschlossen** bei den Anträgen nach § 258. Dabei umfasst der Ausschluss nicht nur die eigentliche Antragstellung, sondern – wie die uneingeschränkte Erwähnung des § 258 in S 2 beweist – den gesamten Schlussvortrag. Für die Ablehnung eines Sachverständigen gilt dies mangels Verweisung in § 74 auf das Richterablehnungsverfahren nicht (vgl 20 zu § 74). Bei beabsichtigter Ablehnung des Gerichts kann zwar keine schriftliche Stellung des Antrags, aber dessen schriftliche Begründung verlangt werden (§ 26 I S 2, dort 2a, 2b).

8 § 257a **gilt auch nicht** für Verlesung der Anklage und Äußerung des Angeklagten zur Anklage (§ 243 III und IV), für Erklärungen der Verfahrensbeteiligten, zB nach §§ 251 II Nr 3 oder § 257 (König/Seitz NStZ **95**, 5), und nicht für Äußerungen zur materiellen Rechtslage; bei letzteren verhindert § 257 III einen Missbrauch des Erklärungsrechts.

9 **5) Folgen der Anordnung:** Anträge und Anregungen dürfen nur noch in geschriebener Form eingereicht werden. Maschinenschrift kann nicht verlangt werden, handschriftlich verfasste Erklärungen müssen aber lesbar sein. Die schriftliche Einreichung muss im Hauptverhandlungsprotokoll vermerkt werden; es handelt sich um eine wesentliche Förmlichkeit iSd § 273 I. Ggf muss die Hauptverhandlung unterbrochen werden, um dem Verfahrensbeteiligten Gelegenheit zur schriftlichen Antragstellung zu geben (Dahs NJW **95**, 556). Entgegen der Anordnung mündlich gestellte Anträge oder Anregungen braucht das Gericht nicht entgegenzunehmen, ist daran durch den Beschluss aber auch nicht gehindert, wenn der zügige Verfahrensablauf dadurch nicht beeinträchtigt wird (SSW-Franke 7).

10 Die **entsprechende Anwendung des § 249** hat insbesondere den Sinn, dass das Gericht von den schriftlich gestellten Anträgen und Anregungen im Selbstleseverfahren (16 ff zu § 249) Kenntnis nehmen kann; denn, wenn statt des Verfahrensbeteiligten das Gericht den Antrag entspr 249 I S 1 verliest, wird die erwünschte „Verfahrensstraffung" kaum erreicht werden können (Scheffler NJW **94**, 2194). Auch ein zusammenfassender Bericht des Vorsitzenden (25 ff zu § 249) ist möglich und in geeigneten Fällen empfehlenswert, um den Inhalt des Schriftsatzes in der Hauptverhandlung bekanntzumachen.

11 Hinsichtlich der **Entscheidung über die Anträge** gelten keine Besonderheiten. Die Entscheidung muss verkündet werden (§ 35 I S 1) und ist in das Hauptverhandlungsprotokoll aufzunehmen.

12 **6) Anfechtung:** Gegen die Anordnung ist eine Beschwerde wegen § 305 S 1 nicht zulässig. Es bleibt nur die Möglichkeit der Gegenvorstellung (23 ff vor § 296).

13 **7) Revision:** Wenn die Anordnung unzulässig war, weil kein sachlich einleuchtender Grund für sie angegeben oder erkennbar oder ein Missbrauch seiner prozessualen Rechte durch den Verfahrensbeteiligten zu Unrecht bejaht worden ist, kann dies nach § 337 – für die Verteidigung nach § 338 Nr 8 – die Revision begründen.

Konnte deswegen ein verfahrenserheblicher Beweisantrag nicht gestellt werden, kann uU auch die Aufklärungsrüge (101 ff zu § 244) begründet sein.

Erörterung des Verfahrensstands mit den Verfahrensbeteiligten

257b Das Gericht kann in der Hauptverhandlung den Stand des Verfahrens mit den Verfahrensbeteiligten erörtern, soweit dies geeignet erscheint, das Verfahren zu fördern.

1) Diese Vorschrift ist **nicht auf eine einvernehmliche Verfahrenserledigung gerichtet;** dafür gilt in der Hauptverhandlung § 257c (BGH 5 StR 467/15 vom 8.12.2015). Sie beschränkt sich vielmehr „auf kommunikative Elemente, die der Transparenz und Verfahrensförderung dienen" (BT-Drucks 16/11736 S 15) und umfasst ihrem Wortsinn nach alle möglichen Arten der Erörterung, die mit der Durchführung des Verfahrens zu tun haben (vgl BGH 1 StR 162/19 vom 19.11.2019).

2) Die Erörterungen können aber auch der **Vorbereitung einer Verständigung** nach § 257c dienen (BVerfG NJW **13**, 1058, 1068; BGH NStZ **11**, 590; Altenhain/Haimerl JZ **10**, 334; überzogen krit Gierhake JZ **13**, 1037) also etwa zur Auslotung des Strafrahmens für die Verständigung, der Erforderlichkeit weiterer Beweiserhebungen oder der einstweiligen Bewertung der erhobenen Beweise. Auch die rechtliche Bewertung der angeklagten Straftat nach der bisher durchgeführten Beweisaufnahme kann erörtert werden. Eine eventuelle Verständigung betreffende Gespräche müssen nicht stets mit sämtlichen Verfahrensbeteiligten zugleich geführt werden, die anderen sind aber später darüber zu informieren (BGH NStZ **14**, 168; erg 1 zu § 202a); dies gilt ebenso für die Schöffen (kritisch zur – untergeordneten – Rolle der Schöffen im Verständigungsverfahren Rönnau Schlothauer-FS 367). Probleme können sich im Zusammenhang mit der Kronzeugenregelung nach § 46b StGB ergeben, weil der Beschuldigte dort seine Angaben spätestens bis zur Eröffnung des Hauptverfahrens machen muss (§ 46b III StGB), während die Verständigung nach § 257c erst in der Hauptverhandlung erfolgen darf (dazu Fischer 35 zu § 46b StGB; Malek StV **10**, 203).

3) Auch § 257b ist nur eine **„Kann-Vorschrift".** Das Gericht ist zu solchen Erörterungen nicht gezwungen; auch ein „Rechtsgespräch" kann von den Verfahrensbeteiligten nicht verlangt werden (7a zu § 265). Die Vorschrift kann aber dazu dienen, Vorbehalte des Gerichts gegenüber solchen Erörterungen abzubauen; da das Gesetz sie nun ausdrücklich erlaubt, ist für den Richter auch die Gefahr einer Ablehnung wegen Befangenheit (§ 24) gebannt (KK-Wenske 2; vgl auch LG Verden StV **10**, 234).

4) **Die Verhandlungsleitung** bei solchen Erörterungen obliegt auch hier nach § 238 I dem Vorsitzenden (SK-Velten 6).

5) **In das Hauptverhandlungsprotokoll** muss der wesentliche Ablauf und Inhalt einer solchen Erörterung aufgenommen werden (§ 273 I S 2; Pauly Rissing-van Saan-FS 431).

Verständigung zwischen Gericht und Verfahrensbeteiligten

257c [I] [1] Das Gericht kann sich in geeigneten Fällen mit den Verfahrensbeteiligten nach Maßgabe der folgenden Absätze über den weiteren Fortgang und das Ergebnis des Verfahrens verständigen. [2] § 244 Absatz 2 bleibt unberührt.

[II] [1] Gegenstand dieser Verständigung dürfen nur die Rechtsfolgen sein, die Inhalt des Urteils und der dazugehörigen Beschlüsse sein können, sonstige verfahrensbezogene Maßnahmen im zugrundeliegenden Erkenntnisverfahren sowie das Prozessverhalten der Verfahrensbeteiligten. [2] Bestandteil jeder Verständigung soll ein Geständnis sein. ³Der Schuldspruch sowie Maßregeln der Besserung und Sicherung dürfen nicht Gegenstand einer Verständigung sein.

III ¹Das Gericht gibt bekannt, welchen Inhalt die Verständigung haben könnte. ²Es kann dabei unter freier Würdigung aller Umstände des Falles sowie der allgemeinen Strafzumessungserwägungen auch eine Ober- und Untergrenze der Strafe angeben. ³Die Verfahrensbeteiligten erhalten Gelegenheit zur Stellungnahme. ⁴Die Verständigung kommt zustande, wenn Angeklagter und Staatsanwaltschaft dem Vorschlag des Gerichts zustimmen.

IV ¹Die Bindung des Gerichtes an eine Verständigung entfällt, wenn rechtlich oder tatsächlich bedeutsame Umstände übersehen worden sind oder sich neu ergeben haben und das Gericht deswegen zu der Überzeugung gelangt, dass der in Aussicht gestellte Strafrahmen nicht mehr tat- oder schuldangemessen ist. ²Gleiches gilt, wenn das weitere Prozessverhalten des Angeklagten nicht dem Verhalten entspricht, das der Prognose des Gerichts zugrunde gelegt worden ist. ³Das Geständnis des Angeklagten darf in diesen Fällen nicht verwertet werden. ⁴Das Gericht hat eine Abweichung unverzüglich mitzuteilen.

V Der Angeklagte ist über die Voraussetzungen und Folgen einer Abweichung des Gerichtes von dem in Aussicht gestellten Ergebnis nach Absatz 4 zu belehren.

Übersicht

	Rn
1) Zentrale Verständigungsvorschrift	1–7a
2) Zulässiger Gegenstand einer Verständigung (II)	8–15b
A. Rechtsfolgen	9–12
B. Sonstige verfahrensbezogene Maßnahmen	13
C. Prozessverhalten der Verfahrensbeteiligten	14–15
D. Nur verfahrensbezogene Maßnahmen	15a
E. Rechtsmittelverzicht	15b
3) Geständnis	16–17b
4) Inhalt der Verständigung	18–22a
A. Angabe einer Strafober- und -untergrenze (III S 2)	19–21
B. Grundsätze der Strafzumessung (III S 2)	22
C. Abfassung der Urteilsgründe	22a
5) Gang des Verständigungsverfahrens	23–27b
A. Verständigungsvorschlag (III S 1)	23a
B. Anhörung der Verfahrensbeteiligten (III S 3)	24
C. Zustandekommen der Verständigung (III S 4)	25
D. Bindungswirkung	25a, 25b
E. Entfallen der Bindung (IV)	26–27b
6) Verwertungsverbot (IV S 3)	28, 29
7) Belehrungspflicht (V)	30–31
8) Rechtsmittel	32–34

1 **1)** § 257c ist **die zentrale Vorschrift** für die Verständigung im Strafverfahren. Sie wäre allerdings systematisch zutreffend vor die Beweisaufnahmevorschriften in § 243a einzustellen, da die Verständigung regelmäßig am Beginn der Beweisaufnahme (LR-Stuckenberg 25), nicht an deren Ende steht (vgl N/Sch/W-Niemöller 6; Hettinger JZ **11**, 297 Rn 70).

2 **Nach früherer Rspr** des BGH war es lediglich erlaubt, dass das Gericht dem Angeklagten für den Fall eines von ihm abgelegten glaubhaften Geständnisses verbindlich zusagte, dass bei der Straffestsetzung eine bestimmte Strafobergrenze nicht überschritten werden würde; hierzu war – richtiger Auffassung nach – eine Zustimmung der StA nicht erforderlich (vgl Altenhain/Haimerl GA **05**, 286 Fn 20; **aM** BGH StV **03**, 481; offen gelassen von BGH [GrS] **50**, 40 und BGH NStZ **06**, 708).

3 Durch § 257c tritt an die Stelle dieser gerichtlichen Zusage **eine Vereinbarung des Gerichts mit den Verfahrensbeteiligten.** Eine solche Verständigung dispensiert das Gericht jedoch nicht von seiner Pflicht, den wahren Sachverhalt zu

ermitteln; § 244 II bleibt unberührt (I S 2). Das Gericht ist somit von Gesetzes wegen auch im Verständigungsverfahren nicht von seiner Pflicht zur Aufklärung des Sachverhalts entbunden, soweit dies für die Verurteilung des Angeklagten erforderlich ist (vgl dazu N/Sch/W-Niemöller 72; Globke JR **14**, 10; Schmitt Tolksdorf-FS 401; Swoboda Kindhäuser-FS 1049). Zur Fundamentalkritik an der Vorschrift, die in dem gesetzlichen Auftrag zu Unrecht lediglich ein „Lippenbekenntnis" sieht, vgl 61. Aufl Rn 3, 4 mwN.

Verständigungen außerhalb des gesetzlich geregelten Verfahrens − insbesondere also heimliche Absprachen **(sog** *deals***)** − sind schlechthin **unzulässig** (BVerfG NJW **13**, 1058, 1067; NStZ **16**, 422 mit Anm Bittmann; BGH NStZ-RR **14**, 284; StV **15**, 153; Landau NStZ **14**, 428; vgl auch Niemöller GA **14**, 181; Schmitt Tolksdorf-FS 400); das gilt auch dann, wenn die Verständigung „konkludent" erfolgt, dh aus dem Ablauf des Verfahrens, insbesondere dem Verhalten der Verfahrensbeteiligten, gefolgert werden kann (BGH **59**, 21 mit zust Anm Knauer NStZ **14**, 115, Kudlich JZ **14**, 471 und Norouzi NJW **14**, 874 sowie abl Anm Niemöller JR **14**, 216; Hamm NStZ **16**, 565 mit abl Anm Bittmann), oder bei einer einseitigen Verpflichtungserklärung des Gerichts gegenüber dem Angeklagten (München StV **14**, 523 mit krit Anm Wenske). Aus ihnen können keine Ansprüche hergeleitet werden, sie haben keine Bindungswirkung nach III S 4, IV (BGH NStZ **11**, 107), sondern sind für das Verfahren unbeachtlich (ebenso Schlothauer/Weider StV **09**, 601; **aM** F. Meyer HRRS **11**, 17, wonach sich allerdings auch hier uU ein schutzwürdiger Vertrauenstatbestand ergeben könne; erg 2 zu § 202a). Auch eine Verständigung mit gesetzwidrigem Inhalt kann keine Bindungswirkung entfalten (El-Ghazi JR **12**, 407); ebenso wenig kann grundsätzlich aus einem „nicht angenommenen Angebot des Gerichts" ein Anspruch auf eine bestimmte Rechtsfolge hergeleitet werden (BGH StV **11**, 728).

Der **StA kommt eine entscheidende Rolle** für das Zustandekommen der Vereinbarung zu; ihre Zustimmung (und die des Angeklagten) ist nach III S 4 Voraussetzung für deren Wirksamkeit und damit auch für das darauf beruhende Urteil (BGH 1 StR 302/11 vom 9.11.11). Das BVerfG (aaO) hat zur darauf hingewiesen, dass die StA auf die Einhaltung der gesetzlichen Vorschriften zu achten hat und dass ggf die GStAe durch entspr Weisungen an die StAe hierauf Einfluss nehmen können und müssen (zust Schmitt Tolksdorf-FS 410).

Die Verständigung kommt nach I **nur in geeigneten Fällen** in Betracht. Was geeignet sein soll, ist allerdings gesetzlich nicht definiert. Es besteht insoweit ein Ermessen des Gerichts. Von vornherein „ungeeignet" werden nur wenige Konstellationen sein. Nach der Rspr ist dies etwa anzunehmen bei zweifelhafter Schuldfähigkeit des Angeklagten (BGH StraFo **11**, 355 und 5 StR 482/11 vom 25.1. 2012) oder idR gegen einzelne Mitglieder einer Bande (BGH NStZ **12**, 519). Ob in Fällen eines Mordes (§ 211 StGB) eine Vereinbarung darüber angestrebt werden kann, dass ein Fall besonderer Schuldschwere nicht vorliege, ist umstritten (dafür Jahn StV **11**, 497, 500; Altvater Rissing-van Saan-FS 1, 14; dagegen SK Velten 11; BeckOK-Eschelbach 7.3); man wird dies nur in Ausnahmefällen bejahen können, etwa wenn ohne das Geständnis des Angeklagten die Aufklärung des Verbrechens angesichts der sonstigen Beweislage nicht möglich wäre. Verständigungen mit dem nicht verteidigten Angeklagten sollten ebenfalls die Ausnahme darstellen; stets muss sichergestellt sein, dass der Angeklagte Inhalt, Verfahren und Folgen der Verständigung in vollem Umfang begreift. Vermutlich wird die Verteidigung (und muss sie im Interesse des Angeklagten) aber regelmäßig auszuloten versuchen, ob eine Bereitschaft des Gerichts zu einer Verständigung besteht und welche Bedingungen das Gericht (und die StA) hierfür stellen (eingehend dazu Murmann ZIS **09**, 534; **aM** Rode StraFo **15**, 90). Ein subjektives Recht des Angeklagten auf eine Information durch das Gericht über die gesetzliche Möglichkeit des § 257c besteht aber nicht (BGH NStZ **15**, 537; Celle NStZ **12**, 285 mit zust Anm Altenhain/Haimerl StV **12**, 397). Aus I S 1 folgt aber auch, dass eine *generelle* Verweigerung von StA oder Gericht, Verständigungsgespräche zu führen, unzulässig ist (Knauer v. Heintschel-Heinegg-FS 255).

4

5

6

§ 257c Zweites Buch. 6. Abschnitt

7 Rechtlich ausgeschlossen ist die Verständigung auch im **Jugendstrafverfahren** nicht (Nowak JR **10**, 248; **aM** N/Sch/W-Niemöller 82; einschr auch Brunner/Dölling 6e zu § 18 JGG). Selbst die früher von der Rspr gemachte Einschränkung, dass die Anwendung von Jugendstrafrecht auf einen Heranwachsenden (BGH NStZ **01**, 555; zust Eisenberg NStZ **01**, 556; Noak StV **02**, 445) oder umgekehrt das Erwachsenenstrafrecht auf einen Heranwachsenden (BGH NStZ-RR **06**, 187) nicht vereinbart werden dürfe, dürfte wohl mit Rücksicht auf die ausgeweiteten Verständigungsmöglichkeiten und weil dies in II S 3 nicht verboten wird, grundsätzlich nicht mehr gelten (**aM** BeckOK-Eschelbach 7.1; Noak aaO, der auch im Übrigen Verständigungen nur über den Umfang, nicht aber über die Frage des Vorliegens der Voraussetzungen zur Anordnung von Erziehungsmaßregeln und Zuchtmitteln für zulässig hält). Ungeachtet dessen wird es idR unter erzieherischen Gesichtspunkten problematisch sein, mit dem Jugendlichen eine Verständigung zu vereinbaren. Die Gesetzesbegründung (BT-Drucks 16/11736 S 10) weist zutr darauf hin, dass dies jedenfalls ohne Mitwirkung eines Verteidigers nicht möglich sein wird. Die Zusage einer Strafobergrenze wurde allerdings schon früher auch bei einem Jugendlichen für erlaubt gehalten (BGH **52**, 165; Eisenberg NStZ **03**, 132 [zw aber NStZ **08**, 698] und Noak gegen BGH NStZ **01**, 555; vgl auch Fahl NStZ **09**, 615).

7a Der Schluss der Beweisaufnahme markiert das **zeitliche Ende** einer möglichen Verständigung (BGH NStZ-RR **19**, 318; KK-Moldenhauer/Wenske 10).

8 2) II umreißt den **zulässigen Gegenstand einer Verständigung**. Danach darf sich die Verständigung nur auf folgendes beziehen, wobei Gegenstand einer Verständigung natürlich nur solche Rechtsfolgen sein können, die das Gesetz im konkreten Fall vorsieht (KG StV **12**, 654):

9 A. Zum einen dürfen es nur die **Rechtsfolgen** sein, die Inhalt des Urteils und der dazugehörigen Beschlüsse sein können. So bekräftigt II S 3 noch einmal, dass der Schuldspruch nicht zum Gegenstand einer Verständigung gemacht werden darf; die strafrechtliche Bewertung eines Sachverhalts ist einer Vereinbarung nicht zugänglich (BGH **43**, 195, 204; NStZ-RR **07**, 2 [B]; StV **09**, 174); das schließt aber nicht aus, dass das Gericht einen Hinweis auf einen bestimmten Sachverhalt oder eine rechtliche Wertung gibt, die es seinem Verständigungsvorschlag vorläufig zugrunde legt (BGH NStZ **14**, 284 mit Anm Kudlich). Aus den vereinbarten Rechtsfolgen werden nach II S 3 aber auch (sämtliche) Maßregeln der Besserung und Sicherung (§ 61 StGB) herausgenommen. Die Rspr hatte dies nur für die Sicherungsverwahrung (§§ 66 ff StGB) ausgesprochen (BGH NStZ-RR **05**, 39; StV **06**, 118; NStZ **08**, 620). Dass für die Unterbringung in einem psychiatrischen Krankenhaus (§ 63 StGB) oder in einer Entziehungsanstalt (§ 64 StGB) sowie für die Führungsaufsicht (§ 68 StGB) im Hinblick auf die mögliche Gefährlichkeit des Täters für die Allgemeinheit nichts anderes gelten kann, leuchtet ohne weiteres ein. Aber wichtig ist auch, dass ein Berufsverbot (§ 70 StGB) und der Entzug der Fahrerlaubnis (§ 69 StGB) nicht verhandelbar sind. Letzteres ist insbesondere beim AG, vor dem das Verständigungsverfahren ebenso wie beim LG und OLG anwendbar ist, von Bedeutung. Ob das Verständigungsverbot auch für die Folgeentscheidungen (§§ 67 II, 67b, 69a, 70a StGB) gilt, ist str (bejahend LR-Stuckenberg 29; Weider Rissing-van Saan-FS 736; verneinend Nürnberg StraFo **16**, 473; Altvater Rissing-van Saan-FS 5; Burhoff StRR **09**, 327); es dürfte nach der Intention des Gesetzes zu bejahen sein.

10 Die Vereinbarung bezieht sich also in erster Linie **auf den Strafausspruch,** wozu aber nach der Auffassung des BVerfG (NJW **13**, 1058, 1063) nicht eine Strafrahmenverschiebung (dazu Schmitt Tolksdorf-FS 403) und – wegen der nahen Verwandtschaft mit dem Schuldspruch – nicht die Annahme oder Nichtannahme des Vorliegens eines Regelbeispiels (zB nach § 243 StGB) gerechnet werden darf (**aM** mit beachtlichen Argumenten BGH NStZ **17**, 363 mit Anm Bittmann; Rieß StraFo **10**, 11; Mosbacher NZWiSt **13**, 201, 203; Schneider NStZ **14**, 195; Schuster StV **14**, 109; differenzierend BGH NStZ **13**, 540). Ob die Verhängung einer **Ne-**

1250 Schmitt

benstrafe – wie das Fahrverbot nach § 44 StGB – oder von **Nebenfolgen** Gegenstand der Vereinbarung sein kann, erscheint demnach auch zweifelhaft. Die **Einziehung von Taterträgen nach §§ 73 ff StGB** („Vermögensabschöpfung") gehört aufgrund ihres zwingenden Charakters nicht zu den einer Verständigung zugänglichen Rechtsfolgen (BGH NStZ **18**, 366). Zulässig dürfte es allerdings sein, ein **(Teil-)Absehen nach § 421** zum Gegenstand einer Vereinbarung nach § 257c zu machen (BGH aaO; KK-Moldenhauer/Wenske 15c zu § 257c; Schneider NStZ **18**, 743; erg 13a zu § 421),,Verhandelbar" ist die Höhe der Kompensation (9a zu Art 6 EMRK) für eine hinsichtlich Art, Ausmaß und ihrer Ursachen prozessordnungsgemäß festgestellte überlange Verfahrensdauer, nicht aber über deren tatsächliche Grundlagen (BGH **61**, 43); unzulässig sind auch Vereinbarungen über eine „Halbstrafen-Aussetzung" gemäß § 57 II StGB (BGH JR **11**, 167 mit zust Anm Bachmann/Goeck).

Die **Vereinbarung einer bestimmten Strafe** ist unzulässig (BVerfG NJW **13**, 1058, 1068; BGH **51**, 84 mwN; NStZ **11**, 231; KG NStZ-RR **04**, 175, 178). Das ergibt sich schon daraus, dass das Gericht nach III S 2 lediglich die Ober- und Untergrenze der Strafe festlegen kann. Das ist an sich erstaunlich und wenig konsequent: Da die Rechtsfolgen verhandelbar sind und einverständlich bestimmt werden, wäre es nur folgerichtig, sich auf eine bestimmte Strafe zu einigen. Wenn eine bestimmte Strafe vereinbart werden könnte, würde allerdings das Urteil bei der Straffestsetzung nicht mehr auf der Entscheidung des Gerichts, sondern allein auf der Vereinbarung mit den Verfahrensbeteiligten beruhen. Das aber wäre mit anderen Vorschriften der StPO (§ 261) nicht zu vereinbaren. Das ändert aber nichts daran, dass in der forensischen Praxis in aller Regel *faktisch* durch Vereinbarung einer Strafuntergrenze doch eine bestimmte Strafe vereinbart werden wird (dazu unten 21). Im verkehrsrechtlichen OWi-Verfahren wird die Vereinbarung einer Punktstrafe im Hinblick auf die Bußgeldkatalog-VO aber als zulässig erachtet (Krumm NZV **11**, 376).

Gericht, StA und Angeklagter können sich auch darauf verständigen, bei Ablegung eines Geständnisses des Angeklagten, aber sogar auch ohne ein solches (vgl II S 2), die **Strafe zur Bewährung auszusetzen;** das erscheint aber nur dann angängig, wenn die Voraussetzungen dafür nach § 56 StGB gegeben sind (vgl LR-Stuckenberg 32; N/Sch/W-Niemöller aaO; Schneider NStZ **14**, 196). Wird eine Strafaussetzung zur Bewährung zugesagt, müssen jedenfalls auch die evtl anzuordnenden Bewährungsauflagen angesprochen werden; der Angeklagte darf damit nicht im Bewährungsbeschluss überrascht werden (BGH **59**, 172 mit zust Anm Bachmann JR **14**, 357; BGH NJW **14**, 3173; NStZ-RR **16**, 379; NStZ **18**, 420; Hamm NStZ **15**, 565, 566; Saarbrücken NJW **14**, 238; zw BGH StV **15**, 277, 278; **aM** Rostock NStZ **15**, 663); das gilt aber nicht für eine Bewährungsanweisung, jeden Wohnsitzwechsel mitzuteilen (BGH NStZ **15**, 179; zw Frankfurt NJW **15**, 1974).

B. Nicht nur die Rechtsfolgen, sondern darüber hinaus auch **sonstige verfahrensbezogene Maßnahmen im zugrundeliegenden Erkenntnisverfahren** können Gegenstand einer Verständigung sein. Hierunter sollen „in groben Kategorien" neben den Maßnahmen, die das Gericht „im Erkenntnis" (also idR im Urteil) treffen kann, auch noch als verfahrensbezogene Maßnahmen „Einstellungsentscheidungen und Beweiserhebungen" zu verstehen sein (vgl BT-Drucks 16/11376 S 16). Es geht also etwa darum, dass Verfahrenseinstellungen nach §§ 153 ff (BVerfG NStZ **16**, 422 mit Anm Bittmann; BGH StV **18**, 9), eine Verfolgungsbeschränkung nach § 154a II (BGH NStZ **16**, 221; Nürnberg StraFo **17**, 456; **aM** eine Entscheidung des 2. StS des BGH [NStZ **17**, 244 mit krit Anm Bittmann]: unzulässig, da Absprache über den Schuldspruch, dagegen aber wiederum BGH NStZ **18**, 49 [2. StS]; vgl auch BVerfG aaO: sonstige „Beschränkungen", die den Schuldspruch berühren) oder ein Absehen von der Strafverfolgung nach § 154 II hinsichtlich weiterer beim erkennenden Gericht anhängiger Straftaten vereinbart wird (BGH NStZ **16**, 221 mit Anm Allgayer; Nürnberg NStZ **17**, 350; krit Nie-

§ 257c

möller JR **16**, 149), oder dass das Gericht von bestimmten Beweiserhebungen absieht (BVerfG aaO). Zwar ist eine – außerhalb eines Verständigungsverfahrens getroffene – Vereinbarung mit der StA, andere – bei diesem oder einem anderen Gericht anhängig gemachte – Straftaten von der Strafverfolgung auszunehmen, problemlos (BGH NStZ **17**, 56 mit Anm Bittmann); Probleme können sich dabei nur ergeben, wenn sich die StA später an diese Vereinbarung nicht hält (dazu 9 ff zu § 160b). Eine solche Vereinbarung darf aber nicht Teil einer Verständigung nach § 257c sein (BVerfG NJW **13**, 1058, 1064; BGH **61**, 92 mit Anm Pflaum wistra **17**, 35; BGH StraFo **16**, 472; Schmitt Tolksdorf-FS 405; Schneider NStZ **14**, 196; **16**, 176; eingehend zur Zulässigkeit sog „Gesamtlösungen" Bittmann NStZ **15**, 551). Anders ist es aber bei dem Absehen von einer Beweiserhebung: Die Gesetzesbegründung (aaO) erklärt dazu, der Verzicht auf (weitere) Beweiserhebungen „könne sich nicht außerhalb dessen bewegen, was durch die unverändert geltende Sachaufklärungspflicht des Gerichtes bestimmt ist". Insoweit gilt also, wie sich schon aus I S 2 ergibt, § 244 II; auf danach notwenige Beweiserhebungen darf nicht verzichtet werden. Jedenfalls können nur solche Maßnahmen für eine Verständigung in Betracht kommen, für deren Anordnung oder Nichtanordnung dem Gericht ein Ermessens- oder Beurteilungsspielraum eingeräumt ist (N/Sch/W-Niemöller 33 ff mit Beispielen). Damit sind auch Prozessvoraussetzungen und Prozesshindernisse grundsätzlich einer Verständigung entzogen (dazu näher Meyer-Goßner Pv 104 ff). Soweit es um organisatorische Fragen wie Terminsabsprachen einschl Unterbrechungen der Hauptverhandlung geht, bedarf es des formellen Verständigungsverfahrens ohnehin nicht. Was hingegen eine Vereinbarung über die Beurlaubung des Angeklagten nach § 231c betrifft, erscheint zweifelhaft, ob insofern eine Dispositionsfreiheit für Gericht und Verfahrensbeteiligte besteht (vgl krit Niemöller GA **09**, 181).

14 C. Schließlich kann auch das **Prozessverhalten der Verfahrensbeteiligten** zulässiger Gegenstand einer Verständigung sein. Dabei geht es nicht um das Auftreten der Verfahrensbeteiligten vor dem Gericht, sondern um die Geltendmachung prozessualer Rechte. Damit ist vor allem der Verzicht von Angeklagten, StA oder auch Nebenklägern auf die Stellung (weiterer) Beweisanträge angesprochen. Diese können auch den Schuldspruch betreffen. Insoweit erscheint auch der Verzicht des Nebenklägers auf einen den Schuldspruch betreffenden Beweisantrag als Gegenleistung für eine Schadenswiedergutmachung mit II S 3 vereinbar (Schlothauer/Weider StV **09**, 603 Fn 27; zweifelnd Jahn/Müller NJW **09**, 2628; vgl auch BVerfG NJW **13**, 1058, 1063). Der Verzicht auf die Stellung von Beweisanträgen ist als Verständigungsgegenstand aber nur zulässig, soweit die Aufklärungspflicht des Gerichts nicht betroffen ist. In Betracht kommt ferner der Verzicht auf sonstige prozessuale Anträge wie einen Antrag auf Ablehnung des Gerichts wegen Befangenheit, ferner Einverständniserklärungen mit der Verlesung von Urkunden unter den Voraussetzungen des § 251 I Nr 1 und II Nr 3, ebenso wie sonst die einverständliche Verlesung von Urkunden (vgl N/Sch/W-Niemöller 37; **aM** Schäfer JR **10**, 3208).

15 Die Verknüpfung von **prozessualem Wohlverhalten mit der Rechtsfolgenbemessung** erscheint indes als nicht unbedenklich (siehe BT-Drucks 16/11376 S 16), obwohl sich die Unzulässigkeit einer solchen Verknüpfung nicht aus dem Gesetzeswortlaut ergibt (siehe Weigend Maiwald-FS 838 mit Fn 46; vgl auch Murmann Roxin-FS II 1394; Strate NStZ **10**, 365). Insoweit ist nicht recht verständlich, warum das Prozessverhalten der Verfahrensbeteiligten als zulässiger Gegenstand einer Verständigung überhaupt in II S 2 aufgenommen wurde und weiteres – nach Abschluss der Verständigung eingetretenes – Prozessverhalten des Angeklagten gemäß IV S 2 zur Lösung des Gerichts von der getroffenen Verständigung berechtigt, zumal IV S 3 unmittelbar fortfährt, dass das Geständnis des Angeklagten in diesen Fällen nicht verwertet werden darf. Zu den Bedenken gegen diese Regelung siehe Vorauf 14a, 15 sowie BR-Drucks 65/09 [Beschluss] S 2.

§ 257c

D. Die Verständigung darf sich **nur auf verfahrensbezogene Maßnahmen** erstrecken (II S 2). Nicht zulässig sind Verständigungen, die nicht in die Kompetenz des erkennenden Gerichts fallen. Im Strafvollstreckungsverfahren anstehende Entscheidungen und solche im Erkenntnisverfahren vor anderen Spruchkörpern sind einer Verständigung somit nicht zugänglich (Oldenburg StV **18**, 340; Jahn/Müller NJW **09**, 2628). Hierzu gehört etwa die in die Zuständigkeit der StA fallende Befürwortung einer Strafrestaussetzung nach Halbstrafe (BGH StV **11**, 74, 75). Unzulässig erscheint es auch, dem Angeklagten im Rahmen einer Verständigung abzuverlangen, „sämtliche zur beschleunigten Beendigung der Hauptverhandlung erforderlichen prozessualen Erklärungen abzugeben" (BGH NStZ **06**, 586) oder ihm ein Verhalten anzusinnen (zB Erfüllung einer Forderung des Fiskus oder Spende an eine Opferschutzorganisation; zu ersterem zust, zu letzterem abl G. Schöch NJW **04**, 3464), dessen Zweck mit der angeklagten Tat und dem Gang der Hauptverhandlung in keinem inneren Zusammenhang steht (vgl dazu bereits BGH **49**, 84; Beulke/Swoboda JZ **05**, 71). Die Entscheidung über die Fortdauer der UHaft nach Urteilsverkündung ist aber ein zum Urteil „dazugehöriger Beschluss" (§ 268b), so dass auch die Vollstreckung von UHaft grundsätzlich zulässiger Verständigungsinhalt sein kann (BGH NStZ **14**, 219). 15a

E. Die Vereinbarung eines **Rechtsmittelverzichts** ist wegen § 302 I S 2 (vgl dort 26a ff) unzulässig. Es erscheint jedoch zulässig, die Abgabe eines Rechtsmittelverzichts bzw die (teilweise) Rücknahme eines Rechtsmittels in einem anderen Verfahren im Rahmen einer Verständigung zu vereinbaren (BGH NStZ **16**, 177 mit krit Anm Ventzke: Rücknahme einer Revision in anderer Sache; Hamburg NStZ **17**, 307, 309 mit Anm Bittmann; KG NStZ **15**, 236: Rücknahme der Berufung in einem Parallelverfahren; **aM** Mosbacher JuS **15**, 701; Knauer/Pretsch NStZ **15**, 238 gegen KG ebenda; dahingestellt von BGH 4 StR 477/18 vom 1.8.2019). Allerdings ist eine „bedingte Verständigung unter der Voraussetzung, dass Angeklagter und StA ihre Rechtsmittel zurücknehmen", wegen der Bedingungsfeindlichkeit von Prozesshandlungen unzulässig (vgl BGH **29**, 396; Einl 118; dahingestellt von BGH 4 StR 477/18 vom 1.8.2019). Wenn das Gericht und Verfahrensbeteiligte eine **„Nichtanfechtbarkeitsvereinbarung"** treffen und diese zur Bedingung der Verständigung machen, ist eine solche Vereinbarung ebenso wie eine Verzichtsvereinbarung zu behandeln (Rieß aaO 656 und JR **05**, 438) und daher unwirksam. Die Verbindlichkeit einer wirksamen Verständigung wird aber durch das unzulässige Versprechen der Nichtanfechtung im Übrigen nicht berührt (BGH **52**, 165; Lindemann JR **09**, 83; Rieß Meyer-Goßner-FS 652). 15b

3) II S 2 legt fest, dass ein **Geständnis** Bestandteil jeder Verständigung „sein soll". Die Zusicherung eines bestimmten – gegenüber dem gesetzlichen Normalstrafrahmen natürlich milderen – Strafrahmens hängt damit – anders als nach der früheren Rspr (vgl nur BGH **43**, 195; **50**, 40; BVerfG NJW **13**, 1058) – nicht zwingend von der Ablegung eines Geständnisses ab. Das wirft die Frage auf, womit sich der Angeklagte überhaupt noch einen milderen Strafrahmen verdient hat (zust HK-Temming 18; LR-Stuckenberg 39; Leitmeier JR **14**, 374). In Betracht kommt vor allem sonstiges prozessuales „Wohlverhalten" (soeben 14, 15). Da allerdings insoweit „unsachgemäße Verknüpfungen" zu vermeiden sind (so die Gesetzesbegründung, BT-Drucks 16/11376 S 16), wird es sich nur um Ausnahmefälle handeln können (zutreffend Leitmeier HRRS **13**, 365; **aM** König NJW **12**, 1916). Zur Kritik an der Regelung siehe Voraufl sowie BR-Drucks 65/09 [Beschluss] S 3/4. 16

Voraussetzung einer Verständigung mit der Zusage eines milderen Strafrahmens wird daher regelmäßig sein, dass der Angeklagte ein glaubhaftes, qualifiziertes Geständnis abgelegt hat (BGH NStZ-RR **13**, 52; SK-Paeffgen 38 zu § 202a; ähnlich Jahn/Müller NJW **09**, 2628; Weigend Maiwald-FS 837). „Schlanke" Formalgeständnisse („es stimmt so, wie es in der Anklageschrift steht") werden regelmäßig nicht ausreichen (vgl BeckOK-Eschelbach 9). Die Glaubhaftigkeit wird idR allerdings nur an Hand der Akten und – wie sonst auch (ohne Verständigung) 17 bei einem in der Hauptverhandlung abgelegten Geständnis (BGH NStZ **12**, 584; **13**, 727) – nicht durch eine weitere oder aber eine erheblich reduzierte (vgl BGH NStZ **17**, 173: Vernehmung des polizeilichen Ermittlungsführers) Beweisaufnahme überprüft (BGH NJW **14**, 2132, 2133; StraFo **14**, 335, 336; NStZ-RR **16**, 378; Fezer NStZ **10**, 181; weitergehend aber BVerfG NJW **13**, 1063; BGH **61**, 277 mit zust Anm Zopfs NJW **17**, 280; zust auch Moldenhauer NStZ **17**, 103; Pauka/Link/Armenat StraFo **17**, 10; Schneider NStZ **14**, 193; dagegen mit Recht abl Deiters GA **14**, 701 sowie Jahn NStZ **14**, 170, der auch darauf hinweist, dass der Entscheidung des BVerfG insofern keine Bindungswirkung zukommt; krit auch Altvater StraFo **14**, 223; Ziegert StraFo **14**, 226).

17a Dabei ist **jedoch stets zu untersuchen,** ob das abgelegte Geständnis mit dem Ermittlungsergebnis zu vereinbaren ist, ob es in sich stimmig ist und ob es die getroffenen Feststellungen trägt und auch im Hinblick auf sonstige Erkenntnisse keinen Glaubhaftigkeitsbedenken unterliegt (BVerfG NJW **13**, 1058, 1069; BGH NStZ **09**, 467; StraFo **12**, 232; NStZ-RR **16**, 378; KG wistra **15**, 288 L; Celle StV **11**, 341: „Formalgeständnis" genügt nicht; Nürnberg StraFo **16**, 473; vgl auch Eisenberg StV **14**, 72; Schneider NStZ **14**, 193). Es ist daher unzulässig, dem Urteil einen Sachverhalt zu Grunde zu legen, der nicht auf einer Überzeugungsbildung unter vollständiger Ausschöpfung des Beweismaterials beruht (BGH **59**, 21; StV **13**, 703). Hat der Angeklagte im Rahmen einer zulässigen Verständigung ein Geständnis abgelegt, das das Gericht überprüft und für glaubhaft befunden hat, kann er später nicht damit gehört werden, er habe einen in Wirklichkeit nicht oder so nicht zutreffenden Schuldvorwurf eingeräumt; das Geständnis ist aber unverwertbar, wenn bei der Vereinbarung gegen die Grundsätze des fairen Verfahrens oder gegen §§ 136, 136a, 243 V S 1 verstoßen wurde (Kuckein Meyer-Goßner-FS 71; vgl auch Kölbel NStZ **03**, 232). Bei der Verurteilung eines Angeklagten auf Grund von Geständnissen der Mitangeklagten muss die Glaubhaftigkeit dieser Geständnisse in einer für das Revisionsgericht nachprüfbaren Weise gewürdigt werden; dazu gehören, soweit sich dies nicht aus dem Hauptverhandlungsprotokoll ergibt, das Zustandekommen und der Inhalt der Absprache (BGH **48**, 161; StV **06**, 118; NJW **12**, 3736). Dasselbe gilt für die Verurteilung auf Grund der Angaben des nunmehr als Belastungszeugen auftretenden – auf Grund einer Absprache rechtskräftig verurteilten – früheren Mitangeklagten (BGH **52**, 78; vgl dazu auch BGH NStZ **12**, 465; **13**, 353 mit krit Anm Kudlich; BGH NStZ **14**, 287; 5 StR 11/09 vom 11.2.2009), insbesondere wenn der kooperierende Mitangeklagte nur ein anwaltlich vorformuliertes Geständnis mit drittbelastendem Inhalt abgelegt und danach keine weiteren Fragen zugelassen hat (zutr BeckOK-Eschelbach 10.1). Dies gilt gleichermaßen, wenn es sich um die Angaben einer Aussageperson handelt, die nicht denselben Tatkomplex betrifft, die aber von wesentlicher Bedeuutng für die Würdigung des einzigen Belastungszeugen sind (BGH NStZ-RR **19**, 226).

17b **Im Berufungsverfahren** kann dem Erfordernis eines Geständnisses die Beschränkung des Rechtsmittels auf den Rechtsfolgenausspruch oder, wenn zugleich die StA eine insoweit beschränkte Berufung eingelegt hat, die Rücknahme des eigenen Rechtsmittels genügen (München StV **14**, 79; Nürnberg StraFo **16**, 473; LG Freiburg StV **10**, 236; krit Jahn StV **11**, 500; erg 1b bis 1f vor § 312).

18 **4) Inhalt der Verständigung:** Das Gesetz sagt nicht, welchen Inhalt die Verständigung haben könnte. Der Inhalt korrespondiert aber mit dem, was Gegenstand der Verständigung sein darf (oben 7 ff). In aller Regel wird es hierbei um die Ablegung eines Geständnisses gegen die Angabe einer Strafober- und Untergrenze (III S 2) durch das Gericht gehen.

19 A. Die Angabe einer **Strafober- und -untergrenze** bezieht sich nach dem Gesetzeszusammenhang nur auf die Festsetzung eines solchen Strafrahmens innerhalb einer Verständigung; denn nur diese ist in § 257c geregelt (BGH NStZ **13**, 671; anschl 20). Für den Angeklagten von größerem Interesse ist natürlich die Untergrenze einer Verständigung und die Obergrenze bei fehlender Verständigung. Über die Obergrenze bei fehlendem Geständnis und eine aus diesem Grund nicht zustandekommende Verständigung wird vermutlich – offen oder heimlich – ebenfalls gesprochen werden, ohne dass dies zwingend im Hauptverhandlungsprotokoll auftaucht. Die Benennung einer solchen Alternativstrafe für den Fall des Nichtzustandekommens einer Verständigung dürfte allerdings mit Rücksicht auf den Wortlaut des Gesetzes, der ausdrücklich nur auf die Angabe einer Ober- und Untergrenze innerhalb einer Verständigung abstellt, nicht zulässig sein (Schlothauer StV **11**, 207; vgl auch BGH StV **11**, 202, 204). Der BGH (NStZ **13**, 671) hat dies offen gelassen, aber festgestellt, dass es § 257c nicht gebietet, dem Angeklagten zu Informationszwecken die Obergrenzen für geständige und streitige Einlassung (sog **Sanktionsschere**) mitzuteilen. Jedenfalls ist es aber insofern nicht erlaubt, dem Angeklagten mit einer weit geöffneten „Sanktionsschere" zu drohen (vgl BGH NStZ **08**, 170; **13**, 671; erg 21 zu § 136a). Die Differenz zwischen der absprachegemäßen und der bei einem „streitigen" Verfahren zu erwartenden Sanktion darf nicht so groß sein, dass sie strafzumessungsrechtlich unvertretbar und mit einer angemessenen Strafmilderung wegen eines Geständnisses nicht mehr erklärbar ist (BGH [GrS] **50**, 40; vgl auch Altenhain/Haimerl StV **12**, 400: „Selbstbindung des Gerichts"). Das gilt sowohl für den Fall, dass die ohne Absprache in Aussicht gestellte Sanktion das vertretbare Maß überschreitet, als auch für den Fall, dass das Ergebnis des Strafnachlasses unterhalb der Grenze dessen liegt, was noch als schuldangemessene Sanktion hingenommen werden kann (BGH GrS aaO). Unzulässig ist zB die Inaussichtstellung von „2 Jahren mit Bewährung bei Geständnis" oder „6 Jahren bei Bestreiten" (BGH StV **04**), ebenso bei Zusage von nicht mehr als 3$^{1}/_{2}$ Jahren bei Geständnis, sonst 7 bis 8 Jahre (BGH NStZ **08**, 170). Der angemessene „Strafrabatt" ist im Übrigen eine Frage des Einzelfalls (BGH StV **11**, 202 mit Anm Schlothauer; Altvater Rissing-van Saan-FS 20; Altenhain/Hagemeier/Haimerl NStZ **09**, 78; Meyer-Goßner Schünemann-Symp 239 mwN: idR zwischen 20 und 30 %). Bei Bildung mehrerer Gesamtstrafen ist für jede Gesamtstrafe gesondert die jeweilige Ober- und Untergrenze zu bezeichnen (BGH StV **14**, 67, 68).

Neben der Festlegung einer Strafuntergrenze ist auch die Angabe einer 20 **Strafobergrenze** gesetzlich geboten (BGH NStZ **13**, 671). Das Gericht ist nach dem Wortlaut von III S 2, auch mit Rücksicht auf IV S 1, wo ausdrücklich vom „Strafrahmen" gesprochen wird (zutr BGH StV **10**, 227; **11**, 75; NStZ-RR **15**, 379) nicht befugt, nur eine Ober- *oder* eine Untergrenze anzugeben. Die Festsetzung der Obergrenze wird aber regelmäßig bedeutungslos sein: Haben StA und Gericht übereinstimmend erklärt, dass sie eine bestimmte Untergrenze für (noch) vertretbar halten, wird der Angeklagte auch von dieser Untergrenze ausgehen und ihre Festsetzung als auszusprechende Strafe anstreben. Es ist zwar nicht recht einsichtig, warum StA und Gericht, vor allem aber der Angeklagte, sich über eine Strafobergrenze einigen sollen, wenn doch die Untergrenze von allen auch für (noch) ausreichend angesehen wird (vgl Meyer-Goßner aaO). Auch beim Gericht wird im Allgemeinen idR keine Neigung bestehen, die Untergrenze im Urteil zu überbieten. Dass im Gegensatz zur früheren Rspr die Festsetzung nicht nur einer Strafober-, sondern auch einer Strafuntergrenze verlangt wird, soll aber ersichtlich einem Wunsch der StAen entgegenkommen, die damit davor sichern wollten, dass das Gericht bei einer Absprache eine weit unter der zugesagten Strafobergrenze liegende – also unzulässig milde – Strafe verhängte. Dabei handelte es sich aber um eine rein theoretische Befürchtung, denn in der Praxis wurde nahezu immer die Strafobergrenze auch als Strafe verhängt (vgl Altenhain/Hagemeier/Haimerl NStZ **09**, 78).

In der forensischen Praxis wird jedenfalls **regelmäßig die Strafuntergrenze** 21 **auch als Strafe festgesetzt** werden: Wenn StA und Gericht sich hierauf verständigt haben, fehlt jede Veranlassung dafür, eine darüber hinausgehende Strafe zu verhängen; durch die Vereinbarung einer Strafuntergrenze wird somit im Ergebnis lediglich verborgen, dass sich Gericht, StA und Angeklagter auf eine bestimmte Strafe geeinigt haben (vgl Strate NStZ **10**, 364; Weigend Maiwald-FS 841 Fn 53). Von der Strafuntergrenze kann das Gericht nach unten ohne Zustimmung der StA nur noch bei Lösung von der Verständigung abkommen. Das Gericht ist aber *recht-*

§ 257c Zweites Buch. 6. Abschnitt

lich nicht gehindert, gleichwohl eine andere Strafe (bis zur Höhe der Strafobergrenze) zu verhängen (BGH NStZ **12**, 584; **13**, 417; Schlothauer StraFo **11**, 491). Das Fehlen der Angabe einer Untergrenze kann idR mit der Revision nur von der StA gerügt werden, weil der Angeklagte hierdurch nicht beschwert ist (BGH StV **11**, 75; Schmitt StraFo **12**, 388; **aM** Knauer/Lickleder NStZ **12**, 373; Schlothauer StraFo **11**, 491; ähnlich Jahn StV **11**, 499).

22 B. Bei Festlegung des Strafrahmens müssen die **Grundsätze der Strafzumessung berücksichtigt** (§ 46 StGB) werden; dies hat unter Würdigung aller Umstände des Falls zu geschehen (BVerfG NJW **13**, 1058, 1068). Das Beiwort „freie" bei dem Wort „Würdigung" in III S 2 hat keine besondere Bedeutung (LR-Stuckenberg 49; **aM** N/Sch/W-Niemöller 55: Hypothetische Würdigung).

22a C. Die **Abfassung der Urteilsgründe** muss nach einer Verständigung wie auch sonst den Anforderungen des § 267 gerecht werden (BGH NStZ-RR **10**, 54) und bedarf „eines Mindestmaßes an Sorgfalt" (BGH 2 StR 222/10 vom 23.6.2010; 3 StR 339/10 vom 5.10.2010). Ein Mangel kann zur Aufhebung des Urteils führen (BGH StV **11**, 608), etwa wenn sich die Urteilsgründe auf die Feststellung beschränken, „der Angeklagte sei der Anklageschrift nach Maßgabe der getroffenen Verständigung nicht entgegengetreten" (BGH StV **12**, 133; vgl auch BVerfG aaO und BGH StV **13**, 194 mit krit Anm Schlothauer, ferner BGH 2 StR 75/14 vom 21.7.2015).

23 **5) Gang des Verständigungsverfahrens:**

23a A. **Initiative:** Nach dem Gesetzestext geht die Initiative zu einer Verständigung vom Gericht aus **(III S 1)**; das Gericht (einschließlich der Schöffen) muss sie gemäß § 263 I mit ²/₃ Mehrheit beschließen (Verurteilung zu Strafe ist eine dem Angeklagten nachteilige Entscheidung über die Rechtsfolgen der Tat). Aber selbstverständlich können auch die Verfahrensbeteiligten – insbesondere StA und Verteidiger – die Anregung dazu geben. Das wird sogar oftmals der Fall sein; denn vielfach werden schon vor der Hauptverhandlung Verständigungsgespräche nach § 160b, 202a, 212 stattgefunden haben, die selbst jedoch noch keine Verständigungen iSd § 257c sind (BGH NStZ **11**, 473). Das Gericht gibt seine Einschätzung bekannt; es kann sie mit einer Fristsetzung verbinden, die allerdings – orientiert an Verfahrensstand und Schwierigkeit der Sach- und Rechtslage – den Angeklagten nicht unzulässig unter Druck setzen darf. Die Verfahrensbeteiligten haben dann Gelegenheit zur Stellungnahme. Jedenfalls muss ein – auch noch unvollständiger – Verständigungsvorschlag dem Geständnis (oben 16 ff) vorausgehen, nicht umgekehrt (BGH StV **15**, 277).

24 B. **Anhörung (III S 3):** Nicht nur StA und die – nicht stets notwendige (Bamberg StV **15**, 539 mit krit Anm König/Harrendorf; Ruhs NStZ **16**, 706; **aM** Naumburg NStZ **14**, 116 mit zutr abl Anm Wenske; differenzierend Schneider NStZ **14**, 260) – Verteidigung sind zu hören. Auch andere Verfahrensbeteiligte – vor allem **Nebenkläger** – können Stellung nehmen. Zwar ist die Zustimmung des Nebenklägers zur Verständigung nicht erforderlich, sein Widerspruch kann ihr Zustandekommen nicht verhindern (dagegen Böttcher Schöch-FS 944); das ist aber konsequent, da es hier nur um die Rechtsfolgen geht und der Nebenkläger deren Art und Höhe ohnehin nicht entscheidend beeinflussen kann (vgl § 400 I). Er kann aber versuchen, durch seine Stellungnahme auf die Meinungsbildung von StA und Gericht einzuwirken.

25 C. **Zustandekommen (III S 4): Wenn StA und Angeklagter** – oder für diesen der Verteidiger (**aM** SK-Velten 23), wobei aber die Zustimmung des Verteidigers bei Zustimmung des Angeklagten nicht erforderlich ist (Schlothauer StV **11**, 649; ders Beulke-FS 1033 ff eingehend zu Befugnissen des Verteidigers als Vertreter des abwesenden Angeklagten) – dem Vorschlag des Gerichts ausdrücklich (BGH NStZ-RR **17**, 87; NStZ **19**, 688 mit kritischen Anm Kudlich: konkludente Zustimmung des Angeklagten genügt nicht) **zustimmen,** kommt die Verständigung zustande (III S 4). StA und Angeklagter sind dann an ihre Zustimmung zur

Verständigung gebunden (BGH **57**, 273; Altvater Rissing-van Saan-FS 26; Kudlich NStZ **13**, 119; N/Sch/W-Niemöller 28); im Übrigen kommt es aber auf einen Rechtsbildungswillen der Verfahrensbeteiligten nicht an (BVerfG NStZ **16**, 422 mit Anm Bittmann). Die StA hat von sich aus auch dann keine Möglichkeit mehr, die getroffene Verständigung nachträglich zu Fall zu bringen, wenn sie die Voraussetzungen des IV S 1 und 2 für gegeben ansieht (BGH aaO mwN; NStZ **17**, 373; El-Ghazi JR **12**, 409); vielmehr bedarf es dazu einer Entscheidung durch das Tatgericht (BGH NStZ **17**, 373).

D. **Auch das erkennende Gericht** ist grundsätzlich (Ausnahme IV s. u. 26 ff) 25a an die Verständigung gebunden. Das gilt allerdings nur für das Tatgericht, bei dem die Verständigung erfolgte. Die Rechtsmittelgerichte und das Gericht, an das die Sache nach § 354 II, III zurückverwiesen wurde, sind an die Verständigung nicht gebunden (BGH NStZ-RR **13**, 373; Rostock NStZ-RR **13**, 351; El-Ghazi aaO 410; Schlothauer StraFo **11**, 494; **aM** SK-Velten 29). Allerdings gilt für diese Gerichte das Verbot der *reformatio in peius* (§§ 331 I, 358 II; BGH StV **10**, 470 mit krit Anm Wattenberg).

Außerhalb einer Verständigung iSv § 257c – zB mangels Zustimmung der StA 25b – besteht keine Bindung des Tatgerichts an den von ihm für den Fall des Zustandekommens einer Absprache in Aussicht gestellten Strafrahmen (BGH NJW **11**, 3463; NStZ **18**, 419; 232 mit Anm Schneider; NStZ-RR **17**, 351 mwN). Das Gericht ist nicht verpflichtet, die dort angesprochene Strafuntergrenze zu verhängen (BGH NStZ **18**, 232); soweit der Angeklagte allerdings die angedachte Gegenleistung in Form eines Geständnisses ablegt, kann es geboten sein, dass das Gericht einen Hinweis nach § 265 II Nr 2 erteilt, wenn es die mitgeteilte Obergrenze überschreiten will (siehe Schneider NStZ **18**, 233; erg 21 zu § 265).

E. **Entfallen der Bindung des Gerichts (IV):** Die Bindung des Gerichts ent- 26 fällt, wenn rechtlich oder tatsächlich bedeutsame Umstände übersehen worden sind oder sich neu ergeben haben und das Gericht deswegen zu der Überzeugung gelangt, dass der in Aussicht gestellte Strafrahmen nicht mehr tat- oder schuldangemessen ist (IV S 1; vgl BGH NStZ **13**, 417). Diese starke Einschränkung rechtfertigt der Gesetzgeber damit, dass „das Ergebnis des Prozesses stets ein richtiges und gerechtes Urteil sein muss" (BT-Drucks 16/11736 S 18; pointiert dagegen Murmann ZIS **09**, 538: „Letztlich erlaubt jede Schludrigkeit des Gerichts bei der Aktenlektüre ein Abweichen"; eingehend ders Roxin-FS II 1395). Ein Abweichen von der Verständigung ist allerdings dann noch nicht gegeben, wenn das Gericht von einer anderen rechtlichen Bewertung der Tat ausgeht, den vereinbarten Strafrahmen aber zutr gleichwohl für schuldangemessen erachtet (BGH StV **13**, 193); hingegen ist das Abgehen aber jedenfalls zulässig und geboten, wenn ein auf Grundlage der Verständigung ergehendes Urteil sachlich-rechtlich fehlerhaft wäre (BGH **57**, 273). Diese erleichterte Lösungsmöglichkeit bildet für den Angeklagten, der ein Geständnis abgelegt hat, eine große Unsicherheit, ob es bei der Verständigung bleiben wird.

Diese Unsicherheit wird noch dadurch erheblich verstärkt, dass ein Abgehen 27 von der getroffenen Verständigung auch dann erlaubt wird, „wenn das **weitere Prozessverhalten** des Angeklagten nicht dem Verhalten entspricht, das der Prognose des Gerichts zugrunde gelegt worden ist" (IV S 2). Das Gericht kann damit unmittelbaren Einfluss auf das Prozessverhalten des Angeklagten nehmen, indem es ihm für „verständigungsfremdes" Prozessverhalten mit der Lösung von der Verständigung drohen kann. Allerdings vermag ein nicht der Prognose entspr Verhalten des Angeklagten ein Abweichen von der Verständigung nur dann zu rechtfertigen, wenn das von der Erwartung abweichende tatsächliche Prozessverhalten aus der Sicht des Gerichts der Strafrahmenzusage die Grundlage entzieht (BGH **57**, 273), so dass das Gericht zu der Überzeugung gelangt, der in Aussicht gestellte Strafrahmen sei nicht mehr tat- oder schuldangemessen (BGH StV **13**, 484).

Nach BGH NJW **09**, 690 kann sich der Beschwerdeführer uU sogar mit einer 27a nach einer Urteilsabsprache **erhobenen Befangenheitsrüge,** mit der die Befan-

§ 257c

genheit des Richters vor der Verständigung beanstandet wird, zu seinem eigenen Verhalten in Widerspruch setzen und damit rechtsmissbräuchlich handeln; denn mit der Verständigung könnten die Verfahrensbeteiligten zum Ausdruck bringen, dass ein Grund für ein Misstrauen in die Unparteilichkeit des Richters nicht (mehr) besteht (dagegen Beulke/Witzigmann StV **09**, 394; Ventzke HRRS **09**, 26; Wattenberg StV **10**, 471; N/Sch/W-Weider Teil C 17 hält die Entscheidung durch die nun erfolgte gesetzliche Regelung für überholt).

27b Eine dahingehende **gerichtliche Entscheidung**, dass die **Bindungswirkung entfallen** ist, ist erforderlich; diese Wirkung tritt nicht etwa kraft Gesetzes von selbst ein (BGH **57**, 273; zust Kudlich NStZ **13**, 119).

28 6) Für den Fall der **Lösung des Gerichts von der Verständigung** etabliert IV S 3 ein **Verwertungsverbot** hinsichtlich des abgelegten Geständnisses des Angeklagten. Das ist ein Gebot der Verfahrensfairness; denn wenn die „Geschäftsgrundlage" für das Geständnis entfallen ist, darf auch dieses keinen Bestand mehr haben (vgl auch Duttge Böttcher-FS 75 und Duttge/Schoop StV **05**, 422; ähnlich Rieß JR **05**, 436; Theile StraFo **05**, 410; vgl dazu auch Graumann, Vertrauensschutz und strafprozessuale Absprachen, 2006, zugl Diss Hamburg 2005). Bindung des Gerichts und Geständnis des Angeklagten stehen in einer Wechselbeziehung, die das Gericht nicht folgenlos einseitig auflösen kann. Will das Gericht gleichwohl zu einer Verurteilung gelangen, darf es diese in keiner Weise – auch nicht, soweit es sich auf Umstände bezieht, die für den Angeklagten günstig sind (Altvater Rissing-van Saan-FS 27) – auf das zuvor abgelegte Geständnis des Angeklagten stützen. Dass für das Gericht das Geständnis doch eine die Verurteilung motivierende Bedeutung haben kann, steht auf einem anderen Blatt. Ist jedoch ggü sonstigen Beweisverwertungsverboten keine Besonderheit (vgl Weigend Maiwald-FS 844). IV S 3 gilt aber *nur* in den Fällen des IV S 1 und 2 und kann nicht entspr auf andere Fälle, etwa „informelle" Absprachen, angewendet werden (BGH NStZ **13**, 353 mit krit Anm Kudlich; zw). Ebenso ist es nicht auf instanzübergreifende Fälle, etwa nach Zurückverweisung für das neue Tatgericht, anwendbar (Nürnberg NStZ-RR **12**, 255; MüKo Jahn/Kudlich 176; Schneider NZWiSt **15**, 1; **aM** Schlothauer/Weider StV **13**, 197; Gless Schlothauer-FS 433, 437 f mwN; eine Erstreckung auf Mitangeklagte findet ebenfalls nicht statt (**aM** BeckOK-Eschelbach 39). Ob dem Beweisverwertungsverbot auch eine Fernwirkung zukommt, ob also auf Grund des Geständnisses erlangte weitere Beweise ebenfalls unverwertbar werden, ist nach den auch sonst hierzu aufgestellten Regeln (vgl Einl 57) zu beantworten; es wird idR zu verneinen sein (LR-Stuckenberg 58; N/Sch/W-Niemöller 150; vgl aber auch SK-Velten 51; Beulke/Swoboda 396c; Jahn/Müller NJW **09**, 2629; Schlothauer/Weider StV **09**, 605; **aM** Rode StraFo **15**, 91; Rogall Rengier-FS 435, 442).

29 Das Gericht muss seine Absicht, von der Verständigung abzuweichen, nicht nur dem Angeklagten, sondern allen Verfahrensbeteiligten **unverzüglich mitteilen** (IV S 4), am besten in Form eines Beschlusses (N/Sch/W-Niemöller 113; Knauer/Lickleder NStZ **12**, 377; **aM** Altvater Rissing-van Saan-FS 24; offen gelassen von BGH NStZ-RR **11**, 253). Die neu hervorgetretenen Umstände sind konkret zu bezeichnen (BGH NStZ **06**, 596), damit sich die Verfahrensbeteiligten – vor allem wiederum der Angeklagte – auf die geänderte Situation einstellen können. Eine erneute Vernehmung des Angeklagten zur Sache wird in diesem Fall unumgänglich sein; ebenso werden nun weitere Beweiserhebungen von Amts wegen und/oder Beweisanträge folgen müssen, da ein Geständnis des Angeklagten für eine Verurteilung nicht mehr zur Verfügung steht. Eine „versuchte Verständigung" (G. Schöch NJW **04**, 3462) bzw eine „gescheiterte Absprache" (Weider NStZ **02**, 174; **04**, 339) müssen aber ggf bei der Strafzumessung berücksichtigt werden (BGH **49**, 84, 89). Scheitert eine Verständigung muss das Gericht bei erwogener Überschreitung der in Aussicht gestellten Strafhöhe uU einen Hinweis erteilen (BGH NStZ **02**, 219; dazu eingehend und zust Weider NStZ **02**, 174; vgl auch Schlothauer/Weider StV **09**, 605).

§ 257c

7) Belehrungspflicht: Der Angeklagte ist über die Voraussetzungen und Folgen einer Abweichung des Gerichts von dem in Aussicht gestellten Ergebnis nach allen Alternativen des IV (S 1 1. und 2. Alt, S 2 und 3) gemäß V zu belehren (dazu im Einzelnen BGH StV **11**, 76); dies betrifft insbesondere auch die eingeschränkte Bindungswirkung der Verständigung für das Gericht (BVerfG NStZ **14**, 721; BGH StV **18**, 11). Diese Belehrungspflicht besteht stets vor einer in Aussicht genommenen Verständigung (BGH NStZ **19**, 169; NStZ-RR **15**, 225; 1 StR 71/16 vom 11.5.2016), nicht etwa erst dann, wenn eine Verständigung bereits erfolgt ist oder sich das Gericht von ihr nach IV wieder lösen will (BVerfG NJW **14**, 3506; BGH NStZ **13**, 728 mit Anm Radtke und Anm Eisenberg StV **14**, 69; NStZ-RR **19**, 27). Die Belehrungspflicht wird nicht dadurch außer Kraft gesetzt, dass ein dem sachlichen Gehalt auf eine Verständigung zielender Vorschlag vom Gericht nicht als solcher erkannt bzw benannt wird (BGH 1 StR 545/18 vom 9.10.2019). 30

Eine **Heilung** des Verstoßes durch eine qualifizierte Belehrung ist möglich; sie erfordert einen ausdrücklichen Hinweis auf den Fehler und auf die daraus folgende gänzliche Unverbindlichkeit der Zustimmung des Angeklagten sowie einer Nachholung der versäumten Belehrung nach V und der erneuten Einholung einer nunmehr verbindlichen Zustimmungserklärung (vgl BGH NStZ-RR **17**, 151). Wie bei anderen Belehrungspflichten kann der Angeklagte aber auf die Belehrung **verzichten** (Rostock StV **14**, 81; **aM** SK-Velten 53; SSW-Ignor 117), was er insbesondere dann tun wird, wenn er zuvor von seinem Verteidiger bereits eingehend belehrt worden ist. 30a

Sowohl die Mitteilung nach IV S 4 als auch die Belehrung nach V sind **in das Hauptverhandlungsprotokoll** aufzunehmen (§ 273 Ia S 2). Auch die unterbliebene oder nicht ordnungsgemäße Belehrung nach V führt zu einem Verwertungsverbot eines im Rahmen der Verständigung abgegebenen Geständnisses (Rostock StV **14**, 81), es sei denn, dass ein Beruhen auf dem Verstoß ausgeschlossen werden kann (BGH NStZ **13**, 727). Ob eine Absprache – zB mit einem Mitangeklagten – getroffen wurde und dessen Geständnis darauf beruht, kann aber Gegenstand eines Beweisantrags sein (BGH StV **06**, 118; Pauly DAV-FS 734). Da im Verfahren des § 257c nur das beachtlich ist, was protokolliert worden ist (BGH **43**, 195, 206), können aus nicht-protokollierten Gesprächen (sog „informelle Verständigung") keine Rechte hergeleitet werden (BGH NStZ **01**, 555; StV **01**, 554; NStZ-RR **09**, 1 [C]). Die Unzulässigkeit eines solchen verbotenen *deals* sollte deshalb konsequenterweise – entspr IV – auch das Geständnis selbst erfassen und damit unverwertbar machen (Brocke StraFo **13**, 449; Meyer-Goßner StraFo **03**, 401; vgl aber auch BGH **48**, 161, 167; ferner BGH **49**, 84, 89 = NStZ **04**, 338 mit Anm Weider, wo auf den Einzelfall abgestellt wird). 31

8) Rechtsmittel: 32
Das Gesetz sieht **keinerlei Einschränkungen im Rechtsmittelrecht** vor: **Berufung** (zu den im Zusammenhang mit Verständigungen in der Berufung auftretenden Rechtsproblemen eingehend 1a bis 1h vor § 312) und **Revision** bleiben uneingeschränkt erhalten (BGH **57**, 3; Düsseldorf StV **11**, 80). Beschränkungen hinsichtlich der Revision gegen das Urteil bestehen also nicht (BGH NStZ **10**, 289; wistra **10**, 451). Mit der Revision kann all das gerügt werden, was den Rahmen einer erlaubten Verständigung überschreitet, also etwa ein Verstoß gegen die Aufklärungspflicht, die Zusage einer bestimmten Strafe (BGH NStZ **11**, 648; KG aaO), der unzulässige Druck, der Verständigung zuzustimmen und ein Geständnis abzulegen (BGH NStZ **10**, 293, allerdings ohne die Einschränkung, dem verteidigten Angeklagten sei zuzumuten, Inhalten der Verständigung, die er für unzulässig hält, sogleich zu widersprechen; dagegen Schlothauer StraFo **11**, 496); ob ein Verfahrensbeteiligter, der an einer unzulässigen informellen Absprache teilgenommen hat, das Urteil ohne weiteres dennoch mit der Verfahrensrüge dieses Verstoßes anfechten kann, hat BGH NStZ **11**, 107 offen gelassen; es dürfte aber grundsätzlich zu bejahen sein (vgl auch F. Meyer HRRS **11**, 17). Dies gilt nach der Rspr auch für sog konkludente Urteilsabsprachen (BGH **59**, 21, 26). 32a

§ 257c

32b **Beanstandet werden** können zB die Drohung mit einer unzulässig weit geöffneten „Sanktionsschere" (BVerfG StV **06**, 57; BGH NStZ **05**, 393; Beulke/Swoboda JZ **05**, 67), wobei das Beruhen regelmäßig auszuschließen sein dürfte, wenn der Angeklagte die Tatvorwürfe weiterhin bestreitet (BGH NStZ **18**, 419 mwN), die Vereinbarung des Absehens von der Sicherungsverwahrung (BGH NStZ **05**, 526); aber auch sonstige Verfahrensfehler (BGH StV **09**, 680: örtliche Unzuständigkeit; BGH **57**, 3 = JR **12**, 262 mit Anm Schroeder: funktionelle Zuständigkeit; zw BGH StraFo **10**, 157 hinsichtlich des Beharrens auf einer Verletzung von § 24 I oder § 218 I, dagegen Wattenberg StV **10**, 471; vgl auch zur BGH-Rspr Bittmann NStZ **11**, 104), auch Fehler bei der Gesamtstrafenbildung (BGH NStZ-RR **13**, 373). Einen Überblick über die möglichen Revisionsgründe gibt N/Sch/W-Weider Teil C 5 ff.

32c Auch ein **Verstoß gegen die nach V erforderliche Belehrung** (oben 30) kann die Revision begründen, falls das Urteil auf dem Verstoß beruht, was aber nach Ansicht des BVerfG (NJW **13**, 1058, 1069, 1071; NStZ-RR **13**, 315; [ihm folgend Köln StV **14**, 80; München StV **14**, 79; Rostock StV **14**, 81] krit Stuckenberg ZJS **13**, 215; ebenso aber Jahn StV **11**, 502; Schlothauer StraFo **11**, 493) idR der Fall sein wird (BGH StraFo **13**, 286; NStZ **15**, 358; vgl dazu Schneider NStZ **14**, 258), es sei denn, es stehe fest, dass der Angeklagte das Geständnis auch bei ordnungsgemäßer Belehrung abgegeben hätte (BGH NStZ **13**, 728 mit Anm Radtke und Anm Eisenberg StV **14**, 69; vgl auch BGH 1 StR 295/19 vom 8.8.2019); hierzu müssen aber vom Revisionsgericht konkrete Feststellungen getroffen werden, pauschal gehaltene, nicht näher belegte Vermutungen genügen nicht (BVerfG StV **13**, 674). Dass dem Angeklagten der Inhalt der in V vorgeschriebenen Belehrung nicht bekannt gewesen sei, muss idR von ihm nicht vorgetragen werden (vgl BGH 5 StR 585/17 vom 6.3.2018), ebenso wenig, dass er bei ordnungsgemäßer Belehrung nicht ausgesagt hätte (BGH StraFo **14**, 335). Umgekehrt kann es am Beruhen fehlen, wenn zweifelsfrei feststeht, dass dem Angeklagten auch ohne rechtzeitige Belehrung bekannt war, unter welchen Voraussetzungen die Bindung des Gerichts an die Verständigung entfällt (BGH 1 StR 295/19 vom 8.8.2019).

33 **Hält sich das Gericht** nicht an seine verbindlichen Zusagen, begründet das die Revision (BGH NStZ **08**, 620). Ein Gericht ist allerdings nicht an eine vereinbarte Strafobergrenze gebunden, wenn diese unter der gesetzlichen Mindeststrafe liegt (vgl BGH StV **04**, 274). Hat das Gericht andererseits versehentlich die – rechtlich nicht mögliche – Einbeziehung einer Einzelstrafe in eine Gesamtstrafe zugesagt, muss es dies bei der Gesamtstrafenbemessung mildernd berücksichtigen (BGH NStZ **05**, 115). Zur revisionsrechtlichen Überprüfung bei Verstößen gegen die Bestimmungen des § 257c im einzelnen N/Sch/W-Weider Teil C 41 ff.

33a Verstöße gegen das in § 257c geregelte Verfahren müssen mit einer **Verfahrensrüge** beanstandet werden (BGH StV **10**, 227). Hat das Gericht sich mit den Verfahrensbeteiligten allerdings über den Schuldspruch oder über eine nach II S 3 einer Verständigung entzogene Maßregel verständigt, so ist dies auch auf die Sachrüge zu beachten; denn dann ist der Fehler ins Urteil eingegangen und hat dieses damit rechtsfehlerhaft gemacht (so wohl auch BVerfG NJW **13**, 1058, 1067; abl Niemöller StV **13**, 421; **aM** BGH NJW **11**, 1526; StV **13**, 134 mit abl Anm Velten StV **12**, 172). Haben die Verfahrensbeteiligten sich auf eine schuldunangemessene Sanktion verständigt, ist es Sache des Dienstvorgesetzten des StA, hiergegen gemäß Nr 147 I S 3 RiStBV mit Rechtsmitteln vorzugehen (BGH NJW **11**, 2450, 2451). Auch schwere Verfahrensverstöße können nicht zu einer Nichtigkeit des Verständigungs-Urteils führen (vgl Einl 105a; **aM** München NJW **13**, 2371 = StV **13**, 495; dagegen Kudlich NJW **13**, 3216; Leitmeier NStZ **14**, 690; Meyer-Goßner StV **13**, 613; Wenske StV **14**, 529 Fn 62).

33b Erg zur **Revision gegen Berufungsurteile** siehe 1h vor § 312.

34 Die Möglichkeit der **Wiederaufnahme des Verfahrens** unter den Voraussetzungen der §§ 359 ff besteht uneingeschränkt (vgl dazu Stuttgart NJW **99**, 375; LG Landau StV **09**, 237), bei verbotenen heimlichen Absprachen (oben 4) uU auch nach § 359 Nr 3, 362 Nr 3 (Schlothauer/Weider StV 09, 601, 606), wobei die Anforderungen an den Geständniswiderruf bei einem nicht hinreichend überprüften Geständnis (oben 17a) gegenüber den sonstigen Anforderungen bei einem Geständniswiderruf als Wiederaufnahmegrund (47 zu § 359) herabzuschrauben sind (vgl Eschelbach Paeffgen-FS 650).

Schlussvorträge; Recht des letzten Wortes   RiStBV 138, 139

258 I **Nach dem Schluß der Beweisaufnahme erhalten der Staatsanwalt und sodann der Angeklagte zu ihren Ausführungen und Anträgen das Wort.**

II **Dem Staatsanwalt steht das Recht der Erwiderung zu; dem Angeklagten gebührt das letzte Wort.**

III **Der Angeklagte ist, auch wenn ein Verteidiger für ihn gesprochen hat, zu befragen, ob er selbst noch etwas zu seiner Verteidigung anzuführen habe.**

Übersicht

	Rn
1) Normzweck	1
2) Schluss der Beweisaufnahme (I)	2
3) Schlussvorträge (I)	3–17
4) Recht auf Erwiderung (II Hs 1)	18
5) Letztes Wort des Angeklagten (II Hs 2, III)	19–26
6) Wiedereintritt in die Verhandlung	27–30
7) Sitzungsprotokoll	31, 32
8) Revision	33, 34

1) Zur **Wahrung des rechtlichen Gehörs** (Einl 23 ff) berechtigt § 258 die 1 Verfahrensbeteiligten, nach genügender Vorbereitung (KG NStZ **84**, 523) zum Ergebnis der Verhandlung in tatsächlicher und rechtlicher Hinsicht Stellung zu nehmen und Anträge zu stellen (BVerfGE **54**, 140; Köln VRS **69**, 444; vgl auch BGH **9**, 77, 79). Die Schlussvorträge der StA und des Verteidigers, insbesondere aber das letzte Wort des Angeklagten, das seine Einlassung ergänzt, gehören zum Inbegriff der Hauptverhandlung iS des § 261 und müssen daher bei der Urteilsfindung berücksichtigt werden (BGH **11**, 74, 75; StV **83**, 402; erg 5 zu § 261). Legt der Angeklagte in seinem letzten Wort ein Geständnis ab, so muss idR noch einmal in die Verhandlung eingetreten werden (BGH 2 StR 88/75 vom 11.6.1975).

2) Nach **Schluss der Beweisaufnahme** werden die Schlussvorträge gehalten 2 und erhält der Angeklagte Gelegenheit zum letzten Wort. Den Schluss der Beweisaufnahme stellt der Vorsitzende idR ausdrücklich fest; ein Gerichtsbeschluss ist gesetzlich nicht vorgesehen (Köln NJW **54**, 46 hält ihn sogar für irreführend; zust EbSchmidt 1). Auch eine stillschweigende Feststellung reicht aus (KK-Ott 2); der Vorsitzende muss nur unmissverständlich zu erkennen geben, dass keine Beweise mehr erhoben werden und die Schlussvorträge gehalten werden können (BGH NStZ **90**, 28 [M]; KG NStZ **84**, 523). Zum Wiedereintritt in die bereits geschlossene Beweisaufnahme vgl unten 27 ff.

3) Schlussvorträge (I): 3

A. Das **Recht zum Schlussvortrag** haben StA, der Nebenkläger (§ 397 I S 3), 4 der Privatkläger (§ 385 I S 1), an deren Stelle ihre Vertreter sprechen dürfen, der Angeklagte und der Verteidiger, der in I nicht genannt ist, weil sich aus III ergibt, dass er den Schlussvortrag für den Angeklagten halten kann (KG NStZ **84**, 523).

Dass der **Verteidiger** von diesem Recht Gebrauch macht, ist selbstverständlich. 5 Daher muss der – anwesende (BGH NStZ **12**, 462) – Verteidiger das Wort zum Schlussvortrag nicht besonders beantragen; es wird ihm, wie den übrigen Prozessbeteiligten (unten 7), von Amts wegen erteilt (Bay **55**, 269; VRS **62**, 374; Hamm VRS **48**, 433; **aM** RG **42**, 51; KG aaO; KK-Ott 5; LR-Stuckenberg 18). Auch wenn der Verteidiger erst kurz vor der Urteilsberatung erscheint, hat er noch Anspruch auf Gelegenheit zum Schlussvortrag (Bay VRS **61**, 128; Hamm NJW **70**, 1696).

6 Die **Nebenbeteiligten**, die in der Hauptverhandlung die Befugnisse eines Angeklagten haben (§§ 433 I, 442 I, II S 1, 444 S 2), erhalten, wenn sie anwesend sind, das Wort zum Schlussvortrag im Rahmen ihrer Beteiligung. Das Gleiche gilt für Beteiligte an einer mündlichen Verhandlung im Nachverfahren (§ 441 III) und im selbstständigen Verfahren nach § 444 II S 1. Für diese Nebenbeteiligten können auch die Vertreter (§ 434) sprechen.

7 **Gelegenheit zum Schlussvortrag** muss der Vorsitzende diesen Prozessbeteiligten von Amts wegen geben. Dazu bedarf es nicht unbedingt einer ausdrücklichen Worterteilung; die Gelegenheit müssen die Berechtigten aber unmissverständlich erhalten (Bay VRS **62**, 374), nicht nur durch eine Handbewegung (RG **61**, 317).

8 B. Die **Reihenfolge** des I bezeichnet die zweckmäßigste Verfahrensgestaltung, ist aber nach iztr hM nicht zwingend (**aM** SK-Velten 22 bei fehlendem Einverständnis aller Verfahrensbeteiligter; gegen die gesetzliche Regelung wegen des sog Ankereffekts Traut/Nickolaus StraFo **15**, 485). Nach dem Grundgedanken von I soll dem Nebenkläger das Wort vor dem Verteidiger gewährt werden (BGH 5 StR 121/62 vom 14.5.1962; RG aaO). Bei mehreren Angeklagten bestimmt der Vorsitzende die Reihenfolge in der sie und ihre Verteidiger zu Wort kommen (KK-Ott 6). Treten mehrere StAe oder Verteidiger auf, so steht die Aufteilung der Schlussvorträge in ihrem Ermessen (LR-Stuckenberg 21). Für die Berufungsverhandlung gilt § 326 S 1, für die Revisionsverhandlung § 351 II S 1.

9 C. Eine **Pflicht zum Schlussvortrag** begründet I nicht.

10 Aufgrund seiner prozessualen Stellung im Offizialverfahren (vgl 1 ff vor § 141 GVG) ist der StA aber nicht nur innerdienstlich (vgl RiStBV Nrn 138, 139) verpflichtet, einen Schlussvortrag zu halten (Nehm Geiß-FS 115). Er muss das Verhandlungsergebnis in tatsächlicher und rechtlicher Hinsicht zusammenfassend würdigen (Hellebrand 380ff) und bestimmte Anträge stellen (BGH NStZ **84**, 468; Düsseldorf NJW **63**, 1167 mit abl Anm Schütz NJW **63**, 1589; Stuttgart NStZ **92**, 98 mwN; offengelassen bei BGH **19**, 377, 378), auch wenn nur über die Berufung des Nebenklägers zu entscheiden ist (3 zu § 401). Ohne den Schlussvortrag der StA darf die Verhandlung nicht fortgesetzt werden (Düsseldorf aaO; Nehm aaO; Schlüchter 561.3; **aM** KK-Ott 8; Fahl 424); es ist dann der Dienstvorgesetzte des StA zu unterrichten (Stuttgart aaO; **aM** KK-Ott 8). Jedoch hat der StA nicht nur die Wahl, Freisprechung oder Verurteilung zu beantragen. Hält er den Sachverhalt nicht für genügend geklärt, so kann er auch den Antrag auf weitere Beweiserhebung stellen (BGHR § 258 I Schlussvortrag 2; LR-Stuckenberg 23; **aM** Düsseldorf aaO). Auch auf den Antrag, das Verfahren nach § 154 einzustellen, kann das Gericht ein Sachurteil erlassen (zw BGH NStZ **84**, 468); der StA muss vorher nicht nochmals gehört werden (BGH aaO).

11 Der **Verteidiger** nimmt seine Aufgaben zwar idR nicht ordnungsgemäß wahr, wenn er nicht seinerseits einen Schlussvortrag hält, dabei auf die Anträge des StA erwidert und Anträge stellt (**aM** Köln StV **91**, 9, 11). Dazu kann er aber nicht gezwungen werden (LR-Stuckenberg 24; Schlüchter 561.3 will bei notwendiger Verteidigung § 145 anwenden; dagegen Nehm Geiß-FS 126). Das Verfahren wird daher auch fortgesetzt, wenn der Verteidiger den Schlussvortrag verweigert (BGH NStZ **81**, 295 [Pf]).

12 D. **Form des Schlussvortrags:** Die Schlussvorträge sollten in freier Rede gehalten werden; die Benutzung schriftlicher Aufzeichnungen darf aber nicht untersagt werden (BGH **3**, 368; MDR **64**, 72; LR-Stuckenberg 25). Eine Verdeutlichung anhand von Skizzen und Modellen ist zulässig (Hamm VRS **35**, 370).

13 E. **Inhaltlich** dürfen sich die Schlussvorträge nur auf Tatsachen und Beweisergebnisse beziehen, die Gegenstand der Hauptverhandlung waren. Das private Wis-

Hauptverhandlung § 258

sen dürfen weder StA noch Verteidiger verwerten (LR-Stuckenberg 27). Urkunden dürfen nur verlesen werden, wenn sie bereits in die Verhandlung eingeführt worden sind. War für einen Teil der Hauptverhandlung die Öffentlichkeit nach §§ 171b, 172 Nrn 2, 3 GVG ausgeschlossen, so dürfen StA und Verteidiger den damit bezweckten Persönlichkeitsschutz nicht ohne besonderen Grund dadurch vereiteln, dass sie die unter Ausschluss der Öffentlichkeit gewonnenen Verhandlungsergebnisse in ihrem Schlussvortrag erörtern (KMR-Stuckenberg 32). Die Schlussvorträge dürfen sich auch nicht über Verwertungsverbote (Einl 55) hinwegsetzen.

Der **StA** muss seinen Schlussvortrag (dazu allg Dahs DRiZ **60**, 106; Heghmanns 948 ff) objektiv und unvoreingenommen halten; von dem Inhalt der Anklageschrift muss er sich lösen, wenn die Hauptverhandlung zu abweichenden Beweisergebnissen geführt hat. Bei der Beurteilung des Sachverhalts muss er die zugunsten und zuungunsten des Angeklagten sprechenden Umstände gleichermaßen berücksichtigen. Im Übrigen schreiben RiStBV Nrn 138, 139 vor, zu welchen Fragen der StA Stellung zu nehmen und was er bei der Antragstellung zu beachten hat. 14

Für den Angeklagten hält der **Verteidiger** den Schlussvortrag (allg dazu Alsberg AnwBl **78**, 1; Dahs 714 ff und AnwBl **59**, 1; Reuß JR **65**, 162) in eigener Verantwortung (erg 1 vor 137). Er kann einseitig die zugunsten des Angeklagten sprechenden Umstände hervorheben; zur objektiven Würdigung des Verhandlungsergebnisses ist er nicht verpflichtet. Auf eine bestimmte Redezeit darf er nicht beschränkt werden (BGH MDR **53**, 598 [D]; Fromm StraFo **17**, 146, 150). 15

Einem **Missbrauch** des Schlussvortrags hat der Vorsitzende im Rahmen seiner Sachleitung nach § 238 I entgegenzutreten (Fahl 414). Ein Missbrauch liegt insbesondere vor bei ständigen Wiederholungen (BGH MDR **64**, 72), Weitschweifigkeiten und Erörterung abwegiger Umstände (BGH **3**, 368, 369) sowie Herabsetzung des Gerichts, der anderen Prozessbeteiligten oder dritter Personen. Der Vorsitzende muss in diesen Fällen den StA oder Verteidiger zunächst ermahnen; wenn das erfolglos bleibt, darf er ihm (als letztes Mittel) das Wort entziehen (LR-Stuckenberg 53). Hiergegen kann nach § 238 II das Gericht angerufen werden (KK-Ott 10). 16

F. Die **Aufteilung der Schlussvorträge (Schuldinterlokut)** des StA und des Verteidigers in der Weise, dass nach der Beweisaufnahme zunächst nur zur Schuldfrage gesprochen, sodann zur Rechtsfolgenfrage verhandelt wird und schließlich Schlussvorträge zu diesem Verhandlungsteil gehalten werden, ist im Gesetz nicht vorgesehen und auch nicht üblich. Auch nach geltendem Recht kann aber ein solches „informelles Schuldinterlokut" nicht als unzulässig angesehen werden (Kleinknecht Heinitz-FS 651; vgl auch BGH NStZ **85**, 561; LR-Becker 11 zu § 243). Im Schrifttum wird seit langem die Einführung eines formellen Schuldinterlokuts nach amerikanischem Vorbild diskutiert (Kaiser Lenckner-FS 792; Roxin/Schünemann § 44, 82). 17

4) Das **Recht auf Erwiderung (II Hs 1)** steht dem StA, dem Privatkläger (§ 385 I S 1) und dem Nebenkläger zu (10 zu § 397). Einen Anspruch auf mehrmalige Erwiderung haben sie nicht (RG **11**, 135, 136); der Vorsitzende kann sie ihnen aber gestatten, wenn er dies für sachlich geboten hält (KK-Ott 13). Das Recht des Angeklagten und seines Verteidigers, auf die Erwiderung seinerseits zu erwidern, folgt aus dem Recht des Angeklagten auf das letzte Wort nach II Hs 2, III (BGH NJW **76**, 1951; RG **42**, 51; Bremen MDR **67**, 608; Koblenz VRS **55**, 278; Oldenburg NJW **57**, 839; Schlüchter 562). So oft der StA oder der Privatkläger oder der Nebenkläger zur Erwiderung das Wort erhält, muss anschließend erneut dem Verteidiger und dem Angeklagten das Wort erteilt werden (BGH aaO; MDR **78**, 281 [H]). Hat sich der in Vertretung des Angeklagten erschienene Verteidiger während der Schlussvorträge des StA und Nebenklägers entfernt und ist er bis zur Urteilsberatung nicht zurückgekehrt, so hat er aber sein Recht auf Erwiderung verwirkt (Bay VRS **61**, 128). Über das Verlangen nach Erwiderung entschei- 18

§ 258

det der Vorsitzende (§ 238 I); lehnt er sie ab, so kann nach § 238 II auf Entscheidung des Gerichts angetragen werden.

19   **5) Letztes Wort des Angeklagten (II Hs 2, III):**

20   A. Der **Angeklagte selbst** hat das Recht, vor der Urteilsberatung als Letzter zu sprechen, auch wenn er vorher schon nach I einen Schlussvortrag gehalten hat oder sonst zu Wort gekommen ist (BGH StV **99**, 5; Hamburg StV **05**, 205; vgl aber auch BGH NStZ **05**, 280: bei Unklarheit des Protokolls, ob dem Angeklagten sowohl das Recht nach III als auch das nach II eingeräumt wurde, Freibeweis), natürlich auch, wenn er vorher geschwiegen hat (dazu Salditt Samson-FS 699). Das gilt auch in der Berufungsverhandlung (§ 326 S 2) und in der Revisionsverhandlung (§ 351 II S 2). Dieses Recht ist nicht übertragbar, insbesondere nicht auf den Verteidiger des in der Hauptverhandlung anwesenden Angeklagten (Schleswig SchlHA **70**, 199 [E/J]; LR-Stuckenberg 38). Auch bei Abwesenheit des Angeklagten kann der Verteidiger nicht verlangen, außer dem Schlussvortrag für den Angeklagten noch das letzte Wort zu erhalten (BGH GA **78**, 376; Bay VRS **61**, 128; KK-Ott 14; Eisenberg BR 810). War die Hauptverhandlung nach § 231 II in Abwesenheit des Angeklagten fortgesetzt worden, kehrt er aber vor der Urteilsberatung zurück, so ist ihm das letzte Wort zu erteilen, auch wenn nur noch die Urteilsverkündung aussteht (BGH NStZ **86**, 372; **90**, 291; Hamm NStZ-RR **01**, 334). Bei einem wegen ordnungswidrigen Benehmens nach § 231b ausgeschlossenen Angeklagten muss idR der Versuch gemacht werden, ihn für die Gewährung des letzten Worts wieder hinzuzuziehen (vgl 7 zu § 231b). Davon kann nur abgesehen werden, wenn dieser Versuch im Hinblick auf die vorangegangenen Ausschreitungen des Angeklagten von vornherein aussichtslos wäre (BGH **9**, 77; NJW **05**, 2466, 2469; KG StV **87**, 519; Koblenz MDR **75**, 424).

21   Als **letzter Verfahrensbeteiligter** muss der Angeklagte sprechen, bevor das Gericht mit der Beratung beginnt. Das gilt nicht nur im Verhältnis zu StA und Nebenkläger (Düsseldorf VRS **97**, 427; Saarbrücken VRS **17**, 63), sondern auch zu seinem Verteidiger (III) und zu den Verteidigern der Mitangeklagten (BGH StV **17**, 797). Sprechen nach dem letzten Wort des Angeklagten andere Verfahrensbeteiligte für ihn, so muss ihm auch dann erneut das letzte Wort erteilt werden (BGH **48**, 181; zust Rübenstahl GA **04**, 33). Das Gleiche gilt, wenn Nebenbeteiligte nach ihm das letzte Wort gehabt haben.

22   Die **Reihenfolge**, in der mehrere Angeklagte das letzte Wort haben, bestimmt der Vorsitzende (RG **57**, 265).

23   Die **gleichen Rechte wie der Angeklagte** haben im Verfahren gegen jugendliche Angeklagte die Erziehungsberechtigten und gesetzlichen Vertreter nach § 67 I JGG (BGH StV **17**, 717; **21**, 288; NStZ **85**, 230; **99**, 426; **00**, 435; 553; **13**, 289; Hamm StV **07**, 8; Zweibrücken StV **03**, 455), auch im Verfahren vor einem Erwachsenengericht (§ 104 I Nr 9 JGG), auch wenn sie von ihrem Zeugnisverweigerungsrecht (§ 52) Gebrauch gemacht haben (BGH StV **09**, 88), es sei denn, der angeklagte Jugendliche ist zum Zeitpunkt der Hauptverhandlung bereits volljährig (BGH NStZ-RR **09**, 354 L). Das letzte Wort ist ihnen von Amts wegen und nicht nur auf Verlangen zu erteilen (BGH 4 StR 629/17 vom 28.3.2018). Die Reihenfolge, in der dem jugendlichen Angeklagten und seinem Erziehungsberechtigten bzw gesetzlichen Vertreter das letzte Wort zu erteilen ist, steht im Ermessen des Vorsitzenden; dem Jugendlichen ist nach der Rspr nicht zwingend das „allerletzte" Wort zu erteilen (BGH NStZ-RR **17**, 349; **48**, 181, 182; RG **57**, 265; **aM** KK-Ott 20; Schlothauer Eisenberg-FS II 271, 280, der überzeugend argumentiert, dass das Recht des Angeklagten auf das letzte Wort jedem anderen Verfahrensbeteiligten übergeordnet ist). Das letzte Wort haben auch Nebenbeteiligte im Umfang ihrer Beteiligung, auch die Einziehungsbeteiligten bei der mündlichen Verhandlung im Einziehungsverfahren nach §§ 424, 427, 430 (vgl BGH **17**, 28).

24   B. Ein **Hinweis auf das Recht des letzten Wortes** ist erforderlich, wenn es der Angeklagte nicht schon von sich aus in Anspruch nimmt (BGH **18**, 84; **22**, 278). Auf Form und Wortlaut des Hinweises kommt es nicht an; die Befragung

Hauptverhandlung § 258

nach III muss nicht mit den Worten des Gesetzes erfolgen. Es genügt, dass dem Angeklagten klar zur Kenntnis gebracht wird, dass er sich als letzter Verfahrensbeteiligter abschließend zur Sache äußern kann (BGH 18, 84; RG 61, 317; Hamm NJW 59, 1933; VRS 41, 159; aM Schleswig SchlHA 56, 212: ausdrückliche Befragung).

C. **Inhaltlich** steht es dem Angeklagten grundsätzlich frei, was er im Rahmen 25 seines letzten Wortes vorbringen will. Ihm ist weitestgehende Verteidigungsfreiheit zu ermöglichen (BGH 9, 77, 79; StV 85, 355; Seibert MDR 64, 471; Tröndle DRiZ 70, 217). Er darf auch über Umstände sprechen, auf die das Gericht die Beweisaufnahme nicht zu erstrecken brauchte, insbesondere auf solche, die sich auf die Beweggründe für seine Tat beziehen (BGH StV 85, 355; vgl auch BGH 31, 16). Auf eine bestimmte Redezeit darf er ebenso wenig beschränkt werden wie der Verteidiger (RG 64, 57; oben 15). Das schließt auch aus, dass ihm das letzte Wort durch vorzeitigen Aufbruch des Gerichts abgeschnitten wird (Neustadt GA 81, 186). Unzulässig ist es, ihm die Entziehung des Wortes für den Fall anzudrohen, dass er die Unwahrheit sagt (BGH JR 65, 348). Alibibehauptungen muss das Gericht im Rahmen des § 244 II nachgehen (BGH NStZ 01, 160). Zur Benutzung schriftlicher Aufzeichnungen vgl oben 12. Unterbrechungen und Fragen sind zulässig (BGH MDR 57, 527 [D]).

Bei **Missbrauch** des letzten Wortes, insbesondere bei ständigen Wiederholun- 26 gen, weitschweifigen, abwegigen oder ehrkränkenden Äußerungen, darf der Vorsitzende den Angeklagten ermahnen; wenn das erfolglos bleibt, kann er ihm das Wort entziehen (BGH 3, 368; einschr KK-Ott 21: nur nach mehrmaligen vergeblichen Ermahnungen; vgl auch AK-Dästner 27, 31; Fahl 408; erg oben 16).

6) Der **Wiedereintritt in die Verhandlung** verpflichtet das Gericht, nach er- 27 neuter Schließung der Beweisaufnahme den Prozessbeteiligten ohne Rücksicht auf Umfang und Bedeutung der Weiterverhandlung nochmals Gelegenheit zum Schlusswort zu geben und dem Angeklagten abermals das letzte Wort zu erteilen (BGH 1 StR 35/17 vom 11.5.2017: Einstellung nach § 154 II); denn die früheren Schlussvorträge und das letzte Wort haben mit dem Wiedereintritt in die Beweisaufnahme ihre Bedeutung als abschließende Äußerung verloren (KK-Ott 23). Dabei kann das Gericht davon ausgehen, dass StA und Verteidiger ihr Recht kennen, den Schlussvortrag zu erneuern; ein besonderer Hinweis ist nicht erforderlich (BGH 20, 273; 22, 278; NStZ 93, 95). Sehen sie von weiteren Ausführungen ab, so liegt darin eine stillschweigende Bezugnahme auf den vorher gehaltenen Schlussvortrag (Bay NJW 57, 1289; Schlüchter 564). Dagegen muss der Angeklagte ausdrücklich auf sein Recht hingewiesen werden, nochmals als Letzter zu sprechen (BGH 13, 53, 59; 18, 84, 85; 22, 278; NStZ 84, 521; 87, 36). Wird nur zu einem von mehreren Anklagevorwürfen erneut in die Beweisaufnahme eingetreten, so muss gleichwohl das letzte Wort in vollem Umfang erteilt werden (BGH 20, 273, 275; 22, 278, 280; MDR 66, 893 [D]; VRS 30, 121).

Der **Wiedereintritt** setzt keinen besonderen Gerichtsbeschluss voraus (Düssel- 28 dorf VRS 80, 461 mwN). Er liegt nicht in jeder Prozesshandlung, die ihrer Natur nach in den Bereich der Beweisaufnahme fällt (so Bay NJW 57, 1289), sondern schon in jeder Handlung, in der der Wille des Gerichts zum Weiterverhandeln in der Sache in Erscheinung tritt (vgl BGH NStZ 19, 426 mwN). Daher handelt es sich auch dann um einen Wiedereintritt, wenn keine weitere Beweisaufnahme stattfindet, aber etwa Anträge erörtert werden (BGH NJW 18, 414); Wiedereintritt in die Beweisaufnahme ist gleichbedeutend mit Wiedereröffnung der Verhandlung (BGH 20, 273, 275; NStZ 84, 521; 93, 551; vgl auch BGH NStZ 15, 105; Hamm StraFo 01, 64).

Ein **Wiedereintritt liegt zB vor** (vgl SK-Velten 48 ff), wenn nach dem letzten 29 Wort des Angeklagten ein Antrag, die Beweisaufnahme wieder zu eröffnen (Bay NJW 57, 1289), ein Beweisantrag (BGH NStZ-RR 99, 36 [K]; StraFo 14, 251) oder ein Unterbrechungs- oder Aussetzungsantrag abgelehnt wird (BGH NStZ 82, 190 [Pf]; StV 93, 344; NStZ-RR 97, 268 L), ein Hilfsbeweisantrag ent-

Schmitt 1265

§ 258 Zweites Buch. 6. Abschnitt

gegengenommen wird, zu dem der StA Stellung nimmt (Celle StV **85**, 7), der Angeklagte dazu befragt wird, wie Äußerungen von ihm in seinem letzten Wort in Bezug auf eine Beweiserhebung zu verstehen sind (BGH NStZ **18**, 489), eine Urkunde verlesen wird, auch wenn das nicht zu Beweiszwecken geschieht (BGH NStZ **83**, 357 [Pf/M]), ein Zeuge nachträglich vereidigt wird (LR-Stuckenberg 7), ein Beschluss über die Abtrennung von Verfahrensteilen (BGH StV **82**, 4; **83**, 232) oder die Abtrennung des Verfahrens gegen einen Mitangeklagten ergeht (BGH StV **84**, 233; NStZ **88**, 512), eine Nachtragsanklage nicht zugelassen (BGH StV **81**, 221) oder Prozesskostenhilfe für das Adhäsionsverfahren gewährt wird (BGH NStZ-RR **14**, 15), wenn ein rechtlicher Hinweis nach § 265 I erteilt (BGH **19**, 156; **22**, 278; NStZ **81**, 295 [Pf]; **85**, 495 [Pf/M]; **13**, 612 mit Anm Ferber) oder auf die rechtliche Möglichkeit einer Nebenfolge hingewiesen wird (BGH NStZ **87**, 36; Düsseldorf VRS **80**, 461), oder wenn ein Beschluss über die vorläufige Entziehung der Fahrerlaubnis verkündet wird (Düsseldorf NStZ-RR **14**, 16), oder wenn der Angeklagte an den Nebenkläger eine Wiedergutmachungszahlung leistet (BGH 3 StR 185/14 vom 24.6.2014), oder wenn er sich mit formloser Einziehung einer Sache einverstanden erklärt (BGH StV **10**, 227; Brandenburg NStZ **08**, 586), oder wenn von den Verfahrensbeteiligten die Sach- und Rechtslage erörtert wird (BGH NStZ **12**, 587; **19**, 426). Auch die informatorische Frage des Vorsitzenden an den Verteidiger, ob er die im Schlussvortrag bezeichneten Urkunden vorlegen könne, soll ein Wiedereintritt in die Verhandlung sein (BGH NStZ **87**, 423).

29a Insbesondere bei **Entscheidungen zur Haftfrage** kann ein Wiedereintritt vorliegen, so wenn allgemein mit der Haftfrage die „Sach- und Rechtslage" erörtert wird (BGH StV **92**, 551), der Haftbefehl gegen einen Mitangeklagten aufgehoben wird (BGH wistra **11**, 118), Haftfortdauer beantragt (BGH StraFo **09**, 109) oder angeordnet (BGH StV **09**, 333), ein Haftbefehl erlassen (BGH NStZ-RR **01**, 372), ein Beschluss über den Wegfall der Meldeauflage bei einem außer Vollzug gesetzten Haftbefehl verkündet (BGH StV **88**, 93) oder über einen Antrag auf Invollzugsetzung oder auf Wiederinvollzugsetzung des Haftbefehls (BGH NStZ **86**, 470; StV **97**, 339; **01**, 438) oder einen Haftentlassungsantrag entschieden wird (BGH NStZ **84**, 376).

30 **Kein Wiedereintritt** liegt vor bei Verwerfung eines unzulässigen Ablehnungsgesuchs nach § 24 (KK-Ott 25; Rübenstahl GA **04**, 47; offengelassen bei BGH NStZ **85**, 464), wenn lediglich die Verhandlungsfähigkeit des Angeklagten erörtert wird (BGH NStZ **90**, 228 [M], zw), wenn nur eine Negativmitteilung nach § 243 IV protokolliert wird (BGH NStZ **15**, 658; **16**, 118 mit Anm Bittmann), bei einer sitzungspolizeilichen Maßnahme (BGH NStZ **06**, 650), bei bloßer Entgegennahme eines Hilfsbeweisantrags, zu dem auch andere Verfahrensbeteiligte keine Erklärungen abgegeben haben (BGH NJW **18**, 414; NStZ-RR **98**, 261 [K] mwN; NStZ **04**, 505; aM Rübenstahl aaO 45) oder eines Beweisantrags nach Beginn der Urteilsverkündung (BGH NStZ **86**, 182), bei Bekanntgabe eines Verbindungsbeschlusses zur gemeinsamen Urteilsverkündung (BGH NStZ-RR **01**, 241) sowie bei einem Beschluss über die Teileinstellung des Verfahrens nach § 154 II (BGH NJW **01**, 2109 mit zust Anm Ingelfinger JR **02**, 120 und krit Anm Julius NStZ **02**, 104) oder nach § 154a II (vgl BGH 4 StR 267/12 vom 1.8.2012). Auch die Weigerung der StA, der Einstellung nach § 153 zuzustimmen (Hamm VRS **23**, 54) stellt keinen Wiedereintritt in die Verhandlung dar, das Gleiche gilt für den Fall, dass ein Zeuge nach Schluss der Beweisaufnahme unaufgefordert Erklärungen abgibt, auf die niemand eingeht (KK-Ott 25), oder dass der Vorsitzende den Angeklagten beim letzten Wort zu Ergänzungen veranlasst, ohne damit in eine förmliche Vernehmung einzutreten und dass der StA während des letzten Wortes des Angeklagten eine Zwischenbemerkung macht (Saarbrücken JBl Saar **61**, 14).

31 **7) Sitzungsprotokoll:** Zu den wesentlichen Förmlichkeiten der Hauptverhandlung iS des § 273 I gehört, dass den Prozessbeteiligten das Wort zum Schlussvortrag erteilt (BGH StV **22**, 278; Koblenz OLGSt S 5; Zweibrücken StV **86**, 51), dass der Angeklagte nach III befragt (BGH aaO; NStZ **85**, 494 [Pf/M]; Hamm VRS **41**, 159) oder dass ihm sonst das letzte Wort gewährt worden ist (BGH aaO; StV **82**, 103; **02**, 530), was mit diesen Worten ins Protokoll aufgenommen werden sollte (BGH NStZ-RR **05**, 260 [B]). Auch die Verweigerung des Schlussvortrags und die Wortentziehung sind im Sitzungsprotokoll zu beurkunden. Die Beobachtung dieser Förmlichkeiten kann nach § 274 nur durch das Protokoll bewiesen werden (BGH **13**, 53, 59; **22**, 278; NStZ **83**, 212 [Pf/M]; Köln VRS **62**, 281).

Ist im Protokoll nur die Erteilung des letzten Wortes beurkundet, so ist der **32** Vermerk so **auszulegen,** dass damit auch die Befragung nach II verbunden war (RG **57**, 265; Hamm NJW **59**, 1933; O.H. Schmidt NJW **59**, 62). Der Protokollvermerk, dass der Angeklagte das letzte Wort hatte, beweist auch, dass dem Verteidiger Gelegenheit gegeben war, vor dem letzten Wort des Angeklagten seinerseits abschließend zu sprechen (BGH NJW **79**, 1668; Köln VRS **57**, 32), und dass er die Möglichkeit der Erwiderung hatte (Koblenz VRS **55**, 278). Das gilt aber nicht bei Abwesenheit des Angeklagten (Bay VRS **61**, 128). Der Vermerk: „Die Beteiligten blieben bei ihren Anträgen", beweist nicht, dass der Angeklagte das letzte Wort gehabt hat (LR-Stuckenberg 56; KK-Ott 17; Hanack JZ **72**, 276; **aM** BGH **13**, 53). Ebensowenig beweist der Vermerk: „Die Angeklagten gaben keine weiteren Erklärungen ab", dass ihnen nach Wiedereintritt in die Verhandlung erneut das letzte Wort erteilt worden ist.

8) Die **Revision** kann darauf gestützt werden, dass dem Verteidiger zum **33** Schlussvortrag keine Gelegenheit (Köln VRS **69**, 444) oder keine genügende Zeit zur Vorbereitung gegeben worden ist (KG NStZ **84**, 523), wobei er aber dem Gericht zu erkennen geben muss, wenn ihm die gewährte Vorbereitungszeit nicht ausreicht (BGH NStZ **05**, 650). Die Revision kann auch rügen, dass dem anwesenden Angeklagten (seinem Erziehungsberechtigten oder gesetzlichen Vertreter), auch nach zwischenzeitlichem Wiedereintritt in die Verhandlung (siehe 27 ff), das letzte Wort nicht erteilt oder in unzulässiger Weise beschränkt worden ist (BGH **3**, 368, 370; NStZ **99**, 426). Zum notwendigen Revisionsvorbringen gehören nicht Angaben darüber, was der Verteidiger in dem Schlussvortrag oder der Angeklagte in dem letzten Wort vorgebracht hätte (BGH **21**, 288, 290; Düsseldorf StraFo **01**, 312; Hamm NStZ-RR **07**, 123; Zweibrücken StV **03**, 455), wohl aber über den Ablauf der Verhandlung, insbesondere falls nach dem letzten Wort wieder in die Verhandlung eingetreten worden war (BGH NStZ **90**, 230 [M]; StV **95**, 176 mit abl Anm Ventzke; Jena NStZ-RR **06**, 278; KG StraFo **17**, 460), und über den Inhalt des Hauptverhandlungsprotokolls (Jena VRS **108**, 215). Die vorherige Anrufung des Gerichts nach § 238 II setzt die Zulässigkeit der Revision nicht voraus (BGH **3**, 368; **21**, 288, 290; SSW-Franke 22; **aM** BGH NStZ **12**, 344). Ein Revisionsgrund liegt nicht darin, dass der Verteidiger keinen Schlussvortrag gehalten hat (BGH MDR **80**, 274 [H]; NStZ **87**, 217 [Pf/M]), wohl aber in der Weiterführung der Verhandlung, nachdem der StA den Schlussvortrag verweigert hat (oben 10; **aM** Nehm Geiß-FS 116; differenzierend Häger Meyer-GedSchr 177; offen gelassen von BGHR § 258 I Schlussvortrag 2).

Das **Beruhen des Urteils** auf Verstößen gegen § 258, insbesondere gegen II **34** Hs 2, III, kann nur in besonderen Ausnahmefällen ausgeschlossen werden (BGH **21**, 288, 290; NStZ **83**, 357 [Pf/M]; **84**, 376; wistra **85**, 154; Koblenz VRS **47**, 444; Köln VRS **69**, 444; zu solchen Ausnahmefällen vgl BGH **22**, 278, 280 ff; NStZ **85**, 464; **96**, 398, 399; StV **96**, 297; NStZ-RR **98**, 15; NStZ **09**, 50; 5 StR 289/15 vom 16.9.2015; Düsseldorf VRS **64**, 205), jedenfalls nicht deswegen, weil sich der Angeklagte hiernach nicht zur Sache eingelassen hat (BGHR § 258 III letztes Wort 1 mwN; BGH StraFo **14**, 251); bei einem Geständnis des Angeklagten wird der Schuldspruch aber idR aufrechterhalten werden können (BGH 1 StR 35/17 vom 11.5.2017; NStZ **99**, 426; StV **00**, 296; **10**, 227; anders Braunschweig StraFo **09**, 208 bei einem unvollständigen Geständnis). Dies soll bei versäumtem letzten Wort der Erziehungsberechtigten auch gelten, wenn der Angeklagte den äußeren Tatablauf eingeräumt, sich aber auf Notwehr berufen hat (BGH

4 StR 629/17 vom 28.3.2018). Es gilt ebenso, wenn sich ein – nach Wiedereintritt in die Beweisaufnahme (oben 27) erteilter Hinweis nach § 265 ersichtlich nur auf die gesetzlichen Strafzumessungsgrundlagen bezieht (BGH NStZ **93**, 551). Bei Verstößen zu Lasten des Mitangeklagten fehlt es an einer Beschwer des Angeklagten selbst (LR-Stuckenberg 66), bei solchen zu Lasten des Nebenklägers wird das Beruhen leichter auszuschließen sein (BGH NJW **01**, 3137).

Dolmetscher

259 ^I **Einem der Gerichtssprache nicht mächtigen Angeklagten müssen aus den Schlußvorträgen mindestens die Anträge des Staatsanwalts und des Verteidigers durch den Dolmetscher bekanntgemacht werden.**

^{II} **Dasselbe gilt nach Maßgabe des § 186 des Gerichtsverfassungsgesetzes für einen hör- oder sprachbehinderten Angeklagten.**

1 1) Eine **Einschränkung der §§ 185, 186 GVG** enthält die Vorschrift. Für die Schlussvorträge gilt nicht die Pflicht, dem der Gerichtssprache nicht mächtigen (4 zu § 185 GVG) oder hör- oder sprachbehinderten (zur Verständigung mit diesem vgl die Erl zu § 186 GVG) Angeklagten den gesamten Inhalt bekanntzumachen. Es genügt die Übersetzung der Anträge des StA und des Verteidigers. Die Einschränkung bezieht sich aber nicht auf die eigenen Erklärungen des Angeklagten; sie müssen von dem Dolmetscher durch wörtliche Übersetzung bekanntgemacht werden. Im Übrigen steht es im Ermessen des Vorsitzenden, den Dolmetscher zu beauftragen, auch die Schlussvorträge wörtlich zu übertragen oder durch eine gedrängte Inhaltsangabe verständlich zu machen (BGH GA **63**, 148; Kabbani StV **87**, 411; vgl auch BVerfGE **64**, 135, 148 = NJW **83**, 2762, 2764; Kotz StV **12**, 628 hält die Vorschrift durch die Richtlinie 2010/64/EU für überholt).

2 2) In der **Sitzungsniederschrift** braucht die Beachtung der Mindestanforderungen des § 259 ebenso wenig vermerkt zu werden wie jedes einzelne Tätigwerden des Dolmetschers in den sonstigen Teilen der Hauptverhandlung. Es wird vermutet, dass er seine Aufgaben gesetzmäßig ausgeübt hat (RG **43**, 441; KMR-Stuckenberg 8).

3 3) Die **Revision** kann darauf gestützt werden, dass die Mindestanforderungen des § 259 nicht beachtet worden sind (LR-Stuckenberg 10). Für den Beweis des Verfahrensverstoßes gilt Freibeweis (7, 9 zu § 244), weil es sich um keine wesentliche Förmlichkeit iS des § 273 I handelt (8 zu § 274). Zu den Grenzen der Prüfung durch das Revisionsgericht 10 zu § 185 GVG.

Urteil

260 ^I **Die Hauptverhandlung schließt mit der auf die Beratung folgenden Verkündung des Urteils.**

^{II} **Wird ein Berufsverbot angeordnet, so ist im Urteil der Beruf, der Berufszweig, das Gewerbe oder der Gewerbezweig, dessen Ausübung verboten wird, genau zu bezeichnen.**

^{III} **Die Einstellung des Verfahrens ist im Urteil auszusprechen, wenn ein Verfahrenshindernis besteht.**

^{IV 1} **Die Urteilsformel gibt die rechtliche Bezeichnung der Tat an, deren der Angeklagte schuldig gesprochen wird.** ² **Hat ein Straftatbestand eine gesetzliche Überschrift, so soll diese zur rechtlichen Bezeichnung der Tat verwendet werden.** ³ **Wird eine Geldstrafe verhängt, so sind Zahl und Höhe der Tagessätze in die Urteilsformel aufzunehmen.** ⁴ **Wird die Entscheidung über die Sicherungsverwahrung vorbehalten, die Strafe oder Maßregel der Besserung und Sicherung zur Bewährung ausgesetzt, der Angeklagte mit Strafvorbehalt verwarnt oder von Strafe abgesehen, so ist dies in der Urteilsformel zum**

Ausdruck zu bringen. ⁵Im übrigen unterliegt die Fassung der Urteilsformel dem Ermessen des Gerichts.

ᵛ¹Nach der Urteilsformel werden die angewendeten Vorschriften nach Paragraph, Absatz, Nummer, Buchstabe und mit der Bezeichnung des Gesetzes aufgeführt. ²Ist bei einer Verurteilung, durch die auf Freiheitsstrafe oder Gesamtfreiheitsstrafe von nicht mehr als zwei Jahren erkannt wird, die Tat oder der ihrer Bedeutung nach überwiegende Teil der Taten auf Grund einer Betäubungsmittelabhängigkeit begangen worden, so ist außerdem § 17 Abs. 2 des Bundeszentralregistergesetzes anzuführen.

Übersicht

	Rn
1) Urteilsverkündung (I)	1–6
A. Unmittelbar nach Beratung und Abstimmung	2–4
B. Verkündung des Urteils	5, 6
2) Sach- und Prozessurteile	7, 8
3) Erschöpfende Erledigung des Eröffnungsbeschlusses	9–15a
A. Grundsatz	10
B. Einzelheiten	11–15a
4) Urteilsformel bei Freispruch	16–18
A. Freisprechendes Urteil	17
B. Neben dem Freispruch	18
5) Urteilsformel bei Verurteilung (II, IV)	19–41
A. Grundsatz	20
B. Schuldspruch	21–27a
C. Rechtsfolgenausspruch	28–40
D. Kosten- und Auslagenentscheidung	41
6) Einstellung des Verfahrens (III)	42–48
A. Grundsätzlich geboten	43
B. Vorrang des Freispruchs	44–46
C. Prozessurteil	47, 48
7) Liste der angewendeten Vorschriften (V)	49–61
A. Zweck und Standort der Liste	50–53
B. Anzugebendes	54, 55
C. Verurteilung	56–59
D. Freisprechung	60
E. Einstellung	61
8) Berichtigung der Liste	62

1) Urteilsverkündung (I): 1

A. **Unmittelbar nach der Beratung und Abstimmung** ergeht das Urteil 2 (BGH NJW **51**, 206; **87**, 3210).

Zur Beratung und Abstimmung (vgl §§ 192–197 GVG, § 263), die geheim 3 (§§ 43, 45 I S 2 DRiG) und kein Teil der Hauptverhandlung sind, so dass auch eine Protokollierung nach § 273 I nicht in Betracht kommt (8 zu § 273), zieht sich das Gericht idR in das **Beratungszimmer** zurück; eine Beratung nach der Ortsbesichtigung am Tatort unzulässig (RG **66**, 28; Hamm NJW **59**, 1192). Der Strafrichter (Einzelrichter) kann das Urteil im Sitzungssaal entwerfen, auch während des Schlussvorträge und ohne dass er äußerlich zu erkennen geben muss, dass er „mit sich zu Rate gegangen" ist (BGH **11**, 74, 79; Köln NStZ **05**, 710). Wird nach der Beratung nochmals in die Verhandlung eingetreten, so ist erneut nach § 258 zu verfahren (dort 27) Danach muss abermals beraten werden (BGH **24**, 170, 171), auch wenn der Wiedereintritt keinen neuen Prozessstoff ergeben hat (BGH NStZ **88**, 470); das Versäumen dieser Beratung begründet idR die Revision (BGH StraFo **06**, 26), anders aber ausnahmsweise, wenn die Verfahrensbeteiligten nur auf ihre bisherigen Ausführungen Bezug genommen haben (BGH NStZ **10**, 650).

Eine solche **Nachberatung im Sitzungssaal** ist andererseits aber auch dann 4 nicht ausgeschlossen, wenn der neue Verhandlungsteil einen sachlichen Gehalt gehabt hat, falls auch insoweit eine rasche Verständigung aller Mitglieder des Gerichts möglich ist (BGH NJW **92**, 3181; NStZ **01**, 106; StraFo **11**, 317; krit dazu R. Hamm NJW **92**, 3147; vgl auch 4 zu § 193 GVG). Der Vorsitzende muss sich dann aber unmittelbar an alle Gerichtsmitglieder wenden, auch an die Schöffen, damit sie und die Verhandlungsbeteiligten erkennen können, dass es sich um eine nochmalige Beratung und Abstimmung in abgekürzter Form handelt (BGH **19**, 156; NJW **87**, 3210; **92**, 3182; NStZ-RR **98**, 142; R. Hamm aaO). Eine wesentliche Förmlichkeit iS des § 273 I ist auch die Nachberatung nicht (Karlsruhe Justiz **85**, 173); jedoch ist es zweckmäßig, die Tatsache, dass sich die Richter im Gerichtssaal verständigt haben, in der Sitzungsniederschrift zu erwähnen (BGH NJW **87**, 3210; BGHR Beratung 6). Ein Hinweis des Vorsitzenden an die Beisitzer, sie sollten sich melden, wenn sie eine nochmalige Beratung wünschten, genügt nicht (BGH NStZ **88**, 470).

5   B. Die **Verkündung des Urteils** ist im Einzelnen in § 268 geregelt. Mit der Beendigung der Verlesung der Urteilsformel ist das Urteil erlassen (6 zu § 268); nach mündlicher Bekanntgabe der Formel und vollständiger Angabe der Gründe ist das Urteil für das erkennende Gericht nicht mehr abänderbar oder ergänzbar; für einen Wiedereintritt in die Hauptverhandlung und eine erneute Urteilsberatung und -verkündung ist dann kein Raum (BGH NStZ **84**, 279; StraFo **13**, 29, dazu Appl Tolksdorf-FS 183; erg 10 zu § 268). Da das Urteil bereits mit der Verkündung entstanden ist, ist die durch § 275 vorgeschriebene Urteilsurkunde kein wesentliches Merkmal des Urteils (LR-Stuckenberg 26). Das Urteil führt somit die Beendigung des Verfahrens insgesamt (wenn es nicht anfechtbar ist oder nicht angefochten wird) herbei oder schließt jedenfalls den Rechtszug ab.

6   Eine **Berichtigung oder Ergänzung** der Urteilsformel ist grundsätzlich ausgeschlossen (9 ff zu § 268).

7   2) Zwischen **Sach- und Prozessurteilen** ist zu unterscheiden. Bloße Prozessentscheidungen, die ohne sachliche Prüfung des Anklagevorwurfs ergehen, sind im 1. Rechtszug die Einstellungsurteile nach III und § 389 I, im Strafbefehlsverfahren das Verwerfungsurteil nach § 412. Im Berufungsverfahren gehören dazu die auf Verwerfung des Rechtsmittels lautenden Entscheidungen nach §§ 322 I S 2, 329 I und die Verweisungsurteile nach § 328 II, im Revisionsverfahren die Verwerfungsurteile nach § 349 I, V und die Verweisungsurteile nach § 355.

8   **Teil- und Zwischenurteile** sieht die StPO grundsätzlich nicht vor (LR-Stuckenberg 17); eine Ausnahme besteht im Adhäsionsverfahren (Grund- und Teilurteile nach § 406 I S 2). Die Rspr lässt Teilentscheidungen auch im Revisionsverfahren zu, wenn dies wegen des Beschleunigungsgrundsatzes (Einl 160) geboten ist. So kann hinsichtlich einzelner von mehreren Straftaten („vertikal") vorab entschieden werden (BGH wistra **00**, 219, 226; StraFo **04**, 348), jedoch nicht bei materiell-rechtlich einer Tat (BGH NStZ-RR **10**, 53, 54). Zulässig ist es aber auch, („horizontal") in einem Teil des Prozessgegenstandes zu entscheiden, zB über Schuld- und Strafausspruch, aber nicht über die Maßnahme nach § 69 StGB (BGH **49**, 209: 2 StR 137/14 vom 8.10.2014; Fezer Widmaier-FS 186) oder nach § 66 StGB (BGH 4 StR 650/10 vom 20.1.2011). Ergänzungsurteile zur Nachholung eines versehentlich unterbliebenen Teils der Entscheidung sind hingegen nicht zulässig. Zur Frage der Unwirksamkeit von Strafurteilen vgl Einl 105.

9   3) **Erschöpfende Erledigung des Eröffnungsbeschlusses:**

10 A. **Grundsatz:** Der Prozessgegenstand wird durch die in dem Eröffnungsbeschluss unverändert oder mit Abänderungen (§ 207 II) zugelassene Anklage bestimmt, ggf auch durch eine nach § 266 I einbezogene Nachtragsanklage. Der Urteilsspruch muss ihn erschöpfend erledigen (BGH NStZ **84**, 212 [Pf/M]). Ob das der Fall ist, beurteilt sich durch einen Vergleich der Urteilsformel mit der zugelassenen Anklage (BGH NStZ **93**, 551). Wird sie durch die Verurteilung nicht ausgeschöpft, muss Teilfreispruch erfolgen, auch dann, wenn die angeklagte Tat nur rechtlich anders gewürdigt wird (BGH StV **08**, 226, 227). Beim Revisionsgericht werden nicht abgeurteilte Taten nicht anhängig, sondern unterliegen weiter-

hin der Kognition des Tatrichters (BGH 2 StR 345/16 vom 11.4.2017 mwN). Der rechtliche Hinweis nach § 265 I steht der Anklageerhebung nicht gleich; wird nicht entspr dem Hinweis verurteilt, so ist daher ein Teilfreispruch nicht erforderlich (aM unzutr Bay OLGSt § 327 Nr 1; Saarbrücken NJW **74**, 375/376; erg 33a zu § 265).

B. **Einzelheiten:**

a) **Tateinheit:** Nimmt der Eröffnungsbeschluss Tateinheit (§ 52 StGB) an, wird aber nicht wegen aller Taten verurteilt, so erfolgt kein Teilfreispruch (BGH NJW **84**, 135, 136); denn wegen einer und derselben Tat kann das Urteil nur einheitlich auf Verurteilung oder Freispruch lauten (BGH NStZ **85**, 15 [Pf/M]; Stuttgart VRS **67**, 356). Das gilt auch, wenn ein alternativ angeklagter Vorwurf in der Verurteilung aufgeht (BGH **36**, 262, 269; aM Prittwitz/Scholderer NStZ **90**, 387). Ein Teilfreispruch ist jedoch zur Klarstellung geboten, wenn die Annahme von Tateinheit von vornherein oder jedenfalls nach dem Ergebnis der Hauptverhandlung offensichtlich fehlerhaft war und eine der Taten nicht erwiesen ist (BGH NStZ **92**, 398; NJW **09**, 2546, 2547; **14**, 1254; NStZ-RR **96**, 202, 203; Bay NJW **60**, 2014; Hamm VRS **43**, 370; **46**, 338). War eine Dauerstraftat in Tateinheit mit zwei schwereren, rechtlich selbstständigen Verstößen angeklagt, so erfolgt kein Teilfreispruch, wenn eines der schweren Delikte entfällt, der Angeklagte aber wegen der Dauerstraftat verurteilt wird (BGH VRS **21**, 341; Hamm VRS **50**, 419), wohl aber, wenn die Dauerstraftat entfällt (BGH 2 StR 90/11 vom 1.6.2011). Bei der Erfüllung mehrerer Alternativen des § 244 I oder des § 250 I StGB durch eine Tat, ist auch nur wegen eines Bandendiebstahls bzw eines schweren Raubes und nicht wegen in Tateinheit begangener mehrerer Alternativen zu verurteilen (BGH NJW **94**, 2034; dem BGH zust Altenhain ZStW **107**, 382).

b) **Tatmehrheit:** Wird nicht wegen aller Delikte verurteilt, die nach der Anklage in Tatmehrheit (§ 53 StGB) begangen worden sein sollen, so muss insoweit freigesprochen werden (BGH NStZ-RR **08**, 287 mwN; **12**, 103; Düsseldorf VRS **74**, 297, 299; Stuttgart Justiz **87**, 160), auch bei einer einheitlichen Tat iS des § 264 (BGH **44**, 196, 202; Saarbrücken NStZ **05**, 117 mwN). Das gilt selbst dann, wenn das Gericht der Meinung ist, dass bei zutreffender rechtlicher Würdigung nur eine einzige Tat vorliegt (BGH NJW **92**, 989, 991), oder wenn es, falls der weggefallene Vorwurf bewiesen wäre, Tateinheit (BGH NStZ **84**, 212 [Pf/M]; **88**, 212 [M]; NStZ-RR **07**, 131 [B]; StraFo **07**, 332; Köln VRS **64**, 207), natürliche Handlungseinheit (BGH NJW **69**, 756; VRS **28**, 358; **39**, 187, 190; vgl auch BGH **22**, 67, 76), Bewertungseinheit (BGH NStZ-RR **16**, 246) oder Fortsetzungszusammenhang (BGH NStZ **93**, 29 [K]) angenommen hätte. Ein Teilfreispruch unterbleibt, wenn das gesamte Geschehen als *eine* Tat (BGH **44**, 196: Totschlag durch Tun statt durch Unterlassen; BGH 2 StR 514/91 vom 6.12.1991: Mord statt Totschlag und Unterschlagung; BGH NStZ **03**, 546: mitbestrafte Nachtat; BGH NStZ **09**, 347: eine statt mehrerer Beihilfehandlungen), als Bewertungseinheit (BGH NStZ-RR **13**, 6) oder als eine einheitliche Rauschtat nach § 323a StGB abgeurteilt wird (BGH **13**, 223; Hamm VRS **53**, 125), nicht aber, wenn eine der angeklagten Taten nicht erwiesen ist (Köln VRS **64**, 207). Unzulässig ist ein Teilfreispruch, wenn der Vorwurf des unerlaubten Entfernens vom Unfallort (§ 142 StGB) entfällt und aus der Sicht des Gerichts nur noch eine zusammenhängende Trunkenheitsfahrt (§ 316 StGB) bestehen bleibt (Zweibrücken VRS **85**, 206 mwN), oder wenn mehrere Einzeltaten zu einer Bewertungseinheit zusammengefasst werden (BGH NStZ-RR **03**, 98 [B]; **08**, 316 L).

c) **Fortsetzungstat:** Durch die Entscheidung BGH GrS **40**, 138 ist die fortgesetzte Handlung als Rechtsfigur in ihrer früheren Bedeutung und Ausgestaltung praktisch aufgegeben worden (Geppert NStZ **96**, 59; Gubitz JR **98**, 491; Heintschel-Heinegg JA **94**, 586). Eine fortgesetzte Handlung als Zusammenfassung mehrerer gleichartiger, voneinander abgrenzbarer Einzelstraftaten, die rechtlich als solche erfasst werden können, zu einer rechtlichen Handlungseinheit kommt danach nicht mehr in Betracht. Der fortgesetzten Handlung ist vielmehr eine grundlegend andere Bedeutung gegeben worden: Sie darf nur noch dann angenommen werden, „wenn die Verbindung mehrerer Verhaltensweisen, die jede für sich einen Straftatbestand erfüllen, zur sachgerechten Erfassung des verwirklichten Unrechts und der Schuld unumgänglich ist". Dies richtet sich aber nicht nach dem zu beurteilenden tatsächlichen Geschehen, sondern „ist am Straftatbestand zu messen". Das bedeutet, dass eine fortgesetzte Handlung „tatbestandsindiziert" sein muss, also nur noch bei solchen Deliktstatbeständen gegeben sein kann, die in erster Linie auf die über den Einzelfall hinausreichenden mehrfachen Tatbestandsverwirklichungen abzielen. Bloße Zweckmäßigkeitserwägungen oder Beweisschwierigkeiten können hingegen die Annahme einer fortgesetzten Handlung nicht begründen. Welche Straftatbestände eine fortgesetzte Handlung „indizieren", hatte der BGH GrS nicht zu entscheiden. Feststeht aber, dass eine solche „tatbestandsbestimmte" fortgesetzte Handlung eine seltene Ausnahme sein wird (vgl R. Hamm NJW **94**, 1636; Ruppert MDR **94**, 973; Zschockelt NStZ **94**, 361; krit dazu Gribbohm Odersky-FS 387 ff). Die Rspr hat inzwischen bei einer Vielzahl von Straftatbeständen die Annahme einer fortgesetzten Handlung ausgeschlossen (vgl die Übersichten bei Geppert NStZ **96**, 60 und Schlüchter/Duttge NStZ **96**, 465; zur Praxis im Bereich des Betäubungsmittelrechts vgl Körner StV **98**, 626); ein Fall, in dem die Rspr eine fortgesetzte Handlung nach den Vorgaben des GrS des BGH bejaht hätte, ist demgegenüber bisher nicht bekannt geworden.

14a Soweit eine fortgesetzte Handlung neuer Art bei einem Straftatbestand bejaht werden sollte und aus feststellbaren Einzelakten besteht, sind die **bisher gültigen Verfahrensregeln** auf sie anzuwenden. Das bedeutet: Ist eine fortgesetzte Handlung angeklagt, so erfolgt wegen der nicht erwiesenen oder gegen kein Strafgesetz verstoßenden Einzelakte kein Freispruch, wenn gleichwohl wegen fortgesetzter Tat verurteilt wird (BGH **19**, 280, 285), auch wenn zweifelhaft bleibt, ob die nicht erwiesenen Einzelakte überhaupt in den Fortsetzungszusammenhang gehören (RG **57**, 302, 303). Scheiden alle Einzelakte mit einer Ausnahme als nicht erwiesen aus, so wird wegen der Einzeltat verurteilt und im Übrigen freigesprochen (BGH NJW **84**, 501). Wird keiner der Einzelakte nachgewiesen, so muss insgesamt freigesprochen werden, auch wenn andere Einzelakte erwiesen sind, die aber in der Anklageschrift nicht aufgeführt sind (BGH NStZ **85**, 13 [Pf/M]). Nimmt das Gericht an, dass keine fortgesetzte Handlung, sondern mehrere selbstständige Taten vorliegen, von denen aber nur ein Teil bewiesen ist, so muss wegen der unbewiesenen Fälle freigesprochen werden (BGH NStZ **88**, 448 [M]; **93**, 29 [K]). Zu den früher vielfach unzutr als fortgesetzte Handlung angesehenen Serienstraftaten vgl 6a zu § 267.

15 d) Für die **Dauerstraftat** gelten die gleichen Grundsätze wie für die fortgesetzte Tat (oben 14a). Beschränkt das Urteil die angeklagte Dauerstraftat auf einen kürzeren Zeitraum, als in der Anklage angenommen ist, so ist daher kein Teilfreispruch erforderlich (BGH **19**, 280, 285; wistra **92**, 184).

15a Bei **eindeutiger Verurteilung nach wahldeutiger Anklage** (7a zu § 200) ist ein Teilfreispruch nur erforderlich, wenn es sich bei den beiden alternativ angeklagten Taten um selbstständige Taten iS des § 264 gehandelt hat (BGH **38**, 172, 173/174; NStZ **98**, 635; erg 15 zu § 264).

16
17

4) Urteilsformel bei Freispruch:

A. Ein **freisprechendes Urteil** ergeht nur, wenn die Unschuld des Angeklagten erwiesen ist oder seine Schuld unter keinem rechtlichen Gesichtspunkt (§ 264) festgestellt werden kann. Zum Vorrang des freisprechenden Urteils vor der Verfahrenseinstellung vgl unten 44 ff. Die Urteilsformel lautet: „Der Angeklagte wird freigesprochen". Bei Teilfreispruch wird auf Freisprechung „im Übrigen" erkannt. Die rechtliche Bezeichnung des Tatvorwurfs, von dem freigesprochen wird, ist auch sonstige Erläuterungen des Freispruchs in der Urteilsformel sind nicht statthaft. Gegen die Unschuldsvermutung nach Art 6 II **EMRK** verstoßende Zusätze wie „mangels Beweises", „mangels begründeten Tatverdachts", „wegen erwiesener Unschuld" oder „aus rechtlichen Gründen" sind schlechthin unzulässig (KK-Ott 25).

B. **Neben dem Freispruch** ist die Anordnung von Sicherungsmaßregeln (§ 71 StGB) und von Nebenfolgen (§ 76a StGB) zulässig. Auch in diesen Fällen kommt in der Urteilsformel zum Ausdruck, dass der Angeklagte freigesprochen wird (BGH NStZ-RR **98**, 142). 18

5) Urteilsformel bei Verurteilung (II, IV): 19

A. Als **Grundsatz** gilt, dass das Gericht, in dessen Ermessen die Fassung der Urteilsformel gestellt ist, soweit das Gesetz nicht besondere Bestimmungen trifft (IV S 5), die im Gesetz zum Ausdruck gekommene Zweckbestimmung des Tenors, dh die Kennzeichnung der begangenen Tat und die Verlautbarung der im Urteil getroffenen Anordnungen, berücksichtigen muss. Daher muss die Urteilsformel in knapper, verständlicher Sprache abgefasst und von allem freigehalten werden, was nicht unmittelbar der Erfüllung seiner Aufgaben dient (BGH **27**, 287, 289; NStZ **83**, 524; Düsseldorf NJW **87**, 1958; Meyer-Goßner NStZ **88**, 529; Willms DRiZ **76**, 82). In der Urteilsformel kommt zB nicht zum Ausdruck, dass ein Strafbefehlsverfahren vorausgegangen (Düsseldorf JMBlNW **72**, 84) oder dass das 1. Urteil vom Revisionsgericht aufgehoben worden ist (KK-Ott 28). 20

B. **Schuldspruch (IV S 1, 2):** 21

a) **Rechtliche Bezeichnung der Tat:** Die Tat wird in der Urteilsformel nicht nach tatsächlichen Merkmalen als historische Begebenheit, sondern nur rechtlich bezeichnet. Dabei wird ihre rechtliche Einordnung als Verbrechen oder Vergehen (§ 12 I, II StGB) in die Urteilsformel nicht aufgenommen (BGH NJW **86**, 1116). 22

Zur rechtlichen Bezeichnung der Tat soll die **gesetzliche Überschrift des Straftatbestandes** (IV S 2) verwendet werden. Davon kann abgewichen werden, wenn die Überschrift nicht passt, zB wenn die Verurteilung nach § 160 StGB wegen Verleitung zur Abgabe einer falschen Versicherung an Eides statt erfolgt (BGH 1 StR 407/10 vom 17.3.2011) oder bei Verurteilung wegen unbefugten Tragens von Uniformen (§ 132a I Nr 4 StGB), denn die gesetzliche Überschrift des § 132a („Missbrauch von Titeln, Berufsbezeichnungen und Abzeichen") würde die Tat nur ungenau kennzeichnen. Fehlt es – wie häufig im Nebenstrafrecht – an einer gesetzlichen Überschrift, so wird die übliche Bezeichnung der Tat gebraucht. Die Tat ist jedenfalls mit einer anschaulichen und verständlichen Wortbezeichnung so genau wie möglich zu bezeichnen (Granderath MDR **84**, 988; Meyer-Goßner/Appl 42ff; Willms DRiZ **76**, 82). Die Formel „wegen Verstößen gegen das Waffengesetz" genügt nicht (BGH NStZ-RR **07**, 149), wohl aber „wegen Steuerhinterziehung" (ohne Angabe der Steuerart, BGH 1 StR 640/10 vom 19.1.2011). Die angewendeten Vorschriften sind nicht in die Urteilsformel aufzunehmen, sondern im schriftlichen Urteil nach der Urteilsformel aufzuführen (Hamm DAR **12**, 340; erg unten 50 ff). Nur notfalls können auch die Paragraphen der verletzten Bestimmungen genannt werden (LR-Stuckenberg 71). 23

Zur rechtlichen Bezeichnung braucht bei Taten, die nur bei vorsätzlichem Handeln strafbar sind, das Wort „vorsätzlich" (wegen § 15 StGB) nicht angegeben zu werden (BGH 1 StR 90/14 vom 20.5.2014; 3 StR 314/13 vom 24.7.2014); bei Taten, die vorsätzlich und fahrlässig begangen werden können, gehört die Angabe der Schuldform, sofern sie sich nicht bereits aus der gesetzlichen Überschrift ergibt, in den Tenor (BGH VRS **65**, 359, 361; Celle NZV **12**, 345, 348; Koblenz NStZ **84**, 370; SK-Velten 26; einschr aus Gründen der Übersichtlichkeit BGH NStZ **92**, 546 bei BtM-Delikten: nur Angabe bei fahrlässiger Begehung). Erforderlich ist ggf ferner die Angabe, dass nur Versuch vorliegt. Die Teilnahmeform (Anstiftung, Beihilfe) ist mitzuteilen, nicht dagegen, ob der Angeklagte als Alleinoder Mittäter gehandelt hat (BGH **27**, 287, 289; MDR **77**, 108 [H]). Im Fall des § 30 StGB wird die rechtliche Bezeichnung der geplanten Tat in die Urteilsformel aufgenommen (BGH MDR **69**, 722 [D]; **86**, 271 [H]), im Fall des § 323a StGB aber nicht die Rauschtat (RG **69**, 187; Oldenburg NdsRpfl **70**, 239). 24

§ 260
Zweites Buch. 6. Abschnitt

25 **Nicht in die Urteilsformel gehören die** gesetzlichen Überschriften von Bestimmungen, die keine eigene Straftat beschreiben, sondern nur eine Strafzumessungsregelung enthalten, wie § 21 StGB (BGH **27**, 287, 289; KK-Ott 31 ff) oder nur eine andere prozessuale Behandlung zulassen, wie § 248a StGB (Düsseldorf NJW **87**, 1958), und die Anwendung unbenannter Strafschärfungs- und -milderungsvorschriften (BGH aaO; NStZ **82**, 29; Granderath MDR **84**, 988). Auch das Vorliegen gesetzlicher Regelbeispiele für besonders schwere oder minder schwere Fälle wird nicht in die Urteilsformel aufgenommen (BGH **23**, 254, 256; **27**, 287, 289; NStZ **84**, 262, 263); eine Ausnahme besteht bei § 177 II StGB, wo das Gesetz selbst die Tat als „Vergewaltigung" bezeichnet (BGH NStZ **07**, 478 L; dazu im Einzelnen mN HK-GS/Laue 25 zu § 177 StGB).

25a Ist **dagegen ein eigener Straftatbestand mit bestimmten Qualifikationsmerkmalen verwirklicht** worden, so kommt das in der Urteilsformel zum Ausdruck (Meyer-Goßner/Appl 48). So wird bei 177 III und IV StGB wegen „schwerer" bzw „besonders schwerer" Vergewaltigung (BGH NStZ **15**, 603; NStZ-RR **04**, 35 [B]; **07**, 173), nach § 260 StGB wegen gewerbsmäßiger Hehlerei (BGH NStZ **82**, 29; wistra **86**, 217), nach § 244 I Nrn 1–3 wegen Diebstahls mit Waffen oder wegen Bandendiebstahls oder wegen Wohnungseinbruchsdiebstahls und nach § 250 I StGB wegen „schweren", nach § 250 II StGB wegen „besonders schweren" Raubes verurteilt (BGH NStZ **10**, 101).

26 b) Das **Konkurrenzverhältnis** zwischen mehreren Verurteilungen ist in der Urteilsformel kenntlich zu machen, und zwar bei Tateinheit nach § 52 StGB mit den Worten „in Tateinheit mit", bei gleichartiger Tateinheit unter Angabe, wie oft der Tatbestand verwirklicht wurde (BGH NStZ **96**, 610: davon aber absehen, wenn der Tenor dadurch unübersichtlich und unverständlich werden würde; vgl auch BGH 2 StR 519/10 vom 24.11.2010); dasselbe gilt bei mehrfacher Verwirklichung des Vergewaltigungstatbestandes im Wege fortlaufender Gewaltanwendung (BGH 3 StR 156/10 vom 22.7.2010). Bei Tatmehrheit nach § 53 StGB sind die mehreren Straftatbezeichnungen durch das Wort „und" oder „sowie" zu verbinden (BGH NJW **86**, 1116). Bei Gesetzeskonkurrenz wird allein die angewendete Strafvorschrift bezeichnet, auch wenn aus der verdrängten Bestimmung Nebenfolgen angewendet worden sind (Hartung NJW **54**, 587). Die fahrlässige Begehung eines Delikts gegenüber der am selben Objekt begangenen vorsätzlichen kommt im Schuldspruch nicht zum Ausdruck (BGH **39**, 195, 199). Dass eine fortgesetzte Handlung (vgl dazu oben 14) vorliegt, braucht sich aus der Urteilsformel nicht zu ergeben (BGH **27**, 287, 289; Düsseldorf VRS **74**, 180).

27 c) Bei der **Wahlfeststellung** (zu den Voraussetzungen vgl Fischer 32 ff zu § 1 StGB) kommt die gleichartige Wahlfeststellung (Verwirklichung des einen oder anderen von mehreren gleichwertigen Tatbestandsmerkmalen einer Strafvorschrift) in der Urteilsformel nicht zum Ausdruck. Werden dagegen mehrere Strafbestimmungen wahlweise angewendet („gesetzesalternative **[ungleichartige] Wahlfeststellung**", zB „Diebstahl oder Hehlerei"), so muss sich das aus der Urteilsformel ergeben. Mangels besonderer gesetzlicher Regelung unterliegt ihre Fassung dem richterlichen Ermessen (IV S 5). In der Praxis hat es sich durchgesetzt, dass beide wahlweise angewendeten Vorschriften unter Verbindung mit dem Wort „oder" in die Urteilsformel aufgenommen werden (vgl BGH **25**, 182, 186; KK-Ott 35). Der Der Große Senat des BGH hat auf eine Vorlage des 2. StS des BGH (StV **16**, 212), der sich gegen die Zulässigkeit einer ungleichartigen Wahlfeststellung überhaupt – Verstoß gegen das Analogieverbot des Art 103 II GG – gewandt hat (NStZ **14**, 392 mit Anm Bauer wistra **14**, 475, Frister StV **14**, 584; Haas HRRS **16**, 190; Kröpil JR **15**, 116; dagegen Stuckenberg ZIS **14**, 460; JZ **15**, 714; gegen ihn und dem 2. StS zust Freund/Rostalski JZ **15**, 164; 716), mit Beschluss vom 8.5.2017 entschieden, dass die ungleichartige Wahlfeststellung zulässig ist (BGH **62**, 164 [GSSt] mit Anm Jahn NJW **17**, 2842; Mosbacher JuS **18**, 129 134; Stuckenberg StV **17**, 815, speziell zur gesetzesalternativen Verurteilung wegen [gewerbsmäßig begangenen] Diebstahls oder gewerbsmäßiger Hehlerei; siehe nunmehr auch die Entscheidung

Hauptverhandlung § 260

des 2. StS des BGH – 2 StR 495/12 vom 25.10.2017 – im ursprünglichen Vorlegungsfall). Dies ist auch verfassungsgemäß (BVerfG 2 BvR 167/18 vom 5.7.2019, wonach auch kein unzulässiges Verdachtsurteil und kein Verstoß gegen die Unschuldsvermutung vorliegt).

Bei einer **Postpendenzfeststellung** (BGH **35**, 86, 89; NStZ **89**, 266; 574; **27a** StV **95**, 522; Hamburg MDR **94**, 712) wird nur das angewendete Strafgesetz (idR § 259 StGB) im Urteilsspruch erwähnt; waren beide Taten angeklagt – zB Diebstahl und Hehlerei –, ist hinsichtlich des Diebstahls freizusprechen (BGH NStZ **11**, 510; Hamburg NStZ-RR **16**, 118).

C. **Rechtsfolgenausspruch (II, IV S 3, 4):** 28

a) **Alle Rechtsfolgen** sind in die Urteilsformel aufzunehmen, auch wenn sie 29 neben anderen Rechtsfolgen nicht vollstreckt werden können.

Soweit es nach § 53 IV iVm § 52 IV S 2 StGB zulässig ist, **neben lebenslanger** 30 **Freiheitsstrafe als Gesamtstrafe** die Sicherungsverwahrung anzuordnen (vgl BGH **34**, 138), wird auch die Sicherungsmaßregel in die Urteilsformel aufgenommen (vgl auch BGH **37**, 160 zu § 64 StGB neben lebenslanger Freiheitsstrafe).

Der **Vorbehalt der Sicherungsverwahrung** nach § 66a StGB muss im Tenor 30a ausgesprochen werden („Die Anordnung der Sicherungsverwahrung bleibt vorbehalten"); in dem nach § 275a ergehenden Urteil wird im Tenor die Sicherungsverwahrung angeordnet oder deren Anordnung abgelehnt.

Werden **Rechtsfolgen für mehrere Taten** verhängt, so muss aus der Urteilsformel 31 erkennen lassen, für welche von ihnen die einzelnen Rechtsfolgen festgesetzt sind.

b) **Strafen:** 32

§ 39 StGB bedeutet nicht, dass die nach Wochen, Monaten oder Jahren zu be- 33 messende **Freiheitsstrafe** nicht in der Weise festgesetzt werden darf, dass die einen Monat übersteigende Strafe nach Wochen, die 1 Jahr übersteigende Strafe nach Monaten bemessen werden darf. Eine Verurteilung zu 7 Wochen oder 14 Monaten Freiheitsstrafe ist daher zulässig. Nur die Bemessung nach Tagen ist ausgeschlossen. Bei lebenslanger Freiheitsstrafe ist es in Befolgung der Rspr des BVerfG (BVerfGE **86**, 288 = NJW **92**, 2947; krit Meurer JR **92**, 441) in die Formel aufzunehmen, wenn ein Fall der besonderen Schwere der Schuld (§ 57a I S 1 Nr 2 StGB; dazu BGH GrS **40**, 360) gegeben ist (BGH **39**, 121 = JR **93**, 250 mit zust Anm Meurer), nicht hingegen bei Verhängung von Jugendstrafe nach § 105 III S 2 JGG (BGH 5 StR 390/16 vom 8.11.2016) und nicht bei Verneinung der besonderen Schuldschwere (BGH NJW **93**, 2001); ein Ausspruch über die Mindestverbüßungsdauer ist unzulässig (BGH NJW **97**, 878; StV **03**, 17; StraFo **03**, 208). Das BVerfG hat sich zwar nur mit Verurteilungen nach § 211 StGB befasst; dies gilt aber auch in allen anderen Fällen der Verurteilung zu lebenslanger Freiheitsstrafe (BGH **44**, 350; erg 20a zu § 267). Eine Entscheidung nach § 57b StGB ist auch erforderlich, wenn nach § 55 StGB mit einer lebenslangen Freiheitsstrafe eine Gesamtstrafe zu bilden ist (BGH StraFo **01**, 350, 351).

Bei **Geldstrafe** werden nur die Zahl der Tagessätze und die Höhe eines Tages- 34 satzes in die Urteilsformel aufgenommen (IV S 3), nicht aber der Gesamtbetrag (KMR-Stuckenberg 64 mwN). Die Angabe der Ersatzfreiheitsstrafe ist überflüssig, weil sie durch § 43 StGB festgelegt ist. Zahlungserleichterungen nach § 42 StGB sind anzugeben.

Dass die **UHaft** angerechnet wird, kommt idR nicht in die Formel (zu Aus- 35 nahmefällen vgl BGH **27**, 287, 288; NJW **90**, 1428; Frankfurt NStZ **90**, 147), auch nicht, wenn die Strafe nach Ansicht des Gerichts durch die angerechnete UHaft erledigt ist (BGH NStZ **83**, 524). Wohl aber ist die völlige oder teilw Nichtanrechnung der UHaft nach § 51 I S 2 StGB in der Formel auszusprechen, ferner bei ausländischer Freiheitsentziehung der Umrechnungsmaßstab nach § 51 IV S 2 StGB (BGH NStZ **84**, 214; BGHR JGG § 52a Anrechnung 3), auch bei Verurteilung zu lebenslanger Freiheitsstrafe (BGH NJW **04**, 3789). Eine Bestimmung darüber, auf welche von zwei im Urteil verhängten Gesamtfreiheitsstrafen die UHaft anzurechnen ist, ist nicht erforderlich, das ist Sache der Vollstreckungsbehörde (BGHR Urteilsspruch 3). Besonderheiten gelten nach §§ 52, 52a I S 2, II S 2 **JGG** (vgl BGH **37**, 75 mit Anm Walter/Pieplow NStZ **91**, 332).

35a Soweit ein **Teil der Strafe als vollstreckt gilt** – als Kompensation wegen rechtsstaatswidriger Verfahrensverzögerung (9 zu Art 6 **EMRK**) oder wegen Nichterstattung erbrachter Leistungen bei Wegfall der Bewährung durch Bildung einer Gesamtstrafe nach § 58 II S 2 StGB (BGH **36**, 378) –, ist dies im Urteilstenor auszusprechen.

36 Bei **Gesamtstrafe** (§§ 53, 54 StGB) wird nur diese in die Urteilsformel aufgenommen; die Einzelstrafen werden nur in den Urteilsgründen festgesetzt (Hamm JR **79**, 74; vgl aber zum Rechtsmittelverfahren Zweibrücken NStZ **00**, 610 mit abl Anm Meyer-Goßner/Cierniak). Bei mehreren Gesamtstrafen in einem Urteil ist eine Bestimmung darüber, auf welche von ihnen die UHaft angerechnet wird, nicht erforderlich; dies ist Aufgabe der VollstrB (BGHR § 260 Urteilsspruch 3).

37 Die **Aussetzung zur Bewährung** nach §§ 56 ff, 67b 70a StGB, die Verwarnung mit Strafvorbehalt nach § 59 StGB und das Absehen von Strafe nach § 60 StGB müssen nach IV S 4 in der Urteilsformel zum Ausdruck kommen. Ist eine Strafe durch Anrechnung der UHaft aber voll verbüßt, scheidet eine Strafaussetzung begrifflich aus (BGH **31**, 25).

38 **Maßregeln der Besserung und Sicherung** nach §§ 61 ff StGB werden im Urteilstenor angeordnet; die Ablehnung der Anordnung erfolgt dagegen nur in den Urteilsgründen (BGH MDR **52**, 530 [D]). Im Urteilstenor ergeht auch die Anordnung, dass die Strafe vor der Maßregel vollstreckt wird (§ 67 II StGB), und die Bestimmung der Reihenfolge der Vollstreckung nach § 72 III S 1 StGB. Für die Sicherungsmaßregel des Berufsverbots nach § 70 StGB bestimmt II ausdrücklich die in die Urteilsformel aufzunehmenden Einzelheiten (vgl erg 9 zu § 132a).

39 Bei **Einziehung** nach §§ 73 ff StGB sind die Gegenstände so genau zu bezeichnen, dass die Vollstreckung ohne weiteres möglich ist, und zwar durch Aufzählung in der Urteilsformel oder in einer besonderen Anlage dazu (BGH **9**, 88; StraFo **15**, 22 mwN; 1 StR 453/16 vom 10.11.2016), nicht durch Bezugnahme auf die Anklageschrift (BGH NStZ **81**, 295 [Pf]; StV **81**, 396; NStZ-RR **09**, 384 L) oder bei der Asservierung (BGH NStZ-RR **04**, 227 [B]; StraFo **08**, 302). Bei allgemeiner Einziehung kann eine Gattungsbezeichnung verwendet werden. Bei der Einziehung einer Druckschrift ist die Angabe des Titels und des Impressums erforderlich (BGH **9**, 88; NJW **62**, 2019). Bei der Einziehung von Betäubungsmitteln sind Art und Menge die einzuziehenden Rauschgifts anzugeben (BGH 2 StR 355/15 vom 1.6.2016; 3 StR 179/15 vom 30.6.2015). Wird Wertersatz eingezogen, so muss dessen Betrag in der Urteilsformel bezeichnet werden. Ferner ist es anzugeben, wenn die Angeklagten als Gesamtschuldner haften (BGH 3 StR 530/15 vom 6.9.2016).

40 Die **Bekanntmachung der Entscheidung** (vgl §§ 165, 200 StGB, wN bei Göhler/Buddendiek/Lenzen unter „Urteilsbekanntmachung") muss unter Nennung des Namens des Verletzten (RiStBV 231 S 1) so ausgesprochen werden, dass die Vollstreckung ohne Schwierigkeiten betrieben werden kann. Dazu gehört auch die Angabe der Zeitung oder Zeitschrift, in der veröffentlicht werden soll.

41 D. **Kosten- und Auslagenentscheidung.** Vgl §§ 464 ff.

42 **6) Einstellung des Verfahrens (III):**

43 A. **Grundsätzlich geboten,** auch bei Teilrechtskraft (Einl 151), ist die Verfahrenseinstellung bei Vorliegen eines – nicht mehr behebbaren – Prozesshindernisses (Einl 141 ff), sofern das Gesetz nicht eine andere Entscheidung vorsieht (Verweisung nach §§ 270, 328 II, 355) oder ein freisprechendes Urteil den Vorrang hat (unten 44; erg 14 vor § 296). Eine weitere Ausnahme besteht bei kurzfristig behebbaren Prozesshindernissen (Bay NJW **91**, 3292); in diesem Fall kann es zweckmäßig sein, das Verfahren zu unterbrechen oder auszusetzen (BGH StV **00**, 347, 348; RG **77**, 34, 36). Betrifft das Prozesshindernis nur eine tateinheitlich begange-

ne Gesetzesverletzung, so scheiden diese Tatteile ohne förmliche Einstellung aus dem Verfahren aus (Einl 154).

B. **Vorrang des Freispruchs:** Steht in der Hauptverhandlung bereits fest – also 44 nicht, wenn noch eingehende Erörterungen zur Schuldfrage erforderlich sind (BGH **44**, 209, 218; NStZ-RR **96**, 299) –, dass dem Angeklagten keine Straftat nachzuweisen ist, so wird, wenn nunmehr ein Bestrafungsverbot (Einl 143, 143b) entsteht oder entdeckt wird, das Verfahren nicht eingestellt, sondern der Angeklagte freigesprochen (BGH **13**, 268, 273; **20**, 333, 335; Bay **63**, 44, 47; Oldenburg NJW **82**, 1166).

Das gilt allerdings nicht bei Befassungsverboten (vgl Einl 143 ff; eingehend 45 dazu Meyer-Goßner Pv 27 ff; MüKoStPO-Kudlich Einl 392; erg 6 zu § 354), zB wenn die Tat gar nicht angeklagt oder das Hauptverfahren nicht eröffnet worden war; dann ist das beim Gericht geführte Verfahren einzustellen (BGH **46**, 130 = JR **01**, 421 mit zust Anm Krack; BGH NJW **06**, 522, 530; Oldenburg StraFo **06**, 412, 413; Rieß BGH-FG 840), ebenso wenn das Verfahren nach § 154 II eingestellt worden war (BGH NStZ-RR **07**, 83).

Eine Freisprechung kann ferner erforderlich sein, weil bei **Tateinheit** (§ 52 46 StGB) wegen des einen rechtlichen Gesichtspunkts keine andere Entscheidung ergehen darf als wegen des anderen (oben 12); dabei hat die Sachentscheidung den Vorrang (Düsseldorf NJW **82**, 2883, 2884; VRS **78**, 115). Den Urteilsausspruch bestimmt der schwerer wiegende Vorwurf. Treffen zB 2 Vergehen oder 2 Verbrechen zusammen und müsste wegen des einen freigesprochen, wegen des anderen das Verfahren eingestellt werden, weil insoweit ein nicht mehr behebbares Prozesshindernis vorliegt, so bestimmt die nach der gesetzlichen Strafandrohung schwerer wiegende Pflichtverletzung den Urteilsspruch (BGH **50**, 16, 30 mwN); bei Gleichwertigkeit wird eingestellt. Entsprechendes gilt beim Zusammentreffen von 2 Verbrechen (§ 12 I StGB). Bei Tateinheit zwischen einem Vergehen und einem Verbrechen wird freigesprochen, wenn das Verbrechen nicht erwiesen ist und das Vergehen wegen eines nicht behebbaren Prozesshindernisses nicht verfolgt werden kann (BGH **1**, 231, 235; **7**, 256, 261; NStZ **85**, 495 [Pf/M]; NStZ-RR **05**, 259 [B]). Bei Tateinheit zwischen einer Straftat und einer OWi wird ebenfalls freigesprochen, wenn die Straftat nicht beweisbar und die OWi verjährt ist (BGH GA **78**, 371; KG DAR **04**, 459; Düsseldorf VRS **68**, 357, 359; **78**, 115; JR **91**, 252; Karlsruhe MDR **75**, 426; Oldenburg NJW **85**, 1177). Schließlich ist freizusprechen, wenn der angeklagte Vorwurf einer vorsätzlichen Tat nicht erwiesen und die nachweisbare Fahrlässigkeitstat verjährt ist (BGH **36**, 340).

C. Ein **Prozessurteil** ist das Einstellungsurteil. Es stellt lediglich das Bestehen 47 eines Prozesshindernisses fest, dessen Art sich aus den Urteilsgründen ergibt. Das Einstellungsurteil beendet das Strafverfahren ebenso wie ein Sachurteil; es ist der formellen Rechtskraft (Einl 164 ff) fähig.

Den **Verbrauch der Strafklage** hat das Einstellungsurteil grundsätzlich nicht 48 zur Folge (erg Einl 143a und b). Ist das Prozesshindernis behebbar und behoben, so kann die StA das Verfahren fortführen und eine neue Anklage erheben (BGH BGH 2 StR 252/16 vom 25.10.2017: örtliche Unzuständigkeit; LM Nr 5 zu § 207; wistra **86**, 69; Bay **85**, 52 = JR **86**, 430; Frankfurt NStZ **87**, 573; Köln NJW **81**, 2208); in diesem Fall ist eine etwaige Verjährungsfrist so zu berechnen, als wäre ihr Ablauf nicht nach § 78b III StGB gehemmt gewesen (BGH 2 StR 252/16 vom 25.10.2017). Bei einem unbehebbaren Prozesshindernis (zB Ablauf der Strafantragsfrist) hat das Einstellungsurteil allerdings, soweit es den Einstellungsgrund betrifft, die gleiche Wirkung wie ein die Strafklage verbrauchendes Sachurteil (erg Einl 172). Zum Strafklageverbrauch bei Einstellung nach manipulativem Vortäuschen eines Verfahrenshindernisses vgl 11 zu § 206a (zw Rieß NStZ **08**, 299 zur Anwendung auf Urteile nach III).

§ 260

49 7) Liste der angewendeten Vorschriften (V):

50 A. **Zweck und Standort der Liste:** Nach § 5 I Nr 6 **BZRG** ist in das BZR die rechtliche Bezeichnung der Tat, deren der Verurteilte schuldig gesprochen worden ist, unter Angabe der angewendeten Vorschriften einzutragen. Um die Urteilsformel von dieser Angabe zu entlasten, gleichwohl aber eine zuverlässige Erfassung der Verurteilung im BZR und in anderen Registern sicherzustellen, schreibt S 1 vor, dass die angewendeten Vorschriften nach der Urteilsformel aufzuführen sind. Auf Grund dieser Liste erfolgt die Mitteilung der Verurteilung an das BZR nach § 20 **BZRG**.

51 Die Liste ist kein **Teil der Urteilsformel** (BGH 2 StR 280/07 vom 18.7.2007; Karlsruhe VRS **54**, 68, 70; **58**, 263); daher wird sie weder bei der Urteilsverkündung nach § 268 II verlesen, noch sonst in der Hauptverhandlung bekanntgegeben (BGH NStZ-RR **97**, 166).

52 Üblich und zweckmäßig ist es, die Liste auf Grund der Urteilsberatung schon in die **Sitzungsniederschrift** aufzunehmen. Rechtlich notwendig ist das aber nicht; sie kann auch später erstellt werden.

53 In der **Urteilsausfertigung** wird die Liste nach der Urteilsformel aufgeführt. Die Unterschriften der Richter unter der Urteilsurkunde bestätigen auch die Übereinstimmung der Liste mit dem Beratungsergebnis.

54 B. **Anzugeben** sind die angewendeten Rechtsvorschriften nach Gesetz, Paragraph, Absatz, Nummer, Buchstabe oder sonstigem vom Gesetzgeber verwendeten Bezeichnungen, wie Artikel, Abschnitt usw (Meyer-Goßner NStZ **88**, 530). Das angewendete Gesetz wird in den üblichen Weise abgekürzt, insbesondere mit der vom Gesetzgeber verwendeten Kurzbezeichnung.

55 Bei **mehreren Angeklagten** muss die Liste für jeden einzelnen gesondert aufgestellt werden (vgl RiStBV 141 I S 4). Eine Zusammenfassung ist nur zulässig, wenn die angewendeten Vorschriften für alle Angeklagten völlig übereinstimmen (LR-Stuckenberg 130).

56 C. Bei **Verurteilung** besteht die Liste aus einem Schuldspruch und einem Rechtsfolgenteil, die beide aber nicht voneinander getrennt werden.

57 Zuerst werden die **Straftatbestände** aufgeführt, die der rechtlichen Beurteilung der Tat zugrunde liegen. Danach folgen die den Schuldspruch qualifizierenden Bestimmungen und die Vorschriften, die die Art des Verschuldens, der Beteiligung (§§ 25 II, 26, 27, 30 StGB) und besondere Arten der Tatbestandsverwirklichung (§ 22 StGB) kennzeichnen, ferner die Angabe des Konkurrenzverhältnisses (§§ 52, 53 StGB). Ist auf Grund eines Blankettgesetzes verurteilt worden, so ist auch die ausfüllende Norm anzugeben.

58 Wegen der **Rechtsfolgen** werden die Grundbestimmungen (§§ 38, 39, 40, 46, 47 StGB bei der Freiheitsstrafe, §§ 40, 43 StGB bei der Geldstrafe) nicht angeführt. Anzugeben sind dagegen, falls angewendet, die §§ 41, 42 StGB, ferner Strafschärfungs- und Milderungsvorschriften (Willms DRiZ **76**, 82), bei Strafaussetzung auch § 56 StGB, bei Verurteilungen zu lebenslanger Freiheitsstrafe in Fällen besonderer Schwere der Schuld (oben 38) § 57a I S 1 Nr 2 StGB, bei Verwarnung mit Strafvorbehalt § 59 StGB und bei Absehen von Strafe § 60 StGB. Sind Sicherungsmaßregeln oder Nebenfolgen angeordnet worden, so sind die entspr Vorschriften der §§ 44 ff, 61 ff, 73 ff StGB anzuführen.

59 Bei auf Grund einer Betäubungsmittelabhängigkeit begangenen Taten, die mit nicht mehr als 2 Jahren Freiheitsstrafe geahndet worden sind, ist ferner § 17 II **BZRG** anzugeben. Bestimmungen, die den **Nebenentscheidungen** über Kosten und Auslagen sowie Entschädigung für Strafverfolgungsmaßnahmen oder den gleichzeitig mit dem Urteil erlassenen Beschlüssen zugrunde liegen, werden nicht in die Liste aufgenommen.

60 D. Bei **Freisprechung** werden die dem Anklagevorwurf zugrunde liegenden Vorschriften nicht „angewendet" und daher nicht in die Liste aufgenommen. Dagegen ist bei Freispruch wegen Schuldunfähigkeit der § 20 StGB anzuführen (vgl

Hauptverhandlung **§ 261**

auch § 11 I Nr 1 **BZRG**), ferner die neben dem Freispruch ausgesprochenenselbstständigen Rechtsfolgen nach § 71 I, II StGB (Sicherungsmaßregeln) und nach § 76a StGB (Nebenfolgen). Wegen der Nebenentscheidungen vgl oben 59.

E. Auch für das **Einstellungsurteil** gilt V, obwohl hier eine Mitteilung an das BZR nicht vorgesehen ist. Bei Einstellung wegen Zurücknahme des Strafantrags ist § 77 I StGB, bei Einstellung wegen Verjährung § 78 StGB oder die einschlägige Bestimmung des LandespresseG in die Liste aufzunehmen. Wird neben der Einstellung des Verfahrens die (Wertersatz-)Einziehung angeordnet, so wird neben §§ 73 ff StGB auch § 76a III StGB benannt. Wegen der Nebenentscheidungen vgl oben 59. **61**

8) Die **Berichtigung der Liste** ist bis zur Absendung der Mitteilung an das BZR möglich. Auf ev Mängeln der Liste kann das Urteil nicht beruhen (BGH 1 StR 159/17 vom 15.5.2018; 2 StR 280/07 vom 18.7.2007). Verwirft das Rechtsmittelgericht die Berufung oder Revision, so kann es die Liste berichtigen, um Übereinstimmung mit der Formel und den Gründen des angefochtenen Urteils herzustellen (vgl BGH NJW **79**, 1259, 1260; **86**, 1116, 1117; KK-Ott 56; Meyer-Goßner NStZ **88**, 531). Ändert das Rechtsmittelgericht das Urteil ab, so kann es eine berichtigte Fassung der Liste beifügen. **62**

Grundsatz der freien richterlichen Beweiswürdigung

261 Über das Ergebnis der Beweisaufnahme entscheidet das Gericht nach seiner freien, aus dem Inbegriff der Verhandlung geschöpften Überzeugung.

Übersicht

	Rn
1) Forensische Wahrheit	1–4
A. Überzeugung	2–2b
B. Beweiswürdigung	3, 4
2) Inbegriff der Verhandlung	5–10
A. Grundsatz der umfassenden Beweiswürdigung	6–6c
B. Grundsatz der Mündlichkeit	7
C. Sachverständigenbeweis und Anknüpfungstatsachen	8, 9
D. Lichtbilder und Tonaufnahmen	10
3) Grundsatz der freien Beweiswürdigung	11–12
4) Beweisverbote	13–22
A. Verbotene Verwertung früherer Verurteilungen	14
B. Schweigen des Angeklagten	15–18
C. Schweigen des Zeugen	19–21
D. Äußerungen des Beschuldigten außerhalb des Verfahrens	22
5) Beweisvermutungen	23
6) Schätzklauseln	23a
7) Eigenes Wissen	24
8) Indizien- oder Anzeichenbeweis	25
9) Grundsatz in dubio pro reo	26–37
A. Bei unmittelbar entscheidungserheblichen Tatsachen	29–32
B. Bei verfahrensrechtlich erheblichen Tatsachen	33–35
C. Nach dem lichteren Gesetz	36
D. Bei Gesetzesauslegung	37
10) Revision	38–50
A. Sachrüge	39–41
B. Verfahrensrüge	42–50

1) Die **forensische Wahrheit**, die Grundlage für die Sachentscheidung des Strafgerichts, ist das, wovon der Richter auf Grund der Hauptverhandlung, durchgeführt nach den Grundsätzen der Unmittelbarkeit (1 ff zu § 250) und Mündlichkeit (unten 7), voll überzeugt ist (vgl Meurer Tröndle-FS 533 ff; Rieß GA **78**, 257 ff). **1**

A. **Überzeugung**: Es genügt ein nach der Lebenserfahrung ausreichendes Maß an Sicherheit, demgegenüber vernünftige und nicht bloß auf denktheoretische **2**

Möglichkeiten gegründete Zweifel nicht mehr aufkommen (stRspr, zB BGH NStZ **88**, 236; **10**, 102; 292; Karlsruhe NStZ-RR **07**, 90 mwN). Der Schuldspruch muss auf einer tragfähigen Beweisgrundlage aufbauen, die die objektiv hohe Wahrscheinlichkeit der Richtigkeit des Beweisergebnisses ergibt (BVerfG NJW **03**, 2444, 2445 mwN; BGH NStZ **17**, 486). Der Richter muss sich mit allen wesentlichen für und gegen den Angeklagten sprechenden Umständen auseinandersetzen (BGH NJW **88**, 3273; **90**, 2073; NStZ **90**, 402; wistra **91**, 63); seine Würdigung muss rationaler Argumentation standhalten (Herdegen StV **92**, 527; siehe auch BGH NStZ **17**, 486; erg 12 zu § 267). Ein bloß theoretischer Zweifel an der Schuld bleibt unberücksichtigt (BGH MDR **89**, 371; NStZ-RR **98**, 275; **08**, 350; StraFo **12**, 466; 1 StR 49/15 vom 16.6.2016); die Anforderungen an eine Verurteilung dürfen daher auch nicht überspannt werden (BGH NStZ-RR **18**, 289; **15**, 146; NStZ **99**, 153; 205; NJW **07**, 92, 94; 1 StR 415/12 vom 18.12.2012), eine „mathematische Gewissheit" wird nicht verlangt (BGH 1 StR 201/13 vom 6.8.2013 mwN). Der Richter darf aber nicht von seiner Überzeugung ausgehen, soweit ihr zwingende Gesetze der Logik, feststehende Erkenntnisse der Wissenschaft oder dem Zweifel enthobene Tatsachen der Lebenserfahrung widerstreiten (BGH **29**, 18). Die Verurteilung darf nur auf bewiesene Indiztatsachen gestützt werden (BGH NJW **80**, 2423, 2424; Brandenburg NJW **97**, 1794), keinesfalls auf eine Einlassung des Angeklagten, von deren Richtigkeit das Gericht nicht überzeugt ist (BGH StV **97**, 291; **13**, 198; NStZ-RR **97**, 96; Bay NStZ-RR **98**, 328; Koblenz StV **05**, 122; vgl auch BGH NStZ-RR **96**, 73 zum fehlerhaften Ausschluss eines Rechtfertigungsgrundes auf Grund einer als widerlegt angesehenen Einlassung). Bloße Vermutungen genügen nicht (BGH NStZ **90**, 501; StV **99**, 137; NStZ-RR **16**, 144; 222; wistra **08**, 306, 308; StV **15**, 740), ebenso wenig unbestimmte Feststellungen (vgl BGH NStZ **95**, 204 zu Serienstraftaten).

2a An **Beweisregeln oder Beweisvermutungen** ist der Tatrichter nicht gebunden (BGH **39**, 291, 295; StV **88**, 239); allein hierin liegt die „Freiheit" der Beweiswürdigung, diese darf nicht dahin missverstanden werden, dass die richterliche Überzeugungsbildung keine rational-objektive Grundlage verlange (Fezer StV **95**, 99), vielmehr folgt erst aus dieser die zur Überzeugung erforderliche persönliche Gewissheit (BGH StV **93**, 510; NJW **99**, 1562, 1564; Celle NJW **76**, 2031; aM Frister Grünwald-FS 173 ff; dagegen Freund Meyer-Goßner-FS 411). Der Beweis muss mit lückenlosen (BGH StV **88**, 93; **88**, 138), nachvollziehbaren logischen Argumenten geführt sein (Peters JR **77**, 83; vgl auch Bay **71**, 128; Köln NJW **77**, 398, 399; VRS **80**, 34), Beweisanzeichen müssen in ihrer Gesamtheit gewürdigt werden (BGH NStZ **88**, 19 [Pf/M]). Die Beweiswürdigung ist somit nur fehlerfrei, wenn sie auf einer tragfähigen, verstandesmäßig einsichtigen Tatsachengrundlage beruht (BGH NJW **14**, 2132, 2133; NStZ-RR **16**, 378) und die vom Gericht gezogene Schlussfolgerung sich nicht nur als bloße Vermutung erweist, die nicht mehr als einen Verdacht zu begründen vermag (BGHR Vermutung 8 und 11, je mwN; BGH StV **95**, 453; KG StV **02**, 412; Koblenz StV **00**, 70). Allein dies ist der gesetzliche Nachweis, der die Unschuldsvermutung (Art 6 II **EMRK**) widerlegt (Einl 3).

2b Ebenso wenig besteht eine Bindung an die **Feststellungen in einem rechtskräftigen Urteil**. Der Tatrichter kann sich jedoch unter eigener Würdigung der früheren Beweisgründe, erforderlichenfalls durch weitere Beweiserhebung, die Überzeugung von den dort festgestellten Tatsachen bilden (BGH NStZ-RR **19**, 224; erg 9 zu § 249, Einl 170).

3 B. Die **Beweiswürdigung** ist eine ureigene Aufgabe des Tatrichters (dazu Fischer NStZ **94**, 1). Er ist dabei nicht an gesetzliche Beweisregeln gebunden (unten 11, 23) und hat nur seinem Gewissen verantwortlich ohne Willkür zu prüfen, ob er an sich mögliche Zweifel überwinden (unten 26) und sich einem bestimmten Sachverhalt anschließen kann oder nicht (BGH **29**, 18; StraFo **13**, 338; 4 StR 159/13 vom 20.6.2013). Auch ein **Geständnis** (zum Begriff BGH **39**, 291, 303) ist in sie einzubeziehen (2 zu § 244); Geständnis und Widerruf des Geständnisses sind auf ihre Richtigkeit zu überprüfen (BGH wistra 03, 351; 3 StR 296/08 vom 18.9.2008). Dies gilt auch, wenn sich aus weiteren Beweismitteln das Bild eines erheblicheren Tatumfangs ergibt (BGH NStZ-RR 19, 223: Aussage der Geschädigten). Der Richter ist dabei im Allgemeinen nicht auf Sachverständige angewiesen. Insbesondere bei erwachsenen Zeugen darf sich der Tatrichter die nötige Sachkunde zur Beurteilung der Glaubwürdigkeit zutrauen, wenn nicht die Beweislage – etwa infolge unklärbarer Widersprüche mehrerer Zeugen – sehr schwierig ist (74 zu § 244).

Die erforderliche Sachkunde auf dem Gebiet der **Aussagepsychologie** muss 4 der Tatrichter jedoch haben (vgl vor allem Arntzen, Vernehmungspsychologie, 2. Aufl, 1989 und Psychologie der Zeugenaussage, 3. Aufl, 1993; Bender/Nack/Treuer, Tatsachenfeststellung vor Gericht, 4. Aufl, 2014; Eisenberg BR 1428 ff). Vorsicht ist vor allem geboten, wenn die Aussagen Mitbeschuldigter oder kindlicher oder jugendlicher Zeugen zu würdigen sind, insbesondere, falls sie vor oder in der Geschlechtsentwicklung stehen und über geschlechtsbezogene Dinge aussagen (BGH NStZ 85, 420). Ob in diesen Fällen ein Sachverständiger notwendig ist, bestimmt sich nach den Besonderheiten des Einzelfalls (RiStBV 222 I S 2; 74 zu § 244).

2) Inbegriff der Verhandlung: Als Mittel für die Gewinnung der Überzeu- 5 gung darf alles verwertet werden, was zum Gegenstand der Verhandlung – vom Aufruf der Sache bis zu den Schlussvorträgen und beim letzten Wort (BVerfG DAR 92, 253 [N]; BGH 11, 74; StraFo 10, 71; 3 StR 195/10 vom 5.8.2010) – gemacht worden ist (BGH NStZ 88, 212 [M]). Zur Verhandlung gehören auch Erklärungen und Beweiserhebungen zu einer Sache, die vor dem Urteil abgetrennt worden ist (zB wegen Verhandlungsunfähigkeit eines der Angeklagten), nicht aber zu Verhandlungsteilen, an denen der Angeklagte nicht teilgenommen hat (BGH NJW 84, 2172; StV 84, 186). Inhaltlich dürfen nur Beweiserhebungen einschließlich der Einlassung des Angeklagten zur Urteilsgrundlage gemacht werden (Einl 48 ff). Wird ein erstinstanzliches Urteil mit den Feststellungen aufgehoben, verstößt es gegen § 261, wenn das neu zur Entscheidung berufene Gericht seinem Urteil die aufgehobenen Feststellungen zugrunde legt (BGH 3 StR 128/18 vom 22.8.2018). Ob das Tatgericht Beweisstoff, der nicht Gegenstand der Hauptverhandlung war, tatsächlich verwendet hat, kann nur anhand der Urteilsgründe überprüft werden (BGH 3 StR 508/17 vom 17.5.2018). Wird der abwesende Angeklagte nach § 234 von einem Verteidiger vertreten, so sind dessen Erklärungen die Urteilsgrundlage (Bay VRS 47, 115; 64, 134; erg 10 zu § 234).

A. Grundsatz der umfassenden Beweiswürdigung: Wie § 244 II das Ge- 6 richt verpflichtet, alle bekannten Beweismittel zu verwenden (11, 12 zu § 244), so verpflichtet § 261, alle in der Hauptverhandlung erhobenen Beweise zu würdigen und dem Urteil zugrunde zu legen, sofern nicht im Einzelfall ausnahmsweise ein Beweisverwertungsverbot entgegensteht (BGH 29, 109, 110; MDR 88, 101 [H]; Einl 55; 12, 33 zu § 267). Die einzelnen Beweisergebnisse dürfen nicht nur isoliert gewertet, sondern müssen in eine umfassende Gesamtwürdigung eingestellt werden (BGH NStZ-RR 19, 57). Eine Beweiswürdigung, die sich nicht mit naheliegenden alternativen Geschehensabläufen befasst oder über den Angeklagten möglicherweise entlastende Umstände (BGH NStZ-RR 18, 120; StV 19, 228: aus verlesener Urkunde ergeben sich Anhaltspunkte für § 21 StGB) oder aber über schwerwiegende Verdachtsmomente ohne Erörterung hinweggeht, ist rechtsfehlerhaft (BGH NStZ-RR 04, 238; 14, 389). Dies gilt ebenso für eine Beweiswürdigung, die sich nicht zureichend mit fehlender Konstanz einer Zeugenaussage befasst (BGH StV 11, 524; 525 L) oder sie gespalten bzw widersprüchlich würdigt (BGH NStZ 18, 116). Wird die Überzeugung von der Täterschaft des Angeklagten im Wege der Ausschlussmethode darauf gestützt, dass alle konkret in Betracht kommenden Alternativen ausgeschlossen werden, müssen die in Betracht kommenden Alternativen erörtert und nachvollziehbar abgelehnt werden (BGH StV 18, 700). Einen Beweis des ersten Anscheins, der nicht auf der Gewissheit des

§ 261

Tatrichters, sondern auf der Wahrscheinlichkeit eines Geschehensablaufs beruht, gibt es im Strafprozess aber nicht (BGH NStZ-RR **11**, 50 L). Soweit Strengbeweis gilt (6 zu § 244), muss der Richter sein sonstiges Wissen „ausblenden" (Arzt Peters-FS 223 ff).

6a Auch die **Einlassung** des Angeklagten und sein strafrechtlich relevantes **Vorleben** (BGH NStZ-RR **19**, 57) sind zu würdigen. Es ist stets zu untersuchen, ob ein abgelegtes **Geständnis** mit dem Ermittlungsergebnis zu vereinbaren ist, ob es in sich stimmig ist und ob es die getroffenen Feststellungen trägt (BGH NStZ **14**, 53; 170; BGH NStZ **16**, 489; NStZ-RR **16**, 147; 378); die Übernahme der moralischen Verantwortung kann zB nicht ohne weiteres die Bedeutung eines Geständnisses haben (BGH StraFo **03**, 381). Der Richter ist freilich nicht verpflichtet, Angaben des Angeklagten als unwiderlegt hinzunehmen, für die es keine unmittelbaren Beweise gibt; die Zurückweisung einer Einlassung erfordert nicht, dass sich ihr Gegenteil positiv feststellen lässt (BGH NStZ **86**, 208 [Pf/M]; **06**, 652; **09**, 285; NStZ-RR **99**, 46 mwN; **07**, 86; **10**, 85); das gilt insbesondere auch dafür, ob der Angeklagte überhaupt und in welchem Umfang er Alkohol zu sich genommen hat (BGH NStZ **07**, 266). Auch bei einem zum Tatvorwurf schweigenden Angeklagten muss das Gericht nicht Tatvarianten unterstellen, für deren Vorliegen keine zureichenden Anhaltspunkte erbracht sind (BGH **51**, 324).

6b Zu den Anforderungen an die **Beweiswürdigung bei Verständigungen** siehe 17a zu § 257c.

6c Die **Beobachtungen beim Betrachten** der äußeren Erscheinung und der körperlichen Beschaffenheit sind, jedenfalls soweit sie sich offen darbieten, als Ergebnisse der Vernehmung zu berücksichtigen (BGH MDR **74**, 368 [D]). Jedoch dürfen solche Beobachtungen des beauftragten Richters, die dieser nicht im Protokoll festgehalten hat und die daher auch nicht durch Verlesung nach § 251 I, II in die Hauptverhandlung eingeführt worden sind, nicht in der Beratung den anderen Gerichtsmitgliedern mitgeteilt und verwertet werden (31 zu § 251). Die Richter müssen – unbefangen und unter Vermeidung des Anscheins der Befangenheit (§ 24 II) – während der gesamten Beweiserhebung bereit sein, hinzukommende Beweiseindrücke zu registrieren und zu berücksichtigen. Erkenntnisse, die aus der Beobachtung von Zuhörern im Gerichtssaal gewonnen werden, müssen aber in die Hauptverhandlung eingeführt werden, die Verfahrensbeteiligten müssen Gelegenheit zur Stellungnahme bekommen (BGH NStZ **95**, 609; Jena StV **07**, 26).

7 B. Der **Grundsatz der Mündlichkeit** findet Ausdruck in den §§ 261, 264 (Roxin § 44 A I). Die §§ 244–256 und alle sonstigen Grundsätze über Beweiserhebung bl eiben unberührt; zu § 257a vgl dort 1. Der Grundsatz der Mündlichkeit besagt lediglich, dass nur der mündlich vorgetragene und erörterte Prozessstoff dem Urteil zugrunde gelegt werden darf (BGH NStZ **90**, 229 [M]). Darin ist auch der Grundsatz des rechtlichen Gehörs enthalten (Einl 35). Fotos, Ortspläne uä, die Bestandteile der Akten sind, werden dadurch zum Gegenstand der Hauptverhandlung gemacht, dass sie mit den Beteiligten (zB im Rahmen einer Beweiserhebung) erörtert werden (BGH VRS **27**, 29). Auch allgemein- oder gerichtsbekannte Tatsachen (51, 52 zu § 244) müssen, um verwertbar zu sein, erkennbar in die Hauptverhandlung eingeführt werden; den Beteiligten muss Gelegenheit zur Stellungnahme gegeben werden (BGH 3 StR 508/17 vom 17.5.2018; **36**, 354, 359; NStZ **98**, 98; Brandenburg NStZ **10**, 294; Hamburg StV **96**, 84; Koblenz NStZ **04**, 396; Einl 28, 29). Dienstliches Wissen des Richters darf nur nach Vernehmung der Auskunftsperson in der Hauptverhandlung (oder durch Vorhalt) verwertet werden (Jena StraFo **07**, 65; LR-Sander 19).

8 C. **Sachverständigenbeweis und die sog Anknüpfungstatsachen:** Die **Befundtatsachen**, die der Sachverständige bei Ausführung seines Auftrags auf Grund seiner besonderen Sachkunde feststellt und über die er in seinem Befund dem Gericht berichtet, dürfen auf Grund dieser Einbringung verwertet werden (10 zu § 79), zB die Buchführungsunterlagen in einem Wirtschaftsprozess, die der Gutachter verwertet hat. Das nur vorbereitende schriftliche Gutachten als solches darf das Gericht bei seiner Urteilsfindung nicht verwerten (BGH NJW 70, 523, 525). Gibt der Sachverständige dagegen sein mündlich erstattetes Gutachten nachträglich noch schriftlich ab, so schadet die Verwendung der schriftlichen Fassung nicht, wenn sie nur den mündlichen Vortrag wiedergibt und keine zusätzlichen Ausführungen enthält. Erinnert sich der Sachverständige nicht mehr an den Fall (zB der Blutentnahmearzt an die Tests, 11 zu § 81a), übernimmt er aber bei seiner Vernehmung die volle Verantwortung für seine Aufzeichnungen, so sind die Tatsachen durch den Vorhalt eingeführt und verwertbar (Hamm JMBlNW 68, 45). Zu den Anforderungen an die Darlegung in den Urteilsgründen siehe 13 ff zu § 267.

Zusatztatsachen, die der Sachverständige durch Befragung einer Auskunfts- 9 person ermittelt hat, werden durch seine Vernehmung oder durch Vernehmung des Dritten als Zeuge eingeführt (11 zu § 79).

D. **Lichtbilder und Tonaufnahmen:** Ein zulässig in die Hauptverhandlung 10 eingeführtes Beweismittel dieser Art (10, 11 zu § 86) kann und muss das Gericht seiner Überzeugungsbildung zugrunde legen (BGH **29,** 18). Auch Tonbandaufnahmen, die in der Hauptverhandlung ausschließlich zu justizinterne Zwecke, insbesondere für die Beratung oder Verteidigung, gefertigt worden sind (11 zu § 169 GVG), dürfen als Beratungsgrundlage verwertet werden (BGH **19,** 193); ebenso Notizen des Vorsitzenden oder eines anderen Richters, ferner ein auf Anordnung des Vorsitzenden aufgenommenes Stenogramm (BGH aaO).

3) Der **Grundsatz der freien Beweiswürdigung** – verfassungsrechtlich un- 11 bedenklich (BVerfG NJW **12,** 907, 912/913) – hat das Prinzip der Beweisregeln abgelöst. Es gibt keine Vorschriften mehr darüber, unter welchen Voraussetzungen der Richter eine Tatsache für bewiesen bzw nicht bewiesen zu halten habe (BGH **29,** 18; NJW **82,** 2882; NStZ **14,** 475). Der Grundsatz gilt nicht nur für die Würdigung von Zeugenaussagen, gleichgültig, ob der Zeuge vereidigt wurde oder nicht (BGH 1 StR 574/91 vom 5.11.1991), sondern auch für die Würdigung der Aussagen des Angeklagten, selbst wenn diese mit Zeugenangaben im Widerspruch stehen (BGH **18,** 238, 241; Bremen VRS **79,** 27; Düsseldorf VRS **81,** 454). So darf das Gericht den Bekundungen eines Zeugen nicht allein deshalb, weil er Anzeigeerstatter und ggf Geschädigter ist, ein höheres Gewicht beimessen als den Angaben des Angeklagten (BGH NStZ **04,** 635; NStZ-RR **16,** 54).

Daher werden besonders strenge Anforderungen an die Beweiswürdigung ge- 11a stellt, wenn **Aussage gegen Aussage** steht (nicht aber bei mehreren Belastungszeugen, die „in einem Lager" stehen: KG NStZ **19,** 360 mit abl Anm Kannegießer/Eisenberg und Staudinger StV **19,** 834) und die Entscheidung *allein* (siehe BGH 5 StR 451/19 vom 12.11.2019) davon abhängt, welchen Angaben das Gericht folgt (siehe nur BGH StV **98,** 116; NStZ-RR **03,** 333; **18,** 188; 220; Koblenz NStZ-RR **05,** 79; Nürnberg StraFo **11,** 96). Die Urteilsgründe müssen dann erkennen lassen, dass das Gericht alle Umstände, welche geeignet sind, die Entscheidung zu Gunsten oder zu Ungunsten des Angeklagten zu beeinflussen, erkannt, in seine Überlegung einbezogen und auch in einer **Gesamtschau gewürdigt** hat (BGH NStZ **19,** 42; **14,** 667; NStZ-RR **18,** 120; 220; **13,** 19; **14,** 219; StV **13,** 7; vgl auch Menges Tolksdorf-FS 320). Das gilt auch, wenn sich der Angeklagte nicht zur Sache eingelassen hat (BGH NStZ **13,** 180; LR-Sander 72). Es gilt besonders, wenn das Gericht den belasteten Angaben des einzigen Zeugen bzw Mitangeklagten nur teilweise folgen will (BGH StV **19,** 315); selbst wenn das Gericht für einzelne Unstimmigkeiten in der belastenden Aussage rechtsfehlerfrei eine tragfähige Erklärung findet, können sich durchgreifende Bedenken gegen die Glaubwürdigkeit aus einer Vielzahl solcher Umstände und deren Erheblichkeit mit Blick auf das Tatkerngeschehen ergeben (BGH StV **19,** 519; vgl auch BGH StV **19,** 523). Bei Sexualdelikten ist die Entstehung und Entwicklung der belastenden Aussage aufzuklären und zu bewerten (BGH StV **17,** 367). Für den Angeklagten kann es sprechen, wenn es naheliegt, dass sich den **Mitangeklagter oder tatbeteiligter Zeuge** durch die den anderen belastende Aussage **selbst entlasten will** (BGH StV **97,** 172 und 173; **02,** 467; **09,** 174 und 176; StraFo **08,** 474), zB nach § 31

BtMG (BGH StV 09, 346; NStZ 10, 228; NStZ-RR 12, 53; Düsseldorf StraFo 08, 208; Koblenz StV 07, 71; 08, 359; Naumburg StV 14, 594), oder nach § 46b StGB (BGH NStZ-RR 14, 115), oder wenn ein **Zeuge den Angeklagten erwiesenermaßen teilweise zu Unrecht belastet** hat (BGH NStZ-RR 17, 152: Vollständige Darlegung des Aussageverhaltens des Zeugen; vgl ferner NStZ 15, 602; NStZ-RR 04, 87; Karlsruhe StV 99, 139; Zweibrücken NStZ-RR 98, 209), insbesondere wenn dies zu Teileinstellungen nach § 154 II geführt hat (BGH NStZ 08, 581; NStZ 09, 228; NStZ-RR 08, 254), oder wenn der Zeuge sich selbst früher einer Falschaussage bezichtigt hat (BGH NStZ 03, 164) oder in einem wesentlichen Punkt von seiner früheren Tatschilderung abweicht (BGH 44, 256; NStZ-RR 16, 87; 18, 188; NStZ 13, 57; Bay NStZ-RR 03, 304; zur Prüfung der Aussagekonstanz eingehend Deckers StV 17, 50) oder nichterklärbare Erinnerungslücken geltend macht (BGH NStZ-RR 12, 383; StV 13, 5). Das gilt auch bei „Lagerbildung" mehrerer Zeugen (Frankfurt StV 11, 12; Karlsruhe StraFo 05, 250), hingegen nicht bei Abweichungen im Randbereich (BGH NStZ-RR 03, 268), oder wenn ein Teil der Aussage eines Zeugen für glaubhaft erachtet wird, ein anderer dagegen nicht (BGH 44, 153; NJW 93, 2451; 2 StR 185/10 vom 12.8.2010; 1 StR 206/13 vom 3.9.2013; 5 StR 166/15 vom 3.6. 2015; 4 StR 132/15 vom 28.7.2015). Es kann auch eine Häufung von – jeweils für sich erklärbaren Fragwürdigkeiten – bei einer Gesamtschau zu durchgreifenden Zweifeln an der Richtigkeit eines Tatvorwurfs führen (BGH StraFo 97, 245; StV 09, 230). Ein **Wechsel der Einlassung des Beschuldigten** im Laufe des Verfahrens kann ein Indiz für die Unrichtigkeit der Einlassung in der Hauptverhandlung sein und ihre Bedeutung für die Beweiswürdigung verringern oder uU ganz entfallen lassen (BGH NStZ-RR 04, 88; 17, 183; BGHR Einlassung 6); auch der Zeitpunkt einer Einlassung des Angeklagten kann bei der Gesamtwürdigung gegen die Glaubhaftigkeit sprechen (BGH NStZ-RR 17, 183). Eine widerlegte Einlassung kann grundsätzlich allein nicht zur Grundlage einer dem Angeklagten ungünstigen Sachverhaltsdarstellung gemacht werden; etwas anderes muss aber gelten, wenn sich bei einem komplexen Tatgeschehen solche Teile der Einlassung als unrichtig erweisen, die für die Beurteilung des Gesamtgeschehens von wesentlicher Bedeutung sind und nicht losgelöst von dem anderen Teil beurteilt werden können (BGH NStZ-RR 03, 369). Dass „Aussage gegen Aussage" stehe, wird häufig als Schlagwort benutzt; es ist jedoch sorgfältig zu differenzieren, ob diese Situation tatsächlich gegeben ist oder ob neben den widersprüchlichen Angaben des Beschuldigten und des Belastungszeugen nicht doch noch weitere Beweisanzeichen vorhanden sind (dazu eingehend Maier NStZ 05, 246; vgl auch BGH 1 StR 432/04 vom 16.3.2005; Stuttgart NJW 06, 3506). Jedenfalls ist eine Gesamtwürdigung aller Indizien geboten (BGH NStZ-RR 08, 338; 349; 10, 317; Hamm NStZ-RR 14, 253), wobei Plausibilität, Detailreichtum und Widerspruchsfreiheit der Zeugenaussage zu bewerten sind (BGH StraFo 08, 508); uU ist auch die Einholung eines Glaubwürdigkeitsgutachtens geboten (Erb Stöckel-FS 194).

11b **Besondere Vorsicht** ist geboten beim Wiedererkennen einer Person durch einen Zeugen (BGH 16, 204; 28, 310); in Fällen des wiederholten Wiedererkennens kommt den späteren Wiedererkennen nur ein eingeschränkter Beweiswert zu (BVerfG NJW 03, 2444; BGH NStZ 96, 350; 97, 355; NStZ-RR 16, 223 L; Brandenburg StV 17, 663; Düsseldorf und Oldenburg StV 94, 8; Hamm StraFo 09, 109; erg 9ff zu § 58; 12b zu § 267); umgekehrt spricht aber ein Nichtwiedererkennen in der Hauptverhandlung gegen die Zuverlässigkeit der früheren Identifizierung (BGH StraFo 05, 297; Brandenburg aaO; eingehend zu Darstellungsmängeln bei einer auf Wiedererkennungsleistungen beruhenden Beweiswürdigung BGH NStZ 09, 283; StV 13, 546; Koblenz StraFo 15, 286). Es kann auch erforderlich sein, zwischen der allgemeinen und der speziellen (den Verfahrensgegenstand betreffenden) Glaubwürdigkeit eines Zeugen zu unterscheiden; denn aus der allgemeinen Glaubwürdigkeit folgt nicht ohne weiteres auch die spezielle (BGH StV 94, 64). Sprechen mehrere Umstände gegen die Zuverlässigkeit einer Zeugenaussage sind diese nicht nur einzeln zu erörtern, vielmehr ist dann auch

Hauptverhandlung § 261

eine Gesamtwürdigung aller Beweisanzeichen, die gegen die Richtigkeit der Bekundungen sprechen können, erforderlich (BGH StV **96**, 367).

Eine besonders sorgfältige Beweiswürdigung ist auch erforderlich, wenn sich ein Zeuge oder Mitangeklagter durch seine den Angeklagten belastende Aussage Vorteile nach § 31 BtMG verschafft hat (BGH **48**, 161, 168; NStZ **04**, 691; vgl auch BGH NJW **12**, 3736). Dies gilt gleichermaßen für mittelbar eingeführte Angaben einer Vertrauensperson, die durch andere gewichtige Beweisanzeichen außerhalb der Aussage bestätigt werden müssen (BGH NStZ-RR **18**, 21). Bei der Aussage kindlicher Zeugen (aber nicht nur bei diesen, vgl Düsseldorf StV **02**, 471) kommt der Entstehungsgeschichte der Beschuldigung besondere Bedeutung zu (BGH StV **96**, 366; **98**, 250; NStZ **99**, 45; **00**, 496; **02**, 656). Erg 13 zu § 58, zu den Anforderungen an die Urteilsgründe 12b zu § 267. Allgemein zur Überzeugungsbildung bei der Täteridentifizierung Miebach Rogall-FS 559.

Wegen der weitgehenden Unzuverlässigkeit menschlicher Beobachtungen ist die 11c technische **Feststellung und Auswertung von Spuren** und anderen Anzeichen (unten 25) von besonders großer Bedeutung. Zum Beweiswert einer kombinierten Analyse von Kern-DVA und mitochondrialer DNA BGH **56**, 72, von Faserspuren vgl BGH NStZ **93**, 395; StV **96**, 251; **98**, 470; BGHR Beweiskraft 1; Neuhaus StraFo **01**, 406; zu Schusswaffensparten vgl Neuhaus StraFo **02**, 254; zur anthropologischen Identifikation lebender Personen auf Grund von Bilddokumenten vgl Knußmann NStZ **91**, 175; Rösing ua NStZ **99**, 230; Schott NZV **11**, 169 sowie BGH NStZ **05**, 458, dazu Niemitz NZV **06**, 130; Braunschweig NStZ-RR **07**, 180; NStZ **08**, 652; Hamm StraFo **09**, 109, 110; zu Brandgutachten Hölemann StraFo **05**, 487, zu Text- und Sprechprobenvergleich Eisenberg NStZ **10**, 680. Auch das Sachverständigengutachten unterliegt der freien Beweiswürdigung (BGH **12**, 311; erg aber 73 zu § 244). Zur richterlichen Überzeugungsbildung bei nicht allg gültigem Erfahrungswissen (Streit in Fachkreisen) vgl BGH **41**, 206, 214; R. Hamm StV **97**, 159; Hilgendorf Lenckner-FS 699.

Bei **unerreichbaren Beweismitteln** (62 ff zu § 244) wird die Würdigung in 12 gewissem Grad in die Würdigung der erreichbaren Beweismittel einbezogen (BGH GA **71**, 85: „notwendig eine gewisse Vorauswürdigung des Beweismittels"; dazu Arzt Peters-FS 228). Aus der Nichterreichbarkeit wegen übergeordneter öffentlicher Interessen dürfen keine Schlussfolgerungen gezogen werden (10 zu § 96). BGH **49**, 112, 124 (dazu Wohlers StV **14**, 567) verlangt aber eine Auseinandersetzung mit der Frage, welches Ergebnis die Vernehmung eines mangels Rechtshilfe eines fremden Staates unerreichbaren Zeugen hätte erbringen können, wenn der ersuchte Staat ein erhebliches eigenes Interesse am Ausgang des Verfahrens habe; scharf abl dazu Nehm Widmaier-FS 371.

4) Beweisverbote (Beweisverwertungsverbote) bedeuten Ausschluss der 13 Beweiswürdigung (dazu im Einzelnen Einleitung 50 ff). Zur Problematik der freien Beweiswürdigung bei Beweisverboten vgl Arzt Peters-FS 223 ff. Darüber hinaus ist folgendes zu beachten:

A. **Verbotene Verwertung früherer Verurteilungen** (§§ 51, 66 **BZRG**): 14 Das Gesetz hat ohne Verstoß gegen das GG dem Resozialisierungsbedürfnis Betroffener den Vorrang eingeräumt gegenüber dem Interesse der Strafrechtspflege an erschöpfender Sachaufklärung (BVerfGE **36**, 174). Die Hauptbedeutung des Verwertungsverbots besteht darin, dass die betroffenen Verurteilungen – schon bei Tilgungsreife (BGH StV **16**, 541) – weder als solche noch die zugrunde liegenden Taten bei der Rechtsfolgenzumessung – auch nicht für die gemäß § 56 I StGB zu treffende Prognoseentscheidung (BGH 3 StR 8/10 vom 4.2.2010) – berücksichtigt werden dürfen. Sie dürfen aber auch nicht als Indizien für die Frage des Schuldspruchs verwertet werden (BGH NStZ **06**, 587; StraFo **06**, 296; KG StraFo **06**, 296; vgl auch BGH NStZ **16**, 468). Auch wenn sich der Angeklagte zu seiner Verteidigung auf eine schon getilgte frühere Verurteilung nebst der hier zugrundeliegenden Tat beruft, besteht das Verwertungsverbot (BGH NStZ-RR **12**, 143 mwN; **aM** BGH **27**, 108; erg Einl 56). Auf Freisprüche oder Einstellungen ist die

Regelung nicht entspr anwendbar (Schweckendieck NStZ **94**, 418; str). Zur Ausnahmeregelung des § 52 I Nr 2 BZRG vgl BGH **57**, 300; StV **13**, 212; zum Verhältnis von § 51 BZRG und § 29 VIII S 1 StVG vgl München DAR **08**, 398. Die Verwertbarkeit einer ausländischen Verurteilung setzt grundsätzlich ebenfalls voraus, dass diese – würde es sich um eine Verurteilung nach deutschem Recht handeln – nicht tilgungsreif wäre (BGH StV **12**, 149; vgl § 58 BZRG).

15   B. Schweigen des Angeklagten:

16   a) Verweigert der Angeklagte **in vollem Umfang** die Einlassung in der Hauptverhandlung, so dürfen daraus keine für ihn nachteiligen Schlüsse gezogen (BVerfG NStZ **95**, 555; BGH **25**, 365, 368; **32**, 140, 144; **34**, 324, 326; NStZ **86**, 325; StV **85**, 234; Schneider NStZ **17**, 73ff), aber auch keine Entlastungsumstände unterstellt werden, für die das Beweisergebnis keinen Anhalt gibt (Bay DAR **69**, 237 [R]; Hamburg VRS **41**, 195; Koblenz VRS **70**, 18, 20). Nach dem Grund des Schweigens darf nicht gefragt werden (Günther JR **78**, 94), die Prüfung seiner Gründe hierfür hat zu unterbleiben (BGH NStZ **18**, 229: Bewertung des Eindrucks des Angeklagten; Miebach NStZ-RR **18**, 265, 269 mwN zur Rspr). Völliges Schweigen bedeutet nicht das Unterlassen jeder Erklärung. Vielmehr steht es dem Schweigen gleich, wenn der Beschuldigte die Täterschaft allgemein bestreitet (BGH **25**, 365, 368; **38**, 302, 307 mwN; NStZ **13**, 57), wenn er allein bestreitet, einen späteren Mitangeklagten zu kennen (Hamburg StV **08**, 239), wenn er sich als unschuldig bezeichnet (Celle NJW **74**, 202; Hamburg MDR **76**, 864; Hamm NJW **73**, 1708), wenn er, ohne zum Sachverhalt Stellung zu nehmen, die Beweisaufnahme „mit lebhafter Mimik und Gestik" begleitet (BGH StV **93**, 458; einschr Miebach NStZ **00**, 235; Schneider NStZ **17**, 126, 131, sofern sich dem Verhalten ein „intersubjektiv vermittelbarer Erklärungswert zuschreiben lässt"), wenn er nur Rechtsausführungen des Inhalts macht, dass die ihm vorgeworfene Tat weder eine Straftat noch eine Ordnungswidrigkeit sei (Bay MDR **88**, 882), wenn er nur erklärt, er habe die Tat nicht begangen (BGH **34**, 324, 326) oder er habe „mit dem Vorfall nichts zu tun" (BGH NStZ **07**, 417), wenn er nur erklärt, er wolle dazu beitragen, die gegen ihn erhobenen Vorwürfe „zu klären und zu lösen" (BGH NStZ **97**, 147), wenn er vorangegangenen Alkoholgenuss bestreitet und im Übrigen schweigt (Düsseldorf MDR **88**, 796) oder wenn er sagt, er könne sich wegen seiner Alkoholisierung an nichts erinnern, der Vorwurf sei aber richtig (Hamm VRS **112**, 119), wenn er nur die Haltereigenschaft zugibt (BVerfG NJW **94**, 847; Düsseldorf DAR **03**, 40; Köln VRS **79**, 29), wenn er nur erklärt, ein Verwandter habe das Fahrzeug gelenkt (Stuttgart VRS **69**, 295), wenn er sich auf Verjährung (Bay StV **82**, 258) oder andere Verfahrenshindernisse beruft. Kein pauschales Bestreiten ist aber der Widerruf einer umfangreichen früheren Einlassung (BGH NStZ **98**, 109). Ein belastendes Indiz darf auch nicht aus dem Zeitpunkt des Antritts eines Entlastungsbeweises (BGH NStZ **02**, 161) oder aus der Bitte im letzten Wort, von der Verhängung eines Fahrverbots abzusehen (Brandenburg DAR **08**, 392) hergeleitet werden, ebenso wenig daraus, dass der Angeklagte eine Mitwirkung an der Sachaufklärung verweigert oder sich dabei des Beistands eines RA bedient (BGH **45**, 367) oder seinen Verteidiger nicht von der Schweigepflicht entbindet (BGH NStZ **11**, 357). Auch die Verweigerung der Entbindung eines Zeugen von der Schweigepflicht darf nicht zu seinen Lasten verwertet werden (BGH **45**, 363), es sei denn, der Angeklagte hat sich zur Sache eingelassen und dabei den Vorgang um eine von ihm erwähnte Erklärung selbst zu seiner Entlastung angeführt (vgl bereits BGH **20**, 298; Schneider NStZ **17**, 126, 134: widersprüchliches Verhalten als Beweisvereitelung). Der gegenüber einem Angeklagten begangene Verstoß wirkt idR auch gegenüber dem Mitangeklagten (BGH StV **87**, 377; erg Einl 57b).

16a   Lässt der schweigende Angeklagte zu, dass sein **Verteidiger tatsächliche Erklärungen abgibt,** so sind diese unverwertbar, wenn der Angeklagte nicht ausdrücklich erklärt, dass er sie bestätigen wolle (BGH **39**, 305; NStZ **02**, 555; **06**, 408; Saarbrücken NStZ **06**, 182; Beulke Strauda-FS 95, der allerdings – zu weitgehend [zust BVerfG 2 BvR 1494/08 vom 7.10.2008] — noch eine „qualifizierte Belehrung" des Angeklagten verlangt; Olk JZ 06, 208; am Schäfer Dahs-FS 455); ggf ist der Verteidiger als Zeuge zu hören (BGH aaO). Erklärungen des Verteidigers können also nicht ohne weiteres als Einlassung des schweigenden Angeklagten angesehen werden (KG StV 07, 620; Düsseldorf NJW 02, 2728; Hamm NStZ-RR 02, 14; LR-Sander 79; Geppert Rudolphi-FS 658; offen gelassen von Bay NStZ 03, 388; am BGH StV 98, 59 mit abl Anm Park; NStZ-RR 01, 131 [K]). Das gilt aber nicht, wenn der Verteidiger *für den Angeklagten* — dh von diesem bevollmächtigt (BGH NStZ 05, 703) — Erklärungen zur Sache abgibt, etwa den Anklagevorwurf „in vollem Umfang einräumt" und nur auf weitere Fragen keine Auskunft geben will (BGH NStZ 94, 352), eine schriftlich vorformulierte Erklärung verliest und der Angeklagte bestätigt, dass dies seine Einlassung sei (BGH 5 StR 379/18 vom 28.11.2018), oder wenn er eine schriftliche Äußerung des Angeklagten in dessen Anwesenheit verliest und dieser nicht widerspricht (BGH NStZ 94, 449; zur Problematik der „Einlassungssurrogate" vgl Dahs NStZ 04, 451; zur Verwertung schriftlicher Äußerungen des Angeklagten vgl auch Miebach NStZ-RR 18, 265, 270 sowie Park StV 01, 593, gegen diesen Geppert aaO 647). Speziell zu Erklärungen des Verteidigers nach § 243 V S 3 dort 31c.

Die **Wahrnehmung von prozessualen Rechten** (zB § 257 I, § 258 III) darf 16b unabhängig vom Einlassungsverhalten nicht zum Nachteil des Angeklagten berücksichtigt werden (BGH 45, 363; Schneider NStZ 17, 126, 131). Stellt der Verteidiger Beweisanträge, so darf daraus keine Einlassung des schweigenden Angeklagten konstruiert werden (BGH NStZ 00, 495; 16, 59; 17, 96), ebenso wenig aus Fragen der Verteidigung an einen Zeugen (BGH StV 14, 513) oder aus der Abgabe einer bloßen Prozesserklärung (BGH StraFo 08, 79). Der Verzicht auf den Antritt eines Entlastungsbeweises darf ebenfalls nicht zu seinem Nachteil verwertet werden (BGH 41, 153, 155; vgl aber auch Schneider NStZ 17, 126, 133 f).

b) Das **teilweise Schweigen** eines Angeklagten (eingehend dazu Schneider 17 NStZ 17, 73, 75ff) darf als Beweisanzeichen verwertet werden (BGH 20, 298; 32, 140, 145; aM Park StV 01, 591; Rogall 250ff), vorausgesetzt, dass der Beschuldigte in einigen Teilpunkten an der Aufklärung des Sachverhalts mitwirkt, dann aber einzelne Tat- oder Begleitumstände nicht erwähnt (BGH NStZ-RR 05, 147), auf einzelne Fragen oder Vorhalte keine oder lückenhafte Antworten gibt (Celle NJW 74, 202; Hamm NJW 73, 1708; 74, 1880; Oldenburg NJW 69, 808; aM Dahs GA 78, 90) oder Beweismittel zwar benennt, dem Gericht aber nicht zugänglich macht (BGH 20, 298; aM Düsseldorf StV 90, 442). Allerdings müssen nach den Umständen Äußerungen dazu zu erwarten gewesen sein, andere mögliche Ursachen des Verschweigens ausgeschlossen werden können und die gemachten Angaben nicht ersichtlich fragmentarischer Natur sein (BGH NStZ 15, 601; NJW 02, 2260; StV 11, 269; 4 StR 359/15 vom 22.9.2015; erg unten 18). Kein Teilschweigen in diesem Sinn ist die Einlassung nur zu einem von mehreren Tatvorwürfen (BGH 32, 140; NStZ 00, 494; Karlsruhe StraFo 04, 355; Köln VRS 61, 361), gleichgültig, ob wegen der verschiedenen Taten überhaupt oder im selben Verfahren Anklage erhoben worden ist (BGH 32, 140, 145). Das bedeutet, dass das Schweigen zu einer Tat nicht als bindendes Indiz zu einer anderen Tat herangezogen werden darf, zu der sich der Beschuldigte eingelassen hat; dies dürfte auch für Schweigen zu gelten haben, das sich auf Vorgänge bezieht, die strafrechtlich nicht mehr verfolgbar sind (zB Verjährung) oder für sich betrachtet keine strafrechtliche Relevanz aufweist (Schneider NStZ 17, 126, 127). Die Verwertbarkeit bei der Beweiswürdigung hängt weiter davon ab, dass es der Lebenserfahrung entspricht, dass ein Unschuldiger sich auch da verteidigt hätte, wo der Beschuldigte geschwiegen hat (Meyer JR 66, 352; aM Eser ZStW 86, Dingeldey JA 84, 413; Günther JR 78, 94; EbSchmidt JZ 70, 341, die die Begleitumstände der Teilschweigens für maßgebend halten). Lässt das Teilschweigen mehrere Deutungsmöglichkeiten zu, so müssen sie in Rechnung gestellt werden (Köln VRS 57, 429). Kritisch zur Rspr Schneider NStZ 17, 73, 75ff, der mit Recht darauf hinweise, dass es eines argumentativen Rückgriffs auf das Teilschweigen regelmäßig nicht bedarf, vielmehr dessen beweiswürdigende Verwertung angesichts der „Fallstricke" revisionsrechtlich mit einem beträchtlichen Risiko behaftet ist.

18 c) Aus dem **zeitweisen Schweigen,** vor allem dem unterschiedlichen Aussageverhalten des Beschuldigten bei mehreren Vernehmungen (BGH NStZ **86**, 208 [Pf/M]; StV **84**, 143; **88**, 239) oder in mehreren Verfahrensabschnitten dürfen keine nachteiligen Schlüsse gezogen werden (BGH StV **94**, 413; anders bei außerprozessualem Schweigen, vgl Karlsruhe NStZ **89**, 287; **aM** Park StV **01**, 590). Das gilt auch, wenn sich der Angeklagte erst im Laufe der Hauptverhandlung eingelassen hat (BGH NStZ **14**, 666; **16**, 49; **16**, 220; Schneider NStZ **17**, 73, 74); ebenso darf aber auch nicht als Beweisanzeichen verwertet werden, dass er vor der Polizei geschwiegen hat (BGH **20**, 281; **38**, 302, 305; StraFo **02**, 14; Karlsruhe StV **03**, 609; Stuttgart NStZ **81**, 272; **86**, 182). Die in einem Parallelverfahren als Zeuge unter Berufung auf § 55 erfolgte Auskunftsverweigerung darf nicht zu seinem Nachteil verwertet werden (BGH **38**, 302, 306; Schneider NStZ **17**, 126, 129). Umgekehrt spricht ebenfalls nicht gegen ihn, dass er früher ausgesagt hat, aber in der Hauptverhandlung die Aussage verweigert (BGH MDR **71**, 18 [D]; Koblenz VRS **45**, 366; Köln NStZ **91**, 52; Zweibrücken StV **86**, 290), dass er vor dem AG ausgesagt hat, aber in der Berufungsverhandlung schweigt (Celle VRS **31**, 205; Hamm NJW **74**, 1880), oder dass er sich erst nach Aussetzung der Hauptverhandlung zum Schweigen entschlossen hat (BGH MDR **68**, 202 [D]). Jedoch darf dann der Inhalt der früheren Aussage nach § 254 oder durch Vernehmung der Verhörsperson festgestellt und verwertet werden; § 252 gilt nicht entspr (BGH **1**, 337; NJW **66**, 1524; Köln DAR **87**, 157). Dass die Angeklagte sich erst spät im Laufe der Hauptverhandlung eingelassen hat, darf aber zu seinem Nachteil verwertet werden, wenn er sich im Ermittlungsverfahren zum Tatvorwurf geäußert hatte (BGH NStZ-RR **10**, 53 L; StraFo **11**, 400). Allerdings ist es zulässig, einer erst spät gegen Ende der Hauptverhandlung aufgestellten Entlastungsbehauptung einen geringeren Beweiswert beizumessen, weil der Angeklagte Gelegenheit hatte, seine Einlassung dem bisherigen Ergebnis der Beweisaufnahme anzupassen (BGH NStZ-RR **12**, 18; vgl auch 5 StR 143/18 vom 23.1.2019; Schneider aaO 75 mwN).

19 **C. Schweigen des Zeugen:**
19a a) **Schweigt ein Zeuge unberechtigterweise,** so darf diese Tatsache mit der gebotenen Vorsicht zur Überzeugungsbildung verwertet werden (BGH NJW **66**, 211; DAR **85**, 388), ohne dass der Tatrichter zuerst versuchen muss, den Zeugen nach § 70 zu einer Aussage zu veranlassen (vgl aber dort 13).

20 b) **Schweigt der Zeuge befugt** auf Grund eines Zeugnisverweigerungsrechts nach § 52, so ist dies nicht als belastendes Indiz verwertbar (BGH **22**, 113; **32**, 140, 141; StV **97**, 171), auch dann nicht, wenn er zunächst ausgesagt hat, dann aber in der Hauptverhandlung schweigt (BGH StV **91**, 450), und auch nicht, wenn er ausdrücklich erklärt, dass er den Angeklagten nicht belasten wolle (Köln VRS **57**, 425). Das Verbot besteht auch, wenn ein Angehöriger es zunächst unterlässt, Angaben zu machen (BGH **34**, 324, 327; MDR **93**, 9 [H]), nach anfänglicher Zeugnisverweigerung doch noch aussagt und nunmehr zu prüfen ist, ob seine den Angeklagten entlastenden Angaben glaubhaft sind (BGH NStZ **03**, 443; **10**, 101; StV **02**, 4), und wenn der Zeuge nur zur Tatfrage unwesentliche Angaben macht und sich im Übrigen auf sein Weigerungsrecht beruft (BGH JR **81**, 432). Auffälligkeiten im Verhalten des Zeugen sind ebenfalls unverwertbar (23 zu § 52). In die Beweiswürdigung darf aber einbezogen werden, dass der zur Aussage bereite Zeuge nicht schon im Ermittlungsverfahren auf das angebliche Alibi des Angeklagten verwies (BGH **34**, 324, 327; vgl auch NStZ **89**, 281; NStZ-RR **17**, 316). Die gleichen Grundsätze gelten bei der Zeugnisverweigerung nach §§ 53, 53a und bei der Eidesverweigerung nach § 61 (**aM** KK-Slawik 4 zu § 61). Schweigt der Zeuge berechtigt nach § 54, so kann dieses Verhalten theoretisch zwar gewürdigt werden, weil diese Bestimmung nicht den Schutz des Angeklagten bezweckt (3 zu § 54); praktisch wird dies jedoch nur beschränkt möglich sein. Soweit der Zeuge die

Auskunft nach § 55 verweigert, können daraus Schlüsse gezogen werden (BGH StV **84**, 233; Hamm HESt **3**, 44; **am** Rüping 179). Dabei liegen dem Angeklagten günstige Schlüsse nahe. In besonderen Ausnahmefällen ist aber auch der Schluss zu seinen Ungunsten denkbar, zB wenn anzunehmen ist, dass der Zeuge keinesfalls allein, sondern allenfalls mit dem Angeklagten tätig geworden ist. Aus der früheren Auskunftsverweigerung können in dem nun gegen ihn geführten Verfahren ebenso wenig Schlüsse gezogen werden, wie wenn er als Beschuldigter keine Angaben zur Sache macht (BGH **38**, 302 mwN; Stuttgart NStZ **81**, 272).

c) Das **teilweise Schweigen des Zeugen,** insbs die Nichtbeantwortung einzelner Fragen, ist in allen Fällen, in denen er die Wahl zwischen Reden und Schweigen hat, ebenso der Beweiswürdigung zugänglich wie das teilw Schweigen des Angeklagten (BGH **32**, 140, 142). Das gilt entspr, wenn ein Zeuge zur Sache aussagt, die Überprüfung der Richtigkeit seiner Angaben aber verhindert, indem er die ihm mögliche und zumutbare Mitwirkung daran verweigert, zB die Blutprobenentnahme unter Berufung auf sein Weigerungsrecht nach § 81c III S 1 (BGH aaO). Das Verbot, Schlüsse zuungunsten des Angeklagten zu ziehen, gilt aber auch, wenn der Zeuge im Ermittlungsverfahren geschwiegen und den Angeklagten erst in der Hauptverhandlung entlastet hat (BGH NJW **80**, 794; NStZ **16**, 301; StV **87**, 51; **16**, 419 L), wenn er in der Hauptverhandlung zunächst das Zeugnis verweigert und erst in deren weiteren Verlauf ausgesagt hat (BGH StV **16**, 419) oder wenn er im 1. Rechtszug ausgesagt und erst in der Berufungsverhandlung das Zeugnis verweigert hat (Bay NJW **69**, 200). 21

D. **Äußerungen des Beschuldigten außerhalb des Verfahrens** sind nach ordnungsgemäßer Einführung in die Hauptverhandlung verwertbar, auch wenn er im Strafverfahren keine Angaben zur Sache macht (Miebach NStZ **00**, 235). ZB darf sein Unfallbericht an seine Haftpflichtversicherung, der als Beweismittel beschlagnahmt worden ist, nach Verlesung (§ 249) verwertet werden, ebenso – verfassungsrechtlich unbedenklich (BVerfG NStZ **95**, 599) – nach Einführung durch Zeugenaussage eines Angehörigen der Versicherung (ausführlich dazu KG NZV **94**, 403; Ellbogen Kriminalistik **07**, 397; mit Recht aber einschr Ulsenheimer Meyer-Goßner-FS 364, wenn die wirtschaftliche Existenz eines Arztes dadurch beeinträchtigt würde). Auch Angaben, die ein Asylbewerber im Rahmen der Anhörung nach § 15 I, II Nr 1 AsylVfG über die Modalitäten seiner Einreise macht, dürfen ohne seine Zustimmung verwertet werden (BGH **36**, 328; ebenso Düsseldorf StV **92**, 503 für Angaben aus einem im Ausland gestellten Asylantrag; **aM** Ventzke StV **90**, 279), ferner Erklärungen im Rahmen der Zollkontrolle bei der Einreise (Oldenburg StV **96**, 416). Erkenntnisse aus der nach Umweltschutzgesetzen vorgeschriebenen Eigenüberwachung unterliegen idR keinem Beweisverwertungsverbot (Franzheim NJW **90**, 2049 gegen Michalke NJW **90**, 417), auch nicht die nach § 138 I, II ZPO abgegebenen Erklärungen (**aM** Dauster StraFo **00**, 154). Vgl auch Verrel NStZ **97**, 362 sowie zur Verwertung von im Sozialhilfeverfahren gemachten Angaben v. Glahn StraFo **00**, 186. Für eine Ausdehnung des Schutzes der Selbstbelastungsfreiheit auf die Mitwirkung in Wirtschaftsverwaltungsverfahren Bärlein/Pananis/Rehmsmeier NJW **02**, 1825. Erg 1a zu § 161. Zur Verwertung selbstbelastender Angaben im Verwaltungsverfahren Schlothauer Fezer-FS 267 ff. Zum Verwendungsverbot hinsichtlich der nach § 630c II, III BGB und nach § 802c I S 1 ZPO erteilten Auskünfte Stam StV **15**, 130; Weiß NJW **14**, 507. Zum Verwertungsverbot des § 630c II S 3 BGB Ruppert HRRS **15**, 448. 22

5) Gesetzliche **Beweisvermutungen** oder widerlegbare Beweisregeln (dazu Sarstedt, Berliner FS für Ernst H. Hirsch, 1968, S 176 ff), die mit den rechtsstaatlichen Grundsätzen nicht in Widerspruch zu stehen brauchen (BVerfGE **9**, 167), bürden dem Angeklagten keine Beweislast auf (vgl aber Walter JZ **06**, 340) und schränken auch die freie Beweiswürdigung nicht ein (BGH **6**, 292, 296; Hamm VRS **41**, 49). Sie stellen nur das Beweisthema anders und ändern die Grenzen der notwendigen Beweiserhebung sowie den Beziehungspunkt für die Beweiswürdigung. ZB gestattet und verpflichtet die Beweisvermutung des § 69 II StGB, die 23

§ 261

Frage der Eignung, Kraftfahrzeuge zu führen, abweichend von der gesetzlichen Regel zu beurteilen, wenn besondere Umstände dies rechtfertigen. Einen Beweis des ersten Anscheins gibt es im Strafprozess nicht (BGH StraFo **03**, 381; NStZ-RR **03**, 371 L; **06**, 4 [B]; a**M** Volk DAV-FS 886 Fn 2).

23a 6) Bei **Schätzklauseln** (15 zu 244) darf sich der Tatrichter auf Indizien stützen, die es ihm nach allgemeiner Lebenserfahrung ermöglichen, eine hinreichend sichere Schätzgrundlage festzustellen (Alsberg/Tsambikakis 1588; Sander FS-Eisenberg II 497, 501). Hinsichtlich der Tatsachen, welche die Basis der Schätzung bilden, gilt der Grundsatz in dubio pro reo, nicht jedoch für den Schätzwert als solchen (Sander aaO).

24 7) **Eigenes Wissen** über die zu beweisenden Tatsachen darf der Richter nicht verwenden (BGH MDR **52**, 532 [D]; 6 zu § 86) und auch nicht in der Hauptverhandlung als Richter bekunden; das gilt auch für durch eine „private Beweisaufnahme" ermittelte Tatsachen (BGH NStZ **13**, 357). Er darf dies aber zum Vorhalt benutzen (7 zu § 69; 3 zu § 244). Auch Erkenntnisse aus anderen Hauptverhandlungen dürfen nicht verwertet werden (Düsseldorf VRS **77**, 137 mwN), es sei denn, es handele sich um allgemein- oder gerichtskundige Tatsachen (51 ff zu § 244). Jedoch müssen auch sie zum Gegenstand der Verhandlung gemacht werden (BGH NStZ **95**, 246; Frankfurt StV **99**, 138; erg 3 zu § 244). Eigene Sachkunde in Fragen, die sich für den Beweis durch Sachverständige eignen, darf der Richter verwenden (72 ff zu § 244).

25 8) Der **Indizien- oder Anzeichenbeweis** (vgl allg Nack MDR **86**, 366; Neuhaus StraFo **01**, 115) ist ein Beweis, bei dem von einer mittelbar bedeutsamen Tatsache auf eine unmittelbar entscheidungserhebliche Tatsache geschlossen wird. Hilfstatsachen, die einen Schluss auf den Wert des Beweismittels zulassen, zB frühere Verurteilungen des Zeugen wegen falscher Aussage, bilden eine Untergruppe der Indizien. Das Indiz kann durch persönliche oder sachliche Beweismittel festgestellt werden. Es darf nur verwertet werden, wenn es in ordnungsgemäßer Weise in die Hauptverhandlung eingeführt worden ist (BGH NStZ **88**, 212 [M]). Der sog Alibibeweis ist eine Verteidigungsmöglichkeit, keine Pflicht; sein Scheitern ist für sich allein kein Indiz für Täterschaft (BGH StV **82**, 158; 159; NStZ-RR **96**, 363; **98**, 303; NStZ **04**, 392). Dasselbe gilt, wenn der Angeklagte einen Alibibeweis gar nicht erst zu erbringen versucht, sondern sich auf die Erklärung beschränkt, er wisse nicht, wo er zur Tatzeit gewesen sei (BGH **41**, 153, 155). Ebenso kommt der Widerlegung einer bewusst wahrheitswidrigen Einlassung nur ein begrenzter Beweiswert für die Täterschaft zu, weil auch ein Unschuldiger zur Lüge nehmen kann (BGH aaO; NStZ **00**, 549; StV **01**, 439 L; **16**, 417; StraFo **16**, 26); dasselbe gilt für einen Fluchtversuch des Angeklagten (BGH NStZ **08**, 303), allerdings nur, falls der Flüchtende bereits mit dem Tatvorwurf konfrontiert war (BGH NStZ-RR **10**, 20). Eine nachweisbar erlogene Alibibehauptung kann aber ein belastendes Indiz sein, wenn sich der Angeklagte möglicherweise mit Täterwissen vorweg verteidigt hat (BGH NStZ **99**, 423; NStZ-RR **11**, 184) oder besondere Umstände hinzutreten (BGH NStZ **04**, 392). Das Anzeichen muss selbst unzweifelhaft feststehen, bevor Schlüsse daraus gezogen werden können (LR-Sander 61); so darf etwa der bloße Verdacht der Begehung weiterer Taten nicht als Indiz für den Nachweis der konkret abzuurteilenden Tat herangezogen werden (BGH NStZ-RR **17**, 88). Verjährte Taten dürfen berücksichtigt werden (Düsseldorf NStZ-RR **18**, 56). Bei einem **Indizienring** weist jedes einzelne Anzeichen für sich auf die entscheidungserhebliche Tatsache hin; dann muss eine Gesamtwürdigung vorgenommen werden (BGH NStZ-RR **17**, 383; NStZ **98**, 265; StV **97**, 238); dabei können aber auch Indizien, die einzeln nebeneinander stehen, in ihrer Gesamtheit die Überzeugung des Tatrichters von der Täterschaft des Angeklagten begründen (BGH 4 StR 306/07 vom 20.12.2007). Bei der **Indizienkette** wird dagegen von einem Indiz auf ein 2., 3. ... und am Ende auf die beweiserhebliche Tatsache geschlossen (vgl auch Trück NStZ **10**, 587); ihr Wert hängt vom schwächsten Glied

Hauptverhandlung § 261

ab, auch hier müssen die einzelnen Indiztatsachen feststehen, wenn sie als belastender Umstand gewertet werden sollen. Indizien können zB aus dem Verhalten eines Verfahrensbeteiligten oder einer Auskunftsperson gewonnen werden. Es bedarf idR aber keiner ausdrücklichen Würdigung des Umstands, dass ein Verletzter durch seinen RA gem § 406e I Zugang zum Inhalt der Ermittlungsakten hatte (BGH NStZ **16**, 367 mit abl Anm Gubitz; abl auch Eisenberg JR **16**, 391; erg 11, 12 zu § 406e). Sind zwischen einem Indiz und der entscheidungserheblichen Tatsache mehrere Schlussfolgerungen notwendig, so muss die Beweiskette lückenlos sein. Zu Serienstraftaten siehe 6, 6a, 6b zu § 267.

9) Der **Grundsatz in dubio pro reo,** dessen Rechtsnatur unterschiedlich beurteilt wird, ist keine Beweisregel, sondern eine Entscheidungsregel (BVerfG 2 BvR 553/08 vom 26.8.2008; BGH NStZ-RR **09**, 90; Jena VRS **107**, 200), ein Rechtssatz (Stree JZ **74**, 300), der dem sachlichen Strafrecht angehört. Er besagt nichts darüber, wie der Tatrichter die Beweise zu würdigen hat, sondern greift erst nach abgeschlossener Beweiswürdigung ein (BGH NStZ **02**, 656; **10**, 102, 103; NStZ-RR **15**, 83); er ist also auf einzelne Elemente der Beweiswürdigung grundsätzlich nicht anzuwenden (BGH NJW **05**, 2322, 2324; NStZ **06**, 650; **12**, 171; NStZ-RR **13**, 20; Liebhart NStZ **16**, 135); so ist es insbesondere rechtsfehlerhaft, „Sachverhaltslücken" unabhängig vom restlichen Sachverhalt zugunsten des Angeklagten zu schließen (BGH 1 StR 597/15 vom 1.6.2016). Für den Fall, dass das Gericht nicht die volle Überzeugung von der Täterschaft des Angeklagten oder von dem Bestehen unmittelbar entscheidungserheblicher Tatsachen (unten 29) gewinnt, schreibt der Zweifelssatz vor, dass die dem Angeklagten jeweils günstigste Rechtsfolge eintreten muss (BVerfG MDR **75**, 468; BayVerfGH NJW **83**, 1600, 1602; BGH NStZ **00**, 498; StV **01**, 666; StraFo **15**, 159). Dabei kommt es nur auf Zweifel an, die der Richter, ausweislich der Urteilsgründe, tatsächlich gehabt hat, nicht auf Zweifel, die er nach Meinung des Angeklagten hätte haben müssen (BVerfG NJW **88**, 477; **02**, 3015 L; NStZ-RR **07**, 381). Der Zweifelssatz bedeutet, dass bei der rechtlichen Würdigung von der gleichen Bedeutung wie bei einem zur Überzeugung des Gerichts festgestellten Sachverhalt auszugehen ist (BGH StraFo **14**, 296).

Er bedeutet hingegen **nicht,** dass das Gericht von der dem Angeklagten günstigsten Fallgestaltung auch dann ausgehen muss, wenn hierfür keine zureichenden Anhaltspunkte bestehen (BGH **25**, 365, 367; NStZ **11**, 302; NStZ-RR **15**, 148; 255; **16**, 380; 1 StR 49/16 vom 16.6.2016 und 1 StR 104/15 vom 6.9.2016; Koblenz VRS **67**, 267, 268; Stuttgart NJW **13**, 2296, 2298). Einlassungen des Angeklagten sind nicht schon deshalb als unwiderlegbar hinzunehmen, weil es für das Gegenteil keine unmittelbaren Beweise gibt (BGH NStZ-RR **18**, 20); dies gilt auch bei nicht widerlegbaren, aber durch nichts gestützten Angaben des Angeklagten (BGH NStZ-RR **17**, 221: Billigung eines Mittäterexzesses bei sukzessiver Mittäterschaft). Vielmehr muss sich der Richter seine Überzeugung von der Richtigkeit oder Unrichtigkeit aufgrund des gesamten Ergebnisses der Beweisaufnahme bilden (BGH NStZ-RR **05**, 45). Eine bloße gedankliche Möglichkeit, dass der Geschehensablauf auch anders gewesen sein könnte, darf die Verurteilung nicht hindern (BGH NStZ-RR **05**, 147; **15**, 83; 1 StR 205/09 vom 28.10.2009; 2 StR 113/13 vom 20.6.2013). „Zwingend" müssen die gezogenen Schlüsse nicht sein (BGH NStZ **10**, 102, 103; 4 StR 577/14 vom 21.5.2015); der Begriff der richterlichen Überzeugung schließt die Möglichkeit eines anderen, auch gegenteiligen Sachverhalts nicht aus (BGH 1 StR 654/07 vom 1.7.2008; 4 StR 502/10 vom 27.1.2011). Unterstellungen zu Gunsten des Angeklagten erfordern aber reale Anknüpfungspunkte (BGH NStZ **09**, 630; NStZ-RR **13**, 117; 2 StR14/15 vom 29.4.2015); der Zweifelssatz gilt nicht für entlastende Indiztatsachen (BGH NStZ-RR **09**, 90). Dem Angeklagten darf jedoch kein Nachteil daraus erwachsen, dass er die Tat bestreitet oder zum Tatvorwurf schweigt (oben 16) und er damit nicht in der Lage ist, Umstände vorzutragen, die sich zu seinen Gunsten auswirken können (BGH StV **90**, 9; **15**, 146; StraFo **04**, 19).

27 **Prognoseentscheidungen** beruhen auf Wahrscheinlichkeitsfeststellung. Daher gilt für sie selbst der Satz *in dubio pro reo* nicht (Koblenz NJW 78, 2043, 2044; OLGSt § 352 Nr 2; VRS 53, 29). Dagegen sind zweifelhafte Tatsachen, die für eine günstige Prognoseentscheidung sprechen können, als Entscheidungsgrundlage zu verwenden (BGH MDR 73, 900 [D]), krit dazu Walter JZ 06, 343.

28 Die gleichen Grundsätze gelten für die dem Urteil vorgelagerten Entscheidungen, bei denen eine **Wahrscheinlichkeit** genügt (Schöneborn MDR 75, 443). Jedoch kann der hinreichende Tatverdacht (1 zu § 170), bei dem auf das Ergebnis der späteren Hauptverhandlung abgestellt wird, mit der Begründung verneint werden, dass der Tatrichter höchstwahrscheinlich nach dem Grundsatz *in dubio pro reo* nicht zu einer Verurteilung kommen werde (Karlsruhe MDR 74, 596). Der Grundsatz gilt auch nicht bei den Sozialprognosen, die für vorläufige Eingriffe (zB §§ 111a I, 132a I), für Strafaussetzung zur Bewährung und bei der Anordnung von Maßregeln der Besserung und Sicherung getroffen werden müssen.

29 A. Bei **unmittelbar entscheidungserheblichen Tatsachen**, sei es, dass sie zum Tatbestand gehören oder zum Bereich des Allgemeinen Teils des StGB, kommt dem Angeklagten die Rechtswohltat des nicht behebbaren Zweifels zugute, und zwar auch, soweit es sich um die Straffestsetzung (Strafausschließungs-, Strafaufhebungs- und gesetzliche Strafmilderungsgründe) oder um die Voraussetzungen für eine Maßregel der Besserung und Sicherung handelt (Bruns JZ 58, 647). Jedoch gilt der Zweifelssatz nicht für entlastende Indizien, aus denen lediglich ein Schluss auf eine unmittelbar entscheidungsrelevante Tatsache gezogen werden kann (BGH NStZ-RR 17, 183; NStZ 01, 609; missverständlich, weil zu eng auf den Alibibeweis abgestellt: BGH 25, 285; JR 78, 348). Das bedeutet nicht, dass das Urteil auf unbewiesene Indiztatsachen gestützt werden darf (BGH NStZ 81, 33; StV 17, 7 mwN). Denn der Satz, dass nur Bewiesenes zuungunsten des Angeklagten berücksichtigt werden darf, ergibt sich ohne weiteres aus den Denkgesetzen. Nur festgestellte Tatsachen, nicht bloße Möglichkeiten, Wahrscheinlichkeiten oder Vermutungen können die richterliche Überzeugung begründen. Dementsprechend erfordert zB eine Verurteilung wegen Vollrauschs die zweifelsfreie Feststellung, dass sich der Angeklagte schuldhaft berauscht hat, während eine Verurteilung nicht in Betracht kommt, wenn die Berauschung zweifelhaft ist (BGH 1 StR 808/91 vom 4.2.1992). Zugunsten des Angeklagten dürfen die Ergebnisse von Messungen, die mittels Atemalkoholtestgeräten gewonnen wurden, verwertet werden (BGH NStZ 95, 96). Das Gericht darf die Verurteilung auf die Einlassung des Angeklagten stützen, wenn es von ihrer Richtigkeit überzeugt ist (BGH NStZ 86, 325; StV 88, 328); es darf aber nicht zugunsten eines Angeklagten getroffene Feststellungen zum Nachteil eines anderen Angeklagten oder gegen ihn selbst in einem späteren Verfahren verwenden (BGH NStZ-RR 01, 18 L; vgl zum Ganzen Liebhart NStZ 16, 136).

30 a) **Beispiele** (vgl auch Miebach NStZ-RR 15, 298, 302): Der Grundsatz gilt für die Frage des Tatbestandsirrtums nach § 16 StGB (RG 64, 26), für die tatsächliche Grundlage des Verbotsirrtums (§ 17 StGB; Bay NJW 54, 811), des freiwilligen Rücktritts vom Versuch (BGH StV 95, 509), der Notwehr (BGH StV 05, 85) und des entschuldigenden Notstands nach § 35 StGB (BGH 5 StR 599/55 vom 14.2.1956), der Schuldfähigkeit (§§ 20, 21 StGB), soweit tatsächliche Zweifel bestehen (BGH 4 StR 497/14 vom 19.11.2014), die sich auf Art und Grad des psychischen Ausnahmezustands, nicht hingegen auf die rechtliche Wertung der zur Schuldfähigkeit getroffenen Feststellungen, beziehen (BGH NStZ 96, 328 mwN; NStZ-RR 06, 335); er gilt ferner für die besonderen Umstände des § 56 II StGB (BGH MDR 73, 900 [D]) sowie bei der Anwendung des § 55 StGB, wenn Zweifel über die Tatzeit bestehen (BGH 2 StR 492/56 vom 7.11.1956), bei Anwendung des § 157 StGB (BGH MDR 52, 407 [D]), auch hinsichtlich gewerbsmäßiger Hehlerei in Postpendenzfeststellung, wenn der Diebstahl verjährt ist (BGH NJW 03, 2759). Erg unten 36.

b) **Tateinheit; Tatmehrheit:** Bei Zweifeln, ob Tateinheit oder Tatmehrheit 31 vorliegt, ist Tateinheit anzunehmen (BGH NStZ **83**, 364; StV **88**, 202; **92**, 54). Haben sich in der Hauptverhandlung keine Anhaltspunkte dafür ergeben, dass mehrere Fälle des Handeltreibens mit Betäubungsmitteln dieselbe Rauschgiftmenge betreffen, so gebietet es der Zweifelsgrundsatz nicht, eine einheitliche Tat anzunehmen (BGH StV **95**, 417); ähnliches galt nach der Rspr des BGH (**23**, 33, 35; **35**, 318, 324) schon für die fortgesetzte Handlung (vgl 14 zu § 260).

c) **Zu nicht übereinstimmenden Feststellungen** kann *in dubio pro reo* in ei- 32 nem Urteil führen hinsichtlich verschiedener Angeklagter, zB wenn nicht festgestellt werden kann, ob der Getötete das vorsätzlich gegebene Gift des A oder des B genommen hat und daran gestorben ist, so dass beide nur wegen Versuchs strafbar sind, oder dass beide Angeklagten nur wegen Beihilfe zu verurteilen sind, obwohl einer von ihnen der Täter gewesen sein muss (BGH GA **92**, 470). Ist ein Angeklagter wegen des Zweifelssatzes freigesprochen worden, können gleichwohl hinsichtlich eines Mitangeklagten für diesen günstige Feststellungen geboten sein, die auf der Annahme der Tatbeteiligung des freigesprochenen Angeklagten beruhen (BGH StV **96**, 81; **05**, 596; **15**, 153). Auch hinsichtlich ein und desselben Angeklagten ist je nach Feststellungszweck eine unterschiedliche Bewertung möglich; zB wird bei einem Verkehrsunfall für die Feststellung der Schuldfähigkeit des Beschuldigten ein möglichst hoher, bei der Prüfung der Fahrtüchtigkeit ein möglichst geringer Blutalkohol-Abbauwert angenommen (BGH VRS **21**, 54).

B. Bei **verfahrensrechtlich erheblichen Tatsachen**, die im Freibeweisverfah- 33 ren festgestellt werden (7, 9 zu § 244), gilt der Grundsatz nur zum Teil (Düsseldorf JZ **85**, 300).

a) Ob **Verfahrenshindernisse** (Einl 141 ff), erwiesen sein müssen oder der 34 Grundsatz *in dubio pro reo* gilt, lässt sich nach Ansicht der Rspr nicht für alle Verfahrensvoraussetzungen einheitlich bestimmen (BGH **18**, 274, 277). Richtigerweise ist der Grundsatz hier nicht anwendbar, da das weitere Prozedieren ohne Rücksicht auf *in dubio pro reo* nur zulässig ist, wenn die Prozessvoraussetzungen sicher (und nicht nur möglicherweise) vorliegen (vgl 7 zu § 206a). Da der Angeklagte normalerweise verhandlungsfähig ist, gilt für das Verfahrenshindernis der Verhandlungsunfähigkeit jedenfalls *in dubio pro reo* nicht schlechthin (BGH MDR **73**, 902 [D]; NStZ **88**, 213 [M] mwN; **aM** Meurer JR **90**, 391; 1 zu § 205). Hat der Richter jedoch Zweifel an der Verhandlungsfähigkeit, darf die Hauptverhandlung nicht gegen den Angeklagten geführt werden (BGH NStZ **84**, 520). Erforderlich ist insofern eine hinreichend sichere Prognose, zB bei Verhandlungsunfähigkeit wegen übermäßiger Leibes- oder Lebensgefahr (vgl Einl 97, 97a). Das Antragserfordernis in § 247 StGB gilt auch dann, wenn ein Verlöbnis nicht erwiesen, aber möglich ist (Bay MDR **61**, 873). Bei unbehebbarem Zweifel über die formellen Voraussetzungen eines Straffreiheitsgesetzes, insbesondere über die Tatzeit, sollte nach älterer Rspr zuungunsten des Beschuldigten entschieden werden (BGH GA **56**, 350; bei Herlan MDR **55**, 527), zugunsten hingegen, wenn die Amnestie von Schuldumständen (zB von Vorstrafen, Gewinnsucht) abhänge (BGH JR **54**, 351); diese Rspr ist als überholt anzusehen (Meyer-Goßner Jung-FS Zopfs 347), es gilt dasselbe wie bei anderen Bestrafungsverboten (Einl 143; 7 zu § 206a).

b) **Bei sonstigen prozesserheblichen Tatsachen** gilt *in dubio pro reo* nicht (12 35 zu § 337; **aM** Schwabenbauer NStZ **14**, 495). Vielmehr ist aus der in Betracht kommenden Verfahrensvorschrift zu entnehmen, welche prozessualen Tatsachen festzustellen sind. Bei Zweifeln an der Verhandlungsfähigkeit des Angeklagten bei der Erklärung des Rechtsmittelverzichts ist der Verzicht als wirksam zu behandeln (BGH MDR **73**; 902 [D]; NStZ **84**, 329; **85**, 207 [Pf/M]; erg 10 zu § 302). Entsprechendes gilt, wenn zweifelhaft bleibt, ob die Rechtsmittelrücknahme durch unrichtige Auskünfte veranlasst wurde (Düsseldorf MDR **84**, 604). Wegen Zweifels an der Einhaltung der Wiedereinsetzungsfrist vgl 3 zu § 45. Ist zweifelhaft, ob ein anderer Rechtsbehelf fristgemäß eingelegt ist, so ist zugunsten des Angeklagten zu entscheiden; nur die zu seinen Ungunsten eingelegten Rechtsbehelfe sind als unzulässig zu verwerfen (BGH StV **95**, 454; Düsseldorf JZ **85**, 300; Hamburg NJW **75**, 1750; SK-Frisch 187 vor § 296; R. Hamm 112; **am** BGH NJW **60**, 2022; Düsseldorf MDR **85**, 784; Karlsruhe NJW **81**, 138; Stuttgart MDR **81**, 424; Entscheidung stets zugunsten des Rechtsmittels; KG JR **54**, 470 mit abl Anm Sarstedt; Celle NJW **67**, 640: Entscheidung stets zugunsten der Rechtskraft; vgl auch KG VRS **83**, 448 und Celle NdsRpfl **83**, 123; **85**, 173: Entscheidung zugunsten des Beschwerdeführers bei Verschulden der Justizbehörden oder der Post an der Ungewissheit); die zu seinen Gunsten eingelegten gelten als rechtzeitig. Bleibt dagegen zweifelhaft, ob der Schriftsatz überhaupt bei Gericht eingegangen ist, so muss der Rechtsbehelf als unzulässig behandelt werden (BGH NStZ **99**, 372; BGHR § 345 Frist 1; Düsseldorf JZ **85**, 300; MDR **91**, 986; NZV **01**, 47; Hamm NStZ **82**, 43; Stuttgart MDR **84**, 512). Das Gleiche gilt bei anderen Anträgen, die als unzulässig verworfen werden können (zB § 368). Hat der Verteidiger ein Rechtsmittel zurückgenommen, nachdem er von dem Angeklagten nach § 302 II dazu ermächtigt worden ist, so ist die Zurücknahme wirksam, wenn die Behauptung, die Rücknahmeermächtigung sei vorher widerrufen worden, nicht voll nachgewiesen werden kann (BGH **10**, 245). *In dubio pro reo* gilt insbesondere nicht, wenn es sich darum handelt, ob eine prozessuale Ausnahmeregelung eingreift, zB ein Zeugnisverweigerungsrecht (BGH 1 StR 77/62 vom 27.3.1962) oder ein Beweisverbot (Einl 51 ff; BGH JR **62**, 109; zur Problematik Dencker 135 ff).

36 C. **Nach dem leichteren Gesetz** ist bei Zweifeln im Tatsächlichen zu verurteilen, wenn die mehreren möglichen Verhaltensweisen zueinander in einem Stufenverhältnis (Mehr oder Weniger) stehen. Versagt die Unterscheidung zwischen leichterem und schwererem Gesetz, so kommt Verurteilung mit Gesetzesalternativität in Betracht (27 zu § 260). Beispiel für „im Zweifel für das leichtere Gesetz": Meineid – fahrlässiger Falscheid; Notzucht – Verführung (BGH **22**, 154, 156). Der Tatbestand des leichteren Gesetzes muss aber in vollem Umfang festgestellt sein (BGH aaO). Diese Grundsätze gelten auch für die Entscheidung, ob Vollendung oder Versuch (BGH aaO), Vorsatz oder Fahrlässigkeit (BGH **23**, 203), Tun oder Unterlassen oder ob Täterschaft oder Mitwirkung als Gehilfe anzunehmen (BGH **31**, 136) oder ob beim Heranwachsenden Erwachsenen- oder Jugendstrafrecht anzuwenden ist (BGH **12**, 116).

37 D. Bei **Gesetzesauslegung** und sonst in Rechtsfragen gilt *in dubio pro reo* grundsätzlich nicht (BGH **14**, 68, 73; MDR **72**, 572 [D]; Sch/Sch-Eser/Hecker 51 zu § 1 StGB; Einl 199). Jedoch bei der Auslegung eines Grundrechts ist im Zweifel für den Rechtsanspruch des Bürgers zu entscheiden (BVerfGE **15**, 275, 281; **30**, 162).

38 **10) Revision:**

39 A. Mit der **Sachrüge** kann geltend gemacht werden, der Tatrichter habe seine Befugnis willkürlich ausgeübt. Das ist zB der Fall, wenn sich die Schlussfolgerungen so sehr von einer festen Tatsachengrundlage entfernen, dass sie letztlich bloße Vermutungen sind (BGH NStZ **81**, 33; **86**, 373). Ferner kann gerügt werden, der Tatrichter habe keine Beweisgründe angegeben oder keine Beweiswürdigung vorgenommen (BGH 4 StR 260/10 vom 24.6.2010) oder die Beweise nicht erschöpfend gewürdigt (oben 6; BGH **29**, 18, 20) oder gegen die Gesetze der Logik oder der Lebenserfahrung (oben 2; ausführlich dazu 26 ff zu § 337) oder allgemeine Auslegungsregeln (vgl BGH NStZ-RR **17**, 318) verstoßen (KG NZV **94**, 403). Mit der Sachrüge kann auch beanstandet werden, dass aus den unterschiedlichen Aussageverhalten des Beschuldigten (oben 18; vgl BGH NStZ **86**, 325) oder aus einer befugten Zeugnisverweigerung Schlüsse gezogen worden sind (BGH JR **81**, 432; Miebach NStZ **00**, 241; Wagner ZStW **106**, 286; **am** BGH NStZ **38**, 302; Schäfer Rieß-FS 485: Verfahrensrüge).

40 Allerdings ist dem Revisionsgericht eine Prüfung von **Beweisverwertungsverboten** (Einl 52 ff) auf die **allein** erhobene Sachrüge verwehrt, selbst wenn das

Hauptverhandlung § 261

Urteil Ausführungen zu den Verfahrensvorgängen enthält, da die Beweisverbote in systematischer Hinsicht dem Verfahrensrecht angehören (BGH NStZ **19**, 107 mit Anm Ventzke NStZ **19**, 171; zust Mosbacher JuS **19**, 129, 131; **aM** noch derselbe Senat NStZ **18**, 296 unter Hinweis auf BGH **51**, 285, 287; vgl auch BGH **34**, 324, 325; Saarbrücken NStZ **18**, 480; erg 20 sowie 21a zu § 344, falls zugleich eine Verfahrensrüge zulässig erhoben wurde).

Im Fall eines **Freispruchs** ist auf Sachrüge zu berücksichtigen, dass der Tatrichter überspannte Anforderungen an die für eine Verurteilung erforderliche Gewissheit gestellt hat (oben 2; BGH MDR **78**, 806 [H]; 2 StR 14/15 vom 29.4.2015; erg 27 zu § 337). Die Beweiswürdigung kann auch beanstandet werden, wenn sich das Gericht für eine Feststellung entschieden hat, ohne sich mit anderen nahe liegenden Möglichkeiten des Geschehensablaufes auseinanderzusetzen (BGH **25**, 365, 367), oder wenn diese Prüfung nicht zu erkennen ist (29 zu § 337). Zu den Anforderungen an die Urteilsgründe in diesen Fällen 31 ff zu § 267. Der Grundsatz **in dubio pro reo** (oben 26) kann als verletzt nur gerügt werden, wenn die Urteilsgründe selbst ergeben, dass das Gericht seine Zweifel nicht überwunden hat (BVerfG MDR **75**, 468; oben 26).   41

B. Die **verfahrensrechtliche Rüge der Verletzung des § 261** („Inbegriffsrüge") verspricht keinen Erfolg, wenn es zu ihrem Nachweis in der Revisionsinstanz einer Rekonstruktion der Hauptverhandlung bedürfte. Das sog revisionsrechtliche Rekonstruktionsverbot (14 zu § 337) betrifft vor allem behauptete Widersprüche zwischen dem Inhalt der Beweisaufnahme und den Urteilsgründen (vgl Mosbacher JuS **19**, 766, 769). Mit der Behauptung, ein Zeuge habe anders ausgesagt oder die Aussage sei anders zu verstehen oder eine Vertragsurkunde sei nicht richtig ausgelegt worden, oder ein in die Verhandlung ordnungsgemäß eingeführtes Schriftstück sei unrichtig übersetzt worden (siehe BGH NStZ-RR **19**, 57), kann die Revision deshalb grundsätzlich keinen Erfolg haben (Brandenburg NStZ-RR **09**, 209); das gilt auch dann, wenn ein Prozessbeteiligter Aufzeichnungen über den Inhalt der Aussage vorlegt, selbst wenn diese als Anlage zum Protokoll genommen worden sind (BGH **43**, 212; NStZ **90**, 35; LR-Sander 173). Dies hat seine Ursache darin, dass im deutschen Strafprozess keine Grundlage existiert, welche die Ergebnisse der Beweisaufnahme objektiv dokumentiert (siehe zu Reformbemühungen Schmitt NStZ **19**, 1; Mosbacher StV **18**, 184; rechtsvergleichend von Galen StraFo **19**, 309). Auch Erkenntnisse, die erst während oder nach der Urteilsverkündung erlangt wurden, dürfen nicht verwertet werden (BGH NStZ **17**, 375).   42

Anders verhält es sich allerdings, wenn ohne Beweisaufnahme in der Revisionsinstanz der Nachweis geführt werden kann, dass die im Urteil getroffenen Feststellungen nicht durch die in der Hauptverhandlung verwendeten Beweismittel und nicht durch Vorgänge gewonnen worden sind, die zum Inbegriff der Hauptverhandlung gehören (oben 5; BGH NStZ-RR **98**, 17; **12**, 257; StV **12**, 706; Bamberg StV **15**, 760). Dies ist anzunehmen, wenn das Protokoll eine ausreichende Beurteilungsgrundlage darstellt, weil sich aus ihm beweiskräftig ergibt, dass ein bestimmter Beweis erhoben bzw nicht erhoben wurde. Bei der Rüge, der Angeklagte habe entgegen den Urteilsfeststellungen keine Angaben zur Sache gemacht, muss ggf vorgetragen werden, dass auch der Verteidiger für ihn keine Erklärung abgegeben hat (Bay NStZ **03**, 388; oben 16a). Umgekehrt kann unter Hinweis auf das Protokoll gerügt werden, der Angeklagte habe sich entgegen den Urteilsgründen zur Sache geäußert (BGH 1 StR 242/17 vom 22.6.2017; NStZ-RR **18**, 356; StV **08**, 235; erg 13 zu § 274). Insoweit muss der Inhalt der Sacheinlassung von der Revision – anders als bei Mitangeklagten – nicht vorgetragen werden (BGH NStZ **18**, 113, 114 mit abl Anm Ventzke); dies gilt unabhängig davon, in welcher Form und mit welchem Inhalt die Einlassung erfolgt ist (BGH aaO; NStZ-RR **18**, 356). Ebenso kann unter dem Gesichtspunkt des § 261 gerügt werden, eine audiovisuelle Beschuldigtenvernehmung (siehe § 136 IV) sei ausweislich des Protokolls nicht in die Hauptverhandlung eingeführt, aber im Urteil verwertet worden (Wollschläger Schlothauer-FS 517, 526).   43

Schmitt 1295

44 Ausnahmsweise kann sogar eine Abweichung des Inhalts der Beweisaufnahme von den Urteilsfeststellungen gerügt werden, wenn deren Ergebnisse verschriftlicht oder sonst – etwa durch Einführung einer audiovisuellen Vernehmung in die Hauptverhandlung – objektiv und damit beweiskräftig festgehalten sind. So verhält es sich, wenn beanstandet wird, das Urteil gebe die Aussage eines Zeugen oder Sachverständigen, die in der Hauptverhandlung verlesen wurde, oder den Wortlaut einer verlesenen Urkunde falsch oder unvollständig wieder, setze sich mit ihm in Widerspruch (BGH 3 StR 204/18 vom 10.7.2018), oder die Urkunde habe einen eindeutig anderen Inhalt (BGH StV **93**, 115; **15**, 757; StraFo **11**, 151; NStZ-RR **11**, 214; Bay StV **85**, 226; Köln StV **95**, 630; ebenso BGH StV **93**, 459 für die verlesene, bei den Akten befindliche Erklärung des Angeklagten); denn in diesen Fällen hätte das Gericht eine nicht gemachte Aussage oder eine Urkunde mit anderem Inhalt gewürdigt, so dass der Überzeugungsbildung die äußere Grundlage fehlte (14 zu § 337). Dies gilt gleichermaßen, wenn die Urteilsgründe im Widerspruch zum Inhalt einer in die Verhandlung eingeführten audiovisuellen Vernehmung stehen (siehe 13 zu § 255a für Zeugenvernehmungen; 20a zu § 136 zur Beschuldigtenvernehmung; dazu erg 14 zu § 337). Für alle genannten Ausnahmefälle gilt allerdings, dass sie ihre Grenze im Vorrang der tatrichterlichen Beweiswürdigung finden (vgl Mosbacher JuS **19**, 766, 769). Die Revision kann deshalb nicht rügen, der Tatrichter hätte eine Urkunde oder einen bestimmten Aussageinhalt anders würdigen müssen als geschehen (15 zu § 337).

45 Dem entsprechend ist auch die Auswertung von **Lichtbildern**, zB eines Radarfotos, bzw einer **Videoaufzeichnung** (BGH 4 StR 489/18 vom 19.6.2019) grundsätzlich allein Sache des Tatrichters (BGH **29**, 18; BGH **41**, 376; erg 10 zu § 267). Das Gleiche gilt für das Ergebnis eines Augenscheins. Über ihn hat allein der Tatrichter zu befinden; es unterliegt auch bei entspr Verfahrensrüge grundsätzlich nicht der Überprüfung durch das Revisionsgericht (BGH 1 StR 605/13 vom 12.3.2014). Es kann allerdings unter Umständen gerügt werden (vgl BGH **41**, 377), dass ein Lichtbild oder eine Videosequenz entgegen den Urteilsgründen unergiebig bzw beweisneutral ist; diese Ausnahme ist allerdings auf Evidenzfälle zu beschränken, in denen sich die Feststellungen ohne weiteren Interpretationsakt des Revisionsgericht als rechtsfehlerhaft erweisen (Mosbacher JuS **19**, 766, 770).

46 Dass eine in den Urteilsgründen verwertete **Urkunde**, insbesondere eine Vernehmungsniederschrift, in der Hauptverhandlung **nicht verlesen** worden sei, kann gerügt werden, wenn auszuschließen ist, dass ihr Inhalt nicht anders (zB durch Vorhalt) in die Hauptverhandlung eingeführt worden ist (BGH NJW **90**, 1189, 1190; StV **14**, 73; StraFo **16**, 347; 3 StR 148/17 vom 13.7.2017; Düsseldorf StraFo **17**, 234; StV **95**, 120; Bremen StV **15**, 109; Schleswig StV **98**, 365). Inhaltlich sowie sprachlich komplexe längere Textpassagen einer Urkunde können nach der Lebenserfahrung nicht wortwörtlich auf einen Vorhalt wiedergegeben werden (BGH NStZ **16**, 430; zu Chatverläufen siehe BGH 1 StR 190/18 vom 20.9.2018). Nach BGH NStZ **14**, 604 liegt es allerdings nahe, dass Polizeibeamte, die sich erfahrungsgemäß im Wege der vorherigen Durchsicht ihrer Ermittlungsunterlagen auf ihre Vernehmung intensiv vorbereiten, sich an Einzelheiten erinnern können und ihnen die entscheidenden Passagen wörtlich präsent sind (krit dazu Eisenberg NStZ **15**, 92). Ist das Schriftstück in der Hauptverhandlung erörtert worden, kann das Urteil idR nicht auf der fehlenden Verlesung beruhen (BGH NStZ **07**, 235).

47 Die Revision kann grundsätzlich nicht mit der Behauptung gehört werden, das Tatgericht habe sich mit einer bestimmten Aussage einer Beweisperson **nicht auseinandergesetzt**, wenn sich dies nicht aus dem Urteil selbst ergibt (BGH NStZ-RR **08**, 148).

48 Inwieweit als Verstoß gegen § 261 gerügt werden kann, das Urteil **setze sich nicht mit einer verlesenen Aussage auseinander**, wird in der Rspr nicht einheitlich beantwortet (vgl 15a zu § 337). Die neuere Rspr verfährt hier großzügiger (BGH StV **91**, 548; 549; **13**, 491, 492; ähnlich Karlsruhe StV **00**, 658 und Zweibrücken StV **94**, 545: keine Auseinandersetzung mit Aussage in der 1. Instanz) und lässt die Rüge zu, das Gericht habe seiner Entscheidung nicht das gesamte – beweisrelevante – Ergebnis der Hauptverhandlung zugrunde gelegt (BGH NStZ **06**, 650; **08**, 475; 705; **09**, 404; NStZ-RR **17**, 319; vgl aber auch 12 zu § 267); allerdings setzt dies voraus, dass der Umstand nach der zum Zeitpunkt der Urteilsfindung gegebenen Beweislage erörterungsbedürftig gewesen wäre, was sich meistens ohne – unzulässige – Rekonstruktion der Beweisaufnahme nicht feststellen läßt (BGH NStZ-RR **17**, 185). Jedenfalls ist Revisionsvortrag dazu erforderlich, ob die unmittelbare Verwertung verlesener Vernehmungsniederschriften mit Rücksicht auf das Unmittelbarkeitsgebot (§ 250) überhaupt – zB nach § 253 – zulässig oder etwa die Nichtberücksichtigung dieses Beweisstoffes rechtlich geboten war (vgl BGH 5 StR 179/18 vom 10.10.2018).

Die Rüge, ein **Schöffe** habe Einsicht in die Anklageschrift mit dem wesentlichen Ergebnis der Ermittlungen genommen (22 zu § 200), hatte als Verstoß gegen die Grundsätze der Mündlichkeit und Unmittelbarkeit (oben 7) nach früherer Ansicht des BGH Erfolg, wenn der Schöffe von dieser Darstellung vor dem Abschluss der Urteilsberatung Kenntnis genommen hatte (BGH **13**, 73, 75; MDR **73**, 19 [D]); die neuere Rspr erkennt dies nur an, wenn besondere Umstände vorliegen, die eine Beeinflussung des Schöffen befürchten lassen (BGH **43**, 360; NJW **87**, 1209; LR-Sander 31a; vgl auch BGH NStZ-RR **14**, 251; erg 2 zu § 30 GVG). 49

Zur Rüge der **Aktenwidrigkeit der Urteilsgründe** siehe 15a, 23 zu § 337. 50

Entscheidung zivilrechtlicher Vorfragen

262 ^I Hängt die Strafbarkeit einer Handlung von der Beurteilung eines bürgerlichen Rechtsverhältnisses ab, so entscheidet das Strafgericht auch über dieses nach den für das Verfahren und den Beweis in Strafsachen geltenden Vorschriften.

^II Das Gericht ist jedoch befugt, die Untersuchung auszusetzen und einem der Beteiligten zur Erhebung der Zivilklage eine Frist zu bestimmen oder das Urteil des Zivilgerichts abzuwarten.

1) Die **Entscheidung über bürgerliche Rechtsverhältnisse (I)**, von deren Beurteilung die Strafbarkeit abhängt, ist grundsätzlich (wegen der Ausnahmen vgl unten 3, 11) Sache der Strafgerichte. Das gilt über I hinaus auch für auf anderen Rechtsgebieten liegende Vorfragen (RG **39**, 62, 64; **43**, 373, 377; BayVerfGH **16**, II 64 = Rpfleger **63**, 233; Bay NJW **60**, 1534; vgl auch § 154d S 1), zB steuerrechtliche Fragen (BGH NZWiSt **19**, 28). Für das Verfahren und den Beweis gelten die Vorschriften der StPO, insbesondere der Amtsermittlungsgrundsatz und der Grundsatz der freien Beweiswürdigung nach § 261 (RG **43**, 373, 377), so dass zivilrechtliche Beweisregeln wie §§ 891, 1006 I S 1, 1362 BGB nicht anzuwenden sind (eingehend dazu Weber Trusen-FS 591 ff). 1

2) Eine **Bindung an rechtskräftige Entscheidungen anderer Gerichte** besteht im Strafverfahren grundsätzlich nicht. 2

A. **Rechtskräftige Zivilurteile** binden den Strafrichter, wenn sie Gestaltungsurteile (zB Ehescheidungs- oder Aufhebungsurteile) sind (RG **14**, 364, 374; KK-Kuckein/Ott 5; Spendel NJW **66**, 1104) oder sonst für und gegen alle wirken, wie die Urteile, die nach § 1600d BGB, §§ 640ff ZPO die Vaterschaft feststellen (BGH **26**, 111; Hamm JMBlNW **74**, 19; Stuttgart NJW **73**, 2305; Zweibrücken MDR **74**, 1034; LG Zweibrücken NStZ **93**, 300; Heimann-Trosien JR **76**, 235; Schwab NJW **60**, 2172; aM Bruns in FS Lent, 1957, S 140; vgl auch Eggert MDR **74**, 445). 3

Gestaltende Urteile, die die Rechtslage rückwirkend ändern, haben aber insoweit **keine bindende Wirkung**. Eine solche Wirkung fehlt auch allen Feststellungs- und Leistungsurteilen. Wenn der Angeklagte von einem Zivilgericht auf Zahlung von Unterhalt verurteilt oder die Klage gegen ihn rechtskräftig abgewiesen worden ist, enthebt das den Strafrichter daher in dem Verfahren wegen Verge- 4 hens gegen § 170 StGB nicht der Pflicht, über die Frage der Unterhaltspflicht selbstständig zu entscheiden, auch wenn das Urteil vor der Tat rechtskräftig geworden ist (BGH **5**, 106; Bay NJW **67**, 1287; Bremen NJW **64**, 1286; Celle NJW **55**, 563; Hamm NJW **54**, 1340; Oldenburg NJW **52**, 118; Stuttgart NJW **60**, 2204; Koffka JR **68**, 228; **aM** Braunschweig NJW **53**, 558; Dünnebier JZ **61**, 672; Kaiser NJW **72**, 1847; Schwab NJW **60**, 2169). Entspr gilt für andere Zivilurteile, die nicht für oder gegen alle wirken (LR-Stuckenberg 14 ff; **aM** Schwab aaO). Der Tatrichter muss die Eigentumsfrage daher auch dann selbstständig prüfen, wenn darüber schon ein Zivilgericht entschieden hat.

5 B. Auch an **Urteile anderer Gerichtszweige** ist das Strafgericht grundsätzlich nicht gebunden, selbst wenn sie in einem Verfahren ergangen sind, in dem der Grundsatz der Amtsaufklärungspflicht gilt. Das gilt für alle Urteile der Finanz- und Verwaltungsgerichte sowie für Urteile über arbeits- und sozialrechtliche Vorfragen, sofern sie keine rechtsgestaltende Wirkung haben.

6 C. Zur **Bindung an rechtskräftige Strafurteile** vgl Einl 170.

7 3) **Verwaltungsakte** haben im sachlichen Strafrecht häufig eine Tatbestandswirkung. ZB setzen § 85 I Nr 2 StGB und § 20 Nr 2 VereinsG voraus, dass die Verwaltungsbehörde ein Vereinsverbot nach § 3 VereinsG ausgesprochen oder eine Feststellung nach § 8 II S 2 VereinsG getroffen hat. In solchen Fällen steht die Bindung an den Verwaltungsakt außer Frage (LR-Stuckenberg 26). Anders ist es, wenn Schuld- oder Rechtsfolgenausspruch davon abhängen, dass ein Verwaltungsakt ergangen ist, ohne dass das zum gesetzlichen Tatbestand gehört.

8 Hier gilt der Grundsatz, dass der Strafrichter an **rechtsgestaltende Verwaltungsakte** gebunden ist, sofern sie nicht nach § 44 I VwVfG nichtig sind (BayVerfGHE **16**, II 64; LR-Stuckenberg 17). Das gilt zB für die Verleihung der Beamteneigenschaft und der deutschen Staatsangehörigkeit (KK-Kuckein/Ott 6), für die Tilgung von Eintragungen im BZR (BGH **20**, 205; RG **56**, 68; LR-Stuckenberg 20), für die Erteilung von Patenten (RG **14**, 262) und die Eintragung in die Warenzeichenrolle (RG **48**, 389, 391). Gestaltende Verwaltungsakte iwS sind auch solche, die ein bestimmtes Handeln gebieten oder verbieten, für den Staatsbürger also Pflichten begründen. Der Strafrichter ist an sie ebenfalls gebunden, wenn sie nicht nichtig sind (Celle NJW **67**, 743; 1623; Hamburg JZ **70**, 586; Hamm VRS **30**, 478; Karlsruhe NJW **67**, 1625; **aM** Mohrbotter JZ **71**, 213). Wird ein Verwaltungsakt, dessen Nichtbeachtung strafbar ist, von der Widerspruchsbehörde oder vom Verwaltungsgericht aufgehoben, nachdem der Angeklagte die darin enthaltene Weisung verstoßen hat, so ist das für den Strafrichter unbeachtlich; denn die spätere Aufhebung eines strafbewehrten Verwaltungsakts lässt die Strafbarkeit einer bereits vorher begangenen Zuwiderhandlung unberührt (BGH **23**, 86, 91; NJW **82**, 189; Frankfurt GA **87**, 549; Hamburg NJW **80**, 1007; Karlsruhe NJW **78**, 116; **aM** Gerhards NJW **78**, 86).

9 4) Die **Aussetzung des Verfahrens (II)** ist schon vor Erlass des Eröffnungsbeschlusses und noch im Berufungsrechtszug zulässig (vgl § 332), die Vorschrift ist aber entgegen der früher hM auch im Revisionsverfahren entspr anwendbar (Bay NJW **94**, 2104; Jörgensen, Die Aussetzung des Strafverfahrens zur Klärung außerstrafrechtlicher Rechtsverhältnisse, 1991, S 57, 350). Im Ermittlungsverfahren gilt § 154d. Eine Sonderregelung enthält § 396 AO.

10 A. **Voraussetzung** ist, dass die Strafbarkeit einer Handlung von der dem Strafrichter obliegenden Beurteilung eines außerstrafrechtlichen Rechtsverhältnisses abhängt, über das noch nicht rechtskräftig entschieden worden ist. Gleichgültig ist, ob es sich um ein Rechtsverhältnis des bürgerlichen oder des öffentlichen Rechts handelt (Kaiser NJW **61**, 1190; oben 1). II betrifft aber nicht den Fall, dass Tatsachen, die für das Strafverfahren erheblich sind, auch in einem anderen Verfahren Bedeutung haben; denn der Strafrichter darf die Feststellung solcher Tatsachen nicht dem anderen Verfahren überlassen. Auch zu dem Zweck, die Entscheidung eines anderen Strafgerichts oder die des GrS des BGH (so Stuttgart StV **04**, 142) abzuwarten, darf die Aussetzung nicht beschlossen werden (LR-Stuckenberg 44; ebenso für das Zivilrecht [§ 148 ZPO] Kähler NJW **04**, 1132).

B. Im **Ermessen des Gerichts** steht die Verfahrensaussetzung (BayVerfGHE **16**, II 64; Düsseldorf StV **95**, 459 L; SK-Velten 19). Maßgebend sind Art und Bedeutung der Strafsache, das Gebot der Verfahrensbeschleunigung, die Schwierigkeit der Vorfrage und ihre Bedeutung für das anhängige Verfahren (KK-Kuckein/Ott 8; vgl auch Kissel Pfeiffer-FS 196 ff). Eine Rechtspflicht zur Aussetzung besteht, wenn eine entscheidungserhebliche Vorfrage nur von dem anderen Gericht mit bindender Wirkung entschieden werden kann. 11

C. Eine **Frist zur Erhebung der Zivilklage** (Verwaltungsklage usw) kann nicht nur dem Beschuldigten, sondern jedem Verfahrensbeteiligten gesetzt werden, auch dem am Verfahren beteiligten Verletzten, sogar einem Zeugen (LR-Stuckenberg 51). Da die Klageerhebung keinen besonderen Zeitaufwand erfordert, kann die Frist kurz bemessen werden. Eine Verpflichtung zur Klageerhebung begründet die Fristsetzung nicht; dem Beteiligten, der die Klageerhebung unterlässt, entstehen Nachteile allenfalls bei der Beweiswürdigung (KK-Kuckein/Ott 10). Nach fruchtlosem Ablauf der Frist wird das Strafverfahren fortgesetzt. 12

D. Durch **Gerichtsbeschluss** wird die Aussetzung auf Antrag oder von Amts wegen nach Anhörung der Prozessbeteiligten (§ 33 I, II) angeordnet. Einer Begründung bedarf der Aussetzungsbeschluss nicht, auch nicht der einen Aussetzungsantrag ablehnende Beschluss (RG **57**, 44; am KK-Kuckein/Ott 9; LR-Stuckenberg 49). Eine Bindung an den formlos bekanntzumachenden Aussetzungsbeschluss besteht nicht. Das Gericht darf das Verfahren jederzeit fortsetzen, wenn es das für angebracht hält (KMR-Stuckenberg 43). Das Ruhen der Verjährung nach § 78b I StGB bewirkt der Beschluss nicht (SK-Velten 26). 13

E. Eine **Bindung an das Urteil des Zivilgerichts,** das nach der Verfahrensaussetzung ergangen ist, besteht nur unter den oben 2 ff bezeichneten allgemeinen Voraussetzungen (RG **14**, 364, 374; Bay **52**, 224; KK-Kuckein/Ott 3). Das Strafgericht ist aber berechtigt, sein Urteil auf die Entscheidung des Zivilrichters zu stützen; es braucht insbesondere die Beweise, auf denen es beruht, nicht nochmals zu erheben, wenn es die Beweisaufnahme für ausreichend hält (differenzierend Jörgensen [oben 9] S 331 ff). 14

5) Rechtsbehelfe: 15
Der Aussetzungsbeschluss kann nur dann mit der **Beschwerde** nach § 304 angefochten werden, wenn geltend gemacht wird, dass die rechtl und tatsächl Voraussetzungen der Aussetzung daher nur verfahrensverzögernd wirkt (vgl Düsseldorf MDR **92**, 989; Frankfurt NJW **54**, 1012; **66**, 992; erg 16 zu § 228). Die Anfechtung der Fristsetzung zur Klageerhebung ist mangels Beschwer ausgeschlossen, die Anfechtung des einen Aussetzungsantrag ablehnenden Beschlusses des erkennenden Gerichts nach § 305 S 1 (RG **43**, 179, 181; Hamm NJW **78**, 283; s. a. BayVerfGH NJW **00**, 3705: Verfassungsbeschwerde unzulässig). 16
Die **Revision** kann darauf gestützt werden, dass das Gericht irrig von einer Bindung an die Entscheidung über das nichtstrafrechtl Rechtsverhältnis ausgegangen ist. Dass die Aussetzung nach II abgelehnt worden ist, kann wegen des weiten Ermessens des Gerichts (o. 11) nicht mit Erfolg gerügt werden (Schleswig SchlHA **73**, 187 [E/J]; AK-Moschüring 48; weitergehend Jörgensen [oben 9] S 361 ff). 17

Abstimmung

263 ¹ Zu jeder dem Angeklagten nachteiligen Entscheidung über die Schuldfrage und die Rechtsfolgen der Tat ist eine Mehrheit von zwei Dritteln der Stimmen erforderlich.

§ 263 Zweites Buch. 6. Abschnitt

II Die Schuldfrage umfaßt auch solche vom Strafgesetz besonders vorgesehene Umstände, welche die Strafbarkeit ausschließen, vermindern oder erhöhen.

III Die Schuldfrage umfaßt nicht die Voraussetzungen der Verjährung.

1 **1) Abweichend von § 196 I GVG** bestimmt die Vorschrift, dass bei jeder dem Angeklagten nachteiligen Entscheidung über die Schuld- und Rechtsfolgenfrage eine Zweidrittelmehrheit erforderlich ist. Sonst genügt stets die einfache Mehrheit, auch für die Verfahrensvoraussetzungen (LR-Stuckenberg 16) und die objektiven Bedingungen der Strafbarkeit (KK-Kuckein/Ott 8; **aM** Mellinghoff 117, 144; Roxin/Schünemann § 48, 13), sowie für Einstellungen nach § 153a (**aM** Mellinghoff 149). Über Beratung und Abstimmung vgl im Übrigen §§ 192–197 GVG. § 263 gilt auch im Berufungsrechtszug (§ 332). Wegen der Abstimmung beim Revisionsgericht vgl 7 zu § 351.

2 **2) Die Schuldfrage** ist bei der Abstimmung innerhalb einer Straftat iS der §§ 52 ff StGB (LR-Stuckenberg 5) unteilbar; es darf nicht nach einzelnen Tatoder Rechtsfragen abgestimmt werden (BGH DRiZ **76**, 319; KK-Kuckein/Ott 2; ausführlich EbSchmidt 13 ff zu § 194 GVG; vgl auch Mellinghoff 30 ff, 115 ff). Das schließt zwar die Klärung von Teilfragen, zB über die Glaubwürdigkeit von Zeugen oder die Frage, auf welche Beweismittel oder -anzeichen die Entscheidung gestützt werden soll, bei der Beratung durch Abstimmung (mit einfacher Mehrheit) nicht aus. Jedoch binden solche rein informatorischen Einzelabstimmungen bei der einheitlichen Abstimmung über die Schuldfrage nicht (BGH aaO; RG **8**, 218, 220; **61**, 217, 220 ff). Abgestimmt werden muss darüber, ob der Angeklagte einer bestimmten Straftat schuldig ist, nicht nur allgemein über seine „Schuld" (KK-Kuckein/Ott 3).

3 Die Schuldfrage **umfasst nach II** auch die vom Strafgesetz besonders vorgesehenen Umstände, die die Strafbarkeit ausschließen, vermindern oder erhöhen (Mellinghoff 118 ff). Die Abgrenzung von der Rechtsfolgenfrage stimmt mit der nach § 318 (dort 14 ff) maßgebenden überein (Bremen NJW **53**, 1034; LR-Stuckenberg 2; **aM** Hamm MDR **54**, 631 für § 157 StGB).

4 **Umstände, die die Strafbarkeit ausschließen,** sind alle Rechtfertigungsgründe (Notwehr, rechtfertigender Notstand, Einwilligung, Wahrnehmung berechtigter Interessen usw), auch soweit sie nicht im StGB vorgesehen sind, wie §§ 228, 904 BGB, § 127 I StPO, § 758, 758a ZPO, sowie alle Schuldausschließungsgründe (zB nach §§ 20, 33, 35 StGB) und Strafaufhebungsgründe (zB nach §§ 24, 161 II, 306e, 314a StGB).

5 Zu den **Umständen, die die Strafbarkeit vermindern,** gehören die im Gesetz tatbestandsmäßig festgelegten Privilegierungen, die die mildere Beurteilung des Grundtatbestandes zulassen (vgl §§ 248a, 263 IV), sowie die in den §§ 157, 158, 213 1. Alt, 216 StGB bezeichneten Umstände (LR-Stuckenberg 8).

6 **Umstände, die die Strafbarkeit erhöhen,** sind die qualifizierend wirkenden Merkmale, zB die §§ 224–227 StGB gegenüber § 223 StGB, die tätliche Begehung der Beleidigung nach § 185 StGB, die öffentliche Begehung der Beleidigung nach §§ 186, 187 StGB (Bay NJW **61**, 569), die gewerbs- und gewohnheitsmäßige Begehung der Tat, das Handeln aus Gewinnsucht (BGH **3**, 30) und der Umstand, dass der Angeklagte als Amtsträger gehandelt hat (KK-Kuckein/Ott 6). Regelbeispiele für besonders schwere Fälle rechnen nicht dazu, wenn sie als Grund der Straferhöhung tatbestandsmäßig festgestellt werden. Die nur idR strafhöhenden Umstände und die unbenannten besonders schweren Fälle gehören zum Rechtsfolgenausspruch (LR-Stuckenberg 10).

7 Die **Voraussetzungen der Verjährung (III)** umfasst die Schuldfrage nicht (vgl zu dieser nur historisch bedingten Vorschrift SK-Velten 14).

8 **3) Zum Rechtsfolgenausspruch** gehören alle Sanktionen, die im Strafverfahren festgesetzt werden können (Strafen, Nebenstrafen, Sicherungsmaßregeln, Geldbußen nach dem OWiG, Erziehungsmaßnahmen und Zuchtmittel nach dem

JGG). Darunter fällt auch die Entscheidung, ob Jugend- oder Erwachsenenstrafrecht anzuwenden ist (BGH **5**, 207; Bay **56**, 7 = NJW **56**, 921), ob ein minder schwerer Fall vorliegt oder ein durch Regelbeispiele beschriebener besonders schwerer Fall (LR-Stuckenberg 9), ferner die Frage, ob § 47 StGB anzuwenden, UHaft anzurechnen, von Strafe abzusehen, der Angeklagte für straffrei zu erklären (§ 199 StGB) oder Strafaussetzung zur Bewährung zu versagen ist (KK-Kuckein/ Ott 7). Über die Strafe, Strafaussetzung, Maßregeln usw ist erforderlichenfalls gesondert abzustimmen (Mellinghoff 40; 127 ff).

4) Das **Offenlegen des Abstimmungsergebnisses** im Urteil oder in sonstiger 9 Weise verstößt idR gegen das Beratungsgeheimnis (§ 43 DRiG) und ist daher unzulässig (BGH DRiZ **76**, 319; vgl auch Hamm MDR **64**, 863; Niebler Tröndle-FS 585; **am** Mellinghoff 175 ff, der sogar die Darlegung von Abstimmungsverfahren und -verhältnis in den Urteilsgründen fordert). Eine Ausnahme gilt, wenn das Tatgericht Abstimmungsfehler selbst entdeckt (KK-Kuckein 9) oder wenn die Art der Abstimmung den Gegenstand von Meinungsverschiedenheiten unter den erkennenden Richtern bildet. Dann ist es angezeigt und geboten, dass Anlass und Art der Abstimmung, deren Reihenfolge und die Stimmenverhältnisse in die Urteilsgründe aufgenommen werden, damit das Revisionsgericht das Abstimmungsverfahren prüfen und ggf eine auf einer fehlerhaften Abstimmung beruhende Entscheidung aufheben kann (BGH aaO; RG **60**, 295, 296; Alsberg/Güntge 819). Dasselbe gilt, wenn ein überwiegendes Interesse an der Aufklärung eines schwerwiegenden Tatvorwurfs, insbes einer Rechtsbeugung (§ 339 StGB), besteht (Naumburg NJW **08**, 3585 mwN); für die Richter besteht insoweit nach hM aber nur ein Aussagerecht, nicht eine Aussagepflicht (Naumburg aaO; dagegen zutr Erb NStZ **09**, 189: nur Aussageverweigerung nach § 55 bzw 136).

5) Die **Revision** kann darauf gestützt werden, dass die Abstimmung fehlerhaft 10 war. Das darf aber nicht nur allgemein gerügt, sondern muss mit bestimmten Tatsachen begründet werden (RG **61**, 217; Celle MDR **58**, 182). IdR steht der Aufklärung der Rüge das Beratungsgeheimnis nach § 43 DRiG entgegen. Die beteiligten Richter können aber selbst auf Abstimmungsfehler hinweisen (oben 9) oder auf das Revisionsvorbringen entspr Angaben machen (KMR-Stuckenberg 21). Gerügt werden kann auch, dass eine Beratung und Abstimmung überhaupt nicht stattgefunden habe (BGH **19**, 156; NJW **87**, 3210; Köln StV **96**, 13: auch im Fall des § 329 I). Jedoch unterliegt die Dauer der Urteilsberatung nicht revisionsrechtlicher Kontrolle (BGH **37**, 141 mit abl Anm Rüping NStZ **91**, 193).

Gegenstand des Urteils

264 ¹ Gegenstand der Urteilsfindung ist die in der Anklage bezeichnete Tat, wie sie sich nach dem Ergebnis der Verhandlung darstellt.

II Das Gericht ist an die Beurteilung der Tat, die dem Beschluß über die Eröffnung des Hauptverfahrens zugrunde liegt, nicht gebunden.

Übersicht

	Rn
1) Normzweck	1
2) Prozessualer Tatbegriff	2–10
A. Einheitlicher Lebensvorgang	3–6
B. Beispiele	7–10
3) Verhältnis zum materiellen Recht	11–19
A. Tateinheit	12–13
B. Tatmehrheit	14, 15
C. Dauerdelikte, Organisationsdelikte	16–19
4) Angeklagte Tat nach dem Ergebnis der Verhandlung	20–22
5) Keine Bindung an Beurteilung der Tat im Eröffnungsbeschluss (II)	23–27
A. In tatsächlicher Hinsicht	24–26
B. In rechtlicher Hinsicht	27

§ 264

Zweites Buch. 6. Abschnitt

	Rn
6) „Überschießende" Feststellungen	28
7) Zusammentreffen mit Owi	29
8) Beschränkung des Verfahrens auf Tatteile	30
9) Strafklageverbrauch durch ausländische Urteile	31
10) Revision	32
11) Aufhebung früherer Urteile	33

1 **1) Normzweck:** Die Tat im prozessualen Sinn ist Gegenstand des Strafverfahrens gegen einen Beschuldigten (vgl § 155 I). Sie bestimmt und begrenzt den Prüfungsumfang des Gerichts (Kognitionspflicht und Kognitionsgrenze). Sie legt dabei zugleich fest, wann die Verfahrenshindernisse der anderweitigen Rechtshängigkeit (Einl 60b, 145) und des Strafklageverbrauchs (Einl 163 ff) – von Amts wegen – zu beachten sind (vgl Mosbacher JuS **19**, 766). Der Strafklageverbrauch reicht so weit wie die Aburteilungsbefugnis des Gerichts (BGH **29**, 288, 292; eingehend dazu Neuhaus MDR **88**, 1012 ff; **89**, 213 ff). Der Tatbegriff des § 264 ist grundsätzlich der gleiche wie in Art 103 III GG (BVerfGE **45**, 434; BGH **32**, 146, 150; erg Einl 168, 171 ff), § 200 I (dort 7 ff) und §§ 154, 155 (BGH **25**, 388, 390). Wird das Verfahren gegen mehrere Beschuldigte geführt, so hat es die Taten jedes Beschuldigten zum Gegenstand, selbst wenn sie zu demselben geschichtlichen Vorgang gehören (was zu besonderen gesetzlichen Folgen führen kann, zB §§ 2–4, 60 Nr 2, 466).

2 **2) Die prozessuale Tat** wird als einheitlicher geschichtlicher Vorgang **definiert**, der sich von anderen ähnlichen oder gleichartigen unterscheidet (BGH **22**, 375, 385; StV **91**, 245; **15**, 675), und innerhalb dessen der Angeklagte einen Straftatbestand verwirklicht hat oder haben soll (BGH **29**, 341, 342; **32**, 215, 216; **59**, 4, 8; NJW **92**, 2838; NStZ **20**, 46; 1 StR 415/12 vom 18.12.2012).

3 A. **Einheitlicher Lebensvorgang:** Den Rahmen bietet das tatsächliche Geschehen, wie es die Anklage beschreibt (BGH NStZ **19**, 354). Zur Tat gehört (ohne Rücksicht darauf, ob sachlichrechtlich Tateinheit oder Tatmehrheit vorliegt; siehe aber unten 12 ff, 16 ff) auch das gesamte Verhalten des Täters, soweit es nach natürlicher Auffassung einen einheitlichen Lebensvorgang darstellt (BGH **13**, 320; **23**, 141, 145; **32**, 215, 216; **35**, 14, 17; 60, 62; NStZ **19**, 137, 303), dessen getrennte Aburteilung zu einer Aufspaltung eines zusammengehörenden Geschehens führen würde (BGH NStZ **19**, 354 mit Anm Arnoldi; erg 7 ff zu § 200). In der Regel wird die prozessuale Tat durch Tatort, Tatzeit und das Tatbild umgrenzt und insbesondere durch das Täterverhalten sowie die ihm innewohnende Angriffsrichtung bestimmt (BGH **35**, 60, 64; NStZ **20**, 46). Ändert sich im Laufe des Verfahrens das Bild des Geschehens, wie es in Anklage und Eröffnungsbeschluss umschrieben ist, so kommt darauf an, ob die Tat trotz der Veränderung des Tatbildes noch als „nämliche" zu beurteilen ist, dh, ob bestimmte Merkmale sie weiterhin als einmaliges und unverwechselbares Geschehen kennzeichnen (BGH NStZ **20**, 46 mwN; erg 24 ff).

4 Die **innere Verknüpfung mehrerer Vorgänge** muss so sein, dass ihre getrennte Aburteilung in verschiedenen erstinstanzlichen Verfahren einen einheitlichen Lebensvorgang unnatürlich aufspalten würde (BVerfGE **45**, 434; BGH **23**, 141; **29**, 288, 293; NStZ-RR **03**, 82; **07**, 4 [B]; Bay NJW **84**, 187; Braunschweig NStZ-RR **97**, 80; Celle NJW **92**, 190; Düsseldorf NJW **83**, 768; Hamm StV **84**, 15; Jena NStZ **99**, 516 sowie Köln wistra **86**, 273; NStZ **88**, 568 und Bay **01**, 134 zu mehreren Verkehrsverstößen bei einer einheitlichen Fahrt). Sie muss sich jedoch aus den Ereignissen selbst ergeben, wird also nicht allein dadurch begründet, dass eine Handlung, etwa zum besseren Verständnis der gesamten Umstände, in der Anklageschrift erwähnt wird (BGH **13**, 21, 25; **41**, 292, 297; NStZ **96**, 563; vgl auch BGH **32**, 146, 149: Erwähnung von Angaben des Angeklagten vor der Polizei). Insofern indiziert ein enger zeitlicher, örtlicher und sachlicher Zusammenhang eine prozessuale Tat, wenn er ihn auch nicht für sich allein begründet (BGH **34**, 14, 18; KK-Kuckein/Ott 6). Auch eine größere zeitliche Abweichung der Tat

1302 *Schmitt*

von dem in der Anklage angenommenen Zeitpunkt kann unschädlich sein (Hamm NStZ-RR **97**, 79). Andererseits genügt es nicht, dass sich das angeklagte Geschehen wiederholt, mithin sowohl zum in der Anklage genannten als auch zu einem weiteren Zeitpunkt ereignet hat (BGH 4 StR 200/08 vom 27.5.2008); vielmehr muss die Identität der Tat gewahrt bleiben (BGH NStZ **12**, 168).

Der **persönliche Zusammenhang iSd § 3 genügt nicht,** um Tatidentität zu 5 begründen (dort 2; BGH **13**, 21,25; NStZ **84**, 469). Auch der Umstand, dass der Täter dieselbe Gelegenheit (zB sein Angestelltenverhältnis) oder denselben Partner benutzt hat, um seine Handlungen auszuführen, reicht für sich allein nicht aus, ebenso nicht, dass sich die Tat an einem anderen Tag gegen dasselbe Objekt gerichtet hat (BGHR § 264 I Tatidentität 29), es sei denn, die Tat ist unabhängig von der Tatzeit nach anderen Merkmalen unverwechselbar individualisiert (BGH NStZ-RR 04. 146 L).

Bei **sukzessiver Tatbestandsverwirklichung,** dh wenn der deliktische Erfolg 6 erst nach und nach durch mehrere Handlungen herbeigeführt wird – wie etwa beim „Quälen" in § 225 I StGB oder dem „Nachstellen" in § 238 I StGB – schließt die vorherige Verurteilung wegen einer Handlung (zB einer Körperverletzung) eine neue Anklage und etwaige Verurteilung wegen dieser Straftatbestände trotz möglicher tateinheitlicher Begehung mit der bereits abgeurteilten Tat nicht aus, wenn sie auf andere geschichtliche Vorgänge gestützt ist (Mutzbauer Fischer-FS 751, 760).

B. **Beispiele:** Generalisierende Kriterien lassen sich kaum aufstellen; maßgeblich 7 sind die tatsächlichen Verhältnisse des Einzelfalls (BGH 1 StR 542/17 vom 19.12. 2017). Dabei ist auch der der konkret in Rede stehende Straftatbestand zu berücksichtigen (vgl BGH NJW **92**, 1776 zum Verrat von Geschäfts- oder Betriebsgeheimnissen; BGH wistra **03**, 385 zur Vorteilsgewährung; BGH 3 StR 407/12 vom 20.12.2012 zu mehreren zeitlich verschiedenen Anbau und Ernten von Cannabis; BGH StraFo **08**, 383 zu mehreren zeitlich aufeinanderfolgenden Schüssen oder Messerstichen auf verschiedene Personen; BGH NStZ **09**, 585 zur Anstiftung und zuvor versuchten Kettenanstiftung). Im Steuerstrafverfahren wird etwa die prozessuale Tat durch die einschlägige Blankettvorschrift in Verbindung mit den sie ausfüllenden Regelungen des Steuerstrafrechts bestimmt (BGH NStZ **16**, 296, 298; KK-Ott 8).

Es **handelt sich zB um eine Tat,** wenn ein Kraftfahrer vor der Polizei flieht 8 und nach erzwungenem Anhalten alsbald Widerstand leistet (Stuttgart MDR **75**, 423); ebenso sind die Brandstiftung und der darauf beruhende Betrug zum Nachteil der Versicherung idR eine Tat (BGH **45**, 211; wistra **02**, 154; NStZ **06**, 350), Herstellen von Falschgeld und späteres Inverkehrbringen (BGH wistra 93, 193), vorsätzliche Körperverletzung und unterlassene Hilfeleistung (BGH **16**, 200). Zur Tatidentität zwischen Vortat (Betrug) und Geldwäsche (§ 261 StGB) vgl BGH NStZ **12**, 321. Auch Tun und Unterlassen können zusammen gehören (BGH NStZ **84**, 469), zB Körperverletzung und unterlassene Hilfeleistung (Celle NJW **61**, 1080; vgl aber dagegen BGHR § 264 I Tatidentität 46: Brandstiftung und unterlassene Hilfeleistung), ferner gefährliche Körperverletzung und Totschlag (BGH NStZ-RR **09**, 289) sowie der Vorwurf, eine Katalogtat iSd § 138 StGB nicht angezeigt oder sie begangen zu haben (BGH NStZ **93**, 50 mwN). Bei enger räumlicher und zeitlicher Verknüpfung wird auch nur eine Tat im prozessualen Sinn vorliegen, wenn der Täter entweder an einem Raub oder einem Betrug beteiligt war oder sich nur der Beuteteilung der Hehlerei schuldig gemacht hat (BGH **35**, 86, 88; NStZ **89**, 266; eingehend hierzu Beulke/Fahl Jura **75**, 262 ff). Weitere Bsp aus der Rspr bei KK-Kuckein/Ott 12, 13.

Bei Anklage wegen **Hehlerei** kann aber regelmäßig nicht eine prozessuale Tat 9 mit der vorangegangenen Raub angenommen werden (BGH **35**, 60, 64; LR-Stuckenberg 109; **aM** Gillmeister NStZ **89**, 4, der aber unzutr davon ausgeht, dass mit der Anklage wegen Hehlerei dem Gericht der gesamte Vortat-Sachverhalt zur Beurteilung unterbreitet wird). Eine generell einheitliche Betrachtungsweise ist in

§ 264

diesen Fällen entgegen Wolter NStZ **88**, 457 (ebenso Paeffgen [oben 2] S 620) weder möglich noch geboten. Falls der Angeklagte entweder eines Diebstahls oder einer Hehlerei bzw einer Unterschlagung (Oldenburg NStZ-RR **11**, 282) schuldig ist, kommt es ebenfalls darauf an, ob die beiden Taten nach Tatzeit, Tatort, Tatobjekt und Tatbild (vgl BGH **36**, 151, 154) einen einheitlichen geschichtlichen Vorgang bilden (BGH NStZ **99**, 363; wistra **08**, 22, 25; Celle NJW **88**, 1225; Düsseldorf NStZ-RR **99**, 304; Schleswig SchlHA **07**, 288 [D/D]; **aM** die ältere Rspr vgl BGH **35**, 172, 174).

10 **Keine Tatidentität** besteht hingegen bei Anklage wegen Betrugs und Verurteilung nach § 145d StGB (BGH NStZ **92**, 555) oder nach § 246 StGB (Zweibrücken StraFo **09**, 423), auch nicht bei Anklage wegen einer Verkehrsstraftat und Verurteilung nach § 145d StGB (Celle NdsRpfl **97**, 264). Mehrere prozessuale Taten sind anzunehmen bei wiederholter Anstiftung nach Fehlschlag (BGH **44**, 91), bei unterschiedlichen Zeugenaussagen bei verschiedenen Gelegenheiten (BGH **32**, 146), bei Bestechlichkeit und Steuerhinterziehung (BGHR § 264 I Tatidentität 14), Bestechung und Betrug (BGH **43**, 96, 98). Weitere Bsp aus der Rspr bei Kuckein/Ott 15, 16.

11 3) Im **Verhältnis zum materiellen Recht** ist der prozessuale Tatbegriff selbstständig. Die Prüfung prozessualer Tatidentität hat ebenso wie diejenige der materiellrechtlichen Konkurrenz für jeden Beteiligten gesondert zu erfolgen (BGH VRS **83**, 188).

12 A. **Tateinheit iS des § 52 StGB** stellt allerdings idR auch eine einheitliche prozessuale Tat dar (stRspr, vgl nur BGH **41**, 385, 389; NStZ **84**, 135; **91**, 549; StV **84**, 366; wistra **93**, 193). Dies gilt grundsätzlich auch für die natürliche Handlungseinheit (siehe etwa BGH **22**, 67, 76: Polizeiflucht) und die Bewertungseinheit (BGH **41**, 385, 394; NStZ-RR **18**, 351; KK-Kuckein/Ott 11; zu Besonderheiten bei Dauerdelikten und Organisationsdelikten siehe 16 ff).

12a Allerdings erscheint dies **in Fällen zweifelhaft,** in denen mehrere zeitlich und örtlich weit auseinanderliegende Tathandlungen aufgrund Besonderheiten der Tatbestandsfassung zu einer Tat im Rechtssinne zusammengefasst werden. Dies gilt etwa für den von vorneherein geplanten mehrfachen Gebrauch einer gefälschten Urkunde (vgl BGH NStZ **18**, 468) oder Kommissionsgeschäfte im Betäubungsmittelhandel (vgl BGH NStZ **19**, 89 [GSSt] mit Anm Immel). Die Annahme einer Kongruenz zwischen Tateinheit und einer prozessualen Tat im Rechtssinne würde etwa im Beispiel des Kommissionsgeschäftes zu den unhaltbaren Ergebnis führen, dass die Aburteilung wegen eines Umsatzgeschäftes Rechtskraft bezüglich aller weiteren bewirkte und umgekehrt die Anklage wegen lediglich eines Teilgeschäftes die Aburteilungsbefugnis für alle anderen umfasste (zutr Mosbacher JuS **19**, 766, 767).

12b In Fällen der **mitbestraften Vor- oder Nachtat** ist dagegen unbestritten, dass zeitlich von der angeklagten Tat verschiedene Vorbereitungs-, Verwertungs- oder Sicherungshandlungen prozessual selbständige Taten darstellen (KK-Ott 11; LR-Stuckenberg 114).

13 Tateinheit und **eine Tat im prozessualen Sinne liegt etwa** bei Zusammentreffen von **Betäubungsmitteldelikten und Verstößen nach dem WaffG** vor, wenn die maßgeblichen Tatbestände wenigstens teilweise durch ein und dieselbe Handlung verwirklicht worden sind; bloße Gleichzeitigkeit reicht nicht aus (BGH 4 StR 302/12 vom 22.11.2012). Es darf sich nicht um ein zufälliges Zusammentreffen verschiedener Delikte handeln, vielmehr ist ein funktionaler Zusammenhang bzw eine zweckgebundene Verknüpfung der Handlungen erforderlich (Hamm NStZ **19**, 695). So ist bei der zeitgleichen Aufbewahrung von Waffen und BtM für die Annahme von Tateinheit und einer prozessualen Tat ein funktionaler Zusammenhang zwischen bei den Besitzlagen notwendig (BGH aaO).

14 B. **Sachlichrechtlich selbstständige Taten** sind dagegen regelmäßig auch prozessual selbstständig (BGH **35**, 14, 19; **36**, 151, 154; NStZ **19**, 354; 1 StR 50/09 vom 18.3.2009: zeitlich zusammentreffende Körperverletzung zweier Perso-

Hauptverhandlung § 264

nen). Die Annahme einer einheitlichen prozessualen Tat bei Vorliegen materiellrechtlicher Tatmehrheit kommt nur in Betracht, wenn die einzelnen Handlungen nicht nur äußerlich ineinander übergehen, sondern wegen der ihnen zugrundeliegenden Vorkommnisse unter Berücksichtigung ihrer strafrechtlichen Bedeutung auch innerlich derart miteinander verknüpft sind, dass der Unrechts- und Schuldgehalt der einen Handlung nicht ohne die Umstände, die zu der anderen Handlung geführt haben, richtig gewürdigt werden kann und ihre getrennte Würdigung und Aburteilung als unnatürliche Aufspaltung eines einheitlichen Lebensvorgangs empfunden wird (BGH NZWiSt **17**, 74 mit Anm Zeller; vgl weiter BGH **49**, 359 mit zust Anm Otto NStZ **05**, 514 und Kudlich JR **05**, 168 zu Umsatzsteuervoranmeldungen und anschließender Umsatzsteuerjahreserklärung des nämlichen Jahres).

Wahldeutig angeklagte Straftaten sind prozessual selbständig (BGH **38**, 172; 15 NStZ **98**, 635; 11, 510; KK-Kuckein/Ott 14). Eine (auch wahldeutige) Verurteilung (dazu 27 zu § 260) zB wegen Diebstahls oder Hehlerei oder wegen Betrugs und Computerbetrugs (BGH 1 StR 613/12 vom 5.3.2013) kann nur erfolgen, wenn beide Taten angeklagt worden sind (Köln StV **16**, 218). Dasselbe muss bei Anklage wegen Diebstahls und Verurteilung wegen Begünstigung gelten (vgl BGH **35**, 80; Frankfurt NStZ **88**, 92; Köln NJW **90**, 587). Ist das tatsächliche Geschehen aber in der Anklageschrift umfassend dargestellt, so ist andererseits auch eine gegensätzliche rechtliche Wertung erlaubt (Bay NJW **89**, 2828: Anklage wegen § 99 I StGB, Verurteilung wegen § 145d StGB).

C. **Dauerdelikte** führen im Grundsatz zur Annahme einer prozessualen Tat. Ihre 16 Aburteilung verbraucht daher alle während des Dauerdelikts begangenen Einzelakte, weshalb diese auch nicht mehr unter einem anderen strafbaren Gesichtspunkt, nämlich tateinheitlich mit der anderen Straftat verfolgt werden können (BGH NJW **54**, 1577; KK-Ott 17). Diese Konsequenz widerspricht allerdings materiellen Gerechtigkeitserwägungen, wenn es sich um Zustandsdelikte mit einem deutlich höheren Unrechtsgehalt handelt, deren Aburteilung nicht möglich war, weil die Umstände der Tatbegehung nicht bekannt waren.

Es kann sich nach der Rspr aber **auch um zwei Taten im prozessualen Sinn** 17 handeln, wenn im Rahmen einer Dauerstraftat in Tatmehrheit mit dieser andere Straftaten begangen werden. Dies wird angenommen, wenn die natürliche Betrachtung und der Grundsatz gerechter Gesetzesanwendung eine getrennte Würdigung und Aburteilung verlangen (BVerfGE **45**, 434; BGH NStZ **04**, 694 mit zust Anm Bohnen: unerlaubter Besitz von Betäubungsmitteln und Führen eines Kfz unter Wirkung von berauschenden Mitteln ohne innere Beziehung – anders aber bei einer solchen, BGH NStZ **12**, 709 – zueinander, ebenso KG NStZ-RR **12**, 155 und Hamm NStZ-RR **10**, 154 L; abl hingegen Stuckenberg v.Heintschel-Heinegg-FS 435; vgl ferner BGH **25**, 72: Trunkenheitsfahrt und anschließendes unerlaubtes Entfernen vom Unfallort; KG NStZ-RR **08**, 48: Besitz von Betäubungsmitteln und von explosionsgefährlichen Stoffen; zum Zusammentreffen von Verstößen gegen das BtMG und gegen das WaffG siehe 13 sowie Wesemann/Voigt StraFo **10**, 452; zum Ganzen KK-Ott 17 mit weiteren Bsp). Diese Bewertung ist insbesondere dann gerechtfertigt, wenn diese anderen Straftaten das strafrechtliche Gewicht der Dauerstraftat erheblich übersteigen (BGH NStZ **96**, 41: Fahren ohne Fahrerlaubnis bei Flucht nach einer räuberischen Erpressung; BGH **36**, 151: Waffenbesitz und schwere räuberische Erpressung; zust Beulke/Swoboda 519, krit jedoch Beulke in BGH-FG 805; abl Cording aaO S 83; vgl auch R. Peters JR **93**, 265; ebenso BGH NStZ-RR **99**, 8 für Übergang von der abstrakten Gefährlichkeit zur konkreten Gefährdung bei einer Rauschtat; Hamburg NStZ-RR **99**, 247 zum Verstoß gegen eine Aufenthaltsbeschränkung nach dem AsylVfG und einem Diebstahl – ebenso Celle NStZ-RR **10**, 248 – sowie Stuttgart Justiz **01**, 497 beim Verstoß gegen AsylVfG und WaffG gegen Stuttgart NStZ-RR **96**, 173; vgl ferner BGH **60**, 198, 201 zum Umgang mit explosionsgefährlichen Stoffen; vgl auch BGH **48**, 153 = NStZ **03**, 678 mit insoweit abl Anm Loos; abl auch Ziemann JR **06**, 414: Völkermord im Verhältnis zu den einzelnen Mordtaten).

18 Für die sog **Organisationsdelikte** (zB §§ 99, 129, 129a StGB) hat der BGH nunmehr weitergehend entschieden, dass es allein objektiv auf das Hinzutreten des Zustandsdelikts selbst ankomme, da dieses den Unrechtsgehalt und damit den Charakter des Organisationsdeliktes grundlegend verändere (BGH 60, 308, 318). Das hat zur Folge, dass mitgliedschaftliche Beteiligungsakte, die zugleich einen anderen Straftatbestand als den des Organisationsdeliktes verwirklichen, in der Regel in Tatmehrheit zu diesen stehen und sie auch nicht zu einer Tat im prozessualen Sinne verklammert werden (BGH aaO; NStZ-RR 08, 10; KK-Ott 21).

18a Hat allerdings bei einer durch mehrere Personen ausgeführten Deliktsserie ein Tatbeteiligter einen Beitrag zum Aufbau oder zur Aufrechterhaltung der auf Straftaten ausgerichteten Struktur erbracht, werden die Einzeltaten zu einem sog **uneigentlichen Organisationsdelikt** zusammengefasst, durch welches sie für den im Hintergrund Tätigen zu einer Tat zusammengeführt werden (BGH NZWiSt **17**, 190, 193: Lastschriftenreiterei).

19 Ob eine Dauerstraftat dagegen **zwei sonst selbstständige Taten** verfahrensrechtlich zu einer Tat verbinden kann (so BGH **6**, 92, 96 f), ist im Einzelfall nach natürlicher Betrachtung zu entscheiden. Die Frage ist nach der Rspr jedenfalls zu verneinen, wenn die Dauerstraftat im Vergleich zu den anderen Straftaten minder schwerer Art ist. ZB können zwei voneinander unabhängige Unfallgeschehen durch Trunkenheitsfahrt oder zwei schwere Diebstähle durch Fahren ohne Fahrerlaubnis nicht zu einer Tat zusammengefasst werden (BGH **23**, 141; vgl auch BGH NStZ **97**, 508; Düsseldorf NStZ-RR **99**, 176: Förderung der Prostitution und Zuhälterei gegenüber Menschenhandel). Besteht zwischen diesen schwereren Straftaten keine Tatidentität, so kann jede von ihnen – jeweils in Tateinheit mit der minder schweren Dauerstraftat – Gegenstand einer Teilanfechtung (Teilrechtskraft), ja sogar eines besonderen Verfahrens sein (BGH aaO). Erg Einl 175, 175a.

20 4) Die **in der Anklage bezeichnete** Tat, wie sie sich nach dem Ergebnis der Hauptverhandlung darstellt, ist Gegenstand der Urteilsfindung. Verfahrensgegenstand sind nur Taten einer bestimmten Person; daher bleibt die Tat im prozessualen Sinn stets auf die in der Anklageschrift als Angeschuldigter bezeichnete Person bezogen (BGH NStZ-RR **16**, 316). Die Tat ist unter allen rechtlichen Gesichtspunkten abzuurteilen (BGH NStZ **14**, 599). Speziell zur gerichtlichen Kognitionspflicht beim Vorwurf der Insolvenzverschleppung BGH NStZ **18**, 347.

21 Die **Anklage,** die Prozessvoraussetzung ist, ist **maßgebend** dafür, was dem Gericht zur Untersuchung und Entscheidung unterbreitet ist (BGH **43**, 96; NStZ **99**, 206); die Anklage muss daher die strafbare Handlung nach Ort, Zeit oder sonst in konkretisierbarer Weise schildern (BGH NJW **91**, 2716; **94**, 2966; wistra **03**, 111; Hamm NStZ-RR **97**, 139; näher 7, 8 zu § 200); dabei ist eine unrichtige Bezeichnung der Tatzeit oder des Tatortes unschädlich, wenn die Tat – zB durch die Schilderung des Tathergangs – noch hinreichend individualisiert ist (BGH NJW **99**, 802; NStZ **02**, 659 L; **10**, 346; NStZ-RR **05**, 320; **06**, 316; Celle DAR **98**, 241); sonst ist eine Verschiebung des Tatzeitpunkts unzulässig (BGH **46**, 130; 4 StR 153/14 vom 20.11.2014; Celle NZV **12**, 399; München NStZ-RR **05**, 350). Auch bei angeklagter Mittäterschaft und ausgeurteilter Anstiftung wird idR Tatidentität bestehen (BGH **48**, 183), nicht aber bei Mittäterschaft beim Mord und versuchter Strafvereitelung (BGH 4 StR 126/11 vom 25.5.2011). Der Eröffnungsbeschluss bestimmt zwar endgültig, welche Taten das Gericht untersucht; es kann aber keine Tat Gegenstand des Eröffnungsbeschlusses sein, die nicht in der Anklage enthalten ist und auf die sich der Verfolgungswille der StA daher nicht bezieht (BGH NJW **59**, 898; **10**, 308, 309; StV **95**, 522); jedoch ist die Schilderung der Vorgeschichte oder von Tathintergründen oder des Nachtatverhaltens nicht notwendigerweise Gegenstand der Anklage (BGH NStZ **00**, 216; 1 StR 233/96 vom 15.5.1997). Der Verfolgungswille ist aber innerhalb ein und derselben Tat im prozessualen Sinn unteilbar (BGH **16**, 200; **23**, 270; NStZ-RR **10**, 53; oben 2), soweit das Gesetz nicht Ausnahmen zulässt und hiervon zulässig Gebrauch gemacht wird (oben 5). Bei Beschränkung der gerichtlichen Untersuchung ohne

Hauptverhandlung § 264

rechtliches Hindernis verbraucht das rechtskräftige Sachurteil die Strafklage für die Tat auch so weit, wie sie nicht untersucht worden ist (Einl 168 ff; Baumann 5 I 2).

Bei einer **Mehrzahl gleichgelagerter oder ähnlicher Straftaten** müssen sich 22 diejenigen, deretwegen eine Verurteilung erfolgt, von anderen gleichartigen Taten, die der Angeklagte begangen haben kann, genügend unterscheiden lassen (BGH NStZ **92**, 602; näher 9, 9a zu § 200). Die Verurteilung wegen Taten, die insgesamt nur vage umschrieben sind, ist – insbesondere, wenn der Angeklagte die Vorwürfe bestreitet – mit rechtsstaatlichen Grundsätzen nicht vereinbar (München wistra **06**, 439), wobei die Anforderungen aber nicht überspannt werden dürfen (BGH NStZ-RR **04**, 118; **14**, 166 [C/Z]: sexuell missbrauchte Kinder). Deshalb bedarf es der Feststellung einer Mindestzahl ihrer Begehung nach konkretisierter Einzeltaten innerhalb eines bestimmten Zeitraums, zB innerhalb einer bestimmten Woche oder eines bestimmten Monats (BGH **40**, 138; vgl auch BGH NStZ-RR **99**, 274; **07**, 173; **10**, 205 L; StraFo **09**, 71; erg 5 zu § 267); die Urteilsgründe müssen darlegen, wie das Gericht die Überzeugung von dieser Mindestzahl gewonnen hat (BGH NStZ-RR **08**, 338; 349, 350). Notfalls ist die Zahl der Einzelakte zu schätzen (BGH wistra **07**, 143). Ist auch das nicht möglich, ist von lediglich *einer* Tat auszugehen (BGH StV **00**, 600 mit abl Anm Zopfs). Straftaten, die nicht unter die in der zugelassenen Anklage nach Ort und Zeit, Opfer, Täterverhalten sowie Art und Weise der Tatverwirklichung konkretisierten Serienstraftaten fallen, wahren nicht die Identität der Tat iSv § 264 (BGH 1 StR 665/18 vom 25.4.2019).

5) Die sog Umgestaltung der Strafklage (II), dh eine Änderung der tatsäch- 23 lichen oder rechtlichen Beurteilung der Tat im Verhältnis zur zugelassenen Anklage, kann nach dem Ergebnis der Hauptverhandlung notwendig und nach § 265 vollzogen werden.

A. **In tatsächlicher Hinsicht** hat das Gericht in seine Untersuchung auch die 24 Teile der Tat einzubeziehen, die erst in der Hauptverhandlung bekannt werden. Die Identität der Tat muss dabei aber gewahrt bleiben (BGH NStZ-RR **96**, 203; **98**, 263 [K]; **09**, 146; 3 StR 314/11 vom 10.11.2011). Die zu prüfende Tat umfasst alle mit dem Vorgang zusammenhängenden und darauf bezüglichen Vorkommnisse und tatsächlichen Umstände, die geeignet sind, das in diesen Bereich fallende Tun des Angeklagten unter irgendeinem rechtlichen Gesichtspunkt als strafbar erscheinen zu lassen, zu qualifizieren oder zu mildern (zB BGH wistra **01**, 57: Verurteilung nach § 263 statt § 264a StGB; Karlsruhe VRS **92**, 255: statt als Fahrer des PKW begangenes unerlaubtes Entfernen vom Unfallort das Überlassen des PKW an fahrerlaubnislosen anderen). Insofern kann ein Vorgang zur Tat gehören, auf den sich der Verfolgungswille der StA (infolge Verkennung der Untrennbarkeit) gar nicht richtet (vgl BGH **16**, 200; **23**, 270, 275; StV **81**, 127; Bay **60**, 160; **64**, 95; Düsseldorf NJW **83**, 767).

Ob die Identität der Tat auch im Falle der **Veränderung des Tatbildes** noch 25 gewahrt ist, ist nach dem Kriterium der „Nämlichkeit" der Tat zu beurteilen; diese ist dann gegeben, wenn bestimmte Merkmale die zugelassene Tat weiterhin als einmaliges und unverwechselbares Geschehen kennzeichnen (BGH NStZ **19**, 428; **20**, 46 mwN; Mosbacher JuS **19**, 766, 767). Die prozessuale Tat wird in der Regel durch Tatzeit, Tatort und Tatbild umgrenzt und insbesondere durch das Täterhalten sowie die ihm innewohnende Angriffsrichtung sowie durch das Tatopfer bestimmt (BGH **35**, 60, 64; BGH aaO). Es darf dabei nicht das der Anklage zu Grunde liegende Geschehen vollständig verlassen und durch ein anderes ersetzt werden, mag dies auch gleichartig sein (BGH StraFo **17**, 26; **09**, 71; 2 StR 311/13 vom 21.8.2013; KG StraFo **12**, 375). Die Feststellung eines über die Anklage hinausgehenden rechtlich selbständigen Geschehens nimmt andererseits der Anklage und dem auf ihr beruhenden Eröffnungsbeschluss nicht ihre Wirksamkeit (BGH NStZ **11**, 47; vgl auch BGH StraFo **13**, 249). Handelt es sich um sich überschneidende, ineinander übergehende Geschehensabläufe, ist es unschädlich, wenn ein Teil des Geschehens in der Anklage nicht erwähnt wird (BGH NStZ **09**, 705: Trunken-

§ 264 Zweites Buch. 6. Abschnitt

heitsfahrt und Drogentransport) oder wenn es einem mitangeklagten Mittäter zugeordnet war (BGH NStZ **96**, 243), anders jedoch, wenn es sich um voneinander trennbare Geschehensabläufe handelt (BGH **32**, 215: Anklage wegen Strafvereitelung, Verurteilung wegen Mordes; BGH NJW **46**, 130: Einbeziehung bisher nicht erfasster Tatzeiträume; BGH NStZ-RR **02**, 98: Anklage wegen versuchter räuberischer Erpressung, Verurteilung wegen Steuerhehlerei; vgl auch Hamm NStZ-RR **09**, 274: Hilfeleistung zu weiteren nun angeklagten Haupttaten nach Verurteilung wegen *einer* Beihilfehandlung, zw). Erfolgsdelikte sind regelmäßig bereits durch die Art des Erfolgs und das Tatopfer hinreichend konkretisiert; Abweichungen hinsichtlich Tatzeit, Tatort und Art und Weise der Tatbegehung lassen die Tatidentität regelmäßig unberührt (BGH NStZ-RR **17**, 652). Wird der Angeklagte freigesprochen, so darf er nicht wegen einer anderen Tat verurteilt werden, auch wenn diese im Fall der Verurteilung mit der angeklagten Tat in Tateinheit stehen würde (BGHR § 264 I Tatidentität 24: Gleichzeitige Ausübung der tatsächlichen Gewalt über 2 verschiedene Waffen). Bei einer Unterlassungstat kommt es idR darauf an, ob zwischen den Situationen, aus denen heraus die Handlungspflicht entsteht, ein enger Zusammenhang besteht (BGH NStZ **95**, 46; **09**, 286). § 138 StGB ist durch den Vorwurf der Beteiligung an einer dort bezeichneten Tat erfasst (BGH NStZ-RR **98**, 204; 4 StR 254/16 vom 27.10.2016) und umgekehrt (BGH **48**, 183 mit zust Anm Mitsch NStZ **04**, 395). Zum Tatbegriff bei Bestechlichkeit vgl BGH NStZ **00**, 318.

26 Bei einer Dauerstraftat sind Gegenstand der Untersuchung alle Einzelhandlungen (BGH **9**, 324, 334; NStZ **82**, 128; 213; 519), selbst wenn nur eine von ihnen Gegenstand der Anklage war (BGH **27**, 115; NStZ **85**, 325); das gilt auch noch in der Berufungsinstanz (BGH **21**, 256, 259; Bay NStZ-RR **02**, 89; Koblenz NStZ **11**, 423 L). Untersucht wird die Dauerstraftat in allen Teilen bis zur letzten Tatsachenverhandlung zum Schuldspruch (BGH **9**, 324; StV **86**, 141; Einl 175, 175a); denn diese unterbricht die möglicherweise bis dahin bestehende Einheitlichkeit des Tatgeschehens, weil nur Vergangenes Gegenstand der Strafklage sein kann. Ist das Urteil nur im Rechtsfolgenausspruch angefochten worden, so tritt dieser Erfolg mit dem Ersturteil ein (Bay GA **78**, 81). Voraussetzung für die Einbeziehung ist, dass die Tat schon vor dem Eröffnungsbeschluss begonnen worden ist (BGH **27**, 115, 116). Sie muss als solche und darf nicht nur in einem Teilakt in Tateinheit mit einem schwereren Delikt (zB unerlaubtes Waffenführen bei einem Raub) angeklagt sein (BGH JR **95**, 168).

27 B. **In rechtlicher Hinsicht** gilt die allseitige Kognitionspflicht des Gerichts (modifiziert durch § 154a und durch §§ 81, 82 OWiG). Der Unrechtsgehalt der Tat muss ohne Rücksicht auf die dem Eröffnungsbeschluss zugrunde gelegte Bewertung (BGH **32**, 84, 85; NStZ **83**, 174; NStZ-RR **17**, 352; **14**, 57; 3 StR 113/13 vom 27.6.2013; 4 StR 183/19 vom 12.9.2019) ausgeschöpft werden, soweit keine rechtlichen Gründe entgegenstehen (BGH **25**, 72, 75), wie die Verjährung oder die sonstige Nichtverfolgbarkeit unter einem rechtlichen Gesichtspunkt (vgl Einl 173). Strafvorschriften, die infolge Subsidiarität zurücktreten (Fischer 41 vor § 52 StGB), brauchen nur so weit berücksichtigt zu werden, als es für die Strafzumessung oder die Anordnung von Nebenfolgen notwendig ist. Allein nach dem subsidiären Gesichtspunkt wird die Tat beurteilt, wenn der primäre nicht angewandt werden darf, zB weil hierfür nicht ausgeliefert worden ist. Das Gericht muss eine einheitliche Entscheidung treffen. Es darf nicht teils verurteilen, teils die Erledigung einer späteren Entscheidung überlassen (BGH StV **87**, 52). Es darf die Tat auch nicht unter Beschränkung auf einen rechtlichen Gesichtspunkt aburteilen, für den es zuständig ist, und die Erledigung im Übrigen einem späteren Urteil vorbehalten oder durch Verweisung nach §§ 225a, 270 einem Gericht höherer Ordnung überlassen (RG **61**, 225). Die gleichwohl erfolgte Aburteilung unter nur einem rechtlichen Gesichtspunkt (zB nach § 145c StGB) führt zum Strafklageverbrauch auch hinsichtlich des anderen mitabgehandelten (zB § 263 StGB, vgl BGH NStZ **91**, 549).

Hauptverhandlung § 264

6) Überschießende Feststellungen über Vorgänge, die nicht zu der zu untersuchenden Tat gehören, sind zulässig, wenn sie mindestens mittelbar für die Beurteilung der Tat oder des Täters von Bedeutung sind (vgl § 160 III S 1; 13 und 54 zu § 244; 11 zu § 267). Daher kann auch eine Straftat, die nicht Gegenstand des Verfahrens ist, festgestellt und als Indiz verwertet werden (BGH **34**, 209, 210; NStZ **81**, 99; erg 14 zu 6 **EMRK**). Aus dieser Feststellung können auch Schlüsse für die Strafzumessung gezogen werden; jedoch darf das nicht zur Ahndung dieser Straftat führen, sondern lediglich zur Würdigung der Persönlichkeit und der schädlichen Neigungen des Täters (BGH NJW **51**, 769; **aM** Vogler Kleinknecht-FS 429 unter Hinweis auf Art 6 II **EMRK**). Die Tatsache, dass der Angeklagte schon früher einer gleichen Straftat verdächtig war, ist als Indiz für die neue Tat ungeeignet. Aber die in dem früheren Verfahren festgestellten Tatsachen dürfen als zusätzliche Beweisanzeichen für die Täteridentität neben den sonstigen Beweismitteln benutzt werden (BGH 5 StR 181/61 vom 16.6.1961). 28

7) Im weiteren Sinn umfasst die prozessuale Tat innerhalb des einheitlichen Geschehens auch die Vorgänge, die den Tatbestand einer OWi erfüllen können (§ 82 I OWiG). Jedoch tritt bei Tateinheit mit einer Straftat, derentwegen verurteilt wird, die OWi zurück (§ 21 OWiG). 29

8) Eine Beschränkung des Verfahrens auf einen Teil der Tat kann eintreten nach § 154a, durch Beschränkung des Strafantrags (19, 20 zu § 158) und auf Grund sonstiger Verfahrenshindernisse, die sich nur auf einen Teil der Tat beziehen (vgl 46 zu § 260). Eine Abtrennung von Verfahrensteilen ist nur zulässig, wenn es sich bei dem abgetrennten Verfahrensstoff um selbstständige prozessuale Taten handelt (BGH NStZ **02**, 105). 30

9) Strafklageverbrauch durch ausländische Urteile: siehe Einl 177–177e. 31

10) Die Revision kann geltend machen, dass wegen einer Tat verurteilt worden sei, auf die sich die zugelassene Anklage nicht erstreckt. War *nur* wegen einer solchen Tat verurteilt worden, so spricht das Rechtsmittelgericht, wenn die in der Anklageschrift bezeichnete Tat nicht erwiesen ist, den Angeklagten frei; zugleich wird das (gerichtliche) Verfahren eingestellt (BGH NJW **00**, 3293; LR-Stuckenberg 116). War *auch* wegen einer solchen Tat verurteilt worden, so wird das Urteil nur im Schuldspruch geändert (Koblenz VRS **71**, 43). Die StA kann, auch mit der Sachrüge (BGH StV **81**, 127, 128), beanstanden, dass die Tat im Urteil nicht unter allen tatsächlichen und rechtlichen Gesichtspunkten erschöpfend behandelt worden sei (BGH NStZ-RR **12**, 215; Bay **86**, 100, 102;. Die Beanstandungen, ein Teil des Verhandlungsstoffes sei ohne Zustimmung der StA nach § 154a ausgeschieden worden oder trotz Freispruchs sei ein ausgeschiedener Teil nicht wiedereinbezogen worden (24 zu § 154a), können nur mit der Verfahrensrüge geltend gemacht werden (BGH NStZ **96**, 241 mwN; 3 StR 321/11 vom 2.2.2011; **aM** BGH NStZ **95**, 540). 32

11) Aufhebung eines früheren Urteils: Ist der Angeklagte wegen Hehlerei verurteilt worden und wird er nunmehr wegen des – eine andere Tat iSd § 264 darstellenden – diebischen oder räuberischen Erwerbs derselben Sache verurteilt (vgl Einl 173), so darf die Verurteilung wegen Hehlerei nicht bestehen bleiben. BGH **35**, 60, 66 hat insoweit die wegen Hehlerei erkannte Strafe auf die neue Strafe angerechnet; die Aufhebung der Verurteilung erfolgte erst im Wiederaufnahmeverfahren (LG Saarbrücken NStZ **89**, 546 mit Anm Gössel, der die Entscheidung insgesamt dem Wiederaufnahmeverfahren vorbehalten will). Nach aA sollte dem Gericht die Befugnis zur Aufhebung des wegen Hehlerei ergangenen Urteils (mit der Folge der Anrechnung der dort erkannten Strafe nach § 51 II StGB) zugesprochen werden (Meyer-Goßner Salger-FS 353). 33

Schmitt 1309

§ 265 Veränderung des rechtlichen Gesichtspunktes oder der Sachlage

265 ⁱ Der Angeklagte darf nicht auf Grund eines anderen als des in der gerichtlich zugelassenen Anklage angeführten Strafgesetzes verurteilt werden, ohne daß er zuvor auf die Veränderung des rechtlichen Gesichtspunktes besonders hingewiesen und ihm Gelegenheit zur Verteidigung gegeben worden ist.

ⁱⁱ Ebenso ist zu verfahren, wenn

1. sich erst in der Verhandlung vom Strafgesetz besonders vorgesehene Umstände ergeben, welche die Strafbarkeit erhöhen oder die Anordnung einer Maßnahme oder die Verhängung einer Nebenstrafe oder Nebenfolge rechtfertigen,
2. das Gericht von einer in der Verhandlung mitgeteilten vorläufigen Bewertung der Sach- oder Rechtslage abweichen will oder
3. der Hinweis auf eine veränderte Sachlage zur genügenden Verteidigung des Angeklagten erforderlich ist.

ⁱⁱⁱ Bestreitet der Angeklagte unter der Behauptung, auf die Verteidigung nicht genügend vorbereitet zu sein, neu hervorgetretene Umstände, welche die Anwendung eines schwereren Strafgesetzes gegen den Angeklagten zulassen als des in der gerichtlich zugelassenen Anklage angeführten oder die zu den in Absatz 2 Nummer 1 bezeichneten gehören, so ist auf seinen Antrag die Hauptverhandlung auszusetzen.

ⁱᵛ Auch sonst hat das Gericht auf Antrag oder von Amts wegen die Hauptverhandlung auszusetzen, falls dies infolge der veränderten Sachlage zur genügenden Vorbereitung der Anklage oder der Verteidigung angemessen erscheint.

Übersicht

	Rn
1) Normzweck	1–7a
2) Anderes Strafgesetz (I)	8–15d
A. Hinweispflicht	8a–15a
B. Inhalt des Hinweises	15b–d
3) Sonstige Hinweispflichten (II)	16–25
A. Straferhöhende Umstände, Sicherungsmaßregeln; Nebenstrafen, Nebenfolgen (Nr 1)	17–20a
B. Abweichen von einer mitgeteilten vorläufigen Bewertung (Nr 2)	21
C. Veränderte Sachlage (Nr 3)	22–25
4) Entbehrlichkeit des Hinweises	26–29
5) Erteilung des Hinweises	30–33a
6) Aussetzung bei veränderter Sach- und Rechtslage (III)	34–37a
A. Rechtsanspruch auf Aussetzung der Verhandlung	35
B. Voraussetzung des Aussetzungsanspruchs	36
C. Entscheidung über den Aussetzungsantrag	37, 37a
7) Aussetzung bei veränderter Sachlage (IV)	38–45
A. Auf Antrag oder von Amts wegen	39
B. Veränderte Sachlage	40–44
C. Entscheidung des Gerichts	45
8) Revision	46–48

1 **1) Normzweck:**
2 Der **Sicherung der umfassenden Verteidigung des Angeklagten** in rechtlicher und tatsächlicher Hinsicht und seinem Schutz vor Überraschungen dient die Vorschrift (BGH **23**, 95, 96; **25**, 287, 289; **29**, 274, 278; NJW **80**, 714; NStZ **83**, 34, 35; **85**, 563).
3 Sie ist ein gesetzlich geregelter Fall der **Fürsorgepflicht,** deren es hier bedarf, weil die Befugnis des Gerichts, die Tat ohne Bindung an die Rechtsauffassung der Anklage unter allen in Betracht kommenden rechtlichen Gesichtspunkten umfas-

send zu beurteilen (§ 264), dazu führen kann, dass der Angeklagte auf Grund eines anderen als des in der Anklage angeführten Strafgesetzes verurteilt wird.

Von dieser Möglichkeit muss er, auch im Interesse der **Aufklärungspflicht** (BGH **28**, 196, 198; RG **76**, 82), unterrichtet werden, damit er seine Verteidigung auch in tatsächlicher Hinsicht darauf einrichten kann. Er muss darauf vertrauen können, dass seiner Verurteilung nur solche Strafbestimmungen zugrunde gelegt werden, auf die er entweder durch die nach § 207 zugelassene Anklage oder durch einen entspr Hinweis in der Hauptverhandlung unterrichtet worden ist (BGH **16**, 47, 49; **29**, 124, 127; 274, 278). 4

Das gebietet auch der **Grundsatz des rechtlichen Gehörs** (BGH **11**, 88, 91; NJW **88**, 501; Schlothauer StV **86**, 214; vgl aber BGH **22**, 336, 339; BayVerfG-HE **11**, II 195: kein Anspruch aus Art 103 I GG). Entsprechendes gilt in den Fällen des II. 5

Verfahrensrechtlich ist der Hinweis nach I, II demnach eine **Ergänzung der vom Gericht zugelassenen Anklage** (BGH **13**, 320, 324). Daraus folgt, dass sich die Erforderlichkeit des Hinweises grundsätzlich nach dem Inhalt der Anklage beurteilt (Schleswig SchlHA **11**, 274), wobei ein Hinweis im „wesentlichen Ergebnis der Ermittlungen" (§ 200 II) genügt (BGH NStZ **01**, 162). Was nicht nach § 200 I S 1 zum notwendigen Inhalt der Anklageschrift gehört, kann auch nicht Gegenstand des Hinweises nach I, II sein (BGH **16**, 47, 48; **22**, 336, 338; **29**, 124, 127; KG VRS **53**, 42). Das gilt insbesondere für die Rechtsfolgen der Tat. Der zugelassenen Anklage stehen die mündliche Anklage in dem Verfahren nach § 418, der Einbeziehungsbeschluss und § 266 I und (nach Einspruch) der Strafbefehl gleich. Ist die Anklage mündlich erhoben, so ist das Sitzungsprotokoll maßgebend. Im Fall des § 270 tritt der Verweisungsbeschluss an die Stelle der Anklage; weicht er rechtlich von ihr ab, so ist eine Verurteilung entspr der Anklage daher nur nach vorherigem Hinweis nach I zulässig (RG **15**, 286, 289; **65**, 363). 6

Nur bei einer Verurteilung ist der Hinweis erforderlich, also nicht, wenn das Gericht den Angeklagten freispricht oder das Verfahren einstellt. Der Verurteilung steht aber das Absehen von Strafe (vgl 1 zu § 153b) und die Einstellung auf Grund eines Straffreiheitsgesetzes gleich (BGH NJW **52**, 1346). 7

Ein **Rechtsgespräch** des Gerichts mit den Verfahrensbeteiligten ist zulässig und oftmals förderlich, verpflichtet ist das Gericht dazu aber nicht (erg 1 zu § 33). Insbesondere kann ein Verfahrensbeteiligter nicht verlangen, dass sich das Gericht zu Inhalt und Ergebnis einzelner Beweiserhebungen erklärt (BGH **43**, 212; StV **01**, 387; StraFo **03**, 95; **09**, 75; NStZ-RR **05**, 259 [B]), auch dann nicht, wenn dies in die Form eines Beweisantrages gekleidet ist (KG StV **13**, 491). 7a

2) Anderes Strafgesetz (I): 8

A. **Hinweispflicht:** Erforderlich ist der Hinweis, wenn (infolge anderer rechtlicher Beurteilung bei gleich bleibendem Sachverhalt oder wegen in der Hauptverhandlung neu hervorgetretener Tatsachen) auf Grund eines Strafgesetzes verurteilt werden soll, das anstatt oder neben einem in der Anklage bezeichneten Strafgesetz für den Schuldspruch in Betracht kommt (BGH 2 StR 242/15 vom 2.9.2015; Küpper NStZ **86**, 249; Schlothauer StV **86**, 216), auch bei Verurteilung wegen § 323a statt wegen der „Rauschtat" (Köln NStZ-RR **98**, 370; Oldenburg NJW **09**, 3669), wegen Tatvollendung statt wegen Versuchs (BGH bei Herlan MDR **54**, 531), nicht aber wegen untauglichen statt wegen tauglichen Versuchs oder bei Verurteilung unter dem Gesichtspunkt der *actio libera in causa* (Bay **92**, 161). Der Verurteilung auf Grund eines anderen Strafgesetzes steht der Fall gleich, dass sich die Zahl der Verstöße gegen dasselbe Strafgesetz erhöht (vgl BGH MDR **77**, 461 [H]; NStZ **85**, 563). Zur entspr Anwendung von I bei Änderung der Tatrichtung trotz gleich bleibenden Sachverhalts vgl unten 22. Bloße Schreibfehler in der Anklageschrift machen keinen Hinweis erforderlich. 8a

Bei **Umgestaltung der Strafklage** von einem Offizialdelikt auf ein relatives Antragsdelikt (zB von § 224 StGB auf § 223 StGB) muss die StA das besondere öffentliche Interesse an der Strafverfolgung ausdrücklich erklären (BGH NStZ-RR 8b

§ 265

17, 251; zur sonst möglichen Annahme einer konkludenten Erklärung durch Anklageerhebung siehe Fischer 4 zu § 230 StGB).

9 Auch das **mildere Strafgesetz** ist idR ein anderes Gesetz iS von I, zB § 212 statt § 211 StGB (BGH NStZ-RR **96**, 10; einschr aber BGH StV **08**, 342 mit zust Anm Wachsmuth), § 222 statt § 221 III StGB (BGH NStZ **83**, 424; Hamm JMBlNW **68**, 284), Fahrlässigkeit statt Vorsatz (Neustadt JR **58**, 352; **aM** Bay DAR **71**, 207 [R]; vgl auch BGH MDR **52**, 532 [D]; RG **65**, 363: § 161 statt § 154 StGB), Versuch statt Vollendung (BGH **2**, 250; 3 StR 510/14 vom 17.12. 2014; Bay aaO; Köln VRS **56**, 281), §§ 240, 246, 52 statt § 250 StGB (BGH StraFo **05**, 468); bei abweichenden neuen Tatumständen auch § 250 I Nr 1b statt § 250 II Nr 1 und 3 StGB (BGH StraFo **02**, 261). Der Hinweis ist aber entbehrlich, wenn nur ein erschwerender Umstand wegfällt, der die Verteidigung des Angeklagten nicht berührt, zB § 242 statt § 244 I StGB oder § 176 I statt § 176a II Nr 1 StGB (BGH NJW **70**, 904; 2 StR 65/11 vom 14.4.2011), § 253 statt § 255 StGB, oder wenn von mehreren Strafgesetzen, die der Angeklagte nach der Anklage tateinheitlich verletzt haben soll, eines entfällt. Dies soll aber nicht gelten, wenn der Angeklagte statt wegen § 30a II Nr 2 BtMG nur wegen § 29a I Nr 2 BtMG verurteilt wurde (BGH NStZ **18**, 159 mit zutr abl Anm Ventzke). Die bei Anwendung des § 21 StGB mögliche Strafmilderung nach § 49 I StGB ist kein anderes Strafgesetz iS I (BGH NJW **88**, 501). Beim Hinweis auf ein milderes Gesetz bleibt der in der zugelassenen Anklage enthaltene Vorwurf bestehen; Angeklagte und Verteidiger müssen sich hierauf einstellen (BGH MDR **72**, 925 [D]).

10 Kommt **Wahlfeststellung** in Betracht (dazu 27 zu § 260), so muss auf den in der Anklage nicht enthaltenen rechtlichen Gesichtspunkt hingewiesen werden (BGH NStZ **90**, 449; NJW **85**, 2488; MDR **77**, 108 [H]), nicht notwendig auch auf die Möglichkeit der Wahlfeststellung (BGH MDR **74**, 369 [D]).

11 Auch auf eine **Änderung der Schuldform** (Vorsatz statt Fahrlässigkeit; für den umgekehrten Fall vgl oben 9) muss hingewiesen werden (BGH VRS **49**, 184; Bay DAR **77**, 206 [R]; **86**, 248 [R]; Koblenz VRS **63**, 50), selbst wenn beide Begehungsweisen im selben Straftatbestand erfasst werden (Braunschweig NStZ-RR **02**, 179; Oldenburg StraFo **11**, 401). Fehlt in der Anklage die Angabe der Schuldform, so ist ein Hinweis nur erforderlich, wenn Vorsatz angenommen werden soll (Oldenburg aaO; Stuttgart StV **08**, 626).

12 **Verschiedene Begehungs- oder Teilnahmeformen:** Der Hinweis ist auch erforderlich, wenn eine in ihrem Wesen verschiedene Begehungsform derselben Straftat in Betracht kommt (Küpper NStZ **86**, 249; Schlothauer StV **86**, 217), zB die Tatbegehung durch Tun statt Unterlassen und umgekehrt (BGH StV **84**, 367 L; StraFo **02**, 15), die andere Begehungsform bei § 142 StGB (Brandenburg StraFo **02**, 193 mwN), bei § 146 (BGH wistra **93**, 193), bei § 177 (BGH StV **06**, 5), bei § 211 StGB (BGH **23**, 95; **25**, 287; NStZ **85**, 16 [Pf/M]; StV **98**, 583; StraFo **11**, 231; NStZ **17**, 242), auch bei Austausch der Bezugstat beim Verdeckungsmord (BGH **56**, 121 = JR **12**, 86 mit Anm Niemöller), bei § 224 StGB (BGH NStZ **18**, 557; **84**, 328; StV **97**, 237), bei § 266 StGB (BGH NJW **54**, 1616: Übergang vom Missbrauchs- zum Treubruchstatbestand; einschr für den umgekehrten Fall: BGH NJW **84**, 2539), bei § 308 StGB (BGH StV **89**, 468), bei § 315c StGB (Hamm VRS **42**, 115), bei § 323a StGB, wenn sich die Rauschtat ändert (Bay **54**, 45; Schleswig SchlHA **69**, 153 [E/J]).

13 Dagegen bedarf es beim Übergang zu einer anderen **gleichartigen Begehungsform** keines Hinweises (vgl BGH **21**, 1; **23**, 95, 96; NStZ **88**, 212 [M]), zB bei § 224 StGB (RG **30**, 176: mittels gefährlichen Werkzeugs statt mittels Waffe), bei § 225 StGB (RG **70**, 358: Vernachlässigen statt Quälen und Misshandeln), bei § 226 StGB (BGH JR **89**, 294: Lähmung statt Verlust eines Gliedes), bei § 284 I (Düsseldorf JMBlNW **91**, 19); vgl auch BGH 3 StR 435/16 vom 20.12.2016 zu verschiedenen Katalogtaten nach § 140 Nr 2 iVm § 126 I Nr 2 StGB; weitere Beispiele aus der Rspr bei SK-Velten 19.

14 I gilt auch, wenn eine **andere Teilnahmeform** in Betracht kommt, zB Mittäter- statt Alleintäterschaft (BGH **11**, 18; NStZ **92**, 292 mwN; **94**, 46; StV **96**, 82;

StraFo **13**, 480), und im umgekehrten Fall (BGH **11**, 18; NStZ **90**, 449; StV **84**, 368; **12**, 710 L; **16**, 778 L; wistra **96**, 69), Teilnahme statt Täterschaft oder Mittäterschaft (BGH MDR **77**, 63; 1 StR 298/18 vom 24.1.2019) und umgekehrt (BGH **56**, 235, 237; StraFo **15**, 517), Wechsel der Teilnahmeform (Anstiftung statt Beihilfe und umgekehrt), ebenso Annahme eines uneigentlichen Organisationsdelikts statt Mittäterschaft (BGH NStZ **18**, 673).

Ferner gilt I bei **anderer Beurteilung des Konkurrenzverhältnisses**, zB **15** wenn Tatmehrheit statt Tateinheit (BGH StV **91**, 102; Koblenz OLGSt S 29) oder Tateinheit statt Tatmehrheit, angenommen werden soll.

Auf die Möglichkeit der **Bejahung besonderer Schuldschwere** nach § 57a **15a** StGB sollte hingewiesen werden, wenn die Anklageschrift einen solchen Hinweis nicht enthält; eine Verpflichtung hierzu besteht aber nicht (BGH NJW **96**, 3285; **aM** Wollweber NJW **98**, 122; zw BGH NStZ-RR **03**, 291 [B], dagegen BGH StV **06**, 60 mit abl Anm Lüderssen). Dies gilt gleichermaßen für die Anwendbarkeit von Jugendstrafrecht oder Erwachsenenstrafrecht für Heranwachsende (vgl BeckOK-Eschelbach 15).

B. **Inhaltlich** muss der Hinweis eindeutig sein (BGH StV **13**, 485) und den Ange- **15b** klagten und seinen Verteidiger in die Lage versetzen, die Verteidigung auf den neuen rechtlichen Gesichtspunkt einzurichten (BGH **13**, 320, 324; **18**, 56; NStZ **85**, 563; StV **85**, 489). Daher muss für den Angeklagten und den Verteidiger aus dem Hinweis allein oder iVm der zugelassenen Anklage erkennbar sein, welches Strafgesetz nach Auffassung des Gerichts in Betracht kommt und in welchen Tatsachen es die gesetzlichen Merkmale als möglicherweise erfüllt ansieht (BGH **2**, 371, 373; **11**, 88; **13**, 320, 324; **18**, 56; **22**, 29, 30; NStZ **83**, 34; **98**, 529; **05**, 111; **11**, 475; Oldenburg NJW **09**, 3669). Erforderlich und ausreichend ist jeder Hinweis, der dies erfüllt (BGH **18**, 56; StV **98**, 414; NJW **85**, 2488; NStZ **83**, 569). Wird einer von 2 Mittätern darauf hingewiesen, dass er wegen Beihilfe verurteilt werden kann, so erübrigt sich der Hinweis an den anderen, dass für ihn Alleintäterschaft in Betracht kommt (BGH NStZ **83**, 569; **aM** Berz NStZ **86**, 87 mwN). Der Hinweis auf die Möglichkeit der Verurteilung wegen Beihilfe deckt aber nicht den Schuldspruch wegen Mittäterschaft ab (BGH NJW **85**, 2488). Die bloße Bezeichnung der neu in Betracht kommenden Gesetzesbestimmungen reicht regelmäßig nur aus, wenn der Angeklagte durch einen rechtskundigen Verteidiger vertreten ist (BGH **13**, 320, 324; MDR **57**, 653 [D]; vgl aber auch BGH **18**, 56). Das Gericht muss idR die Tatbestandsmerkmale des neuen rechtlichen Gesichtspunkts eindeutig bezeichnen, um dem Angeklagten zu erkennen zu geben, auf welche tatsächlichen Annahmen sich der neue Vorwurf stützt (BGH **13**, 320, 324; **19**, 141, 143; NStZ **81**, 190 [Pf]; **93**, 200); der bloße Hinweis auf die gesetzliche Bestimmung ohne Angabe der tatsächlichen Umstände kann unzureichend sein (BGH StraFo **07**, 159; NStZ **12**, 50), reicht allerdings bei unveränderter Sachlage (BGH NStZ **11**, 474). Eine Belehrung in Form eines Rechtsgesprächs ist aber nicht erforderlich (BGHR § 265 I Hinweis 2). Nennt ein Strafgesetz mehrere gleichwertig nebeneinander stehende Begehungsformen, wie etwa § 211 StGB, so muss der Hinweis angeben, welche von ihnen nach Ansicht des Gerichts in Betracht kommt (BGH **23**, 95, 96; **25**, 287, 288; NJW **85**, 2488; NStZ **98**, 529; **07**, 116; StV **91**, 501; erg oben 12); bei rechtlich gleich schwerwiegenden Begehungsarten ist diese Angabe entbehrlich (BGH **21**, 1).

Im Falle verschiedener Mordmerkmale muss der rechtl Hinweis, wenn dies **15c** nicht nach den Umständen selbst erklärend ist, regelmäßig die konkreten Tatsachen benennen, aus denen sich ggf das andere Mordmerkmal ergeben soll (vgl BGH NStZ **05**, 111; **11**, 475); insbes beim Hinweis auf das Mordmerkmal der niedrigen Beweggründe sind auch diejenigen Tatsachen und Umstände konkret zu bezeichnen, die dieses Mordmerkmal ausfüllen können (BGH NStZ **17**, 242 mit Anm Gubitz; 5 StR 656/18 vom 9.1.2018 zu einem Hinweis nach II Nr 3).

Auch in anderen Fällen kann es zum Schutz des Angeklagten vor Überra- **15d** schungen erforderlich sein, den rechtlichen Hinweis mit konkreten Tatsachen inhaltlich anzureichern (BGH 2 StR 242/16 vom 26.4.2017 zu § 266a).

§ 265

16 **3) Sonstige Hinweispflichten (II):** II wurde durch das Gesetz vom 17.8.2017 BGBl I 3202, 3210) neu gefasst und ergänzt; die Vorschrift enthält nunmehr Hinweise auf die Veränderung rechtlicher (Nr 1) wie auch tatsächlicher (Nr 3) Gesichtspunkte.

17 **A. Straferhöhende Umstände, Sicherungsmaßregeln, Nebenstrafen (Nr 1):**

17a a) Der **Hinweis auf straferhöhende Umstände** ist nur erforderlich, wenn sie sich erst in der Hauptverhandlung ergeben haben (neu hervorgetreten sind), der Angeklagte sie also nicht bereits der Anklageschrift entnehmen und seine Verteidigung darauf einrichten konnte (BGH **29**, 274, 279; krit Schlothauer StV **86**, 220; zum Verhältnis von II zu I Wachsmuth ZRP **06**, 121). Der Wegfall straferhöhender oder das Hervortreten strafmildernder Umstände begründet keine Hinweispflicht (LR-Stuckenberg 40). Das Gleiche gilt für den Wegfall eines in der zugelassenen Anklage aufgeführten Milderungsgrundes (BGH NJW **88**, 501: § 21 StGB).

18 **Straferhöhende Umstände** iS von II sind grundsätzlich die gleichen, für die § 263 II bei der Abstimmung eine Zweidrittelmehrheit verlangt (dort 6). Erforderlich ist, dass die in Betracht kommende Strafschärfung an gesetzlich bestimmte Umstände anknüpft, dass also, wie in §§ 221 II, III, 224, 226, 239 III, IV, 239a III, 246 II, 250 I StGB durch Hinzutritt eines weiteren Tatbestandsmerkmals ein neuer gesetzlicher Tatbestand entsteht (vgl BGH **29**, 274, 279/80; NJW **55**, 31; **59**, 996; **77**, 1830; Jena StV **07**, 230) oder eine anderweit gesetzlich festgelegte Strafschärfungsregelung angewendet werden soll (BGH NJW **77**, 1830).

19 An diesen Voraussetzungen fehlt es bei den unbenannten **besonders schweren Fällen** (vgl BGH **29**, 274, 279; StV **00**, 298 L). Erläutert das Gesetz – wie nun idR – die besonders schweren Fälle an Regelbeispielen, so ist dagegen ein Hinweis erforderlich, wenn sich erst in der Hauptverhandlung ergibt, dass die Merkmale eines Regelbeispiels verwirklicht sein können (BGH NJW **88**, 501; Arzt JuS **72**, 516; Wessels Maurach-FS 308). Entsprechendes gilt, wenn die Voraussetzungen des Regelbeispiels sich nicht ohne weiteres aus dem äußeren Sachverhalt ergeben, aber schon im Rahmen des Schuldvorwurfs Gegenstand der Verhandlung ist (BGH NJW **80**, 714 für den Fall gewerbsmäßigen Handelns; weitergehend KK-Kuckein/Bartel 15; Roxin/Schünemann 44, 30: stets, wenn die Verurteilung wegen eines besonders schweren Falles auf Grund eines Regelbeispiels in Betracht kommt). Die Annahme eines besonders schweren Falles außerhalb der Regelbeispiele erfordert dagegen keinen Hinweis (Arzt aaO; **aM** Schlothauer StV **86**, 221).

20 b) Der **Hinweis auf die mögliche Anordnung einer Sicherungsmaßregel**, die nicht bereits in der zugelassenen Anklage erwähnt wird, ist stets erforderlich, gleichgültig, ob in der Hauptverhandlung neue Tatsachen hinzugetreten sind, die erst die Anordnung der Sicherungsmaßregel ermöglichen, oder ob das Gericht bei gleich bleibendem Sachverhalt entgegen der Anklage die Maßregel in Betracht zieht. Das gilt zB bei Anordnung eines Berufsverbots (BGH **2**, 85), bei der Entziehung der Fahrerlaubnis (BGH **18**, 288; StraFo **03**, 276), und zwar auch dann, wenn zuvor im Strafbefehl ein Fahrverbot verhängt worden war (Bay **04**, 43 = NZV **04**, 425), bei der Anordnung einer isolierten Sperre für die Erteilung der Fahrerlaubnis (KG VRS **129**, 10), bei Anordnung von Führungsaufsicht (BGH StV **15**, 207), bei Unterbringung im psychiatrischen Krankenhaus (BGH NStZ **83**, 358 [Pf/M]; NStZ-RR **02**, 271; 5 StR 173/14 vom 20.5.2014), in der Entziehungsanstalt (BGH StV **08**, 344; **15**, 206) und in der Sicherungsverwahrung (BGH StV **94**, 232; NStZ-RR **04**, 297; NStZ **09**, 227). Die Hinweispflicht erstreckt sich nicht auf die einzelnen Anordnungstatbestände des § 66 StGB (BGH StraFo **17**, 418; vgl ferner BGH StV **82**, 4; **88**, 329; Koblenz VRS **50**, 30; Schlothauer StV **86**, 216). Der Hinweis ist auch erforderlich, wenn eine andere als die in der Anklageschrift bezeichnete Maßregel in Betracht kommt (BGH **29**, 274, 279; StV **91**, 198). Die Aufnahme in die Liste der anzuwendenden Vorschriften in der Anklageschrift sowie ein etwaiger Hinweis im wesentlichen Ergebnis der Ermittlungen, dass ein Sachverständiger mit der Erstellung eines entsprechenden Gutachtens beauftragt worden sei, reicht aus (BGH NStZ-RR **18**, 23). Dass sich Verfahrensbeteiligte – insbesondere ein Sachverständiger – dazu geäußert haben, genügt allein nicht (BGH NStZ-RR **02**, 271; **04**, 297; StraFo **03**, 57; **10**, 157; erg unten 28).

c) Nach **Nr 1** ist auch der **Hinweis auf die mögliche Anordnung einer Nebenstrafe oder Nebenfolge** erforderlich, also etwa die Einziehung (§§ 73 ff StGB; BGH NStZ **19**, 747 [1. StS]; Koblenz NJW **18**, 2505) oder Unbrauchbarmachung (§ 74d StGB) oder Aberkennung des Rechts, öffentliche Ämter zu bekleiden (BGH NStZ **20**, 47), aber auch das Fahrverbot (§ 44 StGB; BT-Drucks 18/11277 S 35). Ob die Hinweispflicht auch gilt, wenn zwar in Anklage und Eröffnungsbeschluss der erforderliche Hinweis unterblieben war, aber wenigstens die zugrunde liegenden Tatsachen schon vor der Hauptverhandlung bekannt und in der Anklage genannt waren oder von einem anderen Verfahrensbeteiligten als dem Gericht in der Hauptverhandlung zur Sprache gebracht wurden, ist unter den Senaten des BGH umstritten (bejahend der 1. StS = BGH NStZ **19**, 747 mit Anm Mosbacher JuS **19**, 766, 768; vgl auch 1 ARs 14/19 vom 10.10.2019; dem 1. StS zuneigend der 4. StS [4 ARs 15/19 vom 15.1.2020] verneinend unter Hinweis auf den Wortlaut von Nr 1 [„erst in der Verhandlung ... ergeben"] der 5. StS = BGH NStZ **19**, 748 mit abl Anm Börner; dem 5. StS zuneigend der 2. StS [2 ARs 236/19 vom 15.1.2010]).

B. **Abweichen von einer mitgeteilten vorläufigen Bewertung (Nr 2):** Die durch das Gesetz vom 17.8.2017 (BGBl I 3202, 3210) eingeführte Vorschrift verpflichtet das Gericht zu einem Hinweis, wenn es von einer in der Verhandlung (nicht außerhalb: BGH 5 StR 519/18 vom 29.11.2018) mitgeteilten vorläufigen Bewertung der Sach- oder Rechtslage abweichen will. Sie basiert auf der – auch § 257c IV S 4 zugrundeliegenden – Überlegung, dass durch die vorherige Mitteilung bei den Verfahrensbeteiligten ein Vertrauenstatbestand geschaffen wurde und Überraschungsentscheidungen vermieden werden sollen (vgl BT-Drucks 18/11277 S 35). Es kommen hierfür etwa Mitteilungen des Gerichts im Rahmen von Erörterungen nach § 265 I oder II, 257b (vgl Düsseldorf StraFo **19**, 158; erg 18 zu § 24) oder sonstige im Protokoll festgehaltenen Bewertungen in Betracht, zB ein Hinweis, falls das Gericht nach einer gescheiterten Absprache – zB mangels Zustimmung der StA – und dennoch auf ein vom Angeklagten abgelegtem Geständnis die mitgeteilte Strafobergrenze überschreiten möchte (vgl Schneider NStZ **18**, 233; erg 25b zu § 257c).

C. **Hinweis auf veränderte Sachlage (Nr 3):** Nr 3 (eingeführt durch das Gesetz vom 17.8.2017 [BGBl I 3202, 3210]) hat die Hinweispflichten des Gerichtes nunmehr ausdrücklich auf Veränderungen der Sachlage erstreckt, die zuvor nur eine entsprechende Anwendung des § 265 ermöglichten (siehe 21 zu § 265 der 60. Aufl). Weitergehende Hinweispflichten werden dadurch nicht begründet, die zur aF von der Rspr entwickelten Grundsätze sind grundsätzlich weiter anwendbar (BGH NStZ **19**, 239; **20**, 97 mit zust Anm Arnoldi; siehe aber 24 zur Relevanz der Änderung für das Verteidigungsverhalten). Der Angeklagte darf nicht mit der Feststellung einer erheblichen Tatsache überrascht werden, auf die er weder durch die Anklage noch durch den Eröffnungsbeschluss so vorbereitet worden ist, dass er sich dazu äußern konnte (so schon zur alten Rechtslage BGH **11**, 88, 91; NStZ **94**, 46; Jena StV **07**, 230). Die Hinweispflicht hängt von den Umständen des Einzelfalls ab (BGH NStZ **15**, 233).

Eine **Hinweispflicht besteht insbesondere**, wenn sich die tatsächlichen Grundlagen des Schuldvorwurfs oder das Tatbild wesentlich ändern (BGH StV **90**, 249), vor allem soweit Tatzeit, Tatort, Tatobjekt, Tatopfer, Tatrichtung oder beteiligte Personen betroffen sind (BGH NStZ **19**, 239), aber auch bei einer Veränderung der Motivlage im Rahmen des § 211 StGB bei der Annahme niedriger Beweggründe (BGH NStZ **19**, 236; **20**, 94). Dies gilt ebenso, wenn das Gericht anstelle nicht näher konkretisierter Taten in einem bestimmten Tatzeitraum nun

§ 265

von nach Zeit, Ort und Tatbegehung bestimmten Taten ausgehen will (BGH **40**, 44, 48; **44**, 153; NStZ **96**, 295; **99**, 42; NJW **98**, 3654; einschr BGH **48**, 221: nur ausnahmsweise geboten; vgl auch BeckOK-Eschelbach 20, 21: nachträgliche Substantiierung anfänglich vage umschriebener Serientaten), oder wenn bei einer Anklage wegen Beihilfe die Person des Haupttäters (Hamburg HESt **3**, 54), bei Anklage wegen Mittäterschaft die des Mittäters wechselt (vgl BGH MDR **77**, 108 [H], der die Hinweispflicht aus IV herleitet) oder wenn das Gericht von unbekannten statt in der Anklage benannten Mittätern ausgehen will (BGH MDR **77**, 108 [H] und BGH NStE Nr 17) oder wenn das Opfer der Straftat ausgewechselt werden soll (Schleswig SchlHA **74**, 183 [E/J]; Stuttgart MDR **67**, 233) oder ein weiterer Verletzter hinzutritt (BGH GA **62**, 338). Die Hinweispflicht nach Nr 3 besteht auch, wenn das Gericht eine andere Tatzeit feststellen (vgl BGH **19**, 88; NJW **88**, 571; NStZ **84**, 422; **94**, 502; StV **97**, 237; StraFo **06**, 75; Bremen StV **96**, 301) oder von einem wesentlich erweiterten Tatzeitraum ausgehen will (BGH NStZ-RR **06**, 316, 317; Schleswig MDR **80**, 516; Köln StV **84**, 414); das ist aber ohnehin nur zulässig, wenn die in der Anklage beschriebene Tat unabhängig von der Tatzeit nach anderen Merkmalen individualisiert und dadurch weiterhin als einmaliges, unverwechselbares Geschehen gekennzeichnet ist (BGH 4 StR 230/14 vom 3.7.2014; sonst ist eine Nachtragsanklage notwendig). Ein Hinweis auf Feststellungen, die sich nur auf die Tatplanung und -vorbereitung oder generell auf die Bewertung von Indiztatsachen beziehen (vgl BGH 5 StR 65/18 vom 8.5.2018; BGH 1 StR 688/18 vom 9.5.2019), soll aber regelmäßig nicht erforderlich sein (vgl BGH NStZ **00**, 48 zur aktuellen Rechtslage); auch insoweit wird es allerdings auf eine Einzelfallbetrachtung ankommen. Das Gericht ist jedenfalls nicht verpflichtet, sich zu einzelnen Beweiserhebungen zu erklären oder vor der Urteilsberatung seine Beweiswürdigung offenzulegen (BGH 1 StR 688/18 vom 9.5.2019).

24   Die Veränderung der Sachlage muss **für das Verteidigungsverhalten bedeutsam** sein, um die Hinweispflicht auszulösen. Aus dem Verweis auf die in I normierte Hinweispflicht ergibt sich nunmehr, dass es nicht mehr ausreicht, wenn der Angeklagte aus dem Gang der Verhandlung erfährt, dass das Gericht neue tatsächliche Gesichtspunkte in seine die Tatfrage betreffenden Überlegungen einbezogen hat oder dass diese im Rahmen von Vernehmungen angesprochen worden sind (BGH NStZ **19**, 236 [3. StS] mit zust Anm Gubitz; KK-Barthel 18b; **aM** allerdings BGH NStZ **19**, 239 [5. StS]; insoweit zust Arnoldi NStZ **20**, 99, 101; dahingestellt von BGH 2 StR 315/19 vom 24.9.2019; zur Rspr zur früheren Rechtslage vgl BGH NStZ-RR **11**, 263 [B]; StV **96**, 584; **98**, 381). Das bisherige erkennbare Verteidigungsverhalten des Angeklagten in tatsächlicher Hinsicht kann ebenso in die Beurteilung einfließen wie das Ergebnis der Beweisaufnahme, wie es sich nach ihrem bisherigen Verlauf darstellt.

25   **Inhaltlich** muss der Hinweis auf die veränderte Sachlage eindeutig, umfassend und unmissverständlich sein. Er muss den Angeklagten in die Lage versetzen, sich in seinem Verteidigungsverhalten auf die veränderte Sachlage einzustellen, sich dazu erforderlichenfalls zu äußern und Beweisanträge zu stellen oder Beweisanregungen zu geben (vgl dazu schon BGH **19**, 141; **28**, 196; StV **91**, 149).

26   **4) Entbehrlichkeit des Hinweises:** Der Hinweis nach I, II ist überflüssig, wenn der neue rechtliche oder tatsächliche Gesichtspunkt schon in dem (dem Angeklagten bekanntgegebenen) Verweisungsbeschluss nach § 270 (BGH **22**, 29, 31; Hanack JZ **72**, 434; oben 6) oder, bei Urteilsaufhebung durch das Revisionsgericht nach § 354 II, in dem aufgehobenen oder in dem aufhebenden Urteil erörtert ist (BGH **22**, 29, 31; StV **08**, 342 mit krit Anm Wachsmuth), auch wenn es in der neuen Hauptverhandlung nicht verlesen worden, sondern dem Angeklagten nur durch Zustellung bekanntgemacht worden ist. War die Hauptverhandlung nach Erteilung des Hinweises ausgesetzt worden, so ist seine Wiederholung nicht erforderlich, sofern kein Anhalt dafür besteht, dass der Angeklagte ihn vergessen hat (BGH MDR **71**, 363 [D]; offen gelassen von BGH NStZ **98**, 529).

Entsprechendes gilt im **Berufungsrechtszug**. Ein schon im 1. Rechtszug erteilter Hinweis braucht nur wiederholt zu werden, wenn konkrete Zweifel daran bestehen, dass der Angeklagte ihn noch in Erinnerung hat (vgl RG **59**, 423; KK-Kuckein/Bartel 23; weitergehend LR-Stuckenberg 14). Der Hinweis ist auch entbehrlich, wenn schon der 1. Richter den Angeklagten (unter Verletzung von I) auf Grund des veränderten rechtl Gesichtspunkts verurteilt hatte (Köln NJW **57**, 473 L) oder wenn das Berufungsgericht entspr der zugelassenen Anklage, von der der 1. Richter abgewichen war, entscheiden will (Koblenz VRS **52**, 428), nicht aber, wenn das 1. Urteil den neuen rechtlichen Gesichtspunkt nur erörtert hat, ohne den Angeklagten deswegen zu verurteilen (Bay VRS **61**, 31). 27

Im **Wiederaufnahmeverfahren** muss der in der früheren Hauptverhandlung erteilte Hinweis in der neuen Hauptverhandlung wiederholt werden (RG **58**, 52), sofern nicht schon das frühere Urteil den Angeklagten unter dem neuen rechtlichen Gesichtspunkt verurteilt hatte (RG aaO; **57**, 10). 28

Etwaige **konkludente Informationen** aus dem Gang der Hauptverhandlung machen den **Hinweis nicht entbehrlich** (BGH 1 StR 186/18 vom 6.12.2018; NStZ 19, 236 [3. StS]; vgl aber auch BGH NStZ 19, 239 [5.StS]; erg 47 zum Revisionsvorbringen). Der Hinweis ist nicht deshalb nicht etwa deshalb entbehrlich, weil einzelne oder alle Prozessbeteiligte den neuen rechtlichen Gesichtspunkt in der Hauptverhandlung von sich aus erörtert haben (BGH **19**, 141; **22**, 29, 31; NStZ **98**, 529) oder ein Sachverständiger dazu gehört wurde (BGH StV **08**, 344; NStZ **09**, 468), auch wenn sich das Gericht an dem Meinungsaustausch beteiligt hat (BGH NJW **64**, 459; NStZ **09**, 227), oder weil der StA den Hinweis angeregt (BGH **56**, 121, 125; NStZ **83**, 358 [Pf/M]) oder die Verurteilung unter dem neuen rechtlichen Gesichtspunkt beantragt hat (BGH StV **88**, 329; NStZ **94**, 25 [K]; StraFo **05**, 468; NStZ-RR **07**, 5 [B]; Bay VRS **62**, 129). Den Hinweis ersetzt auch nicht die Erörterung des neuen rechtlichen Gesichtspunkts in einem Beschluss über die Haftfortdauer (BGH **22**, 29; 1 StR 298/18 vom 24.1.2019) oder über die Ablehnung eines Beweisantrags (KMR-Stuckenberg 16) oder die Beauftragung eines Sachverständigen (BGH StV **10**, 178) oder die Übersendung eines Sachverständigengutachtens (Oldenburg NJW **09**, 3669) oder seine Aufnahme in eine Zeugenladung (KG VRS **130**, 117). Ein Hinweis ist auch nicht etwa deshalb entbehrlich, weil eine Verständigung nach § 257c zwischen dem Gericht und den Verfahrensbeteiligten getroffen wurde und das Gericht die Strafe dem Verständigungsstrafrahmen entnehmen will (BGH **56**, 235 mit abl Anm Jahn/Rückert NStZ **12**, 48). 29

5) Die **Erteilung des Hinweises** nach I oder II ist Aufgabe des Vorsitzenden. Nur wenn er den Hinweis ablehnt, gilt § 238 II (LR-Stuckenberg 48). 30

Der Hinweis ist **dem Angeklagten selbst** zu erteilen, daneben richtet er sich auch an den Verteidiger (BGH NStZ **83**, 35; **93**, 200); Erteilung nur an den Verteidiger genügt bei Anwesenheit des Angeklagten in der Hauptverhandlung aber nicht (BGH NStZ **13**, 248; StV **15**, 206). Wenn der Angeklagte an der Verhandlung nicht teilnimmt, ist ihm der Hinweis schriftlich zu erteilen, ggf iVm der neuen Ladung zur Hauptverhandlung (LR-Stuckenberg 50; vgl BGH MDR **69**, 360 [D] für § 231 II; Bay **55**, 186 = JR **56**, 70 für § 233; erg 21 zu § 231; 16 zu § 233; 3 zu § 234a). Im Fall des § 231b I S 1 kann es genügen, dass dem Angeklagten der Hinweis schriftlich oder durch einen beauftragten Richter mündlich bekanntgegeben wird. Erscheint für den abwesenden Angeklagten ein Verteidiger, so genügt es, außer im Fall des § 233, dass diesem die Hinweise nach I und II erteilt werden (§ 234a Hs 1). 31

Der Hinweis ist in dem **Zeitpunkt** zu erteilen, in dem sich erstmals die Möglichkeit einer anderen rechtlichen Beurteilung ergibt, also frühzeitig. Er kann auch schon bei der Vorbereitung der Hauptverhandlung erteilt werden, auch schon im Eröffnungsbeschluss (BGH **23**, 304), sonst in öffentlicher Sitzung (BGH StraFo **03**, 134). 32

32a Eine **gesonderte Befragung** des Angeklagten nach dem Hinweis ist zwar zweckmäßig, unerlässlich aber nur, wenn sonst – etwa wegen unmittelbar danach erfolgende Urteilsberatung oder -verkündung – keine Verteidigungsmöglichkeit bestünde (BGH NStZ **13**, 58).

33 Der Hinweis nach I oder II ist eine **wesentliche Förmlichkeit der Hauptverhandlung** iSd § 273 I; er wird nach § 274 nur durch das Sitzungsprotokoll bewiesen (BGH **2**, 371, 373; **19**, 141; 5 StR 173/14 vom 20.5.2014; Braunschweig NStZ-RR **02**, 179; Bay VRS **62**, 129; Hamm NJW **80**, 1587). Auch der wesentliche Inhalt des Hinweises ist im Protokoll zu beurkunden (BGH **2**, 371, 373; MDR **70**, 198 [D]); fehlt dies, so kann das Revisionsgericht den Inhalt des Hinweises aber im Freibeweis (7, 9 zu § 244) feststellen (BGH **13**, 320, 323; **19**, 141, 143; **aM** BGH MDR **70**, 198 [D]; Hänlein/Moos NStZ **90**, 482).

33a Eine **Rücknahme des Hinweises**, weil das Gericht an der ursprünglichen rechtlichen Bewertung festhalten will, ist nicht erforderlich (BGH NJW **98**, 3654, 3655; 5 StR 38/18 vom 3.7.2018; krit dazu unter dem Gesichtspunkt des fairen Verfahrens Scheffler JR **89**, 260; zw auch Burhoff HV 1697).

34 **6) Aussetzung bei veränderter Sach- und Rechtslage (III):**

35 A. Einen **Rechtsanspruch auf Aussetzung der Verhandlung** (§ 228 I S 1) hat der Angeklagte unter den Voraussetzungen des III im Offizialverfahren, nicht im Privatklageverfahren (§ 384 III). Eine Belehrung über sein Antragsrecht schreibt das Gesetz nicht vor (vgl dazu BGH StV **98**, 252). Ein Anspruch auf Aussetzung besteht dagegen in den Fällen des II Nr 2 und Nr 3 nicht (vgl BT-Drucksache 18/11277 S 36).

36 B. **Voraussetzung des Aussetzungsanspruchs** ist eine Veränderung der Rechtslage infolge Hervortretens neuer Tatsachen oder tatsächlicher Verhältnise in der Hauptverhandlung, die der Angeklagte nicht der Anklageschrift, dem Eröffnungsbeschluss oder einer früheren Verhandlung entnehmen konnte (BGH wistra **06**, 191). III ist nicht anwendbar, wenn der Tatrichter aus dem unverändert gebliebenen Tatsachenmaterial lediglich andere Schlussfolgerungen zieht oder Feststellungen trifft (BGH NStZ **18**, 558). Ein neues Beweismittel ist für sich genommen kein solcher Umstand (BGH aaO: erstmalige Einlassung eines Mitangeklagten; RG **52**, 249).

36a Die neu hervorgetretenen Umstände, die zum äußeren oder inneren Tatbestand gehören können, müssen zudem die **Anwendung eines Strafgesetzes** zulassen, das nach seiner **abstrakten Strafandrohung schwerer** ist als das in der zugelassenen Anklage bezeichnete (zB Mord statt Totschlag, vgl BGH NStZ **93**, 400, nicht aber der Wegfall einer fakultativen Strafmilderungsmöglichkeit, vgl BGH NStZ **13**, 358 [§ 23 II, 49 I StGB] sowie BGH NStZ **18**, 558 [§§ 27 II, 49 I StGB]). Dem steht der Fall gleich, dass neu hervorgetretene Umstände der Strafbarkeit erhöhen oder die Anordnung einer Sicherungsmaßregel oder die Verhängung einer Nebenstrafe oder Nebenfolge begründen können (II Nr 1). Der Aussetzungsanspruch setzt ferner voraus, dass der Angeklagte die neu hervorgetretenen Umstände bestreitet, dh ihre Richtigkeit in Abrede stellt (BGH NStZ **16**, 61 mit krit Anm Ventzke), und dass er behauptet, auf die Verteidigung nicht genügend vorbereitet zu sein. Ob das zutrifft, hat das Gericht nicht zu prüfen (allg M). Es kann aber abweichend von der Auffassung des Angeklagten beurteilen, ob die neu hervorgetretenen Umstände die Anwendung der schwereren Bestimmung überhaupt zulassen.

37 C. **Entscheidung über den Aussetzungsantrag:** Nach der Rspr ist eine Unterbrechung der Hauptverhandlung nach § 229 nicht ausreichend, vielmehr ist auf den Antrag des Angeklagten die Hauptverhandlung nach § 228 auszusetzen und danach neu zu beginnen (BGH **48**, 183 mit zust Anm Mitsch NStZ **04**, 396, der jedoch die Regelung des III für gesetzgeberisch verfehlt hält; zust auch BeckOK-Eschelbach 58). Diese Interpretation knüpft zwar formal gut vertretbar an den Begriff der Aussetzung in § 228 an, wird jedoch in häufig vorkommenden Konstellationen, in denen zur ausreichenden Vorbereitung der Verteidigung erkennbar eine Unterbrechung der Verhandlung genügt, den praktischen Bedürfnissen nicht gerecht. Das sachgerechte Ergebnis kann mit einer vertretbaren Auslegung – untechnische Verwendung des Wortes „aussetzen" wie auch in IV – gefunden werden (zust BGH 5 StR 299/10 vom 14.10.2010); dies dürfte etwa besonders in den Fällen des II Nr 1 zu erwägen sein, in denen es nach der Ergänzung in II Nr 1 durch das Gesetz vom 17.8.2017 um die mögliche Verhängung einer Nebenstrafe oder Nebenfolge geht.

Die Aussetzungsentscheidung ergeht durch – idR unanfechtbaren (Dresden JR **08**, 304 mit zust Anm Gössel; Naumburg NStZ-RR **10**, 151 L; 4 zu § 305) – **Beschluss.** **37a**

7) Aussetzung bei veränderter Sachlage (IV): **38**

A. **Auf Antrag oder von Amts wegen** kann das Gericht auch in sonstigen Fällen die Verhandlung aussetzen, wenn das zur besseren Vorbereitung der Anklage oder Verteidigung angezeigt erscheint (vgl auch BGH **36**, 210). Der früher geäußerten Ansicht, die Vorschrift dürfe nicht eng ausgelegt werden (BGH NJW **58**, 1736; Hamburg NJW **66**, 843; Zweibrücken StV **84**, 148), wird heute wegen des Beschleunigungsgrundsatzes widersprochen und Unterbrechung statt Aussetzung empfohlen, was grundsätzlich richtig ist (Schmitt StraFo **08**, 319; offen gelassen von BGH NStZ **17**, 63). Antragsberechtigt sind alle Prozessbeteiligten, auch der Privatkläger, nicht aber der Nebenkläger (11 zu § 397). Die entspr Anwendung des IV bestimmt § 154a III S 3. **39**

B. Bei der **veränderten Sachlage** iS von IV kann es sich um eine Veränderung des Sachverhalts oder der Verfahrenslage handeln. **40**

Der **Sachverhalt ist verändert,** wenn in der zugelassenen Anklage nicht erwähnte Handlungen oder sonstige Tatsachen nach § 264 zum Gegenstand des Urteils gemacht werden sollen (BGH **8**, 92, 96; StV **92**, 452). Gleichgültig ist, ob die neuen Tatsachen den Schuldumfang, den Strafausspruch oder die Anordnung von Sicherungsmaßregeln bzw die Verhängung von Nebenstrafen oder Nebenfolgen betreffen. Sie müssen aber entscheidungserheblich sein. Ob dies die Aussetzung der Verhandlung rechtfertigt, hängt von den Umständen des Einzelfalls ab (dazu LR-Stuckenberg 103). Dabei ist vor allem auf den Zeitraum abzustellen, den die Verteidigung bei objektiver Betrachtung zu ihrer Vorbereitung benötigt. Insoweit sind auch die Verfahrenslage bei Eintritt der Änderung sowie die Bedeutung der Änderung sowie etwaige Schwierigkeiten, sich auf die neue Sachlage einzustellen, zu berücksichtigen (erg 45). **41**

Im Übrigen darf der Begriff **nicht eng ausgelegt** werden; eine Veränderung der Sachlage ist auch anzunehmen, wenn das Gericht aus dem dem Angeklagten bereits aus der zugelassenen Anklage bekannten Tatsachen andere rechtliche Schlussfolgerungen zieht (BGH NStZ **18**, 673: Fall des I). **41a**

Auch bei Veränderungen der **Verfahrenslage** gilt IV, zB bei Nachholung der unterbliebenen Übersetzung der Anklageschrift (Rübenstahl StraFo **05**, 32; erg 10 zu § 201; 18 zu Art 6 EMRK), beim Nachschieben bisher von der Verfolgungsbehörde zurückgehaltener Beweismittel in der Hauptverhandlung (BGH NStZ **05**, 430: zuvor nach § 96 gesperrte Unterlagen; Bay **81**, 14 = VRS **61**, 129; StV **81**, 225; VRS **60**, 378: Lichtbilder; LG Duisburg StV **84**, 19, LG Berlin StV **14**, 403, LG Hamburg StV **14**, 406: Akten und Beweisstücke; LG Leipzig StV **08**, 514 und LG-Nürnberg-Fürth JZ **82**, 260: Vernehmungsprotokolle; vgl auch LG Bochum NJW **88**, 1533; LG Hannover StV **13**, 79). In Betracht kommt auch die Vorlage eines vorbereiteten schriftlichen Gutachtens zur Vorbereitung der Verteidigung auf die Befragung des Sachverständigen (BeckOK-Eschelbach 68). **42**

Insbesondere gilt IV, wenn der Angeklagte in seinem Recht, sich des **Beistands eines Verteidigers** zu bedienen, unvorhergesehen beeinträchtigt wird, zB beim Ausbleiben des Verteidigers wegen plötzlicher Erkrankung (Celle NJW **65**, 2264)), beim Tod des Verteidigers (Bay StV **83**, 270) oder bei Zurückweisung des ohne Robe erschienenen Verteidigers (Köln VRS **70**, 21), uU entgegen § 228 II auch **42a** bei bloßer Verhinderung des Verteidigers (dort 10 ff; zum Verhältnis zwischen IV und § 228 II vgl allg Heubel NJW **81**, 2678), immer vorausgesetzt, dass die Durchführung der Hauptverhandlung dadurch für den Angeklagten unzumutbar wird (Celle aaO; Frankfurt NStZ-RR **96**, 304; Hamm VRS **47**, 358). Bei Niederlegung des Mandats kann die Verhandlung grundsätzlich – ggf nach einer Unterbrechung zur Einarbeitung – mit dem neu bestellten Verteidiger fortgesetzt werden, lediglich in besonders gelagerten Fällen kann auch eine Aussetzung geboten sein (BGH NJW **00**, 1350), es sei denn, es bestehen Anhaltspunkte dafür, dass ein Abbruch der Verhandlung provoziert werden soll (offen gelassen von BGH aaO).

43 **Maßgebend** ist die prozessuale Fürsorgepflicht (BGH MDR **76**, 988 [D]; Bay **62**, 226; Hamm VRS **74**, 36, 38). Dabei müssen die Bedeutung der Sache, die Schwierigkeit der Rechtslage, die Lage des Verfahrens bei Eintritt des Verhinderungsfalls, der Anlass, die Voraussehbarkeit und die voraussichtliche Dauer der Verhinderung sowie die Fähigkeit des Angeklagten, sich selbst zu verteidigen, berücksichtigt und abgewogen werden (vgl etwa BGH NStZ **18**, 673; KG NZV **93**, 411; Düsseldorf wistra **93**, 352; Hamm VRS **59**, 449; Köln VRS **42**, 284; Stuttgart StV **88**, 145; vgl auch BVerfG NJW **84**, 862; Zweibrücken StV **84**, 148). Formelhafte Wendungen erlauben dem Revisionsgericht eine Überprüfung, ob das Ermessen fehlerfrei ausgeübt wurde, nicht (BGH NStZ **19**, 481).

44 **IV gilt ferner** bei zu Unrecht verweigerter Akteneinsicht (Köln VRS **85**, 443), bei Unmöglichkeit rechtzeitiger Beauftragung eines anderen Verteidigers (Düsseldorf GA **79**, 226, 227), etwa wenn der Antrag auf Bestellung eines Verteidigers für den Angeklagten unerwartet erst kurz vor der Hauptverhandlung abgelehnt worden ist (Hamm NJW **73**, 381), bei vorangegangener Ablehnung einer Terminsverlegung durch den Vorsitzenden (Stuttgart MDR **76**, 510), oder wenn die Verteidigung (zB infolge Mangels an Vorbereitungszeit) durch den Wechsel beeinträchtigt wird (BGH NJW **65**, 2164; BGH MDR **77**, 767; BGH NStZ **83**, 281; **98**, 530; eingehend auch BGH NStZ **09**, 650).

45 C. Das **Gericht entscheidet** über die Aussetzung nach pflichtgemäßem Ermessen; maßgebend ist, ob die Gewährleistung eines fairen Verfahrens (Einl 19) und die Fürsorgepflicht (Einl 155 ff) die Aussetzung gebieten (BGH NStZ-RR **02**, 270). Die Dauer der Aussetzung bemisst sich danach, welche Zeit StA oder Verteidiger brauchen, um ihre Rechte sachgemäß wahrzunehmen. Eine **bloße Unterbrechung** der Verhandlung kann hier – im Gegensatz zu III (oben 37) – genügen (BGH **48**, 183), sie darf aber nicht zu kurz sein (BGH EzSt § 338 Nr 1); das Beschleunigungsgebot (Einl 160) ist zu beachten, jedoch gegen die Interessen einer sachgerechten Verteidigung abzuwägen (vgl BGH NStZ **18**, 673 mit Anm Ventzke). Ein Aussetzungsantrag muss noch in der Hauptverhandlung beschieden werden; bis zur Urteilsverkündung darf die Bekanntgabe der Entscheidung nicht hinausgeschoben werden (erg 6 zu § 228).

46 8) Die **Revision** kann auf Verletzung von I, II oder III gestützt werden. Es genügt bei I und II Nr 1, dass die Möglichkeit einer anderen Verteidigung nicht mit Sicherheit auszuschließen ist (BGH StraFo **15**, 517); dies gilt auch in den Fällen von II Nr 2 und Nr 3. Als Verletzung von IV kann nur geltend gemacht werden, dass das Gericht die Rechtsbegriffe verkennt oder sein Ermessen fehlerhaft ausgeübt habe (BGH **8**, 92, 96; StV **98**, 252; Koblenz VRS **51**, 288; erg 16 zu § 337), zB durch übermäßige Beschränkung des in § 137 gewährten Rechts (Celle NJW **65**, 2264). Die Verletzung des § 265 zuungunsten des Angeklagten können StA, Privat- und Nebenkläger nicht geltend machen, um eine Urteilsaufhebung zum Nachteil des Angeklagten zu erreichen (4 zu § 339).

47 Zum **notwendigen Revisionsvorbringen** gehört bei der Rüge der Verletzung von I oder II Nr 1 die Mitteilung, welchen Inhalt die zugelassene Anklage insoweit gehabt hat, und die Angabe, dass der Angeklagte ohne den erforderlichen Hinweis anders verurteilt worden ist (BGH StraFo **02**, 261; Koblenz OLGSt § 258 S 5; LR-Stuckenberg 118). Eine vollständige Wiedergabe der Anklageschrift ist nicht erforderlich, da das Revisionsgericht von Amts wegen den Inhalt der Anklage als

Hauptverhandlung § 265a

Prozessvoraussetzung zur Kenntnis zu nehmen hat (BGH StraFo **09**, 115; Hamm VRS **99**, 448). Umfasst die Anklage mehrere Straffälle, so muss dargelegt werden, in welchem von ihnen gegen I oder II verstoßen worden ist (BGH MDR **77**, 461 [H]). Die Rüge der Verletzung von III oder IV durch Ablehnung eines Aussetzungsantrags erfordert die Mitteilung des Antrags und des wesentlichen Inhalts des ablehnenden Beschlusses (Koblenz VRS **51**, 288); uU sind auch weitere Angaben notwendig, warum die verbliebene Zeit ungenügend war (vgl BGH NStZ **19**, 485; **96**, 99). Bei der Rüge nach III ist ferner Vortrag zu den neu hervorgetretenen Umständen sowie, dass der Angeklagte deren Richtigkeit bestritten hat, erforderlich (vgl BGH 1 StR 216/17 vom 22.8.2017). Bei der Rüge nach II Nr 3, dem Urteil liege eine veränderte Sachlage zugrunde (oben 22–26), ist ein entspr Tatsachenvortrag notwendig (BGH 1 StR 587/09 vom 14.1.2010; Bay **92**, 161); dazu wird auch, falls dies nicht selbst erklärend ist, gehören, inwieweit der Hinweis für die genügende Verteidigung des Angeklagten erforderlich oder nicht deshalb entbehrlich war, weil er bereits durch den Gang der Hauptverhandlung hinreichend über die Veränderung der Sachlage unterrichtet wurde (dazu im Einzelnen BGH NStZ **19**, 239; Ausführungen dazu wären allerdings nach der Rechtsauffassung des 3. Strafsenates des BGH entbehrlich [NStZ **19**, 236 mit Anm Gubitz]; erg 24, 29).

Das **Urteil beruht** idR auf dem Verstoß gegen I, II. Dabei genügt, dass eine 48 andere Verteidigung nicht ausgeschlossen werden kann; nahezuliegen braucht sie nicht (BGH NJW **85**, 2488; MDR **74**, 548 [D]; **89**, 685 [H]). Ausnahmsweise kann das Beruhen verneint werden, wenn StA und Verteidiger sich mit dem neuen Gesichtspunkt in der Hauptverhandlung befasst haben und daher nicht ersichtlich ist, dass dem Angeklagten eine andere Verteidigungsmöglichkeit offenstand (BGH MDR **77**, 63; NStZ **95**, 247; StraFo **08**, 385), oder wenn sonst sicher festgestellt werden kann, dass sich der Angeklagte auch bei einem entspr Hinweis nicht anders hätte verteidigen können (BGH **2**, 250; **23**, 95, 98; StV **88**, 329; NStZ-RR **96**, 10; BGHR § 265 I Hinweispflicht 6; Köln VRS **56**, 281, 282), oder der Angeklagte in sonstiger Weise durch das Gericht einen Hinweis erhalten hatte (BGH NStZ **92**, 249: Beschluss nach § 81a). In Zweifelsfällen sind Ausführungen zur Beruhensfrage in der Revisionsrechtfertigungsschrift erforderlich (BGHR § 265 I Hinweispflicht 9; BGH StV **12**, 74; erg 27 zu § 344); dies wird sich für den Revisionsführer speziell in den Fällen des II Nr 2 und 3 empfehlen.

Befragung des Angeklagten vor Erteilung von Auflagen oder Weisungen

265a ¹Kommen Auflagen oder Weisungen (§§ 56b, 56c, 59a Abs. 2 des Strafgesetzbuches) in Betracht, so ist der Angeklagte in geeigneten Fällen zu befragen, ob er sich zu Leistungen erbietet, die der Genugtuung für das begangene Unrecht dienen, oder Zusagen für seine künftige Lebensführung macht. ²Kommt die Weisung in Betracht, sich einer Heilbehandlung oder einer Entziehungskur zu unterziehen oder in einem geeigneten Heim oder einer geeigneten Anstalt Aufenthalt zu nehmen, so ist er zu befragen, ob er hierzu seine Einwilligung gibt.

1) Von **Auflagen und Weisungen** nach §§ 56b, 56c StGB sieht das Gericht 1 idR ab, wenn der Verurteilte sich zu angemessenen Leistungen verpflichtet, die der Genugtuung für begangenes Unrecht dienen (§ 56b III StGB), oder wenn er entspr Zusagen für seine künftige Lebensführung macht (§ 56c IV StGB) und damit zu rechnen ist, dass er die Leistungen erbringen und die Zusagen einhalten wird. Dasselbe gilt bei der Verwarnung mit Strafvorbehalt (vgl § 59a II S 2 iVm § 56c III, IV StGB).

Für den Fall, dass Auflagen und Weisungen in Betracht kommen, schreibt S **1** 2 vor, dass der Angeklagte in geeigneten Fällen befragt wird, ob er sich zu freiwilligen Leistungen erbietet und Zusagen macht. Das dient der Vorbereitung der vom Gericht zu treffenden Entscheidung, insbesondere auch der Klärung, welche Auf-

Schmitt 1321

§ 265a

lagen und Weisungen für den Angeklagten zumutbar sind (vgl §§ 56b I S 2, 56c I S 2 StGB).

3 S 2 gilt für den Fall, dass eine der Weisungen nach § 56c III StGB, die nur mit Einwilligung des Verurteilten zulässig sind, in Betracht kommt; er ist dann zu befragen, ob er diese Einwilligung gibt. Wegen der meist einschneidenden Wirkung der Maßnahmen nach § 56c III StGB empfiehlt es sich, dass der Vorsitzende den Angeklagten auf die Bedeutung seiner Einwilligung besonders hinweist.

4 **2) Voraussetzungen der Befragung:**

5 A. **In Betracht kommen** müssen die Auflagen oder Weisungen. Das ist der Fall, wenn mit einiger Wahrscheinlichkeit zu erwarten ist, dass der Angeklagte verurteilt, die Strafe zur Bewährung ausgesetzt und eine Auflage oder Weisung angeordnet wird. Sofern der Angeklagte nicht voll geständig ist, kann das idR erst auf Grund einer Zwischenberatung beurteilt werden, die einen bestimmten Schuldspruch ins Auge fasst. Die Möglichkeit einer solchen Beratung setzt § 265a stillschweigend voraus (Schmidt-Hieber NJW 82, 1020).

6 B. Auf **geeignete Fälle** ist die Befragung nach S 1 beschränkt. Sie setzt voraus, dass nach der Persönlichkeit des Angeklagten mit der Einhaltung seiner Zusagen zu rechnen ist (LR-Stuckenberg 6). Die Befragung unterbleibt, wenn der Angeklagte seine Freisprechung erstrebt und sich mit seinem übrigen Vorbringen in Widerspruch setzen würde, falls er sich zu Leistungen oder Zusagen der in S 1 bezeichneten Art erböte (Wulf JZ 70, 161). Sie unterbleibt insbesondere, wenn aus anderen Gründen ein echtes und annehmbares Anerbieten bei der Persönlichkeit des Angeklagten oder den Umständen des Falles nicht zu erwarten ist.

7 Im Fall des S 2 ist die Befragung zwingend, sofern der Angeklagte die erforderliche Einwilligung zu der in Betracht gezogenen Maßnahme nicht schon vorher erteilt hatte.

8 **3)** Die **Befragung** ist Aufgabe des Vorsitzenden. Er nimmt sie aber erst vor, nachdem er sich mit den anderen Gerichtsmitgliedern darüber verständigt hat, dass die Befragung nach der Verfahrenslage überhaupt in Betracht kommt. Dem Angeklagten steht es frei, zu antworten oder zu schweigen. Seine Einwilligung kann er bis zur Erteilung der Weisung widerrufen (LR-Stuckenberg 12).

9 Bei **Abwesenheitsverhandlungen,** in denen der Angeklagte nach § 234 vertreten wird, kann der Vertreter befragt werden und Erklärungen für den Angeklagten abgeben.

10 **4) Zeitpunkt der Befragung:** Wenn der Angeklagte nicht voll geständig ist, erfolgt die Befragung idR erst nach Schluss der Beweisaufnahme vor dem letzten Wort (§ 258 III) des Angeklagten (LR-Stuckenberg 13; Wulf JZ 70, 161). Gelangt das Gericht erst in der Urteilsberatung zu dem Ergebnis, dass Auflagen oder Weisungen in Betracht kommen, so muss erneut in die Hauptverhandlung eingetreten (28 zu § 258) und die Befragung vor der Urteilsverkündung nachgeholt werden. Die vorher unterbliebene Befragung kann noch nach der Urteilsverkündung, aber vor Verkündung des Beschlusses nach § 268a erfolgen; der Beschluss darf dann erst nach erneuter Beratung erlassen werden (Wulf JZ 70, 161).

11 **5)** In das **Sitzungsprotokoll** müssen die Befragung durch den Vorsitzenden und die darauf abgegebenen Erklärungen des Angeklagten aufgenommen werden; sie sind wesentliche Förmlichkeiten iS des § 273 I (LR-Stuckenberg 16).

12 **6)** Die **Beschwerde** gegen den Beschluss nach § 268a I kann nicht auf die Unterlassung der Befragung nach S 1 gestützt werden (§ 305a I S 2; Köln NJW 05, 1671). Wird eine Weisung nach § 56c III StGB ohne Einwilligung erteilt, so ist das stets ein Beschwerdegrund.

13 **7) Revision** ist ausgeschlossen, weil die Auflagen und Weisungen nicht Teil des Urteils sind (LR-Stuckenberg 18). Werden sie versehentlich in das Urteil aufge-

Hauptverhandlung § 266

nommen, so wird dieser Urteilsteil als Beschluss nach § 268a, eine dagegen etwa eingelegte Revision als Beschwerde behandelt (11 zu § 296).

Nachtragsanklage

266 ¹ Erstreckt der Staatsanwalt in der Hauptverhandlung die Anklage auf weitere Straftaten des Angeklagten, so kann das Gericht sie durch Beschluß in das Verfahren einbeziehen, wenn es für sie zuständig ist und der Angeklagte zustimmt.

II ¹ Die Nachtragsanklage kann mündlich erhoben werden. ² Ihr Inhalt entspricht dem § 200 Abs. 1. ³ Sie wird in das Sitzungsprotokoll aufgenommen. ⁴ Der Vorsitzende gibt dem Angeklagten Gelegenheit, sich zu verteidigen.

III ¹ Die Verhandlung wird unterbrochen, wenn es der Vorsitzende für erforderlich hält oder wenn der Angeklagte es beantragt und sein Antrag nicht offenbar mutwillig oder nur zur Verzögerung des Verfahrens gestellt ist. ² Auf das Recht, die Unterbrechung zu beantragen, wird der Angeklagte hingewiesen.

1) **Nachtragsanklage (I, II):** 1
A. Auf **weitere Straftaten des Angeklagten (I)**, auch auf OWien (vgl §§ 42, 2 64 OWiG), kann die StA die Anklage erstrecken. Begriffsnotwendig muss es sich um Taten handeln, die nicht nur rechtlich selbstständig (§ 53 StGB) sind, sondern mit den angeklagten Taten auch nicht iS des § 264 eine einheitliche Handlung bilden, so dass das Gericht sie nicht schon nach dieser Vorschrift mit aburteilen kann (BGH NJW **70**, 904; Koblenz VRS **46**, 204; Saarbrücken NJW **74**, 375; Achenbach MDR **75**, 19). So sind weitere Teilakte einer Dauerstraftat oder einer Bewertungseinheit keine weiteren Straftaten iS des I (LR-Stuckenberg 5; vgl auch BGH NStZ **82**, 128; erg 9 zu 264). Etwas anderes gilt, wenn bis zum Erlass des Eröffnungsbeschlusses kein strafbarer Einzelakt nachzuweisen ist; später begangene Handlungen können dann Gegenstand der Nachtragsanklage sein (vgl BGH **27**, 115, 117; Bay **63**, 115). Nachtragsanklage kann auch zwecks wahldeutiger Verurteilung (dazu 27 zu § 260) wegen der nichtangeklagten Alternativstraftat (Greff, Die verfahrensrechtliche Bewältigung wahldeutiger Verurteilungen bei mehreren prozessualen Taten, 2002, S 89 ff) oder wegen einer erst in der Hauptverhandlung festgestellten Tat erhoben werden, die kein Teilakt der angeklagten Dauerstraftat ist (vgl auch BGH NStZ **82**, 128; 519; NJW **93**, 3338 mwN zur fortgesetzten Handlung).

Ein **sachlicher Zusammenhang** iS des § 3 zwischen den angeklagten und der 3 weiteren Tat ist nicht erforderlich. Auch Gleichartigkeit der Taten wird nicht vorausgesetzt. Die Bildung einer Gesamtstrafe braucht nicht möglich zu sein.

B. Die **Erhebung der Nachtragsanklage (II)** steht im Ermessen der StA. Sie 4 kann auch ein neues Strafverfahren einleiten (Gollwitzer JR **96**, 476; Lüttger GA **57**, 206), das aber wegen der Sonderregelung des § 266 nicht entspr § 4 (dort 9) mit dem laufenden Verfahren verbunden werden kann; sollen beide Verfahren verhandelt werden, muss mit der Hauptverhandlung neu begonnen werden (BGH **53**, 108). Die Nachtragsanklage kann bis zum Beginn der Urteilsverkündung (§ 268 II) erhoben werden (BGH MDR **55**, 397 [D]; KK-Kuckein/ Bartel 4; aM LR-Stuckenberg 9: bis zum Schluss der Hauptverhandlung).

Sie muss **mündlich** erhoben werden; S 1 ist insoweit keine Kannvorschrift (KK- 5 Kuckein/Bartel 3). Legt der StA dem Gericht eine schriftliche Nachtragsanklage vor, so muss er ihren Inhalt daher erst mündlich in der Hauptverhandlung vortragen, bevor die Erstreckung des Verfahrens zulässig ist. Dabei kann er auf die Schrift Bezug nehmen; fehlt es selbst hieran, so ist die Nachtragsanklage nicht wirksam erhoben (Bay DAR **85**, 245 [R]).

Inhaltlich muss die Nachtragsanklage, auch wenn sie nur mündlich erhoben 6 wird, den Erfordernissen des § 200 I S 1 entsprechen. Sie muss die dem Angeklag-

§ 266

ten zur Last gelegte weitere Tat unter Hervorhebung ihrer gesetzlichen Merkmale und der Zeit und des Ortes ihrer Begehung sowie das anzuwendende Strafrecht bezeichnen; das wesentliche Ermittlungsergebnis braucht nicht mitgeteilt zu werden (LR-Stuckenberg 11). Die Erhebung der Nachtragsanklage in einer den Mindestanforderungen entspr Form gehört zu den von Amts wegen zu beachtenden Prozessvoraussetzungen (BGH NStZ **86**, 207 [Pf/M]; 276; Bay **53**, 1; Koblenz VRS **49**, 43).

7 Die Nachtragsanklage wird in das **Sitzungsprotokoll** aufgenommen (S 3). Die schriftlich eingereichte Nachtragsanklage kann als Anlage zum Protokoll genommen und zu seinem Bestandteil gemacht werden

8 **2) Voraussetzungen der Einbeziehung (I):**

9 A. **Zuständigkeit des Gerichts:** Gemeint ist die sachliche Zuständigkeit; die örtliche ist stets gegeben (§ 13). Die Zuständigkeit eines niederen Gerichts hindert die Einbeziehung nicht (§ 269), die eines höheren Gerichts selbst dann, wenn das Gericht die Sache von vornherein insgesamt oder jedenfalls wegen der einbezogenen Tat nach § 270 an dieses Gericht verweisen will.

10 In der **Berufungsverhandlung** kann § 266 nicht angewendet werden, da die kleine StrK, die nur Berufungsgericht ist, die weitere Straftat nicht in das Berufungsverfahren einbeziehen kann (Stuttgart NStZ **95**, 51; KMR-Stuckenberg 3; Meyer-Goßner JR **85**, 454; Palder JR **86**, 96); mangels sachlicher Zuständigkeit kann auch für die JugK nichts anderes gelten (**aM** HK-Rautenberg 2 zu § 332; zw SK-Frisch 6 zu § 332). Eine Nachtragsanklage, die vor dem Sinn hat, die im Berufungsverfahren fehlende Voraussetzung einer zugelassenen Anklage nachzuholen, ist unzulässig, da sie sich nicht auf eine weitere Straftat iS I bezieht (BGH **33**, 167 = JR **86**, 119 mit Anm Naucke; Palder JR **86**, 97).

11 B. Nur mit **Zustimmung des Angeklagten** ist die Einbeziehung möglich (BGH NStZ-RR **99**, 303: auch bei Serienstraftaten; Jahn/Schmitz wistra **01**, 328). Sie muss ausdrücklich und eindeutig erklärt werden (BGH NJW **84**, 2172 = JR **85**, 125 mit Anm Gollwitzer). Das bloße Unterlassen eines Widerspruchs oder die sachliche Einlassung auf die Nachtragsanklage genügt nicht (BGH aaO; Bay **53**, 1; LG München I MDR **78**, 161).

12 Der Angeklagte muss die Zustimmung **persönlich erklären.** Eine von dem Verteidiger in seiner Gegenwart erklärte Zustimmung ist aber wirksam, wenn der Angeklagte ihr nicht widerspricht. Der Widerspruch des Verteidigers gegen die Zustimmungserklärung des Angeklagten ist unbeachtlich (KK-Kuckein/Bartel 7; LR-Stuckenberg 19; Schlothauer Beulke-FS 1027, 1031; **aM** Rieß NJW **77**, 883 Fn 34; Spendel JZ **59**, 741). Findet die Verhandlung in Abwesenheit des Angeklagten statt, so genügt es nicht, dass der Verteidiger zustimmt; § 234a gilt nicht (dort 3).

13 Die Zustimmung, die nicht widerrufen werden kann (allg M), gehört zu den **wesentlichen Förmlichkeiten der Verhandlung** iS des § 273 I und muss daher im Sitzungsprotokoll beurkundet werden (BGH NJW **84**, 2172 = JR **85**, 125 mit Anm Gollwitzer; MDR **77**, 984 [H]).

14 Das **Fehlen der Zustimmung** soll nach hM kein in jeder Lage des Verfahrens zu beachtendes Prozesshindernis (BGH NStZ-RR **99**, 303; Karlsruhe StV **02**, 184 mit Anm Keller/Kelnhofer; **aM** LG München I MDR **78**, 161; AK-Loos 12; vgl auch Jahn/Schmitz wistra **01**, 333), sondern im Rechtsmittelzug nur auf Rüge zu berücksichtigen sein, dann aber zur Einstellung des Verfahrens führen (BGH aaO; MDR **77**, 984 [H]; Hamm StV **96**, 532). Dem kann nicht gefolgt werden (zust LR-Stuckenberg 20; R/H-Radtke 20; SSW-Rosenau 17), weil es ein Verfahrenseinstellung ohne Vorliegen eines Verfahrenshindernisses (abgesehen von §§ 153 ff) nach den Regeln der StPO nicht gibt (Meyer-Goßner Pv 14 ff und Eser-FS 381; erg Einl 60a). Der ohne Zustimmung des Angeklagten erlassene Einbeziehungsbeschluss steht einem unwirksamen Eröffnungsbeschluss gleich und führt damit zu einem von Amts wegen zu beachtenden Befassungsverbot (Einl 143a, 150).

§ 266

3) Der **Einbeziehungsbeschluss (I)** ist eine Ermessensentscheidung, die das **15** Gericht – anders als nach § 76 II GVG (dort 4) – in der Besetzung der Hauptverhandlung (BGH NStZ-RR **14**, 165 [C/Z]; in BGH StV **11**, 365 handelte es sich nicht um eine Nachtragsanklage isd § 266), nicht der Vorsitzende allein, trifft (BGH StV **95**, 342; **02**, 183). Er hat die Wirkung eines Eröffnungsbeschlusses (unten 21) und muss in der Hauptverhandlung bekanntgemacht werden (§ 35 I). Den Erfordernissen des § 207 braucht er nicht zu entsprechen (Hamburg VRS **107**, 449; KK-Kuckein/Bartel 8); er kann auf die protokollierte Nachtragsanklage oder die als Anlage zum Protokoll genommene Anklageschrift (oben 7) Bezug nehmen, wenn er nicht von ihr abweicht. Erforderlich ist nur, dass allen Prozessbeteiligten durch das Gericht deutlich gemacht wird, dass und in welchem Umfang die weitere Tat Gegenstand des Verfahrens wird (Oldenburg JR **63**, 109), und dass insbesondere der Angeklagte erkennen kann, welche weitere Handlung ihm zur Last gelegt wird und welchen gesetzlichen Tatbestand sie erfüllt (Bay **53**, 1). Dann kann ausnahmsweise auch das Fehlen eines ausdrücklichen Einbeziehungsbeschlusses unschädlich sein (BGH NJW **90**, 1055 mwN; **aM** KMR-Stuckenberg 22; erg unten 20).

Der Einbeziehungsbeschluss setzt wie der Eröffnungsbeschluss **hinreichenden** **16** **Tatverdacht** voraus (LR-Stuckenberg 16; Hilger JR **83**, 441; Lüttger GA **57**, 206; Meyer-Goßner JR **84**, 53; **aM** Fezer 9/289). Selbst wenn dieser Verdacht besteht, steht die Einbeziehung aber im Ermessen des Gerichts. Dass die Tat vorher nach § 154 I ausgeschieden worden ist, steht nicht entgegen.

Der Beschluss muss nach § 273 I im **Sitzungsprotokoll** beurkundet werden **17** (BGH StV **95**, 342).

Weder der Einbeziehungsbeschluss noch der ablehnende Beschluss bedarf der **18** **Begründung**. Insbesondere ist die Begründung überflüssig, es fehle der hinreichende Tatverdacht (vgl Meyer-Goßner JR **84**, 53). Wird sie dennoch gegeben, so tritt die Sperrwirkung des § 211 nicht ein (LR-Stuckenberg 28; Meyer-Goßner aaO; **aM** Hilger JR **83**, 411, der folgerichtig der StA das Beschwerderecht nach § 210 II geben will, wodurch aber der Beschleunigungseffekt des § 266 entfiele).

Eine **nicht zulässig erhobene Nachtragsanklage** wird durch Beschluss als **19** unzulässig zurückgewiesen, eine im Hinblick auf § 264 überflüssige (oben 2) vom Vorsitzenden für gegenstandslos erklärt (Kleinknecht JZ **71**, 106; vgl auch BGH 3 StR 299/13 vom 1.10.2013; Saarbrücken NJW **74**, 375, 376). Eine Beschlussentscheidung ist nur angebracht, wenn über die Tragweite des § 264 Zweifel bestehen (weitergehend BGH NJW **70**, 904: Zurückweisungsbeschluss immer zulässig).

Das **Fehlen des Einbeziehungsbeschlusses** ist wie das Fehlen des Eröff- **20** nungsbeschlusses von Amts wegen zu beachtendes Prozesshindernis, das idR zur Einstellung des Verfahrens führt (BGH StV **96**, 5; **02**, 183; 4 StR 612/10 vom 8.2.2011; zu einem Ausnahmefall vgl BGH NJW **90**, 1055).

4) Weiteres Verfahren: Der Erlass des Einbeziehungsbeschlusses entspricht **21** dem Eröffnungsbeschluss und seiner Verlesung (BGH **9**, 243, 245; Bay **53**, 1 = NJW **53**, 674). Durch ihn wird die einbezogene Tat der Untersuchung und Entscheidung des Gerichts unterstellt; sie wird rechtshängig. Die Einhaltung des regelmäßigen Verfahrensgangs nach §§ 243, 244 I ist idR nicht möglich (BGH MDR **55**, 397 [D]). Eine erneute Belehrung nach § 243 V S 1 ist entbehrlich. Jedoch muss der Angeklagte nach § 243 V S 2 zu der Nachtragsanklage vernommen werden; II S 4 enthält insoweit eine nicht gerechtfertigte Einschränkung (vgl BGH **9**, 243, 245;). Es genügt insbesondere nicht, dass der Angeklagte vor Erlass des Einbeziehungsbeschlusses Gelegenheit zur Stellungnahme hatte. Einer Wiederholung der vor Erhebung der Nachtragsanklage stattgefundenen Beweisaufnahme bedarf es nicht (BGH NJW **84**, 2172 = JR **85**, 125 mit Anm Gollwitzer).

Bei **Nichteinbeziehung** ist die Nachtragsanklage endgültig erledigt; ein Eröff- **21a** nungsbeschluss außerhalb der Hauptverhandlung ist ausgeschlossen (BGH Stra-Fo **05**, 203; Karlsruhe StV **02**, 184 mit zust Anm Keller/Kelnhofer). Dem Tatrichter steht es jedoch grundsätzlich frei, in Abstimmung mit der StA die zusätzlichen

§ 267 Zweites Buch. 6. Abschnitt

Vorwürfe nach einer hierauf bezogenen weiteren Anklage durch Eröffnung und Verbindung zum Gegenstand einer einheitlichen Hauptverhandlung zu machen (BGH StV **08**, 226); bei schon laufender Hauptverhandlung muss dann aber mit der Hauptverhandlung neu begonnen werden (BGH **53**, 108).

22 **5) Unterbrechung der Verhandlung (III):** Auf Antrag des Angeklagten, der nicht offenbar mutwillig (dazu krit Fahl 47) oder nur zur Verfahrensverzögerung gestellt ist, muss die Verhandlung im Rahmen der Höchstdauer des § 229 unterbrochen werden. Eine Aussetzung nach § 228 kommt idR nicht in Betracht, da sie die Prozessbeschleunigung zunichte machen würde, die § 266 bewirken will. Die Unterbrechung kann auch von Amts wegen angeordnet werden, wenn der Vorsitzende sie für erforderlich hält, zB weil Beweismittel heranzuschaffen sind oder der Angeklagte Gelegenheit erhalten muss, seine Verteidigung vorzubereiten. Gegen die Entscheidung des Vorsitzenden kann nach § 238 II auf gerichtliche Entscheidung angetragen werden.

23 Den **Hinweis auf das Antragsrecht** schreibt S 2 vor.

24 **6) Anfechtung:** Weder der Einbeziehungsbeschluss oder der Beschluss, der die Einbeziehung ablehnt, noch die Verfügung des Vorsitzenden, mit der die Unterbrechung der Verhandlung nach III S 1 angeordnet oder abgelehnt wird, kann mit der Beschwerde angefochten werden. Mit der Revision kann geprüft werden, dass die nach I erforderliche Zustimmung des Angeklagten nicht erteilt worden ist (oben 14).

Urteilsgründe

§ 267 [I 1] Wird der Angeklagte verurteilt, so müssen die Urteilsgründe die für erwiesen erachteten Tatsachen angeben, in denen die gesetzlichen Merkmale der Straftat gefunden werden. [2] Soweit der Beweis aus anderen Tatsachen gefolgert wird, sollen auch diese Tatsachen angegeben werden. [3] Auf Abbildungen, die sich bei den Akten befinden, kann hierbei wegen der Einzelheiten verwiesen werden.

[II] Waren in der Verhandlung vom Strafgesetz besonders vorgesehene Umstände behauptet worden, welche die Strafbarkeit ausschließen, vermindern oder erhöhen, so müssen die Urteilsgründe sich darüber aussprechen, ob diese Umstände für festgestellt oder für nicht festgestellt erachtet werden.

[III 1] Die Gründe des Strafurteils müssen ferner das zur Anwendung gebrachte Strafgesetz bezeichnen und die Umstände anführen, die für die Zumessung der Strafe bestimmend gewesen sind. [2] Macht das Strafgesetz Milderungen von dem Vorliegen minder schwerer Fälle abhängig, so müssen die Urteilsgründe ergeben, weshalb diese Umstände angenommen oder einem in der Verhandlung gestellten Antrag entgegen verneint werden; dies gilt entsprechend für die Verhängung einer Freiheitsstrafe in den Fällen des § 47 des Strafgesetzbuches. [3] Die Urteilsgründe müssen auch ergeben, weshalb ein besonders schwerer Fall nicht angenommen wird, wenn die Voraussetzungen erfüllt sind, unter denen nach dem Strafgesetz in der Regel ein solcher Fall vorliegt; liegen diese Voraussetzungen nicht vor, wird aber gleichwohl ein besonders schwerer Fall angenommen, so gilt Satz 2 entsprechend. [4] Die Urteilsgründe müssen ferner ergeben, weshalb die Strafe zur Bewährung ausgesetzt oder einem in der Verhandlung gestellten Antrag entgegen nicht ausgesetzt worden ist; dies gilt entsprechend für die Verwarnung mit Strafvorbehalt und das Absehen von Strafe. [5] Ist dem Urteil eine Verständigung (§ 257c) vorausgegangen, ist auch dies in den Urteilsgründen anzugeben.

[IV 1] Verzichten alle zur Anfechtung Berechtigten auf Rechtsmittel oder wird innerhalb der Frist kein Rechtsmittel eingelegt, so müssen die erwiesenen Tatsachen, in denen die gesetzlichen Merkmale der Straftat gefunden werden, und das angewendete Strafgesetz angegeben werden; bei Urteilen, die nur auf

Geldstrafe lauten oder neben einer Geldstrafe ein Fahrverbot oder die Entziehung der Fahrerlaubnis und damit zusammen die Einziehung des Führerscheins anordnen, oder bei Verwarnungen mit Strafvorbehalt kann hierbei auf den zugelassenen Anklagesatz, auf die Anklage gemäß § 418 Abs. 3 Satz 2 oder den Strafbefehl sowie den Strafbefehlsantrag verwiesen werden. [2] Absatz 3 Satz 5 gilt entsprechend. [3] Den weiteren Inhalt der Urteilsgründe bestimmt das Gericht unter Berücksichtigung der Umstände des Einzelfalls nach seinem Ermessen. [4] Die Urteilsgründe können innerhalb der in § 275 Abs. 1 Satz 2 vorgesehenen Frist ergänzt werden, wenn gegen die Versäumung der Frist zur Einlegung des Rechtsmittels Wiedereinsetzung in den vorigen Stand gewährt wird.

V [1] Wird der Angeklagte freigesprochen, so müssen die Urteilsgründe ergeben, ob der Angeklagte für nicht überführt oder ob und aus welchen Gründen die für erwiesen angenommene Tat für nicht strafbar erachtet worden ist. [2] Verzichten alle zur Anfechtung Berechtigten auf Rechtsmittel oder wird innerhalb der Frist kein Rechtsmittel eingelegt, so braucht nur angegeben zu werden, ob die dem Angeklagten zur Last gelegte Straftat aus tatsächlichen oder rechtlichen Gründen nicht festgestellt worden ist. [3] Absatz 4 Satz 4 ist anzuwenden.

VI [1] Die Urteilsgründe müssen auch ergeben, weshalb eine Maßregel der Besserung und Sicherung angeordnet, eine Entscheidung über die Sicherungsverwahrung vorbehalten oder einem in der Verhandlung gestellten Antrag entgegen nicht angeordnet oder nicht vorbehalten worden ist. [2] Ist die Fahrerlaubnis nicht entzogen oder eine Sperre nach § 69a Abs. 1 Satz 3 des Strafgesetzbuches nicht angeordnet worden, obwohl dies nach der Art der Straftat in Betracht kam, so müssen die Urteilsgründe stets ergeben, weshalb die Maßregel nicht angeordnet worden ist.

Übersicht

	Rn
1) Schriftliche Urteilsgründe	1–2a
2) Äußerer und innerer Tatbestand	3–7
3) Verweisung auf Abbildungen	8–10
4) Indizien	11
5) Beweiswürdigung im Übrigen	12–14
6) Besondere Umstände	15
7) Zur Anwendung gebrachtes Strafgesetz und Begründung der Rechtsfolgenentscheidung	16–22
8) Strafaussetzung zur Bewährung, Verwarnung mit Strafvorbehalt und Absehen von Strafe	23
9) Urteil nach Verständigung	23a
10) Abgekürztes Urteil	24–28
11) Einstellungsurteil	29
12) Wiedereinsetzung	30
13) Freispruch	31–36
14) Anordnung einer Maßregel der Besserung und Sicherung	37
15) Nebenentscheidungen	38
16) Berichtigung der schriftlichen Urteilsgründe	39–39b
17) Revision	40–45

1) Schriftliche Urteilsgründe sind die durch die Unterschriften der Richter (§ 275) gedeckten Gründe des Gerichts (BGH wistra 87, 181), die in der Beratung gewonnen worden sind. Umstände, die nach der Beratung hervorgetreten sind, dürfen daher grds nicht berücksichtigt werden (BGH StraFo **17**, 236; NStZ **88**, 213 [M]). Zwar darf der Vorsitzende bei der mündlichen Urteilsverkündung (§ 268 II S 1) nur die Gründe erwähnen, die für das Gericht maßgebend waren. Jedoch ist die mündliche Urteilsbegründung ihrer Natur nach nur vorläufiger Art; maßgebend sind die schriftlichen Urteilsgründe (§ 275). Über den Zweck der Begründung vgl 1 zu § 34. Die Urteilsgründe dienen nicht der Dokumentation all dessen,

§ 267

was in der Hauptverhandlung ausgesagt oder verlesen wurde (BGH NStZ **95**, 20 [K]; BGHR § 267 Darstellung 1). Verfahrensrechtliche Vorgänge werden idR im Urteil nicht erörtert (BGH 5 StR 582/17 vom 25.1.2018), auch nicht der Verlauf der Urteilsberatung und das Abstimmungsergebnis. Jedoch muss bei Zweifeln über ihr Vorhandensein das Vorliegen der Prozessvoraussetzungen (Einl 141 ff) dargelegt werden (Hamm GA **86**, 562).

2 **Bezugnahmen** auf Aktenteile (zB Anklageschrift, Sitzungsprotokoll, Schriftstücke, Gutachten) sind unzulässig (BGH NStZ **87**, 374; NStZ-RR **03**, 99 [B]; StV **04**, 4; 4 StR 101/09 vom 28.5.2009; KG NStZ **15**, 419; Hamm StraFo **02**, 132; Köln NStZ-RR **11**, 348), auch wenn es sich um digitale Beweise handelt (Jahn/Brodowski Rengier-FS 409, 416) oder sie „angesiegelt" werden (BGH NStZ **07**, 478; Frankfurt NZV **11**, 150) und auch, soweit es sich um den Einziehungsanspruch handelt (BGH StV **81**, 396). Auch vom „Einrücken" von Teilen der Anklageschrift in die Urteilsgründe ist abzuraten (BGH StV **11**, 8 L). Grundsätzlich muss jedes Strafurteil aus sich selbst heraus verständlich sein (BGH **30**, 225, 227; **33**, 59, 60; NStZ **92**, 49; **94**, 400; NStZ-RR **96**, 109; **00**, 304; **09**, 116; vgl auch Hamm NStZ-RR **10**, 348 zur Benutzung medizinischer Fachausdrücke). Auch durch Bezugnahme auf im Selbstleseverfahren nach § 249 II eingeführte Urkunden (BGH StV **14**, 78 L) oder ein eigenes früheres Urteil können die notwendigen eigenen Darlegungen im Urteil nicht ersetzt werden (BGH NStZ-RR **07**, 22). Anlagen zum Urteil, zB die Berechnung der verkürzten Steuer, sind erlaubt, wenn sie mit dem Urteil eine Einheit bilden (BGH NStZ **87**, 374). Dagegen genügt nicht die Angabe, die in einem Hilfsantrag unter Beweis gestellten Tatsachen seien als wahr unterstellt worden (Celle JR **85**, 32 mit Anm J. Meyer). Bei der Bildung der Gesamtstrafe nach § 55 StGB darf nicht auf die Strafzumessungsgründe des einbezogenen Urteils Bezug genommen werden (BGH NStZ **86**, 208 [Pf/M]; NStZ-RR **03**, 5 [B]).

2a Jedoch kann ein **Berufungsurteil,** sofern dadurch die Gesamtdarstellung nicht unklar wird, in der Weise auf das 1. Urteil Bezug nehmen, dass genau angegeben wird, in welchem Umfang dessen Inhalt übernommen wird (BGH **33**, 59; Hamm StV **09**, 403 L; Oldenburg StV **89**, 55); das gilt bei Verwerfung der Berufung auch hinsichtlich der Feststellungen zu den persönlichen und wirtschaftlichen Verhältnissen des Angeklagten (Stuttgart NStZ-RR **03**, 83). Erforderlich ist aber eine genaue Beschreibung des Gegenstandes der Bezugnahme oder die Angabe der Seiten, Absätze und Sätze (Hamm NStZ-RR **97**, 369 mwN). Ist die Berufung auf den Rechtsfolgenausspruch beschränkt, bedarf es einer Bezugnahme auf den rechtskräftigen Schuldspruch nicht (BGH NStZ-RR **01**, 202; Hamm VRS **102**, 206). Bei Änderung des Schuldspruchs (Köln MDR **79**, 865) oder der Beweiswürdigung (Oldenburg NdsRpfl **54**, 35) ist die Bezugnahme hingegen unzulässig. Auch auf die Feststellungen der aufgehobenen amtsgerichtlichen Entscheidung zur Person des Angeklagten (BGH wistra **88**, 33) und die Strafzumessungserwägungen des 1. Richters darf grundsätzlich nicht Bezug genommen werden (München wistra **06**, 160), jedenfalls dann nicht, wenn in der Berufungsverhandlung neue wesentliche Strafzumessungskriterien hervorgetreten sind (Schleswig SchlHA **85**, 33 [E/L]). Ebenso ist die Bezugnahme auf Feststellungen in einem vom Revisionsgericht aufgehobenen Urteil grundsätzlich unzulässig (46 zu § 354). Wegen der Urteile im wiederaufgenommenen Verfahren vgl 7 zu § 373. Bei Verhängung einer einheitlichen Jugendstrafe nach § 31 II **JGG** müssen die in die einbezogenen Urteilen festgestellten Straftaten dargestellt und gewürdigt werden; Bezugnahme ist auch hier nicht gestattet (BGH **16**, 337; NStZ **83**, 449 [Böhm]).

3 **2) Äußerer und innerer Tatbestand** als das Ergebnis der Beweiswürdigung (nicht der „Inbegriff der Verhandlung", 5 zu § 261) sind bei Verurteilung darzulegen. Beide hängen zusammen. IdR kann der innere Sachverhalt nicht verneint werden, bevor nicht der äußere festgestellt ist (BGH MDR **56**, 272 [D]; NStZ **87**, 362 mit Anm Puppe; Bay NJW **87**, 1654). Wenn die Feststellungen in einem Abschnitt der Urteilsbegründung getroffen werden, in dem sie gewöhnlich nicht ihren Platz haben (zB in einem Abschnitt „rechtliche Würdigung"), wird dadurch ihre Bedeutung nicht beeinträchtigt; denn die schriftlichen Entscheidungsgründe bilden eine Einheit (BGH AfP 78, 103).

A. Die **persönlichen Verhältnisse** des Angeklagten, sein Werdegang, die für seine Tat wesentlichen Anlagen und Umwelteinflüsse werden üblicherweise am Beginn der Urteilsgründe dargelegt (Meyer-Goßner NStZ 88, 531). Sie können aber auch an anderen Stellen des Urteils mitgeteilt werden. IdR genügt ein relativ kurz zusammengefasster Lebenslauf (BGH NStZ-RR 04, 66 [B]); entscheidungsunerhebliche Details sind wegzulassen (BGH NStZ-RR 07, 131 [B]), die detailgetreue Wiedergabe des BZR-Auszugs ist untunlich (BGH NJW 11, 3463, 3465; NStZ-RR 13, 287 L; 3 StR 171/14 vom 29.4.2014). Zum Fehlen von Ausführungen zu den persönlichen Verhältnissen unten 42. 4

B. Die **für erwiesen erachteten äußeren Tatsachen** – einschl der Angabe von Ort und Zeit der Tat, soweit zur Identifizierung der Tat notwendig (vgl dazu BGH 22, 90, 92; StV 10, 61; 7 ff zu § 200) – werden entspr dem Ergebnis der Beweisaufnahme (§ 261) angeführt (BGH NStZ 84, 213 [Pf/M]; 89, 15 [M]; vgl dazu und zum Folgenden ferner die in NStZ-RR 03, 4 [B] mitgeteilte Rspr des BGH), nicht weitschweifig (BGH NStZ-RR 18, 256 L; 5 StR 70/10 vom 12.4.2010: prägnante Zusammenfassung), aber so vollständig, dass der Rechtskundige in den konkreten Tatsachen den abstrakten Tatbestand erkennt (BGH NStZ-RR 08, 83). Die möglichst in sich geschlossene, nachvollziehbare und auf das wesentliche beschränkte (BGH NStZ 20, 102) Darstellung des Sachverhalts muss erkennen lassen, welche Tatsachen der Richter als seine Feststellungen über die Tat seiner rechtlichen Beurteilung zugrunde legt (BGH 2 StR 424/08 vom 5.12. 2008). Das Revisionsgericht ist nicht gehalten, sich aus einer Fülle erheblicher und unwesentlicher Tatsachen diejenigen herauszusuchen, in denen eine Straftat gesehen werden kann; Tatsachenfeststellung zum strafbaren Verhalten und Beweiswürdigung sind strikt zu unterscheiden (BGH 4 StR 37/19 vom 22.10.2019). Die Tatsachen sind in sachlicher Form und mit möglichst eindeutigen Formulierungen darzustellen; der Umgangssprache entnommene Wendungen u8nd Redensarten sind dabei grundsätzlich zu vermeiden (BGH NJW 14, 3382). Zwischen den Feststellungen und der Beweiswürdigung ist grundsätzlich zu trennen (BGH NStZ-RR 14, 349 L). Die Sachdarstellung darf nicht durch eine bloße Tabelle mit pauschalen Angaben zu den einzelnen Taten ersetzt werden (BGH NJW 92, 1709; StV 10, 60; BGHR § 267 I S 1 Sachdarstellung 1, 6, 10; vgl aber BGH wistra 96, 62 und Bay 04, 152). Das gilt auch bei Wahlfeststellung mit Tatsachenalternativität (BGH NStZ 81, 331; 27 zu § 260) und Umgestaltung der Strafklage (24 ff zu § 264). Wenn der Angeklagte einer Vielzahl in Tatmehrheit stehender gleichartiger Vorfälle schuldig ist, müssen die Taten nach Zeit, Ort und ungefährer Begehungsweise festgestellt werden (BGH NStZ 92, 602; vgl auch BGH StV 93, 508; 528; NStZ 08, 352: Keine genügende Bestimmtheit der einzelnen Taten; BGH NStZ 00, 607: Wiedergabe des Gesetzeswortlauts genügt nicht; erg 22 zu § 264). Allein die Bezeichnung „Pornofilm" ist keine hinreichende Feststellung für in sexualbezogenes Geschehen in pornographischer Form (BGH 1 StR 5/16 vom 28.6.2016; 3 StR 440/09 vom 29.10.2009; 4 StR 183/11 vom 15.6.2011; vgl auch Köln NStZ 11, 476). Zu den Anforderungen an die Feststellung und die Beweiswürdigung bei einer Verurteilung wegen Beihilfe BGH NStZ-RR 20, 28, von Besteuerungsgrundlagen in steuerstrafrechtlichen Urteilen BGH NZWiSt 18, 38, NJW 09, 2546, 1 StR 538/17 vom 11.10.2018; zur Darstellung der Schadenshöhe bei Betrug und Untreue Schlösser StV 10, 157. 5

C. Bei **Serienstraftaten** ist die größtmögliche Individualisierung und Konkretisierung der Einzeltaten statt einer Schätzung der Anzahl der Taten erforderlich (BGH 42, 107; NStZ 94, 352; 502; 555; StV 95, 287; 98, 472; 02, 523; BGHR § 267 I S 1 Mindestfeststellungen 7, 8); denn auch die serienmäßige Tatbegehung erlaubt keine Abstriche von dem Grundsatz, dass jede abgeurteilte Tat als historisch einmaliger Vorgang darzustellen ist, wobei die Individualisierung über die Angabe 6

§ 267

von Tatort und -zeit oder durch sonstige Umstände (Tatopfer, Tatbeute oä) erfolgen kann (BGH StV **99**, 137; **11**, 608; vgl auch 5 StR 268/17 vom 6.9.2017: Irrtum bei Anlagebetrug; Erb GA **95**, 437; Kuckein StraFo **97**, 37). Falls sich Feststellungen auf andere Weise nicht treffen lassen, ist es jedoch zulässig, einen rechnerisch bestimmten Teil des Gesamtgeschehens bestimmten strafrechtlich erheblichen Verhaltensweisen im Wege der Schätzung zuzuordnen, wobei die Feststellung der Zahl der Einzelakte und die Verteilung des Gesamtschadens auf diese Einzelakte nach dem Grundsatz *in dubio pro reo* erfolgt (BGH **40**, 374, 377; NStZ **04**, 568; vgl auch BGH NJW 14, 2054: massenhafter Betrug durch sog „Ping-Anrufe"; erg 15a zu § 244). Lässt sich die Anzahl der Taten mit im Wesentlichen gleichartigen Geschehensablauf aber überhaupt nicht aufklären, ist zugunsten des Angeklagten von nur einer Tat auszugehen (BGH **40**, 374, 377; NStZ **94**, 586; **05**, 113; StV **98**, 474 mit krit Anm Hefendehl; Altvater BGH-FS 507).

6a Beim **sexuellen Missbrauch von Kindern bzw Schutzbefohlenen** dürfen an die Individualisierbarkeit der einzelnen Taten im Urteil keine übersteigerten Anforderungen gestellt werden (BGH NStZ **94**, 502; NStZ-RR **10**, 205 L). Der Tatrichter muss aber seine Überzeugung vom Vorliegen einer Mindestanzahl von Straftaten in einem bestimmten Zeitraum darlegen und insoweit die Handlungsabläufe so weit wie möglich konkretisieren (BGH NStZ-RR **18**, 151 mwN). Ist eine Individualisierung einzelner Taten nicht möglich, sind zumindest die Anknüpfungspunkte zu bezeichnen, aufgrund derer sich der Tatrichter die Überzeugung von der Mindestanzahl der Missbrauchstaten und ihrer Begehungsweise in einem bestimmten Zeitraum verschafft hat (BGH aaO; NStZ **98**, 208).

6b Für eine **Betrugsstrafbarkeit** ist grundsätzlich festzustellen, welche irrige Vorstellung die verfügende Person hatte; diese ist in der Verhandlung zu vernehmen und zu ihrem Vorstellungsbild zu befragen (BGH NJW **03**, 1198). Im Falle gleichförmigen, routinemäßigen und massenhaften Betruges kann allerdings die Feststellung eines Irrtums bei wenigen Zeugen ausreichen, aus deren Aussage auf die Erregung eines Irrtums auch bei anderen Verfügenden geschlossen werden kann (BGH StraFo **18**, 158; erg 14 zu § 244).

7 D. Der **innere Tatbestand** wird zweckmäßig jeweils bei den einzelnen Punkten des äußeren Sachverhalts mit dargestellt, soweit er sich nicht von selbst aus der Schilderung des äußeren Sachverhalts ergibt. Das gilt auch, wenn der Vorsatz nur ein ungeschriebenes Tatbestandserfordernis ist (BGH **5**, 143). Die Rechtsbegriffe, die den inneren Tatbestand betreffen (zB Vorsatz, Fahrlässigkeit) müssen bei der Darstellung in die entspr tatsächlichen Bestandteile aufgelöst werden (KG DAR **62**, 56; Köln VRS **82**, 30; Oldenburg VRS **32**, 274, 276). Das Gleiche gilt für die Irrtumsfrage (§§ 15, 16 StGB). Das Urteil muss Ausführungen über das Unrechtsbewusstsein enthalten, falls dessen Fehlen nahelag, und zwar auch dann, wenn sich der Angeklagte auf das Fehlen nicht berufen hatte (BGH 4 StR 96/62 vom 15.6.1962; Braunschweig NJW **57**, 639, 640).

8 3) **Verweisung auf Abbildungen (I S 3):** Das Urteil muss die Bezugnahme deutlich und zweifelsfrei zum Ausdruck bringen (Bamberg NZV **08**, 166; Jena NZV **08**, 165); die bloße Mitteilung der Fundstelle in den Akten sowie des Hinweis, die Abbildung sei in der Hauptverhandlung in Augenschein genommen worden, genügt nicht (KG VRS **113**, 300; Bamberg NStZ **08**, 211; Brandenburg StraFo **98**, 51; Hamm VRS **92**, 418; **113**, 432; NStZ-RR **98**, 238; Köln NJW **04**, 3274; vgl aber auch Hamm StraFo **98**, 52; einschr auch BGH StraFo **16**, 155: stets Entscheidung im Einzelfall). Die Verweisungserlaubnis und die Ermächtigung zur Bezugnahme in IV S 1 Hs 2 schließen zugleich das Verbot sonstiger Bezugnahme ein, soweit mit ihr notwendige Teile der schriftlichen Urteilsbegründung (BGH NStZ **91**, 596: auch bei freisprechenden Urteilen) ersetzt werden sollen (oben 2).

9 **Abbildung** ist eine unmittelbar durch den Gesichts- oder Tastsinn wahrnehmbare Wiedergabe der Außenwelt, vor allem Fotos – auch Radarfotos – und Abzüge von anderen Bildträgern (vgl § 11 III StGB), nicht aber die in ein Messfoto eingeblendeten Daten (Düsseldorf DAR **16**, 149; Hamm NStZ-RR **16**, 121) In der

Hauptverhandlung § 267

Verweisung auf ein elektronisches Speichermedium als solches liegt aber keine wirksame Bezugnahme iSd I S 3 (BGH **57**, 53 mwN mit Anm Deutscher NStZ **12**, 229; Krumm NZV **12**, 267; Sandherr NZV **12**, 143; Jena NZV **12**, 144); Gegenstand einer zulässigen Bezugnahme können daher nur Ausdrucke von Bilddateien oder Einzelbildern einer Videosequenz sein (Jahn/Brodowski Rengier-FS 409, 417). Auch eine Tatort- oder Unfallskizze ist eine Abbildung. Diese kann jedoch idR leicht mit ihrem gesamten Beweisinhalt in den Urteilsgründen beschrieben werden. Eine Bezugnahme auf sie wegen weiterer Einzelheiten ist daher meist nicht sinnvoll.

Nur **wegen der Einzelheiten** ist die Bezugnahme erlaubt. Diese Einschränkung tritt zu der anderen, dass nur auf eine Abbildung verwiesen werden darf, die Bestandteil der Akten ist. Die Schilderung des „Aussagegehalts" der Abbildung darf nicht ganz entfallen (Düsseldorf VRS **74**, 449, 451; JMBlNW **97**, 263, letzteres auch zu den Anforderungen an die Urteilsgründe bei Identifizierung durch Stimmenvergleich). Eine Beschreibung des Wesentlichen in knapper Form ist erforderlich. Wird aber im Urteil auf ein zur Identifizierung uneingeschränkt geeignetes Foto verwiesen, so bedarf es idR keiner näheren Ausführungen (BGH NStZ-RR **17**, 288 L; KG VRS **123**, 290; Zweibrücken StraFo **18**, 116). Nur wenn nach Inhalt oder Qualität des Fotos Zweifel an seiner Eignung als Grundlage für eine Identifizierung des Fahrers bestehen, muss der Richter angeben, auf Grund welcher auf dem Foto erkennbaren Identifizierungsmerkmale er die Überzeugung von der Identität des Betroffenen mit dem abgebildeten Fahrzeugführer gewonnen hat (BGH aaO; **41**, 376; Bay **96**, 34; Zweibrücken aaO; Bamberg NZV **12**, 250; Hamm VRS **104**, 368; **105**, 353; Oldenburg NJW **15**, 1398); der Richter selbst muss sich überzeugt haben, nicht nur ein Sachverständiger (Frankfurt NZV **02**, 135; Zweibrücken aaO: erhöhte Anforderungen bei als fehlsam bekanntem Sachverständigen) oder irgendwelche Zeugen (Köln VRS **94**, 112). Eine Beschreibung des Fotos ist entbehrlich, wenn der Richter das Foto selbst oder eine Ablichtung davon in die Urteilsgründe aufnimmt (Bay NStZ-RR **96**, 211; Düsseldorf NZV **07**, 254; Jena VRS **110**, 424; zur Unterscheidung zwischen externer und interner Verweisung und ihrer jeweiligen tat- und revisionsrechtlichen Behandlung Janke, Die Verwendung von Abbildungen bei der Begründung des Strafurteils, 2008, zugl Diss Berlin), was sich aber bei Lichtbildern pornographischen Inhalts verbietet (BGH NJW **06**, 1890, 1891; vgl auch Köln NStZ **11**, 476). Durch eine ergänzende Verweisung wird die Abbildung als Ganzes Bestandteil der Urteilsgründe (BGH NStZ **00**, 307, 309; Hamm NZV **05**, 208; Rieß NJW **78**, 2270). Das Revisionsgericht kann die in Bezug genommene Abbildung aus eigener Anschauung würdigen (BGH aaO; Brandenburg StraFo **11**, 402; DAR **16**, 282 mit Anm Staub DAR **16**, 293; Celle OLGSt Nr 7). Soweit in den Urteilsgründen statt einer Bezugnahme ein Vergleich zwischen dem Angeklagten und dem Foto vorgenommen wird, sind Ausführungen zur Identifizierung (KG OLGSt Nr 9; Hamm DAR **04**, 597) oder zur Bildqualität erforderlich (Bay DAR **98**, 147; Hamm NZV **97**, 89; StraFo **97**, 115; NStZ-RR **09**, 250; Koblenz NZV **10**, 212; StV **11**, 11 L), wobei es aber genügt, wenn diese Angaben aus dem Zusammenhang der Urteilsgründe entnommen werden können (Hamm VRS **92**, 271; NZV **01**, 89; vgl auch Bay **99**, 134: Feststellung auf Grund einer zulässig erhobenen Verfahrensrüge). Diese Grundsätze gelten auch, wenn das Lichtbild nicht zur Täteridentifizierung, sondern aus anderen Gründen zum Gegenstand der Beweiswürdigung gemacht wird (Hamm NZV **07**, 376). Die Regeln sind ebenso anzuwenden für eine Videoaufnahme (KG VRS **114**, 34; Schleswig SchlHA **97**, 170 [L/S]) sowie für aus einem Videofilm gewonnene Fotos (Bay NStZ-RR **99**, 90), nicht aber für das Abspielen des Videofilm selbst (oben 9) oder für auf einem Radarfoto eingeblendete Messprotokolle (Hamm NStZ-RR **09**, 151; anders aber KG NZV **16**, 293, falls der gedankliche Inhalt der Urkunde auf einen Blick erfassbar ist).

4) Die **Indizien** (I S 2) – die Beweisanzeichen oder „Untertatsachen" – sollen 11 angegeben werden (vgl dazu Liebhart NStZ **16**, 134). Diese Sollvorschrift schreibt

§ 267

die Beurkundung nur insoweit vor, als die Rechtfertigung der Beweiswürdigung nach den Umständen des Falles unter dem Gesichtspunkt der Nachprüfbarkeit geboten erscheint (Baldus Heusinger-EG 373 ff). In diesem Rahmen muss sich das Gericht bei der Beweiswürdigung (nicht in den Feststellungen, vgl BGH 3 StR 111/17 vom 25.7.2017) mit allen für den Tathergang wesentlichen und sich etwa weiter aufdrängenden Umständen einzeln und insgesamt befassen und auseinandersetzen (BGH **12**, 311; **14**, 165; Hanack JZ **72**, 488; 25 zu § 261). Auch dabei kann auf Abbildungen in den Akten verwiesen werden (oben 8). Es ist regelmäßig verfehlt, die Aussagen von Zeugen und Sachverständigen in ihren Einzelheiten mitzuteilen; unnötig ist es, für jede einzelne Feststellung, sei sie in Bezug auf den Tatvorwurf auch noch so unwesentlich, einen Beleg in der Beweiswürdigung zu erbringen (BGH 3 StR 111/17 vom 25.7.2017); vielmehr ist es eine unabdingbare gedankliche Vorarbeit bei der Abfassung der Urteilsgründe eine wertende Auswahl zwischen Wesentlichem und Unwesentlichem zu treffen (NStZ-RR **18**, 256 L). In den Urteilsgründen müssen alle Redewendungen vermieden werden, die den Eindruck eines verbleibenden Zweifels in einer wesentlichen Tatfrage machen (26 ff zu § 261).

12 **5) Beweiswürdigung im Übrigen:** Aus § 261 ergibt sich, dass der Tatrichter den festgestellten Sachverhalt, soweit er bestimmte Schlüsse zugunsten oder zuungunsten des Angeklagten nahelegt, iVm den sonst festgestellten Tatsachen erschöpfend zu würdigen hat (6 zu § 261); diese erschöpfende Würdigung hat er in den Urteilsgründen darzulegen (BGH NJW **80**, 2423; NStZ **07**, 538 = JR **07**, 127 mit zust Anm Deckers; NStZ-RR **17**, 383; BGH 3 StR 329/16 vom 18.10.2016; KG StV **13**, 10; Dresden StV **13**, 11; Hamm VRS **69**, 137; Detter BGH-FS 681 ff; Wagner ZStW **106**, 259). Die Urteilsgründe müssen erkennen lassen, dass die Beweiswürdigung auf einer tragfähigen, verstandesmäßig nachvollziehbaren Tatsachengrundlage beruht und sich nicht als bloße Vermutung erweist (BGH NStZ **17**, 486 mwN). Sie müssen eine Gesamtwürdigung aller in der Hauptverhandlung festgestellten Tatsachen enthalten (BGH NStZ **93**, 501; NStZ-RR **13**, 51; **14**, 152). Eine Beweiswürdigung, die über schwerwiegende Verdachtsmomente hinweggeht, ist rechtsfehlerhaft (BGH 1 StR 104/15 vom 6.9.2016). Das bedeutet aber nicht, dass in den Urteilsgründen stets in allen Einzelheiten darzulegen ist, auf welche Weise der Richter zu bestimmten Feststellungen gelangt ist (BGH NStZ **09**, 403; NStZ-RR **10**, 247 L; Schleswig SchlHA **09**, 273) oder dass alle nur irgendwie denkbaren Gesichtspunkte abgehandelt werden müssten (BGH Stra-Fo **10**, 426); denn das Abfassen unangemessen breiter Urteilsgründe ist weder durch § 267 noch sachlich-rechtlich geboten (BGH 1 StR 27/09 vom 4.3.2009). Es ist regelmäßig verfehlt, den Inhalt einer überwachten Kommunikation (Chats, E-Mails, Protokolle von Telefon- und Innenraumgesprächen) wörtlich oder auch nur in einer ausführlichen Inhaltsangabe wiederzugeben (BGH 3 StR 145/17 vom 4.10.2017 mwN). Die bloße Wiedergabe der Aussagen des Angeklagten und der Zeugen genügt selbst dann nicht, wenn ihr Inhalt breit dargestellt wird (BGH NStZ **85**, 184; **96**, 326 [K]); **98**, 51; JZ **90**, 297). Das ist regelmäßig sogar fehlerhaft und kann den Bestand des Urteils gefährden, weil dies eine Beweisdokumentation, aber keine Beweiswürdigung ist (BGH NStZ **97**, 377 [K]; NStZ-RR **00**, 293 [K]; **09**, 183; **13**, 52; **14**, 349 L; wistra **04**, 150), ebenso liegt es bei Erörterung hypothetischer Geschehensmöglichkeiten und überflüssiger Beweiserhebungen (BGH NStZ-RR **03**, 49). Die Beweiswürdigung dient auch nicht dazu, für alle Sachverhaltsfeststellungen einen Beleg zu erbringen oder mitzuteilen, welche Beweise in der Hauptverhandlung erhoben worden sind (BGH NStZ-RR **97**, 270; **98**, 277; NStZ **07**, 720; NJW **10**, 882, 883; Meyer-Goßner NStZ **88**, 532). Ausführungen zur Verwertbarkeit von Beweismitteln sind von Rechts wegen nicht geboten (vgl BGH NJW **06**, 1361, 1362; **09**, 2612, 2613; wistra **06**, 311, 313). Vielmehr muss die Einlassung des Angeklagten mitgeteilt (BGH NStZ-RR **97**, 172; NStZ **15**, 299; 473; Hamm StraFo **03**, 133; StV **08**, 401; Jena VRS **114**, 458) und unter Berücksichtigung der erhobenen Beweise gewürdigt werden (BGH

Hauptverhandlung § 267

StV **84**, 64 L; NStZ-RR **13**, 135 [C/Z]; Düsseldorf NStZ **85**, 323; Köln VRS **87**, 205; StraFo **03**, 313; Stuttgart Justiz **90**, 372); seine bestreitende Einlassung und ihre Widerlegung bestimmen Umfang und Inhalt der Darlegung im Urteil (BGH NStZ **15**, 473). Zusätze wie „zur festen" oder „zur sicheren" Überzeugung des Gerichts sei etwas erwiesen, sind überflüssig und können uU Anlass zu Missdeutungen geben (BGH NStZ-RR **01**, 129 [K]), jedenfalls einen Mangel der Beweiswürdigung nicht ausgleichen (BGH StraFo **03**, 132; 2 StR 557/04 vom 30.11.2005).

Um die **Beweiswürdigung nachvollziehbar zu machen** (2 zu § 261), muss **12a** zB dargetan werden, warum der Zeuge und nicht der Angeklagte glaubwürdig (Düsseldorf VRS **66**, 36) und warum einem Zeugen zum Nachteil des Angeklagten nur teilw geglaubt worden ist (BGH MDR **78**, 988 [H]; Braunschweig StV **09**, 120), wobei im letzteren Falle regelmäßig „gewichtige Gründe" benannt werden müssen (BGH NStZ **19**, 746). Jede ernsthaft in Betracht kommende Fallgestaltung ist abzuhandeln (BGH NStZ **84**, 212 [Pf/M]; zum „Rache-Motiv" vgl BGH NStZ-RR **03**, 206 sowie BGH NStZ-RR **17**, 384), besonders wenn der Angeklagte zur Sache geschwiegen hat (BGH MDR **80**, 108 [H]). Eine Auseinandersetzung mit gegenüber dem Vorverfahren abweichender Darstellung eines Angeklagten ist erforderlich (Hamm StV **07**, 630), ebenso mit der abweichenden Aussage eines Zeugen, wenn sich daraus erhebliche Bedenken gegen seine Glaubwürdigkeit ergeben (BGH StraFo **03**, 274; **20**, 27; BGHR § 261 Inbegriff der Verhandlung 21; vgl auch BGH NStZ **92**, 48 zur wechselnden Einlassung des Angeklagten) oder wenn auf die „Aussagenkonstanz" abgestellt wird (BGH StV **08**, 237; NStZ-RR **17**, 52 L), ebenso bei der Konstellation „Aussage gegen Aussage" (BGH NStZ-RR **10**, 20 L; Frankfurt NZV **04**, 158; vgl 11a zu § 261). Bei problematischen Beweislagen ist der entscheidende Teil der Zeugenaussagen im Urteil mitzuteilen (BGH 2 StR 300/19 vom 26.11.2019). Insbesondere wenn ein Angeklagter allein oder überwiegend durch die Angaben anderer Tatbeteiligter überführt werden soll, müssen die Urteilsgründe erkennen lassen, dass der Richter alle entscheidungsrelevanten Umstände erkannt und in seine Überlegungen einbezogen hat (BGH StraFo **11**, 358; NStZ-RR **16**, 148); das gilt in besonderem Maße, wenn die Tatbeteiligten in illegalen Rauschgifthandel verwickelt sind (BGH StV **11**, 4). Ferner müssen nahe liegende Verteidigungsvorbringen abgehandelt und sich aufdrängende Beweisumstände (BGH NStZ **84**, 212 [Pf/M]) oder nahe liegende alternative Geschehensabläufe (BGH NStZ-RR **10**, 183) erörtert werden; einer Erörterung bloß theoretischer Möglichkeiten bedarf es aber nicht (BGH 1 StR 629/15 vom 21.4.2015). Bleibt ein Beweismittel unerwähnt, so ist daraus aber nicht zu schließen, dass es übersehen worden ist (BGH StV **91**, 340; NStZ-RR **01**, 174; NStZ **12**, 49; 2 StR 281/14 vom 17.3.2015), anders nur im Fall des § 273 III (Hamm NStZ-RR **06**, 18 L). Das gilt auch, wenn ein verwendetes Beweismittel in der überflüssigen, aber vielfach üblichen formelhaften Aufzählung nicht erwähnt ist (BGH NJW **51**, 325). Wenn sich in der Hauptverhandlung wesentliche neue tatsächliche Gesichtspunkte herausgestellt haben, muss sich aus dem Urteil ergeben, dass der Angeklagte dazu gehört worden ist (BGH **28**, 196; vgl 23 zu § 265). Hat der Angeklagte mit Tatsachen belegte, nicht eindeutig unerhebliche Bedenken gegen einen Beweis oder den Wert eines Beweismittels (zB gegen die Glaubwürdigkeit eines Zeugen) geäußert, so muss sich das Gericht damit auseinandersetzen (BGH NJW **61**, 2069; StV **91**, 410).

Im Falle des wiederholten Wiedererkennens (13 zu § 58; 11b zu § 261) **12b** müssen die Urteilsgründe − falls die Umstände des Falls dazu Anlass geben (Hamm NStZ-RR **00**, 213; StV **05**, 433) − erkennen lassen, dass sich der Richter des beschränkten Beweiswerts bewusst war (BGH StV **95**, 452; **98**, 249; NStZ **97**, 355; **03**, 493; **10**, 53 mit Anm Schneider = JR **11**, 119 mit Anm Eisenberg; BGH 2 StR 480/16 vom 8.12.2016; Frankfurt NStZ-RR **99**, 365; StV **02**, 525; Hamm StV **04**, 588; **13**, 569; Köln StV **98**, 640; Rostock StV **96**, 419; Zweibrücken StV **04**, 65). Erfolgt die Identifikation des Angeklagten allein durch das Wiedererkennen im Rahmen einer Lichtbildvorlage, muss das Urteil erkennen lassen, ob

Schmitt 1333

§ 267 Zweites Buch. 6. Abschnitt

diese ordnungsgemäß erfolgt ist und welcher Beweiswert ihr zukommt (BGH NStZ-RR **08**, 148; StV Hamm StV **08**, 511; Zweibrücken JBlRPf **07**, 271). Bei der Identifizierung anhand des Lichtbildes einer Überwachungskamera müssen sich die Urteilsgründe dazu verhalten, ob es zu Identifizierungszwecken überhaupt geeignet war, wozu gem I S 3 auf das bei den Akten befindliche Foto verwiesen werden kann (BGH NStZ-RR **18**, 120). Eine Zusammenstellung möglicher Fehlerquellen beim Wiedererkennen gibt Odenthal StraFo **13**, 64 ff; erg 11 b zu § 261.

13 Dem **Gutachten eines Sachverständigen** darf sich das Gericht nicht einfach anschließen (BGH **7**, 238; **8**, 113, 118), schon gar nicht, wenn es lediglich Wahrscheinlichkeitsaussagen enthält (BGH NStZ **09**, 284: „Täteranalyse des LKA"; KG VRS **120**, 89). Will es dem Ergebnis ohne Angabe eigener Erwägungen folgen, so müssen in den Urteilsgründen wenigstens die wesentlichen Anknüpfungstatsachen und Darlegungen des Sachverständigen wiedergegeben werden (BGH **12**, 311, 314; **34**, 29, 31; NStZ **19**, 690; **12**, 650; **91**, 596; KG NStZ **15**, 239; Düsseldorf VRS **64**, 208; Hamm StraFo **00**, 310; **02**, 58; VRS **107**, 371; Koblenz VRS **67**, 442; **75**, 52; Köln VRS **65**, 367; **66**, 352; **68**, 354); das gilt auch dann, wenn dem Gericht „die Sachkunde des Sachverständigen aus einer Vielzahl von Verfahren bekannt ist" (BGH StraFo **08**, 120). Dem Revisionsgericht muss es möglich sein, eine Berechnung (BGH StV **87**, 528) oder eine Schlussfolgerung des Sachverständigen (BGH **19**, 690: Einschätzung der Ursächlichkeit der Tathandlung durch Rechtsmediziner) nachzuprüfen. Beruht das Gutachten auf einer noch wenig erprobten oder umstrittenen Methode, so muss der Tatrichter das Revisionsgericht durch eine Darstellung des Streitstandes in die Lage versetzen zu prüfen, ob die Abwägung der für und gegen die Methode sprechenden Umstände stattgefunden hat (BGH NStZ **94**, 250; **00**, 106). Folgt der Tatrichter dem Gutachten nicht, so muss er die Ausführungen des Sachverständigen in nachprüfbarer Weise wiedergeben, sich mit ihnen auseinandersetzen und seine abweichende Auffassung begründen (BGH NStZ-RR **17**, 222; **16**, 380; NStZ **19**, 691; **13**, 55; 180; StV **15**, 675; StraFo **17**, 25). Lehnt das Gericht das eine Gutachten ab (BGH **21**, 62) und folgt es – etwa in Berücksichtigung der übrigen Beweisergebnisse – einem anderen (75 zu § 244), so muss es seine Gründe hierfür angeben (BGH StV **83**, 8; NStZ **06**, 296; Bay NZV **03**, 204); dazu gehört auch, wie sich die Sachverständigen jeweils zu den Ausführungen des anderen verhalten haben (BGH NStZ **19**, 240). Widerspricht das (vorbereitende) schriftliche Gutachten dem mündlich in der Hauptverhandlung erstatteten, muss das Gericht darlegen, warum das eine für zutr, das andere für unzutr erachtet hat (BGH StV **04**, 580; **05**, 653; NStZ **16**, 432; Karlsruhe StV **04**, 477; erg 76 zu § 244). Im Fall des § 244 IV S 1 muss in schwierigen Fällen die Grundlage der eigenen Sachkunde des Gerichts angegeben werden (BGH **12**, 18, 20; MDR **77**, 810 [H]; erg 71 ff zu § 244).

13a **Im Einzelnen:** Bei **Blutalkoholgutachten** reicht die Angabe des Mittelwerts der Blutalkoholkonzentration aus (BGH **28**, 235). Die Mitteilung des Ergebnisses des Gutachtens kann auch genügen, wenn es sich um ein *weithin standardisiertes Verfahren* (zB *Daktyloskopie*) handelt (BGH NStZ **93**, 95); **das gilt nicht für** ein *Schriftsachverständigengutachten* (Frankfurt StV **94**, 9), ein *Vergleichsgutachten betreffend Werkzeugspuren* (BGH StV **11**, 8 mit Anm Eisenberg), ein *morphologisches* (Karlsruhe Justiz **00**, 41), ein *aussagepsychologisches* (Hamm StV **98**, 240) oder ein *anthropologisches Gutachten* (Celle NZV **13**, 47, wobei hierzu umstr ist, ob statistische Angaben zur Merkmalshäufigkeit möglich und erforderlich sind; dafür Bamberg StV **11**, 717; Braunschweig StV **00**, 546; Jena VRS **110**, 115; 424, 425; dagegen Celle aaO; Hamm NStZ-RR **08**, 287; Dresden VRS **122**, 143: Oldenburg NZV **09**, 52; eingehend dazu und ebenfalls abl Rösing/Quarch/Danner NStZ **12**, 548; über die Fragwürdigkeit der Berechnung einer Identitätswahrscheinlichkeit Gabriel/Huckenbeck/Kürpiers NZV **14**, 346). Zum Beweis durch Einsatz von *Spurensuchhunden (Mantrailereinsätze)* eingehend LG Nürnberg-Fürth StraFo **13**, 384.

13b Bei **DNA-Gutachten** hat der Tatrichter den Grad der Übereinstimmung zwischen den Allelen des Angeklagten und den auf Tatortspuren festgestellten Allelen

Hauptverhandlung § 267

(sog Identitätswahrscheinlichkeit) mitzuteilen und die Grundlagen für deren Berechnung so darzulegen, dass dem Revisionsgericht eine Plausibilitätsprüfung möglich ist (BGH NStZ-RR **18**, 288; NStZ **19**, 427 mwN). Zur Nachvollziehbarkeit der Wahrscheinlichkeitsberechnung bei DNA-Vergleichsuntersuchungen, die sich auf eindeutige Einzelspuren beziehen und keine Besonderheiten in der forensischen Fragestellung aufweisen, sind allerdings Ausführungen zur Anzahl der untersuchten Merkmalssysteme und der diesbezüglichen Übereinstimmungen im Gegensatz zur früheren Rspr (zB BGH NStZ **16**, 490) nicht mehr erforderlich; vielmehr genügt danach die Mitteilung des Gutachtenergebnisses in Form der biostatischen Wahrscheinlichkeitsaussage in numerischer Form (BGH NJW **20**, 350; **18**, 3192 mit krit Anm Müller/Eisenberg JR **19**, 46; vgl auch BGH NStZ-RR **18**, 288). Dies gilt gleichermaßen für Ausführungen zur unabhängigen Vererblichkeit der untersuchten Merkmalsysteme (BGH NStZ **14**, 477 mit Anm Allgayer; zust BGH NStZ **16**, 490 mit krit Anm Eisenberg und Müller; zu den wissenschaftlichen Grundlagen biostatischer Wahrscheinlichkeitsrechnungen im Rahmen von DNA-Spurengutachten Schneider u.a. NStZ **13**, 693). Bei Mischspuren ist allerdings mitzuteilen, wie viele Systeme untersucht wurden, ob und inwieweit sich Übereinstimmungen in den untersuchten Systemen ergaben und mit welcher Wahrscheinlichkeit die festgestellte Merkmalskombination bei einer weiteren Person zu erwarten ist (BGH NJW **20**, 350; NStZ **19**, 427; NStZ-RR **19**, 189, jeweils mwN). Ob sich das Tatgericht allein aufgrund der Übereinstimmung von DNA-Identifizierungsmustern von der Täterschaft des Angeklagten zu überzeugen vermag, ist vorrangig ihm selbst überlassen (BGH **58**, 212 mit krit Anm Malek StV **14**, 590; vgl ferner BGH StV **14**, 587).

Bei der **Prüfung der Schuldfähigkeit** bedarf es der Darlegung der psychischen Störung anhand der 4 Eingangsmerkmale des § 20 StGB und dazu, in welchem Ausmaß die Einsichts- oder Steuerungsfähigkeit aus fachwissenschaftlicher Sicht bei der Tat beeinträchtigt waren (BGH NStZ **13**, 31). Bei der Bejahung eines der Eingangsmerkmale und bei der Annahme verminderter Schuldfähigkeit nach § 21 StGB handelt es sich um Rechtsfragen. Der Tatrichter hat die Darlegungen des Sachverständigen daher zu überprüfen und rechtlich zu bewerten. Außerdem ist er verpflichtet, seine Entscheidung in einer für das Revisionsgericht nachprüfbaren Weise zu begründen (BGH NStZ **13**, 53). Mit dem in der Hauptverhandlung verlesenen ärztlichen Untersuchungsbericht, welcher der Einschätzung des Gerichts entgegenstehen könnte, muss es sich auseinandersetzen (BGH 2 StR 428/17 vom 15.8.2018). 13c

Die **Ablehnung eines Hilfsbeweisantrags,** über den in der Hauptverhandlung keine Entscheidung mehr verkündet worden ist, muss in der schriftlichen Urteilsbegründung gerechtfertigt werden (22a, 90a zu § 244). 14

6) Besondere Umstände (II; § 263 II; dort 2): Dazu gehören alle Rechtfertigungs-, Schuld- und Strafausschließungsgründe sowie Strafaufhebungsgründe. II betrifft nur die Fälle, in denen die „besonders vorgesehenen Umstände" gesetzlich nach Art der Tatbestandsschilderung konkretisiert sind. Im Gegensatz zu diesen „benannten" Rechtsfolgenänderungen stehen die „unbenannten", für die III S 2 gilt. Zu dieser Gruppe gehören auch die Sanktionsänderungsregelungen mit Regelbeispielen (zB § 243 StGB; **18**, 19 zu § 265). Unter II fallen insbesondere § 49 (iVm dem auf ihn verweisenden Gesetz, zB § 157), §§ 21, 23 II, 41, 60 StGB, ferner zB § 224 StGB. Ob der Angeklagte in der Hauptverhandlung in seiner Einlassung besondere Umstände iS II behauptet hat, kann das Revisionsgericht nach Ansicht des BGH nicht durch eigene Beweiserhebungen prüfen (BGH **31**, 139 = NStZ **83**, 278 mit zutr abl Anm Fezer; ders Hanack-Symp 89; **aM** auch AK-Wassermann 13; Herdegen Salger-FS 306, 316; Sieg NJW **83**, 2014; v Schledorn [oben 12] S 153). 15

7) Zur Anwendung gebrachtes Strafgesetz und Begründung der Rechtsfolgenentscheidung (III): 16

§ 267

17 A. Strafgesetz (III S 1): Die Liste der angewendeten Vorschriften (§ 260 V, dort 49) ersetzt die Angabe der Vorschriften in der Urteilsbegründung nicht. An Rechtsfragen soll nicht mehr als notwendig abgehandelt und entschieden werden. Die Ablehnung einer nach Sachlage in Betracht zu ziehenden rechtlichen Beurteilung ist aber notwendig, um bei den Beteiligten und dem Revisionsgericht Irrtum oder Zweifel auszuschließen, dass das Problem nicht erkannt worden sei.

18 B. Die für die Strafe bestimmenden Gründe (III S 1), nicht etwa sämtliche Strafzumessungsgründe, müssen angegeben werden (BGH NStZ-RR **14**, 320 L; 1 StR 164/07 vom 7.11.2007). Dazu gehört auch die Angabe der bestimmenden Gründe für die Wahl der einen oder anderen zulässigen Strafart. Zu den anzugebenden Umständen gehören nicht nur die Zumessungstatsachen, sondern auch die Erwägungen, die dazu geführt haben, dass auf diese und keine andere Rechtsfolge erkannt worden ist (vgl BGH NJW **76**, 2220). Bei Verwertung von Vorstrafen sind die Zeit der Verurteilung, Art und Höhe der erkannten Rechtsfolge sowie deren Vollstreckung, darüber hinaus aber auch – in kurzer, präziser Zusammenfassung (BGH NStZ-RR **96**, 266) – der Gegenstand der früheren Verurteilung anzugeben (Köln StV **96**, 321), jedoch nicht eine wörtliche Wiedergabe der früheren Urteile (BGH NJW **99**, 2533, 2535). Wenn zwischen Tat und Urteil eine lange Zeit verstrichen ist und/oder eine vom Angeklagten nicht zu vertretende lange Verfahrensdauer vorliegt, müssen die Gründe ergeben, dass das Gericht diese Umstände bei der Strafzumessung berücksichtigt hat (BGH NStZ **86**, 218; 2 StR 344/14 vom 24.3.2016; erg 7 ff zu Art 6 **EMRK**); das Ausmaß der deshalb gebotenen Strafmilderung ist in den Urteilsgründen konkret zu benennen (BGH NStZ **96**, 328). Wenn auf eine kurzfristige Freiheitsstrafe erkannt worden ist, muss das Vorliegen der Voraussetzungen des § 47 StGB dargelegt werden (BGHR StGB § 47 I Umstände 4). Eine nicht ausschließbare, nicht unerhebliche Mitschuld des Verletzten ist zu berücksichtigen (26 zu § 261). Naheliegende Milderungsgründe, insbesondere ein Geständnis (BGH NStZ-RR **14**, 106 L) oder zB § 157 StGB, sind zu erörtern (Bay NJW **96**, 2244). Die Begründung muss umso eingehender sein, je mehr sich die Strafe oder andere Rechtsfolge der oberen oder unteren Grenze des zulässigen Rahmens nähert (BGH StV **12**, 668; Karlsruhe NJW **80**, 134). Ist die Strafe sehr hoch und weicht sie erheblich von den Strafen anderer Gerichte in vergleichbaren Fällen ab, so muss dies an den Besonderheiten des Falls verständlich gemacht werden (BGH 5 StR 522/12 vom 29.11.2012). Eine besondere Begründung ist auch erforderlich, wenn das Berufungsgericht oder nach einer Urteilsaufhebung und Zurückverweisung der neu entscheidende Tatrichter auf dieselbe Strafe erkennt wie der 1. Richter, obwohl Umstände festgestellt werden, auf Grund deren ein wesentlich niedrigerer Strafrahmen vorgeschrieben ist (BGH StV **17**, 34; Bamberg NStZ-RR **12**, 138; Hamm StraFo **05**, 33; Köln NJW **86**, 2328); Gleiches gilt, wenn neue Feststellungen getroffen worden sind, die die Tat nun in einem wesentlich milderen Licht erscheinen lassen (BGH NStZ-RR **13**, 113). Bei Geldstrafe ergibt sich aus § 40 II StGB, welche Umstände bestimmend sind. Die Angabe der bestimmenden Umstände ist aber auch für die Festsetzung, Auswahl und ggf zeitliche Bemessung anderer Rechtsfolgen notwendig. Wenn mehrere Angeklagte in einem Verfahren abgeurteilt werden, muss für jeden von ihnen die Strafe „aus der Sache" selbst gefunden werden, wobei der Gesichtspunkt, dass die verhängten Strafen auch in einem gerechten Verhältnis zueinander stehen sollten, nicht völlig außer Betracht bleiben darf (BGH StraFo **16**, 477 mwN; NStZ-RR **17**, 40).

19 Nur das Endergebnis der Strafzumessung muss zahlenmäßig mitgeteilt werden, nicht dagegen der „Spielraum" nach § 46 I S 1 StGB (Zipf, Die Strafmaßrevision, 1969, S 214; str). Denn auch sonst sind Zwischenergebnisse auf dem Weg zur Gewinnung des Endergebnisses nicht mitzuteilen. Jedoch sind bei Tatmehrheit (§ 54 StGB) auch die Einzelstrafen zu begründen. Bei der Abhandlung der Katalogpunkte des § 46 II StGB ist zu bedenken, dass sie je nach Inhalt positive oder negative Wirkung haben können, was nicht unklar bleiben darf.

Unzulässig sind **Eventualbegründungen** (BGH **7**, 359), zB die Angabe, das 20
Gericht hätte die Strafe nicht anders bemessen, wenn von einem anderen Zusammentreffen der Straftaten (RG **70**, 403) oder von einem anderen Strafgesetz
(RG **71**, 105) hätte ausgegangen werden müssen; vgl auch BGH StV **104**, 578 mit
Anm Eisenberg (Hilfserwägungen zum früheren Verfall).

Bei Verurteilung zu **lebenslanger Freiheitsstrafe** müssen sich in Befolgung der 20a
Rspr des BVerfG (vgl 33 zu § 260) die Gründe damit auseinandersetzen, ob ein
Fall der besonderen Schwere der Schuld iSd § 57a I S 1 Nr 2 StGB gegeben ist; in
einer Gesamtwürdigung sind sämtliche Gesichtspunkte, die für oder gegen diese
Annahme sprechen, gegeneinander abzuwägen (BGH **40**, 360; Stree NStZ **92**,
464). Ist die lebenslange Freiheitsstrafe als absolute Strafe vorgesehen (§ 211 I
StGB, §§ 6 I Nr 1, 7 I Nr 1, 8 I Nr 1 VStGB), müssen sich an die Feststellung,
dass diese zu verhängen ist, Ausführungen zu § 57a I S 1 Nr 2 StGB anschließen;
in den anderen Fällen, in denen zu lebenslanger Freiheitsstrafe verurteilt werden
kann (zB §§ 212 II, 251 StGB), müssen nach den Strafzumessungserwägungen
Darlegungen zur Frage der besonderen Schwere der Schuld folgen. III S 3 und die
hierzu entwickelten Grundsätze (oben 18) gelten entspr (BGH NStZ-RR **96**,
321).

C. **Minder schwere und besonders schwere Fälle (III S 2, 3):** Die An- 21
nahme eines minder schweren Falls muss als Ausnahme von der Regel begründet
werden (krit Hettinger Paeffgen-FS 270). Ebenso die Verhängung einer kurzen
Freiheitsstrafe nach § 47 I StGB. Liegt auf Grund aller für die Wertung der Tat und
des Täters bedeutsamen Umstände die Verneinung eines minder schweren Falls auf
der Hand, dann bedarf es hierzu nicht der Erwähnung im Urteil (BGH NStZ-RR **10**, 57). Wird ein besonders schwerer Fall nicht angenommen, obwohl die
Voraussetzungen nach den Regelbeispielen dafür vorliegen, so muss diese Abweichung von der Regel ebenfalls begründet werden (eingehend dazu BGH NJW **11**,
2450). Auch im umgekehrten Fall muss das Abweichen von der Regel begründet
werden. In allen genannten Fällen ist auch dann eine Begründung notwendig,
wenn das Gericht mit seiner Entscheidung einen in der Hauptverhandlung gestellten Antrag abgelehnt hat (BGH StV **90**, 100 mit Anm Schlothauer).

D. Bei **Jugendlichen und Heranwachsenden,** auf die Jugendstrafrecht an- 22
gewandt wird (§ 105 **JGG**), gilt zusätzlich der Begründungszwang nach § 54 I
JGG. Bei der Festsetzung der Jugendstrafe muss der Erziehungszweck (§ 18 II
JGG) als bestimmender Umstand besonders in Betracht gezogen werden (BGH **15**,
224).

8) **Strafaussetzung zur Bewährung, Verwarnung mit Strafvorbehalt und** 23
Absehen von Strafe (III S 4; §§ 56, 59 StGB; § 21 JGG; Fälle des Absehens von
Strafe: 1 zu § 153b): Die Gewährung der genannten Arten der Erleichterung muss
begründet werden, die Nichtgewährung, falls damit ein wenn auch nur hilfsweise
gestellter Antrag abgelehnt worden ist (Bay MDR **80**, 951; Düsseldorf StV **97**,
123; Hamm VRS **81**, 20); das gilt aber nur, wenn in Anbetracht der verhängten
Strafe eine Anwendung dieser Vorschriften rechtlich möglich gewesen wäre (BGH
StraFo **12**, 137). Der Antrag auf milde Bestrafung gilt als Antrag nach III S 4
(Braunschweig NJW **54**, 284; vgl auch Bremen NJW **54**, 613). Die Ablehnung
muss jedoch nach allgemeinen Grundsätzen, in der Regel aus der Urteilsbegründung gelten,
auch sonst begründet werden, wenn eine Strafaussetzung naheliegt (BGH **6**, 60;
167, 172; NStZ **86**, 374; 4 StR 283/11 vom 28.7.2011; Hamm VRS **36**, 177)
oder wenn zwar ein Antrag aus verständlichen Gründen nicht gestellt worden ist,
zB deshalb, weil sich der Angeklagte mit seiner sonstigen Einlassung (dem Bestreiten der Tat) in Widerspruch gesetzt hätte, aber die besonderen Umstände des Falles
zur Prüfung der Vergünstigung drängten (vgl BGH LM § 23 StGB Nr 27;
VRS **66**, 443; KG JR **64**, 107; Köln VRS **67**, 119). Eine kumulative Begründung
mit mehreren Versagungsgründen ist zulässig, dagegen nicht eine Eventualbegründung, das Gericht hätte die Aussetzung aus einem bestimmten anderen Grund
abgelehnt, wenn der herangezogene Grund nicht Bestand hätte (BGH **7**, 359). Das

§ 267 Zweites Buch. 6. Abschnitt

Unterlassen von Ausführungen zu § 56 III StGB (Verteidigung der Rechtsordnung) ist nicht immer fehlerhaft (Köln MDR **85**, 248; vgl aber BGH NStZ **89**, 527).

23a 9) Die Urteilsgründe müssen sich nun auch dazu äußern, ob dem Urteil eine **Verständigung nach § 257c** vorausgegangen ist **(III S 5)**; denn dies ist – insbesondere für die Rechtsmittelgerichte – von erheblicher Bedeutung, um ua prüfen zu können, ob das Verfahren nach § 257c eingehalten wurde und keine unzulässigen Vereinbarungen getroffen wurden. Es ist aber auch für Folgeverfahren (zB gegen Mittäter) insofern von Bedeutung, inwieweit ein im Rahmen einer Verständigung abgelegtes Geständnis zur Beweiswürdigung verwertet werden kann (BGH **52**, 78; eingehend BGH **58**, 184; Kölbel/Steiner JR **09**, 447). Grundsätzlich reicht allerdings die Angabe, dass eine Verständigung stattgefunden habe, aus; der Inhalt der Verständigung muss nicht wiedergegeben werden (BGH **58**, 184; NStZ **10**, 348; **11**, 170); anders aber, wenn die Mitteilung von Einzelheiten zum Inhalt der Verständigung erforderlich ist, um die Beweiswürdigung zum Einlassungsverhalten des Angeklagten ausreichend auf Rechtsfehler überprüfen zu können (BGH NStZ-RR **13**, 52; krit Schlothauer StV **13**, 195). Wenn eine Verständigung erzielt wurde, das Gericht sich aber nach § 257c IV von ihr wieder gelöst hat, ist das ebenfalls anzugeben, damit überprüfbar ist, ob das Beweisverwertungsverbot nach § 257c IV S 3 beachtet worden ist (KMR-Stuckenberg 95; **aM** BGH **57**, 273: Dokumentation in der Sitzungsniederschrift gemäß § 273 Ia S 1 genügt. Das bedeutet aber, dass die Verständigung im Urteil entgegen III S 5 nicht mehr erwähnt werden darf, wenn das Gericht von ihr wieder abgegangen ist, weil sonst ein unrichtiger Eindruck in den Urteilsgründen entstehen würde. Vorteilhafter erscheint doch, nach III S 5 die Verständigung und dementsprechend dann auch das Abgehen von der Verständigung im Urteil zu dokumentieren, damit eine fehlerhafte Sachbehandlung nicht nur nach einer zulässigen Verfahrensrüge berücksichtigt werden kann; ähnlich Kudlich NStZ **13**, 120; Schlothauer aaO). Der Verstoß gegen III S 5 kann die Revision begründen, falls – was allerdings idR nicht der Fall sein dürfte – das Urteil darauf beruht (BGH StV **11**, 76; zw KMR-Stuckenberg 123; vgl auch Schneider NStZ **14**, 262). Eine entspr Anwendung des III S 5 auf nicht zustande gekommene oder informelle Absprachen kommt nicht in Betracht (BGH **58**, 184).

24 10) **Abgekürztes Urteil (IV):** Bei mehreren Taten (2 ff zu § 264) kann für die eine die Abkürzung zulässig, für die andere unzulässig sein. Wird die abgekürzte Form gewählt, so ist es zweckmäßig und üblich, nach dem Wort „Gründe" in Klammern zu vermerken „abgekürzt gemäß § 267 IV StPO". Es müssen alle Anfechtungsberechtigten auf das zulässige Rechtsmittel gegen das Urteil (Berufung oder Revision) verzichtet haben, und zwar hinsichtlich des Schuld- und des Rechtsfolgenausspruchs vollständig (Jena NStZ-RR **15**, 181; Schleswig SchlHA **83**, 112 [E/L]; LR-Stuckenberg 132; **aM** Hütwohl NStZ **16**, 710; Niehaus NZV **03**, 412). Eine Beschwerde nach § 464 III oder nach § 8 III StrEG oder gegen einen gleichzeitig mit dem Urteil erlassenen Beschluss steht nicht entgegen. Die Abkürzung der Urteilsgründe ist auch zulässig, wenn das Urteil durch Nichtanfechtung rechtskräftig geworden ist, nicht aber, wenn das Urteil mangels statthafter Rechtsmittel (zB nach § 55 II JGG) mit seiner Verkündung rechtskräftig wird (BVerfG NJW **04**, 209).

25 A. **Mindestinhalt bei Verurteilung:** Anzugeben sind die erwiesenen Tatsachen, die den gesetzlichen Tatbestand abdecken, wie in I. S 1 vorgeschrieben (BGH NStZ **14**, 53). Die Vereinfachung besteht darin, dass I S 2, II und III nicht angewendet werden müssen. Die Rechtsfolgen freilich und die sie tragenden Bestimmungen müssen ebenfalls angeführt werden.

26 B. **Auf Geldstrafe, Verwarnung mit Strafvorbehalt, Fahrverbot oder Fahrerlaubnisentziehung lautende Urteile (IV S 1 Hs 2):** Bei Ausschöpfung dieser Vereinfachungsmöglichkeit kann es, wenn das Urteil im Schuldspruch der

Hauptverhandlung **§ 267**

Anklage entspricht, praktisch zu einem vollständigen Verzicht auf gesonderte Abfassung der Urteilsgründe kommen (Rieß NJW **78**, 2271). Denn die in Bezug genommene Anklage wird Bestandteil der Urteilsgründe. Auf diese Weise wird auch die Aufnahme des Urteils mit seiner Begründung in das Protokoll (§ 275 I S 1) erleichtert (Rieß aaO). Bei Verbindung mehrerer Strafsachen (§§ 4, 237) ist die Verweisung auch wegen einer von ihnen zulässig, jedenfalls dann, wenn nicht auf eine Freiheitsstrafe als Gesamtstrafe erkannt wird (Braunschweig StraFo **08**, 247).

Gegenstand der Verweisung im Urteil ist im Normalfall der Anklagesatz der 27 zugelassenen Anklage (§§ 200 I S 1, 207), wie er zu Beginn der Hauptverhandlg nach § 243 III S 2 vorgetragen wird. Ist der Anklagesatz bei der Zulassung der Anklage geändert worden (§ 207 II), so ist zu prüfen, ob mit der Verweisung nicht Unklarheit entsteht und sie daher besser zu unterlassen ist. Bei Klageerhebung im beschleunigten Verfahren wird auf die Anklageschrift oder den Protokollteil (§ 418 III S 2) verwiesen. Auf den Strafbefehl wird Bezug genommen, wenn er erlassen, dann aber auf Einspruch Hauptverhandlung durchgeführt worden ist. Auf den Strafbefehlsantrag wird verwiesen, wenn es zur Hauptverhandlg nach § 408 III S 2 gekommen ist. In beiden Fällen wird aber nur der Teil in Bezug genommen, der dem Anklagesatz entspricht. Wenn eine Urteilsausfertigung an eine Person oder Stelle gegeben wird, die das in Bezug genommene Schriftstück nicht in Händen hat, wird dieses, soweit darauf Bezug genommen ist, beigefügt (LR-Stuckenberg 140).

C. Auch bei einem rechtskräftigen Urteil darf die Angabe, dass dem Urteil eine 27a (endgültige oder vom Gericht widerrufene) **Verständigung vorausgegangen** ist, nicht fehlen (IV S 2). Das kann für ein Wiederaufnahmeverfahren, vor allem aber für ein selbständiges Verfahren gegen einen Mittäter von Interesse sein.

D. **Weiterer Inhalt:** In Betracht kommen vor allem die Umstände, die für 28 künftige Entscheidungen (zB späterer Widerruf der Strafaussetzung oder Aussetzung des Strafrestes) und für Wiedereingliederungsbehandlung (zB bei der Bewährungshilfe oder im Strafvollzug) von Bedeutung sein können. Dabei kommt der Feststellung solcher Fakten, Beobachtungen und Prognosen besondere Bedeutung zu, die sich nicht oder nicht genügend schon aus dem Akteninhalt ergeben (Hanack Tröndle-FS 504). In einfachen Fällen, zB bei verhältnismäßig geringer Geldstrafe, zumal wenn der Verurteilte bisher unbestraft war, kann auf weiteren Inhalt verzichtet werden.

11) Einstellungsurteil (§ 260 III): An Tatsachen muss angegeben werden, was 29 zur tatsächlichen und rechtlichen Kennzeichnung des Verfahrenshindernisses notwendig ist. Über die Begründung eines Einstellungsurteils (42 ff zu 260) oder einer sonstigen Nichtverurteilung, mit der keine Sachentscheidung verbunden ist, enthält § 267 keine Regelung. Jedoch ergibt sich bei Anfechtbarkeit des Urteils aus § 34, dass die Voraussetzungen für die prozessuale Entscheidung darzutun sind (Hamm MDR **86**, 778; Köln NJW **63**, 1265; Schleswig SchlHA **15**, 302 [G/F]). Bei einem Einstellungsurteil wegen Verjährung sind somit die tatsächlichen und rechtlichen Voraussetzungen des Verfahrenshindernisses in einer revisionsrechtlich überprüfbaren Weise festzustellen und zu begründen (BGH **56**, 6).

12) Nach Wiedereinsetzung (IV S 4): In diesem Fall kann das Urteil nach- 30 träglich nach I–III begründet werden. Die Begründungsfrist beginnt nicht schon mit dem Erlass (5 ff vor § 33) des die Wiedereinsetzung gewährenden Beschlusses, sondern erst, wenn die Akten bei dem für die Urteilsergänzung zuständigen Gericht eingehen (BGH **52**, 349 = NStZ **09**, 228 mit zust Anm Rieß = JR **09**, 164 mit zust Anm Stuckenberg); hat allerdings das für die Entscheidung zuständige Gericht unter Verstoß gegen § 46 I Wiedereinsetzung gewährt, beginnt die Frist ausnahmsweise bereits mit Erlass des Wiedereinsetzungsbeschlusses, weil das Gericht zugleich Kenntnis über die Voraussetzungen einer Ergänzung erlangt (BGH NStZ-RR **12**, 49). Bei nach Wiedereinsetzung erfolgter Bezeichnung der Beru-

Schmitt

§ 267

fung als Revision (10 zu § 335) beginnt die Frist mit dem wirksamen Übergang (München NJW **07**, 96; zw Rieß aaO). Die Dauer der Frist richtet sich nach § 275 I S 2 Hs 1 und 2. Eine Überschreitung nach § 275 I S 4 ist unzulässig (Hamburg MDR **78**, 247). Die Urteilsergänzung in entspr Anwendung des IV S 4 für den Fall, dass das Gericht irrtümlich angenommen hat, das Urteil sei rechtskräftig, ist grundsätzlich unzulässig (BGH MDR **90**, 490 [H]; Bay NJW **81**, 2589; NStZ **92**, 136 mwN; KG VRS **82**, 135; Celle StV **97**, 402; Hamm VRS **69**, 137; aM BGH NStZ-RR **02**, 261 [B]; LR-Stuckenberg 156; Gollwitzer Kleinknecht-FS 169; Rieß NStZ **82**, 445); anders aber – entspr Anwendung des IV S 4 –, wenn das Gericht nach Aktenlage bei der Urteilsabfassung von der Anwendbarkeit des IV S 1 ausgehen durfte (BGH NStZ **08**, 646; NStZ-RR **12**, 118; 3 StR 397/17 vom 4.10.2017), jedoch auch dann nur, wenn die Frist des § 275 I S 2 noch nicht verstrichen ist (BGH NStZ-RR **13**, 53;). Vgl aber für das Bußgeldverfahren BGH **43**, 22.

31 13) **Freispruch (V):** Mit dem Freispruch wird im Ergebnis festgestellt, dass die gesetzliche Unschuldsvermutung nicht widerlegt ist (Einl 3). Bei Teilfreispruch wird „im Übrigen" freigesprochen.

32 A. **Nicht abgekürzte Urteilsbegründung (V S 1):**

33 a) **Freispruch aus tatsächlichen Gründen:** Zunächst muss der Anklagevorwurf aufgezeigt (BGH **37**, 21, 22) und sodann der festgestellte Sachverhalt – wie im Fall des I – dargelegt werden (BGH NJW **80**, 2423; NStZ **90**, 448; **91**, 596; wistra **96**, 70; BGHR § 267 V Freispruch 2, 7 und 10); es sind also in einer geschlossenen Darstellung diejenigen Tatsachen zum objektiven Tatgeschehen festzustellen, die das Gericht für erwiesen hält (BGH NStZ **12**, 110; NStZ-RR **11**, 275; **15**, 52; **19**, 254). Erst im Anschluss daran folgt die entscheidende Beweiswürdigung (BGH NStZ-RR **18**, 151; **14**, 220 L; 4 StR 487/09 vom 4.2.2010; oben 12). Dabei müssen nicht alle Umstände lückenlos angeführt werden (BGH MDR **78**, 281 [H]; NStZ-RR **11**, 50 L). Die Einlassung des Angeklagten (BGH 5 StR 152/13 vom 4.9.2013) und die gegen ihn sprechenden Umstände müssen aber erörtert werden (BGH NStZ-RR **02**, 338; **10**, 182; **15**, 255; NStZ **12**, 227; StraFo **12**, 236). Liegen mehrere Beweisanzeichen vor, so genügt es nicht, sie einzeln abzuhandeln; erforderlich ist vielmehr eine Gesamtwürdigung unter Gewichtung der einzelnen Beweise (BGH NStZ-RR **18**, 289; **14**, 281; **15**, 148; 255; 349; NStZ **02**, 48; **09**, 401; NJW **02**, 1811; 2 StR 70/14 vom 28.5.2014; 1 StR 582/06 vom 22.5.2007 mit Anm Dietmeier ZIS **08**, 101; dazu instruktiv Eisenberg NStZ **17**, 105; Liebhart NStZ **16**, 134), ebenso im Fall einer Nichtverurteilung wegen eines idealkonkurrierenden Delikts (BGH NStZ-RR **15**, 93). Die Anforderungen an eine umfassende Würdigung der festgestellten Tatsachen sind nicht geringer als im Fall der Verurteilung (BGH NStZ **02**, 446; **09**, 512; Bamberg DAR **11**, 147); uU sind auch Angaben zu den persönlichen Verhältnissen des Angeklagten erforderlich (BGH **52**, 314 mit zust Anm Gössel JR **09**, 217; BGH NStZ-RR **08**, 206; **12**, 216; **15**, 180; NStZ **10**, 529; **14**, 419; 4 StR 235/16 vom 24.11.2016). Die Begründung eines Freispruchs muss also so abgefasst sein, dass bei Revision geprüft werden kann, ob dem Tatrichter Rechtsfehler unterlaufen sind (38 ff zu § 261), insbesondere, ob der den Entscheidungsgegenstand bildende Sachverhalt erschöpfend gewürdigt (BGH **52**, 314; wistra **91**, 63; NStZ-RR **09**, 116; **10**, 182; **13**, 135 [C/Z]; 4 StR 147/10 vom 12.8.2010; 4 StR 599/11 vom 26.4.2012; 1 StR 394/14 vom 5.11.2014; BGHR § 267 V Freispruch 8; Köln VRS **65**, 383), eine Gesamtschau der belastenden Indizien vorgenommen wurde (BGH NStZ **17**, 600 mwN) und ggf, warum das festgestellte Verhalten nicht strafbar ist (BGH NStZ-RR **97**, 374); der Tatrichter kann aber einzelne Umstände offen lassen, wenn unabhängig davon eine weitere Tatbestandsvoraussetzung fehlt (BGH StraFo **03**, 382). Eine Übersicht über die Rspr zur Beweiswürdigung in Freispruchsfällen gibt Brause NStZ-RR **10**, 329; vgl auch BGH 4 StR 371/13 vom 5.12.2013 und BGH NStZ-RR **16**, 54.

Bei **Freispruch aus subjektiven Gründen** ist idR zunächst der äußere Tat- 33a
hergang aufzuklären und darzustellen (BGH NJW **91**, 2094); darauf kann nur ausnahmsweise verzichtet werden (BGH NStZ-RR **05**, 211). Maßgeblich ist, ob die
Urteilsgründe ihrer Aufgabe gerecht werden, dem Revisionsgericht die Überprüfung der Beweiswürdigung auf Rechtsfehler zu ermöglichen (BGH NJW **05**,
2322, 2325). Bei Freispruch von dem Vorwurf einer üblen Nachrede auf Grund
des § 193 StGB muss aus Gründen des Schutzes des Beleidigten erst die Erweislichkeit der behaupteten oder verbreiteten Tatsache geprüft werden (BGH **11**,
273; zur Prüfungsreihenfolge bei den einzelnen Beleidigungstatbeständen Graul
NStZ **91**, 457).

b) **Freispruch aus rechtlichen Gründen:** Wenn die Tat zwar nachgewiesen, 34
aber nicht strafbar ist, muss die erwiesene Tat geschildert werden. Einer Darlegung
der Beweiswürdigung bedarf es in diesem Fall nicht. Dafür muss sich ergeben, aus
welchen Gründen die Tat nicht strafbar ist.

B. **Freispruch iVm Anordnung von Maßnahmen** (18 zu § 260): In diesem 35
Fall werden in der Begründung die Anknüpfungstat und die sonstige tatsächliche
Grundlage der Anordnung sowie die Rechtsgrundlage dargelegt.

C. **Abgekürzte Urteilsbegründung bei Freispruch (V S 2, 3):** Die dem 36
Angeklagten zur Last gelegte Tat braucht nicht geschildert zu werden, da sie sich
aus der zugelassenen Anklage ergibt. Es empfiehlt sich jedoch, den Inhalt des Anklagesatzes wiederzugeben. Zumindest in Urteilen des AG kann diese Wiedergabe
durch Verweisung ersetzt werden (oben 27), die sogar bei Verurteilung zulässig ist.
Diese Vereinfachungsmöglichkeiten erleichtern die Aufnahme des ganzen Urteils
in das Protokoll (oben 26). Entfällt die Rechtskraft durch Wiedereinsetzung in den
vorigen Stand (25 zu § 44), so dürfen die Urteilsgründe nachträglich ergänzt werden (V S 3 iVm IV S 4 [die Verweisung in V S 3 auf IV S 3 ist ein Redaktionsver-
sehen]; oben 30). Im Übrigen genügt die globale Feststellung, dass der Angeklagte
aus tatsächlichen Gründen (oben 32) oder aus rechtlichen Gründen (oben 34)
freizusprechen war.

14) **Anordnung einer Maßregel der Besserung und Sicherung (VI):** Die 37
Urteilsgründe müssen die tragenden für erwiesen erachteten Tatsachen angeben,
und zwar die tatbezogenen Umstände und die Prognosetatsachen, außerdem die
Rechtsgrundlage (vgl auch BGH **50**, 93, 105 zu § 69 I S 1 Variante 2 StGB). Im
Falle des § 69a I S 1 StGB muss eine Gesamtwürdigung der Tatumstände und der
Täterpersönlichkeit zum Beleg der fehlenden Eignung des Angeklagten zum Füh-
ren von KFZ vorgenommen werden (BGH 1 StR 439/18 vom 13.9.2018). Das
Fehlen der notwendigen Nachprüfungsgrundlage ist schon auf die Sachrüge zu
beachten (BGH NStZ-RR **12**, 110 L zu § 66 StGB; Düsseldorf OLGSt § 69 StGB
Nr 1). Wird ein Antrag auf Anordnung abgelehnt, so muss dies begründet werden.
Aber auch ohne Antrag ist die Nichtanordnung zu begründen, wenn sich die An-
ordnung aufdrängte (BGH NJW **99**, 2606 = JR **00**, 207 mit Anm Schöch; 2 StR
404/10 vom 20.10.2010). Dasselbe gilt sowohl für die Anordnung als auch für die
Ablehnung des Vorbehalts der Sicherungsverwahrung nach § 66a StGB. Der Begründungszwang nach S 2 soll dem Ergebnis des Strafverfahrens hinsichtlich der
Entziehung der Fahrerlaubnis den Vorrang gegenüber einem Entziehungsverfahren
der VerwB sichern, die an den Inhalt des Urteils gebunden ist (§ 4 III StVG;
Hamm DAR **72**, 131; Lackner JZ **65**, 125).

15) Für **Nebenentscheidungen** im Urteil, wie Einziehung (1, 2 vor § 421), 38
Geldbuße gegen eine JP oder PV (§ 444), öffentliche Bekanntmachung der Verurteilung (§ 200 StGB; RiStBV 231) und Kosten- und Entschädigungsausspruch,
sind die tatsächlichen und rechtlichen Grundlagen anzugeben. Das Gleiche gilt,
wenn eine Geldbuße im Strafurteil gegen Betroffenen (Einl 93) festgesetzt
wird, der in das Strafverfahren nur wegen einer ZusammenhangsOWi miteinbezogen worden ist (§§ 42, 64 OWiG), aber auch sonst, wenn das strafgerichtliche Urteil eine Bußgeldfestsetzung enthält (§§ 82, 83 OWiG).

§ 267

39 **16) Berichtigung der schriftlichen Urteilsgründe:** Änderungen und Ergänzungen sind bis zu dem Zeitpunkt zulässig, in dem das schriftliche Urteil aus dem inneren Dienstbereich des Gerichts hinausgegeben wird oder die Frist des § 275 I S 3 abläuft (BGH NJW **97**, 1862, 1863; Bay NJW **81**, 2589; Düsseldorf MDR **93**, 894 mwN). Danach vorgenommene Änderungen sind für die revisionsrechtliche Prüfung ebenso ohne Bedeutung wie dienstliche Äußerungen der Richter (BGH StraFo **08**, 163; 1 StR 434/06 vom 9.11.2006); so können auch fehlende Feststellungen zu den persönlichen Verhältnissen des Angeklagten (oben 4) nicht nachgeschoben werden, selbst wenn das Fehlen nur auf einem Versehen beruhte (BGH NStZ-RR **07**, 236). Es ist nur noch eine bloße Urteilsberichtigung, dh die Behebung eines Versehens, das sich zwanglos aus klar zutage liegenden Tatsachen ergibt, zulässig (BGH NStZ-RR **15**, 119; StV **85**, 401). Diese Möglichkeit geht weiter als bei der Urteilsformel (9 ff zu § 268). Sie wird durch Beschluss der Richter vollzogen, die an dem Urteil mitgewirkt und die Urteilsurkunde unterschrieben haben. Ist einer verhindert, so genügt die Mehrheit und ein Verhinderungsvermerk nach § 275 II S 2. Ein Richter, der an der Verhandlung nicht teilgenommen hat, kann nicht als Ersatzmann unterschreiben (BGH NStZ **93**, 30 [K]; Karlsruhe NStZ **09**, 587 mit zust Anm Beukelmann; Oldenburg NStE Nr 16 zu § 260). Die Berichtigung wird erst unzulässig, wenn durch sie Zweifel entstehen können, ob sie über das Beheben eines Versehens hinaus keine Meinungsänderung, eine sachliche Änderung enthält (BGH **12**, 376; NStZ **91**, 195; Bay NStZ-RR **99**, 140; Koblenz VRS **72**, 194).

39a Ein echter **Widerspruch zwischen Urteilstenor und -gründen** kann nicht berichtigt werden; er hebt die gedankliche Einheit des Urteils auf (BGH NStE Nr 29; StraFo **07**, 203; NStZ **08**, 710). Ein solcher Widerspruch ist ein materiellrechtlicher Verstoß und führt idR bei Revision auf Sachrüge zur Aufhebung des Urteils (BGH StraFo **11**, 399), uU kann das Revisionsgericht aber auch auf die niedrigere von beiden Strafen durcherkennen (BGH NStZ-RR **09**, 250 mwN; **12**, 179 mwN; vgl aber BGH NStZ **14**, 225). Nur wenn die abweichende Angabe in den Urteilsgründen zur Gewissheit des Revisionsgerichts auf einem Schreibversehen beruht und somit lediglich ein scheinbarer Widerspruch vorliegt, kann dieser berichtigt werden und das Urteil Bestand haben (BGH JZ **52**, 282; 1 StR 631/91 vom 25.6.1992; vgl auch 33 zu § 354).

39b Gegen den Berichtigungsbeschluss ist **Beschwerde** zulässig, wenn das Urteil nicht mehr angefochten werden kann (Schleswig OLGSt § 304 Nr 3). Ist Revision eingelegt, so ist die Beschwerde – auch gegen die Ablehnung eines Berichtigungsantrags – unzulässig (Bay StraFo **98**, 382 mit Anm Bockemühl StraFo **99**, 52, 53; Bamberg wistra **12**, 164; Celle NdsRpfl **86**, 137).

40 **17) Revision** kann beschränkt eingelegt (4 ff zu § 344; erg zu den §§ 318, 327) und vor Erledigung ganz oder teilw zurückgenommen werden (§ 302). Im Rahmen unzulässiger Bezugnahme (oben 2) fehlt die Begründung (oben 8, 10, 26, 27) und idR die Überprüfbarkeit (21 zu § 337).

41 A. **Verfahrensrüge** (20 ff zu § 344): Zum Fehlen der Urteilsgründe vgl § 338 Nr 7. Das Fehlen von Ausführungen zu einem gestellten Antrag auf Strafaussetzung zur Bewährung (III S 4) kann beanstandet werden (BGH StV **08**, 345 L; 5 StR 616/18 vom 4.4.2019); auch die Übergehung eines hilfsweise gestellten Beweisantrages in den Gründen kann gerügt werden (22a, 90a zu § 244).

42 B. **Sachrüge** (13 ff zu § 344): a) Auf **allgemeine oder ausgeführte Sachrüge** (101 ff zu § 244) wird das ganze Urteil in materiell-rechtlicher Hinsicht nachgeprüft, auch im Rechtsfolgenausspruch. Sind die Urteilsgründe erkennbar lückenhaft, enthalten sie zB keine ausreichende Tatsachenfeststellung (BGH NStZ **08**, 352; zur vom Urteilsverfasser gewollten, aber nicht erkennbaren Lückenhaftigkeit der Feststellungen Eschelbach Widmaier-FS 127), keine Beweisgründe oder keine Beweiswürdigung, so ist das Urteil aufzuheben (BGH NStZ-RR **99**, 45). Fehlen de Ausführungen zu den persönlichen Verhältnissen des Angeklagten (oben 4) führen uU zur Aufhebung des Strafausspruchs (BGH NStZ-RR **98**, 17; **99**, 46; BGHR § 267 III S 1 Strafzumessung 8, 9, 17; Köln StraFo **09**, 242; Stuttgart StV **91**, 340), ggf auch des Schuldspruchs (BGH StV **90**, 438; NStZ-RR **13**, 52) (einschr aber BGH NStZ **96**, 49), oder sogar eines Freispruchs (BGH **52**, 314; NStZ **14**, 172; NStZ-RR **14**, 153 L; 2 StR 70/14 vom 28.5.2014; 4 StR 239/16 vom 13.10.2016 mwN). Hatte der Angeklagte sich hierzu nicht geäußert, muss das Urteil erkennen lassen, dass sich das Gericht insoweit um Aufklärung auf anderem Wege (zB Vorstrafenakten, Zeugenvernehmungen) bemüht hat (BGH NStZ **91**, 231; **14**, 171; StV **92**, 463 mwN; insofern neigt BGH StV **98**, 636 aber dazu, idR die Erhebung einer Verfahrensrüge zu verlangen, zust Schäfer Rieß-FS 483; vgl auch BGH NStZ-RR **11**, 88). Die Zulässigkeit einer nachträglichen Änderung oder Ergänzung der schriftlichen Urteilsgründe wird auf die Sachrüge geprüft (Köln VRS **63**, 460 mwN; offen gelassen von BGH NStZ **04**, 508, 509).

b) **Rechtsfolgenausspruch:** Eine Verletzung des III S 1 kann mit der Begründung geltend gemacht werden, das Urteil führe nicht diejenigen Umstände an, die für das Gericht bestimmend gewesen seien (BGH MDR **70**, 899; Bruns 126). Der Verstoß gegen III S 2 hinsichtlich der Nichtbeachtung eines gestellten Antrags begründet die Revision (BGH StV **99**, 137). Erg 34 zu § 337. 43

c) Zur **Rüge der Beweiswürdigung** vgl oben 12, 13; 26 ff zu § 337. 44

d) Bei **Aburteilung einer Tatserie** kann es den Bestand eines Urteils insgesamt 45
gefährden, wenn die Urteilsgründe wegen einer nicht auf die einzelnen Taten bezogenen Nummerierung aus sich heraus nicht mehr ohne weiteres verständlich sind und die Ermittlung des Sachverhalts in Bezug auf die jeweilige Tathandlungen ohne eine vollständige Rekonstruktion und tabellarische Exzerpierung des Urteilsinhalts kaum möglich ist; es ist daher ratsam, in den Urteilsgründen für die einzelnen Taten im Rahmen der Sachverhaltsdarstellung einheitliche Ordnungsziffern zu vergeben und diese durchgängig bei Beweiswürdigung, rechtlicher Würdigung sowie Strafzumessung weiter zu verwenden (BGH wistra **06**, 467, 468; 1 StR 247/09 vom 13.1.2010).

Urteilsverkündung RiStBV 142, 143

§ 268

I Das Urteil ergeht im Namen des Volkes.

II 1 Das Urteil wird durch Verlesung der Urteilsformel und Eröffnung der Urteilsgründe verkündet. ²Die Eröffnung der Urteilsgründe geschieht durch Verlesung oder durch mündliche Mitteilung ihres wesentlichen Inhalts. ³Bei der Entscheidung, ob die Urteilsgründe verlesen werden oder ihr wesentlicher Inhalt mündlich mitgeteilt wird, sowie im Fall der mündlichen Mitteilung des wesentlichen Inhalts der Urteilsgründe soll auf die schutzwürdigen Interessen von Prozessbeteiligten, Zeugen oder Verletzten Rücksicht genommen werden. ⁴Die Verlesung der Urteilsformel hat in jedem Falle der Mitteilung der Urteilsgründe voranzugehen.

III 1 Das Urteil soll am Schluß der Verhandlung verkündet werden. ²Es muß spätestens am elften Tage danach verkündet werden, andernfalls mit der Hauptverhandlung von neuem zu beginnen ist. ³ § 229 Absatz 3, 4 Satz 2 und Absatz 5 gilt entsprechend.

IV War die Verkündung des Urteils ausgesetzt, so sind die Urteilsgründe tunlichst vorher schriftlich festzustellen.

1) **Im Namen des Volkes (I)** werden die Urteile verkündet. Die Vorschrift, 1
die dem Art 20 II S 1 GG („Alle Staatsgewalt geht vom Volke aus") entspricht, ist eine Sollvorschrift, deren Nichtbeachtung den Bestand des Urteils nicht gefährdet. Mit der Formel wird nicht gesagt, dass das Volk auch so entschieden hätte, sondern nur, dass das Gericht für das Volk – also in dessen Auftrag – das Urteil erlässt.

§ 268 Zweites Buch. 6. Abschnitt

2 2) **Urteilsverkündung (II):**

3 A. **Ein einheitliches Ganzes** bildet die nach S 1 aus der Verlesung der Urteilsformel und der Eröffnung der Urteilsgründe bestehende Urteilsverkündung (BGH **5**, 5, 9; **25**, 333, 335; RG **46**, 326; **61**, 388, 390; Düsseldorf MDR **84**, 604; Hamm VRS **57**, 35, 36). Die Urteilsverkündung ist Aufgabe des Vorsitzenden, der sie aber bei umfangreichen Urteilen oder bei stimmlichen Schwierigkeiten ganz oder teilw auf ein anderes Gerichtsmitglied übertragen kann (LR-Stuckenberg 17; vgl auch Oldenburg NJW **52**, 1310: keine Übertragung auf Referendar). Die Urteilsverkündung erfolgt öffentl (§ 173 I GVG); eine Ausnahme bestimmt § 48 I JGG.

4 B. Die **Urteilsformel (S 1)** muss, da sie stets zu verlesen ist, vor der Urteilsverkündung niedergeschrieben werden. In das Sitzungsprotokoll braucht sie zu diesem Zweck noch nicht aufgenommen zu werden (RG **60**, 270); es genügt, dass sie auf einem Zettel ohne Unterschrift zu Papier gebracht worden ist (RG aaO; Hamm JMBlNW **75**, 165). Bis zur Verkündung handelt es sich um einen Entwurf, der noch geändert werden kann, danach nicht mehr (BGH NStZ **15**, 651). Nach Verlesung sollte sie aber in das Sitzungsprotokoll integriert werden (BGH NStZ-RR **02**, 100 [B]).

5 Die Verlesung der Urteilsformel ist der **wesentliche Teil der Urteilsverkündung**; fehlt sie, so liegt kein Urteil im Rechtssinne vor (BGH **8**, 41; **15**, 263, 264; Düsseldorf MDR **84**, 604).

6 C. Die **Urteilsgründe (S 2)** werden verlesen oder in ihrem wesentlichen Inhalt in freier Rede, auch unter Benutzung von Aufzeichnungen, mitgeteilt; auch die vollständige Verlesung zuvor abgefasster und in der Urteilsberatung bestätigter Urteilsgründe ist danach nicht unzulässig (BGH wistra **05**, 110). Die Bekanntgabe der Gründe ist aber keine Wirksamkeitsvoraussetzung für das Urteil; es handelt sich nicht einmal um einen wesentlichen Teil der Hauptverhandlung (38 zu § 338). Das Urteil ist daher wirksam, wenn nach Verlesung der Urteilsformel der Vorsitzende erkrankt oder stirbt (BGH **8**, 41) oder der Angeklagte ins Krankenhaus gebracht und die Urteilsbegründung in seiner Abwesenheit gegeben oder zu Ende geführt wird (BGH **15**, 263) oder die Gründe durch einen Dolmetscher in Abwesenheit des Gerichts mitgeteilt werden (BGHR § 338 Nr 1 Gericht 1; aber uU Revisionsgrund!). Im Jugendstrafverfahren gilt die Einschränkung des § 54 II JGG.

6a D. Dem **Schutz von Prozessbeteiligten, Zeugen oder Verletzten** dient S 3. Danach kann auf die Darstellung von Details aus dem privaten Lebensbereich des Betroffenen verzichtet werden. Von Bedeutung ist dies insbesondere in den Fällen, in denen während der Hauptverhandlung nach den §§ 171b, 172 GVG die Öffentlichkeit zum Schutz der Privatsphäre des Betroffenen ausgeschlossen worden war.

7 E. **Reihenfolge (S 4):** Die Verlesung der Urteilsformel muss der Mitteilung der Urteilsgründe vorausgehen. Denn der Angeklagte soll nicht dadurch belastet werden, dass er den Urteilsausspruch erst nach langwieriger Mitteilung der Gründe erfährt (LR-Stuckenberg 18).

8 F. **Abgeschlossen** ist die Urteilsverkündung mit dem letzten Wort der mündlichen Bekanntgabe der Urteilsgründe (BGH **5**, 5, 9; **15**, 263; **25**, 333, 335; Hamm VRS **57**, 35, 36; Koblenz VRS **49**, 194, 196; erg 5 zu § 260). Nicht mehr zur Urteilsverkündung gehören die Bekanntgabe der Beschlüsse nach § 268a (BGH **25**, 333) und 268b, auch nicht die Rechtsmittelbelehrung nach § 35a (BGH NStZ **84**, 279).

9 G. Die **Berichtigung der Urteilsformel** ist möglich, solange die Urteilsverkündung noch nicht abgeschlossen (oben 8) ist (BGH **25**, 333, 336; LR-Stuckenberg 39 mwN). Mit der Verkündung kann dann eingehalten, und sie kann mit der Verlesung der berichtigten, dh neu gefassten (Koblenz VRS **49**, 194, 196) Urteilsformel und der erneuten Bekanntgabe der Gründe wiederholt werden.

1344 Schmitt

§ 268

Sobald aber das Urteil vollständig verkündet worden ist, dürfen, und zwar sowohl zugunsten als auch zuungunsten des Angeklagten (RG 61, 388, 392; Vent JR 80, 403), nur noch **offensichtliche Schreibversehen und offensichtliche Unrichtigkeiten** berichtigt werden (BGH 5, 5, 7; 25, 333, 336; NStZ 84, 279; Hamm VRS 57, 35, 36), auch Zähl- oder Multiplikationsfehler (BGH NStZ 00, 430; wistra 03, 99, 100; NStZ-RR 12, 180 L; LG Zweibrücken NStZ-RR 97, 311). Dabei ist ein strenger Maßstab anzulegen (BGH StV 17, 800). Es muss es sich um Fehler handeln, die sich ohne weiteres aus den Tatsachen ergeben, die für alle Verfahrensbeteiligten (weitergehend LR-Stuckenberg 49; Schönfelder JR 62, 369: für jeden Dritten) klar zutage liegen und jeden Verdacht einer späteren sachlichen Änderung ausschließen (BGH 2 StR 345/16 vom 11.4.2017; VRS 35, 418; Koblenz VRS 72, 194; vgl auch BGH 12, 374; StraFo 17, 373: „Zählfehler" bei Freispruch „im Übrigen"; BGH 3 StR 547/18 vom 21.8.2019 wendet dieselben Grundsätze auf die Berichtigung von Beschlüssen an). Es muss auch eindeutig erkennbar sein, was das Gericht tatsächlich gewollt und entschieden hat (BGH 2 StR 345/16 vom 11.4.2017). Dabei ist die mündliche Mitteilung der Urteilsgründe von maßgebender Bedeutung (Düsseldorf MDR 81, 606; Karlsruhe NStZ-RR 99, 112; Neustadt JR 58, 352).

Als **unzulässig** ist angesehen worden die Verkündung eines „Nachtragsurteils" über einen versehentlich nicht mitverkündeten Urteilsteil (BGH NStZ 84, 279; RG 61, 388, 390), das Auswechseln der in der Urteilsformel angeführten Schuldform (Zweibrücken NStZ-RR 08, 381) oder der Strafgesetze (BGH 3, 245; NStZ 83, 212 [Pf/M]; NStZ-RR 13, 102 [C/Z]), die Herauf- oder Herabsetzung der Freiheitsstrafe auf das in den Gründen bezeichnete Maß (BGH StraFo 12, 145; Düsseldorf VRS 88, 358; Koblenz VRS 72, 194), die Herab- oder Heraufsetzung der falsch berechneten Geldstrafe oder Geldbuße (BGH NJW 53, 155; Oldenburg NdsRpfl 94, 165), die nachträglich bewilligte Straussetzung zur Bewährung (Düsseldorf VRS 89, 124), der nachträgliche Ausspruch über die Einbeziehung einer früheren Verurteilung nach § 31 I JGG (BGH 2 StR 162/08 vom 21.5.2008) oder deren Wegfall aus der verhängten Gesamtstrafe (Düsseldorf MDR 81, 606) und die Ergänzung des Urteils durch Nebenentscheidungen (BGH NJW 53, 155), insbesondere durch die Kostenentscheidung (Karlsruhe NStZ-RR 97, 157; Koblenz StraFo 03, 425).

Die zulässige Berichtigung der Urteilsformel erfolgt außerhalb der Hauptverhandlung durch **Gerichtsbeschluss** (BGH 3, 245, 246; Koblenz Rpfleger 73, 219; erg 39 zu § 267), der mit der einfachen Beschwerde nach § 304 I angefochten werden kann, sofern nicht das Urteil, dessen Bestandteil der Berichtigungsbeschluss ist, mit einem Rechtsmittel angefochten worden ist (Düsseldorf MDR 81, 606) oder noch angefochten werden kann (Oldenburg MDR 59, 60; **aM** LR-Stuckenberg 61: ohne diese Einschränkungen). Auch das Revisionsgericht kann die Berichtigung – selbst bei teilw Urteilsrechtskraft – vornehmen (BGH 1 StR 515/09 vom 27.10.2009). Ein unzulässiger Berichtigungsbeschluss ist unbeachtlich (BGH NJW 91, 1900; 3 StR 440/10 vom 21.12.2010; Düsseldorf VRS 88, 358).

3) Zeitpunkt der Urteilsverkündung (III):

A. **Am Schluss der Hauptverhandlung (S 1)**, dh im Anschluss an die Beratung, soll das Urteil verkündet werden (vgl auch § 260 I). Da die Urteilsverkündung zur Hauptverhandlung gehört, (Oldenburg NJW 52, 1310; LR-Stuckenberg 1; vgl auch BGH 4, 279), muss sie in Gegenwart der in § 226 bezeichneten Personen, des Angeklagten, sofern nicht in seiner Abwesenheit verhandelt werden darf, und (bei notwendiger Verteidigung) des Verteidigers erfolgen (LR-Stuckenberg 5 ff; Poppe NJW 54, 1914).

Der **Wiedereintritt in die Verhandlung** ist bis zum Abschluss der Urteilsverkündung (oben 8) zulässig (BGH MDR 72, 199 [D]; erg 27 ff zu § 258), danach nicht mehr (Zweibrücken MDR 97, 87; erg 5 zu § 260). Schon nach ihrem Beginn haben die Prozessbeteiligten aber keinen Anspruch darauf, dass ihnen Gelegenheit zur Antragstellung gegeben wird und dass neue Anträge beschieden werden (BGH **15**, 263, 264; MDR **75**, 24 [D]; StV **85**, 398; RG **57**, 142; **59**, 420; Neustadt NJW **62**, 1632; Schleswig SchlHA **72**, 161 [E/J]; erg 33 zu § 244). Der Vorsitzende (§ 238 II gilt nicht) kann aber, auch wenn die Urteilsformel bereits vollständig verlesen worden ist (BGH **25**, 333; Alsberg/Güntge 734), die Urteilsverkündung unterbrechen und die Verhandlung wieder eröffnen, um die Antragstellung zu ermöglichen. Er kann auch über die Frage des Wiedereintritts in die Hauptverhandlung eine Beratung stattfinden lassen (BGH MDR **75**, 24 [D]; erg 33 zu § 244). Allein in der Entgegennahme eines Antrags liegt keine Wiedereröffnung der Verhandlung (BGH aaO; NStZ **86**, 182). Sachlich maßgebend für die Frage des Wiedereintritts ist die Aufklärungspflicht nach § 244 II (BGH MDR **75**, 24 [D]; NStZ **86**, 182; VRS **36**, 368; Schlüchter 552.1).

16 B. **Verkündungstermin** (S 2, 3): Wird das Urteil nicht im Anschluss an die Beratung verkündet, so muss der Vorsitzende einen besonderen Verkündungstermin, der Teil der Hauptverhandlung ist, anberaumen, zu dem in der Hauptverhandlung mündlich, sonst schriftlich geladen wird (Bay NZV **99**, 306; KMR-Voll 10). Das Urteil darf dann nicht später als am 11. Tag nach dem Schluss der Verhandlung verkündet werden (krit zur Länge der Frist Hammerstein Hanack-Symp 71); andernfalls muss mit der Hauptverhandlung von neuem begonnen werden. Eine weitere Fristverlängerung nach § 229 II kommt nicht in Betracht (BGH StV **15**, 280; erg 3 aE zu § 229). Die Frist läuft auch während einer zwischenzeitlichen Beratung (LR-Stuckenberg 12; Roxin/Schünemann § 44, 7). Für ihre Hemmung bei Erkrankung des Angeklagten oder eines Richters oder Schöffen gilt § 229 III entspr (S 3). Ist der Tag nach Ablauf der Frist ein Sonntag, allgemeiner Feiertag oder Sonnabend, so braucht die Verkündung erst am nächsten Werktag stattzufinden (S 3 iVm § 229 IV S 2). § 229 V gilt ebenfalls entsprechend. Nur wegen einer vorübergehenden technischen Störung soll nicht schon deshalb mit der HV von neuem begonnen werden müssen (BT-Drucks 18/9416 S 64).

17 4) Bei **Aussetzung der Urteilsverkündung (IV)** sollen die Urteilsgründe vorher schriftlich niedergelegt werden, sofern das möglich ist. Dazu gehört die Unterschrift der Berufsrichter, die bei der Entscheidung mitgewirkt haben (RG **13**, 66, 68; **54**, 256; **73**, 217, 219). Solange die unterschriebenen Urteilsgründe nicht zur Hinausgabe bestimmt sind, können sie noch geändert werden (KK-Kuckein/Bartel 12). Selbst wenn die schriftlichen Gründe vorliegen, braucht der Vorsitzende sie bei der Urteilsverkündung nicht zu verlesen; er kann sich auf die mündliche Mitteilung ihres wesentlichen Inhalts beschränken.

18 5) Bestehen **Widersprüche** zwischen der Urteilsformel in der Sitzungsniederschrift und der in der Urteilsurkunde, so ist die Formel im Protokoll maßgebend, da sie nach § 274 als verkündet gilt (BGH **34**, 11, 12; Köln NStZ **07**, 481). Dass die Strafe in der Urteilsformel geringer ist als die in den Gründen als angemessen bezeichnete, beschwert den Angeklagten nicht (BGH aaO; ebenso für die Höhe der Wertersatzeinziehung, BGH NStZ-RR **14**, 16). Im Übrigen ist ein Widerspruch zwischen Urteilsformel und den schriftlichen Urteilsgründen, da beide eine Einheit bilden, ein sachlich-rechtlicher Mangel, der mit der Revision gerügt werden kann. Widersprüche zwischen mündlichen und schriftlichen Urteilsgründen sind ohne Bedeutung; maßgebend sind die schriftlichen Gründe (22 zu § 337).

19 6) Die **Zustellung des Urteils** ist erforderlich, wenn der Angeklagte bei der Verkündung nicht anwesend war oder sich vor ihrem Abschluss entfernt hatte, auch wenn die Urteilsformel noch in seiner Gegenwart verlesen worden war (7 zu § 314; 9 zu § 341).

20 7) Die **Revision** kann nicht darauf gestützt werden, dass die Eingangsformel nach I unterlassen worden ist (oben 1), dass die Urteilsformel nicht durch Verlesen der vorher niedergelegten Entscheidung verkündet worden ist (RG **71**, 377, 379; Düsseldorf VRS **88**, 358; Hamm VRS **60**, 206), dass die Eröffnung der Urteils-

gründe unterblieben ist (oben 6) oder dass von der Reihenfolge des II S 4 abgewichen worden ist. Die Überschreitung der Frist des III S 2 ist ein Mangel, auf dem das Urteil idR beruhen wird (BGH StV **82**, 4 mit Anm Peters; BGH NJW **07**, 448; wistra **07**, 351 und 353 gegen BGH NJW **07**, 96 *[obiter dictum]*, der unzutreffen einen Widerspruch zu § 229 I angenommen hat; vgl auch v. Freier HRRS **07**, 139; Knauer StV **07**, 342; Wolf HRRS **07**, 285), es sei denn, die Entscheidung wurde rechtzeitig und unter dem noch frischen Eindruck der soeben beendeten Hauptverhandlung getroffen (BGH wistra **14**, 361). Die Nichtbeachtung des IV kann mit Erfolg nicht gerügt werden.

**Aussetzung der Vollstreckung von Strafen oder Maßregeln
zur Bewährung** RiStBV 140

§ 268a

I Wird in dem Urteil die Strafe zur Bewährung ausgesetzt oder der Angeklagte mit Strafvorbehalt verwarnt, so trifft das Gericht die in den §§ 56a bis 56d und 59a des Strafgesetzbuches bezeichneten Entscheidungen durch Beschluß; dieser ist mit dem Urteil zu verkünden.

II Absatz 1 gilt entsprechend, wenn in dem Urteil eine Maßregel der Besserung und Sicherung zur Bewährung ausgesetzt oder neben der Strafe Führungsaufsicht angeordnet wird und das Gericht Entscheidungen nach den §§ 68a bis 68c des Strafgesetzbuches trifft.

III 1 Der Vorsitzende belehrt den Angeklagten über die Bedeutung der Aussetzung der Strafe oder Maßregel zur Bewährung, der Verwarnung mit Strafvorbehalt oder der Führungsaufsicht, über die Dauer der Bewährungszeit oder der Führungsaufsicht, über die Auflagen und Weisungen sowie über die Möglichkeit des Widerrufs der Aussetzung oder der Verurteilung zu der vorbehaltenen Strafe (§ 56f Abs. 1, §§ 59b, 67g Abs. 1 des Strafgesetzbuches). ² Erteilt das Gericht dem Angeklagten Weisungen nach § 68b Abs. 1 des Strafgesetzbuches, so belehrt der Vorsitzende ihn auch über die Möglichkeit einer Bestrafung nach § 145a des Strafgesetzbuches. ³ Die Belehrung ist in der Regel im Anschluß an die Verkündung des Beschlusses nach den Absätzen 1 oder 2 zu erteilen. ⁴ Wird die Unterbringung in einem psychiatrischen Krankenhaus zur Bewährung ausgesetzt, so kann der Vorsitzende von der Belehrung über die Möglichkeit des Widerrufs der Aussetzung absehen.

1) Jeder Tatrichter muss den Beschluss nach § 268a zusammen mit dem Urteil 1 erlassen, wenn es ihn erfordert. Eine Verweisung auf das Nachtragsverfahren nach § 453 ist unzulässig (LR-Stuckenberg 9).

Das gilt nach § 332 auch für das **Berufungsgericht**. Mit Erlass des Berufungs- 2 urteils, durch das das 1. Urteil abgeändert oder die Berufung als unbegründet verworfen wird, also nicht in den Fällen der §§ 322 I S 2, 329 I S 1, entfällt der Beschluss des 1. Gerichts (Dresden NJ **01**, 323; Hamm MDR **92**, 989). Eine gegen ihn vorsorglich eingelegte Beschwerde ist gegenstandslos (Hamm NJW **67**, 510; **aM** Bay NJW **56**, 1728 mit abl Anm Schmitt). Das Berufungsgericht muss einen neuen selbstständigen Beschluss nach § 268a erlassen, wenn nach sein Urteil das erfordert (Düsseldorf MDR **82**, 1042; LG Osnabrück NStZ **85**, 378); das gilt auch für die Bestellung des Bewährungshelfers (Köln JR **91**, 473 mit Anm Horn). Die „Bestätigung" des 1. Beschlusses ist eine Entscheidung in diesem Sinn (Celle MDR **70**, 68; LG Osnabrück aaO).

Das **Verbot der Schlechterstellung** gilt nicht (BGH NStZ **95**, 220 [K]; KG 3 StraFo **10**, 426; Düsseldorf NStZ **94**, 198; Oldenburg NStZ-RR **97**, 9; **aM** Frankfurt NJW **78**, 959), gleichgültig, ob auch die §§ 56e, 59a II, 68d StGB eine Abänderung zulassen (jedenfalls unter dieser Voraussetzung: BGH NJW **82**, 1544; Hamm NJW **78**, 1596; Gollwitzer JR **77**, 346; Horn MDR **81**, 13) oder nicht (Hamburg NJW **81**, 470 mit krit Anm Loos NStZ **81**, 363; Koblenz NStZ **81**, 154; erg 4 zu § 305a).

Schmitt 1347

§ 268a Zweites Buch. 6. Abschnitt

4 Das **Revisionsgericht** kann allenfalls die Mindestdauer der Bewährungszeit entspr § 354 I festsetzen; Auflagen und Belehrung nach III muss es dem Tatrichter überlassen (26d zu § 354).

5 2) Der **Beschluss (I, II)** hat bei Strafaussetzung zur Bewährung (§ 56 StGB) die in §§ 56a bis 56d StGB bezeichneten Entscheidungen zum Inhalt, bei Verwarnung mit Strafvorbehalt (§ 59 StGB) die Entscheidungen nach § 59a StGB, bei Aussetzung einer Sicherungsmaßregel (§ 67b StGB) und bei Anordnung der Führungsaufsicht (§ 68 StGB) die Entscheidungen nach §§ 68a bis 68c StGB.

6 Der Beschluss, an dem die Schöffen mitwirken, wird in der Hauptverhandlung im Anschluss an das Urteil **verkündet**, wobei es dem Richter freisteht, ob er nach der Verlesung der Urteilsformel sogleich die Urteilsgründe bekanntgibt oder vorher den Entscheidungssatz des Beschlusses verkündet (BGH **25**, 333). Zur Urteilsverkündung gehört die Beschlussverkündung nicht (BGH aaO; 8 zu § 268). Dem nicht anwesenden Angeklagten wird eine Beschlussausfertigung zugestellt (§ 35 II); der anwesende Angeklagte erhält eine Abschrift (RiStBV 140 S 1).

7 Eine **Begründung** des Beschlusses ist nur erforderlich, wenn das Gericht auf Anerbieten und Zusagen des Angeklagten, die er nach Befragung (§ 265a) gemacht hat, nicht eingegangen ist. Die sachlich-rechtlichen Voraussetzungen für die Anordnungen sind darzulegen (LR-Stuckenberg 5).

8 3) Der **versehentlich unterlassene Beschluss** kann durch das Berufungsgericht (Düsseldorf MDR **82**, 1042) nachgeholt werden. Ob auch sonst eine Nachholung möglich ist, ist str: Düsseldorf StV **08**, 512 mwN hält dies generell für ausgeschlossen, verweist aber darauf, dass die Bedingung der straffreien Führung auch ohne Bewährungsbeschluss selbstverständlich ist und eine Mindestbewährungszeit aus dem Gesetz folgt (vgl auch Hamm NStZ-RR **00**, 126; LG Freiburg StV **94**, 534). Damit wird eine entspr Anwendung des § 453, wie sie teilw von Rspr und Schrifttum für zulässig gehalten wird, überflüssig (vgl KK-Appl 3 zu § 453 mwN). Auch von einer beschränkten Möglichkeit nachträglicher Anordnung (Frankfurt StV **83**, 24; SK-Horn 34 zu § 56 StGB: nur wenn Urteilsgründe eine Entscheidungsgrundlage bieten; Köln StV **01**, 227 L: nicht die Zahlung einer Geldbuße gemäß § 56b II Nr 4 StGB; Düsseldorf StraFo **99**, 238; LG Osnabrück NStZ **85**, 378: keine Nachholung von Auflagen) ist daher abzusehen. Jedoch hat entspr § 453a stets eine nachträgliche Belehrung zu erfolgen (Düsseldorf aaO). Zuständig ist das Gericht, das den Beschluss hätte erlassen müssen; nach Urteilsrechtskraft gilt § 462a (Köln JR **91**, 473 mit Anm Horn). Die Revision kann auf das Unterlassen der Beschlussfassung nicht gestützt werden (Koblenz MDR **81**, 423).

9 4) Die **Belehrung (III)** ist in der Hauptverhandlung nach Verkündung des Beschlusses (S 3) mündlich zu erteilen. Im Strafbefehlsverfahren gilt § 409 I S 2. Die zusätzliche Aushändigung eines Merkblatts ist zweckmäßig (vgl 2 zu § 268c). Ist die Belehrung aus Versehen, aus Zweckmäßigkeitsgründen (S 4) oder wegen Abwesenheit des Angeklagten unterblieben, so wird sie nach § 453a nachgeholt. Die Belehrung ist eine wesentliche Förmlichkeit iS § 273 I.

10 5) Die **Anfechtung** des Urteils mit Berufung oder Revision umfasst nicht die des Beschlusses nach § 268a. Gegen ihn ist, auch wenn er vom Berufungsgericht erlassen worden ist, Beschwerde nach § 304 I zulässig (vgl § 305a I). Sinnvoll ist sie aber nur, wenn gegen das Urteil keine oder nur eine auf einen Nebenpunkt beschränkte Berufung oder wenn Revision eingelegt wird (Düsseldorf NJW **56**, 1889; erg 1 zu § 305a); denn bei Abänderung des Urteils entscheidet das Berufungsgericht ohnehin neu, wenn dazu noch Anlass besteht (oben 2).

11 Eine mit Gründen versehene **Nichtabhilfeentscheidung** nach § 306 II (dort 7 ff) muss das Gericht erlassen, wenn es der Beschwerde nicht abhilft, der Strafaussetzungsbeschluss nicht begründet ist und das Beschwerdevorbringen erhebliche Tatsachenbehauptungen enthält (BGH **34**, 392; 5 StR 344/11 vom 27.9.2011).

Hauptverhandlung § 268b

Beschluss über die Fortdauer der Untersuchungshaft

268b ¹Bei der Urteilsfällung ist zugleich von Amts wegen über die Fortdauer der Untersuchungshaft oder einstweiligen Unterbringung zu entscheiden. ²Der Beschluß ist mit dem Urteil zu verkünden.

1) Die **Prüfung der Haft- oder Unterbringungsvoraussetzungen** nach §§ 112 ff, 126a erfolgt, solange der Haft- oder Unterbringungsbefehl vollzogen wird, stets von Amts wegen (2 zu § 120), auch während der Hauptverhandlung. Wenn das Gericht feststellt, dass diese Voraussetzungen nicht mehr vorliegen, muss es den Haft- oder Unterbringungsbefehl sofort aufheben (§§ 120 I S 1, 126a III S 1); bis zur Urteilsverkündung darf damit nicht gewartet werden. Wird die Feststellung während einer Unterbrechung der Hauptverhandlung getroffen, so muss der Haft- oder Unterbringungsbefehl sofort und ohne Mitwirkung der Schöffen aufgehoben werden (erg 8 zu § 126; 3 zu § 30 GVG).

2) **Bei der Urteilsfällung** muss von Amts wegen durch Gerichtsbeschluss über die Fortdauer der UHaft oder der einstweiligen Unterbringung entschieden werden. Damit ist nicht der Fall gemeint, dass der Angeklagte freigesprochen oder seine Unterbringung nicht angeordnet wird; denn dann muss der Haft- oder Unterbringungsbefehl schon nach §§ 120 I S 2, 126a III S 1 aufgehoben werden. Wird der Angeklagte verurteilt, so hat das Gericht stets das Fortbestehen der Haftgründe, die ggf auszuwechseln sind, und die Frage der Anwendung des § 116 zu prüfen (Schleswig SchlHA **98**, 173 [L/S]). Weicht die Verurteilung von dem Vorwurf des Haftbefehls ab, muss der Haftbefehl ihr angeglichen werden (Karlsruhe wistra **91**, 277; Stuttgart Justiz **07**, 238). Die Regelung des S 1 bedeutet insbesondere, dass das Gericht das Ergebnis seiner Prüfung der Haft- oder Unterbringungsvoraussetzungen auch dann begründen und bekannt geben muss, wenn es die Fortdauer der Haft oder einstweiligen Unterbringung des verurteilten Angeklagten für erforderlich hält (vgl 2 zu § 120). Das gilt aber nur, wenn der Haftbefehl vollzogen wird; ist sein Vollzug nach § 116 ausgesetzt, so findet § 268b keine Anwendung (aM KMR-Voll 1; LR-Stuckenberg 2); es gilt aber 5 zu § 120.

3) Der **Beschluss,** der nach § 273 I im Sitzungsprotokoll zu beurkunden ist, ergeht unter Mitwirkung der Schöffen (8 zu § 126; Kunisch StV **98**, 688) und ist nach § 34 zu begründen, wobei es aber einer gesonderten Begründung des dringenden Tatverdachts nicht bedarf, weil dieser idR durch das Urteil hinreichend belegt ist (BGH NStZ **04**, 276; **06**, 297; StB 25/16 vom 11.8.2016; aM Hamm NStZ-RR **10**, 55 L; Jena NStZ-RR **09**, 123 L). Jedoch muss sich der Beschluss im Übrigen eingehend mit dem weiteren Vorliegen der UHaft-Voraussetzungen befassen (Saarbrücken StV **16**, 443 L); sich idR (Ausnahme vgl BGH 25/16 vom 11.8.2016) insbesondere zur Verhältnismäßigkeit weiteren Freiheitsentzugs äußern (BVerfG StV **09**, 479, 481). S 2 schreibt vor, dass er „mit dem Urteil" zu verkünden ist. Das ist ungenau; zunächst muss die Urteilsformel verlesen werden (§ 268 II S 2); ob dann erst die Urteilsgründe eröffnet werden oder zunächst der Beschluss nach § 268b verkündet wird, steht im Ermessen des Vorsitzenden. Zur Urteilsverkündung gehört die Bekanntgabe des Beschlusses nicht (8 zu § 268).

4) Das **Unterlassen der Beschlussfassung** ist auf den Fortbestand des Haft- oder Unterbringungsbefehls ohne Einfluss (LR-Stuckenberg 8). Ihre Nachholung ist bis zur Rechtskraft des Urteils auf Antrag oder von Amts wegen möglich. Der nach der Hauptverhandlung erlassene Beschluss wird dem Angeklagten zugestellt. Das Gleiche gilt, wenn der Beschluss in der Hauptverhandlung zwar gefasst, aber versehentlich nicht verkündet worden ist (KK-Kuckein/Bartel 7).

5) **Anfechtung:** Vgl § 117 I, II. Ein Anspruch auf mündliche Haftprüfung besteht nicht (§ 118 IV). Eine Rechtsmittelbelehrung wird nicht erteilt. Eine begründete Beschwerde führt idR nur zur Aufhebung des Haftfortdauerbeschlusses, aber nicht des Haftbefehls (Hamm NStZ-RR **10**, 55 L).

Schmitt 1349

Belehrung bei Anordnung eines Fahrverbots

268c ¹Wird in dem Urteil ein Fahrverbot angeordnet, so belehrt der Vorsitzende den Angeklagten über den Beginn der Verbotsfrist (§ 44 Abs. 3 Satz 1 des Strafgesetzbuches). ²Die Belehrung wird im Anschluß an die Urteilsverkündung erteilt. ³Ergeht das Urteil in Abwesenheit des Angeklagten, so ist er schriftlich zu belehren.

1   **1) Belehrungspflicht (S 1):** Über den Beginn der Verbotsfrist nach § 44 III S 1 StGB ist der Angeklagte, gegen den ein Fahrverbot angeordnet worden ist, in seinem eigenen Interesse zu belehren. Die Belehrung soll ihn veranlassen, den Führerschein unverzüglich in amtliche Verwahrung zu geben, um zu verhindern, dass sich das Fahrverbot verlängert. Die Belehrungspflicht gilt auch im Berufungsrechtszug (§ 332), selbst wenn der Angeklagte schon durch den 1. Richter belehrt worden war. Für das Strafbefehlsverfahren schreibt § 409 I S 2 die Belehrung vor.

2   Der **Vorsitzende** erteilt die Belehrung. Er kann sich ebenso wie bei der Rechtsmittelbelehrung (7 zu 35a) eines Merkblatts bedienen, dessen Aushändigung an den Angeklagten die Belehrung aber nur ergänzen, nicht ersetzen kann.

3   **Inhaltlich** sollte sich die Belehrung nicht nur auf den Beginn der Verbotsfrist, sondern auch auf den Zeitpunkt des Wirksamwerdens des Fahrverbots (§ 44 II S 1 StGB, § 25 II S 1, IIa S 1 StVG) erstrecken (Celle VRS **54**, 128). Auch der Hinweis darauf, wo der Führerschein in amtliche Verwahrung zu geben ist, erscheint zweckmäßig. Weitere Belehrungen schreibt das Gesetz nicht vor.

4   **2) Im Anschluss an die Urteilsverkündung (S 2)** ist die Belehrung zu erteilen. Ist ein Beschluss nach § 268a oder § 268b erlassen worden, so wird erst nach dessen Verkündung belehrt. Die Belehrung sollte vor der Rechtsmittelbelehrung erteilt werden; erfolgt sie erst später, so ist das aber unschädlich (LR-Stuckenberg 7). Die Belehrung ist keine wesentliche Förmlichkeit iS des § 273 I (KK-Kuckein/Bartel 8); ihre Beurkundung im Sitzungsprotokoll ist aber zweckmäßig.

5   **3) Eine schriftliche Belehrung (S 3)** wird erteilt, wenn das Urteil in Abwesenheit des Angeklagten ergeht. Ein Merkblatt mit der Belehrung wird ihm dann zugleich mit dem Urteil zugestellt (LR-Stuckenberg 8).

6   **4) Die Nachholung der unterlassenen Belehrung** durch das Gericht sieht das Gesetz nicht vor (LR-Stuckenberg 9; vgl aber EbSchmidt Nachtr II 4). Nach § 59a IV S 1 StVollstrO (vgl bei KMR-Voll 6) muss die VollstrB sie aber nachholen, wenn sie den Führerschein zur Vollstreckung einfordert.

Belehrung bei vorbehaltener Sicherungsverwahrung

268d Ist in dem Urteil die Anordnung der Sicherungsverwahrung nach § 66a Absatz 1 oder 2 des Strafgesetzbuches vorbehalten, so belehrt der Vorsitzende den Angeklagten über die Bedeutung des Vorbehalts sowie über den Zeitraum, auf den sich der Vorbehalt erstreckt.

1   **1) Belehrungspflicht:** Bei Verurteilung wegen einer der in § 66 III S 1 StGB genannten Straftaten kann nach § 66a I Nr 1 StGB die Anordnung der Sicherungsverwahrung vorbehalten werden, wenn deren Voraussetzungen nach § 66a I Nr 2 und 3 iVm § 66 III oder § 66 I S 1 Nr 4 StGB gegeben sind. Darüber hinaus kann auch nach § 66a II StGB die Sicherungsverwahrung vorbehalten werden. Das dafür einzuhaltende Verfahren regeln § 66a III StGB und § 275a (s dort). Der Vorsitzende des Gerichts hat den Verurteilten sodann mündlich zu belehren, dass das Gericht der ersten Rechtszugs, falls es die Sicherungsverwahrung anordnen will, spätestens 6 Monate vor dem Zeitpunkt, in dem die Freiheitsstrafe vollständig vollstreckt ist, in einer neuen Hauptverhandlung (§ 275a) über die Anordnung der Sicherungsverwahrung entscheiden soll und dass dies auch gilt, wenn ein Strafrest vollstreckt wird. Der Vorsitzende muss den Verurteilten insbesondere darüber be-

lehren, dass diese Anordnung erfolgen wird, wenn die Gesamtwürdigung des Verurteilten, seiner Tat oder seiner Taten und ergänzend seiner Entwicklung bis zum Zeitpunkt der Entscheidung ergibt, dass von ihm erhebliche Straftaten zu erwarten sind, durch welche die Opfer seelisch oder körperlich schwer geschädigt werden (§ 66a III S 2 StGB). Schließlich wird der Vorsitzende erläutern, dass vor der Entscheidung das Gutachten eines bisher im Rahmen des Strafvollzugs nicht mit der Behandlung des Verurteilten befasst gewesenen Sachverständigen eingeholt werden wird (§ 275a IV).

2) Im Anschluss an die Urteilsverkündung erfolgt die Belehrung, vor der 2 Rechtsmittelbelehrung. Obwohl sie keine wesentliche Förmlichkeit iSd § 273 I ist, sollte im Protokoll beurkundet werden, dass sie erfolgt ist.

3) Ist die Belehrung unterblieben, kann sie entspr § 453a nachgeholt werden 3 (LR-Stuckenberg 6). Im Übrigen hindert das Unterbleiben der Belehrung grundsätzlich die Anordnung der Sicherungsverwahrung nicht. In diesem Fall muss aber besonders sorgfältig geprüft werden, ob nach der Entwicklung des Verurteilten die Voraussetzungen des § 66a III S 2 StGB erfüllt sind (vgl auch SK-Frister 4).

Verbot der Verweisung bei Zuständigkeit eines Gerichts niederer Ordnung

269
Das Gericht darf sich nicht für unzuständig erklären, weil die Sache vor ein Gericht niederer Ordnung gehöre.

1) Eine Abweichung von § 6 bestimmt die Vorschrift aus Gründen der Pro- 1 zesswirtschaftlichkeit und zur Verfahrensbeschleunigung (BGH **46**, 238, 240). Sie erklärt das Fehlen der sachlichen Zuständigkeit für unbeachtlich, wenn das Verfahren vor einem Gericht höherer Ordnung prozessordnungsgemäß eröffnet worden ist (BGH NStZ **12**, 46). Die größere sachliche Zuständigkeit schließt die geringere ein; die Verhandlung vor einem unzuständigen Gericht höherer Ordnung benachteiligt den Angeklagten nicht (RG **62**, 265, 271). § 269 gibt dem höheren Gericht aber nicht die Befugnis, sich für zuständig zu erklären, obwohl die Sache bei einem Gericht niederer Ordnung anhängig ist (BGH **37**, 15, 20; **38**, 172, 176; **44**, 121; erg unten 4).

2) Im gesamten Hauptverfahren, nicht nur in der Hauptverhandlung, darf 2 das erkennende Gericht die Sache nicht an ein Gericht niederer Ordnung bringen. Das ist nur für das Eröffnungsverfahren nach § 209 I vorgesehen.

§ 269 gilt auch, wenn sich die Zuständigkeit eines Gerichts niederer Ordnung 3 schon aus dem Eröffnungsbeschluss ergibt (LR-Stuckenberg 9) oder wenn die Sache durch einen sachlich zu Unrecht erlassenen, aber bindenden Verweisungsbeschluss nach § 270 an das Gericht höherer Ordnung gelangt war (RG **44**, 392, 395; **62**, 265, 271; Karlsruhe NStZ **87**, 375).

Das **Verbot mehrfacher Rechtshängigkeit** geht der Regelung des § 269 vor. 4 Ist eine Sache schon bei einem Gericht niederer Ordnung anhängig, so muss das Gericht höherer Ordnung, sobald es davon Kenntnis erlangt, sein Verfahren einstellen (BGH **22**, 232, 235; erg 1, 2 zu § 12).

3) Die Abgabe an ein Gericht niederer Ordnung schließt § 269 zwingend 5 aus, auch bei Einverständnis der Prozessbeteiligten. Gericht niederer Ordnung (vgl 2 zu § 1) ist der Strafrichter im Verhältnis zum SchG (1 zu § 25 GVG), die kleine StrK gegenüber der großen, nicht das SchG im Verhältnis zum erweiterten SchG (2 zu § 29 GVG), auch nicht die große StrK gegenüber dem SchwurG (BGH **26**, 191, 194; **27**, 99, 101). Das Erwachsenengericht darf die Sache nur an ein gleichrangiges JugG abgeben, nicht an ein JugG niederer Ordnung (BGH **18**, 173). Im Verhältnis der JugG untereinander gilt die Regelung des § 47a **JGG**. Der Jugendrichter ist gegenüber dem JuSchG ein Gericht niederer Ordnung (BGH **18**, 173, 176), beide gegenüber der JugK, die kleine gegenüber der großen JugK.

6 Einer Abgabe zwischen **gleichrangigen Spruchkörpern** steht § 269 nicht entgegen (BGH **27**, 99, 102), auch nicht, wenn zwischen ihnen, wie nach § 74e GVG, eine Reihenfolge festgesetzt ist. Die Abgabe an ein Gericht höherer Ordnung hindert § 269 ebenfalls nicht (vgl § 225a).

7 4) Nach der **Trennung verbundener Sachen** nach § 4 gilt § 269 ebenfalls. Die abgetrennte Sache fällt daher nicht ohne weiteres an das für sie zuständige niedere Gericht zurück (BGH **47**, 116 mwN, auch zur Gegenmeinung; SK-Frister 12; Kindhäuser § 12, 37). Bei einer Trennung nach § 237 verbundener Verfahren stellt sich das Problem nicht (vgl 1 zu § 237).

8 5) Mit der **Revision** kann grundsätzlich nicht geltend gemacht werden, dass ein Gericht niederer Ordnung sachlich zuständig gewesen wäre (32 zu § 338). Eine Ausnahme besteht, wenn statt zum AG ohne sachlich rechtfertigenden Grund zum LG angeklagt und der Angeklagte dadurch willkürlich seinem gesetzlichen Richter entzogen worden ist (BGH **38**, 172, 176; **38**, 212; **44**, 36; vgl auch BGH 3 StR 221/18 vom 21.8.2019 mwN; Düsseldorf NStZ **90**, 292; erg 6 zu § 16 GVG), ebenso bei willkürlicher Anklage zum OLG (BGH **46**, 238, 241; Welp NStZ **02**, 1; erg 11 zu § 120 GVG). Dann gilt wieder § 6; der Fehler ist also von Amts wegen zu beachten und führt zur Verweisung der Sache an das zuständige Gericht (BGH **40**, 120 = JR **95**, 255 mit zust Anm Sowada = JZ **95**, 261 mit krit Anm Engelhardt; BGH **45**, 58, 59 = JZ **00**, 213 mit zust Anm Bernsmann; BGH **46**, 238, 245; KMR-Voll 9; LR-Stuckenberg 14; SK-Frister 20; Dietmeier JR **98**, 471; **aM** BGH **43**, 53 *[obiter dictum]* = JZ **98**, 627 mit abl Anm Bernsmann = JR **99**, 164 mit zust Anm Renzikowski; Wolff JR **06**, 236; dahingestellt von BGH 3 StR 221/18 vom 21.8.2019). Einige OLGe haben diese Rspr auf das Verhältnis SchG statt Strafrichter ausgedehnt und die willkürliche Zuständigkeit des SchG von Amts wegen beanstandet (Hamm StraFo **96**, 87; Köln StraFo **96**, 85; Oldenburg NStZ **94**, 449; vgl auch Neuhaus StV **95**, 212). Auf Vorlage durch das OLG Celle (NdsRpfl **95**, 273) hat der BGH (BGH **42**, 205 = JR **97**, 430 mit krit Anm Gollwitzer; abl SK-Frister 23; vgl auch Rieß BGH-FG 834) jedoch entschieden, dass der Verstoß gegen § 328 II (also die unterlassene Zurückverweisung der Sache im Berufungsverfahren an den Strafrichter) nur auf Rüge zu beachten ist. Wie bei einer Sprungrevision zu entscheiden ist (dazu Düsseldorf NStZ **96**, 206), hat der BGH offen gelassen; er scheint aber auch hier der Verneinung der Prüfung von Amts wegen zuzuneigen. Das ist schon deswegen unzutreffend, weil es dort – anders als nach durchgeführtem Berufungsverfahren (vgl dazu SK-Frisch 35 zu § 328) – allein um die sachliche Zuständigkeit des SchG geht (KK-Gericke 66 zu § 338; LR-Siolek 34 zu § 24 GVG). Aber auch im Übrigen ist BGH **42**, 205 unrichtig: Das Fehlen der sachlichen Zuständigkeit ist nach § 328 II vom Berufungsgericht von Amts wegen zu beachten; dann kann aber für das Revisionsgericht nichts anderes gelten (vgl BGH **18**, 79, 81). Verweisung von Amts wegen erfolgt auch, wenn das AG statt des sachlich zuständigen LG entschieden hat (KG StV **13**, 555; Brandenburg NStZ **01**, 611; LR-Siolek 38 zu § 24 GVG; vgl auch BGH NStZ **00**, 387; erg 7 zu § 328).

Verweisung bei Zuständigkeit eines Gerichts höherer Ordnung

270 I 1 Hält ein Gericht nach Beginn einer Hauptverhandlung die sachliche Zuständigkeit eines Gerichts höherer Ordnung für begründet, so verweist es die Sache durch Beschluß an das zuständige Gericht; § 209a Nr. 2 Buchstabe a gilt entsprechend. ²Ebenso ist zu verfahren, wenn das Gericht einen rechtzeitig geltend gemachten Einwand des Angeklagten nach § 6a für begründet hält.

II In dem Beschluß bezeichnet das Gericht den Angeklagten und die Tat gemäß § 200 Abs. 1 Satz 1.

§ 270

III ¹ Der Beschluß hat die Wirkung eines das Hauptverfahren eröffnenden Beschlusses. ² Seine Anfechtbarkeit bestimmt sich nach § 210.

IV ¹ Ist der Verweisungsbeschluß von einem Strafrichter oder einem Schöffengericht ergangen, so kann der Angeklagte innerhalb einer bei der Bekanntmachung des Beschlusses zu bestimmenden Frist die Vornahme einzelner Beweiserhebungen vor der Hauptverhandlung beantragen. ² Über den Antrag entscheidet der Vorsitzende des Gerichts, an das die Sache verwiesen worden ist.

Übersicht

	Rn
1) Normzweck, Anwendungsbereich	1–3
2) Verweisung an das zuständige Gericht (I)	4–13
A. Sachliche Zuständigkeit eines Gerichts höherer Ordnung (S 1 Hs 1)	5–10
B. Verweisung an das zuständige Jugendgericht (S 1 Hs 2)	11
C. Verweisung von einer oder an eine StrK mit besonderer Zuständigkeit (S 2)	12, 13
3) Verweisungsbeschluss (II)	14–17
4) Wirkung des Verweisungsbeschlusses (III S 1)	18–21
5) Anfechtbarkeit des Verweisungsbeschlusses (III S 2)	22
6) Beweisanträge (IV)	23–26
7) Revision	27

1) Veränderungen der sachlichen Zuständigkeit und der ihr nach I S 1 Hs 2, S 2 gleichgestellten Zuständigkeiten nach Beginn der Hauptverhandlung kann nach § 270 auf prozesswirtschaftliche Weise durch Verweisung an das zuständige Gericht mit bindender Wirkung, also unter Vermeidung der Verfahrenseinstellung und erneuten Anklageerhebung, Rechnung getragen werden. 1

Die Vorschrift ist **entsprechend anwendbar** auf den Fall, dass bei der Eröffnung des Hauptverfahrens das die Zuständigkeit des höheren Gerichts begründende Delikt nach § 154a ausgeschieden worden ist, von dem niederen Gericht, vor dem das Verfahren eröffnet wurde, dann aber nach § 154a III wieder einbezogen wird (BGH **29**, 341, 344 ff). BGH **39**, 202 (zust Odersky Salger-FS 357) hat die Vorschrift entspr auf den Fall angewendet, dass der Kartellsenat des OLG einen Straftatbestand für erfüllt ansieht; der BGH erachtet dann die Verweisung an die WirtschaftsStrK des LG für zulässig (Rieß NStZ **93**, 513 hält diesen Weg zutr für bedenklich und will das Ergebnis über eine Rechtsanalogie zu §§ 6, 6a, 209, 209a, 225a, 269, 270 erreichen; richtiger erscheint eine Analogie zu §§ 17a II, IV, 17b GVG; erg 2 zu § 17b GVG; **aM** auch Göhler wistra **94**, 17 und 260 sowie LR-Franke 23a zu § 121 GVG, die das OLG für zuständig hält, dagegen Wrage-Molkenthin/Bauer wistra **94**, 83; Bauer wistra **94**, 132 spricht sich für eine Einstellung des Verfahrens durch das OLG und Neuanklage durch die StA beim Strafgericht aus). 2

§ 270 gilt nicht entspr **für die geschäftsplanmäßige Zuständigkeit** (vgl BGH **27**, 99, 102: formlose Abgabe) und **für die örtliche Zuständigkeit** (Braunschweig GA **62**, 284; Hamm NJW **61**, 232; JMBlNW **69**, 66; erg 4 zu § 16). Im beschleunigten Verfahren gilt die Sonderregelung des § 419, im Berufungsverfahren § 328 II (vgl aber 13 ff zu § 6a), im Privatklageverfahren § 389. 3

2) Verweisung an das zuständige Gericht (I): 4

A. Bei **sachlicher Zuständigkeit eines Gerichts höherer Ordnung (S 1 Hs 1)**, die für das Gericht der niederen Ordnung (zur Rangordnung der Gerichte vgl 2 zu § 1; bes 2 zu § 269) nach § 6 ein von Amts wegen zu berücksichtigendes Verfahrenshindernis ist, muss die Verweisung von Amts wegen erfolgen (Stuttgart Justiz **95**, 99), und zwar wegen des gesamten Anklagevorwurfs, der iS des § 264 eine einheitliche Tat bildet (KK-Greger 19). Sachliche Zuständigkeitsmerkmale, deren Prüfung mit der Eröffnung des Hauptverfahrens endet, wie die besondere Bedeutung des Falls iS der §§ 24 I Nr 3, 74 I GVG und die Rechtsfolgenerwar- 5

§ 270

tung nach § 25 Nr 2 GVG, bleiben dabei außer Betracht (BGH NStZ **09**, 579; erg 8 zu § 24 GVG und 4 zu § 25 GVG).

6 Die Verweisung darf nur in der **Hauptverhandlung des 1. Rechtszugs** erfolgen, auch wenn sie nach Aussetzung der Verhandlung (§ 228) oder wegen nicht rechtzeitiger Fortsetzung nach einer Unterbrechung (§ 229 IV S 1) oder nach Zurückverweisung durch das Revisionsgericht nach § 354 II erneut durchgeführt wird.

7 Die Verweisung darf ferner erst **nach Beginn der Hauptverhandlung** (§ 243 I S 1) beschlossen werden. Vor der Hauptverhandlung und nach Aussetzung der Hauptverhandlung bis zum Beginn der neuen Hauptverhandlung wird nach § 225a verfahren (dort 4).

8 Den Beginn oder die Durchführung der **Beweisaufnahme** setzt die Verweisung nicht grundsätzlich voraus; selbst präsente Beweise (§ 245 I) müssen nicht unbedingt erhoben werden. Wenn sich die Zuständigkeit des höheren Gerichts bereits aus dem Anklagesatz ergibt, ist die Verweisung daher ohne weiteres möglich (Düsseldorf NStZ **86**, 426; LR-Stuckenberg 16); der Angeklagte braucht dann vorher nicht einmal nach § 243 V S 2 zur Sache vernommen zu werden.

9 Wenn die Verweisung aber wegen einer vom Eröffnungsbeschluss auf Grund neu hervorgetretener Umstände abweichenden rechtlichen Bewertung beschlossen werden soll, setzt sie **hinreichenden Tatverdacht** voraus (BGH **29**, 216, 219; 341, 344; MDR **72**, 18 [D]; NStZ **88**, 236). Dabei gelten die gleichen Grundsätze wie bei § 203 (dort 2). Die Verweisung ist erst zulässig, wenn sich dieser Verdacht genügend verfestigt hat, wenn also nicht zu erwarten ist, dass er bei weiterer Verhandlung wieder entfällt (Frankfurt NStZ-RR **97**, 311; Rieß GA **76**, 17). Der volle Nachweis der Tatsachen, die die Zuständigkeit des höheren Gerichts begründen, ist nicht erforderlich und darf nicht einmal geführt werden (SK-Frister 8). Denn wenn das Gericht den hinreichenden Tatverdacht festgestellt hat, darf es nicht weiterverhandeln, um ihn zu erhärten oder zu entkräften; vielmehr geht die Entscheidungskompetenz auf das Gericht der höheren Ordnung über (BGH MDR **72**, 18 [D]; Rieß aaO). Das Gericht ist nur berechtigt, den hinreichenden Tatverdacht zu verneinen und lediglich die bei ihm angeklagte Tat abzuurteilen (LR-Stuckenberg 14).

10 Wegen **unzureichender Strafgewalt des AG** (§ 24 II GVG) darf an das LG erst verwiesen werden, wenn die Verhandlung so weit geführt worden ist, dass der Schuldspruch feststeht, und wenn sich die Straferwartung so weit verfestigt hat, dass nicht mehr zu erwarten ist, eine mildere Beurteilung werde noch eine Strafe im Rahmen der Strafgewalt als ausreichend erscheinen lassen (BGH **45**, 58, 60; NStZ **18**, 111; Karlsruhe JR **91**, 36; Nürnberg StraFo **13**, 514). Die bloße Vermutung, dass das der Fall sein wird, genügt nicht (Düsseldorf NStZ **86**, 426; StraFo **00**, 235; Frankfurt StV **96**, 533; Karlsruhe aaO; Köln StraFo **09**, 112; LG Berlin StV **96**, 16). Ausreichend können Umstände sein, welche außerhalb der angeklagten Tat liegen, sich jedoch auf die Straferwartung entscheidungserheblich auswirken können (BGH NStZ **18**, 111: Erfordernis nachträglicher Gesamtstrafenbildung). Das Scheitern von Verständigungsgesprächen kann auch dann nicht zur Verweisung führen, wenn das Gericht nun einen besonderen Umfang der Sache annimmt (BGH NJW **17**, 280 mit zust Anm Zopfs und Moldenhauer NStZ **17**, 103; Godendorff StV **17**, 626).

11 B. **Verweisung an das zuständige JugG (S 1 Hs 2):** Die entspr Anwendung des § 209a Nr 2 Buchst a bedeutet, dass die JugG bei der Verweisungsfrage allgemein den Gerichten höherer Ordnung gleichgestellt sind. Die Verweisung an das zuständige JugG ist daher auch erforderlich, wenn es nur gleichrangig ist. Dagegen darf an ein JugG niederer Ordnung nicht verwiesen werden. Dadurch, dass S 1 Hs 2 den § 209a Nr 2 Buchst b nicht aufführt, kommt in einer Jugendschutzsache die Verweisung an ein gleichrangiges JugG nicht in Betracht (BGH **42**, 39), wohl aber an ein höheres (unklar Saarbrücken NStZ-RR **03**, 377). Eine zulässige Verweisung umfasst auch ein nach § 103 **JGG** hinzuverbundenes Verfahren gegen einen Erwachsenen (LG Berlin NStZ-RR **99**, 154).

§ 270

C. Die **Verweisung von einer oder an eine StrK mit besonderer Zuständigkeit (S 2)** setzt einen rechtzeitig erhobenen Einwand des Angeklagten nach § 6a voraus. Ist er zu Recht geltend gemacht worden, so ist die Verweisung geboten, auch von der StrK mit besonderer Zuständigkeit an die allgemeine StrK (vgl Rieß NJW **79**, 1536). Wird von einer StrK mit besonderer Zuständigkeit an eine andere StrK dieser Art verwiesen, so ist gleichgültig, ob diese StrK der verweisenden nach § 74e GVG im Rang vorgeht oder nachsteht (KK-Greger 16). Der Grundsatz des § 269 gilt nicht (LR-Stuckenberg 21; Meyer-Goßner NStZ **81**, 171). Zur Verweisung in einem Berufungsverfahren über eine Wirtschaftsstraftat vgl 13 ff zu § 6a. Bei der Prüfung, ob die Wirtschafts-StrK zuständig ist, bleibt die in § 74c I Nr 6 GVG enthaltene Erfordernis der besonderen Kenntnisse des Wirtschaftslebens als normatives Tatbestandsmerkmal (oben 5; zu § 74c GVG) außer Betracht (Rieß NJW **78**, 2268; **79**, 1536; erg 4 zu § 6a). 12

Entscheidungsgrundlage für die Verweisung ist die Sachlage, wie sie sich zu Beginn der Hauptverhandlung auf Grund des gesamten bis dahin angefallenen Prozessstoffes darstellt (KMR-Voll 20). Da es sich nur um die Nachprüfung der Zuständigkeitsbeurteilung im Eröffnungsbeschluss handelt, ist es nicht zulässig, das Ergebnis der Beweisaufnahme abzuwarten. Andernfalls hätte die zeitliche Begrenzung der Einwandsbefugnis durch § 6a S 3 keinen Sinn. 13

3) Der **Verweisungsbeschluss (II)** wird in der für die Hauptverhandlung vorgeschriebenen Gerichtsbesetzung nach Anhörung der Verfahrensbeteiligten erlassen (dazu Gollwitzer Rieß-FS 151). 14

Inhaltlich muss der Beschlussausspruch das Gericht bezeichnen, an das die Sache verwiesen wird. Außerdem muss der Beschluss die für den Anklagesatz in § 200 I S 1 vorgeschriebenen Angaben enthalten, jedoch mit den Veränderungen, aus denen sich die Zuständigkeit des höheren Gerichts ergibt. Das Fehlen dieser Angaben ist aber unschädlich, wenn das AG bei gleich bleibender rechtlicher Beurteilung der Tat die Sache nur deshalb an das LG verweist, weil seine Rechtsfolgenkompetenz nach § 24 II GVG nicht ausreicht (BGH MDR **66**, 894 [D]; LG Hannover StV **83**, 194). Das Gleiche gilt, wenn der Verweisungsbeschluss lediglich die Zuständigkeitsentscheidung des Eröffnungsbeschlusses korrigiert (LR-Stuckenberg 25). 15

Eine **Begründung** des Beschlusses ist nicht erforderlich, kann aber zweckmäßig sein (KMR-Voll 22). Der die Verweisung ablehnende Beschluss muss dagegen mit Gründen versehen werden (§ 34). 16

Mitgeteilt wird der Beschluss durch Verkündung (§ 35 I), bei Abwesenheit des Angeklagten zugleich mit der Fristsetzung nach IV S 1 durch förmliche Zustellung (§ 35 II S 2). 17

4) Die **Wirkung des Verweisungsbeschlusses (III S 1)** entspricht der eines Eröffnungsbeschlusses (BGH MDR **72**, 387 [D]). Die fehlende Anklage (BGH NStZ-RR **07**, 4 [B]) oder den fehlenden Eröffnungsbeschluss (BGH NStZ **88**, 236) ersetzt er jedoch nicht. Mit seinem Erlass (5 ff vor § 33) macht der Beschluss die Strafsache bei dem Gericht, an das verwiesen wird, unmittelbar rechtshängig (Karlsruher Justiz **84**, 429; MDR **80**, 599; KK-Greger 23; **aM** LR-Stuckenberg 33: erst mit dem Eingang der Akten bei diesem Gericht). Das Verfahren geht in der Lage, in der es sich befindet, auf das Gericht über, an das die Sache verwiesen worden ist. 18

Dieses Gericht ist **an den Verweisungsbeschluss gebunden** (BGH **27**, 99, 103; **29**, 216; NStZ **88**, 236; Frankfurt NStZ-RR **07**, 311; Rieß GA **76**, 12); das gilt, wenn er formell oder sachlich fehlerhaft ist (BGH **29**, 216; NStZ **92**, 29 [K]; **09**, 579; BGHR § 270 I Wirksamkeit 1; NStZ **18**, 111; Karlsruhe MDR **80**, 599; Schleswig NStZ **81**, 491). Eine Weiterverweisung an ein noch höheres Gericht ist zulässig (BGH **21**, 268, 270; RG **59**, 244). 19

Die **Bindungswirkung entfällt** aber, wenn der Beschluss mit den Grundsätzen rechtsstaatlicher Ordnung in offensichtlichem Widerspruch steht (Köln NStZ-RR 20

§ 270
Zweites Buch. 6. Abschnitt

11, 288). Das ist der Fall, wenn er auf Willkür beruht (BGH **29**, 216, 219; Düsseldorf StraFo **98**, 274; Stuttgart Justiz **83**, 164; Zweibrücken MDR **92**, 178), insbesondere weil er offensichtlich gesetzwidrig ist (BGH NStZ **09**, 404; Düsseldorf NStZ **86**, 426; StraFo **97**, 115; Frankfurt NStZ-RR **96**, 42; Karlsruhe NStZ **90**, 100 mwN; SK-Frister 31) oder wenn höherrangiges Recht des Art 101 I S 1 GG verletzt wurde (BGH NJW **17**, 280 mit zust Anm Zopfs und zust Anm Moldenhauer NStZ **17**, 103). Die Sache wird dann zurückverwiesen (BGH **45**, 58 = JZ **00**, 213 mit Anm Bernsmann; Bamberg NStZ-RR **05**, 377; SSW-Güntge 15; Gollwitzer Rieß-FS 143; dazu auch eingehend Weidemann wistra **00**, 45; nach überholter **aM** – dazu BGH **45**, 58 – tritt Nichtigkeit ein; erg Einl 105, 108); § 269 steht nicht entgegen (BGH aaO). Ist aber tatsächlich die sachliche Zuständigkeit des höheren Gerichts gegeben, verbleibt die Sache trotz willkürlicher Verweisung bei diesem (BGH aaO; NJW **17**, 280 mit zust Anm Zopfs und mwN zu dieser und zur Gegenauffassung; Moldenhauer NStZ **17**, 103; ebenso Köln StraFo **09**, 112 bei erheblicher Verfahrensverzögerung; vgl auch krit Pauka/Link/Armenat StraFo **17**, 10).

21   Die **Zuständigkeit des verweisenden Gerichts für verfahrensrechtliche Entscheidungen** entfällt mit dem Erlass des Verweisungsbeschlusses. Es darf zB keine Haftentscheidung mehr treffen; § 207 IV gilt nicht entspr (**aM** LR-Stuckenberg 31). Solange sich die Akten bei ihm befinden, ist das verweisende Gericht aber zur Vorlage nach § 122 I verpflichtet, wenn sie wegen Ablaufs der Frist des § 121 I alsbald geboten ist (Karlsruhe Justiz **84**, 429).

22   **5) Anfechtbarkeit des Verweisungsbeschlusses (III S 2):** Der Angeklagte kann den Beschluss nicht anfechten (§ 210 I), die StA entspr § 210 II nur, wenn sie die Verweisung an ein noch höheres Gericht beantragt hatte (KK-Greger 25; vgl für einen Sonderfall auch Schleswig SchlHA **85**, 119 [E/L]), sonst ist eine Beschwerde ausgeschlossen (BGH **45**, 26 mit zust Anm Franke NStZ **99**, 524). Die Ablehnung des Verweisungsantrags (oder der Einwendungen nach § 6a) ist nach § 305 S 1 unanfechtbar (Braunschweig NJW **58**, 1550; erg 16 zu § 6a).

23   **6) Beweisanträge (IV):** Die Regelung trägt dem Umstand Rechnung, dass die Sache bei Verweisung vom AG an das LG (nur dort gilt IV) mitunter noch nicht genügend geklärt ist, der Angeklagte bisher vielleicht noch ohne Verteidiger ist und bei der Anhörung nach § 201 I keinen Anlass hatte, zu der abweichenden Beurteilung der Sache Stellung zu nehmen oder Beweisanträge zu stellen (LR-Stuckenberg 40). Das Beweisantragsrecht nach IV dient nur der Vorbereitung der neuen Hauptverhandlung.

24   Die **Fristsetzung nach S 1** ist Aufgabe des Vorsitzenden des verweisenden Gerichts. Die Frist muss zugleich mit der Bekanntmachung des Verweisungsbeschlusses an den Angeklagten bestimmt werden; sie kann schon in den Beschluss aufgenommen werden. Die Frist muss so bemessen werden, dass der Angeklagte ausreichend Zeit hat, sich die Antragstellung zu überlegen; die Frist kann auf Antrag oder von Amts wegen verlängert werden. Mit der Fristsetzung wird zweckmäßigerweise der Hinweis verbunden, dass die Anträge an das Gericht zu richten sind, an das die Sache verwiesen worden ist; gesetzlich vorgeschrieben ist der Hinweis nicht (10 zu § 225a).

25   Der **Beweisantrag** bedarf keiner besonderen Form, muss aber die Beweismittel und Beweistatsachen bezeichnen.

26   Die **Entscheidung** über den Antrag trifft der Vorsitzende des Gerichts, an das die Sache verwiesen worden ist (S 2); kommissarische Vernehmungen nach § 223 ordnet das ganze Gericht an (KK-Greger 29). Für die Entscheidung ist maßgebend, ob zur Vorbereitung der Hauptverhandlung vor dem Gericht, an s verwiesen worden ist, noch eine weitere Sachaufklärung erforderlich erscheint. Ist das nicht der Fall, so können die Anträge ohne die Beschränkungen des § 244 III–V abgelehnt werden. Die Ablehnung mit der Zusage, die Beweistatsache werde als wahr unterstellt, ist unzulässig. Die ablehnende Entscheidung muss begründet werden (§ 34); wird dem Antrag stattgegeben, so ist keine Begründung erforderlich. Die Ent-

1356   *Schmitt*

Hauptverhandlung **§ 271**

scheidung über den Beweisantrag muss so rechtzeitig getroffen werden, dass der Angeklagte weitere Anträge nach § 219 stellen oder von seinem Selbstladungsrecht nach § 220 Gebrauch machen kann. Die Entscheidung ist unanfechtbar.

7) Revision: Hat ein Gericht eine Sache nach I an ein Gericht höherer Ord- 27 nung verwiesen, ist die Prüfung des Revisionsgerichts auf die Frage beschränkt, ob das Recht aus Art 101 I S 2 GG objektiv willkürlich verletzt ist (BGH **29**, 216, 219; **61**, 277; NStZ **18**, 111). Ist die Verweisung nach I zu Unrecht unterblieben und war der Tatrichter auch beim Erlass des Urteils nicht zuständig, so ist das Verfahrenshindernis der sachlichen Unzuständigkeit bei zulässiger Revision von Amts wegen zu berücksichtigen (32 zu § 338). Das Unterlassen der Verweisung an das JugG muss nach § 338 Nr 4 gerügt werden. Das Gleiche gilt, wenn der zulässige Einwand des Angeklagten nach § 6a zu Unrecht als unbegründet verworfen worden ist. War die Fristsetzung nach IV S 1 unterblieben, so kann die Revision nur Erfolg haben, wenn der Fehler bereits in der Hauptverhandlung beanstandet worden ist (RG **62**, 265, 272; KMR-Voll 40; LR-Stuckenberg 56).

Hauptverhandlungsprotokoll RiStBV 144, 161

271 I ¹Über die Hauptverhandlung ist ein Protokoll aufzunehmen und von dem Vorsitzenden und dem Urkundsbeamten der Geschäftsstelle, soweit dieser in der Hauptverhandlung anwesend war, zu unterschreiben.
²Der Tag der Fertigstellung ist darin anzugeben.
II ¹Ist der Vorsitzende verhindert, so unterschreibt für ihn der älteste beisitzende Richter. ²Ist der Vorsitzende das einzige richterliche Mitglied des Gerichts, so genügt bei seiner Verhinderung die Unterschrift des Urkundsbeamten der Geschäftsstelle.

Übersicht

		Rn
1)	Verhandlungsprotokoll	1–20
	A. Protokoll über die Hauptverhandlung (I S 1)	2
	B. Urkundspersonen	3–5
	C. Form	6–11
	D. Inhalt	12
	E. Unterzeichnung	13–18
	F. Tag der Fertigstellung (I S 2)	19, 20
2)	Änderungen und Berichtigungen	21–27
	A. Noch nicht fertiggestelltes Protokoll	22
	B. Berichtigung des fertiggestellten Protokolls	23–26c
	C. Wiederherstellung eines verlorengegangenen Protokolls	27
3)	Beschwerde	28, 29
4)	Revision	30

1) Verhandlungsprotokoll: 1
A. **Über die Hauptverhandlung** ist ein Protokoll aufzunehmen (**I S 1**). Da- 2 bei bildet die Niederschrift über den Verlauf der Hauptverhandlung eine Einheit (BVerfG StV **02**, 521; BGH **16**, 306; **29**, 394; NStZ **81**, 297 [Pf]). Umfasst sie mehrere Tage, so braucht das Protokoll daher nicht täglich abgeschlossen zu werden (dagegen Birkhoff Tepperwien-FH 7), selbst wenn der UrkB gewechselt hat (unten 13). Das gilt an sich auch für Hauptverhandlungen von langer Dauer; jedoch ist dann die Anfertigung von Teilprotokollen empfehlenswert, darauf besteht aber kein Anspruch (BGH NStZ **93**, 141). Auch dann bildet aber das Sitzungsprotokoll keine einheitliche Urkunde (BGH **16**, 306), so dass die zu Beginn des Protokolls aufgeführten Personen nach § 274 für die gesamte Hauptverhandlung als anwesend gelten, wenn ihre (vorübergehende) Entfernung nicht protokolliert worden ist (BGH NJW **94**, 3364; NStZ-RR **02**, 100 [B]), und dass das Gesamtprotokoll abschließende Unterschrift des Vorsitzenden den gesamten Protokollinhalt umfasst (BVerfG 2 BvR 1643/91 vom 10.1.1992).

Schmitt 1357

§ 271
Zweites Buch. 6. Abschnitt

3 B. **Urkundspersonen** sind der Vorsitzende und – soweit nicht der Strafrichter von dessen Zuziehung nach § 226 II abgesehen hat – der bei dieser Tätigkeit grundsätzlich unabhängige (LR-Stuckenberg 14; **aM** Köln NJW **55**, 843: an Weisungen des Vorsitzenden gebunden; erg 3 zu § 153 GVG) UrkB, der während der Hauptverhandlung ausgewechselt werden kann (7 zu § 226). Beide tragen zusammen die Verantwortung dafür, dass der Protokollinhalt mit dem übereinstimmt, was in der Hauptverhandlung geschehen ist. Der UrkB nimmt das Protokoll auf; der Vorsitzende überwacht die ordnungsgemäße Beurkundung, prüft das Protokoll auf Richtigkeit und Vollständigkeit und veranlasst notwendige Abänderungen und Ergänzungen (RiStBV 144 I S 2, 3) oder nimmt sie selbst vor. Wegen der Genehmigung der Änderungen durch den UrkB vgl unten 14.

4 Bei **Meinungsverschiedenheiten** über tatsächliche Vorgänge muss der Vorsitzende eine Klärung versuchen, insbesondere durch Befragung der anderen Prozessbeteiligten. Wird die Meinungsverschiedenheit dadurch nicht beseitigt, so muss das im Protokoll vermerkt werden; die Beweiskraft des § 274 entfällt insoweit (dort 16). Besteht die Meinungsverschiedenheit nur über die Rechtsfrage, ob der Vorgang nach § 273 protokollierungsbedürftig ist, so kann der Vorsitzende den UrkB zur Protokollierung anweisen (Gollwitzer Gössel-FS 547). Der Vorsitzende kann und muss auch einschreiten, wenn ein Dritter versucht, seine eigene Bewertung eines Verfahrensvorgangs in das Protokoll zu diktieren (BGH NJW **05**, 3434).

5 Die **Anrufung des Gerichts** nach § 238 II ist ausgeschlossen (Köln NJW **55**, 843; LR-Stuckenberg 75).

6 C. **Form: Schriftlich** (handschriftlich oder in Maschinenschrift) wird das Protokoll aufgenommen.

7 Es ist auch bei Beteiligung von Ausländern **in deutscher Sprache** abzufassen; Aussagen und Erklärungen in fremder Sprache können aber nach § 185 I S 2 GVG in das Protokoll aufgenommen werden, wenn das angezeigt erscheint (dort 8).

8 **Tonbandaufnahmen** sind keine Protokolle, sondern Hilfsmittel für ihre Fertigung (Koblenz NStZ **88**, 42; Rassow NJW **58**, 653; vgl aber Roggemann JR **66**, 47: selbständige Ergänzung des Schriftprotokolls; Kühne StV **91**, 103: § 168a II S 1 gilt auch hier).

9 In **Kurzschrift** darf das Protokoll nicht geführt werden (RG **55**, 1; LR-Stuckenberg 2); § 168a III gilt für die Hauptverhandlung nicht. Bei der Abfassung des Protokolls, die auch noch nach der Hauptverhandlung zulässig ist (BGH GA **60**, 61), kann aber ein während der Hauptverhandlung aufgenommenes Stenogramm oder eine andere vorläufige Aufzeichnung verwendet werden (RG **65**, 434; MeyerGoßner/Appl 903, 1029; Rassow aaO).

10 Die als **Hilfsmittel** verwendeten Tonbandaufnahmen und vorläufigen Aufzeichnungen werden kein Bestandteil der Akten; sie brauchen weder verwahrt noch den Verfahrensbeteiligten zugänglich gemacht zu werden (BGH **29**, 394; MDR **73**, 903 [D]; Koblenz NStZ **88**, 42 vgl auch Karlsruhe NStZ **82**, 299).

11 Die **äußere Beschaffenheit** des Protokolls muss seiner Bedeutung als Beweisquelle (§ 274) entsprechen. Überklebungen und Ausschabungen sind unzulässig. Überschreibungen, Durchstreichungen, Rasuren sind möglichst zu vermeiden. Bei Verwendung von Vordrucken muss auch bei Platzmangel die Übersichtlichkeit gewahrt werden. Durch Verstöße gegen diese Regeln kann die Beweiskraft des betreffenden Teils des Protokolls, wenn auch nicht des gesamten Protokolls, in Frage gestellt werden (LR-Stuckenberg 4; erg 15 zu § 274).

12 D. **Inhaltlich** muss das Protokoll die in § 271 bezeichneten Angaben enthalten und die nach § 273 I protokollierungspflichtigen Vorgänge in der Reihenfolge festhalten, in der sie sich ereignet haben. Für einheitliche Verfahrensvorgänge sind aber Zusammenfassungen zulässig (vgl 4 zu § 257). Das Protokoll muss jedenfalls erkennen lassen, dass die für die Hauptverhandlung vorgeschriebene Ordnung des Verfahrensgangs eingehalten ist (LR-Stuckenberg 4).

13 E. **Unterzeichnet** wird das Protokoll von dem Vorsitzenden und – soweit in der Hauptverhandlung anwesend – dem UrkB (I S 1). Auch Randvermerke sind

Hauptverhandlung § 271

von beiden Urkundspersonen zu unterschreiben. Die Unterzeichnung von Protokollanlagen ist zweckmäßig, gesetzlich aber nicht vorgeschrieben (Düsseldorf MDR **86**, 166) und kann für sich allein die Protokollunterschrift nicht ersetzen (Hamm NStZ **01**, 220; NStZ-RR **01**, 83). Beim Wechsel des UrkB unterschreibt jeder den von ihm beurkundeten Teil (BGH wistra **91**, 272); ein vollständiger Protokollabschluss mit der Unterschrift des Vorsitzenden ist wegen des Wechsels nicht erforderlich. Auch das Protokoll über die mehrtägige Hauptverhandlung wird nur am Ende unterschrieben, es sei denn, dass Teilprotokolle (oben 2) angefertigt worden sind (Stuttgart StraFo **02**, 133). Zur Unterschriftsleistung bei Aufnahme des vollständigen Urteils in das Protokoll vgl § 275. Für die Anforderungen an die Unterzeichnung gelten die Grundsätze für die Unterschrift des Verteidigers (Einl 129, 130).

Abänderungen (vgl unten 22) des Vorsitzenden müssen durch die Unterschrift 14 des UrkB gedeckt sein (RG **20**, 425, 427; **22**, 245; Bay **85**, 57 = StV **85**, 360); die schriftliche Genehmigung der Abänderungen am Ende des Protokolls reicht aus (BGH NStZ **81**, 297 [Pf]; Meyer-Goßner/Appl 1032). Das im Voraus erklärte Einverständnis des UrkB mit den Abänderungen ist wirkungslos.

Die **Nachholung** der versehentlich unterbliebenen Unterschrift ist jederzeit zu- 15 lässig und geboten, auch wenn bereits ein Rechtsmittel eingelegt ist, das ihr Fehlen rügt (BGH **10**, 145). Gegenüber dem Revisionsgericht ist die nachgeholte Unterschrift wirksam, selbst wenn dadurch der Revisionsrüge der Boden entzogen wird (BGH **12**, 270; krit Hanack JZ **72**, 490).

Bei **Verhinderung des Vorsitzenden** unterschreibt für ihn der dienst- (nicht 16 lebens-)älteste Beisitzer (II S 1; SK-Frister 22). Eine Verhinderung iS der Vorschrift liegt vor, wenn dem Vorsitzenden die Unterzeichnung aus rechtlichen oder tatsächlichen Gründen dauernd oder jedenfalls voraussichtlich so lange unmöglich ist, dass ein Warten auf den Wegfall des Hindernisses das Verfahren ungebührlich verzögern würde. In Betracht kommen außer Tod und Ausscheiden aus dem Richterdienst längerer Urlaub und Erkrankung auf nicht absehbare Zeit (vgl Busch JZ **64**, 748), nicht aber dienstliche Überlastung (KMR-Gemählich 13) oder Ausscheiden aus dem Spruchkörper bei Beibehaltung der Richterstellung (LR-Stuckenberg 25). Entspr § 21h S 2 GVG ist bei der Vertretungsregelung das Dienstalter und nur ersatzweise das Lebensalter maßgebend (KK-Greger 10). Im erweiterten SchG (§ 29 II GVG) vertritt den Vorsitzenden der 2. Richter beim AG. Bei Verhinderung des einzigen richterlichen Mitglieds genügt die Unterschrift des UrkB (II S 2).

Bei **Verhinderung des UrkB** unterschreibt der Vorsitzende allein (Schleswig 17 SchlHA **97**, 171 [L/S]), wenn auch er verhindert ist, der dienstälteste Beisitzer.

Ein **Hinweis auf die Verhinderung** bei der Unterzeichnung durch den Ver- 18 treter ist erforderlich; auch der Verhinderungsgrund muss angegeben werden (Börtzler MDR **72**, 187; Meyer-Goßner/Appl 1028).

F. Der **Tag der Fertigstellung** muss nach I S 2 im Protokoll vermerkt werden. 19 Das ist der Tag, an dem das Protokoll mit der letzten Unterschrift der Urkundsperson (oben 13 ff) abgeschlossen wird (BGH **23**, 115; **27**, 80; Bay NJW **81**, 1795; vgl auch RiStBV 144 I S 4). Vor Fertigstellung kann das Urteil nicht wirksam zugestellt werden (vgl 34 zu § 273). Bei einer mehrtägigen Hauptverhandlung ist das Protokoll erst fertig gestellt, wenn beide Urkundspersonen die ganze Niederschrift unterzeichnet haben (BGH **29**, 394; MDR **75**, 725 [D]; oben 2). An der Fertigstellung fehlt es nicht deshalb, weil das Protokoll unrichtig oder lückenhaft ist oder sonstige formelle Mängel aufweist (BGH NStZ **84**, 89; Bay NJW **81**, 1795), wohl aber, wenn der Vorsitzende, bevor er unterschreibt, ohne Kenntnis oder ohne Äußerung des UrkB dazu sachliche Änderungen vornimmt (BGH **37**, 287; wistra **95**, 273; Bay StV **85**, 360) oder die Urteilsformel unvollständig ist (Stuttgart MDR **95**, 842). Mit den insgesamt erforderlichen Unterschriften der Urkundspersonen wird das Protokoll Bestandteil der Akten und kann von dem Verteidiger (§ 147 I) und vom RA des Verletzten (§ 406e I) eingesehen werden (BGH **29**,

Schmitt 1359

394; MDR **75**, 725 [D]). Es ist aber weder für die Fertigstellung des Protokolls nach I noch für die Wirksamkeit der Zustellung des Urteils nach § 273 IV erforderlich, dass die von den Urkundspersonen unterschriebene Niederschrift in tatsächlicher Hinsicht zur Akte genommen wird (BGH NStZ **14**, 420). Zur Erteilung von Teilabschriften vgl 6 zu § 35.

20 Der **Vermerk** nach I S 2 wird am Ende der Protokollurkunde von dem zuletzt Unterzeichnenden, idR also vom Vorsitzenden, angebracht, datiert und unterschrieben (LR-Stuckenberg 37; **aM** Koffka JR **71**, 209, die die Unterschriften beider Urkundspersonen verlangt). Der Vermerk ist kein Bestandteil des Protokolls; sein Fehlen beweist nicht, dass das Protokoll noch nicht fertiggestellt ist (BGH **23**, 115; 2 StR 361/16 vom 18.5.2017; Düsseldorf MDR **91**, 557; Köln Rpfleger **70**, 139).

21 **2) Änderungen und Berichtigungen**

22 A. Das **noch nicht fertiggestellte Protokoll** kann und muss geändert und ergänzt werden, wenn beide Urkundspersonen das für erforderlich halten; Beschränkungen bestehen insoweit nicht (vgl BGH GA **54**, 119; **92**, 319). Zur Genehmigung von Änderungen des Vorsitzenden durch den UrkB vgl oben 14. Dass ein Prozessbeteiligter bereits Revision eingelegt hat, steht der Protokolländerung nicht entgegen. Das Revisionsgericht hat die Änderung oder Ergänzung auch dann zu berücksichtigen, wenn dadurch einer Verfahrensrüge die Grundlage entzogen wird (Karlsruhe NJW **80**, 716 = JR **80**, 517 mit zust Anm Gollwitzer); BGH **10**, 145 ist durch die Einfügung des § 273 IV überholt (BGH NStZ **92**, 160).

23 B. Die **Berichtigung des fertiggestellten Protokolls** ist, sofern es sich nicht um eine verlesene und genehmigte Niederschrift nach § 273 III handelt (Düsseldorf OLGSt § 273 Nr 2), auf Antrag oder von Amts wegen ohne zeitliche Beschränkung (Hamm JMBlNW **74**, 214; Karlsruhe GA **71**, 216), auch noch nach Urteilsrechtskraft (Düsseldorf MDR **90**, 359), nicht nur zulässig, sondern geboten, wenn beide Urkundspersonen darin übereinstimmen, dass das Protokoll unrichtig ist (BGH JZ **52**, 281) und dies durch ihre Unterschrift dokumentieren (BGH NStZ **15**, 358). Ggf muss der Vorsitzende Erhebungen veranlassen, die den Vorgang in die Erinnerung zurückrufen können (KG NStZ **90**, 359; Düsseldorf StV **85**, 359; Hamburg NJW **71**, 1326). Hält eine der beiden Urkundspersonen das Protokoll für richtig oder erinnert sie sich nicht mehr, so ist eine Berichtigung ausgeschlossen (BGH **55**, 31; 4 StR 130/19 vom 5.6.2019). Bei Verhinderung des Vorsitzenden gelten die gleichen Grundsätze wie (oben 16) bei seiner Verhinderung an der Unterschriftsleistung (Hamburg NJW **65**, 1342; Hamm JMBlNW **62**, 38; Saarbrücken OLGSt S 5; LR-Stuckenberg 51; **aM** Busch JZ **64**, 747, der eine Vertretung für ausgeschlossen hält). Die Berichtigung wird idR nicht im Protokoll, sondern auf einer besonderen Erklärung vermerkt, die von beiden Urkundspersonen zu unterzeichnen und dem Protokoll anzufügen ist. Die Berichtigung von Schreibfehlern und offenbaren Unrichtigkeiten ist ohne diese Beschränkungen möglich (Düsseldorf MDR **91**, 557).

24 Die **Ablehnung des Antrags auf Protokollberichtigung** spricht der Vorsitzende allein aus (Düsseldorf StV **85**, 359; Schleswig MDR **60**, 521; Busch JZ **64**, 747). Will er den Antrag aus Rechtsgründen ablehnen, etwa weil der Berichtigungsantrag keine wesentliche Förmlichkeit iS des § 273 I betrifft und daher unzulässig ist (Hamburg NJW **65**, 1342; Nürnberg MDR **84**, 74; Schleswig NJW **59**, 162; vgl aber Celle NStZ **11**, 237: zulässig, wenn eine nicht wesentliche Förmlichkeit ins Protokoll aufgenommen wurde und nun berichtigt werden soll), so braucht er den UrkB nicht vorher anzuhören (Frankfurt StV **93**, 463; Busch JZ **64**, 748). Sonst darf die Ablehnung erst erfolgen, wenn er eine schriftliche Äußerung des UrkB herbeigeführt hat (Düsseldorf MDR **90**, 743; NStZ **98**, 477). Wenn auch nur eine der Urkundspersonen die Berichtigung nicht für gerechtfertigt hält, muss der Antrag abgelehnt werden; eine freibeweisliche Aufklärung des tatgerichtlichen Verfahrensablaufs kommt dann nach der BGH-Rspr nicht (mehr) in Betracht (BGH StV **14**, 68 mwN; erg 17 zu § 274).

Wirksam ist die Protokollberichtigung für und gegen alle Verfahrensbeteiligten (LR-Stuckenberg 55). 25

Wirkt sich die Berichtigung zugunsten des Beschwerdeführers oder – bei einem 26 einheitlichen Vorgang – teilweise zu seinen Gunsten aus, so ist sie auch im **Revisionsverfahren** zu beachten (BGH [GrS] 51, 298, 304 mwN]). Anders war es nach bisheriger stRspr (vgl BGH **34**, 11, 12), wenn durch die Protokollberichtigung ein Vorgang, dessen Unterlassen ein Prozessbeteiligter bereits mit der Revision gerügt hat, nachträglich beurkundet wird oder wenn die Beurkundung einer Prozesshandlung, die schon Gegenstand einer Verfahrensrüge ist, infolge der Berichtigung entfiel oder inhaltlich zuungunsten des Beschwerdeführers abgeändert wurde. Eine Protokollberichtigung, durch die einer zulässigen Verfahrensrüge der Boden entzogen wurde, durfte daher bei der Revisionsentscheidung nicht berücksichtigt werden. Diese Rspr hat der GrS des BGH (**51**, 298 = JR **07**, 340 mit zust Anm Fahl; zust auch KMR-Gemählich 27; Hebenstreit HRRS **08**, 172; zu Recht abl aber R. Hamm NJW **07**, 3166; Knauer Widmaier-FS 291; Schumann JZ **07**, 927; Valerius Paulus-FG 185; Ventzke HRRS **08**, 180; Wagner GA **08**, 442; krit auch Momsen Müller-FS 457) gegen nicht unberechtigte Bedenken im Schrifttum (vgl nur Beulke Amelung-FS 560 und Böttcher-FS 17; Fezer StV **06**, 290 und Otto-FS 908; Gaede HRRS **06**, 409; Jahn/Widmaier JR **06**, 166; Krawczyk HRRS **06**, 344; Kury StraFo **08**, 185; Schlothauer Hamm-FS 655) aufgegeben und eine Protokollberichtigung auch in diesem Fall für zulässig erklärt. Das BVerfG (BVerfGE **122**, 248 = JR **09**, 245 mit zust Anm Fahl, abl Bertheau NJW **10**, 973; Kudlich/Christensen JZ **09**, 1469; Schünemann StV **10**, 538) hat eine dagegen erhobene Verfassungsbeschwerde zwar mit dem Stimmverhältnis 5:3 abgelehnt; in der abweichenden Meinung der 3 dissentierenden Richter sind aber die gegen die Rspr-Änderung anzuführenden Gründe überzeugend dargelegt, insbesondere wird dort (S 1477) zutr ausgeführt, dass der GrS des BGH seine verfassungsrechtlichen Kompetenzen überschritten hat, indem er „ein Protokollberichtigungsverfahren mit der möglichen Rechtsfolge der Beachtlichkeit der berichtigten Fassung im Revisionsverfahren eingeführt und damit die in § 274 StPO klar zum Ausdruck kommende gesetzgeberische Konzeption durch seine eigene ersetzt hat" (ähnlich LR-Stuckenberg 63; MüKoStPO-Valerius 58 ff zu § 274; Schlothauer StraFo **11**, 463; Ziegert Volk-FS 901; vgl auch Möllers JZ **09**, 668; zw Globke GA **10**, 399; eingehend Danckert, Die materielle Beweiskraft des Hauptverhandlungsprotokolls im Strafprozess, 2012, zugl Diss Berlin, S 157 ff).

Der GrS des BGH hat **folgende Verfahrensweise vorgeschrieben:** Die Ur- 26a kundspersonen haben vor einer beabsichtigten Protokollberichtigung zunächst den Beschwerdeführer anzuhören. Widerspricht er der beabsichtigten Berichtigung substantiiert, sind erforderlichenfalls weitere Verfahrensbeteiligte zu befragen. Halten die Urkundspersonen trotz des Widerspruchs der Protokollberichtigung fest, ist ihre Entscheidung hierüber mit Gründen zu versehen. In dem Beschluss sind die Tatsachen anzugeben, welche die Erinnerung der Urkundspersonen belegen; ferner ist auf das Vorbringen des Beschwerdeführers und ggf abweichende Erklärungen einzugehen. Wurde das Protokoll berichtigt, ohne den Revisionsführer zuvor anzuhören oder ist in sonstiger Weise das vom BGH vorgeschriebene Verfahren nicht eingehalten worden, ist die Berichtigung außer Acht zu lassen, da eine nachträgliche Anhörung des Revisionsführers und erneute Entscheidung über die Protokollberichtigung das Recht des Angeklagten auf ein faires Verfahren verletzen würde; das Revisionsgericht hat seiner Entscheidung dann das unberichtigte Protokoll zugrunde zu legen (BGH NStZ **11**, 168; 4 StR 130/19 vom 5.6.2019; Hamm StV **09**, 349; **11**, 272; Saarbrücken NStZ-RR **11**, 319; **aM** BGH StraFo **11**, 356: wiederholte Berichtigungsversuche sind zulässig; zust SSW-Güntge 18; eingehend und krit dazu Ventzke HRRS **11**, 338). Dasselbe gilt, wenn der Protokollführer vor Erlass des Berichtigungsbeschlusses nicht angehört wurde (LG Köln StV **11**, 405), oder wenn das Verfahren der Protokollberichtigung trotz Kenntnis der erhobenen Rüge nicht durchgeführt wird (vgl Dehne-Niemann wistra **11**, 214). Eine Rücksendung der Akten an das Tatgericht durch das Revisionsgericht sowie eine

§ 271

freibeweisliche Aufklärung durch dieses scheiden aus (BGH StV 11, 267; 14, 68; StraFo 11, 356; NStZ-RR 17, 52; Saarbrücken aaO; erg oben 24).

26b **Die Beachtlichkeit der Berichtigung** unterliegt im Rahmen der erhobenen Verfahrensrüge der Überprüfung durch das Revisionsgericht (Anwendungsfälle: BGH NStZ 08, 580; NJW 12, 1015; 1 StR 51/08 vom 3.4.2008). Eine Beschwerde gegen den Berichtigungsbeschluss (unten 28) gibt es hier nicht (vgl BGH 5 StR 270/18 vom 10.12.2018). Eine erneute Zustellung des Urteils (§ 273 IV) nach Berichtigung des Protokolls ist nicht erforderlich. § 274 gilt für den berichtigten Teil des Protokolls nicht (dagegen Hebenstreit aaO). Das Revisionsgericht kann vielmehr im Freibeweisverfahren prüfen, ob die Berichtigung zu Recht erfolgt ist (vgl dazu auch Dresden StraFo 07, 420 [allerdings noch vor der Entscheidung des GrS des BGH ergangen]). Im Zweifel gilt das Protokoll in der nicht berichtigten Fassung (BGH StV 11, 267). Eine Protokollberichtigung scheidet natürlich aus, wenn das Protokoll inhaltlich richtig ist, weil der zu protokollierende Verfahrensvorgang (hier: Feststellung nach § 249 II S 3) tatsächlich nicht stattgefunden (BGH 54, 37 = JR 10, 135 mit Anm Schroeder) bzw so stattgefunden hat, auch wenn dem tatsächlichen Geschehen ein Versehen des Richters zugrunde liegt (BGH NStZ 10, 403).

26c Die **Revision** kann nach der Berichtigung neue Verfahrensrügen erheben, wenn sich aus dem berichtigten Protokoll ein anders gelagerter Verfahrensfehler ergibt (**aM** Schlothauer Hamm-FS 667), zB wenn die Wiedergabe einer vergessenen Zeugenaussage im Protokoll nachgeholt wird, sich aber bei ihr Verstöße gegen Belehrungspflichten finden (vgl BGH 5 StR 318/18 vom 11.9.2018). Die Begründungsfrist dürfte dann erst ab Zustellung des Berichtigungsbeschlusses laufen können; hält man dagegen die ursprüngliche Frist des § 345 I S 1 auch hier für gegeben, müsste jedenfalls Wiedereinsetzung zur Nachholung der Verfahrensrüge gewährt werden (BGH NJW 06, 3582, 3587; vgl 7a zu § 44).

27 C. Die **Wiederherstellung einer verlorengegangenen Sitzungsniederschrift** (vgl die VO vom 18.6.1942 [RGBl I 395; BGBl III 315-4]) steht der Berichtigung gleich. Vorsitzender und Protokollführer können sie aus ihrem Gedächtnis, erforderlichenfalls unter Zuhilfenahme von Aufzeichnungen, Bekundungen anderer Verfahrensbeteiligter und ergänzenden Nachforschungen, rekonstruieren. Bei der Rekonstruktion ist das Protokoll so wiederzugeben, wie es die Urkundspersonen in Erinnerung haben (KG NStZ 90, 405). Im (teilweise) wiederhergestellten Protokoll ist kenntlich zu machen, für welche Feststellungen sie mangels sicherer eigener Erinnerung die Verantwortung nicht übernehmen können; das Protokoll gilt ab dem Zeitpunkt als fertiggestellt, an dem endgültig feststeht, dass keine weitere Rekonstruktion möglich ist (BayObLG StraFo 20, 29; KG aaO, jeweils auch zum weiteren Verfahren). Ob die Rekonstruktion auch gegenüber dem Revisionsgericht wirksam ist, richtet sich nach den oben 26 aufgezeigten Grundsätzen.

28 3) **Beschwerde** nach § 304 I ist gegen die Protokollberichtigung (auch wenn sie von Amts wegen getroffen worden ist) und ihre Ablehnung durch den Vorsitzenden zulässig, nicht aber gegen die vor Fertigstellung des Protokolls erfolgte Änderung (oben 22) oder deren Ablehnung (Brandenburg NStZ-RR 98, 308).

29 Mit der Beschwerde kann **keine inhaltliche Änderung des Protokolls** verlangt werden, weil es dem Beschwerdegericht nicht möglich ist, die Richtigkeit der beurkundeten Vorgänge zu prüfen (Düsseldorf Rpfleger 91, 124). Die Beschwerde kann nur auf Rechtsfehler im Verfahren oder auf rechtsfehlerhafte Erwägungen in dem Ablehnungsbeschluss gestützt werden (KG JR 60, 28 mit Anm Dünnebier; Düsseldorf StV 85, 359; Karlsruhe Justiz 77, 387; Busch JZ 64, 750), zB darauf, dass der Vorsitzende ohne Anhörung der UrkB entschieden hat (Hamm JZ 51, 466; Schleswig SchlHA 97, 171 [L/S]), dass er den Antrag in der irrigen Meinung, es handele sich nicht um eine Förmlichkeit iS § 273 I, ohne Prüfung abgelehnt hat oder dass er diese Frage falsch beurteilt hat (Schleswig NJW 59, 162).

Hauptverhandlung § 272

4) Die Revision kann weder darauf gestützt werden, dass kein Sitzungsprotokoll 30
vorhanden ist, noch darauf, dass der Inhalt des Protokolls unvollständig oder unrichtig ist (36 zu § 273; 26 zu § 344).

Inhalt des Hauptverhandlungsprotokolls

272 Das Protokoll über die Hauptverhandlung enthält
1. **den Ort und den Tag der Verhandlung;**
2. **die Namen der Richter und Schöffen, des Beamten der Staatsanwaltschaft, des Urkundsbeamten der Geschäftsstelle und des zugezogenen Dolmetschers;**
3. **die Bezeichnung der Straftat nach der Anklage;**
4. **die Namen der Angeklagten, ihrer Verteidiger, der Privatkläger, Nebenkläger, Verletzten, die Ansprüche aus der Straftat geltend machen, der sonstigen Nebenbeteiligten, gesetzlichen Vertreter, Bevollmächtigten und Beistände;**
5. **die Angabe, daß öffentlich verhandelt oder die Öffentlichkeit ausgeschlossen ist.**

1) Der **Kopf des Sitzungsprotokolls** muss die in § 272 bezeichneten Anga- 1
ben enthalten. Treten während der Hauptverhandlung Änderungen ein (Verlegung
des Verhandlungsorts, Eintritt von Ergänzungsrichtern oder -schöffen, Wechsel des
StA, Verteidigers oder UrkB), so wird das an der Stelle vermerkt, an der sie im
Verfahrensgang stattgefunden haben (Meyer-Goßner/Appl 910). Die in Nrn 2 und
4 vorgeschriebenen Angaben müssen nach einer Unterbrechung der Hauptverhandlung auch dann nicht wiederholt werden, wenn die Hauptverhandlung an
einem anderen Tag fortgesetzt wird (BGH NStZ **85**, 16 [Pf/M]; NStZ-RR **11**,
253).

2) Erforderliche Angaben: 2
A. **Ort und Tag der Verhandlung (Nr 1):** Der Ort ergibt sich idR aus dem 3
Sitz des erkennenden Gerichts, das mit der genauen Bezeichnung des Spruchkörpers am Kopf des Protokolls angeführt wird. Wenn die Verhandlung an einen anderen Ort verlegt wird, ist das unter Angaben des betroffenen Verhandlungsteils zu
vermerken (LR-Stuckenberg 6). Der Tag der Verhandlung muss kalendermäßig
bezeichnet werden. Bei einer mehrtägigen Verhandlung sind alle Verhandlungstage
aufzuführen; dabei sollte – wie es üblich ist, obwohl Nr 1 das nicht ausdrücklich
vorschreibt (BGH NStZ **09**, 105) – die genaue Angabe (Stunde und Minute) der
Unterbrechung und des Wiederbeginns enthalten sein. Kürzere Pausen im Verlauf
eines Verhandlungstages brauchen in das Sitzungsprotokoll dagegen nicht aufgenommen zu werden (BGH VRS **32**, 143).

B. **Namen der Richter, des Beamten der StA usw (Nr 2):** Aufzuführen 4
sind auch die Ergänzungsrichter oder -schöffen. Die Richter müssen mit ihrer
Dienstbezeichnung und Funktion (Vorsitzender, Beisitzer, Ergänzungsrichter) bezeichnet werden. Bei den Schöffen sind Angaben über Beruf und Wohnort entbehrlich (LR-Stuckenberg 10); auf ihre Vereidigung wird nicht hingewiesen. Der
Wechsel des StA oder UrkB muss im Protokoll an der Stelle vermerkt werden, an
der er eingetreten ist. Ferner ist im Kopf des Sitzungsprotokolls der Dolmetscher
aufzuführen, im Folgenden nur der Wechsel des Dolmetschers (BGH NStZ-RR
00, 297 [K]). Der als Sachverständige anwesende Übersetzer (2 zu § 185 GVG)
wird erst an der Stelle erwähnt, der nach § 243 I S 2 seine Anwesenheit festgestellt wird.

C. **Die Bezeichnung der Straftat (Nr 3)** ist der zugelassenen Anklage (dem 5
Strafbefehl, im Fall des § 418 der schriftlichen oder mündlichen Anklage) zu entnehmen, nicht dem späteren Urteil (LR-Stuckenberg 14). Wie bei § 260 IV S 1
genügt die rechtliche Bezeichnung der Tat („wegen Diebstahls"). Bei mehreren

Schmitt 1363

§ 273

Taten wird nur die schwerwiegendste aufgeführt („wegen Raubes ua"). Entspr gilt das für die Straftaten mehrerer Angeklagter.

6 D. **Namen der Angeklagten, Verteidiger und anderer Verfahrensbeteiligter (Nr 4):** Der Angeklagte wird, auch wenn er nicht erschienen ist, mit Namen, Vornamen, Geburtstag und -ort sowie Anschrift (auch Untersuchungshaft oder Strafhaft in anderer Sache) bezeichnet. Nur wenn das vollständige Urteil in das Protokoll aufgenommen wird (§ 275 I S 1), muss das Protokoll auch die anderen für den Urteilskopf erforderlichen Angaben enthalten (LR-Stuckenberg 17). Die Verteidiger sind aufzuführen, wenn sie wenigstens an einem Teil der Verhandlung teilgenommen haben, nicht, wenn sie nicht erschienen sind (SK-Frister 10). Auch die sonstigen Verfahrensbeteiligten und ihre Bevollmächtigten oder Vertreter werden nur aufgeführt, wenn sie in der Hauptverhandlung anwesend sind (aM KK-Greger 7).

7 E. Die **Öffentlichkeit oder Nichtöffentlichkeit der Verhandlung (Nr 5)** wird am Anfang des Protokolls vermerkt. Bei mehrtägiger Verhandlung genügt der am 1. Tag aufgenommene Vermerk (Düsseldorf JMBlNW **63**, 215; LR-Stuckenberg 21). Wird die Öffentlichkeit im Laufe der Verhandlung ausgeschlossen, so muss der Verfahrensabschnitt, in dem nichtöffentlich verhandelt wurde, genau bezeichnet werden (BGH StV **94**, 471).

Beurkundung der Hauptverhandlung   RiStBV 136, 143, 144, 161

273 [I] [1] Das Protokoll muß den Gang und die Ergebnisse der Hauptverhandlung im wesentlichen wiedergeben und die Beachtung aller wesentlichen Förmlichkeiten ersichtlich machen, auch die Bezeichnung der verlesenen Urkunden oder derjenigen, von deren Verlesung nach § 249 Abs. 2 abgesehen worden ist, sowie die im Laufe der Verhandlung gestellten Anträge, die ergangenen Entscheidungen und die Urteilsformel enthalten. [2] In das Protokoll muss auch der wesentliche Ablauf und Inhalt einer Erörterung nach § 257b aufgenommen werden.

[Ia] [1] Das Protokoll muss auch den wesentlichen Ablauf und Inhalt sowie das Ergebnis einer Verständigung nach § 257c wiedergeben. [2] Gleiches gilt für die Beachtung der in § 243 Absatz 4, § 257c Absatz 4 Satz 4 und Absatz 5 vorgeschriebenen Mitteilungen und Belehrungen. [3] Hat eine Verständigung nicht stattgefunden, ist auch dies im Protokoll zu vermerken.

[II] [1] Aus der Hauptverhandlung vor dem Strafrichter und dem Schöffengericht sind außerdem die wesentlichen Ergebnisse der Vernehmungen in das Protokoll aufzunehmen; dies gilt nicht, wenn alle zur Anfechtung Berechtigten auf Rechtsmittel verzichten oder innerhalb der Frist kein Rechtsmittel eingelegt wird. [2] Der Vorsitzende kann anordnen, dass anstelle der Aufnahme der wesentlichen Vernehmungsergebnisse in das Protokoll einzelne Vernehmungen im Zusammenhang als Tonaufzeichnung zur Akte genommen werden. [3] § 58a Abs. 2 Satz 1 und 3 bis 6 gilt entsprechend.

[III] [1] Kommt es auf die Feststellung eines Vorgangs in der Hauptverhandlung oder des Wortlauts einer Aussage oder einer Äußerung an, so hat der Vorsitzende von Amts wegen oder auf Antrag einer an der Verhandlung beteiligten Person die vollständige Protokollierung und Verlesung anzuordnen. [2] Lehnt der Vorsitzende die Anordnung ab, so entscheidet auf Antrag einer an der Verhandlung beteiligten Person das Gericht. [3] In dem Protokoll ist zu vermerken, daß die Verlesung geschehen und die Genehmigung erfolgt ist oder welche Einwendungen erhoben worden sind.

[IV] Bevor das Protokoll fertiggestellt ist, darf das Urteil nicht zugestellt werden.

Hauptverhandlung § 273

Übersicht

	Rn
1) Normzweck, Anwendungsbereich	1–3
2) Protokollierung der Hauptverhandlung (I)	4–12c
A. Gang und Ergebnisse der Hauptverhandlung	5
B. Beachtung der wesentlichen Förmlichkeiten	6–8
C. Bezeichnung der verlesenen Urkunden	9
D. Gestellte Anträge	10
E. Ergangene Entscheidungen	11, 12
F. Verständigungsverfahren (Ia)	12a–12c
3) Wesentliche Ergebnisse der Vernehmung (II)	13–17
4) Vollständige Niederschreibung von Vorgängen, Aussagen und Äußerungen (III)	18–33
5) Fertigstellung des Protokolls (IV)	34
6) Beschwerde	35
7) Revision	36

1) Das Sitzungsprotokoll dient in 1. Hinsicht der Nachprüfung der Gesetz- 1 mäßigkeit der Hauptverhandlung durch das Rechtsmittelgericht, nur ausnahmsweise (vgl unten 23) auch Zwecken, die außerhalb des Verfahrens liegen. Für die Einhaltung der wesentlichen Förmlichkeiten des Verfahrens hat das Protokoll die ausschließliche Beweiskraft (§ 274). Seine Verlesung ist nur im Fall des III erforderlich.

Die §§ 271–273 gelten auch für die mündliche Haftprüfung (§ 118a III S 3) 2 und die Verhandlung über die Verteidigerausschließung (§ 138d IV S 3).

Sie werden ergänzt durch die §§ 64, 86, 249 II S 2, 255, §§ 182, 183, 185 I 3 S 2 GVG und für Vorgänge außerhalb der Hauptverhandlung durch die §§ 168–168b.

2) Protokollierung der Hauptverhandlung (I): 4
A. **Gang und Ergebnisse der Hauptverhandlung:** Das Protokoll muss die 5 zeitliche Reihenfolge aller wesentlichen Verfahrensvorgänge kenntlich machen, insbesondere Abweichungen vom normalen Verfahrensgang, zB in Punktsachen (2 zu § 243). Ergebnisse der Hauptverhandlung sind nicht die Ergebnisse der Beweisaufnahme, für sie gilt II. Die in der Hauptverhandlung ergangenen Entscheidungen werden am Schluss von I besonders erwähnt (vgl dazu unten 11 ff).

B. **Beachtung der wesentlichen Förmlichkeiten:** Solche Förmlichkeiten 6 sind alle Vorgänge, die für die Gesetzmäßigkeit des Verfahrens von Bedeutung sein können; Kahlo (Meyer-Goßner-FS 466) definiert sie genauer als die „gesetzlich vorgeschriebenen Verlaufsstrukturen der Hauptverhandlung, die deren Fortgang eine den Grundsätzen eines rechtsstaatlichen Strafverfahrens entsprechende Form geben und es dem Angeklagten ermöglichen, diesem Gang bei verständiger Würdigung zuzustimmen". Dabei kommt es nur auf das vorliegende Verfahren an; die Bedeutung des Vorgangs für andere macht ihn nicht zu einer wesentlichen Förmlichkeit (LR-Stuckenberg 6; **aM** Bay **64**, 141 = JZ **65**, 291 mit abl Anm Sarstedt).

Wesentliche Förmlichkeiten sind insbesondere die Angaben über die Öf- 7 fentlichkeit der Verhandlung (7 zu § 272), die Verhandlung über ihren Ausschluss (5 zu § 174 GVG) sowie die Ausschließungsbeschluss (8 zu § 174 GVG), seine Durchführung und die Wiederherstellung der Öffentlichkeit (BGH **4**, 279; NStZ-RR **01**, 264 [B]; StV **18**, 205; StraFo **16**, 112), die Anwesenheit der in § 226 bezeichneten Prozessbeteiligten (BGH **24**, 280; Bremen NJW **75**, 1793) und des Verteidigers im Fall der notwendigen Verteidigung nach §§ 140, 231a IV (BGH aaO), nicht des Sachverständigen (8 zu § 274), die Hinzuziehung des Dolmetschers und ihr Anlass (7 zu § 185 GVG) sowie seine Vereidigung nach § 189 GVG (BGH NJW **12**, 1015), die Abwesenheit des Angeklagten nach §§ 231 II, 231a, 231b, 231c (dort 25), 232, 233 und seine Entfernung nach § 247 (dort 14), die Vorgänge nach § 243 II S 2 – IV S 2 (vgl BGH MDR **74**, 368 [D]; NStZ **86**, 39; 374: Verlesung des Anklagesatzes; BGH StV **90**, 245; **92**, 1; Hamburg OLGSt § 247 S 7;

Schmitt 1365

§ 273 Zweites Buch. 6. Abschnitt

Köln NStZ **89**, 44: Vernehmung des Angeklagten zur Person und Sache; BGH NStZ **95**, 560; 4 StR 471/17 vom 30.1.2018: auch die erst im Verlauf der Hauptverhandlung – zB bei einer Äußerung nach § 257 oder § 258 – erfolgte Einlassung des Angeklagten zur Sache; Hamm JR **80**, 82; Köln VRS **59**, 349: Vortrag der Einlassung des Angeklagten durch den Verteidiger; BGH **37**, 260: Äußerung zum Antrag nach § 404), die gesetzlich vorgeschriebenen Belehrungen, Hinweise, Unterrichtungen und Aufforderungen zur Stellungnahme, zB nach § 52 III S 1 (dort 30), § 55 II (dort 15), § 61 Hs 2 (dort 2), § 247 S 4 (dort 17), § 257 I (dort 4), § 258 III (dort 31), § 265 I, II (dort 33), § 268a III (dort 3), die Rechtsmittelbelehrung (Düsseldorf NStE Nr 3 zu § 274), prozessuale Einverständniserklärungen, zB nach §§ 245, S 3, 251 I Nr 1, II Nr 3, § 266 I (dort 13), § 303 (dort 4), § 325 (dort 5), auch der Widerspruch gegen die Verwertung einer Aussage (vgl 25 zu § 136; Bay NStZ **97**, 99; offen gelassen von BGH NStZ **97**, 614), die Vereidigung oder Nichtvereidigung von Zeugen und Sachverständigen (12 zu § 59; 4 zu § 79), die Erhebung von Beweisen, insbesondere der Vernehmung von Zeugen und Sachverständigen, der Verlesung von Urkunden (unten 9) und des Augenscheins (BGH NStZ **02**, 219; NStZ-RR **99**, 37; erg 17 zu § 86), der Beschluss nach § 244 VI S 1 (BGH StV **94**, 635), die Wiederholung eines Teils der Beweisaufnahme zur Heilung des Verstoßes gegen § 226 (Köln NStZ **87**, 244), die Heilung von Vereidigungsfehlern (BGH **4**, 130, 132; RG **72**, 219, 221; Strate StV **84**, 44), gesetzlich vorgesehene Erklärungen von Angeklagten und Zeugen, zB nach § 52 I, II (dort 30), § 61 (dort 1), § 67 (dort 8), § 79 III (dort 7), § 257 (dort 7), aber auch die qualifizierte Belehrung über Möglichkeiten und Rechtsfolgen eines Verzichts auf das Verwertungsverbot gem § 252 sowie die daraufhin abgegebene Verzichtserklärung (BGH **57**, 254), sowie die Erhebung der Nachtragsanklage (7 zu § 266). Auch die Erörterung gerichtskundiger Tatsachen gehört hierher (Frankfurt StV **89**, 97; Meyer-Goßner Tröndle-FS 560 ff; offen gelassen BGH StV **88**, 514; **aM** BGH **36**, 354, aber wegen der unerwünschten Konsequenz des § 274 kann die Eigenschaft als wesentliche Förmlichkeit nicht verneint werden; dieser Einwand zieht nach der erweiterten Möglichkeit der Berichtigung des Protokolls – 26 ff zu § 271 – ohnehin nicht mehr, so zutr Pauly aaO; den BGH abl auch Kahlo StV **91**, 52). Zur Protokollierungspflicht im Verständigungsverfahren I a (dazu unten 12a ff).

7a Durch I S 2 ist klargestellt, dass auch der wesentliche Ablauf und Inhalt einer **Erörterung nach § 257b** eine wesentliche Förmlichkeit der Hauptverhandlung darstellt; nicht ausreichend sind inhaltsleere Formulierungen (vgl BGH 1 StR 162/19 vom 19.11.2019: „Die Sach- und Rechtslage ... wurde erörtert."). Da aus dieser Erörterung aber keine unmittelbaren Rechtsfolgen erwachsen, erscheint dies als eine überflüssige Belastung des Protokolls.

8 **Keine wesentlichen Förmlichkeiten sind** die Vereidigung der Schöffen, für die § 45 DRiG gilt (BGH MDR **73**, 372 [D]; 4 StR 97/80 vom 22.1.1981), die Beratung des Gerichts (BGH **5**, 294; **37**, 141, 143; Hamm Rpfleger **97**, 230; Köln StraFo **02**, 325; **aM** Kahlo Meyer-Goßner-FS 468; vgl auch BGH NJW **87**, 3210: Protokollvermerk über die Nachberatung im Sitzungssaal ist zweckmäßig), die Bekanntgabe des versehentlich nicht zugestellten Eröffnungsbeschlusses (Karlsruhe MDR **70**, 438), Maßnahmen der Sitzungspolizei (hierfür gilt § 182 GVG), die Präsenzfeststellung nach § 243 I S 2 (Dallinger MDR **66**, 965) und das Erscheinen der Zeugen in der Hauptverhandlung (BGH **24**, 280), dass den Angeklagten nach dem Hinweis auf sein Schweigerecht nach § 243 V S 1 Gelegenheit gegeben worden ist, sich zur Anklage zu äußern (BGH NJW **16**, 3795), die Einführung allgemeinkundiger Tatsachen (anders aber bei gerichtskundigen oder sonstigen nur beschränkt offenkundigen Tatsachen, vgl oben 7; Erörterungs- und Protokollierungspflicht entsprechen sich, vgl 3 zu § 244), die Verwendung von Augenscheinsgegenständen als Vernehmungshilfen (8 zu § 86), die Belehrung des Angeklagten über die gesetzlichen Folgen eigenmächtigen Ausbleibens in einer Fortsetzungsverhandlung (Düsseldorf NJW **70**, 1889), die stillschweigende Zustimmung zur Verlesung nach § 251 II Nr 3 (Bay NJW **78**, 1817; Köln NStZ **88**, 31) und zur Rechtsmittelrücknahme nach § 303 (Hamm NJW **69**, 151; Köln MDR **54**, 500), die Befragung des Angeklagten nach § 265a; Vorhalte an Angeklagte und Zeugen (BGH NStZ-RR **99**, 107; NJW **03**, 597), insbesondere auf Grund von Urkunden (28 zu § 249), auch aus polizeilichen Protokollen (BGH DAR **87**, 201 [SP]), Verwendung von Augenscheinsobjekten als Vernehmungsbehelfe (BGH NStZ **03**, 320), Verhandlungspausen und kurze Unterbrechungen (BGH VRS **32**, 143; Köln StraFo **02**, 325) und Erklärungen über den Rechtsmittelverzicht (vgl aber 11 zu § 274).

C. Die **Bezeichnung der verlesenen Urkunden** oder derjenigen, von deren 9 Verlesung nach § 249 II abgesehen worden ist (nicht ihr Inhalt), muss in das Protokoll aufgenommen werden (vgl 1 zu § 255; zur Urkundsqualität von elektronischen Dokumenten, vgl § 249 I S 2). Wird eine Urkunde nur teilweise verlesen, sind die verlesenen Teile genau zu bezeichnen (BGH NStZ **04**, 279; **11**, 110; NStZ-RR **07**, 52). Es muss außer der Anordnung der Verlesung auch mitgeteilt werden, dass diese ausgeführt wurde (BGH wistra **92**, 30; NStZ **93**, 30 [K]; **99**, 424). Für die Protokollierung genügt nicht die Feststellung, dass ein Gutachten oder eine Urkunde „zum Gegenstand der Verhandlung" gemacht worden ist (BGH **11**, 29; NJW **11**, 3733; Celle StV **84**, 107; Düsseldorf NJW **88**, 217; VRS **77**, 228 mwN; NZV **96**, 503); denn das beweist nicht die Art der Verwendung (Saarbrücken NStZ-RR **00**, 48). Zu protokollieren ist auch die Kenntnisnahme im Selbstleseverfahren (23 zu § 249; BGH NStZ **00**, 47) und der Bericht des Vorsitzenden über den Inhalt der Urkunde (27 zu § 249), nicht aber der bloße Vorhalt (28 zu § 249). Zur Protokollierung im Fall des § 249 II vgl dort 24.

D. Die **im Verlauf der Verhandlung gestellten Anträge** (Antragsteller, An- 10 tragsinhalt) müssen im Protokoll beurkundet werden, auch die Hilfsanträge (BGH MDR **68**, 552 [D]; **75**, 368 [D]) und die unzulässigen Anträge, nicht aber die Begründung der Anträge (RG **32**, 239, 241; Nürnberg MDR **84**, 74). Wegen der Beweisanregungen vgl 23 ff zu § 244, wegen der Beweisanträge 39 zu § 244.

E. Die **ergangenen Entscheidungen** (Gerichtsbeschlüsse und Verfügungen des 11 Vorsitzenden) müssen in ihrem vollen Wortlaut und, wenn sie eine Begründung enthalten, mit den Gründen in das Protokoll aufgenommen werden. Wird der Beschluss mit der Begründung gesondert abgefasst, so braucht er nicht in die Sitzungsniederschrift aufgenommen zu werden, sondern es genügt, dass die mündliche Bekanntmachung im Protokoll vermerkt und auf den Beschluss, der dem Protokoll als Anlage beigefügt wird, ausdrücklich Bezug genommen wird (BGH MDR **91**, 297 [H]; Alsberg/Güntge 1448).

Das **Urteil** wird mit der in der Verhandlung verkündeten Formel (§ 268 II S 1) 12 beurkundet. Der Vermerk: „Es wurde das anliegende Urteil verkündet", genügt nicht (RG **58**, 143). Wegen der Urteilsgründe genügt der Vermerk, dass sie eröffnet worden sind.

F. **Verständigungsverfahren:** Nicht nur aus den Urteilsgründen, sondern auch 12a aus dem Hauptverhandlungsprotokoll muss sich ergeben, ob eine Verständigung nach § 257c stattgefunden hat. Ia S 1 schreibt deshalb vor, dass der wesentliche Ablauf und Inhalt sowie das Ergebnis der Verständigung – einschließlich etwaiger im Rahmen der Verständigung abzugebender und abgegebener Prozesserklärungen (vgl Schlothauer/Weider StV **09**, 604; einschr Bittmann wistra **09**, 416) – zu protokollieren sind (dazu BVerfG NJW **13**, 1058, 1065). Das ist – im Gegensatz zur Regelung in I S 2 – sinnvoll, um die Einhaltung des in § 257c vorgeschriebenen Verfahrens (insbesondere auch durch das Revisionsgericht) prüfen und feststellen zu können, ob auch keine unzulässigen Vereinbarungen getroffen wurden. Hat der Vorsitzende eine Verständigung fehlerhaft nicht oder unzureichend protokollieren lassen, kann (und muss) die Entscheidung des Gerichts nach § 238 II herbeigeführt werden (BVerfG StV **00**, 3; Beulke/Swoboda JZ **05**, 74), ebenso bei Unklarheit über den Inhalt der Verständigung (BGH StV **04**, 342; DAR **05**, 253 [Te]). Die Protokollierungspflicht hindert aber nicht die (freibeweisliche) Feststellung eines *rechtlich zulässigen* (offen gelassen von BGH StV **14**, 397 L) oder *unzulässigen* Geschehens (zB Vereinbarung einer Punktstrafe), gleigültig ob es sich in oder

§ 273

außerhalb der Hauptverhandlung ereignet hat (BGH **45**, 227, 228; NStZ-RR **07**, 245; Köln NStZ **14**, 727 mit abl Anm Schneider NStZ **15**, 53).

12b **Mitteilungen und Belehrungen** nach § 243 IV (dort 18a-h) und § 257c IV S 4 und V (dort 30) sind gleichfalls zu protokollieren (Ia S 2), wobei sich Umfang der Mitteilungs- und der Protokollierungspflichten decken müssen (Feldmann NStZ **15**, 475 mN aus der Rspr des BGH; Pfister StraFo **16**, 193; **aM** Bittmann NStZ **15**, 551; **16**, 120; Mosbacher NStZ **13**, 724). Es empfiehlt sich, über ein außerhalb der Hauptverhandlung geführtes Verständigungsgespräch einen entsprechenden Vermerk zu fertigen, diesen in der Hauptverhandlung zu verlesen und anschließend als Anlage zum Protokoll zu nehmen (vgl BGH NStZ-RR **18**, 355 mit Anm Müller-Metz), auch wenn es zur Erfüllung der Protokollierungspflicht ausreicht, dass der Vermerk durch Angabe der Aktenfundstelle so unverwechselbar bezeichnet wird, dass eine eindeutige Identifizierung des Schriftstücks möglich ist (BGH StraFo **19**, 468). Es bietet sich ferner an, entspr III S 3 zu dokumentieren, dass der Protokollvermerk vorgelesen und genehmigt wurde (vgl BGH **58**, 310 mit Anm Radtke NStZ **13**, 669). Bei Fehlen der Protokollierung gilt die negative Beweiskraft des Protokolls nach § 274 (dort 14; BGH NJW **15**, 645 mit zust Anm Leitmeier). Enthält das Protokoll lediglich Erklärungen gemäß §§ 212, 202a, ist dadurch aber nicht ausgeschlossen, dass eine Verständigung nach § 257c erfolgt ist (Zweibrücken NJW **12**, 3193).

12c Schließlich verlangt Ia S 3 auch einen Protokollvermerk, falls eine Verständigung nach § 257c **nicht stattgefunden** hat (sog „Negativattest"). Die Vorschrift betrifft nur die Hauptverhandlung; sie besagt nichts darüber, ob außerhalb der Hauptverhandlung Verständigungsgespräche stattgefunden haben (BGH NStZ **17**, 52 mit Anm Claus; N/Sch/W-Niemöller 16; Ladiges JR **12**, 372; Niemöller Rissing-van Saan-FS 395 und GA **14**, 183; **aM** Jahn/Müller NJW **09**, 2630). Diese Regelung steht im Widerspruch zu § 274, weil danach aus dem Fehlen einer Protokollierung über eine Verständigung folgt, dass es eben keine Verständigung gegeben hat. Um der Vorschrift überhaupt einen Sinn zu geben, legt der BGH (**56**, 3 mit Anm Bauer StV **11**, 340) sie deshalb dahin aus, dass – in Abweichung von § 274 – jedes Hauptverhandlungsprotokoll sich dazu äußern muss, ob eine Verständigung stattgefunden hat oder nicht (so auch Altenhain/Haimerl StV **12**, 397; Brand/Petermann NJW **10**, 268; Kühne Kerner-FS 749; **aM** Bittmann wistra **09**, 416; Niemöller Rissing-van Saan-FS 402 und StV **12**, 387 möchte dem Negativattest und seinem Fehlen jede Beweiskraft absprechen; erg 14, 14a zu § 274). Dadurch lässt sich allerdings nicht ausschließen, dass doch eine heimliche Absprache getroffen worden ist. Wenn entgegen der im Protokoll enthaltenen Feststellung nach Ia S 3 eine – im Urteil unberücksichtigte – Verständigung stattgefunden haben soll, ist der Fälschungseinwand nach § 274 S 2 zu erheben (BGH StV **10**, 346). Enthält das Protokoll weder eine Feststellung nach Ia S 1 noch nach Ia S 3 – also weder die Mitteilung dass eine, noch dass keine Verständigung stattgefunden hat –, ist es widersprüchlich und verliert insoweit seine Beweiskraft; dann muss eine Überprüfung im Freibeweisverfahren erfolgen (Celle StV **12**, 141 mit Anm Meyer-Goßner; Düsseldorf StV **11**, 80 mit zust Anm Kuhn StV **12**, 10), wobei der Beschwerdeführer im einzelnen darlegen muss, in welchem Verfahrensstadium, in welcher Form und mit welchem Inhalt die von ihm behauptete Verständigung zustande gekommen sei (BGH **56**, 3; Hamm NStZ **17**, 725; krit dazu Bauer StV **12**, 648). Auf die Verletzung der Protokollierungsvorschrift selbst kann die Revision aber – entgegen Brand/Petermann aaO – nicht gestützt werden (BGH NStZ **11**, 170; Bauer StV **11**, 340; Ladiges JR **12**, 373; vgl unten 36); jedoch wird nach der Rspr des BVerfG (NJW **13**, 1058, 1067, krit dazu Stuckenberg ZIS **13**, 216) dann grundsätzlich ein Verstoß gegen § 257c nicht auszuschließen sein, so dass ein Beruhen auf dem Rechtsfehler idR anzunehmen ist (BGH **58**, 310 mit Anm Radtke NStZ **13**, 669; krit Schneider NStZ **14**, 257), sofern nicht ausnahmsweise zweifelsfrei feststeht, dass es keinerlei Gespräche gegeben hat, in denen die Möglichkeit einer Verständigung im Raum stand (BGH StV **13**, 612 L). Durch die unzureichende Mitteilung und Protokollierung von Verständigungsgesprächen, die allein Mitangeklagte betroffen haben, ist ein Angeklagter aber idR nicht in seinen Rechten beeinträchtigt (BGH NStZ **15**, 657).

3) Die **Aufnahme von wesentlichen Ergebnissen der Vernehmung (II)** ist 13 nur für die Verhandlung vor dem Strafrichter und dem SchG vorgeschrieben und nur für Vernehmungen der Angeklagten, Zeugen und. Sachverständigen. Für den Augenscheins- und Urkundenbeweis hat II keine Bedeutung.
Die Protokollierung des wesentlichen Vernehmungsergebnisses ist **Aufgabe des** 14 **UrkB.** Der Vorsitzende kann ihm aber Weisungen darüber erteilen, was als wesentlich iS des II anzusehen ist. Er ist auch rechtlich nicht gehindert, dem UrkB die Zusammenfassung der Aussage ins Protokoll zu diktieren (vgl aber LR-Stuckenberg 41: weder üblich noch angebracht). Die Prozessbeteiligten haben auf die Niederschrift nach II keinen Einfluss; sie können nur Anregungen geben oder den Antrag nach III stellen. Da die nach II vom Protokollführer festgehaltenen Aussagen der vernommenen Person weder vorgelesen noch von dieser genehmigt werden, haben sie nur einen sehr geringen Beweiswert (dazu Meyer-Goßner Fezer-FS 137).
Das 1. OpferRRG hat allerdings die Möglichkeit geschaffen, nach Anordnung 14a des Vorsitzenden einzelne **Vernehmungen auf Tonträger aufzunehmen,** wodurch die Notwendigkeit der Anwesenheit eines Protokollführers zwar nicht entfällt (vgl aber § 226 II), dieser jedoch entlastet wird. Vor allem sollen dadurch aber erneute Vernehmungen des Zeugen oder Vernehmungen des erstinstanzlichen Richters oder Protokollführers über die Aussage des Zeugen in der Berufungsinstanz vermieden werden (vgl § 323 II S 6); die Herstellung einer Abschrift der Aufnahme („Verschriftung") ist erst und nur dort erforderlich (vgl die Erl zu § 323 II; praktische Bedeutung dürfte dies umständliche Verfahren aber kaum erlangen, vgl die berechtigte Kritik in BR-Drucks 829/03 S 9; vgl auch BT-Drucks 15/1976 S 12, wo zu Recht eine Erstreckung der Aufnahme der Vernehmungen auf Tonträger auch im Verfahren vor dem LG und dem OLG eine Absage erteilt wird). Der Tonträger ist aufzubewahren (II S 3). Das Einsichtsrecht und der Datenschutz sind durch den in II S 4 enthaltenen Verweis auf § 58a II S 1 und 3–6 gesichert; eine Vernichtungsregelung (§ 58a II S 2 mit § 101 VIII) ist wegen der Möglichkeit einer Wiederaufnahme des Verfahrens nach § 359 ff nicht vorgesehen. Die Einschränkungen nach § 58a III gelten nicht, so dass der Verteidigung eine Kopie der Aufzeichnung überlassen werden kann (Neuhaus StV **04**, 624).
Von der Tonträgeraufnahme abgesehen genügt im Übrigen stets ein **knappes** 15 **Inhaltsprotokoll;** ein Wortprotokoll ist nur im Fall des III vorgesehen (für eine umfassende Dokumentation durch Einsatz von Bild-Ton-Technik Witting Schiller-FS 691; dagegen krit Meyer-Goßner Fezer-FS 135). Die Bezugnahme auf Niederschriften über frühere Vernehmungen ist zulässig, wenn die Aussage in der Hauptverhandlung von ihnen nicht oder nur unwesentlich abweicht (vgl auch RiStBV 144 II S 1). Auch auf ein schriftliches Sachverständigengutachten kann Bezug genommen werden (BGH GA **64**, 275). Zur späteren Verlesung vgl 30 zu § 251; 11 zu § 325.
Das **Inhaltsprotokoll kann entfallen,** wenn allseitiger Rechtsmittelverzicht 16 erklärt oder das Urteil in der Rechtsmittelfrist nicht angefochten wird (II Hs 2); entspr wird bei Rücknahme des Einspruchs gegen den Strafbefehl verfahren.
Die **Beweiskraft des Protokolls** nach § 274 beschränkt sich auf die Feststel- 17 lung, dass der Angeklagte oder die Beweisperson vernommen worden ist; für den Inhalt der Aussage ist es nicht beweiskräftig (10 zu § 274; 13 zu § 337).

4) **Vollständige Niederschreibung von Vorgängen, Aussagen und Äuße-** 18 **rungen (III):**

A. Nur **Vorgänge in der Hauptverhandlung** können festgestellt werden, 19 nicht Vorgänge vor ihrem Beginn, in einer Sitzungspause oder außerhalb des Sitzungssaals. Zu den wesentlichen Förmlichkeiten der Hauptverhandlung braucht der Vorgang nicht zu gehören; er muss nicht einmal eine Prozesshandlung sein,

§ 273

sondern kann in dem besonderen Verhalten des Angeklagten oder eines Zeugen (Erröten, Erbleichen, Mimik, Gestik), auch von Richtern und Schöffen (Schlafen während der Verhandlung) liegen (Müller Volk-FS 488).

20 Der **Wortlaut einer Aussage oder Äußerung** kann insgesamt oder in einem Teil beurkundungsbedürftig sein. Aussagen iS von III S 1 sind die Einlassung des Angeklagten und die Aussagen von Zeugen und Sachverständigen; Äußerungen können auch von anderen Personen stammen, die sich im Sitzungssaal befinden.

21 Nur **wenn es auf die Feststellung ankommt,** wird die vollständige Niederschreibung angeordnet. Dabei kann sich das Interesse an der Feststellung sowohl auf das laufende als auch auf ein anderes (auch künftiges) Verfahren beziehen.

22 **Für das laufende Verfahren** kommt es auf die Feststellung insbesondere an, wenn die Vorgänge oder Äußerungen Verfahrensfehler enthalten, auf die die Revision gestützt werden kann, wenn sie Anlass zu Beweisanträgen oder zu weiterer Sachaufklärung bieten oder wenn sie für die Beweiswürdigung von besonderer Bedeutung sind. Dass eine Aussage entscheidungserheblich ist, genügt allein nicht (SK-Frister 36; Sieß NJW **82**, 1625; **aM** LR-Stuckenberg 50; Krekeler AnwBl **84**, 417; Ulsenheimer NJW **80**, 2276). Ein Protokollierungsbedürfnis ist vielmehr nur anzuerkennen, wenn es nicht lediglich auf den Inhalt, sondern auf den genauen Wortlaut der Aussage ankommt (Schleswig SchlHA **76**, 172 [E/J]; Roxin/Schünemann § 51, 5; Schlüchter 590 Fn 662; M.J. Schmid NJW **81**, 1353; Sieß aaO; **aM** Müller Volk-FS 492; Schröder Schlüchter-FG 97; erheblich weitergehend auch Meyer-Mews NJW **02**, 103, der einen Anspruch auf Tonbandmitschnitt der Beweisaufnahme in bestimmten Fällen annimmt; dagegen zutr Uetermaier NJW **02**, 2298), insbesondere, wenn verschiedene Deutungsmöglichkeiten mit der Gefahr unterschiedlicher Folgerungen bestehen.

23 **Für andere Verfahren** kommt es auf die Feststellung an, wenn sie die Grundlage für eine strafgerichtliche Verurteilung (vgl RiStBV 144 II S 2), für eine disziplinarische Ahndung oder für ein zivilrechtliches Verfahren bilden kann.

24 B. Von **Amts wegen oder auf Antrag** wird die vollständige Niederschreibung angeordnet.

25 **Von Amts wegen** veranlasst sie der Vorsitzende, wenn er nach pflichtgemäßem Ermessen die Voraussetzungen des III S 1 für gegeben hält.

26 **Antragsberechtigt sind** die Prozessbeteiligten mit Ausnahme des Nebenklägers (vgl 11 zu § 397) und der Berufsrichter und Schöffen (KMR-Gemählich 36; **aM** SK-Frister 39; Ulsenheimer NJW **80**, 2274), auch nicht die Zeugen und Sachverständigen (LR-Stuckenberg 56; **aM** W. Schmid GA **62**, 362; Ulsenheimer aaO).

27 Der Antragsteller muss den zu protokollierenden Vorgang **genau bezeichnen** und darlegen, worin ein rechtliches Interesse an der Beurkundung besteht (Bremen NStZ **86**, 183; LR-Stuckenberg 56). Der Antrag, alle Wahrnehmungen des Gerichts bei einer Augenscheinseinnahme zu protokollieren, ist unzulässig (Bremen aaO unter Klarstellung seiner den gegenteiligen Eindruck erweckenden Entscheidung NJW **81**, 2827 = JR **82**, 252 mit abl Anm Foth). Im Übrigen ist es den Prozessbeteiligten unbenommen, selbst oder durch eine Hilfsperson Aussagen im Stenogramm festzuhalten (BGH **18**, 179, 181; Marxen NJW **77**, 2190; erg 15 zu § 169 GVG).

28 Der Antrag nach S 1 ist im **Sitzungsprotokoll** zu beurkunden (LR-Stuckenberg 62), ebenso die Anordnung des Vorsitzenden, mit dem ihm entsprochen wird. Lehnt der Vorsitzende ihn ab, so ist der Inhalt des Antrags, seine Ablehnung und ihre Begründung im Protokoll festzuhalten.

29 C. Die **Entscheidung** darüber, ob und wie Beurkundung erfolgen soll, trifft auch im Fall des III der Vorsitzende. Er allein, im Fall des S 2 das Gericht, hat nach pflichtgemäßem Ermessen zu beurteilen, ob es auf die Feststellung der Vorgänge oder den Wortlaut der Aussage oder Äußerung ankommt; das Antragsrecht allein gibt keinen Beurkundungsanspruch (BGH NJW **66**, 63 = JR **66**, 305 mit abl Anm Lackner; Sieß NJW **82**, 1625). Demgegenüber hält die hM die Frage, ob es auf die

Feststellung ankommt, für eine Rechtsfrage, die keinen Raum für Ermessensentscheidungen lässt. Wenn es auf die Feststellung ankommt, ist nach dieser Ansicht ein Anspruch auf Niederschreibung gegeben (vgl Bremen NJW **81**, 2827 = JR **82**, 252 mit abl Anm Foth; Schleswig SchlHA **76**, 172 [E/J]; LR-Stuckenberg 57; Fahl 605; Ulsenheimer NJW **80**, 2273). Praktisch ist die Streitfrage von geringer Bedeutung; denn die Ablehnung der vollständigen Niederschreibung wird vom Revisionsgericht ohnehin nicht geprüft (vgl unten 36).

Wird die Protokollierung nach III von einem Prozessbeteiligten erfolglos beantragt, so können er und jeder andere antragsberechtigte Prozessbeteiligte auf **gerichtliche Entscheidung** antragen (S 2), gleichviel, ob es bei der Protokollierung auf deren Bedeutung im selben oder in einem anderen, auch künftigen, Verfahren ankommt. Das Gericht entscheidet durch Beschluss, der alsbald, nicht erst nach der Urteilsverkündung, bekanntzumachen ist (LR-Stuckenberg 60; W. Schmid GA **62**, 363). Der Vorsitzende ist an den Beschluss nur insoweit gebunden, als er die Niederschreibung veranlassen muss; Wortlaut und Inhalt bestimmt allein er zusammen mit dem UrkB (Sieß NJW **82**, 1627). Der Beschluss, der seine ablehnende Entscheidung bestätigt, bindet ihn nicht; wenn er seine Meinung ändert, kann er gleichwohl die Beurkundung veranlassen (KK-Greger 27). Neben S 2 ist § 238 II nicht anwendbar; S 2 ist die Sondervorschrift (Erker 120 ff). 30

D. **Vollständige Niederschrift, Verlesung und Genehmigung:** Die vollständige Niederschrift ordnet der Vorsitzende an. Er kann sie dem UrkB ins Protokoll diktieren oder sich darauf beschränken, ihn zum Mitschreiben zu veranlassen. Der Antragsteller hat nicht das Recht, etwas ins Protokoll zu diktieren (LR-Stuckenberg 53; erg 32 zu § 244). Die Niederschrift muss nicht unbedingt in der Hauptverhandlung angefertigt werden. Der Vorsitzende kann sie auch in einer Sitzungspause vorbereiten, muss aber ihren Inhalt mit dem UrkB abstimmen (LR-Stuckenberg 54; Sieß NJW **82**, 1627). Ist die Beurkundung für einen außerhalb des anhängigen Verfahrens liegenden Zweck bestimmt, so kann sie auch zur Anlage des Protokolls gemacht werden, die sonst aber allen Erfordernissen des Protokolls entsprechen muss (KK-Greger 29). 31

Die Niederschrift muss in der Verhandlung **vorgelesen und genehmigt** werden. Welche der beiden Urkundspersonen sie verliest, bestimmt der Vorsitzende. Die Genehmigung muss grundsätzlich ausdrücklich erteilt werden. Eine Genehmigung liegt aber auch darin, dass sich die Prozessbeteiligten auf allgemeines Befragen mit der Art der Protokollierung einverstanden erklären. 32

Im **Sitzungsprotokoll** (S 3) muss die Verlesung vermerkt und angegeben werden, ob die Genehmigung erteilt oder ob und welche Einwendungen erhoben worden sind. Der Genehmigungsvermerk kann sich darauf beschränken, dass Einwendungen nicht erhoben worden sind (KMR-Gemählich 39). 33

5) Die **Fertigstellung des Protokolls (IV)** ist Voraussetzung der Urteilszustellung. Zur Fertigstellung vgl im Einzelnen 19 zu § 271; die vorherige Zustellung ist unwirksam und setzt die von der Urteilszustellung abhängigen Fristen, insbesondere die Revisionsbegründungsfrist nach § 345 I S 2, nicht in Lauf (BGH **27**, 80; NStZ **14**, 420; 2 StR 600/10 vom 7.9.2011; Bay NJW **81**, 1795; StV **85**, 360; Karlsruhe NJW **80**, 716; Stuttgart MDR **95**, 843). Mängel des Protokolls machen die Urteilszustellung nicht unwirksam, wohl aber Unleserlichkeit oder (erhebliche) Unvollständigkeit der Urteilsausfertigung (BGHR § 145a Unterrichtung 1; BGH NStZ **07**, 53). 34

6) Die **Beschwerde** gegen den Gerichtsbeschluss, mit dem die vollständige Niederschreibung nach III S 1 abgelehnt worden ist, schließt § 305 S 1 aus, soweit die Niederschreibung für Zwecke des vorliegenden Verfahrens beantragt war. Sollte sie einen außerhalb dieses Verfahrens liegenden Zweck verfolgen, so ist Beschwerde nach § 304 I zulässig (KK-Greger 36); mit ihr kann aber nur geltend gemacht werden, dass die Protokollierung rechtsfehlerhaft verweigert worden ist (LR-Stuckenberg 66; SK-Frister 52). 35

36 7) Die **Revision** kann nicht auf einen Mangel des Protokolls gestützt werden (vgl aber 26 und 26a zu § 344), auch nicht auf inhaltliche Widersprüche bei der Wiedergabe einer Aussage oder eines Gutachtens in der Niederschrift nach II und in den Urteilsgründen (Brandenburg NStZ-RR **09**, 247), es sei denn, die Vernehmung wurde auf Tonträger aufgenommen (vgl oben 14a). Mit der Tonträgeraufnahme (Neuhaus StV **04**, 625) oder der Niederschrift nach III lässt sich aber der Gegenbeweis gegen die Urteilsfeststellungen führen (14 zu § 337; zum notwendigen Revisionsvorbringen vgl Bay NStZ **90**, 508). Ob es im Fall des III rechtsfehlerhaft ist, wenn die Urteilsfeststellungen ergeben, dass es für die Entscheidung gerade auf die beantragte, aber abgelehnte vollständige Niederschrift ankam (so Bremen NJW **81**, 2827 = JR **82**, 252 mit abl Anm Foth), ist revisionsrechtlich im Ergebnis ohne Bedeutung; denn das Urteil kann auf der Ablehnung des Antrags nicht beruhen (vgl BGH NStZ **94**, 25 [K]; 3 StR 49/93 vom 9.6. 1993; KG VRS **11**, 436; LR-Stuckenberg 67; AK-Lemke 26; SK-Frister 59; Ulsenheimer NJW **80**, 2274). Das gilt auch für den Fall, dass der Antrag darauf gerichtet war, die Beweisgrundlagen, insbesondere den Wortlaut einer Aussage, im Protokoll festzuhalten (KK-Greger 35; **aM** Schlüchter 590 und in SK 47; Ulsenheimer aaO). Die Rüge, die Mitteilung nach § 243 IV sei nicht gemäß III vorgelesen und genehmigt worden, kann keinen Erfolg haben, weil das Urteil hierauf nicht beruhen kann (BGH NStZ **15**, 416, 417; eingehend Pfister StraFo **16**, 193). War die nach § 243 IV erfolgte Mitteilung unvollständig, gibt das Protokoll jedoch die Mitteilung zutreffend wieder, liegt kein Verstoß gegen § 273 Ia vor (BGH 1 StR 315/15 vom 18.7.2016).

Beweiskraft des Protokolls   RiStBV 144

274 ¹**Die Beobachtung der für die Hauptverhandlung vorgeschriebenen Förmlichkeiten kann nur durch das Protokoll bewiesen werden.** ²**Gegen den diese Förmlichkeiten betreffenden Inhalt des Protokolls ist nur der Nachweis der Fälschung zulässig.**

1 1) **Formelle Beweiskraft des Sitzungsprotokolls (S 1):**

2 A. Der **Vereinfachung des Revisionsverfahrens** dient die Vorschrift; sie will dem Revisionsgericht die Prüfung von Verfahrensrügen erleichtern (BGH NJW **76**, 977). Die Förmlichkeiten des Hauptverfahrens sollen nicht Gegenstand von Beweiserhebungen im Rechtsmittelzug sein (vgl auch Danckert [26 aE zu § 271] S 121 ff; krit auch Stuckenberg FS für Rüßmann, 2013, S. 639 ff).

3 S 1 lässt daher den Grundsatz der freien Beweisermittlung und Beweiswürdigung zurücktreten (BGH **26**, 281, 283) und bestimmt als gesetzliche Beweisregel die **ausschließliche Beweiskraft des Sitzungsprotokolls** (vgl auch Schumann JZ **07**, 930: Beweismittelausschlussregel). Durch andere Beweise kann es grundsätzlich nicht ergänzt, ersetzt oder widerlegt werden (BGH **2**, 125, 126; NStZ **93**, 51; KG VRS **43**, 199; Ventzke StV **99**, 192), insbesondere nicht durch dienstliche Äußerung der Gerichtsmitglieder und der Prozessbeteiligten (BGH **8**, 283; **13**, 53, 59; **22**, 278, 280; NStZ **83**, 375; **84**, 133; **92**, 49) – auch nicht im von der Rspr geschaffenen (vgl 26a zu § 271) Rügeberichtigungsverfahren (BGH wistra **09**, 488, dazu aus dogmatischer Sicht krit, aber im Ergebnis zust Dehne-Niemann wistra **09**, 214) – oder durch die Urteilsgründe (BGH **2**, 125, 126; NJW **76**, 977; Hamm NJW **78**, 2406). Auch das Einverständnis der Prozessbeteiligten darüber, dass das Protokoll unrichtig ist, kann die Beweiskraft nicht beseitigen (LR-Stuckenberg 27).

4 Die **entsprechende Anwendung des § 274** auf Protokolle über richterliche Untersuchungshandlungen außerhalb der Hauptverhandlung kommt nicht in Betracht (12 zu § 168a). Ebenso wenig gilt § 274 für Hinweise, die keine Förmlichkeiten des Hauptverfahrens betreffen (BGH StV **11**, 399 zu § 154a; vgl gerade dazu aber dort 2a).

B. Die **Auslegung der Protokolleintragungen** schließt § 274 nicht aus (BGH **4**, 140; **13**, 53, 59; **31**, 39; JR **61**, 508; MDR **52**, 659 [D]; KG VRS **43**, 199; Hamm JZ **57**, 227). Sie ist stets zulässig und geboten, wenn der Sinn des Protokolls zweifelhaft ist (RG JW **26**, 2761). Das Revisionsgericht kann zur Auslegung alle ihm geeignet erscheinenden Erkenntnisquellen heranziehen, zB dienstliche Äußerungen der Gerichtsmitglieder (RG JW **27**, 126 mit Anm Beling; Bay **95**, 976; Celle NJW **47/48**, 394), den Akteninhalt, die Urteilsgründe (BGH NStZ **91**, 143) und die Revisionsbegründungsschrift (KG VRS **43**, 199; Alsberg/Güntge 1638). Bleibt das Protokoll trotz versuchter Auslegung mehrdeutig, so entfällt seine Beweiskraft (BGH **31**, 39; unten 17).

C. **Umfang der Beweiskraft:**

a) Nur **im anhängigen Verfahren für das Gericht höherer Instanz**, das die Gesetzmäßigkeit des Verfahrens zu prüfen hat, ist das Protokoll beweiskräftig (BGH **26**, 281, 282), nicht in anderen Verfahren. Eine öffentliche Urkunde mit Beweiskraft für und gegen jedermann ist es nicht (Hamm NJW **77**, 592; LR-Stuckenberg 3). Der Protokollvermerk über die Zeugenvereidigung befreit das Gericht daher in einem Verfahren wegen Meineids nicht von der Prüfung, ob die Vereidigung stattgefunden hat (Sarstedt, Berliner FS für Ernst H. Hirsch, 1968, S 186).

b) Nur **die für die Hauptverhandlung vorgeschriebenen Förmlichkeiten**, dh die wesentlichen Förmlichkeiten iS des § 273 I, Ia (Bremen NJW **75**, 1793; LR-Stuckenberg 15; weitergehend KK-Greger 4), werden von der Beweiskraft umfasst. Andere Verfahrensvorgänge müssen im Freibeweis geklärt werden (BGH **22**, 26; NStZ **12**, 344; Schleswig SchlHA **80**, 20); dabei ist das Sitzungsprotokoll als Beweismittel verwertbar (RG **43**, 438). Für Angaben nach § 272, die keine wesentlichen Förmlichkeiten sind, wie die Angabe der Personalien und die Bezeichnung der Straftat, gilt § 274 nicht (Düsseldorf MDR **90**, 359). Daher beweist auch der Vermerk, dass öffentl verhandelt wurde (§ 272 Nr 5), nur, dass die Öffentlichkeit nicht ausgeschlossen, nicht auch, dass sie tatsächlich hergestellt war. Die Abwesenheit von Personen, deren Anwesenheit § 226 nicht vorschreibt (zB Erziehungsberechtigte, Sachverständige), wird nicht dadurch bewiesen, dass das Protokoll ihre Anwesenheit nicht vermerkt (BGH NStZ **85**, 207 [Pf/M]; 455; **99**, 426; Braunschweig StV **11**, 595; Hamm NStZ **09**, 44, 45). Beurkundet das Protokoll die Verlesung der Anklageschrift, so ist damit nur die Verlesung des Angeklagesatzes bewiesen, weil nur das die vorgeschriebene Förmlichkeit ist (BGH 1 StR 615/67 vom 29.2.1968). Ob das wesentliche Ermittlungsergebnis mitverlesen wurde, ist dem Beweis zugänglich.

Nur für **Vorgänge in der Hauptverhandlung**, einschließlich der zur Entscheidungsverkündung gehörenden Rechtsmittelbelehrung nach § 35a (unten 12), gilt die Beweiskraft des § 274, nicht für Vorgänge vor oder nach der Verhandlung (Hamburg NJW **55**, 1201), außerhalb der Verhandlung (BGH DAR **01**, 207 [To]) oder in einer Sitzungspause, auch nicht die Vorgänge, die die Beratung oder Abstimmung betreffen (BGH **5**, 294; NStZ **09**, 105; Hamburg aaO; Schleswig SchlHA **73**, 187 [E/J]), gleichviel, ob sie sich im Beratungszimmer oder im Sitzungssaal zugetragen haben (Hamburg aaO).

Die Beweiskraft erstreckt sich auch nicht auf den **Inhalt der nach § 273 II protokollierten Aussagen** (BGH StV **97**, 455; Bay NJW **95**, 976; KG VRS **100**, 454; Dahs Schmidt-Leichner-FS 31; Lackner JR **66**, 306); insoweit sind grundsätzlich die Urteilsgründe maßgebend (13 zu § 337). Mit den nach § 273 III wörtlich protokollierten Aussagen kann aber der Gegenbeweis gegen die Urteilsfeststellungen geführt werden (14 zu § 337).

Bei **Anwesenheit eines Dolmetschers** beweist der Protokollvermerk über eine Rechtsmittelbelehrung nicht nur die Belehrung als solche, die Richtigkeit und Vollständigkeit, sondern auch deren korrekte Übersetzung (KG NStZ **09**, 406).

§ 274

11 Ein im Anschluss an die Urteilsverkündung erklärter **Rechtsmittelverzicht** (Einl 137) nimmt an der Beweiskraft des § 274 teil, wenn er nach § 273 III S 3 beurkundet worden ist (stRspr, vgl nur BGH **18**, 257 = JR **64**, 263 mit abl Anm Stratenwerth; BGHR Beweiskraft 2; Düsseldorf VRS **92**, 257; KG VRS **104**, 141; StraFo **16**, 27; **aM** LR-Stuckenberg 21 zu § 273: nur erhöhter Beweiswert). Wird dagegen nur die Abgabe der Erklärung im Protokoll vermerkt, so ist die Richtigkeit des Vermerks im Freibeweis zu klären, wobei das Protokoll nur ein Beweisanzeichen für den Verzicht ist (BGH aaO; **19**, 101, 105; NStZ **83**, 213 [Pf/M]; wistra **94**, 29; Düsseldorf StraFo **99**, 308; Hamm NStZ **86**, 378; NStZ-RR **10**, 215; Karlsruhe StV **14**, 401; Köln NStZ-RR **06**, 83). Das Gleiche gilt, wenn die Unterschrift des Richters unter dem nach § 273 III S 3 errichteten Protokoll fehlt (BGH NStZ **84**, 181) oder erst nach 4 Monaten hinzugefügt worden ist, obwohl der Richter sich an den Sachverhalt nicht mehr erinnern konnte (Bay NStZ-RR **96**, 276). Rechtsmittelerklärungen während der Hauptverhandlung im Rechtsmittelzug (Beschränkung; Zurücknahme) nehmen an der Beweiskraft teil (RG **66**, 417; Hamburg NJW **55**, 1201; Koblenz VRS **42**, 135), nicht aber die Beratung mit dem Verteidiger darüber (BGH NStZ **96**, 297).

12 D. Die **Wirkung der Beweiskraft** kann positiv oder negativ sein.

13 a) Die **positive Beweiskraft** bedeutet, dass die im Protokoll beurkundeten wesentlichen Förmlichkeiten der Hauptverhandlung als geschehen gelten, selbst wenn sie nicht stattgefunden haben (BGH JR **61**, 508). Dies gilt namentlich für Protokolleinträge, welche eine Sacheinlassung des Angeklagten dokumentieren (vgl BGH 4 StR 142/17 vom 27.7.2017). Hat der Angeklagte vor der Vernehmung von Zeugen laut Protokoll Angaben zur Sache gemacht, ist nicht protokollierungspflichtig (wenn auch empfehlenswert), dass er sich später weiter geäußert hat (BGH NStZ **07**, 291 [B]). Ein späterer Protokollvermerk über Angaben des Angeklagten zur Sache beweist, dass er sich trotz anfänglichen Schweigens nach der Belehrung (§ 243 V S 1) doch noch geäußert hat (BGH NStZ **92**, 49; NStZ-RR **98**, 264 [K]); fehlt jedoch ein solcher Vermerk, ist davon auszugehen, dass er auch im weiteren Verlauf der Hauptverhandlung geschwiegen hat (BGH NStZ **95**, 560; **00**, 217; StV **02**, 531). Der Vermerk: „Rechtsmittelbelehrung wurde erteilt", beweist die Belehrung (Düsseldorf NStZ **86**, 233; Koblenz OLGSt Nr 2) und ihre Richtigkeit und Vollständigkeit (KG VRS **102**, 198; Köln OLGSt § 35a Nr 1).

14 b) Die **negative Beweiskraft** bedeutet, dass als nicht geschehen gilt, was im Protokoll nicht beurkundet ist (BGH **22**, 278, 280; NStZ **93**, 51; Bamberg NJW **13**, 1251; Hamburg MDR **73**, 156; Hamm VRS **60**, 206). Daher gilt mangels gegenteiligen Vermerks die Verlesung des Anklagesatzes (BGHR Beweiskraft 6) oder eine Beweiserhebung (BGH NStZ **02**, 219) oder eine Einlassung des Angeklagten (BGH 4 StR 471/17 vom 30.1.2018: nicht ausreichend der Protokolleintrag „der Angeklagte machte ergänzende Ausführungen zu seiner Verteidigung" im Rahmen seines letzten Wortes) als nicht erfolgt, ein Zeuge nur als uneidlich vernommen (BGH NStZ **86**, 323; Köln NJW **54**, 1820), ein Antrag, zB ein Beweisantrag, auch ein Hilfsbeweisantrag (BGH MDR **75**, 368 [D]; KG VRS **43**, 199), als nicht gestellt, die ausgeschlossene Öffentlichkeit als nicht wiederhergestellt (BGH MDR **77**, 810 [H]; StV **89**, 384 L) und das letzte Wort als nicht erteilt (BGH **22**, 278, 280; Zweibrücken MDR **69**, 780). Ist allerdings ein Vorgang nur deshalb nicht beurkundet worden, weil die Urkundspersonen ihn nicht nach § 273 I für protokollierungsbedürftig gehalten haben, so entfällt insoweit die Beweiskraft (RG **64**, 309; Alsberg/Güntge 1646).

14a Jedes Protokoll muss **gemäß § 273 Ia S 1 und 3** einen Vermerk enthalten, ob eine Verständigung nach § 257c stattgefunden hat oder ob das nicht der Fall war (erg 12c zu § 273). Wenn weder das eine noch das andere protokolliert ist, ist das Protokoll lückenhaft und verliert insoweit seine Beweiskraft (BGH **56**, 3 mit Anm Bauer StV **11**, 340; erg unten 17). Zur Frage der Protokollberichtigung (26 ff zu § 271) in diesem Fall Momsen Roxin-FS II 1403.

E. **Wegfall der Beweiskraft** (dazu zusammenfassend Schäfer BGH-FS 710 ff): 15
Nur ein ordnungsgemäß errichtetes und entspr § 271 I S 1 von beiden Urkundspersonen unterzeichnetes Protokoll ist nach § 274 beweiskräftig (BGH GA 62, 305; Hamm VRS 60, 206; Saarbrücken VRS 48, 439).
Ergeben sich aus dem Protokoll **Meinungsverschiedenheiten zwischen den** 16 **Urkundspersonen,** so entfällt die Beweiskraft, soweit es an der erforderlichen Übereinstimmung fehlt. Die Beweiskraft entfällt auch, wenn eine Urkundsperson oder beide den Inhalt des Protokolls nachträglich für unrichtig erklären, so dass es von ihrer Unterschrift nicht mehr gedeckt ist (BGH 4, 364; StV 88, 45; zw Alsberg/Güntge 1645), oder jedenfalls durch eine nachträgliche Erklärung von ihm abrücken (BGH 51, 298, 308 mwN; NStZ 14, 668 mit zust Anm Ventzke HRRS 15, 64 und Wollschläger StV 15, 100; Bay 73, 200, 202; Hamm VRS 60, 206; Jena NStZ-RR 97, 10; München StraFo 09, 335; Saarbrücken VRS 48, 439). Lediglich die einseitige Erklärung einer der Urkundspersonen beseitigt die Beweiskraft des Protokolls aber nicht, wenn damit die tatsächliche Grundlage für die Verfahrensrüge des Angeklagten entfällt (BGH NStZ-RR 07, 245). Eine Protokollberichtigung (23 ff zu § 271) beseitigt nicht die Beweiskraft des Protokolls, sondern ändert nur dessen Inhalt.
Die Beweiskraft entfällt ferner, wenn das Protokoll selbst (dazu Fezer NStZ 02, 17 272) erkennbare Fehler wie **offensichtliche Lücken, Unklarheiten oder Widersprüche** aufweist (BGH 16, 306, 308; 17, 220; 31, 39; NJW 84, 2172; NStZ 02, 47; 06, 117; 181; 714; BGHR Beweiskraft 12). Offensichtlich ist eine Lücke insbesondere, wenn eine genaue Bezeichnung der verlesenen Teile einer nur teilweise verlesenen Urkunde (9 zu § 273) fehlt (Hamburg StV 12, 74), oder wenn ein protokollierter Vorgang beweist, dass ein anderer geschehen ist, über den das Protokoll schweigt, etwa weil beurkundet ist der Beschluss über die Ablehnung eines Beweisantrags, nicht aber der Antrag selbst (vgl BGH MDR 52, 659 [D]), oder den Inhalt des gestellten Beweisantrags fehlt (Hamm NStZ-RR 08, 382), oder die Wiederherstellung der Öffentlichkeit, nicht aber ihr Ausschluss (BGH 17, 220), oder dass es dem Angeklagten frei stehe, sich zur Anklage zu äußern, nicht aber die Verlesung der Anklage (BGH StV 04, 297; zw). Aus – sonstigen – Fehlern des Protokolls darf aber nicht geschlossen werden, dass ein eindeutig bekundeter Vorgang so nicht stattgefunden haben könne (aM Hamburg StV 04, 298 mit abl Anm Ventzke und abl Anm Klemke StV 04, 589). Vermerkt das Protokoll nichts zur Frage der Entlassung eines Zeugen, liegt eine offensichtliche Lücke vor (BGH NStZ 00, 546, hinsichtlich Nichtvereidigung überholt), nicht aber, wenn die Vereidigung eines Zeugen angeordnet worden ist, das Protokoll aber über die Vereidigung selbst nichts enthält (BGH MDR 74, 548 [D]). Ein Widerspruch – der sich somit stets aus dem Protokoll selbst ergeben muss – liegt zB vor, wenn in verschiedenen Teilen des Protokolls verschiedene Richter als Mitwirkende genannt sind (BGH 16, 306; krit Hanack JZ 72, 489), wenn das Protokoll unterschiedlichste Verfahrensgestaltungen möglich erscheinen lässt (BGH NStZ 00, 49), wenn sich Zeitangaben im Protokoll oder wenn sich Protokollinhalt und eine Anlage zum Protokoll widersprechen (BGH NStZ 06, 714; Brandenburg NStZ 95, 52). BGH NStZ 02, 270 mit zutr abl Anm Fezer und abl Anm Köberer StV 02, 527 rechnet verfehlt auch die unvorstellbare fehlende Anwesenheit eines notwendigen Verteidigers bei einer wesentlichen Zeugeneinvernahme hierzu (vgl auch BGH NStZ 05, 46). Ein widersprüchliches Protokoll darf berichtigt werden, auch wenn dadurch einer Revisionsrüge der Boden entzogen wird (BGH NStZ-RR 08, 66 [B]; erg 26 zu § 271); BGH 55, 31 meint, die Protokollberichtigung müsse der Annahme einer Lückenhaftigkeit grundsätzlich vorgehen; eine Klärung im Freibeweisverfahren durch das Revisionsgericht sei nur in Fällen krasser Widersprüchlichkeit des Protokollinhalts zulässig (abl Güntge JR 10, 540; erg 24 zu § 271).
Die **Folge des Wegfalls der Beweiskraft** ist nicht, dass das Vorbringen des 18 Beschwerdeführers als wahr unterstellt wird (BGH 17, 220, 222; Hamm VRS 105, 41). Er hat nur die Möglichkeit, den Nachweis zu führen, dass ein bestimmter

§ 275 Zweites Buch. 6. Abschnitt

Vorgang geschehen oder nicht geschehen ist. Das Rechtsmittelgericht muss im Freibeweis (7, 9 zu § 244) und in freier Beweiswürdigung klären, wie der Verfahrensablauf wirklich war (BVerfG StV **02**, 521; BGH **4**, 364; **16**, 306, 308; **17**, 220; **31**, 39, 41; NJW **76**, 977; **82**, 1057; NStZ **14**, 668 mit zust Anm Ventzke HRRS **15**, 64 und Wollschläger StV **15**, 100; 5 StR 270/18 vom 10.12.2018; KG VRS **129**, 143). Dabei kann es sich aller erreichbaren Beweismittel bedienen (BGH **17**, 220, 222; NJW **76**, 977), insbes des Urteilsinhalts (Koblenz VRS **63**, 130, 132) und dienstlicher Äußerungen der Gerichtsmitglieder, der Prozessbeteiligten und des Protokollführers (Bay **53**, 135). Lässt sich der Verfahrensvorgang dadurch nicht aufklären, gilt mutatis mutandis die Revision nach dem Grundsatz, dass ihr nur erwiesene Verfahrensfehler zum Erfolg verhelfen können (10 zu § 337), verworfen werden (BVerfG aaO; Saarbrücken VRS **48**, 439).

19 2) Der **Einwand der Fälschung (S 2)** ist zulässig und hebt die Beweiskraft auf, soweit bewiesen ist, dass das Protokoll entweder eine unechte oder verfälschte Urkunde ist, weil es ganz oder teilw von einem Unbefugten hergestellt worden ist (Düsseldorf StV **84**, 108), oder dass es zwar von den Urkundspersonen stammt, von ihnen aber bewusst mit falschem Inhalt angefertigt worden ist (Düsseldorf aaO). Bloße Missverständnisse und Nachlässigkeiten der Urkundspersonen bei der Protokollierung genügen nicht (BGH StV **97**, 455; Bamberg NJW **13**, 1251; Düsseldorf NJW **97**, 1718; Kohlhaas NJW **74**, 24), selbst wenn sich die fahrlässig protokollierten Tatsachen nicht oder in anderer Weise ereignet haben (Düsseldorf StV **84**, 108).

20 Den **Nachweis der Fälschung** hat der Prozessbeteiligte zu führen, der sich auf sie beruft. Dabei genügt aber, dass dem Gericht die Beweismittel für die konkret behauptete Fälschung bezeichnet werden; es stellt dann Ermittlungen im Freibeweis (7, 9 zu § 244) an.

21 Der **Verteidiger** kann sich grundsätzlich auch dann auf das Protokoll berufen, wenn er selbst meint, der Vorgang könne unrichtig beurkundet sein (Beulke Roxin-FS I 1193; R. Hamm 292 mwN; Tepperwien Meyer-Goßner-FS 595; Park StraFo **04**, 335; zw BGH StV **99**, 582 mit abl Anm Docke/v Döllen/Momsen; zw auch Detter StraFo **04**, 329; vgl ferner BGH StV **99**, 585). Das gilt nicht, wenn er genau weiß oder im Laufe des Verfahrens erfährt, dass ordnungsgemäß verfahren worden ist; dann ist eine Berufung auf das Protokoll rechtsmissbräuchlich und die Verfahrensrüge unzulässig (BGH **51**, 88 mit zust Anm Fahl JR **07**, 34 und abl Anm Gaede StraFo **07**, 29 und Mikolajczyk ZIS **06**, 541; zust ferner Kudlich HRRS **07**, 9, Satzger/Hanft NStZ **07**, 185, Valerius Paulus-FG 182; abl hingegen Beulke Amelung-FS 558; Lindemann/Reichling StV **07**, 152, Krawczyk HRRS **07**, 101, Tsambikakis StV **14**, 25; Wagner StraFo **07**, 496; abl auch Hollaender JR **07**, 6, weil § 274 eine „absolute Beweisregel" sei, aber auch die Berufung darauf kann eben gerade rechtsmissbräuchlich sein; vgl auch Danckert [26 aE zu § 271] S 233 ff; Winkler Tolkdorf-FS 425; erg Einl 111).

Absetzungsfrist und Form des Urteils   RiStBV 141

275 ¹ Ist das Urteil mit den Gründen nicht bereits vollständig in das Protokoll aufgenommen worden, so ist es unverzüglich zu den Akten zu bringen. ²Dies muß spätestens fünf Wochen nach der Verkündung geschehen; diese Frist verlängert sich, wenn die Hauptverhandlung länger als drei Tage gedauert hat, um zwei Wochen, und wenn die Hauptverhandlung länger als zehn Tage gedauert hat, für jeden begonnenen Abschnitt von zehn Hauptverhandlungstagen um weitere zwei Wochen. ³Nach Ablauf der Frist dürfen die Urteilsgründe nicht mehr geändert werden. ⁴Die Frist darf nur überschritten werden, wenn und solange das Gericht durch einen im Einzelfall nicht voraussehbaren unabwendbaren Umstand an ihrer Einhaltung gehindert worden ist. ⁵Der Zeitpunkt, zu dem das Urteil zu den Akten gebracht ist, der Zeitpunkt einer Änderung der Gründe müssen aktenkundig sein.

Hauptverhandlung **§ 275**

II 1 Das Urteil ist von den Richtern, die bei der Entscheidung mitgewirkt haben, zu unterschreiben. ²Ist ein Richter verhindert, seine Unterschrift beizufügen, so wird dies unter der Angabe des Verhinderungsgrundes von dem Vorsitzenden und bei dessen Verhinderung von dem ältesten beisitzenden Richter unter dem Urteil vermerkt. ³Der Unterschrift der Schöffen bedarf es nicht.

III Die Bezeichnung des Tages der Sitzung sowie die Namen der Richter, der Schöffen, des Beamten der Staatsanwaltschaft, des Verteidigers und des Urkundsbeamten der Geschäftsstelle, die an der Sitzung teilgenommen haben, sind in das Urteil aufzunehmen.

Übersicht

	Rn
1) Aufnahme des Urteils in das Sitzungsprotokoll	1
2) Frist für die Fertigstellung des schriftlichen Urteils	2–18
A. Vollständiges Urteil	3–6
B. Zu den Akten gebracht	7
C. Höchstfristen (I S 2)	8–10
D. Unabänderlichkeit der Urteilsgründe (I S 3)	11
E. Zulässige Fristüberschreitung (I S 4)	12–17
F. Aktenkundigkeit (I S 5)	18
3) Unterzeichnung der Urteilsurkunde (II)	19–23
4) Urteilskopf (III)	24–26
5) Revision	27, 28

1) Aufnahme des Urteils in das Sitzungsprotokoll: Es steht im Ermessen 1 des Vorsitzenden, ob das Urteil mit den Gründen als besondere Niederschrift zu den Akten gebracht oder ob es schon in die Sitzungsniederschrift aufgenommen wird. Das in das Protokoll aufgenommene Urteil unterliegt denselben Anforderungen wie jedes andere; ein besonderer Urteilskopf mit den nach III erforderlichen Angaben ist aber entbehrlich, wenn sie sich bereits aus dem Protokoll ergeben (vgl RiStBV 141 I S 2). Die Urteilsformel und die Gründe müssen im Protokoll von sämtlichen mitwirkenden Richtern unterschrieben werden (BGH **58**, 243; Frankfurt StraFo **13**, 121; **aM** Hamm NStZ **13**, 304): beim Einzelrichter genügt jedoch Unterschrift unter das Protokoll (Hamburg NStZ-RR **16**, 179; offen gelassen von Celle StraFo **12**, 21). Vorsitzender und Protokollführer müssen das Protokoll unterzeichnen (LR-Stuckenberg 21 und 23 zu § 271). Da die Fristen für die Urteilsabsetzung nach I nicht gelten (KG VRS **82**, 135; Düsseldorf MDR **82**, 249; KMR-Gemählich 5; **aM** LR-Stuckenberg 21), darf das Urteil nachträglich nicht mehr ergänzt oder geändert werden (Bay NStZ-RR **00**, 87; Oldenburg NZV **12**, 352). Jedoch ist die vorzeitige Zustellung eines vom Richter noch nicht unterschriebenen Urteils rechtlich bedeutungslos; die Unterschrift darf insoweit innerhalb der Urteilsabsetzungsfrist nachgeholt werden (Celle aaO).

2) Frist für die Fertigstellung des schriftlichen Urteils (I): 2

A. Das **vollständige Urteil** muss innerhalb der Fristen des I S 2 schriftlich zu 3 den Akten gebracht werden (BGHR § 275 I S 1 Akten 1). Zum Urteil gehören nicht nur die schriftlichen Gründe, sondern auch die Urteilsformel (vgl § 268 II S 1) und das Rubrum mit den nach III erforderlichen Angaben (Bay DAR **83**, 253 [R]; **87**, 314 [B] Köln NJW **80**, 1405; VRS **64**, 282; Zweibrücken DAR **78**, 194; Rieß NStZ **82**, 442), da, auch soweit es die Anschrift des Angeklagten betrifft, keine das Revisionsgericht bindenden Feststellungen enthalten (BGH NJW **87**, 1776). Die Urteilsurkunde muss in Schriftform, aber nicht notwendigerweise bereits in Reinschrift vorhanden sein (Rostock StV **96**, 253; Dahs Rev 213; vgl auch RiStBV 141 II S 3). Der schriftliche Entwurf des Berichterstatters genügt aber ebenso wenig wie das Diktat auf einen Tonträger (Hamm VRS **50**, 121; NStZ **11**, 238; Karlsruhe Justiz **76**, 442; Rieß aaO).

§ 275

4 Vollständig ist das Urteil erst, wenn es die **Unterschriften** aller Berufsrichter trägt (unten 19 ff) oder einzelne Unterschriften in zulässiger Weise – innerhalb der Fristen des I S 2 (BGH StV **00**, 184) – durch einen Verhinderungsvermerk nach II S 2 ersetzt worden sind (BGH **26**, 247, 248; **28**, 194, 195; **31**, 212, 213; NStZ **84**, 378; StV **84**, 275; KG StV **86**, 144; Düsseldorf VRS **72**, 117).

5 Die Unterschriften der Richter müssen **Änderungen und Ergänzungen** der Urteilsfassung decken, bevor die Höchstfristen des I S 2 abgelaufen sind (BGH NStZ **84**, 378; NStZ-RR **14**, 17 L). Der Vorsitzende, der die Urteilsgründe ändert oder ergänzt, muss daher die Zustimmung der übrigen Richter vor Fristablauf herbeiführen (BGH **27**, 334; StV **84**, 144); eine vorher erklärte allgemeine Ermächtigung der anderen Richter ist wirkungslos (BGH **27**, 334; NStZ **84**, 378). Nur Urteilsergänzungen ohne sachlichen Gehalt brauchen von den Unterschriften der übrigen Richter nicht gedeckt zu sein (BGH MDR **79**, 638 [H]; **84**, 93 [H]).

6 Der Mangel der fehlenden Unterschrift eines Richters kann **nicht dadurch geheilt** werden, dass er den von dem Vorsitzenden ohne inhaltliche Änderungen unterschriebenen Urteilsentwurf gefertigt hat (Düsseldorf VRS **72**, 117) oder dass er nachträglich der Fassung der Urteilsgründe zustimmt und die fehlende Unterschrift nach Fristablauf nachholt (BGH **28**, 194, 195; NStZ **82**, 476; **95**, 220 [K]; Köln StraFo **18**, 353; Rieß NStZ **82**, 443; aM LR-Stuckenberg 4, 36; Gollwitzer Kleinknecht-FS 166 ff) eine Urteilszustellverfügung unterzeichnet (BGH StV **10**, 618). Auch ein unvollständiger Verhinderungsvermerk kann nachträglich nicht wirksam ergänzt werden (BGH StV **00**, 184; Rieß aaO).

7 B. **Zu den Akten gebracht** werden muss das fertiggestellte Urteil innerhalb der Frist des I S 2. Auf der Geschäftsstelle muss es nicht bereits niedergelegt sein (BGH MDR **90**, 99 [H]); es genügt, dass es vor Fristablauf auf den Weg dorthin gebracht ist, insbesondere, dass es (mit den Akten oder ohne sie) im Dienstzimmer des Richters zum Abtrag bereitgelegt wird (BGH **29**, 43; wistra **85**, 72). Dass es in die Akten eingelegt wird, ist nicht erforderlich (BGH NStE Nr 14; NStZ-RR **07**, 54), reicht aber auch nicht aus (Bremen StV **98**, 641; Köln Rpfleger **77**, 413); auf das Datum des Urteils kommt es nicht an (Köln StraFo **19**, 71). Wird das Urteil erst kurz vor Ablauf der Frist zu den Akten gebracht, so empfiehlt es sich, dass der Richter vermerkt, an welchem Tag das geschehen ist (BGH **29**, 43, 47). Zum Nachweis der Fristwahrung genügt aber auch eine nachträgliche dienstliche Äußerung des Richters (BGH aaO; unten 18). Lässt sich nicht feststellen, ob das Urteil rechtzeitig zu den Akten gebracht ist, so ist davon auszugehen, dass die Frist des I S 2 versäumt ist (Frankfurt StraFo **99**, 164; Koblenz MDR **76**, 950; Stuttgart StV **86**, 144; 55 zu § 338). Für die **elektronische Akte** gilt § 32b II (dort 4).

8 C. Die **gestaffelten Höchstfristen des I S 2**, bei deren Berechnung § 43 heranzuziehen ist (BGH MDR **80**, 815 [H]; Rieß NStZ **82**, 442), betragen mindestens 5 Wochen, bei 4–10-tägiger Hauptverhandlung 7 Wochen, bei 11–20-tägiger Hauptverhandlung 9 Wochen (BGH **35**, 259), bei 21–30-tägiger Hauptverhandlung 11 Wochen usw (vgl SK-Frister 12). Die Fristen dürfen nur ausgeschöpft werden, wenn eine frühere Urteilsabsetzung nicht möglich ist. Denn in 1. Hinsicht gilt (auch für rechtskräftige Urteile) das Gebot des I S 1, dass das Urteil unverzüglich zu den Akten zu bringen ist (BVerfG StV **06**, 81, 85; Naumburg StV **08**, 201). Jede unter Berücksichtigung der Geschäftslage nicht gerechtfertigte Verzögerung muss vermieden werden (Rieß aaO). Verfahrensrechtliche Folgen (unten 28) hat aber nur die Überschreitung der Höchstfristen des I S 2 (**aM** Keller/Meyer-Mews StraFo **05**, 357). Der Beschluss des Gemeinsamen Senats der obersten Gerichtshöfe des Bundes NJW **99**, 2603, wonach für die Urteilsabsetzung eine Höchstfrist von 5 Monaten besteht, gilt nicht für das Strafverfahren (BGH NStZ **94**, 46).

9 Bei der Berechnung der Frist in den Fällen des I S 2 Hs 2 wird die Zahl der Verhandlungstage **abstrakt berechnet;** auf die einzelnen Vorgänge an den jeweiligen Sitzungstagen kommt es nicht an (BGH NStZ **84**, 466). Mitgezählt wird daher auch der Verhandlungstag, an dem es nur zum Aufruf der Sache, aber nicht zur Sachverhandlung gekommen ist, zB wegen Ausbleibens des Angeklagten oder des notwendigen Verteidigers, oder an dem unter Verstoß gegen § 231 II zur Sache verhandelt worden ist (BGH aaO). Der Tag der Urteilsverkündung wird mitgerechnet, nicht aber ein Tag, an dem nur beraten worden ist (KK-Greger 44).

Bei **mehreren Mitbeschuldigten** gilt für das Urteil eine einheitliche Höchstfrist, auch wenn gegen einen der Angeklagten, infolge Beurlaubung nach § 231c oder vorübergehender Abtrennung, an einzelnen Tagen nicht verhandelt worden ist (BGH MDR 80, 631 [H]; Rieß NStZ 82, 442). Nur wenn gegen einen der Mitangeklagten das Urteil früher ergeht als gegen die anderen, beginnt die Frist für dieses Urteil mit dem Tag seiner Verkündung (Rieß aaO).   10

D. Die **Unabänderlichkeit der Urteilsgründe (I S 3)** tritt mit dem Fristablauf auch ein, wenn die Urteilsurkunde noch nicht nach außen bekanntgemacht worden ist. Eine Änderung, auch in der Form einer Ergänzung, hat dann keine rechtliche Wirkung (BGH NStZ 93, 200; Rieß NStZ 82, 444). Andererseits steht der Ergänzung oder Änderung der Urteilsgründe nicht entgegen, dass das Urteil bereits zu den Akten gebracht worden ist. Solange die Frist des I S 2 nicht abgelaufen ist, darf es berichtigt und geändert werden (vgl 39 zu § 267); ausgeschlossen sind Änderungen – auch innerhalb der Frist des I S 2 – aber, wenn das Urteil bereits zugestellt worden ist (BGH 43, 22, 26; Dresden NZV 12, 557). Berichtigungen des Urteils, die keine sachlichen Änderungen enthalten, sind auch später noch zulässig (39 zu § 267).   11

E. **Zulässige Fristüberschreitung (I S 4)**: Nur unvorhersehbare und unabwendbare Umstände rechtfertigen die Überschreitung der Fristen des I S 2 (dazu allg Rieß NStZ 82, 444), nicht die irrtümliche Annahme, das Urteil sei rechtskräftig (BGH StV 88, 193). Dabei dürfen zwar keine überstrengen Anforderungen gestellt werden (BGH 26, 247, 249; Hamm NJW 88, 1991); eine Überschreitung der Frist um nahezu ein Jahr muss aber zur Urteilsaufhebung führen (Jena StraFo 13, 475; Zweibrücken NJW 04, 2108).   12

Unvorhersehbar ist zB eine Erkrankung des Richters bei Gerichten, die mit einem einzigen Berufsrichter besetzt sind (KG StraFo 16, 386 mwN; Rieß aaO und NJW 75, 88), das überraschende Versterben des Berichterstatters (BGH NStZ-RR 07, 88), **nicht aber** der schlechte Gesundheitszustand eines überlasteten Richters (Hamm MDR 77, 1039) oder die Erkrankung eines Richters beim Kollegialgericht (BGH StraFo 08, 163; StV 15, 96) oder der Antritt eines geplanten Urlaubs (Koblenz DRiZ 89, 221; StV 09, 11), auch nicht ein Irrtum bei der Fristberechnung (BGH NStZ 85, 207 [Pf/M]; StV 84, 143 L; 97, 204; 12, 5).   13

Umstände, die die **Organisation des Gerichts** betreffen, rechtfertigen eine Fristüberschreitung idR nicht (BGH NJW 88, 1094; 19, 1159; Hamm VRS 53, 193), insbesondere nicht die allgemeine Arbeitsüberlastung des Richters (BGH NJW 19, 1159; NStZ 92, 398; 03, 564; 08, 55; StV 12, 5; Bay 82, 139; Düsseldorf StraFo 01, 385) oder der Kanzlei (Bay StV 86, 145; Hamm VRS 50, 121; Koblenz VRS 65, 451; Köln MDR 78, 864; Schleswig SchlHA 78, 188 [E/J]; Zweibrücken VRS 54, 130), sofern es sich nicht um einen plötzlich auftretenden Engpass handelt (Rieß NJW 75, 88), auch nicht die Abordnung des Richters an die StA (Hamm (VRS 53, 193) oder die zeitweilige Versendung (BGH StV 89, 469 L; Jena VRS 107, 374) oder Unauffindbarkeit der Akten (Celle NJW 82, 397; Koblenz NZV 11, 359; Schleswig SchlHA 88, 111 [L/G]; aM Hamm NJW 88, 1991 für den Fall, dass die Akten noch vor Leistung der letzten richterlichen Unterschrift in Verlust geraten) oder der Urteilsurkunde (BGH StraFo 12, 271; erg aber unten 18) und andere Versehen des Richters (KG VRS 83, 278), der Geschäftsstelle oder der Kanzlei (Bay StV 86, 145; Schleswig StV 09, 11).   14

Beim **Ausfall des Berichterstatters** des Kollegialgerichts ist die Fristüberschreitung gerechtfertigt, wenn er am Tage vor dem Fristablauf an der Abfassung des Urteils gehindert ist (BGH NStZ 86, 564), nicht aber, wenn das Urteil schon im Entwurf vorliegt und von den anderen Richtern ohne besondere Mühe fertiggestellt werden kann (BGH 26, 247). Sonst kommt es darauf an, ob es dem Vorsitzenden oder dem anderen Beisitzer möglich und zuzumuten ist, das Urteil abzufas-   15 sen (BGH NStZ **99**, 474; StV **11**, 211). Das ist nicht der Fall, wenn diesen Richtern die notwendigen Aufzeichnungen nicht zur Verfügung stehen oder wenn sie schon durch ihre sonstige richterliche Tätigkeit erheblich belastet sind. Ist der Berichterstatter, der schon vor der Hauptverhandlung längere Zeit dienstunfähig krank war, nach deren Beendigung erneut erkrankt, so muss das Urteil durch den Vorsitzenden oder den anderen Beisitzer fristgerecht abgefasst werden (BGH NStZ **82**, 80; **88**, 513).

16 Nach **Wegfall des Hindernisses** muss das Urteil mit größtmöglicher Beschleunigung zu den Akten gebracht werden (BGH NStZ **82**, 519; StV **95**, 514; KG StraFo **16**, 386); denn die Fristüberschreitung ist nur so lange gerechtfertigt, wie sie durch nicht voraussehbare und unabwendbare Umstände oder durch neu hervortretende Umstände dieser Art verursacht wird (Bay **82**, 139). Der Fristablauf wird durch ein Hindernis iSd I S 4 nicht gehemmt oder unterbrochen (Düsseldorf StV **08**, 131).

17 **Aktenkundig** muss der Grund für die Überschreitung der Frist des I S 2 nicht gemacht werden. Ein entspr Vermerk in den Akten ist aber zweckmäßig, weil er den Anfechtungsberechtigten die Entscheidung, ob die Rüge des § 338 Nr 7 erhoben werden soll, und dem Revisionsgericht die Prüfung dieser Rüge erleichtert (BGH NStZ **91**, 297; Rieß NStZ **82**, 444; vgl auch RiStBV 141 III).

18 F. Der **Zeitpunkt**, zu dem das Urteil zu den Akten gebracht ist, und der Zeitpunkt einer Änderung der Urteilsgründe muss zwingend aktenkundig sein (I S 5). Bei **Akten in Papierform** wird dies durch einen Vermerk in den Akten geschehen; ein Vermerk der Geschäftsstelle muss dies nach der Neufassung des I S 5 nicht mehr zwingend sein. Der Vermerk kann auch noch nach Ablauf der Frist des I S 2 auf der Urschrift des Urteils, auf einem besonderen Blatt oder im Hauptverhandlungskalender angebracht werden (Rieß NStZ **82**, 443). Er hat nicht die Beweiskraft des § 274 und hindert daher nicht den anderweitigen Nachweis, dass das fertig gestellte Urteil rechtzeitig zu den Akten gebracht worden ist (BGH **29**, 43, 46; NStZ **88**, 449 [M]; NStZ-RR **15**, 257; zw BGH StraFo **12**, 271). Maßgebend ist immer der tatsächliche Zeitpunkt; notfalls ist er im Freibeweis (7, 9 zu § 244) festzustellen, insbesondere durch Einholung dienstlicher Erklärungen der Richter. Der Eingangsvermerk ist kein Bestandteil des Urteils und wird daher nicht in die Urteilsausfertigungen aufgenommen (BGH NStZ **81**, 297 [Pf]). Bei **elektronischen Akten** werden die genannten Zeitpunkte automatisch im System erfasst; ein zusätzlicher Vermerk ist nicht erforderlich. Auch hier kann im Freibeweis ein früherer oder späterer Zeitpunkt festgestellt werden (BT-Drucks 18/9416 S 64).

19 3) **Unterzeichnung der Urteilsurkunde (II):** Die Unterschrift muss die Identität des Unterschreibenden ausreichend kennzeichnende Schriftzüge mit individuellen, charakteristischen Merkmalen aufweisen, die die Nachahmung erschweren, sich als Wiedergabe eines Namens darstellen und die Absicht einer vollen Unterschriftsleistung erkennen lassen (BGH 5 StR 183/18 vom 30.8.2018 unter Hinweis auf BGH VII ZB 67/09 vom 9.2.2010); leserlich müssen sie nicht sein (BGH 5 StR 183/18 vom 30.8.2018; vgl aber auch KG NStE Nr 11; Bay NStZ-RR **03**, 305; Köln NStZ-RR **11**, 348; Oldenburg NStZ **88**, 145; erg zur Unterschrift des RA Einl 129), ein Namenskürzel (Paraphe) reicht aber nicht aus (Köln StraFo **18**, 353). Mit der Unterschrift, die das gesamte Urteil decken muss (vgl Bay **70**, 224; oben 5), beurkunden die Berufsrichter (II S 3; vgl aber BGH **39**, 281, 285: ehrenamtliche Richter dürfen mitunterschreiben) die Übereinstimmung der Urteilsgründe mit dem Beratungsergebnis (BGH **26**, 247, 248; **31**, 212). Der überstimmte Richter darf seine Unterschrift nicht verweigern; er bezeugt mit ihr nur die Auffassung der Mehrheit (BGH NStZ **56**, 92, 93; Naumburg NJW **08**, 3585, 3586, das aber verkennt, dass dies nur bei rechtmäßiger, nicht jedoch bei einer das Recht beugenden Entscheidung gelten kann; so zutr Erb NStZ **09**, 189; Fischer Hassemer-FS 1014; Mandla ZIS **09**, 143; Scheinfeld JA **09**, 401).

20 Bei **Verhinderung (II S 2)** eines Richters ist das Urteil nicht „für den Verhinderten" oder „in Vertretung" zu unterschreiben (BGH NStZ-RR **06**, 260 [B];

Düsseldorf VRS **99**, 456), sondern die Tatsache der Verhinderung und ihr Grund zu bezeugen; verfassungsrechtliche Bedenken gegen die zwingende Angabe des Grundes bestehen nicht (Leitmeier HRRS **16**, 500). Die Angabe des Grundes kann aber allgemein gehalten (Urlaub, Krankheit, usw) werden (BGH **31**, 212, 214). Ob im konkreten Fall ein generell geeigneter Grund zur Verhinderung führt, obliegt der Beurteilung des Vorsitzenden und ist in der Revision lediglich daraufhin zu überprüfen, ob der dem Vorsitzenden insoweit eingeräumte Spielraum in rechtsfehlerhafter Weise überschritten ist oder die Annahme der Verhinderung auf sachfremden Erwägungen beruht und sie sich deshalb als willkürlich erweist (BGH NStZ **16**, 623 mit Anm Ventzke). Auch wenn man eine Pflicht des Vorsitzenden, organisatorische Vorkehrungen zu treffen, die eine Unterschriftsleistung durch sämtliche an der Entscheidung mitwirkenden Berufsrichter ermöglicht, bejahen wollte, dürfte dies nicht zu einer ins Einzelne gehenden Kontrolle des Revisionsgerichts führen (BGH aaO).

Der Richter muss **zweimal unterschreiben:** Urteil *und* Vermerk (BGH **20a** NStZ **90**, 229 [M]); ein einziger Richter kann auch die Verhinderung der beiden anderen beurkunden (BGH aaO; **26**, 247, 248). Ist der Verhinderungsvermerk nicht von dem dazu befugten mitwirkenden Richter, zB nicht von dem älteren, sondern von dem jüngsten Beisitzer, angebracht worden, so ist er gleichwohl wirksam (BGH MDR **80**, 456 [H]); aber nur ein Richter, der an der Hauptverhandlung mitgewirkt hat, kann die Verhinderung feststellen (BGH NStZ **93**, 448).

Ob der Vorsitzende oder sein Vertreter den Verhinderungsvermerk anbringt **21** oder den **Wegfall der Verhinderung abwartet,** steht in seinem Ermessen (BGH NStZ **93**, 96; **16**, 623 mit Anm Ventzke; aM Zweibrücken StV **90**, 14; SK-Frister 28), wobei allerdings das Beschleunigungsgebot zu beachten ist (Peglau JR **07**, 146). Die Rückkehr eines beurlaubten Richters braucht nicht abgewartet zu werden (vgl auch BGH StraFo **06**, 334; 5 StR 331/11 vom 14.9.2011).

Wegen der **Verhinderungsgründe** bestehen keine Beschränkungen (BGH **31**, **22** 212, 214; dazu im Einzelnen Peglau aaO). In Betracht kommen Urlaub (BGH StV **98**, 477: gleichgültig, wo er verbracht wird), Krankheit, Elternzeit (BGH 3 StR 261/19 vom 31.10.2019), aber auch andere Dienstgeschäfte, zu denen sogar die Teilnahme an einem Betriebsausflug gehören kann (BGH aaO). Nichterreichbarkeit im Gerichtsgebäude am letzten Tag der Frist ist aber kein Verhinderungsgrund (BGH **28**, 194; KG StV **86**, 144), auch nicht die Weigerung eines Richters, das Urteil zu unterschreiben (LR-Stuckenberg 45; SK-Frister 29; Börner ZStW **122**, 174).

Nicht an der Unterschrift gehindert ist ein **aus dem Spruchkörper ausge- 23 schiedener Richter,** der weiterhin bei demselben Gericht (Bay **82**, 133), bei einem anderen Gericht (BGH NStZ **82**, 476, **14**. 355: Versetzung an das OLG; BGH NStZ **93**, 96; Zweibrücken StV **90**, 14: Versetzung an das AG; ebenso BGH NStZ **11**, 358 mit abl Anm Foth) oder als abgeordneter Richter bei der JV oder bei der StA tätig ist (BGH NStZ **06**, 586; StraFo **07**, 66); das kann aber im Einzelfall der Unterzeichnung entgegenstehen (BGH NStZ-RR **99**, 46; **03**, 292 [B]; **14**, 169 [C/Z]; NJW **03**, 836). An der Unterschrift gehindert ist aber, wer aus dem Justizdienst ausgeschieden (Bay NJW **67**, 1578) oder nunmehr bei der StA oder der JV als Beamter beschäftigt ist (BGH MDR **94**, 1072 [H]; krit Gollwitzer Kleinknecht-FS 168 und Gössel-FS 551). Wird ein Richter auf Probe zur StA versetzt, so bleibt er Richter (vgl §§ 12, 13, 19a III **DRiG**) und kann Urteile, an denen er mitgewirkt hat, noch unterschreiben (BGH StV **92**, 557; NStZ **19**, 300).

4) Urteilskopf (III): Das schriftliche Urteil besteht aus dem Urteilskopf (Rub- **24** rum), der Urteilsformel und den Urteilsgründen (vgl § 268 II S 1).

Im Urteilskopf ist der Angeklagte zu bezeichnen (vgl RiStBV 141 I S 1) und der **25 Tag der Sitzung,** ggf sämtliche Sitzungstage, anzugeben (LR-Stuckenberg 23). Jedoch genügt bei einer Hauptverhandlung, die sich über längere Zeit erstreckt hat, die Angabe des Zeitraums mit der in jedem Fall notwendigen Bezeichnung des Tages der Urteilsverkündung (Koblenz Rpfleger **73**, 219).

26 Die **Namen der Mitwirkenden** müssen stets angegeben werden, die der Ergänzungsrichter nur, wenn sie an dem Urteil mitgewirkt haben. Haben mehrere StAe oder Verteidiger (gemeinsam oder nacheinander) mitgewirkt, so müssen alle genannt werden. Bei dem Namen des Verteidigers wird nicht angegeben, ob er Wahl- oder Pflichtverteidiger ist. Von mehreren Protokollführern braucht nur derjenige bezeichnet zu werden, der am Verkündungstermin teilgenommen hat. Auch Nebenkläger und ihre Prozessbevollmächtigten sollten aufgeführt werden (BGH NStZ-RR **99**, 38 [K]), ferner die Nebenbeteiligten und ihre Prozessbevollmächtigten, nicht hingegen die Beistände (KK-Greger 16, 19).

27 **6) Revision:** Auf einem Verstoß gegen das Unverzüglichkeitsgebot des I S 1 kann das Urteil nicht beruhen (Rieß NStZ **82**, 442; BGH NStZ **06**, 463 lässt offen, ob bei einer „mit rechtsstaatlichen Grundsätzen unvereinbaren Verzögerung" etwas anderes gilt; ähnlich BGH NStZ **06**, 296 „allenfalls in außergewöhnlich gelagerten Einzelfällen", zust Schmidt NStZ **06**, 317). Die Rüge, das Urteil sei nicht rechtzeitig mit den richterlichen Unterschriften oder einem zulässigen Verhinderungsvermerk zu den Akten gebracht worden (I S 2), ist Revisionsgrund nach § 338 Nr 7 (wegen der Einzelheiten vgl dort 54 ff). Ein versehentlich angebrachter Verhinderungsvermerk (Richter hatte am Urteil nicht mitgewirkt) ist unschädlich (BGH NStZ **99**, 154). Gelangen nur Tenor oder Rubrum verspätet zu den Akten, so liegt ein Revisionsgrund nach § 337 vor (Bay DAR **83**, 253 [R]; Köln NJW **80**, 1405; VRS **64**, 282); das Urteil wird idR auf dem Mangel nicht beruhen. Auf eine Unrichtigkeit oder Unvollständigkeit des Rubrums kann die Revision nicht gestützt werden (BGH NStZ **95**, 221 [K]; Stuttgart VRS **124**, 308), das gilt – jedenfalls beim LG 1. Instanz wegen §§ 222a und b – auch bei unvollständiger Bezeichnung der mitwirkenden Richter (BGH NStZ **89**, 584; **94**, 47).

28 Das **Fehlen** *einzelner* **Unterschriften** ist mit einer Verfahrensrüge zu beanstanden (Frankfurt NStZ-RR **16**, 287 mwN). Das **vollständige** Fehlen der Unterschrift macht das Urteil hingegen sachlich-rechtlich fehlerhaft und führt auf die Revision zu seiner Aufhebung (Frankfurt aaO; Köln NStZ-RR **11**, 348; einschr für das Rechtsbeschwerdeverfahren des OWiG Bamberg NJW **13**, 2212). Dasselbe gilt im Fall einer unzureichenden bzw nicht individualisierbaren Unterschrift (Frankfurt aaO; Köln StraFo **18**, 353; oben 19).

Siebter Abschnitt. Entscheidung über die im Urteil vorbehaltene oder die nachträgliche Anordnung der Sicherungsverwahrung

Einleitung des Verfahrens; Hauptverhandlung; Unterbringungsbefehl

275a I ¹ Ist im Urteil die Anordnung der Sicherungsverwahrung vorbehalten (§ 66a des Strafgesetzbuches), übersendet die Vollstreckungsbehörde die Akten rechtzeitig an die Staatsanwaltschaft des zuständigen Gerichts. ²Diese übergibt die Akten so rechtzeitig dem Vorsitzenden des Gerichts, dass eine Entscheidung bis zu dem in Absatz 5 genannten Zeitpunkt ergehen kann. ³Ist die Unterbringung in einem psychiatrischen Krankenhaus gemäß § 67d Absatz 6 Satz 1 des Strafgesetzbuches für erledigt erklärt worden, übersendet die Vollstreckungsbehörde die Akten unverzüglich an die Staatsanwaltschaft des Gerichts, das für eine nachträgliche Anordnung der Sicherungsverwahrung (§ 66b des Strafgesetzbuches) zuständig ist. ⁴Beabsichtigt diese, eine nachträgliche Anordnung der Sicherungsverwahrung zu beantragen, teilt sie dies der betroffenen Person mit. ⁵Die Staatsanwaltschaft soll den Antrag auf nachträgliche Anordnung der Sicherungsverwahrung unverzüglich stellen und ihn zusammen mit den Akten dem Vorsitzenden des Gerichts übergeben.

II Für die Vorbereitung und die Durchführung der Hauptverhandlung gelten die §§ 213 bis 275 entsprechend, soweit nachfolgend nichts anderes geregelt ist.

§ 275a

III ¹ Nachdem die Hauptverhandlung nach Maßgabe des § 243 Abs. 1 begonnen hat, hält ein Berichterstatter in Abwesenheit der Zeugen einen Vortrag über die Ergebnisse des bisherigen Verfahrens. ² Der Vorsitzende verliest das frühere Urteil, soweit es für die Entscheidung über die vorbehaltene oder die nachträgliche Anordnung der Sicherungsverwahrung von Bedeutung ist. ³ Sodann erfolgt die Vernehmung des Verurteilten und die Beweisaufnahme.

IV ¹ Das Gericht holt vor der Entscheidung das Gutachten eines Sachverständigen ein. ² Ist über die nachträgliche Anordnung der Sicherungsverwahrung zu entscheiden, müssen die Gutachten von zwei Sachverständigen eingeholt werden. ³ Die Gutachter dürfen im Rahmen des Strafvollzugs oder des Vollzugs der Unterbringung nicht mit der Behandlung des Verurteilten befasst gewesen sein.

V Das Gericht soll über die vorbehaltene Anordnung der Sicherungsverwahrung spätestens sechs Monate vor der vollständigen Vollstreckung der Freiheitsstrafe entscheiden.

VI ¹ Sind dringende Gründe für die Annahme vorhanden, dass die nachträgliche Sicherungsverwahrung angeordnet wird, so kann das Gericht bis zur Rechtskraft des Urteils einen Unterbringungsbefehl erlassen. ² Für den Erlass des Unterbringungsbefehls ist das für die Entscheidung nach § 67d Absatz 6 des Strafgesetzbuches zuständige Gericht so lange zuständig, bis der Antrag auf Anordnung der nachträglichen Sicherungsverwahrung bei dem für diese Entscheidung zuständigen Gericht eingeht. ³ In den Fällen des § 66a des Strafgesetzbuches kann das Gericht bis zur Rechtskraft des Urteils einen Unterbringungsbefehl erlassen, wenn es im ersten Rechtszug bis zu dem in § 66a Absatz 3 Satz 1 des Strafgesetzbuches bestimmten Zeitpunkt die vorbehaltene Sicherungsverwahrung angeordnet hat. ⁴ Die §§ 114 bis 115a, 117 bis 119a und 126a Abs. 3 gelten entsprechend.

1) Vorbehaltene und nachträgliche Anordnung der Sicherungsverwahrung: Mit Ges vom 21.8.2002 (BGBl I 3344) wurde die vorbehaltene Sicherungsverwahrung nach § 66a StGB – nach Maßgabe des §§ 106 III S 2 JGG auch gegen einen Heranwachsenden (dort nach § 106 IV JGG idR mit der gleichzeitigen Anordnung der Vollziehung der Strafe in einer sozialtherapeutischen Anstalt) – eingeführt; danach hat – falls zZ des Urteils ein Hang des Täters iSd § 66 I Nr 4 StGB noch nicht hinreichend sicher festgestellt werden kann – das Gericht den Vorbehalt der Anordnung der Sicherungsverwahrung im Urteil auszusprechen (§§ 260 IV S 4, 267 VI S 1) und später über die vorbehaltene Sicherungsverwahrung zu entscheiden. Zusätzlich ist mit Ges vom 23.7.2004 (BGBl I 1838) die Möglichkeit der nachträglichen Anordnung der Sicherungsverwahrung nach § 66b StGB (auch hier durch Einfügung des § 106 V und VI JGG gegen einen Heranwachsenden und durch Ges vom 8.7.2008 [BGBl I 1212] nach § 7 II und III JGG auch gegen einen Jugendlichen) geschaffen worden, nachdem fünf Bundesländer diese Möglichkeit in ihren – vom BVerfG (BVerfGE 109, 190) wegen fehlender Gesetzgebungskompetenz der Länder für verfassungswidrig erklärten – Straftäter-Unterbringungsgesetzen bereits vorgesehen hatten. Nach § 66b StGB konnte unter den dort bezeichneten Voraussetzungen in Fällen, in denen sich die Gefährlichkeit des Täters erst nach der Verurteilung im Strafvollzug oder bei Beendigung der Unterbringung in einem psychiatrischen Krankenhaus nach § 63 StGB ergibt, die Sicherungsverwahrung nachträglich angeordnet werden.

Mit **Ges vom 22.12.2010** (BGBl I 2300) – insbesondere auch mit Rücksicht auf die Rspr des EGMR (unten 2a) – ist das Recht der Sicherungsverwahrung neu geregelt worden,
– indem diese im Wesentlichen auf Verbrechen, die sich gegen das Leben, die körperliche Unversehrtheit, die persönliche Freiheit oder die sexuelle Selbstbestimmung richten, und auf weitere schwere Straftaten, die im Höchstmaß mit

1

1a

Freiheitsstrafe von mindestens 10 Jahren bedroht sind, beschränkt wurde (§ 66 I Nr 1a) und b)),
– die vorbehaltene Sicherungsverwahrung dahin ausgeweitet wird, dass sie nach § 66a I Nr 3 StGB schon angeordnet werden darf, wenn der Hang des Täters zu erheblichen Straftaten, nicht nur seine darauf beruhende Gefährlichkeit, zwar wahrscheinlich, aber nicht mit hinreichender Sicherheit feststellbar ist, und die Anordnung der vorbehaltene Sicherungsverwahrung nach § 66a II StGB auch gegen sog Ersttäter zulässig ist,
– die nachträgliche Anordnung der Sicherungsverwahrung auf den Fall der Unterbringung nach für erledigt erklärter Unterbringung in einem psychiatrischen Krankenhaus beschränkt wird (§ 66b I nF = § 66b III aF StGB).

1b Mit demselben Ges wurde als Ergänzung auch das **Ges zur Therapierung und Unterbringung psychisch gestörter Gewalttäter** (Therapieunterbringungsgesetz – BGBl 2010 I 2305 mit Änderung durch Ges vom 5.12.2012 (BGBl I 2425)) geschaffen (dazu Höffler/Stadtland StV **12**, 239; Nußstein StV **11**, 633; Schröder/Starke DRiZ **11**, 254 ff, 284 ff).

1c Anwendbar sind die gesetzlichen Neuregelungen im StGB, in der StPO, im GVG und JGG gemäß Art 316e EGStGB (Anh 3) **aber nur,** wenn die Tat oder mindestens eine der Taten, wegen deren Begehung die Sicherungsverwahrung angeordnet oder vorbehalten werden soll, nach dem 31.12.2010 begangen worden ist; in allen anderen Fällen ist – vorbehaltlich der Sonderregelungen in Art 316e II und III EGStGB – das bisherige Recht anzuwenden. Eine weitere Einschränkung des Anwendungsbereichs ergibt sich aus Art 316f I EGStGB für die ab dem 1.6.2013, nach § 316f I EGStGB für die bis zum 31.5.2013 begangenen Taten (vgl dort – Anh 3).

2 **2) Verfassungswidrigkeit der Regelungen und Konsequenzen:** Das BVerfG (BVerfGE **109**, 190 = NJW **04**, 750) hatte zunächst keine grundsätzlichen verfassungsrechtlichen Bedenken gegen eine vom Bundesgesetzgeber geschaffene Möglichkeit der nachträglichen Sicherungsverwahrung (abweichend allerdings die Senatsminderheit); die im Schrifttum gleichwohl noch geäußerten verfassungsrechtlichen Vorbehalte hatte es nicht geteilt.

2a Sodann hat allerdings eine **Kammer des EGMR** – bestätigt durch Nichtannahmebeschluss der Großen Kammer vom 10.5.2010 (vgl 2 zu Art 19 EMRK) – entschieden (NJW **10**, 2495 mit Anm Eschelbach; dazu eingehend und zust Kinzig NStZ **10**, 233; Laue JR **10**, 198; Müller StV **10**, 207; krit Hörnle Rissing-van Saan-FS 239; vgl auch Freund GA **10**, 206; Peglau Rissing-van Saan-FS 437), die Sicherungsverwahrung sei als Strafe iSd Art 7 I EMRK und als mit Art 5 I S 2 EMRK unvereinbar anzusehen (ebenso Urteil des EGMR vom 13.1.2011 – HRRS **11**, 42 L).

2b Im Anschluss daran hat das **BVerfG** durch die **Entscheidung vom 4.5.2011** (NJW **11**, 1931 = StV **11**, 470 mit Anm Kreuzer/Bartsch und Lindemann; vgl dazu ferner Hörnle NStZ **11**, 488) alle Vorschriften des StGB und des JGG über die Anordnung und die Dauer der Sicherungsverwahrung für verfassungswidrig erklärt. Die Vorschriften sollten aber bis zu einer gesetzlichen Neuregelung, längstens bis 31.5.2013, mit vom BVerfG getroffenen Übergangsregelungen anwendbar sein, wonach in den sog Altfällen die Sicherungsverwahrung nur noch angeordnet werden durfte, wenn eine hochgradige Gefahr schwerster Gewalt- oder Sexualstraftaten aus konkreten Umständen abzuleiten war und der Untergebrachte an einer psychischen Störung iSd § 1 I Nr 1 ThUG litt (vgl Rn 22), in Neufällen wurde eine strikte Prüfung der Verhältnismäßigkeit vorgeschrieben. Bis dahin war nach § 275a zu verfahren (vgl auch BVerfG NJW **11**, 2711 L zur Anordnung der nachträglichen Sicherungsverwahrung; BVerfG NJW **12**, 3357 mit Anm Merkel ZIS **12**, 521 zur vorbehaltenen Sicherungsverwahrung).

2c Der **BGH** hat daraufhin in seiner Entscheidung vom 23.5.2011 (**56**, 248 = NStZ **11**, 453) die Vorgaben des BVerfG umgesetzt (vgl dazu Peglau NJW **11**, 1924).

Einen eingehenden **Überblick** über die nach der Neuregelung durch das Ges 2d
vom 22.12.2010 (oben 1a) und auf Grund der Entscheidung des BVerfG (oben 2b)
entstandene verwickelte Regelung hinsichtlich Alt- und Neufällen gibt Mosbacher
HRRS 11, 229.

Mit dem „**Gesetz zur bundesrechtlichen Umsetzung des Abstandsgebo-** 2e
tes im Recht der Sicherungsverwahrung" vom 5.12.2012 (BGBl I 2425)
wurden schließlich ua in einem neuen § 66c StGB die Ausgestaltung der Unterbringung
in der Sicherungsverwahrung und des vorhergehenden Strafvollzuges
geregelt sowie erhebliche Änderungen in §§ 7 und 106 JGG eingeführt. Übergangsvorschriften
zu diesem Gesetz enthält Art 316 f EGStGB (vgl dort – Anh 3).

3) Verfahrensmäßige Behandlung: Die Anordnung der Sicherungsverwah- 3
rung nach einem Vorbehalt im Urteil oder bei nachträglicher Anordnung ist gleich
geregelt: Beide richten sich nach § 275a. Vorbehalt und nachträgliche Entscheidung
erfolgen durch dasselbe Gericht (dazu unten 8), aber **in zwei getrennten
Verhandlungen.** § 275a regelt das Verfahren über die nachträgliche Anordnung
der Sicherungsverwahrung nach Vorbehalt (§ 66a StGB) oder ohne einen solchen
(§ 66b), wobei das „Nachverfahren" im Wesentlichen genauso wie die Hauptverhandlung
1. Instanz abläuft (unten 9); denn der Verurteilte darf im 2. Teil nicht
anders gestellt werden, als wenn das Gericht die Sicherungsverwahrung sogleich im
1. Teil angeordnet hätte (vgl aber die Ausnahme unten 8). Um deutlich zu
machen, dass es im Verfahren nach § 275a um einen neuen 2. Teil des Erkenntnisverfahrens
geht, wurde im Anschluss an die Regelungen des 6. Abschnitts des
2. Buches dieser neue Abschnitt 7 eingefügt (zu „Verfahrensidentität und Prozessgegenstand
des Verfahrens zur nachträglichen Anordnung der Sicherungsverwahrung"
v. Freier ZStW **120**, 273).

4) Rechtzeitige Aktenübersendung: 4

A. **Verfahren bei vorbehaltener Sicherungsverwahrung (I S 1 und 2, V):** 5
Die StA, die die Strafvollstreckung führt und die eine andere als die für das erkennende
Gericht zuständige StA sein kann, hat die Akten „rechtzeitig" an die zuständige
StA zu übersenden. „Rechtzeitig" bedeutet, dass die Akten so zeitig vorgelegt
werden müssen, dass das Gericht spätestens 6 Monate vor der vollständigen Vollstreckung
der Freiheitsstrafe (auch Vollstreckung eines Strafrestes) über die Anordnung
der Sicherungsverwahrung entscheiden kann (V mit § 66a III S 1 StGB). Die
Überschreitung dieser Entscheidungsfrist steht der Anordnung der Sicherungsverwahrung
nach der nun in § 66a III S 1 StGB getroffenen gesetzlichen Regelung
nicht mehr entgegen (anders die frühere Rspr, vgl BGH **51**, 159 (bestätigt in BGH
StraFo **07**, 514) Die Zeitgrenze gilt allerdings nur für das erste tatrichterliche Urteil,
nicht jedoch für nachfolgende Entscheidungen im Rechtsmittelverfahren.

B. **Verfahren bei nachträglicher Anordnung der Sicherungsverwahrung** 6
(I S 3 bis 5): Während im Fall einer vorbehaltenen Sicherungsverwahrung (oben
5) eine weitere gerichtliche Entscheidung über den Vorbehalt in jedem Fall erfolgen
muss (Anordnung oder Ablehnung der Sicherungsverwahrung, unten 12),
findet ein gerichtliches Verfahren über die Anordnung der nachträglichen Sicherungsverwahrung
nur statt, wenn die StA dies beantragt. Erwägt die StA den
Antrag auf Anordnung der nachträglichen Sicherungsverwahrung zu stellen, muss
sie dies dem Betroffenen mitteilen, um ihm rechtliches Gehör zu gewähren (I S 4).
Eine Mitteilung ist somit nicht erforderlich, wenn die Vorprüfung durch die StA
ergibt, dass eine nachträgliche Sicherungsverwahrung nicht in Betracht kommt
(BGH NStZ-RR **14**, 169 [C/Z]; Folkers NStZ **06**, 431; Bender, Die nachträgliche
Sicherungsverwahrung, 2007 [zugl Diss Passau], S 112). Die StA soll den Antrag
unverzüglich stellen und ihn zusammen mit den Akten dem Vorsitzenden des
Gerichts übergeben, wobei es sich empfiehlt, dass sie für sich Doppelakten anlegt.
Bei der Antragstellung muss eine Erklärung der Erledigung der Unterbringung in
einem psychiatrischen Krankenhaus und damit die diesbezügliche Anordnungsvor-

§ 275a

aussetzung des § 66b S 1 StGB (= § 66b III StGB aF) bereits vorliegen (BGH StV **12**, 405).

6a Der **Antrag** sollte inhaltlich einer Anklageschrift bzw einer Antragsschrift nach § 414 II entsprechen (Rostock StV **05**, 279, 280; Folkers NStZ **06**, 430); er ist Verfahrensvoraussetzung (BGH 5 StR 235/11 vom 30.8.2011). Der Antrag muss die Behauptung enthalten, dass nach vorläufiger Einschätzung der StA die materiellen Voraussetzungen der nachträglichen Sicherungsverwahrung im weiteren Verfahren festgestellt werden, also eine unter sachverständiger Hilfestellung erfolgende Gesamtwürdigung des Verurteilten, seiner Taten und ergänzend seiner Entwicklung während des Vollzugs der Maßregel dessen besondere Gefährlichkeit ergeben wird (vgl BGH NJW **06**, 852; NStZ_RR **14**, 169 [C/Z]). Fehlt eine solche Begründung, ist der Antrag als unzulässig zurückzuweisen (BGH **50**, 284; krit dazu Zieschang/Rau JR **06**, 213; Folkers NStZ **06**, 432); die Entscheidung muss durch Urteil ergehen (unten 13; **aM** Römer JR **06**, 7), wobei dann aber von der Einholung von Sachverständigengutachten abgesehen werden kann (BGH NJW **06**, 852).

6b Die StA kann den **Antrag** bis zur Entscheidung des Gerichts **zurücknehmen** (Rissing-van Saan Nehm-FS 202), nach Beginn der Hauptverhandlung aber nur noch mit Zustimmung des Verurteilten (so überzeugend BGH NJW **06**, 852). Ein Zwischenverfahren wie in § 203 gibt es nicht (Rissing-van Saan aaO).

7 C. **Unverzügliche Übergabe** der Akten mit ihrem **Antrag** (also ohne schuldhaftes Zögern) an den Vorsitzenden des Gerichts wird nach I S 5 von der StA im Fall der nachträglichen Sicherungsverwahrung verlangt. Bei der vorbehaltenen Anordnung fordert V rechtzeitige Entscheidung nach rechtzeitiger Vorlage gemäß I S 2 (oben 5). Zu den Akten gehört natürlich auch eine vorliegende Stellungnahme des Betroffenen auf Grund der nach I S 2 erfolgten Mitteilung.

8 5) **Zuständiges Gericht** ist die Große StrK (§ 74 GVG, auch als Schwurgericht, Wirtschafts- oder JugK oder im Fall des § 120 GVG das OLG, da das AG keine Sicherungsverwahrung anordnen darf (§ 24 I Nr 2, II GVG). Daher besteht auch für den 2. Teil des Verfahrens notwendige Verteidigung nach § 140 I Nr 1. § 74f I GVG bestimmt, dass dieselbe StrK sein wird bei der 1. Hauptverhandlung verhandeln und entscheiden muss, die den Vorbehalt angeordnet hat oder die – bei nachträglicher Anordnung – als Tatgericht entschieden hat, wobei zwischenzeitlich erfolgte personelle Veränderungen unschädlich sind. Falls im Fall des § 66b aF StGB ausschließlich das AG als Tatgericht entschieden hat, ist nach § 74f II GVG eine (Große) StrK des dem AG übergeordneten LG für die nachträgliche Anordnung der Sicherungsverwahrung zuständig. Hier fallen – anders als im Regelfall (oben 3) – das Gericht der ersten Entscheidung und das Gericht, das über die nachträgliche Sicherungsverwahrung zu entscheiden hat, zumeist auseinander (vgl dazu aber 2 zu § 74f GVG).

9 6) Für die **Vorbereitung und Durchführung der Hauptverhandlung** gelten die Vorschriften des 5. und 6. Abschnitts des 2. Buches, §§ 213–275, entspr (III). Der Vorsitzende teilt dem Verurteilten möglichst rasch – nicht erst mit der Ladung zur Hauptverhandlung – den vorliegenden Antrag mit (Bender [oben 6] S 118). In der Hauptverhandlung tritt an die Stelle der Verlesung der Anklage wie im Berufungsverfahren (§ 324) der Vortrag des Berichterstatters über die Ergebnisse des bisherigen Verfahrens und die Verlesung des Urteils, soweit es für die jetzt zu treffende Entscheidung von Bedeutung ist (III). Die Verlesung dient der Information der Schöffen, die mit denen des 1. Teils im Zweifel nicht identisch sind und die den Akteninhalt nicht kennen. Ein Verlesungsverzicht wie in § 324 S 2 ist hier deswegen und wohl mit Rücksicht auf die Schwere des möglichen Eingriffs gegen den Verurteilten nicht vorgesehen. Die sich anschließende Beweisaufnahme folgt dann den allgemeinen Regeln. Der Gegenstand der Beweisaufnahme ist aber durch den begrenzten Verfahrensgegenstand erheblich eingeschränkt; Beweisanträge, die dies nicht beachten, sind unzulässig (LR-Stuckenberg 50). Zum Erlass eines Unterbringungsbefehls unten 14.

7) Sachverständigengutachten (IV): Wie nach dem auch hier anzuwenden- 10
den § 246a (erg dort) ist durch das Gericht, nicht durch die StA (dazu krit Folkers
NStZ **06**, 428), bei vorbehaltener Sicherungsverwahrung *ein*, bei nachträglicher
Anordnung sind *zwei* Sachverständigengutachten einzuholen. Diese Differenzierung ist sachgerecht, weil beim Vorbehalt die Frage einer Sicherungsverwahrung
bereits Verhandlungsgegenstand war, während sie bei der nachträglichen Anordnung nun erstmals entscheidend thematisiert wird. Dass im 1. Teil oder in einer
früheren Verhandlung bereits ein Gutachten eingeholt wurde, genügt nicht (Müller-Metz StV **03**, 50). Anders als nach § 454 (dort 37) schreibt IV S 2 ausdrücklich
vor, dass „externe" Sachverständige das Gutachten zu erstatten haben. Dadurch soll
gewährleistet sein, dass die Sachverständigen nicht bereits auf Grund ihres Umgangs mit dem Betroffenen während des Strafvollzugs oder der Unterbringung in
einem psychiatrischen Krankenhaus voreingenommen sind. Natürlich haben die
externen Gutachter die im Vollzug gesammelten Erkenntnisse – und damit auch
die Ansichten „interner" Sachverständiger – zu berücksichtigen. Als Gutachter
kommen Psychiater, Psychologen und Kriminologen in Betracht (SK-Frister 50;
Kinzig NStZ **04**, 659); es ist nicht unbedingt erforderlich, dass 2 Fachärzte mit
psychiatrischer Ausbildung als Sachverständige beauftragt werden (BGH **50**, 121).
Es genügt im Fall des § 66b StGB nicht, dass 2 Sachverständige an *einem* Gutachten
mitgewirkt haben, auch wenn die StrK erwartet, sie würden in der Hauptverhandlung „jeder ein eigenständiges Gutachten erstellen" (Hamm StraFo **09**, 39). Eine
Unterbringung nach § 81 wird idR nicht in Betracht kommen (Nürnberg StV **10**,
510).

8) Entscheidung: 11

A. **Vorbehaltene Sicherungsverwahrung:** Mit der hier ergehenden Entschei- 12
dung – Anordnung oder Ablehnung der Sicherungsverwahrung – (BGH 1 StR
98/12 vom 7.8.2012: evtl entspr dem Rechtsgedanken des § 206a auch im Beschlusswege) ist der Vorbehalt des 1. Urteils endgültig erledigt. Das Gericht ist
anders als sonst bei früher ergangenen Urteilen (vgl Einl 170) – an die Feststellungen des ersten Urteils gebunden; denn beide Entscheidungen bilden insoweit eine
Einheit und dürfen nicht in sich widersprüchlich sein. Lediglich zur Frage der
bestehenden Gefährlichkeit des Verurteilten sind neue Feststellungen möglich und
geboten. Auch für doppelrelevante Feststellungen (Einl 187) muss aber eine Bindungswirkung bejaht werden. Stellen sich in der zweiten Verhandlung andere,
neue Tatsachen heraus, die die Freisprechung oder die Anwendung eines milderen
Strafgesetzes zu begründen geeignet sind, bleibt nur die Möglichkeit, das im 1. Teil
ergangene Urteil mit den hierfür anwendbaren Vorschriften über die Wiederaufnahme des Verfahrens (vgl 4 vor § 359) anzugreifen (also nach § 359 Nr 5), wobei
aber die Einschränkungen des § 363 zu beachten sind.

B. **Nachträgliche Sicherungsverwahrung:** Das Gericht lehnt nach einer 13
Hauptverhandlung – nicht etwa außerhalb dieser (BGH 4 StR 16/11 vom 14.7.
2011) – mit Urteil und nicht etwa durch Beschluss (vgl BGH **50**, 180; NJW **06**,
852; NStZ **06**, 178; 2 StR 88/16 vom 8.6.2016; Hamm NStZ-RR **05**, 109) die
nachträgliche Sicherungsverwahrung entweder ab oder ordnet diese an. Nicht
erforderlich ist, dass sich der Verurteilte noch im Maßregelvollzug befindet, wohl
aber, dass der Antrag der StA (oben 6) vor der Entlassung gestellt und dem Verurteilten zuvor mitgeteilt wurde (BGH **50**, 180, 184; StV **10**, 509; Renzikowski
NStZ **06**, 283; Zschieschack/Rau JR **06**, 9; a**M** Folkers NStZ **06**, 431). Der Antrag ist unter allen materiellrechtlich in Betracht kommenden Gesichtspunkten –
nicht nur nach der von der StA herangezogenen Vorschrift – zu prüfen (BGH 1
StR 441/05 vom 6.12.2005). Bei der Ablehnung sind die dieser Entscheidung
zugrunde gelegten Tatsachen „verbraucht"; dh dass das frühere Urteil nicht erneut
für ein nachträgliches Sicherungsverfahren herangezogen werden darf.

§ 275a

13a Die **Urteilsgründe** müssen – wie sonst auch nach § 267 I S 1 – klar, geschlossen, erschöpfend und aus sich heraus verständlich sein. Allerdings ist eine Bezugnahme auf das Ausgangsurteil zulässig, wobei jedoch der Umfang der in Bezug genommenen Feststellungen eindeutig und zweifelsfrei erkennbar sein muss. Auf jeden Fall ist aber darzulegen, ob und inwieweit im Ausgangsurteil Ausführungen zur Sicherungsverwahrung oder vorbehaltenen Sicherungsverwahrung enthalten sind (vgl BGH **50**, 121, 131). Die für erwiesen erachteten Tatsachen, von denen in § 66b StGB die Anordnung der Maßregel abhängig gemacht ist, müssen angegeben werden (vgl BGH **51**, 185 = StV **07**, 238).

14 **9) Rechtsmittel:** In Betracht kommt nur die Revision (§ 333), die sich natürlich nur gegen das im Verfahren nach § 275a ergangene, nicht gegen das im 1. Teil verhängte Urteil richten kann. Gegen das Urteil, das die Sicherungsverwahrung anordnet, hat der Angeklagte (auch den StA zu seinen Gunsten) die Revision, gegen die Ablehnung der Anordnung, die den Angeklagten nicht beschwert, kann die StA Revision einlegen. Hat das LG fehlerhaft ohne Hauptverhandlung durch Beschluss entschieden (oben 13), begründet dies die Revision (BGH **50**, 180). Ein Nebenkläger, der unter den Voraussetzungen des § 395 im Fall der vorbehaltenen Sicherungsverwahrung auch in diesem Verfahrensteil zugelassen werden muss (**aM** LR-Stuckenberg 42), kann die Ablehnung aber wegen § 400 I nicht anfechten; im Verfahren über die nachträgliche Anordnung der Sicherungsverwahrung ist die Nebenklage nicht zulässig (BGH NStZ-RR **08**, 68 [B]; Brandenburg NStZ **06**, 183). Die Rücknahme der Revision ist zulässig, nach Beginn der Hauptverhandlung gemäß § 303 aber nur mit Zustimmung des Verurteilten (BGH NJW **06**, 852).

15 **10) Unterbringungsbefehl (VI):**
16 A. Im Falle einer anzunehmenden Anordnung der **nachträglichen Sicherungsverwahrung** (§ 66b StGB, §§ 7 II–IV, 106 VI JGG) kann nach VI S 1 ein Unterbringungsbefehl erlassen werden, der bis zur Rechtskraft des Urteils gilt, mit dem die Sicherungsverwahrung angeordnet wird (vgl aber zur Aufhebung des Unterbringungsbefehls unten 21). Der Unterbringungsbefehl kann sich als notwendig erweisen, wenn sich erst gegen Ende der Unterbringung nach § 63 StGB herausstellt, dass eine erhebliche Gefährdung durch den Verurteilten für die Allgemeinheit besteht. Hierfür verlangt das Gesetz „dringende Gründe", die sich idR aus den eingeholten Gutachten ergeben geben; die nach IV vorgeschriebenen Gutachten können (Rostock StV **05**, 279, 280), müssen aber nicht (München NStZ **05**, 573) vor Erlass des Unterbringungsbefehls eingeholt werden. Ein Unterbringungsbefehl darf nicht etwa schon deshalb erlassen werden, weil sonst die Prüfung, ob Tatsachen iSd § 66b StGB vorliegen, erschwert oder gar vereitelt würde; vielmehr müssen solche Tatsachen bei dem Erlass des Unterbringungsbefehls gegeben sein (Koblenz NStZ **05**, 97). Durch den Unterbringungsbefehl wird vermieden, dass ein Verurteilter aus dem psychiatrischen Krankenhaus (wegen Erledigterklärung nach § 67d VI StGB) entlassen werden muss und dadurch möglicherweise weitere Straftaten begeht, durch die die Opfer seelisch oder körperlich schwer geschädigt werden. Es wird kein Haftbefehl erlassen, weil es jetzt nicht mehr um die spätere Vollstreckung einer Freiheitsstrafe oder auch einer freiheitsentziehenden Sicherungsmaßregel geht (vgl 4 vor § 112), sondern ausschließlich um eine Unterbringung nach §§ 66 ff StGB; deswegen ist hier – entsprechend den sonstigen Fällen der Unterbringung nach § 126a – ein Unterbringungsbefehl zu erlassen.

17 B. Auch im Falle der **vorbehaltenen Sicherungsverwahrung** (§ 66a StGB, § 106 III JGG) kann ein Unterbringungsbefehl ergehen. Weil hier aber wegen der in I S 1, V iVm § 66a II S 1 StGB eröffneten Frist von 6 Monaten zuzüglich des verbleibenden Strafrestes (oben 5) genügend Zeit eingeräumt ist, um zu einer Entscheidung über die vorbehaltene Sicherungsverwahrung zu gelangen, wird der Erlass eines Unterbringungsbefehls nur gestattet, wenn das Gericht 1. Instanz (LG bzw OLG, vgl oben 8) bis zu diesem Zeitpunkt die Sicherungsverwahrung angeordnet hat; der Unterbringungsbefehl wird also für die Dauer des Revisionsverfahrens erlassen. Die für den Erlass des Unterbringungsbefehls auch hier erforderlichen „dringenden Gründe" ergeben sich aus der Anordnung der Sicherungsverwahrung im erstinstanzlichen Urteil. Wurde die in § 66a III S 1 StGB vorgeschriebene Frist von diesem Gericht nicht eingehalten oder wird im erstinstanzlichen Urteil die Anordnung der (vorbehaltenen) Sicherungsverwahrung abgelehnt, darf somit kein Unterbringungsbefehl erlassen werden, so dass der Verurteilte nach völliger Strafverbüßung auch dann auf freien Fuß zu setzen ist, wenn die StA gegen die Nichtanordnung der Sicherungsverwahrung Revision eingelegt hat.

C. **Anordnung:** Nach den in VI S 4 in Bezug genommenen Vorschriften muss der Unterbringungsbefehl schriftlich ergehen und die in § 114 II verlangten Angaben enthalten, wobei die entsprechende Anwendung der Vorschrift bedeutet, dass bei nachträglicher Sicherungsverwahrung die nach § 66b StGB erforderlichen Voraussetzungen dargelegt werden müssen, während es bei Anordnung der vorbehaltenen Sicherungsverwahrung (vgl oben 17) genügen dürfte, auf das ergangene Urteil Bezug zu nehmen. Der Unterbringungsbefehl ist dem Betroffenen gemäß § 114a bekanntzugeben, die Belehrungspflicht nach § 114b und die Benachrichtigungspflicht nach § 114c sind zu beachten. § 115 ist nur insofern von Bedeutung, dass der Unterbringungsbefehl dem Betroffenen von dem zuständigen Gericht (unten 19) mündlich zu eröffnen und ihm nach § 114a S 1 eine Abschrift auszuhändigen ist. 115a kann nur von Bedeutung sein, wenn bei (beabsichtigter oder bereits angeordneter) nachträglicher Sicherungsverwahrung oder nach Erlass eines die vorbehaltene Sicherungsverwahrung anordnenden Urteils der Betroffene auf freien Fuß gelangt war. Für den Vollzug der Unterbringung nach V gelten die Regelungen der §§ 119, 119a entsprechend. Eine Außervollzugsetzung des Unterbringungsbefehls entsprechend § 116 ist kraft Gesetzes ausgeschlossen; sie verbietet sich hier ohnehin nach der Natur der Sache (Gefährlichkeit des Betroffenen). 18

D. **Zuständigkeit:** Soweit die Anordnung der Sicherungsverwahrung nach § 66a StGB vorbehalten wurde, richtet sich die Zuständigkeit für den Erlass des Unterbringungsbefehls nach der Zuständigkeit für das Hauptverfahren; sie ergibt sich damit aus § 74f GVG (s dort). Für den Fall des § 66b StGB (bzw § 106 VI JGG) trifft VI S 2 die Regelung, dass das Gericht, welches die Unterbringung nach § 63 StGB für erledigt erklärt, dh idR die StVollstrK (§§ 463 V, 462, 462a; vgl 11 zu § 463), auch für den Erlass des − notwendigerweise gleichzeitig ergehenden − Unterbringungsbefehls zuständig ist (dazu BR-Drucks 202/04 S 27). Die Zuständigkeit dieses Gerichtes endet aber mit Eingang des Antrags der StA (oben 7) auf Anordnung der nachträglichen Sicherungsverwahrung bei dem nach § 74f GVG zuständigen Gericht. 19

E. **Anfechtung:** Gegen den Unterbringungsbefehl kann der Betroffene Beschwerde einlegen (§§ 304 I, IV S 2 Nr 1, 305 S 2). Er kann aber vor Beginn der Hauptverhandlung auch gemäß VI S 4 iVm §§ 117, 118 mündliche Prüfung beantragen, ob die Unterbringung aufrechtzuerhalten ist. Das Haftprüfungsverfahren nach §§ 121 ff findet keine Anwendung (München NStZ-RR **09**, 20). 20

F. **Aufhebung** des Unterbringungsbefehls: VI S 4 erklärt § 126a III für entspr anwendbar. Das bedeutet: Wenn keine dringenden Gründe mehr gegeben sind, dass die nachträgliche Sicherungsverwahrung angeordnet werden wird oder wenn die StA die Aufhebung des insoweit erlassenen Unterbringungsbefehls selbst beantragt, weil sie keinen Antrag auf nachträgliche Sicherungsverwahrung stellen will (§ 126a III S 3 iVm § 120 III), muss der Unterbringungsbefehl aufgehoben werden. Da im Fall des § 66a StGB ein Unterbringungsbefehl nur nach Erlass des die Sicherungsverwahrung anordnenden erstinstanzlichen Urteils ergehen darf (vgl oben 17), kommt eine Aufhebung nur durch das Revisionsgericht zusammen mit der Urteilsaufhebung in Betracht (§ 126 III). 21

Vor § 276, §§ 276–285 Zweites Buch. 8. Abschnitt

Achter Abschnitt. Verfahren gegen Abwesende

Vorbemerkungen

1   1) Ein **Verfahren gegen Abwesende** findet seit der Aufhebung der §§ 276 II, 277–284 durch Art 21 Nrn 74, 75 EGStGB nicht mehr statt. Die §§ 285 ff sehen nur noch ein Beweissicherungsverfahren sowie zur Erzwingung oder Sicherung der Gestellung des Beschuldigten die Vermögensbeschlagnahme und das sichere Geleit vor.

2   2) **In allen Verfahrensabschnitten** sind die Vorschriften des 8. Abschnitts anzuwenden, auch in den Rechtsmittelzügen (KK-Greger 1 zu § 276; LR-Stuckenberg 8; **aM** KMR-Haizmann 3).

Begriff der Abwesenheit

276 Ein Beschuldigter gilt als abwesend, wenn sein Aufenthalt unbekannt ist oder wenn er sich im Ausland aufhält und seine Gestellung vor das zuständige Gericht nicht ausführbar oder nicht angemessen erscheint.

1   1) Eine **gesetzliche Fiktion der Abwesenheit** stellt die Vorschrift auf. Liegen ihre Voraussetzungen vor, so gilt der Beschuldigte selbst dann als abwesend, wenn er in Wahrheit anwesend ist (LR-Stuckenberg 1).

2   Sein **Aufenthalt ist unbekannt** iS des § 276, wenn die Strafverfolgungsbehörden und das Gericht ihn weder kennen noch mit einer der Bedeutung der Sache entspr Aufwand ermitteln können und auch keine begründete Aussicht besteht, dass der Aufenthaltsort demnächst bekannt wird.

3   Um einen **gestellungshindernden Aufenthaltsort** handelt es sich, wenn die Gestellung, dh das Bewirken des Erscheinens durch Ladung oder Erzwingen des Erscheinens durch ein Auslieferungsersuchen (Frankfurt NJW **72**, 1875), nicht ausführbar oder nicht angemessen erscheint. Unausführbar ist sie, wenn mit Sicherheit zu erwarten ist, dass der Angeklagte trotz Ladung zur Hauptverhandlung nicht erscheinen wird (KK-Greger 6; vgl auch Oppe NJW **66**, 2237), oder wenn ein Auslieferungsersuchen unmöglich ist oder keinen Erfolg verspricht. Unangemessen ist sie, wenn die mit der Auslieferung aus dem Ausland für den Beschuldigten verbundenen Nachteile oder die mit der Erstellung der Auslieferungsunterlagen verbundenen Schwierigkeiten oder die der Staatskasse durch den Vollzug der Auslieferung entstehenden Kosten außer Verhältnis zu der Bedeutung der Sache stehen (LR-Stuckenberg 9; SK-Frister 8; vgl auch RiVASt 88 I Buchst c).

4   2) **Ausland** iS des § 276 ist jedes nicht zur BRep gehörende Gebiet, auch die offene See (LR-Stuckenberg 12).

277-284 (weggefallen)

Beweissicherungszweck

285   [I] [1] Gegen einen Abwesenden findet keine Hauptverhandlung statt. [2] Das gegen einen Abwesenden eingeleitete Verfahren hat die Aufgabe, für den Fall seiner künftigen Gestellung die Beweise zu sichern.

[II] Für dieses Verfahren gelten die Vorschriften der §§ 286 bis 294.

1   1) **Keine Hauptverhandlung (I S 1)** findet gegen einen iS des § 276 Abwesenden statt. Ein Prozesshindernis (Einl 143) ist die Abwesenheit aber nicht (KK-Greger 2; LR-Stuckenberg 44 zu § 206a). Die Möglichkeit der Verhandlung gegen einen ausgebliebenen Angeklagten nach §§ 231 II, 232, 233 wird durch I S 1 nicht

eingeschränkt (AK-Achenbach 2; LR-Stuckenberg 2), auch nicht das Verfahren nach §§ 329, 412 (eingehend dazu SK-Frister 8, 13).

2) Zum Zweck der Beweissicherung (I S 2) darf gegen den Abwesenden 2 ein gerichtliches Verfahren eingeleitet werden. Ein Ermittlungsverfahren ist bei Abwesenheit des Beschuldigten ohne weiteres zulässig. Sind in einem solchen Verfahren Beweise zu sichern, so trifft die StA die erforderlichen Anordnungen, wenn sie selbst dafür zuständig ist; andernfalls beantragt sie richterliche Maßnahmen oder Untersuchungshandlungen, auf die §§ 286, 287 anzuwenden sind. Wird das Verfahren nicht nach §§ 153ff, 170 II eingestellt, so erfolgt die vorläufige Einstellung nach § 205 S 1. Eine Anklageschrift reicht die StA nur ein, wenn die Vermögensbeschlagnahme nach § 290 angeordnet werden soll. Wenn die Zustellung im Ausland durchführbar erscheint, kann auch ein Strafbefehlsantrag gestellt werden (KMR-Haizmann 12; Rieß JZ **75**, 268). War das Verfahren schon bei Gericht anhängig, bevor sich die Abwesenheit des Angeschuldigten herausstellt, so führt das Gericht, wenn die StA die Anklage nicht zurücknimmt, das erforderliche Beweissicherungsverfahren durch, bevor es das Verfahren nach § 205 einstellt. War schon das Hauptverfahren eröffnet, so gilt § 289.

Vertretung von Abwesenden

286 [1] Für den Angeklagten kann ein Verteidiger auftreten. [2] Auch Angehörige des Angeklagten sind, auch ohne Vollmacht, als Vertreter zuzulassen.

1) Die Verteidigung ist nicht notwendig. Allerdings kommt die Anwendung 1 des § 140 II in Betracht, wenn der Beschuldigte (die Verwendung des Wortes „Angeklagten" in S 1 beruht auf einem Redaktionsversehen) keine Kenntnis von dem Verfahren hat (KK-Greger 2; weitergehend Dierbach StraFo **19**, 50, 51: auch in Fällen des § 168c). Für den Beschuldigten kann aber ein von ihm selbst oder von einem Vertreter bevollmächtigter Verteidiger tätig werden. Die §§ 137ff gelten entspr, auch § 145a.

2) Angehörige (S 2) müssen als Vertreter zugelassen werden, auch wenn sie 2 keine Vollmacht des Beschuldigten nachweisen können. Melden sich mehrere, so kann das Gericht die Zahl der Vertretungsberechtigten entspr § 137 I S 2 beschränken.

Der **Begriff** Angehörige ist weit auszulegen (SK-Frister 4; aM KMR-Haizmann 3 4); über den in § 52 I und § 11 I Nr 1 StGB bezeichneten Personenkreis hinaus gehören dazu auch entfernte Verwandte und Stiefeltern, nicht aber geschiedene Ehegatten.

Vertretung iS des S 2 bedeutet nicht rechtsgeschäftliche Vertretung, sondern 4 Interessenwahrnehmung nach Art der Verteidigung. Vertretungsbefugnis iS des § 234 haben die Angehörigen nicht (KK-Greger 5).

Benachrichtigung von Abwesenden

287 [I] Dem abwesenden Beschuldigten steht ein Anspruch auf Benachrichtigung über den Fortgang des Verfahrens nicht zu.

[II] Der Richter ist jedoch befugt, einem Abwesenden, dessen Aufenthalt bekannt ist, Benachrichtigungen zugehen zu lassen.

1) Die Benachrichtigung des Abwesenden über den Fortgang des Verfah- 1 rens steht im Ermessen des Gerichts. Einen Rechtsanspruch hat der Abwesende auch dann nicht, wenn er eine Zustellungsvollmacht hinterlegt hat.

2) Dem Verteidiger und den als Vertreter zugelassenen Angehörigen (§ 286 I 2 S 2) sind die gesetzlich vorgeschriebenen Mitteilungen nach den allgemeinen Vorschriften zu machen (KK-Greger 2).

§§ 288–290

Öffentliche Aufforderung zum Erscheinen oder zur Aufenthaltsortsanzeige

288 Der Abwesende, dessen Aufenthalt unbekannt ist, kann in einem oder mehreren öffentlichen Blättern zum Erscheinen vor Gericht oder zur Anzeige seines Aufenthaltsortes aufgefordert werden.

1   1) Die **öffentliche Aufforderung** an den Abwesenden, vor Gericht zu erscheinen oder seinen Aufenthaltsort anzuzeigen, steht im Ermessen des Vorsitzenden. Sie erfolgt in 1. Hinsicht durch Anzeige in öffentlichen Blättern, dh in Zeitungen, die nicht nur von einem beruflich eng begrenzten Personenkreis gelesen werden (LR-Stuckenberg 9). § 288 schließt die Aufforderung durch Ton- oder Fernseh-Rundfunk nicht aus, auch nicht den Versuch, mit dem Abwesenden durch andere geeignete Mittel Verbindung aufzunehmen (vgl auch SK-Frister 2).

2   2) **Rechtsfolgen** hat die Aufforderung nicht. Sie steht nicht einer Ladung gleich und stellt auch keine öffentliche Zustellung iS des § 40 dar (KK-Greger 1).

Beweisaufnahme durch beauftragte oder ersuchte Richter

289 Stellt sich erst nach Eröffnung des Hauptverfahrens die Abwesenheit des Angeklagten heraus, so erfolgen die noch erforderlichen Beweisaufnahmen durch einen beauftragten oder ersuchten Richter.

1   1) Die **Zuständigkeit für die Beweissicherung** nach § 285 I S 2 richtet sich grundsätzlich nach den allgemeinen Regeln. Im Vorverfahren sichert die StA die Beweise. Nur für die Beweissicherung nach Eröffnung des Hauptverfahrens enthält § 289 eine Sonderregelung. Die erforderlichen Anordnungen trifft das Gericht; die Beweise erhebt ein beauftragter oder ersuchter Richter.

2   2) Für die **Durchführung der Beweiserhebung** gelten die §§ 223 ff. Verteidiger und nach § 286 I S 2 als Vertreter zugelassene Angehörige müssen nach § 224 benachrichtigt werden. Die Benachrichtigung des Abwesenden kann unterbleiben (§ 287). StA und Verteidiger sind zur Anwesenheit berechtigt, Angehörige als Vertreter im selben Umfang wie der Beschuldigte.

Vermögensbeschlagnahme

290 I Liegen gegen den Abwesenden, gegen den die öffentliche Klage erhoben ist, Verdachtsgründe vor, die den Erlaß eines Haftbefehls rechtfertigen würden, so kann sein im Geltungsbereich dieses Bundesgesetzes befindliches Vermögen durch Beschluß des Gerichts mit Beschlag belegt werden.

II Wegen Straftaten, die nur mit Freiheitsstrafe bis zu sechs Monaten oder mit Geldstrafe bis zu einhundertachtzig Tagessätzen bedroht sind, findet keine Vermögensbeschlagnahme statt.

1   1) **Zweck der Vermögensbeschlagnahme** (vgl auch § 443) ist, die Gestellung des Abwesenden durch Entzug seiner finanziellen Mittel zu erzwingen und dadurch die Durchführung der Hauptverhandlung zu ermöglichen (Börner NStZ 05, 548 mwN). Dass die Auslieferung des Abwesenden nicht verlangt werden kann, steht der Beschlagnahme nicht entgegen (KK-Greger 2), auch nicht dessen Erklärung, er werde in die BRep trotz Verlustes seines Vermögens nicht zurückkehren (Börner aaO 549). Die Vermögensbeschlagnahme darf aber nicht angeordnet werden, wenn feststeht, dass ihr Zweck nicht erreichbar ist, zB weil der Abwesende nicht reisefähig ist oder im Ausland gegen seinen Willen festgehalten wird oder weil sein Vermögen so gering ist, dass die Beschlagnahme ihn nicht beeindruckt.

2   2) **Voraussetzung der Vermögensbeschlagnahme** ist die Erhebung der öffentlichen Klage und das Vorliegen von Verdachtsgründen, die den Erlass eines

Haftbefehls rechtfertigen würden. Ein Haftbefehl muss noch nicht erlassen sein; ein Haftgrund nach §§ 112 II, 112a braucht nicht vorzuliegen (KK-Greger 4; SK-Frister 4; **aM** KMR-Haizmann 6; Börner NStZ 05, 549; Hilger NStZ 82, 375 Fn 8).

3) Der **Verhältnismäßigkeitsgrundsatz** muss gewahrt sein (Börner NStZ 05, 550). Bei Straftaten von geringem Gewicht ist die Vermögensbeschlagnahme unzulässig (II). Auch sonst darf sie nicht angeordnet werden, wenn ihre Auswirkungen außer Verhältnis zu den Rechtsfolgen stehen, mit denen der Abwesende wegen der Tat zu rechnen hat. 3

4) Durch **Gerichtsbeschluss** wird die Vermögensbeschlagnahme angeordnet. Das Gericht entscheidet von Amts wegen oder auf Antrag der StA nach pflichtgemäßem Ermessen. Der Beschluss ist nach § 34 mit Gründen zu versehen; seine Bekanntmachung regelt § 291. In dem Beschluss muss der Beschuldigte genau bezeichnet werden; im Übrigen genügt die abstrakte Anordnung der Vermögensbeschlagnahme ohne Bezeichnung der einzelnen Vermögensgegenstände. 4

Zuständig ist das Gericht, bei dem die Sache anhängig ist, auch das Berufungsgericht, das das Verfahren nach § 205 eingestellt hat (LR-Stuckenberg 13). 5

5) **Beschwerde** gegen den die Vermögensbeschlagnahme anordnenden Beschluss kann der Beschuldigte, gegen den Beschluss, der einen entspr Antrag ablehnt, die StA nach § 304 I, IV S 2 Nr 1 einlegen. 6

Bekanntmachung der Beschlagnahme

291 Der die Beschlagnahme verhängende Beschluß ist im Bundesanzeiger bekanntzumachen und kann nach dem Ermessen des Gerichts auch auf andere geeignete Weise veröffentlicht werden.

1) **Voraussetzung der Wirksamkeit** der Vermögensbeschlagnahme (§ 292 I) ist die Bekanntmachung des Beschlusses. Sie muss stets im BAnz erfolgen, nach dem Ermessen des Gerichts auch durch Veröffentlichung auf andere geeignete Weise (16 zu § 111e). Die Art der Bekanntmachung wird bereits in dem Beschlagnahmebeschluss bestimmt (LR-Stuckenberg 2; **aM** KK-Greger 1; SK-Frister 3). Die Veröffentlichung auf andere geeignete Weise kann auch noch durch einen späteren Beschluss angeordnet werden (LR-Stuckenberg 2). Die Beschlagnahme wird mit dem Ablauf des Tages wirksam, an dem sie im BAnz veröffentlicht wird (AnwK-Martis 1 und LR-Stuckenberg 1, je zu § 292). 1

2) Die **Ausführung der Veröffentlichung** ist keine Vollstreckung iS des § 36 II S 1 (KK-Greger 1); sie ist daher Sache des Gerichts. 2

Wirkung der Bekanntmachung

292 I Mit dem Zeitpunkt der ersten Bekanntmachung im Bundesanzeiger verliert der Angeschuldigte das Recht, über das in Beschlag genommene Vermögen unter Lebenden zu verfügen.

II 1 Der die Beschlagnahme verhängende Beschluß ist der Behörde mitzuteilen, die für die Einleitung einer Pflegschaft über Abwesende zuständig ist.
2 Diese Behörde hat eine Pflegschaft einzuleiten.

1) **Ein absolutes Verfügungsverbot (I)** tritt mit dem Zeitpunkt der 1. Bekanntmachung im BAnz ein; eine frühere Bekanntmachung auf andere Weise ist ohne Bedeutung (1 zu § 291). Dem Abwesenden wird die Befugnis entzogen, Verfügungen über sein gegenwärtiges oder künftiges Vermögen zu treffen. Gleichwohl getroffene Verfügungen sind nach § 134 BGB nichtig (LR-Stuckenberg 2). Da die Nichtigkeit nicht von der Bösgläubigkeit des Vertragspartners abhängt, ist die Eintragung des Verfügungsverbots im Grundbuch entbehrlich. Verfügungen 1

§§ 293, 294 Zweites Buch. 8. Abschnitt

von Todes wegen fallen nicht unter das Verbot (SK-Frister 3). Bestehende Rechte Dritter an den beschlagnahmten Vermögensgegenständen bleiben unberührt.

2 **2) Die Abwesenheitspflegschaft (II)** nach § 1911 BGB dient der Fürsorge für das beschlagnahmte Vermögen. Die Interessen des Beschuldigten dürfen nicht stärker beeinträchtigt werden, als es der Zweck der Beschlagnahme erfordert (BayObLGZ **63**, 257 = NJW **64**, 301). Der Vorsitzende teilt dem zuständigen Vormundschaftsgericht den Beschlagnahmebeschluss mit, damit die Pflegschaft eingeleitet wird. Der Pfleger hat die Aufgabe, das inländische Vermögen des Beschuldigten sicherzustellen und zu verwalten (Einzelheiten bei LR-Stuckenberg 5 ff). Vermögensverfügungen darf er treffen, soweit der Zweck der Beschlagnahme nicht entgegensteht (Bay aaO; vgl auch Hilger NStZ **82**, 374: Erfüllung von Ansprüchen der durch die Straftat Geschädigten). Gesetzlicher Vertreter iS des § 298 I ist der Pfleger nicht (Karlsruhe Justiz **84**, 291).

Aufhebung der Beschlagnahme

293 [I] Die Beschlagnahme ist aufzuheben, wenn ihre Gründe weggefallen sind.

[II] [1] Die Aufhebung der Beschlagnahme ist auf dieselbe Weise bekanntzumachen, wie die Bekanntmachung der Beschlagnahme. [2] Ist die Veröffentlichung nach § 291 im Bundesanzeiger erfolgt, ist zudem deren Löschung zu veranlassen; die Veröffentlichung der Aufhebung der Beschlagnahme im Bundesanzeiger ist nach Ablauf von einem Monat zu löschen.

1 **1) Die Aufhebung der Beschlagnahme (I)** ist zwingend geboten, wenn der Abwesende nicht mehr tatverdächtig ist, wenn die Eröffnung des Hauptverfahrens abgelehnt oder das Verfahren wegen eines Prozesshindernisses eingestellt wird, wenn der Abwesende nunmehr (infolge Auslieferung, Verhaftung oder Selbstgestellung) für das Strafverfahren zur Verfügung steht oder wenn er gestorben ist (LR-Stuckenberg 1). Für eine gesondert anzustellende Prüfung des Übermaßverbotes anhand bloßen Zeitablaufs ist daneben kein Raum (Börner NStZ **05**, 552).

2 **2) Erst die Bekanntmachung der Aufhebung (II)** lässt nach hM das absolute Verfügungsverbot (1 zu § 292) entfallen; Just (Meyer-Goßner-FS 180) weist allerdings zutr darauf hin, dass die Parallele zum Grundstücks- und Grundbuchrecht gegen die Publizitätsbedürftigkeit spricht. Die Bekanntmachung muss der Veröffentlichung der Beschlagnahme (§ 291) entsprechen. Im BAnz ist mit der Veröffentlichung der Aufhebung zugleich die Beschlagnahme zu löschen. Die Bekanntmachung der Aufhebung ist nach Ablauf eines Monats zu löschen. Der Aufhebungsbeschluss ist auch dem Vormundschaftsgericht mitzuteilen, das die Abwesenheitspflegschaft aufzuheben hat (LR-Stuckenberg 6).

Verfahren nach Anklageerhebung

294 [I] Für das nach Erhebung der öffentlichen Klage eintretende Verfahren gelten im übrigen die Vorschriften über die Eröffnung des Hauptverfahrens entsprechend.

[II] In dem nach Beendigung dieses Verfahrens ergehenden Beschluß (§ 199) ist zugleich über die Fortdauer oder Aufhebung der Beschlagnahme zu entscheiden.

1 **1) Das Verfahren (I)** nach Erhebung der öffentlichen Klage hat nicht nur die Beweissicherung zum Ziel, sondern auch die umfassende Aufklärung des Sachverhalts. Insoweit ist § 202 entspr anwendbar.

2 **2) Entscheidung des Gerichts (II):** Das Gericht lehnt die Eröffnung des Hauptverfahrens ab (§ 204) oder stellt das Verfahren nach § 205 S 1 vorläufig ein. Die Eröffnung des Hauptverfahrens (§ 207) ist unzulässig (KK-Greger 1; LR-

Sicheres Geleit

295 ⁱ Das Gericht kann einem abwesenden Beschuldigten sicheres Geleit erteilen; es kann diese Erteilung an Bedingungen knüpfen.
ⁱⁱ Das sichere Geleit gewährt Befreiung von der Untersuchungshaft, jedoch nur wegen der Straftat, für die es erteilt ist.
ⁱⁱⁱ Es erlischt, wenn ein auf Freiheitsstrafe lautendes Urteil ergeht oder wenn der Beschuldigte Anstalten zur Flucht trifft oder wenn er die Bedingungen nicht erfüllt, unter denen ihm das sichere Geleit erteilt worden ist.

1) Einem **abwesenden Beschuldigten** kann das Gericht nach seinem pflichtgemäßen Ermessen (Düsseldorf NStZ-RR **99**, 245) sicheres Geleit erteilen (**I S 1 H 1**), damit er an dem Strafverfahren persönlich teilnehmen und seine Freisprechung erwirken kann. Das sichere Geleit dient zugleich dem Interesse des Staates an der Durchführung des Strafverfahrens (Hamburg JR **79**, 174 mit Anm Gössel); zur Teilnahme an einem Zivilrechtsstreit ist es daher nicht zu gewähren (**aM BGH NJW 91**, 2500). Der spätere Wegfall der Abwesenheit (zum Begriff vgl § 276) berührt das unbeschränkt erteilte sichere Geleit nicht (Köln NJW **54**, 1856). Einem Zeugen kann sicheres Geleit nicht erteilt werden; nur wenn er in einer anderen Sache Beschuldigter ist, kann in diesem Verfahren § 295 angewendet werden (BGH **35**, 216). Wegen des sicheren Geleits für aus dem Ausland erschienene Zeugen vgl im Übrigen 63 zu § 244. 1

In jedem Verfahrensabschnitt ist § 295 anwendbar. Das sichere Geleit kann zB gewährt werden für eine Vernehmung durch den StA oder den Ermittlungsrichter, für sonstige einzelne prozessuale Vorgänge im Vor- oder Zwischenverfahren, insbesondere aber für die Hauptverhandlung. Sicheres Geleit ist auch noch in den Rechtsmittelzügen zulässig. 2

Es kann an **Bedingungen** geknüpft werden (**I S 1 H 2**), aber nicht nachträglich (LR-Stuckenberg 9). Bedingungen sind auch nur zulässig, soweit sie mit dem Zweck des sicheren Geleits im Zusammenhang stehen, insbesondere, soweit sie die Flucht oder Verdunkelung verhindern oder den Strafantritt sichern sollen. In Betracht kommen Anweisungen über Aufenthaltsort und Reiseweg, über Sicherheitsleistung, Abgabe des Reisepasses und regelmäßige Meldungen. Für Sicherheitsleistungen gilt § 124 nicht; daher muss das Gericht bestimmen, unter welchen Voraussetzungen die Sicherheit verfällt (LR-Stuckenberg 10). Die Bedingung kann nicht darin bestehen, dass dem Beschuldigten untersagt wird, öffentl aufzutreten oder an Versammlungen teilzunehmen (BGH MDR **92**, 549 [S] mwN). 3

Der **Widerruf** des sicheren Geleits, von dem der Beschuldigte noch keinen Gebrauch gemacht hat, ist zulässig, wenn er den damit verfolgten Zweck vereitelt, zB indem er im Ausland bleibt, Ladungen nicht beachtet (KK-Greger 9) oder sein Erscheinen von unerfüllbaren Bedingungen abhängig macht (Zweibrücken NJW **66**, 1722). 4

2) Die **Befreiung von der Untersuchungshaft (II)** bewirkt das sichere Geleit. Dass bereits ein Haftbefehl nach §§ 112 ff besteht, wird nicht vorausgesetzt (Gössel JR **79**, 174). Ist ein bestehender Haftbefehl schon nach § 116 ausgesetzt, so ist sicheres Geleit zwar idR überflüssig, aber nicht unzulässig (LR-Stuckenberg 5). Den Erlass eines Haftbefehls schließt das sichere Geleit nicht aus; er darf aber nicht vollzogen werden (Köln StraFo **07** 294). Für andere freiheitsentziehende Zwangsmaßnahmen (Haft nach §§ 230 II, 236) gilt II entspr. 5

Nur **für eine bestimmte Straftat** wird sicheres Geleit erteilt; der Begriff ist in dem verfahrensrechtlichen Sinn des § 264 zu verstehen (LR-Stuckenberg 6). 6

Das sichere Geleit **erstreckt sich,** wenn es nicht zeitlich (zB bis zum Abschluss der Vernehmung des Beschuldigten in der Hauptverhandlung) befristet oder auf 7

§ 295

bestimmte Vernehmungen (zB im Ermittlungsverfahren) beschränkt ist, auf das ganze Strafverfahren bis zum Erlass eines auf Freiheitsstrafe lautenden Urteils. Die unbefristete Erteilung des sicheren Geleits ist bereits im Ermittlungsverfahren zulässig (KK-Greger 6; **am** Oldenburg NdsRpfl 72, 223; SK-Frister 7).

8   **3)** Das **Erlöschen** des sicheren Geleits **(III)** tritt bei Vorliegen der Erlöschensgründe ohne weiteres ein. Ein Gerichtsbeschluss ist nicht erforderlich, kann aber zweckmäßig sein, wenn der Erlöschensgrund nicht offensichtlich ist (KK-Greger 10). Ein auf Freiheitsstrafe lautendes Urteil führt zum Erlöschen, auch wenn es noch nicht rechtskräftig ist (LR-Stuckenberg 18). Anstalten zur Flucht (vgl auch § 116 IV Nr 2) trifft der Beschuldigte nicht, wenn er die BRep wieder verlassen will, nachdem der Verfahrensteil abgeschlossen ist, auf den das sichere Geleit beschränkt war (KK-Greger 6). Das Nichterfüllen der Bedingungen führt nur zum Erlöschen, wenn der Beschuldigte schuldhaft handelt; eine gröbliche Zuwiderhandlung (wie in § 116 IV Nr 1) wird aber nicht vorausgesetzt.

9   **4)** Durch **Beschluss des Gerichts** (Geleitbrief), der auch von Amts wegen ergehen kann, wird das sichere Geleit erteilt. Er muss die Straftat, auf die es sich bezieht, genau bezeichnen; ferner muss das Gericht angegeben werden, vor dem die Prozesshandlung stattfinden soll, für die sicheres Geleit erteilt wird. Ggf sind die Bedingungen zu beschreiben, an die das sichere Geleit geknüpft ist.

10 **Zuständig** ist im Ermittlungsverfahren der Ermittlungsrichter (§§ 162, 169), wenn das sichere Geleit nicht über dieses Verfahren hinaus wirken soll; andernfalls entscheidet das Gericht, vor dem die Hauptverhandlung stattfinden soll (Hamburg JR **79**, 174; KK-Greger 7; SK-Frister 6). Das von einem unzuständigen Gericht erteilte sichere Geleit ist wirksam; es darf nicht wegen der Unzuständigkeit abgeändert oder widerrufen werden (LR-Stuckenberg 16).

11 **5) Beschwerde** (§ 304 I) können StA und Beschuldigter gegen die Versagung und den Widerruf des sicheren Geleits sowie gegen die Feststellung seines Erlöschens einlegen. Die StA kann auch die Erteilung anfechten, der Beschuldigte nur, wenn er durch Bedingungen beschwert ist (Hamburg JR **79**, 174; Köln OLGSt S 1; LR-Stuckenberg 26). Weitere Beschwerde ist nach § 310 ausgeschlossen (Frankfurt NJW **52**, 908; Köln MDR **58**, 941; erg 5 zu § 310). Wird der Beschuldigte unter Verletzung des sicheren Geleits verhaftet, so stehen ihm die Rechtsbehelfe des Antrags auf Haftprüfung (§ 117) und der Haftbeschwerde offen.

Drittes Buch. Rechtsmittel

Erster Abschnitt. Allgemeine Vorschriften

Vorbemerkungen

1) **Rechtsmittel** zur Anfechtung gerichtlicher Entscheidungen sind im Straf- **1** prozess die einfache (§ 304), sofortige (§ 311) und weitere (§ 310) Beschwerde, die Berufung (§§ 312 ff) und die Revision (§§ 333 ff). Wegen der förmlichen Rechtsbehelfe, die keine Rechtsmittel sind, vgl unten 20, wegen der formlosen Rechtsbehelfe unten 21 ff.

A. Das **Wesen des Rechtsmittels** besteht darin, dass es eine noch nicht rechts- **2** kräftige gerichtliche Entscheidung zur Nachprüfung vor ein Gericht höherer Ordnung bringt (Devolutiveffekt). Berufung und Revision hindern ferner den Eintritt der Rechtskraft des Urteils (§§ 316 I, 343 I) und damit seine Vollstreckbarkeit (Suspensiveffekt); die Beschwerde hat diese Wirkung nicht (§ 307 I).

B. **Statthaft** ist ein Rechtsmittel gegen richterliche Entscheidungen nur, wenn **3** das Gesetz es zur Verfügung stellt. Weder Art 19 IV GG noch das Rechtsstaatsprinzip (Einl 18) gewährleisten einen strafprozessualen Rechtsmittelzug (BVerfGE **11**, 232, 233; **28**, 21, 36; **40**, 272, 274; **41**, 23, 26; BGH **28**, 57, 58).

Ein Rechtsmittel kann **erst nach Erlass der angefochtenen Entscheidung** **4** eingelegt werden (BGH **25**, 187, 189; Bay NJW **61**, 1637 mit abl Anm Erdsiek; Koblenz MDR **78**, 511; **85**, 955; Köln VRS **47**, 189; LR–Franke 3 zu § 341), auch nicht zur „Beseitigung des Rechtsscheins einer nicht-existierenden Entscheidung" (so aber LG Hildesheim NStZ **91**, 401 mit insoweit zust Anm Laubenthal). Zulässig sind Rechtsmittel gegen Urteile somit erst nach der Verkündung (§ 268 II S 1), gegen Beschlüsse außerhalb der Hauptverhandlung erst nach ihrem Erlass (5, 8 vor § 33). Dabei kommt es aber nicht darauf an, dass auch der Beschwerdeführer weiß, dass die Entscheidung bereits erlassen ist (BGH aaO; Hamm NJW **57**, 883; NStZ **81**, 200 L; **aM** Bay aaO; Hamm VRS **37**, 61). Unschädlich ist es auch, dass die Rechtsmittelschrift schon vor Erlass der Entscheidung verfasst und abgesandt worden ist (Jena NStZ-RR **12**, 180).

Unzulässig ist die **bedingte Einlegung von Rechtsmitteln** (BGH **5**, 183; **25**, **5** 187 = JR **74**, 295 mit Anm Hanack; Hamm NJW **73**, 257; Einl 118), zB unter der Bedingung, dass auch ein anderer Prozessbeteiligter die Entscheidung angefochten hat (BGH NStZ **14**, 55 mwN), dass eine Haftbeschwerde erfolglos bleibt (BGH NStZ-RR **09**, 317), dass dem Beschwerdeführer keine Kosten entstehen (Hamm MDR **74**, 777), dass Prozesskostenhilfe bewilligt (BGH NStZ-RR **08**, 49) oder dass nicht nachträglich Zahlungserleichterungen gewährt werden (Hamm NJW **73**, 257). Die Angabe des Beweggrundes der Rechtsmitteleinlegung ist keine Bedingung (BGH MDR **54**, 18 [D]). Unschädlich sind auch bloße Rechtsbedingungen (Düsseldorf GA **69**, 468; Einl 119), zB dass ein gleichzeitig eingelegtes anderes Rechtsmittel unzulässig (Köln NJW **63**, 1073), ein Rechtsmittelverzicht unwirksam (Bay wistra **97**, 359) oder ein gleichzeitig gestellter Wiedereinsetzungsantrag unbegründet ist (Schleswig SchlHA **73**, 188 [E/J]). Aber schon der durch Auslegung nicht behebbare Zweifel, ob eine andere als eine Rechtsbedingung vorliegt, macht das Rechtsmittel unzulässig (BGH **5**, 183; Hamm MDR **74**, 777; Einl 118).

Ausnahmsweise kann ein unbefristeter Rechtsbehelf infolge **Verwirkung** unzu- **6** lässig werden (dagegen Schlüchter Meyer-GedSchr 445), wenn der Berechtigte längere Zeit (Hamm NStZ-RR **04**, 144: Beschwerde der StA nach mehr als einem Jahr; Koblenz wistra **87**, 357: ein Antrag nach § 33a wird nach 2 Jahren und 3 Monaten gestellt; LG Potsdam NJW **04**, 696: nach 4 Jahren) hindurch untätig bleibt, obwohl er die Rechtslage kannte oder zumutbarerweise hätte kennen müssen (BVerfGE **32**, 305; Koblenz MDR **85**, 344), insbesondere dann, wenn der

Schmitt 1397

Vor § 296 Drittes Buch. 1. Abschnitt

Gegner auf die bestehende Situation vertrauen durfte (Oldenburg StraFo **07**, 33: Bewährungszeitverlängerung statt Widerruf). Über Rechtsmittel mit verunglimpfender Begründung vgl 12 vor § 33.

7 Zum **Verzicht** auf Rechtsmittel vgl § 302.

8 C. Eine **Beschwer** ist Voraussetzung für die Zulässigkeit, nicht erst für die Begründetheit, eines förmlichen Rechtsmittels (BGH **16**, 374; **28**, 327, 330; Bay **77**, 143; LR-Jesse 54; Roxin/Schünemann § 53, 11; **aM** KMR-Plöd 14: Behauptung der Beschwer genügt; vgl auch Bloy JuS **86**, 586; Krack 8 stellt neben die Beschwer noch das Erfordernis der „Rügekompetenz", worunter er versteht, dass die verletzte Norm gerade den Beschuldigten schützen und zu seinem Nachteil verletzt sein muss). Ein besonderes Rechtsschutzbedürfnis ist daneben nicht erforderlich (Stephan NJW **66**, 2394; LR-Jesse 56; **aM** für Ausnahmefälle: Ellersiek 61 ff). Fehlt die Beschwer hinsichtlich eines Teils der angefochtenen Entscheidung, so ist eine Prüfung insoweit auch dann ausgeschlossen, wenn das Rechtsmittel im Übrigen zulässig ist (**aM** BGH **37**, 5 zur fehlenden Unterbringungsanordnung bei alleinigem Rechtsmittel des Angeklagten, wobei es dort aber wegen § 358 II S 3 auf die Frage der Beschwer gar nicht ankam; vgl auch Fezer JZ **96**, 666).

9 a) Nur eine **unmittelbare Beeinträchtigung** der Rechte oder schutzwürdigen Interessen des Betroffenen durch die Entscheidung begründet eine Beschwer (BGH **7**, 153; **13**, 75, 77; **16**, 374, 376; Düsseldorf NStZ **84**, 326; JMBlNW **88**, 165; Hamburg NJW **98**, 1328 [„Abmahnung"]; Schleswig NJW **57**, 1487; vgl auch 5 zu § 333).

10 Die Beschwer kann auch in der **Unterlassung** einer rechtlich möglichen oder gebotenen Entscheidung bestehen, die für den Betroffenen eine günstigere Rechtslage geschaffen hätte (BGH **28**, 327, 330; KK-Paul 5; erg 8 zu § 213; 3 zu § 304). Dabei ist die objektive Rechtslage maßgebend, nicht die subjektive Einschätzung des Betroffenen (BGH aaO; Schleswig SchlHA **85**, 133 [E/L]). Eine Beschwer liegt daher für den Angeklagten nicht darin, dass das Urteil nicht die Anordnung einer Maßregel der Besserung und Sicherung enthält, selbst wenn sie seiner Heilung dienen könnte (BGH **38**, 4, 7; NStZ **07**, 213; NStZ-RR **07**, 5 [B]; **09**, 252; **11**, 22; 255; **14**, 43 L; **16**, 251 L; Köln NJW **78**, 2350; Meyer-Goßner Frisch-FS 1308 ff; **aM** Dencker Mehle-FS 143; Loos JR **96**, 81; Radtke Roxin-FS II 1433; Schöch Volk-FS 716; Tolksdorf Stree/Wessels-FS 759). Sie fehlt auch, wenn das Gericht von einem rechtlich nicht gebotenen Teilfreispruch absieht (Bay **86**, 100, 102). Dagegen ist das Unterlassen nachträglicher Gesamtstrafenbildung (§ 460) grundsätzlich beschwerend (BVerfG StV **18**, 350).

11 Nur aus dem **Entscheidungsausspruch,** nicht aus den Gründen des Urteils oder Beschlusses kann sich die Beschwer ergeben (BGH **7**, 153; **13**, 75, 77; **16**, 374; Radtke aaO 1427; eingehend BGH NJW **16**, 728 mit Anm Michalke und im Hinblick auf die Rspr des EGMR – dazu 15a zu Art 6 EMRK – krit Anm Grosse-Wilde/Stuckenberg StV **16**, 784; unten 13). Das gilt grundsätzlich auch dann, wenn die Art der Entscheidungsbegründung Grundrechte verletzt (LR-Jesse 62; **aM** Ellersiek 53; Henrichs MDR **56**, 196); etwas anderes kann sich nur in seltenen Ausnahmefällen ergeben (vgl BVerfGE **6**, 7, 9; **28**, 151, 160). Ein Rechtsmittel kann auch nicht zu dem Zweck eingelegt werden, bloße Fassungsfehler des Urteilsspruchs zu berichtigen (Saarbrücken VRS **28**, 440) oder Unrichtigkeiten des Rubrums (Saarbrücken VRS **21**, 130), des Urteilskopfes oder anderer durch § 275 II vorgeschriebener Angaben (Koblenz VRS **45**, 190) oder der Bezeichnung der angewendeten Vorschriften (§ 260 V S 1) zu beseitigen.

12 b) Der **Angeklagte** ist durch jede für ihn nachteilige Entscheidung beschwert, zB durch Verwerfung einer zurückgenommenen Berufung nach § 329 I (Zweibrücken VRS **63**, 57) oder eines in Wahrheit gar nicht eingelegten Rechtsmittels (Saarbrücken VRS **27**, 453), durch Straffreierklärung nach § 199 StGB (RG **42**, 399, 401) oder durch Absehen von Strafe (Dahs Rev 35), durch Einziehungsanordnung auch, wenn die Sache einem anderen gehört (Bay **55**, 107; VRS **46**, 271, 272; Celle NJW **60**, 1873). Wenn die Strafe durch UHaft verbüßt ist, beschwert

1398 *Schmitt*

Allgemeine Vorschriften   **Vor § 296**

den Angeklagten auch die Strafaussetzung zur Bewährung (BGH NJW **61**, 1220); an der Beschwer fehlt es aber, wenn die UHaft nicht auf die Geldstrafe, sondern auf die nicht zur Bewährung ausgesetzte Freiheitsstrafe angerechnet worden ist (Hamm MDR **75**, 334 L). Zur Beschwer durch eine Verurteilung unter einem zu milden rechtlichen Gesichtspunkt, insbesondere bei unrichtiger Annahme einer einheitlichen Tat, vgl 17 zu § 354.

Ein **freisprechendes Urteil** kann der dann nur durch die Gründe beschwerte 13 (oben 11) Angeklagte nicht anfechten (BGH **7**, 153; **13**, 75, 77; **16**, 374; 3 StR 595/99 vom 23.2.2000; Hamm NJW **12**, 3046; **aM** *de lege ferenda* Krack 182). Das gilt auch bei Freisprechung wegen Schuldunfähigkeit nach § 20 StGB (BGH **5**, 267; Frankfurt NStZ-RR **10**, 346 mwN; Krack 217; eingehend BGH NJW **16**, 728 mit Anm Michalke und krit Anm Grosse-Wilde/Stuckenberg StV **16**, 784; **aM** SK-Frisch 160; Kucksein Keller-GS 137; Peters 614), selbst wenn das Gericht offenlässt, ob überhaupt eine tatbestandsmäßige, rechtswidrige Tat vorliegt (BGH **16**, 374; LR-Jesse 75; **aM** Schleswig NJW **57**, 1487; erg aber 15a zu Art 6 EMRK). Anfechtbar ist das Urteil aber, soweit es zugleich Sicherungsmaßregeln oder Nebenfolgen, zB die Einziehung oder Unbrauchbarmachung, anordnet (RG **48**, 17; **61**, 293; **66**, 420, 421).

Durch die **Verfahrenseinstellung** wegen eines Prozesshindernisses ist der An- 14 geklagte idR nicht beschwert (BGH **23**, 257, 259 mit Anm Traub NJW **70**, 1887; BGH NJW **70**, 154, 155; **07**, 3010, 3011); anders aber bei Einstellung wegen eines noch behebbaren Verfahrenshindernisses (BGH NJW **11**, 2310 und NStZ **11**, 650: Mängel der Anklageschrift; Bay **89**, 33; Stuttgart NJW **63**, 1417: nachholbarer Strafantrag). Der Angeklagte kann daher nach ganz hM auch nicht verlangen, dass sein Strafverfahren mit dem Ziel des Freispruchs weitergeführt wird (**aM** Sternberg-Lieben ZStW **108**, 754, falls das Prozesshindernis erst in der Hauptverhandlung entstanden oder zutage getreten ist; teilw **aM** auch Krack 321). Auch eine Beschwer durch den Kostenausspruch berechtigt nicht zur Einlegung eines Rechtsmittels gegen die Einstellungsentscheidung (LR-Franke 22 zu § 333; vgl auch BGH NStZ-RR **96**, 299). Besteht nach der Verfahrenslage aber ein Anspruch auf Freisprechung (44 zu § 260), so kann gegen das Einstellungsurteil Berufung oder Revision mit dem Ziel der Freisprechung eingelegt werden (BGH **13**, 268; Frankfurt NJW **80**, 2824; Hamburg JZ **67**, 546; Oldenburg NJW **85**, 1177; Stuttgart NJW **63**, 1417).

Die **Möglichkeit eines Nachtragsverfahrens** beseitigt die Beschwer nicht 15 (5 zu § 333).

c) Für die **StA** gelten besondere Grundsätze. Da sie im Strafverfahren nicht Par- 16 tei ist, sondern allgemein Aufgaben der staatlichen Rechtspflege erfüllt (Einl 87), ist sie berechtigt, nach pflichtgemäßem Ermessen Entscheidungen anzufechten, die, gleichviel, ob sie jemanden beschweren, den Geboten der Rechtspflege nicht entsprechen (Braunschweig NJW **73**, 2117; Bremen NStZ **89**, 286; Düsseldorf NStZ **90**, 292; Saarbrücken NJW **73**, 1011; Kleinknecht NJW **61**, 87); eine Ausnahme gilt nur für Rechtsmittel zugunsten des Angeklagten (14 zu § 296). Die StA kann daher nicht einlegen, wenn sie das 1. Urteil nicht mehr im Gegensatz zu dem Angeklagten angefochten oder wenn sie sich im Gegensatz zu dem Angeklagten mit einer Strafmaßberufung begnügt hatte (Koblenz NJW **82**, 1770). Auch dass das Urteil oder der Beschluss dem ausdrücklichen Antrag der StA entsprochen hat, steht der Anfechtung nicht entgegen (RG **48**, 26; KG JR **69**, 349). Nichts anderes gilt bei ihr in der Urteil, das nach einer Verständigung ergangen ist (32 zu § 257c). Die StA kann eine Entscheidung aber nicht mit dem Ziel anfechten, sie mit einer anderen Begründung aufrechtzuerhalten (Hamburg StV **09**, 630 mit zust Anm Vogel/Brodowski; LR-Franke 21 zu § 333; **aM** Wohlers 285).

D. **Prozessuale Überholung:** Die Rechtsmittel der StPO dienen der Beseiti- 17 gung einer gegenwärtigen, fortdauernden Beschwer. Ihr Ziel ist die Aufhebung einer den Beschwerdeführer beeinträchtigenden Maßnahme. Eine Maßnahme, die aus tatsächlichen oder rechtlichen Gründen nicht mehr ungeschehen gemacht

Schmitt 1399

werden kann, ist daher grundsätzlich nicht anfechtbar (BGH NJW 73, 2035; Düsseldorf JZ 84, 756). Entsprechendes gilt für den Fall, dass die beschwerde Anordnung zurückgenommen (LG Koblenz NStZ 03, 330 zur Anordnung nach §§ 100g, 100h) oder die angefochtene Entscheidung aus anderem Anlass oder durch den Fortgang des Verfahrens gegenstandslos geworden, also prozessual überholt ist. Das an sich statthafte Rechtsmittel ist dann unzulässig. Prozessual überholt ist zB die Beschwerde gegen einen Beschlagnahmebeschluss, wenn inzwischen ein Bestätigungsbeschluss nach § 98 II ergangen ist (BGH NStZ 00, 154), die Haftbeschwerde, nachdem infolge der Rechtskraft des Urteils Strafhaft eingetreten ist (Hamm NJW 99, 229; NStZ 08, 582; 09, 655; anders jedoch – zu weitgehend – Hamm StraFo 02, 100 mit insoweit zust Anm Nobis; Park/Schlothauer Widmaier-FS 394), ebenso die Beschwerde gegen das Anhalten eines eingehenden Briefes an einen früheren UHaftgefangenen (Stuttgart Justiz 01, 114), ein Antrag nach § 458 I (Stuttgart NStZ-RR 03, 60) oder die Beschwerde gegen die Ablehnung der bedingten Entlassung nach vollständiger Verbüßung der Strafe (Hamm NStZ 98, 638; 09, 592) und die erst nach Urteilsrechtskraft eingelegte Beschwerde gegen die Zurücknahme der Pflichtverteidigerbestellung (Düsseldorf JZ 84, 756) oder gegen die Zulassung des Nebenklägers (Hamm VRS 31, 121). Ein Rechtsmittel, das schon zZ seiner Einlegung prozessual überholt war, wird als unzulässig verworfen (Stuttgart Justiz 12, 301: sofortige Beschwerde gegen abgelehnten Befangenheitsantrag nach Instanzenwechsel). Wird es erst nachträglich gegenstandslos, zB Entlassung aus der Strafhaft nach Einlegung der sofortigen Beschwerde gegen die Ablehnung der bedingten Entlassung (Hamm NStZ 09, 592), so ist es durch Beschluss (ohne Kostenentscheidung) für erledigt zu erklären (Bremen MDR 63, 335; Peters JR 73, 343; EbSchmidt JZ 68, 363).

18 Die **Beschwerde zur Feststellung der Rechtswidrigkeit** einer durch Vollzug oder auf andere Weise erledigten richterlichen Anordnung oder die Weiterführung des Verfahrens zu diesem Zweck ist grundsätzlich unzulässig (vgl Saarbrücken NJW 95, 1302 zu einer Beschwerde der StA). Hiervon ist allerdings schon immer dann eine Ausnahme zugelassen worden, wenn Wiederholungsgefahr besteht (Hamm NStZ-RR 09, 293) oder wenn das Interesse des Betroffenen an der Feststellung der Rechtswidrigkeit der Maßnahme auch nach deren Erledigung fortbesteht, zB bei Beschlüssen, mit denen Ordnungsmittel festgesetzt worden sind (28 zu § 51; 3 zu § 181 GVG).

18a Nach der **Rspr des BVerfG** (BVerfGE 96, 27; BVerfG NJW 98, 2131; dazu Amelung BGH-FG 918; Esskandari StraFo 97, 289; F. Meyer HRRS-Fezer-FG 131; Rabe von Kühlewein NStZ 98, 580; Roxin StV 97, 654; Schroth StV 99, 117; vgl auch Lisken StV 97, 396 und BVerfG StV 97, 505 zu präventiven richterlichen Durchsuchungsanordnungen) bleibt entgegen der früheren Rspr (BVerfGE 49, 329) die Beschwerde nach Art 19 IV GG aber auch zulässig in Fällen tiefgreifender, tatsächlich jedoch nicht mehr fortwirkender Grundrechtseingriffe, wenn sich die Belastung durch die Maßnahme nach dem typischen Verfahrensablauf auf eine Zeitspanne beschränkt, in welcher der Betroffene die gerichtliche Entscheidung im Beschwerdeverfahren kaum erlangen kann (weiter gehend SK-Wohlers 89 zu § 160 mwN: bei jeder Grundrechtsverletzung). Das hat das BVerfG für die auf Grund richterlicher Anordnung vorgenommene Wohnungsdurchsuchung bejaht; auch für die eine Beschlagnahmeanordnung kann es in Betracht kommen (BVerfG NJW 99, 273; wistra 08, 463; LG Neuruppin StV 97, 506, dazu krit Roxin StV 97, 656). etwa bei schwerwiegender Beeinträchtigung der Pressefreiheit (BVerfG NJW 07, 1117, 1121). Ferner ist es insbesondere bei Eingriffen in die körperliche Unversehrtheit (BVerfG NJW 07, 1345 = JR 07, 516 mit Anm Rabe von Kühlwein; Celle StV 12, 524; SK-Rogall 116 zu § 81a) und in die persönliche Freiheit (so bei erledigten Vorführungen, Festnahmen und Verhaftungen) idR anzunehmen (BVerfG StV 99, 295 für eine Freiheitsentziehung zur Durchsetzung eines Platzverweises; BVerfG NStZ-RR 04, 252 für einen Vollstreckungshaftbefehl; BVerfG StraFo 06, 20, BGH StraFo 17, 190; 17, 415 und KG StraFo 17, 29 für Untersuchungshaft bzw Haftentschädigung, vgl aber Koblenz StV 07, 589 L;

BVerfG NJW 06, 40 für Ordnungshaft nach § 70 II; auch für Haftbefehl nach § 230 II, aber nur, wenn die Haftentlassung vor der Entscheidung des Beschwerdegerichts erfolgt, aM Celle NStZ-RR 03, 177 L, Düsseldorf StV 01, 332: auch noch danach, dagegen zutr Frankfurt NStZ-RR 07, 349), bei schwerwiegenden Einwirkungen nach § 136a (LG Ravensburg NStZ-RR 08, 45) sowie bei einer bis zur Erledigung verzögerten Sachbehandlung (BVerfG NStZ 07, 413 mit abl Anm Rabe von Kühlewein). Die Beschwerde darf dann nicht wegen prozessualer Überholung als unzulässig verworfen werden; vielmehr ist die Rechtmäßigkeit der Maßnahme zu überprüfen und ggf deren Rechtswidrigkeit festzustellen. Wird die Beschwerde allerdings erst lange nach Erlass des Beschlusses eingelegt, kann sie wegen fehlenden Rechtsschutzbedürfnisses unzulässig sein (BVerfG NJW 03, 1514: Beschwerde gegen Durchsuchung nach 2 Jahren; ebenso LG Saarbrücken NStZ-RR 08, 113 bei 4–6 jähriger Verzögerung trotz möglicher Auswirkungen für ein Steuerfestsetzungsverfahren; aber BVerfG NStZ 09, 166: nicht schon nach 1 Jahr; vgl auch Park/Schlothauer Widmaier-FS 397 ff; erg oben 6); auch nach rechtskräftigem Abschluss des Strafverfahrens ist sie zwar grundsätzlich noch möglich (BVerfG NJW 05, 1855), idR jedoch ausgeschlossen (Frankfurt NStZ-RR 03, 175). Krit dazu aber Meyer/Rettenmaier NJW 09, 1238, die darauf hinweisen, dass strikt zwischen dem (fortwirkenden) Feststellungsinteresse und einer etwaigen Verwirkung dieses Interesses zu unterscheiden ist.

Die StPO sieht nunmehr die **Gewährung nachträglichen Rechtsschutzes** 18b ausdrücklich in § 101 VII S 2 durch die Möglichkeit der gerichtlichen Überprüfung der Rechtmäßigkeit heimlicher Ermittlungsmaßnahmen (vgl § 101 I) sowie der Art und Weise ihres Vollzugs vor, wobei aber eine kurze Antragsfrist von 2 Wochen nach der Benachrichtigung von der Maßnahme einzuhalten ist (vgl die Erl zu § 101 sowie Puschke/Singelnstein NJW 08, 116).

E. Die **Zuständigkeit des Rechtsmittelgerichts** richtet sich nach den §§ 73 19 I, 74 III, 120 III, 121 I, 135 GVG, 41 II **JGG**. Maßgebend ist, welches Gericht die angefochtene Entscheidung erlassen hat, gleichviel, ob es dazu berufen war oder nicht (BGH 22, 48, 50; KG VRS 79, 433; Hamm NStE Nr 2 zu § 74 GVG; 9 vor § 1).

2) **Andere förmliche Rechtsbehelfe** sind der Antrag auf Wiedereinsetzung in 20 den vorigen Stand (§§ 44, 235, 329 III, 412), auf Entscheidung des Rechtsmittelgerichts (§§ 319 II, 346 II) und auf Wiederaufnahme des Verfahrens (§§ 359 ff), der Einspruch gegen einen Strafbefehl (§§ 409 I Nr 7, 410, 411), der Antrag auf gerichtliche Entscheidung nach §§ 111 1 IV, 161a III, 163 III S 2, 172 II und 458 sowie nach §§ 22, 23, 37 **EGGVG** und § 109 **StVollzG** und der Antrag auf ein Nachverfahren (§ 439).

3) **Formlose Rechtsbehelfe** sind die Dienstaufsichtsbeschwerde und die Ge- 21 genvorstellung.

A. Die **Dienstaufsichtsbeschwerde,** die zu den Petitionen iS des Art 17 GG 22 gehört (BVerwG NJW 77, 118), wendet sich an den die Dienstaufsicht führenden Vorgesetzten. Mit ihr kann sowohl das dienstliche Verhalten des Beamten (Dienstaufsichtsbeschwerde ieS) als auch dessen Sachbehandlung (Sachaufsichtsbeschwerde) beanstandet werden. Sie ist an keine Form oder Frist gebunden. Im Bereich der StA kann Dienstaufsichtsbeschwerde beim GStA (vgl 18 zu § 172) und gegen dessen Entscheidung (oder auch unmittelbar) bei dem JM eingelegt werden (§ 147 GVG). Zur Dienstaufsichtsbeschwerde gegen polizeiliche Maßnahmen im Ermittlungsverfahren vgl 50 zu § 163, im Strafvollzug nach den StVollzGen (zB Art 115 III BayStVollzG). Richterliche Entscheidungen unterliegen der Dienstaufsicht nicht (§ 26 I **DRiG**). Auf die Dienstaufsichtsbeschwerde muss die zuständige Behörde einen Bescheid erteilen, aus dem zu erkennen ist, dass die Eingabe geprüft und was veranlasst worden ist (10 vor § 33; SK-Frisch 40).

B. **Gegenvorstellungen,** auch gegen richterliche Entscheidungen, sind als Er- 23 scheinungsform des Petitionsrechts nach Art 17 GG zulässig (BVerfGE 9, 89, 107;

§ 296

vgl allg: Matt MDR **92**, 820; Wölfl StraFo **03**, 222; Woesner NJW **60**, 2129). Sie sind eine Aufforderung an das Gericht, die eigene Entscheidung aus nachträglich besserer Einsicht von Amts wegen aufzuheben oder abzuändern (Stuttgart Justiz **71**, 148; Ellersieck 29; Hohmann JR **91**, 10; Woesner aaO). Sie können formlos (**aM** Wölfl aaO 225: schriftlich wegen Art 17 GG) erhoben werden und sind grundsätzlich an keine Frist gebunden (vgl aber Koblenz MDR **85**, 344: nicht nach mehr als einem Jahr; erg oben 6). Gegenvorstellungen setzen keine persönliche Beschwer voraus und stehen daher jedem am Strafprozess Beteiligten für die Anregung offen, eine unrichtige Entscheidung richtigzustellen (Schleswig NJW **78**, 1016).

24 **Zulässig** sind sie aber nur, wenn das Gericht seine Entscheidung selbst wieder aufheben darf (Wölfl aaO). Das ist der Fall (vgl § 306 II Hs 1), wenn ein Beschluss oder eine Verfügung mit dem Rechtsmittel der einfachen Beschwerde angefochten werden könnte oder nur deshalb nicht angefochten werden kann, weil § 305 S 1 entgegensteht (Woesner NJW **60**, 2131) oder der Rechtsmittelzug erschöpft ist (BGH MDR **64**, 1019; vgl ferner Hohmann JR **91**, 12). Die Gegenvorstellung ist dann auch zulässig, wenn der Beschwerdeführer den möglichen Beschwerdeweg nicht oder nicht alsbald beschreiten will (SK-Frisch 33). Gegen die Entscheidung des Beschwerdegerichts sind Gegenvorstellungen nicht mehr statthaft, wenn die Sache wieder beim 1. Gericht anhängig ist. Der Betroffene muss dann einen Abänderungsantrag bei diesem Gericht stellen (Schleswig SchlHA **89**, 107 [L/G]; **aM** Matt MDR **92**, 826). Eine Ausnahme gilt nur, wenn dem Beschwerdegericht schwerwiegende Verfahrensfehler unterlaufen sind (Stuttgart Justiz **96**, 147). Eine Entscheidung, gegen die sofortige Beschwerde zulässig ist oder bei Vorhandensein einer (weiteren) Beschwerdeinstanz zulässig wäre, darf der Richter nicht ändern (§ 311 II S 1).

25 Daher sind in diesen Fällen auch Gegenvorstellungen **unzulässig** (KG NStZ-RR **13**, 218; München MDR **87**, 782; Schleswig SchlHA **85**, 134 [E/L]; LG Koblenz StraFo **07**, 41; Ellersiek 30; Werner NJW **91**, 20). Etwas anderes gilt nur dann, wenn mit den Gegenvorstellungen eine Grundrechtsverletzung behauptet wird und die Aufhebung der rechtskräftigen Entscheidung die Einlegung der Verfassungsbeschwerde (Einl 229 ff) ersparen würde (BVerfGE **63**, 77; Düsseldorf MDR **80**, 335; **82**, 518; Karlsruhe Justiz **02**, 24; erg Einl 234; **aM** Henschel Faller-FS 165; Meyer Kleinknecht AKS 280 ff; Zuck JZ **85**, 921). Ausnahmen gelten auch dann, wenn mit den Gegenvorstellungen beanstandet wird, dass ein befristetes Rechtsmittel nur deshalb als unzulässig verworfen worden ist, weil das Gericht auf Grund Tatsachenirrtums eine nicht bestehende Fristversäumung angenommen – oder eine Fristversäumung übersehen (Jena StraFo **09**, 207) – hat. Dann kann die Entscheidung aufgehoben werden (Nürnberg MDR **66**, 524; Meyer aaO 282; erg 13 zu § 346), ohne dass dazu die entspr Anwendung des § 33a (**aM** Düsseldorf MDR **85**, 956) oder des § 44 (dort 2) notwendig wäre. Auch ein unheilbar unwirksamer Beschluss kann auf Gegenvorstellungen zurückgenommen werden (Einl 105).

26 Wer Gegenvorstellungen erhebt, hat **Anspruch auf Entscheidung des Gerichts** (LR-Jesse 85; Woesner NJW **60**, 2132; **aM** KK-Paul 4; KMR-Plöd 4); eine Begründung der Entscheidung ist nicht notwendig, aber wünschenswert (Wölfl StraFo **03**, 227). Eine *reformatio in peius* scheidet aus (Wölfl aaO). Bei unzulässigen oder unbegründeten Gegenvorstellungen ergeht aber kein förmlicher Beschluss; vielmehr teilt der Vorsitzende dem Beteiligten formlos die ablehnende Entscheidung mit. Sind die Gegenvorstellungen begründet, so ergeht ein neuer Beschluss, dessen Anfechtbarkeit sich nach den gesetzlichen Vorschriften richtet (Hohmann JR **91**, 13).

Rechtsmittelberechtigte

RiStBV 147–150

296 [1] Die zulässigen Rechtsmittel gegen gerichtliche Entscheidungen stehen sowohl der Staatsanwaltschaft als dem Beschuldigten zu.

Allgemeine Vorschriften § 296

II Die Staatsanwaltschaft kann von ihnen auch zugunsten des Beschuldigten Gebrauch machen.

1) **Anfechtungsberechtigte (I)**   1

A. Die **StA** kann (mit der Wirkung des § 301) zuungunsten des Beschuldigten 2 Rechtsmittel einlegen, aber auch zu seinen Gunsten (unten 14 ff). Anfechtungsberechtigt ist die StA bei dem Gericht, das die Entscheidung erlassen hat (Jena StV **13**, 12 mit Anm Waider), nur im Vorverfahren können auch Entscheidungen bezirksfremder Gerichte angefochten werden (Loh MDR **70**, 812; erg 1 zu § 162). Die Ersetzungsbefugnis des § 145 GVG ist zu beachten. Wirksam ist die Rechtsmittelerklärung aber auch, wenn sie der StA nach behördeninterner Anweisung nicht ohne Zustimmung des Vorgesetzten hätte abgeben dürfen (BGH **19**, 377, 382).

Berufung können auch die **Amtsanwälte** einlegen, da dieses Rechtsmittel nach 3 § 314 I noch an das AG zu richten ist (Amelunxen [B] 40). Ob der örtliche Sitzungsvertreter (9 zu § 142 GVG) neben der Vertretung der StA vor dem Strafrichter auch noch die Einlegung der Berufung übertragen werden kann, richtet sich nach Landesrecht. In Bayern ist er dazu ermächtigt (Art 14 II S 2 AGGVG iVm § 1 Nr 4 der VO vom 16.5.1957 [GVBl 119] mit AndVO vom 18.6.1970 [GVBl 296], vgl Bay **61**, 75), nicht aber in Hessen (Frankfurt DRiZ **78**, 186) und Schleswig-Holstein (Schleswig SchlHA **72**, 161 [E/J]).

Die StA entscheidet nach **pflichtgemäßem Ermessen**, ob sie ein Rechtsmittel 4 einlegen will (vgl dazu Amelunxen [R] 20 ff; Leonhardt, Rechtsmittelermessen der Staatsanwaltschaft, 1994; Matthies StraFo **09**, 229); das Legalitätsprinzip gilt hierbei nicht mehr, sondern wirkt auf das Prozessverhalten des StA nur mittelbar ein (2 zu § 152). Vgl zur Rechtsmittelbefugnis der StA RiStBV 147 und dazu Schlothauer StV **14**, 426.

B. Der **Beschuldigte** kann Rechtsmittel ohne Rücksicht auf Alter und Ge- 5 schäftsfähigkeit einlegen; er darf aber nicht verhandlungsunfähig sein (Hamburg NJW **78**, 602; KK-Paul 3; aM SK-Frisch 7), sofern er nicht im bisherigen Verfahren als verhandlungsfähig angesehen (LR-Jesse 5) oder, im Fall des § 413, trotz seiner Verhandlungsunfähigkeit gegen ihn verhandelt worden ist. Wegen des gesetzlichen Vertreters vgl § 298 I, wegen der Erziehungsberechtigten § 67 III JGG. Beistände nach § 149 I und § 69 I JGG sind nicht rechtsmittelberechtigt, auch nicht der Bewährungshelfer (Koblenz NStZ-RR **96**, 300). Das Gleiche gilt für den Insolvenzverwalter (Partei kraft Amtes), da das Gesetz diese nicht, wie erforderlich (SK-Frisch 104 vor § 296; zw LR-Jesse 3), als Anfechtungsberechtigte bezeichnet (unzutr daher BGH NStZ **99**, 573).

Rechtsmittel können auch die **Nebenbeteiligten** (vgl §§ 433 I S 1, 440 III, 6 442 I, 444 II S 2) einlegen.

Wegen der **Verteidiger** vgl § 297.   7

C. **Privat- und Nebenkläger** sind rechtsmittelberechtigt, der Nebenkläger 8 aber nur wegen des Nebenklagedelikts und nur zu Ungunsten des Beschuldigten (1 zu § 400), auch nicht zu Gunsten eines Nebenbeteiligten; vgl aber 2 zu § 301.

D. **Antragsteller im Anhangsverfahren** sind – abgesehen von der sofortigen 9 Beschwerde nach § 406a I S 1 – im Übrigen nicht rechtsmittelberechtigt (§ 406a I S 2).

E. **Zeugen, Sachverständige und andere von einer Entscheidung betrof-** 10 **fene Personen** können nach § 304 II Beschwerde einlegen, aber keine anderen Rechtsmittel.

2) Das **zulässige Rechtsmittel** (1 vor § 296) bestimmt sich nicht nach der Be- 11 zeichnung der angefochtenen Entscheidung, sondern nach ihrem sachlichen Inhalt (BGH **8**, 383; **18**, 381, 385 = JZ **63**, 714 mit Anm EbSchmidt; BGH **25**, 242).

Bezeichnet sich die Entscheidung als Urteil, ist sie aber nach dem Verfahrens- 12 recht ein **Beschluss**, so ist sie nur mit Beschwerde anfechtbar. Das gilt zB für die

Schmitt 1403

§ 296

durch Urteil angeordnete vorläufige Verfahrenseinstellung (BGH **25**, 242 = JR **74**, 522 mit Anm Kohlhaas; Meyer-Goßner JR **77**, 355) und die Einstellung des Privatklageverfahrens nach § 383 II (KG JR **69**, 472; Düsseldorf MDR **62**, 327), für die im Urteil bestimmte Strafaussetzung nach § 57 StGB (BGH StV **82**, 61) und für die Verwerfung der sofortigen Beschwerde nach § 59 **JGG** durch Urteil (Hamm MDR **79**, 253; Koblenz OLGSt § 59 JGG Nr 1).

13 Ist eine als Beschluss bezeichnete Entscheidung ihrem Wesen nach ein **Urteil** richtet sich die Anfechtbarkeit nach dieser Eigenschaft (BGH **18**, 381, 385; 2 StR 88/16 vom 8.6.2016; Bay NJW **78**, 903; KG StV **19**, 438). Das gilt zB, wenn in der Hauptverhandlung das Verfahren durch Beschluss nach § 206a eingestellt (KG VRS **100**, 134; Celle NJW **60**, 114; Köln NJW **66**, 1935; Stuttgart Justiz **72**, 363) oder die Berufung nach § 322 I S 2 (RG **63**, 246) oder nach § 329 I durch Beschluss verworfen (KG JW **29**, 1894 mit Anm Pestalozza) oder das Urteil aufgehoben und die Sache zurückverwiesen (RG **65**, 397) oder ein verspäteter Einspruch gegen einen Strafbefehl verworfen wird (Bay **59**, 84). Hat die Entscheidung eine mündliche Verhandlung und öffentliche Verkündung vorausgesetzt, so bleibt sie auch dann ein Urteil, wenn die Verhandlung unterblieben ist (BGH **8**, 383). Andererseits wird eine Entscheidung ihrem Wesen nach nicht dadurch zum Urteil, dass das Gericht entgegen dem Gesetz eine Hauptverhandlung anberaumt und in ihr entscheidet.

14 **3) Rechtsmittel der StA zugunsten des Beschuldigten (II):** Als staatliches Rechtspflegeorgan kann die StA Rechtsmittel auch zugunsten des Beschuldigten einlegen, und zwar ohne dessen Einverständnis, sogar gegen seinen Widerspruch (vgl aber § 302 I S 2), allerdings nur, wenn der Beschuldigte durch die Entscheidung beschwert ist (RG **42**, 399; Koblenz NJW **82**, 1770; LR-Jesse 7). Bei der Ausübung seines Ermessens ist der StA an RiStBV 147 III S 1 gebunden. Dass das Rechtsmittel zugunsten des Beschuldigten eingelegt wird, muss spätestens bis zum Ablauf der Begründungsfrist deutlich zum Ausdruck gebracht werden (vgl RiStBV 147 III S 2). Eine nicht eindeutige Erklärung ist nach ihrem Gesamtinhalt auszulegen (BGH **2**, 41 = NJW **52**, 435 mit Anm Cüppers), nicht auf Grund von Vorgängen und Erklärungen außerhalb dieser Willensäußerung (BGH aaO; **aM** R. Hamm 50); zur Anfechtung einer Unterbringung nach § 64 StGB vgl BGH 1 StR 120/11 vom 20.9.2011. Im Zweifel ist anzunehmen, dass das Rechtsmittel zuungunsten des Beschuldigten eingelegt ist (BGH 3 StR 426/12 vom 28.5.2013 mwN). Die Rechtsmitteleinlegung zugunsten des Beschuldigten enthält eine Rechtsmittelbeschränkung in dem Sinne, dass das Berufungs- und Revisionsgericht nicht zu seinen Ungunsten entscheiden darf (§§ 331, 358 II).

15 Die StA kann Rechtsmittel auch zugunsten des Einziehungsbeteiligten und anderer **Nebenbeteiligter** einlegen, auch zugunsten der in § 304 II bezeichneten Personen, etwa des nach § 470 zu den Kosten verurteilten Antragstellers (RG **7**, 409). Sie kann jedoch keine Rechtsmittel zugunsten des Nebenklägers einlegen (LG Dresden NStZ **94**, 251; EbSchmidt 7; **aM** KG NStZ **12**, 112; Dresden NStZ-RR **00**, 115 mwN), denn sie hat nicht die Verfahrensposition des Nebenklägers, die sich auf sein persönliches Interesse auf Genugtuung beschränkt (1 vor § 395; BGH **37**, 136), zu verfolgen; vgl auch zur Privatklage 9 zu § 377.

16 Für **andere Rechtsbehelfe** als Beschwerde, Berufung und Revision gilt II nicht, insbesondere nicht für den Wiedereinsetzungsantrag (9 zu § 44). Nach § 365 (dort 2) ist die Vorschrift aber auf Wiederaufnahmeanträge anwendbar.

17 **4) Über mehrere** (zulässige) **Rechtsmittel** (zB des Angeklagten und der StA) gegen ein und dieselbe Tat betreffendes Urteil ist auf Grund einer einheitlichen Hauptverhandlung einheitlich zu entscheiden (Köln NStZ-RR **08**, 207; KK-Paul 9 und SK-Frisch 23, je zu § 327; erg 2 zu § 328). Die teilweise unterlassene Entscheidung stellt einen Verfahrensfehler dar (Düsseldorf NStZ-RR **01**, 246, das aber unrichtig statt das angefochtene Urteil zu ergänzen wegen fehlenden Beruhens auf dem Fehler von einer Entscheidung abgesehen hat; näher dazu Meyer-Goßner Gössel-FS 644).

Allgemeine Vorschriften § 297

Einlegung durch den Verteidiger

297 Für den Beschuldigten kann der Verteidiger, jedoch nicht gegen dessen ausdrücklichen Willen, Rechtsmittel einlegen.

1) Nur für **Rechtsmittel** (1 ff vor § 296) gilt § 297, nicht für andere Rechtsbehelfe (Kleinknecht NJW **61**, 87: Wiedereinsetzungsanträge; erg 4 zu § 44). Die entspr Anwendung der Vorschrift bestimmen §§ 118b, 365, 410 I S 2. Für die Prozessbevollmächtigten und Beistände von Privat- und Nebenklägern gilt § 297 nicht entspr (LR-Jesse 3).

2) Als **Verteidiger** ist, ohne dass es einer weiteren Vollmacht bedarf (BGH **12**, 367, 370), der im bisherigen Verfahren tätig gewesene Wahl- oder Pflichtverteidiger ausgewiesen, auch der Verteidiger nach §§ 138 II, 139 und der ohne besondere Vollmacht neben dem Angeklagten in der Hauptverhandlung aufgetretene Verteidiger (Koblenz VRS **68**, 51; erg 9 vor § 137; 6 ff zu § 145a). § 297 begründet eine Rechtsvermutung, dass der Verteidiger mit Vollmacht und auf Grund eines entspr Auftrags des Beschuldigten handelt (BGH **61**, 218; Düsseldorf NStZ **97**, 52). Rechtsmittel einlegen kann aber auch, wer erst später zum Verteidiger bestellt worden ist. Die Vollmacht muss dann vor der Rechtsmitteleinlegung erteilt, kann aber später nachgewiesen werden (BGH **36**, 259, 260; Hamm VRS **108**, 266). Die nachträgliche Genehmigung der Rechtsmitteleinlegung durch den Beschuldigten innerhalb oder außerhalb der Rechtsmittelfrist genügt nicht (RG **66**, 265, 267; LR-Jesse 5). Der Sozius des Pflichtverteidigers ist nicht rechtsmittelberechtigt (Bay NJW **81**, 1629; 60 zu § 142).

3) **Aus eigenem Recht und im eigenen Namen** handelt der Verteidiger bei der Anfechtung; er darf dieses Recht aber nicht gegen den Willen des Beschuldigten ausüben (BGH **12**, 367, 370; Bay **77**, 102; Koblenz VRS **68**, 51), denn es handelt sich um ein Rechtsmittel des Beschuldigten (BGH **61**, 218 mwN). Auch beim Zusammentreffen verschiedenartiger Anfechtung durch den Beschuldigten und den Verteidiger ist der Wille des Beschuldigten maßgebend (Düsseldorf NStZ-RR **00**, 148 mwN), aber nur, sofern er noch verfahrensmäßig beachtet werden kann (vgl Düsseldorf NStZ-RR **02**, 177).

Beschränkungen des sich aus § 297 ergebenden Rechts müssen ausdrücklich erklärt werden, entweder schon in der Verteidigungsvollmacht oder durch spätere Erklärung gegenüber dem Verteidiger oder dem Gericht (Düsseldorf NStZ **89**, 289; Koblenz VRS **68**, 51). Bloße Zweifel an der Beschränkung machen das Rechtsmittel nicht unzulässig; ob es dem Willen des Beschuldigten widerspricht, muss ggf aufgeklärt werden (Karlsruhe NStZ-RR **04**, 271; SK-Frisch 15).

Unwirksam ist das Rechtsmittel, wenn das Urteil bereits durch Rechtsmittelverzicht des Angeklagten rechtskräftig geworden ist (BGH NJW **78**, 330; NStZ **86**, 208 [Pf/M]) oder wenn der Angeklagte nach Eingang des Rechtsmittels bei Gericht auf Rechtsmittel verzichtet (BGH GA **73**, 46; Düsseldorf MDR **83**, 512; Karlsruhe Justiz **64**, 270) oder dem Rechtsmittel widerspricht; beides ist als Zurücknahme (§ 302 I S 1) anzusehen (KK-Paul 15).

Das Recht, für den Beschuldigten Rechtsmittel einzulegen, **erlischt** mit Entziehung der Vollmacht, die das bereits eingelegte Rechtsmittel idR aber unberührt lässt, Aufhebung der Bestellung (§ 143a) oder Tod des Beschuldigten (14 zu § 138).

4) Auch ein **Vertreter, der nicht Verteidiger ist,** kann für den Beschuldigten Rechtsmittel einlegen (RG **66**, 209, 211; Bay NJW **76**, 156; erg 12 vor § 137), auch eine JP, für die deren Vertretungsberechtigter die Erklärung abgeben muss (vgl Allgayer NStZ **16**, 193; str). Dabei kann es sich um Vertretung in der Erklärung oder im Willen handeln (Bay **64**, 85; einschr W. Schmid SchlHA **81**, 108). Der Vertreter kann die Rechtsmittelurkunde mit dem Namen des Angeklagten unterzeichnen (RG **66**, 209, 211; Hamm aaO); er kann das Rechtsmittel auch zu Protokoll der Geschäftsstelle einlegen und begründen (Einl 134). Der für den Be-

Schmitt 1405

§ 298

schuldigten handelnde Vertreter braucht wie der Beschuldigte selbst nur verhandlungsfähig zu sein (Einl 134). Es genügt die mündliche Bevollmächtigung zur Rechtsmitteleinlegung. Die Vollmacht muss bei der Einlegung erteilt worden sein, kann aber später nachgewiesen werden (oben 2).

Einlegung durch den gesetzlichen Vertreter RiStBV 154 II

298 I Der gesetzliche Vertreter eines Beschuldigten kann binnen der für den Beschuldigten laufenden Frist selbständig von den zulässigen Rechtsmitteln Gebrauch machen.

II Auf ein solches Rechtsmittel und auf das Verfahren sind die für die Rechtsmittel des Beschuldigten geltenden Vorschriften entsprechend anzuwenden.

1 1) Ein **eigenes Recht auf Rechtsmitteleinlegung (I)** im Beschwerde-, Berufungs- und Revisionsverfahren, nicht im Ordnungsmittelverfahren nach § 51 (KG 3 Ws 22/70 vom 27.4.1970), hat der gesetzliche Vertreter (zum Begriff vgl § 19 zu § 52), aber nur innerhalb der für den Beschuldigten laufenden Frist (anders bei den Begründungsfristen nach §§ 317, 345 I, bei denen es auf die Zustellung an den Beschwerdeführer ankommt) und nur zu dessen Gunsten (Celle NJW **64**, 417; Hamm NStZ **08**, 119, 120; **09**, 44; Schleswig SchlHA **95**, 7 [L/T]; vgl auch BGH **19**, 196, 198). Andere Rechtsbehelfe, zB nach §§ 44, 319 II, 346 II, kann er nur für sein eigenes Rechtsmittel einlegen (LR-Jesse 5); vgl aber § 118b (Antrag auf Haftprüfung), 4 zu § 365 (Antrag auf Wiederaufnahme), § 410 I S 2 (Einsprüche im Strafbefehlsverfahren). Ein nach § 1902 BGB bestellter Betreuer ist nur rechtsmittelbefugt, wenn sein Aufgabenbereich sich speziell oder dem allgemeinen Umfang der Bestellung auf eine Betreuung in dem Straf- oder Vollstreckungsverfahren bezieht (Hamm NStZ **08**, 119; vgl auch BGH StraFo **13**, 469), sonst nicht (Dresden StraFo **15**, 149).

2 Der **Widerspruch des Beschuldigten** macht das Rechtsmittel des gesetzlichen Vertreters nicht unzulässig (LR-Jesse 7), auch nicht der vor Ablauf der Anfechtungsfrist erklärte Rechtsmittelverzicht des Beschuldigten oder seines Verteidigers (Schleswig SchlHA **85**, 134 [E/L]), auch wenn der StA ebenfalls auf Anfechtung verzichtet hat; denn die Rechtskraft tritt vor Ablauf der Frist erst ein, wenn alle zur Anfechtung Berechtigten auf Rechtsmittel verzichtet haben (Einl 164).

3 **Zurücknehmen oder nachträglich beschränken** (2, 14 zu § 302) kann der gesetzliche Vertreter sein Rechtsmittel entspr § 302 I S 3 nur mit Zustimmung des Beschuldigten (BGH NJW **16**, 2576 mwN; vgl auch § 55 III JGG), selbst wenn der Beschuldigte bereits auf Rechtsmittel verzichtet hatte (Celle aaO).

4 Aufgrund einer **Vollmacht** des Beschuldigten kann der gesetzliche Vertreter auch in dessen Namen ein Rechtsmittel einlegen (7 zu § 297). Der gesetzliche Vertreter kann sich von einem Bevollmächtigten vertreten lassen.

5 2) **Verfahren (II):** Ort und Zeit der Hauptverhandlung sollen dem gesetzlichen Vertreter rechtzeitig mitgeteilt werden (§ 149 II). War er in der Hauptverhandlung nicht anwesend, so braucht ihm das Urteil nicht zugestellt zu werden (vgl aber § 67 II JGG); dass ihm der Ausgang der Hauptverhandlung nicht mitgeteilt worden ist, gibt ihm daher keinen Anspruch auf Wiedereinsetzung (BGH **18**, 22; Bay NJW **54**, 1378; Schleswig SchlHA **85**, 134 [E/L]; Hanack JZ **73**, 660; aM Stuttgart NJW **60**, 2353). Nach Einlegung des Rechtsmittels hat er die gleichen Befugnisse wie der Angeklagte. Er wird zur Hauptverhandlung geladen (vgl § 330), darf an ihr teilnehmen, Anträge stellen (vgl 30 zu § 244) und Erklärungen abgeben. Ist er nicht auf freiem Fuß, so muss er auf seinen Antrag vorgeführt werden, wenn die Hauptverhandlung am Haftort stattfindet (RG **64**, 364; vgl auch § 330 II). Zur Kostentragungspflicht des gesetzlichen Vertreters vgl 8 zu § 473. Der Angeklagte ist so zu behandeln, als habe er die Entscheidung selbst angefochten; die Rechtsmitteleinlegung ist ihm bekanntzugeben (vgl auch § 330 I). Ist eine

weitere Anfechtung statthaft, so kann er die neue Entscheidung selbst dann anfechten, wenn er auf Rechtsmittel gegen die 1. Entscheidung verzichtet hatte (Hamm NJW **73**, 1850).

3) Endet die gesetzliche Vertretung, etwa weil der Beschuldigte volljährig 6 geworden ist, vor der Entscheidung über das Rechtsmittel, so wird es nicht unzulässig, sondern verliert nur seine Selbstständigkeit (BGH **10**, 174; NJW **64**, 1732). Die Verfügungsbefugnis geht auf den Angeklagten über (BGH aaO); er kann das Rechtsmittel weiterführen, auch wenn er zuvor auf ein eigenes Rechtsmittel verzichtet hatte (BGH **10**, 174, SK-Frisch 18). Nimmt der Angeklagte es nicht zurück, so wird über das Rechtsmittel auch dann sachlich entschieden, wenn der Angeklagte es nicht übernimmt (BGH **10**, 174, 176; **22**, 321, 326). Wechselt der gesetzliche Vertreter, so tritt der neue in das Verfahren ein (LR-Jesse 17).

4) Im **Jugendstrafverfahren** stehen die Rechte des gesetzlichen Vertreters nach 7 § 298 auch dem Erziehungsberechtigten zu (§ 67 III **JGG**). Sind mehrere vorhanden, so kann jeder von ihnen diese Rechte ausüben (§ 67 V S 1 **JGG**).

Abgabe von Erklärungen bei Freiheitsentzug

299 I **Der nicht auf freiem Fuß befindliche Beschuldigte kann die Erklärungen, die sich auf Rechtsmittel beziehen, zu Protokoll der Geschäftsstelle des Amtsgerichts geben, in dessen Bezirk die Anstalt liegt, wo er auf behördliche Anordnung verwahrt wird.**

II **Zur Wahrung einer Frist genügt es, wenn innerhalb der Frist das Protokoll aufgenommen wird.**

1) Eine Ausnahme von der allgemeinen Regel, dass eine Verfahrenserklärung 1 erst mit dem Eingang bei dem zuständigen Gericht wirksam wird, bestimmt die Vorschrift. Durch die Rechtsmitteleinlegung beim Gericht des Verwahrungsorts soll der umständliche und zeitraubende Weg vermieden werden, den Inhaftierten dem zuständigen, möglicherweise weit entfernten Gericht vorzuführen oder den UrkB dieses Gerichts zum Aufsuchen der Vollzugsanstalt zu zwingen (Düsseldorf NJW **70**, 1890).

Die Vorschrift gilt nur **für nicht auf freiem Fuß befindliche Beschuldigte.** 2 Das sind alle Beschuldigten, die auf behördliche Anordnung verwahrt werden (erg 13 zu § 35), auch wenn sie sich in einer Haftanstalt des Ortes befinden, in dem das zuständige Gericht seinen Sitz hat (W. Schmid Rpfleger **62**, 301). Außer für den Beschuldigten gilt § 299 für den Inhaftierten gesetzlichen Vertreter (§ 298 II), nicht aber für Privat- und Nebenkläger (KG NStZ **15**, 719).

2) Erklärungen, die sich auf Rechtsmittel beziehen, sind die Einlegung 3 und Begründung von Rechtsmitteln, der Verzicht auf sie (BGH NJW **58**, 470; MDR **78**, 281 [H]), ihre Zurücknahme (BGH MDR **68**, 18 [D]), Wiedereinsetzungsanträge und Gegenerklärungen, zB nach §§ 347 I S 4, 349 II S 2, aber immer nur in Sachen, in denen der Inhaftierte Beschuldigter ist, wenn auch nicht notwendig in der Sache, in der er sich in Haft befindet.

§ 299 **gilt nicht** für die *schriftliche* Einlegung von Rechtsmitteln (BGH 4 NStZ **97**, 560; Düsseldorf NStZ-RR **99**, 147; Rpfleger **83**, 363; Hamm NJW **71**, 2181) und für andere Anträge aller Art, zB für Einwendungen nach §§ 6a S 2, 16 S 2, Anträge (oder Anträge auf Prozesskostenhilfe) nach § 172 (KG JR **64**, 28; Düsseldorf MDR **88**, 165; Hamm aaO; Stuttgart Justiz **83**, 242; **aM** Bremen NJW **62**, 169), Erklärungen im Verwaltungsstreitverfahren (OVG Hamburg MDR **70**, 266) und Verfassungsbeschwerden (Bremen Rpfleger **58**, 228).

Die **entsprechende Anwendung** der Vorschrift bestimmen §§ 118b, 298 II, 5 365, 410 I S 2, ferner § 29 II **EGGVG** und § 120 I **StVollzG**.

3) Kein Wahlrecht zwischen dem AG des Verwahrungsorts und dem zuständi- 6 gen Gericht hat der Beschuldigte (Meyer JR **82**, 169). Die Vorführung vor das

§ 300

zuständige Gericht kann er selbst dann nicht verlangen, wenn es sich am Haftort befindet (LR-Jesse 1; **am** Bremen Rpfleger **56**, 240; Stuttgart NStZ **81**, 492 = JR **82**, 167 mit abl Anm Meyer; W. Schmid Rpfleger **62**, 301), insbesondere dann nicht, wenn sich in der Haftanstalt eine Geschäftsstelle des örtlich zuständigen AG befindet (Meyer aaO; vgl auch SK-Frisch 4).

7 4) Die **Wirksamkeit der Erklärung** vor dem AG des Verwahrungsorts tritt bereits mit dem Abschluss der Beurkundung ein. Das gilt grundsätzlich auch für Erklärungen nach § 302 I (BGH NJW **58**, 470; MDR **68**, 18 [D]; **78**, 281 [H]; **am** LR-Jesse 38 zu § 302). Ist die Sache schon beim Rechtsmittelgericht anhängig, so wird die Rücknahmeerklärung aber erst wirksam, wenn sie dort eingeht (BGH MDR **78**, 281 [H]; erg 8 zu § 302).

8 5) **Fristversäumnis:** Der Beschuldigte darf nicht darauf vertrauen, dass in der Haftanstalt an jedem Tag ein Urkundsbeamter zur Verfügung steht, um rechtzeitig ein Rechtsmittel einlegen zu können; gibt er erst am Tag vor Fristablauf einen Vormelder zur Vorführung zu dem Urkundsbeamten ab, hat er es zu vertreten, wenn die Frist versäumt wird (BGH 1 StR 74/14 vom 12.3.2014; KG NStZ-RR **09**, 19).

Falschbezeichnung eines zulässigen Rechtsmittels

300 Ein Irrtum in der Bezeichnung des zulässigen Rechtsmittels ist unschädlich.

1 1) Einen **allgemeinen Rechtsgedanken** drückt § 300 aus. Der Bürger hat nach Art 19 IV GG einen substantiellen Anspruch auf eine möglichst wirksame gerichtliche Kontrolle in allen ihm von der Prozessordnung zur Verfügung gestellten Rechtszügen (BVerfGE **35**, 263, 274; **40**, 272, 275); der bloße Irrtum bei der Erklärung darf daher sein Rechtsmittel nicht unzulässig machen. § 300 gilt für alle Rechtsbehelfe und Anträge im Strafverfahren (RG **67**, 123, 125) und im Bußgeldverfahren (BGH **23**, 233, 235). Den Übergang von einem Rechtsmittel zum anderen (vgl 9ff zu § 335) ermöglicht die Vorschrift nicht (Zweibrücken StV **97**, 313).

2 2) **Unschädlich** ist die fehlende oder (auch aus Irrtum über die Zulässigkeit des Rechtsmittels) falsche Bezeichnung des Rechtsmittels, auch der StA (BGH **50**, 180) und des Verteidigers, wenn nur ein bestimmtes Rechtsmittel statthaft und die Einlegung des zulässigen Rechtsmittels offensichtlich bezweckt ist (KG VRS **35**, 287; Celle VRS **15**, 58; Düsseldorf VRS **59**, 358; Kleinknecht JZ **60**, 674). Daher kann mangels Willen, ein Rechtsmittel einzulegen, zwar ein Kostenfestsetzungsantrag idR nicht in eine sofortige Beschwerde gegen die Kostenentscheidung umgedeutet werden (Düsseldorf NStE Nr 4; zu einem Ausnahmefall vgl jedoch Hamm NStE Nr 6), wohl aber wird zB eine unzulässige sofortige Beschwerde gegen ein Einstellungsurteil als Berufung (Celle NJW **60**, 114), eine unzulässige Beschwerde gegen eine Entscheidung nach § 111i II als Revision (BGH **55**, 62, 64); eine Berufung unter Beschränkung auf die Bewährungsauflage als Beschwerde nach § 305a (Bay VRS **66**, 37), eine Berufung unter Beschränkung auf die Strafaussetzung als sofortige Beschwerde nach § 59 I **JGG** (Hamm MDR **79**, 253) und ein unzulässiger Wiedereinsetzungsantrag gegen ein Berufungsurteil als Revision behandelt (Hamm JMBlNW **65**, 82). Ist nur der Antrag nach § 33a zulässig, so wird die Eingabe als solcher Antrag behandelt. Wenn allerdings der Beschwerdeführer auf der Durchführung des unzulässigen Rechtsmittels besteht, muss es verworfen werden (Düsseldorf MDR **62**, 328; SK-Frisch 5). Das Gleiche gilt, wenn auch das an sich statthafte Rechtsmittel unzulässig ist, weil das Rechtsmittelvorbringen nicht der erforderlichen Form entspricht.

3 3) **Auszulegen** ist die Erklärung, wenn mehrere Rechtsmittel zulässig sind und unklar bleibt, welches eingelegt werden soll (vgl auch 5 zu § 335). Maßgebend sind der Gesamtinhalt der Verfahrenserklärungen und die Erklärungsumstände

(BGH 2, 41, 43; 19, 273, 275), soweit sie innerhalb der für die Einlegung des Rechtsmittels geltenden Frist erkennbar werden (Bay 73, 146; Düsseldorf NStE NR 5). Das Rechtsmittel ist so zu deuten, dass der erstrebte Erfolg möglichst erreichbar ist (BGH NJW 56, 756; Düsseldorf VRS 59, 358; Hamm wistra 00, 318; Koblenz VRS 65, 45; Stuttgart Justiz 86, 27, 28). Im Zweifel (nicht bei zweifelsfreier Erklärung, Köln NStZ-RR 11, 283) gilt das Rechtsmittel als eingelegt, das die umfassendere Nachprüfung erlaubt (Koblenz aaO; Köln MDR 80, 690; vgl auch 4 ff zu § 335); ebenso ist zu verfahren, wenn zwischen Rechtsmittelerklärungen des Angeklagten und des Verteidigers nach § 297 ein nicht aufklärbarer Widerspruch besteht (Düsseldorf MDR 93, 676). Eine „Revision", mit der die erneute Prüfung des Sachverhalts erstrebt wird, ist als Berufung (Schleswig SchlHA 87, 114 [L]), eine unzulässige Rechtsbeschwerde als Berufung, nicht als Revision (Bay 69, 93; Düsseldorf GA 90, 567; Hamm VRS 49, 49; Jena VRS 116, 364; anders, wenn ausschließlich ein Verfahrenshindernis geltend gemacht wird, so Bamberg NStZ 13, 182), ein „Wiedereinsetzungsantrag" uU als Berufung (Düsseldorf NJW 88, 153) zu behandeln. Soll ein Urteil sowohl mit Berufung oder Revision als auch, wegen einer Nebenentscheidung, mit der sofortigen Beschwerde angefochten werden, so muss innerhalb der Frist des § 311 II S 1 die Einlegung auch dieses Rechtsmittels ausdrücklich erklärt werden; die Berufung oder Revision darf nicht als sofortige Beschwerde ausgelegt werden (21 zu § 464). Eine Umdeutung, dass ein für einen Beschwerdeführer eingelegtes Rechtsmittel für einen anderen gelten solle, ist nicht möglich (BGH DAR 96, 180 [To]). In Zweifelsfällen ist eine Erläuterung durch den Beschwerdeführer einzuholen (BGH 2, 63, 67). Zur Auslegung von Revisionsrügen vgl 11 zu § 344.

Wirkung eines Rechtsmittels der Staatsanwaltschaft RiStBV 147, 149

301 Jedes von der Staatsanwaltschaft eingelegte Rechtsmittel hat die Wirkung, daß die angefochtene Entscheidung auch zugunsten des Beschuldigten abgeändert oder aufgehoben werden kann.

1) Zugunsten des Beschuldigten kann ein Rechtsmittel der StA in den Grenzen der zulässigen Nachprüfung nach §§ 327, 352 (vgl BGH 4 StR 561/14 vom 30.7.2015 und 1 StR 154/16 vom 7.9.2016: Nachprüfung nur im Umfang der Urteilsanfechtung; BGH 1 StR 428/01 vom 4.12.2001: keine Schuldspruchänderung bei auf den Rechtsfolgenausspruch beschränkter Revision der StA) auch wirken, wenn es zu seinen Ungunsten eingelegt ist. Das Rechtsmittel muss aber zulässig sein (RG 63, 184, 186). § 301 ist trotz des missverständlichen Wortlauts („kann") zwingendes Recht. Ist ein Urteil auf die Berufung der StA nach § 301 abgeändert worden, so kann der Angeklagte dagegen Revision einlegen, auch wenn er das 1. Urteil nicht oder nur teilweise angefochten hatte (München wistra 06, 439); da die Sache aber nur zu seinen Gunsten anhängig bleibt, gilt dann das Verbot der Schlechterstellung (11 zu § 358).

2) Entsprechend anwendbar ist die Vorschrift auch zugunsten der Einziehungsbeteiligten und Nebenbetroffenen (§§ 431 I S 1, 438) und der beteiligten JP oder PV (§ 444), auf das Rechtsmittel des Privatklägers (vgl § 390 I S 3) und des Nebenklägers (BGH NJW 86, 2716, 2717; StraFo 10, 202; wobei Senge Rissingvan Saan-FS 657 eine Einschränkung dahin machen will, dass dies wegen § 400 I nicht hinsichtlich des Rechtsfolgenausspruchs gilt) sowie im Wiederaufnahmeverfahren (5 zu § 365).

3) Die Entscheidung lautet bei der Anwendung des § 301 nicht auf Verwerfung des zuungunsten des Angeklagten eingelegten Rechtsmittels, sondern auf Aufhebung oder Abänderung der angefochtenen Entscheidung auf das Rechtsmittel der StA (KMR-Plöd 5; aM SK-Frisch 6; erg 15 zu § 473). Hat auch das von dem Angeklagten oder sonst zu seinen Gunsten eingelegte Rechtsmittel Erfolg, so ist das Urteil auf beide Rechtsmittel hin aufzuheben. Die Rspr beschränkt sich aus

§ 302　　　　　　　　　　　　　　　　　　　　　Drittes Buch. 1. Abschnitt

Vereinfachungsgründen allerdings darauf, das zu Ungunsten des Angeklagten eingelegte Rechtsmittel der StA oder des Privat- oder Nebenklägers zu verwerfen (BGH VRS **50**, 369; 1 StR 144/08 vom 15.7.2008). Das ist wegen der Unabänderlichkeit der Entscheidung im Revisionsverfahren vertretbar, nicht aber im Berufungsverfahren (dazu im Einzelnen Meyer-Goßner/Cierniak NStZ **00**, 611).

Zurücknahme und Verzicht　　　　　　　　　　　　　　　　RiStBV 152

302 ^{I 1} **Die Zurücknahme eines Rechtsmittels sowie der Verzicht auf die Einlegung eines Rechtsmittels können auch vor Ablauf der Frist zu seiner Einlegung wirksam erfolgen.** ²Ist dem Urteil eine Verständigung (§ 257c) vorausgegangen, ist ein Verzicht ausgeschlossen. ³Ein von der Staatsanwaltschaft zugunsten des Beschuldigten eingelegtes Rechtsmittel kann ohne dessen Zustimmung nicht zurückgenommen werden.

^{II} Der Verteidiger bedarf zur Zurücknahme einer ausdrücklichen Ermächtigung.

Übersicht

		Rn
1)	Rechtsmittelrücknahme (I S 1)	1–12
2)	Zulässiger Rechtsmittelverzicht (I S 1)	13–26
3)	Unzulässiger Rechtsmittelverzicht (I S 2)	26a–26g
4)	Rechtsmittel zugunsten des Beschuldigten (I S 3)	27
5)	Rücknahmebefugnis des Verteidigers (II)	28–36

1　**1) Rechtsmittelrücknahme (I S 1):**

2　A. **Ganz oder teilweise** kann ein Rechtsmittel zurückgenommen werden, auch wenn es unzulässig ist (BGH NStZ **95**, 356; NStZ-RR **00**, 305). Die in der Teilrücknahme liegende nachträgliche Rechtsmittelbeschränkung ist in gleicher Weise und in gleichem Umfang zulässig wie eine von vornherein nach §§ 318, 344 I erklärte Beschränkung des Rechtsmittels (BGH **33**, 59; KK-Paul 7). I S 2 und § 55 III **JGG** gelten auch für die Teilrücknahme.

3　B. **Rücknahmeberechtigt** ist, wer das Rechtsmittel eingelegt hat. Der jugendliche Beschuldigte kann sein Rechtsmittel ohne Zustimmung des gesetzlichen Vertreters zurücknehmen. Die Wirksamkeit der Rücknahmeerklärungen anderer Beteiligter setzt deren Handlungsfähigkeit (Einl 98) voraus. Wegen des gesetzlichen Vertreters und der Erziehungsberechtigten vgl 1, 3, 7 zu § 298; erg unten 8a.

4　Die **Rücknahmeerklärung des Angeklagten** erstreckt sich stets auch auf das Rechtsmittel des Verteidigers (BGH NStZ-RR **07**, 210); dass das Rechtsmittel vom Verteidiger eingelegt und begründet worden war, ist ohne Belang (BGH NStZ **19**, 692). Haben mehrere Verteidiger Rechtsmittel eingelegt, so führt die im Auftrag des Angeklagten erklärte Zurücknahme des einen zur Zurücknahme des Rechtsmittels insgesamt (BGH NStZ **96**, 202; NStZ-RR **19**, 351); anders kann es sein, wenn ein besonderer Auftrag des Angeklagten nicht vorliegt (Koblenz VRS **68**, 213) oder auch wenn die Rücknahmeerklärung vor ihrem Eingang bei Gericht durch einen anderen Verteidiger widerrufen wird (LG München I NStE Nr 29). Hatte der Angeklagte trotz notwendiger Verteidigung (§ 140 I oder II) keinen Verteidiger, ist die Rücknahme des Rechtsmittels – ebenso wie beim Verzicht (unten 25) – unwirksam (Köln StV **04**, 68 L; einschr Koblenz NStZ **07**, 55 für ein außerhalb der Hauptverhandlung zurückgenommenes Rechtsmittel).

5　Der **StA** kann, unbeschadet des I S 2 (unten 27), von dem Vorgesetzten um Zurücknahme ersucht werden (§ 146 GVG); der GStA beim OLG kann das Rechtsmittel der StA beim LG auch selbst zurücknehmen. Der GBA kann nur dem GStA anheimstellen, die Revision der örtlichen StA zurückzunehmen, braucht sie aber beim BGH nicht zu vertreten, wenn er sie für unbegründet hält. Erg siehe Nr 168 RiStBV, Graalmann-Scheerer Schlothauer-FS 485, 494.

C. **Bis zur Entscheidung über das Rechtsmittel** ist, mit der Einschränkung 6
des § 303, die Zurücknahme zulässig (Hamburg MDR 83, 154; vgl auch Köln
JR 76, 514 mit Anm Meyer), auch noch nach Erlass, aber vor Rechtskraft eines
Verwerfungsbeschlusses nach § 346 I (BGH NStZ 98, 52). Die Berufung kann
noch nach Zurückverweisung der Sache durch das Revisionsgericht (§ 354 II, III)
zurückgenommen werden (vgl aber 2 zu § 303), sofern das Urteil (bei bloßem
Teilerfolg der Revision) nicht schon im Schuldspruch rechtskräftig geworden ist
(Stuttgart NJW 82, 897) oder die Feststellungen zum Tatgeschehen (teilw) aufrechterhalten worden sind (Bay 88, 46; KG StraFo 16, 27; Zweibrücken NStZ 10,
459). Der Rechtsmittelrücknahme steht nicht entgegen, dass inzwischen ein Verfahrenshindernis entstanden ist; denn das allein beendet das Verfahren nicht
(BGH 50, 30, 35 [die dort erwähnte Entscheidung BGH 15, 203 ist allerdings
durch BGH 16, 115, 120 überholt]; Schöneborn MDR 75, 6; aM Bay 74, 8).
Eine Berufungsrücknahme kann sich aber nicht auf einen zuvor vom LG nach
§ 154 II eingestellten Verfahrensteil erstrecken (Frankfurt NStZ 88, 328).

D. Die **Form** für die Zurücknahme ist die gleiche, die für die Einlegung des 7
Rechtsmittels vorgeschrieben ist (Düsseldorf JZ 85, 300; Köln VRS 70, 445; unten
18). Ebenso wenig wie bei der Einlegung (Einl 140) genügt ein Telefonanruf
(Karlsruhe Justiz 86, 307; Stuttgart NJW 82, 1472; aM Hamburg MDR 81, 424).
Die Zurücknahme muss eindeutig – wenn auch nicht unbedingt unter Verwendung dieses Wortes – erklärt werden (BGH 3 StR 311/16 vom 5.10.2016; erg
unten 20); sie kann nicht darin gesehen werden, dass der StA die Verwerfung seines
eigenen Rechtsmittels beantragt, gleichgültig, ob von ihm ein Freispruch angegriffen oder nur der Strafausspruch angefochten worden ist (Koblenz NStZ 94, 354
mwN). Bei nicht eindeutigen Erklärungen sind deren Gesamtsinn und die Umstände der Abgabe maßgeblich (BGH NStZ-RR 19, 351). Die Zurücknahme ist
wie die Einlegung des Rechtsmittels bedingungsfeindlich (BGHR § 302 II Rücknahme 2; Einl 118; 5 vor § 296).

Die **Erklärung wird wirksam,** wenn sie dem mit der Sache befassten Gericht 8
zugeht (Düsseldorf JZ 85, 300; Karlsruhe JR 92, 302), nicht erst mit dem Eingang
bei der zuständigen Geschäftsstelle (Neustadt NJW 62, 359). Eine Besonderheit
gilt für Erklärungen nach § 299 (dort 4). Sind die Akten dem Rechtsmittelgericht
nach §§ 306 II, 321 S 2, 347 II vorgelegt worden, so kann das Rechtsmittel nur
ihm gegenüber zurückgenommen werden (vgl 6 zu § 347). Zweifel am Eingang
der Rücknahmeerklärung gehen zu Lasten dessen, der sie angeblich abgegeben hat
(Düsseldorf aaO).

E. Der **Angeklagte** muss bei Abgabe der Erklärung (Hamm VRS 110, 225: 8a
nicht bei der Übergabe) **prozessual handlungsfähig** (Einl 97) sein (BGH
NStZ 83, 280; NStZ-RR 99, 258; 16, 180). Das bedeutet, dass er in der Lage sein
muss, seine Interessen vernünftig wahrzunehmen und mit hinreichender Freiheit
der Willensentschließung und Willensbetätigung die Bedeutung der Erklärung zu
erkennen (BGH 1 StR 327/19 vom 8.10.2019; wistra 11, 236; vgl auch BGH
NStZ 17, 487). Dies wird durch Geschäfts- oder Schuldunfähigkeit des Erklärenden nicht notwendig ausgeschlossen (BGH NStZ 17, 487; 17, 490; 18, 615;
NStZ-RR 18, 290; ggf ist es im Freibeweisverfahren zu klären (BGH NStZ 17,
487, 488; NStZ-RR 05, 149; 07, 210). „Emotionale Aufgewühltheit" oder „depressive Verstimmung" stellen die Wirksamkeit der Erklärung nicht in Frage (BGH
NStZ-RR 05, 261 [B]; 13, 136 [C/Z]). Bei fehlender Verhandlungsfähigkeit ist
die Rücknahme unwirksam (BGH NStZ 92, 29 [K]. Bleiben Zweifel, so ist von
Verhandlungsfähigkeit auszugehen (BGH NStZ 17, 490; 18, 615; NStZ-RR 18,
290; 1 StR 327/19 vom 8.10.2019). Hatte das Tatgericht keine Zweifel an der
Verhandlungsfähigkeit, so kann diese grundsätzlich auch vom Revisionsgericht
bejaht werden (BGH NStZ-RR 12, 318).

F. **Unwiderruflich und unanfechtbar** ist die Rücknahmeerklärung (BGH 5, 9
337, 341; 10, 245, 247; 37, 15, 17; NStZ 83, 280; 88, 213 [M]; NStZ-RR 08, 66
[B]; 13, 381; KG JR 77, 34; 81, 480; Hamburg NJW 78, 602; erg unten 21).

§ 302

10 Grundsätzlich ist auch eine auf **Irrtum** beruhende oder durch **Täuschung oder Drohung** herbeigeführte Rücknahmeerklärung nicht nach §§ 119, 123 BGB anfechtbar (BGH StV **94**, 64), erg aber unten 22; § 136a gilt ebenfalls nicht (Einl 110). Dies gilt auch für einen durch den Verteidiger hervorgerufenen Irrtum (BGH 3 NStZ-RR **19**, 318, 351, jeweils mwN). Jedoch sind Erklärungen unwirksam, die das Gericht mit unlauteren Mitteln erlangt hat (vgl KG JR **77**, 34 und Dresden StraFo **09**, 521: Rücknahme bzw Beschränkung der Berufung durch den auf Grund eines rechtswidrigen Haftbefehls festgenommenen Angeklagten, der seine Freilassung erreichen will; Stuttgart Justiz **95**, 448: Nichteingehaltene Inaussichtstellung einer Strafermäßigung bei Berufungsbeschränkung) oder die auf durch unzutreffende richterliche Auskunft hervorgerufenem Irrtum über die Erfolgsaussichten des Rechtsmittels (Zweibrücken StV **82**, 13) oder über Tragweite und Rechtsfolgen der Rücknahmeerklärung beruhen (Düsseldorf MDR **84**, 604; Köln StraFo **14**, 77). Dies muss aber feststehen; der Grundsatz *in dubio pro reo* gilt nicht (Düsseldorf NStZ-RR **96**, 307). Bei Unwirksamkeit der Rücknahmeerklärung tritt keine Rechtskraft ein (dazu SK-Frisch 32); aus Gründen der Rechtssicherheit muss aber die Rechtskraft über eine entspr Anwendung des § 45 I oder durch einen fristgebundenen Antrag auf Fortsetzung des Rechtsmittelverfahrens herbeigeführt werden.

11 G. **Rechtsfolgen der Zurücknahme:** Eine Entscheidung über das zurückgenommene Rechtsmittel ist überflüssig; es ergeht lediglich eine selbstständige Kostenentscheidung (13 zu § 464). Eine irrtümlich trotz wirksamer Zurücknahme ergangene Entscheidung ist gegenstandslos (BGH NStZ-RR **06**, 5 [B]). War der Angeklagte wegen zweier Taten verurteilt worden und wurde, nachdem das Verfahren wegen einer der beiden Taten nach § 154 II eingestellt worden ist, die Berufung zurückgenommen, ist der Kostenbeschluss mit einem Beschluss zu verbinden, in dem klargestellt wird, dass der Angeklagte nur wegen einer Tat zu der hierfür durch das AG festgesetzten (Einzel-)Strafe verurteilt und die Gesamtstrafe entfallen ist; dasselbe gilt, wenn die Berufung auf den eingestellten Fall beschränkt war. Bleiben mehrere rechtskräftige Einzelstrafen bestehen, hat das LG aus diesen eine neue Gesamtstrafe zu bilden (KG NStZ **90**, 250; Oldenburg NdsRpfl **95**, 135).

11a H. **Prüfung der Wirksamkeit der Rücknahmeerklärung:** Hält das Gericht die Rücknahme für wirksam, wird dies von einem Verfahrensbeteiligten jedoch bestritten, so spricht es durch (deklaratorischen) Beschluss aus, dass die Rücknahmeerklärung wirksam ist (BGH NStZ-RR **01**, 267; 1 StR 527/13 vom 5.2.2014; 2 StR 570/18 vom 2.7.2019). Befindet sich der Betroffene in Haft, wird der Haftbefehl entspr § 47 III wieder wirksam (Düsseldorf VRS **112**, 474). Wird die Wirksamkeit zu Unrecht bestritten, spricht das Gericht durch (deklaratorischen) Beschluss aus, dass das Rechtsmittel durch Zurücknahme erledigt ist (BGH NStZ-RR **98**, 60; **03**, 241; **05**, 68 [B]; Hamm VRS **98**, 140). Das Rechtsmittelgericht ist dafür zuständig, nachdem ihm die Akten zur Entscheidung vorgelegt worden sind (oben 8; 7 zu § 347; BGH NStZ **09**, 51; StraFo **11**, 232; KK-Gericke 24a zu § 346; zw BGH NStZ **05**, 113, NStZ-RR **05**, 211 und **09**, 34 [C]: auch vorher schon?). Gegen den Beschluss ist, soweit es sich um eine Berufung handelte, entspr § 322 II die sofortige Beschwerde zulässig (Frankfurt NStZ **88**, 328 mwN), bei einer Revision entspr § 346 II Antrag auf Entscheidung des Revisionsgerichts (BGH aaO erwägt nicht fristgebundene Entscheidung des Revisionsgerichts; das ist abzulehnen, denn es darf nicht beliebig lange in der Schwebe bleiben, ob das tatrichterliche Urteil rechtskräftig ist). Die Feststellung der Unwirksamkeit der Revisionsrücknahme hat nicht zur Folge, dass mit deren Bekanntgabe die Revisionsbegründungsfrist erneut in Gang gesetzt wird (Köln StraFo **01**, 386).

12 I. Den **Verzicht auf die Wiederholung des Rechtsmittels** enthält die Rücknahmeerklärung (BGH **10**, 245, 247; NStZ-RR **04**, 341 mwN). Daher sind die erneute Einlegung und ein Wiedereinsetzungsantrag grundsätzlich unzulässig (BGH NJW **84**, 1974, 1975; NStZ **82**, 190 [Pf]; **84**, 181; **85**, 207 [Pf/M]; **aM**

Niemöller StV **10**, 597: Auslegungsfrage; dagegen Meyer-Goßner StV **11**, 53 mit Erwiderung Niemöller StV **11**, 54) auch wenn die Revision unzulässig war (BGH NStZ **95**, 356; erg oben 2). Ob etwas anderes gelten kann, wenn sich aus einem Vorbehalt oder den Begleitumständen das Fehlen des Verzichtswillens ergibt, erscheint fraglich (so aber Bay **74**, 57; offengelassen in BGH **10**, 245, 247).

2) Zulässiger Rechtsmittelverzicht (I S 1): 13
A. **Zulässig** ist der Verzicht, sobald und solange das Rechtsmittel eingelegt wer- 14 den kann (Köln NJW **80**, 2720; LR-Jesse 7 ff), also schon vor Bekanntgabe der Urteilsgründe (Hamm JMBlNW **76**, 23), aber nicht vor Erlass der Entscheidung (BGH **43**, 195; StV **00**, 542; erg 4 vor § 296). Der in Abwesenheit verurteilte Angeklagte kann schon vor Beginn der Einlegungsfrist auf das Rechtsmittel verzichten, jedenfalls dann, wenn er sich zuvor über den Inhalt der Entscheidung unterrichten konnte (BGH **25**, 234; NStZ **86**, 208 [Pf/M]; KK-Paul 6; aM R. Hamm 129). Wirksam wird die Verzichtserklärung mit ihrem Eingang bei Gericht (oben 8); damit sind früher eingelegte Rechtsmittel erledigt (BGHR Rechtsmittelverzicht 7), später eingehende Anfechtungserklärungen sind wegen Eintritts der Rechtskraft unwirksam (KK-Paul 16) und damit unzulässig. Geht allerdings eine Anfechtungserklärung früher bei dem Gericht ein als eine zuvor abgesandte Verzichtserklärung, ist die Anfechtung wirksam (BGH GA **73**, 46; Hamburg NJW **52**, 638).
Bei **gleichzeitigem Eingang** von Anfechtungserklärung und Verzicht ist der 15 Verzicht unbeachtlich (BGH NJW **60**, 2202; BGHR Rücknahme 4). Das Gleiche gilt, wenn nicht aufgeklärt werden kann, welche der beiden Erklärungen eher bei Gericht eingegangen ist (BGH NStZ **92**, 29 [K]). Stammt aber der Verzicht vom Angeklagten und die Anfechtungserklärung vom Verteidiger, geht der Wille des Angeklagten vor (BGHR Rechtsmittelverzicht 11; erg unten 26, 35).
Teilverzicht ist ebenso zulässig wie Teilrücknahme (oben 2). Er liegt aber nicht 16 darin, dass ein Rechtsmittel nur beschränkt eingelegt wird (unten 31).
Der **Verzicht erstreckt sich** auf alle Rechtsmittel, die gegen die Entscheidung 17 zulässig sind. Wird auf Rechtsmittel gegen ein Urteil verzichtet, so umfasst dies auch die sofortige Beschwerden nach § 464 III, § 8 III StrEG, wenn über sie belehrt worden oder auf die Belehrung verzichtet worden ist (Hamm MDR **71**, 776; weitergehend Nürnberg NStZ **97**, 302: ohne diese Einschränkung). Andernfalls muss der Wille des Erklärenden durch Auslegung ermittelt werden (Düsseldorf NStE NR 22; Hamburg MDR **93**, 568; erg 21 zu § 464).

B. Die **Form** des Verzichts richtet sich, wie die der Zurücknahme (oben 7), 18 nach der Form für die Rechtsmitteleinlegung (BGH **18**, 257, 260; **31**, 109, 111; NJW **84**, 1974; Düsseldorf JZ **85**, 960; NStZ **82**, 521; Köln VRS **71**, 54).
Der Verzicht kann **in der Hauptverhandlung** unmittelbar nach der Urteils- 19 verkündung erklärt und im Protokoll beurkundet werden (BGH aaO; NStZ **86**, 277; Bremen NJW **61**, 2271; Düsseldorf aaO; Koblenz MDR **81**, 696; Einl 137; vgl auch RiStBV 143), auch teilw (BGH NJW **91**, 2847) und auch in einem anderen Verfahren desselben Gerichts (BGH NStZ **89**, 220 [M]). Zur Entgegennahme zuständig sind Protokollführer und Vorsitzender (BGH NStZ **83**, 359 [Pf/M]). Die Erklärung wird sofort wirksam, nicht erst mit der Fertigstellung des Protokolls iS des § 273 IV (BGH NStZ-RR **02**, 100 [B]); zur Beweiskraft vgl 11 zu § 274.
Der Verzicht setzt eine **eindeutige, vorbehaltlose und ausdrückliche Er-** 20 **klärung** voraus (Karlsruhe Justiz **65**, 242; Köln NJW **80**, 2720), wobei aber nicht von „Verzicht" gesprochen werden muss, wenn die Auslegung der Erklärung eindeutig ist (BGH 4 StR 227/18 vom 3.7.2018 mwN; Zweibrücken JBlRP **11**, 27). Daher genügt das Schweigen des Angeklagten, erst zu gerichtlichen Feststellungen oder zu Erklärungen Dritter, auch seines Verteidigers, nicht (München StV **17**, 810), grundsätzlich ebenso wenig das Kopfnicken auf Befragen durch das Gericht (Hamm wistra **03**, 440 mwN), es sei denn, dies ist nach dem Verfahrensablauf zweifelsfrei als Zustimmung anzusehen (BGH NStZ **05**, 47). Auch liegt ein wirksamer Verzicht nicht vor, solange Angeklagter und Verteidiger zu erkennen geben,

§ 302

dass sie die Frage des Verzichts noch miteinander oder mit Dritten erörtern wollen (BGH NStZ-RR **17**, 186 L). In der Anfrage, wohin die Strafe zu zahlen sei sowie in der Zahlung selbst oder in der Übersendung des Führerscheins bei Verurteilung zu einem Fahrverbot kann aber ein Verzicht zu sehen sein (vgl Köln VRS **41**, 440; Naumburg NZV **97**, 493; Stuttgart NJW **90**, 1494). Die Erklärung, das Urteil werde angenommen, enthält idR einen Rechtsmittelverzicht (BGH JZ **52**, 568 L; Hamm NStZ-RR **10**, 215).

21 C. **Widerruf und Anfechtung** des Verzichts sind ebenso unzulässig wie bei der Rechtsmittelrücknahme (BGH NJW **84**, 1974; NStZ **97**, 148; Düsseldorf NStZ **82**, 521; Frankfurt StV **87**, 289; oben 9). Wiedereinsetzung in den vorigen Stand findet nicht statt (BGH NStZ-RR **17**, 92). Die noch nicht bei Gericht eingegangene Erklärung kann aber, auch formlos, widerrufen werden (BGH GA **73**, 46; NStZ **97**, 378 [K]; Hamburg NJW **60**, 1969; Hamm StraFo **08**, 33).

22 Die – erwiesene (BGH NStZ-RR **17**, 92; Hamburg NStZ **14**, 534, 535 mwN) – **Irreführung des Beschwerdeberechtigten** durch unrichtige oder fehlende amtliche Auskunft macht die Erklärung unwirksam (BGH **46**, 257; StV **01**, 556; NStZ **04**, 636; Bremen JZ **55**, 680; Hamm NJW **76**, 1952; Köln NJW **68**, 2349; Zweibrücken NStZ **82**, 348 L; Einl 110; oben 10), wenn sie hierauf beruht (Hamburg NStZ **17**, 307, 308 mwN; Koblenz NStZ-RR **96**, 306). Die unrichtige Belehrung durch den Pflichtverteidiger kann die Unwirksamkeit nicht zur Folge haben (BGH NStZ **83**, 213; NStZ-RR **04**, 228 [B]; 4 StR 572/09 vom 16.3. 2010; vgl auch NStZ-RR **19**, 318, 351; a**M** Frankfurt NJW **71**, 949; LR-Jesse 54; offen gelassen von BGH NStZ **99**, 364). Zur Unwirksamkeit führt aber nicht die in dem Antrag der StA auf Erlass eines Haftbefehls liegende „Drohung" (BGH **17**, 14; Hamburg MDR **64**, 615), nicht die Hoffnung auf Bestehen bleiben eines Haftverschonungsbeschlusses (BGH wistra **94**, 197), auch nicht der Verzicht auf Absehen von der Vollstreckung nach § 456a (BGH NStZ **01**, 220), wie überhaupt aus enttäuschten Erwartungen die Unwirksamkeit eines Verzichts nicht hergeleitet werden kann (BGH wistra **02**, 108), auch nicht die Ankündigung des StA, er werde Revision einlegen, wenn kein Rechtsmittelverzicht erfolge (BGH NStZ **86**, 277), oder die Anordnung des sofortigen Vollzugs der Strafe durch die StA nach Rechtsmittelverzicht (BGH NStZ **92**, 29 [K]) oder das Auseinanderfallen von mündlicher und schriftlicher Urteilsbegründung (BGH aaO), auch nicht ein falsches oder missverstandenes Geständnis (BGH NStZ-RR **97**, 173).

23 D. Auf die **Wirksamkeit des Verzichts** ist das Fehlen der Rechtsmittelbelehrung ohne Einfluss (BGH NStZ **84**, 181; 329; **06**, 351; NStZ-RR **00**, 38 [K]). Die Wirksamkeit setzt aber voraus, dass der Angeklagte verhandlungsfähig (BGH NStZ **84**, 181; **96**, 297; oben 3; 8a; Einl 97) ist; geschäftsfähig iS des bürgerlichen Rechts muss er nicht sein (BGH NStZ **83**, 280; **87**, 18 [Pf/M]; **88**, 213 [M]). Der Verzicht kann durch die Art und Weise seines Zustandekommens unwirksam sein (BGH **45**, 51: Unzulässige Verständigungsgespräche; BGH NStZ **06**, 464: Verstoß gegen den Grundsatz des fairen Verfahrens; Bremen StraFo **11**, 515: Vorformulierter Verzicht; Jena StV **19**, 838: irreführende Angaben durch das Gericht; erg oben 14). Der Erklärende muss sich der Tragweite seiner Erklärung bewusst sein (BVerfG NStZ-RR **08**, 209).

24 Auch **im Anschluss an die Urteilsverkündung** ist der **Rechtsmittelverzicht** grundsätzlich wirksam. Zu diesem Verzicht sollte der Angeklagte zwar idR vom Vorsitzenden nicht veranlasst werden (vgl RiStBV 142 II S 1). Ein Verstoß gegen diesen Grundsatz bewirkt jedoch allein nicht die Unwirksamkeit des Verzichts, da der Angeklagte auch bei Verhängung einer hohen Strafe dafür im Einzelfall verständliche Gründe haben kann (BGH NStZ **96**, 297; Köln VRS **48**, 213). Vielmehr ist der Verzicht eines verhandlungsfähigen (vgl dazu BGH NStZ **87**, 221 [Pf/M]; NStZ-RR **97**, 305; **99**, 262 [K]; oben 8a) Angeklagten idR als wirksam anzusehen (BGH StV **13**, 199; Oldenburg NStZ **82**, 520), auch bei emotionaler Aufgewühltheit (BGH NStZ **14**, 533; NStZ-RR **17**, 186 L), auch der Verzicht eines Jugendlichen (Düsseldorf MDR **86**, 75; Schleswig SchlHA **08**, 236 [D/D], eines Heranwachsenden, auf den Jugendstrafrecht angewendet wird (BGH 2 StR 432/16 vom 20.12.2016) oder eines Ausländers (BGH NStZ **00**, 441; Düsseldorf Rpfleger **99**, 96; Hamburg StV **06**, 175 mit krit Anm Keller/Gericke; Oldenburg aaO; Zweibrücken StV **94**, 362). Anders kann es sein, wenn im Einzelfall Zweifel daran bestehen, dass der Angeklagte sich zu diesem Zeitpunkt der Tragweite seiner Erklärung bewusst war (BGH NStE Nr 28; Düsseldorf NStZ **82**, 521).

In der Rspr ist die **Unwirksamkeit zB angenommen** worden, wenn der Vorsitzende unzuständigerweise eine Zusage abgegeben hat, die nicht eingehalten worden ist (BGH NJW **95**, 2568), wenn der Verzicht lediglich aufgrund einer objektiv unrichtigen Erklärung des Gerichts zu Stande gekommen ist (KG NStZ **07**, 541), wenn der StA mit der Ankündigung eines unsachgemäßen Haftantrages für den Weigerungsfall gedrängt (BGH NJW **04**, 1885) oder wenn das Gericht grundlos mit der Invollzugsetzung des Haftbefehls gedroht hatte (BGH StV **04**, 636), wenn der Angeklagte die deutsche Sprache nicht oder nur unvollkommen beherrscht (München StV **98**, 646; Nürnberg StV **14**, 529), wenn schon der zuvor erklärte Verzicht auf die Rechtsmittelbelehrung unwirksam war (Hamm NJW **83**, 530), wenn trotz fühlbarer Bestrafung die Verzichtserklärung entgegengenommen worden ist, ohne dass sich der Angeklagte mit seinem (anwesenden) Verteidiger beraten konnte (BGH StV **18**, 257, 260; **19**, 101; Köln NStZ **81**, 490), auch dann, wenn der Verteidiger fehlerhafter Weise nicht geladen (Hamm VRS **53**, 367; Schleswig NJW **65**, 312; a**M** KK-Paul 12) oder aus sonstigem Grund abwesend war (Düsseldorf StraFo **12**, 105; ursprünglich nur Haftprüfungstermin) oder der von 2 Verteidigern des Angeklagten nur einer wegen unterbliebener Ladung des anderen anwesend war (BGH NStZ **05**, 114) oder der Verteidiger des ausländischen Angeklagten verhindert war oder verspätet erschienen ist (Köln StV **05**, 544; StraFo **10**, 29). Der von einem erwachsenen Angeklagten erklärte Verzicht ist aber idR auch dann wirksam, wenn der Verteidiger widerspricht (Oldenburg NStZ **82**, 520).

Hingegen ist die Verzichtserklärung insbesondere unwirksam, wenn **entgegen § 140 I** (Frankfurt StV **91**, 296) **oder § 140 II** (Düsseldorf NStZ **95**, 147; StraFo **98**, 384; Frankfurt NStZ **93**, 507; Hamm StraFo **09**, 290; Koblenz StraFo **06**, 27; Köln StV **03**, 65 je mwN; vgl aber auch München NJW **06**, 789; NStZ-RR **10**, 19) kein Verteidiger oder ein nicht zugelassener Rechtsanwalt (BGH **47**, 238; anders aber, wenn der Widerruf der Zulassung noch nicht bestandskräftig ist, BGH NStZ-RR **04**, 179) mitgewirkt hat. Zu § 140 II wird in der Rspr auch eine a**M** vertreten (Brandenburg StraFo **01**, 136 mit abl Anm Braun; Hamburg StV **98**, 641 mit zust Anm Rogall und StV **06**, 175 mit abl Anm Keller/Gericke), die aber unzutr ist, weil § 140 nicht nur vor, sondern auch nach der Urteilsverkündung Bedeutung hat (KG StV **06**, 686; **13**, 11; Naumburg NStV **13**, 12; im Ergebnis ebenso Köln aaO; Kleinbauer wistra **07**, 39), wie sich bereits aus § 143 I ergibt, wonach eine Pflichtverteidigerbestellung erst mit Urteilsrechtskraft endet.

E. **Folgen des Verzichts:** Der Verzicht des Angeklagten führt zum Verlust des 26 Rechtsmittels (BGH NStE **17**, 92); der Verzicht macht ein Rechtsmittel des Verteidigers somit wirkungslos (BGH StV **14**, 533; 5 zu § 297). Wird die Wirksamkeit des Verzichts zu Unrecht bestritten, spricht das Gericht durch Beschluss aus, dass das Rechtsmittel durch Verzicht erledigt ist (BGH NStE Nr 26; vgl oben 11). Allgemein schließt der Verzicht die Einlegung des Rechtsmittels und die Wiedereinsetzung aus (BGH NJW **78**, 330; GA **69**, 281; NStZ **87**, 18 [Pf/M]). Ein trotzdem eingelegtes Rechtsmittel wird als unzulässig verworfen (BGH NJW **84**, 1974, 1975; NStZ **84**, 181; Bay **60**, 238). War der Verzicht aber unwirksam, kann dies die Wiedereinsetzung in den vorigen Stand wegen Versäumung einer Rechtsmittelfrist begründen (BGH **45**, 227; NJW **95**, 2568; NStZ **02**, 379).

3) Unzulässiger Rechtsmittelverzicht (I S 2): 26a
Das in I S 2 enthaltene **Verbot einer Rechtsmittelverzichtserklärung nach** 26b **einer Verständigung** (§ 257c), das für Rücknahme (unten 26f) und Teilrücknahme eines Rechtsmittels weder direkt noch analog gilt (Nürnberg StraFo **16**,

Schmitt 1415

§ 302

473; Hamburg NStZ **17**, 307), geht über das hinaus, was BGH GrS **50**, 40 mit dem Gebot einer „qualifizierten Belehrung" nach einer Absprache verlangt hatte. Nach einer Verständigung darf es gar keinen Rechtsmittelverzicht mehr geben (vgl auch Niemöller NStZ **13**, 21: selbst dann nicht, wenn das Urteil nicht auf der Verständigung beruht, weil zB das Gericht von ihr abgewichen ist oder die Verständigung ihrem Inhalt nach rechtswidrig war). Ein gleichwohl erklärter Verzicht ist unwirksam. Das Vorliegen einer Verständigung muss aber durch das Hauptverhandlungsprotokoll (§ 273 I a S 1) nachgewiesen sein bzw dieses darf kein Negativattest (§ 273 Ia S 3) enthalten (vgl BGH NStZ-RR **19**, 318; 2 StR 432/16 vom 20.12.2016); andernfalls ist im Freibeweisverfahren festzustellen, ob eine Verständigung stattgefunden hat (Frankfurt NStZ-RR **10**, 213). Das Urteil kann grundsätzlich nur durch ungenutzten Ablauf der Rechtsmittelfristen (§§ 314, 341) rechtskräftig werden. Der Angeklagte kann daher ein möglicherweise vorhandenes eigenes Interesse, das Urteil nach einer Verständigung schnell rechtskräftig werden zu lassen (zB zwecks Übergang von UHaft in Strafhaft), nach der Intention des Gesetzgebers nicht mehr realisieren (*Murmann* ZIS **09**, 534), während derjenige, der ein nicht verständigungsbasiertes Urteil idR nicht vorhersehen konnte, gleichwohl sogleich wirksam auf Rechtsmittel verzichten kann. Die Praxis hat aber insoweit eine Umgehungsstrategie entwickelt (dazu unten 26 e).

26c Die gesetzliche Regelung **rechtfertigt** sich dennoch aus der zutreffenden Überlegung, dass eine Überprüfung der Verständigung durch das Rechtsmittelgericht nicht von vornherein ausgeschlossen sein soll (so auch Altenhain/Haimerl JZ **10**, 333). Dass das Gericht den Angeklagten nun nochmals über die Freiheit zur Einlegung eines Rechtsmittels belehren muss und ein vereinbarter Rechtsmittelverzicht schlechthin unwirksam ist, ist zu begrüßen. Die Regelung ist entspr auf eine heimliche, unter Umgehung des § 257c getroffene Absprache anzuwenden (BVerfG NJW **13**, 1058, 1064; BGH **59**, 21 mit zust Anm Knauer NStZ **14**, 115, Köln NStZ **14**, 727; Kudlich JZ **14**, 471 und Norouzi NJW **14**, 874; **aM** Niemöller NStZ **13**, 22 und LA **14**, 184). Ob eine solche Verständigung stattgefunden hat, ist freibeweislich zu ermitteln (BGH aaO); Zweifel, ob eine Absprache stattgefunden hat, dürfen sich nicht zulasten des Betroffenen auswirken (BVerfG NJW **12**, 1136 mit Anm Niemöller StV **12**, 387; Zweibrücken NJW **12**, 3193). Nicht anwendbar ist sie bei Verständigungen zwischen StA und Verteidigung ohne gestaltende Beteiligung des Gerichts (Hamm StV **19** 842 L).

26d Um das Urteil nach § 267 IV **in abgekürzter Form** abfassen zu können, wird der Richter nun regelmäßig den Ablauf der Rechtsmittelfrist abwarten müssen; das kann insbesondere beim AG, wo jede Woche eine größere Zahl von Urteilsbegründungen abzufassen sind, zu Unzuträglichkeiten führen, sodass eine Ausnahme für das amtsgerichtliche Verfahren, wie es der Entwurf der BRAK vorsah (dazu *Meyer-Goßner* aaO), erwägenswert gewesen wäre.

26e Es ist **nicht unzulässig**, ein zunächst gegen das Verständigungsurteil eingelegtes Rechtsmittel wegen veränderter Umstände vor Ablauf der Rechtsmittelfrist zurückzunehmen, wodurch doch davor Rechtskraft eintritt (Niemöller NStZ **13**, 23). Rechtsmitteleinlegung und eine zeitlich alsbald nachfolgende Rücknahme des Rechtsmittels sind aber unwirksam, wenn Einlegung und Rücknahme erkennbar nur dem Zweck dienen, damit die Regelung des I S 2 zu umgehen (SSW-Hoch 55; Beulke/Swoboda 395e; **aM** BGH **55**, 82 mit zutr abl Anm Malek StraFo **10**, 251, Niemöller StV **10**, 474, 597; Staudinger HRRS **10**, 347; vgl auch Gericke NStZ **11**, 110, der meint, die Rücknahmeerklärung sei bereits wegen des in ihr liegenden Verzichts unwirksam gewesen; ebenso Schlothauer StraFo **11**, 494; anders LR-Jesse 72 ff und Frisch Dencker-FS 116, die streng zwischen Verzicht und Rücknahme unterscheiden; erg oben 12).

26f Eine verständigungsbasierte **verfahrensübergreifende Rechtsmittelrücknahme** ist nach der Rspr grundsätzlich zulässig (Hamburg NStZ **17**, 307: Rücknahme der Berufung in einem anderen Berufungsverfahren; erg 15b zu § 257c).

26g **Beruft sich ein Angeklagter** auf die Unwirksamkeit eines von ihm erklärten Rechtsmittelverzichts und schweigt das Protokoll dazu, ob eine Verständigung stattgefunden hat oder nicht (vgl 12c zu § 273, 14a zu § 274), so muss er im einzelnen darlegen, in welchem Verfahrensabschnitt, in welcher Form und mit welchem Inhalt die von ihm behauptete Verständigung zustande gekommen ist (BGH **56**, 3 mit abl Anm Bauer StV **11**, 340).

4) Rechtsmittel zugunsten des Beschuldigten (I S 2): Vgl 14 zu § 296. 27
Die Zustimmung kann der Beschuldigte formlos erklären; bloßes Schweigen genügt nicht. Zur Anwendung des I S 2 auf Rechtsmittel des gesetzlichen Vertreters vgl 3 zu § 298. Eine dem I S 2 entspr Regelung enthält § 55 III **JGG**.

5) Rücknahmebefugnis des Verteidigers (II): 28

A. Für die **Zurücknahme** des Rechtsmittels des Verteidigers (erst recht für die 29 des Rechtsmittels des Beschuldigten durch den Verteidiger) gilt II, aber nicht für die Rücknahme hinsichtlich des Adhäsionsausspruchs nach § 406 (KG NStZ-RR **10**, 115) und nicht für den Nebenklägervertreter (BGH NStZ **19**, 45: auch keine entspr Anwendung). Die Ermächtigung, die an keine besondere Form gebunden ist (BGH 5 StR 484/18 vom 13.9.2018; 3 StR 6/19 vom 19.2.2019; 4 StR 597/18 vom 27.3.2019), kann nur ein verhandlungsfähiger Angeklagter (Einl 97) erteilen (BGH NStZ **83**, 280; oben 3, 23), nicht sein gesetzlicher Vertreter (BGH **61**, 218). Die Ermächtigung muss bei Abgabe der Erklärung erteilt sein, rückwirkende Genehmigung ist nicht ausreichend (Zweibrücken StraFo **10**, 252); ihr Fehlen macht die Erklärung des Verteidigers unwirksam. Zum Nachweis vgl unten 33. Zurücknahme ist auch die in der Teilrücknahme liegende nachträgliche Rechtsmittelbeschränkung (oben 2), aber nicht das Fallenlassen einer bestimmten Rechtsmittelbegründung, zB einer Verfahrensrüge (7 zu § 352). Keine Teilrücknahme (und auch kein Teilverzicht, dazu unten 30 f) liegt aber in der innerhalb der Revisionsbegründungsfrist erklärten Beschränkung des Rechtsmittels auf unbeschränkter Rechtsmitteleinlegung; denn die Anfechtungserklärung selbst enthält noch keine Aussage darüber, in welchem Umfang das Urteil angefochten wird, vielmehr wird erst durch die Beschränkungserklärung der Umfang der Anfechtung konkretisiert (BGH **38**, 4 gegen frühere Rspr; NStZ **92**, 126; SK-Frisch 10; erg unten 31); das gilt aber nicht für die Berufung, weil § 317 keine Begründungspflicht enthält, mit Einlegung der Berufung das Urteil damit insgesamt angefochten ist (Stuttgart Justiz **11**, 104; vgl auch München StV **17**, 810; **aM** Koblenz NStZ-RR **01**,247, falls Beschränkung in der Berufungsbegründungsfrist erfolgt). Allerdings bedarf eine nicht eindeutige Erklärung, vor allem, wenn sie ohne juristischen Beistand erfolgt ist, der Auslegung, ob mit ihr tatsächlich eine Beschränkung gewollt ist (BGH NJW **92**, 516). Aufgrund der Ermächtigung nach II kann der Verteidiger das Rechtsmittel des Angeklagten auch in dessen Abwesenheit ohne weiteres zurücknehmen (aber nicht auf Grund allgemeiner Prozessvollmacht, unten 32). Die Rücknahmeerklärung in seiner Anwesenheit ist den Angeklagten bindend, wenn er nicht widerspricht (BGH GA **68**, 86; Frankfurt NStZ-RR **97**, 45; **aM** Zweibrücken NStZ **87**, 573 mwN; LR-Jesse 93: ausdrückliche Zustimmung des Angeklagten erforderlich; erg 3 zu § 303), anders bei Schweigen des Angeklagten auf eine schriftliche Anfrage des Verteidigers (Oldenburg StraFo **10**, 347).

B. Den **Verzicht** auf Rechtsmittel kann der Verteidiger — soweit er nicht über- 30 haupt unzulässig ist (oben 26a ff) — ebenfalls nur mit besonderer Ermächtigung erklären. In der Ermächtigung zur Zurücknahme ist sie nicht enthalten (BGH **3**, 46; **10**, 320, 321; NJW **52**, 273). Wie für die Teilrücknahme (oben 29) ist die Ermächtigung auch für den Teilverzicht erforderlich. Der nach Urteilsverkündung spontan vom Verteidiger erklärte Verzicht bedarf zu seiner Wirksamkeit der ausdrücklichen Zustimmung des Angeklagten (Bay NStZ **95**, 142; Zweibrücken StV **89**, 11), so dass allein das Nichtwidersprechen idR nicht genügt (Bay aaO).

Da der Verteidiger auch ohne besondere Ermächtigung von der Rechtsmit- 31 teleinlegung überhaupt absehen kann, ist er auch befugt, ein **beschränktes Rechtsmittel** ohne Ermächtigung nach II einzulegen (BGH **38**, 4; vgl oben 29).

§ 302

Der nicht angefochtene Teil der Entscheidung wird erst mit Ablauf der Rechtsmitteleinlegungsfrist rechtskräftig (Hamm NStZ **16**, 106, 107 mit Anm Laue); bis dahin kann die Anfechtung erweitert werden (BGH **38**, 366; vgl auch Bay **67**, 146; erg 31 zu § 318; 1 zu § 343; 4 zu § 344). Legt der Angeklagte ein unbeschränktes und der Verteidiger ein beschränktes Rechtsmittel ein, geht das Rechtsmittel des Angeklagten vor; das gilt auch dann, wenn die Erklärung des Verteidigers zeitlich nachfolgte (Karlsruhe NStZ-RR **04**, 271).

31a Wird vom Verteidiger **aber ohne die nach II erforderliche Ermächtigung** tatsächlich ein Teilverzicht (oder eine Teilrücknahme, oben 29) erklärt, hat die Unwirksamkeit dieser Erklärung zur Folge, dass das Urteil insgesamt angefochten ist (München StV **17**, 810; Mayer MDR **79**, 196; Meyer-Goßner MDR **79**, 809; EbSchmidt Nachtr 13; Spendel ZStW **67**, 563; **aM** BGH **3**, 46; **10**, 320, 321: Teilrechtskraft hinsichtlich des nichtangefochtenen Teils; dies ist aber unlogisch – Mayer aaO – und steht im Widerspruch zur ständigen Rspr des BGH bei der Teilrücknahme, da dort bei auf II beruhender Unwirksamkeit von unbeschränkter Anfechtung ausgegangen wird, wobei die Revision wegen Fehlens der Begründung dann teilw unzulässig sei, vgl BGHR Beschränkung 2 mwN).

32 C. Eine bestimmte **Form** ist für die Ermächtigung nicht vorgeschrieben; sie kann schriftlich, mündlich (BGH NStZ-RR **17**, 185; NStZ **04**, 55; **05**, 583), auch fernmündlich erteilt werden (BGH **10**, 245, 246; 1 StR 552/16 vom 20.2.2017). Die bei Übernahme des Mandats erteilte allgemeine Prozessvollmacht kann jedoch nicht als ausdrückliche Ermächtigung angesehen werden, es sei denn, das Mandat wurde erst zur Durchführung des Rechtsmittelverfahrens erteilt (BGH NStZ **98**, 531; StraFo **04**, 57; Düsseldorf StV **13**, 615 L); sonst muss sich die Ermächtigung auf ein bestimmtes Rechtsmittel beziehen (BGH NStZ **00**, 665; KG NJW **09**, 1686; StV **16**, 182 L; Hamm NStZ **16**, 106 mit Anm Laue; LR-Jesse 92 mwN). Für den Nebenklägervertreter gilt das nicht (**aM** Oldenburg NStZ-RR **01**, 246 mit unrichtiger Gleichsetzung von Verteidiger und Vertreter; erg 5 zu § 397). Auch ein Unterbevollmächtigter des Pflichtverteidigers kann aber mit Einverständnis des Angeklagten die Rücknahme erklären (BGH NStZ **95**, 356 mit insoweit abl Anm Ehrlicher, hierin dem BGH aber zust Schnarr NStZ **96**, 215).

33 Der **Nachweis** der Ermächtigung kann noch nach Abgabe der Erklärung geführt werden (BGH **36**, 259, 260; NStZ **01**, 104; **05**, 583; NStZ-RR **10**, 55), auch noch vor dem Revisionsgericht, nachdem über die als wirksam behandelte Berufung entschieden worden ist (Bay MDR **82**, 249; Meyer-Goßner MDR **79**, 810; ebenso im Rechtsbeschwerdeverfahren, vgl Brandenburg NStZ-RR **98**, 309). Als Nachweis kann das Gericht die anwaltliche Versicherung des Verteidigers genügen lassen (BGH NJW **52**, 273; **05**, 211; **13**, 352; 1 StR 552/16 vom 20.2.2017; vgl auch BGH 5 StR 484/18 vom 13.9.2018: Erklärung der Rechtsanwältin, das Rechtsmittel „in besonderer Vollmacht" zurückzunehmen, genügt bereits).

34 D. Der **Widerruf** der Ermächtigung ist zulässig. Er ist schon wirksam, wenn ihn der Beschuldigte mündlich oder fernmündlich dem Gericht (BGH NStZ-RR **07**, 157; Bay **84**, 9) oder dem Verteidiger gegenüber erklärt (BGH **10**, 245, 247; Düsseldorf NStZ **89**, 289), der davon unverzüglich das Gericht benachrichtigen muss, wenn er eine Verzichts- oder Rücknahmeerklärung bereits abgegeben hat (Dahs 836). Der Widerruf ist formlos möglich. Er muss nicht ausdrücklich erklärt werden (BGH NStZ **14**, 54), liegt aber idR nicht schon in der Beauftragung eines weiteren Verteidigers mit der Rechtsmittelbegründung (BGH NStZ **00**, 608; München NStZ **87**, 342), kann jedoch darin gesehen werden, dass der Angeklagte selbst in Rechtsmittel einlegt (BGH NJW **67**, 1046; Bay NJW **95**, 1230: Widerruf der Verzichtsermächtigung; vgl aber KG JR **81**, 480: kein Widerruf der Rücknahmeermächtigung) oder begründet (Bay **84**, 9). Im Interesse der Rechtssicherheit kann die Ermächtigung nicht wegen Irrtums angefochten werden, jedenfalls dann nicht, wenn der Irrtum nicht auf einer unzulässigen Willensbeeinflussung beruht (BGH NStZ-RR **07**, 292 [B]).

Der Widerruf ist nur **wirksam**, wenn die Rücknahme- oder Verzichtserklärung 35
noch nicht bei Gericht eingegangen ist (BGH **10**, 245; NStZ-RR **17**, 185; NStZ
19, 548; München NJW **68**, 1000). Ist dem Verteidiger die Ermächtigung erteilt
worden, lässt sich aber nicht feststellen, ob sie ihm gegenüber rechtzeitig zurückgenommen worden ist, so bleibt es bei der Zurücknahme des Rechtsmittels oder
dem Verzicht (BGH NStZ **97**, 28 [K]; 35 zu § 261).

E. Die **Ermächtigung des Wahlverteidigers endet** mit dem Mandat (Köln 36
VRS **57**, 356; LG Zweibrücken NStZ-RR **02**, 177), auch wenn die Verteidigung
niedergelegt wird, um die Bestellung als Pflichtverteidiger zu erreichen (BGH EzSt
Nr 2; MDR **78**, 461 [H]). Der Widerruf der Zulassung zur RAschaft führt zur
Unwirksamkeit einer danach erklärten Rücknahme (Karlsruhe NStZ **97**, 169).

Zustimmungserfordernis bei Zurücknahme

303 ¹**Wenn die Entscheidung über das Rechtsmittel auf Grund mündlicher Verhandlung stattzufinden hat, so kann die Zurücknahme nach
Beginn der Hauptverhandlung nur mit Zustimmung des Gegners erfolgen.**
²**Die Zurücknahme eines Rechtsmittels des Angeklagten bedarf jedoch nicht
der Zustimmung des Nebenklägers.**

1) Anwendungsbereich: Die Vorschrift, die der materiellen Gerechtigkeit 1
dient, nicht der Würde des Gerichts oder dem Schutz des Rechtsmittelgegners
(BGH **23**, 277, 279; vgl aber Rieß JR **86**, 443), gilt auch für nachträgliche Beschränkungen (Teilrücknahme) des Rechtsmittels (RG **65**, 231, 235; Frankfurt
VRS **50**, 416; Koblenz BA **86**, 458, 459). In der Berufungsverhandlung gegen den
abwesenden Angeklagten ist sie idR nicht anwendbar (§ 329 V S 2), auch nicht bei
die Beschwerde, da über sie nicht, wie über Berufung und Revision, nach mündlicher Verhandlung entschieden wird (§ 309 I).

2) Beginn der Hauptverhandlung ist nach §§ 243 I S 2, 324, 351 der Aufruf 2
der Sache. Vorher kann das Rechtsmittel, abgesehen von dem Fall des § 302 I S 2,
ohne weiteres zurückgenommen werden (Bay wistra **94**, 118). Die Beschränkung
des § 303 tritt mit Beginn der 1. Hauptverhandlung endgültig für das gesamte
Verfahren ein. Wird sie ausgesetzt, so lebt daher die Befugnis des Beschwerdeführers, über sein Rechtsmittel allein zu verfügen, nicht wieder auf (BGH **23**, 277;
Rieß JR **86**, 441). Wenn das Revisionsgericht ein Berufungsurteil aufhebt und die
Sache nach §§ 354 II, III, 355 zurückverweist, kann das Rücknahmerecht (vgl
4 zu § 302) auch vor Beginn der neuen Verhandlung nur mit Zustimmung des
Gegners ausgeübt werden (Bay **73**, 5; Bay NJW **85**, 754; Stuttgart Justiz **90**, 469;
SK-Frisch 6).

3) Als Gegner stehen sich auf der einen Seite StA, Privatkläger und Nebenklä- 3
ger (dessen Zustimmung nach S 2 aber nicht erforderlich ist), auf der anderen Angeklagte, Verteidiger, gesetzliche Vertreter und Nebenbeteiligte (Einl 73) gegenüber. Das Rechtsmittel des gesetzlichen Vertreters kann ohne Zustimmung des
Angeklagten zurückgenommen werden; das Gleiche gilt im umgekehrten Fall. Die
Zustimmung zur Zurücknahme eines Rechtsmittels der StA, des Privat- oder Nebenklägers ist eine dem Angeklagten selbst vorbehaltene Entscheidung (Bay **51**,
562; Hamm NJW **69**, 151 = JZ **69**, 269 mit krit Anm Peters; Koblenz NJW **51**,
933); nur im Fall des § 234 genügt die Zustimmung des Verteidigers (allgM). Ist
der Angeklagte anwesend, so ist sein Schweigen zur Zustimmung des Verteidigers
idR als eigene Zustimmung zu werten (Bay NJW **85**, 754; LR-Jesse 7; **aM** Koblenz NJW **51**, 933 mit zust Anm Pusinelli; R. Hamm 138; erg 11 zu § 245; 26 zu
§ 251; 29 zu § 302).

4) Die **Zustimmung**, die unwiderruflich und unanfechtbar ist, muss dem Ge- 4
richt gegenüber erklärt werden, zwar nicht sofort, aber innerhalb einer angemessenen Überlegungsfrist. Bei einer mehrtägigen Hauptverhandlung genügt ohne

Vor § 304 Drittes Buch. 2. Abschnitt

Rücksicht auf die Dauer der Unterbrechung die Zustimmung zu Beginn des nächsten Verhandlungstages (Düsseldorf MDR **83**, 1045). Hält der Gegner nach Ablauf angemessener Frist seine Rücknahmebereitschaft nicht mehr aufrecht, so kann die Zustimmung nicht mehr wirksam erklärt werden (Hamm NJW **69**, 151 = JR **69**, 269 mit krit Anm Peters). Wird die Zustimmung ausdrücklich erklärt, so ist sie im Protokoll zu beurkunden (Bay NJW **85**, 754; Köln MDR **54**, 500).

5 Sie kann aber auch in **schlüssigen Handlungen** liegen (BGH AnwSt [R] 7/80 vom 6.10.1980; RG **64**, 17, 20), zB darin, dass der Angeklagte die Berufung ebenfalls auf das Strafmaß beschränkt, nachdem die StA eine solche Beschränkung erklärt hatte (Bay **51**, 562; Schleswig SchlHA **84**, 106 [E/L]).

6 Auch das bloße **Schweigen** kann als Zustimmung gewertet werden, sofern dem Rechtsmittelgegner durch die Zurücknahme nur Vorteile erwachsen (KG VRS **65**, 59; Düsseldorf MDR **76**, 1040; Hamm aaO; Köln aaO; Rpfleger **77**, 105; Schleswig SchlHA **73**, 188 [E/J]); eine ausdrückliche Befragung ist aber vorzuziehen. In beiden Fällen gilt nicht die negative Beweiskraft nach § 274 (Bay NJW **85**, 754; Celle NStZ-RR **17**, 152 L; Hamm aaO; Köln aaO); das Vorliegen der Zustimmung muss im Freibeweis festgestellt werden (Celle aaO; Hamm aaO; KK-Paul 4).

7 5) Bei **Streit über die Wirksamkeit** der Zurücknahme erlässt das Gericht, wenn es sie verneint, das Sachurteil; eine vorherige Wiedereinsetzung in den vorigen Stand nach § 44 ist weder möglich noch nötig (aM LG Osnabrück StraFo **97**, 309, 311). Wenn die Wirksamkeit bejaht wird, lautet das Urteil dahin, dass das Rechtsmittel durch Zurücknahme erledigt ist (vgl RG **67**, 281; 11 zu § 302).

Zweiter Abschnitt. Beschwerde

Vorbemerkungen

1 1) Das **Rechtsmittel gegen Beschlüsse und Verfügungen** ist die Beschwerde. Nur ausnahmsweise können auch Nebenentscheidungen des Urteils mit der Beschwerde angefochten werden (1 zu § 304). Die Zulässigkeit der Beschwerde regeln nicht nur die §§ 304 ff, sondern auch zahlreiche Einzelvorschriften der StPO und anderer Gesetze (vgl etwa §§ 56 II S 3, 159 I S 2, 181 GVG). Entsprechendes gilt für den Ausschluss der Beschwerde, der sich nicht nur aus §§ 305 S 1, 310 II, sondern aus vielen Vorschriften der StPO (2 zu § 304) und anderer Gesetze (vgl etwa § 54 III S 1 GVG, § 63 I **JGG**) ergibt. Eingehend dazu Weidemann, Die Stellung der Beschwerde im funktionalen Zusammenhang der Rechtsmittel des Strafprozesses, 1999.

2 2) **Arten der Beschwerde** sind die (unbefristete) einfache Beschwerde und die (befristete) sofortige Beschwerde (§ 311), die das Gesetz vorsieht, wenn aus Gründen der Rechtssicherheit eine schnelle und endgültige Klärung erforderlich ist. Eine weitere Beschwerde ist nur in den Fällen des § 310 I zulässig. Eine „außerordentliche Beschwerde wegen greifbarer Gesetzeswidrigkeit" gibt es im Strafverfahren nicht (BGH **45**, 37), ebenso wenig im Bußgeldverfahren (BGH NStZ-RR **04**, 52).

3 Die Beschwerde nach §§ 304 ff ist eine **Tatsachen- und Rechtsbeschwerde;** sie stellt sowohl die Tatsachengrundlage der angefochtenen Entscheidung als auch die Rechtsanwendung zur Nachprüfung des Beschwerdegerichts. Neue Tatsachen können vorgebracht und berücksichtigt werden. Dabei kann Beschwerdegrund nicht nur die Unrechtmäßigkeit, sondern, sofern das nicht gesetzlich ausgeschlossen ist (wie in § 305a), auch die Unangemessenheit der Entscheidung sein (vgl 29 zu § 81; 4 zu § 309).

4 Zur **Rechtskraft** der Beschwerdeentscheidung vgl Einl 166, zur Abänderbarkeit 24 vor § 296.

5 3) **Die Schlechterstellung des Beschwerdeführers** durch die Beschwerdeentscheidung ist nach zutr hM grundsätzlich nicht verboten (KG JR **81**, 391, 392;

Schleswig JurBüro **85**, 1372; Bloy JuS **86**, 589; Schlüchter 663; **am** Wittschier, Das Verbot der reformatio in peius im strafprozessualen Beschlussverfahren, 1985, S 185 ff); denn das Gesetz enthält entspr Vorschriften nur für Berufung (§ 331), Revision (§ 358 II) und Wiederaufnahme (§ 373 II), und allein der Gesetzgeber hat darüber zu bestimmen, wann dem Beschwerdeführer die Rechtswohltat des Verbots der Schlechterstellung zugute kommt (1 zu § 331). Eine Ausnahme gilt nur für Beschlüsse, die Rechtsfolgen endgültig festsetzen und der materiellen Rechtskraft fähig sind (Celle NStE Nr 23 zu § 51 StGB; Hamm VRS **106**, 127; SK-Frisch 23; Meyer JR **82**, 338), zB Beschlüsse nach § 51 (dort 28), nach § 460 (dort 24), Beschlüsse, durch die bei Widerruf der Strafaussetzung Leistungen zu Unrecht nach § 56f III S 2 StGB angerechnet worden sind (Hamm NStZ **96**, 303; München MDR **80**, 517; Nürnberg StraFo **11**, 243), und Beschlüsse nach § 57a StGB, durch die eine besondere Schwere der Schuld verneint worden ist (Hamm NStZ **94**, 53), auch Beschlüsse nach § 178 GVG (Rinio StV **15**, 681 mwN gegen Hamburg ebenda; Habetha NJW **15**, 3627). Das Verschlechterungsverbot gilt auch für die UHaft betreffende Haftverschonungsbeschlüsse (BVerfG StraFo **05**, 502; Düsseldorf StV **93**, 480), jedoch nicht für den Widerruf der Aussetzung der Unterbringung nach § 67g StGB (Hamburg NStZ-RR **07**, 250). Erg 3 zu § 268a; 4 zu § 305a.

4) Nach Übergang der gerichtlichen Zuständigkeit durch Anklageerhebung ist eine noch nicht beschiedene Beschwerde in einen Antrag an das erkennende Gericht auf Aufhebung der beschwerenden Entscheidung umzudeuten (Jena wistra **10**, 80; erg 19 zu § 111a, 12 zu § 117, 7 zu § 126).

Zulässigkeit

304 I Die Beschwerde ist gegen alle von den Gerichten im ersten Rechtszug oder im Berufungsverfahren erlassenen Beschlüsse und gegen die Verfügungen des Vorsitzenden, des Richters im Vorverfahren und eines beauftragten oder ersuchten Richters zulässig, soweit das Gesetz sie nicht ausdrücklich einer Anfechtung entzieht.

II Auch Zeugen, Sachverständige und andere Personen können gegen Beschlüsse und Verfügungen, durch die sie betroffen werden, Beschwerde erheben.

III Gegen Entscheidungen über Kosten oder notwendige Auslagen ist die Beschwerde nur zulässig, wenn der Wert des Beschwerdegegenstands 200 Euro übersteigt.

IV 1 Gegen Beschlüsse und Verfügungen des Bundesgerichtshofes ist keine Beschwerde zulässig. 2 Dasselbe gilt für Beschlüsse und Verfügungen der Oberlandesgerichte; in Sachen, in denen die Oberlandesgerichte im ersten Rechtszug zuständig sind, ist jedoch die Beschwerde zulässig gegen Beschlüsse und Verfügungen, welche
1. die Verhaftung, einstweilige Unterbringung, Unterbringung zur Beobachtung, die Bestellung eines Pflichtverteidigers oder deren Aufhebung, Beschlagnahme, Durchsuchung oder die in § 101 Abs. 1 oder § 101a Absatz 1 bezeichneten Maßnahmen betreffen,
2. die Eröffnung des Hauptverfahrens ablehnen oder das Verfahren wegen eines Verfahrenshindernisses einstellen,
3. die Hauptverhandlung in Abwesenheit des Angeklagten (§ 231a) anordnen oder die Verweisung an ein Gericht niederer Ordnung aussprechen,
4. die Akteneinsicht betreffen oder
5. den Widerruf der Strafaussetzung, den Widerruf des Straferlasses und die Verurteilung zu der vorbehaltenen Strafe (§ 453 Abs. 2 Satz 3), die Anordnung vorläufiger Maßnahmen zur Sicherung des Widerrufs (§ 453c), die Aussetzung des Strafrestes und deren Widerruf (§ 454 Abs. 3 und 4), die

§ 304

Wiederaufnahme des Verfahrens (§ 372 Satz 1) oder die Einziehung oder die Unbrauchbarmachung nach den §§ 435, 436 Absatz 2 in Verbindung mit § 434 Absatz 2 und § 439 betreffen.
³ § 138d Abs. 6 bleibt unberührt.
ᵛ Gegen Verfügungen des Ermittlungsrichters des Bundesgerichtshofes und des Oberlandesgerichts (§ 169 Abs. 1) ist die Beschwerde nur zulässig, wenn sie die Verhaftung, einstweilige Unterbringung, Bestellung eines Pflichtverteidigers oder deren Aufhebung, Beschlagnahme, Durchsuchung oder die in § 101 Abs. 1 bezeichneten Maßnahmen betreffen.

1   1) Gegen **Beschlüsse und Verfügungen** lässt I die Beschwerde zu. Sie kann darüber hinaus gegen alle richterlichen Maßnahmen (nicht gegen JV-Maßnahmen) eingelegt werden, die nicht mit Berufung oder Revision anfechtbar sind. Gegen ein Urteil ist die Beschwerde zulässig, soweit es über die Kosten und Auslagen (§ 464 III S 1 Hs 1), über die Entschädigungspflicht der Staatskasse (§ 8 III S 1 StrEG) und über die Aussetzung der Jugendstrafe (§ 59 I JGG) entschieden hat.

2   **Im 1. Rechtszug oder im Berufungsverfahren** müssen die Entscheidungen ergangen sein; sind sie auf Beschwerde hin erlassen worden, so wird ihre Anfechtbarkeit durch § 310 II eingeschränkt. Entscheidungen im 1. Rechtszug sind auch Beschlüsse im Wiederaufnahmeverfahren (2 zu § 372), nicht aber nach § 12 II (dort 9), 13 II S 2 (dort 8), § 14 (dort 4) und § 15 (dort 8). Auch für Entscheidungen, die dem Gericht des 1. Rechtszugs im Rahmen der Strafvollstreckung übertragen sind, gilt I nicht (Celle MDR **85**, 344; Hamm NStZ **89**, 443 mwN; Stuttgart NStZ **89**, 492 mit Anm Katholnigg).

3   Die **Unterlassung einer rechtlich gebotenen Entscheidung,** auch wenn sie von Amts wegen zu treffen ist, kann ebenso angefochten werden wie eine für den Beschwerdeführer ungünstige Entscheidung (BGH NJW **93**, 1279 mwN; MDR **94**, 240 [S]; Bay NJW **58**, 1693; Frankfurt NJW **02**, 453 und 454; NStZ **02**, 220; Stuttgart Justiz **86**, 27; erg 10 vor § 296; 1 zu § 311; 16 zu § 464). Eine reine „Untätigkeitsbeschwerde" ist der StPO jedoch fremd (BGH aaO; Stuttgart NStZ-RR **03**, 284; LG Stuttgart NStZ **91**, 204; Gimbel ZRP **04**, 35; Scheffler 84; **aM** Braunschweig StraFo **96**, 59 mit zust Anm Stern; AK-Altenhain/Günther 18; eingehend zur Problematik Graßmann, Rechtsbehelfe gegen Unterlassen im Strafverfahren, 2004, zugl Diss Freiburg, der [S 232] „die rechtsverletzende gerichtliche Untätigkeit" als tauglichen Beschwerdegegenstand ansieht) und nunmehr wegen §§ 198ff GVG nicht nur hier, sondern auch in Strafvollzugssachen und im Vollstreckungsverfahren ausgeschlossen (Frankfurt NStZ-RR **13**, 264; Hamburg NStZ **12**, 656; **aM** Kotz StRR **12**, 207). Das gilt auch für eine verzögerte Entscheidung über die Eröffnung des Hauptverfahrens (Dresden NJW **05**, 2791; daggen Hoffmann NStZ **06**, 256).

4   Für die **Teilanfechtung** von Beschlüssen gelten die allgemeinen Grundsätze über die Rechtsmittelbeschränkung (§§ 318, 344 I). Der angefochtene Teil der Entscheidung muss gegenüber dem nicht angefochtenen derart selbstständig sein, dass er eine gesonderte Prüfung und Beurteilung erlaubt (KG JR **82**, 114; Frankfurt NJW **80**, 2535; Koblenz NStZ **87**, 24; LG Stralsund NStZ-RR **08**, 58; Ellersiek 36, 104; vgl auch 28 zu § 51; 28 zu § 81; 6 zu § 318). Eine unwirksame Beschränkung ist unbeachtlich; der Beschluss wird in vollem Umfang geprüft (KG aaO; 32 zu § 318).

4a Eine **außerordentliche Beschwerde** wegen „greifbarer Gesetzeswidrigkeit" gegen (rechtskräftige) Entscheidungen (so früher einmal für das Zivilprozessrecht entwickelt, vgl jetzt aber BGH NJW **04**, 2224), gibt es im Strafverfahren nicht (BGH **45**, 37; KG StV **19**, 438), auch nicht im OWi-Verfahren (BGH 2 ARs 281/03 vom 10.9.2003).

5   2) Der **Ausschluss der Beschwerde** ist, außer in IV und V, ausdrücklich vorgesehen in den §§ 28 I, 46 II, 68b III S 1, 81c III S 4, 100 III S 3, 138d VI S 3, 147 IV S 2, 153 II S 4, 153a II S 4, 161a III S 4, 163a III S 3, 168e S 5, 201 II S 2,

Beschwerde § 304

202 S 2, 229 III Hs 2, 247a S 2, 305 S 1, 310 II, 322a S 2, 348 II, 406 II S 3, 406e III S 2, 419 II S 2, 464 III S 1 Hs 2, 467a III, 469 III und in §§ 41 S 2, 52 IV, 53 II, 54 III S 1, 171b V GVG, teilw (oder nicht für alle Prozessbeteiligte) auch in §§ 210 I, II, 225a III S 3, IV S 2 Hs 2, 270 III S 2, 372 S 2, 431 V S 1 und neben dem Haftprüfungsantrag in § 117 II S 2. In einigen Fällen kann die Entscheidung zwar nicht mit Beschwerde, aber mit dem Rechtsmittel gegen das Urteil angefochten werden (§§ 28 II S 2, 305 S 1 iVm § 336). Auch Sonderregelungen über Rechtsbehelfe schließen die Anwendung des § 304 aus (BGH **10**, 88, 91; Düsseldorf JZ **86**, 864), zB §§ 319 II (dort 2), 346 II (dort 14), 410 I S 1. Der ausdrücklichen Ausschließung der Beschwerde steht es gleich, wenn Sinn und Zweck der Entscheidung einer Anfechtung von vornherein entgegenstehen (BGH aaO; Hamm NJW **77**, 210), zB die Nichtverlängerung der Erklärungsfrist nach § 201 I (dort 9) oder gerichtsinterne Angelegenheiten (8 zu § 30).

3) **Beschwerdeberechtigt (I, II)** ist, wer durch die Maßnahme in seinen 6 Rechten verletzt, dh in Freiheit, Vermögen oder einem sonstigen Recht in sachlich-rechtlicher oder verfahrensrechtlicher Art beeinträchtigt ist (Bay **52**, 232, 233; erg 19 zu § 464; allg zur Beschwer vgl 8 ff vor § 296). Das sind in 1. Hinsicht die Verfahrensbeteiligten (Hamm wistra **98**, 38: also nicht der Richter; dazu Einl 70 ff), der Verteidiger auch, wenn seine eigenen Rechte betroffen sind, zB durch Zurückweisung nach § 146a (dort 9), Verweigerung des ungehinderten Verkehrs mit dem Mandanten nach § 148 I (dort 24), Ausschließung nach §§ 138a ff (§ 138d VI S 1) oder wegen der Weigerung, die Amtstracht anzulegen (Karlsruhe NJW **77**, 309 wendet dann II an), nicht aber der Wahlverteidiger gegen die Beiordnung eines zusätzlichen Pflichtverteidigers (11 zu § 144).

Nach II sind auch **andere von einer Entscheidung betroffene Personen** 7 beschwerdeberechtigt, wobei eine Unterscheidung in unmittelbar und mittelbar Betroffene weder geboten noch durchführbar ist (BGH **27**, 175; Ellersiek 112), zB Zeugen und Sachverständige gegen die Anordnung von Ordnungsmitteln nach §§ 51, 77 oder § 178 GVG oder – aber nur ausnahmsweise – § 176 GVG (dort 16; Stuttgart NStZ-RR **16**, 383), Eigentümer beschlagnahmter Sachen (Celle NJW **65**, 362), wenn auch durch eine Maßnahme nach § 119 beschwert ist oder für den Beschuldigten Sicherheit geleistet hat (§ 124 II S 2), Personen, denen die Genehmigung zur Verteidigung nach § 138 II verweigert worden ist (dort 23), Schöffen im Fall des § 56 GVG, nicht aber die Jugendgerichtshilfe (Frankfurt NStZ-RR **96**, 251) oder die Verwandten des Gefangenen, dessen bedingte Entlassung nach § 57 StGB abgelehnt worden ist (Bay **52**, 232: Eltern; Schleswig SchlHA **58**, 288: Ehefrau), auch nicht derjenige Nichtverfahrensbeteiligte, dem Auskünfte aus den Akten versagt worden sind (BGH NStZ-RR **06**, 261 [B]; vgl §§ 475 IV, 478 III S 2). Die Beschränkungen des § 305 S 1 gelten für die dritten Personen nicht (§ 305 S 2).

4) **Beschwerdegerichte:** Vgl §§ 73, 74a III, 74b, 121 I Nr 2, 135 II GVG. 8 Über die Beschwerde gegen eine Entscheidung des Vorsitzenden oder des beauftragten Richters entscheidet nicht das Gericht, dem der Richter angehört, sondern das übergeordnete Gericht. Örtlich zuständig ist stets nur dieses Gericht. Die Unzuständigkeit des Beschwerdegerichts führt aber nicht zur Unwirksamkeit der Entscheidung (Einl 104 ff).

5) Durch die **Wertgrenze (III)** wird die Zulässigkeit der Beschwerde für den 9 Fall beschränkt, dass lediglich die Kosten- und Auslagenentscheidung (der Höhe oder dem Grunde nach) angefochten wird (vgl auch § 108 I S 2 OWiG und § 4 III JVEG sowie § 567 II ZPO). Die Vorschrift betrifft die Kostengrundentscheidungen nach § 464 I, II oder in selbstständigen Kosten- und Auslagenbeschlüssen (vgl 13 zu § 464; 2 zu § 467), aber auch die Kostenfestsetzung nach § 464b. Der Beschwerdewert bemisst sich nach dem Unterschiedsbetrag zwischen dem in der angefochtenen Entscheidung zugebilligten und dem mit der Beschwerde verlangten Betrag. Maßgebend ist der Wert zZ der Beschwerdeeinlegung; späte-

Schmitt

§ 304

re Wertminderungen bleiben außer Betracht (Düsseldorf MDR **86**, 341). Betrifft die angefochtene Entscheidung nur den Grund des Anspruchs, so kommt es darauf an, ob seine Höhe den Betrag von 200 € wahrscheinlich übersteigen wird. Die Mehrwertsteuer ist mitzurechnen (vgl KG AnwBl **80**, 467; MDR **58**, 701; Bremen NJW **56**, 72). Für die Beschwerde nach § 8 III **StrEG** gilt III nicht (dort 20).

10 **6) BGH-Entscheidungen (IV S 1)** – auch des Senatsvorsitzenden (BGH NStZ **01**, 551; 4 StR 77/12 vom 19.6.2012; offen gelassen von BVerfG NJW **15**, 2175, 2176) – sind mit der Beschwerde nicht anfechtbar (vgl BGH NStZ-RR **19**, 123); es gibt kein übergeordnetes Gericht. Beschwerde ist jedoch zulässig gegen bestimmte Verfügungen des Ermittlungsrichters des BGH (unten 19).

11 **7) OLG-Beschlüsse (IV S 2)** und Verfügungen des Senatsvorsitzenden, auch die im Urteil getroffenen Entscheidungen über Kosten und Auslagen nach § 464 und über die Entschädigungspflicht der Staatskasse nach §§ 2 ff **StrEG** (BGH **26**, 250; NStZ **00**, 330 mit Anm Hilger; vgl auch 10 zu § 9 StrEG), sind grundsätzlich unanfechtbar, auch wenn sie in Staatsschutzsachen ergangen sind, in denen das OLG nach § 120 I, II GVG im 1. Rechtszug zuständig ist (erg 3, 8 zu § 28; 26 zu § 338).

12 In diesen Fällen gelten jedoch die in S 2, 3 bezeichneten **Ausnahmen,** in denen die Beschwerde an den BGH (§ 135 II GVG) zulässig ist (vgl ferner § 159 I S 2 GVG). Der Katalog des IV S 2 Hs 2 Nr 1-5 enthält eine für die StPO abschließende Aufzählung (BVerfGE **45**, 363, 374; BGH StB 30/19 vom 17.12.2019). Die Vorschrift ist eng auszulegen (BGH **25**, 120; **34**, 34, 35; **43**, 262, 264; NStZ **00**, 330 NJW **15**, 3671; NStZ-RR **19**, 353: Führungsaufsicht); der BGH lässt jedoch ausnahmsweise eine entspr Anwendung auf andere Fälle im engsten Rahmen zu, wenn die angegriffenen Entscheidung insbesondere im Hinblick auf die durch sie beeinträchtigten Rechtspositionen mit den im Katalog der Vorschrift genannten vergleichbar sind (BGH **27**, 96, 97; **30**, 168, 171; StB 3/16 vom 10.3.2016; StB 2/18 vom 5.4.2018; StB 3/19 vom 7.2.2019; StB 22/19 vom 5.9.2019). Im Einzelnen gelten folgende Ausnahmen:

13 A. **Verhaftungen und andere Eingriffe (S 2 Nr 1):** Vgl §§ 112 ff, 126a, 81, 98, 105, 111b, 111e, 140 ff. Bei Verhaftungen ist die Beschwerde nur im selben Umfang zulässig wie die weitere Beschwerde nach § 310 I (dort 5, 7), also nicht, wenn nur über Auflagen nach § 116 I S 2 (BGH **25**, 120) oder Beschränkungen nach § 119 I (BGH **26**, 270; BGH StB 24/17 vom 18.10.2017) zu entscheiden ist (BGH StB 19/11 vom 12.1.2012; gegen die BGH-Rspr SK-Paeffgen 22 zu § 116) oder wenn der Beschwerdeführer von mehreren Haftgründen beanstandet, dessen Wegfall nicht zur Haftentlassung führen würde (BGH **34**, 34; krit Baumann Pfeiffer-FS 258 ff), oder ein weiterer Haftgrund hinzutritt (BGH **47**, 249 = NStZ **02**, 445 mit abl Anm Hilger; abl auch Paeffgen NStZ **04**, 79), oder wenn lediglich die Erweiterung des Tatvorwurfs bei einem bestehenden Haftbefehl erstrebt wird (BGH **37**, 347; StB 2/15 vom 20.2.2015; Braunschweig StV **13**, 749) oder nur eine Änderung in der rechtlichen Bewertung der Tat (Hamburg NStZ **01**, 274). Erzwingungshaft nach § 70 ist aber eine Verhaftung (BGH **36**, 192 gegen **30**, 52; aM Wedel MDR **90**, 786, 787; dagegen Kutzer MDR **90**, 787), nicht jedoch Ersatzordnungshaft (BGH NStZ **94**, 198; **10**, 44; StB 31/16 vom 13.10.2016; vgl 11 zu § 70). Mit dem Begriff der Durchsuchung ist nur die nach Beweismitteln iSd §§ 102 ff gemeint, nicht die sitzungspolizeilich angeordnete (BGH StB 9 und 10/16 vom 12.5.2016). Die Beschlagnahme umfasst auch den Vermögensarrest nach § 111e, jedenfalls soweit er der Sicherung der Einziehung von Wertersatz (§§ 73c, 74c StGB) dient (BGH **29**, 13; NStZ **82**, 190 [Pf]), nicht aber die einstweilige Beschlagnahme nach § 108 (BGH **28**, 349). Da die Beschwerdemöglichkeit schlechthin für die in § 101 I bezeichneten Maßnahmen eingeräumt wird, ist sie nicht nur für die sofortige Beschwerde nach § 101 VII S 3 (= § 101 IX S 3 des Gesetzesentwurfs, auf die in der Gesetzesbegründung allein abgestellt wird, vgl BT-Drucks 16/5846 S 66), sondern für alle Beschwerden (zB

die von Telekommunikationsdienstleistern) gegen Maßnahmen nach § 101 I gegeben. Der BGH neigt dazu, bei einer mit einer längeren Unterbringung verbundenen Maßnahme nach § 81a die Beschwerde für zulässig zu erachten (BGH StV **95**, 628; zust SK-Frisch 63). Gegen die Anordnung der Entnahme von Körperzellen sowie deren molekulargenetische Untersuchung (§§ 81a II, 81e I, 81f II) ist die Beschwerde unzulässig (BGH StB 12, 13, 47/07 vom 20.12.2007).

B. **Ablehnung der Eröffnung und Einstellung des Verfahrens (S 2 Nr 2):** Vgl §§ 210 II 1. Altern, 206a. Die Verfahrensabtrennung bezüglich eines von mehreren Mitangeschuldigten steht dem nicht gleich, wenn die Eröffnungsentscheidung möglich bleibt (BGH NJW **93**, 1279; MDR **94**, 240 [S]). Der BGH prüft das Bestehen eines hinreichenden Tatverdachts eigenständig in vollem Umfang (BGH **53**, 238).

C. **Anordnung der Abwesenheitsverhandlung; Verweisung an niederes Gericht (S 2 Nr 3):** Vgl §§ 210 II 2. Altern, 231a. Anfechtbar ist auch die Eröffnung des Hauptverfahrens vor einem Gericht niederer Ordnung nach § 209 I wegen einer Straftat, die kein Staatsschutzdelikt ist. Beschlüsse nach § 231 II sind auch dann nicht anfechtbar, wenn sie auf § 231a I Bezug nehmen (BGH NStZ **81**, 95 [Pfl]).

D. **Akteneinsicht (S 2 Nr 4):** Die Beschwerdemöglichkeit besteht nur für Verfahrensbeteiligte (BGH **36**, 338; **59**, 183). Vgl im Übrigen § 147. Die Ausnahme, die § 32f III unberührt lässt, betrifft nur das Einsichtsrecht dem Grunde nach, nicht die Form der Einsichtnahme (BGH NStZ-RR **19**, 255). Sie erfasst nicht die Überlassung der vollständigen Akten auf einem Laptop (BGH aaO), die Ausstattung des Angeklagten mit Abschriften oder Ablichtungen aus den Akten (BGH **27**, 244) oder mit der Kopie eines Videofilms (BGHR Akteneinsicht 2), die Überlassung von Ablichtungen der Aufzeichnungen des UrkB vor Fertigstellung des Protokolls (BGH **29**, 394) und Modalitäten der weiteren Tätigkeit des Verteidigers nach Akteneinsicht, wie die Bedingungen, unter denen er den Akteninhalt mit dem Angeklagten erörtern darf (BGH **27**, 244).

E. **Widerruf der Strafaussetzung und des Straferlasses; Wiederaufnahme; Einziehung ua (S 2 Nr 5):** Anfechtbar ist die Versagung von Strafaussetzung in Gesamtstrafenbeschlüssen nach § 460 (BGH **30**, 168), nicht aber die mit der Strafaussetzung verbundenen Entscheidungen über die Dauer der Bewährungszeit und die Auflagen (BGH **25**, 120, 122; **30**, 32; BGHR Strafrest 1) sowie die auf § 68f II StGB gestützten Entscheidungen (BGH **30**, 250), auch nicht die Aussetzung der Entscheidung über den Antrag des Verurteilten auf Erlass der Reststrafe bis zum Abschluss eines schwebenden Verfahrens (BGH **32**, 365). Im Wiederaufnahmeverfahren ist nur gegen die nach § 372 S 1 anfechtbaren Entscheidungen Beschwerde zulässig; unanfechtbar sind ablehnende Entscheidungen nach §§ 364a, 364b (BGH NJW **76**, 431).

F. **Entscheidungen über den Verteidigerausschluss (S 2 Hs 3)** sind nach § 138d VI S 1 (dort 12 ff) mit sofortiger Beschwerde anfechtbar, auch wenn sie von dem OLG erlassen sind. Die Zurückweisung eines Verteidigers nach §§ 137 I S 2, 146 ist dagegen nicht anfechtbar (BGH NJW **77**, 156).

8) **Verfügungen des Ermittlungsrichters des BGH und des OLG (V),** auch in Beschlussform (BGH **29**, 13) sind nur in den bezeichneten Fällen (vgl dazu oben 13) anfechtbar (BGH MDR **93**, 508 [S]), auch wenn ein Antrag auf Anordnung einer solchen Maßnahme abgelehnt worden ist; das gilt jedoch nicht bei Ablehnung der Anordnung von Erzwingungshaft (BGH **43**, 262). Unter Verfügungen in diesem Sinne sind auch solche im Vorverfahren getroffenen Entscheidungen zu verstehen, die als Beschluss ergehen (BGH StB 24/17 vom 18.10.2017). Auf andere Maßnahmen ist V nicht entspr anwendbar (BGH **29**, 13, 14; NJW **94**, 465; NStZ **96**, 484 [S]), insbesondere auch nicht auf Maßnahmen nach § 81g (BGH NJW **02**, 765; NStZ-RR **03**, 100 [B]) auf die Verhängung von Ordnungsgeld oder Ordnungshaft (BGH StraFo **17**, 17) oder auf die Anordnung, dem Ge-

fangenen ein Schreiben nicht auszuhändigen (BGH NStZ-RR **02**, 190). Über die Beschwerde entscheidet der BGH (§ 135 GVG) oder das OLG (§ 120 III S 2 GVG).

Nicht der Beschwerde unterliegende Entscheidungen

305 [1] Entscheidungen der erkennenden Gerichte, die der Urteilsfällung vorausgehen, unterliegen nicht der Beschwerde. [2] Ausgenommen sind Entscheidungen über Verhaftungen, die einstweilige Unterbringung, Beschlagnahmen, die vorläufige Entziehung der Fahrerlaubnis, das vorläufige Berufsverbot oder die Festsetzung von Ordnungs- oder Zwangsmitteln sowie alle Entscheidungen, durch die dritte Personen betroffen werden.

1   1) **Grundsätzlich der Beschwerde entzogen** (S 1) sind die der Urteilsfällung vorausgehenden Entscheidungen des erkennenden Gerichts. Die Vorschrift ist prozessual notwendig. Sie soll Verfahrensverzögerungen verhindern, die eintreten würden, wenn Entscheidungen der erkennenden Gerichte sowohl auf eine Beschwerde als auch auf das Rechtsmittel gegen das Urteil überprüft werden müssten (LR-Matt 2). Der Ausschluss der Beschwerde gilt entspr diesem Gesetzeszweck nur, wenn das Urteil anfechtbar ist (Hamm NStZ **86**, 328; Koblenz NStZ-RR **12**, 21), und nur für Entscheidungen, die in innerem Zusammenhang mit der Urteilsfällung stehen, ausschließlich ihrer Vorbereitung dienen, bei der Urteilsfällung selbst der nochmaligen Prüfung des Gerichts unterliegen (Braunschweig StV **87**, 332; Frankfurt NStZ-RR **05**, 46 mwN; StV **06**, 122) und keine weiteren Verfahrenswirkungen äußern (Düsseldorf VRS **69**, 445; Karlsruhe NJW **77**, 309; Stuttgart NJW **76**, 1647; Ellersiek 123). Die Änderung der Entscheidung vor dem Urteil verbietet S 1 nicht (RG **59**, 241). Die Vorschrift steht jedoch einer Verfassungsbeschwerde (Einl 230 ff) entgegen (BVerfGE **1**, 9; **9**, 261, 265).

2   A. **Erkennendes Gericht** (vgl auch 6 zu § 28) ist das Gericht, bei dem das Hauptverfahren anhängig ist (BGH **2**, 1, 2; Hamm NStE Nr 1 zu § 103 JGG mwN; Stuttgart NStZ **85**, 524). S 1 gilt für die Entscheidungen dieses Gerichts von der Eröffnung des Hauptverfahrens (KG NStZ-RR **16**, 143; 13 zu § 207) bis zur Urteilsfällung, auch für gleichzeitig mit dem Eröffnungsbeschluss erlassene Entscheidungen (Bay **55**, 113), selbst bei Eröffnung vor einem anderen Gericht (KG JR **79**, 479; KK-Zabeck 2; LR-Matt 8; **aM** Bremen JR **58**, 189; Schleswig SchlHA **54**, 64). Das Berufungsgericht, für dessen Entscheidungen § 305 ebenfalls gilt (Köln NJW **56**, 803 L), ist erkennendes Gericht, sobald ihm die Akten nach § 321 S 2 vorgelegt sind (6 zu § 28), das Gericht, an das die Sache nach §§ 328 II, 354 II, III, 355 zurückverwiesen worden ist, nach Eingang der Akten. Zum beschleunigten Verfahren nach §§ 417 ff und zum Strafbefehlsverfahren vgl 6 zu § 28.

3   Entscheidungen des **Vorsitzenden des erkennenden Gerichts** sind unter den oben 1 genannten Voraussetzungen ebenfalls von der Anfechtung ausgenommen (KG aaO; Düsseldorf NStZ **86**, 138; Hamm NStZ-RR **09**, 352; Zweibrücken StV **88**, 519 mit abl Anm Gatzweiler; Wagner JR **86**, 259; **aM** Koblenz wistra **83**, 122; KK-Laufhütte/Willnow 13 zu § 141; einschr LR-Matt 14: nur Entscheidungen anstelle des erkennenden Gerichts).

4   B. **Unzulässig** ist die Beschwerde gegen Entscheidungen, die dem Urteil zeitlich und sachlich vorausgehen, wenn sie mit ihm in einem inneren Zusammenhang stehen (Hamm MDR **87**, 868; NStZ-RR **09**, 352; KG StraFo **17**, 68), insbesondere die Beweisaufnahme vorbereiten (18 zu § 73; 20 zu § 74; 6 zu § 219), auch durch Aussetzung der Verhandlung zum Zweck weiterer Sachaufklärung (16 zu § 228) oder nach § 262 (dort 7) oder nach § 265 IV (dort 37). Der Beschwerde entzogen sind ferner Entscheidungen, die den Fortgang und die Gestaltung des Verfahrens betreffen, zB die Verbindung von Sachen anordnen oder ablehnen (KG NStZ-RR **13**, 218; 6 zu § 4) oder einen Verfahrensteil abtrennen (Hamm wistra **99**, 235 mit abl Anm Weidemann wistra **99**, 399), die Unwirksamkeit einer Berufungsrücknahme feststellen (Frankfurt NStZ-RR **05**, 46), den Antrag auf

Entbindung nach § 233 ablehnen (dort 6), das persönliche Erscheinen nach § 236 (dort 3) oder die Durchführung der Hauptverhandlung ohne den Beschuldigten anordnen (12 zu § 415), idR auch die Terminsanberaumung durch den Vorsitzenden (siehe aber im Einzelnen 8 zu § 213) oder die Entscheidung über die Zurückweisung eines Verteidigers wegen möglicher Mehrfachverteidigung (Hamm MDR **88**, 868) oder über die Übernahme von Dolmetscherkosten (Köln NStZ **11**, 360).

Hat eine Entscheidung nur oder auch **prozessuale Bedeutung in anderer** 5 **Richtung**, so ist sie wegen dieser selbstständigen Bedeutung anfechtbar. Das gilt zB von dem Beschluss über die Zurückweisung des Verteidigers nach § 146a (dort 9) und die Nichtzulassung des Nebenklägers (19 zu § 396).

2) Die **Ausnahmen (S 2)** betreffen Maßnahmen, die bei der Urteilsfällung 6 nicht geprüft werden, weil sie weder rückwirkend beseitigt noch nachgeholt werden können. Die Anfechtbarkeit wird daher schon durch S 1 nicht ausgeschlossen. S 2 verdeutlicht das nur für einige Beispielsfälle, bei denen es sich überwiegend um Grundrechtseingriffe handelt. Daraus darf nicht geschlossen werden, dass nur die Anordnung, nicht auch die Ablehnung der Maßnahme anfechtbar ist. Auch der StA kann gegen die Ablehnung ihres Antrags auf Erlass eines Haftbefehls, Beschlagnahmebeschlusses usw Beschwerde einlegen (vgl 31 zu § 98; 21 zu § 114), der Angeklagte auch, wenn seinem Antrag auf Beschlagnahme eines Beweismittels nicht stattgegeben worden ist (**aM** Hamburg JR **85**, 300 mit abl Anm Meyer); vgl aber auch KG NStZ-RR **16**, 143: Keine Beschwerde des Beschuldigten gegen eine Entscheidung, welche die Dritten gerade schützt.

S 2 enthält **keine abschließende Aufzählung** (Celle StV **12**, 524; Koblenz 7 NStZ **94**, 355; Amelung 20 ff; Ellersiek 124). Anfechtbar mit der Beschwerde sind zB auch die Durchsuchungsanordnung und ihre Ablehnung (15 zu § 105), die Anordnung der Entnahme von Körperzellen nach § 81a zwecks späterer molekulargenetischer Untersuchung (Bremen StV **10**, 122), aber nicht die Anordnung der psychiatrischen Untersuchung des Angeklagten ohne seine Unterbringung (Düsseldorf VRS **99**, 123). Der Begriff Verhaftungen ist nicht, wie bei §§ 304 IV S 2 Nr 1, 310 I, einschränkend auszulegen; alle Entscheidungen im Zusammenhang mit der UHaft fallen darunter (Karlsruhe StV **97**, 312; KK-Zabeck 12). Mit der einstweiligen Unterbringung ist nur die nach § 126a gemeint (wegen § 81 vgl dort 28, wegen § 81a dort 30). Zu den Ordnungs- und Zwangsmitteln gehört auch die Vorführung des Beschuldigten (zB nach §§ 134, 230 II). Wegen der Entscheidungen, durch die dritte Personen betroffen werden, vgl 7 zu § 304.

Beschwerde gegen Strafaussetzungsbeschluss

305a I ¹Gegen den Beschluß nach § 268a Abs. 1, 2 ist Beschwerde zulässig. ²Sie kann nur darauf gestützt werden, daß eine getroffene Anordnung gesetzwidrig ist.

II Wird gegen den Beschluß Beschwerde und gegen das Urteil eine zulässige Revision eingelegt, so ist das Revisionsgericht auch zur Entscheidung über die Beschwerde zuständig.

1) Die **Anfechtung** des Urteils mit Berufung oder Revision erstreckt sich nicht 1 auf den Beschluss nach § 268a (dort 10); gegen ihn muss ausdrücklich (vgl 21 zu § 464) Beschwerde nach § 304 I eingelegt werden (I S 1 hat nur klarstellende Bedeutung), die aber nach I S 2 nur zu einer eingeschränkten Prüfung führt. Die gleiche Einschränkung enthält § 453 II S 2 für nachträgliche Entscheidungen. Für die Abhilfe nach § 306 II gilt die Einschränkung nicht. Wann Entscheidungen nach § 268a gesetzwidrig sind, ergibt das sachliche Recht (§§ 56aff, 59a, 68b, 68c StGB). Eine Prüfung der Ermessensausübung durch das untere Gericht ist dem Beschwerdegericht verwehrt (Köln NJW **05**, 1671; Hamburg MDR **71**, 66); gesetzwidrig ist aber auch ein auf Ermessensüberschreitung oder -missbrauch beru-

hender Beschluss, insbesondere, wenn die Anordnung einen einschneidenden unzumutbaren Eingriff in die Lebensführung des Verurteilten enthält (BGH StV **98**, 658; Köln NJW **99**, 373). Auch die Art und Weise des Zustandekommens einer Anordnung kann ihre Gesetzwidrigkeit ergeben (BGH NJW **14**, 3173 mwN).

2 **Beschwerdeberechtigt** sind, auch nach Rechtskraft des Urteils (KG NStZ-RR **06**, 137; Braunschweig MDR **70**, 69; Hamm NJW **64**, 937; **aM** Pusinelli NJW **62**, 903), der Angeklagte (Verteidiger, gesetzlicher Vertreter) und die StA (Nürnberg NJW **59**, 1451), auch zu seinen Ungunsten (KK-Zabeck 5; **aM** Hamm NJW **69**, 890). Der Nebenkläger ist entspr § 400 I zur Anfechtung nicht berechtigt (dort 3), erst recht nicht der sonstige Geschädigte (Düsseldorf StV **01**, 228). Die Bestimmung der gemeinnützigen Einrichtung, an die ein Geldbetrag zu zahlen ist, beschwert den Angeklagten idR nicht (Köln NJW **05**, 1671).

3 Einen Zwang zur **Begründung der Beschwerde** enthält I S 2 trotz des missverständlichen Wortlauts („gestützt werden") nicht (Ellersiek 67).

4 2) Die **Entscheidung des Beschwerdegerichts** ergeht stets durch besonderen Beschluss und in der Sache selbst. Das gilt auch, wenn das Berufungsgericht, statt selbst nach § 268a zu entscheiden (dort 2), den 1. Beschluss nur nach I S 2 geprüft hat (KK-Zabeck 15; **aM** Hamm GA **71**, 125). Ist der Beschluss nicht gesetzwidrig, so wird die Beschwerde als unbegründet, nicht als unzulässig verworfen (Nürnberg NJW **59**, 1451). Eine Schlechterstellung des Beschwerdeführers kommt bei der eingeschränkten Prüfungsbefugnis des Beschwerdegerichts praktisch kaum in Betracht (vgl Meyer JR **82**, 338); grundsätzlich unzulässig ist sie nicht (str, vgl dazu KG NStZ-RR **06**, 137 mit ausführlichen Nachweisen zum Streitstand; erg 3 zu § 268a).

4a Die Beschwerde ist **unzulässig**, wenn die Aussetzung zur Bewährung rechtskräftig widerrufen worden ist, weil damit die im Bewährungsbeschluss erteilten Auflagen und Weisungen gegenstandslos geworden sind (Frankfurt NStZ-RR **10**, 187). Auch die vorgebliche Nichteinhaltung einer Verständigung nach § 257c kann nur mit der Revision geltend gemacht werden (Rostock NStZ **15**, 663).

5 3) **Zuständig** ist bei Berufung das Berufungsgericht (vgl aber 2 zu § 268a), nach Urteilsrechtskraft das Beschwerdegericht. Wenn gegen das Urteil Revision eingelegt ist, entscheidet, wie nach § 464 III S 3, § 59 V **JGG**, § 8 III S 2 **StrEG**, aus Gründen der Verfahrensvereinfachung das Revisionsgericht (BGHR § 305a I Zuständigkeit 1). Es bleibt auch nach Abschluss des Revisionsverfahrens zuständig, wenn es über die Beschwerde versehentlich nicht mitbefunden hat (BGH NStZ **86**, 422). Seine Zuständigkeit besteht aber nicht oder nicht mehr, wenn die Revision unzulässig oder bereits durch Entscheidung (BGH **10**, 19) oder Zurücknahme (Bay **60**, 186) erledigt ist, wenn die Beschwerde dem Revisionsgericht erst nach Erlass der Revisionsentscheidung zur Kenntnis gelangt oder wenn sie bei Erlass der Entscheidung − zB mangels erforderlicher Abhilfeentscheidung nach § 306 II − noch nicht entscheidungsreif ist (BGH **34**, 392; NJW **92**, 2169; erg 25 zu § 464; 16 zu § 8 StrEG); dann ist das Beschwerdegericht zuständig (BGH aaO). II ist auf Beschlüsse gemäß § 111i III nicht entspr anwendbar (BGH 1 StR 428/16 vom 9.11.2016).

Einlegung; Abhilfeverfahren

306 ^I **Die Beschwerde wird bei dem Gericht, von dem oder von dessen Vorsitzenden die angefochtene Entscheidung erlassen ist, zu Protokoll der Geschäftsstelle oder schriftlich eingelegt.**

^{II} **Erachtet das Gericht oder der Vorsitzende, dessen Entscheidung angefochten wird, die Beschwerde für begründet, so haben sie ihr abzuhelfen; andernfalls ist die Beschwerde sofort, spätestens vor Ablauf von drei Tagen, dem Beschwerdegericht vorzulegen.**

III Diese Vorschriften gelten auch für die Entscheidungen des Richters im Vorverfahren und des beauftragten oder ersuchten Richters.

1) Einlegung der Beschwerde (I):   1

A. **Bei dem Gericht, das die Entscheidung erlassen hat,** ist die Beschwerde einzulegen. Die früher bestehende Möglichkeit, sie in dringenden Fällen auch bei dem Beschwerdegericht einzulegen, ist entfallen.   2

B. **Form:** Die Beschwerde, die nicht an Bedingungen geknüpft werden darf (Einl 118; 5 vor § 296), kann in deutscher Sprache (2 zu § 184 GVG) schriftlich (Einl 128), durch Fernschreiber (Einl 139) oder per Telefax (Einl 139a) oder zu Protokoll der Geschäftsstelle (Einl 131 ff) eingelegt werden. Die telefonische Einlegung ist unzulässig (Einl 140). Zur Einlegung zu Protokoll der Hauptverhandlung vgl Einl 137. Beschwerden in verunglimpfender Form werden sachlich nicht beschieden (12 vor § 33).   3

C. Eine **Frist** besteht, anders als bei der sofortigen Beschwerde (§ 311 II), für die einfache Beschwerde nicht. Jedoch ergibt sich eine zeitliche Beschränkung daraus, dass sie durch den Fortgang des Verfahrens gegenstandslos werden kann (17 vor § 296). Zur Verwirkung vgl 6 vor § 296. Vor Erlass der Entscheidung (dazu 5 ff vor § 33) kann die Beschwerde nicht eingelegt werden (4 vor § 296).   4

D. Eine **Beschwerdebegründung** ist nicht vorgeschrieben, aber zulässig und zu empfehlen. Kündigt der Beschwerdeführer bei der Beschwerdeeinlegung eine nachträgliche Begründung an, so muss das Beschwerdegericht im Hinblick auf Art 103 I GG für deren Anbringung entweder eine Frist setzen oder angemessene Zeit mit der Entscheidung warten (BVerfG NJW 09, 1582, 1583 mwN), und zwar so lange, wie es nach den Umständen, insbesondere unter Berücksichtigung der Schwierigkeit und des Umfangs des Entscheidungsstoffes, der Notwendigkeit etwaiger Besprechungen oder Unterlagenbeschaffung angebracht erscheint (BVerfGE **4**, 190, 192; BayVerfGHE **17** II 13 = Rpfleger **64**, 171). Das Beschleunigungsgebot (Einl 160) ist aber zu beachten.   5

Setzt das Beschwerdegericht eine **Frist,** so muss sie in diesem Sinn angemessen sein (BVerfGE **12**, 6) und vor der Entscheidung abgewartet werden (BVerfGE **42**, 243; **46**, 313; Karlsruhe MDR **83**, 250). Einem Verlängerungsantrag braucht das Gericht nur zu entsprechen, wenn die Frist so knapp bemessen ist, dass sie nicht eingehalten werden kann (BayVerfGHE **15** II 51; **16** II 1; Röhl NJW **64**, 277). Wiedereinsetzung ist nicht möglich (3 zu § 44); § 33a findet keine Anwendung (Bamberg MDR **91**, 665). Eine Beschwerdebegründung ist bei der Entscheidung stets zu berücksichtigen, wenn sie eingeht, bevor über die Beschwerde entschieden worden ist (Karlsruhe aaO; LR-Matt 8); maßgebend ist der Erlass (5 ff vor § 33) der Entscheidung (BayVerfGHE **16** II 1). Gegen Art 103 I GG wird verstoßen, wenn ein beim unteren Gericht eingereichter Schriftsatz nicht rechtzeitig an das Beschwerdegericht weitergeleitet und daher nicht berücksichtigt wird (BVerfGE **62**, 347).   6

2) Das Abhilfeverfahren (II Hs 1) soll dem Gericht, dem Vorsitzenden oder den in III bezeichneten Richtern, wenn diese die angefochtene Verfügung erlassen haben, bei begründeter einfacher Beschwerde (für die sofortige gilt § 311 III) die Berichtigung seiner Entscheidung ermöglichen und dem Beschwerdegericht die Befassung mit der Sache ersparen (BGH NJW **92**, 2169). Insbesondere ist ein Mangel des rechtlichen Gehörs zu beheben, wenn er der Grund für die Einlegung der Beschwerde ist (5 zu § 33a).   7

A. Die **Abhilfeentscheidung,** zu der der Richter bei begründeter Beschwerde verpflichtet ist, ergeht in derselben Form wie die durch sie berichtigte Entscheidung; sie bildet mit ihr verfahrensrechtlich eine Einheit (Ellersiek 32, 170; Gollwitzer JR **74**, 206). Sie muss begründet (§ 34) und den Beteiligten bekanntgegeben werden (§ 35 II). Das gilt auch bei Teilabhilfe, die möglich ist, soweit Teilbeschwerde hätte erhoben werden können (4 zu § 304). Werden neue Tatsa-   8

§ 307

chen oder Beweisergebnisse berücksichtigt, so muss der Beschwerdegegner gehört werden (§ 33 III), sonst nicht (Rahn NJW **59**, 1167; Röhl MDR **55**, 522; **aM** LR-Matt 18; Park Schlothauer-FS 143, 146; Ellersiek 172); ihm verbleibt die Möglichkeit, die Abhilfeentscheidung anzufechten (Frankfurt NStZ-RR **11**, 290).

9 Bei **Nichtabhilfe** braucht nur das Ergebnis der Prüfung in den Akten vermerkt zu werden (München NJW **73**, 1143). Bei Kollegialgerichten kann der Vorsitzende den Vermerk allein unterzeichnen. Eine Begründung ist zulässig, aber nicht erforderlich (KG VRS **38**, 127). Etwas anderes gilt nur, wenn der angefochtene Beschluss nicht begründet worden ist und das Beschwerdevorbringen erhebliche Tatsachenbehauptungen enthält (BGH **34**, 392; Hamm StV **96**, 421; LG Potsdam NStZ-RR **01**, 20); in diesem Fall ist der – förmliche oder formlose, nicht anfechtbare – Beschluss dem Beschwerdeführer aber mitzuteilen. Ein Begründungsmangel im Nichtabhilfebeschluss kann in Ausnahmefällen zu dessen Aufhebung führen (Celle StV **15**, 305 mwN).

10 B. Eine **Zurückverweisung zur Nachholung des Abhilfeverfahrens** kommt nur in Betracht, wenn dadurch das Verfahren beschleunigt wird (vgl München NJW **73**, 1143: leichtere Durchführung notwendiger Ermittlungen durch den 1. Richter; vgl aber KK-Zabeck 20) oder wenn das Beschwerdegericht an einer sofortigen eigenen Sachentscheidung gehindert ist (Ellersiek 171), nicht aber, um eigene Ermittlungen zu ersparen. Das Abhilfeverfahren ist für die Entscheidung des Beschwerdegerichts keine Verfahrensvoraussetzung (LR-Matt 21; Gollwitzer JR **74**, 207; Schlüchter 664.3). Bei erkennbarer Unbegründetheit der Beschwerde scheidet eine Zurückverweisung idR aus (Hamm VRS **104**, 372).

11 3) Die **Vorlage an das Beschwerdegericht (II Hs 2)** erfolgt, wenn die Beschwer vorher nicht behoben wird, über die StA (Ausnahme: 12 zu § 148a). Die Einhaltung der Dreitagesfrist, innerhalb deren die Sache vorgelegt, dh die Vorlegung verfügt werden soll, ist nicht zwingend vorgeschrieben; es handelt sich nach ganz hM eine Sollvorschrift (vgl aber BGH **47**, 106, 112; vgl auch KG StV **19**, 564 L; KK-Zabeck 18; **aM** Ahmed StV **16**, 799; Park Schlothauer-FS 143, 147 f). Die Frist, die mit dem Eingang der Beschwerde beginnt, sollte aber nach Möglichkeit eingehalten werden (KG StV **15**, 157 mit Anm Ahmed aaO). Sind weitere Ermittlungen geboten, aber in der Frist nicht möglich, so überlässt sie der Richter daher dem Beschwerdegericht (KK-Zabeck 18; **aM** KG aaO; München NJW **73**, 1143; SK-Frisch 30). Da die Akten dem Beschwerdegericht mit größtmöglicher Beschleunigung zuzuleiten sind, ist das untere Gericht nicht befugt, sie zurückzuhalten, weil eine Beschwerdebegründung angekündigt ist, oder dem Beschwerdeführer gar für deren Anbringung eine Frist zu setzen (Hamm StraFo **02**, 177; Park aaO 149; **aM** LR-Matt 7); auch die StA darf die Weiterleitung nicht verzögern. Die Fristüberschreitung kann der Beschwerde uU zum Erfolg verhelfen (KG aaO; vgl auch Park aaO 151). Die Frist beginnt mit dem Eingang der Beschwerde beim iudex a quo, sie endet mit der Vorlageverfügung (Park aaO).

12 4) Die **unzulässige Beschwerde** darf der 1. Richter nicht selbst verwerfen (RG **43**, 179; Karlsruhe Justiz **96**, 233). Er muss sie aber als Gegenvorstellung (23 ff vor § 296) behandeln und prüfen, ob sie zur Änderung der Entscheidung Anlass gibt (BGH StraFo **15**, 419; KG JR **57**, 430; KK-Zabeck 12). Ändert er die Entscheidung nicht, so legt er die Beschwerde dem Beschwerdegericht vor. Aus Gründen der prozessualen Fürsorgepflicht (Einl 157) kann es gelegentlich geboten sein, den Beschwerdeführer auf die Unzulässigkeit hinzuweisen; ihm darf dann auch angekündigt werden, dass von der Vorlage an das Beschwerdegericht abgesehen wird, wenn er nicht ausdrücklich auf ihr besteht (LR-Matt 22).

Keine Vollzugshemmung

307 ¹Durch Einlegung der Beschwerde wird der Vollzug der angefochtenen Entscheidung nicht gehemmt.

II Jedoch kann das Gericht, der Vorsitzende oder der Richter, dessen Entscheidung angefochten wird, sowie auch das Beschwerdegericht anordnen, daß die Vollziehung der angefochtenen Entscheidung auszusetzen ist.

1) Keine aufschiebende Wirkung (I) hat die Beschwerde, soweit nicht (wie in §§ 81 IV S 2, 231a III S 3, 454 III S 2, 462 III S 2 sowie § 181 II GVG, § 65 II S 3 JGG) etwas anderes bestimmt ist. Wenn allerdings die Vollstreckbarkeit oder weitere Vollstreckung eines Urteils oder einer abschließenden Beschlussentscheidung von dem Ergebnis einer Beschwerde abhängt, ist entspr § 449 diese Entscheidung abzuwarten, hat die Beschwerde also aufschiebende Wirkung (LR-Matt 3). Das gilt insbesondere in den Fällen der §§ 453 II S 3 (dort 8), 462 III und 464 III. 1

2) Die Aussetzung der Vollziehung (II) von Amts wegen oder auf Antrag, der nicht vor Beschwerdeeinlegung gestellt werden kann (KK-Zabeck 8; LR-Matt 1; so auch Leipold gegen Schlicht StraFo 05, 90), ist eine Ermessensentscheidung (Karlsruhe NJW 76, 2274), bei der das öffentliche Interesse an sofortiger Vollziehung gegen die dem Beschwerdeführer drohenden Nachteile abgewogen werden muss (BGH NStZ 10, 343; NStZ-RR 17, 53; Frankfurt NJW 76, 303; vgl auch KG StraFo 12, 62). Maßgebend sind insbesondere die Aussichten des Rechtsmittels. Die Aussetzung ist anzuordnen, wenn der Richter die Unrichtigkeit seiner Entscheidung nachträglich erkennt, der Beschwerde aber nach § 311 III S 1 nicht abhelfen kann. Unzulässig ist sie, wenn die sofortige Vollziehung gesetzlich bestimmt ist (vgl § 120 II). Die Dauer der Aussetzung, die nachträglich verkürzt oder verlängert werden kann, richtet sich nach den Umständen des Falles. Die nicht befristete Aussetzung entfällt mit der Entscheidung über die Beschwerde ohne weiteres. Diese Maßstäbe gelten auch für die Prüfung einer Aussetzung der Vollziehung einer gerichtlichen Anordnung nach dem PUAG (BGH NStZ-RR 19, 62). 2

Zuständig ist sowohl der iudex a quo als auch das Beschwerdegericht, bei einem Kollegialgericht des 1. Rechtszugs auch der Vorsitzende allein (aM LR-Matt 1). Ist die Sache bereits an das Beschwerdegericht abgegeben, so ist nur dieses zuständig (LR-Matt 1; aM KK-Zabeck 4). Eine ausdrückliche Entscheidung nach II ist nur erforderlich, wenn ein Antrag gestellt ist; die vorherige Anhörung des Gegners des Beschwerdeführers ist entbehrlich (Ellersiek 160; Rahn NJW 59, 1167; aM SK-Frisch 10). 3

Gegen einen Ablehnungsbeschluss des iudex a quo ist **Beschwerde** nach § 304 I zulässig, solange nicht über die Beschwerde entschieden worden ist (LR-Matt 9). Mit der Entscheidung wird das Rechtsmittel gegenstandslos. Lehnt das Beschwerdegericht eine Anordnung nach II ab, so ist hiergegen Beschwerde nur nach Maßgabe des § 310 I zulässig. 4

Befugnisse des Beschwerdegerichts

308 I 1 Das Beschwerdegericht darf die angefochtene Entscheidung nicht zum Nachteil des Gegners des Beschwerdeführers ändern, ohne daß diesem die Beschwerde zur Gegenerklärung mitgeteilt worden ist. 2 Dies gilt nicht in den Fällen des § 33 Abs. 4 Satz 1.

II Das Beschwerdegericht kann Ermittlungen anordnen oder selbst vornehmen.

1) Die Anhörung des Beschwerdegegners (I) geht über die Gewährung des rechtlichen Gehörs hinaus, weil sie sich nicht nur, wie nach Art 103 I GG, § 33 III, auf Tatsachen und Beweisergebnisse, sondern auf das gesamte Beschwerdevorbringen bezieht. 1

A. Gegner des Beschwerdeführers (S 1) sind die durch die erstrebte Entscheidung in ihren rechtlichen Interessen beeinträchtigten Verfahrensbeteiligten (LR-Matt 7; erg 3 zu § 303; 1 zu § 347). Zu Beschwerden des Angeklagten sind 2

StA, Privat- und Nebenkläger zu hören (Ausnahme: 12 zu § 148a), zu Beschwerden der StA der Angeklagte, der Verteidiger, auch der gesetzliche Vertreter (KK-Zabeck 2; LR-Matt 8; **am** KMR-Plöd 2), zu Beschwerden Drittbeteiligter die StA, der Beschuldigte nur, wenn seine Interessen unmittelbar berührt sind, wie bei der Beschwerde gegen eine Kostenentscheidung nach § 51 I S 1 (BayVerfGHE **18** II 134).

3 Nur bei Abänderung der Entscheidung zum **Nachteil des Gegners** ist die Anhörung erforderlich, nicht bei vollständiger Verwerfung der Beschwerde (Düsseldorf NStE Nr 1). Ein Nachteil liegt in jeder Beeinträchtigung der rechtlichen Interessen des Gegners, auch durch Änderung der Beschlussbegründung (KK-Zabeck 4). Die StA ist durch jede Entscheidung „benachteiligt", die die Entscheidung oder ihre Begründung ganz oder teilw zugunsten des Beschwerdeführers ändert. Die Eröffnung des Hauptverfahrens vor dem LG statt vor dem SchG benachteiligt den Angeklagten nicht (vgl § 269).

4 B. **Zur Gegenerklärung mitzuteilen (S 1)** sind Einlegung und Begründung der Beschwerde (BVerfGE **17**, 188), auch spätere Ergänzungen. Die Mitteilung, die nicht wiederholt werden muss, wenn sie bereits das untere Gericht oder die StA veranlasst hat (Röhl MDR **55**, 522), kann formlos erfolgen; ihr Zugang muss aber feststehen (BVerfGE **36**, 85). Für die Abgabe der Gegenerklärung ist dem Beschwerdegegner eine angemessene Frist zu setzen (Röhl aaO), vor deren Ablauf nicht entschieden werden darf (BVerfGE MDR **88**, 553); ohne eine solche Fristsetzung muss mit der Entscheidung angemessene Zeit gewartet werden (BVerfGE **4**, 190; **24**, 23; Ellersiek 183; erg 5 zu § 306). Eine Form ist für die Gegenerklärung nicht vorgeschrieben. Dem Beschwerdeführer muss sie nur zur Kenntnis gebracht werden, wenn sie neue Tatsachen oder Beweisergebnisse enthält, die das Beschwerdegericht ohne weiteres verwerten will (§ 33 III). Die Rechtsgründe, die für die Entscheidung des Beschwerdegerichts maßgebend sind, erfahren die Beteiligten durch die Beschwerdeentscheidung; vorher werden sie ihnen nicht mitgeteilt.

5 C. Bei **notwendig überraschenden Maßnahmen (S 2)** unterbleibt die Anhörung des Beschwerdegegners nach § 33 IV S 1, zB bei Beschwerde der StA gegen den einen Haftbefehlserlass ablehnenden Beschluss. Das Gleiche gilt, wenn der Angeklagte die Anhörung durch seine Flucht vereitelt hat (Düsseldorf JurBüro **86**, 1216; Hamburg MDR **79**, 865). Die Maßnahme ist dann vollziehbar, ihrem Wesen nach aber nur vorläufiger Art (BVerfGE **9**, 89, 106), bis die Anhörung im Verfahren der weiteren Beschwerde (§ 310 I), sonst nach § 311a nachgeholt ist (Gehrlein Boujong-FS 771).

6 **2) Ergänzende Ermittlungen (II)** können sich als notwendig erweisen, bevor das Beschwerdegericht entscheidet; denn es prüft die Entscheidung des unteren Gerichts, soweit angefochten, auch in tatsächlicher Hinsicht (2 zu § 309). Es kann, ohne insoweit an Anträge gebunden zu sein (BVerfG NStZ-RR **08**, 209 mwN), die Ermittlungen selbst vornehmen, ihre Durchführung durch einen beauftragten oder ersuchten Richter anordnen, die StA darum bitten, die dieser Bitte nicht zu entsprechen braucht (KG JR **67**, 69; LR-Matt 19), oder die Polizei darum ersuchen (vgl Einl 44), zB um eine Vernehmung oder um die Anfertigung von Lichtbildern oder Skizzen; zur Unanfechtbarkeit solcher Anordnungen vgl 3 zu § 310. Im Ermittlungsverfahren ist die Aufklärungsbefugnis eingeschränkt; sie erstreckt sich nur auf Umstände und Beweismittel, die die Ermittlungsbehörde zur Grundlage einer beantragten gerichtlichen Entscheidung gemacht wissen will (KG JR **67**, 69; LG Köln StV **83**, 275; KK-Zabeck 18; LR-Matt 20). Von dem Ergebnis der Ermittlungen müssen die Verfahrensbeteiligten nach § 33 III unterrichtet werden, wenn sie zu ihrem Nachteil verwertet werden sollen.

Entscheidung

309 [I] Die Entscheidung über die Beschwerde ergeht ohne mündliche Verhandlung, in geeigneten Fällen nach Anhörung der Staatsanwaltschaft.

§ 309

II Wird die Beschwerde für begründet erachtet, so erläßt das Beschwerdegericht zugleich die in der Sache erforderliche Entscheidung.

1) Im **schriftlichen Verfahren** nach Aktenlage ergeht die Entscheidung (BGH **13**, 102, 108) durch Beschluss, der nach § 34 zu begründen ist. Eine mündliche Verhandlung ist, abgesehen von den Fällen der §§ 118 II, 124 II S 3, nicht zulässig (Bay **53**, 202). Das Beschwerdegericht kann aber aus besonderen Gründen mündliche Erklärungen entgegennehmen oder herbeiführen (LR-Matt 2).

Die **Anhörung der StA,** die beim Zustandekommen der angefochtenen Entscheidung mitgewirkt hat, ist unter der Voraussetzung des § 308 I S 2 vor der Entscheidung erforderlich. Die StA beim Beschwerdegericht (dieselbe StA, der GStA beim OLG oder der GBA) braucht nur in geeigneten Fällen gehört zu werden; I schränkt insoweit den § 33 II ein (dort 10). Die Anhörung steht im Ermessen des Gerichts; von ihr wird aber nur abgesehen werden können, wenn der Beschwerde der StA stattgegeben oder die Beschwerde eines anderen Verfahrensbeteiligten verworfen wird (KK-Zabeck 3).

2) **Beschwerdeentscheidung:** Wenn die Beschwerde gesetzlich ausgeschlossen, mangels Beschwer nicht statthaft (8 ff vor § 296), verspätet oder nicht formgerecht eingelegt ist, wird sie als unzulässig verworfen. Bei der sachlichen Prüfung, deren Umfang durch das Beschwerdevorbringen nur beschränkt wird, wenn die Beschwerde selbst in zulässiger Weise (4 zu § 304) beschränkt ist (KG JR **82**, 114; München MDR **74**, 332), muss das Beschwerdegericht alle für die Entscheidung wesentlichen Tatsachen prüfen und aufklären, auch soweit das bisher nicht geschehen ist (BGH NJW **64**, 2119; KG aaO; Koblenz MDR **75**, 241), insbesondere wenn sie erst durch das Beschwerdevorbringen bekanntgeworden sind. Die Aufhebung der Entscheidung mit der Anweisung an das untere Gericht, die Sache weiter aufzuklären, ist unzulässig (KK-Zabeck 7). Ergibt die Prüfung, dass der angefochtene Beschluss richtig ist, so wird die Beschwerde als unbegründet verworfen.

Ist sie begründet, so muss das Beschwerdegericht eine **eigene Sachentscheidung** anstelle des 1. Richters treffen (BGH NJW **64**, 2119; auch in Ermessensfragen (Hamburg MDR **70**, 255; Schleswig NJW **76**, 1467; **aM** Bloy JuS **86**, 588; Ellersiek 34 ff: Nachprüfung nur auf Ermessensfehler; erg 22 zu § 8 StrEG), soweit die Prüfungsaufgabe des Beschwerdegerichts nicht gesetzlich eingeschränkt ist, wie in §§ 305a I S 2, 453 II S 2 u § 229 III vgl Düsseldorf StV **97**, 282 mit abl Anm Zieschang). Es erlässt auch den aus sachlichen Gründen nicht ergangenen Haft- oder Vorführungsbefehl und den Eröffnungsbeschluss oder ordnet eine Beschlagnahme an (BGH MDR **64**, 1019). Zur Abfassung der Beschwerdeentscheidung vgl Meyer-Goßner/Appl 868 ff, zum Verschlechterungsverbot 5 vor § 304.

Bei der **Beschwerde gegen eine Unterlassung** fehlt eine nachprüfbare Entscheidung und daher auch die Entscheidungsbefugnis des Beschwerdegerichts (vgl RG **19**, 332, 337). Jedoch kann in dem Untätigbleiben eine beschwerdefähige stillschweigende Entscheidung liegen (Einl 123; 3 zu § 304). Ist das der Fall, und war die Unterlassung rechtswidrig und enthielt sie eine Beschwer für den Beschwerdeführer, so spricht das Gericht die Verpflichtung des für die unterlassene Entscheidung zuständigen Richters aus, die Entscheidung zu erlassen, wenn die Sache entscheidungsreif ist (Ellersiek 194).

Bei **Unzuständigkeit des unteren Gerichts** gilt folgendes: War das Gericht örtlich unzuständig, so muss das Beschwerdegericht den Beschluss grundsätzlich aufheben und eine Entscheidung über den gestellten Antrag ablehnen; eine Verweisung an das örtlich zuständige Gericht ist ausgeschlossen (KG StV **98**, 384 mwN; **aM** Fröhlich NStZ **99**, 585). Nur wenn das zuständige Gericht ebenfalls im Bezirk des Beschwerdegerichts liegt, kann in der Sache entschieden werden (Bamberg NStZ-RR **13**, 326; Nürnberg StraFo **00**, 280, 281). Hat statt des sachlich zuständigen AG das LG im 1. Rechtszug entschieden, verweist das OLG die Sache an das AG zurück (Düsseldorf VRS **96**, 38; Hamburg NJW **64**, 1913; Koblenz VRS **67**, 120; Saarbrücken NStZ-RR **04**, 112, 113). War für die angefochtene Entscheidung nicht das AG oder LG, sondern das Beschwerdegericht zuständig, so

§ 309

hebt es den Beschluss auf und entscheidet als Gericht des 1. Rechtszugs. In der Sache selbst entscheidet es auch bei einem Verstoß gegen die geschäftsplanmäßige Zuständigkeit (Köln StraFo **11**, 402 mwN; **am** München MDR **74**, 332; Rostock NStZ-RR **00**, 14) und gegen die funktionelle Zuständigkeit (8 vor § 1), insbesondere, wenn statt des allein zuständigen Vorsitzenden das ganze Gericht entschieden hat (10 zu § 126) oder die StrK ohne die Mitwirkung der Schöffen (KG StraFo **15**, 419 mit Anm Herrmann) oder statt der StVollstrK die StrK (KG NStZ **07**, 422; Düsseldorf NStZ-RR **01**, 111; erg 5 zu § 462). Zurückverweisung ist aber erforderlich, wenn das OLG im Fall des § 122 II S 1 GVG statt mit 5 nur mit 3 Richtern entschieden hat (BGH **38**, 312). Zum Verstoß gegen die Zuständigkeitsvorschrift des § 78b I GVG vgl dort 8.

7 3) Eine **Zurückverweisung der Sache an das untere Gericht** ist nur in eng begrenzten Ausnahmefällen zulässig (BGH NJW **64**, 2119; eingehend dazu Düsseldorf NJW **02**, 2963; SSW-Hoch 20 ff), nicht stets schon, weil die Entscheidung entgegen § 34 keine Begründung enthält (KG StV **86**, 142; Schleswig SchlHA **85**, 120; **am** Oldenburg NJW **71**, 1098; Schleswig SchlHA **93**, 223 [L/T]) oder nicht ordnungsgemäß zustande gekommen ist (Karlsruhe VRS **68**, 360; **am** Hamburg NJW **62**, 2363). In Haftsachen steht der Beschleunigungsgrundsatz nach Art 5 IV **EMRK** idR der Zurückverweisung entgegen (EGMR StV **08**, 475, 480 [Rn 73]).

8 Die Zurückverweisung kommt in Betracht, wenn ein **Verfahrensmangel** vorliegt, den das Beschwerdegericht nicht beheben kann (BGH NStZ-RR **13**, 16, 18; Roxin/Schünemann § 56, 11 halten das für den einzigen zulässigen Grund), wie das Unterlassen einer zwingend vorgeschriebenen mündlichen Anhörung (KG NStZ **99**, 320; Braunschweig StV **14**, 158; Düsseldorf StV **87**, 257; Jena NStZ **07**, 421; Koblenz NStZ **84**, 189; erg 7 zu § 118a; 15 ff zu § 454) oder eine unzulässige Teilentscheidung über die Eröffnung des Hauptverfahrens (Düsseldorf GA **86**, 37; Nürnberg MDR **72**, 967), oder der so schwer wiegt, dass von einer ordnungsgemäßen Justizgewährung nicht mehr gesprochen werden kann, zB bei Nichtbeteiligung des Betroffenen im selbstständigen Einziehungsverfahren (Karlsruhe NJW **74**, 709, 712) oder bei Mitwirkung eines nach § 22 ausgeschlossenen Richters (KG JR **67**, 266; Bremen NJW **66**, 605; Saarbrücken NJW **66**, 167; erg 21 zu § 22), nicht aber eines nach § 24 wegen Befangenheit abgelehnten Richters (Hamm JMBlNW **82**, 222; erg 4 zu § 28), oder bei Verstoß gegen § 29 DRiG im Fall des § 46 III (Frankfurt NStZ-RR **04**, 300). Zum Fall der Unzuständigkeit oben 6.

9 Eine Zurückverweisung erfolgt auch nicht deshalb, weil das untere Gericht bestimmte **Tatsachen oder Beweismittel nicht berücksichtigt** hat und das Beschwerdegericht daher weitgehend über einen anderen Sachverhalt entscheiden muss (Karlsruhe NJW **74**, 709, 712). Der Gesichtspunkt, dass dem Beschwerdeführer andernfalls eine Instanz „verlorenginge" (vgl BGH **8**, 194, 195; Bremen NJW **66**, 605; Koblenz MDR **75**, 241; Oldenburg NJW **71**, 1098), hätte den Gesetzgeber veranlassen können, die Zurückverweisung wie in § 354 IV vorzusehen. Statt dessen hat er in § 309 das Beschwerdegericht beauftragt, selbst zu entscheiden; daran sind die Gerichte gebunden (KG StraFo **15**, 419; Düsseldorf MDR **93**, 375; Hanack JZ **67**, 223). Eine Zurückverweisung kommt aber in Betracht, wenn das untere Gericht den Antrag zu Unrecht als unzulässig abgelehnt hat (zB wegen vermeintlicher örtlicher Unzuständigkeit, Stuttgart NStZ **91**, 291) und eine sachliche Entscheidung daher völlig fehlt (vgl Frankfurt NStZ **83**, 426; Koblenz MDR **75**, 241; SK-Frisch 13). Eine Zurückverweisung kommt uU auch in Betracht, wenn die Beschwerde erhebliches neues Vorbringen enthält, das einer Klärung bedarf (Hamm NStZ-RR **14**, 154). Die Zurückverweisung unterbleibt stets, wenn der Antrag, über den entschieden worden ist, ohne sachliche Prüfung verworfen werden muss.

10 Eine **Bindung an die Aufhebungsansicht** des Beschwerdegerichts besteht nach der Zurückverweisung nicht; § 358 I gilt hier nicht entspr (M.-K. Meyer NStZ **87**, 27; Mohrbotter ZStW **84**, 621; **am** SK-Frisch 30); allerdings darf das Erstgericht nur dann anders als das Beschwerdegericht entscheiden, wenn sich der zu beurteilende Sachverhalt geändert hat (Braunschweig StV **16**, 102 mit im Ergebnis zust Anm Weidemann). Düsseldorf NJW **02**, 2963 macht ferner eine Ausnahme für den Fall, dass dem Beschwerdegericht aus zwingenden Sacherwägungen eine eigene abschließende Sachentscheidung verwehrt ist.

Weitere Beschwerde

310 ᴵ Beschlüsse, die von dem Landgericht oder von dem nach § 120 Abs. 3 des Gerichtsverfassungsgesetzes zuständigen Oberlandesgericht auf die Beschwerde hin erlassen worden sind, können durch weitere Beschwerde angefochten werden, wenn sie

1. eine Verhaftung,
2. eine einstweilige Unterbringung oder
3. einen Vermögensarrest nach § 111e über einen Betrag von mehr als 20 000 Euro

betreffen.

ᴵᴵ Im übrigen findet eine weitere Anfechtung der auf eine Beschwerde ergangenen Entscheidungen nicht statt.

1) **Grundsätzlich ausgeschlossen** ist die weitere Beschwerde. Der Beschwerdeführer, dessen Rechtsmittel erfolglos war, kann das nächsthöhere Gericht nicht anrufen, auch wenn er erstmals durch die Beschwerdeentscheidung beschwert ist (Bremen NStZ **86**, 524 mwN; Celle MDR **96**, 1284; Koblenz VRS **65**, 144; Schleswig SchlHA **87**, 120 [L]) oder jedenfalls ein neuer Beschwerdegrund vorliegt (KG JR **69**, 194; Hamm NJW **70**, 2127; Köln NStZ-RR **02**, 244) oder ein Verstoß gegen Verfassungsrecht geltend gemacht wird (Düsseldorf NJW **91**, 2434; Karlsruhe Justiz **02**, 24). Auch der Gegner des Beschwerdeführers hat gegen die ihm ungünstige Beschwerdeentscheidung keine Beschwerde (KG JR **62**, 311; Bremen Rpfleger **63**, 15; Karlsruhe Justiz **74**, 98). 1

Der Ausschluss gilt aber nicht für alle Entscheidungen des Beschwerdegerichts, sondern nur für **Beschlüsse, die auf Beschwerde hin erlassen sind,** wobei es genügt, dass eine Erklärung vertretbar als Beschwerde ausgelegt worden ist (Köln MDR **80**, 600). Sie müssen denselben Verfahrensgegenstand betreffen wie die 1. Entscheidung (Hamm NJW **70**, 2127; GA **76**, 58; eingehend dazu Bock ZIS **16**, 716); maßgebend dafür ist nicht allein der Entscheidungssatz, sondern die gesamte Prozesslage (Stuttgart NStZ **18**, 239; Celle MDR **77**, 74; Nürnberg NStZ-RR **99**, 53; vgl auch Frankfurt NStZ-RR **12**, 54: Entscheidung des Beschwerdegerichts über die Erinnerung nach § 11 II RPflG unter Übergehung des Richters). *Nicht* auf eine Beschwerde ergangen ist ein Beschluss, wenn gar keine Beschwerde eingelegt war (Saarbrücken VRS **27**, 453; Schleswig SchlHA **95**, 35 [L/T]; Stuttgart Justiz **71**, 270), wenn das Beschwerdegericht im 1. Rechtszug zuständig gewesen wäre (KG NStZ **07**, 422; Düsseldorf NStZ-RR **01**, 111 mwN; Karlsruhe StV **12**, 616 mit hinsichtlich der Beschwerdefrist unzutr Anm Becker, da hier §§ 44 S 2, 45 II S 3 eingreifen; Koblenz NZV **01**, 314; NStZ-RR **11**, 211 L; aM Frankfurt NStZ-RR **17**, 252 L; Celle NStZ-RR **16**, 326 L mit krit Anm Müller-Metz; Jena NStZ-RR **16**, 19; zw Bock ZIS **16**, 718), wenn das LG zur Entscheidung über die (Rechts-)Beschwerde nicht zuständig war (Celle NJW **73**, 1710; Hamm NJW **72**, 1725) oder wenn weder das AG noch das Beschwerdegericht zuständig waren (Celle NZV **12**, 556; Frankfurt NJW **80**, 1808; Karlsruhe Justiz **02**, 23). 2

Anfechtbar sind auch Entscheidungen, die auf einen erst im Beschwerderechtszug gestellten **außerhalb oder neben der eigentlichen Beschwerde** liegenden Antrag ergangen sind (Bay **51**, 340; Hamm GA **62**, 381; Ellersiek 89; zB auf Wiedereinsetzung gegen die Versäumung der Beschwerdefrist (Bay **52**, 8; KG NJW **66**, 991) oder auf Beiordnung eines Verteidigers (Bamberg NStZ **85**, 39 mit abl Anm Pöpperl); das Gleiche gilt, wenn das LG eine weitere selbstständige Entscheidung 3 über das Rechtsmittelbegehren hinaus trifft (Bay **57**, 40; Celle NdsRpfl **75**, 222; Hamburg MDR **78**, 864; Stuttgart NStZ **01**, 496). Unanfechtbar ist dagegen ein Beschluss, mit dem das Beschwerdegericht nach § 308 II weitere Ermittlungen, zB die Herbeiziehung bestimmter Aufklärungsmittel, anordnet (KG JR **69**, 194) oder seine Entscheidung auf Gegenvorstellungen oder von Amts wegen in unzulässiger Weise berichtigt oder ändert (Hamm GA **62**, 381; **aM** Oldenburg NdsRpfl **85**, 44).

4 **2) Verhaftung, einstweilige Unterbringung und Vermögensarrest** (nach §§ 111e über einen Betrag von mehr als 20 000 €) können mit der weiteren Beschwerde angefochten werden (I): Es handelt sich um eine eng auszulegende Ausnahmevorschrift (BGH **25**, 120; KG NJW **79**, 2626; Stuttgart NStZ **18**, 239: keine Anwendung in Fällen des § 17a IV S 3 GVG). Sie enthält eine erschöpfende Regelung, die durch Landesrecht nicht erweitert werden kann (BVerfGE **48**, 367, 376 = NJW **78**, 1911).

5 **A. Verhaftung (Nr 1):** Gemeint ist der Haftbefehl nach §§ 112 ff, 230 II (dort 25), § 236 (dort 9) und § 329 IV S 1 und die Anordnung der Erzwingungshaft nach § 70 II (dort 20). Nicht unter den Begriff fallen die Haft nach § 453c (dort 17) und § 457 (dort 10, 16), die vorläufige Festnahme nach § 127 II (Frankfurt NStZ-RR **10**, 22), die Ingewahrsamnahme nach § 231 I S 2 (dort 24), die Ordnungshaft nach § 51 (dort 28), § 95 (dort 12), nach § 96 OWiG (Hamm NStZ **92**, 443; VRS **111**, 59), der Vorführungsbefehl nach § 230 II (dort 25), die Ablehnung des sicheren Geleits nach § 295 (dort 11) und die Anordnung eines jugendstrafrechtlichen Ungehorsamsarrest (München NStZ **12**, 166). Vgl auch 13 zu § 304.

6 **B. Einstweilige Unterbringung (Nr 2)** ist die nach § 126a und § 71 I **JGG** (Hamburg NJW **63**, 1167), nicht die Unterbringung nach § 81 (dort 28).

7 **C. Bestand und Vollzug des Haft- oder Unterbringungsbefehls** kann der Beschuldigte zur Prüfung des Beschwerdegerichts stellen (KG NJW **79**, 2626; vgl auch BGH **25**, 120; 13 zu § 304). Zwar spricht der Begriff Verhaftung (allg dazu Wendisch Dünnebier-FS 239) an sich dafür, dass die weitere Beschwerde nur zulässig ist, wenn der Beschuldigte sich in Haft befindet (vgl §§ 114a, 114c I, II, 119 V, VI S 2). Jedoch gilt I seinem Sinn nach stets, wenn es um den Bestand eines Haft- oder Unterbringungsbefehls geht, auch wenn die Auswechslung des einen gegen den anderen in Frage steht (12 zu § 126a). Der Haft- oder Unterbringungsbefehl ist ein Rechtstitel für die Verhaftung. Für die Klärung, ob er erlassen oder aufrechterhalten werden soll, muss nicht abgewartet werden, bis es zu seinem Vollzug kommt. I gilt daher auch, wenn der Haftbefehl noch nicht oder nicht mehr vollzogen wird, insbesondere, wenn sein Vollzug nach § 116b zum Zweck der Strafvollstreckung in anderer Sache unterbrochen (Karlsruhe Justiz **80**, 208; **aM** Koblenz MDR **78**, 339), wenn nur Überhaft (13 vor § 116) notiert ist (**aM** Koblenz OLGSt Nrn 3, 4) oder wenn der Vollzug nach § 116 ausgesetzt ist (sehr str, wie hier zB KG NJW **79**, 2626; Hamburg StV **94**, 323; Hamm StraFo **02**, 140; Koblenz NStZ **90**, 102 mit zust Anm Hohmann NStZ **90**, 507; Köln StV **94**, 321; Paeffgen NStZ **91**, 425; **aM** zB Bremen StV **81**, 131; Düsseldorf NStZ **90**, 248; Zweibrücken StV **91**, 219; ausführlich dazu mwN Matt NJW **91**, 1801; vgl auch BGH **29**, 200 zu § 304 IV S 2 Nr 1). Unter Beachtung der verfassungsrechtlichen Anforderungen gilt Nr 1 auch bei Aufhebung des Haftbefehls und Freilassung des Beschwerdeführers (BVerfG NStZ-RR **17**, 379; Düsseldorf StV **01**, 332; Park/Schlothauer Widmaier-FS 395; **aM** Zweibrücken JBlRP **01**, 195; erg 18a vor § 296, vgl 2, 4 I **StrEG**). Soweit es nur um die Anordnung, Änderung oder Aufhebung von Auflagen geht, ist die weitere Beschwerde jedoch ausgeschlossen (KG aaO; Celle NStZ-RR **06**, 222 mwN; Frankfurt NJW **73**, 209; Hamburg aaO; **aM** Nürnberg MDR **61**, 619; Neuhaus StV **99**, 341; vgl auch BGH **25**, 120; **26**, 270; **29**, 200). Das Gleiche gilt bei Vollzug des Haftbefehls für die Gestaltung der Haftverhältnisse (Köln NStZ-RR **12**, 93 L).

Beschwerde § 311

D. Bei **Nichterlass oder Aufhebung eines Haft- oder Unterbringungsbe-** 8
fehls steht der StA die weitere Beschwerde zu (BGH **36**, 396, 398; **43**, 262, 265;
Stuttgart JR **67**, 431; **aM** Braunschweig NJW **65**, 1288 = JR **65**, 473 mit abl Anm
Kleinknecht; LR-Matt 18 ff; Ellersiek 99). Das Gleiche gilt, wenn der Vollzug nach
§ 116 ausgesetzt worden ist.

E. Beschlüsse, die einen **Vermögensarrest** (§ 111e) über einen Betrag von 9
mehr als 20.000 Euro betreffen, unterliegen der weiteren Beschwerde **(Nr 3)**.
Nach der Streichung des Wortes „Anordnung" durch das Gesetz zur Reform der
strafrechtlichen Vermögensabschöpfung vom 13.4.2017 (BGBl I 872) gilt dies eindeutig nicht mehr nur für die **Anordnung** des Arrestes, sondern auch bei **Aufhebung** eines Vermögensarrestes oder bei **Bestätigung der ablehnenden Entscheidung** des Beschwerdegerichts (BT-Drucks 18/9525 S 86). Dies war für die
frühere Fassung von Nr 3 str (München NJW **08**, 389 mit zust Anm Pfordte
StV **08**, 241; wistra **11**, 400; Oldenburg StV **11**, 613; Theile StV **09**, 161; **aM** KG
NStZ **11**, 175; Bamberg wistra **16**, 374; Braunschweig wistra **14**, 327; Celle
StV **09**, 120; Jena wistra **11**, 399; Schleswig SchlHA **15**, 305 [G/F]; SSW-Hoch
21). Nr 3 gilt für den Vermögensarrest nach § 111e selbst, **nicht** jedoch für Maßnahmen,
die in **Vollziehung** des Arrests getroffen worden sind (so schon bisher, Hamburg
NJW **08**, 1830; Köln NStZ-RR **11**, 279 L). Für die Wertgrenze ist auf den in dem
Arrestbeschluss bezifferten, zu sichernden Anspruch (13 zu § 111e) abzustellen,
nicht etwa auf die Lösungssumme (§ 111e IV S 2) oder das Ergebnis bereits getroffener Vollstreckungsmaßnahmen (AnwK-Rotsch/Gasa 7).

3) **Zuständig** für die Entscheidung ist idR das OLG (§ 121 I Nr 2 GVG). 10
Über Beschwerdebeschlüsse des OLG nach § 120 III GVG entscheidet der BGH
(§ 135 II GVG).

Die **Abhilfeentscheidung** nach § 306 II trifft das Beschwerdegericht (KK- 11
Zabeck 15); gegen sie ist weitere Beschwerde zulässig. Für die Nachholung des
rechtlichen Gehörs gilt § 311a.

Sofortige Beschwerde

311 I Für die Fälle der sofortigen Beschwerde gelten die nachfolgenden
besonderen Vorschriften.

II **Die Beschwerde ist binnen einer Woche einzulegen; die Frist beginnt mit
der Bekanntmachung (§ 35) der Entscheidung.**

III 1 **Das Gericht ist zu einer Abänderung seiner durch Beschwerde angefochtenen Entscheidung nicht befugt.** 2 **Es hilft jedoch der Beschwerde ab, wenn es
zum Nachteil des Beschwerdeführers Tatsachen oder Beweisergebnisse verwertet hat, zu denen dieser noch nicht gehört worden ist, und es auf Grund
des nachträglichen Vorbringens die Beschwerde für begründet erachtet.**

1) Die **sofortige Beschwerde** unterscheidet sich von der einfachen (§ 304) 1
durch die Einlegungsfrist (II) und das Abhilfeverbot (III S 1). Sofortig ist die Beschwerde grundsätzlich nur, wenn das ausdrücklich bestimmt ist (Bay **55**, 154 =
NJW **56**, 32; Köln NJW **57**, 1204; Oldenburg NJW **59**, 2275; LR-Matt 3; Ellersiek 71; **aM** Hamm NJW **61**, 135; vgl aber auch 11 zu § 302; 8 zu § 322a); ein
Sonderfall ist § 181 GVG (dort 1). Eine „weitere" sofortige Beschwerde gibt es
nicht. Für das Verfahren gelten außer den besonderen Vorschriften des § 311 die
§§ 304 ff, soweit sie mit ihnen vereinbar sind, auch § 304 III, IV. Sofortige Beschwerde ist auch gegen eine stillschweigend erlassene Entscheidung (vgl Einl 123)
und gegen das gesetzwidrige Unterlassen einer Entscheidung zulässig, falls sie beim
förmlichen Erlass der Entscheidung zulässig wäre (LG Braunschweig NJW **73**, 210;
erg 10 vor § 296; 3 zu § 304; 5 zu § 309; 16 zu § 464).

2) Die **Beschwerdefrist (II S 1)** von einer Woche (zur Berechnung vgl § 43) 2
beginnt mit der Bekanntmachung (Verkündung oder förmlichen Zustellung) der

Schmitt 1437

§ 311a

angefochtenen Entscheidung. Bei formloser oder unterlassener Bekanntmachung wird sie nicht in Lauf gesetzt (10 zu § 35). Zur Wahrung der Frist vgl 11 ff vor § 42; 21 zu § 464. Eine verspätet eingelegte sofortige Beschwerde darf nur das Beschwerdegericht als unzulässig verwerfen; die §§ 319 I, 346 I gelten nicht entspr. Wiedereinsetzung ist nach § 44 möglich (vgl EGMR NJW **08**, 2320 mit Anm Meyer-Mews). Bei Zweifeln an der Fristwahrung gelten die Grundsätze 35 zu § 261.

3 **3) Schriftlich oder zu Protokoll** der Geschäftsstelle (§ 306 I) ist die sofortige Beschwerde bei dem Gericht anzubringen (3 zu § 306), das die angefochtene Entscheidung erlassen hat (vgl 2 zu § 306).

4 Für die **Begründung** des Rechtsmittels, die noch nach Ablauf der Einlegungsfrist möglich ist, gelten dieselben Grundsätze wie bei § 306 (dort 5).

5 **4) Abhilfe** durch das untere Gericht ist grundsätzlich nicht möglich (III S 1). Der Richter darf seine Entscheidung auf die Beschwerde weder abändern noch ergänzen (München MDR **87**, 782). Zur Unzulässigkeit der Abänderung des Beschlusses von Amts wegen oder auf Gegenvorstellungen vgl 24 ff vor § 296.

6 Eine Ausnahme gilt bei **Verletzung des rechtlichen Gehörs** (III S 2). Hat das Gericht Tatsachen oder Beweisergebnisse verwertet, zu denen der Beschwerdeführer noch nicht gehört worden war, und hält es auf Grund des Beschwerdevorbringens die sofortige Beschwerde für begründet, so hilft es ihr ab, vorausgesetzt, sie ist fristgemäß eingelegt und auch sonst zulässig (Düsseldorf MDR **86**, 341; KK-Zabeck 7; Katzenstein StV **03**, 361 Fn 31; a**M** KMR-Plöd 6; LR-Matt 12: auch bei Unzulässigkeit wegen Verspätung). Dabei muss, wie im Fall des § 33a (dort 9), der Mangel für die Unrichtigkeit der Entscheidung ursächlich gewesen sein; nur eine auf dem Beschwerdevorbringen beruhende neue tatsächliche oder rechtliche Würdigung der Tatsachen oder Beweisergebnisse, zu denen der Beschwerdeführer nicht gehört worden ist, rechtfertigt die Änderung der Entscheidung (KK-Zabeck 6; LR-Matt 11). Die Abänderung erfolgt durch einen neuen Beschluss, der den Beteiligten nach § 35 II bekanntgemacht wird und erneut mit der sofortigen Beschwerde anfechtbar ist.

7 Liegen die Voraussetzungen des III S 2 nicht vor, so ist ein **Nichtabhilfebeschluss** überflüssig. Nur wenn das Gericht trotz der Verletzung des rechtlichen Gehörs die Beschwerde für unbegründet hält, vermerkt es das in den Akten, bevor es sie dem Beschwerdegericht zuleitet.

8 **5) Wirkung der Rechtsmitteleinlegung:** Die sofortige Beschwerde hat aufschiebende Wirkung, wenn das besonders bestimmt ist (1 zu § 307), sonst nicht (§ 307 I). Es gilt aber § 307 II. Die Rechtskraft des angefochtenen Beschlusses ist bis zum Ablauf der Frist des III S 1 gehemmt, wenn sie nicht schon vorher durch Verzicht (§ 302) herbeigeführt worden ist. Die sofortige Beschwerde bewirkt eine weitere Hemmung, bis das Rechtsmittel durch Abhilfe, Zurücknahme oder Verwerfung erledigt ist.

Nachträgliche Anhörung des Gegners

§ 311a

[1] Hat das Beschwerdegericht einer Beschwerde ohne Anhörung des Gegners des Beschwerdeführers stattgegeben und kann seine Entscheidung nicht angefochten werden, so hat es diesen, sofern der ihm dadurch entstandene Nachteil noch besteht, von Amts wegen oder auf Antrag nachträglich zu hören und auf einen Antrag zu entscheiden. [2] Das Beschwerdegericht kann seine Entscheidung auch ohne Antrag ändern.

[II] Für das Verfahren gelten die §§ 307, 308 Abs. 2 und § 309 Abs. 2 entsprechend.

1 **1) Die Nichtanhörung des Beschwerdegegners** (2 zu § 308), gleichgültig, ob sie gegen § 308 I S 1 verstößt oder nach dessen S 2 zulässig war, zwingt zu

einem an keine Frist gebundenen Nachverfahren, sofern der Beschwerde stattgegeben worden, die Entscheidung nach § 310 nicht weiter anfechtbar ist und der dem Beschwerdeführer entstandene Nachteil (3 zu § 308) noch besteht, die Entscheidung also nicht aus anderen Gründen aufgehoben worden oder durch den Fortgang des Verfahrens überholt ist (vgl aber § 18a vor § 296 und dazu BVerfG NJW **00**, 649; erg 6 zu § 33a). Gegenüber § 33a (der für den Beschwerdeführer selbst gilt, Schleswig SchlHA **07**, 281 [D/D]) ist § 311a die speziellere Vorschrift. Sie ermöglicht stets die Nachholung des Gehörs zu Rechtsfragen (Bay MDR **83**, 689). Im Revisionsverfahren gilt § 356a. Die Vorschrift ist nicht anwendbar, wenn die StA der Beschwerdegegner ist (vgl 3 zu § 33a; **aM** LR-Matt 5).

2) **Nachverfahren:** Der Beschwerdegegner wird auf Antrag oder, zweckmäßigerweise mit Fristsetzung, von Amts wegen nachträglich zu der Beschwerde gehört (Nachholungsverfahren). Die §§ 307, 308 II, 309 II gelten entspr (II). Wenn der Beschwerdegegner das beantragt, muss das Beschwerdegericht neu entscheiden (Überprüfungsverfahren). Erweist sich die Beschwerdeentscheidung als zutreffend, so wird sie bestätigt. War sie zum Nachteil des Beschwerdeführers unrichtig, so wird sie abgeändert; das ist auch von Amts wegen zulässig (I S 2). Wird ein Nachverfahren durchgeführt, kommt eine Ablehnung der Richter für die neu zu treffende Sachentscheidung in Betracht (Stuttgart NStZ **19**, 693; erg 11 zu § 25) Erg 8 zu § 33a. 2

3) **Beschwerde:** Wird der Antrag auf Durchführung des Nachverfahrens abgelehnt, so ist gegen diesen – als erstinstanzliche Entscheidung anzusehenden – Beschluss die Beschwerde nach § 304 zulässig (KG NJW **66**, 991). Das Gleiche gilt für die Entscheidung über die Aussetzung der Vollziehung nach § 307 (KK-Zabeck 14; **aM** Celle MDR **96**, 1284; SK-Frisch 23). Die Überprüfungsentscheidung ist unanfechtbar (KG aaO; erg 10 zu § 33a). 3

Dritter Abschnitt. Berufung RiStBV 147–158

Vorbemerkungen

1) Die **Berufung** führt, wenn sie zulässig ist, im Umfang der Anfechtung (§ 318) zu einer völligen Neuverhandlung der Sache. Es findet eine neue Hauptverhandlung statt, in der nicht das angefochtene Urteil geprüft, sondern auf der Grundlage des Eröffnungsbeschlusses über alle Tat- und Rechtsfragen nach dem Ergebnis der Berufungsverhandlung neu entschieden wird (BGH NJW **20**, 253; KG VRS **109**, 112, 114; Düsseldorf NJW **83**, 767, 768; Karlsruhe NJW **79**, 2415, 2416; Schulz Schwind-FS 439). Der Berufungsrechtszug ist „gewissermaßen die 2. Erstinstanz" (Roxin § 52 E III). Für den Prozessstoff gilt § 264 (Koblenz VRS **45**, 289; Köln VRS **62**, 283); im Rahmen dieser Vorschrift dürfen auch Tatsachen herangezogen werden, die der 1. Richter nicht gekannt oder nicht gewürdigt hat. Die Regeln der Mündlichkeit und der Unmittelbarkeit der Beweisaufnahme gelten im Berufungsverfahren grundsätzlich im selben Umfang wie im Verfahren des 1. Rechtszugs (Bremen MDR **79**, 865); eine Ausnahme lässt § 325 zu. 1

2) **Für Verständigungen** nach § 257c gilt dasselbe wie in der 1. Instanz. Anwendbar sind über § 332 die §§ 243 IV, 257b, 257c, 273 I S 2, 273 Ia und 267 III S 5; auch § 212 ist entspr anwendbar (siehe 1 zu § 323). 1a

A. **Bindung des Berufungsgerichts:** Eine Bindung an das im Rahmen einer erstinstanzlichen Verständigung abgelegte Geständnis besteht nicht; § 257c IV S 3 ist auch nicht analog anwendbar, da es an einer planwidrigen Regelungslücke fehlt (Düsseldorf StV **11**, 80; Nürnberg NStZ-RR **12**, 255; Karlsruhe NStZ **14**, 294; N/Sch/W-Weider C 99; El-Ghazi JR **12**, 411; Schneider NZWiSt **15**, 1, 2; **aM** BeckOK-Eschelbach 46 zu § 257c; Kuhn StV **12**, 10; Moldenhauer/Wenske NStZ **12**, 184; erg 32 zu § 257c). 1b

Vor § 312

1c Allerdings kann das erstinstanzliche Geständnis einem **Beweisverwertungsverbot** unterliegen, wenn bei der Verständigung zentrale Vorschriften – vor allem § 257c V, aber auch § 243 IV – verletzt wurden; dies setzt allerdings voraus, dass der Angeklagte der Verwertung bis zum Zeitpunkt des § 257 II widersprochen hatte (Schneider aaO 3; Wenske NStZ **15,** 143; erg 25 zu § 136).

1d Ebenso ist eine **Beschränkung der Berufung des Angeklagten** auf den Rechtsfolgenausspruch unwirksam, wenn sie auf einer gesetz- oder gar verfassungswidrigen Absprache beruht (KG StV **12,** 654; München StV **14,** 79; Norouzi aaO; **aM** Wenske NStZ **15,** 138), jedoch nicht, wenn sie auf eine in der Berufungsinstanz erfolgte – wenn auch möglicherweise unzureichend dokumentierte – Verständigung hin erklärt wird (Hamburg NStZ **14,** 534; Karlsruhe NStZ **14,** 536; Nürnberg StraFo **16,** 473; Bittmann NStZ **15,** 550; **aM** Stuttgart StV **14,** 397 mit abl Anm Wenske aaO), anders jedoch wiederum, wenn hierbei gegen §§ 243 IV, 273 Ia (Hamm NStZ **16,** 565 mit abl Anm Bittmann) oder gegen § 257c V verstoßen wurde (Braunschweig NStZ **16,** 563; Hamm aaO).

1e B. **Berufung der StA:** Die StA ist wegen ihrer Wächterfunktion (vgl BVerfGE **133,** 168, 220) uneingeschränkt zur Berufungseinlegung berechtigt. Dies gilt auch, wenn erstinstanzlich die Strafobergrenze des Verständigungsstrafrahmens verhängt wurde (Wenske aaO 141; Moldenhauer/Wenske NStZ **12,** 184; BeckOK-Eschelbach 46). Das Geständnis ist, ggf auch über Sekundärbeweismittel, verwertbar, wenn das Berufungsgericht den beim AG vereinbarten Strafrahmen nicht überschreiten will (Schneider aaO; Wenske aaO; insoweit **am** El-Ghazi aaO 413; Norouzi StV **14,** 661). In diesem Fall kann das Berufungsgericht auch auf eine höhere als die vom AG erkannte Strafe erkennen, sofern sich diese innerhalb des dort vereinbarten Rahmens hält (vgl Karlsruhe NStZ **14,** 294, 295; Schneider aaO).

1f Allerdings unterliegt das Geständnis aus Gründen der Verfahrensfairness (Art 6 I EMRK) einem **Verwertungsverbot,** falls das Berufungsgericht den Angeklagten zu einer über der erstinstanzlich abgesprochenen Obergrenze liegenden Strafe verurteilen will (Karlsruhe aaO; Schneider aaO; Wenske aaO 142); in diesem Fall ist auch eine etwaige Beschränkung der Berufung auf das Strafmaß aus Gründen der Verfahrensfairness (Art 6 I EMRK) unwirksam (Düsseldorf StV **11,** 80, 81; Schneider NZWiSt **15,** 1, 4; Kuhn StV **12,** 10, 12; **aM** Moldenhauer/Wenske NStZ **12,** 184, 185; Wenske aaO 141: instanzübergreifende Fortgeltung des erstinstanzlich vereinbarten Verständigungsstrafrahmens). Über die Unwirksamkeit der Rechtsmittelbeschränkung und das Verwertungsverbot muss eine gemäß § 273 Ia S 2 zu protokollierende qualifizierte Belehrung des Angeklagten nach § 257c IV S 4 erfolgen (Karlsruhe aaO), die sinnvollerweise nach dem Zeitpunkt des § 324 I erfolgt (Schneider aaO 5). Jedoch begründet ein Verstoß gegen die Belehrungspflicht nicht ohne Weiteres ein Verbot der Verwertung eines in der Berufungsverhandlung abgelegten Geständnisses des Angeklagten; vielmehr hängt dies von einer Einzelfallabwägung ab (Karlsruhe aaO; zust Moldenhauer NStZ **14,** 493; abl Norouzi aaO). Zur Mitteilungspflicht nach § 243 vgl dort 18e.

1g C. **Zum Ablauf des Berufungsverfahrens** 4, 7a zu § 324.

1h D. **Revision:** Es gelten die Grundsätze wie auch sonst in Verfahren nach § 257c (siehe dort 32a bis 33a). Im Übrigen kann mit der Verfahrensrüge beanstandet werden, dass das Berufungsgericht dem Angeklagten keine qualifizierte Belehrung erteilt oder das erstinstanzliche Geständnis verwertet hat, obwohl es sich nicht an den dort vereinbarten Strafrahmen gehalten hat (siehe dazu 1f).

2 3) Eine **Nachprüfung des Verfahrens** des 1. Richters ist nicht notwendig (Bay **56,** 249), sofern es nicht ausnahmsweise auch für die Entscheidung des Berufungsgerichts von Bedeutung ist (Gössel JR **82,** 271). Daher fehlt eine dem § 336 entspr Vorschrift.

3 4) Zur **Einlegung des Rechtsmittels durch die StA** siehe Nr 147, 148 RiStBV, BGH 2 StR 14/19 vom 24.4.2019 mwN.

Zulässigkeit

312 Gegen die Urteile des Strafrichters und des Schöffengerichts ist Berufung zulässig.

1) Gegen **Urteile** des Strafrichters (§ 25 GVG) und des SchG (§ 24 GVG) ist die Berufung zulässig (auch wenn im Strafverfahren nur Verurteilung wegen einer OWi erfolgte, vgl § 313 I S 1; BGH **35**, 290; Düsseldorf GA **90**, 567; Jena VRS **116**, 364), im Jugendstrafverfahren gegen Urteile des Jugendrichters (§ 39 **JGG**) und des JugSchG (§ 40 **JGG**). Ob die angefochtene Entscheidung als Urteil bezeichnet ist, spielt keine Rolle; maßgebend ist ihr sachlicher Inhalt (11 zu § 296). Zur Behandlung der Revision als Berufung vgl § 335 III S 1, der Berufung als Rechtsbeschwerde § 83 II S 1 OWiG.

Gegen **Nebenentscheidungen im Urteil** ist statt der Berufung die sofortige Beschwerde zulässig (vgl 3 zu § 333).

Die **Anfechtungsberechtigung** richtet sich nach den allgemeinen Vorschriften (2 ff zu § 296; 3 ff zu § 297; 1 zu § 298).

Zur **Beschwer** vgl 8 ff vor § 296; 5 zu § 333.

2) **Berufungsgericht** ist nach der Änderung des § 76 I S 1 GVG durch das RpflEntlG sowohl bei Berufungen gegen Urteile des Strafrichters als auch gegen Urteile des SchG die kleine StrK des LG (§ 74 III GVG); die große StrK, die früher (auch) für Berufungen gegen Urteile des SchG zuständig war, entscheidet nunmehr nur noch als Gericht 1. Instanz. Lediglich über Berufungen gegen Urteile des JugSchG entscheidet noch eine große Jugendkammer in der Besetzung mit drei Richtern und zwei (Jugend-)Schöffen (§ 33b I **JGG**). Gegen Berufungsurteile ist nach § 333 Revision zulässig.

1

2

3

4

5

Annahmeberufung bei geringen Geldstrafen und Geldbußen   RiStBV 158a

313 I ¹Ist der Angeklagte zu einer Geldstrafe von nicht mehr als fünfzehn Tagessätzen verurteilt worden, beträgt im Falle einer Verwarnung die vorbehaltene Strafe nicht mehr als fünfzehn Tagessätze oder ist eine Verurteilung zu einer Geldbuße erfolgt, so ist die Berufung nur zulässig, wenn sie angenommen wird. ²Das gleiche gilt, wenn der Angeklagte freigesprochen oder das Verfahren eingestellt worden ist und die Staatsanwaltschaft eine Geldstrafe von nicht mehr als dreißig Tagessätzen beantragt hatte.

II ¹Die Berufung wird angenommen, wenn sie nicht offensichtlich unbegründet ist. ²Andernfalls wird die Berufung als unzulässig verworfen.

III ¹Die Berufung gegen ein auf Geldbuße, Freispruch oder Einstellung wegen einer Ordnungswidrigkeit lautendes Urteil ist stets anzunehmen, wenn die Rechtsbeschwerde nach § 79 Abs. 1 des Gesetzes über Ordnungswidrigkeiten zulässig oder nach § 80 Abs. 1 und 2 des Gesetzes über Ordnungswidrigkeiten zuzulassen wäre. ²Im übrigen findet Absatz 2 Anwendung.

1) **Zulässigkeitsvoraussetzungen:**

A. Eine **zusätzliche Zulässigkeitsvoraussetzung** für Berufungen im Bereich der Bagatellkriminalität stellt die durch das RpflEntlG eingefügte Vorschrift auf (Rieß AnwBl **93**, 55), die auch für nach einer gemäß § 420 IV durchgeführten Hauptverhandlung erlassene Urteile gilt (Frankfurt NStZ-RR **97**, 273). Sie schränkt damit § 312 in nicht unbedenklicher Weise ein, weil sie dem Richter am AG (abgesehen von dem Fall eines nur eine OWi betreffenden Strafverfahrens, unten 7) durch Bestimmung der Strafhöhe Einfluss auf die Zulässigkeit des Rechtsmittels eröffnet, und den StA bei der Überlegung, eine wie hohe Strafe er beantragen soll, beeinflussen kann (Werle JZ **91**, 792). Gegenüber dem „normalen" Berufungsverfahren, das auf Neuverhandlung und nicht auf Überprüfung des erstinstanzlichen Verfahrens angelegt ist (1, 2 vor § 312), stellt die Annahmeberufung eine systemwidrige Regelung dar (Fezer NStZ **95**, 265; Frister StV **97**, 155; Gössel

1

2

§ 313

ZIS 09, 539; Meyer-Goßner ZRP 00, 350; eingehend Rieß Kaiser-FS 1461 ff: „gesetzgeberischer Missgriff"). Die Vorschrift gilt auch für das Privatklageverfahren (vgl BT-Drucks 12/1217 S 40; **aM** Hettenbach, Die Annahmeberufung nach § 313 StPO, Diss Konstanz 1997 S 113; vgl auch Rieß aaO 1470 Fn 45), in Jugendsachen wird sie aber als unanwendbar erachtet (Schäfer NStZ **98**, 334).

3 B. Bei **Verurteilung** zu einer nach § 40 StGB verhängten oder nach § 59 StGB vorbehaltenen Geldstrafe von nicht mehr als 15 Tagessätzen ist die Berufung nur zulässig, wenn sie vom Berufungsgericht angenommen wird (I S 1). Das gilt unabhängig davon, wer die Berufung einlegt (Angeklagter, StA, Nebenkläger oder Nebenbeteiligter) und für die StA auch dann, wenn sie eine Geldstrafe von mehr als 15 Tagessätzen beantragt hatte (AK-Dölling 3; KK-Paul 2; Feuerhelm StV **97**, 100; Rieß Kaiser-FS 1470; **aM** Tolksdorf Salger-FS 393 ff). In einem Bewährungsbeschluss nach § 59a StGB auferlegte Geldbußen bleiben außer Betracht (Hamm NStZ-RR **06**, 346).

3a Beim **Absehen von Strafe** nach § 60 StGB gilt § 313 nicht (Oldenburg NStZ-RR **98**, 309), wohl aber bei Absehen von Strafe nach § 113 IV S 1 StGB (Stuttgart Justiz **06**, 256) oder nach § 158 I StGB (LG Bad Kreuznach NStZ-RR **02**, 217) oder nach § 29 V BtMG (LG Hamburg StraFo **07**, 421).

4 C. Bei **Freispruch oder Einstellung** ist eine Berufung des Angeklagten mangels Beschwer ohnehin vom LG als unzulässig zu verwerfen (1 zu § 322); die Berufung der StA oder des Nebenklägers ist nur zulässig, wenn die StA Verurteilung zu einer Geldstrafe von mehr als 30 Tagessätzen beantragt hatte (I S 2).

4a Hatte die **StA selbst Freispruch beantragt** und will sie nun gleichwohl Berufung einlegen (16 vor § 296), kommt es darauf an, ob sie für den Fall der Verurteilung eine höhere Strafe als Geldstrafe von 30 Tagessätzen beantragt hätte und demgemäß im Berufungsverfahren beantragen will. Das lässt sich leicht feststellen, wenn sie zuvor im Strafbefehl eine Strafe beantragt hatte (so Dresden NStZ **11**, 477; Hamm NStZ **96**, 455; Koblenz NStZ-RR **00**, 306; Schleswig SchlHA **00**, 256; Joecks 4; **aM** Stuttgart VRS **99**, 268) oder nach Antragstellung in der Hauptverhandlung nocheinmal in die Beweisaufnahme eingetreten wurde und die StA erst danach Freispruch beantragte; im Übrigen muss das LG von der diesbezüglichen Erklärung der StA, die sie in ihrer Berufungsbegründung (§ 317) darzulegen hat, ausgehen (zust R/H-Beukelmann 5; Ebert JR **98**, 269, 270; vgl auch Rieß Kaiser-FS 1470).

4b Die **hM** hält demgegenüber in einem solchen Fall I S 2 für unanwendbar, so dass die Berufung nicht der Annahme bedürfe (Celle NdsRpfl **95**, 358; Jena StraFo **00**, 92; Karlsruhe MDR **96**, 517; Koblenz NStZ **94**, 601; Köln NStZ **96**, 150 mit Anm Schneider; Oldenburg NdsRpfl **95**, 135; Feuerhelm StV **97**, 101; Tolksdorf Salger-FS 401); dasselbe soll in diesem Fall auch für die Berufung des Nebenklägers gelten (Hamm VRS **95**, 382; Zweibrücken MDR **96**, 732). Die hM setzt sich damit aber in Widerspruch zu den Vorstellungen des Gesetzgebers, der in Bagatellfällen auch der StA gerade kein uneingeschränktes Recht, Berufung einzulegen, zugebilligt hat, wie sich eindeutig aus I S 2 ergibt (so zutr auch HK-GS/Unger/Halbritter 3; Joecks 4; Ebert aaO 267, 268).

5 D. Bei einer **Gesamtgeldstrafe** kommt es auf deren Höhe an; ob die Summe der einbezogenen Einzelgeldstrafen über 15 Tagessätze beträgt (also zB zweimal 10 Tagessätze, Gesamtstrafe 14 Tagessätze), ist unbeachtlich. Wurden mehrere Geldstrafen oder mehrere Gesamtgeldstrafen verhängt, die untereinander nicht gesamtstrafenfähig sind, sind die verhängten (oder bei Freispruch beantragten) Strafen zusammenzurechnen; die Berufung bedarf also nicht der Annahme, wenn zwei nicht-gesamtstrafenfähige Geldstrafen zu je 10 Tagessätzen ausgesprochen worden sind (**aM** Hettenbach [oben 2] S 48). Das folgt aus dem Wortlaut des I S 1 („einer" Geldstrafe) und daraus, dass eine § 79 II OWiG entspr Vorschrift fehlt und zudem diese Vorschrift in III nicht für entspr anwendbar erklärt worden ist (vgl auch BR-Drucks 314/91 S 113).

§ 313

Spätere Beschränkungen des Verfahrensstoffes durch Teilrücknahme der Berufung oder nach §§ 154, 154a bleiben außer Betracht (Stuttgart Justiz **99**, 494). **5a**

E. Wenn eine **Maßregel der Besserung und Sicherung** nach § 61 Nr 2, 4, 5, 6 StGB (vgl § 24 II GVG), eine Nebenstrafe (zB Fahrverbot nach § 44 StGB) oder eine sonstige Maßnahme (zB nach §§ 73 ff StGB) gegen den Angeklagten verhängt oder von der StA gegen den nicht-verurteilten Angeklagten beantragt worden ist, ist die Berufung stets (ohne Annahme) zulässig (Hamburg JR **99**, 479 mit zust Anm Gössel; Hettenbach [oben 2] S 84). Beschränkungen der Berufung bleiben außer Betracht (Schleswig SchlHA **01**, 149 [D/D]). **6**

Gleichzeitige Verurteilung im **Adhäsionsverfahren** macht die Berufung jedenfalls dann nicht annahmefrei, wenn die Anfechtung eines zivilrechtlichen Urteils wegen Nichterreichen der Berufungssumme ebenfalls verwehrt wäre (Jena NStZ **97**, 274; **aM** Gössel JR **99**, 481). **6a**

F. Soweit nur wegen einer **OWi** verurteilt wurde, weil die Tat im Strafverfahren nach § 82 OWiG nur als OWi qualifiziert wurde oder weil eine Überleitung nach § 81 OWiG vom OWi- ins Strafverfahren erfolgte, dann aber im Urteil doch nur eine OWi angenommen wurde (Rieß AnwBl **93**, 56 Fn 88), oder lediglich im Hinblick auf eine OWi der Angeklagte freigesprochen oder das Verfahren eingestellt worden ist, kommt es auf die Höhe der verhängten oder beantragten Geldbuße nicht an. Hier bedarf die Berufung stets der Annahme, wobei aber für die Annahmeentscheidung besondere Vorschriften bestehen (III, vgl unten 9). Ist der Angeklagte sowohl zu einer Geldstrafe von nicht mehr als 15 Tagessätzen als auch zu einer Geldbuße wegen einer OWi verurteilt worden, so sind für Geldstrafe und Geldbuße die Annahmevoraussetzungen getrennt zu prüfen (Göhler JR **95**, 524). Stellt die OWi gegenüber der Straftat eine prozessual selbstständige Tat dar, gilt § 83 II OWiG, dh die gegen die Verurteilung wegen einer OWi zulässige Rechtsbeschwerde wird, wenn sie und wenn die die Straftat betreffende Berufung angenommen wird, als Berufung behandelt. Wird die Berufung hinsichtlich der Straftat nicht angenommen, kann die Verurteilung wegen der OWi nur mit der Rechtsbeschwerde angefochten werden; es liegt dann dieselbe Situation vor wie bei einer sonstigen unzulässigen Berufung (vgl Göhler 10 zu § 83 OWiG). Handelt es sich hingegen um eine Tat iS des § 264, muss die Annahme der Berufung wegen der Geldstrafe oder die Annahme wegen der Geldbuße zur Zulässigkeit der Berufung insgesamt führen, weil dann eine getrennte Aburteilung in 2 verschiedenen Verfahrensstufen oder -arten ausgeschlossen ist (vgl BGH **35**, 290; Böttcher/Mayer NStZ **93**, 155); demgegenüber hält Celle StV **95**, 179 = JR **95**, 522 mit Anm Göhler wegen des Wortes „oder" statt „und" in I S 1 in diesem Fall eine Annahme der Berufung nicht für erforderlich, wobei diese Wortauslegung aber nicht überzeugt (ebenso Hettenbach [oben 2] S 46; **aM** KMR-Brunner 6), zumal dadurch die Berufung in Bagatellfällen uneingeschränkt gestattet wird, was § 313 gerade verhindern will. **7**

2) Annahme der Berufung: Nach II ist die Berufung anzunehmen, wenn sie nicht offensichtlich unbegründet ist (dazu unten 9); das gilt auch bei Verurteilung nur wegen einer OWi (III S 2). Soweit das Verfahren eine OWi betrifft, ist die Berufung nach III darüber hinaus aber auch dann anzunehmen, wenn eine Rechtsbeschwerde zulässig oder die Rechtsbeschwerde zuzulassen wäre. Das bedeutet, dass entspr § 79 I Nr 1 bis 3 OWiG (Nr 4 und 5 betreffen das hier nicht angewandte OWi-Verfahren) bei einer Verurteilung zu einer Geldbuße von mehr als 250 € oder Anordnung einer Nebenfolge vermögensrechtlicher Art (Einziehung) in dieser Höhe oder nicht-vermögensrechtlicher Art die Berufung angenommen werden muss; bei Freispruch oder Einstellung muss eine Geldbuße von mehr als 600 € von der StA beantragt worden sein. Ist der Angeklagte zu einer Geldbuße von mehr als 250 € verurteilt worden, bedarf die zu seinen Ungunsten eingelegte Berufung der StA nicht der Annahme; die Grenze von 600 € ist insoweit ohne Belang (vgl BGH **37**, 316). Bei Verurteilung wegen mehrerer OWien sind – wie bei mehreren Geldstrafen – entgegen der Regelung im OWi-Verfahren **8**

§ 314

– die Geldbußen zusammenzurechnen (Hettenbach [oben 2] S 41); übersteigen sie 250 €, muss die Berufung angenommen werden (vgl oben 5). Ferner ist die Berufung unter den Voraussetzungen des § 80 I, II OWiG zuzulassen. Im Übrigen gilt II; somit kann eine Berufung auch dann angenommen werden, wenn die Rechtsbeschwerde unzulässig wäre (Pfeiffer 3).

9   **3) Offensichtlich unbegründet** muss die Berufung sein, wenn sie nicht angenommen wird. Der Gesetzgeber hat hier bewusst an die Regelung in § 349 II angeknüpft (zutr krit dazu Fezer NStZ **95**, 267; Gössel ZIS **09**, 539). Danach muss für jeden Sachkundigen an Hand der Urteilsgründe und einer ev vorliegenden Berufungsbegründung (1 zu § 317) und des Protokolls der Hauptverhandlung ohne längere Prüfung erkennbar sein, dass das Urteil sachlich-rechtlich nicht zu beanstanden ist und dass keine Verfahrensfehler begangen worden sind, die die Revision begründen würden (erg 10 zu § 349). Die in § 328 II aF enthaltene (durch das StVÄG 1987 abgeschaffte) Regelung, wonach eine Zurückverweisung an das AG durch das Berufungsgericht wegen eines Mangels, der die Revision begründen würde, erfolgen konnte, erlangt jetzt in diesem Zusammenhang wieder Bedeutung: Zwar ist eine Zurückverweisung an das AG aus diesem Grunde nicht mehr zulässig; die Zurückverweisungsmöglichkeit wurde aber gerade wegen der Neuverhandlung beim LG gestrichen. Daraus folgt, dass in solchen Fällen – insbesondere bei Vorliegen eines absoluten Revisionsgrundes nach § 338 (zw Hartwig NStZ **97**, 113; Rieß Kaiser-FS 1472) – eine Berufungsverhandlung ermöglicht werden muss. Bei Ankündigung neuer Beweismittel darf die Annahme der Berufung nur abgelehnt werden, wenn an der Richtigkeit der bisherigen Feststellungen vernünftigerweise kein Zweifel bestehen kann (BVerfG NJW **96**, 2785; NStZ **02**, 43). Neue Tatsachen werden im Annahmeverfahren aber nicht ermittelt (Tolksdorf Salger-FS 408; **aM** Hartwig NStZ **97**, 112 Fn 14). Soweit in III auf § 80 II OWiG verwiesen wird, wonach die Rechtsbeschwerde wegen eines Verfahrensfehlers nicht zugelassen ist, ist damit die Annahme der Berufung nur bei OWien eingeschränkt; auf Verurteilungen oder Freisprüche und Einstellungen wegen einer Straftat kann diese Regelung nicht ausgedehnt werden.

10 **Anders als bei der Revision,** die bei der Sachrüge nur die Urteilsgründe zur Grundlage der Prüfung machen (22 zu § 337) und Beweiswürdigung und Rechtsfolgenausspruch nur auf rechtliche Fehler überprüfen darf (26 ff, 34 ff zu § 337), ist dem Berufungsgericht eine weitergehende Überprüfungsbefugnis zuzusprechen, weil die Berufungsverhandlung zu einer völligen Neuverhandlung der Sache führt (1 vor § 312). Daher ist die Berufung auch dann nicht offensichtlich unbegründet, wenn sich aus der Sicht des LG, das hierfür den gesamten Akteninhalt berücksichtigen darf (Rieß AnwBl **93**, 56), Bedenken gegen die Beweiswürdigung oder die Strafzumessung des AG ergeben (KK-Paul 5; Feuerhelm StV **97**, 103; vgl auch Tolksdorf aaO 407: Merkmal eng auszulegen). Demzufolge ist die Prüfung auf Verfahrensfehler auch nicht von einer ordnungsgemäßen Rüge entspr § 344 II S 2 abhängig. Allein die Anregung in der Berufungsbegründung, das Verfahren nach § 153a II einzustellen, kann die Annahme der Berufung nicht rechtfertigen (Tolksdorf aaO 408).

11 **4) Entscheidung:** Wie bei jeder Berufung prüft das AG die fristgerechte Einlegung und verwirft eine verspätete Berufung nach § 319 I als unzulässig. Andernfalls legt es die Berufung dem LG vor. Zu dessen Entscheidung vgl § 322a.

12 **5)** Zur Möglichkeit der **Sprungrevision** vgl 21 zu § 335.

Form und Frist   RiStBV 150, 157

314 [1] Die Berufung muß bei dem Gericht des ersten Rechtszuges binnen einer Woche nach Verkündung des Urteils zu Protokoll der Geschäftsstelle oder schriftlich eingelegt werden.

Berufung **§ 314**

II Hat die Verkündung des Urteils nicht in Anwesenheit des Angeklagten stattgefunden, so beginnt für diesen die Frist mit der Zustellung, sofern nicht in den Fällen der §§ 234, 387 Abs. 1, § 411 Abs. 2 und § 428 Absatz 1 Satz 1 die Verkündung in Anwesenheit des Verteidigers mit nachgewiesener Vertretungsvollmacht stattgefunden hat.

1) **Berufungseinlegung** ist jede Erklärung, die deutlich erkennen lässt, dass der Beschwerdeführer das 1. Urteil anfechten will; das Wort Berufung braucht nicht verwendet zu werden (Peters 625; erg 1 zu § 341). Vgl auch 2 zu § 335. Unzulässig ist die Einlegung der Berufung vor Erlass des 1. Urteils und die bedingte Berufung (vgl Einl 118; 4ff vor § 296; 4ff zu § 341). 1

Legen **mehrere Beschwerdeführer** Berufung ein, mit denen dasselbe Ziel verfolgt wird, so handelt es sich um ein einheitliches Rechtsmittel, über das nur einheitlich entschieden werden kann (4 zu § 322; 2 zu § 341). 2

Zur **Vertretung** bei der Einlegung vgl Einl 134; 3 zu § 341. 3

2) **Adressat der Anfechtungserklärung (I)** ist das Gericht, dessen Urteil angefochten wird, nicht das Berufungsgericht. Eine Ausnahme gilt nach § 45 I S 2 (dort 4). Stammt das Urteil von einer auf Grund der VO vom 20.3.1935 (RGBl I 403; BGBl III 300-5) gebildeten Zweigstelle des AG oder von einem auswärtigen Gerichtstag, so kann die Berufung sowohl dort als auch bei dem Stammgericht eingelegt werden (Bay **75**, 9; VRS **53**, 433; Zweibrücken MDR **85**, 345 für Zweigstellen; Schleswig SchlHA **53**, 70 für Gerichtstage). Entspr gilt im umgekehrten Fall (Kissel/Mayer 2 zu § 22 GVG). 4

3) **Form:** Die Berufung muss in deutscher Sprache (2 zu § 184 GVG) schriftlich (Einl 128), auch durch Fernschreiber oder durch Telekopie (Einl 139) oder per Telefax (Einl 139a), ggf auch durch elektronische Post gemäß § 41a (vgl dort; SK-Frisch 25) oder zu Protokoll der Geschäftsstelle (Einl 131ff) eingelegt werden. Die handschriftliche Unterzeichnung der Berufungsschrift ist nicht unbedingt erforderlich (Nürnberg NStZ **17**, 494). Die telefonische Einlegung ist wirkungslos (Einl 140). Für inhaftierte Angeklagte gilt § 299. Berufung kann auch im Anschluss an die Hauptverhandlung zu Protokoll der Sitzungsniederschrift erklärt, sollte dort aber nicht entgegengenommen werden (Einl 137; 7 zu § 341). Berufungsschriften mit beleidigendem Inhalt dürfen nicht als unzulässig verworfen werden (SK-Frisch 2; erg 12a vor § 33; 7 zu § 341). 5

4) **Frist:** Die Wochenfrist **(I)**, die nicht verlängert werden kann (5 vor § 42) beginnt mit der Urteilsverkündung (§ 268 II S 1) und wird nach § 43 berechnet. Das Fehlen der Rechtsmittelbelehrung (§ 35a) ist für den Fristablauf ohne Bedeutung (dort 12). 6

In **Abwesenheit des Angeklagten (II)** ist das Urteil verkündet, wenn er bei der Verkündung auch nur zeitweise abwesend war (KG JR **92**, 304; München MDR **90**, 847; Stuttgart NStZ **86**, 520 mit abl Anm Paulus; erg 9 zu § 341). Die Anwesenheit des Verteidigers bei der Verkündung genügt nach der durch das 1. JuMoG eingefügten vernünftigen Regelung jedoch, wenn der Verteidiger nach den in II 2. Halbs genannten Fällen zur Vertretung berechtigt und die Vertretungsvollmacht nachgewiesen ist (vgl 5 zu § 234). In diesen Fällen „kann dem Angeklagten angesonnen werden, kurzfristig mit dem von ihm mit besonderer Vollmacht versehenen Verteidiger die Rechtsmitteleinlegung abzuklären" (BT-Drucks 15/3482 S 21; vgl auch 9 zu § 341); idR werden aber ohnehin beide das erwünschte Ergebnis auch schon vor der Hauptverhandlung erörtert haben. Wegen der Anwendung des II auf StA und Privatkläger vgl 10 zu § 341. 7

In Lauf gesetzt wird die Frist des II erst mit der Zustellung des vollständigen Urteils mit Gründen (BGH **15**, 263, 265; Lintz JR **77**, 127); die Zustellung der Urteilsformel allein reicht nicht aus. Die Berufung kann aber auch vor Urteilszustellung wirksam eingelegt werden (11 zu § 341). 8

Zur **Fristwahrung** vgl 11ff vor § 42, zur Rechtslage bei Zweifeln an der Fristwahrung 35 zu § 261. 9

Schmitt 1445

Berufung und Wiedereinsetzungsantrag

315 ^I Der Beginn der Frist zur Einlegung der Berufung wird dadurch nicht ausgeschlossen, daß gegen ein auf Ausbleiben des Angeklagten ergangenes Urteil eine Wiedereinsetzung in den vorigen Stand nachgesucht werden kann.

^{II 1} Stellt der Angeklagte einen Antrag auf Wiedereinsetzung in den vorigen Stand, so wird die Berufung dadurch gewahrt, daß sie sofort für den Fall der Verwerfung jenes Antrags rechtzeitig eingelegt wird. ²Die weitere Verfügung in bezug auf die Berufung bleibt dann bis zur Erledigung des Antrags auf Wiedereinsetzung in den vorigen Stand ausgesetzt.

^{III} Die Einlegung der Berufung ohne Verbindung mit dem Antrag auf Wiedereinsetzung in den vorigen Stand gilt als Verzicht auf die letztere.

1 **1) Das Zusammentreffen von Berufung und Wiedereinsetzung** ist in den Fällen der §§ 235 I S 1, 412 S 1 möglich. Eine mit § 315 übereinstimmende Regelung enthält § 342 für die Revision. Neben dem Wiedereinsetzungsantrag kann vorsorglich (Einl 118) Berufung eingelegt werden; dann fallen beide Einlegungsfristen zusammen. Mit der Berufungseinlegung darf nicht etwa gewartet werden, bis über die Wiedereinsetzung entschieden ist (1 zu § 342). Unklare Erklärungen des Angeklagten sind durch Rückfrage bei ihm aufzuklären. Im Zweifel ist anzunehmen, dass beide Rechtsbehelfe gemeint sind.

2 **2) Das weitere Verfahren** erledigt zunächst den Wiedereinsetzungsantrag. Erst nach dessen rechtskräftiger (§ 46 III) Ablehnung ist auf die Berufung einzugehen. Wird Wiedereinsetzung bewilligt, wird die Berufung gegenstandslos (2 zu § 342).

3 **3) Als Verzicht auf die Wiedereinsetzung (III)** gilt die Einlegung der Berufung ohne gleichzeitigen (dazu 3 zu § 342) oder vorausgegangenen Wiedereinsetzungsantrag. Der Verzicht wird unwiderlegbar gesetzlich vermutet. Wegen der Einzelheiten vgl 3ff zu § 342.

Hemmung der Rechtskraft   RiStBV 154

316 ^I Durch rechtzeitige Einlegung der Berufung wird die Rechtskraft des Urteils, soweit es angefochten ist, gehemmt.

^{II} Dem Beschwerdeführer, dem das Urteil mit den Gründen noch nicht zugestellt war, ist es nach Einlegung der Berufung sofort zuzustellen.

1 **1) Hemmung der Rechtskraft (I):** Vgl auch 1 zu § 343. Nur die rechtzeitige Berufung hemmt die Rechtskraft, nicht die verspätete. Deren Verwerfung nach §§ 319 I, 322 I führt daher nicht die Rechtskraft herbei, sondern hat nur feststellende Wirkung (1 zu § 319; 2 zu § 322; 5 zu § 346). Die Hemmung der Rechtskraft tritt auch ein, wenn die Berufung aus anderen Gründen als wegen verspäteter Einlegung unzulässig, nicht aber, wenn sie, etwa nach § 55 I S 1 **JGG**, von vornherein unstatthaft ist oder allseits auf Rechtsmittel verzichtet worden war (SK-Frisch 4). Bei wirksam beschränkter Berufung erstreckt sich die Hemmung der Rechtskraft nur auf die angefochtenen Urteilsteile (31 zu § 318). Die Hemmung bewirkt, dass das Verfahren rechtshängig bleibt und das Urteil noch nicht vollstreckbar ist (§ 449). Sie erstreckt sich auf Mitangeklagte, die keine Berufung eingelegt haben, aber von der Entscheidung mitbetroffen sind (Celle NJW **60**, 1873). Die Hemmung dauert bis zur endgültigen Entscheidung nach § 322 (dort 2) oder bis zur Sachentscheidung des Berufungsgerichts.

2 **2) Zugestellt (II)** wird das Urteil an den Beschwerdeführer, falls das nicht bereits nach § 314 II geschehen ist, auch wenn die Berufung bereits nach § 317 begründet worden ist. Von der Zustellung ist abzusehen, wenn die Berufung nicht statthaft (oben 1) oder verspätet eingelegt worden ist, nicht aber, wenn andere Vorschriften über die Einlegung nicht beachtet sind (2 zu § 343).

Die **nachträgliche Zustellung** ist erforderlich, wenn das Berufungsgericht einem Antrag nach § 322 II stattgibt oder dem Beschwerdeführer Wiedereinsetzung gegen die Versäumung der Einlegungsfrist gewährt. Die nach § 267 IV S 3 ergänzten Urteilsgründe werden zugestellt, auch wenn das Urteil schon vorher zugestellt war (3 zu § 343). 3

Das **Unterbleiben der Urteilszustellung** begründet, auch für das Berufungsverfahren, kein Prozesshindernis (BGH **33**, 183), berechtigt den Beschwerdeführer aber, die Aussetzung der Berufungsverhandlung zu beantragen (Köln NStZ **84**, 475). 4

3) **Zustellungsverfahren:** Die Anordnung trifft der Vorsitzende; die Geschäftsstelle führt sie aus (§ 36 I). Zuzustellen ist eine Urteilsausfertigung; die Zustellung einer beglaubigten Abschrift ist aber nicht unwirksam (1 zu § 37; 4 zu § 343). Zugestellt wird, ausgenommen bei öffentlicher Zustellung (40 II S 2), das Urteil mit den Gründen. 5

Ein **in Verlust geratenes Urteil** ist möglichst mit den Gründen wiederherzustellen, mindestens die Urteilsformel. Die Wiederherstellung vernichteter Aktenteile regelt die VO vom 18.6.1942 (RGBl I 395; BGBl III 315-4). Eine Verfahrensvoraussetzung des Berufungsverfahrens ist das Vorhandensein der Akten nicht (Saarbrücken NJW **94**, 2711; W. Schmid Lange-FS 783). Wegen der Einzelheiten vgl LR-Gössel 16 ff. 6

Berufungsbegründung RiStBV 150 I S 4, 156 I

317 Die Berufung kann binnen einer weiteren Woche nach Ablauf der Frist zur Einlegung des Rechtsmittels oder, wenn zu dieser Zeit das Urteil noch nicht zugestellt war, nach dessen Zustellung bei dem Gericht des ersten Rechtszuges zu Protokoll der Geschäftsstelle oder in einer Beschwerdeschrift gerechtfertigt werden.

1) Die **Berufungsbegründung** ist gesetzlich nicht vorgeschrieben; die StA ist aber nach RiStBV 156 I gehalten, das Rechtsmittel zu begründen. Zweck der Begründung ist die vorläufige Unterrichtung des Gerichts und des Beschwerdegegners über Richtung und Umfang der Berufung. Soweit die Berufung nach § 313 der Annahme bedarf, ist eine Berufungsbegründung zwar ebenfalls nicht erforderlich, aber dringend zu empfehlen, um dem Berufungsgericht darzulegen, dass die Berufung nicht offensichtlich unbegründet ist (Siegismund/Wickern wistra **93**, 88; erg 4 und 9 zu § 313) oder bei Verurteilung wegen einer OWi die Voraussetzungen der §§ 79 I, 80 I, II OWiG vorliegen (7 zu § 313). Einer Nachfrage des Gerichts, ob und wann mit einer Berufungsbegründung zu rechnen sei, bedarf es idR nicht (BVerfG NJW **02**, 2940). Eine Stellungnahme des Gegners zur Berufungsbegründung sollte dem Berufungsführer mitgeteilt werden, wenn das Berufungsgericht erwägt, die Berufung nicht anzunehmen (Siegismund/Wickern aaO). Zur Notwendigkeit einer Berufungsbegründung bei der Nebenklage vgl 5 zu § 400. 1

2) Die **Begründungsfrist** beträgt eine Woche und beginnt mit Ablauf der Einlegungsfrist des § 314, spätestens mit Zustellung des Urteils im Fall des § 316 II. Die Versäumung des § 43 zu berechnenden Frist ist aber rechtlich bedeutungslos; denn das Berufungsgericht muss auch Ausführungen berücksichtigen, die erst nach Fristablauf gemacht werden. Daher kann die Begründungsschrift auch bei diesem Gericht eingereicht werden. Gegen die Versäumung der Frist gibt es keine Wiedereinsetzung (KG VRS **122**, 148; Dresden OLG-NL **98**, 216; erg 3 zu § 44). 2

3) **Form:** Die Berufung kann schriftlich (Einl 128) in einer Beschwerdeschrift oder zu Protokoll der Geschäftsstelle des Gerichts des 1. Rechtszugs (Einl 131 ff) begründet werden. Die StA kann auch einen Aktenvermerk fertigen und dem Beschwerdegegner zur Kenntnis bringen (LR-Gössel 11). 3

§ 318

Berufungsbeschränkung RiStBV 150 I

318 ¹Die Berufung kann auf bestimmte Beschwerdepunkte beschränkt werden. ²Ist dies nicht geschehen oder eine Rechtfertigung überhaupt nicht erfolgt, so gilt der ganze Inhalt des Urteils als angefochten.

1 **1) Die Beschränkung der Berufung,** die nicht von einer Bedingung abhängig gemacht werden darf (Einl 118), kann schon bei ihrer Einlegung erklärt, aber auch später durch Teilrücknahme (2 zu § 302) herbeigeführt werden, für die § 303 gilt (dort 1). Die zunächst beschränkte Einlegung kann innerhalb der Einlegungsfrist (§ 314) zur unbeschränkten erweitert werden (Bay **67**, 146), sofern nicht in der Beschränkung der Wille zum Teilverzicht zum Ausdruck gekommen war (16 zu § 302; 4 zu § 344).

2 Fehlt eine entspr **Erklärung,** so gilt der gesamte Urteilsinhalt als angefochten (S 2). Ausdrücklich braucht die Beschränkung aber nicht erklärt zu werden. Sie kann sich insbesondere aus Wortlaut und Sinn der Berufungsbegründung ergeben (Schleswig SchlHA **80**, 20; erg 6 zu § 344). Dass die – nach § 317 nicht vorgeschriebene – Begründungsschrift das Urteil nur teilw angreift, bedeutet aber, anders als bei der Revision (6 zu § 344), idR keine Beschränkung (Oldenburg VRS **23**, 46, 48; LR-Gössel 13). Bei Unklarheiten ist bei dem Beschwerdeführer zurückzufragen, notfalls die Erklärung auszulegen. Dabei ist, auch bei der Berufung der StA (Bay wistra **94**, 118; **aM** Oldenburg NStZ-RR **96**, 77), nicht am Wortlaut zu haften, sondern der Sinn der Erklärung zu erforschen (BGH **29**, 359, 365; Koblenz VRS **49**, 379; Köln VRS **70**, 445), wobei bei Erklärungen der StA und des Verteidigers gegenüber denjenigen eines rechtsunkundigen Angeklagten ein strengerer Maßstab anzulegen ist (Bay NStZ-RR **00**, 379; KG NJW **12**, 1093). Führt die Auslegung zu keinem eindeutigen Ergebnis, so gilt keine Beschränkung (BGH aaO; Koblenz VRS **67**, 284; Köln aaO; Oldenburg aaO; vgl dazu auch einerseits Bay StraFo **03**, 313, andererseits München StraFo **03**, 314 zur unklaren Urteilsanfechtung der StA bei mehreren Angeklagten).

3 **Beispiele aus der Rspr:** Legt ein teilw freigesprochener Angeklagter unbeschränkt Berufung ein, so ist das idR dahin zu verstehen, dass er nur den verurteilenden Teil des Erkenntnisses anfechten will (Bay **80**, 115; Köln VRS **62**, 283, 284). Die Einlegung der Berufung mit der Begründung, die Strafe erscheine zu hoch, enthält eine Beschränkung auf den Strafausspruch, wenn sie von einem Juristen stammt; andernfalls kann darin die bloße Angabe des Beweggrunds für die Berufungseinlegung liegen (Bay DAR **87**, 314 [B]; Hamm JMBlNW **53**, 69; **74**, 118; Stuttgart Justiz **84**, 404; vgl auch Köln VRS **70**, 445; einschr Düsseldorf VRS **76**, 447). Wer nur die Annahme eines minder schweren Falles anstrebt, beschränkt die Berufung idR auf das Strafmaß (Köln NStZ **89**, 339). Die Erklärung, die Berufung ziele allein auf die Strafaussetzung zur Bewährung, enthält ohne weiteres eine entspr Berufungsbeschränkung (Bay DAR **87**, 315 [B]; Koblenz VRS **71**, 446; Oldenburg NStZ-RR **10**, 56; Stuttgart Justiz **00**, 19). Bei Einlegung der Berufung „allein wegen der Anzahl der Tagessätze" liegt aber immer eine Strafmaßberufung vor (Bay DAR **86**, 249 [R]). Eine nachträgliche Beschränkung liegt nicht darin, dass im Schlussantrag nur die Änderung des Rechtsfolgenausspruchs beantragt wird (Hamm JMBlNW **57**, 58).

4 Zur **Beschränkungsbefugnis** des Verteidigers vgl 31 zu § 302; 5 zu § 344. Die in der Hauptverhandlung erklärte Rechtsmittelbeschränkung des entgegen § 140 I, II unverteidigten Angeklagten ist – wie ein Rechtsmittelverzicht (25 zu § 302) – unwirksam (Köln StraFo **97**, 49). Zur Wirksamkeit einer Beschränkung der Berufung des Angeklagten auf Anregung des Gerichts und nach Abschluss einer Verfahrensvereinbarung vgl KG NStZ-RR **04**, 176; München NStZ **06**, 353.

5 **2) Auf bestimmte Beschwerdepunkte** kann die Berufung beschränkt werden, aber nicht auf die Frage der rechtlichen Würdigung der tatsächlichen Feststellungen durch das AG (entgegen Milzer NStZ **93**, 69 darf bei einem Geständnis des Angeklagten in der Berufungshauptverhandlung das LG auch nur dieses und nicht

die „glaubhaft eingestandenen tatsächlichen Feststellungen des AG" seinem Urteil zugrundelegen). Die Wirksamkeit der Beschränkung beurteilt sich in

1. Hinsicht nach der sog **Trennbarkeitsformel:** Die Beschränkung ist nur mög- 6 lich, wenn sie sich auf Beschwerdepunkte bezieht, die nach dem inneren Zusammenhang des Urteils losgelöst von seinem nicht angegriffenen Teil rechtlich und tatsächlich selbstständig beurteilt werden können, ohne eine Prüfung der Entscheidung im Übrigen erforderlich zu machen (BGH **62**, 155; **16**, 237, 239; **22**, 213, 217; **24**, 185, 187; **27**, 70, 72; **29**, 359, 364; NJW **20**, 253).

In engem Zusammenhang damit steht das **Erfordernis der Widerspruchs-** 7 **freiheit:** Die trotz ihres stufenweisen Zustandekommens als einheitliches Ganzes anzusehende abschließende Entscheidung des Verfahrens darf nicht in sich widerspruchsvoll sein. Eine Berufungsbeschränkung ist daher unwirksam, wenn sie zu Widersprüchen zwischen den nicht angefochtenen Teilen des Urteils und der Entscheidung des Rechtsmittelgerichts führen kann (BGH **62**, 155; **7**, 283, 285; **10**, 71, 72; **24**, 185, 188; **29**, 359, 365; Düsseldorf wistra **88**, 118).

Ob diese Voraussetzungen vorliegen, **prüft das Rechtsmittelgericht** von Amts 8 wegen (BGH NJW **80**, 1807; 4 zu § 352) im Freibeweis (Oldenburg NStZ-RR **08**, 117), nach hM endgültig erst aus der Sicht des Ergebnisses der Beratung über die zu treffende Entscheidung (BGH **27**, 70, 72; Celle MDR **71**, 322, 323; Hamburg JZ **78**, 665; Köln NStZ **84**, 379), wobei dem Berufungsgericht bei der Prüfung der Wirksamkeit aber ein gewisser Beurteilungsspielraum zugebilligt wird (Bay **99**, 96). Im Einzelnen gilt (auch für die Revisionsbeschränkung nach § 344 I, die des Zusammenhangs wegen hier einbezogen wird) Folgendes:

A. **Verfahrensrechtlich voneinander unabhängige Straffälle:** Jeder Ange- 9 klagte kann unabhängig von den Mitangeklagten selbstständig Berufung einlegen (KK-Paul 1). Ist ein Angeklagter wegen mehrerer Taten iS des § 53 StGB verurteilt worden, die auch verfahrensrechtlich (§ 264) mehrere Straffälle bilden, so kann er die Berufung auf die Verurteilung wegen eines oder mehrerer von ihnen beschränken, ohne dass es insoweit auf Widerspruchsfreiheit (oben 7) ankommt (Bay **59**, 126; **66**, 84, 86; Düsseldorf VRS **74**, 366; Karlsruhe JR **83**, 82: nicht, wenn die mehreren Taten zueinander im Verhältnis der Alternativität [vgl BGH **32**, 146] stehen; LR-Franke 19 zu § 344; Meyer JR **72**, 205; aM OGH 1, 74, 78 = SJZ **49**, 60 mit abl Anm Hartung; Celle NJW **59**, 399, 400). Der Beschränkung steht auch nicht entgegen, dass die Vollstreckung aller Strafen zur Bewährung ausgesetzt (Bay aaO), dass eine Gesamtstrafe gebildet ist oder dass das Urteil Rechtsfolgen anordnet, die alle abgeurteilten Straffälle zur Grundlage haben (Bay aaO; **66**, 64 = JZ **66**, 582: Fahrverbot und Fahrerlaubnisentziehung; RG HRR **38**, 264: Sicherungsverwahrung). Die Gesamtstrafe und die anderen Rechtsfolgen sind dann aber immer mitangefochten (BGH **8**, 268, 271 = JZ **56**, 417 mit Anm Jescheck; BGH MDR **78**, 282 [H]), sofern nicht die angefochtene Einzelstrafe ersichtlich für sie bedeutungslos ist (Koblenz VRS **55**, 194; LR-Franke 20 zu § 344).

B. Bei **sachlich-rechtlich selbstständigen Straftaten** (§ 53 StGB), die ver- 10 fahrensrechtlich (§ 264) eine einheitliche Tat bilden, ist die Berufungsbeschränkung ebenfalls wirksam (BGH **21**, 256, 258; **24**, 185; 1 StR 136/18 vom 25.4.2018 mwN; Bay **80**, 115; KG StraFo **16**, 27; Köln VRS **62**, 283; **aM** Hamm VRS **40**, 19; 457; **41**, 28; 155; Köln NJW **71**, 156). Der Richter ist dann in dem weiteren Verfahren (nach Zurückverweisung durch das Revisionsgericht) an die Feststellungen zu dem nicht angefochtenen Urteilsteil gebunden (BGH **24**, 185 = JR **72**, 203 mit abl Anm Meyer; BGH **28**, 119, 121 = JR **79**, 299 mit abl Anm Grünwald; Karlsruhe MDR **76**, 71; Köln VRS **62**, 283; aM LR-Franke 22 zu § 344).

Eine Berufungsbeschränkung ist aber **nicht wirksam**, wenn jeder der in Tat- 11 mehrheit stehenden Straftaten ihrerseits in Tateinheit (§ 52 StGB) mit demselben leichteren Delikt steht (BGH **25**, 72, 75; Bay **57**, 108; **66**, 84, 86; Celle NJW **59**, 399; Koblenz VRS **74**, 196, 198; Köln MDR **64**, 525; LR-Franke 23 zu § 344; **aM** BGH **23**, 141, 150). Entscheidet erst die Begründetheit des Rechtsmittels

§ 318

darüber, ob überhaupt mehrere Straftaten iS des § 53 StGB vorliegen, so kann die Berufung ebenfalls nicht beschränkt werden, zB wenn die mehreren Straftaten eine einheitliche Tat des Vollrauschs nach § 323a StGB (Hamm VRS **39**, 190) bilden können oder wenn eine einheitliche Trunkenheitsfahrt vorliegt, die nur durch die Straftat nach § 142 StGB sachlich-rechtlich in 2 Teile aufgespalten wird, aber als einheitliche Tat zu beurteilen ist, wenn kein Verstoß gegen § 142 StGB vorliegt (BGH **25**, 72; Bay **71**, 46; DAR **86**, 249 [R]; VRS **59**, 336; Düsseldorf VRS **63**, 462; Köln VRS **62**, 283; Stuttgart VRS **72**, 186, 187). Sind Gegenstand der Anklage mehrere Delikte in Wahlfeststellung, so kann die Berufung nicht auf die Verurteilung wegen eines von ihnen beschränkt werden (Karlsruhe JR **89**, 82).

12 C. **Verurteilung wegen einheitlicher Tat:**

13 a) Auf **einzelne rechtliche Gesichtspunkte des Schuldspruchs** kann die Berufung nicht beschränkt werden, bei Tateinheit auch dann nicht, wenn das AG irrtümlich Tatmehrheit angenommen hat (BGH **6**, 229, 230; **21**, 256, 258; NStZ **96**, 203; **03**, 264; Bay NStZ **88**, 570), also nicht auf die Nachprüfung einzelner Gesetzesverletzungen (BGH aaO; **24**, 185, 189; Düsseldorf VRS **63**, 462; Frankfurt NStZ-RR **03**, 371; Hamm NZV **08**, 164), auch nicht auf die Frage, ob Tateinheit oder Tatmehrheit vorliegt (Hamm VRS **40**, 191; R. Hamm 147), innerhalb eines einheitlichen Schuldspruchs nicht auf einzelne Tatbestandsmerkmale (BGH **19**, 46, 48). Eine Ausnahme macht BGH **39**, 390 = JR **95**, 71 mit Anm Geerds bei Dauerdelikten; dort ist bei Zuhälterei in Tateinheit mit Vergewaltigung die Beschränkung auf § 177 StGB zugelassen worden (vgl auch BGH NStZ **00**, 483 mwN für das Jugendstrafverfahren); BGH 3 StR 277/09 vom 3.12.2009 erörtert Beschränkungen bei Verurteilung oder Nichtverurteilung nach § 129 StGB. Auch die Frage, ob die Strafklage verbraucht, ein wirksamer Strafantrag gestellt oder die Auslieferungsbedingungen eingehalten sind, kann selbstständig geprüft werden (LR-Franke 18 zu § 344), in Ausnahmefällen auch die Frage der Verjährung (Frankfurt NStZ **82**, 35).

14 Die **Anfechtung des Schuldspruchs erfasst** stets alle weiteren Urteilsteile (BGH NJW **20**, 253; Zweibrücken NStZ-RR **08**, 381, 382). Zur Schuldfrage gehören die Voraussetzungen eines minder schweren oder besonders schweren Falles, wenn sie zugleich den Schuldumfang betreffen oder mit den Schuldfeststellungen untrennbar verknüpft sind. Entsprechendes gilt für die Regelbeispiele des § 243 I Nrn 1, 2, 4 StGB (BGH **29**, 359; Schleswig NJW **79**, 2057; SchlHA **82**, 96), aber nicht des § 243 I Nr 3 (Düsseldorf OLGSt Nr 8) oder des § 263 III S 2 Nr 1 StGB (Köln NStZ-RR **03**, 298; aM Bay NStZ-RR **03**, 209; Karlsruhe NStZ-RR **04**, 271; differenzierend Stuttgart NStZ **14**, 719). Zum Schuldspruch gehören auch Strafänderungsgründe, zB die Gewerbsmäßigkeit beim Handeltreiben mit BtM (siehe aber auch KG StraFo **17**, 157: Fehlende Feststellungen des AG zur erforderlichen Absicht können ggf durch das Berufungsgericht widerspruchsfrei getroffen werden) oder beim Diebstahl nach § 243 I S 2 Nr 3 StGB oder der Hehlerei nach § 260 StGB (BGH NStZ **82**, 29; Köln StraFo **16**, 162) sowie die Frage des Mitverschuldens des Tatopfers, sofern eine neue Beweisaufnahme über den Unfallhergang erforderlich ist (Bay **66**, 155; Hamm DAR **57**, 303), beim Handeltreiben mit Betäubungsmitteln auch die Feststellungen zur Suchtmotivation (Bay NStZ-RR **04**, 246).

15 **Kein Teil der Schuldfrage** sind dagegen die Frage der verminderten Schuldfähigkeit nach § 21 StGB (BGH **7**, 283; Hamburg StraFo **16**, 517; Köln NStZ **81**, 63; **84**, 379); die Anwendung des § 157 StGB (BGH **2**, 379; Stuttgart NJW **78**, 711), der §§ 158, 161 II StGB (BGH NJW **62**, 2164) und des § 213 StGB (BGH NJW **56**, 756).

16 b) Die **Beschränkung auf den Rechtsfolgenausspruch** ist grundsätzlich wirksam (BGH **19**, 46, 48; **24**, 185, 188; **29**, 359, 364; **33**, 59; 1 StR 136/18 vom 25.4.2018 mwN; zur Bindung an die Schuldfeststellungen vgl 5 ff zu § 327), setzt aber voraus, dass das angefochtene Urteil seine Prüfung ermöglicht (Jena NStZ-

Berufung § 318

RR 15, 181). Die Beschränkung ist daher nicht möglich, wenn das Urteil nicht unterschrieben ist (Frankfurt NStZ-RR 10, 250) oder keine Gründe enthält (Düsseldorf VRS 72, 117; Köln MDR 69, 864) oder die Feststellungen zur Tat, sei es auch nur zur inneren Tatseite (Düsseldorf VRS 70, 137; Koblenz VRS 53, 337; Oldenburg StraFo 08, 385), so knapp, unvollständig, unklar oder widersprüchlich sind, dass sie keine hinreichende Grundlage für die Prüfung der Rechtsfolgenentscheidung bilden (BGH 62, 155; 33, 59; NStZ 94, 130; Bay 98, 187; 01, 79; NStZ-RR 03, 310; JR 03, 297; Bamberg DAR 15, 273; Düsseldorf NStZ 92, 298; Hamburg wistra 12, 284 L; Hamm NStZ-RR 01, 300; NJW 12, 1239; Koblenz VRS 75, 34, 35; 46, 47; NStZ-RR 05, 178; Köln NJW 04, 623; wistra 05, 440). Für die Wirksamkeit einer Beschränkung auf die Verurteilung wegen Fahrens ohne Fahrerlaubnis – welche die gleichzeitige Verurteilung nach § 316 I StGB ausnimmt – bedarf es keiner Feststellungen zu den Beweggründen und Gesamtumständen der Fahrt; diese können vielmehr vom Berufungsgericht getroffen werden, und dürfen lediglich nicht in Widerspruch zu den Schuldfeststellungen des Erstgerichts stehen (BGH 62, 155; Koblenz NZV 13, 411 mit zust Anm Sandherr; König DAR 14, 372; aM Bay 99, 96; NStZ 97, 359; KG VRS 115, 137; München NZV 14, 51; Bamberg DAR 13, 585; vgl auch Nürnberg NStZ 16, 497).

Insbesondere ist die **Beschränkung ausgeschlossen,** wenn das Revisionsgericht das Berufungsurteil zwar in vollem Umfang aufgehoben, darin getroffene Feststellungen aber aufrechterhalten hat (Bay MDR 88, 883: innerprozessuale Bindungswirkung; andernfalls aber Beschränkung möglich, Stuttgart Justiz 90, 469), wenn das Urteil das angewendete Strafgesetz nicht genau erkennen lässt (Düsseldorf DAR 70, 191), wenn die Schuldfeststellungen eine Überprüfung des Strafausspruchs nicht ermöglichen (BGH 1 StR 318/12 vom 19.3.2013; Frankfurt NStZ-RR 15, 150), wenn ungeklärt ist, ob ein Strafantrag erforderlich ist (Bay 94, 98), wenn das Konkurrenzverhältnis nicht bestimmt ist (Köln NStE Nr 14), wenn nicht ersichtlich ist, welche von mehreren Tatmodalitäten festgestellt sind (Köln OLGSt § 11 BtMG S 47; VRS 82, 39), wenn das AG die Schuldform nicht festgestellt (Düsseldorf VRS 67, 271; 69, 50; 89, 218) oder die Frage der Schuldfähigkeit nicht geprüft hat, obwohl dazu Anlass bestand (Bamberg StV 18, 276; Bay 94, 253; NZV 01, 353; Frankfurt NJW 68, 1638; Hamm NStZ-RR 08, 138 [ADHS-Erkrankung]; Koblenz VRS 70, 14; 75, 46; Köln NStZ 84, 379; StraFo 98, 120), oder eine erhebliche Verminderung der Schuldfähigkeit nicht rechtsfehlerfrei begründet wurde und Schuldunfähigkeit nicht auszuschließen ist (BGH 46, 257; Hamburg VRS 130, 25). Eine Berufungsbeschränkung ist ferner unbeachtlich, wenn die Tat überhaupt nicht mit Strafe bedroht ist (Bay 54, 159; 92, 52; Celle StraFo 04, 61; Stuttgart NStZ-RR 02, 47), etwa nur eine OWi darstellt (Bay NJW 05, 309; Koblenz NStZ-RR 08, 120), unklar bleibt, ob sich der Angeklagte überhaupt strafbar gemacht hat (BGH 2 StR 258/15 vom 2.12.2015), wenn der Schuldspruch auf einem nicht oder nicht mehr gültigen Gesetz beruht (BGH MDR 78, 282 [H]; Bay 53, 263; 61, 23, 27; 62, 216; erg 5 zu § 354a), wenn eine neue Entscheidung über die Schuldfrage auf Grund der für die Strafbemessung festgestellten Tatsachen zur Verneinung der Schuld führen könnte (BGH NJW 96, 2663, 2664; Rücktritt vom Versuch; Düsseldorf NStZ 84, 90; Köln NStZ 84, 379; Zweibrücken MDR 86, 75; aM Hamm JMBlNW 73, 141; Hettinger JZ 87, 386; gegen ihn Köln NStZ 89, 25), wenn – ausgenommen beim Haschisch (Bay StraFo 03, 383) – keine Feststellungen über den Wirkstoffgehalt eines Betäubungsmittels getroffen sind (Bay NStZ-RR 98, 55; 01, 335; KG NStZ-RR 12, 289 L; München NStZ-RR 11, 89; aM Celle NStZ-RR 12, 59; Frankfurt NStZ-RR 03, 23, 25; Oldenburg NStZ-RR 08, 117), wenn der fehlerhafte Schuldspruch einen höheren Strafrahmen vorgibt (Köln NStZ-RR 00, 49) oder wenn die beanstandete Annahme oder Nichtannahme eines die Strafbarkeit erhöhenden oder mindernden Umstandes einen untrennbaren Teil der Schuldfrage bildet (BGHR § 344 I Beschränkung 2; StGB § 163 Aussage 1; BGH NStZ 94, 47) oder wenn ein milderer Schuldspruch in Betracht kommt und danach möglicherweise Verjährung eingetreten ist (BGH NStZ-RR 14, 349). Sie ist schließlich unwirksam, 17

Schmitt 1451

§ 318

wenn die StA ein Urteil, dem eine Verständigung zugrunde liegt, mit der Revision angreift (Naumburg NStZ **18**, 238).

17a **Nicht jeder Fehler im nicht angefochtenen Teil der erstinstanzlichen Entscheidung** steht der Wirksamkeit einer Beschränkung entgegen (Köln NStZ-RR **17**, 153; KG StraFo **17**, 157; Hamburg VRS **107**, 449, 453). Nicht ausgeschlossen ist die Beschränkung daher, wenn das AG das geltende Recht nur falsch angewendet (BGH NStZ **96**, 352 mwN; NStZ-RR **13**, 349; Bay **87**, 69; Celle NJW **63**, 64; Oldenburg VRS **129**, 11; **aM** Saarbrücken NStZ **97**, 149; eingehend dazu LR-Gössel 55 ff) oder Fehler bei der Subsumtion begangen hat (BGH 3 StR 124/16 vom 16.6.2016) oder bei einem Verstoß gegen die Kognitionspflicht (Köln aaO) oder wenn bei Feststellung aller Tatbestandsmerkmale lediglich weitere unrechtsbeschreibende Feststellungen fehlen (so zB bei Verkehrsdelikten Feststellungen zu Anlass und Motiv der Tat, Dresden NStZ-RR **13**, 356 L; str) oder wenn das AG fehlerhaft Tatmehr- statt Tateinheit angenommen hat (BGH NStZ-RR **96**, 267 L; Bay NStZ **88**, 570; Frankfurt NStZ-RR **04**, 74, 75; Hamm NStZ-RR **90**, 345 mwN) oder wenn die Beweisaufnahme zur Straffrage ergibt, dass der Angeklagte nicht schuldig ist (BGH **7**, 283; **aM** Peters 498 ff; Roxin/Schünemann § 53, 19). Vgl erg 21 zu § 353.

18 c) **Innerhalb des Rechtsfolgenausspruchs** sind weitere Beschränkungen auf abtrennbare Urteilsteile (oben 6) möglich:

19 Bei der **Geldstrafe** auf die Zahl des Tagessatzes (Koblenz NJW **76**, 1275; Kadel GA **79**, 465; KK-Paul 8a; **aM** Horn JR **77**, 97; Lackner/Kühl 19 zu § 40 StGB) oder auf seine Höhe (BGH **27**, 70; BGH **34**, 90, 92; Bay **79**, 130) und auf die Entscheidung über Zahlungserleichterungen nach § 42 StGB (vgl RG **64**, 207, 208; **aM** Bremen NJW **54**, 522), idR aber nicht auf die Verhängung der Geldstrafe neben einer Freiheitsstrafe nach § 41 StGB (Düsseldorf JMBlNW **99**, 41; vgl aber Köln OLGSt § 41 S 1: abtrennbar, wenn die gesetzliche Mindestfreiheitsstrafe verhängt worden ist).

20 Bei der **Freiheitsstrafe** auf die Strafbemessung, auf die Vornahme (Frankfurt NStZ-RR **14**, 220) oder das Unterlassen einer Gesamtstrafenbildung (Düsseldorf VRS **68**, 365) und auf die Bemessung der Gesamtstrafe (BGH NStZ-RR **00**, 13; **12**, 288; Braunschweig NStZ-RR **15**, 19 L; Hamburg MDR **76**, 419), es sei denn, bei dieser werde nur formelhaft und nichtssagend auf die Erwägungen zu den Einzelstrafen Bezug genommen (BGH NStZ-RR **13**, 373; München NStZ **11**, 117); hingegen stehen Fehler bei der Bemessung der Einzelstrafen der Beschränkung nicht entgegen (BGHR Strafausspruch 2). Zulässig ist die Beschränkung auf die Anrechnung oder Nichtanrechnung der UHaft nach § 51 StGB (BGH **7**, 214 = JZ **55**, 383 mit abl Anm Würtenberger; wistra **90**, 350) oder den Anrechnungsmaßstab nach § 51 IV S 2 StGB (Hamm StV **99**, 652). Nicht zulässig ist die Beschränkung auf die Entscheidung über die Anwendung von Jugend- oder Erwachsenenstrafrecht (Celle NZV **14**, 374 mwN).

20a Auch auf die **Verwarnung mit Strafvorbehalt** (BGH NStZ-RR **18**, 86) und die **Strafaussetzung zur Bewährung** ist die Beschränkung zulässig, sofern nicht eine innere Abhängigkeit von der gesamten Straffrage besteht (BGH aaO zu § 59 StGB; zur Bewährung siehe BGH **24**, 164; NJW **83**, 1624; NStZ **82**, 285, 286; KG NZV **02**, 240; Dresden NStZ-RR **12**, 289; Hamburg NStZ-RR **06**, 18; StraFo **16**, 518; VRS **123**, 88; Karlsruhe NJW **80**, 133; VRS **95**, 225; Köln NStZ **89**, 91; Nürnberg NZV **07**, 642; differenzierend SK-Frisch 65 ff); der Berufungsführer darf keine für Schuldspruch und/oder Strafzumessung doppelrelevante Tatsachen bestreiten (Frankfurt NStZ-RR **13**, 219), jedoch können solche auch bei Rechtskraft des Schuldspruchs noch nachträglich getroffen werden (Koblenz NZV **13**, 411, 412). Zur Wirksamkeit der Beschränkung müssen sich aber idR aus dem angefochtenen Urteil die Sachverhalte früherer Verurteilungen ergeben (Bay NStZ-RR **04**, 336; Köln StraFo **04**, 245; erg unten 28 aE). Möglich ist bei fehlender Abhängigkeit eine solche Beschränkung auch trotz einer Gesamtstrafenbildung; dabei erfolgt aber trotz der Beschränkung die nachträgliche Gesamtstrafenbildung durch das Berufungsgericht mit einer anderweit rechtskräftig erkannten Strafe, wenn das AG hierzu keine Entscheidung getroffen hatte (BGH 55, 220), denn § 55 StGB erlaubt und fordert gerade eine solche Rechtskraftdurchbrechung (zutr LG Freiburg NStZ-RR 08, 236).

Wird die Nachprüfung der Strafbemessung verlangt, so **erstreckt sich das** 21 **Rechtsmittel** stets auf die Gesamtstrafe (BGH wistra 99, 99), auf die Anrechnung oder Nichtanrechnung der UHaft, auf die Frage der Strafaussetzung zur Bewährung (Düsseldorf NJW 56, 1889), auf die Einziehung als Nebenstrafe (Düsseldorf VRS 51, 439), auf Sicherungsmaßregeln, auch auf die Entziehung der Fahrerlaubnis nach § 69 StGB, wenn sie wegen charakterlicher Ungeeignetheit angeordnet worden ist (BGH 10, 379; Bay DAR 85, 246 [R]; Koblenz VRS 57, 107).

Bei **Nebenstrafen und Nebenfolgen** kann die Berufung nicht auf die Verhän- 22 gung des Fahrverbots (§ 44 StGB) beschränkt werden, da diese Rechtsfolge mit der Hauptstrafe – dh mit der Gesamtstrafe, nicht mit den Einzelstrafen (Jena NZV 06, 167) –, insbesondere aber mit der Geldstrafe, untrennbar verknüpft ist (Düsseldorf VRS 84, 336 mwN; Hamm NStZ 06, 592; Schleswig NStZ 84, 90; **aM** Bay 66, 64; DAR 85, 239 [R]), wohl aber auf den Beginn der Wirksamkeit des Fahrverbots (§ 25 II a StVG; Düsseldorf NStZ-RR 99, 61), idR auch auf die Aberkennung der Rechte nach § 45 II StGB. Die Einziehungsanordnung ist gesondert anfechtbar, wenn die Einziehung Sicherungsmaßnahme (Düsseldorf NJW 72, 1382; VRS 51, 439; Hamm NJW 75, 67), nicht aber, wenn sie Nebenstrafe ist (BGH NStZ 93, 400; Bay DAR 84, 246 [R]).

Eine Beschränkung auf die Anordnung oder Nichtanordnung des (auch des er- 22a weiterten) **Einziehung des Tatertrages oder des Wertes des Tatertrages** ist grundsätzlich zulässig (BGH 55, 174, 175 mwN mit krit Anm Eisenberg StV 10, 580; BGH NJW 18, 2141; 1 StR 476/12 vom 15.5.2013; Bay NStZ-RR 99, 269; vgl aber Celle NStZ-RR 16, 21 zur fehlenden Beschwer des Angeklagten), es sei denn, die Entscheidung kann nicht losgelöst vom übrigen Urteilsinhalt, insbesondere der Strafzumessung, geprüft und beurteilt werden (BGH wistra 05, 137); die Einschränkung gilt nicht bei der Einziehung nach § 33 S 1 BtmG, da diese lediglich Sicherungscharakter besitzt (BGH3 StR 330/18 vom 18.10.2018). Bei Nichtanordnung von Einziehung (§ 73 StGB) und erweiterter Einziehung (§ 73a StGB) kann das Rechtsmittel idR nicht auf eine von beiden beschränkt werden (BGH 3 StR 144/11 vom 7.7.2011). Die Abführung des Mehrerlöses nach §§ 8, 9 WiStG kann gesondert angefochten werden (OGH 1, 161; Hamburg HESt 1, 156), ebenso die Anordnung der Urteilsbekanntmachung (RG 42, 30, 31).

Bei den **Sicherungsmaßregeln** gilt folgendes: 23

Die Rechtsmittelbeschränkung auf die Anordnung der Unterbringung in einem 24 psychiatrischen Krankenhaus nach § 63 **StGB** (wegen § 24 II GVG kommt nur die Revision in Betracht) ist neben einer Strafe möglich (BGH 5, 267; 312, 313; NJW 63, 1414; 69, 1578; **aM** LR-Franke 53 zu § 344; anders jedoch bei Jugendlichen, vgl BGH NStZ-RR 98, 188); **auch die StA** kann das Rechtsmittel grundsätzlich (jedoch wegen § 5 III **JGG** nicht bei Verurteilung zu Jugendstrafe ohne Anordnung der Unterbringung, vgl Bay 89, 48, anders hingegen, wenn die Unterbringung angeordnet worden war, BGH NStZ 16, 105) darauf beschränken, dass die Anordnung neben einem Freispruch oder einer Strafe nicht getroffen worden ist. Besteht allerdings ein untrennbarer Zusammenhang zwischen der Entscheidung über die Strafaussetzung zur Bewährung und dem von der StA angestrebten Maßregelausspruch, ist die Beschränkung auf letzteren unzulässig; dies kommt etwa in Betracht, wenn der mögliche Rechtsfehler sowohl die Kriminalprognose (§ 56 I StGB) als auch die Gefahrenprognose (§ 63 StGB) betrifft (BGH NStZ-RR 17, 253). Legt der freigesprochene Angeklagte Revision ein, so ist die Beschränkung im Gegensatz zur früher hM unwirksam, weil die Unterbringung nach § 63 StGB und der auf § 20 StGB gestützte Freispruch gleichermaßen von der Bewertung der Schuldfähigkeit abhängen und nunmehr nach § 358 II S 2 eine Bestrafung des Angeklagten möglich ist, wenn sich jetzt seine Schuldfähigkeit herausstellt (BGH NStZ 13, 424); etwas anderes gilt nur, falls der den Freispruch tragende Schuldun-

§ 318

fähigkeit feststeht und nur die der Maßregel zugrunde liegende Gefährlichkeitsprognose zu überprüfen ist (BGH NStZ-RR **14**, 54).

25 Die gleichen Grundsätze gelten für die Anordnung der Unterbringung in einer Entziehungsanstalt nach **§ 64 StGB** (BGH **38**, 362, 364); idR ist daher die Beschränkung möglich (BGH 2 StR 620/12 vom 31.7.2013; Tolksdorf Stree/Wessels-FS 754). Versagung der Strafaussetzung zur Bewährung und Entscheidung nach § 64 StGB können aber regelmäßig nicht voneinander getrennt werden (BGH NStZ **94**, 449; NStZ-RR **12**, 202; Köln NStZ-RR **97**, 360, 361).

26 Die Anordnung oder Nichtanordnung der Sicherungsverwahrung nach **§ 66 StGB** ist unabhängig von der Schuldfrage anfechtbar (wegen § 24 II GVG nur mit der Revision). Auch innerhalb des Ausspruchs über die Rechtsfolgen besteht zwischen dem Strafausspruch und der Unterbringung in der Sicherungsverwahrung grundsätzlich keine der Rechtsmittelbeschränkung entgegenstehende Wechselwirkung (BGH NStZ **07**, 212, 213 mwN; 1 StR 183/08 vom 1.7.2008; 611/17 vom 13.9.2018; 4 StR 643/17 vom 24.5.2018), es sei denn, das Tatgericht hat gerade wegen der erwarteten Wirkungen des langjährigen Strafvollzugs von der Anordnung der Sicherungsverwahrung abgesehen (BGH 3 StR 148/13 vom 11.7.2013; 4 StR 643/17 vom 24.5.2018); Wechselwirkung besteht auch hinsichtlich der Anordnung nach § 66 StGB und der nach § 64 StGB; eine Beschränkung ist daher nicht möglich (BGH NStZ-RR **14**, 88; 3 StR 31/19 vom 4.4.2019 mit Anm Müller-Metz NStZ-RR **19**, 227).

26a Bei **§ 67 II StGB** ist eine Beschränkung auf die Anfechtung der Anordnung über den Vorwegvollzug der Strafe grundsätzlich zulässig (BGHR § 260 I Urteilstenor 3; zu einem Ausnahmefall aber BGH 3 StR 516/07 vom 18.12.2007); sie kann ggf aber – verfassungsrechtlich zulässig (BVerfG NStZ **08**, 614) – auch die Unterbringungsanordnung erfassen (BGH StraFo **12**, 413). Eine Beschränkung auf die Dauer des Vorwegvollzugs setzt voraus, dass die Maßregel als solche rechtsfehlerfrei angeordnet worden ist (BGH NStZ-RR **14**, 107).

27 Für die Anordnung der Führungsaufsicht nach **§ 68 StGB** gilt das entspr (vgl LR-Franke 56 zu § 344).

28 Die Beschränkung des Rechtsmittels auf die Entziehung der Fahrerlaubnis nach **§ 69 StGB** ist unwirksam, wenn Charaktermängel des Angeklagten der Grund der Anordnung sind (BGH NJW **54**, 1167, 1168; Düsseldorf VRS **81**, 184; Frankfurt NZV **96**, 414 mwN; str); nicht aber bei Entziehung wegen körperlicher oder geistiger Ungeeignetheit, auch nicht, wenn nur die Rechtsmeinung angegriffen wird, die Feststellungen trügen die Maßregelentscheidung nicht (Dresden NStZ-RR **05**, 385 L). Entsprechendes gilt für die isolierte Sperre nach § 69a I S 3 StGB (KG VRS **109**, 278; Zweibrücken NJW **83**, 1007). Die Beschränkung ist unwirksam, wenn die Strafe wegen des Fahrerlaubnisentzugs höher oder milder bemessen wurde, wenn sie auf doppelrelevanten Tatsachen (hinsichtlich Strafzumessung und § 69 StGB) beruht (Frankfurt NZV **02**, 382; Stuttgart MDR **97**, 382), idR aber auch, wenn die Freiheitsstrafe zur Bewährung ausgesetzt worden ist (Hamm VRS **32**, 17, 18; Köln VRS **16**, 422; vgl auch BGH VRS **29**, 14, 15), oder wenn die StA das Rechtsmittel zuungunsten des Angeklagten eingelegt hat (Bay **04**, 93 = NZV **05**, 592; VRS **81**, 443); bei Ablehnung der Strafaussetzung zur Bewährung ist die Beschränkung nur dann unwirksam, wenn sich der Berufungsführer gegen insoweit doppelrelevante Feststellungen wendet oder die Bewährungsentscheidung mit der Maßregelanordnung eng verbunden ist, so dass die entstehende Gesamtentscheidung möglicherweise nicht frei von inneren Widersprüchen bleiben würde (BGH **47**, 32 = JR **02**, 113 mit zust Anm Geppert).

29 Die Bemessung der Sperre nach **§ 69a StGB** kann gesondert angefochten werden, wenn die Gründe für ihre Anordnung von denen trennbar sind, die zur Fahrerlaubnisentziehung geführt haben (BGH DAR **80**, 202 [Sp]; VRS **21**, 262; Jena VRS **118**, 279; aM Düsseldorf VRS **66**, 42); regelmäßig wird das aber nicht der Fall sein (vgl Bay NZV **91**, 397; KG VRS **33**, 265, 266; **40**, 276). Zulässig ist die Festsetzung einer isolierten Sperrfrist bei Rechtsfehlerhaftigkeit der Anordnung (LG Potsdam NStZ-RR **03**, 19).

Die Anordnung des Berufsverbots nach § 70 StGB ist idR gesondert anfechtbar **30** (BGH **17**, 38; NJW **75**, 2249; Hamm NJW **57**, 1773; a M LR-Gössel 115). Auf die Befristung der Anordnung kann das Rechtsmittel nicht beschränkt werden (BGH 5 StR 130/78 vom 25.7.1978).

Auf das Unterlassen von Feststellungen nach § **111i** II kann das Rechtsmittel **30a** beschränkt werden (BGH 2 StR 195/09 vom 17.6.2009).

Auch die **Kompensationsentscheidung** (9a zu Art 6 EMRK) ist grundsätzlich **30b** selbständig anfechtbar, es sei denn, der Strafausspruch ist im Einzelfall untrennbar mit der Kompensation verknüpft (BGH NStZ-RR **14**, 21; 349; 1 StR 154/16 vom 7.9.2016; KG StV **19**, 842 L).

3) Rechtsfolgen der Beschränkung: Die wirksame Berufungsbeschränkung **31** auf die Verurteilung wegen einer oder mehrerer in Tatmehrheit (§ 53 StGB) begangener Straftaten führt zur Rechtskraft des Urteils wegen der übrigen, auch wenn Tatidentität iS des § 264 vorliegt. Bei Berufungsbeschränkung innerhalb einer einheitlichen Tat tritt die sog horizontale Teilrechtskraft ein (Einl 184 ff; erg 20 zu § 353). Sie hindert weder die Einstellung des Verfahrens wegen eines Prozesshindernisses (KG StraFo **13**, 20; erg Einl 151 ff) noch die Abänderung des Schuldspruchs mit Freisprechung bei nachträglicher Gesetzesänderung (5 zu § 354a). Bei Beschränkung auf den Rechtsfolgenausspruch darf der Schuldspruch nicht geändert und keine Beschränkung nach § 154a vorgenommen werden (Köln VRS **110**, 120); Feststellungen des Berufungsgerichts zum Schuldumfang dürfen zu den diesbezüglichen Feststellungen der AG nicht in Widerspruch stehen (Bay **99**, 83 = NStZ **00**, 275 mit Anm Kudlich; Frankfurt NStZ-RR **98**, 341 mwN), auch dann nicht, wenn das Berufungsgericht die Feststellungen für unrichtig hält (Bay **99**, 155; Düsseldorf NStZ-RR **00**, 307; eingehend dazu Meyer-Goßner Pv 91 ff und Volk-FS 462). Zu Besonderheiten im OWi-Verfahren BGH NStZ **13**, 486 mit zutr krit Anm Paul.

Bei **unwirksamer Berufungsbeschränkung** gilt das Rechtsmittel als in vol- **32** lem Umfang eingelegt (BGH **6**, 229, 230; **21**, 256, 258; Koblenz VRS **69**, 298; vgl auch Bay NStZ **98**, 532: Auswirkung auf sonst wirksame Beschränkung bei Annahme von Tateinheit durch das Berufungsgericht).

4) Das Revisionsgericht prüft die Wirksamkeit der Berufungsbeschränkung **33** von Amts wegen (4 zu § 352); denn es handelt sich um die Frage der Rechtskraft der angefochtenen Entscheidung, also eines von Amts wegen zu prüfenden Prozesshindernisses (Einl 145). Erg 9 zu § 327.

Verspätete Einlegung

319 I Ist die Berufung verspätet eingelegt, so hat das Gericht des ersten Rechtszuges das Rechtsmittel als unzulässig zu verwerfen.

II 1 Der Beschwerdeführer kann binnen einer Woche nach Zustellung des Beschlusses auf die Entscheidung des Berufungsgerichts antragen. 2 In diesem Falle sind die Akten an das Berufungsgericht einzureichen; die Vollstreckung des Urteils wird jedoch hierdurch nicht gehemmt. 3 Die Vorschrift des § 35a gilt entsprechend.

1) Bei **verspäteter Berufungseinlegung** (§ 314), idR nicht bei bloßen Zwei- **1** feln an der Fristeinhaltung (35 zu § 261), muss das Gericht des 1. Rechtszugs das Rechtsmittel als unzulässig verwerfen (I); das gilt auch im Fall des § 313 (dort 11). Eine gleich lautende Regelung enthält § 346 für die Revision. Eine Verwerfung aus anderen Gründen ist dem 1. Richter nicht gestattet (erg 2 zu § 346). Zur nachträglichen Berücksichtigung von Verfahrenshindernissen vgl 3 zu § 346. Der Verwerfungsbeschluss, der nur feststellende Wirkung hat (1 zu § 316; 5 zu § 346), ergeht von Amts wegen nach Anhörung der StA (§ 33 II), nicht des Beschwerdeführers, ist zu begründen (§ 34) und wird dem Beschwerdeführer, bei Berufung des gesetzlichen Vertreters auch dem Angeklagten (Hamm NJW **73**, 1850), mit der

§ 320

Belehrung über sein Anfechtungsrecht (II S 3) zugestellt (erg 4 zu § 346). Die Wiederaufhebung des Beschlusses durch das AG ist unzulässig und wirkungslos (6 zu § 346).

1a Bei **Verwerfung der sofortigen Beschwerde** gegen die Ablehnung eines Wiedereinsetzungsantrags nach Versäumung der Berufungseinlegungsfrist verwirft das LG zugleich nach I die Berufung; hat es das unterlassen, trifft das OLG mit der Verwerfung der sofortigen Beschwerde gegen den Beschluss des LG die noch fehlende Entscheidung nach I (Stuttgart NStZ **90**, 247; **aM** Hamm VRS **87**, 127; Jena NStZ **05**, 653; Oldenburg NStZ-RR **08**, 150).

2 2) Der **Antrag auf Entscheidung des Berufungsgerichts (II)** ist keine sofortige Beschwerde, sondern ein Rechtsbehelf eigener Art (8 zu § 346). Er steht nur dem zu, der Berufung eingelegt hat, nicht dem Beschwerdegegner, dem Angeklagten aber auch, wenn die Berufung des gesetzlichen Vertreters oder Erziehungsberechtigten verworfen worden ist (erg 9 zu § 346). Die Beschwerde nach § 304 I wird durch II ausgeschlossen.

3 **Anzubringen** ist der Antrag entspr § 306 I bei dem AG, das ihn, auch bei verspäteter Einlegung, an die Berufungsgericht weiterzuleiten hat, ohne dass es ihn verwerfen oder ihm abhelfen darf (Celle JR **49**, 122). Bei dem Berufungsgericht kann der Antrag nicht angebracht werden (KK-Paul 7; SK-Frisch 14). Der Antrag muss schriftlich (Einl 128) gestellt werden, bedarf aber sonst keiner besonderen Form (8 zu § 346). Ein Antrag auf Wiedereinsetzung enthält idR auch den Antrag nach II (Bremen GA **54**, 279).

4 Die **Entscheidung des Berufungsgerichts,** das auch im Fall des § 335 (dort 7) zuständig ist (Bremen Rpfleger **58**, 182; Stuttgart Justiz **72**, 208), beschränkt sich nicht auf die Prüfung des angefochtenen Beschlusses, sondern erstreckt sich auf die Zulässigkeit der Berufung insgesamt (erg 10 zu § 346). Zur Berücksichtigung von Prozesshindernissen vgl 11 zu § 346. Das Berufungsgericht kann den Antrag, ohne Kostenentscheidung (12 zu § 346), als unzulässig oder unbegründet verwerfen oder den angefochtenen Beschluss aufheben. Dann muss das AG über die Berufung neu entscheiden. Zur Wiederaufhebung des Verwerfungsbeschlusses vgl 13 zu § 346.

5 Die **Anfechtung des Beschlusses** ist ausgeschlossen (Bay **51**, 177; Koblenz VRS **64**, 283), es sei denn, das AG war zur Verwerfung nicht befugt (oben 1); denn dann ist der Beschluss des LG der Sache nach eine Entscheidung nach § 322 I (Düsseldorf VRS **86**, 129; Frankfurt NStZ-RR **11**, 49; Koblenz NZV **01**, 314).

6 Eine **Hemmung der Vollstreckbarkeit** des Urteils bewirkt der Antrag nicht (II S 2 Hs 2). Die Aussetzung des Vollzugs nach § 307 II ist nicht zulässig, da es sich um keine Beschwerde handelt. Die Vollstreckung sollte aber möglichst bis zum Beschluss des Berufungsgerichts aufgeschoben werden (15 zu § 346).

7 Zum Zusammentreffen des Antrags nach II mit einem **Wiedereinsetzungsantrag** vgl 16 ff zu § 346.

Aktenübermittlung an die Staatsanwaltschaft RiStBV 157

320 ¹ Ist die Berufung rechtzeitig eingelegt, so hat nach Ablauf der Frist zur Rechtfertigung die Geschäftsstelle ohne Rücksicht darauf, ob eine Rechtfertigung stattgefunden hat oder nicht, die Akten der Staatsanwaltschaft vorzulegen. ² Diese stellt, wenn die Berufung von ihr eingelegt ist, dem Angeklagten die Schriftstücke über Einlegung und Rechtfertigung der Berufung zu.

1 1) Die **Aktenvorlage an die StA (S 1)** erfolgt, sofern nicht schon vorher eine Berufungsbegründung eingegangen ist, nach Ablauf der Frist des § 317, bei mehreren Beschwerdeführern erst, wenn sie für alle abgelaufen ist. In diesem Fall kann vorher eine der Berufungen nach § 319 I verworfen werden, wenn sie verspätet ist.

2) Die **Zustellung der Schriftstücke (S 2)** über Einlegung und Begründung 2
der Berufung ist erforderlich, wenn das Rechtsmittel nicht von dem Angeklagten
eingelegt worden ist. Die StA stellt die Schriftstücke über ihre Berufung dem Angeklagten
oder dessen zustellungsbevollmächtigtem Verteidiger (§ 145a I) zu, das
Gericht die über die Berufung des Nebenklägers (KK-Paul 3). Formlose Mitteilung
genügt (§ 35 II S 2; **aM** SK-Frisch 6). Das Unterlassen der Zustellung der
Berufungsrechtfertigungsschrift begründet nicht die Revision (vgl aber Köln
MDR **74**, 950: mit ergänzenden Beweiserhebungen begründete Rechtfertigungsschrift
der StA), berechtigt den Angeklagten jedoch, die Aussetzung der Verhandlung
zu beantragen (Köln NStZ **84**, 475; Koblenz VRS **51**, 98).
Eine **Berufungsgegenerklärung** sieht das Gesetz nicht vor; unzulässig ist sie 3
nicht. Im Fall des § 313 ist sie dem Berufungsgegner zu empfehlen.

Aktenübermittlung an das Berufungsgericht RiStBV 158

321
[1] **Die Staatsanwaltschaft übersetzt die Akten an die Staatsanwaltschaft bei dem Berufungsgericht.** [2] **Diese übergibt die Akten binnen einer Woche dem Vorsitzenden des Gerichts.**

1) Die **Aktenübersendung an die StA** beim Berufungsgericht (**S 1**) hat nur 1
für selbstständige Amtsanwaltschaften praktische Bedeutung (Amelunxen [B] 75),
sonst handelt es sich um eine und dieselbe Behörde (KK-Paul 1).

2) **Aktenvorlage an den StrK-Vorsitzenden (S 2):** Die StA muss die StrK 2
(allgemeine StrK oder besondere StrK nach § 74c GVG) genau bezeichnen
(Schlüchter 673 Fn 245; Meyer-Goßner NStZ **81**, 171). Bei der Aktenvorlage
benennt sie die Zeugen und Sachverständigen, deren Vernehmung sie für erforderlich
hält (RiStBV 158). Die Vorlage soll binnen 1 Woche erfolgen. Es handelt sich
um eine Ordnungsvorschrift (SK-Frisch 4; erg 4 zu § 337), mit der das Verfahren,
insbesondere in Haftsachen, beschleunigt werden soll. Erst mit dem Eingang der
Akten zur Durchführung des Berufungsverfahrens beim Berufungsgericht, wird die
Sache dort anhängig, wird der Berufungsrichter erkennender Richter (5 zu § 28; 2
zu § 305) und geht die Zuständigkeit für die weiteren Entscheidungen auf dieses
Gericht über (Fezer JR **96**, 39; erg 6ff zu § 347). Noch nicht erledigte Beschwerden
sind dann ggf in Anträge an das Berufungsgericht umzudeuten (vgl 19 zu
§ 111a, 12 zu § 117, 65 zu § 142).

Verwerfung ohne Hauptverhandlung

322
[I] [1] **Erachtet das Berufungsgericht die Vorschriften über die Einlegung der Berufung nicht für beobachtet, so kann es das Rechtsmittel durch Beschluß als unzulässig verwerfen.** [2] **Andernfalls entscheidet es darüber durch Urteil; § 322a bleibt unberührt.**
[II] **Der Beschluß kann mit sofortiger Beschwerde angefochten werden.**

1) Die **Verwerfung der unzulässigen Berufung** durch Beschluss gestattet I 1
S 1 (vgl auch § 349 I für die Revision). Die Vorschriften über die Einlegung der
Berufung sind nicht beachtet, wenn die Berufung nicht innerhalb der Frist des
§ 314 eingelegt, aber deswegen nicht schon vom AG, dessen unrichtige Feststellung
der Rechtzeitigkeit das Berufungsgericht nicht bindet (Amelunxen [B] 71),
nach § 319 verworfen worden ist, ferner wenn die Form des § 314 nicht gewahrt,
durch den Beschwerdeführer nicht beschwert (12 vor § 296) oder nach § 55 I S 1 JGG
oder aus anderen Gründen zur Anfechtung nicht befugt ist (vgl Stuttgart NJW **49**,
916; zB als Verteidiger nicht bevollmächtigt oder nicht nach § 138 II zugelassen ist
(RG **62**, 250), wenn ein früher eingelegtes Rechtsmittel zurückgenommen (12 zu
§ 302) oder ein Rechtsmittelverzicht erklärt worden ist (26 zu § 302), aber nicht
schon bei Einlegung mit dem alleinigen Ziel, den Führerschein wegen Zeitablaufs
zurückzuerhalten (Geppert ZRP **81**, 89; D. Meyer MDR **76**, 629; **aM** LG Berlin

§ 322a   Drittes Buch. 3. Abschnitt

VRS **49**, 276: unzulässig, da rechtsmissbräuchlich; dagegen spricht jetzt aber auch § 473 V).

2   **2) Der Beschluss nach I S 1** ist zu begründen (§ 34) und dem Beschwerdeführer mit Rechtsmittelbelehrung (§ 35a) zuzustellen (§ 35 II S 1), dem Angeklagten auch, wenn die Berufung des gesetzlichen Vertreters oder Erziehungsberechtigten verworfen worden ist (1 zu § 319). Wird die rechtzeitige Berufung als unzulässig verworfen, so wird das Urteil nicht bereits dadurch, sondern erst mit der Rechtskraft des Beschlusses rechtskräftig (KK-Paul 3; erg 1 zu § 316). War sie verspätet eingelegt, so hat die Verwerfung hinsichtlich Rechtskraft und Vollstreckbarkeit nur feststellende Bedeutung (1 zu § 316; 1 zu § 319; 5 zu § 346).

3   Ergeht kein Beschluss nach I oder kein Nichtannahmebeschluss nach § 322a und wird das Verfahren auch nicht außerhalb der Hauptverhandlung nach §§ 153 ff, 206a eingestellt, so muss in der Hauptverhandlung durch **Urteil** entschieden werden (I S 2), auch bei Unzulässigkeit der Berufung (§ 260 III), über die nicht nach I entschieden worden ist, etwa weil Zweifel an der Zulässigkeit in der Hauptverhandlung geklärt werden sollten (Celle GA **63**, 380).

4   Über **mehrere Berufungen,** die eine einheitliche Tat (§ 264) desselben Angeklagten betreffen, kann nur durch denselben Beschluss oder dasselbe Urteil entschieden werden (2 zu § 328). Es ist aber zulässig, die eine Berufung nach I S 1 zu verwerfen und die anderen zur Hauptverhandlung zu bringen (RG **67**, 250).

5   Eine von mehreren Berufungen, die das Berufungsurteil, ohne dass sie deswegen angefochten wird, **versehentlich nicht erledigt** hat, wird mit der Rechtskraft des Urteils gegenstandslos (Bay **51**, 593; **59**, 168; **68**, 31, 34; LR-Gössel 19 zu § 327).

6   **3) Sofortige Beschwerde (II)** steht dem Angeklagten auch zu, wenn die Berufung des gesetzlichen Vertreters oder Erziehungsberechtigten verworfen worden ist, selbst wenn er nach Erlass des Urteils auf Rechtsmittel verzichtet hatte (9 zu § 346). Hebt das OLG den Beschluss als unrichtig auf, so kommt die Sache zur Hauptverhandlung. In ihr ist die StrK an die Aufhebungsansicht des OLG nicht gebunden (RG **59**, 241; SK-Frisch 15), auch nicht an die frühere eigene Ansicht bei der Prüfung nach I S 1. Zur Anwendung des § 34a auf den Verwerfungsbeschluss vgl dort 5, zur Wiederaufhebung des Beschwerdebeschlusses bei Irrtum über tatsächliche Umstände 13 zu § 346 und zur entspr Anwendung des II bei Erledigterklärung der Berufung nach Zurücknahme 11 zu § 302.

7   **4) Revision (§ 333)** ist zulässig, wenn die Berufung durch Urteil als unzulässig verworfen wurde (Bay NStZ-RR **96**, 366), ebenso im Fall des § 329 (dort 46 ff). Das gilt auch, wenn insoweit in der Hauptverhandlung fehlerhaft durch Beschluss entschieden worden ist (Zweibrücken JBlRP **98**, 222).

Entscheidung über die Annahme der Berufung

322a   [1] Über die Annahme einer Berufung (§ 313) entscheidet das Berufungsgericht durch Beschluß. [2] Die Entscheidung ist unanfechtbar. [3] Der Beschluß, mit dem die Berufung angenommen wird, bedarf keiner Begründung.

1   **1) Annahmeberufung:** Die durch das RpflEntlG eingefügte Vorschrift bezieht sich auf § 313. Sie trifft Regelungen zu Form und Inhalt der nach § 313 zu treffenden Entscheidung. Bei mehreren Berufungen verschiedener Beschwerdeführer sind für jeden die Voraussetzungen der Annahme getrennt zu prüfen (aM Rieß Kaiser-FS 1469). Berufungsbeschränkungen sind auch hier nach § 318 zulässig und zu beachten.

2   **2) Annahme:**

3   A. Sie erfolgt durch **Beschluss** der kleinen Strafkammer außerhalb der Hauptverhandlung ohne Mitwirkung der Schöffen (§ 76 I S 2 GVG). Der Beschluss wird zweckmäßigerweise mit der Terminsbestimmung (§§ 332, 213) und der Ladungs-

1458   *Schmitt*

anordnung (§ 323 I S 1) verbunden; erfolgt die Terminsbestimmung ohne Erlass eines Annahmebeschlusses, kann darin die stillschweigende Annahme der Berufung liegen (Bamberg StraFo **16**, 30; Celle StraFo **11**, 403; Frankfurt NStZ-RR **11**, 382; Zweibrücken NStZ-RR **02**, 245). Die Annahme bedarf keiner Begründung (S 3). Eine Begründung ist aber nicht unzulässig und kann sich empfehlen, um dem Beschwerdeführer deutlich zu machen, worin ein Schwerpunkt der Berufungsverhandlung liegen wird, oder um ihm eine Beschränkung des Rechtsmittels nahezulegen, falls zB nur die Strafzumessung durch das AG bedenklich erscheint. Auch die Teilannahme einer Berufung, zB hinsichtlich einer von mehreren Taten oder nur hinsichtlich des Strafausspruchs, ist zulässig (LG Stuttgart NStZ **95**, 301; Tolksdorf Salger-FS 406; **aM** Rieß Kaiser-FS 1475). Hält das LG die Berufung wegen eines Verfahrensfehlers für nicht offensichtlich unbegründet (9 zu § 313), sollte es dies darlegen, um dem Beschwerdeführer einen Übergang zur Revision zu ermöglichen (vgl 21 zu § 335).

B. Eine **Frist**, innerhalb derer die Annahmeentscheidung ergehen muss, ist nicht **4** vorgeschrieben. Das LG muss aber in jedem Fall die Begründungsfrist von 1 Woche (§ 317) abwarten, um dem Beschwerdeführer Gelegenheit zur Darlegung zu geben, dass die Berufung nicht offensichtlich unbegründet ist. Anderseits sollte das LG noch vor Ablauf eines Monats nach Zustellung des amtsgerichtlichen Urteils mit Gründen entscheiden, um dem Beschwerdeführer den Übergang zur Revision zu ermöglichen (vgl 21 zu § 335).

C. **Die Annahmeentscheidung** ist unanfechtbar (S 2) und nicht zurücknehm- **5** bar (Zweibrücken NStZ-RR **02**, 245). Daher weist das Verfahren nach Erlass des Annahmebeschlusses gegenüber anderen Berufungsverfahren keine Besonderheiten mehr auf. Es wird wie jede andere Berufung behandelt; insbesondere gilt auch § 329.

3) Nichtannahme: **6**

A. Durch **Beschluss** außerhalb der Hauptverhandlung ergeht auch hier die Ent- **7** scheidung. Da der Beschluss mit seinem Erlass (dh mit Herausgabe in den Geschäftsgang, Koblenz JBlRP **05**, 74) unanfechtbar ist (S 2), bedürfte er nach § 34 an sich keiner Begründung; der Umkehrschluss aus S 3 ergibt jedoch, dass hier entgegen § 34 eine Begründungspflicht besteht (Feuerhelm StV **97**, 104). Entspr der Übung zu § 349 II, dem § 313 II nachgebildet ist (9 zu § 313), wird das LG sich aber mit dem Hinweis auf die „offensichtliche Unbegründetheit" beschränken können und dazu § 313 II bzw im Fall des § 313 III diese Vorschrift und der entspr Bestimmung des OWiG zitieren, falls eine Berufungsbegründung (§ 317) nicht vorgelegt worden ist (Frankfurt NStZ-RR **96**, 78; **aM** Rieß Kaiser-FS 1472 Fn 57); andernfalls wird kurz auf die Ausführungen der Berufungsbegründung einzugehen sein (Stuttgart Justiz **99**, 494, 495). Daher ist vor Erlass des Beschlusses und Fehlen einer mit Einlegung der Berufung gegebenen Begründung die Frist des § 317 abzuwarten (oben 4). Eine nähere Begründung des Nichtannahmebeschlusses ist insbesondere erforderlich, wenn der Beschwerdeführer neue Beweisanträge angekündigt hatte, um die Feststellungen des AG zu entkräften (BVerfG NJW **96**, 2785). Rechtliches Gehör braucht zuvor nicht gewährt zu werden (Frankfurt NStZ-RR **97**, 273; Koblenz NStZ **95**, 251; Feuerhelm aaO 102; Rieß aaO 1474; Tolksdorf Salger-FS 405; **aM** München StV **94**, 237); Anträge des Rechtsmittelgegners sind allerdings gemäß § 33 III zur Stellungnahme mitzuteilen.

B. **Die Nichtannahmeentscheidung** ist grundsätzlich unanfechtbar (Düssel- **8** dorf StV **94**, 122; Hamm NStZ-RR **06**, 346; Schleswig SchlHA **95**, 7 [L/T]); das gilt auch, wenn das Berufungsgericht nach Ablauf der in § 317, aber vor Ablauf der nach § 345 I geltenden Frist entschieden hat (Bamberg StraFo **15**, 161). Es muss sich aber tatsächlich um einen Fall des § 313 gehandelt haben. Hat das LG (tatsächlich, nicht nur nach Behauptung des Beschwerdeführers, vgl Hamm aaO) irrig dessen Voraussetzungen angenommen, obwohl die Berufung der Annahme nicht bedurfte, ist gegen den Nichtannahmebeschluss sofortige Beschwerde (entspr § 322

§ 323

II) zulässig (Hamburg JR 99, 479 mit zust Anm Gössel; Feuerhelm StV 97, 104; Rieß Kaiser-FS 1478), ebenso bei unzulässiger Rücknahme der (auch konkludent erklärten, oben 3) Annahme (Bamberg StraFo 16, 30; Celle StraFo 11, 403; Frankfurt NStZ-RR 11, 382; Zweibrücken NStZ-RR 02, 245). Der Beschluss ist gegenstandslos, wenn der Angeklagte zu keinem Zeitpunkt Berufung eingelegt hatte (Koblenz NStZ-RR 12, 21 L). Bei behaupteter Verletzung des rechtlichen Gehörs ist die Anhörungsrüge (§ 33a) gegeben (Karlsruhe NStZ-RR 05, 178 L = Justiz 05, 311).

9 **4)** Eine **Kostenentscheidung** ist bei Annahme der Berufung nicht veranlasst; die entstandenen Kosten gehören zu denjenigen des Berufungsverfahrens. Bei Nichtannahme der Berufung ergeht eine Kostenentscheidung nach §§ 464 I, 473 I, II.

Vorbereitung der Berufungshauptverhandlung

323 I 1 Für die Vorbereitung der Hauptverhandlung gelten die Vorschriften der §§ 214 und 216 bis 225. ²In der Ladung ist der Angeklagte auf die Folgen des Ausbleibens ausdrücklich hinzuweisen.

II 1 Die Ladung der im ersten Rechtszug vernommenen Zeugen und Sachverständigen kann nur dann unterbleiben, wenn ihre wiederholte Vernehmung zur Aufklärung der Sache nicht erforderlich erscheint. ²Sofern es erforderlich erscheint, ordnet das Berufungsgericht die Übertragung einer als Tonaufzeichnung zur Akte genommenen Vernehmung gemäß § 273 Abs. 2 Satz 2 in ein Protokoll an. ³Wer die Übertragung hergestellt hat, versieht diese mit dem Vermerk, dass die Richtigkeit der Übertragung bestätigt wird. ⁴Der Staatsanwaltschaft, dem Verteidiger und dem Angeklagten ist eine Abschrift des Protokolls zu erteilen. ⁵Der Nachweis der Unrichtigkeit der Übertragung ist zulässig. ⁶Das Protokoll kann nach Maßgabe des § 325 verlesen werden.

III Neue Beweismittel sind zulässig.

IV Bei der Auswahl der zu ladenden Zeugen und Sachverständigen ist auf die von dem Angeklagten zur Rechtfertigung der Berufung benannten Personen Rücksicht zu nehmen.

1 **1)** Die **Vorbereitung der Berufungsverhandlung** folgt den Bestimmungen für die Hauptverhandlung im 1. Rechtszug **(I S 1)**. Auch § 212 ist aber entspr anzuwenden (Wenske NStZ **15**, 137); danach muss der Vorsitzende den wesentlichen Inhalt verständigungsbezogener Erörterungen aktenkundig machen und den Verfahrensbeteiligten gemäß § 243 IV, 332 mitteilen (Schneider NZWiSt **15**, 1). Zur entspr Anwendung von § 225a siehe dort 2.

2 Da die Sache im Umfang der Anfechtung völlig neu verhandelt wird (1 vor § 312), müssen alle, auch bisher nicht vernommene (III), **Zeugen und Sachverständigen** geladen werden, deren Aussage für die Entscheidung von Bedeutung sein kann. Die Ladung, bei der außer dem Vorschlag der StA (2 zu § 321) die Berufungsbegründung des Angeklagten zu beachten ist (IV), unterbleibt nur dann, wenn die Beweismittel überflüssig sind oder die Verlesung der Niederschrift über ihre Aussage im 1. Rechtszug nach § 325 I genügt (II; dazu unten 4). In Zweifelsfällen kann der Vorsitzende bei dem Beschwerdeführer anfragen, welches Ziel mit der Berufung verfolgt und für welche Beweispersonen die wiederholte Vorladung (§ 325 I) beantragt wird.

3 **2)** Der **Hinweis auf die Folgen des Ausbleibens (I S 2)** ist dem Angeklagten schon in der allgemeinen Rechtsmittelbelehrung erteilt worden (§ 35a S 2). Bei der Ladung des Angeklagten, zu der nach § 145a II auch dem Verteidiger zugestellt werden kann (KK-Paul 4; LR-Gössel 10; **aM** Küper NJW **74**, 1929; erg 7 zu § 145a; 9 zu § 329), muss er wiederholt werden, ebenso bei Ladungen zu Fortset-

zungsterminen (Oldenburg StV **18**, 151). Der Hinweis muss schriftlich erteilt werden (Bay **62**, 99; Düsseldorf MDR **87**, 868) und zutr, vollständig und unmissverständlich sein (Zweibrücken StV **81**, 539). Er muss der jeweiligen Verfahrenslage angepasst werden und hängt insbesondere davon ab, welcher Verfahrensbeteiligte Berufung eingelegt hat (§§ 329 I, II, 330). Bei Berufung der StA ist ein Hinweis auf § 329 II S 1, IV S 1 erforderlich (Stuttgart MDR **86**, 778). Der bloße Hinweis auf die Belehrung in einer früheren Ladung genügt nicht (Bay **75**, 30; Koblenz NJW **81**, 2074). Kann sich der Angeklagte in der Berufungsverhandlung vertreten lassen (§ 329 I S 1), so muss in der Ladung auch hierauf unmissverständlich hingewiesen werden (Bay **78**, 64; Bremen StV **89**, 54). Im Fall des § 234 ist neben dem Hinweis nach § 329 auch der nach § 232 I S 1 erforderlich (Bay **60**, 273; **63**, 27, 29; JZ **61**, 103; Hamm NJW **54**, 1131; erg 9 und 14 zu § 329.

Tonaufzeichnungen (II S 2–6): Soweit beim AG einzelne Vernehmungen 4 nach § 273 II S 2 als Tonaufzeichnungen zur Akte genommen worden sind und die Aussage für das Berufungsverfahren von Bedeutung ist (was bei unbeschränkt eingelegten Berufungen idR der Fall sein wird), ordnet der Vorsitzende die Übertragung in ein Protokoll an (S 2). Die Person, die die Übertragung hergestellt hat, muss diese mit einem Vermerk versehen und die Richtigkeit der Übertragung bestätigen (S 3). Die Abschrift hat aber nicht die Beweiskraft des § 274; vielmehr bleibt der Nachweis der Unrichtigkeit der Übertragung zulässig (S 5; vgl die entspr Regelung in § 168a IV S 3 und 4, dort 11). Die Abschrift ist den Verfahrensbeteiligten mitzuteilen (S 4); das Gesetz erwähnt nur StA, Verteidiger und Angeklagten, aber auch der Nebenkläger oder ein Nebenbeteiligter müssen eine Abschrift zwecks Gewährung des rechtlichen Gehörs erhalten. Falls der Angeklagte nicht die erneute Vernehmung des Zeugen oder Sachverständigen rechtzeitig vor der Hauptverhandlung beantragt hat (was eine rechtzeitige Übersendung der Abschrift an ihn bedingt), ist das Protokoll in der Berufungsverhandlung nach Maßgabe des § 325 zu verlesen (S 6); denn diesem Zweck dient das ganze Verfahren. Von der Verlesung wird aber abgesehen, wenn es auf den Inhalt der Aussage nach dem Gang des Berufungsverfahrens nicht mehr ankommt oder wenn die erneute persönliche Vernehmung der Aussageperson nach § 244 II erforderlich erscheint.

Gang der Berufungshauptverhandlung

§ 324

I ¹Nachdem die Hauptverhandlung nach Vorschrift des § 243 Abs. 1 begonnen hat, hält ein Berichterstatter in Abwesenheit der Zeugen einen Vortrag über die Ergebnisse des bisherigen Verfahrens. ²Das Urteil des ersten Rechtszuges ist zu verlesen, soweit es für die Berufung von Bedeutung ist; von der Verlesung der Urteilsgründe kann abgesehen werden, soweit die Staatsanwaltschaft, der Verteidiger und der Angeklagte darauf verzichten.

II **Sodann erfolgt die Vernehmung des Angeklagten und die Beweisaufnahme.**

1) Der **Gang der Berufungsverhandlungen** entspricht nach § 332 dem der 1 Hauptverhandlung im 1. Rechtszug, soweit § 324 nichts anderes bestimmt. Die Verhandlung beginnt mit dem Aufruf der Sache und der Präsenzfeststellung (§ 243 I); darauf erfolgt die Belehrung nach § 57 und, nachdem die Zeugen den Gerichtssaal verlassen haben, die Vernehmung des Angeklagten zur Person (§ 243 II) sowie, falls erforderlich, eine Klärung der mit der Berufung verfolgten Ziele. Anstelle der Verlesung des Anklagesatzes (§ 243 III) hält sodann der Berichterstatter (unten 3) einen Vortrag über die Ergebnisse des bisherigen Verfahrens (unten 4); wichtigster Teil ist die Verlesung des angefochtenen Urteils (unten 5), von der aber bei allseitigem Verzicht ganz oder teilw abgesehen werden kann (unten 6). Der Vortrag, insbesondere die Urteilsverlesung, soll den Gegenstand der Verhandlung klarstellen und die Verfahrensbeteiligten auf die wesentlichen tatsächlichen und rechtlichen Gesichtspunkte aufmerksam machen (Bay **58**, 84, 88; **73**, 130 = MDR **73**, 1039; MDR **82**, 249; Hamburg NStZ **85**, 379). Sie sind wesentliche Förmlichkeiten der

§ 324

Hauptverhandlung iS § 273 I (Schleswig SchlHA **72**, 161 [E/J]; Amelunxen [B] 87), aber kein Teil der Beweiserhebung (KG StV **13**, 433). Die weitere Verhandlung richtet sich nach den Vorschriften der §§ 243 IV, V, 244 I (unten 8), 257 ff.

2 2) Vortrag des Berichterstatters (I S 1):

3 A. **Berichterstatter** ist bei der nunmehr für Berufungen – abgesehen von Berufungen gegen Urteile des JugSchG – stets zuständigen (5 zu § 312) kleinen StrK (§ 76 I S 1 GVG) notwendigerweise der Vorsitzende. Nur bei der als Berufungsgericht tätig werdenden großen JugK (und im Fall des § 76 III GVG) ist es der Berichterstatter in der Strafsache (vgl 2 zu § 21g GVG); den Vortrag kann aber auch ein anderer Berufsrichter übernehmen, auch der Vorsitzende (Koblenz VRS **51**, 98, 100; Bloy JuS **86**, 592). Die Urteilsverlesung kann nicht nur jedem Mitglied des Gerichts, sondern auch dem Protokollführer übertragen werden (KK-Paul 4).

4 B. **Ergebnisse des bisherigen Verfahrens:** Dazu gehören auch das Ermittlungsverfahren sowie Angaben zu Vorliegen und Inhalt einer etwaigen erstinstanzlichen Verständigung. Für den Vortrag gilt die in I S 2 Hs 1 für die Urteilsverlesung enthaltene Einschränkung entspr; er hat sich auf die Einzelheiten zu beschränken, die für die Berufung von Bedeutung sind. Maßgebend sind die Umstände des Einzelfalls. Zur Unterrichtung über den Verfahrensgegenstand kann, wenn er aus der Urteilsverlesung nicht klar genug hervorgeht, der Vortrag der Anklagevorwürfe einschließlich der Nachtragsanklage erforderlich sein, ferner der Bericht über die Ausscheidung von Verfahrensteilen nach § 154a und ihre Wiedereinbeziehung, auch nach den §§ 430, 442, sowie über vorangegangene Urteilsanfechtungen und Zuständigkeitsverschiebungen, zB nach §§ 225a, 270. Nach der Urteilsverlesung (unten 5) sind die Berufungsbegründung, insbesondere soweit sie Beschränkungen enthält, ggf die Bedenken gegen die Zulässigkeit der Berufung oder ihre Beschränkung, und sonstige Anträge vorzutragen. Die Berufungsbegründungen, auch der StA, dürfen verlesen werden (Köln NJW **61**, 1127). Auf nach Berufungseinlegung von der StA durchgeführte Ermittlungen muss hingewiesen werden (Köln MDR **74**, 950).

5 3) Verlesung des 1. Urteils (I S 2): Das angefochtene Urteil (Urteilsausspruch und Gründe) muss verlesen werden, soweit es für die Berufung von Bedeutung ist und die Verfahrensbeteiligten auf die Verlesung nicht verzichten. Ist es in Verlust geraten, so wird die Verhandlung gleichwohl durchgeführt (RG **65**, 373). Ohne Bedeutung für die Berufung iS I S 2 Hs 1 sind die Urteilsfeststellungen, die nur Mitangeklagte, gegen die nicht verhandelt wird, betreffen oder die nicht angefochten sind, etwa bei auf einzelne tatmehrheitliche Verurteilungen oder nur auf den Rechtsfolgenausspruch beschränkter Berufung. Von der Verlesung der angefochtenen Urteilsteile sind die Beweiswürdigung und die Strafzumessungsgründe möglichst auszunehmen (aM SK-Frisch 14). Zwingend ist das aber nicht. Dass die Schöffen hierdurch beeinflusst werden können, hat der Gesetzgeber in Kauf genommen; sie erfahren durch den Vortrag auch die Einwendungen des Beschwerdeführers gegen das Urteil (Köln NJW **61**, 1127). Die bloß teilw Verlesung ordnet der Vorsitzende an; hiergegen kann nach § 238 II auf gerichtliche Entscheidung angetragen werden. Zur Beweisaufnahme gehört die Urteilsverlesung nicht (Stuttgart NStZ-RR **03**, 270); sie kann daher nicht die Beweiserhebung des Berufungsgerichts darüber ersetzen, was Angeklagte oder Zeugen vor dem 1. Gericht ausgesagt haben. Kommt es hierauf an, so muss das Urteil nochmals nach § 249 verlesen werden (Bay **58**, 84, 88; Hamm NJW **74**, 1880; Schleswig SchlHA **76**, 107 [E/L]; Stuttgart aaO; aM Welp Müller-FS 775: Verlesung unzulässig).

6 Bei **Verzicht der Beteiligten** (I S 2 Hs 2), den herbeizuführen Sache des Vorsitzenden ist (§ 238 I), kann von der Verlesung der Urteilsgründe (nicht des Urteilsausspruchs) auch dann abgesehen werden, wenn sie für die Berufung von Bedeutung sind. Insoweit sind sie dann in den Bericht nach I S 1 aufzunehmen (LR-Gössel 16; Rieß NJW **78**, 2271). Ein Verlesungsverbot begründet der Verzicht nicht (Rieß aaO). Er hindert insbesondere nicht, die Urteilsfeststellungen zu

Berufung **§ 325**

verlesen, die für das Berufungsgericht bindend sind (unten 7); § 249 II gilt insoweit nicht. Den Verzicht müssen alle Prozessbeteiligten mit Ausnahme der Nebenkläger (12 zu § 397) erklären. Entsprechendes gilt für Nebenbeteiligte (Einl 73). Im Privatklageverfahren ist der Verzicht des Privatklägers erforderlich (2 zu § 385). Der Verzicht und sein Ausmaß sind nach § 273 I im Sitzungsprotokoll zu beurkunden. Vgl erg 9 zu § 245.

4) Bei **erneuter Berufungsverhandlung** nach Aufhebung des 1. Berufungsurteils durch das Revisionsgericht und Zurückverweisung der Sache nach §§ 354 II, 355 ist auch die Verlesung des aufgehobenen Urteils zulässig (BGH GA **76**, 368). Soweit es für die neue Verhandlung bindende Feststellungen enthält, ist die Verlesung sogar erforderlich (Bay **73**, 130 = MDR **73**, 1039; MDR **82**, 249). Das gilt insbesondere für die Schuldfeststellungen, wenn die Berufung auf den Rechtsfolgenausspruch beschränkt oder nach teilweiser Aufhebung und Zurückverweisung durch das Revisionsgericht nur noch zur Straffrage zu verhandeln ist. 7

C. **Mitteilungen nach** § 243 IV S 1 erfolgen nach dem Vortrag des Berichterstatters, aber vor der Belehrung und Vernehmung des Angeklagten (BeckOK-Arnoldi 54). An dieser Stelle kann sinnvollerweise auch eine etwa erforderliche qualifizierte Belehrung (siehe 1f vor § 312) erfolgen (Schneider NZWiSt **15**, 1, 5). 7a

5) Für die **Vernehmung des Angeklagten und die Beweisaufnahme (II)** gelten die gleichen Grundsätze wie im 1. Rechtszug (dazu 10 ff, 24 ff zu § 243). Auch § 243 V S 2, 3 ist anzuwenden (dort 26 ff). Die Vernehmung des Angeklagten zur Sache ist zwingend vorgeschrieben (RG **65**, 373; Bay **56**, 20; Bremen MDR **79**, 864), auch bei Strafmaßberufung (Köln NJW **55**, 1333). Die Beweisaufnahme vollzieht sich, von der Verfahrenserleichterung nach § 325 abgesehen, wie im 1. Rechtszug (1 vor § 312). Von der gesetzlichen Reihenfolge kann abgewichen werden (vgl 1 zu § 243). Die Beweisaufnahme kann vorgezogen werden (Schleswig SchlHA **54**, 331; **aM** LR-Gössel 4; SK-Frisch 3), aber nicht vor den Vortrag und die Urteilsverlesung (Köln NJW **59**, 1551; Saarbrücken VRS **22**, 54). 8

6) Revision: Das Unterlassen des Vortrags und der Urteilsverlesung kann die Revision begründen (Jena StraFo **17**, 159; Hamburg NStZ **85**, 379; Schleswig SchlHA **07**, 290 [D/D]), nicht aber die angebliche Unvollständigkeit des Berichts (KK-Paul 10; SK-Frisch 29), auch nicht die bloße Teilverlesung des Urteils trotz fehlenden Verzichts. Revisionsgrund kann er sein, dass Teile des Berichts wie Beweisergebnisse verwertet worden sind, ohne dass sie Gegenstand der Beweisaufnahme waren (oben 5). Die unterlassene Vernehmung des Angeklagten zur Sache zwingt idR zur Urteilsaufhebung (Köln NJW **55**, 1333). 9

Verlesung von Urkunden

325 Bei der Berichterstattung und der Beweisaufnahme können Urkunden verlesen werden; Protokolle über Aussagen der in der Hauptverhandlung des ersten Rechtszuges vernommenen Zeugen und Sachverständigen dürfen, abgesehen von den Fällen des § 251 und 253, ohne die Zustimmung der Staatsanwaltschaft und des Angeklagten nicht verlesen werden, wenn die wiederholte Vorladung der Zeugen oder Sachverständigen erfolgt ist oder von dem Angeklagten rechtzeitig vor der Hauptverhandlung beantragt worden war.

1) Die **Verlesung von Urkunden (Hs 1)** bei der Beweisaufnahme ist schon nach §§ 249–256, 325 zulässig. Die Voraussetzungen dafür werden durch I Hs 1 nicht erweitert. Die Vorschrift stellt nur klar, dass auch beim Bericht nach § 324, der nicht zur Beweisaufnahme gehört (5 zu § 324), Urkunden verlesen werden dürfen. Dabei muss, auch im Interesse der Unbefangenheit der Schöffen, der Eindruck vermieden werden, dass es sich um eine Beweiserhebung handelt. Der Begriff „Urkunde" umfasst auch **elektronische Dokumente**, soweit sie verlesbar sind (§ 249 I S 2). 1

Schmitt 1463

§ 325

2 2) **Verlesung von Vernehmungsprotokolle (Hs 2):** Die Vorschrift gestattet in Durchbrechung des Unmittelbarkeitsgrundsatzes (§ 250) unter bestimmten Voraussetzungen die – nicht nur auszugsweise (Hamburg MDR **73**, 871) – Verlesung von Protokollen über die Vernehmung von Beweispersonen im 1. Rechtszug auch dann, wenn sie nach §§ 251, 253 nicht zulässig wäre. Dem liegt die Erwägung zugrunde, dass die Verlesung des Sitzungsprotokolls des 1. Rechtszugs die Vernehmung der Auskunftspersonen vor dem Berufungsgericht ersetzen kann (zu den Bedenken gegen die Verlesung dieser den Vernommenen nicht vorgelesenen und von ihnen nicht genehmigten Protokollen vgl Meyer-Goßner NJW **87**, 1165). Im Interesse der Sachaufklärung (§ 244 II) darf von dieser Befugnis nur zurückhaltend Gebrauch gemacht werden (RG **63**, 228, 229; Bay **72**, 227; unten 12). Zur Anwendung des Hs 2 im Privatklageverfahren vgl 3 zu § 386.

3 A. **Mit Zustimmung der Prozessbeteiligten** ist die Verlesung, von den sich aus § 244 II ergebenden Einschränkungen abgesehen, stets zulässig. Insoweit wird § 250 zu einer dispositiven Gesetzesvorschrift abgeschwächt. Die Verlesung ist auch statthaft, wenn die Ladung wegen verspäteter Antragstellung nicht mehr ausgeführt werden konnte oder wenn der Zeuge oder Sachverständige zwar geladen, aber nicht erschienen ist, selbst wenn die Ladung ihn möglicherweise nicht erreicht hat (Celle NJW **61**, 1490).

4 Außer der StA und dem Angeklagten müssen **sämtliche Prozessbeteiligte** zustimmen, die eigene prozessuale Rechte haben, auch die Nebenbeteiligten (Einl 73), soweit sie durch die Beweiserhebung betroffen sind, der Verteidiger (SK-Frisch 21; Gollwitzer JR **77**, 345; **aM** KK-Paul 6; offenbar auch Stuttgart JR **77**, 343, 344), der Beistand nach § 69 III **JGG**, der Privatkläger, nicht aber Nebenkläger (12 zu § 397), Erziehungsberechtigte und gesetzliche Vertreter. Wie auch sonst (11 zu § 245), macht die in Gegenwart des Angeklagten abgegebene Zustimmungserklärung des Verteidigers die des Angeklagten überflüssig und umgekehrt (Bay **78**, 17; LR-Gössel 17). Zum Zustimmungserfordernis bei Abwesenheitsverhandlungen vgl 4ff zu § 234a; 26 zu § 251.

5 Die **Zustimmung** muss grundsätzlich ausdrücklich erklärt werden, kann aber auch in schlüssigem Verhalten liegen (Bay aaO; Stuttgart JR **77**, 343, 344 mit Anm Gollwitzer; SK-Frisch 22). Die ausdrückliche Zustimmung muss nach § 273 I im Protokoll beurkundet werden, die stillschweigende nicht (dort 7, 8). Wenn Prozessbeteiligte ihr Recht zum Widerspruch nicht kennen, müssen sie darüber belehrt werden, dass sie nicht zuzustimmen brauchen. Die nachträgliche Einholung der Zustimmung ist zulässig. Ausgeschlossen ist der Widerruf der Zustimmung.

6 B. **Ohne Zustimmung der Prozessbeteiligten** darf das Protokoll nur verlesen werden, wenn folgende negativen Voraussetzungen erfüllt sind:

7 a) **Keine Ladung:** Der Zeuge oder Sachverständige darf zur Berufungsverhandlung nicht geladen worden sein. Von wem und auf wessen Veranlassung die Ladung erfolgt ist, spielt keine Rolle. Gleichgültig ist auch, ob die Ladung die Beweisperson erreicht (Celle NJW **61**, 1490, 1491) und weshalb sie der Ladung nicht Folge geleistet hat. Die bloße Gestellung des Zeugen oder Sachverständigen in der Hauptverhandlung steht der Ladung gleich (J. Meyer MDR **62**, 540).

8 Die **Abbestellung** eines von Amts wegen geladenen Zeugen steht der Nichtladung gleich, sofern der Angeklagte davon benachrichtigt worden ist, damit er selbst die Ladung vornehmen oder beantragen kann (Bay **57**, 99; Stuttgart JR **77**, 343).

9 b) **Kein Antrag auf Ladung:** Die Verlesung ist ferner unzulässig, wenn der Angeklagte die Ladung der Beweisperson beantragt hatte. Er soll darauf vertrauen können, dass ihre Vernehmung auch stattfindet (Stuttgart JR **77**, 343 mit Anm Gollwitzer). Antrag iS der I Hs 2 ist jede Eingabe, die das Verlangen auf Vorladung der Auskunftsperson erkennen lässt und nicht nur hilfsweise gestellt ist (Hamburg NJW **62**, 880; zw Hanack JR **73**, 468 Fn 2). Anträge von Nebenbeteiligten, die die gleichen Rechte wie der Angeklagte haben, stehen gleich, auch Anträge des Verteidigers, nicht aber der StA, auch nicht der Privat- und Nebenkläger (SK-Frisch 18), der Erziehungsberechtigten und gesetzlichen Vertreter.

Berufung **§ 325**

Nur der **rechtzeitig vor der Hauptverhandlung** gestellte Ladungsantrag hindert die Verlesung. Rechtzeitig ist er, wenn das Gericht die Ladung, notfalls telefonisch (LR-Gössel 15; **aM** KK-Paul 5), ohne Verschiebung der Hauptverhandlung veranlassen kann. Auf die Erfolgsaussichten der Ladung (Krankheit des Zeugen uä) kommt es nicht an. Weshalb sie nicht bewirkt worden oder erfolglos geblieben ist, spielt ebenfalls keine Rolle. 10

C. **Verlesbar sind** nur die nach § 273 II, III gefertigten Vernehmungsprotokolle aus der Hauptverhandlung des 1. Rechtszugs, in der das Urteil ergangen ist (KK-Paul 4, 8), nicht Protokolle aus einer ausgesetzten oder sonst vorangegangenen Hauptverhandlung oder aus einer kommissarischen Vernehmung (Bay **57**, 132; StV **90**, 399; Hamm JMBlNW **63**, 214). Schriftstücke, auf die sich der Zeuge bei seiner Vernehmung bezogen hat, dürfen mitverlesen werden (Hamm DAR **56**, 166), nicht aber die ihm vorgehaltenen Protokolle über Vernehmungen im Vorverfahren (SK-Frisch 9). Die Verletzung wesentlicher Formvorschriften macht die Sitzungsniederschrift unverwertbar (Stuttgart NJW **70**, 343; KK-Paul 8), nicht jedoch der Umstand, dass der Zeuge ein Weigerungsrecht nach §§ 52 ff hat, von dem er im 1. Rechtszug keinen Gebrauch gemacht hatte (RG JW **27**, 1492; KK-Paul 10). Ist es erst nach der Vernehmung entstanden oder teilt der Zeuge dem Berufungsgericht mit, dass er nunmehr die Aussage verweigern wolle, so darf die Niederschrift dagegen nicht verlesen werden. 11

D. Die **Sachaufklärungspflicht** (§ 244 II) kann zum Absehen von der Urkundenverlesung und zur persönlichen Anhörung der Beweisperson zwingen (Bay NJW **67**, 312; Koblenz StV **82**, 65, 66; VRS **63**, 130, 133; Saarbrücken OLGSt § 244 S 28, 30; vgl § 323 II). Bei Aussagen von prozessentscheidender Bedeutung kommt eine Verlesung nicht in Betracht (Celle StV **94**, 474 L; Düsseldorf StraFo **08**, 208: bei „Aussage gegen Aussage", vgl 11a zu § 261; Zweibrücken NStZ **92**, 147 mwN). Das Gleiche gilt, wenn Zweifel daran bestehen, ob die Aussage richtig protokolliert worden ist (Köln GA **70**, 248), wenn einander widersprechende Zeugenaussagen zu beurteilen sind (Frankfurt StV **87**, 524; Koblenz StV **82**, 65), wenn das Berufungsgericht die Glaubwürdigkeit des Zeugen anders beurteilen will als der 1. Richter (Bay **72**, 227; StV **92**, 152) und wenn der persönliche Eindruck des Zeugen für die Entscheidung von Bedeutung ist. Dass auch sonst nur die Protokolle über die Aussagen nebensächlicher Zeugen oder Sachverständiger verlesen werden dürfen (Zweibrücken NJW **82**, 117; KK-Paul 2), ist dem Gesetz, auch § 244 II, aber nicht zu entnehmen (SK-Frisch 24). Nach den Erfordernissen der Sachaufklärung ist auch der Antrag zu bescheiden, den im 1. Rechtszug vernommenen Zeugen oder Sachverständigen unter Verzicht auf die Verlesung nach I Hs 2 in der Berufungsverhandlung erneut zu hören. 12

3) **Vereidigung:** Das Berufungsgericht muss nach der Verlesung über die Frage der Vereidigung eines im 1. Rechtszug uneidlich vernommenen Zeugen oder Sachverständigen neu entscheiden (Hamm NJW **65**, 1344; MDR **80**, 953). Dabei bedarf es aber nicht stets einer förmlichen Beschlussfassung, jedenfalls dann nicht, wenn der Zeuge oder Sachverständige unvereidigt geblieben ist (Regelfall). Ist der Zeuge oder Sachverständige zu vereidigen, so muss er geladen oder kommissarisch vernommen und vereidigt werden. 13

War der Zeuge **im 1. Rechtszug verbotswidrig vereidigt** worden, so darf die verlesene Aussage nach entsprechendem Hinweis an die Beteiligten als uneidliche gewertet werden (vgl 30 zu § 60). 14

4) Die **Revision** kann auf Verlesung einer Sitzungsniederschrift unter Verstoß gegen I Hs 2 gestützt werden. Mit der Aufklärungsrüge (§ 244 II) kann geltend gemacht werden, dass statt der Verlesung die persönliche Anhörung der Beweisperson hätte erfolgen müssen (SK-Frisch 34). 15

Schlussvorträge

326 ¹Nach dem Schluß der Beweisaufnahme werden die Staatsanwaltschaft sowie der Angeklagte und sein Verteidiger mit ihren Ausführungen und Anträgen, und zwar der Beschwerdeführer zuerst, gehört. ²Dem Angeklagten gebührt das letzte Wort.

1 1) **Die Reihenfolge der Schlussvorträge** regelt S 1 abweichend von § 258 I dahin, dass der Beschwerdeführer zuerst gehört wird. Von mehreren Beschwerdeführern hält derjenige den Schlussvortrag zuerst, der das Urteil am weitestgehenden angefochten hat; bei gleichartiger Anfechtung gilt § 258 I (KK-Paul 1). StA und Nebenkläger (§ 397 I S 2) haben das Recht zur Erwiderung (§ 258 II Hs 1, 332); erg 8 zu § 258.

2 2) Das **letzte Wort** (19 ff zu § 258) gebührt nach S 2 stets dem anwesenden Angeklagten. Das gilt auch, wenn vorher der Verteidiger einen Schlussvortrag gehalten hat; § 258 III ist anzuwenden (§ 332). Das letzte Wort müssen auch die anwesenden Nebenbeteiligten (Einl 73) im Rahmen ihrer Beteiligung erhalten, und zwar vor dem Angeklagten (erg 23 zu § 258).

3 3) **Revision:** S 1 ist eine nicht revisible Ordnungsvorschrift (RG 64, 133; Oldenburg NJW 57, 839). Dagegen kann ein Verstoß gegen S 2 die Revision begründen (Bay 01, 105; Hamm StV 00, 298). Wie im Fall des § 258 III (dort 18) ist ein Beruhen des Urteils auf dem Verfahrensmangel idR nicht auszuschließen.

Umfang der Urteilsprüfung

327 Der Prüfung des Gerichts unterliegt das Urteil nur, soweit es angefochten ist.

1 1) **Bei jeder Berufung,** auch wenn sie nach § 318 wirksam beschränkt ist, hat das Berufungsgericht die Zulässigkeit des Rechtsmittels (1 zu § 322) und das Vorliegen der Prozessvoraussetzungen (Einl 141 ff) zu prüfen.

2 2) **Bei unbeschränkter Berufung** ist die gesamte Tat iS des § 264 Gegenstand des Berufungsverfahrens (1 vor § 312). Die von dem 1. Gericht unter Verstoß gegen § 264 nicht abgeurteilten Tatteile muss das Berufungsgericht in das Urteil einbeziehen (Düsseldorf NJW 83, 767; Meyer-Goßner JR 85, 452; vgl auch Bay 86, 100 = OLGSt Nr 1); denn durch das 1. Urteil wird der Prozessstoff nicht begrenzt. Auch die nach dem 1. Urteil begangenen Teilakte einer Dauerstraftat sind in die Verurteilung aufzunehmen (SK-Frisch 7; vgl 10 zu § 331).

3 Das Berufungsgericht **prüft das 1. Urteil** nicht lediglich auf Rechtsfehler, sondern entscheidet ohne Bindung an die Berufungsbegründung (§ 317), aber in den durch das Verschlechterungsverbot des § 331 gezogenen Grenzen über alle Tat- und Rechtsfragen nach dem Ergebnis der Berufungsverhandlung als 2. Tatsacheninstanz (1 vor § 312). Die tatsächlichen Feststellungen des 1. Urteils darf es nicht einfach übernehmen, auch wenn der Beschwerdeführer sie nicht angreift (Hamm VRS 39, 278) oder (bei Berufung der StA) der Angeklagte sich ihnen durch Rechtsmittelverzicht „unterworfen" hat (Bay MDR 74, 250).

4 Hatte das 1. Gericht einen verfahrensrechtlich (§ 264) **selbstständigen Straffall übersehen,** der Gegenstand des Eröffnungsbeschlusses ist, und fehlt es daher insoweit an einer erstinstanzlichen Entscheidung, so darf das Berufungsgericht sie nicht nachholen; die Sache ist in diesem Umfang noch beim AG anhängig (BGH 46, 130; NStZ 93, 551; Stuttgart Justiz 14, 198; SK-Frisch 5; Meyer-Goßner JR 85, 452; aM Bay 99, 29; erg 1 zu § 352).

5 3) **Bei wirksam beschränkter Berufung** (§ 318) hat das Berufungsgericht die eingetretene Teilrechtskraft und (bei horizontaler Teilanfechtung) die Bindungswirkung der nicht angefochtenen Feststellungen zu beachten (Einl 187; 31 zu § 318). Es kann und darf diejenigen Entscheidungsteile nicht prüfen, deren

Nachprüfung der Beschwerdeführer nicht verlangt (BGH **29**, 359, 364) oder mangels Beschwer nicht verlangen kann (Bay VRS **72**, 76). Das gilt auch für die sog doppelrelevanten Tatsachen, die sowohl dem angefochtenen als auch dem nicht angefochtenen Urteilsteil zugrunde liegen (BGH **24**, 274, 275; NStZ **81**, 448; erg 20 zu § 353), auch zB für solche, aus denen sich das Vorliegen eines Regelbeispiels nach § 243 I S 2 Nrn 1, 2, 4 StGB ergibt (BGH **29**, 359; Köln StraFo **01**, 93; erg aber 14 zu § 318).

Bei der **auf den Rechtsfolgenausspruch beschränkten Berufung** darf das **6** Berufungsgericht daher zur Schuldfrage (zum Mitverschulden vgl Bay DAR **87**, 315 [B]) zwar zusätzliche (Celle VRS **42**, 20; Köln VRS **32**, 344), aber keine abweichenden Feststellungen treffen (BGH **10**, 71; KG VRS **25**, 130; Hamburg VRS **25**, 351; Hamm NJW **68**, 998; VRS **37**, 295; **41**, 103; Koblenz VRS **70**, 14). Es darf zB bei einem rechtskräftigen Schuldspruch keine abweichenden Feststellungen über die Schuldart (Hamm VRS **13**, 363: Verurteilung wegen Fahrlässigkeit, wenn 1. Urteil die Schuldart offen lässt; Frankfurt NStZ-RR **97**, 45: keine Verurteilung wegen bedingten Vorsatzes statt wegen Fahrlässigkeit), über die Vorsatzart (BGH **10**, 71; **30**, 340, 343; Bay VRS **63**, 280), über den Grad des Fahrlässigkeitsvorwurfs (BGH **10**, 71; Celle VRS **42**, 20), über das Maß der Pflichtwidrigkeit (Bay VRS **60**, 211; Hamm VRS **41**, 103), den Beweggrund der Tat (Hamburg VRS **25**, 351; aM Koblenz VRS **47**, 256) oder die festgestellte Schadenshöhe (BGH **30**, 340, 343; NStZ **81**, 448) oder über doppelrelevante Tatsachen (KG StraFo **13**, 289) treffen. Das Berufungsgericht darf nicht entgegen dem Ersturteil eine vorverlegte Schuld *(actio libera in causa)* annehmen (Bay **94**, 9; Stuttgart Justiz **96**, 26); umgekehrt darf es auch von den Feststellungen zur Frage der vorverlegten Schuld nicht abweichen (Bay **68**, 70; Hamm VRS **37**, 295; Koblenz MDR **72**, 622), ebenso wenig von denen zur Schuldfähigkeit nach § 20 StGB (Bay aaO, Hamm JMBlNW **73**, 141). Auch die dem rechtskräftigen Schuldspruch zugrunde liegenden Feststellungen, die das Tatgeschehen lediglich näher beschreiben, binden den Richter, der erneut über die Strafzumessung zu entscheiden hat (BGH **30**, 340; erg 20a–20d, 21 zu § 353). Tatrichterliche Feststellungen zum gewerbsmäßigen Handeln entfalten im Falle der wirksamen Berufungsbeschränkung auf den Rechtsfolgenausspruch keine Bindungswirkung, sofern sie nicht als Qualifikationstatbestand, sondern als bloße Strafzumessungsregel ausgestaltet sind (Bamberg StraFo **18**, 159 zu § 263 III S 2 Nr 1 1. Alt StGB; vgl auch BGH NJW **17**, 2847 zu § 95 III S 2 Nr 2 b AMG).

Auf das **Prozessgeschehen** bezieht sich die Bindung nicht (Hamm VRS **68**, **7** 441: Inhalt der Einlassung des Angeklagten).

Ist gegen den nach § 20 StGB freigesprochenen Angeklagten eine **Sicherungs-** **8** **maßregel nach § 64 oder § 69 StGB** angeordnet worden, so muss das Berufungsgericht ohne Bindung an die Feststellungen des 1. Urteils das Vorliegen einer rechtswidrigen Tat (BGH NStZ **89**, 84; Bay **84**, 74 = NStZ **85**, 90; Hamm NJW **56**, 560) und die Schuldunfähigkeit des Angeklagten selbstständig nachprüfen (Bay **77**, 80; **78**, 1; SK-Frisch 21; Meyer-Goßner DRiZ **89**, 55; erg 24 zu § 318; 22 zu § 331).

4) Revision: Das Revisionsgericht prüft von Amts wegen, ob das Berufungsge- **9** richt über alle Bestandteile des 1. Urteils entschieden hat, die von der Berufung erfasst worden sind (4 zu § 352). Hat das Berufungsgericht in Verkennung der Berufungsbeschränkung oder der Bindungswirkung der nicht angefochtenen Urteilsfeststellungen über die Schuldfrage neu entschieden, so ist das Urteil auch ohne ausdrückliche Rüge auf die Revision aufzuheben (Bay **57**, 107; **78**, 1; VRS **60**, 211; Bremen JZ **58**, 546; Hamm NJW **68**, 998; Oldenburg NJW **59**, 1983; **aM** Hamm NStZ-RR **10**, 345 bei fehlender Beschwer des Angeklagten; erg 4 zu § 352).

§ 328

Inhalt des Berufungsurteils

328 ¹ Soweit die Berufung für begründet befunden wird, hat das Berufungsgericht unter Aufhebung des Urteils in der Sache selbst zu erkennen.

II Hat das Gericht des ersten Rechtszuges mit Unrecht seine Zuständigkeit angenommen, so hat das Berufungsgericht unter Aufhebung des Urteils die Sache an das zuständige Gericht zu verweisen.

1 1) Die **Entscheidungsmöglichkeiten des Berufungsgerichts** regelt die Vorschrift. Sie setzt eine zulässige Berufung (unzulässige Berufungen werden nach §§ 319, 322, in der Hauptverhandlung durch Urteil nach § 260 I verworfen) und das Fehlen von Prozesshindernissen voraus, das in der Hauptverhandlung idR zum Einstellungsurteil nach § 260 III führt (vgl Einl 154). Die Möglichkeit der Verfahrenseinstellung nach §§ 153 ff lässt § 328 unberührt. Die Vorschrift wird durch § 329 I ergänzt.

2 2) **Eigene Sachentscheidung des Berufungsgerichts (I).** Führt die Berufungsverhandlung zum selben Ergebnis wie die Verhandlung im 1. Rechtszug, so muss die Berufung mit der Kostenentscheidung nach § 473 I als unbegründet verworfen werden; die bloße Wiederholung des 1. Urteils genügt nicht (Saarbrücken VRS **28**, 439). Wird bei einer Verbindung einer Berufungssache mit einer erstinstanzlichen (8 zu 4) die Urteilsgewalt des AG überschritten, so wird die Berufung nicht verworfen, sondern das 1. Urteil, das durch die neue erstinstanzliche Entscheidung gegenstandslos wird, aufgehoben (BGH NStZ **86**, 210 [Pf/M]). Wenn und soweit das Berufungsgericht zu einer abweichenden Entscheidung gelangt, die durch bloße Änderung des Urteilsausspruchs nicht klargestellt werden kann, hebt es das Urteil auf und erlässt ein eigenes Urteil, dessen Kosten- und Auslagenentscheidung sich auf das gesamte bisherige Verfahren im 1. und 2. Rechtszug beziehen muss (Hamburg NJW **71**, 2183, 2185); ggf ist eine neue Entscheidung nach § 268a (dort 2) und nach § 8 **StrEG** (dort 15) zu treffen. Auch bei Teilerfolg der Berufung kann es zur Klarstellung zweckmäßig sein, das Urteil in vollem Umfang aufzuheben und neu zu fassen (vgl § 329 VI Hs 1). Über mehrere Berufungen (zB der StA und des Angeklagten) ist, von den Fällen der §§ 322, 329 I abgesehen, durch ein und dasselbe Urteil zu entscheiden (RG **67**, 250; Karlsruhe Justiz **80**, 484), wobei die Verwerfung der einen Berufung und die Urteilsaufhebung oder -änderung auf Grund der anderen möglich ist; bei neuer Gesamtstrafenbildung durch das LG darf aber nur *eine* Gesamtstrafe verhängt werden (dazu im Einzelnen Meyer-Goßner/Cierniak NStZ **00**, 611). Nach Verwerfung der Berufung des Angeklagten und Aufhebung des Urteils auf die zuungunsten des Angeklagten eingelegte Berufung der StA bildet die zunächst verhängte Strafe aber für die neue Berufungsverhandlung keine Strafuntergrenze (BGH 4 StR 442/93 vom 17.8.1993). Hielt das AG die angeklagte Tat für nicht erwiesen und hat es wegen einer nichtangeklagten Tat verurteilt, ist unter Aufhebung des Ersturteils freizusprechen; daneben ist das AG (ohne Anklage) geführte Verfahren einzustellen (BGH **46**, 130; Bay **99**, 29; KG StraFo **12**, 375). Für die Abfassung der Urteilsgründe gilt § 267; Bezugnahmen auf das 1. Urteil sind in gewissem Umfang zulässig (2 zu § 267). Die Liste der angewendeten Vorschriften (§ 260 V S 1) stellt das Berufungsgericht bei Abänderung des 1. Urteils selbst auf, soweit nicht die Ergänzung oder Berichtigung der Liste des 1. Richters ausreicht.

3 3) Eine **Ergänzung des Urteils** ist zulässig und verstößt nicht gegen § 331, wenn es der 1. Richter unterlassen hat, bei tatmehrheitlicher Verurteilung eine Einzelstrafe (BGH **4**, 345; NJW **79**, 936; BGH NStZ-RR **16**, 251 L; 1 StR 26/15 vom 30.4.2015; Frankfurt NJW **73**, 1057; Köln VRS **62**, 283, 285) oder die Tagessatzhöhe (§ 40 I S 2 StGB) einer Einzelgeldstrafe festzusetzen (BGH VRS **60**, 192; Bay DAR **80**, 262 [R]; D. Meyer MDR **78**, 894; aM Hamm MDR **78**, 420; LG Würzburg MDR **79**, 421; vgl auch BGH **30**, 93); eine Ergänzung scheidet

1468 *Schmitt*

aber aus, wenn insoweit schon Rechtskraft eingetreten ist (BGH 4 StR 348/98 vom 5.11.1998).

4) Die **Zurückverweisung der Sache an das AG** lässt das Gesetz seit der 4 Streichung des früheren II durch das StVÄG 1987 grundsätzlich nicht mehr zu. Das Berufungsgericht muss somit auch dann in der Sache selbst entscheiden, wenn grobe Verfahrensfehler dem Angeklagten im 1. Rechtszug die Verteidigungsmöglichkeiten in erheblichem Umfang verkürzt haben (Karlsruhe NStZ-RR **14**, 17) oder wenn absolute Revisionsgründe vorliegen würden (LG Zweibrücken MDR **91**, 894) oder wenn vom AG nach § 154a ausgeschiedene Verfahrensteile wieder einbezogen werden sollen (Karlsruhe NZV **05**, 212). Eine Zurückverweisung ist aber zulässig, wenn das AG aus Rechtsirrtum von einer Sachentscheidung abgesehen hat, so bei irrtümlicher Annahme des nicht genügend entschuldigten Ausbleibens nach § 412 (dort 10) oder bei Verfahrenseinstellung wegen eines (nicht vorliegenden) Verfahrenshindernisses (Hamm NStZ **10**, 295; Koblenz NStZ **90**, 296; Stuttgart NStZ **95**, 301).

5) Die **Verweisung an das zuständige Gericht (II)** ist bei örtlicher oder 5 sachlicher Unzuständigkeit des 1. Richters zwingend vorgeschrieben. Voraussetzung ist allerdings, dass der Angeklagte in der Berufungshauptverhandlung erscheint (vgl 8 aE zu § 329); dann geht II dem I – ausnahmslos (Meyer-Goßner Schlüchter-GS 532 Fn 58) – vor. Die bloße Unzuständigkeit nach dem Geschäftsverteilungsplan des AG ist nach allgM unbeachtlich. Die Verweisung erfolgt durch Urteil (BGH **26**, 106, 108), in dem zugleich das 1. Urteil aufzuheben ist. Auch ohne ausdrückliche Aufhebung entfällt dieses Urteil notwendigerweise von selbst (BGH **21**, 245). Der verweisende Teil des Urteils braucht nicht den Formerfordernissen des § 270 II zu genügen (Koblenz GA **77**, 374; LG Verden NJW **74**, 759, 761; Gollwitzer JR **78**, 477).

War allerdings **Teilrechtskraft eingetreten,** ist also etwa der Schuldspruch des 5a Urteils des AG rechtskräftig geworden, so steht dies – entgegen der bisherigen hM – der Verweisung grundsätzlich entgegen. Das gilt sowohl, wenn die Teilrechtskraft durch eine wirksame Berufungsbeschränkung als auch, wenn sie durch eine teilweise Urteilsaufhebung durch das Rechtsmittelgericht herbeigeführt worden ist (die durch BGH StraFo **10**, 203 vorgenommene Differenzierung, wonach dies nur im letzteren Fall gelten soll, ist inkonsequent und unhaltbar; vgl dazu Meyer-Goßner Pv 99). Etwas anderes gilt nur, wenn sich die Unzuständigkeit des AG aus dem Urteil des AG selbst ergibt, zB bei Verurteilung wegen eines Staatsschutzdelikts, wofür nach § 74a GVG die Staatsschutzkammer des LG zuständig ist (KG StV **13**, 555; vgl zum Ganzen eingehend Meyer-Goßner Pv 95 und Volk-FS 462 ff; erg Einl 151 ff).

A. Die **örtliche Unzuständigkeit** des 1. Gerichts berücksichtigt das Beru- 6 fungsgericht ohne besonderen Einwand (Bay **87**, 33), falls der Angeklagte sie im 1. Rechtszug rechtzeitig (§ 16 S 3) geltend gemacht hatte. Nimmt er den Einwand nicht zurück, so verweist das Berufungsgericht die Sache an das örtlich zuständige Gericht, auch wenn es sich nicht zu seinem Bezirk gehört (Hamm wistra **06**, 37; SK-Frisch 18; **aM** KMR-Brunner 24). Erg 6 zu § 355.

B. Die **sachliche Unzuständigkeit** des 1. Gerichts, die das Berufungsgericht 7 von Amts wegen zu beachten hat (§ 6; vgl aber 8 zu § 329), zwingt nur dann zur Zurückverweisung, wenn der Strafrichter seine Kompetenz überschritten hat (Hegmann NStZ **00**, 577); die Unterschreitung der sachlichen Zuständigkeit ist wegen § 269 kein Zurückverweisungsgrund, es sei denn, die Annahme der Zuständigkeit sei willkürlich (Koblenz StV **96**, 588; vgl 8 zu § 269). II erfasst nicht nur den Fall des im 1. Rechtszug unterlaufenen Rechtsirrtums über die sachliche Zuständigkeit, also etwa die irrtümliche Verhandlung vor dem Strafrichter, obwohl die Sache zum SchG angeklagt war (Naumburg NStZ **96**, 248); II gilt vielmehr auch dann, wenn sich die Unzuständigkeit erst auf Grund der Beweisaufnahme in der Berufungsverhandlung herausstellt (BGH StraFo **10**, 203). Entscheidend ist immer, ob der 1. Richter nach der objektiven Rechtslage, wie sie sich dem Berufungsgericht darstellt, zuständig war oder nicht (RG aaO; LR-Gössel 25). Die Verweisung der Sache an ein höheres Gericht zur Aburteilung wegen einer schwereren Straftat setzt voraus, dass der Angeklagte dieser Tat hinreichend verdächtig ist (Bay **77**, 143 = JR **78**, 474 mit zust Anm Gollwitzer; vgl auch Bay **99**, 175 = NStZ-RR **00**, 177 zur Verweisung wegen § 63 StGB).

8 Die **Zuständigkeit der Jugendgerichte** steht der sachlichen Zuständigkeit gleich (Oldenburg NJW **81**, 1384 mit Anm Rieß NStZ **81**, 304). Erg 13 ff zu § 6a.

9 C. Die **sachliche Zuständigkeit des Berufungsgerichts** geht nicht weiter als die des 1. Richters (BGH **31**, 63, 66; **34**, 159, 160; 204, 206; NJW **70**, 155; Celle StraFo **18**, 120; Hamm JMBlNW **90**, 91 zur Anordnung der Unterbringung nach § 63 StGB; 4 zu § 6). Hält die kleine StrK eine Rechtsfolge für erforderlich, die das AG gemäß § 24 II GVG nicht anordnen durfte und steht das Verschlechterungsverbot (§ 331) der Anordnung nicht entgegen (vgl dazu BGH **31**, 63; NStZ **85**, 208 [Pf/M]; **91**, 122 [M/K]; NStE Nr 7: Beschränkung der Berufung der StA auf den Strafausspruch), so muss sie die Sache an die große StrK zur erstinstanzlichen Verhandlung verweisen (Bay StraFo **00**, 230).

10 Die Möglichkeit, sogleich selbst als **Gericht des 1. Rechtszuges** zu verhandeln, die von der Rspr als zulässig angesehen wurde, besteht nunmehr, nachdem die Zuständigkeit der großen StrK als Berufungsgericht durch das RpflEntlG beseitigt worden ist (vgl § 76 I S 1 GVG), nicht mehr; die kleine StrK ist stets nur Berufungsgericht. Das gilt auch für die erweiterte kleine StrK nach § 76 VI GVG (SSW-Brunner 25; erg 15 zu § 76 GVG); sie kann nicht als erstinstanzliche große StrK weiterverhandeln (vgl Steinmetz JR **93**, 232).

11 Die Problematik kann jetzt somit **nur noch bei der großen JugK** auftreten, wenn diese als Berufungsgericht (§ 33b I **JGG**) das Vorliegen einer Schwurgerichtssache bejaht (§ 41 I Nr 1 **JGG**) oder wenn in einer gegen Jugendliche und Erwachsene verbundenen Strafsache für den Erwachsenen die große StrK zuständig wäre (§ 41 I Nr 3 **JGG**), ferner in Jugendschutzsachen und in Fällen des § 108 III **JGG**. Im ersteren Fall wird eine Überleitung schon deswegen ausscheiden, weil die große JugK als Berufungsgericht idR in der Besetzung mit nur 2 Berufsrichtern, als SchwurG jedoch mit 3 Berufsrichtern entscheidet (§ 33b II **JGG;** erg 13 zu § 76 GVG); auch in den anderen Fällen sollte besser eine Verweisung an die große JugK als Gericht 1. Instanz erfolgen, um die nach § 33b II **JGG** erforderliche Entscheidung über die Mitwirkung des 3. Richters nicht im Berufungsverfahren zu treffen. Von der Möglichkeit der Überleitung eines Berufungs- in ein erstinstanzliches Verfahren sollte somit auch beim jugendgerichtlichen Verfahren abgesehen werden (zust SK-Frisch 30; AnwK-Rotsch/Gasa 10; ebenso SSW-Brunner 26; SK-Degener 45 zu § 24 GVG; im Ergebnis auch Jena NStZ-RR **03**, 139, aber ohne Erörterung der Problematik); der BGH hat allerdings hieran bisher festgehalten (BGHR § 328 I Überleitung 2; BGH NStZ **10**, 94).

12 Hat die kleine StrK die **Beschränkung der Rechtsfolgenkompetenz nicht beachtet,** so hebt das OLG auf Revision das Urteil mangels Zuständigkeit der kleinen StrK auf. Eine notwendige Gesamtstrafenbildung nach § 55 StGB, die die Strafgewalt des Berufungsgerichts überschreitet, ist im Verfahren nach § 460 vorzunehmen (vgl BGH **34**, 204, 206; NStZ **90**, 29 [M]).

13 D. **Folgen der Verweisung:** Die Rechtshängigkeit geht mit dem Erlass des Verweisungsurteils auf das Gericht über, an das verwiesen wird. Das angefochtene Urteil entfällt damit (BGH StraFo **10**, 203). Eine Rücknahme der Berufung ist danach ausgeschlossen (BGH **34**, 204), vor der Verweisung aber nicht. Zur Teilrechtskraft vgl 5a; zur Frage des Verschlechterungsverbots vgl 4a zu § 331. Die Verweisung bindet das Gericht nicht, an das verwiesen worden ist. Ggf muss es nach §§ 225a, 270 verfahren oder sich für unzuständig erklären (LR-Gössel 34).

14 6) Mit der **Revision** ist jedes Berufungsurteil anfechtbar, auch das Verweisungsurteil nach II (1 zu § 333). Der Verstoß gegen II ist von Amts wegen zu beachten

Berufung **§ 329**

(aM offenbar Hamm NStZ-RR 09, 379, das erörtert, ob eine Verfahrensrüge erhoben werden muss oder die Sachrüge genügt) und führt zur Verweisung an das zuständige Gericht (Brandenburg NStZ **01**, 611 mit zust Anm Meyer-Goßner; KMR-Brunner 28; erg 8 zu § 269). Eine ungerechtfertigte Zurückverweisung (oben 4) beschwert den Angeklagten und begründet damit die Revision (Karlsruhe NStZ-RR **05**, 208; **14**, 17), ebenso eine ungerechtfertigte Verweisung (oben 5 ff; Brandenburg NStZ-RR **09**, 57 L; Hamm aaO).

Ausbleiben des Angeklagten; Vertretung in der Berufungshauptverhandlung

329 I [1] Ist bei Beginn eines Hauptverhandlungstermins weder der Angeklagte noch ein Verteidiger mit nachgewiesener Vertretungsvollmacht erschienen und das Ausbleiben nicht genügend entschuldigt, so hat das Gericht eine Berufung des Angeklagten ohne Verhandlung zur Sache zu verwerfen. [2] Ebenso ist zu verfahren, wenn die Fortführung der Hauptverhandlung in dem Termin dadurch verhindert wird, dass

1. sich der Verteidiger ohne genügende Entschuldigung entfernt hat und eine Abwesenheit des Angeklagten nicht genügend entschuldigt ist oder der Verteidiger den ohne genügende Entschuldigung nicht anwesenden Angeklagten nicht weiter vertritt,
2. sich der Angeklagte ohne genügende Entschuldigung entfernt hat und kein Verteidiger mit nachgewiesener Vertretungsvollmacht anwesend ist oder
3. sich der Angeklagte vorsätzlich und schuldhaft in einen seine Verhandlungsfähigkeit ausschließenden Zustand versetzt hat und kein Verteidiger mit nachgewiesener Vertretungsvollmacht anwesend ist.

[3] Über eine Verwerfung wegen Verhandlungsunfähigkeit nach diesem Absatz entscheidet das Gericht nach Anhörung eines Arztes als Sachverständigen. [4] Die Sätze 1 bis 3 finden keine Anwendung, wenn das Berufungsgericht erneut verhandelt, nachdem die Sache vom Revisionsgericht zurückverwiesen worden ist.

II [1] Soweit die Anwesenheit des Angeklagten nicht erforderlich ist, findet die Hauptverhandlung auch ohne ihn statt, wenn er durch einen Verteidiger mit nachgewiesener Vertretungsvollmacht vertreten wird oder seine Abwesenheit im Fall der Verhandlung auf eine Berufung der Staatsanwaltschaft nicht genügend entschuldigt ist. [2] § 231b bleibt unberührt.

III Kann die Hauptverhandlung auf eine Berufung der Staatsanwaltschaft hin nicht ohne den Angeklagten abgeschlossen werden oder ist eine Verwerfung der Berufung nach Absatz 1 Satz 4 nicht zulässig, ist die Vorführung oder Verhaftung des Angeklagten anzuordnen, soweit dies zur Durchführung der Hauptverhandlung geboten ist.

IV [1] Ist die Anwesenheit des Angeklagten in der auf seine Berufung hin durchgeführten Hauptverhandlung trotz der Vertretung durch einen Verteidiger erforderlich, hat das Gericht den Angeklagten zur Fortsetzung der Hauptverhandlung zu laden und sein persönliches Erscheinen anzuordnen. [2] Erscheint der Angeklagte zu diesem Fortsetzungstermin ohne genügende Entschuldigung nicht und bleibt seine Anwesenheit weiterhin erforderlich, hat das Gericht die Berufung zu verwerfen. [3] Über die Möglichkeit der Verwerfung ist der Angeklagte mit der Ladung zu belehren.

V [1] Wurde auf eine Berufung der Staatsanwaltschaft hin nach Absatz 2 verfahren, ohne dass ein Verteidiger mit nachgewiesener Vertretungsvollmacht anwesend war, hat der Vorsitzende, solange mit der Verkündung des Urteils noch nicht begonnen worden ist, einen erscheinenden Angeklagten oder Verteidiger mit nachgewiesener Vertretungsvollmacht von dem wesentlichen Inhalt dessen zu unterrichten, was in seiner Abwesenheit verhandelt worden ist. [2] Eine Berufung der Staatsanwaltschaft kann in den Fällen des Absatzes 1

§ 329

Satz 1 und 2 auch ohne Zustimmung des Angeklagten zurückgenommen werden, es sei denn, dass die Voraussetzungen des Absatzes 1 Satz 4 vorliegen.

VI Ist die Verurteilung wegen einzelner von mehreren Taten weggefallen, so ist bei der Verwerfung der Berufung der Inhalt des aufrechterhaltenen Urteils klarzustellen; die erkannten Strafen können vom Berufungsgericht auf eine neue Gesamtstrafe zurückgeführt werden.

VII 1 Der Angeklagte kann binnen einer Woche nach der Zustellung des Urteils die Wiedereinsetzung in den vorigen Stand unter den in den §§ 44 und 45 bezeichneten Voraussetzungen beanspruchen. ²Hierüber ist er bei der Zustellung des Urteils zu belehren.

Übersicht

	Rn
1) Verwerfung der Berufung des unentschuldigt ausgebliebenen Angeklagten	1–34
A. Zweck der Vorschrift	2
B. Anwendungsbereich	3, 4
C. Hinderungsgründe	5
D. Voraussetzungen des Verwerfungsurteils (I, II, IV)	6–29
E. Verwerfungsurteil	30–34
2) Verhandlung auf Berufung der StA (II, V)	35–39
3) Wiedereinsetzung (VII)	40–44a
4) Vorführung oder Verhaftung (III)	45
5) Revision	46–50
A. Verfahrensvoraussetzungen	47
B. Prüfung durch das Revisionsgericht	48, 49
C. Aufhebung des Verwerfungsurteils	50

1 **1) Verwerfung der Berufung des unentschuldigt ausgebliebenen Angeklagten (I):** Die bisherige Fassung der Vorschrift sah eine Verwerfung der Berufung des Angeklagten auch dann vor, wenn für diesen ein vertretungsbereiter Verteidiger erschienen, eine Vertretung nach den Vorschriften der StPO aber nicht zulässig war. Nachdem der EGMR mit Urteil vom 8.11.2012 die Verwerfung der Berufung in diesen Fällen beanstandet hatte, da der Angeklagte „nicht seiner Rechte auf Verteidigung beraubt werden dürfe", die OLGe aber dem EGMR im Hinblick auf die gesetzliche Regelung in § 329 die Gefolgschaft verweigert hatten, sah sich der Gesetzgeber zur Neufassung des § 329 gezwungen, um künftig weitere Verurteilungen der BRD durch den EGMR zu vermeiden (zust Frisch NStZ **15**, 69 und Paeffgen-FS 589; krit Bartel DRiZ **15**, 176; Böse Paeffgen-FS 580). Dabei hat er zugleich einige bisher umstr Fälle mitgeregelt (I S 2).

2 A. Der **Zweck der Vorschrift** besteht darin, den Beschwerdeführer daran zu hindern, die Sachentscheidung über seine Berufung dadurch zu verzögern, dass er sich der Verhandlung entzieht (BGH **17**, 188; **23**, 331, 334; **25**, 281, 284; **27**, 236, 238). Die Berufung wird verworfen, gleichviel, ob der Angeklagte die auf seine Veranlassung anberaumte Berufungsverhandlung bewusst oder nur aus Nachlässigkeit versäumt (BGH **27**, 236, 239; **30**, 98, 99). Das Gesetz nimmt dabei aus Gründen der Verfahrensbeschleunigung in Kauf, dass ein unrichtiges Urteil allein wegen des unentschuldigten Ausbleibens des Angeklagten rechtskräftig wird (BGH **17**, 188, 189; **23**, 331, 335). Diese Ausnahme von dem Grundsatz, dass gegen einen abwesenden Angeklagten kein Urteil erlassen werden darf (§§ 230 I, 332), beruht auf der Unterstellung, dass der säumige Angeklagte an der Durchführung der Hauptverhandlung kein Interesse hat und auf das Rechtsmittel und damit auf eine sachliche Prüfung des angefochtenen Urteils verzichtet (BGH **15**, 287, 289; **24**, 143, 150; KG NJW **69**, 475; Koblenz NJW **75**, 322; Rosenau JR **00**, 82; **aM** LR-Gössel 77: Verwirkung der Berufung durch Säumnis); nach § 391 II besteht in einem rechtsähnlichen Fall eine Rücknahmevermutung (eingehend zur Problema-

tik Böse Paeffgen-FS 567). § 329 ist eine aufs engste auszulegende Ausnahmebestimmung (BGH **17**, 188, 189; Bay **75**, 30, 32; KG JR **69**, 270).

B. **Anwendungsbereich:** Die Verwerfung nach I ist nicht nur in der 1. Berufungsverhandlung zulässig und bei Vorliegen der gesetzlichen Voraussetzungen zwingend, sondern auch, wenn eine Verhandlung ausgesetzt war und dann eine neue Berufungsverhandlung beginnt (BGH **27**, 236, 239; Brandenburg wistra **12**, 43), oder wenn eine neue Verhandlung stattfindet, nachdem gegen ein Verwerfungsurteil Wiedereinsetzung nach VII bewilligt worden war (KK-Paul 24; Küper NJW **77**, 1276; JZ **78**, 207) oder nach vorläufiger Einstellung nach § 153a und Fortsetzung des Verfahrens (Düsseldorf MDR **87**, 517). Zur Geltung des § 329 bei Berufung des gesetzlichen Vertreters vgl § 330.

Nach **Zurückverweisung durch das Revisionsgericht (§§ 354 II, III, 355)** ist die Verwerfung – in der gesamten Berufungsinstanz (KG StraFo **13**, 469) – unzulässig (I S 4); denn auch ein säumiger Angeklagter soll nicht an einem Zwischenergebnis festgehalten werden, das vom Revisionsgericht für unrichtig erklärt worden ist. Da diese Folge aber nicht eintritt, wenn die Berufung schon durch das aufgehobene Urteil I verworfen worden war, kann in diesem Fall nach Zurückverweisung durch das Revisionsgericht erneut nach I verfahren werden (BGH **27**, 236; Oldenburg GA **93**, 462), vorausgesetzt, der Angeklagte wurde in der Ladung auf diese Ausnahme vom Wortlaut des I S 4 hingewiesen (Oldenburg StraFo **09**, 336). Eine Verwerfung scheidet aber wiederum aus, wenn das OLG – ebenso wie zuvor das LG – eine (teilweise) Entscheidung in der Sache selbst getroffen hatte (Stuttgart NStZ-RR **05**, 241). Das gilt auch, wenn das OLG ein Sachurteil allein aus verfahrensrechtlichen Gründen aufgehoben hatte (zw Oldenburg StraFo **09**, 114). Die Verhandlung auf Berufung der StA (unten 35 ff) schließt I S 4 ebenfalls nicht aus (Rieß NJW **75**, 89), desgleichen nicht eine erfolgreiche Sprungrevision, denn die Verurteilung beruht dann nicht auf dem beanstandeten, sondern auf dem neuen AG-Urteil (Gollwitzer JR **89**, 345). Die Vertretung durch einen mit nachgewiesener (siehe 5 zu § 234) Vertretungsvollmacht versehenen Verteidiger ist auch im Fall des I S 4 zulässig. Ist die Anwesenheit des Angeklagten hingegen zur Durchführung der Hauptverhandlung erforderlich, ist die Vorführung oder Verhaftung des Angeklagten anzuordnen (III).

C. **Keine Hinderungsgründe** für die Anwendung des I sind die fehlende Urteilszustellung (Bay NJW **94**, 1748), die Anordnung des persönlichen Erscheinens des Angeklagten nach § 236 (Bay **63**, 106), die Anwesenheit eines zwar verteidigungsbereiten, aber nicht vertretungsberechtigten und -willigen (unten 15) Verteidigers (Köln NStZ-RR **99**, 112) und die Abwesenheit des Verteidigers, dessen Mitwirkung nach § 140 notwendig ist (Bay **99**, 69; Hamm NJW **70**, 1245; SK-Frisch 41; **aM** Köln StraFo **16**, 416).

D. **Voraussetzungen des Verwerfungsurteils:**

a) Eine **zulässige Berufung** setzt I voraus. Ist sie unzulässig, so muss sie nach § 322 I S 2 verworfen werden; diese Entscheidung hat den Vorrang (BGH **30**, 98, 100; Meyer-Goßner NJW **78**, 528). Der Hinweis nach § 323 I S 2 umfasst auch diesen Fall der rein prozessualen Entscheidung („ohne Verhandlung zur Sache").

b) Das Fehlen einer **Prozessvoraussetzung** (Einl 141 ff) steht der Verwerfung nach I nur dann entgegen, wenn das betreffende Verfahrenshindernis erst in der Berufungsinstanz eingetreten ist. In diesem Fall ist keine Berufungs-, sondern eine Erstentscheidung zu treffen und daher das Verfahren nach § 206a bzw § 260 III einzustellen. Hatte das AG aber das Fehlen einer Prozessvoraussetzung übersehen, so muss dies unberücksichtigt bleiben, da das Berufungsgericht nur bei Erscheinen des Angeklagten oder eines mit nachgewiesener Vertretungsvollmacht erschienenen Verteidigers die Richtigkeit des amtsgerichtlichen Urteils überprüfen, also nur dann in eine Begründetheitsprüfung eintreten darf (KK-Paul 13; MüKoStPO-Kudlich Einl 396; SK-Frisch 39; SSW-Brunner 7; erg 6a zu § 206a). Eine Beschlussentscheidung über die Begründetheit der Berufung ist der StPO fremd.

§ 329
Drittes Buch. 3. Abschnitt

Demgegenüber wendet die Gegenmeinung auch in diesem Fall § 206a an (Hamburg NJW **12**, 631; Karlsruhe NJW **78**, 840; Stuttgart Justiz **64**, 64; LR-Stuckenberg **15** zu § 206a mwN; Paulus NStZ **01**, 445; offen gelassen von BGH NStZ **01**, 440) und verändert damit das Berufungsverfahren, das vom Angeklagten sein Erscheinen oder das eines vertretungswilligen Verteidigers in der Hauptverhandlung fordert, falls er nicht Gefahr laufen will, dass seine (zulässige) Berufung verworfen wird (Meyer-Goßner JR **82**, 391). Die Wirkung, ohne weiteres „zur Beendigung des ganzen Verfahrens zu führen" (Hamm JMBlNW **82**, 107; Köln GA **71**, 27), hat das Verfahrenshindernis nach richtiger Ansicht eben gerade nicht (BGH **16**, 115, 117; **22**, 213, 216); die ausdrückliche Entscheidung des Gesetzgebers, dass die Berufung unter den Voraussetzungen des § 329 I verworfen werden muss, kann nicht dahin umgedeutet werden, dass übersehene Verfahrenshindernisse doch berücksichtigt werden dürften (Duttge aaO; Meyer-Goßner Rieß-FS 334). Daher ist auch die Unzuständigkeit des 1. Richters nur bei Erscheinen des Angeklagten in der Hauptverhandlung von Amts wegen zu berücksichtigen (HK-Rautenberg 6; SK-Frisch 39 und 16 zu § 328; **aM** Celle NStZ **94**, 298 mit abl Anm Meyer-Goßner NStZ **94**, 402; erg 5 zu § 328), ebenso ein Verstoß gegen das Verschlechterungsverbot (SK-Frisch 39; **aM** Hamburg JR **89**, 345; ersteres stellt zu Unrecht auf die Teilrechtskraft ab, vgl dazu 2 zu § 331, letzterer auf I S 3 aF = VI nF, wo jedoch nur ein hier nicht einschlägiger Ausnahmefall geregelt ist).

9 c) Die **ordnungsgemäße Ladung des Angeklagten** in der durch §§ 216, 323 I S 1 vorgeschriebenen Form (2 ff zu § 216) setzt die Verwerfung nach I voraus (BGH **24**, 143, 149; Düsseldorf StV **82**, 127; **216**; Köln VRS **64**, 198). Ladungsmängel, die für das Ausbleiben nicht ursächlich sind, hindern die Verwerfung aber nicht (Düsseldorf StV **82**, 216, 217; Hamm NStZ-RR **08**, 380; **09**, 314; Zweibrücken JBlRP **01**, 250). Ordnungsgemäß ist die Ladung auch bei Zustellung an den Verteidiger nach § 145a II (dort 12; 3 zu § 323), nicht an sonstige Bevollmächtigte (Dresden StraFo **05**, 423). Die Ladung ist auch bei öffentlicher Zustellung nach § 40 ordnungsgemäß (Düsseldorf StV **82**, 127, 128; Frankfurt StV **83**, 233; Hamburg JR **82**, 122; Köln NStZ **59**, 42; unrichtig Frankfurt StV **78**, 392 mit abl Anm Meyer), sofern der Angeklagte nicht zur Tatzeit Jugendlicher war (Stuttgart StV **87**, 309; **aM** KG JR **06**, 301 mit abl Anm Eisenberg/Haeseler; LG Zweibrücken MDR **91**, 985); dabei berührt die fehlende Belehrung nach § 35a S 2 die Wirksamkeit der öffentlichen Ladung nicht, führt allerdings dazu, dass die Versäumung der Berufungshauptverhandlung nach VII iVm § 44 S 2 als unverschuldet anzusehen ist (Hamm NStZ **14**, 422). Ladung in deutscher Sprache genügt auch bei einem sprachunkundigen Ausländer (Bay NStZ **96**, 248; Köln NStZ-RR **15**, 317; Nürnberg NStZ-RR **10**, 286; **aM** LG Heilbronn StV **11**, 406 L; erg 3 zu § 184 GVG).

10 Die Ladung muss den **Hinweis auf die Folgen des Ausbleibens** (§ 323 I S 2) enthalten (dort 3). Dies gilt auch für die Ladung zum Fortsetzungstermin einer Berufungsverhandlung (Oldenburg StV **18**, 151). Sein Fehlen steht der Anwendung des I entgegen (Bay **75**, 30; **78**, 64; Düsseldorf MDR **87**, 868), sofern der Angeklagte nicht bereits durch den Hinweis nach § 35a S 2 über die Folgen seines Nichterscheinens ausführlich genug unterrichtet worden ist.

11 Die **Nichteinhaltung der Ladungsfrist** des § 217 I hindert die Verwerfung nicht (BGH **24**, 143; Bay **66**, 121; Saarbrücken VRS **44**, 190; offen gelassen von Frankfurt NStZ-RR **99**, 18), es sei denn, dass ein Aussetzungsantrag nach § 217 II schon vor der Hauptverhandlung schriftlich gestellt worden ist (vgl 7 zu § 217) und begründet ist. In der Durchführung der Berufungsverhandlung und der Verkündung des Verwerfungsurteils kann die Ablehnung des Aussetzungsantrages gesehen werden (Bay NStZ **82**, 172 L).

12 d) Ist unter Verstoß gegen § 140 II **kein Verteidiger bestellt** (Stuttgart StV **09**, 12) **oder** unter Verstoß gegen § 218 der **Verteidiger nicht geladen** worden (Bay StV **02**, 356 L; Köln VRS **98**, 138, 139), steht dies dem Erlass eines Verwerfungsurteils entgegen. Ein unentschuldigt nicht erschienener Angeklagter muss sich aber auch ein unentschuldigtes Nichterscheinen des ihn vertretenden Verteidigers zurechnen lassen (BT-Drucks 18/3562 S 69).

Auch das **verspätete Erscheinen** führt nicht zur Verwerfung, wenn bis zum 13 Eintreffen des Angeklagten das Verwerfungsurteil noch nicht ergangen ist. Wie in den Fällen des § 228 (dort 11) und des § 412 (dort 3) ist angemessene Zeit – idR 15 Minuten (BerlVerfGH NJW **04**, 1158; Bay DAR **87**, 315 [B]; Koblenz DAR **80**, 280) – zu warten, wobei es – entgegen früherer Rspr (Düsseldorf NStZ-RR **01**, 303; Frankfurt NStZ-RR **12**, 258). – nicht auf die angesetzte Terminsstunde, sondern auf den Aufruf der Sache ankommt (dazu Spitzer StV **16**, 49). Hat der Angeklagte erklärt, dass er sich unverschuldet verspäten werde, muss auch länger als 15 Minuten gewartet werden (KG NStZ-RR **02**, 218; VRS **123**, 291; Köln StraFo **04**, 143; **13**, 251; StV **14**, 209 L), idR aber nicht bei einer verschuldeten Verspätung (Hamm NStZ-RR **09**, 251 mit Anm Weidemann NStZ **10**, 472; Oldenburg NJW **09**, 1762), zu Ausnahmefällen vgl KG StraFo **13**, 427; Brandenburg StraFo **12**, 270; München VRS **113**, 117). Der Angeklagte ist erschienen, selbst wenn er außer der Einlassung zur Sache auch Angaben zur Person verweigert (**aM** LG Berlin NStZ-RR **97**, 338).

e) **Erscheinen eines Vertreters:** Ist das Verfahren durch einen Strafbefehl ein- 14 geleitet worden (also nicht im Fall des § 408 III S 2; Koblenz RPfleger **90**, 385), so kann sich der Angeklagte nach § 411 II S 1 (dort 4) auch in der Berufungsverhandlung vertreten lassen, selbst wenn nach § 236 sein persönliches Erscheinen angeordnet worden ist (Bay **69**, 212; **77**, 177; Celle NJW **70**, 906; Düsseldorf StV **85**, 52); die Verwerfung der Berufung nach I ist dann ausgeschlossen. Der Vertreter muss bei Beginn der Berufungsverhandlung erschienen sein, braucht aber ebenso wenig wie der Angeklagte Erklärungen zur Sache abzugeben oder Anträge zu stellen (vgl Oldenburg StV **18**, 148). Lediglich wenn konkrete Anhaltspunkte dafür vorliegen, dass er es gar nicht zu einer Sachverhandlung kommen lassen will, kommt eine Berufungsverwerfung trotz Vertretung des Angeklagten in Betracht (Hamm StV **18**, 150 mwN).

Dasselbe gilt nun auch dann, wenn die Vertretung durch den erschienenen 15 nach § 138 I, II gewählten Verteidiger (nicht Pflichtverteidiger und nicht sonstige Dritte, etwa der Beistand nach § 149) sonst nach den Vorschriften der StPO nicht zulässig ist. Der Verteidiger muss nicht nur – wie bisher – bei Beginn, sondern auch bei jedem Fortsetzungstermin erschienen sein (Frisch NStZ **15**, 70). Erforderlich ist zudem, dass die Vertretungsvollmacht des Verteidigers nachgewiesen ist. Der Nachweis kann durch schriftliche, aber auch durch die Übermittlung einer elektronischen (5 zu 234) Vollmacht erfolgen, wobei diese in derselben Urkunde bzw elektronischem Dokument wie die Verteidigervollmacht enthalten sein kann; die allgemeine (KG NStZ **16**, 234 mit zust Anm Mosbacher; **aM** Franzke StV **19**, 363, 365; zu Einzelheiten der Vertretungsvollmacht Spitzer StV **16**, 49) oder eine formlose (Hamburg StraFo **17**, 371; erg 5 zu 234) Vertretungsvollmacht genügen nicht, ebenso wenig, wenn die Vollmacht aufgrund einer mündlichen Ermächtigung durch den Angeklagten von dem bevollmächtigten Verteidiger selbst unterzeichnet wird (KG StraFo **18**, 71), auch nicht die Übermittlung per Telefax am Vortag an die allgemeine Posteingangsstelle des Gerichts (Köln StraFo **17**, 237). Ist eine Vertretungsvollmacht nachgewiesen, findet die Hauptverhandlung ohne den Angeklagten statt – auch wenn das persönliche Erscheinen des Angeklagten nach § 236 angeordnet worden war –, es sei denn, die Anwesenheit des Angeklagten ist erforderlich (dazu 15a, b 36). Der den Abgeklagten vertretende Verteidiger hat alle Angeklagtenrechte, einschließlich des letzten Worts nach § 258 II (erg 6 zu 411). II S 2 stellt klar, dass das Verwerfungsurteil nicht ergehen darf, wenn der Angeklagte wegen ordnungswidrigen Benehmens aus dem Sitzungssaal entfernt worden ist; § 231b geht § 329 vor (erg unten 36).

Zu prüfen ist somit zunächst, ob trotz der Vertretung durch einen Verteidiger 15a die **Anwesenheit des Angeklagten erforderlich** ist (II S 1; abl Sommer StV **16**, 56). Erforderlichkeit ist im Wege einer konventionsfreundlichen Auslegung nur

§ 329

anzunehmen, wenn die Anwesenheit des Angeklagten wirklich zur Urteilsfällung unerlässlich ist (Böhm aaO; zu den Einzelheiten vgl unten 36). Wird die Erforderlichkeit verneint, findet die Hauptverhandlung ohne den Angeklagten statt; allerdings kann sich auch noch im weiteren Verlauf der Hauptverhandlung die Erforderlichkeit ergeben (Frisch aaO 71).

15b Wird die **Erforderlichkeit bejaht, so ist nach IV** zu verfahren: Die Hauptverhandlung ist zu unterbrechen (§ 228 I S 2) und der Angeklagte ist neu unter Belehrung über die Möglichkeit der Verwerfung seiner Berufung bei nicht genügend entschuldigtem Ausbleiben zu laden und zugleich ist sein persönliches Erscheinen anzuordnen (§ 236); die Verwerfung der Berufung trotz Anwesenheit eines bevollmächtigten Verteidigers bereits im ersten Hauptverhandlungstermin kommt nicht in Betracht (Brandenburg StraFo **20**, 28). Erscheint der Angeklagte im Fortsetzungstermin ohne genügende Entschuldigung nicht und wird seine Anwesenheit weiterhin für erforderlich erachtet, ist die Berufung wie nach I zu verwerfen. Mit dieser sachgerechten und konsequenten (Frisch aaO) Regelung ist es vermieden worden, Zwangsmaßnahmen nach III gegen den Angeklagten anwenden zu müssen und gleichwohl sichergestellt, dass ein ordnungsgemäßer Abschluss des Berufungsverfahrens durch den Angeklagten verhindert werden kann (abl Sommer StV **16**, 56, 58). Dagegen ist die Verwerfung nach IV S 2 nicht möglich, wenn der Angeklagte zwar zum Fortsetzungstermin erscheint, sich dann aber entschuldigt aus der Verhandlung entfernt (Hamburg StraFo **18**, 69). Dies gilt auch, wenn der Angeklagte nach – auch kurzfristiger – Aussetzung zu einer neu anberaumten Hauptverhandlung nicht erscheint (Brandenburg StraFo **19**, 384).

16 f) Durch die gesetzliche Neuregelung sind aber – ohne dass dies durch die Entscheidung des EGMR notwendig gewesen wäre – weitere (nach Frisch NStZ **15**, 72 „nicht überzeugende, überflüssige und partiell verfehlte") Verwerfungsmöglichkeiten in I S 2 hinsichtlich der Fortführung einer Hauptverhandlung geschaffen worden. So erfolgt eine Verwerfung der Berufung auch in den in I S 2 Nr 1 geregelten Fällen, nämlich bei **Entfernens des Verteidigers ohne genügend Entschuldigung** bei nicht genügend entschuldigter Abwesenheit des Angeklagten (dazu Spitzer StV **16**, 51), sowie in dem Fall, dass der Verteidiger den abwesenden Angeklagten – sei es wegen Widerrufs der Vollmacht durch den Angeklagten, sei es wegen Niederlegung des Mandats aus anderen Gründen – nicht weiter vertritt; denn erschienen ist der Verteidiger als Vertreter nur, wenn er den Mandanten vertreten will, die Vertretungsvollmacht genügt nicht. Daher liegt keine Vertretung vor, wenn der Verteidiger nach Beginn der Berufungsverhandlung erklärt, er könne sich mangels ausreichender Information zur Sache oder wolle sich wegen absprachewidriger Nichtvergütung (Spitzer StV **16**, 50) nicht äußern, und dann die Verteidigung niederlegt (SK-Frisch 14; **aM** Bay NStZ **81**, 112 mit abl Anm Meyer-Goßner); dasselbe gilt, wenn der Verteidiger nur zu dem Zweck erscheint, einen auf Verhandlungsunfähigkeit des Angeklagten gestützten Aussetzungsantrag zu stellen (KG JR **85**, 343), nicht aber, wenn er bereit ist, bei Ablehnung des Aussetzungsantrags ohne den Angeklagten zu verhandeln (Köln StV **92**, 567). Es ist zwar notwendig, auch in diesen Fällen eine Möglichkeit zu schaffen, um das Berufungsverfahren zu einem sachgerechten Abschluss zu bringen; bedenklich ist es aber, hierauf – wie § 329 es tut – mit einem Verwerfungsurteil zu reagieren, da hierdurch der Angeklagte mit den Folgen möglicherweise problematischen Verhaltens seines Verteidigers belastet wird (zutr Frisch NStZ **15**, 72, 75; Pollähne Weßlau-GS 240), vielmehr wäre auch hier – ebenso wie in den folgenden Fällen – eine Lösung wie in IV angemessen. Festzuhalten ist aber, dass ein Verteidigeraustausch während der Hauptverhandlung zulässig bleibt und bei notwendiger Verteidigung (§ 140) ein anderer Verteidiger zu bestellen ist (Frisch aaO).

17 g) **Entfernt sich der Angeklagte** ohne genügende Entschuldigung aus der Verhandlung oder erscheint er zu einem Fortsetzungstermin nicht und ist für ihn kein Verteidiger mit schriftlicher Vertretungsvollmacht anwesend, wird die

Berufung § 329

Berufung – entgegen der früher herrschenden Rspr (BGH **23**, 331, 332; Bay VRS **61**, 131) – ebenfalls verworfen (I S 2 Nr 2; auch hierzu krit Frisch NStZ **15**, 72, 74, der zutr darauf hinweist. dass das Verhalten des Angeklagten auf unterschiedlichen Gründen beruhen kann; eingehend dazu SK-Frisch 46d). Für die Anwendung des § 231 II ist dann kein Raum.

h) Schließlich ist die Berufung zu verwerfen, wenn der Angeklagte sich vorsätz- **18** lich und schuldhaft in einen **seine Verhandlungsfähigkeit ausschließenden Zustand** versetzt hat und kein (verhandlungsfähiger) Verteidiger mit schriftlicher Vertretungsvollmacht anwesend ist (I S 2 Nr 3). Auch hier gilt (wie oben 16, 17), dass der Zustand nicht schon bei Beginn der Verhandlung bestehen muss, sondern auch während der Verhandlung eintreten kann (Spitzer StV **16**, 52). Voraussetzung der Verwerfung ist aber, dass das Gericht einen Arzt als Sachverständigen angehört hat (I S 3); die Pflicht des Angeklagten zur Duldung einer solchen Untersuchung ergibt sich aus § 81a (SK-Frisch 46h). Die Anhörung erfolgt im Freibeweisverfahren (Spitzer aaO 53). Unter Nr 3 fällt auch die geistige Abwesenheit infolge schuldhafter Trunkenheit (BGH **23**, 331; Frankfurt NJW **68**, 217; erg 8 zu § 230) oder Genusses anderer berauschender Mittel in Kenntnis der dadurch verursachten Vereitelung der Hauptverhandlung (Köln VRS **65**, 47; Seetzen DRiZ **74**, 259). I ist aber nicht entspr anwendbar, wenn der in der Berufungsverhandlung erschienene Angeklagte eine Verhandlung mit der unwahren Behauptung ablehnt, er sei verhandlungsunfähig (KG JR **69**, 270; Köln MDR **81**, 162), wohl aber, wenn sich erst im Laufe der Beweisaufnahme die Verhandlungsunfähigkeit herausstellt (aM zur früheren Rechtslage Celle StV **94**, 365; Frankfurt NStZ-RR **05**, 174; Karlsruhe NStZ **90**, 297).

i) **Alle Entschuldigungsgründe** muss das Gericht beachten, gleichviel, wie sie **19** ihm bekannt geworden sind. Denn es kommt nicht darauf an, ob sich der Angeklagte entschuldigt hat, sondern ob er entschuldigt ist (BGH **17**, 391, 396; KG JR **78**, 36; Celle StV **87**, 192; Düsseldorf StV **87**, 9; Koblenz VRS **64**, 211, 212; Köln NZV **99**, 261 [zu § 74 II OWiG]; Saarbrücken NJW **75**, 1613). Eine genügende Entschuldigung fehlt daher nicht schon deshalb, weil der Angeklagte einen hinreichenden Entschuldigungsgrund, obwohl er dazu imstande gewesen wäre, nicht rechtzeitig geltend (Düsseldorf NStZ **84**, 331; Köln GA **63**, 58; München MDR **57**, 761) oder nicht glaubhaft gemacht hat (Bay **97**, 145; Köln NJW **53**, 1046, 1037; VRS **71**, 371). Die Entschuldigung kann sich aus den Akten, die das Gericht zu diesem Zweck durchzusehen hat, aus Erklärungen des Verteidigers (Köln VRS **71**, 371; StraFo **06**, 205) oder anwesender Zeugen, aus allgemeinkundigen Tatsachen oder aus nahe liegenden Zusammenhängen, zB der Abschiebung des ausländischen Angeklagten (KG StV **92**, 567 mwN; Stuttgart NStZ-RR **04**, 338) oder seiner Ausweisung (Bay StV **01**, 339), ergeben. Das Urteil muss sich mit etwa vorgebrachten bzw ersichtlichen Entschuldigungsgründen auseinandersetzen (Brandenburg StraFo **18**, 481). Zur Nichtberücksichtigung eines Akteneinsichtsantrags Karlsruhe VRS **118**, 211.

Hat das Gericht Anhaltspunkte dafür, dass das Ausbleiben des Angeklagten ent- **20** schuldigt sein kann, so muss es ihnen durch **Ermittlungen im Freibeweis** (7, 9 zu § 244) nachgehen (Bay **97**, 145; NStZ-RR **99**, 143; StV **01**, 338; Düsseldorf StV **87**, 9; VRS **71**, 292; Hamm VRS **107**, 206; Köln NJW **82**, 2617; StraFo **06**, 205; München NJW **08**, 3797; Stuttgart Justiz **04**, 126; Zweibrücken StV **01**, 336 L). Das gilt auch, wenn der Angeklagte seine Verhandlungsunfähigkeit mit einer dazu nicht geeigneten Arbeitsunfähigkeitsbescheinigung beweisen will (KG JR **78**, 36; Düsseldorf VRS **87**, 439). Den Angeklagten trifft keine Mitwirkungspflicht; dass er der Auflage, ein amtsärztliches Zeugnis beizubringen, nicht nachkommt, rechtfertigt die Anwendung von I nicht (Bay DAR **86**, 249 [R]; Celle StV **87**, 192; Karlsruhe NJW **69**, 476). In der Vorlage einer ärztlichen Arbeitsunfähigkeitsbescheinigung liegt idR konkludent die Entbindung des Arztes von der Schweigepflicht (Karlsruhe NStZ **94**, 141; Nürnberg NJW **09**, 1761; eingehend und krit dazu Albrecht ZIS **13**, 181).

§ 329 Drittes Buch. 3. Abschnitt

21 Das Gericht darf im Freibeweis aber nur solche Beweise erheben, die **sofort zur Verfügung stehen** (KG VRS **107**, 119; Hamburg JZ **63**, 480, 481; Köln VRS **71**, 371; Saarbrücken NJW **75**, 1613), also nur eine Unterbrechung, nicht aber eine Aussetzung der Hauptverhandlung erfordern (Bay NStZ-RR **03**, 87). Es darf nicht etwa wochenlange Ermittlungen anstellen und erst in einer neuen Verhandlung nach I verfahren (Hamburg JR **59**, 29). Sind keine Umstände ersichtlich, die das Ausbleiben des Angeklagten entschuldigen können, hat der Angeklagte insbesondere solche nicht schlüssig vorgetragen, so ist das Gericht zu Nachforschungen nicht verpflichtet (Bamberg DAR **08**, 217 L; Koblenz NJW **75**, 322). Genügend entschuldigt ist das Ausbleiben nur, wenn es glaubhaft (7 zu § 26; 10 zu § 45) erscheint, dass den Angeklagten kein Verschulden trifft (eingehend dazu SK-Frisch 21 ff).

22 Bloße **Zweifel** an der Richtigkeit des tatsächlichen Vorbringens des Angeklagten und an der Beweiskraft der vorgelegten Urkunden rechtfertigen die Verwerfung nicht (Düsseldorf StV **87**, 9; VRS **89**, 132; Frankfurt NJW **88**, 2965; Koblenz NJW **75**, 322; Köln StV **89**, 54; NJW **93**, 1345), so insbesondere, wenn in einem ärztlichen Attest die Art der Erkrankung nicht angegeben ist (Hamm NZV **09**, 247; Nürnberg NJW **09**, 1761); denn nur die bestimmte Feststellung, nicht der bloße Verdacht, dass die Entschuldigung unwahr ist, lässt sie als ungenügend erscheinen (Düsseldorf StV **87**, 9, 10; Hamm NStZ-RR **97**, 240; StraFo **12**, 193).

23 Bei der **Verschuldensfrage** ist eine weite Auslegung zugunsten des Angeklagten geboten (BGH **17**, 391, 397; Bay **01**, 14 mwN). Maßgebend ist, ob dem Angeklagten nach den Umständen des Falles wegen seines Ausbleibens billigerweise ein Vorwurf zu machen ist (Brandenburg NJW **98**, 842; Bremen StV **87**, 242; Düsseldorf NJW **85**, 2207; StV **84**, 148; Nürnberg NStZ-RR **10**, 286; Stuttgart wistra **06**, 319; Zweibrücken VRS **112**, 122). Ist der Angeklagte ersichtlich unter keinen Umständen bereit, überhaupt zur Berufungsverhandlung zu erscheinen, so ist I nach seinem Sinn auch dann anzuwenden, wenn für den angesetzten Termin ein Entschuldigungsgrund besteht (Karlsruhe MDR **78**, 75; Oldenburg NStZ-RR **12**, 180).

24 Ist der **Angeklagte in Haft**, so ist sein Ausbleiben idR ohne weiteres entschuldigt. Ist er in der Berufungssache inhaftiert, hat der Vorsitzende die Vorführung anzuordnen; dass der Angeklagte sie nicht selbst betreibt, stellt kein Verschulden dar (Stuttgart StV **88**, 72). Sein Ausbleiben ist aber unentschuldigt, wenn er ohne Grund die Vorführung verweigert (Karlsruhe MDR **74**, 598; vgl auch Stuttgart Justiz **72**, 187). Befindet sich der Angeklagte in anderer Sache in Haft, so muss er die JVA nicht auf die Notwendigkeit seiner Vorführung hinweisen (Braunschweig NStZ **02**, 163 mwN; Köln StraFo **08**, 248). Ein unentschuldigtes Ausbleiben kann aber anzunehmen sein, wenn er nach Erhalt der Terminsladung eine neue Straftat begeht und deswegen im Ausland inhaftiert wird (Frankfurt NStZ-RR **99**, 144).

25 **Einzelfälle:** Die weite Entfernung des Angeklagten vom Gerichtsort genügt nicht (vgl LG Bielefeld NStZ-RR **98**, 343: Kurzvisum beantragen), auch nicht die Furcht, bei seinem Erscheinen in Vollstreckungshaft genommen zu werden (Hamm JMBlNW **76**, 9), wohl aber, dass die Einreise in die BRD untersagt ist, zB aufenthaltsrechtlich (Bremen StraFo **05**, 381) oder durch einen Bewährungsbeschluss (Köln StraFo **08**, 29). Die irrtümliche Annahme, dass der Verteidiger zur Vertretung berechtigt ist, kann entschuldigen (Bay **56**, 32; Hamm VRS **106**, 294), auch eine unrichtige Auskunft des Gerichts (Zweibrücken NStZ-RR **00**, 111), ebenso die fehlerhafte Ablehnung (Köln VRS **85**, 443; München NStZ-RR **06**, 20) oder die Nichtbescheidung eines Vertagungs- oder Entbindungsantrags (LR-Gössel 44; vgl aber Schleswig SchlHA **76**, 159 für einen kurz vor der Verhandlung gestellten Antrag), nicht aber die Unkenntnis von der Ladung, die der ortsabwesende Angeklagte selbst verschuldet (Düsseldorf JMBlNW **85**, 286) oder der ausländische Angeklagte sich nicht hat übersetzen lassen (Hamm JMBlNW **81**, 166), uU aber eine außergewöhnlich lange Ladungsfrist (Saarbrücken NStZ **91**, 147: 1 Jahr; einschr Düsseldorf NStZ-RR **96**, 169: Darlegung erforderlich, dass zumutbare Vorkehrungen gegen das Vergessen des Termins getroffen wurden). Verschulden trifft den

Angeklagten, wenn er sich nicht bei seinem Verteidiger oder bei Gericht darüber erkundigt, ob dem Verlegungsantrag stattgegeben worden ist (Karlsruhe NStE Nr 18; vgl auch LG Potsdam NStZ-RR **13**, 317 L).

Krankheit entschuldigt, wenn sie nach Art und Auswirkungen eine Beteiligung **26** an der Hauptverhandlung unzumutbar macht (Düsseldorf NStZ **84**, 331: Abzess in der Mundhöhle; Hamm StraFo **98**, 233: eitrige Entzündungen; Köln VRS **111**, 43: Durchfallerkrankung; Düsseldorf NStE Nr 16: nicht bei nur psychischer Belastung, wohl aber bei paranoider Psychose mit der Gefahr psychophysischer Dekompensation, Köln StraFo **10**, 73), auch wenn keine Verhandlungsunfähigkeit vorliegt (Düsseldorf StV **87**, 9; Köln VRS **72**, 442, 444), aber die Beeinträchtigung erheblich ist (Schleswig SchlHA **09**, 245 [D/D]; Stuttgart wistra **06**, 319) oder die Gefahr der Verschlimmerung besteht (Düsseldorf MDR **82**, 954). Andererseits entschuldigt Verhandlungsunfähigkeit auch dann, wenn der Angeklagte vor Gericht erscheinen könnte. Dass sich der Angeklagte nicht rechtzeitig in ärztliche Behandlung begeben hatte, berechtigt nicht zur Verwerfung (Köln NStZ-RR **09**, 86). Eine Operation ist kein Entschuldigungsgrund, wenn sie aufschiebbar ist (Koblenz OLGSt Nr 3; vgl auch Bay **99**, 42 zum Unterlassen einer die Verhandlungsunfähigkeit beseitigenden Therapie), ein Suizidversuch nicht, wenn er nur die Verzögerung des Verfahrens bezweckt (Koblenz NJW **75**, 322). Zur Glaubhaftmachung der Krankheit genügt ein privatärztliches Attest (Düsseldorf VRS **71**, 292; **84**, 458; **90**, 184; Frankfurt StV **88**, 100), das aber – außer bei einer stationären Krankenhausbehandlung (Köln StraFo **16**, 112) – konkrete Angaben über die Erkrankung enthalten muss (KG StraFo **07**, 244; Hamm NZV **09**, 158; Schleswig SchlHA **05**, 258 [D/D]); allein die Behauptung, der Angeklagte sei erkrankt, ohne dass Angaben zur Art der Erkrankung gemacht werden, verpflichtet das Gericht nicht zu weiterer Aufklärung (Bamberg NZV **09**, 303; München StV **12**, 79). Eine Arbeitsunfähigkeitsbescheinigung genügt idR nicht (Köln NStZ-RR **09**, 112). Wurde die Art der Erkrankung mitgeteilt, fehlen aber konkrete Angaben dazu, muss das Gericht prüfen, ob der Angeklagte genügend entschuldigt ist (Nürnberg NJW **09**, 1761); ebenso sind Zweifeln an der Richtigkeit des Attestes oder der Erheblichkeit der Erkrankung von Amts wegen nachzugehen (vgl Bay **98**, 79; Karlsruhe StraFo **98**, 25; Köln StraFo **06**, 413; München StraFo **14**, 79). Das Attest muss idR im Original vorgelegt werden (Düsseldorf StraFo **97**, 118); das Vertrauen des Angeklagten auf seine entschuldigende Wirkung kann genügen (Düsseldorf NJW **85**, 2207; Hamm StV **93**, 7; Köln VRS **97**, 362; München StraFo **13**, 208).

Die Wahl des falschen **Verkehrsmittels** und die zu knapp bemessene Reisezeit **27** lassen das Ausbleiben als unentschuldigt erscheinen (Bamberg NJW **95**, 740: bei Fahrstrecke von über 100 km Zeitreserve einplanen; Köln JMBlNW **72**, 63: erkennbar zu spät ankommender Zug), wobei die Anforderungen aber nicht überspannt werden dürfen (BerlVerfGH NJW **04**, 1158; vgl auch zum Verpassen des Zuges München wistra **08**, 480). Eine Kraftfahrzeugpanne ist idR nicht voraussehbar und daher zur Entschuldigung geeignet (Bremen DAR **56**, 144; Hamm VRS **97**, 44; Karlsruhe NJW **73**, 1515; Schleswig OLGSt S 131), nicht aber Parkschwierigkeiten beim Gericht (großzügig jedoch Nürnberg OLGSt § 44 Nr 2) oder üblicherweise zu erwartende Verkehrsstauungen (BVerfG StV **94**, 113 m abl Anm Sieg; Jena NStZ-RR **06**, 147). Ein Angeklagter muss nicht mit öffentlichen Verkehrsmitteln zum Gericht fahren, wenn ihm angebotene private Mitfahrgelegenheit zuverlässig erscheint (Oldenburg StraFo **09**, 336).

Die **Regelung beruflicher oder privater Angelegenheiten** entschuldigt das **28** Ausbleiben nur, wenn sie unaufschiebbar und von solcher Bedeutung ist, dass dem Angeklagten das Erscheinen billigerweise nicht zugemutet werden kann, so dass die öffentlich-rechtliche Pflicht zum Erscheinen an der Hauptverhandlung ausnahmsweise zurücktreten muss (KG GA **77**, 127; Hamm NJW **60**, 1921, 1922; Karlsruhe VRS **89**, 130; Saarbrücken StraFo **97**, 175; zB aus religiösen Gründen (Köln NJW **93**, 1345; LG München I StraFo **11**, 95); bei drohenden wirtschaftlichen Verlusten (Düsseldorf NJW **60**, 1921), bei Arbeitsbeginn nach langer Erwerbslosigkeit (Hamm VRS **87**, 138; Koblenz OLGSt Nr 5) oder drohenden Verlust des

§ 329

Arbeitsplatzes (Düsseldorf NJW **95**, 207), bei angedrohter Zwangsversteigerung der Wohnung (Köln StraFo **11**, 54), in einer Bagatellsache bei einer gebuchten Urlaubsreise (Düsseldorf NJW **73**, 109; Hamm VRS **109**, 40), aber nicht deshalb, weil ein Urlaub geplant oder in Kenntnis des Hauptverhandlungstermins gebucht ist (Hamm VRS **39**, 208; **110**, 28; LG Berlin VRS **112**, 276). Ein längerer, zeitlich nicht befristeter Auslandsaufenthalt muss unterbrochen werden (Bay NJW **94**, 1748); ob eine Dienstreise ins Ausland verschoben oder unterbrochen werden muss, hängt von der Art der Geschäfte, ihrer Wichtigkeit und ihrer unaufschiebbaren Dringlichkeit ab (vgl Hamm NZV **06**, 165).

29   Entschuldigen kann auch das **Vertrauen auf Auskünfte des Verteidigers,** zB wenn dieser eine falsche Uhrzeit für den Verhandlungsbeginn nennt (Hamm VRS **42**, 289; Karlsruhe AnwBl **77**, 224) oder wahrheitswidrig erklärt, der Termin sei vom Gericht abgesetzt worden (Hamm NStZ-RR **97**, 113; Köln NStZ-RR **97**, 208) oder dem Angeklagten mitteilt, er sei erkrankt und ohne ihn als Pflichtverteidiger könne der Termin nicht stattfinden (Hamm NStZ-RR **10**, 245). Nach der Rspr ist das Ausbleiben aber verschuldet, wenn der Verteidiger nur mitteilt, die Verhandlung werde wegen eines Vertagungsantrages nicht stattfinden (Hamm JMBlNW **79**, 20; LG Berlin NStZ **05**, 655; LG Köln MDR **82**, 73; zw; einschr KG VRS **127**, 164; vgl auch Koblenz StraFo **09**, 421: nicht bei willkürlicher Ablehnung einer Terminsverlegung), jedenfalls dann, wenn der Angeklagte bereits eine anderslautende Benachrichtigung des Gerichts erhalten hat (Bay NStZ-RR **03**, 85; Koblenz VRS **44**, 290); es entschuldigt auch nicht, wenn der Verteidiger die Verwerfung der Berufung für rechtlich unzulässig hält, weil er einen Entbindungsantrag nach § 233 stellen will (Saarbrücken NJW **74**, 327 L), oder wenn er nach längerer Wartezeit den Angeklagten zum Verlassen des Gerichtsgebäudes auffordert (Hamm VRS **55**, 275).

30   E. **Verwerfungsurteil:**

31   a) **Zeitpunkt:** Die Verwerfung der Berufung erfolgt idR sofort nach der Feststellung, dass das Ausbleiben des Angeklagten nicht ausreichend entschuldigt ist, ggf nachdem hierüber im Freibeweis Ermittlungen ausgestellt worden sind (oben 19). Hat auch die StA Berufung eingelegt, so ist zunächst das Urteil nach I zu erlassen und sodann über das Rechtsmittel der StA zu verhandeln und zu entscheiden (Bay **56**, 32; Stuttgart NJW **61**, 1687); die Urteile müssen dann auf dieselbe Weise zugestellt werden (Karlsruhe NJW **72**, 1871). Beide Entscheidungen können aber auch in einem Urteil getroffen werden (RG **65**, 231; Karlsruhe aaO).

32   b) **Wegfall der Verurteilung wegen einzelner Taten (VI):** Dem Berufungsgericht, das nach I verfährt, ist grundsätzlich jede Änderung des angefochtenen Urteils untersagt, auch wenn es auf einem ungültigen Gesetz beruht (Frankfurt NJW **63**, 460). Nur nach VI ist eine Klarstellung und eine Gesamtstrafenbildung zulässig; das gilt aber auch für ein auf Berufung der StA ergehendes Urteil. Der Wegfall der Verurteilung wegen einzelner Straftaten kann darauf beruhen, dass das Verfahren nach den §§ 153 ff oder wegen eines Verfahrenshindernisses eingestellt (Rieß NJW **75**, 89) oder ein Verfahrensteil abgetrennt worden ist. Eine vor der Berufungshauptverhandlung erfolgte Verfahrensbeschränkung nach § 154 a hindert die Verwerfung nicht (aM Rostock NStZ **94**, 401 mit unrichtigen Folgerungen); eine neue Einzel- oder Gesamtstrafe darf deswegen im Verwerfungsurteil nicht festgesetzt werden. Auch eine entspr Anwendung des VI auf den Fall, dass infolge Zeitablaufs die Sperre für die Neuerteilung der Fahrerlaubnis nach § 69a I StGB abgelaufen ist, kommt nicht in Betracht (SK-Frisch 45; aM LG Kiel NJW **76**, 1326). Ebenso ist eine nachträgliche Gesamtstrafenbildung (§ 55 StGB) ausgeschlossen (Stuttgart Justiz **98**, 572).

33   c) **Notwendiger Inhalt des Urteils:** Da gegen das Verwerfungsurteil die Revision zulässig ist (unten 46), muss es nach § 34 begründet werden, und zwar so, dass der Angeklagte und die maßgebenden Behörden erkennen und das Revisionsgericht sie prüfen kann (KG StV **87**, 11; Düsseldorf VRS **86**, 453; Hamm NStZ-RR **00**, 84). Wenn Entschuldigungsgründe weder vorgebracht noch sonst ersichtlich sind,

genügt die formularmäßige Verwerfung ohne nähere Begründung (Frankfurt NJW **70**, 959; Hamm VRS **39**, 210; Karlsruhe NJW **69**, 476). Andernfalls muss sich das Urteil mit allen geltend gemachten und sonstigen als Entschuldigung in Betracht kommenden Tatsachen auseinandersetzen (KG StV **87**, 11; **95**, 575; Bay **99**, 69; Bremen StV **87**, 242; Celle StV **87**, 192; Düsseldorf StV **87**, 9; Hamm NStZ-RR **03**, 86) und, wenn es ein Attest nicht als genügende Entschuldigung ansieht, seinen wesentlichen Inhalt mitteilen (Frankfurt StV **88**, 100; Nürnberg StraFo **08**, 248). Wenn dazu Anlass besteht, muss das Urteil auch die Zulässigkeit der Berufung und das Fehlen von Prozesshindernissen erörtern.

d) Die **Zustellung des Verwerfungsurteils** richtet sich nach den allgemeinen 34 Vorschriften (4 ff zu § 37). Auch Ersatzzustellung (6 ff zu § 37) ist zulässig; § 232 IV gilt nicht (SK-Frisch 46; erg 26 zu § 232).

2) Verhandlung auf Berufung der StA: Hat nur (oder auch) die StA Beru- 35 fung eingelegt, so wird ohne den Angeklagten verhandelt; denn der Angeklagte soll es auch in diesem Fall nicht in der Hand haben, den weiteren Ablauf des Verfahrens aufzuhalten und seine Weiterführung für längere oder kürzere Zeit zu verhindern (BGH **17**, 391, 395; Karlsruhe NStZ-RR **04**, 21 mwN). Ist auch kein Verteidiger mit nachgewiesener (5 zu § 234) Vertretungsvollmacht anwesend, erscheint aber vor Urteilsverkündung der Angeklagte oder ein solcher Verteidiger, so ist er von dem wesentlichen Inhalt dessen zu unterrichten, was in seiner Abwesenheit verhandelt worden ist (V S 1).

Die Verhandlung in Abwesenheit des Angeklagten ist aber ausgeschlossen, wenn 36 seine **Anwesenheit erforderlich** ist (II). Das ist der Fall, wenn die Aufklärungspflicht (§ 244 II) für die Beweiswürdigung oder die Entscheidung über die Rechtsfolgen zu seiner erneuten Anhörung oder dazu drängt, dass sich das Berufungsgericht einen persönlichen Eindruck von ihm verschafft. Dies ist nach obergerichtlicher Rspr stets der Fall, wenn die Aufklärung irgendeines für die Schuld- oder Straffrage bedeutsamen Umstandes in Rede steht (Hamburg NStZ **17**, 607 mit Anm Hüls StV **18**, 146; vgl auch Frisch NStZ **15**, 69, 72; sehr krit zu einer weiten Auslegung der Erforderlichkeit Sommer StV **16**, 57 ff; Conen StV **19**, 363, 364). Insbesondere kann die Anwesenheit des Angeklagten notwendig sein bei einer Strafmaßberufung der StA (Hamburg StV **82**, 558; Hamm VRS **90**, 443; Koblenz VRS **45**, 189; Köln NJW **63**, 1265; StraFo **11**, 360) oder wenn es um die Strafaussetzung zur Bewährung geht oder wenn eine Verständigung nach § 257c erörtert werden soll (Frisch NStZ **15**, 73) oder in einem Jugendstrafverfahren (Eisenberg NStZ **99**, 286). Auch die erforderliche Gegenüberstellung mit Zeugen oder Mitangeklagten kommt in Betracht. Je mehr Sachbeweise vorhanden sind, umso weniger wird die Anwesenheit des Angeklagten bedeutsam sein (BT-Drucks 18/3562 S 73). Auch das Hervortreten neuer Umstände, die nicht schon nach § 265 I, II zur Belehrung und Anhörung des Angeklagten zwingen, kann einer Verhandlung in dessen Abwesenheit entgegenstehen (BGH **17**, 391, 398). Die Erforderlichkeit ist idR zu verneinen, wenn es nur um die Klärung von Verfahrenshindernissen oder allein um Rechtsfragen geht oder wenn nur noch eine Entscheidung über die Tagessatzhöhe zu treffen ist (Hamburg NStZ **17**, 607). II S 2 stellt klar, dass die Möglichkeit, den Angeklagten wegen ordnungswidrigen Benehmens aus dem Sitzungssaal zu entfernen oder zur Haft abzuführen (§ 231b mit § 177 GVG) unberührt bleibt.

Eine Grenze für die in dem Abwesenheitsurteil zu verhängende **Strafe** besteht 37 dagegen nicht; insbesondere ist das Berufungsgericht nur an den Strafrahmen des § 24 II GVG (9 zu § 328), nicht den des § 233 I gebunden (BGH **17**, 391). Allerdings darf gegen den Angeklagten keine so hohe Strafe verhängt werden, dass eine nochmalige Anhörung geboten erscheint (BGH **17**, 391, 399; Karlsruhe aaO). Wenn eine Verhandlung in Abwesenheit des Angeklagten nach diesen Grundsätzen unzulässig ist, muss sein Erscheinen nach III (unten 45) erzwungen werden.

V S 2 enthält eine Ausnahme von dem Grundsatz des § 303 S 1; die StA kann 38 ihre Berufung *in der* Hauptverhandlung (München NStZ **08**, 120; SK-Frisch 50;

§ 329

aM LG Dresden NStZ 99, 265: auch noch danach) ohne Zustimmung des nicht erschienenen Angeklagten zurücknehmen oder (durch Teilrücknahme) beschränken. Das gilt aber nicht, wenn die Sache erneut verhandelt wird, nachdem sie vom Revisionsgericht zurückverwiesen worden ist.

39 Der **notwendige Urteilsinhalt** richtet sich für den sachlichen Teil nach § 267. Darüber hinaus muss das Urteil nach § 34 zur Frage des unentschuldigten Ausbleibens des Angeklagten Stellung nehmen (Karlsruhe NJW 72, 1871; Köln NJW 63, 1265; oben 33). Wegen der Urteilszustellung vgl oben 34. Zur Revision § 340.

40 3) **Wiedereinsetzung (VII):** Der Angeklagte kann gegen Urteile nach I und auf Berufung der StA ergangene Urteile (nicht bei wirksamer Vertretung in der Hauptverhandlung durch einen Verteidiger) die Wiedereinsetzung unter den Voraussetzungen der §§ 44, 45 „beanspruchen". Hierüber ist er bei der Zustellung des Urteils ausdrücklich zu belehren (S 2). Er muss sie in der Form des § 45 beantragen (Düsseldorf VRS 97, 132). Die Frist beginnt mit der – wirksamen (LG Zweibrücken VRS 123, 178) – Urteilszustellung; dabei gilt § 37 II (Oldenburg StraFo 11, 280). Wiedereinsetzung von Amts wegen nach § 45 II S 3 ist ausgeschlossen (dort 12). Jedoch kann dem verspätet mit genügender Entschuldigung erschienenen Angeklagten auf seinen Antrag, über dessen Möglichkeit er ggf zu belehren ist (Einl 157), gegen das soeben ergangene Verwerfungsurteil sofort in einem nicht zur Hauptverhandlung gehörenden Beschluss Wiedereinsetzung gewährt werden, falls die Hauptverhandlung noch alsbald durchgeführt (im Fall des II von neuem begonnen) werden kann (LR-Gössel 121).

41 Beim **Fehlen der ordnungsgemäßen Ladung** (oben 9) ist der Angeklagte an sich nicht säumig; gleichwohl ist der Nichtsäumige nach zutr hM dem Säumigen gleichzustellen und ohne Rücksicht auf ein Verschulden des Angeklagten – ggf auch von Amts wegen – Wiedereinsetzung zu gewähren, wenn das Gericht das Fehlen oder die Unwirksamkeit der Ladung übersehen hat (BGH NJW 87, 1776, 1777 aE; Brandenburg NStZ 18, 117; KG NStZ-RR 11, 86; Celle JR 79, 121; Frankfurt JR 86, 213; Hamburg StV 01, 339; Hamm NStZ 82, 521; Köln NStZ-RR 15, 317 mwN). Dafür sprechen nicht nur ein „Erst-recht-Schluss" (Schleswig SchlHA 05, 263 [D/D]), der Hinweis auf die entspr Regelung in § 235 S 1 aE und Praktikabilitätsgründe (Gollwitzer Kleinknecht-FS 165); dogmatisch ist dies nämlich vor allem deswegen gerechtfertigt, weil es der Grundentscheidung des Gesetzgebers entspricht, den näheren Rechtsbehelf (Wiedereinsetzung) zuzulassen, wenn dadurch dasselbe Ergebnis wie durch das aufwändigere Rechtsmittel ohne Rechtsverlust erreicht werden kann (zum Ganzen Meyer-Goßner Hamm-FS 443; zust SK-Frisch 63 Fn 534). Eine zu starr am Wortlaut des Gesetzes haftende Mindermeinung wollte demgegenüber, wenn das Urteil mit der Revision angefochten werden kann (Düsseldorf NStZ 87, 523), nur diese zulassen (KG JR 76, 425 mit abl Anm Wendisch; **84**, 78; Saarbrücken MDR 87, 695; LG Göttingen NdsRpfl 90, 11; erg 2 zu § 44). Wiedereinsetzung wird auch gewährt, wenn die Berufung zu Unrecht wegen Verhandlungsunfähigkeit des Angeklagten verworfen wurde (oben 18; Frankfurt NStZ-RR 05, 174).

42 Die **Wiedereinsetzung setzt voraus,** dass zur Entschuldigung geeignete (oben 23 ff) Tatsachen geltend und glaubhaft gemacht werden (Düsseldorf StraFo 00, 126; Hamm VRS 96, 439; Köln NStZ-RR 02, 142; Stuttgart Justiz 03, 489), die dem Berufungsgericht nicht bekannt waren; ob sie ihm hätten bekannt sein müssen, ist unbeachtlich (Köln StV 89, 53; München NStZ 88, 377; aM Düsseldorf StV 85, 52; 87, 242). Die Rechtsfehlerhaftigkeit der Verwerfung der Berufung kann nicht im Wiedereinsetzungsverfahren, sondern nur mit der Revision geltend gemacht werden (Hamm wistra 97, 157; 08, 40). Auf Tatsachen, die das Gericht bereits – wenn auch rechtsfehlerhaft – in dem Urteil als zur Entschuldigung nicht geeignet gewürdigt hat, kann der Antrag daher nicht gestützt werden (Düsseldorf VRS 97, 139 mwN; wistra 03, 399, 400; StV 09, 13; vgl aber KG NStZ-RR 06, 183: nicht bei Würdigung nur vermuteter Hinderungsgründe). Sie können nur im Zusammenhang mit neuen Tatsachen zur Begründung verwendet werden (Düsseldorf VRS **90**, 184; wistra **96**, 158; Jena VRS **105**, 299). Auch auf neue Beweismittel für die vom Berufungsgericht schon gewürdigten Tatsachen kann der Antrag nicht gestützt werden (Düsseldorf NStZ **92**, 99, 100; Hamburg MDR **91**, 469). Der Angeklagte kann aber Tatsachen geltend machen, die das Berufungsgericht hätte würdigen müssen, die es jedoch im Berufungsurteil nicht gewürdigt hat (Düsseldorf OLGSt § 44 Nr 31; Hamm NStZ-RR **97**, 368, 369; München NStZ **88**, 377; LG Berlin VRS **121**, 336). Behauptet der Angeklagte, am Ort der Ersatzzustellung nicht wohnhaft gewesen zu sein, muss er Gründe vortragen, die geeignet sind, die Indizwirkung der Zustellung zu entkräften und dem Gericht ausreichende Anhaltspunkte für eine Überprüfung des räumlichen Lebensmittelpunkts von Amts wegen zu liefern (Karlsruhe VRS **115**, 196). Beruft er sich auf eine Erkrankung muss er durch Attest deren Art angeben sowie den Umfang der von ihr ausgehenden körperlichen und geistigen Beeinträchtigungen darlegen (Braunschweig NStZ **14**, 289).

Die **Entscheidung** ergeht – nach Ablauf der in VII gesetzten Frist (Düsseldorf NStZ **98**, 637; zur Ausnahme oben 40) – durch Beschluss und wird in der für Entscheidungen außerhalb der Hauptverhandlung maßgebenden Besetzung getroffen. Gegen den Beschluss ist nach § 46 III sofortige Beschwerde zulässig. 43

Als **Folge der Wiedereinsetzung** wird das frühere Urteil beseitigt, ohne dass es ausdrücklich aufgehoben zu werden braucht (Stuttgart NJW **61**, 1687, 1688), zugleich damit auch ein etwa auf die Berufung der StA in derselben Hauptverhandlung ergangenes Urteil, da es ebenfalls eine – nunmehr beseitigte – Folge der Säumnis ist. Daher ist über beide Berufungen erneut zu entscheiden (RG **61**, 180; **65**, 232, 233). 44

Gegen den die Wiedereinsetzung ablehnenden Beschluss ist **sofortige Beschwerde** zulässig (§ 46 III); wird zugleich ein Antrag auf Wiedereinsetzung gegen die Versäumung der Wiedereinsetzungsfrist (3 zu § 45) gestellt, kann das OLG zusammen mit der Beschwerde – abweichend von § 46 I – auch über diesen Antrag entscheiden (KG OLGSt § 46 Nr 7). 44a

4) Vorführung oder Verhaftung (III) ist auf die Berufung des Angeklagten nur zulässig, wenn ein Verwerfungsurteil nicht erlassen werden kann, weil die Sache vom Revisionsgericht zurückverwiesen worden war (I S 4; oben 4). Bei Berufung der StA – oder des Nebenklägers (Köln NStZ **14**, 296) – darf das Erscheinen des Angeklagten nur erzwungen werden, wenn die Aufklärungspflicht oder andere zwingende Gründe seine Anwesenheit erforderlich machen (Michel MDR **91**, 933; oben 36); sonst sind die Vorführung und der Erlass eines Haftbefehls unzulässig. Die Verfahren nach I und II haben also Vorrang vor III. Insbesondere ist eine Verhaftung des Angeklagten mit dem Grundsatz der Verhältnismäßigkeit nicht zu vereinbaren, wenn bei der nächsten Hauptverhandlung bei unentschuldigtem Fernbleiben des Angeklagten ein Urteil nach I, II ergehen könnte oder wenn bei verständiger Würdigung aller Umstände die Erwartung gerechtfertigt ist, dass der Angeklagte zu dem Termin erscheinen wird (BVerfG NJW **01**, 1341). Die Beschränkungen nach §§ 121, 122 gelten für die Haft nach III nicht (2 zu § 121). Für die ggf erforderliche Bestellung eines Pflichtverteidigers gilt § 141 II S 1 Nr 1 und S 2 (10, 11, 13-15 zu § 141) sowie für Bestellungsverfahren und Rechtsmittel § 142 II-VII (siehe Komm dort). 45

5) Revision gegen das Verwerfungsurteil nach I ist zulässig (§ 333), auch neben einem Wiedereinsetzungsantrag (Folge: 2 zu § 342). Unzulässig ist die Revision im Fall des § 55 II **JGG** (Düsseldorf MDR **94**, 1141), auch bei einem Heranwachsenden im Fall des § 109 II **JGG** (BGH **30**, 98). 46

A. Zu den **Verfahrensvoraussetzungen,** die das Revisionsgericht von Amts wegen zu prüfen hat (6 zu § 337), gehört weder die Zustellung des Urteils nach § 316 II (dort 4) noch das unentschuldigte Ausbleiben des Angeklagten zu Beginn der Berufungsverhandlung (BGH **15**, 287). War das Verwerfungsurteil trotz wirk- 47

§ 329

samer Berufungsrücknahme ergangen, ist es auf zulässige Revision aufzuheben (Jena VRS **108**, 267; erg 11 zu § 302); ebenso ist bei einer wegen verspäteter Einlegung unzulässigen Berufung das gleichwohl ergangene Berufungsurteil aufzuheben und die Berufung als unzulässig zu verwerfen (Hamm NJW **09**, 245 L = NStZ-RR **08**, 383 mit zutr Anm d Schriftltg).

48 B. **Prüfung durch das Revisionsgericht:** Nur die Verletzung des § 329 kann mit der Revision geltend gemacht werden. § 340 schränkt dabei die Revision ein. Das Revisionsgericht prüft auf entspr Verfahrensrüge (Nürnberg NJW **09**, 1761; Saarbrücken VRS **44**, 190; Stuttgart Justiz **06**, 235) im Freibeweis (7, 9 zu § 244), ob der Beschwerdeführer dort geladen worden ist, wo er gewohnt hat (BGH NJW **87**, 1776; KG JR **84**, 78; Düsseldorf StV **90**, 58; oben 41), oder ob die besondere Vollmacht nach § 145a II vorlag (Düsseldorf StV **82**, 127). Im Übrigen kann das Urteil auf die Revision nur darauf überprüft werden, ob das Berufungsgericht seine Aufklärungspflicht (oben 19) verletzt und daher seiner Entscheidung nicht alle in diesem Zeitpunkt erkennbaren Entschuldigungsgründe zugrunde gelegt (Bay NJW **01**, 1438) oder ob es die Rechtsbegriffe des Ausbleibens oder der genügenden Entschuldigung verkannt hat (KG JR **92**, 347; Hamm NJW **63**, 65; Karlsruhe VRS **118**, 211; Koblenz VRS **47**, 359, 361; Saarbrücken NJW **75**, 1613, 1614 mwN). An die tatsächlichen Feststellungen des Urteils, die in der Revisionsbegründungsschrift nicht wiederholt zu werden brauchen (Brandenburg NStZ **96**, 249; Düsseldorf StV **84**, 148; VRS **78**, 129 mwN), ist das Revisionsgericht gebunden; es darf sie weder prüfen noch ergänzen (BGH **28**, 384; KG StV **87**, 11; Bremen StV **87**, 11, 12; 242; Düsseldorf StV **83**, 193; Hamm VRS **68**, 55; Karlsruhe NStZ **82**, 433; SK-Frisch 75). Nachträgliches Entschuldigungsvorbringen ist unbeachtlich (KG GA **73**, 29; Frankfurt NJW **74**, 1151). Nur auf die – schlüssig vorgetragene (Köln NStZ-RR **99**, 337) – Rüge, dass das Berufungsgericht seine Ermittlungspflicht verletzt habe, ist dem Revisionsgericht die Möglichkeit des Freibeweises eröffnet (BGH **28**, 384, 386; KG NStZ-RR **02**, 218; Celle NdsRpfl **93**, 112; Düsseldorf StV **82**, 216; differenzierend Weidemann aaO). Zweifel über das Vorliegen einer genügenden Entschuldigung oder über die Wirksamkeit der Ladung führen zur Urteilsaufhebung (Düsseldorf VRS **78**, 130; Stuttgart NStZ **89**, 81). Bei behaupteter nicht ordnungsgemäßer Ladung müssen gemäß § 344 II S 2 alle hierfür maßgeblichen Umstände vorgetragen werden (KG NStZ **09**, 111; Hamm NStZ-RR **05**, 114; vgl ferner Karlsruhe NZV **96**, 164 sowie Bay NStZ-RR **01**, 374 bei Nichtladung des Verteidigers, oben 12), bei Verwerfung der Berufung trotz Vertretung muss vorgetragen werden, dass der Verteidiger den Angeklagten auch hat vertreten wollen (Hamm NStZ-RR **06**, 212 L; Jena StraFo **16**, 417; erg oben 16).

49 Die **Sachrüge** führt nur zur Prüfung, ob im Revisionsverfahren Verfahrenshindernisse entstanden sind (aM Dresden NJW **00**, 3297; Saarbrücken NStZ **91**, 147; Kratz in Jung/Müller-Dietz 108; Weidemann aaO 653 und NStZ **10**, 472: auch zur Prüfung. ob zurecht eine nicht genügende Entschuldigung angenommen wurde). Ob das AG Verfahrenshindernisse übersehen hatte, wird – ebenso wie beim LG (oben 8) – nicht geprüft (so zutr Koblenz 1 Ss 293/99 vom 20.1.2000; aM BGH **21**, 242). In BGH **46**, 230 (= NStZ **01**, 440 mit zutr abl Anm Duttge) ist die Vorfrage, ob das LG das vom AG übersehene Verfahrenshindernis trotz Säumnis des Angeklagten berücksichtigen darf, zu Unrecht offen gelassen worden (zust SK-Frisch 39); denn wenn das LG es nicht beachten durfte, die Verwerfung der Berufung also richtig war, muss das Urteil auch in der Revision Bestand haben, für das OLG kann dann – entgegen BGH – nichts anderes gelten (Meyer-Goßner Pv 47). Wird die Sachrüge nur mit sachlich-rechtlichen Angriffen gegen das 1. Urteil begründet, so ist sie unzulässig (Köln NJW **01**, 1223; Schleswig SchlHA **02**, 171 [D/D]; LR-Gössel 98). Die Sachrüge kann in die Rüge der Verletzung des § 329 umgedeutet werden, sofern sie den Anforderungen des § 344 II genügt (Brandenburg StraFo **97**, 213; Koblenz NJW **75**, 322 mit zust Anm Krause NJW **75**, 1713; SK-Frisch 70; erg 11 zu § 344).

C. Bei **Aufhebung des Verwerfungsurteils** entfällt automatisch auch das in 50 Abwesenheit des Angeklagten auf die Berufung der StA ergangene Urteil (Stuttgart NJW **61**, 1687). Die Aufhebung dieses Urteils lässt hingegen das Verwerfungsurteil unberührt (Stuttgart Justiz **99**, 493), es sei denn, das Urteil sei aufgehoben worden, weil die Voraussetzungen des I gefehlt haben (Meyer-Goßner Gössel-FS 646). Nach Aufhebung des Verwerfungsurteils und Zurückverweisung wird nicht mehr geprüft, ob die Entschuldigung in der früheren Berufungsverhandlung genügt hat.

Maßnahmen bei Berufung des gesetzlichen Vertreters

330 ¹ Ist von dem gesetzlichen Vertreter die Berufung eingelegt worden, so hat das Gericht auch den Angeklagten zu der Hauptverhandlung zu laden.

II ¹ Bleibt allein der gesetzliche Vertreter in der Hauptverhandlung aus, so ist ohne ihn zu verhandeln. ² Ist weder der gesetzliche Vertreter noch der Angeklagte noch ein Verteidiger mit schriftlicher Vertretungsvollmacht bei Beginn eines Hauptverhandlungstermins erschienen, so gilt § 329 Absatz 1 Satz 1 entsprechend; ist lediglich der Angeklagte nicht erschienen, so gilt § 329 Absatz 2 und 3 entsprechend.

1) Auf die **Berufung des gesetzlichen Vertreters** (vgl § 298) oder des Erziehungsberechtigten, der nicht gesetzlicher Vertreter ist (§ 67 III **JGG**), ist der Angeklagte zur Berufungsverhandlung zu laden (I). 1

2) **In Ergänzung des § 329,** der im Übrigen gilt (vgl näher dazu Schäfer 2 NStZ **98**, 334), regelt II die Folgen des Ausbleibens. Für den Fall, dass sowohl der Angeklagte als auch der gesetzliche Vertreter oder Erziehungsberechtigte unentschuldigt ausgeblieben und auch nicht zulässig vertreten sind (15 zu § 329; zur Vertretung des gesetzlichen Vertreters durch einen RA vgl Bremen NJW **60**, 1171), bestimmt II S 2 Hs 1 die entspr Anwendung des § 329 I S 1. Ist nur der Angeklagte erschienen, so wird gegen ihn verhandelt (II S 1). Ist nur der gesetzliche Vertreter anwesend, so gelten nach II S 2 Hs 2 die Grundsätze des § 329 II und III (dort 35 ff).

3) Das **Urteil** ist stets dem Angeklagten zuzustellen, dem gesetzlichen Vertreter 3 nur, wenn es in seiner Abwesenheit verkündet worden ist. Für die Anfechtung gilt die Fristenregelung des § 298 I nicht (LR-Gössel 8; SK-Frisch 8, 9).

Verbot der Verschlechterung

331 ¹ Das Urteil darf in Art und Höhe der Rechtsfolgen der Tat nicht zum Nachteil des Angeklagten geändert werden, wenn lediglich der Angeklagte, zu seinen Gunsten die Staatsanwaltschaft oder sein gesetzlicher Vertreter Berufung eingelegt hat.

II Diese Vorschrift steht der Anordnung der Unterbringung in einem psychiatrischen Krankenhaus oder einer Entziehungsanstalt nicht entgegen.

1) Das **Verschlechterungsverbot** (vgl auch §§ 358 II, 373 II) ist keine zwin- 1 gende Folge des Rechtsstaatsprinzips (BGH **9**, 324, 332; BGHZ **85**, 180, 185 = NJW **83**, 174; BayVerfGHE 11 II 190, 195 = NJW **59**, 285; Hamburg NJW **81**, 470; Schleswig MDR **85**, 80; Meyer JR **82**, 338; Meyer-Goßner Kleinknecht-FS 297; **aM** Kretschmer [unten 22] S 63 ff, 79 ff), sondern dem Angeklagten vom Gesetzgeber gewährte Rechtswohltat, der Gedanke zugrunde liegt, dass er (sein gesetzlicher Vertreter und die Erziehungsberechtigten) von der Einlegung von Rechtsmitteln gegen Urteile nicht durch die Besorgnis abgehalten werden soll, es könne ihm dadurch ein Nachteil entstehen (BGH **7**, 86; **11**, 319, 323; **27**, 176, 178; **29**, 269, 270; NJW **73**, 107, 108; Düsseldorf VRS **74**, 297, 300; SK-Frisch

§ 331 Drittes Buch. 3. Abschnitt

3). Dem Angeklagten (zur Berufung der StA zu seinen Gunsten vgl 14 zu § 296) sollen die durch das 1. Urteil erlangten Vorteile belassen werden, selbst wenn sie gegen das sachliche Recht verstoßen (vgl BGH **27**, 176: Geldstrafe von weniger als 5 Tagessätzen entgegen § 40 I S 2 StGB; Düsseldorf NJW **64**, 216; Hamm JMBlNW **58**, 203; Oldenburg NJW **56**, 1730: Jugendstrafe von weniger als 6 Monaten entgegen § 18 I S 1 JGG; Bay **58**, 47: Umwandlung einer unzulässigen Freiheitsstrafe von 2 Wochen in Strafarrest; LG Stuttgart NStZ-RR **96**, 292: Umwandlung unzulässiger Freiheitsstrafen von 1 Woche in Geldstrafen).

2 **Teilrechtskraft** wird durch das Verschlechterungsverbot nicht herbeigeführt (KMR-Brunner 8; LR-Gössel 3; LR-Franke 23 zu § 358; SK-Frisch 4; Hanack JZ **73**, 660; **aM** BGH **11**, 319, 322; **14**, 5, 7; NJW **79**, 936; KK-Paul 1; KK-Gericke 22 zu § 358; erg 13 zu § 358).

3 **2)** Nur auf **Urteile** bezieht sich das Verschlechterungsverbot; für Beschwerdeentscheidungen gilt es grundsätzlich nicht (5 vor § 304).

4 Zu beachten ist es nicht nur bei der Entscheidung über die Berufung, sondern **im gesamten weiteren Verfahren**, soweit es sich nicht um ein neues Verfahren handelt (dazu unter 4a). Es gilt somit auch, wenn eine zuungunsten des Angeklagten eingelegte Berufung der StA verworfen wurde (Bamberg NStZ-RR **15**, 149) oder nach § 301 nur zu dessen Gunsten erfolgreich war (BGH **13**, 41 = JZ **59**, 448 mit Anm Peters; BGH MDR **69**, 904 [D]; Hanack JZ **73**, 661) und beim Übergang vom Sicherungsverfahren nach § 413 in das gewöhnliche Strafverfahren (BGH **11**, 319). Das Verbot gilt auch bei einem Ersturteil nach § 74 II S 1 OWiG (Oldenburg NStZ **97**, 397).

4a Das Verschlechterungsverbot **gilt aber nicht in einem neuen Verfahren:** Stand dem Urteil ein Verfahrenshindernis in Form eines Befassungsverbotes (Einl 143, 143a) entgegen und hat das Berufungsgericht deshalb das Verfahren eingestellt, so ist ein neu entscheidendes Gericht an die Strafe im aufgehobenen Urteil nicht gebunden (eingehend dazu Meyer-Goßner Pv 72 ff): Abgesehen davon, dass ein *insgesamt* aufgehobenes Urteil keine Rechtswirkungen bezüglich einer neuen Strafzumessung entfalten kann, kann die Befassung mit der Sache durch ein iwS unzuständiges Gericht für das zuständige Gericht keine Wirkungen erzeugen. Das ist etwa bei fehlender Anklage oder fehlendem Eröffnungsbeschluss der Fall (BGH **20**, 77, 80; KK-Paul 9; MüKoStPO-Quentin 22; Meyer-Goßner JR **78**, 122; **aM** Bay **61**, 124; Hamburg NJW **75**, 1473, 1475; LG Zweibrücken StV **97**, 13; LR-Gössel 18; Drees StV **95**, 669). So ist es aber auch bei der Entscheidung durch ein ieS unzuständiges Gericht und demzufolge vorgenommener Verweisung nach § 328 II; denn nur aus Vereinfachungsgründen hat der Gesetzgeber hier die der Sache nach gegebene Einstellung des Verfahrens und den Neuanfang beim zuständigen Gericht durch eine Verweisung vom unzuständigen an das zuständige Gericht ersetzt (eingehend dazu Meyer-Goßner Volk-FS 455; **aM** BGH NStZ-RR **06**, 261 [B]; NStZ-RR **10**, 284, 286; 2 StR 235/14 vom 24.9.2014; LR-Gössel 35 zu § 328 „weil auch das neue Verfahren auf der Berufung beruht"; aber das tut es gerade nicht, sondern es ist Folge der — in der Verweisung steckenden — Einstellung des Berufungsverfahrens). Auch bei Einstellungen wegen entgegenstehender Rechtskraft (dazu 12 zu § 411) oder entgegenstehender Rechtshängigkeit (2 zu § 12) gilt nichts anderes: Hat das Berufungsgericht eine von mehreren Strafen herabgesetzt, obwohl insoweit wegen einer wirksamen Berufungsbeschränkung Teilrechtskraft eingetreten war, so ist demnach das Urteil ohne Berücksichtigung der vom Berufungsgericht vorgenommenen Strafmilderung aufzuheben, da die (Teil-)Rechtskraft dem Verschlechterungsverbot vorgeht (**aM** Hamburg NStZ-RR **06**, 18, 20 ohne Erörterung der Problematik). Von der hier vertretenen Auffassung ist stillschweigend auch BGH NStZ-RR **06**, 5 [B] ausgegangen, indem er eine in Unkenntnis der Revisionsrücknahme in einem Beschluss nach § 349 IV ergangene Strafmilderung nach Erkennen der zuvor eingetretenen Rechtskraft als „gegenstandslos" bezeichnet und die Strafmilderung nicht etwa aufrechterhalten hat (eingehend zum Ganzen Meyer-Goßner Jung-FS 551 ff).

Berufung **§ 331**

3) **Art und Höhe der Rechtsfolgen** dürfen nicht zum Nachteil des Ange- 5
klagten geändert werden (I).

A. **Rechtsfolgen** iS des I sind nur diejenigen, die im Urteil angeordnet sind 6
(Hamburg MDR **80**, 598), also nicht die mit der Strafaussetzung zur Bewährung
verbundenen Auflagen und Weisungen nach §§ 56a ff StGB (3 zu § 268a).
Auch Zahlungserleichterungen nach § 42 StGB dürfen zum Nachteil des Angeklagten
geändert werden (Kadel, Die Bedeutung des Verschlechterungsverbots für Geldstrafenerkenntnisse
nach dem Tagessatzsystem, 1984, S 70 ff; einschr Hamburg
MDR **86**, 517; Schleswig NJW **80**, 1535 = JR **80**, 425 mit Anm Zipf: nur bei
neuen Tatsachen und Beweismitteln). Das Verschlechterungsverbot gilt nicht für
die Entscheidungen über Kosten und Auslagen (26 zu § 464; 8 zu § 464b) und
über die Entschädigung für Strafverfolgungsmaßnahmen (22 zu § 8 StrEG).

B. **Im 1. Urteil unterlassene Rechtsfolgenfestsetzungen** darf das Beru- 7
fungsgericht nachholen; denn wenn es an der Festsetzung der Rechtsfolge fehlt,
liegt eine richterliche Entscheidung, die Gegenstand einer Änderung zum Nachteil
des Angeklagten sein könnte, überhaupt nicht vor (BGH **30**, 93, 97; **35**, 208, 212).
Somit kann das Berufungsgericht bei tatmehrheitlicher Verurteilung die vom
1. Richter versehentlich nicht verhängten Einzelstrafen und die Tagessatzhöhe
(§ 40 I S 2 StGB) von Einzelgeldstrafen festsetzen (dazu 3 zu § 328) oder eine
unterlassene Gesamtstrafenbildung nachholen, auch wenn dies zum Verlust einer
bewilligten Strafaussetzung zur Bewährung führt (BGH NStZ **97**, 73 [K]).

C. **Schuldspruchänderungen** zuungunsten des Angeklagten sind nach hM 8
stets zulässig (BGH **14**, 5, 7; NJW **86**, 332; NStZ **86**, 209 [Pf/M]); wer sein
Rechtsmittel nicht auf den Rechtsfolgenausspruch beschränkt, muss sie in Kauf
nehmen (BGH **21**, 256, 260 = JZ **68**, 233 mit krit Anm Grünwald; BGH **29**, 63,
66; LR-Gössel 7 ff; a**M** Peters 618; krit auch Hanack JZ **73**, 660; vgl auch Wittschier
StV **86**, 173: nur bei übereinstimmenden Strafrahmen). Bei einer Verurteilung
auf Grund einer Verständigung nach § 257c wird aber von einer Schuldspruchänderung
abzusehen sein (vgl BGH StraFo **03**, 384). Es ist zulässig, unter
Aufrechterhaltung der Geldbuße wegen einer Straftat statt wegen einer OWi zu
verurteilen. Das Berufungsgericht kann auch eine einheitliche Handlung statt Tatmehrheit
annehmen, selbst wenn das AG teilw freigesprochen hatte (BGH **21**, 356
= JZ **68**, 233 mit Anm Grünwald); es darf dann auf eine Strafe in der Höhe der
bisherigen Gesamtstrafe erkennen (BGH JR **83**, 210 mit Anm Keller; VRS **66**,
443, 444), wobei es den Freispruch mit aufhebt (BGH NStZ-RR **97**, 331). Eine
auf Rechtsmittel des Angeklagten erfolgte Verschärfung des Schuldspruchs darf bei
der Rechtsfolgenzumessung nicht zu dessen Lasten berücksichtigt werden (BGH
NStZ-RR **10**, 118). Die kraft Gesetzes eintretenden Rechtsfolgen des § 45 StGB
werden bei Änderung des Schuldspruchs durch das Schlechterstellungsverbot jedoch
nicht ausgeschlossen; demgegenüber bejahen Brand/Reschke JZ **11**, 1102
einen Verstoß gegen das Verschlechterungsverbot, wenn eine Änderung des Schuldspruchs
ein Betätigungsverbot nach § 6 II S 2 Nr 3 GmbHG nach sich zieht.

Wird der Schuldspruch zuungunsten des Angeklagten auf dessen Berufung ge- 9
ändert, so gestattet eine daneben eingelegte **Strafmaßberufung der StA** die Erhöhung
der Strafe, wobei die hM zwar insoweit auch den geänderten Schuldspruch
zugrunde legen will, eine Strafverschärfung aber nur bis zur Obergrenze
der im 1. Urteil angewendeten Strafvorschrift zulässt (BGH NJW **86**, 332;
Bay NStZ-RR **00**, 379; LR-Gössel **17**; abl Cierniak NStZ **01**, 399: keine Begrenzung);
richtig erscheint hingegen, die Rechtsmittel streng zu trennen, so dass hinsichtlich
der StA-Berufung nach wie vor von dem durch diese nicht-angefochtenen
Schuldspruch auszugehen ist, der erhöhte Schuldumfang allerdings schärfend
berücksichtigt werden kann (eingehend dazu Meyer-Goßner Gössel-FS 650; teilw
a**M** LR-Gössel 79a zu § 318).

D. Bei **Fortsetzungs- und Dauerstraftaten** gilt das Verschlechterungsverbot 10
nicht für die Tatteile nach dem 1. Urteil. Wegen der späteren Einzelhandlungen

Schmitt 1487

§ 331 Drittes Buch. 3. Abschnitt

darf die Strafe verschärft (BGH **9**, 324; Bay NStZ **86**, 319, 320), auch die Strafaussetzung aufgehoben werden (Bay **57**, 83). Straferhöhung ist auch zulässig, wenn der Angeklagte durch das 1. Urteil nur wegen eines als selbstständig angesehenen Teilaktes verurteilt worden war, das Berufungsgericht aber wegen der gesamten Tat verurteilt (BGH GA **70**, 84; Bay JZ **82**, 869).

11 E. Eine **Verringerung des Schuldumfangs** oder die rechtlich mildere Beurteilung der Tat durch das Berufungsgericht zwingt zwar nicht zur Herabsetzung der Strafe, auch nicht die Annahme eines minderschweren Falls (BGH MDR **74**, 16 [D]; Köln MDR **53**, 440) oder der Wegfall eines Straferhöhungsgrundes (Schleswig SchlHA **70**, 200 [E/J]), erfordert aber eine Begründung im Urteil (Bamberg NStZ-RR **12**, 138; München NJW **09**, 160; 161; StraFo **09**, 290). Bei tatmehrheitlicher Verurteilung zwingt der Wegfall einer oder mehrerer Einzelstrafen ebenfalls nicht zur Herabsetzung der Gesamtstrafe, wenn schon die übrig bleibenden Einzelstrafen sie rechtfertigen (BGH **7**, 86; **14**, 5, 8; 1 StR 639/06 vom 24.4.2007). Bleibt aber nur eine Einzelstrafe übrig, so darf sie nicht überschritten werden (Düsseldorf StV **86**, 146).

12 F. **Gleichzeitige Milderung anderer Rechtsfolgen:** Ob eine Änderung des Rechtsfolgenausspruchs in Art und Höhe eine Verschlechterung bedeutet, ist bei gleichzeitiger Änderung anderer Rechtsfolgen in „ganzheitlicher Betrachtungsweise" auf Grund eines Gesamtvergleichs des früheren und des neuen Rechtsfolgenausspruchs zu beurteilen (BGH **24**, 11; **29**, 269, 270; NStZ **83**, 168; Celle MDR **76**, 156; Hamburg MDR **82**, 776; KK-Paul 4). Zulässig ist zB die Verhängung eines Fahrverbots (§ 44 StGB) bei gleichzeitiger Ersetzung einer Freiheitsstrafe durch eine Geldstrafe (Bay MDR **78**, 422) oder bei – zu keiner wirtschaftlichen Verschlechterung führenden – Herabsetzung der Geldstrafe (Schleswig NStZ **84**, 90; LG München I NZV **05**, 56; SK-Frisch 70), aber nicht bei Herabsetzung einer Geldbuße (Bamberg DAR **15**, 271; Hamm NZV **07**, 635, 636; Karlsruhe NZV **93**, 450). Die Bemessung der Tagessätze (nicht die Anzahl der Tagessätze: Köln DAR **05**, 697, 698; **aM** LG Köln NStZ-RR **97**, 370, das dabei aber § 43 StGB übersehen hat), darf erhöht werden, wenn zugleich das Fahrverbot entfällt und der Angeklagte wirtschaftlich nicht schlechter gestellt wird als beim Bestehen bleiben der Nebenstrafe (Bay **79**, 127; KG VRS **52**, 113; Hamm VRS **50**, 50; Köln VRS **40**, 257; vgl auch BGH **24**, 11 und Düsseldorf VRS **83**, 441). Zur Verhängung einer Geldbuße statt Einziehung vgl Bay NJW **98**, 3287.

13 4) Die **Verschlechterung der Strafart** ist unzulässig. Eine Geldstrafe darf nicht durch eine Freiheitsstrafe ersetzt werden, auch wenn deren Vollstreckung zur Bewährung ausgesetzt wird (Hamburg MDR **82**, 776). An die Stelle einer Freiheitsstrafe kann aber Geldstrafe in beliebiger Höhe treten, auch wenn die Strafe zur Bewährung ausgesetzt war (Hamm VRS **40**, 22). Es ist auch zulässig, eine Freiheitsstrafe durch Geldstrafe und Fahrverbot nach § 44 StGB zu ersetzen (Bay **77**, 153 = VRS **54**, 45). Beim Austausch mit einer Freiheitsstrafe darf aber die Zahl der Tagessätze (§ 40 I S 1 StGB) der Geldstrafe die frühere Freiheitsstrafe nicht übersteigen (Düsseldorf NJW **94**, 1016; VRS **72**, 202; Hamm NJW **08**, 1014 L). War nach § 41 StGB neben Freiheitsstrafe auch Geldstrafe verhängt worden, so darf die Geldstrafe bei entspr Herabsetzung der Freiheitsstrafe erhöht werden (Schleswig SchlHA **49**, 138; Amelunxen [B] 106). Dasselbe wurde für Freiheitsstrafe und Vermögensstrafe nach § 43a StGB angenommen, nicht aber umgekehrt (BGH NJW **97**, 2335 = JR **98**, 114 mit zust Anm Radtke); auch nach Wegfall der Vermögensstrafe wegen ihrer Verfassungswidrigkeit (BVerfG NJW **02**, 1779) kommt eine Erhöhung der Freiheitsstrafe nicht in Betracht (BGH NStZ-RR **02**, 206 L; Park StV **02**, 396), ebenso wenig die Verhängung einer Geldstrafe nach § 41 StGB, denn die unzulässige Sanktion darf nicht durch eine bisher nicht verhängte zulässige Sanktion ersetzt werden (**aM** BGH NStZ **03**, 198). Zur Ersetzung einer Verwarnung mit Strafvorbehalt (§ 59 StGB) durch eine Geldbuße nach dem OWiG vgl Zweibrücken MDR **92**, 1072.

Anstelle einer Freiheitsstrafe darf nicht auf eine höhere **Jugendstrafe** erkannt 14 werden (BGH **10**, 100, 103; **29**, 269, 271; JZ **56**, 101). Jedoch darf an die Stelle einer Jugendstrafe eine niedrigere Freiheitsstrafe treten, die so bemessen ist, dass die Möglichkeit besteht, den Angeklagten nach derselben Zeit bedingt zu entlassen, wie das bei der Jugendstrafe der Fall wäre (BGH **29**, 269, 274; **aM** Kinzig Eisenberg-FS 395: Freiheitsstrafe stets strenger als Jugendstrafe). Wenn die Verurteilung zu Freiheitsstrafe besonders nachteilige Rechtsfolgen nach sich zieht, die die Verurteilung zu Jugendstrafe nicht gehabt hätte, muss das Gericht, sofern das rechtlich möglich ist, auch aussprechen, dass diese Folgen nicht eintreten (BGH aaO). Anstelle von Jugendarrest darf auf Geldstrafe erkannt werden, wenn sie nach den Umständen des Falles nicht schwerer wiegt (Bay **70**, 159; Köln NJW **64**, 1684). Zum Verschlechterungsverbot innerhalb der Sanktionsarten des JGG vgl Brunner/Dölling 21 ff; Eisenberg 73 ff; beide zu § 55 JGG, zum Verschlechterungsverbot bei § 31 JGG vgl Celle NStZ-RR **01**, 90.

5) Verschärfung der Strafhöhe: 15

A. Bei der **Geldstrafe** darf weder die Zahl der Tagessätze noch die Endsumme 16 erhöht werden (Bay **79**, 127 = NJW **80**, 849; Celle NJW **76**, 121; Düsseldorf JR **86**, 121, 122 mit Anm Welp; Köln VRS **60**, 46). Die Erhöhung der Anzahl der Tagessätze ist auch dann ausgeschlossen, wenn die Tagessatzhöhe herabgesetzt wird und das Produkt aus beiden die vom AG festgesetzte Endsumme nicht übersteigt (Celle StV **09**, 403 L). Umgekehrt ist aber die Erhöhung des Tagessatzes zulässig, wenn zugleich die Anzahl der Tagessätze herabgesetzt und die Endsumme nicht erhöht wird (Celle aaO; Köln aaO; **aM** Kadel [oben 6] S 36 ff, 54 ff).

B. Die **Freiheitsstrafe** darf nicht erhöht werden, auch nicht, wenn eine dane- 17 ben verhängte Geldstrafe wegfällt (BGH MDR **75**, 541 [D]; RG **59**, 318, 320) oder wenn die höhere Freiheitsstrafe im Gegensatz zu der im 1. Urteil verhängten zur Bewährung ausgesetzt wird (BGH JZ **56**, 101; Brandenburg StV **09**, 89 mwN). Bei gleich bleibender Freiheitsstrafe darf auch nicht weniger UHaft angerechnet werden als im 1. Urteil (BGH JZ **52**, 754; RG **66**, 351, 353; LR-Gössel 62). Die Versagung der im 1. Urteil (zu Recht oder Unrecht) bewilligten Strafaussetzung ist ebenfalls unzulässig (Bay **62**, 1; vgl auch LR-Gössel 77 ff), auch wenn die Freiheitsstrafe erheblich ermäßigt wird (Bay **59**, 143; Frankfurt NJW **64**, 368); allerdings muss die angeordnete Strafaussetzung zur Bewährung aufgehoben werden, wenn die Strafe durch die erlittene UHaft bereits vollständig verbüßt ist (BGH NStZ-RR **08**, 350).

C. **Gesamtstrafe:** Das Verschlechterungsverbot gilt sowohl für die Einzelstrafen 18 als auch für die Gesamtstrafe (BGH **1**, 252; **14**, 5, 7; **28**, 119, 122; NStZ-RR **98**, 265 [K]; **15**, 149; BGHR § 358 II Nachteil 9). Wird statt wegen einer Einheitstat wegen mehrerer selbstständiger Handlungen verurteilt, so darf jede Einzelstrafe die Höhe der früheren Einheitsstrafe erreichen; eine Einzelstrafe noch die Gesamtstrafe darf sie aber übersteigen (BGHR § 358 II Nachteil 5 mwN; Bay DAR **87**, 316 [B]; Hamm VRS **42**, 99; Stuttgart NJW **65**, 1874; vgl auch BGH MDR **80**, 988 [H]; NStZ **86**, 209 [Pf/M]; Brandenburg NStZ-RR **14**, 90 L). Wird Tateinheit statt Tatmehrheit angenommen, so darf auf eine Strafe in Höhe der bisherigen Gesamtstrafe erkannt werden (BGH JR **83**, 210; NStZ **84**, 262). Zur Strafermäßigung bei Wegfall von Einzelstrafen vgl oben 11. Wird eine einbezogene Geldstrafe vor Erlass des Berufungsurteils bezahlt, muss sie in vollem Umfang berücksichtigt werden, selbst wenn dies zur Unterschreitung der gesetzlichen Strafuntergrenze führt (Oldenburg StV **06**, 518).

Bei **Einbeziehung von Vorverurteilungen** nach § 55 StGB entfällt die in 19 dem 1. Urteil gewährte Strafaussetzung, wenn sie nicht auch für die neue Gesamtstrafe zu bewilligen ist (BGH **7**, 180; anders nach Hamburg StraFo **99**, 351, wenn nur eine Berufung des Angeklagten die Gesamtstrafenbildung ermöglicht hat; allg krit zum Wegfall der Strafaussetzung zur Bewährung Hamm Hanack-FS 371). Wenn eine Gesamtstrafe aufgehoben wird und unter Auflösung einer anderen Ge-

§ 331

samtstrafe die ihr zugrunde liegenden Einzelstrafen nach § 55 StGB einbezogen werden, sollte die neue Gesamtstrafe nach früherer Rspr nicht höher sein dürfen als die Summe der beiden ursprünglichen Gesamtstrafen (BGH **15**, 164). Von dieser Rspr ist BGH **35**, 208 schon insoweit abgegangen, als dort zutr entschieden ist, dass § 55 StGB (und § 460, vgl dort 19) allein der Sicherung des in den §§ 53 ff StGB verankerten Gesamtstrafenprinzips diene und dies für den Betroffenen durchaus nachteilige Wirkungen haben könne. Die §§ 53 ff StGB durch Anwendung des Verschlechterungsverbotes teilw außer Kraft zu setzen, geht zu weit, indem es den Anwendungsbereich des Verschlechterungsverbots überdehnt (LG Lüneburg NStZ **09**, 573; Bringewat NStZ **09**, 542; vgl auch Meyer-Goßner Volk-FS 458), und übersieht, dass § 55 StGB gerade den Eingriff in die Rechtskraft von Entscheidungen ermöglicht (vgl Lackner/Kühl 10 zu § 55 StGB). Über das Maß der §§ 54, 55 StGB hinausgehende Vorteile darf der Angeklagte nicht verlieren, auch wenn eine neue Gesamtstrafe gebildet wird (BGH **8**, 203; 2 StR 636/13 vom 29.4.2014; 2 StR 487/15 vom 15.3.2016).

20 Wird eine **Gesamtstrafe aus Freiheits- und Geldstrafe** (§ 53 II S 1 StGB) aufgehoben und auf beide Strafarten nebeneinander erkannt (§ 53 II S 2 StGB), so darf die Summe aus der Freiheitsstrafe und den Tagessätzen die frühere Gesamtstrafe nicht übersteigen (BGH StraFo **13**, 345; StV **16**, 788 L; Bay **71**, 7; **82**, 43, 45). War auf Freiheits- und Geldstrafe nebeneinander erkannt, so steht das Verschlechterungsverbot der Bildung einer Gesamtfreiheitsstrafe stets entgegen (BGH MDR **77**, 109 [H]; 3 StR 463/09 vom 1.12.2009; Bay **79**, 105; KG JR **76**, 516, 517; Düsseldorf wistra **00**, 359; vgl aber BGH 1 StR 358/16 vom 7.12.2016), selbst wenn diese die Höhe der Freiheitsstrafe des 1. Urteils nicht erreicht (BGH aaO) oder zur Bewährung ausgesetzt wird (Hamburg aaO). War dem Erstrichter aber eine einbeziehungsfähige Geld- oder Freiheitsstrafe unbekannt geblieben oder hatte er die Notwendigkeit der Einbeziehung übersehen (vgl dazu Düsseldorf JR **01**, 477 mit krit Anm Bringewat zur „konkludent getroffenen" Ablehnung der Einbeziehung), ist das Berufungsgericht nach § 331 I nicht gehindert, eine nachträgliche Gesamtfreiheitsstrafe zu bilden (BGH **35**, 208 = JR **89**, 203 mit zust Anm Böttcher; Düsseldorf JMBlNW **98**, 23).

20a Nimmt das Berufungsgericht erstmals einen **Härteausgleich** wegen nicht mehr möglicher Gesamtstrafenbildung vor, darf es nicht gleichwohl auf die vom Amtsgericht verhängte Einzelstrafe erkennen (Koblenz NStZ-RR **04**, 330; München NJW **06**, 1302; **aM** Hamm NJW **08**, 2358).

20b Das Verbot der Schlechterstellung ist auch bei einem im Urteil enthaltenen **Kompensationsausspruch** wegen rechtsstaatswidriger Verfahrensverzögerung (9a zu Art 6 EMRK) zu beachten (Celle 32 Ss 116/11 vom 22.12.2011).

21 D. **Nebenfolgen:** Unzulässig ist die nachträgliche Anordnung oder Verschärfung der Bekanntmachungsbefugnis (Bay **54**, 71). Für die Vermögensabschöpfung nach altem Recht (**Verfall** nach §§ 73 ff StGB aF) – auch iVm einer Feststellung nach § 111i StPO aF – gilt das Verschlechterungsverbot (BGH 3 StR 101/15 vom 28.4.2015; wistra **13**, 474; Hamm StV **08**, 132; LR-Gössel 106). Dies gilt auch für Rechtsmittelentscheidungen, die nach dem Inkrafttreten der Reform der Vermögensabschöpfung am 1.7.2017 getroffen werden, auf die aber wegen der Übergangsregelungen des Art 316h S 2 **EGStGB** und § 14 **EGStPO** das alte Recht anzuwenden ist (Hamburg wistra **18**, 396; 438). Ob das Verschlechterungsrecht auch für die **Einziehung von Taterträgen** nach §§ 73 ff StGB nach dem neuen Recht der Vermögensabschöpfung gilt, wurde in der Rspr zunächst nicht einheitlich beantwortet (dafür: BGH NStZ-RR **18**, 382; 5 StR 101/18 vom 10. April 2018; Zweibrücken ZInsO **18**, 728; Saliger/Schörner StV **18**, 388; dagegen: Hamburg wistra **18**, 485 mit zust Anm Rettke; KG 161 Ss 148/17 vom 1.12.17; im Ergebnis ebenso BGH 4 StR 57/18 vom 12.3.2018; vgl auch Schmidt NStZ **18**, 631 mit ausführlicher Darstellung des Streitstandes). Aufgrund einer Vorlegung nach § 121 II Nr 1 GVG hin hat der BGH mittlerweile entschieden, dass das Verschlechterungsverbot aufgrund des – unverändert – eindeutigen Wortlauts der

Vorschrift ("Rechtsfolgen der Tat") und der Abhängigkeit der selbständigen Einziehung nach § 76a I StGB vom Vorliegen eines im Ermessen der StA stehenden Antrags (erg 4 ff, 19 zu § 435) auch für die Einziehung von Taterträgen nach dem neuen Recht gilt (BGH 5 StR 387/18 vom 10.1.2019). Die **Einziehung von Tatprodukten, Tatmitteln und Tatobjekten** (§§ 74 ff StGB) unterliegt ebenfalls dem Verschlechterungsverbot (BGH 4 StR 290/18 vom 7.11.2018). Soll ein Gegenstand als Surrogat (§ 73 III StGB) statt als Tatmittel (§ 74 I StGB) eingezogen werden, steht I dem nicht entgegen (BGH NStZ-RR **16**, 41). Das Gleiche gilt, wenn sich die nachträgliche Anordnung nur zum Nachteil des Einziehungsbeteiligten auswirkt. Die Einziehung eines Gegenstandes, die im 1. Urteil nach § 74 III StGB nicht möglich war, darf daher auf die alleinige Berufung des Angeklagten angeordnet werden, wenn der Gegenstand ihm zZ der Entscheidung nicht mehr gehört (KMR-Brunner 38; **aM** LR-Gössel 107), etwa weil ihn ein Dritter erworben hat (vgl § 74a Nr 2 StGB). Zulässig ist die Zuerkennung eines vermögensrechtlichen Anspruchs nach § 403 (BGH DAR **01**, 207 [To]; Celle NStZ-RR **16**, 288).

E. Für **Maßregeln der Besserung und Sicherung** gilt grundsätzlich I. Nur 22 die in II bezeichneten Maßregeln dürfen auch auf alleinige Berufung des Angeklagten angeordnet oder ausgetauscht werden (Celle NStZ-RR **13**, 317; vgl auch Bruns JZ **54**, 730; Kretschmer, Das strafprozessuale Verbot der reformatio in peius und die Maßregeln der Besserung und Sicherung, 1999, zugl Diss Berlin 1998, hält II für verfassungswidrig). Das gilt auch, wenn die Berufung nur den Strafausspruch angreift (Bay **94**, 258; **aM** BGH NStZ **92**, 539; Tolksdorf Stree/Wessels-FS 766) oder auf die Frage der Strafaussetzung zur Bewährung beschränkt ist (KK-Paul 7; SK-Frisch 18 zu § 327; **aM** Bay **86**, 59 = JR **87**, 172 mit abl Anm Meyer-Goßner): Nichts anderes gilt ferner, wenn das Rechtsmittel die Nichtanwendung der Maßregel nach § 64 StGB ausdrücklich von dem Rechtsmittelangriff ausnimmt (LR-Gössel 85; **aM** BGH NStZ **38**, 362; dagegen zutr Hanack JR **93**, 430; Hamm Hanack-FS 374; ebenso für das Berufungsverfahren Braunschweig bei Kotz/Rahlf NStZ-RR **11**, 168; Hamburg NStZ **13**, 124: jedenfalls bei StA-Berufung nicht möglich). Für die Maßregel nach § 63 StGB wurde dies von BGH StV **98**, 342; NStZ-RR **03**, 18; **06**, 5 [B] bisher offen gelassen, anders allerdings – jedoch ohne nähere Begründung – BGH 3 StR 268/10 vom 10.8.2010. Das gilt generell, nicht nur, wenn Maßregel- und Strafausspruch untrennbar sind (so BGH StraFo **09**, 209 und 210) oder auch der Schuldspruch angegriffen wird (BGH NStZ-RR **10**, 171; **13**, 54; 239; **14**, 58; NStZ **12**, 72); denn um die Anordnung oder Nichtanordnung der Unterbringung vom Rechtsmittelangriff auszunehmen, fehlt dem Angeklagten die Dispositionsbefugnis (eingehend dazu Meyer-Goßner Pv 101 ff; ders Frisch-FS 1301; **aM** BGH StV **12**, 203; Düsseldorf NStZ **07**, 663 L = StraFo **07**, 66; Dencker Mehle-FS 143). Ein Austausch der Maßregeln nach §§ 63, 64 StGB gegen die Sicherungsverwahrung (§ 66 StGB) ist unzulässig (BGH **25**, 38 = JR **73**, 161 mit Anm Maurach; vgl aber auch BGH **5**, 312). Im Übrigen gilt auch nach Einführung der nachträglichen Sicherungsverwahrung (§ 66b StGB) das Verschlechterungsverbot für die Anordnung der Sicherungsverwahrung uneingeschränkt; eine entspr Anwendung des II ist ausgeschlossen (Peglau NJW **04**, 3599). Da auch für das Berufungsgericht die Begrenzung der Rechtsfolgenkompetenz des AG nach § 24 II GVG gilt (9 zu § 328; 9 zu § 24 GVG), muss die kleine StrK, wenn sie die Unterbringung nach § 63 StGB für erforderlich hält, die Sache an die große StrK zwecks Verhandlung 1. Instanz entspr § 328 II verweisen (LR-Gössel 88; SK-Frisch 63; **aM** HK-Rautenberg 23).

Ist auf **Entziehung der Fahrerlaubnis** (§ 69 StGB) erkannt worden, so darf 23 statt dessen ein Fahrverbot nach § 44 StGB angeordnet werden (Bay **70**, 159; Düsseldorf VRS **81**, 184 mwN; Cramer NJW **68**, 1764). Das Berufungsgericht darf auch bei vorläufiger Entziehung der Fahrerlaubnis nach § 111a dieselbe Sperre (§ 69a I StGB) festsetzen wie der 1. Richter (BGH VRS **21**, 335; Frankfurt VRS **52**, 413; Karlsruhe VRS **51**, 204; Saarbrücken VRS **42**, 359; Fischer 23 zu

§ 69a StGB), sie aber nicht verlängern (BGH **5**, 168, 178; Bay **65**, 140; Karlsruhe VRS **48**, 425), auch nicht bei gleichzeitiger Aussetzung der Freiheitsstrafe zur Bewährung (Oldenburg MDR **76**, 162). Unzulässig ist es auch, die irrtümlich oder durch den nachträglichen Erwerb einer Fahrerlaubnis unrichtig gewordene Festsetzung einer isolierten Sperre (§ 69a I S 3 StGB) durch die Entziehung der Fahrerlaubnis (Dresden OLG-NL **98**, 192; Koblenz VRS **51**, 96; **60**, 431, Köln NJW **10**, 2817) oder durch ein Fahrverbot nach § 44 StGB zu ersetzen (Frankfurt VRS **64**, 12). Die bei der Anordnung nach § 69 StGB unterlassene Einziehung des Führerscheins kann dagegen nachgeholt werden (BGH **5**, 168 = NJW **54**, 159 mit Anm Schmidt-Leichner; NStZ **93**, 230 [K]).

24 **6) Revision:** Der Verstoß gegen § 331 ist von Amts wegen zu berücksichtigen (BGH **14**, 5, 7; **29**, 269, 270; Düsseldorf StV **86**, 146; VRS **72**, 202; SK-Frisch 77; erg 13 zu § 358).

Anwendbarkeit der Vorschriften über die erstinstanzliche Hauptverhandlung

332 Im übrigen gelten die im sechsten Abschnitt des zweiten Buches über die Hauptverhandlung gegebenen Vorschriften.

1 1) Von den **Vorschriften über die Hauptverhandlung** gelten im Berufungsverfahren außer den in § 323 I S 1 bezeichneten Bestimmungen insbesondere §§ 231 bis 232 II, soweit § 329 nicht anwendbar ist (BGH **15**, 287, 291; Bremen MDR **79**, 865; Meyer JR **78**, 393), § 233 (dort 1), §§ 263 bis 265 und §§ 271 bis 274; zu § 266 dort 10. Die Vorschriften der besonderen Arten des Verfahrens (§§ 407 ff) gehen aber auch im Berufungsverfahren vor (vgl 4, 7 zu § 411; 15 zu § 418; 17 zu § 419; 12 zu § 420; Meyer-Goßner Meurer-GS 423 ff).

2 2) **Gegenstand der Urteilsfindung** ist nicht der Tatbestand des angefochtenen Urteils, sondern die Tat in dem weiten Umfang des § 264 (1 vor § 312; 2 ff zu § 327), uU auch erst nach dem 1. Urteil begangene Fortsetzungsdelikte (9 zu § 264). Nur neue selbstständige Straftaten dürfen in die Entscheidung nicht einbezogen werden.

3 3) Für das **Urteil** gelten die §§ 260, 267, 268, 275, auch § 268a (dort 2). Auf tatsächliche und rechtliche Ausführungen des 1. Urteils darf in gewissem Umfang Bezug genommen werden (2 zu § 267).

Vierter Abschnitt. Revision RiStBV 147–157, 159–169

Vorbemerkungen

1 1) Das **Wesen der Revision** besteht in dem grundsätzlichen Ausschluss der Tatsachenfeststellungen von der Überprüfung durch das Rechtsmittelgericht. Die Revision ist ein Rechtsmittel mit begrenzten Prüfungsmöglichkeiten. Das Gesetz gestaltet sie als eine Rechtsbeschwerde aus (Willms JR **75**, 55), mit der nur erreicht werden kann, dass das Revisionsgericht auf entspr Rüge das Urteil und das ihm zugrunde liegende Verfahren auf Rechtsfehler prüft. Eine Neuverhandlung der Sache im Revisionsrechtszug ist ausgeschlossen. Da die Beweisaufnahme nicht wiederholt wird, ist das Revisionsgericht an die Feststellungen des Tatrichters gebunden. Es kann nur prüfen, ob sie rechtlich einwandfrei zustande gekommen sind und ob der Tatrichter die Beweise fehlerfrei gewürdigt hat (26, 26a zu § 337).

2 2) **Nur für die Vertretbarkeit,** nicht für die Richtigkeit der tatrichterlichen Entscheidung über Schuld und Strafe hat das Revisionsgericht einzustehen (W. Schmid ZStW **85**, 367; Teyssen JR **78**, 310; **aM** LR-Franke 5: nicht einmal für die Vertretbarkeit). Die Aufgabe, die Tatsachen festzustellen, sich eine Überzeugung von der Schuld oder der Nichterweislichkeit der Schuld des Angeklagten

zu bilden und eine gerechte Strafe festzusetzen, ist allein dem Tatrichter gestellt. Er hat hierzu innerhalb der allgemeinen rechtlichen Grenzen die Macht und trägt dafür die Verantwortung (BGH **10**, 208, 210; **29**, 18, 20; NJW **65**, 406, 407). Das Revisionsgericht nimmt sie ihm nicht ab, auch wenn ihm das ausnahmsweise möglich wäre (vgl dazu auch Pérez-Barberá Roxin-FS II 1444).

Diese **prozessuale Arbeits- und Verantwortungsteilung** bestimmt die 3 Grenzen der Prüfungsbefugnisse des Revisionsgerichts (zum Verhältnis von Tatrichter und Revisionsrichter BGH NStZ-RR **11**, 51, 52; Rieß Fezer-FS 455 ff). Ob der Tatrichter von einem Geschehen überzeugt (oder nicht überzeugt) und welche Rechtsfolge hierfür angemessen ist, bleibt in seiner Verantwortung (erg unten 21, 26, 34). Im Laufe der Zeit ist jedoch durch die Rspr die Urteilsprüfung dahin erweitert worden, dass die Revisionsgerichte auf Grund der Sachrüge die tatsächlichen Feststellungen und die Beweiswürdigung des angefochtenen Urteils auch auf Klarheit, Folgerichtigkeit, Nachvollziehbarkeit und Vollständigkeit sowie die Plausibilität des Ergebnisses überprüfen (zum „Wandel der Revision" Frisch Fezer-FS 353 ff),

3) **Zweck der Revision** ist die Wahrung der Rechtseinheit und die Herbei- 4 führung einer gerechten Entscheidung im Einzelfall (LR-Franke 7 ff; Fezer 20/2). Ob einer dieser Zwecke im Vordergrund steht oder ob sie gleichwertig sind, ist streitig. Praktische Bedeutung hat die Frage aber nicht (KMR-Momsen 6; EbSchmidt 39 vor § 296; **am** LR-Franke 8; SK-Frisch 15). Denn da sich Rechtsanwendung immer nur am Einzelfall vollziehen kann, fördert die Revision zugleich mit der Einzelfallgerechtigkeit die Einheitlichkeit der Rechtsprechung (demgegenüber auf die Kontroll- und Disziplinierungsfunktion abstellend Knauer NStZ **16**, 1). Die Revisionsgerichte können mit ihrer Rechtsprechung beide Zwecke der Revision, die sich begrifflich ohnehin nicht trennen lassen, in gleichem Maße erfüllen (Cramer Salger-FS 450; Rieß Hanack-FS 400). Zusätzlich ist ihnen die Aufgabe der Rechtsfortbildung übertragen (vgl § 132 IV GVG). Mit Langer (Meyer-Goßner-FS 497, 521) ist als Ziel der Revision „die richtige Gesetzesanwendung als Weg zur Wahrung der Rechtseinheit und zur Gewährleistung der Einzelfallgerechtigkeit" zu bezeichnen. Rosenau (Widmaier-FS 521) sieht als Sinn und Zweck der Revision die rechtsstaatsförmige Qualitätskontrolle und folglich die Qualitätssicherung im Strafverfahren an.

4) Für eine **Verständigung** nach § 257c ist im Revisionsverfahren kein 5 Raum. Wenn hier Absprachen über die Strafhöhe (und evtl sogar über die Schuld des Angeklagten) getroffen werden (vgl dazu Hamm in Dahs-FS 267), ist dies zu missbilligen. Dem Revisionsgericht stehen insoweit (nur) die Möglichkeiten nach §§ 153, 154, 154a, 154b zur Verfügung.

5) Zur **Einlegung der Revision durch die StA** siehe Nr 147, 148 RiStBV 6 sowie Graalmann-Scheerer Schlothauer-FS 485.

Zulässigkeit

333 Gegen die Urteile der Strafkammern und der Schwurgerichte sowie gegen die im ersten Rechtszug ergangenen Urteile der Oberlandesgerichte ist Revision zulässig.

1) Gegen **Urteile** ist Revision zulässig, auch gegen Berufungsurteile, mit denen 1 die Sache nach § 328 II zurückverwiesen worden ist (BGH **26**, 106 mit Anm Foth NJW **75**, 1523; Bay **77**, 143; **aM** KG JR **72**, 255). Ob die angefochtene Entscheidung als Urteil bezeichnet ist, spielt keine Rolle; maßgebend ist ihr Inhalt (11 zu § 296; erg 1 zu § 312). Für AG-Urteile wird § 333 durch § 335 ergänzt.

2) **Gesetzlich ausgeschlossen** ist die Revision nach § 434 III S 2 (auch iVm 2 § 436 II), § 55 II **JGG** und § 10 BinSchVfG. Bestrebungen, die Regelung des § 55 II **JGG** auf das Erwachsenenstrafrecht auszudehnen (BT-Drucks 16/6969 Anl 1,

§§ 334, 335 Drittes Buch. 4. Abschnitt

zust Röhling ZRP **09**, 17), ist entschieden zu widersprechen (BT-Drucks 6969 Anl 2; Meyer-Goßner ZRP **04**, 129); statt dessen sollte § 55 II **JGG** aufgehoben werden (Meyer-Goßner Eisenberg-FS 399).

3 Im Urteil zu treffende **Nebenentscheidungen** sind statt mit Revision mit sofortiger Beschwerde anfechtbar, so die Entscheidung über die Kosten nach § 464 III S 1 (dort 17), über die Aussetzung der Jugendstrafe zur Bewährung (§ 59 I **JGG**) und über die Entschädigung für Strafverfolgungsmaßnahmen (§ 8 III **StrEG**). Nebenentscheidungen im Urteil, die durch besonderen Beschluss hätten getroffen werden müssen, sind ebenfalls nur mit Beschwerde anfechtbar, zB die Entscheidung über die Beschlagnahme (RG **54**, 165), über die Festsetzung von Bewährungsauflagen (Hamm VRS **37**, 263; aM R. Hamm 27), über die DNA-Identitätsfeststellung nach § 81g (BGH NStZ-RR **02**, 67 [B]) und über die Aussetzung der Strafvollstreckung nach § 57 StGB (BGH GA **82**, 219).

4 3) Die **Anfechtungsberechtigung** richtet sich nach den allgemeinen Vorschriften (1 ff zu § 296; 2 ff zu § 297; 1 zu § 298).

5 4) Die **Beschwer** (vgl 8 ff vor § 296) entfällt nicht deshalb, weil ein Nachtragsverfahren nach § 459a (BGH 2 StR 106/76 vom 23.4.1976; 3 StR 230/76 vom 7.10.1976; RG **64**, 207, 208; Bremen NJW **54**, 423) oder nach § 460 möglich ist (BGH **12**, 1 [GSSt]; **23**, 98; **25**, 382; StV **82**, 569; Düsseldorf VRS **68**, 365; Koblenz VRS **60**, 424; Köln MDR **83**, 423). Allg zur Beschwer des Angeklagten: Blaese/Wielop 74 ff; 12 ff vor § 296.

6 5) Die **Zuständigkeit der Revisionsgerichte** bestimmen §§ 121 I Nr 1, 135 I GVG. Für Bayern gilt Art 11 BayAGGVG (1 zu § 9 EGGVG).

334 (weggefallen)

Sprungrevision

335 I Ein Urteil, gegen das Berufung zulässig ist, kann statt mit Berufung mit Revision angefochten werden.

II Über die Revision entscheidet das Gericht, das zur Entscheidung berufen wäre, wenn die Revision nach durchgeführter Berufung eingelegt worden wäre.

III ¹ Legt gegen das Urteil ein Beteiligter Revision und ein anderer Berufung ein, so wird, solange die Berufung nicht zurückgenommen oder als unzulässig verworfen ist, die rechtzeitig und in der vorgeschriebenen Form eingelegte Revision als Berufung behandelt. ² Die Revisionsanträge und deren Begründung sind gleichwohl in der vorgeschriebenen Form und Frist anzubringen und dem Gegner zuzustellen (§§ 344 bis 347). ³ Gegen das Berufungsurteil ist Revision nach den allgemein geltenden Vorschriften zulässig.

1 1) Die **Sprungrevision (I, II)** ist zur Vereinfachung des Verfahrens zugelassen. Wenn es dem Beschwerdeführer nur auf die Klärung von Rechtsfragen ankommt, soll eine 2. Tatsacheninstanz erspart werden können (BGH **2**, 63, 65; **5**, 338, 339). Verfahrensrechtliche Besonderheiten bestehen, von III abgesehen, nicht (vgl aber unten 21 zur Annahmeberufung nach § 313). Die Rügemöglichkeiten sind nicht eingeschränkt; § 357 ist anzuwenden, ebenso § 121 II GVG (BGH **2**, 63; **17**, 280; 382; **29**, 305, 307). Wird das Urteil auf die Revision aufgehoben und die Sache an das AG zurückverwiesen, so kann das neue Urteil auch nach § 312 mit Berufung angefochten werden (vgl auch Celle MDR **92**, 286 zu § 55 II **JGG**).

2 2) Die **unbestimmte Anfechtung** des Urteils, bei der der Beschwerdeführer die Wahl zwischen Berufung und Revision zunächst offenlässt, ist in Erweiterung des § 335 zulässig, weil der Beschwerdeführer die Entscheidung über das geeignete

1494 *Schmitt*

Rechtsmittel idR erst nach Kenntnis der Urteilsgründe treffen kann (BGH 2, 63; 5, 338; 6, 206). Sie ist aber auch bei in Abwesenheit ergangenen Urteilen statthaft (Bay 57, 225; LR-Franke 8). Die unbestimmte Anfechtung kann innerhalb der Einlegungsfrist der §§ 314 I, 341 I ohne Benennung des Rechtsmittels oder unter dem ausdrücklichen Vorbehalt seiner späteren Benennung (BGH 2, 63; 5, 338, 342; 13, 388, 393; Bay 83, 93) oder als „gehäufte" Anfechtung (Einlegung von „Berufung oder Revision") erklärt werden (RG JW 26, 2198; Köln NJW 54, 692; Nürnberg MDR 59, 595). In beiden Fällen wird die Rechtskraft nach §§ 316 I, 343 I gehemmt. Im Zweifel ist anzunehmen, dass das Rechtsmittel nicht endgültig gewählt ist (BGH 17, 44, 48; 25, 321, 324; Düsseldorf JZ 84, 756).

Die **endgültige Wahl** kann nur bis zum Ablauf der Revisionsbegründungsfrist 3 (§ 345 I) getroffen werden (BGH 2, 63, 70; 5, 338, 339; 6, 206, 207; 13, 388, 392; 17, 44, 48; 25, 321, 324; Düsseldorf NStZ 83, 471), allerdings bis dahin auch noch trotz zuvor erfolgter Verwerfung der Berufung als unzulässig (KG JR 99, 125). Wird die Wahl getroffen, ist sie endgültig; ein späterer Übergang zu dem anderen Rechtsmittel ist nur bis zum Beginn der Revisionsbegründungsfrist möglich, danach nicht mehr (Hamm VRS 81, 35; Naumburg StraFo 09, 388; SK-Frisch 10; aM Celle NJW 82, 397 = JR 82, 38 mit abl Anm Meyer).

Wird **keine Wahl getroffen** oder ist die Erklärung nicht formgerecht, dh eben- 4 so wie die Rechtsmitteleinlegung (Bay NStZ-RR 98, 51), oder nicht rechtzeitig bei dem zuständigen AG eingegangen, so wird das Rechtsmittel als Berufung durchgeführt (BGH 2, 63; 5, 338; 33, 183, 189 mwN; 40, 395, 398; Dresden wistra 05, 318; Stuttgart Justiz 91, 161 mwN), auch wenn nach Ablauf der Frist des § 345 I Revision gewählt wird (Bay 70, 158).

Bei Abgabe einer **nicht eindeutigen Erklärung** wird das Rechtsmittel eben- 5 falls als Berufung behandelt (Hamm NJW 03, 1469; Schleswig SchlHA 91, 126 [L/T]; LR-Franke 11; aM Düsseldorf MDR 72, 343; Koblenz VRS 65, 45: Verwerfung als unzulässig), insbesondere, wenn die Erklärung inhaltlich den Anforderungen an eine Revisionsbegründung entspricht, die Wahl der Revision aber nicht erklärt ist (Bay DAR 83, 254 [R]) oder bei widersprüchlichen Erklärungen von Angeklagtem und Verteidiger (Düsseldorf MDR 93, 676) oder von mehreren Verteidigern (Jena StraFo 16, 28).

Bei **Wahl der Revision** wird das Rechtsmittel so behandelt, als sei von vorn- 6 herein Revision eingelegt worden. Wird sie nicht rechtzeitig oder nicht in zulässiger Weise begründet, so wird sie als unzulässig verworfen, nicht als Berufung behandelt (KG JR 87, 217; KMR-Momsen 29; LR-Franke 13; aM Bamberg NStZ-RR 18, 56). Das gilt auch für den Fall, dass die Form des § 345 II nicht gewahrt ist (KG aaO; Nürnberg NStZ-RR 07, 151, 152; SK-Frisch 13; aM BGH 2, 63, 71; Hamm VRS 97, 181). Nur bei unwirksamer Wahl der Revision (zB bei Abgabe der Erklärung gegenüber dem unzuständigen LG) wird das Rechtsmittel als Berufung behandelt (Bay 83, 93; vgl auch Köln NStZ 92, 204: Unwirksamkeit wegen Verstoßes gegen prozessuale Fürsorgepflicht).

Bei **verspätetem Eingang** der Anfechtungserklärung (§§ 314 I, 341 I) verwirft 7 das AG das unbestimmte Rechtsmittel nach § 319 I (KK-Gericke 5 zu § 346).

Wiedereinsetzung in den vorigen Stand gegen die Versäumung der Anfech- 8 tungsfrist ist zulässig; über den Antrag entscheidet das Berufungsgericht (Bay 62, 156; DAR 72, 264 [R]). Keine Wiedereinsetzung gegen die Versäumung der Wahl nach rechtzeitiger Rechtsmitteleinlegung gewährt. Nach Ablauf der Frist des § 345 I geht die Möglichkeit der Wahl der Revision endgültig unter (Bay 70, 158; 83, 93; wistra 01, 279; München wistra 09, 327; Stuttgart Justiz 91, 161); das gilt auch bei Anwendung des Jugendstrafrechts (Hamm NStZ-RR 12, 285 L).

3) Übergang zu einem anderen Rechtsmittel: Der Beschwerdeführer 9 braucht erst nach Zustellung des Urteils und innerhalb der dadurch in Lauf gesetzten Revisionsbegründungsfrist die Wahl zu treffen, ob das eingelegte Rechtsmittel eine Berufung oder Revision sein soll (oben 2, 3). Dieses Wahlrecht verliert er auch nicht deshalb, weil er bereits vorher das Rechtsmittel anders bezeichnet hat,

§ 335

es sei denn, dass er sich bereits abschließend auf eines der beiden Rechtsmittel festgelegt hat (Düsseldorf OLGSt Nr 3; MDR **95**, 1253).

10 Nach Berufungseinlegung ist innerhalb der Revisionsbegründungsfrist (§ 345 I) der **Übergang zur Revision** zulässig (BGH **40**, 395, 398 mwN), wobei der Übergang gegenüber dem AG erklärt werden muss (BGH aaO). Vor Fristablauf darf gegen den Willen des Beschwerdeführers noch keine Berufungsverhandlung durchgeführt werden (Frankfurt NStZ **91**, 506). Der Übergang muss klar und eindeutig erklärt werden; andernfalls bleibt es bei der Berufung, auch wenn nach Fristablauf die Wahl der Revision erklärt wird (Celle MDR **60**, 159; Stuttgart OLGSt § 346 S 1).

11 Innerhalb der Frist des § 345 I ist auch der **Übergang zur Berufung** zulässig (BGH stRspr, zuletzt bestätigt in NJW **04**, 789; Bay NStZ-RR **03**, 173; KG NStZ-RR **02**, 177), auch wenn zunächst wegen Versäumung dieser Frist Wiedereinsetzung bewilligt werden musste (unten 13). Das gilt auch für Revisionen der StA (Celle MDR **67**, 421) und des Verteidigers (BGH **17**, 44, 47; **25**, 321). Wird der Übergang zur Berufung erst nach Fristablauf erklärt, ist die (somit weiter als solche zu behandelnde) Revision als unzulässig zu verwerfen, wenn sie nicht fristgerecht begründet wurde (München NStZ-RR **07**, 56).

12 Ein **nochmaliger Wechsel** des Rechtsmittels ist ausgeschlossen: Hatte der Rechtsmittelführer das zunächst unbestimmt eingelegte Rechtsmittel später eindeutig bezeichnet oder ist er von der Berufung zur Revision oder umgekehrt übergegangen, ist er an die getroffene Wahl nunmehr gebunden (BGH **13**, 388; Schleswig SchlHA **10**, 232 [D/D]; Fezer JR **04**, 212; **aM** Celle NJW **82**, 397 = JR **82**, 38 mit abl Anm Meyer; Celle NdsRpfl **93**, 331; vgl auch Köln NStZ-RR **96**, 175: jedenfalls keine Bindung bei Erklärung vor wirksamer Urteilszustellung).

13 **Wiedereinsetzung in den vorigen Stand** ist zulässig, um den Übergang zur Berufung zu ermöglichen (Köln NStZ **94**, 199; München StraFo **10**, 252; Schleswig MDR **81**, 251; Zweibrücken MDR **79**, 957; **85**, 517), nicht aber zur Ermöglichung des Übergangs zur Revision nach Ablauf der Frist des § 345 I (Dresden wistra **05**, 318; Hamm NStZ **91**, 601 mwN). Zuständig ist das Revisionsgericht (Köln aaO; Schleswig aaO; LR-Graalmann-Scherer 4 zu § 46; **aM** München aaO, Zweibrücken aaO: Berufungsgericht).

14 4) **Bei verschiedenartiger Anfechtung (III)** durch mehrere Verfahrensbeteiligte hat die Berufung, auch wenn sie nicht in vollem Umfang eingelegt ist, den Vorrang, da sie das umfassendere Rechtsmittel ist und auch zur Prüfung in tatsächlicher Hinsicht führt. Dadurch wird verhindert, dass eine Sache vor verschiedene Rechtsmittelgerichte kommt (RG **63**, 194, 196; Karlsruhe Justiz **77**, 24). Wenn das auch in anderen Fällen möglich ist, gilt II entspr (BGH **4**, 207; Bay **51**, 398 = JR **52**, 209; Düsseldorf MDR **52**, 313; vgl auch § 83 II OWiG).

15 A. **Dasselbe Urteil** muss von mehreren Beteiligten mit verschiedenartigen Rechtsmitteln angefochten worden sein; auf dieselbe Straftat müssen sich die Rechtsmittel nicht beziehen (RG **63**, 194; LR-Franke 22). Hatte das AG die verschiedenen Sachen getrennt, so gilt III nicht. Eine Verfahrenstrennung nach Erlass des 1. Urteils hindert dagegen die Rechtsfolgen des III nicht (Zweibrücken MDR **86**, 778; R. Hamm **31**; KMR-Momsen 38), auch wenn die Trennung sachlich geboten war (Karlsruhe Justiz **77**, 24).

16 B. **Beteiligte** iS III S 1 sind alle Verfahrensbeteiligten, die ein selbstständiges Anfechtungsrecht haben (RG **63**, 194; Bay **51**, 398), auch Mitangeklagte (RG aaO; Gollwitzer Sarstedt-FS 15). Angeklagte und Verteidiger gelten als derselbe Beteiligte; widersprechen sich ihre Rechtsmittelerklärungen, so ist entspr § 297 die des Angeklagten maßgebend (Bay **77**, 102; Hamm NZV **06**, 184; Koblenz MDR **75**, 424). Ein Beteiligter in mehreren Verfahrensrollen (zB der Mitangeklagte als Nebenkläger) kann für jede von ihnen ein anderes Rechtsmittel mit der Wirkung des III einlegen (Hamm JMBlNW **55**, 99).

C. Die **Behandlung der Revision als Berufung** bedeutet, dass dieses 17
Rechtsmittel an die Stelle der Revision tritt, solange es nicht vor oder in der Berufungsverhandlung zurückgenommen oder durch das Berufungsgericht als unzulässig verworfen worden ist (Köln NStZ-RR **01**, 86; Meyer-Goßner Gössel-FS 644).
Eine Umwandlung findet aber nicht statt. Die Revision bleibt vielmehr so lange bedingt bestehen, bis das Berufungsgericht sachlich entschieden hat (Bay **93**, 232; Düsseldorf MDR **88**, 165) oder die Berufung nicht mehr zurückgenommen werden kann, auch bei Aufhebung des Berufungsurteils durch das Revisionsgericht und Zurückverweisung der Sache an das LG (Bay **84**, 116, 119). Sie muss daher ordnungsgemäß eingelegt, braucht aber für die Sachbehandlung nach III nicht begründet zu werden (Bay **70**, 41). Ist die Berufung zurückgenommen oder als unzulässig verworfen worden, so wird das Verfahren mit der Revision, wenn sie rechtzeitig und formgerecht begründet worden ist, fortgesetzt (Köln VRS **99**, 276), andernfalls wird sie dann als unzulässig verworfen (LR-Franke 24). Der Zurücknahme und Verwerfung der Berufung als unzulässig steht weder die Einstellung nach § 205 oder nach § 206a (Schleswig SchlHA **95**, 159) noch die Verwerfung nach § 329 I gleich (RG **59**, 63; Hamm bei Burhoff DAR **01**, 451; Köln aaO; KK-Gericke 11; **aM** SSW-Momsen 19), auch nicht die Nichtannahme nach § 322a, da diese eine *Sach*prüfung enthält (Karlsruhe NStZ **95**, 562; Meyer-Goßner NStZ **98**, 19; **aM** Bay StV **94**, 238; Stuttgart NJW **02**, 3487; Hartwig NStZ **97**, 111; differenzierend SK-Frisch 24). Verwerfung nach § 329 I ist nur *vor*, nicht mehr *nach* Rücknahme der Berufung der StA oder des Nebenklägers möglich, da damit die Revision wieder auflebt (Bamberg NStZ **06**, 591; Köln aaO).
Trifft das Berufungsgericht unter **Verstoß gegen III** keine Entscheidung über 18
die Revision, bleibt das Verfahren insoweit bei ihm anhängig. Ggf muss das Revisionsgericht die Sache an das Berufungsgericht zurückverweisen (Bay **51**, 398; Karlsruhe Justiz **77**, 24; Köln StraFo **16**, 155; **aM** Hamm NStZ **98**, 270); das gilt auch bei erfolgter Nichtannahme der Berufung (**aM** und inkonsequent Karlsruhe NStZ **95**, 562, das die Nichtannahme der Verwerfung als unzulässig nicht gleichstellt [oben 17 aE]), gleichwohl aber die Revision selbst als unzulässig iSd § 313 II verwirft; dazu Hartwig und Meyer-Goßner aaO).
Die **Anfechtung des Berufungsurteils** richtet sich nach den allgemeinen Vor- 19
schriften (III S 3). Auch wer Sprungrevision eingelegt hatte, kann gegen das neue Urteil Berufung oder Revision einlegen.

5) Aktenvorlage: Zunächst entscheidet das AG, ob das Rechtsmittel eine Be- 20
rufung oder Revision ist. Hat es die Sache dem LG als Berufung vorgelegt, so entscheidet dieses über die Art des Rechtsmittels; es darf die Akten nicht einfach dem OLG zur Entscheidung vorlegen (BGH **13**, 303, 305; **aM** Kleinknecht JZ **60**, 756). Hält es das Rechtsmittel für eine Revision, so gibt es die Sache dem AG zur Einhaltung des Verfahrens nach § 347 zurück (SK-Frisch 31; **aM** KK-Gericke 8: Abgabe an das Revisionsgericht). Das Revisionsgericht, das das Rechtsmittel nur für eine Berufung ansieht, gibt die Sache durch Beschluss an das LG ab (Bay **62**, 166; Köln NStZ **92**, 204; Schleswig SchlHA **61**, 307). Zur entspr Anwendung des § 348 auf diesen Fall vgl dort 5.

6) Annahmeberufung: Im Fall des § 313 muss zunächst Berufung eingelegt 21
werden; denn nur, wenn diese angenommen wird, ist sie zulässig. Andernfalls liegt eine unzulässige Berufung vor, die nach I auch die Revision ausschließt (KK-Paul 4 zu § 313; Pfeiffer 5; D. Meyer JurBüro **93**, 456; Meyer-Goßner NStZ **98**, 19; NJW **03**, 1369; Ostendorf ZRP **94**, 338; Scheffler GA **95**, 455, 458; Frankfurt NStZ-RR **96**, 174 sieht hierfür „gewichtige Gründe", lässt die Frage aber letztlich offen); nach **aM** ist die Sprungrevision auch hier stets zulässig (Dresden StV **16**, 803 L; Düsseldorf VRS **88**, 188; Hamm NJW **03**, 3286, 3287; NStZ **11**, 42; Karlsruhe StV **94**, 292; NStZ **95**, 562; Stuttgart Justiz **95**, 414; Zweibrücken StV **94**, 119; SK-Frisch 27 [trotz des Gewichts der Gegenargumente]; Feuerhelm StV **97**, 102; Rieß Kaiser-FS 1476; Siegismund/Wickern wistra **93**, 89; Tolksdorf Salger-FS 402; ebenso Bay **93**, 147 [zust BGH **40**, 395, 397], das aber irrig davon

§ 336

ausgeht, es selbst müsse sonst im Rahmen der Revision die Zulässigkeit der Berufung nach § 313 überprüfen). Die Zulässigkeit der Sprungrevision von der Annahme der Berufung abhängig zu machen, erscheint auch deswegen sachgerecht, weil es sonst der Rechtsmittelgegner in der Hand hätte, durch Einlegung der Berufung eine annahmefreie Sprungrevision zu einer annahmepflichtigen Berufung zu machen (Meyer-Goßner NStZ **98**, 22), und das LG bei Doppelanfechtung des Urteils nach III die Entscheidung über die Sprungrevision manipulieren könnte (dazu Meyer-Goßner NJW **03**, 1369). Nach der hier vertretenen Ansicht (zust KK-Paul 4 zu § 313; Lesch 2/76) kann der Beschwerdeführer somit erst nach Annahme der Berufung erklären, dass er zur Revision übergehe; der Übergang ist allerdings nur möglich, wenn die Revisionsbegründungsfrist (§ 345 I) noch nicht abgelaufen ist (oben 9, 10). Wiedereinsetzung in den vorigen Stand zur Ermöglichung des Übergangs zur Revision muss dann – anders als sonst (oben 13) – gewährt werden (Meyer-Goßner aaO; vgl auch Tolksdorf aaO 404). Der Übergang kann sich insbesondere anbieten, wenn das LG die Berufung wegen eines Verfahrensfehlers angenommen hat (10 zu § 313). Jedoch ist das Revisionsgericht an die Beurteilung des LG nicht gebunden; es kann die Revision auch dann als (offensichtlich) unbegründet verwerfen, wenn das LG die Berufung für zulässig, weil nicht offensichtlich unbegründet (§ 313 II S 1) erachtet hat.

22 Folgt man der **Gegenansicht,** die die Revision stets für zulässig erachtet – und damit dem Zweck des RpflEntlG zuwider läuft (Pfeiffer 5) –, so ist jedenfalls aber ihre Einlegung unter dem Vorbehalt, dass die Berufung nicht angenommen werde, unzulässig (Frankfurt NStZ-RR **96**, 174; Zweibrücken aaO; erg 5 vor § 296). Ist die Berufung durch Beschluss nach § 322a nicht angenommen worden, kann auch bei noch offener Revisionsbegründungsfrist nicht mehr Revision eingelegt werden (Bay **94**, 86; Koblenz JBlRP **00**, 22; **05**, 74; Oldenburg NStZ **12**, 54; Rieß Kaiser-FS 1477; Tolksdorf aaO 405; **aM** Frankfurt NStZ-RR **03**, 53; AK-Maiwald 2; Feuerhelm aaO; Hettenbach [2 zu § 313] S 126).

Überprüfung der dem Urteil vorausgegangenen Entscheidungen

336 [1] Der Beurteilung des Revisionsgerichts unterliegen auch die Entscheidungen, die dem Urteil vorausgegangen sind, sofern es auf ihnen beruht. [2] Dies gilt nicht für Entscheidungen, die ausdrücklich für unanfechtbar erklärt oder mit der sofortigen Beschwerde anfechtbar sind.

1 **1) Entscheidungen vor und außerhalb der Hauptverhandlung** unterliegen der Prüfung des Revisionsgerichts im Rahmen seiner allgemeinen Prüfungskompetenz nach § 337 (LR-Franke 1; Gössel NStZ **82**, 142). S 1 ist das notwendige Gegenstück zu § 305 S 1. Entscheidungen iS § 336 sind verfahrensrechtliche Entscheidungen in dem Verfahren, in dem das angefochtene Urteil ergangen ist, auch Anordnungen des Vorsitzenden (BGH **7**, 281, 282; NJW **73**, 1985).

2 Gemeint sind **nur gerichtliche Entscheidungen;** auf fehlerhaften Verfahrenshandlungen der StA kann das Urteil nicht beruhen (BGH **6**, 326, 328; NJW **67**, 1869; MDR **52**, 565; **67**, 14 [D]; BGHR § 349 I Unzulässigkeit 1).

3 Grundsätzlich beruht das Urteil auch nicht auf gerichtlichen **Entscheidungen vor Erlass des Eröffnungsbeschlusses** (BGH **6**, 326; **15**, 40, 44; GA **80**, 255; MDR **74**, 16 [D]). Eine Ausnahme gilt, wenn die Entscheidung möglicherweise bis zum Urteil fortgewirkt hat, zB bei fehlerhafter Zulassung des Nebenklägers oder unzulässiger Ablehnung des Antrags auf Verteidigerbestellung. War eine solche Entscheidung vom Beschwerdegericht erlassen und gebilligt worden, so ist das Revisionsgericht hieran nicht gebunden (BGH **26**, 191, 192; NJW **73**, 1985; Schmidt NStZ **09**, 243). Zur Revisibilität ermittlungsrichterlicher Entscheidungen eingehend Landau/Sander sowie Schlothauer StraFo **98**, 397 ff.

4 **Entscheidungen aus früheren Hauptverhandlungen** werden grundsätzlich nicht geprüft (Hilger NStZ **83**, 429), zB nicht die Ablehnung eines Beweisantrags in einer ausgesetzten Hauptverhandlung (Koblenz VRS **62**, 287; Saarbrücken

VRS **46**, 46, 48). Anders sollte es nach BGH **31**, 15 bei der Zurückweisung eines Ablehnungsgesuchs sein; dagegen nun zutr BGH NJW **06**, 854. Wird ein Berufungsurteil angefochten, so kann die Revision nicht auf Mängel des Verfahrens vor dem AG gestützt werden (RG **59**, 299; **60**, 111, 113; **61**, 399). **Einstellungsbeschlüsse** nach § 153 II sind mit der Revision nicht angreifbar (Bay **70**, 225; KG JR **67**, 430; VRS **33**, 446; Naucke StASchlH-FS 462), ebenso wenig Entscheidungen nach § 153a II (Hamm JMBlNW **80**, 104) und nach § 154 II (BGH MDR **70**, 383 [D]; RG **66**, 326). 5

2) **Unanfechtbare oder mit sofortiger Beschwerde anfechtbare Entscheidungen** (S 2) werden vom Revisionsgericht nicht mehr geprüft, auch nicht nach § 338 (KK-Gericke 13; LR-Franke 13). Ob sofortige Beschwerde eingelegt war, ist gleichgültig (Dünnebier Dreher-FS 679). Die Anfechtbarkeit mit der einfachen Beschwerde schließt die Revision nicht aus (Rieß NStZ **81**, 447; vgl auch Meyer-Goßner NStZ **89**, 89 zum Eröffnungsbeschluss). Unter S 2 fallen insbesondere Entscheidungen nach §§ 28, 46, 81, 138d, 201, 210, 225a, 231a, 304 IV S 2 (krit SK-Frisch 21), § 304 V (BGH NJW **02**, 2401) und §§ 52, 54 GVG, nicht aber die Unanfechtbarkeit nach § 305 S 1 (Koblenz VRS **71**, 200). 6

3) Die **Entziehung des gesetzlichen Richters** kann auch dann mit der Revision gerügt werden, wenn gegen die Entscheidung nach S 2 sonst keine Rüge zulässig ist (BGH **46**, 238, 246; SK-Frisch 20; 8 zu § 16 GVG; 11 zu § 120 GVG). 7

Revisionsgründe

337 I Die Revision kann nur darauf gestützt werden, daß das Urteil auf einer Verletzung des Gesetzes beruhe.

II Das Gesetz ist verletzt, wenn eine Rechtsnorm nicht oder nicht richtig angewendet worden ist.

Übersicht

	Rn
1) Begrenzte Prüfungsmöglichkeit	1
2) Gesetz	2–4
3) Verletzung des Gesetzes	5–35a
A. Verfahrensvoraussetzungen	6
B. Verfahrensrecht	7–19
C. Sachliches Recht	20–35a
4) Beruhen des Urteils auf der Gesetzesverletzung	36–40
5) Verlust von Verfahrensrügen	41–48
A. Zeitablauf	42
B. Verzicht	43–46
C. Verwirkung	47, 48

1) Eine **begrenzte Prüfungsmöglichkeit** eröffnet die Revision. Das Urteil kann nur auf Rechtsfehler geprüft werden, allerdings auch darauf, ob die festgestellten Tatsachen eine zuverlässige Grundlage für die Prüfung bieten. Mit bloßen Einwendungen gegen die Richtigkeit der Feststellungen und der Beweiswürdigung kann der Beschwerdeführer nicht gehört werden; denn das Revisionsgericht kann die Beweisaufnahme nicht wiederholen und ist daher außerstande, die aus Rechtsgründen nicht zu beanstandenden Tatsachenfeststellungen des Urteils zu überprüfen. Eine begriffliche Klärung der Abgrenzung der Tatfrage von der Rechtsfrage ist schwierig, aber zur Festsetzung der Grenzen der Revisibilität von Strafurteilen idR auch nicht erforderlich. Neumann Hamm-FS 534 schlägt als griffiges Abgrenzungskriterium vor, dass es um eine revisible Rechtsfrage geht, wenn eine Regel, um eine nicht revisible Tatfrage, wenn eine singuläre Feststellung umstritten ist. Vgl hierzu auch die ausführliche Darstellung bei SK-Frisch 10 ff; erg 2 ff vor § 333. 1

2) **Gesetz** iS I ist jede Rechtsnorm (II; § 7 **EGStPO**), die in den Verfassungen, Gesetzen und Rechtsverordnungen des Bundes und der Länder niedergelegt ist, 2

§ 337

auch Gewohnheitsrecht (19 zu § 132 GVG), allgemeine Regeln des Völkerrechts (Art 25 GG), Auslieferungs- und andere Staatsverträge, die sich in formellen Gesetzen niedergeschlagen haben, sowie ausländische Rechtsvorschriften (LR-Franke 7 ff).

3   **Keine Rechtsnormen** sind Verwaltungsanordnungen (BGH NStZ **82**, 321; Bay NJW **52**, 235; Köln NJW **61**, 1127; **aM** Hamburg NStZ **84**, 273 für den Fall, dass die Anordnung einen Blankettatbestand ausfüllt, der das mit Strafe bedrohte Verhalten nicht konkret beschreibt), Dienstvorschriften der Bundesbahn (BGH VRS **16**, 53; RG **53**, 134; LG Mainz MDR **82**, 597), Vereinssatzungen, Unfallverhütungsvorschriften der Berufsgenossenschaften (RG **52**, 42; Hamm OLGSt § 3 BauONW S 1; **aM** für die seit 1963 von den Berufsgenossenschaften auf Grund des § 708 RVO erlassenen Unfallverhütungsvorschriften: Bay **86**, 75) und allgemeine Geschäftsbedingungen, auch nicht die Geschäftsverteilungspläne der Gerichte (RG **76**, 233; Bay VerfGHE **38** II 90; Bay **77**, 141; vgl auch BayVerfGH NJW **78**, 1515: Rechtsetzungsakte eigener Art), der Grundsatz *in dubio pro reo* (26 zu § 261) sowie die Denkgesetze und Erfahrungssätze (KMR-Momsen 103 ff; LR-Franke 11; Roxin/Schünemann § 55, 15).

4   **Soll- oder Ordnungsvorschriften** (dazu allg Bauer wistra **91**, 95; Bohnert NStZ **82**, 5) sind zwar Rechtsnormen iS des § 337; der Tatrichter darf sich über sie nicht hinwegsetzen, sofern dafür kein triftiger Grund besteht (BGH **3**, 384; MDR **55**, 397 [D]). Jedoch ist bei solchen Vorschriften ein Beruhen des Urteils auf der Gesetzesverletzung (unten 36) ausgeschlossen. Der Verstoß kann daher mit der Revision nicht gerügt werden (BGH **30**, 255, 257; DAR **81**, 196 [Sp]; NStZ **81**, 93 [Pf]; Bohnert NStZ **83**, 344; **aM** Neuhaus Herzberg-FS 871); die Entscheidung BGH **25**, 325, mit der (im Anschluss an Grünwald JZ **68**, 752; Hanack JZ **71**, 169; Rudolphi MDR **70**, 100) die Lehre von folgenlos verletzbaren Ordnungsvorschriften als methodisch veraltet bezeichnet wurde, ist vereinzelt geblieben (vgl aber LR-Franke 15 ff, 22; Frisch Rudolphi-Symp 201: unbrauchbarer und überflüssiger Begriff; R. Hamm 246 ff).

5   **3) Verletzung des Gesetzes:**

6   A. **Verfahrensvoraussetzungen:** Die Prüfung erfolgt bei Befassungsverboten von Amts wegen, bei Bestrafungsverboten nach zutr Ansicht nur auf Rüge (vgl dazu Einl 143, 150); unschädlich ist dabei, dass das Urteil wegen Beschränkung des Rechtsmittels bereits teilw rechtskräftig ist (BGH **6**, 305; **11**, 393; **13**, 128; **15**, 203, 207; **21**, 242; Einl 151 ff). Das Revisionsgericht ist weder an die tatsächlichen Feststellungen noch an die Beweiswürdigung des Tatrichters gebunden (BGH **5**, 225; **14**, 137, 139; Düsseldorf VRS **71**, 28). Es prüft die Prozessvoraussetzungen selbstständig und auf Grund eigener Sachuntersuchung unter Benutzung aller verfügbaren Erkenntnisquellen im Freibeweisverfahren (Einl 152). Eine Ausnahme gilt für die sog doppelrelevanten Tatsachen. Was der Tatrichter zum Schuldspruch im Strengbeweis festgestellt hat, bindet das Revisionsgericht (BGH MDR **56**, 272; Düsseldorf MDR **88**, 253; LR-Franke 31), nach Ansicht des BGH allerdings nicht die Tatzeit, wenn ihre datenmäßige Fixierung für den Schuldspruch und die sichere Erfassung der ihm zugrunde liegenden Tatsachen nicht unerlässlich ist (BGH **22**, 90; **aM** LR-Franke 32). Würde die Ermittlung der maßgebenden Tatsachen eine Beweisaufnahme wie in der Hauptverhandlung vor dem Tatrichter erforderlich machen, so ist dem Revisionsgericht nicht verwehrt, das Urteil aufzuheben und die Sache an den Tatrichter zurückzuverweisen (BGH **16**, 399, 403; Celle MDR **60**, 334; Düsseldorf MDR **94**, 716 L). Zu Zweifeln an dem Bestehen eines Prozesshindernisses vgl 7 zu § 206a, 34 zu 261; hat das Tatgericht die Verhandlungsfähigkeit sorgfältig geprüft und ohne Rechtsfehler bejaht, kann auch das Revisionsgericht davon ausgehen (BGH StV **02**, 598; NStZ-RR **06**, 42; **13**, 154 mwN). Für die Verhandlungsfähigkeit in der Revision reicht es aus, dass der Beschwerdeführer mindestens zeitweilig bei der Entscheidung über die Fortführung oder Rücknahme des Rechtsmittels zu einer Grundübereinkunft mit seinem Verteidiger in der Lage war (BGH NStZ-RR **18**, 320; erg Einl 97, 97a).

B. Verfahrensrecht: 7
a) Bei der **Abgrenzung des Verfahrensrechts vom sachlichen Recht** ist 8
nicht entscheidend, ob die Vorschrift in der StPO oder in einem anderen Gesetz
steht, sondern ob sie den Weg bestimmt, auf dem der Richter zur Urteilsfindung
berufen und gelangt ist (LR-Franke 41). Dann gehört sie dem Verfahrensrecht an;
alle anderen Vorschriften gehören zum sachlichen Recht (BGH **19**, 273, 275; **25**,
100; eingehend dazu SK-Frisch 22 ff; Jähnke Meyer-Goßner-FS 559; Schäfer
Rieß-FS 477; vgl auch El-Ghazi HRRS **14**, 350 [354]: „Verfahrensrüge, wenn das
Revisionsgericht für ihre Beurteilung mindestens auf eine Tatsache zurückgreifen
muss, die das Tatgericht nicht im Strengbeweis aufzuklären hätte"). Nur auf die
Sachrüge geprüft werden insbesondere die Verletzung der Denkgesetze (BGH 3,
213, 215; str) und des Grundsatzes *in dubio pro reo* (BGH LM Nr 19 zu § 261; Celle MDR **57**, 436; SK-Frisch 66), die unzulässige Verwertung des Schweigens des
Angeklagten (BGH NStZ **97**, 147; a**M** BGH **32**, 140; Koblenz VRS **45**, 365; LR-
Franke 42: nur Verfahrensregel; a**M** SK-Frisch 67: Eisenberg BR 912: sachlicher
und verfahrensrechtlicher Mangel) oder der Zeugnisverweigerung eines Angehörigen (BGH JR **81**, 432 mit krit Anm Hanack; a**M** Karlsruhe GA **75**, 182; LR-
Franke 42: nur Verfahrensmangel) und der Auskunftsverweigerung nach § 55 im
Verfahren gegen den Zeugen selbst (Stuttgart NStZ **81**, 272), die Verwertung von
Vorstrafen unter Verstoß gegen § 51 BZRG (BGH **24**, 378; **25**, 100; **27**, 108; a**M**
Schäfer aaO 484), nicht aber die in dem angegriffenen Urteil nicht erörterte Frage,
ob und wie erbrachte Bewährungsleistungen nach § 58 II S 2 StGB bei der Gesamtstrafenbildung berücksichtigt worden sind (BGH **35**, 238). Die Verwertung
des nach §§ 154, 154a ausgeschiedenen Prozessstoffs ohne Hinweis an den Angeklagten wird nur auf eine entspr Verfahrensrüge geprüft (2 zu § 154a), ebenso
rechtsstaatswidrige Verfahrensverzögerungen, es sei denn, die Verletzung ergibt sich
allein aus dem dem Revisionsgericht bereits vorliegenden Urteil selbst (SK-Frisch
66a). Auch Rechtsfehler bei Verständigungen nach § 257c können nur mit einer
alle Vorgänge darlegenden Verfahrensbeschwerde beanstandet werden (anders aber,
wenn die dann erfolgte Strafzumessung angegriffen wird). Manche Rechtsverstöße verletzen zugleich das Verfahrensrecht und das sachliche Strafrecht (BGH
StV **81**, 127: Verletzung der Pflicht zur allseitigen Prüfung des Sachverhalts; Koblenz VRS **72**, 441: wenn nicht ohne weiteres zu ersehen ist, wie Beweiswürdigung
und Wahrunterstellung in Einklang gebracht werden können).

b) **Verletzt ist das Verfahrensrecht,** wenn eine gesetzlich vorgeschriebene 9
Handlung unterblieben, wenn sie fehlerhaft vorgenommen worden ist oder wenn
sie überhaupt unzulässig war (BGH MDR **81**, 157; LR-Franke 44). Dabei ist die
wirkliche Sachlage maßgebend, wie das Revisionsgericht sie ermittelt, nicht die
Sachlage, die der Tatrichter gekannt und beurteilt hat (BGH **10**, 304; **16**, 178, 180;
Weßlau StV **12**, 237). Ob dem Beschwerdeführer oder dem Tatrichter die den
Mangel begründenden Tatsachen bekannt waren, ist gleichgültig (BGH **20**, 98; **22**,
266; StV **88**, 89; Koblenz NJW **80**, 1058; KK-Gericke 23; a**M** BGH **27**, 22, 24 =
JR **77**, 211 mit insoweit abl Anm Meyer; erg 34 zu § 52). Der seinerzeitige Verfahrensstand ist nur maßgebend, wenn die Verfahrenshandlung sich nach ihm zu
richten hatte, wie die Nichtvereidigung eines Zeugen wegen des in der Hauptverhandlung bestehenden Tatverdachts (BGH **10**, 358, 365; vgl auch BVerfG 2 BvR
1574/91 vom 12.3.1992). Nachträgliche Ereignisse können einer begründeten
Verfahrensrüge nicht den Boden entziehen (Widmaier Hanack-FS 387, 396).

c) **Bewiesen** muss der Verfahrensmangel sein (BGH **16**, 164, 167; NJW **53**, 10
836; NStZ **93**, 395; StraFo **09**, 293; R. Hamm 307; a**M** LR-Franke 51; krit auch
Roxin NStZ **89**, 378). Ist der Beweis unmöglich, zB bei Vorgängen, für die das
Beratungsgeheimnis nach § 43 DRiG gilt, so ist die Rüge unzulässig (RG **61**, 217;
67, 279; Celle MDR **58**, 182; erg 19 zu § 275).

Beweisgrundlage ist in 1. Hinsicht die Sitzungsniederschrift (§ 274). Nur 11
wenn sie im Einzelfall ohne Beweiskraft (15 zu § 274) oder wenn sie verloren gegangen ist, kommt Freibeweis (7, 9 zu § 244) in Betracht (BGH NJW **76**, 977); ist

§ 337

die Würdigung des Tatrichters ist das Revisionsgericht dann nicht gebunden (BGH NJW **78**, 1390). Auch die Urteilsgründe können den Verfahrensmangel ausweisen (dazu Hamm Rissing-van Saan-FS 201 ff), selbst wenn er sich dem Protokoll nicht entnehmen lässt (Bay **53**, 151), zB wenn sich aus dem Urteil der Teilnahmeverdacht gegen einen nach § 59 vereidigten Zeugen ergibt. Feststellungen über den Gang der Hauptverhandlung trifft das Revisionsgericht, wenn gerügt ist, dass der Angeklagte während eines Teils der Hauptverhandlung abwesend gewesen oder dass er über sachliche Veränderungen des Anklagevorwurfs nicht ausreichend unterrichtet worden ist (BGH **19**, 141, 143), wegen der vorrangigen Bedeutung des Art 103 I GG auch, wenn der Angeklagte die Versagung des rechtlichen Gehörs durch Unterlassen einer bestimmten Verfahrenshandlung rügt (BGH **22**, 26 = JZ **68**, 434 mit Anm EbSchmidt; Düsseldorf VRS **64**, 128; Hanack JZ **73**, 729).

12 **Zweifel an dem Verfahrensverstoß** wirken nicht zugunsten des Beschwerdeführers (35 zu § 261). Lässt sich das Gegenteil nicht beweisen, so wird – verfassungsrechtlich unbedenklich (BVerfG DAR **83**, 208 [Sp]) – davon ausgegangen, dass das Verfahren rechtmäßig war (BGH **16**, 164, 167; **17**, 351, 353; **21**, 4, 10; StraFo **11**, 314, 315; krit LR-Franke 51; SK-Frisch 76). Eine Ausnahme gilt, wenn der Nachweis infolge Verschuldens der Justizbehörden nicht zu führen ist, wie bei fehlender Zustellung der Anklageschrift (Celle StV **98**, 531) oder bei der Ladung zur Hauptverhandlung (Jena StraFo **04**, 357; Karlsruhe MDR **74**, 774) oder bei fehlender Dokumentation der Gründe für eine Änderung der Geschäftsverteilung (BGH **53**, 268, 282) oder bei einem Verstoß gegen eine gesetzlich angeordnete Dokumentationspflicht (so zu § 273 I a BVerfG NJW **12**, 1136 mit Anm Kröpil JR **13**, 203 und Anm Niemöller StV **12**, 387; dem BVerfG zust Schwabenbauer NStZ **14**, 495; Zweibrücken JNW **12**, 3193; zu § 273 III Karlsruhe StV **14**, 401).

13 d) Eine **Wiederholung oder Ergänzung der Beweisaufnahme** durch das Revisionsgericht ist ausgeschlossen; sie würde der Ordnung des Revisionsverfahrens widersprechen (BGH **15**, 347; **17**, 351, 352; **28**, 384; **29**, 18, 20; **31**, 139, 140; NJW **84**, 1245, 1246). Die Urteilsfeststellungen über die Beweisaufnahme können daher mit Verfahrensrügen nach den §§ 244 II, 261 grundsätzlich nicht bekämpft werden. Es ist Sache des Tatrichters, die Ergebnisse der Beweisaufnahme festzustellen und zu würdigen; der dafür bestimmte Ort ist das Urteil. Was in ihm über das Ergebnis der Verhandlung zur Schuld- und Rechtsfolgenfrage festgestellt ist, bindet das Revisionsgericht (BGH **21**, 149; NJW **69**, 1911, 1912; MDR **73**, 557 [D]; **74**, 369 [D]) und ist dem Freibeweis nicht zugänglich (BGH **15**, 347; **29**, 18, 20; **31**, 139; DAR **80**, 211 [Sp]; MDR **79**, 638 [H]; Diemer NStZ **02**, 17; erg 3 zu § 351). Zu erwägen ist aber, ob nicht in den Fällen, in denen es für die Begründung einer Verfahrensrüge lediglich darauf ankommt, ob ein bestimmter Vorgang in der Hauptverhandlung stattgefunden hat oder nicht, das Verbot der „Rekonstruktion der Hauptverhandlung" eingeschränkt werden sollte (so Pauly Hamm-FS 572; ähnlich schon Fezer Hanack-Symp 108: Beweiserhebung über Hauptverhandlungsvorgänge zur Feststellung von Verfahrensfehlern bei Herstellung der Beweisgrundlage zulässig; vgl auch Herdegen Salger-FS 315; Pelz NStZ **93**, 362 sowie Wilhelm ZStW **117**, 144 mit entspr Anwendung des § 26 II S 1).

14 Der **Gegenbeweis gegen die Urteilsfeststellungen** lässt sich daher nur führen, wenn er ohne Rekonstruktion der Hauptverhandlung erbracht werden kann (BGH NStZ **97**, 296; Hamburg StV **12**, 74; 42 ff zu § 261), zB wenn im Sitzungsprotokoll der Inhalt einer Aussage nach § 273 III protokolliert worden ist (BGH **38**, 14 mwN; NStZ **15**, 473) oder sich aus ihm in Widerspruch zu den Urteilsfeststellungen ergibt, dass der Angeklagte sich in der Hauptverhandlung eingelassen oder nicht eingelassen hat (43 zu § 261), hingegen nicht bei Protokollierung nach § 273 II (BGH **29**, 18, 20; **38**, 14, 16; Bay NStZ **90**, 508; **aM** Koblenz VRS **46**, 435, 436; krit auch LR-Franke 58), wohl aber, wenn die Urteilsfeststellungen einer in der Hauptverhandlung verlesenen Urkunde (BGH NStZ **88**, 212 [M]; NStZ-RR **03**, 52; 3 StR 204/18 vom 10.7.2018) oder dem verlesenen

Protokoll über eine kommissarische Vernehmung (BGH **29**, 18, 21; NStZ **87**, 18 [Pf/M]; Bay StV **86**, 226; Bremen StV **90**, 536) oder einer polizeiliche Vernehmung (BGH StV **83**, 121 L) widersprechen (vgl auch BVerfGE **82**, 236, 259) oder ein wesentliches Detail einer verlesenen Urkunde verschweigen (BGH StV **03**, 318). Das kann bei einer Aufzeichnung des Protokollinhalts auf Tonträger nach § 168a II durch einen Wortvergleich festgestellt werden (Stuttgart NStZ **86**, 41), ebenso bei einer verlesenen und als Anlage zum Hauptverhandlungsprotokoll genommenen schriftlichen Erklärung (KG StV **03**, 320) oder einer nach § 255a I vorgeführten Videoaufzeichnung (Diemer NStZ **02**, 19), nicht aber bei einer Videoaufzeichnung nach § 247a S 4 (Hofmann StraFo **04**, 303) oder § 255a II (BGH NJW **03**, 2761, 2763 = StV **03**, 650 mit insoweit abl Anm Schlothauer; Hofmann NStZ **02**, 569; zw, a**M** Wollschläger Schlothauer-FS 517, 526; Leitner StraFo **04**, 306; Wasserburg Richter II-FS 557), weil es sich bei diesen um einen direkten bzw einen vorweggenommenen Teil der Hauptverhandlung handelt. Zur Überprüfung von Sachverhaltsfeststellungen des Gerichts anhand von Erkenntnissen, die digital auf einem Speichermedium festgehalten sind, eingehend Gercke/Wollschläger StV **13**, 106. Erg 42 ff zu § 261.

Eine **eigene Bewertung des Beweisergebnisses** ist dem Revisionsgericht 15 verwehrt. Es darf nicht prüfen, ob eine Urkunde richtig ausgelegt (unten 32), ob der Inhalt einer Zeugenaussage richtig gewürdigt ist (BGH aaO), wohl aber, ob ein Lichtbild für Beweiszwecke überhaupt „ergiebig" ist (BGH **41**, 376, 382; Hamm VRS **108**, 435; Herdegen StV **92**, 594; a**M** BGH **29**, 18 = JR **80**, 168 mit abl Anm Peters; erg 44, 45 zu § 261). Mit der Behauptung, das Gericht habe sich mit einer bestimmten Aussage einer Beweisperson oder einer Einlassung des Angeklagten (dazu BGH NStZ **04**, 392) nicht auseinandergesetzt, kann die Revision nicht gehört werden, es sei denn, die Aussage oder die Einlassung ist in der Hauptverhandlung verlesen worden (oben 14; 47, 48 zu § 261; vgl auch Oldenburg StV **02**, 524; Verlesung nach § 325) oder sie ergibt sich aus dem Urteil selbst (BGH NJW **92**, 2840; NStZ **95**, 27; abl Herdegen StV **92**, 596).

Die **Aktenwidrigkeit der Urteilsgründe** kann nicht mit einer Verfahrensbe- 15a schwerde beanstandet werden. Dem Versuch, Widersprüche zwischen dem Inhalt des Urteils und den Akten alternativ auf eine Rüge nach § 244 II (wegen Nichteinführung des Akteninhalts in die Hauptverhandlung) oder nach § 261 (wegen Nichterörterung des Widerspruchs in den Urteilsgründen) zu stützen (so Schlothauer StV **92**, 134, 139; Ziegert StV **96**, 279 bezeichnet es als eine zulässige „prozessuale Wahlfeststellung"; ähnlich Fezer JZ **96**, 665; Herdegen Eisenberg-FS 530), ist der BGH entgegengetreten (NJW **92**, 2840; NStZ **97**, 294; **99**, 423; **01**, 262 [B]; **07**, 115; 5 StR 75/17 vom 9.8.2017; grundsätzlich zust SK-Frisch 86; vgl auch BGH 4 StR 142/07 vom 7.8.2007: „Widersprüche zwischen dem Inhalt des Urteils und den Akten sind, wenn sie sich nicht aus den Urteilsgründen selbst ergeben, für sich allein regelmäßig revisionsrechtlich unerheblich"; Foth NStZ **92**, 446: „Es ist nicht Aufgabe des Revisionsgerichts, Urteil und Akteninhalt zu vergleichen"; ebenso BGH 1 StR 153/11 vom 23.8.2011; 5 StR 125/16 vom 14.9. 2016; erg unten 23). Eine Verletzung der Aufklärungspflicht kann idR auch nicht damit begründet werden, dass die Urteilsgründe sich zu bestimmten Punkten im Zusammenhang mit einer Zeugenvernehmung nicht äußern (BGH NJW **92**, 2838; NStZ **00**, 156; **06**, 55; a**M** Bauer NStZ **00**, 72; Herdegen StV **92**, 596). Nur wenn sich das Urteil entscheidend (zB bei „Aussage gegen Aussage", vgl 11a zu § 261) auf eine widersprüchliche Aussage stützt oder ein essentieller, nicht erklärlicher Widerspruch zwischen Akteninhalt und Urteilsgründen besteht (BGH **43**, 212, 215), kann es ein Erörterungsmangel und somit ein Verstoß gegen § 261 sein, wenn der Widerspruch in den Urteilsgründen nicht aufgelöst wird (insoweit zutr Neuhaus StraFo **04**, 411; ähnlich LR-Sander 183 zu § 261; weitergehend Rosenau Widmaier-FS 541: Pflicht zur Ausschöpfung auch des Akteninhalts).

e) **Ermessensentscheidungen des Tatrichters** prüft das Revisionsgericht nur 16 darauf, ob der Richter sich der Befugnis, sein Ermessen auszuüben, bewusst gewesen ist und ob er es fehlerhaft ausgeübt hat, weil er die anzuwendenden Rechtsbegriffe verkannt, die Grenzen seiner Ermessensfreiheit durch unzulässige Erwägungen überschritten und sich nicht nach den Grundsätzen und Wertmaßstäben des Gesetzes gerichtet hat, insbesondere willkürlich und grob missbräuchlich verfahren ist (BGH **6**, 298, 300; **10**, 327, 329; **18**, 238; KG StV **83**, 186). Sein eigenes Ermessen darf das Revisionsgericht nicht an die Stelle des tatrichterlichen Ermessens setzen (BGH **5**, 57, 58; **15**, 390, 393; LR-Franke 63).

17 Beruht die angegriffene Entscheidung auf der Bewertung tatsächlicher Umstände, bei der dem Tatrichter ein **Beurteilungsspielraum** eingeräumt ist, so ist das Revisionsgericht an die ihr zugrunde liegenden tatsächlichen Feststellungen gebunden. Seine Prüfung beschränkt sich darauf, ob der Tatrichter sich der Möglichkeit einer Ermessensentscheidung bewusst geworden ist (BGH **22**, 266, 267) und ob er die anzuwendenden Rechtsbegriffe verkannt hat (vgl Köln NJW **86**, 2896). Das gilt zB für die Feststellung des Verlöbnisses des Angeklagten (33 zu § 52), des Teilnahmeverdachts des Zeugen (34 zu § 60), der Befangenheit des Sachverständigen (21 zu § 74), der Voraussetzungen für die Verlesung nach § 251 (dort 42) und des nicht genügend entschuldigten Ausbleibens des Angeklagten in der Berufungsverhandlung (48 zu § 329).

18 f) **Beschwer:** Jeder Beteiligte kann nur Verfahrensfehler rügen, die ihn selbst beschweren (BGH **12**, 1, 2). Auf Verstöße, die nur andere Beteiligte betreffen, kann er die Revision nicht stützen (BGH **10**, 119, 121; MDR **73**, 192 [D]; StV **84**, 493 L; Saarbrücken VRS **35**, 41, 42); das gilt auch für zwingende Aufhebungsgründe (4 zu § 338). Ausreichend ist aber eine mittelbare Beschwer. Der hiervon betroffene Angeklagte kann zB rügen, dass die Ehefrau eines Mitangeklagten nicht nach § 52 III S 1 belehrt worden ist (BGH MDR **73**, 902 [D), dass ein Brief des Mitangeklagten zu Unrecht beschlagnahmt worden ist (RG **20**, 91, 93) oder dass ein Geständnis des Mitangeklagten nach § 136a nicht hätte verwertet werden dürfen (BGH MDR **71**, 18 [D]). Die fehlerhafte Ablehnung von Beweisanträgen anderer Prozessbeteiligter kann er rügen, wenn er sich ihnen zwar nicht angeschlossen hatte, das Gericht aber wegen gleichartiger Interessenlage auch ihm gegenüber zur rechtlich einwandfreien Behandlung verpflichtet war (105 zu § 244). Das ist bei einem Beweisantrag der StA nur der Fall, wenn er zugunsten des Angeklagten oder zur objektiven Wahrheitserforschung gestellt war.

19 Auf Verfahrensverstöße, die **kein Verwertungsverbot** nach sich ziehen, kann die Revision trotz bestehender Beschwer nicht gestützt werden. Allerdings ist weitgehend ungeklärt, unter welchen Voraussetzungen Beweisergebnisse trotz Missachtung von Beweisverboten verwertet werden dürfen (Einl 55 ff). Für den Fall, dass der Verstoß nur die Interessen dritter Personen berührt, hat der BGH die (von Gossrau MDR **58**, 468 so genannte) Rechtskreistheorie entwickelt (BGH **11**, 213 [GSSt]; **17**, 245, 247; eingehend dazu Frisch Rudolphi-Symp 173 ff). Sie bedeutet, dass der Angeklagte den Verstoß gegen nur die Interessen von Zeugen oder des Staates schützende Vorschriften, wie § 54 (dort 32), § 55 (dort 17), § 70 (dort 21), § 81c I, II S 1 (dort 32), § 81d (dort 6), § 95 II S 2 iVm § 55 (11 zu § 95), nicht rügen kann. Bei den übrigen Verstößen kommt es nach der Rspr auf eine Abwägung der Interessen des Angeklagten an der Bewahrung seiner Rechtsgüter gegen das Interesse des Staates an der Tataufklärung und Verfolgung von Straftaten an (Einl 55a). Vgl im Übrigen die Erläuterungen zu den einzelnen Vorschriften. Ein Verstoß gegen das Verwertungsverbot des § 51 I BZRG ist – anders als eine Missachtung des in § 51 I BZRG ebenfalls enthaltenen Vorhalteverbots – bereits auf die Sachrüge zu beachten (BGH StraFo **09**, 243 mwN).

20 **C. Sachliches Recht:**

21 a) Die **Prüfung des Revisionsgerichts** auf die Sachrüge beschränkt sich nicht darauf, ob das Recht auf den festgestellten Sachverhalt richtig angewendet worden ist. Es prüft vielmehr auch, ob die Urteilsfeststellungen überhaupt eine tragfähige Grundlage für diese Prüfung bieten (BGH **14**, 162, 165; NJW **78**, 113, 115), insbesondere, ob sie frei von Lücken, Widersprüchen und Verstößen gegen Denk-

und Erfahrungssätze sind. Diese Kontrolle der Voraussetzungen richtiger Rechtsanwendung wird im Schrifttum teilw unter dem Begriff Darstellungsrüge zusammengefasst (vgl LR-Franke 82ff; Fezer 20/8ff und: Die erweiterte Revision, 1974, S 9, 14). Unzureichende Feststellungen können allerdings idR nur bei einer Verurteilung, nicht bei einem Freispruch aus tatsächlichen Gründen mit der Sachrüge beanstandet werden (Bay **88**, 148: Aufklärungsrüge nötig).

b) **Grundlagen der Prüfung** sind nur die Urteilsurkunde und die Abbildungen, auf die nach § 267 I S 3 verwiesen worden ist (Rieß NJW **78**, 2270). Alle anderen Erkenntnisquellen sind dem Revisionsgericht grundsätzlich verschlossen (BGH **35**, 238, 241; NJW **98**, 3654; NStZ-RR **12**, 216; erg aber unten 25). Die nach § 268 II S 2 mündlich mitgeteilten Urteilsgründe sind nicht maßgebend (BGH **2**, 63, 66; **7**, 363, 370; NStZ **96**, 326 [K]; krit Kuhlmann HRRS **14**, 25); Widersprüche zwischen Urteil und Protokoll sind für die Sachrüge ohne Bedeutung; die Gründe sind maßgebend (36 zu § 273). Unbeachtlich sind auch unzulässige Berichtigungsbeschlüsse (BGH **2**, 248; GA **69**, 119; MDR **73**, 902 [D]) und Urteilsergänzungen, für die § 267 IV S 3 keine Grundlage bietet (Bay **77**, 137) oder die nach Ablauf der dort bestimmten Frist zu den Akten gebracht worden sind (Bay **79**, 148, 152).   22

Den **Akteninhalt** darf das Revisionsgericht bei der Prüfung der Sachrüge nicht   23
berücksichtigen (BGH **35**, 238, 241; OGH **1**, 42, 43; Köln MDR **84**, 335; Wagner ZStW **106**, 299; aM Peters 647; Rüping 641), selbst wenn er ihm auf eine Verfahrensrüge, zB nach § 244 II, eröffnet ist (BGH GA **55**, 269; LR-Franke 78; W. Schmid ZStW **85**, 906; aM BGH **22**, 282, 289 und BGH StV **93**, 176 mit abl Anm Schlothauer); das muss auch dann gelten, wenn eine Mangelhaftigkeit des Urteils durch einen „Blick in die Akten" möglicherweise leicht zu beheben ist (**aM** Kuckein/Müller Tepperwien-FH 31, vgl dagegen BGH 2 StR 458/09 vom 3.2.2010, jeweils zu fehlenden Feststellungen zur Kenntnis des Kindesalters bei § 176 I StGB). Die Rüge der „Aktenwidrigkeit" ist unbeachtlich (Koblenz VRS **46**, 440, 441; Dahs Rev 92; Fezer 20/7); ein Erörterungsmangel kann nur dann bejaht werden, wenn sich ein Widerspruch aus dem Urteil selbst ergibt, also sich dieses etwa auf Aussagekonstanz beruft, obwohl sich die Aussagen widersprochen haben (BGH StV **92**, 2), oder wenn sonst das Beweisergebnis mit den Mitteln des Revisionsrechts ohne weiteres feststellbar ist (BGH StV **91**, 549).

Dem Revisionsgericht sind, abgesehen von der Anhörung von Sachverständigen   24
zur Feststellung von Erfahrungssätzen (unten 31; 3 zu § 351), **Beweisaufnahmen** nicht gestattet (Gössel JR **83**, 120; W. Schmid ZStW **85**, 893). Es darf aber Lichtbilder und Filmstreifen, deren strafbarer Inhalt Gegenstand des Urteils ist, daraufhin in Augenschein nehmen, ob sie die Überzeugungsbildung des Tatrichters tragen (BGH **41**, 376, 382 gegen BGH **29**, 18, 22; Hamburg NStZ **81**, 393 mwN = JR **82**, 76 mit abl Anm Bottke; erg oben 15).

Neben dem Urteilsinhalt beachtet das Revisionsgericht aber auch **offenkundige Tatsachen** (50ff zu § 244; Düsseldorf NJW **93**, 2452). Es kann mit ihnen   25
Lücken in den Urteilsfeststellungen schließen und Widersprüche ausräumen (BGH **49**, 34, 41; Bay **87**, 171, 173). Dasselbe gilt für die Gerichtskundigkeit des Revisionsgerichts (BGH 1 StR 256/96 vom 9.5.1996; Meyer-Goßner Tröndle-FS 563), zB die Kenntnis von Tatsachen aus der Befassung mit einem ersten, aufgehobenen Urteil des Landgerichts (BGH NStZ-RR **04**, 238, 239). Eingehend zu den revisionsrechtlichen Folgerungen Meyer-Goßner/Cierniak StV **00**, 696ff.

c) Die **Beweiswürdigung** des Tatrichters unterliegt einer – eingeschränkten –   26
Prüfung des Revisionsgerichts (zusammenfassend zur Rspr des BGH Miebach NStZ-RR **14**, 233; **16**, 329; Nack StV **02**, 510ff, 558ff; erg 2ff und 38ff zu § 261). Das Revisionsgericht darf die Beweiswürdigung nur auf rechtliche Fehler prüfen, sie aber nicht durch seine eigene ersetzen (BGH **10**, 208, 210; **29**, 18, 20). Das Revisionsgericht hat die tatrichterliche Überzeugungsbildung grundsätzlich selbst dann hinzunehmen, wenn eine andere Beurteilung näher gelegen hätte oder überzeugender gewesen wäre (BGH NStZ-RR **15**, 178). Die nach Ansicht des

§ 337 Drittes Buch. 4. Abschnitt

Beschwerdeführers falsche Würdigung der Beweise kann daher mit der Revision nicht gerügt werden (BGH NStZ-RR **08**, 146), wohl aber der Weg dorthin (Jähnke Hanack-FS 356). Die Revisionsgerichte haben in neuerer Zeit ihre Prüfungsbefugnis dahin ausgeweitet, ob die Beweiswürdigung des Tatrichters plausibel – dh für das Revisionsgericht nachvollziehbar – ist (vgl Dahs Hamm-FS 41; Fischer Paulus-FG 69; Hamm Fezer-FS 393; Rieß Hanack-FS 406; siehe auch Herdegen DAV-FS 553 „intersubjektiv akzeptable, in hohem Maß plausible Argumentation erforderlich). Diese „notwendige und unumkehrbare" Entwicklung (Fezer Hanack-FS 340, der aber in Otto-FS 901 zutr darlegt, dass sie teilw zur Relativierung der Verfahrensvorschriften durch den BGH geführt hat), die zwangsläufig war (Jähnke aaO 367), ist im Interesse der Einzelfallgerechtigkeit zu begrüßen (Dietmeier ZIS **08**, 101) und „rechtfertigt die Revision als einziges Rechtsmittel im Bereich der schweren Kriminalität" (Rieß aaO 417). Die Beweiswürdigung muss somit die Tatsachenfeststellungen für das Revisionsgericht insgesamt nachvollziehbar machen; mangelnde Plausibilität der Tatsachenfeststellungen ist als revisibler Rechtsfehler anzusehen (dazu eingehend Frisch ZIS **16**, 797, 711; vgl auch Androulakis Roxin-FS II 1380; Erb GA **12**, 82; Gericke Tolksdorf-FS 243; krit Herdegen Eisenberg-FS 535).

26a Das Revisionsgericht prüft auch, ob der Tatrichter seine **Pflicht zur erschöpfenden Würdigung der Beweise** (6 zu § 261) erfüllt hat. So kann die Sachrüge erfolgreich sein, wenn hinsichtlich einer Zeugenaussage im Urteil genannte Tatsachen, die ihrer Glaubhaftigkeit entgegenstehen, nicht in die Glaubhaftigkeitsprüfung einbezogen wurden, wenn sich aufdrängende Falschbelastungshypothesen nicht widerlegt oder sämtliche Qualitätsmängel der Aussage nicht einer wertenden Gesamtbetrachtung unterzogen worden sind (dazu eingehend Brause NStZ **07**, 505 ff; vgl auch BGH NStZ **08**, 581, dazu Schaper Tepperwien-FH 62; BGH NStZ **09**, 106 und 107 und 108; NStZ-RR **09**, 290 L).

27 **Rechtsfehlerhaft** ist die Beweiswürdigung insbesondere, wenn sie in sich widersprüchlich, lückenhaft oder unklar ist oder gegen Denkgesetze oder gesicherte Erfahrungssätze verstößt (BGH NStZ **83**, 277; StV **86**, 421; wistra **08**, 22, 24; 107; StraFo **12**, 236; Koblenz NJW **86**, 1003), über schwerwiegende Verdachtsmomente hinweggeht (BGH wistra **10**, 70) oder einzelne Belastungsindizien nur gesondert erörtert, ohne eine Gesamtabwägung vorzunehmen (BGH StV **12**, 74; erg 2 zu § 261, 33 zu § 267) oder wenn der Tatrichter überspannte Anforderungen an die für eine Verurteilung erforderliche Gewissheit stellt (BGH NStZ **84**, 180; **85**, 15 [Pf/M]; **88**, 212 [M]; **10**, 407; StV **86**, 421; NStZ-RR **09**, 248).

28 **Widersprüche und Unklarheiten** stehen einer Nachprüfung der Beweiswürdigung durch das Revisionsgericht entgegen und stellen daher einen sachlich-rechtlichen Mangel des Urteils dar (BGH **3**, 213, 215; **14**, 162, 164; **15**, 1, 3; NStZ-RR **13**, 21; **19**, 317; 2 StR 546/11 vom 11.7.2012; 2 StR 512/12 vom 15.1.2013; Koblenz VRS **65**, 441, 443;).

29 Die rechtliche Prüfung ist auch nicht möglich, wenn die Beweiswürdigung **Lücken** aufweist, insbesondere, wenn nicht alle aus dem Urteil ersichtlichen Umstände gewürdigt sind, die Schlüsse zugunsten oder zuungunsten des Angeklagten zulassen (BGH **14**, 162, 164; **25**, 285; NJW **80**, 2423; GA **74**, 61; MDR **78**, 108 [H]; NStZ **84**, 17 [Pf/M]; **85**, 15 [Pf/M]; StV **81**, 114; VRS **53**, 110). Daher ist es fehlerhaft, wenn der Tatrichter, obwohl der Sachverhalt dazu drängt, eine nahe liegende Möglichkeit des Tathergangs, auch der inneren Tatseite, außer Betracht lässt (BGH **18**, 204, 207; **25**, 365, 367; NJW **53**, 1441; StV **81**, 508; **82**, 508; **83**, 359; **87**, 423; VRS **55**, 186, 188; **65**, 351, 353). Die Aussagen eines Zeugen vom Hörensagen müssen einer besonders sorgfältigen und kritischen Würdigung unterzogen werden (BGH NStZ **88**, 144; Köln NStZ **90**, 557). Beim Indizienbeweis muss sich der Tatrichter mit allen festgestellten Beweisanzeichen auseinandersetzen (BGH **12**, 311, 315; NJW **67**, 1140). Das Revisionsgericht muss aber keine Mutmaßungen darüber anstellen, ob weitere Beweise zur Aufklärung der Tatvorwürfe zur Verfügung gestanden hätten, aber nicht erhoben, oder ob zwar erhoben, aber nicht im Urteil gewürdigt wurden (BGH 2 StR 539/15 vom 8.6.2016).

§ 337

Der **Verstoß gegen die Denkgesetze** ist ebenfalls ein sachlich-rechtlicher 30
Mangel (BGH **6**, 70, 72; **19**, 33, 34; KG JR **59**, 106 mit Anm Sarstedt; Klug
Möhring-FS 363). Ein solcher Verstoß liegt etwa vor (vgl allg Meurer in FS für
Ernst Wolf, 1985, S 483 ff) bei Kreis- oder Zirkelschlüssen (BVerfG NJW **03**,
2444, 2446; BGH StV **96**, 366; StraFo **03**, 131; NJW **16**, 262, 263; Dahs/Dahs
418), Begriffsvertauschungen (Dahs Rev 449), Rechenfehlern (Bremen VRS **54**,
65, 68; Geerds Peters-FS 269), bei der irrtümlichen Annahme, eine Schlussfolgerung sei zwingend (KG VRS **63**, 46, 47; Köln VRS **64**, 230; Schleswig
SchlHA **56**, 184), oder bei der Verwendung von Nichtbewiesenem als Beweisanzeichen (BGH NJW **80**, 2423, 2424; OGH **1**, 165).

Ein **Kreis- oder Zirkelschluss** liegt vor, wenn aus einer Aussage selbst auf ihre 30a
Glaubhaftigkeit geschlossen wird (vgl BGH NStZ-RR **15**, 286, 287). Die Zirkelschlüssigkeit kann aber entfallen, wenn Teile einer Aussage, aus deren Wahrheit auf
die Glaubhaftigkeit anderer Aussageteile geschlossen wird, eine außerhalb der Aussage selbst liegend, also „externe" Bestätigung erfahren haben. Ein Zirkelschluss ist
daher nicht gegeben, wenn aus dem Ablauf der Vernehmung oder dem Verhalten
der Beweisperson bei ihrer Befragung oder aus der inhaltlichen Struktur ihrer Aussage auf deren Glaubhaftigkeit geschlossen werden kann, oder wenn Umstände
außerhalb der Aussage selbst, welche diese zu bestätigen geeignet sind, durch entsprechende Vorhalte an den Zeugen in die Hauptverhandlung eingeführt wurden
(so BGH StV **05**, 487 mwN).

Die Beweiswürdigung ist fehlerhaft, wenn sie **Erfahrungssätze nicht beach-** 31
tet, also die auf Grund allgemeiner Lebenserfahrung (dazu krit Sommer Rieß-
FS 585) oder wissenschaftlicher Erkenntnisse gewonnenen Regeln, die keine Ausnahme zulassen und eine an Sicherheit grenzende Wahrscheinlichkeit zum Inhalt
haben, außer acht lässt (BGH **6**, 70, 72; **17**, 382, 385; **29**, 18, 20; **31**, 86, 89;
NJW **82**, 2882; VRS **35**, 264; NStZ-RR **02**, 39). Sie binden den Tatrichter in
gleicher Weise wie die Denkgesetze (BGH **5**, 34, 36; **6**, 70, 73; **10**, 208, 211; **25**,
246, 248; **29**, 18, 21; NJW **78**, 1207), sofern nicht neuere Erkenntnisse die früheren widerlegen (Düsseldorf VRS **59**, 287, 289: Darlegungspflicht). Umgekehrt ist
es rechtsfehlerhaft, wenn der Tatrichter von einem nicht bestehenden Erfahrungssatz ausgeht (BGH **7**, 82, 83; Düsseldorf StV **93**, 572; Karlsruhe StV **95**, 13), zB
„Erkenntnisse" der Parapsychologie berücksichtigt (BGH NJW **78**, 1207) oder
einen Erfahrungssatz zugunsten eines anderen Erfahrungssatzes vernachlässigt
(BGH NStZ **97**, 376 [K]). Gravierende Fehlbewertungen der Beweiskraft von
statistisch belegten Häufigkeitswerten begründen idR einen Rechtsfehler (BGH
StV **96**, 583). Das Revisionsgericht kann das Bestehen oder Fehlen von Erfahrungssätzen im Freibeweis (7, 9 zu § 244), auch durch Anhörung von Sachverständigen, prüfen (BGH **7**, 82; **16**, 16; **23**, 156, 164; **25**, 246, 249; **33**, 133, 136).

d) Die **Auslegung** von Äußerungen, Erklärungen, Urkunden, Verträgen und 32
bildlichen Darstellungen ist eine Tatsachenwürdigung, die nur dem Tatrichter zusteht (BGH NStZ-RR **17**, 318; Hamburg JR **83**, 508; Köln NJW **81**, 1280; **82**,
657; NStZ **81**, 183; StV **85**, 113). Dem Revisionsgericht ist eine eigene Würdigung ebenso verboten wie bei der Beweiswürdigung (BGH aaO; **3**, 69, 70; **21**,
371, 372; NJW **52**, 1186; Düsseldorf JMBlNW **81**, 223; Köln AfP **85**, 285;
OLGSt § 185 StGB Nr 1). Dabei ist aber mit Wittig GA **00**, 267 zwischen Feststellung des Wortlauts oder der Umstände [= Tatsachenfeststellung] und der Anwendung von Auslegungsregeln [= Rechtsanwendung] zu unterscheiden. Die
Prüfung des Revisionsgerichts beschränkt sich demnach darauf, ob die Auslegung
auf Rechtsirrtum beruht (BGH StV **37**, 55, 61; Hamm NJW **71**, 1852, 1853; Köln
JMBlNW **83**, 36), ob sie lückenhaft ist, weil von mehreren Auslegungsmöglichkeiten nur eine geprüft ist (BGH **25**, 365, 367; Köln NJW **88**, 1802) oder gegen
Sprach- und Denkgesetze, Erfahrungssätze und allgemeine Auslegungsregeln verstößt (BGH **21**, 371, 372; Bay NJW **90**, 922; Köln NStZ **81**, 183). Das gilt auch
für die Auslegung von Verwaltungsanordnungen (BGH **31**, 314, 316; VRS **16**, 53).
Eine allgemeine Auslegungsregel ist zB der Grundsatz, dass bei nicht eindeutige

§ 337

Sinn der Gedankenäußerung aus dem Zusammenhang und Zweck zu erforschen ist (BGH MDR 77, 281 [H]; RG 61, 151, 154).

33 e) **Gesetzesanwendung:** Das sachliche Recht ist verletzt, wenn eine auf den festgestellten Sachverhalt anzuwendende Norm nicht oder nicht richtig angewendet worden ist oder wenn eine unanwendbare Rechtsnorm oder eine „Norm" angewendet worden ist, die keine Rechtsnorm ist. Der Fehler kann insbesondere in der falschen Auslegung der Rechtsnorm oder in falscher Subsumtion liegen. In beiden Fällen ist das Revisionsgericht von der Auffassung des Tatrichters unabhängig. Bei unbestimmten Rechtsbegriffen ist das Revisionsgericht zwar an die dazu festgestellten Tatsachen, aber nicht an die Ansicht des Tatrichters gebunden (dazu eingehend und zutr Tolksdorf Meyer-Goßner-FS 523; ähnlich Geisler Geppert-FS 113 zur weithin verfehlten Anerkennung tatrichterlicher Beurteilungsspielräume durch das Revisionsgericht; teilw **aM** Maatz StraFo **02**, 373: eingeschränkter Prüfungsmaßstab des Revisionsgerichts; vgl auch SK-Frisch 109 ff). Es kann, wenn die Feststellungen vollständig sind, abschließend im entgegengesetzten Sinn entscheiden wie der Tatrichter (vgl BGH VRS **54**, 436).

34 f) Der **Rechtsfolgenausspruch** ist als Rechtsanwendung von dem Revisionsgericht überprüfbar (BVerfG NJW **07**, 2977, 2978; eingehend dazu SK-Frisch 147 ff; zur BGH-Rspr vgl Theune Pfeiffer-FS 449). Der Tatrichter muss seine Zumessungserwägungen daher in einem die Nachprüfung ermöglichenden Umfang darlegen (Düsseldorf NStZ **88**, 325). Allerdings trägt die Verantwortung für die Festsetzung der Rechtsfolgen in 1. Hinsicht der Tatrichter; insbesondere die Strafbemessung ist seine Aufgabe (BGH **17**, 35, 36; wistra **82**, 225). In Zweifelsfällen ist die Wertung des Tatrichters zu respektieren (BGH NStZ **82**, 114; **84**, 360; StV **83**, 502). Das Revisionsgericht darf nur eingreifen, wenn die Strafzumessungserwägungen des Urteils in sich rechtsfehlerhaft sind oder wenn der Tatrichter die ihm nach § 46 StGB obliegende Pflicht zur Abwägung der für und gegen den Angeklagten sprechenden Umstände verletzt, insbesondere rechtlich anerkannte Strafzwecke nicht in den Kreis seiner Erwägungen einbezogen hat (BGH **17**, 35, 36; **27**, 2; **34**, 345, 349; JR **81**, 334; NStZ-RR **12**, 168 mwN; 1 StR 72/16 vom 15.6.2016). Es prüft auch, ob die verhängte Strafe noch innerhalb des Rahmens liegt, innerhalb dessen sie noch oder noch als gerecht anerkannt werden kann (BGH NStZ-RR **08**, 343; NJW **11**, 2819, 2821). Das ist nur dann nicht der Fall, wenn dem Tatrichter ein offensichtlich grober Fehlgriff vorzuwerfen ist (BGH **17**, 35, 37; MDR **74**, 721 [D]; JR **81**, 334; NStZ **85**, 415; Düsseldorf VRS **59**, 284), die Strafe also bei Berücksichtigung des zur Verfügung stehenden Strafrahmens unvertretbar hoch oder niedrig ist (BGH NJW **77**, 1247; **90**, 846; Karlsruhe NJW **80**, 133; krit zu dieser Rspr Foth NStZ **92**, 444).

35 **Rechtsfehlerhafte Strafzumessungserwägungen** liegen zB vor (vgl auch Sander StraFo **10**, 366), wenn der Tatrichter von einem falschen Strafrahmen ausgegangen ist (BGH NJW **78**, 174; StV **81**, 124; wistra **82**, 225), wenn der Strafzumessung ein nicht eindeutig geklärter Sachverhalt zugrunde liegt (BGH **1**, 51), ohne dass von der dem Angeklagten günstigsten Möglichkeit ausgegangen wurde (BGH StV **86**, 5), wenn die Strafzumessungserwägungen widersprüchlich sind (BGH **16**, 360, 364; MDR **53**, 148 [D]; **72**, 250 [D]; Köln VRS **58**, 23) oder gegen Denkgesetze (Bay HESt. 3, 64; KG VRS 3, 276) oder Erfahrungssätze verstoßen (Hamm VRS **21**, 72; Köln VRS 8, 364; Oldenburg VRS 5, 320) oder wenn hypothetische Strafzumessungserwägungen angestellt sind, zB dass auf dieselbe Strafe auch erkannt worden wäre, wenn die Tat rechtlich anders beurteilt werden müsste (BGH **7**, 359; Schleswig SchlHA **80**, 170 [E/J]), wenn eine oder andere Rechtsverletzung nicht vorläge (BGH JR **55**, 228) oder wenn die Voraussetzungen des § 21 StGB gegeben wären (BGH StV **81**, 401).

35a Ein fehlender Ausspruch zur **besonderen Schwere der Schuld** bei Verurteilung zu lebenslanger Freiheitsstrafe (vgl 33 zu § 260; 20a zu § 267) beschwert den Angeklagten nicht (BGH NStZ **93**, 134; Meurer JR **92**, 448). Ob der Tatrichter die Tat zu Recht als besonders schwer eingestuft hat oder nicht, unterliegt der Übrigen aber revisionsgerichtlicher Kontrolle (BGH **39**, 121; Stree NStZ **92**, 465), und zwar sowohl hinsichtlich der Gewichtung als auch der dieser zugrundeliegenden Feststellungen (Stree JR **94** 166; zw BGH **39**, 208, 210). Die Überprüfung beschränkt sich jedoch darauf, ob der Tatrichter alle maßgeblichen Umstände bedacht hat (BGH aaO); das Revisionsgericht darf seine Wertung nicht an die Stelle derjenigen des Tatrichters setzen (BGH StV **93**, 420).

4) Beruhen des Urteils auf der Gesetzesverletzung: 36

A. **Allgemeines** (eingehend dazu SK-Frisch 186 ff): Ein Gesetzesverstoß be- 37 gründet die Revision nur, wenn das Urteil bei richtiger Anwendung des Gesetzes anders ausgefallen wäre. Dieser ursächliche Zusammenhang (Blomeyer JR **71**, 142 stellt dagegen auf Finalität ab, während Frisch aaO 625 und andere Autoren – vgl Niemöller NStZ **15**, 491 – einen nicht kausalen, sondern normativen Zusammenhang dahin verlangen, ob bei Zugrundelegung eines rechtlich fehlerfreien Verfahrens oder Vorgehens eine andere als die getroffene und angefochtene Entscheidung möglich erscheint) zwischen Gesetzesverstoß und Urteil braucht aber nicht erwiesen zu sein. Die bloße Möglichkeit, dass das Urteil auf dem Fehler beruht, reicht aus (BGH **1**, 346, 350; **8**, 155, 158; **9**, 77, 84; 362, 364; **20**, 160, 164; **21**, 288, 290; **22**, 278, 280). Nur wenn sie ausgeschlossen oder rein theoretisch ist, fehlt es an dem ursächlichen Zusammenhang (BGH **14**, 265, 268; **18**, 290, 295; NStZ **85**, 135; **16**, 221), insoweit hat das Revisionsgericht eine „Beweislast" (Herdegen NStZ **90**, 516; Niemöller aaO 492). Zum „Durchentscheiden" des Revisionsgerichts krit Dehne-Neumann wistra **11**, 218. Bei den zwingenden Aufhebungsgründen des § 338 Nrn 1–7 wird das Beruhen des Urteils auf dem Verfahrensverstoß unwiderlegbar vermutet (dort 1).

B. Bei **Verfahrensfehlern** kommt es darauf an, ob ein rechtsfehlerfreies Verfah- 38 ren zu demselben oder möglicherweise zu einem anderen Ergebnis geführt hätte (BGH StV **10**, 193; Hamm StV **84**, 105; Karlsruhe Justiz **85**, 475; LR-Franke 180). Die Beurteilung dieser Frage hängt von den Umständen des Einzelfalls ab. Erwähnt das Urteil bei der überflüssigen, aber vielfach üblichen zusammenfassenden Aufzählung der benutzten Beweisquellen ein bestimmtes Beweismittel, so bedeutet das nicht ohne weiteres, dass das Urteil auf ihm beruht (BGH NJW **51**, 325; MDR **52**, 17 [D]; Hamm VRS **41**, 123; Jena VRS **109**, 24; Schleswig SchlHA **76**, 171 [E/J]). Auf Verfahrensverstößen im Vorverfahren beruht das Urteil idR nicht (vgl 3 zu § 336), auch nicht auf Verfahrensfehlern nach Urteilserlass (BGH NJW **51**, 970; vgl aber § 338 Nr 7). Die fehlerhafte Anwendung einer Verfahrensvorschrift ist unschädlich, wenn das Verfahren nach einer anderen Vorschrift rechtmäßig ist (BGH **30**, 10, 14 zu § 249 II aF [dazu 31 aE zu § 249]; BGH MDR **83**, 624 [H]). Bei mit fehlerhafter Begründung abgelehnten Beweisanträgen kann ein Beruhen des Urteils in Ausnahmefällen ausgeschlossen werden, wenn die Anträge mit anderer Begründung zu Recht hätten abgelehnt werden können und die Verteidigungsmöglichkeiten des Angeklagten hierdurch nicht berührt wurden (BGH NStZ-RR **10**, 211). Ob das Urteil auf der Verlesung der Übertragung eines Tonbandprotokolls ohne die nach § 168a IV S 2, 3 erforderlichen Unterschriften beruht, prüft Karlsruhe Justiz **85**, 475 zu Unrecht durch Abhören des Tonbandes.

Die rechtzeitige **Heilung des Verstoßes** schließt das Beruhen aus (allg dazu 39 W. Schmid JZ **69**, 757; vgl mit Beispielen auch Frisch Rudolphi-FS 637). Die Heilung, zu der der Tatrichter nicht nur berechtigt, sondern verpflichtet ist (RG **41**, 404, 405; Oldenburg Rpfleger **79**, 221; LR-Franke 185; Einl 159), erfolgt bei fehlerhaft unterlassenen Verfahrenshandlungen durch Nachholung, zB durch Erlass des Eröffnungsbeschlusses vor oder nach Beginn der Hauptverhandlung (BGH **29**, 224; Düsseldorf MDR **70**, 783; Köln JR **81**, 213; 4 zu § 203), durch Bekanntgabe des nicht zugestellten Eröffnungsbeschlusses in der Hauptverhandlung (Karlsruhe MDR **70**, 438), durch Nachholen der unterbliebenen Vereidigung eines Zeugen (29 zu § 60) oder durch nachträgliche Gewährung des letzten Wortes nach § 258 II. Ein fehlerhafter Verfahrensvorgang kann durch Wiederholung in einwandfreier Form geheilt werden (BGH **30**, 74, 76; Hamburg NJW **75**,

§ 337 Drittes Buch. 4. Abschnitt

1573; vgl auch BGH 1 StR 605/13 vom 12.3.2014 zu einer fehlerhaften Besetzung des Gerichts). Die Heilung einer gesetzwidrigen Entscheidung erfolgt dadurch, dass sie zurückgenommen wird (Bay **52**, 270; Bay **53**, 214; MDR **55**, 56) oder, wenn das nicht möglich ist, nach entsprechendem Hinweis an die Prozessbeteiligten unberücksichtigt bleibt (W. Schmid JZ **69**, 758; erg 30 zu § 60). Nach der Urteilsverkündung ist die Heilung von Verfahrensfehlern ausgeschlossen (Hamm JMBlNW **55**, 237; Poppe NJW **54**, 1951; W. Schmid JZ **69**, 762). Zur Heilung von zwingenden Urteilsaufhebungsgründen vgl 3 zu § 338.

40 C. Bei **sachlich-rechtlichen Mängeln** ergibt sich das Beruhen ohne weiteres aus dem Urteil. Fehlerhafte Hilfserwägungen sind idR unschädlich (Düsseldorf wistra **07**, 439 mwN), stellen aber eine unnötige Belastung der Urteilsgründe dar und können zu Missdeutungen Anlass geben (BGH NStZ-RR **09**, 34 [C]). Enthält das Urteil widersprüchliche Feststellungen, so kann oft nicht ausgeschlossen werden, dass auch die übrigen Feststellungen fehlerhaft sind (KG DAR **56**, 331; VRS **14**, 37, 45). Zur Entscheidung des Revisionsgerichts bei fehlerhaften Strafzumessungserwägungen vgl 24 ff zu § 354.

41 **5) Verlust von Verfahrensrügen:**

42 A. **Zeitablauf:** Der Beschwerdeführer hat es in der Hand, Verfahrensfehler durch Nichterhebung von Verfahrensrügen hinzunehmen. In mehreren Fällen ist die Geltendmachung von Verfahrenseinreden schon vorher an bestimmte Fristen gebunden (vgl §§ 6a S 3, 16 S 2, 25, 217 II, 218 S 2, 222b I S 1, 246 II S 2); danach können sie nicht mehr gerügt werden. Das gilt auch für die Revisionsbegründungsfrist des § 345 I. Eine Verfahrensrüge, die erst nach zweimaliger Aufhebung und Zurückverweisung erhoben wird, ist unzulässig (BGH **10**, 278).

43 B. Der **Verzicht** auf die Einhaltung des Verfahrens mit der Folge, dass die Revision auf den Verstoß nicht gestützt werden kann, ist nur in engen Grenzen wirksam (BGH GA **86**, 372; LR-Franke 193; SK-Frisch 208). Denn grundsätzlich kann nicht erlaubt werden, dass Gericht und Prozessbeteiligte die gesetzliche Verfahrensordnung für den Einzelfall abändern.

44 **Unverzichtbar sind** daher nicht nur die Verfahrensvoraussetzungen (BGH NJW **67**, 2368; GA **65**, 56; MDR **75**, 198 [D]; Steuber MDR **78**, 890) und die Beachtung von Bestimmungen, deren Verletzung zwingende Aufhebungsgründe nach § 338 Nrn 1–6 sind (BGH **22**, 18, 20; **25**, 317, 318; **35**, 164, 165; NJW **76**, 1108; MDR **78**, 461 [H]; **83**, 282 [H]; Frankfurt MDR **86**, 606; Zweibrücken StV **86**, 240), sondern auch die Einhaltung der anderen Verfahrensbestimmungen, die allgemein der rechtsstaatlichen Ausgestaltung des Verfahrens dienen.

45 **Verzichtbar** sind zB die Rechtsmittelbelehrung nach § 35a (dort 4), die Zustellung der Anklageschrift (9 zu § 201) und des Eröffnungsbeschlusses (RG **55**, 159; KK-Gmel 2 zu § 215), die Ladung nach § 216 (Hamburg HESt **3**, 28) und nach § 218 (Hamm JZ **56**, 258; VRS **53**, 367; Koblenz MDR **68**, 944), die Namhaftmachung nach § 222 (BGH 1, 284) und die Benachrichtigung nach § 224 (BGH **9**, 24, 28; **25**, 357, 359; NJW **52**, 1426) sowie die Urteilszustellung nach § 316 II (Meyer JR **86**, 301).

46 Die **Verzichtserklärung** kann nur nachträglich erfolgen (Bohnert NStZ **83**, 348; aM LR-Franke 198). Sie kann in einer schlüssigen Handlung liegen (RG **58**, 125, 127; Koblenz MDR **68**, 944), insbesondere darin, dass der Angeklagte von seinem Recht, die Aussetzung der Verhandlung zu verlangen, keinen Gebrauch macht (BGH **15**, 40, 45; Meyer aaO). Das bloße Unterlassen eines Widerspruchs oder Gegenantrags ist idR kein Verzicht (vgl aber 25 zu § 136; krit zur Rspr des BGH in Bezug auf das Beweisantragsrecht Herdegen NStZ **00**, 5). Zur Rügepräklusion durch Schweigen vgl Kindhäuser NStZ **87**, 529. Der Verzicht ist nur wirksam, wenn der Verfahrensbeteiligte den Mangel und die prozessuale Abwehrbefugnis gekannt hat (RG JW **22**, 1394 mit Anm Alsberg; LR-Franke 200). Im Stillschweigen eines Angeklagten, der keinen Verteidiger hat, liegt daher idR kein wirksamer Verzicht (BGH **6**, 140; NJW **51**, 205; MDR **61**, 249; erg 10 zu § 217;

7 zu § 224). Der Verzicht des Angeklagten bindet den Verteidiger (LR-Franke 201). Wird in Abwesenheit des Angeklagten verhandelt, so genügt der Verzicht des Verteidigers (vgl BGH **3**, 206, 210; Hamm NJW **54**, 1856).

C. Verwirkung: Nicht die Prozessbeteiligten, sondern die Gerichte tragen die 47 Verantwortung für ein einwandfreies Verfahren (vgl aber Einl 111, 1 vor § 137). Daher steht ihr Schweigen zu einem Verfahrensverstoß der Erhebung der Revisionsrüge – jedenfalls grundsätzlich – nicht entgegen (Hamm VRS **14**, 370; Dornach NStZ **95**, 61; eingehend dazu Fahl 624 ff, ferner Dahs NStZ **07**, 241: Keine „Anzeigepflicht" des Verteidigers hinsichtlich begangener Prozessfehler). Ein Rügeverlust wegen arglistigen Verhaltens (vgl Jescheck JZ **52**, 400; W. Schmid, Die Verwirkung von Verfahrensrügen im Strafprozess, 1967, S 297 ff) setzt vielmehr voraus, dass der Prozessbeteiligte selbst den Verfahrensfehler in der Absicht herbeigeführt hat, ihn ggf mit der Revision zu rügen (Hamm NJW **60**, 1361; VRS **20**, 68; LR-Franke 208; Fahl 623). Handelt es sich um eine verzichtbare Vorschrift (oben 45), so liegt darin ein Verzicht, und auf die Frage der Verwirkung kommt es nicht an (zust SK-Frisch 226). Kann auf die Einhaltung der Vorschrift nicht verzichtet werden, so bedeutet das grundsätzlich, dass die Vorschrift zu wichtig ist, als dass ein arglistiges Verhalten dem Beschwerdeführer das Rügerecht nehmen könnte (vgl BGH **15**, 306, 308; **22**, 83, 85; KG St **13**, 555; Frankfurt MDR **86**, 606; Hamm StraFo **09**, 287; Schlüchter Meyer-GedSchr 457; zw BGH StV **99**, 189 mit krit Anm Ventzke). Das gilt auch, wenn mit dem Verfahrensverstoß einem Antrag des Beschwerdeführers entsprochen worden war (BGH MDR **78**, 461 [H]; NStZ **93**, 198; vgl aber dazu ausführlich und einschr Fahl 630 ff) oder er sogar ausdrücklich zugesichert hatte, er werde die Revision auf den Mangel nicht stützen (Hamm VRS **11**, 223, 225). Da ferner ein arglistiges Verhalten des Verteidigers dem daran nicht beteiligten Angeklagten nicht entgegengehalten werden kann (vgl BGH **24**, 280, 283; Jescheck JZ **52**, 402), kommt ein Rügeverlust wegen arglistigen Verhaltens praktisch nicht in Betracht (Schlüchter aaO; vgl aber Dahs 799 ff mwN; Fahl 654 ff).

Zur Verwirkung durch **Nichtbeanstanden von Anordnungen des Vorsit-** 48 **zenden** nach § 238 II vgl dort 22.

Absolute Revisionsgründe

338 Ein Urteil ist stets als auf einer Verletzung des Gesetzes beruhend anzusehen,

1. wenn das erkennende Gericht nicht vorschriftsmäßig besetzt war; war nach § 222a die Mitteilung der Besetzung vorgeschrieben, so kann die Revision auf die vorschriftswidrige Besetzung nur gestützt werden, wenn
   a) das Gericht in einer Besetzung entschieden hat, deren Vorschriftswidrigkeit nach § 222b Absatz 2 Satz 2 oder Absatz 3 Satz 4 festgestellt worden ist, oder
   b) das Rechtsmittelgericht nicht nach § 222b Absatz 3 entschieden hat und
      aa) die Vorschriften über die Mitteilung verletzt worden sind,
      bb) der rechtzeitig und in der vorgeschriebenen Form geltend gemachte Einwand der vorschriftswidrigen Besetzung übergangen oder zurückgewiesen worden ist oder
      cc) die Besetzung nach § 222b Absatz 1 Satz 1 nicht mindestens eine Woche geprüft werden konnte, obwohl ein Antrag nach § 222a Absatz 2 gestellt wurde;
2. wenn bei dem Urteil ein Richter oder Schöffe mitgewirkt hat, der von der Ausübung des Richteramtes kraft Gesetzes ausgeschlossen war;
3. wenn bei dem Urteil ein Richter oder Schöffe mitgewirkt hat, nachdem er wegen Besorgnis der Befangenheit abgelehnt war und das Ablehnungsgesuch entweder für begründet erklärt war oder mit Unrecht verworfen worden ist;

§ 338

4. wenn das Gericht seine Zuständigkeit mit Unrecht angenommen hat;
5. wenn die Hauptverhandlung in Abwesenheit der Staatsanwaltschaft oder einer Person, deren Anwesenheit das Gesetz vorschreibt, stattgefunden hat;
6. wenn das Urteil auf Grund einer mündlichen Verhandlung ergangen ist, bei der die Vorschriften über die Öffentlichkeit des Verfahrens verletzt sind;
7. wenn das Urteil keine Entscheidungsgründe enthält oder diese nicht innerhalb des sich aus § 275 Abs. 1 Satz 2 und 4 ergebenden Zeitraums zu den Akten gebracht worden sind;
8. wenn die Verteidigung in einem für die Entscheidung wesentlichen Punkt durch einen Beschluß des Gerichts unzulässig beschränkt worden ist.

Übersicht

	Rn
1) Zwingende Aufhebungsgründe	1–4
2) Vorschriftswidrige Besetzung (Nr 1)	5–21
3) Mitwirkung eines ausgeschlossenen Richters (Nr 2)	22
4) Mitwirkung eines abgelehnten Richters (Nr 3)	23–29
5) Unzuständigkeit des Gerichts (Nr 4)	30–34a
6) Vorschriftswidrige Abwesenheit (Nr 5)	35–44
7) Ungesetzliche Beschränkung der Öffentlichkeit (Nr 6)	45–50b
8) Fehlende oder verspätete Urteilsbegründung (Nr 7)	51–57
9) Unzulässige Beschränkung der Verteidigung (Nr 8)	58–60

1 **1) Zwingende Aufhebungsgründe** („absolute" Revisionsgründe) enthält § 338. Die Vorschrift stellt die unwiderlegbare Vermutung auf, dass das Urteil auf einer Verletzung der in Nrn 1–7 bezeichneten Verfahrensbestimmungen – wegen Nr 8 vgl unten 58 – beruht (BGH **27**, 96, 98; Cramer Peters-FS 239), weil hier der Nachweis des Beruhens trotz der Schwere des Rechtsverstoßes nur schwer geführt werden kann (Kudlich Fezer-FS 440). Gegen die Vorschrift selbst kann das Gericht nicht verstoßen (zutr Weiler NStZ **99**, 109), denn es geht hier um die *Folgen* eines Rechtsfehlers. Die Zulässigkeit der Rüge richtet sich nach den allgemeinen Vorschriften (BGH aaO). Zusammenfassend zur neueren Rspr des BGH zu § 338 Hilger Widmaier-FS 277.

2 Von der **Urteilsaufhebung** darf nur abgesehen werden, wenn ausnahmsweise das Beruhen denkgesetzlich ausgeschlossen ist (VerfGH Sachsen StV **15**, 758; BGH NJW **77**, 443; StraFo **03**, 134; NStZ **06**, 713; **07**, 352; StV **11**, 211 mit Anm Kudlich; **aM** Weiler aaO 107); erg unten 36, 50b. Allerdings muss das Urteil nicht immer in dem Umfang aufgehoben werden, in dem es angefochten ist. Hat sich der Verfahrensmangel nur auf einen abtrennbaren Teil ausgewirkt, so hat das Urteil im übrigen Bestand (BGH NStZ **83**, 375; StV **84**, 186; NJW **03**, 597 mwN; LR-Franke 4; **aM** Widmaier Hanack-Symp 84).

3 Zur **Heilung des Verstoßes** ist der Tatrichter ebenso berechtigt und verpflichtet wie bei den anderen Verfahrensfehlern (39 zu § 337). Sie erfolgt – soweit noch zulässig, vgl 5 zu § 260 – idR durch Wiederholung der wesentlichen Teile der Hauptverhandlung, soweit sie fehlerhaft war (BGH **9**, 243; **21**, 332; MDR **79**, 989 [H]; **83**, 450 [H]). Die Bekanntgabe des bisherigen Verfahrensverlaufs durch den Vorsitzenden genügt nicht (BGH **30**, 74, 76; BGH NStZ **82**, 42; Bay NStZ **90**, 250; Köln NStZ **87**, 244; StV **01**, 330; Zweibrücken StV **86**, 240). BGH **33**, 99 = NStZ **85**, 422 mit abl Anm Schöch = StV **85**, 402 mit abl Anm Fezer hält das Unterlassen der Wiederholung einer Zeugenvernehmung (bei der gegen § 169 GVG verstoßen worden war) mit Recht für unschädlich, wenn die Prozessbeteiligten auf sie verzichtet haben, weil sie die Aussage für bedeutungslos hielten.

4 **Rügeberechtigt** sind nur die durch den Verfahrensfehler unmittelbar betroffenen Beteiligten (BGH **10**, 119, 121; MDR **73**, 730 [D]), der Angeklagte daher nicht wegen der unzulässigen Abwesenheit eines Mitangeklagten (BGH **31**, 323, 331; NStZ **81**, 297 [Pf]) oder des Verteidigers eines Mitangeklagten (RG **52**, 188; **57**, 373) oder wegen einer nichtöffentlichen Zeugenaussage, die ihn selbst nicht

betrifft (BGH NJW 62, 261). ebenso wegen unzureichender Mitteilung nach
§ 243 IV gegenüber einem Mitangeklagten (BVerfG NStZ 14, 528)

2) Vorschriftswidrige Besetzung (Nr 1): 5

A. Das **Recht auf den gesetzlichen Richter** sichert die Vorschrift. Das er- 6
kennende Gericht, dh das Gericht, das in der Hauptverhandlung das Urteil fällt
(BGH **47**, 220), kann daher nicht nur infolge Verletzung einer die Gerichtsbesetzung ausdrücklich regelnden Vorschrift, insbesondere der §§ 21aff, 59, 70, 76 II,
78 II, 122 GVG, 18, 19, 28, 29, 37 **DRiG**, unrichtig besetzt sein, sondern unabhängig von solchen Vorschriften auch bei Verletzung des Grundsatzes, dass niemand seinem gesetzlichen Richter entzogen werden darf (Art 101 I S 2 GG, § 16
GVG). Bei einem solchen Verstoß sollte nach früherer Rspr die Rüge nach Nr 1
allerdings nur begründet sein, wenn die Fehlbesetzung auf Willkür beruhte
(BVerfG NJW **92**, 2075; BGH NStZ-RR **13**, 166 [C/Z]). Demgegenüber hat das
BVerfG (NJW **05**, 2689; **09**, 1734) nunmehr entschieden, dass nicht nur eine reine
Willkür-, sondern eine umfassende Rechtswidrigkeitsprüfung erfolgen müsse.
Dem hat sich die Rspr des BGH (**53**, 268, 275) angeschlossen (erg 25 zu § 21e
GVG; zu der zu erhebenden Besetzungsrüge vgl eingehend Schmitz StraFo **16**,
397).

B. **Mängel der Geschäftsverteilung:** Die fehlerhafte Zusammensetzung des 7
Präsidiums kann die Revision weder allgemein (wegen Verstoßes gegen § 21b
GVG) noch im Einzelfall, zB bei Verstoß gegen § 21c II GVG, begründen (25 zu
§ 21e GVG). Auf Rüge nach Nr 1 wird aber die Gesetzmäßigkeit der Aufstellung
und Abänderung des Geschäftsverteilungsplans geprüft (BGH **3**, 353; **11**, 106, 109;
12, 402), ebenso inhaltliche Mängel (25 zu § 21e GVG). erg 10 zu § 21g GVG).
Auch die Bestimmung des Vorsitzenden einer Großen StrK ist Teil der vorschriftsmäßigen Besetzung iSd Nr 1 (BGH NJW **09**, 931). Der Geschäftsverteilungsplan
darf nicht in die gesetzliche Regelung der sachlichen Zuständigkeit eingreifen;
wird dagegen verstoßen, ist die Revision nach Nr 1 begründet (BGH **38**, 376).
Die fehlerhafte Besetzung anderer StrKn führt grundsätzlich nicht zugleich zur
fehlerhaften Besetzung des erkennenden Gerichts (BGH **9**, 203, 207 ff; NStZ **81**,
297 [Pf]; **85**, 495 [Pf/M]).

C. Bei **Verhinderung eines Richters** prüft das Revisionsgericht auf Rüge 8
nach Nr 1 auf Grund der von der Justizverwaltung behaupteten tatsächlichen Umstände im Zeitpunkt der Hauptverhandlung (BGH **14**, 11, 16), ob rechtlich ein
Verhinderungsfall vorgelegen (BGH **8**, 17; **14**, 11, 14; **21**, 131; **25**, 54), nicht aber,
ob die Verhinderung tatsächlich bestanden hat. Das Gleiche gilt für die Rüge der
fehlerhaften Vertreterbestellung durch das Präsidium oder den Gerichtspräsidenten
(BGH MDR **51**, 539 [D]; **77**, 461 [H]; NStZ **01**, 491; Hamm JMBlNW **80**, 67,
68).

D. **Unrichtige Schöffenbesetzung** kann nicht gerügt werden, wenn sie auf 9
einem außerhalb des Gerichtsbereichs liegenden Fehler beruht (BGH NStE Nr 3
zu § 36 GVG; Jena NStZ **94**, 252), zB auf einem Verstoß gegen § 36 IV GVG
(BGH **22**, 122); dieser Rechtsgedanke ist in den §§ 65, 73 II ArbGG ausdrücklich
anerkannt. Auf gerichtliche Fehler kann die Rüge gestützt werden, zB auf einen
Verstoß gegen § 35 I S 1 **JGG** durch Wahl eines Jugendschöffen auf der Vorschlagsliste für Erwachsenenschöffen (BGH **26**, 393); vgl auch im GVG 7 zu § 32,
7 zu § 40, 8 zu § 42, 3 zu § 43. Wählt der Schöffenwahlausschuss, obwohl die
Vorschlagsliste einer Gemeinde des Bezirks fehlt, so ist die Rüge nach Nr 1 nur
begründet, wenn dieses Verfahren rechtsfremd und willkürlich war. Ein zwingender
Aufhebungsgrund liegt vor bei fehlerhafter Auslosung und Verteilung der Schöffen
nach §§ 45, 48, 77 GVG so bei Mitwirkung eines nicht entspr § 45 II–IV
DRiG vereidigten Schöffen (BGH **3**, 175; **4**, 158; **48**, 290; Celle StV **99**, 201),
sofern es sich nicht um einen nicht eingesetzten Ergänzungsschöffen oder einen
durch einen Ergänzungsschöffen ersetzten Schöffen handelt (BGH MDR **78**, 282
[H]). Im Übrigen führen nur schwerwiegende Fehler bei der Schöffenheranzie-

§ 338

hung zur vorschriftswidrigen Besetzung (BGH **34**, 121, 122; DAR **01**, 207 [To]). Erg 5 zu § 36 und 10 zu § 54 GVG.

9a D. Die **Abwesenheit eines Richters oder eines Schöffen** während wesentlicher Teile der Hauptverhandlung (dazu 36 ff) wird ebenfalls bereits von Nr 1 erfasst (BGH 5 StR 87/19 vom 3.4.2019 mwN).

10 E. **Mängel in der Person des Richters oder Schöffen** können, etwa bei Verhandlungsunfähigkeit, deren Anwesenheit iS Nr 5 in Frage stellen. Gleichwohl gilt nur Nr 1 (BGH NJW **01**, 3062; Roxin/Schünemann § 46, 36 mit § 55, 39; **aM** Schroeder NJW **79**, 1530). Dies gilt auch für Videovernehmungen nach dem sog Mainzer Modell, bei denen der Vorsitzende sich mit dem Zeugen außerhalb des Sitzungszimmers befindet (vgl etwa BGH **44**, 361, 365; 4 StR 657/98 vom 11.2.1999; tendenziell **aM** – Verstoß gegen Nr 5 – BGH StraFo **17**, 22, 23). Der nachgeburtliche Mutterschutz einer Richterin führte nach früherer Rechtslage zu einem Dienstleistungsverbot, das ihrer Mitwirkung in der Hauptverhandlung entgegensteht (BGH **61**, 296 mit Anm Metz NStZ-RR **17**, 120; Jahn JuS **17**, 277; Niemöller NStZ **17**, 425; siehe dazu aber nunmehr § 229 III S 1 Nr 2).

11 Die Mitwirkung eines **blinden Richters** beeinträchtigt die Besetzung nicht nur, wenn es in der Hauptverhandlung zur Augenscheinseinnahme kommt (so aber BGH **4**, 191; **5**, 354; **11**, 74, 78; **18**, 51; JZ **89**, 156; KK-Gericke 50; LR-Franke 39), sondern ist auch sonst in der Tatsacheninstanz unzulässig (BVerfG NJW **04**, 2150; BGH **34**, 236; KMR-Momsen 12b; EbSchmidt JZ **70**, 340; vgl auch BVerfGE **20**, 52, 55; **aM** Schulze MDR **95**, 670; Wolf ZRP **92**, 15). Jedenfalls darf ein blinder Richter nicht als Vorsitzender einer Strafkammer mitwirken (BGH **35**, 164; JZ **89**, 156; SK-Frisch 52; Stüber [2a zu § 250] S 100; **aM** Hamburg NStZ **00**, 616 für den Vorsitzenden einer StVollstrK; Zweibrücken NJW **92**, 2437 für den Vorsitzenden einer BerufungsStrK; vgl dazu – auch zum Absehen von der Vorlegung nach § 121 GVG – BVerfG NJW **92**, 2075).

12 Dass ein **stummer Richter** nicht mitwirken darf, folgt aus dem Grundsatz der Mündlichkeit der Hauptverhandlung (KK-Gericke 50).

13 Das Gleiche gilt für die Mitwirkung eines **tauben Richters** (BGH **4**, 191, 193; RG aaO; Siegert NJW **57**, 1622).

14 Die bloße **Unaufmerksamkeit des Richters** ist nur dann ein Revisionsgrund, wenn sie sich über einen erheblichen Zeitpunkt erstreckt, zB bei Übermüdung (BGH **2**, 14, 15; **11**, 74, 77; Hamm NJW **06**, 1449), Ablenkung durch Aktenstudium oder Durchsicht von Gefangenenbriefen (BGH NJW **62**, 2212; vgl Schleswig SchlHA **82**, 115 [E/L]).

15 Das Gleiche gilt für den Fall des **schlafenden Schöffen** (BGH **2**, 14; **11**, 74, 77; NStZ **82**, 41; Köln OLGSt Nr 1). Eine mögliche vorübergehende Beeinträchtigung der Aufmerksamkeit durch Ermüdungserscheinungen genügt nicht (BGH NStZ **19**, 106).

15a Ob auch ein vorgeblicher **Mangel an richterlicher Erfahrung** als Verstoß gegen Art 101 I S 2 GG gewertet werden kann und daher zu einer unrichtigen Gerichtsbesetzung führen kann, wird neuerdings problematisiert, ist aber abzulehnen; vgl dazu Lobmüller StV **15**, 246 ff.

16 F. **Rügepräklusion (Nr 1 Hs 2):** Das Gesetz zur Modernisierung des Strafverfahrens vom 10.12.2019 hat einen erheblichen Teil der praktischen Anwendungsfälle vorschriftswidriger Besetzung in erstinstanzlichen Verfahren vor dem LG und dem OLG der Revision entzogen und gemäß § 222b III in das Vorabentscheidungsverfahren vor dem Rechtsmittelgericht vorverlagert (siehe dort 15 ff). Im Vorabentscheidungsverfahren nach § 222b III müssen die Verfahrensbeteiligten nunmehr binnen einer Woche nach Zustellung der Besetzungsmitteilung oder ihrer Bekanntmachung in der Hauptverhandlung (§ 222b I S 1) alle objektiven Besetzungsmängel rügen; nach diesem Zeitpunkt sind sie mit Besetzungseinwänden generell präkludiert. Hilft das Tatgericht einer erhobenen Besetzungsrüge nicht ab, wird hierüber grundsätzlich im Vorabentscheidungsverfahren abschließend entschieden, eine Revision ist dann nicht mehr möglich. Die rechtlichen Maßstäbe für

die Beurteilung der Rechtmäßigkeit der Besetzung wurden durch die Gesetzesnovelle nicht verändert (siehe § 338 Nr 1 Hs 1; oben 6 ff).
Auch an dem **grundsätzlichen Regelungsgefüge** von Präklusionswirkung gemäß § 222b einerseits und Ausnahmetatbeständen in § 338 Nr 1 Hs 2 hat der Gesetzgeber festgehalten (BT-Drucks 532/19 S 37). In den erstinstanzlichen LG- und OLG-Sachen, in denen die Mitteilung nach § 222a vorgeschrieben ist (dort 2), hängt die Zulässigkeit der Besetzungsrüge nunmehr davon ab, dass eine der Voraussetzungen der Buchst a oder b vorliegt. Ausnahmen von der Rügepräklusion bestehen danach in folgenden Fällen:

a) **Entscheidung in unrichtiger Besetzung (Nr 1 a).** Die Ausnahme betrifft den praktisch kaum vorkommenden Fall, dass sich das Gericht über den eigenen Beschluss oder eine Entscheidung des OLG oder des BGH im Vorabentscheidungsverfahren hinwegsetzt, mit dem die Unrichtigkeit der Besetzung festgestellt worden ist. Hatte das Gericht jedoch einem Besetzungseinwand stattgegeben und in geänderter Besetzung sofort neuverhandelt (12 zu § 222b), so kann in der Revision die Besetzung insoweit nicht mehr gerügt werden (BGH NStZ **08**, 475: unstatthaftes widersprüchliches Prozessverhalten; krit dazu Ventzke StV **09**, 69). 17

b) Die weiteren Ausnahmen haben als **gemeinsame Voraussetzung**, dass das **Rechtsmittelgericht nicht nach § 222b III entschieden hat (Nr 1b).** Die Revision kann in diesem Fall ausnahmsweise in folgenden Fällen auf die vorschriftswidrige Besetzung gestützt werden: 18

Die Vorschriften über die Mitteilung wurden verletzt (Nr 1b) aa): Dies ist anzunehmen, wenn die Mitteilung vollständig unterlassen wurde, aber auch, wenn sie falsch oder unvollständig ist. In Betracht kommt auch die Verletzung des Anspruchs des Angeklagten auf ausreichenden Einblick in die Besetzungsunterlagen oder die Zurverfügungstellung fehlerhafter Unterlagen (Rieß NJW **78**, 2269; 23 zu § 222a; 7 zu § 222b). 19

Der form- und fristgerecht erhobene **Einwand wurde übergangen oder zurückgewiesen (Nr 1 b) bb).** Es muss sich um den Einwand des Beschwerdeführers (Frankfurt NStZ-RR **15**, 341), nicht nur eines Mitangeklagten (BGH NStZ **85**, 495 [Pf/M]; SK-Frisch 66) handeln. Die Fallgruppe ist gegeben, wenn das Gericht der Besetzungsrüge nicht abgeholfen und sie dem Rechtsmittelgericht nicht zur Entscheidung nach § 222b III S 1 vorgelegt hat; dies wird praktisch vor allem der Fall sein, wenn das Tatgericht zuvor ein Urteil verkündet hat. Der Einwand wurde aber auch im Sinne der Vorschrift übergangen, wenn das Tatgericht ein Urteil vor der Entscheidung des Rechtsmittelgerichts verkündet. Die Besetzungsrüge bleibt insoweit nur in Bezug auf die Tatsachen erhalten, die der Beschwerdeführer mit dem Einwand geltend gemacht hat; neue Tatsachen kann er nicht nachschieben (7 zu § 222b); 20

Der Einwand muss grundsätzlich **sowohl bei einem Besetzungsfehler als auch bei einem Anwesenheitsverstoß** erhoben worden sein (BVerfG NJW **03**, 3545). Das gilt zB bei fehlender Vereidigung eines Schöffen (BGH **48**, 290), aber auch für den Fall, dass es sich um Mängel des gesamten Schöffenwahlverfahrens des ganzen Gerichtsbezirks handelt (BGH **33**, 126). Erforderlich ist, dass der Mangel objektiv erkennbar war (BGH NStZ **96**, 48), offensichtlich musste die Fehlbesetzung nicht sein (BGH NJW **97**, 403). Auch wenn der Mangel nicht objektiv erkennbar war, kann der Revisionsführer aber die unrichtige Besetzung nicht rügen, wenn er keinen Besetzungseinwand erhoben oder von einer Überprüfung abgesehen hatte (**aM** KK-Gericke 10). Das Gesetz hat den Beteiligten nämlich die „prozessuale Prüfungslast" auferlegt (Roxin § 41 C 1) und die Frage, *ob* geprüft werden muss, kann nicht vom Ergebnis der Prüfung – erkennbar oder nicht – abhängig gemacht werden. 20a

Das **gilt hingegen nicht,** wenn der Mangel erst entstanden oder erkennbar geworden ist, nachdem er nicht mehr beanstandet werden konnte, zB wenn die auf Einwand geänderte Besetzung des Gerichts als vorschriftswidrig gerügt wird (§ 222b II S 3) oder bei Eintritt des Mangels nach dem Zeitpunkt des § 222b I S 1 20b

§ 338

(BGH 44, 361, 364; StraFo 05, 162; SK-Frisch 59; vgl auch BVerfG NStZ 84, 370; zw BGH NJW 09, 931, 932), etwa wenn die Mitwirkung eines verhandlungsunfähig gewordenen Richters gerügt wird. Für Mängel in der Person des Richters (Blindheit) gilt die Rügepräklusion auch sonst nicht (BGH 34, 236; 35, 164).

20c Die **Besetzung konnte trotz Unterbrechungsantrag nicht mindestens eine Woche geprüft** werden **(Nr 1b) cc)**. Erfasst wird damit, dass das Tatgericht ein Urteil vor Ablauf der einwöchigen Frist des § 222b I S 1 erlassen hat, obwohl ein Antrag nach § 222a II gestellt wurde. Gleiches gilt, wenn das Tatgericht, etwa weil es von einer längeren Verfahrensdauer ausgegangen war, einen Unterbrechungsantrag nach § 222a II abgelehnt, dann jedoch dennoch vor Ablauf der Wochenfrist ein Urteil verkündet hat (vgl BT-Drucks 532/19 S 38). Soweit die Verwendung des Wortes „mindestens" suggerieren könnte, dass das Tatgericht in den Fällen des § 222a II eine Unterbrechung von mehr als 1 Woche gewähren und damit die Ausschlussfrist des § 222b I S 1 in diesen Fällen verlängern könnte, dürfte es sich um ein Redaktionsversehen des Gesetzgebers handeln; der Beschwerdeführer soll wenigstens 1 Woche Zeit zur Besetzungsprüfung haben, aber auch nicht mehr (siehe 22 zu § 222a).

21 G. **Notwendiges Revisionsvorbringen:** Die Revision muss im Einzelnen die Voraussetzungen für die Ausnahmetatbestände der Nr 1 a) und b) darlegen. Der Beschluss nach § 222b II S 2 bzw die Entscheidung des Rechtsmittelgerichts gemäß § 222b II S 4 sind vorzutragen (Nr 1 a), ebenso die Tatsachen, aus denen sich die Verletzung der Mitteilungspflichten ergibt (Nr 1 b) aa). Im Fall des Nr 1 b) bb) muss dargetan werden, dass der Einwand der vorschriftswidrigen Besetzung vor dem LG rechtzeitig (§ 222b I S 1; siehe dazu schon BGH JR **81**, 122; StV **86**, 516 L) und in der vorgeschriebenen Form (6, 7 zu § 222b) geltend gemacht worden ist; der Beschluss, durch den der Besetzungseinwand zurückgewiesen wurde, ist ebenfalls wiederzugeben (vgl BGH NJW **90**, 3219, 3220; **01**, 3062 zur alten Rechtslage). Im Fall des Nr 1 b) cc) müssen der Antrag nach § 222a II sowie die Umstände mitgeteilt werden, aus denen sich ergibt, dass dem Antragsteller nicht mindestens eine Woche zur Prüfung der Besetzung zur Verfügung gestanden hat.

21a Die Tatsachen, aus denen sich eine **vorschriftswidrige Besetzung** des Gerichts ergibt, müssen genau bezeichnet (BGH **12**, 33; NStZ **95**, 221 [K]), die Namen der Richter und die Gründe, die ihrer Mitwirkung entgegenstanden, müssen angegeben werden (BGH **22**, 169; Bay StV **84**, 414; Koblenz VRS **56**, 38), insbesondere also auch die Regelungen des Geschäftsverteilungsplans (BGH 4 StR 146/06 vom 29.6.2006; Bay Rpfleger **94**, 178). Die Revision muss idR mitteilen, welche Schöffen bei richtiger Gesetzesanwendung zur Mitwirkung berufen waren (BGH **36**, 138, 139; NJW **91**, 50; **02**, 2963) oder warum die Änderung des Geschäftsverteilungsplans gesetzeswidrig war (BGH **40**, 218, 240). Bei der Rüge, die Hilfsschöffen hätten nicht an breitester Stelle gestanden, müssen der für die Heranziehung maßgebende Zeitpunkt und der damalige Stand der Hilfsschöffenliste angegeben werden (BGH GA **81**, 382); der Begründung muss zu entnehmen sein, in welcher zeitlichen Abfolge und Nähe zur anberaumten Hauptverhandlung die Entpflichtung des Hauptschöffen und sodann der jeweils an nächster bereiter Stelle stehenden Hilfsschöffen erfolgte (BGH StV **16**, 622). Wird die Mitwirkung eines eingeschlafenen Richters gerügt, so muss der in Betracht kommende Verhandlungsabschnitt genau bezeichnet werden (BGH MDR **74**, 725 [D]; Hamm NJW **06**, 1449 verlangt auch die Angabe, dass der Teil der Hauptverhandlung nicht wiederholt worden ist, zw). Dass ein Richter am Urteil, aber teilw nicht in der Verhandlung mitgewirkt hat, kann wie bei Nr 5 (unten 35) die Revision nur begründen, wenn dargelegt wird, dass die Abwesenheit während eines wesentlichen Teils der Hauptverhandlung andauerte (BGH NStZ-RR **97**, 353).

22 3) **Mitwirkung eines ausgeschlossenen Richters (Nr 2):** Über Ausschließung eines Richters vgl §§ 22, 23, 31 I, 148a II S 1. Ein unbedingter Revisionsgrund liegt nur vor, wenn der ausgeschlossene Richter an dem Urteil mitgewirkt hat, nicht aber, wenn er Verfügungen zur Vorbereitung der Hauptverhandlung getroffen hat. Der zwingende Aufhebungsgrund kann unabhängig davon geltend gemacht werden, ob der Richter nach § 24 abgelehnt worden ist (LR-Franke 61; Bohnert 84) oder ob bei der Ablehnung die jetzt geltend gemachten Tatsachen vorgebracht worden sind. In der Revisionsbegründungsschrift muss der ausgeschlossene Richter namentlich bezeichnet werden (BGH NJW **62**, 500).

4) Mitwirkung eines abgelehnten Richters (Nr 3): 23

A. **Voraussetzung** der Rüge ist, dass der abgelehnte Richter an dem angefoch- 24 tenen Urteil, nicht nur an einer Entscheidung vor der Hauptverhandlung, mitgewirkt hat (BGH JZ **56**, 409) und dass er in der Hauptverhandlung bzw in den Fällen des § 25 I S 2 vorher wegen Befangenheit abgelehnt worden ist oder trotz erfolgloser Ablehnung weiter mitgewirkt hat. Die Ablehnung vor Eröffnung des Hauptverfahrens oder im 1. Rechtszug (RG **60**, 111) genügt nicht. Rügeberechtigt ist der Angeklagte, der den Richter abgelehnt hat, nicht ein Mitangeklagter (BGH MDR **85**, 981[H]).

B. Eine **sofortige Beschwerde nach** § 28 II ist die Rüge ihrer Natur nach; 25 das Gesetz ändert nur aus Zweckmäßigkeitsgründen den Instanzenzug (BGH **27**, 96, 98). Die Rüge ist aber Teil der Revision (RG **74**, 296). Die Anfechtung nach § 28 II S 2 „zusammen mit dem Urteil" erfordert nicht etwa, dass außerdem eine besondere sofortige Beschwerde eingelegt wird (vgl 8 zu § 28).

Die Rüge setzt jedoch die **Anfechtbarkeit des Ablehnungsbeschlusses** mit 26 der sofortigen Beschwerde voraus (8 zu § 28). Sie ist daher – verfassungsrechtlich unbedenklich (BVerfGE **45**, 363) – unzulässig, wenn sie sich gegen einen nach § 304 IV S 2 unanfechtbaren Ablehnungsbeschluss des im 1. Rechtszug entscheidenden OLG richtet (BGH **27**, 96; aM Schmidt-Leichner NJW **77**, 1804) oder wenn das OLG nach § 27 IV entschieden hatte (**aM** RG **33**, 314; **37**, 112).

Nach **Beschwerdegesichtspunkten** behandelt das Revisionsgericht die Rüge 27 (BGH **18**, 200; **21**, 334, 338; NJW **85**, 443; NStZ **84**, 230; StV **88**, 417; wistra **84**, 146; Köln StV **88**, 287); einschr aber unten 28. Es prüft die angefochtene Entscheidung auch in tatsächlicher Hinsicht und darf dabei sein eigenes Ermessen an die Stelle des tatrichterlichen Ermessens setzen (BGH **1**, 34, 36; **18**, 200, 203; **23**, 265; **25**, 122, 126), berücksichtigt aber nicht neue, bei der tatrichterlichen Entscheidung noch nicht vorhandene Tatsachen und Beweismittel (BGH **21**, 85, 88; 5 StR 48/16 vom 8.6.2016), auch nicht die Aussage eines Zeugen, der seinerzeit die Aussage verweigert hat (Bremen JZ **77**, 442). Bei fehlender Tatsachengrundlage muss das Revisionsgericht das Urteil aufheben und die Sache zurückverweisen (BGH **23**, 200, 203; **265**, 267; Hamburg StV **15**, 15; aM LR-Franke 64: im Freibeweis Ermittlungen anstellen).

C. **Mit Unrecht verworfen** war das als unbegründet oder unzulässig verworfe- 28 ne Ablehnungsgesuch nach früherer Rspr nur, wenn es sachlich begründet war, wobei es nicht darauf ankommen sollte, ob es von einem unzuständigen oder nicht ordnungsmäßig besetzten Gericht beschieden oder ob es irrtümlich als unzulässig behandelt worden war (BGH **18**, 200; **21**, 334, 338; **23**, 265, 267). Nach der Rspr des BVerfG (NJW **05**, 3410), der sich der BGH angeschlossen hat (BGH **50**, 216; NStZ **06**, 51) und damit seine frühere Rspr teilw aufgegeben hat, ist zu unterscheiden: Das Gesuch ist nicht nur bei sachlicher Begründetheit, sondern auch dann „mit Unrecht verworfen", wenn die unter Mitwirkung des abgelehnten Richters beschlossene Verwerfung gemäß § 26a als unzulässig auf einer willkürlichen oder die Anforderungen des Art 101 I S 2 GG grundlegend verkennenden Rechtsanwendung beruht (BVerfG NJW **06**, 3129; NStZ-RR **07**, 275; BGH NStZ **06**, 705; wistra **14**, 350; München NJW **07**, 449; erg 11 zu § 26a). Das muss auch für die übrigen Fälle einer ungerechtfertigten Verwerfung des Gesuchs als unzulässig gelten, zB im Fall des § 25 I S 2 (vgl BGH NStZ **18**, 732 zu § 25 II S 1 Nr 2; Celle VRS **113**, 54; München aaO 451; Meyer-Goßner NStZ **06**, 54). Ist die Ablehnung als unzulässig aber lediglich rechtsfehlerhaft, jedoch nicht willkürlich erfolgt, ist es – wie bisher – bei sachlicher Unbegründetheit nicht „zu Unrecht verworfen"; dies kann das Revisionsgericht nach Beschwerdegrundsätzen beurteilen, sofern keine Verletzung von Art 101 I S 2 GG im Ablehnungsverfahren gerügt ist (BGH NStZ **18**, 732; **07**, 161; **09**, 223; StraFo 09, 145; vgl auch BGH 5 StR 143/18 vom 23.1.2019). Das Revisionsgericht kann den Verwerfungsgrund nach § 26a auch „austauschen" (BGH wistra **06**, 431: fehlende Begründung statt fehlender Glaubhaftmachung).

29 D. **Notwendiges Revisionsvorbringen:** Die Formvorschrift des § 344 II ist zu beachten (BGH **21**, 334, 340; **27**, 96, 98; StraFo **11**, 312; Düsseldorf VRS **64**, 41). Der Beschwerdeführer muss daher, idR wörtlich (BGH StV **96**, 2), zumindest aber dem ganzen Inhalt nach (Koblenz aaO; Schleswig SchlHA **76**, 172 [E/J]), das Ablehnungsgesuch und den ablehnenden Gerichtsbeschluss mitteilen (BGH NJW **79**, 2160; Düsseldorf NJW **92**, 585 L), auch die Tatsachen, die für die Prüfung von Bedeutung sind, ob der Befangenheitsantrag rechtzeitig isd § 25 I S 1 bzw I S 2 und II Nr 2 gestellt wurde (vgl BGH NStZ **16**, 627; 5 StR 272/19 vom 27.11. 2019)), ferner den Inhalt der dienstlichen Äußerung nach § 26 III (BGH StV **81**, 163; **93**, 235 L; **96**, 2), außerdem sonstiges zum Verständnis der Rüge erforderliches Vorbringen (BGHR § 344 II S 2 Befangenheitsrüge 1: beweiswürdigende Ausführungen eines anderen Urteils, wenn daraus die Befangenheit hergeleitet wird; BGH StV **12**, 587: bei Ablehnung wegen Ablehnung eines Beweisantrages Angabe des Inhalts dieses Antrages mit darin in Bezug genommenen Aktenbestandteilen und des Ablehnungsbeschlusses; BGH NStZ-RR **01**, 134 [K]: frühere dienstliche Äußerungen der StA, krit dazu Kutzer StraFo **00**, 327), bei der Rüge, der Antrag sei zu Unrecht nach § 26a I Nr 1 als verspätet verworfen worden, auch den Verfahrensablauf, aus dem sich die Rechtzeitigkeit beurteilen lässt (BGH MDR **77**, 109 [H]), bei der Rüge der willkürlichen Richterentziehung (oben 28), dass der abgelehnte Richter bei der Entscheidung über das Ablehnungsgesuch mitgewirkt hat (BGH 4 StR 461/08 vom 9.6.2009).

30 **5) Unzuständigkeit des Gerichts (Nr 4):** Die Vorschrift betrifft nur die örtliche (BGH **11**, 130, 131; RG **40**, 354, 359), sachliche und die besondere Zuständigkeit gleichrangiger Gerichte (§§ 74 II, 74a, 74c GVG). Für die Verteilung der Geschäfte unter den Spruchkörpern desselben Gerichts nach dem Geschäftsverteilungsplan hat sie keine Bedeutung (BGH **31**, 389, 390; NStZ **81**, 297 [Pf]); insoweit gilt Nr 1 (BGH **3**, 353, 355; oben 7).

31 A. **Örtliche Zuständigkeit:** Die Rüge setzt die rechtzeitige Erhebung des Einwands nach § 16 voraus (dort 18). Die Revision muss nach § 344 II die Tatsachen mitteilen, die das ergeben (BGH GA **80**, 225; Düsseldorf VRS **71**, 366; Köln VRS **74**, 32 mwN). Das Revisionsgericht prüft dann, ob der Einwand rechtzeitig erhoben und ob er zu Unrecht verworfen worden ist. Die örtliche Zuständigkeit beurteilt es nach den dem Eröffnungsbeschluss zugrunde liegenden Tatsachen (BGH StraFo **11**, 271; erg 6 zu § 355). Einer Verfahrensrüge bedarf es jedoch nicht, wenn das AG seine örtliche Zuständigkeit verneint und das Verfahren nach § 260 III eingestellt hat (Köln VRS **74**, 32).

32 B. Die **sachliche Zuständigkeit** ist eine von Amts wegen zu prüfende Verfahrensvoraussetzung (§ 6); Nr 4 hat insoweit keine Bedeutung mehr (Bay VRS **68**, 454). Die Entscheidung eines höheren statt eines niedrigeren Gerichts ist wegen § 269 unschädlich (BGH **1**, 346, 348; **9**, 367, 368; **21**, 334, 358). Anders ist es, wenn (objektive) Willkür vorliegt (BGH **38**, 172, 176; Celle NdsRpfl **95**, 24; Rieß GA **76**, 10; erg 8 zu § 269); dann führt die von Amts wegen vorzunehmende Prüfung zur Aufhebung des Urteils und zur Verweisung an das zuständige Gericht (BGH **40**, 120). Auch die unzutreffende Beurteilung der besonderen Bedeutung der Sache (§§ 24 I Nr 3, 74 I S 1 GVG) ist nur bei Willkür revisibel (BGH GA **81**, 321 mit Anm Rieß; BGH **57**, 165). Im Übrigen beurteilt sich die sachliche Zuständigkeit des Tatrichters auf Grund der Urteilsfeststellungen (RG **44**, 137) nach objektiven Gesichtspunkten (Celle JR **50**, 414; LR-Franke 71; Gössel GA **68**,

357). Es kommt darauf an, ob der Tatrichter bei zutreffender Beurteilung der Tat sachlich zuständig war (Dallinger MDR **52**, 118), und zwar beim Erlass des Urteils (BGH **1**, 346; **10**, 64; NStZ **87**, 132; **91**, 503; 3 StR 244/11 vom 8.11.11 mit abl Anm Sturm/Lickleder ZIS **12**, 591, da die fehlende sachliche Zuständigkeit der materiellen Rechtslage vorgehe; vgl auch Meyer-Goßner Pv 50 ff).

Die **unterlassene Verweisung nach** § 270 wegen des in der Hauptverhand- 32a lung entstandenen Verdachts einer schwereren Straftat an ein höheres Gericht nimmt dem niederen Gericht nicht die sachliche Zuständigkeit, wenn dieser Verdacht zur Verurteilung nicht genügt hat; das gilt nicht nur für die Revision des Angeklagten, sondern auch für diejenige der StA oder des Nebenklägers (**aM** Oldenburg GA **92**, 471). Anders ist es nur, wenn das niedere Gericht auch im Urteil noch den Tatverdacht hinsichtlich der schwereren Straftat bejaht hat (BGH GA **62**, 149; MDR **72**, 18 [D]) oder wenn das Revisionsgericht entgegen der Ansicht des niederen Gerichts einen Tatverdacht für gegeben hält; dann hebt es auf die Revision der StA oder des Nebenklägers das Urteil auf und verweist die Sache an das höhere Gericht (Oldenburg NStZ-RR **96**, 240; SK-Frisch 90 ff).

C. **Besondere Zuständigkeit gleichrangiger Spruchkörper:** Die Rüge 33 setzt voraus, dass der Angeklagte rechtzeitig den Einwand nach § 6a erhoben hat (dort 16). Das Revisionsgericht prüft dann die Rechtzeitigkeit und Begründetheit des Einwands, wobei es nicht darauf ankommt, ob das Gericht seine Zuständigkeit auf der Grundlage objektiv willkürlicher Erwägungen angenommen hat (BGH **57**, 3 mwN = JR **12**, 262 mit krit Anm Schroeder). Auf das Erfordernis der besonderen Kenntnisse des Wirtschaftslebens in § 74c I Nr 6 GVG kann die Rüge nicht gestützt werden (BGH NStZ **85**, 464; 466; 10 zu § 74c GVG).

Auch die Nichtbeachtung der Zuständigkeit der **Jugendgerichte** wird nur auf 34 Rüge nach Nr 4 geprüft (BGH **18**, 79 [GSSt]; **26**, 191, 198; NStZ **96**, 250; 3 StR 376/19 vom 17.12.2019; Rieß NStZ **81**, 304; Brunner/Dölling 8 zu §§ 33–33b JGG; **aM** Oldenburg NJW **81**, 1384; Eisenberg 39 zu §§ 33–33b JGG; erg 11 vor § 1). Ein Einwand nach § 6a ist keine Voraussetzung für die Rüge; die Vorschrift gilt hier nicht (BGH **30**, 260; StV **85**, 77; KG StV **85**, 408; 2 zu § 6a). Dass statt des allgemeinen Gerichts ein Jugendgericht entschieden hat, kann wegen § 47a **JGG** nicht gerügt werden (BGH StraFo **04**, 103; NStZ **11**, 527; LR-Stuckenberg 48 zu § 209a). Dagegen kann die Unzuständigkeit des allgemeinen Gerichts auch der Erwachsene rügen, obwohl ohne die Verbindung mit dem Verfahren gegen einen Heranwachsenden dieses Gericht für seine Aburteilung zuständig gewesen wäre (BGH **30**, 260; StV **85**, 357 L; einschr Koblenz VRS **71**, 141). Dass ein unzuständiges allgemeines Gericht die Verfolgung nach § 154a auf Straftaten beschränkt hat, für die es zuständig war, beanstandet der BGH nicht (NStZ **91**, 503; **96**, 244; **05**, 650; **aM** mit zutr rechtssystematischen Bedenken Eisenberg/Sieveking NStZ **92**, 295).

D. **Notwendiges Revisionsvorbringen:** § 344 II S 2 ist zu beachten. Es ist 34a daher insbesondere bei der Rüge der örtlichen Unzuständigkeit darzulegen, dass die Rüge rechtzeitig erhoben wurde (§ 16) und wie der Einwand vom Gericht beschieden worden ist (Köln StV **04**, 314; Burhoff/Kotz-Junker Teil A 2927); der Wiedergabe der für den Einwand gegebenen Begründung bedarf es hingegen nicht (Amtsprüfung, vgl Köln aaO). Kann eine abgetrennte Strafsache die Zuständigkeit begründet haben (vgl 1 zu § 13), so müssen die Abtrennung und die für die Zuständigkeit relevanten Umstände mitgeteilt werden (BGH NJW **93**, 2819).

6) Vorschriftswidrige Abwesenheit (Nr 5): 35

A. Nur die **Abwesenheit bei einem wesentlichen Teil der Hauptverhand-** 36 **lung** begründet die Revision (BGH **26**, 84, 91; 1 StR 616/17 vom 27.6.2018; NStZ **83**, 36; wistra **84**, 113; krit Maiwald JR **82**, 35; Mehle Dahs-FS 391; R. Hamm 404 ff). Das folgt daraus, dass § 338 nicht anwendbar ist, wenn das Beruhen des Urteils auf dem Mangel denkgesetzlich ausgeschlossen ist (oben 2). Betrifft der Verfahrensverstoß einen wesentlichen Teil der Hauptverhandlung, so ist eine Prüfung der Beruhensfrage grundsätzlich ausgeschlossen (BGH StV **84**, 102; **86**, 465; Oldenburg StV **95**, 345; vgl aber BGH NStZ **93**, 30 [K] und BGH StV **11**, 211 mit Anm Kudlich).

37 **Wesentlich** sind die Vernehmung des Angeklagten zur Person und Sache (BGH **9**, 243, 244; NStZ **83**, 375), die Verlesung des Anklagesatzes (BGH **9**, 243, 244) und des Urteils 1. Instanz nach § 324 I S 2 (Düsseldorf StraFo **99**, 125; Zweibrücken StV **86**, 240; **aM** BGH NStZ **87**, 135 für das ehrengerichtliche Verfahren), der Vortrag nach § 324 (RG HRR **30**, 1178), auch die Verhandlung und Entscheidung über eine Verfahrenstrennung (BGH StraFo **10**, 339). Wesentlich ist insbesondere die Beweisaufnahme (BGH **9**, 243, 244; **15**, 306; **21**, 332, 334; NJW **73**, 522; NStZ **81**, 449; **85**, 375; **86**, 564; KG StV **83**, 186; Hamburg StV **84**, 111; Köln NStZ **87**, 244) einschließlich der Vernehmung der Mitangeklagten (BGH StV **86**, 288), der Vernehmung der Zeugen zur Person (Hamm NJW **92**, 3252) und der Ortsbesichtigung (BGH **3**, 187; **25**, 317, 318; NStZ **82**, 42; StV **81**, 510; **83**, 4), der Verzicht auf präsente Zeugen (BGH NStZ **19**, 234; **96**, 351, nicht dagegen der Verzicht auf für einen späteren Zeitpunkt geladene und nicht erschienene Zeugen: BGH NStZ **19**, 234; StraFo **17**, 240), ferner Erörterungen über Beweisanträge von Mitangeklagten (RG HRR **37**, 288) und über die Zeugenvereidigung (BGH StV **88**, 370; vgl aber BGH **22**, 289, 297), sofern die Vereidigung nicht nach § 60 Nr 1 ausgeschlossen ist (BGH NJW **86**, 267; MDR **78**, 460 [H]), die Feststellung der Vorstrafen (BGH NJW **72**, 2006), es sei denn, dass daraus keine Folgerungen zu Lasten des Angeklagten gezogen worden sind (BGH NStZ **93**, 30 [K]), die Schlussvorträge (Hamburg StV **84**, 111), auch des Verteidigers des Mitangeklagten (BGH StV **83**, 4; NJW **14**, 2807) und des Nebenklägervertreters (RG **40**, 230), sowie die Verlesung der Urteilsformel nach § 268 II (BGH **8**, 41; **15**, 263; **16**, 178, 180; NStZ **89**, 284; Hamburg StV **84**, 111).

38 **Nicht wesentlich** sind zB der Aufruf der Zeugen und Sachverständigen (BGH **15**, 263; NJW **53**, 1801), die Belehrung nach § 57 (BGHR § 38 Nr 1 Schöffe 8), die Festsetzung von Ordnungsmitteln nach § 51 (BGH MDR **75**, 23 [D]), die Feststellung der Identität des Angeklagten (Düsseldorf Rpfleger **93**, 460) und seiner Verhandlungsfähigkeit (NStZ **94**, 228 [K]), nicht nur die Voraussetzungen des § 247 betreffende Befragung eines Zeugen (BGH NStZ **98**, 528), die Frage seiner Vernehmungsfähigkeit (BGH StraFo **10**, 493), Erörterungen zur Verteidigung des Angeklagten (BGH 5 StR 610/18 vom 8.1.2019), die mündliche Eröffnung der Urteilsgründe (BGH **15**, 263; **16**, 178, 180; NStZ-RR **98**, 237; 5 StR 18/18 vom 6.3.2018), **aM** Roxin/Schünemann § 44, 47) und die Verkündung von Beschlüssen nach § 268a (BGH **25**, 333) und § 268b (Poppe NJW **54**, 1915). Bei § 257b kommt es auf den Inhalt der Erörterung an (vgl BGH 1 StR 162/19 vom 19.11.2019).

38a **Abwesend** ist ein Verfahrensbeteiligter, der sich im Gerichtssaal aufhält und an der Hauptverhandlung beteiligt, erst dann, wenn er nach den konkreten Gegebenheiten außer Stande ist, auf die Verhandlung – sei es auch nur mit der Bitte, lauter zu sprechen oder das Mikrofon zu benutzen – Einfluss zu nehmen (BGH 4 StR 26/13 vom 19.6.2013). Abwesend ist auch ein Angeklagter, der sich in einem Nebenraum zum Sitzungssaal befindet (BGH NStZ **19**, 421). BGH NJW **17**, 181, **183** neigt dazu, auch bei Abwesenheit des Vorsitzenden Nr 5 und nicht Nr 1 anzuwenden (zw).

39 B. Der **StA** muss ständig anwesend sein (6 zu § 226). Nach Nr 5 kann gerügt werden, dass er sachlich (vgl §§ 142, 142a GVG), nicht örtlich (RG **73**, 86), unzuständig war. Die unzulässige weitere Vertretung der Anklage nach der Zeugenvernehmung des StA (17 vor § 48) begründet die Revision nur nach § 337 (BGH **14**, 265; Bay VRS **64**, 25). Zur Weigerung des StA, einen Schlussvortrag zu halten, vgl **10**, 33 zu § 258.

39a Der **Urkundsbeamte der Geschäftsstelle** muss ebenfalls ständig anwesend sein (Bay NStZ-RR **02**, 16; vgl 7 zu § 226).

C. Der **Angeklagte** muss nicht nur anwesend, sondern auch verhandlungsfähig (dazu Einl 97) sein. Ist er dauernd verhandlungsunfähig, so besteht ein Prozesshindernis (Einl 143). Der Aufhebungsgrund der Nr 5 liegt vor, wenn während einer zeitweiligen Abtrennung des Verfahrens in Abwesenheit des Angeklagten Vorgänge erörtert worden sind, die die gegen ihn erhobenen Vorwürfe berühren (BGH **24**, 257; **30**, 74 = JR **82**, 33 mit Anm Maiwald; BGH MDR **79**, 807 [H]; 989 [H]; StV **86**, 465), sonst nicht (BGH **21**, 180; **32**, 100; 270, 273; erg 11 zu § 230), also auch nicht bei Abwesenheit eines Mitangeklagten (BGH NStZ **81**, 95 [Pf]; **96**, 22 [K]; NJW **90**, 846; dahingestellt von BGH 1 StR 616/17 vom 27.6.2018). Ferner ist Nr 5 anzuwenden, wenn das Gericht gegen § 230 (dort 26), § 231 (dort 25), § 231b (dort 12), § 231c (dort 24) oder § 247 (dort 19) verstoßen hat. 40

D. **Verteidiger:** Nur bei notwendiger Verteidigung nach § 140 ist die Abwesenheit des Wahlverteidigers und des bereits bestellten Pflichtverteidigers ein zwingender Aufhebungsgrund (BGH **15**, 306), sofern sie sich auf einen Zeitraum bezieht, in dem nicht nur über die Tat eines Mitangeklagten verhandelt worden ist (BGH **21**, 180; NStZ **83**, 375; StV **86**, 288). Das gilt auch im Fall der §§ 140 II, 145 I S 1 (KG StV **83**, 186; **aM** Hamm AnwBl. **81**, 189 mit abl Anm Molketin AnwBl **81**, 217: nur § 337). Hat das Gericht im Fall des § 140 II – ebenso im Fall des § 145 I S 1 (dort 26) – die Bestellung eines Verteidigers unterlassen, so gilt ebenfalls Nr 5, nicht § 337 (BGH **15**, 306; Hamm NStZ **82**, 298; NStZ-RR **97**, 78; Karlsruhe StraFo **05**, 370; SK-Frisch 113 mwN), ebenso, wenn ein Verteidiger mitgewirkt hat, dessen Zulassung zur RAschaft widerrufen war (BGH **47**, 238; 1 StR 532/18 vom 13.3.2019); zum Fall der unzulässigen Unterbevollmächtigung (60 zu § 142) vgl Hamm Rpfleger **98**, 440. Die Revision muss in § 140 I darlegen, in welchem – wesentlichen (oben 36, 37; Brandenburg NStZ **97**, 612) – Abschnitt der Hauptverhandlung der Angeklagte nicht verteidigt war (BGH NStZ **83**, 36; StV **86**, 288), im Fall des § 140 II, warum die „Schwere der Tat" bzw „die Schwere der zu erwartenden Rechtsfolge", „die Schwierigkeit der Sach- oder Rechtslage" oder die „Verteidigungsunfähigkeit" die Mitwirkung eines Verteidigers erforderten (Hamm NStZ-RR **01**, 373). Der Verstoß gegen § 146a begründet die Revision idR nicht (dort 10). Sind mehrere Verteidiger vorhanden, so genügt die Anwesenheit eines von ihnen (BGH MDR **66**, 200 [D]), auch im Fall der Arbeitsteilung (BGH MDR **81**, 457 [H]). War der Verteidiger körperlich anwesend, kann die Revision grundsätzlich nicht darauf gestützt werden, dass er die Verteidigung nicht ordnungsgemäß geführt hat (BGH **39**, 310, 314; eingehend dazu Neuhaus StV **02**, 43; erg Einl 99; 3 vor § 137) oder nicht genügend vorbereitet war (BGH NStZ **00**, 212; **00**, 327); eine Ausnahme gilt, wenn er erkennbar verhandlungsunfähig war. Nach der Rspr des EGMR (NJW **03**, 1229; vgl dazu Gaede HRRS **07**, 407 und eingehend Wohlers Frisch-FS 1325) kann jedoch die eindeutige Missachtung einer reinen Formvorschrift die Verantwortung des Staates nach Art 6 I, IIIc **EMRK** begründen, wenn der Fehler zur Folge hat, dass dem Betroffenen ein ihm an sich zustehendes Rechtsmittel genommen wird, ohne dass dies von einem höherinstanzlichen Gericht bereinigt wird; das gilt in besonderem Maße bei der Gerichtssprache nicht mächtigen Ausländern. Nach deutschem Recht wird dann an eine von Amts wegen zu gewährende Wiedereinsetzung in den vorigen Stand entspr § 45 II S 2 zu denken sein (zust Wohlers aaO 1342). Die Weigerung des Verteidigers, einen Schlussvortrag zu halten, begründet die Revision aber nicht (BGH MDR **80**, 274 [H]). Das Fehlen des Verteidigers eines Mitangeklagten kann nicht gerügt werden (BGH **31**, 323, 331). Hat sich der Verteidiger eigenmächtig von der Urteilsverkündung entfernt, ist die Rüge verwirkt (BGH NStZ **98**, 209; erg 47 zu § 337). 41

E. **Andere Prozessbeteiligte:** Für den Privatkläger gilt § 391. Der Nebenkläger braucht in der Hauptverhandlung nicht anwesend zu sein (2 zu § 398). Die Verletzung seines Rechts auf Anwesenheit kann er nur nach § 337 rügen (Karlsruhe Justiz **74**, 345; VRS **50**, 119), ebenso, dass er zwar anwesend war, ihm jedoch 42

Schmitt

kein Dolmetscher zur Seite steht (BGH 4 StR 473/13 vom 4.9.2014). Für Beistände (§ 149; § 69 I JGG) gilt Nr 5 ebenfalls nicht.

43 F. **Sachverständige** brauchen nicht ständig anwesend zu sein (5 zu § 80); der Verstoß gegen § 246a führt nur zu der Rüge nach § 337 (6 zu § 246a).

44 Der **Dolmetscher** muss nach § 185 GVG grundsätzlich während der ganzen Verhandlung zugegen sein; andernfalls gilt Nr 5 (BGH **3**, 285; Celle StV **16**, 104; vgl auch BVerfGE **64**, 135, 149). Dass er zeitweilig als Zeuge (BGHR Dolmetscher 1) oder Sachverständiger (BGH 1 StR 631/76 vom 29.11.1977) vernommen worden ist, schadet nicht. Kann der Angeklagte sich in der deutschen Sprache verständigen, so ist auch die zeitweilige Abwesenheit des Dolmetschers unschädlich (BGH **3**, 285; NStZ **02**, 275; BGHR Dolmetscher 3; LR-Franke 100). Zur revisionsrechtlichen Geltendmachung fehlender Dolmetscherqualitäten Christl NStZ **14**, 382; erg 10 zu § 185 GVG.

45 **7) Ungesetzliche Beschränkung der Öffentlichkeit (Nr 6):**

46 A. Die **Öffentlichkeit der Gerichtsverhandlung** (§ 169 GVG; erg dort) ist eine grundlegende Einrichtung des Rechtsstaats (BGH **3**, 386, 387; **7**, 218, 221; **9**, 280, 281; **21**, 72; **22**, 297, 301; **23**, 176, 178). Der Durchsetzung dieses Grundsatzes dient Nr 6. Der Angeklagte kann die Rüge daher auch erheben, wenn er selbst die Ausschließung der Öffentlichkeit verlangt hatte (BGH NJW **67**, 687; MDR **78**, 641 [H]; zw BGH NStZ **08**, 354). Verstöße gegen § 243 IV S 1 enthalten nicht zugleich einen Verstoß gegen den Öffentlichkeitsgrundsatz (BGH NStZ **13**, 724 mit insoweit abl Anm Grube StraFo **13**, 513; eingehend Walther NStZ **15**, 383; erg 38a zu § 243).

47 Da der Angeklagte andererseits keinen Anspruch auf Ausschluss der Öffentlichkeit hat, auch nicht nach Art 1, 2 GG oder Art 6 I S 2 **EMRK** (BGH **23**, 82 = JZ **70**, 34 mit Anm EbSchmidt; str), ist Nr 6 bei **unzulässiger Erweiterung der Öffentlichkeit** nicht anwendbar (BGH **10**, 202, 206; **23**, 82, 85; 176, 178; MDR **79**, 458 [H]; SK-Frisch 127ff; SSW-Momsen 53; **aM** Kissel/Mayer 60 zu § 169 GVG; Kudlich Fezer-FS 446; Roxin Peters-FS 400). Die öffentliche Verhandlung unter Verstoß gegen § 48 I JGG kann nur nach § 337 gerügt werden (BGH **23**, 176; NStZ **94**, 230 [K]); ein Jugendlicher kann es nicht rügen, wenn gegen ihn im Hinblick auf erwachsene oder heranwachsende Mitangeklagte öffentlich verhandelt worden ist (BGH NJW **06**, 1220). Nicht gerügt werden kann auch die Ablehnung eines Antrags des Angeklagten auf Ausschließung der Öffentlichkeit (BGH MDR **53**, 149 [D]; KG JR **50**, 119), die Nichtbeachtung eines Ausschließungsbeschlusses (BGH bei Herlan GA **63**, 102), die Duldung der Anwesenheit von Personen in einer nichtöffentlichen Sitzung ohne Zulassung nach § 175 II S 1 GVG (BGH MDR **80**, 273 [H]; NStZ **85**, 207 [Pf/M]), zB des Vertreters der Finanzverwaltung (BGH NStZ **81**, 297 [Pf]), sowie insbesondere der Verstoß gegen § 169 S 2 GVG (BGH **36**, 119 mwN = JR **90**, 385 mit abl Anm Meurer = StV **89**, 289 mit Anm Fezer = NStZ **89**, 375 mit abl Anm Roxin unter Hinweisen zum Streitstand; vgl auch Alwart JZ **90**, 883; Beulke/Swoboda 576).

48 B. **Unzulässig beschränkt** iS der Nr 6 ist die Öffentlichkeit bei Verletzung des § 48 **JGG**, auch des § 169 S 1 GVG iVm §§ 171a–173, 175, 177 GVG (siehe im Einzelnen jeweils dort), soweit die jeweiligen tatbestandlichen Voraussetzungen für den Ausschluss nicht vorgelegen haben. Zur mündlichen Verhandlung iS der Nr 6 gehört die der Urteilsverkündung (BGH **4**, 279; MDR **55**, 246; Roxin/Schünemann § 47, 25; str). Über § 169 GVG hinaus ist die Öffentlichkeit unzulässig beschränkt, wenn **einzelne Personen**, die als Repräsentanten der Öffentlichkeit gelten können, in gesetzwidriger Weise nicht eingelassen oder entfernt worden sind (BGH **3**, 386; **17**, 201, 205; **18**, 179, 180; **24**, 329, 330; **28**, 341; NStZ **82**, 389; krit LR-Franke 109; erg 5 zu § 58). Dies gilt auch nicht, wenn sie freiwillig der Bitte des Vorsitzenden, den Saal zu verlassen, Folge leisten (BGH NJW **89**, 465 MDR **90**, 69; BGH NStZ **99**, 425), selbst dann nicht, wenn die Zuhörer einer solchen Bitte mit innerem Widerstreben folgen, ohne dies nach außen erkennbar zum Ausdruck zu bringen (BGH 1 StR 159/117 vom 15.5.2018 mwN). Allerdings darf der Vorsitzende eine solche „Bitte" nicht an alle Anwesenden richten, weil dies zu einer Umgehung des Öffentlichkeitsgrundsatzes führen würde (BGH NStZ **93**, 450), schon gar nicht darf sie mit dem Hinweis verknüpft werden, sonst werde über den Ausschluss der Öffentlichkeit entschieden werden (Braunschweig StV **94**, 474). Nr 6 ist idR gegeben, wenn der Zutritt zur Verhandlung nur in den Sitzungspausen gestattet wird (BGH NStZ **04**, 510). Die Vorschrift ist auch bei Nichtbeachtung des Verfahrens für die Ausschließung grundsätzlich anwendbar (§ 174 GVG), etwa wenn die Öffentlichkeit über die in dem Beschluss bestimmte Dauer ausgeschlossen war (BGH **7**, 218; MDR **70**, 562 [D]; **76**, 988 [H]; BGHR Ausschluss 4), wenn nur eine Anordnung des Vorsitzenden (BGH **17**, 220, 222) oder kein Gerichtsbeschluss (Hamm StraFo **00**, 195) ergangen ist, es sei denn, es handelt sich um einen Fall des § 171b III S 2 GVG (BGH 4 StR 605/18 vom 9.5.2019: Nr 6 nicht anwendbar; erg ist § 171b GVG) oder, wenn der Beschluss entgegen § 174 I S 2 Hs 1 GVG nicht öffentl verkündet (BGH NJW **80**, 2088; MDR **66**, 728 [D]; **72**, 926 [D]; **76**, 988 [H]; StV **85**, 223) oder entgegen § 174 I S 3 GVG nicht begründet worden (BGH **1**, 334; **2**, 56; **27**, 117; 187; NStZ **82**, 169; StV **81**, 3; einschr BGH **45**, 117; NStZ-RR **99**, 263 [K]; **02**, 262 [B], „wenn der Verteidiger offenkundig den Antrag für den Angeklagten gestellt hatte, der Ausschluss für das Gericht zwingend war und alle Verfahrensbeteiligten sowie die Zuhörer im Gerichtssaal den Ausschlussgrund eindeutig erkennen konnten"), insbesondere nicht aus sich heraus verständlich ist (BGH **1**, 334; **30**, 298; NJW **79**, 276). Das Unterlassen der Anhörung der Beteiligten nach § 174 I S 1 GVG kann nur nach § 337 gerügt werden (BGH MDR **88**, 791; NJW **79**, 276; BGH MDR **75**, 199 [D]; **aM** Dahs Rev 203).

Hingegen ist es **rechtlich unschädlich**, wenn das Gericht nach Verkündung **48a** des Beschlusses über den Ausschluss der Öffentlichkeit auf Gegenvorstellungen eines Verfahrensbeteiligten hierüber erneut verhandelt; denn mit Bekanntgabe der Entscheidung ist die Verhandlung nichtöffentlich (BGH NStZ **15**, 230).

C. Auf **Verschulden des Gerichts** muss der Verfahrensverstoß beruhen **49** (BGH **21**, 72, 74; **22**, 297; LR-Franke 113; **aM** Dahs Rev 199; Kudlich Fezer-FS 446; Roxin/Schünemann § 47, 24; eingehend zur Problematik SK-Frisch 136 ff). Nr 6 ist nicht anwendbar, wenn das Gericht oder der Vorsitzende eine die Öffentlichkeit unzulässig beschränkende Anordnung getroffen oder eine ihnen bekannte Beschränkung nicht beseitigt hat (BGH **22**, 297, 301; DAR **78**, 153 [Sp]; MDR **79**, 247; **90**, 1070 [H]; NStZ **95**, 143), insbesondere infolge unrichtiger rechtlicher Bewertung der ihnen bekannten Tatsachen (BGH JR **79**, 262 mit Anm Foth; Hamm NJW **74**, 1780; Zweibrücken NJW **95**, 3333). Das Verschulden untergeordneter Beamter begründet die Revision nicht (Karlsruhe NZV **04**, 421; Stürner JZ **72**, 666), erst recht nicht zufällige Geschehnisse, wie das Zuschlagen der Außentür (BGH **21**, 72 mit Anm Beck NJW **66**, 1976).

Vorsitzender und Gericht haben aber eine **Aufsichtspflicht** gegenüber den un- **50** tergeordneten Beamten, und das gröbliche Vernachlässigen dieser Pflicht ist ihnen als eigenes Verschulden zuzurechnen (BGH **22**, 297, 301). Vor allem wenn die Sitzung nicht im Gerichtsgebäude stattfindet, müssen sie sich davon überzeugen, dass die Vorschriften über die Öffentlichkeit beachtet sind (BGH NJW **79**, 2622; StV **81**, 3; Hamm VRS **60**, 452, 454; StV **02**, 474; Saarbrücken VRS **113**, 109); ebenso ist zu prüfen, ob trotz geschlossener Eingangstür noch ein Zugang zum Gerichtsgebäude möglich war (BGH NStZ **12**, 173). Wenn Einlasskontrollen angeordnet worden sind, darf mit der Verhandlung erst begonnen werden, wenn den rechtzeitig erschienenen Personen nach Kontrolle der Zutritt gewährt worden ist (BGH NStZ **95**, 181). Die Anforderungen an die Aufsichtspflicht dürfen allerdings nicht überspannt werden (BGH **22**, 297, 301; StV **81**, 3, 4; NStZ-RR **01**, 267 [B]; Kuhlmann NJW **74**, 1231).

§ 338

50a Zum **notwendigen Revisionsvorbringen** gehört die Angabe der tatsächlichen (konkreten) Umstände, aus denen sich ergibt, dass das Gericht die Öffentlichkeit beschränkt hat (BGH NJW **06**, 1220) oder warum es den Verfahrensverstoß zu vertreten hat (BGH NStZ **12**, 173; Bay **94**, 41), soweit dem Revisionsführer dies möglich ist (Hamm StV **02**, 474; Saarbrücken NStZ-RR **08**, 50); dazu kann auch Vortrag zu den örtlichen Verhältnissen erforderlich sein (vgl BGH 1 StR 579/15 vom 7.4.2016). War der Zugang tatsächlich nicht beschränkt, aber ein missverständliches Schild über die „Öffnungszeiten" am Gericht angebracht, bedarf es der Darlegung, dass sich dadurch tatsächlich jemand von der Teilnahme an der Sitzung hat abhalten lassen (**aM** Zweibrücken NJW **95**, 3333; Lesch StraFo **14**, 360; offen gelassen von BGH 4 StR 411/95 vom 9.11.1995); das gilt aber nicht, wenn eine bestimmte Sitzung versehentlich ausdrücklich als „nicht-öffentlich" bezeichnet worden war (Celle NStZ **12**, 654). Auch die erfolgte Anrufung des Gerichts gegen den Ausschluss der Öffentlichkeit (§ 238 II) muss ggf vorgetragen werden (Meyberg NStZ **13**, 609).

50b Wie bei Nr 5 (oben 36) ist § 338 **nicht anwendbar,** wenn das Beruhen des Urteils auf dem Fehler denkgesetzlich ausgeschlossen ist (BGH NJW **96**, 138: Hinweis nach § 265 während Öffentlichkeitsausschlusses auf einen später nach § 154a ausgeschiedenen Tatteil; BGH StV **00**, 248 mit abl Anm Ventzke: Hinweis nach § 265 sowie Teileinstellung nach § 154 II; BGH NStZ-RR **02**, 261 [B]: bloße Terminankündigungen; BGH NJW **03**, 2761; **04**, 865, 867: Anordnung der Unterbrechung der Hauptverhandlung; BGH NStZ-RR **14**, 381 mit abl Anm Foth: Verlesung einer Aussagegenehmigung). Darüber Ausführungen in der Revisionsbegründung zu verlangen, geht aber zu weit (vgl BGH 2 StR 543/17 vom 9.5.2018 sowie NStZ-RR **18**, 324 für einen Verstoß gegen § 174 I GVG; **aM** bei einem Teilfreispruch BGH StV **08**, 123 mit abl Anm Ventzke).

51 **8) Fehlende oder verspätete Urteilsbegründung (Nr 7):**

52 A. **Fehlende Gründe** zwingen idR schon zur Urteilsaufhebung auf die Sachrüge (KG StraFo **16**, 156; Bay VRS **61**, 130; Celle NJW **59**, 1648; Hamm NStZ **11**, 238; Kleinknecht JZ **69**, 470). Nr 7 hat daher insoweit nur für Prozessurteile nach §§ 329 I, 412 Bedeutung. Die Vorschrift setzt das völlige Fehlen der Urteilsgründe voraus, etwa weil der Richter vor Urteilsabsetzung verstorben (Celle NJW **59**, 1648) oder dienstunfähig erkrankt (KG aaO) oder aus dem Richterdienst ausgeschieden ist (BGH NStZ **93**, 30 [K]; Bay **67**, 51; Zweibrücken NStZ-RR **97**, 10)) oder weil der Richter sich nicht darüber einigen können, was das Ergebnis der Beratung war (BGH MDR **54**, 337 [D]). Liegen bei tatmehrheitlicher Verurteilung Gründe nur wegen einer der Taten vor, so beschränkt sich die Urteilsaufhebung auf die übrigen (KK-Gericke 94). Zur fehlenden oder unzureichenden Unterschrift vgl 29 zu § 275).

53 Unvollständige oder sonst **mangelhafte Entscheidungsgründe** fallen nicht unter Nr 7 (BGH MDR **71**, 548 [D]; Bay DAR **82**, 263 [R]; **85**, 246 [R]). Die Vorschrift hindert auch nicht, die Urschrift des Urteils außerhalb der Akten und dort nur eine beglaubigte Abschrift aufzubewahren (Celle MDR **70**, 608; Koblenz OLGSt § 258 S 5; vgl auch Stuttgart JR **77**, 126 mit Anm Lintz). Sie ist sinngemäß anwendbar, wenn die Urteilsurkunde nicht zu den Akten gelangt (RG **40**, 184; **65**, 373) oder mit den Akten abhanden gekommen ist und nicht wiederhergestellt werden kann (RG **54**, 101), nicht aber, wenn eine beglaubigte Abschrift zur Verfügung steht (Lintz JR **77**, 128). Eine Wiederherstellung, bei der sich das neue Urteil wesentlich von dem früheren unterscheidet, genügt nicht (BGH MDR **83**, 450 [H]).

54 B. **Unzulässige Fristüberschreitung:** Die verspätete Urteilsabsetzung kann die Richtigkeit und Vollständigkeit der Gründe beeinflussen, obwohl das vielfach nicht nachweisbar ist. Daher besteht, auch auf Revision der StA (BGH NStZ **85**, 184), ein zwingender Aufhebungsgrund ohne Rücksicht darauf, ob das Urteil solche Mängel aufweist (BGH NStZ-RR **03**, 6 [B]; Rieß NJW **75**, 88; NStZ **82**, 441) und ob die Frist nur ganz geringfügig überschritten wurde (BGH StV **98**,

477; StraFo **05**, 76). Das Fehlen des Rubrums oder Tenors ist nur ein Revisionsgrund nach § 337 (Köln NJW **80**, 1405; VRS **64**, 282).

Nicht rechtzeitig zu den Akten gebracht ist das Urteil, wenn sich der 55 Nachweis der Wahrung der Frist des § 275 I S 2 weder durch den Eingangsvermerk der Geschäftsstelle noch auf andere Weise (18 zu § 275) mit hinreichender Gewissheit erbringen lässt (vgl 7 zu § 275 aE) und eine Fristüberschreitung nach § 275 I S 4 (dort 12 ff) nicht zulässig war. Ob die Voraussetzung dieser Vorschrift vorliegen, beurteilt allein das Revisionsgericht (vgl BGH **26**, 247; Celle NdsRpfl **77**, 64; Karlsruhe Justiz **76**, 442); es kann dazu im Freibeweis (7, 9 zu § 244) Ermittlungen führen (vgl Hamm MDR **77**, 1039). Geht das Urteil nach Fristablauf verloren, so liegt Nr 7 vor, wenn es nicht mehr originalgetreu rekonstruiert werden kann (BGH NJW **80**, 1007).

Nachträgliche Ergänzungen des Urteils sind unzulässig (§ 275 I S 3) und 56 werden vom Revisionsgericht nicht zur Kenntnis genommen. Auch eine Nachholung der richterlichen Unterschriften hindert die Aufhebung nicht (6 zu § 275); das Fehlen einer Unterschrift wird aber nur auf eine entspr Verfahrensbeschwerde, nicht auf Sachrüge beachtet (BGH **46**, 204), es sei denn, das Urteil enthalte gar keine Unterschrift (Hamm NStZ-RR **09**, 24; Schleswig SchlHA **02**, 172 [D/D]). Ist das Urteil nur mit den Gründen zum Schuldspruch fertiggestellt, so gilt Nr 7, falls der Rechtfertigungsgrund für die Fristüberschreitung nicht anerkannt wird, nicht nur für den Rechtsfolgenausspruch, dessen Begründung nachgeliefert wird, sondern für das ganze Urteil (Rieß NStZ **82**, 446).

Zum **notwendigen Revisionsvorbringen** gehören der Tag der Urteilsverkün- 57 dung, die Zahl der Hauptverhandlungstage und das Datum des auf dem Urteil angebrachten Eingangsstempels (vgl BGH StV **19**, 820), nicht aber die Angabe der Dauer der 3 Tage nicht überschreitenden Hauptverhandlung (BGH **29**, 43, 44) oder wann das Urteil auf den Weg zur Geschäftsstelle gebracht wurde, da diese Information der Beschwerdeführer nicht ohne weiteres zugänglich ist (BGH aaO; vgl auch StV **99**, 198; strenger BGH **29**, 203 mit abl Anm Peters JR **80**, 520: Angabe erforderlich, wann das Urteil „zu den Akten gebracht" wurde). Die Feststellung der Verhinderung (§ 275 II S 2) wird vom Revisionsgericht nicht nachgeprüft, wenn der angegebene Verhinderungsgrund allgemein geeignet ist, den Richter von der Unterschrift abzuhalten (BGH **31**, 212, 214; EzSt § 275 Nr 2; vgl auch BGH NJW **61**, 782; zw Zweibrücken StV **90**, 14); anders ist es, wenn substantiiert geltend gemacht wird, der Verhinderungsvermerk beruhe auf willkürlichen, sachfremden Erwägungen (BGH **31**, 212) oder beanstandet wird, es sei zu Unrecht der Verhinderung aus rechtlichen Gründen angenommen worden (BGH NStZ **93**, 96). Fehlt die Feststellung, so prüft das Revisionsgericht auf entspr Verfahrensrüge im Freibeweis (7, 9 zu § 244), ob der Richter tatsächlich verhindert war (BGH **28**, 194; **29**, 43, 47; KG StV **86**, 144; Hamm NJW **88**, 1991; Bay **82**, 133 und Bay VRS **61**, 130 lassen zu Unrecht die Sachrüge genügen). Die begründete Verfahrensrüge schließt eine weitergehende Prüfung des Urteils auf die gleichfalls erhobene Sachrüge hin aus (Celle NdsRpfl **93**, 133).

9) Unzulässige Beschränkung der Verteidigung (Nr 8): Die Vorschrift ent- 58 hält keinen unbedingten Revisionsgrund (BGH **30**, 131, 135; NStZ **82**, 158; VRS **35**, 132; LR-Franke 125; **aM** Gillmeister NStZ **97**, 44; Kuckein StraFo **00**, 399; Mehle Dahs-FS 392; Velten Grünwald-FS 767). Sie betrifft nur die Verteidigung des Angeklagten, nicht die Interessenwahrung der Verfahrensbeteiligten, die nach § 433 I S 1 die einem Angeklagten zustehenden Befugnisse haben. Auf Privat- und Nebenkläger ist sie ebenfalls nicht anwendbar (RG JW **31**, 2821).

Unzulässig ist die Verteidigungsbeschränkung nach hM nur, wenn sie eine be- 59 sondere Verfahrensvorschrift verletzt (BGH **21**, 334, 360; **30**, 131, 137; NStZ **81**, 361; Hamm GA **77**, 310; Koblenz wistra **83**, 42; Stuttgart NJW **79**, 559), wobei zwischen dem Verfahrensfehler und dem Urteil eine konkret-kausale Beziehung bestehen muss (BGH **30**, 131, 135; **44**, 82, 90; NStZ **00**, 212; NStZ **10**, 530: unterlassene Aktenbeiziehung; **aM** Berz Meyer-Goßner-FS 611; Weiler NStZ **99**,

§ 339

106). Sie kommt jedoch auch dann in Betracht, wenn das Gericht gegen den Grundsatz des fairen Verfahrens (Einl 19) verstößt (Hamm NZV 16, 291; Kuckein StraFo 00, 400; Meyer-Goßner NStZ 82, 362; vgl auch Roxin/Schünemann § 55, 42) oder seine Fürsorgepflicht (Einl 155) nicht beachtet hat (Schlüchter 741); vgl im Einzelnen BGH 29, 149: Ablehnung von Beweisanträgen ohne inhaltliche Prüfung; BGH JR 80, 218: Nichtbescheidung eines Antrags; Bamberg NStZ 16, 375: Weigerung, Anträge des Verteidigers entgegenzunehmen; BGH NJW 64, 1485: Weigerung, Pressevertreter auszuschließen; Köln NJW 61, 1127; 80, 302: Weigerung, dem Verteidiger einen angemessenen Sitzplatz zuzuweisen; Celle StV 89, 8: Verhandeln entgegen Zusicherung in Abwesenheit des Verteidigers (vgl aber BGH NStZ 12, 462: nicht ein Verhandeln ohne den Wahlverteidiger bei ordnungsgemäßer Verteidigung durch den Pflichtverteidiger); Hamm NStZ 96, 454: Überraschung durch ein abweichendes mündliches Sachverständigengutachten in der Berufungshauptverhandlung; BGH NStZ 04, 637: Erhebliche Einschränkung der Verteidigungsmöglichkeiten des neu gewählten Verteidigers ohne sachlichen Grund; BGH NJW 17, 3797: Unzureichende Dolmetscherleistungen (§ 185 I 1 GVG; siehe dort 10). Entscheidungen des Gerichts zur Sitzordnung (4 zu § 176 GVG) können nur mit Erfolg gerügt werden, wenn sie auf sachfremden Erwägungen beruhen oder grundlegend die Rechtspositionen der Verfahrensbeteiligten verkennen und hierdurch tatsächlich die Mitwirkungsmöglichkeiten des Angeklagten oder seines Verteidigers entscheidungserheblich eingeschränkt wurden (BGH NStZ-RR 18, 357 mit Anm Mosbacher JuS 19, 129, 132). Vgl auch 43 zu § 147. Auf die Vorschrift selbst, die wie der gesamte § 338 nur die Kausalitätsfrage betrifft (oben 1), lässt sich der Verfahrensverstoß nicht stützen (SK-Frisch 157; Weiler NStZ 99, 109; **aM** ANM 867; Baldus Heusinger-EG 373; vgl auch LR-Franke 127). Die Beschränkung muss „in einem für die Entscheidung wesentlichen Punkt" liegen; dies hat die Revisionsbegründung darzulegen (BGH StV 00, 248 **49**, 317). Ebenso muss die Revision vortragen, welche konkreten Verteidigungsaktivitäten ihr durch die Entscheidung verwehrt geblieben sind (BGH 4 StR 452/17 vom 10.10.2017).

60 Ferner muss die Beschränkung in einem in der Hauptverhandlung ergangenen **Gerichtsbeschluss** enthalten sein; auch das muss die Revisionsbegründung angeben (BGH NStZ 93, 31 [K]; NJW 96, 2383). Ein Beschluss vor oder außerhalb der Hauptverhandlung genügt nicht (BGH 21, 334, 359; KK-Gericke 102), ebenso wenig eine Anordnung des Vorsitzenden (BGH NStZ 09, 51; Stuttgart StV 88, 145; LR-Franke 129), ohne dass eine Entscheidung nach § 238 II herbeigeführt wurde (BGH 1 StR 320/17 vom 7.12.2018). Das Unterlassen des Gerichts, nicht des Vorsitzenden allein (RG 61, 376, 378), einen Antrag zu bescheiden, steht dem gleich (BGH VRS 35, 132; Bremen NJW 81, 2827; Düsseldorf StV 83, 269; Saarbrücken NJW 75, 1615).

Rechtsnormen zugunsten des Angeklagten

339 Die Verletzung von Rechtsnormen, die lediglich zugunsten des Angeklagten gegeben sind, kann von der Staatsanwaltschaft nicht zu dem Zweck geltend gemacht werden, um eine Aufhebung des Urteils zum Nachteil des Angeklagten herbeizuführen.

1 1) Eine **Einschränkung des § 337** enthält die Vorschrift. Die StA kann eine Revision zuungunsten des Angeklagten nicht auf die Rüge stützen, es seien zu dessen Nachteil Rechtsnormen verletzt, die nur zu seinen Gunsten gegeben sind. IdR wird das Urteil darauf ohnehin nicht zuungunsten des Angeklagten beruhen. Die Prüfung der Beruhensfrage wird dem Revisionsgericht aber durch § 339 erspart. Die Vorschrift hat keine Bedeutung für Revisionen der StA zuungunsten des Angeklagten, mit der die fehlerhafte Anwendung von Rechtsnormen zu dessen Vorteil gerügt wird (BGH LM § 339 Nr 1), und für Revisionen der StA zugunsten des Angeklagten (krit zur gesetzlichen Regelung AK-Maiwald 3).

Für **Privat- und Nebenkläger** gilt sie entspr (BGH MDR **68**, 18 [D]; RG **59**, 100; Stuttgart NJW **67**, 1627; Krekeler NStZ **84**, 183; **aM** Momsen, Verfahrensfehler und Rügeberechtigung im Strafprozess, 1997 [zugl Diss Göttingen 1996], S 428).

2) Rechtsnormen iS des § 339 sind nur Verfahrensvorschriften (LR-Franke 2 mwN; Peters 650). In Betracht kommen vor allem Bestimmungen über Verfahrensbefugnisse des Angeklagten (vgl hierzu im einzelnen Momsen [oben 2] S 153 ff; Graalmann-Scheerer Schlothauer-FS 485, 491).

Nur zugunsten des Angeklagten sind zB gegeben §§ 140, 145 (KK-Gericke 2), § 217 (R. Hamm 53), § 244 III S 3 Nr 6 über das Verbot der Wahrunterstellung zuungunsten des Angeklagten (BGH DAR **94**, 189 [N]; Stuttgart NJW **67**, 1627; vgl aber BGH NStZ **84**, 564: Rüge, dass Wahrunterstellung den Sinngehalt der Beweisbehauptung nicht erschöpft, ist zulässig), § 247 S 4 (Amelunxen [R] 54), § 257 (RG **59**, 100), § 258 II, III (Schlüchter 723.1), § 265 (BGH MDR **68**, 18 [D]; Schleswig SchlHA **74**, 183 [E/J]), § 266 sowie die Vorschriften, die, wie §§ 136 I S 2, 228 III, 243 V S 1, Belehrungen und Hinweise bestimmen (KK-Gericke 2).

Nicht nur zugunsten des Angeklagten wirken Vorschriften, auf deren Einhaltung er nicht verzichten kann, weil sie zugleich dem öffentlichen Interesse, insbesondere der Wahrheitsfindung, dienen, zB §§ 22, 23 (RG **59**, 267), § 136a (LR-Gleß 71 zu § 136a), §§ 230 I, 231 I (BGH **37**, 249, 250), § 246a (BGHR Sachverständiger 1), § 264 (R. Hamm 52), § 275 (BGH NStZ **85**, 184), § 169 GVG (Köln OLGSt § 169 GVG S 15) und die Vorschriften über die Gerichtsbesetzung.

3) Über seinen Wortlaut hinaus ist § 339 der allgemeine Grundsatz zu entnehmen, dass ein Rechtsmittel nicht auf die Verletzung von Verfahrensvorschriften zuungunsten des Prozessgegners gestützt werden kann, wenn deren rechtsfehlerfreie Anwendung ihm nur einen Vorteil hätte bringen können (BGH NStZ **95**, 610; KK-Gericke 1; LR-Franke 6; R. Hamm 51; **abl** Dencker StV **95**, 235). Das gilt auch für Rechtsmittel der StA zuungunsten des Angeklagten (Bay **51**, 136; Bremen NJW **47/48**, 312; SK-Frisch 12).

Revision gegen Berufungsurteile bei Vertretung des Angeklagten

340 Ist nach § 329 Absatz 2 verfahren worden, kann der Angeklagte die Revision gegen das auf seine Berufung hin ergangene Urteil nicht darauf stützen, dass seine Anwesenheit in der Berufungshauptverhandlung erforderlich gewesen wäre.

Wer in einer auf seine Berufung hin anberaumten Hauptverhandlung oder in einem Hauptverhandlungstermin nicht erscheint und sich wirksam durch einen Verteidiger vertreten lässt, kann bei einer Revision gegen das Berufungsurteil nicht rügen, dass besondere Gründe seine Anwesenheit in der Berufungsverhandlung erfordert hätten; denn darin läge ein widersprüchliches Verhalten. Insbesondere ist damit eine Berufung auf § 338 Nr 5 ausgeschlossen (krit Pollähne Weßlau-GS 243).

Form und Frist

341 I Die Revision muß bei dem Gericht, dessen Urteil angefochten wird, binnen einer Woche nach Verkündung des Urteils zu Protokoll der Geschäftsstelle oder schriftlich eingelegt werden.

II Hat die Verkündung des Urteils nicht in Anwesenheit des Angeklagten stattgefunden, so beginnt für diesen die Frist mit der Zustellung, sofern nicht in den Fällen der §§ 234, 329 Absatz 2, § 387 Absatz 1, § 411 Absatz 2 und

§ 341

§ 434 Absatz 1 Satz 1 die Verkündung in Anwesenheit des Verteidigers mit nachgewiesener Vertretungsvollmacht stattgefunden hat.

1   **1) Revisionseinlegung** ist jede Erklärung, die den Anfechtungswillen des Beschwerdeführers erkennen lässt (Düsseldorf VRS **72**, 290; Hamburg NJW **65**, 1147; erg 1 zu § 314), insbesondere nicht als bloße Unmutsäußerung aufzufassen ist (Blaese/Wielop 89). Dass das Wort Revision nicht benutzt oder das Rechtsmittel falsch bezeichnet ist, spielt keine Rolle (vgl § 300). Keine Revisionseinlegung enthalten aber die Bitte um Urteilsübersendung, der Wiedereinsetzungsantrag nach § 329 VII (Bay DAR **79**, 240 [R]) und die Erklärung, das Urteil werde nicht angenommen (RG Recht **21** Nr 2086).

2   **Die Rechtsmittel mehrerer Verfahrensbeteiligter** sind selbstständige Revisionen, auch wenn sie dasselbe Ziel verfolgen; die Person des Rechtsmittelführers ist daher eindeutig zu bezeichnen (BGH 4 StR 384/14 vom 6.11.2014). Eine Ausnahme gilt für Revisionen des Angeklagten und des Verteidigers; bei ihnen handelt es sich um ein einziges Rechtsmittel (KK–Gericke 5; SK–Frisch 8).

3   Die **Vertretung** durch einen Bevollmächtigten ist sowohl bei der Erklärung als auch im Willen zulässig (RG **66**, 211), auch durch eine juristische Person (Hamm NJW **52**, 1150; R. Hamm 121; **aM** Stuttgart Justiz **77**, 245). Die Vollmacht muss bei der Erklärung vorhanden sein (Einl 134), kann aber später nachgewiesen werden (Düsseldorf StV **14**, 208 L).

4   Unzulässig ist die **vorsorgliche Revisionseinlegung** vor Erlass des angefochtenen Urteils; ist das Urteil aber erlassen, so ist die Revision auch zulässig, wenn der Beschwerdeführer davon nichts weiß (4 zu § 296).

5   Auch an **Bedingungen** darf die Revision nicht geknüpft werden (Einl 118; 5 vor § 296).

6   **2) Adressat der Anfechtungserklärung (I)** ist das Gericht, dessen Urteil angefochten wird, nicht das Revisionsgericht. Eine Ausnahme gilt im Fall des 45 I S 2 (dort 4). Die Revision gegen Urteile einer auswärtigen StrK kann bei dieser oder bei dem Stammgericht eingelegt werden (BGH NJW **67**, 107; Hamm GA **81**, 90). Entsprechendes gilt für die auf Grund der VO vom 20.3.1935 (RGBl I 403; BGBl III 300-5) gebildeten Zweigstellen (Bay **75**, 9; VRS **53**, 433; Zweibrücken VRS **68**, 54) und für auswärtige Gerichtstage (Schleswig SchlHA **53**, 70.

7   **3) Form:** Die Revision muss in deutscher Sprache (2 zu § 184 GVG) schriftlich (Einl 128), auch durch Fernschreiber (Einl 139), durch Telefax (Einl 139a), ggf auch durch elektronische Post nach § 41a (vgl dort) oder zu Protokoll der Geschäftsstelle des Gerichts, dessen Urteil angefochten werden soll (KG StV **15**, 483 L; erg Einl 131 ff) eingelegt werden. Die telefonische Einlegung ist wirkungslos (Einl 140). Für inhaftierte Angeklagte gilt § 299. Zuständig zur Aufnahme des Protokolls ist nur der Rechtspfleger (§ 24 I Nr 1 Buchst b **RPflG**); die von einem unzuständigen Beamten aufgenommene Revisionserklärung kann aber als schriftliche Revisionseinlegung wirksam sein, wenn der Beschwerdeführer das Protokoll unterschrieben hat (Einl 133). Revisionseinlegungen zu Protokoll im Anschluss an die Hauptverhandlung sind zulässig, sollten aber nicht entgegengenommen werden (Einl 137). Revisionsschriften mit Beleidigungen des Gerichts oder der Prozessbeteiligten als unzulässig zu verwerfen (so Karlsruhe NJW **74**, 915), erscheint nicht haltbar (vgl 12a vor § 33).

8   **4) Frist:** Die Wochenfrist **(I)**, die nicht verlängert werden kann (5 vor § 42), beginnt mit der Urteilsverkündung (§ 268 II S 1) und wird nach § 43 berechnet (dazu Blaese/Wielop 82 ff). Das Fehlen der Rechtsmittelbelehrung nach § 35a ist auf den Fristablauf ohne Einfluss (dort 12).

9   **In Abwesenheit des Angeklagten (II)** ist das Urteil verkündet, wenn er bei der Verkündung auch nur zeitweise abwesend war, sich etwa vor dem Ende der Urteilsbegründung eigenmächtig entfernt hatte (BGH **15**, 263, 265; NStZ **00**, 498 mwN; Stuttgart NStZ **86**, 520; LR–Gössel 37 zu § 314; erg 7 zu § 314) oder in-

folge Trunkenheit verhandlungsunfähig war (Bay **98**, 87). In den in II Halbs 2 genannten Fällen genügt aber die Anwesenheit des Verteidigers bei der Verkündung, so dass die Rechtsmittelfrist auch dann bereits ab Verkündung des Urteils läuft (vgl 7 zu § 314; KK-Gericke 19a).

Für die StA **gilt II entspr** (Neustadt NJW **63**, 1074; SK-Frisch 25; **aM** KK- 10 Gericke 20), für den Privatkläger nur, wenn ihm der Verkündungstermin nicht bekanntgemacht wurde (KMR-Momsen 79; LR-Franke 24; **aM** Blaese/Wielop 61: II gilt entspr, wenn weder der Privatkläger noch sein Vertreter anwesend ist). Für den gesetzlichen Vertreter gilt § 298 I, für den Nebenkläger § 401 II S 1, für den Einziehungsbeteiligten § 436 IV S 1.

Die Frist des II wird **in Lauf gesetzt** mit der Zustellung des vollständigen – bei 11 einem der deutschen Sprache nicht mächtigen Ausländers: übersetzten (München 4 StRR 120/13 vom 18.11.2013 – Urteils mit Gründen (1 zu § 37); die Zustellung der Urteilsformel allein genügt nicht (8 zu § 314; anders aber im Bußgeldverfahren: BGH **43**, 22; **49**, 230; Bay **96**, 61). Anwendbar sind §§ 37 II, 145a. Die Revision kann auch eingelegt werden, wenn das Urteil noch nicht zugestellt ist (BGH **25**, 187, 189).

Die Frist ist nur gewahrt, wenn die Revisionseinlegungsschrift rechtzeitig **bei** 12 **Gericht eingeht.** Ist die Revision bei dem richtigen Gericht eingegangen, schadet es nichts, wenn ein unrichtiges Aktenzeichen angegeben, das angefochtene Urteil aber eindeutig bezeichnet ist (BGH 3 StR 415/08 vom 2.10.2008). Erg 11 ff vor § 42. Zur Rechtslage bei Zweifeln an der Fristeinhaltung vgl 35 zu § 261. Zur Wiedereinsetzung nach Entscheidung des EGMR 12b zu § 44.

Revision und Wiedereinsetzungsantrag

342 I Der Beginn der Frist zur Einlegung der Revision wird dadurch nicht ausgeschlossen, daß gegen ein auf Ausbleiben des Angeklagten ergangenes Urteil eine Wiedereinsetzung in den vorigen Stand nachgesucht werden kann.

II 1 Stellt der Angeklagte einen Antrag auf Wiedereinsetzung in den vorigen Stand, so wird die Revision dadurch gewahrt, daß sie sofort für den Fall der Verwerfung jenes Antrags rechtzeitig eingelegt und begründet wird. 2 Die weitere Verfügung in bezug auf die Revision bleibt dann bis zur Erledigung des Antrags auf Wiedereinsetzung in den vorigen Stand ausgesetzt.

III Die Einlegung der Revision ohne Verbindung mit dem Antrag auf Wiedereinsetzung in den vorigen Stand gilt als Verzicht auf die letztere.

1) Zusammentreffen von Wiedereinsetzung und Revision: Vgl auch 1 § 315. Beantragt der Angeklagte gegen die Versäumung der Hauptverhandlung die Wiedereinsetzung nach §§ 235 S 1, 329 III, 412 S 1, so kann er daneben für den Fall der Verwerfung dieses Antrags vorsorglich (Einl 119) Revision einlegen (I; vgl auch 46 zu § 329). Er muss dabei so verfahren, als wäre der Wiedereinsetzungsantrag nicht gestellt (II S 1), darf also die Entscheidung über diesen Antrag nicht abwarten, sondern muss die Revision sofort, dh in der Frist des § 341, einlegen und rechtzeitig (§§ 341 II, 345 I) begründen (Celle NJW **59**, 2177; Hamm NJW **55**, 564; Koblenz OLGSt § 345 Nr 5), falls ihm nicht vorher Wiedereinsetzung gewährt wird.

2) Weiteres Verfahren (II S 2): Die gerichtliche Entscheidung über die Revi- 2 sion (11 zu § 346) muss bis zur Rechtskraft der Entscheidung über den Wiedereinsetzungsantrag aufgeschoben werden (Bay DAR **84**, 246 [R]; Düsseldorf VRS **96**, 27, 28). Durch die Gewährung der Wiedereinsetzung wird das Urteil beseitigt und die Revision gegenstandslos (RG **65**, 231, 233; Bay NJW **72**, 1724; VRS **61**, 137; Oldenburg VRS **68**, 282; Küper NJW **77**, 1276; JZ **78**, 207). Wird die Wiedereinsetzung abgelehnt, so entscheidet das Revisionsgericht ohne Bindung an die Gründe dieses Beschlusses (Düsseldorf NJW **88**, 1681, 1682 mwN).

3 3) Der **Verzicht auf die Wiedereinsetzung (III)** wird unwiderlegbar (Stuttgart NJW **84**, 2900) gesetzlich vermutet, wenn die Revision ohne Verbindung mit dem Wiedereinsetzungsantrag (nicht im umgekehrten Fall) eingelegt wird (Widmaier Rieß-FS 621 hält dies für verfassungswidrig, aber warum sollte der Gesetzgeber verfassungsrechtlich gehindert sein, bei zwei möglichen Rechtsbehelfen einen von ihnen einzuschränken?), auch wenn der Beschwerdeführer sich die Antragstellung ausdrücklich vorbehält (Hamm JMBlNW **77**, 214; KK-Gericke 7). Im selben Schriftsatz muss der Wiedereinsetzungsantrag nicht gestellt werden; er muss aber gleichzeitig mit der Revisionseinlegung bei Gericht eingehen (vgl Stuttgart NJW **84**, 2900: keine Gleichzeitigkeit bei Verspätung von $1^3/_4$ Stunden). Von einer Rechtsbehelfsbelehrung nach §§ 35a, 235 S 2 oder einer Belehrung über die Rechtsfolgen nach III hängt die Vermutung nicht ab (Neustadt NJW **64**, 1868).

4 Die Vermutung gilt **ausnahmslos**, auch wenn die Revision, etwa nach § 55 II **JGG**, unzulässig ist (Stuttgart Justiz **76**, 265), wenn sie schon vor Beginn der Frist des § 341 eingelegt (Düsseldorf VRS **89**, 132 mwN) oder wenn sie zurückgenommen wird (Zweibrücken NJW **65**, 1033; LR-Franke 8), auch wenn sie dann erneut, diesmal zusammen mit einem Wiedereinsetzungsantrag, eingelegt wird (Frankfurt NStZ-RR **11**, 21; Neustadt NJW **64**, 1868). Die Vermutung schließt auch die Wiedereinsetzung von Amts wegen (§ 45 II S 3) aus (KK-Gericke 7; Baukelmann NStZ **84**, 300; **aM** Düsseldorf NJW **80**, 1704; SK-Frisch 9), anders nur im Fall unterbliebener Ladung, vgl 41 zu § 329 (Hamburg StV **01**, 339).

5 Der nachträglich gestellte **Wiedereinsetzungsantrag ist unzulässig.** Eine Wiedereinsetzung gegen seine „Verspätung" ist ausgeschlossen (SK-Frisch 10).

Hemmung der Rechtskraft RiStBV 154

343 I Durch rechtzeitige Einlegung der Revision wird die Rechtskraft des Urteils, soweit es angefochten ist, gehemmt.

II Dem Beschwerdeführer, dem das Urteil mit den Gründen noch nicht zugestellt war, ist es nach Einlegung der Revision zuzustellen.

1 1) **Hemmung der Rechtskraft (I):** Vgl auch 1 zu § 316. Sie tritt auch ein, wenn die Revision aus anderen Gründen als wegen verspäteter Einlegung unzulässig ist (BGH **25**, 259, 260), nicht aber, wenn sie (zB nach § 441 III S 2 oder § 55 II **JGG**) von vornherein unstatthaft ist (Hamm NJW **73**, 1517; KK-Gericke 3; LR-Franke 1; SK-Frisch 4; **aM** Stuttgart MDR **80**, 518 und [für § 79 OWiG] BGH aaO; Bay **72**, 169) oder allseits auf Rechtsmittel verzichtet worden war (Karlsruhe NStZ **97**, 301; erg 7 zu § 449). Bei wirksam beschränkter Revision erstreckt sich die Hemmung der Rechtskraft nur auf die angefochtenen Urteilsteile. Die Hemmung dauert bis zur endgültigen Entscheidung nach §§ 346, 349 I, V oder bis zur Sachentscheidung des Revisionsgerichts. Danach ist das Urteil insgesamt rechtskräftig, auch wenn versehentlich über das Rechtsmittel nicht in vollem Umfang entschieden wurde (Bay **68**, 33).

2 2) **Zugestellt (II)** wird das Urteil an den Beschwerdeführer, falls das nicht bereits nach § 341 II geschehen ist, auch wenn die Revision schon begründet worden ist. Von der Zustellung ist abzusehen, wenn die Revision nicht statthaft (oben 1) oder verspätet eingelegt worden ist, nicht aber, wenn andere Vorschriften über die Einlegung nicht beachtet sind, zB die Vollmacht fehlt (RG **62**, 250). Dem bisher nicht zugelassenen Nebenkläger wird das Urteil nur zugestellt, wenn die Anschlussberechtigung feststeht (RG **69**, 244; Bremen OLGSt § 396 S 41).

3 Die **nachträgliche Zustellung** ist erforderlich, wenn das Revisionsgericht einem Antrag nach § 346 II stattgibt oder dem Beschwerdeführer Wiedereinsetzung gegen die Versäumung der Einlegungsfrist gewährt (SK-Frisch 17). Die – ggf nach § 267 IV S 3 ergänzten – Urteilsgründe werden zugestellt, auch wenn das Urteil schon vorher zugestellt war (Düsseldorf JMBlNW **82**, 139; erg 5 zu § 345).

3) **Verfahren:** Die Anordnung trifft der Vorsitzende; die Geschäftsstelle führt sie 4
aus (§ 36 I). Zuzustellen ist eine Urteilsausfertigung; die Zustellung einer beglaubigten Abschrift ist aber nicht unwirksam (BGH 26, 140, 141; MDR 73, 19 [D]).
Zugestellt wird das Urteil mit den Gründen; bei öffentlicher Zustellung nach § 40
(dort 7) gilt aber § 37 I iVm § 186 II ZPO. Zum Verfahren beim Verlust des Urteils vgl 6 zu § 316.

Revisionsbegründung RiStBV 150, 156

344 [I] Der Beschwerdeführer hat die Erklärung abzugeben, inwieweit er das Urteil anfechte und dessen Aufhebung beantrage (Revisionsanträge), und die Anträge zu begründen.

[II] [1] Aus der Begründung muß hervorgehen, ob das Urteil wegen Verletzung einer Rechtsnorm über das Verfahren oder wegen Verletzung einer anderen Rechtsnorm angefochten wird. [2] Ersterenfalls müssen die den Mangel enthaltenden Tatsachen angegeben werden.

Übersicht

	Rn
1) Revisionsanträge	1–3a
2) Revisionsbeschränkung	4–7c
3) Revisionsbegründung	8–28
A. Allgemeines	9–12
B. Sachrügen	13–19
a) Bezeichnung	14
b) Inhalt	15, 16
c) Begründung	17–19
C. Verfahrensrügen	20–28
a) Ohne Bezugnahmen und Verweisungen	21, 21a
b) Die den Mangel begründenden Tatsachen	22, 23
c) Bestimmte Tatsachen	24
d) Bestimmte Behauptung der Tatsachen	25
e) Widersprüchlicher Tatsachenvortrag	25a
f) Protokollrügen	26, 26a
g) Vortrag zum Beruhen	27
h) Nachschieben von Vortrag	28

1) **Revisionsanträge (I):** Das Urteil wird auf die Revision nur geprüft, soweit 1
es angefochten ist (§ 352 I). Der Umfang der Anfechtung muss daher durch die Revisionsanträge bezeichnet werden, die in der Begründungsschrift, nicht erst in der Revisionsverhandlung, zu stellen sind. Die Anträge müssen den erstrebten Umfang der Urteilsaufhebung (§ 353 I) klarstellen (BGH NStZ-RR 15, 201 [C/Z]); auf die weiteren Entscheidungen nach den §§ 354, 355 brauchen sie sich nicht zu beziehen. Sie sollten deckungsgleich mit den Ausführungen in der Revisionsbegründung sein (BGH NStZ-RR 18, 58 L). Widersprechen sich Revisionsantrag und Revisionsbegründung, ist allerdings, soweit das möglich ist, unter Berücksichtigung von Nr 156 II RiStBV das Angriffsziel durch Auslegung zu ermitteln ((BGH NStZ-RR 18, 86; 1 StR 112/17 vom 20.9.2017).

Eine **Revision der StA**, die nur mit den **allgemeinen Sachrüge** begründet 1a
wird, kann unzulässig sein, wenn sich daraus nicht zweifelsfrei der konkrete Umfang der Anfechtung ergibt; dies kommt etwa bei mehreren Angeklagten oder Taten in Betracht oder wenn ein teilweise freisprechendes, teilweise verurteilendes Erkenntnis sowohl zu Lasten als auch zugunsten des Angeklagten angefochten sein kann (BGH 3 StR 274/17 vom 8.2.2018 mwN).

Das **Fehlen der Anträge** ist unschädlich, wenn das Ziel der Revision aus dem 2
Inhalt der Revisionsschrift (BGH StV **81**, 393; JZ **88**, 367; StraFo **14**, 26; 3 StR 221/18 vom 21.8.2019; Hamm StV **82**, 170; Koblenz VRS **71**, 209) oder aus dem Gang des bisherigen Verfahrens (Karlsruhe Justiz **79**, 68; Koblenz VRS **51**, 96: wenn schon die Berufung auf die Straffrage beschränkt war; vgl auch Zweibrücken

Schmitt

§ 344 Drittes Buch. 4. Abschnitt

VRS **46**, 367) eindeutig hervorgeht. Dies gilt auch für Revisionen der StA (vgl BGH StraFo **18**, 29).

3 In der **Erhebung der uneingeschränkten allgemeinen Sachrüge** durch den Angeklagten ist regelmäßig die Erklärung zu sehen, dass das Urteil insgesamt angefochten wird; eines besonders hervorgehobenen Revisionsantrags bedarf es dann nicht (BGH NJW **13**, 3191). Das ist zweifelsfrei, wenn Gegenstand des Urteils eine einzige Straftat ist (BGH MDR **78**, 282 [H]; NStZ **83**, 359 [Pf/M]; StV **81**, 393). Auch bei Verurteilung wegen mehrerer selbstständiger Handlungen wird aus der Erhebung der allgemeinen Sachrüge aber auf eine umfassende Urteilsanfechtung zu schließen sein (BGH NStZ **90**, 96; NStZ-RR **00**, 38 [K]). Der BGH verfährt hier großzügig (vgl Gribbohm NStZ **83**, 98), während in der Rspr der OLGs gelegentlich Unzulässigkeit der Revision angenommen wird (vgl Bay DAR **85**, 247 [R]; **89**, 370 [B]; Hamm NJW **76**, 68 mit abl Anm Sarstedt; Oldenburg StraFo **06**, 245; Zweibrücken NJW **74**, 659). Auch nach der BGH-Rspr (NJW **03**, 839; NStZ-RR **04**, 228 [B]) führt aber die Erhebung der nicht näher ausgeführten allgemeinen Sachrüge ohne Antragstellung bei einer – strenger zu beurteilenden (vgl 2 zu § 318) – Revision der StA bei mehreren Angeklagten und/oder einer Vielzahl von Straftaten zur Unzulässigkeit des Rechtsmittels (BGH NStZ-RR **10**, 288; wistra **16**, 164; vgl aber BGH JR **12**, 474, 475: zulässig sei nur 2 Taten). Unzulässigkeit ist bei einer Revision auch gegeben, wenn die Revision beschränkt worden, aber unklar ist, auf welche Urteilsfälle (Bay **54**, 84).

3a Unterliegt das Rechtsmittel einer **gesetzlichen Beschränkung,** ist die Revision unzulässig, wenn sich aus der Begründung der Revisionsanträge ein zulässiges Rechtsmittelziel nicht eindeutig entnehmen lässt (s. 6 zu § 400 I; BVerfG NStZ-RR **07**, 385 und BGH StraFo **13**, 428 mit abl Anm Eisenberg zu § 55 JGG).

4 **2) Revisionsbeschränkung:** Wie die Berufung (§ 318) kann auch die Revision bei der Einlegung oder bei der Begründung beschränkt werden. Eine nachträgliche Erweiterung der beschränkt eingelegten Revision ist nur in der Frist des § 341 I, nicht mehr in der Frist des § 345 I möglich (BGH **38**, 366 mwN; 4 StR 525/18 vom 14.3.2019; aM LR-Franke 7; erg 31 zu § 302).

5 Der **Verteidiger** braucht keine besondere Vollmacht für die beschränkte Einlegung, wohl aber nach § 302 II für die Teilrücknahme (29 zu § 302). Hat der Angeklagte die Revision beschränkt eingelegt, so ist die weitergehende Revision des Verteidigers unbeachtlich (§ 297). Umgekehrt kann der Angeklagte in der Frist des § 341 unbeschränkt Revision einlegen, auch wenn der Verteidiger sie bereits beschränkt hatte (vgl auch Blaese/Wielop 167 mwN). Von den Revisionen mehrerer Verteidiger ist diejenige maßgebend, die am weitesten geht.

6 Auch **ohne ausdrückliche Erklärung** kann sich die Beschränkung aus der Begründungsschrift ergeben (Stuttgart Justiz **80**, 154), zB wenn die Sachrüge nur Ausführungen zum Rechtsfolgenausspruch enthält (BGH NJW **56**, 757; BGHR Beschränkung 13; Schleswig VRS **54**, 34) oder sich die StA-Revision nur mit einem Teilfreispruch befasst (BGH NStZ **11**, 108). Fehlt bei tatmehrheitlicher Verurteilung die Revisionsbegründung für einzelne Urteilsteile, so liegt darin aber keine Beschränkung, die Revision ist insoweit als unzulässig zu verwerfen (BGH LM Nr 1 zu § 302; Karlsruhe Justiz **74**, 308). Steht die Begründung im Widerspruch zu der ausdrücklich erklärten Beschränkung, so kann sie dahin ausgelegt werden, dass die Revisionsbeschränkung nicht gewollt ist (vgl BGH NJW **14**, 871 mwN; Bay VRS **64**, 371; Koblenz VRS **64**, 213). Andererseits kann die Begründung ergeben, dass im Gegensatz zu dem unbeschränkten Antrag eine Revisionsbeschränkung gewollt ist (BGH NStZ-RR **03**, 6 [B]; Koblenz VRS **51**, 122; Köln VRS **73**, 297; Schleswig VRS **54**, 33, 34). Das gilt gerade auch für Revisionen der StA (BGH 2 StR 47/17 vom 26.4.2017; NStZ **98**, 210; NStZ-RR **15**, 88), die aber ohnehin um eine widerspruchsfreie Revisionsbegründung bemüht sein sollte (BGH 1 StR 383/08 vom 4.9.2008). Wird ein gegen mehrere Angeklagte ergangenes Urteil uneingeschränkt angefochten, so liegt idR keine Beschränkung darin, dass sich die Begründung nur mit einem von ihnen befasst (BGH 1 StR 153/11 vom 23.8.2011).

Wegen des **zulässigen Umfangs der Beschränkung** gelten dieselben Grundsätze wie bei der Berufung (Koblenz VRS **75**, 34, 35); vgl daher 1 ff zu § 318. Die Beschränkung ist auch möglich, wenn Rügen nach § 338 Nrn 1–7 erhoben werden, die das ganze Urteil zu Fall bringen können (BGH NJW **95**, 1910). Die Revision kann jedoch nicht auf den Rechtsfolgenausspruch beschränkt werden, wenn das LG unzutr von der Beschränkung der Berufung auf diesen ausgegangen ist (Bay **94**, 253; offen gelassen von Hamburg VRS **123**, 88). 7

Auf die erfolgte oder fehlende Feststellung der **besonderen Schwere der Schuld** iSd § 57a I S 1 Nr 2 StGB (vgl 33 zu § 260; 20a zu § 267; 35a zu § 337) kann die Revision idR beschränkt werden; denn, obwohl sich die Feststellungen zu Schuld, Strafe und Schuldschwere berühren (Meurer JR **92**, 447), lässt die Bejahung oder Verneinung der besonderen Schuldschwere den Schuldspruch nach § 211 StGB und die Verhängung der lebenslangen Freiheitsstrafe unberührt (BGH **39**, 208; SK-Frisch 28; Meurer JR **93**, 252). Die Beschränkung ist auch zulässig, wenn auf Grund der getroffenen Feststellungen die Bejahung eines weiteren Mordmerkmals in Betracht kommt (BGH **41**, 57). Eine Beschränkung auf das Ausmaß der besonderen Schuldschwere ist aber nicht möglich (zw Stree aaO). 7a

Eine **wirksame Revisionsbeschränkung** führt zur Teilrechtskraft (Einl 184 ff), wenn sie tatmehrheitliche Verurteilungen betrifft. Bei Verurteilung wegen einer einzigen Tat tritt eine innerprozessuale Bindung an die Feststellungen zu den nicht angefochtenen Urteilsteilen ein (vgl 20 zu § 353). 7b

Eine **unwirksame Revisionsbeschränkung** ist unbeachtlich (hM, vgl SK-Frisch 32; **aM** Wolf JR **92**, 430); das Urteil wird in vollem Umfang geprüft (32 zu § 318). Es kann unter dem Gesichtspunkt der Fairness des Verfahrens (Einl 19) geboten sein, den Beschwerdeführer auf die Unwirksamkeit der Beschränkung hinzuweisen, um ihm Gelegenheit zu geben, sein Rechtsmittel zurückzunehmen (BVerfG 2 BvR 1082/08 vom 6.12.2008: unwirksame Beschränkung auf den Vorwegvollzug der Unterbringung). 7c

3) Revisionsbegründung (II): 8

A. **Allgemeines:** Die **Sachrüge oder Verfahrensrügen** kann der Beschwerdeführer erheben. Prozesshindernisse (Einl 143) werden, soweit es sich um Befassungsverbote handelt, von Amts wegen geprüft (**aM** Weiler Meyer-Goßner-FS 576, der für die Geltendmachung von Verfahrenshindernissen die Erhebung einer Verfahrensrüge verlangt), im Übrigen setzen sie je nach Art des Bestrafungsverbotes eine Sach- oder eine Verfahrensrüge voraus (Einl 150; 6 zu § 337). Zur „Abfassung der Revisionsbegründung" Nack Müller-FS 519. 9

Ein **Irrtum** des Beschwerdeführers in der Bezeichnung der Rüge ist unerheblich (BGH **19**, 273, 275; DAR **77**, 179 [Sp]; Celle NJW **87**, 78), ebenso die unterbliebene Bezeichnung als Sach- oder Verfahrensrüge (Hamm Rpfleger **98**, 367). Maßgebend ist die wirkliche rechtliche Bedeutung des Revisionsangriffs, wie ihr Sinn und Zweck des Revisionsvorbringens entnommen werden kann (BGH NJW **07**, 92, 95/96; NStZ-RR **09**, 36 [C]; Hamm VRS **42**, 140, 141; Karlsruhe Justiz **97**, 482; Koblenz NJW **75**, 322). Die Bezeichnung der angeblich verletzten Vorschriften ist nicht erforderlich (BGH JR **56**, 228; KG VRS **26**, 287, 288); daher ist nach § 352 II ihre unrichtige Bezeichnung unschädlich (BGH **1**, 29, 31; **15**, 161, 163; **19**, 94; 273, 276; **20**, 95, 98). 10

Die Revisionsbegründung ist **auslegungsfähig** (BGH **25**, 272, 275; JR **56**, 228), auch zum Nachteil des Beschwerdeführers (unten 19), aber nur auf Grund ihres eigenen Inhalts, nicht auf Grund der Revisionsbegründung anderer Beschwerdeführer (BGH 5 StR 276/59 vom 22.9.1959), auch nicht auf Grund einer vom Angeklagten selbst verfassten Anlage zur Revisionsbegründung (Bay NStZ-RR **96**, 312). Nicht auf den Wortlaut, sondern auf den Sinn der Rüge kommt es an (BGH **19**, 273, 275; 4 StR 512/14 vom 3.12.2014; KG NJW **12**, 1093, 1094 mwN). Dabei ist die Begründung so auszulegen, dass der mit der Revision erstreb- 11

§ 344

te Erfolg eintreten kann (BGH NJW **56**, 756; Hamm VRS **42**, 140, 141; München NJW **10**, 1826; vgl auch Koblenz NJW **75**, 322 für Revisionsbegründungen zu Protokoll der Geschäftsstelle; erg 3 zu § 300). Jedoch muss für die Auslegung eine hinreichende Grundlage bestehen. Die Ankündigung, dass die Revision demnächst begründet werden soll, genügt nicht (BGH NStZ **86**, 209 [Pf/M]), ebenso wenig die Beifügung einer „Skizze" einer beabsichtigten Revisionsbegründung (Stuttgart Justiz **03**, 596). Auch die Tatsache, dass Revision eingelegt ist (Karlsruhe VRS **64**, 46; Stuttgart OLGSt S 33), und der bloße Antrag auf Aufhebung und Zurückverweisung stellen keine auslegungsfähige Revisions„begründung" dar (BGH NJW **91**, 710; NStZ **91**, 597; NStZ-RR **98**, 18; **07**, 292 [B]; 2 StR 652/13 vom 3.4.2014), ebenso wenig die Beschränkung der Revision auf bestimmte Beschwerdepunkte (BGH NStZ **81**, 298 [Pf]; Neustadt GA **57**, 422; **aM** Köln MDR **79**, 957 bei Strafmaßbeschränkung), etwa auf die Einziehungsfrage (BGH NStZ **85**, 205 [Pf/M]), die Rüge der Nichtanwendung des § 153a (Hamm JMBlNW **80**, 104) und nichts sagende Erklärungen, wie die Einlegung der Revision „mit Begründung nach § 337" (Hamburg GA **84**, 375) oder „nach allen Richtungen" (Hamm NJW **64**, 1736), die Bitte um Überprüfung „in rechtlicher Hinsicht" (Hamm OLGSt § 79 OWiG Nr 1) oder die Rüge der Verletzung des Rechts ohne weitere Ausführungen.

12 **Bedingte Revisionsrügen** sind unzulässig (BGH 1 StR 147/06 vom 27.7. 2006). Insbesondere können Rügen nicht nur für den Fall erhoben werden, dass andere Rügen nicht durchgreifen (BGH **17**, 253; Sarstedt H. Mayer-FS 530; R. Hamm 220; **aM** Mayer EbSchmidt-FS 634; erg 11 zu § 352).

13 **B. Sachrüge**

14 a) Die **Bezeichnung** der Rüge als Sachrüge ist nicht unbedingt erforderlich. Das Revisionsvorbringen muss aber eindeutig ergeben, dass die Nachprüfung in sachlich-rechtlicher Hinsicht begehrt wird (BGH NStZ **91**, 597; **93**, 31 [K]; NStZ-RR **00**, 294 [K]; Hamm wistra **00**, 39). Die Sachrüge ist zB zulässig erhoben mit der Rüge der Verletzung des Satzes *in dubio pro reo* oder widersprüchlicher oder unzureichender tatsächlicher Feststellungen (Bamberg NZV **11**, 44 mit Anm Sandherr) oder der Rüge, der Angeklagte sei zu Unrecht bestraft worden (Hamm NJW **64**, 1736). Sie kann auch darin gesehen werden, dass die Tat bestritten (Karlsruhe DAR **58**, 24) oder der Antrag auf Freisprechung vor dem Revisionsgericht gestellt (BGHR § 338 Nr 7 Entscheidungsgründe 2; Hamm NJW **64**, 1736; **72**, 2056; **aM** Krause StV **84**, 485), nicht nur für den Fall einer erneuten Hauptverhandlung vor dem Tatrichter angekündigt wird (Köln JMBlNW **78**, 238). Allein die erklärte Beschränkung der Revision auf das Strafmaß kann aber noch nicht als Erhebung der Sachrüge angesehen werden (BGH NStZ-RR **07**, 132 [B]).

15 b) **Inhalt** der Sachrüge ist in 1. Hinsicht die Rüge, dass das Recht, auch Vorschriften des GG (BGH **19**, 273; Celle NJW **69**, 1075), auf den im Urteil festgestellten Sachverhalt unrichtig angewendet worden ist. Mit den Sachrüge kann aber auch beanstandet werden, dass die Feststellungen keine geeignete Grundlage für die Rechtsanwendung abgegeben, zB weil sie gegen Denkgesetze oder Erfahrungssätze verstoßen, lückenhaft oder widersprüchlich sind oder den Satz *in dubio pro reo* nicht beachten (vgl 27 ff zu § 337).

16 Mit **Bestimmtheit** braucht der Beschwerdeführer die Rechtsverletzung nicht zu behaupten. Es genügt das Verlangen nach Nachprüfung in sachlich-rechtlicher Hinsicht (RG JW **31**, 1760 mit Anm Alsberg; KG JR **76**, 255; LR-Franke 91; **aM** BGH **25**, 272, 275; Hamm OLGSt § 79 OWiG Nr 1; Gribbohm NStZ **83**, 98).

17 c) Eine **Begründung** der Sachrüge ist nicht vorgeschrieben.
18 Der Beschwerdeführer kann sich daher auf die unausgeführte **allgemeine Sachrüge** beschränken. Sie besteht aus dem Satz: „Es wird Verletzung sachlichen Rechts gerügt" (vgl BGH **25**, 272; für die StA gilt aber RiStBV 156 II), und führt zur Prüfung des Urteils in sachlich-rechtlicher Hinsicht in vollem Umfang, auch wenn daneben nur unzulässige Einzelausführungen (unten 19) gemacht werden (Oldenburg StV **09**, 69; **aM** Hamm StV **09**, 67 mit abl Anm Ventzke).

Einzelausführungen zur Sachrüge dienen nur dem Zweck, zur Prüfung bestimmter Fragen anzuregen (Gribbohm NStZ **83**, 98) und dem Revisionsgericht die Rechtsansicht des Beschwerdeführers mitzuteilen. Sie können bis zur Entscheidung des Revisionsgerichts nachgeschoben werden (erg 10 zu § 345). Erhält die Revision nur Einzelausführungen zu einzelnen Urteilsteilen oder -grundlagen, so ist idR auch die allgemeine Sachrüge erhoben (BGH **1**, 46). Einzelausführungen zur Sachrüge können andererseits die Revision insgesamt unzulässig machen, wenn sie ergeben, dass der Beschwerdeführer in Wahrheit nicht die Rechtsanwendung beanstanden, sondern ausschließlich die Beweiswürdigung und die Richtigkeit der Urteilsfeststellungen angreifen will (BGH **25**, 272, 275; NStE Nr 14; KG VRS **65**, 212, 213; Düsseldorf NStZ **93**, 99; Hamm NStZ-RR **01**, 117; Gribbohm NStZ **83**, 99; a**M** Koblenz MDR **93**, 166; Mommsen GA **98**, 488; einschr auch SK-Frisch 78; vgl auch oben 18). Das ist der Fall, wenn der Beschwerdeführer die Fehlerhaftigkeit des Urteils ausschließlich aus tatsächlichen Behauptungen herleitet, die in dem Urteil keine Stütze haben (BGH NJW **56**, 1767; BGHR § 344 II S 1 Revisionsbegründung 2; Karlsruhe VRS **107**, 376; Schleswig SchlHA **84**, 110 [E/L]), oder wenn er nur eine eigene, gegensätzliche Beweiswürdigung vornimmt (BGH AnwBl **94**, 92). Unschädlich ist dagegen, dass sich einzelne Ausführungen auf Urteilsstellen beziehen, durch die der Beschwerdeführer nicht beschwert ist (BGH NJW **70**, 205). 19

C. **Verfahrensrügen:** Für sie bestehen strengere Formvorschriften **(II S 2)**. Verfassungsrechtliche Bedenken gegen diese gesetzliche Regelung bestehen nicht (BVerfG NJW **85**, 125); die Anforderungen dürfen aber nicht überspannt werden (BVerfG StV **06**, 57). Da das Revisionsgericht nicht von sich aus die Ordnungsmäßigkeit des gesamten Verfahrens prüfen kann, muss der Beschwerdeführer die den Verfahrensmangel begründenden Tatsachen angeben (vgl hierzu im einzelnen die [seit 1999 jährlichen] Übersichten von Miebach, Sander und Cirener in NStZ-RR zur Zulässigkeit von Verfahrensrügen in der Rspr des BGH). Kommen nach den vorgetragenen Tatsachen **mehrere Verfahrensmängel in Betracht**, muss innerhalb der Revisionsbegründungsfrist die Angriffsrichtung der Rüge deutlich gemacht und dargetan werden, welcher von ihnen geltend gemacht werden soll (BGH NStZ **98**, 636; **99**, 94; **12**, 346; 1 StR 159/17 vom 15.5.2018; 3 StR 390/17 vom 3.5.2018; 4 StR 473/13 vom 4.9.2014; 2 StR 389/13 vom 22.7.2015; München NStZ **06**, 353; a**M** Norouzi NStZ **13**, 203); eine erhobene Rüge kann nicht in eine wesensverschiedene Rüge **umgedeutet** werden (BGH 1 StR 213/10 vom 11.10.2012). Das Revisionsgericht ist nicht gehindert, bei Prüfung einer bestimmten Verfahrensrüge den ihm auf Grund einer von Amts wegen vorzunehmenden Prüfung bekannten Akteninhalt (Köln NStZ-RR **97**, 336) oder den Sachvortrag zu einer anderen zulässig erhobenen Verfahrensrüge oder bei zugleich erhobener Sachrüge den Urteilsinhalt, insbesondere dort mitgeteilten Verfahrensstoff, ergänzend zu berücksichtigen (BGH NStZ **96**, 145; vgl dazu eingehend Dahs Salger-FS 219 mN aus der Rspr; Wohlers StV **96**, 192). Allerdings ist dem Revisionsgericht eine **Prüfung von Beweisverboten** auf die **allein** erhobene Sachbeschwerde verwehrt, selbst wenn das Urteil Ausführungen zu den Verfahrensvorgängen enthält, da die Beweisverbote in systematischer Hinsicht dem Verfahrensrecht angehören (BGH NStZ **19**, 107 mit Anm Ventzke NStZ **19**, 171; zust Mosbacher JuS **19**, 129, 131; anders aber noch BGH NStZ **18**, 296; erg 40 zu § 261 sowie 23 zu der erg Heranziehung der Urteilsgründe bei erhobener Verfahrensrüge). Das **Verschweigen wesentlicher Umstände** ist rechtsmissbräuchlich (vgl EGMR NJW **07**, 2097) und daher unzulässig (BGH NStZ-RR **08**, 85). Die Unzulässigkeit der Verfahrensrüge führt bei Fehlen der Sachrüge zur Unzulässigkeit der Revision (BGH NJW **95**, 2047; NStZ-RR **00**, 294 [K]; StraFo **08**, 332; erg aber oben 11, 14). 20

a) **Ohne Bezugnahmen und Verweisungen** müssen die Verfahrensrügen begründet werden (vgl Blaese/Wielop 173 ff). Unzulässig ist nicht nur die Bezugnahme auf Anlagen zur Revisionsbegründungsschrift (Hamm NStZ **19**, 109; 14 zu 21

§ 345) oder auf Ausführungen eines anderen Verfahrensbeteiligten (BGH NJW **06**, 1220; NStZ-RR **18**, 153), sondern überhaupt auf die Akten, das Sitzungsprotokoll und andere Schriftstücke (BGH NStZ **85**, 208 [Pf/M]; **87**, 221 [Pf/M]; NJW **06**, 457; **07**, 3010, 3011; Koblenz VRS **48**, 120; Köln StV **81**, 119). Vielmehr müssen die Fundstellen in ihrem Wortlaut oder ihrem wesentlichen Inhalt nach wiedergegeben werden (BGH 1 StR 314/14 vom 4.9.2014; BGHR Beweiswürdigung 3; Hamm Rpfleger **98**, 367); zusätzliche Hinweise auf Aktenstellen sind nicht erforderlich (BGH StraFo **12**, 467 mwN), eine fehlerhafte Bezeichnung der Aktenstelle ist daher auch unschädlich (BGH NStZ-RR **11**, 253). In Bezug genommene Urkunden und Zeugenaussagen müssen grundsätzlich vollständig und nicht nur punktuell mitgeteilt werden (BGH 5 StR 313/15 vom 9.11.2016). Das Revisionsgericht muss **allein auf Grund der Begründungsschrift** prüfen können, ob ein Verfahrensfehler vorliegt, wenn das tatsächliche Vorbringen der Revision zutrifft („Schlüssigkeitsprüfung", vgl BGH NStZ-RR **19**, 157; NJW **82**, 1655; **95**, 2047; StV **96**, 530; NStZ **13**, 672; Bay VRS **77**, 449, dort auch zur Umdeutung unzulässiger Verfahrensrügen; krit zur Auslegung des II S 2 durch die Rspr Kutzer StraFo **00**, 326; Ventzke StV **92**, 338; Weider StraFo **00**, 328). Es behandelt Bezugnahmen daher als nicht geschrieben (BGH MDR **70**, 900 [D]; DAR **77**, 179 [Sp]; Düsseldorf VRS **64**, 223, 224). Eine lediglich auszugsweise Wiedergabe der relevanten Stellen des Protokolls ist nicht ausreichend (BGH 1 StR 250/19 vom 25.7.2019). Auch eine zusammenhanglos in die Revisionsbegründung eingefügte Ablichtung eines Teils der Sitzungsniederschrift und anderer Schriftstücke genügt dem II nicht (BGH 2 StR 42/10 vom 14.4.2010; Hamm NStZ **19**, 109); es ist nicht Aufgabe des Revisionsgerichts, den Revisionsvortrag aus anderen Unterlagen jeweils an passender Stelle zu ergänzen (BGH NStZ **87**, 36; 221 [Pf/M]; **05**, 463; Hamm aaO; Brandenburg wistra **14**, 287; Düsseldorf VRS **85**, 116). Die Einfügung der Ablichtung eines handgeschriebenen Textes in die Begründungsschrift ist unbeachtlich, wenn er in weiten Teilen unlesbar ist (BGH **33**, 44; Düsseldorf VRS **77**, 366; Hamm NZV **02**, 139); das gilt aber nicht für unleserliche Beschlüsse des Tatrichters (Stuttgart StraFo **10**, 74). Für den Fall der Ablehnung eines Hilfsbeweises darf die Verfahrensrüge neben einer zulässigen Sachrüge jedoch auf die in den Urteilsgründen enthaltene Begründung für die Ablehnung des Beweisantrages verweisen (Bay **87**, 33, 35; vgl ferner KG StV **88**, 518 zu angekündigten Beweisanträgen; krit dazu Scheffler NStZ **89**, 159).

21a Bei einer **zulässig erhobenen Sachrüge** können Urteilsausführungen zur **Ergänzung der Verfahrensrüge** herangezogen werden (BGH NStZ **97**, 378 [K] mwN; 4 StR 524/17 vom 5.6.2018). Einer ausdrücklichen Verweisung auf die Urteilsgründe bedarf es dazu zwar grundsätzlich nicht (BGH **36**, 384, 385); es empfiehlt sich aber, dass der Beschwerdeführer im Rahmen der Verfahrensrüge ausdrücklich ergänzend auf die einschlägigen Urteilspassagen Bezug nimmt (Ventzke NStZ **19**, 171, 172). Dass ein Mitangeklagter dieselbe Verfahrensrüge zulässig erhoben hat, hilft den unzulässigen Verfahrensrügen nicht (BGH StraFo **10**, 387, 388).

22 b) **Die den Mangel begründenden Tatsachen** muss der Beschwerdeführer – objektiv richtig (BGH StraFo **11**, 318) – angeben, aber selbstverständlich nur, soweit sie ihm zugänglich sind (vgl BGH **28**, 290, 291: präsidiumsinterne Vorgänge; BGH **29**, 162, 164: kammerinterne Vorgänge; BGH **53**, 268, 281: nicht protokollierte Beratung des LG-Präsidiums; vgl ferner BGH StV **19**, 820) und soweit ihnen für den Revisionsvortrag Bedeutung zukommt, wobei die Anforderungen jedoch nicht überspannt werden dürfen (BVerfGE **112**, 185; BGH NStZ **14**, 347; erg unten 24). Wird für die Revisionsinstanz ein anderer Verteidiger als in der Tatsacheninstanz beauftragt bzw bestellt („Verteidigerwechsel"), so besteht für den neuen Verteidiger – wenn auch nur beschränktem Maße (dazu Dahs NStZ **07**, 244) – eine Erkundigungspflicht beim Vorverteidiger über zweifelhafte Verfahrensvorgänge (BVerfG StraFo **05**, 512; BGH NStZ **05**, 283; StV **06**, 459 mit abl Anm Ventzke; vgl auch BGH 1 StR 147/06 vom 27.7.2006: Erkundigungspflicht beim

LG-Präsidenten), Schriftstücke, Aktenteile und Tonbandaufnahmen, auf die die Verfahrensrüge gestützt wird, müssen im Einzelnen bezeichnet und wörtlich oder wenigstens inhaltlich wiedergegeben werden (BGH NStZ **84**, 213 [Pf/M]; **92**, 29 [K]; StV **15**, 754 mit krit Anm Wollschläger); bei der Rüge, ein Lichtbild sei fehlerhaft nicht in Augenschein genommen worden, muss dieses in die Revisionsbegründung aufgenommen werden (BGH StV **04**, 304 L; Hamm NStZ-RR **11**, 323). Ein Hinweis auf eine Wahrunterstellung (§ 244 III S 3 Nr 6) vermag notwendigen Tatsachenvortrag nicht zu ersetzen (Hamburg NJW **08**, 2597). Die Darlegungspflicht gilt auch für Rügen, mit denen die Verletzung von GG-Normen behauptet wird (BGH **19**, 273; **21**, 334, 340; **26**, 84, 90; NStZ **81**, 357). Der Beschwerdeführer ist auch verpflichtet, ihm nachteilige Tatsachen vorzutragen (BGH 4 StR 234/13 vom 27.8.2013).

Dagegen ist ihre Glaubhaftmachung, etwa durch die Angabe von **Beweismitteln**, nicht erforderlich (BGH NStZ **07**, 235; NStZ-RR **07**, 53); daher brauchen auch die Aktenstellen nicht bezeichnet zu werden, aus denen sich die behaupteten Tatsachen ergeben (BGH NStZ-RR **03**, 334; **10**, 210 L), was allerdings hilfreich ist (BGH 1 StR 557/12 vom 22.1.2013). 23

c) **Bestimmte Tatsachen** müssen angegeben werden. Es muss genau ersichtlich sein, gegen welche Handlungen oder Unterlassungen des Gerichts der Vorwurf der fehlerhaften Verfahrensweise erhoben wird (BGH **2**, 168; Brandenburg StraFo **97**, 205) und inwiefern gegen das Gesetz verstoßen worden ist (BGH NStZ-RR **97**, 304. Die **Angriffsrichtung** des Rechtsmittels muss innerhalb der Revisionsbegründungsfrist klar bezeichnet werden (BGH 3 StR 498/16 vom 3.5.2017; NStZ **99**, 94 mwN; Bay **03**, 98). Das Vorbringen darf nicht in sich widersprüchlich sein (BGH NStZ-RR **06**, 181). Es genügen weder wahlweise (Celle NdsRpfl **52**, 18; Koblenz VRS **47**, 28) noch unbestimmte Tatsachenbehauptungen (vgl BGH MDR **51**, 406 [D]: Nichtvereidigung „verschiedener Zeugen"; Bay **51**, 112: Unfähigkeit „eines Teils" der Schöffen; Koblenz MDR **74**, 421: „Erheblicher Druck" auf die Schöffen). Allerdings kann sich das Angriffsziel auch hinreichend aus Umständen außerhalb der Rechtsmittelerklärung ergeben (BGH 4 StR 59/18 vom 18.7.2018). Die tatsächliche Richtigkeit von Behauptungen, aus denen sich ein verfahrensrechtlicher Verstoß ergeben soll, muss erwiesen sein und kann nicht lediglich nach dem Zweifelsgrundsatz unterstellt werden (BGH NStZ **08**, 353). Allgemein gilt der Satz, dass die Mitteilung der den Verfahrensverstoß begründenden Tatsachen so vollständig und genau sein muss, dass das Revisionsgericht auf Grund der Rechtfertigungsschrift prüfen kann, ob ein Verfahrensfehler vorliegt, wenn die behaupteten Tatsachen bewiesen werden (BGH **3**, 213; **21**, 334, 340; **22**, 169, 170; **29**, 203; StV **84**, 454). Für einen erschöpfenden Vortrag kann uU auch die Angabe erforderlich sein, dass bestimmte Tatsachen nicht geschehen sind (Negativtatsache), etwa eine Heilung des behaupteten Mangels auch später nicht erfolgt ist (BGH StV **04**, 30; BGHR Abwesenheit 2; krit dazu SK-Frisch 61ff; Dahs Salger-FS 225; Weiler Meyer-Goßner-FS 585; Widmaier StraFo **06**, 437; vgl auch BGH NStZ **00**, 49). Einschr aber BGH NStZ **07**, 717: kein Vortrag nötig, wenn keine Heilung erfolgt ist, dazu Ventzke und Mosbacher NStZ **08**, 262 und 263; vgl auch Köln NStZ-RR **01**, 140: bei „klarem Normbefehl" wie in § 218 kein Hinweis auf fehlenden Verzicht erforderlich. Wird gerügt, dass eine wörtlich protokollierte Aussage in Widerspruch zu den Urteilsgründen steht, muss dargelegt werden, dass sich durch den weiteren Gang der Hauptverhandlung die Beweiserheblichkeit des Beweismittels oder des entspr Aussageteils nicht verändert hat (BGH StV **02**, 354). 24

d) **Bestimmt behaupten** muss der Beschwerdeführer die Tatsachen (BGH **7**, 162; **25**, 272, 274; NJW **62**, 500). Die Rüge ist unzulässig, wenn der Verfahrensverstoß nur als möglich bezeichnet (BGH **19**, 273, 276; NJW **53**, 386) oder als Vermutung oder in Form eines Zweifels an der Ordnungsmäßigkeit des Verfahrens geäußert wird (BGH **19**, 273, 276; NJW **62**, 500; GA **62**, 371) oder wenn mehrere Möglichkeiten eines Verfahrensstoßes behauptet werden, die sich aber gegen- 25

§ 345 Drittes Buch. 4. Abschnitt

seitig ausschließen (BGH 1 StR 45/11 vom 25.1.2012). Daher genügt auch, anders als bei der Sachrüge (oben 16), nicht die bloße Bitte um Nachprüfung der Rechtmäßigkeit (BGH **12**, 33; **19**, 273, 276; KG JR **76**, 255), jedoch ist das Revisionsgericht an die rechtliche Einordnung des Verstoßes durch den Beschwerdeführer nicht gebunden (BGH NJW **90**, 585; NStZ **90**, 229 [M]).

25a e) **Widersprüchliches Prozessverhalten** kann nicht Grundlage einer erfolgreichen Rüge sein. Dies ist etwa anzunehmen, wenn zwar ein Verwertungsverbot für ein bestimmtes Beweismittel geltend gemacht, aber dennoch zur Entlastung des Angeklagten auf die Verwertung gerade dieses Beweismittels hingewirkt wird (BGH NStZ **19**, 301: Kameraaufzeichnungen). Dies gilt gleichermaßen bei widersprüchlichem Tatsachenvortrag, auch bei einem Widerspruch zwischen Verfahrens- und Sachrüge, da die Revisionsbegründung als Einheit zu werten ist (BGH NStZ **13**, 58, 59).

26 f) **Protokollrügen** sind unzulässig. Nicht die Fehlerhaftigkeit der Sitzungsniederschrift, sondern Mängel des Verfahrens begründen die Revision. Auf einem Mangel des Protokolls kann das Urteil nicht beruhen (BGH **59**, 130 mwN; Fahl 665 ff), auch nicht auf dem Fehlen des Protokolls (BGH NStZ **91**, 502). Die Formulierung in einer Revisionsbegründung „ausweislich des Protokolls" kann aber auch nur als ein Hinweis auf das geeignete Beweismittel (§ 273 I S 1) zu verstehen sein, ohne dass dadurch die Ernsthaftigkeit der Tatsachenbehauptung selbst in Frage gestellt wird (BGH StV **02**, 4; **97**, 515). Sofern die den Mangel begründenden Tatsachen vollständig vorgetragen sind (oben 22), ist nicht zusätzlich die Mitteilung der Sitzungsniederschrift erforderlich (BGH StraFo **09**, 23).

26a **Diese Grundsätze** zur Unzulässigkeit einer bloßen Protokollrüge **sollen** nach BGH NJW **13**, 3046 mit Anm Radtke NStZ **13**, 669 (ebenso BGH StV **14**, 67; vgl auch Bremen StV **16**, 790; Nürnberg StV **15**, 282), **nicht gelten**, wenn ein Verfahrensfehler behauptet wird, der in seinem Kern darin besteht, dass das Hauptverhandlungsprotokoll den Inhalt von außerhalb der Verhandlung geführten Verständigungsgesprächen nicht wiedergibt; insoweit habe der Gesetzgeber eine Sonderregelung getroffen. Dem hat BGH **59**, 130 mit krit Anm Kudlich NStZ **14**, 285 widersprochen; dem BGH zust Altvater StraFo **14**, 226; Schneider NStZ **14**, 256; dagegen aber Lam StraFo **14**, 408.

27 g) Zur **Beruhensfrage** (36 ff zu § 337) braucht der Beschwerdeführer idR keine Ausführungen zu machen (BGH NStZ **13**, 536; 1 StR 587/09 vom 24.1.2010; vgl auch 3 StR 336/19 vom 26.11.2019; Bay **77**, 130). Ausreichend und erforderlich ist die Darlegung der Tatsachen, auf Grund deren die Beruhensfrage geprüft werden kann (BGH **30**, 131, 135; Köln VRS **70**, 370). Wenn ein Beruhen des Urteils auf dem Verfahrensfehler unwahrscheinlich ist, empfehlen sich aber Ausführungen darüber in der Revisionsbegründungsschrift (LR-Franke 87; Dahs Rev 491), zB bei Fehlen des Hinweises nach § 265 I, wenn eine andere Verteidigung ausgeschlossen erscheint (Koblenz OLGSt § 265 S 30), oder wenn die Belehrung nach § 52 III S 1 bei einem Zeugen unterlassen worden ist, der rechtskundig war. Eine erweiterte Darlegungspflicht hat der Beschwerdeführer bei der Rüge, die Belehrung nach §§ 136 I S 2, 243 V S 1 sei unterlassen worden (21 zu § 136; 39 zu 243) oder wenn eine Heilung des Verfahrensfehlers in Betracht kommt (**aM** Herdegen NStZ **90**, 517, 519; zu weitgehend aber KG StV **00**, 189 mit abl Anm Herdegen).

28 h) Wegen des **notwendigen Revisionsvorbringens** vgl bei den einzelnen Vorschriften. Das Nachschieben von Vortrag zur Begründung bereits erhobener Verfahrensbeanstandungen ist nach Ablauf der Frist des § 345 I nicht möglich (BGH 3 StR 431/08 vom 28.10.2008).

Revisionsbegründungsfrist   RiStBV 149, 150 II–VI, 160

345 [1] [1] Die Revisionsanträge und ihre Begründung sind spätestens binnen eines Monats nach Ablauf der Frist zur Einlegung des Rechtsmittels bei dem Gericht, dessen Urteil angefochten wird, anzubringen. [2] War zu die-

§ 345

ser Zeit das Urteil noch nicht zugestellt, so beginnt die Frist mit der Zustellung.

II Seitens des Angeklagten kann dies nur in einer von dem Verteidiger oder einem Rechtsanwalt unterzeichneten Schrift oder zu Protokoll der Geschäftsstelle geschehen.

1) **Revisionsbegründungsfrist (I):** 1

A. Die **Monatsfrist** des I S 1 wird nach § 43 I, II berechnet (Einzelheiten bei 2 Blaese/Wielop 82). Ihre Verlängerung ist unzulässig (BGH NStZ **88**, 20 [Pf/M]; Düsseldorf NStZ **84**, 91; **aM** Hillenkamp NStZ **00**, 669; Grabenwarter NJW **02**, 109 unter Hinweis auf Art 6 IIIb EMRK; erg 5 vor § 42). Erfolgt sie trotzdem, ist sie unwirksam, begründet aber im Falle der Fristversäumung einen Antrag auf Wiedereinsetzung, es sei denn, das Gericht weist auf die Unwirksamkeit der gewährten Fristverlängerung und ggf auf die Möglichkeit eines Wiedereinsetzungsantrags hin (BGH NStZ-RR **17**, 148). Kritisch zur Diskrepanz zwischen Urteilsabsetzungsfrist nach § 275 und Revisionsbegründungsfrist iSv I S 1 Valerius NJW **18**, 3429.

Schon **vor Fristbeginn,** auch zugleich mit der Revisionseinlegung, kann die 3 Revision begründet werden (Köln VRS **70**, 370); diese muss der Form des II entsprechen (vgl BGH 5 StR 507/19 vom 22.10.2019). Ein nach Fristablauf eingegangenes ergänzendes Tatsachenvorbringen zu den Verfahrensrügen ist unbeachtlich (5 zu § 352); Rechtsausführungen können nachgeschoben werden (8 zu § 352).

B. **Fristbeginn:** War das Urteil schon vor der Revisionseinlegung zugestellt, so 4 schließt sich die Frist des I S 1 an die des § 341 I an (BGH **36**, 241; **aM** Bamberg NZV **06**, 322 mit zutr abl Anm Kucklick); sie beginnt also erst nach Ablauf der Einlegungsfrist, auch wenn die Revision schon vorher eingelegt worden war.

Sonst ist für den Fristbeginn die **Urteilszustellung** maßgebend (I S 2). Dies gilt 5 auch für die StA (BGH 3 StR 274/17 vom 8.2.2018). Die Frist wird – für jeden von mehreren Mitangeklagten gesondert (BGH 1 StR 544/09 vom 2.11.2010) – nur durch eine wirksame Zustellung nach §§ 37, 40, 41 I, bei Mehrfachverteidigung an einen der Verteidiger (BGH **34**, 371; StraFo **08**, 509; eine nach Fristablauf bewirkte Doppelzustellung setzt die Frist nicht wieder in Lauf: BGH NStZ-RR **17**, 285; 14 StR 233/17 vom 12.9.2017 mwN), in Lauf gesetzt (BGH NStZ **89**, 16 [M]: nicht an Sozius des Pflichtverteidigers; erg 19, 29 zu § 37); das Fehlen der Rechtsmittelbelehrung ist dabei ohne Bedeutung (12 zu § 35a). Die Frist beginnt, abgesehen vom Fall des § 40 I S 2, erst mit der Zustellung einer Ausfertigung oder beglaubigten Abschrift (1 zu § 37) des – der Urschrift entsprechenden – vollständigen Urteils, dh der vollständigen Urteilsformel (BGH NJW **78**, 60), den Urteilsgründen (Koblenz VRS **64**, 213) und auch durch § 275 II S 1 vorgeschriebenen Unterschriften oder dem Verhinderungsvermerk nach § 275 II S 2 (BGH **26**, 247, 248; MDR **79**, 638 [H]), in dem der Verhinderungsgrund angegeben sein muss (BGH MDR **80**, 842). Unvollständigkeit des Rubrums ist, soweit es sich um ein Urteil des LG 1. Instanz handelt, unschädlich (BGH NStZ **89**, 584). Im Fall der Urteilsergänzung nach § 267 IV S 3 ist die Zustellung des ergänzten Urteils maßgebend (Celle NdsRpfl **90**, 257; Düsseldorf JMBlNW **82**, 139; vgl auch Bay NStZ-RR **97**, 247). Die Frist beginnt nicht, wenn das Urteil vor Fertigstellung des Sitzungsprotokolls zugestellt wird (34 zu § 273). Im Hinblick auf § 338 Nr 7 genügt die Zustellung der Urteilsformel, wenn Gründe nicht vorhanden sind (Celle aaO; LG Zweibrücken MDR **91**, 894; vgl auch Bay **96**, 155) oder wenn das Urteil verloren gegangen ist und nicht wiederhergestellt werden kann (W. Schmid Lange-FS 791).

Das zugestellte Urteil muss der Urschrift entsprechen; **ist die Urschrift unvoll-** 5a **ständig** – fehlt zB eine Unterschrift oder ein Verhinderungsvermerk –, so handelt es sich um einen Mangel des Urteils, nicht um eine fehlerhafte Zustellung (BGH **46**, 204; NStZ-RR **03**, 85; Jena VRS **105**, 440; **aM** zu Unrecht LG Göt-

§ 345

tingen StraFo **11**, 273, falls das Urteil gar keine Unterschrift hat), ebenso bei unvollständiger oder gar fehlender Wiedergabe des verkündeten Tenors im Original und in der Ausfertigung (BGH NJW **99**, 800; StraFo **07**, 502). Daher läuft die Frist zur Ingangsetzung der Revisionsbegründungsfrist und wird nicht erst durch die Zustellung eines Berichtigungsbeschlusses in Gang gesetzt (BGH aaO).

6 An die Stelle der Urteilszustellung tritt aber die **Beschlusszustellung** bei Erlass eines die Urteilsgründe ergänzenden Berichtigungsbeschlusses (BGH **12**, 374), der aber zulässig sein muss (BGH NStZ **91**, 195; 39 zu § 267) und nicht nur einen unbedeutenden Nebenpunkt betreffen darf (Hamm NJW **56**, 923 L; vgl Bay **82**, 12: Datum der Sitzung), eines Wiedereinsetzungsbeschlusses (BGH **30**, 335; NJW **82**, 532, 533; Bay **86**, 80; wistra **94**, 159), eines Aufhebungsbeschlusses nach § 346 II (Bay DAR **87**, 316 [B]; JR **88**, 304 mit Anm Wendisch; OLGSt Nr 10; Karlsruhe Justiz **88**, 314; MDR **84**, 250) oder eines Beschlusses über die Zulassung des Nebenklägers, der seinen Anschluss erst mit der Revisionseinlegung erklärt hat (RG **77**, 281; KMR-Momsen 6b; str). Eine nochmalige Urteilszustellung ist in diesen Fällen nicht erforderlich. Bei der Beschlusszustellung empfiehlt sich der Hinweis auf den dadurch beginnenden Fristablauf.

7 C. **Bei dem Gericht, dessen Urteil angefochten ist,** muss die Revisionsbegründung angebracht werden. Zur Fristwahrung vgl 11 ff vor § 42. Die Einreichung nicht unterzeichneten oder nur beglaubigten oder eingescannten (vgl ThüringerOLG StraFo **19**, 423) Abschrift genügt nicht. Eine unterschriebene Abschrift steht aber der Urschrift gleich (Schleswig SchlHA **80**, 177 [E/J]). Die Revisionsbegründung zu Protokoll der Geschäftsstelle kann am letzten Tag der Frist erfolgen, auch im Fall des § 299 (Bay **00**, 26 = Rpfleger **00**, 295). Zum Verfahren bei Zweifeln an der Fristwahrung vgl 35 zu § 261. Bei Verlust der Revisionsbegründung bei Gericht ist unter Fristsetzung nach I Gelegenheit zur Wiederholung zu geben und dann von Amts wegen Wiedereinsetzung in den vorigen Stand zu gewähren.

8 2) **Form der Revisionsbegründung (II):**

9 A. **Für den Angeklagten** bestehen die in II bezeichneten beiden Möglichkeiten; sie schließen einander nicht aus. Auch der Angeklagte, der einen Verteidiger hat, kann die Revision zu Protokoll der Geschäftsstelle begründen (Hamburg NJW **66**, 2323) und eine bereits von dem Verteidiger eingereichte Begründungsschrift dort ergänzen. Entsprechendes gilt im umgekehrten Fall. Der Verteidiger muss seine Revisionsbegründungsschrift aber selbst anfertigen; zu Protokoll der Geschäftsstelle darf er sie nicht erklären (Düsseldorf MDR **75**, 73 L; KMR-Momsen 9; **aM** W. Schmid Rpfleger **62**, 301). Das gilt auch für Rechtsanwälte, die sie als Angeklagte selbst unterzeichnen dürfen (unten 13). Zur Revisionsbegründung der StA unten 23, des Privatklägers § 390 II, des Nebenklägers 2 zu § 401.

10 B. **Zweck der Vorschrift** ist es zu gewährleisten, dass der Inhalt der Begründung von sachkundiger Seite stammt und daher gesetzmäßig und sachgerecht ist (BGH **25**, 272, 273; MDR **70**, 15 [D]; NStZ **87**, 336). Die Revisionsgerichte sollen dadurch nicht unter einer Überlastung durch unsachgemäße Vorbringen Rechtsunkundiger bewahrt werden (BVerfGE **64**, 135, 152); die Prüfung ganz grundloser und unverständlicher Anträge soll ihnen erspart werden (BGH **32**, 326; NStZ **84**, 563; **87**, 336; Düsseldorf VRS **85**, 116; Karlsruhe NJW **74**, 915; Köln NJW **75**, 890; Stuttgart MDR **79**, 780). Auch für nachgeschobenes Vorbringen zur Sachrüge gilt II; zwar bestehen für diese nicht die strengen Begründungserfordernisse wie für die Verfahrensrüge, das lässt aber II unberührt (Stuttgart JR **82**, 167; LR-Franke 167).

11 C. **Verteidiger** iS II ist der in dem unteren Rechtszug bereits tätig gewesene, auch der nach § 138 II zugelassene Verteidiger (Bay **55**, 256; Düsseldorf JMBlNW **80**, 215; Koblenz OLGSt § 79 OWiG S 30; vgl aber 20 zu § 138) und der nach § 139 tätig gewordene Referendar. Eine besondere Vollmacht braucht er nicht (R. Hamm 197). Wird der Verteidiger neu bestellt, so muss die Vollmacht

Revision **§ 345**

innerhalb der Frist des II erteilt sein, wenn auch nur mündlich, kann aber später nachgewiesen werden (Brandenburg NStZ **95**, 52; Nürnberg NJW **07**, 1767; erg 9 vor § 137). Die Zulassung nach § 138 II kann zugleich mit der Revisionseinlegung (RG **55**, 213) oder mit der Einreichung der Begründungsschrift beantragt werden (Hamm MDR **51**, 303); mit der Zulassung wird die Begründung der Revision rückwirkend wirksam (15 zu § 138).

Fehler des Verteidigers sind dem Angeklagten zuzurechnen (vgl BGH 2 StR **11a** 175/19 vom 19.11.2019), es sei denn, es handele sich um einen Fall des „offensichtlichen Mangels" der Verteidigung, welcher den Anspruch des Angeklagten auf eine wirksame Verteidigung gemäß Art 6 III Buchst c EMRK verletzt (BGH StV **16**, 770; erg 41 zu § 338; 20 zu Art 6 EMRK).

D. Ein **Rechtsanwalt,** dem die Verteidigung nicht übertragen ist, kann die Be- **12** gründungsschrift ebenfalls unterzeichnen. Er muss bei einem Gericht im Geltungsbereich der StPO zugelassen (Hamburg NJW **62**, 1689) und vor Ablauf der Frist des I bevollmächtigt worden sein (BVerfG NJW **96**, 713; BGH NStZ **01**, 52; Düsseldorf NJW **93**, 2002), kann die Vollmacht aber noch später nachweisen. Der Nachweis ist entbehrlich, wenn der Angeklagte die Revision selbst eingelegt hat und nichts dafür spricht, dass der RA ohne Auftrag handelt (Karlsruhe OLGSt § 354 II S 17; Kaiser NJW **82**, 1368). Der Pflichtverteidiger kann seine Befugnisse nicht wirksam auf einen anderen RA übertragen (BGH NStZ **12**, 276; erg 60 zu § 142). Auch die von einem Syndikusanwalt nur unter Hinweis auf seine Prokura unterschriebene Begründungsschrift ist unwirksam (Stuttgart Justiz **77**, 245), ebenso die von einem Rechtsbeistand (Karlsruhe Justiz **97**, 378) oder einem Steuerberater (Hamm wistra **16**, 463 mit zust Anm Reichling).

Der **RA als Angeklagter** kann die Begründungsschrift selbst unterzeichnen **13** (Bay **75**, 153; KG GA **62**, 311), sofern er noch zugelassen (Hamm NJW **47/48**, 704) und kein Berufsverbot nach § 150, 155 BRAO gegen ihn verhängt ist (KG NJW **69**, 338; Karlsruhe MDR **71**, 320; SK-Frisch 26; Feuerich NStZ **89**, 339; **aM** Bay MDR **69**, 153; Oldenburg NdsRpfl **63**, 117; SSW-Momsen 29).

E. **Schriftform:** Dem Schriftstück muss der Inhalt der Erklärung so bestimmt **14** entnommen werden können, dass er dem Revisionsgericht eine zuverlässige Grundlage für die weitere Behandlung der einzelnen Rügen bietet. Die Revision ist daher unzulässig, wenn weite Teile der schriftlichen Erklärung (Hamm NStZ-RR **01**, 376: nicht nur einzelne Worte) in einer nicht lesbaren Handschrift vorgelegt werden (BGH **33**, 44). Die Schrift muss der RA oder Verteidiger grundsätzlich selbst verfassen; eine gemeinsame Revisionsbegründung von Verteidigern für mehrere Mitangeklagte ist aber nicht unzulässig (BGH NStZ **98**, 99 mit zust Anm Widmaier). Ein RA oder Verteidiger muss an der Revisionsbegründung zumindest gestaltend mitwirken (BVerfG **64**, 135, 152; BGH NStZ **84**, 563; **87**, 336; Düsseldorf wistra **92**, 39 mwN; München NStZ **84**, 281; erg unten 16); daher genügt ein vom Angeklagten selbst verfasstes Schriftstück, das vom Verteidiger lediglich mit einem Einführungssatz versehen ist (BGH 1 StR 114/05 vom 18.10.2005; Düsseldorf aaO) ebenso wenig wie eine Sammlung von 3000 Blättern (BGH NStZ **84**, 563) oder ein Schriftstück des Angeklagten, auf das der Verteidiger nur Bezug nimmt (Bay **55**, 257). Bezugnahmen auf Schriftsätze anderer Verfahrensbeteiligter oder auf Aktenbestandteile oder Anlagen machen die Revisionsbegründung auch sonst unzulässig (BGH NStZ **07**, 166; einschr LR-Franke 22; R. Hamm 216).

F. **Unterzeichnung:** Vgl Einl 129 ff. Zur Zulässigkeit der Revisionsbegründung **15** durch Telefax, Fernschreiber und Telebrief vgl Einl 139.

G. Die **volle Verantwortung** für den Inhalt der Schrift muss der Verteidiger **16** oder RA übernehmen (BGH NJW **14**, 2664). Bestehen daran auch nur Zweifel, so ist die Revisionsbegründung unzulässig (BGH **25**, 272, 273; NJW **84**, 2480; NStZ **84**, 563; **87**, 336; **97**, 45; NStZ-RR **07**, 132 [B]; Hamburg JR **55**, 233; Hamm NStZ **82**, 526; vgl auch BVerfGE **64**, 135, 152; krit SK-Frisch 31), jedenfalls, soweit der Verteidiger sich von ihr distanziert (BGH **25**, 272, 274 ff; NStZ-RR **02**, 309). Das ist aber idR nicht schon dann der Fall, wenn ein anderer RA

§ 345 Drittes Buch. 4. Abschnitt

die vom Verteidiger verfasste Revisionsbegründung mit dem Zusatz „für RA ..."
unterzeichnet (BGH 59, 284; Köln NZV 06, 321; Allgayer NStZ 16, 196), oder
bei dem Zusatz „für den nach Diktat verreisten (oder ortsabwesenden) RA" (BGH
NStZ-RR 17, 186) oder *pro absente* (BVerfG NJW 16, 1570; aM Frankfurt NStZ-
RR 13, 355; Hamm NStZ-RR 09, 381; NStZ 14, 728). Eine Heilung des Mangels nach Ablauf der Frist des I ist ausgeschlossen (Bay VRS 50, 298; Frankfurt
aaO). Die Nichtübernahme der Verantwortung kann sich aus dem unsinnigen oder
grob laienhaften Vortrag des rechtsunkundigen Angeklagten ergeben, dessen Schrift
der RA nur unterschrieben hat (BGH NStZ 84, 563; wistra 06, 112; NStZ-
RR 07, 133 [B]; vgl auch Düsseldorf wistra 92, 39; München NStZ 84, 281),
ebenso aus groben formalen und inhaltlichen Mängeln hineinkopierter Ausführungen (BGH NStZ 00, 211), insbesondere aber auch daraus, dass er sie selbst erkennbar macht (BGH MDR 70, 15 [D]), etwa durch die Bemerkung, „der Angeklagte
begehre" die Überprüfung des Urteils (BGH NStZ 88, 214 [M]) oder „der Angeklagte rügt" (BGH NJW 12, 1748), die Revisionsbegründung erfolge „auftragsgemäß" (BGH NStZ 04, 166) oder auf Wunsch des Angeklagten (Rostock NStZ-
RR 09, 381), auf dessen ausdrückliches Verlangen (BGH DAR 81, 203 [Sp];
NStZ-RR 03, 292 [B]) oder Anweisung (BGH MDR 70, 15 [D]; Düsseldorf
VRS 88, 297), oder dass er in der Begründung nur (nicht aber auch, vgl Düsseldorf NStZ-RR 00, 50) von den Einwendungen des Angeklagten spricht (BGH 25,
272, 273; NJW 73, 1514; 12, 1748; NStZ-RR 13, 289).

17 Auch bei der unausgeführten **allgemeinen Sachrüge** (18 zu § 344) können
derartige Zusätze zur Unzulässigkeit der Revisionsbegründung führen (BGH 25,
272 = JR 74, 478 mit abl Anm Meyer; Hamm JMBlNW 75, 117; LR-Franke 30;
vgl auch Gribbohm NStZ 83, 100). Dass der Verteidiger die Revision selbst für
aussichtslos hält, stellt ihre Zulässigkeit aber nicht in Frage (Hamm NJW 04, 1189).

18 **H. Erklärung zu Protokoll der Geschäftsstelle:**

19 a) **Zuständig** ist der Rechtspfleger (Einl 133), und zwar des Gerichts, dessen
Urteil angefochten wird (Bay 95, 152 mwN; Düsseldorf VRS 89, 463); eine bei
einem unzuständigen Gericht angebrachte – oder lediglich bei der Geschäftsstelle
des Gerichts abgegebene (KG NStZ 16, 628) – Begründung ist unwirksam (Brandenburg NStZ 10, 413; Oldenburg NStZ 12, 51). Einem mittellosen Angeklagten
ist ggf ein Fahrgeldgutschein (KVGKG Nr 9008b) seitens der Staatskasse zur Fahrt
zum zuständigen Gericht zur Verfügung zu stellen (Bay JR 03, 79 mit zust Anm
Rose). Für den nicht auf freiem Fuß befindlichen Angeklagten gilt § 299. Die
Beurkundung durch einen unzuständigen Beamten macht die Revisionsbegründung unwirksam (BGH NStZ 94, 25 [K]; Bay aaO; Düsseldorf VRS 86, 310;
Dresden NStZ 16, 499; Köln NZV 06, 47; Schleswig SchlHA 02, 172 [D/D]).
Die Erklärung kann nur innerhalb der normalen Dienststunden abgegeben werden
(BGH StV 97, 230 mit abl Anm Harzer; SK-Frisch 54); es kann auch nicht erwartet werden, dass der Rechtspfleger während seiner gesamten Dienststunden für die
Prüfung der vom Angeklagten gefertigten Revisionsbegründung zur Verfügung
steht (BGH StraFo 09, 23). Wegen des Verfahrens bei der Protokollierung vgl im
Übrigen Einl 131 ff. Zusammenfassend über „Die Revisionsbegründung zu Protokoll der Geschäftsstelle und effektiver Rechtsschutz" Krehl Hamm-FS 383.

20 b) Die **Verantwortung** für den Inhalt der Begründung braucht der Rechtspfleger nicht in gleicher Weise wie der Verteidiger zu übernehmen (vgl aber
RiStBV 150 II S 4). Zwar wird auch er eingeschaltet, weil dem Revisionsgericht
die Prüfung grundloser und unverständlicher Anträge erspart werden soll (BVerfGE 64, 135, 152; BGH NStZ-RR 14, 254; Hamm NStZ 82, 526; Köln OLGSt
§ 345 II S 33). Daher hat er eine Prüfungs- und Belehrungspflicht (Celle NdsRpfl
78, 16; R. Hamm 192; RiStBV 150 II S 2, 4). Er ist aber nicht wie der Verteidiger
dazu berufen, die Erfolgsaussichten der Revision zu beurteilen (dazu näher Peglau
Rpfleger 07, 633). Ein in sachlicher Form gehaltenes und nicht völlig neben der
Sache liegendes Revisionsvorbringen muss er stets aufnehmen (BVerfGE 10, 274,
282); insbesondere muss er auf Verlangen des Angeklagten die Sachrüge protokol-

lieren (Schleswig SchlHA 80, 73; LR-Franke 38; Sarstedt/Hamm 195), nicht aber offenkundig unzulässige Verfahrensrügen (BGH NStZ-RR 08, 18). Einschränkende Zusätze, etwa des Inhalts, dass einzelne Ausführungen auf ausdrücklichen Wunsch des Angeklagten aufgenommen werden, berühren die Wirksamkeit der Niederschrift daher nicht, wenn diese Ausführungen zulässig sind (Bremen NJW 67, 641; Köln OLGSt § 345 II S 33, 35; LR-Franke 40; SK-Frisch 53; W. Schmid Rpfleger 62, 309; am RG 64, 63, 65; vgl auch BVerfG aaO).

Der Rechtspfleger ist aber **weder Schreibkraft noch Briefannahmestelle.** 21 Das Protokoll ist unwirksam, wenn er sich seinen Inhalt einfach von dem Angeklagten diktieren lässt (BGH NStZ-RR **16,** 89; Hamm NStZ **82,** 257; VRS **107,** 116; **109,** 361; Stuttgart Justiz **97,** 456) oder einen Schriftsatz des Angeklagten nur abschreibt; (Karlsruhe aaO; Schleswig SchlHA **84,** 109, 110 [E/L]); das gilt auch dann, wenn der Angeklagte Jurist ist (BGH aaO; Celle NStZ-RR **08,** 127). Ein zulässiges Protokoll liegt auch dann nicht vor, wenn der Rechtspfleger einen von dem Angeklagten gefertigten Schriftsatz nur mitunterzeichnet (Koblenz VRS **52,** 364) oder ohne nähere Prüfung unverändert übernimmt (BGHR Begründungsschrift 5), nur mit den üblichen Eingangs- und Schlussformeln eines Protokolls umkleidet (BGH NStZ **88,** 449 [M]; Düsseldorf VRS **79,** 34; JR **92,** 124; Hamm JMBlNW **84,** 95; Karlsruhe NJW **74,** 915) oder nur verliest und unterschreiben lässt (Karlsruhe Justiz **77,** 471). Unzulässig ist ferner die bloße Entgegennahme einer Schrift des Angeklagten (BGH NStZ-RR **99,** 110) oder die bloße Bezugnahme auf sie als Anlage zum Protokoll (BGH MDR **70,** 15 [D]; Bay NStZ-RR **96,** 312; Düsseldorf VRS **67,** 53; **90,** 135; Koblenz VRS **75,** 57; RiStBV 150 III), auch wenn der Rechtspfleger sich von dessen Sachkunde überzeugt hat (BGH MDR **88,** 456 [H]).

c) **Wiedereinsetzung in den vorigen Stand** ist zu gewähren, wenn der 22 Rechtspfleger die Aufnahme der Erklärung zu Unrecht abgelehnt (Bremen NJW **54,** 46) oder wenn er die Unwirksamkeit der Revisionsbegründung verschuldet hat (BVerfG NJW **13,** 446; BGH NJW **52,** 1386; Schleswig SchlHA **07,** 291), zB wenn er die gewollte Sachrüge als (unzulässige) Verfahrensrüge qualifiziert (Bay NStZ-RR **96,** 312), nicht aber in sonstigen Fällen unverschuldeter Mangelhaftigkeit der Protokollierung (BGHR Begründungsschrift 5). Vgl auch Brandenburg NStZ **10,** 413: grundsätzlich keine Wiedereinsetzung von Amts wegen bei Aufnahme der Begründung durch ein unzuständiges Gericht; anders aber Oldenburg NStZ **12,** 51 bei einer unzutreffenden Auskunft des Gerichts und bei Aufnahme durch einen unzuständigen Beamten (KG NStZ **16,** 628; Dresden NStZ **16,** 499). Wiedereinsetzung ist auch zu gewähren, wenn die Revision verworfen wurde, bevor über den Antrag eines mittellosen Angeklagten entschieden wurde, ihm zur Begründung seiner Revision in Form der Niederschrift zu Protokoll der Geschäftsstelle einen Fahrkostenvorschuss für die Fahrt zum entfernt gelegenen zuständigen Gericht zu bewilligen (Celle StraFo **17,** 336).

3) Für **Revisionsbegründungen der StA** genügt einfache Schriftform (vgl 23 dazu RiStBV 149). Dazu reicht aus, dass der in Maschinenschrift wiedergegebene Name des Verfassers mit einem Beglaubigungsvermerk versehen wird (GmS-OGB NJW **80,** 172) oder beglaubigte Abschriften eingereicht werden (BGH **2,** 77). Schriftzugstempel können verwendet werden (RG **62,** 53; **63,** 246). Die Abzeichnung mit dem Anfangsbuchstaben genügt aber nicht (Karlsruhe HRR **33,** 88).

Verspätete oder formwidrige Einlegung RiStBV 163 II

346 [I] Ist die Revision verspätet eingelegt oder sind die Revisionsanträge nicht rechtzeitig oder nicht in der in § 345 Abs. 2 vorgeschriebenen Form angebracht worden, so hat das Gericht, dessen Urteil angefochten wird, das Rechtsmittel durch Beschluß als unzulässig zu verwerfen.

[II] [1] Der Beschwerdeführer kann binnen einer Woche nach Zustellung des Beschlusses auf die Entscheidung des Revisionsgerichts antragen. [2] In diesem

§ 346

Falle sind die Akten an das Revisionsgericht einzusenden; die Vollstreckung des Urteils wird jedoch hierdurch nicht gehemmt. ³Die Vorschrift des § 35a gilt entsprechend.

1 **1)** Die **Verwerfungsbefugnis des Tatrichters** dient der Verfahrensvereinfachung (vgl auch § 319). Sie ist auf die in I bezeichneten Fälle beschränkt, also auf die verspätete (§ 341) Revisionseinlegung, auf die Versäumung der Frist des § 345 I, wobei der verspäteten Stellung der Revisionsanträge die verspätete Anbringung der Revisionsbegründung gleichsteht (RG 44, 263; KK-Gericke 7), sowie auf die Nichteinhaltung der Formvorschriften des § 345 II und des § 390 II für Nebenkläger (2 zu § 401) und Privatkläger. I findet auf die Rechtsbeschwerde nach §§ 116 ff StVollzG keine Anwendung (Celle StV **17**, 743).

2 Jede andere **Zulässigkeitsprüfung** ist dem Tatrichter untersagt (BGH NJW **07**, 165; krit zu dieser gesetzlichen Regelung Meyer-Goßner Hamm-FS 455). Das gilt insbesondere für Zweifel an der Auslegung der Erklärung als Revisionseinlegung (Hamburg NJW **65**, 1147) oder an der Einhaltung der Schriftform, auch an der Übernahme der Verantwortung durch den Verteidiger (Bay **75**, 152; KK-Gericke 8), für die Unzulässigkeit der Revision wegen gesetzlichen Ausschlusses, zB nach § 400 I (BGH 2 StR 475/08 vom 9.12.2008), § 441 III S 2 oder nach § 55 II **JGG** (Bay **62**, 207), Fehlens der gesetzlichen Ermächtigung zur Einlegung (BGH MDR **59**, 507), fehlender Bevollmächtigung (BGHR Form 1) oder fehlender Beschwer, Verstoßes gegen § 137 I S 2 (Stuttgart Justiz **84**, 429) oder § 138 I (KG VRS **107**, 126) oder § 146 nach Zurückweisung nach § 146a (Schleswig SchlHA **80**, 177 [E/J]), wegen vorher erklärten Rechtsmittelverzichts (BGH NJW **84**, 1974, 1975; NStZ **84**, 181; 329) oder Rechtsmittelrücknahme und wegen Nichteinhaltung der Formvorschrift des § 344 II (Bay **54**, 3); das gilt auch dann, wenn ein solcher Grund mit Mängeln der Form- und Fristeinhaltung zusammentrifft (BGH NStZ-RR **15**, 288 L; **16**, 24), zB die Revision nach wirksamem Rechtsmittelverzicht verspätet eingelegt worden ist (BGH NStZ **00**, 217; NStZ-RR **01**, 265 [B]; **04**, 50; **05**, 150), was allerdings zu der Merkwürdigkeit führen kann, dass das Rechtsmittelgericht den nach I ergangenen Beschluss aufhebt, das Rechtsmittel dann aber ebenso wie das Erstgericht wegen Fristversäumung verwirft, wenn es den Rechtsmittelverzicht für unwirksam hält (BGH NJW **07**, 165). Ein trotzdem ergangener Verwerfungsbeschluss erwächst aber in Rechtskraft, wenn er nicht angefochten wird (BGH NStZ-RR **99**, 33 [K]; Bay **62**, 207).

3 **Verfahrenshindernisse** (Einl 141 ff), die der Tatrichter bei der Urteilsfällung übersehen hat, berechtigen ihn, auch wenn die Rechtskraft nach § 343 I gehemmt ist, nicht zur Urteilsaufhebung oder -abänderung (BGH **22**, 213, 216; EbSchmidt JZ **62**, 156; Schöneborn MDR **75**, 8; Stratenwerth JZ **61**, 392). Entstehen sie erst nach Urteilserlass, so ist das Verfahren, solange die Akten nicht nach § 347 II dem Revisionsgericht vorgelegt sind, nach § 206a einzustellen (BGH NJW **12**, 2822 mwN; Bay **53**, 98; **74**, 10).

4 **2)** Der **Verwerfungsbeschluss** darf erst nach Ablauf der Frist zur Anbringung der Revisionsanträge und Revisionsbegründung ergehen, auch wenn vorher ein formfehlerhafter Schriftsatz eingegangen ist (Bamberg StraFo **18**, 436; Frankfurt NStZ-RR **03**, 204, 205). Hat der Angeklagte mit fristgerechter Revisionseinlegung die Bestellung eines Pflichtverteidigers beantragt, muss zunächst hierüber entschieden werden (Bay NStZ **95**, 300; Hamm StV **11**, 658; vgl auch Stuttgart Justiz **03**, 596; **04**, 249). Beruht die verspätete oder formwidrige Einlegung auf einem „offenkundigen Mangel der Verteidigung" (vgl EGMR Nr 38830/97 vom 10.10.2002), zB auf Untätigkeit, so ist dem Angeklagten ein neuer Pflichtverteidiger zu bestellen (BGH 4 StR 138/18 vom 5.6.2018; 2 StR 281/19 vom 11.9.2019 mwN). Der Verwerfungsbeschluss wird zurückgestellt, wenn Wiedereinsetzung beantragt wird oder von Amts wegen in Betracht kommt; in beiden Fällen sind die Akten dem zuständigen Revisionsgericht vorzulegen (unten 16). Der Beschluss ergeht von Amts wegen nach vorherige Anhörung des Beschwerdeführers; die StA

wird nach § 33 II gehört. Der Beschluss ist mit Gründen (§ 34) und der Kostenentscheidung nach § 473 I zu versehen. Er wird dem Beschwerdeführer, dem Angeklagten auch bei Revision des gesetzlichen Vertreters (Hamm NJW 73, 1850), mit der Belehrung nach II S 3, die sich auf Form und Frist des Antrags und das Gericht erstreckt, bei dem er anzubringen ist (Bay 76, 19; KG JR 78, 85; erg 9ff zu § 35a), förmlich zugestellt (BGH NStZ 88, 214 [M]), den übrigen Beteiligten formlos bekanntgegeben.

Die **Rechtskraft** des Urteils führt der Verwerfungsbeschluss nicht herbei. Bei 5 verspätet eingelegter Revision war sie nicht gehemmt (§ 343 I); der Beschluss hat daher nur feststellende Bedeutung (RG **53**, 235, 236; KK-Gericke 25). In den anderen Fällen der Unzulässigkeit fallen der Eintritt der Rechtskraft des Urteils und des Beschlusses nach I zusammen. Rechtskraft tritt also erst nach ungenutztem Ablauf der Frist des II S 1 oder mit dem Erlass des Verwerfungsbeschlusses des Revisionsgerichts ein (RG aaO; Bay **70**, 235; Schleswig NJW **78**, 1016; jetzt ganz hM, vgl LR-Graalmann-Scheerer 16 zu § 449 mwN). Wegen der Vollstreckbarkeit des Urteils vgl unten 15.

Die **Aufhebung des Beschlusses** durch den Tatrichter ist ausgeschlossen, auch 6 bei Irrtum über die ihm zugrunde liegenden Tatsachen (RG **55**, 235; Celle NdsRpfl **60**, 120; Düsseldorf NStE Nr 6; VRS **66**, 38; Hamm OLGSt S 9; Hanack JZ **73**, 778; R. Schmitt JZ **61**, 17). Ein trotzdem erlassener Aufhebungsbeschluss ist wirkungslos (Bay **80**, 36; Celle aaO; Düsseldorf NStE Nr 5; Hamm aaO; Schleswig SchlHA **87**, 59). Falls die Frist des § 45 noch nicht abgelaufen ist, kann aber entspr § 44 Wiedereinsetzung in den vorigen Stand gewährt werden (BGH NStZ Nr 6 zu § 44; unzutr hingegen – wegen Fristablaufs – Celle NStE Nr 6).

3) Der **Antrag auf Entscheidung des Revisionsgerichts (II)** verpflichtet 7 den Tatrichter, diesem Gericht die Akten vorzulegen, auch bei Versäumung der Frist des II S 1.

A. Ein **befristeter Rechtsbehelf eigener Art** ist der Antrag (BGH **16**, 111, 8 118). Das Gesetz bezeichnet ihn zwar nicht als sofortige Beschwerde, weil das Revisionsgericht, das über ihn befindet, nicht immer auch das Beschwerdegericht ist. Jedoch gelten die Vorschriften über die sofortige Beschwerde (§ 311) entspr. Der Antrag muss schriftlich (Einl 128) gestellt werden, bedarf aber sonst keiner besonderen Form (BGH **11**, 152, 154). Er kann erst nach Erlass, aber schon vor Bekanntgabe des Beschlusses nach I angebracht werden (4 war § 296), und zwar entspr § 306 I nur bei dem Tatrichter (BGHR Antrag 1; Bay VRS **71**, 373; Köln StV **81**, 118; Schleswig SchlHA **88**, 15; aM KG JR **78**, 84). Der Tatrichter kann dem Rechtsbehelf nicht abhelfen.

B. **Antragsberechtigt** ist nur der Beschwerdeführer, dessen Revision verworfen 9 worden ist. Nur der Angeklagte kann den Antrag auch bei Verwerfung der Revision des gesetzlichen Vertreters und des Erziehungsberechtigten stellen (Celle NJW **64**, 417; Hamm NJW **73**, 1850). Dagegen sind bei einer Revision des Angeklagten die StA und die Personen, die Revision zu seinen Gunsten einlegen können, nicht antragsberechtigt (LR-Franke 28). Der Verteidiger kann den Antrag auf Grund seiner Vollmacht stellen, auch wenn der Angeklagte die Revision eingelegt hat.

C. **Entscheidung:** Das Revisionsgericht verwirft einen verspäteten Antrag als 10 unzulässig, ohne Mängel bei der Urteilszustellung zu berücksichtigen (Hamm JMBlNW **82**, 138). Sonst prüft es die Zulässigkeit der Revision in umfassender Weise (BGH **11**, 152, 155; **16**, 115, 118), und zwar so, als hätte es nach § 349 I über die Zulässigkeit der Revision zu entscheiden. Es prüft auch, ob das Rechtsmittel überhaupt als Revision oder als Berufung anzusehen war (Hamm StraFo **97**, 210; NJW **03**, 1469). Es „bestätigt" den angefochtenen Beschluss nicht (BGH 4 StR 21/79 vom 24.1.1979; aM KK-Gericke 22), sondern verwirft den Antrag als unbegründet, wenn die Revision, sei es auch aus anderen als in dem angefochtenen Beschluss genannten Gründen, unzulässig ist (BGHR § 345 I Fristbeginn 1;

Schleswig SchlHA **80**, 178 [E/J]). Durfte der Tatrichter diese Gründe nicht prüfen (oben 2), so wird der Beschluss aufgehoben und durch einen Verwerfungsbeschluss nach § 349 I ersetzt (BGH **16**, 115, 118; NStZ **97**, 148; Bay NStZ **95**, 142; strRspr). Wenn der Beschluss wegen Rücknahme der Revision nicht mehr ergehen durfte, wird er aufgehoben und festgestellt, dass die Revision wirksam zurückgenommen worden ist (BGH NStZ **05**, 583; erg 11a zu § 302). Wird sie erst nach Erlass des Beschlusses zurückgenommen, so verliert dieser seine Wirkung ohne weiteres (Bay DAR **77**, 207 [R]). Dass ein inhaltlich richtiger Beschluss vorzeitig (oben 4) ergangen ist, hindert die Verwerfung des Antrags nicht (BGH NStZ **95**, 20 [K]; Frankfurt NStZ-RR **03**, 204, 205); dies gilt allerdings nicht, wenn die Verwerfungsentscheidung dem Revisionsführer noch während laufender Begründungsfrist zugestellt worden ist (Bamberg StraFo **18**, 436).

11   **Verfahrenshindernisse** (Einl 141 ff), die vor Urteilserlass eingetreten sind, werden bei Unzulässigkeit der Revision nicht berücksichtigt; denn wenn die Nichtbeachtung eines Verfahrenshindernisses in das Urteil eingegangen ist, kann nur die zulässige Revision selbst das Urteil beseitigen (BGH **22**, 213; BGH **23**, 365, 367; **25**, 259, 261; Bay **69**, 144; Hamm NStZ-RR **08**, 383; Oldenburg StraFo **08**, 509; Schleswig NJW **78**, 1016). Nach Urteilserlass eingetretene Verfahrenshindernisse sind zu berücksichtigen, auch wenn die Revision nicht oder verspätet oder nicht in rechter Form begründet worden und daher unzulässig ist (BGH **22**, 213), jedoch nicht mehr nach Zurücknahme der Revision und dadurch eingetretener Rechtskraft (oben 3).

12   Eine **Kostenentscheidung** enthält der Verwerfungsbeschluss nicht, da das KVGKG dafür keine Gebühr vorsieht und Auslagen nicht entstehen (Koblenz VRS **68**, 51; KK-Gericke 23). Der Staatskasse werden auch die notwendigen Auslagen des mit dem Antrag erfolgreichen Antragstellers nicht auferlegt (Schleswig SchlHA **90**, 126 [L/G]; aM Zweibrücken OLGSt S 13).

13   Der Beschluss wird mit seinem Erlass **rechtskräftig,** auch wenn statt des zuständigen BGH ein OLG entschieden hat (RG **55**, 100). Eine Aufhebung wegen Rechtsirrtums ist ausgeschlossen (BGH NJW **51**, 771). Beruht der Beschluss auf einem Irrtum über Tatsachen, so kann er abgeändert oder aufgehoben werden (BGH aaO; KG NZV **09**, 575; Bay VRS **86**, 348; aM R. Schmitt JZ **61**, 15; nach LR-Franke 35 ist § 356a anzuwenden), zB wenn der Angeklagte vor seinem Erlass verstorben ist (Schleswig NJW **78**, 1016).

14   D. Die **Beschwerde nach** § 304 I wird durch II ausgeschlossen (BGH **10**, 88, 91), auch wenn der Tatrichter seine Prüfungsbefugnis überschritten hat oder das Rechtsmittel keine Revision nach § 335 I, sondern eine Berufung ist (Hamm NJW **56**, 1168; **69**, 1821; Kleinknecht JZ **60**, 674; aM Stuttgart Justiz **72**, 208).

15   4) **Vollstreckbarkeit des Urteils:** Bei verspäteter Revision muss trotz eingetretener Rechtskraft (§ 343 I) die Vollstreckung bis zum Erlass des Verwerfungsbeschlusses nach I ausgesetzt werden; das folgt aus II S 2 Hs 2. Mit dem Verwerfungsbeschluss I wird das Urteil in den anderen Fällen der Unzulässigkeit der Revision nicht rechtskräftig (oben 5). Seine Vollstreckung wird jedoch auch dann nicht gehemmt, wenn der Antrag nach II gestellt wird (II S 2 Hs 2); das Urteil wird schon mit Erlass des Beschlusses nach I vorläufig vollstreckbar (KK-Gericke 27; vgl auch BGH **22**, 213, 218). Die Vollstreckung sollte aber, abgesehen vom Fall des Übergangs von UHaft in Strafhaft, möglichst bis zur Erledigung des Antrags nach II aufgeschoben werden (LR-Franke 37; für Nichtanwendung des II S 2 überhaupt Bringewat StVollstr 15 zu § 449).

16   5) **Zusammentreffen mit Wiedereinsetzungsantrag:** Über den Antrag auf Wiedereinsetzung in den vorigen Stand gegen die Versäumung der Frist für Einlegung und Begründung der Revision entscheidet das Revisionsgericht (§ 46 I). Der Wiedereinsetzungsantrag kann mit dem Antrag nach II S 1 verbunden, aber auch noch nach Erlass, sogar noch nach Rechtskraft des Verwerfungsbeschlusses nach I gestellt werden (BGH **25**, 89, 91; RG **67**, 197, 200). Der Tatrichter darf die Revi-

sion bei Vorliegen eines Wiedereinsetzungsantrags nicht mehr nach I verwerfen (BGH NJW **14**, 1686; Frankfurt NStZ-RR **14**, 254; oben 4). Tut er es dennoch, so wird sein Beschluss bei Gewährung der Wiedereinsetzung gegenstandslos, was in dem Wiedereinsetzungsbeschluss ausgesprochen wird. Andererseits ist der Wiedereinsetzungsantrag gegenstandslos, wenn keine Frist versäumt war (BGH **11**, 152, 154).

Das **Revisionsgericht entscheidet** zunächst über den Wiedereinsetzungsantrag, weil sich bei dessen Begründetheit der Antrag nach § 346 II erledigt (BGH aaO; 1 StR 245/13 vom 6.8.2013; Hamm MDR **79**, 426). Ist noch kein Beschluss nach I ergangen und ist der Wiedereinsetzungsantrag unbegründet, so entscheidet das Revisionsgericht über das Rechtsmittel nach § 349 I (BGH 3 StR 461/12 vom 18.12.2012; Bay **74**, 98). Von einer Verwerfung nach § 346 I ist abzusehen bzw ein nach I ergangener Beschluss aufzuheben, wenn nach der gebotenen Bestellung eines (neuen) Pflichtverteidigers die Gewährung von Wiedereinsetzung in die versäumte Frist zur Begründung der Revision in Betracht kommt (Hamm StV **11**, 658; Karlsruhe StV **05**, 77 L). 17

Für **Wiedereinsetzungsentscheidungen durch den unzuständigen Tatrichter** gilt folgendes: Hat der Tatrichter mit dem Beschluss nach I den vorher gestellten Wiedereinsetzungsantrag abgelehnt, so kann das Revisionsgericht diesen Beschluss trotz seiner Rechtskraft aufheben und Wiedereinsetzung gewähren (7 zu § 46). Dagegen ist es an die Gewährung der Wiedereinsetzung durch den Tatrichter gebunden (Bay **80**, 36; KK-Gericke 32; erg 7 zu § 46). 18

**Zustellung; Gegenerklärung; Vorlage der Akten
an das Revisionsgericht**   RiStBV 156, 162–166, 168

347 ¹¹Ist die Revision rechtzeitig eingelegt und sind die Revisionsanträge rechtzeitig und in der vorgeschriebenen Form angebracht, so ist die **Revisionsschrift dem Gegner des Beschwerdeführers zuzustellen.** ²Diesem steht frei, binnen einer Woche eine schriftliche Gegenerklärung einzureichen. ³Wird das Urteil wegen eines Verfahrensmangels angefochten, so gibt der Staatsanwalt in dieser Frist eine Gegenerklärung ab, wenn anzunehmen ist, dass dadurch die Prüfung der Revisionsbeschwerde erleichtert wird. ⁴Der Angeklagte kann die Gegenerklärung auch zu Protokoll der Geschäftsstelle abgeben.

II **Nach Eingang der Gegenerklärung oder nach Ablauf der Frist sendet die Staatsanwaltschaft die Akten an das Revisionsgericht.**

1) Die **Revisionsschrift (I),** dh die Revisionsanträge und ihre Begründung, auch soweit sie schon in der Einlegungsschrift enthalten sind, nicht aber vom Angeklagten selbst verfasste Erklärungen, werden dem Gegner des Beschwerdeführers zugestellt, wenn Frist und Form der Revision gewahrt sind. Gegner ist bei einer Revision der StA, des Privatklägers und des Nebenklägers der Angeklagte, bei Revisionen des Angeklagten, seines gesetzlichen Vertreters und Erziehungsberechtigten der StA und der Privat- oder Nebenkläger. Dem Angeklagten wird auch die zu seinen Gunsten eingelegte Revision der StA zugestellt (KK-Gericke 4). Die Zustellung (§§ 37, 41) ist Sache des Gerichts, auch wenn die StA Revision eingelegt hat (LR-Franke 4; vgl aber RiStBV 162 III). Eine förmliche Zustellungsanordnung des Vorsitzenden ist üblich, aber entbehrlich; denn § 36 I S 1 gilt nur für Entscheidungen. 1

2) Die **Gegenerklärung (I S 2)** kann, muss aber nicht abgegeben werden. Begründet der Angeklagte oder der Nebenkläger seine Revision nur mit der Verletzung sachlichen Rechts, so kann die StA regelmäßig von einer Gegenerklärung absehen (RiStBV Nr 162 I). 2

Wird das Urteil allerdings wegen eines **Verfahrensmangels** angefochten, so muss der StA eine Gegenerklärung abgeben, wenn anzunehmen ist, dass dadurch die Prüfung des Revisionsgerichts erleichtert wird (I S 3). Die durch Gesetz vom 2a

17.8.2017 eingeführte, inhaltlich RistBV Nr 162 II entsprechende Regelung unterstreicht die Bedeutung der staatsanwaltlichen Gegenerklärung für die revisionsgerichtliche Prüfung. Das Revisionsgericht wird grundsätzlich das Revisionsvorbringen in tatsächlicher Hinsicht seiner Rechtsprüfung zugrundelegen, wenn sich aus der Erklärung der StA nichts Gegenteiliges ergibt (vgl BGH NStZ **02**, 275). Dem entsprechend kann sich die Gegenerklärung ggf auf den Hinweis beschränken, dass der Revisionsführer den Sachverhalt vollständig und richtig dargestellt hat. Ist das nicht der Fall oder betrifft das Revisionsvorbringen nicht protokollierungspflichtige Vorgänge, sollte sich die Gegenerklärung damit auseinandersetzen (ausführlich dazu Drescher NStZ **03**, 296 und Kalf NStZ **05**, 190, jeweils mit Fallbeispielen). Zu den Einzelheiten siehe RiStBv Nr 162 II S 2 bis 7.

2b Die Revisionsgegenerklärung **kann** allerdings **unterbleiben**, wenn sie nicht zu einer erleichterten Prüfung des Revisionsgerichts beiträgt. Dies soll etwa der Fall sein, wenn die Revision offensichtlich unbegründet ist (BT-Drucks 18/11277 S 36). Allerdings sollte insoweit kein engherziger Maßstab angelegt werden.

2c Die StA holt auch die etwa erforderlichen **dienstlichen Erklärungen** ein und nimmt sie in die Gegenerklärung auf, selbst wenn die Wochenfrist des I S 2 nicht eingehalten werden kann. Diese Frist ist keine Ausschlussfrist. Die Gegenerklärung bedarf nur der einfachen Schriftform (Einl 128); der Angeklagte kann sie auch zu Protokoll der Geschäftsstelle abgeben (I S 4).

3 Ihre **Mitteilung an den Beschwerdeführer** sieht § 347 nicht vor, kann aber nach Art 103 I GG geboten sein (**aM** Schulte Rebmann-FS: zwingend). Das Unterlassen der Mitteilung verletzt den Anspruch auf rechtliches Gehör, wenn die Gegenerklärung der StA neue Tatsachen oder Beweisergebnisse, insbesondere dienstliche Äußerungen zu Verfahrensrügen, enthält (BVerfGE **7**, 725; Röhl NJW **64**, 276), nicht aber, wenn sie nur aus Rechtsausführungen besteht (BayVGH NJW **62**, 1387; Röhl aaO; **aM** KMR-Momsen 7; Dahs Rev 575; Wimmer NJW **63**, 2247; vgl auch EKMR NJW **63**, 2247). In der Praxis ist die Bekanntgabe der Gegenerklärung der StA an den Beschwerdeführer üblich. Wegen der förmlichen Zustellung der Gegenerklärung vgl RiStBV 162 III S 3.

4 3) Die **Aktenübersendung an das Revisionsgericht (II)** wird spätestens nach Ablauf der Wochenfrist vom Vorsitzenden angeordnet (vgl RiStBV 162 IV) und durch die StA bewirkt. Dabei ist das Beschleunigungsgebot zu beachten (BGH **35**, 137). Die Akten werden dem Revisionsgericht durch die StA bei diesem Gericht vorgelegt (RiStBV 163 I S 1). Dazu allg Wielop NStZ **86**, 449. Zum Revisionsübersendungsbericht vgl RiStBV 164, 165, zur Übersendung von Überführungsstücken und Beiakten RiStBV 166.

5 4) **Anhängig beim Revisionsgericht** wird die Sache erst, wenn die Akten nach § 347 vorgelegt werden (BGH **12**, 217; Bay **74**, 121; Karlsruhe NJW **75**, 1459), dann aber ohne Rücksicht auf die Zuständigkeit des Revisionsgerichts (LR-Franke 9; Geppert GA **72**, 166; **aM** Hamm NJW **71**, 1623 05 mit abl Anm Jauernig NJW **71**, 1819). War die Revisionsbegründungsfrist mangels wirksamer Zustellung des Urteils noch nicht in Lauf gesetzt, so werden die Akten dem Tatrichter zur Nachholung der Zustellung und erneuten Vorlage nach § 347 zurückgegeben (Bay **75**, 107; Düsseldorf MDR **94**, 87).

6 5) **Zuständig zur Entgegennahme von Erklärungen über die Revision** (Beschränkung, Zurücknahme) ist bis zum Anhängigwerden der Sache beim Revisionsgericht der Tatrichter (Hamburg MDR **83**, 154; Hamm GA **72**, 86), danach das Revisionsgericht (BGH MDR **78**, 281 [H]; Bay DAR **77**, 207 [R]; Hamburg aaO), auch wenn es sich in Wahrheit um eine Berufung oder Rechtsbeschwerde handelt (Bay **75**, 1). Erst nach Entscheidung des Revisionsgerichts eingehende Erklärungen sind unbeachtlich (BGH LM § 302 Nr 2; Köln JR **76**, 514 mit Anm Meyer), auch wenn die Rücknahme nach § 299 zu Protokoll erklärt wird (BGH MDR **78**, 281 [H]) oder bei dem nicht mehr zuständigen Tatrichter vor der Revisionsentscheidung eingeht (LR-Franke 10).

6) Zuständigkeit für gerichtliche Entscheidungen: Mit Einlegung der Revision wird das Revisionsgericht zuständig für die Zurückweisung von Verteidigern nach § 146a (Stuttgart NStZ **85**, 39 L) und für die Zulassung des Nebenklägers (RG **76**, 178; erg 8 zu § 396). Erst mit Eingang der Akten ist es aber zuständig für die Bestellung eines Beistands nach § 397a I auf Antrag des Nebenklägers, dem bisher noch kein RA beigeordnet worden ist (BGH NJW **99**, 2380), sowie für die Bewilligung von Prozesskostenhilfe an Privat- und Nebenkläger zum Zweck der Revisionsbegründung (BGH aaO; erg 13 zu § 397a). Dagegen bleibt der letzte Tatrichter zuständig für alle Entscheidungen über die UHaft (§ 126 II S 2), über Beschlagnahmen (4 zu § 98; 2 zu § 111e), über die vorläufige Entziehung der Fahrerlaubnis (7, 14 zu § 111a) und über das vorläufige Berufsverbot (6 zu § 132a). Der Tatrichter muss nach § 46 I auch über Wiedereinsetzungsanträge gegen die Versäumung der Hauptverhandlung entscheiden; das Revisionsgericht ist auch dann nicht zuständig, wenn er das versehentlich unterlassen hat (BGH **22**, 52; Stuttgart NJW **76**, 1905; KK-Gericke 12; **aM** Bay **63**, 54; erg 2 zu § 46). Unzulässige Anträge auf Verlängerung der Revisionsbegründungsfrist darf der Tatrichter bescheiden, solange er die Akten nicht vorgelegt hat (Düsseldorf NStZ **84**, 91). 7

7) Der Übergang der gerichtlichen Zuständigkeit auf das Revisionsgericht findet mit dem Anhängigwerden der Sache (oben 5) statt für Entscheidungen über die Zulassung des Verteidigers nach § 138 II (Bay **78**, 27), auch wenn das AG bereits die Zulassung versagt und das LG die Beschwerde verworfen hat (Bay aaO), über die Zurückweisung von Verteidigern nach § 146a (Stuttgart NStZ **85**, 39 L), über die Einstellung wegen eines Verfahrenshindernisses nach § 206a (BGH **22**, 213, 218) und für Kostenentscheidungen nach Rücknahme der Revision (BGH **12**, 217; KK-Gericke 11), selbst wenn es sich in Wahrheit um eine Berufung handelt (Bay **75**, 1; LR-Franke 12). 8

Unzuständigkeit des Gerichts

348 **I Findet das Gericht, an das die Akten gesandt sind, daß die Verhandlung und Entscheidung über das Rechtsmittel zur Zuständigkeit eines anderen Gerichts gehört, so hat es durch Beschluß seine Unzuständigkeit auszusprechen.**

II Dieser Beschluß, in dem das zuständige Revisionsgericht zu bezeichnen ist, unterliegt keiner Anfechtung und ist für das in ihm bezeichnete Gericht bindend.

III Die Abgabe der Akten erfolgt durch die Staatsanwaltschaft.

1) Über die **sachliche Zuständigkeit** des Revisionsgerichts entscheidet das Gericht, dem die Akten nach § 347 II zuerst vorgelegt werden (Hamm JMBlNW **90**, 91). Es spricht ggf seine (sachliche) Unzuständigkeit durch Beschluss aus (I) und bezeichnet gleichzeitig das zuständige Gericht (II). Diese Befugnis hat auch das OLG, das den BGH für zuständig hält; der Grundsatz, dass stets das höhere Gericht die Zuständigkeit bestimmt, gilt hier nicht (Meyer JR **83**, 344). 1

Der **Verweisungsbeschluss,** der nicht zurückgenommen werden kann, ergeht ohne mündliche Verhandlung und ohne vorherige Anhörung der Beteiligten (KK-Gericke 2); er kann noch in der Hauptverhandlung erlassen werden). Die Aktenübersendung erledigt die StA (III). 2

Das in dem Beschluss bezeichnete Revisionsgericht, auch der BGH, ist **an den Beschluss gebunden,** auch wenn er falsch ist (BGHR Zuständigkeit 3; RG **35**, 157; **67**, 59), aber nur in der Zuständigkeitsfrage, indem eine Rück- und Weiterverweisung ausgeschlossen ist (KK-Gericke 3). In der sonstigen rechtlichen Beurteilung ist das Revisionsgericht frei (RG **35**, 157), insbesondere auch hinsichtlich einer Entscheidung nach § 355 (BGHR aaO). 3

2) Die **Entscheidung eines sachlich unzuständigen Revisionsgerichts** ist unanfechtbar und endgültig (KK-Gericke 5; LR-Franke 4; **aM** Hamm NJW **71**, 4

§ 349
Drittes Buch. 4. Abschnitt

1623 mit abl Anm Jauernig NJW **71**, 1819). Der BGH kann Urteile oder Beschlüsse eines unzuständigen OLG nicht aufheben (RG **22**, 113; **32**, 89, 92).

5 3) Die **entsprechende Anwendung des § 348** ist geboten und zulässig, wenn bei der unbenannten Urteilsanfechtung (2 zu § 335) oder beim Übergang von einem Rechtsmittel zum andern (9 ff zu § 335) Streit darüber entsteht oder entstehen kann, ob eine Berufung oder Revision vorliegt (BGH **31**, 183; Bay wistra **01**, 279; München wistra **09**, 327; Stuttgart VRS **77**, 70). Die Vorschrift gilt ferner entspr bei einem Streit darüber, ob gegen einen Beschluss des LG der BGH oder das OLG zuständig ist oder ob gegen eine Entscheidung des AG die Rechtsbeschwerde oder die sofortige Beschwerde gegeben ist. Der BGH bzw das OLG entscheidet dann mit bindender Wirkung (BGH **39**, 162; NStZ **10**, 50, 51; 4 StR 60/14 vom 4.12.2014). I ist auch anwendbar, wenn das Vordergericht aufgrund vollständiger Einstellung des Verfahrens nicht mehr durch Urteil entscheiden konnte und es deshalb an einem Prozessgegenstand fehlt (BGH 1 StR 317/19 vom 19.9. 2019).

6 4) Ist die Sache vor ein **funktionell unzuständiges OLG** gelangt, also an ein anderes als dem AG oder LG übergeordnetes Gericht, was bei Zuständigkeitskonzentrationen für bestimmte Straftaten geschehen kann, so gilt nicht § 348 sondern § 16 entspr (**aM** BGH NStE Nr 1; KK-Gericke 1; erg 6 zu § 16). Bei beiderseitiger Zuständigkeits- oder Unzuständigkeitserklärung finden daher §§ 14, 19 Anwendung; eine bindende Zuweisung nach § 348 II kann hier entgegen BGH (aaO) nicht erfolgen.

Entscheidung ohne Hauptverhandlung durch Beschluss

349 I Erachtet das Revisionsgericht die Vorschriften über die Einlegung der Revision oder die über die Anbringung der Revisionsanträge nicht für beobachtet, so kann es das Rechtsmittel durch Beschluß als unzulässig verwerfen.

II Das Revisionsgericht kann auf einen Antrag der Staatsanwaltschaft, der zu begründen ist, auch dann durch Beschluß entscheiden, wenn es die Revision einstimmig für offensichtlich unbegründet erachtet.

III 1 Die Staatsanwaltschaft teilt den Antrag nach Absatz 2 mit den Gründen dem Beschwerdeführer mit. 2 Der Beschwerdeführer kann binnen zwei Wochen eine schriftliche Gegenerklärung beim Revisionsgericht einreichen.

IV Erachtet das Revisionsgericht die zugunsten des Angeklagten eingelegte Revision einstimmig für begründet, so kann es das angefochtene Urteil durch Beschluß aufheben.

V Wendet das Revisionsgericht Absatz 1, 2 oder 4 nicht an, so entscheidet es über das Rechtsmittel durch Urteil.

Übersicht

	Rn
1) Unzulässige Revisionen (I)	1–5
2) Beschlussverwerfung bei offensichtlich unbegründeten Revisionen (II, III)	6–22
A. Entlastung der Revisionsgerichte	7
B. Revisionen der StA, des Nebenklägers, des Privatklägers	8, 9
C. Offensichtliche Unbegründetheit der Revision	10, 11
D. Antrag der StA (II)	12–14
E. Mitteilung des Antrags (III S 1)	15, 16
F. Gegenerklärung (III S 2)	17
G. Verwerfungsbeschluss	18–22
3) Rechtskraft der Verwerfungsbeschlüsse nach I und II	23–26
4) Urteilsaufhebung durch Beschluss (IV)	27–34
5) Entscheidung durch Urteil (V)	35

§ 349

1) Unzulässige Revisionen (I) darf das Revisionsgericht, bei dem die Sache 1
anhängig geworden ist (5 zu § 347), nicht an den Tatrichter zur Verwerfung nach
§ 346 I zurückgeben (Bay **74**, 99; Düsseldorf VRS **64**, 269); es muss sie vielmehr
durch Beschluss nach I oder durch Urteil (V) verwerfen (BGH 4 StR 84/15 vom
12.1.2016). Auch eine Einstellung nach § 153 (2 zu § 353) ist hier nicht zulässig.
Nach I entscheidet das Revisionsgericht auch, wenn der Tatrichter die Revision
rechtsirrig für zulässig gehalten (BGH NStZ-RR **09**, 37 [C]) oder aus Gründen
verworfen hat, die er nicht zu prüfen hatte (10 zu § 346). Hält das Revisionsgericht die Revision entgegen dem Verwerfungsantrag der StA für zulässig, so weist
es diesen zurück. Die StA muss dann einen Sachantrag stellen (BGH wistra **11**,
236); weigert sie sich, muss der Senat in der Sache durch Urteil entscheiden
(BGH 5 StR 467/10 vom 12.4.2011).
Wegen der hier für die Verwerfung als unzulässig in Betracht kommenden 2
Gründe vgl 2 zu § 346. Eine Vorschrift über die Anbringung der Revisionsanträge
is des I ist auch § 337, soweit er nur die Rüge von Rechtsfehlern zulässt. Wird nur
die Beweiswürdigung beanstandet oder werden Widersprüche oder Denkfehler in
den Urteilsgründen daraus hergeleitet, dass diese unrichtig wiedergegeben werden,
so ist die Revision als unzulässig zu verwerfen (19 zu § 344). Eine nach Zurücknahme erneut eingelegte Revision ist nicht unzulässig, sondern für erledigt zu
erklären (vgl 11 zu § 302).
Der **Verwerfungsbeschluss,** der mit einfacher Mehrheit ergeht (§ 196 I GVG), 3
darf nur außerhalb der Hauptverhandlung erlassen werden; in der Hauptverhandlung wird durch Urteil entschieden (Bay **61**, 197).
Der Anspruch der Prozessbeteiligten auf **rechtliches Gehör** (§ 33 III) verlangt, 4
dass ihnen die Ergebnisse einer Beweisaufnahme des Revisionsgerichts über Verfahrensfragen (Vernehmung von Justizbediensteten, Einholung dienstlicher Erklärungen) vor der Entscheidung zur Stellungnahme mitgeteilt werden (BVerfGE **9**,
261; **10**, 274; erg 3 zu § 347).
Wegen der Berücksichtigung von **Verfahrenshindernissen** vgl 11 zu § 346. 5

2) Beschlussverwerfung bei offensichtlich unbegründeten Revisionen 6
(II, III):
A. Die **Entlastung der Revisionsgerichte** durch schnelle Erledigung aus- 7
sichtsloser Revisionen bezweckt die Vorschrift, die mit dem GG (BVerfG NJW **82**,
925; NJW **87**, 2219) und Art 6 I S 1 EMRK (EGMR JR **15**, 95; BVerfG NJW
14, 2563; BGH NStZ-RR **16**, 383) vereinbar ist (Allgayer JR **15**, 64). Die im
Schrifttum an der Vorschrift und ihrer praktischen Handhabung geübte Kritik (vgl
Krehl GA **87**, 162; Kreuzer StV **82**, 444 ff; Peters 655 ff; von Stackelberg Dünnebier-FS 365; Wohlers HRRS **15**, 271) lässt außer acht, dass die Revisionsgerichte,
deren Spruchkörper nicht beliebig vermehrt werden können, ihren Arbeitsanfall
nur bewältigen können, weil sie weitgehend Gebrauch von II machen; der BGH
verwirft etwa 80 % der Revisionen durch Beschluss (vgl F. Meyer StV **84**, 222;
Rieß Sarstedt-FS 286, 323; Schoreit Pfeiffer-FS 397; allgemein zur Revisions-Rspr
des BGH Barton StraFo **98**, 325 ff; Nack NStZ **97**, 153 ff). Allerdings können auch
offensichtlich unbegründete Revisionen nach V durch Urteil beschieden werden,
zB bei besonderem Interesse an der Veröffentlichung einer mit Gründen versehenen Entscheidung (BGH **38**, 177, 178), nicht aber allein wegen der Höhe
der Strafe oder des besonderen Aufsehens des Falles in der Öffentlichkeit
(H. W. Schmidt MDR **79**, 708; **aM** R. Hamm 1386). Ein Anspruch auf mündliche Verhandlung besteht jedoch nicht (EGMR JR **15**, 95; BVerfG NStZ **02**, 487;
NJW **14**, 2563; BGH 4 StR 536/09 vom 12.1.2010; **aM** Meyer-Mews/Rotter
StraFo **11**, 14). Verhandlungsunfähigkeit des Angeklagten steht der Entscheidung
nach § 349 nicht entgegen (Bay **02**, 129; erg 3a zu § 350).
B. **Revisionen der StA** können ebenfalls nach II verworfen werden (BGH 8
StV **05**, 596 mwN; LR-Franke 14). Die StA beim Revisionsgericht wird die beschwerdeführende StA aber idR darauf hinweisen, dass die Revision aussichtslos
erscheint, und die Zurücknahme anheimstellen, sofern sie nicht selbst das Rück-

nahmerecht hat. Auch das Revisionsgericht kann der StA anheimgeben, die Zurücknahme in Erwägung zu ziehen.

9 Zulässig ist die Beschlussverwerfung auch bei der **Revision des Nebenklägers** (Köln aaO) und des **Privatklägers** (Stuttgart NJW **67**, 792 mit Anm Roxin), bei dessen Revision der Antrag nach II und die Anhörung nach III entfallen.

10 C. **Offensichtlich unbegründet** ist die Revision, wenn für jeden Sachkundigen ohne längere Prüfung erkennbar ist, welche Rechtsfragen vorliegen, wie sie zu beantworten sind und dass die Revisionsrügen dem Rechtsmittel nicht zum Erfolg verhelfen können (BVerfG NStZ **02**, 487); die Entbehrlichkeit der Hauptverhandlung ist kein taugliches Abgrenzungsmerkmal (vgl LR-Franke 8 ff). Der Umfang der Revisionsbegründung, insbesondere die Zahl der Verfahrensrügen, ist für die Erforderlichkeit der Urteilsverwerfung kein Beurteilungsmaßstab (BGH NStZ-RR **00**, 295 [K]), auch auf die Dauer des Revisionsverfahrens kann es – entgegen Hamm StV **01**, 221 mit zust Anm Neuhaus – nicht ankommen. Als offensichtlich unbegründet gilt die Revision nach Änderung des § 354 durch das 1. JuMoG auch, wenn die Rechtsfolgenzumessung zwar rechtsfehlerhaft ist, das Revisionsgericht die verhängte Rechtsfolge aber für angemessen erachtet (§ 354 Ia S 1). Hat hingegen die StA gemäß § 354 Ia S 2 eine angemessene Herabsetzung der Rechtsfolgen beantragt und will das Revisionsgericht dem nicht folgen, so ist eine Entscheidung durch Verwerfungsbeschluss ausgeschlossen.

11 Die **Unterscheidung** zwischen „einfacher" und „offensichtlicher" Unbegründetheit ist praktisch kaum durchführbar (**aM** Fürstenau StraFo **04**, 38; gegen ihn Meyer-Goßner DAV-FS 670; das BVerfG aaO räumt dem Revisionsgericht bei der Beurteilung der Frage der Offensichtlichkeit einen Ermessensspielraum ein). Nach ständiger Spruchpraxis der Revisionsgerichte wird daher auch II entschieden, wenn die von der Revision aufgeworfenen Rechtsfragen zweifelsfrei zu beantworten sind und die Durchführung der Hauptverhandlung keine neuen Erkenntnisse tatsächlicher oder rechtlicher Art erwarten lässt, die das gefundene Ergebnis in Zweifel ziehen könnten (BGH NJW **01**, 85). Diese Praxis ist schon deswegen nicht zu beanstanden, weil es sich bei der Revision um ein im Wesentlichen schriftliches Verfahren handelt (Fezer StV **07**, 47; Meyer-Goßner Sarstedt-FS 226; Ventzke NStZ **03**, 104). Nicht die „Offensichtlichkeit", sondern das Antrags- und Einstimmigkeitserfordernis (unten 12 und 18) garantieren, dass nur unbegründete Revisionen ohne Hauptverhandlung verworfen werden (Tolksdorf Salger-FS 407). Der Gesetzgeber sollte daher das Wort „offensichtlich" streichen, zumal es den Revisionsführer kränkt (Dahs NStZ **81**, 206; Dahs schlägt deshalb in NStZ **01**, 298 zutr eine der Formulierung des BGH aaO entspr Neufassung vor); noch besser wäre es, wenn der Gesetzgeber die Entscheidung durch Beschluss als Regel-, die durch Urteil zum Ausnahmefall erklären würde (Fezer aaO; zust Meyer-Goßner DAV-FS 678; Norouzi StV **15**, 776; Wohlers JZ **11**, 80).

12 D. Der **Antrag der StA** bei dem Revisionsgericht **(II)** ist eine zwingende Voraussetzung für die Beschlussverwerfung; ein ohne Antrag erlassener Beschluss verstößt gegen das Willkürverbot des Art 3 I GG (BVerfGE **59**, 98). Nach Stellung des Antrags vom Revisionsführer nachgeschobene Ausführungen zur Sachrüge brauchen ihr aber nicht noch einmal zur Stellungnahme zugeleitet zu werden (BGH NStZ-RR **08**, 385); eine erneute Antragstellung ist auch nach Gewährung der Wiedereinsetzung in den vorigen Stand zur Nachholung von Verfahrensrügen (7 zu § 44) nicht erforderlich (Stuttgart Justiz **97**, 456). Das Revisionsgericht darf der StA nicht vor Antragstellung seine Rechtsansicht darlegen und damit einen bestimmten Antrag „bestellen" (BVerfG StV **01**, 151 mit zust Anm Neuhaus; Gieg/Widmaier NStZ **01**, 57; **aM** – entgegen BVerfG – Zweibrücken NJW **01**, 2110 und Friemel NStZ **02**, 72, die verkennen, dass die StA ihren Antrag gerade ohne Kenntnis der Ansicht des Revisionsgerichts stellen muss und die Akten diesem nicht ohne Antrag zuleiten darf); allerdings kann das Revisionsgericht eine Änderung des gestellten Antrags anregen (KG StV **01**, 153; Düsseldorf NStZ **12**, 470 mit abl Anm Norouzi StraFo **13**, 210; **aM** SK-Wohlers 17).

Die **Begründung** des Antrags kann sich auf eine kurze Auseinandersetzung mit 13
dem Revisionsvorbringen beschränken (Kleinknecht JZ **65**, 160; vgl auch BVerfG
NJW **82**, 925; NStZ **02**, 487; Stuttgart NJW **68**, 1152), muss aber auf alle nicht
ganz abwegigen Verfahrensrügen eingehen (**aM** SK-Wohlers 19). Bei einer unausgeführten allgemeinen Sachrüge (18 zu § 344) genügt die Feststellung, dass das
Urteil keine Rechtsfehler erkennen lässt. In anderen Fällen kann ein bloßer Hinweis auf eine ständige oder gefestigte Rspr ausreichen. Ausführungen im Einzelnen
darüber, dass die Rügen offensichtlich unbegründet sind, sind nicht erforderlich
(vgl BVerfG NJW **87**, 2219; BGH wistra **16**, 452). Einen Anspruch auf ergänzende
Stellungnahme der StA zu nachgeschobenen Ausführungen zur Sachrüge, die nach
Fristablauf erfolgen, hat der Angeklagte nicht (BGHR § 33a Revision 1; § 45 II
Tatsachenvortrag 10).

Eine **Bindung des Revisionsgerichts** an die Begründung besteht nicht. Das 14
Revisionsgericht prüft die Begründetheit der Revision ohne Beschränkung auf
die Ausführungen der StA. Auch wenn es sie nur im Ergebnis für zutr hält, darf es
die Revision verwerfen (Gribbohm NStZ **83**, 97; F. Meyer StV **84**, 225; **aM**
R. Hamm StV **81**, 249, 317; Peters Dünnebier-FS 68 Fn 42); das ist verfassungsrechtlich unbedenklich (BVerfG NJW **82**, 925). In diesem Fall ist aber eine kurze
Begründung angezeigt (BVerfG NJW **02**, 814; unten 20), vorgeschrieben ist sie
jedoch nicht (BGH NStZ-RR **06**, 244 L). Es wäre *de lege ferenda* empfehlenswert,
die Verwerfung nicht von einem Antrag der StA abhängig zu machen, dafür aber
eine Begründung des Beschlusses vorzuschreiben, was bei einer Erhöhung der Zahl
der wissenschaftlichen Mitarbeiter der StSe machbar wäre (vgl dazu Meyer-Goßner
DAV-FS 668 ff; zust Wohlers HRRS **15**, 277).

E. Die **Mitteilung des Antrags (III S 1)** der StA mit den Gründen soll eine 15
Überraschung des Beschwerdeführers, der mit einer Hauptverhandlung rechnet,
verhindern und ihm das rechtliche Gehör sichern. Der Beschwerdeführer wird
dadurch auch zur Prüfung veranlasst, ob er das Rechtsmittel nicht besser zurücknimmt. Ein Hinweis auf das Recht zur Gegenerklärung (III S 2) ist gesetzlich
nicht vorgeschrieben, kann aber ausnahmsweise durch die Fürsorgepflicht (Einl
155 ff) geboten sein. Die Mitteilung macht die StA, nicht das Gericht. Hat der
Angeklagte einen Wahl- oder Pflichtverteidiger, so erhält nur dieser die Mitteilung
(BGH 4 StR 168/15 vom 28.7.2015 mwN; 1 StR 337/18 vom 21.12.2018), bei
mehreren Verteidigern nur der, der sich am Revisionsverfahren beteiligt hat (BGH
NStZ **16**, 179); der Angeklagte selbst wird dann nicht benachrichtigt (BGH
NStZ **81**, 95 [Pf]; StraFo **03**, 172), auch dann nicht, wenn er das Rechtsmittel
auch selbst zu Protokoll der Geschäftsstelle begründet hatte (BGH NStZ **99**, 41
mwN; einschr KK-Gericke 19).

Die Mitteilung wird – obwohl gesetzlich nicht vorgeschrieben (Bay NStZ- 16
RR **99**, 244) – förmlich **zugestellt,** dem Verteidiger gegen Empfangsbekenntnis.
Eine öffentliche Zustellung nach § 40 II ist auch dann nicht erforderlich, wenn der
Angeklagte keinen Verteidiger hat; seine Unauffindbarkeit hindert die Beschlussverwerfung nicht (Hamburg MDR **75**, 335 L).

F. Eine **Gegenerklärung (III S 2)** kann der Beschwerdeführer binnen 2 Wo- 17
chen nach Zustellung der Mitteilung gegenüber dem Revisionsgericht abgeben.
Dabei kann er die Revision zur Sachrüge näher begründen (8 zu § 352), auch der
Auffassung der StA entgegentreten (eingehend dazu Park StV **97**, 550), aber keine
weiteren Verfahrensrügen erheben (BGH wistra **10**, 312). Die Frist kann nicht
verlängert werden (BGH DRiZ **90**, 455; wistra **07**, 158; 231). Ihre Überschreitung
ist aber, da sie keine Ausschlussfrist ist, unschädlich (BGH MDR **66**, 728 [D]). Im
Beschluss wird dann idR vermerkt, dass der Schriftsatz „dem Senat vorgelegen"
habe, dh davon Kenntnis genommen wurde (BGH NStZ-RR **08**, 151; **09**, 38
[C]). Für die Gegenerklärung genügt die Schriftform (Einl 128); § 345 II gilt
nicht. Die Erklärung ist dem Revisionsgericht gegenüber abzugeben, das der
StA abschriftlich zur Kenntnis gegeben kann, aber nicht zur Stellungnahme zuleiten
muss (BGHR Gegenerklärung 1; BGH wistra **07**, 319); denn einer Stellungnahme

der StA bedarf es dazu nicht (BVerfG StraFo **07**, 463; BGH NStZ **03**, 103 mit Anm Ventzke). Das gilt auch dann, wenn in der Gegenerklärung die Sachrüge weiter ausgeführt worden ist (BGH NStZ-RR **05**, 14); auch eine Mitteilung des Gerichts, warum es die nachgeschobene Beanstandung für unbegründet erachtet, ist nicht erforderlich (BGH NStZ **09**, 52; NStZ-RR **08**, 385; **09**, 119; NJW **14**, 2802; StraFo **16**, 31). Liegt die Erklärung vor und ist keine Ergänzung angekündigt, so kann nach II entschieden werden, auch wenn die Frist des III S 2 noch nicht abgelaufen ist (BGH MDR **82**, 283 [H]). Ist allerdings die Frist hinsichtlich eines von mehreren Verteidigern noch nicht abgelaufen, rechtfertigt die möglicherweise erfolgte Versagung rechtlichen Gehörs, die Anhörung des Beschwerdeführers auf seinen Antrag nachzuholen (BGH 2 StR 409/17 vom 2.5.2018). Nach Fristablauf braucht eine Ergänzung auch dann nicht abgewartet zu werden, wenn sie in Aussicht gestellt worden ist (BGH **23**, 102; NStZ-RR **08**, 352; vgl auch BGH NStZ-RR **12**, 319). Dies dürfte auch zu gelten haben, wenn ein weiterer Verteidiger erst nach Ablauf der Frist für den bisherigen Verteidiger beauftragt wird und Akteneinsicht erhält (dahingestellt von BGH 2 StR 409/17 vom 2.5.2018). Nach Erlass (9 vor § 33) des Verwerfungsbeschlusses kann die Gegenerklärung nicht mehr berücksichtigt werden (BGH DAR **79**, 190 [Sp]; MDR **66**, 728 [D]; erg unten 24). Eine Wiedereinsetzung gegen die Fristversäumung findet nicht statt (BGH NStZ **16**, 496); jedoch gilt bei Versagung des rechtlichen Gehörs § 356a.

18 G. Der **Verwerfungsbeschluss** erfordert Einstimmigkeit, die sich auf die Unbegründetheit und auf ihre Offensichtlichkeit beziehen muss (Dahs Rev 584; Jagusch NJW **60**, 75; Römer MDR **84**, 356). Ob alle Senatsmitglieder das angefochtene Urteil sowie die Revisionsbegründung *gelesen* haben müssen oder ob es ausreicht, dass Vorsitzender und Berichterstatter dies getan haben und die übrigen Senatsmitglieder durch einen mündlichen Vortrag des Beschwerdeführers unterrichtet werden, wie es nach Ansicht des BGH dem Gesetz entspricht und der bisher ständige Praxis des BGH ist (BGH NJW **16**, 343; 5 StR 183/18 vom 10.10.2018: kein Anspruch auf das sog Zehn-Augen-Prinzip), wird neuerdings angezweifelt (Fischer NStZ **13**, 425; dagegen Basdorf ua NStZ **13**, 563 mit Replik Fischer/Eschelbach/Krehl ebenda; vgl ferner BGH StraFo **13**, 387; Becker HRRS **13**, 264; Brodowski HRRS **13**, 409; Hamm/Krehl NJW **14**, 903; Meyer-Goßner Tolksdorf-FS 323; Mosbacher NJW **14**, 124; Rissing-van Saan Beulke-FS 963).

19 In der **Beschlussformel** braucht der Ausdruck „offensichtlich unbegründet" nicht verwendet zu werden (BGH NStZ **94**, 353; KK-Gericke 26; aM LR-Franke 22; Peters JR **77**, 477; erg oben 11). Dass die Entscheidung auf Antrag der StA ergeht, pflegt entweder vor oder in der Beschlussformel angeführt zu werden. Die Einstimmigkeit kann, muss aber nicht erwähnt werden (LR-Franke aaO). Zusätze, etwa der Art, dass der Angeklagte durch die ungewöhnlich niedrige Strafe nicht beschwert ist, sind zulässig (krit Dahs NStZ **81**, 205).

20 Es ist auch nicht untersagt (aM Eschelbach GA **04**, 242, Rosenau ZIS **12**, 202: idR notwendig; v Döllen/Meyer-Mews StV **05**, 5 und Wohlers JZ **11**, 81: stets erforderlich), den Beschluss **mit Gründen zu versehen,** was in der Praxis nicht selten geschieht (vgl etwa BGH NJW **82**, 189; Düsseldorf NJW **87**, 1958), ohne dass es verfassungsrechtlich (BVerfG NStZ **02**, 487; StraFo **07**, 463) oder nach der EMRK (EGMR EuGRZ **08**., 274, 276) geboten wäre (BGH StraFo **14**, 121; NStZ-RR **16**, 251; vgl auch 3 StR 171/17 vom 24.7.2018; 1 StR 563/18 vom 21.11.2019). So kann, etwa wegen des Inhalts der Gegenerklärung oder beim Abweichen von der Antragsbegründung der StA (BGH StraFo **04**, 212; **04**, 236: allgemeine Übung der BGH-Senate), ein kurzer Hinweis auf die Rechtslage erforderlich sein (LR-Franke 17, 21). Dies ist uU ein nobile officium gegenüber dem Verteidiger (vgl Krehl GA **87**, 162, 177); hatte der Revisionsführer aber dezidiert Argumente gegen die Rechtsansicht der StA vorgetragen, erscheint eine Begründung des Gerichts idR erforderlich (vgl Wohlers JZ **11**, 78; Norouzi StV **15**, 776). Ein Schweigen des Senats offenbart jedoch dann deren Ungeeignetheit zur Entkräftung des An-

trags des GBA (BVerfG StV **13**, 674, 675; NJW **14**, 2563; BGH wistra **09**, 283; 483; 1 StR 556/07 vom 24.6.2009). Insoweit kann eine Verletzung des rechtlichen Gehörs nur dann vorliegen, wenn sich aus den besonderen Umständen des Falles deutlich ergibt, dass das Gericht ein Vorbringen überhaupt nicht zur Kenntnis genommen oder doch bei seiner Entscheidung ersichtlich nicht in Erwägung gezogen hat (BVerfG NJW **14**, 2563; BGH NStZ-RR **13**, 157).

Eine **Teilentscheidung** ist grundsätzlich (Ausnahme: 8 zu § 260) unzulässig, **21** wenn es sich um denselben Angeklagten handelt; über ein Rechtsmittel kann nur einheitlich nach II, IV oder V entschieden werden (HK-Temming 8; KMR-Momsen 10; **aM** Hamburg JZ **67**, 31 mit abl Anm Sarstedt; KK-Gericke 32). Bei mehreren Revisionen, die mehrere Angeklagte betreffen, kann aber teils nach I, II, IV oder V entschieden werden. Wegen der Verbindung eines Verwerfungsbeschlusses mit einer Entscheidung nach IV vgl unten 32.

In Verbindung mit dem Verwerfungsbeschluss ist eine **Abänderung des Ur- 22 teils** zum Nachteil des Angeklagten nicht grundsätzlich unzulässig; so kann eine Schuldspruchänderung (12 ff zu § 354) vorgenommen (BGH NStZ **94**, 25 [K]; Düsseldorf MDR **84**, 253; BGH NStZ-RR **04**, 67 [B]: auch auf Revision des Nebenklägers) oder auch eine Alternative der angewendeten Vorschrift durch eine andere ersetzt werden (BGH NJW **82**, 190; Düsseldorf NJW **85**, 2725). Das Gericht ist umgekehrt nicht gehindert, auch dann nach II zu verfahren, wenn es einer von der StA im Zusammenhang mit einem Verwerfungsantrag beantragten Schuldspruchänderung nicht entsprechen will (BGH 5 StR 111/11 vom 3.5.2011; BGHR § 349 II Antrag 1 und Verwerfung 4 mwN), eine beantragte nachträgliche Gesamtstrafenbildung nicht anordnet (BGH NStZ-RR **99**, 39 [K]; **04**, 228 [B]) oder von der beantragten Einbeziehung einer rechtskräftig erkannten Strafe (BGH 3 StR 210/97 vom 23.7.1997) oder der beantragten Aufhebung hinsichtlich der Nichtanordnung einer Unterbringung nach §§ 63, 64 StGB absieht (BGH NStZ-RR **98**, 142; **08**, 385 L; **10**, 116; 1 StR 317/14 vom 7.10.2014) oder bei einer Verfahrensverzögerung statt einer beantragten Kompensation die Feststellung des Konventionsverstoßes (9 ff zu Art 6 EMRK) für ausreichend erachtet (BGH NStZ-RR **08**, 384). Auch Anträge der StA, lediglich die Adhäsionsentscheidung aufzuheben oder die Strafverfolgung bei Aufrechterhaltung der angeordneten Rechtsfolgen nach § 154a zu beschränken oder über die Entscheidung nach § 357 auf einen Nichtrevidenten zu erstrecken, denen das Gericht nicht stattgeben will, stehen der Verwerfung der Revision nach II nicht entgegen (BGH NStZ **96**, 328, 329; NStZ-RR **14**, 90; 350). Ob das Gericht selbst entscheiden oder die Sache zurückverweisen will, bleibt ihm überlassen (BGH 4 StR 24/04 vom 10.2.2004; 3 StR 96/09 vom 5.5.2009). Über das Rechtsmittel gegen die Zubilligung einer Entschädigung (§ 406) kann es ohne Bindung an den Antrag der StA entscheiden (BGH NStZ **99**, 260; NStZ-RR **09**, 382 L). Zu diesen Fällen teilw **aM** Senge Rieß-FS 547.

3) Rechtskraft der Verwerfungsbeschlüsse nach I und II: **23**

A. Der Verwerfungsbeschluss **nach I** hat nur feststellende Bedeutung, wenn die **23a** Revision wegen verspäteter Einlegung verworfen wird (5 zu § 346). Sonst tritt die Rechtskraft nach § 34a mit Ablauf des Tages der Beschlussfassung ein. Eine Aufhebung des Beschlusses wegen eines Irrtums über Tatsachen ist wie bei § 346 II (dort 13) zulässig (KG NZV **09**, 575; Jena NStZ-RR **97**, 10; Naumburg OLGSt Nr 1).

Die Zurücknahme und Abänderung des **auf II gestützten** Verwerfungsbe- **24** schlusses ist zulässig, solange er noch nicht erlassen ist (9 vor § 33). Geht nach Beschlussfassung aber noch vor Hinausgabe des Beschlusses ein weiterer Schriftsatz des Beschwerdeführers ein, so kann von jedem Richter, an dem Beschluss mitgewirkt hat, eine neue Beratung verlangt werden (**aM** BGH NStZ **94**, 96; **11**, 713; **12**, 710: unabänderlich, wenn mit Unterschriften versehen in den Geschäftsgang gegeben); im Übrigen ist das Revisionsgericht zur erneuten Beratung aber nicht verpflichtet (erg 4 zu § 194 GVG). Nach Erlass mit Außenwirkung kann der Beschluss auch dann nicht zurückgenommen werden, wenn er auf Tatsachenirrtum

§ 349 Drittes Buch. 4. Abschnitt

beruht (BGH 17, 94, 96; MDR 56, 52; Geppert GA 72, 174; R. Schmitt JZ 61, 16).

Ausnahmen gelten nur, wenn überhaupt keine Revision eingelegt (Köln NJW 54, 692) oder die Revision vor Erlass des Verwerfungsbeschlusses wirksam zurückgenommen worden war (BGH NStZ 92, 225 [K]; 98, 27 [K]; 2 StR 304/ 15 vom 17.12.2015), wenn der Angeklagte nach Rechtsmitteleinlegung verstorben ist (Schleswig NJW 78, 1016) oder wenn über das Rechtsmittel nach § 335 III als Berufung hätte entschieden werden müssen (RG JW 27, 395 mit Anm Drucker; vgl auch BGH 17, 94, 97: Verwerfung ist unbeachtlich). Die Berichtigung offensichtlicher Schreibversehen (vgl 10 zu § 268) ist aber auch hier zulässig (BGH 3 StR 142/09 vom 7.5.2009). Wurde eine konventionswidrige Verfahrensverzögerung im Revisionsverfahren übersehen (9c zu Art 6 EMRK), ist dies auf Gegenvorstellung des Angeklagten zu korrigieren (Nürnberg StV 09, 519).

25   B. Die **Wiedereinsetzung in den vorigen Stand** ist im Fall I möglich (BGH 25, 89, 91; Düsseldorf MDR 83, 964; erg aber 7b aE zu § 44), nicht aber nach Verwerfung der Revision im Fall II (BGH 17, 94; 23, 102; 25, 89, 91; NStZ 97, 45; 99, 41; 16, 496; StraFo 03, 172; aM KMR-Momsen 32; LR-Franke 29; Geppert GA 72, 175); denn jede Sachentscheidung des Revisionsgerichts bringt das Verfahren zum Abschluss. Das gilt auch für die Entscheidung, die die Berufung als unzulässig verwirft (aM Frankfurt JR 78, 522 mit abl Anm Rieß).
26   Bei **Verletzung des rechtlichen Gehörs** gilt jedoch § 356a (vgl dort).

27   **4) Urteilsaufhebung durch Beschluss (IV):**
28   A. **Bei Revisionen zugunsten des Angeklagten** kann die Hauptverhandlung erspart werden, wenn das Revisionsgericht das Rechtsmittel einstimmig für begründet hält; offensichtlich begründet braucht es nicht zu sein. Die Revision ist zugunsten des Angeklagten eingelegt, wenn nur er selbst oder für ihn sein Verteidiger, gesetzlicher Vertreter oder Erziehungsberechtigter oder wenn die StA nach § 296 II zu seinen Gunsten Revision eingelegt hat. Die Aufhebung nach IV ist daher – schon nach dem Wortlaut der Vorschrift – nicht möglich, wenn die zu seinen Ungunsten eingelegte Revision der StA oder des Nebenklägers nach § 301 nur zu seinen Gunsten Erfolg hat (KMR-Momsen 26; Amelunxen [R] 77 ff; aM BGH NStZ 97, 379 [K] mwN; 12, 587; NStZ-RR 96, 130, weil dies den Angeklagten nicht beschwere; aber dem Rechtsmittelführer wird dadurch die Gelegenheit zur Äußerung und zur Rechtsmittelrücknahme abgeschnitten).

29   B. Eine **Entscheidung zugunsten des Angeklagten** muss ergehen. Das Revisionsgericht kann nach § 354 I entscheiden, insbesondere den Angeklagten freisprechen (Hamburg NJW 66, 1277; Hamm NJW 77, 207; Köln NJW 66, 512), den Schuldspruch berichtigen (12 ff zu 354), wenn nur dies das Ziel der Revision war, und das Urteil aufheben und die Sache nach §§ 354 II, III, 355 zurückverweisen. Nach IV kann auch die Berufung als unzulässig verworfen werden, wenn das Berufungsgericht sie als unbegründet verworfen hatte (Düsseldorf GA 83, 220).
29a **Besteht ein Prozesshindernis** und war es vom Tatrichter übersehen worden, so ist ebenfalls nach IV zu verfahren (Koblenz StraFo 05, 129); ist es hingegen erst im Revisionsverfahren eingetreten (zB Rücknahme des Strafantrags), ist § 206a anzuwenden (erg 6, 6a zu § 206a). Die Gegenmeinung wendet demgegenüber auch bei übersehenen Verfahrenshindernissen § 206a an, kommt damit aber in Schwierigkeiten, ob sie dem Revisionsgericht ein Wahlrecht zwischen beiden Vorschriften zubilligen (so Celle MDR 69, 503; Bohnert GA 82, 173; mit der Konsequenz, dass einmal – bei § 349 IV – Einstimmigkeit nötig wäre, im andern Fall – § 206a – Stimmenmehrheit genügen würde!) oder einer Vorschrift den Vorzug geben soll (für Vorrang des § 206a: Bay NStZ 05, 52, 55; für Vorrang des § 349 IV: LR-Franke 35). Es ist aber ausgeschlossen, dass die StPO für dieselbe Entscheidung zwei grundsätzlich anwendbare, unterschiedliche Vorschriften bereitstellt (eingehend Meyer-Goßner NStZ 04, 354); dies erkennt auch Bohnert GA 82, 173 zunächst richtig als „systemwidrig", er meint aber dann, die Wahlmöglichkeit entspreche „genau dem Entscheidungsverhalten des Tatrichters" (zust LR-Stucken-

berg 17 zu § 206a). Das ist unzutreffend: Der Wahlmöglichkeit des Tatrichters zwischen § 206a und § 260 III entspricht beim Revisionsgericht die zwischen §§ 349 IV und § 354 I; das besagt aber nichts dazu, ob und wann § 206a im Revisionsverfahren anwendbar ist. Auch der weitere Hinweis von Stuckenberg (aaO) auf die „auch dem Revisionsgericht zustehenden Einstellungsmöglichkeiten nach §§ 153, 154" verfängt nicht: § 153 und § 154 betreffen nicht dieselbe, sondern verschiedene verfahrensrechtliche Situationen. Entsprechendes wie für § 206a gilt für die Einstellung nach § 206b.

C. Der **Aufhebungsbeschluss** setzt keinen Antrag der StA voraus und kann 30 entgegen ihrer Auffassung und auch bei einem von ihr – ohne Begründung – gestellten Terminsantrag ergehen (BGH 5 StR 354/07 vom 2.4.2008). Hat sie Terminsanberaumung beantragt, so muss ihr aber Gelegenheit gegeben werden, zu der Revision sachlich Stellung zu nehmen (LR-Franke 37).

Die **Begründung** des Beschlusses unterscheidet sich grundsätzlich nicht von 31 der eines Revisionsurteils. Insbesondere bei Zurückverweisung der Sache muss in dem Urteil zugrunde liegende Rechtsauffassung wegen § 358 I klargestellt werden.

Eine **Verbindung mit der Entscheidung nach II** ist zulässig (BGH **43**, 31 32 mit abl Anm Wattenberg NStZ **99**, 95; die dagegen eingelegte Verfassungsbeschwerde wurde vom BVerfG [2 BvR 1017/97 vom 23.6.1997] nicht angenommen) und üblich (SK-Wohlers 57; Seibert NJW **66**, 1064).

Der Beschluss wird den Beteiligten formlos **bekanntgemacht** (§ 35 II S 2). 33

Er kann ebenso wenig wie ein Revisionsurteil **zurückgenommen oder wi-** 34 **derrufen** werden (BGH NStZ **97**, 379 [K]; 1 StR 62/19 vom 14.11.2019). Hat das Revisionsgericht allerdings irrtümlich über einen bloßen Urteilsentwurf des Tatrichters entschieden, hebt es den Beschluss auf (BGH NJW **16**, 1750 mit abl Anm Brinkmann ZIS **16**, 868), ebenso, wenn es irrig zuungunsten des Angeklagten nach IV entschieden hatte (BGH NStZ **95**, 18 [K]); auch Verkündungsversehen (10 zu § 268) können berichtigt werden (BGH NStZ-RR **00**, 39 [K]). Gegen die Verletzung rechtlichen Gehörs bei der Entscheidung gibt es die Anhörungsrüge nach § 356a (BGH StraFo **05**, 251; NStZ-RR **08**, 68 [B]).

5) Durch **Urteil (V)**, dh auf Grund einer Hauptverhandlung (§ 350), entschei- 35 det das Revisionsgericht, wenn es I, II oder IV nicht anwendet, gleichviel, ob es sich hieran rechtlich gehindert sieht oder von der Möglichkeit keinen Gebrauch machen will (vgl BVerfG StraFo **07**, 370). Auch bei gleichzeitiger Revision von StA und Angeklagtem muss über das Rechtsmittel des Angeklagten nicht auf Grund einer Hauptverhandlung entschieden werden (BVerfGE **112**, 185; BGH NStZ **92**, 30 [K]; NJW **99**, 2199; **aM** Bauer wistra **00**, 252; R. Hamm StV **00**, 637; Meyer-Mews NJW **05**, 1822). Mit Begründung versehene Terminsanträge der StA sind dem Angeklagten mitzuteilen (Schulte Rebmann-FS 477). Auch in der Hauptverhandlung wird in den Fällen der §§ 153 II, 154 II, 206a, 206b, 437 IV, 441 IV durch Beschluss entschieden.

Revisionshauptverhandlung

350 I ¹Dem Angeklagten, seinem gesetzlichen Vertreter und dem Verteidiger sowie dem Nebenkläger und den Personen, die nach § 214 Absatz 1 Satz 2 vom Termin zu benachrichtigen sind, sind Ort und Zeit der Hauptverhandlung mitzuteilen. ²Ist die Mitwirkung eines Verteidigers notwendig, so ist dieser zu laden.

II ¹Der Angeklagte kann in der Hauptverhandlung erscheinen oder sich durch einen Verteidiger mit nachgewiesener Vertretungsvollmacht vertreten lassen. ²Die Hauptverhandlung kann, soweit nicht die Mitwirkung eines Verteidigers notwendig ist, auch durchgeführt werden, wenn weder der Angeklagte noch ein Verteidiger anwesend ist. ³Die Entscheidung darüber, ob der Angeklagte, der nicht auf freiem Fuß ist, zu der Hauptverhandlung vorgeführt wird, liegt im Ermessen des Gerichts.

§ 350

1 **1) Die Anwesenheit der Verfahrensbeteiligten** in der Revisionshauptverhandlung hat das Gesetz vom 17.12.2018 (BGBl I 2571) grundlegend neu gestaltet und erweitert, um die EU-Richtlinie 2016/343 vom 9.3.2016 in nationales Recht umzusetzen.

2 **2) Ladung und Benachrichtigung (I):** Der Angeklagte, sein gesetzlicher Vertreter (vgl hierzu auch §§ 50 II, 67 II **JGG**), der Verteidiger sowie der Nebenkläger sind vom Termin zu benachrichtigen. Das gilt wegen des Verweises auf § 214 I S 2 ferner für den RA des Nebenklägers (§ 397 II S 3), den RA des Nebenklagebefugten (§ 406h II S 2) sowie den Verletzten (§ 406d I) bzw dessen Beistand (§ 406d IV). Im Falle notwendiger Verteidigung muss der Verteidiger förmlich (§ 218) geladen werden (I S 2). Unter den Voraussetzungen des § 145a I kann die für den Angeklagten bestimmte Mitteilung an den Verteidiger gesandt werden; § 145a II gilt nicht, da es sich nicht um eine Ladung handelt. Hat der nicht zu ermittelnde Angeklagte keinen Verteidiger, so muss ihm die Mitteilung nach § 40 III öffentl zugestellt werden (Bay **52**, 16; LR-Franke 4; 5 zu § 40). Bei einer Revision der StA ist das aber nur zulässig, wenn dem Angeklagten die Revisionsschrift bereits persönlich zugestellt war (Bay **62**, 84; KK-Gericke 4).

3 **3) Anwesenheitsrecht:** Der Angeklagte hat ein Recht auf Anwesenheit (II S 1); dies gilt aufgrund der Streichung des § 350 II S 2 aF grundsätzlich auch für den inhaftierten Angeklagten (vgl zum früheren Rechtszustand Voraufl, 3 zu § 350). Der inhaftierte Angeklagte kann also beantragen, zu der Revisionsverhandlung vorgeführt zu werden. Die Entscheidung darüber, ob der nicht auf freiem Fuß befindliche Angeklagte zu der Verhandlung vorgeführt wird, liegt allerdings im Ermessen des Gerichts (II S 3); dieses sollte mit Blick auf II S 1 und den Geist der EU-Richtlinie großzügig im Sinne der Anwesenheit des Angeklagten ausgeübt werden. Nach der Rspr des BGH soll dies nur bei besonderen in der Person des Angeklagten liegenden Umständen der Fall sein; dass der Angeklagte persönliche Erklärungen zum Sachverhalt abgeben möchte, ist danach nicht ausreichend, da es dem Senat aufgrund des auf rechtliche Nachprüfung des angefochtenen Urteils beschränkten Charakters der Revision verwehrt ist, solche entgegenzunehmen (vgl BGH 1 StR 113/19 vom 10.10.2019).

3a Das Erscheinen des Angeklagten und sein Verbleiben im Sitzungssaal können aber **nicht erzwungen** werden; § 231 I gilt nicht entspr (LR-Franke 6; Rieß ZStW **90**, Beih 205). Seine Anwesenheit steht in seinem Belieben (Bay **52**, 16). Nach § 236 darf aber sein persönliches Erscheinen angeordnet werden, wenn er im Freibeweis zu Verfahrensfragen vernommen werden soll (Koblenz NJW **58**, 2027; KMR-Momsen 7; LR-Franke aaO); dies kann auch bei der Ermessensentscheidung nach II S 3 vom Revisionsgericht berücksichtigt werden.

4 Die **Wahrung des Anwesenheitsrechts** setzt voraus, dass der Angeklagte im Sinne des I S 1 wirksam, ggf gemäß § 40 III, von dem Termin benachrichtigt wurde. Dass an seinem unbekannten Aufenthalte oder seine Auslieferung aus dem Ausland aus völkerrechtlichen Gründen nicht möglich ist, hindert die Durchführung der Revisionsverhandlung, erforderlichenfalls unter Mitwirkung seines Verteidigers, aber nicht (BVerfG NJW **95**, 651; vgl aber Brandenburg NStZ-RR **05**, 49: Einstellung nach § 205 bei Abschiebung des Angeklagten vor Begründung der Revision).

5 **Vertretung:** Der Angeklagte kann sich stets von einem **Verteidiger** mit nachgewiesener (5 zu § 234) Vollmacht **vertreten lassen** (II S 1), der die Rechte des Angeklagten ausüben kann, wenn dieser nicht anwesend oder aus sonstigen Gründen zu einer Entscheidung über eine Antragstellung selbst nicht in der Lage ist (BGH **41**, 69).

6 Die **zeitweilige Verhandlungsunfähigkeit** des Angeklagten steht der Revisionsverhandlung nicht entgegen (Warda Bruns-FS 435; **aM** LR-Franke 8 zu § 351; Dahs Rev 596). Erforderlich ist aber, dass der Angeklagte die Fähigkeit hatte, über die Einlegung des Rechtsmittels verantwortlich zu entscheiden und dass er während der Dauer des Revisionsverfahrens wenigstens zeitweilig zu einer Grundübereinkunft mit seinem Verteidiger über Fortführung oder Rücknahme des Rechtsmittels in der Lage ist (vgl EKMR EuGRZ **97**, 148; BVerfG NJW **95**, 1951; BGH **41**, 16; NStZ **96**, 242; Widmaier NStZ **95**, 361; krit SK-Wohlers 13).

4) Verhandlung ohne Verteidiger und Angeklagten: Nach II S 2 kann die 7 Revisionsverhandlung grundsätzlich auch in Abwesenheit des Angeklagten und des Verteidigers durchgeführt werden. Dies gilt allerdings in Fällen notwendiger Verteidigung nicht für den Verteidiger. Daraus folgt, dass § 140 in vollem Umfang anwendbar ist. Da das formalisierte Revisionsverfahren eine hohe rechtliche Komplexität aufweist, spricht viel dafür, für die Revisionshauptverhandlung stets die Schwierigkeit der Rechtslage im Sinne von § 140 II anzunehmen (vgl Stellungnahme des DAV zum Gesetzesentwurf bei Fn 5 im Text). Das bedeutet, dass eine Revisionsverhandlung, an der nicht wenigstens ein Verteidiger anwesend ist, regelmäßig nicht durchgeführt werden darf. Ein dem Angeklagten nach § 140 II bestellter Pflichtverteidiger (unten 8 ff), muss an der Verhandlung teilnehmen (Hanack Dünnebier-FS 314). Bleibt er aus, so muss die Verhandlung ausgesetzt und notfalls ein anderer Verteidiger beigeordnet werden. Der Angeklagte kann den Pflichtverteidiger nicht etwa vom Erscheinen „entbinden". Dies gilt in den regelmäßig vorliegenden Fällen des § 140 II sinngemäß auch bei Abwesenheit des Wahlverteidigers.

5) Der **inhaftierte Angeklagte** wird nach pflichtgemäßem Ermessen des Ge- 7a richts zu der Hauptverhandlung vorgeführt (II S 3); dies kann angezeigt sein, wenn eine Entscheidung des Senats nach § 354 I und Ia im Raum steht (BGH NStZ **19**, 486).

6) Bestellung eines Pflichtverteidigers: 8
A. Die **Beiordnung nach § 140 wirkt** gemäß § 143 I **fort**. Die Bestellung ei- 9 nes neuen Pflichtverteidigers durch das Tatgericht kommt unter den Voraussetzungen des § 143a III in Betracht (32-34 zu § 143a).

B. Bei einem **noch nicht verteidigten** Angeklagten ist die **Verteidigerbestel-** 10 **lung** durch das Revisionsgericht am Maßstab des § 140 II zu überprüfen. Nach hier vertretener Ansicht ist sie stets notwendig (siehe oben 7; LR-Franke 11; SK-Wohlers 20; Ziegler DAV-FS 934; Meyer-Goßner BGH-FS 617). Mit Rücksicht auf den hohen Formalisierungsgrad des Revisionsverfahrens ist anzunehmen, dass die Rechtslage so schwierig ist, dass es nicht angängig erscheint, den Angeklagten ohne rechtskundigen Beistand zu lassen. Dies entspricht auch dem Grundgedanken der EU-Richtlinie 2016/343 vom 9.3.2016, welche eine Stärkung der Rechte des Angeklagten bezweckt und zur Neugestaltung des § 350 geführt hat. Die zur früheren Rechtslage herrschende Gegenansicht, welche die Beiordnung eines Verteidigers nur dann, wenn ein „schwerwiegender" Fall vorliegt, bejaht, etwa wenn die Revision der StA die Verhängung einer lebenslangen Freiheitsstrafe erstrebt (vgl BVerfGE **46**, 202, das die Beiordnung aber von der Mittellosigkeit des Angeklagten abhängig macht) oder sich gegen ein freisprechendes Urteil wegen eines Verbrechens richtet (Düsseldorf NStZ **84**, 43), und sie verneint, wenn es um Fragen rechtlicher oder tatsächlicher Art geht, deren Antwort auf der Hand liegt (BVerfG aaO), oder wenn die von dem Beschwerdeführer vertretene Rechtsansicht abwegig ist (Dahs NJW **78**, 140), wird dem nicht gerecht.
Zuständig für die Verteidigerbestellung ist der Vorsitzende des Revisions- 11 gerichts (BGH **19**, 258, 261; Hamm MDR **76**, 1038). Seine Auswahl ist Sache des Vorsitzenden. Die Beiordnung des bisherigen Pflichtverteidiger wirkt fort (siehe 8). Im Übrigen wird der Vorsitzende, wie sonst auch, dem Angeklagten Gelegenheit zur Stellungnahme zu geben und auf seine Wünsche Rücksicht zu nehmen haben. Zur Erscheinenspflicht des Pflichtverteidigers oben 7. Gelangt der Angeklagte vor der Revisionsverhandlung auf freien Fuß, so wird die Beiordnung regelmäßig nach § 140 II (oben 10) aufrechterhalten zu erhalten sein.

7) Rechtsbehelf des § 356a: Verletzungen seines Rechts auf Anwesenheit 12 kann der Angeklagte mit dem Rechtsbehelf des § 356a geltend machen. § 350 muss insoweit konform mit EU-Richtlinie 2016/343 vom 9.3.2016 ausgelegt werden. Danach kann der Angeklagte vortragen, dass eine wirksame Benachrichtigung an ihn oder seinen Verteidiger nach I S 1 bzw eine Ladung des Verteidigers nach I S 2 unterblieben ist (anders zum früheren Rechtszustand Voraufl 11 mwN) oder dass die Revisionsverhandlung in Abwesenheit des Angeklagten und eines Verteidigers durchgeführt wurde, obwohl die Mitwirkung eines Verteidigers notwendig iSv § 140 war. Darüber hinaus sind Hinderungsgründe nunmehr beachtlich (Referentenentwurf vom 4.4.2018 S 21). Für Revisionen des Nebenklägers gilt das entsprechend. Erg 3 zu § 356a.

13 **Belehrungspflicht:** Der Angeklagte ist bei der Bekanntmachung eines Urteils, das ergangen ist, obwohl weder er selbst noch ein Verteidiger mit nachgewiesener Verteidigungsvollmacht anwesend war, zu belehren (§ 356a S 5).

Gang der Revisionshauptverhandlung

351 I Die **Hauptverhandlung beginnt mit dem Vortrag eines Berichterstatters.**

II 1 **Hierauf werden die Staatsanwaltschaft sowie der Angeklagte und sein Verteidiger mit ihren Ausführungen und Anträgen, und zwar der Beschwerdeführer zuerst, gehört.** 2 **Dem Angeklagten gebührt das letzte Wort.**

1 1) **Hauptverhandlung vor dem Revisionsgericht:**

2 A. Der **Vortrag des Berichterstatters (I)** hat die Ergebnisse des bisherigen Verfahrens (vgl § 324 I S 1), soweit sie für das Revisionsgericht von Bedeutung sind, und die Revisionsanträge sowie deren Begründung zum Gegenstand. Zunächst werden idR die Formalitäten der Anfechtung vorgetragen; danach wird die angefochtene Urteil auszugsweise verlesen oder inhaltlich wiedergegeben. Hiervon kann unter entspr Hinweis abgesehen werden, wenn alle Mitglieder des Gerichts das Urteil kennen. Die Prozessrügen trägt der Berichterstatter mit allen Unterlagen vollständig vor; die sachlich-rechtliche Begründung der Revision überlässt er idR dem anwesenden Verteidiger oder Prozessbevollmächtigten. Auf Anregung des Vorsitzenden kann die Verhandlung bei Verurteilung wegen mehrerer Taten oder bei Konkurrenz von Revisionsrügen (9 ff zu § 352) zunächst auf bestimmte Teile oder Punkte beschränkt werden (Dahs 984; R. Hamm 1404).

3 B. Eine **Beweisaufnahme** über die Tat findet nicht statt. Zur Aufklärung tatsächlicher Umstände, von denen die Prozessvoraussetzungen oder die Verfahrensrügen abhängen, können aber in der Hauptverhandlung im Freibeweis (7, 9 zu § 244) Beweise jeder Art erhoben werden (vgl BGH NStZ **93**, 349; KG StV **02**, 123). Allerdings sind ihm Zeugen entzogen, die schon im Strengbeweisverfahren vernommen wurden (Bay **00**, 94); bedenklich (**aM** Basdorf NStZ **13**, 186) daher auch die Einholung eines Sachverständigengutachtens durch das Revisionsgericht im Verfahren BGH NStZ **12**, 526 (dazu abl Knauer NStZ **12**, 583, Trüg StV **13**, 66; erg 13 zu § 337). Das Ergebnis der erhobenen Beweise ist den Verfahrensbeteiligten bekanntzugeben (Schulte Rebmann-FS 472). Zur Sachrüge ist eine Beweisaufnahme zulässig, wenn ein Erfahrungssatz (31 zu § 337) oder der Inhalt ausländischen Rechts festgestellt werden muss, sonst nicht (24 zu § 337).

3a Ob die **Verbindung** mehrerer beim Revisionsgericht anhängiger Verfahren entspr § 4 angeordnet werden kann (so BGH 1 StR 134 und 135/97 vom 9.4.1997), ist zweifelhaft (SK-Wohlers 3; Meyer-Goßner/Cierniak StV **00**, 698); jedoch können bei demselben Senat anhängige Verfahren entspr § 237 zur gemeinsamen Verhandlung verbunden werden (BGH 4 StR 662/96 und 4/97 vom 11.3.1997; 5 StR 16/12 und 5 StR 36/12 vom 28.2.2012).

4 C. **Worterteilung (II S 1):** Die Vorschrift ist eine Ordnungsvorschrift; von der in ihr bezeichneten Reihenfolge kann abgewichen werden (RG **64**, 133; Rissing-v. Saan StraFo **10**, 364). Der Beschwerdeführer wird aber idR zuerst gehört. Der

Bitte des Verteidigers, zunächst den StA zu hören, sollte stets stattgegeben werden (R. Hamm 1403).

Eine Rechtspflicht des Gerichts, mit den Prozessbeteiligten **Rechtsgespräche** 5
zu führen, besteht nicht, auch nicht nach Art 103 I GG (BVerfG NJW **65**, 147 mit abl Anm Arndt; BGH **22**, 336, 339; Fezer 20/44; vgl auch BVerfG MDR **87**, 290), nicht einmal, wenn das Revisionsgericht von seiner bisherigen Rspr abweichen will (KK-Gericke 4; Jagusch NJW **62**, 1647; am BVerwG NJW **61**, 891; 1549; SK-Wohlers 10; Dahs Rev 602; vgl auch LR-Franke 7; erg 7a zu § 265).

D. Das **letzte Wort** (19 zu § 258) gebührt nach II S 2 dem Angeklagten. Ist er 6
nicht anwesend, steht es als höchstpersönliches Recht des Angeklagten dem Verteidiger aber nicht zu (SK-Wohlers 12; erg 20 zu § 258).

2) Beratung; Abstimmung: Die Beratung findet nach der Revisionsverhand- 7
lung statt, nicht vorher (R. Hamm 1399). Eine Vorberatung über Rechtsfragen ist aber zulässig (KK-Gericke 6; Wimmer NJW **50**, 202; **aM** KMR-Momsen 24 zu § 352; Croissant NJW **63**, 1711). Die Abstimmung erfolgt stufenweise, zunächst über die Zulässigkeit der Revision, sodann über die Prozessvoraussetzungen, dann über die Verfahrensrügen und zum Schluss über die Sachrüge (vgl Mellinghoff 46 ff; 131 ff). Das Revisionsgericht entscheidet entspr § 263 I mit Zweidrittelmehrheit, wenn es nach § 354 I, Ia, Ib eine dem Angeklagten ungünstige Entscheidung in der Schuld- oder Rechtsfolgenfrage trifft, sonst nach § 196 GVG mit einfacher Mehrheit (BGH **49**, 371; KK-Gericke 7; LR-Franke 11; SK-Schlüchter/Velten 3 zu § 263; Roxin/Schünemann § 55, 77; **aM** SK-Wohlers 16; Mellinghoff 149; Spendel Schlüchter-GS 647: stets nach § 263 I); denn nur im Fall des § 354 I, Ia, Ib entscheidet das Revisionsgericht an Stelle des Tatrichters, im Übrigen besteht für § 263 im Revisionsverfahren kein Anwendungsbereich.

3) Unterbrechung und Aussetzung: §§ 229, 268 finden keine Anwendung. 8
Gleichwohl ist auch hier zwischen einer durch den Vorsitzenden angeordneten kürzeren Unterbrechung (§ 228 I S 2) und einer vom Senat beschlossenen Aussetzung der Hauptverhandlung zu unterscheiden. Wird die Hauptverhandlung – etwa zur Beantwortung einer Rechtsfrage durch den GrS (§ 132 GVG) – ausgesetzt, so hindert dies anders als bei der Unterbrechung der Hauptverhandlung nicht, später nach Anhörung der Beteiligten im Beschlusswege nach § 349 zu entscheiden.

Umfang der Urteilsprüfung

352 I **Der Prüfung des Revisionsgerichts unterliegen nur die gestellten Revisionsanträge und, soweit die Revision auf Mängel des Verfahrens gestützt wird, nur die Tatsachen, die bei Anbringung der Revisionsanträge bezeichnet worden sind.**

II **Eine weitere Begründung der Revisionsanträge als die in § 344 Abs. 2 vorgeschriebene ist nicht erforderlich und, wenn sie unrichtig ist, unschädlich.**

1) Die Zulässigkeit der Revision ist auch noch in der Hauptverhandlung zu 1
prüfen (1 zu § 349). Dazu gehört insbesondere die Anfechtungsberechtigung (4 zu § 333), bei Revision des Nebenklägers dessen Anschlussbefugnis (20 ff zu § 396) sowie die Einhaltung der gesetzlichen Fristen (§§ 341, 345 I) und Form (§§ 344, 345 II), bei beschränkter Revision auch die Rechtswirksamkeit der Beschränkung (7 zu § 344). Hat der Tatrichter über eine selbständige Tat der zugelassenen Anklage nicht entschieden, ist der Fall noch bei diesem anhängig; das Revisionsgericht hat nicht darüber zu befinden (BGH NStZ **07**, 476; StraFo **10**, 204; 3 StR 255/11 vom 27.9.2011; erg 4 zu § 327).

2) Die Prozessvoraussetzungen (Einl 141 ff) werden, soweit es sich um Be- 2
fassungsverbote handelt, von Amts wegen geprüft (Einl 150), auch wenn bereits Teilrechtskraft eingetreten ist (Einl 151; 6 zu § 337).

§ 352 Drittes Buch. 4. Abschnitt

3 Bei Revision gegen ein Berufungsurteil wird auch die **Zulässigkeit der Berufung** von Amts wegen geprüft (Frankfurt StV **87**, 289; Stuttgart Justiz **86**, 27; einschr SK-Wohlers 5). Hat das Berufungsgericht zB übersehen, dass die Berufung verspätet oder nicht in zulässiger Weise (zB telefonisch) eingelegt war, so wird das Urteil aufgehoben und die Berufung als unzulässig verworfen (Bay DAR **85**, 246 [R]). Das gilt auch, wenn das Urteil, weil es von einem anderen Verfahrensbeteiligten zulässig und rechtzeitig angefochten worden ist, noch keine Rechtskraft erlangt hat (RG **65**, 250; KK-Gericke 22; LR-Franke 3; **am** Bay NStZ **94**, 48); denn das Revisionsgericht muss, um zu dieser Feststellung zu gelangen, die Zulässigkeit der Berufungen von Amts wegen prüfen, und das Ergebnis dieser Prüfung wird nicht dadurch unbeachtlich, dass sich eine der beiden Berufungen als zulässig erweist.

4 Das Revisionsgericht hat **ferner von Amts wegen**, unabhängig von einer sachlichen Beschwer des Beschwerdeführers und ohne Bindung an die rechtliche Beurteilung durch den Tatrichter, zu prüfen, ob das Berufungsgericht über alle Bestandteile des 1. Urteils entschieden hat, die von der Berufung erfasst wurden (Bay **77**, 80; Frankfurt VRS **50**, 416; NStZ-RR **15**, 150; Koblenz VRS **43**, 256; **70**, 144; Oldenburg VRS **38**, 426), insbesondere, ob die Berufungsbeschränkung, von der das Berufungsgericht ausgegangen ist, wirksam war (BGH **27**, 70, 72; NJW **20**, 253; Bamberg StraFo **18**, 479; Braunschweig NStZ **16**, 563; Hamm NJW **73**, 1141, 1143; 9 zu § 327). War das nicht der Fall, so muss das Berufungsgericht die Sache nach Zurückverweisung auch zu dem Teil neu verhandeln, der zu Unrecht als rechtskräftig beurteilt war (Hamm aaO). Die Revision gegen ein Berufungsurteil kann namentlich nicht wirksam auf den Rechtsfolgenausspruch beschränkt werden, wenn das Berufungsgericht trotz unbeschränkt eingelegter Berufung keinen eigenen Schuldspruch mit den zugehörigen Feststellungen getroffen hat (BGH NJW **20**, 253 mit abl Anm Leitmeier). Ist das Berufungsgericht in der Nachprüfung dagegen zu weit gegangen, so wird insoweit der richtige Zustand hergestellt. Bei wirksamer Berufungsbeschränkung darf das Revisionsgericht nur den noch angefochtenen Urteilsteil prüfen.

5 3) **Verfahrensmängel** werden nur auf zulässige Rüge (§ 344 II) geprüft. Andere als die von dem Beschwerdeführer bei Anbringung der Revisionsanträge oder in der Frist des § 345 I oder, bei Wiedereinsetzung gegen die Versäumung dieser Frist, innerhalb der Frist des § 45 I geltend gemachten Tatsachen darf das Revisionsgericht nicht berücksichtigen (BGH **17**, 337, 339; **18**, 214; Karlsruhe Justiz **86**, 308), wenn Wiedereinsetzung bewilligt war, grundsätzlich auch keine Verfahrensrügen, die in der verspäteten Begründungsschrift nicht enthalten waren (BGH NStZ **85**, 181). Rechtsausführungen zu Verfahrensrügen können dagegen bis zum Urteilserlass nachgeschoben werden. Genügt das Tatsachenvorbringen nicht für die von dem Beschwerdeführer erhobene Verfahrensrüge, aber für eine andere, die er nicht erhoben hat, so wird die Rüge umgedeutet (BGH MDR **78**, 805 [H]; KG StV **99**, 197; Oldenburg VRS **46**, 201; Stuttgart VRS **61**, 379, 380).

6 Die **Richtigkeit der Tatsachen** prüft das Revisionsgericht, soweit nicht § 274 eingreift, im Freibeweis (7, 9 zu § 244). Der Beschwerdeführer hat keine Beweislast; Zweifel gehen aber zu seinen Lasten (35 zu § 261; 12 zu § 337).

7 Die **Zurücknahme** der Verfahrensrügen ist bis zur Entscheidung zulässig (BGH **14**, 240, 243; Bay **58**, 299); der Verteidiger braucht dazu keine besondere Ermächtigung (Kaiser NJW **82**, 1368).

8 4) Auf die **unbeschränkte Sachrüge** wird das Urteil in sachlich-rechtlicher Hinsicht in vollem Umfang geprüft (BGH **1**, 44, 46). Unrichtige Rechtsausführungen sind unschädlich (II). Bis zur Entscheidung können die Ausführungen ergänzt werden (BGH NStZ **88**, 20 [Pf/M]). Eine angekündigte weitere Revisionsbegründung braucht das Revisionsgericht aber nicht abzuwarten.

9 5) **Zusammentreffen mehrerer Rügen:** Wenn die Revision verworfen werden soll, müssen alle Rügen geprüft werden. Ist die Urteilsaufhebung geboten, so gilt dagegen der Grundsatz des Vorrangs des weitestreichenden Revisionsgrundes (LR-Franke 12; Jagusch NJW **62**, 1417). Die Aufhebung wird auf denjenigen Mangel gestützt, mit dessen Erörterung die Sache am schnellsten erledigt werden kann (Sarstedt H. Mayer-FS 539).

Von **mehreren Verfahrensrügen** braucht nur diejenige geprüft zu werden, die 10 zweifelsfrei zur Aufhebung zwingt; über die anderen, auch wenn sie zwingende Aufhebungsgründe (§ 338) betreffen, braucht nicht entschieden zu werden. Der Beschwerdeführer kann dem Revisionsgericht die Reihenfolge der Prüfung nicht vorschreiben.

Das Revisionsgericht kann auch **von der Entscheidung über die Sachrüge** 11 **absehen,** wenn bereits eine Verfahrensrüge durchgreift. Dass dann die Rechtsfolge des § 357 (Haase GA **56**, 278) und die Rechtswirkung des § 358 I nicht eintreten, spielt keine Rolle (**aM** Jagusch NJW **62**, 1419). Durch die nur hilfsweise Erhebung der Verfahrensrügen kann der Beschwerdeführer das Revisionsgericht nicht zur Entscheidung über die Sachrüge zwingen; solche Rügen sind unzulässig (12 zu § 344).

Umgekehrt können die **Verfahrensrügen unbeschieden bleiben,** auch die 12 nach § 338, wenn die Sachrüge durchgreift (BGH **17**, 253; **27**, 124, 132; **aM** Fezer Frisch-FS 1317 ff). Insbesondere kann das Revisionsgericht den Angeklagten ohne Rücksicht auf ihre Begründetheit freisprechen (BGH **17**, 253), auch wenn Rügen nach § 338 erhoben worden sind (Hanack JZ **73**, 778).

Wenn danach die Sach- oder die Verfahrensrüge nicht verbeschieden werden, 13 sollte sich das Gericht auch jeder sachlichen Äußerung hierzu enthalten. Es ist eine **Unsitte,** wenn das Revisionsgericht hierzu Ausführungen macht, weil „Der Senat neigt dazu ...", um die Frage aber dann letztlich offen zu lassen, weil es nicht darauf ankommt (Beulke/Witzigmann JR **08**, 432; **aM** SSW-Momsen 18). Fezer (Küper-FS 45, 50) hält solche *obiter dicta* sogar für unzulässig, soweit sie nicht zB bei einer Zurückverweisung an den Tatrichter „der rechtlichen Bewältigung des konkreten Verfahrens" dienen (aaO S 57; dagegen Rissing-van Saan Widmaier-FS 513).

Aufhebung des Urteils und der Feststellungen

353 I Soweit die Revision für begründet erachtet wird, ist das angefochtene Urteil aufzuheben.

II Gleichzeitig sind die dem Urteil zugrunde liegenden Feststellungen aufzuheben, sofern sie durch die Gesetzesverletzung betroffen werden, wegen deren das Urteil aufgehoben wird.

1) Die **Verwerfung der Revision** durch Urteil regelt das Gesetz nicht näher 1 (zum Erlass einer Teilentscheidung vgl 8 zu § 260). Im Gegensatz zur Beschlussverwerfung (24 zu § 349) ist die Entscheidung endgültig. Die Zurücknahme des Verwerfungsurteils ist auch bei tatsächlichem Irrtum ausgeschlossen (**aM** Rieß JR **78**, 523); § 33a ist nicht anwendbar (dort 7). Gleichzeitig mit dem Verwerfungsurteil, in dem über die Kosten nach § 473 I zu entscheiden ist, berichtigt das Revisionsgericht, falls es das für erforderlich erachtet, die Liste der angewendeten Vorschriften (vgl BGH NJW **79**, 1259, 1260) und entscheidet über Rechtsmittel nach §§ 305a, 464 III S 1 Hs 1 und § 8 III S 1 StrEG. Zur Berichtigung offensichtlicher Fassungsversehen vgl 33 zu § 354.

2) Zur **Einstellung des Verfahrens** nach § 153, nicht aber nach § 153a (dort 2 47), ist das Revisionsgericht befugt; eine Urteilsaufhebung erfolgt dann nicht (erg 6 zu § 354). Die tatsächlichen Voraussetzungen des § 153 müssen sich aus dem angefochtenen Urteil ergeben; Beweiserhebungen durch das Revisionsgericht kommen nicht in Betracht (RG **77**, 72, 75; Bay **52**, 12; Bremen NJW **51**, 326). Das Gleiche gilt bei der Einstellung nach § 153e. Die Einstellung nach § 154 II setzt voraus, dass sich der Tatrichter in seinem Urteil mit der Tat befasst hat

§ 353

(BGHR § 352 I Prüfungsumfang 4; 3 StR 422/19 vom 11.12.2019; Celle NStZ **08**, 118; vgl auch BGH **46**, 130; NStZ **93**, 551), unterliegt aber sonst keinen Beschränkungen außer dem Antragserfordernis (RG **73**, 400; Bremen aaO). Den Antrag muss die StA bei dem Revisionsgericht stellen; der Angeklagte braucht dazu nur dann angehört zu werden, wenn die Begehung der eingestellten Tat für die Zumessung der Strafen für die übrigen abgeurteilten Taten von Bedeutung war (BGH NStZ-RR **08**, 183).

3 Mit deren Zustimmung kann auch die **Verfolgungsbeschränkung** nach § 154a II (BGH **21**, 326, 328; MDR **66**, 383 [D]; 559 [D]; erg 22 zu § 154a) und § 430 angeordnet werden. Zur Einstellung wegen eines Prozesshindernisses unten 13.

4 **3) Die Aufhebung des angefochtenen Urteils (I)** ist erforderlich, wenn und soweit die Revision begründet ist (zu einem Ausnahmefall vgl aber BGH **41**, 72, 94); die Aufhebung erstreckt sich auf die Adhäsionsentscheidung nach § 406 I S 1, wenn auf das unbeschränkte Rechtsmittel des Revisionsführers die Verurteilung wegen der zugrunde liegenden Straftat mit den die zivilrechtliche Entscheidung tragenden Feststellungen aufgehoben wird (BGH 5 StR 373/18 vom 11.12.2018). Sie kommt allerdings nicht in Betracht, wenn der Tatrichter rechtsirrig oder versehentlich von einer Entscheidung über eine angeklagte Tat abgesehen hat, denn dann ist das Verfahren in diesem Umfang weiterhin bei ihm anhängig (BGH **46**, 130; NStZ-RR **02**, 98 [B]; erg 2 zu § 328 aE). Die Nebenentscheidungen nach §§ 465 ff und nach §§ 2 ff StrEG entfallen ohne besonderen Ausspruch (20 zu § 464). Mit der Aufhebung sind die weiteren Entscheidungen nach §§ 354, 355 zu verbinden. Bei Zurückverweisung nach §§ 354 II, III, 355 wird die Entscheidung über die Kosten der Revision dem neuen Tatrichter überlassen (3 zu § 464). Für die Urteilsaufhebung gilt im Einzelnen:

5 A. **Neben dem Berufungsurteil** muss auch das 1. Urteil aufgehoben werden, wenn das Berufungsgericht gegen § 328 II verstoßen (Gössel JR **82**, 272), trotz bereits eingetretener Rechtskraft des Strafbefehls entschieden (Oldenburg MDR **71**, 680) oder ein Verwerfungsurteil nach § 412 zu Unrecht bestätigt hat (dort 11). Ist eine bereits zurückgenommene Berufung nach § 329 I verworfen worden, so wird das Urteil ersatzlos aufgehoben (Zweibrücken VRS **63**, 57).

6 B. **Teilaufhebung** erfolgt, wenn von den Revisionen mehrerer Beschwerdeführer nur einzelne begründet sind oder, bei Revision eines einzigen Beschwerdeführers, wenn die begründete Revision nur beschränkt eingelegt war (4 ff zu § 344) oder wenn die Revision nur teilw begründet ist; dann wird die weitergehende Revision verworfen (LR-Franke 5), und der bestehen bleibende Teil erwächst in Rechtskraft. Die Teilaufhebung ist nur in den Grenzen zulässig, die für die Wirksamkeit der Teilanfechtung des Urteils bestehen (BGH NStZ **97**, 276; 2 StR 137/14 vom 8.10.2014; 3 StR 297/97 vom 9.7.1997; München NZV **10**, 212; erg 7 ff zu § 344). Eine Aufrechterhaltung des Strafausspruchs ist bei Aufhebung des Schuldspruchs stets ausgeschlossen (BGH 1 StR 3/07 vom 3.7.2007).

6a C. **Vollaufhebung:** Bei Aufhebung eines **Freispruchs** kann sich auch die Aufhebung einer nicht angefochtenen Verurteilung wegen einer anderen Tat als notwendig erweisen, wenn die Möglichkeit besteht, dass beide Taten zu einer Bewertungseinheit (Einl 175b) zusammenzufassen sind (BGH NStZ-RR **03**, 292 [B]). Das Gleiche gilt, wenn eine möglicherweise gebotene Verurteilung wegen einer Tat unterblieben ist, die ggf mit einer abgeurteilten Tat in Tateinheit stehen kann (BGH 1 StR 288/05 vom 20.9.2005; vgl auch KK-Gericke 23 ff). Erg unten 15a.

7 D. Ein **fehlerhafter Schuldspruch kann bestehen bleiben,** wenn der Fehler schon durch die Aufhebung des Rechtsfolgenausspruchs beseitigt wird, zB wenn der Tatrichter bei einheitlicher Tat nur den Schuldumfang zu hoch angesetzt hat (BGH MDR **77**, 461 [H]; wistra **83**, 257, 258; KK-Gericke 13; **aM** Bay **72**, 264, 267; vgl auch RG **75**, 243: teilweises Fehlen der Strafanträge; Düsseldorf MDR **84**, 1046: teilweiser Strafklageverbrauch). Der Schuldspruch wegen Mordes kann auch dann bestehen bleiben, wenn eines von mehreren vorliegenden Mord-

merkmalen fehlerhaft bejaht wurde und insoweit weitere Feststellungen erforderlich sind (BGH 41, 222). Liegt zwar nicht der von dem Tatrichter herangezogene Straferschwerungsgrund nach § 243 oder § 250 StGB vor, aber ein anderer, so kann der Schuldspruch ebenfalls aufrechterhalten werden, uU auch der Strafausspruch (BGH MDR 68, 201 [D]; KMR-Momsen 5; aM hinsichtlich des Strafausspruchs: LR-Franke 10). Entsprechendes gilt bei Verurteilung nach § 323a StGB, wenn von mehreren Rauschtaten eine entfällt (BGH VRS 36, 36; Oldenburg VRS 40, 29), idR aber auch bei rechtsfehlerhafter Beurteilung der einzigen Rauschtat (RG 69, 189; aM BGH 14, 114).

Bei **Tateinheit** steht aber die Einheitlichkeit der Tat einer Aufrechterhaltung **7a** des vom Rechtsfehler nicht betroffenen Teils entgegen (BGH NJW 12, 325, 328; **aM** Bay NStZ-RR 00, 53, falls nur noch ein persönlicher Strafausschließungsgrund zu prüfen ist); anders ist es nur, wenn hinsichtlich eines (von mehreren in Tateinheit verbundenen) Straftatbestandes lediglich eine Verfahrensvoraussetzung rechtsfehlerhaft beurteilt wurde (BGH NStZ-RR 07, 5 [B]).

E. Die **Aufhebung im Strafausspruch** betrifft die zur Ahndung der verfahrensgegenständlichen Tat zu verhängenden Strafen; der Schuldspruch wird rechtskräftig (horizontale Teilrechtskraft, vgl BGH NStZ-RR 17, 187). Auch innerhalb des Rechtsfolgenausspruchs kann horizontale Teilrechtskraft bezüglich einzelner Rechtsfolgen eintreten, wenn lediglich der Strafausspruch aufgehoben wird (BGH aaO). Ob sich die Urteilsaufhebung im Strafausspruch auf die daneben angeordneten Sicherungsmaßregeln nach §§ 63 ff StGB und bei Teilaufhebung auf die Gesamtstrafe erstreckt, richtet sich nach den für die Rechtsmittelbeschränkung geltenden Grundsätzen (BGH aaO; NJW 84, 622, 623; NStZ 82, 483; NStZ-RR 09, 36 [C]). Bei fehlerhafter Nichtanrechnung der UHaft nach § 51 I S 2 StGB wird die Aufhebung unter Aufrechterhaltung des übrigen Strafausspruchs hierauf beschränkt (BGH 7, 124), ebenso bei fehlerhafter Anrechnung der Strafe nach § 51 IV S 2 StGB (BGH NJW 82, 1236, 1237). Der eigentliche Strafausspruch bleibt auch bestehen, wenn nur die Anwendung des § 42 StGB nicht oder fehlerhaft geprüft worden ist (RG 64, 207, 208; **aM** Bremen NJW 54, 522); gleiches gilt im Fall des § 55 StGB (BGH 35, 243, 246; BGHR § 55 I S 1 StGB Zäsurwirkung 3; Koblenz OLGSt § 55 StGB S 2). Die Aufhebung des Strafausspruchs auf eine allein vom Angeklagten eingelegte Revision erfasst den Ausspruch über den Ausgleich einer bis dahin eingetretenen (vermeintlichen) rechtsstaatswidrigen Verfahrensverzögerung nicht (BGH 3 StR 228/11 vom 30.8.2011). Hat der Tatrichter bei der Bemessung einer Geldstrafe die Festsetzung der Tagessatzhöhe unterlassen, so kann die Sache allein zur Nachholung dieser Entscheidung zurückverwiesen werden (BGH 30, 93; 34, 90; VRS 60, 192). **8**

Die **Aufhebung des Rechtsfolgenausspruchs** erfasst alle Rechtsfolgen der **8a** Tat, unabhängig davon, ob diese vom erstinstanzlichen Gericht angeordnet worden sind (BGH 4 StR 443/16 vom 19.1.2017).

Die **Mitaufhebung des Schuldspruchs** kann erforderlich sein bei Fehlerhaf- **9** tigkeit doppelrelevanter Tatsachen (Einl 187; Frankfurt NStZ-RR 99, 336), zB bei Feststellungen über wesentliche Umstände des Tathergangs (BGH StV 83, 140; **84**, 188) und bei Nichtberücksichtigung des Mitverschuldens des Unfallgegners (vgl Bay 66, 155; **aM** BGH VRS 19, 108, 110), sowie allgemein zur Vermeidung widersprüchlicher Feststellungen im neuen Urteil (BGHR Aufhebung 2).

Bei Tatmehrheit kann die Aufhebung eines Einzelstrafausspruchs zur **Aufhe- 10 bung der weiteren Einzelstrafaussprüche** zwingen, wenn nicht auszuschließen ist, dass sie durch den Rechtsfehler beeinflusst sind (BGH NJW **79**, 378; **81**, 2204, 2206; StV **84**, 204; VRS **65**, 428, 430; Stuttgart VRS **73**, 191, 194). Fällt von 44 Einzelstrafen aber nur eine weg, so braucht nicht einmal der Gesamtstrafausspruch aufgehoben zu werden (BGH 5 StR 434/81 vom 8.9.1981).

Bei der **Aufhebung des Gesamtstrafausspruchs** entfallen nicht zugleich ver- **11** hängte Maßnahmen iS des § 11 I Nr 8 StGB; sollen sie aufgehoben werden, ist eine ausdrückliche Anordnung notwendig (vgl BGH **33**, 306, 310).

Schmitt

§ 353

11a Bei **erfolgreicher Anfechtung der Nichtanordnung der Unterbringung** nach §§ 63, 64, 66 StGB wird idR der Strafausspruch mitaufgehoben, weil die Strafe bei Anordnung der Maßregel möglicherweise niedriger ausgefallen wäre; wenn das ausgeschlossen werden kann, kann die Strafe aber auch bestehen bleiben (vgl BGH NStZ **94**, 281).

12 4) Die **Aufhebung der Urteilsfeststellungen (II)** ist nicht die notwendige Folge der Urteilsaufhebung, sondern nur erforderlich, soweit sie von der Gesetzesverletzung betroffen sind, die der Urteilsaufhebung zugrunde liegen. Sie kann in der Urteilsformel auch in der Weise ausgesprochen werden, dass bestimmte Feststellungen aufrechterhalten werden, wobei hier aber im Hinblick auf möglicherweise andersartige Erkenntnisse im neuen Verfahren Vorsicht am Platze ist (vgl dazu Widmaier StraFo **04**, 366). Fehlt der Ausspruch, so galten die Feststellungen nach bisheriger Übung als in vollem Umfang aufgehoben (LR-Franke 18); demgegenüber vertritt nunmehr BGH NJW **07**, 1540 (mit wenig überzeugendem Hinweis auf den Wortlaut des § 353) die Ansicht, dass die Feststellungen bestehen bleiben, wenn sie nicht ausdrücklich aufgehoben werden. Das dient nicht gerade der Klarheit (vgl etwa BGH 2 StR 176/08 vom 25.6.2008, wo im Tenor das landgerichtliche Urteil aufgehoben wird und sich erst aus den Gründen ergibt, dass die getroffenen Feststellungen bestehenbleiben sollen); besser scheint es, Feststellungen, die nicht aufgehoben werden, durch Ausspruch im Tenor der Entscheidung aufrechtzuerhalten und nicht nur in den Gründen hierauf hinzuweisen (so zB auch BGH 3 StR 505/07 vom 21.2.2008). Die Senate des BGH verfahren bisher uneinheitlich.

13 Bei Übersehen oder irriger Annahme eines **Prozesshindernisses** hängt die Entscheidung über die Aufhebung der Feststellungen davon ab, ob ein Befassungs- oder ein Bestrafungsverbot vorliegt (dazu Einl 143 ff): Bei letzteren können die Feststellungen ggf bestehen bleiben (so BGH **4**, 287, 289 bei Amnestie), bei ersteren hingegen nicht (vgl die Hinweise in BGH **41**, 308 auf fehlende Anklage oder Fehlen der deutschen Gerichtsbarkeit). Dürfen und sollen die Feststellungen aufrechterhalten werden, muss das aber hier jedenfalls ausdrücklich ausgesprochen werden (unrichtig daher BGH **41**, 305 bei einer Einstellung wegen Verjährung; abl auch Wollweber NJW **96**, 2635); das gilt – entgegen BGH aaO – auch, wenn fehlerhaft lediglich eingestellt und nicht zuvor, wie es bei übersehenen Verfahrenshindernissen erforderlich ist (vgl 6a zu § 206a), das fehlerhafte Urteil aufgehoben worden ist.

14 **Verfahrensfehler** zwingen meist zur Aufhebung des Urteils mit allen Feststellungen (KK-Gericke 27), auch die Urteilsverkündung unter unzulässigem Ausschluss der Öffentlichkeit (LR-Franke 21; R. Hamm 459; W. Schmid JZ **69**, 765). Die Feststellungen zu der Tat, die Gegenstand des Freispruchs ist, können dagegen aufrechterhalten werden, wenn die Sache auf Revision der StA nur deshalb zurückverwiesen wird, weil der Tatrichter die Wiedereinbeziehung einer nach § 154a ausgeschiedenen Gesetzesverletzung unterlassen hat (BGH **32**, 84).

15 Bei Aufhebung wegen **sachlich-rechtlicher Mängel** gilt der Grundsatz tunlichster Aufrechterhaltung der von der Gesetzesverletzung nicht betroffenen Feststellungen (BGH **14**, 30, 35; hiergegen LR-Franke 22; Gössel Rieß-FS 131; krit auch Dahs Hanack-Symp 89; *de lege ferenda* Krauth Tröndle-FS 512). Daher werden die Feststellungen zur äußeren Tatseite aufrechterhalten bei unterlassener oder fehlerhafter Prüfung der Schuldfähigkeit nach § 20 StGB (BGH **14**, 30, 34; NJW **64**, 2213; MDR **85**, 626 [H]; **90**, 95 [H]) oder des Verbotsirrtums nach § 17 StGB (Celle LRE **10**, 288; Hamburg NJW **67**, 213), bei fehlerhafter Beurteilung der Frage des bedingten Vorsatzes (BGH StV **83**, 360), der niedrigen Beweggründe iS des § 211 StGB (BGH GA **80**, 24), der Vorteilssicherungsabsicht nach § 257 StGB (BGH MDR **85**, 447 [H]), bei Fehlen von Feststellungen zur inneren Tatseite bei § 142 StGB (Hamburg OLGSt § 142 StGB S 132) oder § 316 StGB (Bay DAR **87**, 316 [B]) und wenn eine Schuldspruchberichtigung (12 ff zu § 354) nur an dem Fehlen des Hinweises nach § 265 I scheitert (BGH **14**, 30, 37; Bremen LRE **9**, 204; Stuttgart NJW **73**, 1385, 1387).

Bei **Aufhebung eines freisprechenden Urteils** können die den Angeklagten 15a belastenden Feststellungen zum äußeren Tatgeschehen idR nicht aufrechterhalten werden, weil er das Urteil insoweit nicht hätte anfechten können (BGH NStZ **13**, 612; 5 StR 537/99 vom 15.12.1999; 3 StR 595/99 vom 23.2.2000; 4 StR 518/09 vom 21.1.2010 und 84/13 vom 18.7.2013), anders allenfalls bei einem geständigen Angeklagten (BGH NJW **92**, 382, 384) oder bezüglich der für die Zuständigkeit der allgemeinen StrK bedeutsamen Feststellungen zum Lebensalter des Angeklagten (BGH MDR **84**, 444 [H]). Bei Tateinheit zwischen dem den Freispruch betreffenden und einem anderen Straftatbestand muss idR auch eine – für sich rechtsfehlerfreie – Verurteilung wegen des anderen Delikts mitaufgehoben werden (dazu im einzelnen BGH StraFo **12**, 190).

Die ausdrückliche Aufhebung der **Feststellungen zum Strafausspruch** ist üb- 16 lich (vgl BGH NJW **84**, 622, 623). Beruht die Aufhebung des Strafausspruchs allerdings nur auf einem Wertungsfehler, bedarf es der Aufhebung der Feststellungen nicht (BGH 2 StR 403/93 vom 29.9.1993). Teilw können zB die Feststellungen aufrechterhalten werden, wenn § 59 StGB fehlerhaft angewendet worden ist (Zweibrücken VRS **66**, 198, 202).

5) Bindung des neuen Tatrichters: 17

A. Bei **Aufhebung des ganzen Urteils** ist der Tatrichter in der Beurteilung 18 frei. Nur an die Aufhebungsansicht des Revisionsgerichts ist er nach § 358 I gebunden.

B. Bei **teilweiser Urteilsaufhebung** wegen einer von mehreren in Tatmehrheit 19 stehender Taten besteht keine Bindung des neuen Tatrichters an die Tatsachenfeststellungen, die dem in Rechtskraft erwachsenen Urteilsteil zugrunde liegen (BGH NJW **07**, 1540, 1541; Bay **59**, 126), wohl aber bei Tatidentität iS des § 264 (BGH **28**, 119; erg 10 zu § 318).

C. Die **Teilaufhebung im Rechtsfolgenausspruch** umfasst alle Rechtsfolgen 20 der Tat, unabhängig davon, ob diese vom erstinstanzlichen Gericht angeordnet worden sind. Die **Teilaufhebung des Strafausspruchs** betrifft lediglich die zur Ahndung der verfahrensgegenständlichen Tat zu verhängenden Strafe (BGH NStZ-RR **17**, 187). Insoweit ist begrifflich zwar keine Rechtskraft der Feststellungen zum Schuldspruch möglich (Koblenz NJW **83**, 1921; Bruns NStZ **84**, 129, 131; erg Einl 188). Sie sind aber für das weitere Verfahren bindend (BGH **30**, 340; NStZ **82**, 483; Hamm NJW **68**, 314; vgl auch Koblenz NJW **83**, 1921: bei Aufhebung auf Sprungrevision nach § 335 keine Bindung des Berufungsgerichts). Dies gilt auch für sog doppelrelevante Tatsachen (erg Einl 187), die für die Schuld- und die Rechtsfolgenfrage gleichermaßen von Bedeutung sind (BGH NJW **17**, 2847; **24**, 274; MDR **88**, 102 [H]; NStZ **88**, 214; Stuttgart NJW **82**, 897, 898; Winkler StraFo **04**, 369; erg 5 zu § 327), selbst wenn man das Erstgericht nur zugunsten des Angeklagten von solchen Tatsachen ausgegangen ist (BGH NStZ **88**, 88). Für die Frage, wann Schuldspruch und Strafzumessung so miteinander verknüpft sind, dass ein die Strafbarkeit erhöhender oder mindernder Umstand eine doppelrelevante Tatsache darstellt, kommt es neben der besonderen Lage des Einzelfalls auf die Trennbarkeit von den bindenden Feststellungen sowie die Einheitlichkeit und Widerspruchsfreiheit der Urteilsgründe an (BGH NJW **17**, 2847; erg 20c).

Über die **bindend gewordenen Feststellungen wird kein Beweis erhoben** 20a (BGH StraFo **03**, 384). Beweisergebnisse, die im Widerspruch zu bindenden Feststellungen stehen, haben außer Betracht zu bleiben (BGH **30**, 340; NStZ **15**, 182 mwN). Die in der neuen Verhandlung getroffenen Feststellungen müssen mit den aufrecht erhaltenen **ein einheitliches und widerspruchsfreies Ganzes** bilden (BGH **7**, 283, 287; **10**, 71, 72; **24**, 274; **28**, 119; NJW **17**, 2847; NStZ **15**, 182). Sie dürfen denen zur Schuldfrage nicht widersprechen oder, wenn sie ihnen widersprechen, dem Strafausspruch nicht zugrunde gelegt werden (BGH aaO; DAR **79**, 191 [Sp]; NStZ **82**, 29; StV **81**, 607; NStZ-RR **96**, 203).

§ 353

20b Das gilt nicht nur für die Feststellungen zu den Tatbestandsmerkmalen, sondern für alle zum geschichtlichen Vorgang gehörenden Feststellungen (BGH 24, 274; MDR 88, 102 [H]; erg 20a). Zu den bindenden Feststellungen zählen regelmäßig die Sachverhaltsumstände, in denen die gesetzlichen Merkmale der Straftat gefunden worden sind, sowie solche Bestandteile der Sachverhaltsschilderung, aus denen das frühere Tatgericht im Rahmen der Beweiswürdigung seine Überzeugung von der Schuld des Angeklagten abgeleitet hat, etwa die Umstände, die der Tatausführung das entscheidende Gepräge gegeben haben (BGH NJW **17**, 2847 *mwN*). *Dies gilt für die Feststellungen zur Tatzeit* (BGH StraFo **04**, 279), *zum Tatentschluss, zum tatauslösenden Moment sowie die Beweggründe für die Tatbegehung* (BGH 3 StR 139/14 vom 12.6.2014), ferner Feststellungen zu den Tatfolgen (BGH StraFo **04**, 143; StV **07**, 23) und zum Nachtatverhalten (BGH NStZ-RR **05**, 262 [B]; 1 StR 217/15 vom 10.6.2015).

20c Feststellungen zu den **persönlichen Verhältnissen** gehören dagegen nicht dazu (BGH NStZ **17**, 108; NStZ-RR **17**, 385), auch nicht solche zum besonders schweren Fall (3 StR24/00 vom 16.2.00; BGH NJW **17**, 2847), und zum gewerbsmäßigen Handeln (BGH wistra **12**, 356; NJW **17**, 2847; Bamberg StraFo **18**, 159). Eine Aufhebung lediglich im Strafausspruch erfasst nicht die Nichtanordnung einer Maßregel nach § 64 StGB als weitere Rechtsfolge (BGH NStZ-RR **17**, 187). Feststellungen zur erheblichen Verminderung der Schuldfähigkeit des Angeklagten gehören nur zum Rechtsfolgenausspruch (BGH NStZ-RR **97**, 237; **09**, 148; 3 StR 363/15 vom 27.10.2015; **aM** Ernemann Meyer-Goßner-FS 624), weshalb sich die Aufhebung des Strafausspruchs mit den zugehörigen Feststellungen auch auf die Feststellung und Entscheidung des früheren Tatgerichts zu § 21 StGB bezieht (BGH StraFo **17**, 160). Die Bewertung der Tat als Jugendverfehlung (§ 105 JGG, BGH NStZ **05**, 644) oder als besonders schwerer Fall gehört zur Rechtsfolgenfrage und ist daher nicht bindend (BGH StV **84**, 497 L; vgl aber andererseits Frankfurt NStZ-RR **96**, 309 zu doppelrelevanten Tatsachen). Keine Bindungswirkung haben auch die Feststellungen zu der Frage, ob ein Zeuge wegen Teilnahmeverdachts unvereidigt bleiben muss (BGH NJW **85**, 630). Nicht zum Strafausspruch gehört die Frage der Kompensation (9a zu Art 6 EMRK) einer bis zur revisionsgerichtlichen Entscheidung eingetretenen rechtsstaatswidrigen Verfahrensverzögerung (BGH **54**, 135).

20d Die danach bestehen gebliebenen Feststellungen muss der **neue Tatrichter** weder wiederholen, noch muss er auf sie Bezug nehmen (BGH NJW **17**, 2847; NStZ **15**, 600; StraFo **03**, 384). Umgekehrt darf er aufgehobene Feststellungen im neuen Urteil nicht mehr heranziehen, auch nicht im Wege der Bezugnahme (BGH NStZ-RR **17**, 385: Persönliche Verhältnisse bei Aufhebung im Strafausspruch).

21 6) Bei ausdrücklicher **Aufrechterhaltung von Feststellungen** tritt ebenfalls eine innerprozessuale Bindungswirkung ein. In dem Umfang, in dem die Feststellungen aufrechterhalten worden sind, darf keine neue Beweisaufnahme stattfinden (BGH **14**, 30, 38; **30**, 340; Koblenz NJW **83**, 1921), das festgestellte Tatgeschehen darf auch nicht anders bewertet werden (BGH NStZ-RR **06**, 317). Neu festgestellte Tatsachen, die den aufrechterhaltenen Feststellungen widersprechen, dürfen nicht berücksichtigt werden, selbst wenn die neue Verhandlung ihre Unrichtigkeit ergeben hat (BGH **14**, 30, 36; **aM** Bernsmann Beulke-FS 628). Eine Ausnahme gilt auch nicht für den Fall, dass sich in der Hauptverhandlung die Schuldunfähigkeit des Angeklagten ergibt (BGH **7**, 283; KK-Gericke 32; Pfister NStZ **16**, 691 mwN aus der BGH-Rspr; **aM** LR-Franke 31; offen gelassen von BGH StraFo **98**, 163) oder sich zweifelsfrei die Unschuld des Angeklagten herausstellt (KK-Gericke aaO; Ernemann Meyer-Goßner-FS 627; offen gelassen bei BGH NJW **82**, 1295; Gössel Rieß-FS 119 will §§ 359 ff entspr anwenden).

22 7) Es ist ein **sachlich-rechtlicher Mangel**, wenn der neue Tatrichter keine eigenen Feststellungen getroffen, sondern sein Urteil fehlerhaft auf aufgehobene Feststellungen gestützt hat (BGH wistra **12**, 356). Dies gilt auch, wenn bei Aufhebung im Strafausspruch im neuen Urteil zur Person des Angeklagten nur Feststellungen getroffen werden, die über das aufgehobene Urteil hinausgehen (vgl BGH 3 StR 224/17 vom 5.9.2017). Es ist auch rechtsfehlerhaft, wenn das Tatgericht trotz innerprozessualer Bindungswirkung eigene Feststellungen getroffen hat; allerdings kann dies unschädlich sein, wenn es nach der erneuten Beweisaufnahme zu denselben Feststellungen gelangt ist (BGH 5 StR 571/19 vom 27.11.2019).

Eigene Entscheidung in der Sache; Zurückverweisung

354 I Erfolgt die Aufhebung des Urteils nur wegen Gesetzesverletzung bei Anwendung des Gesetzes auf die dem Urteil zugrunde liegenden Feststellungen, so hat das Revisionsgericht in der Sache selbst zu entscheiden, sofern ohne weitere tatsächliche Erörterungen nur auf Freisprechung oder auf Einstellung oder auf eine absolut bestimmte Strafe zu erkennen ist oder das Revisionsgericht in Übereinstimmung mit dem Antrag der Staatsanwaltschaft die gesetzlich niedrigste Strafe oder das Absehen von Strafe für angemessen erachtet.

Ia 1 Wegen einer Gesetzesverletzung nur bei Zumessung der Rechtsfolgen kann das Revisionsgericht von der Aufhebung des angefochtenen Urteils absehen, sofern die verhängte Rechtsfolge angemessen ist. ²Auf Antrag der Staatsanwaltschaft kann es die Rechtsfolgen angemessen herabsetzen.

Ib 1 Hebt das Revisionsgericht das Urteil nur wegen Gesetzesverletzung bei Bildung einer Gesamtstrafe (§§ 53, 54, 55 des Strafgesetzbuches) auf, kann dies mit der Maßgabe geschehen, dass eine nachträgliche gerichtliche Entscheidung über die Gesamtstrafe nach den §§ 460, 462 zu treffen ist. ²Entscheidet das Revisionsgericht nach Absatz 1 oder Absatz 1a hinsichtlich einer Einzelstrafe selbst, gilt Satz 1 entsprechend. ³Die Absätze 1 und 1a bleiben im Übrigen unberührt.

II 1 In anderen Fällen ist die Sache an eine andere Abteilung oder Kammer des Gerichtes, dessen Urteil aufgehoben wird, oder an ein zu demselben Land gehörendes anderes Gericht gleicher Ordnung zurückzuverweisen. ² In Verfahren, in denen ein Oberlandesgericht im ersten Rechtszug entschieden hat, ist die Sache an einen anderen Senat dieses Gerichts zurückzuverweisen.

III Die Zurückverweisung kann an ein Gericht niederer Ordnung erfolgen, wenn die noch in Frage kommende strafbare Handlung zu dessen Zuständigkeit gehört.

Übersicht

	Rn
1) Eigene Sachentscheidung des Revisionsgerichts (I)	1–11
A. Urteilsaufhebung wegen sachlicher Mängel	2
B. Freisprechung	3–5
C. Verfahrenseinstellung	6–8
D. Strafen	9–11
2) Schuldspruchberichtigung	12–23
A. Voraussetzungen	13–17
B. Einzelheiten	18–22
C. Verurteilung des vom Tatrichter freigesprochenen Angeklagten	23
3) Rechtsfolgenausspruch	24–32
A. Änderung des fehlerhaften Rechtsfolgenausspruchs	25–25b
B. Anordnungen des Revisionsgerichts	26–26g
C. Entsprechende Anwendung des I	27
D. Aufrechterhaltung der Rechtsfolgen	28–28c
E. Angemessene Herabsetzung der Rechtsfolgen	29
F. Entscheidungen über die Gesamtstrafe	30–32
4) Berichtigung offensichtlicher Versehen	33
5) Zurückverweisung an den Tatrichter (II, III)	34–42
A. An das Gericht des 1. Rechtszuges oder an das Berufungsgericht	35

	Rn
B. An eine andere Abteilung oder Kammer	36–39
C. An ein anderes Gericht gleicher Ordnung	40, 41
D. An ein Gericht niederer Ordnung	42
6) Verfahren vor dem neuen Tatrichter	43–47
A. Feststellung der Bindungswirkung	44
B. Beweisaufnahme	45
C. Neue Urteilsfeststellungen	46
D. Zuständigkeit für Nachtragsentscheidungen	47

1 1) Die **eigene Sachentscheidung des Revisionsgerichts (I)** durch das 1. JuMoG um die Möglichkeiten des Ia und Ib erweitert) kann unter bestimmten Voraussetzungen mit der Urteilsaufhebung nach § 353 I verbunden werden. Die Entscheidung nach I geht der nach II und III, die nach III der nach II, § 355 aber insgesamt § 354 vor (LG Saarbrücken NStZ-RR **16**, 1 [F/S]; Meyer-Goßner Schlüchter-GS 519, 531 ff).

2 A. Nur bei **Urteilsaufhebung wegen sachlich-rechtlicher Mängel** ist eine Entscheidung in der Sache selbst zulässig; das Vorliegen von Prozesshindernissen steht dem gleich. Das gilt auch für die Anwendung des Ia (Ventzke NStZ **05**, 461; **aM** Senge StraFo **06**, 314). Die Feststellungen dürfen von der Urteilsaufhebung nicht betroffen sein. Sind sie fehlerhaft, so muss stets nach II oder III verfahren werden (Jagusch NJW **62**, 1417; eingehend Schuhr Stöckel-FS 327; Steinmetz, Sachentscheidungskompetenz des Revisionsgerichts in Strafsachen, 1997).

3 B. **Freisprechung** kommt nur in Betracht, wenn die bisherigen Feststellungen vollständig und fehlerfrei sind (BGH **13**, 268, 274; Hamburg VRS **59**, 300; Köln NJW **84**, 1979, 1980). Es muss auszuschließen sein, dass eine neue Hauptverhandlung noch Aufschlüsse zu erbringen vermag (BGH NStZ-RR **04**, 270; NJW **99**, 1562; **93**, 2451, wo aber auch Gesichtspunkte des Opferschutzes berücksichtigt werden; vgl auch unten 12). Die – ausschließlich nach dem Urteilsinhalt zu beurteilende (Köln VRS **86**, 127 mwN; BGHR Freisprechung 1 lässt offen, ob auch der Akteninhalt herangezogen werden darf; dafür KG StraFo **06**, 413; **07**, 245; vgl auch BGH NJW **16**, 2965, 2968) – Möglichkeit, dass in der neuen Verhandlung weitere Feststellungen getroffen werden können, zwingt zur Zurückverweisung (vgl BGH **28**, 162, 164; NJW **78**, 2105, 2107; Köln VRS **64**, 434, 436); allein wegen einer Vermutung, es könnten sich neue, eine Verurteilung ermöglichende Tatsachen ergeben, darf aber nicht zurückverwiesen werden (KG aaO; Meyer-Goßner Schlüchter-GS 519). Hat der Tatrichter die Verfolgung nach § 154a beschränkt, so muss das Revisionsgericht, wenn nunmehr im Hinblick auf die Freisprechung insoweit eine Verurteilung geboten und wenn sie möglich ist, die ausgeschiedenen Teile wieder einbeziehen und die Sache zurückverweisen (BGH **21**, 326, 328; **32**, 84; BGH StV **86**, 45; NJW **88**, 2483, 2485; NStZ **88**, 322; Stuttgart NJW **73**, 1386; vgl aber 24 zu § 154a); es kann sich aber auch auf die Zurückverweisung beschränken und dem Tatrichter die Wiedereinbeziehung überlassen (BGH NJW **84**, 1469, 1471 aE).

4 I lässt auch eine **Teilfreisprechung** zu (BGH NJW **73**, 474, 475). Bei Tatmehrheit muss die Sache idR zur Bildung einer neuen Gesamtstrafe zurückverwiesen werden. Davon wird nach stRspr aber abgesehen, wenn die weggefallene Einzelstrafe die Gesamtstrafe nicht beeinflusst haben kann. Bleibt nur eine von mehreren Verurteilungen bestehen, so kann die hierfür festgesetzte Einzelstrafe als alleinige Strafe aufrechterhalten werden, auch die Sicherungsmaßregel, wenn sie trotz der teilweisen Freisprechung gerechtfertigt erscheint (Hamm NJW **79**, 438). Der Teilfreisprechung steht die Beseitigung unzulässiger Nebenstrafen, Sicherungsmaßregeln und Maßnahmen gleich (LR-Franke 5).

5 Zugleich mit der Freisprechung muss das Revisionsgericht die erforderlichen **Nebenentscheidungen**, insbesondere über die Kosten und Auslagen (§ 464 I, II) und über die Entschädigung für Strafverfolgungsmaßnahmen (§ 8 I S 1 **StrEG**), treffen (dort 16).

Revision § 354

C. **Verfahrenseinstellung:** Gemeint ist die Einstellung wegen Vorliegens 6
von Prozesshindernissen (Einl 141 ff) zB wegen Fehlens oder Unwirksamkeit des
Eröffnungsbeschlusses (4 zu § 203), nicht die nach §§ 153 ff (dazu 2 zu § 353).
Wenn die fehlende Prozessvoraussetzung noch geschaffen werden kann, wird nicht
eingestellt, sondern zurückverwiesen (BGH **8**, 151, 154; Hamburg JR **69**, 310 mit
Anm EbSchmidt; anders aber BGH NJW **83**, 2270, 2272, NStZ **14**, 415, 416:
Einstellung bei fehlendem Strafantrag); bei nur vorübergehender Verhandlungsunfähigkeit kann das Revisionsgericht hingegen das Verfahren selbst nach § 205
vorläufig einstellen (BGH NStZ **96**, 242). Bei nicht behebbaren Verfahrenshindernissen wendet das Revisionsgericht, wenn es nicht nach § 349 IV verfährt, I
an, nicht § 206a (vgl 6a zu § 206a; 29 zu § 349), auch bei fehlender Anklage, wobei das angefochtene Urteil aufzuheben ist (BGH **46**, 130, 135; NStZ-RR **06**, 4
[B]). Freigesprochen wird, wenn nur ein Bestrafungsverbot (zB Verjährung) vorliegt und der Sachverhalt ohne weiteres die Freisprechung rechtfertigt (BGH **13**,
75, 80; **268**, 273; **20**, 333, 335); anders aber bei Befassungsverboten, vgl dazu
Einl 143a.

Teileinstellung ist zulässig, wenn das Prozesshindernis nur einen abtrennbaren 7
Urteilsteil betrifft (BGH **8**, 269; NJW **70**, 904).

Die zu Unrecht erfolgte nachträgliche Anordnung der vorbehaltenen oder die 8
nachträgliche Anordnung der **Sicherungsverwahrung** (§ 275a mit §§ 66a, 66b
StGB) kann das Revisionsgericht wegfallen lassen (BGH 1 StR 483/06 vom
10.11.2006).

D. **Strafen:** 9
Eine **absolute Strafe** bestimmen nur noch § 211 StGB, §§ 6 I Nr 1, 7 I Nr 1, 9a
8 I Nr 1 VStGB. Die Ersetzung einer zeitigen Freiheitsstrafe durch die lebenslange
Freiheitsstrafe auf Revision der StA ist verfassungsrechtlich zulässig (BVerfGE **54**,
100, 115) und auch sonst unbedenklich (vgl BGH NJW **77**, 1544; **78**, 1336; Dahs
Rev 620; **aM** Peters JZ **78**, 230 im Hinblick auf BVerfGE **45**, 187; krit auch Geis
NJW **90**, 2735). Einer absolut bestimmten Strafe steht die zwingend vorgeschriebene Einziehung (RG **53**, 428; **57**, 424, 429) gleich.

Eine **absolut bestimmte Strafe liegt auch vor,** wenn bei deren Festsetzung 10
nach Art und Höhe für das Revisionsgericht bei theoretisch noch bestehendem
Ermessensspielraum faktisch eine Ermessensreduzierung auf Null gegeben ist (vgl
BGH NStZ-RR **17**, 386; KK-Gericke 8). Deshalb darf ggf auch auf die **gesetzliche Mindeststrafe** in Übereinstimmung mit dem Antrag der StA bei dem Revisionsgericht erkannt werden (vgl zB BGH **39**, 353, 371); ebenso auf die zulässige
Höchststrafe, wenn der Tatrichter das gesetzliche Strafmaß überschritten hat, aber
anzunehmen ist, dass er auf die innerhalb des zur Verfügung stehenden Strafrah-
mens höchste zulässige Strafe erkannt hätte (KK-Gericke 9). Dazu gehören auch
die Festsetzung einer fehlenden Einzelstrafe, was sonst idR nicht zulässig ist (BGH
NStZ-RR **10**, 384; BGHR Strafausspruch 10), in dieser Höhe oder der von dem
Tatrichter zu Unrecht unterlassene Ausspruch der lebenslangen Freiheitsstrafe als
Gesamtstrafe (zu beidem BGH 4 StR 251/91 vom 25.6.1992) und die Anordnung
der von dem Tatrichter unterlassenen Bekanntmachungsbefugnis nach §§ 165, 200
StGB in der den Angeklagten am wenigsten beschwerenden Form (BGH **3**, 73,
76; NJW **55**, 1118, 1119; Hamm NJW **74**, 446, 447).

Absehen von Strafe: Vgl 1 zu § 153b. Hierunter fällt auch die Straffreierklä- 11
rung nach § 199 StGB.

2) Die **Schuldspruchberichtigung** in entspr Anwendung des I dient der Ver- 12
fahrensvereinfachung und wird in der Rspr allgemein, im Schrifttum überwiegend
(vgl aber Beulke Schöch-FS 963; Geerds JZ **68**, 593; Paster/Sättele NStZ **07**, 614)
zugelassen (vgl auch BVerfG wistra **00**, 216: verfassungsrechtlich unbedenklich); sie
kann auch zwecks Vermeidung einer Urteilsaufhebung und Zurückverweisung aus
Gründen des Opferschutzes geboten sein (vgl BGH NStZ **95**, 204). Die Umwandlung des Schuldspruchs in die Verurteilung wegen einer Ordnungswidrigkeit ist
ebenfalls statthaft, aber nicht entspr I, sondern in sinngemäßer Anwendung des

Schmitt 1571

§ 83 III OWiG (Bremen VRS **65**, 36; Köln VRS **40**, 110; Göhler 14 zu § 83 OWiG).

13 A. Voraussetzungen für die Schuldspruchberichtigung:
14 Zunächst muss eine **zulässige Sachrüge** erhoben sein; auf die Revision gegen ein Verwerfungsurteil nach § 329 I kann der Schuldspruch nicht geändert werden (Frankfurt NJW 63, 460; Hamm MDR **73**, 694).
15 Ferner müssen **vollständige und tragfähige Urteilsfeststellungen** vorliegen (vgl BGH **32**, 357, 361; NJW **73**, 1511, 1512; 1 StR 590/16 vom 20.12.2016); die Möglichkeit ihrer Ergänzung in einer neuen Verhandlung muss ausgeschlossen sein (BGH **3**, 62, 64; **6**, 251, 257; StV **10**, 685). Auch der Einfluss der Feststellungen zum äußeren Tathergang auf die Strafbemessung kann die Schuldspruchberichtigung ausschließen (vgl BGH **27**, 322, 325: Verurteilung wegen Mordes, während das Revisionsgericht nur Totschlag annimmt, anders aber BGH NStE Nr 5; zum umgekehrten Fall BGHR § 354 I Sachentscheidung 3 und BGH **39**, 353, 370).
16 Die Schuldspruchberichtigung kommt ferner nicht in Betracht, wenn der **rechtliche Hinweis nach** § 265 I nachgeholt werden muss, damit sich der Angeklagte in tatsächlicher Hinsicht anders verteidigen kann (BGH NJW **53**, 752, 754; **67**, 789; **81**, 1744, 1745; VRS **56**, 189, 190). Ob dem Angeklagten eine andere Verteidigung überhaupt möglich ist, kann das Revisionsgericht aber selbst beurteilen (BGH **10**, 272, 276; **20**, 116, 121; **28**, 224, 231; **33**, 44, 49; 163, 166; NJW **87**, 2384; NStZ **85**, 454; dagegen Beulke Schöch-FS 970).
17 Schließlich setzt die Schuldspruchberichtigung eine **Beschwer** des Angeklagten voraus. Ein zu milder Schuldspruch bleibt, wenn nicht auch zuungunsten des Angeklagten Revision eingelegt ist, grundsätzlich bestehen (BGH **10**, 358, 362; MDR **84**, 65; Schleswig SchlHA **85**, 137 [E/L]; LR-Franke 23). Eine Ausnahme gilt, wenn das von dem Tatrichter angewendete Strafgesetz völlig verschieden von dem ist, das der Angeklagte in Wahrheit verletzt hat (BGH **8**, 34, 37), oder wenn das Urteil auch im Rechtsfolgenausspruch fehlerhaft ist und die Sache in diesem Umfang zurückverwiesen werden muss (BGH StV **08**, 123; Bay **80**, 13, 15).

18 B. Einzelheiten:
19 Bei der Schuldspruchberichtigung kann die angewendete **Strafvorschrift ausgewechselt** werden. Ist die nunmehr angewendete Vorschrift milder, so muss der Urteil im Strafausspruch aufgehoben werden (Zweibrücken NZV **93**, 240, 241), nicht aber, wenn die Strafdrohungen übereinstimmen (BGH **8**, 34, 37; MDR **55**, 552) oder nur geringfügig voneinander abweichen (Zweibrücken JR **91**, 214 mit abl Anm Otto) oder wenn die Strafe so milde ist, dass eine weitere Herabsetzung ausgeschlossen erscheint (Bay JW **20**, 56; Hamm VRS **28**, 138). Auch die Notwendigkeit, das tatbestandliche Unrecht bei der Strafzumessung neu zu bewerten, zwingt nicht zur Zurückverweisung im Strafausspruch (BGH MDR **80**, 107 [H]).
20 Bei **Wegfall einer tateinheitlichen Verurteilung** kann der Strafausspruch ebenfalls bestehen, wenn die Berichtigung auf die Strafe keinen Einfluss hat (BGH **8**, 191, 193; KG JR **77**, 426; VRS **36**, 226). Anders ist es, wenn die Verurteilung mit der strengeren Strafvorschrift weggefallen ist (vgl BGH **28**, 11, 17). Fällt die weitere Verurteilung nur wegen Gesetzeskonkurrenz weg, so berührt das den Strafausspruch nicht, denn die Tatumstände, die für sich genommen die Anwendung der weiteren Vorschrift gerechtfertigt hätten, bei der Strafzumessung berücksichtigt werden dürfen (BGH **1**, 152, 155; **8**, 191, 193; **21**, 183, 185).
21 Dagegen muss bei der **zusätzlichen Verurteilung wegen tateinheitlich begangener Straftat** auf Revision der StA die Sache idR im Strafausspruch zurückverwiesen werden (BGH NJW **77**, 1300, 1301), sofern der Rechtsfehler nicht offensichtlich ohne Einfluss auf die Strafbemessung ist (RG **71**, 246, 247; **72**, 75, 77; **74**, 21, 25).
22 Bei der **Änderung des Konkurrenzverhältnisses** ist zu unterscheiden: Berichtigt das Revisionsgericht das Urteil dahin, dass Tatmehrheit statt Tateinheit, einheitlicher oder fortgesetzter Tat vorliegt, so ist eine Zurückverweisung im Strafausspruch erforderlich (BGH NJW **52**, 274); der Tatrichter muss nunmehr unter

Berücksichtigung des § 358 II Einzelstrafen und Gesamtstrafe festsetzen (aM Kalf NStZ **97**, 68, der vorschlägt, die bisherige Einzelstrafe als Gesamtstrafe bestehen zu lassen; dazu auch Basdorf NStZ **97**, 423). Wird auf Tateinheit statt Tatmehrheit erkannt, so kann das Revisionsgericht die Gesamtstrafe als Einzelstrafe aufrechterhalten, wenn anzunehmen ist, dass der Tatrichter auf sie erkannt hätte (BGH 2 StR 294/12 vom 6.12.2012; JR **83**, 210; MDR **78**, 110 [H]); sonst ist Zurückverweisung im Strafausspruch erforderlich (BGH NJW **66**, 1930, 1931; **74**, 959, 960; **82**, 2080; VRS **66**, 20). Liegt nicht Tateinheit, sondern eine einheitliche Tat vor, so ist idR keine Zurückverweisung wegen der Strafe erforderlich (Bay **87**, 37, 38; NJW **84**, 68).

C. Eine **Verurteilung des vom Tatrichter freigesprochenen Angeklagten** 23 durch das Revisionsgericht unter Zurückverweisung zur Festsetzung der Strafe ist grundsätzlich nicht zulässig (vgl Bay **60**, 225; KG JR **79**, 162, 163; **57**, 270; Düsseldorf StV **85**, 361; Oldenburg NJW **83**, 57, 58; SSW-Momsen 22). Ausnahmen sind nur möglich, wenn der Angeklagte vom AG verurteilt und erst vom Berufungsgericht freigesprochen wurde (Düsseldorf NJW **91**, 1123, 1124; JR **94**, 201 mit abl Anm Laubenthal; Hamburg NJW **85**, 1654; Koblenz NJW **86**, 1700; NStZ-RR **08**, 120; Oldenburg JR **90**, 127, 128), der Angeklagte vor dem Tatrichter geständig war und nur wegen eines Subsumtionsfehlers nicht verurteilt wurde (KG JR **87**, 257; Celle NZV **12**, 345, 348; Saarbrücken VRS **44**, 446) oder irrtümlich auf Freispruch statt auf Schuldspruch mit Straffreierklärung erkannt wurde (Celle MDR **89**, 840). Soweit die Revisionsgerichte darüber hinaus bei aufgeklärtem Sachverhalt vom Tatrichter freigesprochene Angeklagte schuldig sprechen (vgl BGH **36**, 277, 282; VRS **54**, 436, 438; Düsseldorf NJW **91**, 186, 187; Hamburg JR **79**, 206, 207 mit abl Anm Volk; JR **83**, 250, 252 mit abl Anm Rudolphi; Oldenburg NJW **85**, 1352) ist dies bedenklich, weil der Angeklagte gegen das freisprechende Urteil kein Rechtsmittel einlegen und daher die Richtigkeit der Feststellungen nicht bekämpfen kann (so auch BGH NStZ-RR **98**, 204 mwN; **99**, 48; BGHR Schuldspruch 1; Koblenz NStZ-RR **98**, 364, 365). Keinesfalls darf das Revisionsgericht selbst die den Schuldspruch tragenden Feststellungen treffen (BVerfG NJW **91**, 2893). Hat der Tatrichter das Verfahren wegen eines Prozesshindernisses eingestellt, so ist die Verurteilung durch das Revisionsgericht zulässig, wenn das Urteil erkennbar vollständige Feststellungen enthält (BGH **3**, 73; NJW **52**, 1263; Hamburg NJW **62**, 754).

3) **Hinsichtlich des Rechtsfolgenausspruchs** besteht seit Einfügung der Ab- 24 sätze Ia und Ib durch das 1. JuMoG nun eine sehr differenzierte Entscheidungsmöglichkeit für das Revisionsgericht, die über die früher möglichen Entscheidungsmodalitäten (vgl dazu etwa Bay NStZ-RR **04**, 22) hinausgeht. Es ist zu unterscheiden:

A. Eine **Änderung des fehlerhaften Rechtsfolgenausspruchs** ist dem Revi- 25 sionsgericht in den Fällen gestattet, in denen der Tatrichter zwingende gesetzliche Vorschriften nicht beachtet hat.

Hiernach kann das Revisionsgericht zB die **fehlerhaft bemessene Strafe,** die 25a das gesetzliche Höchstmaß überschreitet, auf dieses und eine unter Verletzung der §§ 331, 358 II erhöhte Strafe auf das zulässige Maß herabsetzen (BGH NStZ-RR **00**, 39; Bay NStZ-RR **04**, 22; Düsseldorf JR **01**, 477), den fehlenden Ausspruch der lebenslangen Freiheitsstrafe „als Gesamtstrafe" bei mehreren Einzelstrafen nachholen (BGH 3 StR 109/89 vom 14.3.1990) oder die Einbeziehung von Urteilen nach § 31 II S 1 JGG nachholen (BGH 3 StR 177/09 vom 26.5.2009).

Die **Tagessatzzahl oder -höhe** kann es auf das gesetzliche Mindestmaß erhö- 25b hen (BGH **27**, 359, 366; Bay **79**, 130; Oldenburg VRS **54**, 111), die Tagessatzhöhe rein rechnerisch korrigieren (Bay StV **88**, 389), sie bei ausreichenden Feststellungen auch für eine Einzelstrafe festsetzen, wenn der Tatrichter das unterlassen hat (BGH 1 StR 488/14 vom 10.2.2015; einschr noch BGH **30**, 93; erg 3 zu § 328).

§ 354

26 B. Das Revisionsgericht darf auch **Anordnungen treffen oder aufheben,** die der Tatrichter fehlerhaft unterlassen oder vorgenommen hat.

26a So kann es die die rechtsirrig **unter Vorbehalt bestimmte Strafe** (§ 59 StGB) mit der Maßgabe aufrechterhalten, dass der Angeklagte vorbehaltlos verurteilt wird (BGH NJW **78**, 503, 504 = JR **78**, 246 mit abl Anm Peters) oder statt einer vorbehaltlosen Strafe eine Verwarnung unter Vorbehalt dieser Strafe aussprechen (BGH 5 StR 418/16 vom 6.12.2016; Celle StV **88**, 109).

26b Es kann die unterlassene **Anordnung von Zahlungserleichterungen** nach § 42 StGB selbst treffen (BGH JR **79**, 73; MDR **80**, 453 [H]; Hamburg MDR **82**, 776).

26c Zulässig ist die **Anrechnung der Untersuchungshaft,** von der der Tatrichter aus Rechtsirrtum abgesehen hat (BGH NJW **78**, 1636; StV **94**, 603; **99**, 312; Düsseldorf NJW **69**, 439; Köln NJW **65**, 2309), von Haft im Ausland (BGH MDR **86**, 271 [H]; Hamm JMBlNW **81**, 107), die Bestimmung des Umrechnungsmaßstabs nach § 51 IV S 2 StGB (BGH NJW **86**, 1555, 1557; NStZ-RR **09**, 370) und die Entscheidung, auf welche Strafe die UHaft anzurechnen ist (BGH NJW **92**, 123, 125).

26d **Strafaussetzung zur Bewährung** kann das Revisionsgericht bewilligen, wenn ihre Voraussetzungen eindeutig vorliegen (BGH wistra **92**, 22; NStZ **97**, 377 [K]; NStZ-RR **12**, 357), dabei kann es die Mindestdauer der Bewährungszeit festsetzen (BGH NJW **53**, 1838, 1839; MDR **54**, 309; Bremen NJW **62**, 928; Celle NJW **68**, 2255; Hamm VRS **33**, 341, 344); den Beschluss über die Bewährungsauflagen nach § 268a I und die Belehrung nach § 268a III muss es dann dem Tatrichter überlassen (BGH VRS **77**, 349; Celle NStZ-RR **11**, 324 L). Ebenso kann eine fehlerhaft bewilligte Strafaussetzung in Wegfall gebracht werden (BGH **24**, 360, 365; MDR **82**, 623 [H]; Hamm NZV **93**, 317), insbesondere, wenn § 56 III StGB entgegensteht (vgl BGH NJW **72**, 832, 834; VRS **38**, 333; zum umgekehrten Fall Bay **03**, 90), oder eine unterbliebene Anrechnung von Bußgeldzahlungen (vgl BGH **36**, 378) nachgeholt werden. Entspr gilt für die Verwarnung mit Strafvorbehalt (BGH **46**, 279).

26e Die **Einziehung** kann das Revisionsgericht anordnen, wenn sie zwingend vorgeschrieben ist (oben 9) oder ohne Ermessensfehler nicht abgelehnt werden durfte (BGH **14**, 293, 299; **16**, 49, 57; **26**, 258, 266); insbesondere kann die unterlassene Anordnung der Einziehung des Führerscheins nach § 69 III S 2 StGB nachgeholt werden (BGH DAR **79**, 185 [Sp]). Eine offensichtlich fehlerhafte oder unverhältnismäßige Einziehung kann beseitigt (BGH 2 StR 5/92 vom 17.7.1992; Hamm NJW **75**, 67), eine unvollständige Einziehungsanordnung in der Urteilsformel ergänzt werden (BGH NStZ **92**, 226 [K]; wistra **07**, 427).

26f Bei den **Sicherungsmaßregeln** kann das Revisionsgericht die Anordnung nach §§ 63, 64, 66 StGB (BGH 1 StR 52/90 vom 8.5.1990) sowie nach § 67 II StGB (BGH NJW **83**, 240; StV **85**, 12; 4 StR 21/08 vom 8.4.2008) und die fehlerhafte Entziehung der Fahrerlaubnis nach § 69 StGB in Wegfall bringen (Celle VRS **64**, 366, 367; Hamm VRS **57**, 184, 186) oder anordnen, wenn der Tatrichter sie zu Unrecht nicht für zulässig gehalten hat (BGH **6**, 398, 402; 5 StR 466/10 vom 23.11.2010), die zeitige Sperre nach § 69a StGB auf das Höchstmaß von 5 Jahren (Karlsruhe GA **79**, 347; Köln MDR **56**, 696), auf das Mindestmaß von 3 Monaten (Köln VRS **52**, 271, 272) oder auf das nach § 331 zulässige Maß festsetzen oder aussprechen, dass eine früher angeordnete Maßregel aufrechterhalten bleibt, wenn eine diese „gegenstandslos" machende Entscheidung aufgehoben wird (BGH NJW **00**, 3654). Die Sperre kann auch herab- oder heraufgesetzt werden, wenn das Urteil ergibt, wie der Tatrichter sie ohne den Fehler bemessen hätte (Koblenz OLGSt § 69a StGB S 7; Oldenburg VRS **51**, 281, 283; Stuttgart NJW **56**, 1081; vgl auch Stuttgart VRS **71**, 275, 277). Auch eine mildernde Abänderung der Anordnung des Berufsverbots nach § 70 StGB oder dessen gänzlicher Wegfall ist zulässig (BGH wistra **03**, 423).

26g Das Revisionsgericht darf die **Bildung einer Einheitsjugendstrafe** nach § 31 II S 1 JGG nachholen (BGH NStZ-RR **18**, 125 L).

C. Die Vorschrift des I wird **entsprechend angewendet,** wenn die Verfahrens- 27
lage jedes Ermessen über Art und Höhe der Rechtsfolge ausschließt (vgl etwa die
3 Fälle BGH NStZ-RR **02,** 103, Nr 48, 49, 50 [B]); das ist wegen der Nähe zur
Verhängung einer absolut bestimmten Strafe zutr (vgl dazu eingehend Meyer-
Goßner Schlüchter-GS 516ff; zust BGH NSrZ-RR **10,** 194 [C/Z]; gegen entspr
Anwendung aber Foth NStZ **92,** 445 sowie Schuhr Stöckel-FS 338; stark einschr
auch BVerfG NStZ **04,** 273; abl Senge Dahs-FS 479; dem BGH und Stuttgart
wistra **04,** 359 aber wiederum zust BVerfG 2 BvR 2251/03 vom 1.3.2004; vgl
ferner Beulke Schöch-FS 963; Frisch StV **06,** 431). Das ist zB der Fall, wenn rein
rechnerisch, aber auch wenn nach dem gesamten Umständen nur noch eine bestimmte Strafe (BGH NStE Nr 4 mwN; NStZ **92,** 78 und 297; **03,** 293 [B]; Düsseldorf VRS **82,** 455; Stuttgart NJW **06,** 1222, 1224; abl zu dieser Rspr Hanack
StV **93,** 63, der aber irrig annimmt, der BGH wende hier die Alternative „gesetzlich niedrigste Strafe" entspr an) oder eine bestimmte Gesamtstrafe (BGH NJW **91,**
1763; **91,** 2715; NStZ **97,** 380 [K]; Düsseldorf NStZ-RR **01,** 21; Karlsruhe Justiz
95, 113; vgl auch BGH ZIS **08,** 583 mit abl Anm Dehne-Niemann, ferner BGH 4
StR 232/97 vom 19.6.1997: Vornahme eines unterbliebenen Härteausgleich bei
nicht mehr möglicher Gesamtstrafenbildung) oder die Strafaussetzung zur Bewährung (BGH StV **96,** 265, 266) oder der Anordnung der Unterbringung nach § 64
StGB (BGH 2 StR 298/97 vom 4.7.1997) oder die Festsetzung des Vorwegvollzugs eines Teils der Strafe nach § 67 II StGB (BGH NJW **08,** 1173; NStZ-RR **10,**
171; **12,** 71), bzw dessen Wegfall (BGH NStZ-RR **98,** 70) oder dem Wegfall der
Feststellung der besonderen Schwere der Schuld (BGH 5 StR 92/08 vom
6.5.2008) in Betracht kommen. Diese Möglichkeiten sind durch die Einfügung
von Ia und Ib (dazu unten 28 ff) nicht berührt worden (BGH NJW **05,** 912; 5 StR
459/06 vom 27.2.2007; Güntge NStZ **05,** 208; krit Köberer Hamm-FS 310).

D. Die **Aufrechterhaltung der Rechtsfolgen** durch das Revisionsgericht ist 28
nach Änderung der Vorschrift durch das 1. JuMoG auch bei fehlerhafter Begründung durch das Tatgericht dem Revisionsgericht gestattet, wenn die angeordnete
Rechtsfolge angemessen ist (Ia S 1); das hat das Revisionsgericht auf der Grundlage
der Feststellungen des angefochtenen Urteils unter Berücksichtigung aller maßgebenden Gesichtspunkte, insbesondere nach § 46 StGB für die Strafzumessung
erheblichen Umstände selbst zu beurteilen (BGH NJW **49,** 371; NStZ **06,** 36; **06,**
587/588; NStZ-RR **13,** 307). Die Entscheidung setzt keinen entspr Antrag der
StA voraus (BGH aaO). Mit ihr wird jedoch in nicht unbedenklicher Weise (zutr
krit Franke GA **06,** 265; Hamm StV **08,** 207; ebenso Eisenberg/Haeseler Stra-
Fo **03,** 221, die zudem im Jugendstrafverfahren Ia S 1 nur für bedingt anwendbar
und Ia S 2 und Ib für unanwendbar halten) die Entscheidung des Tatrichters durch
die des Revisionsgerichts ersetzt. Während sonst lediglich in den Fällen, in denen
nach Ansicht des Revisionsgerichts aus Rechtsgründen nur eine bestimmte
Rechtsfolge in Betracht kommt, die eigene Entscheidung des Revisionsgerichts
erlaubt ist (oben 25–27), wird hier eine Ermessensentscheidung des Revisionsgerichts gestattet, obwohl nicht auszuschließen ist, dass die rechtsfehlerhafte Erwägung des Tatrichters bei der Festsetzung der Rechtsfolge für diesen gerade bestimmend gewesen ist (zutr krit auch SK-Wohlers 55; Ventzke NStZ **05,** 461; einschr
Frisch StV **06,** 433).

Das BVerfG hat die Vorschrift deshalb **nur im Wege verfassungskonformer** 28a
Auslegung für verfassungsgemäß erklärt (BVerfGE **118,** 212; eingehend Paster/
Sättele NStZ **07,** 609; abl Maier NStZ **08,** 227; weitergehend – BVerfG hätte Regelung für verfassungswidrig erklären sollen – Gaede GA **08,** 408; R. Hamm
StV **08,** 208; dagegen Radtke Maiwald-FS 643); es hat zu Recht gefordert, dass für
eine Entscheidung nach Ia S 1 „ein zutr ermittelter, vollständiger und aktueller
Strafzumessungssachverhalt zur Verfügung stehen muss", und dass das Revisionsgericht den Angeklagten konkret auf aus seiner Sicht für eine Sachentscheidung
nach Ia S 1 sprechenden Gründe (mündlich oder schriftlich) hinweisen muss, falls
nicht der StA dies bereits beantragt oder angeregt hatte. Ggf muss das Revisionsge-

richt dazu ein freibeweisliches Anhörungsverfahren durchführen (vgl zB BGH 4 StR 245/09 vom 21.4.2010), wovor dieses aber als systemfremd und zu aufwändig zurückschrecken und lieber zurückverweisen sollte (vgl auch Franke Widmaier-FS 249 ff; anders aber der aufwändig begründete und gleichwohl wenig überzeugende Beschluss BGH StraFo **10**, 30 mit abl Anm Dehne-Niemann = StV **11**, 136 mit abl Anm Gaede = JR **11**, 177 mit zust Anm Peglau; bedenklich auch BGH StV **16**, 542 L mit abl Anm Dehne-Niemann StV **16**, 601). Somit wird die – ohnehin systemwidrige – Vorschrift nur noch geringe praktische Bedeutung haben (so auch Gaede aaO; Maier aaO; Peglau aaO; **aM** Altvater Widmaier-FS 47), zumal das BVerfG (aaO) es auch entgegen BGH NJW **05**, 912 und 913 beanstandet und für unzulässig erklärt hat, Ia S 1 auch bei einer Schuldspruchänderung anzuwenden (so auch BVerfG StV **08**, 169 L; BGH StV **08**, 176).

28b **Der Anwendung des Ia S 1 steht entgegen** das Fehlen tragfähiger Feststellungen zu den den Angeklagten belastenden Strafzumessungserwägungen (BGH StV **07**, 408; **14**, 594; Nürnberg StraFo **07**, 205; StV **11**, 226 L); sie scheidet aus bei einer Vielzahl von Strafzumessungsfehlern aus (BGH StV **07**, 408; Nürnberg NJW **08**, 2518), ebenso, wenn die Rechtsfolge gegen zwingendes Recht verstößt (BGH StV **08**, 177 mit zust Anm Schneider: gegen § 54 II S 1 StGB), wenn ein anderer Strafrahmen in Betracht kommt (BGH StV **08**, 714; NStZ-RR **10**, 184 L) und bei unzulässiger (vgl 11 zu § 257c) Vereinbarung einer „Punktstrafe" (**aM** BGH **51**, 84 mit zust Anm Streng JZ **07**, 154; aber hier liegt kein Fehler bei der Zumessung der Rechtsfolgen, sondern ein Verstoß gegen § 261 vor; abl daher auch KMR-Momsen 34b; Franke Widmaier-FS 244; Leipold StV **07**, 287).

28c **Die Vorschrift ist hingegen auch anwendbar**, wenn die von der StA (oder dem Nebenkläger) zu Ungunsten des Angeklagten erfolgte Anfechtung des Urteils einen diesen begünstigenden Rechtsfehler aufweist (BGH **51**, 18; 3 StR 451/06 vom 21.12.2006); die Vorschrift gilt auch für die Frage der Strafaussetzung zur Bewährung (Köln NStZ-RR **16**, 181; Schleswig StV **06**, 403) und – eingeschränkt – bei einer jugendrechtlichen Sanktion (BGH NStZ-RR **10**, 56; **14**, 92). Die Bestimmung des Ia S 1 ist nicht so eng auszulegen, dass sie nur in den Fällen zur Anwendung kommt, in denen zwar nicht ausgeschlossen werden kann, dass der Tatrichter zu einer anderen Bewertung hätte kommen können, dies aber eher fernliegend ist (so BGH NJW **05**, 1813 gegen Celle aaO). Ob die Beurteilung allein auf Grund der festgestellten Urteilsgründe möglich erscheint, ist eine Frage des Einzelfalls (BGH StV **08**, 176; NStZ-RR **10**, 21; vgl auch BGH 4 StR 88/14 vom 6.5.2014 und 4 StR 144/14 vom 21.5.2014). Eine Begründung der Entscheidung nach Ia S 1 ist jedenfalls dann erforderlich, wenn die für die Strafzumessung relevanten Umstände und deren konkretes Gewicht dem Angeklagten sonst nicht nachvollziehbar wären (BVerfG aaO).

29 E. Eine **angemessene Herabsetzung der Rechtsfolgen** bei deren fehlerhafter Zumessung ist dem Revisionsgericht nun ebenfalls durch das 1. JuMoG gestattet worden (Ia S 2). Auf die hypothetische Frage, wie der Tatrichter bei zutreffender rechtlicher oder tatsächlicher Bewertung entschieden hätte, kommt es nicht mehr an (BT-Drucks 15/3482 S 22). Ia S 2 erlaubt nicht nur die Herabsetzung der Strafe (BGH **2** StR 31/08 vom 9.4.2008), sondern auch die anderer Rechtsfolgen, etwa die Bestimmung der Dauer des Vorwegvollzugs nach § 67 II StGB (BGH 1 StR 144/08 vom 6.5.2008) oder Kompensation (9a zu Art 6 EMRK) wegen konventionswidriger Verfahrensverzögerung (BGH NStZ-RR **08**, 208; **17**, 53 L; wistra **08**, 304; 4 StR 391/14 vom 12.2.2015; 5 StR 80/08 vom 1.4.2008 und 5 StR 283/08 vom 23.7.2008). Die Entscheidung setzt allerdings einen Antrag der StA voraus; im Maß der Herabsetzung ist das Revisionsgericht aber nicht an den Vorschlag der StA gebunden (Karlsruhe NJW **04**, 3724; Senge Dahs-FS 489). Bei einer vom Tatrichter übersehenen möglichen Strafrahmenverschiebung wird Ia S 2 nicht in Betracht kommen (Bremen StV **06**, 206; **aM** KK-Gericke 26g, 26h; vgl auch Schuster StV **14**, 113), anders, wenn nur von einer eher geringfügig zu hohen Untergrenze ausgegangen wurde (BGH NStZ-RR **08**, 182). Die Entscheidung kann durch Beschluss ergehen (BGH NJW 06, 1605; Senge StraFo 06, 314; **aM** noch BGH NStZ 05, 705; vgl auch Ignor Dahs-FS 311; Leipold StraFo 06, 305; Senge aaO 490); das ist allerdings nur dann möglich, wenn das Revisionsgericht dem Antrag der StA genau folgt oder unter diesem bleibt und der Angeklagte Gelegenheit hatte, zu dem Antrag Stellung zu nehmen. Die zu Ia S 1 vom BVerfG entwickelten Maßstäbe (oben 28a) gelten auch hier (BVerfG NStZ 07, 710; BGH StV 08, 233). Im Übrigen steht es im pflichtgemäßen Ermessen des Revisionsgerichts, ob es nach Ia S 2 verfährt oder die Sache nach II zurückverweist. Will das Revisionsgericht dem Antrag der StA auf Herabsetzung der Strafe deswegen nicht folgen, weil es die Revision für unbegründet hält oder Ia S 1 anwenden will (vgl BGH NStZ 06, 36, 38), bedarf es einer Entscheidung durch Urteil.

F. Für die **Entscheidung über die Gesamtstrafe** bestehen weitere Sonderregelungen: 30

a) Dem **Beschlussverfahren** nach §§ 460, 462 kann das Revisionsgericht die 31 Entscheidung überlassen (Ib S 1), statt die Sache zur neuen Verhandlung in einer Hauptverhandlung zurückzuverweisen, wenn es lediglich um die Bildung einer – erstmalig festzusetzenden oder wegen Fehlerhaftigkeit der alten neu zu bestimmenden – Gesamtstrafe geht (Frankfurt NStZ-RR 05, 81; Köln NStZ 05, 164; Nürnberg StV 07, 415) oder wenn im Revisionsverfahren ein Teilfreispruch (BGH 1 StR 377/06 vom 10.10.2006) oder eine Teileinstellung nach § 154 II oder nach § 206a erfolgt und deshalb über die Gesamtstrafe neu zu befinden ist (BGH NJW 05, 376; NStZ-RR 09, 37 [C]). Bei Vorliegen „echter Zumessungsfehler" wird eine Zurückweisung in das Beschlussverfahren allerdings idR ungeeignet sein (BGH StV 06, 402); sie kommt nicht in Betracht, wenn nicht sicher feststeht, dass und in welcher Weise die Gesamtstrafenbildung fehlerhaft war (Schleswig SchlHA 12, 299 [D/D]). Auch die zu treffende Entscheidung über einen Härteausgleich (20a zu 331) fällt nicht in den Regelungsbereich der Vorschrift (BGH NStZ-RR 16, 251 mwN). Sie findet nur bei den Angeklagten beschwerenden, sondern – auf Revision der StA – auch bei ihn begünstigenden Rechtsfehlern Anwendung (BGH NStZ-RR 07, 107; Frankfurt NStZ-RR 14, 220). Einer ausdrücklichen Zurückverweisung an das nach § 462a zuständige Gericht bedarf es nicht (BGH NJW 04, 3788; Köln StraFo 04, 424); bei seiner Entscheidung kann das Revisionsgericht ggf auch gleich selbst die Kostenentscheidung zum Revisionsverfahren treffen (BGH aaO), sonst muss diese mit im Nachverfahren ergehen (BGH NJW 05, 1205; 4 StR 431/05 vom 1.9.2005; Köln VRS 108, 112). Die Neuregelung ist eine zu begrüßende Vereinfachung (so auch Franke GA 06, 266; Frisch StV 06, 438; Knauer/Wolf NJW 04, 2937); wird der Angeklagte dadurch doch nicht anders gestellt als in sonstigen Fällen, in denen die Bildung einer Gesamtstrafe unterblieben ist (**aM** Wasserburg GA 06, 393 wegen hier fehlender Unvoreingenommenheit des Beschlussrichters). Die Entscheidung kann nach Maßgabe des § 349 IV durch Beschluss ergehen. Natürlich ist auch hier das Verschlechterungsverbot (§ 358 II) zu beachten (BGH 4 StR 431/05 vom 1.9. 2005). Die Gesamtstrafenentscheidung ist dann wieder mit sofortiger Beschwerde anfechtbar (§ 462 III).

b) **Dem Revisionsgericht stehen für eine eigene Entscheidung** über die 32 Gesamtstrafe die Möglichkeiten nach I und Ia offen (Ib S 3), dh es kann unter den dort gegebenen Voraussetzungen (oben 25–29) die Gesamtstrafe bestehen lassen (BGH NJW 07, 1475, 1476) oder selbst festsetzen oder eine gebildete Gesamtstrafe auf Antrag der StA angemessen herabsetzen (dazu im Einzelnen Frisch StV 06, 439). Es kann aber auch, wenn es nach I oder Ia eine Einzelstrafe selbst festgesetzt hat, die Sache zur Bildung einer Gesamtstrafe in das Beschlussverfahren nach §§ 460, 462 zurückverweisen (Ib S 2; oben 31).

4) Die Berichtigung offensichtlicher Versehen ist dem Revisionsgericht 33 möglich, wenn eine sich aus den Urteilsgründen eindeutig ergebende Verurteilung in der Urteilsformel keinen vollständigen und klaren Ausdruck gefunden hat

(BGH 4 StR 77/13 vom 5.6.2013; Hamburg VRS **25**, 384; Blaese/Wielop 13 mwN). Der Schuldspruch kann ausgewechselt (BGH VRS **46**, 106, 107) oder, wenn er im Urteilsausspruch ganz fehlt, nachgeholt (Hamm NJW **81**, 697) oder um Schreibfehler und ähnliche Mängel berichtigt werden, gleichgültig, ob die Unrichtigkeit auf Versehen oder auf Rechtsirrtum des Tatrichters beruht (Wimmer MDR **48**, 70). Der Urteilsspruch kann insbesondere berichtigt werden, wenn die Gründe eine niedrigere Strafe anführen als die Urteilsformel (BGH JZ **52**, 282), wenn die Urteilsformel versehentlich auf Tateinheit lautet, in den Gründen aber Tatmehrheit angenommen wird (Hamm VRS **44**, 424, 426) oder wenn die Teilfreisprechung durch den Tatrichter rechtlich unzulässig war (Karlsruhe NJW **73**, 1989, 1990). Umgekehrt kann ein Teilfreispruch, dessen Notwendigkeit sich aus den Gründen ergibt, im Urteilsausspruch nachgeholt werden (Celle GA **59**, 22; Hamm OLGSt § 264 S 41; Karlsruhe VRS **43**, 261, 266). Die fehlende Schuldform kann aus den Urteilsgründen ergänzt werden (BGH **19**, 217, 219; NJW **69**, 1581, 1582), auch wenn der Schuldspruch schon rechtskräftig ist (Saarbrücken MDR **75**, 334). Ferner kann das Revisionsgericht einen Irrtum bei der Anrechnung der UHaft berichtigen (BGH **27**, 287), die Urteilsformel dahin richtig stellen, dass die gesetzliche Überschrift (§ 260 IV S 2) benutzt wird, und das Urteil um Entscheidungen über Nebenstrafen, Nebenfolgen und Maßnahmen ergänzen, wenn der Tatrichter es unterlassen hat, sie nach § 55 II StGB aufrechtzuhalten (BGH MDR **79**, 683). Auch die vom Tatrichter vergessene Festsetzung von Einzelstrafen bei einer Gesamtstrafenbildung darf das Revisionsgericht nachholen (BGH NStZ-RR **10**, 184; **14**, 186; erg 7 zu § 331), jedoch dabei bei einer Angeklagtenrevision die Gesamtstrafe nicht erhöhen (LR-Gössel 39 zu § 331; missverständlich BGH aaO aE).

34 **5)** Die **Zurückverweisung an den Tatrichter (II, III)** ist erforderlich, wenn das Revisionsgericht nicht nach I entscheiden kann.

35 A. **An das Gericht des 1. Rechtszugs oder an das Berufungsgericht** wird zurückverwiesen. Die Sache wird jedoch an das AG zurückverwiesen, wenn es den Einspruch gegen einen Strafbefehl rechtsfehlerhaft nach § 412 I verworfen hatte und wenn auch die Berufung gegen dieses Urteil verworfen worden ist (11 zu § 412), oder wenn aus sonstigen Gründen der Fehler nur durch das AG behoben werden kann (München wistra **08**, 319: Bestimmung der vom AG nach § 154 II eingestellten Taten).

36 B. **An eine andere Abteilung oder Kammer oder an einen anderen Senat** des Gerichts, dessen Urteil aufgehoben wird, verweist das Revisionsgericht die Sache zurück, wenn es keinen Anlass zur Zurückverweisung nach III oder § 355 sieht.

37 a) Der **andere Spruchkörper**, an den zurückverwiesen wird, ist in dem Revisionsurteil nicht zu bezeichnen (Karlsruhe Justiz **80**, 339; KK-Gericke 29; LR-Franke 64; **aM** Zeihe DVBl **99**, 1322); er wird durch den Geschäftsverteilungsplan bestimmt (dazu Köln StV **16**, 637 L). Eine andere Abteilung des AG ist eine ebenso wie früher besetzte Abteilung (Strafrichter, SchG, erweitertes SchG); mit der büromäßigen Organisation des Gerichts hat die Abteilung iS II nichts zu tun (Hamm NJW **68**, 1438; Koblenz NJW **68**, 2393). Wird das Urteil einer StrK aufgehoben, so kommt die Sache, wenn nicht nach III verfahren wird, vor die StrK der gleichen Art, die zuvor entschieden hatte (erg unten 42).

38 b) Auf das **Fehlen eines anderen Spruchkörpers der gleichen Art** braucht das Revisionsgericht keine Rücksicht zu nehmen (Oldenburg NStZ **85**, 473 mit Anm Rieß; Schleswig SchlHA **75**, 165; **aM** München JR **78**, 301: Zurückverweisung an anderes Gericht); denn nach II sind die JVen verpflichtet, so viele Spruchkörper einzurichten, dass die Vorschrift eingehalten werden kann (BGH bei Helle DRiZ **74**, 228; Karlsruhe MDR **80**, 690). Die Gerichtspräsidien müssen die Zuständigkeit im Geschäftsverteilungsplan im Einzelnen und eindeutig regeln (BGH NJW **75**, 743; NStZ **82**, 211; Saarbrücken MDR **70**, 347); das Fehlen einer ein-

deutigen Regelung ist allerdings unschädlich, wenn sich die Regelung von selbst versteht (BGHR § 338 Nr 1 SchwurG 1: 2 SchwurGe). Notfalls muss der Geschäftsverteilungsplan entspr § 21e GVG ergänzt (BGH NStZ 81, 489; 85, 204 [Pf/M]) und für den Rest des Geschäftsjahrs ein Auffangspruchkörper eingerichtet werden (BGH bei Helle DRiZ 74, 228; Oldenburg NStZ 85, 473; Rostock NStZ-RR 10, 243, 244). Diese Notwendigkeit kann sich insbesondere bei zweimaliger Zurückverweisung ergeben, wobei sichergestellt sein muss, dass sich der Auffangspruchkörper in seiner Bezeichnung von sämtlichen bislang in der Sache tätigen Spruchkörpern unterscheidet (BGH NStZ 81, 489; NStZ-RR 06, 65 [B]; Schleswig SchlHA 88, 117 [L/G]). Ist die Bestimmung eines anderen Spruchkörpers nicht möglich, so muss das zuständige Gericht nach § 15 bestimmt werden (Oldenburg aaO; Schleswig aaO), nicht aber deshalb, weil das Präsidium sich weigert, einen Auffangspruchkörper zu errichten (BGH NStZ 85, 204 [Pf/M]; München JR 78, 301). Erg 4 zu § 21e GVG; 8 zu § 74 GVG.

c) Die **Mitwirkung des früheren Richters** an der neuen Entscheidung ist 39 nicht ausgeschlossen. II verlangt die Entscheidung eines anderen, nicht eines anders besetzten Spruchkörpers des Gerichts. Diese gesetzgeberische Lösung, die verfassungsrechtlich unbedenklich ist (BVerfG DRiZ 68, 141), wird im Schrifttum zu Recht als verfehlte Kompromisslösung bezeichnet (vgl Hanack NJW 67, 580; JZ 73, 779; Peters Meyer-GedSchr 339; Seibert NJW 68, 1318). Der frühere Richter ist danach weder nach § 23 ausgeschlossen noch sonst an der Mitwirkung gehindert (BGH 20, 252; 21, 142, 144; 24, 336, 337; NStZ 81, 298 [Pf]; Stuttgart StV 85, 492; Fezer 20/47; **aM** Arzt 80 ff; Peters 148; Zeitz DRiZ 65, 393). Der neue Spruchkörper braucht nicht einmal überwiegend mit anderen Richtern besetzt zu sein (Hamm GA 71, 185; Saarbrücken MDR 70, 347; LG Potsdam StV 15, 349). Nach der Rspr soll derselbe Richter sogar erneut als Berichterstatter mitwirken können (BGH NStZ 81, 298 [Pf]; **aM** Goydke Meyer-Goßner-FS 547). Auch eine „Befangenheit kraft Gesetzes" tritt nicht ein (BGH 21, 142, 145; 334, 342; KK-Gericke 30; **aM** LG Münster NJW 66, 1723; AG Münster StV 86, 429; Rieß JR 80, 388); dasselbe gilt, wenn der frühere Richter nun als StA an der neuen Verhandlung teilnimmt (BGH NStZ 91, 595). Nur unter den Voraussetzungen des § 24, insbesondere wegen des Urteilsinhalts, ist eine Ablehnung wegen Befangenheit möglich (BGH 24, 336; vgl auch BGH NStZ 87, 19 [Pf/M]; Stuttgart StV 85, 492 mit Anm Hannover; LG Bremen StV 86, 470; **aM** SK-Wohlers 83: stets möglich; erg 13, 13a zu § 24). Unzulässig ist es allerdings, im Geschäftsverteilungsplan die erstentscheidende und die für die zurückverwiesenen Sachen zuständige Strafkammer mit demselben Richter zu besetzen (BGH NStZ 13, 542; Hamm NStZ-RR 05, 212; vgl auch LG Potsdam aaO).

C. **An ein anderes Gericht gleicher Ordnung (II)** kann das Revisionsge- 40 richt die Sache zurückverweisen, auch an ein – etwa nach § 74e GVG – Gericht höherer Ordnung (BGH 5 StR 185/14 vom 26.8.2014). Es bestimmt dann das zuständige Gericht. Das BVerfG hat dies für verfassungsrechtlich unbedenklich erklärt (BVerfGE 20, 336), dazu eingehend und zw Sowada 760 ff, der letztlich ein Ermessen hinsichtlich des „Ob" einer Weiterverweisung für zulässig erachtet, nicht aber das Auswahlermessen an welches Gericht weiterverwiesen wird; zutr scheint aber gerade die umgekehrte Lösung, wonach das Ermessen, ob weiterverwiesen werden darf, eingeschränkt werden müsste, während dem Revisionsgericht bei vorgenommener Weiterverweisung ein Auswahlermessen zugebilligt werden darf (Meyer-Goßner Schlüchter-GS 529). Erg 2 zu § 78 GVG.

Benachbart braucht das Gericht nicht zu sein; es muss nur zu demselben Bun- 41 desland gehören (BGH 21, 191, 192). Macht der BGH von dem Wahlrecht Gebrauch, so muss das neue Gericht nicht demselben OLG-Bezirk angehören wie das frühere (Seibert NJW 68, 1317). Das OLG kann aber nur ein Gericht in seinem Bezirk zurückverweisen (Braunschweig JZ 51, 235 mit Anm Schönke; Seibert MDR 54, 721; erg 9 zu § 210). Dass von der Konzentrationsermächtigung nach § 74c GVG Gebrauch gemacht worden ist, hindert das Revisionsgericht nicht, die

§ 354

örtliche Zuständigkeit anderweit zu bestimmen (BGH NJW **95**, 2933, 2937; 4 StR 86/16 vom 10.11.2016).

42   D. **An ein Gericht niederer Ordnung (III)** kann zurückverwiesen werden, um zu vermeiden, dass ein Gericht mit einer Sache befasst wird, zu deren Erledigung die Zuständigkeit eines niederen Gerichts ausreicht (BGH **14**, 64, 68; KG JR **65**, 393). Das Revisionsgericht hat hier einen Ermessensspielraum, der seiner Steuerungsaufgabe im Rahmen seiner Rechtsfindung entspricht (BGH MDR **77**, 810 [H]; vgl auch NJW **87**, 1092, 1093 aE). Ein Zwang zu dieser Art Zurückverweisung besteht nicht (BGH StraFo **09**, 33; NStZ-RR **12**, 50; vgl zur Problematik Meyer-Goßner Schlüchter-GS 530). Der BGH kann eine Sache, über die das OLG im 1. Rechtszug entschieden hatte, bei Wegfall des dessen Zuständigkeit begründenden Delikts an die Staatsschutzkammer beim LG zurückverweisen (BGH 3 StR 251/96 vom 7.8.1996) oder auch an eine allgemeine StrK des LG oder an das AG, wenn die Tat nicht in den Katalog des § 120 II GVG fällt; die Zuständigkeit nach § 24 I Nr 3 GVG bestimmt dann das Revisionsgericht (BGH MDR **54**, 152 [D]). Entsprechendes gilt bei Teilfreispruch (BGH NJW **74**, 154; VRS **35**, 264, 266) und nach Wegfall bestimmter Rechtsverletzungen (BGH 4 StR 340/11 vom 26.7.2011) oder deren Ausscheidung nach § 154a (BGH **29**, 341, 350), wenn nur noch Taten übrigbleiben, deren Aburteilung zur Zuständigkeit eines niederen Gerichts gehört. Die allgemeine StrK ist gegenüber der StrK mit besonderer Zuständigkeit (§§ 74 II, 74a, 74c GVG), wie sich aus § 209a Nr 1 ergibt, kein Gericht niederer Ordnung (BGH **26**, 191, 194; BGH **27**, 99, 101). Obwohl III daher seinem Wortlaut nach nicht zutrifft, hat das Revisionsgericht die Wahl, ob es die von einer besonderen StrK stammende Sache an eine andere StrK dieser Art oder an eine allgemeine StrK zurückverweist (BGH NJW **94**, 3304, 3305 mwN; 5 StR 44/11 vom 15.3.2011). Das Revisionsgericht muss bei Zurückweisung an das AG festlegen, ob an das SchG oder den Strafrichter zuückverwiesen ist (offen gelassen von BGH 2 StR 290/07 vom 30.1.2008); eine Sache des erweiterten SchG darf nicht an ein gewöhnliches SchG zurückverwiesen werden (RG **62**, 265, 270). Zulässig ist dagegen die Zurückverweisung einer SchG-Sache an den Strafrichter (RG aaO) oder einer JugSchG-Sache an den Jugendrichter (LR-Franke 77). Zur Verweisung einer JGG-Sache an eine allgemeine Strafkammer vgl 8 zu § 355. Bei der Auswahl des Gerichts, an das zurückverwiesen wird, ist das Revisionsgericht nicht an die Regelungen über die örtliche Zuständigkeit nach §§ 7 ff gebunden (BGHR Amtsgericht 1, Zuständigkeit 1).

43   **6) Verfahren vor dem neuen Tatrichter:**
44   A. Zur **Feststellung der Bindungswirkung** nach § 358 I muss das Revisionsurteil erörtert, aber nicht förmlich verlesen werden (RG **21**, 436; KK-Gericke 44). Die Verlesung des aufgehobenen Urteils ist zulässig (BGH DAR **77**, 172 [Sp]; GA **76**, 368; MDR **58**, 15 [D]; 9 zu § 249), aber ebenfalls nicht erforderlich (RG JW **31**, 1816). Bei Teilaufhebung müssen die bestehen gebliebenen Teile des aufgehobenen Urteils verlesen oder bekanntgemacht werden (BGH NJW **62**, 59, 60); auch in der Berufungsverhandlung (Bay **73**, 130).

45   B. Die **Beweisaufnahme** wird ihrem Umfang nach durch § 244 II, nicht durch die Beweiserhebung in der früheren Hauptverhandlung bestimmt (BGH MDR **74**, 547 [D]). Über die Ergebnisse der früheren Beweisaufnahme darf Beweis erhoben werden (BGH MDR **52**, 18 [D]; Inhalt der Zeugenaussagen). Das aufgehobene Urteil darf im Urkundenbeweis zum Beweis darüber verlesen werden, wie das Gericht die Aussagen verstanden hat (9 zu § 249).

46   C. Die **neuen Urteilsfeststellungen** dürfen – ohne dass dies allerdings nötig wäre (BGH NStZ-RR **02**, 260 [B]; erg 2a zu § 267) – auf die früheren Feststellungen Bezug nehmen, wenn sie durch die Entscheidung des Revisionsgerichts *bindend* geworden sind (BGH **30**, 225; **33**, 59; NJW **85**, 638), was auch der Fall ist, wenn das Revisionsgericht zwar Einzelstrafen mit den zugehörigen Feststellungen aufgehoben, den Schuldspruch und weitere Einzelstrafen aber bestätigt hat (BGH

Revision § 354a

NStZ 15, 600). Die bloße Bezugnahme oder Verweisung auf die *aufgehobenen* Feststellungen ist jedoch unzulässig (BGH 24, 274; StV 81, 115; 534; NStZ 84, 18 [Pf/M]); eine Bezugnahme wird auch nicht dadurch zulässig, dass sie mit dem Hinweis verbunden wird, die neue Hauptverhandlung habe zu denselben Feststellungen geführt. Vielmehr muss der Tatrichter umfassend eigene Feststellungen treffen und in den Urteilsgründen mitteilen (BGH StV 15, 557). Nur wenn die Hauptverhandlung die Richtigkeit der Feststellungen des aufgehobenen Urteils ergeben hat, dürfen sich die neuen Feststellungen an diese anlehnen; dann ist es sogar zulässig, in dem Umfang den Text des aufgehobenen Urteils wörtlich zu übernehmen (BGH StraFo 09, 72; NStZ-RR 09, 148). Das gilt auch für die Feststellungen zum Lebenslauf des Angeklagten (BGH NStZ 85, 309; 92, 29 [K]; 94, 25 [K]; NStZ-RR 00, 39 [K]; 02, 99 [B]; 16, 25 L), zu den Vorstrafen (BGH StraFo 04, 211) und zur Straffrage (BGH StV 82, 105; NStZ 83, 213 [Pf/M]; Stuttgart NJW 82, 897, 898; vgl aber auch BGH StV 82, 103; BGHR § 353 II Teilrechtskraft 16).

D. Wegen der **Zuständigkeit für Nachtragsentscheidungen** bei der Strafvollstreckung vgl § 462a VI. Entscheidungen anderer Art trifft das ursprünglich zuständig gewesene Gericht (Düsseldorf MDR 83, 154 für das Nachverfahren nach § 439; erg 3 zu § 464b). Im Fall der Zurückverweisung nach III ist stets das Gericht niederer Ordnung zuständig (KMR-Momsen 58; LR-Franke 84). Wegen der Zuständigkeit im Wiederaufnahmeverfahren vgl 10 zu § 140a GVG. 47

Entscheidung bei Gesetzesänderung

354a Das Revisionsgericht hat auch dann nach § 354 zu verfahren, wenn es das Urteil aufhebt, weil zur Zeit der Entscheidung des Revisionsgerichts ein anderes Gesetz gilt als zur Zeit des Erlasses der angefochtenen Entscheidung.

1) Die **Rückwirkung des milderen Strafgesetzes** muss nach § 2 III StGB („vor der Entscheidung") auch noch das Revisionsgericht berücksichtigen (BGH 20, 74, 75; 77; 116; 27, 181). Das gilt auch für Rechtsänderungen, die nur den Rechtsfolgenausspruch betreffen (BGH 5, 207, 208; 6, 186, 192; 20, 116, 118), auch in Nebengesetzen (BGH 6, 258: § 105 **JGG**; BGH 24, 378, 382; 27, 108: § 49 [jetzt § 51] **BZRG**). Auch hinsichtlich der Sicherungsmaßregeln (vgl § 2 VI StGB) gilt § 354a (BGH NJW 08, 1173). Die nach dem tatrichterlichen Urteil eingetretene Tilgungsreife einer Eintragung im BZR bleibt aber unberücksichtigt (BGH NStZ 94, 229 [K]), es sei denn, das Revisionsgericht entscheidet in der Sache selbst (Celle NZV 94, 332). 1

2) Nur **Änderungen des sachlichen Rechts** werden berücksichtigt, vorausgesetzt, dass eine zulässige Sachrüge erhoben ist (BGH 26, 94; KK-Gericke 9; Schlüchter 755; **aM** LR-Franke 9; SK-Wohlers 12; SSW-Momsen 10, die es genügen lassen, dass die Sache irgendwie beim Revisionsgericht anhängig ist; vgl auch 6 zu § 206b). Das gilt auch bei Umwandlung der Strafvorschrift in eine Bußgeldvorschrift (**aM** Köln OLGSt § 184a StGB S 1). 2

Werden **Prozessvoraussetzungen** im Laufe des Verfahrens neu geschaffen, so sind sie von Amts wegen ebenso zu berücksichtigen, wie wenn sie von vornherein bestanden hätten (BGH 21, 367, 369; 45, 261, 267). Werden sie abgeschafft, so ist die Verfolgung nunmehr zulässig (BGH 20, 22, 27; 21, 367, 369; vgl auch LR-Franke 5); das gilt auch bei Umwandlung eines absoluten in ein relatives Strafantragsdelikt (BGH 46, 310; krit dazu Knauth StV 03, 418). 3

Bei **Änderungen des Verfahrensrechts** werden anhängige Verfahren nach den neuen Vorschriften fortgeführt (BGH 22, 321, 325; 26, 288, 289; Hamm NJW 75, 701; 77, 860; vgl auch BVerfGE 1, 4; 39, 156, 167; 45, 272; erg Einl 203). Verfahrensfehler führen daher nicht zur Urteilsaufhebung, wenn das Verfahren dem neuen Recht entspricht (Bay NJW 05, 1592; Hamburg NJW 75, 988). Sieht das neue 4

Schmitt

§ 355 Drittes Buch. 4. Abschnitt

Recht eine Rechtsmittelbefugnis nicht mehr vor, bleibt ein bereits eingelegtes Rechtsmittel zulässig, sofern das Gesetz nicht mit hinreichender Deutlichkeit etwas Abweichendes bestimmt (BVerfGE **87**, 48). Schafft das neue Recht eine Rechtsmittelbefugnis, gilt diese nicht für ein zuvor bereits abgeschlossenes Verfahren (Frankfurt NStZ-RR **07**, 180 zu § 310 I Nr 3).

5 **3) Teilrechtskraft:** Auch bei Rechtskraft des Schuldspruchs sind nachträgliche Milderungen der Rechtsfolgen zu berücksichtigen (BGH **20**, 116; Bay NJW **71**, 392, 393; Düsseldorf NJW **91**, 709, 710). Das Gleiche gilt, wenn nur noch über die Strafaussetzungsfrage (BGH **26**, 1) oder über die Einziehung (Frankfurt NJW **73**, 1514) zu entscheiden ist, nicht aber, wenn nach Zurückverweisung durch das Revisionsgericht nur noch die Gesamtstrafenbildung aussteht (Stuttgart NJW **70**, 820; **aM** SK-Wohlers 14). Die Rechtskraft des Schuldspruchs hindert ferner nicht die Beachtung einer Gesetzesänderung, durch die die Strafbarkeit ganz entfällt (BGH **20**, 116; Bay **61**, 23; Peters 663).

6 **4) Das Verfahren des Revisionsgerichts** richtet sich nach § 354. Es kann den Angeklagten freisprechen, den Schuldspruch berichtigen (BGH **20**, 116, 121; Bay **98**, 62) oder die Sache unter Aufhebung des Urteils zurückverweisen, wenn weitere Feststellungen erforderlich sind. Bei Herabsetzung der Höchststrafe durch das neue Recht ist idR die Aufhebung des Strafausspruchs geboten (LR-Franke 12). § 357 ist nicht anwendbar (dort 9).

Verweisung an das zuständige Gericht

355 Wird ein Urteil aufgehoben, weil das Gericht des vorangehenden Rechtszuges sich mit Unrecht für zuständig erachtet hat, so verweist das Revisionsgericht gleichzeitig die Sache an das zuständige Gericht.

1 **1) Bei Urteilsaufhebung wegen Unzuständigkeit des Tatrichters** gilt nicht § 354 II, sondern § 355 als Sondervorschrift (BGH NStZ **09**, 404, 405; vgl auch § 328 II). Die Bestimmung ist entspr anwendbar, wenn ein anderer Aufhebungsgrund vorliegt, die Sache aber vor ein Gericht höherer Ordnung oder ein ihm nach § 209a gleichstehendes Gericht gehört (BGH **13**, 378, 382; Stuttgart Justiz **95**, 99, 100), oder wenn sich ein zuständiges Gericht zu Unrecht für unzuständig erklärt hat (BGH **42**, 39, 42), oder wenn eine nach dem Geschäftsverteilungsplan unzuständige StrK entschieden hat (BGH **38**, 376, 380). Der BGH hat sie unrichtig auch auf den Fall angewendet, dass die Revision der StA unbegründet ist, weil der Tatrichter das Verfahren zu Recht wegen sachlicher Unzuständigkeit eingestellt hat (BGH **26**, 191, 201; hiergegen LR-Franke 3; SK-Wohlers 5; anders auch Bay **79**, 16 für den Fall rechtsfehlerfreier Einstellung wegen örtlicher Unzuständigkeit).

2 **2) Zuständigkeit** iS des § 355 bedeutet sowohl die örtliche (RG **40**, 354, 359; vgl auch BGH NStZ **09**, 221) als auch die sachliche (2 vor § 1) und die Zuständigkeit besonderer StrKn (4 vor § 1) und der JugGe. Die Unterschreitung der sachlichen Zuständigkeit ist wegen § 269 kein Revisionsgrund.

3 **3) Zu Unrecht für zuständig erachtet** hat sich der Tatrichter nur, wenn er bei objektiver Beurteilung nicht zuständig war (BGH NStZ **12**, 46; SK-Wohlers 7; Gössel GA **68**, 357). Das Revisionsgericht legt bei der Überprüfung der Zuständigkeit die objektive Sachlage zum Zeitpunkt des Eröffnungsbeschlusses zugrunde (BGH **47**, 16, 21; NStZ-RR **07**, 5, 6 [B]; 3 StR 244/11 vom 8.11.11). Die eigene rechtliche Bewertung des Tatrichters ist nicht maßgebend. Hat er seine Strafgewalt überschritten, war er aber bei zutreffender Beurteilung sachlich zuständig, so gilt daher nicht § 355, sondern § 354 (Bay StraFo **00**, 230).

4 **4) Die Verweisung** durch das Revisionsgericht ist, wenn sie nicht in einem Beschluss nach § 349 IV erfolgt, Teil des Revisionsurteils (BGH **10**, 74; **26**, 106, 109). Dabei ist aber die Form zu § 270 einzuhalten (RG **61**, 322, 326; **69**, 155,

157). Nur wenn der tatsächliche und rechtliche Inhalt der Beschuldigung unverändert bleibt, braucht er in dem Verweisungsurteil nicht erneut aufgeführt zu werden (BGH 7, 26, 28; NJW 57, 390, 391; Karlsruhe NJW 78, 840; Justiz 79, 446).

Die Verweisung an das **sachlich zuständige** Gericht erfolgt bei auf der Zuständigkeit der Jugendgerichte beruhender Unzuständigkeit der allg StrK idR an das JugSchG, nicht an den Jugendrichter (BGH 8, 349, 355; StraFo 03, 15). Hatte der unzuständige Strafrichter statt des zuständigen SchG entschieden und hatte die kleine StrK dies nicht bemerkt, so ist auf Revision die Verweisung an das SchG nachzuholen (vgl Bay DAR 84, 243 [R]; Schleswig SchlHA 84, 97 [E/L]), ebenso – bei Nichtanwendung des § 269 wegen willkürlicher Bejahung der Zuständigkeit (vgl 8 zu § 269) – im umgekehrten Fall (Hamm StraFo 96, 87); dass auch zur Entscheidung über die Berufung gegen das Urteil des AG stets (§ 76 I S 1 GVG) die kleine StrK zuständig gewesen wäre, ändert daran nichts, da das Revisionsgericht den Fehler des Berufungsgerichts (unterlassene Verweisung nach § 328 II) korrigieren muss (Hamm aaO; erg 8 zu § 269; 7 zu § 328). 5

Sind bei **örtlicher Unzuständigkeit** mehrere Gerichte zuständig, so verweist das Revisionsgericht, sofern der Einwand nach § 16 rechtzeitig erhoben war, die Sache nach Anhörung der StA an eines von ihnen (Hamm wistra 06, 37), an ein Gericht außerhalb seines Bezirks aber nur, wenn dort kein Gerichtsstand nach §§ 7 ff begründet ist. 6

Die Verweisung an eine **StrK mit besonderer Zuständigkeit** setzt voraus, dass der Beschwerdeführer den Einwand nach § 6a rechtzeitig erhoben hatte. Wäre aber die JugK zuständig gewesen, verweist das Revisionsgericht die Sache an diese zurück (BGH 4 StR 671/96 vom 20.3.1997). Ebenso ist an das SchwG oder die WirtschaftsStrK zurückzuverweisen, wenn das Revisionsgericht – anders als der Tatrichter – eine Verurteilung nach einem in § 74 II bzw § 74c GVG genannten Delikt für möglich hält (BGH 55, 121, 137). 7

Bei der **Zuständigkeit des JugG** verbleibt es, wie sich aus § 47a JGG ergibt, auch dann, wenn der Tatrichter sie zu Unrecht angenommen hatte (Brunner/Dölling 2 zu § 47a JGG; aM BGH MDR 84, 444 [H] für den Fall, dass vor einem JugG nur wegen unzutreffender Angabe des Geburtsdatums verhandelt worden war). In verbundenen Verfahren gegen einen Erwachsenen und einen Jugendlichen oder Heranwachsenden wird an die allgemeine StrK bzw das SchwurG zurückverwiesen, wenn sich das weitere Verfahren nur noch gegen den Erwachsenen richtet (BGH 35, 267; NJW 03, 836, 838; vgl auch Bay 80, 46). Die Zurückverweisung an ein JugG ist aber nicht unzulässig (BGH StV 94, 415); sie ist sogar geboten, wenn eine große JugK als Berufungsgericht entschieden hatte, da die Zurückverweisung an die Kleine StrK den Angeklagten schlechter stellen würde. 8

Hat auf Grund einer **unwirksamen Verbindung** (4 zu § 13) ein unzuständiges Gericht entschieden, verweist das Revisionsgericht die Sache entspr § 355 an das zuständige Gericht (BGH NStZ 96, 47). 9

Urteilsverkündung

356 Die Verkündung des Urteils erfolgt nach Maßgabe des § 268.

1) Für die **Urteilsverkündung** gelten § 268 I, II und § 173 GVG. Wird ein besonderer Verkündungstermin angesetzt, so ist § 268 III S 2 nicht anwendbar (KK-Gericke 2; **aM** KMR-Momsen 1). Das Urteil hat nur feststellende Wirkung, wenn die Rechtskraft nach § 343 I nicht gehemmt war. 1

Sonst tritt **Rechtskraft** mit der Beendigung der Verkündung ein, wenn die Revision (nicht nur wegen verspäteter Einlegung) als unzulässig oder unbegründet verworfen oder nach § 354 I entschieden wird (SK-Wohlers 4). 2

2) Die **Urteilsurkunde** ist alsbald zu den Akten zu bringen; die Fristen des § 275 I S 2–5 gelten aber nicht (LR-Franke 3). Die Unterzeichnung richtet sich nach § 275 II S 1, 2. Das Revisionsurteil braucht nach dem Wegfall des § 35 II S 2 3

§ 356a

Hs 2 (dort 11) nicht mehr förmlich zugestellt zu werden. Eine solche Zustellung ist aber zu empfehlen, wenn der Zugang des Urteils nachgewiesen werden muss, weil sich an die Urteilsrechtskraft sanktionsbewehrte Pflichten knüpfen, zB nach §§ 145a, 145c StGB (Rieß/Hilger NStZ **87**, 153). § 145a I, II ist anwendbar.

Verletzung des Anspruchs auf rechtliches Gehör bei einer Revisionsentscheidung

356a ¹Hat das Gericht bei einer Revisionsentscheidung den Anspruch eines Beteiligten auf rechtliches Gehör in entscheidungserheblicher Weise verletzt, versetzt es insoweit auf Antrag das Verfahren durch Beschluss in die Lage zurück, die vor dem Erlass der Entscheidung bestand. ²Der Antrag ist binnen einer Woche nach Kenntnis von der Verletzung des rechtlichen Gehörs schriftlich oder zu Protokoll der Geschäftsstelle beim Revisionsgericht zu stellen und zu begründen. ³Der Zeitpunkt der Kenntniserlangung ist glaubhaft zu machen. ⁴Hierüber ist der Angeklagte bei der Bekanntmachung eines Urteils, das ergangen ist, obwohl weder er selbst noch ein Verteidiger mit nachgewiesener Vertretungsvollmacht anwesend war, zu belehren. ⁵ § 47 gilt entsprechend.

1 1) Die **Verletzung des rechtlichen Gehörs** im Revisionsverfahren – nach § 55 IV JGG auch im Jugendstrafverfahren – regelt die Vorschrift (Widmaier Böttcher-FS 223 lehnt sie als systemwidrig ab; krit auch Eschelbach/Geipel/Weiler StV **10**, 325: Erfolgsquote bei Null; ebenso Lohse StraFo **10**, 433: praktisch keine Fälle erfolgreicher Anhörungsrügen); zuvor begangene Verletzungen werden spätestens im Revisionsverfahren selbst geheilt. Die Beanstandung einer Verletzung des Art 101 S 2 GG ist im Verfahren nach § 356a nicht möglich (BGH 2 StR 589/18 vom 20.11.2019 mwN). Auch eine nicht oder nicht formgerecht erhobene Verfahrensrüge wird im Verfahren nach § 356a nicht nachgeprüft; Frist- und Formerfordernisse der §§ 344 II, 345 werden dadurch nicht berührt, so dass Verfahrensrügen nicht auf diesem Weg nachgeschoben werden können (BGH StV **05**, 655; 2 StR 585/11 vom 13.12.2012), auch nicht, wenn sie sich auf erst neuerdings ergangene Rechtsprechung stützen (BGH 1 StR 91/03 vom 14.2.2007). Grundsätzlich können, wenn die Entscheidung des Revisionsgerichts ergangen ist, auch keine Befangenheitsgesuche mehr angebracht werden (BGH JR **07**, 172 mit zust Anm Kretschmer, der aber darlegt, dass bei Begründetheit der Gehörsrüge über das Ablehnungsgesuch zu entscheiden ist; BGH NStZ **07**, 416; **08**, 55; NStZ-RR **13**, 153 L; 1 StR 26/11 vom 13.4.2011; Nürnberg NJW **07**, 1013), wohl aber ist – als alleiniger Rechtsbehelf – die Anhörungsrüge statthaft, wenn der Befangenheitsantrag vor Erlass der Revisionsentscheidung gestellt worden war (BGH NJW **09**, 909). Die Anhörungsrüge dient nicht dazu, die angegriffene Entscheidung in der Sache in vollem Umfang nochmals zu überprüfen (BGH NStZ-RR **07**, 133 [B]; **09**, 37 [C]; **12**, 21).

1a § 356a enthält gegenüber der nur subsidiär geltenden Vorschrift des § 33a eine **spezielle Regelung** (BGH NStZ **07**, 236; Nürnberg aaO); auch eine Gegenvorstellung scheidet neben § 356a aus (BGH wistra **10**, 109; 1 StR 18/10 vom 11.1.2011). § 356a unterscheidet sich von diesen Rechtsbehelfen durch das Antragserfordernis, die Form- und Fristgebundenheit des Antrags und eine teilweise notwendige Glaubhaftmachung. Die Vorschrift findet entspr Anwendung nach § 55 IV JGG (dazu krit KMR-Eschelbach Einl 149). Für die Berufungsverfahren gilt § 311a, der hier nicht anwendbar ist (Bay MDR **83**, 689). Ob eine Verletzung des verfassungsrechtlich gewährleisteten Rechts auf den gesetzlichen Richter entspr § 356a durch die Anhörungsrüge geltend gemacht werden kann, hat BGH StraFo **11**, 218 offen gelassen.

1b Der Angeklagte ist bei der Bekanntmachung eines Urteils gem S 5 über den Rechtsbehelf **zu belehren**, wenn es ergangen ist, obwohl weder der Angeklagte noch ein Verteidiger mit nachgewiesener Vertretungsvollmacht anwesend war (erg 3 ff zu § 350).

2) Bei einer Revisionsentscheidung muss das rechtliche Gehör verletzt worden sein (BGH 1 StR 556/07 vom 24.6.2009). Die Vorschrift findet daher keine Anwendung, wenn ein erst nach Ablauf der Revisionsbegründungsfrist eingereichter Schriftsatz erst nach der Entscheidung des Revisionsgerichts bei diesem eingeht (BGH NStZ **93**, 552; 1 StR 593/08 vom 19.11.2008). Die Entscheidung wird regelmäßig im Beschlussverfahren nach § 349 oder auch nach § 346 II (Jena NJW **08**, 534) – auch iVm einem Antrag auf Wiedereinsetzung in den vorigen Stand (Hamburg VRS **114**, 371) – ergangen sein. Bei einer Entscheidung durch Urteil (§ 354) wird in der Hauptverhandlung (§ 350) idR das rechtliche Gehör gewährt worden sein (BGH NStZ-RR **10**, 117; 1 StR 95/09 vom 17.2.2010; 1 StR 543/11 vom 25.9.2012). Allerdings kommt ein Verstoß in Betracht, wenn das Anwesenheitsrecht des Angeklagten bzw seines Verteidigers gemäß § 350 verletzt wurde (dazu im Einzelnen die Komm dort, insbes 12 zu § 350). Ein Antrag, mit dem eine erneute Anhörungsrüge gegen einen Beschluss erhoben wird, durch den eine vorangegangene Anhörungsrüge zurückgewiesen wurde, ist unstatthaft (BGH 1 StR 557/12 vom 8.7.2013 mwN).

3) In entscheidungserheblicher Weise muss das rechtliche Gehör verletzt worden sein. Das ist grundsätzlich nur der Fall, wenn sich aus den besonderen Umständen des einzelnen Falles deutlich ergibt, dass das Gericht ein tatsächliches Vorbringen entweder überhaupt nicht zur Kenntnis genommen oder doch bei seiner Entscheidung nicht in Erwägung gezogen hat (BGH NStZ-RR **09**, 38 [C]), und wenn sich die unterbliebene Anhörung auf das Ergebnis der Revisionsentscheidung ausgewirkt hat. Es scheidet aus, wenn der Betroffene sich nicht anders als tatsächlich geschehen hätte verteidigen können oder sonst ausgeschlossen ist, dass das Revisionsgericht bei ordnungsgemäßer Anhörung anders entschieden hätte (BGH StraFo **11**, 55; 3 StR 173/08 vom 10.7.2008; 4 StR 498/13 vom 2.7.2014). Eine im Sinne der Vorschrift erhebliche Gehörsverletzung wird man allerdings mit Rücksicht auf die Neufassung des § 350 und die gebotene richtlinienkonforme Auslegung der Vorschrift anzunehmen haben, wenn das Revisionsgericht das nunmehr vollwertige Anwesenheitsrecht des Angeklagten in der Revisionshauptverhandlung verletzt hat (vgl Referentenentwurf vom 4.4.2018 S 21; 1, 3 ff, 12 zu § 350).

4) Nur auf Antrag des Betroffenen wird das rechtliche Gehör nachgeholt.
A. Die Nachholung erfolgt also anders als in §§ 33a, 311a **nicht auch von Amts wegen.** Sie setzt stets den Antrag eines Verfahrensbeteiligten, dh des Angeklagten, des Verteidigers, des Nebenklägers, Privatklägers oder Nebenbeteiligten, nicht der StA (3 zu § 33a) voraus.

B. **Frist:** Wie bei der Wiedereinsetzung gegen die Versäumung einer Frist (§ 45) ist der Antrag befristet. Das ist im Interesse der Rechtssicherheit und des Rechtsfriedens erforderlich; denn die Rechtskraft der Revisionsentscheidung darf nicht unbefristet durchbrochen werden (krit Eschelbach/Geipel/Weiler StV **10**, 325). Die Wochenfrist läuft ab Kenntniserlangung von der Verletzung rechtlichen Gehörs; dabei geht es nur um die Kenntnis der tatsächlichen Umstände, aus denen sich der Verstoß ergibt (BGH StV **10**, 297 L; NStZ-RR **16**, 318 mwN). Dieser Zeitpunkt muss im Antrag glaubhaft gemacht werden (BGH NStZ-RR **16**, 351 L; 1 StR 399/15 vom 6.11.2018; 3 StR 226/19 vom 3.9.2019; erg 7 zu § 26); er ist – wie bei § 45 (dort 5) – binnen der Wochenfrist mitzuteilen (BGH NStZ **05**, 462; StraFo **06**, 375; Hamm VRS **109**, 43). Eine Glaubhaftmachung der übrigen Umstände wird nicht verlangt, weil sich diese idR aus den Akten ergeben und das Gericht aus eigener Kenntnis beurteilen muss, ob es das rechtliche Gehör gewährt hat. Wiedereinsetzung nach § 44 gegen die Versäumung der Frist ist möglich (SK-Wohlers 9; vgl auch BGH wistra **08**, 223), wobei § 44 S 2 aber keine Anwendung findet (BGH NStZ-RR **16**, 318). Dem Angeklagten ist aber nicht nur eigenes

§ 356a

Verschulden (BGH NStZ-RR **10**, 116), sondern – anders als sonst im Strafverfahren (18 zu § 44) –, weil es sich um eine „Vorstufe der Verfassungsbeschwerde" handele, wie dort auch ein Verschulden des Verteidigers zuzurechnen (BGH StV **10**, 297; StraFo **11**, 318), anders aber bei Verschulden einer sorgfältig ausgewählten und überwachten Kanzleikraft des Verteidigers (BGH NStZ-RR **14**, 89). BGH NStZ-RR **07**, 292 [B] erwägt eine Erstreckung der Fristenregelung auch auf die Geltendmachung anderer grundrechtsgleicher Verfahrensrechte einschließlich des Willkürverbots, was aber BGH NStZ-RR **13**, 214 und 289 hinsichtlich des Rechts auf den gesetzlichen Richter abgelehnt haben.

7 **C. Form:** Die Form entspricht derjenigen für die Einlegung der Revision (§ 341 I), das Erfordernis der Begründung durch den Verteidiger oder einen RA besteht hier – anders als für die Revisionsbegründung nach § 345 II – nicht. Allerdings muss der Antrag eine (kurze) Begründung enthalten, also darlegen, worin die Verletzung des rechtlichen Gehörs gesehen wird; insbesondere muss sich daraus aber ergeben, dass der Verstoß der Sphäre der Justiz zuzuordnen ist.

8 **5)** Die **Entscheidung des Revisionsgerichts** muss nicht zwingend durch dieselben Richter, die die beanstandete Entscheidung erlassen haben, erfolgen (BGH NStZ-RR **02**, 100 [B]; **aM** AnwK-Lohse 7); vielmehr entscheidet der Senat nach dem Geschäftsverteilungsplan des BGH in Verbindung mit der in der internen Geschäftsverteilung des Senats bestimmten Besetzung (BGH NStZ-RR **09**, 353; **11**, 253).

8a **6) Entscheidungsmöglichkeiten:**
9 A. **Unzulässigkeit oder Unbegründetheit des Antrags:** Der Antrag ist unzulässig, wenn die Frist (oben 6) oder die Form (oben 7) nicht gewahrt sind oder es an der erforderlichen Glaubhaftmachung der Kenntniserlangung (oben 6) oder an der vorgeschriebenen Begründung (oben 7) fehlt. Unbegründet ist der Antrag, wenn der Anspruch auf rechtliches Gehör nicht in entscheidungserheblicher Weise (oben 3) verletzt worden ist; dabei kann sich ergeben, dass der Antrag nur teilweise begründet ist, wenn die Verletzung des rechtlichen Gehörs nur einzelne abtrennbare Verfahrensteile betrifft. In beiden Fällen wird der Antrag kostenfällig verworfen (BGH 2 StR 387/91 vom 8.3.2006; Köln NStZ **06**, 181); hierfür wird eine Gerichtsgebühr von 60 € erhoben (Nr 3920 KVGKG; Nürnberg NJW **07**, 1013, 1014). § 74 JGG gilt entspr (BGH 5 StR 439/09 vom 24.11.2009). Der Beschluss ist unanfechtbar (§ 304 IV) und auch einer verfassungsgerichtlichen Überprüfung nicht zugänglich (BVerfG NJW **07**, 3563 L; StraFo **07**, 148; NStZ-RR **07**, 381). Ein Antrag auf Aufschub der Vollstreckung (S 4 mit § 47 II) wird gegenstandslos (BGH 2 StR 505/06). Eine erneute Anhörungsrüge ist unstatthaft (BGH 2 StR 396/14 vom 4.12.2015).

10 B. Ist der **Antrag zulässig und begründet,** so versetzt das Revisionsgericht den Betroffenen – wie bei der Wiedereinsetzung in den vorigen Stand – in die Lage vor Erlass der beanstandeten Entscheidung zurück; eine zuvor bestehende UHaft sowie sonstige Anordnungen leben nach § 47 III wieder auf. Mit der Versetzung in die alte Lage entfällt die Rechtskraft der Entscheidung; damit ist die Entscheidung auch nicht mehr vollstreckbar. Das Revisionsgericht kann aber schon zuvor nach S 4 iVm § 47 II einen Aufschub der Vollstreckung anordnen.

11 Es ist dann je nach Verfahrenslage entweder zugleich mit dem die frühere Lage wiederherstellenden Beschluss oder später nach Anhörung der übrigen Beteiligten gemäß § 33 II und III **neu über die Revision zu befinden.** Die frühere Entscheidung kann inhaltlich ganz oder teilweise (wenn einzelne abtrennbare Teile von der Verletzung nicht betroffen sind) aufrechterhalten oder abgeändert werden. § 357 gilt (zw Treber NJW **05**, 100). Übersehene Verfahrenshindernisse können zur Einstellung des Verfahrens führen (München StraFo **09**, 24); Verfahrensrügen können aber nicht nachgeschoben werden. Auch diese Entscheidungen sind unanfechtbar; ein erneuter Antrag nach § 356a bei einer neuerlichen Gehörsverletzung ist jedoch nicht ausgeschlossen.

§ 357

Revisionserstreckung auf Mitverurteilte

357 ¹Erfolgt zugunsten eines Angeklagten die Aufhebung des Urteils wegen Gesetzesverletzung bei Anwendung des Strafgesetzes und erstreckt sich das Urteil, soweit es aufgehoben wird, noch auf andere Angeklagte, die nicht Revision eingelegt haben, so ist zu erkennen, als ob sie gleichfalls Revision eingelegt hätten. ² § 47 Abs. 3 gilt entsprechend.

1) Die **Durchbrechung der Rechtskraft** sieht die Vorschrift zu dem Zweck vor, Ungleichheiten bei der Aburteilung mehrerer Angeklagter zu vermeiden, die nicht alle Revision eingelegt haben. Auf das Einverständnis dieser Nichtrevidenten kommt es nicht an (dagegen SK-Wohlers 7 ff). Rechtskraft tritt ihnen gegenüber nur unter der auflösenden Bedingung ein, dass das Urteil nicht nach § 357 aufgehoben wird. Die Urteilsaufhebung erfolgt dann „über den Kopf des Mittäters" hinweg (BGH **20**, 77, 80), was schon mit der heutigen Auffassung der Stellung des Angeklagten als Subjekt und nicht als Objekt des Verfahrens unvereinbar erscheint. Da vielfach die Sache auch nur zurückverwiesen wird und die neue Verhandlung zu gleichen Verurteilung führt, ist die auf Grund der Vorschrift eintretende Wohltat häufig von recht zweifelhafter Art. Die Vorschrift ist deshalb einschränkend auszulegen (BGH NJW **55**, 1934; JR **64**, 271). 1

Daher werden auch vielfach **Änderungsvorschläge** gemacht: So erwägt Basdorf (Meyer-Goßner-FS 665 f) verschiedene Einschränkungsmöglichkeiten, ua eine vorherige Anhörung des Nichtrevidenten; R. Hamm (Hanack-FS 376) schlägt eine Beschränkung auf Subsumtionsfehler vor; Zopfs (GA **99**, 482, 493) fordert Anwendung nur im Fall des § 354 I; Wohlers/Gaede (NStZ **04**, 9) wollen die Anwendung an die Zustimmung des Nichtrevidenten binden, wenn das Revisionsgericht nicht nach § 354 I verfahren kann. Alle diese Vorschläge ändern nichts daran, dass die Revisionserstreckung dem Nichtrevidenten höchst ungelegen sein kann, dass eine Beschränkung auf die Fälle des § 354 I zu neuen Ungerechtigkeiten führt – warum sollte der Angeklagte, bei dem das Revisionsgericht gegen den Mitangeklagten „durchentscheidet" besser stehen als derjenige, dessen Mitangeklagter erst nach Zurückverweisung freigesprochen wird? –, vor allem aber, dass die Ungerechtigkeit, wonach § 357 nur bei gleichzeitiger, aber nicht bei einer Aburteilung in verschiedenen Verfahren zur Anwendung kommt, nicht beseitigt wird; die Regelung des § 357 sollte daher *de lege ferenda* durch eine Befugnis des Nichtrevidenten, bei Freispruch eines an der Tat Mitbeteiligten die Wiederaufnahme des Verfahrens zu beantragen, ersetzt werden (zum Ganzen eingehend Meyer-Goßner Roxin-FS I 1345 und Eisenberg-FS 410; zust R. Hamm 1435). 1a

Die **entsprechende Anwendung** des § 357 kommt weder im Berufungsverfahren (KG JR **56**, 308; Hamm NJW **57**, 392; Stuttgart NJW **70**, 66) noch im Beschwerdeverfahren in Betracht (Hamm MDR **73**, 1042; aM Bremen NJW **58**, 432), auch nicht im ehrengerichtlichen Verfahren (BGH **37**, 361). Jedoch wird § 357 auch angewendet auf Einziehungsbeteiligte (BGH NStZ **81**, 298 [Pf]) und auf tatunbeteiligte Dritte, die nicht als Einziehungsbeteiligte zugelassen sind (BGH **21**, 66, 69). Zur Anwendung im Rechtsbeschwerdeverfahren nach §§ 79, 80 OWiG vgl Bay NStZ **99**, 518. Die Entscheidung über das vom Angeklagten eingelegte Rechtsmittel hat gegenüber § 357 Vorrang (BGH NJW **96**, 2663, 2665; 2 StR 608/12 vom 25.11.2014). 2

2) Voraussetzungen der Aufhebungserstreckung: 3

A. Die **Urteilsaufhebung auf eine Revision** nach §§ 333, 335, auch im Privatklageverfahren, im Sicherungsverfahren nach §§ 413 ff und in dem selbstständigen Verfahren nach § 440 (Haase GA **56**, 279), muss Gegenstand des Revisionsurteils sein. Gleichgültig ist, ob das Revisionsgericht zugleich mit der Urteilsaufhebung nach § 354 I selbst entscheidet, insbesondere den Schuldspruch berichtigt (BGH NJW **52**, 274; **73**, 474, 475; Hamm NJW **74**, 466; erg 12 ff zu § 354), oder die Sache nach §§ 354 II, III, 355 zurückverweist. Eine Urteilsaufhebung iS § 357 liegt auch vor bei nur teilweiser Aufhebung, zB im Rechtsfolgenausspruch 4

§ 357   Drittes Buch. 4. Abschnitt

(BGH **21**, 66, 69; NStZ **81**, 298 [Pf]; Düsseldorf JR **83**, 479) und bei Zurückverweisung zur Nachholung der Entscheidung über die Gesamtstrafe (BGH MDR **73**, 730 [D]).

5   Der Urteilsaufhebung steht gleich die **Aufhebung durch Beschluss** nach § 349 IV (BGH **24**, 208, 213; Celle NJW **69**, 1977; Düsseldorf NJW **86**, 2266), nicht jedoch die Einstellung nach § 154 oder die Beschränkung nach § 154a (BGH NStZ-RR **02**, 103 [B]). § 206a ist im Revisionsverfahren nach zutr Ansicht nicht anwendbar, wenn das Verfahrenshindernis von der Vorinstanz übersehen wurde (vgl 6a zu § 206a; 29 zu § 349), dann gilt § 349 IV, so dass sich die Frage der Anwendung des § 357 auf einen Beschluss nach § 206a insoweit nicht stellt (Meyer-Goßner Roxin-FS I 1349; **aM** BGH **24**, 208; 4 StR 404/10 vom 4.11.2010; LR-Franke 9); tritt das Verfahrenshindernis erst im Revisionsverfahren ein, ergeht allerdings Beschluss nach § 206a, bei dem dann aber, weil das angefochtene Urteil selbst keine Gesetzesverletzung enthielt, keine Erstreckung nach § 357 erfolgt (SK-Wohlers 14; SK-Paeffgen 11 zu § 206a; **am** KK-Gericke 7; vgl dazu Meyer-Goßner Pv 90, 121).

6   **Zugunsten des Beschwerdeführers** erfolgt die Aufhebung, wenn sie ganz oder teilweise zu seinem Vorteil ausschlägt. So steht es der Erstreckung nicht entgegen, wenn das Revisionsgericht bei Aufhebung des Strafausspruchs zugleich wegen einer Änderung der Konkurrenzverhältnisse den Schuldspruch verschlechtert (BGH 4 StR 414/96 vom 29.10.1996). Von wem die Revision eingelegt war, spielt keine Rolle; auch die nur nach § 301 zugunsten des Angeklagten wirkende Revision der StA kann zur Aufhebungserstreckung führen (RG **33**, 371, 379).

7   B. **Angeklagten, die keine Revision eingelegt haben,** kommt die Aufhebungserstreckung zugute. Ihnen stehen Angeklagte gleich, die Revision eingelegt, aber verspätet oder nicht formgerecht begründet haben (BGHR § 338 Nr 7 Entscheidungsgründe 2; Zweibrücken wistra **87**, 268, 269), so dass sie nach § 346 (Düsseldorf JR **83**, 479) oder § 349 I (RG **40**, 219, 220) verworfen worden ist, oder die nur erfolglos eine Verfahrensrüge erhoben haben (RG HRR **40**, 208), auch Angeklagte, die auf Revision verzichtet (Hamburg JW **37**, 3152) oder sie zurückgenommen haben (BGH NJW **58**, 560; Krause Küchenhoff-GedSchr 427); das gilt auch bei einer Sprungrevision (Stuttgart Justiz **96**, 186). Im Schuldspruch erfolgt die Aufhebungserstreckung auch, wenn die Revision auf bestimmte Beschwerdepunkte, zB den Rechtsfolgenausspruch, beschränkt war (BGH MDR **54**, 373; 4 StR 669/11 vom 6.3.2012); damit ist die den Rechtsfolgenausspruch betreffende Revision erledigt (BGH 5 StR 178/91 vom 11.6.1991). Für Mitangeklagte, die nach § 55 II **JGG** keine Revision einlegen konnten, gilt § 357 dagegen nicht (BGH **51**, 34 mwN; KK-Franke 12; Meyer-Goßner Eisenberg-FS 399; **aM** Altenhain NStZ **07**, 283; Mohr JR **06**, 500; Prittwitz StV **07**, 52; Swoboda HRRS **06**, 376), wohl aber für solche Jugendliche oder Heranwachsende, die keine Berufung eingelegt hatten, falls auf Revision des Mitangeklagten (auch) das Urteil des JugG oder JugSchG aufgehoben wird (Koblenz StV **09**, 90 L), nicht aber bei Aufhebung nur des Berufungsurteils der JugK.

8   C. **Wegen einer Gesetzesverletzung bei Anwendung des Strafgesetzes** muss die Urteilsaufhebung erfolgen. In Betracht kommen in erster Hinsicht **sachlich-rechtliche Fehler,** gleichgültig, ob sie den Schuldspruch, auch wegen unzulänglicher Beweiswürdigung (Peters Schäfer-FS 152; **aM** Hamm Rissing-van Saan-FS 200), den Rechtsfolgenausspruch (BGH **21**, 66, 69; Düsseldorf JR **83**, 479) oder Nebenentscheidungen betreffen (Neustadt GA **54**, 252), so auch die Feststellung gemäß § 111i II (BGH 1 StR 357/14 vom 17.9.2014).

9   **Gesetzesänderungen** nach Erlass des angefochtenen Urteils werden nicht berücksichtigt, § 354a gilt nicht (BGH **20**, 77, 78; NStZ **99**, 15 mwN; **aM** KMR-Momsen 23); ebenso findet eine Erstreckung nicht statt, wenn die Urteilsaufhebung darauf beruht, dass eine Gesetzesnorm zwischenzeitlich vom BVerfG für nichtig erklärt worden ist (BGH **41**, 6; **aM** Hamm Hanack-FS 382), oder das Revisionsge-

richt nach § 154 II verfährt (BGH NStZ-RR 09, 366 mwN) oder der Adhäsionsausspruch (§ 406) aufgehoben wurde (BGH 2 StR 603/12 vom 12.3.2013).

Gesetzesverletzung is des § 357 ist nach allgM auch die fehlerhafte Beurteilung 10 der **Verfahrensvoraussetzungen** (BGH **10**, 137, 141; **12**, 335, 340; **19**, 320, 321; **24**, 208, 210; NStZ **87**, 239; 1 StR 355/13 vom 11.2.2014), wobei es nicht darauf ankommt, ob sie von Amts wegen zu prüfen sind (dazu Einl 150), sondern, ob sie auch für den Nichtrevidenten Bedeutung haben können (Bay wistra **98**, 275; Schubath JR **72**, 240), wie die Voraussetzungen des Strafverfahrens als solches (BGH StV **04**, 61, zB Anklage, Eröffnungsbeschluss) oder das Antragserfordernis für das Adhäsionsverfahren nach §§ 403 ff (BGH NStZ **88**, 470, 471; **98**, 477), aber zB nicht das nur hinsichtlich des Revidenten erforderliche Strafantragserfordernis oder die nur bei ihm fehlende Zuständigkeit. Erst nach Erlass des angefochtenen Urteils entstandene Verfahrenshindernisse sind jedoch nicht zu berücksichtigen (BGH NJW **52**, 274; KK-Gericke 7; **aM** LR-Franke 15), insbesondere nicht Straffreiheitsgesetze (BGH GA **55**, 247; Haase GA **56**, 277; erg oben 5 aE).

Sonstiges **Verfahrensrecht** ist – verfassungsrechtlich unbedenklich (BVerfG 11 NJW **85**, 125) – für die Anwendung des § 357 ohne Bedeutung, auch wenn seine Verletzung einen zwingenden Aufhebungsgrund nach § 338 bildet (BGH **17**, 176, 179; LR-Franke 16; Katholnigg JR **85**, 346; Schlüchter 757.2; **aM** Peters Schäfer-FS 152 ff: bei ungenügender Beweisaufnahme; Vogt/Kurth NJW **85**, 106: bei unrichtiger Gerichtsbesetzung). Dasselbe gilt für eine Kompensation wegen rechtsstaatswidriger Verfahrensverzögerung (BGH NJW **09**, 307; erg unten 15) oder bei Aufhebung eines Adhäsionsausspruchs (BGH NStZ-RR **10**, 344) oder nach einer Verständigung (Celle NStZ-RR **11**, 252, 253).

D. **Durch dasselbe Urteil** wie der Beschwerdeführer und der Nichtrevi- 12 dent verurteilt worden sein (Krause Küchenhoff-GedSchr 427). Dass das Urteil gegen den Nichtrevidenten nach § 267 IV abgekürzt abgefasst wurde, spielt keine Rolle (BGH StraFo **14**, 24, 25; **aM** BGH 5 StR 276/13 vom 25.6.2013). Wenn Revision gegen ein Berufungsurteil eingelegt ist, erfolgt keine Aufhebungserstreckung zugunsten von früheren Mitangeklagten, die keine Berufung eingelegt hatten (Celle NJW **54**, 1498; Stuttgart NJW **70**, 66), deren Berufung nach § 329 I verworfen worden ist (Schleswig SchlHA **88**, 118 [L/G]) oder die die Berufung auf das Strafmaß beschränkt hatten, wenn nunmehr das Revisionsgericht den Rechtsfehler im Bereich des Schuldspruchs sieht (Frankfurt NStZ-RR **04**, 13 mwN).

E. **Wegen derselben Tat** wie der Beschwerdeführer muss der Nichtrevident 13 verurteilt worden sein (BGH **12**, 335, 341; NJW **55**, 1566; **83**, 2097, 2099). Der Tatbegriff entspricht dem des § 264 (dort 2 ff; eingehend SSW-Momsen 15 ff). Daher ist § 357 auch anwendbar bei wechselseitigen Beleidigungen (LR-Franke 19; **aM** Hamm NJW **57**, 392), bei Nebentätern (Haase GA **56**, 282) und bei anderen vorsätzlich handelnden Tätern, denen der gemeinsame Tatentschluss fehlt und deren Tathandlungen sich gegen verschiedene Betroffene richten (BGH MDR **79**, 108 [H]; anders aber, wenn es sich dabei um prozessual selbstständige Taten handelt: BGH NStZ **96**, 327 [K]; BGHR Erstreckung 6), sowie bei fahrlässiger strafbarer Beteiligung an demselben Verkehrsunfall als Unfallgegner (BGH **12**, 335, 342; Köln VRS **21**, 447, 449; Roxin/Schünemann § 55, 79; **aM** Bay **53**, 86; Hanack JZ **73**, 779). Tatidentität besteht auch bei Verurteilungen nach den §§ 332 und 333 StGB (RG HRR **38**, 497), bei Mord und Nichtanzeige des Verbrechens sowie bei Annahme von Mittäterschaft statt Beihilfe, selbst wenn der Nichtrevident als Alleintäter in Betracht kommt (BGH **11**, 18; **aM** Hanack JZ **73**, 780).

F. Ein **gemeinsamer Revisionsgrund** muss vorliegen. Dabei genügt aber eine 14 gleichartige Rechtsverletzung. Es kommt nur darauf an, dass sachlich-rechtliche Erwägungen der Art, wie sie zur Aufhebung zugunsten des Beschwerdeführers zwingen, zur gleichen Entscheidung zugunsten des Nichtrevidenten geführt hätten (BGH LM Nr 3; RG **71**, 214; Bay **63**, 126; Düsseldorf NJW **86**, 2266). Wird zB das Urteil aufgehoben, weil der als Mittäter verurteilte Beschwerdeführer nur Gehilfe ist, so erstreckt sich die Aufhebung auf andere Angeklagte, die nunmehr als

Alleintäter anzusehen sind (BGH **11**, 18; KK-Gericke 15; **aM** Hanack JZ **73**, 780). Gleichartiger Revisionsgrund ist auch das Fehlen der Urteilsgründe (Celle NJW **59**, 1647), jedoch nicht bei einem nach § 267 IV S 3 ergänzungsbedürftigen Urteil (KG NStZ **98**, 55), sowie die Unzulänglichkeit der Feststellungen, die dem Revisionsgericht die Prüfung verwehrt (BGH EzSt § 267 Nr 9; Köln VRS **21**, 447), idR aber nicht die Beurteilung der Schuldfähigkeit, da diese nur individuell bestimmbar ist (BGH 4 StR 615/91 vom 9.1.1992, anders aber BGH NJW **15**, 3525). Auf die Schuldfrage muss sich der Rechtsfehler nicht beziehen; zur Nichtanwendung bei Änderung des Konkurrenzverhältnisses bei Straftaten nach § 152a I Nr 2 StGB vgl BGH wistra **04**, 180).

15 Fehler bei der **Rechtsfolgenentscheidung** genügen, auch bei der Frage der Strafaussetzung zur Bewährung (BGH StV **92**, 417) oder bei der Einziehungsentscheidung (BGH **21**, 66, 69; NStZ **81**, 298 [Pf]; StraFo **15**, 22), sofern die Aufhebungsgründe nicht nur in der Person des Beschwerdeführers vorliegen (BGH NJW **55**, 997; Bay **63**, 126), wie etwa bei § 64 StGB (BGH NStZ-RR **04**, 229 [B]), bei § 67 II StGB (BGH JR **92**, 475; str zu § 67 II S 3 StGB, vgl BGH NStZ **10**, 32 und NStZ-RR **10**, 118), bei § 73 StGB (BGH NStZ **08**, 565; wistra **13**, 227; vgl aber BGH **56**, 39, 51 und 4 StR 404/10 vom 4.11.2010) und bei der Entscheidung nach § 111i II (BGH NStZ-RR **15**, 44; 4 StR 30/11 vom 1.3.2011), bei § 52a S 2 JGG (BGH 5 StR 12/97 vom 4.2.1997), bei § 111i II (BGH 1 StR 22/13 vom 10.4.2013; 2 StR 639/11 vom 29.2.2012) oder bei einer Kompensation (9a zu Art 6 EMRK) wegen rechtsstaatswidriger Verfahrensverzögerung (BGH NJW **09**, 307). Eine Erstreckung erfolgt auch dann nicht, wenn sich der festgestellte Rechtsfehler nicht zum Nachteil des Nichtrevidenten ausgewirkt hat (BGH NStZ **89**, 113, 114 aE).

16 3) Die **Entscheidung des Revisionsgerichts** ergeht von Amts wegen ohne Rücksicht auf den Willen des Nichtrevidenten (oben 1). Einer Anhörung des Nichtrevidenten bedarf es nicht (KK-Gericke 17; Schlüchter 757.2; **aM** BGH NJW **05**, 374, 376; Basdorf Meyer-Goßner-FS 679; vgl auch LR-Franke 25); sie wäre auch praktisch oft nicht durchführbar und müsste manchmal – bei Ungelegenheit der Aufhebungserstreckung – auf die Stützung der Verurteilung hinauslaufen (Meyer-Goßner Roxin-FS I 1356; zust Wohlers/Gaede NStZ **04**, 13 mit Fn 81). Die Entscheidung ist zwingend vorgeschrieben (BGH **24**, 208, 211; Celle JZ **59**, 180); ein Widerspruch des Nichtrevidenten daher unbeachtlich (**aM** BGHR Entscheidung 2). Dass eine Schuldspruchberichtigung keine Auswirkungen auf den Strafausspruch gehabt hat, steht der Erstreckung nicht entgegen (BGH NStZ **97**, 379 [K]). Die Erstreckung darf nicht unterbleiben, weil ungewiss ist, ob die neue Verhandlung zu einer milderen Strafe führen wird. Nur wenn das auszuschließen ist, kann von der Anwendung des § 357 abzusehen sein (BGHR Erstreckung 3; Düsseldorf NJW **86**, 2266). Die Nachholung der im Urteil unterlassenen Entscheidung ist unzulässig (BGH StV **02**, 12 mit unzutr abl Anm Sieg, vgl 34 zu § 349). Das Revisionsgericht ist aber nicht gehindert, unter Anwendung der §§ 154, 154a von einer Zurückverweisung abzusehen (BGHR Entscheidung 1; Basdorf aaO 672).

17 4) In dem **weiteren Verfahren** wird der Nichtrevident so behandelt, als habe er erfolgreich Revision eingelegt. An der Verhandlung muss er teilnehmen; Haftbefehle und sonstige Anordnungen leben wieder auf, die Haftfrage ist aber zu überprüfen (S 2 mit § 47 III). Das Verschlechterungsverbot des § 358 II gilt auch für ihn (RG **70**, 229, 231; **72**, 24, 26). Wird er erneut verurteilt, so hat er auch insoweit nach § 465 I die Verfahrenskosten zu tragen (KK-Gericke 19; SK-Wohlers 40). Gegen das neue Urteil kann er wieder Revision einlegen (RG aaO).

Bindung des Tatgerichts; Verbot der Schlechterstellung

358 ¹ Das Gericht, an das die Sache zur anderweiten Verhandlung und Entscheidung verwiesen ist, hat die rechtliche Beurteilung, die der

Revision § 358

Aufhebung des Urteils zugrunde gelegt ist, auch seiner Entscheidung zugrunde zu legen.

II 1 Das angefochtene Urteil darf in Art und Höhe der Rechtsfolgen der Tat nicht zum Nachteil des Angeklagten geändert werden, wenn lediglich der Angeklagte, zu seinen Gunsten die Staatsanwaltschaft oder sein gesetzlicher Vertreter Revision eingelegt hat. ² Wird die Anordnung der Unterbringung in einem psychiatrischen Krankenhaus aufgehoben, hindert diese Vorschrift nicht, an Stelle der Unterbringung eine Strafe zu verhängen. ³ Satz 1 steht auch nicht der Anordnung der Unterbringung in einem psychiatrischen Krankenhaus oder einer Entziehungsanstalt entgegen.

1) **Bindung an die Aufhebungsansicht (I):** 1

A. **Jeder Tatrichter,** der mit der Sache neu befasst wird, bei Zurückverweisung 2 an das AG auch das Berufungsgericht (Koblenz NJW **83,** 1921), ist an die Aufhebungsansicht des Revisionsgerichts gebunden. Dadurch wird ein Hin- und Herschieben der Sache zwischen Revisionsgericht und Tatrichter verhindert (vgl GmS-OGB BGHZ **60,** 392, 396 = NJW **73,** 1273; Eisenberg StraFo **97,** 129); ein Eingriff in die richterliche Unabhängigkeit (Art 97 I GG) liegt darin nicht (BVerfGE **12,** 67, 71). Für Urteile des Berufungsgerichts nach § 328 II gilt I nicht entspr (RG JW **32,** 70; LR-Franke 3; **am** SK-Wohlers 4).

B. **Umfang der Bindungswirkung:** Die Aufhebungsansicht bindet ohne 3 Rücksicht darauf, ob sie sich auf das sachliche Recht oder auf das Verfahrensrecht bezieht und ob das Revisionsgericht die Vorlagepflicht nach §§ 121 II, 132 II, III GVG verletzt hat (KG JR **58,** 269 mit Anm Sarstedt; KMR-Momsen 10). Sie muss aber der Urteilsaufhebung unmittelbar zugrunde liegen (BGH **18,** 376, 378). *Obiter dicta* binden nicht (krit zu BGH NJW **11,** 2526 Rübenstahl/Zinser NJW **11,** 2481; erg unten 6; 13 zu § 352; 10 zu § 121 GVG; 14 zu § 132 GVG).

Zur Aufhebungsansicht gehört nach hM auch die **Beurteilung von Vorfragen** 4 (BGH NStZ-RR **13,** 157; **aM** Bernsmann Beulke-FS 625). Die Bindung erstreckt sich damit auch auf Feststellungen über die Tatentstehung und über die Beweggründe zur Tat (BGH NStZ-RR **03,** 101 [B]). Die sachlich-rechtliche Prüfung beweist, dass das Revisionsgericht das angewegte Gesetz für verfassungsgemäß gehalten und das Vorliegen der Prozessvoraussetzungen bejaht hat. Der neue Tatrichter darf daher weder die Sache insoweit dem BVerfG nach Art 100 I GG vorlegen (BVerfGE **2,** 406, 412; **6,** 222, 242) noch das Verfahren wegen eines Prozesshindernisses einstellen (vgl BGH StraFo **10,** 203 mwN; Einl 151).

Hat das Revisionsgericht das Urteil wegen eines **Verfahrensmangels** aufgeho- 5 ben, so ist der Tatrichter in der sachlichen und rechtlichen Beurteilung der Schuld- und Rechtsfolgenfrage frei (BGH VRS **34,** 356; LR-Franke 6).

Bei der **Aufhebung aus sachlich-rechtlichen Gründen** (die auch zugleich 6 mit der Aufhebung wegen eines Verfahrensmangels zulässig ist, BGH **37,** 350, 352) ergibt das Revisionsurteil, wie weit die Aufhebungsansicht reicht (vgl BGH NStZ **99,** 154; 259). Bindend ist auch die Feststellung von Erfahrungssätzen (BGH VRS **12,** 208) und die Auffassung des Revisionsgerichts, dass die Feststellungen des Tatrichters unzulänglich sind (BGH NJW **53,** 1880; NStZ **93,** 552). Keine bindende Wirkung haben Rechtsausführungen, mit denen die Ansicht des Tatrichters gebilligt wird (BGH **3,** 357, 367; VRS **11,** 193, 195) oder die nur Ratschläge und Empfehlungen für die neue Entscheidung (BGH **3,** 234; unrichtig daher Zweibrücken NStZ **10,** 459 mit abl Anm Meyer-Goßner) oder Hinweise auf die Rspr zu anderen Vorschriften enthalten (BGH NJW **97,** 1455; JR **56,** 430). Die Verwerfung der Revision eines Mitangeklagten hat keine Bindungswirkung (BGH MDR **85,** 982 [H]).

Zur **Feststellung der Aufhebungsansicht** durch den neuen Tatrichter vgl 44 7 zu § 354.

C. Die **Bindungswirkung entfällt,** wenn der Gesetzgeber die von dem Revi- 8 sionsgericht entschiedene Rechtsfrage vor der neuen tatrichterlichen Entscheidung

Schmitt 1591

§ 358

abweichend regelt (LR-Franke 10), wenn das BVerfG die angewendete Vorschrift für verfassungswidrig erklärt (Schlüchter 756.2) und wenn die Bindung dem Tatrichter einen offensichtlichen Verstoß gegen das GG zumuten würde (KK-Gericke 17; unrichtig aber LG Duisburg StV **86**, 99, das der Aufhebungsansicht seine eigene Auslegung des GG entgegenhält), nicht aber wegen der abweichenden Ansicht eines höheren Gerichts (Düsseldorf StV **85**, 274), wegen einer Änderung der Rspr auch nicht, wenn das Revisionsgericht inzwischen seine Rechtsansicht geändert hat (BGH **33**, 358, 362; Mohrbotter ZStW **84**, 639; Sommerlad NJW **74**, 123; aM GmS-OGB BGHZ **60**, 392, 397; KK-Gericke 13).

9   Die Bindung setzt im Übrigen eine **gleich bleibende Verfahrens- und Sachlage** voraus (KG NStZ-RR **10**, 346). Neue tatrichterliche Feststellungen, für die die Aufhebungsansicht des Revisionsgerichts keine Bedeutung hat, schließt I nicht aus (BGH **9**, 324, 329; Düsseldorf StV **85**, 274; Eisenberg StraFo **97**, 130).

10 D. **Bei erneuter Revision** prüft das Revisionsgericht, wenn die Sachrüge erhoben ist, ob der Tatrichter in sachlich-rechtlicher Hinsicht die Bindungswirkung beachtet hat (BGH NStZ **00**, 551; KG JR **58**, 269; Düsseldorf StV **85**, 274); die Nichtbeachtung der Bindung an die verfahrensrechtliche Aufhebungsansicht wird nur geprüft, wenn sie ausdrücklich in der Form des § 344 II gerügt ist. Auch jedes neue Revisionsgericht ist an die Aufhebungsansicht des 1. Revisionsurteils gebunden (BVerfGE **4**, 1, 5; GmS-OGB BGHZ **60**, 392, 396; BGH **33**, 356, 360 ff [GSSt]; **51**, 202, 204; KG NStZ-RR **10**, 347), den BGH auch, wenn zunächst ein OLG entschieden hatte (BGH NJW **52**, 35; **53**, 1880; KK-Gericke 13). Diese Selbstbindung besteht auch, wenn das Revisionsgericht inzwischen seine dem Urteil zugrunde liegende Rechtsansicht aufgegeben hat (BGH **33**, 356, 360; Schlüchter 756.3; Schmitt JZ **59**, 22; Schünemann StV **85**, 424; aM KK-Gericke 13; Dahs Rev 631; GmS-OGB aaO lässt die Frage für Strafsachen offen); denn Revisionsgrund ist nach § 337 nur die Verletzung des Gesetzes, von der keine Rede sein kann, wenn der Tatrichter den I beachtet hat.

11 2) Das **Verbot der Schlechterstellung (II S 1)**, das dem § 331 entspricht (vgl die Erl dort), richtet sich an das Revisionsgericht, das nach § 354 I, und an den Tatrichter, der nach Zurückverweisung entscheidet (BGH 3 StR 374/11 vom 20.12.2011). Es gilt auch, wenn eine zuungunsten des Angeklagten eingelegte Revision der StA nach § 301 nur zu dessen Gunsten erfolgreich war (BGH **38**, 66, 67). Hat das LG eine Revision als Berufung behandelt und die Strafe herabgesetzt, so muss es hierbei verbleiben, wenn das Revisionsgericht über die Revision sachlich entscheidet; zu dem Fall, dass das Revisionsgericht die Berufung für unzulässig hält, vgl 4a zu § 331 und 12 zu § 411. Eine fehlende Einzelstrafe kann das Revisionsgericht uU festsetzen (BGH NStZ-RR **10**, 384; **12**, 181), ebenso eine fehlerhafte Gesamtstrafe zur Vermeidung einer Doppelbestrafung aufheben (BGH NJW **98**, 1874). Dagegen darf dem Angeklagten der durch eine fehlerhafte nachträgliche Gesamtstrafenbildung (§ 55 StGB) gewährte Vorteil nicht genommen werden (BGH 4 StR 388/16 vom 1.2.2017 mwN). Ebenso steht der Nachholung der unterbliebenen Feststellung der besonderen Schuldschwere iSd § 57a I S 1 Nr 2 StGB (BVerfGE **86**, 288) durch den BGH oder nach Zurückverweisung durch das LG das Verschlechterungsverbot entgegen (BGH NStZ **93**, 449; **94**, 34, 35; **00**, 194). Hat das LG die Sicherungsverwahrung nur vorbehalten (§ 66a StGB), darf der BGH oder das LG nach Zurückverweisung sie nicht nach § 66 StGB anordnen (BGH StV **08**, 635). Zur Beachtung des Verschlechterungsverbots bei Aufhebung und Zurückverweisung wegen Verletzung des Beschleunigungsgebots vgl 9 zu Art 6 EMRK.

12 **Nicht entgegen steht** das Verbot der Schlechterstellung nach II S 3 (früher II S 2) – wie nach § 331 II – der Anordnung der Unterbringung in einem psychiatrischen Krankenhaus (§ 63 StGB) oder in einer Entziehungsanstalt (§ 64 StGB). Dass der Angeklagte durch die fehlende Unterbringungsanordnung nicht beschwert ist, ändert daran nichts (BGH NStZ **09**, 261; erg 10 vor § 296; 22 zu § 331); es kommt dementspr auch nicht darauf an, ob der Angeklagte durch die Nichtan-

wendung des § 67 II S 2 StGB beschwert sein kann (BGH StraFo **10**, 117 mwN). Durch Ges vom 16.7.2007 (BGBl I 1327) ist es nun auch gestattet (II S 2), eine Strafe zu verhängen, wenn die Anordnung der Unterbringung in einem psychiatrischen Krankenhaus aufgehoben wird (vgl dazu zB BGH 1 StR 518/07 vom 20.11.2007). Damit wird verhindert, dass eine Tat völlig sanktionslos bleibt, wenn eine wegen angenommener Schuldunfähigkeit (§ 20 StGB) erfolgte Anordnung der Unterbringung in einem psychiatrischen Krankenhaus – und ggf auch ein deswegen ergangener Freispruch (BGH StraFo **11**, 55; NStZ **13**, 424; 3 StR 369/09 vom 27.10.2009; 1 StR 540/12 vom 20.11.2012; 4 StR 275/13 vom 30.7.2013; 3 StR 271/14 vom 5.8.2014) oder eine Entscheidung nach § 5 III JGG (BGH StraFo **13**, 165 mit krit Anm Eisenberg) – auf Revision des Angeklagten aufgehoben wird und sich in der neuen Verhandlung herausstellt, dass der Angeklagte bei Begehung der Tat schuldfähig war (BGH 5 StR 109/19 vom 5.12.2019; Schneider NStZ **08**, 73). Diese Regelung muss aber umgekehrt dahin führen, dass der Angeklagte gleichwohl auch dann untergebracht werden darf, wenn er bei seiner Verurteilung zu Strafe seine Nicht-Unterbringung vom Rechtsmittelangriff ausnehmen will (vgl dazu 22 zu § 331; zust KMR-Momsen 23; Meyer-Goßner Frisch-FS 1308; wohl auch Rieß Eisenberg-FS 578 Fn 57; **aM** Dencker Mehle-FS 154; Kretschmer StV **10**, 164); denn wenn die Strafe wegen erst jetzt erkannter Schuldunfähigkeit des Angeklagten aufgehoben wird, muss auch hier nach II S 3 die Möglichkeit der Anordnung der Unterbringung gegeben sein (für den Fall des § 64 StGB siehe allerdings BGH 2 StR 78/17 vom 29.3.2017). Das Gericht bleibt jedoch gehindert, nach Aufhebung einer isoliert angeordneten Unterbringung erneut die Unterbringung anzuordnen und zugleich erstmals Strafe zu verhängen (BGH NStZ-RR **14**, 89 L; 3 StR 171/14 vom 29.4.2014).

Den Verstoß gegen II S 1 **prüft das Revisionsgericht** auch ohne entspr Verfahrensrüge (BGH **12**, 94; **14**, 5, 7; Bay **73**, 45; Schleswig VRS **65**, 386). Nach Ansicht des BGH begründet das Verbot des II S 1 eine einseitige, nur zugunsten des Angeklagten wirksame Rechtskraft, die als Verfahrenshindernis von Amts wegen zu berücksichtigen ist (BGH **11**, 319, 322; NJW **79**, 936; wistra **00**, 475). 13

Viertes Buch. Wiederaufnahme eines durch rechtskräftiges Urteil abgeschlossenen Verfahrens

Vorbemerkungen

1 1) Zur **Beseitigung von Fehlentscheidungen** lassen die §§ 359 ff in engen Grenzen die Durchbrechung der Rechtskraft von Strafurteilen zu. Die Vorschriften lösen den Konflikt zwischen den Grundsätzen der Gerechtigkeit und der Rechtssicherheit, die sich beide gleichermaßen aus dem Rechtsstaatsprinzip ableiten (BVerfG MDR **75**, 468; NStZ-RR **19**, 123). Sie werden ergänzt durch die Wiederaufnahmegründe des § 18 ZEG (Wehrmacht- und Sondergerichte) und des § 79 I BVerfGG (unten 7). Diese Regelung ist abschließend; selbst der Gesetzgeber darf nicht nach Belieben weitere Wiederaufnahmegründe schaffen, insbesondere nicht zuungunsten des Angeklagten (BVerfGE **2**, 380, 403).

2 2) Dem **Wesen** nach ist die Wiederaufnahme ein Rechtsinstitut, das es auf Verlangen eines Antragsberechtigten, nicht von Amts wegen, ermöglicht, die mit rechtskräftigem Sachurteil abgeschlossene Strafsache wieder in das Hauptverfahren zurückzuversetzen. Obwohl die allgemeinen Vorschriften über die Rechtsmittel gelten (§ 365), ist der Wiederaufnahmeantrag kein Rechtsmittel (1 vor § 296), sondern ein Rechtsbehelf eigener Art (20 vor § 296).

3 Das **Verfahren** gliedert sich in zwei Abschnitte: die Prüfung der Zulässigkeit des Antrags nach § 368 (Aditionsverfahren) und, wenn er für zulässig erklärt ist, die Prüfung seiner Begründetheit nach §§ 369, 370 (Probationsverfahren). Wird die Wiederaufnahme angeordnet, so kommt es idR (Ausnahme: § 371) zur Erneuerung der Hauptverhandlung. Die neue Verhandlung wird allgemein als 3. Abschnitt des Wiederaufnahmeverfahrens bezeichnet. In Wahrheit ist sie ebenso wenig Teil dieses Verfahrens wie die neue Hauptverhandlung nach Zurückverweisung (§ 354 II) Teil des Revisionsverfahrens ist.

4 3) Durch **rechtskräftiges Sachurteil,** nicht durch Einstellungsurteil nach § 260 III (Kleinknecht Bruns-FS 480; vgl aber auch LR-Gössel 44; SK-Frister 16 ff), abgeschlossene Verfahren können auf Antrag, der nicht vor Rechtskraft zulässig ist (Stuttgart NJW **65**, 1239; **aM** Peters Fehlerquellen III 111), wiederaufgenommen werden. Wegen der Strafbefehle vgl § 373a. Bei tatmehrheitlicher Verurteilung ist die Wiederaufnahme zugunsten des Verurteilten schon zur Beseitigung der rechtskräftig gewordenen Einzelstrafaussprüche zulässig (KK-Schmidt 11; SK-Frister 26; J. Meyer Peters-FG 385; Schlüchter 765; **aM** Frankfurt NJW **52**, 119; LR-Gössel 76 ff). Nur im Schuldspruch rechtskräftige Urteile können dagegen nicht Gegenstand eines Wiederaufnahmeverfahrens sein (Düsseldorf NJW **54**, 1499 L; LR-Gössel 74 ff; Peters 679; Schlüchter 766). Die Gegenansicht (Celle StV **90**, 537; Frankfurt NJW **83**, 2399; Hamm NStZ-RR **97**, 372; Jena StraFo **97**, 116; München NJW **81**, 593; SK-Frister 27; J. Meyer Peters-FG 375) öffnet wegen der Zuständigkeitsregelung des § 140a GVG der Verschleppung die Tür und läuft daher dem Grundsatz der Prozesswirtschaftlichkeit, den sie zu wahren meint, zuwider. Sie übersieht auch, dass die verfrühte Zulassung der Wiederaufnahme zu widersprechenden Entscheidungen führen kann (Gössel NStZ **83**, 291). Im Übrigen ist ein Nebeneinander von Rechtsmittel- und Wiederaufnahmeverfahren in der StPO grundsätzlich nicht vorgesehen (BGH NStZ **94**, 25 [K]).

5 Für **Beschlüsse** enthalten die §§ 174 II, 211 Sonderregelungen; auf andere Beschlüsse sind die §§ 359 ff grundsätzlich nicht entspr anwendbar (Celle NdsRpfl **61**, 17; Hamm VRS **90**, 136; **aM** R. Schmitt JZ **61**, 17; Wasserburg 226; vgl auch LR-Gössel 49 ff), auch nicht, wenn sie wie ein Urteil wirken, wie Gesamtstrafenbeschlüsse nach § 460 (LR-Gössel 69; **aM** Bay **55**, 47), oder wenn sie sachlichrechtliche Rechtsfolgen festsetzen, wie Widerrufsbeschlüsse nach §§ 56 f, 67g StGB (Düsseldorf StraFo **04**, 146; Hamburg StV **00**, 568; Stuttgart NStZ-RR **96**,

176 mwN; Justiz **01**, 170; Zweibrücken NStZ **97**, 55; LG Hamburg NStZ **91**, 149 mwN und abl Anm Hohmann NStZ **91**, 507; AG Lahn-Gießen MDR **80**, 595 mit abl Anm Groth; Gössel JR **92**, 125; am Oldenburg NJW **62**, 1169; LG Bremen StV **90**, 311). Eine Ausnahme gilt für die anstelle eines Urteils ergehenden Beschlüsse nach § 206b (dort 12), § 349 II (BGH NStZ **85**, 496 [Pf/M]) und (bei abschließender Entscheidung) § 349 IV (LR-Gössel 65) und § 371. Im Verfahren nach §§ 109 ff **StVollzG** ist ein Wiederaufnahmeverfahren nicht statthaft (Hamburg NStZ **01**, 399 L; Rostock NStZ-RR **12**, 359 L).

4) Eine **Beschwer** (8 ff vor § 296) setzt die Wiederaufnahme voraus, sofern sie **6** nicht von der StA beantragt ist (Wasserburg 234, 237), und zwar durch den Urteilstenor. Der Freigesprochene kann daher die Wiederaufnahme nicht mit dem Ziel der Freisprechung wegen erwiesener Unschuld (Braunschweig GA **54**, 248) oder der Ersetzung eines Einstellungsurteils nach § 260 III durch ein freisprechendes beantragen (LR-Gössel 127). Beschwert ist der Verurteilte aber auch bei Absehen von Strafe, Straffreierklärung nach § 199 StGB und Anordnung von Rechtsfolgen nach §§ 9 ff, 13 ff, 27 JGG.

5) Die **Wiederaufnahme nach § 79 I BVerfGG** ist zulässig gegen rechtskräf- **7** tige Strafurteile (Zweibrücken NJW **96**, 2246: aber nicht gegen einen Beschluss nach § 153 II; str, ob auch gegen einen Bußgeldbescheid, vgl Fornauf/Heger StraFo **14**, 285), die auf einer mit dem GG für unvereinbar oder nach § 78 BVerfGG für nichtig erklärten Norm oder auf der Auslegung einer Norm beruhen, die das BVerfG für unvereinbar mit dem GG erklärt hat; ob die Wiederaufnahme nur bei der Nichtigerklärung einer materiell-rechtlichen Strafnorm oder auch bei Normen des Gerichtsverfassungs- oder Verfahrensrechts zulässig ist, ist str (vgl eingehend dazu BGH **42**, 314, 318). Für das Verfahren gelten die §§ 359 ff, also die verfahrensrechtlichen Voraussetzungen nach §§ 360, 361, 365, 366, 373a (KG NJW **12**, 2985 mwN), auch das Verschlechterungsverbot nach § 373 II S 1 (BGH StraFo **11**, 319, 322). Wegen der Einzelheiten vgl KK-Schmidt 16 ff; LR-Gössel 155 ff; Wasserburg StV **82**, 237; eingehend Bajohr, Die Aufhebung rechtsfehlerhafter Strafurteile im Wege der Wiederaufnahme, 2008 [zugl Diss Berlin 2007, Humboldt-Univ] S 21 ff. Zur Wiederaufnahme auf Grund des vom BVerfG angenommenen besonderen Verfahrenshindernisses bezüglich der Strafbarkeit früherer MfS-Agenten (Einl 149a) vgl BGH **42**, 314 und 324, zur Wiederaufnahme nach einer auf Grund der Rspr des BVerfG unzulässigen Wohnraumüberwachung (1 zu § 100c) vgl Weßlau Lisken-GS 48.

6) Entscheidungen des EGMR, mit denen die Verletzung der **EMRK** durch **8** das Strafurteil eines deutschen Gerichts festgestellt worden sind (7 zu Art 19 EMRK), berechtigen zur Wiederaufnahme des Verfahrens nach § 359 Nr 6, falls das Urteil auf der Verletzung beruht (52 zu § 359); die entgegenstehende frühere Rspr (zB BVerfG NJW **86**, 1425) ist durch die Gesetzesänderung überholt.

Wiederaufnahme zugunsten des Verurteilten

359 Die Wiederaufnahme eines durch rechtskräftiges Urteil abgeschlossenen Verfahrens zugunsten des Verurteilten ist zulässig,
1. wenn eine in der Hauptverhandlung zu seinen Ungunsten als echt vorgebrachte Urkunde unecht oder verfälscht war;
2. wenn der Zeuge oder Sachverständige sich bei einem zuungunsten des Verurteilten abgelegten Zeugnis oder abgegebenen Gutachten einer vorsätzlichen oder fahrlässigen Verletzung der Eidespflicht oder einer vorsätzlichen falschen uneidlichen Aussage schuldig gemacht hat;
3. wenn bei dem Urteil ein Richter oder Schöffe mitgewirkt hat, der sich in Beziehung auf die Sache einer strafbaren Verletzung seiner Amtspflichten schuldig gemacht hat, sofern die Verletzung nicht vom Verurteilten selbst veranlaßt ist;

4. wenn ein zivilgerichtliches Urteil, auf welches das Strafurteil gegründet ist, durch ein anderes rechtskräftig gewordenes Urteil aufgehoben ist;
5. wenn neue Tatsachen oder Beweismittel beigebracht sind, die allein oder in Verbindung mit den früher erhobenen Beweisen die Freisprechung des Angeklagten oder in Anwendung eines milderen Strafgesetzes eine geringere Bestrafung oder eine wesentlich andere Entscheidung über eine Maßregel der Besserung und Sicherung zu begründen geeignet sind;
6. wenn der Europäische Gerichtshof für Menschenrechte eine Verletzung der Europäischen Konvention zum Schutze der Menschenrechte und Grundfreiheiten oder ihrer Protokolle festgestellt hat und das Urteil auf dieser Verletzung beruht.

Übersicht

	Rn
1) Wiederaufnahmegründe zugunsten des Verurteilten	1–3
2) Unechte oder verfälschte Urkunden (Nr 1)	4–9
3) Falsche Aussagen oder Gutachten (Nr 2)	10–13
4) Strafbare Amtspflichtverletzungen (Nr 3)	14–16
5) Wegfall eines zivilgerichtlichen Urteils (Nr 4)	17–20
6) Neue Tatsachen oder Beweismittel (Nr 5)	21–51
A. Tatsachen	22–25
B. Beweismittel	26
C. Neuheit von Tatsachen und Beweismitteln	27–36
D. Erheblichkeit der Tatsachen und Beweismittel	37–43
E. Antragsbegründung	44–51
7) Verletzungen der EMRK (Nr 6)	52, 53

1 **1) Die Wiederaufnahmegründe zugunsten des Verurteilten** führt § 359 abschließend auf; die Rspr darf sie nicht erweitern (Bamberg NJW **55**, 1121; LG Hannover NJW **70**, 289; LR-Gössel 129 vor § 359; erg 1 vor § 359). Ein Wiederaufnahmeantrag kann auf mehrere Gründe des § 359 gestützt werden. Zum Verhältnis zwischen § 359 Nr 5 und § 364 vgl dort 2 ff.

2 Zulässige **Wiederaufnahmeziele** sind (vgl unten 37 ff) die Freisprechung des Verurteilten, die Verfahrenseinstellung, die mildere Verurteilung auf Grund eines anderen Strafgesetzes und eine wesentlich andere Entscheidung über Sicherungsmaßregeln. Vgl auch §§ 439 VI, 440 III. Ein auf ein anderes Ziel gerichteter Antrag ist unzulässig, zB Anwendung der Vollstreckungslösung, vgl 9a zu Art 6 EMRK (Celle NStZ **10**, 251).

3 Die **Beschränkung des Antrags** auf eine oder mehrere selbstständige Taten nach § 53 StGB ist möglich (BGH **14**, 85, 88), auch bei Tatidentität iS § 264 (vgl 8 zu § 370). Soweit § 363 nicht entgegensteht, ist auch die Beschränkung auf den Rechtsfolgenausspruch zulässig (BGH **11**, 361; Hanack JZ **74**, 19).

4 **2) Unechte oder verfälschte Urkunden (Nr 1):** Es gilt nach hM der sachlich-rechtliche **Urkundenbegriff** des § 267 StGB, nicht der des § 249 (LR-Gössel 13 ff; Krause 103 ff; Wasserburg 277; **aM** Peters Fehlerquellen III 48).

5 Danach kommen auch Beweiszeichen (zum Begriff Fischer 5 zu § 267 StGB) in Betracht (LR-Gössel 19), ebenso technische Aufzeichnungen iS des § 268 StGB (**aM** LR-Gössel 18; Peters Fehlerquellen III 49).

6 Nach den Grundsätzen des sachlichen Rechts beurteilt sich auch, ob die Urkunde **unecht oder verfälscht** ist; die schriftliche Lüge genügt nicht. Eine Straftat setzt Nr 1 aber nicht voraus (Nürnberg NJW **13**, 2692; KMR-Eschelbach 57 mwN).

7 Nr 1 gilt daher auch, wenn die Urkunde nicht zur Täuschung, sondern versehentlich **vorgebracht** worden ist (LR-Gössel 21; Wasserburg 279; **aM** Peters aaO). Sie muss aber nach §§ 249, 251, 256 zum Beweis für ihren Inhalt verwendet worden sein; der Vorhalt bei der Vernehmung und die Feststellung der äußeren Beschaffenheit reichen nicht aus (LR-Gössel 22). Nur die nicht verlesbaren Urkunden iS des Nr 1 durch Augenscheinseinnahme vorgebracht worden. Wer die Urkunde beigebracht hat, ist gleichgültig.

§ 359

Zuungunsten des Angeklagten vorgebracht war die Urkunde, wenn nicht aus- 8
zuschließen ist, dass sie das Urteil zu seinem Nachteil beeinflusst hat.
Zur **Antragsbegründung** gehört die Bezeichnung der Urkunde und der Tatsa- 9
chen, aus denen sich Unechtheit oder Verfälschung ergibt, sowie der Vortrag, in
welcher Weise sie in der Hauptverhandlung verwertet wurde, ferner, dass und
wodurch das Urteil zuungunsten des Angeklagten beeinflusst worden ist. Wenn
keine Straftat behauptet wird, brauchen die Voraussetzungen des § 364 S 1 nicht
dargetan werden; andernfalls gilt 4 zu § 364.

3) Falsche Aussagen oder Gutachten (Nr 2): Der Zeugenvernehmung steht 10
die Verlesung nach § 251 (KMR-Eschelbach 68; Wasserburg 280), dem Sachverständigen steht der Dolmetscher (§ 191 GVG) gleich (LR-Gössel 29; aM SK-Frister 23).
Wiederaufnahmegrund ist jeder **Verstoß gegen §§ 153–155, 161 StGB**, auch 11
im Ausland, wenn er im Inland strafbar wäre (LR-Gössel 30). Die Tat muss aber
strafbar sein; daran fehlt es bei Strafunmündigkeit (Hamburg NJW **69**, 2159) und
entschuldbarem Irrtum (Wasserburg 279).
Die falsche Aussage oder das Gutachten muss **Grundlage der Beweiswürdi-** 12
gung gewesen sein und sich zuungunsten des Angeklagten ausgewirkt haben
(BGH **31**, 365, 371). Auf dem Teil der Aussage oder des Gutachtens, dessen Unrichtigkeit in dem Meineidsverfahren gegen den Zeugen oder Sachverständigen
festgestellt worden ist, braucht das Urteil aber nicht zu beruhen (BayJW **29**, 2754;
Dresden HRR **40**, 134; Düsseldorf NJW **50**, 616 L; LR-Gössel 39).
Zur **Antragsbegründung** gehört der Vortrag, dass die Falschaussage die Ent- 13
scheidung zum Nachteil des Angeklagten beeinflusst hat. Der ursächliche Zusammenhang wird gesetzlich vermutet (5 zu § 370). Vgl im Übrigen 4 zu § 364.

4) Strafbare Amtspflichtverletzungen (Nr 3): Die Pflichtverletzung des 14
Richters oder Schöffen (auf andere Personen ist Nr 3 nicht entspr anwendbar)
muss mit Strafe bedroht und in Beziehung auf die Strafsache gegen den Angeklagten, nicht (wie bei § 185 StGB) gegen diesen selbst, begangen worden sein. In
Betracht kommen insbesondere Straftaten nach §§ 239, 240, 257, 267, 331, 332,
339, 343, 344 StGB, wobei das damalige Rechtsverständnis zugrunde zu legen ist
(Brauns JZ **95**, 495). Dass der Richter sein Amt durch Täuschung erlangt hat, ist
kein Wiederaufnahmegrund (LR-Gössel 39). Dass die Pflichtverletzung Einfluss
auf die Entscheidung gehabt hat, braucht nicht festgestellt zu werden (BGH **31**,
365, 372). Bei Fortsetzung der Sache auf Berufung oder nach Zurückverweisung
(§ 354 II) gilt Nr 3 aber nicht, wenn der Sachverhalt völlig neu geprüft wurde
(BGH aaO; Scheffler 97).
Ausgeschlossen ist die Wiederaufnahme, wenn der Angeklagte selbst oder ein 15
Dritter in seinem Auftrag oder mit seinem Einverständnis (bloße Kenntnis genügt
nicht) die Pflichtverletzung veranlasst, etwa einen Richter bestochen hat, damit er
günstig entscheidet (LR-Gössel 43).
Zur **Antragsbegründung** gehört die namentliche Bezeichnung des Richters 16
und die Angabe der Pflichtverletzung. Der Ursachenzusammenhang und das
Nichtvorliegen des Ausschlussgrundes brauchen nicht dargetan zu werden. Vgl im
Übrigen 4 zu § 364.

5) Wegfall eines zivilgerichtlichen Urteils (Nr 4): Dazu gehören alle aufge- 17
hobenen Urteile der Zivil-, Arbeits-, Sozial-, Finanz- und Verwaltungsgerichte,
nicht aber aufgehobene Strafurteile, auch nicht aufgehobene Verwaltungsakte
(BGH **23**, 86, 94; Karlsruhe NJW **78**, 116; aM BVerfGE **22**, 21, 27; LG Berlin
NStZ-RR **17**, 121; LR-Gössel 47; Peters Fehlerquellen III 69).
Weggefallen ist das Urteil nur, wenn es im zivilgerichtlichen Wiederaufnahme- 18
verfahren (§§ 578 ff ZPO) beseitigt worden ist oder das neue Urteil wenigstens
inhaltlich von dem früheren abweicht.
Auf das Zivilurteil gegründet war das Urteil gegen den Angeklagten, wenn 19
es sich um ein bindendes Gestaltungsurteil (3 zu § 262) gehandelt hat oder als
urkundliche Beweisgrundlage (§ 249 I S 1) verwendet worden war.

Schmitt

§ 359

20 Zur **Antragsbegründung** gehört die Angabe des Zivilurteils und des Aufhebungsurteils und die Darlegung des ursächlichen Zusammenhangs zwischen Zivil- und Strafurteil.

21 **6) Neue Tatsachen oder Beweismittel (Nr 5):**

22 A. **Tatsachen** jeder Art, mit denen Freisprechung, Einstellung oder Strafherabsetzung erreicht werden kann, kommen in Betracht. Es sind die im rechtskräftigen Urteil als existierend festgestellten Tatsachen oder die dem Urteil zugrundeliegenden tatsächlichen Vorgänge, Verhältnisse oder Zustände gemeint (BGH **39**, 75, 80; vgl auch BVerfG StV **03**, 225). Den Sachverhalt brauchen sie nicht zu betreffen. Tatsachen iS des Nr 5 sind daher auch das Lebensalter des angeblich strafunmündigen (Peters Fehlerquellen III 61) oder zu Unrecht als Erwachsener behandelten Verurteilten (Hamburg NJW **52**, 1150; LG Landau NStZ-RR **03**, 28) sowie (vgl unten 39) Tatsachen, die den Strafantrag, die Verjährung oder die Amnestievoraussetzungen betreffen oder sich nur auf Rechtfertigungs-, Strafausschließungs- und Schuldausschließungsgründe, insbesondere die Schuldunfähigkeit des Verurteilten, beziehen (LR-Gössel 62). Die Tatsachen dürfen aber nicht nur Verfahrensfehler betreffen (KG GA **74**, 25; Wasserburg 308; aM Peters Fehlerquellen III 54 für Verstöße gegen § 136a; LR-Gössel 66 bei gegenseitigen Bezügen). Ausgeschlossen sind daher auf Nr 5 gestützte Wiederaufnahmeanträge gegen Verwerfungsurteile nach § 329 I (KG aaO) und gegen Revisionsurteile (BGH **51**, 202, 208; Frankfurt JR **78**, 522 mit abl Anm Rieß).

23 Auch auf **Beweisfragen** können sich die Tatsachen beziehen, insbesondere auf das Vorliegen der im Urteil verwerteten Indizien oder auf die Zuverlässigkeit der benutzten Beweismittel, zB die Richtigkeit eines Gutachtens oder die Glaubwürdigkeit eines Zeugen (Celle NJW **67**, 216; Düsseldorf VRS **82**, 198; Frankfurt NJW **66**, 2423; zu „historischen [iSv pseudologischen, geltungsbedürftigen oder hysterischen] Zeugen Eisenberg Ameluing-FS 585). Eine neue Tatsache kann auch der Auffrischung des Erinnerungsbildes eines in der Hauptverhandlung vernommenen Zeugen dienen (Celle NdsRpfl **66**, 19). Auch der Wegfall eines Beweismittels ist eine neue Tatsache (LR-Gössel 65), zB der Widerruf des Geständnisses des Verurteilten (BVerfG NStE Nr 13; BGH NJW **77**, 59; KG JR **75**, 166; München NJW **81**, 593; Schleswig NJW **74**, 714) und der Widerruf belastender Angaben eines Zeugen (BGH aaO; KG aaO; Köln NJW **63**, 698; Neustadt NJW **64**, 678) oder Mitangeklagten (Celle JR **67**, 150; Hamburg JR **51**, 218; Hamm JMBlNW **55**, 20). Zur erweiterten Darlegungspflicht in solchen Fällen vgl unten 46 ff.

24 Auf **Rechtstatsachen** kann der Wiederaufnahmeantrag nicht gestützt werden (Zweibrücken wistra **09**, 488; LR-Gössel 78; Wasserburg 303; aM Peters 674 und Fehlerquellen III 63 ff; Klug Spendel-FS 684; dagegen zutr Gössel NStZ **93**, 566), insbesondere nicht auf den Wegfall oder die Änderung des angewendeten Gesetzes (BGH **39**, 75, 79; BGH **42**, 314; Bamberg NJW **82**, 1714), auf die nachträgliche Aufhebung eines Verwaltungsakts (oben 17) oder auf einen Wandel der Rspr (BVerfGE **12**, 338, 340; BGH aaO; KG NJW **77**, 1162; Bamberg aaO; Düsseldorf JR **92**, 124; Stuttgart VRS **68**, 367; LG Hannover NJW **70**, 288). Das gilt auch für ausländische Rechtsnormen (LR-Gössel 78; Wasserburg 303; aM Peters Fehlerquellen III 64) und für vom EuGH festgestellte Verstöße gegen übergeordnetes europäisches Gemeinschaftsrecht (vgl LG Mannheim NZWiSt **19**, 440). Wohl aber ist bei einer Verurteilung nach § 170 StGB die erfolgreiche Anfechtung der Vaterschaft ein Wiederaufnahmegrund (Hamm NJW **04**, 2461). Zur Wiederaufnahme in Steuerstrafsachen bei vom Strafurteil abweichender späterer Steuerfestsetzung Zweibrücken wistra **09**, 488.

25 **Sachlich-rechtliche Fehler** (für Verfahrensfehler vgl oben 22) können den Antrag ebenfalls nicht begründen, auch wenn sie offensichtlich sind (BGH **39**, 75, 79; aM Peters Fehlerquellen III 65 für die „Rechtstatsache des eindeutigen Gesetzesverständnisses"), andernfalls würde das Wiederaufnahmeverfahren zu einer „zeitlich unbefristeten Revision umfunktioniert" (Brauns JZ **95**, 494; vgl auch

BVerfG NStZ-RR **07**, 29, 30; Meyer-Goßner Salger-FS 346). Auch die anderslautende rechtliche Beurteilung oder Beweiswürdigung in dem Urteil gegen einen Mittäter oder Nebenbeteiligten ist keine für das Wiederaufnahmeverfahren erhebliche Tatsache (BGH wistra **91**, 30), wohl aber die Verurteilung wegen Raubes nach zuvor erfolgter Verurteilung wegen Hehlerei an der geraubten Sache (LG Saarbrücken NStZ **89**, 546).

B. **Beweismittel** sind nur die förmlichen Beweismittel der StPO, nicht der Verurteilte selbst (KG JR **76**, 76 mit abl Anm Peters; Karlsruhe NJW **58**, 1247; Meyer Peters-FG 391; a**M** EbSchmidt 24; Wasserburg 316). Zeugen und Sachverständige sind selbst die Beweismittel, nicht ihre Erklärungen (Peters 675 und Fehlerquellen III 66; vgl auch LR-Gössel 84 ff: Einheit von Beweisträger und Beweisinhalt). 26

C. **Neuheit von Tatsachen und Beweismitteln:** 27

a) **Maßgebender Zeitpunkt** für die Beurteilung der Neuheit ist der Zeitpunkt des Urteilserlasses. Bei Teilrechtskraft des Schuldspruchs sind Tatsachen und Beweismittel zu diesem Urteilsteil neu, die dem Gericht erst später bekanntgeworden sind. Beim Strafbefehl bedeutet Neuheit Aktenkundigkeit (LR-Gössel 90a; Rieß/Hilger NStZ **87**, 206, Fn 294; Peters Fehlerquellen III 76). 28

b) **Tatsachen oder Beweismittel** müssen neu sein, nicht beide. Nur für bereits bekannte Tatsachen müssen neue Beweismittel, für neue Tatsachen können auch die früher benutzten Beweismittel beigebracht werden (Celle GA **67**, 284; EbSchmidt 19; Günther MDR **74**, 93). Die Beweismittel müssen aber stets iS des § 368 I geeignet sein (dort 7). 29

c) **Tatsachen** sind neu, wenn sie dem erkennenden Gericht bei der Urteilsberatung (a**M** LR-Gössel 88; J. Meyer JZ **68**, 10; Wasserburg 319: bei Abschluss der mündlichen Verhandlung) nicht bekannt waren und von ihm daher bei der Entscheidung nicht berücksichtigt werden konnten (Düsseldorf NJW **87**, 2030; Frankfurt NJW **78**, 841; Karlsruhe NJW **58**, 1247; J. Meyer JZ **68**, 7). Ob der Verurteilte sie gekannt hat, ist unerheblich (Frankfurt MDR **84**, 74; Schorn MDR **65**, 869); sie sind selbst dann neu, wenn er sie absichtlich zurückgehalten hat (LR-Gössel 96; Meyer Peters-FG 387). Gleichgültig ist auch, ob die Tatsachen, zB weil sie sich aus den Akten ergaben, in der Hauptverhandlung hätten zur Sprache gebracht werden können (LR-Gössel 93; Peters 672). Denn neu ist grundsätzlich alles, was der Überzeugungsbildung des Gerichts nicht zugrunde gelegt worden ist, auch wenn das möglich gewesen wäre (BVerfG NJW **07**, 207, 208; Frankfurt NJW **78**, 841; J. Meyer aaO). Nur die in der Hauptverhandlung erörterten Tatsachen sind niemals neu, auch wenn das Gericht sie bei der Entscheidung nicht berücksichtigt hat (Düsseldorf NStE Nr 16; Schlüchter 770.2; a**M** LR-Gössel 97; KK-Schmidt 24; Eisenberg JR **07**, 363; Fornauf StraFo **13**, 238), zB weil es den Inhalt einer Zeugenaussage (Celle NdsRpfl **61**, 231; EbSchmidt Nachtr 5; a**M** Düsseldorf NJW **87**, 2030; LR-Gössel 97; Peters Fehlerquellen III 78ff) oder eines Sachverständigengutachtens (a**M** Frankfurt aaO; LG Kiel StV **03**, 235; Roxin/Schünemann § 57, 9) übersieht oder missverstanden hat. Neu sind aber Tatsachen, die dem Urteil unter Verstoß gegen § 261 ohne Erörterung in der Verhandlung zugrunde gelegt worden sind (SK-Frister 45; J. Meyer JZ **68**, 7; Wasserburg 308, 319; a**M** Hamm GA **57**, 90; Stuttgart StraFo **12**, 322; Schlüchter 770.2). 30

Einer Tatsache fehlt nicht schon deshalb die Neuheit, weil ihr **Gegenteil** im Urteil festgestellt ist (Frankfurt NJW **78**, 841; KK-Schmidt 24; Pfeiffer Graßhof-FG 274; a**M** Karlsruhe NJW **58**, 1247; LR-Gössel 99ff; Peters Fehlerquellen III 79; vgl auch Bremen OLGSt Nr 3). Aber die Bekanntheit einer Tatsache bedingt regelmäßig die Bekanntheit auch ihres Gegenteils, soweit sich das Gericht denknotwendig mit dem Gegenteil befasst hat (BGH NStZ **00**, 218; Düsseldorf OLGSt Nr 17). Eine neue Tatsache ist auch das nachträgliche Offenkundigwerden von Umständen, die die Tat rechtfertigen können (Bamberg NJW **62**, 457). 31

d) **Neue Beweismittel** sind solche, deren sich das erkennende Gericht nicht bedient hat; den unbekannten stehen die unbenutzten Beweismittel gleich (Hamm 32

OLGSt S 67; LR-Gössel 106; **aM** Celle NdsRpfl **70**, 47; unrichtig LG Karlsruhe NStZ **03**, 108 mit abl Anm Murmann NStZ **03**, 618: wegen „Verzichts"), ebenso der unter einer Fehlwahrnehmung erhobene Beweis (Düsseldorf NStZ-RR **14**, 22).

33 Daher sind alle **Zeugen** neue Beweismittel, die in der Hauptverhandlung nicht oder nur zu anderen Beweistatsachen gehört worden sind (einschr Oldenburg MDR **85**, 518 für nicht erschienene Zeugen, gegen deren Nichtvernehmung der Angeklagte nichts erinnert hat), insbesondere Zeugen, die früher nicht erreichbar (Hamm NJW **56**, 803 L) bzw entspr § 96 gesperrt waren (vgl BGH 1 StR 503/19 vom 19.11.2019; erg 12ff zu § 96), die die Aussage verweigert hatten (Hamm JR **81**, 439 mit Anm Peters; Koblenz NStZ-RR **05**, 272; Wasserburg 316), deren Vernehmung das Gericht abgelehnt (KMR-Eschelbach 171), die der Angeklagte nicht benannt (Frankfurt MDR **84**, 74) oder auf deren Vernehmung er sogar verzichtet hatte (Hamm OLGSt S 67; Köln NJW **63**, 967) oder ihre früheren belastenden Aussagen widerrufen haben (Rostock NStZ **07**, 357); vgl aber unten 49a. Keine neuen Beweismittel sind früher vernommene Zeugen, weil sie inzwischen eidesmündig geworden sind (LR-Gössel 111; Peters Fehlerquellen III 78 sieht darin eine neue Tatsache), und Mitangeklagte, weil sie nunmehr als Zeugen vernommen werden können (Düsseldorf JZ **85**, 452; **aM** KMR-Eschelbach 170).

34 **Sachverständige** sind neue Beweismittel, wenn die bisherigen Urteilsfeststellungen keinen Anlass zu sachkundiger Beurteilung gegeben hatten oder wenn das erkennende Gericht auf Grund eigener Sachkunde entschieden hatte (LG Stuttgart StraFo **16**, 74; LR-Gössel 115; Wasserburg 309). In diesen Fällen werden aber idR neue Tatsachen geltend gemacht, so dass es auf die Neuheit des Beweismittels nicht ankommt (**aM** Hamm MDR **78**, 248).

35 Ein **weiterer Sachverständiger** ist nicht deshalb ein neues Beweismittel, weil der Antragsteller behauptet, er werde zu anderen Schlussfolgerungen gelangen als der früher vernommene (BGH **31**, 365, 370; KG NJW **91**, 2505, 2507; Düsseldorf NStZ **87**, 245; KK-Schmidt 26, 27; **aM** Peters Fehlerquellen III 74 und LR-Gössel 119, der jeden neuen Sachverständigen für ein neues Beweismittel, aber [Rn 172] für ungeeignet hält, wenn er nur auf Grund derselben Tatsachen ein neues Gutachten erstatten soll; ähnlich Bremen OLGSt Nr 3), sondern nur, wenn er einem anderen Fachgebiet als der frühere Sachverständige angehört oder über Forschungsmittel verfügt, die diesem überlegen sind (Düsseldorf aaO; Koblenz OLGSt Nr 5; einschr BGH **39**, 75, 84). Größere Sachkunde genügt allein nicht (Hamburg JR **00**, 380; **aM** Wasserburg 312). Auf die Neuheit des Beweismittels kommt es nicht an, wenn zugleich als neue Tatsache behauptet wird, der neue Sachverständige werde sein Gutachten auf Grund anderer Anknüpfungstatsachen (Düsseldorf VRS **86**, 134; Frankfurt StV **06**, 114; LG Gießen NJW **94**, 467) oder mit einem anderen Erfahrungswissen erstatten, zB weil der frühere Sachverständige von unzutreffenden (Bremen aaO; Frankfurt NJW **66**, 2423, 2424) oder unzureichenden tatsächlichen Voraussetzungen ausgegangen ist oder weil sich die wissenschaftlichen Erkenntnisse erweitert haben (vgl allg Wasserburg 309 ff).

36 Der **Augenschein** ist nicht deshalb ein neues Beweismittel, weil das Gericht ihn in zulässiger Weise (46 zu § 244) durch andere Beweismittel, insbesondere durch Zeugen, ersetzt hatte (LR-Gössel 121 lässt jedoch ausreichen, dass die Wahrnehmung des Augenscheinsgegenstandes unterblieben war). Wenn aber die Glaubwürdigkeit des Zeugen erschüttert werden soll, kann der Angeklagte sich auf einen Augenscheinsbeweis als neues Beweismittel beziehen (vgl auch Frankfurt NJW **66**, 2423).

37 D. **Erheblichkeit der Tatsachen und Beweismittel:** Die Freisprechung des Verurteilten, seine geringere Bestrafung auf Grund eines anderen, milderen Gesetzes oder eine wesentlich andere Entscheidung über Maßregeln muss das Ziel der Wiederaufnahme sein (oben 2). Die vorgebrachten Tatsachen und Beweismittel müssen geeignet sein, dieses Ziel zu erreichen. Dass sie neu sind, genügt allein

nicht. Neuheit und Geeignetheit sind streng auseinanderzuhalten (a**M** LR-Gössel 57; Peters Fehlerquellen III 73; Wasserburg 302).

a) Zur **Freisprechung** geeignet sind Tatsachen, die die Täterschaft des Verurteilten ganz ausschließen oder jedenfalls Rechtfertigungs-, Schuldausschließungs- oder Strafausschließungsgründe enthalten. Die Straffreierklärung nach § 199 StGB steht der Freisprechung nicht gleich (KG HRR **35**, 560; LR-Gössel 135). Wenn der Verurteilte vorträgt, er habe die Schuld für einen anderen auf sich genommen, steht die Möglichkeit der Verurteilung wegen §§ 145d, 164, 258 StGB der Wiederaufnahme nicht entgegen, weil es sich insoweit um eine andere Tat handelt (vgl BGH **32**, 146, 148 f; LR-Gössel 134; a**M** Peters Fehlerquellen III 43). Bei wahlweiser Verurteilung genügt das gegen eine der angewendeten Vorschriften gerichtete Wiederaufnahmevorbringen (LR-Gössel 137). Bei tatmehrheitlicher Verurteilung kann der Teilfreispruch Ziel des Antrags sein (oben 3). War wegen fortgesetzter Handlung verurteilt, so berührt der Wegfall von Einzelakten nur den Rechtsfolgenausspruch (Düsseldorf VRS **84**, 298; Kiel SchlHA **50**, 197; München MDR **82**, 250; a**M** LG Bielefeld NStZ **86**, 282; Peters Fehlerquellen III 10, 93; Stern NStZ **93**, 411). Nur wenn der Verurteilte den Wegfall der ganzen Verurteilung oder wenigstens aller Teilakte mit einer Ausnahme erstrebt, kommt ein Freispruch in Betracht und ist die Wiederaufnahme möglich (Oldenburg NJW **52**, 1029; Schleswig SchlHA **78**, 190 [E/J]; a**M** Marxen/Tiemann StV **92**, 536; Peters aaO). Daran hat sich durch die Entscheidung des BGH GrS **40**, 138 (vgl dazu 14 zu § 260) nichts geändert (vgl dazu LR-Gössel 83 ff vor § 359). 38

b) Die **Verfahrenseinstellung** steht dem Freispruch gleich, wenn sie wegen Fehlens bestimmter Prozessvoraussetzungen (nicht nach den §§ 153 ff, Ausnahme allerdings 46 zu § 153a) erforderlich wird, die unmittelbar tatbezogen sind (Bamberg NJW **55**, 1121; Peters 676 und Fehlerquellen III 62; a**M** LR-Gössel 141, der für wesentlich hält, dass die Einstellung die Strafklage verbraucht; vgl auch Geppert GA **72**, 179; Hassemer NJW **83**, 2356). Das ist der Fall bei Strafunmündigkeit, Fehlen oder Zurücknahme des Strafantrags (Bamberg aaO; Wasserburg 308; str), Vorliegen der tatsächlichen Voraussetzungen eines schon bei der Verurteilung in Kraft gewesenen Straffreiheitsgesetzes und Eintritt der Verfolgungsverjährung vor Urteilserlass (Bamberg aaO; Schöneborn MDR **75**, 11). Nicht zur Wiederaufnahme geeignet sind die Verhandlungsunfähigkeit des Verurteilten in der Hauptverhandlung und die Prozessunfähigkeit des Privatklägers (LR-Gössel 74). Der Verstoß des Urteils gegen das Verbot der Doppelbestrafung (Art 103 III GG) kann zur Wiederaufnahme führen (vgl LG Bochum MDR **70**, 259; LG Darmstadt NJW **68**, 1642; LR-Gössel 70; Wasserburg 306 ff); es kann aber statt dessen auch die Unzulässigkeit seiner Vollstreckung nach § 458 festgestellt werden (Koblenz JR **81**, 520; Peters 670 und Fehlerquellen III 13; a**M** Saarbrücken NStZ-RR **03**, 180; LG Frankfurt a**M** NStZ-RR **03**, 80 mwN; Müller JR **97**, 125). 39

c) Zur **minderschweren Bestrafung** ist das Antragsvorbringen nur geeignet, wenn die Herabsetzung der Hauptstrafe, nicht nur Wegfall oder Milderung einer Nebenstrafe, erstrebt wird (LR-Gössel 144; a**M** für das Bußgeldverfahren Göhler 11 zu § 85 OWiG). Im Fall der Tateinheit muss sich der Antrag gegen die Verurteilung nach der schwereren Strafvorschrift richten, den nach § 52 StGB die Strafe entnommen worden ist (RG JW **30**, 3422; Hamburg MDR **53**, 119; Hamm NJW **80**, 717; a**M** AK-Loos 7 zu § 363; Peters Fehlerquellen III 94). Bei gleichen Strafdrohungen ist es gleichgültig, gegen welche Verurteilung der Antragsteller vorgehen will (3 zu § 363). 40

Strafherabsetzung auf Grund eines **milderen und anderen Gesetzes** muss erstrebt werden. Milder ist jedes Gesetz, dessen Strafandrohung (Mindest- oder Höchststrafe) geringer ist oder das die Strafbarkeit vermindernde Umstände vorsieht (Hamm NJW **55**, 565). Die Annahme eines minder schweren Falles oder der Wegfall der Annahme eines besonders schweren Falles ist kein zulässiges Wiederaufnahmeziel (4, 5 zu § 363), auch nicht die Anwendung des § 47 I StGB (Nürnberg NStZ-RR **15**, 318) oder die Anordnung der Unterbringung nach § 63 StGB 41

§ 359 Viertes Buch. 1. Abschnitt

anstelle einer Freiheitsstrafe (Köln NStZ-RR 11, 382). Um ein anderes Gesetz handelt es sich, wenn nicht dasselbe Strafgesetz iS § 363 (dort 3) angewendet wird. Das ist zB der Fall bei Verurteilung wegen Tateinheit statt Tatmehrheit, wegen Beihilfe statt Täterschaft oder Anstiftung (Schlüchter 764.5), wegen Versuchs statt Vollendung (Hamm NJW **64**, 1040; Oldenburg NJW **53**, 435), wegen weniger schwerwiegender Rauschtat im Fall des § 323a StGB (Hamm aaO), wegen Strafvereitelung statt wegen der Haupttat (LR-Gössel 148), unter Annahme eines vermeidbaren Verbotsirrtums (Peters Fehlerquellen III 93) und bei Verurteilung nach dem JGG statt nach allgemeinem Strafrecht (Hamburg NJW **52**, 1150; Peters Fehlerquellen III 14; a**M** Potrykus NJW **53**, 93). Wer nur die Strafaussetzung nach § 56 StGB erstrebt, stellt keinen zulässigen Wiederaufnahmeantrag (Hamm aaO; Nürnberg aaO; Stuttgart Justiz **82**, 166; a**M** Peters Fehlerquellen III 92). Wegen § 21 StGB vgl § 363 II.

42   d) Eine **wesentlich andere Entscheidung über Sicherungsmaßregeln** setzt die Anwendung eines anderen Strafgesetzes nicht voraus. Auf Nebenstrafen und Nebenfolgen (Einziehung usw) ist die Vorschrift nicht anzuwenden; § 85 II S 2 OWiG gilt nicht entspr (oben 40). Für die Wiederaufnahme ist gleichgültig, ob die Anordnung der Maßregel neben der Strafe oder im Sicherungsverfahren nach §§ 413 ff ergangen ist. Wesentlich anders wird entschieden, wenn die Maßregel entfällt, erheblich verkürzt oder durch eine objektiv mildere ersetzt wird (Marxen/Tiemann StV **92**, 537). Dabei ist das Verbot der Schlechterstellung (§ 373 II) zu beachten (vgl dazu Radtke ZStW **110**, 316 ff).

43   e) Die **Prüfung der Erheblichkeit** erfolgt im Zulassungsverfahren. Vgl im Einzelnen 3 ff zu § 368.

44   E. **Antragsbegründung:**

45   a) **Tatsachen** muss der Antragsteller beibringen, dh ihr Vorliegen mit Bestimmtheit behaupten. Der Antrag ist unzulässig, wenn nur Vermutungen geäußert (Günther MDR **74**, 93) oder nur Schlussfolgerungen mitgeteilt werden. ZB ist nicht die Behauptung, eine krankhafte Störung der Geistestätigkeit nach § 20 StGB habe vorgelegen, sondern nur die Angabe der Tatsachen, aus denen sich das ergibt, zur Antragsbegründung geeignet (LR-Gössel 179).

46   Eine **erweiterte Darlegungspflicht** besteht bei widersprüchlichem Prozessverhalten eines Verfahrensbeteiligten (vgl dazu Tiemann, Die erweiterte Darlegungspflicht des Antragstellers im strafrechtlichen Wiederaufnahmeverfahren, 1993).

47   Sie trifft den Antragsteller, wenn der Verurteilte sein **Geständnis widerruft** (BGH NJW **77**, 59; BGHR neue Tatsache 5; KG JR **75**, 166; Düsseldorf NStZ **04**, 454; Köln NStZ **91**, 96 mwN; Meyer Peters-FG 390: Angabe der Gründe für die Abgabe des falschen Geständnisses und den verspäteten Widerruf), auch wenn es im Rahmen einer Verständigung nach § 257c abgelegt worden ist (vgl dazu BayVerfGH NStZ **04**, 447; KG StraFo **06**, 169; Nürnberg OLGSt Nr 6; LG Landau StV **09**, 237; AG Starnberg StV **08**, 516), wenn er jetzt Einzelheiten der Tat behauptet, obwohl er sich in der Hauptverhandlung auf eine Erinnerungslücke berufen hatte (Bremen NJW **81**, 2827 L: Angabe der Gründe für dieses Prozessverhalten), wenn er sonst Tatsachen vorträgt, die mit seiner Einlassung in der Hauptverhandlung nicht vereinbar sind (KG JR **75**, 166 mit abl Anm Peters; Frankfurt StV **84**, 17; Meyer Peters-FG 395 ff: Einleuchtende Erklärung, weshalb der Angeklagte in der Hauptverhandlung die Unwahrheit gesagt hat; dagegen Kant JR **89**, 137), wenn er sich auf die Aussage eines polizeilich vernommenen Zeugen stützt, auf dessen Vernehmung in der Hauptverhandlung verzichtet wurde (Stuttgart Justiz **03**, 569); eingehend zum Ganzen Hellebrand NStZ **04**, 416; vgl auch Eisenberg JR **07**, 265. Einen Angeklagten, der in der Hauptverhandlung geschwiegen hat, trifft aber keine Darlegungspflicht, warum er erst jetzt ihn entlastende Tatsachen vorbringt (KG NStZ **14**, 670).

48   Ähnlich ist es, wenn ein Zeuge nunmehr Tatsachen bekunden soll, die in unüberbrückbarem **Widerspruch zur früheren Zeugenaussage** stehen (BVerfG NJW **94**, 510; BGH NJW **77**, 59; Hamm NStZ **81**, 155; Karlsruhe NStZ-RR **05**,

179; Rostock NStZ **07**, 357; Schleswig StraFo **03**, 385: Darlegung, unter welchen Umständen und mit welcher Begründung der Zeuge seine Aussage für unrichtig erklärt hat; vgl auch KG aaO).

Entsprechendes gilt für den **Widerruf belastender Erklärungen eines Mit-** **49** **angeklagten** (Celle aaO; Hamburg JR **51**, 218; Hamm JMBlNW **55**, 20) und für den Fall, dass ein früherer Mitangeklagter als Zeuge benannt wird, der bisher die Einlassung verweigert hatte (Hamm JR **81**, 439 mit abl Anm Peters: Darlegung, warum er nunmehr zur Aussage bereit ist). Keine erweiterte Darlegungslast besteht aber für den Verurteilten im Hinblick auf die Gründe für seine oder eines Zeugen Bereitschaft zur Aussage nach früherem Schweigen (Jena StraFo **10**, 205), anders jedoch, wenn sich der Verurteilte im Erkenntnisverfahren gegen eine Vernehmung des Zeugen gewandt oder wenn sich der Zeuge auf ein Zeugnisverweigerungsrecht berufen hatte (Schleswig SchlHA **10**, 233 [D/D]).

Benennt der Antragsteller **Beweismittel,** die ihm **bereits in der Hauptver-** **49a** **handlung bekannt** waren, muss er darlegen, warum er sie nicht bereits früher zu seiner Entlastung benutzt hat (Stuttgart NStZ-RR **03**, 210).

b) **Beweismittel** müssen so genau bezeichnet werden, dass das Gericht sie bei- **50** ziehen und benutzen kann (1 zu § 366). Das Antragsvorbringen muss auch ergeben, welche Tatsachen durch die neuen Beweismittel bewiesen werden sollen. Dass Zeugen die in ihr Wissen gestellten Tatsachen bestätigen können, muss mit Bestimmtheit behauptet werden; die Äußerung bloßer Vermutungen genügt nicht. Ein neues Sachverständigengutachten muss idR vorgelegt werden (BGH **31**, 365, 370; Koblenz OLGSt Nr 5); jedenfalls muss der Antragsteller die Beweistatsachen anführen und den Grund dafür angeben, aus denen der Sachverständige ein neues Beweismittel iS der Nr 5 ist.

c) Die **Erheblichkeit** der Tatsachen und Beweismittel muss nur besonders dar- **51** gelegt werden, wenn sie sich aus dem sonstigen Antragsvorbringen nicht ergibt. Spricht alles für die Nutzlosigkeit der Beweiserhebung, so hat der Antragsteller eine erweiterte Darlegungspflicht. Er muss dann mitteilen, weshalb ein Beweisergebnis zu seinen Gunsten wenigstens als möglich erscheint (BGH NJW **77**, 59 = JR **77**, 217 mit Anm Peters; München NStZ **84**, 380 L). Entsprechendes gilt, wenn er sich auf einen Zeugen beruft, von dessen Benennung oder Vernehmung er in der Hauptverhandlung bewusst abgesehen hat (Düsseldorf NStZ **93**, 504; Frankfurt MDR **84**, 74; Hamm NStZ-RR **00**, 85) oder der ihn früher belastet hat, jetzt aber entlasten soll (Köln NStZ **91**, 98).

7) Verletzungen der EMRK (Anh **A** 4), die unmittelbar geltendes innerstaat- **52** liches Recht ist (3 vor Art 1 EMRK), müssen schon im Instanzenzug korrigiert werden. Ist dies unterblieben, eröffnet Nr 6 die Wiederaufnahme des Verfahrens (vgl BGH NStZ-RR **99**, 176), aber nur dann, wenn der EGMR eine Verletzung festgestellt hat. In diesem Fall scheidet nach einseitiger Erklärung des Vertragsstaats gem Art 37 EMRK die Streichung der Beschwerde aus dem Register ohne Zustimmung des Beschwerdeführers aus (EGMR StV **19**, 589 mit zust Anm Arif/Sonnen). Das Wiederaufnahmerecht steht allerdings nur demjenigen zu, der das Urteil erstritten hat (BVerfG NStZ-RR **19**, 123; LR-Gössel 194; Bajohr [7 vor § 359] 89; **aM** Marxen/Tiemann 281; Marxen Kargl-FS 331; krit und im Hinblick auf die sog Piloturteilsstrategie für Änderung *de lege ferenda* auch Swoboda HRRS **09**, 192; vgl auch Gerst NStZ **13**, 312); auch in einer gütlichen Einigung vor dem EGMR ist keine Feststellung der EMRK iSv Nr 6 zu sehen, selbst wenn diese unter Verweis auf eine vorangegangene Verurteilung Deutschlands in einem vergleichbaren Fall durch den Gerichtshof angeregt wurde (BVerfG aaO). Weitere Voraussetzung ist, dass das Strafurteil auf dieser Verletzung beruht; dies entspr § 337 (dort 36 ff) zu prüfen (Weigend StV **00**, 388; eingehend dazu KK-Schmidt 40 ff; Feilcke/Schiller NStZ-RR **16**, 5). Dafür muss der Wiederaufnahmeantrag eine aus sich heraus verständliche, in sich geschlossene Sachverhaltsdarstellung enthalten (Stuttgart NStZ-RR **00**, 243). § 363 gilt nicht (SK-Frister 76; SSW-Kaspar 41; zw Celle NStZ-RR **10**, 251). Einer Entscheidung des EuGH nach dem

EuGHG (vgl Einl 207) kommt keine entspr Wirkung zu (Karlsruhe Justiz **05**, 21); es wird aber die entspr Anwendung des § 79 I BVerfGG diskutiert (Jokisch, Gemeinschaftsrecht und Strafverfahren, 2000, S 225 ff; abl Karlsruhe aaO). Auch eine Ergänzung der Nr 6 um den Fall der Verletzung des Art 36 I Buchst b WÜK (vgl 9 zu § 114b) wird erwogen (vgl Bajohr aaO 103 ff; Kreß GA **04**, 709; Weigend StV **08**, 44).

53 Eine **entsprechende Anwendung** von Nr 6 auf Vorabentscheidungsverfahren des EuGH kommt nicht in Betracht, auch nicht eine solche von § 79 I BverfGG (vgl LG Mannheim NZWiSt **19**, 440).

Keine Hemmung der Vollstreckung

360 I Durch den Antrag auf Wiederaufnahme des Verfahrens wird die Vollstreckung des Urteils nicht gehemmt.

II Das Gericht kann jedoch einen Aufschub sowie eine Unterbrechung der Vollstreckung anordnen.

1 **1) Aufschiebende Wirkung** hat im Wiederaufnahmeverfahren erst der Beschluss nach § 370 II (dort 11). Weder der Antrag (I) noch der Zulassungsbeschluss nach § 368 hemmen die Vollstreckung des Urteils.

2 **2) Die Vollstreckung** kann nach II aufgehoben oder unterbrochen werden, auch einer Einzelstrafe, wodurch die Vollstreckung der Gesamtstrafe entfällt und über die Vollstreckung der anderen Einzelstrafen nach §§ 449 ff zu entscheiden ist (Hamm JMBlNW **90**, 140), auch die Vollstreckung von freiheitsentziehenden Maßregeln nach §§ 63–66 StGB (dazu eingehend Radtke ZStW **110**, 297) und der Sperre von Befugnissen, zB des Berufsverbots nach § 70 StGB, nicht aber der Fahrerlaubnisentziehung nach § 69 StGB (offengelassen bei Hamm VRS **38**, 39; vgl auch Hentschel 678). Für Einziehungsanordnungen gilt § 68 I S 1 iVm § 63 StrVollstrO (LR-Gössel 3).

3 **3) Aufgeschoben oder unterbrochen** wird die Vollstreckung nur, wenn der Wiederaufnahmeantrag Erfolgsaussichten hat (Hamm VRS **38**, 49; JMBlNW **80**, 276; LG Gießen NJW **94**, 467). Die behaupteten Tatsachen und die benannten Beweise müssen einen solchen Grad innerer Wahrscheinlichkeit haben, dass die Vollstreckung bedenklich erscheint (Hamm JMBlNW **90**, 140; MDR **78**, 691; Karlsruhe Justiz **79**, 237). Dass der Antrag nicht von vornherein mutwillig erscheint, auch dass er schon für zulässig erklärt worden ist, genügt nicht (Hamm MDR **78**, 691). Die Leistung einer Sicherheit entspr § 116 I S 2 Nr 4 kann nicht verlangt werden (**aM** Düsseldorf OLGSt Nr 4 zu § 359). Fallen die Voraussetzungen von II später weg, so kann die Anordnung wieder aufgehoben werden. Mit der Rechtskraft des Beschlusses nach § 370 I oder II wird sie gegenstandslos.

4 **4) Zuständig** für die auf Antrag oder von Amts wegen nach Anhörung der StA (§ 33 II) ergehende Entscheidung ist das nach § 140a GVG zuständige Gericht, bei sofortiger Beschwerde nach § 372 S 1 gegen Beschlüsse nach §§ 368 I, 370 I das Beschwerdegericht. Die gerichtliche Zuständigkeit schließt Vollstreckungsaufschub durch die Vollstreckungsbehörde nicht aus (**aM** LR-Gössel 2; SK-Frister 2).

5 **5) Sofortige Beschwerde** nach § 372 S 1 kann die StA stets, nicht der Nebenkläger (Oldenburg StraFo **07**, 336), der Verurteilte gegen den ablehnenden Beschluss einlegen (BGH NJW **76**, 431; Frankfurt NJW **65**, 314; Koblenz NJW **61**, 1418). Entscheidungen des Beschwerdegerichts sind unanfechtbar (Düsseldorf NJW **58**, 1248; Hamm NJW **61**, 2363).

Wiederaufnahme nach Vollstreckung oder Tod des Verurteilten

361 I Der Antrag auf Wiederaufnahme des Verfahrens wird weder durch die erfolgte Strafvollstreckung noch durch den Tod des Verurteilten ausgeschlossen.

§ 362

II Im Falle des Todes sind der Ehegatte, der Lebenspartner, die Verwandten auf- und absteigender Linie sowie die Geschwister des Verstorbenen zu dem Antrag befugt.

1) Der **Strafvollstreckung** stehen Vollstreckungsverjährung, Begnadigung und Amnestie gleich. Auch die Tilgung der Verurteilung im BZR (§§ 45 ff **BZRG**) und das Verbot des § 51 **BZRG** hindern die Wiederaufnahme nach § 359 nicht).

2) Der **Tod (II)** des Verurteilten und die Todeserklärung stehen der Wiederaufnahme zum Zweck seiner Rehabilitierung nicht entgegen; nur die Wiederaufnahme nach § 362 ist unzulässig. Antragsberechtigt ist außer den in II bezeichneten Angehörigen die StA (allgM; vgl Marxen/Tiemann 498), nicht jedoch gesetzliche Vertreter und Erziehungsberechtigte, die keine Angehörigen sind, und der geschiedene frühere Ehegatte oder ehemalige Lebenspartner (vgl §§ 1, 15 LPartG). Der beim Tod des Verurteilten mit ihm verheiratete Ehegatte ist auch im Fall der Wiederheirat antragsberechtigt. Für das Verfahren gilt § 371.

II gilt **nicht entsprechend,** wenn der Angeklagte schon vor Rechtskraft des Urteils verstorben ist (BGH NStZ **83,** 179; LR-Gössel 9; Laubenthal GA **89,** 20; aM Pflüger NJW **83,** 1894, der § 361 entspr anwenden will). Ist jemand unter dem Namen eines Verstorbenen verurteilt worden, so können dessen Angehörige in entspr Anwendung des II die Urteilsberichtigung verlangen (Peters Fehlerquellen III 117 ff).

Wiederaufnahme zuungunsten des Verurteilten

362 Die Wiederaufnahme eines durch rechtskräftiges Urteil abgeschlossenen Verfahrens zuungunsten des Angeklagten ist zulässig,
1. wenn eine in der Hauptverhandlung zu seinen Gunsten als echt vorgebrachte Urkunde unecht oder verfälscht war;
2. wenn der Zeuge oder Sachverständige sich bei einem zuungunsten des Angeklagten abgelegten Zeugnis oder abgegebenen Gutachten einer vorsätzlichen oder fahrlässigen Verletzung der Eidespflicht oder einer vorsätzlichen falschen uneidlichen Aussage schuldig gemacht hat;
3. wenn bei dem Urteil ein Richter oder Schöffe mitgewirkt hat, der sich in Beziehung auf die Sache einer strafbaren Verletzung seiner Amtspflichten schuldig gemacht hat;
4. wenn von dem Freigesprochenen vor Gericht oder außergerichtlich ein glaubwürdiges Geständnis der Straftat abgelegt wird.

1) Die **Wiederaufnahme zuungunsten des Angeklagten** ist eine zulässige Ausnahme vom Verbot der Doppelbestrafung (Art 103 III GG; krit Maier A. Kaufmann-GedSchr 789; Neumann Jung-FS 655; eingehend Grünewald ZStW **120,** 545). Die StA darf nicht ohne sachlichen Anlass neue Ermittlungen führen (Walder ZStW **95,** 872), der Legalitätsgrundsatz (2 zu § 152) gilt nicht (SK-Frister 5 zu § 365; Kleinknecht Bruns-FS 477; Marxen/Tiemann 293; aM KK-Schmidt 4; LR-Gössel 1). Es gelten die §§ 153 ff mit der Einschränkung, dass die Zustimmung des Gerichts zur Einstellung nicht erforderlich ist. Die Strafverfolgungsverjährung steht der Wiederaufnahme entgegen (Nürnberg NStZ **88,** 555; Fischer 11a zu § 78b StGB; KK-Schmidt 7; KMR-Eschelbach 103; SK-Frister 20, 21; Marxen/Tiemann 18; Peters 684; Roxin/Schünemann § 57, 11). Die Gegenansicht (BGH GA **74,** 154; Düsseldorf StraFo **01,** 102; NJW **88,** 2251 = JR **88,** 519 mit abl Anm Lenzen; LR-Gössel 3 und NStZ **88,** 537; LK-Schmid 11 zu § 78 StGB), die die Verjährungsfrist erst mit Rechtskraft des Beschlusses nach § 370 II beginnen lassen will, wird den Grundgedanken der Verjährung nicht gerecht (Lenzen aaO) und führt zu dem unhaltbaren Ergebnis, dass auch geringfügige Straftaten noch nach Jahrzehnten verfolgt werden könnten (Miebach/Hohmann-Feilcke G 31). Eine entspr Anwendung der Vorschrift auf den Fall, dass sich eine Unterbringung nach

§ 63 StGB als von Anfang an fehlerhaft erweist (so Wolf NJW **97**, 781), sprengt den Rahmen eine zulässigen Analogie.

2) Wiederaufnahmegründe:

A. **Nrn 1–3:** Zuungunsten eines Freigesprochenen oder, mit der Einschränkung des § 363, eines Verurteilten ist die Wiederaufnahme zulässig, nicht aber im Fall des Einstellungsurteils nach § 260 III, es sei denn, dies enthält auch eine Sachentscheidung (LR-Gössel 4; erg 44 ff zu § 260). Die Wiederaufnahmegründe entsprechen § 359 Nrn 1–3 (dort 4 ff). Nr 2 ist unanwendbar, wenn für den Zeugen ein Schuldausschließungsgrund gegeben ist (KG JZ **97**, 629 mit Anm Marxen; **aM** Loos Schreiber-FS 277). Im Fall der Nr 3 ist unerheblich, ob der Angeklagte die Pflichtverletzung veranlasst hat. Die Wiederaufnahme setzt in allen Fällen die Möglichkeit eines für den Angeklagten günstigen Einflusses der Beweisverfälschung auf das Urteil voraus.

B. **Nr 4:** Auf **Freispruch,** allein oder neben einer Maßregel nach §§ 63, 69, 70 StGB, muss erkannt worden sein. Es genügt nicht die Verurteilung auf Grund einer zu milden Vorschrift (LR-Gössel 8; Roxin/Schünemann § 57, 11; Schlüchter 769.2; **aM** Peters 678 für den Fall der Unverhältnismäßigkeit zwischen Urteil und verdienter Strafe) oder auf Grund einer Wahlfeststellung (Wolter GA **13**, 287), Bei Teilfreispruch ist die Wiederaufnahme in diesem Umfang zulässig, auch wenn er nur wegen unrichtiger Annahme der Tatmehrheit in der Anklage erforderlich war (Celle NdsRpfl **59**, 120). Dem Freispruch steht die Anordnung von Maßregeln im Sicherungsverfahren nach §§ 413 ff gleich (Hamm JMBlNW **49**, 202: nachträgliches Geständnis der Simulation, zw Radtke ZStW **110**, 319), nicht aber die Verurteilung zu Zuchtmitteln nach §§ 13 ff JGG (AG Hannover MDR **49**, 701; Peters Fehlerquellen III 108; Wasserburg 286). Als Freispruch iS Nr 4 gilt auch die Verfahrenseinstellung mit der Begründung, die angeklagte Tat sei nicht erwiesen und wegen der erwiesenen Tat bestehe ein Prozesshindernis (KK-Schmidt 10); vgl auch § 85 III OWiG.

Ein **Geständnis** des Freigesprochenen (nicht nur eines Mittäters) nach der Freisprechung durch das letzte tatrichterliche Urteil, wenn auch vor dessen Rechtskraft (LR-Gössel 12), muss vorliegen. Ein volles Schuldbekenntnis wird nicht verlangt. Das Geständnis muss aber den äußeren Tatbestand einer Straftat, und zwar der früher angeklagten oder einer damit iS des § 264 zusammenhängenden, insgesamt umfassen; dass einzelne Tatbestandsmerkmale eingeräumt werden, genügt nicht (LR-Gössel 15). Gleichzeitiges Bestreiten der Rechtswidrigkeit oder Schuld beseitigt das Geständnis nicht (LR-Gössel 14; **aM** Frister/Deiters 16). War der Angeklagte trotz Feststellung des äußeren Tatbestandes mangels Rechtswidrigkeit oder Schuld freigesprochen worden, so ist ein Geständnis erforderlich, das die Rechtswidrigkeit oder den inneren Tatbestand betrifft (LR-Gössel 15; **aM** KMR-Eschelbach 89).

Das Geständnis kann vor jedem **Straf- oder Zivilgericht oder außergerichtlich,** auch gegenüber Privatpersonen, abgegeben worden sein, selbst wenn sie nach § 203 StGB zur Verschwiegenheit verpflichtet sind (LR-Gössel 18; **aM** SSW-Kaspar 11; Wasserburg 288).

Es muss **glaubhaft,** insbesondere denkgesetzlich möglich sein und der Lebenserfahrung entsprechen (Schlüchter 769.2). Das Gericht beurteilt das nach pflichtgemäßem Ermessen. Der Widerruf beseitigt die Glaubhaftigkeit des Geständnisses nicht ohne weiteres (Hamm GA **57**, 123).

Die **Antragsbegründung** erfordert den Vortrag, wann und vor wem das Geständnis abgegeben worden ist und welchen Inhalt es hat, ferner, dass und aus welchen Gründen es glaubhaft ist. Ein schriftliches Geständnis wird dem Antrag im Original oder in Ablichtung beigefügt.

§ 363

Unzulässigkeit

363 I Eine Wiederaufnahme des Verfahrens zu dem Zweck, eine andere Strafbemessung auf Grund desselben Strafgesetzes herbeizuführen, ist nicht zulässig.

II Eine Wiederaufnahme des Verfahrens zu dem Zweck, eine Milderung der Strafe wegen verminderter Schuldfähigkeit (§ 21 des Strafgesetzbuches) herbeizuführen, ist gleichfalls ausgeschlossen.

1) Die **Vorschrift gilt** für die Wiederaufnahme zugunsten und zuungunsten des Verurteilten. Für § 359 Nr 5 hat sie keine Bedeutung (Gössel JR **03**, 518; **aM** BGH **48**, 153 = NStZ **03**, 678 mit Anm Loos), weil dort die Wiederaufnahme mit dem Ziel geringerer Bestrafung ohnehin nur bei Anwendung eines anderen Gesetzes iS des § 363 zulässig ist. In der erneuten Hauptverhandlung (§ 373) gilt § 363 nicht. **1**

2) **Eine andere Strafbemessung** auf Grund desselben Strafgesetzes kann nicht Ziel der Wiederaufnahme sein, schon gar nicht eine Schuldspruchänderung ohne Auswirkung auf den Rechtsfolgenausspruch (Gössel JR **03**, 518; Ziemann JR **06**, 409; **aM** BGH **48**, 153 = NStZ **03**, 678 mit zust Anm Loos; dort handelte es sich aber um das Zusammentreffen von Völkermord und Mord, wo der BGH prozessual selbstständige Taten annimmt; krit zur Rspr auch SK-Frister 12). Eine wesentlich andere Entscheidung über Maßregeln der Besserung und Sicherung kann dagegen auch auf Grund desselben Strafgesetzes erstrebt werden (§ 359 Nr 5). Im umgekehrten Fall (Wiederaufnahme zuungunsten des Verurteilten mit dem Ziel der Herbeiführung einer ihm nachteiligen Entscheidung über Maßregeln) gilt das Gleiche. Für die Anordnung von Nebenstrafen und Nebenfolgen hat § 363 keine Bedeutung, weil deren Wegfall und Abänderung kein zulässiges Wiederaufnahmeziel ist (KK-Schmidt 3; **aM** LR-Gössel 5; erg 40 zu § 359). **2**

3) **Dasselbe Strafgesetz** iS des I ist jede Vorschrift, die bestimmte Tatumstände vorsieht, bei deren Vorliegen die Strafbarkeit erhöht oder vermindert wird (erg 41 zu § 359). Dass sie in demselben Paragraphen enthalten ist, ist weder erforderlich noch ausreichend. Bei tateinheitlicher Verurteilung muss sich der Antrag gegen die Vorschrift richten, der nach § 52 StGB die Strafe entnommen ist (40 zu § 359; **aM** Marxen/Tiemann StV **92**, 536, die hier und auch sonst allein darauf abstellen wollen, ob mit einer wesentlich milderen Strafzumessungsentscheidung zu rechnen ist); im Fall des § 362 muss die zusätzliche Verurteilung aus der Vorschrift erstrebt werden, der sie zu entnehmen ist. Haben alle angewendeten Bestimmungen die gleiche Strafdrohung, so steht § 363 der Wiederaufnahme entgegen (vgl BGH **48**, 153 = NStZ **03**, 678 mit Anm Loos; **aM** Gössel JR **03**, 518). **3**

Entgegen dem Urteil einen **minder schweren Fall** anzunehmen oder nicht anzunehmen, ist kein zulässiges Wiederaufnahmeziel (LR-Gössel 8; **aM** Peters 677 und Fehlerquellen III 92). Anders ist es bei benannten Strafmilderungsgründen, zB § 49 II StGB (LR-Gössel 10); dazu gehört auch der Fall, dass § 46a StGB (Rieß Gössel-FS 662) oder Jugendstrafrecht anzuwenden (Hamburg NJW **52**, 1150) oder nach § 51 III StGB Auslandshaft anzurechnen ist (Stuttgart NJW **68**, 2206). Enthält eine Vorschrift zugleich benannte und unbenannte Milderungsgründe (wie etwa § 213 StGB), so kommt es darauf an, welcher von ihnen angewendet worden ist. **4**

Für **besonders schwere Fälle** gelten diese Regeln entspr. Grundsätzlich handelt es sich um dasselbe Strafgesetz (vgl BGH NJW **77**, 1830). Auch Strafschärfungsgründe mit Regelbeispielen stehen einem anderen Gesetz iS des § 363 nicht gleich (Düsseldorf NStZ **84**, 571; LR-Gössel 12; **aM** AK-Loos 9; Marxen Kargl-FS 329; eingehend zur Problematik KMR-Eschelbach 30ff; SK-Frister 9ff; Rieß Gössel-FS 657ff). **5**

4) **Verminderte Schuldfähigkeit (II):** Obwohl § 21 StGB ein benannter Strafmilderungsgrund ist, schließt die Vorschrift, die mit dem GG vereinbar ist **6**

§ 364 Viertes Buch. 1. Abschnitt

(BVerfGE **5**, 22 = NJW **56**, 1026), die Wiederaufnahme mit dem Ziel seiner Anwendung aus. Das gilt auch, wenn über den Umweg des § 21 StGB Strafmilderung und Bewährung erstrebt wird (Stuttgart Justiz **82**, 166) oder wenn die Anwendung des § 21 StGB, wie bei § 211 StGB, zur Verhängung einer zeitigen Freiheitsstrafe führen kann (Düsseldorf JMBlNW **90**, 46; Peters Gallas-FS 446). II ist entspr anzuwenden, wenn Wiederaufnahme mit dem Ziel der Anerkennung außergewöhnlicher Umstände beim heimtückischen Mord iS der Entscheidung BGH **30**, 105 erstrebt wird (Bamberg NJW **82**, 1714; ebenso Stuttgart Justiz **04**, 26 wegen I).

Behauptung einer Straftat

364 ¹Ein Antrag auf Wiederaufnahme des Verfahrens, der auf die Behauptung einer Straftat gegründet werden soll, ist nur dann zulässig, wenn wegen dieser Tat eine rechtskräftige Verurteilung ergangen ist oder wenn die Einleitung oder Durchführung eines Strafverfahrens aus anderen Gründen als wegen Mangels an Beweis nicht erfolgen kann. ²Dies gilt nicht im Falle des § 359 Nr. 5.

1 1) Die **rechtskräftige Verurteilung des Täters (S 1)** wegen der Tat (Wahlfeststellung genügt nicht) ist Zulässigkeitsvoraussetzung für einen nach §§ 359 Nrn 1–3, 362 Nrn 1–3 (KG JZ **97**, 629 mit Anm Marxen; **aM** für Nr 1: LR-Gössel 1) auf die Behauptung einer Straftat gestützten Wiederaufnahmeantrag. Das gilt nicht, wenn Verfolgungshindernisse (Tod, Verhandlungsunfähigkeit, Verjährung, Amnestie, Fehlen deutscher Gerichtsbarkeit usw) vorliegen oder der Täter unbekannten Aufenthalts ist (BGH **48**, 153; zust Gössel JR **03**, 518); die Einstellung nach § 154 I steht gleich (Düsseldorf GA **80**, 393), auch die Einstellung aus sonstigen Opportunitätserwägungen nach §§ 153 ff (Böse JR **05**, 12). Dann ist der Antrag zulässig, wenn das Antragsvorbringen einen konkreten Tatverdacht ergibt, der zur Einleitung eines Ermittlungsverfahrens ausreichen würde (Düsseldorf VRS **88**, 48; Brauns JZ **95**, 495; **aM** SK-Frister 7: Feilcke/Schiller NStZ-RR **16**, 1: Hinreichender Tatverdacht erforderlich; wieder anders EbSchmidt 4: Behauptung der Straftat genügt).

2 2) Auf **neue Tatsachen oder Beweismittel** (§ 359 Nr 5) kann der Antrag nach S 2 gestützt werden, auch wenn S 1 die Wiederaufnahme nach § 359 Nrn 1–3 ausschließt. Daher haben diese Vorschriften nur noch geringe Bedeutung. Die neuen Tatsachen und Beweismittel können sich insbesondere gegen die Glaubwürdigkeit von Belastungszeugen wenden (Celle NJW **67**, 216; Hamburg NJW **57**, 601). Für § 362 Nrn 1–3 hat S 2 keine Bedeutung (Zweibrücken OLGSt S 65).

3 3) Die **Wahl des Wiederaufnahmegrundes** ermöglicht S 2 (allg zur Konkurrenz von Wiederaufnahmegründen: Schneidewin JZ **57**, 537). Der Antragsteller kann auf die Strafverfolgung des Zeugen, Sachverständigen usw hinwirken oder, solange eine Verurteilung nicht erfolgt ist (Schneidewin aaO; **aM** KK-Schmidt 3), ohne Rücksicht auf eine etwaige Bestrafung den Wiederaufnahmeantrag mit neuen Tatsachen oder Beweisen begründen (Celle aaO; Hamburg NJW **57**, 601; **69**, 2159; Rostock NStZ **07**, 357).

4 4) Die **Antragsbegründung** kann im Fall des S 1 auf das gegen den Zeugen, Sachverständigen usw ergangene Urteil Bezug nehmen. Ist kein Urteil ergangen, so müssen die Art der Straftat und die Verfolgungshindernisse bezeichnet und der Tatverdacht deutlich gemacht werden. Für die gerichtliche Prüfung des Antrags ist nicht die Bezeichnung des Wiederaufnahmegrundes durch den Antragsteller, sondern dessen Tatsachenvorbringen maßgebend (LR-Gössel 7). Anzuwenden ist die dem Antragsteller günstigere Vorschrift (Düsseldorf GA **80**, 393). Der Antrag ist daher zulässig, wenn das auf § 359 Nrn 1–3 gestützte Vorbringen wenigstens die Voraussetzungen des § 359 Nr 5 ergibt (Hamburg NJW **69**, 2159; vgl aber auch Hamburg JR **01**, 207 mit abl Anm Krehl: bei Beschränkung des Antrags auf einen

bestimmten Wiederaufnahmegrund und unterschiedlichen Zulässigkeitsvoraussetzungen Entscheidung nur über diesen). Das Gericht kann sich auf die Prüfung nach dieser Vorschrift auch sonst beschränken, wenn der Antragsteller dadurch nicht in seinen Zielen beeinträchtigt wird (LR-Gössel 7).

Bestellung eines Verteidigers für das Wiederaufnahmeverfahren

364a Das für die Entscheidungen im Wiederaufnahmeverfahren zuständige Gericht bestellt dem Verurteilten, der keinen Verteidiger hat, auf Antrag einen Verteidiger für das Wiederaufnahmeverfahren, wenn wegen der Schwierigkeit der Sach- oder Rechtslage die Mitwirkung eines Verteidigers geboten erscheint.

1) Dem **Verurteilten** kann ein Verteidiger bestellt werden, aber nicht den nach 1 § 361 II Antragsberechtigten (SK-Frister 11; aM Stuttgart NStZ 99, 587: entspr Anwendung), dem Verurteilten auch nur für den eigenen Wiederaufnahmeantrag, nicht im Fall des § 362 (Marxen/Tiemann 459; aM SK-Frister 13), jedoch kommt dort eine Bestellung nach § 140 und Art 6 III Buchst c **EMRK** in Betracht (Düsseldorf NJW 89, 676). Sonst ist § 140 II aber durch §§ 364a, 364b ausgeschlossen (Stuttgart NStZ-RR 03, 114).

2) **Verurteilter, der keinen Verteidiger hat:** Bis zur Rechtskraft des Be- 2 schlusses nach § 370 II dauern Vollmacht (Braunschweig NStZ-RR **14**, 314 L; Düsseldorf NStZ **83**, 235; wistra **90**, 168; erg 5 vor § 137) und Pflichtverteidigerbestellung (Jena NStZ-RR **16**, 71 [F/S]; Oldenburg StraFo **09**, 242; aM bis zum Abschluss des Wiederaufnahmeverfahrens KG NJW **13**, 182; Braunschweig und Frankfurt NStZ-RR **16**, 71 [F/S]; KK-Laufhütte/Willnow 10 zu § 141; KMR-Eschelbach 40) fort. Der Fall des § 364a liegt daher nur vor, wenn bisher kein Verteidiger mitgewirkt hat, wenn die Vollmacht für den Wahlverteidiger erloschen oder der Pflichtverteidiger verhindert und ein neuer Verteidiger nicht bevollmächtigt und auch nicht nach § 364b bestellt worden ist. Auch bei Wegfall des bisherigen Pflichtverteidigers besteht kein unbedingter Anspruch auf seine Ersetzung; § 364a gilt nicht nur, wenn erstmals ein Verteidiger zu bestellen ist (LR-Gössel 1; aM Wasserburg GA **82**, 304).

3) Ein **Verteidiger für das Wiederaufnahmeverfahren** kann bestellt werden, 3 dh schon für die Antragstellung (LR-Gössel 4; aM Peters 681; Wasserburg 176 und GA **82**, 322), aber auch während des Verfahrens, zB zur Teilnahme an der Beweisaufnahme nach § 369 und zur Abgabe der Erklärung nach § 369 IV. Die Verteidigerbestellung endet ohne weiteres mit Rechtskraft der Entscheidung nach §§ 368 I, 370 I und mit der Anordnung der Wiederaufnahme nach § 370 II. In dem wiederaufgenommenen Verfahren muss nach § 140 erneut über die Verteidigerbestellung entschieden werden (Wasserburg GA **82**, 309). Die Beiordnung eines Verteidigers nur für das Beschwerdeverfahren gegen die Ablehnung der Wiederaufnahme des Verfahrens ist unzulässig (Stuttgart NStZ-RR **03**, 114; 334; Rostock NStZ-RR **04**, 273; aM Karlsruhe NStZ-RR **03**, 116).

4) **Voraussetzungen der Verteidigerbestellung:** 4

A. **Hinreichende Erfolgsaussicht:** Für einen offensichtlich mutwilligen oder 5 aussichtslosen Antrag wird kein Verteidiger bestellt, insbesondere nicht, wenn der bisherige Verteidiger es mit Recht abgelehnt habe, einen aussichtslosen Antrag zu stellen (Bremen AnwBl **64**, 288; LR-Gössel 7; Marxen/Tiemann 464, 469). Bloße Zweifel am Erfolg des Antrags berechtigen aber nicht zur Ablehnung. Hat das Gericht die Erfolgsaussicht bejaht, so hat der neu bestellte Verteidiger nicht mehr zu prüfen, ob er die Antragstellung verantworten kann (LR-Gössel 6).

B. **Schwierigkeit der Sach- oder Rechtslage:** Ohne Bedeutung sind Rang 6 des Wiederaufnahmegerichts, Schwere der Tat und Art und Höhe der Rechtsfolgen. Maßgebend ist, ob der Verurteilte bei seinen Fähigkeiten besondere tatsächli-

§ 364b Viertes Buch. 1. Abschnitt

che oder rechtliche Schwierigkeiten hat, sachgerechte Anträge zu stellen, seine Interessen bei der Beweisaufnahme nach § 369 wahrzunehmen oder die Erklärung nach § 369 IV abzugeben (LR-Gössel 8). Die Anforderungen an die Schwierigkeit der Sach- oder Rechtslage dürfen nicht überspannt werden.

7 **5)** Nur auf **Antrag** ergeht die Entscheidung. Antragsberechtigt sind der Verurteilte, die StA, der gesetzliche Vertreter und der Erziehungsberechtigte. Der Antrag muss das Ziel der beabsichtigten Wiederaufnahme oder die Wiederaufnahmegründe so bezeichnen, dass die Prüfung der Erfolgsaussicht und der Schwierigkeit der Sach- und Rechtslage möglich ist (Karlsruhe GA **76**, 344). Gilt der Antrag nur für die Beweisaufnahme nach § 369 oder die Erklärung nach § 369 IV, muss dargetan werden, was den Antragsteller hindert, seine Rechte selbst wahrzunehmen.

8 **6) Zuständig** für die Entscheidung ist das Gericht, das nach § 140a GVG über den Wiederaufnahmeantrag entscheidet; der Antrag kann auch bei dem Gericht gestellt werden, dessen Urteil angegriffen wird (§ 367 I S 2). Über Bestellung und Auswahl des Verteidigers entscheidet nicht der Vorsitzende allein, sondern das Gericht (LR-Gössel 13), und zwar nach Anhörung der StA (§ 33 II) und ohne mündliche Verhandlung (§ 367 II). Die nur von dem Vorsitzenden verfügte Beiordnung kann daher nicht als wirksam angesehen werden (**aM** LR-Gössel 13; Marxen/Tiemann 474). Auf die Beiordnung eines bestimmten Verteidigers besteht zwar kein Anspruch; idR sollte aber der Anwalt des Vertrauens bestellt werden.

9 **7) Beschwerde** gegen den ablehnenden Beschluss ist nach § 304 I zulässig; § 372 S 1 gilt nicht (BGH NJW **76**, 431; Karlsruhe GA **76**, 344; Koblenz NJW **61**, 1418; OLGSt S 1). Entscheidungen des OLG sind unanfechtbar (BGH aaO). Beschwerdeberechtigt sind der Verurteilte und die StA. Die Beschwerde kann auf die Auswahl des Verteidigers beschränkt werden (LR-Gössel 15). Wenn die Bestellung eines Verteidigers für die sofortige Beschwerde gegen die Verwerfung des Wiederaufnahmeantrags abgelehnt worden ist, ist dagegen dementsprechend auch eine Beschwerde nicht zulässig (vgl oben 3 aE).

Bestellung eines Verteidigers für die Vorbereitung des Wiederaufnahmeverfahrens

364b [1] [1]Das für die Entscheidungen im Wiederaufnahmeverfahren zuständige Gericht bestellt dem Verurteilten, der keinen Verteidiger hat, auf Antrag einen Verteidiger schon für die Vorbereitung eines Wiederaufnahmeverfahrens, wenn

1. hinreichende tatsächliche Anhaltspunkte dafür vorliegen, daß bestimmte Nachforschungen zu Tatsachen oder Beweismitteln führen, welche die Zulässigkeit eines Antrags auf Wiederaufnahme des Verfahrens begründen können,
2. wegen der Schwierigkeit der Sach- oder Rechtslage die Mitwirkung eines Verteidigers geboten erscheint und
3. der Verurteilte außerstande ist, ohne Beeinträchtigung des für ihn und seine Familie notwendigen Unterhalts auf eigene Kosten einen Verteidiger zu beauftragen.

[2]Ist dem Verurteilten bereits ein Verteidiger bestellt, so stellt das Gericht auf Antrag durch Beschluß fest, daß die Voraussetzungen der Nummern 1 bis 3 des Satzes 1 vorliegen.

[II] Für das Verfahren zur Feststellung der Voraussetzungen des Absatzes 1 Satz 1 Nr. 3 gelten § 117 Abs. 2 bis 4 und § 118 Abs. 2 Satz 1, 2 und 4 der Zivilprozeßordnung entsprechend.

1 **1)** Schon für die **Vorbereitung eines Wiederaufnahmeverfahrens,** nicht erst für die Antragstellung, kann ein Verteidiger bestellt werden. Dem Verurteilten, dessen Wiederaufnahmeverlangen aussichtsreich erscheint, der aber außerstande ist, das Material für einen auf § 359 Nr 5 gestützten Antrag selbst zusammenzutragen und die Erfolgsaussichten des Antrags abzuwägen, soll rechtskundige Hilfe zur Verfügung stehen (allg Krägeloh NJW 75, 137). Der bestellte Verteidiger hat Anspruch auf Ersatz der durch Nachforschungen entstandenen Auslagen (§ 46 III S 1 RVG) und erhält auch Gebühren, wenn er von der Antragstellung abrät (§ 17 Nr 12 RVG mit Nr 4136 VVRVG).

2) Der **Verurteilte, der keinen Verteidiger hat** (2 zu § 364a), kann die Bestellung verlangen. Wie bei § 364a (dort 1) hat nur der Verurteilte selbst den Anspruch. Einen Rechtsanspruch auf Ersetzung des weggefallenen Pflichtverteidigers hat er nicht (Düsseldorf StV **88**, 572; LR-Gössel 4; **aM** Wasserburg 174 und GA **82**, 319 ff; erg 2 zu § 364a). 2

3) **Nachforschungen zur Vorbereitung** eines auf § 359 Nr 5 gestützten Antrags soll der Verteidiger anstellen. Er darf dazu Zeugen ermitteln und befragen, Sachverständigengutachten und Auskünfte einholen (LR-Gössel 6; Dahs 1004; Wasserburg 81 ff). Die StA ist nicht verpflichtet, ihn zu unterstützen (**aM** SK-Frister 9). Der Verteidiger kann sie aber bitten, die Wiederaufnahme selbst zu betreiben oder bestimmte Ermittlungen vorzunehmen (LR-Gössel 8; dazu Dünnebier Peters-FG 340). 3

4) **Voraussetzungen der Verteidigerbestellung (I S 1):** 4

A. **Erfolgsaussicht** (Nr 1): Bei den hinreichenden tatsächlichen Anhaltspunkten iS der Vorschrift handelt es sich um das Gegenstück zu dem Anfangsverdacht iS des § 152 II (dort 4). Es müssen Tatsachen vorliegen, aus denen sich ergibt, dass bestimmte Nachforschungen zur Aufdeckung von Tatsachen oder Beweismitteln führen werden, die einen Antrag nach § 359 Nr 5 begründen können. Dabei reicht eine nicht nur entfernte Möglichkeit aus, neue Tatsachen oder Beweismittel ausfindig zu machen (Koblenz OLGSt S 1), nicht aber eine bloße Vermutung (KMR-Eschelbach 27). 5

B. **Schwierigkeit der Sach- oder Rechtslage (Nr 2):** Es kommt auf die Schwierigkeit der Nachforschungen an, nicht auf die des späteren Wiederaufnahmeverfahrens (LG Köln MDR **91**, 666), auch nicht auf die Schwere der Tat oder der Rechtsfolgen. Ein Verteidiger wird nicht bestellt, wenn es dem Verurteilten möglich und zuzumuten ist, die Nachforschungen selbst anzustellen. Ist er nicht auf freiem Fuß, so wird er dazu idR nicht imstande sein. 6

C. **Mittellosigkeit (Nr 3):** Wer ein rechtskräftiges Urteil mit einem Wiederaufnahmeantrag anfechten will, wird grundsätzlich auf den Einsatz eigener Geldmittel verwiesen. Reichen sie dazu aus, so mutet ihm das Gesetz zu, sich auf eigene Kosten des Beistands eines Verteidigers seiner Wahl zu bedienen. Für den Nachweis, dass der Verurteilte ohne Beeinträchtigung des für ihn und seine Familie notwendigen Unterhalts keinen Verteidiger beauftragen kann, gelten die §§ 117 II–IV ZPO (Erklärung des Verurteilten über seine persönlichen und wirtschaftlichen Verhältnisse auf dem amtlichen Vordruck) und § 118 II S 1, 2, 4 (Verlangen nach Glaubhaftmachung, Erhebungen des Gerichts, insbesondere Einholung behördlicher Auskünfte) entspr (II). 7

5) Nur auf **Antrag** des Verurteilten wird der Verteidiger bestellt. Er muss Tatsachen vorbringen, die hinreichend begründen, dass sich bei bestimmten Nachforschungen eine konkrete Aussicht auf Gewinnung der Wiederaufnahmegrundlagen des § 359 Nr 5 ergibt (Karlsruhe GA **76**, 344; Koblenz OLGSt S 1). In dem Antrag müssen Art und Richtung der erforderlichen Nachforschungen bezeichnet und Angaben darüber gemacht werden, welche neuen Tatsachen oder Beweismittel von ihnen zu erhoffen sind (Düsseldorf OLGSt Nr 1). Allzu strenge Anforderungen an das Antragsvorbringen sind nicht zu stellen (Marxen/Tiemann 485). 8

6) Die **Erweiterung der Bestellung (I S 2)** eines bereits früher bestellten Pflichtverteidigers ist auf Antrag des Verurteilten möglich; Rn 8 gilt entspr (vgl 9

§ 365

Düsseldorf VRS 81, 118). Das Gericht stellt dann durch Beschluss fest, dass die Voraussetzungen des I S 1 Nrn 1–3 vorliegen. Damit ist sicher, dass der Verteidiger für seine Nachforschungen Gebühren und Auslagen erhält (oben 1).

10 **7) Zuständiges Gericht:** Vgl 8 zu § 364a.

11 **8) Beschwerde:** Vgl 9 zu § 364a.

Geltung der allgemeinen Vorschriften über Rechtsmittel für den Antrag

365 Die allgemeinen Vorschriften über Rechtsmittel gelten auch für den Antrag auf Wiederaufnahme des Verfahrens.

1 **1) Anwendbar** sind die §§ 296–303; die Vorschriften über Rechtsmittelbeschränkungen (§§ 318, 327, 344 I, 352 I) gelten entspr (BGH **11**, 361). Fristbestimmungen gibt es außer § 372 S 1 nicht. Im Einzelnen gilt:

2 A. § **296:** I ist uneingeschränkt anwendbar. Antragsberechtigt sind StA und jeder verhandlungsfähige (**aM** SK-Frister 5 zu § 361: auch der verhandlungsunfähige) Verurteilte, auch der Minderjährige und der Schuldunfähige. Beim Tod des Verurteilten gilt § 361 II. Nach II kann die StA auch Anträge zugunsten des Verurteilten stellen (Dünnebier Peters-FG 337), selbst gegen dessen Willen und auch nach seinem Tod. Zuständig ist die StA bei dem Gericht, das nach § 140a GVG über den Antrag zu entscheiden hat (2 zu § 367). Der früher mit der Sache befasste StA ist nicht ausgeschlossen (LR-Gössel 4; Wasserburg 234; **aM** Frisch Bruns-FS 400), soll aber nicht mitwirken (RiStBV 170 I).

3 B. § **297:** Der Verteidiger, dessen Vollmacht oder Beiordnung fortgilt (2 zu § 364a) oder der neu bestellt oder bevollmächtigt worden ist, kann die Wiederaufnahme beantragen, aber nicht gegen den Willen des Verurteilten und nicht nach dessen Tod. Der Verurteilte kann den Antrag zurücknehmen (Wasserburg 236).

4 C. § **298:** Der gesetzliche Vertreter kann den Antrag auch gegen den Willen des Verurteilten stellen. Erziehungsberechtigte können nach § 67 III **JGG** die Wiederaufnahme beantragen, solange der Verurteilte noch nicht volljährig ist. Bei Beendigung der gesetzlichen Vertretung oder Eintritt der Volljährigkeit vor der Entscheidung nach § 370 wird das Verfahren eingestellt, wenn der Verurteilte nicht selbst eintritt (SK-Frister 7; **aM** LR-Gössel 6: Verwerfung als unzulässig).

5 D. §§ **299–301** sind erst in der erneuerten Hauptverhandlung (Dünnebier Peters-FG 341 ff; **aM** SK-Frister 10).

6 E. § **302** ist teilw anwendbar. Der Antrag kann bis zur Entscheidung nach §§ 370 oder 371 zurückgenommen werden (KG JR **84**, 393); die Wiederholung ist dann zulässig, auch mit derselben Begründung (LR-Gössel 10; Peters Fehlerquellen III 127). Ein Verzicht auf das Wiederaufnahmerecht ist unwirksam (LR-Gössel 10). Zugunsten des Verurteilten gestellte Anträge der StA können nur mit dessen Zustimmung zurückgenommen werden (LR-Gössel 10). Der Verteidiger braucht für die Zurücknahme eine besondere Ermächtigung (dazu Braunschweig NJW **60**, 1970). Eine Verwirkung des Antragsrechts findet nicht statt.

7 **2) Privatkläger** sind zuungunsten des Verurteilten antragsberechtigt (vgl § 390 I S 2). Prozesskostenhilfe kann nach § 379 III bewilligt werden. Zur Rechtslage nach dem Tod des Privatklägers vgl LR-Gössel 130 ff vor § 359.

8 **3)** Der **Nebenkläger** hat nicht das Recht, die Wiederaufnahme des Verfahrens zu beantragen (LG Münster NStZ **89**, 588; Rieß NStZ **88**, 15). Er kann sich aber dem Antrag eines anderen Prozessbeteiligten anschließen, falls er schon vor Urteilserlass als Nebenkläger zugelassen war (Stuttgart NStZ **88**, 42; **aM** Marxen/Tiemann 46). Zu den Befugnissen des Nebenklageberechtigten in einem vom Verurteilten oder der StA eingeleiteten Wiederaufnahmeverfahren vgl im Einzelnen Rieß NStZ **88**, 16. In dem wiederaufgenommenen Verfahren kann er nach den allgemeinen Vorschriften der §§ 395 ff als Nebenkläger mitwirken.

4) **Antragsteller im Adhäsionsverfahren.** Vgl § 406 a. 9

5) **Einziehungsbeteiligte:** Maßgebend sind §§ 433 I S 1, 437, 439 VI (vgl 10
dazu KMR-Eschelbach 8).

Inhalt und Form des Antrags

366 ¹ In dem Antrag müssen der gesetzliche Grund der Wiederaufnahme des Verfahrens sowie die Beweismittel angegeben werden.

II **Von dem Angeklagten und den in § 361 Abs. 2 bezeichneten Personen kann der Antrag nur mittels einer von dem Verteidiger oder einem Rechtsanwalt unterzeichneten Schrift oder zu Protokoll der Geschäftsstelle angebracht werden.**

1) **Notwendiger Inhalt (I):** Der Antrag muss sein Ziel erkennen lassen, dh das 1
angegriffene Urteil und den Umfang des Aufhebungsbegehrens bezeichnen (hM,
vgl LR-Gössel 1; aM KMR-Eschelbach 6, 7). Bei Zweifeln ist zurückzufragen,
nicht zu verwerfen. Der Antrag muss ferner den gesetzlichen Grund der Wiederaufnahme (§ 368 I) angeben (vgl §§ 359, 362). Dazu ist wie bei § 172 III S 1 (dort
27) eine geschlossene und aus sich heraus verständliche Sachdarstellung erforderlich
(Hamburg StraFo **03**, 430), wobei aber eine zunächst unvollständige Darstellung
vor der Entscheidung noch ergänzt werden darf (Düsseldorf wistra **93**, 159). Bezugnahmen und Verweisungen auf andere Schriftstücke, insbesondere auf Urteile
und frühere Wiederaufnahmeanträge, sind unzulässig (Hamm NJW **80**, 717; Stuttgart NJW **65**, 1239; LR-Gössel 2, 10; aM Peters Fehlerquellen III 123, der Bezugnahmen jeder Art, für OLG Düsseldorf GA **80**, 393, das die Bezugnahme auf einen wegen § 364 S 1 verworfenen Antrag für zulässig hält).

Die **Beweismittel** müssen so genau bezeichnet werden, dass das Gericht sie beiziehen und nach § 369 benutzen kann (Nürnberg MDR **64**, 171). Bei Zeugen 2
genügt die Angabe von Tatsachen, die ihre Ermittlung ermöglichen.

Die **Fürsorgepflicht** kann gebieten, dass dem Antragsteller Gelegenheit gegeben wird, den Antrag zu vervollständigen (Hamm aaO; erg 1 zu § 368). 3

2) **Form (II):** Die Vorschrift entspricht § 345 II und gilt für alle Antragsteller 4
außer StA (ihre Anträge bedürfen nur der einfachen Schriftform; dazu Einl 128)
und Privatkläger (für ihn gilt § 390 II). Die Antragsschrift muss eigenhändig unterschrieben sein (Einl 129) und darf keine Bezugnahmen enthalten, auch nicht auf
Anlagen (Schleswig NJW **53**, 1445; aM Peters Fehlerquellen III 123; Wasserburg
240), sofern sie nicht aus Originalurkunden bestehen (Düsseldorf GA **80**, 393;
Zeugenerklärung). Zusätze des RA oder Verteidigers, aus denen sich ergibt, dass er
die Verantwortung nicht oder nicht vollständig übernehmen will, machen den
Antrag unzulässig (33 zu § 172; 16 zu § 345); aber auch die Übernahme der Verantwortung ohne gestaltende Mitwirkung kann unzureichend sein (Hamm
NStZ **88**, 571). Wegen der Antragstellung zu Protokoll der Geschäftsstelle vgl
Einl 131 ff; die Ausführungen 18 ff zu § 345 gelten entspr (vgl auch KG VRS **99**,
460; Düsseldorf VRS **84**, 298).

Zuständigkeit des Gerichts; Entscheidung ohne mündliche Verhandlung

367 ¹¹ Die Zuständigkeit des Gerichts für die Entscheidungen im Wiederaufnahmeverfahren und über den Antrag zur Vorbereitung eines Wiederaufnahmeverfahrens richtet sich nach den besonderen Vorschriften des Gerichtsverfassungsgesetzes. ²Der Verurteilte kann Anträge nach den §§ 364a und 364b oder einen Antrag auf Zulassung der Wiederaufnahme des Verfahrens auch bei dem Gericht einreichen, dessen Urteil angefochten wird; dieses leitet den Antrag dem zuständigen Gericht zu.

II Die Entscheidungen über Anträge nach den §§ 364a und 364b und den Antrag auf Zulassung der Wiederaufnahme des Verfahrens ergehen ohne mündliche Verhandlung.

1) Das zuständige Wiederaufnahmegericht bestimmt § 140a GVG. Die Richterausschließung regelt § 23 II.

2) Zuständigkeit der StA: Beteiligt am Wiederaufnahmeverfahren, auch für die Entscheidung nach § 360 II und die Behandlung der Anträge nach §§ 364a, 364b, ist die StA bei dem Wiederaufnahmegericht (§ 143 I GVG). Die Zuständigkeit für die Vollstreckung des mit dem Wiederaufnahmeantrag angegriffenen Urteils bleibt unverändert (LR-Gössel 5).

3) Die Einreichung der Anträge zugunsten des Verurteilten, nicht der Anträge der StA und des Privatklägers, ist nach I S 2 sowohl bei dem Wiederaufnahmegericht zulässig als auch bei dem früheren Gericht, das die Anträge ggf dem zuständigen Gericht durch Verfügung des Vorsitzenden (anders BGH NStZ **96**, 327 [K] und BGHR Zuständigkeit 1: Beschluss des Senats) zuleitet. Dadurch soll verhindert werden, dass der in Unkenntnis des § 140a GVG eingereichte Antrag allein wegen der Einreichung bei dem unzuständigen Gericht verworfen wird (BGH GA **85**, 419; Krägeloh NJW **75**, 139). Das gilt auch für Anträge nach §§ 364a, 364b. Die Weiterleitung an das zuständige Gericht nach I S 2 Hs 2 unterbleibt, wenn ausdrücklich die Entscheidung des unzuständigen Gericht begehrt wird (BGH 1 ARs 3/15 vom 25.3.2015).

4) Ohne mündliche Verhandlung (II) ergehen die Entscheidungen im Wiederaufnahmeverfahren. Das LG entscheidet in der Besetzung nach § 76 GVG. Wenn das Urteil einer kleinen StrK angefochten ist, entscheidet der Vorsitzende allein. Für die Besetzung des OLG gilt § 122 I GVG.

5) Entscheidung durch unzuständiges Gericht. Die Entscheidung des LG anstelle des sachlich zuständigen AG ist wirksam (Hamm JMBlNW **57**, 155); das LG muss die Sache aber an das AG abgeben, sobald es seine Unzuständigkeit erkennt (Frankfurt NStZ-RR **06**, 275 mwN; LR-Gössel 36, 39). Erklärt das AG anstelle des zuständigen Berufungsgerichts die Wiederaufnahme für zulässig, so ist das LG hieran gebunden (Düsseldorf JMBlNW **79**, 259). Hat das LG anstelle des zuständigen AG den Antrag zu Recht verworfen, so verwirft das OLG auch die sofortige Beschwerde nach § 372 (LR-Gössel 40). Das örtlich unzuständige Gericht, das die Wiederaufnahme für zulässig erklärt hat, muss auch die Beweise erheben und über die Begründetheit entscheiden (LR-Gössel 41; **aM** SK-Frister 5: Abgabe an zuständiges Gericht). Ordnet es die Wiederaufnahme an, so muss es aber zugleich das Gericht bestimmen, vor dem die Hauptverhandlung stattzufinden hat. Auf die sofortige Beschwerde gegen die Entscheidung des örtlich unzuständigen Gerichts hebt das OLG den Beschluss auf und verweist die Sache an das zuständige Gericht (Saarbrücken OLGSt S 5; vgl auch Düsseldorf JMBlNW **79**, 260).

Verwerfung wegen Unzulässigkeit

§ 368 **I** Ist der Antrag nicht in der vorgeschriebenen Form angebracht oder ist darin kein gesetzlicher Grund der Wiederaufnahme geltend gemacht oder kein geeignetes Beweismittel angeführt, so ist der Antrag als unzulässig zu verwerfen.

II Andernfalls ist er dem Gegner des Antragstellers unter Bestimmung einer Frist zur Erklärung zuzustellen.

1) Zulässigkeitsprüfung: Geprüft werden allgemein die Einhaltung der Form des § 366 II, die Beschwer (6 vor § 359), das Vorliegen der vorgebrachten (nicht anderer) Wiederaufnahmegründe der §§ 359, 362 und der Ausschlussgründe der

§§ 363, 364 sowie die Geeignetheit der Beweismittel, bei wiederholtem Antrag auch der Verbrauch des Wiederaufnahmevorbringens (9 zu § 372). Von der Begründetheitsprüfung nach § 370 unterscheidet sich die Prüfung nach § 368 nur dadurch, dass die Richtigkeit des Wiederaufnahmevorbringens nicht untersucht, sondern unterstellt wird (LR-Gössel 9). Bei unbedeutenden und leicht behebbaren Mängeln wird dem Antragsteller unter Fristsetzung Gelegenheit zur Vervollständigung des Antrags gegeben (Hamm NJW **80**, 717).

Verfahrenshindernisse spielen hier noch keine Rolle: Soweit die Wiederaufnahme *wegen* eines übersehenen Verfahrenshindernisses betrieben wird (39 zu § 359), kommt die Aufhebung des angegriffenen Urteils und die Einstellung des Verfahrens erst nach Zulassung der Wiederaufnahme und dann nur nach §§ 371 II, 373 I in Betracht (4a zu § 373). Tritt das Verfahrenshindernis im Aditionsverfahren ein, kann es ebenfalls erst nach Zulassung der Wiederaufnahme berücksichtigt werden, da vorher in dem wiederaufzunehmenden Verfahren noch keine Entscheidungen möglich sind; dann führt das nicht behebbare Verfahrenshindernis allerdings nach § 206a zur Einstellung des Verfahrens (**aM** SK-Frister 2 ff, der zwischen Wiederaufnahme zuungunsten und zugunsten unterscheiden will, was aber mit der – notwendig gleichmäßigen – Behandlung eines Verfahrenshindernisses nichts zu tun haben kann; zudem wird dort zwischen fehlerhaft übersehenen und später entstandenen Verfahrenshindernissen nicht unterschieden). **1a**

A. In den Fällen der **§§ 359 Nrn 1–4, 362 Nrn 1–4** wird zunächst die Vollständigkeit des Antragsvorbringens (9, 13, 16, 20 zu § 359, 4 zu § 364) geprüft. Ist kein Urteil ergangen, so wird geprüft, ob das Wiederaufnahmevorbringen einen konkreten Verdacht der behaupteten Straftat begründet. Der Antrag nach Nrn 1 und 2 ist unzulässig, wenn ein ursächlicher Zusammenhang zwischen Straftat und Urteil ohne weiteres auszuschließen ist. Die Glaubhaftigkeit des Geständnisses im Fall des § 362 Nr 4 wird erst im Verfahren nach § 370 geprüft (LR-Gössel 14). Die Prüfung erstreckt sich ferner darauf, ob geeignete Beweismittel (unten 7) beigebracht sind; das sind in den Fällen der §§ 359 Nrn 1–4, 362 Nrn 1–3 regelmäßig das Straf- oder Zivilurteil, auf das der Antrag gestützt ist, im Fall des § 362 Nr 4 Zeugen oder Urkunden, die das Geständnis beweisen können. **2**

B. **§ 359 Nr 5:** **3**

a) Zunächst ist die **Neuheit** zu prüfen, und zwar auf Grund des Urteils oder des sonstigen Akteninhalts. **4**

Tatsachen sind nicht deshalb neu, weil sie in dem Urteil nicht erwähnt sind (LR-Gössel 16; Feilcke/Schiller NStZ-RR **16**, 3). Ergeben sich aus den Akten, so spricht das dafür, dass sie dem Gericht bekannt waren. Hat der Antragsteller sie in der Hauptverhandlung gekannt, so ist zu vermuten, dass er sie geltend gemacht hat (Hamm Rpfleger **63**, 82; **aM** LR-Gössel 16). Notfalls müssen im Freibeweis Ermittlungen geführt werden (BVerfG NZV **16**, 45; Frankfurt NJW **78**, 841). **5**

Die Neuheit von **Beweismitteln** ergibt sich aus ihrer Nichterwähnung im Sitzungsprotokoll; § 274 gilt. Lässt sich die Neuheit von Tatsachen oder Beweismitteln nicht feststellen, so ist der Antrag unzulässig (Frankfurt aaO; LG Karlsruhe NStZ-RR **13**, 55: Aktenverlust). Es genügt aber, dass ernsthafte Zweifel auszuschließen sind. Der Grundsatz *in dubio pro reo* gilt nicht (Frankfurt aaO; Hamm aaO). **6**

b) Die **Geeignetheit der beigebrachten Beweismittel** fehlt, wenn ihnen der Charakter eines Beweismittels nicht zukommt (26 zu § 359), wenn ihre Benutzung iS des § 244 III S 2 unzulässig ist und wenn sie unerreichbar oder völlig ungeeignet sind (Wasserburg 195 und ZStW **94**, 936 ff; vgl auch Frankfurt MDR **84**, 74: Zeuge für 10 Jahre zurückliegende Vorgänge; München NStZ **84**, 380 L: großer zeitlicher Abstand und relative Belanglosigkeit des Erlebten). Das Beweismittel muss aber auch iS des § 359 Nr 5 geeignet sein (unten 8 ff). Die beiden Eignungsbegriffe sind auseinanderzuhalten (Meyer Peters-FG 393; **aM** LR-Gössel 132 zu § 359; Peters Fehlerquellen III 135 ff). **7**

§ 368 Viertes Buch. 1. Abschnitt

8 c) **Prüfung der Erheblichkeit:** Die neuen Tatsachen und Beweismittel müssen geeignet sein, die in § 359 Nr 5 bezeichneten Rechtsfolgen herbeizuführen. Das Gericht nimmt aber zunächst nur eine hypothetische Schlüssigkeitsprüfung vor (Feilcke/Schiller NStZ-RR **16**, 5). Es unterstellt, dass die in dem Antrag behaupteten Tatsachen richtig sind und dass die beigebrachten Beweismittel den ihnen zugedachten Erfolg haben werden (BGH **17**, 303, 304; Zweibrücken GA **93**, 463 mwN). Eine Ausnahme gilt, wenn das Wiederaufnahmevorbringen aus sich selbst heraus ergibt, dass es offensichtlich unwahr (BGH NJW **77**, 59 = JR **77**, 217 mit Anm Peters; Hamm MDR **74**, 250; Nürnberg MDR **64**, 171), insbesondere denkgesetzlich unmöglich (W. Schmidt NJW **58**, 1332), nicht nur unwahrscheinlich ist (Köln GA **57**, 92 L). Steht bereits fest, dass der Verurteilte einen Zeugen veranlasst hat, in dem Wiederaufnahmeverfahren zu seinen Gunsten falsch auszusagen, so besteht die Vermutung, dass auch die übrigen benannten Zeugen unzuverlässig sind (KG JR **84**, 393 mit Anm Peters).

9 Eine **Vorwegnahme der Beweiswürdigung** ist in gewissen Grenzen zulässig. Die Grundsätze des § 244 III sind nicht maßgebend. Das Gericht darf vielmehr die Beweiskraft der beigebrachten Beweismittel werten, soweit das ohne förmliche Beweisaufnahme möglich ist (BGH **17**, 303, 304; NStZ **00**, 218; KG JR **75**, 166; Schleswig SchlHA **87**, 121 [L]; aM SK-Frister 61 zu § 359; Eisenberg JR **07**, 365; Peters JR **75**, 166 und Fehlerquellen III 136; von Stackelberg Peters-FG 453; Strate Meyer-GedSchr 469; vgl auch Stuttgart Justiz **84**, 405 L). Dabei ist nach hM vom Standpunkt des erkennenden Gerichts (BGH **17**, 303; **18**, 225, 226; **19**, 365; aM LR-Gössel 157 ff zu § 359; SSW-Kaspar 6; Förschner StV **08**, 444; Schünemann ZStW **84**, 902; Peters 675 und JR **77**, 219; Wasserburg StV **92**, 105: des Wiederaufnahmegerichts; offen gelassen von Düsseldorf OLGSt Nr 4 zu § 359) im Freibeweis, aber ohne Anhörung der früheren Richter (BGH **19**, 365), zu prüfen, ob das Urteil bei Berücksichtigung der neuen Beweise anders ausgefallen wäre. Zu diesem Zweck muss das Antragsvorbringen zu dem gesamten Inhalt der Akten (Schleswig SchlHA **87**, 121 [L]; vgl für den Fall des Aktenverlustes: Frankfurt MDR **84**, 74) und zu dem früheren Beweisergebnis in Beziehung gesetzt werden (KG NJW **92**, 450; Nürnberg MDR **64**, 171; LG Gießen NJW **94**, 465). Das Wiederaufnahmegericht ist an die (denkgesetzlich mögliche) Beweiswürdigung und an die (nicht offensichtlich unhaltbare) Rechtsauffassung des erkennenden Gerichts gebunden (BGH **18**, 225, 226; Brauns JZ **95**, 493; aM LR-Gössel 157 ff zu § 359: nur an die Rechtsauffassung); es ist ihm verwehrt, im Zulassungsverfahren eigene neue Feststellungen zur Straftat zu treffen (BVerfG NStZ **95**, 43: Unzulässige Feststellung einer anderen Tatzeit als im Urteil; zust Hellebrand NStZ **04**, 419; vgl auch BVerfG EuGRZ **08**, 586; Jena NStZ-RR **05**, 379; LG Landau StV **09**, 237).

10 **Erheblich ist das Wiederaufnahmevorbringen,** wenn die neuen Tatsachen oder Beweise geeignet sind, die den Schuldspruch tragenden Feststellungen des Urteils zu erschüttern (Celle JR **67**, 150; Karlsruhe OLGSt S 2). Das muss nicht sicher, aber genügend wahrscheinlich sein. Es müssen ernste Gründe für die Beseitigung des Urteils sprechen (Braunschweig NJW **59**, 1984; Schleswig SchlHA **13**, 320 [D/G]; Peters Fehlerquellen III 85). Der Grundsatz *in dubio pro reo* hat in diesem Zusammenhang keine Bedeutung (Braunschweig aaO; Karlsruhe GA **74**, 250; Koblenz Rpfleger **86**, 28; OLGSt Nr 5 zu § 359; Peters Fehlerquellen III 85; Zopfs 338 ff aM Schünemann ZStW **84**, 870; Wasserburg 189 ff und ZStW **94**, 914 will den Grundsatz mittelbar berücksichtigen). Bestehen ernsthafte Zweifel an der Erheblichkeit, so ist der Antrag ohne Anwendung von „Zweifelssätzen" als unzulässig zu verwerfen (KG JR **75**, 166 mit Anm Peters).

11 2) Der **Verwerfungsbeschluss** ergeht nach Anhörung der StA (§ 33 II), ggf auch des Privat- oder Nebenklägers, ohne mündliche Verhandlung (§ 367 II). Er muss mit Gründen versehen werden (§ 34), die so ausführlich sind, dass der Antragsteller die sofortige Beschwerde nach § 372 S 1 begründen kann (Hamm NJW **51**, 166) und das Beschwerdegericht die Entscheidung prüfen kann. Die Kostenent-

scheidung ergeht nach § 473 VI Nr 1. Zur Wiederholung des Antrags vgl 9 zu § 372.

3) Auch der **Zulassungsbeschluss** wird nach Anhörung der StA ohne mündliche Verhandlung erlassen. Er ist auch bei offensichtlicher Begründetheit des Antrags unerlässlich (1 zu § 370). Im Fall des § 53 StGB kann er auf eine von mehreren abgeurteilten Taten beschränkt werden, auch auf die Rechtsfolgenfrage (BGH **11**, 361). Auch die beschränkte Zulassung der Wiederaufnahme wegen eines der in §§ 359, 362 bezeichneten Wiederaufnahmegründe ist möglich, wenn der Antragsteller mehrere geltend gemacht hatte (Hamburg GA **67**, 317; LR-Gössel 33; aM Peters Fehlerquellen III 138). Ein auf § 359 Nr 5 gestützter Antrag kann aber nicht nur wegen bestimmter Tatsachen (Frankfurt NJW **55**, 73; LR-Gössel aaO) oder unter Beschränkung auf die Erhebung einzelner Beweise zugelassen werden (BGH NJW **66**, 2177; Köln JMBlNW **63**, 48); denn innerhalb eines einzelnen Wiederaufnahmegrundes ist nur eine einheitliche Entscheidung möglich (BGH aaO). Bindende Wirkung hat der Zulassungsbeschluss nicht (1 zu § 370). 12

4) Die **Anhörung des Gegners (II)** erfolgt durch Zustellung des Zulassungsbeschlusses unter Bestimmung einer Erklärungsfrist, die verlängert werden kann. Sie dient bei Anträgen der StA, vor deren Bescheidung der Angeklagte nicht gehört zu werden braucht, der Unterrichtung über den Antrag, der daher beizufügen ist, bei Anträgen des Verurteilten der Vorbereitung der Stellungnahme der StA zu dem weiteren Verfahren. Für die Erklärung nach II gilt die Formvorschrift des § 366 II nicht. Eine Erklärungspflicht besteht nicht (LR-Gössel 37). 13

5) **Sofortige Beschwerde** nach § 372 S 1 ist gegen den Verwerfungsbeschluss und (für den Gegner) gegen den Zulassungsbeschluss zulässig. Dass in dem Zulassungsbeschluss nur die Erhebung bestimmter Beweise angekündigt ist, beschwert den Antragsteller nicht (Frankfurt NJW **55**, 73). Abändern oder aufheben kann den Beschluss nur das Beschwerdegericht. 14

Beweisaufnahme

369 I Wird der Antrag für zulässig befunden, so beauftragt das Gericht mit der Aufnahme der angetretenen Beweise, soweit dies erforderlich ist, einen Richter.

II Dem Ermessen des Gerichts bleibt es überlassen, ob die Zeugen und Sachverständigen eidlich vernommen werden sollen.

III 1 Bei der Vernehmung eines Zeugen oder Sachverständigen und bei der Einnahme eines richterlichen Augenscheins ist der Staatsanwaltschaft, dem Angeklagten und dem Verteidiger die Anwesenheit zu gestatten. ² § 168c Abs. 3, § 224 Abs. 1 und § 225 gelten entsprechend. ³ Befindet sich der Angeklagte nicht auf freiem Fuß, so hat er keinen Anspruch auf Anwesenheit, wenn der Termin nicht an der Gerichtsstelle des Ortes abgehalten wird, wo er sich in Haft befindet, und seine Mitwirkung der mit der Beweiserhebung bezweckten Klärung nicht dienlich ist.

IV Nach Schluß der Beweisaufnahme sind die Staatsanwaltschaft und der Angeklagte unter Bestimmung einer Frist zu weiterer Erklärung aufzufordern.

1) Der **Vorbereitung der Entscheidung nach** § 370 dient die nach Erlass des Zulassungsbeschlusses vorzunehmende (Düsseldorf NStE Nr 1) Beweisaufnahme; sie nimmt die Beweisaufnahme in der neuen Hauptverhandlung nicht vorweg (BGH **17**, 303). Auch andere Maßnahmen sind zulässig, zB Durchsuchung und Beschlagnahme zur Herbeiführung von Beweismitteln, Unterbringung nach § 81 und, im Falle des § 362, der Erlass eines Haftbefehls (LR-Gössel 4). 1

2) Die **angetretenen Beweise (I)** werden erhoben, soweit erforderlich. Andernfalls muss ihre Entbehrlichkeit in dem Beschluss nach § 370 I begründet werden. 2

den (LR-Gössel 6). Die Anordnung der Wiederaufnahme ohne gehörige Prüfung der erforderlichen Beweise oder gar unter Wahrunterstellung ist unzulässig. Wenn sich aber die Begründetheit des Antrags ohne weiteres aus einem rechtskräftigen Urteil (in den Fällen der §§ 359 Nrn 1–4, 362 Nrn 1–3) oder aus einer notariellen Urkunde (im Fall des § 362 Nr 4) ergibt oder wenn (im Fall des § 359 Nr 5) neue Tatsachen schon durch die vorgelegten Urkunden bewiesen werden, entfällt die Beweisaufnahme (erg 1 zu § 370). So braucht eine Urkunde auch nicht verlesen zu werden, wenn sie den Beteiligten bekannt ist und das Gericht die beabsichtigte Verwertung zu erkennen gegeben hat (Jena NStZ-RR 97, 47). Auch über offenkundige Tatsachen (50 ff zu § 244) braucht kein Beweis erhoben zu werden (KG JR 84, 393 mit Anm Peters).

3 **Vorermittlungen der StA oder Polizei** machen die Beweisaufnahme nicht entbehrlich; sie sind zwar zulässig, dürfen vom Gericht aber nicht berücksichtigt werden (Düsseldorf JMBlNW 79, 261; LR-Gössel 8; **aM** Braunschweig NStZ 87, 377 mit abl Anm Gössel). Eine Ausnahme gilt auch nicht für den Fall, dass die richterliche Vernehmung für längere Zeit unmöglich ist, denn § 251 ist in § 369 nicht für entspr anwendbar erklärt und mit der Bedeutung dieser Vorschrift nicht vereinbar (Pfeiffer Graßhof-FG 277; **aM** SK-Frister 6).

4 Auch **Zeugenerklärungen** zu Protokoll der Geschäftsstelle (Düsseldorf MDR 76, 778), eidesstattliche Versicherungen (BGH 17, 303) und die Vorlegung schriftlicher Gutachten außerhalb des § 256 I (Hamm MDR 77, 778; JMBlNW 78, 116) können die Beweisaufnahme nicht ersetzen. Auf die von dem Antragsteller bezeichneten Beweismittel ist das Gericht nicht beschränkt.

5 Es erhebt **von Amts wegen** alle Beweise, die zur Klärung der Richtigkeit des Wiederaufnahmevorbringens erforderlich sind (Hamburg StV 03, 229; Zweibrücken GA 93, 463 mwN; **aM** KMR-Eschelbach 3; Marxen/Tiemann 365; vgl auch BVerfG StV 03, 223: Ermittlung des wahren Sachverhalts ist von zentraler Bedeutung). Das kann zugunsten oder zuungunsten des Antragstellers geschehen, aber nicht zu dem Zweck, Wiederaufnahmegründe festzustellen, die nicht oder nicht formgerecht geltend gemacht worden sind (Bremen OLGSt § 359 S 55). Der Antragsteller kann nicht bestimmen, dass Beweismittel von dem Probationsverfahren nach § 369 ausgeschlossen werden (KG JR 84, 393 mit Anm Peters).

6 **3) Der beauftragte Richter (I)** erhebt die Beweise, beim AG und der kleinen StrK der Vorsitzende. Das schließt nach hM nicht aus, dass das Kollegialgericht die Beweiserhebung in voller Besetzung vornimmt (LR-Gössel 12) und dass andere Richter nach §§ 156 ff GVG (auch § 15 KonsG gilt) um die Beweiserhebung ersucht werden (Düsseldorf JMBlNW 79, 261; **aM** Wasserburg/Rübenstahl GA 02, 29). Der ersuchte oder beauftragte Richter hat die gleiche Stellung wie der kommissarischen Vernehmung nach § 223. Er darf Beweise nur in dem Umfang erheben, den das Gericht ihm vorschreibt (BGH NJW 54, 891). An der späteren Mitwirkung im Wiederaufnahmeverfahren ist er nicht gehindert (BGH aaO).

7 **StA und Polizei** dürfen mit Beweiserhebungen nicht beauftragt werden; ihre Beweisergebnisse wären unverwertbar (Celle MDR 91, 1077; Düsseldorf MDR 76, 778; JMBlNW 79, 261; **aM** Braunschweig NStZ 87, 377), auch wenn der Antragsteller diese Beweiserhebungen nicht beantragt hatte (LR-Gössel 11; **aM** Peters Fehlerquellen III 114). Die technische Hilfe der StA oder Polizei, zB Herbeischaffung von Beweismitteln, Anfertigung von Lichtbildern und Skizzen, ist jedoch zulässig.

8 **4) Die Vereidigung von Zeugen (II)** ist wegen der Tragweite der Anordnung der Wiederaufnahme eines rechtskräftig abgeschlossenen Verfahrens zugelassen. Das Gericht entscheidet darüber nach pflichtgemäßem Ermessen in dem Beweisanordnungsbeschluss; § 62 gilt nicht (RG 29, 64). In den Fällen des § 371 I und II wird die Vereidigung regelmäßig anzuordnen sein (RG aaO). Dem vernehmenden Richter steht die Entscheidung über die Vereidigung, sofern sie nicht gesetzlich ausgeschlossen ist, nicht zu (BGH NJW 54, 891); § 63 gilt. Die Eidesleistung rich-

tet sich nach §§ 64, 65. Die Berufung auf einen in der früheren Hauptverhandlung geleisteten Eid (§ 67) ist unzulässig (LR-Gössel 15).

5) Das **Anwesenheitsrecht (III)** haben StA, Verurteilter, Verteidiger, nach §§ 385 I S 1, 397 I auch Privat- und Nebenkläger (LR-Gössel 18), die sich aber entspr § 378 nur des Beistands eines RA bedienen oder sich von einem RA vertreten lassen können, gesetzliche Vertreter, Erziehungsberechtigte sowie der Antragsteller nach § 361 II und sein Prozessbevollmächtigter. Der Angeklagte kann nach III S 2 iVm § 168c III ausgeschlossen werden.

Anders als nach §§ 168c IV, 224 II ist der **nicht auf freiem Fuß befindliche Verurteilte** immer zur Anwesenheit berechtigt, wenn die Beweisaufnahme in einem Gerichtsgebäude des Haftortes vorgenommen wird, gleichgültig, bei welchem Gericht. Bei Beweiserhebungen außerhalb eines Gerichtsgebäudes oder außerhalb des Haftorts besteht kein Anwesenheitsrecht, wenn die Mitwirkung des Verurteilten der mit der Beweiserhebung bezweckten Klärung nicht dienlich ist (S 3). Der Begriff Dienlichkeit ist weit auszulegen (dazu Frankfurt StV **90**, 538). Die Teilnahme eines Verteidigers schließt die Dienlichkeit nicht aus, zB wenn er bei einem Augenschein oder einer Zeugenvernehmung die Interessen des Verurteilten nicht genügend wahrnehmen kann. Über die Dienlichkeit entscheidet formlos der mit der Beweiserhebung nach I beauftragte oder ersuchte Richter. Hat der Verurteilte ein Anwesenheitsrecht, so muss der Richter seine Vorführung sicherstellen (LR-Gössel 21).

6) Die **Benachrichtigung (III S 2 iVm § 224 I S 1)** der zur Anwesenheit berechtigten Personen vom Beweistermin bedarf an sich keiner Form, sollte aber förmlich zugestellt werden (Bremen MDR **67**, 61). Sie muss so rechtzeitig erfolgen, dass angemessene Zeit zur Vorbereitung bleibt. Die Benachrichtigung des Verurteilten ist neben der des Verteidigers erforderlich, kann aber nach § 145a an den Verteidiger gerichtet werden. Der Verurteilte ist auch dann zu benachrichtigen, wenn er kein Anwesenheitsrecht hat oder ausgeschlossen ist. In diesem Fall wird er darüber unterrichtet, dass er nicht teilnehmen darf, und erhält dadurch Gelegenheit, für die Teilnahme des Verteidigers zu sorgen. Die Benachrichtigung des Verurteilten und des Verteidigers unterbleibt, wenn sie den Erfolg der Beweiserhebung gefährden würde (III S 2 iVm § 224 I S 2; vgl dort 2). Das Unterlassen der Benachrichtigung kann nicht mehr gerügt werden, wenn es nicht alsbald nach der Vorlegung der Protokolle beanstandet worden ist (Celle NJW **63**, 2041). Die rechtzeitig erhobene, begründete Rüge führt hingegen zur Aufhebung eines unter § 370 I ergangenen Beschlusses (Jena StraFo **96**, 89).

7) Die **Vorlegung der Protokolle** über die Beweiserhebung an StA und Verteidiger schreibt III S 2 iVm § 224 I S 3 vor, auch wenn sie bei der Vernehmung anwesend waren (BGH **25**, 357). Bei der StA genügt Aktenübersendung, beim Verteidiger die Mitteilung, dass er die Akten einsehen darf (erg 11 zu § 224). Der Verurteilte selbst und die anderen Beteiligten haben keinen Vorlegungsanspruch.

8) Die **Schlussanhörung (IV)** ist die zwingende Voraussetzung für die Entscheidung nach § 370, auch wenn die Beteiligten bei der Beweiserhebung anwesend waren (Hamm MDR **74**, 689) oder schon vorher Erklärungen abgegeben haben (Düsseldorf NJW **82**, 839; Hamburg MDR **77**, 865). Anzuhören sind alle Beteiligten, die bei der Beweisaufnahme zugegen sein durften. Sofern ihnen nicht die Protokolle vorgelegt worden sind, werden sie von deren Ergebnis unterrichtet, der Verurteilte aber nur, wenn er keinen Verteidiger hat. Die Form der Unterrichtung bestimmt der Vorsitzende. Das Gericht fordert zu der Erklärung unter Bestimmung einer Frist auf; der Verurteilte kann nach § 145a I über den Verteidiger aufgefordert werden. Die Erklärung nach IV soll sich auf die Ergebnisse der bisherigen Beweisaufnahme beziehen. Es können auch neue Beweiserhebungen beantragt werden; werden sie vorgenommen, muss die Anhörung nach IV wiederholt werden.

14 **9) Beschwerde** gegen Art und Umfang der Beweisaufnahme ist ausgeschlossen (2 zu § 372). Der Verurteilte kann aber Beschwerde nach § 304 I gegen seine Ausschließung und gegen die Ablehnung eines Vorführungsantrags einlegen (LR-Gössel 28). Mit Abschluss der Beweiserhebung werden diese Rechtsmittel gegenstandslos (Hamm JMBlNW 72, 239). Erg 8 zu § 372.

Entscheidung über die Begründetheit

370 I Der Antrag auf Wiederaufnahme des Verfahrens wird ohne mündliche Verhandlung als unbegründet verworfen, wenn die darin aufgestellten Behauptungen keine genügende Bestätigung gefunden haben oder wenn in den Fällen des § 359 Nr. 1 und 2 oder des § 362 Nr. 1 und 2 nach Lage der Sache die Annahme ausgeschlossen ist, daß die in diesen Vorschriften bezeichnete Handlung auf die Entscheidung Einfluß gehabt hat.

II Andernfalls ordnet das Gericht die Wiederaufnahme des Verfahrens und die Erneuerung der Hauptverhandlung an.

1 1) **Begründetheitsprüfung (I):**

2 A. **Voraussetzung** ist die Zulässigkeitserklärung nach § 368. Wenn eine Beweiserhebung (§ 369) entbehrlich ist, können aber die Beschlüsse nach §§ 368, 370 verbunden werden (Brandenburg NStZ-RR **10**, 22 mwN). Der Wiederaufnahmeantrag darf nicht mehr auf Formmängel nach § 366 II geprüft werden. Sonst ist das Gericht an den Zulassungsbeschluss aber nicht gebunden; ggf muss der Antrag daher noch im Verfahren nach § 370 als unzulässig verworfen werden (Hamburg GA **67**, 317; Koblenz NStZ-RR **07**, 317 L; LR-Gössel 8 ff; aM Peters Fehlerquellen III 150: als unbegründet), allerdings nur, falls die zur Unzulässigkeit führenden Gründe von Anfang an vorgelegen haben und erst jetzt „entdeckt" wurden (Hamburg StV **03**, 229).

3 B. Der **Umfang der Prüfung** richtet sich nach dem geltend gemachten Wiederaufnahmegrund (Hamburg JR **01**, 207 mit abl Anm Krehl). In den Fällen der §§ 359 Nrn 1–2, 362 Nrn 1–2 kommt es, wenn eine Verurteilung ergangen ist (§ 364 S 1), nur auf den ursächlichen Zusammenhang an (unten 5). Andernfalls muss geprüft werden, ob die behauptete Straftat erwiesen ist (Hamburg aaO; Oldenburg StV **03**, 234); bei Zweifeln ist der Antrag unbegründet. Im Fall der §§ 359 Nr 3, 362 Nr 3 begründet die rechtskräftige Verurteilung ohne weiteres die Wiederaufnahme. Bei § 359 Nr. 4 wird nur der ursächliche Zusammenhang zwischen weggefallenem Zivilurteil und Strafurteil geprüft. Bei § 362 Nr 4 ist zu prüfen, ob genügend bestätigt ist, dass der Angeklagte ein Geständnis abgelegt hat, und ob es glaubhaft ist. Im Fall des § 359 Nr 5 wird geprüft, ob der Tatsachenvortrag der Antragstellers eine genügende Bestätigung (unten 4) gefunden hat; ferner ist erneut das Vorliegen der in der Vorschrift bezeichneten Voraussetzungen zu prüfen.

4 C. **Genügende Bestätigung:** Die Wiederaufnahmetatsachen sind genügend bestätigt, wenn auf Grund der Beweisaufnahme nach § 369 ihre Richtigkeit hinreichend wahrscheinlich ist; voller Beweis wird nicht gefordert (BVerfG NStZ **90**, 499; BGH **42**, 314, 323; Karlsruhe GA **74**, 250; Schleswig NJW **74**, 714; Stuttgart StV **90**, 539; LG Hamburg NJW **87**, 3016). Im Fall des § 359 Nr 5 wird untersucht, ob die Urteilsfeststellungen durch die neuen Tatsachen oder Beweise so erschüttert werden, dass genügender Anlass zur Erneuerung der Hauptverhandlung besteht (KG JR **84**, 393; Bremen aaO; Hamm NJW **62**, 68; Karlsruhe aaO). Das Gericht muss sich – verfassungsrechtlich unbedenklich (BVerfG aaO) – auf den Standpunkt des früher erkennenden Gerichts stellen (BGH **19**, 365; Bremen OLGSt § 359 S 55; **aM** AK-Loos 13; LR-Gössel 157 ff zu § 359; Eisenberg JR **07**, 367: Gericht entscheidet von seinem Standpunkt aus) und die Ergebnisse der neuen Beweisaufnahme mit den Urteilsfeststellungen vergleichen (Bremen NJW **57**, 1730). Dabei sind alle bisher erhobenen Beweise zu würdigen (Karlsruhe aaO;

Köln NJW **68**, 2119), auch die in einem früheren Wiederaufnahmeverfahren und die von einem unzuständigen Gericht erhobenen (Düsseldorf JMBlNW **79**, 261; NJW **79**, 1724). Die Entscheidung nach § 370 hängt dann davon ab, ob es hinreichend wahrscheinlich ist, dass in der neuen Hauptverhandlung eine für den Verurteilten günstige Entscheidung ergeht, weil das Wiederaufnahmevorbringen dort nachgewiesen werden kann oder jedenfalls der Grundsatz *in dubio pro reo* anzuwenden ist (Bremen NJW **57**, 1730; Koblenz NStZ-RR **07**, 317 L; Stuttgart aaO; Wasserburg 196 und ZStW **94**, 941); eine „an Sicherheit grenzende Wahrscheinlichkeit" darf nicht verlangt werden (Hellebrand NStZ **08**, 378 zur Rspr des BVerfG). Bei der Begründetheitsprüfung selbst ist der Zweifelsgrundsatz ebenso wenig anwendbar wie bei der Prüfung nach § 368 (Bremen OLGSt **359** S 55; Karlsruhe Justiz **84**, 308; Köln NJW **68**, 2119; Pfeiffer Graßhof-FG 283; Schöneborn MDR **75**, 441; **aM** Schünemann ZStW **84**, 870; erg 10 zu § 368).

D. Der **ursächliche Zusammenhang** zwischen den in §§ 359 Nrn 1–2, 362 Nrn 1–2 bezeichneten Handlungen und dem Urteil wird gesetzlich (widerlegbar) vermutet (BGH **19**, 365). Der Antragsteller braucht ihn nicht nachzuweisen (KMR-Eschelbach 25). Die Wiederaufnahme ist vielmehr anzuordnen, wenn das Gericht die Vermutung nicht mit Sicherheit widerlegen kann (BGH aaO). Beim Zeugenmeineid genügt es, dass die Glaubwürdigkeit der Beweisperson allgemein erschüttert ist (Strate StV **84**, 44).

2) Der **Verwerfungsbeschluss (I)**, der nach § 34 zu begründen ist, wird ohne mündliche Verhandlung (§ 367 II) erlassen, wenn die genügende Bestätigung oder der ursächliche Zusammenhang fehlt. Dieser Mangel kann auch mit Gründen bejaht werden, die im Gegensatz zu dem Zulassungsbeschluss stehen. Für die Kostenentscheidung gilt § 473 VI Nr 1. Zum Richterausschluss vgl § 23 II, zur Wiederholung des Antrags 9 zu § 372.

3) **Anordnung der Wiederaufnahme (II):**

A. Eine **Beschlussfassung** entfällt in den Fällen des § 371 (dort 1). Sonst ist sie unerlässlich; denn der Beschluss ist eine Prozessvoraussetzung für das weitere Verfahren (BGH **18**, 339, 341; LG Ravensburg NStZ-RR **98**, 112). Die Anordnung der beschränkten Wiederaufnahme ist zulässig, wenn sie nur wegen einer von mehreren Straftaten beantragt oder begründet ist, auch wenn mit den übrigen Tatidentität iS des § 264 besteht (LR-Gössel 30; **aM** BGH **14**, 85, 88; Schlüchter 765), oder wenn nur der Rechtsfolgenausspruch Grund zur Wiederaufnahme gibt (BGH **11**, 361; Hamm NJW **53**, 1765). Der Wiederaufnahmebeschluss ergeht ohne mündliche Verhandlung (§ 367 II), ist zu begründen (§ 34) und wird in das BZR eingetragen (§ 16 I **BZRG**).

B. Die **Wirkung der Wiederaufnahmeanordnung:**
Sie liegt vor allem in der **Beseitigung der Urteilsrechtskraft** (BGH **14**, 64, 66; **19**, 280, 282; **21**, 373, 375; LR-Gössel 31 ff mwN). Der Beschluss nach II versetzt das Verfahren in den Zustand zurück, in dem es sich vor dem Urteil befunden hat (Bay **81**, 159; Frankfurt GA **80**, 282; Gössel NStZ **83**, 393), dh in den Zustand nach Erlass des Eröffnungsbeschlusses oder, bei Berufungsurteilen, nach Anberaumung der Berufungsverhandlung (RG **77**, 282, 284; KMR-Eschelbach 38).

Mit der Rechtskraft des Beschlusses nach II endet die **Vollstreckbarkeit des Urteils** ohne weiteres; die Vollstreckung muss sofort beendet werden (Bremen NJW **56**, 316; LR-Gössel 36). Das Eigentum an eingezogenen Sachen lebt wieder auf; entzogene Rechte gewinnt der Verurteilte zurück, zB die entzogene Fahrerlaubnis (Bay **91**, 95), wodurch bei rechtskräftiger Aufhebung der Verurteilung rückwirkend eine Strafbarkeit nach § 21 I Nr 1 StVG entfällt (Frankfurt NStZ-RR **00**, 23; Asper NStZ **94**, 171; **aM** Groß NStZ **93**, 221, **94**, 173; Mitsch NZV **12**, 515).

Bei Teilwiederaufnahme wird auch die **Gesamtstrafe** gegenstandslos (BGH **14**, 85, 89; 4 StR 115/17 vom 2.8.2017), uU auch die Sicherungsmaßregeln; die wei-

§ 371

tere Vollstreckung der nicht berührten Einzelstrafen bleibt aber zulässig (LR-Gössel 39). Es ist aber ggf über die Frage der Strafaussetzung zur Bewährung neu zu befinden (Koblenz NStZ **91**, 555 mit Anm Gössel).

13 Gegenstandslos werden ferner die zu dem Urteil ergangenen **Gnadenerweise** (Bay **51**, 403).

14 Mit der Rechtskraft des Beschlusses beginnt die **Verjährungsfrist,** die bis dahin geruht hatte, wieder zu laufen (Köln DAR **79**, 344), sie beginnt nicht etwa wieder neu (KK-Schmidt 19; **aM** LR-Gössel 40 mwN); zu § 362 vgl dort 1.

15 Haftbefehle und andere **einstweilige Anordnungen** leben nicht wieder auf, können aber erneut erlassen werden (Mosbacher NJW **05**, 3111). § 47 III gilt hier nicht (BR-Drucks 550/06 S 93).

16 Wegen der **Verteidigervollmacht und -bestellung** vgl 2, 3 zu § 364a.

17 4) Die **Erneuerung der Hauptverhandlung** muss in dem Beschluss nach II angeordnet werden; das Fehlen der Anordnung ist aber unschädlich. Die neue Hauptverhandlung findet vor dem Wiederaufnahmegericht (1 zu § 140a GVG) statt, kann aber entspr § 354 III vor einem zuständigen niederen Gericht und (im Fall des § 362) entspr § 355 vor einem höheren Gericht angeordnet werden. Zur Verweisung von JGG-Sachen an allgemeine Strafgerichte vgl 11 zu § 140a GVG.

18 5) **Sofortige Beschwerde** ist gegen den Verwerfungsbeschluss zulässig (§ 372 S 1). Zur Aufhebung zwingt die Verwendung polizeilicher oder staatsanwaltschaftlicher Protokolle (7 zu § 369), das Unterlassen der Benachrichtigung von der Beweisaufnahme (Celle NJW **62**, 1073; vgl aber 11 zu § 369: Verwirkung durch Unterlassen sofortiger Beanstandung) und die Verletzung des § 369 IV (Celle NStE Nr 2 mwN; Düsseldorf NStE Nr 3 zu § 369; erg 8 zu § 372). Ordnet das Beschwerdegericht die Wiederaufnahme des Verfahrens an, kann ihm in entspr Anwendung des § 210 III die Befugnis zugesprochen werden, eine andere Kammer oder einen Senat für zuständig zu erklären (Nürnberg NJW **13**, 2692; **aM** Frankfurt NStZ-RR **08**, 378).

19 Der Beschluss nach II ist **unanfechtbar** (§ 372 S 2) und darf nicht zurückgenommen werden, auch wenn er erschlichen worden ist (Köln NJW **55**, 314).

Freisprechung ohne erneute Hauptverhandlung   RiStBV 171

371 I Ist der Verurteilte bereits verstorben, so hat ohne Erneuerung der Hauptverhandlung das Gericht nach Aufnahme des etwa noch erforderlichen Beweises entweder auf Freisprechung zu erkennen oder den Antrag auf Wiederaufnahme abzulehnen.

II Auch in anderen Fällen kann das Gericht, bei öffentlichen Klagen jedoch nur mit Zustimmung der Staatsanwaltschaft, den Verurteilten sofort freisprechen, wenn dazu genügende Beweise bereits vorliegen.

III 1 Mit der Freisprechung ist die Aufhebung des früheren Urteils zu verbinden. 2 War lediglich auf eine Maßregel der Besserung und Sicherung erkannt, so tritt an die Stelle der Freisprechung die Aufhebung des früheren Urteils.

IV Die Aufhebung ist auf Verlangen des Antragstellers im Bundesanzeiger bekannt zu machen und kann nach dem Ermessen des Gerichts auch auf andere geeignete Weise veröffentlicht werden.

1 1) Nach dem **Tod des Verurteilten (I)** ist zwar ein Wiederaufnahmeverfahren zulässig (§ 361), nicht aber eine Hauptverhandlung, auch nicht iVm der erneuten Hauptverhandlung gegen Mitangeklagte (RG **10**, 423; KMR-Eschelbach 1; LR-Gössel 5; **aM** Peters Fehlerquellen III 158). Für den Fall, dass der Antrag nach § 368 für zulässig erklärt wird, muss daher nach Erhebung der etwa noch erforderlichen Beweise auf Freisprechung oder auf Ablehnung, dh Verwerfung, erkannt werden; ein Beschluss nach § 370 II ergeht nicht (RG **47**, 166; LR-Gössel 5; **aM** Bremen JR **56**, 100).

§ 371

A. Die **Beweisaufnahme** nimmt nach § 369 I der beauftragte oder ersuchte 2
Richter vor (a**M** SK-Frister 7: das entscheidende Gericht). Für die Vereidigung
von Zeugen gilt § 369 II nicht (LR-Gössel 7a). Der Anspruch auf Anwesenheit
besteht ohne die Beschränkungen des § 369 III S 2 iVm § 224 I S 2 (LR-Gössel
7b). § 369 IV gilt.

B. Nur **Freisprechung oder Antragsablehnung** ist zulässig. Dem Freispruch 3
(auch Teilfreispruch) steht aber auch hier (vgl 39 zu § 359) die Einstellung wegen
eines Verfahrenshindernisses gleich. Ein auf ein anderes Ziel gerichteter Antrag ist
von vornherein unzulässig. Insbesondere kann die Strafherabsetzung in Anwendung eines milderen Gesetzes weder beantragt noch angeordnet werden. Mit der
Freisprechung ist die Urteilsaufhebung zu verbinden; bei Teilfreispruch wird keine
neue Gesamtstrafe gebildet (LR-Gössel 10). Bei selbstständig angeordneten Sicherungsmaßregeln wird nur das Urteil aufgehoben (III S 2).

C. Den **Nachweis der Unschuld** setzt die Freisprechung ebenso wenig voraus 4
wie in der Hauptverhandlung. Der Grundsatz *in dubio pro reo* (26 ff zu § 261) gilt
(LR-Gössel 9; Peters Fehlerquellen III 159; vgl auch KMR-Eschelbach 4). Andernfalls würde die Rehabilitierung des toten Verurteilten von strengeren Voraussetzungen abhängen als die des lebenden.

2) Tritt der **Tod des Verurteilten** nach Antragstellung ein, so wird im Fall 5
des § 362 das Wiederaufnahmeverfahren eingestellt. Im Fall des § 359 wird es nur
dann nicht eingestellt sondern fortgesetzt, wenn die StA den Antrag zugunsten des
Verurteilten gestellt hat, bei anderen Antragstellern nur, wenn die StA oder einer
der nach § 361 II Antragsberechtigten mit dem Ziel der Freisprechung, nicht nur
der Auslagenerstattung, durch ausdrückliche Erklärung in das Verfahren eintritt
(BGH **43**, 169). Das ist auch nach Erlass des Beschlusses nach § 370 II zulässig
(BGH **21**, 373; Pflüger NJW **83**, 1894).

Wird der Verurteilte nach Erneuerung der Hauptverhandlung dauernd **ver-** 6
handlungsunfähig, so ist das Verfahren nach § 206a einzustellen (Frankfurt
NJW **83**, 2398; KK-Schmidt 15 zu § 370; SK-Frister 4; Miebach/Hohmann-Cirener I 4; a**M** Hassemer NJW **83**, 2353; LR-Gössel 3 und A. Kaufmann-Ged-Schr 996: entspr Anwendung von I; Baumann Peters-FG 7: Verfahren nach I nur
bei Wahrscheinlichkeit der Urteilsaufhebung, andernfalls Einstellung).

3) Sofortige Freisprechung in anderen Fällen (II): 7

A. Nur die **Freisprechung** und die Verfahrenseinstellung wegen eines Prozess- 8
hindernisses (vgl 1a zu § 368; 4a zu § 373) sind ohne erneute Hauptverhandlung
möglich, nicht die Einstellung nach §§ 153 ff (KMR-Eschelbach 19; Marxen/
Tiemann 446; Peters Fehlerquellen III 159; a**M** Hamm JMBlNW **81**, 285; LR-Gössel 18; LR-Beulke 59 zu § 153; SK-Frister 13). Die Teilfreisprechung ist zulässig, auch wenn der Antrag nicht von vornherein auf eine der mehreren Taten
beschränkt war (BGH **8**, 383, 388; LR-Gössel 19); erforderlichenfalls ist in dem
Verfahren nach II auch die neue Gesamtstrafe zu bilden (BGH **14**, 85, 89). Ebensowenig wie bei I muss die Unschuld des Verurteilten erwiesen sein; es genügt
die Unmöglichkeit des Schuldnachweises (LR-Gössel 9; Peters Fehlerquellen
III 158 ff).

Die Regelung des II ist **entspr anzuwenden,** wenn ein Angeklagter unter Ein- 8a
beziehung einer anderweitig rechtskräftig verhängten Strafe verurteilt wird und
sich nach Rechtskraft des Urteils herausstellt, dass mit der einbezogenen Strafe
zuvor schon eine Gesamtstrafe gebildet worden war (LG Duisburg NStZ **04**, 104;
zust Hellebrand NStZ **04**, 64). Auch eine teilweise Abänderung des Rechtsfolgenausspruchs ist zulässig (LG Fulda StV **12**, 401: Aufhebung der Anordnung der Sicherungsverwahrung).

B. Die **Zustimmung der StA** ist erforderlich, aber nicht im Privatklageverfah- 9
ren. Sie soll nur ausnahmsweise erteilt werden, etwa wenn einwandfrei festgestellt
ist, dass der Verurteilte zur Tatzeit schuldunfähig war, oder wenn seine Unschuld

Schmitt 1623

§ 372

sonst klar zutage liegt und eine Erneuerung der Hauptverhandlung wegen der besonderen Umstände des Falles unzweckmäßig wäre (RiStBV 171 I S 2, II). Die Zustimmung kann widerrufen werden. Nicht erforderlich ist die Zustimmung des Verurteilten (Frankfurt NJW **65**, 314) und des Privatklägers (LR-Gössel 21).

10   C. Im **Ermessen des Gerichts** steht die Entscheidung nach II. Sie kommt nur in Fällen mit unzweifelhaften Ergebnissen in Betracht (LR-Gössel 23). Dass bereits ein Hauptverhandlungstermin anberaumt war, steht nicht entgegen. Gegen den Willen des Verurteilten sollte nicht ohne erneute Hauptverhandlung entschieden werden; jedenfalls ist er vorher zu hören (KMR-Eschelbach 16; LR-Gössel 24; **aM** SK-Frister 11; Peters Fehlerquellen III 159).

11   4) Durch **Beschluss** (nicht durch Urteil) wird in den Fällen I und II entschieden (BGH **8**, 383 = JZ **56**, 501 mit Anm Henkel; BGH **14**, 64, 66; allgM).

12   5) Die **öffentliche Bekanntmachung (IV)** ist ein Ersatz für die fehlende Rehabilitierung durch die Urteilsverkündung in einer Hauptverhandlung. Sie ist nur in den Fällen des § 371 zulässig (RG **42**, 115), sofern nicht schon das frühere Urteil, zB nach § 200 StGB, bekannt gemacht worden war (11 zu § 373). Die Anordnung ergeht nur auf Verlangen des Antragstellers (nicht der StA), das an keine Frist gebunden ist und noch nach Rechtskraft des Beschlusses gestellt werden kann (LR-Gössel 27). Bekannt gemacht wird nur der Urteilsausspruch. Die Veröffentlichung erfolgt im BAnz, nach Ermessen des Gerichts daneben auch in anderer geeigneter Weise (16 zu § 111e). Für die Vollstreckung gelten §§ 36 II, 463c III, IV.

13   6) **Sofortige Beschwerde** nach § 372 ist gegen den Beschluss zulässig (BGH **8**, 383; NJW **76**, 431; Schleswig SchlHA **63**, 60). Die Beschränkung des S 2 gilt nicht. Im Fall des II hat die StA kein Anfechtungsrecht, wenn sie zugestimmt hatte (LR-Gössel 30). Der Verurteilte kann den wegen fehlender Zustimmung der StA ergangenen Ablehnungsbeschluss nicht anfechten (Frankfurt NJW **65**, 314).

Sofortige Beschwerde

372 ¹Alle Entscheidungen, die aus Anlaß eines Antrags auf Wiederaufnahme des Verfahrens von dem Gericht im ersten Rechtszug erlassen werden, können mit sofortiger Beschwerde angefochten werden. ²Der Beschluß, durch den das Gericht die Wiederaufnahme des Verfahrens und die Erneuerung der Hauptverhandlung anordnet, kann von der Staatsanwaltschaft nicht angefochten werden.

1   1) **Sofortige Beschwerde (§ 311)** findet statt gegen Entscheidungen des Gerichts des 1. Rechtszugs, dh des Gerichts, das nach § 367 I, § 140a GVG über die Zulässigkeit und Begründetheit des Wiederaufnahmeantrags entschieden hat (BGH **37**, 356, 357; Düsseldorf NJW **58**, 1248), auch des OLG (§ 304 IV S 2 Nr 5). In Betracht kommen nur Entscheidungen nach §§ 368 I, 370 I und II (vgl aber unten 4) und nach § 360 II (dort 5) sowie Beschlüsse nach § 371 I und II (dort 13); **aM** Wasserburg/Rübenstahl GA **02**, 39: auch bei Zwischenentscheidungen im Probationsverfahren. Die einen Ablehnungsantrag zurückweisende Entscheidung ist entspr § 28 II S 2 nur zusammen mit der Endentscheidung anfechtbar (Frankfurt – 1. StS – NStZ-RR **07**, 148; **aM** Frankfurt – 2. StS – NStZ-RR **08**, 378; Hamm NStZ-RR **14**, 215; **16**, 70 [F/S]; erg unten 2 aE). Hat das AG in Verkennung seiner Zuständigkeit entschieden, so ist die den Mangel nicht erkennende Beschwerdeentscheidung des LG als eine mit der Beschwerde zum OLG anfechtbare erstinstanzliche Entscheidung anzusehen (KG NStZ **09**, 592 L).

2   2) **Einfache Beschwerde (§ 304 I)** ist zulässig gegen ablehnende Entscheidungen nach § 364a (dort 9), § 364b und andere Beschlüsse, die nicht unmittelbar mit der Zulässigkeit, Begründetheit oder Strafvollstreckung zusammenhängen (Koblenz NJW **61**, 1418; LR-Gössel 6). Dabei gilt § 305 S 1 entspr (Frankfurt NJW **65**, 314; LR-Gössel 7 mwN). Unanfechtbar sind vor allem Beschlüsse über

den Umfang der Beweisaufnahme nach § 369 (Frankfurt NJW **55**, 73), zB die Bestellung von Sachverständigen (Hamm MDR **69**, 950), die Vernehmung von Zeugen (LR-Gössel 8), aber auch über die Ablehnung eines Richters nach § 24 (Koblenz OLGSt Nr 5 zu § 28; **aM** Düsseldorf JMBlNW **95**, 80; SK-Frister 3) oder eines Sachverständigen nach § 74 (Düsseldorf MDR **89**, 762; Frankfurt NJW **65**, 314).

3) Anfechtungsberechtigt sind Antragsteller und StA. 3
Das Beschwerderecht der StA ist durch S 2 eingeschränkt, auch für den Fall, dass 4 die Wiederaufnahme auf Antrag des Privatklägers zuungunsten des Angeklagten angeordnet wird. Für sofortige Beschwerden dieses Prozessbeteiligten gilt S 2 entspr (Stuttgart MDR **70**, 165). Den Beschluss nach § 368 kann die StA immer anfechten, auch wenn er mit dem nach § 370 II verbunden worden ist (LR-Gössel 12; Fuchs MDR **70**, 165; **aM** Peters Fehlerquellen III 163). Der Nebenkläger kann sich dem Verfahren durch Einlegung des Rechtsmittels anschließen (Stuttgart Justiz **87**, 436).

4) Verfahren: 5
Die sofortige Beschwerde muss nicht in der strengen Form des § 366 II einge- 6 legt werden; die **Form** des § 306 I genügt (Braunschweig NJW **66**, 993; Hamm MDR **68**, 166).
Das **Nachschieben neuer Tatsachen und Beweismittel** mit der Beschwerde 7 ist unzulässig, auch wenn das Rechtsmittel in der Form des § 366 II eingelegt wird (BGHR Neue Tatsache 6; KG JR **67**, 32; Braunschweig aaO; Düsseldorf NJW **82**, 839; Hamm aaO; München MDR **82**, 250; LR-Gössel 18; **aM** Hamm NJW **76**, 1417; Peters Fehlerquellen III 152 ff). Zulässig ist ein lediglich ergänzender Tatsachenvortrag (Celle NJW **66**, 943 = JZ **67**, 223 mit Anm Hanack), ebenso die Konkretisierung eines schon im Wiederaufnahmeantrag angebotenen Beweismittels (BGH NStZ **85**, 496 [Pf/M]). Das Beschwerdegericht entscheidet nach § 309 II in der Sache selbst (Nürnberg NJW **13**, 2692).
Jedoch muss **zurückverwiesen** werden, wenn ein nach § 23 II ausgeschlossener 8 Richter mitgewirkt hat (Bremen NJW **66**, 605; Hamm OLGSt § 23 S 7; Saarbrücken NJW **66**, 167), sofern der Antrag nicht wegen Formmangels unzulässig ist (KG JR **67**, 266), wenn der Antrag zu Unrecht nach § 368 I verworfen worden ist (Frankfurt NJW **83**, 2399; Hamm NJW **80**, 717), die Beweisaufnahme nach § 369 nicht ordnungsgemäß stattgefunden hat (Hamm JMBlNW **78**, 116), das rechtliche Gehör nach § 369 IV versagt worden ist (Düsseldorf NJW **82**, 839; Hamburg MDR **77**, 865; Hamm NJW **74**, 689) oder bei der Entscheidung nach § 370 I polizeiliche oder staatsanwaltschaftliche Protokolle verwertet worden sind (LR-Gössel 51 zu § 370).

5) Die **Rechtskraft** der Beschwerdeentscheidung steht der Wiederholung des 9 wegen Formmangels als unzulässig verworfenen Antrags nicht entgegen. Ist aber eine Sachentscheidung ergangen, gleichgültig, ob der Antrag als unzulässig (§ 368 I) oder unbegründet (§ 370 I) verworfen worden ist, so ist das Wiederaufnahmevorbringen verbraucht und die Wiederholung des Antrags ausgeschlossen (Braunschweig NJW **66**, 994; Düsseldorf JMBlNW **84**, 263; Hamburg JR **00**, 380 mit Anm Gössel: Eine „Wiederaufnahme des Wiederaufnahmeverfahrens ist unstatthaft"). Eine Ausnahme gilt, wenn die Ausführungen nicht entscheidungserheblich waren, zB nur in einer Hilfserwägung bestanden. Wird der neue Antrag auf andere neue Tatsachen oder Beweismittel gestützt, so können die frühere Sachvortrag und die früher erhobenen Beweismittel unterstützend herangezogen werden (Hamburg OLGSt § 359 S 19).
In der **erneuten Hauptverhandlung** ist die Rechtmäßigkeit des Beschlusses 10 nach § 370 II nicht zu prüfen (BGH **14**, 85, 88). An den Umfang der zugelassenen Wiederaufnahme ist das Gericht gebunden (BGH aaO). Diesen Einschränkungen unterliegt auch die Prüfung des Revisionsgerichts (BGH aaO; LR-Gössel 26 mwN).

§ 373

**Urteil nach erneuter Hauptverhandlung;
Verbot der Schlechterstellung**   RiStBV 171

373 ^I In der erneuten Hauptverhandlung ist entweder das frühere Urteil aufrechtzuerhalten oder unter seiner Aufhebung anderweit in der Sache zu erkennen.

^{II 1} Das frühere Urteil darf in Art und Höhe der Rechtsfolgen der Tat nicht zum Nachteil des Verurteilten geändert werden, wenn lediglich der Verurteilte, zu seinen Gunsten die Staatsanwaltschaft oder sein gesetzlicher Vertreter die Wiederaufnahme des Verfahrens beantragt hat. ² Diese Vorschrift steht der Anordnung der Unterbringung in einem psychiatrischen Krankenhaus oder einer Entziehungsanstalt nicht entgegen.

1   1) **Vor dem zuständigen Gericht** (vgl §§ 140a GVG) in demselben Rechtszug, in dem das frühere Urteil ergangen war, findet die neue Hauptverhandlung statt, bei Gerichten mit besonderer Zuständigkeit erneut vor einem Gericht dieser Art (BGH **14**, 64, 66), bei Berufungsurteilen wieder vor einem Berufungsgericht (RG **77**, 282; LR-Gössel 1 mwN), bei Revisionsurteilen vor einem anderen Senat desselben Revisionsgerichts (Kissel/Mayer 5 zu § 140a GVG). Zum Richterausschluss vgl § 23 II; nicht ausgeschlossen sind die Richter, die bei der Beweisaufnahme nach § 369 oder bei dem Beschluss nach § 370 II mitgewirkt haben.

2   2) In der **neuen Verhandlung,** für die erforderlichenfalls nach §§ 140 ff ein Verteidiger bestellt werden muss (3 zu § 364a), wird nicht das frühere Urteil überprüft, sondern die Sache ohne Bindung an das frühere Urteil in jeder Hinsicht neu und selbstständig verhandelt (BGH **14**, 64, 66; Frankfurt NJW **83**, 2398; LR-Gössel 5 mwN); dabei gilt § 264 (BGH **19**, 280, 282). Die Entscheidung, die nach § 362 Nr 2 Wiederaufnahmegrund war, wird aber nicht auf ihre Richtigkeit geprüft (BGH NStZ **85**, 208 [Pf/M]). Zwischenzeitliche Gesetzesänderungen sind zu beachten. Bei Verhandlungen im 1. Rechtszug wird nach § 243 III S 1 verlesen, im Berufungsverfahren nach § 324 I S 2 das angefochtene Urteil. Die Verlesung des Beschlusses nach § 370 II ist nicht erforderlich; unzulässig ist sie nur, wenn der Beschluss eine eingehende Beweiswürdigung enthält und Schöffen mitwirken (BGH MDR **61**, 250; **aM** SK-Frister 6). Die Verlesung des früher ergangenen Urteils ist zulässig und geboten, wenn die neue Verhandlung sonst unverständlich bliebe. Neues Vorbringen ist unbeschränkt zulässig; die Beweise sind neu zu würdigen (Peters 687), und über die Rechtsfolgen ist unter Beachtung von II neu zu entscheiden. Hinweise an den Angeklagten, zB nach § 265, müssen wiederholt (RG **58**, 52), Zeugen neu vereidigt werden (5 zu § 67). Nebenkläger sind ohne erneute Anschlusserklärung wieder zuzulassen (Köln JMBlNW **84**, 21).

3   3) **Neue Entscheidung:**

4   A. Eine **Beendigung des Verfahrens** kann nicht durch Fallenlassen der Klage nach § 411 III S 1 (Peters Fehlerquellen III 165; **aM** KK-Schmidt 6) oder Zurücknahme der Berufung der StA (**aM** LR-Gössel 18; SK-Frister 10; Marxen/Tiemann 404) herbeigeführt werden. Auch eine Verwerfung der Berufung nach § 329 I ist unzulässig (SK-Frister 10; **aM** KK-Schmidt 11; Miebach/Hohmann-Cirener H 51). Eine Sachentscheidung muss die neue Entscheidung nicht sein; so ist zB auch die Anwendung der §§ 205, 270 möglich.

4a   Die **Verfahrenseinstellung** nach §§ 206a, 260 III und nach §§ 153 ff ist nicht ausgeschlossen. Es ist aber zu unterscheiden: Wurde in dem früheren Verfahren ein Verfahrenshindernis übersehen, so muss das frühere Urteil nach § 371 II oder § 373 I aufgehoben und das Verfahren eingestellt werden. Ist das Verfahrenshindernis erst hier eingetreten, wird das Verfahren nach § 206a eingestellt (SK-Paeffgen 11 zu § 206a; Miebach/Hohmann-Cirener H 50; Meyer-Goßner GA **73**, 374; erg 6 zu § 206a).

5   B. Die **Aufhebung des früheren Urteils** ist notwendig, wenn von ihm abgewichen wird; dann ist anderweit in der Sache zu erkennen. Maßgebend ist aber

allein das Beweisergebnis der neuen Hauptverhandlung, das eigenständig gewürdigt werden muss; wenn dies für die Überzeugung des Gerichts ausreicht, ist es unerheblich, ob früher als wesentlich angesehene Beweise entkräftet oder in ihrem Gewicht gemindert sind (BGH StV 99, 5).

Auf **Aufrechterhaltung der Entscheidung** wird erkannt, wenn das Gericht in 6 keinem Punkt von der früheren Entscheidung abweicht (LR-Gössel 27). Das Urteil wird dann nicht aufgehoben und durch eine inhaltsgleiche Verurteilung ersetzt. Sachliche Bedeutung hat die im Gesetz vorgeschriebene Form aber nicht (RG 57, 317; Bremen NJW 56, 316; Stree JR 82, 337). Die Neufassung des Urteilsausspruchs zur Anpassung an zwischenzeitliche Gesetzesänderungen ist nicht ausgeschlossen. Bei Verhängung einer milderen Strafe wird das ganze Urteil neu gefasst (KMR-Eschelbach 18; LR-Gössel 28).

Für den **Urteilsinhalt** gilt § 267. Auf die Feststellungen des aufrechterhaltenen 7 Urteils darf nicht Bezug genommen werden (LR-Gössel 29 mwN).

C. Anrechnung früherer Rechtsfolgen: 8
Bereits vollstreckte gleichartige **Strafen** werden nach § 51 II StGB ohne besonderen Ausspruch angerechnet, Geldstrafe, wenn nunmehr Freiheitsstrafe verhängt wird, nach dem Umrechnungsmaßstab des § 51 IV S 1 StGB (Bay 76, 87 = NJW 76, 2139). Bei Freispruch werden die Geldstrafe (D. Meyer MDR 79, 459; vgl auch Peters Fehlerquellen III 187 ff) und die Gerichtskosten zurückerstattet, eine vollstreckte Freiheitsstrafe aber nicht auf in anderen Sachen verhängte Strafen angerechnet (aM Frankfurt GA 80, 262; LR-Gössel 30 für den Fall, dass die Verurteilung zu einer Gesamtstrafe geführt hätte). Bei Sicherungsmaßregeln nach §§ 69, 70 StGB wird die Zeit des bisherigen Verbots auf die des neuen angerechnet (Hamm VRS 21, 43).

Einziehungsgegenstände werden zurückgegeben, wenn die Einziehung nicht 10 mehr angeordnet worden ist.

Die **Urteilsbekanntmachung** ist nur erforderlich, wenn sie früher erfolgt, der 11 Verurteilte aber nunmehr freigesprochen worden ist (LR-Gössel 33).

Gnadenerweise gewinnen ihre Bedeutung zurück, wenn der Verurteilte erneut 12 bestraft wird. Daher muss das Urteil mit den Änderungen aufrechterhalten werden, die es im Gnadenweg erfahren hat, und der Gnadenerweis muss auf die neue Strafe angerechnet werden (LR-Gössel 35 mwN). Für die Entschädigung für Strafverfolgungsmaßnahmen und Strafen gelten §§ 1, 7 StrEG.

4) Das Verbot der Schlechterstellung entspricht dem Verbot der §§ 331, 13 358 II; allerdings ist (versehentlich?) § 358 II S 2 nicht für entspr anwendbar erklärt.

Verfahren bei Strafbefehl

§ 373a ¹ Die Wiederaufnahme eines durch rechtskräftigen Strafbefehl abgeschlossenen Verfahrens zuungunsten des Verurteilten ist auch zulässig, wenn neue Tatsachen oder Beweismittel beigebracht sind, die allein oder in Verbindung mit den früheren Beweisen geeignet sind, die Verurteilung wegen eines Verbrechens zu begründen.

II Im übrigen gelten für die Wiederaufnahme eines durch rechtskräftigen Strafbefehl abgeschlossenen Verfahrens die §§ 359 bis 373 entsprechend.

1) Die Wiederaufnahmegründe gegen Strafbefehle (I) entsprechen mit ei- 1 ner Ausnahme denen, die auch bei einer Aburteilung durch Urteil gelten. Zugunsten des Verurteilten ist § 359 anzuwenden, zu seinen Ungunsten § 362, beide ergänzt durch §§ 363, 364.

Für die **Wiederaufnahme zuungunsten des Verurteilten** ist abweichend von 2 § 362 die Wiederaufnahme auch zulässig, wenn die StA neue Tatsachen oder Beweismittel (27 ff zu § 359) beibringt, die allein oder in Verbindung mit den früheren Tatsachen und Beweisen geeignet sind, die Verurteilung wegen eines Verbre-

§ 373a

chens (§ 12 I StGB) zu begründen. Das ist nur der Fall, wenn sich die Tat nachträglich als Verbrechen herausstellt, sei es durch dem Gericht, das den Strafbefehl erlassen hat, bisher unbekannte (Mitsch NZV **13**, 66 mwN in Fn 37) oder durch nachträglich eingetretene Umstände. Ist die Tat nur rechtlich fehlerhaft als Vergehen gewertet worden, scheidet die Wiederaufnahme aus (Neumann NJW **84**, 780).

3 Damit ist dem Umstand Rechnung getragen, dass zwar die **Rechtskraft des Strafbefehls** nach § 410 III der eines Urteils gleichsteht (dort 11 ff), dass das Strafbefehlsverfahren aber ein summarisches Verfahren ist, bei dem die den Schuldvorwurf begründenden Tatsachen nicht so sorgfältig geprüft werden wie in der Hauptverhandlung, so dass der Strafbefehl möglicherweise auf weniger zuverlässigen Erkenntnisgrundlagen beruht (vgl 1 vor § 407; krit SK-Frister 5; Kerner/ Karnowski Kühne-FS 579). Durch die Einschränkung, dass die Wiederaufnahme nur das Ziel der Verurteilung wegen eines Verbrechens haben kann, ist § 373a dem § 153a I S 4 und dem § 85 III S 2 OWiG angepasst worden.

4 **2) Die entsprechende Geltung der §§ 359–373 (II)** bedeutet, dass auch im Wiederaufnahmeverfahren gegen einen Strafbefehl zunächst nach § 368 über die Zulässigkeit des Antrags entschieden wird. Zur Beurteilung, ob neue Tatsachen oder Beweismittel vorliegen (21 zu § 359), ist auf die Aktenlage abzustellen (BVerfG NJW **93**, 2735; **07**, 207; StV **03**, 225; Feilcke/Schiller NStZ-RR **16**, 3); allgemein- oder gerichtskundige Tatsachen (50 ff zu § 244) sind nur dann nicht neu, wenn sie Eingang in die Verfahrensakten oder in dem Text des Strafbefehls gefunden haben (BVerfG NJW **07**, 207, 208). Dabei ist es rechtsstaatlich geboten, sich aus den Akten aufdrängende, klar auf der Hand liegende Fehler bei der Tatsachenfeststellung zu beachten (BVerfG NZV **16**, 45, 47). Wird der Antrag für zulässig befunden, folgt nach gemäß § 369 durchgeführter Beweisaufnahme die Entscheidung über die Begründetheit (§ 370). Wenn der Beschluss nach § 370 II rechtskräftig wird, hat der Strafbefehl für das weitere Verfahren die Bedeutung eines Eröffnungsbeschlusses. Sofern nicht nach § 371 verfahren wird, muss in dem wiederaufgenommenen Verfahren auf Grund einer Hauptverhandlung entschieden werden (LR-Gössel 13); § 412 ist nicht anwendbar. In der neuen Hauptverhandlung wird entweder der Strafbefehl aufrechterhalten oder unter seiner Aufhebung anderweitig in der Sache entschieden. Das gilt allerdings nur, wenn zulässigerweise im Strafbefehlsverfahren verhandelt worden ist; war das nicht der Fall, weil zB entgegen § 79 I **JGG** ein Strafbefehl gegen einen Jugendlichen erlassen worden war (vgl 22 zu § 359), ist das Verfahren entspr § 371 II einzustellen und sodann ggf eine neue Anklage im ordentlichen Verfahren zu erheben (SSW-Kaspar 4; **aM** LG Landau NStZ-RR **03**, 28 aE; LR-Gössel 16).

5 **3)** Bei der Wiederaufnahme zwecks Verurteilung wegen eines **Verbrechens** trifft der nach § 140a GVG zuständige Amtsrichter die Entscheidungen nach §§ 368 ff. Hatte – wie in aller Regel – der Strafrichter (§ 25 GVG) den Strafbefehl erlassen, so verweist der Amtsrichter nach Anordnung der Wiederaufnahme des Verfahrens und der Erneuerung der Hauptverhandlung gem § 370 II die Sache nach § 225a I an das zur Aburteilung des Verbrechens zuständige Gericht; dasselbe gilt bei Strafbefehlserlass durch das SchG (vgl 5, 6 zu § 408), falls dessen Strafgewalt nicht ausreicht oder eine Spezialzuständigkeit des LG oder OLG besteht. Lehnt das höhere Gericht die Übernahme ab, muss das AG die Hauptverhandlung durchführen, in der es entweder die Sache gem § 270 I an das höhere Gericht verweist oder – wenn es die Meinung dieses Gerichts entgegen der im Beschluss nach § 370 II vertretenen Ansicht als zutr erachtet – den Strafbefehl aufrechterhält; das SchG kann allerdings – im Rahmen des § 24 II GVG – auch unter Aufhebung des Strafbefehls wegen Verbrechens verurteilen.

Fünftes Buch. Beteiligung des Verletzten am Verfahren

Erster Abschnitt. Privatklage

Vorbemerkungen

1) Das **Privatklageverfahren** hat inzwischen praktisch weithin an Bedeutung verloren (LR-Hilger 4; SK-Velten 10 zu § 374; Weigend RW **10**, 55); es würde sich empfehlen, es durch ein Verfahren zu ersetzen, dass nicht auf Bestrafung des Beschuldigten, sondern auf eine Aussöhnung zwischen Privatkläger und Privatbeklagtem ausgerichtet ist (Lütz-Binder, Rechtswirklichkeit der Privatklage und Umgestaltung zu einem Aussöhnungsverfahren, 2010, zugl Diss Mannheim 2009).

Das Privatklageverfahren ist nach § 374 I nur bei bestimmten leichten Vergehen zulässig, die die Allgemeinheit idR wenig berühren (vgl Einl 90). Es ist nach derzeitiger Regelung aber ein Strafverfahren mit dem Ziel, gegen den Beschuldigten eine Strafe zu verhängen, die wie eine auf öffentliche Klage erkannte Strafe vollstreckt und in das BZR eingetragen wird. Daher gelten, soweit die §§ 374 ff nichts anderes bestimmen, die allgemeinen Vorschriften der StPO. Die StA verfolgt Privatklagedelikte nur, wenn daran ein öffentliches Interesse besteht (§ 376). Ist bereits Privatklage erhoben, so kann sie unter dieser Voraussetzung das Verfahren übernehmen (§ 377 II). Vorher wirkt sie an dem Privatklageverfahren nicht mit (2 zu § 377). Dennoch handelt es sich um kein echtes Parteiverfahren. Zwar gibt es kein Ermittlungsverfahren iS der §§ 158 ff. Das Gericht hat aber wie in jedem Strafverfahren den Sachverhalt unabhängig von dem Vortrag der Beteiligten nach § 244 II von Amts wegen aufzuklären (§ 384 III). Vermögensrechtliche Ansprüche können nach §§ 403 ff auch im Privatklageverfahren geltend gemacht werden (12 zu § 403).

2) An eine **Frist** ist die Erhebung der Privatklage nicht gebunden; sie ist bis zum Eintritt der Verfolgungsverjährung möglich.

3) Unzulässig ist die Privatklage gegen (zur Tatzeit) Jugendliche (§ 80 I **JGG**); statthaft ist aber die Widerklage gegen einen jugendlichen Privatkläger (§ 80 II **JGG**). Für Heranwachsende gilt die allgemeine Regelung (§§ 2, 109 I, II S 1 **JGG**). Wer von der Gerichtsbarkeit der BRep befreit ist, kann auch nicht mit einer Privatklage belangt werden (2 zu § 18 GVG). Über Privatklagen gegen Abgeordnete vgl RiStBV 191 ff.

4) Sachlich **zuständig** für das Privatklageverfahren ist ausschließlich der Strafrichter (§ 25 Nr 1 GVG), im Verfahren gegen Heranwachsende der Jugendrichter (§ 108 II JGG). Die örtliche Zuständigkeit richtet sich nach den §§ 7 ff. Bei Beleidigung durch Druckschriften gilt die besondere Gerichtsstandsregelung des § 7 II S 2. Die Verweisung an ein anderes Gericht wegen örtlicher Unzuständigkeit ist auch im Privatklageverfahren ausgeschlossen (LG Bonn JurBüro **82**, 1045; erg 5 zu § 16).

5) Der **Privatkläger,** der prozessfähig sein muss (§ 374 III), verfolgt den staatlichen Strafanspruch, jedoch ohne Bindung an das Legalitätsprinzip. Er kann auf sein Klagerecht förmlich verzichten, und es steht ihm auch sonst frei, von der Erhebung der Privatklage abzusehen, sie auf einen von mehreren Beschuldigten oder auf eine von mehreren Taten zu beschränken (KMR-Stöckel 6), sie zurückzunehmen (§ 391 I) oder nicht weiterzuverfolgen (§ 391 II, III).

Der Privatkläger übt kein öffentliches Amt aus; gleichwohl verträgt es sich mit seiner Stellung nicht, dass er in dem Privatklageverfahren als **Zeuge** auftritt (Bay **53**, 26; **61**, 191; KK-Walther 2 zu § 384; **aM** Gössel 205; Lorenz JR **50**, 106). Ihm darf nicht Gelegenheit gegeben werden, seine Vorwürfe als Zeuge vorzutragen und mit dem Eid zu bekräftigen, während der Angeklagte darauf angewiesen ist, sich mit formlosen Erklärungen zu verteidigen. Jedoch können die Erklärungen des Privatklägers zur Sache wie die des Angeklagten entgegengenommen und, wenn das Gericht sie für glaubhaft hält, der Entscheidung nach § 261 zugrunde gelegt werden (Bay 53, 26, 29).

7 Der Ausschluss als Zeuge gilt auch für den **gesetzlichen Vertreter**, der für den geschäftsunfähigen Verletzten die Privatklage erhebt (Düsseldorf JMBlNW **62**, 198).

8 **6) Vergleich im Privatklageverfahren**

9 A. Der **gerichtliche Vergleich** (dazu LR-Hilger 14 ff zu § 391; Dahs 1046; Haas NJW **88**, 1346; Schmidt-Hieber 204 ff; krit Arndt NJW **62**, 783) hat im Privatklageverfahren den Sinn, die unwiderrufliche Beendigung des Verfahrens herbeizuführen, muss also die Zurücknahme der Privatklage (§ 391 I) und der etwaigen Widerklage (§ 388) ggf auch des Strafantrags (§ 77d StGB; erg 6 zu § 374) enthalten. Dafür gilt der Angeklagte gewöhnlich eine Ehrenerklärung ab, erklärt sich bereit, Schadensersatz zu leisten oder eine Geldbuße zugunsten einer gemeinnützigen Einrichtung zu zahlen und die Kosten des Verfahrens ganz oder teilw zu übernehmen (vgl im einzelnen Dahs 1047).

10 Die **Vergleichserklärungen** müssen die Beteiligten in der Hauptverhandlung bei gleichzeitiger Anwesenheit dem Gericht gegenüber abgeben; der Vergleich muss in der Sitzungsniederschrift beurkundet werden.

11 Üblicherweise wird der Vergleich unter dem **Vorbehalt des Widerrufs** binnen einer bestimmten Frist geschlossen, gegen deren Versäumung Wiedereinsetzung nicht möglich ist (LG Würzburg NJW **54**, 768; KK-Walther 5 zu § 391). An der nur bedingten Wirkung seiner Erklärungen hat der Privatkläger insbesondere dann ein dringendes Interesse, wenn der Angeklagte sich zu Gegenleistungen verpflichtet, die er nicht sofort bei Vergleichsabschluss erfüllen kann, wie Geldzahlungen und öffentliche Ehrenerklärungen. Der Grundsatz, dass Prozesserklärungen nicht unter einer Bedingung abgegeben werden können (Einl 118), muss daher, wenn nicht die wünschenswerte Erledigung von Privatklageverfahren durch Vergleich über Gebühr eingeschränkt werden soll, eine Ausnahme erleiden (vgl LR-Hilger 16 ff zu § 391). Anfechtbar ist der Vergleich nicht, auch nicht hinsichtlich seiner kostenrechtlichen Nebenwirkungen (Frankfurt OLGSt § 390 S 1; LG Frankfurt aM NJW **59**, 1454 mit abl Anm Kubisch NJW **59**, 1935).

12 Die **Verfahrensbeendigung** führt der Vergleich nicht unmittelbar herbei (KK-Walther 4 zu § 391; **aM** LG Wuppertal MDR **57**, 501). Die in ihm enthaltenen Rücknahmeerklärungen stellen aber ein Prozesshindernis dar, das einen Einstellungsbeschluss nach § 391 I erforderlich macht (dort 7). Erst dieser Beschluss beendet das Privatklageverfahren.

13 Soweit der Vergleich einen vollstreckbaren Inhalt hat, ist er **Vollstreckungstitel** iS des § 794 I Nr 1 ZPO (LG Kassel NJW **51**, 373; LG Wuppertal aaO), nicht aber Grundlage für die Kostenfestsetzung nach § 464b; denn eine Kosten- und Auslagenentscheidung nach § 464 I, II ist er nicht (KK-Gieg 2 zu § 464b mwN). Eine solche Entscheidung entsteht erst, wenn und soweit die Kosten- und Auslagenvereinbarung des Vergleichs in die Kosten- und Auslagenentscheidung des Gerichts übernommen wird, zB nach § 470 oder 471 III. Ist das nicht geschehen, so gelten die §§ 29 Nr 2, 31 GKG. Die Staatskasse kann mit Kosten nur bei unmittelbarer Anwendung des § 470 S 2 belastet werden.

14 Das **Verfolgungsrecht der StA** wird durch den Vergleich nicht berührt, sofern durch ihn nicht auf der Strafantrag zurückgenommen wird (§ 77d StGB) und dadurch ein Prozesshindernis (Einl 145) entsteht (Stuttgart JR **53**, 349 mit Anm Kohlhaas).

15 B. Der **außergerichtliche Vergleich** enthält den Verzicht auf das Privatklagerecht oder auf den Strafantrag (Einl 117). Der Verzicht ist unwiderruflich.

16 Der Vergleich kann **vor der Vergleichsbehörde** nach § 380 I wegen der in dieser Vorschrift bezeichneten Straftaten erklärt werden (dort 8); mit dem formge-

Privatklage § 374

rechten Abschluss des Vergleichs geht das Privatklagerecht unter. Eine dennoch erhobene Privatklage muss nach § 383 I zurückgewiesen werden.

Wird der Vergleich nur **gegenüber dem Prozessgegner** erklärt, so hat er keine unmittelbare Wirkung. Jeder Beteiligte gilt aber als ermächtigt, den Vergleich dem Gericht vorzulegen. Weist der Beschuldigte dem Gericht nach erhobener Privatklage nach, dass der Privatkläger in einem außergerichtlichen Vergleich auf das Privatklagerecht oder den erforderlichen Strafantrag verzichtet hat, so ist die Privatklage nach § 383 I zurückzuweisen oder das Verfahren einzustellen (KG NJW **60**, 2207; KK-Walther 6 zu § 391; **aM** Hartung NJW **61**, 523). 17

Zulässigkeit; Privatklageberechtigte

374 ¹ Im Wege der Privatklage können vom Verletzten verfolgt werden, ohne daß es einer vorgängigen Anrufung der Staatsanwaltschaft bedarf,

1. ein Hausfriedensbruch (§ 123 des Strafgesetzbuches),
2. eine Beleidigung (§§ 185 bis 189 des Strafgesetzbuches), wenn sie nicht gegen eine der in § 194 Abs. 4 des Strafgesetzbuches genannten politischen Körperschaften gerichtet ist,
2a. eine Verletzung des höchstpersönlichen Lebensbereichs durch Bildaufnahmen (§ 201a Absatz 1 und 2 des Strafgesetzbuches),
3. eine Verletzung des Briefgeheimnisses (§ 202 des Strafgesetzbuches),
4. eine Körperverletzung (§§ 223 und 229 des Strafgesetzbuches),
5. eine Nötigung (§ 240 Absatz 1 bis 3 des Strafgesetzbuches) oder eine Bedrohung (§ 241 des Strafgesetzbuches),
5a. eine Bestechlichkeit oder Bestechung im geschäftlichen Verkehr (§ 299 des Strafgesetzbuches),
6. eine Sachbeschädigung (§ 303 des Strafgesetzbuches),
6a. eine Straftat nach § 323a des Strafgesetzbuches, wenn die im Rausch begangene Tat ein in den Nummern 1 bis 6 genanntes Vergehen ist,
7. eine Straftat nach §§ 16 bis 19 des Gesetzes gegen den unlauteren Wettbewerb und § 23 des Gesetzes zum Schutz von Geschäftsgeheimnissen,
8. eine Straftat nach § 142 Abs. 1 des Patentgesetzes, § 25 Abs. 1 des Gebrauchsmustergesetzes, § 10 Abs. 1 des Halbleiterschutzgesetzes, § 39 Abs. 1 des Sortenschutzgesetzes, § 143 Abs. 1, § 143a Abs. 1 und § 144 Abs. 1 und 2 des Markengesetzes, § 51 Abs. 1 und § 65 Abs. 1 des Designgesetzes, den §§ 106 bis 108 sowie § 108b Abs. 1 und 2 des Urheberrechtsgesetzes und § 33 des Gesetzes betreffend das Urheberrecht an Werken der bildenden Künste und der Photographie.

II ¹ Die Privatklage kann auch erheben, wer neben dem Verletzten oder an seiner Stelle berechtigt ist, Strafantrag zu stellen. ² Die in § 77 Abs. 2 des Strafgesetzbuches genannten Personen können die Privatklage auch dann erheben, wenn der vor ihnen Berechtigte den Strafantrag gestellt hat.

III Hat der Verletzte einen gesetzlichen Vertreter, so wird die Befugnis zur Erhebung der Privatklage durch diesen und, wenn Körperschaften, Gesellschaften und andere Personenvereine, die als solche in bürgerlichen Rechtsstreitigkeiten klagen können, die Verletzten sind, durch dieselben Personen wahrgenommen, durch die sie in bürgerlichen Rechtsstreitigkeiten vertreten werden.

1) Privatklagerecht des Verletzten (I):

A. Nur die **Privatklagedelikte**, die I abschließend aufzählt, können im Wege der Privatklage verfolgt werden. Der Verstoß gegen die in den Landespressegesetzen bestimmten Verpflichtung des verantwortlichen Redakteurs, Verlegers usw, Druckwerke von strafbarem Inhalt freizuhalten, ist nicht deshalb ein Privatklagede-

Schmitt 1631

§ 374

likt, weil das Presseinhaltsdelikt unter den Katalog des I fällt (Bay AfP **83**, 275). Krit zur Einordnung des § 238 I StGB in I Buettner ZRP **08**, 124.

3 Bei **Zusammentreffen mit einem Offizialdelikt** (Tateinheit, Gesetzeskonkurrenz, Tatmehrheit im Rahmen einer einheitlichen Tat iS des § 264) ist die Privatklage ausgeschlossen (erg 9 zu § 376). Schon der hinreichende Verdacht, den das Gericht ohne Bindung an vorausgegangene Entscheidungen der StA beurteilt (Neustadt MDR **61**, 955), dass auch ein Offizialdelikt vorliegt, führt zur Zurückweisung der Privatklage (vgl auch 7 zu § 383; 2 zu § 389). Stellt die StA ein solches Verfahren aber nach § 170 II ein, so hat der Verletzte die Wahl zwischen der Privatklage und einem Klageerzwingungsantrag nach § 172 II, der das Privatklagedelikt mit umfasst (dort 2). Stellt die StA das Verfahren dagegen nach §§ 153 ff ein, so bleibt dem Verletzten lediglich die Dienstaufsichtsbeschwerde (11 zu § 376; vgl auch SK-Velten 41).

4 Handelt es sich um **zwei Taten im verfahrensrechtlichen Sinn** (§ 264), so kann neben der Anklage im Offizialverfahren wegen des Privatklagedelikts Privatklage erhoben werden. Die Verbindung beider Verfahren nach § 4 ist mit der Einschränkung des § 384 V zulässig (KK-Walther 7).

5 B. Der **Verletzte** ist privatklageberechtigt, sofern er auf dieses Recht nicht wirksam verzichtet hat (15 vor § 374). Er muss wie bei § 172 (dort 9 ff) durch die Tat unmittelbar in seinen Rechten beeinträchtigt sein (RG **69**, 107, 108; KMR-Stöckel 1). Verletzt ist zB beim Hausfriedensbruch (§ 123 StGB) jeder Berechtigte, der über den Zugang zu den Räumen verfügen kann, also neben dem Eigentümer der Mieter, Pächter, auch der Untermieter, bei Verletzung des Briefgeheimnisses (§ 202 StGB) der Absender bis zum Zugang beim Empfänger, danach der Empfänger (KK-Walther 6a), bei Bedrohung (§ 241 StGB) nur der unmittelbar Bedrohte, bei der Sachbeschädigung (§ 303 StGB) der Eigentümer und der Besitzer, auch der Hauptmieter bei Untervermietung, nicht aber der Versicherer.

6 C. **Antragsdelikte** sind die meisten Privatklagedelikte (Ausnahme: § 241 StGB). Handelt es sich um ein Antragsdelikt, so setzt die Befugnis des Verletzten zur Erhebung der Privatklage, ebenso wie seine Befugnis zum Anschluss als Nebenkläger (5 zu § 395), voraus, dass er selbst oder ein von ihm befugt Handelnder (III) rechtzeitig und wirksam einen Strafantrag nach § 77 StGB gestellt hat. In der Erhebung der Privatklage innerhalb der Antragsfrist liegt die Antragstellung (KK-Walther 4; Roxin/Schonemann § 63, 9; erg 3 zu § 158). Der Strafantrag eines anderen Berechtigten reicht nicht aus (Bay **49/51**, 579; **64**, 154; KK-Walther 5; Rieß NStZ **89**, 103; aM KMR-Stöckel 4, 5 zu § 375; LR-Hilger 3 ff zu § 375; SK-Velten 18 zu § 375; erg 1 zu § 375). Auch der Beitritt nach § 375 II steht nur dem zu, der selbst wirksam Strafantrag gestellt hat (1 zu § 375).

7 2) **Privatklagerecht anderer Personen (II):** Neben dem Verletzten oder an seiner Stelle (S 1) kann der Dienstvorgesetzte nach §§ 194 III, 230 II StGB Privatklage erheben, sofern er rechtzeitig einen Strafantrag gestellt hat. Der Strafantrag des unmittelbar Verletzten oder eines anderen Berechtigten genügt nicht (KMR-Stöckel 28; LR-Hilger 32; aM AK-Rössner 10). Die in § 77 II StGB bezeichneten Angehörigen (S 2) sind nach dem Tod des Verletzten zur Erhebung der Privatklage auch berechtigt, wenn nur der vor ihnen Berechtigte oder der Verletzte vor seinem Tod den Strafantrag gestellt hat).

8 3) Die **Prozessfähigkeit des Privatklägers (III)** ist eine Prozessvoraussetzung. Sie ist nach den Grundsätzen der §§ 51, 52 ZPO zu beurteilen (Frankfurt OLGSt S 1; Hamm NJW **61**, 2322; Schlüchter 12; vgl allg W. Schmid SchlHA **81**, 153). Solange die Prozessunfähigkeit nicht rechtskräftig festgestellt ist, kann der Privatkläger durch Einlegung von Rechtsmitteln die Nachprüfung seiner Geschäftsfähigkeit erreichen (Hamm aaO).

9 Hat der Verletzte einen **gesetzlichen Vertreter**, so muss dieser die Privatklage für ihn erheben; Privatkläger ist dann aber nicht der Vertreter, sondern der Verletzte (KK-Walther 1). Der Vertreter erhält jedoch die Stellung eines Verfahrensbetei-

Privatklage **§ 375**

ligten, der vor der Entscheidung zu hören ist, Anträge stellen und sonstige verfahrensrechtlichen Erklärungen abgeben kann (Düsseldorf JMBlNW **62**, 198). Der Mangel der Prozessfähigkeit führt zur Zurückweisung der Klage nach § 383 I oder zur Einstellung des Verfahrens nach §§ 206a, 260 III; er kann allerdings dadurch geheilt werden, dass der gesetzliche Vertreter die Klage nachträglich genehmigt (Frankfurt OLGSt S 1; KK-Walther 3). Diese Genehmigung kann ohne Zustimmung des Angeklagten in jeder Lage des Verfahrens erteilt werden, aber nicht mehr nach Zurückweisung der Klage (Frankfurt aaO). Wird der Minderjährige im Laufe des Verfahrens volljährig und setzt er die Klage fort, so steht der ursprüngliche Mangel einer Sachentscheidung ebenfalls nicht entgegen.

Juristische Personen und Vereine (rechtsfähige und nichtrechtsfähige) können Privatklage erheben, wenn sie in ihrer Ehre (vgl BGH **6**, 186; LG Würzburg NJW **59**, 1934 mit Anm Lürken; vgl auch Nürnberg NStZ **86**, 286) oder in ihrem Vermögen verletzt sind. Klageberechtigt sind auch ihre gebietlichen Gliederungen und sonstigen Unterorganisationen (Düsseldorf NJW **79**, 2525). Die Privatklage wird in solchen Fällen durch die Personen wahrgenommen, die die juristische Person oder den Verein in bürgerlichen Rechtsstreitigkeiten vertreten (KMR-Stöckel 31). Die Unterzeichnung durch den Geschäftsführer im Namen und im Auftrag des Vorstands genügt (Düsseldorf aaO). 10

Mehrere Privatklageberechtigte

375 ^I **Sind wegen derselben Straftat mehrere Personen zur Privatklage berechtigt, so ist bei Ausübung dieses Rechts ein jeder von dem anderen unabhängig.**

^{II} **Hat jedoch einer der Berechtigten die Privatklage erhoben, so steht den übrigen nur der Beitritt zu dem eingeleiteten Verfahren, und zwar in der Lage zu, in der es sich zurzeit der Beitrittserklärung befindet.**

^{III} **Jede in der Sache selbst ergangene Entscheidung äußert zugunsten des Beschuldigten ihre Wirkung auch gegenüber solchen Berechtigten, welche die Privatklage nicht erhoben haben.**

1) Mehrere Klageberechtigte (I): Gemeint ist sowohl der Fall, dass mehrere Personen durch eine und dieselbe Straftat nach § 374 I iS des § 264 verletzt sind, als auch der Fall der weiteren Klageberechtigung nach § 374 II. Bei Antragsdelikten setzt das Klagerecht voraus, dass derjenige, der die Privatklage erhebt, wirksam Strafantrag gestellt hat (6 zu § 374). 1

Die **gemeinsame Erhebung der Privatklage** durch mehrere Berechtigte sieht das Gesetz nicht ausdrücklich vor; nach allgM ist sie aber statthaft (LR-Hilger 2). 2

2) Beitritt (II): Eine selbstständige Privatklage ist unzulässig, wenn ein anderer Berechtigter wegen derselben Tat bereits Privatklage erhoben hat. Dann ist nur der Beitritt zu dieser Privatklage möglich. Er setzt voraus, dass der Beitretende berechtigt ist, Privatklage zu erheben, insbesondere wirksam Strafantrag gestellt hat, wenn ein Antragsdelikt vorliegt (erg 6 zu § 374). Der Beitritt ist bis zum rechtskräftigen Abschluss des Verfahrens zulässig, aber auch noch danach zum Zweck der Wiederaufnahme des Verfahrens (LR-Hilger 11; SK-Velten 11). 3

Die **Förmlichkeiten,** die für die Privatklage vorgeschrieben sind, gelten für den Beitritt nicht. Weder ist ein Sühneversuch nach § 380 erforderlich, noch muss die Beitrittserklärung inhaltlich dem § 381 entsprechen. Der Beitritt kann schriftlich (Einl 128) oder zu Protokoll der Geschäftsstelle (Einl 131 ff), auch iVm der Einlegung eines Rechtsmittels, in der Hauptverhandlung aber auch mündlich erklärt werden. 4

Die **Entscheidung über die Zulässigkeit des Beitritts** trifft das Gericht durch Beschluss. Den ablehnenden Beschluss kann der Beigetretene mit der Beschwerde nach § 304 I anfechten; der Angeklagte hat gegen den zulassenden Beschluss kein Rechtsmittel (LR-Hilger 12). 5

Schmitt

6 Als **Folge des zugelassenen Beitritts** erlangt der Beigetretene die Stellung eines selbstständigen Privatklägers. Sie wird weder durch die Unzulässigkeit noch durch die Zurücknahme der Privatklage berührt, der beigetreten worden ist.

7 **Kein Fall des II** liegt vor, wenn wegen derselben Tat mehrere Privatklagen am selben Tag von verschiedenen Berechtigten erhoben werden. Die mehreren Privatklagen werden dann von Amts wegen zu einem Verfahren verbunden (LG Krefeld AnwBl **81**, 27; KK-Walther 4). Wird eine Privatklage später als die andere erhoben, so wird sie nach § 300 als Beitrittserklärung behandelt (LG Krefeld aaO; KK-Walther 5).

8 **3) Wirkung der Sachentscheidung (III):** Die rechtskräftige Entscheidung über das Privatklagedelikt in der Sache, auch im Offizialverfahren, verbraucht die Strafklage wegen derselben Tat iS des § 264 auch gegenüber solchen Berechtigten, die keine Privatklage erhoben haben. Entscheidungen in der Sache iS von III sind auf Freispruch, Bestrafung oder Einstellung lautende Urteile, der wegen Fehlens des hinreichenden Tatverdachts oder aus sachlich-rechtlichen Gründen ergangene Zurückweisungsbeschluss nach § 383 I (dort 8) und die Verfahrenseinstellung nach § 383 II. Wegen der Wirkung der Zurücknahme vgl 7 zu § 391. Auf den Vergleich (6 ff vor § 374) ist III nicht anzuwenden (RG **27**, 216).

Anklageerhebung bei Privatklagedelikten   RiStBV 86, 87, 172, 229–235

376 Die öffentliche Klage wird wegen der in § 374 bezeichneten Straftaten von der Staatsanwaltschaft nur dann erhoben, wenn dies im öffentlichen Interesse liegt.

1 **1) Öffentliches Interesse an der Erhebung der öffentlichen Klage:** Der Begriff stimmt mit dem in § 153 I S 1 (dort 7) überein (krit Rieß NStZ **81**, 8). RiStBV 86 II bezeichnet, für die StA bindend, die Verfolgung als im öffentlichen Interesse liegend, wenn der Rechtsfrieden über den Lebenskreis des Verletzten hinaus gestört und die Strafverfolgung ein gegenwärtiges Anliegen der Allgemeinheit ist, uU schon, wenn dem Verletzten wegen seiner persönlichen Beziehung zum Täter nicht zugemutet werden kann, Privatklage zu erheben. Bei Beleidigungen kommt es darauf an, ob die Ehrenkränkung erheblich ist. Wenn das der Fall oder der Tatbestand des § 188 StGB gegeben ist, wird das öffentliche Interesse meist zu bejahen sein (RiStBV 229 I; vgl auch RiStBV 232 I). Bei einer Körperverletzung liegt es idR vor, wenn die Tat roh war oder erhebliche Misshandlungen vorgekommen sind (RiStBV 233). Zur Beachtung des OEG hierbei vgl Steyer DRiZ **89**, 201; dazu Wulfhorst DRiZ **89**, 461. Zur Nachstellung (§ 238 StGB) vgl Peters NStZ **09**, 242. Vgl auch RiStBV 260 I, 260a I, II, 261 für das unlauteren Wettbewerb, Heghmanns NStZ **91**, 112 für das Urheberrecht, Meier/Böhm wistra **92**, 167 zur Softwarepiraterie. Zu weiteren Einzelheiten vgl SK-Velten 3 ff. Mit den Interessen des Beschuldigten kann das öffentliche Interesse nicht begründet werden (**aM** Rieß NStZ **81**, 8: Ermöglichung der Verfahrenseinstellung nach §§ 153, 153a).

2 Bei **jugendlichen Beschuldigten,** gegen die Privatklage nicht erhoben werden kann (§ 80 I S 1 **JGG**), verfolgt die StA die Tat ohne Rücksicht auf ein öffentliches Interesse, wenn Gründe der Erziehung oder ein berechtigtes Interesse des Verletzten, das dem Erziehungszweck nicht entgegensteht, es erfordern (§ 80 I S 2 **JGG**).

3 2) Der **Begriff des besonderen öffentlichen Interesses** in §§ 183 II, 230 I, 248a, 257 IV S 2, 263 IV, 265a III, 266 II StGB ist enger (vgl RiStBV 234 I, 243 I, III); dem des öffentlichen Interesses in § 376 steht er nicht gleich (Düsseldorf DAR **71**, 160; LK-Hirsch 9 zu § 230 StGB). Sein Vorliegen ersetzt den sonst erforderlichen Strafantrag, betrifft also eine Prozessvoraussetzung (Einl 145). Hat der Verletzte einen Strafantrag nach § 230 I StGB gestellt, so betreibt die StA das Verfahren wegen Körperverletzung, wenn das im öffentlichen Interesse liegt. Fehlt der

Strafantrag, so kann sie das Verfahren nur einleiten und fortführen, wenn sie das
besondere öffentliche Interesse bejaht. Darin liegt zugleich die Bejahung des öffentlichen Interesses nach § 376.

3) Entscheidung der StA: 4

A. **Vorermittlungen** nach §§ 160 ff kann die StA anstellen, um die Entschei- 5
dung darüber vorzubereiten, ob das öffentliche Interesse vorliegt.

B. **Verneint die StA das öffentliche Interesse,** so stellt sie das Ermittlungs- 6
verfahren ein und verweist den Anzeigenden auf den Privatklageweg. Die StA kann
alsbald nach Eingang der Anzeige so verfahren, aber auch nach Durchführung von
Ermittlungen, wenn sie das öffentliche Interesse zunächst bejaht hatte. Gegen die
Verfahrenseinstellung kann der Anzeigende lediglich Gegenvorstellungen und
Dienstaufsichtsbeschwerde (21 ff vor § 296) erheben; das Klageerzwingungsverfahren schließt § 172 II S 3 aus, weil die Interessen des Verletzten durch die Möglichkeit der Erhebung der Privatklage ausreichend gewahrt sind. Auch ein Antrag auf
gerichtliche Entscheidung nach §§ 23 ff EGGVG ist nicht zulässig.

C. **Bejaht die StA das öffentliche Interesse,** wobei sie einen gewissen Spiel- 7
raum hat (vgl Esser GA **10,** 69 zu Urheberrechtsverstößen nach § 106 UrhG; erg
15 zu § 406e), muss sie eine Anklage erheben, der sich der Verletzte als Nebenkläger anschließen kann, wenn es sich um eine Katalogtat nach § 395 I Nr 1 Buchst b
oder 3 oder um ein Privatklagedelikt nach § 374 I Nrn 7 oder 8 handelt (§ 395 II
Nr 3). Ein Aktenvermerk der StA oder ein besonderer Hinweis in der Anklageschrift, dass das öffentliche Interesse an der Strafverfolgung angenommen wird, ist
nicht vorgeschrieben und auch sonst nicht angezeigt (Oldenburg GA **59,** 187;
Stuttgart JR **53,** 349). Eine gerichtliche Überprüfung der Entscheidung der StA
findet nicht statt (KMR-Stöckel 9 ff), und zwar weder in einem anhängigen Straf-
fahren (Oldenburg aaO; **aM** Husmann MDR **88,** 727; Kröpil DRiZ **86,** 19) noch
außerhalb des Hauptverfahrens nach §§ 23 ff EGGVG (Peters 574).

D. **Ändert die StA ihre Ansicht** über das Vorliegen des öffentlichen Interes- 8
ses, so gilt folgendes: Bis zur Eröffnung des Hauptverfahrens kann sie die Klage aus
diesem Grund nach § 156 zurücknehmen. Nach Eröffnung des Hauptverfahrens ist
die Zurücknahme ausgeschlossen; die nachträgliche Verneinung des öffentlichen
Interesses kann bei Vorliegen eines Strafantrags nur als Zustimmung zur Verfahrenseinstellung nach § 153 II aufgefasst werden. War kein Strafantrag gestellt, führt
die Verneinung des öffentlichen Interesses zur Einstellung des Verfahrens.

4) Zusammentreffen von Privatklage- und Offizialdelikten: Eine ge- 9
trennte Verfolgung und Aburteilung ist nur zulässig, wenn es sich um mehrere
Taten in dem verfahrensrechtlichen Sinn des § 264 handelt. Sonst muss das Verfahren einheitlich geführt werden. Das gilt sowohl bei Tateinheit und Gesetzeskonkurrenz als auch bei Tatmehrheit im Rahmen einer einheitlichen Tat iS des § 264.

Den **Vorrang** hat das Offizialverfahren. In ihm ist das Privatklagedelikt ohne 10
Rücksicht auf das Vorliegen des öffentlichen Interesses nach § 376 mitzuverfolgen
(BGH StraFo **16,** 212). Es ist im Offizialverfahren selbst dann mit abzuurteilen,
wenn die StA den Verletzten auf den Privatklageweg verwiesen hatte (RG **77,**
226).

Wird bei sachlichem Zusammentreffen des Privatklagedelikts mit dem Offizial- 11
delikt das **Verfahren nach § 153 I eingestellt,** so ist das Verfahren insgesamt
abgeschlossen. Der Verletzte ist daher nach hM nicht berechtigt, Privatklage
zu erheben (LR-Hilger 26 mwN; erg 5 zu § 153). Die Einstellung des Verfahrens
nach § 153a verbraucht die Strafklage auch wegen des Privatklagedelikts.

5) Zusammentreffen von Privatklagedelikt und OWi: Verneint die StA 12
das öffentliche Interesse, so stellt sie das Ermittlungsverfahren ein und gibt die
Sache nach § 43 I OWiG an die VerwB ab. Wenn der Betroffene Einspruch gegen
den darauf erlassenen Bußgeldbescheid einlegt, der Verletzte aber keine Privatklage
erhoben hat, muss das Gericht auf den Einspruch das Bußgeldverfahren nach § 81

§ 377

OWiG in das Strafverfahren überleiten und das Privatklagedelikt mit aburteilen (Bay **76**, 117; LG Oldenburg MDR **81**, 421; Kellner MDR **77**, 626; vgl im Einzelnen Göhler 10 ff zu § 43 OWiG).

Beteiligung der Staatsanwaltschaft; Übernahme der Verfolgung RiStBV 172

377 I ¹ Im Privatklageverfahren ist der Staatsanwalt zu einer Mitwirkung nicht verpflichtet. ² Das Gericht legt ihm die Akten vor, wenn es die Übernahme der Verfolgung durch ihn für geboten hält.

II ¹ Auch kann die Staatsanwaltschaft in jeder Lage der Sache bis zum Eintritt der Rechtskraft des Urteils durch eine ausdrückliche Erklärung die Verfolgung übernehmen. ² In der Einlegung eines Rechtsmittels ist die Übernahme der Verfolgung enthalten.

1 1) Eine **Mitwirkungspflicht (I S 1)** hat die StA im Privatklageverfahren grundsätzlich nicht. IdR erhält sie von der Privatklage nicht einmal Kenntnis. Zur Hauptverhandlung wird sie nicht geladen; Entscheidungen werden ihr nicht zugestellt. Nur im Rechtsmittelverfahren wirkt sie nach § 390 III S 1 mit.

2 Bevor sie die Übernahme nach II erklärt, hat die StA auch kein **Mitwirkungsrecht**. Sie darf in die Prozeßführung des Privatklägers weder durch Stellungnahmen noch durch Anträge gegenüber dem Gericht eingreifen (KMR-Stöckel 2, 3; Hilger JR **90**, 258; **aM** KK-Walther 2; Peters 580; erg 10 zu § 385). An der Hauptverhandlung kann sie aber beobachtend teilnehmen, um entscheiden zu können, ob eine Übernahme nach II geboten ist.

3 2) Zur **Aktenvorlage an die StA (I S 2)** ist das Gericht verpflichtet, wenn es die Übernahme der Verfolgung durch sie für geboten hält (vgl unten 10). Die StA braucht die Vorlage aber nicht abzuwarten, sondern kann von sich aus zur Vorbereitung der Entscheidung, ob sie die Übernahme nach II erklären will, Akteneinsicht verlangen. Zuständig ist nur die StA bei dem dem AG übergeordneten LG, eine andere StA auch dann nicht, wenn in ihrem Bezirk ein Gerichtsstand nach §§ 7 ff gegeben ist. Die Übernahme erfordert auch im Fall des I S 2 eine ausdrückliche Erklärung (unten 6); eine schlüssige Handlung genügt ebenso wenig wie nach II S 1 (KMR-Stöckel 9; **aM** Saarbrücken NJW **64**, 679).

4 3) **Übernahmerecht der StA (II):**
5 Die StA ist, auch gegen den Willen des Privatklägers, berechtigt, das Verfahren **in jeder Lage** zu übernehmen, frühestens mit dem Eingang der Privatklage bei einem Gericht, das für die Entscheidung zuständig ist (vgl BGH **26**, 214, 216), aber nicht mehr nach Eintritt der Rechtskraft des Urteils, also nicht zu dem Zweck, die Wiederaufnahme nach §§ 359 ff zu betreiben (KK-Walther 5; **aM** KMR-Stöckel 8; LR-Hilger 6; Pentz MDR **65**, 885).

6 Wenn sie nicht durch Rechtsmitteleinlegung erfolgt (unten 9), verlangt die Übernahme eine **ausdrückliche Erklärung** (II S 1) gegenüber dem mit der Sache befaßten Gericht (Saarbrücken NJW **64**, 679; KMR-Stöckel 9), die bedingungsfeindlich (Einl 118, 119), unwiderruflich und bindend ist (Saarbrücken NJW **59**, 163; KK-Walther 10).

7 War das **Privatklageverfahren noch nicht eröffnet**, so ist die rechtlich an sich mögliche (§ 156) Zurücknahme der Klage unzulässig (Bay **62**, 75, 77; LG Göttingen NJW **56**, 882; KMR-Stöckel 17), desgleichen die Verfahrenseinstellung nach § 170 I; auf diese Weise darf die Privatklage von der StA nicht erledigt werden (LG Göttingen aaO; SK-Velten 14; **aM** LR-Hilger 19; vgl auch RiStBV 172 II S 2). Eine neue Anklage braucht die StA nicht zu erheben; sie kann einfach bei dem zuständigen Gericht die Eröffnung des Hauptverfahrens beantragen. Um dem Richter die Eröffnung in der für das Offizialverfahren vorgesehenen Form (§ 207) zu ermöglichen, empfiehlt sich aber, daß die StA eine Anklageschrift (die aus Prozeßvoraussetzung sein soll) vorlegt, insbesondere, wenn die Tat zugleich als Offizialdelikt verfolgt wird (Köln OLGSt S 9, 11; KMR-Stöckel 10).

Privatklage § 378

Nach Eröffnung des Hauptverfahrens wird die Übernahme durch schriftli- 8
che Erklärung gegenüber dem Gericht erklärt; der Erlass eines neuen Eröffnungsbeschlusses ist nicht erforderlich. Soweit sie die Tat als Offizialdelikt verfolgt, muss die StA dem Gericht aber eine entspr Mitteilung machen, wobei sie sich zweckmäßigerweise an die Form des § 200 anlehnt. Diese Schrift kann vom Gericht zur Grundlage der (am besten noch vor der Hauptverhandlung zu erteilenden) Hinweise nach § 265 gemacht werden (KK-Walther 6). In der Hauptverhandlung erfolgt die Übernahme durch mündliche Erklärung, die in der Sitzungsniederschrift zu beurkunden ist.

Die **Einlegung von Rechtsmitteln** zugunsten oder zuungunsten des Ange- 9
klagten, auch von Beschwerden, enthält stets die Übernahmeerklärung (II S 2). Die StA kann nicht ein Rechtsmittel einlegen und gleichzeitig wirksam erklären, sie wolle das Verfahren nicht übernehmen. Bei der Rechtsmitteleinlegung läuft für die StA keine eigene Frist; sie muss die für den Privatkläger geltende Frist einhalten.

Den **Grund der Übernahme** braucht die StA nicht mitzuteilen. Er kann darin 10
liegen, dass sie das öffentliche Interesse nach § 376 bejaht (dazu RiStBV 86), aber auch darin, dass sie der Meinung ist, es liege kein Privatklagedelikt, sondern ein Offizialdelikt vor oder das Privatklagedelikt stehe mit einem Offizialdelikt nur in Tateinheit (Celle NJW **62**, 1217; Düsseldorf JMBlNW **64**, 80). Die StA braucht in diesem Fall nicht etwa zu warten, bis das Gericht das Privatklageverfahren nach § 389 I eingestellt hat (LR-Hilger 14 ff; aM LG Göttingen NJW **56**, 882).

Die **Folge der Übernahme**, von der die StA den Privatkläger unter Hinweis 11
auf eine etwa bestehende Nebenklagebefugnis und auf die Kostenfolge des § 472 III S 2 zu benachrichtigen hat (RiStBV 172 II S 1), ist nicht die Beseitigung des Privatklageverfahrens. Das Verfahren wird daher nicht eingestellt, sondern in der Lage, in der es sich befindet, als gewöhnliches Strafverfahren weitergeführt (BGH **11**, 56, 61). Auch eine erhobene Widerklage bleibt wirksam (erg 5 zu § 388) und verwandelt sich, wenn die StA sie nicht ebenfalls übernimmt, in eine reine Privatklage, die von dem Offizialverfahren abzutrennen ist. Ein Wechsel der Gerichtszuständigkeit tritt nicht ein, auch wenn für die Offizialklage ein anderes Gericht zuständig gewesen wäre (BGH aaO). Der Strafrichter bleibt daher auch zuständig, wenn die Offizialklage vor dem SchG zu erheben gewesen wäre (LR-Hilger 21; erg 2 zu § 25 GVG).

Der **Privatkläger scheidet aus dem Verfahren aus.** Will er weiterhin an 12
dem Verfahren teilnehmen, so muss er nach § 396 I S 1 seinen Anschluss als Nebenkläger erklären, sofern er nach § 395 nebenklageberechtigt ist. Auch wenn er das unterlässt, muss ihm der verurteilte Angeklagte aber die notwendigen Auslagen ersetzen, die er als Privatkläger gehabt hat (§ 472 III).

Beistand und Vertreter des Privatklägers

378 ¹Der Privatkläger kann im Beistand eines Rechtsanwalts erscheinen oder sich durch einen Rechtsanwalt mit nachgewiesener Vertretungsvollmacht vertreten lassen. ²Im letzteren Falle können die Zustellungen an den Privatkläger mit rechtlicher Wirkung an den Anwalt erfolgen.

1) In der Hauptverhandlung (S 1), auch bei Beweisaufnahmen nach § 202 1
(4 zu § 383) und §§ 223, 225, kann der Privatkläger im Beistand eines RA erscheinen oder sich von einem RA vertreten lassen. Die entspr Vorschrift für den Angeklagten enthält § 387 I.

Die **Einschaltung eines RA** ist für den Privatkläger, von den Fällen der §§ 385 2
III, 390 II abgesehen, nicht vorgeschrieben. Er kann die Privatklage selbst durch einen beliebigen Bevollmächtigten erheben und auch sonst unmittelbar oder durch Bevollmächtigte mit dem Gericht verkehren, insbesondere seine Sache in der Hauptverhandlung selbst vertreten. Auch wenn er einen RA bevollmächtigt hat, ist er berechtigt, an der Hauptverhandlung teilzunehmen (Woesner NJW **59**,

Schmitt 1637

§ 379 Fünftes Buch. 1. Abschnitt

704) und ihre Aussetzung zu verlangen, wenn er verhandlungsunfähig ist (KG JR **61**, 106 mit Anm Sarstedt; Bremen GA **59**, 151). Hat er einen RA mit seiner Vertretung beauftragt, so braucht er nicht selbst zu erscheinen, sofern das Gericht nicht sein persönliches Erscheinen nach § 387 III angeordnet hat.

3 Ein **RA** kann Beistand oder Vertreter des Privatklägers in der Hauptverhandlung sein. Untervollmacht (11 vor § 337) kann er nur einem anderen RA erteilen; er kann sich aber nach § 139 von einem Referendar vertreten lassen (§ 387 II). Nach § 138 III können aber auch Hochschullehrer als Beistände auftreten sowie mit Genehmigung des Gerichts auch andere Personen.

4 Für die **Form der Prozessvollmacht** gelten die Grundsätze für die Verteidigervollmacht (9 vor § 137) entspr. Die Vertretungsvollmacht muss nach S 1 nachgewiesen sein (5 zu § 234).

5 Die **Ladung des RA** richtet sich nach §§ 217, 218 I (Celle MDR **66**, 256; vgl auch Karlsruhe VRS **50**, 119).

6 Zur Frage der **Wiedereinsetzung bei Verschulden des RA** vgl 19, 20 zu § 44.

7 2) **Zustellungen** (S 2) können (müssen aber nicht) an den mit der Vertretung des Privatklägers beauftragten RA gerichtet werden, wenn sich eine schriftliche Vollmacht bei den Akten befindet (Stuttgart OLGSt § 45 S 17; BGH NStZ **95**, 47 lässt offen, ob Besitz des RA genügt). Die Vollmacht, die sich nicht ausdrücklich auf Zustellungen zu erstrecken braucht (aM KMR-Stöckel 5), erlaubt es auch, andere Bekanntmachungen, die nicht förmlich zugestellt werden, an die Adresse des Bevollmächtigten zu richten (vgl 4 zu § 145a). Auf Zustellungen von Ladungen ist § 145a I entspr anwendbar. Wird dem Bevollmächtigten zugestellt, so gilt § 145a III entspr, bei Doppelzustellungen § 37 II.

Sicherheitsleistung; Prozesskostenhilfe

379 I Der Privatkläger hat für die dem Beschuldigten voraussichtlich erwachsenden Kosten unter denselben Voraussetzungen Sicherheit zu leisten, unter denen in bürgerlichen Rechtsstreitigkeiten der Kläger auf Verlangen des Beklagten Sicherheit wegen der Prozesskosten zu leisten hat.

II ¹Die Sicherheitsleistung ist durch Hinterlegung in barem Geld oder in Wertpapieren zu bewirken. ²Davon abweichende Regelungen in einer auf Grund des Gesetzes über den Zahlungsverkehr mit Gerichten und Justizbehörden erlassenen Rechtsverordnung bleiben unberührt.

III Für die Höhe der Sicherheit und die Frist zu ihrer Leistung sowie für die Prozeßkostenhilfe gelten dieselben Vorschriften wie in bürgerlichen Rechtsstreitigkeiten.

1 1) Für die **Sicherheitsleistung** verweist I auf die §§ 108–113 ZPO.
2 Verpflichtet ist daher nur der Privatkläger, der **Ausländer oder Staatenloser** ohne Inlandswohnsitz ist (§ 110 I ZPO); Ausnahmen bestimmt § 110 II Nrn 1, 3 ZPO. Die Verpflichtung zur Sicherheitsleistung entfällt, wenn dem Privatkläger Prozesskostenhilfe (unten 7 ff) bewilligt ist (§ 122 I Nr 2 ZPO).
3 **Nur auf Verlangen** des Beschuldigten ist Sicherheit zu leisten (§ 110 I S 1 ZPO). Im Rechtsmittelverfahren kann das Verlangen nur gestellt werden, wenn die Voraussetzungen des § 111 ZPO vorliegen (Celle NJW **55**, 724; KMR-Stöckel 1). Eine Sicherheitsleistung für das Berufungsverfahren kann aber nach § 112 III ZPO verlangt werden, wenn die im 1. Rechtszug geleistete Sicherheit nicht ausreicht (Frankfurt NJW **80**, 2032).
4 **Bewirkt** wird die Sicherheitsleistung durch Hinterlegung von Bargeld oder Wertpapieren (entgegen § 108 I S 2 ZPO nicht auch durch Bankbürgschaft) oder unbar nach dem ZahlVGJG (vgl 4a zu § 116a).
5 Die **Höhe** bestimmt das Gericht nach freiem Ermessen (II, III iVm § 112 I ZPO). Nach § 112 II ZPO ist der Betrag zugrunde zu legen, den der Beschul-

Privatklage § 379

digte wahrscheinlich aufzuwenden haben wird. Dabei sind die Kosten aller Rechtszüge zu berücksichtigen, die dem Privatkläger zur Verfügung stehen (LR-Hilger 11).

Für die Leistung der Sicherheit ist dem Privatkläger eine **Frist** zu setzen (III 6 iVm § 113 S 1 ZPO). Wird sie versäumt, so gilt § 113 S 2 ZPO, nicht der strengere § 391 II. Daher muss die Privatklage durch besonderen Beschluss für zurückgenommen erklärt oder das Rechtsmittel des Privatklägers verworfen werden. Anders als nach § 392 kann die Privatklage unter Nachholung der Sicherheitsleistung erneut erhoben werden (LR-Hilger 12).

2) **Prozesskostenhilfe** kann dem Privatkläger bewilligt werden, dem Beschul- 7 digten nur, wenn er zugleich Widerkläger ist, und nur in dieser Eigenschaft (Düsseldorf NStZ **89**, 92; LG Essen NStZ **86**, 329 mit zust Anm Dehn). Das gilt auch für den Fall, dass der Privatkläger anwaltlich vertreten ist (Düsseldorf JMBlNW **88**, 178; LG Essen aaO; vgl auch BVerfGE **63**, 380; Kaster MDR **94**, 1073).

Anwendbar sind die **Bestimmungen der ZPO** (§§ 114 ff), soweit sie Voraus- 8 setzungen und Wirkung der Prozesskostenhilfe und das Verfahren regeln (KMR-Stöckel 4; LR-Hilger 21; a**M** Düsseldorf MDR **87**, 79; KK-Walther 4); nur für die Anfechtbarkeit richtet sich nach der StPO (unten 17). Die Sonderregelung des § 397a II, III für die Bewilligung der Prozesskostenhilfe für den Nebenkläger hat für das Privatklageverfahren keine Bedeutung.

Voraussetzung der Bewilligung ist das wirtschaftliche Unvermögen des Pri- 9 vatklägers (§§ 114, S 1, 115 ZPO); er muss außerstande sein, die Kosten der Prozessführung aufzubringen, auch nicht teilw oder in Raten (erg 8 zu § 397a). Ferner muss die Privatklage hinreichende Aussicht auf Erfolg haben; daran fehlt es zB, wenn eine Einstellung nach § 383 II S 1 zu erwarten ist (Kaster MDR **94**, 1074). Die Privatklage darf auch nicht mutwillig sein; das ist der Fall, wenn ein Verletzter, der seine Kosten selbst aufbringen müsste, von der Erhebung der Privatklage absehen würde.

Die **Beiordnung eines RA** kann der Privatkläger nach § 121 I ZPO verlangen, 10 wenn dessen Mitwirkung vorgeschrieben ist, also im Fall des § 390 II, sonst nur, wenn die Vertretung erforderlich erscheint (§ 121 II erste Alt ZPO), insbesondere bei besonderer Schwierigkeit der Sach- oder Rechtslage, aber auch, wenn Akteneinsicht erforderlich ist, die der Privatkläger nach § 385 III nur durch einen RA nehmen kann. § 121 II zweite Alt ZPO, wonach die Beiordnung eines RA notwendig ist, wenn der Gegner durch einen RA vertreten wird, gilt nicht entspr (vgl BVerfGE **63**, 380; Düsseldorf MDR **86**, 166; LG Essen NStZ **86**, 329 mit Anm Dehn; a**M** Behn NStZ **84**, 103; vgl auch KG JR **82**, 169; Celle NdsRpfl **83**, 148; Frankfurt NStZ **86**, 42; Hamburg MDR **85**, 605 für den Nebenkläger). Anwendbar ist aber § 121 III ZPO, wonach ein auswärtiger RA zu den Bedingungen eines ortsansässigen beigeordnet werden kann (Hamm NJW **83**, 1507; a**M** Köln OLGSt Nr 1).

Nur auf Antrag wird die Prozesskostenhilfe bewilligt. Der Antrag ist bei dem 11 Gericht zu stellen, bei dem die Privatklage erhoben ist oder erhoben werden soll, ggf bei dem Rechtsmittelgericht. Wegen der Einzelheiten der Antragstellung vgl 10 zu § 397a.

Durch **Beschluss des Gerichts,** der mit Gründen zu versehen ist, wenn die 12 Bewilligung versagt wird (§ 34), wird die Prozesskostenhilfe bewilligt, nach § 119 I S 1 ZPO immer nur für den jeweiligen Rechtszug (vgl LG Flensburg JurBüro **85**, 1110). Berufungs- und Revisionsgericht müssen besonders entscheiden (zur Zuständigkeit des Revisionsgerichts vgl 7 zu § 347). In dem Beschluss setzt das Gericht ggf die von dem Privatkläger zu zahlenden Monatsraten und die aus dem Vermögen zu zahlenden Beträge fest (§ 120 I ZPO). Vor der Rechtskraft der Entscheidung über die Prozesskostenhilfe darf über die Privatklage nicht entschieden werden (LG Frankfurt a. M. NJW **53**, 798; LG Köln MDR **58**, 662).

Wegen der **rückwirkenden Bewilligung** vgl 15 zu § 397a. 13
Zu den **Rechtsfolgen der Bewilligung** vgl oben 2 und 17 zu § 397a. 14

Schmitt 1639

15 3) Rechtsmittel:
16 Gegen die ihm nachteiligen Entscheidungen über die **Sicherheitsleistung** kann der Privatkläger Beschwerde nach § 304 I einlegen.

17 Im Verfahren über die **Prozesskostenhilfe** findet nicht das Beschwerdeverfahren nach § 127 ZPO, sondern das nach § 304 I statt (RG **30**, 143; Bay **49/51**, 242; Düsseldorf MDR **87**, 79; Hamburg NJW **69**, 944; KK-Walther 6; aM LR-Hilger 20ff, 31ff). Daher ist entgegen § 127 II S 2, 567 I ZPO Beschwerde auch gegen Entscheidungen des Berufungsgerichts zulässig (Düsseldorf aaO; Hamburg aaO; KMR-Stöckel 12). § 305 S 1 steht der Beschwerde nicht entgegen (Bay aaO; Hamburg aaO); Entscheidungen der OLGe sind nach § 304 IV S 2 unanfechtbar. Weitere Beschwerde ist nach § 310 I ausgeschlossen. Die Wertgrenze des § 304 III gilt nicht (Frankfurt Rpfleger **55**, 79).

18 **Beschwerdeberechtigt** ist nur der Privatkläger, dessen Antrag auf Prozesskostenhilfe ganz oder teilw abgelehnt worden ist. Der Beschuldigte ist durch die Bewilligung nicht beschwert und hat daher kein Anfechtungsrecht (KMR-Stöckel 13; vgl auch Stuttgart MDR **86**, 75; KK-Walther 6; LR-Hilger 30, die die fehlende Beschwerdebefugnis aus § 127 II S 1 ZPO herleiten). Der Bezirksrevisor als Vertreter der Landeskasse ist auch dann nicht beschwerdeberechtigt, wenn die Bewilligung der Prozesskostenhilfe grob gesetzwidrig ist (vgl KMR-Stöckel 15; **aM** LG Essen NStZ **86**, 329 mit abl Anm Dehn).

Gebührenvorschuss

379a [I] Zur Zahlung des Gebührenvorschusses nach § 16 Abs. 1 des Gerichtskostengesetzes soll, sofern nicht dem Privatkläger die Prozesskostenhilfe bewilligt ist oder Gebührenfreiheit zusteht, vom Gericht eine Frist bestimmt werden; hierbei soll auf die nach Absatz 3 eintretenden Folgen hingewiesen werden.

[II] Vor Zahlung des Vorschusses soll keine gerichtliche Handlung vorgenommen werden, es sei denn, daß glaubhaft gemacht wird, daß die Verzögerung dem Privatkläger einen nicht oder nur schwer zu ersetzenden Nachteil bringen würde.

[III] [1] Nach fruchtlosem Ablauf der nach Absatz 1 gestellten Frist wird die Privatklage zurückgewiesen. [2] Der Beschluß kann mit sofortiger Beschwerde angefochten werden. [3] Er ist von dem Gericht, das ihn erlassen hat, von Amts wegen aufzuheben, wenn sich herausstellt, daß die Zahlung innerhalb der gesetzten Frist eingegangen ist.

1 **1) Fristsetzung zur Zahlung des Gebührenvorschusses (I):** Für die Privatklage, die Berufung und Revision sowie den Wiederaufnahmeantrag und das Verfahren nach §§ 440, 441 hat der Privatkläger nach § 16 I S 1 GKG einen Vorschuss in Höhe der entspr in den Nrn 3311, 3321, 3331, 3340, 3410, 3431, 3441 oder 3450 des KVGKG bestimmten Gebühren zu zahlen. Der Widerkläger ist zur Zahlung des Vorschusses nicht verpflichtet (§ 16 I S 2 GKG).

2 Die **Fristbestimmung,** die trotz der Ausgestaltung des I als Sollvorschrift zwingend ist (LR-Hilger 6), bezieht sich auf die Zahlung nicht auf ihren Nachweis. Sie erfolgt durch das Gericht, nicht durch den Vorsitzenden allein (Bay **53**, 214; Schleswig GA **57**, 425; LR-Hilger 4). Der Privatkläger muss durch Beschluss, der nach § 35 zuzustellen ist, aufgefordert werden, innerhalb einer angemessenen Frist (unten 8), deren Ende eindeutig bezeichnet werden muss (Hamm JMBlNW **58**, 165: andernfalls ist Fristsetzung unwirksam), den Gebührenvorschuss zu zahlen. Ferner ist er auf die Rechtsfolgen des III S 1 hinzuweisen.

3 Auf Antrag oder von Amts wegen ist eine **Verlängerung der Frist** möglich, solange sie nicht abgelaufen ist (Celle NJW **66**, 1670; Hamm NJW **73**, 1206). Die Fristverlängerung von Amts wegen kann insbes geboten sein, wenn eine Rechtsschutzversicherung oder ein anderer Zahler vor Fristablauf mitteilt, dass der Vorschuss alsbald gezahlt wird (Celle aaO mit abl Anm Schöndorf NJW **66**, 2076).

§ 379a

Stellt der Privatkläger vor Fristablauf einen **Antrag auf Prozesskostenhilfe** 4
(7 ff zu § 379), so wird die Fristsetzung gegenstandslos (Schleswig SchlHA **51**, 65;
KK-Walther 2; **aM** Hamm NJW **73**, 1206: Fristverlängerung bis zur Entscheidung
über den Antrag). Wird die Prozesskostenhilfe versagt, so muss die Fristsetzung
erneuert werden (Schleswig aaO); wird sie bewilligt, so entfällt die Zahlung des
Gebührenvorschusses.

Die **entsprechende Anwendung des** § **379a** im Berufungs- und Revisions- 5
rechtszug bestimmt § 390 IV.

2) **Gerichtliche Handlungen vor der Vorschusszahlung (II)** sollen nicht 6
stattfinden. Gleichwohl vorgenommene Handlungen sind aber wirksam, auch
wenn nicht der Ausnahmefall des Hs 2 vorliegt (KK-Walther 2). Das gilt auch für
den Eröffnungsbeschluss (KMR-Stöckel 5). Einen Nachteil durch Verzögerung der
Handlung iS des Hs kann der Privatkläger zB bei Gefahr der Wiederholung der
gegen ihn gerichteten Straftat erleiden. Zur Glaubhaftmachung vgl 5 ff zu § 26; 6
zu § 45.

3) Die **Folge der Fristversäumnis (III S 1)** ist die Zurückweisung der Privat- 7
klage durch nach § 34 mit Gründen versehenen Gerichtsbeschluss.

Die **Fristversäumnis** führt, ohne Rücksicht auf ein Verschulden des Privatklä- 8
gers (Bamberg NJW **49**, 835; LR-Hilger 12; vgl aber KMR-Stöckel 8, der Wiedereinsetzungsgründe berücksichtigen will), zur Zurückweisung, wenn der Vorschuss am letzten Tag der angemessen festgesetzten Frist (vgl Celle OLGSt S 1:
6 Tage sind zu kurz) nicht gezahlt ist. War ein zu hoher Vorschuss verlangt worden,
so gilt III S 1 selbst dann nicht, wenn nicht einmal der vorgeschriebene Vorschuss
gezahlt worden ist (Bay **54**, 74).

Der **Tag des Eingangs** bei der Gerichtskasse ist bei Übersendung von Zah- 9
lungsmitteln, auch von Gerichtskostenmarken, maßgebend (Hamm NJW **60**, 547);
es genügt aber der innerhalb der Frist erfolgte Überweisungsauftrag an die Bank
(Saarbrücken NStE Nr 2). Der Nachweis der Zahlung ist zur Fristwahrung nicht
erforderlich.

Bei unverschuldeter Säumnis kann **Wiedereinsetzung** nach § 44 beantragt oder 10
nach § 45 II S 1 von Amts wegen bewilligt werden. Das Gericht hat aber nach
Wiedereinsetzungsgründen nicht zu forschen (Bamberg NJW **49**, 835). War die
Privatklage bereits zurückgewiesen, so wird dieser Beschluss mit der Wiedereinsetzung in den vorigen Stand gegenstandslos; das wird in dem Wiedereinsetzungsbeschluss zweckmäßigerweise klargestellt.

Die **erneute Erhebung der Privatklage,** die nach III S 1 zurückgewiesen 11
worden war, ist entspr § 391 II ausgeschlossen (Bay **56**, 4 = NJW **56**, 758; Hamm
NJW **53**, 717; LG Bonn NStZ **91**, 204; **aM** Hamburg NStZ **89**, 244; KMR-
Stöckel 6; LR-Hilger 14 ff; SK-Velten 11).

4) **Rechtsmittel (III S 2, 3):** Der Beschluss über die Zahlungsaufforderung 12
und Fristsetzung nach I kann mit der einfachen Beschwerde nach § 304 I angefochten werden (Bay NJW **55**, 1199; KMR-Stöckel 9). Gegen den Zurückweisungsbeschluss kann der Privatkläger nach III S 2 sofortige Beschwerde (§ 311)
einlegen. Der Beschuldigte, der dadurch nicht beschwert ist, kann die Ablehnung seines Antrags auf Zurückweisung der Privatklage nicht anfechten. Abweichend von § 311 III S 1 muss das Gericht den Zurückweisungsbeschluss von Amts
wegen aufheben, wenn sich herausstellt, dass die Zahlungsfrist nicht versäumt war
(S 3).

5) Für den **Auslagenvorschuss** nach § 17 I GKG gilt die Regelung des § 379a 13
nicht. Er ist nur auf gerichtliche Anordnung und nur vom Privatkläger zu zahlen,
vom Beschuldigten nur, wenn er die Vornahme einer Handlung als Widerkläger
beantragt (§ 17 IV S 1 GKG). Die Vorschusspflicht besteht nicht, wenn das Gericht
von Amts wegen tätig wird (§ 17 III GKG). Der Privatkläger muss den Auslagenvorschuss auch für die Vernehmung der vom Beschuldigten benannten Entlastungszeugen zahlen, wenn das Gericht ihre Ladung anordnet (LR-Hilger 2, 3 zu

§ 379; **am** KK-Walther 7). Die Nichtzahlung des Vorschusses hat lediglich zur Folge, dass die beantragte Handlung unterbleibt (§ 17 I S 2 GKG).

Erfolgloser Sühneversuch als Zulässigkeitsvoraussetzung

380 I ¹ Wegen Hausfriedensbruchs, Beleidigung, Verletzung des Briefgeheimnisses, Körperverletzung (§§ 223 und 229 des Strafgesetzbuches), Bedrohung und Sachbeschädigung ist die Erhebung der Klage erst zulässig, nachdem von einer durch die Landesjustizverwaltung zu bezeichnenden Vergleichsbehörde die Sühne erfolglos versucht worden ist. ² Gleiches gilt wegen einer Straftat nach § 323a des Strafgesetzbuches, wenn die im Rausch begangene Tat ein in Satz 1 genanntes Vergehen ist. ³ Der Kläger hat die Bescheinigung hierüber mit der Klage einzureichen.

II Die Landesjustizverwaltung kann bestimmen, daß die Vergleichsbehörde ihre Tätigkeit von der Einzahlung eines angemessenen Kostenvorschusses abhängig machen darf.

III Die Vorschriften der Absätze 1 und 2 gelten nicht, wenn der amtliche Vorgesetzte nach § 194 Abs. 3 oder § 230 Abs. 2 des Strafgesetzbuches befugt ist, Strafantrag zu stellen.

IV Wohnen die Parteien nicht in demselben Gemeindebezirk, so kann nach näherer Anordnung der Landesjustizverwaltung von einem Sühneversuch abgesehen werden.

1 1) **Sühneversuch vor Vergleichsbehörde als Klagevoraussetzung (I, II):**
2 A. **Vergleichsbehörden** sind Organe der Rechtspflege, funktionell mit der JV verbunden (BGHZ **36**, 193 = NJW **62**, 485; LR-Hilger 4). I S 1 sieht vor, dass sie von der LJV einzurichten sind; das schließt jedoch besondere gesetzliche Regelungen nicht aus. Solche Regelungen haben alle Länder getroffen.
3 **Im Einzelnen** sind Vergleichsbehörden in **Baden-Württemberg** die Gemeinden (§ 37 S 1 BWAGGVG sowie VO vom 23.10.1971 [GBl 422]), ebenso in **Bayern** (Art 49 I BayAGGVG und VO vom 13.12.1956 [BayBS I 611]), in **Bremen** das AG (§ 2 AGStPO vom 18.12.1958 [GBl 103], zuletzt geändert durch Bek vom 16.8.1988 [GBl 223], und VO vom 30.12.1958 [GBl 105], zuletzt geändert durch Art 2 des Ges vom 4.12.2001 [GVBl 407]), in **Hamburg** die öffentliche Rechtsauskunfts- und Vergleichsstelle (§ 1 VO vom 4.2.1946 [VBl 13] und GeschäftsO vom 15.11.1946 [AmtlAnz 1947, 10]), zuletzt geändert durch VO vom 8.12.1974 [GVBl 381]). In **Berlin** ist nach § 35 SchiedsamtsG vom 7.4.1994 (GVBl 109) das Schiedsamt zuständig, ebenso in **Hessen** nach § 30 SchiedsamtsG vom 23.3.1994 (GVBl 148), zuletzt geändert durch Art 2 des Ges vom 17.12.2002 (GVBl 809), in **Niedersachsen** nach § 37 SchiedsamtsG vom 1.2.1989 (GVBl 389) und in **Nordrhein-Westfalen** nach § 34 SchiedsamtsG vom 16.12.1992 (GVBl 1993, 32), geändert durch Art 2 des Ges vom 9.5.2000 (GVBl 476); in **Rheinland-Pfalz** ist nach §§ 9ff der SchiedsamtsO idF vom 12.4.1991 (GVBl 209), zuletzt geändert durch Art 1 des Ges vom 25.5.2000 (GVBl 215), die Schiedsperson, im **Saarland** sind nach §§ 30ff SchiedsO vom 6.9.1989 (ABl 1509), geändert durch Ges vom 15.7.1992 (ABl 838), Schiedsleute, in **Schleswig-Holstein** ist nach § 35 SchiedsO vom 10.4.1991 (GVBl 232), geändert durch Ges vom 11.12.2001 (GVBl 361), das Schiedsamt zuständig. In **Brandenburg, Mecklenburg-Vorpommern, Sachsen, Sachsen-Anhalt und Thüringen** nehmen die Schiedsstellen die Aufgaben der Vergleichsbehörde wahr (vgl näher 42 zu § 153).
4 Soweit nach den Landesgesetzen der **Ausschluss von Bevollmächtigten** oder Beiständen zugelassen ist, gilt das nicht für RAe (§ 225 I S 2 BRAO).
5 B. Das **Sühneverfahren** (vgl die Darstellungen bei Martin, Das Sühneverfahren vor dem Schiedsmann in Strafsachen, 1988, und bei Stöckel, Sühneversuch im Privatklageverfahren, 1982) ist nur wegen der in I S 1 und 2 bezeichneten Straftaten **erforderlich**.

Privatklage **§ 380**

6 Trifft eine solche Straftat mit einer anderen Straftat nach § 374 I zusammen und bilden beide eine einheitliche Tat iS des § 264, so entfällt die Notwendigkeit des Sühneversuchs (KMR-Stöckel 11). Sie entfällt auch für die Widerklage, für den Beitritt nach § 375 II und für die Nachtragsanklage (3 zu § 384).

7 Das Sühneverfahren ist noch **kein Strafverfahren,** die Vergleichsbehörde ist kein Strafverfolgungsorgan. Daher trifft sie auch nicht die Belehrungspflicht nach § 136 I S 2 (v. Weber SchiedsmZ **66,** 153; **aM** Hartung SchiedsmZ **66,** 164, 189; Rüping 732 mit der Begründung, das Sühneverfahren sei ein Vorverfahren des Privatklageverfahrens).

8 Das Sühneverfahren führt, wenn es erfolgreich ist, zum **Sühnevergleich** (vgl 15 ff vor § 374), der nach § 779 I BGB zu beurteilen ist. Er enthält einen Verzicht auf das Privatklagerecht, die Zurücknahme des Strafantrags nur, wenn das ausdrücklich vereinbart worden ist (Holland Rpfleger **68,** 45; **aM** Rüping 733; vgl auch RG **76,** 345, das eine Zurücknahme vor der Vergleichsbehörde für unwirksam hält). Die Rechte der StA und anderer Klageberechtigter lässt der Vergleich unberührt. Zur Zwangsvollstreckung aus dem Vergleich vgl Drischler Rpfleger **84,** 308.

9 C. Die **Bescheinigung nach I S 3** wird erteilt, wenn der Sühneversuch erfolglos geblieben ist, sie muss sich auf dieselbe Tat und dieselben Parteien beziehen wie die Privatklage. Eine versehentlich mit der Privatklageschrift nicht vorgelegte Bescheinigung kann bis zur Entscheidung des Gerichts über die Zulässigkeit der Privatklage nachgereicht werden (LG München I NJW **56,** 74; LG Stuttgart NJW **63,** 1792). Das Gericht kann aus Fürsorgegründen sogar gehalten sein, den Privatkläger unter Fristsetzung zur Vorlage der Bescheinigung aufzufordern (LG Bonn MDR **73,** 784; vgl aber LG Stuttgart aaO: nicht bei Mitwirkung eines RA). Bis zur Ausstellung der Bescheinigung ruht die Strafantragsfrist (§ 77 V StGB).

10 D. **Klagevoraussetzung,** nicht Prozessvoraussetzung, ist der Sühneversuch (Hamburg NJW **56,** 522; LG Neubrandenburg NStZ **95,** 149). Nach Erhebung der Privatklage kann der Sühneversuch nicht mehr nachgeholt werden (LG Aachen NJW **56,** 1611; LG Hamburg NJW **73,** 382; LR-Hilger 28 ff; Kraus NJW **53,** 173; **aM** LG Bielefeld JR **51,** 695; LG Itzehoe SchlHA **56,** 273; Reiff NJW **56,** 500; Schlüchter 813). Hat das Gericht aber das Fehlen der Bescheinigung nach I S 3 übersehen und das Hauptverfahren eröffnet, so ist der Mangel bedeutungslos (Bay NJW **58,** 1149, 1151; Hamburg aaO; KK-Walther 8). Für den Fall, dass die Eröffnung des Hauptverfahrens abgelehnt worden ist, gilt das nicht, auch nicht bei Ablehnung aus tatsächlichen Gründen (LG Hamburg NJW **73,** 382; **aM** LG Trier MDR **66,** 607).

11 Die Einhaltung des Sühneversuchs ist **von Amts wegen zu prüfen;** fehlt er, so muss die Klage mit der Kostenfolge aus § 471 II als unzulässig zurückgewiesen werden (LG Aachen NJW **61,** 524; LG Ansbach MDR **71,** 416; LG Hamburg aaO). Durch Beschwerde gegen den Beschluss kann der Mangel nicht behoben werden (LG Stuttgart NJW **63,** 1792).

12 Jedoch ist die **erneute Erhebung der Privatklage** nach Behebung des Hindernisses oder nach gerichtlicher Befreiung vom Sühneversuch (unten 15) bis zum Eintritt der Verjährung zulässig (Hamm NJW **84,** 249; LG Düsseldorf NJW **65,** 1446; LG Stuttgart NJW **63,** 1792; LR-Hilger 28; SK-Velten 14; **aM** LG Bonn NJW **64,** 417 mit abl Anm Heinrich NJW **64,** 1087; LG Lübeck MDR **76,** 511; LG Verden MDR **75,** 247). Dabei genügt aber nicht ein erfolgloser Sühneversuch zwischen Erhebung und Zurückweisung der 1. Privatklage; der Sühneversuch muss neu unternommen werden (Hartung ZStW **71,** 469).

13
14 **2) Ausnahmen (III, IV):**
Bei Beleidigung oder Körperverletzung eines **Amtsträgers (III)** ist der Sühneversuch stets entbehrlich, selbst wenn der Strafantrag von dem Privatkläger selbst gestellt worden ist. Es kommt nur darauf an, dass der amtliche Vorgesetzte nach §§ 194 III, 230 II StGB antragsbefugt ist.

§§ 381, 382

15 **Bei verschiedenen Wohnorten** der beiden Parteien befreit Art 49 II BayAG-GVG allgemein vom Sühneversuch. Andere Gesetze über die Vergleichsbehörden (oben 3) sehen vor, dass das Gericht die Befreiung vom Sühneversuch auf Antrag bewilligen darf (Einzelheiten bei Martin [oben 5] s 170 ff; vgl auch LG Hamburg NJW 73, 382). Die Befreiung muss vor Erhebung der Privatklage beantragt (LG Bonn MDR 73, 784; LG Verden MDR 74, 862; **aM** LG Hannover NdsRpfl 66, 18), und die Entscheidung über den Antrag muss vor der Entscheidung über die Zulässigkeit der Privatklage getroffen werden (LG Flensburg SchlHA 66, 171; LR-Hilger 48). Fehlende Mitteilung einer ladungsfähigen Anschrift des Beschuldigten führt zur Ablehnung der Terminsbestimmung, nicht der Durchführung des Sühneverfahrens (Hamburg NStE Nr 1).

16 **Besteht keine Vergleichsbehörde,** weil in einem Bundesland teilw keine Schiedsstellen eingerichtet worden sind, entfällt dort der Sühneversuch (BezG Meiningen NStZ 92, 404 mit zust Anm Rieß; SK-Velten 22; Rieß NJ 92, 245; **aM** LG Neubrandenburg NStZ 95, 149; AK-Rössner 11; Kurth NStZ 97, 1).

Erhebung der Privatklage

381 ¹ Die Erhebung der Klage geschieht zu Protokoll der Geschäftsstelle oder durch Einreichung einer Anklageschrift. ² Die Klage muß den in § 200 Abs. 1 bezeichneten Erfordernissen entsprechen. ³ Mit der Anklageschrift sind zwei Abschriften einzureichen. ⁴ Der Einreichung von Abschriften bedarf es nicht, wenn die Anklageschrift elektronisch übermittelt wird.

1 **1) Die Erhebung der Privatklage (S 1)** kann schriftlich (Einl 128) bei dem nach §§ 7 ff örtlich zuständigen AG (§ 25 Nr 1 GVG) oder zu Protokoll der Geschäftsstelle (Einl 131 ff), auch eines unzuständigen AG (LR-Hilger 2; **aM** KK-Walther 1), erhoben werden. Bezugnahmen auf andere Schriftstücke sind nicht unzulässig, dann müssen aber Abschriften dieser Schriftstücke beigefügt werden. Mit der Anklageschrift sind stets 2 Abschriften einzureichen (S 3); bei Klageerhebung zu Protokoll der Geschäftsstelle besorgt sie das Gericht. Der Einreichung von Abschriften bedarf es nicht, wenn die Anklageschrift elektronisch übermittelt wird (S 4). Zur Klageerhebung durch Bevollmächtigte vgl 2 zu § 378.

2 Unter einer **Bedingung,** zB der Bewilligung von Prozesskostenhilfe (7 ff zu § 379), darf die Klage nicht erhoben werden (LR-Hilger 5; **aM** LG Köln MDR 58, 622; differenzierend KMR-Stöckel 4).

3 **2) Inhaltlich (S 2)** muss die Privatklage den Erfordernissen einer Anklageschrift nach § 200 I entsprechen, also das Gericht, den Beschuldigten (LG Krefeld NJW 05, 3438: Angabe seines Geburtsdatums nicht erforderlich), die ihm zur Last gelegte Tat, Zeit und Ort ihrer Begehung, die gesetzlichen Merkmale der Straftat, die liches Ermittlungsergebnis muss nicht mitgeteilt werden. Zur Zurückweisung der Klage wegen Mängel der Klageschrift vgl 3 zu § 382.

Mitteilung der Privatklage an den Beschuldigten

382 Ist die Klage vorschriftsmäßig erhoben, so teilt das Gericht sie dem Beschuldigten unter Bestimmung einer Frist zur Erklärung mit.

1 **1) Die Prüfung des Gerichts** beschränkt sich zunächst darauf, ob die Klage den §§ 379-381 entspricht. Die Prozessvoraussetzungen (Zulässigkeit der Privatklage, Zuständigkeit, Vorliegen des Strafantrags usw) werden grundsätzlich erst bei der Entscheidung über die Privatklage nach § 383 I S 1 geprüft. Nur die Exterritorialität des Beschuldigten und seine Immunität als Abgeordneter muss das Gericht bereits vor der Mitteilung der Klage an ihn beachten. Steht die Immunität der Ausübung der Gerichtsbarkeit entgegen, so prüft das Gericht, ob es einen Antrag auf Aufhebung der Immunität stellen will (vgl OVG Berlin-Brandenburg NStZ-RR **12**, 55, 57; erg 9 zu § 152a). Der Beschluss, der die Privatklage wegen Immu-

§ 383

nität des Beschuldigten zurückweist, ist mit sofortiger Beschwerde anfechtbar (LR-Hilger 14 zu § 383; erg 9 zu § 383).

2) Eine **vorschriftmäßig erhobene Privatklage** wird dem Beschuldigten 2 oder seinem Verteidiger (§ 145a I) unter Bestimmung einer Erklärungsfrist mitgeteilt. Innerhalb der Frist kann der Beschuldigte entspr § 201 Einwendungen gegen die Eröffnung des Hauptverfahrens vorbringen und Beweiserhebungen beantragen.

3) Eine **unvorschriftsmäßig erhobene Privatklage** wird grundsätzlich ohne 3 Mitteilung an den Beschuldigten zurückgewiesen (vgl auch 7 zu § 379a; 11 zu § 380). Nur wenn der Mangel noch behoben werden kann, wird dem Privatkläger unter Angabe des Mangels (vgl dazu Bohlander NStZ **94**, 420) dafür eine Frist gesetzt, nach deren fruchtlosem Ablauf die Klage zurückgewiesen wird. Die Zurückweisung erfolgt durch Beschluss, gegen den einfache Beschwerde nach § 304 I zulässig ist, sofern keine Sonderregelung besteht, wie in § 379a III S 2 (LG Hannover NdsRpfl **66**, 18; KK-Walther 2; KMR-Stöckel 8). Zur Erneuerung der Privatklage nach Beseitigung des Hindernisses vgl 8 zu § 383.

4) Zur **Vorlage der Klage an die StA** vgl § 377 I S 2. Zu den von Amts we- 4 gen zu beachtenden Mitteilungspflichten des Gerichts nach Erhebung der Privatklage vgl etwa MiStra 4 I S 1 Nr 2, 16 III, 23 III, 26 II, 28 II, 39 II sowie § 14 II **EGGVG** (dort 14 ff).

Eröffnungs- oder Zurückweisungsbeschluss; Einstellung bei geringer Schuld

383 I ¹Nach Eingang der Erklärung des Beschuldigten oder Ablauf der Frist entscheidet das Gericht darüber, ob das Hauptverfahren zu eröffnen oder die Klage zurückzuweisen ist, nach Maßgabe der Vorschriften, die bei einer von der Staatsanwaltschaft unmittelbar erhobenen Anklage anzuwenden sind. ²In dem Beschluß, durch den das Hauptverfahren eröffnet wird, bezeichnet das Gericht den Angeklagten und die Tat gemäß § 200 Abs. 1 Satz 1.
II ¹Ist die Schuld des Täters gering, so kann das Gericht das Verfahren einstellen. ²Die Einstellung ist auch noch in der Hauptverhandlung zulässig.
³Der Beschluß kann mit sofortiger Beschwerde angefochten werden.

1) Entscheidung über die Eröffnung des Hauptverfahrens (I): 1

A. Die **Entscheidung des Gerichts** über die Eröffnung des Hauptverfahrens 2 entspr §§ 199 ff erfolgt nach Eingang der Erklärung des Beschuldigten, die dem Privatkläger nicht bekanntgegeben werden muss, oder nach Ablauf der ihm nach § 382 gesetzten Frist (S 1).

Die **Prüfungspflicht** des Gerichts bezieht sich auf die allgemeinen Prozessvor- 3 aussetzungen und -hindernisse (Einl 141 ff) sowie auf die besonderen Privatklagevoraussetzungen, wie die Klageberechtigung des Klägers (5 zu § 374), die Privatklagefähigkeit (8 zu § 374) und das Nichtvorliegen eines Offizialdelikts (9 ff zu § 376).

Auf Antrag oder von Amts wegen kann das Gericht einzelne **Beweiserhebun-** 4 **gen** nach § 202 S 1 anordnen und selbst vornehmen oder im Wege der Rechtshilfe (§§ 157, 158 GVG) vornehmen lassen (Zweibrücken NJW **66**, 685; KK-Walther 5; KMR-Stöckel 11; einschr Nierwetberg NStZ **89**, 212). Es kann auch die Polizei oder seine eigene Geschäftsstelle mit der Beweiserhebung beauftragen (BayVerfGHE **15**, II 5; Zweibrücken aaO). Zur Anordnung von Zwangsmaßnahmen nach § 94 ff vgl 4 ff zu § 384. Bei richterlichen Beweiserhebungen sind Privatkläger und Beschuldigter nach §§ 168c, 168d zur Anwesenheit berechtigt; der Privatkläger kann im Beistand eines RA erscheinen (1 zu § 378). Finden Beweiserhebungen, die das Gericht zu ihrem Nachteil berücksichtigen will, in Abwesenheit der Parteien statt, so muss ihnen vor der Entscheidung Gelegenheit zur Äußerung gegeben werden (BVerfGE **8**, 184).

Schmitt 1645

§ 383 Fünftes Buch. 1. Abschnitt

5   B. Die **Eröffnung des Hauptverfahrens** beschließt das Gericht entspr § 203, wenn keine Prozesshindernisse erkennbar sind, nach der Sachdarstellung in der Klageschrift (KK-Walther 4) ein Privatklagedelikt vorliegt und der Beschuldigte nach dem Vorbringen in der Klageschrift dieser Straftat hinreichend verdächtig erscheint. Die Glaubhaftigkeit dieses Vorbringens wird erst in der Hauptverhandlung beurteilt (LR-Hilger 8; SK-Velten 11; vgl aber LG Wuppertal JR **67**, 350 mit abl Anm Sarstedt, das die Beibringung eines schriftlichen Gutachtens des benannten Sachverständigen verlangt; **aM** auch Nierwetberg NStZ **89**, 212, der Vorlage der wesentlichen Beweisunterlagen durch den Privatkläger fordert).

6   Im **Eröffnungsbeschluss** formuliert das Gericht den Anklagesatz (§ 200 I S 1), wie es der StA tun müsste, wenn er das Verfahren betreiben würde. Dabei sollte bereits am Anfang zum Ausdruck kommen, dass es sich um die Zulassung der Privatklage zur Hauptverhandlung handelt. Der Beschluss, mit dessen Erlass die Privatklage rechtshängig wird, legt den Verhandlungsstoff für die Hauptverhandlung fest. Zur Verlesung des Eröffnungsbeschlusses vgl § 384 II.

7   C. Die **Zurückweisung der Privatklage** durch einen nach § 34 (**aM** KMR-Stöckel 14: entspr § 204) mit Gründen versehenen Beschluss und der Kostenentscheidung nach § 471 II ist geboten, wenn eine Voraussetzung für die Eröffnung des Hauptverfahrens fehlt. Kommt das Gericht zu dieser Entscheidung auf Grund allgemeinkundiger Tatsachen, so muss es dem Privatkläger zuvor das rechtliche Gehör gewähren (BVerfGE **12**, 110). Auch bei hinreichendem Tatverdacht für ein Offizialdelikt weist das Gericht die Privatklage zurück (2 zu § 389), wenn die StA das Verfahren nicht übernimmt (3 zu § 377).

8   Die **Erneuerung der Privatklage nach rechtskräftiger Zurückweisung** wegen Fehlens des hinreichenden Tatverdachts oder aus Gründen des sachlichen Rechts ist entspr § 211 nur auf Grund neuer Tatsachen oder Beweismittel zulässig (KK-Walther 9). Bei Zurückweisung aus verfahrensrechtlichen Gründen ist die Erneuerung zulässig, sobald das Hindernis beseitigt ist. Bei Zurückweisung wegen Vorliegens eines Offizialdelikts gibt der Richter die Sache nach Rechtskraft des Beschlusses an die StA ab.

9   D. **Rechtsmittel:** Den Eröffnungsbeschluss kann weder der Angeklagte noch der Privatkläger anfechten (vgl § 210 I). Gegen den Zurückweisungsbeschluss hat der Privatkläger nach § 390 I S 1 iVm § 210 II die sofortige Beschwerde nach § 311.

10 **2) Einstellung wegen Geringfügigkeit (II):**

11 A. **An die Stelle des § 153** tritt die Vorschrift. Die Funktion des § 153a übernimmt im Privatklageverfahren der gerichtliche Vergleich (9 vor § 374). Die Beschränkung der Strafverfolgung nach §§ 154a, 430 ist auch im Privatklageverfahren zulässig (vgl § 385 IV). Die Einstellung nach II setzt wie die Eröffnung des Hauptverfahrens voraus, dass der Sühneversuch (§ 380) erfolglos durchgeführt worden ist (vgl LG Hamburg NJW **73**, 382, 383). Von der Erfüllung von Auflagen darf sie nicht abhängig gemacht werden (Peters 576).

12 B. Bei **geringer Schuld (S 1)** ist die Einstellung zulässig, also nicht, wenn es am hinreichenden Tatverdacht iS des § 203 fehlt oder der in der Anklageschrift geschilderte Sachverhalt sogar ergibt, dass eine Straftat des Beschuldigten aus Rechtsgründen nicht vorliegt (erg 3 zu § 153) oder wenn aus anderen Gründen Einstellung oder Freisprechung geboten ist. Andererseits muss die (geringe) Schuld nicht erwiesen sein; es genügt, dass sie nicht von vornherein auszuschließen ist. Lässt sie sich auch in der Hauptverhandlung nicht erweisen, so ist aber freizusprechen. In den Gründen des Einstellungsbeschlusses darf die Schuld des Angeklagten nur festgestellt werden, wenn eine Hauptverhandlung bis zur Schuldspruchsreife durchgeführt worden ist; andernfalls ist der Sachverhalt, wie er sich im jeweiligen Verfahrensstadium abzeichnet, nur darauf zu prüfen, ob die Schuld des Angeklagten gering wäre, wenn die Feststellungen in einer Hauptverhandlung diesem Bild entsprächen (BVerfGE **74**, 358, 372 ff).

§ 383

Gering ist die Schuld, wenn sie im Vergleich zu Vergehen gleicher Art nicht 13 unerheblich unter dem Durchschnitt liegt (vgl 2 zu § 153). Das Fehlen des öffentlichen Interesses wird, anders als nach § 153 I S 1, nicht verlangt; wenn ein solches Interesse bestünde, müsste die StA das Verfahren nach § 376 übernehmen.

C. **In jeder Lage des Verfahrens,** auch noch in der Hauptverhandlung (S 2), 14 aber nicht vor Ablauf der Erklärungsfrist nach § 382 (KMR-Stöckel 23), ist die Einstellung zulässig. Für den Berufungsrechtszug gilt § 390 V S 1. Die Vorschrift schließt die Einstellung durch das Revisionsgericht nicht aus (LR-Hilger 28). Auch das Beschwerdegericht kann das Verfahren einstellen, wenn es mit der sofortigen Beschwerde des Privatklägers gegen die Zurückweisung seiner Klage befasst ist (Bay **52**, 94; Hamburg NJW **53**, 1933; Neustadt JZ **52**, 310; Schleswig SchlHA **53**, 103), nicht aber, wenn es nur über eine Beschwerde gegen die Versagung der Prozesskostenhilfe zu entscheiden hat (Bay **57**, 40; KMR-Stöckel 24).

D. Nach **Anhörung des Privatklägers** (§ 385 I S 1 iVm § 33 III) erfolgt die 15 Einstellung. Rechtliches Gehör ist ihm jedenfalls zu gewähren, wenn das Gericht zu seinem Nachteil neue Beweisergebnisse berücksichtigen will (BVerfGE **8**, 208).

Der **Beschuldigte** muss nur gehört werden, wenn ihm die Kosten und die 16 notwendigen Auslagen des Privatklägers auferlegt werden sollen (BVerfGE **25**, 40; Endemann NJW **69**, 1200).

Die **Zustimmung** des Privatklägers oder des Beschuldigten ist in keinem Fall 17 erforderlich.

E. Durch **Beschluss** des Gerichts, der dem Privatkläger und dem Beschuldigten 18 nach § 35 bekanntzumachen ist, erfolgt die Einstellung, auch in der Hauptverhandlung (KG JR **56**, 351). Durch besonderen Beschluss muss auch entschieden werden, wenn in der Hauptverhandlung ein Urteil erlassen wird, durch das der Beschuldigte von anderen Tatvorwürfen freigesprochen wird (KG JR **69**, 472; Kempfler NJW **62**, 475). Vgl für die Widerklage auch 15 zu § 388. Über die Kosten wird nach § 471 III Nr 2 entschieden.

Die **Ablehnung der Einstellung** bedarf keiner ausdrücklichen Entscheidung. 19 Wird dennoch ein Beschluss erlassen, so hat er keine Rechtskraftwirkung. Das Gericht ist rechtlich nicht gehindert, das Verfahren später doch noch einzustellen.

F. **Rechtsmittel (S 3):** 20

Gegen den Einstellungsbeschluss kann der **Privatkläger** sofortige Beschwerde 21 nach § 311 einlegen, auch wenn irrtümlich durch Urteil eingestellt worden ist (12 zu § 296); die Kostenentscheidung kann er nach § 464 III S 1 anfechten. Das LG kann den Beschluss des AG bestätigen oder (unter gleichzeitiger Eröffnung des Hauptverfahrens oder Zurückweisung der Privatklage) aufheben. Stellt es selbst wegen Geringfügigkeit ein (oben 14), so hat der Privatkläger hiergegen kein Beschwerderecht (Bay **52**, 94; Düsseldorf JurBüro **88**, 515; Schleswig SchlHA **53**, 103; **84**, 110 [E/L]), auch nicht, wenn es nur zum Zweck der Aufhebung des Einstellungsbeschlusses der Privatklage zurückweist (Neustadt NJW **52**, 1349). Die Anfechtung des im Berufungsrechtszug erlassenen Einstellungsbeschlusses schließt § 390 V aus.

Der **Beschuldigte** ist durch die Einstellung nicht beschwert und kann den Be- 22 schluss daher in der Hauptsache nicht anfechten (Düsseldorf JurBüro **88**, 515; LG Berlin JR **72**, 207 mit abl Anm Peters; LG Freiburg NStZ **88**, 146 mit Anm Hilger; LG Potsdam NStZ-RR **03**, 158; **aM** LG Trier MDR **75**, 951; Meynert MDR **73**, 7; Niese SJZ **50**, 892; **aM** auch LG Hannover NdsRpfl **66**, 23; LG Mosbach MDR **64**, 616; EbSchmidt 15 für den Fall, dass die Schuld nicht erwiesen ist). Auch gegen die Ablehnung der Einstellung hat er kein Rechtsmittel. Gegen die Kosten- und Auslagenentscheidung steht ihm die sofortige Beschwerde nach § 464 III S 1 zu (LG Dortmund MDR **74**, 690; LG Freiburg aaO; LG Potsdam aaO; Gössel JR **81**, 129; **aM** LG Berlin JR **72**, 207 mit abl Anm Peters; erg 19 zu § 464).

Legt die **StA** sofortige Beschwerde ein, so liegt darin nach § 377 II S 2 die 23 Übernahme des Verfahrens (SSW-Jofer 12).

Schmitt

§ 384

24 G. Die **Wiederaufnahme** des nach II eingestellten Verfahrens ist unzulässig (Bremen NJW **59**, 353; LR-Hilger 43).

Weiteres Verfahren

384 I ¹Das weitere Verfahren richtet sich nach den Vorschriften, die für das Verfahren auf erhobene öffentliche Klage gegeben sind. ²Jedoch dürfen Maßregeln der Besserung und Sicherung nicht angeordnet werden.

II § 243 ist mit der Maßgabe anzuwenden, daß der Vorsitzende den Beschluß über die Eröffnung des Hauptverfahrens verliest.

III Das Gericht bestimmt unbeschadet des § 244 Abs. 2 den Umfang der Beweisaufnahme.

IV Die Vorschrift des § 265 Abs. 3 über das Recht, die Aussetzung der Hauptverhandlung zu verlangen, ist nicht anzuwenden.

V Vor dem Schwurgericht kann eine Privatklagesache nicht gleichzeitig mit einer auf öffentliche Klage anhängig gemachten Sache verhandelt werden.

1 1) Die **Vorschriften** über das **Offizialverfahren (I S 1)** gelten für das weitere Privatklageverfahren, soweit nicht II–V und die §§ 385 ff etwas anderes bestimmen oder die Mitwirkung des Privatklägers anstelle des StA Abänderungen erfordert.

2 A. **Anwendbar** sind insbesondere die §§ 48 ff und 72 ff, der § 206a, die §§ 213 ff, 226 ff mit Ausnahme der §§ 225a, 270 (unten 11) und die Vorschriften über Rechtsmittel (§ 296 ff), die Wiederaufnahme (§ 359 ff), die Strafvollstreckung und die Kosten des Verfahrens (§§ 449 ff). Der Privatkläger kann nicht als Zeuge vernommen werden (6 vor § 374).

3 Die **Nachtragsanklage** ist unter den Voraussetzungen des § 266 mit Zustimmung des Beschuldigten zulässig; einen erfolglosen Sühneversuch (§ 380 I) setzt sie nicht voraus.

4 B. Die **Zwangsmittel des Offizialverfahrens** sind im Privatklageverfahren nur beschränkt zulässig:

5 Ein **Haftbefehl** darf nicht erlassen werden, solange die StA die Verfolgung nicht nach §§ 376, 377 übernommen hat; auch so einschneidende Maßnahme ist wegen des fehlenden öffentlichen Interesses an der Strafverfolgung ausgeschlossen (Karlsruhe MDR **74**, 332; allgM; erg 4 vor § 112). Über die vorläufige Festnahme vgl 22 zu § 127.

6 Unzulässig ist auch die **Unterbringung zur Beobachtung** nach § 81 (dort 7).

7 Unter besonderer Beachtung des Verhältnismäßigkeitsgrundsatzes (Einl 20 ff) sind dagegen statthaft die **Beschlagnahme** von Beweismitteln nach § 94 und von Einziehungsgegenständen nach §§ 111b ff (KMR-Stöckel 2; 9 zu § 94; 1 zu § 111b), auch eine allgemeine Beschlagnahme (erg 12 zu § 111b) und, bei besonders vorsichtiger Abwägung, auch in den Fällen der §§ 111m und 111n (LR-Hilger 22), idR aber nicht die Postbeschlagnahme nach § 99 (dort 22).

8 Die **Durchsuchung** zum Zweck der Beschlagnahme (§§ 102 ff, 111b IV) ist ebenfalls zulässig (LR-Hilger 22; Feiber NJW **64**, 709; aM Sangmeister NJW **64**, 16), aber nicht zur Ergreifung des Beschuldigten.

8a Für die Anordnung **heimlicher Zwangsmaßnahmen** (§§ 98a, 100a, 100f) sowie für die Fahndungsregelungen nach § 131 ff werden idR die gesetzlichen Voraussetzungen nicht gegeben sein (vgl dazu im Einzelnen Hilger Fezer-FS 577).

9 **Maßnahmen gegen Zeugen und Sachverständige** nach §§ 51, 70, 77 können nicht angeordnet werden.

10 **Sitzungspolizeiliche Maßnahmen** nach §§ 176 ff GVG sind zulässig.

11 2) **Sicherungsmaßregeln (I S 2)** nach §§ 61 ff StGB sind im Privatklageverfahren nicht zulässig. Erscheint eine solche Maßregel (zB die Entziehung der Fahrerlaubnis nach § 69 StGB oder das Berufsverbot nach § 70 StGB) erforderlich, so

weist das Gericht die Privatklage nach § 383 I zurück; nach Eröffnung des Hauptverfahrens stellt es das Verfahren nach § 206a ein, in der Hauptverhandlung nach § 389 I. Eine Verweisung nach § 270 ist ausgeschlossen, da die Vorschrift im Privatklageverfahren nicht anwendbar ist (LR-Hilger 2).

3) Die **Verlesung des Eröffnungsbeschlusses (II)** übernimmt der Vorsitzende an der Stelle, an der der StA den Anklagesatz nach § 243 III S 1 verlesen müsste. 12

4) Die **Beweisaufnahme (III)** findet auch im Privatklageverfahren zur Schuld- und Rechtsfolgenfrage nach den Grundsätzen des Strengbeweises (6 zu § 244) statt. Ihren Umfang bestimmt aber das Gericht; das gilt auch für das Berufungsverfahren (aM Schlothauer StV **95**, 47), denn auch dieses bleibt ein Privatklageverfahren. 13

Die Prozessbeteiligten sind zwar berechtigt, **Beweisanträge** nach § 244 III–V zu stellen (Woesner NJW **59**, 704); solche Anträge sind aber lediglich Anregungen, denen das Gericht nur entsprechen muss, wenn das zur weiteren Aufklärung des Sachverhalt nach § 244 II erforderlich erscheint (vgl auch BGH **12**, 333). An die Ablehnungsgründe des § 244 III–IV ist das Gericht nicht gebunden (Köln JMBlNW **55**, 131; Woesner aaO). Das Verbot der Vorwegnahme der Beweiswürdigung (86, 87 zu § 244) gilt nicht (zw LR-Hilger 7). Beweisanträge dürfen daher auch mit der Begründung abgelehnt werden, das Gegenteil der Beweistatsache sei bereits erwiesen (aM SK-Velten 11) und das neue Beweismittel nicht geeignet, die Überzeugung des Gerichts zu erschüttern (Köln aaO; KK-Walther 3; Alsberg/Tsambikakis 1560; einschr Schlüchter 823: allenfalls in Ausnahmefällen). Jedoch gilt § 246 I auch im Privatklageverfahren; mit der Begründung, der Beweisantrag sei verspätet gestellt, dürfen Beweisanträge nicht abgelehnt werden. Den Anträgen der Prozessbeteiligten, die von ihnen herbeigeschafften Beweismittel zu benutzen, insbesondere die nach § 386 II unmittelbar geladenen Zeugen und Sachverständigen zu vernehmen, braucht selbst dann nicht stattgegeben zu werden, wenn keiner der Ablehnungsgründe des § 245 II S 2, 3 vorliegt. 14

Auch im Privatklageverfahren bedarf es nach §§ 34, 244 VI zur Ablehnung eines nicht nur hilfsweise gestellten Beweisantrags, der im Urteil beschieden werden kann (90a zu § 244), eines mit Gründen versehenen **Gerichtsbeschlusses** (Bay **51**, 347; KMR-Stöckel 8; Schlüchter 824; Woesner NJW **59**, 706; vgl auch Bay **70**, 41 = NJW **70**, 1202). Bei Ablehnung aus einem der Gründe des § 244 III, IV oder des § 245 II S 2, 3 muss die Begründung den dort bezeichneten Voraussetzungen entsprechen. Sonst genügt der Hinweis darauf, dass das Gericht den Sachverhalt für genügend geklärt oder das Gegenteil der Beweistatsache bereits für erwiesen hält (Bay aaO; Köln JMBlNW **55**, 131; aM Alsberg/Tsambikakis 1561; Woesner NJW **59**, 706 ff: auf den Einzelfall abgestellte Begründung erforderlich). 15

5) Die **Hinweispflichten nach § 265 (IV)** bestehen auch im Privatklageverfahren (LR-Hilger 16). Jedoch entfällt der Anspruch des Angeklagten auf Aussetzung der Hauptverhandlung nach § 265 III. 16

6) Eine **Verbindung mit Schwurgerichtssachen (V)** ist nicht zulässig, solange die StA das Verfahren nicht nach §§ 376, 377 übernommen hat. Die praktische Bedeutung der Vorschrift ist entfallen, seitdem Pressevergehen keine Schwurgerichtssachen mehr sind (LR-Hilger 19). 17

Stellung des Privatklägers; Ladung; Akteneinsicht

385 [1] [1] Soweit in dem Verfahren auf erhobene öffentliche Klage die Staatsanwaltschaft zuzuziehen und zu hören ist, wird in dem Verfahren auf erhobene Privatklage der Privatkläger zugezogen und gehört. [2] Alle Entscheidungen, die dort der Staatsanwaltschaft bekanntgemacht werden, sind hier dem Privatkläger bekanntzugeben.

§ 385

II Zwischen der Zustellung der Ladung des Privatklägers zur Hauptverhandlung und dem Tag der letzteren muß eine Frist von mindestens einer Woche liegen.

III ¹ Für den Privatkläger kann ein Rechtsanwalt die Akten, die dem Gericht vorliegen oder von der Staatsanwaltschaft im Falle der Erhebung einer Anklage vorzulegen wären, einsehen sowie amtlich verwahrte Beweisstücke besichtigen, soweit der Untersuchungszweck in einem anderen Strafverfahren nicht gefährdet werden kann und überwiegende schutzwürdige Interessen des Beschuldigten oder Dritter nicht entgegenstehen. ² Der Privatkläger, der nicht durch einen Rechtsanwalt vertreten wird, ist in entsprechender Anwendung des Satzes 1 befugt, die Akten einzusehen und amtlich verwahrte Beweisstücke unter Aufsicht zu besichtigen. ³ Werden die Akten nicht elektronisch geführt, können dem Privatkläger, der nicht durch einen Rechtsanwalt vertreten wird, an Stelle der Einsichtnahme in die Akten Kopien aus den Akten übermittelt werden. ⁴ § 406e Absatz 4 gilt entsprechend.

IV In den Fällen der §§ 154a und 421 ist deren Absatz 3 Satz 2 nicht anzuwenden.

V ¹ Im Revisionsverfahren ist ein Antrag des Privatklägers nach § 349 Abs. 2 nicht erforderlich. ² § 349 Abs. 3 ist nicht anzuwenden.

1 1) Die **Zuziehung und Anhörung des Privatklägers (I S 1)** erfolgt im selben Umfang wie im Offizialverfahren die der StA. Der Privatkläger hat grundsätzlich die Rechte und Pflichten des StA, soweit sie nicht Ausfluss der staatsanwaltschaftlichen Amtsgewalt sind (KMR-Stöckel 1; Woesner NJW **59**, 705) und soweit das Gesetz nicht (wie in § 384 II) etwas anderes bestimmt.

2 Der Privatkläger hat die **Pflicht**, wahrheitsgemäße Angaben zu machen; zur Objektivität ist er nicht verpflichtet (Rüping 735). Er braucht keine Ermittlungen anzustellen, insbesondere nicht, wie der StA (§ 160 II), die den Beschuldigten entlastenden Umstände zu ermitteln und dem Gericht mitzuteilen (Seibert MDR **52**, 278).

3 Zu seinen **Rechten** gehört das Anwesenheitsrecht bei vorverlegten Beweiserhebungen (4 zu § 303) und in der Hauptverhandlung (2 zu § 378). In der Hauptverhandlung kann er Anträge, insbesondere Beweisanträge, stellen (14 zu § 384). Er hat das Fragerecht nach § 240 II S 1, das Recht, Sachleitungsmaßnahmen zu beanstanden (§ 237 II), und das Recht, Schlussvorträge zu halten und auf sie zu erwidern und dabei Anträge zu stellen (§ 258); zur Stellung bestimmter Anträge ist er dabei nicht verpflichtet (KK-Walther 1).

4 Das **rechtliche Gehör** ist dem Privatkläger entspr § 33 I, II zu gewähren (vgl auch BVerfGE **14**, 8).

5 2) **Bekanntmachungen an den Privatkläger (I S 2)** erfolgen, sofern nicht die Voraussetzungen des § 35 I vorliegen, nach § 35 II, nicht nach § 41. Alle Entscheidungen, die im Offizialverfahren der StA bekanntzumachen sind, müssen dem Privatkläger oder nach § 378 S 2 seinem bevollmächtigten RA bekanntgegeben werden (dort 7). Das gilt jedoch nicht, soweit der Privatkläger Widerbeklagter ist und den RA nicht ausdrücklich auch als Verteidiger bevollmächtigt hat (§ 145a II).

6 Mit befristeten Rechtsmitteln anfechtbare Entscheidungen müssen nach § 35a mit einer **Rechtsmittelbelehrung** versehen werden.

7 3) **Ladung des Privatklägers (II):** Die Vorschrift setzt voraus, dass der Privatkläger zur Hauptverhandlung wie der Angeklagte zu laden ist. § 145a gilt entspr, auch wenn nach § 387 III das persönliche Erscheinen des Privatklägers angeordnet worden ist. Die in § 216 I S 1 vorgeschriebene Warnung entfällt; statt dessen wird auf die nach § 391 II, III drohenden Rechtsnachteile hingewiesen.

8 Die in II bestimmte **Ladungsfrist** entspricht der des § 217 I; sie gilt auch im Berufungsrechtszug. Die Nichteinhaltung der Ladungsfrist berechtigt den Privatkläger entspr § 217 II, die Aussetzung der Hauptverhandlung zu verlangen. Wie

der Angeklagte (§ 217 III) kann auch der Privatkläger auf die Einhaltung der Ladungsfrist verzichten.

4) Akteneinsicht (III) kann der Privatkläger grundsätzlich im selben Umfang wie der Angeklagte (vgl 13 ff, 28 zu § 147) durch einen RA ausüben, auch wenn er selbst RA ist. Dies gilt jedoch nur, soweit durch die Akteneinsicht der Untersuchungszweck in einem anderen Strafverfahren nicht gefährdet werden kann und überwiegende schutzwürdige Interessen des Beschuldigten oder Dritter nicht entgegenstehen (III S 1); insoweit kann etwa das Recht auf informationelle Selbstbestimmung des Beschuldigten bzw Dritter in Bagatellverfahren der Einsicht in sensible Unterlagen – zB medizinische oder psychiatrische – der Akteneinsicht entgegenstehen (BT-Drucks 18/9416 S 65; erg 9–12 zu § 406e). Der **nicht anwaltlich vertretene** Privatkläger kann unter den selben Voraussetzungen selbst die Akten einsehen und Beweisstücke unter Aufsicht besichtigen (III S 2). Die Akteneinsicht kann nicht unter Hinweis auf die Gefährdung des Untersuchungszwecks in dem Verfahren verweigert werden, in dem er selbst die Privatklage erhoben hat. Wird die Akte nicht elektronisch geführt, können ihm an Stelle der Einsichtnahme in die Akten Kopien aus den Akten übermittelt werden (III S 3); um den Privatkläger insoweit nicht schlechter zu stellen, sind ihm vollständige Kopien der Akte zur Verfügung zu stellen. Entscheidung und Anfechtung richten sich nach § 406e IV (III S 4; 18–22 zu § 406e). Die datenschutzrechtlich begründete Zweckbindung ist zu beachten (III S 2 iVm § 477 V). Für die **Form der Gewährung** der Akteneinsicht gilt § 32f (BT-Drucks 18/9416 S 65). 9

5) Die **Beschränkung der Strafverfolgung (IV)** nach §§ 154a, 421 ist nur mit Zustimmung des Privatklägers zulässig (LR-Beulke 5 zu § 154a). Die StA ist zur Antragstellung nicht berechtigt, solange sie das Verfahren nicht übernommen hat (erg 2 zu § 377). Das Gericht kann die ausgeschiedenen Teile auch gegen den Willen des Privatklägers wieder einbeziehen. Einem entspr Antrag des Privatklägers braucht es, da IV die Anwendung des §§ 154a III S 2, 421 II S 2 ausschließt (der Wortlaut mit Bezugnahme auf § 421 III S 2 stellt einen redaktionellen Fehler dar, der darauf beruht, dass die Vorgängernorm des § 430 dies in IIII S 2 geregelt hatte, erg 13 zu § 421), nicht zu entsprechen. Einem Antrag der StA muss erst stattgegeben werden, wenn sie das Verfahren nach §§ 376, 377 übernommen hat. Die Prozessbeteiligten müssen vor der Beschränkung der Strafverfolgung und der Wiedereinbeziehung der ausgeschiedenen Teile gehört werden, damit sie ihr Prozessverhalten danach einrichten können. § 154 II ist im Privatklageverfahren nicht anwendbar (str, vgl LG Regensburg NJW **90**, 1742; erg 16 zu § 154). 10

6) Für die **Revision (V)** gelten die §§ 333 ff, soweit in § 390 nichts anderes bestimmt ist. Zulässig ist auch die Revisionsverwerfung durch Beschluss nach § 349 II, jedoch mit der Besonderheit, dass ein Antrag des Privatklägers (oder des StA) nicht erforderlich und dass § 349 III nicht anzuwenden ist. Das gilt sowohl für die Revision des Angeklagten als auch für die des Privatklägers (9 zu § 349). 11

Ladung von Zeugen und Sachverständigen

386 I Der Vorsitzende des Gerichts bestimmt, welche Personen als Zeugen oder Sachverständige zur Hauptverhandlung geladen werden sollen.

II **Dem Privatkläger wie dem Angeklagten steht das Recht der unmittelbaren Ladung zu.**

1) Über die **Ladung von Beweispersonen (I)** und die Herbeischaffung sachlicher Beweismittel entscheidet der Vorsitzende unabhängig von Beweisangeboten und -anträgen der Prozessbeteiligten auf Grund der Privatklageschrift, der etwa von dem Beschuldigten abgegebenen Erklärungen (2 zu § 382) oder der vor Eröffnung des Hauptverfahrens angestellten Ermittlungen (4 zu § 383). Maßgebend ist die 1

§ 387

Pflicht zur Sachaufklärung nach § 244 II. Die vorgeladenen Beweispersonen muss der Vorsitzende den Prozessbeteiligten rechtzeitig namhaft machen (§ 222 II).

2   Stellt der Privatkläger vor der Hauptverhandlung **weitere Beweisanträge**, so gilt nicht § 219; es handelt sich lediglich um Beweisanregungen (KMR-Stöckel 2; Alsberg/Tsambikakis 640; **aM** LR-Hilger 2, der aber auch nur § 244 II anwenden will).

3   Im **Berufungsrechtszug** gilt § 325 sinngemäß. Soweit nach § 325 Hs 2 die Zustimmung der StA erforderlich ist, bedarf es der Zustimmung des Privatklägers (KMR-Stöckel 3). Ladungsanträge des Privatklägers hindern die Verlesung nach § 325 aber nicht (**aM** Königsberg JW **28**, 2293 mit Anm Stern).

4   2) Das **Recht der unmittelbaren Ladung** (II) nach §§ 220, 38 haben der Angeklagte und sein Verteidiger (§ 387 I) sowie der Privatkläger und sein Beistand (erg 2 zu § 384). Die Mitteilungspflichten nach § 222 II bestehen auch im Privatklageverfahren. Zur eingeschränkten Pflicht des Gerichts, die Beweispersonen zu vernehmen, vgl 14 zu § 384. Wegen der Entschädigung gilt § 220 III.

Vertretung in der Hauptverhandlung

387 I In der Hauptverhandlung kann auch der Angeklagte im Beistand eines Rechtsanwalts erscheinen oder sich auf Grund einer nachgewiesenen Vollmacht durch einen solchen vertreten lassen.

II Die Vorschrift des § 139 gilt für den Anwalt des Klägers und für den des Angeklagten.

III Das Gericht ist befugt, das persönliche Erscheinen des Klägers sowie des Angeklagten anzuordnen, auch den Angeklagten vorführen zu lassen.

1   1) **Erscheinungspflicht und Vertretung des Angeklagten (I):** Der Angeklagte hat wie der Privatkläger (1 zu § 378) die Wahl, in der Hauptverhandlung selbst, auch im Beistand eines RA, zu erscheinen, oder, sofern nicht sein persönliches Erscheinen angeordnet worden ist (unten 6 ff), sich durch einen RA vertreten zu lassen. Ist der Angeklagte weder erschienen noch wirksam vertreten, so darf gegen ihn nur verhandelt werden, wenn die Voraussetzungen des § 232 I S 1 vorliegen oder wenn er nach § 233, der im Privatklageverfahren anwendbar ist, entbunden ist.

2   Beistand und Vertreter kann **nur ein RA** sein. Wie beim Privatkläger (3 zu § 378) können entspr § 138 III aber auch Hochschullehrer als Beistände auftreten sowie mit Genehmigung des Gerichts auch andere Personen (Ladiges JR **13**, 296).

3   Die Beiordnung eines **Pflichtverteidigers** ist unter den Voraussetzungen des § 140 II auch im Privatklageverfahren möglich (BVerfGE **63**, 380; LR-Hilger 22).

4   Eine **Vertretung** durch einen RA ist nur auf Grund einer nachgewiesenen Vollmacht (dazu 5 zu § 234) zulässig, die dem Gericht bei Beginn der Hauptverhandlung vorliegen muss (5 zu § 411). Zu den Befugnissen des Vertreters vgl 8 ff zu § 234; 6 zu § 411.

5   2) Die **Übertragung der Verteidigung auf einen Referendar (II)** ist unter den Voraussetzungen des § 139 ebenso zulässig wie im Offizialverfahren. Das gilt auch für den Anwalt des Privatklägers.

6   3) Die **Anordnung des persönlichen Erscheinens (III)** sowohl des Angeklagten als auch des Privatklägers ist zulässig. Sie darf nicht willkürlich getroffen werden, sondern setzt voraus, dass die Anwesenheit der Prozessbeteiligten die Sachaufklärung fördern oder zu einem Vergleich führen kann. III gilt auch im Berufungsrechtszug, aber nicht für die Revisionsverhandlung (LR-Hilger 15; Woesner NJW **59**, 707; **aM** AK-Rössner 2).

7   Ein **Beschwerderecht** hat weder der Angeklagte (9 zu § 236) noch der Privatkläger (Celle NJW **53**, 1933; Woesner aaO).

Die **Folgen des Ausbleibens,** von dem erst nach einer gewissen Wartezeit ausgegangen werden darf (erg 13 zu § 329; 3 zu § 412), ist bei dem Privatkläger die Rücknahmefiktion des § 391 II, III. Gegen den Angeklagten kann ein Vorführungsbefehl (vgl 20 zu § 230), aber kein Haftbefehl (5 zu § 384) erlassen werden. Im Übrigen gelten die §§ 230–233, auch im Berufungsrechtszug (§ 332). Hat jedoch der Angeklagte Berufung eingelegt, so gilt § 329. **8**

Widerklage

§ 388 I Hat der Verletzte die Privatklage erhoben, so kann der Beschuldigte bis zur Beendigung des letzten Wortes (§ 258 Abs. 2 Halbsatz 2) im ersten Rechtszug mittels einer Widerklage die Bestrafung des Klägers beantragen, wenn er von diesem gleichfalls durch eine Straftat verletzt worden ist, die im Wege der Privatklage verfolgt werden kann und mit der den Gegenstand der Klage bildenden Straftat in Zusammenhang steht.

II ¹ Ist der Kläger nicht der Verletzte (§ 374 Abs. 2), so kann der Beschuldigte die Widerklage gegen den Verletzten erheben. ² In diesem Falle bedarf es der Zustellung der Widerklage an den Verletzten und dessen Ladung zur Hauptverhandlung, sofern die Widerklage nicht in der Hauptverhandlung in Anwesenheit des Verletzten erhoben wird.

III Über Klage und Widerklage ist gleichzeitig zu erkennen.

IV Die Zurücknahme der Klage ist auf das Verfahren über die Widerklage ohne Einfluß.

1) Ihrem **Wesen** nach ist die Widerklage eine besondere Form der Privatklage; sie ist, anders als die Privatklage, auch gegen Jugendliche zulässig (§ 80 II **JGG**). Wie die Privatklage (§ 374 III) setzt auch die Widerklage Prozessfähigkeit des Klägers voraus; Minderjährige können sie nur durch ihre gesetzlichen Vertreter erheben. **1**

Der Verletzte hat die **Wahl,** ob er Widerklage oder eine selbstständige Privatklage erheben will; die Umdeutung einer Privatklage in eine Widerklage ist daher unzulässig (Düsseldorf NJW **54,** 123). Statthaft ist dagegen eine Verfahrensverbindung nach § 237 mit umgekehrten Parteirollen (KK-Walther 8). **2**

Für die Widerklage gelten die **Vorschriften über die Privatklage** mit der Einschränkung, dass Sicherheitsleistung (§ 379), Gebührenvorschuss (§ 379a) und Sühneversuch (§ 380) entfallen (Hamburg NJW **56,** 1890). Prozesskostenhilfe kann bewilligt werden (4 zu § 379a). Zum Auslagenvorschuss vgl 13 zu § 379. **3**

2) **Voraussetzungen der Widerklage (I):** **4**

A. Eine **zulässige** Privatklage muss erhoben sein. Fehlt für die Privatklage eine Prozessvoraussetzung, nicht nur der hinreichende Tatverdacht (Bay **58,** 84 = NJW **58,** 1149 mit Anm Parsch NJW **58,** 1548), so ist auch die Widerklage unzulässig. Das gilt insbesondere für den Fall, dass kein Privatklagedelikt (§ 374 I) vorliegt. Wenn die Unzulässigkeit der Privatklage erst später entdeckt wird, ändert das an der Unzulässigkeit der Widerklage nichts (Bay **52,** 114; KK-Walther 4). Wird die Privatklage aber erst nach Erhebung der Widerklage unzulässig, so bleibt die Widerklage wirksam; sie wird als Privatklage fortgesetzt (KMR-Stöckel 4). Die Übernahme der Strafverfolgung durch die StA nach § 377 II lässt die Wirksamkeit der bereits erhobenen Widerklage unberührt (dort 11); die erst später erhobene Widerklage ist dagegen unzulässig. **5**

B. Ein **Privatklagedelikt** (§ 374 I) des Privatklägers gegen den Widerkläger muss vorliegen. Handelt es sich um ein Antragsdelikt, so ist ein wirksamer Strafantrag des Widerklägers erforderlich (vgl 6 zu § 374). Bei wechselseitig begangenen Taten kann der Strafantrag noch bis zur Beendigung des letzten Worts im 1. Rechtszug gestellt werden, auch wenn die Antragsfrist schon verstrichen war (§ 77c StGB). **6**

§ 388

7 C. Ein **Zusammenhang** zwischen der mit der Widerklage verfolgten Tat und der Tat, die Gegenstand der Privatklage ist, muss bestehen. Dabei genügt ein loser sachlicher Zusammenhang (BGH 17, 194, 197; KK-Walther 7); so eng wie im Fall des § 199 StGB braucht er nicht zu sein. Es reicht aus, dass beide Taten Ausfluss feindlicher Gesinnung sind (SK-Velten 7). Maßgebend ist, ob im Hinblick auf Taten und Täter eine gemeinsame Sachbehandlung zweckmäßig erscheint.

8 3) **Widerklage gegen den nicht als Privatkläger auftretenden Verletzten (II):** Die Straftaten, die Gegenstand der Privatklage und der Widerklage sind, müssen sich zwischen denselben Personen zugetragen haben. Da nach § 374 II aber außer dem Verletzten auch andere Personen die Privatklage erheben können, bestimmt II S 1, dass dies die Erhebung der Widerklage zwar nicht ausschließt, dass sie aber nicht gegen den Privatkläger, sondern gegen den Verletzten zu erheben ist. Sie muss dem Verletzten, der auch zur Hauptverhandlung zu laden ist, zugestellt werden, sofern sie nicht in dessen Gegenwart in der Hauptverhandlung erhoben worden ist (II S 2). Für den Fall, dass der Privatkläger durch seinen gesetzlichen Vertreter vertreten wird, gilt II nicht entspr; Widerklage gegen den gesetzlichen Vertreter kann nicht erhoben werden (KMR-Stöckel 6).

9 4) **Verfahren:** Die Widerklage kann bei dem Privatklagegericht ohne Rücksicht auf dessen örtliche Zuständigkeit erhoben werden (KK-Walther 9). Die Erledigung der Privatklage lässt den einmal begründeten Gerichtsstand unberührt.

10 Von der Erhebung der Privatklage bis zu ihrer endgültigen Erledigung, längstens bis zu **Beendigung des letzten Worts im 1. Rechtszug,** kann die Widerklage erhoben werden (I). Bei mehreren Hauptverhandlungen im 1. Rechtszug, auch nach Zurückverweisung durch das Rechtsmittelgericht, ist die letzte Hauptverhandlung maßgebend (LR-Hilger 6).

11 Außerhalb der Hauptverhandlung muss die Widerklage in der **Form** des § 381 erhoben werden, in der Hauptverhandlung durch mündliche Erklärung (Hamburg NJW 56, 1890), die in der Sitzungsniederschrift zu beurkunden ist. Für die nachträgliche Erweiterung der Widerklage gelten keine Besonderheiten.

12 **Inhaltlich** muss die Widerklage den Voraussetzungen des § 381 S 2 entsprechen. Ebensowenig wie die Privatklage (2 zu § 381) kann sie unter einer Bedingung erhoben werden.

13 Das **Gericht prüft die Widerklage** zunächst nach §§ 382, 383. Ist sie schriftlich erhoben, so wird sie dem Privatkläger nach § 382 mitgeteilt. Ist sie in der Hauptverhandlung erhoben, so wird er dort mündlich gehört.

14 Auch bei der Widerklage kann nicht darauf verzichtet werden, dass das Gericht den Gegenstand der Klage nach § 383 I in einem **Eröffnungsbeschluss** festlegt (LG Duisburg MDR 53, 633; KMR-Stöckel 12; LR-Hilger 23, 24; **aM** Hamburg NJW 56, 1890; LG Göttingen NdsRpfl 63, 288; KK-Walther 2; vgl auch Bay 58, 84: nur, wenn Privatklage inzwischen nach § 383 I S 1 zurückgewiesen worden ist).

15 5) **Gleichzeitige Entscheidung (III):** Die Vorschrift will verhindern, dass die beiden Verfahren ohne hinreichenden Grund nach § 4 getrennt werden. Eine getrennte Entscheidung über die Privatklage und die Widerklage schließt sie aber nicht grundsätzlich aus. Das gilt auch für die Sachentscheidung. Das Gericht kann zB die Verfahren trennen, wenn nur die eine der beiden Klagen entscheidungsreif ist. Ist die eine Klage zurückzuweisen, so geschieht das durch besonderen Beschluss neben der Sachentscheidung über die andere. Entsprechendes gilt, wenn das Verfahren hinsichtlich einer der beiden Klagen nach § 383 II eingestellt und über die andere sachlich entschieden wird (Düsseldorf MDR 62, 327; KMR-Stöckel 14; LR-Hilger 38 ff zu § 383; **aM** BGH 17, 194; KK-Walther 11; Hanack JZ 74, 54: Sachentscheidung und Einstellung in einem Urteil, das insgesamt mit Berufung oder Revision angefochten werden kann).

16 Die Verknüpfung nach III besteht im Übrigen nur so lange, wie Klage und Widerklage **gemeinsam im selben Rechtszug** anhängig sind (Hamburg OLGSt

Privatklage **§ 389**

S 1). Eine Verfahrentrennung tritt ohne weiteres ein, wenn nur einer der Prozessbeteiligten ein Rechtsmittel einlegt (Bay 58, 84; 65, 144) oder wenn das Rechtsmittelgericht das Urteil nur wegen einer der beiden Klagen aufhebt (Bay 65, 144; KMR-Stöckel 16; **aM** Bay 52, 114).

6) Die **Erledigung der Privatklage (IV)** lässt die Widerklage unberührt; es 17
macht sie aber zu einer selbstständigen Privatklage. Das gilt nicht nur bei Erledigung durch Klagerücknahme, sondern auch bei Einstellung nach § 383 II (Parsch NJW 58, 1548) und bei Übernahme der Verfolgung durch die StA (11 zu § 377).

Einstellung durch Urteil bei Verdacht eines Offizialdelikts

389 ᴵ Findet das Gericht nach verhandelter Sache, daß die für festgestellt zu erachtenden Tatsachen eine Straftat darstellen, auf die das in diesem Abschnitt vorgeschriebene Verfahren nicht anzuwenden ist, so hat es durch Urteil, das diese Tatsachen hervorheben muß, die Einstellung des Verfahrens auszusprechen.

ᴵᴵ Die Verhandlungen sind in diesem Falle der Staatsanwaltschaft mitzuteilen.

1) **Verfahren bei Verdacht des Vorliegens eines Offizialdelikts:** 1

A. **Vor der Hauptverhandlung:** Das Gericht weist die Privatklage nach § 383 2
I S 1 zurück, wenn schon auf Grund des Klagevorbringens hinreichender Verdacht (2 zu § 203) dafür besteht, dass ein Offizialdelikt vorliegt (7 zu § 383). Ist das übersehen worden oder entsteht der Verdacht erst nach Eröffnung des Hauptverfahrens, so wird das Verfahren vor und außerhalb der Hauptverhandlung nach § 206a eingestellt. Kommt es zur Hauptverhandlung, so darf kein Sachurteil erlassen werden, selbst wenn sich herausstellt, dass nur ein Privatklagedelikt vorliegt (LR-Hilger 2); das Verfahren ist einzustellen.

B. **In der Hauptverhandlung (I)** muss das Verfahren durch Urteil eingestellt 3
werden, wenn das Gericht „nach verhandelter Sache" findet, dass ein Offizialdelikt vorliegt. Dabei braucht der Sachverhalt aber nicht restlos aufgeklärt zu werden. Hinreichender Verdacht (2 zu § 203) reicht aus, ist aber auch erforderlich (Bay 53, 260 = Rpfleger 54, 468; KMR-Stöckel 3; **aM** SK-Velten 5).

Das **Einstellungsurteil** setzt nicht voraus, dass das Gericht zuvor der StA unter 4
Unterbrechung oder Aussetzung der Hauptverhandlung die Akten nach § 377 I S 2 mit der Anfrage vorgelegt hat, ob sie die Sache übernehmen will; eine solche Vorlage kann aber sachdienlich sein. Das Urteil können der Angeklagte, der Privatkläger und, zwecks Übernahme der Verfolgung nach § 377 II S 2, die StA anfechten.

Nach **Rechtskraft des Urteils** ist eine neue Privatklage unzulässig. Die StA 5
bindet das Urteil nicht; sie hat vielmehr im Rahmen des Legalitätsprinzips zu entscheiden, ob sie wegen des Offizialdelikts Anklage erhebt (LR-Hilger 14ff; vgl auch Bay 59, 251). Sieht sie davon ab, so kann der Privatkläger nach § 172 II auf gerichtliche Entscheidung antragen.

Kommt es zum Offizialverfahren, so besteht **kein Verbot der Schlechterstel-** 6
lung, wenn der Angeklagte in dem Privatklageverfahren zunächst zu Strafe verurteilt worden war, dagegen allein ein Rechtsmittel eingelegt hatte und das Einstellungsurteil nach I erst in dem höheren Rechtszug erlassen worden ist (Meyer-Goßner Kleinknecht-FS 296; **aM** KK-Walther 8 mwN; LR-Hilger 11; erg 4 zu § 331).

Verbrauch der Strafklage tritt auch ein, wenn das Gericht unter Verletzung 7
des I ein Sachurteil erlässt (LG Hamburg NJW 47/48, 353 mit Anm Sieveking).

2) Die **Mitteilung an die StA (II)** soll es ihr ermöglichen, die Notwendigkeit 8
der Einleitung eines Offizialverfahrens zu prüfen.

Schmitt

Rechtsmittel des Privatklägers

390   I ¹Dem Privatkläger stehen die Rechtsmittel zu, die in dem Verfahren auf erhobene öffentliche Klage der Staatsanwaltschaft zustehen. ²Dasselbe gilt von dem Antrag auf Wiederaufnahme des Verfahrens in den Fällen des § 362. ³Die Vorschrift des § 301 ist auf das Rechtsmittel des Privatklägers anzuwenden.

II Revisionsanträge und Anträge auf Wiederaufnahme des durch ein rechtskräftiges Urteil abgeschlossenen Verfahrens kann der Privatkläger nur mittels einer von einem Rechtsanwalt unterzeichneten Schrift anbringen.

III ¹Die in den §§ 320, 321 und 347 angeordnete Vorlage und Einsendung der Akten erfolgt im Verfahren auf erhobene öffentliche Klage an und durch die Staatsanwaltschaft. ²Die Zustellung der Berufungs- und Revisionsschriften an den Gegner des Beschwerdeführers wird durch die Geschäftsstelle bewirkt.

IV Die Vorschrift des § 379a über die Zahlung des Gebührenvorschusses und die Folgen nicht rechtzeitiger Zahlung gilt entsprechend.

V ¹Die Vorschrift des § 383 Abs. 2 Satz 1 und 2 über die Einstellung wegen Geringfügigkeit gilt auch im Berufungsverfahren. ²Der Beschluß ist nicht anfechtbar.

1 1) **Rechtsmittelbefugnis des Privatklägers (I):**
2 A. Die gleichen **Rechtsmittel wie die StA (S 1)** im Offizialverfahren hat der Privatkläger (und der nach § 375 II dem Verfahren Beigetretene); ist gegen ihn Widerklage (§ 388) erhoben, so stehen ihm die Rechtsmittel des Angeklagten zu. Umgekehrt hat der Angeklagte als Widerkläger nur die Rechtsmittel des Privatklägers. Der gesetzliche Vertreter kann Rechtsmittel nur für den Privatkläger einlegen, nicht aus eigenem Recht. Der Dienstvorgesetzte kann Rechtsmittel nur einlegen, soweit er nach § 374 II selbst die Privatklage erhoben hat.
3 Die Rechtsmittelbefugnis setzt eine **Beschwer** (8 ff vor § 296) des Privatklägers voraus (SK-Velten 5). Sie besteht auch, wenn nach seinen Anträgen erkannt ist, er aber eine Verschärfung des Urteils erstrebt (Hamm NJW **61**, 2322; KMR-Stöckel 3; LR-Hilger 5; **aM** AK-Rössner 4), nicht aber, wenn es ihm nur um die Klärung von Rechtsfragen geht. Ist der Angeklagte vom Vorwurf der Straftat nach § 186 StGB ohne Eingehen auf den angebotenen Wahrheitsbeweis nach § 193 StGB freigesprochen, so kann der Privatkläger ein Rechtsmittel mit der Begründung einlegen, die Erweislichkeit der Tatsache sei nicht geprüft worden (BGH **11**, 273).
4 Die **Rechtsmittelfrist** beginnt für den Privatkläger, auch wenn er bei der Urteilsverkündung weder anwesend noch vertreten war, nach §§ 314 I, 341 I entspr § 401 II S 1 mit der Urteilsverkündung (Frankfurt NStZ-RR **96**, 43; zust Kurth NStZ **97**, 1), mit der Urteilszustellung nur, wenn ihm der Verkündungstermin nicht bekanntgegeben worden ist (10 zu § 341; **aM** KMR-Stöckel 2).
5 B. Die **Wiederaufnahme (S 2)** kann der Privatkläger nur nach § 362 zuungunsten des Angeklagten beantragen. Stirbt er während des Verfahrens, so gilt § 393.
6 C. **Wirkung zugunsten des Angeklagten (S 3):** Rechtsmittel des Privatklägers wirken nach § 301 auch zugunsten des Angeklagten. Der Privatkläger kann aber nicht wie die StA (§ 296 II) Rechtsmittel zugunsten des Angeklagten einlegen (LR-Hilger 6 mwN; vgl auch BGH **37**, 136 zur Nebenklage).
7 2) **Anbringung der Revisions- und Wiederaufnahmeanträge (II):** Die Vorschrift lässt im Gegensatz zu §§ 345 II, 366 II Revisions- und Wiederaufnahmeanträge nur mittels einer von einem RA unterzeichneten Schrift (dazu Einl 129) zu. Dabei muss der RA die volle Verantwortung für den Inhalt der Schrift übernehmen (BGH **59**, 284; erg 16 zu § 345; 4 zu § 366). Ist der Privatkläger selbst

RA, so genügt seine Unterschrift (KK-Walther 5). Wegen der Beiordnung eines RA für die Revisionsbegründung vgl 10 zu § 379.

3) Die Mitwirkung der StA im Rechtsmittelverfahren (S 1) beschränkt sich auf den technischen Vorgang der Vorlage und Einsendung der Akten an das Berufungsgericht nach §§ 320, 321 und, nach Zustellung der Revisionsbegründungsschrift durch die Geschäftsstelle des Gerichts (Bay **61**, 231 = Rpfleger **62**, 16), an das Revisionsgericht nach § 347 II. Auf diese Weise soll die StA von dem Privatklageverfahren unterrichtet werden und Gelegenheit zur Prüfung der Übernahme der Verfolgung nach § 377 II erhalten. 8

Die **Zustellung der Rechtsmittelschriften (S 2)** erfolgt auf Anordnung des Vorsitzenden (§ 36 I S 1) durch die Geschäftsstelle des Gerichts. 9

4) Gebührenvorschuss (IV): § 379a gilt entspr. Die Vorschusspflicht trifft nur den Privatkläger, nicht den Angeklagten (oder den Privatkläger als Widerbeklagten), der gegen seine Verurteilung ein Rechtsmittel eingelegt hat (Bamberg NJW **49**, 835). Die Frist zur Zahlung darf das Berufungsgericht erst setzen, wenn die Rechtfertigungsfrist nach § 317 abgelaufen ist (Karlsruhe Justiz **81**, 58). Die Versäumung der vom Gericht gesetzten Zahlungsfrist hat die Verwerfung des Rechtsmittels und des Wiederaufnahmeantrags als unzulässig zur Folge. Der Beschluss ist entspr § 379a III S 2 mit sofortiger Beschwerde anfechtbar. 10

5) Einstellung wegen Geringfügigkeit (V): S 1 bestimmt die Anwendbarkeit des § 383 II S 1, 2 im Berufungsverfahren. Zur Einstellungsbefugnis des Beschwerde- und des Revisionsgerichts vgl 14 zu § 383. Der Einstellungsbeschluss, auch der des Beschwerdegerichts, ist nach S 2 unanfechtbar. Das gilt auch, wenn er unter Verletzung des rechtlichen Gehörs ergangen (Celle MDR **56**, 759; Hamm MDR **52**, 248) oder wenn fehlerhaft durch Urteil eingestellt worden ist (Bay **51**, 302; LR-Hilger 22). Zur Unanfechtbarkeit der Kostenentscheidung nach § 464 III S 1 Hs 2 vgl dort 15 ff. 11

Rücknahme der Privatklage; Verwerfung bei Versäumung; Wiedereinsetzung

391 I ¹Die Privatklage kann in jeder Lage des Verfahrens zurückgenommen werden. ²Nach Beginn der Vernehmung des Angeklagten zur Sache in der Hauptverhandlung des ersten Rechtszuges bedarf die Zurücknahme der Zustimmung des Angeklagten.

II Als Zurücknahme gilt es im Verfahren des ersten Rechtszuges und, soweit der Angeklagte die Berufung eingelegt hat, im Verfahren des zweiten Rechtszuges, wenn der Privatkläger in der Hauptverhandlung weder erscheint noch durch einen Rechtsanwalt vertreten wird oder in der Hauptverhandlung oder einem anderen Termin ausbleibt, obwohl das Gericht sein persönliches Erscheinen angeordnet hatte, oder eine Frist nicht einhält, die ihm unter Androhung der Einstellung des Verfahrens gesetzt war.

III Soweit der Privatkläger die Berufung eingelegt hat, ist sie im Falle der vorbezeichneten Versäumungen unbeschadet der Vorschrift des § 301 sofort zu verwerfen.

IV Der Privatkläger kann binnen einer Woche nach der Versäumung die Wiedereinsetzung in den vorigen Stand unter den in den §§ 44 und 45 bezeichneten Voraussetzungen beanspruchen.

1) Zurücknahme der Privatklage (I): Wie der Strafantrag (§ 77d I S 1, 2 StGB) kann auch die Privatklage in jeder Lage des Verfahrens zurückgenommen werden. Das geschieht meist in einem Vergleich (9 ff vor § 374). 1

Im Zweifel bedeutet die Zurücknahme der Privatklage **zugleich die Zurücknahme des Strafantrags**. Die Auslegung kann jedoch einen anderen Willen des Privatklägers ergeben; dann steht der Klagerücknahme die Erhebung der öffentlichen Klage auch wegen eines Antragsdelikts nicht entgegen. Umgekehrt wird in 2

§ 391

der Zurücknahme des Strafantrags idR auch, muss aber nicht unbedingt zugleich die Zurücknahme der Privatklage liegen (LR-Hilger 2).

3 Die **Rücknahmeerklärung** wird außerhalb der Hauptverhandlung schriftlich oder zu Protokoll der Geschäftsstelle abgegeben. In der Hauptverhandlung kann die Zurücknahme mündlich erklärt werden; die Erklärung ist in der Sitzungsniederschrift zu beurkunden. Der bevollmächtigte RA des Privatklägers (§ 378) braucht keine besondere Rücknahmevollmacht. Wirksam wird die Erklärung, wenn sie dem mit der Sache befassten Gericht zugeht.

4 Auch eine **Teilrücknahme** ist zulässig, wenn der übrige Teil abtrennbar ist. Die Zurücknahme kann daher gegen einzelne von mehreren Beschuldigten oder hinsichtlich einzelner von mehreren in Tatmehrheit (§ 53 StGB) stehenden Straftaten erklärt werden, nicht aber bei Tateinheit nach § 52 StGB (LR-Hilger 7). Sind mehrere Privatklagen verbunden, so kann jeder Privatkläger seine Klage unabhängig von den anderen zurücknehmen.

5 **In jeder Lage des Verfahrens** ist die Zurücknahme möglich, dh von der Erhebung der Privatklage an bis zum rechskräftigen Abschluss des Verfahrens, also auch noch im Revisionsrechtszug (KMR-Stöckel 1; Dallinger JZ **53**, 442). Nach Erlass eines Urteils kann die Privatklage innerhalb der Rechtsmittelfrist zurückgenommen werden, ohne dass der Privatkläger deshalb ein Rechtsmittel einlegen muss.

6 Die **Zustimmung des Angeklagten** ist nach S 2 nur erforderlich, wenn die Zurücknahme erst nach Beginn seiner Vernehmung zur Sache (§ 243 V S 2) im 1. Rechtszug erklärt wird. Finden mehrere Hauptverhandlungen statt, so ist die letzte maßgebend. Der Angeklagte braucht sich bei so später Rücknahmeerklärung die Aufklärung der Vorwürfe nicht abschneiden zu lassen. Allerdings hat der Privatkläger bei Antragsdelikten die Möglichkeit, eine Sachentscheidung durch Zurücknahme des Strafantrags nach § 77d StGB zu verhindern.

7 Die **Folge der wirksamen Zurücknahme**, mit der eine Prozessvoraussetzung (Einl 151) entfällt, ist die Einstellung des Verfahrens durch besonderen Gerichtsbeschluss (KK-Walther 10; LR-Hilger 10 ff; Peters 579; **aM** LG Kassel NJW **51**, 373; vgl auch KMR-Stöckel 7 und LG Wuppertal MDR **57**, 502: nur feststellende Bedeutung), in der Hauptverhandlung durch Einstellungsurteil nach § 260 III (KMR-Stöckel 7; Gössel 332; Bloy GA **80**, 170). Bei Zurücknahme vor Eröffnung des Hauptverfahrens wird die Klage zurückgewiesen (§ 383 I). In beiden Fällen wird über die Kosten und notwendigen Auslagen des Beschuldigten nach § 471 II entschieden. Das Privatklagerecht eines anderen Berechtigten wird durch die Zurücknahme nicht berührt.

8 Auf die **Widerklage** ist die Zurücknahme der Privatklage ohne Einfluss (§ 388 IV).

9 **2) Unterstellung der Zurücknahme (II):**

10 A. **Nichterscheinen:** Als Zurücknahme gilt es, wenn der ordnungsgemäß geladene und in der Ladung auf die Folgen seines Ausbleibens hingewiesene Privatkläger in der Hauptverhandlung ohne dem Gericht bekannte Entschuldigungsgründe (Bay **51**, 471) weder erscheint noch durch einen RA vertreten ist oder wenn er in der Hauptverhandlung außer einem anderen Termin, zB einer kommissarischen Vernehmung nach § 223 oder einer Augenscheinseinnahme nach § 225, ausbleibt, obwohl das Gericht sein persönliches Erscheinen angeordnet hat; das Erscheinen eines Vertreters steht der Rücknahmefiktion dann nicht entgegen.

11 Die Unterstellung der Zurücknahme **gilt** im 1. Rechtszug immer, im Berufungsrechtszug nur, wenn der Angeklagte allein oder neben dem Privatkläger Berufung eingelegt hat; bei alleiniger Berufung des Privatklägers, tritt die Rechtsfolge des III ein (unten 17). Zu den Fällen des Ausbleibens des Privatklägers und/oder des Angeklagten vgl im einzelnen Rieß NStZ **00**, 120 ff.

12 Das **eigenmächtige Sich-Entfernen** steht dem Nichterscheinen gleich (Bremen NJW **57**, 474 L). Denn der Sinn der Regelung des II ist, dass der Privatkläger sich während der Verhandlung für die Befragung durch das Gericht zur Verfü-

1658 *Schmitt*

gung zu halten oder sonst das Erforderliche zum Fortgang des Verfahrens beitragen muss. Nach den Schlussvorträgen (§ 258) schadet seine Abwesenheit aber nicht mehr. Das Sich-Entfernen nach diesem Zeitpunkt, insbesondere während der Urteilsverkündung, fällt daher nicht unter II, III (Bay **62**, 37; KK-Walther 12; SSW-Jofer 9; **aM** KMR-Stöckel 12; LR-Hilger 32 und 7 ff zu § 387). Das **Einverständnis des Angeklagten** hindert den Eintritt der Folgen des II 13 nicht (KMR-Stöckel 13).

B. **Nichteinhalten einer Frist:** Die Fristsetzung unter Androhung der Verfah- 14 renseinstellung ist (in oder außerhalb der Hauptverhandlung) nicht nur zulässig, wenn es um die Behebung eines zur Einstellung führenden Prozesshindernisses geht (so aber KK-Walther 13), sondern auch, wenn irgendein anderes Hindernis für den Fortgang des Verfahrens beseitigt werden soll (SK-Velten 24). Aus der Verwendung des Worts „Einstellung" ergibt sich, dass die Fristsetzung mit der Einstellungsandrohung erst nach Eröffnung des Hauptverfahrens (§ 383 I) zulässig ist (Düsseldorf NJW **59**, 2080; LR-Hilger 34 mwN). Vorher ist nur die Fristsetzung ohne diese Androhung zulässig, zB zur Nachbringung der Sühnebescheinigung (9 zu § 380). Zuständig für die Fristsetzung ist der Vorsitzende.

Der Privatkläger darf nicht durch **andere Auflagen mit Einstellungsandro-** 15 **hung** zu einem Prozessverhalten veranlasst werden, zu dem er rechtlich nicht verpflichtet ist (KK-Walther 13), zB zur Einreichung eines Schriftsatzes oder einer Berufungsrechtfertigungsschrift. Für die Einbringung der Gebührenvorschusses gilt ausschließlich § 379a, für den Auslagenvorschuss § 68 GVG (Hamm NJW **65**, 878; Karlsruhe Justiz **72**, 19; LG Heidelberg NJW **64**, 680; LG Zweibrücken MDR **74**, 422; **aM** LG Karlsruhe NJW **63**, 66; erg 13 zu § 379a).

C. Die **Einstellung des Verfahrens** als Folge der unterstellten Zurücknahme 16 erfordert im Fall des I S 2 die Zustimmung des Angeklagten (Rieß NStZ **00**, 121). Sie erfolgt außerhalb der Hauptverhandlung durch Beschluss, in der Hauptverhandlung durch Einstellungsurteil (Bloy GA **80**, 171).

3) Verwerfung der Berufung (III): Über die Rechtsvermutung, die dieser 17 Regelung zugrunde liegt, vgl 2 zu § 329. Die Verwerfung der Berufung ist nur zulässig, wenn der Privatkläger allein Berufung eingelegt hat. Ist der Angeklagte im 1. Rechtszug freigesprochen worden, so wird die Berufung dann durch Urteil sofort, dh ohne Verhandlung zur Sache (31 zu § 329), verworfen. Ist er verurteilt worden, so ergibt sich aus dem Vorbehalt des § 301, dass die Berufungsverhandlung ohne den Privatkläger durchgeführt werden muss, wenn nach Aktenlage eine für den Angeklagten günstige Entscheidung zu erwarten ist (Rieß NJW **75**, 90; NStZ **00**, 121; vgl für den Nebenkläger 6 zu § 401). Hat auch oder allein der Angeklagte Berufung eingelegt, so hat das Ausbleiben des Privatklägers zur Folge, dass das Verfahren durch Urteil eingestellt wird; das gilt selbst dann, wenn auch der Angeklagte nicht erschienen ist (Rieß aaO). III ist nicht anwendbar, wenn das Ausbleiben des Privatklägers, für das Gericht erkennbar, auf einem die Wiedereinsetzung rechtfertigenden unverschuldeten Grund beruht (Bay **51**, 471; vgl auch Schleswig SchlHA **59**, 56).

4) Wiedereinsetzung (IV) nach §§ 44, 45 ist sowohl gegen die Versäumung 18 des Termins als auch der unter Einstellungsandrohung gesetzten Frist zulässig. Die Wochenfrist des § 45 I S 1 beginnt mit dem Termin oder dem Ablauf der Frist, nicht erst mit der Zustellung des Einstellungsbeschlusses.

5) Rechtsmittel: Gegen den Einstellungsbeschluss in den Fällen des I und II 19 steht dem Privatkläger, dem Angeklagten und, zur Übernahme der Verfolgung (§ 377 II S 2), der StA entspr § 206a die sofortige Beschwerde nach § 311 zu. Gegen das Einstellungsurteil ist Berufung und Revision, im Fall III nur Revision zulässig. Wird der Antrag, das Verfahren einzustellen, durch besonderen Beschluss abgelehnt, so ist die einfache Beschwerde nach § 304 I gegeben (LR-Hilger 45).

§§ 392, 393 Fünftes Buch. 1. Abschnitt

Wirkung der Rücknahme

392 Die zurückgenommene Privatklage kann nicht von neuem erhoben werden.

1 1) Der **Ausschluss der Erneuerung der Privatklage** (oder Widerklage) gilt sowohl für den Fall der Zurücknahme nach § 391 I als auch für den der Rücknahmefiktion nach § 391 II (KMR-Stöckel 1). § 392 schließt auch aus, die zurückgenommene Privatklage von neuem als Widerklage oder die zurückgenommene Widerklage als selbstständige Privatklage zu erheben. War die Widerklage aber schon vor der Zurücknahme der Privatklage erhoben worden, so bleibt sie zulässig (Bay **51**, 295); das Gleiche gilt im umgekehrten Fall (Düsseldorf NJW **54**, 123).

2 Der **Ausschluss erstreckt sich nicht** auf die Privatklage gegen einen anderen Beschuldigten. Eine neue Privatklage gegen denselben Beschuldigten kann erhoben werden, wenn die Klage unzulässig war und daher zu keiner Sachentscheidung geführt hätte, möglicherweise gerade deshalb zurückgenommen worden ist (Braunschweig NJW **53**, 957; LR-Hilger 3), insbesondere wegen Fehlens der Sühnebescheinigung nach § 380 (dort 12).

3 2) **Auf andere Klageberechtigte,** die ihre Klage noch nicht erhoben hatten (§ 375 I), erstreckt sich der Ausschluss ebenfalls nicht (vgl Stuttgart JR **53**, 349 mit Anm Kohlhaas; KK-Walther 1).

4 Auch die **Erhebung der öffentlichen Klage** durch die StA bleibt zulässig, bei Antragsdelikten aber nur, wenn noch ein wirksamer Strafantrag vorliegt (erg 2 zu § 391).

Tod des Privatklägers

393 ^I Der Tod des Privatklägers hat die Einstellung des Verfahrens zur Folge.

^{II} Die Privatklage kann jedoch nach dem Tode des Klägers von den nach § 374 Abs. 2 zur Erhebung der Privatklage Berechtigten fortgesetzt werden.

^{III} Die Fortsetzung ist von dem Berechtigten bei Verlust des Rechts binnen zwei Monaten, vom Tode des Privatklägers an gerechnet, bei Gericht zu erklären.

1 1) Beim **Tod des Privatklägers (I)** ist das Verfahren einzustellen. Dadurch wird das Verfahren beendet (KK-Walther 1; LR-Hilger 1 ff; Bloy GA **80**, 171; **aM** KMR-Stöckel 1; SK-Velten 2: nur feststellende Bedeutung). Die Teilrechtskraft steht der Einstellung nicht entgegen, selbst wenn die Sache nur noch zur Kostenfrage anhängig ist (Hamm NJW **78**, 654). Kommt die Fortsetzung des Verfahrens (II) in Betracht, so wird die Einstellung bis zum Ablauf der Frist des II aufgeschoben (KK-Walther 1); anfallenfalls wird sie bei wirksamer Fortsetzungserklärung wieder aufgehoben. Die Rechte anderer Privatklageberechtigter und das Recht der StA zur Erhebung der öffentlichen Klage oder zur Übernahme nach § 377 II bleiben unberührt (LR-Hilger 2, 3).

2 Zugleich mit der Einstellung ist eine **Kostenentscheidung** nach § 471 II zu Lasten der Erben zu treffen (dort 3). Sie kann aber auch durch besonderen Beschluss nachgeholt werden (Bay **60**, 142). Wenn nur einer von mehreren Privatklägern stirbt, muss über die durch die Privatklage des Verstorbenen verursachten Kosten ein selbstständiger Kostenbeschluss erlassen werden; die Kosten dürfen nicht in dem Urteil zwischen den übrigen Privatklägern und dem Angeklagten verteilt werden (Bay aaO; KK-Walther 1).

3 2) **Fortsetzungsberechtigt (II)** sind nur die nach § 374 II Berechtigten (dort 2). Sie können auch innerhalb der Frist des III dem schon fortgesetzten Verfahren beitreten (KMR-Stöckel 8).

Nach wirksamer Fortsetzungserklärung wird das Verfahren **in der Lage fortge-** 4
setzt, in der es sich zZ des Todes des Privatklägers befunden hat. Die nachträgliche
Ergänzung und Erweiterung der Privatklage ist ausgeschlossen. Ist ein Strafantrag
erforderlich, so genügt es bei den nahen Angehörigen, nicht aber beim Dienstvorgesetzten, dass er von dem verstorbenen Privatkläger wirksam gestellt worden war
(§ 374 II S 2). Bei Tatmehrheit zwischen fortsetzungsfähigen und anderen Vergehen wird das Verfahren wegen der anderen Tat eingestellt; bei Tateinheit darf nur
wegen des fortsetzungsfähigen Vergehens entschieden werden (aM SK-Velten 8).

Hat das Gericht das Verfahren vor der Fortsetzungserklärung eingestellt, so kön- 5
nen die Fortsetzungsberechtigten den Beschluss nach § 206a mit sofortiger Beschwerde **anfechten.** Das gleiche Rechtsmittel haben sie, wenn das Gericht die
Fortsetzung ablehnt.

3) Die **Frist zur Erklärung der Fortsetzung (III)** beginnt mit dem Tod des 6
Privatklägers und wird nach § 43 berechnet. Die Erklärung muss gegenüber dem
mit der Sache befassten Gericht schriftlich (Einl 128) oder zu Protokoll der Geschäftsstelle (Einl 131 ff) abgegeben werden. Wiedereinsetzung in den vorigen
Stand ist ausgeschlossen; denn III lässt mit dem Fristablauf ausdrücklich den Verlust
des Rechts eintreten (KK-Walther 3).

Bekanntmachung an den Beschuldigten

394 Die Zurücknahme der Privatklage und der Tod des Privatklägers
sowie die Fortsetzung der Privatklage sind dem Beschuldigten bekanntzumachen.

1) Die **Bekanntmachung** der Zurücknahme der Privatklage nach § 391 I und 1
des Todes des Privatklägers setzt keine Frist in Lauf und kann daher formlos (12 zu
§ 35) erfolgen.

2) Die **förmliche Zustellung** (10 zu § 35) erscheint jedoch geboten, wenn 2
eine abschließende Gerichtsentscheidung von dem weiteren Verhalten des Beschuldigten abhängt, wie im Fall des § 391 I S 2, im dem Vorliegen einer Fortsetzungserklärung nach § 393 II.

Zweiter Abschnitt. Nebenklage

Vorbemerkungen

1) Eine **umfassende Beteiligungsbefugnis** im gesamten Verfahren von der 1
Erhebung der öffentlichen Klage ab schafft die Nebenklage, die mit dem GG vereinbar ist (BVerfGE **26**, 66), für diejenigen Verletzten, die besonders schutzwürdig
erscheinen. Dem Nebenkläger wird Gelegenheit gegeben, im Verfahren seine
persönlichen Interessen auf Genugtuung zu verfolgen (BGH **28**, 272; Karlsruhe
NJW **74**, 658; Gollwitzer Schäfer-FS 65; krit Bung StV **09**, 430), insbesondere
durch aktive Beteiligung (Erklärungen, Fragen, Anträge) das Verfahrensergebnis zu
beeinflussen (vgl auch Schneider StV **98**, 456 gegen Maeffert StV **98**, 461), sich
gegen die Leugnung oder Verharmlosung seiner Verletzung zu wehren (Altenhain
JZ **01**, 796). Das Aufklärungsinteresse des Nebenklägers ist grundsätzlich durch
den Verfahrensgegenstand, die Frage nach der individuellen Schuld des Angeklagten für die ihm vorgeworfene Tat, begrenzt; sofern sich im Laufe des Verfahrens
Anhaltspunkte für darüber hinausgehende strafrechtliche Verantwortlichkeiten
ergeben, kann allerdings eine Überschneidung mit Verteidigungsinteressen und ein
legitimes erweitertes Sachaufklärungsinteresse des Nebenklägers bestehen (vgl Feltes/Ruch FS-Eisenberg II 425, 436).

Seiner **Rechtsstellung** nach ist der Nebenkläger ein mit besonderen Rechten 2
ausgestatteter Verfahrensbeteiligter. Nachdem durch die Neufassung des § 397 I die

Vor § 395

Verweisung auf das Privatklageverfahren entfallen ist, in dem der Privatkläger die Rechte der StA hat (§ 385), kann der Nebenkläger nicht mehr als Gehilfe der StA bezeichnet werden. Er hat zwar bestimmte Rechte, die sonst nur der StA zustehen, übt sie aber völlig unabhängig von ihr aus (Gollwitzer Schäfer-FS 66; Kauder DAV-FS 580). Ein dem StA beigeordneter Mitkläger ist er nicht (Rieß NStZ **89**, 104); er sollte ein „bloßer Zusatzbeteiligter im Offizialverfahren" bleiben (Safferling ZStW **122**, 100).

3   Eine **behördliche Nebenklage** sieht das geltende Recht nicht mehr vor.

4   **2) Zulässig** ist die Nebenklage nicht nur im gewöhnlichen Strafverfahren, sondern nach Änderung des § 395 durch das 1.OpferRRG entspr der neueren Rspr (BGH **47**, 202) auch im **Sicherungsverfahren** nach §§ 413 ff (abl SK-Velten 25).

5   Im Verfahren gegen einen **Jugendlichen** ist die Nebenklage seit Inkrafttreten des 2. JuMoG im Gegensatz zur früheren Regelung nicht mehr generell ausgeschlossen; sie ist nunmehr bei schweren Verbrechen nach Maßgabe des § 80 III **JGG** zulässig. Der Anschluss ist danach auch für die nahen Angehörigen eines durch eine rechtswidrige Tat Getöteten nach § 395 II Nr 1 möglich. Nach dem Wortlaut des § 80 III **JGG** besteht – anders als nach § 395 I – keine Anschlussmöglichkeit im Sicherungsverfahren gegen einen Jugendlichen; hier dürfte ein Redaktionsversehen vorliegen, da für eine sachlich begründete Differenzierung nichts erkennbar ist (Hinz JR **07**, 141; dort auch zu weiteren Einzelheiten; vgl ferner Bühler StraFo **16**, 365; Noak ZRP **09**, 15). Steht nicht fest, ob der Beschuldigte zur Tatzeit Jugendlicher war, ist der Anschluss statthaft (BGH StraFo **07**, 502; vgl auch Dölling NStZ **09**, 200).

6   Gegen **Heranwachsende** ist die Nebenklage ohne die Beschränkungen des § 80 III JGG zulässig und zwar auch in verbundenen Verfahren gegen Heranwachsende bzw Erwachsene und Jugendliche (BGH **41**, 288 mit abl Anm Graul NStZ **96**, 402; BGH NJW **95**, 343; **03**, 150, 152; Düsseldorf NStZ **94**, 299 mit abl Anm Eisenberg; LG Saarbrücken StraFo **03**, 172 mit abl Anm Möller; Mitsch GA **98**, 161 ff; Noak aaO; **aM** Köln NStZ **94**, 298; LG Aachen MDR **93**, 679; Franze StV **96**, 289; SK-Velten 27; Kurth NStZ **97**, 5; hingegen will Ostendorf StV **94**, 605 – zust Mohr JR **06**, 504 – auf die Umstände des Einzelfalls abstellen; vgl auch KG JR **95**, 259 mit Anm Eisenberg/Schönberger JR **95**, 391: jedenfalls dann zulässig, wenn gegen den Jugendlichen nur ein Sicherungsverfahren durchgeführt wird). Daran hat sich durch die Neufassung des § 80 III JGG (oben 5) – entgegen der Ansicht des LG Zweibrücken StV **09**, 88 – nichts geändert; vielmehr ist BGH **41**, 288 durch die nun teilw gegebene Möglichkeit einer Nebenklage gegen Jugendliche bestätigt worden. In Fällen des prozessualen Zusammentreffens einer Jugend- mit einer Heranwachsendentat ist die Nebenklage (außer in den in § 80 III JGG bezeichneten Fällen) unzulässig, auch soweit sie gegen die im Heranwachsenden-Alter begangene Tat gerichtet ist (Hamburg StraFo **06**, 117; KG NStZ **07**, 44; Oldenburg NStZ **06**, 521; NStZ **07**, 8; Mitsch aaO S 169 ff). Den Anschluss als Nebenkläger beschränkt § 80 III JGG für Jugendliche nicht (Eisenberg 23 zu § 80 JGG).

7   **3) Prozessfähig** muss der Nebenkläger sein (dazu allg W. Schmid SchlHA **81**, 153). Andernfalls muss nach hM für ihn der gesetzliche Vertreter den Anschluss erklären und die Nebenklagerechte wahrnehmen (KG StraFo **10**, 294 mwN; Bay **55**, 243 = NJW **56**, 681; **aM** Eisenberg GA **98**, 32 mwN zur Gegenansicht in Fn 1). Die Vertretung steht demjenigen zu, der das Personensorgerecht hat (Hamm VRS **13**, 212); ohne dessen Zustimmung abgegebene Anschlusserklärung ist unwirksam (BGH 4 StR 100/16 vom 10.10.2016; KG StV **11**, 402 L). Im Verfahren gegen einen Elternteil muss das Kind durch einen Ergänzungspfleger vertreten werden (Stuttgart Justiz **99**, 348). Der Abwesenheitspfleger kann den Anschluss nicht erklären (Frankfurt NJW **50**, 882). Als Nebenkläger zugelassen wird nicht der gesetzliche Vertreter, sondern nur der Verletzte selbst (Bay **56**, 254 = JR **57**, 149; Oldenburg NJW **56**, 682).

4) Mit anderen Prozessrollen ist die Stellung als Nebenkläger nicht grund- 8
sätzlich unvereinbar.

Der Zulassung steht insbesondere nicht schlechthin entgegen, dass der Neben- 9
kläger gleichzeitig **Mitangeklagter** ist (BGH NJW 78, 330; Stuttgart NJW 57,
435; Dahs 1066). Er darf aber nicht zugelassen werden, wenn er den Anschluss
wegen einer Tat erstrebt, derentwegen gegen ihn selbst als Mittäter oder Teilnehmer die öffentliche Klage erhoben und noch nicht erledigt ist (BGH aaO;
DAR 78, 154 [Sp]; Gollwitzer Schäfer-FS 68). Auch dem selbst Tatverdächtigen ist
die Nebenklage nicht von vornherein versagt (sog angreifende Nebenklage, vgl
Altenhain JZ 01, 794).

Dass der Nebenkläger **Zeuge** sein kann, ergibt sich aus § 397 I S 1. Für seine 10
Vereidigung gelten §§ 59 ff (vgl BGH LM § 396 Nr 1).

Der Nebenkläger kann auch **Sachverständiger** sein (BGH bei Kirchhof 11
GA 54, 368), wird dann aber idR mit Erfolg nach § 74 abgelehnt werden.

5) Verzicht auf das Nebenklagerecht ist zulässig und macht die spätere An- 12
schlusserklärung unzulässig (BGHR § 395 Anschluss 3). Der Verzicht setzt eine
Erklärung voraus, die eindeutig erkennen lässt, dass der Verzichtende die prozessuale
Bedeutung und Tragweite seiner Erklärung kennt (BGH NStZ 86, 209 [Pf/M]).

6) Durch **Vergleich** kann sich der Nebenklageberechtigte verpflichten, sich 13
nicht als Nebenkläger anzuschließen, auf sein Strafantragsrecht zu verzichten und
seine Anschlusserklärung oder seinen Strafantrag zurückzunehmen (Dahs 1046;
Haas NJW 88, 1347; Schmidt-Hieber 207 ff). Die Mittel, mit denen solche Zugeständnisse zu erreichen sind, entsprechen denen im Privatklageverfahren (8 ff vor
§ 374). Dabei kann eine Vereinbarung zwischen allen Beteiligten angestrebt werden, in der sich das Gericht und die StA unter bestimmten Voraussetzungen zur
Einstellung des Verfahrens nach §§ 153, 153a bereit erklären, um die Verhandlungen zwischen dem Angeschuldigten und dem Nebenkläger zu fördern.

Befugnis zum Anschluss als Nebenkläger

395 I Der erhobenen öffentlichen Klage oder dem Antrag im Sicherungsverfahren kann sich mit der Nebenklage anschließen, wer verletzt ist
durch eine rechtswidrige Tat nach

1. den §§ 174 bis 182, 184i und 184j des Strafgesetzbuches,
2. den §§ 211 und 212 des Strafgesetzbuches, die versucht wurde,
3. den §§ 221, 223 bis 226a und 340 des Strafgesetzbuches,
4. den §§ 232 bis 238, 239 Absatz 3, §§ 239a, 239b und 240 Absatz 4 des Strafgesetzbuches,
5. § 4 des Gewaltschutzgesetzes,
6. § 142 des Patentgesetzes, § 25 des Gebrauchsmustergesetzes, § 10 des Halbleiterschutzgesetzes, § 39 des Sortenschutzgesetzes, den §§ 143 bis 144 des
Markengesetzes, den §§ 51 und 65 des Designgesetzes, den §§ 106 bis 108b
des Urheberrechtsgesetzes, § 33 des Gesetzes betreffend das Urheberrecht
an Werken der bildenden Künste und der Photographie, § 16 des Gesetzes
gegen den unlauteren Wettbewerb und § 23 des Gesetzes zum Schutz von
Geschäftsgeheimnissen.

II Die gleiche Befugnis steht Personen zu,

1. deren Kinder, Eltern, Geschwister, Ehegatten oder Lebenspartner durch
eine rechtswidrige Tat getötet wurden oder
2. die durch einen Antrag auf gerichtliche Entscheidung (§ 172) die Erhebung
der öffentlichen Klage herbeigeführt haben.

III Wer durch eine andere rechtswidrige Tat, insbesondere nach den §§ 185
bis 189, 229, 244 Absatz 1 Nummer 3, Absatz 4, §§ 249 bis 255 und 316a des
Strafgesetzbuches, verletzt ist, kann sich der erhobenen öffentlichen Klage

Schmitt

§ 395

mit der Nebenklage anschließen, wenn dies aus besonderen Gründen, insbesondere wegen der schweren Folgen der Tat, zur Wahrnehmung seiner Interessen geboten erscheint.

IV ¹ Der Anschluss ist in jeder Lage des Verfahrens zulässig. ² Er kann nach ergangenem Urteil auch zur Einlegung von Rechtsmitteln geschehen.

V ¹ Wird die Verfolgung nach § 154a beschränkt, so berührt dies nicht das Recht, sich der erhobenen öffentlichen Klage als Nebenkläger anzuschließen. ² Wird der Nebenkläger zum Verfahren zugelassen, entfällt eine Beschränkung nach § 154a Absatz 1 oder 2, soweit sie die Nebenklage betrifft.

1   1) Das **Recht zur Nebenklage** steht nur den in § 395 bezeichneten – lebenden (vgl § 402) – Personen zu; im Zweifelsfall muss sich das Gericht im Freibeweisverfahren positiv von deren Existenz überzeugen (BGH NStZ **09**, 174). Die Nebenklage ist aber auch nur dann zulässig, wenn sie die Verurteilung des Beschuldigten erstrebt (Rostock NStZ **13**, 126 = JR **13**, 426 mit abl Anm Bock; Schleswig NStZ-RR **00**, 270; LG Kiel SchlHA **99**, 187; **aM** SK-Velten 18, 19; Altenhain JZ **01**, 797; eingehend und abl zu Rostock Noak ZIS **14**, 189; erg 1 zu § 401). Auf sein Recht zum Anschluss als Nebenkläger ist der Verletzte nach § 406i hinzuweisen. Eine Ergänzung des Nebenklagerechts enthält § 406h.

2   **2) Nebenklageberechtigte (I–III):**

3   A. **Durch bestimmte rechtswidrige Taten verletzte Personen (I):** Nebenklagebefugt sind nur die unmittelbar Verletzten (RG **62**, 209; Hamm MDR **67**, 148; LG Aachen MDR **83**, 689), auch der Dritte im Falle des § 239a I StGB (vgl BGH NStZ-RR **18**, 256). Ob der Täter schuldhaft gehandelt hat, kann erst im Verfahren festgestellt werden; die Anschlussbefugnis ist davon nicht abhängig. Der Tatvollendung steht auch – außer Nr 3 – in den übrigen Fällen des I der Versuch gleich, der Täterschaft die Tatbeteiligung nach §§ 25 ff StGB, nicht aber eine nach 30 StGB strafbare Vorbereitungshandlung (Stuttgart NStZ **90**, 298; **aM** Leibinger Trifferer-FS 483). Da § 395 nur auf die „rechtswidrige Tat" (vgl § 11 I Nr 5 StGB) abstellt, berechtigt auch eine Straftat nach § 323a StGB, bei der eine der in I bezeichneten Taten die Rauschtat ist, zur Nebenklage (BGH NStZ-RR **98**, 305; Bamberg MDR **92**, 69; LG Stuttgart NJW **90**, 1126). Prozesshindernisse (Einl 141 ff) schließen die Anschlussberechtigung aus.

4   Die Nebenklagebefugnis besteht auch, wenn das Nebenklagedelikt in **Tateinheit oder Gesetzeskonkurrenz** mit einem anderen begangen ist, das zur Nebenklage nicht berechtigt (BGH **13**, 143, 144; **29**, 216, 218; **33**, 114, 115; Bringewat GA **72**, 293; Lenckner JZ **73**, 742). Dass die StA die rechtliche Beurteilung nicht auf das Nebenklagedelikt stützt, ist daher ohne Bedeutung (BGH **29**, 216, 218; StV **81**, 535). Die rechtliche Möglichkeit, dass der Angeschuldigte eine der in I, III bezeichneten Taten begangen hat, genügt (10 zu § 396). Durch das 2. OpferRRG ist in I Nr 5 die Nebenklagebefugnis auf alle Delikte nach §§ 232 bis 238 StGB sowie auf § 240 IV StGB ausgedehnt worden (zu letzteren vgl Lehmann NStZ **02**, 353). Die Verletzung durch eine rechtswidrige Tat nach § 4 Gewaltschutzgesetz (I Nr 5; BGBl 2001 I 3513) wird häufig mit rechtswidrigen Taten nach I Nr 4 in Tateinheit stehen; aber auch bei Verstößen gegen Schutzanordnungen wegen „Belästigungen" ist damit eine Nebenklagebefugnis eingeräumt. Die Nebenklagebefugnis nach I Nr 3 geht bei Tod des Verletzten nicht auf seine nahen Angehörigen über (BGH **44**, 97; NStZ-RR **15**, 201 [C/N]; Mitsch NStZ **08**, 422 und Paulus-FG 123; vgl aber II Nr 1). Zur Rechtslage beim Ausscheiden des Nebenklagedelikts nach § 154a vgl unten 13.

5   Wenn bei **Antragsdelikten** der Dienstvorgesetzte den Strafantrag gestellt (§§ 194 III, 230 II StGB) oder wenn die StA das besondere öffentliche Interesse an der Strafverfolgung bejaht (§ 230 I StGB) hat, ist der Anschluss auch ohne Strafantrag des Verletzten zulässig (BGH NStZ **92**, 452; KG NStZ **91**, 148 mwN und zust Anm Wendisch; Nürnberg NJW **91**, 712; Riegner MDR **89**, 602). Kann die Tat hingegen nur auf Antrag verfolgt werden (zB §§ 185, 194 I StGB), so ist –

Nebenklage **§ 395**

auch bei gleichartiger Tateinheit und trotz Stellung eines Strafantrags durch einen anderen Verletzten – ein Strafantrag erforderlich (Frankfurt NJW **91**, 2036; teilw **aM** SK-Velten 16; zw Altenhain JZ **01**, 800; Hilger JR **91**, 391); auch im Fall des I Nr 6 bleibt es beim Erfordernis der Antragstellung durch den Verletzten (vgl zum Ganzen mit weiteren Einzelheiten Rieß NStZ **89**, 102 ff). In der Anschlusserklärung kann jedoch der Strafantrag liegen (BGH **33**, 114, 116 mwN; Hilger JR **91**, 391 Fn 4).

B. Für den **gewerblichen Rechtsschutz und Urheberrechtsverletzungen** 6 ist in I Nr 6 die Nebenklagebefugnis erhalten geblieben (nach dem Gesetzentwurf der BReg und früheren Entwürfen sollte sie gestrichen werden, vgl BR-Drucks 178/09 S 48; Rieß NStZ **89**, 106 Fn 70). Die Aufnahme dieser Vorschriften in I ist systemfremd, da es sich nicht um schwerwiegende Aggressionsdelikte gegen das Opfer handelt und dieses nicht in seinen höchstpersönlichen Rechtsgütern verletzt ist (vgl dazu Bung StV **09**, 434).

C. **Nahe Angehörige eines Getöteten (II Nr 1):** Rechtswidrige Taten iS der 7 Vorschrift sind nicht nur Straftaten gegen das Leben (§§ 211–222 StGB), sondern auch die durch den Tötungserfolg qualifizierten Straftaten (BGH **44**, 97, 99; **52**, 153; NStZ-RR **08**, 352), zB nach §§ 178, 221 III, 227, 238 III, 239a III, 251, 306c StGB, sofern die Voraussetzungen des § 18 StGB vorliegen, aber nicht Straftaten nach § 224 StGB (BGH StraFo **12**, 67). Der Täterschaft steht die Teilnahme gleich, nicht aber der Versuch der Straftat (BGH StV **06**, 351; anders unrichtig BGH NStZ **08**, 93, dagegen zutr Mitsch Paulus-FG 130; dort auch (123) zum Fall der *aberratio ictus* und zum Fehlen des subjektiven Rechtfertigungselements) und nicht die Straftat nach § 138 StGB. Auch bei II Nr 1 kommt es nicht darauf an, ob die Anklage auf das Tötungsdelikt gestützt ist, sofern nur die rechtliche Möglichkeit der Verurteilung wegen einer solchen Tat besteht (Celle NJW **69**, 945; Düsseldorf NStZ **97**, 204; Frankfurt NJW **79**, 994; vgl oben 4).

Nebenklageberechtigt ist jeder der in II Nr 1 bezeichneten Personen unab- 8 hängig von den anderen (LG Kleve AnwBl **69**, 31; LG Osnabrück AnwBl **68**, 331). Die entfernten Verwandten werden durch die näheren nicht ausgeschlossen (Neustadt NJW **56**, 1611). Auch Halbgeschwister sind anschlussberechtigt (Düsseldorf NJW **58**, 394), aber nicht der geschiedene Ehegatte oder ehemalige Lebenspartner (§§ 1, 15 LPartG) und die Großeltern des Getöteten (BGH NJW **67**, 454; LG Hamburg MDR **79**, 251), der Stiefvater (BGH NStZ-RR **14**, 168 [C/Z]; **aM** bei sozialer und personaler Verbundenheit mit dem Stiefkind BeckOK-Weiner 21; Schramm RW **14**, 99), Onkel und Tante (BGH NJW **95**, 1297, 1301) und auch nicht, wer nur nach „Sinti-Art" die Ehe geschlossen hat (BVerfG NStZ **93**, 349). Das Angehörigenverhältnis muss also im Zeitpunkt des Verfahrens bestehen; die Ehe darf zB nicht geschieden sein (BGH [ER] NJW **12**, 3524 zur Scheidung türkischer Staatsangehöriger in der BRD; Mitsch Paulus-FG 122).

D. **Erfolgreiche Antragsteller im Klageerzwingungsverfahren (II Nr 2):** 9 Die Nebenklagebefugnis ist stets gegeben, wenn die Anklage auf Anordnung des OLG nach § 175 erhoben worden ist. Ob die Anordnung zu Recht getroffen worden ist, spielt keine Rolle (Mitsch Paulis-FG 122); denn durch II Nr 1 soll allgemein der Gefahr entgegengewirkt werden, dass die StA das gegen ihren Willen zustande gekommene Verfahren nur nachlässig betreibt. Ist es zu einer Anordnung des OLG nicht gekommen, weil den GStA den Klageerzwingungsantrag zum Anlass genommen hat, selbst die Erhebung der Anklage anzuordnen, so gilt II Nr 2 daher nicht (Frankfurt NJW **79**, 994; LG Waldshut-Tiengen StraFo **04**, 99; **aM** München NStZ **86**, 376; NStZ-RR **11**, 378; KMR-Stöckel 13; LR-Hilger 5; SK-Velten 20; Rieß NStZ **90**, 10). Auch auf Angehörige des Antragstellers findet die Vorschrift keine Anwendung (Celle VRS **130**, 113; Düsseldorf NStZ **97**, 204; **aM** LR-Graalmann-Scherer 83 zu § 172; vgl aber II Nr 1).

E. **Andere rechtswidrige Taten (III):** Bei anderen als in I, II Nr 1 aufgezähl- 10 ten Straftaten kann der Verletzte Nebenklage erheben, wenn dies aus besonderen Gründen zur Wahrnehmung seiner Interessen geboten erscheint; allein das wirtschaftliche Interesse eines möglichen Verletzten an der effektiven Durchsetzung zivilrechtlicher Ansprüche gegen den Angeklagten reicht nicht (BGH NJW **12**, 2601; Jahn/Bung StV **12**, 756; Schiemann JR **12**, 393). Das wird insbesondere bei den in III erwähnten Straftaten der Fall sein. Der Schweregrad der Folgen für das Opfer muss dabei nicht die in § 397a I Nr 3 genannte Schwelle der „schweren körperlichen und seelischen Schäden" erreichen (dazu eingehend Bock Wessing-FS 169). Der Katalog ist aber nicht abschließend; es kommt auch bei anderen – höchstpersönlichen (Jena NJW **12**, 547, 548: nicht bei § 266 StGB, ebenso jedenfalls grundsätzlich BGH aaO; ohne diese Einschränkung Bock aaO 166) – Verletzungstatbeständen in Betracht (Koblenz NStZ **12**, 655 zu §§ 30, 211). Damit ist die bisherige Regelung, die nur bei § 229 eine solche Befugnis vorsah, erheblich ausgedehnt worden (dazu Bung StV **09**, 434 „Entfesselung der Nebenklage"; abl auch Safferling ZStW **122**, 95: stärkere Konturierung auf den Zweck der Nebenklage *ad* absurdum geführt; ferner Weigend RW **10**, 56 „Zwei-Klassen-Gesellschaft unter den Verletzten"; ders Schöch-FS 954; dagegen aber SSW-Schöch 8).

11 Bei einer rechtswidrigen Tat nach § 229 StGB war die Nebenklagebefugnis des Verletzten schon bisher nach III beschränkt (dazu Beulke DAR **88**, 114). Durch dieses Erfordernis soll die Nebenklage vor allem nach Straftaten im Straßenverkehr nur in diesem eingeschränktem Maße gestattet werden. Besondere Gründe iS von III können insbesondere darin liegen, dass die Tat schwere Folgen, dh zu schweren Verletzungen geführt (Beulke aaO) hatte oder dass das Mitverschulden des Verletzten nicht nur bei der Schadensersatzfrage, sondern auch strafrechtlich von erheblicher Bedeutung ist (Rieß/Hilger **87**, 154) oder wegen der Auswirkung des Strafverfahrens auf den noch nicht abschließend regulierten Verkehrsunfall (LG Passau NStZ-RR **07**, 382; AG Homburg-Saar VRS **74**, 43; Bock aaO 171). Bei mittleren (**aM** Kurth NStZ **97**, 2: auch bei schweren) Verletzungen besteht keine Anschlussbefugnis, wenn der Schaden bereits reguliert ist (Beulke DAR **88**, 116). Das Gericht entscheidet über den unbestimmten Rechtsbegriff der besonderen Gründe nach Anhörung der StA und des Angeschuldigten (§ 396 II) unter Berücksichtigung der Umstände des Einzelfalls und hat dabei Funktion und Aufgabe der Nebenklage (vgl 1 vor § 395) zu beachten. Die Entscheidung ist für das weitere Verfahren bindend (Oldenburg StraFo **13**, 212; Stuttgart Justiz **00**, 149).

12 3) Anschlusszeitpunkt (IV): Der Anschluss ist in jeder Lage des Verfahrens zulässig, auch noch im Rechtsmittelverfahren. Der vor Erhebung der öffentlichen Klage erklärte Anschluss wird aber erst wirksam, wenn sie erhoben ist (§ 396 I S 2, 3). Der Anschluss kann noch nach ergangenem Urteil – entspr auch nach Erlass eines Nichteröffnungsbeschlusses (München NStZ-RR **11**, 378) – zur Einlegung von Rechtsmitteln erklärt werden (dazu 2 zu § 399; 3 zu § 401); bei anhängigen Rechtsmittelverfahren ist der Anschluss unabhängig davon zulässig, ob noch eine Rechtsmittelbefugnis des Nebenklägers besteht (BGH NStZ-RR **02**, 261 [B]; StraFo **03**, 198). Der Anschluss ist aber nicht mehr möglich, wenn das Verfahren insgesamt rechtskräftig abgeschlossen ist (BGH NStZ-RR **97**, 136; StraFo **05**, 513). Bestehen Zweifel, ob die Anschlusserklärung vor oder nach der Rechtskraft eingegangen ist, so ist die Nebenklage unzulässig (Celle DAR **58**, 245; München aaO; **aM** AG Mainz Rpfleger **70**, 95).

13 4) Verfolgungsbeschränkungen nach § 154a (V): Die Vorschrift stellt das Interesse nach Verfahrensvereinfachung und -beschleunigung hinter die Interessen des Nebenklägers zurück (Lenckner JZ **73**, 744). Ihm bleibt das Anschlussrecht selbst dann erhalten, wenn der Tatkomplex oder der rechtliche Gesichtspunkt, der das Nebenklagedelikt betrifft, nach § 154a II abgetrennt wird. Seine Zulassung als Nebenkläger bewirkt den Wegfall einer bereits eingetretenen Verfolgungsbeschränkung; eines Wiedereinbeziehungsantrages der StA nach § 154a III S 2 bedarf es nicht (Düsseldorf NStZ-RR **99**, 116), jedoch ist ein klarstellender Beschluss erforderlich. Solange die Anschlussbefugnis besteht, ist eine derartige Beschränkung nur mit Zustimmung des Nebenklägers zulässig, ohne sie ist sie unwirksam (BGH 1

StR 190/01 vom 12.6.2001). Bei Einstellungen nach § 154 gilt II nicht (vgl auch § 400 II S 2).

Anschlusserklärung; Entscheidung über die Befugnis zum Anschluss

396 I ¹Die Anschlußerklärung ist bei dem Gericht schriftlich einzureichen. ²Eine vor Erhebung der öffentlichen Klage bei der Staatsanwaltschaft oder dem Gericht eingegangene Anschlußerklärung wird mit der Erhebung der öffentlichen Klage wirksam. ³Im Verfahren bei Strafbefehlen wird der Anschluß wirksam, wenn Termin zur Hauptverhandlung anberaumt (§ 408 Abs. 3 Satz 2, § 411 Abs. 1) oder der Antrag auf Erlaß eines Strafbefehls abgelehnt worden ist.

II ¹Das Gericht entscheidet über die Berechtigung zum Anschluß als Nebenkläger nach Anhörung der Staatsanwaltschaft. ²In den Fällen des § 395 Abs. 3 entscheidet es nach Anhörung auch des Angeschuldigten darüber, ob der Anschluß aus den dort genannten Gründen geboten ist; diese Entscheidung ist unanfechtbar.

III Erwägt das Gericht, das Verfahren nach § 153 Abs. 2, § 153a Abs. 2, § 153b Abs. 2 oder § 154 Abs. 2 einzustellen, so entscheidet es zunächst über die Berechtigung zum Anschluß.

1) **Anschlusserklärung (I):** 1

A. **Form (S 1):** Die Erklärung muss schriftlich (Einl 128) abgegeben werden; 2 durch Telefax, Fernschreiben oder Telebrief übermittelte Erklärungen sind zulässig (Einl 139 ff). Wirksam ist auch die Erklärung zu Protokoll der Geschäftsstelle (Einl 131 ff) und die in die Sitzungsniederschrift aufgeno mmene Anschlusserklärung, selbst wenn die Unterschrift des Nebenklägers fehlt (Bay **58**, 118; Hamm VRS **12**, 368; Stuttgart NJW **55**, 1369; KK-Walther 1; Theuerkauf MDR **62**, 789; **aM** RG **36**, 246, 247).

Die **Vertretung** bei der Abgabe der Erklärung ist zulässig; die Anzeige eines 3 RA, dass er den Nebenkläger vertritt, ist aber keine Anschlusserklärung (Celle NdsRpfl **59**, 165; KK-Walther 1; Amelunxen [N] 36). Bei unter Betreuung stehenden Personen kommt es darauf an, ob sich der Aufgabenkreis, innerhalb dessen der Betreuer zur Vertretung berechtigt ist, sich auf die Wahrnehmung der höchstpersönlichen Rechte als Verletzter einer Straftat im Strafverfahren erstreckt, was – etwa bei Betreuung nach § 1902 BGB – regelmäßig nicht so sein wird; ist das nicht der Fall, bedarf es einer gesonderten Übertragung durch das Betreuungsgericht (BGH 2 StR 155/19 vom 3.12.2019 mwN).

B. **Dem Gericht gegenüber (S 1)** muss die Erklärung abgegeben werden, und 4 zwar gegenüber dem Gericht, das über die Anschlussberechtigung zu entscheiden hat oder das mit der Sache befasst ist, auch gegenüber dem Rechtsmittelgericht. Im Vorverfahren kann die Anschlusserklärung, wie sich aus S 2 ergibt, auch bei der StA eingereicht werden, hat dann aber zunächst keine Wirkung (vgl Schleswig SchlHA **95**, 8 [L/T]).

C. **Wirksam (S 2, 3)** wird die vor Erhebung der öffentlichen Klage angebrachte 5 Anschlusserklärung, wenn die Akten mit der öffentlichen Klage und der Erklärung bei Gericht eingegangen sind (Hamm JMBlNW **63**, 165; Amelunxen [N] 35); nunmehr muss das Gericht über die Anschlussberechtigung entscheiden.

Beantragt die StA den Erlass eines **Strafbefehls,** so wird die Anschlusserklärung 6 mit der Terminsanberaumung nach §§ 408 III S 2, 411 I S 2 oder mit dem Erlass (5 ff vor § 33) des Beschlusses über die Ablehnung des Antrags (§ 408 II S 1) wirksam, dem die Anregung des AG zur Einstellung des Verfahrens nicht gleichsteht (LG Flensburg VRS **64**, 31; vgl auch unten 18). Zugleich mit der Ablehnung des Strafbefehlsantrags muss das AG über die Anschlussbefugnis entscheiden, damit der Nebenkläger die Möglichkeit hat, sich einem Rechtsmittel der StA gegen den Beschluss anzuschließen oder (vgl 8 zu § 400) selbst sofortige Beschwerde einzulegen (KK-Walther 3). Wird der Strafbefehl erlassen und nicht angefochten, so ist die Anschlusserklärung gegenstandslos; einer Entscheidung bedarf es nicht (LG Deggendorf NJW 65, 1092; LG Heidelberg NJW 67, 2420; Metz JR 19, 67, 68). Zu den notwendigen Auslagen des Nebenklageberechtigten vgl 10a zu § 472.

7   2) Entscheidung über die Anschlussbefugnis (II):
8   A. Zuständigkeit: Über die Zulassung entscheidet das Gericht, bei dem das Verfahren anhängig ist, bei Anschließung durch Rechtsmitteleinlegung (§ 395 IV S 2; auch im Fall des § 395 III, vgl Letzgus NStZ **89**, 353) das Rechtsmittelgericht (RG **69**, 244; **76**, 178; Bay **55**, 19; **70**, 171; KG VRS **35**, 353; erg 7 zu § 347). Lässt statt dessen das Gericht, das die angefochtene Entscheidung erlassen hat, den Nebenkläger zu, so ist sein Beschluss für das Rechtsmittelgericht unbeachtlich (RG **76**, 178; Bay aaO). Das Rechtsmittelgericht entscheidet auch, wenn der Anschluss erst erklärt wird, nachdem ein anderer Prozessbeteiligter ein Rechtsmittel eingelegt hat (vgl BGH **6**, 103). In den Fällen der §§ 319, 346 ist der Richter zuständig, der das Urteil erlassen hat.

9   Das Gericht, **nicht der Vorsitzende allein,** hat die Entscheidung zu treffen. Die Entscheidung des Vorsitzenden ist aber nicht nichtig, sondern nur anfechtbar (BGH MDR **69**, 360 [D]; Bay **52**, 99; Hamburg JR **50**, 568).

10   B. Die **Prüfung** umfasst zunächst die Frage, ob derjenige, der den Anschluss erklärt hat, zu den Personenkreis des § 395 gehört und ob er prozessfähig (7 vor § 395) ist. Sind diese Voraussetzungen gegeben, so prüft das Gericht, ob die Anschlusserklärung nach § 395 begründet ist. Das ist schon dann der Fall, wenn nach der Sachlage oder auf Grund des tatsächlichen Vorbringens des den Anschluss Erklärenden die Verurteilung des Angeschuldigten wegen einer Nebenklagestraftat wenigstens rechtlich möglich erscheint (BGH NStZ-RR **02**, 340 mwN; **08**, 352; Celle StraFo **17**, 195 mit abl Anm Eisenberg StraFo **17**, 283; LG Koblenz NJW **04**, 305), wenn auch in Tateinheit oder Gesetzeskonkurrenz (4 zu § 395) oder bei einer prozessualen Tat iSd § 264 (Brandenburg NStZ **10**, 654). Die Schlüssigkeit der Anklage wird nicht geprüft (Köln JMBlNW **69**, 209), auch nicht, ob für die Nebenklagedelikt hinreichender Tatverdacht besteht (Düsseldorf NStZ **97**, 204; Frankfurt NJW **79**, 994; Celle aaO; LG Koblenz aaO). Ob die Voraussetzungen des § 395 III vorliegen, wird unabhängig von der Prüfung der formellen Anschlussbefugnis geprüft (**aM** AK-Rössner 9). Dabei muss der Geschädigte die der Entscheidung zugrunde liegenden Tatsachen, soweit sie sich nicht auf den Tathergang beziehen, wie das Ausmaß der Verletzungen, glaubhaft machen; beide Prüfungen können aber in einer einheitlichen Entscheidung zusammengefasst werden (Beulke DAR **88**, 117).

11   C. Anhörung der Prozessbeteiligten: Über die Anschlussbefugnis wird nach Anhörung der StA entschieden (II S 1). In den Fällen des § 395 III muss auch der Angeschuldigte dazu gehört werden, ob der Anschluss geboten ist. Sonst bedarf es seiner Anhörung nicht; gegen Art 103 I verstößt das nicht (KK-Walther 8; zw LR-Hilger 9; **aM** SK-Velten 6; vgl auch Jahn/Bung StV **12**, 757).

12   D. Der **Zulassungsbeschluss** muss ohne vermeidbare Verzögerung erlassen werden (Amelunxen [N] 39), insbesondere, bevor sich die Prozesslage verändert (RG **25**, 186).

13   Er wirkt für das ganze weitere Verfahren (BGH NStZ **12**, 466; 3 StR 255/11 vom 27.9.2011), hat aber nur **feststellende Bedeutung.** Die Nebenklägerstellung wird bereits durch die Anschlusserklärung, die eine Prozessrechtliche Bewirkungshandlung ist, begründet (BGH **41**, 288, 289; NStZ-RR **99**, 39 [K]; Stuttgart NJW **70**, 822). Etwas anders gilt nur im Fall des § 395 III; hier kommt der Zulassung wegen der Prüfungsbefugnis des Gerichts konstitutive Bedeutung zu (Düsseldorf NStZ-RR **97**, 11; NStZ **94**, 49 mit zust Anm Rössner NStZ **94**, 506; VRS **91**, 294; Jahn/Bung StV **12**, 756/757; Letzgus NStZ **89**, 353).

14   Im Übrigen kann ein nicht zur Nebenklage Berechtigter auch durch gerichtliche Zulassung kein Nebenkläger werden (BGH NStZ-RR **01**, 135 [K]). Der Zulassungsbeschluss kann aber noch **nach rechtskräftigem Abschluss des Verfahrens** ergehen, wenn die Anschlusserklärung schon vorher eingegangen war (RG 66, 393; LG Kaiserslautern NJW 57, 1120 mit abl Anm Pohlmann NJW 57, 1373; LG Kiel SchlHA 62, 109; LG Krefeld Rpfleger 72, 177 mit krit Anm Reiß; LG München II NJW 66, 465; LG Schweinfurt NJW 68, 1840; aM LG München I DAR 63, 246). Auch nach endgültiger Verfahrenseinstellung nach § 153a II kann eine versehentlich unterlassene Zulassung noch nachgeholt werden (LG Hanau JurBüro 87, 393; D. Meyer JurBüro 83, 165; aM LG Düsseldorf JurBüro 83, 252).

Eine **stillschweigende Zulassung** kann darin liegen, dass der Nebenklagebe- 15 rechtigte nach der Anschlusserklärung in der Hauptverhandlung wie ein zugelassener Nebenkläger behandelt wird (Düsseldorf NStE Nr 5 zu § 379a mwN); sie kann auch konkludent im Berufungsurteil getroffen werden (Hamm NStZ-RR 12, 22 zum Fall des § 395 III mit abl Anm Wenske JR 14, 170).

E. Der **Widerruf des Zulassungsbeschlusses** ist in jeder Lage des Verfahrens 16 auf Antrag oder von Amts wegen zulässig, wenn sich herausstellt, dass ihm von vornherein die rechtlichen Grundlagen gefehlt haben (Bay 52, 270; Celle StraFo 17, 195; Bay 71, 56, 58; Hamm JMBlNW 53, 45; Köln JMBlNW 53, 45), nicht aber, weil sich in der Hauptverhandlung seine tatsächlichen Voraussetzungen als unrichtig erweisen (Bay 52, 270; LR-Hilger 22) oder weil das Rechtsmittelverfahren den Nebenkläger nicht mehr betrifft (aM Riegner NZV 91, 42). Ein Widerruf mit der Begründung, das Nebenklagedelikt sei nicht nachweisbar, ist daher unzulässig (Düsseldorf NStZ 97, 204; Nürnberg OLGSt § 395 S 9; Celle aaO).

Die **Nichtzulassung des Nebenklägers** oder die Aufhebung eines zu Recht 17 ergangenen Zulassungsbeschlusses hat ebenfalls keine Bestandskraft (BGH 41, 288, 289). Der Nebenkläger kann jederzeit die Anschlusserklärung mit neuem Vorbringen wiederholen (Beulke DAR 88, 117; Rieß/Hilger NStZ 87, 154 Fn 201). Er kann insbesondere mit einem Rechtsmittel die Ablehnung seiner Zulassung rügen; darin liegt eine zulässige neue Anschlusserklärung, über die das Rechtsmittelgericht zu befinden hat (BGH MDR 70, 732 [H]; Bringewat GA 72, 301).

3) Eine **Einstellung nach §§ 153 ff (III)**, zu der die Zustimmung des Nebenklägers nicht erforderlich ist (26 zu § 153; 16 zu § 154), ist erst zulässig, nachdem 18 über die Anschlussberechtigung entschieden worden ist (KK-Walther 10). Dem Nebenkläger soll dadurch ermöglicht werden, seine Rechte wahrzunehmen, insbesondere zu der Einstellungsfrage Stellung zu nehmen (vgl BVerfGE 14, 320; BVerfG NJW 95, 317). Das gilt jedoch nicht im Strafbefehlsverfahren, wenn das Gericht das Verfahren ohne Terminsanberaumung einstellt (16 zu § 408); denn nach I S 3 ist dann die Anschlusserklärung noch nicht wirksam geworden (LG Flensburg VRS 64, 31; KK-Walther 3; aM LG Köln MDR 84, 776).

4) **Beschwerde** steht nach § 304 I gegen den Nichtzulassungsbeschluss dem 19 Antragsteller und der StA zu; das gilt auch für den Widerruf der Zulassung (Düsseldorf NStZ 97, 204). Gegen die Zulassung können die StA und der Angeschuldigte Beschwerde einlegen (KG StV 11, 402 L), nach Urteilsrechtskraft aber nur, wenn erst danach über die Anschlussbefugnis entschieden worden ist (Hamm VRS 31, 121; Zweibrücken MDR 82, 342). Da der Anschluss selbstständige prozessuale Bedeutung hat, steht § 305 S 1 der Beschwerde nicht entgegen (jetzt allgM, vgl KG JR 95, 259; LR-Hilger 27). Hat aber der Nebenkläger inzwischen die Revision auf seine Nichtzulassung gestützt, so wird über die Beschwerde nicht entschieden (BGH MDR 70, 732 [D]). An die Entscheidung des Beschwerdegerichts ist das Berufungs- oder Revisionsgericht nicht gebunden (BGH aaO; LR-Hilger 23; vgl unten 21). Die Entscheidung nach § 395 III ist unanfechtbar (II S 2 Hs 2); das gilt aber nicht hinsichtlich der Prüfung der formellen Anschlussbefugnis (oben 10; LG Braunschweig StraFo 15, 248; Letzgus NStZ 89, 352).

5) **Revision:** Wenn der Nebenkläger selbst Beschwerdeführer ist, muss seine 20 Anschlussbefugnis **von Amts wegen** geprüft werden; sie ist eine Voraussetzung für das Revisionsverfahren (BGH 29, 216, 217; 41, 288, 289; KK-Walther 12).

§ 397

21 Legt der **Angeklagte** Revision ein, so wird die Anschlussbefugnis nur auf entspr Rüge geprüft (BGH MDR **69**, 360 [D]; Bay DAR **80**, 270 [R]; Düsseldorf NJW **83**, 1337). Auf dem Fehlen der Anschlussbefugnis wird das Urteil idR nicht beruhen (BGH NStZ **94**, 26 [K]; Bay **53**, 64; DAR **80**, 270 [R]; Köln NJW **49**, 35; KK-Walther 14; **am** Frankfurt NJW **66**, 1669; SK-Velten 18).

22 Stützt der **Nebenkläger** die Revision darauf, dass der Tatrichter ihn nicht zugelassen hat, so prüft das Revisionsgericht die Anschlussbefugnis ebenfalls (vgl aber unten 23). Auf der fehlerhaften Nichtzulassung beruht das Urteil nur, wenn nicht auszuschließen ist, dass der Nebenkläger Tatsachen hätte vorbringen und/oder Beweismittel hätte benennen können, die für den Schuldspruch (vgl § 400) wesentliche Bedeutung haben können (BGH NStZ **97**, 97 mwN; **99**, 259). Auf den Verfahrensverstoß der verspäteten Zulassung während der Hauptverhandlung kann der Nebenkläger die Revision nicht stützen, wenn er auf die Wiederholung der vorangegangenen Vernehmungen verzichtet hat (BGH MDR **52**, 660 [D]).

23 Die nach II S 2 Hs 2 unanfechtbare Entscheidung über das Vorliegen der **sachlichen Anschlussvoraussetzungen des** § 395 III ist nach § 336 S 2 der Prüfung durch das Revisionsgericht entzogen (BGH NJW **12**, 2601; Schiemann JR **12**, 393; krit Jahn/Bung StV **12**, 757); ein erneuter Antrag auf Zulassung der Nebenklage in der Rechtsmittelinstanz ist unzulässig (Düsseldorf NStZ **94**, 49 mit zust Anm Rössner NStZ **94**, 506; VRS **91**, 294; **aM** SK-Velten 20; SSW-Schöch 17; Letzgus NStZ **89**, 353). Erg 10, 11 zu § 395.

Verfahrensrechte des Nebenklägers

397

I [1]Der Nebenkläger ist, auch wenn er als Zeuge vernommen werden soll, zur Anwesenheit in der Hauptverhandlung berechtigt. [2]Er ist zur Hauptverhandlung zu laden; § 145a Absatz 2 Satz 1 und § 217 Absatz 1 und 3 gelten entsprechend. [3]Die Befugnis zur Ablehnung eines Richters (§§ 24, 31) oder Sachverständigen (§ 74), das Fragerecht (§ 240 Absatz 2), das Recht zur Beanstandung von Anordnungen des Vorsitzenden (§ 238 Absatz 2) und von Fragen (§ 242), das Beweisantragsrecht (§ 244 Absatz 3 bis 6) sowie das Recht zur Abgabe von Erklärungen (§§ 257, 258) stehen auch dem Nebenkläger zu. [4]Dieser ist, soweit gesetzlich nichts anderes bestimmt ist, im selben Umfang zuzuziehen und zu hören wie die Staatsanwaltschaft. [5]Entscheidungen, die der Staatsanwaltschaft bekannt gemacht werden, sind auch dem Nebenkläger bekannt zu geben; § 145a Absatz 1 und 3 gilt entsprechend.

II [1]Der Nebenkläger kann sich des Beistands eines Rechtsanwalts bedienen oder sich durch einen solchen vertreten lassen. [2]Der Rechtsanwalt ist zur Anwesenheit in der Hauptverhandlung berechtigt. [3]Er ist vom Termin der Hauptverhandlung zu benachrichtigen, wenn seine Wahl dem Gericht angezeigt oder er als Beistand bestellt wurde.

III Ist der Nebenkläger der deutschen Sprache nicht mächtig, erhält er auf Antrag nach Maßgabe des § 187 Absatz 2 des Gerichtsverfassungsgesetzes eine Übersetzung schriftlicher Unterlagen, soweit dies zur Ausübung seiner strafprozessualen Rechte erforderlich ist.

1 1) Die **Rechte des Nebenklägers im Verfahren (I)** bestimmt das Gesetz seit der Änderung von 1986 nicht wie früher durch Pauschalverweisung auf die Befugnisse des Privatklägers, sondern durch Einzelregelungen. Dadurch soll der Eindruck vermieden werden, dass der Nebenkläger, der ein bloßer Zusatzbeteiligter am Verfahren ist (2 vor § 395), eine ähnliche Stellung einnimmt wie der in seinen Rechten dem StA gleichgestellte Privatkläger. Bei der Ausübung seiner Rechte ist der Nebenkläger unabhängig von der StA (BGH **28**, 272) und von anderen Nebenklägern (Gollwitzer Schäfer-FS 66).

2 A. Zur **Anwesenheit in der Hauptverhandlung (S 1),** auch bei vorweggenommenen Teilen (kommissarische Vernehmungen nach § 223 und Augen-

Nebenklage § 397

scheinseinnahmen nach § 225), ist der Nebenkläger berechtigt. Er darf nicht entspr § 247 aus dem Gerichtssaal entfernt werden (Gollwitzer Schäfer-FS 78; erg 1 zu § 247) und ist zur Anwesenheit auch berechtigt, wenn er als Zeuge (vgl 10 vor § 395) vernommen werden soll. Die das Anwesenheitsrecht des Zeugen beschränkenden Vorschriften der §§ 58 I, 243 II S 1 gelten für ihn nicht (3 zu § 58; 8 zu § 243).

Eine **Anwesenheitspflicht** hat der Nebenkläger grundsätzlich nicht (Gollwitzer 3 Schäfer-FS 79; 2 zu § 398); sein persönliches Erscheinen kann nicht angeordnet und nur erzwungen werden, wenn er zugleich als Zeuge geladen ist. Rechtliche Nachteile erleidet der ausgebliebene und nicht vertretene Nebenkläger nur im Fall des § 401 III. Ein in der Hauptverhandlung nicht anwesender und nicht vertretener Nebenkläger kann allerdings auf ihren Ablauf nicht einwirken. Er ist grundsätzlich ebenso wie die StA zu hören (I S 4).

B. **Ladung des Nebenklägers (S 2):** Die Ladungsfrist beträgt 1 Woche (§ 217 4 I); zu beachten ist aber § 398 II. Unter der Voraussetzung des § 145a II S 1 kann die Ladung statt an den Nebenkläger an dessen Beistand (II) erfolgen. Der Nebenkläger kann auf die Einhaltung der Ladungsfrist verzichten (§ 217 III). Zu den Folgen einer unterbliebenen Ladung des Nebenklägers Oldenburg NStZ-RR **13**, 385 L).

C. Die **Rechte in der Hauptverhandlung** bestimmt S 3 (dazu allg Gollwitzer 5 Schäfer-FS 65). Danach hat der Nebenkläger das Ablehnungsrecht gegenüber Richtern (§§ 24, 31) und Sachverständigen (§ 74). Er ist zur Befragung von Angeklagten, Zeugen und Sachverständigen berechtigt (§ 240 II); wenn er Mitangeklagter ist (vgl 9 vor § 395), gilt aber § 240 II S 2 (Gollwitzer aaO 69). Der Nebenkläger kann Anordnungen des Vorsitzenden und Fragen beanstanden (§§ 238 II, 242). Ihm steht auch im Rahmen seiner Anschlussberechtigung (30 zu § 244), also bei Tatmehrheit nur hinsichtlich des Nebenklagedelikts, das Beweisantragsrecht nach § 244 III–VI uneingeschränkt zu (BGH NStZ **11**, 713 gegen BGH NStZ **10**, 714; BGH 4 StR 199/15 vom 30.7.2015). Bei Tatmehrheit ist das Beweisantragsrecht t. Besteht zwischen ihm und anderen Straftaten Tateinheit oder Gesetzeskonkurrenz, so bezieht sich das Beweisantragsrecht idR auf den ganzen Tatkomplex (vgl Alsberg/Güntge 694). Eine „weniger restriktive Anwendung" des § 244 III–V als beim Angeklagten hält BGH NStZ **10**, 794 für vertretbar; dagegen zutr Bock HRRS **11**, 119. Das Recht auf unmittelbare Ladung von Beweispersonen (§ 220) steht auch dem Nebenkläger zu (**aM** SK-Velten 8; Beulke DAR **88**, 118); dann gelten §§ 222, 245 II. Schließlich hat der Nebenkläger das Recht zur Abgabe von Erklärungen (§§ 257, 258). Ihm muss das Wort zum Schlussvortrag erteilt werden, und zwar vor dem Angeklagten und nach dem StA (8 zu § 258); auf den Schlussvortrag des Angeklagten darf er erwidern (BGH NJW **01**, 3137; 18 zu § 258).

Über die ihm durch S 3 eingeräumten Befugnisse hinaus ist der Neben- 6 kläger berechtigt, Anträge zu stellen und dadurch auf einen sachgerechten Verfahrensablauf (Rieß/Hilger NStZ **87**, 154) und auf sachgerechte Ausübung der dem Gericht nach § 244 II obliegenden Aufklärungspflicht hinzuwirken (Gollwitzer Schäfer-FS 80). Er darf daher trotz § 400 I auch Beweisanträge stellen, die sich nur auf die Rechtsfolgen beziehen (**aM** Senge Rissing-van Saan-FS 664). Da S 3 als grundsätzlich abschließende Regelung gedacht ist (BT-Drucks 10/5305 S 13), steht dem Nebenkläger aber nicht das Recht, Anträge auf Protokollierung der Urkundenverlesung und ihres Grundes nach § 255, auf die besondere Beurkundung von Verfahrensvorgängen und vollständiges Niederschreiben von Aussagen und Äußerungen nach § 273 III und unter den Voraussetzungen der §§ 246 II, 265 IV auf Aussetzung der Hauptverhandlung zu stellen oder dem Verfahren nach § 249 II zu widersprechen (vgl Beulke DAR **88**, 118).

Ist der **Nebenkläger der deutschen Sprache nicht mächtig**, erhält er auf 6a seinen Antrag hin eine Übersetzung schriftlicher Unterlagen, soweit dies zur Ausübung seiner strafprozessualen Rechte erforderlich ist (III). Diese schon über § 187

§ 397a

Fünftes Buch. 2. Abschnitt

IV iVm I und II GVG zugebilligte Befugnis ist in Aufnahme der Einräumung eines Übersetzungsanspruchs in der Opferschutzrichtlinie 2012/29/EU des Europäischen Parlaments und des Rates vom 25.10.2012 hier nun noch einmal ausdrücklich klargestellt worden.

7 Soweit das Gesetz bestimmte Prozesshandlungen oder ihr Unterlassen von **Zustimmung oder Verzicht** des Angeklagten und der StA abhängig macht, ist die Zustimmung oder der Verzicht des in der Hauptverhandlung anwesenden oder vertretenen Nebenklägers nicht mehr einzuholen (KK-Walther 8; Beulke aaO); die Entscheidung BGH **28**, 272 ist insoweit durch die Änderung des § 397 überholt. Das gilt insbesondere in den Fällen der §§ 245 I S 2 (dort 9), 251 II Nr 3 (dort 26), 324 I S 2 (dort 6) und 325 S 2 (dort 4).

8 E. Zur **Anhörung** des Nebenklägers ist das Gericht verpflichtet (S 4). Er muss hinzugezogen und gehört werden, wenn die Hinzuziehung und Anhörung der StA nach § 33 I, II erforderlich ist, insbesondere vor der Einstellung des Verfahrens nach §§ 153ff, die aber von seiner Zustimmung nicht abhängig ist (BGH **28**, 272, 273; Gollwitzer aaO 77; erg 18 zu § 396).

9 F. Die **Bekanntmachung von Entscheidungen** muss ebenfalls im selben Umfang erfolgen wie die Bekanntmachung an die StA. Ist der Nebenkläger rechtsmittelberechtigt (§§ 400, 401), so muss ihm eine Rechtsmittelbelehrung nach § 35a erteilt werden. § 145a I, III gilt entspr. Baumhöfener StraFo **12**, 5 möchte in I S 5 die Einschränkungsmöglichkeit nach § 406e II entspr anwenden; dagegen LR-Wenske Nachtr 12.

10 **2) Beistand des Nebenklägers (II):**
11 A. Der Nebenkläger kann im Beistand eines RA – oder gemäß § 138 I, III einer anderen Person – erscheinen oder sich durch einen bevollmächtigten RA vertreten lassen. Die Vertretung mehrerer Nebenkläger durch einen gemeinschaftlichen RA ist grundsätzlich zulässig und sachentsprechend, wenn ein Rechtsschutzbedürfnis für die Einzelvertretung nicht ersichtlich ist (Hamburg NStZ-RR **13**, 153; Köln StV **14**, 277 und 278; eingehend dazu Pues StV **14**, 304). Zur Stellung des Nebenklägervertreters Barton Schwind-FS 211 und Fabricius NStZ **94**, 257. Ein vom Nebenklägervertreter eingelegtes Rechtsmittel wirkt nur für und gegen den Nebenkläger, nicht gegen den Vertreter (Bay NStZ-RR **96**, 366). Zu praktischen Problemen bei einer Vielzahl von Nebenklägern und Nebenklägervertretern siehe Dauster Breidling-FS 43.

12 B. **Benachrichtigung:** Der Beistand wird vom Termin benachrichtigt; eine förmliche Ladung ist nicht notwendig, weil der Nebenkläger förmlich geladen wird (oben 4). Akteneinsicht steht dem Nebenkläger nach § 406e zu; er kann sie aber nur durch einen RA ausüben.

13 **3) Übersetzungen (III):** Ist der Nebenkläger der deutschen Sprache nicht mächtig, gilt für Übersetzungen schriftlicher Unterlagen § 187 II **GVG** (dort 4a).

Bestellung eines Beistands; Prozesskostenhilfe

§ 397a

I Dem Nebenkläger ist auf seinen Antrag ein Rechtsanwalt als Beistand zu bestellen, wenn er
1. durch ein Verbrechen nach den §§ 177, 232 bis 232b und 233a des Strafgesetzbuches oder durch einen besonders schweren Fall eines Vergehens nach § 177 Absatz 6 des Strafgesetzbuches verletzt ist,
1a. durch eine Straftat nach § 184j des Strafgesetzbuches verletzt ist und der Begehung dieser Straftat ein Verbrechen nach § 177 des Strafgesetzbuches oder ein besonders schwerer Fall eines Vergehens nach § 177 Absatz 6 des Strafgesetzbuches zugrunde liegt,
2. durch eine versuchte rechtswidrige Tat nach den §§ 211 und 212 des Strafgesetzbuches verletzt oder Angehöriger eines durch eine rechtswidrige Tat Getöteten im Sinne des § 395 Absatz 2 Nummer 1 ist,

§ 397a

3. durch ein Verbrechen nach den §§ 226, 226a, 234 bis 235, 238 bis 239b, 249, 250, 252, 255 und 316a des Strafgesetzbuches verletzt ist, das bei ihm zu schweren körperlichen oder seelischen Schäden geführt hat oder voraussichtlich führen wird,
4. durch eine rechtswidrige Tat nach den §§ 174 bis 182, 184i, 184j und 225 des Strafgesetzbuchs verletzt ist und er zur Zeit der Tat das 18. Lebensjahr noch nicht vollendet hatte oder seine Interessen selbst nicht ausreichend wahrnehmen kann oder
5. durch eine rechtswidrige Tat nach den §§ 221, 226, 226a, 232 bis 235, 237, 238 Absatz 2 und 3, §§ 239a, 239b, 240 Absatz 4, §§ 249, 250, 252, 255 und 316a des Strafgesetzbuches verletzt ist und er bei Antragstellung das 18. Lebensjahr noch nicht vollendet hat oder seine Interessen selbst nicht ausreichend wahrnehmen kann.

II ¹ Liegen die Voraussetzungen für eine Bestellung nach Absatz 1 nicht vor, so ist dem Nebenkläger für die Hinzuziehung eines Rechtsanwalts auf Antrag Prozesskostenhilfe nach denselben Vorschriften wie in bürgerlichen Rechtsstreitigkeiten zu bewilligen, wenn er seine Interessen selbst nicht ausreichend wahrnehmen kann oder ihm dies nicht zuzumuten ist. ² § 114 Absatz 1 Satz 1 zweiter Halbsatz sowie Absatz 2 und § 121 Absatz 1 bis 3 der Zivilprozessordnung sind nicht anzuwenden.

III ¹ Anträge nach den Absätzen 1 und 2 können schon vor der Erklärung des Anschlusses gestellt werden. ² Über die Bestellung des Rechtsanwalts, für die § 142 Absatz 5 Satz 1 und 3 entsprechend gilt, und die Bewilligung der Prozesskostenhilfe entscheidet der Vorsitzende des mit der Sache befassten Gerichts.

1) **Bestellung eines RA auf Antrag des Nebenklägers (I):** 1

A. Die **Beiordnung eines anwaltlichen Beistands** unabhängig von den wirt- 2 schaftlichen Voraussetzungen der Prozesskostenhilfe sieht I bei bestimmten schweren Nebenklagedelikten vor. In diesem Umfang entfällt das Risiko des nicht prozesskostenhilfeberechtigten Nebenklägers, der einen anwaltschaftlichen Beistand zuzieht, einen Kostenerstattungsanspruch gegen den Angeklagten (vgl § 472 I S 1) wirtschaftlich nicht realisieren zu können bzw einen solchen wegen eines Freispruchs des Angeklagten oder einer Billigkeitsentscheidung des Gerichts (§ 472 I S 2) gar nicht erst zu erlangen. Das Kostenrisiko trägt nun der Staat. Die Regelung lässt allerdings Raum für Entscheidungen nach §§ 469, 470. Die Beiordnung eines RA nach I schließt die Bestellung eines Zeugenbeistands nach § 68b aus. I geht II vor (BGH StraFo **05**, 525). Für das Adhäsionsverfahren gilt § 404 V (BGH 1 StR 171/13 vom 14.5.2013). Den praktischen Problemen bei einer Vielzahl von Opfern und einer entsprechend hohen Anzahl von Nebenklage- und Beistandsberechtigten (siehe Dauster Breidling-FS 43) versucht nunmehr § 397b zu begegnen.

B. Für **sechs Gruppen von Nebenklägern** sieht I die Bestellung eines RA als 3 Beistand vor: Nach Nr 1 gilt dies zum einen für durch bestimmte Straftaten gegen die sexuelle Selbstbestimmung Verletzte, soweit es sich um Verbrechen handelt (dazu BGH NJW **99**, 1647; NStZ-RR **01**, 266 [B]), wobei maßgeblich dabei nicht eine frühere, sondern die materiell-rechtliche Gesetzeslage zZ der Beschlussfassung (BGH NStZ-RR **03**, 101 [B]) ist, sowie besonders schwere Fälle eines Vergehens nach § 177 VI StGB, zum andern für die Opfer eines Menschenhandels nach §§ 232 III, 233 III StGB. Die zweite Gruppe erfasst bestimmte Taten nach dem neu ins StGB eingefügten § 184j (Nr 1a), zur dritten Gruppe gehören die Opfer der in § 395 I Nr 2 genannten versuchten Tötungsdelikte nach §§ 211 und 212 StGB, wobei es genügt, wenn eine Verurteilung des Angeklagten deswegen möglich erscheint (BGH NJW **99**, 2380); ferner können hiernach die nach § 395 II Nr 1 nebenklageberechtigten Hinterbliebenen eines rechtswidrig Getöteten die Bestellung eines Beistands beantragen. Als vierte Gruppe (Nr 3) wurde durch das 2. OpferRRG die Berechtigung, einen „kostenlosen Opferanwalt" zu beantragen,

§ 397a Fünftes Buch. 2. Abschnitt

für solche Verletzte der dort bezeichneten Straftaten eröffnet, bei denen die Tat zu schweren körperlichen oder (Düsseldorf NStZ-RR **11**, 186: alternativ, nicht kumulativ) seelischen Schäden geführt hat oder voraussichtlich führen wird. Hier muss also in körperlicher Hinsicht eine schwere bzw erhebliche oder dauerhafte Gesundheitsschädigung eingetreten oder zu erwarten sein oder eine psychische Schädigung von ebensolchem Gewicht (BGH NStZ-RR **18**, 256); dies soll bei Vorliegen einer posttraumatischen Belastungsstörung jedenfalls dann nicht anzunehmen sein, wenn diese sich lediglich als mittelbare Folge eines gegen eine andere Person gerichteten Aggressionsdelikts darstellt (BGH aaO) Fünftens sind die Verletzten einer Vielzahl von in Nr 4 benannten Straftaten antragsberechtigt, die zur Zeit der Tat noch nicht 18 Jahre alt waren oder ihre Interessen selbst nicht ausreichend wahrnehmen können. Schließlich sechstens die Verletzten einer rechtswidrigen Tat, die im Zeitpunkt der – wirksamen (vgl unten 4) – Antragstellung noch nicht 18 Jahre alt sind oder die nicht in der Lage sind, ihre Interessen ausreichend wahrzunehmen (wie bei II, vgl unten 9). Dies gilt in den Fällen in Nr 4 und 5 – anders als in Nr 1–3 – nicht nur bei Verbrechen, sondern ggf auch bei Vergehen.

4   Den Fall einer **Verfahrensbeschränkung** nach § 154a regelt § 395 V (dort 13). Kommt eine Einstellung gemäß §§ 153 II, 153a II, 153b II oder 154 II in Betracht, ist nach § 396 III (dort 18) zu verfahren.

5   **2) Prozesskostenhilfe (II):**

6   A. Nur **für die Hinzuziehung eines RA** – oder gemäß § 138 III iVm § 138 I, II S 1 einer sonstigen Person – kann dem Nebenkläger, da die Voraussetzungen für die Bestellung eines Beistands nach I nicht erfüllt, Prozesskostenhilfe bewilligt werden. Sonstige Kosten, die so erheblich sind, dass sie die Bewilligung von Prozesskostenhilfe rechtfertigen könnten, entstehen dem Nebenkläger idR nicht. Maßgebend für die Bewilligung sind die §§ 114 ff ZPO (vgl dazu Friedrich NJW **95**, 617 ff) mit den sich aus II S 2, III ergebenden Abänderungen. Bedarf der Antragsteller der Beratung über die Erfolgsaussichten der Rechtsverfolgung, so findet das Beratungshilfegesetz Anwendung (BGHZ **91**, 312, 313; BGH 2 ARs 68/97 vom 28.5.1997).

7   B. **Voraussetzungen (II S 1):**

8   a) **Wirtschaftliches Unvermögen** (§§ 114, 115 ZPO): Der Antragsteller muss außerstande sein, die Kosten eines RA aufzubringen, auch zum Teil oder in Raten. Für die Gebührenansprüche des RA gelten nach Vorb 4 I VVRVG die für den Verteidiger geltenden Gebühren entspr. Die Belastungsgrenze für Ratenzahlungen richtet sich nach der Tabelle in § 115 I S 4 ZPO. Die zu zahlenden Monatsraten setzt das Gericht in dem Bewilligungsbeschluss fest (§ 120 I ZPO). Nach dem entspr anwendbaren § 115 III ZPO wird Prozesskostenhilfe nicht bewilligt, wenn die Kosten 4 Monatsraten und die aus dem Vermögen aufzubringenden Teilbeträge voraussichtlich nicht übersteigen (BGH NStZ **93**, 31 [K]; 351; **95**, 21 [K]; **97**, 379 [K]; BGHR Prozesskostenhilfe 9). Nach § 115 II S 2 ZPO iVm § 88 BSHG kann eine Rückzahlungsanordnung getroffen werden (BGH NStZ **94**, 229 [K]). Falls zumutbar, muss der Nebenkläger auch sein Vermögen zur Bestreitung der Anwaltskosten einsetzen (§ 115 II S 1 ZPO; BGHR § 397a I Prozesskostenhilfe 10). Zum Ganzen eingehend Kurth NStZ **97**, 2 ff.

9   b) **Unfähigkeit zur Wahrnehmung der Interessen:** Es wäre nicht sinnvoll, für den Nebenkläger die Bewilligung von Prozesskostenhilfe, wie für die Partei im Zivilprozess, den Privatkläger (7 ff zu § 379) und den Antragsteller im Adhäsionsverfahren (15 zu § 404), von der hinreichenden Erfolgsaussicht abhängig zu machen. II S 3 schließt daher die Anwendung des § 114 S 1 Hs 2 ZPO aus. Die früher dafür in II S 1 enthaltene Einschränkung, die Bewilligung der Prozesskostenhilfe hänge davon ab, dass die Sach- oder Rechtslage schwierig sei, ist durch das 2. OpferRRG gestrichen worden. Die Bewilligung der Prozesskostenhilfe setzt nun vor noch voraus, dass der Nebenkläger nicht fähig ist, seine Interessen selbst ausreichend wahrzunehmen (dazu 30 ff zu § 140; vgl Kaster MDR **94**, 1074) oder

ihm das nicht zuzumuten ist. Die Unzumutbarkeit trotz der vorhandenen Fähigkeit, die eigenen Interessen auch ohne Mitwirkung eines RA wahrzunehmen, kann insbesondere auf der psychischen Betroffenheit des Nebenklägers durch die Tat, aber auch auf der besonderen Schwierigkeit der Sach- oder Rechtslage beruhen (Peter StraFo **13**, 201). Dass der Angeklagte einen Verteidiger hat, rechtfertigt die Bewilligung der Prozesskostenhilfe nicht ohne weiteres; die entspr Anwendung des § 121 II zweite Alt ZPO schließt II S 2 aus (vgl auch KG NStZ-RR **14**, 295; erg 10 zu § 379). Bei Unzulässigkeit des Rechtsmittels (§ 400 I) wird keine Prozesskostenhilfe gewährt (BGH AnwBl **89**, 688), idR auch nicht, wenn sich das Rechtsmittel des Angeklagten nur gegen den Strafausspruch richtet (BGHR § 397a I Prozesskostenhilfe 7; KG aaO), oder seine Revision offensichtlich unbegründet ist (BGH NStZ-RR **03**, 6 [B]; StraFo **04**, 399; vgl eingehend Ruppert MDR **95**, 556 zur Prozesskostenhilfe bei Nebenklage im Revisionsverfahren).

C. **Dem** – für jeden Rechtszug gesondert zu stellenden (BGH NStZ-RR **15**, 351) – und deshalb ggf zu aktualisierenden bzw zu ergänzenden (vgl BGH 5 StR 271/17 vom 5.9.2017) **Antrag** sind (auf dem amtlichen Vordruck, vgl BGBl 1994 I 3003) eine Erklärung über die wirtschaftlichen Verhältnisse des Nebenklägers und entspr Belege beizufügen (§ 117 II, IV ZPO). Im höheren Rechtszug kann hierauf Bezug genommen werden, wenn sich die Verhältnisse seitdem nicht verändert haben (BGH NJW **83**, 2145; NStZ **88**, 214 [M]; VRS **72**, 375), was der Antragsteller erklären muss (BGH 3 StR 142/91 vom 4.9.1991). Ein erst nach Beendigung des Revisionsrechtszuges eingegangener Antrag kann nicht mehr sachlich beschieden werden (BGH VRS **71**, 449). Das Gericht kann die Glaubhaftmachung der Angaben verlangen und Erhebungen anstellen (§ 118 II ZPO); hat der Antragsteller innerhalb der ihm gesetzten Frist die Glaubhaftmachung nicht vorgenommen oder bestimmte Fragen nicht oder ungenügend beantwortet, so wird der Prozesskostenhilfeantrag abgelehnt (§ 118 II S 4 ZPO).

3) Antragstellung und Entscheidung über die Anträge nach I oder II (III): 11

A. Nur auf **Antrag** wird dem Nebenkläger ein RA als Beistand bestellt, aber 12 auch dann, wenn für ihn bereits ein RA tätig geworden ist (KG StraFo **08**, 47). Dasselbe gilt für die Gewährung der Prozesskostenhilfe. Der Antrag muss beim Gericht gestellt werden, das für die Entscheidung über die Anschlussbefugnis zuständig ist (4, 8 zu § 396). Er kann schon vor der Anschlusserklärung gestellt werden, aber nicht, bevor sie nach § 396 I S 2, 3 wirksam werden kann, also noch nicht im Vorverfahren (Notthoff DAR **95**, 461 zu I S 2 aF; vgl § 406h I). Ergibt sich das in I oder II vorausgesetzte Nebenklagedelikt nicht aus der öffentlichen Klage, so muss der Antragsteller die Tatsachen angeben, die das Vorliegen einer solchen Straftat rechtlich möglich erscheinen lassen. Begehrt der Nebenkläger die Beiordnung erstmals im Zusammenhang mit einem Rechtsmittel und ist dieses unzulässig, scheidet eine Bestellung als Beistand aus (BGHR Beistand 1); im Gegensatz zu II (unten 9) ist es aber unbeachtlich, ob das Rechtsmittel des Angeklagten nach § 349 II verworfen wurde (BGH NStZ **05**, 650).

Die **Entscheidung** trifft der Vorsitzende des mit der Sache befassten Gericht (III 13 S 2), also der Tatrichter, bei dem die öffentliche Klage erhoben worden ist, das Berufungs- oder Revisionsgericht nach Eingang der Akten dort (BGH **38**, 307; NJW **99**, 2380; erg 7 zu § 347). Sie ergeht nach Anhörung der StA (§ 33 II); bei Zweifeln über die Richtigkeit der Angaben ist ggf auch dem Antragsteller rechtliches Gehör zu gewähren (BVerfG NStZ **99**, 469). Eine Anhörung des Angeschuldigten, in Fällen des II etwa entspr § 118 I S 1 ZPO, findet nicht statt, auch nicht einmal zur Frage der Anschlussbefugnis gehört wird (11 zu § 396; **aM** KMR-Stöckel 14; LR-Wenske Nachtr 25; SK-Velten 15).

Für die **Bestellung eines RA** gilt nach III S 2 § 142 V S 1 und 3 entspr. Da- 14 bei ist dem Nebenkläger Gelegenheit zu geben, innerhalb einer bestimmten Frist einen RA zu bezeichnen; der Vorsitzende ordnet den ausgewählten RA in dem Gerichtsbeschluss über dessen Bestellung als Beistand oder über die Be-

§ 397a

willigung der Prozesskostenhilfe bei, wenn dem kein wichtiger Grund entgegensteht (siehe 37 ff zu § 142). Die Beiordnung unter Beschränkung auf die Vergütung eines ortsansässigen RA ist unzulässig (Brandenburg StraFo **06**, 214; erg 52 zu § 142).

15 **Rückwirkende Kraft** hat die Bestellung des RA und die Bewilligung der Prozesskostenhilfe grundsätzlich nicht (BGH StraFo **08**, 332). Maßgebend ist vielmehr der Zugang des dem Antrag stattgebenden Beschlusses (vgl BGH NJW **85**, 921). Eine auf den Zeitpunkt der Antragstellung rückwirkende Entscheidung ist aber zulässig, wenn der Antrag nicht rechtzeitig beschieden worden ist und der Antragsteller mit seinem Antrag bereits alles für die Bestellung des Beistandes (I) oder die Bewilligung der Prozesskostenhilfe (II) Erforderliche getan hat (BVerfG NStZ-RR **97**, 69; BGH aaO; Celle NStZ-RR **12**, 291; Hamm NStZ **03**, 335; Köln NStZ-RR **00**, 285); das Risiko eines nicht klärbaren Verbleibs eines formlos versandten Antrags trägt aber der Absender (BGHR Prozesskostenhilfe 13). Entsprechendes gilt, wenn der Antrag (zulässigerweise) erst kurz vor Ablauf der Revisionsbegründungsfrist gestellt worden und eine rechtzeitige Bewilligung daher nicht möglich ist (KG JR **88**, 436). Unter diesen Voraussetzungen, sonst nicht (BGH VRS **71**, 449), kann Prozesskostenhilfe (dasselbe muss für die Bestellung eines RA nach I gelten) sogar noch nach rechtskräftigem Abschluss des Verfahrens bewilligt werden (BGH StraFo **11**, 115 mwN); nicht aber nach dem Tod des Nebenklägers (Düsseldorf AnwBl **88**, 125). Schließt sich der Nebenklagebefugte, dem nach § 406h III ein RA als Beistand bestellt oder Prozesskostenhilfe bewilligt worden ist, dem Verfahren als Nebenkläger an, ist eine neue Entscheidung nach III S 2 erforderlich.

16 Die **Aufhebung des Bewilligungsbeschlusses** ist nur unter den Voraussetzungen des § 124 ZPO zulässig (Frankfurt NStZ **86**, 43). Die Bestellung nach I ist ggf entspr § 143a aufzuheben (BGH NStZ-RR **02**, 104 [B]; NStZ **10**, 714; 4 StR 184/18 vom 16.10.2018; Köln NStZ-RR **10**, 22).

17 B. **Rechtsfolgen:**

17a a) Das Gericht bestellt den **RA als Beistand nach I** für das ganze weitere Verfahren (BGH NStZ **10**, 714), für eine Beschränkung auf die jeweilige Instanz gibt es hier keine Rechtsgrundlage (BGH StraFo **08**, 131); unerheblich ist auch, ob der Angeklagte wegen eines in I bezeichneten Delikts in 1. Instanz verurteilt wird (BGH NStZ-RR **03**, 293 [B]). Die Bestellung erstreckt sich auch auf die Revisionshauptverhandlung (BGH NStZ **00**, 552; unberührt davon bleibt allerdings das Risiko, bei Erfolglosigkeit des Rechtsmittels die Gerichtskosten zu tragen: BGH 1 ARs 4/19 vom 6.8.2019), aber nicht auf das Adhäsionsverfahren, insoweit kommt nur – für die jeweilige Instanz (BGH StraFo **09**, 349) – Gewährung von Prozesskostenhilfe nach § 404 V in Betracht (BGH NJW **01**, 2486). Der beigeordnete RA kann – anders als ein nach § 142 bestellter Verteidiger – für die bestimmten Revisionsschriftsätze Untervollmacht erteilen; § 390 II ist entspr anzuwenden (BGH **59**, 284). Die dem Beistand aus der Staatskasse zu erstattenden Gebühren richten sich gemäß § 53 II RVG mit Vorb 4 des VVRVG nach den Gebühren des beigeordneten Verteidigers (§ 52 RVG). Ein Vergütungsanspruch gegen das Opfer besteht nicht (§ 53 II S 1 „nur von dem Verurteilten", nach § 53 II S 2 RVG entfällt der Anspruch aber, soweit die Staatskasse die Gebühren bezahlt hat). Die Rechtsstellung des anwaltlichen Beistands und seine Befugnisse leiten sich von derjenigen des Nebenklägers ab (vgl BGH 5 StR 64/17 vom 13.7.2017; KK-Walther 10; 6-8 zu § 397).

17b b) Die **Bewilligung der Prozesskostenhilfe (II)** lässt für den beigeordneten RA ebenfalls einen Anspruch auf Erstattung seiner sich nach den für den bestellten Verteidiger bemessenen Gebühren aus der Staatskasse entstehen (§ 48 RVG). Die Bewilligung der Prozesskostenhilfe wirkt nur für den jeweiligen Rechtszug (§ 119 I S 1 ZPO), gilt aber nach Aufhebung des Urteils durch das Rechtsmittelgericht und Zurückverweisung an die Vorinstanz fort (Schleswig SchlHA **97**, 75, 76). Hat der Angeklagte ein Rechtsmittel eingelegt, so sind das wirtschaftliche

Nebenklage **§ 397b**

Unvermögen und die Unfähigkeit des Nebenklägers zur Wahrnehmung seiner Interessen erneut zu prüfen; die entspr Anwendung des § 119 I S 2 ZPO kommt nicht in Betracht.

4) Rechtsmittel: 18

A. Die **Entscheidung über die Bestellung** eines RA als Beistand nach I kann 19 nach allgemeinen Grundsätzen angefochten werden (Celle NStZ-RR **12**, 291; Köln NStZ-RR **00**, 285). Gegen den ablehnenden Beschluss können die StA und der Antragsteller Beschwerde einlegen, gegen die Bestellung steht der StA die Beschwerde zu; der Angeschuldigte ist durch die Bestellung nicht unmittelbar beschwert (Hamm NJW **06**, 2057 mwN; **aM** LR-Wenske Nachtr 34 mwN). Nach Urteilsrechtskraft ist nur noch Raum für eine Beschwerde, wenn erst danach über die Beiordnung entschieden worden ist (vgl auch Karlsruhe NStZ-RR **15**, 381). Gegen die Auswahl des Beistands kann der Antragsteller, nicht aber der nicht beigeordnete RA im eigenen Namen Beschwerde einlegen. Der Umstand, dass der Vorsitzende des erkennenden Gerichts die Auswahl trifft, steht dem nicht entgegen. § 305 S 1 schließt die Beschwerde nicht aus, da die Entscheidung selbstständige prozessuale Bedeutung hat (Köln aaO).

Mit der **Revision** kann der Nebenkläger die Ablehnung seines Antrags auf Be- 20 stellung eines RA als Beistand rügen; auf dem Rechtsfehler kann das Urteil aber nur beruhen, wenn im Einzelfall nicht auszuschließen ist, dass der Nebenkläger, hätte er im Beistand seines RA an der Hauptverhandlung teilgenommen, Tatsachen hätte vorbringen oder Beweismittel hätte benennen können, die für den Schuldspruch (vgl § 400) wesentliche Bedeutung haben können (vgl 22 zu § 396 mN zur fehlerhaften Nichtzulassung). Bei verspäteter Bestellung während der Hauptverhandlung wird ein Beruhen nur unter besonderen Umständen nicht auszuschließen sein, wenn der Nebenkläger vergeblich auf Wiederholung der vorangegangenen Abschnitte angetragen hat. Auch auf der gesetzwidrigen Bestellung wird das Urteil kaum jemals beruhen; dies ist schon beim Fehlen der Anschlussbefugnis idR zu verneinen (vgl 21 zu § 396).

B. **Anfechtbar** sind nun auch die Entscheidungen über die Prozesskostenhilfe, 21 nachdem das Ges vom 14.3.2013 (StORMG) die bisher in III S 3 enthaltene Regelung der Unanfechtbarkeit dieser Entscheidung aufgehoben hat (KG NStZ-RR **14**, 295). Es bestehen somit dieselben Anfechtungsmöglichkeiten wie bei der Entscheidung nach I (oben 19, 20). Einen Widerspruch zur Unanfechtbarkeitsregelung in § 404 V S 3 hat der Gesetzgeber nicht gesehen, weil hier die zusätzliche Voraussetzung zu prüfen ist, dass der Antragsteller seine Interessen selbst nicht ausreichend wahrnehmen kann oder ihm das nicht zuzumuten ist, so dass eine Überprüfbarkeit der gerichtlichen Entscheidung geboten erscheint (BT-Drucks 17/6261 S 26).

Gemeinschaftliche Nebenklagevertretung

§ 397b **I** 1 Verfolgen mehrere Nebenkläger gleichgelagerte Interessen, so kann ihnen das Gericht einen gemeinschaftlichen Rechtsanwalt als Beistand bestellten oder beiordnen. [2] Gleichgelagerte Interessen liegen in der Regel bei mehreren Angehörigen eines durch eine rechtswidrige Tat Getöteten im Sinne des § 395 Absatz 2 Nummer 1 vor.

II 1 Vor der Bestellung oder Beiordnung eines gemeinschaftlichen Rechtsanwalts soll den betroffenen Nebenklägern Gelegenheit gegeben werden, sich dazu zu äußern. [2] Wird ein gemeinschaftlicher Rechtsanwalt nach Absatz 1 bestellt oder hinzugezogen, sind bereits erfolgte Bestellungen oder Beiordnungen aufzuheben.

III 1 Wird ein Rechtsanwalt nicht als Beistand bestellt oder nicht beigeordnet, weil nach Absatz 1 ein anderer Rechtsanwalt bestellt oder beigeordnet worden ist, so stellt das Gericht fest, ob die Voraussetzungen nach § 397a

§ 397b

Absatz 3 Satz 2 in Bezug auf den nicht als Beistand bestellten oder nicht beigeordneten Rechtsanwalt vorgelegen hätten.

1 **1) Gesetzeszweck:** Der Anspruch, jeweils durch eigene Rechtsanwälte vertreten zu werden, kann bei einer Vielzahl von Nebenklägern die effektive Durchführung der Hauptverhandlung erheblich erschweren (vgl BT-Drucks 532/19 S 40). Dies betrifft einmal deren logistische Durchführung, wie Ladungen und die Bereitstellung ausreichender Räumlichkeiten. Darüber hinaus kann sich aber auch die Dauer des Verfahrens erheblich verlängern, um die Verfahrensrechte der Nebenkläger (insbesondere nach § 397 I S 3) zu wahren, ohne dass dies in einem angemessenen Verhältnis zum dadurch erreichten Aufklärungsgewinn steht. Die Regelung führt deshalb unter bestimmten Voraussetzungen eine gemeinschaftliche Nebenklagevertretung ein, um das Verfahren zu vereinfachen, ohne die wirksame Wahrnehmung der Nebenklageinteressen zu beeinträchtigen (BT-Drucks aaO).

2 Darüber hinaus ist eine sinnvolle Bündelung der Nebenklagevertretung auch im **Interesse des Angeklagten** geboten. Nehmen an einer Hauptverhandlung eine Vielzahl von Nebenklagevertretern teil, die tendenziell ähnliche Interessen wie die StA, jedenfalls aber der Verteidigung gegenläufigen Interessen verfolgen, kann das Prinzip der Verfahrensfairness und Waffengleichheit tangiert sein.

3 **Zu berücksichtigen ist auch,** dass die gemeinschaftliche Nebenklagevertretung die Verfahrensrechte des Nebenklägers nach § 397 sowie sein Recht, sich zusätzlich durch einen Wahlnebenklagevertreter auf eigene Kosten vertreten zu lassen, unberührt lässt (vgl BT-Drucks 532/19 S 40 f). Es bleibt deshalb abzuwarten, ob sich mit der Gesetzesnovelle die Hoffnung des Gesetzgebers, die Zahl der Nebenklagevertreter bei einer Vielzahl von Opfern merklich zu reduzieren, erreichen lässt; dies wird vor allem davon abhängen, wie eng oder weit die Gerichte den Begriff der „gleichgelagerten Interessen" (dazu 4 ff) interpretieren werden.

4 **2) Gleichgelagerte Interessen (I):** Voraussetzung für die Bestellung eines gemeinschaftlichen Rechtsanwalts als Beistand ist, dass mehrere Nebenkläger gleichgelagerte Interessen verfolgen (I S 1). Der Begriff der gleichgelagerten Interessen wird im Gesetz nicht definiert. I S 2 bestimmt lediglich, dass diese in der Regel bei mehreren Angehörigen eines durch eine rechtswidrige Tat Getöteten vorliegen (I S 2).

5 **Gleichgelagert** meint im Übrigen nicht identisch. Interessengleichheit oder vollständige Einigkeit der Nebenkläger ist nicht Voraussetzung; namentlich reichen unterschiedliche Auffassungen über die Art und Weise der Verfahrensführung nicht aus (BT-Drucks 532/19 S 41).

6 **Maßgebend** ist vielmehr, ob die Nebenkläger in ihrer Opfererfahrung in gleicher Weise betroffen sind. Dies bestimmt sich nach ihrem Interesse, in einem justizförmigen Strafverfahren die Wahrheit über die speziell ihnen widerfahrene Viktimisierung und die ggf dafür strafrechtlich Verantwortlichen zu erfahren. Die Opferwerdung geschieht durch eine konkrete Straftat im prozessualen Sinne; die Ermittlung des wahren Sachverhalts dieser Tat entspricht somit dem – bei mehreren Opfern gleichgelagerten – Interesse der jeweiligen Nebenkläger. Soweit der zur Viktimisierung führende Sachverhalt somit identisch ist, kann grundsätzlich ein gleichgelagertes Interesse im Rechtssinne angenommen werden. Dieser Rechtsgedanke liegt letztlich auch der Regelung des I S 2 zugrunde; ein gleichgelagertes Interesse wäre aber etwa auch in Betracht zu ziehen, wenn eine strafbare Handlung zu einer Vielzahl von Opfern geführt hat, zB bei fahrlässiger Begehungsweise wie im Verfahren „Love Parade". Es wird dagegen aufgrund des jeweils unterschiedlichen Sachverhalts, welcher der Opferwerdung zugrunde liegt, regelmäßig nicht möglich sein, die Opfer verschiedener Taten im prozessualen Sinne in einer gemeinschaftlichen Nebenklagevertretung zusammenzufassen; dies wäre etwa bei einer Mehrzahl von Tötungsdelikten anzunehmen.

7 **3) Rechtliches Gehör und Bestellung:** Den betroffenen Nebenklägern ist vor der Bestellung oder Beiordnung gemäß II S 1 Gelegenheit zur Stellungnahme

zu geben; darin können sie zu ihrer individuellen Situation und Interessenlage vortragen und einen Rechtsanwalt als Mehrfachvertreter benennen (BT-Drucks 532/19 S 42). Die StA wird nach § 33 II gehört.

Die **Auswahl des Mehrfachvertreters** durch das Gericht erfolgt nach pflicht- 8 gemäßen Ermessen. Kriterien für die Auswahl können etwa der Wille der Mehrheit der Nebenkläger, der Zeitpunkt des Bestellungsantrags, die räumliche Nähe zum Gerichtssitz oder die terminliche Verfügbarkeit sein (BT-Drucks 532/19 S 42). Das Gericht kann, muss aber nicht, einem gemeinsamen Vorschlag der betroffenen Nebenkläger folgen, wenn es nach pflichtgemäßem Ermessen eigenen Erwägungen den Vorrang einräumt (Schork NJW **20**, 1, 5).

4) Aufhebung bereits erfolgter Bestellungen (II S 2): Wird nach I ein ge- 9 meinschaftlicher Rechtsanwalt bestellt oder beigeordnet, müssen bereits erfolgte Bestellungen oder Beiordnungen aufgehoben werden. Das ist notwendig, um zu verhindern, dass von der Staatskasse zu tragende Einzelbestellungen bestehen bleiben oder derselbe Nebenklagevertreter zugleich als Mehrfach- und als Einzelvertreter bestellt ist (BT-Drucks 532/19 S 42).

5) Rechtsfolgen bei Nichtbestellung (III): Wird ein Rechtsanwalt nicht als 10 Beistand bestellt oder nicht beigeordnet, weil nach Absatz 1 ein anderer Rechtsanwalt als gemeinschaftlicher Vertreter bestellt wurde, hat er nach III grundsätzlich Anspruch auf Vergütung seiner bis dahin erbrachten Tätigkeiten; Voraussetzung dafür ist, dass er nach § 397a III S 2 als Beistand hätte bestellt oder beigeordnet werden können. Dies stellt das Gericht durch Beschluss fest. Die Regelung bezweckt, den Nebenkläger, dessen Rechtsanwalt nicht bestellt wurde, kostenrechtlich nicht schlechter zu stellen (BT-Drucks 532/19 S 43).

6) Rechtsmittel: Gegen den Beschluss nach I können die StA und die Nebenkläger Beschwerde einlegen, deren Rechtsanwalt nicht bestellt wurde. Der Beschluss nach III ist ebenfalls mit der Beschwerde anfechtbar. Erg zur Beschwerde 19 zu § 397a. Mit der Revision wird ein Nebenkläger die Ablehnung des Antrags auf Bestellung seines Rechtsanwaltes nur ganz ausnahmsweise rügen können; insoweit wird es regelmäßig am Beruhen fehlen. Erg zur Revision 20 zu § 397a.

Fortgang des Verfahrens bei Anschluss

§ 398
I Der Fortgang des Verfahrens wird durch den Anschluß nicht aufgehalten.

II Die bereits anberaumte Hauptverhandlung sowie andere Termine finden an den bestimmten Tagen statt, auch wenn der Nebenkläger wegen Kürze der Zeit nicht mehr geladen oder benachrichtigt werden konnte.

1) Keine Hemmung des Verfahrens (I): Durch den Anschluss des Neben- 1 klägers wird der Fortgang des Verfahrens nicht aufgehalten. Der Nebenkläger tritt ihm in dem Stadium bei, in dem es sich bei seinem Anschluss befindet. Die Wiederholung prozessualer Maßnahmen (zB einer kommissarischen Vernehmung oder einer Augenscheinseinnahme) kann er nicht verlangen. Prozessgestaltende Maßnahmen der Prozessbeteiligten muss er gegen sich gelten lassen; neue kann er nicht verhindern, auch wenn sie sich gegen ihn auswirken (Stuttgart NJW **70**, 822).

Seine **Mitwirkung an dem Verfahren** ist trotz der Zulassung nach § 396 nicht 2 notwendig. Er ist zur Teilnahme an Gerichtsterminen nicht verpflichtet (3 zu § 397). Die Hauptverhandlung kann ohne ihn durchgeführt werden (Gollwitzer Schäfer-FS 79); daher kann auch sein persönliches Erscheinen nicht entspr § 236 angeordnet werden.

2) Gerichtliche Termine (II), insbesondere Hauptverhandlungen, werden 3 auch durchgeführt, wenn der Nebenkläger seinen Anschluss so spät erklärt, dass er nicht mehr rechtzeitig geladen oder benachrichtigt werden kann. Auch wenn er geladen worden, aber er oder sein Verfahrensbevollmächtigter (Stuttgart Justiz **04**,

§§ 399, 400   Fünftes Buch. 2. Abschnitt

127) aus triftigen Gründen verhindert ist, kann die Hauptverhandlung ohne ihn durchgeführt werden (BGH **28**, 272, 273). Das rechtliche Gehör ist ihm dann durch die Ladung gewährt worden (Gollwitzer Schäfer-FS 69). Das Gericht ist aber nicht gehindert, auf die Unkenntnis des Nebenklägers vom Termin oder auf seine Verhinderung Rücksicht zu nehmen und einen bereits anberaumten Termin zu verlegen, damit der Nebenkläger geladen werden und teilnehmen kann.

4   3) Auf zulässige **Revision** des Nebenklägers wird das Urteil idR aufzuheben sein, wenn seine Ladung unterlassen worden ist, obwohl die Voraussetzungen des II nicht vorlagen (Düsseldorf StraFo **01**, 102; Karlsruhe OLGSt § 218 S 9).

Bekanntmachung und Anfechtbarkeit früherer Entscheidungen

399 I Entscheidungen, die schon vor dem Anschluß ergangen und der Staatsanwaltschaft bekanntgemacht waren, bedürfen außer in den Fällen des § 401 Abs. 1 Satz 2 keiner Bekanntmachung an den Nebenkläger.

II Die Anfechtung solcher Entscheidungen steht auch dem Nebenkläger nicht mehr zu, wenn für die Staatsanwaltschaft die Frist zur Anfechtung abgelaufen ist.

1   1) **Entscheidungen vor der Anschlusserklärung (I)** werden dem Nebenkläger, abgesehen von dem Fall des § 401 I S 2, nicht bekanntgegeben, wenn sie bereits der StA bekanntgemacht waren. Dagegen müssen ihm alle Entscheidungen bekanntgemacht werden, die nach der Anschlusserklärung erlassen werden, auch wenn der Zulassungsbeschluss nach § 396 noch aussteht (KK-Walther 1).

2   2) Bei **Anschlusserklärung zur Rechtsmitteleinlegung nach Urteilserlass (II)**, die nach §§ 395 IV S 2, 401 I S 2 zulässig ist, läuft für den Nebenkläger keine eigene Rechtsmittelfrist (BGH NStZ **88**, 214 [M]). Das Rechtsmittel kann nur innerhalb der für die StA laufenden Anfechtungsfrist eingelegt werden und ist daher unzulässig, wenn diese Frist abgelaufen ist oder die StA auf Rechtsmittel verzichtet (BGH NStZ **84**, 18 [Pf/M]; RG **66**, 129; Bay OLGSt § 395 S 19) oder ihr Rechtsmittel zurückgenommen hat (KK-Walther 2). Das gilt auch dann – wie sich aus II iVm I ergibt –, wenn dem Nebenkläger die Entscheidung zugestellt worden ist (**aM** München NStZ-RR **11**, 478). Allerdings kann sich der Nebenkläger dem Verfahren auch noch nach Fristablauf anschließen, wenn der Angeklagte, die StA oder ein anderer Nebenkläger ein Rechtsmittel eingelegt hat. Er kann dann aber nicht verhindern, dass dieses Rechtsmittel zurückgenommen und dadurch die Rechtskraft der Entscheidung herbeigeführt wird.

3   Die **Wiedereinsetzung in den vorigen Stand** kann der Nebenkläger bei verspäteter Anfechtung im Fall II nicht verlangen. Da gegen ihn keine eigene Frist lief, konnte er auch keine Frist iS des § 44 versäumen (BGH NStZ **88**, 214 [M]; RG **71**, 173; Celle VRS **27**, 289; Hamm NJW **64**, 265; KK-Walther 4; **aM** Renkl MDR **75**, 904). Wiedereinsetzung soll aber möglich sein, wenn der Anschluss innerhalb der Anfechtungsfrist für die StA erklärt und nur die Anfechtung verspätet vorgenommen worden ist (RG **76**, 178; Hamm aaO; KK-Walther 4).

4   Für die **Rechtsmittelbegründungsfrist** nach §§ 317, 345 I hat II keine Bedeutung; insoweit gilt § 401 I S 2 (dort 3).

Rechtsmittelbefugnis des Nebenklägers

400 I Der Nebenkläger kann das Urteil nicht mit dem Ziel anfechten, daß eine andere Rechtsfolge der Tat verhängt wird oder daß der Angeklagte wegen einer Gesetzesverletzung verurteilt wird, die nicht zum Anschluß des Nebenklägers berechtigt.

II 1 Dem Nebenkläger steht die sofortige Beschwerde gegen den Beschluß zu, durch den die Eröffnung des Hauptverfahrens abgelehnt oder das Verfahren nach den §§ 206a und 206b eingestellt wird, soweit er die Tat betrifft, auf Grund deren der Nebenkläger zum Anschluß befugt ist. ²Im übrigen ist der Beschluß, durch den das Verfahren eingestellt wird, für den Nebenkläger unanfechtbar.

1) Beschwer als Zulässigkeitsvoraussetzung der Rechtsmittel des Nebenklägers: Der Nebenkläger ist, wie sich aus §§ 395 IV S 2, 401 I S 1 ergibt, zur Rechtsmitteleinlegung berechtigt, aber nur, soweit er durch die Entscheidung in seiner Stellung als Nebenkläger beschwert ist (BGH **29**, 216, 218; **33**, 114, 115, 117; NJW **70**, 205). Daher kann er zB Entscheidungen über die UHaft oder die vorläufige Unterbringung des Beschuldigten nicht mit der Beschwerde anfechten; sie berühren seine Rechtsstellung nicht (Düsseldorf NJW **98**, 395; Hamm NStZ-RR **08**, 219; Karlsruhe NJW **74**, 658; München StV **14**, 28). Andererseits ist er in seinen Rechten als Nebenkläger beeinträchtigt und daher beschwerdeberechtigt, wenn seine Anträge auf Anordnung strafprozessualer Eingriffe, durch die Beweismittel für das Nebenklagedelikt gewonnen werden können, abgelehnt worden sind. Für die Anfechtung von Urteilen und Einstellungsentscheidungen bestimmt § 400 besondere Beschränkungen. Das Recht des Nebenklägers, sich am Verfahren im Rechtsmittelzug zu beteiligen, wenn andere Prozessbeteiligte Rechtsmittel eingelegt haben, wird dadurch nicht berührt (Düsseldorf JurBüro **90**, 1324). Ist über seine Befugnisse als Nebenkläger oder über Kostenfragen zu seinem Nachteil entschieden worden, so ist der Nebenkläger rechtsmittelberechtigt, sofern nicht allgemeine Rechtsmittelbeschränkungen bestehen, wie zB in §§ 304 III, 464 III S 1 Hs 2 (erg 13 zu § 464).

2) Gesetzliche Beschränkungen der Urteilsanfechtung (I):

A. **Rechtsfolgenausspruch:** Die Urteilsanfechtung mit dem Ziel, dass eine andere Rechtsfolge verhängt wird, ist dem Nebenkläger, anders als nach früherem Recht (vgl BGH **33**, 114, 118), in jedem Fall verwehrt (BGH 4 StR 357/12 vom 28.2.2013); auch die Verhängung einer weiteren, bisher nicht angeordneten Rechtsfolge kann nicht verlangt werden (BGH AnwBl **89**, 688; 3 StR 426/12 vom 20.12.2012). Der Freispruch wegen Schuldunfähigkeit kann aber angegriffen werden, auch wenn eine Maßregel nach § 63 StGB angeordnet worden ist. Auch die Nichtanordnung einer Maßregel (neben Freispruch) im ordentlichen oder im Sicherungsverfahren nach § 413 kann gerügt werden (BGH NStZ **95**, 609; 5 StR 444/06 vom 1.2.2007; 2 StR 652/13 vom 3.4.2014). Bei zulässigem Hauptantrag schadet ein unzulässiger Hilfsantrag nicht (BGH 2 StR 394/94 vom 2.12.1994).

Unzulässig ist aber nicht nur die ausdrücklich auf die Rechtsfolgenfrage beschränkte Berufung oder Revision des Nebenklägers, sondern auch das in vollem Umfang eingelegte Rechtsmittel, wenn seine Begründung ergibt, dass es dem Nebenkläger ausschließlich um die Änderung des Rechtsfolgenausspruchs geht (BGH NJW **92**, 516; NStZ-RR **04**, 67 [B] mwN) oder dass mit dem Rechtsmittel keine Änderung des Schuldspruchs, sondern nur eine andere Rechtsfolgenentscheidung erreicht werden kann oder soll (Karlsruhe NStZ **88**, 427; Schleswig SchlHA **07**, 291 [D/D]). Unzulässig ist auch das Rechtsmittel, mit dem sich der Nebenkläger lediglich gegen den Schuldumfang wendet (BGH **41**, 140, 144; BGHR Zulässigkeit 4; Bay **88**, 50), nur das Fehlen der Feststellung der besonderen Schwere der Schuld iSd § 57a I S 1 Nr 2 StGB (vgl 33 zu § 260) beanstandet (StraFo **07**, 245), die Anwendung des § 105 I JGG (BGH StraFo **07**, 245), des § 199 StGB (vgl BGH 1 StR 608/97 vom 3.12.1997 zu § 233 StGB aF) oder des § 213 StGB (BGH NStZ-RR **00**, 40 [K]) rügt, mit nicht bei festgestellter Verurteilung wegen § 177 I StGB gegen die Nichtanwendung des II beschwert (BGH NStZ-RR **03**, 306; zw Rieß GA **07**, 387), das Hinzutreten einer weiteren Tatbestandsalternative, zB bei § 211 StGB (BGH NJW **99**, 2449) oder § 224 StGB (BGH 1 StR 153/11 vom 23.8.2011; aM Jena NStZ **16**, 63) erstrebt (BGH NStZ-RR **97**, 371) oder sich gegen die Nichtverhängung von Sicherungsverwahrung wendet (BGH StV **97**, 624 L; StraFo **10**, 295). Ebenso unzulässig ist es, wenn der Nebenkläger lediglich eine andere Würdigung der Rauschtat nach § 323a StGB erstrebt, um eine höhere Bestrafung zu erreichen (BGH NStZ-RR **19**, 353). Aus I folgt auch, dass der Nebenkläger den Beschluss nach § 268a nicht anfechten kann (erg 2 zu § 305a).

3b **Zulässig** ist die Anfechtung bei erstrebter Verurteilung wegen Vollendung statt wegen Versuchs (AK-Rössner 7; Leibinger aaO; **aM** Riegner aaO), oder die erstrebte Anwendung einer Qualifikationsnorm, zB § 177 III statt II StGB (BGH NStZ **01**, 420 L), oder des § 226 II statt I StGB (BGH StraFo **01**, 207), oder die Verurteilung wegen eines der in § 395 I bezeichneten Delikte statt einer Rauschtat nach § 323a StGB (BGH NStZ-RR **19**, 353), oder die erstrebte Änderung des Konkurrenzverhältnisses, wobei aber beide Gesetzesverletzungen zur Nebenklage berechtigen müssen (Tatmehrheit statt Tateinheit: BGH NStZ **00**, 219; StraFo **14**, 79; 3 StR 156/10 vom 22.7.2010).

4 B. Entscheidungen über **Verletzungen von Strafgesetzen, die nicht nach § 395 zum Anschluss berechtigen (I),** beschweren den Nebenkläger nicht und können daher nicht Gegenstand der Urteilsanfechtung sein (BGH VRS **103**, 210). Der Nebenkläger kann sein Rechtsmittel in zulässiger Weise nur darauf stützen, dass die Rechtsvorschrift über ein Nebenklagedelikt verletzt ist (BGH NStZ **87**, 221 [Pf/M]), dass der Angeklagte also insoweit zu Unrecht freigesprochen oder das Nebenklagedelikt jedenfalls, wenn auch ohne förmlichen Freispruch, nicht in den Schuldspruch aufgenommen worden ist (Hamm VRS **59**, 260, 261), dass (bei Tateinheit) eine Verurteilung wegen des Nebenklagedelikts nicht erfolgt ist. Die Rechtsmittelbefugnis entfällt aber, wenn der Nebenkläger der Beschränkung der Strafverfolgung nach § 154a zugestimmt hatte (BGH NStZ **92**, 30 [K]).

5 Bei der **Berufung**, die keiner Begründung bedarf, ist zwar idR zu unterstellen, dass das Rechtsmittel sich auf das Nebenklagedelikt bezieht. Das Rechtsmittel ist aber unzulässig, wenn der Angeklagte wegen des Nebenklagedelikts verurteilt worden ist und sich dabei kein Anhalt für die Behauptung unrichtiger Rechtsanwendung ergibt (Riegner NStZ **90**, 14). In diesem Fall ist somit eine Berufungsbegründung erforderlich, um die Zulässigkeit des Rechtsmittels feststellen zu können (Düsseldorf NStZ **94**, 507; Jena NStZ-RR **07**, 209); unbegründet ist nicht zulässig ist die Berufung aber, wenn das Berufungsgericht die vorliegende Berufungsbegründung als nicht durchschlagend erachtet (**aM** Köln NStZ **11**, 477). Entscheidet das Berufungsgericht hingegen trotz Unzulässigkeit des Rechtsmittels in der Sache, ist das Urteil auf Revision aufzuheben und die Berufung entspr § 354 I als unzulässig zu verwerfen (Schleswig SchlHA **96**, 97 [L/T]).

6 Gleiches wie für die Berufung gilt für die **Revision**. Insbesondere genügt die Erhebung der unausgeführten allgemeinen Sachrüge (18 zu § 344) nicht (BGH **13**, 143, 145; BGH NStZ **89**, 221 [M]; NStZ-RR **09**, 57; **16**, 351 L; **aM** SK-Velten 17; Mitsch NStZ **08**, 422), auch nicht bei Freispruch vom Nebenklagedelikt, aber Verurteilung wegen eines nicht zum Anschluss berechtigenden Strafgesetzes (BGH NStZ **88**, 565; NStZ-RR **09**, 182; 3 StR 46/11 vom 21.4.2011) oder bei gegenüber der Anklage abweichender rechtlicher Würdigung im Urteil (BGH NStZ-RR **99**, 39 [K]). Die Sachrüge kann der Nebenkläger nur auf die unterlassene oder fehlerhafte Anwendung gerade desjenigen Strafgesetzes stützen, auf das sich seine Anschlussbefugnis stützt (BGH StraFo **08**, 164; Hamm NZV **03**, 150). Deswegen muss er idR das Ziel seines Rechtsmittels ausdrücklich angeben (BGHR Zulässigkeit 3 und 5; BGH NStZ-RR **02**, 104 [B]; **09**, 253), und zwar eindeutig (BGH NStZ-RR **05**, 262 [B]) und unter Angabe von Tatsachen oder Beweismitteln, die für den Schuldspruch wegen eines Nebenklagedelikts wesentliche Bedeutung haben konnten (BGH 4 StR 473/13 vom 4.9.2014) und innerhalb der Revisionsbegründungsfrist (BGH NStZ **07**, 700; NStZ-RR **01**, 266 [B]). Die Revision ist unzulässig, wenn nur die Nichtaburteilung eines völlig fern liegenden Nebenklagedelikts erstrebt, für das nach Aktenlage nicht der geringste Anhalt besteht (Köln NZV **04**, 656: § 212 StGB in einem Verfahren wegen § 222 StGB), sie ist aber nicht deshalb unzulässig, weil sie ergänzend die Nichtanwendung der Vorschriften über Straftaten rügt, die nicht zum Anschluss berechtigen (BGH NJW **70**, 205; Saarbrücken VRS **36**, 435, 438; weitergehend Stuttgart NJW **73**, 1385 = JZ **73**, 739 mit krit Anm Lenckner: auch nicht, wenn sie nur Einzelausführungen zu solchen Vorschriften enthält). Beanstandet der Nebenkläger das Verfahren, so kann er nur Rügen erheben, die die Verurteilung wegen der zum Anschluss berechtigenden Straftaten betreffen (BGH NStZ-RR **98**, 305).

C. Die **Prüfung des Revisionsgerichts** (zur Berufung unten 7a) erstreckt sich 7 bei zulässiger Revision lediglich auf die richtige Anwendung der Vorschriften über das Nebenklagedelikt (BGH **41**, 140, 144). Das gilt nicht nur dann, wenn dieses einen abtrennbaren Teil der Tat betrifft, sondern – wie sich aus I 2. Hs ergibt – auch bei Tat- oder Gesetzeseinheit mit einem Offizialdelikt (BGH 4 StR 561/14 vom 30.7.2015; KK-Gericke 10 zu § 352; Riegner NStZ **90**, 16; aM HK-GS-Rössner 8). Es ist also nur zu prüfen, ob Nebenklagedelikte nicht, nicht zutr oder unvollständig gewürdigt worden sind (BGH **43**, 15; NStZ-RR **11**, 73); daher kann auch eine zulässige Revision, die bei Verurteilung wegen Totschlags unzutr die Nichtverurteilung wegen Mordes rügt, nicht dazu führen, Fehler bei der Strafzumessung (etwa hinsichtlich § 213 StGB) zu korrigieren (BGH NStZ-RR **03**, 102 [B]), ebenso kann die unbegründete Rüge fehlender Verurteilung nach § 227 StGB nicht die Aufhebung des Strafausspruchs nach § 224 StGB wegen tateinheitlich begangener Beteiligung an einer Schlägerei (§ 231 StGB) zur Folge haben (BGH 1 StR 153/11 vom 23.8.2011 mwN). Führt allerdings die Prüfung zu dem Ergebnis, dass der Angeklagte überhaupt keine Straftat begangen hat (zB Verurteilung wegen versuchten Totschlags erfolgt, wegen versuchten Mordes durch Nebenkläger erstrebt, aber strafbefreiender Rücktritt vom Versuch gegeben), so ist freizusprechen. Bei Verurteilung wegen einer OWi bleibt diese ungeprüft (Göhler NStZ **86**, 21 gegen BayObLG ebenda).

Bei einer zulässigen **Berufung** (dazu zutr Schmid NStZ **11**, 611; vgl auch SK- 7a Velten 15; **aM** LR-Hilger 21, 22) und ebenso bei Aufhebung des Urteils und Zurückverweisung der Sache durch das Revisionsgericht sind hingegen alle in Tateinheit mit dem Nebenklagedelikt stehenden Delikte wiederum zu prüfen (BGH **39**, 390, 391; Frankfurt NStZ-RR **01**, 22; Leibinger Trifffterer-FS 490).

3) Gegen die **Nichteröffnung des Hauptverfahrens (II)** nach § 204, der die 8 Ablehnung des Erlasses eines Strafbefehls gleichsteht (vgl § 408 II S 2), nicht gegen die Eröffnung vor einem niedrigeren Gericht nach § 209 I (Karlsruhe NStZ **89**, 442; Rieß/Hilger NStZ **87**, 154 Fn 214), steht dem Nebenkläger die sofortige Beschwerde zu, soweit der Beschluss die Tat betrifft, die ihn zum Anschluss berechtigt.

Mit derselben Einschränkung kann er **Einstellungsbeschlüsse** nach §§ 206a, 9 206b und Einstellungsurteile nach § 260 III anfechten. Gegen Einstellungsbeschlüsse nach §§ 153 ff hat er kein Rechtsmittel, auch wenn sie verfahrensrechtlich fehlerhaft ergangen sind (BGH NJW **02**, 2401; StraFo **15**, 163); das gilt angesichts des eindeutigen Wortlauts des II S 2 auch für Einstellungen nach § 205 (**aM** LR-Hilger 25; Rieß NStZ **01**, 355).

Einlegung eines Rechtsmittels durch den Nebenkläger

401 [1] [1] Der Rechtsmittel kann sich der Nebenkläger unabhängig von der Staatsanwaltschaft bedienen. [2] Geschieht der Anschluß nach ergangenem Urteil zur Einlegung eines Rechtsmittels, so ist dem Nebenkläger das angefochtene Urteil sofort zuzustellen. [3] Die Frist zur Begründung des Rechtsmittels beginnt mit Ablauf der für die Staatsanwaltschaft laufenden Frist zur Einlegung des Rechtsmittels oder, wenn das Urteil dem Nebenkläger noch nicht zugestellt war, mit der Zustellung des Urteils an ihn auch dann, wenn eine Entscheidung über die Berechtigung des Nebenklägers zum Anschluß noch nicht ergangen ist.

§ 401

II ¹ War der Nebenkläger in der Hauptverhandlung anwesend oder durch einen Anwalt vertreten, so beginnt für ihn die Frist zur Einlegung des Rechtsmittels auch dann mit der Verkündung des Urteils, wenn er bei dieser nicht mehr zugegen oder vertreten war; er kann die Wiedereinsetzung in den vorigen Stand gegen die Versäumung der Frist nicht wegen fehlender Rechtsmittelbelehrung beanspruchen. ²Ist der Nebenkläger in der Hauptverhandlung überhaupt nicht anwesend oder vertreten gewesen, so beginnt die Frist mit der Zustellung der Urteilsformel an ihn.

III ¹Hat allein der Nebenkläger Berufung eingelegt, so ist diese, wenn bei Beginn einer Hauptverhandlung weder der Nebenkläger noch für ihn ein Rechtsanwalt erschienen ist, unbeschadet der Vorschrift des § 301 sofort zu verwerfen. ²Der Nebenkläger kann binnen einer Woche nach der Versäumung unter den Voraussetzungen der §§ 44 und 45 die Wiedereinsetzung in den vorigen Stand beanspruchen.

IV Wird auf ein nur von dem Nebenkläger eingelegtes Rechtsmittel die angefochtene Entscheidung aufgehoben, so liegt der Betrieb der Sache wiederum der Staatsanwaltschaft ob.

1   1) **Rechtsmittelberechtigung des Nebenklägers (I S 1):** Der Nebenkläger kann, wenn er prozessfähig (Bay **55**, 243; Hamm JMBlNW **63**, 112) und zum Anschluss befugt (wegen des Rechtsmittelgerichts von Amts wegen zu prüfen hat (20 zu § 396), bereits mit Recht zugelassen ist, die Rechtsmittel der Beschwerde, sofortigen Beschwerde, Berufung und Revision in der gesetzlich vorgeschriebenen Form einlegen (zur Wiederaufnahme vgl 8 zu § 365), soweit diese Rechtsmittel zulässig sind und er in seiner Stellung als Nebenkläger beschwert ist (dazu im Einzelnen § 400); zugunsten des Angeklagten sind die Rechtsmittel nach zutr hM nicht zulässig (BGH **37**, 136; **aM** Altenhain JZ **01**, 799; Fabricius NStZ **94**, 261), das zu dessen Lasten eingelegte Rechtsmittel wirkt aber auch zu dessen Gunsten (2 zu § 301). Die Nichtzahlung des in 16 II S 1 GKG bestimmten Gebührenvorschusses macht das Rechtsmittel nicht unzulässig (Frankfurt MDR **80**, 603; Hamm MDR **85**, 251). Sicherheit (wie § 379) muss der Nebenkläger nicht leisten.

2   Der Nebenkläger kann die **Revisionsanträge** nur mittels einer von einem Rechtsanwalt unterzeichneten Schrift anbringen (BGH NJW **92**, 1398); denn die durch ein Versehen des Gesetzgebers bei der Neufassung des § 397 I durch das Ges vom 18.12.1986 entstandene Gesetzeslücke ist durch die entspr Anwendung des § 390 II zu schließen (BGH NJW **92**, 1398; BGH **59**, 284 = NJW **14**, 3320 mit insoweit abl Anm Stoffers; zum RA, der selbst Nebenkläger ist, vgl Hilger NStZ **88**, 441); bei Einlegung p Protokoll der Geschäftsstelle ist aber uU Wiedereinsetzung in den vorigen Stand zu gewähren (Hamm StraFo **07**, 467; erg 22 zu § 345).

3   Der Nebenkläger ist bei der Einlegung, Begründung und Durchführung seines Rechtsmittels **von der StA unabhängig.** Sie kann über sein Rechtsmittel nicht verfügen, es also nicht zurücknehmen, beschränken oder zu ihrem eigenen machen. Der Zurücknahme des Rechtsmittels kann sie nicht widersprechen. Zum Verfahren bei unterschiedlichen Rechtsmitteln der StA und des Nebenklägers vgl § 335 III. Die StA wirkt in dem Verfahren auch mit, wenn nur der Nebenkläger ein Rechtsmittel eingelegt hat. Sie muss das Verfahren betreiben, an der Hauptverhandlung teilnehmen und zu dem Rechtsmittel Stellung nehmen, insbesondere nach § 258 einen Schlussvortrag halten (RG **63**, 53, 55; Köln GA **64**, 156; Zweibrücken StV **86**, 51; **aM** Frankfurt NJW **56**, 1250).

4   2) **Fristwahrung bei Anschluss nach Urteilserlass (I S 2, 3):** Der Nebenkläger kann sich dem Verfahren noch nach Urteilserlass zum Zweck der Rechtsmitteleinlegung anschließen (§ 395 IV S 2). Das Rechtsmittel muss dann nach § 399 II innerhalb der für die StA laufenden Rechtsmittelfrist eingelegt werden. Bei rechtzeitiger Anfechtung wird dem Nebenkläger das Urteil sofort zugestellt (S 2), dh ohne dass zuvor ein Zulassungsbeschluss nach § 396 erlassen werden

muss. Wenn die Anschlussberechtigung nicht feststeht, verfügt der Vorsitzende die Urteilszustellung allerdings nicht, bevor über die Zulassung entschieden ist (2 zu § 343). Wird die Befugnis zum Anschluss verneint, so ist das Rechtsmittel unzulässig, nicht gegenstandslos (Schleswig SchlHA **59**, 27). Auch der Lauf der Begründungsfrist (§§ 317, 345 I) ist von dem Erlass des Zulassungsbeschlusses, der nur feststellende Bedeutung hat (13 zu § 396), nicht abhängig (S 3). Sie beginnt entweder mit Ablauf der für die StA laufenden Einlegungsfrist oder mit der Urteilszustellung an den Nebenkläger, je nachdem, welches der spätere Zeitpunkt ist.

3) Fristwahrung bei Urteilsanfechtung durch den zugelassenen Nebenkläger (II): War der Nebenkläger zwar in einem Teil der Hauptverhandlung anwesend oder durch einen RA vertreten, aber nicht mehr bei der Urteilsverkündung, so beginnt die Anfechtungsfrist mit der Urteilsverkündung (S 1 Hs 1; BGH NStZ **95**, 21 [K]). Da er durch sein Prozessverhalten die Rechtsmittelbelehrung verwirkt hat, schließt S 1 Hs 2 die Anwendung des § 44 S 2 aus; auch im Übrigen kommt idR eine Wiedereinsetzung in den vorigen Stand nicht in Betracht (Düsseldorf VRS **79**, 206; **81**, 114). Nur wenn der Nebenkläger in der Hauptverhandlung überhaupt nicht anwesend oder vertreten war, beginnt die Anfechtungsfrist erst mit der Urteilszustellung an ihn oder seinen bevollmächtigten Vertreter (S 2; BGH 4 StR 541/07 vom 18.12.2007). Die Zustellung des vollständigen Urteils ist nicht erforderlich; schon die Zustellung der Urteilsformel setzt die Frist in Lauf (S 2). Die Regelung des S 2 gilt entspr, wenn der Nebenkläger nur als Zeuge geladen und nach seiner Vernehmung entlassen worden war (Karlsruhe NStZ-RR **00**, 16; Köln JMBlNW **84**, 21). 5

4) Verwerfung der Berufung des nicht erschienenen Nebenklägers (III): Ist weder der Nebenkläger selbst noch für ihn ein RA (Köln NStE Nr 2) bei Beginn der Berufungsverhandlung erschienen, führt das zur sofortigen Verwerfung der Berufung (S 1). Das bedeutet, anders als in § 329 I S 1, jedoch nicht, dass eine Verhandlung zur Sache immer ausgeschlossen ist; denn das Gericht hat § 301 zu beachten und muss die Verhandlung daher ohne den Nebenkläger durchführen, wenn nach Aktenlage eine günstige Entscheidung für den Angeklagten zu erwarten ist (Rieß NJW **75**, 90; NStZ **00**, 122). Rechtfertigt das Ergebnis der Verhandlung eine solche Entscheidung nicht, so wird die Berufung verworfen, auch wenn der Nebenkläger nachträglich erschienen ist (KMR-Stöckel 8). Die Wiedereinsetzungsregelung des S 2 zugunsten des Nebenklägers entspricht der des § 329 VII (dort 40 ff). 6

Hat **auch der Angeklagte oder die StA Berufung eingelegt,** so gilt III grundsätzlich nicht; vielmehr wird dann auch über die Berufung des abwesenden Nebenklägers verhandelt und entschieden (KK-Walther 11). Die Berufung des Nebenklägers wird jedoch nach S 1 verworfen, wenn sachlich über sie allein zu entscheiden wäre, zB deshalb, weil die übrigen Beschwerdeführer ihre Berufung zurückgenommen haben oder weil nach der Berufung des Angeklagten nur § 329 I verworfen wird (Köln NStE Nr 2; Rieß NJW **75**, 90). Zum Ausbleiben des Nebenklägers und/oder des Angeklagten vgl im Einzelnen Rieß NStZ **00**, 122. 7

5) Der **Betrieb der Sache (IV)** obliegt der StA stets, wenn der Nebenkläger ein Rechtsmittel eingelegt hat. Er obliegt ihr auch, wenn die angefochtene Entscheidung nur auf ein Rechtsmittel des Nebenklägers aufgehoben und die Sache an den 1. Richter zurückverwiesen wird. Scheidet der Nebenkläger nunmehr aus, so berührt das den Fortgang des Verfahrens nicht. 8

Widerruf der Anschlusserklärung; Tod des Nebenklägers

402 Die Anschlußerklärung verliert durch Widerruf sowie durch den Tod des Nebenklägers ihre Wirkung.

1) Den **Widerruf der Anschlusserklärung** kann der Nebenkläger ohne Zustimmung der anderen Prozessbeteiligten bis zum rechtskräftigen Abschluss des 1

Vor § 403

Verfahrens erklären, auch noch im Revisionsrechtszug (RG 67, 322). Ausreichend ist eine formlose Erklärung gegenüber dem Gericht (Hamm NJW 71, 394; KK-Walther 1; SSW-Schöch 1; **aM** LR-Hilger 1), auch in einem Vergleich (13 vor § 395). Der Widerruf kann auch darin liegen, dass der Nebenkläger seine Rechte längere Zeit bewusst nicht ausübt (Hamm aaO; **am** SK-Velten 1; SSW-Schöch aaO).

2 Die **Wirkung des Widerrufs** erstreckt sich nur auf die Zukunft (RG 64, 60, 62). Bereits ergangene Urteile und Beschlüsse bleiben bestandskräftig. Noch nicht beschiedene Anträge und Rechtsmittel werden gegenstandslos (SK-Velten 3; vgl unten 5). Der Nebenkläger verliert den erst bei rechtskräftiger Verurteilung des Angeklagten entstehenden Anspruch auf Erstattung seiner notwendigen Auslagen nach § 472 I (Bay **53**, 156; LR-Hilger 10; vgl aber Nürnberg NJW **59**, 1052 mit abl Anm Schmitt NJW **59**, 1742 und Pohlmann NJW **59**, 1455 für den Fall, dass der Nebenkläger ausdrücklich einen Kostenerstattungsantrag stellt).

3 Einer **neuen Anschlusserklärung** steht der Widerruf nicht entgegen (Hamm NJW **71**, 394), sofern er, was idR nicht der Fall ist, nicht mit einem Verzicht auf das Nebenklagerecht (Hamm JMBlNW **64**, 192; erg 12 vor § 395) verbunden ist; dasselbe gilt für die Zurücknahme des Strafantrags (5 zu § 395; **aM** KK-Walther 2).

4 2) Der **Tod des Nebenklägers** beendet die Nebenklage. Die Angehörigen des verstorbenen Nebenklägers sind nicht entspr § 393 II berechtigt, in das Verfahren einzutreten (BGH NStZ **09**, 174; Düsseldorf MDR **86**, 76; KK-Walther 5; **aM** Roxin/Schünemann § 64, 11; Gerauer NJW **86**, 3126), auch nicht, wenn die Tat ein Privatklagedelikt oder der Tod des Nebenklägers die Folge der zur Nebenklage berechtigenden Tat ist (Stuttgart NJW **70**, 822 mit abl Anm Ellscheid NJW **70**, 1467; Fezer NStZ **97**, 300; **aM** Nürnberg NJW **78**, 1017; Zweibrücken NJW **66**, 2076; offengelassen von BGH NStZ **97**, 200).

5 **Folgen** hat die Beendigung der Nebenklage nur für die Zukunft. Ein bereits ergangenes Urteil verliert nicht seinen Bestand, auch wenn es auf ein Rechtsmittel des Nebenklägers ergangen ist. Ein noch nicht beschiedenes Rechtsmittel des Nebenklägers wird mit dessen Tod hinfällig (BGH NStZ **97**, 49 mwN; Düsseldorf AnwBl **88**, 125).

6 Die sodann nach §§ 302, 473 I S 3 zu treffende **Kostenentscheidung** obliegt dem Tatgericht, wenn der Nebenkläger bereits vor der Aktenvorlage an das Revisionsgericht nach § 347 II verstorben ist (BGH aaO), sonst dem Revisionsgericht. In der Kostenentscheidung wird der verstorbene Nebenkläger nach § 473 I S 3 mit den dem Beschuldigten erwachsenen notwendigen Auslagen mit der Folge belastet, dass sie aus dem Nachlass zu erstatten sind (Celle NJW **53**, 1726; Jena MDR **95**, 1071). Anders als der Widerruf (oben 2) lässt der Tod des Nebenklägers den in dem Urteil zuerkannten und durch dessen Rechtskraft endgültig entstehenden Anspruch auf Erstattung der notwendigen Auslagen des Nebenklägers nicht entfallen (Karlsruhe MDR **84**, 250; Stuttgart NJW **60**, 115).

Dritter Abschnitt. Entschädigung des Verletzten

Vorbemerkungen

1 1) **Adhäsionsverfahren:** Durch die 1943 nach dem Vorbild des österreichischen Rechts in die StPO eingefügten §§ 403–406c, dem sog Adhäsions- oder Anhangsverfahren (allg dazu Amelunxen ZStW **86**, 457), hat der Verletzte die Möglichkeit, seine bürgerlich-rechtlichen Ersatzansprüche gegen den Straftäter, die er an sich vor dem Zivilgericht verfolgen müsste (§ 13 GVG), – wahlweise (LG Itzehoe SchlHA **01**, 260) – schon im Strafverfahren geltend zu machen. Dadurch kann vermieden werden, dass mehrere Gerichte in derselben Sache tätig werden und zu einander widersprechenden Entscheidungen gelangen.

Mit den **Gesetzesänderungen** von 1986 (Erweiterung der Zuständigkeit im amtsgerichtlichen Verfahren, Möglichkeit der Prozesskostenhilfe und Zulassung von Grund- und Teilurteilen) und 2004 (erschwerte Ablehnung bei Schmerzensgeldansprüchen, Zulässigkeit von Anerkenntnis und Vergleich) hat der Gesetzgeber Impulse gegeben, welche die Praxisrelevanz des Verfahrens erhöhen. Gegen die verstärkte Anwendung der §§ 403 ff wird allerdings die forensische Verschiedenheit der Aufgaben von Straf- und Zivilrichtern geltend gemacht (vgl Hirsch A. Kaufmann-GedSchr 716, der auch eine sachliche Notwendigkeit für die Geltendmachung zivilrechtlicher Entschädigungsansprüche im Strafverfahren bestreitet; **aM** wohl Eser ebenda 731). Abl zum Adhäsionsverfahren äußern sich auch Freund GA **02**, 84 sowie SK-Velten 5: Nachteile überwiegen; krit auch Betmann Kriminalistik **04**, 570; Rieß Dahs-FS 433 weist zutr darauf hin, dass dadurch die zivilprozessuale „Waffengleichheit" nicht in allen Punkten gewahrt ist und die Verteidigungsposition und die Verteidigungsmöglichkeiten des Angeklagten beträchtlich beeinträchtigt werden können; vgl ferner Weigend 524 ff, der die Abschaffung des Adhäsionsverfahrens empfiehlt, und AK-Schöch, der statt dessen ein vereinfachtes Vergleichsverfahren vorschlägt; für eine verstärkte „opferbezogene Anwendung des Adhäsionsverfahrens" aber Rössner/Klaus NJ **96**, 288; befürwortend unter Darlegung der Regelungen im französischen Recht auch v. Sachsen Gessaphe ZZP **112**, 3.

Die **Änderungen des 1. OpferRRG** bezwecken, dass die Entscheidung über den Antrag die Regel und nicht mehr die Ausnahme sein soll. Die Bedenken dagegen, das strafrechtliche Verfahren mit der Entscheidung über zivilrechtliche Ansprüche zu belasten, die sich aus den unterschiedlichen Verfahrensgrundsätzen in Straf- und Zivilverfahren ergebenden Friktionen durch die Zusammenlegung unterschiedlicher Positionen als Angeklagter und Antragsgegner bzw Zeuge und Antragsteller (Loos GA **06**, 195) und die damit verbundene – durch die Erfahrungen in der Praxis bestätigte – Gefahr, dass die zivilrechtlichen Fragen nicht mit derselben Gründlichkeit wie in einem Zivilprozess behandelt werden, bleiben aber bestehen (ähnlich Krey/Wilhelmi Otto-FS 933, 953; Volckart JR **05**, 185; vgl auch Keil/Best DAR **13**, 628 sowie Feigen Otto-FS 898: „Fremdkörper in der deutschen StPO").

Geltendmachung eines Anspruchs im Adhäsionsverfahren   RiStBV 173, 174

403 Der Verletzte oder sein Erbe kann gegen den Beschuldigten einen aus der Straftat erwachsenen vermögensrechtlichen Anspruch, der zur Zuständigkeit der ordentlichen Gerichte gehört und noch nicht anderweit gerichtlich anhängig gemacht ist, im Strafverfahren geltend machen, im Verfahren vor dem Amtsgericht ohne Rücksicht auf den Wert des Streitgegenstandes.

1) Antragsberechtigte:

A. Der **Verletzte,** auch wenn er Mitangeklagter ist, ist stets antragsberechtigt, selbst wenn er wegen der Tat keinen Strafantrag gestellt hat (LG Koblenz DAR **52**, 159) und am Verfahren sonst nicht beteiligt ist. Anders als bei §§ 172, 374, 406d ist auch der mittelbar Verletzte antragsberechtigt, zB bei Sachbeschädigung oder Brandstiftung der Nießbraucher, Mieter oder Pächter neben dem Eigentümer, auch der nach § 844 II BGB Unterhaltsberechtigte (BGH NStZ-RR **19**, 353; LG Gießen NJW **49**, 727; **aM** SK-Velten 3) und der nach § 845 BGB Dienstberechtigte. Antragsberechtigt ist auch der Eigentümer eines bei einer Straftat nach § 315c StGB beschädigten Fahrzeugs (NStZ-RR **18**, 24).

B. Der **Erbe** des Verletzten ist antragsberechtigt, wenn er einen Erbschein vorlegen kann (BGH NStZ **10**, 714; NStZ-RR **16**,183 mit abl Anm Greiner NStZ-RR **16**, 223), über den Wortlaut der Vorschrift hinaus auch der Erbe des Erben (KMR-Stöckel 2). Bei einer Mehrheit von Erben kann jeder Miterbe den Antrag stellen, Leistung aber nur an alle verlangen (§ 2039 S 1 BGB).

§ 403

4 C. **Andere Rechtsnachfolger** (Zessionare, Pfändungsgläubiger) haben, da sie ihren Anspruch nicht unmittelbar aus der Straftat erworben haben, kein Antragsrecht, auch nicht der private Haftpflichtversicherer (Karlsruhe MDR **84**, 336; Köckerbauer NStZ **94**, 306; Schirmer DAR **88**, 121) und der Sozialversicherungsträger, auf den der Schadensersatzanspruch übergegangen ist (KK-Zabeck 6; Granderath NStZ **84**, 400). Denn die mitunter schwierige Feststellung der Einzelrechtsnachfolge kann nicht Sache des Strafrichters sein.

5 Der **Insolvenzverwalter** kann den Antrag stellen, wenn der Gemeinschuldner erst nach der Insolvenzeröffnung geschädigt worden ist, sonst nicht (Frankfurt NStZ **07**, 168; Jena NJW **12**, 547; LG Stuttgart NJW **98**, 322 = JR **98**, 84 mit abl Anm Hilger; Hansen NStZ **07**, 588; a*M* Celle NJW **07**, 3795 mit zust Anm Schork wistra **08**, 198; Janca/Schroeder/Baron wistra **15**, 411; Kuhn JR **04**, 399).

6 D. **Prozessfähig** (§ 52 ZPO) muss der Antragsteller sein; andernfalls muss der gesetzliche Vertreter den Antrag stellen (BGH NStZ **09**, 586). Nach Eröffnung des Insolvenzverfahrens ist nur der Insolvenzverwalter antragsberechtigt (oben 5).

6a E. Der geltend gemachte Anspruch darf **nicht anderweitig rechtshängig** oder bereits rechtskräftig beschieden sein ((vgl BGH NStZ-RR **19**, 320; 10 zu § 406). Der Nebenkläger ist aber berechtigt, seinen Anspruch auf ein höheres als das rechtskräftig zuerkannte Schmerzensgeld im zweiten Rechtsgang (erneut) geltend zu machen, da es insoweit an einer rechtskräftigen Entscheidung fehlt (BGH StraFo **19**, 513).

7 2) **Gegen den Beschuldigten** muss sich der Antrag richten. Wer nur neben oder mit ihm bürgerlich-rechtlich haftet, kann nicht in Anspruch genommen werden, insbesondere nicht nach § 3 PflVersG der Haftpflichtversicherer (Granderath NStZ **84**, 400; Schirmer DAR **88**, 121).

8 Gegen **Jugendliche** findet das Adhäsionsverfahren nicht statt (§ 81 **JGG**; für Änderung *de lege ferenda* Siegismund Rieß-FS 857), auch nicht im Verfahren vor den allgemeinen Strafgerichten (§ 104 I Nr 14 **JGG**). Es ist aber – seit Inkrafttreten des 2. JuMoG – uneingeschränkt zulässig gegen Heranwachsende, wobei dann für die Entscheidung nach § 472a über das Auslagen des Verletzten § 74 **JGG** nicht gilt (§ 109 II S 4 **JGG**).

9 Der Beschuldigte muss **verhandlungsfähig** (Einl 97), braucht aber nicht prozessfähig zu sein (KMR-Stöckel 7). Nur der Abschluss eines Vergleichs (§ 405 I) erfordert die Geschäftsfähigkeit beider Parteien oder die Mitwirkung der gesetzlichen Vertreter.

10 3) **Nur vermögensrechtliche Ansprüche,** die aus der Straftat erwachsen (dazu Schirmer DAR **88**, 122) und noch nicht anderweit gerichtlich anhängig gemacht sind, können nach §§ 403 ff geltend gemacht werden. Vermögensrechtlich sind alle Ansprüche, die aus Vermögensrechten abgeleitet oder auf vermögenswerte Leistungen gerichtet sind (Granderath NStZ **84**, 400). In Betracht kommen in 1. Hinsicht **Ansprüche auf Schadensersatz** – typischerweise auch solche nach § 97 I UrhG, § 14 VI MarkenG, § 139 II PatG (Hansen/Wolff-Rojczyk GRUR **09**, 646) – **und auf Schmerzensgeld** nach § 253 II BGB (vgl dazu BGH MDR **93**, 408 [H]; NStZ **94**, 26 [K]; BGHR Anspruch 4 und § 404 I Entscheidung 3–5). Zu beachten ist, dass sich die strafgerichtliche Verurteilung und ggf die Verbüßung einer verhängten Freiheitsstrafe auf die Bemessung des Schmerzensgeldes nicht auswirkt (BGH NStZ-RR **04**, 68 [B]), wohl aber können bei der Entscheidung die persönlichen und wirtschaftlichen Verhältnisse des Angeklagten und des Adhäsionsklägers berücksichtigt werden (BGH Vereinigter GrS VGS 1/16 vom 16.9.2016; erg 2a zu § 406). Aber **auch Herausgabe- und Bereicherungsansprüche** sowie *Unterlassungsansprüche,* mit denen wirtschaftliche Interessen verfolgt werden (BGH NJW **81**, 2062), können geltend gemacht werden. Auch der Widerruf einer Behauptung kann verlangt werden (Jescheck JZ **58**, 592). **Sogar Feststellungsansprüche** sind nicht ausgeschlossen (BGH 5 StR 471/11 vom 14.12. 2011; LR-Hilger 11; offen gelassen von BGHR § 404 I Entscheidung 2; vgl auch

BGH 2 StR 306/13 vom 26.9.2013); sie bedürfen einer auf den Einzelfall bezogenen Begründung (BGH NStZ-RR **20**, 53; zum Verhältnis von Grund- und Feststellungsurteil Braunschweig NStZ-RR**14**, 186 L). Im Verfahren wegen Straftaten nach §§ 106, 107 I Nr 2, 108 bis 108b UrhG lässt **§ 110 I UrhG** die Möglichkeit zu, Ansprüche auf Vernichtung oder Überlassung von Vervielfältigungsstücken oder der zu deren Herstellung benutzten oder bestimmten Vorrichtungen (§§ 98, 99 UrhG) nach den Vorschriften der §§ 403–406c geltend zu machen. Die entspr Anwendung dieser Vorschriften für die Rückerstattung des Mehrerlöses bestimmt § 9 III WiStG. Erg 2 zu § 406.

4) Zur Zuständigkeit der ordentlichen Gerichte muss der Anspruch gehören. Die Geltendmachung von Ansprüchen, für die ausschließlich die Arbeitsgerichte zuständig sind, ist daher ausgeschlossen (BGH **3**, 210; vgl auch Kuhn JR **04**, 399). Das ist von Amts wegen zu beachten, auch noch im Rechtsmittelverfahren (BGH aaO). Jedoch ist die Verurteilung nicht deshalb unwirksam, weil das Gericht die Zuständigkeitsfrage übersehen hat (BGH aaO). Beim AG kann der Anspruch ohne Rücksicht auf den Wert des Streitgegenstandes geltend gemacht werden. Von der Zustimmung des Angeklagten ist die Überschreitung der amtsgerichtlichen Zuständigkeit nach § 23 Nr 1 GVG nicht abhängig. Wenn außergewöhnlich hohe Ansprüche vor dem AG geltend gemacht werden oder der Beschuldigte beachtliche Gründe gegen die Streitwertüberschreitung vorbringt, wird der Richter aber nach § 406 I S 4 von der Entscheidung absehen (LG Mainz StV **97**, 627; **aM** Kuhn aaO).

5) Im Strafverfahren kann der Anspruch geltend gemacht werden, auch im Privatklageverfahren (Düsseldorf JMBlNW **88**, 178), aber nicht im Strafbefehlsverfahren, solange es nicht zur Hauptverhandlung kommt (LR-Hilger 20; Loos GA **06**, 197; **aM** Kuhn JR **04**, 400; erg 1 zu § 406). Der Antragsteller wird dadurch nicht Nebenkläger; im Privatklageverfahren bewirkt der von einem anderen als dem Privatkläger gestellte Antrag keinen Beitritt.

11

12

Antrag des Verletzten; Prozesskostenhilfe RiStBV 173, 174

404 I ¹Der Antrag, durch den der Anspruch geltend gemacht wird, kann schriftlich oder mündlich zu Protokoll des Urkundsbeamten, in der Hauptverhandlung auch mündlich bis zum Beginn der Schlußvorträge gestellt werden. ²Er muß den Gegenstand und Grund des Anspruchs bestimmt bezeichnen und soll die Beweismittel enthalten. ³Ist der Antrag außerhalb der Hauptverhandlung gestellt, so wird er dem Beschuldigten zugestellt.

II ¹Die Antragstellung hat dieselben Wirkungen wie die Erhebung der Klage im bürgerlichen Rechtsstreit. ²Sie treten mit Eingang des Antrages bei Gericht ein.

III ¹Ist der Antrag vor Beginn der Hauptverhandlung gestellt, so wird der Antragsteller von Ort und Zeit der Hauptverhandlung benachrichtigt. ²Der Antragsteller, sein gesetzlicher Vertreter und der Ehegatte oder Lebenspartner des Antragsberechtigten können an der Hauptverhandlung teilnehmen.

IV Der Antrag kann bis zur Verkündung des Urteils zurückgenommen werden.

V ¹Dem Antragsteller und dem Angeschuldigten ist auf Antrag Prozeßkostenhilfe nach denselben Vorschriften wie in bürgerlichen Rechtsstreitigkeiten zu bewilligen, sobald die Klage erhoben ist. ²§ 121 Abs. 2 der Zivilprozeßordnung gilt mit der Maßgabe, daß dem Angeschuldigten, der einen Verteidiger hat, dieser beigeordnet werden soll; dem Antragsteller, der sich im Hauptverfahren des Beistandes eines Rechtsanwalts bedient, soll dieser beigeordnet werden. ³Zuständig für die Entscheidung ist das mit der Sache befaßte Gericht; die Entscheidung ist nicht anfechtbar.

§ 404

1) **Der Antrag (I)** ist eine besondere von dem Gericht von Amts wegen zu prüfende Verfahrensvoraussetzung für den Ausspruch über die Entschädigung (BGH 3 StR 546/16 vom 23.2.2017; StV **08**, 127; NStZ **09**, 586). Die bloße Ankündigung eines Antrags reicht nicht aus (BGH StV **17**, 509), auch nicht ein Antrag unter der Bedingung der Bewilligung von Prozesskostenhilfe (BGH StraFo **18**, 483; **17**, 285: nach erfolgter Bewilligung Antragstellung notwendig; vgl auch BGH NStZ-RR **14**, 170 [C/Z]: zunächst bedingt, dann unbedingt gestellter Antrag genügt).

A. Form (S 1): Der Antrag kann (entspr § 496 ZPO) schriftlich (Einl 128) oder zu Protokoll des UrkB (Einl 131 ff) gestellt werden. In der Hauptverhandlung ist die mündliche Antragstellung zulässig; sie ist im Sitzungsprotokoll zu beurkunden (§ 273 I). Ein Antrag auf Bewilligung von PKH reicht nicht aus (BGH 4 StR 384/19 vom 24.9.2019).

B. Inhalt (S 2): Gegenstand und Grund des Anspruchs müssen (entspr § 253 II Nr 2 ZPO) bestimmt bezeichnet werden (BGH StraFo **14**, 80; NStZ-RR **16**, 351), bei einfach gelagertem Sachverhalt kann aber die Bezugnahme auf die in der Anklageschrift enthaltenen Tatvorwürfe ausreichen (BGH NStZ-RR **14**, 90), nicht aber, wenn es um zahlreiche Tatvorwürfe gegen mehrere Angeklagte geht (BGH 4 StR 22/17 vom 15.3.2017); außerdem ist ein **bestimmter Antrag** erforderlich (Stuttgart NJW **78**, 2209). Der geforderte Geldbetrag ist idR zu beziffern. Wenn der Umfang der Leistung im richterlichen Ermessen steht, muss zwar kein konkreter Betrag genannt werden, es bedarf aber – etwa bei Schmerzensgeldforderungen – zumindest Angaben zur Größenordnung des begehrten Betrages (BGH NStZ-RR **18**, 223; StraFo **18**, 483; 2 StR 10/19 vom 12.3.2019, jeweils mwN); der Mangel kann bis zum Ende der Hauptverhandlung, etwa durch eine Streitwertangabe oder eine vor Urteilserlass unwidersprochen hingenommene Streitwertfestsetzung seitens des Gerichts, geheilt werden (BGH NStZ-RR **19**, 59). Auch **Zinsen** werden nur auf Antrag zugesprochen (BGHR aaO), denn § 308 I ZPO gilt auch hier (BGHR Entscheidung 2; 4 StR vom 4.8.2009). Verzugszinsen werden ab Tatbegehung zugesprochen (BGH NStZ **09**, 109); Prozesszinsen (§ 291 BGB) stehen dem Adhäsionskläger entspr § 187 I BGB erst ab dem auf die Anhängigkeit des Zahlungsanspruch (II) folgenden Tag zu (BGH NStZ-RR **19**, 96; 5 StR 52/18 vom 20.3.2018). Zum Grund des Anspruchs gehören alle Tatsachen, die den Antrag schlüssig machen. Fehlen solche Tatsachenangaben, so hat das Gericht entspr § 139 ZPO auf Ergänzung hinzuwirken (KK-Zabeck 5); erfolgt dies nicht, so ist der Antrag unzulässig (10 zu § 406). Die Beweismittel sollen angegeben werden; ihr Fehlen ist aber unschädlich, weil § 244 II gilt (Scholz JZ **72**, 727; Schirmer DAR **88**, 123; unten 11).

C. Zeitpunkt: Der Antrag kann bei der StA schon gestellt werden, bevor die Sache gerichtlich anhängig ist, auch gleichzeitig mit der Strafanzeige; er wird dann aber erst wirksam, wenn er beim Gericht eingeht (LR-Hilger 6, 7). Antrag auf Prozesskostenhilfe (unten 14) und Ankündigung des Entschädigungsantrags genügen nicht (BGH NStZ **90**, 230 [M]; 3 StR 194/15 vom 23.7.2015 mwN). Nach Beginn der Schlussvorträge, die dem den Rechtszug abschließenden Urteil vorausgehen, kann der Antrag nicht mehr gestellt werden (BGH StV **88**, 515), es sei denn, es wurde erneut in die Beweisaufnahme eingetreten (BGH NStZ **09**, 566; NStZ-RR **14**, 90). Der Antrag ist bis zu diesem Zeitpunkt auch noch in der Berufungsverhandlung zulässig (LG Gießen NJW **49**, 727; KMR-Stöckel 5; **aM** Arz JR **19**, 280, 282; Schmid NStZ **11**, 613 unter unzutr Gleichstellung von Antragsund Rechtsmittelbefugnis), jedoch nicht mehr vor dem Revisionsgericht. Die Rechtzeitigkeit des Antrags ist als Verfahrensvoraussetzung von Amts wegen zu prüfen (BGH NStZ **88**, 470; **98**, 477). Wird die Sache vom Revisionsgericht an den Tatrichter zurückverwiesen, so kann der Antrag erneut gestellt werden (BGH DAR **01**, 207 [To]; 3 StR 255/11 vom 27.9.2011).

D. Die **Zustellung des Antrags (S 3)** an den Beschuldigten ist erforderlich, wenn er außerhalb der Hauptverhandlung gestellt ist (BGH StV **08**, 127; **15**, 474;

Entschädigung des Verletzten **§ 404**

2 StR 98/12 vom 30.5.2012). Förmliche Zustellung (10 zu § 35) ist geboten. Der Angeklagte muss Gelegenheit erhalten, sich zum Antrag zu äußern; dies ist im HV-Protokoll festzustellen (BGH NStZ-RR **18**, 24, 25; NJW **91**, 1243).

2) Die **Wirkungen der Antragstellung (II)** sind die gleichen wie die der Erhebung der Klage vor dem Zivilgericht. Sie treten – wie S 2 klarstellt – mit Eingang des Antrags bei Gericht, ggf also mit der mündlichen Antragstellung in der HV (BGH NStZ-RR **10**, 196 [C/Z]), nicht erst mit Zustellung des Antrags (so früher BGH StraFo **04**, 386) ein. **Prozesszinsen** aus einem zuerkannten Schmerzensgeld sind gemäß II iVm §§ 291 S 1, 187 I BGB analog ab dem auf den Eingang des Antrags bei Gericht folgenden Tag zu zahlen (BGH NStZ-RR **19**, 96; 5 StR 52/18 vom 20.3.2018). **6**

3) **Teilnahme des Antragstellers an der Hauptverhandlung (III):** Der Antragsteller wird von Ort und Zeit der Hauptverhandlung benachrichtigt, wenn er den Antrag vorher gestellt hat (S 1). Eine Form oder Frist ist dafür nicht vorgeschrieben. An der Hauptverhandlung können der Antragsteller und die in S 2 bezeichneten Personen – auch schon vor der Entscheidung über den Antrag (Grau/Blechschmidt/Frick NStZ **10**, 663) – teilnehmen; zum (gleichgeschlechtlichen) Lebenspartner vgl § 1 LPartG. Ist der Antragsteller als Zeuge geladen (vgl 23 vor § 48), so gilt § 58 I für ihn nicht (dort 3). Der Antragsteller kann sich in der Hauptverhandlung von einem RA oder einem anderen Bevollmächtigten vertreten lassen. **7**

Er kann auch im **Beistand eines RA** erscheinen (vgl §§ 406f, 406h). Anwaltszwang besteht aber nicht, auch nicht vor dem LG oder OLG (Jescheck JZ **58**, 592; Schirmer DAR **88**, 123). Zur Bestellung eines RA im Wege der Prozesskostenhilfe vgl unten 16. **8**

Der Antragsteller hat das **Recht,** gehört zu werden; den Zeitpunkt bestimmt der Vorsitzende unter Beachtung der §§ 243, 258 II (BGH NJW **56**, 1767; **aM** hinsichtlich des Schlussvortrags nach § 258 I Stoffers/Möckel NJW **13**, 831; Arz JR **19**, 280, 284). Ferner ist der Antragsteller berechtigt, nach § 238 II das Gericht anzurufen, Fragen und Beweisanträge zu stellen (30 zu § 244), denen über § 244 III–V hinaus nur dann nicht stattgegeben zu werden braucht, wenn es auf sie für die Entscheidung nach Schätzungsgrundsätzen (unten 11) nicht ankommt (16 zu § 244). **9**

4) Das **weitere Verfahren** richtet sich grundsätzlich nach der StPO (BGH **37**, 260, 261). Eine Widerklage ist ausgeschlossen. Teil- und Grundurteile sind aber nach § 406 I S 2 mit der Bindungswirkung des § 318 ZPO zulässig. Auch ist – nach Änderung der Vorschriften durch das OpferRR – die Abgabe eines Anerkenntnisses (mit der Folge eines Anerkenntnisurteils, § 406 II) gestattet (mit Recht krit dazu Hilger GA **04**, 485. Anwendbar ist ferner § 308 I ZPO; dem Antragsteller darf nichts zugesprochen werden, was er nicht beantragt hat (BGH NStZ-RR **09**, 319). Wegen der Beteiligung der StA vgl RiStBV 174. Der Angeklagte muss zum Antrag gehört werden (BGH **37**, 260). **10**

Für die **Sachaufklärung** gilt § 244 II (OGH **2**, 46; Schleswig SchlHA **80**, 178 [E/L]). Das Gericht muss von Amts wegen im Strengbeweis (erg 6 zu § 244) alle Umstände ermitteln, von denen es abhängt, ob der Antragsteller überhaupt von dem Schadensereignis betroffen ist und ob der Tatbestand der Anspruchsnorm erfüllt ist; es muss sich mit beachtlichem Verteidigungsvorbringen auseinandersetzen (BGH wistra **16**, 34). Den ursächlichen Zusammenhang zwischen dem konkreten Haftungsgrund und dem daraus entstandenen Schaden sowie die Höhe des Schadens darf das Gericht entspr § 287 ZPO schätzen (hM, vgl Sander FS-Eisenberg II 497, 540 mwN; **aM** Arz JR **19**, 280; erg 16 zu § 244). **11**

Ein gerichtlicher **Vergleich** ist nach § 405 möglich (vgl die Erl dort). **12**

5) Die **Zurücknahme des Antrags (IV)** ist bis zum Beginn der Urteilsverkündung (§ 268 II) zulässig, auch noch beim Berufungsgericht. Der Zustimmung des Angeklagten bedarf es dazu nicht. Einen erneuten Antrag im selben Verfahren **13**

Schmitt 1691

§ 405

und die Klageerhebung vor dem Zivilgericht schließt die Zurücknahme nicht aus (SSW-Schöch 16; Schirmer DAR **88**, 123; **aM** Köckerbauer NStZ **94**, 307).

14 6) **Prozesskostenhilfe (V)** kann auf Antrag sowohl dem Antragsteller als auch dem Angeschuldigten bewilligt werden, sobald die öffentliche Klage oder die Privatklage erhoben, also die Anklageschrift eingereicht ist (S 1). Im Strafbefehlsverfahren ist die Anberaumung der Hauptverhandlung der maßgebende Zeitpunkt. Die Bewilligung der Prozesskostenhilfe richtet sich nach den §§ 114 ff ZPO.

15 **Voraussetzung** ist daher, dass der Antragsteller die Kosten der Prozessführung nicht, auch nicht zum Teil oder in Raten, aufbringen kann und dass die beabsichtigte Rechtsverfolgung hinreichende Aussicht auf Erfolg bietet (Ausnahme: § 119 I S 2 ZPO) und nicht mutwillig erscheint (§ 114 ZPO). Dem Antrag auf Prozesskostenhilfe sind (auf dem amtlichen Vordruck) eine Erklärung über die wirtschaftlichen Verhältnisse sowie entspr Belege beizufügen (§ 117 II, IV ZPO). Die in § 117 I S 2 geforderte Darstellung des Streitverhältnisses unter Angabe der Beweismittel wird idR entbehrlich sein, weil sich der Grund des Anspruchs aus den Akten ergibt. Die Bewilligung der Prozesskostenhilfe erfolgt für jeden Rechtszug besonders (§ 119 I S 1 ZPO). Nach rechtskräftigem Abschluss des Revisionsverfahrens kommt eine auf den Zeitpunkt der Antragstellung bezogene rückwirkende Entscheidung ausnahmsweise in Betracht, wenn der Antrag nicht rechtzeitig beschieden worden ist und der Antragsteller mit seinem Antrag bereits alles für die Bewilligung Erforderliche getan hat (BGH 3 StR 132/17 vom 25.7.2017).

16 Die **Beiordnung eines RA** setzt voraus, dass ein entspr Antrag gestellt ist und die Vertretung durch einen RA erforderlich erscheint (also nicht bei einfacher Sach- und Rechtslage) oder der Gegner im Adhäsionsverfahren durch einen RA vertreten ist (§ 121 II ZPO). Hat der Angeschuldigte einen Verteidiger, soll er ihm unter diesen Voraussetzungen auch zur Abwehr des Adhäsionsantrags beigeordnet werden, nicht nach § 121 II ZPO zusätzlich noch ein anderer RA seiner Wahl (S 2 Hs 1). Dem Antragsteller, der sich im Hauptverfahren des Beistands eines RA bedient, soll dieser beigeordnet werden (S 2 Hs 2; Hilger EzSt Anm zu § 397a Nr 1).

17 **Zuständig** für die Bewilligung der Prozesskostenhilfe ist das jeweils mit der Sache befasste Gericht **(S 3 Hs 1)**, das Rechtsmittelgericht erst, nachdem ihm die Akten vorgelegt worden sind (§§ 321 S 2, 347 II; vgl BGH 1 StR 49/19 vom 7.5.2019).

18 **Anfechtbar** ist die Entscheidung über die Prozesskostenhilfe nicht **(S 3 Hs 2)**. § 127 ZPO ist unanwendbar (Stuttgart StraFo **07**, 261); jedoch ist gegen die Entscheidung des Rechtspflegers die Erinnerung nach § 11 II **RPflG** gegeben (Stuttgart aaO).

Vergleich

405 I ¹ Auf Antrag des Verletzten oder seines Erben und des Angeklagten nimmt das Gericht einen Vergleich über die aus der Straftat erwachsenen Ansprüche in das Protokoll auf. ² Es soll auf übereinstimmenden Antrag der in Satz 1 Genannten einen Vergleichsvorschlag unterbreiten.

II Für die Entscheidung über Einwendungen gegen die Rechtswirksamkeit des Vergleichs ist das Gericht der bürgerlichen Rechtspflege zuständig, in dessen Bezirk das Strafgericht des ersten Rechtszuges seinen Sitz hat.

1 1) **Vergleich (I S 1):** Nach früherer Rechtslage war streitig, ob im Adhäsionsverfahren ein Vergleich abgeschlossen werden konnte (vgl BGH **37**, 263, 264). Das 1. OpferRRG hat nun in dieser Vorschrift die Aufnahme eines Vergleichs in das Hauptverhandlungsprotokoll vorgesehen; den Vorschlag, einen gerichtlichen Vergleich auch schon vor Eröffnung des Hauptverfahrens abschließen zu können, hat der Gesetzgeber zu Recht nicht aufgegriffen (vgl Ferber NJW **04**, 2564).

Entschädigung des Verletzten § 406

Die **Personen**, die einen Vergleich abschließen können (Antragsteller, dessen 2
Erbe und Angeklagter), sind mit den Parteien im Adhäsionsverfahren (§ 403) identisch.
Vergleichsgegenstand ist die Straftat iSd § 264; Beschränkungen nach §§ 154, 3
154a hindern den Abschluss des Vergleichs nicht. Der Vergleich ist nicht auf vermögensrechtliche Ansprüche beschränkt; es kann zB auch der Anspruch auf Abgabe einer Ehrenerklärung ohne wirtschaftliche Bedeutung verglichen werden (BT-Drucks 15/1976 S 15). Der Vergleich kann auch die „Kosten" des Adhäsionsverfahrens regeln (KG NStZ-RR **15**, 328 L).
Aus dem Vergleich kann nach § 794 I Nr 1 ZPO **vollstreckt** werden (vgl 4
§ 406b). Mit Abschluss des Vergleiches ist die nach § 404 II S 1 eingetretene Rechtshängigkeit des Adhäsionsanspruchs beendet (BGH NS tZ-RR **15**, 201 [C/N]).

2) Vergleichsvorschlag (I S 2): Auf übereinstimmenden Antrag der Antrags- 5
berechtigten (oben 2) soll das Gericht einen Vergleichsvorschlag unterbreiten. Der
Bitte wird das Gericht idR nachkommen, es sei denn, es sieht sich zu einem begründeten Vorschlag im derzeitigen Verfahrensstadium noch nicht in der Lage.
Ohne einen solchen übereinstimmenden Antrag sollte das Gericht von einem Vergleichsvorschlag absehen; denn dies könnte – anders als regelmäßig bei übereinstimmendem Antrag – allzu leicht die Besorgnis der Befangenheit des Richters
(§ 24) begründen (Meier/Dürre JZ 06, 24). Im Übrigen muss der Richter jeden
Anschein eines unsachlichen Drucks auf den Angeklagten zum Abschluss eines
Vergleichs vermeiden (BGH **37**, 263, 264 aE).

3) Entscheidung über Einwendungen gegen die Rechtswirksamkeit des 6
Vergleichs: II regelt hierfür die sachliche und örtliche Zuständigkeit. Solche Einwendungen können somit nicht mehr im Strafverfahren, sondern nur in einem
selbstständigen Zivilverfahren geltend gemacht werden. Für eine weitere Entscheidung im Strafverfahren ist daher trotz „Widerrufs" des Vergleichs kein Raum
(BGH 2 StR 110/14 vom 26.6.2014). Die Regelung entspricht derjenigen in
§ 406b S 2. Soweit sich Einwendungen nur gegen Mängel der Protokollierung
richten, bleibt die Möglichkeit der Protokollberichtigung (21 ff zu § 271) im Strafverfahren bestehen.

**Entscheidung über den Antrag im Strafurteil; Absehen von einer
Entscheidung**

406 I ¹**Das Gericht gibt dem Antrag in dem Urteil statt, mit dem der
Angeklagte wegen einer Straftat schuldig gesprochen oder gegen ihn
eine Maßregel der Besserung und Sicherung angeordnet wird, soweit der Antrag wegen dieser Straftat begründet ist.** ²**Die Entscheidung kann sich auf den
Grund oder einen Teil des geltend gemachten Anspruchs beschränken; § 318
der Zivilprozessordnung gilt entsprechend.** ³**Das Gericht sieht von einer Entscheidung ab, wenn der Antrag unzulässig ist oder soweit er unbegründet
erscheint.** ⁴**Im Übrigen kann das Gericht von einer Entscheidung nur absehen, wenn sich der Antrag auch unter Berücksichtigung der berechtigten
Belange des Antragstellers zur Erledigung im Strafverfahren nicht eignet.**
⁵**Der Antrag ist insbesondere dann zur Erledigung im Strafverfahren nicht
geeignet, wenn seine weitere Prüfung, auch soweit eine Entscheidung nur
über den Grund oder einen Teil des Anspruchs in Betracht kommt, das Verfahren erheblich verzögern würde.** ⁶**Soweit der Antragsteller den Anspruch
auf Zuerkennung eines Schmerzensgeldes (§ 253 Abs. 2 des Bürgerlichen
Gesetzbuches) geltend macht, ist das Absehen von einer Entscheidung nur
nach Satz 3 zulässig.**

II **Erkennt der Angeklagte den vom Antragsteller gegen ihn geltend gemachten Anspruch ganz oder teilweise an, ist er gemäß dem Anerkenntnis zu
verurteilen.**

§ 406

III ¹Die Entscheidung über den Antrag steht einem im bürgerlichen Rechtsstreit ergangenen Urteil gleich. ²Das Gericht erklärt die Entscheidung für vorläufig vollstreckbar; die §§ 708 bis 712 sowie die §§ 714 und 716 der Zivilprozessordnung gelten entsprechend. ³Soweit der Anspruch nicht zuerkannt ist, kann er anderweit geltend gemacht werden. ⁴Ist über den Grund des Anspruchs rechtskräftig entschieden, so findet die Verhandlung über den Betrag nach § 304 Abs. 2 der Zivilprozeßordnung vor dem zuständigen Zivilgericht statt.

IV Der Antragsteller erhält eine Abschrift des Urteils mit Gründen oder einen Auszug daraus.

V ¹Erwägt das Gericht, von einer Entscheidung über den Antrag abzusehen, weist es die Verfahrensbeteiligten so früh wie möglich darauf hin. ²Sobald das Gericht nach Anhörung des Antragstellers die Voraussetzungen für eine Entscheidung über den Antrag für nicht gegeben erachtet, sieht es durch Beschluss von einer Entscheidung über den Antrag ab.

1 1) Die **Entscheidung über einen begründeten Antrag** erfolgt nach dem Ergebnis der Hauptverhandlung (§ 261) in dem Strafurteil, in dem der Angeklagte wegen einer Straftat schuldig gesprochen oder eine Sicherungsmaßregel gegen ihn angeordnet wird (I S 1 und 2). Für die Ermittlung des Sachverhalts und die Überzeugung von der Schuld des Angeklagten gelten die strafprozessualen Regeln, hingegen für die sich daraus ergebenden vermögensrechtlichen Ansprüche die Vorschriften des Zivilrechts (BGH DAR **15**, 684 [C]). Die wechselseitige Zurechnung einzelner Tatbeiträge nach §§ 830, 840 BGB reicht bei der Bemessung des Schmerzensgeldes nur so weit wie der gemeinsame Vorsatz; sie scheidet bei Mittäterexzessen aus (BGH StV **17**, 653; NStZ-RR **18**, 121). Eine gegebene gesamtschuldnerische Haftung ist allerdings im Urteilstenor zu bezeichnen (BGH 2 StR 125/19 vom 12.11.2019). Eine Trennung von Straf- und Zivilurteil ist nicht zulässig (KK-Zabeck 2; Jescheck JZ **58**, 591). Durch Strafbefehl kann über den Antrag nach ganz hM nicht entschieden werden (BGH NJW **82**, 1047, 1048; **aM** Sommerfeld/Guhra NStZ **04**, 420 sowie Kuhn JR **04**, 400; dagegen zutr Rieß Dahs-FS 433; dagegen wiederum Sommerfeld ZRP **08**, 258).

2 Die Entscheidung über den Antrag ist zu **begründen** (vgl dazu Meier/Dürre JZ **06**, 22), aber nicht nach den Grundsätzen der ZPO. Die Angabe der bürgerlich-rechtlichen Vorschriften, auf denen die Entscheidung beruht, ist nicht unerlässlich; § 267 III S 1 gilt nicht entspr (OGH aaO; Hamburg JR **51**, 89; **aM** LR-Hilger 5; KMR-Stöckel 3).

2a Bei **Verurteilung zu Schmerzensgeld** verlangte der BGH (NJW **95**, 1438; NStZ-RR **10**, 344) nicht in jedem Fall, aber doch idR die ausdrückliche Erörterung der wirtschaftlichen Verhältnisse von Schädiger und Geschädigtem (BGH NStZ **15**, 49; stRspr). Der Vereinigte GrS des BGH hat nunmehr einschr auf Vorlage des 2. StS entschieden, dass zwar grundsätzlich alle Umstände des Falles zu berücksichtigen seien, Feststellungen zu den wirtschaftlichen Verhältnissen von Schädiger und Geschädigtem sowie Ausführungen zu deren Einfluss auf die Bemessung der billigen Entschädigung jedoch nur geboten seien, wenn die wirtschaftlichen Verhältnisse dem Einzelfall ein besonderes Gepräge geben und deshalb bei der Entscheidung ausnahmsweise berücksichtigt werden mussten (BGH VGS 1/16 vom 16.9.2016; vgl auch NStZ-RR **17**, 254). Allerdings soll es nicht regelmäßig einen Rechtsfehler darstellen, auf dem das Urteil beruhen kann, wenn das Tatgericht die wirtschaftlichen Verhältnisse von Angeklagtem und/oder Tatopfer berücksichtigt hat, ohne dass diese dem Fall ein besonderes Gepräge gegeben hätten (BGH NStZ-RR **18**, 55 [5 StS]; **18**, 25 [2. StS] gegen BGH NStZ-RR **17**, 254 und 289 [2. StS]). Ungeachtet dessen stehen bei der Bemessung der billigen Entschädigung in Geld regelmäßig die Höhe und das Maß der Lebensbeeinträchtigung, im einzelnen Schadensfall auch der Grad des Verschuldens des Schädigers, im Vordergrund (BGH 2 StR 337/14 vom 11.5.2017 auch zu den Anforderungen an die tatrichterliche Prüfung).

Entschädigung des Verletzten § 406

Der **Übergang des Anspruchs auf Sozialversicherungsträger** nach § 116 **2b**
SGB X oder andere Versicherer nach § 86 VVG ist – auch bei einem Feststellungsantrag (BGH StV **14**, 269) – zu beachten; im Hinblick darauf ist der Ausspruch
über Leistung von Ersatz für materielle oder immaterielle Schäden aber – in der
Urteilsformel – unter den Vorbehalt zu stellen, dass eine Ersatzpflicht nur insoweit
besteht, als der Anspruch nicht auf Sozialversicherungsträger oder andere Versicherer übergegangen ist (BGH StraFo **10**, 117; 4 StR 161/10 vom 15.6.2010).

Das **Urteil muss,** damit aus ihm vollstreckt werden kann, die in § 313 I Nr 1 **3**
ZPO genannten Angaben (Bezeichnung der Parteien, ihrer gesetzlichen Vertreter
und der Prozessbevollmächtigten) im Rubrum oder in der Urteilsformel enthalten.
Außerdem muss es erkennen lassen, was dem Adhäsionskläger zugesprochen wur-
de, zB welche Schadenspositionen Grundlage eines Leistungsurteils sind (BGH 5
StR 113/18 vom 20.6.2018).

Grund- oder Teilurteil (§§ 301, 304 ZPO) sind zulässig (I S 2). Der Strafrich- **3a**
ter kann sich also darauf beschränken, die Ersatzpflicht des Angeklagten festzustellen; die Schadensberechnung kann er dem Betragsverfahren vor dem Zivilgericht
(unten 6) überlassen. Dabei gilt § 318 ZPO entspr. Der Erlass eines Grundurteils
setzt allerdings nach § 304 ZPO die Geltendmachung eines bezifferten Anspruchs
voraus; fehlt er kommt ggf eine Umdeutung in einen zulässigen Feststellungsantrag
in Betracht (BGH 5 StR 396/17 vom 6.9.2017). Das Zivilgericht ist an die Entscheidung des Strafrichters gebunden, wenn später nach III S 4 iVm § 304 ZPO
über den Betrag verhandelt wird oder wenn über einen anderen Teil des Anspruchs, den das Strafgericht nicht zuerkannt hat, vor dem Zivilgericht geklagt
wird (dazu eingehend Foerster JZ **13**, 1143). Grund- oder Teilurteile können auch
neben einem Absehen von der Entscheidung (unten 8 ff) stehen, wenn und soweit
nur wegen der anderen Teils des Anspruchs von einer Entscheidung abgesehen
wird. Ein **Feststellungsurteil** ist vom Gesetz zwar nicht ausdrücklich vorgesehen,
kann aber wegen der Ähnlichkeit mit einem Grundurteil als zulässig erachtet werden (BGH **47**, 378; erg 10 zu 403); ein Feststellungsinteresse kann etwa bei einer
noch nicht abgeschlossenen Schadensentwicklung bestehen (vgl BGH 5 StR 396/
17 vom 6.9.2017; 3 StR 324/18 vom 30.10.2018), setzt aber voraus, dass der Ast
darlegt, dass ihm zwar ein Schaden entstanden ist, er aber nicht in der Lage ist, ihn zu
beziffern (BGH 4 StR 384/19 vom 24.9.2019). Bei Mitverschulden des Antragstellers kann – anders als im Zivilverfahren – der Mitverschuldensanteil im Grundurteil festgelegt werden (BGH aaO 382), zwingend erforderlich ist dies aber nicht
(BGH 4 StR 572/13 vom 12.3.2014).

Ein **Anerkenntnisurteil** ist nach dem durch das 1. OpferRRG eingefügten II – **4**
entgegen der früher hM (vgl BGH **37**, 263) – ausdrücklich zulässig. II ist gegenüber I S 1 die speziellere Regelung. Die Verurteilung gemäß dem Anerkenntnis ist
nicht davon abhängig, dass der Tatrichter – abweichend vom zivilrechtlichen Prüfungsmaßstab (§ 307 ZPO) – den dem anerkannten Anspruch zugrundeliegenden
Sachverhalt weiter aufklärt oder den Angeklagten entweder schuldig spricht oder
einer Maßregel der Besserung und Sicherung unterwirft (BGH 4 StR 353/18 vom
7.11.2018 mwN). Dies dürfte aber mit Blick auf III nur solange zu gelten haben,
als keine Gefahr widersprüchlicher zivil- und strafrechtlicher Entscheidungen droht
(offen gelassen von BGH aaO). In jedem Fall hat das Gericht das Vorliegen der
Sachurteilsvoraussetzungen zu prüfen (BGH aaO mwN). Daran fehlt es etwa,
wenn der Adhäsionskläger lediglich einen Antrag auf Bewilligung von PKH, aber
keinen genügenden Adhäsionsantrag gestellt hat (BGH 4 StR 383/19 vom
25.9.2019).

Über die **Kosten** wird nach § 472a I entschieden (Meier/Dürre aaO). **5**

2) Einem **Urteil im Zivilrechtsstreit** steht die Entscheidung über den Antrag **6**
gleich (III S 1). Die Entscheidung wird wie im Zivilprozess für vorläufig vollstreckbar erklärt (S 2). Die Rechtskraft tritt nach den Regeln der StPO ein, aber
nicht vor Rechtskraft des Schuldspruchs (Neustadt NJW **52**, 718; AK-Schöch 14;
LR-Hilger 9 zu § 406a; vgl etwa BGH NStZ-RR **17**, 255: Beschränkung der

Schmitt 1695

§ 406

Revision auf den Strafausspruch). Wird der Anspruch nicht oder nur teilw zuerkannt, so kann er insoweit vor einem Zivilgericht oder erneut nach §§ 403 ff – auch im Berufungsverfahren (KG StraFo **07**, 336) – geltend gemacht werden (S 3; BGH wistra **07**, 102, 108). Da somit keine Rechtskraft zuungunsten des Antragstellers eintritt, hat er auch kein Rechtsmittel gegen das Urteil (§ 406a I S 2), es sei denn, er habe sich dem Verfahren als Nebenkläger (§§ 395, 396) angeschlossen (BGH 2 StR 581/11 vom 1.2.2012). Hat das Gericht nur ein Grundurteil erlassen (oben 3), so entscheidet über den Betrag nach § 304 II ZPO das zuständige Zivilgericht (S 4); Feststellungen über die Höhe des Anspruchs binden das mit dem Betragsverfahren befasste Zivilgericht nicht (BGH NStZ-RR **19**, 353). Vor ihm muss insoweit Klage nach den allgemeinen Vorschriften erhoben werden.

7 **3) Eine Urteilsabschrift (IV)** mit Gründen, mindestens ein Auszug aus dem Urteil, muss dem Antragsteller zugestellt werden. Es genügt, dass er erkennen kann, welcher Anspruch ihm zugesprochen worden ist.

8 **4) Absehen von einer Entscheidung:**

9 A. **Drei Gründe** kommen dafür in Betracht **(I S 3–6):**

10 a) Zum einen ist von einer Entscheidung abzusehen, wenn der **Antrag unzulässig** ist. Das ist zB der Fall, wenn es an der Antragsberechtigung fehlt (§ 403), wenn der Anspruch bereits anderweitig rechtshängig ist oder über ihn rechtskräftig entschieden wurde (BGH NStZ-RR **19**, 320), wenn der Antrag verspätet gestellt oder mangelhaft begründet ist (§ 404 I S 1, 2) oder beim Fehlen zivilrechtlicher Verfahrensvoraussetzungen (BGH StV **08**, 127). Ebenso entscheidet das Revisionsgericht bei Rechtsfehlern, die allein den zivilrechtlichen Teil der Entscheidung betreffen, da insoweit eine Zurückverweisung nicht in Betracht kommt (BGH 5 StR 113/18 vom 20.6.2018 mwN).

11 b) Zum andern ist auch abzusehen, wenn der **Antrag unbegründet** erscheint. Unbegründet ist er, wenn der Angeklagte wegen der Straftat nicht schuldig gesprochen wird (BGH NStZ **03**, 321; unzutr LG Trier NStZ **06**, 720 L) und auch keine Sicherungsmaßregeln gegen ihn angeordnet werden (vgl auch § 406a III S 1). Im Übrigen muss das Gericht nicht zu einer endgültigen Klärung gelangen, ob der Antrag begründet oder unbegründet ist; es genügt, dass die Möglichkeit der Unbegründetheit nicht ohne größere Schwierigkeiten auszuschließen ist, das Bestehen des geltend gemachten Anspruchs also nicht oder jedenfalls nicht mit der erforderlichen Sicherheit festgestellt werden kann. Hier berührt sich das Absehen mit dem dritten Grund:

12 c) Es darf **bei Nichteignung** von einer Entscheidung abgesehen werden, dh, wenn sich der Antrag auch unter Berücksichtigung der berechtigten Belange des Antragstellers zur Erledigung im Strafverfahren nicht eignet (Hamburg wistra **06**, 37). Das Gesetz nennt hierfür als Beispiel, dass eine weitere Prüfung auch nur über den Grund oder einen Teil des Anspruchs das Verfahren erheblich verzögern würde (S 5); gegenüber der früheren Rechtslage (§ 405 S 2 aF) hat das 1.OpferRRG diesen Ablehnungsgrund durch Einfügung des Wortes „erheblich" verschärft. Damit ist klargestellt, dass kurzfristige Unterbrechungen ein Absehen von der Entscheidung nicht rechtfertigen können, anders aber bei der Notwendigkeit einer Aussetzung des Verfahrens. Stets zu prüfen ist, ob nicht die Möglichkeit des Erlasses eines Grund- oder Teilurteils besteht und damit nur ein teilweises Absehen von der Entscheidung veranlasst ist. Im Übrigen rechtfertigt sich das Absehen von der Entscheidung, wenn über schwierige bürgerlich-rechtliche Rechtsfragen entschieden werden müsste (BGH DAR **04**, 256 [Te]; Hamburg aaO; krit Grau/Blechschmidt/Frick NStZ **10**, 666), nicht hingegen bei jeder geringfügigen tatsächlichen oder rechtlichen Schwierigkeit, wohl aber zB bei das internationale Privatrecht betreffenden Problemkreisen (BGH StV **04**, 61 mit Anm Wilhelmi IPRax **05**, 236; zw BGH StraFo **11**, 308, 312) oder idR in Wirtschaftsstrafverfahren (so Feigen Otto-FS 879, 894: insbesondere wegen Fehlens einer Möglichkeit der Streitverkündung

und weil das Strafgericht damit zum Gericht der Hauptsache iSd § 927 II 2. Halbs ZPO wird) oder generell in solchen Verfahren (so Feigen, Adhäsionsverfahren in Wirtschaftsstrafsachen, 2012, zugl Diss Passau 2011). Weitere Beispiele bei Hansen/ Wolff-Rojczyk GRUR **09**, 647 und Meier/Dürre JZ **06**, 23. Auch das gerade in Haftsachen zu beachtende Beschleunigungsgebot kann die Nichteignung begründen (BGH wistra **10**, 272; Celle StV **07**, 293; Oldenburg StraFo **09**, 75). Über die Geeignetheit entscheidet der Richter nach pflichtgemäßem Ermessen (BGH NStZ **03**, 46, 47; Hamburg aaO; **aM** Stöckel Blomeyer-GS 838).

Eine **Besonderheit** besteht hinsichtlich des **Schmerzensgeldanspruchs** nach 13 § 253 II BGB: Hier darf ein Absehen von der Entscheidung nur wegen Unzulässigkeit oder Unbegründetheit, nicht wegen Ungeeignetheit erfolgen (S 6; die Regelung scharf abl Krey/Wilhelm Otto-FS 950, 952); auch hier kann sich das Gericht aber − was vielfach empfehlenswert sein wird, da zur Höhe des Schmerzensgeld weitere Feststellungen notwendig sein können − auf ein Grundurteil beschränken (zust Loos GA **06**, 208, 213).

d) Eine Klageabweisung erfolgt nicht; vielmehr ist **zu tenorieren,** dass − auch 13a teilweise (BGH 4 StR 276/14 vom 8.7.2014) oder nur bei einem Grundurteil (BGH 1 StR 477/15 vom 15.10.2015; 3 StR 470/14 vom 23.7.2015) − von einer Entscheidung abgesehen wird (BGH NStZ-RR **10**, 23 L; 4 StR 161/10 vom 15.6.2010; 4 StR 580/15 vom 2.3.2016).

B. **Hinweis:** Nach V S 1 soll das Gericht die Verfahrensbeteiligten so früh wie 14 möglich darauf hinweisen, wenn es von einer Entscheidung über den Antrag absehen will. Wann das ist, hängt von den Umständen des Einzelfalls ab; bei Unzulässigkeit des Antrags (oben 10) wird sich dies rasch sagen lassen, bei Unbegründetheit (oben 11) kann es längerer Prüfung bedürfen, die Ungeeignetheit (oben 12) wird sich oftmals erst nach längerer Verhandlung herausstellen (Rieß Dahs-FS 436; **aM** Feigen Otto-FS 890, der eine Entscheidung über die Eignung unmittelbar nach Antragstellung verlangt). In jedem Fall muss der Antragsteller zuvor gehört werden (was auch in schriftlicher Form geschehen kann), bevor das Gericht das Absehen von der Entscheidung (durch Beschluss, unten 15) erklärt. Der Hinweis ist − was sich aus der gesetzlichen Regelung zwar nicht eindeutig ergibt, aus der ausdrücklichen Erwähnung des Grund- und Teilurteils in I S 2 und 5 aber zu schließen ist − nur erforderlich, wenn der Antrag insgesamt abgelehnt wird, nicht hingegen bei einer Teilablehnung (Meier/Dürre JZ **06**, 24; **aM** Loos GA **06**, 207). Hierfür spricht auch die Differenzierung in § 472a II S 1 sowie der Umstand, dass der Antragsteller bei Teilablehnung erst nach Kenntnis der abschließenden Entscheidung des Gerichts beurteilen kann, ob und inwieweit er seine weiter gehenden Ansprüche im Zivilverfahren verfolgen soll.

C. **Beschluss:** Die Entscheidung über das vollständige (oben 14 aE) Absehen 15 von einer Entscheidung (so ist auch zu tenorieren, nicht etwa der Antrag als unzulässig oder unbegründet zurückzuweisen, BGH NStZ-RR **06**, 261 [B]) ergeht − wie sich im Gegensatz zur früheren Rechtslage aus V S 2 ergibt − nun grundsätzlich durch Beschluss, nicht mehr im Urteil. Nur wenn bis zum Urteil keine Entscheidung über das Absehen getroffen wurde sowie bei teilweisem Absehen, wird über den Antrag im Urteil befunden (vgl BGH NStZ **03**, 565). Allerdings zieht die Entscheidung durch Beschluss, falls der Antrag vor Beginn der Hauptverhandlung gestellt und in dieser noch keine abschließende Entscheidung ergangen ist, die Möglichkeit der sofortigen Beschwerde gegen den Beschluss nach sich (§ 406a I S 1), die jedoch unzulässig wird, wenn das Urteil oder eine sonstige den Rechtszug abschließende Entscheidung ergeht (vgl 3 zu § 406a; krit Effer-Uhe StV **15**, 510). Es ist zu befürchten, dass die Richter sich in der Praxis daher mit der Beschlussentscheidung Zeit lassen werden, um Beschwerdeentscheidungen zu umgehen (so auch Hilger GA **04**, 485; zu den Bedenken gegen die durch das 1. OpferRRG geschaffene Beschwerdemöglichkeit im Übrigen vgl 4 zu § 406a). Der Beschluss ist nach § 34 zu begründen und mit Kostenentscheidung nach § 472a II zu versehen.

16 **5) Revision:** Eine **Zurückverweisung** allein zur Entscheidung über einen Adhäsionsantrag kommt regelmäßig nicht in Betracht; vielmehr wird dann von einer Entscheidung über die Entschädigung des Verletzten ganz abgesehen (NStZ-RR **10**, 337). Anders verhält es sich bei behebbaren Fehlern, wenn das neue Tatgericht aufgrund von Rechtsfehlern, die nichts mit dem Adhäsionsverfahren zu tun haben, ohnehin erneut mit der Sache befasst wird (BGH 4 StR 170/18 vom 18.7.2018; NStZ-RR **18**, 223: fehlende Angabe der Größenordnung des Schmerzensgeldes).

Rechtsmittel

406a I ¹Gegen den Beschluss, mit dem nach § 406 Abs. 5 Satz 2 von einer Entscheidung über den Antrag abgesehen wird, ist sofortige Beschwerde zulässig, wenn der Antrag vor Beginn der Hauptverhandlung gestellt worden und solange keine den Rechtszug abschließende Entscheidung ergangen ist. ²Im Übrigen steht dem Antragsteller ein Rechtsmittel nicht zu.

II ¹Soweit das Gericht dem Antrag stattgibt, kann der Angeklagte die Entscheidung auch ohne den strafrechtlichen Teil des Urteils mit dem sonst zulässigen Rechtsmittel anfechten. ²In diesem Falle kann über das Rechtsmittel durch Beschluss in nichtöffentlicher Sitzung entschieden werden. ³Ist das zulässige Rechtsmittel die Berufung, findet auf Antrag des Angeklagten oder des Antragstellers eine mündliche Anhörung der Beteiligten statt.

III ¹Die dem Antrag stattgebende Entscheidung ist aufzuheben, wenn der Angeklagte unter Aufhebung der Verurteilung wegen der Straftat, auf welche die Entscheidung über den Antrag gestützt worden ist, weder schuldig gesprochen noch gegen ihn eine Maßregel der Besserung und Sicherung angeordnet wird. ²Dies gilt auch, wenn das Urteil insoweit nicht angefochten ist.

1 **1) Rechtsmittel:**

2 A. Dem **Antragsteller (I)** stand gegen die Abweisung des Antrags nach § 406a I aF ein Rechtsmittel nicht zu. Durch das 1.OpferRRG ist nun in I S 1 eine Ausnahme von diesem – sonst weiterhin nach I S 2 gültigen – Grundsatz der Unanfechtbarkeit geschaffen worden, indem eine sofortige Beschwerde (§ 311) gegen den Antrag nach § 406 V S 2 abweisenden Beschluss eröffnet worden. Sie kommt allerdings nur in Betracht, wenn der Antrag insgesamt abgelehnt worden ist; eine teilweise Ablehnung erfolgt nicht durch Beschluss, sondern im Urteil (vgl 14, 15 zu § 406). Das entspricht der früheren Rechtslage, wonach es nicht gerügt werden konnte, dass nur über den Grund und nicht über die Höhe des Anspruchs entschieden worden war (BGH NStZ-RR **05**, 262 [B]).

3 Die **Zulässigkeit der sofortige Beschwerde** ist aber im Übrigen an 2 Voraussetzungen geknüpft: Zum einen muss der Antrag vor Beginn der Hauptverhandlung (§ 243 I S 1) gestellt sein; lässt sich der Betroffene mit der Antragstellung Zeit, soll ihm also nicht noch ein Beschwerdeverfahren eröffnet werden, dessen Entscheidung dann idR nicht mehr rechtzeitig ergehen würde. Zum anderen ist die Beschwerde nur so lange zulässig, wie noch keine den Rechtszug abschließende Entscheidung (ein Urteil oder aber auch ein verfahrensabschließender Beschluss nach §§ 153 ff oder 206a) ergangen ist. Eine Entscheidung des Beschwerdegerichts ginge in diesem Fall nämlich ins Leere. Dieses Zulässigkeitserfordernis gilt daher auch, wenn die verfahrensabschließende Entscheidung erst nach Erlass des den Antrag ablehnenden Beschlusses ergeht (BT-Drucks 15/2609 S 29); dann wird die Beschwerde wegen prozessualer Überholung (17 vor § 296) unzulässig.

4 Diese **Regelung erscheint wenig glücklich:** Ein selbstständiges Beschwerdeverfahren neben dem eigentlichen Hauptverfahren soll nach der allgemeinen Regelung der StPO (vgl § 305) möglichst vermieden werden (abl auch Krey/Wilhelmi Otto-FS 951, 953 sowie Rieß Dahs-FS 436; zust hingegen Grau/Blechschmidt/Frick NStZ **10**, 668). Sie erscheint auch deswegen überflüssig, weil der

Antragsteller, dessen Antrag abgewiesen wurde, sein Begehren im Zivilrechtsweg weiter verfolgen kann, er also letztlich durch die Ablehnung nicht beschwert ist. Zudem ist es für den Antragsteller ärgerlich, wenn ihm zunächst eine Beschwerdemöglichkeit eröffnet, diese aber wiederum – ohne dass er hierauf irgend einen Einfluss hat – wieder genommen werden kann. Zur Kostenfolge vgl § 473 I S 4 (dort 13); dass für den den Antragsteller vertretenden RA nach Nr 4145 VVRVG eine halbe Verfahrensgebühr anfällt, ist für den Antragsteller selbst uninteressant. Schließlich wird diese Regelung dazu führen, dass die Richter entgegen § 406 V S 1 gerade nicht vor der verfahrensabschließende Entscheidung vorab über den Antrag entscheiden werden (erg 15 zu § 406).

B. Der **Angeklagte (II)** kann das Urteil nur mit den Rechtsmitteln der StPO 5 anfechten (Braunschweig NJW **52**, 1229; LR-Hilger 7), wobei die Anfechtung insgesamt oder unter Beschränkung auf den strafrechtlichen oder auf den (ihn beschwerenden) bürgerlich-rechtlichen Teil erfolgen kann (zutr krit Feigen Otto-FS 895, weil der Angeklagte bei erstinstanzlichen Urteilen des LG dadurch eine Tatsacheninstanz verliert); bei einer Revision sind auch im letzten Fall die Formvorschriften der StPO zu beachten (BGH NStZ **00**, 388). Der Angeklagte kann gegen diesen Teil auch ein noch weiter beschränktes Rechtsmittel einlegen, etwa soweit er zur Zahlung von mehr als 800 € verurteilt worden ist. Das Revisionsgericht verweist die Sache allein wegen des bürgerlich-rechtlichen Teils der Entscheidung niemals an den Tatrichter zurück (BGH NStE Nr 1 zu § 406; 5 StR 249/19 vom 19.6.2019 mwN; anders bei – auch teilweiser – Mitaufhebung des strafrechtlichen Teils, vgl zB BGH 1 StR 580/89 vom 30.11.1989). Ist die Entscheidung fehlerhaft, wird sie aufgehoben und nach § 406 III S 3, 4 von einer Entscheidung über den geltend gemachten Anspruch abgesehen (BGH StV **87**, 428; **08**, 127; NStZ **88**, 237), ggf kann die Entscheidung dem Grunde nach aufrechterhalten werden (BGH **44**, 202; NJW **14**, 1544; NStZ-RR **15**, 320). Kommt es aber auf eine gleichzeitige Revision der StA zu einer Neuverhandlung, ist auch hinsichtlich des Entschädigungsantrags zurückzuverweisen (BGH NStZ-RR **18**, 24).

Wenn das Rechtsmittel sich nur gegen den bürgerlich-rechtlichen Teil des Ur- 6 teils richtet und dessen strafrechtlicher Teil nicht, auch nicht von anderen Prozessbeteiligten angefochten worden ist, kann durch **Beschluss ohne Hauptverhandlung,** auch ohne Anhörung der StA, entschieden (S 2), dh das Rechtsmittel kann als unbegründet verworfen werden (BGH 4 StR 104/14 vom 4.6.2014); § 349 gilt nicht (vgl dort 22 aE). Auch hier hat das 1.OpferRRG eine überflüssige Neuerung gebracht (zust KMR-Stöckel 6), indem es im Berufungsverfahren auf Antrag des Angeklagten oder des Antragstellers eine mündliche Anhörung der Beteiligten anordnet (I S 3). Neben der Berufungsverhandlung nun doch noch eine weitere mündliche Verhandlung (ohne Schöffen) vorzusehen, macht das Beschlussverfahren wertlos und umständlich; einfacher ist es, wenn das Berufungsgericht den Antragsteller, soweit er nicht ohnehin Nebenkläger ist, in der Berufungsverhandlung anhört, wozu es ohne weiteres berechtigt ist. Der – mit oder ohne Anhörung der Beteiligten ergehende – Beschluss ist unanfechtbar.

C. StA, Privat- und Nebenkläger können den bürgerlich-rechtlichen Teil des 7 Urteils nicht anfechten (BGH **3**, 210; KMR-Stöckel 9). Ein Rechtsmittel der StA beeinflusst den zivilrechtlichen Teil des Urteils daher – außer bei einem Freispruch (III S 1) – nicht (BGH StraFo **16**, 435).

2) Verfahren bei Aufhebung des Schuldspruchs (III): Wird auf ein 8 Rechtsmittel der strafrechtliche Teil des Urteils aufgehoben und der Angeklagte nicht schuldig gesprochen und auch keine Sicherungsmaßregel gegen ihn angeordnet, so muss zugleich die dem Antrag stattgebende Entscheidung aufgehoben werden, auch wenn sie nicht angefochten worden ist. Hebt das Revisionsgericht die Verurteilung wegen der Straftat, auf die das Tatgericht die (mit-)angefochtene Adhäsionsentscheidung gestützt hat, auf und verweist die Sache zur neuen HV zurück, kann es gem § 353 I auch die Adhäsionsentscheidung aufheben (BGH 5 StR 373/18 vom 11.12.2018). Die Änderung des Schuld- und Strafausspruchs berührt

§§ 406b, 406c Fünftes Buch. 3. Abschnitt

den bürgerlich-rechtlichen Teil des Urteils dagegen nicht; auch wenn das Revisionsgericht die Sache an den Tatrichter zurückverweist, wird die Entscheidung über den Antrag nicht aufgehoben (BGH **52**, 96; 5 StR 65/09 vom 8.4.2009; 3 StR 470/14 vom 23.7.2015; Celle StraFo **15**, 327; dazu Herbst/Plüür HRRS **08**, 250 mit Formulierungsbeispielen für die vom Tatrichter nunmehr zu erlassende Entscheidung), vgl aber oben 5 aE.

Vollstreckung

406b [1] Die Vollstreckung richtet sich nach den Vorschriften, die für die Vollstreckung von Urteilen und Prozessvergleichen in bürgerlichen Rechtsstreitigkeiten gelten. [2] Für das Verfahren nach den §§ 323, 731, 767, 768, 887 bis 890 der Zivilprozeßordnung ist das Gericht der bürgerlichen Rechtspflege zuständig, in dessen Bezirk das Strafgericht des ersten Rechtszuges seinen Sitz hat. [3] Einwendungen, die den im Urteil festgestellten Anspruch selbst betreffen, sind nur insoweit zulässig, als die Gründe, auf denen sie beruhen, nach Schluß der Hauptverhandlung des ersten Rechtszuges und, wenn das Berufungsgericht entschieden hat, nach Schluß der Hauptverhandlung im Berufungsrechtszug entstanden sind.

1 **1)** Die **Zwangsvollstreckung (S 1)** erfolgt auf Grund einer vollstreckbaren Ausfertigung des Urteils (§ 724 I ZPO) oder des nach § 405 I geschlossenen Vergleichs (§ 795 ZPO), die der UrkB der Geschäftsstelle des Strafgerichts nach §§ 724 II, 725–730, 733, 734 ZPO erteilt. Wegen der vorläufigen Vollstreckbarkeit vgl 6 zu § 406.

2 **2)** Für **Nachtragsentscheidungen (S 2)** ist das Zivilgericht zuständig. Dass dies auch für Abänderungsklagen nach § 323 ZPO gilt, ist durch das OpferRRG ausdrücklich klargestellt worden. Das Strafgericht wird nur im Fall des § 732 ZPO tätig (Effer-Uhe StV **15**, 512).

3 **3)** Die **Vollstreckungsgegenklage** (dazu Effer-Uhe StV **15**, 513) kann nur auf Gründe gestützt werden, die erst nach der letzten Tatsachenverhandlung entstanden sind (§ 767 II ZPO). Ist ein Rechtsmittel gegen den bürgerlich-rechtlichen Teil des Urteils nach § 406a II S 2 durch Beschluss verworfen worden, so können alle Einwendungen geltend gemacht werden, die auf seit der Verhandlung vor dem 1. Richter entstandene Gründe gestützt sind (KK-Zabeck 3; LR-Hilger 4).

Wiederaufnahme des Verfahrens

406c [I] [1] Den Antrag auf Wiederaufnahme des Verfahrens kann der Angeklagte darauf beschränken, eine wesentlich andere Entscheidung über den Anspruch herbeizuführen. [2] Das Gericht entscheidet dann ohne Erneuerung der Hauptverhandlung durch Beschluß.

[II] Richtet sich der Antrag auf Wiederaufnahme des Verfahrens nur gegen den strafrechtlichen Teil des Urteils, so gilt § 406a Abs. 3 entsprechend.

1 **1)** Die **Wiederaufnahme des Verfahrens** über den bürgerlich-rechtlichen Teil des Urteils, für die §§ 359 ff mit der Abänderung durch I S 2 gelten, kann nur der Angeklagte beantragen. StA, Privat- und Nebenkläger sind nicht antragsberechtigt. Der Antragsteller im Adhäsionsverfahren muss den Zivilrechtsweg beschreiten.

2 **2) Beschränken (I)** kann der Angeklagte den Wiederaufnahmeantrag darauf, eine wesentlich andere Entscheidung über den Anspruch herbeizuführen **(S 1)**. Eine solche Entscheidung liegt vor, wenn die Verurteilung nach § 406 I S 1 ganz entfällt oder wenn der zugesprochene Anspruch wesentlich herabgesetzt wird (Effer-Uhe StV **15**, 512). Auch die Änderung einer Ermessensentscheidung, zB über die Höhe des Schmerzensgeldes, kann eine wesentlich andere Entscheidung sein (KMR-Stöckel 2). Zu einer entspr Anwendung des § 580 ZPO Effer-Uhe aaO.

3) Bei **Wiederaufnahme gegen den strafrechtlichen Teil des Urteils (II)** gilt § 406a III entspr. Das bedeutet, dass der bürgerlich-rechtliche Teil der Entscheidung aufgehoben werden muss, wenn im Wiederaufnahmeverfahren der Schuldspruch entfällt und auch keine Sicherungsmaßregel gegen den Angeklagten angeordnet wird.

Vierter Abschnitt. Sonstige Befugnisse des Verletzten

Vorbemerkungen

1) Ein **selbstständiger Prozessbeteiligter** ist der Verletzte seit der Einfügung der §§ 406d–406h durch Ges vom 18.12.1986 (vgl dazu Sacherer, Das Opferschutzgesetz von 1986 und die allgemeinen Verfahrensgrundsätze, Diss Kiel 1998). Von der Zulassung als Nebenkläger nach §§ 395 ff hängt nicht mehr seine Beteiligung am Verfahren, sondern nur noch der Umfang seiner Befugnisse ab, die hier zusammenfassend geregelt sind. Dem Verletzten, der bis dahin nur eine marginale Stellung im Strafverfahren hatte (Weigend 167), soll durch diese Bestimmungen, die durch das 1., 2. und 3. OpferRRG noch verstärkt worden sind, eine gesicherte Rechtsposition eingeräumt werden, die es ihm ermöglicht, seine Interessen wahrzunehmen und Verantwortungszuweisungen abzuwehren. Ob und in welchem Umfang er von seinen Beteiligungsbefugnissen Gebrauch macht, ist seiner freien Entscheidung überlassen. Zusammenfassend zur Stellung des Opfers im Strafverfahren SK-Velten 34 ff vor §§ 374–406h; Herrmann ZIS **10**, 236; Stöckel v.Heintschel-Heinegg-JR **08**, 411; zum weiteren Ausbau der Opferrechte Walther GA **07**, 615 und Schünemann Hamm-FS 687, dagegen Böttcher Schöch-FS 939 und Weigend Schöch-FS 947.

2) Den **Begriff des Verletzten** bestimmt das Gesetz nicht. Er ist aus dem jeweiligen Funktionszusammenhang abzuleiten (Koblenz StV **88**, 332; NStZ **88**, 89). Für die §§ 406d ff gilt derselbe Verletztenbegriff wie bei der Anwendung des § 172 (Koblenz StV **88**, 332 mit Anm Schlothauer; zw aber Koblenz NStZ **88**, 89; aM LG Stade StV **01**, 159; vgl auch Karlsruhe NStZ **94**, 50; KMR-Stöckel 10; Riedel/Wallau NStZ **03**, 394; Schäfer wistra **88**, 216). Der Begriff ist zwar weit auszulegen, jedoch genügt eine nur mittelbare Rechtsbeeinträchtigung nicht. Voraussetzung für die Ausübung der Rechte nach §§ 406d ff ist vielmehr eine unmittelbare Rechtsverletzung durch die Straftat (dazu 9 ff zu § 172). Nach **aM** kann der Begriff hingegen auch den [mittelbar] Verletzten iSd § 403 erfassen (BVerfG 2 BvR 1043/08 vom 4.12.2008 mwN zum WpHG [dazu auch Krause Widmaier-FS 642 ff]; vgl aber auch Hilger GA **07**, 292: Kriterium der Unmittelbarkeit ist überflüssig). Der Insolvenzverwalter ist nicht Verletzter (Frankfurt NJW **96**, 1484; Hamm NStZ-RR **96**, 11; Pelz 618; erg 5 zu § 403); sein Akteneinsichtsrecht richtet sich nicht nach § 406e, sondern nach § 475 (LG Mühlhausen wistra **06**, 76 mit zust Anm Frye).

Im **Jugendstrafverfahren** gelten die §§ 406e I S 2, 406h gegen Heranwachsende unbeschränkt, gegen Jugendliche nur unter den Voraussetzungen des § 80 III JGG). Zur Anwendung der §§ 406d ff im Übrigen auf das Jugendstrafverfahren vgl auch – vor Änderung des § 80 III JGG durch das 2. JuMoG – Dähn Lenckner-FS 671; Schaal/Eisenberg NStZ **88**, 49.

Auskunft über den Stand des Verfahrens

406d [1] Dem Verletzten ist, soweit es ihn betrifft, auf Antrag mitzuteilen:
1. die Einstellung des Verfahrens,

§ 406d

Fünftes Buch. 4. Abschnitt

2. der Ort und Zeitpunkt der Hauptverhandlung sowie die gegen den Angeklagten erhobenen Beschuldigungen,
3. der Ausgang des gerichtlichen Verfahrens.

²Ist der Verletzte der deutschen Sprache nicht mächtig, so werden ihm auf Antrag Ort und Zeitpunkt der Hauptverhandlung in einer ihm verständlichen Sprache mitgeteilt.

II ¹Dem Verletzten ist auf Antrag mitzuteilen, ob
1. dem Verurteilten die Weisung erteilt worden ist, zu dem Verletzten keinen Kontakt aufzunehmen oder mit ihm nicht zu verkehren;
2. freiheitsentziehende Maßnahmen gegen den Beschuldigten oder den Verurteilten angeordnet oder beendet oder ob erstmalig Vollzugslockerungen oder Urlaub gewährt werden, wenn er ein berechtigtes Interesse darlegt und kein überwiegendes schutzwürdiges Interesse der betroffenen Person am Ausschluss der Mitteilung vorliegt; in den in § 395 Absatz 1 Nummer 1 bis 5 genannten Fällen sowie in den Fällen des § 395 Absatz 3, in denen der Verletzte zur Nebenklage zugelassen wurde, bedarf es der Darlegung eines berechtigten Interesses nicht;
3. der Beschuldigte oder Verurteilte sich einer freiheitsentziehenden Maßnahme durch Flucht entzogen hat und welche Maßnahmen zum Schutz des Verletzten deswegen gegebenenfalls getroffen worden sind;
4. dem Verurteilten erneut Vollzugslockerung oder Urlaub gewährt wird, wenn dafür ein berechtigtes Interesse dargelegt oder ersichtlich ist und kein überwiegendes schutzwürdiges Interesse des Verurteilten am Ausschluss der Mitteilung vorliegt.

²Die Mitteilung erfolgt durch die Stelle, welche die Entscheidung gegenüber dem Beschuldigten oder Verurteilten getroffen hat; in den Fällen des Satzes 1 Nummer 3 erfolgt die Mitteilung durch die zuständige Staatsanwaltschaft.

III ¹Der Verletzte ist über die Informationsrechte aus Absatz 2 Satz 1 nach der Urteilsverkündung oder Einstellung des Verfahrens zu belehren. ²Über die Informationsrechte aus Absatz 2 Satz 1 Nummer 2 und 3 ist der Verletzte zudem bei Anzeigeerstattung zu belehren, wenn die Anordnung von Untersuchungshaft gegen den Beschuldigten zu erwarten ist.

IV ¹Mitteilungen können unterbleiben, sofern sie nicht unter einer Anschrift möglich sind, die der Verletzte angegeben hat. ²Hat der Verletzte einen Rechtsanwalt als Beistand gewählt, ist ihm ein solcher beigeordnet worden oder wird er durch einen solchen vertreten, so gilt § 145a entsprechend.

1 **1) Unterrichtungspflicht:** Dem Verletzten (vgl 2 vor § 406d), der (bei der Anzeigeerstattung, bei einer Zeugenvernehmung oder bei anderer Gelegenheit) einen entspr Antrag stellt, muss die Einstellung des – staatsanwaltschaftlichen oder gerichtlichen – Verfahrens, sonst – ggf auf Antrag in einer ihm verständlichen Sprache – Ort und Zeitpunkt der Hauptverhandlung und die gegen den Angeklagten erhobenen Beschuldigungen sowie schließlich der Ausgang des gerichtlich anhängigen Verfahrens mitgeteilt werden, soweit es ihn betrifft (I). In diesem Umfang ist er von der Einstellung des Verfahrens durch die StA nach § 170 II (falls er nicht Antragsteller war, sonst folgt die Mitteilungspflicht bereits aus § 171) oder §§ 153ff zu unterrichten sowie von den gerichtlichen Entscheidungen der Nichteröffnung des Hauptverfahrens, der Einstellung des Verfahrens nach §§ 153ff, 206a, 206b und von dem verfahrensabschließenden Urteil. Zwischenentscheidungen, wie der Beschluss über die Eröffnung des Hauptverfahrens, und nicht rechtskräftig gewordene Entscheidungen brauchen nicht bekanntgegeben zu werden. I schließt solche weitergehenden Mitteilungen aber nicht aus (für regelmäßige Mitteilungen über den Verfahrensstand Weigend 505).

2 **2)** Die **Art der Unterrichtung** nach I regelt das Gesetz nicht. Sie erfolgt nicht durch Übersendung einer Entscheidungsabschrift. Auch die Entscheidungsformel

braucht dem Verletzten nicht im Wortlaut bekanntgegeben zu werden; oft würde er damit gar nichts anfangen können (**aM** Dähn Lenckner-FS 673). Ihm ist vielmehr in einer für ihn verständlichen Weise mitzuteilen, mit welchem Ergebnis das Verfahren gegen den Beschuldigten beendet worden ist (KK-Zabeck 1). Das geschieht zweckmäßigerweise schriftlich. Die mündliche Unterrichtung ist nicht unzulässig: sie ist aber aktenkundig zu machen.

3) **Zuständig** für die Unterrichtung ist die StA oder das Gericht, das die 3 Entscheidung erlassen hat, von der der Verletzte unterrichtet werden muss; die Mitteilung veranlasst der Vorsitzende. Geht der Antrag nach I erst nach Abschluss des gerichtlichen Verfahrens ein, so ist die aktenführende Stelle zuständig (RiStBV 140 II; Gelber/Walter NStZ **13**, 79).

4) **Weitergehende Mitteilungspflichten:** Durch Ges vom 13.4.2007 (BGBl I 4 513) wurde eine Mitteilungspflicht bei Anordnung eines Kontakt- oder Verkehrsverbotes geschaffen (II Nr 1). Solche Verbote können im Erkenntnisverfahren bei Strafaussetzung zur Bewährung nach § 56c II Nr 3 StGB, im Vollstreckungsverfahren nach § 57 III S 1 iVm § 57c II Nr 3 StGB sowie im Rahmen der Führungsaufsicht nach § 68 I S 1 Nr 3 StGB (auch iVm §§ 68d, 68g I S 1 StGB ausgesprochen werden. Die verletzte Person ist nach § 406i auf die Antragsbefugnis hinzuweisen. Den Antrag für eine solche Mitteilung kann die verletzte Person in jedem Stand des Verfahrens stellen. Die Einschränkung in Nr 2 („berechtigtes Interesse") gilt hier naturgemäß nicht (vgl BT-Drucks 16/1993 S 24: legitimes Interesse des Verletzten).

Ein gleiches Antragsrecht enthält **bei freiheitsentziehenden Maßnahmen** ge- 5 gen den Beschuldigten oder Verurteilten der durch das 1.OpferRRG eingefügte II Nr 2, mit der einem Rahmenbeschluss der EU vom 15.3.2001 entsprochen wird (vgl Ferber NJW **04**, 2563): Hier wird der Antragsteller unterrichtet, wenn diese Maßnahmen angeordnet (das ergibt sich zwar in gewisser Weise schon aus dem nach I mitzuteilenden Urteil, daraus lässt sich aber nicht entnehmen, ob die verhängte Freiheitsstrafe sofort vollzogen wird bzw ob sich der Verurteilte noch in UHaft befindet) oder beendet oder ob erstmalig (zur wiederholt angeordneten unten 5a) Vollzugslockerungen oder Urlaub aus dem Strafvollzug gewährt werden (krit Gelber/Walter NStZ **13**, 75).

Voraussetzung für diese Mitteilungspflicht nach Nr 2 ist aber neben dem 6 immer erforderlichen Antrag des Verletzten die Darlegung eines berechtigten Interesses sowie dass – abgesehen von den in § 395 I Nr 1–5 und III, soweit der Verletzte zur Nebenklage zugelassen wurde – kein überwiegendes Interesse des Betroffenen am Ausschluss der Mitteilung besteht. Ein berechtigtes Interesse des Verletzten wird immer dann zu bejahen sein, wenn weitere rechtswidrige Angriffe des Beschuldigten oder Verurteilten nicht auszuschließen sind, umgekehrt besteht ein schutzwürdiges Interesse dieser Personen, wenn der Verletzte etwa mit Rache gedroht hat.

Durch das 3. Opferrechtsreformgesetz ist eine weitere für den Verletzten sehr 7 wesentliche Mitteilungspflicht **für den Fall einer Flucht des Beschuldigten oder Verurteilten** und für eventuelle zum Schutz des Verletzten deswegen angeordnete Maßnahmen eingefügt worden. Zuständig hierfür ist stets die StA.

Schließlich ist durch Ges vom 14.3.2013 (StORMG) in Nr 4 (damals Nr 3) eine 8 **weitere Mitteilungspflicht** geregelt worden: Der Verletzte ist danach auch darüber zu informieren, wenn dem Verurteilten erneut Vollzugslockerung oder Urlaub gewährt wird, wobei wiederum die Interessen des Verletzten und die des Verurteilten gegeneinander abzuwägen sind.

5) Die **Belehrungspflicht** über die Informationsrechte aus II regelt III. Es wird 9 dabei aus praktischen Gründen zwischen bereits bei der Anzeigeerstattung und bei nach Einstellung des Verfahrens oder Urteilsverkündung zu erteilender Belehrung unterschieden. III S 1 dürfte „im Lichte des § 406k II auszulegen sein, wonach Belehrungen entbehrlich sind, wenn die Voraussetzungen einer Befugnis im Einzelfall offensichtlich nicht vorliegen" (Ferber NJW **16**, 281).

Schmitt

§ 406e
Fünftes Buch. 4. Abschnitt

10   6) Die **Mitteilungspflicht entfällt (IV S 1)**, wenn der Verletzte nicht unter einer der von ihm angegebenen Anschriften erreichbar ist. Ermittlungen nach ihm werden nicht angestellt; denn von dem Verletzten, der ein Interesse am Verfahrensfortgang hat, kann erwartet werden, dass er von sich aus sicherstellt, dass ihn Mitteilungen der StA oder des Gerichts erreichen (LR–Hilger 7).

11   7) Die **entsprechende Anwendung des § 145a** bestimmt IV S 2 für den Fall, dass der Verletzte einen RA als Beistand gewählt hat, dass ihm ein RA beigeordnet worden ist oder dass er durch einen RA vertreten wird. Der RA gilt dann als bevollmächtigt, die Mitteilung nach I entgegenzunehmen.

12   8) Zur **Belehrung** über die Informationsrechte vgl § 406i.

Akteneinsicht

406e   I ¹Für den **Verletzten** kann ein **Rechtsanwalt** die **Akten**, die dem **Gericht vorliegen** oder diesem im Falle der Erhebung der öffentlichen Klage vorzulegen wären, **einsehen** sowie amtlich verwahrte Beweisstücke besichtigen, soweit er hierfür ein berechtigtes Interesse darlegt. ²In den in § 395 genannten Fällen bedarf es der Darlegung eines berechtigten Interesses nicht.

II ¹Die Einsicht in die Akten ist zu versagen, soweit überwiegende schutzwürdige Interessen des Beschuldigten oder anderer Personen entgegenstehen. ²Sie kann versagt werden, soweit der Untersuchungszweck, auch in einem anderen Strafverfahren, gefährdet erscheint. ³Sie kann auch versagt werden, wenn durch sie das Verfahren erheblich verzögert würde, es sei denn, dass die Staatsanwaltschaft in den in § 395 genannten Fällen den Abschluss der Ermittlungen in den Akten vermerkt hat.

III ¹Der Verletzte, der nicht durch einen Rechtsanwalt vertreten wird, ist in entsprechender Anwendung der Absätze 1 und 2 befugt, die Akten einzusehen und amtlich verwahrte Beweisstücke unter Aufsicht zu besichtigen. ²Werden die Akten elektronisch geführt, können ihm an Stelle der Einsichtnahme in die Akten Kopien aus den Akten übermittelt werden. ³§ 480 Absatz 1 Satz 3 und 4 gilt entsprechend.

IV ¹Über die Gewährung der Akteneinsicht entscheidet im vorbereitenden Verfahren und nach rechtskräftigem Abschluß des Verfahrens die Staatsanwaltschaft, im übrigen der Vorsitzende des mit der Sache befaßten Gerichts. ²Gegen die Entscheidung der Staatsanwaltschaft nach Satz 1 kann gerichtliche Entscheidung durch das nach § 162 zuständige Gericht beantragt werden. ³Die §§ 297 bis 300, 302, 306 bis 309, 311a und 473a gelten entsprechend. ⁴Die Entscheidung des Gerichts ist unanfechtbar, solange die Ermittlungen noch nicht abgeschlossen sind. ⁵Diese Entscheidungen werden nicht mit Gründen versehen, soweit durch deren Offenlegung der Untersuchungszweck gefährdet werden könnte.

Übersicht

	Rn
1) Grundsatz	1
2) Akteneinsicht durch RA (I)	2–7
3) Versagung der Akteneinsicht (II)	8–15
4) Akteneinsicht durch nicht anwaltlich vertretenen Verletzten (III)	16–17
5) Zuständigkeit (IV S 1)	18–20
6) Anfechtung (IV S 2-5)	21, 22
7) Datenschutzrechtliche Zweckbindung	23
8) Akteneinsicht durch Finanzbehörden	24

1   1) **Grundsatz:** Akteneinsicht **(I–IV)** wird dem Verletzten (vgl 2 vor § 406d; 9 ff zu § 172; ferner Hamburg NJW-Spezial **12**, 506: auch mittelbar Verletzte, die

Sonstige Befugnisse des Verletzten § **406e**

aus der Tat Schadensersatzansprüche herzuleiten vermögen; Hilger GA **07**, 289: wie bei 2 zu § 403), auch dem Nebenklageberechtigten (iS des § 406g) und dem Nebenkläger – nicht im selben Umfang gewährt wie nach § 147 dem Beschuldigten. Denn für den Verletzten (dazu gehören auch Angehörige des Getöteten iS des § 395 II Nr 1) ist sie zwar ein wichtiges Informationsmittel, aber nicht von der gleichen Bedeutung wie für den Beschuldigten, für dessen Verteidigung sie idR unerlässlich ist. Die Verwendungsbeschränkungen des § 477 II S 1–3 gelten nicht (dort 12). Nicht verletzt iSd Vorschrift sind dagegen nicht benachteiligte Kapitalanleger beim Vorwurf gem § 20a WpHG (Stuttgart StV **14**, 279; aus verfassungsrechtlicher Sicht nicht beanstandet von BVerfG 1 BvR 2449/14 vom 9.12.2015); möglicherweise durch die Straftat geschädigte Kapitalanleger können allerdings als Verletzte iSv I S 1 verstanden werden (BVerfG 1 BvQ 47/15 vom 2.12.2015).

2) **Akteneinsicht durch RA (I):** Ein RA kann für den Verletzten die Akten 2 einsehen, die dem Gericht bereits vorliegen oder im Fall der Klageerhebung nach § 199 II S 2 vorzulegen wären. Akteneinsicht ist also schon im Vorverfahren möglich. Dem RA sind gem § 138 III Hochschullehrer iSv § 138 I gleichgestellt, deren sich der Verletzte als Beistand bedient (Ladiges JR **13**, 295, 297; erg 4 zu § 138).

Grundsätzlich wird sie nur gewährt, wenn der RA ein **berechtigtes Interesse** 3 des Verletzten darlegt (S 1); dazu muss er die Umstände, aus denen sich Grund und Umfang des Interesses ergibt, schlüssig vortragen (LG Frankfurt/Main StV **03**, 495; eingehend dazu SK-Velten 6 ff; Lauterwein 60 ff). Eine Glaubhaftmachung verlangt das Gesetz allerdings nicht (KK-Zabeck 4; HK-GS/Ferber 5; Kuhn ZRP **05**, 127; LR-Hilger 6; **aM** Riedel/Wallau NStZ **03**, 395 unter Hinweis auf § 16 I Nr 2 BDSG). Nur wenn der Verletzte nach § 395 berechtigt ist, sich dem Verfahren als Nebenkläger anzuschließen, bedarf es dieser Darlegung nicht (S 2), auch nicht im Vorverfahren.

Ein **berechtigtes Interesse** an der Akteneinsicht **besteht insbesondere,** wenn 4 sie der Prüfung der Frage dienen soll, ob eine Einstellungsbeschwerde nach § 172 I eingelegt oder ein Klageerzwingungsantrag nach § 172 II gestellt werden soll (einschr Wallau Dahs-FS 516) oder ob und in welchem Umfang der Verletzte (vgl dazu Koblenz NStZ **90**, 604) gegen den Beschuldigten bürgerlich-rechtliche Ansprüche geltend machen kann (BVerfG NJW **07**, 1052, 1053; NJW **03**, 501, 503 und 2 BvR 1043/08 vom 4.12.2008 [§ 826 BGB aus kapitalmarktbezogenen Delikten; dazu **aM** Krause Widmaier-FS 648, 655]; Hamburg wistra **12**, 397, 400; LG Stralsund StraFo **06**, 76, abl Steffens StraFo **06**, 76, hingegen nicht, wenn die Einsichtnahme nur zur „Ausforschung" des Beschuldigten oder einer nach materiellem Zivilrecht unzulässigen Beweisgewinnung dienen soll (so Otto GA **89**, 301 ff; Ranft 2509; KMR-Stöckel 12; Stephan StRR **12**, 383, 385; ähnlich Pfordte Müller-FS 562; Riedel/Wallau aaO; vgl auch Hamburg wistra **06**; **aM** LG Bielefeld wistra **95**, 118; LG Mühlhausen wistra **06**, 76, 77 mit zust Anm Frye; Kiethe wistra **06**, 52; Lauterwein 70; Kuhn aaO; Kurth NStZ **97**, 7; Sieber Spendel-FS 772: § 406e diene auch der zivilrechtlichen Beweissicherung). Auch die Notwendigkeit, solche Ansprüche abzuwehren, begründet ein berechtigtes Interesse (Hamm NJW **85**, 2040; Koblenz StV **88**, 332; LR-Hilger 6).

Dem **Umfang** nach erstreckt sich das Recht auf Akteneinsicht grundsätzlich auf 5 den gesamten Akteninhalt (dazu 13 ff zu § 147; KG StV **19**, 181). Das gilt auch für Geschäftsunterlagen (Hamm NJW **85**, 2040; LG Mühlhausen aaO) und Vorgänge über ähnliche Taten des Beschuldigten (BVerfG 2 BvR 1043/08 vom 4.12.2008), wenn diese Teil der Akten geworden sind; vgl aber unten 12.

Zur **Besichtigung amtlich verwahrter Beweisstücke** vgl 19 zu § 147. 6

Das **Wie der Akteneinsicht** durch RAe ist nach der Streichung des alten III 7 durch das Gesetz zur Einführung der elektronischen Akte nunmehr in § 32f I und II geregelt (siehe Komm dort).

3) **Versagung der Akteneinsicht (II):** 8

Zwingend vorgeschrieben ist die Versagung der Akteneinsicht für den Verletz- 9 ten, auch für den Nebenkläger und Nebenklageberechtigten (LG Darmstadt JurPC

§ 406e

Web-Dok 145/2009; LG Köln 109-1/08 vom 25.9.2008 [NStZ-RR **09**, 319 L]), wenn **überwiegende schutzwürdige Interessen** des Beschuldigten oder anderer Personen **entgegenstehen (S 1)**, dh wenn deren Interesse an der Geheimhaltung ihrer in den Akten enthaltenen persönlichen Daten größer ist als das berechtigte Interesse des Verletzten, den Akteninhalt kennenzulernen (BVerfG NJW **07**, 1052; 2 BvR 1043/08 vom 4.12.2008; Braunschweig NdsRpfl **92**, 269; KG NStZ **16**, 438, 439 f; Hamm NStZ **19**, 110). Dieser für das gesamte Verfahren geltende Versagungsgrund kann zB zur Wahrung eines Geschäfts-, des Steuer- (LG Kleve wistra **91**, 160; LG München I wistra **06**, 240; Blesinger wistra **91**, 297; v. Briel wistra **02**, 213; Pfordte Müller-FS 562; Kümmel wistra **14**, 124) und des Fernmeldegeheimnisses sowie des Rechts auf informationelle Selbstbestimmung (BT-Drucks 10/5305 S 18; BVerfG NJW **03**, 501; LG Hildesheim NJW **09**, 3799, 3801 [höchstpersönliche Angelegenheiten der geschiedenen Ehefrau des Beschuldigten] anzunehmen sein. Auch Angaben über den Gesundheitszustand des Betroffenen stellen regelmäßig überwiegende schutzwürdige Interessen dar (LG Essen StV **16**, 15 L; vgl auch Hamm aaO). Militärische Geheimnisse kommen in Betracht, wenn sie dem Schutz von Leben und körperlicher Unversehrtheit der Soldaten und der mit ihnen zusammen arbeitenden Personen dienen (BGH StV **12**, 327 [ER]). Ein Versagungsgrund liegt ferner vor, wenn die Ermittlungen keinen hinreichenden Tatverdacht für die Verletzung des Anzeigeerstatters ergeben haben (LG Köln StraFo **05**, 78; einschr LG Darmstadt K&R **09**, 211; vgl auch Krause Widmaier-FS 653; B. Mehle Mehle-FS 400; Lauterwein 100 f: Verdachtsgrad nur im Rahmen der Interessenabwägung zu berücksichtigen) bzw für Beiakten, die einen Freispruch des Angeklagten zum Inhalt haben (vgl Hamm aaO). Umgekehrt sprechen die Schwere des Tatvorwurfs und ein hoher Verdachtsgrad, wie er etwa in der Anklageerhebung zum Ausdruck kommt, für die Gewährung von Akteneinsicht (Hamm aaO). Ob schutzwürdige Interessen des Beschuldigten entgegenstehen, hat der über die Akteneinsicht entscheidende StA oder Richter von Amts wegen zu prüfen (Groß/Fünfsinn NStZ **92**, 110); vor einer Entscheidung muss der Beschuldigte angehört werden (BVerfG NStZ-RR **05**, 242).

10   Bei der gebotenen Abwägung im Einzelfall kann auch die Stellung des **Beschuldigten als Kronzeuge** berücksichtigt werden (vgl Fornasier/Sanner WuW **11**, 1067, 1075 f unter Hinweis auf EuGH WuW **11**, 769); in dieser Rolle können seine schutzwürdigen Interessen höher zu bewerten sein, weil er die Informationen, die ihn belasten, selbst und nur im Vertrauen darauf preisgibt, dass seitens der Strafverfolgungsorgane die Vertraulichkeit gewahrt bleibt (vgl Düsseldorf EWS **12**, 543 L mit Anm Palzer sowie Hauger/Palzer EWS **12**, 124, speziell zur – teilweise – Verweigerung der Akteneinsicht in sog Bonusanträge im Rahmen von Kartellordnungswidrigkeitenverfahren nach § 46 III letzter Hs OWiG iVm § 406 II).

„**Andere Personen**" müssen nicht in engem, unmittelbarem Zusammenhang mit dem Ermittlungsverfahren stehen und auch nicht konkret in den Akten benannt oder beschrieben sein (BGH StV **12**, 327 [ER] zum Schutz von Informanten). Sie können auch andere Verletzte sein (LR-Hilger 9; vgl LG München I wistra **06**, 240: weitere Kapitalanleger), jedoch darf die Akteneinsicht nicht nur deswegen versagt werden, weil sie nur allen Verletzten zeitgleich gewährt werden soll (LG Düsseldorf wistra **03**, 239). Die BRep – deren Wohl und Sicherheitsinteressen – dürfte nach dem Wortlaut von II S 1 nicht zu den „andere Personen" gehören (offen gelassen von BGH aaO).

11   Die Akteneinsicht **kann** ferner nach pflichtgemäßem Ermessen bei **Gefährdung des Untersuchungszwecks versagt werden** (S 2; vgl 25, 25a zu § 147). Dazu bedarf es einzelfallbezogener Gründe; nicht ausreichend sind Erwägungen, die lediglich allgemein auf die Effektivität der Strafverfolgung abstellen. Auch die bei Aktenkenntnis der Verletzten stets begründete Gefahr einer anhand des Akteninhalts präparierten Zeugenaussage genügt für sich nicht (vgl Hamm NStZ **19**, 110, 112; KG StV **19**, 181, 183; LG Hamburg NStZ-RR **18**, 322). Dem Tatrichter steht jedoch ein weiter Entscheidungsspielraum zu (BGH NJW **05**, 1519, 1520; Schleswig StraFo **16**, 157). Die Gefährdung des Untersuchungszwecks bildet, wie

§ 406e Sonstige Befugnisse des Verletzten

sich aus dem Vergleich der Formulierung in S 3 ergibt und anders als nach § 147 II S 1, auch noch nach Erhebung der öffentlichen Klage einen Versagungsgrund, zB wenn die Kenntnis des Verletzten, Nebenklagebefugten oder Nebenklägers vom Akteninhalt die Zuverlässigkeit und den Wahrheitsgehalt einer von ihm noch zu erwartenden Zeugenaussage oder anstehende Durchsuchungen und Festnahmen beeinträchtigen könnte (Naumburg NStZ **11**, 118; Düsseldorf StV **91**, 202; Koblenz StV **88**, 332; LG Stralsund StraFo **06**, 76; AG Saalfeld NStZ **05**, 656 mit abl Anm Kiethe wistra **06**, 50; Baumhöfer NStZ **14**, 135; StraFo **12**, 2; Barton StRR **09**, 406; Steffens StraFo **06**, 60; vgl aber auch BGH NJW **05**, 1519, 1520).

Ist durch die Aktenkenntnis des Verletzten – wie etwa bei **Aussage-gegen-** 12 **Aussage-Konstellationen** – eine Beeinträchtigung der gerichtlichen Sachaufklärung (§ 244 II) zu besorgen, kann nach einem Teil der Rspr (Hamburg NStZ **15**, 105 mit zust Anm Radtke und abl Anm Breu StraFo **15**, 248; abl auch Schöch Streng-FS 743; vgl auch Schleswig aaO; BVerfG 1 BvR 1259/16 vom 31.1.2017: Versagung der Akteneinsicht zu prüfen; Baumhöfener/Daber/Wenske NStZ **17**, 562; Hilgert NJW **16**, 985, 988; **aM** Braunschweig NStZ **16**, 629 mit Anm Schöch), muss aber nicht (siehe Hamburg StraFo **16**, 210), das Ermessen des Gerichts sogar auf Null reduziert sein; damit wird dem Angeklagten die Möglichkeit eröffnet, mittels einer Beschwerde die Akteneinsicht des Verletzten bzw seines anwaltlichen Vertreters zu verhindern (Radtke NStZ **15**, 109). Eine schematische Handhabung ist allerdings nicht angebracht, da andernfalls die freie Entscheidung des Verletzten, Akteneinsicht zu beantragen, beeinträchtigt wird (siehe BGH NStZ **16**, 367 mit abl Anm Gubitz; Braunschweig aaO; vgl aber auch Hamburg aaO); darüber hinaus kann der Verletzte ohne umfassende Aktenkenntnis weder mögliche Ansprüche im Adhäsionsverfahren, noch seine Verfahrensrechte aus §§ 395 ff sinnvoll geltend machen. Jedenfalls kann eine etwa bestehende Gefährdung mit Fortgang einer Hauptverhandlung sukzessiv entfallen (Hamburg NStZ **15**, 105; KG NStZ **16**, 438, 440: Berufungsverfahren nach erstinstanzlicher Verurteilung) oder ihr kann dadurch begegnet werden, dass der Verfahrensbevollmächtigte des Verletzten zusichert, die Akten an den Verletzten nicht weiterzugeben (Braunschweig aaO). Auch eine beschränkte Akteneinsicht kann im Einzelfall sinnvoll sein (vgl Hamburg NStZ **14**, 105; Lemke-Küch StraFo **18**, 369, 37). Nicht zutreffend erscheint allerdings die Prämisse, dass die Aussage von Nebenklägern auch durch Kenntnis ihrer früher gemachten Angaben bereits „kontaminiert" sei (Hamburg aaO; Lemke-Küch aaO); vielmehr kann eine solche Kenntnis auch als sinnvolle Erinnerungsstütze fungieren und eine wahrheitsgemäße und vor allem vollständige Aussage in der Verhandlung erleichtern. Die Gefährdung kann sich auch aus einem anderen Strafverfahren (einschl Ermittlungsverfahren) ergeben (vgl BT-Drucks 16/11644 S 34, 35); dann ist aber die Möglichkeit teilweiser Akteneinsicht („soweit") besonders sorgfältig zu prüfen.

Vor der Versagung der Akteneinsicht muss stets geprüft werden, ob eine **teil-** 13 **weise Akteneinsicht** gewährt werden kann (LG Hildesheim NJW **08**, 531, 534) oder ob bei mehreren Verletzten dem Versagungsgrund der drohenden Verfahrensverzögerung dadurch begegnet werden kann, dass sie einen gemeinsamen RA zur Akteneinsicht bevollmächtigen. Vielfach wird dem Interesse des Beschuldigten an der Geheimhaltung persönlicher Daten schon dadurch Rechnung getragen werden können, dass vor der Akteneinsicht einzelne Aktenteile entheftet werden, sofern das ohne besonderen Aufwand möglich ist (vgl auch Riedel/Wallau aaO 396). Insbesondere kommt die Herausnahme der Auskunft aus dem BZR in Betracht (vgl RiStBV 16 II S 2), aber auch etwa in Korruptionsverfahren dem Steuergeheimnis nach § 30 AO unterfallende Unterlagen (dazu im Einzelnen Kümmel wistra **14**, 124), es sei denn, es handelt sich um steuerrechtliche Informationen, die in öffentlicher Hauptverhandlung erörtert wurden (Karlsruhe wistra **93**, 353). Ggf ist auch eine **Anonymisierung** zu prüfen (BVerfG NJW **03**, 501, 503).

Bei sonst drohender **erheblicher Verfahrensverzögerung** kann die Aktenein- 14 sicht ebenfalls versagt werden (S 3), wobei eine Verzögerung von wenigen Tagen idR nicht ausreicht. Gegenüber Nebenklagebefugten und Nebenklägern gilt dies aber nicht mehr, wenn die StA den – der Anklageerhebung vorausgehenden – Abschlussvermerk nach § 169a zu den Akten gebracht hat.

15 Speziell bei der Ermittlung von Anschlussinhabern bei **Filesharing-Netzwerken** (illegale Verbreitung urheberrechtlich geschützter Werke über Internettauschbörsen; zum Begriff und zur Zuverlässigkeit der verwendeten Ermittlungssoftware Morgenstern CR **11**, 203) kann dem Einsichtsbegehren des – nach I S 2 iVm § 395 I Nr 6 privilegierten (LG Karlsruhe MMR **10**, 68, 69; LG Stralsund MMR **09**, 63, 64; Sankol K&R **08**, 511) – verletzten Rechteinhabers das Recht des Nutzers auf informationelle Selbstbestimmung entgegenstehen (LG Darmstadt K&R **09**, 211 mit zust Anm Sankol; LG Köln 109-1/08 vom 25.9.2008 [NStZ-RR **09**, 319 L]; LG München I NStZ **10**, 110; Jenny CR **08**, 284; Kondziela MMR **09**, 297; vgl auch Hoeren NJW **08**, 3100; oben 6; kritisch Schmidt GRUR **10**, 673: Lediglich geringfügiger Eingriff), grundsätzlich jedoch nicht, wenn es sich um eine Urheberrechtsverletzung „in gewerblichem Ausmaß" iS des § 101 UrhG handelt (LG Darmstadt MMR **09**, 52 mit zust Anm Bär; LG Karlsruhe MMR **10**, 68 mit zust Anm Geißler/Jüngel/Linden; GStA Hamm bei Braun StRR **09**, 345; vgl aber Sankol K&R **08**, 512; ders MMR **08**, 837 [zum in der Rspr vorausgesetzten Ausmaß vgl zB Frankfurt MMR **09**, 542; Karlsruhe ZUM **09**, 957, 960; Köln MMR **08**, 820; **09**, 334; Oldenburg MMR **09**, 188; Zweibrücken CR **09**, 31; Saarbrücken NStZ **10**, 656; Hoffmann MMR **09**, 658; Wilhelmi ZUM **08**, 942]; weitergehend für Akteneinsicht oberhalb einer Bagatellgrenze LG Saarbrücken NStZ **10**, 111, die LG Darmstadt JurPC Web-Dok 145/ 2009 = NStZ **10**, 111 L bei 5 Filmwerken oder Musikalben bzw bei 50 einzelnen Musikstücken angesetzt hat; wohl noch weiter Esser GA **10**, 74, 81). Allerdings ist hierbei die Stärke des Tatverdachts zu berücksichtigen (LG Saarbrücken MMR **08**, 562; zu Recht einschr LG Darmstadt K&R **09**, 211 bei frühzeitiger Opportunitätseinstellung [krit hierzu Kondziela aaO 298]; ähnlich Esser aaO 81), wobei aber mit Blick auf die mögliche verschuldensunabhängige Störerhaftung aus § 97 UrhG (vgl zum Streitstand Düsseldorf MMR **08**, 256; Frankfurt aM MMR **08**, 169; 603; Köln aaO; Esser aaO 73; Kondziela aaO 296) die fehlende Konkretisierung auf die Person des Anschlussinhabers nicht schadet (vgl LG Darmstadt jew aaO; Bär aaO; **aM** LG München I aaO; Sankol aaO; zw LG Köln aaO).

16 4) Der **nicht durch einen RA vertretene Verletzte** ist in entsprechender Anwendung von I und II befugt, die Akten einzusehen und amtlich verwahrte Beweisstücke unter Aufsicht zu besichtigen (III S 1). Die durch das Gesetz vom 5.7.2017 (BGBl I 2208, 2213) eingeführte Regelung räumt dem Verletzten somit nunmehr ein eigenes Akteneinsichtsrecht ein. Dieses unterliegt denselben Beschränkungen wie die Akteneinsicht durch RAe. Außer in den Fällen des § 395 muss der Verletzte ein berechtigtes Interesse darlegen (oben 3, 4), die Versagung der Akteneinsicht folgt den 7–14 dargelegten Grundsätzen.

17 Werden die **Akten nicht elektronisch** geführt, können dem nicht anwaltlich vertretenen Verletzten zur Wahrung der Integrität von Papierakten Abschriften aus den Akten erteilt werden (III S 2); diese müssen allerdings alle Teile der Akte erfassen, die die dem Verletzten auch durch Einsichtnahme der Akte selbst zugänglich wären (BT-Drucks 18/9416 S 65). Im Übrigen gilt für die Form der Akteneinsicht § 32f I, II S 1und 2 (siehe Komm dort).

18 5) **Zuständig (IV S 1)** für die Entscheidung über die Akteneinsicht ist im Vorverfahren und nach rechtskräftigem Abschluss des Verfahrens die StA (BGH 4 BGs vom 21.2.2011 [ER]), niemals die Polizei (34 zu § 147; vgl auch Stuttgart NStZ **93**, 353), sonst der Vorsitzende des mit der Sache befassten Gerichts, der des Rechtsmittelgerichts erst nach Vorlage der Sache nach § 321 S 2, 347 II. Vor der Entscheidung ist dem Betroffenen – Beschuldigten oder Dritten, in dessen Grundrechte mit der Einsichtsgewährung eingegriffen würde – idR entspr § 33 rechtliches Gehör zu gewähren (BVerfG NStZ-RR **05**, 242; 1 BvR 1259/16 vom 31.1.2017; LG Karlsruhe MMR **10**, 68 mit zust Anm Geißler/Jüngel/Linden; AG Zwickau StraFo **13**, 290; LR-Hilger 16; Riedel/Wallau NStZ **03**, 398; Wallau

Dahs-FS 512; **aM** AK-Schöch 22; Schäfer wistra **88**, 219 [nicht bei Dritten, die personenbezogene Daten in das Verfahren gegeben haben]; vgl auch LG Krefeld NStZ **09**, 112 mit Anm Sankol MMR **08**, 836: Anhörung des Inhabers bei Urheberrechtsverstoß über Firmenanschluss).

In den Fällen des III – dh bei nicht anwaltlich vertretenen Verletzten (oben 19 16) – kann die StA die Behörden des Polizeidienstes, die die Ermittlungen geleitet haben bzw führen, ermächtigen, die Akteneinsicht zu erteilen (III S 3 iVm § 480 I S 3). Gegen deren Entscheidung kann die Entscheidung der StA eingeholt werden (III S 3 iVm § 480 I S 4). Erg 2, 4 zu § 480.

Wird die Akteneinsicht ganz oder teilw versagt, so ist dem Antragsteller ein **Be-** 20 **scheid** zu erteilen, der kurz zu begründen ist, falls dadurch nicht der Untersuchungszweck gefährdet werden könnte (IV S 5; vgl 25, 25a zu § 147).

6) **Anfechtung (IV S 2–5):** Gegen die Versagung der Akteneinsicht durch die 21 StA kann bei dem nach § 162 I, III S 3 zuständigen Gericht auf gerichtliche Entscheidung angetragen werden; vgl wegen der Einzelheiten 38 ff zu § 147. Hat die StA die Akteneinsicht bewilligt, so kann der Betroffene (oben 9) dies (dh die ihm vorab bekannt zu machende Verfügung) ebenfalls anfechten (so früher schon BGH **39**, 112; LR-Hilger 17; vgl ferner BVerfG NStZ-RR **05**, 242; LG Stade StV **01**, 159, 160; B. Mehle Mehle-FS 402), im Falle unterbliebener Gehörs- oder Rechtsschutzgewährung auch noch nach vollzogener Akteneinsicht zur Feststellung der Rechtswidrigkeit der Bewilligung (KG NStZ **16**, 438; LG Stralsund StraFo **06**, 76, insoweit zust Steffens StraFo **06**, 60; Sankol MMR **08**, 836; zur Heilung 4 zu § 478). S 4 schließt die Beschwerde gegen die Entscheidung des Ermittlungsgerichts im Ermittlungsverfahren aus (BT-Drucks 16/12098 S 35), damit gemäß § 336 S 2 – insoweit – auch die Revision (BGH NJW **05**, 1519; vgl aber auch BGH JR **06**, 297 mit zust Anm Cirener/Sander). Hat die StA die Ermittlungen abgeschlossen, ist die Beschwerde statthaft, dh gegen die Entscheidung des erkennenden Gerichts über die Akteneinsicht im Hauptverfahren (siehe IV S 4; BT-Drucks 16/12098 S 36; KG aaO) sowie gegen die Entscheidung des nach IV S 2 angerufenen Ermittlungsgerichts nach dessen rechtskräftigem Abschluss oder nach Einstellung des Ermittlungsverfahrens. Auch für die Entscheidungen des Ermittlungs- und des Beschwerdegerichts gilt IV S 5. Die Beschwerde gegen erstinstanzliche Entscheidungen des OLG ist nicht statthaft (BGH NJW **14**, 1194). Ein bei der Gewährung oder Versagung von Akteneinsicht unterlaufener Verfahrensverstoß führt nicht zu einem Beweisverwertungsverbot (BGH NJW **05**, 1519; vgl auch KMR-Stöckel 18).

Zum **Rechtsschutz in den Fällen des III** (oben 19) – dh bei Entscheidungen 22 der Polizei nach entspr Ermächtigung durch die StA – siehe 2, 4 zu § 478.

7) Die **datenschutzrechtlich begründete Zweckbindung** der Akteneinsicht 23 ist nach Streichung von VI durch das Gesetz vom 5.7.2017 nunmehr in § 32f V geregelt (13–18 zu § 32f).

8) Die **Finanzbehörde** kann nach § 406e die Akten einsehen lassen oder um 24 die Erteilung von Auskünften und Abschriften ersuchen, wenn der Steuerfiskus Verletzter ist. Dies ist bei Steuerstraftaten der Fall (BT-Drucks 16/6290 S 82; vgl aber LR-Graalmann-Scheerer 60 zu § 172 mwN). Im Zusammenhang mit den für die Telekommunikationsüberwachung in § 100a Abs 2 Nr 2 neu aufgenommenen Anlassstraftaten nach der AO besteht damit nach Maßgabe des § 406e die Möglichkeit, der zuständigen FinB für Zwecke des Besteuerungsverfahrens auch Erkenntnisse etwa aus Telekommunikationsüberwachungsmaßnahmen zu übermitteln (BT-Drucks aaO; 16/5846 S 67). Die Steuerbehörde darf diese Erkenntnisse nach § 393 III S 2 **AO** im Besteuerungsverfahren verwenden (vgl Buse/Bohnert NJW **08**, 620; Wulf wistra **08**, 326).

§ 406f

Verletztenbeistand

406f ^I ¹ Verletzte können sich des Beistands eines Rechtsanwalts bedienen oder sich durch einen solchen vertreten lassen. ²Einem zur Vernehmung des Verletzten erschienenen anwaltlichen Beistand ist die Anwesenheit gestattet.

^II ¹ Bei einer Vernehmung von Verletzten ist auf deren Antrag einer zur Vernehmung erschienenen Person ihres Vertrauens die Anwesenheit zu gestatten, es sei denn, dass dies den Untersuchungszweck gefährden könnte. ²Die Entscheidung trifft die die Vernehmung leitende Person; die Entscheidung ist nicht anfechtbar. ³Die Gründe einer Ablehnung sind aktenkundig zu machen.

1 1) **Beistand des nicht nebenklageberechtigten Verletzten (I):** Jeder Verletzte ist berechtigt, sich zur Wahrnehmung seiner Befugnisse im Strafverfahren, auch schon im Ermittlungsverfahren (LR-Hilger 2; SK-Velten 5), eines RA als Beistand zu bedienen oder durch einen RA vertreten zu lassen (I S 1). Auch andere Personen können nach Maßgabe des § 138 III als Beistand gewählt werden. Die gerichtliche Beiordnung sieht das Gesetz aber nur für Verletzte vor, die berechtigt sind, sich dem Verfahren als Nebenkläger anzuschließen (§ 406h III). Andere Verletzte müssen den Beistand aus eigenen Mitteln bezahlen und auf ihn verzichten, wenn sie dazu nicht in der Lage sind (Düsseldorf Rpfleger **93**, 37; LG Köln StraFo **97**, 308 mwN). Auch der verurteilte Angeklagte ist rechtlich nicht verpflichtet, die Kosten für den Beistand zu erstatten.

2 Die **Befugnisse des Verletztenbeistandes** nach I (vgl dazu Kaum 159ff) beschränken sich (anders als die des Beistands für den nebenklageberechtigten Verletzten nach § 406h) im Wesentlichen (vgl aber Krey pE 42, der dem Beistand eine „umfassende Befugnis zu eigenen Recherchen" zubilligt) auf das Recht auf Anwesenheit bei Vernehmungen des Verletzten durch die StA oder durch die Polizei (3 zu § 68b) im Vorverfahren, wodurch der Verletzte mehr Rechte hat als der Beschuldigte (vgl 16 zu § 163), oder durch das Gericht, auch in der Hauptverhandlung.

3 Ein Anwesenheitsrecht vor und nach der Vernehmung des Verletzten hat er nicht; er ist ein **bloßer Zeugenbeistand** (vgl auch 11 vor § 48 und 5 zu § 68b). Die gesetzliche Regelung entspricht insoweit den für den Beschuldigten bei seiner Vernehmung geltenden §§ 168c I, 163a III S 2. Von der Vernehmung wird der Beistand nicht benachrichtigt. Er wird auch zur Hauptverhandlung nicht geladen. Der Verletzte darf das Erscheinen und die Aussage nicht verweigern, weil er erst einen Beistand bestellen will oder weil der bereits gewählte Beistand am Erscheinen verhindert ist (LR-Hilger 3; **aM** LG Hildesheim StV **85**, 229). Der Beistand darf den Verletzten bei der Vernehmung beraten; das Recht, an seiner Stelle Angaben zu machen und Auskünfte zu erteilen, hat er nicht (LR-Hilger 3). Er hat aber, auch schon im Ermittlungsverfahren (LR-Hilger 4), das Recht zur Beanstandung von Fragen, die an den Verletzten gerichtet werden, nach §§ 238, 242. In der Hauptverhandlung kann er zB Maßnahmen nach den §§ 58a, 168e, 247, 247a, 255a beantragen sowie den Antrag auf Ausschluss der Öffentlichkeit nach § 171b GVG stellen, sofern der Verletzte dem nicht widerspricht (§ 171b IV GVG). Aus eigenem Recht kann der Beistand diese Anträge nicht stellen (vgl dazu Hilger NStZ **89**, 441 f). Zum Ausschluss des Beistands vgl 7 zu § 68b.

4 2) Die **Hinzuziehung einer** – zur Vernehmung erschienenen – **Vertrauensperson** (II) bei der Vernehmung des Verletzten als Zeugen soll im Wesentlichen dessen psychologische Betreuung ermöglichen. Der Gesetzgeber geht davon aus, dass die Anwesenheit einer Vertrauensperson (Ehegatte, Verwandte oder Bekannte) besonders bei der 1. Zeugenvernehmung der Opfer von Aggressions- und Gewaltdelikten hilfreich sein kann, weil das die Befangenheit und Angst des Verletzten mindern, aber auch der Wahrheitsfindung dienen kann. Daher beschränkt II das Recht auf Hinzuziehung einer Vertrauensperson nicht auf staatsanwaltschaftliche und richterliche Vernehmungen, sondern lässt sie schon bei polizeilichen Vernehmungen zu (LR-Hilger 6). Mit der Änderung der Vorschrift durch das 1. Opfer-RRG ist ein Rechtsanspruch des Verletzten auf die Anwesenheit einer Vertrauensperson begründet worden.

Ihre **Zulassung** durch den Beamten oder Richter, der die Vernehmung leitet, 5 ist insbesondere bei Opfern von Gewalt- und Sexualdelikten sowie bei der Vernehmung eines Kindes sachgerecht (vgl Meier JZ **91**, 644); sie darf aber nunmehr ohnehin nur noch abgelehnt werden, wenn durch die Anwesenheit der Vertrauensperson eine Gefährdung des Untersuchungszwecks zu befürchten ist, wenn also durch die Hinzuziehung die Wahrheitsfindung beeinträchtigt werden kann oder durch zeitliche Verzögerung ein Beweismittelverlust droht (Neuhaus StV **04**, 622; vgl auch RiStBV 19a I S 2). Stört die Vertrauensperson die Verhandlung, so kann sie – vor allem aus den Gründen des § 68b I S 3, 4 – nach § 164, bei gerichtlichen Vernehmungen nach § 177 GVG ausgeschlossen werden (str, vgl LR-Hilger 3). Die Rechte des RA als Beistand (oben 3) hat die Vertrauensperson, die der psychologischen Betreuung des Zeugen dient, nicht (HK-Kurth/Pollähne 7). Ist der Vertrauensperson die Anwesenheit gestattet, gilt dies auch dann, wenn die Öffentlichkeit ausgeschlossen wird.

Die Entscheidung über die Zulassung ist **nicht anfechtbar** und damit gemäß 6 § 336 S 2 auch nicht revisibel (SSW-Schöch 10; aM Neuhaus aaO bei „objektiv willkürlicher Missachtung des Ausschlussgrundes"), gleichwohl sind die Ablehnungsgründe nach II S 3 aktenkundig zu machen. Dies soll „ein Mehr an Rechtssicherheit schaffen" (BT-Drucks 15/1976 S 18).

Psychosoziale Prozessbegleitung

406g I¹ Verletzte können sich des Beistands eines psychosozialen Prozessbegleiters bedienen. ²Dem psychosozialen Prozessbegleiter ist es gestattet, bei Vernehmungen des Verletzten und während der Hauptverhandlung gemeinsam mit dem Verletzten anwesend zu sein.

II Die Grundsätze der psychosozialen Prozessbegleitung sowie die Anforderungen an die Qualifikation und die Vergütung des psychosozialen Prozessbegleiters richten sich nach dem Gesetz über die psychosoziale Prozessbegleitung im Strafverfahren vom 21. Dezember 2015 (BGBl. I S. 2525, 2529) in der jeweils geltenden Fassung.

III ¹Unter den in § 397a Absatz 1 Nummer 4 und 5 bezeichneten Voraussetzungen ist dem Verletzten auf seinen Antrag ein psychosozialer Prozessbegleiter beizuordnen. ²Unter den in § 397a Absatz 1 Nummer 1 bis 3 bezeichneten Voraussetzungen kann dem Verletzten auf seinen Antrag ein psychosozialer Prozessbegleiter beigeordnet werden, wenn die besondere Schutzbedürftigkeit des Verletzten dies erfordert. ³Die Beiordnung ist für den Verletzten kostenfrei. ⁴Für die Beiordnung gilt § 142 Absatz 5 Satz 1 und 3 entsprechend. ⁵Im Vorverfahren entscheidet das nach § 162 zuständige Gericht.

IV ¹Einem nicht beigeordneten psychosozialen Prozessbegleiter kann die Anwesenheit bei einer Vernehmung des Verletzten untersagt werden, wenn dies den Untersuchungszweck gefährden könnte. ²Die Entscheidung trifft die die Vernehmung leitende Person; die Entscheidung ist nicht anfechtbar. ³Die Gründe einer Ablehnung sind aktenkundig zu machen.

1) **Die psychosoziale Prozessbegleitung** des Verletzten, die bisher nur in 1 § 406 I Nr 5 aF erwähnt war und lediglich in einigen Bundesländern praktiziert wurde, ist nunmehr in § 406g I S 1 verankert (eingehend und krit zur gesetzlichen Regelung Neuhaus StV **17**, 55). Psychosoziale Prozessbegleitung ist geprägt durch die nicht-rechtliche Unterstützung und ergänzt damit die rechtlich geprägte Nebenklagevertretung. Ihr Ziel ist es, Sekundärviktimisierungen durch qualifizierte Betreuung, Informationsvermittlung und Unterstützung im Strafverfahren zu ver-

§ 406g

meiden und dadurch die Aussagetüchtigkeit von Verletzten zu fördern (Lyndian StraFo **18**, 6, 7). Das Leitbild der psychosozialen Prozessbegleitung ist dabei die klare Trennung von strafverfahrensbezogener Beratung und Begleitung, um jegliche bewusste und unbewusste Beeinflussung oder Beeinträchtigung der Zeugenaussage durch die Begleitperson auszuschließen und ihre Neutralität im Verfahren zu wahren (BT-Drucks 18/4621 S 30; Frey-Simon Graf-Schlicker-FS 453, 461; kritisch zur Häufung von Beiständen für Verletzte Kett-Straub ZIS **17**, 341 342 f).

2 Die **psychosoziale Begleitperson** hat zwar ein Anwesenheitsrecht bei Vernehmungen des Verletzten und während der Hauptverhandlung (I S 2), ihr steht aber kein Fragerecht oder Recht zur Beanstandung von Fragen zu. Ebenso hat sie kein Zeugnisverweigerungsrecht; daher gehört die Belehrung über das fehlende Zeugnisverweigerungsrecht des Begleiters zur notwendigen Aufklärungsarbeit zu Beginn der Prozessbegleitung (BT-Drucks aaO; Frey-Simon aaO). Bei einem Beweisantrag der Verteidigung auf Einvernahme der psychosozialen Begleitperson bedarf es jedoch der Darlegung konkreter Anhaltspunkte, aus denen sich der Verdacht ergibt, sie könne Einfluss auf die Zeugenaussage genommen haben (vgl Lyndian StraFo **18**, 6, 11).

3 2) Das gemäß II zugleich mit dem 3. Opferrechtsreformgesetz am 21.12.2015 erlassene **Gesetz über die psychosoziale Prozessbegleitung im Strafverfahren** (PsychPbG – BGBl I 2529; dazu Ferber NJW **16**, 281) regelt in § 2 die Grundsätze der psychosozialen Prozessbegleitung. Danach ist diese „eine besondere Form der nicht-rechtlichen Begleitung im Strafverfahren für besonders bedürftige Verletzte vor, während und nach der Hauptverhandlung. Sie umfasst die Informationsvermittlung sowie die qualifizierte Betreuung und Unterstützung im gesamten Strafverfahren mit dem Ziel, die individuelle Belastung der Verletzten zu reduzieren und ihre Sekundärviktimisierung zu vermeiden". In § 2 II finden sich sodann die Regelungen über die Neutralität gegenüber dem Strafverfahren (oben 1) und über das fehlende Zeugnisverweigerungsrecht des Begleiters und die Belehrung darüber (oben 2). Weiterhin sind im PsychPbG die Anforderungen an die Qualifikation des psychosozialen Prozessbegleiters (§§ 3 und 4) und seine Vergütung (§§ 5 bis 10) geregelt. Zum Ganzen siehe Frey-Simon Graf-Schlicker-FS 453, 463 ff.

4 3) III statuiert einen **Rechtsanspruch** der Verletzten auf eine für sie kostenlose psychosoziale Prozessbegleitung. Sie hat insbesondere das Wohl kindlicher und jugendlicher Opfer von Sexual- und Gewaltdelikten im Auge; sie setzt eine Nebenklagebefugnis bzw Berechtigung zum Anschluss als Nebenkläger nicht voraus. Die Regelung schließt an § 397a an, wonach unter den dort in I Nr 1 bis 3 bezeichneten Voraussetzungen auf Antrag bei besonderer Schutzbedürftigkeit des Verletzten die Beiordnung nach dem Ermessen des Gerichts erfolgen *kann* (III S 2), während unter den in I Nr 4 und 5 bezeichneten Voraussetzungen psychosoziale Prozessbegleitung anzuordnen *ist* (III S 1).

5 Eine **besondere Schutzbedürftigkeit** iSv III S 2 kommt namentlich auch bei Menschen mit einer Behinderung oder psychischen Beeinträchtigung, bei Betroffenen von Sexualstraftaten, von – insbesondere auch vorurteilsmotivierten – Gewalttaten und von Hasskriminalität sowie bei von Menschenhandel Betroffenen in Betracht (BT-Drucks 18/4621 S 32). Der Prüfungsmaßstab ist unmittelbar § 48 III zu entnehmen, wonach sowohl besondere Merkmale in der Person des Verletzten als auch die konkreten Umstände der Tat zu berücksichtigen sind. Die in § 395 II Nr 1 bezeichneten nahen Angehörigen fallen grundsätzlich ebenfalls unter die Vorschrift (Frey-Simon aaO 462).

5a Die **psychosoziale Unterstützung** kann etwa bestehen in der Begleitung zu Vernehmungen und Hauptverhandlungen und den damit verbundenen praktischen Hilfestellungen wie etwa Besichtigung des Gerichtssaals und/oder Besuch einer anderen Gerichtsverhandlung, Aufklärung über den allgemeinen Ablauf eines Strafverfahrens und die Rollen der Prozessbeteiligten, Hilfe beim Umgang mit den Medien, Strategien zur Bewältigung von Ängsten im Vorfeld sowie während nach der Zeugenaussage (eingehend dazu Stahlmann-Liebelt/Gropp SchlHA **16**, 439 ff, 442 f). Für das **Verfahren** der Beiordnung gilt § 142 V S 1 und 3 entspr (III S 4). Dem **6** Verletzten ist Gelegenheit zu geben, einen Beistand innerhalb einer vom Gericht zu bestimmenden Frist zu bezeichnen, der ihm beizuordnen ist, wenn dem nicht wichtige Gründe entgegenstehen (siehe 42 ff zu § 142). Im Vorverfahren entscheidet das nach 162 zuständige Gericht (III S 5), ansonsten der Vorsitzende des mit der Sache befassten Gerichts.

4) Während ein beigeordneter psychosozialer Prozessbegleiter ein Anwesenheits- **7** recht hat (oben 2), kann einem **nicht beigeordneten psychosozialen Prozessbegleiter** die Anwesenheit bei einer Vernehmung des Verletzten untersagt werden, allerdings nur dann, wenn seine Anwesenheit den Untersuchungszweck gefährden könnte (IV S 1; erg 11, 12 zu § 406e). Zuständigkeit IV S 2 1. Hs, Aktenkundigkeit der Untersagung IV S 3. Wichtig ist, dass diese Entscheidung nicht anfechtbar ist (IV S 2 2. Hs); sie ist somit einer Beschwerde nach § 304 und damit auch gemäß § 336 S 2 der Revision entzogen.

Beistand des nebenklageberechtigten Verletzten

406h I 1 Nach § 395 zum Anschluss mit der Nebenklage Befugte können sich auch vor Erhebung der öffentlichen Klage und ohne Erklärung eines Anschlusses eines Rechtsanwalts als Beistand bedienen oder sich durch einen solchen vertreten lassen. ²Sie sind zur Anwesenheit in der Hauptverhandlung berechtigt, auch wenn sie als Zeugen vernommen werden sollen. ³Ist zweifelhaft, ob eine Person nebenklagebefugt ist, entscheidet über das Anwesenheitsrecht das Gericht nach Anhörung der Person und der Staatsanwaltschaft; die Entscheidung ist unanfechtbar.

II 1 Der Rechtsanwalt des Nebenklagebefugten ist zur Anwesenheit in der Hauptverhandlung berechtigt; Absatz 1 Satz 3 gilt entsprechend. ²Er ist vom Termin der Hauptverhandlung zu benachrichtigen, wenn seine Wahl dem Gericht angezeigt oder er als Beistand bestellt wurde. ³Die Sätze 1 und 2 gelten bei richterlichen Vernehmungen und der Einnahme richterlichen Augenscheins entsprechend, es sei denn, dass die Anwesenheit oder die Benachrichtigung des Rechtsanwalts den Untersuchungszweck gefährden könnte. ⁴Nach richterlichen Vernehmungen ist dem Rechtsanwalt Gelegenheit zu geben, sich dazu zu erklären oder Fragen an die vernommene Person zu stellen. ⁵Ungeeignete oder nicht zur Sache gehörende Fragen oder Erklärungen können zurückgewiesen werden. ⁶ § 241a gilt entsprechend.

III 1 § 397a gilt entsprechend für
1. die Bestellung eines Rechtsanwalts und
2. die Bewilligung von Prozesskostenhilfe für die Hinzuziehung eines Rechtsanwalts.

²Im vorbereitenden Verfahren entscheidet das nach § 162 zuständige Gericht.

IV 1 Auf Antrag dessen, der zum Anschluß als Nebenkläger berechtigt ist, kann in den Fällen des § 397a Abs. 2 einstweilen ein Rechtsanwalt als Beistand bestellt werden, wenn
1. dies aus besonderen Gründen geboten ist,
2. die Mitwirkung eines Beistands eilbedürftig ist und
3. die Bewilligung von Prozeßkostenhilfe möglich erscheint, eine rechtzeitige Entscheidung hierüber aber nicht zu erwarten ist.

²Für die Bestellung gelten § 142 Absatz 5 Satz 1 und 3 und § 162 entsprechend. ³Die Bestellung endet, wenn nicht innerhalb einer vom Richter zu bestimmenden Frist ein Antrag auf Bewilligung von Prozeßkostenhilfe gestellt oder wenn die Bewilligung von Prozeßkostenhilfe abgelehnt wird.

§ 406h

1) Anwesenheitsrecht des nebenklageberechtigten Verletzten: Auch ohne Zulassung als Nebenkläger kann dieser an der Hauptverhandlung teilnehmen, wie I S 1 klarstellt. Auch wenn sie als Zeugen vernommen werden sollen, haben sie entgegen §§ 58 I, 243 II S 1 ein Anwesenheitsrecht (I S 2). Damit muss der Verletzte sich nicht mehr pro forma als Nebenkläger zulassen lassen, nur um an der Verhandlung bei Ausschluss der Öffentlichkeit teilnehmen zu können. Allerdings kann fraglich sein, ob eine Person nebenklageberechtigter Verletzter ist; daher schreibt I S 3 eine – nach Gewährung rechtl Gehörs (für die Person und die StA, nicht für den Angeklagten und seinen Verteidiger) – unanfechtbare Entscheidung des Gerichts hierüber vor. Verneint das Gericht das Anwesenheitsrecht zu Unrecht, kann dies wegen § 336 S 2 gleichwohl in der Revision nicht gerügt werden.

2) Beistand des nebenklageberechtigten Verletzten: Auch das Recht, sich – auch schon vor Erhebung der öffentlichen Klage – des Beistands eines RA zu bedienen oder sich durch einen RA vertreten lassen, ist von der Anschlusserklärung als Nebenkläger nicht abhängig I S 1). Selbst nach Erhebung der öffentlichen Klage kann sich der Verletzte auf die Hinzuziehung eines Beistands nach I beschränken, ohne den Anschluss als Nebenkläger zu erklären; denn das Gesetz geht davon aus, dass die nebenklageberechtigten Verletzten allgemein besonders schutzbedürftig sind und einer gesicherten Beteiligungsbefugnis selbst dann bedürfen, wenn sie von der Nebenklagebefugnis keinen Gebrauch machen.

Ob die **Voraussetzungen** für den Anschluss als Nebenkläger nach § 395 vorliegen, entscheidet entspr I S 3 (oben 1) der Richter oder StA, der den Termin leitet, in der Hauptverhandlung das Gericht. Im Vorverfahren ist maßgebend, ob der Anfangsverdacht (4 zu § 152) eines Nebenklagedelikts gegeben ist; die Tat braucht noch nicht ermittelt zu sein (LG Baden-Baden NStZ-RR **00**, 52). Die Prüfung der besonderen Voraussetzungen des § 395 III erfolgt auf Grund der im Zeitpunkt der jeweils zu treffenden Entscheidung erkennbaren Tatsachen. Eine Bindung für die spätere Zulassung des Verletzten als Nebenkläger tritt dadurch nicht ein.

Die **Befugnisse des Beistands** (II) umfassen die des Beistands nach § 406f (dort 2), gehen über sie aber erheblich hinaus. Er ist nicht nur während der Vernehmung des Verletzten zur Anwesenheit in der Hauptverhandlung berechtigt, sondern hat ein uneingeschränktes Anwesenheitsrecht während der ganzen Dauer der Hauptverhandlung, auch wenn sie nicht öffentl ist (S 1). Die §§ 177, 178 GVG gelten für ihn nicht (SK-Velten 5; zw LR-Hilger 9; vgl auch Hilger NStZ **88**, 442). Von der Hauptverhandlung ist er zu benachrichtigen, wenn seine Bevollmächtigung angezeigt wurde oder wenn er nach III Nr 1 dem Verletzten vom Gericht beigeordnet worden ist (vgl aber BGH NStZ **97**, 49: deutliche Willensbekundung der Beteiligung am Verfahren erforderlich). Mitwirkungsrechte in der Hauptverhandlung hat der Beistand nicht. Der Vorsitzende kann ihm jedoch gestatten, einzelne Fragen zu stellen (BGH NStZ **05**, 222 mit Anm Ventzke NStZ **05**, 396). Anträge kann er für den Verletzten nur in dem seiner Beistandsstellung entsprechenden Umfang stellen. Außerhalb der Hauptverhandlung ist der Beistand grundsätzlich bei allen parteiöffentlichen Vernehmungen des Beschuldigten, der Zeugen (auch nach § 168e) und Sachverständigen und bei der Einnahme des richterlichen Augenscheins zur Anwesenheit befugt (II S 3). Er hat das Recht, sich nach der richterlichen Vernehmung zu erklären oder Fragen an die vernommene Person zu stellen; ungeeignete oder nicht zur Sache gehörende Fragen oder Erklärungen können zurückgewiesen werden (II S 4 und 5, eingeführt durch Gesetz vom 27.8.2017 [BGBl I 3295]); für die Vernehmung minderjähriger Zeugen gilt § 241a entsprechend. Diese Regelung lehnt sich an die der §§ 168c II, 168d I für den Verteidiger des Beschuldigten an (siehe 2 zu § 168c).

Die Anwesenheit oder die Benachrichtigung des Beistands ist **zu untersagen**, wenn andernfalls der Untersuchungszweck gefährdet werden könnte. Die Entscheidung ist nicht anfechtbar. Der Verletzte kann als Zeuge die Auskunft über den Inhalt der Beratungsgespräche mit seinem Beistand verweigern (Düsseldorf

NStZ **91**, 503; LR-Wenske Nachtr 2; **am** SK-Velten 6; Sieg MDR **92**, 1027), für den Beistand gilt § 53 I Nr 3.

Die **Kosten** für die Heranziehung des Beistandes werden im gesamten weiteren 5 Verfahren wie Nebenklagekosten behandelt, sind also idR von dem verurteilten Angeklagten zu erstatten (§§ 472 III S 1, 473 I S 2; BGH NJW **09**, 308).

Die Bestellung eines **RA als Beistand** oder die Bewilligung von **Prozesskos-** 6 **tenhilfe** richtet sich nach dem gemäß III S 1 entspr anwendbaren § 397a. Hierüber entscheidet im Vorverfahren das nach § 162 zuständige Gericht (III S 2), danach das mit der Sache befasste Gericht. Ein bloßer Anfangsverdacht der Begehung eines qualifizierten Nebenklagedelikts reicht für die Bestellung nicht aus (vgl näher zu den Anforderungen Hamburg StV **07**, 292 L; Oldenburg NStZ **11**, 117).

In Strafverfahren gegen **Jugendliche** fand die Vorschrift − verfassungsrechtlich 7 vertretbar (BVerfG NJW **02**, 1487) − nach hM keine Anwendung (BGH Stra-Fo **03**, 58; KG NStZ-RR **07**, 28 mwN; Zweibrücken NStZ **02**, 496 mit abl Anm Sack). Nachdem das 2. JuMoG in § 80 III **JGG** die Nebenklage auch gegen Jugendliche in beschränktem Umfang zugelassen hat, ist insoweit auch § 406h anwendbar.

Nach § 395 gilt die Vorschrift auch im **Sicherungsverfahren** (so schon früher 8 LG Ravensburg NStZ **95**, 303).

3) Einstweiliger Verletztenbeistand (IV): Auf Antrag des nach § 395 zum 9 Anschluss als Nebenkläger berechtigten Verletzten, der kein Recht auf Beiordnung eines Beistands nach § 397a I iVm § 406h III S 1 Nr 1 hat, kann einstweilen ein RA als Beistand bestellt werden, wenn ein besonderes Bedürfnis dafür besteht, alsbald rechtlichen Beistand zu erhalten, und das verhältnismäßig schwerfällige Verfahren der Entscheidung nach § 397a II, III und den §§ 114ff ZPO nicht rasch genug durchgeführt werden kann (S 1). Das ist zB der Fall, wenn am Anfang des Ermittlungsverfahrens Vernehmungen oder Augenscheinnahmen zur Beweissicherung stattfinden, bei denen die Mitwirkung eines RA für den Verletzten sachdienlich erscheint. Die Bestellung eines einstweiligen Beistands ist aber auch noch im gerichtlichen Verfahren zulässig. Ein Bedürfnis dafür kann zB bestehen, wenn für den Verletzten erst kurz vor der Hauptverhandlung die Notwendigkeit erkennbar ist, sich der Hilfe eines RA zu bedienen. Das Gesetz geht davon aus, dass in den Fällen des § 397a I iVm § 406h III S 1 Nr 1 unverzüglich entschieden werden kann, ob ein Beistand bestellt wird, weil insbesondere die wirtschaftlichen Voraussetzungen der Prozesskostenhilfe nicht geprüft werden müssen.

Voraussetzung für die Bestellung ist nach IV S 1, dass der Antragsteller nicht 10 zu den nach § 397a I iVm § 406h III S 1 Nr 1 privilegierten Nebenklagebefugten gehört und dass die Beiordnung aus besonderen Gründen geboten ist, ferner, dass die Mitwirkung des Beistands eilbedürftig ist und dass die Bewilligung von Prozesskostenhilfe möglich erscheint, insbesondere Anhaltspunkte dafür bestehen, dass der Verletzte die Kosten eines RA nicht, nur teilw oder nur in Raten aufbringen kann, eine rechtzeitige Entscheidung aber nicht zu erwarten ist. Dass der Antragsteller bereits einen Antrag auf Bewilligung von Prozesskostenhilfe gestellt hat, wird dagegen nicht vorausgesetzt, ebenso nicht − bei noch laufender Frist (§ 77b StGB) − die Stellung eines Strafantrags (Rieß NStZ **89**, 105 f).

Zuständig für die Bestellung ist nach IV S 2 im Vorverfahren der Ermittlungs- 11 richter (§ 162). Nach Erhebung der öffentlichen Klage entscheidet der Vorsitzende des mit der Sache befassten Gerichts (vgl § 397a III S 2). Dem Verletzten ist Gelegenheit zu geben, innerhalb einer zu bestimmenden Frist einen Beistand zu bezeichnen; der ausgewählte RA ist zu bestellen, wenn dem kein wichtiger Gründe entgegenstehen (II S 2 iVm § 142 V S 1 und 3; erg 42ff zu § 142). Die Entscheidung ist entspr I S 3 Hs 2 unanfechtbar. Hat der Verletzte noch keinen Prozesskostenhilfeantrag (III S 1 Nr 2) gestellt, so wird ihm bei der Bestellung des einstweiligen Beistands eine Frist gesetzt, innerhalb deren er das nachzuholen hat.

Die **Bestellung endet** nach IV S 3, wenn der Verletzte innerhalb der ihm ge- 12 setzten Frist keinen Prozesskostenhilfeantrag stellt oder wenn die Bewilligung von

§ 406i Fünftes Buch. 4. Abschnitt

Prozesskostenhilfe abgelehnt wird. Das Ende der Bestellung spricht der Richter ausdrücklich aus. Zuständig ist der Ermittlungsrichter, wenn die Bestellung wegen Fristablaufs endet oder der Antrag auf Prozesskostenhilfe abgelehnt wird.

Unterrichtung des Verletzten über seine Befugnisse im Strafverfahren

406i I Verletzte sind möglichst frühzeitig, regelmäßig schriftlich und soweit möglich in einer für sie verständlichen Sprache über ihre aus den §§ 406d bis 406h folgenden Befugnisse im Strafverfahren zu unterrichten und insbesondere auch auf Folgendes hinzuweisen:
1. sie können nach Maßgabe des § 158 eine Straftat zur Anzeige bringen oder einen Strafantrag stellen;
2. sie können sich unter den Voraussetzungen der §§ 395 und 396 oder des § 80 Absatz 3 des Jugendgerichtsgesetzes der erhobenen öffentlichen Klage mit der Nebenklage anschließen und dabei
   a) nach § 397a beantragen, dass ihnen ein anwaltlicher Beistand bestellt oder für dessen Hinzuziehung Prozesskostenhilfe bewilligt wird,
   b) nach Maßgabe des § 397 Absatz 3 und der §§ 185 und 187 des Gerichtsverfassungsgesetzes einen Anspruch auf Dolmetschung und Übersetzung im Strafverfahren geltend machen;
3. sie können einen aus der Straftat erwachsenen vermögensrechtlichen Anspruch nach Maßgabe der §§ 403 bis 406c und des § 81 des Jugendgerichtsgesetzes im Strafverfahren geltend machen;
4. sie können, soweit sie als Zeugen von der Staatsanwaltschaft oder dem Gericht vernommen werden, einen Anspruch auf Entschädigung nach Maßgabe des Justizvergütungs- und -entschädigungsgesetzes geltend machen;
5. sie können nach Maßgabe des § 155a eine Wiedergutmachung im Wege eines Täter-Opfer-Ausgleichs erreichen.

II Liegen Anhaltspunkte für eine besondere Schutzbedürftigkeit des Verletzten vor, soll der Verletzte im weiteren Verfahren an geeigneter Stelle auf die Vorschriften hingewiesen werden, die seinem Schutze dienen, insbesondere auf § 68a Absatz 1, die §§ 247 und 247a sowie die §§ 171b und 172 Nummer 1a des Gerichtsverfassungsgesetzes.

III Minderjährige Verletzte und ihre Vertreter sollten darüber hinaus im weiteren Verfahren an geeigneter Stelle auf die Vorschriften hingewiesen werden, die ihrem Schutze dienen, insbesondere auf die §§ 58a und 255a Absatz 2, wenn die Anwendung dieser Vorschriften in Betracht kommt, sowie auf § 241a.

1 **1) Allgemeine Hinweise:** Eine zwingende Pflicht ist es nach § 406i (früher § 406h), den Verletzten über seine Befugnisse nach den §§ 406d–406h und weiter nach S 1 Nr 1–5 zu unterrichten. Durch das RpflEntlG war die Bestimmung in eine Sollvorschrift umgestaltet worden, weil sie in der Praxis bei einer Vielzahl von in Betracht kommenden Verletzten auf Schwierigkeiten stieß und teilw faktisch nicht erfüllbar war (vgl Groß Hanack-Symp 9; Lorenzen StASchlH-FS 550). In solchen Fällen konnte daher von dem Hinweis abgesehen werden; trotz dieser nach wie vor bestehenden praktischen Bedenken ist das 1.OpferRRG wieder zu einer Muss-Vorschrift zurückgekehrt, weil der Verletzte seine vielfältigen Rechte im Strafverfahren kennen muss, um sie geltend machen zu können.

2 **Zuständig** ist die mit dem Verfahren befasste Stelle, also im Ermittlungsverfahren die StA, nach Erhebung der öffentlichen Klage das Gericht.

3 Der **Zeitpunkt** der Belehrung ist gesetzlich nicht fest bestimmt; die Unterrichtung soll aber möglichst frühzeitig erfolgen (vgl auch Böttcher Widmaier-FS 83). Stellt der Verletzte eine Strafanzeige nach § 158 I, so sollte er schon bei dieser Gelegenheit, sonst bei der 1. Zeugenvernehmung im Vorverfahren über seine

1716 *Schmitt*

§ 406i

Rechte belehrt werden. Die StA prüft, ob die Polizei belehrt hat, notfalls holt sie die Belehrung nach (RiStBV 174a). Die Belehrung entfällt selbstverständlich insoweit, als der Verletzte seine Rechte bereits ausgeübt hat.

Als **Form** für die Belehrung wird regelmäßig Schriftlichkeit vorgeschrieben. **4** Eine mündliche Belehrung reicht aber notfalls auch aus; sie ist aber aktenkundig zu machen. Die Aushändigung eines die Belehrung enthaltenden Vordrucks erscheint empfehlenswert.

Inhaltlich bedarf es nicht einer ins Einzelne gehenden Belehrung. Es genügt, **5** dass der Verletzte auf seine Befugnisse hingewiesen, dass ihm also deutlich gemacht wird, was ihm zustehen (Rieß/Hilger NStZ **87**, 156 Fn 2). Es ist darauf zu achten, dass die Hinweise für Ausländer verständlich sind. Merkblätter sollten tunlichst in einer ihnen verständlichen Sprache abgefasst sein.

Nachforschungen nach **unbekannten Verletzten** werden nicht angestellt. Die **6** Strafverfolgungsbehörden brauchen nur Belehrungen zu erteilen, wenn und sobald im Verlauf der Ermittlungen bestimmte Personen als Verletzte bekannt werden. § 406h verpflichtet nicht etwa dazu, nach unbekannten oder nicht näher bestimmbaren Verletzten zu forschen, nur um ihnen gegenüber der Hinweispflicht nachkommen zu können.

Wiedereinsetzung in den vorigen Stand nach § 44 kann nicht bewilligt **7** werden, wenn die Unterrichtung unterblieben ist und der Verletzte deshalb eine Frist oder einen Termin versäumt hat; denn das Verfahren soll grundsätzlich nicht durch den Verletzten aufgehalten werden (SSW-Schöch 6 zu § 406h; Rieß/Hilger NStZ **87**, 156; Wenske NStZ **08**, 434; **aM** Böttcher Widmaier-FS 81).

Revisibel ist der Verstoß gegen § 406i nicht (Neuhaus StV **04**, 621). **8**

2) Spezielle Hinweise: Die Aufzählung in **I Nr 1–5** enthält die wichtigsten **9** Hinweise, ist aber („insbesondere") nicht abschließend. So können ggf auch Hinweise auf die Unterbringung in einem Frauenhaus oder auf die Beantragung einer Auskunftssperre beim Einwohnermeldeamt angebracht sein (BR-Drucks 178/09 S 62).

A. **Nr 1:** Auf § 158 soll hingewiesen werden, weil dort die Möglichkeit der **10** Strafanzeige und des Strafantrags sowie deren Modalitäten beschrieben werden.

B. **Nr 2:** Besonders wichtig ist der Hinweis auf das **Nebenklageverfahren 11** nach §§ 395 und 396, da dieses dem Verletzten die am weitesten gehenden Befugnisse einräumt. Außerdem ist auf die Möglichkeit der Bestellung eines anwaltlichen Beistands nach § 397a I oder der Gewährung von Prozesshilfe nach § 397a II sowie bei Personen, die der deutschen Sprache nicht mächtig sind, auf den Anspruch auf Dolmetschung und Übersetzung nach § 397 III hinzuweisen.

C. **Nr 3:** Hinweise **zum Adhäsionsverfahren** (§§ 403–406c): Da die Benach- **12** richtigung von dem Strafverfahren möglichst frühzeitig erfolgen soll, veranlasst sie idR die StA im Ermittlungsverfahren, das Gericht nur, wenn die StA sie unterlassen hat oder die Voraussetzungen des I erst später eingetreten sind. Der Hinweis hat zum Inhalt, dass ein Strafverfahren gegen den Beschuldigten anhängig ist und dass die Möglichkeit besteht, den Entschädigungsanspruch in diesem Verfahren geltend zu machen. Weitere Hinweise schreibt RiStBV 173 der StA vor. Inhaltlich muss der Hinweis auch Angaben darüber enthalten, in welcher Weise der Anspruch geltend gemacht werden kann.

D. **Nr 4:** Ein Hinweis auf die Möglichkeit der Entschädigung nach dem **JVEG 13** wird nun ebenfalls vorgeschrieben. Das erscheint vernünftig, denn es ist nicht auszuschließen, dass Verletzte sonst aus Unkenntnis über die Entschädigungspflicht einer Zeugenladung möglicherweise nicht nachkommen würden.

E. **Nr 5:** Schließlich ist in geeigneten Fällen der Hinweis auf die Möglichkeit **14** eines **Täter-Opfer-Ausgleichs** nach § 155a mit dem Beschuldigten erforderlich.

3) Bei besonderer Schutzbedürftigkeit des Verletzten soll dieser im weite- **15** ren Verfahren an geeigneter Stelle auf die Vorschriften hingewiesen werden, die seinem Schutz dienen (II). Der Gesetzgeber verweist hier insbesondere auf die §§ 68a I, 247, 247a StPO und §§ 171b, 172 Nr. 1a GVG. Solche Hinweise werden natürlich nicht jederzeit, sondern nur bei Feststellung eines entspr Bedarfs erteilt.

16 **4)** Dem II entspr sollen **bei minderjährigen Verletzten** diese und ihre Vertreter an geeigneter Stelle im Verfahren auf die Vorschriften hingewiesen werden, die ihrem Schutz dienen **(III).** Dabei ist insbesondere an §§ 68a, 241a, 255a II gedacht.

17 **5)** Zu weiteren Informationen vgl § 406k I, zum **Unterbleiben der Mitteilungs- und Hinweispflicht** vgl § 406k II. § 406i I gilt gemäß § 406l auch für Angehörige und Erben von Verletzten (vgl dort).

Unterrichtung des Verletzten über seine Befugnisse außerhalb des Strafverfahrens

406j Verletzte sind möglichst frühzeitig, regelmäßig schriftlich und soweit möglich in einer für sie verständlichen Sprache über folgende Befugnisse zu unterrichten, die sie außerhalb des Strafverfahrens haben:
1. sie können einen aus der Straftat erwachsenen vermögensrechtlichen Anspruch, soweit er nicht nach Maßgabe der §§ 403 bis 406c und des § 81 des Jugendgerichtsgesetzes im Strafverfahren geltend gemacht wird, auf dem Zivilrechtsweg geltend machen und dabei beantragen, dass ihnen für die Hinzuziehung eines anwaltlichen Beistands Prozesskostenhilfe bewilligt wird;
2. sie können nach Maßgabe des Gewaltschutzgesetzes den Erlass von Anordnungen gegen den Beschuldigten beantragen;
3. sie können nach Maßgabe des Opferentschädigungsgesetzes einen Versorgungsanspruch geltend machen;
4. sie können nach Maßgabe von Verwaltungsvorschriften des Bundes oder der Länder gegebenenfalls Entschädigungsansprüche geltend machen;
5. sie können Unterstützung und Hilfe durch Opferhilfeeinrichtungen erhalten, etwa
   a) in Form einer Beratung,
   b) durch Bereitstellung oder Vermittlung einer Unterkunft in einer Schutzeinrichtung oder
   c) durch Vermittlung von therapeutischen Angeboten wie medizinischer oder psychologischer Hilfe oder weiteren verfügbaren Unterstützungsangeboten im psychosozialen Bereich.

1 **1)** Während § 406i die Unterrichtung des Verletzten innerhalb des Strafverfahrens regelt, wird in § 406j die Unterrichtung des Verletzten **außerhalb des Strafverfahrens** erörtert. Auch hier wie in § 406i I gilt, dass die Unterrichtung möglichst frühzeitig, regelmäßig schriftlich und – soweit möglich – in einer für den Verletzten verständlichen Sprache erfolgen soll.

2 **2) Die einzelnen Befugnisse:**
3 **Nr 1:** Auf die Möglichkeit der Geltendmachung von Ansprüchen **auf dem Zivilrechtsweg** samt der dort vorgesehenen Möglichkeit der Beantragung von Prozesskostenhilfe ist hinzuweisen. Dies tritt neben die in § 406i Nr 2a) geregelte Hinweispflicht auf die Zuziehung eines Beistandes und auf die Gewährung von Prozesskostenhilfe und auf die in § 406i Nr 3 vorgeschriebene Hinweispflicht auf das Adhäsionsverfahren nach §§ 403 ff.
4 **Nr 2:** Der Hinweis auf das **Gewaltschutzgesetz** ist notwendig, um dem Verletzten klarzumachen, dass er zum Schutz vor weiteren Beeinträchtigungen den Erlass einstweiliger Anordnungen beantragen kann.
5 **Nr. 3:** Hinweise auf das **Opferentschädigungsgesetz** sind erforderlich, wenn der Verletzte wegen einer durch die Straftat erlittenen schwereren gesundheitlichen Schädigung Versorgungsansprüche nach diesem Gesetz haben kann.

Nr 4: Als **weitere Entschädigungsansprüche** kommen untergesetzliche Entschädigungsmöglichkeiten in Betracht, auf die ebenfalls hinzuweisen ist. So etwa eine Entschädigung für mittellose Nebenkläger für die Auslagen für eine Reise zur Hauptverhandlung nach einer bundeseinheitlichen Verwaltungsvereinbarung von 2006 oder eine Entschädigung für Opfer extremistischer Straftaten aus einem Härtefonds aufgrund eines dahingehenden Beschlusses des Deutschen Bundestags nach Maßgabe einer Richtlinie des Bundesamtes für Justiz (BT-Drucks 56/15 S 36). 6

Nr 5: Schließlich ist auf die Unterstützungs- und Hilfsmöglichkeiten durch **Opferhilfeeinrichtungen** (etwa den „Weißen Ring") hinzuweisen (vgl dazu Böttcher Widmaier-FS 84). Wie solche Unterstützung bzw Hilfe aussehen kann, ist in a) bis c) in Nr 5 dargelegt. Das Gericht muss darauf achten, dass hierdurch eine (bewusste oder unbewusste) Beeinflussung des Inhalts der Aussage des Verletzten unterbleibt (BR-Drucks 178/09 S 64). Die Möglichkeit einer psychosozialen Prozessbegleitung ist jetzt in § 406g geregelt. 7

3) Weitere Informationen folgen aus § 406k I, ein **Absehen von den Unterrichtungs- und Hinweispflichten** ist nach § 406k II zulässig. 8

4) Befugnisse für Angehörige und Erben des Verletzten regelt § 406l. 9

Weitere Informationen

406k I ¹ Die Informationen nach den §§ 406i und 406j sollen jeweils Angaben dazu enthalten,
1. an welche Stellen sich die Verletzten wenden können, um die beschriebenen Möglichkeiten wahrzunehmen, und
2. wer die beschriebenen Angebote gegebenenfalls erbringt.

II ¹ Liegen die Voraussetzungen einer bestimmten Befugnis im Einzelfall offensichtlich nicht vor, kann die betreffende Unterrichtung unterbleiben. ² Gegenüber Verletzten, die keine zustellungsfähige Anschrift angegeben haben, besteht keine schriftliche Hinweispflicht.

1) Eine Unterrichtung darüber, an welche **Wiedergutmachungsdienste** sich die Verletzten wenden können, ist erforderlich, damit sie ihre Rechte auch effektiv wahrnehmen können. Daher schreibt I vor, dass die Unterrichtung in den Fällen der §§ 406i und 406j Angaben dazu enthalten muss, an welche Stellen sich die Verletzten wenden können, und wer die beschriebenen Angebote ggf erbringt. 1

2) Die betreffende **Unterrichtung unterbleibt,** wenn die Voraussetzungen für eine bestimmte Befugnis im Einzelfall offensichtlich nicht gegeben sind (II S 1), so, wenn ein Antrag nach §§ 403 ff offensichtlich nicht in Betracht kommt (vgl auch Amelunxen ZStW 86, 461; Scholz JZ 72, 726 ff). Damit soll ein unnötiger formaler Aufwand vermieden werden. 2

3) Eine **schriftliche Hinweispflicht** unterbleibt, wenn sie nicht unter einer seitens des Verletzten angegebenen Anschrift oder an seinen RA möglich ist (II S 2). Nachforschungen brauchen nicht angestellt zu werden. Von der Mitteilung kann allerdings auch in Masseverfahren mit Hunderten oder Tausenden von Geschädigten abgesehen werden (BT-Drucks 15/1976 S 18 und BR-Drucks 178/09 S 64). Die Verpflichtung zur Erteilung eines *mündlichen* Hinweises bleibt unberührt (BT-Drucks 56/15 S 37). 3

Befugnisse von Angehörigen und Erben von Verletzten

406l § 406i Absatz 1 sowie die §§ 406j und 406k gelten auch für Angehörige und Erben von Verletzten, soweit ihnen die entsprechenden Befugnisse zustehen.

1 Angehörige und Erben: Einige der in §§ 406i I, 406j und 406k aufgeführten Befugnisse stehen auch Angehörigen (§ 395 II Nr 1 sowie § 1 VIII Opferentschädigungsgesetz) und Erben (§ 403) von Verletzten zu. Auch diesen gegenüber bestehen die Hinweispflichten, weil sie als ebenso schutzbedürftig wie die Verletzten selbst anzusehen sind.

Sechstes Buch. Besondere Arten des Verfahrens

Erster Abschnitt. Verfahren bei Strafbefehlen RiStBV 175–179

Vorbemerkungen

1) Ein **summarisches** Strafverfahren ist das Strafbefehlsverfahren (vgl BVerf- **1**
GE 3, 248, 253; BGH 29, 305, 307). Es ermöglicht eine einseitige Straffestsetzung
ohne Hauptverhandlung und Urteil (vgl EGMR NJW 93, 717). Dabei muss die
Schuld des Täters nicht zur Überzeugung des Gerichts feststehen; es genügt hinreichender Tatverdacht (vgl § 408 II S 1; wie hier: Schaal Meyer-GedSchr 427 ff;
Schlüchter 788.5; Geis, Überzeugung beim Strafbefehlserlass? 2000, zugl Diss
Frankfurt aM; **am** KK-Maur 15 zu § 408; KMR-Metzger 24; Müller, Das Strafbefehlsverfahren, 1993, S 76; vgl ferner SK-Weßlau 12 ff und dazu Loos Küper-FS 322). Die beschleunigte Verfahrenserledigung wird also durch eine Herabsetzung der Prüfungsvoraussetzungen erkauft. Auf die Erledigung von Bagatellfällen
ist das Strafbefehlsverfahren dennoch nicht beschränkt. Außer der Festsetzung einer
Geldstrafe bis zu 360, bei Tatmehrheit sogar bis zu 720 Tagessätzen (11 zu § 407),
darf seit der Änderung des § 407 II durch das RpflEntlG sogar Freiheitsstrafe bis zu
einem Jahr verhängt werden, wenn deren Vollstreckung zur Bewährung ausgesetzt
wird (erg 1 zu § 408b). Das vereinfachte Verfahren, in dem inzwischen die Mehrzahl der Strafverfahren abgeschlossen wird (vgl Böttcher Odersky-FS 313; Heinz
Müller-Dietz-FS 271), ist praktisch unentbehrlich (Roxin § 66 A II). Es liegt nicht
nur im Interesse der staatlichen Strafgerichtsbarkeit, die völlig überfordert wäre,
wenn jedes Verfahren durch Hauptverhandlung und Urteil erledigt werden müsste,
sondern auch im Interesse des Beschuldigten, dem durchaus daran gelegen sein
kann, dass ein einfacher Straffall kostensparend, ohne Zeitverlust und ohne Aufsehen erledigt wird (BVerfGE **25**, 158, 164). Die – der gegenseitigen Kontrolle dienende (vgl auch 26 zu § 153) – erforderliche Übereinstimmung von StA und Gericht (11 zu § 408) ist ein unverzichtbarer Bestandteil des Strafbefehlsverfahrens
(**aM** Hausel ZRP **94**, 94). Zur Nebenklage im Strafbefehlsverfahren Metz JR **19**, 67.

2) Eine **vorläufige Entscheidung** ist der Strafbefehl. Der Angeklagte kann sie **2**
durch Nichtanfechtung rechtskräftig werden lassen, aber stets auch durch rechtzeitige Einspruchseinlegung (§ 410 I S 1) die Durchführung der Hauptverhandlung
erzwingen (§ 411 I S 2). Dadurch ist dem Art 6 I **EMRK** genügt (SSW-Momsen 2
zu § 407). Um ein bloßes Unterwerfungsangebot an den Beschuldigten handelt es
sich bei dem Strafbefehl nicht (vgl aber BVerfGE **3**, 248, 253 ff). Vielmehr beruht
auch der Strafbefehl auf einer eigenen richterlichen Tatsachen- und Schuldfeststellung, die sich von derjenigen des gerichtlichen Strafverfahrens nur dadurch unterscheidet, dass sie auf beschränkter schriftlicher Grundlage getroffen wird und dass
ihr nicht die volle richterliche Überzeugung nach § 261 zugrunde liegt. Zur Zulässigkeit einer Vereinbarung zwischen StA und Verteidiger, die Sache durch Strafbefehl zu erledigen, vgl KMR-Metzger 28 ff; Schmidt-Hieber 74 ff.

3) **Rechtshängigkeit** tritt im Strafbefehlsverfahren nach allgM nicht mit der **3**
Stellung des Strafbefehlsantrags, sondern erst mit dem Erlass des Strafbefehls ein
(vgl Zweibrücken MDR **87**, 164; zum Fall des § 408 III S 2 vgl dort 14). Das ist
auch der Standpunkt des Gesetzgebers; denn § 433 I S 2 stellt den Erlass des Strafbefehls der Eröffnung des Hauptverfahrens gleich. Im Strafbefehlsverfahren hat die
Rechtshängigkeit übrigens eine geringere Bedeutung als im gewöhnlichen Strafverfahren; denn Klage und Einspruch können bis zur Verkündung des Urteils im 1. Rechtszug zurückgenommen werden (§ 411 III S 1).

§ 407

4 4) Die **Rechtskraft** des Strafbefehls steht nach § 410 III der eines Urteils gleich (dort 12). Der Strafbefehl verbraucht auch die Strafklage wie ein rechtskräftiges Urteil. Ergeht nach Rechtskraft des Strafbefehls ein Urteil, das dieselbe Tat betrifft, so ist daher der Strafbefehl wirksam, nicht das Urteil.

Zulässigkeit
RiStBV 175–177

407 I ¹Im Verfahren vor dem Strafrichter und im Verfahren, das zur Zuständigkeit des Schöffengerichts gehört, können bei Vergehen auf schriftlichen Antrag der Staatsanwaltschaft die Rechtsfolgen der Tat durch schriftlichen Strafbefehl ohne Hauptverhandlung festgesetzt werden. ²Die Staatsanwaltschaft stellt diesen Antrag, wenn sie nach dem Ergebnis der Ermittlungen eine Hauptverhandlung nicht für erforderlich erachtet. ³Der Antrag ist auf bestimmte Rechtsfolgen zu richten. ⁴Durch ihn wird die öffentliche Klage erhoben.

II ¹Durch Strafbefehl dürfen nur die folgenden Rechtsfolgen der Tat, allein oder nebeneinander, festgesetzt werden:
1. Geldstrafe, Verwarnung mit Strafvorbehalt, Fahrverbot, Einziehung, Vernichtung, Unbrauchbarmachung, Bekanntgabe der Verurteilung und Geldbuße gegen eine juristische Person oder Personenvereinigung,
2. Entziehung der Fahrerlaubnis, bei der die Sperre nicht mehr als zwei Jahre beträgt,
2a. Verbot des Haltens oder Betreuens von sowie des Handels oder des sonstigen berufsmäßigen Umgangs mit Tieren jeder oder einer bestimmten Art für die Dauer von einem Jahr bis zu drei Jahren sowie
3. Absehen von Strafe.

²Hat der Angeschuldigte einen Verteidiger, so kann auch Freiheitsstrafe bis zu einem Jahr festgesetzt werden, wenn deren Vollstreckung zur Bewährung ausgesetzt wird.

III Der vorherigen Anhörung des Angeschuldigten durch das Gericht (§ 33 Abs. 3) bedarf es nicht.

1 1) Im **Verfahren wegen Vergehen vor dem AG** (Strafrichter und SchG) ist das Strafbefehlsverfahren zulässig (I S 1); die Zuständigkeit des SchG hat jetzt aber keine Bedeutung mehr (vgl 5 zu § 408).

2 Dass der **Beschuldigte in Haft** ist, steht dem Strafbefehlsverfahren nicht entgegen; zu prüfen ist dann aber, ob nicht das beschleunigte Verfahren nach § 417 eine schnellere Erledigung ermöglicht (vgl RiStBV 175 IV).

3 Gegen **Jugendliche** darf kein Strafbefehl erlassen werden (§ 79 I **JGG**), gegen Heranwachsende nur, wenn allgemeines Strafrecht angewendet wird (§ 109 II S 1 **JGG**); entspr den Ausführungen oben 1 ist nunmehr stets der Jugendrichter zuständig (§ 108 II **JGG**). Ein unter Verstoß gegen §§ 79 I, 109 II S 1 **JGG** erlassener Strafbefehl ist wirksam (Brunner/Dölling 3; Eisenberg 6; beide zu § 79 JGG; zur Wiederaufnahme des Verfahrens vgl KrG Saalfeld NStE Nr 19 zu § 359). Wird Einspruch eingelegt, so wird der Mangel dadurch geheilt, dass das Jugendgericht, an das die Sache abzugeben ist, Hauptverhandlung anberaumt (Bay **57**, 59 = NJW **57**, 838; Brunner/Dölling aaO).

4 Gegen **Abwesende** (§ 276) wird grundsätzlich kein Strafbefehl erlassen (RiStBV 175 II S 1); denn die öffentliche Zustellung des Strafbefehls wäre unzulässig (21 zu § 409). Hat der Beschuldigte einen Zustellungsbevollmächtigten bestellt (§§ 116a III, 127a II, 132 I Nr 2), so steht jedoch seine Abwesenheit dem Strafbefehlserlass nicht entgegen. Der Strafbefehl kann auch beantragt und erlassen werden, wenn sich der Beschuldigte zwar außerhalb des Geltungsbereichs der StPO aufhält, die Zustellung aber durchführbar erscheint (LG Verden NJW **74**, 2194; LR-Gössel 46 vor § 407).

2) Der **Strafbefehlsantrag der StA (I)** ist eine besondere Form der Erhebung 5
der öffentlichen Klage (S 4); daher müssen die gleichen Voraussetzungen wie für
die Einreichung einer Anklageschrift vorliegen (Bay StV **02**, 356).

Der Strafbefehlsantrag, den im Steuerstrafverfahren (dazu Burkhard StraFo **04**, 6
342) auch die FinB stellen kann (dazu Dißars wistra **97**, 331), die das Ermittlungsverfahren nach § 386 **AO** selbstständig geführt hat (§ 400 **AO**), **muss schriftlich**
gestellt werden (S 1) und, da Strafbefehlsantrag und Strafbefehl übereinstimmen
müssen (11 zu § 408), den für den Strafbefehl in § 409 I Nr 1–6 vorgeschriebenen
Inhalt haben. IdR reicht die StA einen Strafbefehlsentwurf ein und beantragt, einen Strafbefehl mit diesem Inhalt zu erlassen (RiStBV 176).

Bei **mehreren Beschuldigten** genügt ein einheitlicher Antrag (Krüger 7
NJW **69**, 1336); der Richter kann die Verfahren trennen, wenn er das für geboten
hält. Der Strafbefehlsantrag ist auf eine bestimmte Rechtsfolge (dazu unten 10 ff) zu
richten (S 3).

Er setzt, wie die Anklageerhebung (§ 170 I), **genügenden Anlass zur Erhe-** 8
bung der öffentlichen Klage voraus. Der Beschuldigte muss der Tat also hinreichend verdächtig sein (1 zu § 170).

Ferner darf die StA den Strafbefehlsantrag nur stellen, wenn nach dem Ergebnis 9
der Ermittlungen eine **Hauptverhandlung nicht erforderlich** erscheint (S 2).
An dieser Voraussetzung fehlt es, wenn Gründe vorliegen, die den Richter veranlassen können, auf den Antrag keinen Strafbefehl zu erlassen, sondern Hauptverhandlung anzuberaumen (12 zu § 408). Sonst ist die StA nach S 2 zur Antragstellung verpflichtet; sie soll davon nur absehen, wenn die vollständige Aufklärung
aller für die Rechtsfolgenbestimmung wesentlichen Umstände oder Gründe der
Spezial- oder Generalprävention die Durchführung einer Hauptverhandlung geboten erscheinen lassen (RiStBV 175 III S 1). Auf einen Strafbefehlsantrag darf sie
nicht schon deswegen verzichten, weil ein Einspruch des Angeschuldigten zu erwarten ist (RiStBV 175 III S 2; Franzheim JR **91**, 390; **aM** Burkhard StraFo **04**,
344). Der Beschuldigte hat keinen Rechtsanspruch darauf, dass die Sache im Strafbefehlsverfahren erledigt wird (**aM** Freund GA **95**, 18). Wegen der Mitteilungspflichten und -ermächtigungen vgl 29 zu § 200.

3) Die **zulässigen Rechtsfolgen (II)** führt das Gesetz abschließend auf. Die 10
einzige Sicherungsmaßregel, die angeordnet werden darf, ist die Entziehung der
Fahrerlaubnis (S 1 Nr 2). Außerdem sind auch Maßnahmen nach § 20 TierSchG
(S 1 Nr 2a) sowie das Absehen von Strafe möglich (S 1 Nr 3). Seit der Änderung
durch das RpflEntlG (S 2) darf Freiheitsstrafe bis zu einem Jahr mit Strafaussetzung
zur Bewährung festgesetzt werden (abl SK-Weßlau 22 ff; Loos Herrmann-FS 575),
falls der Angeschuldigte einen Verteidiger hat; gegen einen Heranwachsenden ist
die Verhängung von Freiheitsstrafe im Strafbefehlsverfahren aber nach § 109 III
JGG nach wie vor ausgeschlossen (Rieß AnwBl **93**, 54). Zur Einbeziehung einer
OWi vgl § 64 OWiG und RiStBV 280 sowie Mitsch ZIS **11**, 503. Die Festsetzung
einer in II nicht vorgesehenen, sonst aber zulässigen Rechtsfolge führt nicht zur
Nichtigkeit des Strafbefehls (7 zu § 409).

A. **Geldstrafe (§ 40 StGB)** kann nicht nur festgesetzt werden, wenn sie in 11
der Strafvorschrift allein oder neben Freiheitsstrafe angedroht ist, sondern auch,
wenn auf sie nur nach §§ 47 II, 49 II StGB erkannt werden darf. Die Höchstzahl der Tagessätze (§§ 40 I S 2, 54 II S 2 StGB) darf auch im Strafbefehlsverfahren festgesetzt werden. Angegeben werden nur Zahl und Höhe der Tagessätze,
nicht der Gesamtbetrag, der sich für den Beschuldigten aber aus dem Strafbefehlsvordruck enthaltenen Berechnung der insgesamt zu zahlenden Summe ergibt.

Der Hinweis, dass nach § 43 StGB bei Uneinbringlichkeit der Geldstrafe an deren Stelle die **Ersatzfreiheitsstrafe** in Höhe der Zahl der Tagessätze tritt, ist empfehlenswert (LR-Gössel 19); sein Fehlen hat aber keine rechtlichen Folgen (vgl 12
Bremen NJW **75**, 1524).

§ 407

13 Ob **Zahlungserleichterungen** (§ 42 StGB) zu gewähren sind, muss schon die StA bei Antragstellung prüfen; der Richter darf im Strafbefehl keine Zahlungserleichterungen anordnen, die die StA nicht beantragt hat (LR-Gössel 20).

14 Die erlittene **UHaft** und andere Freiheitsentziehungen werden nach § 51 I S 1 StGB angerechnet, ohne dass es bei der Festsetzung der Geldstrafe im Strafbefehl eines besonderen Ausspruchs bedarf. Eine Anordnung nach § 51 I S 2 StGB muss bereits im Strafbefehlsantrag beantragt sein; der Richter darf von dem Antrag insoweit nicht abweichen.

15 B. **Verwarnung mit Strafvorbehalt** (§§ 59–59c StGB): Der Strafbefehlsausspruch kann zB lauten: „Nach den vorliegenden schriftlichen Unterlagen haben Sie ... Es wird Ihnen eine Verwarnung erteilt. Die Festsetzung einer Geldstrafe von 10 Tagessätzen von je 30 € bleibt für den Fall vorbehalten, dass Sie sich nicht bewähren". Zugleich ergeht ein Beschluss über Bewährungszeit und Auflagen nach § 268a I iVm § 59a StGB, bei dem der Richter an den Antrag der StA nicht gebunden ist. Zur Belehrung nach § 268a III S 1 vgl § 409 I S 2.

16 C. Das **Fahrverbot** (§ 44 StGB) ist eine Nebenstrafe, die neben einer Geldstrafe, aber nicht neben der Verwarnung mit Strafvorbehalt angeordnet werden kann (§ 59 III S 2 StGB). Die Dauer des Verbots muss bereits im Strafbefehlsantrag bezeichnet werden; der Richter darf sie nicht abweichend festsetzen. Wegen der Anrechnung der Dauer einer vorläufigen Entziehung der Fahrerlaubnis nach § 51 V S 1 StGB gelten die Grundsätze zu § 51 I StGB (oben 14) entspr. Mit der Anordnung ist die Belehrung nach § 268c zu verbinden (§ 409 I S 2).

17 D. **Einziehung, Vernichtung, Unbrauchbarmachung** (§§ 73 ff StGB ua): Auch die Einziehung des Tatertrages oder des Wertes des Tatertrages nach §§ 73 ff StGB kann im Strafbefehl angeordnet werden. Bis zur Antragstellung erfolgte (vollständige oder teilweise) Schadenswiedergutmachung muss die StA wegen § 73e I StGB im Strafbefehlsantrag berücksichtigen. Im Falle einer laufenden ratenweise Schadenswiedergutmachung liegt daher eine Ausklammerung der Wertersatzeinziehung (§ 73c StGB) nach § 421 III iVm I Nr 3 (dort 10, 15) vor der Beantragung des Strafbefehls nahe (§ 421 I Nr 3, III; insofern zu eng auslegend, Reh NZWiSt **18**, 20 f); für Schadenswiedergutmachung nach Erlass des Strafbefehls, gegen den kein Einspruch erhoben wird, gilt § 459g IV (dort 10; ausführlich 13a zu § 408). Richtet sich die Anordnung der Einziehung gegen einen Dritten, so wird dessen Beteiligung nach § 424 I im Strafbefehlsantrag beantragt und im Strafbefehl angeordnet (15 zu § 424). Der Strafbefehl ergeht in diesem Fall auch gegen den Einziehungsbeteiligten und muss ihm daher nach § 432 I zugestellt werden (16 zu § 409).

18 E. **Bekanntgabe der Verurteilung** (§§ 103 II, 165, 200 StGB): Die Art der Bekanntmachung muss bereits im Strafbefehlsantrag bezeichnet werden; der Strafbefehl muss damit übereinstimmen (KMR-Metzger 14).

19 F. **Geldbuße gegen eine JP oder PV** (§ 30 OWiG): Ihre Höhe muss im Strafbefehlsantrag bezeichnet werden; der Richter darf sie im Strafbefehl nicht abweichend festsetzen. Die Beteiligung wird im Strafbefehlsantrag beantragt und im Strafbefehl angeordnet (§ 444 I S 1). Der Strafbefehl wird auch gegen die Nebenbeteiligte erlassen und muss ihr daher zugestellt werden (16 zu § 409).

20 G. Die **Entziehung der Fahrerlaubnis** (§§ 69–69b StGB) ist mit der Einschränkung zulässig, dass die Sperre nach § 69a I S 1 StGB nicht mehr als 2 Jahre betragen darf. Die Dauer der Sperre muss bereits im Strafbefehlsantrag bezeichnet werden; der Strafbefehl darf davon nicht abweichen. Für die Anwendung des § 69a V S 2 StGB steht der Verkündung des Urteils der Erlass des Strafbefehls gleich, nicht erst seine Zustellung (Hentschel 728).

21 H. Das **Absehen von Strafe** (§ 60 StGB) ist ebenfalls gestattet. Bis zur Einfügung des II S 1 Nr 3 durch das RpflEntlG war die Zulässigkeit dieser Sanktion im Strafbefehlsverfahren str (vgl Mansperger NStZ **84**, 258). Der Angeschuldigte wird dabei einer bestimmten Tat für schuldig gesprochen, zugleich aber auf die Festsetzung einer Strafe verzichtet (vgl BT-Drucks 12/3832 S 42). Im Gegensatz zur Einstellung nach § 153b II trägt der Angeschuldigte hier die Kosten des Verfahrens (Siegismund/Wickern wistra **93**, 93).

I. **Freiheitsstrafe** bis zu einem Jahr ist nunmehr (oben 10; zu den Erfahrungen 22 hiermit vgl Böttcher Odersky-FS 307 ff) unter der doppelten Voraussetzung zulässig, dass sie zur Bewährung ausgesetzt wird und dass der Angeschuldigte einen Verteidiger hat (Rieß AnwBl **93**, 54; vgl im Einzelnen die Erläuterungen zu § 408b). Zugleich mit dem Strafbefehl ergeht ein Beschluss über Bewährungszeit und Auflagen nach § 268a I iVm §§ 56a ff StGB, bei dem der Richter an den Antrag der StA (vgl RiStBV 176 I) nicht gebunden ist.

J. **Allein oder nebeneinander** dürfen die Rechtsfolgen angeordnet werden, 23 nebeneinander aber nur, wenn und soweit das nach sachlichem Strafrecht zulässig ist. Die Feststellung von Nebenfolgen ohne Verbindung mit einer Hauptstrafe, – etwa nach § 76a StGB iVm §§ 435, 436, 439 oder nach 444 III S 1 – ist im Strafbefehlsverfahren, das ein subjektives Verfahren ist, nicht statthaft. Auch die Entziehung der Fahrerlaubnis bei Schuldunfähigkeit des Täters nach §§ 69a I S 1, 71 II StGB kann nicht durch Strafbefehl, sondern nur im Sicherungsverfahren nach § 413 angeordnet werden.

4) **Rechtliches Gehör (III)** wird dem Beschuldigten im Vorverfahren nach 24 § 163a I gewährt, für den III kein keine Ausnahmevorschrift enthält (LR-Gössel 65). Der Beschuldigte hat dabei ausreichend Gelegenheit, sich zu den Schuldvorwürfen zu äußern (vgl BayVerfGH GA **64**, 50; Eser JZ **66**, 660; Koch GA **64**, 174). Ein Strafbefehl ist aber nicht deshalb unwirksam, weil die Vernehmung des Beschuldigten im Ermittlungsverfahren unterblieben ist (Oske MDR **68**, 884). Vor Stellung des Strafbefehlsantrags und vor Erlass des Strafbefehls wird der Beschuldigte nicht nochmals gehört. Sein Anspruch auf rechtliches Gehör ist dadurch verbürgt, dass er gegen den Strafbefehl Einspruch einlegen und dadurch eine Hauptverhandlung erzwingen kann (BVerfGE **3**, 248, 253; **25**, 158, 165 ff; Meurer JuS **87**, 884; krit Eser aaO; **aM** SK-Weßlau 19 vor § 407).

Richterliche Entscheidung über einen Strafbefehlsantrag RiStBV 178

408 I ¹Hält der Vorsitzende des Schöffengerichts die Zuständigkeit des Strafrichters für begründet, so gibt er die Sache durch Vermittlung der Staatsanwaltschaft an diesen ab; der Beschluß ist für den Strafrichter bindend, der Staatsanwaltschaft steht sofortige Beschwerde zu. ²Hält der Strafrichter die Zuständigkeit des Schöffengerichts für begründet, so legt er die Akten durch Vermittlung der Staatsanwaltschaft dessen Vorsitzenden zur Entscheidung vor.

II ¹Erachtet der Richter den Angeschuldigten nicht für hinreichend verdächtig, so lehnt er den Erlaß eines Strafbefehls ab. ²Die Entscheidung steht dem Beschluß gleich, durch den die Eröffnung des Hauptverfahrens abgelehnt worden ist (§§ 204, 210 Abs. 2, § 211).

III ¹Der Richter hat dem Antrag der Staatsanwaltschaft zu entsprechen, wenn dem Erlaß des Strafbefehls keine Bedenken entgegenstehen. ²Er beraumt Hauptverhandlung an, wenn er Bedenken hat, ohne eine solche zu entscheiden, oder wenn er von der rechtlichen Beurteilung im Strafbefehlsantrag abweichen oder eine andere als die beantragte Rechtsfolge festsetzen will und die Staatsanwaltschaft bei ihrem Antrag beharrt. ³Mit der Ladung ist dem Angeklagten eine Abschrift des Strafbefehlsantrags ohne die beantragte Rechtsfolge mitzuteilen.

1) **Zuständigkeitsprüfung (I):** Das AG, bei dem der Strafbefehlsantrag gestellt 1 worden ist, prüft zunächst seine Zuständigkeit. Der Beschuldigte wird dazu nicht gehört, da er noch nicht am Verfahren beteiligt ist.

§ 408

2 A. Bei **örtlicher Unzuständigkeit** lehnt das AG nicht den Strafbefehlsantrag ab, sondern erklärt sich durch Beschluss für unzuständig (KMR-Metzger 4; Schaal Meyer-GedSchr 429; erg 4 zu § 16). Eine Verweisung an das örtlich zuständige Gericht ist nicht zulässig (vgl 5 zu § 16). Gegen den Beschluss hat die StA die Beschwerde nach § 304 I (**aM** LR-Gössel 8: sofortige Beschwerde nach § 210 II).

3 B. Bei **sachlicher Unzuständigkeit** gilt:
4 Hält das AG die **Zuständigkeit des LG oder OLG** für gegeben, so erklärt es sich durch Beschluss für sachlich unzuständig (KK-Maur 8; Schlüchter 788.4; **aM** Rostock NStZ-RR **10**, 382; LR-Gössel 14: Ablehnung des Antrags); § 209 II – so KMR-Metzger 7, dagegen Rostock aaO – ist unanwendbar. Den Beschluss kann die StA mit der Beschwerde nach § 304 I anfechten. Wenn sie begründet ist, verweist das LG die Sache an das zuständige Gericht; ist sie unbegründet, muss die StA nach Verwerfung der Beschwerde Anklage beim zuständigen Gericht erheben (Rostock aaO).

5 Eine **Zuständigkeit des SchG** kann es nach Änderung des § 25 GVG durch das RpflEntlG im Strafbefehlsverfahren nicht mehr geben, da der Strafrichter bei Vergehen nunmehr immer zuständig ist, wenn eine höhere Freiheitsstrafe als 2 Jahre nicht zu erwarten ist; auf die Bedeutung der Sache kommt es nicht mehr an (erg 3 zu § 25 GVG). Da aber durch Strafbefehl höchstens Freiheitsstrafe von 1 Jahr verhängt werden darf (§ 407 II S 2), ist das SchG hier stets unzuständig (LG Stuttgart wistra **94**, 40 mit abl Anm Hohendorf wistra **94**, 294; Siegismund/Wickern wistra **93**, 91).

6 I, der schon früher ohne praktische Bedeutung war, hat daher auch **keine rechtliche Bedeutung mehr.** Lediglich im Fall des § 408a kann das SchG noch einen Strafbefehl erlassen.

7 **2) Ablehnung des Strafbefehlserlasses mangels hinreichenden Tatverdachts** (II): Das AG hat nach II zu prüfen, ob der Beschuldigte der ihm in dem Strafbefehlsantrag vorgeworfenen Tat hinreichend verdächtig ist (dazu 2 zu § 203) ist. Die Überzeugung von der Schuld des Täters braucht sich das Gericht nicht zu verschaffen (1 vor § 407; **aM** Rieß JR **88**, 133). Am hinreichenden Tatverdacht fehlt es nicht nur, wenn der Sachverhalt, der den Schuldvorwurf begründen soll, nicht beweisbar erscheint, sondern auch, wenn er ergibt, dass der Beschuldigte aus Rechtsgründen nicht strafbar ist, oder wenn ein Prozesshindernis (Einl 141 ff) besteht. Hält der Richter den hinreichenden Tatverdacht aus tatsächlichen Gründen nicht für gegeben, so kann er die Akten an die StA mit der Anregung einer weiteren Sachaufklärung zurückgeben (vgl RiStBV 178 III). Zu eigenen Beweiserhebungen ist er entspr § 202 befugt (Peters 563; Schlüchter 790), aber nicht verpflichtet.

8 Das Fehlen des hinreichenden Tatverdachts führt zur Ablehnung des Strafbefehlserlasses durch **Beschluss** (S 1). Das gilt auch für den Fall, dass der Mangel sich nur auf einen von mehreren Schuldvorwürfen bezieht; die Entscheidung kann nur einheitlich getroffen werden. Enthält der Strafbefehlsantrag allerdings mehrere prozessual selbständige Taten, ist eine Teilablehnung zulässig (LG München II NStZ **90**, 452; **aM** KMR-Metzger 15; erg 3 zu § 207). Der ablehnende Beschluss steht nach S 2 dem Beschluss gleich, durch den die Eröffnung des Hauptverfahrens abgelehnt worden ist (§ 204). Er bedarf daher einer Begründung, aus der hervorgehen muss, ob die Ablehnung auf tatsächlichen oder rechtlichen Gründen beruht. Der Beschluss ist der StA, dem Beschuldigten (vgl RiStBV 178 V) und dem Nebenklageberechtigten, der bereits seinen Anschluss erklärt hat, zuzustellen.

9 Die StA kann ihn entspr § 210 II mit der **sofortigen Beschwerde** anfechten, ebenso der Nebenkläger, dessen Anschluss nach § 396 I S 2 mit dem Beschluss über die Ablehnung des Strafbefehlserlasses wirksam geworden ist (8 zu § 400). Das Beschwerdegericht kann nicht nach § 309 II in der Sache selbst entscheiden; denn Strafbefehle kann das LG nicht erlassen. Hält es die angefochtene Entscheidung für unrichtig, so verweist es die Sache daher an das AG zurück, das dann die Wahl hat, den Strafbefehl zu erlassen oder nach III S 2 zu verfahren. Das Beschwerdegericht

Verfahren bei Strafbefehlen § 408

kann ihm insoweit keine Weisungen erteilen (KMR-Metzger 18; Schlüchter 788.5). Solange der Ablehnungsbeschluss nicht aufgehoben worden ist, darf das AG das Verfahren nicht fortsetzen (Karlsruhe Justiz 84, 190).
Bleibt es bei dem Ablehnungsbeschluss oder wird er nicht angefochten, so tritt 10 die **beschränkte Rechtskraftwirkung** nach § 211 ein (vgl BVerfG NJW 95, 124).

3) Erlass des Strafbefehls (III S 1): Das AG erlässt den Strafbefehl, wenn 11 dem keine Bedenken entgegenstehen. Dabei darf es von dem Strafbefehlsantrag inhaltlich nicht abweichen; denn die völlige Übereinstimmung zwischen StA und Gericht ist die Voraussetzung dafür, dass eine Straftat durch Strafbefehl abgeurteilt werden kann (Meurer JuS 87, 882). Die Formulierung des Strafbefehlsantrags darf aber geändert werden. Mangelnde Übereinstimmung macht den Strafbefehl nicht unwirksam (Bay 58, 130; LR-Gössel 39; Rieß JR 89, 438 f).

4) Anberaumung der Hauptverhandlung bei Bedenken gegen den 12 **Strafbefehlserlass (III S 2):** Wenn er Bedenken hat, durch Strafbefehl zu entscheiden, beraumt der Richter eine Hauptverhandlung an, ohne den Erlass des Strafbefehls förmlich abzulehnen. Damit ist der Fall gemeint, dass zwar hinreichender Tatverdacht besteht und der Richter die beantragte Rechtsfolge auch für vertretbar hält, gleichwohl aber die Aburteilung im Beschlussverfahren bedenklich findet. Die Bedenken können sich insbesondere daraus ergeben, dass eine Hauptverhandlung wegen der Bedeutung der Sache geboten oder zur vollständigen Klärung auch der Nebenumstände zweckmäßig erscheint (vgl RiStBV 175 III), dass die Schuldfähigkeit des Beschuldigten fraglich ist (vgl BerlVerfGH NStZ-RR 00, 143) oder dass der Richter sich von dem Angeklagten einen persönlichen Eindruck verschaffen will; allein wegen möglicherweise später noch eintretender schwererer Folgen der Tat darf grundsätzlich der Abschluss des Verfahrens durch Anberaumung einer Hauptverhandlung nicht hinausgezögert werden (LR-Gössel 46; **aM** Saarbrücken JR **69**, 430 mit Anm Koffka; Schaal Meyer-Ged-Schr 429). Dass mit großer Wahrscheinlichkeit ein Einspruch gegen den Strafbefehl zu erwarten ist, steht seinem Erlass nicht entgegen (vgl RiStBV 175 III).

Bei **beabsichtigter Abweichung von dem Strafbefehlsantrag** in rechtlicher 13 Hinsicht oder im Rechtsfolgenausspruch versucht der Richter zunächst eine Einigung mit der StA (Meurer JuS **87**, 885; RiStBV 178 I). Hält es seine Änderungsvorschläge für berechtigt, so stellt sie einen neuen, abgeänderten Strafbefehlsantrag. Lehnt es sie ab (vgl RiStBV 178 II S 2), so beraumt der Richter Hauptverhandlung an; der beantragte Strafbefehl kann dann auch später nicht mehr erlassen werden (erg 3 zu § 408a).

Das gilt auch, wenn eine im Strafbefehl beantragte Anordnung der **Einziehung** 13a **des Tatertrages** (§§ 73, 73a, 73b StGB) oder **des Wertes des Tatertrages** (§ 73c StGB) wegen einer nach dem Strafbefehlsantrag erfolgten oder bekanntgewordenen (Teil-)Schadenswiedergutmachung aufgrund der Ausschlussvorschrift des § 73e I StGB nicht mehr im beantragten Umfang begründet ist. Zum Absehen von der Einziehung aufgrund einer laufenden Schadenswiedergutmachung, vgl 10 f zu § 421; erg 17 zu 407. Ergeben sich Hinweise aus den Akten auf eine (Teil-)Schadenswiedergutmachung, die von der StA übersehen worden sind, kann das Gericht bei der StA weitere Sachaufklärung anregen; es ist aber entspr § 202 auch zu eigenen Beweiserhebungen befugt (erg oben 7). Wird der Strafbefehl mangels Kenntnis des Gerichts von der Schadenswiedergutmachung mit einer unberechtigten – weil zB zu hohen – (Wertersatz-)Einziehung erlassen, kann der vom Strafbefehl betroffene Einziehungsadressat einen auf die Nebenfolge beschränkten Einspruch einlegen (erg 4 zu § 410; 22 zu § 318). Wird der Strafbefehl mit der rechtsfehlerhaften (Wertersatz-)Einziehungsanordnung rechtskräftig, hat die Vollstreckung in diesem Umfang aus Verhältnismäßigkeitsgesichtspunkten nach § 459g V S 1 Alt 2 zu unterbleiben; § 459g IV ist in dieser Fallkonstellation nicht einschlägig, da die Vorschrift aufgrund ihres systematischen Zusammenhangs nur Schadenswiedergutmachungsleistungen nach der letzten tatsächlichen Prüfung er-

Schmitt 1727

§ 408a

fasst (erg 17 zu § 407; 10 zu § 459g). Kritisch zum Ganzen, Reh NZWiSt **18**, 20 f, die allerdings die aus dem Zusammenspiel der materiellen und prozessualen Vorschriften der Vermögensabschöpfung folgende Flexibilität für die Strafjustiz unterschätzt.

14 Die **Vorbereitung der Hauptverhandlung** richtet sich nach den §§ 213 ff. Da ein Eröffnungsbeschluss nicht erlassen wird, muss dem Angeklagten mit der Ladung nach § 214 eine Abschrift des Strafbefehlsantrags, aber ohne die beantragte Rechtsfolge, mitgeteilt werden (S 3). Die Terminsverfügung hat die Wirkung eines Eröffnungsbeschlusses (KK-Maur 25; SK-Weßlau 19; **aM** AG Eggenfelden NStZ-RR **09**, 139). § 411 II ist anwendbar (Bay GA **72**, 367; **aM** KK-Maur 25), damit auch § 420 (**aM** AnwK-Böttger 15); denn es bleibt ein auf einen Strafbefehl eingeleitetes Verfahren (erg 4 zu § 411), zudem ist nicht einzusehen, warum hier strengere Regeln hinsichtlich Vertretung in der Hauptverhandlung und Umfang der Beweisaufnahme gelten sollten, als wenn der Richter den Strafbefehl sogar erlassen hatte. § 411 III S 1 und 2 hinsichtlich der Klagerücknahme sind aber durch § 156 ersetzt (8 zu § 411).

15 **Beschwerde** gegen die Anberaumung der Hauptverhandlung ist ausgeschlossen.

16 5) Die **Einstellung des Verfahrens** nach §§ 153, 153a ist mit Zustimmung der StA und des Beschuldigten zulässig; falls die Ausnahmen des § 153 II S 2 vorliegen, muss der Beschuldigte aber nicht zustimmen. Stellt sich nach Eingang des Strafbefehlsantrags heraus, dass der Beschuldigte nicht auffindbar ist, so muss das Verfahren nach § 205 eingestellt werden (vgl RiStBV 175 II S 2).

Strafbefehlsantrag nach Eröffnung des Hauptverfahrens   **RiStBV 175a**

408a

[I] [1] Ist das Hauptverfahren bereits eröffnet, so kann im Verfahren vor dem Strafrichter und dem Schöffengericht die Staatsanwaltschaft einen Strafbefehlsantrag stellen, wenn die Voraussetzungen des § 407 Abs. 1 Satz 1 und 2 vorliegen und wenn der Durchführung einer Hauptverhandlung das Ausbleiben oder die Abwesenheit des Angeklagten oder ein anderer wichtiger Grund entgegensteht. [2] In der Hauptverhandlung kann der Staatsanwalt den Antrag mündlich stellen; der wesentliche Inhalt des Strafbefehlsantrages ist in das Sitzungsprotokoll aufzunehmen. [3] § 407 Abs. 1 Satz 4, § 408 finden keine Anwendung.

[II] [1] Der Richter hat dem Antrag zu entsprechen, wenn die Voraussetzungen des § 408 Abs. 3 Satz 1 vorliegen. [2] Andernfalls lehnt er den Antrag durch unanfechtbaren Beschluß ab und setzt das Hauptverfahren fort.

1 1) Auch **nach Eröffnung des Hauptverfahrens** lässt die Vorschrift den Erlass eines Strafbefehls zu, damit in geeigneten Fällen stecken gebliebene Verfahren schnell und ohne großen Aufwand erledigt werden können. Der Übergang in das Strafbefehlsverfahren kommt vor allem in Betracht, wenn der Beschuldigte mit bekanntem Aufenthalt im Ausland wohnt, seine Einlieferung zur Durchführung der Hauptverhandlung aber nicht möglich oder nicht angemessen wäre, wenn die Vorführung des möglicherweise weit entfernt wohnenden Angeklagten mit Rücksicht auf die geringe Straferwartung unverhältnismäßig wäre, ferner wenn der unmittelbaren Beweisaufnahme in der Hauptverhandlung erhebliche, die Voraussetzungen des § 251 I Nr 3 aber nicht erfüllende Hinderungsgründe entgegenstehen und der Sachverhalt nach dem Akteninhalt hinreichend geklärt ist (vgl auch RiStBV 175a; krit zu § 408a Fezer Baumann-FS 397; Meurer JuS **87**, 886; Meyer-Goßner NJW **87**, 1166; dazu auch Rieß JR **88**, 134; Schellenberg NStZ **94**, 370). Ist in solchen Fällen damit zu rechnen, dass der Beschuldigte gegen einen Strafbefehl Einspruch einlegen würde, so hätte das Verfahren nach § 408a allerdings keinen Sinn. Daher wird es meist geboten sein, dass sich die StA vor der Stellung eines Strafbefehlsantrags bei dem Beschuldigten oder dem Verteidiger darüber vergewissert, dass sie mit der vereinfachten Verfahrenserledigung einverstanden sind

Verfahren bei Strafbefehlen § 408a

(Kirch, Das Strafverfahren nach dem StVÄG 1987, Diss Köln 1987, S 44; Meyer-Goßner aaO). Zur Akzeptanz der Vorschrift in der Praxis vgl Martin GA **95**, 121 ff; von ihr wird vorwiegend Gebrauch gemacht, wenn der Angeklagte in der Hauptverhandlung nicht erscheint, für ihn aber ein Verteidiger auftritt und eine Verfahrenserledigung durch Strafbefehl möglich erscheint.

2) Durch einen **Strafbefehlsantrag der StA (I),** den das Gericht und der Angeklagte anregen können, wird das Verfahren in das Strafbefehlsverfahren übergeleitet. Der Antrag muss grundsätzlich bei dem erkennenden Gericht schriftlich gestellt werden (Hamburg NStZ **88**, 522); das 1. JuMoG hat nun aber die Möglichkeit eröffnet, in der Hauptverhandlung den Antrag auch mündlich zu stellen, wobei dann aber – wie in § 418 III S 2 – der wesentliche Inhalt des Antrages in das Sitzungsprotokoll aufgenommen werden muss (I S 2). 2

Der Antrag ist nur unter den **Voraussetzungen** des § 407 I S 1, 2 zulässig (S 1). Das Verfahren muss also vor dem Strafrichter oder dem SchG anhängig sein; denn nur das AG ist zum Erlass eines Strafbefehls zuständig. Ferner muss bereits das Hauptverfahren wegen eines Vergehens (**aM** KMR-Metzger 11; Rieß JR **88**, 135: auch wegen Verbrechens, wenn nur der Strafbefehlsantrag die Tat als Vergehen wertet) eröffnet worden sein; denn vorher kann die StA die Klage nach § 156 zurücknehmen und durch einen Strafbefehlsantrag nach § 407 ersetzen. Auch im Fall der nach § 408 III S 2 anberaumten Hauptverhandlung ist die Vorschrift nicht anwendbar (krit Zähres NStZ **02**, 296). Die Vorschrift des § 407 I S 4 gibt im Fall des § 408a keinen Sinn und ist daher nicht anwendbar (I S 3). Dass schon eine Hauptverhandlung stattgefunden hat und unterbrochen oder ausgesetzt werden musste, schließt die Anwendung des § 408a nicht aus. Der Strafbefehlsantrag darf ferner entspr § 407 I S 2 nur gestellt werden, wenn die StA nach dem Ergebnis der Ermittlungen eine Hauptverhandlung oder eine weitere Hauptverhandlung nicht für erforderlich hält. Der Sachverhalt muss also durch die Ermittlungen im Vorverfahren oder durch die Beweisaufnahme in einer ausgesetzten Hauptverhandlung genügend geklärt sein. 3

Schließlich setzt der Strafbefehlsantrag die **Unmöglichkeit der Durchführung einer Hauptverhandlung** – sie braucht nicht gänzlich oder längerfristig unmöglich zu sein (Rieß JR **88**, 135) – wegen Ausbleibens oder Abwesenheit (§ 276) des Angeklagten oder aus anderen wichtigen Gründen, etwa wegen Nichterreichbarkeit eines wichtigen Zeugen, voraus. Der Antrag kann – wie sich aus I S 2 ergibt – nicht nur außerhalb der Hauptverhandlung, sondern auch in ihr gestellt werden. Von einer ordnungsgemäßen Ladung zur Hauptverhandlung hängt die Wirksamkeit des Strafbefehls nicht ab (Köln VRS **99**, 431, 436). 4

3) **Entscheidung des Gerichts (II):** Der Angeklagte braucht vorher nicht gehört zu werden (vgl aber oben 1); ihm muss auch nicht „sein Recht auf Einspruch bekannt sein" (so aber Deckers/Kuschnik StraFo **08**, 420, die jedoch die für den Angeklagten gegebene Möglichkeit der Wiedereinsetzung in den vorigen Stand – vgl 14 zu § 145a aE – übersehen). Die Vorschrift des § 408 ist nicht allgemein anwendbar (I S 3). Der Richter muss dem Strafbefehlsantrag aber unter den gleichen Voraussetzungen entsprechen, unter denen er nach § 408 III S 1 einen Strafbefehl erlassen muss, wenn bei ihm unmittelbar und erstmals ein Strafbefehlsantrag gestellt wird (11 zu § 408). Hat er Bedenken gegen den Strafbefehlserlass (insoweit gelten die Grundsätze 12, 13 zu § 408 entspr), so muss er den Antrag, anders als nach § 408 III S 2, ausdrücklich durch Beschluss ablehnen und das Hauptverfahren fortsetzen (II S 2). Der Beschluss ist nicht anfechtbar. Er bindet aber nicht; verändert sich später die Sach- oder Rechtslage, so kann die StA den Strafbefehlsantrag wiederholen (Meurer JuS **87**, 887; Rieß/Hilger NStZ **87**, 205). Ein Antrag auf Zulassung der Nebenklage steht der Erlass des Strafbefehls nicht entgegen (Metz JR **19**, 67, 71). 5

4) Das **weitere Verfahren** richtet sich nach den §§ 409–412. Der Strafbefehl wird dem Angeklagten, seinem Verteidiger oder Zustellungsbevollmächtigten 6

Schmitt 1729

förmlich zugestellt (16 zu § 409); dem gesetzlichen Vertreter, der StA und dem Nebenkläger wird er formlos mitgeteilt. Der Angeklagte kann durch Einspruchseinlegung nach § 410 I S 1 die Anberaumung einer Hauptverhandlung erzwingen. Für das Einspruchsverfahren gelten die §§ 411, 412 (Düsseldorf NStZ-RR **98**, 180), denn Grundlage der Hauptverhandlung ist der Strafbefehl, nicht die Anklage. Jedoch hat die StA, weil das Hauptverfahren bereits eröffnet war (§ 156), nicht mehr die Möglichkeit, die Klage zurückzunehmen (§ 411 II S 3).

7 **5) Revision.** Bei einem nur mündlich gestellten (oben 2) oder inhaltlich mangelhaften Strafbefehlsantrag sowie bei fehlender Übereinstimmung zwischen Antrag und Strafbefehl (11 zu § 408) liegt kein Verfahrenshindernis vor (Hamburg JR **89**, 169 mit zust Anm Rieß, der auch die Rechtslage bei gänzlich fehlendem Antrag erörtert); das Urteil wird auf diesen Fehlern auch nicht nach § 337 beruhen können (AK-Loos 28; Rieß aaO 173).

Bestellung eines Verteidigers bei beantragter Freiheitsstrafe

408b Erwägt der Richter, dem Antrag der Staatsanwaltschaft auf Erlaß eines Strafbefehls mit der in § 407 Abs. 2 Satz 2 genannten Rechtsfolge zu entsprechen, so bestellt er dem Angeschuldigten, der noch keinen Verteidiger hat, einen Pflichtverteidiger.

1 **1) Anwendungsbereich:** Nur im Fall des § 407 II S 2, also bei Verhängung einer Freiheitsstrafe mit Strafaussetzung zur Bewährung, kommt eine Verteidigerbestellung im Strafbefehlsverfahren in Betracht. Einen nicht-verteidigten Beschuldigten durch Strafbefehl zu einer Freiheitsstrafe zu verurteilen, ist – auch wenn diese zur Bewährung ausgesetzt wird – nicht vertretbar; denn oftmals wird einem Beschuldigten die Gefahr des Widerrufs der Strafaussetzung zur Bewährung nach § 56f StGB mit der Folge, dass er die Freiheitsstrafe verbüßen muss, nicht ohne weiteres bewusst sein (Scheffler GA **95**, 456). Auch über sonstige Folgen, zB den Verlust der Beamtenrechte bei Verurteilung zur Freiheitsstrafe von 1 Jahr, muss er unterrichtet werden (Schlüchter-RpflEntlG 59). Zu den rechtsstaatlichen Bedenken, die ohnehin gegen die Verhängung einer Freiheitsstrafe ohne vorherige Anhörung des Beschuldigten durch einen Richter bestehen vgl Asbrock ZRP **92**, 13; Werle JZ **92**, 795; Fezer Baumann-FS 406; eingehend Tiemer, Die Verteidigerbestellung im Strafbefehls- und beschleunigten Verfahren gemäß §§ 408b, 418 Abs 4 StPO, Diss Göttingen 1998.

2 Das Gesetz zur Neuregelung der notwendigen Verteidigung vom 10.12.2019 (BGBl I 2128) hat nunmehr klargestellt, dass es sich bei der Bestellung nach § 408b um eine **Pflichtverteidigerbestellung** handelt. Außerdem wurde S 2 der Vorschrift, der alleine auf die Pflicht der StA zur Antragstellung im Vorverfahren nach § 141 III S 2 aF verwiesen hatte, aufgehoben. Das bewirkt nach dem Willen des Gesetzgebers, dass im Verfahren nach § 408b grundsätzlich die §§ 141-144 insgesamt zur Anwendung kommen (BT-Drucks 19/13829 S 51). Dies gilt insbesondere für die Auswahl des Pflichtverteidigers (§ 142 V, VI; siehe 6) und die Dauer seiner Bestellung (§ 143; siehe 9-11).

3 **2) Antragstellung:** Will die **StA** im Strafbefehlsverfahren eine Freiheitsstrafe bis zu 1 Jahr mit Strafaussetzung zur Bewährung beantragen – wozu sie nach § 407 I S 2 gehalten ist, wenn sie eine Hauptverhandlung nicht für erforderlich hält –, und hat der Beschuldigte noch keinen Verteidiger, so stellt sie idR mit Übersendung des Strafbefehlsantrages zugleich den Antrag, dem Beschuldigten einen Verteidiger zu bestellen. Der Verteidiger kann theoretisch zwar auch schon früher beigeordnet werden; das ist bei umfangreichen oder schwierigen Verfahren angezeigt, bei denen allerdings von vornherein nicht mit der Verhängung einer über 1 Jahr liegenden Freiheitsstrafe und mit deren Aussetzung zur Bewährung zu rechnen ist.

§ 408b

3) Bestellung: Der **Richter** hat dem Antrag zu entsprechen, falls er die Sache 4
im Strafbefehlsverfahren erledigen will; in den Fällen des § 408 II und III S 2 bedarf
es der Verteidigerbestellung nicht (Rieß AnwBl **93**, 55).
Für einen **Verteidigerwechsel** gilt § 143a (BT-Drucks 19/13829 S 51). Hat der 5
Beschuldigte inzwischen selbst einen Verteidiger gewählt, ist die Bestellung nach
Maßgabe des § 143a I aufzuheben. Die Bestellung eines neuen Pflichtverteidigers
kommt in den Fällen des § 143a II S 1 Nr 1 und 3 in Betracht (9 ff zu § 143a).

4) Auswahl des Verteidigers: Aufgrund der Aufhebung von § 408b S 2 aF ist 6
§ 142 anwendbar (siehe BT-Drucks aaO). Das bedeutet, dass dem Beschuldigten
gemäß § 142 V S 1 Gelegenheit zu geben ist, innerhalb einer zu bestimmenden
Frist einen Verteidiger zu bezeichnen; die Anhörung wird zweckmäßigerweise mit
der Übersendung einer Abschrift des Strafbefehlsantrags verbunden (unter deutlicher
Hervorhebung, dass es sich erst um einen Antrag der StA handelt). Der vom
Beschuldigten bezeichnete RA ist ihm zu bestellen, wenn dem kein wichtiger
Grund entgegensteht (§ 142 V S 3; 42 ff zu § 142); dem Beschuldigten soll damit
auch im Verfahren nach § 408b prinzipiell selbst die Auswahl eines Verteidigers
seines Vertrauens ermöglicht werden (BT-Drucks aaO). Die Auswahl eines Pflichtverteidigers,
den der Beschuldigte nicht bezeichnet hat, erfolgt nach § 142 VI
(55 ff zu § 142). Das Bestellungsverfahren gemäß § 142 V und VI dürfte allerdings
das Strafbefehlsverfahren merklich verzögern und verkomplizieren.

5) Weiteres Verfahren: Dem bestellten Verteidiger sollte eine angemessene 7
Frist (mindestens 2 Wochen) gesetzt werden, in der er sich – nach Rücksprache
mit dem Angeschuldigten – zum Antrag der StA äußern kann (entspr § 201 I). Im
Fall der Beiordnung vor Stellung eines Strafbefehlsantrags muss die Bestellung
den Hinweis enthalten, dass sie wegen der beabsichtigten Erledigung der Sache
durch eine zur Bewährung auszusetzende Freiheitsstrafe von höchstens 1 Jahr erfolgt.

6) Erlass des Strafbefehls: Erheben Angeschuldigter und Verteidiger gegen 8
den Strafbefehl ausdrücklich oder stillschweigend keine Einwendungen und ergeben
sich auch nach der nach § 408 vorzunehmenden Prüfung keine Bedenken
gegen den Antrag, so wird der Strafbefehl nach § 409 erlassen und zugestellt (15 ff
zu § 409). Ein vor Erlass des Strafbefehls geäußerter Verzicht auf einen Einspruch
(§ 410) ist nicht wirksam (14 vor § 296). Werden Einwände gegen den Erlass des
beantragten Strafbefehls erhoben, wird der Richter idR sogleich nach § 408 III S 2
verfahren, falls er nicht selbst zuvor weitere Ermittlungen durchführt oder die StA
um solche bittet (7 zu § 408).

7) Dauer der Bestellung: Hinsichtlich der Dauer der Bestellung des Pflicht- 9
verteidigers gilt ebenfalls die allgemeine Regelung des § 143 I und II (BT-Drucks
aaO).
Der Verteidiger ist zwar **grundsätzlich nur für das Strafbefehlsverfahren** 10
bestellt. Er kann auch insoweit für den Angeklagten wirksam Einspruch einlegen
(§ 410 I, II). Seine Bestellung gemäß § 408b wirkt allerdings nicht automatisch in
der Hauptverhandlung nach § 411 II fort. Ist eine Freiheitsstrafe unter 1 Jahr zu
erwarten, kann die Bestellung nach pflichtgemäßem Ermessen des Gerichts aufgehoben
werden, sofern kein anderer Fall der notwendigen Verteidigung gegeben ist;
das ist sachgerecht, da die Entscheidung nicht mehr im schriftlichen Strafbefehlsverfahren
ergeht, welches den Grund für die Bestellung bildete (vgl BT-Drucks
19/13829 S 51). Allerdings liegt nahe, mit Blick auf den Vertrauensgrundsatz in
einem solchen Fall § 140 II großzügiger als sonst anzuwenden, weil es einem Angeklagten
nur schwer zu vermitteln sein wird, dass er im Strafbefehlsverfahren
einen Verteidiger hat, danach aber nicht mehr.
Ist dagegen eine **Freiheitsstrafe von mindestens 1 Jahr zu erwarten,** wird 11
sich die Fortgeltung der Beiordnung ohnehin bereits regelmäßig aus § 140 II ergeben
(21 ff zu § 140).

§ 409

12 6) **Sofortige Beschwerde** ist nach Maßgabe der §§ 142 VII, 143 III und 143a IV zulässig (BT-Drucks aaO).

13 Ist der Strafbefehl erlassen worden, **ohne dass ein Verteidiger bestellt** wurde oder bevor der bestellte Verteidiger mit dem Beschuldigten Kontakt aufnehmen konnte, bleibt nur die Möglichkeit des Einspruchs (§ 410); die Wirksamkeit des Strafbefehls wird dadurch nicht berührt (AK-Loos 5). Eine Wiedereinsetzung in den vorigen Stand gibt es insoweit nicht, da keine gesetzliche Frist versäumt wurde (KK-Maur 9; **aM** Tiemer [oben 1 aE] S 149).

Inhalt des Strafbefehls   RiStBV 177, 179

409 I ¹Der Strafbefehl enthält
1. die Angaben zur Person des Angeklagten und etwaiger Nebenbeteiligter,
2. den Namen des Verteidigers,
3. die Bezeichnung der Tat, die dem Angeklagten zur Last gelegt wird, Zeit und Ort ihrer Begehung und die Bezeichnung der gesetzlichen Merkmale der Straftat,
4. die angewendeten Vorschriften nach Paragraph, Absatz, Nummer, Buchstabe und mit der Bezeichnung des Gesetzes,
5. die Beweismittel,
6. die Festsetzung der Rechtsfolgen,
7. die Belehrung über die Möglichkeit des Einspruchs und die dafür vorgeschriebene Frist und Form sowie den Hinweis, daß der Strafbefehl rechtskräftig und vollstreckbar wird, soweit gegen ihn kein Einspruch nach § 410 eingelegt wird.

²Wird gegen den Angeklagten eine Freiheitsstrafe verhängt, wird er mit Strafvorbehalt verwarnt oder wird gegen ihn ein Fahrverbot angeordnet, so ist er zugleich nach § 268a Abs. 3 oder § 268c Satz 1 zu belehren. ³ § 267 Abs. 6 Satz 2 gilt entsprechend.

II Der Strafbefehl wird auch dem gesetzlichen Vertreter des Angeklagten mitgeteilt.

1   1) **Notwendiger Inhalt des Strafbefehls (I):**

2   A. Die **Angaben zur Person (S 1 Nr 1)** müssen den Beschuldigten genau bezeichnen (RiStBV 110 II Buchst a). Es ist zulässig, die Angaben in die Anschrift des Strafbefehls einzufügen. Für Nebenbeteiligte gilt das entspr. Mangelhafte Angaben zur Person berühren die Wirksamkeit des Strafbefehls idR nicht. Behauptet die bezeichnete Person nicht der Täter der im Strafbefehl bezeichneten Straftat zu sein, muss sie Einspruch (§ 410) einlegen (LG Berlin NStZ **05**, 119; erg 27 zu § 230).

3   B. **Name des Verteidigers** (S 1 Nr 2): Der Strafbefehlsantrag ist auch insoweit der Anklageschrift (§ 200 I S 2), der Strafbefehl der Urteilsurkunde (§ 275 III) angeglichen.

4   C. Die **Tat und ihre gesetzlichen Merkmale (S 1 Nr 3)** werden schon im Strafbefehlsantrag (5 ff zu § 407) ebenso dargestellt wie im Anklagesatz (§ 200 I S 1), den er ersetzt (Düsseldorf VRS **74**, 278). Denn nach Einspruch gegen den Strafbefehl muss sich aus ihm der verlesbare Anklagesatz ergeben (14 zu § 243; 3 zu § 411). An die Tatkonkretisierung sind grundsätzlich keine geringeren Anforderungen als sonst zu stellen; sie kann sich auch aus einer Gesamtschau von Anklagesatz und sonstigem Inhalt des Strafbefehlsantrags ergeben (BGH NStZ-RR **19**, 187; erg 7, 8 zu § 200). Unerlässlich ist die Angabe, was der Angeklagte zu einer bestimmten Zeit an einem bestimmten Ort getan hat (Düsseldorf NJW **89**, 2145). Die gesetzlichen Merkmale der Tat müssen in verständlicher Weise beschrieben werden; sie dürfen nicht nur formelhaft mit den Worten des Gesetzes bezeichnet werden (RiStBV 177 I S 2). Ein Strafbefehl, der entgegen S 1 Nr 3 die Tat nicht ausreichend beschreibt, insbesondere die Tatzeit mangelhaft oder fehlerhaft angibt, so dass Zweifel über die Identität der Tat bestehen, ist aber wirksam. Nur wenn Einspruch eingelegt ist, fehlt es an einer ausreichenden Verfahrensgrundlage; das Verfahren muss dann wegen Fehlens einer Prozessvoraussetzung eingestellt werden (vgl BGH **23**, 336, 340; Karlsruhe StV **05**, 599; vgl auch Düsseldorf NStZ **91**, 99 zum Steuerstrafverfahren; erg 3 zu § 411). Ein unwirksamer Strafbefehlsantrag begründet keine anderweitige Rechtshängigkeit der betreffenden Tat (BGH NStZ-RR **19**, 187).

D. Die **angewendeten Vorschriften (S 1 Nr 4)** müssen entspr § 260 V S 1 angegeben werden. Dazu gehört auch die (in S 1 Nr 4 nicht genannte) rechtliche Bezeichnung der Tat (13 zu § 200); denn da der Strafbefehl einem Urteil gleichsteht (§ 410 III), ist auch § 260 IV S 1 anzuwenden. Das Fehlen der durch S 1 Nr 4 vorgeschriebenen Angaben gefährdet den Bestand des Strafbefehls nicht. 5

E. Die **Beweismittel (S 1 Nr 5)** müssen so genau bezeichnet werden, dass der Beschuldigte prüfen kann, ob die Tat beweisbar oder ein Einspruch aussichtsreich ist. Dazu gehört bei Zeugen Name und Anschrift (16 zu § 200). Die Bezugnahme auf die polizeiliche Anzeige reicht nicht aus. Das Fehlen der Angabe der Beweismittel ist für das weitere Verfahren bedeutungslos. 6

F. Die **Festsetzung der Rechtsfolgen (S 1 Nr 6)** muss in der Urschrift des Strafbefehls erfolgen (LG Itzehoe SchlHA **66**, 69) und so eindeutig sein, dass aus dem Strafbefehl vollstreckt werden kann. Eine Begründung des Rechtsfolgenausspruchs ist, außer im Fall des I S 3 (unten 11), nicht erforderlich, aber auch nicht unzulässig. Fehlt in dem Strafbefehl die Festsetzung von Rechtsfolgen, so ist er nicht unwirksam (**aM** KMR-Metzger 20); es ist dann nicht zulässig, zu demselben Tatvorwurf einen neuen Strafbefehl zu erlassen (**aM** Düsseldorf wistra **84**, 200; KMR-Metzger 19). Wird gegen den Strafbefehl Einspruch eingelegt, so ist er aber als Verfahrensgrundlage geeignet (Bay **65**, 142). Entsprechendes gilt, wenn in dem Strafbefehl unzulässige Rechtsfolgen festgesetzt sind (Koblenz NStZ-RR **00**, 41; vgl auch Vent JR **80**, 400). 7

G. Die **Kostenentscheidung**, die der Strafbefehl enthalten muss (§ 464 I), lautet idR dahin, dass der Angeklagte die Verfahrenskosten zu tragen hat (§ 465 I). Eine Belehrung über die sofortige Beschwerde nach § 464 III S 1 ist nur bei Anwendung des § 465 II erforderlich (**aM** LR-Gössel 34). Seine notwendigen Auslagen trägt der Angeklagte selbst; ein Ausspruch darüber ist nicht notwendig (10 zu § 464). Zu den notwendigen Auslagen des Nebenklageberechtigten vgl 10a zu § 472. 8

H. Der **Hinweis auf die Einspruchsmöglichkeit (S 1 Nr 7)**, die dafür vorgeschriebene Form und Frist sowie die Rechtsfolgen des § 410 III wird nur dem Angeklagten und den Nebenbeteiligten erteilt. Der gesetzliche Vertreter braucht nicht darauf hingewiesen zu werden, dass er selbst Einspruch einlegen kann. Wird der Hinweis nach S 1 Nr 7 unterlassen, so gilt § 44 S 2 entspr (LR-Gössel 24). Über die Belehrung von Ausländern vgl 9 zu § 35a. 9

J. **Sonstige Belehrungen (S 2)**: Bei Verhängung einer Freiheitsstrafe mit Aussetzung der Vollstreckung zur Bewährung und bei einer Verwarnung mit Strafvorbehalt muss der Bewährungsbeschluss nach § 268a I zugleich mit dem Strafbefehl erlassen (LG Mönchengladbach NStZ-RR **14**, 284) und der Angeklagte zugleich nach § 268a III S 1 belehrt werden. Unterbleibt die Belehrung, so wird sie nach § 453a nachgeholt. Bei Fahrverbot erfolgt die Belehrung nach § 268c S 1. 10

K. **Weitere Feststellungen und Begründungen (S 3):** Die Begründung des Absehens von der Fahrerlaubnisentziehung (S 3) nach § 69 StGB oder der Verhängung einer isolierten Sperre nach § 69a I S 3 StGB ist nötig, weil die Verwaltungsbehörde nach § 4 III S 2 StVG an die Entscheidung im Strafverfahren gebunden ist. Daher bestimmt S 3 die entspr Anwendung des § 267 VI S 2. Eine formelhafte Begründung reicht nicht aus (Nüse JR **65**, 44). 11

§ 409

12   2) Erlass des Strafbefehls:
13   Erlassen ist grundsätzlich nur ein Strafbefehl, der die **Unterschrift** des Richters trägt. Ein Hand- oder Faksimilezeichen genügt, wenn daraus die Person des Richters zweifelsfrei festgestellt werden kann (KG VRS **26**, 445; LR-Gössel 36; vgl auch Saarbrücken NJW **73**, 2041 für den Bußgeldbescheid). Das Fehlen der Unterschrift ist ein wesentlicher Mangel, der zur Unwirksamkeit des Strafbefehls führt (Karlsruhe Justiz **93**, 203); in der Hauptverhandlung muss das Verfahren wegen Fehlens einer Prozessvoraussetzung eingestellt werden (erg 3 zu § 411). Etwas anderes kann höchstens gelten, wenn aus den Akten sicher festgestellt werden kann, dass die Entscheidung die Willensäußerung eines Richters ist (Köln GA **57**, 223; Stuttgart MDR **70**, 68; aM Maywald NJW **62**, 549; vgl auch Bay **61**, 143; erg 7 vor § 33). Ist der Strafbefehl nicht datiert, so berührt das seine Wirksamkeit nicht.
14   Der **Zeitpunkt des Erlasses** richtet sich nach den allgemein für Beschlüsse geltenden Grundsätzen. Aktenmäßig erlassen und damit einspruchsfähig (4 vor § 296) ist der Strafbefehl also, wenn er vollständig niedergelegt und von dem zuständigen Richter unterschrieben ist (5 vor § 33). Mit Außenwirkung erlassen ist er erst an dem Tag, an dem die Geschäftsstelle ihn an eine Person außerhalb des Gerichts herausgibt (9 vor § 33).

15   3) Zustellung:
16   I S 1 Nr 7 geht davon aus, dass der Strafbefehl nach § 35 II S 1 förmlich zugestellt wird, und zwar an den **Angeklagten** oder für ihn an den Verteidiger (§ 145a I) oder den Zustellungsbevollmächtigten (§§ 116a III, 127a II, 132 I S 1 Nr 2), ferner an den Einziehungsbeteiligten (§ 424 I) oder Nebenbetroffenen (§ 438 I), gegen den eine Rechtsfolge ausgesprochen worden ist, oder an seinen bevollmächtigten Vertreter (§ 428 I S 2). Zur Beifügung einer Übersetzung an einen der deutschen Sprache nicht mächtigen Ausländer vgl § 187 GVG und RiStBV 181 II (dazu Großmann NStZ **91**, 218; erg unten 22). Die mündliche Bekanntmachung durch den Richter genügt (entgegen RiStBV 179 I S 1) nicht (SK-Weßlau 23); der Strafbefehl kann aber dem anwesenden Angeklagten ausgehändigt werden.
17   Dem **gesetzlichen Vertreter** braucht der Strafbefehl nur formlos bekanntgegeben zu werden **(II)**.
18   Der **StA** wird er nicht mitgeteilt, weil sie von dem auf ihren Antrag erlassenen Strafbefehl kein Einspruchsrecht hat; sie wird mit der Sache erst wieder befasst, wenn nach Einspruch Termin zur Hauptverhandlung anberaumt oder der Strafbefehl rechtskräftig und vollstreckbar wird (§ 451).
19   Dem **Nebenklageberechtigten** wird der Strafbefehl ebenfalls nicht mitgeteilt; denn er kann keinen Einspruch einlegen und sich dem Verfahren erst anschließen, wenn auf Einspruch des Angeklagten die Hauptverhandlung anberaumt worden ist (§ 396 I S 3). Für die Zustellung, auf die nicht verzichtet werden kann (LG Kaiserslautern GA **58**, 123), gilt § 36 I, nicht § 36 II.
20   **Ersatzzustellung** (6 ff zu § 37) ist, verfassungsrechtlich unbedenklich (BVerfGE **25**, 158; **26**, 315, 319), zulässig (BGH **22**, 52, 55).
21   Unzulässig ist aber die **öffentliche Zustellung,** auch wenn der Beschuldigte schon zur Sache vernommen worden ist (Düsseldorf NJW **97**, 2965; KMR-Metzger 39; Blankenheim MDR **92**, 21).
22   **Unwirksam** ist die Zustellung, wenn die zugestellte Ausfertigung von der Urschrift wesentlich abweicht (Düsseldorf VRS **58**, 41; Oldenburg VRS **32**, 356; 2 zu § 37); ob § 37 III entspr anwendbar ist, ist str (bejahend LG Stuttgart StraFo **14**, 290 mit zust Anm Hinderer; LG Gießen NStZ-RR **15**, 283 L; verneinend LG Ravensburg NStZ-RR **15**, 219; LG Stuttgart NJW-Spezial **16**, 730; erg 30 zu § 37). Die Zustellung muss bei Unwirksamkeit der Zustellung wiederholt werden; erst dadurch wird die Einspruchsfrist nach § 410 I S 1 in Lauf gesetzt.
23   Wird der zugleich mit dem Strafbefehl erlassene **Bewährungsbeschluss** (oben 10) nicht zugleich mit diesem zugestellt, bleibt er gleichwohl rechtmäßig, auch wenn die Zustellung erst nach Ablauf der Einspruchsfrist erfolgte (LG Mönchengladbach NStZ-RR **14**, 284 gegen LG Freiburg StV **94**, 534). Ist der Strafbefehl

rechtskräftig, kann der versäumte Erlass eines Bewährungsbeschlusses nicht mehr nachgeholt werden (LG Aachen StraFo **16**, 302; erg 12 zu § 410).

Einspruch; Form und Frist des Einspruchs; Rechtskraft

410 I ¹ Der Angeklagte kann gegen den Strafbefehl innerhalb von zwei Wochen nach Zustellung bei dem Gericht, das den Strafbefehl erlassen hat, schriftlich oder zu Protokoll der Geschäftsstelle Einspruch einlegen. ² Die §§ 297 bis 300 und § 302 Abs. 1 Satz 1, Abs. 2 gelten entsprechend.

II Der Einspruch kann auf bestimmte Beschwerdepunkte beschränkt werden.

III Soweit gegen einen Strafbefehl nicht rechtzeitig Einspruch erhoben worden ist, steht er einem rechtskräftigen Urteil gleich.

1) **Einspruch (I S 1)** können der Angeklagte und die Nebenbeteiligten (vgl §§ 433 I S 2, 438, 444 II S 2), soweit sie durch den Strafbefehl beschwert sind, innerhalb von 2 Wochen nach der Zustellung des Strafbefehls (dazu München NStZ-RR **16**, 249 mit zust Anm Kulhanek; zur Fristberechnung vgl § 43) schriftlich (Einl 128) oder zu Protokoll der Geschäftsstelle (Einl 131 ff) bei dem Gericht einlegen, das den Strafbefehl erlassen hat, der nicht auf freiem Fuß befindliche Angeklagte auch zu Protokoll des AG des Verwahrungsorts (I S 2 iVm § 299 I). Ein telefonischer Einspruch ist nach hM unwirksam (Zweibrücken StV **82**, 415; erg Einl 140). Der Einspruch, der nicht begründet zu werden braucht, kann schon vor der Zustellung des Strafbefehls eingelegt werden. Der Strafbefehl muss dann aber wenigstens schon erlassen sein (vgl 4 vor § 296; LR-Gössel 7, 8); der verfrüht eingelegte Einspruch wird nicht mit dem nachträglichen Erlass des Strafbefehls wirksam. Für die Einspruchseinlegung durch den Verteidiger und den gesetzlichen Vertreter gelten die §§ 297, 298 entspr (I S 2); auch § 300 ist anwendbar. Zum Erfordernis der Einlegung in deutscher Sprache vgl 2, 2a zu § 184 GVG, zum Fristlauf bei Zustellungen im Ausland, 9a zu § 132. Das weitere Verfahren regelt § 411 I S 2, II–IV.

Die **Zurücknahme** des Einspruchs (**I S 2 iVm § 302 I S 1**) ist in der gleichen 2 Form zulässig wie seine Einlegung (7 zu § 302), in der Hauptverhandlung auch durch eine mündliche – in der Sitzungsniederschrift zu beurkundende – Erklärung gegenüber dem Gericht. Zulässig ist auch die Teilrücknahme, die die nachträgliche Beschränkung auf bestimmte Beschwerdepunkte (unten 4; 2 zu § 302). Der Verteidiger braucht für die Zurücknahme nach I S 2 iVm § 302 II eine ausdrückliche Ermächtigung (Düsseldorf NStZ **10**, 655; 28 ff zu § 302). Für die Zurücknahme des Einspruchs in der Hauptverhandlung gilt § 411 III (dort 9). Mit der wirksamen Zurücknahme des Einspruchs lebt der Strafbefehl als Straferkenntnis wieder auf und erlangt Rechtskraft (unten 8).

Der nach I S 2 iVm § 302 I S 1 schon vor Ablauf der Einspruchsfrist zulässige 3 **Verzicht** auf den Einspruch muss ausdrücklich und in der Form des I erklärt werden. Er liegt nicht darin, dass der Angeklagte die in dem Strafbefehl festgesetzte Geldstrafe bezahlt (Stuttgart DAR **98**, 29; Rostock NZV **02**, 137) oder ein Ratenzahlungsgesuch stellt (Hamm VRS **36**, 217; aM Karlsruhe Justiz **65**, 243).

2) Die **Beschränkung des Einspruchs** auf bestimmte Beschwerdepunkte ist 4 bis zur Verkündung des Urteils im ersten Rechtszug (§ 411 III S 1) in gleichem Maße möglich wie die Beschränkung der Rechtsmittel gegen Urteile nach §§ 318, 344 I (Bay **03**, 18). Wirksam ist also sowohl die Beschränkung des Einspruchs auf eine von mehreren selbstständigen Straftaten (9 ff zu § 318) als auch auf die nachrangigen Teile des Strafbefehlsausspruchs für eine einheitliche Tat (12 ff zu § 318), insbesondere auf die Höhe der Freiheits- oder der Geldstrafe oder auf die Höhe des Tagessatzes (Bay DAR **89**, 371 [B]). Im letzteren Fall kann zugleich oder später erklärt werden, dass Einverständnis mit einer Entscheidung ohne Hauptverhand-

Schmitt

lung durch Beschluss besteht (vgl 2 zu § 411). Die Beschränkung kann aber auch noch in der Hauptverhandlung erklärt werden (9 zu § 411).

5 Wie die Berufungsbeschränkung (16ff zu § 318) ist eine Beschränkung des Einspruchs auf den Rechtsfolgenausspruch **unwirksam**, wenn die Feststellungen zum Schuldspruch so knapp und unzulänglich sind, dass sie keine ausreichende Grundlage für die Prüfung des Rechtsfolgenausspruchs bieten (Bay DAR **04**, 282; Celle NStZ 711, 712; Düsseldorf NStZ-RR **97**, 113; Koblenz NStZ **03**, 617; Schleswig SchlHA **96**, 108 mit Anm Pieper); das ist zB der Fall, wenn das AG trotz eines sehr hohen Blutalkoholgehalts nicht geprüft hat, ob der Angeklagte schuldunfähig iSd § 20 StGB war (Bay **03**, 18). Sonst darf sich das Gericht über die Beschränkung auch dann nicht hinwegsetzen, wenn die rechtliche Würdigung im Strafbefehl unzutreffend ist (München wistra **06**, 395). Wegen der Rechtsfolgen der Beschränkung vgl ferner 31 zu § 318.

6 **Kosten** bei Erfolg des Einspruchs: 1 zu § 473.

7 **3) Rechtskraftwirkung (III):**

8 A. **Zeitpunkt:** Rechtskraft tritt bei unterlassener oder verspäteter Einlegung des Einspruchs mit dem Ablauf der Einspruchsfrist nach I S 1 ein (erg zu im Ausland wohnenden Angeklagten, 9a zu § 132). Sie entsteht schon vorher, wenn der Beschuldigte auf Einlegung des Einspruchs verzichtet (oben 3). Durch den Einspruch verliert der Strafbefehl seine Eigenschaft als aufschiebend bedingtes Straferkenntnis (2 vor § 407). Aber das Straferkenntnis lebt wieder auf bei Zurücknahme des Einspruchs (oben 2) und bei Verwerfung des Einspruchs als unzulässig (§ 411 I) oder nach § 412. Mit der Rechtskraft der Verwerfungsentscheidung wird dann auch der Strafbefehl rechtskräftig. Wird die Wirksamkeit der Rücknahme bestritten, muss das AG hierüber entscheiden, indem es entweder die Wirksamkeit der Rücknahme feststellt (vgl 11a zu § 302) oder das Verfahren fortsetzt (Jena NStZ **07**, 56). Durch nachfolgende weitere und deshalb überflüssige Zustellungen wird keine neue Einspruchsfrist in Lauf gesetzt ((Bamberg NStZ-RR **19**, 93).

9 B. Legt von **mehreren Einspruchsberechtigten** nur einer Einspruch ein, so erlangt der Strafbefehl gegen die übrigen Rechtskraft. Legt nur der Beschuldigte, nicht aber der Betroffene, gegen den nach § 64 OWiG eine Geldbuße wegen einer OWi festgesetzt worden ist, Einspruch ein, so wird die Bußgeldfestsetzung rechtskräftig (Göhler 3 zu § 64 OWiG). Wenn nur der Betroffene Einspruch einlegt, wird das Verfahren als Bußgeldverfahren weitergeführt (Göhler aaO).

10 Legt nur der **Einziehungsbeteiligte, der Nebenbetroffene** oder die **JP oder PV** Einspruch ein, so wird die angegriffene Nebenfolge nicht rechtskräftig. Gegen den Einziehungsbeteiligten oder Nebenbetroffenen findet dann ein Beschlussverfahren entspr §§ 434 II statt (§ 432 II); gegen die bußgeldbeteiligte JP oder PV in sinngemäßer Anwendung der §§ 432 II, 434 II, III (§ 444 II S 2). Der von der Verteidiger oder Vertreter des Verfahrensbeteiligten eingelegte Einspruch steht dabei einem von dem Beschuldigten oder einem anderen Verfahrensbeteiligten selbst eingelegten Einspruch gleich.

11 C. **Volle Rechtskraftwirkung:** Die Rspr hatte früher die Ansicht vertreten, dass die Rechtskraftwirkung des Strafbefehls wegen der nur summarischen Prüfung des Sachverhalts bei seinem Erlass beschränkt werden müsse und dass es zulässig sei, die Tat nochmals unter einem rechtlichen Gesichtspunkt zu verfolgen, der im Strafbefehl nicht berücksichtigt worden ist und eine erhöhte Strafbarkeit begründet (so BGH 28, 69; Bay **76**, 84). Nachdem BVerfGE **65**, 377 diese Rspr schon eingeschränkt hatte, hat das StVÄG 1987 diese Beschränkungen der Rechtskraftwirkung beseitigt.

12 Der nicht mehr anfechtbare Strafbefehl äußert nunmehr die gleiche, nur im Wiederaufnahmeverfahren zu beseitigende **Rechtskraftwirkung wie ein rechtskräftiges Urteil**. Er ist unabänderbar (LG Mannheim NStE Nr 4; LG München II DAR **00**, 87; erg 9ff zu § 268), vollstreckbar (§§ 409 I Nr 7, 449) und verbraucht die Strafklage (Einl 168 ff; 4 vor § 407). Bei beschränktem Einspruch (II) tritt die Rechtskraftwirkung in gleichem Umfang ein, wie sie bei einer beschränkten Berufung oder Revision in Bezug auf die nicht angefochtenen Urteilsteile eintreten würde (Einl 184 ff). Wegen der Besonderheiten des Strafbefehlsverfahrens wird jedoch in § 373a die Wiederaufnahme zuungunsten des Angeklagten, abweichend von § 362, auch dann zugelassen, wenn neue Tatsachen oder Beweise vorliegen, die geeignet sind, die Verurteilung wegen eines Verbrechens zu begründen.

Verwerfung wegen Unzulässigkeit; Termin zur Hauptverhandlung

411 I ¹ Ist der Einspruch verspätet eingelegt oder sonst unzulässig, so wird er ohne Hauptverhandlung durch Beschluß verworfen; gegen den Beschluß ist sofortige Beschwerde zulässig. ² Andernfalls wird Termin zur Hauptverhandlung anberaumt. ³ Hat der Angeklagte seinen Einspruch auf die Höhe der Tagessätze einer festgesetzten Geldstrafe beschränkt, kann das Gericht mit Zustimmung des Angeklagten, des Verteidigers und der Staatsanwaltschaft ohne Hauptverhandlung durch Beschluss entscheiden; von der Festsetzung im Strafbefehl darf nicht zum Nachteil des Angeklagten abgewichen werden; gegen den Beschluss ist sofortige Beschwerde zulässig.

II ¹ Der Angeklagte kann sich in der Hauptverhandlung durch einen Verteidiger mit nachgewiesener Vertretungsvollmacht vertreten lassen. ² § 420 ist anzuwenden.

III ¹ Die Klage und der Einspruch können bis zur Verkündung des Urteils im ersten Rechtszug zurückgenommen werden. ² § 303 gilt entsprechend. ³ Ist der Strafbefehl im Verfahren nach § 408a erlassen worden, so kann die Klage nicht zurückgenommen werden.

IV Bei der Urteilsfällung ist das Gericht an den im Strafbefehl enthaltenen Ausspruch nicht gebunden, soweit Einspruch eingelegt ist.

1) Einen **verspäteten oder sonst unzulässigen Einspruch (I S 1)** verwirft das AG nach Anhörung der StA (§ 33 II) ohne Hauptverhandlung durch Beschluss. Hat es die Unzulässigkeit übersehen und eine Hauptverhandlung durchgeführt, so muss es durch Urteil entscheiden (unten 12). Bleiben Zweifel, ob der Einspruch rechtzeitig war, so wird er als zulässig behandelt (Bay **65**, 142 = NJW **66**, 947; 35 zu § 261). Der Verwerfungsbeschluss enthält keine Kostenentscheidung; § 473 gilt für den Einspruch nicht (dort 1). Gegen den Beschluss ist sofortige Beschwerde nach § 311 zulässig (S 1 Hs 2). Bei unverschuldeter Säumnis kann Wiedereinsetzung nach § 44 auf Antrag oder von Amts wegen (§ 45 II S 2) bewilligt werden. Wird der Wiedereinsetzungsantrag verworfen (§ 46 III), ist gleichzeitig auch der Einspruch zu verwerfen (Celle NStZ-RR **04**, 300: sonst keine Bindungswirkung hinsichtlich der Wirksamkeit der Zustellung).

2) Nach **rechtzeitigem Einspruch (I S 2)** und nach Wiedereinsetzung in den vorigen Stand gegen die Versäumung der Einspruchsfrist wird idR Termin zur Hauptverhandlung anberaumt.

Bei einem **auf die Höhe der Tagessätze** einer festgesetzten Geldstrafe **beschränkten Einspruch** (vgl 4 zu § 410) besteht die Möglichkeit, ohne Hauptverhandlung durch Beschluss (I S 3) zu entscheiden (zust Engelbrecht DAR **04**, 497). Ob das Gericht dies tut oder gleichwohl Hauptverhandlung anberaumt, liegt in seinem pflichtgemäßen Ermessen; eine Hauptverhandlung wird sich jedenfalls dann als notwendig erweisen, wenn die mündliche Anhörung des Angeklagten zur Aufklärung erforderlich ist oder wenn die Beschränkung des Einspruchs auf die Tagessatzhöhe unwirksam ist (5 zu § 410). Die Begründung für die Ausnahmeregelung des I S 3 wird darin gesehen (vgl BT-Drucks 15/3482 S 22), dass bei Erlass des Strafbefehls die persönlichen und wirtschaftlichen Verhältnisse des Angeklagten oftmals nicht genau bekannt sind, insbesondere, wenn er hierzu keine Angaben gemacht hat und das Gericht auf eine Schätzung (§ 40 III StGB) angewiesen war; möglich ist aber auch, dass sich die Verhältnisse des Angeklagten im Laufe des Strafverfahrens

1

2

2a

Schmitt 1737

verändert haben. Falls er seine wirtschaftlichen Verhältnisse durch schriftliche Belege nachweisen kann, kann eine mündliche Verhandlung entbehrlich werden. Voraussetzung dafür ist allerdings die Zustimmung des Angeklagten, des Verteidigers und der StA (wobei letzterer die vom Angeklagten vorgelegten Urkunden zur Kenntnis gebracht werden müssen, vgl Neuhaus StV **05**, 53); die Mitwirkung eines Verteidigers ist aber – anders als zB in § 251 I Nr 1 – nicht zwingend geboten (LG Mosbach NStZ **09**, 176). Das Verfahren wird in der Praxis wohl hauptsächlich Anwendung finden, wenn sich das Gericht mit den Verfahrensbeteiligten zuvor auf die Herabsetzung der Tagessatzhöhe geeinigt hat. Die Vorschrift ist aber auch anwendbar, wenn der Einspruch auf die Gewährung von Zahlungserleichterungen beschränkt ist (AG Kehl NJW-Spezial **15**, 442). Der Beschluss nach I S 3 ist die für die mögliche Bildung einer nachträglichen Gesamtstrafe maßgebliche letzte tatgerichtliche Entscheidung iSd § 55 I StGB (BGH 3 StR 561/19 vom 7.1.2020).

2b **Anders als sonst** im Strafbefehlsverfahren (vgl unten 11) gilt hier das **Verschlechterungsverbot.** Wegen der regelmäßig anzunehmenden vorherigen Einigung der Verfahrensbeteiligten mit dem Gericht wird dieses Verbot ebenso wie die Möglichkeit der sofortigen Beschwerde (§ 311) gegen den Beschluss ohne wesentliche praktische Bedeutung bleiben. Falls aber Beschwerde eingelegt wird und das Beschwerdegericht sie für begründet erachtet, wird es idR gemäß § 309 II die Tagessatzhöhe selbst festsetzen können. Dabei wird das Verschlechterungsverbot auch insofern Geltung beanspruchen, dass das Beschwerdegericht eine im Beschluss des Erstgerichts erfolgte Herabsetzung der Tagessatzhöhe gegenüber der im Strafbefehl verhängten Strafe nicht seinerseits wieder heraufsetzen darf; denn die herabgesetzte Strafe ist auch als „Festsetzung im Strafbefehl" iSd I S 3 anzusehen.

3 **3) Für die Hauptverhandlung** gelten die allgemeinen Vorschriften der §§ 213 ff. Die Zuziehung eines 2. Richters beim AG ist ausgeschlossen (6 zu § 29 GVG). Der Strafbefehlsantrag ersetzt die Anklage, der Strafbefehl übernimmt die Funktion des Eröffnungsbeschlusses (BGH **23**, 280; Düsseldorf VRS **74**, 278; NStE Nr 1 zu § 19; Zweibrücken MDR **87**, 164; einschr LR-Gössel 37 zu § 408: nur einzelne Wirkungen des Eröffnungsbeschlusses). Ist er mangelhaft, so kann er ebenso wenig wie ein mangelhafter Eröffnungsbeschluss (11 zu § 207) Grundlage des weiteren Verfahrens sein (vgl BGH **23**, 336; Bay **60**, 122; LR-Gössel 18; **aM** Bay **61**, 143: Verfahrensgrundlage ist Strafbefehlsantrag). In der Hauptverhandlung verliest der StA nach § 243 III S 1 als Anklagesatz die sich aus Strafbefehlsantrag und Strafbefehl ergebende Beschuldigung (14 zu § 243). Danach wird festgestellt, dass der Einspruch form- und fristgerecht eingelegt ist.

4 **4) Vertretung (II S 1):** Der Angeklagte kann sich in der Hauptverhandlung durch einen Verteidiger vertreten lassen. Das Erscheinen des Vertreters ermöglicht aber nicht die Verhandlung in Abwesenheit des Angeklagten, der seinen Willen, an der Hauptverhandlung teilzunehmen, deutlich zum Ausdruck gebracht hat (Karlsruhe StV **86**, 289). Die Vertretungsmöglichkeit gilt nach allgM (vgl LR-Gössel 35) auch im Berufungsrechtszug (zur Entwicklung, Begründung und Rechtfertigung dieser Ansicht – Strafbefehlsverfahren als selbständige, besondere Verfahrensart – Meyer-Goßner Meurer-GS 427) und im ganzen folgenden Verfahren, auch nach Urteilsaufhebung und Zurückverweisung der Sache durch das Revisionsgericht. Die Anordnung des persönlichen Erscheinens des Angeklagten nach § 236 hebt sein Recht, sich vertreten zu lassen, nicht auf (Bay aaO; Dresden StraFo **05**, 299; Düsseldorf NStZ-RR **98**, 180; Frankfurt StV **83**, 268; Karlsruhe NStZ **83**, 43; erg 14 zu § 329); der Erlass eines Vorführungs- oder Haftbefehls wird dadurch zwar nicht ausgeschlossen, wird aber idR unverhältnismäßig sein (KG NJW **07**, 2345; NStZ-RR **14**, 378; LG Berlin VRS **118**, 364; LG Essen StraFo **10**, 27; **aM** LR-Becker 4 zu § 236: stets unzulässig; erg 19 zu § 230) und kann uU einen Befangenheitsantrag (§ 24) begründen (Schmuck/Leipner StraFo **12**, 95).

5 Die wirksame Vertretung setzt grundsätzlich eine **schriftliche Vertretungsvollmacht** voraus; spätere schriftliche Bestätigung einer mündlich erteilten Vollmacht genügt (Saarbrücken NStZ **99**, 265; vgl im Einzelnen 5 ff zu § 234).

§ 411

Das gilt auch für den Pflichtverteidiger (Hamm StV **97**, 404 L). Eine von dem vertretungsberechtigten Verteidiger einem anderen RA erteilte Untervollmacht (11 vor § 137) bedarf dagegen nicht der Schriftform (7 zu § 234). Zu den **Befugnissen des Vertreters** vgl 8 ff zu § 234. Er darf den Angeklagten **6** in der Erklärung und im Willen vertreten, insbesondere dessen Einlassung vortragen (Hamm JMBlNW **64**, 214). Ebenso wenig wie der Angeklagte braucht er aber Erklärungen zur Sache abzugeben (KG VRS **33**, 448; Köln StV **93**, 292 mwN) oder Anträge zu stellen (Celle NStZ-RR **09**, 352 L). Der Angeklagte ist daher auch dann ordnungsgemäß vertreten, wenn der Vertreter in der Verhandlung schweigt (KG StraFo **10**, 427), oder wenn er zwar erklärt, dass er keine Informationen erhalten habe, gleichwohl aber zur Sache verhandelt (Düsseldorf MDR **58**, 623; Köln NJW **62**, 1735 mit abl Anm Blei NJW **62**, 2024; LG Verden NJW **74**, 2195; Baumhaus NJW **62**, 2337), nicht aber, wenn er keine Erklärungen abgibt und nur die Aussetzung der Hauptverhandlung beantragt (KG JR **85**, 343; Zweibrücken JBlRP **01**, 141; Meyer-Goßner NStZ **81**, 113; erg 16 zu § 329).

5) Anwendung des § 420 (II S 2): In der Hauptverhandlung gilt das verein- **7** fachte Beweisaufnahmeverfahren wie im beschleunigten Verfahren. Das bedeutet, dass nach § 420 I, II mit Einverständnis des Angeklagten, des Verteidigers und des StA entgegen § 250 die Vernehmung eines Zeugen, Sachverständigen oder Mitbeschuldigten durch Verlesung von Niederschriften über eine frühere Vernehmung oder von einer schriftlichen Äußerung der Beweisperson ersetzt und über § 256 hinaus Erklärungen einer Behörde oder eines Behördenangehörigen verlesen werden dürfen (vgl 4 ff zu § 420). Soweit nicht ausnahmsweise das SchG nach § 408a den Strafbefehl erlassen hat (vgl 5 zu § 408), bestimmt das Gericht unbeschadet des § 244 II den Umfang der Beweisaufnahme (§ 420 IV; erg 9, 10 zu § 420). Auch im Berufungsverfahren gelten über II S 2 die Vorschriften des § 420 I–III, nicht jedoch § 420 IV (Meyer-Goßner Meurer-GS 430; str, erg 12 zu § 420).

6) Die Zurücknahme der Klage (III) ist ohne Beschränkungen möglich, so- **8** lange der Strafbefehl noch nicht erlassen ist. Danach kann die Klage nur zurückgenommen werden, wenn der Angeklagte einen zulässigen Einspruch eingelegt hat (KMR-Metzger 19; SK-Weßlau 26; **aM** Karlsruhe NStZ **91**, 602 mwN und abl Anm Mayer NStZ **92**, 605). Wenn der Einspruch nach § 410 II auf den Rechtsfolgenausspruch beschränkt ist, so dass der Schuldspruch Rechtskraft erlangt hat, ist die Zurücknahme der Klage nicht möglich (vgl auch 6 zu § 302). Für den Fall, dass auf unbeschränkten Einspruch des Angeklagten eine Hauptverhandlung stattfindet, erweitert III die Möglichkeit, die Klage zurückzunehmen (§ 156), bis zum Beginn der Urteilsverkündung (§ 268 II S 1) im 1. Rechtszug. Bei Zurückweisung der Sache durch das Revisionsgericht lebt die Rücknahmemöglichkeit wieder auf (s unten 9). Nach Beginn der Hauptverhandlung (vgl 2 zu § 303) ist die Zurücknahme nur mit Zustimmung des Angeklagten möglich (III S 2 iVm § 303 S 1). Der Zustimmung des Nebenklägers bedarf es nicht, da er kein Gegner der StA ist (III S 2 iVm § 303 S 2). Die Zurücknahme der Klage versetzt das Verfahren in den Stand des Ermittlungsverfahrens zurück (2 zu § 156) mit der Folge, dass der Strafbefehl seine Wirkung verliert (Bay VRS **45**, 384). Ein gerichtlicher Einstellungsbeschluss ist nicht erforderlich, auch nicht in der Hauptverhandlung (LR-Gössel 47). Die Kostenentscheidung ergeht nach § 467a. In den Fällen des § 408 II S 1, III S 2 gilt nicht III, sondern § 156 (dort 3). War der Strafbefehl nach § 408a erlassen worden, so ist die Zurücknahme der Klage überhaupt ausgeschlossen (3).

7) Die Zurücknahme des Einspruchs (III) und die Teilrücknahme durch **9** nachträgliche Beschränkung (4 zu § 410) ist ebenfalls bis zur Verkündung des Urteils im 1. Rechtszug zulässig, nach Beginn der Hauptverhandlung (vgl 2 zu § 303) aber nur mit Zustimmung der StA (III S 2 iVm § 303 S 1). Auch hier bedarf es der Zustimmung des Nebenklägers nicht (III S 2 iVm § 303 S 2). Kommt es nach Zurückverweisung der Sache durch das Revisionsgericht zu einer neuen Hauptverhandlung im 1. Rechtszug, so ist die Einspruchsrücknahme (und die Beschrän-

§ 411

kung des Einspruchs) erneut bis zum Beginn der Urteilsverkündung zulässig (Bay GA **82**, 325; Hamm MDR **80**, 161; LR-Gössel 51; Groth NStZ **83**, 9; Meurer JuS **87**, 884; **aM** LG München II NJW **81**, 65; Peters 564; erg 6 zu § 302; 2 zu § 303). Die wirksame Zurücknahme erledigt den Einspruch (erg 7 zu § 303). Der Strafbefehl lebt, ohne dass es einer weiteren Erklärung bedarf, als Straferkenntnis wieder auf und erlangt Rechtskraft (8 zu § 410).

10 8) Das **Urteil (IV)** ergeht unabhängig von dem Strafbefehl, wenn gegen ihn in vollem Umfang Einspruch eingelegt oder der Einspruch auf eine von mehreren Verurteilungen beschränkt worden ist. Es wird also nicht der Strafbefehl aufgehoben oder aufrechterhalten, sondern der Angeklagte verurteilt oder freigesprochen oder das Verfahren eingestellt; der Strafbefehl wird nicht erwähnt. Anders ist es, wenn der Angeklagte den Einspruch auf den Rechtsfolgenausspruch beschränkt hat. Dann hat der Richter den Schuldausspruch des Strafbefehls, an den er gebunden ist, für sein Urteil vorauszusetzen und nicht etwa durch Aufnahme in den Urteilsausspruch zu bestätigen. Der Schuldspruch wird also in dem Urteil nicht wiederholt, sondern in Bezug genommen (**aM** AG Braunschweig MDR **87**, 1049). Der Urteilsausspruch lautet etwa: „Der Angeklagte wird wegen des in dem Strafbefehl vom … bezeichneten Diebstahls zu einer Geldstrafe von … verurteilt." Die Kostenentscheidung des Urteils wird unabhängig vom Strafbefehl nach §§ 465, 467 getroffen; § 473 gilt nicht (erg 1 zu § 473).

11 Bei dem Erlass des Urteils auf zulässigen Einspruch des Angeklagten gilt das **Verbot der Schlechterstellung** nach §§ 331, 358 II **nicht** (KG VRS **17**, 285, 289; Hamm VRS **41**, 302; SK-Weßlau 39), auch wenn die Hauptverhandlung keinen schwerer wiegenden Sachverhalt ergeben (Stuttgart StV **07**, 232 mwN; **aM** Esser StV **07**, 235; Ostler NJW **68**, 486) oder wenn der gesetzliche Vertreter Einspruch eingelegt hat (KMR-Metzger 32; **aM** SK-Weßlau 40; SSW-Momsen 17). Das Gericht kann nicht nur den Schuldspruch ändern, sondern auch ohne vorherigen Hinweis an den Angeklagten (Hamm NJW **80**, 1587; VRS **63**, 56) die Freiheitsstrafe oder die Geldstrafe (Anzahl oder Höhe der Tagessätze oder beides) erhöhen (ob dies auch im Bußgeldverfahren bei Verdoppelung des Regelsatzes des Bußgeldes gilt, ist str; verneinend Hamm DAR **10**, 99 mit abl Anm Sandherr; vgl auch KG NZV **15**, 355), und Nebenfolgen festsetzen, die im Strafbefehl nicht enthalten waren. Auch der Wegfall der im Strafbefehl angeordneten Strafaussetzung zur Bewährung ist zulässig; hier erfordert aber der Grundsatz des fairen Verfahrens (Einl 19) einen vorherigen Hinweis an den Angeklagten, dass er hiermit rechnen müsse, weil ihn dies zu einer besonderen Prüfung veranlassen wird, ob er den Einspruch lieber zurücknehmen soll. Die Gründe einer solchen Strafverschärfung sollten in dem Urteil dargelegt werden (Zweibrücken MDR **67**, 236); rechtlich notwendig ist das nicht.

12 Hat das AG die Hauptverhandlung durchgeführt, obwohl der **Einspruch unzulässig** ist, so wird die nach I gebotene Verwerfung in der Hauptverhandlung durch Urteil mit der Kostenentscheidung nach § 465 nachgeholt (Bay **61**, 195; Hamm VRS **41**, 381). Das Urteil kann mit den üblichen Rechtsmitteln angefochten werden (Bay aaO). Ein auf einen unzulässigen Einspruch erlassenes Sachurteil hebt das Rechtsmittelgericht auf Berufung oder Revision eines Prozessbeteiligten von Amts wegen auf; gleichzeitig verwirft es den Einspruch als unzulässig (BGH **13**, 306; **18**, 127; **26**, 183; Bamberg NStZ-RR **19**, 93; Düsseldorf JR **86**, 121; Hamm NStZ-RR **10**, 21). Dabei gilt das Verbot der Schlechterstellung nicht; entgegen der verfehlten Ansicht von BGH **18**, 127 (wo rechtskräftige und nichtrechtskräftige Entscheidungen unzutr gleichgesetzt werden), der die ganz hM gefolgt ist (zB Hamm NJW **70**, 1092, 1093; LR-Franke 20 zu § 358), ist also, wenn das AG auf den unzulässigen Einspruch die Strafe herabgesetzt hatte, der Strafbefehl *nicht* „mit der Maßgabe aufrechtzuerhalten, dass die ermäßigte Strafe festgesetzt ist" (so aber BGH aaO; München NJW **08**, 1331 mit abl Anm Meyer-Goßner); denn Rechtskraft geht vor Verschlechterungsverbot und nicht umgekehrt (eingehend dazu Meyer-Goßner Pv 72ff; **aM** LR-Gössel 8 und MüKoStPO-

Kudlich Einl 402 wegen des Vertrauensschutzes, aber das Vertrauen in einen – noch dazu ungerechtfertigten – Vorteil kann nicht die Rechtskraft beseitigen; erg 4a zu § 331). Auch bei Vorliegen eines Wiedereinsetzungsantrages gegen die Versäumung der Einspruchsfrist kommt eine Zurückverweisung an das AG durch das LG nicht in Betracht (Bay **88**, 134 = JR **90**, 35 mit zust Anm Wendisch), auch nicht durch das Revisionsgericht (vgl 2 zu § 46). Erlangt das trotz der Rechtskraft des Strafbefehls ergangene Urteil Rechtskraft, so ist es wirksam (BGH **13**, 306, 309; Bay **53**, 34).

Ein Sach- oder ein Verwerfungsurteil, das trotz **Zurücknahme des Einspruchs** ergangen ist, muss auf ein Rechtsmittel des Angeklagten aufgehoben werden (Düsseldorf VRS **79**, 120); dabei ist zur Klarstellung die Rechtskraft des Strafbefehls ab Einspruchsrücknahme festzustellen. Die Rechtsmittelkosten und die notwendigen Auslagen des Angeklagten ab Einspruchsrücknahme müssen der Staatskasse auferlegt werden (Hamm VRS **43**, 112; LR-Gössel 11, 12). **13**

Wurde der Einspruch in der Hauptverhandlung **fehlerhaft als unzulässig verworfen**, wird das Urteil (oben 1) aufgehoben und die Sache an das AG zurückverwiesen (KK-Paul 7 zu § 328; Meyer-Goßner NJW **87**, 1163; erg 10 zu § 412). **14**

Dasselbe gilt, wenn **keine wirksame Vertretungsvollmacht (II S 1)** bestanden hat (Saarbrücken NStZ **99**, 265). **15**

Die **Zustellung des Urteils** kann auch im Fall des II nach § 145a I an den Verteidiger erfolgen (Bay **66**, 63; Braunschweig NJW **65**, 1194); die Rechtsmittelfrist beginnt aber bereits mit der Verkündung des Urteils zu laufen (§§ 314 II, 341 II). **16**

Ausbleiben des Angeklagten; Einspruchsverwerfung

§ 412
¹§ 329 Absatz 1, 3, 6 und 7 ist entsprechend anzuwenden. ²Hat der gesetzliche Vertreter Einspruch eingelegt, so ist auch § 330 entsprechend anzuwenden.

1) Bei unentschuldigtem Ausbleiben des Angeklagten in der auf seinen Einspruch anberaumten Hauptverhandlung, also nicht im Fall des § 408 III S 2, ist § 329 I, III, VI, VII entspr anzuwenden (S 1), bei Einspruch des gesetzlichen Vertreters auch § 330 (S 2). Liegen die Voraussetzungen dieser Vorschriften vor, so muss der Einspruch verworfen werden (zwingende Folge, vgl Bay **03**, 155 = wistra **04**, 117 mwN), auch dann, wenn sie erst nach Beginn der Verhandlung zur Sache festgestellt werden (LG München I NStZ **83**, 427). **1**

A. **Voraussetzung** der Einspruchsverwerfung ist in 1. Hinsicht ein zulässiger Einspruch gegen den Strafbefehl; die Verwerfung des Einspruchs als unzulässig (§ 411 I S 1) hat den Vorrang (vgl 7 zu § 329). Weitere Voraussetzungen sind das Vorliegen eines wirksamen Strafbefehls (Hamm JMBlNW **52**, 222) und die ordnungsgemäße Ladung des Angeklagten (9 ff zu § 329) mit einer Belehrung über die Rechtsfolge des § 412 (Bay **62**, 6; Hamburg MDR **76**, 1041; Köln NJW **69**, 246), die bei einer neuen Ladung wiederholt werden muss (Bremen MDR **68**, 1031), nicht aber die Einhaltung der Ladungsfrist (11 zu § 329); ferner muss der Strafbefehl wirksam zugestellt und nicht nur formlos mitgeteilt sein (Bay NStZ-RR **99**, 243; Karlsruhe StV **95**, 8; LG Bonn MDR **74**, 863; **aM** Zweibrücken NStZ **94**, 602, dessen Auffassung, dies sei zum Schutz des Angeklagten nicht erforderlich, nicht zu überzeugen vermag; ebenso aber für den Fall des § 408a Köln VRS **99**, 431). Ob im Strafbefehl das materielle Recht richtig angewendet wurde, wird ebenso wenig geprüft wie das Vorliegen der Prozessvoraussetzungen (vgl 8 zu § 329); wenn das Verfahrenshindernis allerdings erst *nach* Erlass des Strafbefehls eingetreten ist (zB Rücknahme des Strafantrags) ist nach § 260 III, nicht nach § 412 zu verfahren (AK-Loos 7; Meyer-Goßner Pv 45 ff; **aM** Celle NStZ-RR **12**, 75; KK-Maur 12 mwN: stets Einstellung des Verfahrens). **2**

§ 412

3   B. Bei **Beginn der Hauptverhandlung oder später** muss der Angeklagte ausgeblieben sein (vgl § 329 I S 1 und 2). Wie in der Berufungsverhandlung muss auch in der Verhandlung auf den Einspruch mit dem Verwerfungsurteil einige Zeit abgewartet werden (RG **61**, 175, 177; Bay **59**, 250 = NJW **59**, 2224), üblicherweise 15 Minuten, wenn besondere Erschwernisse in den Verkehrsverhältnissen nicht bekannt sind (erg 13 zu § 329).

4   Die Verwerfung ist **auch zulässig,** wenn eine Verhandlung ausgesetzt und dann eine neue Verhandlung auf den Einspruch anberaumt worden war oder wenn sie stattfindet, nachdem gegen das Verwerfungsurteil entspr § 329 VII Wiedereinsetzung bewilligt worden war (3 zu § 329). § 412 ist unanwendbar, wenn nach Zurückverweisung der Sache durch das Revisionsgericht neu verhandelt wird (§ 329 I S 4), sofern nicht bereits das aufgehobene Urteil den Einspruch nach § 412 verworfen hatte (Zweibrücken VRS **51**, 365; erg 4 zu § 329).

5   C. Das **Erscheinen eines Vertreters** hindert das Verwerfungsurteil, auch wenn das persönliche Erscheinen des Angeklagten angeordnet worden war (4 zu § 411). Wie im Fall des § 329 I muss der Vertreter aber nicht nur körperlich anwesend, sondern auch bereit sein, den Angeklagten zu vertreten (16 zu § 329; 6 zu § 411). War der Vertreter nicht erschienen, so ist ein Verwerfungsurteil ausgeschlossen, wenn er vor der Hauptverhandlung deren Aussetzung wegen Nichteinhaltung der Ladungsfrist (Köln VRS **71**, 449) oder wegen Verhinderung (Bay NStZ-RR **02**, 79) beantragt hat. War das persönliche Erscheinen des Angeklagten angeordnet worden, so hat das Gericht die Wahl, ohne ihn zu verhandeln oder sein Erscheinen entspr § 329 III zu erzwingen (Celle NJW **70**, 906; Hamburg NJW **68**, 1687; Küper NJW **69**, 493; 8 zu § 236).

6   D. **Nicht genügend entschuldigt** muss das Ausbleiben des Angeklagten sein. Insoweit gelten die gleichen Grundsätze wie bei § 329 I (dort 21 ff).

7   2) Die **Vorführung oder Verhaftung** des Angeklagten ist nur unter den gleichen eingeschränkten Voraussetzungen zulässig wie nach § 329 III (dort 45; LG Zweibrücken VRS **112**, 40).

8   3) Für das **Verwerfungsurteil** gelten die gleichen Grundsätze wie für das Urteil nach § 329 I (dort 30 ff). Eine Kostenentscheidung unterbleibt, weil § 473 für den Einspruch nicht gilt (dort 1). Dem ausgebliebenen Angeklagten ist das Urteil durch Zustellung bekanntzumachen (§ 35 II S 1). Ersatzzustellung ist zulässig (25 und 26 zu § 232); auch § 145a ist anwendbar (Bay **66**, 63).

9   **Wiedereinsetzung** gegen das Urteil kann entspr § 329 VII bewilligt werden (dort 40 ff).

10 4) Die **Berufung** gegen das Verwerfungsurteil ist stets zulässig. Sie bedarf auch dann nicht der Annahme nach § 313, wenn im Strafbefehl nur eine Geldstrafe von nicht mehr als 15 Tagessätzen verhängt oder vorbehalten ist (Hettenbach [2 zu § 313] S 64; denn § 313 setzt eine Verhandlung am AG zur Sache voraus. Auf die Berufung wird geprüft, ob die Voraussetzungen für die Verwerfung vorgelegen haben. Dabei muss neues Tatsachenvorbringen des Beschwerdeführers berücksichtigt werden (Bay **53**, 51; **01**, 14; Hamm VRS **23**, 299); dafür gilt das Strengbeweisverfahren (Naumburg NStZ-RR **01**, 87). Bei erfolgreicher Berufung wird das Urteil des AG aufgehoben und die Sache an das AG zurückverwiesen (BGH **36**, 139). Hat das AG ein Sachurteil erlassen, anstatt nach § 412 zu verfahren, hebt das LG auf Berufung das Urteil auf und verweist die Sache zur Einspruchsverwerfung an das AG zurück (LG München I NStZ **83**, 427; HK-GS/Andrejtschitsch 10; **aM** KK-Maur 17 zu § 411; KMR-Metzger 30; Gössel JR **90**, 303: Verwerfung durch das LG). Hat das AG die Unzulässigkeit des Einspruchs übersehen, verwirft ihn das LG unter Aufhebung des nach § 412 ergangenen Urteils (KMR-Metzger 31).

11 Für die **Revision,** die gegen das Urteil des AG (§ 335) oder gegen das die Verwerfung bestätigende Berufungsurteil (§ 333) eingelegt werden kann, gilt das Gleiche wie für die Revision gegen das Verwerfungsurteil nach § 329 I (dort 46 ff). Hat

das LG die Berufung gegen das Verwerfungsurteil verworfen, hält aber das Revisionsgericht die Voraussetzungen des § 412 nicht für gegeben, so verweist es die Sache unter Aufhebung beider Urteile an das AG zurück (Karlsruhe StV **95**, 8; Köln VRS **71**, 449; **98**, 138); sind aber weitere Feststellungen zur „nicht genügenden Entschuldigung" möglich, wird nur das landgerichtliche Urteil aufgehoben (Schleswig SchlHA **09**, 245 [D/D]). Hat das LG auf die Berufung gegen das Verwerfungsurteil eine Sachentscheidung erlassen, hält das Revisionsgericht aber das 1. Urteil für richtig, so hebt es das Urteil des LG auf und verwirft die Berufung als unbegründet (Bay **75**, 23); damit stellt es das 1. Urteil wieder her, und der Strafbefehl wird rechtskräftig.

Zweiter Abschnitt. Sicherungsverfahren

Zulässigkeit

§ 413

413 Führt die Staatsanwaltschaft das Strafverfahren wegen Schuldunfähigkeit oder Verhandlungsunfähigkeit des Täters nicht durch, so kann sie den Antrag stellen, Maßregeln der Besserung und Sicherung selbständig anzuordnen, wenn dies gesetzlich zulässig ist und die Anordnung nach dem Ergebnis der Ermittlungen zu erwarten ist (Sicherungsverfahren).

1) Die **selbstständige Anordnung von Sicherungsmaßregeln** nach §§ 61 ff StGB, mit Ausnahme der Sicherungsverwahrung und der Führungsaufsicht, sieht § 71 StGB für den Fall vor, dass das Strafverfahren gegen den Täter wegen Schuld- oder Verhandlungsunfähigkeit nicht durchgeführt werden kann; die §§ 413–416 enthalten dazu die verfahrensrechtliche Ergänzung (BGH **31**, 132, 134). Das Sicherungsverfahren ist von vornherein nicht auf zweispurige strafrechtliche Sanktion (Strafe und Maßregel), sondern nur auf die Anordnung der Maßregel ausgerichtet. Es bezweckt die Sicherung der Allgemeinheit vor gefährlichen Straftätern (BGH **22**, 1, 3). Das Verfahren ist auch gegen Jugendliche und Heranwachsende zulässig, wenn die Maßregel gegen sie nach sachlichem Recht (§§ 2, 7, 105 I **JGG**) angeordnet werden darf. Eine Einziehungsanordnung kann – anders als nach § 440 – im Sicherungsverfahren nicht ergehen (BGH NStZ **18**, 559; NStZ-RR **05**, 69 [B]; StraFo **16**, 256; StV **17**, 122 L); möglich ist sie bei schuldunfähigen Tätern allein im Verfahren nach § 435 unter den Voraussetzungen des § 76a I S 1 StGB (BGH NStZ **18**, 235).

2) **Voraussetzungen des Sicherungsverfahrens:**
A. **Nichtdurchführung des Strafverfahrens durch die StA** wegen Schuld- oder Verhandlungsunfähigkeit des Beschuldigten. Gleichgültig ist, ob die StA von der Anklageerhebung von vornherein absieht oder ob sie die erhobene Klage nach § 156 zurücknimmt. Über den Wortlaut des § 413 hinaus ist das Sicherungsverfahren auch zulässig, wenn das Gericht die Eröffnung des Hauptverfahrens wegen Schuldunfähigkeit abgelehnt hat (LR-Gössel 3).
Bei der **Schuldunfähigkeit** muss nicht feststehen, dass die Voraussetzungen des § 20 StGB vorliegen; es genügt, dass das nicht auszuschließen ist, aber jedenfalls erheblich verminderte Schuldfähigkeit nach § 21 StGB besteht (BGH **22**, 1 = JZ **68**, 531 mit abl Anm Sax; LR-Gössel 5; Schlüchter 795; a**m** SK-Weßlau 10; Hanack JZ **74**, 56; Peters 570). Die fehlende strafrechtliche Verantwortlichkeit des Jugendlichen nach § 3 JGG ist keine Schuldunfähigkeit iS § 413 (Bay **58**, 263; LR-Gössel 2). Das Sicherungsverfahren ist aber zulässig, wenn zugleich die Voraussetzungen des § 20 StGB vorliegen (vgl BGH **26**, 67 = JR **76**, 116 mit Anm Brunner).
Die **Verhandlungsunfähigkeit** (Einl 97) darf nicht nur vorübergehend bestehen; denn dann führt sie zur vorläufigen Einstellung des Verfahrens nach § 205, nicht zu dessen Undurchführbarkeit. Zulässig ist das Sicherungsverfahren schon, wenn nicht auszuschließen ist, dass der Beschuldigte dauernd, dh für immer oder

jedenfalls auf unabsehbare Zeit, verhandlungsunfähig ist (Schlüchter 796; **aM** SK-Weßlau 14).

6 B. **Erwartung der Anordnung der Maßregel:** Der Erfolg des Antrags im Sicherungsverfahren muss wahrscheinlich sein (Lüttger GA **57**, 210; Schlüchter 798.1). Bei Schuldunfähigkeit müssen die Ermittlungen hinreichende (vgl 2 zu § 203) Gründe für die Annahme ergeben, dass der Beschuldigte eine rechtswidrige Tat begangen hat und dabei schuldunfähig nach § 20 StGB gewesen ist oder dass die Schuldunfähigkeit wenigstens nicht ausgeschlossen werden kann. Bei Verhandlungsunfähigkeit muss der gleiche hinreichende Tatverdacht bestehen wie bei der Anklageerhebung. In beiden Fällen müssen darüber hinaus hinreichende Gründe für die Erwartung bestehen, dass das Gericht die Sicherungsmaßregel für zulässig und erforderlich halten und daher anordnen werde.

7 3) **Andere Hinderungsgründe für das Strafverfahren** dürfen nicht bestehen, zB nicht die strafbefreiende Wirkung des Rücktritts vom Versuch nach § 24 StGB (BGH **31**, 132 = JR **84**, 25 mit Anm Blau).
8 Nach früher hM stand das **Fehlen des Strafantrags** bei einem Antragsdelikt dem Sicherungsverfahren nicht entgegen (BGH **5**, 140). Dieser Auffassung ist durch § 71 StGB der Boden entzogen; das Sicherungsverfahren darf ebenso wenig wie das Strafverfahren, in das es uU nach § 416 übergeleitet werden kann, durchgeführt werden, wenn der erforderliche Strafantrag fehlt (BGH **31**, 132 = JR **84**, 25 mit Anm Blau; LR-Gössel 13) und das verletzte Strafgesetz nicht vorsieht, dass der Strafantrag durch die Annahme des besonderen öffentlichen Interesses an der Strafverfolgung durch die StA ersetzt werden kann.
9 Entsprechendes gilt für die **anderen Verfahrenshindernisse** mit Ausnahme der Verhandlungsunfähigkeit (LR-Gössel 9). Kann das Sicherungsverfahren wegen eines Verfahrenshindernisses nicht durchgeführt werden, so muss die Sicherung der Allgemeinheit mit außerstrafrechtlichen Mitteln versucht werden.

10 4) **Im pflichtgemäßen Ermessen der StA** steht die Antragstellung. Das Legalitätsprinzip (§ 152 II) gilt für das Sicherungsverfahren nicht (BGH 1 StR 248/07 vom 18.7.2007 mwN). Für die Ermessensausübung ist maßgeblich, ob die Sicherungsmaßregel zum Schutz der Allgemeinheit erforderlich oder ob sie entbehrlich ist, insbesondere weil der Schutz auf andere Weise erreicht werden kann (LR-Gössel 21 ff; weitergehend Peters 569 ff, der das Sicherungsverfahren wegen des Verhältnismäßigkeitsgrundsatzes nur für zulässig hält, wenn es sich um schwerwiegende Vorgänge handelt). Die mögliche oder bereits vollzogene Verwahrung nach den Unterbringungsgesetzen der Länder schließt das Sicherungsverfahren aber nicht aus (vgl BGH **24**, 98). Stellt die StA den Antrag, können Mitteilungspflichten von Amts wegen zu beachten sein, zB nach MiStra 15 I Nr 2, 19 I S 1 Nr 2, 50 I Nr 2a; vgl ferner §§ 12 ff EGGVG.
11 Die **selbständige Einziehung** eines Gegenstandes gemäß § 76a II S 1 Nr 2 StGB iVm § 74 II Nr 2, III StGB ist nicht im Sicherungsverfahren nach § 413, sondern nur im selbständigen Einziehungsverfahren gem § 440 I möglich (BGH 5 StR 70/17 vom 21.3.2017).

Verfahren; Antragsschrift

414 [I] Für das Sicherungsverfahren gelten sinngemäß die Vorschriften über das Strafverfahren, soweit nichts anderes bestimmt ist.

[II] [1] Der Antrag steht der öffentlichen Klage gleich. [2] An die Stelle der Anklageschrift tritt eine Antragsschrift, die den Erfordernissen der Anklageschrift entsprechen muß. [3] In der Antragsschrift ist die Maßregel der Besserung und Sicherung zu bezeichnen, deren Anordnung die Staatsanwaltschaft beantragt. [4] Wird im Urteil eine Maßregel der Besserung und Sicherung nicht angeordnet, so ist auf Ablehnung des Antrages zu erkennen.

§ 414

III Im Vorverfahren soll einem Sachverständigen Gelegenheit zur Vorbereitung des in der Hauptverhandlung zu erstattenden Gutachtens gegeben werden.

1) Sinngemäße Anwendung des allgemeinen Strafprozessrechts (I): Das Sicherungsverfahren ist kein echtes Strafverfahren; die Regeln der StPO gelten daher nur sinngemäß und nur subsidiär. Besondere Vorschriften enthalten II, III und §§ 415, 416. Nicht anwendbar ist grundsätzlich (vgl aber 1 zu § 416) § 206a im Fall der Verhandlungsunfähigkeit; das Sicherungsverfahren findet auch bei dauerhafter Vernehmungsunfähigkeit des Betroffenen statt (vgl Frankfurt NStZ-RR **18**, 148). Wie § 415 I zeigt, gilt das auch, wenn das Sicherungsverfahren wegen Schuldunfähigkeit betrieben wird. Nebenklage ist gemäß § 395 zulässig.

2) Antragstellung (II S 1–3): Der Antrag nach § 413 steht der öffentlichen Klage gleich (II S 1); mit der Antragstellung wird die Sache rechtshängig.

Die **Antragsschrift** ist eine Prozessvoraussetzung, die durch eine Anklageschrift nicht ersetzt wird (BGH NStZ **16**, 693). Daher darf das Gericht, dem im Strafverfahren eine Anklageschrift vorgelegt wird, die Sache nicht im Sicherungsverfahren eröffnen (BGH aaO; **47**, 52, 53). Zulässig ist jedoch die hilfsweise Verbindung einer Anklageschrift mit einem Antrag im Sicherungsverfahren für den Fall, dass das Gericht Schuldunfähigkeit für wahrscheinlich hält (RG **72**, 143, 144; LR-Gössel 18; erg 1 zu § 416).

Inhaltlich muss die Antragsschrift den Erfordernissen einer Anklageschrift nach § 200 entsprechen (II S 2). Das ist schon deshalb notwendig, weil sie beim Übergang in das Strafverfahren (§ 416) als Anklageschrift dienen muss. Von der Mitteilung des wesentlichen Ermittlungsergebnisses darf nur unter den Voraussetzungen des § 200 II S 2 abgesehen werden. Der Antragssatz bezeichnet die von dem Beschuldigten begangene Tat und enthält den Antrag, das Hauptverfahren im Sicherungsverfahren zu eröffnen. Die Sicherungsmaßregel, deren Anordnung die StA erstrebt, ist zu bezeichnen (II S 3); dass das Gericht auch eine andere Maßregel anordnen kann, ergibt sich aus § 265 II.

3) Die Entscheidung über die Eröffnung des Hauptverfahrens ergeht wie nach Anklageerhebung. Das Gericht führt das Zwischenverfahren nach § 201 durch. Dem Beschuldigten wird ein Verteidiger bestellt, wenn er noch keinen Verteidiger hat (§§ 140 I Nr 7, 141 I Nr 4). Über die Eröffnung entscheidet das Gericht entspr §§ 203, 204. Nach Eröffnung des Sicherungsverfahrens gelten die §§ 213 ff, ergänzt durch § 415 II. Zum Übergang in das Strafverfahren vgl § 416.

4) Im Urteil (II S 4) wird entweder die beantragte Maßregel angeordnet, wobei die Tat, die dazu Anlass gibt, im Urteilsausspruch bezeichnet wird (BGH MDR **85**, 449 [H]) oder es wird der Antrag der StA abgelehnt. (Teil-)Freisprechung oder (Teil-)Verfahrenseinstellung kommen im Sicherungsverfahren nicht in Betracht (BGH NJW **70**, 1242; NStZ-RR **04**, 68 [B]); auch §§ 153 II, 153a II sind nicht anwendbar (LG Krefeld NJW **76**, 815; LR-Gössel 26; **aM** KMR-Metzger 25), wohl aber § 154 II (BGH 3 StR 31/07 vom 15.3.2007) und § 154a II (SK-Weßlau 11). Das Urteil ist nach den allgemeinen Vorschriften mit Berufung oder Revision anfechtbar. Es gilt auch hier die vertikale Teilrechtskraft, dh diejenigen Vorfälle, die Gegenstand der Antragsschrift waren, jedoch im angefochtenen Urteil als nicht tatbestandsmäßig angesehen worden sind, können nicht mehr als Anlasstaten für die Unterbringung nach § 63 StGB herangezogen werden (BGH **58**, 242; **aM** Allgayer NStZ **13**, 559, der aber verkennt, dass – unabhängig von Teilrechtskraft und Verschlechterungsverbot – der für nicht-tatbestandsmäßig erklärte Sachverhalt eben keiner neuen strafgerichtlichen Untersuchung und Entscheidung mehr zugänglich ist). Die Wiederaufnahme richtet sich nach §§ 359 ff (dazu KK-Maur 24; LR-Gössel 38 ff). Zur Rechtskraftwirkung vgl 9 zu § 416.

5) Vorverfahren (III): Ein Sachverständiger soll schon im Ermittlungsverfahren hinzugezogen werden, und zwar nicht nur in den Fällen, in denen das schon

§ 415

§ 80a vorsieht. In der Hauptverhandlung ist die Mitwirkung eines Sachverständigen nach § 415 V notwendig. IdR ist ein Arzt zum Sachverständigen zu bestellen; im Fall des § 246a ist das unerlässlich. Ob neben dem Arzt noch ein anderer Sachverständiger benötigt wird, richtet sich nach den Umständen des Falles. Im Sicherungsverfahren besteht notwendige Verteidigung (§ 140 I Nr 7). Beabsichtigt die StA die Antragstellung nach § 413, so beantragt sie die Verteidigerbestellung schon im Ermittlungsverfahren (§ 142 II). Hat der Beschuldigte einen Betreuer (§ 1896 BGB), so ist dieser tunlichst zu hören; vorgeschrieben ist seine Beteiligung am Verfahren nicht (BGH NStZ **96**, 610).

8 **6) Gerichtliche Zuständigkeit:** Ist die Unterbringung in einer Entziehungsanstalt, die Anordnung eines Berufsverbots oder die Entziehung der Fahrerlaubnis beantragt, so ist das AG zuständig (§ 24 II GVG), und zwar idR der Strafrichter (§ 25 Nr 2 GVG), nur noch in schwerwiegenden Fällen das SchG (vgl auch KMR-Metzger 7: nur bei Verbrechenstatbeständen). Die StrK ist zuständig, wenn die Unterbringung in einem psychiatrischen Krankenhaus beantragt ist oder die StA einen Fall von besonderer Bedeutung annimmt (§ 74 I S 2 GVG). Fällt die Tat unter den Katalog des § 74 II GVG, so ist das SchwurG zuständig, nicht die allgemeine StrK (BGH NStZ-RR **02**, 104 [B]; Stuttgart NStZ **87**, 292; erg 4 zu § 74 GVG). Auch die Zuständigkeitsregelungen der §§ 74a, 74c GVG gelten (BGHR StPO § 354 II WirtschaftsStrK 1); § 209a ist anzuwenden. In den Fällen des § 120 GVG ist das OLG zuständig (LR-Gössel 13). Für Jugendliche und Heranwachsende gelten die §§ 40, 41, 109 **JGG** (Düsseldorf JMBlNW **92**, 69; Stuttgart NStZ **88**, 225).

Hauptverhandlung ohne Beschuldigten

415 ^I Ist im Sicherungsverfahren das Erscheinen des Beschuldigten vor Gericht wegen seines Zustandes unmöglich oder aus Gründen der öffentlichen Sicherheit oder Ordnung unangebracht, so kann das Gericht die Hauptverhandlung durchführen, ohne daß der Beschuldigte zugegen ist.

^{II 1} In diesem Falle ist der Beschuldigte vor der Hauptverhandlung durch einen beauftragten Richter unter Zuziehung eines Sachverständigen zu vernehmen. ²Von dem Vernehmungstermin sind die Staatsanwaltschaft, der Beschuldigte, der Verteidiger und der gesetzliche Vertreter zu benachrichtigen. ³ Der Anwesenheit des Staatsanwalts, des Verteidigers und des gesetzlichen Vertreters bei der Vernehmung bedarf es nicht.

^{III} Fordert es die Rücksicht auf den Zustand des Beschuldigten oder ist eine ordnungsgemäße Durchführung der Hauptverhandlung sonst nicht möglich, so kann das Gericht im Sicherungsverfahren nach der Vernehmung des Beschuldigten zur Sache die Hauptverhandlung durchführen, auch wenn der Beschuldigte nicht oder nur zeitweise zugegen ist.

^{IV 1} Soweit eine Hauptverhandlung ohne den Beschuldigten stattfindet, können seine früheren Erklärungen, die in einem richterlichen Protokoll enthalten sind, verlesen werden. ²Das Protokoll über die Vorvernehmung nach Absatz 2 Satz 1 ist zu verlesen.

^{V 1} In der Hauptverhandlung ist ein Sachverständiger über den Zustand des Beschuldigten zu vernehmen. ²Hat der Sachverständige den Beschuldigten nicht schon früher untersucht, so soll ihm dazu vor der Hauptverhandlung Gelegenheit gegeben werden.

1 **1) Hauptverhandlung ohne den Beschuldigten (I):** Grundsätzlich findet auch im Sicherungsverfahren die Hauptverhandlung entspr § 230 I in Anwesenheit des Beschuldigten statt: er ist dann berechtigt, seine Prozessrechte wahrzunehmen. I lässt aber die Durchführung der Hauptverhandlung ohne den Beschuldigten zu, wenn sein Erscheinen wegen seines Zustands unmöglich oder aus Gründen der öffentlichen Sicherheit oder Ordnung unangebracht ist; das gilt auch bei dauerhafter Vernehmungsunfähigkeit (Frankfurt NStZ-RR **18**, 148). Will das Gericht nach I verfahren, so erlässt es einen entspr Beschluss, der begründet werden muss, und ordnet die Vorvernehmung nach II (unten 4 ff) an. Der abwesende Beschuldigte kann sich durch einen Verteidiger vertreten lassen (§ 234); da die Verteidigung notwendig ist (§ 140 I Nr 7), muss ein Verteidiger während der gesamten Verhandlung anwesend sein.

Wegen seines Zustands unmöglich ist das Erscheinen des Beschuldigten 2 etwa im Fall der Transportunfähigkeit, der Suizidgefahr (LR-Gössel 2) oder der drohenden Verschlimmerung seines Leidens. Die aus seinem geistigen Zustand folgende Verhandlungsunfähigkeit allein macht das Erscheinen nicht unmöglich.

Aus Gründen der öffentlichen Sicherheit oder Ordnung unangebracht 3 ist das Erscheinen des Beschuldigten zB, wenn Tobsuchtsanfälle, tätliche Angriffe, Ausbruchsversuche uä während des Transports oder in der Hauptverhandlung zu erwarten sind und dem durch Sicherungsmaßnahmen nicht begegnet werden kann (KMR-Metzger 10; LR-Gössel 2).

2) Die **Vorvernehmung (II)** ist eine Art kommissarische Vernehmung, ver- 4 gleichbar mit der nach §§ 231a I S 1, 233 II. Sie soll dem Gericht wenigstens mittelbar einen Eindruck von der Persönlichkeit des Beschuldigten vermitteln und den Beschuldigten zu Worte kommen lassen.

A. **Durch einen beauftragten Richter,** dh durch ein Mitglied des erkennen- 5 den Gerichts, muss der Beschuldigte vernommen werden. Ist das Sicherungsverfahren beim AG anhängig, so muss der Vorsitzende der SchG oder der Strafrichter den Beschuldigten vernehmen. Die Vernehmung durch einen ersuchten Richter lässt II nicht genügen, weil nur die Vernehmung durch ein Mitglied des erkennenden Gerichts gewährleistet, dass an den Beschuldigten alle erforderlichen Fragen gestellt werden und die Notwendigkeit zusätzlicher Beweiserhebungen erkannt wird. Der mit der Vernehmung beauftragte Richter braucht an der Hauptverhandlung nicht teilzunehmen (BGH **2**, 1; LR-Gössel 3).

B. Unter **Hinzuziehung eines Sachverständigen** muss der Beschuldigte ver- 6 nommen werden. Zum Sachverständigen ist idR ein Arzt zu bestellen (7 zu § 414), und zwar zweckmäßigerweise derjenige, der nach V in der Hauptverhandlung vernommen wird. Der Sachverständige muss während der ganzen Vernehmung anwesend sein; unschädlich ist seine Abwesenheit aber während unwesentlicher Teile der Vernehmung (RG **72**, 182; LR-Gössel 4; erg 37 ff zu § 338). Die Wahrnehmungen des Sachverständigen bei der Vernehmung werden durch seine eigene Vernehmung in die Hauptverhandlung eingeführt.

C. **Benachrichtigungspflicht:** Die Beteiligten müssen von Ort und Zeit der 7 Vernehmung unterrichtet werden. Beim Beschuldigten ist nicht von Ladung die Rede, weil er häufig auf Grund eines Unterbringungsbefehls nach § 126a verwahrt wird. Ist er auf freiem Fuß, so muss er entspr § 216 I S 1 förmlich geladen werden (LR-Gössel 4). Bei der Vernehmung müssen die übrigen Prozessbeteiligten nicht anwesend sein (II S 3).

3) **Abwesenheit des Beschuldigten nach der Vernehmung zur Sache** 8 **(III):** Liegen die Voraussetzungen I nicht vor, so kann die Hauptverhandlung ohne den Beschuldigten auf Grund eines entspr Gerichtsbeschlusses nur durchgeführt werden, wenn er in ihr wenigstens zur Sache vernommen worden ist (dazu 24 ff zu § 243). Erscheint er überhaupt nicht, so gilt § 230 III betrifft nur den Fall, dass die ordnungsgemäße Durchführung der Hauptverhandlung nicht möglich ist, sei es mit Rücksicht auf den Zustand des Beschuldigten, insbesondere weil eine Verschlechterung seiner Gesundheit durch die weitere Verhandlung in seiner Anwesenheit zu befürchten wäre, sei es aus einem sonstigen Grund, zB weil der in Erregung geratene Beschuldigte die Verhandlung ständig stört (LR-Gössel 6). Die Ermächtigung, den Beschuldigten zwangsweise aus dem Sitzungssaal zu entfernen, enthält III nicht; dafür gelten § 247 und § 177 GVG.

§ 416 Sechstes Buch. 2. Abschnitt

9 Nimmt der Beschuldigte vor der Urteilsverkündung wieder an der Hauptverhandlung teil, so ist seine **Unterrichtung** über den wesentlichen Inhalt dessen, was während seiner Abwesenheit ausgesagt oder sonst verhandelt worden ist, nicht unbedingt erforderlich; § 247 I S 3 ist nicht entspr anwendbar (BGH 5 StR 544/ 59 vom 15.12.1959 zu § 429c aF; **am** KMR-Metzger 24). Die Unterrichtung kann aber im Rahmen der Sachaufklärungspflicht geboten sein (weitergehend LR-Gössel 7: nobile officium).

10 **4) Verlesung von richterlichen Vernehmungsprotokollen (IV):** Im Fall des I ist die Verlesung der Niederschrift über die Vorvernehmung nach II (oben 4 ff) zwingend vorgeschrieben (IV S 2). Andere richterliche Vernehmungsprotokolle, auch aus einem gegen den Beschuldigten zunächst betriebenen Strafverfahren (LR-Gössel 6), können verlesen werden (IV S 1). Auch im Fall des III kann bei Abwesenheit des Beschuldigten eine richterliche Vernehmungsniederschrift verlesen werden (IV S 1). Für die Verlesung, die keinen Gerichtsbeschluss erfordert, gelten die Einschränkungen des § 254 nicht.

11 **5) Mitwirkung eines Sachverständigen (V):** Die Vorschrift ergänzt § 414 III und erweitert § 246a. Sie schreibt die Vernehmung eines Sachverständigen (nicht seine ständige Anwesenheit in der Hauptverhandlung) zwingend vor, auch wenn es in dem Sicherungsverfahren nur um die Anordnung nicht freiheitsentziehender Sicherungsmaßregeln geht. IdR wird ein Arzt zum Sachverständigen bestellt (7 zu § 414).

12 **6) Rechtsmittel:** Der Beschluss nach I, die Hauptverhandlung ohne den Beschuldigten durchzuführen, ist nicht mit der Beschwerde anfechtbar (§ 305 S 1); § 231a III S 3 gilt nicht entspr (Koblenz MDR **76**, 602). Entsprechendes gilt im Fall des III. Wurde in Abwesenheit des Beschuldigten verhandelt, ohne dass die Voraussetzungen des I oder III vorlagen, so besteht der zwingende Revisionsgrund des § 338 Nr 5.

Übergang in das Strafverfahren

416 [I] [1] Ergibt sich im Sicherungsverfahren nach Eröffnung des Hauptverfahrens die Schuldfähigkeit des Beschuldigten und ist das Gericht für das Strafverfahren nicht zuständig, so spricht es durch Beschluß seine Unzuständigkeit aus und verweist die Sache an das zuständige Gericht. [2] § 270 Abs. 2 und 3 gilt entsprechend.

[II] [1] Ergibt sich im Sicherungsverfahren nach Eröffnung des Hauptverfahrens die Schuldfähigkeit des Beschuldigten und ist das Gericht auch für das Strafverfahren zuständig, so ist der Beschuldigte auf die veränderte Rechtslage hinzuweisen und ihm Gelegenheit zur Verteidigung zu geben. [2] Behauptet er, auf die Verteidigung nicht genügend vorbereitet zu sein, so ist auf seinen Antrag die Hauptverhandlung auszusetzen. [3] Ist auf Grund des § 415 in Abwesenheit des Beschuldigten verhandelt worden, so sind diejenigen Teile der Hauptverhandlung zu wiederholen, bei denen der Beschuldigte nicht zugegen war.

[III] Die Absätze 1 und 2 gelten entsprechend, wenn sich im Sicherungsverfahren nach Eröffnung des Hauptverfahrens ergibt, daß der Beschuldigte verhandlungsfähig ist und das Sicherungsverfahren wegen seiner Verhandlungsunfähigkeit durchgeführt wird.

1 **1) Die Überleitung des Sicherungsverfahrens in das Strafverfahren** lässt die Vorschrift zu, nicht (auch nicht mit Zustimmung der StA) die Überleitung des Strafverfahrens in das Sicherungsverfahren (BGHR § 396 Anschlussbefugnis 1). Das gilt schon im Eröffnungsverfahren; das Gericht darf das Sicherungsverfahren auf eine Anklageschrift nur eröffnen, wenn die StA das hilfsweise beantragt hat (3 zu § 414). Der Antrag kann von der StA im Strafverfahren aber auch noch nach

Ablehnung der Eröffnung gestellt werden (BGH **47**, 52). Nach Eröffnung des Hauptverfahrens muss das Strafverfahren durchgeführt werden. (BGH 1 StR 338/09 vom 19.8.2009). Bei Schuldunfähigkeit ist der Angeklagte freizusprechen und eine Sicherungsmaßregel anzuordnen, wenn das zulässig und geboten ist. Stellt sich seine dauernde Verhandlungsunfähigkeit heraus, so wird das Verfahren nach § 206a oder § 260 III eingestellt (BGH **46**, 345).

2) Einzelheiten 2

A. Die **Überleitung muss stattfinden,** wenn feststeht, dass der Beschuldigte 3 schuld- oder verhandlungsfähig ist (LR-Gössel 9). Auf neue Tatsachen oder Beweismittel braucht diese andere Beurteilung nicht gestützt zu werden. Solange nur Zweifel daran bestehen, ob die Voraussetzungen für das Sicherungsverfahren und die selbstständige Anordnung der Maßregel vorliegen, ist die Überleitung nicht zulässig. Sie findet auch nicht statt, wenn nicht geklärt werden kann, ob der Beschuldigte bei der Tat schuldunfähig oder nur vermindert schuldfähig war und für das Strafverfahren kein höheres Gericht zuständig wäre (BGH **16**, 198).

B. **Schon im Eröffnungsverfahren** ist, über den Wortlaut des § 416 hinaus, 4 die Überleitung in das Strafverfahren möglich (LR-Gössel 1; **aM** SK-Weßlau 2); die Antragsschrift ist stets hilfsweise zugleich Anklageschrift (4 zu § 414). Wenn das Gericht die Voraussetzungen des Strafverfahrens für gegeben hält, muss es daher so verfahren, als liege eine Anklageschrift vor (Peters 572). Eine Zuständigkeitsverschiebung im Eröffnungsverfahren richtet sich nach § 209.

C. Im **Hauptverfahren** ist die Überleitung nach I–III zulässig, wenn sich die 5 Schuld- oder Verhandlungsfähigkeit des Beschuldigten ergibt, und zwar vor oder in der Hauptverhandlung, auch nach deren Aussetzung. Stellt sich bei mehreren selbstständigen Taten (iSd § 264) des Beschuldigten nur hinsichtlich einzelner von ihnen seine Schuldfähigkeit heraus, erfolgt eine teilweise Überleitung. Die Möglichkeit der Überleitung entfällt mit der vollständigen Verkündung des Urteils, entsteht aber erneut nach Zurückweisung der Sache durch das Revisionsgericht (BGH **11**, 319). Wird die wegen Schuldunfähigkeit angeordnete Unterbringung (§ 63 StGB) vom Beschuldigten mit Revisionsgericht aufgehoben, steht § 358 II der Zurückverweisung nicht entgegen. Sollte sich in der neuen Verhandlung die Schuldfähigkeit des Beschuldigten ergeben, ist nach II der Übergang in das Strafverfahren zulässig mit der Möglichkeit (§ 358 II S 2), anstelle der Unterbringung eine Strafe zu verhängen (BGH 5 StR 109/19 vom 5.12.2019; erg 12 zu § 358).

a) Bei **Unzuständigkeit des Gerichts für das Strafverfahren (I)** spricht es 6 durch Beschluss seine Unzuständigkeit aus und verweist die Sache an das zuständige Gericht. Das gilt auch für den Fall, dass ein niederes Gericht zuständig ist; § 269 gilt hier nicht (BGH **21**, 334, 357; KK-Maur 3). Die Verweisung an ein Gericht mit besonderer Zuständigkeit (§ 74e GVG) setzt voraus, dass rechtzeitig der Einwand nach § 6a S 2, 3 erhoben worden ist. Der Inhalt des Verweisungsbeschlusses richtet sich nach § 270 II (dort 15f), seine Wirkung nach § 270 III (dort 18).

b) Bei **Zuständigkeit des Gerichts auch für das Strafverfahren (II)** ist der 7 Beschuldigte lediglich auf die veränderte Rechtslage hinzuweisen und ihm Gelegenheit zur Verteidigung zu geben (II S 1). Das Sicherungsverfahren geht dadurch ohne weiteres in ein Strafverfahren über. Nach II S 2 kann der Beschuldigte mit der Behauptung, er sei auf die Verteidigung nicht genügend vorbereitet, die Aussetzung der Verhandlung, also nicht nur ihre Unterbrechung nach § 229 I, verlangen. Über den Zeitraum entscheidet das Gericht nach pflichtgemäßem Ermessen (BGH **13**, 121). Nur wenn der Beschuldigte sich damit begnügt, eine Unterbrechung der Verhandlung zu beantragen, kann er auch deren Dauer bestimmen (BGH aaO).

Hatte im Sicherungsverfahren eine Abwesenheitsverhandlung nach § 415 I oder 8 III stattgefunden, so ist eine **Wiederholung der Hauptverhandlung** in dem Umfang erforderlich, in dem der Beschuldigte nicht zugegen war (II S 3); im Fall

Schmitt

des § 415 I ist also eine vollständige Wiederholung notwendig, im Fall des § 415 III, soweit der Beschuldigte abwesend war. Die in dem zu wiederholenden Teil der Verhandlung gewonnenen Beweisergebnisse sind unverwertbar.

9 **3) Rechtskraftwirkung der Entscheidung im Sicherungsverfahren:** War das Sicherungsverfahren wegen Schuldunfähigkeit betrieben worden, so verbraucht ein rechtskräftiges, auf Anordnung der Maßregel oder Ablehnung des Antrags der StA lautendes Urteil die Strafklage sowohl für den Strafanspruch als auch für den Sicherungsanspruch (BGH **11**, 319, 322; **16**, 198, 199; Hanack JZ **74**, 57). Die Durchführung eines Strafverfahrens über denselben Sachgegenstand ist daher auch dann unzulässig, wenn sich nach Urteilsrechtskraft die Schuldfähigkeit des Beschuldigten herausstellt (LR-Gössel 35 zu § 414) oder wenn sich auf Grund neuer Tatsachen ergibt, dass die Gemeingefährlichkeit des Täters, die das Urteil verneint hat, doch gegeben ist (BVerfG 2 BvR 2098 und 2633/08 vom 5.8.2009; BGH **11**, 319, 322;). Das rechtskräftige Urteil im Sicherungsverfahren wegen Verhandlungsunfähigkeit verbraucht die Strafklage ebenfalls in vollem Umfang (LR-Gössel 32 zu § 414). Umgekehrt hindert ein Strafverfahren wegen derselben Tat den Antrag nach § 413. Das gilt auch, wenn die StA von vornherein nur eine begrenzte Sachentscheidung erstrebt hatte (KK-Maur 23 zu § 414).

Abschnitt 2a. Beschleunigtes Verfahren RiStBV 146

Vorbemerkungen

1 **1)** Eine **besondere Verfahrensart** wie das Strafbefehlsverfahren (§§ 407 ff) und das Sicherungsverfahren (§§ 413 ff) ist das beschleunigte Verfahren, das früher in §§ 212 ff geregelt war, durch das Verbrechensbekämpfungsgesetz aber zutr in das 6. Buch eingestellt worden ist. Durch einige Änderungen (vgl dazu bei den einzelnen Vorschriften) erhoffte sich der Gesetzgeber eine breitere Anwendung, nachdem zuvor nur etwa 4 % aller amtsgerichtlichen Verfahren nach dieser Verfahrensart durchgeführt worden sind; diese Hoffnung hat sich bisher nicht erfüllt (vgl Rengier Rogall-FS 631, 632 ff mit detaillierten Angaben zur Praxis in den einzelnen Bundesländern).

2 **2)** Die **Besonderheiten** gegenüber dem Normalverfahren bestehen darin, dass die Anklage mündlich erhoben werden kann (§ 418 III), eine Ladung des Beschuldigten nur erfolgt, wenn er sich nicht freiwillig zur Hauptverhandlung stellt oder nicht dem Gericht vorgeführt wird (§ 418 II S 1), dass im Falle einer Ladung die Ladungsfrist auf 24 Stunden verkürzt ist (§ 418 II S 3), ein Eröffnungsbeschluss nicht erlassen wird (§ 418 I) und dass das Beweisantragsrecht eingeschränkt wird sowie bei der Beweisaufnahme die Vernehmung von Zeugen, Sachverständigen und Mitbeschuldigten in weit größerem Umfang als im gewöhnlichen Verfahren durch Verlesung ihrer Äußerungen ersetzt werden darf (§ 420). Die Erleichterungen in der Hauptverhandlung nach § 420 sind der wesentliche Punkt, in dem sich das jetzige beschleunigte Verfahren von dem früheren nach §§ 212 ff, in dem Normal- und beschleunigtes Verfahren in der Hauptverhandlung nach denselben Regeln abliefen, unterscheidet. Eine Besonderheit ist auch die vorläufige Festnahme und die Anordnung der (befristeten) Haft zur Sicherstellung der Durchführung des beschleunigten Verfahrens nach § 127b.

3 **3) Nicht bedenkenfrei** ist eine solche beschleunigte Verfahrensart; abseits der Regeln des „Normalverfahrens" sind wohlüberlegt und die Gefahr, dass ein „kurzer Prozess" zu ungerechten Ergebnissen führen kann, ist nicht zu leugnen (vgl Scheffler NJW **94**, 2191; NJ **99**, 113; gegen ihn Faupel NJ **99**, 182; für Abschaffung des Verfahrens auf Grund rechtsstaatlicher Bedenken und nach Untersuchung seiner Anwendung in der Praxis auch Ernst, Das beschleunigte Verfahren im Strafprozess und seine Handhabung in Bochum, 2001, zugl Diss Kiel). Zwar mag es pädagogisch richtig sein, dass „die Strafe der Tat auf dem Fuße folgen" soll (zw Degener Dencker-FS 43; Neumann StV **94**, 276; Scheffler aaO 2195), aber ebenso richtig und wichtig ist, dass Strafverfahren in einer „Atmosphäre ruhiger Gelassenheit" ablaufen sollten (Schünemann NJW **68**, 975). Im Gegensatz zum Gesetzgeber des Verbrechensbekämpfungsgesetzes wird daher in der Literatur auch die gänzliche Abschaffung dieser Verfahrensart gefordert (Herzog ZRP **91**, 125; Scheffler NJW **94**, 2195; anders aber Fezer ZStW **106**, 37), zumal mit einem zügig durchgeführten „Normalverfahren" derselbe Effekt erzielt werden kann (Meyer-Goßner Meurer-GS 432; Scheffler aaO).

Das beschleunigte Verfahren ist jedenfalls **nur zulässig**, wenn dem Beschuldigten ausreichende Zeit und Gelegenheit zur Vorbereitung seiner Verteidigung gegeben wird (Art 6 III Buchst b **EMRK**; Weigend ZStW **113**, 295); es kommt nicht in Betracht, wenn es den Beschuldigten in seiner Verteidigung beeinträchtigen würde (Dähn Baumann-FS 356; RiStBV 146 I S 2; Ernst StV **01**, 371 fordert daher sogar notwendige Verteidigung!). Vgl auch die Richtlinien zur Anwendung des beschleunigten Verfahrens SchlHA **98**, 228. Zu den Konsequenzen aus dem Zusammentreffen dieser Verfahrensart mit den Vorschriften des JGG vgl Putzke „Beschleunigtes Verfahren bei Heranwachsenden", 2004, zugl Diss Bochum 2003. Beachtenswerte Vorschläge zu denkbaren Fallkonstellationen für die praktische Anwendung macht Rengier FS-Rogall 631, 646 ff. **4**

4) Besondere Bedenken ergeben sich durch die gegenüber §§ 212 ff aF vorgenommenen Änderungen: Es werden damit zwei verschiedene Verfahrensarten für die Hauptverhandlung vor dem Amtsgericht eingeführt, was zumindest wenig glücklich erscheint (scharf abl Wächter StV **94**, 160); jedenfalls wird aber dem – möglicherweise unverteidigten (vgl § 418 IV) – Angeklagten die schwierige Entscheidung abverlangt, ob er sich auf die in § 420 I, II vorgesehenen „Erleichterungen" einlassen soll (§ 420 III; vgl Scheffler NJW **94**, 2195). Äußerst misslich ist auch, dass nun bei einer zu erwartenden Freiheitsstrafe von mindestens 6 Monaten im beschleunigten Verfahren ein Verteidiger mitwirken muss (§ 418 IV), im Normalverfahren aber nicht zwingend (vgl § 140 II). Es ist zu befürchten, dass der Richter am Amtsgericht sich die Frage stellen wird, ob er im beschleunigten Verfahren mit Verteidiger oder lieber im Normalverfahren ohne Verteidiger verhandeln will (zust Volk/Engländer 33, 13). Eine verfehlte Entwicklung, die schon mit § 408b durch das RpflEntlG eingeleitet worden ist (vgl 6 zu § 408b), ist damit fortgesetzt worden. **5**

Auch die **Einschränkung im Beweisaufnahmerecht** erscheint bedenklich. Zwar ist die Nichtanwendung des § 244 III–V im amtsgerichtlichen Verfahren durchaus hinnehmbar (vgl auch Schlothauer StV **95**, 47 aE), wenn diesem ein Berufungsverfahren ohne jede Vorbedingung und mit allen rechtsstaatlichen Garantien folgt (zust C. Jostes, Veränderungen der Hauptverhandlung durch die Neuregelung des beschleunigten Verfahrens, 2003 zugl Diss Göttingen 2001, S 142; aM Scheffler NJW **94**, 2193). Da das RpflEntlG aber durch Einführung des Annahmeverfahrens (§ 313) die Berufung gerade im Bagatellverfahren-Bereich eingeschränkt hat, kann dies dahin führen, dass dem Angeklagten die Durchsetzung eines von ihm für erheblich gehaltenen Entlastungsbeweises unmöglich gemacht wird. Das ist zwar nicht verfassungswidrig (Frankfurt NStZ-RR **97**, 273); aber was im Privatklageverfahren (§ 384 III) und im Ordnungswidrigkeitenverfahren (§ 77 II OWiG) vertretbar ist, erscheint für das Offizial-Strafverfahren unzureichend. **6**

Insgesamt sind damit „die mit dieser besonderen Verfahrensart verbundenen Gefahren für einen rechtsstaatlichen Prozess größer als die sich für eine Entlastung der Strafjustiz wie für eine Berücksichtigung berechtigter Belange des Beschuldigten ergebenden Chancen" (Loos/Radtke NStZ **96**, 11; vgl auch Scheffler Meurer-GS 437; demgegenüber aber befürwortend Schlüchter/Fülber/Putzke „Herausforderung: Beschleunigtes Verfahren", 1999, S 51; vgl auch – mit Änderungsvorschlägen – Tiedemann, Das beschleunigte Strafverfahren – Eine Untersu- **7**

chung in Bonn, 2008, zugl Diss Bonn 2007). Erfreulicherweise ist die Zahl der durchgeführten beschleunigten Verfahren in den letzten Jahren ständig gesunken (vgl Wenske NStZ **09**, 64 Fn 13a: Im Jahre 2007 nur noch 2,8% aller Strafverfahren). Nach der Untersuchung von v. Danitz (Eisenberg-FS 3) besteht eine überaus deutliche Divergenz zwischen der durch die Gesetzgebung vorgenommenen Zielgruppenbestimmung und der erreichten Zielgruppe, so dass die Tauglichkeit der Normen des beschleunigten Verfahrens nicht gegeben ist, weswegen er die ersatzlose Streichung mitsamt der Hauptverhandlungshaft (§ 127b) fordert; ähnlich Lubitz, Das beschleunigte Verfahren der StPO und seine rechtstatsächliche Durchführung in Berlin und Brandenburg, 2010, zugl Diss Berlin 2009, S 230: „sinnloser Abbau von Rechtsstaatlichkeit".

Zulässigkeit

417 **Im Verfahren vor dem Strafrichter und dem Schöffengericht stellt die Staatsanwaltschaft schriftlich oder mündlich den Antrag auf Entscheidung im beschleunigten Verfahren, wenn die Sache auf Grund des einfachen Sachverhalts oder der klaren Beweislage zur sofortigen Verhandlung geeignet ist.**

1 **1) Anwendungsbereich:** IdR wird das beschleunigte Verfahren nur vor dem Strafrichter (§ 25 GVG) in Betracht kommen, und zwar vor allem dann, wenn die StA beabsichtigt, die Verhängung einer Freiheitsstrafe unter 6 Monaten mit oder ohne Strafaussetzung zur Bewährung zu beantragen, da bei Versagung der Bewährung das sonst einfachere Strafbefehlsverfahren unzulässig ist (§ 407 II S 2) und bei deren Bewilligung das Strafbefehlsverfahren die Mitwirkung eines Verteidigers erfordert (§ 408b); bei einer – hier zulässigen (§ 419 I) – zu erwartenden Freiheitsstrafe von 6 Monaten bis zu 1 Jahr wird hingegen wegen der Notwendigkeit der Verteidigerbestellung (§ 418 IV) das beschleunigte Verfahren wenig zur Anwendung kommen (Meurer Zipf-GS 491; erg 5 vor § 417). Ein weiterer Anwendungsbereich für das beschleunigte Verfahren ergibt sich aber für Fälle, in denen die StA eine Hauptverhandlung für erforderlich erachtet (§ 407 I S 2) sowie nach Anordnung der Hauptverhandlungshaft (§ 127b; vgl dazu Hellmann NJW **97**, 2147, der aber der Ansicht ist, das beschleunigte Verfahren komme vor allem bei zu erwartenden Geldstrafen in Betracht).

2 Beim **SchG** ist für das beschleunigte Verfahren nach Änderung des § 25 GVG durch das RpflEntlG nur noch Raum bei Verbrechen, falls die Verhängung der Mindeststrafe genügt oder wenn wegen eines eingreifenden Strafmilderungsgrundes (zB §§ 21, 23 II, 27 II S 2 StGB) nur eine Freiheitsstrafe bis zu einem Jahr zu erwarten ist (Loos/Radtke NStZ **96**, 8). Eine Verweisung an ein höheres Gericht nach § 270 findet nicht statt (RG **68**, 332, 334); vielmehr ist bei fehlender sachlicher Zuständigkeit nach § 419 I S 1 die Verhandlung im beschleunigten Verfahren abzulehnen (allgM).

3 Vor dem **erweiterten SchG** kann schon deshalb nicht nach §§ 417ff verfahren werden, weil ein Eröffnungsbeschluss, in dem allein nach § 29 II S 1 GVG die Zuziehung des 2. Amtsrichters beschlossen werden kann, nicht erlassen wird (6 zu § 29 GVG).

4 Gegen **Jugendliche** schließt § 79 II JGG das beschleunigte Verfahren aus; an seine Stelle tritt das vereinfachte Jugendverfahren nach §§ 76ff **JGG**. Für Heranwachsende gilt § 79 II **JGG** nicht; wird gegen sie im beschleunigten Verfahren verhandelt, entfallen aber die Einschränkungen für das Rechtsmittelverfahren nach § 55 I und II JGG (§ 109 I, II **JGG**).

5 Gegen **Mitglieder einer ausländischen Truppe,** eines zivilen Gefolges oder gegen Angehörige dürfen die §§ 417ff angewendet werden (KMR-Metzger 2).

6 Im **Privatklageverfahren** gelten die Vorschriften ebenfalls nicht.

7 Die Beteiligung als **Nebenkläger** ist auch im beschleunigten Verfahren möglich; der Anschluss wird wirksam, wenn die StA den Antrag nach § 417 stellt.

§ 417

2) Antrag der StA:

A. Eine **besondere Prozessvoraussetzung** des beschleunigten Verfahrens ist der Antrag; sein Fehlen führt zur Einstellung nach §§ 206a, 260 III.

Die StA, der nach § 212 aF ein Ermessen zustand, ob sie den Antrag stellen wollte, ist nun **verpflichtet** (ähnlich schon RiStBV 146 I S 1) den Antrag zu stellen, wenn die Voraussetzungen des § 417 gegeben sind und § 419 I S 2 nicht entgegensteht. Lässt sich die Sache durch Strafbefehl erledigen (§ 407), ist die Stellung eines Strafbefehlsantrages als weniger aufwändige Erledigungsart aber vorzuziehen (vgl BT-Drucks 12/6853 S 107). Der Beschuldigte hat weder ein Antrags- noch ein Widerspruchsrecht (Scheffler 121; für Zustimmung des Beschuldigten *de lege ferenda* Dähn Baumann-FS 356; Scheffler NJW **94**, 2192).

Schriftlich oder mündlich kann der Antrag bei dem zuständigen Gericht gestellt werden. Der schriftliche Antrag sollte, muss aber nicht mit einer Anklageschrift verbunden werden (§ 418 III S 1). Wird eine Anklageschrift eingereicht, so muss sie den Erfordernissen des § 200 I S 1 entsprechen; ein wesentliches Ermittlungsergebnis ist aber auch bei einer SchG-Anklage entbehrlich. Nur für den Fall, dass eine Anklageschrift nicht eingeht, schreibt § 418 III S 2 die mündliche Erhebung der Anklage vor (dazu RiStBV 146 II). Auch sie muss den Anforderungen des § 200 I S 1 entsprechen. Ist sie unterblieben, so soll der schriftliche Antrag als Anklageschrift angesehen werden können, wenn er den Erfordernissen des § 200 I genügt (Hamburg NJW **66**, 2179; VRS **39**, 353; mit Recht krit Jostes [6 vor § 417] 38; vgl auch Hamburg NJW **12**, 631). Wird der Antrag mündlich gestellt, so muss sein wesentlicher Inhalt im Sitzungsprotokoll beurkundet werden (RG **68**, 108, 110); andernfalls ist die Anklage nicht wirksam erhoben und das Verfahren einzustellen (Hamburg aaO; oben 9).

B. **Zeitpunkt:** Der Antrag kann frühestens nach Abschluss der Ermittlungen gestellt werden, was nach § 169a in den Akten vermerkt werden muss. Dass bereits eine Anklage nach § 199 II S 1 erhoben worden ist, steht nicht entgegen; in der Antragstellung nach § 417 liegt ihre Zurücknahme. Entsprechendes gilt für den Strafbefehlsantrag (Frankfurt DAR **60**, 265). Nach Eröffnung des Hauptverfahrens ist der Antrag nicht mehr zulässig (Bay **87**, 55 = OLGSt § 212 Nr 1 mit Anm Rieß; HK-Zöller 7; KMR-Metzger 11; LR-Gössel 14; Jostes [6 vor § 417] 25 ff; Fahl 224; **aM** KK-Graf 5; SK-Paeffgen 10; Fülber/Putzke DRiZ **99**, 197). Ist der Erlass des Eröffnungsbeschlusses versehentlich unterblieben, so kann der Antrag noch bis zum Beginn der Vernehmung des Angeklagten zur Sache gestellt werden (Oldenburg NJW **60**, 352; zw Lubitz [7 vor § 417] 83 Fn 350).

C. Die **Zurücknahme** des Antrags ist bis zum Beginn der Vernehmung des Beschuldigten zur Sache in der Hauptverhandlung zulässig (Oldenburg NJW **61**, 1127; Jostes [6 vor § 417] 28 ff; Lubitz [7 vor § 417] 85; **aM** Bay **97**, 172 = NJW **98**, 2152 mit zutr abl Anm Schröer; Celle JR **84**, 74 mit Anm Meyer-Goßner = NStZ **83**, 233 mit Anm Treier; KMR-Metzger 32; KK-Graf 6; SK-Paeffgen 11; Fülber/Putzke DRiZ **99**, 196: bis zur Urteilsverkündung; vgl auch BGH **15**, 313, 315).

3) Einen einfachen Sachverhalt oder eine klare Beweislage setzt der Antrag der StA voraus.

Ein **einfacher Sachverhalt** liegt vor, wenn dieser für alle Verfahrensbeteiligten leicht überschaubar ist. Nicht einfach ist idR der Sachverhalt, wenn dem Beschuldigten eine Vielzahl von Straftaten vorgeworfen wird oder wenn Anlass besteht, die Person des Beschuldigten und sein Vorleben genau zu erforschen (Schünemann NJW **68**, 975; vgl auch RiStBV 146 I S 2). Rechtliche Schwierigkeiten berühren die Einfachheit des Verfahrens im Allgemeinen nicht (LR-Gössel 27; **aM** Loos/Radtke NStZ **95**, 572).

Eine **klare Beweislage** ist vor allem gegeben, wenn der Beschuldigte geständig ist oder genügende und sichere Beweismittel zur Verfügung stehen (erg 4 vor § 417). Dass der Beschuldigte die Tat bestreitet, macht die Beweislage somit noch

§ 418

nicht ohne weiteres schwierig; die Notwendigkeit einer umfangreichen Beweisaufnahme steht dem Verfahren nach §§ 417 ff aber entgegen (Dähn Baumann-FS 355; Schultz DAR **57**, 93). Nach dem Gesetzestext sollen ein einfacher Sachverhalt *oder* die klare Beweislage genügen; idR wird aber beides vorliegen müssen, da sich weder ein einfacher Sachverhalt bei schwieriger Beweislage noch ein schwieriger Sachverhalt bei klarer Beweislage zur sofortigen Verhandlung eignen werden (Stuttgart StV **98**, 585; Keller Kriminalistik **98**, 678; Loos/Radtke aaO; Meurer Zipf–GS 488; Sprenger NStZ **97**, 574; **am** König/Seitz NStZ **95**, 4).

17 Die **Möglichkeit sofortiger Verhandlung** besteht nur, wenn die Hauptverhandlung in erheblich kürzerer Zeit als im gewöhnlichen Verfahren durchgeführt werden kann (Düsseldorf NStZ **97**, 613 mit zust Anm Radtke und zust Anm Scheffler NStZ **98**, 370 und 371; erg 5 zu § 418; 3 zu § 419). Die Beweismittel müssen daher sofort verfügbar sein und die Geschäftslage des Gerichts muss es ermöglichen, die Hauptverhandlung sofort oder innerhalb kurzer Zeit stattfinden zu lassen. Ob die Sache zur sofortigen Verhandlung geeignet ist, hat nicht erst das Gericht nach § 419 I, sondern bereits die StA vor der Antragstellung zu prüfen (vgl dazu RV GStA SchlHA **95**, 184). Der Gesetzgeber geht davon aus, dass zur vermehrten Anwendung des beschleunigten Verfahrens „flankierende organisatorische Maßnahmen" (zB Bereitschaftsdienste bei StA und Gericht, Schreibkräfte, Dolmetscher usw) getroffen werden (BT-Drucks 12/6853 S 36).

Durchführung der Hauptverhandlung

418 I ¹ Stellt die Staatsanwaltschaft den Antrag, so wird die Hauptverhandlung sofort oder in kurzer Frist durchgeführt, ohne daß es einer Entscheidung über die Eröffnung des Hauptverfahrens bedarf. ² Zwischen dem Eingang des Antrags bei Gericht und dem Beginn der Hauptverhandlung sollen nicht mehr als sechs Wochen liegen.

II ¹ Der Beschuldigte wird nur dann geladen, wenn er sich nicht freiwillig zur Hauptverhandlung stellt oder nicht dem Gericht vorgeführt wird. ² Mit der Ladung wird ihm mitgeteilt, was ihm zur Last gelegt wird. ³ Die Ladungsfrist beträgt vierundzwanzig Stunden.

III ¹ Der Einreichung einer Anklageschrift bedarf es nicht. ² Wird eine solche nicht eingereicht, so wird die Anklage bei Beginn der Hauptverhandlung mündlich erhoben und ihr wesentlicher Inhalt in das Sitzungsprotokoll aufgenommen. ³ § 408a gilt entsprechend.

IV Ist eine Freiheitsstrafe von mindestens sechs Monaten zu erwarten, so wird dem Beschuldigten, der noch keinen Verteidiger hat, für das beschleunigte Verfahren vor dem Amtsgericht ein Verteidiger bestellt.

1 1) **Ohne Entscheidung über die Eröffnung des Hauptverfahrens** wird über den Antrag der StA entschieden (**I**). Die §§ 201, 202 sind nicht anzuwenden, ebenso wenig § 205.

2 Jedoch muss das Gericht wie im gewöhnlichen Strafverfahren das Vorliegen der **Prozessvoraussetzungen** (Einl 141 ff) von Amts wegen prüfen. Die Prüfung der örtlichen Zuständigkeit endet mit dem Beginn der Vernehmung des Angeklagten zur Sache (erg 2 zu § 16). Die entspr Anwendung der §§ 209 II, 408 I S 2, 3 bei Zuständigkeitskonflikten innerhalb des AG kommt nicht in Betracht (KK-Graf 3; **aM** LR-Gössel 10). Fehlt es an einer Prozessvoraussetzung, so wird nicht das Verfahren eingestellt, sondern die Entscheidung im beschleunigten Verfahren nach § 419 I S 1 abgelehnt. Das gilt auch beim Fehlen der örtlichen Zuständigkeit.

3 Das Gericht ist berechtigt und nach nunmehr ganz hM auch verpflichtet, anhand der Akten zu prüfen, ob **hinreichender Tatverdacht** besteht (KK-Graf 2; LR-Gössel 12 ff; Loos/Radtke NStZ **95**, 574; SK-Paeffgen 9). Das Fehlen des hinreichenden Tatverdachts führt zur Ablehnung der Entscheidung im beschleunigten Verfahren nach § 419 I S 1 (Loos/Radtke NStZ **96**, 7).

§ 418

2) Rechtshängig wird die Sache mit dem Beginn der Vernehmung des Angeklagten zur Sache (Bay **87**, 55; Oldenburg NJW **61**, 1127; JR **83**, 302; Meyer-Goßner JR **84**, 76; **aM** Fülber/Putzke Drin **99**, 199: mit Antragstellung nach § 417). Die Rechtshängigkeit ist aber auflösend bedingt; sie entfällt, wenn das Gericht nach § 419 I S 1, II S 1 die Entscheidung im beschleunigten Verfahren ablehnt (Bay aaO), nicht aber bei verspäteter und daher unzulässiger Ablehnung der Entscheidung im beschleunigten Verfahren (Oldenburg JR **83**, 302). 4

3) Die **Hauptverhandlung** wird sofort durchgeführt oder mit kurzer Frist anberaumt **(I S 1).** Gedacht ist an eine Zeitspanne von 1 bis 2 Wochen (Düsseldorf StV **99**, 268; Stuttgart NJW **98**, 3134; **99**, 511; Loos/Radtke NStZ **95**, 573; Radtke JR **01**, 134); I S 2 sieht allerdings eine Frist von 6 Wochen vor. Diese Frist sollte aber nur ausnahmsweise ausgeschöpft werden, da dann von einem „beschleunigten Verfahren" kaum noch die Rede sein kann; bei unvorhersehbaren verzögernden Ereignissen darf sie aber sogar noch überschritten werden („Sollvorschrift"). 5

Die **Ladung** des Beschuldigten ist nicht erforderlich, wenn er sich freiwillig stellt oder dem Gericht (zwangsweise oder jedenfalls ohne seinen Willen) nach § 128 oder aus der Hauptverhandlungshaft (§ 127b II), UHaft, Strafhaft oder einer sonstigen Verwahrung vorgeführt wird **(II S 1).** Eine freiwillige Gestellung liegt immer vor, wenn der Beschuldigte sich dem Gericht zur Verhandlung zur Verfügung stellt, zB wenn er an der Gerichtsstelle anwesend ist und sein Einverständnis mit der Mitverhandlung einer anderen Sache in dem Verfahren nach §§ 417 ff erklärt (KG DAR **56**, 334) oder wenn er sich in Haft befindet und seine Vorführung zur Verhandlung verlangt (RG **66**, 108, 111). Die Ladung kann auch entbehrlich sein, wenn mit freiwilliger Gestellung oder alsbaldiger Vorführung zu rechnen ist. 6

Liegen diese Voraussetzungen nicht vor, so muss der Beschuldigte unter **Beachtung der §§ 214, 216–218** geladen werden; dabei wird ihm mitgeteilt, was ihm zur Last gelegt wird (II S 2), also entweder die Anklageschrift zugestellt oder, wenn keine eingereicht ist, in der Ladung oder einem beigefügten Schriftstück den Erfordernissen des § 200 I S 1 entspr mitgeteilt, worin der Tatvorwurf besteht (Tatbeschreibung, Angabe der gesetzlichen Merkmale und des Strafgesetzes). 7

Die **Ladungsfrist** beträgt 24 Stunden (II S 3); der Fristbeginn ist die Stunde der Zustellung (allgM). Bei der Bemessung der Frist ist der Rechtsanspruch des Beschuldigten aus Art 6 III Buchst b **EMRK** zu beachten (4 vor § 417; Bandisch StV **94**, 158; LR-Gössel 23 hält die 24 Stunden für idR nicht ausreichend). Wenn der Beschuldigte einer längeren Vorbereitungszeit bedarf, muss die Frist entweder verlängert oder die Verhandlung im beschleunigten Verfahren abgelehnt werden. 8

Für die **Durchführung der Hauptverhandlung** gelten grundsätzlich die allgemeinen Vorschriften; Ausnahmen bestehen aber nach § 420 (vgl dort). Liegt eine schriftliche Anklage vor, so wird nach § 243 III S 1 der Anklagesatz verlesen (Hamburg VRS **39**, 353). Andernfalls tritt an die Stelle der Verlesung die mündliche Erhebung der Anklage, die ebenso wie ihr wesentlicher Inhalt (III S 2) in das Sitzungsprotokoll aufzunehmen ist (Hamburg StraFo **00**, 58; LG Köln StV **03**, 156); § 274 findet Anwendung (Frankfurt StV **01**, 341). Bei unentschuldigtem Ausbleiben des ordnungsgemäß geladenen Angeklagten kann nach § 230 II seine Vorführung angeordnet werden; ein Haftbefehl darf idR nicht erlassen werden (Hamburg NStZ **83**, 40). Stellt sich in der Hauptverhandlung heraus, dass die Sache zur Verhandlung im beschleunigten Verfahren nicht geeignet ist, so wird nach § 419 II S 1 verfahren. Wird nach § 419 III die Eröffnung des Hauptverfahrens beschlossen, ist *in diesem* der Erlass eines Haftbefehls zulässig (ungenau Kropp NJ **01**, 295). 9

Der **Übergang ins Strafbefehlsverfahren** nach § 408a ist auch im beschleunigten Verfahren zulässig (III S 2); er kommt insbesondere in Betracht, wenn der Angeklagte zur Hauptverhandlung nicht erscheint. Davon bleibt die Möglichkeit unberührt, den Antrag auf Entscheidung im beschleunigten Verfahren zurückzu- 9a nehmen (13 zu § 417) und anschließend – außerhalb der Hauptverhandlung – einen Strafbefehlsantrag zu stellen.

10 **4) Bestellung eines Verteidigers (IV):**

11 A. **Antragstellung:** Wenn eine Freiheitsstrafe von mindestens 6 Monaten – mit oder ohne Strafaussetzung zur Bewährung, als Einzel- oder Gesamtstrafe (Bremen StraFo **98**, 124) – zu erwarten ist und das beschleunigte Verfahren durchgeführt werden soll, muss dem Beschuldigten ein Verteidiger bestellt werden. In diesem Falle beantragt der StA zugleich mit dem Antrag nach § 417 die Verteidigerbestellung. Eine vorherige Antragstellung ist zulässig (vgl SK-Paeffgen 19).

12 Der **Richter** hat dem Antrag zu entsprechen, wenn er die Sache im beschleunigten Verfahren verhandeln will und die Ansicht der StA, es komme eine Freiheitsstrafe von mindestens 6 Monaten in Betracht, teilt (**aM** Burgard NStZ **00**, 244: Antrag entspr bindend). Ergibt sich erst im Laufe der Verhandlung, dass eine Freiheitsstrafe von mindestens 6 Monaten erforderlich ist, muss der Richter entweder die Entscheidung im beschleunigten Verfahren ablehnen (§ 419) oder nachträglich einen Verteidiger bestellen und in dessen Anwesenheit die wesentlichen Teile der Verhandlung wiederholen (Bay NStZ **98**, 372; Braunschweig StV **05**, 493; Karlsruhe NJW **99**, 3061). Lehnt der Richter die Verhandlung im beschleunigten Verfahren ab, ist damit auch der Antrag auf Verteidigerbestellung erledigt. Wird hingegen ein Verteidiger beigeordnet, so muss sich aus der Bestellung ergeben, dass sie nur für das beschleunigte Verfahren vor dem AG gilt (erg unten 15). Erfolgt eine Ladung des Beschuldigten (II), erhält er mit ihr die Mitteilung von der Verteidigerbestellung; andernfalls wird ihm dies bei der Bestellung oder Vorführung bekanntgegeben. In jedem Fall muss dem Beschuldigten und seinem Verteidiger dann aber ausreichende Zeit zu einer Besprechung gewährt werden, bevor mit der Verhandlung begonnen wird.

13 Die **Bestellung nach § 142 geht der nach IV vor** (Brandenburg NJW **05**, 521; LR-Gössel 42; str), so etwa, wenn unabhängig von den einschränkenden Voraussetzungen des IV bereits ein Fall der notwendigen Verteidigung nach § 140 II vorliegt.

14 B. **Auswahl des Verteidigers:** Da IV systematisch lediglich einen § 140 ergänzenden Spezialfall der notwendigen Verteidigung darstellt, liegt nahe, hinsichtlich des Bestellungsverfahrens § 142 zumindest entsprechend anzuwenden (siehe dazu bereits zur früheren Rechtslage Loos/Radtke NStZ **96**, 10). Vor der Bestellung des Pflichtverteidigers gem IV ist dem Beschuldigten daher Gelegenheit zu geben, einen Verteidiger zu bezeichnen (V S 1). Mit Rücksicht auf die Intention eines „sofort oder in kurzer Frist" (I) durchzuführenden Verfahrens wird die Gehörsfrist allerdings regelmäßig sehr kurz zu bemessen sein und erforderlichenfalls auf eine kurze Überlegensfrist reduziert werden können. Der von dem Beschuldigten innerhalb der Frist bezeichnete RA ist zu bestellen, wenn dem kein wichtiger Grund entgegensteht; ein solcher wichtiger Grund wird oftmals in mangelnder Verfügbarkeit bestehen (§ 142 V S 3). Auch der vom Gericht nach § 142 VI ausgewählte Verteidiger muss zur Teilnahme an der sofortigen oder in kurzer Frist durchgeführten Verhandlung bereit und in der Lage sein. Erfolgt die Bestellung wegen eines vorrangigen Falles der notwendigen Verteidigung nach § 140 (siehe soeben 13), ist für das Auswahlverfahren nach § 142 V S 1 und 3 und VI unmittelbar anwendbar (siehe 37 ff zu § 142). Hat der Beschuldigte inzwischen selbst einen Verteidiger gewählt, ist die Bestellung ebenso nach § 143a I aufzuheben.

15 C. **Weiteres Verfahren:** Der Verteidiger ist nach dem Wortlaut des IV nur für die Verhandlung im beschleunigten Verfahren vor dem AG beizuordnen. Da aber auch das Berufungsverfahren den Regeln über das beschleunigte Verfahren unterliegt (vgl 12 zu § 419; 12 zu § 420), gilt die Verteidigerbestellung für das Berufungsverfahren fort (Meyer-Goßner Meurer-GS 431; **aM** König/Seitz NStZ **95**, 4; Loos/Radtke NStZ **96**, 11). Wird in der Hauptverhandlung die Entscheidung im beschleunigten Verfahren abgelehnt, ist damit auch die Beiordnung des Verteidigers nach IV beendet. Falls später im Normalverfahren weiterverhandelt wird (§ 419 III), ergibt sich die unbefriedigende Situation, dass der bisher verteidigte Angeklagte nunmehr ohne Verteidiger ist. Ebenso wie im Strafbefehlsverfahren (6 zu § 408b) wird dies einem Beschuldigten nur schwer vermittelbar sein. Daher wird sich idR im „Normalverfahren" eine Verteidigerbestellung nach § 140 II (in erweiternder Auslegung dieser Bestimmung) anschließen, wobei der nach IV bestellte Verteidiger in einen solchen nach § 140 II umgewandelt wird (ebenso KK-Graf 14; aM Herzler NJ **00**, 403).

D. **Sofortige Beschwerde** gegen die Bestellung des Verteidigers steht dem Beschuldigten mangels Beschwer grundsätzlich nicht zu (im Ergebnis ebenso KK-Graf 17; aM Ernst StV **01**, 370; siehe aber erg 62, 63 zu § 142). Ist der Angeklagte zu einer Freiheitsstrafe von 6 Monaten oder mehr mit oder ohne Strafaussetzung zur Bewährung verurteilt worden, ohne dass ein Verteidiger mitgewirkt hat, so ist das Urteil gleichwohl rechtskräftig und vollstreckbar, wenn kein Rechtsmittel dagegen eingelegt wird. 16

Bei **Einlegung eines Rechtsmittels** ist zu unterscheiden: Auf Berufung bestellt das LG dem Angeklagten einen Verteidiger und verhandelt die Sache neu; eine Zurückverweisung der Sache an das AG ist wegen § 328 ausgeschlossen (vgl dort 4). Auf (Sprung-)Revision (§ 335 I) muss das Urteil aufgehoben und die Sache an das AG nach § 354 II zurückverwiesen werden; das AG muss dann entscheiden, ob es erneut im beschleunigten Verfahren oder ob es gemäß § 419 III nach Erlass eines Eröffnungsbeschlusses im gewöhnlichen Verfahren verhandeln will (erg 18 zu § 419). 17

5) **Revision:** Bei Abwesenheit des nach IV notwendigen Verteidigers während eines wesentlichen Teils der Hauptverhandlung (oben 12) ist der absolute Revisionsgrund nach § 338 Nr 5 gegeben (Düsseldorf StV **00**, 588; Oldenburg ZfS **97**, 313; erg 41 zu § 338). Auch eine fehlerhafte Anklageerhebung (oben 9) begründet die Revision. 18

Entscheidung des Gerichts; Strafmaß

419 I ¹Der Strafrichter oder das Schöffengericht hat dem Antrag zu entsprechen, wenn sich die Sache zur Verhandlung in diesem Verfahren eignet. ²Eine höhere Freiheitsstrafe als Freiheitsstrafe von einem Jahr oder eine Maßregel der Besserung und Sicherung darf in diesem Verfahren nicht verhängt werden. ³Die Entziehung der Fahrerlaubnis ist zulässig.

II ¹Die Entscheidung im beschleunigten Verfahren kann auch in der Hauptverhandlung bis zur Verkündung des Urteils abgelehnt werden. ²Der Beschluß ist nicht anfechtbar.

III Wird die Entscheidung im beschleunigten Verfahren abgelehnt, so beschließt das Gericht die Eröffnung des Hauptverfahrens, wenn der Angeschuldigte einer Straftat hinreichend verdächtig erscheint (§ 203); wird nicht eröffnet und die Entscheidung im beschleunigten Verfahren abgelehnt, so kann von der Einreichung einer neuen Anklageschrift abgesehen werden.

1) **Beschränkte Rechtsfolgenkompetenz (I S 2, 3):** Im beschleunigten Verfahren darf keine Freiheitsstrafe von mehr als 1 Jahr verhängt werden, auch wenn nach § 55 StGB eine Gesamtfreiheitsstrafe gebildet wird, bei der die in dem Verfahren nach §§ 417 ff verhängte Einzelstrafe geringer ist als 1 Jahr (Celle NStZ **83**, 233; Schleswig SchlHA **84**, 103; LR-Gössel 5; SK-Paeffgen 4; Jostes [6 vor § 417] 198; Schweckendieck NStZ **89**, 486; **aM** Oldenburg NdsRpfl **89**, 13; wohl auch BGH **35**, 251; aus BGH **35**, 208 lässt sich entgegen Köckerbauer NJW **90**, 170 für die Gegenmeinung nichts herleiten). Die Verhängung der Nebenstrafe nach § 44 StGB ist zulässig; auch Nebenfolgen können angeordnet werden. Die Entziehung der Fahrerlaubnis nach § 69 StGB kann nach I S 3 ohne zeitliche Begrenzung 1

§ 419

ausgesprochen werden; andere Sicherungsmaßregeln sind unzulässig. Zu den Rechtsfolgen eines Verstoßes gegen I S 2 vgl unten 13 ff.

2 2) **Entscheidung über die Eignung (I S 1, II, III):**

3 A. **Ungeeignet** zur Verhandlung im beschleunigten Verfahren ist die Sache stets, wenn ein Prozesshindernis vorliegt (2 zu § 417; 2 zu § 418), wenn der hinreichende Tatverdacht fehlt (3 zu § 418) und wenn die Rechtsfolgenkompetenz nach I S 2, 3 nicht ausreicht (oben 1). Nicht geeignet ist die Sache ferner, wenn der Sachverhalt nicht einfach liegt oder die Beweislage unklar ist oder keine Möglichkeit zur sofortigen Verhandlung gegeben ist (§ 417) oder wenn nur im gewöhnlichen Strafverfahren die Verteidigung des Angeklagten und die volle Sachaufklärung gewährleistet erscheinen (4 vor § 417; 8 zu § 418). Liegen die Voraussetzungen für die Verhandlung im beschleunigten Verfahren vor, so hat das Gericht dem Antrag der StA zu entsprechen, sonst nach II und III zu verfahren (unten 5 ff, 9; Düsseldorf NStZ **97**, 613 mit zust Anm Radtke und zust Anm Scheffler NStZ **98**, 370 und 371).

4 Die Notwendigkeit der **Unterbrechung oder Aussetzung** der Verhandlung kann die Eignung der Sache zur Verhandlung nach §§ 417 ff beseitigen, wenn die Hindernisse, die dem Abschluss der Verhandlung entgegenstehen, nur durch die Eigenart dieses Verfahrens verursacht sind (weitergehend KK-Graf 8; vgl auch Karlsruhe NJW **99**, 3061). Dass das Verfahren ausgesetzt werden muss, weil die Einlassung des Angeklagten die Ladung weiterer Zeugen erforderlich macht, hindert aber nicht, in der neuen Verhandlung auf Grund eines neuen Antrags der StA abermals nach §§ 417 ff zu verfahren (Hamburg NJW **66**, 1278 mit abl Anm Jerusalem; Hamburg NJW **66**, 2179; Herzler NJ **00**, 402; **aM** Schultz DAR **57**, 95; einschr auch Hamburg NStZ **83**, 40).

5 B. Der **Ablehnungsbeschluss** kann sofort bei Eingang des Antrags nach § 417, also noch vor der Hauptverhandlung, aber (beim SchG unter Mitwirkung der Schöffen) auch noch in der Hauptverhandlung bis zum Beginn der Urteilsverkündung erlassen werden, wenn sich erst dann die Nichteignung herausstellt (II S 1).

6 **Unzulässig** ist die Ablehnung in der Berufungsverhandlung (KK-Graf 9; SK-Paeffgen 7); zur Entscheidung nach Aufhebung und Zurückverweisung unten 14, 15.

7 Der Beschluss bedarf nach § 34 einer **Begründung** und muss nach § 35 bekanntgemacht werden; ergeht er vor der Hauptverhandlung, so braucht er nicht förmlich zugestellt zu werden.

8 Eine **Kosten- und Auslagenentscheidung** enthält der Beschluss nicht; er ist keine abschließende Entscheidung iS des § 464 I, II.

9 C. Bei **Ablehnung der Entscheidung** im beschleunigten Verfahren muss das Gericht – anders als früher, wo die Rechtshängigkeit beim Gericht damit beseitigt war und die Sache an die StA zurückfiel (BGH **15**, 314, 316) – entscheiden, ob es das Hauptverfahren eröffnen will; es darf jedoch nicht einfach im Regelverfahren weiterverhandeln (Radtke JR **01**, 135). Erlässt es einen Eröffnungsbeschluss (§ 207), wird das Verfahren wie nach Anklage und Zulassung der Anklage im gewöhnlichen Verfahren fortgesetzt (Loos/Radtke NStZ **95**, 572); Sprenger (NStZ **97**, 576) weist jedoch zutr darauf hin, dass diese Verfahrensweise nur dann praktikabel ist, wenn der Richter nach dem Geschäftsverteilungsplan auch für die Verhandlung im Normalverfahren zuständig ist. Vor Erlass des Eröffnungsbeschlusses muss dem Angeschuldigten aber rechtliches Gehör gewährt worden sein (vgl 1 zu § 201). Erlässt das Gericht mit der Ablehnung der Entscheidung im beschleunigten Verfahren nicht zugleich einen Eröffnungsbeschluss, so werden die Akten an die StA zurückgegeben (Celle NStZ-RR **17**, 20; Sowada 686). Diese kann dann die (schriftlich oder mündlich, vgl § 418 III) erhobene Anklage wieder zurücknehmen (§ 156; Sprenger aaO) und das Verfahren nach § 170 II oder nach §§ 153 ff einstellen. Will sie, dass das Verfahren fortgesetzt wird, muss sie, falls die Anklage bisher nur mündlich erhoben war, jetzt eine schriftliche Anklage bei Gericht einreichen (III 2. Halbs); lag bereits eine Anklageschrift vor, legt sie die Akten mit dem Antrag, das Hauptverfahren zu eröffnen, dem Gericht vor (§ 199 II). Das Gericht muss dann über die Eröffnung beschließen (§ 203). Die Wiederholung des Antrags nach § 417 ist ausgeschlossen (Hamburg NJW **64**, 2123; LR-Gössel 30).

3) Rechtsmittel: 10

A. **Beschwerde** gegen die Durchführung des beschleunigten Verfahrens ist 11 nicht zulässig. Die Beschwerde gegen den Ablehnungsbeschluss schließt II S 2 ausdrücklich aus. Das gilt auch, wenn er vor der Hauptverhandlung ergangen (KK-Graf 12; **aM** LG Berlin DAR **57**, 190) oder damit begründet ist, es fehle an einer Prozessvoraussetzung oder am hinreichenden Tatverdacht (LG Hamburg MDR **93**, 789; LR-Gössel 43).

B. **Berufung und Revision** gegen das in dem Verfahren nach §§ 417ff ergan- 12 gene Urteil sind zulässig. Fehlt der Antrag nach § 417, stellt das Rechtsmittelgericht das Verfahren ein (Lubitz [7 vor § 417] 87). Es wird aber nicht geprüft, ob der 1. Richter die Eignungsfrage zutr beurteilt hat (AK-Loos 16; Schröer NStZ **99**, 214; **aM** KK-Graf 18; Herzler NJ **00**, 404; Radtke JR **01**, 138). Die Frage, wie sich sonstige Fehler im Verfahren vor dem AG und im Berufungsverfahren auswirken, hängt von der Beantwortung der grundsätzlichen Frage ab, ob das Berufungsverfahren ein „Normalverfahren" ist, also das beschleunigte Verfahren mit Verkündung des Urteils 1. Instanz beendet ist (so KK-Graf 3 vor § 417 mwN; SSW-Rosenau 15) oder ab auch das Berufungsverfahren den Regeln des beschleunigten Verfahrens folgt (so Ranft NStZ **04**, 424). Die letztere Ansicht ist zutr; denn das 6. Buch der StPO enthält eben „besondere Arten des Verfahrens" und wandelt damit nicht nur das amtsgerichtliche Verfahren ab (eingehend dazu Meyer-Goßner Meurer-GS 430; **aM** Bay NStZ **05**, 403 mit zust Anm Metzger; KK-Graf aaO). Das beschleunigte Verfahren läuft nach anderen Regeln als das Normalverfahren ab (vgl § 420) und deswegen kann eine in dieser Verfahrensart ergangene Entscheidung nicht einfach derjenigen in einem gewöhnlichen Verfahren ergangenen gleich geachtet werden (Meyer-Goßner aaO 424). Ein Verfahren, das ohne Anklageschrift und ohne Eröffnungsbeschluss geführt wird, kann auch in der Berufungsinstanz kein „Normalverfahren" sein (Ranft aaO). Somit gilt:

a) Ob die Hauptverhandlung gemäß § 418 I (dort 5) **in kurzer Frist durchge-** 13 **führt** worden ist, wird in der Berufungsinstanz überprüft. Weil das Berufungsgericht nicht selbst gemäß § 419 III entscheiden kann, hat es die Sache an das AG zurückzuverweisen (entspr den auch sonst zu § 328 II gebilligten Ausnahmen, vgl dort 4), das diese Entscheidung zu treffen hat (Ranft NStZ **04**, 427). In der Revisionsinstanz wird die Einhaltung der Frist des § 418 I nur auf Verfahrensrüge überprüft (Bay StV **00**, 302; NStZ **03**, 52; Düsseldorf NJW **03**, 1470; Hamburg NStZ **99**, 266; Stuttgart NJW **98**, 3134 mit zust Anm Scheffler NStZ **99**, 268; StV **98**, 585; **aM** Düsseldorf StV **99**, 202; Müller NStZ **00**, 108; Radtke aaO 139; Ranft aaO 428), wobei es aber nicht der Darlegung bedarf, dass das Urteil im Normalverfahren möglicherweise anders ausgefallen wäre, denn das ist die notwendig anzunehmende Folge des unzulässigen beschleunigten Verfahrens (**aM** Stuttgart NStZ-RR **02**, 339).

b) Auch die Prüfung, ob ein **Ablehnungs- und Eröffnungsbeschluss** nach 14 § 419 III 1. Hs **unterblieben** ist, bedarf einer Verfahrensrüge (Bay **03**, 135 = NStZ **05**, 403 mit zust Anm Metzger; Hamburg StV **00**, 299). Hat das AG ohne Erlass eines Eröffnungsbeschlusses fehlerhaft das beschleunigte Verfahren als Regelverfahren fortgeführt (oben 9), ist im Berufungsverfahren von Amts wegen, im Revisionsverfahren auf zulässige Verfahrensrüge das Urteil aufzuheben und die Sache zur Entscheidung nach III zurückzuverweisen (Düsseldorf StV **99**, 202; **aM** Düsseldorf NStZ **97**, 613 mit Anm Radtke und Scheffler; Radtke JR **01**, 135: Einstellung des Verfahrens; wieder **aM** und widersprüchlich Bay NStZ **03**, 51: Fehler im Berufungsverfahren unbeachtlich, auf Sprungrevision beachtlich). Ein Verfahrenshindernis, das zur Einstellung des Verfahrens führen muss, liegt aber vor,

§ 420

wenn das AG nach Ablehnung des beschleunigten Verfahrens die Sache an die StA zurückgegeben hatte und nunmehr nach erneuter Anklageerhebung ohne Eröffnungsbeschluss verhandelt hat (Köln NStZ **04**, 281).

15 c) Einer **Amtsprüfung** unterliegt, ob der nach § 417 erforderliche Antrag der StA vor dem AG gestellt worden ist; fehlt er, wurde er zurückgenommen (13 zu § 417) oder ist er unzureichend, ist das Verfahren sowohl im Berufungs- als auch im Revisionsverfahren einzustellen (RG **67**, 59, 60; Frankfurt StV **00**, 299).

16 d) Bei **Überschreitung der Rechtsfolgenkompetenz** nach I S 2 hat das AG seine sachliche Zuständigkeit nicht verletzt, wenn es sich innerhalb der Rechtsfolgenkompetenz nach § 24 II GVG gehalten hat (Oldenburg JR **83**, 302 mit Anm Wagner). Nach richtiger Ansicht begründet I S 2 aber eine besondere Verfahrensvoraussetzung für das beschleunigte Verfahren (Hamm JR **78**, 120; Hamm JMBlNW **79**, 59). Demgegenüber will die Gegenmeinung hierin nur eine Rechtsfolgengrenze für eine bestimmte Verfahrensart sehen (BGH **35**, 251; Oldenburg aaO; KK-Graf 5; Treier NStZ **83**, 234); daher soll das Berufungsgericht nicht gehindert sein, die Strafe auf das nach I S 2 erlaubte Maß herabzusetzen (BGH aaO; Wagner JR **83**, 303) oder sie gar zu bestätigen (KK-Graf 19).

17 Im **Berufungsverfahren** gilt auch die Rechtsfolgengrenze des I S 2 (hM; **aM** Bay **03**, 135; KK-Graf 5). Eine Überleitung des beschleunigten in das gewöhnliche Verfahren ist in der Berufungsverhandlung ausgeschlossen (Meyer-Goßner JR **78**, 122; **84**, 77; Wagner JR **83**, 304; **aM** Stuttgart StV **98**, 587 mwN). Daher muss das unter Überschreitung der Rechtsfolgenkompetenz ergangene Urteil des AG aufgehoben werden. Das Verfahren wird aber – anders als früher – nicht eingestellt; denn aus der Neuregelung in III ergibt sich nun, dass das Verfahren dann, wenn es zur Entscheidung im beschleunigten Verfahren nicht geeignet ist, ohne neue Anklage, aber mit dem dann erforderlichen Erlass eines Eröffnungsbeschlusses in ein normales Verfahren übergehen soll (Meyer-Goßner Meurer-GS 425). Die Sache muss daher hier – abweichend von § 328 – an das AG zurückverwiesen werden (HK-Zöller 12; Lubitz [7 vor § 417] 166; Ranft NStZ **04**, 430; **aM** Loos/Radtke NStZ **96**, 8 Fn 79, da auch sie der Ansicht sind, das beschleunigte Verfahren ende mit der Verkündung des Urteils 1. Instanz (vgl oben 12), ein Übergang in das Normalverfahren sei nicht erforderlich; das ist aber mit § 419 III unvereinbar, so dass die hier vertretene Meinung nicht als „ausschließlich formales Argument" – so Loos/Radtke aaO 9 Fn 90 – bezeichnet werden kann; erg 12 zu § 420); das AG muss dann nach III verfahren (oben 9), falls es nicht weiter im beschleunigten Verfahren verhandeln will, weil es jetzt eine über 1 Jahr Freiheitsstrafe liegende Strafe für ausgeschlossen hält (SK-Paeffgen 16).

18 Im **Revisionsverfahren** wird der Verstoß gegen I S 2 von Amts wegen geprüft (Celle JR **84**, 74 mit Anm Meyer-Goßner = NStZ **83**, 233 mit abl Anm Treier; Hamm JMBlNW **79**, 59; JR **78**, 120 mit Anm Meyer-Goßner; Schleswig SchlHA **84**, 103 [E/L]; Peters 567; Ranft 2367; offen gelassen von BGH **35**, 251), nicht nur auf eine zulässige (§ 344 II) Verfahrensrüge beachtet (so aber AK-Loos 10; KK-Graf 20; Treier NStZ **83**, 234; unrichtig Wagner JR **83**, 304: auf die Sachrüge). Der Fehler führt auch hier – anders als früher – nicht zur Einstellung des Verfahrens, sondern wegen III zur Zurückverweisung nach § 354 II an das AG (Stuttgart NJW **98**, 3134, 3135; vgl auch Düsseldorf StV **99**, 202). Es gilt dann dasselbe wie bei Zurückverweisung durch das Berufungsgericht (oben 17).

Beweisaufnahme

420 ^I Die Vernehmung eines Zeugen, Sachverständigen oder Mitbeschuldigten darf durch Verlesung von Protokollen über eine frühere Vernehmung sowie von Urkunden, die eine von ihnen erstellte Äußerung enthalten, ersetzt werden.

^{II} Erklärungen von Behörden und sonstigen Stellen über ihre dienstlichen Wahrnehmungen, Untersuchungen und Erkenntnisse sowie über diejenigen

Beschleunigtes Verfahren **§ 420**

ihrer Angehörigen dürfen auch dann verlesen werden, wenn die Voraussetzungen des § 256 nicht vorliegen.

III Das Verfahren nach den Absätzen 1 und 2 bedarf der Zustimmung des Angeklagten, des Verteidigers und der Staatsanwaltschaft, soweit sie in der Hauptverhandlung anwesend sind.

IV Im Verfahren vor dem Strafrichter bestimmt dieser unbeschadet des § 244 Abs. 2 den Umfang der Beweisaufnahme.

1) **Vereinfachtes Verfahren:** I–III bringen sowohl für das beschleunigte Verfahren vor dem Strafrichter (§ 25 GVG) als auch vor dem SchG (§ 28 GVG) gegenüber dem Normalverfahren Abweichungen; entgegen §§ 250, 256 dürfen Vernehmungsniederschriften, schriftliche Äußerungen und Erklärungen von Behörden und Behördenangehörigen mit Zustimmung von Angeklagtem, Verteidiger und StA verlesen werden. Vor dem Strafrichter können nach IV Beweisanträge ohne Bindung an die strengen Ablehnungsgründe des § 244 III–V abgelehnt werden. 1

Damit bestehen für die Hauptverhandlung in Strafsachen im Offizialverfahren vor dem Amtsgericht nun **drei Verfahrensarten:** Normalverfahren nach §§ 226 ff, davon abweichendes Verfahren nach § 420 I–III vor Strafrichter und SchG, wiederum anderes Verfahren nach § 420 IV nur vor dem Strafrichter. Dem letzteren entsprechen das Privatklageverfahren (§ 384 III) und das OWi-Verfahren (§§ 77, 77a OWiG). Im Verfahren nach Einspruch gegen einen Strafbefehl gelten gemäß § 411 II S 2 ebenfalls die Vorschriften des § 420 für die Beweisaufnahme. 2

Für den Richter am Amtsgericht und die Verfahrensbeteiligten hat der Gesetzgeber damit das amtsgerichtliche Verfahren **erheblich kompliziert:** Es muss jetzt stets genau darauf geachtet werden, ob das Verfahren durch Anklageerhebung nach § 200 oder durch Strafbefehlsantrag (§ 407) oder durch Antrag nach § 417 eingeleitet worden ist. Wird nach § 408a vom Normal- ins Strafbefehlsverfahren übergegangen, wechseln auch die Vorschriften über die Beweisaufnahme. Das alles erscheint wenig glücklich und im Hinblick auf die eingeschränkten Rechtsmittelmöglichkeiten bei Verurteilungen zu geringfügigen Strafen (§ 313) auch rechtsstaatlich bedenklich (Meurer Zipf-GS 492; erg 5, 6 vor § 417). 3

2) **Verlesung von Vernehmungsprotokollen und Äußerungen:** I entspricht wörtlich § 77 I OWiG. Eine Einschränkung auf „schriftliche" Äußerungen gibt es seit dem 1.1.2018 nicht mehr; sie ist nunmehr „medienneutral" formuliert (BT-Drucks 18/9416 S 65). Es können mithin **sowohl schriftliche auch elektronische** Äußerungen verlesen werden. Er erweitert die Verlesungsmöglichkeiten, die sonst nur nach § 251 bestehen, setzt allerdings nach III das Einverständnis von Angeklagtem, Verteidiger und StA voraus. Gegenüber § 251 I Nr 1 kann die Verlesung auch erfolgen, wenn der unverteidigte Angeklagte zustimmt; unverteidigt kann der Angeklagte allerdings wegen § 418 IV nur sein, wenn keine Freiheitsstrafe von 6 Monaten oder mehr zu erwarten ist (vgl 11 ff zu § 418). Ob es sich um richterliche oder um nichtrichterliche Vernehmungsniederschriften handelt, ist bedeutungslos (erg 13 ff zu § 251). 4

Unberührt bleiben die Vorschriften der §§ 251 I Nr 3, 4, II 1, 2, III, IV, 252 und 253; der Gesetzgeber hielt insofern eine gesetzliche Klarstellung (anders als in § 77a IV OWiG) nicht für erforderlich (BT-Drucks 12/6853 S 37). Steht dem Zeugen ein Zeugnisverweigerungsrecht zu, muss das Gericht vor der Verlesung seiner nichtrichterlichen Aussage somit klären, ob er mit der Verwertung einverstanden ist; nichtrichterliche Vernehmungsniederschriften dürfen dagegen ohne Befragung des Zeugen verlesen werden (vgl 7 ff zu § 252; KK/OWiG-Senge 6 ff zu § 77a; KK-Graf 4; **aM** LR-Gössel 33; Jostes [6 vor § 417] 73). 5

Die **Aufklärungspflicht** nach § 244 II wird durch I nicht eingeschränkt. Sie kann es erforderlich machen, trotz Zustimmung der Prozessbeteiligten zur Verlesung die Beweisperson zu hören, insbesondere wenn diese das einzige Beweismittel ist (erg 8 zu § 251). 6

Schmitt 1761

§ 420 Sechstes Buch. Abschnitt 2a

7 3) Die **Verlesung von behördlichen Erklärungen** ist nach II über § 256 hinaus im Einverständnis der Verfahrensbeteiligten gestattet. Die Vorschrift entspricht § 77a II OWiG (vgl dazu Göhler 3 ff zu § 77a). Die Abweichung gegenüber § 256 besteht darin, dass nicht nur Zeugnisse und Gutachten (vgl 4 ff zu § 256), sondern – und noch über § 256 I Nr 5 (dort 26, 27) hinausgehend – sämtliche Erklärungen über dienstliche – nicht private – Wahrnehmungen, Untersuchungen und Erkenntnisse verlesen werden dürfen, also zB auch Aktenvermerke der Polizei oder der StA. Grenze ist auch hier die Aufklärungspflicht des Gerichts (oben 6).

8 4) **Verfahren zu I und II:** Zum erforderlichen Einverständnis der Verfahrensbeteiligten vgl die Ausführungen unter 7 zu § 251, die hier entspr gelten. Ist der Angeklagte unverteidigt, muss er genau über die Folgen seines Einverständnisses aufgeklärt werden (**aM** Ranft NStZ **04**, 429: Einverständniserklärung grundsätzlich unwirksam). Das Gericht ordnet wie in § 251 IV S 1 die Verlesung durch Beschluss an; der Beschluss muss idR nicht begründet werden, ist aber in das Protokoll aufzunehmen. Ist die Beweisperson richterlich vernommen worden, bedarf es nach § 251 IV S 3, 4 der Feststellung oder der Entscheidung über die Nachholung der Vereidigung. Nach Durchführung der Verlesung ist eine Rücknahme der Zustimmung hierzu nicht mehr möglich (Jostes [6 vor § 417] 101; **aM** KMR-Metzger 12).

9 5) **Verfahren vor dem Strafrichter (IV):**

10 A. **Beweisanträge**, die auch hier uneingeschränkt gestellt werden können (Scheffler NJW **94**, 2194), dürfen beim Strafrichter, nicht beim SchG, ohne die Einschränkungen des § 244 III–V abgelehnt werden. Die Ablehnung ist damit ebenso wie im Privatklageverfahren nach § 384 III und wie im OWi-Verfahren nach § 77 I, II Nr 1 OWiG auch möglich, wenn das Gericht die Erhebung des angebotenen Beweises zur Erforschung der Wahrheit nicht für erforderlich hält; hingegen kommt eine Ablehnung wegen verspäteter Antragstellung (anders als nach § 77 II Nr 2 OWiG) nicht in Betracht. Nachzugehen ist dem Beweisantrag aber, wenn sich die Erhebung des Beweises aufdrängt oder sie zumindest naheliegt (vgl Düsseldorf NStE Nr 3 und 7, Karlsruhe NStE Nr 2, je zu § 77 OWiG). Das ist zB der Fall, wenn ein Sachverständiger oder Gegenzeugen die Aussage des einzigen Belastungszeugen widerlegen sollen (vgl Bay DAR **02**, 437 [L]). Hält der Strafrichter hingegen den Sachverhalt für genügend geklärt und ist er der Auffassung, dass die angebotene Beweiserhebung daran nichts mehr ändern kann, so lehnt er den Beweisantrag ab; Beweisantizipation ist damit zulässig (Dahs NJW **95**, 556; König/Seitz NStZ **95**, 5; **aM** Ranft NStZ **04**, 430). Im Übrigen gelten die Ausführungen zu § 384 III (13, 14 zu § 384) hier entspr.

11 B. Durch **Beschluss** erfolgt die Ablehnung (§ 244 VI S 1), der ebenso wie der Antrag in das Protokoll aufzunehmen ist. Zur Begründung des Beschlusses muss es wie in § 77 III OWiG als ausreichend erachtet werden, dass das Gericht erklärt, die Beweiserhebung sei zur Erforschung der Wahrheit nicht erforderlich (KK-Graf 8; **aM** SK-Paeffgen 28). Die Urteilsgründe brauchen nicht im Einzelnen darzulegen, warum dies der Fall ist; aus ihnen muss sich aber entnehmen lassen, dass der Sachverhalt tatsächlich so eindeutig geklärt ist, dass es der Beweiserhebung nicht mehr bedurfte (vgl Zweibrücken MDR **91**, 1192). Wird die Ablehnung des Beweisantrages nicht auf IV, sondern auf einen der Gründe des § 244 III–V oder bei präsenten Beweismitteln auf § 245 II S 2, 3 gestützt, muss die Beschlussbegründung den dort bezeichneten Voraussetzungen genügen (erg 15 zu § 384).

12 6) **Berufungsverfahren:** Aus § 420 ergibt sich nicht eindeutig, ob die Vorschrift nur vor dem AG oder auch im Berufungsverfahren vor dem LG gelten soll. Da IV aber ausdrücklich auf das Verfahren vor dem Strafrichter beschränkt ist, ist hieraus sowie entspr der allgM bei einer anderen besonderen Verfahrensart, nämlich dem Strafbefehlsverfahren (vgl 4, 7 zu § 411), zu schließen, dass I–III ebenso wie die sonstigen Vorschriften des beschleunigten Verfahrens auch im Verfahren über die Berufung gegen ein im beschleunigten Verfahren erlassenes amtsrichterliches Urteil gelten (KK-Maur 21 zu § 411; Ranft 2362; am SK-Paeffgen 31; Lesch JA **95**, 691; Loos/Radtke NStZ **96**, 9; Schlothauer StV **95**, 46; erg 12 zu § 419). IV findet dagegen keine Anwendung; wie beim SchG darf also auch beim LG ein Beweisantrag nur aus den in § 244 III–V genannten Gründen abgelehnt werden.

7) Revision: Ist unter Verletzung der Aufklärungspflicht vom Gericht nach I, II verfahren oder ein Beweisantrag nach IV vom Strafrichter abgelehnt worden, begründet nur die ordnungsgemäß erhobene Aufklärungsrüge (101 ff zu § 244) die Revision (Köln StraFo **00**, 238; **03**, 380; **aM** Bauer StraFo **00**, 345; vgl auch Seitz JR **03**, 520). Die Revision ist aber auch dann begründet, wenn die erforderliche Zustimmung des Verfahrensbeteiligten nach III zum vereinfachten Beweisverfahren gefehlt hat. Erg im Übrigen 45 zu § 251. 13

Dritter Abschnitt. Verfahren bei Einziehung und Vermögensbeschlagnahme

Vorbemerkungen

1) Allgemeines: Wo von Einziehung die Rede ist, sei es in den einzelnen Bestimmungen, sei es in den Erläuterungen, bezieht sich dies auf alle Formen der Einziehung und der Wertersatzeinziehung nach §§ 73–76a StGB. Für Vernichtung, Unbrauchbarmachung und Beseitigung eines gesetzwidrigen Zustands gelten §§ 421 ff entspr (§ 439). 1

2) Einziehung (§§ 73–76a StGB): Die Einziehung von **Tatmitteln, Tatprodukten und Tatobjekten oder des Wertersatzes** hat strafähnlichen Charakter, soweit sie nur gegenüber dem Täter oder Teilnehmer angeordnet (§ 74 StGB) oder darauf gestützt werden kann, dass ihr Gegenstand in einer missbilligenswerten Beziehung zur Tat gestanden oder der Dritte ihn in verwerflicher Weise erworben hat (§ 74a StGB). Dagegen hat die **Sicherungseinziehung** (§ 74b StGB), die wegen der Gefährlichkeit des Gegenstandes angeordnet wird, präventiven Charakter. Die Zugehörigkeit der Einziehung nach §§ 74–74c StGB zu der einen oder anderen Art ist nicht einheitlich; zuweilen hat die Maßnahme einen gemischten Charakter (Lackner/Kühl 1 ff zu § 74 StGB). Die Einziehung von **Taterträgen oder des Wertes des Tatertrages** (§§ 73–73c StGB) ist eine quasi-bereicherungsrechtliche Maßnahme zur Abschöpfung deliktisch erlangter Vermögenswerte zur Beseitigung strafrechtswidriger Vermögenslagen. Die Anordnung ist nicht am Schuldgrundsatz zu messen und hat keinen Strafcharakter (BVerfGE 110, 1 = NJW **04**, 2073, 2075 f, zu § 73d I StGB aF; BGH NStZ **18**, 400 mit Anm Müller-Metz; NStZ-RR **18**, 241; **19**, 22: keine verfassungsrechtlichen Bedenken; wistra **18**, 427; 5 StR 185/18 vom 23.8.2018; Köln StraFo **18**, 204; erg 2 zu Art 316h EGStGB – dort auch zu Art 7 EMRK und zur **aA**); sie darf deshalb nicht bei der Strafzumessung berücksichtigt werden (BGH NStZ **18**, 366; 5 StR 280/18 vom 31.7.2018). Ob die Einziehung des Tatertrages oder des Wertes des Tatertrages auch gegen **Jugendliche und Heranwachsende** zwingend anzuordnen ist, wird nicht einheitlich beantwortet (dafür BGH NStZ **19**, 221 [2. StS]; 4 StR 62/19 vom 17.6.2019 [4. StS]; ZJJ **19**, 285 [5. StS]; Hamburg wistra **18**, 485; instruktiv Schumann StraFo **18**, 415; zum früheren Recht ebenso BGH NStZ **11**, 270; **aA** BGH [1. StS] NStZ **19**, 682 [Anfrage nach § 132 III 1 GVG]; dagegen BGH 5 ARs 20/19 vom 6.2.2020; erg 1b Vor § 111b). Eine etwaige Entreicherung oder sonstige Unverhältnismäßigkeit wird im Vollstreckungsverfahren berücksichtigt (§ 459g V; dort 12 f); zuständig: Jugendrichter (§ 82 I JGG). 2

3) Verfahren bei Einziehung: 3

A. **Strafverfahren:** Der Abschnitt regelt in der Hauptsache, wie zu verfahren ist, wenn im subjektiven Strafverfahren eine **natürliche oder juristische Person** festgestellt wird, die **nicht selbst Beschuldigter** ist, aber von der drohenden Maßnahme betroffen würde. Am Verfahren **beteiligt werden** der Einziehungsbe- 4 teiligte (§ 424) und der Nebenbetroffene (§ 438) – Obergriff: Nebenbeteiligte. **Einziehungsbeteiligter** ist eine nicht an der Tat beteiligte Person, gegen die sich die Einziehung richtet (§ 424 I); das kann ein Drittbegünstigter iSd § 73b StGB sein, aber auch der Adressat einer Einziehung nach §§ 74a oder 74b StGB. **Nebenbetroffener** ist ein tatunbeteiligter Dritter, dessen Rechte an dem der Einziehung unterliegenden Gegenstand in anderer Weise von der drohenden Maßnahme betroffen würde (§ 438 I). Als Nebenbetroffener kommt insb der tatunbeteiligte Eigentümer des betreffenden Gegenstandes in Betracht (§ 438 I Nr 1). Da bei der Wertersatzeinziehung (§§ 73c, 74c StGB) kein bestimmter Gegenstand, sondern lediglich ein Geldbetrag eingezogen wird, kommt die Beteiligung einer Person als Nebenbetroffener in diesen Fällen nicht in Betracht.

5 Die **Beteiligungsvorschriften** nach §§ 424–434 richten sich unmittelbar ausschließlich an den Einziehungsbeteiligten; für den Nebenbetroffenen gelten die Vorschriften gem § 438 I S 2, II S 2, III weitgehend entspr (BT-Drucks 18/9525 S 87). Wie derjenige, als Einziehungsbeteiligter oder Nebenbetroffener in Betracht kommt, im vorbereitenden Verfahren (Einl 59, 60) zu behandeln ist, regelt § 426. Die Institution des Einziehungsbeteiligten oder Nebenbetroffenen ist nur für das gerichtliche Strafverfahren vorgesehen und von der Anordnung der Beteiligung abhängig (vgl. § 424 I und § 438 I). Der Zweck der Beteiligung besteht darin, dass der Einziehungsbeteiligte und Nebenbetroffene vor Gericht das rechtliche Gehör erhalten (Art 103 I GG), bevor eine ihnen nachteilige Entscheidung erlassen wird (Einl 23 ff, 91). Daher müssen sie von Amts wegen zum Prozesssubjekt mit prozessualen Befugnissen gemacht werden.

6 Richtet sich die Einziehung gegen den **Angeklagten selbst**, weil eine ihm gehörende Sache eingezogen werden soll, so wird im Urteil die Einziehung nach §§ 73, 74 oder 74b StGB angeordnet. Die Praxis lässt es aber zu, dass der Angeklagte sich mit der formlosen Einziehung von (sichergestellten) **Tatmitteln, Tatprodukten und Tatobjekten** durch **Verzicht** auf eine Rückgabe einverstanden erklärt, sodass es einer gerichtlichen Entscheidung nicht bedarf (vgl dazu Ströber/Guckenbiehl Rpfleger **99**, 115 ff); die hiergegen von Thode NStZ **00**, 62 ff erhobenen Bedenken erscheinen unbegründet. Eine Beschwerde gegen die auf Grund der Einverständniserklärung erfolgte Einziehung ist ausgeschlossen (Bay **96**, 99 = NStZ-RR **97**, 51; Düsseldorf NStZ **93**, 452).

6a Auch in Fällen der Einziehung von **Taterträgen** oder des **Wertes des Tatertrages** ist eine formlose Einziehung durch **Verzicht** grundsätzlich zulässig (BGH NStZ **18**, 333 [Tatertrag]; BGHSt **63**, 305 [Wert des Tatertrages]). Voraussetzung ist aber stets eine zumindest konkludente Annahme des Verzichts durch die StA. Wegen der weitreichenden Wirkungen eines wirksamen Verzichts (Erlöschen des staatlichen Einziehungsanspruchs) und mit Blick auf die rechtlichen Wirkungen der förmlichen Einziehung (vgl insb § 75 I Nr. 2 StGB) sollte die formlose Einziehung auf einfache, eindeutige Fälle beschränkt werden (BGH aaO; vgl. auch Köhler NStZ **17**, 497, 500; BKST-Tschakert Rn 1688 ff; generell ablehnend Gerlach/Manze StraFo **18**, 101, 102). Wird in den Fällen der §§ 73, 73a oder §§ 74–74b StGB die Einziehung des betreffenden Gegenstandes dennoch angeordnet, kommt ihr lediglich deklaratorische Wirkung zu (BGH NStZ **18**, 333; 5 StR 86/19 vom 16.4.2019), weshalb sie auf ein Rechtsmittel des Betroffenen hin nicht aufgehoben werden muss (BGH NStZ **19**, 271; 3 StR 67/19 vom 20.3.2019; 2 ARs 204/19 vom 30.10.2019). Anders ist dies bei einer Wertersatzeinziehung nach §§ 73c oder § 74c StGB, da der Betroffene im Fall ihrer Anordnung mit einem Zahlungstitel belastet würde, obwohl der Zahlungsanspruch des Staates im Umfang des (wirksamen) Verzichts erloschen ist (BGHSt **63**, 305; 5 ARs 21/19 vom 12.9. 2019).

7 Sind **keine Beteiligten** vorhanden, kann der Gegenstand nach RiStBV 180 IV idR formlos aus dem Verkehr entfernt werden.

8 B. **Selbständiges Einziehungsverfahren (objektives Verfahren):** Die §§ 435, 436 enthalten Verfahrensregelungen für die selbständige (Wertersatz-)Ein-

ziehung nach § 76a StGB im objektiven Verfahren. Ihre Bezeichnung als selbständige Einziehung trägt die Vorschrift des § 76a StGB, weil sie ohne gleichzeitige Verurteilung eines Tatbeteiligten angeordnet wird. Sie kann sich sowohl gegen den (zB verhandlungsunfähigen) Täter oder Teilnehmer als auch gegen eine tatunbeteiligte Person (zB den Drittbegünstigten isd § 73b StGB) richten.

4) Im **Bußgeldverfahren** gelten die §§ 421 ff sinngemäß (§ 46 I OWiG, vgl zur Einziehung von Gegenständen §§ 22 ff OWiG und zur Einziehung des Wertes von Taterträgen § 29a OWiG). Ergänzende, zT abweichende Regelungen (namentlich für das Verfahren der VerwB) enthält § 87 OWiG. **9**

5) **Wirkung der Einziehungsanordnung:** **10**

A. **Mit der Rechtskraft** der Anordnung der **Einziehung** tritt der Rechtsübergang an dem eingezogenen Gegenstand nach Maßgabe des § 75 I StGB ein. Die **Einziehung von Wertersatz** (§§ 73c, 74c StGB) ist ein staatlicher Zahlungsanspruch, der in dem Zeitpunkt entsteht, in dem die Einziehung des betreffenden Gegenstandes nicht (mehr) möglich ist (BGH 5 StR 198/18 vom 28.11.2018). Die rechtskräftige Anordnung der Wertersatzeinziehung stellt den Titel dar, auf dessen Grundlage der staatliche Zahlungsanspruch vollstreckt werden kann (BT-Drucks 18/9525 S 67; 18/11640 S 86; Köhler NStZ **17**, 497, 500). **11**

B. **Vor der Rechtskraft** entsteht mit der Anordnung der **Einziehung** eines Gegenstandes kraft Gesetzes ein Veräußerungsverbot (§§ 75 III StGB). Ist der Gegenstand zuvor gem § 111b, 111c StGB beschlagnahmt worden, wird der Eigentumsübergang nach § 75 I StGB durch § 75 IV abgesichert. Ist die **Wertersatzeinziehung** angeordnet worden (§§ 73c, 74c StGB), so wird die Vollstreckung des staatlichen Zahlungsanspruchs bis zur Rechtskraft der Anordnung durch den Vermögensarrest (§§ 111e, 111f) gesichert. **12**

C. **Schon vor der Anordnung** kann die Vollstreckung der Maßnahme durch Beschlagnahme (§ 111b) oder durch Vermögensarrest (§ 111e) gesichert werden. **13**

6) **Entschädigung bei Einziehung (§§ 74b II, 74d V StGB):** Wie sich aus § 430 III ergibt, geht die StPO davon aus, dass über den Entschädigungsanspruch nicht im Strafverfahren entschieden wird (Ausnahmen: § 74b III S 2, § 74 V S 2 StGB), da es sich um Ansprüche aus Eingriffen handelt, die eine bürgerlich-rechtliche Wirkung haben und daher vor den Zivilrichter gehören (KG NJW **78**, 2406). **14**

7) Die **Vermögensbeschlagnahme** (§ 443) ist keine Vorstufe zur Einziehung, sondern ein nur in bestimmten Strafsachen zulässiges Mittel, den Beschuldigten zur Teilnahme am Verfahren zu zwingen sowie in der Verfügung über sein Vermögen und mittelbar dadurch an dessen Verwendung für solche Delikte zu hindern. **15**

Absehen von der Einziehung

421 I Das Gericht kann mit Zustimmung der Staatsanwaltschaft von der Einziehung absehen, wenn
1. das Erlangte nur einen geringen Wert hat,
2. die Einziehung neben der zu erwartenden Strafe oder Maßregel der Besserung und Sicherung nicht ins Gewicht fällt oder
3. das Verfahren, soweit es die Einziehung betrifft, einen unangemessenen Aufwand erfordern oder die Herbeiführung der Entscheidung über die anderen Rechtsfolgen der Tat unangemessen erschweren würde.

II 1 Das Gericht kann die Wiedereinbeziehung in jeder Lage des Verfahrens anordnen. ² Einem darauf gerichteten Antrag der Staatsanwaltschaft hat es zu entsprechen. ³ § 265 gilt entsprechend.

III ¹ Im vorbereitenden Verfahren kann die Staatsanwaltschaft das Verfahren auf die anderen Rechtsfolgen beschränken. ² Die Beschränkung ist aktenkundig zu machen.

§ 421

1 1) Die Vorschrift ermöglicht es dem **Gericht (I)** und der **Staatsanwaltschaft (III)**, die Einziehung aus Gründen der **Verfahrensökonomie** als Gegenstand der Untersuchung und Entscheidung auszuklammern. Sie gilt unabhängig davon, ob die Maßnahme sachlich-rechtlich als Kann- oder Mussvorschrift vorgesehen ist. In ihrer Zielsetzung ist die Norm vergleichbar mit § 154a. § 421 gilt für alle Fälle der **Einziehung oder Wertersatzeinziehung** (BT-Drucks 18/9525 S 87); I Nr 2 gilt (auch iVm III) allerdings ausschließlich für die Fälle der strafähnlichen (Wertersatz-)Einziehung nach §§ 74 ff (unten 6). Von praktischer Bedeutung ist die Regelung vor allem für die Vermögensabschöpfung (§§ 73 ff StGB); insoweit stellt sie das notwendige Korrektiv für die materiell umfassende Pflicht zur Einziehung von Taterträgen und des Wertes des Taterträges dar. Über die Fälle der (Wertersatz-)Einziehung hinaus gilt § 421 für Vernichtung, Unbrauchbarmachung und Beseitigung eines gesetzwidrigen Zustandes (§ 439). Zur Anwendbarkeit im selbständigen Einziehungsverfahren, vgl 7 zu § 435.

2 Eine **Teilbeschränkung** innerhalb einer (Wertersatz-)Einziehungsentscheidung ist nach BGH aus verfahrensökonomischen Gründen zulässig (für ein teilweises Absehen der Einziehung von Tatmitteln nach § 421 I Nr. 2, vgl BGH NStZ **18**, 742, mit zust Anm Schneider; enger noch 61. Aufl.). Dies steht ohne weiteres mit dem Wortlaut der Vorschrift („wenn") im Einklang, falls die **Einziehung verschiedener Gegenstände** in Betracht kommt. Denn die rechtlichen Voraussetzungen der Einziehung (§§ 73–73b, 74–74b StGB) sind für jeden Gegenstand entsprechend seiner Einordnung (zB als Tatertrag oder als Tatmittel) gesondert zu prüfen. Damit kann die jeweilige Einziehung aber auch hinsichtlich der in I Nr 1–3 genannten Absehensgründe unterschiedlich zu beurteilen sein. Gleiches gilt für die Fälle, in denen eine **Wertersatzeinziehung neben einer Einziehung** angeordnet werden müsste oder könnte (vgl §§ 73c S 2, 74c II S 1 StGB), da dann zwei rechtlich verschiedene Einziehungsanordnungen mit unterschiedlichen rechtlichen Wirkungen in Rede stehen (vgl dazu 11 Vor § 421). Ist der der Einziehung unterliegende Gegenstand aufgrund eines erheblichen Wertverlustes nur noch geringwertig, kann mithin gem § 421 I Nr 1 (auch iVm III) von der Einziehung des Gegenstandes abgesehen und das Verfahren auf die Wertersatzeinziehung beschränkt werden (vgl Köhler NStZ 2017, 497, 499 Fn 36, für Fälle betrügerisch erlangter Bekleidungsgegenstände). Aber auch innerhalb einer **einheitlichen-Wertersatzeinziehung** (§§ 73c, 74c StGB) ist eine Teilbeschränkung zulässig, weil die dadurch angeordnete Pflicht des Einziehungsadressaten, einen bestimmten Geldbetrag als Wertersatz an den Staat zu zahlen (vgl dazu 11 Vor § 421; 9 zu § 459h), etwa darauf beruhen kann, dass mehrere Gegenstände der – zZ der gerichtlichen Anordnung nicht mehr möglichen – Einziehung unterlegen hätten. Werden zB bei einem Wohnungseinbruchdiebstahl mehrere später nicht mehr auffindbare Gegenstände (zB Bargeld, Tablets und Schmuck) entwendet, kann die für eine Einziehung nach § 73c StGB notwendige Wertbestimmung (vgl dazu BGH NJW **18**, 3325; Köhler aaO 505 f) teils ohne weiteres (Geld) oder vergleichsweise leicht (Smartphone) möglich sein, teils aber einen unangemessenen Aufwand (Schmuck) darstellen. In solchen und damit vergleichbaren Fällen kann die Wertersatzeinziehung auf die wertmäßig einfach zu bestimmenden Gegenstände beschränkt werden (BGH 5 StR 229/18 vom 24.10.2018). Darüberhinaus kann eine Teilbeschränkung aus verfahrensökonomischen Gründen im Rahmen einer Verständigung nach § 257c in Betracht kommen (Schneider NStZ **18**, 743; erg 9, 13a).

3 2) Nach I kann das **Gericht** unter den in Nr 1–3 bezeichneten Voraussetzungen mit **Zustimmung der Staatsanwaltschaft** von der (Wertersatz-)Einziehung absehen.

4 A) **Nr 1** betrifft die Fälle der **Geringwertigkeit.** Sie ersetzt § 73c I 2 Var 2 StGB aF. Die Wertgrenze liegt daher bei **höchstens 30 Euro** (Fischer 3a zu § 248a StGB; Köhler/Burkhard NStZ **17**, 665, 675: 50 Euro). IVm § 421 III gilt mit dieser Variante von Taterträgen und des Wertes von Taterträgen (§§ 73–73c StGB) in Fällen der Kleinkriminalität in jedem Verfahrensstadium ausgeschieden werden (Köhler/Burkhard aaO).

B) Nach **Nr 2** kann die (Wertersatz-)Einziehung ausgeklammert werden, wenn 5
die Maßnahme neben der Strafe oder Maßregel nicht beträchtlich ins Gewicht fällt. **Nicht beträchtlich ins Gewicht** fällt sie, wenn vom Standpunkt der Notwendigkeit des Schutzes der Rechtsordnung auf sie verzichtet werden kann, weil die anderen Rechtsfolgen genügen (BGH 4 StR 585/17 vom 13.2.2018).

Nr 2 betrifft die Fälle der strafähnlichen (Wertersatz-)Einziehung von **Tatpro-** 6
dukten, Tatmitteln und Tatobjekten (§ 74ff StGB), weil sie die Einziehung ins Verhältnis zu der zu erwartenden Strafe oder Maßregel setzt (BGH 3 StR 300/17 vom 24.8.2018 für Mobifunktelefone als Tatmittel). Wegen des präventiven Charakters der **Sicherungseinziehung** nach 74b StGB ist Nr 2 hingegen nicht auf die Einziehung gefährlicher Gegenstände anwendbar (KK-Schmidt 4).

Dementsprechend müsste die Anwendung von Nr 2 eigentlich auch für die 6a
Einziehung von Taterträgen und des Wertes des Tatertrages (§§ 73ff StGB) ausgeschlossen sein, weil Maßnahmen der Vermögensabschöpfung nach §§ 73ff StGB vermögensordnende und somit ebenfalls präventive Zwecke verfolgen (BVerfGE 110, 1 = NJW 04, 2073, 2075). Sie stehen deshalb eigenständig neben den anderen Rechtsfolgen; ihre Anordnung darf daher auch nicht strafmildernd berücksichtigt werden (BGH NStZ **18**, 366; 5 StR 280/18 vom 31.7.2018). Die wegen der rechtswidrigen (Erwerbs-)Tat zu erwartende Strafe oder Maßregel kann daher ansich keinen Einfluss auf die Notwendigkeit der vermögensordnenden (Wertersatz-)Einziehung nach §§ 73ff StGB haben (Korte wistra **18**, 1, 10 Rettke wistra **18**; 417, 418; Köhler/Burkhard NStZ **17**, 665, 675; **aA** Graf-Temming 6). Im RefE der BReg wurde die Anwendung dieser Variante daher auf die Einziehung nach §§ 74 StGB beschränkt (Korte aaO). In der Rspr des **BGH** hat sich hingen die Auffassung verstetigt, wonach § 421 I Nr 2 auch auf Maßnahmen der Vermögensabschöpfung anwendbar sei (BGH 4 StR 401/18 vom 8.1. 2019; 5 StR 511/18 vom 8.11.2018; 3 StR 6/17 vom 30.11.2017). Angesichts der Möglichkeit, zur Vermeidung eines unangemessenen Aufwands gem § 421 I Nr 3 teilweise von der Einziehung des Tatertrages oder des Wertes des Tatertrages abzusehen (vgl oben 2), dürfte die Praxis allerdings auch ohne die Heranziehung von Nr. 2 zu verfahrensökonomisch sachgerechten Lösungen gelangen. Zur Beseitigung der Unsicherheiten ist eine Klarstellung durch den Gesetzgebers wünschenswert.

C) Nach **Nr 3** ist die **Unangemessenheit der Prozedur** ein weiterer (eigen- 7
ständiger) Ausscheidungsgrund. Er geht über § 154a hinaus. Die (Wertersatz-)Einziehung kann daher auch dann ausgeklammert werden, wenn die Maßnahme neben der Strafe oder Maßregel durchaus ins Gewicht fiele (zB die Einziehung eines Luftgewehrs, wenn bloß eine geringe Geldstrafe zu erwarten ist). Nr 3 ist vor allem für die materiell zwingende vermögensabschöpfende (Wertersatz-)Einziehung (§§ 73ff StGB) von erheblicher praktischer Bedeutung (ausführlich BKST-Tschakert Rn 1380ff).

Der Ausscheidungsgrund des **unangemessenen Aufwands** und der **unange-** 8
messenen Erschwerung der Entscheidung der Rechtsfolgen im Übrigen können sich überschneiden (SK-Weßlau 7). Er kommt insb in Betracht, wenn allein die (Wertersatz-)Einziehung zusätzliche übermäßig zeitintensive oder unverhältnismäßig kostenträchtige Beweiserhebungen zur Folge hätte. Ein unangemessener Aufwand liegt vor, wenn man übermäßige Verfahrenskosten durch Sachverständigengutachten, Augenscheinahme und Zeugenvernehmungen entstehen würden. Gleiches gilt, wenn die für die Einziehungsentscheidung erforderliche Sachaufklärung ein Übermaß an Zeit in Anspruch nehmen würde, zB durch die Einholung komplexer Sachverständigengutachten oder die Vernehmung von Zeugen im Ausland.

Aufgrund der Streichung der Härteklausel des § 73c StGB aF (vgl dazu BGH 5 9
StR 508/7 vom 29.11.2017) ist der dem Wortlaut von Nr 3 nach (vermeintlich) weitgehende Anwendungsbereich der Absehensmöglichkeit für die Fälle der **ver-**

§ 421

mögensordnenden (Wertersatz-)Einziehung (§§ 73–73c StGB) deutlich eingeschränkt. Denn durch die (fast) vollständige Verlagerung der Prüfung einer unbilligen Härte und der Entreicherung aus dem Haupt- in das Vollstreckungsverfahren (vgl. §§ 73e II StGB, 459g V) entspricht der strafrechtlich relevante Schaden oder Taterlös idR dem (Wert des) Erlangten, der wiederum identisch mit der (Wertersatz-)Einziehungsanordnung ist. IdR tragen daher die für den Schuld- und Strafausspruch erforderlichen Feststellungen ohne weiteres auch die (Wertersatz-)Einziehung (zur Entlastung der Hauptverhandlung von zusätzlichen Beweiserhebungen durch die Streichung des § 73c StGB aF, Köhler NStZ **17**, 497, 500; Köhler/Burkhard NStZ **17**, 665, 674). Für die verbleibenden denkbaren Fälle einer **Verfahrenserschwerung** (auch iS einer Verfahrensverzögerung) hat der Gesetzgeber zudem die Möglichkeit der **Abtrennung** (§ 422) geschaffen (BT-Drucks 18/9525 S 55); diese Möglichkeit ist daher vorrangig in Betracht zu ziehen (Korte wistra **18**, 1, 10; wegen der möglichen Fallkonstellationen, 3 zu § 422). Der Anwendungsbereich des Absehens nach § 421 I Nr 3 Alt 2 ist daher im gerichtlichen Verfahren erheblich eingeschränkt; vollständig ausgeschlossen ist das Absehen aber mit Blick auf das dem Gericht in § 422 S 1 eingeräumte Ermessen allerdings nicht (Korte aaO; insofern missverständlich BeckOK-Temming 7). Es sind aber auch Fälle denkbar, in denen im Rahmen einer **Verständigung** nach § 257c aus verfahrensökonomischen Gründen ein (Teil)Absehen sachgerecht ist (Schneider NStZ **18**, 743, mit anschaulichem Beispiel; erg 2, 13a).

10 Ein Absehen nach Nr 3 kommt bei einer (Wertersatz-)Einziehung nach §§ 73 ff StGB regelmäßig nur dann in Betracht, wenn eine vorläufige Sicherstellung (§§ 111b ff) unterblieben ist. Selbst dann aber kann ein unangemessener Aufwand oder eine unangemessene Erschwernis nicht allein deshalb angenommen werden, weil der **Verletzte** der (Erwerbs-)Tat seine Ansprüche gegen den Einziehungsadressaten auf der Grundlage eines eigenen Titels mit eigenen Vollstreckungsmöglichkeiten (insb Steuerfiskus) selbst oder aufgrund entsprechender organisatorischer Einrichtungen (gewerbliche Geschädigte, zB Versandhandel) ohne größeren Aufwand vollstrecken kann. Denn die StA verfügt seit der Reform der Vermögensabschöpfung über wesentlich bessere Vollstreckungsmöglichkeiten (vgl § 459g III) als der Verletzte der Erwerbstat (BT-Drucks 18/11640 S 89). Zudem darf nicht aus dem Blick geraten, dass der Gesetzgeber nicht zuletzt durch die Streichung des § 73 I 2 und des § 73c StGB aF die Vermögensabschöpfung als „Säule der Kriminalitätsbekämpfung" stärken will (BT-Drucks 18/11640 S 77). Die Anwendung von Nr 3 setzt deshalb voraus, dass der Verletzte (zB der Steuerfiskus bei Steuerstraftaten oder der Jobcenter bei Betrug durch einen Leistungsempfänger) die **Vollstreckung** auch tatsächlich **erfolgreich** betreibt (zb durch Ratenzahlung oder durch die schrittweise Aufrechnung gegen den Leistungsanspruch des Täters). Denn dann müsste Beweis erhoben werden, in welchem Umfang die staatliche (Wertersatz-)Einziehung aufgrund der Schadenswiedergutmachung ausgeschlossen ist (vgl § 73e I StGB).

11 In Frage kommt ein Absehen zudem, wenn die **Schadenswiedergutmachung auf anderen Wegen** verwirklicht wird (Köhler/Burkhard NStZ **17**, 665, 675) – etwa weil der Einziehungsadressat bereits mit der freiwilligen Schadenswiedergutmachung begonnen hat. Schadenswiedergutmachung als Auflage nach § 56 II Nr 1 StGB oder § 15 JGG ist neben der Wertsatzeinziehung (§ 73c StGB) zulässig (deren Vollstreckung uU nach §§ 459g II iVm 459c II unterbleiben kann); zweckmäßig kann auch eine Abtrennung nach § 422 sein. Bei der Frage der Unangemessenheit sind auch mögliche Vollstreckungsschwierigkeiten (etwa die Notwendigkeit einer nachträglichen Anordnung einer Wertersatzeinziehung nach § 76 StGB, vgl dazu Köhler NStZ **17**, 497, 501) oder der mit der Opferentschädigung verbundene Aufwand bei Erwerbstaten mit individuellen Verletzten (§§ 459g IV, 459h ff) einzubeziehen (Köhler/Burkhard NStZ **17**, 665, 675).

12 Ein Vorgehen nach Nr 3 ist auch bei **offensichtlich vermögenslosen Tätern** denkbar (BT-Drucks 18/9525 S 87). Dies wird in aller erster Linie bei Erwerbstaten mit individuellen Verletzten in Betracht kommen, da hier der Aufwand für die

Opferentschädigung hinzukommt. Auch hier ist allerdings zu beachten, dass die StA über deutlich bessere Vollstreckungsmöglichkeiten verfügt (§ 459g III) als der Verletzte der Erwerbstat. Dies wird insbesondere bei den letztlich das Gemeinwesen schädigenden Straftaten der Steuerhinterziehung (§ 370 AO) und des Vorenthaltens von Arbeitsentgelt (§ 266a StGB) zu berücksichtigen sein. Im Übrigen gilt, dass nach der gesetzlichen Konzeption der reformierten Vermögensabschöpfung die finanzielle Lage des Täters, Teilnehmers oder bösgläubigen Drittbegünstigten erst in der Vollstreckung berücksichtigt werden darf (§ 73e II StGB, §§ 459g II iVm 459a, 459c, § 459g V). Naheliegen dürfte eine Beschränkung nach Nr. 3 hingegen in den Fällen der Wertersatzeinziehung, wenn das **Insolvenzverfahren** über das Vermögen des Einziehungsadressaten eröffnet wird, bevor Sicherstellungsmaßnahmen vollzogen werden konnten.

D) **Zuständig** ist das mit der Sache befasste Gericht, auch das Revisionsgericht 13
(2 zu § 353); wie bei der Beschränkung gem § 154a II (KK-Diemer dort 12) erfolgt die Beschränkung durch Beschluss. § 421 gilt auch im Privatklageverfahren, jedoch entscheidet hier der Richter allein über die die Wiedereinbeziehung (10 zu § 385 – § 385 III enthält einen redaktionellen Fehler, da die Nichtanwendung von § 421 III S 2 statt II S 2 bestimmt wird). Der Nebenkläger partizipiert nicht an dem Gestaltungsrecht der StA; § 395 V ist nicht entspr anwendbar (dort 14).

E) Da die Einziehung des Tatertrages oder seines Wertes (§§ 73ff StGB) mate- 13a
riell-rechtlich zwingend vorgeschrieben ist, ist es nach der Streichung des § 73c StGB aF nicht zulässig ihre Nichtanordnung zum Gegenstand einer **Verständigung iSd § 257c** zu machen (vgl BGH NStZ **18**, 366; 10 zu § 257c; LR-Stuckenberg 32 zu § 257c; SSW-Ignor 61 zu § 257c). Die Frage, ob mit Blick auf eine mögliche Verständigung über eine Beschränkung nach §§ 154, 154a (dazu 13 zu § 257c) auch die (teilweise) Ausklammerung der Vermögensabschöpfung unter den Voraussetzungen des § 421 vereinbart werden kann, dürfte hingegen zu bejahen sein (BGH aaO; KK-Moldenhauer/Wenske 15c zu § 257c; Schneider NStZ **18**, 743 mit besonderem Augenmerk auf die Möglichkeit der Teilbeschränkung; erg 2).

3) Das Gericht kann die **Wiedereinbeziehung (II)** der Rechtsfolge in den 14
Verfahrensstoff bei Wegfall der Voraussetzungen jederzeit anordnen (S 1). Einem entsprechenden Antrag der StA hat es zu entsprechen (S 2). Entspr § 265 hat das Gericht auf die Folgen der Wiedereinbeziehung hinzuweisen.

4) Im **Ermittlungsverfahren** kann die **StA** die (Wertersatz-)Einziehung nach 15
III 1 unter den gleichen Voraussetzungen wie das Gericht (I Nr 1–3) ausscheiden (erg 4–12). Dass für die Beschränkung durch die StA im Ermittlungsverfahren die gleichen rechtlichen Voraussetzungen gelten wie für das Gericht nach Anklageerhebung, ergibt sich aus dem Normaufbau und Normzweck; § 421 entspricht insofern der Normstruktur des § 154a (KK-Schmidt 7), wo die rechtlichen Voraussetzungen für die Beschränkung durch das Gericht und die StA ebenfalls identisch sind (vgl dazu 21 zu § 154a). Einer Zustimmung des Gerichts bedarf die Beschränkung durch die StA nicht. Die Beschränkung ist aktenkundig zu machen (III 2). Eine Wiedereinbeziehung ist im Ermittlungsverfahren ohne weiteres möglich. In Steuerstrafsachen tritt im Vorverfahren weitgehend die FinB an die Stelle der StA (Einl 12).

5) **Rechtsmittel:** Eine Beschwerde (§ 304) des Beschuldigten, Privat- oder 16
Nebenklägers oder eines Einziehungsbeteiligten (2 zu § 424) gegen die Beschränkung oder Wiedereinbeziehung ist nicht zulässig. Die StA kann auch dann keine Beschwerde einlegen, wenn das Gericht eine Beschränkung ohne ihre Zustimmung anordnet oder trotz ihres Antrags nicht rückgängig macht (KK-Schmidt 10; SK-Weßlau 16; erg 23 zu § 154a).

§ 422

Abtrennung der Einziehung

422 ¹Würde die Herbeiführung einer Entscheidung über die Einziehung nach den §§ 73 bis 73c des Strafgesetzbuches die Entscheidung über die anderen Rechtsfolgen der Tat unangemessen erschweren oder verzögern, kann das Gericht das Verfahren über die Einziehung abtrennen. ²Das Gericht kann die Verbindung in jeder Lage des Verfahrens wieder anordnen.

1 Die Reform der Vermögensabschöpfung hat die rechtliche Möglichkeit eingeführt, die Entscheidung über die (Wertersatz-)Einziehung in der Hauptverhandlung abzutrennen (§ 422) und nach Rechtskraft des Urteils in der Hauptsache nachzuholen (§ 423). § 422 regelt die **Abtrennung.** Sie gilt nur für die **Einziehung des Tatertrages** oder des Wertes des Tatertrages nach §§ 73-73c StGB; die Entscheidung über die Einziehung von Tatmitteln, Tatprodukten und Tatobjekten kann nicht abgetrennt werden. Die Abtrennungsmöglichkeit bringt den kriminalpolitischen Zweck der Vermögensabschöpfung mit dem insb in Haftsachen zu beachtenden **Beschleunigungsgebot** in Einklang (BT-Drucks 18/9525 S 55).

2 Voraussetzung für die Abtrennung ist, dass die Entscheidung über die (Wertersatz-)Einziehung die Herbeiführung der Entscheidung über die anderen Rechtsfolgen der (Erwerbs-)Tat **unangemessen erschweren oder verzögern** würde (I S 1). Insoweit überschneiden sich die Voraussetzungen der Abtrennung mit dem Absehen von der (Wertersatz-)Einziehung nach § 421 I Nr 3 Alt 2. Nach der Intention des Gesetzgebers und aus systematischen Gründen hat die Abtrennung in dieser Fallkonstellation grundsätzlich **Vorrang** vor dem Absehen von der Vermögensabschöpfung (BT-Drucks 18/9525 S 87; Korte wistra **18**, 1, 10; BeckOK-Temming 7; aA möglicherweise SSW-Burghart 4 zu § 423). Im Strafbefehlsverfahren geht die Möglichkeit des § 408 III S 2 der Abtrennung vor (LG Offenburg 3 Qs 118/17 vom 8.1.2018).

3 Aufgrund der Streichung des § 73c StGB aF (vgl dazu BGH NStZ-RR **18**, 241; wistra **18**, 427) wird die Herbeiführung der Entscheidung nach §§ 73-73c StGB das Verfahren im Übrigen regelmäßig nicht unangemessen erschweren oder verzögern (erg 9 zu § 421). Der **praktische Anwendungsbereich** der Vorschrift dürfte daher überschaubar sein. In Betracht kommt die Abtrennung, wenn umfangreiche Beweiserhebungen zu einer etwaigen Entreicherung des gutgläubigen Drittbegünstigten (vgl § 73e II StGB) oder zu einem teilweisen Ausschluss wegen freiwilliger Schadenswiedergutmachung (§ 73 I StGB) veranlasst sind. Die Abtrennung kommt zudem in Frage, wenn die Wirksamkeit der Anfechtung eines betrügerischen zustande gekommenen Kaufvertrags für die Bestimmung des Wertes des Erlangten (§ 73d I S 2 letzter Hs StGB) verfahrensverzögernder Beweiserhebungen bedarf (Köhler/Burkhard NStZ **17**, 665, 676).

4 Die Abtrennung steht im alleinigen **Ermessen** des Gerichts. Anders als beim Absehen von der (Wertersatz-)Einziehung nach § 421 I braucht das Gericht für die Abtrennung **keine Zustimmung** der StA.

5 Richtet sich die (Wertersatz-)Einziehung gegen einen **anderen** als den Angeklagten (§§ 73b, 74a StGB), wird dessen Beteiligung am Verfahren (§ 424 I) wegen der Bindungswirkung der Entscheidung in der Hauptsache (§ 423 I S 2) nicht von der Abtrennung berührt (erg 5 zu § 423; 1 zu § 424). Er soll den Abtrennungsbeschluss dennoch mit der einfachen Beschwerde (§ 304) anfechten können; § 305 S 1 stehe dem nicht entgegen (Bamberg StraFo **19**, 210; aA BeckOK-Temming 5).

6 Die **Wiedereinbeziehung** kann das Gericht in jeder Lage des Verfahrens anordnen (I S 2). Die Wiedereinbeziehung ist auch in der Berufungsinstanz möglich. In der Revisionsinstanz ist sie nur denkbar, wenn das Rechtsmittelgericht den Angeklagten von der Erwerbstat selbst freisprechen will (§ 354 I); das nachträgliche Verfahren (§ 423) müsste in diesem Fall zwangsläufig mit einer Nichtanordnung enden und wäre mithin eine bloße „Förmelei".

Einziehung nach Abtrennung

423 ^{I 1} Trennt das Gericht das Verfahren nach § 422 ab, trifft es die Entscheidung über die Einziehung nach der Rechtskraft des Urteils in der Hauptsache. ²Das Gericht ist an die Entscheidung in der Hauptsache und die tatsächlichen Feststellungen, auf denen diese beruht, gebunden.

^{II} Die Entscheidung über die Einziehung soll spätestens sechs Monate nach dem Eintritt der Rechtskraft des Urteils in der Hauptsache getroffen werden.

^{III 1} Das Gericht entscheidet durch Beschluss. ²Die Entscheidung ist mit sofortiger Beschwerde anfechtbar.

^{IV 1} Abweichend von Absatz 3 kann das Gericht anordnen, dass die Entscheidung auf Grund mündlicher Verhandlung durch Urteil ergeht. ²Das Gericht muss die Anordnung nach Satz 1 treffen, wenn die Staatsanwaltschaft oder derjenige, gegen den sich die Einziehung richtet, dies beantragt. ³Die §§ 324 und 427 bis 431 gelten entsprechend; ergänzend finden die Vorschriften über die Hauptverhandlung entsprechende Anwendung.

1) § 423 regelt das **Verfahren**, in dem über die **abgetrennte (Wertersatz-) Einziehung** (§ 422) zu entscheiden ist. Die Entscheidung ist **zwingend** zu treffen. Ein Absehen von der Einziehung nach § 421 ist zwar nicht ausgeschlossen, in der Rechtspraxis jedoch allenfalls wegen eines unangemessenen Aufwands (§ 421 I Nr 3) vorstellbar.

Die Entscheidung **soll** spätestens **sechs Monate nach Rechtskraft** des Urteils getroffen werden (II). Es genügt die (Teil-)Rechtskraft des Schuldspruchs, da die vermögensabschöpfende Einziehung und die wegen der (Erwerbs-)Tat zu verhängende Strafe in keiner Beziehung zueinander stehen (erg 6 zu § 421; 2 vor § 421). Über die Einhaltung der (Ordnungs-)Vorschrift hat die StA als „Wächterin der Gesetze" (BVerfGE 133, 168 ff) zu achten (BT-Drucks 18/9525 S 88).

2) Die **Entscheidung** ergeht **grundsätzlich im Beschlussverfahren (III S 1).** Sie ist mit der **sofortigen Beschwerde** anfechtbar (III S 2; §§ 311, 304 IV S 2 Hs 2 Nr 5; Kosten: § 472b).

Aufgrund **mündlicher Verhandlung** wird nur **ausnahmsweise** entschieden. Die Ausnahme greift ein, wenn die StA oder ein anderer Verfahrensbeteiligter dies beantragt oder das Gericht von sich aus die mündliche Verhandlung anerkannt (IV S 1, 2; III S 1; Köhler/Burkhard NStZ 17, 665, 676). Die Vorschriften über die Verfahrensbeteiligung (§§ 427–431) gelten entspr; dies gewährleistet, dass ein etwaiger Einziehungsbeteiligter (etwa im Fall einer Einziehung nach § 73b StGB) die gleiche Rechtsstellung hat, die er bei einer gemeinsamen Verhandlung und Entscheidung über die Einziehung im Hauptsacheverfahren hätte (BT-Drucks 18/9525 S 88). Ergänzend kommen die Vorschriften über die HV (IV S 3) zur Anwendung. Da die entsprechende Anwendung des § 324 der des § 243 vorgeht (IV S 3), wird nicht erneut analog § 243 III S 1 die Anklage verlesen, sondern das Urteil in der Hauptsache (IV S 3 iVm § 324 I S 2). Für die **Anfechtung des Urteils** gelten die allgemeinen Regeln (§§ 312, 333); der Prüfungsumfang ergibt sich aus § 431 (II S 3).

3) Für das **abgetrennte Verfahren** hat die (rechtskräftige) Entscheidung in der Hauptsache und die ihr zugrundeliegenden tatsächlichen Feststellungen **Bindungswirkung** (I S 2). Über die der Einziehungsentscheidung zugrundeliegende Tat wird daher im abgetrennten Verfahren nicht mehr Beweis erhoben, da über sie bereits im Hauptsacheverfahren rechtskräftig entschieden worden ist (Hamm wistra **19**, 468). Ist der Einziehungsadressat ein anderer als der Angeklagte der Tat, so bleibt seine Beteiligung als Einziehungsbeteiligter (§ 424 I) am Hauptsacheverfahren von der Abtrennung unberührt (erg 5 zu § 422; 1 zu § 424).

§ 424

Einziehungsbeteiligte am Strafverfahren

424 ^I Richtet sich die Einziehung gegen eine Person, die nicht Beschuldigter ist, so wird sie auf Anordnung des Gerichts am Strafverfahren beteiligt, soweit dieses die Einziehung betrifft (Einziehungsbeteiligter).

^{II 1} Die Anordnung der Verfahrensbeteiligung unterbleibt, wenn derjenige, der von ihr betroffen wäre, bei Gericht oder bei der Staatsanwaltschaft schriftlich oder zu Protokoll oder bei einer anderen Behörde schriftlich erklärt, dass er gegen die Einziehung des Gegenstandes keine Einwendungen vorbringen wolle. ² War die Anordnung zum Zeitpunkt der Erklärung bereits ergangen, wird sie aufgehoben.

^{III} Die Verfahrensbeteiligung kann bis zum Ausspruch der Einziehung und, wenn eine zulässige Berufung eingelegt ist, bis zur Beendigung der Schlussvorträge im Berufungsverfahren angeordnet werden.

^{IV 1} Der Beschluss, durch den die Verfahrensbeteiligung angeordnet wird, kann nicht angefochten werden. ² Wird die Verfahrensbeteiligung abgelehnt, ist sofortige Beschwerde zulässig.

^V Durch die Verfahrensbeteiligung wird der Fortgang des Verfahrens nicht aufgehalten.

1 1) Die **Anordnung der Verfahrensbeteiligung** (I; 4 vor § 421) ergeht von Amts wegen, wenn im Strafverfahren über Einziehung oder die Wertersatzeinziehung zu entscheiden und der **Adressat der Anordnung nicht der Angeschuldigte**, sondern ein anderer ist. Die Beteiligung bezieht sich nur auf die Teile des Verfahrens, die die Maßnahme betreffen (I letzter Hs); da dazu auch die der Einziehung zugrundeliegende Tat gehört (vgl. zB § 73b StGB), berührt eine **Abtrennung** der Einziehungsentscheidung gem § 422 die Frage der Verfahrensbeteiligung nicht (erg 5 zu § 422). Die Anordnung ergeht **von Amts wegen** durch Beschluss; sie ist nicht anfechtbar (vgl IV S 1). Ist deren Erlass aber beantragt, zB von der StA oder dem Angeschuldigten, so ergeht auch bei Ablehnung ein Beschluss; gegen die Ablehnung ist die sofortige Beschwerde zulässig (IV S 2). Ein ablehnender Beschluss kann auch erlassen werden, wenn eine im Ermittlungsverfahren als möglicher späterer Einziehungsbeteiligter angehörte Person (vgl. § 426) seine Beteiligung für ein etwaiges gerichtliches Verfahren angeregt hat (vgl unten 19).

2 2) **Einziehungsbeteiligter (I):** Nach I ist der Einziehungsbeteiligte eine nicht an der Tat beteiligte Person, gegen die sich die (Wertersatz-)Einziehung richtet. Hauptanwendungsfall ist mithin der Drittbegünstigte iSd § 73b StGB. Derjenige, dessen spätere Beteiligung im gerichtlichen Verfahren in Betracht kommt, ist bis zur entsprechenden Anordnung lediglich **Beteiligungsinteressent;** für ihn gilt § 426. Zur Abgrenzung vom **Nebenbetroffenen,** 1 zu § 438. Der Insolvenzverwalter des Vermögens des Einziehungsadressaten ist weder Einziehungsbeteiligter noch Nebenbetroffener (BGH wistra **19**, 187; BKST-Tschakert Rn 1582 ff).

3 Bei **Tatmitteln, Tatprodukten und Tatobjekten** kommt I sowohl für natürliche als auch juristische Personen (§ 74e StGB) in Betracht, wenn die Einziehung eines bestimmten Gegenstandes zu erwarten ist. Wenn es um Einziehung des **Wertersatzes** (§ 74c StGB) geht, kommt eine Verfahrensbeteiligung von natürlichen Personen nicht in Frage, da § 74c StGB bei Einziehung gegenüber einem Dritten nicht anwendbar ist; für juristische Personen kommt § 74c StGB hingegen über § 74e StGB zur Anwendung (BT-Drucks 18/9525 S 88).

4 Die Einziehung des **Tatertrages** oder des **Wertes des Tatertrages** (§§ 73, 73a, 73c StGB) kann sich gegen den Täter oder Teilnehmer der Erwerbstat als auch gegen einen drittbegünstigten „anderen" iSd § 73b StGB richten; „anderer" kann sowohl eine natürliche als auch eine juristische Person sein. Falls die Voraussetzungen der Anordnung gegenüber diesen „anderen" wahrscheinlich vorliegen, ordnet das Gericht nach I an, dass er an dem Verfahren beteiligt wird. Dabei besteht kein

Unterschied, ob es um die Einziehung eines Gegenstandes (§§ 73, 73a StGB) oder des an seine Stelle tretenden Wertes (§ 73c StGB) geht.

3) Entscheidung über die Beteiligung: 5

A. Die **Anklage** (vgl auch 17 zu § 407) bezeichnet den Dritten als **Einzie-** 6 **hungsbeteiligten** – in den Fällen des § 438 als Nebenbetroffenen. In der Anklage werden die tatsächlichen und rechtlichen Grundlagen für die angestrebte Maßnahme dargelegt, sofern die StA die Einziehung nicht nach § 421 III ausgeschieden hat. Für die Antragstellung der StA gelten die gleichen Gesichtspunkte wie für die gerichtliche Anordnung, die nachfolgend näher dargelegt werden.

B. **Wenn über die Maßnahme zu entscheiden ist,** wird die Beteiligung an- 7 geordnet. Sie ist daher von der Erhebung der öffentlichen Klage an möglich, also ab Eingang der Anklageschrift beim zuständigen Gericht (§ 170 I). Der Antrag der StA in der Anklageschrift ist für das Gericht nicht bindend. Es muss die Anordnung ggf auch treffen, wenn die StA sie nicht beantragt hat (Düsseldorf wistra **99**, 477). Über die Beteiligung ist nicht schon dann zu entscheiden, wenn sie überhaupt im Bereich des Möglichen liegt, sondern nur, wenn ihre Voraussetzungen wahrscheinlich vorliegen und – falls sie nur in einer Kann-Vorschrift vorgesehen ist – ihre Anordnung zu erwarten ist; denn nur dann ist die Gewährung des rechtlichen Gehörs und damit die Beteiligung geboten (KMR-Metzger 23 zu § 431 aF; **aM** LR-Gössel 40ff zu § 431 aF).

C. Ein **Absehen** von der Anordnung sieht § 424 nicht vor. Ausschließlich für 8 die Einziehung nach §§ 74b und 74c StGB kommt sie nach § 425 in Betracht. Von der Anordnung der Verfahrensbeteiligung des Drittbegünstigten iSd § 73b StGB kann daher nicht abgesehen werden. Zum Unterbleiben aufgrund Verzichts (unten 11 f).

4) Mittäter oder Gehilfen können ausnahmsweise Einziehungsbeteiligte sein, 9 nämlich dann, wenn bei mehreren Tätern oder Teilnehmern das Verfahren gegen sie abgetrennt wird (zB wegen Krankheit oder Verhandlungsunfähigkeit). Er kann sich dann von einem von ihm gewählten Rechtsanwalt vertreten lassen oder wird von einem gerichtlich bestellten Rechtsanwalt vertreten (§ 428).

5) Verzicht auf Einwendungen (II): 10

A. Er **bedeutet** Verzicht auf die Gewährung des rechtlichen Gehörs und damit 11 auf Beteiligung; die Anordnung unterbleibt dann (II S 1). Er bedeutet nicht dagegen Verzicht auf ein Recht oder einen Anspruch, auch nicht auf Feststellung der erforderlichen Voraussetzungen für die Anordnung der Maßnahme. Denn es gehört auch zu den Befugnissen, die einem Angeklagten zustehen, ohne das Risiko der nachteiligen Verwertung zur Sache zu schweigen (15 zu § 261). Der Verzicht schließt auch die Anordnung und Erzwingung des persönlichen Erscheinens nach § 427 II aus. Eine bereits getroffene Beteiligungsanordnung wird nach dem Verzicht aufgehoben (II S 2).

B. **Form** (Einl 128, 131 ff): Die Erklärung kann bei Gericht, bei der StA, aber 12 auch bei einer anderen Behörde schriftlich abgegeben werden. Diese Formulierung lehnt sich an § 158 II an; dort wie hier sind unter den anderen Behörden die Polizeibehörden (in Steuerstrafsachen auch die FinB, Einl 11ff) zu verstehen (7, 8 zu § 158). Geht die Erklärung bei einer mit der Strafsache nicht befassten Behörde ein, so kann sie nur berücksichtigt werden, wenn sie eindeutig für das Strafverfahren bestimmt ist und die zuständige Stelle weitergegeben wird.

6) Zeitpunkt der Anordnung der Beteiligung (III): 13

A. **Nach Erhebung der Anklage** (oben 7) kann die Beteiligung bis zum Ur- 14 teil angeordnet werden. Kommt es im Urteil zur Anordnung der Maßnahme, so lebt die Möglichkeit der Beteiligung neu auf, wenn eine zulässige Berufung eingelegt wird. Der Einziehungsbeteiligte (oben 2) kann selbst Berufung gegen den

Ausspruch nur einlegen, wenn vorher seine Beteiligung angeordnet war (§ 427 I S 1; BGH NStZ **95**, 248).

15 B. **Im Strafbefehlsverfahren** beantragt die StA die Anordnung der Verfahrensbeteiligung und der Maßnahme im Strafbefehlsantrag; der Richter trifft beide Anordnungen im Strafbefehl (17 zu § 407). Durch die Einspruchsmöglichkeit wird dem Einziehungsbeteiligten wie dem Beschuldigten das rechtliche Gehör verbürgt (2 vor § 407). Die Möglichkeit der Anordnung endet mit dem Erlass des Strafbefehls, lebt aber bei Einspruch des Beschuldigten wieder auf; die Verfahrenslage entspricht dann der Lage nach Anklageerhebung (oben 14).

16 C. **Unterbleibt die Anordnung** der Beteiligung und wird die gegen den „anderen" wirkende Anordnung der Einziehung rechtskräftig, so ist der Beteiligungsinteressent unter den Voraussetzungen des § 433 auf das Nachverfahren angewiesen (BGH 3 StR 160/19 vom 24.9.2019).

17 7) **Rechtsmittel (IV):**

18 A. Die **Anordnung der Beteiligung** kann von keiner Seite angefochten werden (IV S 1), auch nicht in der Form einer Revisionsrüge; denn die Anordnung greift nicht in die Rechte anderer ein.

19 B. Der **ablehnende Beschluss** ist mit der sofortigen Beschwerde anfechtbar (IV 2); auch von dem Angeklagten im Fall der Ablehnung der Beteiligung des Dritten als Nebenbetroffenen (Celle NJW **87**, 78; KK-Schmidt 20). Auch der Einziehungsinteressent kann den Beschluss anfechten, obwohl er im Übrigen am Verfahren noch nicht beteiligt ist; denn er ist von der Entscheidung betroffen (§ 304 II). Der Beschluss wird ihm mit Beschwerdebelehrung zugestellt (§§ 35 II 1, 35a). Weil der ablehnende Beschluss selbstständige prozessuale Bedeutung hat und das Nachverfahren wegen der Gefahr widersprechender Entscheidungen auf die unumgänglich notwendigen Fälle beschränkt werden soll, schließt S 2 die Geltung des § 305 aus und lässt den Zwischenstreit über die Beteiligungsbefugnis in Form der Anfechtung mit der sofortigen Beschwerde zu. Ist der ablehnende Beschluss rechtskräftig geworden, so gilt er für das ganze Verfahren; jedoch mit der Einschränkung, dass er widerrufen werden kann, wenn sich Tatsachen oder Beweismittel ergeben, die ihm die Grundlage entziehen (vgl Einl 115).

20 8) **Keine Hemmung des Verfahrens (V)** soll durch die Beteiligung entstehen. Dieser Grundsatz (entspr § 398 I) kann nur annäherungsweise verwirklicht werden. Das Gericht hat im Einzelfall zu prüfen, inwieweit er durch den Anspruch des Einziehungsbeteiligten auf rechtliches Gehör eingeschränkt werden muss. Dies gilt insbesondere dann, wenn die Verfahrensbeteiligung erst während der HV erfolgt. Zur Wahrung der prozessualen Rechte des Einziehungsbeteiligten kann es erforderlich sein, in der HV bereits gehörte Zeugen erneut zu laden, wenn dieser nach der Verfahrensbeteiligung noch Einwendungen erhebt oder Anträge stellt (BGH 1 StR 628/17 vom 10.7.2018).

Absehen von der Verfahrensbeteiligung

425 I In den Fällen der §§ 74a und 74b des Strafgesetzbuches kann das Gericht von der Anordnung der Verfahrensbeteiligung absehen, wenn wegen bestimmter Tatsachen anzunehmen ist, dass sie nicht ausgeführt werden kann.

II 1 Absatz 1 gilt entsprechend, wenn

1. eine Partei, Vereinigung oder Einrichtung außerhalb des räumlichen Geltungsbereichs dieses Gesetzes zu beteiligen wäre, die Bestrebungen gegen den Bestand oder die Sicherheit der Bundesrepublik Deutschland oder gegen einen der in § 92 Absatz 2 des Strafgesetzbuches bezeichneten Verfassungsgrundsätze verfolgt, und

2. den Umständen nach anzunehmen ist, dass diese Partei, Vereinigung oder Einrichtung oder einer ihrer Mittelsmänner den Gegenstand zur Förderung ihrer Bestrebungen zur Verfügung gestellt hat.

² Vor der Entscheidung über die Einziehung des Gegenstandes ist der Besitzer der Sache oder der zur Verfügung über das Recht Befugte zu hören, wenn dies ausführbar ist.

1) Nach § 425 kann das Gericht in Fällen der Einziehung von **Tatmitteln, Tatprodukten und Tatobjekten** (§ 74a StGB) und der Sicherungseinziehung (§ 74b StGB) **von der Anordnung absehen,** selbst wenn die Beteiligungsvoraussetzungen nach § 424 vorliegen. Für Nebenbetroffene gilt § 425 entspr (erg 3 zu § 438).

A. Die **Nichtausführbarkeit der Beteiligung** (I) muss auf Grund bestimmter Tatsachen anzunehmen sein (vgl 7 zu § 112). Die Annahme der Nichtausführbarkeit setzt voraus, dass zunächst Ermittlungen über sie angestellt werden. Die Nichtausführbarkeit kann zB beruhen auf unbekanntem Aufenthalt, Verschleierung durch fingierte Angaben, Verwendung von Strohleuten. Es genügen aber auch sonstige Gründe, aus denen die Beteiligung auf übermäßige faktische Schwierigkeiten stößt (SK-Weßlau 20).

B. **Staatsschutz** (II): Eine Organisation besteht auch dann außerhalb dieses Geltungsbereiches, wenn sie organisatorisch die Grenzen nach außen überschreitet. Vor der Entscheidung muss ein Repräsentant der Organisation gehört werden. Es genügt, wenn dem Besitzer des der Einziehung unterliegenden Gegenstandes oder dem Verfügungsbefugten über das einzuziehende Recht rechtliches Gehör gewährt wird.

2) Die Ablehnung der Verfahrensbeteiligung unterliegt der **Anfechtung** nach § 424 II S 2 (dort 19).

Anhörung von möglichen Einziehungsbeteiligten im vorbereitenden Verfahren

426 I ¹ Ergeben sich im vorbereitenden Verfahren Anhaltspunkte dafür, dass jemand als Einziehungsbeteiligter in Betracht kommt, ist er zu hören. ² Dies gilt nur, wenn die Anhörung ausführbar erscheint. ³ § 425 Absatz 2 gilt entsprechend.

II Erklärt derjenige, der als Einziehungsbeteiligter in Betracht kommt, dass er gegen die Einziehung Einwendungen vorbringen wolle, gelten im Fall seiner Vernehmung die Vorschriften über die Vernehmung des Beschuldigten insoweit entsprechend, als seine Verfahrensbeteiligung in Betracht kommt.

1) Im **Ermittlungsverfahren** sollen auch die Umstände geklärt werden, die für die Bestimmung der Rechtsfolgen von Bedeutung sind (§ 160 III S 1); dies gilt auch für die (Wertersatz-)Einziehung. Zeichnet sich durch konkrete Anhaltspunkte ab, dass jemand als Einziehungsbeteiligter in Betracht kommt, so erstrecken sich die Ermittlungen mithin auch hierauf, falls nicht eine Einstellung des Ermittlungsverfahrens zu erwarten und ein objektives Verfahren (§ 435) auszuschließen ist. Bei der Vernehmung des **Beteiligungsinteressenten** (2 zu § 424) steht nach der Eröffnung des Vernehmungsthemas im Vordergrund, ob er gegen die in Betracht kommende Maßnahme Einwendungen vorbringen will (§ 424 II), weil hiervon der Vernehmungsmodus abhängt (unten 3).

2) Die **Ausnahmen von der Anhörungspflicht** entsprechen den Fällen, in denen von der Anordnung der Beteiligung abgesehen werden kann (I S 2, 3; 1 ff zu § 425). Eine weitere Ausnahme entsteht, wenn die StA die Einziehung schon vor der Anhörung nach § 421 III aus dem Verfahren ausscheidet.

Köhler 1775

§ 427

3 3) **Erklärt** der Beteiligungsinteressent, **Einwendungen** gegen die mögliche (Wertersatz-)Einziehung vorbringen zu wollen (II), so müssen von diesem Augenblick an die Vorschriften über die Vernehmung eines Beschuldigten entspr angewendet werden. Dies gilt allerdings nur soweit die Verfahrensbeteiligung in Betracht kommt (II letzter Hs). Die Vorschriften über die Beschuldigtenvernehmung gelten mithin lediglich nur soweit sich die Vernehmung auf die Tatsachen bezieht, zu denen der Beteiligungsinteressent im Fall der Anordnung seiner Beteiligung gehört werden müsste. Denn nur insoweit äußert er sich in eigener Sache; nur insoweit ist seine Stellung vergleichbar mit der eines Beschuldigten. § 163a ist entspr anzuwenden. Wegen aller anderen Fragen kann er jedoch als Zeuge vernommen werden (LR-Gössel 12 zu § 432 aF; erg 23 vor § 48).

3a Ob das **Schweigerecht** nach § 136 einer juristischen Person oder Personenvereinigung – auszuüben durch die in § 74e StGB bezeichneten Organe und Vertreter – selbst zusteht, sofern die Erhebung von Einwendungen gegen eine zu ihren Lasten mögliche Einziehungsanordnung beabsichtigt ist, ist str; Minoggio (wistra **03**, 121) bejaht es unter Hinweis auf die Rspr von EuGH, EuG, EGMR gegen BVerfGE **95**, 220.

4 4) Die **Anklage** muss im Anklagesatz auch eine angestrebte Nebenfolge gegen einen Einziehungsbeteiligten (§ 424 I), mit Angabe der sie stützenden Tatsachen und Vorschriften enthalten (15 zu § 200).

5 5) Der **Antrag auf Erlass eines Strafbefehls** muss die bezeichnete Nebenfolge ebenfalls als Inhalt des beantragten Strafekenntnisses enthalten (§ 432).

Befugnisse des Einziehungsbeteiligten im Hauptverfahren

427 I ¹ **Von der Eröffnung des Hauptverfahrens an hat der Einziehungsbeteiligte, soweit dieses Gesetz nichts anderes bestimmt, die Befugnisse, die einem Angeklagten zustehen.** ² **Im beschleunigten Verfahren gilt dies vom Beginn der Hauptverhandlung, im Strafbefehlsverfahren vom Erlass des Strafbefehls an.**

II ¹ **Das Gericht kann zur Aufklärung des Sachverhalts das persönliche Erscheinen des Einziehungsbeteiligten anordnen.** ² **Bleibt der Einziehungsbeteiligte, dessen persönliches Erscheinen angeordnet ist, ohne genügende Entschuldigung aus, so kann das Gericht seine Vorführung anordnen, wenn er unter Hinweis auf diese Möglichkeit durch Zustellung geladen worden ist.**

1 1) Im Umfang der von der Anordnung bestimmten Verfahrensbeteiligung (§ 424 I) hat der Einziehungsbeteiligte die **Befugnisse eines Angeklagten** (I S 1), soweit das Gesetz nichts anderes bestimmt (zB §§ 430 II, 431 I). Der Beteiligte hat aber nicht die Rechtsstellung des Angeklagten, ist diesem auch nicht gleichgestellt (KG NJW **78**, 2406, JR **78**, 127). I bezweckt lediglich, ihm in technisch einfacher Weise ein größtmögliches Maß an prozessualen Rechten im Hauptverfahren zu sichern. Er hat – wie der Angeklagte – Anspruch auf rechtliches Gehör, kann Anträge stellen (zur Behandlung von Beweisanträgen, vgl 3 zu § 430), Zeugen laden (§ 220) und Rechtsbehelfe einlegen (Düsseldorf NStZ **88**, 289; vgl auch Oldenburg VRS **90**, 285 zu § 55 JGG). Das Verbot, nachteilige Schlüsse aus dem Schweigen zu ziehen, soll mangels strafähnlicher Wirkung nicht im gleichen Umfang wie bei einem Angeklagten gelten, soweit der Einziehungsbeteiligte lediglich einer quasi-konditionellen Einziehung des Tatertrages oder des Wertes des Tatertrages (§§73b StGB) ausgesetzt sieht (BT-Drucks 18/9525 S 89). Soweit er nicht beteiligt ist, kann er Zeuge sein (unten 4). § 427 gilt sinngemäß auch für die bußgeldbeteiligte JP oder PV (§ 444 II).

2 2) **Im Strafbefehlsverfahren (I S 2)** wird ein Eröffnungsbeschluss nicht erlassen. Daher wird der Beginn der Beteiligung anders bestimmt (4 zu § 418; 3 vor § 407).

3) Persönliches Erscheinen (II; § 236): Handelt es sich um eine JP oder PV, so wird das Erscheinen der vertretungsberechtigten Person angeordnet.

A. Im **Umfang der Verfahrensbeteiligung** kann der Beteiligte **nicht Zeuge** sein; daher enthält II eine dem § 236 entspr Bestimmung. Erscheint der Beteiligte oder wird er vorgeführt, so kann er auch als Zeuge vernommen werden, soweit es um Fragen geht, an denen er nicht beteiligt ist, zB zu einer anderen Tat oder im Fall einer nach § 438 II beschränkten Verfahrensbeteiligung als Nebenbetroffener zur Schuldfrage (dort 4 ff).

B. Soll der **Verfahrensbeteiligte auch als Zeuge** vernommen werden, so sind auch die §§ 48, 51 anwendbar, weil die Folgen des unentschuldigten Ausbleibens umfassender sind. Gibt der Beteiligte die Erklärung nach § 424 II ab und wird daraufhin die Beteiligungsanordnung aufgehoben, so bleibt nur noch die Anwendung der §§ 48, 51.

C. **Ausbleiben (II S 2):** „Ohne genügende Entschuldigung": 10 ff zu § 51; 17 ff zu § 329. Der Einhaltung der Ladungsfrist (§ 217) bedarf es nicht (LR-Gössel 38). Von der Erzwingung der Anordnung durch Vorführung kann abgesehen werden (8 zu § 236).

4) Verhandlungsfähigkeit des Einziehungsbeteiligten genügt für die Wahrnehmung der Befugnisse, die einem Angeklagten zustehen (SK-Weßlau 4; hM). Nach **aM** muss er zur selbständigen Wahrnehmung seiner Interessen geschäftsfähig sein, da es um vermögensrechtliche Ansprüche gehe (RG 29, 52; Göhler 3 zu § 87 OWiG, dieser nur, wenn der Einziehungsbeteiligte nach Art eines Hauptintervenienten die Einziehung bekämpft; vgl auch LR-Gössel 23 ff zu § 433 aF). Es handelt sich aber nicht um einen ins Strafverfahren eingebauten Zivilprozess, sondern um Maßnahmen, die dem modernen Strafrecht – ebenso wie die Maßregeln der Besserung und Sicherung (§ 11 I Nr 8 StGB) – als Unrechtsfolgen angehören. Daher bedarf der minderjährige Einziehungsbeteiligte nicht der Einwilligung des gesetzlichen Vertreters für Erklärungen zu seinem und des Angeklagten Tatverhalten, für gestaltende Prozesserklärungen, wie zB Anträge und Rechtsmittel; auch nicht für eine Erklärung nach § 424 II, da sie keinen Verzicht auf ein Recht darstellt (dort 11); anders nur bei einer vermögensrechtlichen Verfügung (§ 107 BGB).

5) Tod des Einziehungsbeteiligten: Verstirbt der Einziehungsbeteiligte während des Verfahrens, tritt sein Erbe nicht automatisch in die Verfahrensbeteiligung ein. Es kommt vielmehr darauf an, ob sich die Einziehung nun gegen ihn richtet (zB nach § 73b I S 2 Nr 3a StGB) oder nun eine Beeinträchtigung seiner Rechte glaubhaft erscheinen lässt (vgl. § 438 I). Ist dies der Fall und liegen die Voraussetzungen auch im Übrigen vor, ist seine Beteiligung – am nun selbständigen Verfahren (vgl zum Wechsel vom subjektiven zum objektiven Verfahren 19 zu § 435) – als Einziehungsbeteiligter nach § 424 I oder Nebenbetroffener nach § 438 I anzuordnen (SSW-Burghart 4 zu § 427; differenzierend LR-Gössel 29 ff zu § 433 aF; KK-Schmidt 6).

Vertretung des Einziehungsbeteiligten

428 II 1Der Einziehungsbeteiligte kann sich in jeder Lage des Verfahrens durch einen Rechtsanwalt mit nachgewiesener Vertretungsvollmacht vertreten lassen. 2Die für die Verteidigung geltenden Vorschriften der §§ 137 bis 139, 145a bis 149 und 218 sind entsprechend anzuwenden.

II 1Der Vorsitzende bestellt dem Einziehungsbeteiligten auf Antrag oder von Amts wegen einen Rechtsanwalt, wenn wegen der Schwierigkeit der Sach- oder Rechtslage, soweit sie die Einziehung betrifft, die Mitwirkung eines Rechtsanwalts geboten erscheint oder wenn ersichtlich ist, dass der Einziehungsbeteiligte seine Rechte nicht selbst wahrnehmen kann. 2Dem Antrag

§ 428

eines seh-, hör- oder sprachbehinderten Einziehungsbeteiligten ist zu entsprechen.

III Für das vorbereitende Verfahren gilt Absatz 1 entsprechend.

1 1) **Wahl-Vertreter (I):** Der Einziehungsbeteiligte kann sich in jeder Lage des Verfahrens eines Rechtsanwalts als Rechtsbeistandes bedienen. Die Bevollmächtigung kann durch den gesetzlichen Vertreter erfolgen (S 2 iVm § 137 II). Schon im Vorverfahren kann für denjenigen, der als Beteiligter in Betracht kommt (§ 426 I, dort 1), ein gewählter Vertreter der in I bezeichneten Art tätig werden (III). Die Vollmacht muss schon zurzeit der für den Verfahrensbeteiligten vorzunehmenden Prozesshandlung vorliegen; zumindest wird die Prozesshandlung erst wirksam, wenn der Nachweis der Vertretungsvollmacht hinzukommt (Celle StraFo **98**, 31, 32); jedoch kommt Wiedereinsetzung in den vorigen Stand nach §§ 44, 45 bei fehlender Vollmacht in Betracht (Hamburg NJW **13**, 626 mit zust Anm Meyer-Mews). Die Vertretungsvollmacht muss nicht schriftlich vorliegen. Sie kann auch auf andere (gesicherte) Weise nachgewiesen werden. § 428 I S 1 ist damit „technikoffen" formuliert (BT-Drucks 18/11640 S 88).

2 2) **Beigeordneter Vertreter (II):** Die Bestellung ist im Vorverfahren noch nicht zulässig (**aM** LR-Gössel 6 zu 434 aF). Sie kann auf Antrag des Einziehungsbeteiligten oder des StA oder von Amts wegen beschlossen werden.

3 A. Die **Entscheidung** über die Bestellung trifft der oder die **Vorsitzende** des mit der Sache befassten Gerichts (II S 1). Die Bestellung gibt dem Vertreter die gleichen prozessualen Befugnisse und Pflichten wie im Fall des I die Vollmacht. Referendare können – anders als nach früherer Rechtslage (142 II aF) – nicht bestellt werden, da sie nicht (mehr) zu den Personen gehören, die als Verteidiger bestellt werden dürfen (siehe § 142 VI, eingeführt durch das Ges zur Neuregelung der notwendigen Verteidigung vom 10.12.2019).

4 B. II S 1 enthält **zwei Varianten,** von denen jede schon für sich zur Beiordnung führen kann. Die **Schwierigkeit** der Sach- oder Rechtslage ist nicht an der ganzen Strafsache zu messen, sondern nur an dem Verfahrensteil und an den Sach- und Rechtsfragen, die die Beteiligung betreffen. Sie besteht bei widerstreitenden Meinungen der Obergerichte zu einer entscheidungserheblichen Rechtsfrage (Frankfurt NJW **83**, 1208). Die **Unfähigkeit,** seine Rechte selbst wahrzunehmen, kann auch bei einfacherer Sach- oder Rechtslage gegeben sein (vgl LG Kiel StraFo **13**, 121: Auslandsaufenthalt) Je geringer die Fähigkeit zur Rechtewahrnehmung beim Beteiligten ist, desto geringer kann der Grad der Schwierigkeit der Sache sein, der die Beiordnung eines Vertreters bereits rechtfertigen kann. II S 2 verpflichtet entspr § 140 II S 2 zu einer Beiordnung, wenn dies ein hör- oder sprachbehinderter Einziehungsbeteiligter beantragt. Gemäß II S 2 ist dem Antrag eines seh-, hör- oder sprachbehinderten Einziehungsbeteiligten zu entsprechen.

5 3) **Keine gemeinschaftliche Vertretung:** Ein Rechtsbeistand darf nicht gleichzeitig mehrere Einziehungsbeteiligten vertreten (S 2 iVm § 146; Hamburg NJW **13**, 626 mit zust Anm Meyer-Mews). Er darf auch nicht zugleich Verteidiger des Beschuldigten sein (Hamm StraFo **18**, 63; Düsseldorf NStZ **88**, 289). Trotz der Wesensverschiedenheit von Einziehung des Tatertrages (§§ 73 ff StGB) einerseits und Einziehung von Tatmitteln, Tatprodukten und Tatobjekten (§§ 74 ff StGB) andererseits ist es zur Vermeidung von Interessenkonflikten auch nicht zulässig, dass ein Rechtsanwalt zwei insofern verschiedene Einziehungsbeteiligte vertritt (LR-Gössel 3 zu 434 aF; SK-Weßlau 5 zu 434 aF; **aM** KK-Schmidt 3).

6 4) Das **Recht der Akteneinsicht (II S 2 iVm § 147)** hat der Rechtsbeistand zwar nur insoweit, als die Akteneile für die Verfahrensbeteiligung von Bedeutung sind (erg 2 zu § 429). Die praktische Bedeutung der Beschränkung hängt jedoch davon ab, inwieweit die Vorgänge trennbar sind.

5) Mit **Beschwerde** anfechtbar ist die Ablehnung der Beiordnung; die Beiordnung hingegen nur, wenn eine nicht bestellungsfähige Person beigeordnet worden ist (KK-Schmidt 9).

Terminsnachricht an den Einziehungsbeteiligten

429 ^I Dem Einziehungsbeteiligten wird der Termin zur Hauptverhandlung durch Zustellung bekanntgemacht; § 40 gilt entsprechend.

^{II} Mit der Terminsnachricht wird dem Einziehungsbeteiligten, soweit er an dem Verfahren beteiligt ist, die Anklageschrift und in den Fällen des § 207 Absatz 2 der Eröffnungsbeschluss mitgeteilt.

^{III} Zugleich wird der Einziehungsbeteiligte darauf hingewiesen, dass
1. auch ohne ihn verhandelt werden kann,
2. er sich durch einen Rechtsanwalt mit nachgewiesener Vertretungsvollmacht vertreten lassen kann und
3. über die Einziehung auch ihm gegenüber entschieden wird.

1) Nur die **Bekanntgabe des Termins (I)** zur Hauptverhandlung an den Einziehungsbeteiligten ist vorgeschrieben, nicht eine Ladung wie bei dem Angeklagten (§ 216); denn es soll dem Beteiligten grundsätzlich überlassen bleiben, zu erscheinen und von seinen Befugnissen Gebrauch zu machen (Ausnahme: § 427 II). Zum Nachweis der Bekanntgabe ist die förmliche Zustellung vorgeschrieben (§ 217 I); im Fall des § 427 II handelt es sich um Ladung iS einer Aufforderung zum Erscheinen mit dem vorgeschriebenen Hinweis. Einen Anspruch auf eine der Ladungsfrist (§ 217) entspr Frist hat der Beteiligte nicht (LR-Gössel 5 zu § 435 aF). Dies entspricht auch § 424 V.

2) Die **Anklageschrift (II)** wird der Terminsnachricht beigegeben. Sie ist zwar keine Anklage gegen den Einziehungsbeteiligten, aber sie betrifft auch ihn. Der Anklagesatz macht ihm ersichtlich, iVm welcher Tat und nach welchen Bestimmungen die Einziehung in Betracht kommt.

Nur **soweit er an dem Verfahren beteiligt** ist, erhält er die Anklageschrift (zum Umfang der Akteneinsicht, 6 zu § 428). Gehören zu ihrem Inhalt auch Vorgänge, die für die Maßnahme ohne Bedeutung sind, so können und sollen sie bei der Bekanntgabe weggelassen werden, zB wenn mehrere Taten (1 ff zu § 264) Gegenstand der Anklage sind und die Maßnahmen nur mit einer von ihnen zusammenhängt. Da die Trennbarkeit und Trennung der Tatsachen naturgemäß problematisch sind, handelt es sich nicht um eine zwingende Vorschrift, was sich auch aus Analogie mit § 430 IV S 2 ergibt.

Wenn der **Eröffnungsbeschluss von der Anklage abweicht (§ 207 II)** und die Änderung auch die Frage der Einziehung betrifft, wird auch dieser Beschluss beigefügt. Wird die Änderung in einer neuen Anklageschrift berücksichtigt (§ 207 III), so erübrigt sich die Mitteilung des Eröffnungsbeschlusses. Bei öffentlicher Zustellung der Terminsnachricht (I S 2) wird die Anklageschrift nicht nach § 40 I mitbekanntgemacht, sondern nur die eigentliche Terminsnachricht mit den Hinweisen nach III.

3) Der **Vertreter (§ 428)** erhält die Terminsnachricht ebenfalls, wie sich aus § 428 I S 2 iVm § 218 ergibt (vgl auch 2 zu § 218). § 145a III gilt entspr. Auch der Vertreter hat – ebenso wie der Einziehungsbeteiligte (oben 1) – keinen Anspruch auf eine dem § 217 entspr Benachrichtigungsfrist.

4) III regelt die **Hinweispflichten**. In Umsetzung von Art 8 VII S 2 RL 2014/EU/42 ist Beteiligte gem III Nr 2 auf sein Recht auf anwaltliche Vertretung hinzuweisen (BT-Drucks 18/11640 S 88).

§ 430

Stellung in der Hauptverhandlung

430 I ¹Bleibt der Einziehungsbeteiligte in der Hauptverhandlung trotz ordnungsgemäßer Terminsnachricht aus, kann ohne ihn verhandelt werden; § 235 ist nicht anzuwenden. ²Gleiches gilt, wenn sich der Einziehungsbeteiligte aus der Hauptverhandlung entfernt oder bei der Fortsetzung einer unterbrochenen Hauptverhandlung ausbleibt.

II Auf Beweisanträge des Einziehungsbeteiligten zur Frage der Schuld des Angeklagten ist § 244 Absatz 3 Satz 2, Absatz 4 bis 6 nicht anzuwenden.

III ¹Ordnet das Gericht die Einziehung eines Gegenstandes nach § 74b Absatz 1 des Strafgesetzbuches an, ohne dass eine Entschädigung nach § 74b Absatz 2 des Strafgesetzbuches zu gewähren ist, spricht es zugleich aus, dass dem Einziehungsbeteiligten eine Entschädigung nicht zusteht. ²Dies gilt nicht, wenn das Gericht eine Entschädigung des Einziehungsbeteiligten nach § 74b Absatz 3 Satz 2 des Strafgesetzbuches für geboten hält; in diesem Fall entscheidet es zugleich über die Höhe der Entschädigung. ³Das Gericht weist den Einziehungsbeteiligten zuvor auf die Möglichkeit einer solchen Entscheidung hin und gibt ihm Gelegenheit, sich zu äußern.

IV ¹War der Einziehungsbeteiligte bei der Verkündung des Urteils nicht zugegen und auch nicht vertreten, so ist ihm das Urteil zuzustellen. ²Das Gericht kann anordnen, dass Teile des Urteils, welche die Einziehung nicht betreffen, ausgeschieden werden.

1 **1) Ohne den Einziehungsbeteiligten** kann verhandelt werden, wenn er trotz ordnungsgemäßer Terminsnachricht (§ 429) nicht zur HV erscheint (I S 1). Er kann und soll selbst entscheiden, ob er persönlich teilnehmen oder ob er sich, falls er einen Vertreter hat, vertreten lassen will (§ 428). Nach I S 2 gilt dies auch, wenn der Beteiligte zunächst erschienen war, sich aber dann entfernt hat, auch wenn er nicht vertreten ist (§§ 428, 429 III Nr 1; KK-Schmidt 1).

2 **2) Keine Wiedereinsetzung (I S 2 iVm § 235):** Der Ausschluss ist eine Folgerung aus § 424 V und gilt unabhängig davon, ob das Ausbleiben genügend entschuldigt ist oder nicht (LR-Gössel 6 zu § 436 aF). Der Beteiligte kann das Urteil aber anfechten (§ 427 I S 1) und, falls Anfechtung nicht mehr zulässig ist, von dem Nachverfahren nach § 433 I Gebrauch machen.

3 **3) Beweise zur Schuld des Angeklagten (II):** Der Beteiligte hat insoweit kein Beweisantragsrecht, wenn sich seine Beteiligung als Nebenbetroffener auf die Schuldfrage überhaupt nicht erstreckt (§ 438 II). Im Übrigen ist das Gericht in der Ablehnung der Beweisanträge des Einziehungsbeteiligten oder Nebenbetroffenen zur Schuldfrage nach II nicht an die engen Voraussetzungen zur Ablehnung von Beweisanträgen (vgl dazu 47 ff zu § 244) gebunden. Betrifft der Beweisantrag des Einziehungsbeteiligten hingegen die Frage, ob die Einziehungsvoraussetzungen des § 73b StGB vorliegen, oder der des Nebenbetroffenen die rechtliche Zuordnung des Einziehungsgegenstandes, so ist das Gericht bei der Ablehnung an die Ablehnungsgründe des § 244 III S 2, IV-VI gebunden, was der Einziehungsbeteiligte oder der Nebenbetroffene (vgl. § 438 III) mit der Revision rügen kann (BGH 5 StR 389/18 vom 10.10.2018).

4 **4) Entschädigung bei Einziehung (III; § 74b III StGB):** Über sie entscheidet das Strafgericht grundsätzlich nicht (14 vor § 421). III enthält Ausnahmen. Der in S 3 vorgeschriebene Hinweis des Gerichts beruht darauf, dass die Einziehungsbeteiligung sich nach § 424 I nur auf die Einziehungsfrage bezieht (LR-Gössel 20 zu § 436 aF). Er kann schon mit der Ladung zusammen mit dem Hinweis nach § 429 III gegeben werden. Er ist aber überflüssig, wenn er wegen Abwesenheit und Nichtvertretensein des Adressaten nicht ausführbar ist (LR-Gössel 20). Seine Unterlassung ist in keinem Fall eine Einschränkung des rechtlichen Gehörs (5 vor § 421), da die Entscheidung stets nur auf Grund der die Anordnung der

Einziehung tragenden Umstände ergeht, zu denen der Betroffene sich in der Hauptverhandlung zu äußern Gelegenheit hatte (Einl 28, 29). Kommt es nicht zur Einziehung, so kann der Einziehungsbeteiligte nicht nach § 2 StrEG entschädigt werden (2 vor § 1 StrEG; Kunz Einl 40).

5) Zustellung des Urteils (IV S 1): Die Zustellung an den Einziehungsbeteiligten ist unter den angegebenen Voraussetzungen auch erforderlich, wenn die Einziehung nicht angeordnet worden ist, ebenso wenn die Terminsnachricht nach § 429 versehentlich unterblieben und dieser Mangel nicht durch Verlegung oder Vertagung (1 ff zu § 228) geheilt worden ist. War der Beteiligte oder sein Vertreter bei der Urteilsverkündung zugegen, so ist diese für den Beginn der Rechtsmittelfrist maßgebend, andernfalls die Zustellung (vgl. § 427 I S 1 iVm §§ 314 II, 341 II). § 145a ist anwendbar (§ 428 I S 2). 5

Rechtsmittelverfahren

431 **I** ¹Im Rechtsmittelverfahren erstreckt sich die Prüfung, ob die Einziehung dem Einziehungsbeteiligten gegenüber gerechtfertigt ist, auf den Schuldspruch des angefochtenen Urteils nur, wenn der Einziehungsbeteiligte

1. insoweit Einwendungen vorbringt und
2. im vorausgegangenen Verfahren ohne sein Verschulden zum Schuldspruch nicht gehört worden ist.

²Erstreckt sich hiernach die Prüfung auch auf den Schuldspruch, legt das Gericht die zur Schuld getroffenen Feststellungen zugrunde, soweit nicht das Vorbringen des Einziehungsbeteiligten eine erneute Prüfung erfordert.

II Im Berufungsverfahren gilt Absatz 1 nicht, wenn zugleich auf ein Rechtsmittel eines anderen Beteiligten über den Schuldspruch zu entscheiden ist.

III Im Revisionsverfahren sind die Einwendungen gegen den Schuldspruch innerhalb der Begründungsfrist vorzubringen.

IV ¹Wird nur die Entscheidung über die Höhe der Entschädigung angefochten, kann über das Rechtsmittel durch Beschluss entschieden werden, wenn die Beteiligten nicht widersprechen. ²Das Gericht weist sie zuvor auf die Möglichkeit eines solchen Verfahrens und des Widerspruchs hin und gibt ihnen Gelegenheit, sich zu äußern.

1) Begrenzte Nachprüfung des Schuldspruchs (I): Wieweit der Beteiligte im Bereich des Schuldspruchs am Verfahren mitwirken darf, ergibt sich aus §§ 424 I, 438 II. Insoweit hat der Beteiligte aber nur einen Tatsachenrechtszug. Nur, wenn er in dem dem Rechtsmittelverfahren vorausgegangenen Verfahren ohne sein Verschulden nicht zum Schuldspruch gehört worden ist, kann er eigenständig die Überprüfung des Schuldspruches veranlassen (I Nr 2 vom). Er kann dort etwa die Verfolgungsverjährung rügen (BGH 1 StR 628/17 vom 10.7.2018); zur Zurückverweisung ins objektive Verfahren, vgl 19 zu § 436. Eine Beschwer (8 vor § 296) ist erforderlich (BGHR StGB § 74 II Nr 2 Beteiligter 1). 1

2) Die zur Schuldfrage im angefochtenen Urteil getroffenen Feststellungen (I S 2) bleiben nicht nur bestehen, wenn der Schuldspruch überhaupt nicht überprüft wird, sondern auch dann, wenn die Einwendungen nach I S 1 erfolglos bleiben. Das Gericht entscheidet über den Umfang dieser Beweisaufnahme nach eigenem pflichtgemäßen Ermessen (vgl auch § 430 II). 2

3) Berufung eines anderen (II): Wenn sie zur Nachprüfung des Schuldspruchs führt, ist der Beteiligte zur Mitwirkung befugt, wenn er an der Schuldfrage überhaupt beteiligt ist (§ 438 II). 3

§ 432

4 **4) Revisionsverfahren (III):** Die Einwendungen gegen den Schuldspruch iS des III können nur Rechtsrügen (§ 337) sein (SK-Weßlau 8); sie müssen innerhalb der Frist des § 345 I vorgebracht werden (KK-Schmidt 8). Allerdings gilt § 357 StPO analog, wenn der Einziehungsbeteiligte wegen Fristversäumnis mit Einwendungen gegen den Schuldspruch ausgeschlossen ist, dieser aber auf die Revision eines revidierenden Angeklagten aufgehoben wird (BGH wistra 19, 243; erg 2 zu § 357). Im Übrigen gelten für die Abgrenzung der Mitwirkung die gleichen Grundsätze wie bei der Berufung (I, II).

5 **5) Rechtsmittel nur wegen des Entschädigungsbetrags (IV iVm § 430 III S 2 und § 74b III S 2 StGB):**
6 A. **Für Berufung und Revision** gilt IV. § 349 bleibt unberührt. Hat aber das Berufungsgericht schon durch Beschluss nach IV entschieden, ist gegen diesen Revision nicht mehr zulässig (§ 333). Darauf sollte bei dem Hinweis nach IV S 2 aufmerksam gemacht werden (Einl 157).
7 B. **Widerspruch:** Bei Berufung prüft das Gericht, ob die Sache genügend geklärt ist und das Beschlussverfahren ausreicht. Ermittlungen geringeren Umfangs kann es noch anordnen oder selbst vornehmen (in entspr Anwendung des § 308 II; LR-Gössel 21). § 33 III ist zu beachten. Erst wenn das Rechtsmittelgericht durch Beschluss entscheiden möchte, bedarf es der Einholung der Äußerungen nach IV S 2. Für die Erklärung des Vertreters (§ 428) gilt § 297 entspr. Der Widerspruch bedarf keiner besonderen Form und kann auch durch schlüssige Handlung erklärt werden (Einl 126). Ein noch vor dem Erlass des Beschlusses nach IV eingehender Widerspruch ist zu berücksichtigen, auch wenn die Erklärungsfrist dabei überschritten worden ist oder wenn mit dem Widerspruch ein vorher erklärter Verzicht ausdrücklich oder in der Sache widerrufen wird.

Einziehung durch Strafbefehl

432 [I] [1] Wird die Einziehung durch Strafbefehl angeordnet, so wird der Strafbefehl auch dem Einziehungsbeteiligten zugestellt, soweit er an dem Verfahren beteiligt ist. [2] § 429 Absatz 3 Nummer 2 gilt entsprechend.

[II] Ist nur über den Einspruch des Einziehungsbeteiligten zu entscheiden, so gilt § 434 Absatz 2 und 3 entsprechend.

1 **1) Die Beteiligungsanordnung (§§ 424 I)** wird in den Strafbefehl aufgenommen, wenn in ihm die betreffende Maßnahme angeordnet wird (15 zu § 424). Ohne sie wäre der Einziehungsbeteiligte nicht zum Einspruch gegen den Strafbefehl hinsichtlich der Einziehung befugt (LR-Gössel 4 zu § 438 aF). Der Beteiligte wird auf sein Recht auf anwaltliche Vertretung hingewiesen (II S 2). Die Entschädigungsentscheidung nach § 430 III kann in dem summarischen Verfahren nicht getroffen werden (LR-Gössel 2 zu § 438 aF).
2 Genügen dem Richter die Anhaltspunkte nicht, so wird er vor dem Erlass des Strafbefehls bei der StA die **nähere Klärung** anregen oder (entspr § 202) ausnahmsweise selbst herbeiführen (7 zu § 408). Ist die Beteiligung nicht angeordnet worden, so lebt die Möglichkeit hierzu erst wieder auf, wenn der Beschuldigte Einspruch einlegt (15 zu § 424). Wird der Strafbefehl rechtskräftig, so ist der Beteiligungsinteressent auf das Nachverfahren (§ 433) angewiesen.
3 **2) Zugestellt** wird der Strafbefehl nicht nur dem Beschuldigten, sondern auch dem Beteiligten (I; 16 zu § 409), ggf an die Adresse des Vertreters (§ 428 I S 2 iVm § 145a), und zwar mit Einspruchsbelehrung (9 zu § 409). Durch diese Zustellung wird die Einspruchsfrist für die Seite des Beteiligten in Lauf gesetzt (§ 409 I). Hat die natürliche Person einen gesetzlichen Vertreter, so wird der Strafbefehl auch diesem zugestellt (§ 409 II). Ist der Beteiligte eine JP oder PV, so geht die Zustellung an das zur Vertretung berufene Organ.

Verfahren bei Einziehung und Vermögensbeschlagnahme § 433

3) Hat nur oder auch der Beschuldigte Einspruch eingelegt, so erhält der 4
Beteiligte Terminsnachricht nach § 429 I, III (Stuttgart StraFo **12**, 159). Für die
Hauptverhandlung gilt § 430. Daher ist eine entspr Anwendung des § 412 auf den
Einziehungsbeteiligten (auf Grund des Vorbehalts in § 427 I S 1) ausgeschlossen
(KK-Schmidt 5).

4) Ist nur über den Einspruch des Beteiligten zu entscheiden (II), weil 5
der Beschuldigte auf diesen Rechtsbehelf verzichtet oder ihn zurückgenommen hat oder weil sein Einspruch verworfen worden ist (Bay **94**, 43 = NStZ **94**,
442), und wird von § 421 I kein Gebrauch gemacht, so gilt ein vereinfachtes Verfahren.

A. **Beschlussverfahren (II iVm § 434 II):** Der Beschluss kann mit der sofor- 6
tigen Beschwerde angefochten werden (§ 311).

B. **Mündliche Verhandlung (II iVm § 434 III):** Kommt es darauf an, ob der 7
Beteiligte den Antrag stellt, so wird er entspr belehrt, wenn das nicht schon mit der
Einspruchsbelehrung geschehen ist. Der Verurteilte, der keinen Einspruch eingelegt hat, wird, falls er als Auskunftsperson benötigt wird, als Zeuge geladen und
vernommen. Der Beteiligte hat die Befugnisse, die ein Angeklagter in der Hauptverhandlung hat (§ 427 I S 1). Er erhält Terminsnachricht nach § 429 I, III Nrn 1
und 3. Der Beifügung des Strafbefehls (vgl § 429 II), der ihm schon zugestellt ist,
und der Wiederholung des Hinweises nach § 429 III Nr 2 (vgl I S 2) bedarf es
nicht. Hat das Gericht die mündliche Verhandlung von sich aus angeordnet, wird
idR Anlass bestehen, das persönliche Erscheinen des Beteiligten anzuordnen
(§ 427 II).

D. **Ausbleiben des Einziehungsbeteiligten:** Da ohne ihn verhandelt werden 8
kann (oben 7; § 430), sein Ausbleiben also erlaubt ist, gilt § 412 nicht entspr (oben
4; SK-Weßlau 6). Bleibt der Beteiligte in der mündlichen Verhandlung aus, so
wird mit seinem Vertreter (§ 428) oder, wenn ein solcher fehlt oder ebenfalls nicht
erschienen ist, ohne die Seite des Beteiligten verhandelt und in der Sache entschieden. War das persönliche Erscheinen angeordnet, so gilt § 427 II S 2. Das Gericht
kann statt dessen auch zum Beschlussverfahren (II iVm § 434 II) übergehen, wenn
es die ohne Antrag getroffene Anordnung aufhebt oder der Antrag auf mündliche
Verhandlung zurückgenommen wird.

Nachverfahren

433 [I] Ist die Einziehung rechtskräftig angeordnet worden und macht jemand glaubhaft, dass er seine Rechte als Einziehungsbeteiligter ohne
sein Verschulden weder im Verfahren des ersten Rechtszuges noch im Berufungsverfahren hat wahrnehmen können, so kann er in einem Nachverfahren
geltend machen, dass die Einziehung ihm gegenüber nicht gerechtfertigt sei.

[II] [1] Das Nachverfahren ist binnen eines Monats nach Ablauf des Tages zu
beantragen, an dem der Antragsteller von der rechtskräftigen Entscheidung
Kenntnis erlangt hat. [2] Der Antrag ist unzulässig, wenn seit Eintritt der
Rechtskraft zwei Jahre verstrichen sind und die Vollstreckung beendet ist.

[III] [1] Durch den Antrag auf Durchführung des Nachverfahrens wird die Vollstreckung der Anordnung der Einziehung nicht gehemmt; das Gericht kann
jedoch einen Aufschub sowie eine Unterbrechung der Vollstreckung anordnen. [2] Wird in den Fällen des § 73b des Strafgesetzbuches, auch in Verbindung
mit § 73c des Strafgesetzbuches, unter den Voraussetzungen des Absatzes 1
ein Nachverfahren beantragt, sollen bis zu dessen Abschluss Vollstreckungsmaßnahmen gegen den Antragsteller unterbleiben.

[IV] [1] Für den Umfang der Prüfung gilt § 431 Absatz 1 entsprechend. [2] Wird
das vom Antragsteller behauptete Recht nicht erwiesen, ist der Antrag unbegründet.

§ 433

Sechstes Buch. 3. Abschnitt

^V Vor der Entscheidung kann das Gericht unter den Voraussetzungen des § 421 Absatz 1 mit Zustimmung der Staatsanwaltschaft die Anordnung der Einziehung aufheben.

^{VI} Eine Wiederaufnahme des Verfahrens nach § 359 Nummer 5 zu dem Zweck, die Einwendungen nach Absatz 1 geltend zu machen, ist ausgeschlossen.

1 1) **Nachverfahren (I):** Durch das Nachverfahren erhält der Antragsteller nachträglich das rechtliche Gehör; die rechtskräftige Anordnung der (Wertersatz-)Einziehung kann beseitigt werden. § 433 wird durch die Verfahrensvorschriften in § 434 ergänzt.

2 2) **Voraussetzungen (I)** für die Zulässigkeit des Antrags:

3 A. **Glaubhaftmachung** (5 ff zu § 26): Sie ist auch erforderlich, wenn der Antragsteller schon im Strafverfahren Einziehungsbeteiligter war (LR-Gössel 23 zu § 439 aF); es kommt auf den Zeitpunkt der Rechtskraft der Entscheidung an.

4 B. **Rechtsbeeinträchtigung:** Sie muss für den Einziehungsbeteiligten als Folge der rechtskräftigen Anordnung der Einziehung eingetreten sein (§ 75 StGB). Im Falle der Anordnung der Einziehung von Wertersatz kommt das Nachverfahren nur für die Wertersatzeinziehung nach §§ 73b, 73c StGB in Betracht, da die Wertersatzeinziehung nach § 74c StGB auf Täter und Teilnehmer beschränkt ist.

5 C. **Unmöglichkeit der Rechtswahrnehmung:** Hat der Einziehungsbeteiligte seine Rechte nur im Revisionsverfahren geltend machen können, so kann er den Antrag nach § 433 dennoch stellen, weil die Möglichkeit von Rechtsrügen idR keine umfassende Gewährung des rechtlichen Gehörs darstellt. Ein Fall der Unmöglichkeit liegt auch vor, wenn der Antragsteller ohne sein Verschulden nicht beteiligt worden ist (zB weil sein Recht nicht bekannt war) oder trotz Anordnung seiner Beteiligung schuldlos in den Tatsacheninstanzen nicht mitgewirkt hat.

6 3) Die **Wahrung der Antragsfrist (II)** gehört ebenfalls zu den Zulässigkeitsvoraussetzungen. Für sie ist die Glaubhaftmachung durch den Antragsteller nicht vorgeschrieben. Das Gericht prüft sie von Amts wegen im Freibeweisverfahren (7, 9 zu § 244). Die Fristwahrung ist Prozessvoraussetzung für das Nachverfahren, ihre Versäumung ein Verfahrenshindernis.

7 A. Die **Einmonatsfrist** beginnt am Tag nach der Erlangung der Kenntnis von der rechtskräftigen Anordnung der Maßnahme. Hat der Antragsteller von der Entscheidung schon vor deren Rechtskraft Kenntnis erlangt, so beginnt die Frist dennoch erst am Tag nach dem Eintritt der Rechtskraft. Das kann insbesondere vorkommen, wenn die Beteiligung des Antragstellers schon im vorangegangenen Verfahren angeordnet war. Für das Ende der Frist gilt § 43 I, II. Die Wiedereinsetzung in den vorigen Stand ist nach § 44 zulässig.

8 B. Die **Frist von zwei Jahren** beginnt mit dem Tag des Eintritts der Rechtskraft (also 1 Tag vor der Monatsfrist); wenn die Vollstreckung zu dieser Zeit noch nicht abgeschlossen war, mit deren Beendigung. Da es sich um eine absolute Ausschlussfrist handelt (6 vor § 42), gelten für sie die §§ 43 und 44 nicht (5 vor § 42; 3 zu § 44).

C. Mit **Beendigung der Vollstreckung** der rechtskräftigen (Wertersatz-)Einziehungsanordnung ist das Nachverfahren ebenfalls ausgeschlossen.

9 4) Die **Vollstreckung der rechtskräftigen Entscheidung** wird durch den Antrag auf das Nachverfahren nicht gehemmt **(III S 1).** Das gilt insbesondere für die Herstellung des staatlichen Gewahrsams, die Verwertung der Sache oder des Rechts und die Durchführung der in § 439 bezeichneten Maßnahmen. Das Gericht kann jedoch einen Aufschub oder die Unterbrechung der Vollstreckung anordnen (III S 1 zweiter Hs). Handelt es sich um eine (Wertersatz-)Einziehungsanordnung gegen einen Drittbegünstigten iSd § 73b StGB „soll" die Unterbrechung der Vollstreckung bis zum Abschluss des Nachverfahrens angeordnet werden (III

Verfahren bei Einziehung und Vermögensbeschlagnahme § 434

S 2). Diese Befugnis besteht schon vor der Entscheidung über die Zulässigkeit des Antrags.

5) Zulässigkeitsprüfung: Der Antrag wird als unzulässig verworfen, wenn er **10** verspätet gestellt ist oder eine der angegebenen sonstigen Zulässigkeitsvoraussetzungen fehlt. Ein Zulassungsbeschluss ist nicht vorgeschrieben. Das Gericht kann dem Antragsteller in geeigneten Fällen bei nicht genügender Glaubhaftmachung noch eine Gelegenheit zur Ergänzung geben. Bleiben unüberwindliche tatsächliche Zweifel, ob die Monatsfrist gewahrt ist, so wird der Antrag nicht als unzulässig verworfen (SK-Weßlau 11 zu § 439 aF; ebenso im Ergebnis LR-Gössel 26 zu § 439 aF); denn es ist ein allgemeiner Grundsatz, dass ein befristeter Antrag nur dann als verspätet verworfen wird, wenn die Verspätung nachgewiesen ist. Das ergibt sich zB aus §§ 26a I Nr 1, 319, 346 (vgl auch 33 ff zu § 261).

6) Unbegründet (IV): Nach IV S 1 gilt § 431 I entspr. Die Überprüfung des **11** Schuldspruchs ist mithin eingeschränkt. Sie erfolgt nur insoweit, als der Antragsteller Einwendungen dagegen vorbringt. Selbst dann bleiben die Feststellungen zum Schuldspruch bestehen, wenn die Einwendungen des Antragstellers dagegen erfolglos bleiben (erg 1 f zu § 431). Ein nicht behebbarer Zweifel geht nach IV S 2 zu Lasten des Antragstellers (SK-Weßlau 13 zu § 439 aF). Zur Anwendung dieser Beweislastregel, vgl BGH StraFo **12**, 467. Auf die weitere Prüfung der Voraussetzungen der Anordnung kommt es dann nicht mehr an.

7) Aufgehoben wird die Anordnung, wenn das Fehlen ihrer Grundlage nachgewiesen wird. Wird diese Entscheidung rechtskräftig, so beseitigt sie den Übergang des Eigentums oder des Rechts auf den Staat (vgl § 75 I StGB) rückwirkend. Im Falle einer Wertersatzeinziehung nach §§ 73b, 73c StGB entfällt mit der Aufhebung der Titel zur Vollstreckung des staatlichen Zahlungsanspruchs gegen den Drittbegünstigten.

Würde die Sachentscheidung einen **unangemessenen Aufwand** erfordern, so **13** kann das Gericht die Anordnung der Einziehung wegen der Unangemessenheit der Prozedur gemäß § 421 I Nr 3 aufheben, falls die StA zustimmt **(V)**. Eine Entscheidung über die Entschädigung (§ 74b III StGB) oder über die Herausgabe des Erlöses, falls der Gegenstand oder das Recht inzwischen verwertet worden ist, wegen ungerechtfertigter Bereicherung ergeht im Nachverfahren nicht.

8) Die Wiederaufnahme des Verfahrens (VI) nach § 359 Nr 5 zum Zweck **14** der Beseitigung der rechtskräftig angeordneten Maßnahme ist ausgeschlossen, weil der von der Anordnung Betroffene das Nachverfahren betreiben und dadurch seine Rechte genügend wahren kann. Die übrigen Wiederaufnahmemöglichkeiten sind nicht ausgeschlossen.

9) Die Kosten eines zurückgenommenen oder erfolglos eingelegten Antrags **15** treffen den Antragsteller (§ 473 I, VI Nr 2). Wird die Anordnung der Maßnahme aufgehoben, so fallen die Kosten des Nachverfahrens und die dem Antragsteller entstandenen notwendigen Auslagen der Staatskasse zur Last (§ 473 VI Nr 2 iVm § 473 III oder analog § 467).

Entscheidung im Nachverfahren

434 I Die Entscheidung über die Einziehung im Nachverfahren trifft das Gericht des ersten Rechtszuges.

II Das Gericht entscheidet durch Beschluss, gegen den sofortige Beschwerde zulässig ist.

III 1 Über einen zulässigen Antrag wird auf Grund mündlicher Verhandlung durch Urteil entschieden, wenn die Staatsanwaltschaft oder sonst der Antragsteller es beantragt oder das Gericht dies anordnet; die Vorschriften über die Hauptverhandlung gelten entsprechend. 2 Wer gegen das Urteil eine zuläs-

§ 435

sige Berufung eingelegt hat, kann gegen das Berufungsurteil nicht mehr Revision einlegen.

IV Ist durch Urteil entschieden, so gilt § 431 Absatz 4 entsprechend.

1 **1) I** bestimmt die **Zuständigkeit** des Gerichts des ersten Rechtszugs für das Nachverfahren. Bei Aufhebung und Zurückverweisung nach § 354 II ist das Gericht zuständig, das zuerst entschieden hatte (47 zu § 354); § 462a IV gilt nicht. Die Zuständigkeit des OLG (§ 120 GVG) ist nicht ausgeschlossen.

2 **2) Entschieden wird grundsätzlich im Beschlussverfahren (II).** Stellt sich vor einer nach III angeordneten mündlichen Verhandlung die Unzulässigkeit des Antrags heraus, kann der Termin abgesetzt und ebenfalls durch Beschluss entschieden werden (BGH 3 StR 458/10 vom 5.5.2011). Sowohl die förmliche als auch die materielle Abschlussentscheidung ist mit der sofortigen Beschwerde anfechtbar (§§ 311, 304 IV S 2 Hs 2 Nr 5; § 35a). Kosten: § 472b.

3 **3) Mündliche Verhandlung (III S 1):** Die Vorschriften über die Hauptverhandlung gelten entspr. Im Nachverfahren ist derjenige, der im subjektiven Verfahren Angeklagter war, falls er als Auskunftsperson in Betracht kommt, Zeuge. Über das Verhandeln ohne den Beteiligten, vgl 1 zu § 430.

4 **4) Anfechtung des Urteils (III S 2):** Wird durch Urteil einer StrK entschieden, so ist Revision zulässig (§ 333). Das gilt auch, wenn die StrK nach durchgeführter Hauptverhandlung den Antrag als unzulässig verworfen hatte (BGH 3 StR 458/10 vom 5.5.2011). Für die Anfechtung des Urteils eines AG, das an sich mit Berufung und anschließend mit Revision anfechtbar wäre, gilt die Einschränkung des III S 2, die dem § 55 II S 1 JGG entspricht (1 zu § 335). Sie bezweckt einerseits eine Vereinfachung und Beschleunigung des Verfahrens, andererseits eine Angleichung an das Beschlussverfahren, in dem es in jedem Fall nur ein Rechtsmittel gibt (II).

5 **5) Rechtsmittel nur wegen der Höhe der Entschädigung (IV):** Vgl 5 zu § 431.

Selbständiges Einziehungsverfahren

435 I 1 Die Staatsanwaltschaft und der Privatkläger können den Antrag stellen, die Einziehung selbständig anzuordnen, wenn dies gesetzlich zulässig und die Anordnung nach dem Ergebnis der Ermittlungen zu erwarten ist. 2 Die Staatsanwaltschaft kann insbesondere von dem Antrag absehen, wenn das Erlangte nur einen geringen Wert hat oder das Verfahren einen unangemessenen Aufwand erfordern würde.

II 1 In dem Antrag ist der Gegenstand oder der Geldbetrag, der dessen Wert entspricht, zu bezeichnen. 2 Ferner ist anzugeben, welche Tatsachen die Zulässigkeit der selbständigen Einziehung begründen. 3 Im Übrigen gilt § 200 entsprechend.

III 1 Für das weitere Verfahren gelten die §§ 201 bis 204, 207, 210 und 211 entsprechend, soweit dies ausführbar ist. 2 Im Übrigen finden die §§ 424 bis 430 und 433 entsprechende Anwendung.

1 **1) Allgemeines:** Die Vorschrift regelt die **Voraussetzungen (I)** und den Inhalt des **Antrags (II)** auf Anordnung der selbständigen Einziehung und das **Verfahren** bis zur Entscheidung über den Antrag **(III).** Die Regeln über die **Entscheidung** selbst enthält § 436. Für die **nachträgliche** Anordnung der Einziehung des Wertersatzes nach § 76 StGB gelten die §§ 462 I S 2, 462a I, II.

2 Das selbständige Einziehungsverfahren weist Parallelen mit dem selbständigen Sicherungsverfahren (§ 413 ff) auf und entspricht in seiner **Grundstruktur** weitgehend dem gerichtlichen **Verfahren nach Anklageerhebung** (§§ 199 ff). Es handelt sich um ein **objektives Verfahren** außerhalb des subjektiven Strafverfah-

rens. Es befasst sich mit der Tat- und Schuldfrage nur, soweit erforderlich und in der Form einer Inzidententscheidung. Soll der Tatertrag (§ 73 I StGB) oder der Wert des Taterträges (§ 73c StGB) selbständig eingezogen, muss mithin im objektiven Verfahren (inzident) die rechtswidrige (Erwerbs-)Tat isd § 73 I StGB festgestellt werden, obgleich aus tatsächlichen oder rechtlichen Gründen oder aufgrund einer Opportunitätsentscheidung (§§ 153 ff) keine bestimmte Person wegen der Tat verurteilt werden kann (vgl § 76a I–III StGB).
Für die selbständige **Unbrauchbarmachung** eines Gegenstandes gelten §§ 435, **3** 436 über § 439. Eine Nebenklage ist im objektiven Verfahren nicht zulässig (LR-Gössel 21 zu § 440 aF).

2) **Antrag:** Der Antrag ist **Voraussetzung** für eine selbständige Einziehung; **4** dies gilt auch, wenn sie im Rahmen eines subjektiven Verfahrens angeordnet werden soll (BGH StraFo **18**, 471; erg 19). Er kommt nur in Betracht, wenn die selbständige Einziehung **gesetzlich zulässig** ist (I 1). Vor der Antragstellung sind mithin die materiellen Voraussetzungen des § 76a StGB zu prüfen. Der Antrag setzt voraus, dass die Anordnung **nach dem Ermittlungsergebnis zu erwarten**, dh als Ergebnis wahrscheinlich ist (vgl 2 zu § 203). Das gilt auch, wenn der Privatkläger den Antrag stellt; in diesem Fall gilt auch § 374 III (dort 3 ff). Wird der Antrag auf Durchführung des objektiven Verfahrens auf ein Antragsdelikt gestützt, so ist ein wirksamer Strafantrag Prozessvoraussetzung (§ 76a I S 2 StGB; Einl 145, 154). Gleiches gilt, wenn die Verfolgung der Tat das Vorliegen eines Strafverlangens oder einer Ermächtigung voraussetzen würde (§ 76a I S 2 StGB).
Antragsbefugt sind die **StA** und der **Privatkläger (I S 1)**. Die FinB kann an- **5** stelle der StA den Antrag stellen (§ 401 AO), wenn es sich bei Durchführung eines subjektiven Verfahrens um eine Steuerstrafsache (Einl 11 ff) handeln würde. Sie nimmt die Rechte und Pflichten der StA wahr, solange nicht mündliche Verhandlung beantragt oder vom Gericht angeordnet wird (§ 406 II AO).
Für den Antrag der StA auf Durchführung des objektiven Verfahrens gilt das **6** **Opportunitätsprinzip** (9 ff zu § 152), selbst wenn die Maßnahme materiellrechtlich vorgeschrieben ist. Dabei ist von Bedeutung, ob ein Bedürfnis für die Maßnahme besteht, zB ein sich aufdrängendes öffentliches Interesse an der Abschöpfung deliktisch erlangter Vermögenswerte oder an der Gefahrenabwehr (bei Sicherungseinziehung; BGH **20**, 257). Insbesondere kann die StA nach I S 2 von dem Antrag absehen, wenn die Durchführung des objektiven Verfahrens sich auf einen geringwertigen Tatertrag beziehen würde oder mit einem unangemessenen Aufwand verbunden wäre. Hier wird vor allem der Aufwand für den inzident zu führenden Tatnachweis zu berücksichtigen sein.
Der Privatkläger kann seinen Antrag in jeder Lage des Verfahrens **zurückneh-** **7** **men**; der Antrag kann dann allerdings nicht erneut gestellt werden (analog §§ 391 f). Die StA und die FinB können den Antrag analog § 156 nur **bis zur gerichtlichen Eröffnung** des Einziehungsverfahrens (iVm § 203) zurücknehmen. Denn eine rechtskräftige Ablehnung der selbständigen Einziehung hindert gem § 76a I S 3 StGB eine erneute Sachentscheidung über die Einziehung (BT-Drucks 18/9525 S 72). Allerdings kann das Gericht – mit Zustimmung der StA – bei geringem Wert des Erlangten (§ 421 I Nr 1) oder wegen unangemessenen Aufwands (§ 421 I Nr 3 Alt 1) von der Einziehung **absehen** (LR-Gössel 29 zu § 440 aF; **aM** SSW-Burghart). Insoweit gilt § 421 unmittelbar; dass die Vorschrift nicht in III genannt wird, ist daher ohne Belang (anders – und wegen des Wortlauts des § 430 aF zutreffend – noch Voraufl 16 zu § 440 aF). Zur eingeschränkten Möglichkeit, den Antrag nach rechtskräftiger Ablehnung der Eröffnung des gerichtlichen Einziehungsverfahrens wiederaufzunehmen, vgl III iVm § 211.
Der **Antragsinhalt** wird von II bestimmt. Danach ist der Antrag auf Durchfüh- **8** rung des objektiven Verfahrens eine **Art Klageerhebung**. Im Antrag muss der **Einziehungsgegenstand** oder – im Falle einer selbständigen Wertersatzeinziehung – der als Wertersatz einzuziehende **Geldbetrag** angegeben werden (II S 1). Der Gegenstand der Maßnahme wird in einer Weise bezeichnet, dass er genau

§ 435

identifiziert ist (39 zu § 260). Anzugeben sind zudem die **Zulässigkeitsvoraussetzungen** für die beantragte selbständige Einziehung. Der Antrag muss daher die tatsächliche und rechtliche Grundlage der erstrebten Maßnahme darlegen. Das wesentliche Ergebnis der Ermittlungen ist von dem übrigen Inhalt des Antrags zu trennen, da es bei der Verlesung des Antrags zu Beginn einer mündlichen Verhandlung durch den StA weggelassen werden muss (10 zu § 436). Können mehrere Straftaten als Grundlage der Maßnahme geltend gemacht werden, so genügt es, in dem Antrag eine beliebige von ihnen herauszugreifen (6 zu § 436).

9 Die **Antragsschrift** wird dem Einziehungsadressaten **mitgeteilt,** soweit dies ausführbar ist (III S 1 iVm § 201 I). Ist der Einziehungsbeteiligte unbekannten Aufenthalts und ist die Mitteilung der Antragsschrift deshalb nicht ausführbar, wird sie ihm entspr § 40 öffentlich zugestellt (III S 2 iVm § 429 I Hs 2, II). Zum weiteren Verfahren, vgl Köhler/Burkhard NStZ **17,** 665, 672.

10 Das **Strafbefehlsverfahren** ist für eine **gesonderte** selbständige Einziehung ausgeschlossen; III S 2 verweist nicht auf § 432. Der Antrag auf selbständige Einziehung des Tatertrages (etwa nach einer Beschränkung gem § 154) kann **zusammen** mit dem Antrag auf unselbständige Einziehung des Ertrages aus einer angeklagten Tat in einer Anklageschrift gestellt werden. Dies gilt auch, wenn sich die StA in dieser Fallkonstellation für das Strafbefehlsverfahren entscheidet.

11 3) Die **Unmöglichkeit eines subjektiven Strafverfahrens** (§ 76a StGB) ist **Prozessvoraussetzung,** die von Amts wegen zu prüfen ist (Bay **87,** 42, 43 = AfP **87,** 690; Hamburg wistra **97,** 72), auch noch im Revisionsverfahren bestehen muss und bei deren Fehlen das Verfahren eingestellt wird (BGH **21,** 55). Sie kann schon durch eine Einstellung des Verfahrens durch die StA nach § 153 I herbeigeführt werden, obwohl diese die Strafklage nicht verbraucht (§ 76a III StGB).

12 Ob dem subjektiven Verfahren **tatsächliche** (zB Flucht des Täters) oder **rechtliche** (zB Strafklageverbrauch) **Hinderungsgründe** entgegenstehen, ist nach der Neufassung des § 76a I 1 StGB nicht (mehr) von Belang (BT-Drucks 18/9525 S 72). Sie kommt auch bei dauernder **Verhandlungsunfähigkeit** des Täters oder Teilnehmers in Betracht; zur entspr europarechtlichen Umsetzungspflicht, vgl Art 4 II RL 2014/42/EU (ABl 127 S 39; BT-Drucks 18/9525 S 72). Zulässig ist auch die Einziehung von Erträgen aus Straftaten, deren (erneuter) Verfolgung der **Strafklageverbrauch** entgegensteht. Wurde allerdings bereits in einem früheren Verfahren rechtskräftig über die Einziehung entschieden, ist die (nachträgliche) Vermögensabschöpfung nach § 76a I S 3 StGB ausgeschlossen (BT-Drucks aaO; zur Frage, wann eine Entscheidung iSd § 76a I S 3 StGB vorliegt, vgl Hamburg wistra **18,** 438; krit. Ullenboom wistra **18,** 291).

13 Auch die **Verjährung** der (Erwerbs-)Tat steht der selbständigen Einziehung des Tatertrages oder des Wertes des Tatertrages nicht (mehr) entgegen (§ 76a II S 1 StGB). Mit dieser Erweiterung des Anwendungsbereichs soll die quasi-konditionelle, vermögensordnende Zwecksetzung der strafrechtlichen Vermögensabschöpfung gestärkt werden (BT-Drucks 18/11640 S 82). Gleiches gilt auch schon im früheren Recht gem § 76a II S 2 StGB für die präventiven Maßnahmen der Sicherungseinziehung (§ 74b StGB) und der Unbrauchbarmachung (§ 74d StGB); insoweit steht auch der Strafklageverbrauch der Maßnahme nicht entgegen (erg 12). War der Erwerbstat iSd § 73 I StGB bereits vor dem Inkrafttreten des § 76a II 1 StGB am 1.7.2017 (BGBl I 872) verjährt, verstößt die selbständige Einziehung des Tatertrages nach Auffassung des BGH gegen das Rückwirkungsverbot; er hat diese Frage deshalb gem Art 100 I GG dem BVerfG vorgelegt (BGH NJW **19,** 1891). **Eigenständige Ermittlungen** zur Aufklärung verjährter Straftaten sollen zulässig sein (LG Düsseldorf wistra **18,** 445, mit Anm Rettke; zw bei festgestellter Verjährung, Köhler/Burkhard NStZ **17,** 665, 672f; abl BKST-Tschakert Rn 1656). Ist die Verjährung zweifelhaft, können (und müssen) Ermittlungen geführt werden (§ 152). Sind die Taten Teil eines Ermittlungskomplexes, dürfen die gesamten Ermittlungsergebnisse verwertet werden (Köhler/Burkhard aaO).

§ 435

Beim **Tod** des Beschuldigten richtet sich die Einziehung des Tatertrages oder **14** des Wertes des Tatertrages nach § 73b I S 1 Nr 3 StGB gegen dessen Rechtsnachfolger (Erbe, Vermächtnisnehmer oder Pflichtteilsberechtigter). Gegen diesen durch die rechtswidrige (Erwerbs-)Tat begünstigten Dritten kann die (Wertersatz-) Einziehung im selbständigen Verfahren angeordnet werden (BT-Drucks 18/9525 S 66). Zum Fall, dass sich die Einziehung von Beginn an gegen einen nach § 424 I am Verfahren beteiligten Dritten richtet (vgl unten 19).

Ob die Verfolgung oder Verurteilung einer bestimmten Person möglich ist, entscheidet nach der Grundkonzeption des Strafprozessrechts grundsätzlich die StA **15** (str, vgl die Nachweise in BGH 3 StR 458/10 vom 5.5.2011, wo die Frage offen gelassen wird). Das Gericht kann den Antrag daher wegen Möglichkeit der Strafverfolgung nur dann als unzulässig verwerfen, wenn sich aus der Begründung des Antrags oder aus den Akten ohne weiteres ergibt, dass die Annahme der StA aus tatsächlichen Gründen nicht zutrifft oder auf einem Rechtsirrtum beruht (aM LR-Gössel 34, 35 zu § 440 aF: umfassende Prüfungsbefugnis des Gerichts). Eine weitergehende Prüfung kann dem Gericht nicht zugemutet werden. Seine gegenteilige Auffassung würde die StA nicht binden und könnte dazu führen, dass sowohl das subjektive als auch das objektive Verfahren ausgeschlossen wären (SK-Weßlau 8 zu § 440 aF).

4) Verfahren und Beteiligung (III): Das Verfahren nach Eingang der Antragsschrift lehnt sich eng an das Verfahren nach Anklageerhebung an. Insbesondere **16** ist ein **Zwischenverfahren** entspr §§ 201 ff durchzuführen; dies gilt allerdings nur, soweit ein solches Verfahren ausführbar ist (III S 1), nicht mithin, wenn der Einziehungsadressat flüchtig oder unbekannten Aufenthalts ist (BT-Drucks 18/9525 S 91 f). Ist das Zwischenverfahren durchführbar, hat der Einziehungsbeteiligte die Rechte eines Angeschuldigten (III S 1 iVm §§ 201 ff). Das Fehlen des Beschlusses über die Eröffnung des (Haupt-)Verfahrens betreffend die selbständige Einziehung entspr § 203 stellt eine Verfahrenshindernis dar (Bamberg StraFo 19, 382).

Das **Hauptverfahren** richtet sich nach §§ 427–430. Die **Befugnisse** des Einziehungsbeteiligten entstehen mit der Eröffnung des gerichtlichen Einziehungsverfahrens (III S 2 iVm § 427). Gleiches gilt für den Nebenbetroffenen (§ 438 III iVm § 427). **17**

Für die **Verfahrensbeteiligung** gelten §§ 424 ff entspr (III S 2). Zu beteiligen **18** sind der **Einziehungsadressat** als Einziehungsbeteiligter, weil die (Wertersatz-) Einziehung sich gegen ihn richtet (III S 2 iVm § 424 I, dort 2). Für **andere** Personen, die in ihren Rechten von der Anordnung betroffen sein können, gilt § 438 (vgl dort 1). Von der Zuziehung des Beteiligungsinteressenten ist abzusehen, wenn er auf sie verzichtet (§ 424 II); es kann von ihr abgesehen werden, wenn die Voraussetzungen des § 425 vorliegen. Die Schuldfrage wird von der Beteiligung des Nebenbetroffenen in den Fällen des § 438 II (dort 4 ff) ausgenommen. Die StA wendet in ihrem Vorverfahren § 426 an. Das Gericht ordnet die gebotene erscheinende Beteiligung an, falls der Antrag nicht von vornherein als unzulässig zu verwerfen ist. Das Recht des möglichen Nebenbetroffenen braucht nur glaubhaft zu erscheinen (3 zu § 438). Zur Klärung der Voraussetzungen für die Entscheidung über die Beteiligung kann das Gericht einzelne Beweiserhebungen anordnen (1 ff zu § 202). Wird mit der Anordnung die Einschränkung nach § 438 II verbunden, so kann hiergegen der Nebenbetroffene nach § 438 II S 2 iVm § 424 IV S 2 sofortige Beschwerde erheben (8 zu § 438), worüber er belehrt wird (V S 2; § 35a; vgl 27 zu § 431).

Ein **Wechsel** vom subjektiven zum objektiven Verfahren und umgekehrt ist **19** nicht ausdrücklich gesetzlich vorgesehen. Eine Fortsetzung des subjektiven Strafverfahrens als objektives (selbständiges) Einziehungsverfahren ist jedoch zulässig, wenn das Strafverfahren in der Hauptverhandlung ganz oder teilweise wegen eines Verfahrenshindernisses (zB Verjährung) oder § 154 eingestellt wird (BGH **23**, 64 für den Fall der Amnestie; Karlsruhe MDR **80**, 337; „ganz allgemein"). Da die Durchführung des objektiven Verfahrens im Ermessen der StA steht (I), muss sie

§ 436   Sechstes Buch. 3. Abschnitt

ihre auf eine selbständige Einziehung gerichtete Willensentschließung in der HV durch einen Antrag nach I 1 eindeutig zum Ausdruck bringen (BGHR StPO § 414 Sicherungsverfahren 5; StraFo **18**, 471). Der Hinweis auf die Einziehung in der Anklage- (§ 200) oder Antragsschrift (§ 414) reicht hierfür ebensowenig aus wie ein Einziehungsantrag im Schlussvortrag der StA (BGH NStZ **18**, 559; **19**, 271). Einer gesonderten schriftlichen Begründung iSd II bedarf es nicht, da sich der notwendige Inhalt – abgesehen vom Antrag selbst – schon aus der zur Hauptverhandlung zugelassenen Anklage oder Antragsschrift ergibt. Gleiches gilt für das nach III iVm §§ 201 ff vorgesehene Zwischenverfahren, da ein solches bereits aufgrund der Anklageerhebung durchgeführt worden ist (BKST-Tschakert Rn 1663; **aA** SSW-Heine 18). Ein Hinweis nach § 265 II Nr 1 erübrigt sich, wenn die StA bereits in der Anklage auf die (Wertersatz-)Einziehung hingewiesen hatte (erg 10 zu § 200; 6 zu § 265). Im Revisionsverfahren ist eine Zurückverweisung ins objektive Verfahren zulässig (BGH 3 StR 204/12 vom 17.7.2012). Das gilt auch beim Tod des Angeklagten (8 zu § 206a), wenn sich die Einziehung gegen einen Dritten richtet, dessen Verfahrensbeteiligung nach § 424 I angeordnet worden ist (zum Fall, dass sich die Einziehung gegen den verstorbenen Angeklagten richtete, vgl oben 14).

20   Das **Nachverfahren (III iVm § 433)** steht dem von der Maßnahme Betroffenen auch offen, wenn die Maßnahme im objektiven Verfahren rechtskräftig angeordnet worden ist. Daher gilt hinsichtlich der Wiederaufnahme insoweit auch die Einschränkung des § 439 VI (dort 14).

21   5) Die **vorläufige Sicherstellung** zur Sicherung der (Wertersatz-)Einziehung im selbständigen Verfahren richtet sich nach den §§ 111b ff (Beschlagnahme oder Vermögensarrest). Insoweit bestehen keine Unterschiede zur unselbständigen Anordnung. Die Beschlagnahme zur Sicherung der Einziehung von Schriften nach § 74d I StGB erstreckt sich zwangsläufig auf alle Kopien und Negative, die sich gerade im Besitz der bei ihrer Verbreitung oder deren Vorbereitung mitwirkenden Personen oder auf dem Versandweg befinden (§ 74d II StGB; Seetzen NJW **76**, 497, 499). Die Beschlagnahme zur Sicherung der Einziehung nach § 74d III StGB erstreckt sich nur auf die Stücke, die sich im (auch nur mittelbaren) Besitz des Täters, eines Teilnehmers oder eines anderen befinden, der für die Täter oder Teilnehmer gehandelt hat (Seetzen aaO).

Entscheidung im selbständigen Einziehungsverfahren

436 ¹ ¹ Die Entscheidung über die selbständige Einziehung trifft das Gericht, das im Fall der Strafverfolgung einer bestimmten Person zuständig wäre. ² Für die Entscheidung über die selbständige Einziehung ist örtlich zuständig auch das Gericht, in dessen Bezirk der Gegenstand sichergestellt worden ist.
II § 423 Absatz 1 Satz 2 und § 434 Absatz 2 bis 4 gelten entsprechend.

1   1) **Prüfung durch das Gericht:**
2   A. **Fehlt eine Zulässigkeitsvoraussetzung,** so wird der Antrag als unzulässig verworfen, auch falls der Mangel erst später erkannt wird.
3   B. Die **Sachentscheidung** betrifft die Anordnung der Maßnahme oder deren Ablehnung. § 421 I ist anwendbar bei Geringwertigkeit des Erlangten und bei unangemessenem Aufwand (erg 7 zu § 435). § 74f StGB ist ebenfalls anwendbar. Über Entschädigung, vgl 4 zu § 430. Da es an einem Angeklagten fehlt und die Rechtsposition des Einziehungsbeteiligten in § 427 I S 1 nur so weit wie des Angeklagten angeglichen wird, als es sich um seine eigenen Prozessbefugnisse handelt, gelten die in § 263 vorgesehenen Abweichungen von § 196 GVG nicht, so dass stets einfache Stimmenmehrheit entscheidet (SK-Weßlau 12 zu § 440 aF). Wurde die der Einziehung oder Unbrauchbarmachung zugrundeliegende Tat bereits rechtskräftig abgeurteilt, so tritt gem III die Bindungswirkung des § 423 I S 2 ein (BT-Drucks 18/9525 S 92).

C. Zur Tragung der **Kosten des Verfahrens** kann der Einziehungsbeteiligte in keinem Fall verurteilt werden, da er nicht Angeklagter ist (§ 465). Im Übrigen gilt § 472b. 4

2) Zuständigkeit: 5

A. **Sachliche Zuständigkeit (I S 1):** Zuständig ist das Gericht, das für die Strafverfolgung der Tat zuständig wäre. Die Zuständigkeit des OLG (§ 120 GVG) ist nicht ausgeschlossen. Kommen mehrere Straftaten als Grundlage für die Maßnahme in Betracht, so ist für die sachliche Zuständigkeit maßgebend, auf welche von ihnen die StA ihren Antrag stützt; dabei kann sie einen Gesichtspunkt wählen, für den ein Gericht niederer Ordnung zuständig ist (Celle MDR **66**, 1135; 8 zu § 435 aE). Bei Aufhebung und Zurückverweisung nach § 354 II ist das Gericht zuständig, das zuerst entschieden hatte (47 zu § 354); § 462a IV gilt nicht. 6

B. **Örtliche Zuständigkeit (I):** Außer den §§ 7 ff gilt die Sonderbestimmung des I S 2, notfalls § 13a (SK-Weßlau 4). Wird in mündlicher Verhandlung entschieden, so darf sich das Gericht nicht mehr von Amts wegen, auf Einwand des Beteiligten nur noch bis zum Beginn der Verhandlung zur Sache für unzuständig erklären (II iVm § 434 III S 1 Hs 2, § 16 S 3; LR-Gössel 4 zu § 441 aF). 7

3) Entscheidung: 8

A) Entschieden wird **grundsätzlich im Beschlussverfahren (III iVm § 434 II)**. Stellt sich vor einer nach III S 1 angeordneten mündlichen Verhandlung die Unzulässigkeit des Antrags heraus, kann der Termin abgesetzt und ebenfalls durch Beschluss entschieden werden (BGH 3 StR 458/10 vom 5.5.2011). Sowohl die förmliche als auch die materielle Abschlussentscheidung, die unter den Voraussetzungen des § 430 III mit einer Entscheidung über die Entschädigung verbunden sein kann, ist mit der **sofortigen Beschwerde** anfechtbar (III iVm § 434 III S 1; §§ 311, 304 IV S 2 Hs 2 Nr 5; § 35a). Kosten: § 472b. 9

B) Aufgrund **mündlicher Verhandlung** wird nur **ausnahmsweise** entschieden. Die Ausnahme greift ein, wenn die StA oder ein anderer Verfahrensbeteiligter, insb der Einziehungsbeteiligte (Dresden NZWiSt **19**, 436), dies beantragt oder das Gericht von sich aus die mündliche Verhandlung bestimmt (II iVm § 434 III S 1; Köhler/Burkhard NStZ **17**, 665, 672). Die Vorschriften über die Hauptverhandlung gelten entspr (II iVm § 434 III S 1 Hs 2). Die StA verliest analog § 243 III S 1 die Antragsschrift, ausgenommen das wesentliche Ergebnis der Ermittlungen (8 zu § 435). Im Nachverfahren ist derjenige, der im subjektiven Verfahren Angeklagter war, falls er als Auskunftsperson in Betracht kommt, Zeuge; ebenso im objektiven Verfahren derjenige, der im Fall eines subjektiven Verfahrens Beschuldigter wäre, soweit er nicht selbst Beteiligter ist (18 zu § 435). Über das Verhandeln ohne den Beteiligten vgl 1 zu § 430. 10

4) Anfechtung des Urteils (III S 2): Wird durch Urteil einer StrK entschieden, so ist Revision zulässig (§ 333). Das gilt auch, wenn die StrK nach durchgeführter Hauptverhandlung den Antrag als unzulässig verworfen hatte (BGH 3 StR 458/10 vom 5.5.2011). Für die Anfechtung des Urteils eines AG, das an sich mit Berufung und anschließend mit Revision anfechtbar wäre, gilt die Einschränkung des § 434 III S 2 (iVm II), die dem § 55 II S 1 JGG entspricht (1 zu § 335). Sie bezweckt einerseits eine Vereinfachung und Beschleunigung des Verfahrens, andererseits eine Angleichung an das Beschlussverfahren, in dem es in jedem Fall nur ein Rechtsmittel gibt (II iVm § 434 II). 11

5) Zweites objektives Verfahren: In einem selbständigen Einziehungs- oder Unbrauchbarmachungsverfahren wird nur so weit entschieden, wie die Maßnahme beantragt ist. Wird nach Abschluss des objektiven Verfahrens ein neuer Antrag gestellt, der unter den Voraussetzungen des § 76a StGB auf Einziehung oder Unbrauchbarmachung anderer Gegenstände abzielt, ist über ihn in einem neuen objektiven Verfahren zu entscheiden. Ein Antrag gleichen Inhalts kann nur dann zu 12

§ 437

einem neuen objektiven Verfahren führen, wenn in dem früheren objektiven Verfahren keine Sachentscheidung ergangen ist. Hat ein Gericht bereits einmal rechtskräftig über die (Wertersatz-)Einziehung entschieden, so ist eine selbständige Einziehung nach § 76a I S 3 Alt 2 StGB ausgeschlossen (BT-Drucks 18/9525 S 72).

13 **6) Rechtsmittel nur wegen der Höhe der Entschädigung (II iVm § 434 IV):** Vgl 5 ff zu § 431.

Besondere Regelungen für das selbständige Einziehungsverfahren

437 [1] Bei der Entscheidung über die selbständige Einziehung nach § 76a Absatz 4 des Strafgesetzbuches kann das Gericht seine Überzeugung davon, dass der Gegenstand aus einer rechtswidrigen Tat herrührt, insbesondere auf ein grobes Missverhältnis zwischen dem Wert des Gegenstandes und den rechtmäßigen Einkünften des Betroffenen stützen. [2] Darüber hinaus kann es bei seiner Entscheidung insbesondere auch berücksichtigen
1. das Ergebnis der Ermittlungen zu der Tat, die Anlass für das Verfahren war,
2. die Umstände, unter denen der Gegenstand aufgefunden und sichergestellt worden ist, sowie
3. die sonstigen persönlichen und wirtschaftlichen Verhältnisse des Betroffenen.

1 **1) Allgemeines:** § 437 **flankiert verfahrensrechtlich** die durch die Reform der strafrechtlichen Vermögensabschöpfung eingeführte selbständige (erweiterte) Einziehung des **76a IV StGB** (BT-Drucks 18/9525 S 58). Für andere Formen der selbständigen Einziehung (§§ 76a I–III StGB) ist § 437 nicht anwendbar.
2 Die Einziehung nach § 76a IV StGB setzt nicht voraus, dass eine rechtswidrige Tat nachgewiesen ist (sie wird deshalb häufig als „non-conviction-based confiscation" bezeichnet; Korte wistra **18**, 1, 8 f; Schilling/Hübner StV **18**, 49). Es genügt, wenn das Gericht sich davon **überzeugt**, dass der in einem – nach § 170 II eingestellten – Ermittlungsverfahren wegen einer Katalogtat iSd § 76a IV S 3 StGB sichergestellte Gegenstand **aus irgendeiner rechtswidrigen Tat herrührt,** die nicht länger als 30 Jahre (vgl. § 76b I StGB) zurückliegt (ausführlich zu Zweck und den materiellen Voraussetzungen des neuen Abschöpfungsinstrument und der Verjährung, BT-Drucks 19/9525 S 73 f; 19/11640 S 83; Meyer StV **17**, 343; ders. NZWiSt **18**, 246; Korte aaO, unter Hinweis auf die Notwendigkeit; Köhler/Burkhard NStZ **17**, 665, 671 f, mit Beispielen; krit SSW-Burghart 4 ff, der ua die Gesetzgebungskompetenz des Bundes für die Regelung für nicht begründet hält; Schilling/Hübner aaO, der der Vermögenschöpfung allerdings – anders BVerfG 110, 1 – Strafcharakter beimessen; Hinderer/Bechschmitt NZWiSt **18**, 179; Rönnau/Begemeier JZ **18**, 443, krit wegen „herrühren", vgl hierzu aber auch Köhler NZWiSt **18**, 226, 229).

3 **2) Grundlage der Überzeugungsbildung:** Eine Einziehung nach § 76a IV StGB setzt voraus, dass das Gericht von der deliktischen Herkunft („herrühren") **überzeugt** ist. Sie folgt insofern der – vom BVerfG bestätigten (BVerfGE 110, 1) – verfassungskonformen Auslegung der Regelung zum früheren erweiterten Verfall (§ 73d StGB aF) des BGH (BT-Drucks 18/9525 S 73, unter Hinweis auf BGH 40, 371; NStZ-RR **10**, 385; BT-Drucks 18/11640 S 83). Es gilt der Grundsatz der freien Beweiswürdigung nach § 261 (BT-Drucks 18/11640 S 89). Krit Schilling/Hübner aaO 55; SSW-Burghart 5 (allerdings im Wesentlichen eingenehmend auf den Referentenentwurf, dessen Begründung der Gesetzgeber sich aber – anders als die des Regierungsentwurfs – nicht zu eigen gemacht hat; vgl BT-Drucks 10/11640 S 78); vgl aber auch Korte aaO 8, der darauf hinweist, dass bei der Sachverständigenanhörung im Ausschuss für Recht und Verbraucherschutz verfassungsrechtliche Bedenken gegen die Norm lediglich von Teilen der Sachverständigen – insbesondere vom denen aus den Reihen der Strafverteidiger – geltend

gemacht wurden; Meyer aaO 354: keine Verletzung von Grund- oder Menschenrechten.

Die in S 1 und 2 genannten **Umstände** entsprechen den Indizien, die bei der 4
Überzeugungsbildung für die erweiterte Einziehung von Tatererträgen (§ 73a StGB)
heranzuziehen sind (Fischer 12 zu § 73a StGB aF). Sie sind nicht abschließend
(„insbesondere"). Das Gericht „kann" sie für seine Überzeugungsbildung heranziehen; eine Pflicht dazu besteht nicht. Es gilt mithin der Grundsatz der **freien
Beweiswürdigung** nach § 261 (BT-Drucks 10/9525 S 92; BT-Drucks 18/11640
S 89; Korte aaO). Im Ergebnis bietet § 437 den Gerichten eine Orientierung für
die Frage, welche Umstände bei der Überzeugungsbildung insbesondere eine Rolle spielen können (Korte aaO 9).

Dem Vorliegen eines **groben Missverhältnisses** zwischen dem Wert des si- 5
chergestellten Gegenstandes und den rechtmäßigen Einkünften des Betroffenen
(S 1) kommt ein besonderer Beweiswert zu (BT-Drucks 18/9525 S 92). Abzustellen ist auf den **von der Sicherstellung Betroffenen** (Köhler/Burkhard aaO 672
Fn 69). Außerdem können **weitere Umstände** herangezogen werden, insbesondere die in S 2 genannten. Macht eine andere Person Rechte an dem sichergestellten Gegenstand geltend (zB die Eigentümerstellung), wird er als Nebenbetroffener
nach § 438 am Verfahren beteiligt, wenn sein Recht glaubhaft erscheint (Köhler/
Burkhard aaO).

3) § 76a IV StGB ist kein zwingendes Recht. Das Gericht **„soll"** die Einzie- 6
hung des Gegenstandes anordnen, wenn es sich von dessen deliktischer Herkunft
überzeugt hat (und die übrigen Tatbestandsvoraussetzungen vorliegen). Im Zusammenspiel mit § 437 S 2 Nr 1 wird dem Betroffenen dadurch die vom EGMR
betonte Möglichkeit der „criminal owner defense" eröffnet (BT-Drucks 18/9525
S 92; Korte aaO). Das Absehen von der Einziehung wird sich in der Rechtspraxis
auf **besonders gelagerte Ausnahmefälle** beschränken; etwa die Fälle des gutgläubigen, entgeltlichen Erwerbs oder bei „erwiesener Unschuld" des Betroffenen.
Liegt allerdings das grobe Missverhältnis iSd S 1 vor, ist ein Fall der „erwiesenen
Unschuld" nur schwer vorstellbar; idR wird die Verfolgung oder Verurteilung
wegen der Anlasstat trotz vorhandener Verdachtsmomente mangels ausreichender
Beweise unterbleiben (vgl. BT-Drucks 18/9525 S 92f; Köhler/Burkhard aaO 671).

4) Für das **Verfahren** zur selbständigen erweiterten Einziehung nach § 76a IV 7
StGB gelten im Übrigen die gleichen Regelungen wie bei einer sonstigen selbständigen Einziehung (§ 76a I–III StGB), also §§ 435, 436.

Nebenbetroffene am Strafverfahren

438 I 1 Ist über die Einziehung eines Gegenstandes zu entscheiden, ordnet
das Gericht an, dass eine Person, die weder Angeschuldigte ist noch
als Einziehungsbeteiligte in Betracht kommt, als Nebenbetroffene an dem
Verfahren beteiligt wird, soweit es die Einziehung betrifft, wenn es glaubhaft
erscheint, dass

1. dieser Person der Gegenstand gehört oder zusteht oder
2. diese Person an dem Gegenstand ein sonstiges Recht hat, dessen Erlöschen
   nach § 75 Absatz 2 Satz 2 und 3 des Strafgesetzbuches im Falle der Einziehung angeordnet werden könnte.

2 Für die Anordnung der Verfahrensbeteiligung gelten § 424 Absatz 2 bis 5
und § 425 entsprechend.

II 1 Das Gericht kann anordnen, dass sich die Beteiligung nicht auf die Frage
der Schuld des Angeschuldigten erstreckt, wenn

1. die Einziehung im Fall des Absatzes 1 Nummer 1 nur unter der Voraussetzung in Betracht kommt, dass der Gegenstand demjenigen gehört oder zusteht, gegen den sich die Einziehung richtet, oder

§ 438

2. der Gegenstand nach den Umständen, welche die Einziehung begründen können, auch auf Grund von Rechtsvorschriften außerhalb des Strafrechts ohne Entschädigung dauerhaft entzogen werden könnte.

² § 424 Absatz 4 Satz 2 gilt entsprechend.

III Im Übrigen gelten die §§ 426 bis 434 entsprechend mit der Maßgabe, dass in den Fällen des § 432 Absatz 2 und des § 433 das Gericht den Schuldspruch nicht nachprüft, wenn nach den Umständen, welche die Einziehung begründet haben, eine Anordnung nach Absatz 2 zulässig wäre.

1 1) **Verfahrensbeteiligung (I):** Personen, die – obgleich **nicht Adressat** der Einziehungsanordnung – von der Maßnahme in ihren **dinglichen Rechten** an dem der Einziehung unterliegenden Gegenstand betroffen sein können, werden unter den Voraussetzungen von I am Verfahren beteiligt. In Abgrenzung zum Einziehungsbeteiligten, gegen den sich die Anordnung richtet, wird er von § 438 I S 1 als **Nebenbetroffener** bezeichnet (BT-Drucks 18/9525 S 93; erg 4 vor § 421; 1 ff zu § 424).

2 A. Eine Beteiligung als Nebenbetroffener kommt **nur** bei der **Einziehung eines Gegenstandes** in Betracht (I S 1), da nur mit der Einziehung eines bestimmten Gegenstandes (§§ 73, 73b, 74–74b StGB) dingliche Wirkungen verbunden sind (vgl. § 75 I und II StGB). Mit der Anordnung der Wertersatzeinziehung (§§ 73c, 74c StGB) wird hingegen ein staatlicher Zahlungsanspruch tituliert, der keine (unmittelbare) dingliche Wirkung hat (die anderslautende Aussage in BT-Drucks 18/9525 S 93 beruht offensichtlich auf einem redaktionellen Versehen). Die Beteiligung erstreckt sich nur auf die Teile des Verfahrens, die die Maßnahme betreffen (I S 1).

3 B. Die **Anordnung** der Verfahrensbeteiligung setzt lediglich voraus, dass das Bestehen des (dinglichen) Rechts der betreffenden Person an dem Einziehungsgegenstand **glaubhaft erscheint** (I S 1). Es genügt die ernsthafte Möglichkeit, dass durch die Einziehung des Gegenstandes in (dingliche) Rechte der in Betracht kommenden Person eingegriffen wird (KK-Schmidt 5). Da die Entscheidung über die Verfahrensbeteiligung **von Amts wegen** zu treffen ist (I S 2 iVm § 424 III; erg 1 zu § 424), muss der Beteiligungsinteressent sein Recht nicht durch aktive Tätigkeit glaubhaft machen (LR-Gössel 33 zu § 431 aF). Im Übrigen gelten für die Anordnung § 424 II–V und § 425 entspr (vgl insofern die dortigen Anmerkungen). Zur Beteiligung juristischer Personen und Personenvereinigungen, vgl 3 f zu § 424. Zum **Absehen**, vgl 1 zu § 425.

4 2) **Ausschluss der Schuldfrage von der Beteiligung (II):** Bei einer unbeschränkten Beteiligungsanordnung (I) erstreckt sich diese – soweit das Verfahren die Einziehung betrifft – auch auf die Schuldfrage. Der Ausschluss nach II hat zur Folge, dass der Nebenbetroffene zur Schuldfrage nicht die Befugnisse eines Angeklagten hat (§ 427 I) und daher insoweit ausschließlich als Zeuge vernommen werden kann (4 f zu 427).

5 A. In den Fällen des II S 1 **Nr 1** fehlt dem Nebenbetroffenen die sachliche Legitimation, aus dem Eigentumsrecht zur Schuldfrage (iS von Schuldspruch; vgl auch III) Stellung zu nehmen. Seine schutzwürdigen Interessen werden hier nur insoweit berührt, als es um die Frage der Rechtsverhältnisse an dem Einziehungsgegenstand geht. Die Einziehung wird bereits verhindert, wenn sich sein Eigentum oder seine Rechtsinhaberschaft im Verfahren bestätigt, da in den Betracht kommenden Fällen keine Einziehung des Gegenstandes nicht zulässig ist (§ 75 I S 1 Nr 1 StGB).

6 Wird ein **beschränkt dinglich Berechtigter** am Verfahren beteiligt, weil eine Anordnung nach § 75 II S 3 StGB in Betracht kommt, so kann seine Beteiligung zur Schuldfrage nicht schon nach II Nr 1 ausgeschlossen werden. Denn es kann das Erlöschen seines Rechts angeordnet werden, wenn ihm in Bezug auf die Tat ein besonderer Schuldvorwurf trifft.

B. In den Fällen des II S 1 **Nr 2** bildet die Tat nicht die materielle Grundlage für 7 die Einziehung, sondern nur den Anlass dafür, dass der Entzug des Gegenstandes angeordnet wird. Daher bedarf es hier der Beteiligung nur hinsichtlich der besonderen Voraussetzungen, der eigentlichen Grundlage für die Einziehung.

C. Gegen die Beschränkung der Beteiligungsanordnung ist nach II S 2 entspr 8 § 424 IV S 2 die **sofortige Beschwerde** statthaft (dort 19).

3) Verfahren (III): Für das Verfahren jenseits der Beteiligungsanordnung (insofern gelten I und II) finden die §§ 426–434 entspr Anwendung (vgl. insofern dort). Wäre ein Ausschluss der Beteiligung zur Schuldfrage zulässig gewesen, wird im Verfahren nach Einspruch gegen den Strafbefehl (vgl dazu auch § 432 II) und im Nachverfahren (§ 433) der Schuldspruch nicht nachgeprüft (SSW-Burghart 6). Einer besonderen förmlichen Beschränkungsanordnung bedarf es nicht (LR-Gössel 13 zu § 438 aF; ders 31 zu § 439 aF). 9

Der Einziehung gleichstehende Rechtsfolgen

439 Vernichtung, Unbrauchbarmachung und Beseitigung eines gesetzwidrigen Zustandes stehen im Sinne der §§ 421 bis 436 der Einziehung gleich.

Für die genannten Rechtsfolgen gelten die Bestimmungen über das Einziehungsverfahren entspr. Verfahrensrechtlich gilt für sie das Gleiche wie für die Einziehung nach §§ 73 ff StGB (vgl zum Überblick: 2–9 vor § 421). 1

440–442 (aufgehoben)

Vermögensbeschlagnahme

443 I ¹Das im Geltungsbereich dieses Gesetzes befindliche Vermögen oder einzelne Vermögensgegenstände eines Beschuldigten, gegen den wegen einer Straftat nach

1. den §§ 81 bis 83 Abs. 1, § 89a oder § 89c Absatz 1 bis 4, den §§ 94 oder 96 Abs. 1, den §§ 97a oder 100, den §§ 129 oder 129a, auch in Verbindung mit § 129b Abs. 1, des Strafgesetzbuches,
2. einer in § 330 Abs. 1 Satz 1 des Strafgesetzbuches in Bezug genommenen Vorschrift unter der Voraussetzung, daß der Beschuldigte verdächtig ist, vorsätzlich Leib oder Leben eines anderen oder fremde Sachen von bedeutendem Wert gefährdet zu haben, oder unter einer der in § 330 Abs. 1 Satz 2 Nr. 1 bis 3 des Strafgesetzbuches genannten Voraussetzungen oder nach § 330 Abs. 2, § 330a Abs. 1, 2 des Strafgesetzbuches,
3. den §§ 51, 52 Abs. 1 Nr. 1, 2 Buchstabe c und d, Abs. 5, 6 des Waffengesetzes, den §§ 17 und 18 des Außenwirtschaftsgesetzes, wenn die Tat vorsätzlich begangen wird, oder nach § 19 Abs. 1 bis 3, § 20 Abs. 1 oder 2, jeweils auch in Verbindung mit § 21, oder § 22a Abs. 1 bis 3 des Gesetzes über die Kontrolle von Kriegswaffen oder
4. einer in § 29 Abs. 3 Satz 2 Nr. 1 des Betäubungsmittelgesetzes in Bezug genommenen Vorschrift unter den dort genannten Voraussetzungen oder einer Straftat nach den §§ 29a, 30 Abs. 1 Nr. 1, 2, 4, § 30a oder § 30b des Betäubungsmittelgesetzes

die öffentliche Klage erhoben oder Haftbefehl erlassen worden ist, können mit Beschlag belegt werden. ²Die Beschlagnahme umfaßt auch das Vermögen, das dem Beschuldigten später zufällt. ³Die Beschlagnahme ist spätestens nach Beendigung der Hauptverhandlung des ersten Rechtszuges aufzuheben.

§ 444

II ¹ Die Beschlagnahme wird durch den Richter angeordnet. ² Bei Gefahr im Verzug kann die Staatsanwaltschaft die Beschlagnahme vorläufig anordnen; die vorläufige Anordnung tritt außer Kraft, wenn sie nicht binnen drei Tagen vom Richter bestätigt wird.

III Die Vorschriften der §§ 291 bis 293 gelten entsprechend.

1 **1) Zulässig** ist die Vermögensbeschlagnahme mit dem Erlass eines Haftbefehls (mithin uU schon im vorbereitenden Verfahren) oder mit Erhebung der öffentlichen Klage (§ 170 I). Der Katalog der Straftaten, bei denen die Vermögensbeschlagnahme in Betracht kommt, ist durch das OrgKG beträchtlich erweitert worden (vgl dazu J. Meyer ZRP **90**, 89); eine erneute Ausweitung ist durch das 2. UKG vom 27.6.1994 (BGBl I 1440, 1444) in I Nr 2 erfolgt. Eine Teilvermögensbeschlagnahme ist zulässig.

1a Es bestehen allerdings starke **Bedenken gegen die Verfassungsmäßigkeit** der Vorschrift. Insoweit wird auf die Entscheidung des BVerfG vom 20.3.2002 (BGBl I 1340), durch die § 43a StGB für nichtig erklärt wurde, hingewiesen und deshalb vor einer Anwendung der Vorschrift gewarnt (eingehend SK-Weßlau 3 ff; **am** KMR-Metzger 6). Die Praxis scheint von der Vorschrift auch keinen Gebrauch zu machen (KMR-Metzger 3).

2 **2) Zuständigkeit:** Grundsätzlich ist der Richter, nur bei Gefahr im Verzug die StA zuständig. Die Frist für die richterliche Bestätigung beträgt nach II S 2 nur 3 Tage, wobei entspr § 100e I S 3 auch hier von 3 Werktagen auszugehen ist (erg 1 zu § 100b).

3 **3) Wirkung** (III): Vorgeschrieben ist die Veröffentlichung im BAnz nach § 291, mit der die in § 292 bezeichnete Wirkung eintritt (absolutes Veräußerungsverbot isd § 134 BGB). Da der Beschuldigte nicht abwesend zu sein braucht (anders als im Fall des § 290), wird ihm der Beschlagnahmebeschluss, falls ausführbar und nicht zweckgefährdend (LR-Gössel 5), mit Gründen mitgeteilt (§§ 34, 35); dadurch entsteht dann aber nur ein relatives Veräußerungsverbot nach § 135 BGB.

4 **4) Die einfache Beschwerde** ist gegen die richterliche Anordnung und Ablehnung der Beschlagnahme zulässig (§ 304; §§ 120 III, 135 II GVG).

Vierter Abschnitt. Verfahren bei Festsetzung von Geldbußen gegen juristische Personen und Personenvereinigungen

Verfahren

444 **I** ¹ Ist im Strafverfahren über die Festsetzung einer Geldbuße gegen eine juristische Person oder eine Personenvereinigung zu entscheiden (§ 30 des Gesetzes über Ordnungswidrigkeiten), so ordnet das Gericht deren Beteiligung an dem Verfahren an, soweit es die Tat betrifft. ² § 424 Absatz 3 und 4 gilt entsprechend.

II ¹ Die juristische Person oder die Personenvereinigung wird zur Hauptverhandlung geladen; bleibt ihr Vertreter ohne genügende Entschuldigung aus, so kann ohne sie verhandelt werden. ² Für ihre Verfahrensbeteiligung gelten im übrigen die §§ 426 bis 428, 429 Absatz 2 und 3 Nummer 1, § 430 Absatz 2 und 4, § 431 Absatz 1 bis 3, § 432 Absatz 1 und, soweit nur über ihren Einspruch zu entscheiden ist, § 434 Absatz 2 und 3 sinngemäß.

III ¹ Für das selbständige Verfahren gelten die §§ 435, 436 Absatz 1 und 2 in Verbindung mit § 434 Absatz 2 oder 3 sinngemäß. ² Örtlich zuständig ist auch das Gericht, in dessen Bezirk die juristische Person oder die Personenvereinigung ihren Sitz oder eine Zweigniederlassung hat.

§ 444

1) Die JP oder PV muss in dem Strafverfahren in der Funktion als Nebenbeteiligter das rechtliche Gehör erhalten. Das dabei anzuwendende Verfahren regelt § 444, der insofern die verfahrensrechtliche Ergänzung zu § 30 OWiG ist.

2) Vorverfahren:

A. **Vernehmung:** Im Vorverfahren wird auch geprüft, ob die Voraussetzungen des § 30 OWiG vorliegen (vgl 2 zu § 152; 1 ff zu § 264; 1 zu § 432). Ergeben sich Anhaltspunkte dafür, dass die Festsetzung einer Geldbuße in Betracht kommt, so wird die JP oder PV gehört (II S 2 iVm § 426 I S 1; der Fall der Nichtausführbarkeit scheidet praktisch aus); hinsichtlich des Zeitpunktes kann eine etwaige Gefährdung des Ermittlungserfolges berücksichtigt werden (Wimmer NZWiSt **17**, 252, 253). Die Vernehmung der zur Vertretung berufenen Person spielt sich nach den Regeln der Beschuldigtenvernehmung ab (II S 2 iVm § 426 II).

Da die jP sich in einer einem Beschuldigten vergleichbaren Stellung befindet, sind ihr über II S 2, 426 II auch die **prozessualen Rechte eines Beschuldigten** einzuräumen (Wimmer NZWiSt **17**, 252, 253; str, Nachweise zum Streitstand bei KK/OWiG-Rogall 195 ff, 209 ff zu § 30 OWiG; erg 10c zu § 97, 19 zu § 100a).

B. **Anklage:** Die Anklageschrift oder der Strafbefehlsantrag (vgl § 407 II Nr 1) richtet sich gegen die natürliche Person, die als Täter oder Teilnehmer an der Straftat hinreichend verdächtig ist; sie betrifft aber auch die JP oder PV und macht die Festsetzung einer Geldbuße gegen sie zum Gegenstand des Verfahrens. Daher muss die StA, falls sie die Festsetzung einer Geldbuße anstrebt (unten 5), die JP oder PV als Nebenbeteiligte anführen und bezeichnen, die Anordnung ihrer Beteiligung beantragen (I S 1) und die tatsächliche und rechtliche Grundlage für die angestrebte Maßnahme darlegen (SK-Weßlau 4). Unterlässt sie das, so ist das Gericht nicht von der Verpflichtung enthoben, selbst zu prüfen, ob und von welchem Zeitpunkt an ein Fall vorliegt, in dem über die Frage der Geldbuße zu entscheiden und daher die Beteiligung anzuordnen ist (unten 6 ff; vgl 1, 7 zu § 424).

C. **Verfolgungszwang:** Die Frage der Geldbuße kann aus dem Verfahren nicht nach § 154a ausgeschieden werden, auch nicht nach § 421 (SK-Weßlau 5). Für die StA besteht genügender Anlass (vgl 1 ff zu § 170), die Beteiligten der JP oder PV zu beantragen, nur unter den Voraussetzungen, unter denen das Gericht die Anordnung zu treffen hat, dh wenn die Festsetzung einer Geldbuße zu erwarten ist (unten 7). Dabei berücksichtigt sie, dass § 30 I OWiG nur eine Kann-Vorschrift ist.

3) Die Anordnung der Beteiligung (I) ist erst im Strafverfahren, dh nach Erhebung der öffentlichen Klage, zulässig (vgl 7 zu § 424). Für die Zeitspanne, in der sie getroffen werden kann, gilt § 424 III entspr.

A. Die **Anordnung ist notwendig**, wenn über die Festsetzung der Geldbuße zu entscheiden ist, dh wenn die Voraussetzungen des § 30 I OWiG wahrscheinlich vorliegen (Göhler 2 zu § 88 OWiG) und die Festsetzung einer Geldbuße zu erwarten ist (Karlsruhe VRS **72**, 203; EbSchmidt Nachtr II 7; **aM** Celle NJW **05**, 1816 L = NStZ-RR **05**, 82; LR-Gössel 12: wenn die Festsetzung einer Geldbuße nicht unwahrscheinlich ist). Dieser Erwartungsgrad ist auch für die Beteiligung nach § 424 I (dort 7) und nach § 435 I, III (dort 4) vorausgesetzt.

B. Sind **mehrere Taten** Gegenstand des Verfahrens, so wird die Beteiligung auf diejenigen beschränkt, die dem Organ oder Vorstand usw vorgeworfen werden und die Grundlage für die Festsetzung der Geldbuße sein können. Die Schuldfrage kann von der Beteiligung nicht ausgeschlossen werden (vgl § 438 II), da sie stets Grundlage für die Nebenfolge gegen die JP oder PV ist; denn § 30 OWiG setzt eine rechtswidrige und schuldhafte Straftat des Organs, Vorstands usw voraus (vgl Göhler 2 zu § 88 OWiG).

C. Die **Wirkung** der Beteiligungsanordnung bestimmt sich nach § 427. Da § 424 II nicht entspr anzuwenden ist (I S 2), kann die JP oder PV die Anordnung der Beteiligung nicht dadurch hindern oder überflüssig machen, dass sie erklärt, gegen eine etwaige Geldbuße keine Einwendungen vorbringen zu wollen.

Schmitt 1797

10 **D. Anfechtung** der Entscheidung über die Beteiligung: § 424 IV gilt entspr. Die Anordnung ist daher nicht anfechtbar; gegen die Ablehnung ist sofortige Beschwerde zulässig, jedoch nur für die StA, da die JP oder PV durch sie nicht beschwert ist.

11 **4) Vertretung:** Die JP oder PV wird durch ihr Vertretungsorgan vertreten (zur Vertretung, wenn einer von mehreren Geschäftsführern Angeklagter im Strafverfahren ist, BGH 1 StR 185/16 vom 7.12.2016). Das ändert nichts daran, dass sie selbst in der Anklageschrift, im Urteil oder im Strafbefehl als Nebenbeteiligte bezeichnet wird. Der Vertreter wird nach § 426 gehört; er übt die Befugnisse nach § 427 I aus, gegen ihn richtet sich die Anordnung nach § 427. Er vertritt die JP oder PV auch in der Hauptverhandlung.

12 Die JP oder PV kann aber auch einen **Vertreter für das Strafverfahren** nach § 428 I wählen; in solcher kann ihr sogar nach § 428 II auf Antrag oder von Amts wegen bestellt werden. Ist ein solcher Prozessbevollmächtigter gewählt oder bestellt, so gilt § 145a entspr. § 146, der durch die Bezugnahme auf § 428 I S 2 ebenfalls entspr gilt, hat nur Bedeutung, wenn mehrere JPen oder PVen auf Grund der Tat des Angeschuldigten in Anspruch genommen werden. In diesem Fall darf der Verteidiger nicht zugleich Vertreter einer der beteiligten JPen oder PVen sein. Auch darf nicht ein RA zugleich die mehreren JPen oder PVen vertreten, außer wenn sie vermögensmäßig trotz organisatorischer Trennung eine Einheit bilden. Dagegen ist die gemeinschaftliche Verteidigung eines persönlich Betroffenen (zB Vorstandsmitglied) und der dazugehörigen nebenbetroffenen JP oder PV zulässig (BVerfGE **45**, 272, 288 für das Bußgeldverfahren).

13 **5) Hauptverhandlung:** Die JP oder PV erhält nicht nur eine Terminsnachricht, sondern wird geladen (II S 1). Dabei ist § 217 entspr anzuwenden (II S 2 iVm § 427 I S 1). Die Anklageschrift wird beigefügt; weicht der Eröffnungsbeschluss von ihr ab und wird dadurch die Tat betroffen, die Grundlage für die angestrebte Geldbuße ist, so wird insoweit auch der Eröffnungsbeschluss mitgeteilt (II S 2 iVm § 429 II). Etwaige Ladungsmängel sind revisionsrechtlich nur beachtlich, wenn sie sich zu Lasten der Nebenbeteiligten ausgewirkt haben (BGH 1 StR 185/16 vom 7.12.2016; erg 7–8a zu § 36, 8 zu § 216).

14 Es kann aber auch **ohne einen Vertreter der** JP **oder PV** verhandelt werden, wenn dieser ohne genügende Entschuldigung ausbleibt (II S 1 Hs 2). Nur wenn die vorgebrachten oder sonst bekanntgewordenen Umstände nicht als Entschuldigung genügen, kann ohne die JP oder PV verhandelt werden. Da § 430 I nicht für entspr anwendbar erklärt ist, gilt auch der Ausschluss des § 235 nicht. Da die JP oder PV die Befugnis eines Angeklagten hat (II S 2 iVm § 427 I S 1), kann sie auch die Wiedereinsetzung nach § 235 beantragen.

15 **6)** Im **Urteilstenor** wird bei Festsetzung einer Geldbuße die JP oder PV mit Namen und Anschrift, möglichst auch mit Bezeichnung des vertretungsberechtigten Organs und eines etwaigen Prozessbevollmächtigten (§ 428) als Nebenbeteiligte bezeichnet, damit der Urteilssatz zu einer geeigneten Grundlage für die Urteilsanfechtung und bei Rechtskraft zur Vollstreckung (§ 449; §§ 89, 91 OWiG) wird. War die JP oder PV bei der Verkündung des Urteils weder durch das vertretungsberechtigte Organ noch durch seine Prozessbevollmächtigten (§§ 428, 234, 411 II S 1) vertreten, so ist es nach § 430 IV zuzustellen.

16 **7) Rechtsbehelfe:**

17 A. **Gegen den Strafbefehl** (vgl 1; II iVm § 432 I) kann die JP oder PV hinsichtlich der Festsetzung der Geldbuße Einspruch einlegen. Ist nur über diesen Einspruch zu entscheiden, so wendet das AG das Beschlussverfahren an (II iVm § 434 II). Nur unter den Voraussetzungen des § 434 III entscheidet es auf Grund einer mündlichen Verhandlung durch Urteil, dessen Anfechtung durch § 434 III S 2 eingeschränkt ist.

B. Das **Urteil**, das die Geldbuße festsetzt, ist nach Maßgabe des entspr anwend- 18
baren § 431 I–III anfechtbar. Im Rechtsmittelverfahren erstreckt sich die Prüfung,
ob die Geldbuße gegen die JP oder PV gerechtfertigt ist, auf den Schuldspruch des
angefochtenen Urteils nur, wenn die Voraussetzungen des § 431 I S 1 erfüllt sind
(LR-Gössel 33). Die Feststellungen zum Schuldspruch bleiben trotz der Einwendungen bestehen, wenn ihre erneute Prüfung nicht erforderlich erscheint (2 zu
§ 431). Die weitergehende Prüfung des Schuldausspruchs auf Rechtsmittel eines
anderen Beteiligten bleibt unberührt.

8) Auch **im selbstständigen Verfahren (III)** kann die Geldbuße festgesetzt 19
werden. III S 2 stellt für diesen Fall einen weiteren Gerichtsstand zur Verfügung
(wie § 436 I S 2 für den Fall der Einziehung im objektiven Verfahren). § 431 IV ist
bei Anfechtung der Höhe der Geldbuße nicht entspr anzuwenden.

Über die Möglichkeit der **FinB**, den Antrag auf Festsetzung einer Geldbuße im 20
selbstständigen Verfahren zu stellen, sowie ihre Rechtsstellung in diesem Verfahren
vgl §§ 401, 406 II **AO** (vgl auch 5 zu § 435).

9) Die **Vollstreckung** einer im Strafverfahren festgesetzten Geldbuße gegen 21
eine JP oder PV richtet sich nach den Vorschriften des OWiG (§§ 89, 91 ff, 99), da
es sich um eine Bußgeldentscheidung handelt.

10) **Kosten** bei Beteiligung der JP oder PV: Vgl § 472b. 22

445–448 (weggefallen)

Siebentes Buch. Strafvollstreckung und Kosten des Verfahrens

Erster Abschnitt. Strafvollstreckung

Vorbemerkungen

1   **1) Zur Strafvollstreckung** gehören alle Maßnahmen und Anordnungen, die auf Verwirklichung, aber auch auf Abänderung (vgl § 459a) und befristete (vgl §§ 455, 455a, 456, 456c) oder endgültige Aufhebung (vgl §§ 456a, 459d, 459f) einer von einem Strafgericht erlassenen Entscheidung gerichtet sind (erg Einl 65 ff). Die Strafvollstreckung ist als Aufgabe der Gerichtsverwaltung iS des § 4 II Nr 1 DRiG Teil der Rechtspflege. Vollstreckungsbehörde ist die StA (§ 451 I).

2   **Rechtsgrundlagen** der Strafvollstreckung sind außer den §§ 449 ff die StVollstrO, eine Verwaltungsanordnung, die die Gerichte nicht bindet (BVerfGE **29**, 312, 315 = NJW **70**, 2287; LR-Graalmann-Scheerer 19), bei Geldstrafen auch das JBeitrG und die EBAO (1 zu § 459). Bei Freiheitsstrafen gehört iwS zur Strafvollstreckung der Strafvollzug, dessen Einzelheiten in den StVollzGn der Länder geregelt sind.

3   Für **Jugendliche** und nach Jugendstrafrecht verurteilte Heranwachsende regeln die §§ 82 ff **JGG** die Strafvollstreckung. Die Vorschriften der StVollstrO gelten aber insoweit, als das JGG, die RiJGG, die BwVollzO und das OWiG nichts anderes bestimmten (§ 1 III StVollstrO).

4   Gegen **Soldaten** werden auf Ersuchen der VollstrB (§ 451 I) Freiheitsstrafen von nicht mehr als 6 Monaten sowie Jugendarrest von den Behörden der Bundeswehr vollstreckt (Art 5 II EGWStG). Für die Vollstreckung gelten die §§ 22, 24, 27, 28, 30, 33, 37, 39, 40, 45, 46, 47, 87 und 88 StVollstrO.

5   **2) Nur Kriminalstrafen und strafrechtliche Maßnahmen** der ordentlichen Gerichte werden nach den §§ 449 ff, ergänzt durch §§ 82 ff JGG, vollstreckt. Für Disziplinarmaßnahmen gelten diese Vorschriften nur, soweit in den Disziplinargesetzen auf sie verwiesen wird. Für Ordnungs- und Zwangsmittel gilt § 88 StVollstrO (vgl Isak/Wagner 520 ff); für Ordnungsmittel nach § 178 GVG gilt § 179 GVG.

6   **3) Notwendig ist die Strafvollstreckung** ieS nur, wenn die Wirkung strafrechtlicher Sanktionen sich nicht schon unmittelbar aus der Rechtskraft der Entscheidung ergibt. Das ist zB der Fall beim Fahrverbot (§ 44 II StGB), beim Verlust der Amtsfähigkeit, der Wählbarkeit und des Stimmrechts (§ 45 iVm § 45a I StGB), der Entziehung der Fahrerlaubnis (§ 69 III S 1 StGB), dem Berufsverbot (§ 70 IV S 1 StGB) und der Einziehung (§ 75 I StGB). In diesen Fällen besteht die Strafvollstreckung nur in den zusätzlich erforderlichen Maßnahmen zur Verwirklichung (vgl § 462b) oder zur erlaubten oder vorgeschriebenen Abänderung (vgl § 456c), bzw zeitlich begrenzter Wirkung auch zum Zweck ihrer Beendigung (vgl § 55 I S 1 StVollstrO: Berufsverbot).

7   **4) Um die Vollstreckung deutscher Urteile im Ausland** wegen einer gegen einen Ausländer verhängten Strafe kann nach § 71 I IRG der ausländische Staat ersucht werden, wenn der Verurteilte in diesem seinen Wohnsitz oder gewöhnlichen Aufenthalt hat oder sich dort aufhält und nicht ausgeliefert wird und wenn die Vollstreckung in dem ersuchten Staat im Interesse des Verurteilten oder im öffentlichen Interesse liegt. Nach § 71 II IRG kann ein ausländischer Staat unter im Wesentlichen gleichen Voraussetzungen um die Vollstreckung eines deutschen Urteils gegen einen Deutschen ersucht werden, sofern der Verurteilte dadurch keine außerhalb des Strafzwecks liegenden Nachteile erleidet. Soweit es um eine nicht freiheitsentziehende Strafe oder Sanktion geht, muss ein Ersuchen nur im öffentlichen Interesse liegen. In allen Fällen muss gewährleistet sein, dass der er-

suchte Staat eine Rücknahme oder Beschränkung des Ersuchens beachten wird (§ 71 III IRG). Nach dem Ges zur Änderung des Überstellungsausführungsgesetzes und des Gesetzes über die internationale Rechtshilfe in Strafsachen vom 17.12.2006 (BGBl I 3175), mit dem ein Zusatzprotokoll zum Übk des Europarats über die Überstellung verurteilter Personen umgesetzt wurde, können verurteilte Straftäter aber auch ohne ihre Zustimmung zur Verbüßung der Strafe in ihr Heimatland überstellt werden, wenn sie sich der Vollstreckung durch Flucht dorthin entzogen haben oder gegen sie eine bestandskräftige Ausweisungsverfügung vorliegt.

Die **Vollstreckung ausländischer Urteile im Inland** regeln grundsätzlich die 8 §§ 48ff IRG. Vorrangig (vgl § 1 III IRG) ist jedoch in dem vertraglich geregelten Bereich der Vollstreckung freiheitsentziehender Sanktionen das ÜberstellungsÜbk mit dem Überstellungsausführungsgesetz (ÜAG, vgl Einl 215c); letzteres verdrängt § 71 II, IV IRG (vgl SLGH vor Hauptteil II C). Nach Anh 3 EU-AuslÜbk vom 23.10.1996 verpflichten sich die Mitgliedstaaten das ÜberstellungsÜbk auf die Staatsangehörigen der einzelnen Mitgliedstaaten iSd Art 3 IV anzuwenden. Ob über einen Überstellungswunsch des Verurteilten ermessensfehlerfrei entschieden wurde, wird durch das OLG nach § 23 EGGVG überprüft. Art 67ff SDÜ (Einl 216) ergänzen zwischen dessen Partnerstaaten das ÜberstellungsÜbk, indem sie für die Übertragung der Vollstreckung von Strafurteilen von dem Zustimmungserfordernis absehen, wenn der Betroffene sich durch Flucht in sein eigenes Land der Strafverbüßung entzogen hat. Dem Übk vom 13.11.1991 zwischen den Mitgliedstaaten der EG über die Vollstreckung ausländischer strafrechtlicher Verurteilungen hat die BRD mit Ges vom 7.7.1997 (BGBl II 1350) zugestimmt; es ist noch nicht in Kraft getreten, wird aber von der BRD und den Niederlanden bereits vorzeitig angewendet (BGBl 1998 II 896) Hiernach ist die Übertragung der Vollstreckung von Freiheits- und Geldstrafen und Geldbußen ohne Zustimmung des Verurteilten schon dann möglich, wenn sich dieser im (zukünftigen) Vollstreckungsstaat befindet oder dort seinen gewöhnlichen Aufenthalt hat; auch eine ersatzweise Inhaftierung bei Uneinbringlichkeit der Geldstrafe oder Geldbuße ist möglich. Zur Umsetzung des Rahmenbeschlusses 2005/214/JI über die Anwendung des Grundsatzes der gegenseitigen Anerkennung von Geldstrafen und Geldbußen ist mit Ges vom 18.10.2010 (BGBl I 1408) in §§ 87ff im IRG ein eigener Teil geschaffen worden, der nach § 86 IRG dem 4. Teil des IRG über die Vollstreckung ausländischer Erkenntnisse und den in § 1 III IRG genannten völkerrechtlichen Vereinbarungen vorgeht (dazu Hackner/Trautmann DAR **10**, 71; Karitzky/Wanneck NJW **10**, 3393; Trautmann NZV **11**, 57).

5) Rechtsbehelfe im Vollstreckungsverfahren: Hat der Rechtspfleger für 9 die VollstrB entschieden (2 zu § 451), so entscheidet über Einwendungen das Gericht, wenn über die Rechtmäßigkeit von Maßnahmen der VollstrB nach §§ 458, 459h und 461 II zu befinden ist (§ 31 VI S 1 **RPflG**). Soweit das Gericht nicht zuständig ist, entscheidet über Einwendungen gegen Entscheidungen oder andere Anordnungen der VollstrB oder der StA übergeordnete Behörde (§ 21 I StVollstrO), idR der GStA beim OLG. Nach Durchführung dieses Beschwerdeverfahrens kann der Antrag auf gerichtliche Entscheidung nach §§ 23 EGGVG gestellt werden (vgl 5 zu § 24 EGGVG). Für eine Untätigkeitsbeschwerde ist nach Inkrafttreten der §§ 198ff GVG auch in Strafvollstreckungssachen kein Raum mehr (Frankfurt NStZ-RR **13**, 264).

Zur Beiordnung eines **Pflichtverteidigers** für das Vollstreckungsverfahren vgl 10 33ff zu § 140 sowie § 463 III S 5, IV S 5.

6) Entscheidungen eines Strafgerichts der ehemaligen DDR: Die Voll- 11 streckung ist nach Art 18 I EV grundsätzlich zulässig; jedoch enthält Anl I Kap III Sachgebiet A Abschn III Nr 14 EV Einschränkungen (LR-Graalmann-Scheerer 54ff; vgl auch Kemper/Lehner NJW **91**, 330. Zur Unzulässigkeit der Strafvollstreckung, wenn der Verurteilte unter Entlassung aus der DDR-Staatsbürgerschaft in die BRep Deutschland abgeschoben worden war, vgl Düsseldorf JR **92**, 381 mit

Anm Fezer; erg 9 vor § 359, zur Nachverbüßung schon amnestierter Strafen vgl Dresden OLG-NL **94**, 72.

Vollstreckbarkeit

449 Strafurteile sind nicht vollstreckbar, bevor sie rechtskräftig geworden sind.

1 **1) Strafurteile** iS der Vorschrift sind nicht nur Urteile ieS, sondern auch alle vollstreckungsfähigen gerichtlichen Entscheidungen, die an die Stelle von Urteilen treten, wie Strafbefehle, Gesamtstrafenbeschlüsse nach § 460, urteilsvertretende Beschlüsse, die Nebenfolgen zum Gegenstand haben (§§ 437 IV, 438 II, 441 II, 442, 444 II, III), sowie Entscheidungen, die die Vollstreckbarkeit von Urteilen herstellen oder wiederherstellen, wie der Beschluss nach § 59b StGB und die Widerrufsbeschlüsse nach §§ 56f, 56g II, 57 III, 67g I–III StGB und nach § 459a (dort 5).

2 **2) Vollstreckungspflicht:** Weder in § 449 noch an anderer Stelle bestimmt das Gesetz, dass Strafurteile vollstreckt werden müssen, wenn sie rechtskräftig sind und einen der Vollstreckung zugänglichen und bedürftigen Inhalt haben. Dem Gesetzgeber erschien die Vollstreckungspflicht so selbstverständlich, dass er einen besonderen Ausspruch darüber für überflüssig hielt (vgl LR-GraalmannScheerer 6). Aus § 456 ergibt sich aber, dass die Vollstreckung unverzüglich nach Eintritt der Rechtskraft einzuleiten ist (Roxin § 56 B II; vgl auch §§ 2, 3 StVollstrO).

3 Im **Ermessen der VollstrB** steht die Vollstreckung nur in den Fällen der §§ 455 III, 456, 456a, 456c II, 459a.

4 **3) Vollstreckungshindernisse** (dazu KK-Appl 22; Isak/Wagner 658 ff) machen die Vollstreckung unzulässig. Dazu gehören außer dem Mangel der Rechtskraft (unten 5 ff) der Strafaussetzung nach den §§ 56, 57, 57a StGB bis zur Rechtskraft des Widerrufsbeschlusses (16 zu § 453), die Vollstreckungsverjährung nach §§ 79 ff StGB, die Einzelbegnadigung oder Amnestie, bei Freiheitsstrafe und freiheitsentziehenden Sicherungsmaßregeln auch die Vollzugsuntauglichkeit des Verurteilten (§ 455). Die Immunität der Abgeordneten schließt die Vollstreckung von Freiheitsstrafen und freiheitsentziehenden Sicherungsmaßregeln ohne Genehmigung des Parlaments aus (vgl Art 46 III GG; RiStBV 192 IV).

5 **4) Erst nach Eintritt der formellen Rechtskraft** (dazu Einl 164 ff) ist das Strafurteil vollstreckbar. Sie muss als absolute Rechtskraft (zur relativen Rechtskraft vgl 4 ff zu § 450) gegenüber allen Prozessbeteiligten (StA, Privatkläger, Nebenkläger) eingetreten sein, nicht nur gegenüber dem Angeklagten (Isak/Wagner 48). Wegen der Mitangeklagten vgl unten 10.

6 Die **vorläufige Vollstreckbarkeit** von Strafurteilen sieht das Gesetz nicht vor (vgl aber 15 zu § 346). § 406 III bildet keine Ausnahme, weil es hier um bürgerlich-rechtliche Ersatzansprüche geht. Auch im Fall des § 56 **JGG** handelt es sich im Grundsatz um die endgültige Vollstreckung auf Grund eines rechtskräftigen Urteils (Bringewat StVollstr 4; vgl aber auch LR-Graalmann-Scheerer 2 ff; Eisenberg 4 ff zu § 56 JGG).

7 **Rechtskraft tritt ein,** wenn ein Rechtsmittel gegen das Strafurteil (oben 1) nicht statthaft oder nicht rechtzeitig eingelegt ist, ferner bei allseitigem Verzicht auf Rechtsmittel (Karlsruhe NStZ **97**, 301; München NJW **68**, 1001) oder bei Zurücknahme eines bereits eingelegten Rechtsmittels (§ 302, 303). Unanfechtbare Entscheidungen, zB die Sachentscheidung des Revisionsgerichts nach § 354 I, werden mit ihrem Erlass rechtskräftig (LR-Graalmann-Scheerer 11), andere spätestens mit fruchtlosem Ablauf der Rechtsmittelfrist. Das gilt auch für den Fall verspäteter Anfechtung (1 zu § 316). Führt nach rechtzeitiger Anfechtung ein Beschluss die Rechtskraft des Urteils unmittelbar herbei, so gilt für den Eintritt der Rechtskraft § 34a. Zur Frage des Eintritts und der Hemmung der Rechtskraft bei Verwer-

Strafvollstreckung § 450

fung eines rechtzeitig eingelegten Rechtsmittels als unzulässig nach §§ 319 I, 346 I vgl 5, 15 zu § 346.

5) Teilrechtskraft des Urteils: 8

A. **Vertikale Teilrechtskraft:** 9
Ist das Urteil nur gegen einen von **mehreren Angeklagten** rechtskräftig, so 10 darf die Strafe gegen diesen Angeklagten vollstreckt werden. Die Möglichkeit der Urteilsaufhebung nach § 357 bleibt grundsätzlich außer Betracht. Nur wenn die Aufhebung zu erwarten ist, kann die Vollstreckung aufgeschoben oder unterbrochen werden (vgl § 19 S 2 StVollstrO).

Ist nur **eine von mehreren Einzelstrafen** gegen einen Angeklagten rechts- 11 kräftig (Einl 185), so ist die Vollstreckung wegen dieser Einzelstrafen nach zutr und nunmehr ganz hM zulässig (Hamm NStZ 09, 655 mwN; NStZ-RR 12, 221 L; erg 8 zu § 450). Dem Angeklagten darf aber durch die Teilvollstreckung kein Nachteil entstehen. Die Vollstreckung darf daher nur bis zur Höhe der geringstzulässigen späteren Gesamtstrafe durchgeführt werden (Hamm aaO); sie entfällt, wenn die Möglichkeit besteht, dass bei Wegfall der angefochtenen Einzelstrafen die Strafe nach § 56 StGB zur Bewährung ausgesetzt wird (Grünwald 354). Die Teilvollstreckung, die im Ermessen der VollstrB steht, darf nur angeordnet werden, wenn dafür ein echtes und unabweisbares Bedürfnis besteht (Isak/Wagner 51), insbesondere, wenn sich die Anfechtung nur auf eine im Verhältnis zu den anderen geringfügige Einzelstrafe bezieht (vgl LR-Graalmann-Scheerer 30; weitergehend Bringewat StVollstr 26: idR nur zulässig, wenn die rechtskräftige Einzelstrafe mindestens 2 Jahre beträgt).

B. Ist bei **horizontaler Teilrechtskraft** (Einl 185) das Urteil im Rechtsfolgen- 12 ausspruch nur wegen einer der verhängten Strafen (Geldstrafe, Freiheitsstrafe) angefochten oder die Rechtsfolgenentscheidung im Wesentlichen rechtskräftig und nur eine Nebenentscheidung (Einbeziehung uä) angefochten und ist in diesen Fällen die selbständige Anfechtung nach §§ 318, 344 I zweifelsfrei zulässig, so kann die rechtskräftig gewordene Strafe vollstreckt werden (KK-Appl 14; LR-Graalmann-Scheerer 23 ff; **aM** Schlüchter 598; vgl auch Bay **64**, 23).

C. Zur Ausstellung der **Vollstreckbarkeitsbescheinigung** bei Teilvollstreckung 13 vgl 14 zu § 451.

Anrechnung von Untersuchungshaft und Führerscheinentziehung

450 I Auf die zu vollstreckende Freiheitsstrafe ist unverkürzt die Untersuchungshaft anzurechnen, die der Angeklagte erlitten hat, seit er auf Einlegung eines Rechtsmittels verzichtet oder das eingelegte Rechtsmittel zurückgenommen hat oder seitdem die Einlegungsfrist abgelaufen ist, ohne daß er eine Erklärung abgegeben hat.

II Hat nach dem Urteil eine Verwahrung, Sicherstellung oder Beschlagnahme des Führerscheins auf Grund des § 111a Abs. 5 Satz 2 fortgedauert, so ist diese Zeit unverkürzt auf das Fahrverbot (§ 44 des Strafgesetzbuches) anzurechnen.

1) Anrechnung von UHaft (I): 1

A. **UHaft** iS von I ist jede Freiheitsentziehung, die nach § 51 I S 1 StGB auf 2 die Strafe angerechnet wird (dazu Fischer 5 zu § 51 StGB; vgl hierzu § 39 III StVollstrO). Die UHaft endet mit der Rechtskraft des Urteils (15 zu § 120). Keine UHaft ist die Zeit unzulässiger Strafvollstreckung bei vorzeitiger Überführung des Angeklagten in die Strafanstalt wegen eines Irrtums über den Zeitpunkt der Rechtskraft (KG JR **64**, 310), auch nicht die Zeit der (nicht mehr rückgängig zu machenden) Strafverbüßung bei nachträglicher Wiedereinsetzung gegen die Versäumung der Rechtsmittelfrist (BGH **18**, 34; Celle NdsRpfl **65**, 186; vgl auch Hamm NJW **56**, 274).

§ 450 Siebentes Buch. 1. Abschnitt

3 B. **Anwendungsbereich der Vorschrift:** Die UHaft wird nach § 51 I S 1 StGB kraft Gesetzes, ohne dass es eines besonderen Urteilsausspruchs bedarf, auf die Strafe angerechnet (BGH **24**, 29; **27**, 287, 288), sofern das Gericht nicht nach § 51 I S 2 StGB anordnet, dass die Anrechnung ganz oder teilw unterbleibt. Im Schrifttum wird die Ansicht vertreten, durch diese (erst seit 1969 bestehende) Regelung habe I seine Bedeutung verloren; denn die Anrechnung kraft Gesetzes erfasse die gesamte UHaft bis zur Rechtskraft des Urteils, und die Versagung der Anrechnung reiche nicht über das sie anordnende Urteil hinaus (SK-Horn 7 zu § 51 StGB; Baumgärtner MDR **70**, 190; Dencker MDR **71**, 627). Nach anderer Ansicht beschränkt nicht § 51 I StGB den Anwendungsbereich des I, sondern verdrängt umgekehrt diese Vorschrift als Sondervorschrift den § 51 I StGB insoweit, als er nur bis zu dem Zeitpunkt gilt, von dem ab die UHaft nach I zwingend anzurechnen ist (Celle NJW **70**, 768; Dreher MDR **70**, 965; vgl auch Frankfurt NJW **70**, 1140). Beide Auffassungen erscheinen unrichtig. Nach zutreffender Ansicht, der § 39 II S 1 StVollstrO Rechnung getragen hat, erstreckt sich zwar die Anrechnung des § 51 StGB vorbehaltlich einer abweichenden gerichtlichen Entscheidung auf die UHaft, die der Verurteilte bis zu dem Tag erlitten hat, an dem die Entscheidung rechtskräftig geworden ist. Insoweit hat I keine Bedeutung mehr (Stuttgart MDR **70**, 522). Sein Anwendungsbereich beschränkt sich nunmehr auf die Nichtanrechnungsanordnung nach § 51 I S 2 StGB (LG Nürnberg-Fürth Rpfleger **70**, 67 mit abl Anm Pohlmann; Bringewat StVollstr 4; Pohlmann/Jabel/ Wolf 2 zu § 39 StVollstrO). Sie wirkt ebenfalls bis zum Eintritt der Urteilsrechtskraft. Für die Zeit nach Eintritt der relativen Rechtskraft (unten 4 ff) wird ihr aber die Wirkung entzogen; zugleich verliert das Rechtsmittelgericht die Befugnis, die Nichtanrechnung der UHaft anzuordnen (Sch/Sch-Stree 2 zu § 51 StGB).

4 C. **Relative Rechtskraft** tritt ein, wenn das Urteil zwar noch nicht rechtskräftig, aber jedenfalls für den Angeklagten unanfechtbar geworden ist. Dem Angeklagten, der sich mit seiner Verurteilung abfindet, soll kein Nachteil daraus erwachsen, dass ein anderer Prozessbeteiligter die Rechtsmittelfrist ohne Verzichtserklärung verstreichen lässt oder das Verfahren allein weiterbetreibt (Frankfurt NJW **70**, 1140).

5 Die relative Rechtskraft, von deren Eintritt I den Ausschluss des § 51 I S 2 StGB abhängig macht, wird **herbeigeführt** durch den Rechtsmittelverzicht des Angeklagten (dazu 13 ff zu § 302), durch die Zurücknahme eines bereits eingelegten Rechtsmittels (dazu 1 ff zu § 302) oder durch den Ablauf der Einlegungsfrist, ohne dass der Angeklagte eine Rechtsmittelerklärung abgegeben hat. Der Rechtsmittelverzicht zählt nur von dem Zeitpunkt ab, in dem er erklärt wird; dass dem Angeklagten die Erklärung vorher nicht möglich war, spielt keine Rolle (Düsseldorf Rpfleger **66**, 254: Nichterreichbarkeit des UrkB). Um ein Verstreichenlassen der Anfechtungsfrist handelt es sich auch, wenn das Rechtsmittel verspätet (§§ 316 I, 343 I) eingelegt worden ist.

6 **Wie ein Rechtsmittel des Angeklagten** zählt für die Anwendung von I das des Verteidigers (§ 297), nicht aber das von der StA zu seinen Gunsten eingelegte Rechtsmittel (§ 296 II). Hat nur der gesetzliche Vertreter (§ 298) oder der Erziehungsberechtigte (§ 67 III **JGG**) das Urteil angefochten, so kommt I dem Angeklagten zugute (KMR-Paulus/Stöckel 9; Pohlmann Rpfleger **63**, 368). Übernimmt er nach Eintritt der Volljährigkeit das Rechtsmittel (6 zu § 298), so entfällt die Anwendung von I mit dem Tag der wirksamen Übernahme (LG Bamberg NJW **67**, 68 mit zust Anm Kaiser). Der Einspruch gegen einen Strafbefehl (§ 410) steht iS von I einem Rechtsmittel gleich.

7 Die relative Rechtskraft **entfällt,** wenn das Urteil auf das Rechtsmittel eines anderen Prozessbeteiligten aufgehoben und die Sache zurückverwiesen wird; der Angeklagte kann sie nach Erlass des neuen Urteils aber wiederherstellen. Wird das Urteil nur im Strafausspruch abgeändert, verbleibt es bei der Anrechnung nach I.

8 D. **Relative Teilrechtskraft:** Verzichtet der Angeklagte nur hinsichtlich einer in einer Gesamtstrafe enthaltenen Einzelstrafe auf Rechtsmittel oder nimmt er das

Rechtsmittel nur in diesem Umfang zurück, so gilt I bei der Vollstreckung der Einzelstrafe (11 zu § 449) ebenfalls (BGH NJW **55**, 1488 L; MDR **54**, 115 [D]). Entsprechendes gilt, wenn nur eine Einzelstrafe durch revisionsgerichtliche Entscheidung rechtskräftig wird (Braunschweig NJW **63**, 2239; Pohlmann/Jabel/Wolf 19 zu § 39 StVollstrO). Angerechnet wird die UHaft bei solcher Teilvollstreckung bis zur vollen Höhe der zu vollstreckenden Einzelstrafe (BGH MDR **56**, 528 [D]; Bringewat StVollstr 14; Pohlmann/Jabel/Wolf aaO; **aM** Bay Rpfleger **52**, 491; LR-Graalmann-Scheerer 14: anteilige Anrechnung).

E. Die **Strafzeitberechnung** erfolgt in der Weise, dass die UHaft vom errechneten Ende der Strafzeit nach vollen Tagen rückwärts abgerechnet wird (§ 39 IV S 1 StVollstrO; vgl dazu Gocke Rpfleger **95**, 489 gegen Saarbrücken NStZ **94**, 408). Der Tag des Eintritts der relativen Rechtskraft wird nach § 39 II S 2 StVollstrO nur angerechnet, wenn er nicht nach § 37 II StVollstrO bereits unverkürzt als Strafzeit zählt (vgl im einzelnen LR-Graalmann-Scheerer 7).

2) Ist ein **Fahrverbot (II)** noch nicht rechtskräftig, so gibt § 111a V S 2 die **10** Möglichkeit, die Rückgabe des bereits im amtlichen Gewahrsam befindlichen Führerscheins aufzuschieben, wenn der Beschuldigte nicht widerspricht. Die Zeit nach der Verkündung des Urteils wird dann unverkürzt auf das Fahrverbot angerechnet.

Anrechnung einer im Ausland erlittenen Freiheitsentziehung

450a I ¹ Auf die zu vollstreckende Freiheitsstrafe ist auch die im Ausland erlittene Freiheitsentziehung anzurechnen, die der Verurteilte in einem Auslieferungsverfahren zum Zwecke der Strafvollstreckung erlitten hat. ² Dies gilt auch dann, wenn der Verurteilte zugleich zum Zwecke der Strafverfolgung ausgeliefert worden ist.

II Bei Auslieferung zum Zwecke der Vollstreckung mehrerer Strafen ist die im Ausland erlittene Freiheitsentziehung auf die höchste Strafe, bei Strafen gleicher Höhe auf die Strafe anzurechnen, die nach der Einlieferung des Verurteilten zuerst vollstreckt wird.

III ¹ Das Gericht kann auf Antrag der Staatsanwaltschaft anordnen, daß die Anrechnung ganz oder zum Teil unterbleibt, wenn sie im Hinblick auf das Verhalten des Verurteilten nach dem Erlaß des Urteils, in dem die dort zugrunde liegenden tatsächlichen Feststellungen letztmalig geprüft werden konnten, nicht gerechtfertigt ist. ² Trifft das Gericht eine solche Anordnung, so wird die im Ausland erlittene Freiheitsentziehung, soweit ihre Dauer die Strafe nicht überschreitet, auch in einem anderen Verfahren auf die Strafe nicht angerechnet.

1) **Anrechnung von Auslandshaft (I)**: Freiheitsentziehung im Ausland auf **1** Grund eines deutschen Auslieferungsersuchens zum Zweck der Strafverfolgung wird nach § 51 I, III S 2 StGB auf die Strafe angerechnet. Diese Regelung ergänzt § 450a (vgl BVerfGE **29**, 312) für den Fall der Auslandshaft auf Grund eines deutschen Auslieferungsersuchens zum Zweck der Strafvollstreckung (Schleswig SchlHA **90**, 127 [L/G]).

Angerechnet wird nur die **Haft in einem Auslieferungsverfahren.** Der Begriff **2** ist aber weit auszulegen; darunter fällt jede Freiheitsentziehung zu dem Zweck, den Verurteilten der deutschen Strafvollstreckung zuzuführen (LR-Graalmann-Scheerer 6). Dass die Auslieferung zur Auslieferung nicht kommt, sondern der Verurteilte freiwillig in die BRep zurückkehrt, spielt keine Rolle (KK-Appl 6). Auf die im Ausland nach Urteilsrechtskraft erlittene Abschiebungshaft bezieht sich § 450a nicht; sie wird daher nicht angerechnet (Koblenz GA **81**, 575; Bringewat StVollstr 6; vgl für inländische Abschiebungshaft Frankfurt NJW **80**, 537).

Die Anrechnung nach I gehört zur **Strafzeitberechnung** (Düsseldorf MDR **3** **89**, 90) und ist daher nicht Sache der VollstrB (§ 451 I). Sie hat nach dem entspr anwendbaren § 51 IV S 2 StGB (Frankfurt StV **88**, 20; Karlsruhe Justiz **83**, 467; Koblenz GA **89**, 310; Stuttgart MDR **86**, 779; Zweibrücken OLGSt S 1) auch den Umrechnungsmaßstab zu bestimmen (Düsseldorf wistra **91**, 320; JMBlNW **94**, 118; Stuttgart aaO; **aM** Karlsruhe aaO; Zweibrücken aaO). Bei Zweifeln entscheidet das Gericht nach § 458 I (LG Bochum StV **93**, 33). Die Strafzeit wird vom Zeitpunkt der Übernahme des Verurteilten durch deutsche Beamte an berechnet (§ 38 Nr 2 StVollstrO).

4 Ist im **Fall des S 2** eine Trennung der ausländischen Freiheitsentziehung zum Zweck der Vollstreckungsauslieferung von der zum Zweck der Verfolgungsauslieferung nicht möglich, so hat die Anrechnung auf die zur Vollstreckung anstehende Strafe den Vorrang; nur der dadurch nicht verbrauchte Teil kann auf die Strafe wegen der Tat angerechnet werden, auf die sich die zum Zweck der Strafverfolgung angeordnete Auslieferungshaft bezogen hat (BGH NStZ **85**, 497).

5 2) **Anrechnung bei mehreren Strafen (II):** Die Auslandshaft ist auf die höchste erkannte Strafe (nicht auf den höchsten Strafrest), bei gleich hohen Strafen auf die Strafe anzurechnen, die nach der Einlieferung des Verurteilten zuerst vollstreckt wird. Wenn die Auslandshaft durch die Anrechnung auf die höchste Strafe nicht verbraucht ist, muss der überstehende Teil auf die nächsthöhere Strafe angerechnet werden (KK-Appl 9).

6 3) **Nichtanrechnung (III):** Die Ausnahme bedarf wie im Fall des § 51 I S 2 StGB der ausdrücklichen gerichtlichen Anordnung (zuständig ist nach § 462a I die StVollstrK), die nur auf einen von der StA als Strafverfolgungsbehörde (Katholnigg NStZ **82**, 195) gestellten Antrag ergehen darf. Nur gewichtige Gründe, die nach Erlass des letzten tatrichterlichen Urteils eingetreten sind, rechtfertigen die Nichtanrechnung (Zweibrücken GA **83**, 280). Die Flucht ins Ausland genügt allein nicht; sie ist der Regelfall der Anrechnung nach I (Bremen StV **97**, 371; Koblenz OLGSt Nr 2; Stuttgart StV **03**, 629). Das gilt auch für die Flucht während eines Hafturlaubs (Karlsruhe MDR **84**, 165; **aM** Hamburg MDR **79**, 603) oder von einer Außenarbeitsstelle (Zweibrücken GA **83**, 280). Es müssen immer erschwerende Umstände hinzu treten, zB der Ausbruch aus der Anstalt, die Absicht des Verurteilten, die Strafvollstreckung böswillig zu verschleppen (Bringewat StVollstr 14 mwN) oder die Verbringung der Verbrechensbeute nach der Flucht ins Ausland (vgl auch BGH **23**, 307 zu § 51 I S 2 StGB). Dasselbe gilt für die Bestimmung des Anrechnungsmaßstabs nach § 51 IV S 2 StGB (Zweibrücken Rpfleger **96**, 302).

Vollstreckungsbehörde

451 I Die Strafvollstreckung erfolgt durch die Staatsanwaltschaft als Vollstreckungsbehörde auf Grund einer von dem Urkundsbeamten der Geschäftsstelle zu erteilenden, mit der Bescheinigung der Vollstreckbarkeit versehenen, beglaubigten Abschrift der Urteilsformel.

II Den Amtsanwälten steht die Strafvollstreckung nur insoweit zu, als die Landesjustizverwaltung sie ihnen übertragen hat.

III ¹Die Staatsanwaltschaft, die Vollstreckungsbehörde ist, nimmt auch gegenüber der Strafvollstreckungskammer bei einem anderen Landgericht die staatsanwaltschaftlichen Aufgaben wahr. ²Sie kann ihre Aufgaben der für dieses Gericht zuständigen Staatsanwaltschaft übertragen, wenn dies im Interesse des Verurteilten geboten erscheint und die Staatsanwaltschaft am Ort der Strafvollstreckungskammer zustimmt.

1 1) **Vollstreckungsbehörde (I):**
2 A. Die **StA als VollstrB** ist für die Strafvollstreckung zuständig. Die Geschäfte sind nach § 31 II S 1 **RPflG** grundsätzlich dem Rechtspfleger übertragen. Ausnahmen – Vorlage an den StA – bestimmen § 31 IIa (zwingend) und IIb (fakultativ) **RPflG**. Stellungnahmen gegenüber dem Gericht (zB nach §§ 453 I S 2, 454 I

S 2, 460) gibt die StA als Strafverfolgungsbehörde ab (vgl Katholnigg NStZ **82**, 195); der Rechtspfleger ist insoweit nicht zuständig (KK-Appl 8).

Die Vollstreckung von Geldstrafen und Geldbußen (aber nicht von Ersatzfreiheitsstrafen) kann durch RechtsVO der Landesregierung ganz oder teilweise dem UrkB der Geschäftsstelle übertragen werden (§ 36b I Nr 5 **RPflG**).

Im **Verfahren gegen Jugendliche und Heranwachsende**, die nach Jugendstrafrecht verurteilt sind, ist VollstrB der Jugendrichter als Vollstreckungsleiter (§§ 82 I S 1, 110 I **JGG**; KK-Appl 9a).

B. **Sachlich zuständig** ist nach § 4 StVollstrO die StA beim LG, soweit nichts anderes bestimmt ist; die StA beim OLG ist zuständig, wenn dieses Gericht im 1. Rechtszug entschieden hat und nicht der GBA zuständig ist. Der GBA ist in Sachen zuständig, in denen das OLG im 1. Rechtszug in Ausübung der Gerichtsbarkeit des Bundes entschieden hat (vgl Art 96 V GG, §§ 120, 142a GVG).

Eine **Notzuständigkeit** begründet § 6 StVollstrO. Wenn die sachlich zuständige StA nicht alsbald zu erreichen ist, kann anstelle der StA beim LG die StA beim OLG dringende Strafvollstreckungsanordnungen treffen. Nach § 143 II GVG haben auch andere Beamte der StA eine Notzuständigkeit (vgl im Einzelnen LR-Graalmann-Scheerer 11).

C. Die **örtliche Zuständigkeit** bestimmt sich nach dem Gericht des 1. Rechtszugs (§ 143 I GVG, § 7 I StVollstrO). Bei Zurückverweisung nach §§ 354, 354a, 355 ist die StA bei dem Gericht zuständig, an das zurückverwiesen worden ist (§ 7 II S 1 StVollstrO). Ist in einem Wiederaufnahmeverfahren eine Entscheidung nach § 373 ergangen, so bestimmt sich die Zuständigkeit der VollstrB in den Fällen des § 140a I, III S 2 GVG nach dem Gericht, das die Entscheidung getroffen hat (§ 7 II S 2 StVollstrO). Bei nachträglicher Gesamtstrafenbildung nach § 460 ist VollstrB die StA bei dem Gericht, das sie gebildet hat (§ 7 IV StVollstrO). Für eine einzelne, nicht in die Gesamtstrafe einbezogene Strafe verbleibt es jedoch bei der Zuständigkeit nach § 7 I StVollstrO (KK-Appl 11). Zum Fall des § 462a IV vgl dort 35.

Bei **Unerreichbarkeit** der zuständigen VollstrK können Vollstreckungsanordnungen auch von einer örtlich unzuständigen VollstrB vorgenommen werden (§ 143 II GVG; § 7 III StVollstrO); das gilt auch zugunsten der zuständigen VollstrB eines anderen Bundeslandes (LR-Graalmann-Scheerer 14; Bringewat StVollstr 14).

D. Die **Inanspruchnahme der VollstrB eines anderen Landes** ist nach § 9 I S 1 StVollstrO im Wege der Vollstreckungshilfe zulässig, wenn die Vollstreckungsanordnung außerhalb des Landes, in dem die VollstrB ihren Sitz hat, durch eine Landesbehörde durchgeführt werden soll. Nach der Ländervereinbarung vom 13.1.1965 (abgedruckt bei Piller/Herrmann Nr 2b Anh 1) kann die VollstrB den Verurteilten aber auch unmittelbar zum Strafantritt in die JVA eines anderen Landes laden. Der GBA kann in den Fällen, in denen er VollstrB ist (oben 4), unmittelbar vollstrecken (§ 9 II StVollstrO). Vgl auch §§ 162, 163 GVG.

E. **Höhere VollstrB** ist idR der GStA als höhere Aufsichtsbehörde (§ 147 Nr 3 GVG, § 21 I Nr 1 StVollstrO). Seiner Dienstaufsicht untersteht auch der Jugendrichter als Vollstreckungsleiter (oben 3), soweit er nicht nach § 83 I **JGG** entscheidet (Brunner/Dölling 1, 2a zu § 83 JGG; Pohlmann/Jabel/Wolf 6 zu § 21 StVollstrO).

Die höhere VollstrB entscheidet bei **Kompetenzkonflikten**, auch soweit die Strafvollstreckung dem Rechtspfleger übertragen ist (KK-Appl 13). Mehrere GStAe müssen sich einigen; § 143 III gilt nicht (LR-Graalmann-Scheerer 14). Notfalls entscheidet der ihnen übergeordnete JM (§ 147 Nr 2 GVG); mehrere JM müssen sich untereinander einigen. Eine gerichtliche Entscheidung ist nicht vorgesehen.

2) Die **Vollstreckbarkeitsbescheinigung (I)**, die idR zugleich Rechtskraftbescheinigung ist (KK-Appl 17), ist die urkundliche Grundlage der Vollstreckung. Sie

§ 451

wird auf der Urschrift oder einer beglaubigten Abschrift der Entscheidung oder ihres erkennenden Teils erteilt (I enthält keine Einschränkung); auf ihr muss die Rechtskraft der Entscheidung bescheinigt und angegeben werden, wann sie eingetreten ist (§ 13 II StVollstrO). Die Erteilung ist Sache des UrkB als Organs der Rechtspflege (LR-Graalmann-Scheerer 41).

12 **Zuständig** ist der UrkB der Geschäftsstelle beim Gericht des 1. Rechtszugs, der UrkB beim Berufungsgericht nur, wenn gegen ein Berufungsurteil keine Revision eingelegt wird (§ 13 IV S 2 StVollstrO). Ist Revision eingelegt, so gilt § 13 V StVollstrO. Der UrkB benötigt für die Vollstreckbarkeitsbescheinigung nur die schriftliche Urteilsformel nach § 268 II; die Urteilsgründe brauchen noch nicht vorzuliegen (§ 13 II S 2 VollstrO).

13 **I gilt auch** für den Strafbefehl, den Gesamtstrafenbeschluss nach § 460 (dort 27), für urteilsvertretende Beschlüsse, die Nebenfolgen betreffen (§§ 437 IV, 438 II, 441 II, 442, 444 II, III), und für die in § 14 StVollstrO bezeichneten Nachtragsentscheidungen, die die Vollstreckbarkeit des Urteils herstellen oder wiederherstellen (erg 1 zu § 449). Für die mit der Urteilsrechtskraft ohne weiteres eintretenden Rechtsfolgen (5 ff vor § 449) ist keine Vollstreckbarkeitsbescheinigung notwendig. Bei freisprechenden Urteilen und bei Strafaussetzung zur Bewährung wird nicht die Vollstreckbarkeit, sondern nur die Rechtskraft bescheinigt (LG Köln Rpfleger **72**, 227 mit krit Anm Pohlmann; LR-Graalmann-Scheerer 43).

14 Bei **Teilrechtskraft** (8 ff zu § 449) kann die Bescheinigung etwa lauten: „Das Urteil ist hinsichtlich der Verurteilung wegen ... in Höhe von ... rechtskräftig". Die Einzelstrafe wird den Urteilsgründen entnommen. Sind mehrere Einzelstrafen rechtskräftig, so wird etwa bescheinigt: „Das Urteil ist rechtskräftig, soweit wegen ... auf Einzelstrafen von ... erkannt ist" (vgl Pohlmann/Jabel/Wolf 68 zu § 13 StVollstrO). Im Fall des § 56 **JGG** werden das Urteil (ohne Rechtskraftbescheinigung) und der Beschluss (mit Rechtskraftbescheinigung) angeführt (Pohlmann/Jabel/Wolf 38 zu § 13 StVollstrO).

15 **Vollstreckungshindernisse** hat der UrkB nicht zu prüfen. Wird er auf sie aufmerksam, so muss er die Vollstreckbarkeitsbescheinigung trotzdem erteilen (LG Hildesheim Rpfleger **60**, 215 mit zust Anm Pohlmann); er wird die VollstrB aber auf die Hindernisse hinweisen (LR-Graalmann-Scheerer 43).

16 Hat der UrkB **Zweifel an der Vollstreckbarkeit**, so kann er nicht das Gericht anrufen, damit es ihm die Entscheidung abnimmt; er muss sie stets selbst treffen (LR-Graalmann-Scheerer 42). Kommt er später zu der Überzeugung, dass die Bescheinigung falsch ist, so muss er sie widerrufen (KK-Appl 22).

17 Gegen die Erteilung der Vollstreckbarkeitsbescheinigung kann der Verurteilte die **Entscheidung des Gerichts** beantragen, dem der UrkB angehört, gegen die Nichterteilung die VollstrB. Die gerichtliche Entscheidung kann mit der Beschwerde nach § 304 I angefochten werden (LG Göttingen Rpfleger **56**, 337; LG Hildesheim Rpfleger **60**, 215; **aM** LG Marburg NStZ-RR **14**, 112: sofortige Beschwerde).

18 Eine **Nachprüfung der Vollstreckbarkeitsbescheinigung** durch die VollstrB findet nicht statt, es sei denn, es liegen gewichtige Anzeigen für den Nichteintritt der Rechtskraft vor (Hamburg VRS **117**, 201; Pohlmann/Jabel/Wolf 39 zu § 13 StVollstrO).

19 **3) Die Übertragung der Strafvollstreckung auf die Amtsanwälte** (II) ist wegen § 145 II GVG nur in den zur Zuständigkeit des AG gehörenden Sachen zulässig. Die Übertragung erfolgt durch Anordnung der LJV. Von der Befugnis hatte nur das Land Bayern Gebrauch gemacht (Nr 2 S 3 der Bek über die Wiedereinführung der Amtsanwaltstätigkeit vom 15.10.1968 [BayJMBl 103]), seit 2003 ist die Amtsanwaltschaft in Bayern aber abgeschafft.

20 **4) Verfahrensbeteiligte StA bei der StVollstrK eines anderen Bezirks** (III): Die StA als VollstrB nimmt ihre Aufgaben entspr der Regelung des § 143 I GVG auch bei der StVollstrK (§ 462a) wahr, die ihren Sitz in einem anderen Bezirk und, selbst wenn dieser in einem anderen Bundesland liegt (34 zu § 462a). Sie

kann ihre Aufgaben aber der für dieses Gericht zuständigen StA übertragen (S 2). Für die Entscheidungen über Beschwerden der StA, die VollstrB ist, gegen Entscheidungen der StVollstrK ist das dieser übergeordnete OLG zuständig; III S 1 gilt entspr für den Fall, dass das Gericht des 1. Rechtszugs die nach § 453 zu treffende Entscheidung nach § 462a II S 2 abgibt (dort 24).

Im **Beschwerdeverfahren bei dem OLG** ist nicht der StA, die VollstrB 21 ist, übergeordnete GStA verfahrensbeteiligt, sondern der GStA bei dem für die Entscheidung zuständigen OLG (Karlsruhe OLGSt S 1; LR-Graalmann-Scheerer 75); es bleibt bei der Regel des § 143 I GVG (erg 4 zu § 142 GVG).

Begnadigungsrecht

452 [1] **In Sachen, in denen im ersten Rechtszug in Ausübung von Gerichtsbarkeit des Bundes entschieden worden ist, steht das Begnadigungsrecht dem Bund zu.** [2] **In allen anderen Sachen steht es den Ländern zu.**

1) Begnadigung bedeutet den völligen oder teilweisen Straferlass nach Rechts- 1 kraft des Strafurteils. Sie dient als Mittel zur Verwirklichung individueller Gerechtigkeit durch Ausgleich der Härten des Gesetzes sowie durch Kompensation von Unbilligkeiten bei nachträglich veränderten Verhältnissen im Wege einer Einzelentscheidung durch einen Akt der Exekutive (vgl dazu Pflieger ZRP 08, 84; Schall Herzberg-FS 906), der nicht der Zustimmung des Betroffenen bedarf. Eine Begnadigung ist nur im Einzelfall zulässig (KMR-Paulus/Stöckel 3).

2) Begnadigungsrecht: 2
Dem **BPräs** (Art 60 II GG) oder der Behörde, der er seine Befugnisse nach 3 Art 60 III GG übertragen hat, steht das Begnadigungsrecht in den Staatsschutz-Strafsachen zu, in denen die OLGe nach § 120 I, II GVG auf Grund der Organleihe nach Art 96 V GG (vgl § 120 VI GVG Gerichtsbarkeit des Bundes (S 1) ausgeübt und Anklage des GBA (§ 142a GVG) im 1. Rechtszug entschieden haben. Die Übertragung nach Art 60 III GG ist erfolgt über die AO des BPräs und die Ausübung des Begnadigungsrechts des Bundes vom 5.10.1965 (BGBl I 1573; III 313-3), geändert durch AO vom 3.11.1970 (BGBl I 1513).

Sonst haben die **Länder** (S 2) das Begnadigungsrecht, deren Gerichte im 4 1. Rechtszug entschieden haben; der Inhaber des Gnadenrechts wird durch die Landesverfassungen bestimmt. Zu den Gnadenordnungen der einzelnen Bundesländer vgl die Fundstellennachweise in Schönfelder Nr 90 Anm zu § 452. Einen Überblick über das Gnadenverfahren am Beispiel der Gnadenordnung für das Land NW gibt Freuding StraFo 09, 491 ff. Zur Gnadenpraxis Meier Schwind-FS 1059.

Bei **Gesamtstrafen** steht das Begnadigungsrecht nach der Vereinbarung der 5 Gnadenrechtsinhaber vom 27.10.1971 (abgedruckt bei Schätzler, Handbuch des Gnadenrechts, 2. Aufl. 1992, Abschn 2.4 S 26) dem Staat zu, dessen Gerichtsbarkeit das Gericht bei der Entscheidung über die Gesamtstrafe ausgeübt hat.

3) Anfechtung und Widerruf: Vgl 17 zu § 23 EGGVG. 6

4) Ehemalige DDR: Nach Anl I Kap III Sachgebiet A Abschn III Nr 14i EV 7 steht das Begnadigungsrecht dem Bund auch dann zu, wenn ein Gericht der DDR in einer Sache entschieden hat, die der Gerichtsbarkeit des Bundes unterfallen würde.

Nachträgliche Entscheidung über Strafaussetzung zur Bewährung oder Verwarnung mit Strafvorbehalt

453 [I] [1] **Die nachträglichen Entscheidungen, die sich auf eine Strafaussetzung zur Bewährung oder eine Verwarnung mit Strafvorbehalt beziehen (§§ 56a bis 56g, 58, 59a, 59b des Strafgesetzbuches), trifft das Gericht ohne mündliche Verhandlung durch Beschluß.** [2] **Die Staatsanwaltschaft und der Angeklagte sind zu hören.** [3] **§ 246a Absatz 2 und § 454 Absatz 2 Satz 4**

§ 453

gelten entsprechend. ⁴Hat das Gericht über einen Widerruf der Strafaussetzung wegen Verstoßes gegen Auflagen oder Weisungen zu entscheiden, so soll es dem Verurteilten Gelegenheit zur mündlichen Anhörung geben. ⁵Ist ein Bewährungshelfer bestellt, so unterrichtet ihn das Gericht, wenn eine Entscheidung über den Widerruf der Strafaussetzung oder den Straferlaß in Betracht kommt; über Erkenntnisse, die dem Gericht aus anderen Strafverfahren bekannt geworden sind, soll es ihn unterrichten, wenn der Zweck der Bewährungsaufsicht dies angezeigt erscheinen läßt.

II ¹Gegen die Entscheidungen nach Absatz 1 ist Beschwerde zulässig. ²Sie kann nur darauf gestützt werden, daß eine getroffene Anordnung gesetzwidrig ist oder daß die Bewährungszeit nachträglich verlängert worden ist. ³Der Widerruf der Aussetzung, der Erlaß der Strafe, der Widerruf des Erlasses, die Verurteilung zu der vorbehaltenen Strafe und die Feststellung, daß es bei der Verwarnung sein Bewenden hat (§§ 56f, 56g, 59b des Strafgesetzbuches), können mit sofortiger Beschwerde angefochten werden.

1 **1) Nachtragsentscheidungen:** Bei Strafaussetzung zur Bewährung nach § 56 StGB ist nach Rechtskraft des Urteils über den Widerruf der Strafaussetzung (§ 56f StGB) oder über den Erlass der Strafe nach Ablauf der Bewährungszeit (§ 56g StGB) zu entscheiden. Schon vorher kann das Gericht Anlass haben, nach § 56a II S 2 StGB nachträglich die Bewährungszeit zu ändern oder die Entscheidungen nach den §§ 56b bis 56d (Auflagen, Weisungen, Bewährungshilfe) nachträglich zu treffen, zu ändern oder aufzuheben (§ 56e StGB). Bei Verwarnung mit Strafvorbehalt nach § 59 StGB kommt ebenfalls eine nachträgliche Anordnung, Änderung oder Aufhebung von Auflagen in Betracht (§ 59a II iVm § 56e StGB), nach Ablauf der Bewährungszeit die Verurteilung zu der vorbehaltenen Strafe oder die Feststellung, dass es bei der Verwarnung sein Bewenden hat (§ 59b StGB). Das Verfahren bei diesen Nachtragsentscheidungen regelt I, die Rechtsmittel gegen die Gerichtsentscheidungen II.

2 **§ 453 ist entsprechend anzuwenden,** wenn die notwendige Entscheidung nach § 268a unterblieben ist (dort 8), ferner bei der Vollstreckung von Sicherungsmaßregeln (§ 463 II), nicht aber, wenn versehentlich überhaupt keine Entscheidung über die Frage der Strafaussetzung zur Bewährung getroffen worden ist (aM Gössel NStZ 91, 556). Die Vorschrift wurde ferner entspr angewendet für die Entscheidung, eine Strafe nach Nr 6 des Amnestiebeschlusses der DDR vom 6.12.1989 (GBl I 266) zu vollstrecken (Koblenz MDR 92, 1175; Stuttgart NStZ 93, 359; BezG Chemnitz DtZ 91, 217); ebenso war die Vollstreckung der nach dem DDR-Ges vom 28.9.1990 (GBl I 1987) um ein Drittel zu ermäßigenden Strafe zulässig (Stuttgart aaO; aM Koblenz aaO; BezG Chemnitz aaO); nach aM war die StA und nicht die StVollstrK für die Anordnung zuständig (Dresden NStZ 93, 557; Rostock MDR 93, 1231).

3 **2) Ohne mündliche Verhandlung durch Beschluss (I S 1),** der nach § 34 mit Gründen zu versehen ist (Hamm NStZ-RR 09, 260), werden die Nachtragsentscheidungen getroffen. Die mündliche Anhörung des Verurteilten, die I S 3 nur bei Widerrufsentscheidungen vorsieht, ist auch sonst nicht unzulässig (Hamm OLGSt S 5; erg 3 zu § 462). Eine mündliche Erörterung mit allen Beteiligten wird von der hM als zulässig erachtet (SK-Paeffgen 7). Zuständig ist idR das Gericht des 1. Rechtszugs (§ 462a II), die StVollstrK nur, wenn sich der Verurteilte in anderer Sache in Strafhaft befindet (§ 462a IV S 3).

4 **3) Anhörungspflichten (I S 2–5):**
5 A. **StA und Verurteilter (S 2)** sind zu hören, die StA als Verfolgungsbehörde, nicht als VollstrB (LG München I NStZ **81**, 453; Engel NStZ **87**, 110; Katholnigg NStZ **82**, 195). Da ihre Äußerung und ihre Anträge keine Vollstreckungsangelegenheiten sind, ist nicht der Rechtspfleger nach § 31 II S 1 RPflG zuständig (2 zu § 451). Das versehentliche Unterlassen der Anhörung der StA ist unschädlich (Düsseldorf NStZ **82**, 349 L).

Strafvollstreckung § 453

Die **Anhörung des Verurteilten** muss ihm Gelegenheit geben, sich zu der von 6 der StA beantragten oder vom Gericht beabsichtigten nachteiligen Entscheidung zu äußern; dazu gehört, dass ihm die Reichweite der in Aussicht genommenen Antragsentscheidung hinreichend deutlich gemacht wird (siehe Hamm NStZ-RR **15**, 182L). Der Verurteilte muss auch Gelegenheit zur Stellungnahme zu nachteiligen Tatsachen erhalten, die dem Gericht von dritter Seite mitgeteilt worden sind (Oldenburg NJW **61**, 1368; LR-Graalmann-Scheerer 15). Die Anhörung der Verurteilten kann unterbleiben, wenn sie unmöglich ist, weil er untergetaucht ist (Bremen MDR **76**, 865; Köln NJW **63**, 875) oder jedenfalls die Auflage, jeden Wohnungswechsel mitzuteilen, nicht befolgt hat und daher nicht erreichbar ist (Düsseldorf NStE Nr 11; vgl auch Hanack JZ **66**, 43). Der Widerrufsbeschluss kann dann ohne Anhörung erlassen und dem Verurteilten nach § 40 öffentl zugestellt werden (11 zu § 453c). Das rechtliche Gehör wird entspr § 33a nachgeholt (BGH **26**, 127, 129 mwN). Hierüber ist der Verurteilte bei der Aufnahme in die JVA belehrt (§ 29 III StVollstrO). Der Erlass eines Sicherungshaftbefehls nach § 453c zur Erzwingung des rechtlichen Gehörs ist unzulässig (KK-Appl 11; erg 8 zu § 453c).

B. Das **Gutachten eines Sachverständigen** soll nach der durch Ges vom 6a 14.3.2013 (StORMG) eingeführten Regelung eingeholt werden, wenn bei Personen, die wegen einer in § 181b StGB genannten Straftat verurteilt wurden, eine nachträgliche Therapieweisung im Rahmen einer laufenden Bewährung (I S 1) oder im Hinblick auf eine bestehende, insbesondere kraft Gesetzes eintretende Führungsaufsicht (§ 463 II iVm I) in Betracht kommt (I S 3 iVm § 246a II; BT-Drucks 17/12735 S 22). Von der mündlichen Anhörung des Sachverständigen kann nur abgesehen werden, wenn der Verurteilte, sein Verteidiger und die StA darauf verzichten (I S 3 iVm § 454 II S 4).

C. Die **mündliche Anhörung des Verurteilten (S 4)** soll stattfinden, wenn 7 über den Widerruf der Strafaussetzung aus den Gründen des § 56f I Nrn 2, 3 StGB zu entscheiden ist. Der Verurteilte soll dadurch insbesondere Gelegenheit erhalten, den Vorwurf zu entkräften, dass er gegen Auflagen oder Weisungen gröblich oder beharrlich verstoßen hat. Die Sollvorschrift ist dahin zu verstehen, dass die Anhörung zwingend ist, wenn sie eine weitere Aufklärung verspricht (KG JR **88**, 39; Frankfurt NStZ-RR **96**, 91; **03**, 200; Jena NStZ **98**, 216; LG Saarbrücken StV **11**, 169) oder wenn ihr keine schwerwiegenden Gründe entgegenstehen (Düsseldorf StV **87**, 257; Hamm NStZ **87**, 247; München StV **09**, 540; Köln NStZ-RR **11**, 220), etwa wenn der Auflagen- oder Weisungsverstoß neben neuen Straftaten des Verurteilten nicht ins Gewicht fällt (Stuttgart NStZ **87**, 43). Hat das Gericht im Anhörungstermin die Frist zur Erfüllung einer Zahlungsauflage verlängert, kann nach Fristablauf über den Widerruf nur nach erneuter mündlicher Anhörung entschieden werden (Köln aaO; München NStZ-RR **12**, 63 L). Die Anhörung ist allerdings nicht erforderlich, wenn der Verurteilte auf sie verzichtet; allein die von ihm nicht wahrgenommene Möglichkeit einer Terminsvereinbarung genügt dafür aber nicht (Karlsruhe StV **03**, 344; LG Arnsberg StraFo **08**, 521; LG Berlin NStZ **89**, 245; LG Saarbrücken NStZ-RR **00**, 245; **aM** Hamburg NStE Nr 12; Kropp NStZ **98**, 536). Dass das Gericht sich der Möglichkeit bewusst war, eine mündliche Anhörung vorzunehmen, muss sich aus dem Beschluss, mindestens aus den Akten ergeben (Düsseldorf NStE Nr 13; Jena StraFo **97**, 345; Stuttgart MDR **87**, 164). Die Anhörung kann nicht erzwungen werden; die Vorführung des Verurteilten ist unzulässig. Zur Verwirkung des Anhörungsrechts vgl Düsseldorf NStZ **88**, 243. Zum Verfahren bei der mündlichen Anhörung vgl im Übrigen 33ff zu § 454. Wie im Fall des § 454 I S 3 (dort 22) kann die Anhörung je nach Sach- und Verfahrenslage einem ersuchten Richter übertragen werden (Stuttgart NStZ **87**, 43). Ist die mündliche Anhörung zu Unrecht unterblieben, kann bei rechtskräftiger Entscheidung entspr § 33a ein Nachverfahren durchgeführt werden (Karlsruhe NStZ-RR **03**, 190 L).

§ 453

Siebentes Buch. 1. Abschnitt

8 D. Die **Unterrichtung des Bewährungshelfers (S 5)** ist erforderlich, wenn während der Zeit seiner Bestellung über den Widerruf der Strafaussetzung nach § 56f StGB oder den Straferlass nach § 56g StGB zu entscheiden ist. Ein Recht auf Anhörung hat der Bewährungshelfer nicht (zutr KK-Appl 10: idR sachdienlich; vgl auch Düsseldorf NStZ **96**, 616; VRS **99**, 120). Das Gericht ist nur verpflichtet, ihn zu unterrichten, damit er zur Frage des Widerrufs oder Straferlasses Stellung nehmen kann (Bremen StV **10**, 311 L). Im Übrigen besteht eine strenge Zweckbindung zur Weitergabe von Erkenntnissen aus anderen Strafverfahren nach S 4 letzter Hs (LR-Graalmann-Scheerer Nachtr 3).

9 **4) Rechtsmittel (II):**

10 A. Die **einfache Beschwerde (S 1, 2)** nach § 304 ist gegen alle Nachtragsentscheidungen zulässig, die nicht unmittelbar zur Vollstreckbarkeit des Urteils oder sonst zur Beendigung des Verfahrens führen oder den Umfang der Vollstreckbarkeit bestimmen (vgl Braunschweig NJW **63**, 2182); gegen Entscheidungen dieser Art sieht S 3 die sofortige Beschwerde vor (erg 13). Beschwerdeberechtigt sind der Verurteilte und die StA, auch zu seinen Gunsten.

11 Die **Einschränkung des S 2**, die im Wesentlichen der des § 305a entspricht, gilt für die Abhilfe nach § 306 II nicht (erg 1 zu § 305a). Sie bedeutet keinen Begründungszwang für den Beschwerdeführer, sondern nur eine Nachprüfungsgrenze für das Beschwerdegericht (3 zu § 305a; KK-Appl 14; *a*M München NStZ **88**, 524). Liegen die Voraussetzungen des S 2 nicht vor, so ist die Beschwerde unbegründet (Nürnberg NJW **59**, 1451; Schleswig SchlHA **85**, 120 [E/L]; **93**, 229 [L/T]). Die Einschränkung gilt nicht für die Beschwerde des Verurteilten gegen die nachträgliche Verlängerung, aber für die Beschwerde der StA bei nachträglicher Verkürzung der Bewährungszeit nach § 56a II S 2 StGB. Die Anfechtung von Entscheidungen, mit der der Antrag abgelehnt worden ist, eine Entscheidung zu treffen, gegen die nur die nach S 2 eingeschränkte Beschwerde zulässig wäre, unterliegt ebenfalls der Beschränkung dieser Vorschrift (Celle NStZ **83**, 430; Frankfurt NStZ-RR **06**, 327 mwN; München NStZ **88**, 524; KK-Appl 12; vgl auch Nürnberg NStZ **99**, 158).

12 Zur **Prüfung der Gesetzmäßigkeit** gehört neben der Prüfung, ob die angefochtene Entscheidung in der angewendeten Vorschrift eine ausreichende Rechtsgrundlage hat oder ob Ermessensmissbrauch vorliegt (Hamburg NStZ **12**, 325; Dresden NJW **09**, 3315; Stuttgart NStZ-RR **04**,89), in jedem Fall die Prüfung, ob der Verhältnismäßigkeitsgrundsatz (Hamm JMBlNW **77**, 256; Schleswig SchlHA **85**, 120 [E/L]; Celle NStZ-RR **11**, 122; München NStZ-RR **12**, 221) und der Bestimmtheitsgrundsatz eingehalten sind (Jena NStZ **06**, 39; StV **08**, 88; Karlsruhe StV **10**, 643; Hamburg aaO; Schleswig OLGSt § 56b StGB Nr 1).

13 B. **Sofortige Beschwerde (S 3)** nach § 311 ist in den bezeichneten Fällen gegen die Entscheidung des unteren Gerichts zulässig, nicht gegen die des Beschwerdegerichts (Bremen NStZ **86**, 524; erg 1 zu § 310). Hat das Gericht aber nicht in der Sache selbst entschieden, ist die einfache Beschwerde gegeben (Zweibrücken OLGSt Nr 16 zu § 462a). Der Verurteilte kann den Erlass der Strafe mangels Beschwer nicht anfechten (Oldenburg NdsRpfl **75**, 249), die StA dagegen aus jedem rechtlichen Grund. Die Beschränkung des Rechtsmittels, zB bei Widerruf der Strafaussetzung auf die Anrechnungsentscheidung nach § 56f III S 2 StGB, ist zulässig (vgl Stuttgart MDR **80**, 1037). Diese Entscheidung ist, da sie den Umfang der Vollstreckbarkeit des Urteils bestimmt, nach zutr hM nur mit der sofortigen Beschwerde anfechtbar (Stuttgart StraFo **12**, 160; Düsseldorf NStZ **01**, 278 L; Hamburg NStZ-RR **05**, 221; KK-Appl 16 mwN). Die sofortige Beschwerde ist auch gegeben, wenn das Gericht den Antrag, eine der in S 3 bezeichneten Entscheidungen zu treffen, ablehnt; denn auch die Bestandskraft der ablehnenden Entscheidung über den Widerruf der Strafaussetzung, den Erlass der Strafe usw kann für eine längere Zeit in der Schwebe bleiben (Hamburg NStZ-RR **05**, 221; MDR **90**, 564; Düsseldorf NStZ-RR **02**, 28; Stuttgart NStZ **95**, 53; Zweibrücken

Schmitt

NStZ-RR **98**, 93; **aM** Köln NStZ **95**, 151); das gilt auch für das Jugendstrafverfahren (LG Bückeburg NStZ **05**, 168). Somit ist sofortige Beschwerde (der StA) auch zulässig, wenn statt des beantragten Widerrufs der Strafaussetzung nur die Bewährungszeit verlängert wird (Düsseldorf NStZ-RR **02**, 28 mwN; Hamm NStZ **88**, 291; Saarbrücken MDR **92**, 505; KK-Appl 16), und auch, wenn nur die beantragte Verlängerung abgelehnt wird (Hamm [3. StrS] NStZ **10**, 105; **aM** Hamm [2. StrS] NStZ-RR **11**, 387 L; Stuttgart NStZ **00**, 500).

Das **Beschwerdegericht** prüft die Entscheidung in vollem Umfang, auch so- 14 weit sie im Ermessen des Gerichts steht (Stuttgart NStZ **95**, 53 mwN; **aM** Celle NdsRpfl **97**, 51; Köln NStZ **95**, 151). Es darf den Widerrufsgrund nach § 56f StGB austauschen, muss aber dem Verurteilten vorher rechtliches Gehör gewähren (Düsseldorf MDR **83**, 68).

C. **In der Sache selbst** entscheidet das Beschwerdegericht (§ 309 II). Das Feh- 15 len einer Begründung der angefochtenen Entscheidung steht dem nicht entgegen (Schleswig SchlHA **85**, 120 [E/L]; erg 7 zu § 309). Ist jedoch die mündliche Anhörung nach I S 3 ohne rechtfertigenden Grund unterblieben, so hebt das Beschwerdegericht den angefochtenen Beschluss auf und verweist die Sache zurück (Düsseldorf StV **87**, 257; München StV **09**, 540; LG Saarbrücken NStZ-RR **00**, 245; erg 8 zu § 309). Das Gleiche gilt, wenn die notwendige Einholung eines Sachverständigengutachtens unterblieben (Karlsruhe NStZ **11**, 92) oder nicht erkennbar ist, dass das Gericht eine Ermessensentscheidung über die unterbliebene mündliche Anhörung getroffen hat (Stuttgart MDR **87**, 164).

D. Die **Rechtskraft des Widerrufsbeschlusses** ist Voraussetzung für die Straf- 16 vollstreckung (Hamm NStZ **83**, 459 mit zust Anm Müller-Dietz; Karlsruhe NJW **64**, 1085; Hanack JZ **66**, 50; Katzenstein StV **03**, 362; erg 1 zu § 449).

5) Die **Zurücknahme des rechtskräftigen Widerrufsbeschlusses** ist nach 17 hM zulässig, wenn ihm durch nachträglich, bekanntgewordene Tatsachen der Boden völlig entzogen worden ist und der Mangel nicht anders geheilt werden kann; manche wenden hierfür § 359 Nr 5 entspr an (Oldenburg NJW **62**, 1169; Groth MDR **80**, 595; Hanack JR **74**, 115; vgl dagegen 5 vor § 359).

Belehrung bei Strafaussetzung oder Verwarnung mit Strafvorbehalt

453a [I] [1]Ist der Angeklagte nicht nach § 268a Abs. 3 belehrt worden, so wird die Belehrung durch das für die Entscheidungen nach § 453 zuständige Gericht erteilt. [2]Der Vorsitzende kann mit der Belehrung einen beauftragten oder ersuchten Richter betrauen.

[II] Die Belehrung soll außer in Fällen von geringer Bedeutung mündlich erteilt werden.

[III] [1]Der Angeklagte soll auch über die nachträglichen Entscheidungen belehrt werden. [2]Absatz 1 gilt entsprechend.

1) Die **Nachholung der Belehrung** nach § 268a III (I), die versehentlich, 1 aus Zweckmäßigkeitsgründen oder wegen Abwesenheit des Angeklagten bei der Urteilsverkündung unterblieben ist (9 zu § 268a), ist Aufgabe des nach § 453 zuständigen Gerichts, also des Gerichts des 1. Rechtszugs (§ 462a II), der VollstrK nur, wenn sich der Angeklagte in anderer Sache in Strafhaft befindet (§ 462a IV S 3). Hat das Gericht des 1. Rechtszugs die Strafaussetzung nach § 453 an das Wohnsitzgericht abgegeben (§ 462a II S 2), so holt dieses Gericht die Belehrung nach. Die Belehrung erteilt grundsätzlich der Vorsitzende; er kann damit aber auch einen beauftragten oder ersuchten Richter (zu den Begriffen vgl 1 zu § 63) betrauen (en S 2). Über die Belehrung wird ein Aktenvermerk gefertigt. Wird die unterlassene Belehrung nicht oder nicht formgerecht nachgeholt, so ist das auf die Wirksamkeit des Urteils oder Strafbefehls ohne Einfluss (KMR-Stöckel 9).

§ 453b

1a Die Belehrung kann nicht die **versäumte Klarstellung** des Charakters einer Weisung als strafbewehrt im Führungsaufsichtsbeschluss ersetzen (Saarbrücken NStZ-RR **16**, 243, 244 mwN).

2 2) Grundsätzlich **mündlich (II)** wird die Belehrung erteilt. Der Verurteilte wird dazu vorgeladen. Sein Erscheinen kann aber nicht durch Vorführung erzwungen werden (Celle MDR **63**, 523). Der nicht erschienene Verurteilte muss daher schriftlich belehrt werden. Eine solche Belehrung reicht auch in Fällen von geringer Bedeutung aus, zB bei Verwarnung mit Strafvorbehalt im Strafbefehl.

3 3) Die **Belehrung über nachträgliche Entscheidungen (III)** nach §§ 56a II, 56e, 59a II StGB ist nur erforderlich, wenn es aus besonderen Gründen angezeigt erscheint, den Verurteilten über die Tragweite der neuen Anordnungen zu unterrichten (LR-Graalmann-Scheerer 4). Das kann insbesondere bei der Verlängerung der Bewährungszeit der Fall sein (KK-Appl 4). Die Belehrung erteilt auch hier das Gericht (S 2). Da II nicht gilt, kann sie nach dem Ermessen des Vorsitzenden mündlich oder schriftlich erteilt werden.

Bewährungsüberwachung

453b ^{I} **Das Gericht überwacht während der Bewährungszeit die Lebensführung des Verurteilten, namentlich die Erfüllung von Auflagen und Weisungen sowie von Anerbieten und Zusagen.**

^{II} **Die Überwachung obliegt dem für die Entscheidungen nach § 453 zuständigen Gericht.**

1 1) Die **Überwachungszuständigkeit** bei Strafaussetzung zur Bewährung nach § 56 StGB und bei Verwarnung mit Strafvorbehalt nach § 59 StGB regelt die Vorschrift; sie enthält keine Rechtsgrundlage für Eingriffe (BVerfG NJW **95**, 2279, 2280). Sie gilt entspr bei Aussetzung des Strafrests nach §§ 57, 57a StGB (§ 454 IV S 1) und bei der Aussetzung von Sicherungsmaßregeln nach §§ 67b, 67c II S 4, 70a StGB (§ 463 I). Auf die Strafaussetzung im Gnadenweg ist sie nicht anwendbar; Überwachungsbehörde ist die Gnadenbehörde (KK-Appl 4; LR-Graalmann-Scheerer 7).

2 2) Die **Überwachungspflicht** besteht während der gesamten Bewährungszeit. Sie beginnt mit der Rechtskraft der Entscheidungen nach §§ 56, 59 StGB (vgl § 56a II S 1 StGB) und endet mit Ablauf der Bewährungszeit.

3 Überwacht wird die **Lebensführung** des Verurteilten, dh sein gesamtes Verhalten, soweit es geeignet ist, den Widerruf der Bewährungszeit nach § 56f StGB, die Verurteilung zu der vorbehaltenen Strafe nach § 59b StGB oder nachträgliche Maßnahmen nach § 56e StGB zu rechtfertigen. In Betracht kommen (neben erneuter Straffälligkeit) insbesondere Verstöße gegen Auflagen und Weisungen nach §§ 56b, 56c StGB. Wegen Anerbieten und Zusagen vgl § 265a.

4 Die **Mitwirkung** des Bewährungshelfers bei der Überwachung regelt § 56d III StGB, die Inanspruchnahme der Gerichtshilfe § 463d. Die StA ist an der Überwachung nicht beteiligt (Engel NStZ **87**, 110; 499). Sie unterrichtet das zuständige Gericht aber, wenn sie Kenntnis von Tatsachen erhält, die den Widerruf, die Verurteilung zu der vorbehaltenen Strafe oder nachträgliche Entscheidungen rechtfertigen können (vgl auch MiStra 13).

5 3) **Zuständig** (II) ist das für die Entscheidungen nach § 453 zuständige Gericht. Grundsätzlich ist das Gericht des 1. Rechtszugs zuständig (§ 462a II, IV S 1, 2), die StVollstrK nach § 462a IV S 1 nur, wenn der Verurteilte sich in anderer Sache in Strafhaft befindet oder befunden hat (Hamm NJW **76**, 258 L; Zweibrücken OLGSt § 462a Nr 2).

Strafvollstreckung § 453c

Vorläufige Maßnahmen vor Widerruf der Aussetzung

453c ¹ Sind hinreichende Gründe für die Annahme vorhanden, daß die Aussetzung widerrufen wird, so kann das Gericht bis zur Rechtskraft des Widerrufsbeschlusses, um sich der Person des Verurteilten zu versichern, vorläufige Maßnahmen treffen, notfalls, unter den Voraussetzungen des § 112 Abs. 2 Nr. 1 oder 2, oder, wenn bestimmte Tatsachen die Gefahr begründen, daß der Verurteilte erhebliche Straftaten begehen werde, einen Haftbefehl erlassen.

II ¹ Die auf Grund eines Haftbefehls nach Absatz 1 erlittene Haft wird auf die zu vollstreckende Freiheitsstrafe angerechnet. ² § 33 Abs. 4 Satz 1 sowie die §§ 114 bis 115a, 119 und 119a gelten entsprechend.

1) Maßnahmen bei drohendem Widerruf der Strafaussetzung (I): 1

A. **Aussetzung** iS der Vorschrift ist nur die Strafaussetzung zur Bewährung nach 2 §§ 56, 183 III, IV StGB, § 14a WStG. § 453c gilt entspr bei der Aussetzung des Strafrests nach §§ 57, 57a StGB und bei der Aussetzung von freiheitsentziehenden Sicherungsmaßregeln nach §§ 67b, 67c II S 4 StGB (§ 463 I), aber nicht zur Sicherung der Änderung der Reihenfolge der Vollstreckung nach § 67 II, III StGB (Stuttgart Justiz **82**, 166). Die Anwendung des § 453c im Jugendstrafrecht folgt aus § 2 JGG (vgl auch § 58 II JGG). Bei Strafaussetzung im Gnadenweg gilt § 453c nicht (KK-Appl 1; LR-Graalmann-Scheerer 3).

B. **Hinreichende Gründe** (vgl 2 zu § 203) für die Annahme, dass die Strafaus- 3 setzung widerrufen wird, müssen vorliegen. Der Widerruf muss nach den dem Gericht vorliegenden Erkenntnissen mit hoher Wahrscheinlichkeit drohen (Koblenz JBlRP **03**, 204; LR-Graalmann-Scheerer 5). Sind die Voraussetzungen des Widerrufs nach § 56f I StGB mit dieser Wahrscheinlichkeit gegeben, so ist I gleichwohl nicht anwendbar, wenn damit zu rechnen ist, dass mildere Maßnahmen nach § 56f II StGB ausreichen.

Hinsichtlich der neuen Tat, die nach § 56f I Nr 1 StGB den Widerruf rechtfer- 4 tigt, muss nach hM regelmäßig **ein rechtskräftiges Urteil** (oder ein rechtskräftiger Strafbefehl, zw Zweibrücken JR **91**, 477) vorliegen (EGMR NJW **04**, 43; vgl auch Peglau ZRP **03**, 242 und NStZ **04**, 245 sowie eingehend Klinger NStZ **12**, 70, 73f; Neubacher GA **04**, 402, Krumm NJW **05**, 1832; Seher ZStW **118**, 101). Ein – vor Gericht abgegebenes, glaubhaftes (und nicht widerrufenes, vgl AG Bremen NStZ-RR **08**, 318) – Geständnis des Angeklagten wegen der neuen Tat genügt aber (BVerfG NJW **05**, 817; Köln NStZ **04**, 685; Düsseldorf NJW **04**, 790; Nürnberg NJW **04**, 2032; Fischer 6 zu § 56f StGB; vgl auch EGMR aaO 45; ausführlich mN zum Streitstand Fischer aaO 4ff); nicht zu beanstanden ist es ferner, wenn das Widerrufsgericht auch für die Aburteilung der neuen Tat zuständig ist und der Widerruf nach durchgeführter Beweisaufnahme in der neuen Hauptverhandlung erfolgt (BVerfG 2 BvR 1448/08 vom 12.8.2008; vgl auch Ostendorf Eckert-GS 645).

C. Die **Notwendigkeit, sich der Person des Verurteilten zu versichern,** 5 besteht, wenn er für die Anhörung nach § 453 I S 2, 3 nicht erreichbar und damit zu rechnen ist, dass er sich der Strafvollstreckung entziehen werde. Maßnahmen nach I sind insbesondere zulässig, wenn der Verurteilte die Weisung, einen Wohnungswechsel anzuzeigen, nicht befolgt hat und sein Aufenthalt daher nicht festgestellt werden kann (Celle NStZ **04**, 627).

D. **Vorläufige Maßnahmen** iS von I sind Maßnahmen, die weniger einschnei- 6 dend sind als ein Haftbefehl. Dazu gehören zB die Auferlegung einer Meldepflicht nach § 56c II Nr 2 StGB, Ermittlungen des Aufenthalts durch Ausschreibung und sonstige Fahndungsmaßnahmen (vgl RiStBV 39ff).

E. **Sicherungshaftbefehl:** 7

a) **Zweck** der Sicherungshaft, ein der UHaft ähnelndes Rechtsinstitut (vgl 8 Burmann, Die Sicherungshaft gemäß § 453c StPO, 1984, S 49, 56), ist die Siche-

§ 453c   Siebentes Buch. 1. Abschnitt

rung der Strafvollstreckung und die Verhinderung der Flucht des Verurteilten vor Rechtskraft des Widerrufsbeschlusses, nicht die Gewährleistung des rechtlichen Gehörs für den Verurteilten (KK-Appl 11 zu § 453 mwN: Nebenfolge; str). Länger als die bei Widerruf der Aussetzung zu verbüßende Strafe darf die Sicherungshaft nicht dauern.

9 b) Nur **notfalls** darf die Sicherungshaft angeordnet werden. Liegen die Voraussetzungen des I vor, so wird das Gericht zwar idR den Haftbefehl zu erlassen haben; der Verhältnismäßikeitsgrundsatz (Einl 20 ff) erfordert aber, dass vorläufige Maßnahmen anderer Art (oben 6) angeordnet werden, wenn das ausreichend erscheint (Celle NStZ **04**, 627). Ist der Widerruf der Strafaussetzung nach § 56f I Nr 1 StGB wegen einer neuen Straftat der Verurteilten zu erwarten, so kann es genügen, wegen dieser Tat einen Haftbefehl nach §§ 112 ff zu erlassen. Das Gericht ist aber rechtlich nicht gehindert, statt dessen die Sicherungshaft nach I anzuordnen (Burmann StV **86**, 80; **aM** Klinger NStZ **12**, 70, 75 f, der für den Erlass eines Sicherungshaftbefehls die Rechtskraft der neuen Verurteilung für erforderlich hält).

10 c) **Voraussetzungen:** Nur wenn der Verurteilte flüchtig ist, Fluchtgefahr vorliegt oder die Gefahr besteht, dass er neue erhebliche Straftaten begehen werde, darf die Sicherungshaft angeordnet werden. Zum Beginn Flucht vgl 12 ff zu § 112, zur Fluchtgefahr 17 ff zu § 112. Zu den Voraussetzungen des § 112 II Nrn 1, 2, auf die I verweist, gehört auch, dass bestimmte Tatsachen die Annahme der Flucht (dazu 15 zu § 112) oder Fluchtgefahr (dazu 22 zu § 112) begründen. Der Haftgrund der Wiederholungsgefahr, der insbesondere von praktischer Bedeutung ist, wenn die Aussetzung einer Unterbringung nach § 67g II StGB widerrufen werden soll (Rieß NJW **78**, 2272), setzt ebenfalls voraus, dass bestimmte Tatsachen die Gefahr neuer Straftaten begründen (dazu 14 zu § 112a). Dabei reicht, anders als bei § 112a, die Gefahr der Begehung irgendeiner Straftat aus, sofern sie nur erheblich ist (dazu 12 zu § 112a).

11 d) **Öffentliche Zustellung des Widerrufsbeschlusses statt Sicherungshaft:** Vor der Einfügung des § 453c in die StPO im Jahre 1974 war der Erlass des Widerrufsbeschlusses ohne Anhörung des Verurteilten (6 zu § 453) und, nach Rechtskraft des Beschlusses, der Erlass eines Vollstreckungshaftbefehls nach § 457 II die einzige Möglichkeit, die Strafvollstreckung sicherzustellen, wenn der Verurteilte nicht auffindbar war. Das Gericht ist aber auch jetzt nicht gehindert, statt eines Sicherungshaftbefehls den Widerrufsbeschluss zu erlassen und öffentl zuzustellen, wenn es das im Einzelfall für zweckmäßig hält (BGH StB 11/89 vom 19.5.1989; KG JR **76**, 424; Bremen MDR **76**, 865; Celle MDR **76**, 948; Düsseldorf JR **89**, 166 mit zust Anm Wendisch; Frankfurt MDR **78**, 71; Hamburg – 1 StS – NStZ **88**, 292 mit abl Anm Johann/Johnigk = StV **88**, 161 mit abl Anm Burmann; Karlsruhe MDR **81**, 158; vgl auch Hamburg JR **78**, 300 mit zust Anm Krause: wenn der Verurteilte erst nach seiner Anhörung untergetaucht ist; Bringewat StVollstr 31 zu § 453 hält den Erlass eines Sicherungshaftbefehls sogar nur ausnahmsweise für zulässig). Nach anderer Ansicht schließt § 453c diese Möglichkeit grundsätzlich aus (Braunschweig NStE Nr 5 mwN; Celle NStE Nr 6; Schleswig OLGSt § 40 Nr 1; LG München II NJW **75**, 2307; Burmann [oben 8] § 85 ff; Krause NJW **77**, 2249; Volckart 70); dem Gesetz ist ein solcher Vorrang des § 453c aber nicht zu entnehmen (Zweibrücken NStE Nr 4; Katzenstein StV **03**, 359 Fn 6).

12 e) **Zuständig** zum Erlass des Sicherungshaftbefehls ist das Gericht, das über den Widerruf nach § 56f StGB zu beschließen hat, grundsätzlich also das Gericht des 1. Rechtszugs (§ 462a II), die StVollstrK nur, wenn der Verurteilte in anderer Sache in Strafhaft ist (§ 462a IV S 3). Im Jugendstrafrecht ist nach § 58 I S 1 **JGG** der Richter für den Erlass des Sicherungshaftbefehls zuständig, nur wenn nach § 462a III S 3 die StVollstrK im Erwachsenenverfahren zuständig wäre, der Jugendrichter als Vollstreckungsleiter (§ 82 I **JGG**), der auch die Vollstreckung der vorläufigen Maßnahmen nach § 453c leitet (§ 58 II **JGG**).

f) Die **Vollstreckung** des Sicherungshaftbefehls gehört, da eine Vollstreckbar- 13
keitsbescheinigung fehlt, noch nicht zur Vollstreckung iS des § 451 I (Karlsruhe
MDR **77**, 600). Der Rechtspfleger ist daher nicht nach § 31 II S 1 **RPflG** zuständig (KK-Appl 7). Mangels besonderer Regelung richtet sich die Vollstreckung
nach § 36 II. Jedoch setzt die Aufnahme in die JVA ein schriftliches Aufnahmeersuchen des Richters voraus. Der verhaftete Verurteilte wird bis zur Rechtskraft des
Widerrufsbeschlusses wie ein UGefangener behandelt (LR-Graalmann-Scheerer 9,
14). Zur Anwendung der Vorschriften über die UHaft vgl unten 16.

F. **Bis zur Rechtskraft des Widerrufsbeschlusses** sind die Maßnahmen nach 14
I zulässig. Dass bereits ein Widerrufsbeschluss erlassen ist, wird nicht vorausgesetzt
(LG München NJW **75**, 2307; LR-Graalmann-Scheerer 8). Nach Rechtskraft des
Widerrufsbeschlusses gilt § 457. Die Sicherungshaft endet mit der Rechtskraft des
Widerrufsbeschlusses; sie geht dann ohne weiteres in die Vollstreckung des Urteils
über (vgl 15 zu § 120). Andere vorläufige Maßnahmen entfallen.

2) Die **Anrechnung der Sicherungshaft (II S 1)** ist zwingend vorgeschrie- 15
ben. Dabei spielt es keine Rolle, ob der rechtskräftige Widerruf der Strafaussetzung
sofort oder, nachdem der Widerruf zunächst abgelehnt war, erst zu einem späteren
Zeitpunkt eintritt (Karlsruhe MDR **77**, 600). Wird die Strafaussetzung nicht widerrufen, kommt eine Entschädigung nach § 2 I StrEG nicht in Betracht (dort 2).

3) **Anwendung der UHaft-Vorschriften auf die Sicherungshaft (II S 2):** 16
Entspr anwendbar sind die §§ 114 bis 115a, 119, 119a und § 33 IV S 1. Die Sicherungshaft wird demnach ohne vorherige Anhörung des Verurteilten durch einen
schriftlichen Haftbefehl angeordnet, der inhaltlich einem UHaftbefehl entsprechen
muss (§ 114) und dem Verurteilten unter Aushändigung einer Abschrift bekanntzugeben ist (§ 114a). Die Angehörigen sind von der Verhaftung zu benachrichtigen
(§ 114c II). Entspr anwendbar sind ferner die Vorschriften über die Vorführung des
Verhafteten vor das zuständige Gericht oder das nächste AG (§§ 115, 115a). Die
Anwendung der §§ 117, 118 hat der Gesetzgeber ausgeschlossen. Etwas anderes
kann sich auch nicht aus der Verweisung auf diese Vorschriften in dem (hier anwendbaren) § 115 IV ergeben (LG Freiburg NStZ **89**, 387 mit abl Anm Fuchs und
zust Anm Fischer NStZ **90**, 52; KMR-Stöckel 24; vgl auch Paeffgen NStZ **89**,
520); für Anwendung des § 117 II im Rahmen des § 115a (dort 8) aber Hamburg
NStZ-RR **02**, 381. Auch die Haftprüfung nach §§ 121, 122 durch das OLG findet nicht statt. Die Aussetzung des Vollzugs nach §§ 116, 116a ist nicht möglich.
Die Ausschreibung zur Festnahme (§ 131) ist zulässig.

4) **Rechtsmittel:** Gegen den Sicherungshaftbefehl ist Beschwerde nach § 304 17
zulässig; die weitere Beschwerde nach § 310 I ist ausgeschlossen (Bamberg
NJW **75**, 1526; Düsseldorf NStZ **90**, 251; Frankfurt NStZ-RR **02**, 15; Karlsruhe
NStZ **83**, 92; Schleswig SchlHA **96**, 96 [L/T]; Stuttgart MDR **75**, 951; KMR-
Stöckel 27; aM Braunschweig StV **93**, 596; Bringewat StVollstr 20; Burmann
[oben 8] S 117 ff; Fischer NStZ **90**, 54; Paeffgen NStZ **90**, 536; erg 5 zu § 310).

Aussetzung des Restes einer Freiheitsstrafe zur Bewährung

454 I ¹Die Entscheidung, ob die Vollstreckung des Restes einer Freiheitsstrafe zur Bewährung ausgesetzt werden soll (§§ 57 bis 58 des Strafgesetzbuches) sowie die Entscheidung, daß vor Ablauf einer bestimmten Frist
ein solcher Antrag des Verurteilten unzulässig ist, trifft das Gericht ohne
mündliche Verhandlung durch Beschluß. ²Die Staatsanwaltschaft, der Verurteilte und die Vollzugsanstalt sind zu hören. ³Der Verurteilte ist mündlich zu
hören. ⁴Von der mündlichen Anhörung des Verurteilten kann abgesehen werden, wenn

1. die Staatsanwaltschaft und die Vollzugsanstalt die Aussetzung einer zeitigen
Freiheitsstrafe befürworten und das Gericht die Aussetzung beabsichtigt,

§ 454

2. der Verurteilte die Aussetzung beantragt hat, zur Zeit der Antragstellung
   a) bei zeitiger Freiheitsstrafe noch nicht die Hälfte oder weniger als zwei Monate,
   b) bei lebenslanger Freiheitsstrafe weniger als dreizehn Jahre
   der Strafe verbüßt hat und das Gericht den Antrag wegen verfrühter Antragstellung ablehnt oder
3. der Antrag des Verurteilten unzulässig ist (§ 57 Abs. 7, § 57a Abs. 4 des Strafgesetzbuches).
⁵Das Gericht entscheidet zugleich, ob eine Anrechnung nach § 43 Abs. 10 Nr. 3 des Strafvollzugsgesetzes ausgeschlossen wird.

II ¹Das Gericht holt das Gutachten eines Sachverständigen über den Verurteilten ein, wenn es erwägt, die Vollstreckung des Restes
1. der lebenslangen Freiheitsstrafe auszusetzen oder
2. einer zeitigen Freiheitsstrafe von mehr als zwei Jahren wegen einer Straftat der in § 66 Abs. 3 Satz 1 des Strafgesetzbuches bezeichneten Art auszusetzen und nicht auszuschließen ist, daß Gründe der öffentlichen Sicherheit einer vorzeitigen Entlassung des Verurteilten entgegenstehen.
²Das Gutachten hat sich namentlich zu der Frage zu äußern, ob bei dem Verurteilten keine Gefahr mehr besteht, daß dessen durch die Tat zutage getretene Gefährlichkeit fortbesteht. ³Der Sachverständige ist mündlich zu hören, wobei der Staatsanwaltschaft, dem Verurteilten, seinem Verteidiger und der Vollzugsanstalt Gelegenheit zur Mitwirkung zu geben ist. ⁴Das Gericht kann von der mündlichen Anhörung des Sachverständigen absehen, wenn der Verurteilte, sein Verteidiger und die Staatsanwaltschaft darauf verzichten.

III ¹Gegen die Entscheidungen nach Absatz 1 ist sofortige Beschwerde zulässig. ²Die Beschwerde der Staatsanwaltschaft gegen den Beschluß, der die Aussetzung des Strafrestes anordnet, hat aufschiebende Wirkung.

IV ¹Im Übrigen sind § 246a Absatz 2, § 268a Absatz 3, die §§ 268d, 453, 453a Absatz 1 und 3 sowie die §§ 453b und 453c entsprechend anzuwenden. ²Die Belehrung über die Aussetzung des Strafrestes wird mündlich erteilt; die Belehrung kann auch der Vollzugsanstalt übertragen werden. ³Die Belehrung soll unmittelbar vor der Entlassung erteilt werden.

Übersicht

	Rn
1) Verfahren bei Aussetzung der Reststrafe (I)	1–36
A. Auf Antrag oder von Amts wegen	2–6
B. Vorbereitung der Entscheidung	7
C. Anhörungspflichten (I S 2)	8–14
D. Mündliche Anhörung des Verurteilten (I S 3)	15–23
E. Absehen von der mündlichen Anhörung (I S 4)	24–32
F. Durchführung der Anhörung	33–36
2) Gutachten eines Sachverständigen (II)	37–37d
3) Entscheidung durch Beschluss ohne mündliche Verhandlung (I S 1)	38–41b
4) Zuständigkeit	42
5) Sofortige Beschwerde (III)	43–49
A. Beschwerdeberechtigung	44, 45
B. Keine mündliche Anhörung	46
C. Entscheidung des Beschwerdegerichts	47, 48
D. Aufschiebende Wirkung (II S 2)	49
6) Belehrung (IV S 1, 2)	50
7) Nachtragsentscheidungen (IV S 1)	51
8) Wiederholte Prüfung der Aussetzungsfrage	52

1 **1) Das Verfahren bei der Aussetzung der Reststrafe (I)** nach §§ 57, 57a StGB regelt die Vorschrift. Sie ist nach § 463 III auf freiheitsentziehende Sicherungsmaßregeln und auf die Führungsaufsicht sinngemäß anzuwenden.

Strafvollstreckung § 454

A. **Auf Antrag oder von Amts wegen** wird die Entscheidung getroffen. Zur 2 Entscheidung bei unmittelbar nacheinander zu vollstreckenden Freiheitsstrafen vgl § 453b.

Über einen **Antrag** muss das Gericht stets und in angemessener Frist (Karlsruhe 3 MDR **77**, 861) entscheiden, auch wenn er verfrüht oder offensichtlich unbegründet ist. Wird der Antrag mehrere Monate verfrüht vor Ablauf der nach § 57 VII oder § 57a IV StGB gesetzten Frist gestellt, so ist er als unzulässig zu verwerfen (LR-Graalmann-Scheerer 96 hält die förmliche Verwerfung für überflüssig).

Antragsberechtigt sind nur die StA, der Verurteilte, sein gesetzlicher Vertreter 4 und der Verteidiger. Anträge Nichtberechtigter sind nur Anregungen an StA und Gericht. Sie brauchen nicht förmlich beschieden zu werden (München MDR **55**, 248; Schleswig SchlHA **58**, 288), sofern nicht ein Antragsrecht behauptet wird; dann werden sie als unzulässig verworfen.

Von Amts wegen muss entschieden werden, wenn der Verurteilte demnächst 5 (vgl § 454a) $^2/_3$ einer zeitigen oder 15 Jahre einer lebenslangen Freiheitsstrafe verbüßt haben wird (BVerfG NStZ **93**, 431; BGH **27**, 302, 304; Rostock NStZ **01**, 278 mwN). Von Amts wegen wird auch entschieden, wenn ein Erstverbüßer die Hälfte der 2 Jahre nicht übersteigenden Freiheitsstrafe verbüßt hat (§ 57 II Nr 1 StGB). Denn für diesen Fall schreibt § 454b die Unterbrechung der Strafvollstreckung und von Amts wegen die (einheitliche) Entscheidung über die Aussetzung des Strafrests vor, wenn mehrere Freiheitsstrafen nacheinander zu verbüßen sind. Die Prüfung von Amts wegen ist daher nach Verbüßung der Hälfte der Strafe auch geboten, wenn der Verurteilte lediglich die Strafe nach § 57 II Nr 1 StGB zu verbüßen hat (Oldenburg StV **87**, 70; Maatz NStZ **88**, 114; StV **87**, 73; **aM** München MDR **87**, 84). Eine weitere Prüfung von Amts wegen nach Verbüßung von $^2/_3$ der Strafe findet dann aber nicht mehr statt (Oldenburg aaO; LG Braunschweig MDR **94**, 607; **aM** Maatz aaO).

Die **Prüfung von Amts wegen unterbleibt** nur in den Fällen des § 57 II 6 Nr 2 StGB und wenn der Verurteilte die nach §§ 57 I S 1 Nr 3, 57a I S 1 Nr 3 erforderliche Einwilligung in die Strafaussetzung nicht erteilt (KK-Appl 7). Die Einwilligung kann aber nachgeholt werden, auch noch mit der sofortigen Beschwerde (Karlsruhe Justiz **80**, 91; MDR **77**, 333); bis zu diesem Zeitpunkt kann sie auch widerrufen werden (Celle NJW **56**, 1608; KK-Appl 8).

B. **Vorbereitung der Entscheidung:** Die VollstrB (§ 451 I) holt die Äußerung 7 der JVA (unten 10 ff) ein und legt die Sache dann der StA vor (§ 36 II S 2 StVollstrO), die noch vorbereitende Ermittlungen – auch durch den Rechtspfleger (**aM** SK-Paeffgen 18) – veranlassen kann, zB nach § 463d oder durch Anhörung des früheren Bewährungshelfers (vgl Krahforst DRiZ **76**, 132). Will die StA die Entlassung beantragen, holt sie, falls der Verurteilte keinen Entlassungsantrag gestellt hat, dessen Einwilligung (§§ 57 I S 1 Nr 3, 57a I S 1 Nr 3 StGB) ein. Zur Anhörung eines Sachverständigen bei der Prüfung der Aussetzung des Rests einer lebenslangen Freiheitsstrafe vgl unten 37.

C. **Anhörungspflichten (I S 2):** 8

a) Die **StA,** deren Anhörung schon nach § 33 II erforderlich ist, gibt ihre Stel- 9 lungnahme als Strafverfolgungsbehörde, nicht als VollstrB ab; die Geschäfte sind daher nicht nach § 31 II S 1 **RPflG** auf den Rechtspfleger übertragen. Die StA ist verpflichtet, eine bestimmte Entscheidung zu beantragen (LR-Graalmann-Scheerer 16).

b) Die **Anhörung der JVA** ist vorgeschrieben, weil ihre Angaben über den Er- 10 folg des bisherigen Behandlungsvollzugs und über die Sozialprognose für die Entscheidung von Bedeutung sind (Karlsruhe MDR **78**, 1046). Als Grundlage für die – idR schriftliche (Hamm NStZ-RR **00**, 316) – Äußerung der JVA, die sich klar darüber auszusprechen hat, ob die Aussetzung befürwortet wird oder nicht, dienen die Beobachtungen und Feststellungen aller am Behandlungsvollzug mitwirkenden Dienstkräfte (Aufseher, Angehörige des Werkdienstes, Psychologen).

Schmitt 1819

§ 454

11   **Anzuhören ist die JVA,** in der sich der Verurteilte zZ der Befassung des Gerichts mit der Sache in Strafhaft befindet oder (wenn er auf freiem Fuß ist) zuletzt befunden hat (Hamm MDR **78**, 592). Bei einem Anstaltswechsel muss auch die frühere JVA gehört werden, wenn der Verurteilte in der anderen erst kurze Zeit einsitzt (Hamburg MDR **57**, 311). Wenn die verbüßte Strafe nur in angerechneter UHaft besteht (§ 57 IV StGB), ist die JVA zu hören, in der sie vollzogen worden ist (Düsseldorf MDR **77**, 424; **75**, 863; Hamm MDR **78**, 592; aM Karlsruhe MDR **78**, 1046; Köln JMBlNW **60**, 107: keine zwingende Anhörung). Davon kann abgesehen werden, wenn sich der Verurteilte schon längere Zeit auf freiem Fuß befindet (Düsseldorf GA **77**, 151).

12   Die Äußerung muss **nicht der Anstaltsleiter selbst** abgeben; er kann einen Beamten bestimmen, der sich für die Anstalt (in Vertretung oder im Auftrag des Leiters) äußert. Diese Geschäftsverteilung wird gerichtlich nicht geprüft, sofern nicht bestimmte Bedenken gegen die Befugnis dessen bestehen, der die Äußerung abgegeben hat.

13   Von der Anhörung der JVA **kann abgesehen werden,** wenn es auf ihre Angaben nicht ankommt, weil die Aussetzung ohne Rücksicht auf die Sozialprognose abzulehnen ist. Das ist insbesondere der Fall, wenn die Ablehnung nach § 57 II Nr 2 StGB erfolgt, weil sich das Fehlen besonderer Umstände in der Tat und in der Persönlichkeit des Verurteilten aus dem Urteil ergibt (Hamm NJW **80**, 2090 L; **aM** Stuttgart Justiz **80**, 448; LR-Graalmann-Scheerer 17; einschr auch Hamm MDR **74**, 1038), oder wenn die besondere Schwere der Schuld des Verurteilten die weitere Vollstreckung der lebenslangen Freiheitsstrafe gebietet (§ 57a I S 1 Nr 2 StGB). Auch eine erst kürzlich abgegebene Stellungnahme macht eine erneute Anhörung entbehrlich (Düsseldorf NStZ **88**, 95).

14   Die Stellungnahme der JVA ist **kein Verwaltungsakt;** sie kann daher nicht nach §§ 23 ff **EGGVG** angefochten werden (Karlsruhe NJW **65**, 1545; erg 6 zu § 23 EGGVG).

15   D. **Mündliche Anhörung des Verurteilten (I S 3):**

16   a) **Zweck der Anhörung** ist nicht nur die Gewährung des rechtlichen Gehörs. Durch die zwingende mündliche Anhörung soll auch erreicht werden, dass das Gericht den unmittelbaren Kontakt mit dem Verurteilten in der Strafanstalt aufnimmt; es soll sich einen persönlichen Eindruck von dem Verurteilten verschaffen (BGH **28**, 138, 141; Celle StV **88**, 259; Schleswig NJW **75**, 1131; Bringewat NStZ **96**, 20; Rieß JR **76**, 118). Eine Anhörung per Videokonferenz ist mit Einverständnis des Verurteilten möglich, wenn er zuvor auf sein Recht zu mündlicher Anhörung hingewiesen wurde (Stuttgart NStZ-RR **12**, 323). Zur mündlichen Anhörung eines Taubstummen vgl § 186 GVG. Die Entscheidung der StVollstrK hat zeitnah zu erfolgen; das rechtliche Gehör ist regelmäßig entscheidungserheblich verletzt, wenn die StVollstrK die Reststrafenaussetzung mehr als 3 Monate nach der Anhörung unter Zugrundelegung neuer Tatsachen abgelehnt hat (KG StV **13**, 778 L). Nach Durchführung eines gesetzlich gebotenen Anhörungstermins muss die StVollstrK in der **Besetzung** entscheiden, die an der Anhörung teilgenommen hat (KG NStZ-RR **15**, 29).

17   **Zwingend vorgeschrieben** ist die Anhörung auch in den Fällen des § 57 II Nr 2 StGB, sofern nicht nach I S 4 von ihr abgesehen werden darf (Düsseldorf NStZ **81**, 454; Hamburg MDR **78**, 331; **81**, 599; Koblenz GA **85**, 235; NStE Nr 11; Schleswig SchlHA **90**, 38; Stuttgart Justiz **76**, 396; Zweibrücken StV **89**, 542; **aM** Karlsruhe NJW **76**, 302 mit abl Anm Kuckuk NJW **76**, 815: nicht, wenn das Urteil keine Anhaltspunkte für das Vorliegen besonderer Umstände in der Tat ergibt). Die mündliche Anhörung darf ferner nicht deshalb unterbleiben, weil die verbüßte Strafe nur aus angerechneter UHaft besteht (§ 57 IV StGB) und der Verurteilte sich zZ der Entscheidung auf freiem Fuß befindet (Hamm MDR **78**, 592; München StV **00**, 213; Stuttgart Justiz **87**, 233, 234; **aM** Karlsruhe MDR **78**, 1046; Köln JMBlNW **60**, 107).

§ 454

Das **rechtliche Gehör** ist dem Verurteilten bei der Anhörung auch insoweit zu 18
gewähren, als ihm eine nachteilige Stellungnahme der JVA, die das Gericht verwerten will, zur Kenntnis gebracht werden muss (BVerfG NJW **64**, 293; Hamburg NJW **64**, 2315; Hamm JMBlNW **62**, 199; MDR **60**, 424), sofern dadurch der Strafzweck nicht gefährdet wird (Hamm JMBlNW **62**, 294). Dabei genügt die Eröffnung ihres wesentlichen Inhalts nicht (Karlsruhe OLGSt S 1).
Gelegenheit zur (schriftlichen) Stellungnahme muss auch dem **Verteidiger** ge- 19
geben werden (§ 33 III). Der Verurteilte hat außerdem das Recht, zu seiner mündlichen Anhörung einen Rechtsbeistand seines Vertrauens hinzuziehen (BVerfG NJW **93**, 2301). Grundsätzlich hat er allerdings selbst dafür zu sorgen, dass dieser zu der Anhörung erscheint. Das Gericht ist nicht verpflichtet, den Verteidiger von dem Termin zu benachrichtigen, es sei denn, die Anhörung erfolgt kurzfristig und der Anspruch auf faire Gestaltung des vollstreckungsrechtlichen Verfahrens ist anderweitig nicht zu gewährleisten (BVerfG aaO; Saarbrücken NStZ **11**, 478; vgl auch Köln NStZ **11**, 715).

b) Vom **Gericht** – und zwar vom erkennenden Richter (Nürnberg NStZ **98**, 20
376; vgl aber unten 22, 23) – muss der Verurteilte angehört werden, nicht von der JVA (Düsseldorf MDR **75**, 597).
Ist ein Kollegialgericht zuständig, so braucht es den Verurteilten **nicht stets in** 21
voller Besetzung anzuhören (BGH **28**, 138; zur Gegenmeinung vgl die Nachw bei LR-Graalmann-Scheerer 23 Fn 53), jedoch wird dies idR so sein (Düsseldorf NStZ-RR **02**, 191); insbesondere im Fall des § 57a StGB (Brandenburg NStZ **96**, 406; Kunert NStZ **82**, 95; **aM** Frankfurt NStZ-RR **97**, 29), ebenso bei der Frage der Aussetzung der Vollstreckung der Sicherungsverwahrung (Karlsruhe Justiz **98**, 603; Nürnberg NStZ-RR **04**, 318).
Sonst ist es aber – verfassungsrechtlich unbedenklich (BVerfG NJW **92**, 2947, 22
2954) – zulässig, die Anhörung einem Kammermitglied als **beauftragten Richter** zu übertragen (BGH aaO; Rostock NStZ **02**, 109); ob der Verurteilte mit der Entscheidung durch *einen* Richter einverstanden ist, ist unbeachtlich (Düsseldorf aaO). Eine ausnahmslose Übertragung qua kammerinterner Geschäftsverteilung ohne Prüfung des Einzelfalls kommt allerdings nicht in Betracht (München NStZ **11**, 716). Die Übertragung ist insbesondere zulässig, wenn der Verurteilte bereits einmal von dem gesamten Gericht gehört worden ist oder wenn dem persönlichen Eindruck des Gerichts nach Lage des Falls nur geringe Bedeutung zukommt (BGH aaO). Unter diesen Voraussetzungen kommt nach Frankfurt NStZ-RR **10**, 188 eine Anhörung durch den beauftragten Richter vor allem bei der jährlichen Regelüberprüfung nach § 67e StGB ohne Einschaltung eines externen Sachverständigen in Betracht, sonst – wie Frankfurt aaO darlegt – kaum. Die Beauftragung kann mündlich erfolgen; ein mit Gründen versehener förmlicher Anordnungsbeschluss ist entbehrlich (Hamburg NStZ **03**, 389; **aM** Rostock aaO). Der beauftragte Richter muss aber idR an der Entscheidung mitwirken (Rostock aaO mwN; KK-Appl 16; LR-Graalmann-Scheerer 32).
Auch einem **ersuchten Richter** kann ausnahmsweise die Anhörung übertragen 23
werden (BVerfG NJW **92**, 2947, 2954; Düsseldorf NJW **76**, 256; Hamm NJW **80**, 2090 L; Schleswig MDR **79**, 518 L; Herzog NJW **76**, 1078; **aM** Koblenz JR **76**, 117 mit zust Anm Rieß; Rostock aaO; Bringewat StVollstr 42). Dabei kommt es wesentlich auf die Entfernung und die Verkehrsverbindungen zwischen dem Gericht und dem Ort an, wo sich der Verurteilte befindet. Auch die Schwierigkeit der Entscheidung kann eine Rolle spielen, ebenso die Frage, ob sich die Entscheidung durch die Einschaltung eines ersuchten Richters zum Nachteil des Verurteilten verzögert (vgl BGH **28**, 138, 143).

E. Das **Absehen von der mündlichen Anhörung (I S 4)** ist aus den gesetz- 24
lich bestimmten Gründen, aber ausnahmsweise auch in anderen Fällen zulässig. Dies gilt etwa für den Fall, dass der Verurteilte ausdrücklich und eindeutig erklärt, er wolle an der mündlichen Anhörung nicht teilnehmen (BGH StV **18**, 345; NStZ **00**, 279 mwN) oder er sich ernsthaft weigert, sich vorführen zu lassen (BGH aaO

Schmitt

mit abl Anm Bung/Romund; Hamm NStZ-RR 09, 223, 224 mwN); dass der Verurteilte für sein Verhalten möglicherweise nachvollziehbare Gründe vorbringt (siehe etwa Hamm aaO; Frankfurt NStZ-RR 03, 59; Karlsruhe NStZ 96, 302), kann nur dann gelten, wenn das zuständige Gericht diese Gründe selbst zu verantworten hat und/oder diesen in eigener Zuständigkeit abhelfen kann (BGH StraFo 15, 482). Ein Absehen ist auch in Betracht zu ziehen, wenn die Anhörung aus sonstigen Gründen unmöglich (Düsseldorf NStZ-RR 00, 315) oder dem Verurteilten unzumutbar ist; letzteres kann etwa der Fall sein, weil er infolge seiner Ausweisung nicht zu einer Anhörung nach Deutschland einreisen kann, ohne die Vollstreckung der Restfreiheitsstrafe gemäß § 456a II S 1 oder eine Strafverfolgung nach dem AuslG befürchten zu müssen (Bamberg StV 11, 421; Hamm NStZ-RR 10, 339). Insofern ist es ggf Sache des Verurteilten, bei der Vollstreckungsbehörde die Aussetzung des Vollstreckungshaftbefehls für die Dauer des Verfahrens nach §§ 454 I, II zu erwirken (Bamberg aaO; aA Hamm aaO: Aufklärungspflicht der StVK). Ein Absehen ist auch möglich, wenn die mündliche Anhörung eine reine Formsache wäre, da eine Beeinflussung der Entscheidung von ihr nicht zu erwarten ist (Düsseldorf NStZ 87, 524; VRS 81, 293); das ist aber nicht schon der Fall, wenn das Gericht nach Aktenlage eine negative Prognose stellt (Düsseldorf NStZ-RR 97, 28).

25 **a) Gesetzliche Gründe:**
26 Die Anhörung entfällt, wenn das Gericht im Fall des § 57 StGB (nicht des § 57a StGB) entspr der Stellungnahmen von StA und JVA ohnehin zugunsten des Verurteilten entscheiden will und auch entscheidet (**Nr 1**). Die Vorschrift ist nicht anwendbar, wenn das Gericht dem Verurteilten die Zahlung einer Geldbuße auferlegen will (Düsseldorf MDR 85, 868).
27 Nach **Nr 2** kann die Anhörung unterbleiben, wenn die Antragstellung verfrüht ist, was bei Antragstellung mehr als 3 Monate vor dem möglichen Entlassungszeitpunkt nicht unbedingt der Fall ist (Düsseldorf MDR 87, 1046; erg 1 zu § 454a), und das Gericht den Antrag daher ohne sachliche Prüfung verwirft. Das gilt entspr, wenn der Verurteilte die Aussetzung unzulässigerweise (§ 57 II Nr 1 StGB) schon nach Verbüßung der Hälfte einer Strafe von nicht mehr als 1 Jahr beantragt (Düsseldorf GA 77, 120; NStZ 81, 454; Stuttgart MDR 76, 1041 L; Treptow NJW 76, 222; **aM** Düsseldorf GA 82, 88 L; Frankfurt NStZ 81, 454 L).
28 Ferner darf die Anhörung nach **Nr 3** unterbleiben, wenn das Gericht den Antrag nach § 57 VII oder § 57a IV StGB als unzulässig ablehnt.

29 **b) Andere Gründe:**
30 Die mündliche Anhörung wird dem Verurteilten, der **kein Interesse an der Aussetzung des Strafrests hat,** nicht aufgedrängt. Sie unterbleibt daher, wenn er bereits bei der Anhörung durch die JVA oder in einer schriftlichen Eingabe an das Gericht die Zustimmung zur Aussetzung des Strafrests verweigert hat (Koblenz JBlRP 02, 43; Stuttgart MDR 76, 1041 L; KK-Appl 26; LR-Graalmann-Scherer 46; **aM** Bringewat StVollstr 45; W. Schmidt NJW 75, 1485; 76, 224). Das Gleiche gilt, wenn er auf die mündliche Anhörung ausdrücklich verzichtet (BGH NJW 00, 1663 mwN; vgl auch Oldenburg NdsRpfl 76, 221: Verteidiger benötigt eine ausdrückliche Ermächtigung zum Verzicht), wobei aber ein bloßes Schweigen auf eine Mitteilung des Gerichts, es werde von seinem Verzicht ausgegangen, kein Antrag auf mündliche Anhörung gestellt werde, nicht genügt (Hamm NStZ 11, 119), wenn er die Vorführung zu der bereits anberaumten mündlichen Verhandlung ablehnt (Celle NdsRpfl 94, 79; Düsseldorf MDR 81, 1039; NStZ 87, 524; Hamm MDR 75, 775; 78, 692; Karlsruhe Justiz 99, 24 L), nicht aber, wenn er den Anhörungstermin nur versehentlich versäumt hat (Celle StV 88, 259) oder den Richter wegen Befangenheit ablehnt (Jena NJW 06, 3794) oder beachtliche Gründe gegen die Vorführung vorbringt (Frankfurt NStZ-RR 03, 59). Die Gründe für die Vorführungsverweigerung brauchen nicht aufgeklärt zu werden (**aM** Düsseldorf StV 83, 511). Die Anhörung unterbleibt auch, wenn der Verurteilte zwar nicht die Vorführung ablehnt, sich aber weigert, sich bei der Vorführung

Fesseln anlegen zu lassen (Hamm MDR **78**, 692; aM Düsseldorf VRS **87**, 364) oder Anstaltskleidung zu tragen (Hamm MDR **90**, 653), obwohl diese Anordnungen berechtigt sind (dazu Hamm NStZ-RR **09**, 223; Karlsruhe NStZ **96**, 302).

Bei Wiederholung des Aussetzungsantrags bedarf es keiner mündlichen Anhörung, wenn die **letzte Anhörung noch nicht lange zurückliegt**, der persönliche Eindruck noch fortwirkt und nicht der Ergänzung bedarf (Düsseldorf NStZ **82**, 437; **88**, 95; VRS **80**, 285; Hamm StraFo **98**, 354; Stuttgart Justiz **75**, 478; Karlsruhe NStZ-RR **13**, 92). Das ist aber nicht der Fall, wenn die Hauptverhandlung schon 7 oder 8 Monate zurückliegt (BGHR Anhörung 1; Koblenz JBlRP **10**, 12) oder wenn 4 oder 5 Monate danach neue Gesichtspunkte geltend gemacht werden (Bremen NStZ **10**, 106; Düsseldorf StV **83**, 115; **96**, 44; vgl auch Koblenz OLGSt § 67e StGB Nr 1; Zweibrücken StV **90**, 412: nicht nach 7 Monaten; Stuttgart Justiz **86**, 497: nicht schon nach 3 Monaten) oder die frühere Anhörung von einer anderen StVollstrK vorgenommen oder der Verurteilte inzwischen in eine andere JVA verlegt worden war (Düsseldorf NStZ-RR **96**, 153). 31

Die Anhörung darf aber unterbleiben, wenn sie der Verurteilte mit großer Wahrscheinlichkeit zu Beschimpfungen oder Hetzreden **missbrauchen** würde (Düsseldorf NStZ **87**, 524; **88**, 243; aM Bringewat StVollstr 46) oder wenn von der Anhörung des in Geisteskrankheit verfallenen Verurteilten keine Beeinflussung der Entscheidung zu erwarten ist (Düsseldorf NStZ **85**, 94) oder wenn der Verurteilte die BRep nicht betreten darf (Düsseldorf NStZ **00**, 333; Karlsruhe StV **05**, 677; Köln StV **09**, 261; aM Bremen NStZ **10**, 718; Schleswig SchlHA **04**, 243 [D/D]). 32

F. **Durchführung der Anhörung:** Den **Ort der Anhörung** bestimmt das Gericht nach pflichtgemäßem Ermessen. Sie braucht nicht unbedingt in der JVA stattzufinden. Das Gericht kann sich dem Verurteilten auch in das Gerichtsgebäude vorführen lassen (LR-Graalmann-Scherer 35; Treptow NJW **76**, 233 hält die Anhörung im Gericht sogar für zweckmäßiger). 33

Die **Form der Anhörung** ist gesetzlich nicht geregelt; sie steht im Ermessen des Gerichts (Nürnberg MDR **75**, 684). Eine telefonische Anhörung genügt jedoch nicht (Bamberg NStE Nr 9), während eine audiovisuelle Anhörung idR als zulässig anzusehen sein wird (Esser NStZ **03**, 464; aM Karlsruhe NJW **05**, 3013; KK-Appl 17a), jedenfalls bei Einverständnis des Verurteilten (Frankfurt NStZ-RR **06**, 357). Eine förmliche Ladung des Verurteilten und seines Verteidigers unter Einhaltung einer Ladungsfrist ist nicht erforderlich (KG NStZ-RR **14**, 191; aM Karlsruhe NStE Nr 14; einschr Karlsruhe Justiz **99**, 24 L); der Termin darf aber nicht zu kurzfristig angesetzt werden (Brandenburg StraFo **09**, 250). Der Verurteilte wird nicht vernommen, aber es muss ihm Gelegenheit gegeben werden, sich zur Aussetzungsfrage zu äußern und ggf einen Verteidiger hinzuzuziehen (Düsseldorf StV **03**, 684 L; Nürnberg StV **03**, 683); hat er keinen Verteidiger, wird ihm jedenfalls in den Fällen des II idR ein Verteidiger beizuordnen sein (Bremen StV **08**, 530). Er kann Anträge stellen; ein förmliches Beweisantragsrecht nach § 244 III–VI hat er aber nicht (LR-Graalmann-Scheerer 21). 34

Ein **Protokoll** braucht nicht aufgenommen zu werden, die Mitwirkung eines UrkB ist nicht erforderlich, beides ist jedoch zu empfehlen (vgl Bringewat NStZ **96**, 20). Wenn das Vorbringen des Verurteilten nicht vollständig in die Beschlussbegründung aufgenommen wird, muss mindestens ein **Aktenvermerk** darüber angefertigt werden, welche Gesichtspunkte der Verurteilte vorgebracht hat (KG StraFo **14**, 306; NStZ **07**, 119; Hamm StraFo **04**, 327; Stuttgart StraFo **05**, 127). 35

Da es sich bei der Anhörung weder um eine Vernehmung noch um eine richterliche Untersuchungshandlung iS der §§ 168, 168a handelt, haben StA und Verteidiger kein Anwesenheitsrecht nach § 168c I; aus dem Gebot des fairen Verfahrens (Einl 19) folgt aber ein **Teilnahmerecht** des Verteidigers (BVerfG NJW **93**, 2301; Frankfurt NStZ-RR **04**, 155; Zweibrücken StV **93**, 315; Bringewat NStZ **96**, 17) und die Pflicht des Gerichts, ihn bei kurzfristig angesetzten Terminen zu 36 benachrichtigen (BVerfG StV **94**, 552; BbgVerfG NStZ **01**, 110; Frankfurt NStZ-RR **01**, 348); sonst ist die Benachrichtigung des Verteidigers Sache des Verurteilten (Bringewat aaO 19). Bei Verhinderung des Verteidigers ist der Termin zu verlegen bzw ein anderer Verteidiger zu bestellen (Köln StV **06**, 430; Naumburg StraFo **08**, 522; Oldenburg StraFo **07**, 68). Auch dem StA ist die verlangte Anwesenheit zu gestatten (vgl auch Düsseldorf NStZ **89**, 291; StV **89**, 355).

37 **2) Ein Sachverständiger (II)** muss – auch gegen den Widerspruch des Verurteilten und auch wenn dieser bei Begehung der Tat psychisch gesund war und im Strafvollzug keine besonderen psychischen Auffälligkeiten gezeigt hat (BGH NStZ **93**, 357) – gehört werden, wenn das Gericht erwägt, die Vollstreckung einer lebenslangen Freiheitsstrafe nach § 57a StGB oder einer zeitigen Freiheitsstrafe (ggf auch Jugendstrafe, Dresden NStZ-RR **10**, 156 L) von mehr als 2 Jahren – wobei eine Gesamtstrafe nicht genügt (Stuttgart NStZ-RR **00**, 86; Zweibrücken StV **99**, 218) – wegen eines Verbrechens oder einer Straftat nach §§ 174 bis 174c, 176, 179 I bis III, 180, 182, 224, 225 I oder II StGB oder einer entspr Rauschtat (§ 323a StGB) zur Bewährung auszusetzen. Eine Sachverständigenanhörung ist somit vor Versagung der Aussetzung grundsätzlich notwendig (Karlsruhe NStZ-RR **16**, 189; Celle StV **18**, 344; Bremen StV **15**, 233; Dresden NJW **09**, 3315); sie ist in diesem Fall verfassungsrechtlich unbedenklich (BVerfG NJW **02**, 2773; NStZ-RR **03**, 251) – nur dann nicht erforderlich, wenn das Gericht – etwa bei lebenslanger Freiheitsstrafe wegen der besonderen Schwere der Schuld, aber auch in anderen eindeutigen Fällen (Hamburg NJW **00**, 2758), wenn zB bereits eindeutige Sachverständigengutachten jüngeren Datums vorliegen (Jena StV **01**, 26; Rostock NJW **03**, 1334; vgl aber BGH StV **12**, 548: 1 Jahr und 6 Monate zurückliegendes Gutachten nicht ausreichend) – die Aussetzung ablehnen will (BbgVerfG NStZ-RR **04**, 30; BGH NJW **00**, 1663; Celle NStZ-RR **99**, 179; Immel JR **07**, 187; Müller-Metz StV **03**, 47; einschr Neubacher NStZ **01**, 449; zu § 463 III S 3 erg dort 6a). Bei Aussetzung einer zeitigen Freiheitsstrafe ist die Anhörung nur erforderlich, wenn nicht auszuschließen ist, dass Gründe der öffentlichen Sicherheit einer vorzeitigen Entlassung entgegenstehen. Das ist zu verneinen, wenn bei dem Verurteilten keine Gefahr mehr besteht, dass dessen durch die Tat zutage getretene Gefährlichkeit fortbesteht (II S 2), wenn also alle für die Prognoseentscheidung heranzuziehenden Umstände zweifelsfrei die Beurteilung zulassen, dass vom Verurteilten praktisch keine Gefahr für die öffentliche Sicherheit mehr ausgeht (Karlsruhe StV **00**, 156; Köln StV **00**, 155; Zweibrücken NJW **05**, 3439; Immel aaO; Neubacher aaO). Nach **aM** soll hingegen bei beabsichtigter Aussetzung grundsätzlich ein Sachverständigengutachten eingeholt werden müssen; die StVollstrK dürfe diese Frage nicht ohne Sachverständigen beantworten (Frankfurt NStZ **98**, 639 mit abl Anm Cramer; Hamm NJW **99**, 2453 mwN; Koblenz StV **99**, 496; Zweibrücken NJW **99**, 1124).

37a **Welcher Sachverständige** am ehesten geeignet ist (zB Psychiater oder Psychologe), ist eine Frage des Einzelfalls (BVerfG StV **06**, 426; Hamm StV **06**, 424; Karlsruhe StV **06**, 426). Nach der Rspr soll auch die Anhörung des Anstaltspsychologen als Sachverständigen genügen (KG NStZ **99**, 319; Hamm NStZ-RR **08**, 189; Karlsruhe StV **99**, 385; 495; **aM** Tondorf StV **00**, 171; zw auch Neubacher aaO S 454), allerdings tunlichst nicht bei schon lange vollzogener Unterbringung (Koblenz aaO). Es kommt aber auch ein psychiatrisches, kriminologisches oder soziologisches Gutachten in Betracht (vgl auch Schüler-Springorum aaO), nicht jedoch ein internistisch-rheumatologisches (Hamm OLGSt Nr 13). Die materiellen Aussetzungskriterien sind abschließend in § 57 I bzw 67d II StGB festgelegt (Hammerschlag/Schwarz NStZ **98**, 321; Rosenau StV **99**, 396; vgl auch Schöch NJW **98**, 1259). II S 1 Nr 2 und § 57 StGB sind auch bei bindender Abgabe der Vollstreckung gemäß § 85 VI **JGG** an die StA anwendbar (Celle StraFo **08**, 310 mit abl Anm Rose NStZ **10**, 95; **aM** Frankfurt NStZ-RR **99**, 91: § 88 **JGG**; erg 2 aE zu § 454b). Zu den vom Psychiater für die Prognoseentscheidung anzustellenden Erwägungen vgl Boettcher ua NStZ **06**, 537; Rasch NStZ **93**, 509, zur

Begutachtung bei Sexualstraftätern Rose StV **03**, 101, zu den inhaltlichen Anforderungen an die Begutachtung vgl Karlsruhe NStZ-RR **16**, 189, 190; **14**, 22; Koblenz StraFo **03**, 434 und Nürnberg NStZ-RR **02**, 154. Der Sachverständige ist – wie das Vollstreckungsgericht – an die Feststellungen des Erkenntnisses, das der Vollstreckung zugrunde liegt, gebunden, kann aber, wenn die Feststellungen unzureichend sind, seine weitergehenden Erkenntnisse im Gutachten verwerten (KG NStZ-RR **09**, 323 L). Verweigert der Verurteilte die Mitwirkung bei der Begutachtung, so ist eine Anordnung nach § 81 ausgeschlossen (dort 1); die Strafe darf dann aber nicht ausgesetzt werden (Düsseldorf StV **85**, 377; Karlsruhe NStZ-RR **04**, 384 L; Koblenz MDR **83**, 1044; **aM** Immel JR **07**, 188), wobei es der Anhörung des Verurteilten nicht bedarf (Karlsruhe NStZ **91**, 207).

Das im Rahmen der Begutachtung zu beachtende **Verfahren** regeln **II S 3 und 4**. Danach ist der – nach II bestellte (Jena StraFo **07**, 302; zu anderen Fällen vgl Immel JR **07**, 189) – Sachverständige zu seinem schriftlich erstatteten Gutachten (BGH **54**, 177; KG StV **11**, 42) von der StVollstrK (oben 20 ff) **mündlich zu hören** (Bamberg NStZ-RR **99**, 122; Hamm NStZ **05**, 55; Koblenz StraFo **09**, 394; KG StV **14**, 359 L; vgl auch Frankfurt NStZ-RR **03**, 315: nach Einholung eines Zusatzgutachtens uU erneute Anhörung erforderlich). Dies gilt entsprechend, wenn die StVollstrK zur Vorbereitung einer Aussetzungsentscheidung nach § 67g II StGB bereits vor Ablauf der 5-Jahresfrist nach § 463 IV ein externes Gutachten in Auftrag gegeben hat (Düsseldorf NStZ **11**, 716). Eine erneute Anhörung des Sachverständigen kann erforderlich sein, wenn nach Zeitablauf neue prognoserelevante Umstände zu berücksichtigen sind (im von BGH StV **12**, 548 entschiedenen Fall lag deutlich mehr als 1 Jahr zwischen der Beschlussfassung sowie dem schriftlichen Gutachten und der mündlichen Anhörung des Sachverständigen).

Mit der Formulierung „**Gelegenheit zur Mitwirkung**", die im Anklang mit § 255a (vgl dort 8a) gewählt worden ist, soll zum Ausdruck gebracht werden, dass bei nachvollziehbaren und gewichtigen Gründen auf den Wunsch nach einer Terminsverschiebung einzugehen ist (BT-Drucks 14/8586 S 8). Einem vom Verurteilten selbst beauftragten **Privatsachverständigen** ist grundsätzlich ein angemessener Zeitraum zur Überprüfung des seitens des Gerichts eingeholten Gutachtens einzuräumen; außerdem ist dem Privatgutachter die Teilnahme am Anhörungstermin als sachverständiger Berater der Verteidigung zu gestatten (Hamm NStZ-RR **16**, 319). Das schriftliche Gutachten ist dem Verurteilten spätestens bei der Anhörung – ggf mit Hilfe eines Dolmetschers – mitzuteilen (Koblenz StV **01**, 304 L; Stuttgart NStZ-RR **03**, 30; Zweibrücken StV **03**, 683). Einen Anspruch auf Terminsverlegung wegen Verhinderung haben die Verfahrensbeteiligten auch hier nicht. Die Anhörung des Verurteilten nach I S 3 kann mit der Anhörung des Sachverständigen nach II S 3 verbunden werden (Stuttgart aaO). Die Anordnung, ein Sachverständigengutachten einzuholen, ist nicht anfechtbar (Düsseldorf StraFo **98**, 429; ebenso Schleswig SchlHA **07**, 289 [D/D] zur Beziehung von Unterlagen des Sachverständigen). Für das Verfahren gilt das verfassungsrechtliche Beschleunigungsgebot (BVerfG NStZ **02**, 333 mit Anm Verrel; BVerfG StV **11**, 41).

Von der **mündlichen Anhörung** des Sachverständigen kann nur **abgesehen** werden, wenn der Verurteilte selbst sowie sein Verteidiger und die StA darauf verzichten (II S 4; KG StraFo **19**, 515; Jena NStZ **07**, 421); dies gilt nicht, wenn die Behandler des Maßregelvollzugs und der externe Gutachter zu unterschiedlichen Diagnosen gelangen (Karlsruhe NStZ-RR **16**, 355). Von einem Verzicht kann noch nicht ausgegangen werden, wenn der Verurteilte lediglich auf eine Zuschrift der StVollstrK schweigt (Hamm NStZ-RR **08**, 189) oder nur die Antwort auf bestimmten Fragen des Sachverständigen – noch dazu entspr § 52 berechtigt – verweigern will (Celle StV **08**, 315). Ein konkludenter Verzicht auf die Anhörung liegt auch nicht in der Teilnahme des Verteidigers an der mündlichen Anhörung (Hamm NStZ-RR **11**, 190). Als bedingungsfeindliche Prozesshandlung ist der Verzicht unwirksam, wenn er unter der Maßgabe erfolgt, dass die StVollstrK das schriftliche Gutachten im Sinne einer positiven Legalprognose für den Verurteilten

37b

37c

37d

auslegen werde (Hamm NStZ **12**, 408). Die mündliche Anhörung durch andere als für die Entscheidung zuständige Richter genügt nicht (KG StraFo **14**, 36)

38 3) Durch **Beschluss ohne mündliche Verhandlung (I S 1)** ergeht die Entscheidung. Der Beschluss ist nach § 34 mit Gründen zu versehen. Er unterliegt zwar nicht den gleichen Begründungserfordernissen wie ein Strafurteil nach § 267 (BVerfG NJW **02**, 2773), eine lediglich formelhafte Begründung reicht aber nicht aus (Karlsruhe NStZ-RR **11**, 325 f). Dem persönlichen Eindruck von dem Strafgefangenen bei der Anhörung kommt eine hohe Bedeutung zu (Hamm NStZ-RR **11**, 325 mwN). Tatsachen, die das Gericht oder der Sachverständige in seinem Gutachten (oben 37) zuungunsten des Verurteilten verwerten, müssen zur Überzeugung des Gerichts bewiesen sein (Brandenburg NStZ **96**, 405 mit krit Anm Kröber NStZ **96**, 567 und abl Anm Funck NStZ **97**, 150). Das Gericht kann vom Gutachten des Sachverständigen abweichen (Köln StV **00**, 500), muss dies aber dann nachvollziehbar begründen (KG StraFo **14**, 306; Zweibrücken NStZ **00**, 446 mit zust Anm Molketin NStZ **01**, 112). Im Beschluss wird zweckmäßigerweise der Entlassungszeitpunkt kalendermäßig bestimmt; allzu lange darf er nicht hinausgeschoben werden (LR-Graalmann-Scheerer 104). Mit rückwirkender Kraft darf die Aussetzung nicht angeordnet werden (Zweibrücken JR **77**, 292).

39 Durch einen **Aktenvermerk** darüber, dass die Entlassungsvoraussetzungen nicht vorliegen, darf der Beschluss auch dann nicht ersetzt werden, wenn die Prüfung von Amts wegen erfolgt ist (KG JR **73**, 120; JR **94**, 372; Hamm NJW **73**, 337; Zweibrücken MDR **74**, 329; aM Celle NJW **72**, 2054; LG Mainz MDR **74**, 857; Wolf NJW **75**, 1962; vgl auch Celle MDR **73**, 695: jedenfalls wenn StA eine ablehnende Entscheidung beantragt hat). Ausreichend ist aber ein Aktenvermerk, wenn der Verurteilte erklärt hat, dass er mit seiner Entlassung nicht einverstanden ist (Düsseldorf NStZ **94**, 454; Zweibrücken NStZ-RR **01**, 311; LG Zweibrücken MDR **91**, 173 mwN; Arnoldi NStZ **01**, 503; aM Rostock NStZ **01**, 278 mwN; Bringewat StVollstr 12); einer Mitteilung des Aktenvermerks an den Verurteilten bedarf es nicht (aM Zweibrücken aaO).

39a Das Gericht muss bei Aussetzung des Strafrests **gemäß I S 5 iVm § 43 X Nr 3 StVollzG zugleich entscheiden**, ob die nach § 43 IX **StVollzG** (bzw entsprechenden Vorschriften der StVollzGe der Länder, vgl etwa Art 46 X Nr 3 BayStVollzG) erfolgende Anrechnung der Freistellung von der Arbeit auf den Entlassungszeitpunkt (wodurch sich das Strafende zu Gunsten des Gefangenen verschiebt, vgl KG NStZ **04**, 228) ausgeschlossen werden soll, weil die Lebensverhältnisse des Gefangenen oder die Wirkungen, die von der Aussetzung für ihn zu erwarten sind, die Vollstreckung bis zu einem bestimmten Zeitpunkt erfordern (vgl Calliess NJW **01**, 1692).

40 **Zustellung:** Der Beschluss bedarf der Zustellung, auch an den Verurteilten (Celle MDR **78**, 71). Im Anhörungstermin darf er nicht verkündet werden; § 35 I S 1 gilt nicht (Brandenburg NStE Nr 18; München NJW **76**, 254). Die Zustellung des ablehnenden oder die Aussetzung bewilligenden Beschlusses ist Sache des Gerichts; § 36 II S 1 ist nicht anzuwenden (dort 12). Da die sofortige Beschwerde der StA aufschiebende Wirkung hat (III S 2), darf das Gericht aber nicht auch die Entlassung des Verurteilten anordnen; das ist stets dem Vollstr (§ 451 I) vorbehalten (Frankfurt GA **80**, 475; Hamm NJW **78**, 175). Wenn der Entlassung stattgefunden hat, hindert das Unterlassen der erforderlichen Beschlusszustellung oder ein sonstiger Mangel des Aussetzungsverfahrens nicht den Lauf der Bewährungszeit (Peters GA **77**, 108; aM Celle MDR **78**, 71).

41 Die **Entscheidung nach §§ 57 VII, 57a IV StGB**, dass der Verurteilte vor Ablauf einer bestimmten Frist keinen Antrag auf Aussetzung des Strafrests stellen darf, ergeht ebenfalls durch Beschluss ohne mündliche Verhandlung. Sie kann bereits in den Beschluss aufgenommen werden, in dem ein Aussetzungsantrag des Verurteilten abgelehnt wird, aber auch durch besonderen Beschluss getroffen werden. Die Anhörungspflichten des I S 2, 3 gelten für die Entscheidung nach §§ 57 VII, 57a IV StGB nicht.

Strafvollstreckung   **§ 454**

Die für die Aussetzungsentscheidung bedeutsame Frage, ob eine **besondere** **41a**
Schwere der Schuld (§ 57a I S 1 Nr 2 StGB) gegeben ist, ist nach der Rspr des
BVerfG (BVerfGE 86, 288, krit dazu Meurer JR **92**, 441) bereits im Erkenntnisverfahren im Zusammenhang mit dem Urteil zu beantworten (vgl 33 zu § 260; 20a
zu § 267); daran ist die StVollstrK gebunden (Jena NStZ-RR **02**, 167). In den vor
der Entscheidung des BVerfG (3.6.1992) ergangenen Urteilen, in denen Ausführungen hierzu naturgemäß fehlen, darf die StVollstrK zu Lasten des Verurteilten
nur das dem Urteil zugrunde liegende Tatgeschehen und die dazu festgestellten
Umstände der Ausführung und der Auswirkung der Tat berücksichtigen (BVerfG
aaO; NJW **93**, 1124; krit dazu Stree NStZ **92**, 468; vgl auch Frankfurt NStZ **94**,
54; Karlsruhe Justiz **93**, 226). In allen Fällen (Verurteilung vor und nach dem
3.6.1992) verlangt das BVerfG „in verfassungskonformer Auslegung des § 454 I"
(krit dazu Geis NJW **92**, 2938), dass im Falle der Ablehnung der Aussetzung die
StVollstrK bestimmt, bis wann die Vollstreckung fortzusetzen ist (krit zur Zuständigkeitsverteilung zwischen SchwurG und StVollstrK Duttge Eisenberg-FS 278);
der Entlassungszeitpunkt muss so rechtzeitig festgelegt werden, dass die bedingte
Entlassung durch die Vollzugsbehörde nicht verzögert wird. Eine gesonderte Feststellung der durch die besondere Schwere der Schuld gebotenen Vollstreckungsdauer, dh außerhalb des in § 454 I geregelten Verfahrens über die Entscheidung
zur Strafaussetzung zur Bewährung, ist nicht zulässig (Celle NStZ **98**, 248; Hamburg StV **97**, 261 gegen LG Hamburg StV **97**, 88; Nürnberg NStZ **97**, 408; StraFo **98**, 173). Ob und ggf wann bereits vor Ablauf von 13 Jahren (I S 4 Nr 2b) eine
Entscheidung über den Zeitpunkt der Aussetzung der Vollstreckung getroffen werden kann, ist fraglich; von Verfassungs wegen drängt sich kein bestimmter Zeitpunkt auf (BVerfG NStE Nr 21). Die Frage ist unter den OLGs str: Nach zutr
Ansicht kommt eine solche Entscheidung vor Ablauf von 13 Jahren idR nicht in
Betracht (Hamburg JR **95**, 299 mit zust Anm Böhm; JR **96**, 247 mit insoweit zust
Anm Kintzi = StV **96**, 477 mit abl Anm Ritter; vgl auch Brandenburg NStZ **95**,
547; Hamm OLGSt Nr 7; Karlsruhe StV **94**, 29); nach **aM** kommt es auf den
Einzelfall an, so dass zB auch schon nach 9 Jahren Verbüßungsdauer eine solche
Entscheidung zulässig sein soll (Frankfurt StV **95**, 539; LG Marburg NStZ **94**,
253). Einige Länder haben hierzu Verwaltungsvorschriften erlassen (Rheinland-Pfalz JMBl 1997, 22; Thüringen JMBl 1994, 87).

Umstritten ist ferner, ob in „Altfällen" getrennt davon (also unabhängig von der **41b**
Entscheidung über die gebotene Vollstreckungsdauer) eine **isolierte Entscheidung** über die Frage der besonderen Schwere der Schuld zulässig ist (BVerfG
NStZ **97**, 408: verfassungsrechtlich unbedenklich und „wünschenswert"; weitergehend Widmaier NStZ **10**, 596: verfassungsrechtlich geboten); so will Hamburg
(JR **96**, 247 mit insoweit abl Anm Kintzi) eine solche Entscheidung nach ca
10 Jahren zulassen; dagegen halten Frankfurt (aaO) und Nürnberg (NStZ **97**, 408)
eine isolierte Entscheidung hierüber für unzulässig; jedenfalls setzt eine solche
Entscheidung die Einwilligung des Verurteilten nach § 57a I S 1 Nr 3 iVm § 57 I
S 1 Nr 3 StGB voraus (Celle aaO). Zum Zusammentreffen der Ablehnungsgründe
der Nr 2 und 3 des § 57a I S 1 StGB vgl Stree aaO 467.

4) Zuständigkeit: Für die Entscheidungen nach I ist idR die StVollstrK zu- **42**
ständig, in deren Bezirk der Verurteilte die Strafe verbüßt (§ 462a I S 1). Das erkennende Gericht setzt den Strafrest nur aus, wenn der Verurteilte den nach § 57 I,
II maßgebenden Zeitpunkt durch Anrechnung der UHaft erreicht hat und sich bei
Urteilsrechtskraft auf freiem Fuß befindet (Hamm NStZ **02**, 223 mwN; erg 6 zu
§ 462a). Die StrVollstrK, die den Strafrest ausgesetzt hat, ist grundsätzlich auch für
die Nachtragsentscheidungen, insbesondere für die Überwachung des Verurteilten
während der Bewährungszeit zuständig (§ 462a I S 2). Die Zuständigkeit der
StVollstrK entfällt jedoch, wenn die Strafe, deren Rest ausgesetzt ist, bei einer späteren Verurteilung oder nach § 460 in eine Gesamtstrafe einbezogen wird. Dann
ist, wenn nicht die Voraussetzungen des § 462a I S 1, IV S 3 vorliegen, für die
Bewährungsüberwachung und die Nachtragsentscheidungen das Gericht zuständig,

Schmitt   1827

§ 454 Siebentes Buch. 1. Abschnitt

das die Gesamtstrafe gebildet hat (Hamm NJW 76, 1648 L; Schleswig NStZ 83, 480; Zweibrücken NStZ 85, 525). Im Jugendstrafverfahren ist der Jugendrichter als Vollstreckungsleiter zuständig (§ 89 III iVm § 88 III JGG).

43 5) **Sofortige Beschwerde (III)** ist gegen die Aussetzungsentscheidung, gegen den die Aussetzung ablehnenden Beschluss und gegen die Entscheidung nach §§ 57 VII, 57a IV StGB zulässig, entspr auch bei isolierter Entscheidung über die Schuldschwere (oben 41b; ThürOLG StraFo **12**, 242; Brandenburg NStZ-RR **99**, 237). Vorbereitende Entscheidungen sind entspr § 305 S 1 unanfechtbar (KG NStZ **01**, 448; Düsseldorf NStZ **99**, 590; Hamm NStZ **87**, 93; Koblenz JMBlRP **99**, 248; Schleswig SchlHA **02**, 144 [D/D]). Die Ablehnung, eine Entscheidung nach I zu treffen, ist mit einfacher Beschwerde anfechtbar (KG JR **94**, 372; Düsseldorf NStZ **94**, 454). Die Auswahl des Sachverständigen durch das Gericht ist der Beschwerde entzogen (Nürnberg NStZ-RR **13**, 29).

44 A. **Beschwerdeberechtigt** sind die StA und der Verurteilte, der Verurteilte (unter Widerruf der Einwilligung nach §§ 57 I S 1 Nr 3, 57a I S 1 Nr 3 StGB) auch gegen den die Strafaussetzung bewilligenden Beschluss (Celle JR **78**, 337; Koblenz MDR **81**, 425). Wer am Verfahren nicht beteiligt ist (Eltern, Ehegatte, Verlobte usw), hat kein Beschwerderecht (KG JR **54**, 272; **72**, 430; München MDR **55**, 248; Schleswig SchlHA **58**, 288).

45 An der **Beschwer** (8 ff vor § 296) fehlt es, wenn der Verurteilte der (in dem Beschluss abgelehnten) Strafaussetzung ohnehin nicht zugestimmt hatte (LG Mainz MDR **74**, 857) oder wenn die Strafe während des Beschwerdeverfahrens voll verbüßt ist (Koblenz OLGSt § 57 StGB S 148; KK-Appl 36; **aM** Koblenz MDR **86**, 423 für den Fall, dass das Gericht den verspäteten Erlass der Entscheidung verschuldet hat), nicht aber bei Unterbrechung oder Absehen von der Vollstreckung nach §§ 455a, 456a (Karlsruhe MDR **92**, 885; Köln MDR **91**, 276).

46 B. Im Beschwerdeverfahren findet **keine mündliche Anhörung** statt; I S 3 gilt – verfassungsrechtlich unbedenklich (BVerfG NJW **88**, 1715) – nur im 1. Rechtszug (BbgVerfG NStZ-RR **04**, 30; Hamm NJW **75**, 701; 1131). Die Anhörung ist aber nicht unzulässig (erg 1 zu § 309). Die Anhörung kann selbst dann unterbleiben, wenn der Verurteilte die zunächst verweigerte Einwilligung erst im Beschwerdeverfahren erklärt hat (Karlsruhe MDR **77**, 333) oder wenn das Beschwerdegericht die Strafaussetzung entgegen dem angefochtenen Beschluss ablehnen will (Hamm NJW **75**, 1131; **76**, 2030 L; KK-Appl 37; LR-Graalmann-Scheerer 93; **aM** Barton JR **91**, 345; Rieß JR **76**, 118).

47 C. Das **Beschwerdegericht entscheidet** ohne die Beschränkungen des § 453 II S 2 (Braunschweig NJW **54**, 364; **63**, 2182; Funck NStZ **94**, 54). In der Sache selbst (§ 309 II) entscheidet es auch bei Mängeln des Verfahrens des 1. Gerichts (dort 7 ff). Die Tatsache, dass den Akten nicht zu entnehmen ist, was der Verurteilte vorgebracht hat, führt daher nicht zur Zurückverweisung (Schleswig SchlHA **85**, 137 [E/L]). Die unterlassene Anhörung der StA oder der JVA wird durch ihre Anhörung im Beschwerdeverfahren geheilt (Düsseldorf NStZ **83**, 190 L; NStE Nr 19). Wenn der 1. Richter aber das zwingend gebotene mündliche Anhörung des Verurteilten unterlassen hat, muss die Sache zurückverwiesen werden (BGHR Anhörung 1; Düsseldorf NStZ **81**, 454; **93**, 406; Karlsruhe Justiz **81**, 365; Koblenz GA **85**, 235; **aM** Rostock NStZ-RR **00**, 14; vgl auch Brandenburg NStZ **96**, 406 mit krit Anm Funck NStZ **97**, 150 zu § 57a StGB; erg 8 zu § 309). Das gilt insbesondere für den Fall, dass der Verurteilte der Zustimmung zur Aussetzung erst im Beschwerderecht erteilt hat (Karlsruhe Justiz **75**, 477; **80**, 91). Zurückverweisung erfolgt auch, wenn die notwendige Einholung eines Sachverständigengutachtens (oben 37) unterblieben ist (Köln NStZ-RR **00**, 317 mwN; Stuttgart Justiz **04**, 123). Zur entspr Anwendung des § 28 II S 2 im Beschwerdeverfahren vgl 6 zu § 28.

48 Zur **Zuständigkeitskonzentration** der OLGe bei Entscheidungen nach III, § 57a StGB vgl 2 zu § 9 EGGVG.

D. **Aufschiebende Wirkung (S 2)** hat die sofortige Beschwerde der StA. Der 49 Verurteilte darf grundsätzlich nicht vor Rechtskraft des Beschlusses entlassen werden (aM Zweibrücken JR 77, 292 mit Anm Schätzler; Göke NJW 58, 1670; sofortiger Vollzug wird nur durch sofortige Beschwerde der StA ausgesetzt). Vorher ist seine Entlassung nur zulässig, wenn die StA eindeutig erklärt, dass sie keine sofortige Beschwerde einlegen werde (Karlsruhe NJW 76, 814; Doller NJW 77, 2153; Krause SchlHA 61, 43; H. W. Schmidt SchlHA 61, 158).

6) **Belehrung (IV S 1, 2)**: Für die Belehrung über die Aussetzung des Straf- 50 rests gilt § 268a III entspr. Die Belehrung ist daher Sache des Vorsitzenden (§ 268a III S 1). Nach IV S 2 gilt aber § 453a I S 1 entspr. Der Vorsitzende kann daher mit der Belehrung einen beauftragten oder ersuchten Richter betrauen. Nach IV S 2 Hs 2 kann sie auch der JVA, nicht nur ihrem Leiter oder dessen Vertreter, übertragen werden. Die Belehrung wird mündlich erteilt; sie soll unmittelbar vor der Entlassung stattfinden (IV S 3).

7) **Nachtragsentscheidungen (IV S 1)**: §§ 246a II, 268a III, 268d, 453, 51 453a I, III, 453b, 453c gelten entspr. Die durch Ges vom 14.3.2013 (StORMG) eingeführte Verweisung auf § 246a II soll sicherstellen, dass bei Personen, die wegen einer der in § 181b StGB genannten Straftaten verurteilt wurden, auch im Verfahren über die Aussetzung der Vollstreckung einer Restfreiheitsstrafe zur Bewährung (IV S 1 iVm § 453 I) regelmäßig das Gutachten eines Sachverständigen eingeholt wird (BT-Drucks 17/12735 S 22). Die Festsetzung der Bewährungszeit und der Auflagen und Weisungen erfolgt idR in dem Aussetzungsbeschluss. Die erforderlich werdenden Nachtragsentscheidungen, insbesondere den Widerruf der Aussetzung, trifft das Gericht ohne mündliche Verhandlung durch Beschluss in dem in § 453 geregelten Verfahren. Das Gericht, das die Aussetzung beschlossen hat, überwacht während der Bewährungszeit den Verurteilten. Ist der Widerruf zu erwarten und der Verurteilte nicht auffindbar, so gilt § 453c. Wegen der Rechtsmittel vgl § 453 III.

8) **Wiederholte Prüfung der Aussetzungsfrage**: Die Rechtskraft des ableh- 52 nenden Beschlusses steht einer nochmaligen Prüfung der Aussetzungsfrage nicht entgegen, zB wenn der Verurteilte nun die zunächst verweigerte Einwilligung zur Reststrafaussetzung nach § 57 I StGB erklärt (Groß Rieß-FS 703). Zu einer neuen Prüfung kann es nach angemessener Zeit sogar von Amts wegen kommen, wenn sich die Voraussetzungen inzwischen geändert haben. Der Verurteilte kann angemessene Zeit nach der rechtskräftigen Ablehnung seines Antrags einen neuen Antrag stellen (Bay NJW 55, 1644; Oldenburg JZ 55, 23), wenn dem nicht eine befristete Ausschlussanordnung nach §§ 57 VII, 57a IV StGB entgegensteht (Karlsruhe NStZ 82, 396). Dabei muss er allerdings neue Tatsachen oder Beweismittel geltend machen (vgl Braunschweig NJW 57, 759; Düsseldorf JMBlNW 56, 272; LG Frankfurt NJW 55, 396). War die Aussetzung nach §§ 57, 57a StGB widerrufen worden, so steht das einer erneuten Aussetzung der dann noch zu verbüßenden Reststrafe nicht entgegen (Frankfurt StV 85, 25; KK-Appl 40).

Beginn der Bewährungszeit; Aufhebung der Aussetzung des Strafrestes

454a I Beschließt das Gericht die Aussetzung der Vollstreckung des Restes einer Freiheitsstrafe mindestens drei Monate vor dem Zeitpunkt der Entlassung, so verlängert sich die Bewährungszeit um die Zeit von der Rechtskraft der Aussetzungsentscheidung bis zur Entlassung.

II ¹ Das Gericht kann die Aussetzung der Vollstreckung des Restes einer Freiheitsstrafe bis zur Entlassung des Verurteilten wieder aufheben, wenn die Aussetzung aufgrund neu eingetretener oder bekanntgewordener Tatsachen unter Berücksichtigung des Sicherheitsinteresses der Allgemeinheit nicht mehr verantwortet werden kann; § 454 Abs. 1 Satz 1 und 2 sowie Abs. 3 Satz 1 gilt entsprechend. ² § 57 Abs. 5 des Strafgesetzbuches bleibt unberührt.

§ 454a

1 **1) Eine frühzeitige Entscheidung über die Aussetzung des Strafrests** nach §§ 57, 57a StGB, § 454 ist nicht nur zulässig, sondern erwünscht, weil eine sachgerechte, die soziale Wiedereingliederung des Verurteilten fördernde Entlassungsvorbereitung die Kenntnis vom Entlassungszeitpunkt voraussetzt (Düsseldorf MDR **87**, 1046; Zweibrücken NStZ **91**, 207; **92**, 148). Ergeht der Gerichtsbeschluss über die Reststrafaussetzung erst kurze Zeit vor dem Zeitpunkt der Entlassung, so werden die notwendigen Entlassungsvorbereitungen erschwert oder sogar unmöglich gemacht. § 454a schafft die Voraussetzungen dafür, dass das Gericht die Aussetzung des Strafrests schon längere Zeit vor dem in Aussicht genommenen Entlassungszeitpunkt bewilligen kann, ohne dass dem Verurteilten dadurch ungerechtfertigte Vorteile entstehen. Die Vorschrift will dem Gericht einen Anreiz bieten, die Entlassungsentscheidungen frühzeitig zu treffen; sie setzt aber voraus, dass bereits zu diesem Zeitpunkt eine günstige Sozialprognose des Verurteilten gesichert ist (Frankfurt NStZ-RR **11**, 311). Die Vorschrift gilt nach § 463 I sinngemäß für freiheitsentziehende Sicherungsmaßregeln. Mit der Entscheidung sind erforderlichenfalls Vollzugslockerungen zu verbinden (BVerfG NJW **09**, 1941).

2 **2) Eine Verlängerung der Bewährungszeit (I)** tritt ein, wenn das Gericht die Aussetzung des Strafrests nach §§ 57, 57a StGB mindestens 3 Monate (die Frist berechnet sich nach § 43) vor dem Zeitpunkt der Entlassung bewilligt. I berücksichtigt dabei die Regelung des § 56a II StGB, wonach die Bewährungszeit mit der Rechtskraft der Entscheidung über die Strafaussetzung beginnt. Von diesem Zeitpunkt rechnet die 3-Monatsfrist (Frankfurt NStZ-RR **13**, 293; Bringewat StVollstr 6; **aM** KK-Appl 4: von dem dem Rubrum des Beschlusses genannten Tag). Vom Zeitpunkt der Rechtskraft bis zur Entlassung aus der Strafhaft wird die in dem Beschluss festgesetzte Bewährungszeit verlängert. Die Verlängerung hat zur Folge, dass auch Straftaten, die der Verurteilte schon in dem ihm für Entlassungsvorbereitungen zur Verfügung gestellten Zeitraum in der Strafanstalt oder als Freigänger oder während eines Urlaubs begeht, zum Widerruf der Reststrafaussetzung nach § 57 III S 1 iVm § 56f I Nr 1 StGB führen können. Außerdem kann dem Verurteilten, insbesondere wenn er Freigänger ist, bereits vor der Entlassung aus dem Strafvollzug ein Bewährungshelfer bestellt werden.

3 **3) Die Wiederaufhebung des Aussetzungsbeschlusses (II)** ist bis zur Entlassung des Verurteilten aus der Strafhaft (Hamm NStZ-RR **96**, 30: in dieser Sache; **aM** Dresden JR **01**, 171 mit abl Anm Laubenthal – aufgehoben durch BVerfG NJW **01**, 2247 –: tatsächliche Freilassung) auf Grund neu eingetretener oder bekanntgewordener Tatsachen auch dann zulässig, wenn Widerrufsgründe nicht vorliegen. Das ist eine allgemeine Regelung. Sie gilt nicht nur in den Fällen des I, sondern auch, wenn das Gericht die Aussetzung des Strafrests erst innerhalb der letzten 3 Monate vor dem Entlassungszeitpunkt beschlossen hat. Die Aufhebung des Beschlusses verlangt entgegen der früheren Gesetzesfassung, die auf die „Erprobung" der straffreien Lebensführung abgestellt hatte, nunmehr die Berücksichtigung der „Sicherheitsinteressen der Allgemeinheit" (vgl dazu 37 zu § 454). Die Vorschrift ist **sinngemäß** auf die Aussetzung von Maßregeln der Besserung und Sicherung (§ 463 I) zur Bewährung **anwendbar**, nicht aber auf deren Erledigung (Braunschweig NStZ-RR **15**, 157).

4 Auch **neu bekanntgewordene Tatsachen**, also auch solche, die schon vor Erlass des Aussetzungsbeschlusses eingetreten, dem Gericht aber damals nicht bekannt waren, reichen aus (Laubenthal JR **01**, 172). In Betracht zu ziehen sind nicht nur das Verhalten des Verurteilten im Strafvollzug, auch während eines Urlaubs, sondern auch alle sonstigen Umstände, die einer günstigen Prognose entgegenstehen, zB die Vorbereitung neuer Straftaten, nicht aber ausschließlich vom Verhalten Dritter abhängige Umstände (vgl BVerfG 2 BvR 68/11 vom 14.12.2011: Verweigerung der Aufnahme in ein Männerwohnheim). Die Unschuldsvermutung verbietet nicht die Berücksichtigung einer neuen, noch nicht abgeurteilten Straftat (BVerfG NJW **94**, 377; Jena NStZ-RR **07**, 283; Schleswig SchlHA **99**, 186). Die Aufhebung des Beschlusses auf Grund neuer Tatsachen ist im Übrigen nur zulässig, wenn (in den Fällen des I) ein Widerruf der Strafaussetzung nicht möglich ist. § 57 V StGB bleibt unberührt (II S 2) und geht als die speziellere Regelung vor (Frankfurt NStZ-RR **97**, 176; Saarbrücken NStE Nr 4; vgl auch Hamann Rpfleger **86**, 358: „im Grundsatz vorzuziehen").

Für das **Verfahren** bei der Aufhebung der früheren Entscheidung bestimmt II 5
S 1 Hs 2 die entspr Anwendung des § 454 I S 1, 2, III S 1. Das nach § 462a zuständige Gericht entscheidet ohne mündliche Verhandlung durch mit Gründen versehenen (§ 34) Beschluss nach Anhörung der StA, des Verurteilten und der Vollzugsanstalt. Eine mündliche Anhörung des Verurteilten ist nicht vorgeschrieben, aber auch nicht unzulässig. Wenn die Aufhebung auf Gründe gestützt werden soll, die denen des § 453 I S 3 entsprechen, ist sie sogar zweckmäßig. Der Beschluss lautet auf Wiederaufhebung des die Aussetzung der Reststrafe bewilligenden Beschlusses. War die frühere Beschlussfassung durch einen Antrag des Verurteilten veranlasst worden oder aus sonstigen Gründen geboten, so muss gleichzeitig erneut (und diesmal abschlägig) über die Aussetzung der Vollstreckung des Strafrests entschieden werden (Hamann aaO; KK-Appl 8).

Gegen den Beschluss ist **sofortige Beschwerde** zulässig. Auch wenn über sie in 6
dem ursprünglich in Aussicht genommenen Entlassungszeitpunkt noch nicht entschieden worden ist, unterbleibt die Entlassung des Verurteilten aus der Strafhaft (§ 307 I). Ferner wird ein Aufschub der Haftentlassung vor einer endgültigen Entscheidung über den Widerruf der Strafaussetzung nach II als zulässig erachtet (Hamburg NStZ **99**, 55).

Vollstreckungsreihenfolge bei Freiheits- und Ersatzfreiheitsstrafen; Unterbrechung

454b ⁱ Freiheitsstrafen und Ersatzfreiheitsstrafen sollen unmittelbar nacheinander vollstreckt werden.

ⁱⁱ ¹ Sind mehrere Freiheitsstrafen oder Freiheitsstrafen und Ersatzfreiheitsstrafen nacheinander zu vollstrecken, so unterbricht die Vollstreckungsbehörde die Vollstreckung der zunächst zu vollstreckenden Freiheitsstrafe, wenn
1. unter den Voraussetzungen des § 57 Abs. 2 Nr. 1 des Strafgesetzbuches die Hälfte, mindestens jedoch sechs Monate,
2. im übrigen bei zeitiger Freiheitsstrafe zwei Drittel, mindestens jedoch zwei Monate, oder
3. bei lebenslanger Freiheitsstrafe fünfzehn Jahre

der Strafe verbüßt sind. ²Dies gilt nicht für Strafreste, die auf Grund Widerrufs ihrer Aussetzung vollstreckt werden. ³Treten die Voraussetzungen für eine Unterbrechung der zunächst zu vollstreckenden Freiheitsstrafe bereits vor Vollstreckbarkeit der später zu vollstreckenden Freiheitsstrafe ein, erfolgt die Unterbrechung rückwirkend auf den Zeitpunkt des Eintritts der Vollstreckbarkeit.

ⁱⁱⁱ Auf Antrag des Verurteilten kann die Vollstreckungsbehörde von der Unterbrechung der Vollstreckung von Freiheitsstrafen in den Fällen des Absatzes 2 Satz 1 Nummer 1 oder Nummer 2 absehen, wenn zu erwarten ist, dass nach deren vollständiger Verbüßung die Voraussetzungen einer Zurückstellung der Strafvollstreckung nach § 35 des Betäubungsmittelgesetzes für eine weitere zu vollstreckende Freiheitsstrafe erfüllt sein werden.

ⁱᵛ Hat die Vollstreckungsbehörde die Vollstreckung nach Absatz 2 unterbrochen, so trifft das Gericht die Entscheidungen nach den §§ 57 und 57a des Strafgesetzbuches erst, wenn über die Aussetzung der Vollstreckung der Reste aller Strafen gleichzeitig entschieden werden kann.

1) Die **Vollstreckung mehrerer Freiheitsstrafen** ist in § 43 StVollstrO gere- 1
gelt. Dort ist in I ebenso wie hier in I bestimmt, dass Freiheitsstrafen (aus denen keine Gesamtstrafe gebildet werden kann) und Ersatzfreiheitsstrafen unmittelbar

§ 454b

nacheinander vollstreckt werden sollen. Auch die Vollstreckungsreihenfolge für Freiheits- und Ersatzfreiheitsstrafen regelt § 43 II StVollStrO. Eine sachlich gebotene Unterbrechung der Vollstreckung schließt I nicht aus. Für Jugendstrafen hat die Vorschrift keine Bedeutung (Frankfurt NStZ-RR **00**, 95; Stuttgart Justiz **87**, 436), auch nicht für Fälle des Zusammentreffens von Freiheits- und Jugendstrafe (Düsseldorf MDR **88**, 79; vgl aber Jena NStZ **05**, 167).

2   **2) Notwendige Unterbrechung der Vollstreckung (II):** Nach § 57 I, II StGB kann die Vollstreckung des Restes einer zeitigen Freiheitsstrafe bei günstiger Sozialprognose nach Verbüßung von 2 Dritteln, uU schon nach Verbüßung der Hälfte der Strafe zur Bewährung ausgesetzt werden. Die Aussetzung des Strafrests lebenslanger Freiheitsstrafen lässt § 57a I StGB zu, wenn mindestens 15 Jahre der Strafe verbüßt sind. Beim Zusammentreffen des Vollzugs mehrerer zeitiger oder lebenslanger Freiheitsstrafen sind die Voraussetzungen der §§ 57, 57a StGB für jede von ihnen gesondert zu prüfen. Um zu ermöglichen, dass das durch eine gleichzeitige und einheitliche Entscheidung gegen Ende der Anschlussvollstreckung geschehen kann (BGH **55**, 243, 246 f; NStZ-RR **10**, 353; vgl auch NJW **12**, 1016), schreibt II S 1 vor, dass die Vollstreckung der zunächst zu vollstreckenden Freiheitsstrafe (zur Ersatzfreiheitsstrafe vgl Fischer 3 zu § 57 StGB) zu unterbrechen ist, wenn die zeitlichen Voraussetzungen der §§ 57, 57a StGB erfüllt sind oder im Fall des § 57 II Nr 1 StGB der Verurteilte, der erstmals eine Freiheitsstrafe verbüßt, die Hälfte, mindestens 6 Monate der 2 Jahre nicht übersteigenden Strafe verbüßt hat. Das Unterbrechungsgebot ist strikt zu beachten; ein den Vollstreckungsbehörden unterlaufenes Verschulden darf einem Verurteilten nicht zum Nachteil gereichen (BVerfG NStZ **88**, 474). Die Vorschrift gilt auch, wenn aus einem der Verfahren eine Freiheitsstrafe und aus einem anderen Verfahren sowohl eine freiheitsentziehende Maßnahme der Besserung und Sicherung als auch eine Freiheitsstrafe zur Vollstreckung kommen (Hamm NStZ **97**, 124 mwN). Sie findet aber keine Anwendung im Fall des § 57 II Nr 2 StGB (Hamm NStZ **93**, 302; Oldenburg MDR **87**, 75; LG Hamburg MDR **91**, 666; **aM** Frankfurt NStZ-RR **97**, 95; Stuttgart NStZ-RR **03**, 253; zw auch Zweibrücken NStZ **89**, 592 = JR **90**, 211 mit abl Anm Wendisch) und bei der Vollstreckung von Freiheits- und Jugendstrafe (Eisenberg 4 f zu § 89a JGG), es sei denn, der Jugendrichter hat die Vollstreckung der Jugendstrafe nach §§ 89a III, 85 VI JGG an die StA abgegeben (Zweibrücken NStE Nr 16). II schafft nicht die Grundlage, die Strafvollstreckung zur Ermöglichung einer Therapie nach Zurückstellung der Strafvollstreckung nach § 35 BtMG zu unterbrechen (BGH **55**, 243; Hamm StV **10**, 696 mit krit Anm Comes).

3   Der **Erstverbüßung** iS der Vorschrift steht es nicht entgegen, wenn der Verurteilte zuvor teilweise Ersatzfreiheitsstrafe verbüßt hat (Stuttgart StV **94**, 250), ebenso wenig UHaft, Auslieferungshaft uä (Baier Paulus-FG 9). Die Erstverbüßerregelung gilt nach der jetzt hM in der Rspr der OLGe nicht nur für die an 1. Stelle vollstreckte Freiheitsstrafe, sondern auch für die folgenden zu vollstreckenden Freiheitsstrafen (Celle NdsRpfl **90**, 122; Düsseldorf Rpfleger **99**, 147; München MDR **88**, 601; Oldenburg StV **87**, 70; Stuttgart aaO; Zweibrücken StV **86**, 489; vgl auch Fischer 25 zu § 57 StGB mwN; Baier aaO 8); das gilt auch, wenn die Gesamtdauer dieser Strafen 2 Jahre übersteigt (Köln StraFo **07**, 479 mwN; Stuttgart aaO mwN; Wagner Rpfleger **97**, 424; **aM** Karlsruhe NStZ **89**, 323).

4   Der Verurteilte muss von der beabsichtigten Unterbrechung **nicht unterrichtet** werden; die Unterbrechung unterbleibt auch dann nicht, wenn er ihr widerspricht (Hamburg StV **94**, 195).

5   Die Unterbrechung ist **jeweils rechtzeitig** vor dem nach II S 1 bestimmten Zeitpunkt vorzunehmen. Für den Fall, dass dies nicht möglich war, bestimmt nunmehr II S 3, dass die Unterbrechung rückwirkend auf den Zeitpunkt des Eintritts der Vollstreckbarkeit erfolgt (so schon bisher Celle NStZ **90**, 252; Graul GA **91**, 11; Wagner Rpfleger **97**, 421). II S 3 gilt entspr bei sonstigem fehlerhaften

Unterlassen der Vollstreckungsunterbrechung (Baier Paulus-FG 7). Von der Unterbrechung sind der Verurteilte und die Vollzugsbehörde zu benachrichtigen.

Der **Unterbrechungszwang gilt auch,** wenn das Gericht die Aussetzung nach 6 § 57 oder § 57a StGB bereits abgelehnt hatte, sich nun aber herausstellt, dass eine weitere Strafe zu vollstrecken ist (Celle NStE Nr 6; Düsseldorf StV **90,** 121; Hamm NStZ **85,** 144; Karlsruhe NStZ **82,** 396; NStZ-RR **96,** 60; Oldenburg StV **85,** 68; Maatz NStZ **90,** 218; **aM** München StV **82,** 30 mit abl Anm Volckart). Das erfordert die für die Prognoseentscheidung anzustellende Gesamtschau (unten 11).

Von der Vollzugsunterbrechung werden aber **solche Reststrafen nicht be-** 7 **troffen,** die deshalb vollstreckt werden, weil die für sie bewilligte Aussetzung zur Bewährung widerrufen worden ist (II S 2); diese sind regelmäßig der Vorwegvollstreckung überantwortet (BGH NJW **12,** 1016 mit Anm Laubenthal/Nestler NStZ **12,** 468). Das kommt praktisch nur für Strafreste in Betracht, die mehr als ein Drittel der erkannten Strafe betragen (Funck NStZ **92,** 511). Es macht keinen Unterschied, ob Aussetzung und Widerruf durch das Gericht oder durch die Gnadenbehörde angeordnet worden sind (Baier aaO 10). Findet eine Unterbrechung von Amts wegen nach II S 2 nicht statt, so wird idR auch eine Unterbrechung auf Antrag des Verurteilten nicht in Betracht kommen (dazu Frankfurt NStZ **83,** 48). Die erneute Anwendung des § 57 StGB schließt II S 2 nicht schlechthin aus (Frankfurt NStZ-RR **00,** 282, 283 mwN; offen gelassen von BGH NJW **91,** 2030). Nach § 43 II Nr 1 S 2 StVollstrO sind aber solche Reststrafen vollständig vorwegzuvollstrecken (Karlsruhe StV **03,** 348; Blechinger NStZ **00,** 56; **aM** Ullenbruch NStZ **99,** 10). Hiervon kann mit Rücksicht auf eine möglicherweise in Betracht kommende erneute Strafaussetzung nur die StA nach § 43 IV StVollstrO absehen (dazu im einzelnen Frankfurt aaO) und die Vollstreckungsreihenfolge ändern oder eine bereits begonnene Vollstreckung unterbrechen (Bremen OLGSt Nr 2; Hamburg StV **93,** 256; Hamm NStZ **93,** 302; Karlsruhe aaO; Stuttgart Justiz **02,** 602; LG Heilbronn NStZ **89,** 291; LG Hamburg NStZ **92,** 253). Gegen die Entscheidung der StA ist der Rechtsweg nach §§ 23 EGGVG gegeben (BGH aaO; Köln NStZ-RR **10,** 157; Hamm NStZ **99,** 56; StV **10,** 696; Karlsruhe aaO).

Zuständig für die Anordnung der Unterbrechung nach § 454b ist die VollstrB 8 (§ 451; Müller-Dietz JR **91,** 79). Die Anordnung ist auf den Rechtspfleger übertragen (§ 31 II S 1 **RPflG**).

Über **Einwendungen** gegen dessen Anordnungen entscheidet nach § 458 II in 9 den in II ausdrücklich genannten Fällen das Gericht (§ 31 VI S 1 **RPflG;** vgl Stuttgart Justiz **90,** 472; StraFo **08,** 525). Gegen die Entscheidung des Gerichts ist nach § 462 III sofortige Beschwerde (§ 311) zulässig. Die Versagung einer Unterbrechung zum Halbstrafenzeitpunkt kann aber – in II nicht in Bezug genommenen – Fällen des § 57 II Nr 2 StGB kann dagegen nur gemäß §§ 23 EGVGV gerichtlich überprüft werden (Frankfurt NStZ-RR **11,** 221; erg 12 zu § 458). Dies gilt nach II S 2 gleichermaßen für Strafreste, die aufgrund Widerrufs ihrer Aussetzung vollstreckt werden (BGH NJW **91,** 2030).

Zur **Strafzeitberechnung** bei unmittelbarer Anschlussvollstreckung mehrerer 10 Freiheitsstrafen vgl Karlsruhe NStZ **92,** 302.

3) Absehen von der Unterbrechung der Vollstreckung (III): Durch das 11 Gesetz vom 17.8.2017 (BGBl I 3202, 3210) wurde die Möglichkeit geschaffen, von der Unterbrechung der Vollstreckung von Freiheitsstrafen zum Halbstrafenbzw Zweidrittelzeitpunkt abzusehen, wenn zu erwarten ist, dass nach deren vollständiger Verbüßung die Voraussetzungen einer Freiheitsstrafe die Voraussetzungen für eine Zurückstellung der Strafvollstreckung nach § 35 BtMG erfüllt sein werden.

Die Maßnahme setzt einen entsprechenden **Antrag** des Verurteilten voraus. Die 12 Vollstreckungsbehörde muss sodann prüfen, ob nach vollständiger Verbüßung der Freiheitsstrafe für eine weitere zu vollstreckende Freiheitsstrafe die Voraussetzungen des § 35 BtMG gegeben sein werden. Dies wird nicht der Fall sein, wenn der Verurteilte das Verfahren nach III bereits mehrfach in Anspruch genommen und die

§ 454b

jeweils in Aussicht genommenen Therapien tatsächlich nicht angetreten oder zu Ende geführt hat (vgl BT-Drucks 18/11272 S 33).

13 Bei einer **positiven Prognose** über den Eintritt der Voraussetzungen des § 35 BtMG steht die Entscheidung nach III im **Ermessen** der Strafvollstreckungsbehörde.

14 Wird dem Antrag stattgegeben, muss der Verurteilte die Freiheitstrafe ohne Unterbrechung vollständig verbüßen. Damit die voll zu verbüßende vor etwa zurückstellungsfähigen Freiheitsstrafen verbüßt werden kann, ist erforderlichenfalls die Vollstreckungsreihenfolge nach § 43 IV StrafVollstrO abzuändern.

15 Über die **Aussetzung** der vorab zu verbüßenden Freiheitsstrafe zur Bewährung nach § 57 StGB muss – außer wenn der Verurteilte die nach § 57 I Nr 3 StGB erforderliche Einwilligung nicht erteilt – ein gesonderter Beschluss getroffen werden, da im Fall des III eine gleichzeitige Entscheidung nach § 57 StGB für sämtliche zu verbüßenden Freiheitsstrafen nicht möglich ist; ein vorheriger Verzicht des Verurteilten auf die Entscheidung nach § 57 StGB zum Zeitpunkt der Entscheidung nach III ist nicht möglich (BT-Drucks aaO 33). Allerdings wird eine Strafaussetzung nach § 57 StGB in der betreffenden Konstellationen – nicht therapierte Drogenabhängigkeit und entsprechende Rückfallgefahr – nur ganz ausnahmsweise in Betracht kommen, sie ist aber wegen der Möglichkeit des § 56c III Nr 1 StGB auch nicht von vornherein ausgeschlossen (BT-Drucks aaO).

16 Im Verfahren nach III wird dem Verurteilten regelmäßig ein **Verteidiger** wegen der Schwierigkeit der Sach- und Rechtslage in entsprechender Anwendung von § 140 II zu bestellen sein (erg 33ff zu § 140).

17 Die **gerichtliche Überprüfung** erfolgt im Verfahren nach § 458 II (12 zu § 458, vgl auch oben 9).

18 **4) Die Entscheidung über die Reststrafaussetzung (IV)** muss beim Zusammentreffen des Vollzugs mehrerer (auch mehrerer lebenslanger; Nürnberg NStZ **99**, 269) Freiheitsstrafen zunächst zurückgestellt werden. Vorweggenommene Einzelentscheidungen sieht das Gesetz nicht vor; ein darauf gerichteter Antrag des Verurteilten ist als unzulässig zu verwerfen (Jena 1 Ws 346/11 vom 9.8.2011; Düsseldorf VRS **81**, 293; Greger JR **86**, 357). Die StVollstrK (§ 462a) darf die Entscheidung erst treffen, wenn über die Aussetzung der Vollstreckung der Reste aller Strafen gleichzeitig entschieden werden kann, dh regelmäßig erst vor dem Ende der letzten Anschlussvollstreckung, bei Bestehen einer Sperre nach § 57 VII StGB grundsätzlich erst nach deren Ablauf (München MDR **87**, 782). Dann muss die Entscheidung aber so rechtzeitig vorliegen, dass über die Aussetzung der Strafreste Klarheit herrscht. Das Gericht ist zur gleichzeitigen Entscheidung hinsichtlich aller Strafen verpflichtet, deren Vollstreckung nach II unterbrochen worden ist; es darf die Entscheidung über eine oder mehrere dieser Strafen nicht aussetzen (Düsseldorf NStZ **83**, 286; StV **90**, 122; Hamm MDR **85**, 248). Bei der Entscheidung hat es die Voraussetzungen des § 57, 57a StGB für jede Freiheitsstrafe gesondert (Hamm MDR **87**, 512; Greger JR **86**, 356; Maatz MDR **85**, 801; zu § 35 BtMG vgl LG Osnabrück StV **87**, 210), aber auf Grund einer Gesamtschau zu prüfen, der die Umstände zZ der Entscheidung zugrunde zu legen sind. Das kann zu unterschiedlichen Entscheidungen führen (vgl ThürOLG StraFo **12**, 242, 244), etwa wenn eine günstige Sozialprognose die Reststrafaussetzung der zeitigen Freiheitsstrafe ermöglicht, die besondere Schuld aber nach § 57a I Nr 2 die weitere Vollstreckung der lebenslangen Freiheitsstrafe gebietet; um dies Ergebnis zu vermeiden, will Widmaier NStZ **10**, 593 hier erst mit Ablauf der von der StVollstrK festgesetzten Mindestverbüßungszeit unterbrechen. Eine entspr Anwendung des IV auf sonstige Fälle des Zusammentreffens des Vollzugs mehrerer Freiheitsstrafen (ohne Unterbrechung der Vollstreckung) kommt nicht in Betracht (Baier Paulus-FG 12 mwN; **aM** Düsseldorf JR **94**, 347 mit abl Anm Bringewat; Rostock StV **94**, 194). Dies gilt mit Rücksicht auf Wortlaut und Systematik des Gesetzes auch für II nicht unterfallende Halbstrafengesuche nach § 57 I Nr 2 StGB (Hamm NStZ **93**, 302; Oldenburg MDR **87**, 75; **aM** Jena NStZ **12**, 389; Stuttgart NStZ-RR **03**, 253;

Frankfurt NStZ-RR **97**, 95; Zweibrücken NStZ **89**, 592 = JR **90**, 211 mit abl Anm Wendisch).

Eine **Zurückstellung der Strafvollstreckung nach § 35 BtMG** kann – ab- 19 gesehen von den Fällen des III – erst erfolgen, wenn sämtliche gegen den betäubungsmittelabhängigen Mehrfachtäter erkannten Freiheitsstrafen, also auch die grundsätzlich zurückstellungsfähigen, zu $^2/_3$ verbüßt sind und nach II 1 Nr 2, IV über die Reststrafenaussetzung aller Strafen (negativ) entschieden worden ist (KG NStZ-RR **11**, 260). Die Unterbrechung der Vollstreckung der zurückstellungsfähigen Freiheitsstrafe vor dem $^2/_3$-Termin kommt nur bei Freiheitsstrafen bis einschließlich 2 Monaten und widerrufenen Strafresten (II S 2) sowie bei Anschlussvollstreckung von – grundsätzlich nicht zurückstellungsfähigen – Ersatzfreiheitsstrafen in Betracht (KG aaO).

5) Beschwerde: Ein die Aussetzung ablehnender Beschluss und die dagegen 20 eingelegte Beschwerde werden durch die Unterbrechung nach II gegenstandslos (Zweibrücken MDR **89**, 843; Saarbrücken NStZ-RR **16**, 31), anders aber bei Unzulässigkeit des Antrags (Düsseldorf Rpfleger **99**, 147). Sind mehrere StAen als VollstrBen zuständig, kann jede StA die Entscheidung nur hinsichtlich derjenigen Strafe anfechten, für die sie als VollstrB zuständig ist, das Beschwerdegericht auch nur insoweit entscheiden (Düsseldorf NStE Nr 17). Die Beschwerde der StA kann nach § 301 auch zu einer für den Verurteilten günstigeren Entscheidung führen (vgl Frankfurt NStZ-RR **96**, 221).

Strafausstand wegen Vollzugsuntauglichkeit

§ 455 I Die Vollstreckung einer Freiheitsstrafe ist aufzuschieben, wenn der Verurteilte in Geisteskrankheit verfällt.

II Dasselbe gilt bei anderen Krankheiten, wenn von der Vollstreckung eine nahe Lebensgefahr für den Verurteilten zu besorgen ist.

III Die Strafvollstreckung kann auch dann aufgeschoben werden, wenn sich der Verurteilte in einem körperlichen Zustand befindet, bei dem eine sofortige Vollstreckung mit der Einrichtung der Strafanstalt unverträglich ist.

IV ¹ Die Vollstreckungsbehörde kann die Vollstreckung einer Freiheitsstrafe unterbrechen, wenn

1. der Verurteilte in Geisteskrankheit verfällt,
2. wegen einer Krankheit von der Vollstreckung eine nahe Lebensgefahr für den Verurteilten zu besorgen ist oder
3. der Verurteilte sonst schwer erkrankt und die Krankheit in einer Vollzugsanstalt oder einem Anstaltskrankenhaus nicht erkannt oder behandelt werden kann

und zu erwarten ist, daß die Krankheit voraussichtlich für eine erhebliche Zeit fortbestehen wird. ² Die Vollstreckung darf nicht unterbrochen werden, wenn überwiegende Gründe, namentlich der öffentlichen Sicherheit, entgegenstehen.

1) Strafausstand wegen Vollzugsuntauglichkeit kann dem Verurteilten be- 1 willigt werden, dh die Vollstreckung der Freiheitsstrafe, auch einer lebenslangen, ist aufzuschieben, wenn sie noch nicht begonnen hatte (I–III), und der bereits begonnene Vollzug einer solchen Strafe kann unterbrochen werden (IV). Die Vorschrift trägt dem Spannungsverhältnis zwischen der Pflicht des Staates zur Durchsetzung des Strafanspruches und dem Interesse des Verurteilten an der Wahrung seiner Gesundheit Rechnung (BVerfG 2 BvR 1083/11 vom 6.6.2011; eingehend Zeitler Rpfleger **09**, 2051). Dabei gelten für die Strafunterbrechung strengere Anforderungen als für den Strafaufschub nach I und II; beide sind scharf voneinander zu unterscheiden (Koblenz StraFo **03**, 434). Die Unterbrechung ist im Gegensatz zum Strafaufschub sogar bei Vollzugsuntauglichkeit nicht zwingend vorgeschrieben; der

§ 455

Verurteilte hat kein Recht auf Unterbrechung, sondern nur auf fehlerfreie Ermessensausübung (unten 7). Ein Fall des Strafaufschubs, nicht der Unterbrechung, liegt auch vor, wenn bereits ein Teil der Strafe vollstreckt, der Vollzug dann unterbrochen worden war und nunmehr die Fortsetzung der Vollstreckung aufgeschoben wird (Hamm NJW **73**, 2075; LR-Graalmann-Scheerer 4; **am** Oldenburg NStZ **83**, 139; KMR-Stöckel 2). Zu den notwendigen Maßnahmen der Vollzugsanstalt bei einer Strafunterbrechung vgl § 46 StVollstO. Zur Anwendung des § 455 bei freiheitsentziehenden Sicherungsmaßregeln vgl § 463 I und IV. Die Strafunterbrechung bei Vollzug der Strafe durch die Bundeswehr regelt Art 6 EGWStG.

2 Die **Dauer des Strafausstands** lässt § 455, anders als § 456 II, offen. Sie hängt, auch im Fall des IV, von dem Wiedereintritt der Vollzugstauglichkeit ab. Der Strafausstand sollte gleichwohl nur für eine bestimmte Zeitdauer bewilligt und ggf verlängert werden. Zulässig ist auch ein neuer oder mehrmaliger Strafausstand. Vgl zum Ganzen Heischel, § 455 StPO – Die Haftverschonung aus Gesundheitsgründen in ihren rechtlichen Grundlagen und in der Praxis, 1998, zugl Diss Bochum 1997.

3 **2) Strafaufschub (I–III)** ist beim Vorliegen der folgenden Voraussetzungen teils zwingend vorgeschrieben (I, II), teils in das Ermessen der VollstrB gestellt (III):

4 A. **Geisteskrankheit (I):** Zum Strafaufschub zwingt nur eine geistige Erkrankung, die so schwer ist, dass der Verurteilte für einen Behandlungsvollzug nicht geeignet erscheint (München NStZ **81**, 240; **13**, 127: fortgeschrittene Demenz; weitergehend Volkart 13 ff). Bei in Schüben auftretender Geisteskrankheit wird Strafaufschub nur für die Dauer eines Schubes bewilligt (KK-Appl 6a).

5 B. Die **Besorgnis naher Lebensgefahr (II)** durch die Vollstreckung (Düsseldorf NJW **91**, 765; Schleswig SchlHA **93**, 230 [L/T]) zwingt auch gegen den Willen des Verurteilten zum Strafaufschub. Dabei genügt nicht die bloße Möglichkeit, dass sich die Krankheit lebensbedrohlich verschlechtern könnte (Düsseldorf aaO; Hamm MDR **76**, 778). Vielmehr ist hier ein höherer Grad von Wahrscheinlichkeit erforderlich, der uU bei noch sehr lange zu vollstreckenden Strafen bis an eine an Sicherheit grenzende Wahrscheinlichkeit heranreichen muss (München NStZ **81**, 240; vgl auch BVerfGE **51**, 324 = NJW **79**, 2349). Suizidgefahr löst besondere Sicherungsmaßnahmen nach zB Art 99 BayStVollzG, § 83 SächsStVollzG aus, nicht den Strafaufschub nach II (KG NStZ **94**, 255; Hamm NStZ-RR **10**, 191 L; Schleswig SchlHA **07**, 292 [D/D]; eingehend und krit dazu sowie allgemein zur Haftunfähigkeit Gatzweiler StV **96**, 283 sowie Neuhaus DAV-FS 1010).

6 C. **Unverträglichkeit der sofortigen Vollstreckung (III):** Gemeint ist ein körperlicher Zustand des Verurteilten, der einen Strafaufschub sowohl im Interesse der Vollzugsanstalt, der die Schwierigkeiten beim Vollzug erspart werden sollen, als auch in seinem eigenen geboten erscheinen lässt, etwa wenn die nötige ärztliche Behandlung in der Vollzugsanstalt (BGH **19**, 148, 150; Celle StraFo **11**, 524) nicht möglich wäre. Allerdings ist Strafaufschub nicht zwingend erforderlich, wenn der Strafantritt nur in einem Vollzugskrankenhaus durchgeführt werden kann, da es sich insoweit ebenfalls um eine Strafanstalt iSv III handelt (Hamm NStZ-RR **16**, 60). Der Strafaufschub nach III setzt voraus, dass die sofortige Vollstreckung gegen den Verhältnismäßigkeitsgrundsatz verstoßen würde (Litwinski/Bublies 28); das öffentliche Interesse an der alsbaldigen Strafvollstreckung ist zu berücksichtigen (BGH NJW **93**, 2927). Für schwangere Frauen gilt III idR nicht (LR-Graalmann-Scheerer 12). Die Entscheidung steht im pflichtgemäßen Ermessen der VollstrB (KG NStZ **94**, 255). Eine entsprechende Anwendung der Regelungen nach IV kommt wegen des grundsätzlichen Unterschieds zwischen Strafaufschub und Strafunterbrechung nicht in Betracht (Celle StraFo **11**, 524).

7 **3) Strafunterbrechung (IV)** kann die VollstrB nach pflichtgemäßem Ermessen bewilligen. Der Gefangene hat auf sie keinen Rechtsanspruch; er kann nur die fehlerfreie Ausübung des Ermessens verlangen (Hamm NStZ-RR **09**, 189 mwN). Die VollstrB muss im Einzelfall unter Abwägung aller Gesichtspunkte prüfen (vgl

BVerfG NStZ-RR 03, 345; KG StV 08, 87), ob die Unterbrechung geboten erscheint, weil folgende Voraussetzungen vorliegen:

A. **Geisteskrankheit (S 1 Nr 1):** Vgl oben 4.   8

B. **Besorgnis naher Lebensgefahr (S 1 Nr 2):** Vgl oben 5.   9

C. **Sonstige schwere Erkrankung (S 1 Nr 3):** Ein kranker Gefangener kann   10
nach in ein Anstaltskrankenhaus oder in eine für seine Pflege besser geeignete Vollzugsanstalt verlegt werden (vgl etwa Art 67 BayStVollzG, § 46 NRWStVollzG). Die Erkrankung rechtfertigt die Strafunterbrechung nur, wenn sie dort nicht erkannt oder nicht behandelt werden kann (Karlsruhe NStZ **91**, 53; Stuttgart StV **91**, 478). Durch IV werden daher nur schwerwiegende Fälle erfasst (vgl LG Ellwangen NStZ **88**, 330: Nicht Erkrankung an Aids). Das Grundrecht aus Art 2 II S 1 iVm Art 1 II GG kann darüber hinaus eine Strafunterbrechung bei einem todkranken Gefangenen gebieten (BVerfG 2 BvR 3012/10 vom 9.3.2010; Celle StraFo **10**, 351; Hamburg StraFo **06**, 300). Zu prüfen ist jedoch immer, ob es nicht ausreicht, den Gefangenen ohne Strafunterbrechung nach den entsprechenden Vorschriften der StVollzGe der Länder in Vollzugseinrichtungen oder in ein Krankenhaus außerhalb des Vollzugs zu verbringen (zB nach Art 67 BayStVollzG, § 46 SächsStVollzG; vgl ferner BVerfG 2 BvR 1083/11 vom 6.6.2011; NStZ-RR **03**, 345; München StV **97**, 262). Zur erforderlichen Abwägung – auch mit IV S 2 (unten 12) – vgl Jena StV **04**, 84. Eine Unterbrechung nach IV liegt nur vor, wenn die Vollstreckungsbehörde die Verfügungsgewalt über den Verurteilten vollständig aufgibt (Hamburg NStZ **99**, 589 mwN); sonst gilt § 461 I.

D. Für **erhebliche Zeit** muss die Erkrankung nach S 1 Nrn 1–3 voraussichtlich   11
fortbestehen. Dass der Verurteilte überhaupt oder auf absehbare Zeit nicht wieder vollzugstauglich wird, wird nicht vorausgesetzt. Erheblich kann auch eine Zeit sein, deren Ende vorauszusehen ist; sie muss nur so lang sein, dass es, auch unter Berücksichtigung der Reststrafdauer (München StraFo **03**, 323), angezeigt erscheint, den erkrankten Verurteilten aus dem Strafvollzug zu entlassen. Entspr der Regelung des § 45 II S 1 StrVollstrO wird darüber das Gutachten des zuständigen Amtsarztes einzuholen sein.

E. **Ausgeschlossen ist die Strafunterbrechung (S 2),** wenn überwiegende   12
Gründe, insbesondere der öffentlichen Sicherheit, entgegenstehen (vgl § 45 I Hs 2 StVollstrO). Das ist der Fall, wenn der Verurteilte trotz oder gerade wegen seiner Erkrankung so gefährlich ist, dass es im Interesse der Allgemeinheit geboten erscheint, den Strafvollzug fortzusetzen und ihn in einem Anstaltskrankenhaus zu behandeln oder unter Aufrechterhaltung des Strafvollzugs in ein anderes Krankenhaus zu verlegen. In Betracht kommen insbesondere Fluchtgefahr und die Gefahr der Begehung weiterer erheblicher Straftaten (krit dazu Neuhaus DAV-FS 1025). Vgl auch 3 zu § 455a.

F. Bei **Vollzug durch Bundeswehrbehörden** ist die Unterbrechung der Voll-   13
streckung eines Strafarrests und einer Freiheitsstrafe unter den Voraussetzungen des Art 6 EGWStG zulässig (§ 45 III StVollstrO).

G. **Verfahren bei der Strafunterbrechung:** Während der Strafaufschub form-   14
los durch Hinausschieben des Strafantritts erfolgen kann, bedarf die Strafunterbrechung einer förmlichen Anordnung, die der Vollzugsbehörde und dem Verurteilten, sofern er zur Entgegennahme in der Lage ist, bekanntgegeben wird (§ 46 I StVollstrO). War der Verurteilte bereits vor der Unterbrechung in eine Krankenanstalt, in ein psychiatrisches Krankenhaus oder in eine entspr Einrichtung verbracht worden, so wird die Vollstreckungsunterbrechung mit dem Zugang der Mitteilung bei der Anstalt wirksam (§ 46 III S 2 Hs 2 StVollstrO). Mit rückwirkender Kraft kann die Unterbrechung nicht angeordnet werden (Schleswig SchlHA **57**, 81; LR-Graalmann-Scheerer 13 zu § 461). Die Unterbrechung endet, wenn Maßnahmen getroffen werden, die dazu dienen, den Verurteilten erneut unter die Verfügungsgewalt der VollstrB zu bringen. Dazu genügt zB die Bewachung durch Polizeibeamte vor dem Aufenthaltsraum in der Krankenanstalt (Celle MDR **68**, 782), aber

nicht schon Anfragen an das Krankenhaus nach dem Entlassungszeitpunkt usw (Stuttgart NStZ **89**, 552). Grundsätzlich wird das Ende der Unterbrechung aber von der VollstrB ausdrücklich bestimmt.

15 **4) Zuständig** für die Entscheidung über den Strafausstand ist die VollstrB (§ 451 I; dort 2). Sie entscheidet auf Antrag des Verurteilten oder von Amts wegen. Mit Rücksicht auf die neuere Rspr des BGH und des BVerfG ist dem Gefangenen im Falle **menschenunwürdiger Haftbedingungen** entsprechend § 455 ein Recht zuzugestehen, die Unterbrechung – bzw die Aufschiebung – der Strafe zu beantragen; denn wenn der BGH eine Pflicht des Staates postuliert, in einem solchen Fall auf die Durchsetzung des Strafanspruchs zu verzichten (BGH StraFo **11**, 157), dürfte dem ein entspr Recht des Gefangenen auf Rechtsschutz korrespondieren (siehe BVerfG StraFo **11**, 142). Insofern muss die Strafvollstreckung notfalls unterbrochen werden, wenn die Vollzugsanstalt selbst unter Berücksichtigung all ihrer Möglichkeiten – einschließlich der Verlegung in eine andere Haftanstalt – menschenwürdige Bedingungen nicht herzustellen vermag (BGH aaO).

16 **5) Rechtsbehelfe:** Der Verurteilte kann gegen die Entscheidung der VollstrB Dienstaufsichtsbeschwerde einlegen oder bei Gericht Einwendungen erheben, über die nach § 458 II zu entscheiden ist (Karlsruhe NStZ **88**, 525). Gegen die gerichtliche Entscheidung ist sofortige Beschwerde zulässig (§ 462 III S 1). Im Fall des Strafaufschubs werden weder die Einwendungen noch die sofortige Beschwerde deshalb gegenstandslos, weil die Strafvollstreckung gegen den Verurteilten inzwischen begonnen hat (Schleswig MDR **83**, 865; KK-Appl 17; erg 9 zu § 456). Im Fall der Strafunterbrechung hat die sofortige Beschwerde der StA gegen den Gerichtsbeschluss, der die Unterbrechung nach § 458 II anordnet, aufschiebende Wirkung (§ 462 III S 2).

Strafausstand aus Gründen der Vollzugsorganisation

§ 455a **I Die Vollstreckungsbehörde kann die Vollstreckung einer Freiheitsstrafe oder einer freiheitsentziehenden Maßregel der Besserung und Sicherung aufschieben oder ohne Einwilligung des Gefangenen unterbrechen, wenn dies aus Gründen der Vollzugsorganisation erforderlich ist und überwiegende Gründe der öffentlichen Sicherheit nicht entgegenstehen.**

II Kann die Entscheidung der Vollstreckungsbehörde nicht rechtzeitig eingeholt werden, so kann der Anstaltsleiter die Vollstreckung unter den Voraussetzungen des Absatzes 1 ohne Einwilligung des Gefangenen vorläufig unterbrechen.

1 **1) Aus Gründen der Vollzugsorganisation (I)** lässt die Vorschrift (eingehend dazu Fabricius StV **98**, 447) Strafaufschub und Strafunterbrechung zu. Gründe, die in der Person des Verurteilten liegen, rechtfertigen den Strafausstand nicht (KG NStZ **83**, 334). I bezweckt in 1. Hinsicht, dem Verbot der Überbelegung der Vollzugsanstalten (zB Art 172 BayStVollzG), dem für eine menschenwürdige Unterbringung besondere Bedeutung zukommt, schon im Bereich der Strafvollstreckung Geltung zu verschaffen; die Verlegungsermächtigung nach den StVollzGn der Länder (zB Art 10 BayStVollzG, § 11 HStVollzG) wird durch I ergänzt. Die Unterbrechung kann auch notwendig werden, wenn Platz für Gefangene schwererer Kriminalität geschaffen werden muss (KG aaO) oder wenn der plötzliche Ausfall einer JVA (zB infolge von Brand oder Baufälligkeit) oder die unvorhersehbare Verminderung ihrer Belegungsfähigkeit als Folge von Katastrophen oder Unglücksfällen, auch von Seuchen, die Strafvollstreckung unmöglich macht. Die Unterbrechung des Vollzugs zur Vollstreckung von UHaft regelt § 116b S 2.

2 **Überwiegende Gründe der öffentlichen Sicherheit** stehen dem Strafausstand entgegen. Sie können allgemeiner Art sein oder in der Person des Gefangenen liegen. Allgemein kann die Verteidigung der Rechtsordnung es verbieten, bei

Überbelegung einer JVA einen allzu weitgehenden Vollzugsstopp anzuordnen. Ist die Räumung einer JVA unvermeidbar, so wird idR nicht die Freilassung sämtlicher Gefangener in Betracht kommen. Im Einzelfall kann bei einem Verurteilten die Besorgnis, dass er bei Aufschub oder Unterbrechung der Vollstreckung neue erhebliche Straftaten begehen oder sich nachhaltig dem Vollzug entziehen werde, dem Strafausstand entgegenstehen (KK-Appl 3).

Der **Einwilligung des Verurteilten** bedarf es nicht, wenn die Vollstreckung 3 unterbrochen werden soll (I). Im Fall des Strafaufschubs ist sie ebenfalls nicht erforderlich; denn der Verurteilte hat keinen Anspruch auf sofortige Vollstreckung der Strafe.

Zuständig für die Anordnung ist die VollstrB (§ 451 I), die die Zustimmung 4 der LJV einholen muss, sofern das zeitlich möglich ist (§ 46a I StVollstrO). Die Geschäfte sind nach § 31 II S 1 **RPflG** dem Rechtspfleger übertragen, der aber nach § 46a I StVollstrO die Zustimmung der obersten Justizbehörde einzuholen hat.

2) Die **Unterbrechung in Eilfällen (II)** darf der Anstaltsleiter unter den Vor- 5 aussetzungen des I ohne Einwilligung des Gefangenen anordnen. Er nimmt dabei als eine Art Not-VollstrB (LR-Graalmann-Scheerer 4) die Aufgaben der VollstrB wahr, die er unverzüglich von seiner Anordnung zu unterrichten hat (§ 46a II S 1 StVollstrO). Da die Anordnung nur vorläufiger Art ist, muss die VollstrB über die Fortdauer der Strafunterbrechung oder deren Befristung entscheiden, sobald ihr das möglich ist.

3) **Rechtsbehelfe:** Die Anordnung nach I ist unanfechtbar; sie beschwert den 6 Verurteilten selbst dann nicht, wenn die Unterbrechung ohne seine Einwilligung angeordnet worden ist (KG NStZ **83,** 334; **aM** KK-Appl 6; KMR-Stöckel 10; Laubenthal/Nestler 219: §§ 23 ff EGGVG). Gegen die Anordnung nach II scheidet ein Rechtsbehelf schon deshalb aus, weil diese Entscheidung alsbald durch eine Entscheidung der VollstrB ersetzt wird (oben 5).

Vorübergehender Aufschub

456 I Auf Antrag des Verurteilten kann die Vollstreckung aufgeschoben werden, sofern durch die sofortige Vollstreckung dem Verurteilten oder seiner Familie erhebliche, außerhalb des Strafzwecks liegende Nachteile erwachsen.

II **Der Strafaufschub darf den Zeitraum von vier Monaten nicht übersteigen.**

III **Die Bewilligung kann an eine Sicherheitsleistung oder andere Bedingungen geknüpft werden.**

1) Einen **Vollstreckungsaufschub in Härtefällen (I)** lässt die Vorschrift zu, 1 keine Vollstreckungsunterbrechung (BGH **19,** 148, 150; **aM** Volckart NStZ **82,** 496). Der Aufschub muss sich nicht auf den 1. Strafantritt beziehen; auch der Aufschub der Vollstreckung des Strafrests fällt unter die Vorschrift, gleichgültig, weshalb die Vollstreckung unterbrochen worden war (LR-Graalmann-Scheerer 3). Nicht anwendbar ist § 456 allerdings, wenn unmittelbar nach Unterbrechung der Vollstreckung einer Strafe zu deren $^2/_3$-Zeitpunkt eine Anschlussvollstreckung einsetzt (Hamm NStZ-RR **11,** 221 f).

Für alle **Strafarten** gilt die Vorschrift, auch für die Geldstrafe (Schleswig 2 SchlHA **76,** 13), für die aber wegen der weitergehenden Aufschubmöglichkeit nach § 459a keine praktische Bedeutung hat, sowie für Nebenstrafen und Nebenfolgen, die einer Vollstreckung bedürfen (vgl § 459g 1 ff). Auf Sicherungsmaßregeln, mit Ausnahme der Sicherungsverwahrung, ist § 456 entspr anzuwenden (§ 463 I, IV S 3). Für die Ersatzfreiheitsstrafe gilt die besondere Regelung des § 459f (dort 1). Auch auf Nebenstrafen oder Nebenfolgen, die mit der Rechtskraft ohne weiteres wirksam werden, ist § 456 nicht anwendbar (Isak/Wagner 677); das

Schmitt 1839

§ 456

gilt für das Fahrverbot nach § 44 StGB (AG Mainz MDR **67**, 683; Pohlmann Rpfleger **67**, 380), den Verlust von Fähigkeiten und Rechten nach § 45 StGB und den Rechtsübergang bei Einziehung (§ 75 I StGB). Für das Berufsverbot nach § 70 StGB gilt die Sonderregelung des § 456c.

3   Der Aufschub setzt voraus, dass dem Verurteilten oder seiner Familie andernfalls **erhebliche, außerhalb des Strafzwecks liegende Nachteile** erwachsen. Es müssen Nebenwirkungen eintreten, die über das gewöhnliche Strafübel hinausgehen und bei später einsetzender Strafvollstreckung vermeidbar wären (Düsseldorf VRS **84**, 463; LG Itzehoe StV **93**, 206; Heimann StV **01**, 56). Nachteile, die auch nach 4 Monaten noch bestehen, rechtfertigen den Aufschub nicht (Schleswig NStZ **92**, 558), sondern können nur Anlass für einen Gnadenerweis geben (Düsseldorf JR **92**, 435). Ein außerhalb des Strafzwecks liegender Nachteil iS des I liegt zB vor, wenn der Verurteilte einen Betrieb leitet und keinen eingearbeiteten Vertreter hat (Düsseldorf NJW **66**, 1767; Frankfurt NStZ **89**, 93; vgl aber Schleswig aaO), wenn er eine berufliche Tätigkeit an einen Nachfolger geordnet übergeben muss (Stuttgart StV **12**, 736), wenn er kurz vor dem Abschluss der Berufsausbildung steht, wenn er als Student dadurch ein Semester nicht erfolgreich absolvieren kann (LG Bochum DtV **08**, 88), wenn er auf dem elterlichen Hof zur Ernteeinbringung benötigt wird (Volckart NStZ **82**, 496) oder wenn seine Ehefrau im Krankenhaus liegt und niemand die Kinder warten kann (vgl Zweibrücken NJW **74**, 70).

4   Nur auf **Antrag** kann der Strafaufschub bewilligt werden. Bei Freiheitsstrafen muss der Antrag vor Beginn des Vollzugs gestellt werden (Schleswig SchlHA **00**, 149 [D]). Wird vor der Entscheidung über den Antrag mit dem Vollzug begonnen, so lautet die nachträgliche Entscheidung gleichwohl nicht auf Unterbrechung, sondern auf Aufschub der Vollstreckung (vgl Hamm NJW **73**, 2075; Zweibrücken aaO; Stuttgart NStZ **85**, 331; Litwinski/Bublies 29).

5   Einen **Rechtsanspruch** auf Vollstreckungsaufschub hat der Verurteilte nicht. Die Entscheidung wird nach pflichtgemäßem Ermessen getroffen (Heimann aaO). Auch wenn die Voraussetzungen des I vorliegen, kann der beantragte Strafaufschub zu versagen sein, wenn der Strafzweck die sofortige Vollstreckung erfordert (Lemberg DRiZ **65**, 265; **aM** Lorenz DRiZ **64**, 95).

6   **2) Nicht länger als 4 Monate (II)** darf der Strafaufschub dauern. Die nach § 43 zu bestimmende Frist beginnt nach jetzt ganz hM an dem Tag, zu dem der Verurteilte zum Strafantritt geladen worden ist (Düsseldorf JR **92**, 435 mwN; Heimann StV **01**, 55 mwN) oder an dem er nach einer Strafunterbrechung in die Anstalt zurückkehren soll (Volckart 18). Die Frist endet unter allen Umständen 4 Monate nach diesem Zeitpunkt, selbst wenn bis dahin über den Antrag nach I nicht entschieden worden ist (Düsseldorf VRS **88**, 52; Stuttgart MDR **82**, 601). Wenn erst nach Beginn der Vollstreckung über den Antrag entschieden wird, bleibt aber die schon verbüßte Zeit außer Betracht (Stuttgart NStZ **85**, 331; KK-Appl 7). Ein Strafaufschub über die Frist des II hinaus kann nur im Gnadenweg bewilligt werden (Stuttgart aaO); das Gleiche gilt für mehrfache Strafaufschübe über 4 Monate hinaus (Hamburg NJW **69**, 671).

7   **3) An Sicherheitsleistung oder andere Bedingungen (III)** kann die Bewilligung des Strafaufschubs geknüpft werden. Für die Sicherheitsleistung gelten die §§ 116 I Nr 4; 116a I, II, 123, 124 entspr. Den Verfall der Sicherheit nach § 124 darf nur das Gericht anordnen. Eine andere Bedingung ist zB die Meldepflicht bei der Polizei. Unzulässig ist die Auferlegung einer Geldbuße (LG Frankfurt aM NJW **54**, 287 L).

8   **4) Zuständig** für die Anordnung ist die VollstrB (§ 451 I). Die Geschäfte sind nach § 31 II S 1 **RPflG** auf den Rechtspfleger übertragen (2 zu § 451).

9   **5) Rechtsbehelfe:** Gegen die Entscheidung des Rechtspflegers können bei Gericht (§ 31 VI S 1 **RPflG**) Einwendungen nach § 458 II erhoben werden, die nicht deshalb gegenstandslos werden, weil inzwischen mit der Vollstreckung be-

gonnen worden ist (Hamm NJW 73, 2075; Stuttgart NStZ 85, 331; Zweibrücken NJW 74, 70 mit Anm Kaiser; **aM** München NStZ 88, 294 mit abl Anm Preusker; erg 16 zu § 455). Die gerichtliche Entscheidung ist nach § 462 III mit der sofortigen Beschwerde anfechtbar, bei deren Begründetheit das Beschwerdegericht den Aufschub selbst bewilligt (Karlsruhe StV 00, 213).

Absehen von Vollstreckung bei Auslieferung, Überstellung oder Ausweisung

456a [I] **Die Vollstreckungsbehörde kann von der Vollstreckung einer Freiheitsstrafe, einer Ersatzfreiheitsstrafe oder einer Maßregel der Besserung und Sicherung absehen, wenn der Verurteilte wegen einer anderen Tat einer ausländischen Regierung ausgeliefert, an einen internationalen Strafgerichtshof überstellt oder wenn er aus dem Geltungsbereich dieses Bundesgesetzes abgeschoben, zurückgeschoben oder zurückgewiesen wird.**

[II] [1] **Kehrt der Verurteilte zurück, so kann die Vollstreckung nachgeholt werden.** [2] **Für die Nachholung einer Maßregel der Besserung und Sicherung gilt § 67c Abs. 2 des Strafgesetzbuches entsprechend.** [3] **Die Vollstreckungsbehörde kann zugleich mit dem Absehen von der Vollstreckung die Nachholung für den Fall anordnen, dass der Verurteilte zurückkehrt, und hierzu einen Haftbefehl oder einen Unterbringungsbefehl erlassen sowie die erforderlichen Fahndungsmaßnahmen, insbesondere die Ausschreibung zur Festnahme, veranlassen; § 131 Abs. 4 sowie § 131a Abs. 3 gelten entsprechend.** [4] **Der Verurteilte ist zu belehren.**

1) Zweck der Vorschrift, dem vollstreckungsrechtlichen Gegenstück zu 1 § 154b II, III, ist nicht ausschließlich, die JVAen von der Last der Vollstreckung von Strafen gegen Ausländer zu befreien (so aber Hamm NStZ 83, 524). Die Strafvollstreckung gegen Ausländer, die demnächst ausgeliefert oder ausgewiesen werden sollen, ist unter den Gesichtspunkten der Resozialisierung und der Sicherung vor gefährlichen Straftätern ohnehin wenig sinnvoll (vgl Groß StV 87, 36). Besteht die Möglichkeit, die Strafe oder Maßregel nach § 71 IRG oder dem ÜberstellungsÜbk (Einl 215c; 8 vor § 449) im Ausland vollstrecken zu lassen, so ist § 456a nicht anwendbar (Groß StV 87 39; **aM** Giehring StASchlH-FS 500). Die Vorschrift kann nun auch auf Deutsche Anwendung finden, nachdem Art 16 II S 2 GG auch deren Auslieferung gestattet (BVerfG NJW 04, 356).

2) Absehen von der Vollstreckung (I): 2

A. **Auslieferung, Überstellung und Ausweisung.** Die Auslieferung richtet 3 sich nach §§ 2ff IRG, die Überstellung nach §§ 2ff des IStGHG vom 21.6.2002 (BGBl I 2144) an einen internationalen Strafgerichtshof (dazu Einl 207a, 207b), die Ausweisung nach §§ 53, 54 AufenthG. Ihr steht die Abschiebung nach § 58 AufenthG und die Zurückschiebung nach § 57 AufenthG gleich, ebenso die Pflicht zur Ausreise nach § 50 AufenthG (Hamm NStZ 83, 524). Anwendbar ist I nur, wenn diese Maßnahmen bereits bestandskräftig angeordnet worden und demnächst auch durchgeführt werden sollen (LR-Graalmann-Scheerer 10).

B. **Ganz oder teilweise** kann von der Vollstreckung einer Strafe, auch einer 4 Ersatzfreiheitsstrafe, oder Sicherungsmaßregel abgesehen werden, dh schon vor Beginn oder in Unterbrechung der Vollstreckung. Im Fall des § 69 StGB gestattet I, auf die Herausgabe des Führerscheins zu verzichten (Groß StV 87, 37, auch zur entspr Anwendung auf das Fahrverbot nach § 44 StGB).

C. Im **Ermessen der VollstrB (§ 451 I)** steht die Anwendung des I. Entschei- 5 dungen des Gerichts nach §§ 57, 57a StGB sind nicht bindend; die Begründung des Gerichtsbeschlusses kann aber ins Gewicht fallen (Groß StV 87, 37ff); einer Aussetzung nach § 57 I StGB kann eine nach § 456a getroffene Maßnahme nicht entgegen (Düsseldorf NStZ 00, 333; Karlsruhe StV 00, 322 mwN; Stuttgart StV 99, 276). Die Entscheidung, die von Amts wegen (vgl § 17 I

Schmitt 1841

§ 456a   Siebentes Buch. 1. Abschnitt

StVollstrO) oder auf Antrag des Verurteilten ergeht, muss die Interessen des Verurteilten gegen die Gründe abwägen, die gegen ein Absehen von der Vollstreckung sprechen; das muss in dem schriftlichen Bescheid zum Ausdruck kommen, damit seine gerichtliche Prüfung möglich ist (Bremen StV **89**, 27; Celle NStZ **81**, 405; Karlsruhe Justiz **00**, 147). Zu berücksichtigen sind insbesondere die Umstände der Tat, die Schwere der Schuld, die Höhe des bisher verbüßten Teils der Strafe (KG StV **92**, 428; Bamberg StraFo **14**, 259: 2/3) und das öffentliche Interesse an einer nachhaltigen Vollstreckung (KG StraFo **12**, 337; Hamm NStZ **83**, 524; Karlsruhe StV **02**, 322; Groß StV **87**, 39; zu den Entscheidungskriterien im Einzelnen eingehend Giehring StASchlH-FS 482 ff), nicht aber, dass das Urteil „außerordentlich milde" war (Karlsruhe StraFo **09**, 83). Auch die familiäre und soziale Lage des Verurteilten ist zu berücksichtigen (Celle NStZ **81**, 405; Hamburg StV **96**, 328; Hamm aaO). Eine ungünstige Kriminalprognose ist nur insoweit von Bedeutung, als sie konkrete Rückschlüsse darauf zulässt, der Verurteilte werde alsbald wieder nach Deutschland einreisen und hier neue Straftaten begehen (Karlsruhe NStZ-RR **13**, 227; Bamberg StraFo **14**, 259). Die Länder haben Richtlinien erlassen (zB AV des JM BW Justiz **96**, 500; AV JM NdsRpfl **05**, 274; Rdschr JBlRP **01**, 212; GStA SchlH SchlHA **94**, 85; vollständiger Abdruck aller Richtlinien bei Schmidt, Verteidigung von Ausländern, 2. Aufl, 2005, Rn 421 ff), die das Absehen von der Vollstreckung grundsätzlich von der Verbüßung der Hälfte der Strafe abhängig machen (vgl Groß aaO). Bei Ablehnung des Absehens von der weiteren Vollstreckung einer lebenslangen Freiheitsstrafe muss nicht festgelegt werden, bis wann die Vollstreckung fortzusetzen ist (Frankfurt NStZ **93**, 303); eine Mindestverbüßungsdauer besteht auch hier nicht (Frankfurt NStE Nr 2). Der von der Nachholung (II) zu trennende **Widerruf** der Absehensentscheidung nach I ist in entsprechender Anwendung von § 49 VwVfG möglich (Hamm NStZ-RR **13**, 30 L).

5a   Auch in diesem Verfahren ist die **Bestellung eines Pflichtverteidigers** entspr § 140 II (dort 33) zulässig; zuständig ist entspr §§ 142 III Nr 3, 462a die StVollstrK (siehe Nürnberg StV **09**, 145 L zu § 141 IV aF).

6   3) Die **Nachholung der Vollstreckung (II)** ist zulässig, wenn der Verurteilte freiwillig (Dresden StraFo **15**, 344; KG NStZ-RR **04**, 312: eigene bewusste Entscheidung des Verurteilten; Abschiebung – dazu Celle StV **03**, 90 – oder Auslieferung durch einen fremden Staat genügt nicht, LG Berlin StV **87**, 258; **aM** Frankfurt NStZ-RR **96**, 93 bei vorheriger Durchreise) oder im Zustand der Unzurechnungsfähigkeit (KG JR **95**, 77) in die BRep zurückkehrt (S 1; zum Begriff der Rückkehr im einzelnen Düsseldorf StraFo **04**, 180: Hamburg JR **99**, 385); zum Beleg der Freiwilligkeit bedarf es entspr Feststellungen (Dresden aaO; vgl auch LG Dresden StraFo **15**, 345). Vollstreckungsverjährung nach § 79 StGB darf noch nicht eingetreten sein. Im Regelfall und ohne Vorliegen besonderer Umstände wird die Vollstreckung anzuordnen (Düsseldorf NStE Nr 4 mwN; Hamburg aaO; Karlsruhe NStZ-RR **15**, 264; Oldenburg NStZ **09**, 528) und die Vollstreckung nachzuholen sein (Frankfurt NStZ-RR **01**, 93 mit abl Anm Hammerstein StraFo **02**, 208); dies soll ausnahmsweise nicht gelten, wenn der Verurteilte allein deshalb nach Deutschland zurückkehrt, weil er sich einer durch die StrafVollstrK gem § 454 II angeordneten Begutachtung durch einen Sachverständigen unterziehen will (Oldenburg NStZ-RR **15**, 156; kritisch dazu Pohlreich ZStW **127**, 410, 420 ff). Für die Nachholung der Vollstreckung der Unterbringung gilt die Begrenzung des § 67c II StGB sinngemäß (S 2). Die Nachholung der Vollstreckung kann nach S 3 schon bei der Anordnung nach I verfügt werden. Gleichzeitig kann schon ein Haft- oder Unterbringungsbefehl, der bei der Rückkehr des Verurteilten ohne weiteres vollstreckt werden kann, erlassen werden. Ferner kann die VollstrB eine Ausschreibung zur Festnahme oder zur Aufenthaltsermittlung anordnen; dabei gelten die Vorschriften über die Bezeichnung der gesuchten Person (§ 131 IV) und über die Voraussetzungen einer Öffentlichkeitsfahndung (§ 131a III) entspr (S 3).

7   Ob sie von der Ermächtigung des II S 3 Gebrauch macht, steht im **Ermessen der VollstrB** (KG JR **95**, 78; Karlsruhe NStZ **94**, 254). Maßgebend für die Ent-

scheidung sind die Höhe des Strafrests, die Schwere der Tat, die Gefährlichkeit des Verurteilten und die Wahrscheinlichkeit seiner Rückkehr (Hamm Rpfleger 86, 358). Der Grundsatz der Verhältnismäßigkeit zu berücksichtigen (Dresden StraFo 15, 394). Die Anordnung der Nachholung wird gegenüber einem Verurteilten, dessen Heimatland zwischenzeitlich der EU beigetreten ist, nicht unter dem Gesichtspunkt der Freizügigkeit von EU-Bürgern rechtswidrig (München NStZ-RR 14, 158).

Über die Folgen, die er bei seiner Rückkehr zu gewärtigen hat, ist der Verurteilte vor der Entlassung eindeutig (Karlsruhe Justiz 99, 345) zu **belehren** (S 4), und zwar in einer ihm verständlichen Sprache (§ 17 II S 2 StVollstrO); die Rechtsmittelbelehrung kann der Vollzugsanstalt übertragen werden (§ 17 II S 4 StVollstrO). Die Nachholung der Vollstreckung ist grundsätzlich unzulässig, wenn die Belehrung unzureichend war (Karlsruhe NStZ 99, 222; LG Bayreuth StV 11, 423) oder ganz unterblieben ist (Stuttgart Rpfleger 81, 120). Wird die Belehrung aber nachgeholt, ist die Vollstreckung zulässig, wenn der Verurteilte vor dem weiteren Vollzug der Strafe Gelegenheit hatte, sein Verhalten, insbesondere sein Verbleiben in der BRep, darauf einzurichten (Karlsruhe NStZ 94, 254). Seinem Antrag auf Aussetzung des Vollstreckungshaftbefehls für die Dauer des Verfahrens nach § 454 ist grundsätzlich zu entsprechen (Stuttgart StraFo 11, 114; aM Karlsruhe StV 05, 677 mit abl Anm Heghmanns). 8

4) Rechtsbehelfe: Gegen den ablehnenden Bescheid der VollstrB nach I ist nach durchgeführtem Beschwerdeverfahren nach § 21 StVollstrO (5 zu § 24 EGGVG) der Antrag nach 23 EGGVG zulässig (Karlsruhe NStZ 12, 655; KG StraFo 12, 337; Celle StV 00, 380; Hamburg NJW 75, 1132; Stuttgart StV 93, 258; aM Stuttgart StraFO 11, 114, das – mit dem Wortlaut jedoch nicht vereinbar – § 458 II anwenden will, falls zugleich beantragt wird, die Nachholung der Vollstreckung einstweilen auszusetzen). Dies gilt auch, wenn der Widerruf einer Entscheidung der StA nach I angefochten wird (Hamm NStZ-RR 13, 30 L). Allerdings hat das OLG nur zu prüfen, ob StA und GStA, der aber seinerseits auf die Vorschaltbeschwerde eine eigene abschließende Sachentscheidung zu treffen hat (KG aaO), von einem zutr Sachverhalt ausgegangen sind und von ihrem Ermessen in rechtlich nicht zu beanstandender Weise Gebrauch gemacht haben (KG aaO; NStZ 09, 527; StV 09, 594; Koblenz NStZ 96, 255; Stuttgart aaO; erg 10 zu § 28 EGGVG). Das Absehen von der Vollstreckung ist vom Verurteilten nicht anfechtbar (Frankfurt NStZ-RR 99, 126). Gegen die Anordnung nach II kann er Einwendungen erheben, über die das nach § 462a zuständige Gericht nach §§ 458 II, 462 entscheidet, wenn sein Antrag dahingehend auszulegen ist, dass damit auch die ablehnende Entscheidung, die Nachholung der Vollstreckung auszusetzen, überprüft werden soll (Stuttgart StraFo 11, 114; Oldenburg NStZ-RR 15, 156). 9

5) Die **Abänderung** eines Bescheides nach I kann zum Nachteil des Verurteilten entspr § 49 VwVfG nur erfolgen, wenn neue Tatsachen eingetreten sind, die solches Gewicht haben, dass sie der ursprünglichen Entscheidung die Grundlage entziehen (Karlsruhe NStZ 08, 222). 10

456b (weggefallen)

Aufschub und Aussetzung des Berufsverbotes

456c I ¹Das Gericht kann bei Erlaß des Urteils auf Antrag oder mit Einwilligung des Verurteilten das Wirksamwerden des Berufsverbots durch Beschluß aufschieben, wenn das sofortige Wirksamwerden des Verbots für den Verurteilten oder seine Angehörigen eine erhebliche, außerhalb seines Zweckes liegende, durch späteres Wirksamwerden vermeidbare

§ 456c

Härte bedeuten würde. ²Hat der Verurteilte einen gesetzlichen Vertreter, so ist dessen Einwilligung erforderlich. ³§ 462 Abs. 3 gilt entsprechend.

II Die Vollstreckungsbehörde kann unter denselben Voraussetzungen das Berufsverbot aussetzen.

III ¹ Der Aufschub und die Aussetzung können an die Leistung einer Sicherheit oder an andere Bedingungen geknüpft werden. ²Aufschub und Aussetzung dürfen den Zeitraum von sechs Monaten nicht übersteigen.

IV Die Zeit des Aufschubs und der Aussetzung wird auf die für das Berufsverbot festgesetzte Frist nicht angerechnet.

1 1) Das **erkennende Gericht (I)** kann das (nach § 70 IV S 1 StGB erst mit der Urteilsrechtskraft eintretende) Wirksamwerden des Berufsverbots nach § 70 StGB durch besonderen Beschluss aufschieben. Die Vorschrift ergänzt § 456; auf das Fahrverbot nach § 44 StGB ist sie nicht entspr anwendbar (AG Mainz MDR **67**, 683; Bode NZV **98**, 442; Mürbe DAR **83**, 45; **aM** Sch/Sch-Stree 20 zu § 44 StGB).

2 Auf **Antrag** des Angeklagten oder von Amts wegen, auch auf Anregung der StA, wird die Entscheidung getroffen. Hat der Angeklagte sie nicht selbst beantragt, so ist seine Einwilligung erforderlich; bei gesetzlicher Vertretung muss stets auch der gesetzliche Vertreter zustimmen **(I S 2)**.

3 Nur **bei Erlass des Urteils** kann das Gericht den Aufschub beschließen, also in der Hauptverhandlung in der dafür vorgeschriebenen Besetzung. Nach Verkündung des Urteils darf der Beschluss nicht mehr ergehen. Er braucht aber nicht zugleich mit dem Urteil verkündet zu werden, sondern kann schriftlich bekanntgemacht werden (KK-Appl 2). Das Berufungsgericht, das über die Berufung sachlich entscheidet, kann einen von dem des I. Gerichts abweichenden Beschluss erlassen, auch wenn der Beschluss nicht angefochten war. Wird ein Antrag auf Aufschub abgelehnt, so muss der Beschluss nach § 34 mit Gründen versehen werden.

4 **Sachliche Voraussetzung** für den Aufschub des Verbots ist, dass sein sofortiges Wirksamwerden für den Verurteilten oder seine Angehörigen (zum Begriff vgl § 11 I Nr 1 StGB) eine erhebliche, außerhalb seines Zwecks liegende Härte bedeuten würde, die durch das spätere Wirksamwerden vermeidbar wäre (vgl 3 zu § 456). Härten, die Dritte durch das sofortige Wirksamwerden des Berufsverbots erleiden würden, sind nicht zu berücksichtigen (LR-Graalmann-Scheerer 4).

5 2) Nach **Urteilsrechtskraft (II)** kann die VollstrB (§ 451 I, dort 2) die Anordnung unter denselben Voraussetzungen treffen wie das Gericht. Im Gegensatz zum Gericht hat die VollstrB, die nicht nur aufschieben, sondern „aussetzen" darf, auch die Möglichkeit, die bereits eingetretene Wirksamkeit des Berufsverbots zu unterbrechen (KK-Appl 5). Sie kann die Aussetzung auch gewähren, wenn das Gericht den Aufschub abgelehnt hatte; das setzt aber das Vorliegen neuer tatsächlicher Umstände voraus (LR-Graalmann-Scheerer 11). Vor der Aussetzung, die nach § 55 II S 1 StVollstrO auch angeordnet werden darf, wenn dadurch einem öffentlichen Interesse an der vorübergehenden weiteren Berufsausübung Rechnung getragen werden kann, soll die VollstrB die zuständigen Behörden und berufsständischen Organisationen hören (§ 55 III StVollstrO).

6 3) An **Sicherheitsleistung und andere Bedingungen (III S 1)** können Aufschub und Unterbrechung geknüpft werden. Wegen der Sicherheitsleistung vgl 7 zu § 456. Andere Bedingungen sind zB solche, die im Ergebnis dazu führen, dass das Berufsverbot nur teilw aufgehoben wird, weil nur bestimmte Tätigkeiten erlaubt werden (KK-Appl 7). Die Auferlegung einer Geldbuße für den Fall der Zuwiderhandlung ist nicht statthaft.

7 4) **Nicht länger als 6 Monate (III S 2)** dürfen Aufschub und Aussetzung dauern. Die Frist beginnt an dem Tag, an dem das Berufsverbot wirksam wird, dh mit der Rechtskraft des Urteils (§ 70 IV S 1 StGB). Eine nachträgliche Verlänge-

rung der Anordnung durch das Gericht ist ausgeschlossen, auch wenn die Frist noch nicht ausgeschöpft war (LR-Graalmann-Scheerer 8). Die VollstrB dagegen kann den gerichtlich angeordneten Aufschub bis zu 6 Monaten verlängern. Sie kann auch wiederholt aussetzen; nur muss insgesamt, einschließlich des bereits vom Gericht bewilligten Aufschubs (vgl § 55 II S 2 StVollstrO), die Höchstdauer eingehalten werden. Ein Verstoß gegen III S 2 lässt die Wirksamkeit der Aussetzung unberührt.

5) Eine **Anrechnung (IV)** der Zeit des Aufschubs oder der Aussetzung auf die im Urteil nach § 70 I S 1 StGB für das Berufsverbot insgesamt festgesetzte Frist findet nicht statt. **8**

6) Rechtsbehelfe: Gegen die gerichtliche Bewilligung des Verbotsaufschubs nach I kann die StA sofortige Beschwerde nach § 462 III einlegen (I S 3). Hat das Gericht den Aufschub abgelehnt oder über einen Antrag bis zum Ende der Hauptverhandlung nicht entschieden, so sind StA und Verurteilter beschwerdeberechtigt. Von der Urteilsanfechtung ist die sofortige Beschwerde nicht abhängig. Gegen die Entscheidung der VollstrB nach II sind Gegenvorstellungen und Dienstaufsichtsbeschwerde (21 ff vor § 296) sowie Einwendungen nach § 458 II zulässig. Das Gericht kann eine einstweilige Anordnung treffen (§ 458 III S 2). Die gerichtliche Entscheidung ist nach § 462 III mit der sofortigen Beschwerde anfechtbar. **9**

Ermittlungshandlungen; Vorführungsbefehl, Vollstreckungshaftbefehl

457 I § 161 gilt sinngemäß für die in diesem Abschnitt bezeichneten Zwecke.

II ¹Die Vollstreckungsbehörde ist befugt, zur Vollstreckung einer Freiheitsstrafe einen Vorführungs- oder Haftbefehl zu erlassen, wenn der Verurteilte auf die an ihn ergangene Ladung zum Antritt der Strafe sich nicht gestellt hat oder der Flucht verdächtig ist. ²Sie kann einen Vorführungs- oder Haftbefehl auch erlassen, wenn ein Strafgefangener entweicht oder sich sonst dem Vollzug entzieht.

III ¹Im übrigen hat in den Fällen des Absatzes 2 die Vollstreckungsbehörde die gleichen Befugnisse wie die Strafverfolgungsbehörde, soweit die Maßnahmen bestimmt und geeignet sind, den Verurteilten festzunehmen. ²Bei der Prüfung der Verhältnismäßigkeit ist auf die Dauer der noch zu vollstreckenden Freiheitsstrafe besonders Bedacht zu nehmen. ³Die notwendig werdenden gerichtlichen Entscheidungen trifft das Gericht des ersten Rechtszuges.

1) Ermittlungshandlungen (I): Die der StA in § 161 eingeräumten Befugnisse stehen auch der VollstrB zu, zB Vernehmungen von Zeugen zum Verbleib der Tatbeute (Karlsruhe StraFo **05**, 479). Insbesondere dürfen die Maßnahmen, die im Erkenntnisverfahren zur Ergreifung des Beschuldigten zulässig sind, auch gegen den Verurteilten im Vollstreckungsverfahren benutzt werden, vor allem gegen einen Verurteilten, der sich nicht zum Strafantritt stellt, der Flucht verdächtig oder aus dem Strafvollzug entwichen ist (Hilger NStZ **92**, 526; Rieß NJ **92**, 497); § 96 gilt entspr (BT-Drucks 12/989 S 45). **1**

2) Zum Zweck der **zwangsweisen Einleitung der Vollstreckung von Freiheitsstrafen (II)** ermächtigt die Vorschrift die VollstrB (§ 451 I) zum Erlass eines Vorführungs- oder Haftbefehls. Die Geschäfte sind nach § 31 II S 1 **RPflG** auf den Rechtspfleger übertragen. § 457 gilt auch für die Vollstreckung von Ersatzfreiheitsstrafen (§ 50 I StVollstrO) und sinngemäß für die Vollstreckung von freiheitsentziehenden Sicherungsmaßregeln (§ 463 I). **2**

A. Voraussetzungen der Zwangsmaßnahmen: **3**

a) **Nichtbeachtung der Ladung zum Strafantritt (II S 1):** Der Vorschrift ist zu entnehmen, dass der auf freiem Fuß befindliche Verurteilte zum Antritt der **4**

§ 457

Strafe geladen werden muss (Frankfurt StraFo **05**, 259; Karlsruhe StraFo **05**, 261). In der Ladung wird ihm idR eine Frist gesetzt, innerhalb deren er sich in der JVA einzufinden hat (§ 27 II S 1 StVollstrO). Er kann aber auch zum sofortigen Strafantritt geladen werden, wenn die sofortige Vollstreckung geboten ist (§ 27 II S 2 StVollstrO). Die Ladung braucht nicht förmlich zugestellt zu werden (§ 27 III S 3 StVollstrO lässt sogar die mündliche Ladung gegenüber dem an Amtsstelle anwesenden Verurteilten zu). Zwangsmaßnahmen nach II S 1 sind aber nach § 33 I S 1 StVollstrO nur zulässig, wenn der Verurteilte sich trotz förmlicher Ladung ohne ausreichende Entschuldigung nicht an dem in der Ladung bestimmten Tag, bei der Aufforderung zum sofortigen Strafantritt nicht am Tag nach der Zustellung stellt (vgl BVerfG NStZ-RR **04**, 253; KK-Appl 5).

5 b) Bei **Fluchtverdacht (II S 1)** wird von der Ladung zum Strafantritt abgesehen und sofort ein Vorführungs- oder Haftbefehl erlassen. Fluchtverdacht besteht, wenn auf Grund bestimmter Taten (Geschäftsaufgabe, Passantrag, Veräußerung der Wohnungseinrichtung, Äußerung von Fluchtplänen uä) zu befürchten ist, dass der Verurteilte sich der Strafvollstreckung auf irgendeine Weise (nicht durch Suizid) entziehen werde. Der Fall, dass der Verurteilte bereits flüchtig ist oder sich verborgen hält, steht dem Fluchtverdacht selbstverständlich gleich, nach § 33 II Nr 2 StVollstrO auch der Fall, dass er sich nach mündlicher Eröffnung der Ladung weigert, die Strafe sofort anzutreten (dazu LR-Graalmann-Scheerer 15).

6 c) Die **Notwendigkeit der Zurückführung in den Strafvollzug (II S 2)** rechtfertigt ebenfalls den Erlass eines Vorführungs- oder Haftbefehls. Um Entweichen iS II S 2 handelt es sich, wenn sich der Gefangene aus der JVA oder bei Außenarbeiten unerlaubt entfernt. Das sonstige Sich-Entziehen liegt in dem unerlaubten Überschreiten der Befugnis, sich zeitweilig außerhalb des Gewahrsams der JVA aufzuhalten (Freigang, Urlaub, Ausgang). In beiden Fällen besteht ein Festnahmerecht der Vollzugsbehörde (zB nach Art 95 BayStVollzG, § 49 HStVollzG) und der Polizeibehörden (vgl § 13 III MEPolG). Eine Reihenfolge in der Ausübung der Befugnisse dieser Behörden und der VollstrB ist gesetzlich nicht vorgesehen. IdR wird die VollstrB abwarten, ob die Bemühungen der Vollzugsbehörde oder der Polizei erfolgreich sind. Verpflichtet ist sie dazu nicht.

7 d) **Vorsorgliche Anordnung von Zwangsmaßnahmen:** In Erweiterung des II lässt § 33 III StVollstrO zur Beschleunigung der Strafvollstreckung bereits bei der Ladung zum Strafantritt den Erlass eines Vorführungs- oder Haftbefehls für den Fall zu, dass sich der Verurteilte nicht fristgemäß oder nicht rechtzeitig stellt. Vollzogen werden dürfen diese Zwangsmaßnahmen aber erst, wenn der Verurteilte sich nicht bis zu dem in der Ladung bezeichneten Zeitpunkt gestellt hat oder wenn die Ladung nicht ausführbar und der Verdacht begründet ist, der Verurteilte werde sich der Vollstreckung zu entziehen versuchen.

8 B. **Zulässige Zwangsmaßnahmen** sind der Vorführungs- und der Haftbefehl. Sie sind dem Verurteilten, wenn möglich bei der Ergreifung, bekanntzugeben (§ 33 VI StVollstrO), idR durch Übergabe einer Ausfertigung des Vorführungs- oder Haftbefehls. Den notwendigen Inhalt bestimmt § 33 IV StVollstrO. Der Verhältnismäßigkeitsgrundsatz (Einl 20 ff) zwingt zur Anwendung weniger einschneidender Maßnahmen (Wohnungsanfrage, Suchvermerk nach § 25 **BZRG**, Ausschreibung zur Aufenthaltsermittlung uä), wenn sie Erfolg versprechen.

9 a) Der **Vollstreckungsvorführungsbefehl** zur Einleitung der Strafvollstreckung kommt nur in Betracht, wenn der Verurteilte am Ort oder nahe bei der JVA wohnt und voraussichtlich von dem Vorführungsbeamten in seiner Wohnung angetroffen wird. Andernfalls ist der Haftbefehl das geeignetere Zwangsmittel.

10 b) Den **Vollstreckungshaftbefehl** darf die VollstrB ohne Verstoß gegen Art 104 II S 1 GG erlassen, weil die nach dieser Vorschrift notwendige richterliche Entscheidung bereits in dem rechtskräftigen Urteil oder Strafbefehl enthalten ist; es handelt sich nur um die Durchführung einer vom Gericht angeordneten Freiheitsentziehung (BGH **13**, 97, 100; **23**, 380, 386). Die Vorschriften der §§ 112 ff sind auf den Vollstreckungshaftbefehl nicht anzuwenden (KK-Appl 2). § 457 betrifft auch keinen Fall der Verhaftung iS des § 310 I (dort 5). Ein Vollstreckungshaftbefehl ist aufzuheben, wenn sich herausstellt, dass aus einer ex-ante-Sicht seinen Erlass rechtfertigende Umstände in Wahrheit nicht bestehen und nicht bestanden haben (Dresden Rpfleger **08**, 389). Mit der Überführung des Verurteilten in Strafhaft wird der Vollstreckungshaftbefehl gegenstandslos (Hamm NStZ **82**, 524); er braucht dann nicht aufgehoben zu werden.

c) Die **Vollziehung** des Vorführungs- oder Haftbefehls erfolgt durch die Polizei, **11** bei Soldaten auch durch Feldjägereinheiten (§ 33 V S 1 StVollstrO). Die VollstrB kann die nach Art 35 GG amtshilfepflichtigen Polizeibehörden des eigenen Landes, nach Abschn I Abs 2 der Ländervereinbarung vom 13.1.1965 (abgedruckt bei Piller/Herrmann 2b Anh 1) aber auch unmittelbar die Polizeidienststellen anderer Bundesländer um die Ausführung von Vorführungs- und Haftbefehlen zum Zweck der Vollstreckung ersuchen. Zum Zweck der Ergreifung des Verurteilten darf seine Wohnung, nicht die eines Dritten, ohne richterlichen Durchsuchungsbefehl durchsucht werden (Düsseldorf NJW **81**, 2133; Bringewat StVollstr 8; zw KK-Appl 11; erg 6 zu § 105).

d) Eine **Ausschreibung zur Festnahme** nach § 131 I ist zulässig, wie sich aus **12** I (dazu oben 1) und III (dazu unten 13) ergibt (Soiné Kriminalistik **01**, 177).

3) Auch **sonstige Maßnahmen** darf die VollstrB ergreifen, wenn sie zur Fest- **13** nahme des Verurteilten bestimmt und geeignet sind (**III**). Hier kommt, falls die jeweiligen Voraussetzungen gegeben sind, die Rasterfahndung (§§ 98a ff), die Überwachung der Telekommunikation (§ 100a), der Einsatz technischer Mittel (§ 100f) oder Verdeckter Ermittler (§§ 110a ff) sowie die polizeiliche Beobachtung einer Kontaktperson (§ 163e I S 3) in Betracht (Rieß NJ **92**, 497). Auch eine Vermögensbeschlagnahme nach § 290 kommt in Betracht (KG NStZ-RR **14**, 231; Düsseldorf JMBlNW **97**, 34). Die Maßnahmen dürfen aber nicht zur Vollstreckung eines Sicherungshaftbefehls (§ 453c) angeordnet werden (Celle NStZ **10**, 107).

Neben den sonstigen Voraussetzungen ist besonders der **Grundsatz der Ver- 14 hältnismäßigkeit** in Bezug auf die Dauer der noch zu vollstreckenden Freiheitsstrafe zu beachten, wie III S 2 ausdrücklich betont. Somit muss bei einer Anordnung nach § 100a oder § 100g idR noch eine erhebliche Strafe zu vollstrecken sein (KG StraFo **08**, 239; Zweibrücken StV **01**, 305) und die besonders intensiven Fahndungsmaßnahmen nach §§ 100f, 100h dürfen nur in Ausnahmefällen eingesetzt werden.

Soweit hierbei **gerichtliche Entscheidungen** notwendig sind (zB nach § 110b **15** II), ist dafür nicht etwa die StVollstrK, sondern das Gericht des 1. Rechtszuges zuständig (III S 3); dies gilt auch für die Vollstreckung von Jugendstrafe (Celle StraFo **14**, 172). Die Anfechtbarkeit der von diesem getroffenen Entscheidungen richtet sich nach den jeweiligen Vorschriften (vgl etwa 10 zu § 98b).

4) **Rechtsbehelfe:** Einen Antrag auf gerichtliche Entscheidung gegen die **16** Zwangsmaßnahmen des II (zu denen des III oben 15) sieht die StPO nicht vor (vgl §§ 458 II, 459h, 462). Daher ist nur die Beschwerde nach § 21 StVollstrO und danach der Rechtsweg nach §§ 23 ff EGGVG gegeben (Celle StraFo **14**, 482; Karlsruhe NStZ **12**, 655; Düsseldorf Rpfleger **86**, 64; MDR **89**, 1016; Hamm NStZ **82**, 524; JMBlNW **89**, 244; Saarbrücken NJW **73**, 1010, 1012; **aM** Stuttgart StraFo **11**, 114). Nach der Überführung des Verurteilten in Strafhaft kann allenfalls ein Feststellungsantrag nach § 28 I S 4 EGGVG gestellt werden (Hamm aaO; MDR **87**, 519; Koblenz StraFo **06**, 86; 8 zu § 28 EGGVG).

Gerichtliche Entscheidungen bei Strafvollstreckung

458 I Wenn über die Auslegung eines Strafurteils oder über die Berechnung der erkannten Strafe Zweifel entstehen oder wenn Einwendun-

§ 458

gen gegen die Zulässigkeit der Strafvollstreckung erhoben werden, so ist die Entscheidung des Gerichts herbeizuführen.

II Das Gericht entscheidet ferner, wenn in den Fällen des § 454b Absatz 1 bis 3 sowie der §§ 455, 456 und 456c Abs. 2 Einwendungen gegen die Entscheidung der Vollstreckungsbehörde erhoben werden oder wenn die Vollstreckungsbehörde anordnet, daß an einem Ausgelieferten, Abgeschobenen, Zurückgeschobenen oder Zurückgewiesenen die Vollstreckung einer Strafe oder einer Maßregel der Besserung und Sicherung nachgeholt werden soll, und Einwendungen gegen diese Anordnung erhoben werden.

III 1 Der Fortgang der Vollstreckung wird hierdurch nicht gehemmt; das Gericht kann jedoch einen Aufschub oder eine Unterbrechung der Vollstreckung anordnen. ²In den Fällen des § 456c Abs. 2 kann das Gericht eine einstweilige Anordnung treffen.

1 1) Die **gerichtliche Entscheidung nach I** ergeht nicht von Amts wegen (Stuttgart Justiz **84**, 288; OLGSt Nr 1). Bei Zweifeln über die Auslegung eines Strafurteils oder über die Berechnung der Strafe muss die VollstrB die gerichtliche Entscheidung herbeiführen, bei Einwendungen des Verurteilten gegen die Zulässigkeit der Strafvollstreckung legt sie die Sache dem Gericht vor, wenn sie ihnen nicht abhilft (unten 6). I gilt entspr bei der Vollstreckung von Sicherungsmaßregeln (§ 463 I), bei der Vollstreckung von Geldstrafen hingegen § 459h (dort 1).

2 A. **Zweifel über die Auslegung eines Strafurteils** können sich auf den gesamten Strafausspruch, aber auch auf einen Teil von ihm, insbesondere auf Nebenstrafen und Nebenfolgen (BGH **8**, 66; MDR **64**, 940), nach Düsseldorf NStZ-RR **00**, 287 auch auf den Kostenausspruch beziehen. Nach I sind auch Widersprüche zwischen Urteilsausspruch und Gründen zu klären.

3 B. **Zweifel über die Berechnung der erkannten Strafe:** Die Strafzeitberechnung ist nach §§ 37 ff StVollstrO Aufgabe der VollstrB. Wenn sie Zweifel hat, legt sie ihre Berechnung dem Gericht vor, das dann an ihrer Stelle die Strafzeit berechnen muss (BVerfG NStZ-RR **03**, 379). I ist auch anwendbar, wenn das Urteil keine oder keine klare Bestimmung über Auswirkungen und Umfang der Anrechnung von UHaft nach § 51 StGB, § 52a JGG oder einer anderen Freiheitsentziehung enthält oder wenn hierüber sonst Zweifel bestehen (BGH **24**, 29; Düsseldorf JMBlNW **95**, 215; Zweibrücken NJW **75**, 509; vgl aber Celle NStZ **10**, 108: nicht mehr nach Entlassung aus dem Justizvollzug), auch bei Zweifeln über das Vorliegen der Voraussetzungen des § 450a (BGH **8**, 34, 36). Sinngemäß ist I auf den Fall angewendet worden, dass zweifelhaft ist, ob bei der unterbrochenen Vollstreckung mehrerer zeitiger Freiheitsstrafen die Summe der Strafen 15 Jahre überschreiten darf (Hamm NJW **71**, 1373; Oldenburg GA **71**, 342). Im Schrifttum wird die entspr Anwendung von I mit Recht für den Fall befürwortet, dass Zweifel über den Umfang einer ausländischen Auslieferungsbewilligung bestehen (KK-Appl 8 mwN; Hermes NJW **79**, 2443; Hermes/Schulze NJW **80**, 2622; **aM** Oldenburg NStZ **04**, 405 mwN: entspr Anwendung des § 460; Celle NdsRpfl **87**, 110: Festsetzung des vollstreckbaren Strafteils durch StA; Karlsruhe NStZ **99**, 639 will weder § 458 noch § 460 entspr anwenden, aber doch eine „fiktive Bemessungsentscheidung" treffen).

4 C. **Einwendungen gegen die Zulässigkeit der Strafvollstreckung:**

5 a) **Einwendungsberechtigt** sind der Verurteilte, sein Verteidiger und Bevollmächtigter, auch der gesetzliche Vertreter (KK-Appl 9). Die Einwendungen können auch von einem Einziehungsbeteiligten oder Nebenbetroffenen (§§ 424, 438) erhoben werden, wenn es sich um die Vollstreckung gegen ihn handelt, nicht aber von Beteiligungsinteressenten, deren Verfahrensbeteiligung nicht angeordnet worden war; sie sind auf das Nachverfahren nach § 434 zu verweisen (Pohlmann Rpfleger **68**, 271). Ein Dritter kann Einwendungen erheben, wenn er durch die Vollstreckung betroffen ist, zB der Erbe bei Vollstreckung in den Nachlass und der

Strafvollstreckung § 458

Eigentümer der Sache, der bestreitet, dass sie mit der im Urteil eingezogenen identisch ist.

Die Einwendungen sind **gegenüber der VollstrB** zu erheben (BGH **44**, 19), 6
die sie an das Gericht weiterleitet, wenn sie ihnen nicht abhilft. Eine sofortige Entscheidung des Gerichts vor Entscheidung der VollstrB ist unzulässig (KG StraFo **07**, 432 mwN).

Erhebt der Betroffene keine Einwendungen, so kann die **VollstrB** (§ 451 I) ihre 7
eigenen Zweifel an der Zulässigkeit der Strafvollstreckung nicht gerichtlich klären lassen (Düsseldorf OLGSt Nr 2 mwN; NStZ-RR **97**, 220; Rostock NStZ **94**, 304 mwN). Sie muss stets selbst entscheiden (Düsseldorf JMBlNW **95**, 215: formlose Entscheidung kann genügen) und es dem Betroffenen überlassen, sich mit Einwendungen an das Gericht zu wenden (Hamburg JR **55**, 69; Hamm NJW **56**, 1936; NStZ-RR **02**, 21). Allerdings kann es angebracht sein, dass sie ihn auf die Möglichkeit von Einwendungen hinweist (Düsseldorf aaO; Karlsruhe Justiz **76**, 394; Pohlmann/Jabel/Wolf 8 zu § 42 StVollstrO). Einwendungen zugunsten des Verurteilten sind der StA auch als Strafverfolgungsbehörde verwert (KK-Appl 4).

b) Gegen die **Zulässigkeit der Strafvollstreckung** überhaupt (allgemeine 8
Voraussetzungen der Vollstreckung, Vollstreckungshindernisse) müssen sich die Einwendungen richten (Düsseldorf NJW **77**, 117; Hamburg NJW **75**, 1132; Schleswig GA **84**, 96).

Bestand und Rechtmäßigkeit des Urteils oder Strafbefehls dürfen grundsätz- 9
lich nicht in Frage gestellt werden (BayVerfGH GA **64**, 50; Hamm GA **61**, 155; Koblenz OLGSt S 19), auch nicht im Widerrufsbeschluss nach § 56f StGB (Düsseldorf JR **92**, 126). Ausnahmen gelten, wenn Doppelbestrafung behauptet wird (39 zu § 359). Die Nichtigerklärung des Urteils durch das BVerfG begründet die Wiederaufnahme nach § 79 I BVerfGG (7 vor 359), nicht die Anwendung des § 458 (BVerfG NJW **63**, 756; **aM** Schleswig SchlHA **63**, 60; Bringewat StVollstr 23).

Zu den **Vollstreckungshindernissen,** die nach I geltend gemacht werden 10
können, gehören die fehlende Identität des Betroffenen mit dem Verurteilten (KG NStZ-RR **04**, 240), das Fehlen der Rechtskraft der Entscheidung, Verjährung, Amnestie, Begnadigung, (ausnahmsweise) eine rechtsstaatswidrige Verfahrensverzögerung (BVerfG 2 BvR 2567/10 vom 8.4.2013: Ladung eines Jugendlichen zum Strafantritt knapp 2 Jahre nach Urteil), Strafaussetzung zur Bewährung, bereits erfolgte Vollstreckung, auch die Bezahlung der Geldstrafe, wenn die Vollstreckung der Ersatzfreiheitsstrafe betrieben wird. Der Verstoß gegen § 67 I StGB kann ebenfalls auf Einwendungen nach I geprüft werden (Düsseldorf NStZ **81**, 366).

c) Gegen die **Art und Weise des Vollzugs** können keine Einwendungen nach 11
I erhoben werden, zB nicht gegen den gemeinsamen Vollzug des zu Freiheitsstrafe Verurteilten mit Sicherungsverwahrten (BGH **19**, 240), gegen den Vollzug der Sicherungsverwahrung in weitgehender Angleichung an der der Freiheitsstrafe (**aM** Hamm NJW **59**, 1889) oder gegen die Vollstreckung einer Jugendstrafe in einer Erwachsenenstrafanstalt (KG NJW **78**, 284; LR-Graalmann-Scheerer 10; **aM** KMR-Stöckel 3). Nicht unter I fallen auch alle Einwendungen, die aus Entscheidungen der VollstrB hergeleitet werden (Zweibrücken JR **83**, 168; Hamburg NJW **75**, 1132). Gegen Einzelmaßnahmen der Strafvollstreckung, die nicht nach II anfechtbar sind, zB die Weigerung der VollstrB, die Vollstreckung nach § 35 BtMG zurückzustellen (16 zu § 23 EGGVG), ist nur der Rechtsweg nach §§ 23ff **EGGVG** gegeben (gegen die Verweigerung der Zustimmung des Gerichts steht der VollstrB allerdings nach § 35 II S 1 BtMG die Beschwerde nach § 304 zu), für die Beanstandung von Einzelmaßnahmen im Vollzug der nach §§ 109ff **StVollzG**.

2) Die **Einwendungen nach II** betreffen einzelne Anordnungen der VollstrB, 12
nämlich nach § 454b I bis 3 (dort 9), nach § 455 (dort 16), nach § 456 (dort 9) und nach § 456c II (dort 9). Die Anordnung, dass an einem Ausgelieferten oder Ausgewiesenen die Strafvollstreckung nachgeholt wird, ist nach § 456a zulässig (dort 9). Der Einwendungsberechtigte (oben 5 ff) kann die Einwendungen unmit-

Schmitt 1849

§ 459

telbar bei Gericht geltend machen, auch wenn der Rechtspfleger entschieden hat (§ 31 VI S 1 **RPflG**). Die Zuständigkeit des Gerichts aus II bezieht sich allerdings nur auf die in § 454b II ausdrücklich genannten Unterbrechungsfälle (Frankfurt NStZ-RR **11**, 221 mwN). Sie ist also nicht gegeben bei § 57 II Nr 2 StGB unterfallenden, 2 Jahre übersteigenden Freiheitsstrafen, bei denen es für die Aussetzung nach Verbüßung der Hälfte auf das Vorliegen besonderer Umstände ankommt, ebenso nicht bei Strafresten, die aufgrund Widerrufs ihrer Aussetzung vollstreckt werden (§ 454b II S 2). In diesen Fällen ist nur der Rechtsweg nach §§ 23 ff **EGGVG** eröffnet (vgl BGH NJW **91**, 2030 zu § 454b II S 2; Frankfurt aaO zu § 57 II Nr 2 StGB).

13   **3) Vorläufige Anordnungen (III):** Entsprechend § 307 I wird durch die Einwendungen nach I oder II der Fortgang der Vollstreckung nicht gehemmt. Das Gericht kann aber, wenn nicht bereits die VollstrB wegen der Zweifelhaftigkeit der Strafvollstreckung entspr Maßnahmen getroffen hat, auf Antrag oder von Amts wegen den Aufschub oder die Unterbrechung der Vollstreckung anordnen. In den Fällen des § 456c II ist eine einstweilige Anordnung zulässig (III S 2).

14   **4) Erneute Einwendungen** nach rechtskräftiger Verwerfung früherer Einwendungen sind zulässig, wenn der Betroffene sie auf neue Tatsachen oder Beweismittel stützt (Düsseldorf MDR **93**, 67 mwN; Koblenz OLGSt S 19).

15   **5)** Der **Rechtsweg nach §§ 23 ff EGGVG** ist ausgeschlossen, soweit § 458 die gerichtliche Entscheidung zulässt (Frankfurt NJW **98**, 1165; vgl § 23 III EGGVG). Zulässig ist er insbesondere gegen die Versagung einer Unterbrechung zum Halbstrafenzeitpunkt in den Fällen des § 57 II Nr 2 StGB (Frankfurt aaO), Entscheidungen der VollstrB nach § 456 (dort 9), gegen Zwangsmittel nach § 457 (dort 16) und gegen andere Einzelmaßnahmen (oben 11).

16   **6) Rechtsmittel:** Gegen die gerichtlichen Entscheidungen nach I und II stehen der StA als Strafverfolgungsbehörde (KK-Appl 22) und dem Betroffenen die sofortige Beschwerde nach § 462 III zu. Weitere Beschwerde ist ausnahmslos ausgeschlossen. Gegen vorläufige Maßnahmen des Gerichts nach III kann die StA sofortige Beschwerde einlegen; richtet sie sich gegen die Unterbrechung der Strafvollstreckung, so hat sie aufschiebende Wirkung (§ 462 III S 2). Die Ablehnung einer vorläufigen Maßnahme ist nicht anfechtbar (Nürnberg NStZ **03**, 390).

Vollstreckung der Geldstrafe; Anwendung des Justizbeitreibungsgesetzes

459 Für die Vollstreckung der Geldstrafe gelten die Vorschriften des Justizbeitreibungsgesetzes, soweit dieses Gesetz nichts anderes bestimmt.

1   **1)** Die **Vollstreckung der Geldstrafe** richtet sich grundsätzlich nach den Vorschriften der JBeitrG, die durch die Vorschriften der StVollstrO und der EBAO ergänzt werden. Sie gelten aber nur subsidiär. Soweit daher § 8 JBeitrG Einwendungen regelt, die den beizutreibenden Anspruch betreffen, sind statt dessen die §§ 458, 459h anzuwenden (Isak/Wagner 262). § 459 gilt entspr für die Vollstreckung vor Nebenfolgen, die zu einer Geldzahlung verpflichten (§ 459g II).

2   **2)** Die **Eröffnung und Beitreibung** der Geldstrafe obliegt nach § 2 S 1, II JBeitrG, § 1 IV S 1 EBAO den nach den Verfahrensgesetzen für die Vollstreckung dieser Ansprüche zuständigen Stellen, im Strafverfahren also der StA als VollstrB (§ 451 I, § 2 Buchst a EBAO). Für die Geschäfte ist nach § 31 II S 1 **RPflG** der Rechtspfleger zuständig, sie können aber nach § 36b I Nr 5 **RPflG** dem UrkB oder der Geschäftsstelle übertragen werden.

3   Er ordnet die **Einforderung** der Geldstrafe an (§ 3 EBAO), die durch Übersendung einer Zahlungsaufforderung erfolgt (§ 5 Abs 1 EBAO). Wird in der Zahlungsfrist grundlos keine Zahlung geleistet, so soll der Verurteilte vor der Anordnung der Beitreibung idR zunächst gemahnt werden (§ 5 II JBeitrG, § 7 I EBAO).

Strafvollstreckung § 459a

Geht nach angemessener Frist auch dann keine Zahlung ein, so leitet der 4
Rechtspfleger die **Beitreibung** ein (§ 8 EBAO). Die dafür maßgebenden Vorschriften bezeichnen die §§ 6ff JBeitrG. Danach wird im Wesentlichen entspr den Vorschriften der ZPO verfahren. Statt des Gerichtsvollziehers wird jedoch der Justizvollziehungsbeamte tätig (§ 6 III S 1 BeitrG). Pfändungs- und Überweisungsbeschlüsse erlässt der Rechtspfleger der StA (§ 6 II S 2 JBeitrG). Die Abnahme der eidesstattlichen Versicherung nach § 807 ZPO und die Vollstreckung in das unbewegliche Vermögen beantragt er bei dem zuständigen AG (§ 7 S 1 JBeitrG).

Eine **Wohnungsdurchsuchung** darf im Hinblick auf Art 13 II GG nur der 5
Richter anordnen (BVerfGE **51**, 97; Kaiser NJW **80**, 875); zuständig ist – entgegen der hM – nicht das Gericht des 1. Rechtszugs, sondern nach § 6 I JBeitrG iVm § 758a I S 1 ZPO das AG, in dessen Bezirk die Durchsuchung erfolgen soll (Thewes Rpfleger **06**, 524). Bei Gefahr im Verzug genügt die Anordnung der StA als VollstrB (BVerfG aaO; am Thewes Rpfleger **11**, 301: Durchführung durch des zuständige Vollstreckungsorgan in eigener Zuständigkeit).

3) Die **Verfahrenskosten** werden grundsätzlich zusammen mit der Geldstrafe 6
beigetrieben (§ 1 II EBAO). Zuständig für die Einforderung und Beitreibung ist auch insoweit die VollstrB (§ 1 IV JBeitrG, § 1 IV S 1 EBAO). Wenn die Verbindung von Strafe und Kosten von selbst oder auf Grund einer Anordnung der VollstrB gelöst worden ist (vgl § 15 EBAO), obliegt die Vollstreckung wegen der Kosten des Verfahrens aber der Gerichtskasse (§ 1 V EBAO).

4) **Rechtsbehelfe**: Einwendungen gegen die Zulässigkeit der Vollstreckung der 7
Geldstrafe werden nach § 458 beschieden (dort 8). Betreffen die Einwendungen nur die Art und Weise der Beitreibung, so sind die in § 6 I Nr 1 JBeitrG bezeichneten vollstreckungsrechtlichen Rechtsbehelfe gegeben (KK-Appl 7).

Bewilligung von Zahlungserleichterungen

459a I Nach Rechtskraft des Urteils entscheidet über die Bewilligung von Zahlungserleichterungen bei Geldstrafen (§ 42 des Strafgesetzbuches) die Vollstreckungsbehörde.

II ¹Die Vollstreckungsbehörde kann eine Entscheidung über Zahlungserleichterungen nach Absatz 1 oder nach § 42 des Strafgesetzbuches nachträglich ändern oder aufheben. ²Dabei darf sie von einer vorausgegangenen Entscheidung zum Nachteil des Verurteilten nur auf Grund neuer Tatsachen oder Beweismittel abweichen.

III ¹Entfällt die Vergünstigung nach § 42 Satz 2 des Strafgesetzbuches, die Geldstrafe in bestimmten Teilbeträgen zu zahlen, so wird dies in den Akten vermerkt. ²Die Vollstreckungsbehörde kann erneut eine Zahlungserleichterung bewilligen.

IV ¹Die Entscheidung über Zahlungserleichterungen erstreckt sich auch auf die Kosten des Verfahrens. ²Sie kann auch allein hinsichtlich der Kosten getroffen werden.

1) Über die **Bewilligung von Zahlungserleichterungen (I)** bei der Geld- 1
strafe nach § 42 StGB (Stundung und Ratenzahlungen) entscheidet nach Urteilsrechtskraft auf Antrag oder von Amts wegen (Hamburg Rpfleger **77**, 65) die VollstrB. Für die Vollstreckung von Nebenfolgen, die zu einer Geldzahlung verpflichten, gilt das entspr (§ 459g II). Die VollstrB kann ihre Bewilligung, wenn das Ruhen der Vollstreckungsverjährung zur Folge hat (§ 79a Nr 2 Buchst c StGB), entspr § 42 S 2 StGB mit einer Verfallklausel versehen. Die Entscheidung ist nach § 31 II S 1 RPflG dem Rechtspfleger übertragen.

Wenn dem Verurteilten nach seinen persönlichen oder wirtschaftlichen Verhält- 2
nissen die **sofortige Zahlung der Geldstrafe nicht zuzumuten** ist (dazu Fischer 4 zu § 42 StGB), ist die Bewilligung von Zahlungserleichterungen nach

§ 459a

§ 42 S 1 StGB zwingend geboten (Stuttgart Rpfleger **93**, 417; LG Berlin StV **02**, 33).

3 Ein weiterer Bewilligungsgrund ist nach § 42 S 3 StGB die **Rücksichtnahme auf die Ersatzansprüche des Verletzten** gegen den Verurteilten. Zahlungserleichterungen können auch gewährt werden, wenn dadurch die Möglichkeiten der Schadenswiedergutmachung verbessert werden. Dabei wird vorausgesetzt, dass durch die vorrangige Pflicht des Verurteilten zur Leistung von Geldstrafe und/oder Kosten die Schadenswiedergutmachung erheblich gefährdet wäre, etwa weil der Verurteilte nach seinen wirtschaftlichen Verhältnissen nicht in der Lage ist, beide Ansprüche alsbald zu befriedigen. Eine Gefährdung der Wiedergutmachung kommt aber auch schon dann in Betracht, wenn infolge des Vorrangs der Geldstrafe die Verwirklichung des fälligen Ersatzanspruchs des Verletzten nicht unerheblich verzögert würde. Ein endgültiger Ausfall der Forderung des Verletzten braucht nicht zu drohen. Anders als im Fall des § 42 S 1 StGB ist die Bewilligung von Zahlungserleichterungen nach § 42 S 3 StGB bei Vorliegen der gesetzlichen Voraussetzungen nicht zwingend vorgeschrieben, sondern in das Ermessen der VollstrB gestellt, die unter Abwägung aller Umstände des Einzelfalls entscheidet. Hat sie mit Rücksicht auf die Schadensersatzansprüche des Verletzten Zahlungserleichterungen bewilligt, so muss sie in regelmäßigen Abständen prüfen, ob der Verurteilte diese Vergünstigung auch dazu benutzt, die Ansprüche des Verletzten zu befriedigen. Ist das nicht der Fall, so ist die Vergünstigung aufzuheben (unten 5).

4 **2) Nachträgliche Änderung der Entscheidung (II):** Die VollstrB kann nicht nur ihre eigene, sondern auch die Entscheidung des Tatrichters über Zahlungserleichterungen auf Antrag oder von Amts wegen ändern oder aufheben (S 1). Sie kann insbesondere Zahlungserleichterungen gewähren, die das Gericht versagt hat, die festgesetzten Zahlungsfristen verlängern (Düsseldorf VRS **96**, 435), die Höhe der Ratenzahlungen herabsetzen und die Verfallklausel beseitigen. Mehrfache Änderungen sind zulässig. Bei der Entscheidung nach II darf die VollstrB aber den Zweck der Geldstrafe nicht aus den Augen verlieren. Ratenzahlungen in so geringer Höhe oder so weit hinaus gesteckte Zahlungsfristen, dass die Geldstrafe den Verurteilten nicht mehr fühlbar belastet, sind ermessensfehlerhaft.

5 **Änderungen zuungunsten des Verurteilten (S 2)**, zB die Aufhebung der Zahlungserleichterungen, der Heraufsetzung der Raten, die Verkürzung der Zahlungsfristen oder die Einführung einer Verfallklausel, sind zulässig, aber nur auf Grund neuer Tatsachen oder Beweismittel, die sich auf die Voraussetzungen der Zahlungserleichterungen (oben 2 ff) beziehen. Neu sind Tatsachen und Beweismittel, die das Gericht oder die VollstrB bei ihrer Entscheidung nicht berücksichtigt hat, weil sie damals noch nicht bekannt waren, weil sie übersehen worden oder weil sie erst später entstanden sind (KMR-Stöckel 14; **aM** Volckart 78; erg 3 zu § 211; 30 ff zu § 359). Die Tatsachen und Beweismittel müssen allein oder in Verbindung mit den früher bekannten Tatsachen und Beweismitteln geeignet sein, die bisherigen Entscheidungsgrundlagen zu beseitigen. In Betracht kommen insbesondere eine Besserung der wirtschaftlichen Verhältnisse des Verurteilten (im Fall des I S 1) oder das Unterlassen der Schadenswiedergutmachung (im Fall I S 2). Das Verschlechterungsverbot des S 2 gilt jeweils im Verhältnis zu der vorausgegangenen Entscheidung. Die Vollstreckung der Geldstrafe ist erst nach Rechtskraft des Widerrufsbeschlusses zulässig (Hamburg MDR **57**, 330; LG Krefeld Rpfleger **71**, 225 mit Anm Pohlmann).

6 **3)** Der **Wegfall der Vergünstigung (III)** nach § 42 S 2 StGB tritt ohne Rücksicht auf das Verschulden des Verurteilten von selbst ein, wenn er einen Teilbetrag nicht rechtzeitig zahlt. Daher braucht die VollstrB die richterliche Bewilligung in diesem Fall nicht aufzuheben, sondern nur ihren Wegfall in den Akten zu vermerken (S 1). Der Aktenvermerk dient lediglich der Klarstellung, dass die VollstrB das Vorliegen der Voraussetzungen des § 42 S 2 StGB geprüft hat; er ist unanfechtbar. Hat das Gericht eine Anordnung nach § 42 S 2 StGB nicht getroffen, so darf die VollstrB den gerichtlichen Beschluss dennoch (entspr § 56f I StGB) aufheben, wenn der Verurteilte seine Zahlungspflicht gröblich oder beharrlich verletzt. Der erneuten Bewilligung von Zahlungserleichterungen steht das nicht entgegen (S 2). Die Regelung des III gilt auch, wenn die VollstrB ihre eigene Anordnung mit einer Verfallklausel versehen hat.

4) Auf die **Verfahrenskosten (IV)** erstreckt sich die Bewilligung von Zahlungserleichterungen nur, wenn sie nachträglich von der VollstrB getroffen worden ist (S 1). Das Gericht kann im Urteil insoweit keine Vergünstigungen gewähren. Durch die Regelung des IV werden Geldstrafe und Kosten zu einer Einheit zusammengefasst. Die VollstrB kann die Kosten aber von der Vergünstigung ausnehmen (aM KMR-Stöckel 18). 7

Für die **Kosten allein (S 2)** kann die VollstrB Zahlungserleichterungen bewilligen, wenn die Ergänzung der gerichtlichen Entscheidung geboten erscheint oder wenn eine Geldstrafe nicht oder nicht mehr zu vollstrecken ist. Wenn in dem Urteil überhaupt nicht auf Geldstrafe erkannt worden ist, gilt IV S 2 aber nicht (Frankfurt NStZ-RR 06, 159). Die Regelung des IV gilt auch im Fall des I S 2. 8

5) **Rechtsbehelfe:** Über Einwendungen des Verurteilten gegen eine Anordnung des Rechtspflegers (Ablehnung von Zahlungserleichterungen oder Zurückbleiben hinter dem Antrag des Verurteilten; nicht gegen den Aktenvermerk nach III S 1) entscheidet gemäß § 31 VI S 1 **RPflG** nach § 459h das Gericht, und zwar ohne mündliche Verhandlung, durch Beschluss (§ 462 I S 1). Zuständig ist idR das Gericht des 1. Rechtszugs (§ 462a II S 1). Nur wenn gegen den Verurteilten eine Freiheitsstrafe vollstreckt wird, entscheidet die StVollstrK auch über die Zahlungserleichterungen (4 zu § 459h). Gegen den Gerichtsbeschluss ist sofortige Beschwerde zulässig (§ 462 III). 9

Anrechnung von Teilbeträgen

459b Teilbeträge werden, wenn der Verurteilte bei der Zahlung keine Bestimmung trifft, zunächst auf die Geldstrafe, dann auf die etwa angeordneten Nebenfolgen, die zu einer Geldzahlung verpflichten, und zuletzt auf die Kosten des Verfahrens angerechnet.

1) Für die **Anrechnung von Teilzahlungen** ist die Bestimmung des Verurteilten maßgebend, die er vor oder bei der Zahlung getroffen hat. Eine solche Bestimmung kann für ihn insbesondere dann nützlich sein, wenn er vorab eine zur Geldzahlung verpflichtende Nebenfolge (§ 459g II) erledigen will, um dadurch die Aufhebung einer Sicherstellung nach § 111b ff zu erreichen (LR-Graalmann-Scheerer 5). 1

Beim Fehlen einer Bestimmung des Verurteilten gilt die **gesetzliche Reihenfolge** des § 459b. Dabei macht es keinen Unterschied, ob dem Verurteilten Zahlungserleichterungen in Form von Teilzahlung bewilligt worden sind oder er nach §§ 4, 5 EBAO eine Zahlungsaufforderung über den gesamten Geldstrafenbetrag erhalten hat, aber nur einen Teilbetrag zahlt (§ 6 EBAO). 2

2) Bei der **Vollstreckung mehrerer strafrechtlicher Entscheidungen** gilt § 459b nach hM entspr (**aM** Siggelkow Rpfleger **99**, 249 Fn 27). Schuldet der Verurteilte aus mehreren Straferkenntnissen Geldstrafe, Nebenfolgen, die zu einer Geldzahlung verpflichten, oder Verfahrenskosten, so kommt es auf seine Bestimmung vor oder bei der Zahlung an, auf welche Urteile oder Strafbefehle die Teilbeträge angerechnet werden sollen; die Angabe des Aktenzeichens kann dazu genügen. Trifft der Verurteilte keine Bestimmung, so wird die Zahlung auf die Geldstrafe angerechnet, deren Vollstreckung am ehesten verjährt (KK-Appl 4; vgl auch Göhler 3 zu § 94 OWiG). Im Übrigen gilt auch hier die Reihenfolge des § 459b. 3

3) Bei der **zwangsweisen Beitreibung** von Geldstrafen, Nebenfolgen, die zu einer Geldzahlung verpflichten, und Verfahrenskosten gilt § 459b ebenfalls entspr 4

§ 459c   Siebentes Buch. 1. Abschnitt

(KK-Appl 3). Andernfalls wäre der Verurteilte, von dem nur ein Teilbetrag erlangt werden kann, schlechter gestellt als bei freiwilliger Zahlung (Göhler 5 zu § 94 OWiG).

5 **4)** Der zulässige **Rechtsbehelf** gegen Verstöße gegen § 459b ist, da § 459h insoweit Einwendungen nicht zulässt, der Antrag auf gerichtliche Entscheidung nach § 23 EGGVG (KMR-Stöckel 6; LR-Graalmann-Scheerer 7 zu § 459h).

Beitreibung der Geldstrafe

459c ᴵ Die Geldstrafe oder der Teilbetrag der Geldstrafe wird vor Ablauf von zwei Wochen nach Eintritt der Fälligkeit nur beigetrieben, wenn auf Grund bestimmter Tatsachen erkennbar ist, daß sich der Verurteilte der Zahlung entziehen will.

ᴵᴵ Die Vollstreckung kann unterbleiben, wenn zu erwarten ist, daß sie in absehbarer Zeit zu keinem Erfolg führen wird.

ᴵᴵᴵ In den Nachlaß des Verurteilten darf die Geldstrafe nicht vollstreckt werden.

1 **1)** Eine **Schonfrist von 2 Wochen nach Eintritt der Fälligkeit (I)** bestimmt die Vorschrift. Sie geht davon aus, dass mit der sofortigen Beitreibung für den Verurteilten erhebliche Nachteile verbunden sein können (zB Unmöglichkeit der Geldbeschaffung oder der Antragstellung nach § 459a), der Aufschub der Strafvollstreckung um kurze Zeit die Interessen der Strafverfolgung aber nicht wesentlich berührt.

2 Die **Fälligkeit** tritt mit der Rechtskraft des Urteils ein, wenn es keine Zahlungserleichterungen nach § 42 StGB bewilligt. Werden im Urteil oder nach Urteilsrechtskraft (§ 459a) Ratenzahlungen bewilligt, so tritt die Fälligkeit iSd des I für jede Rate mit deren Fälligkeit ein. Wenn eine Verfallklausel (1 zu § 459a) bestimmt worden und wirksam geworden ist, wird der gesamte Geldstrafenbetrag fällig. Die Vollstreckung unter Verstoß gegen I (die wegen des vorangehenden Einforderungs- und Mahnverfahrens praktisch ausgeschlossen ist) ist wirksam.

3 Die **sofortige Vollstreckung** ist zulässig, wenn erkennbar wird, dass sich der Verurteilte der Zahlung, dh der Beitreibung, entziehen will. Dazu gehört mehr als das bloße Nichtbefolgen einer Zahlungsaufforderung. Erforderlich ist vielmehr, dass der Verurteilte versucht, Pfändungen durch häufigen Wechsel der Wohnung oder Arbeitsstelle zu entgehen, oder dass er Vermögenswerte beiseiteschafft (LR-Graalmann-Scheerer 7). Die Absicht des Verurteilten, sich der Zahlung zu entziehen, muss auf Grund bestimmter Tatsachen erkennbar werden; bloße Vermutungen oder ein Verdacht, der sich nicht auf konkrete Tatsachen stützen kann, genügen nicht.

4 **2) Unterbleiben der Vollstreckung (II):** Uneinbringlich iS des § 43 StGB ist eine Geldstrafe grundsätzlich erst, wenn erfolglos versucht worden ist, sie beizutreiben. Damit ein überflüssiger und nutzloser Verwaltungsaufwand vermieden werden kann, lässt II aber zu, dass aussichtslose Vollstreckungsmaßnahmen (nicht die Aufforderung zur Zahlung der Geldstrafe nach § 5 I EBAO) unterbleiben können.

5 **Aussichtslos** ist die Vollstreckung, wenn mit Wahrscheinlichkeit zu erwarten ist, dass sie keinen Erfolg haben wird. Das ist insbesondere der Fall, wenn schon Beitreibungsversuche in anderen Sachen erfolglos waren, wenn der Verurteilte vor kurzem die Erklärung nach § 807 ZPO abgegeben hat oder sich im Insolvenzverfahren befindet (BVerfG NJW **06**, 3626 mwN), auch wenn sein Einkommen die Pfändungsgrenze nach § 850c ZPO nicht übersteigt. Die Aussichtslosigkeit von Beitreibungsmaßnahmen muss auf unabsehbare Zeit bestehen. Diese Voraussetzungen werden zweckmäßigerweise in einem Aktenvermerk niedergelegt.

6 Die **Wirkung der Anordnung** nach II besteht darin, dass, aber nur auf Grund einer besonderen Anordnung nach § 459e I (LR-Graalmann-Scheerer 11), die Ersatzfreiheitsstrafe vollstreckt werden kann. Die Anordnung nach II hindert nicht,

die Vollstreckung der Geldstrafe erneut zu betreiben, solange die Strafvollstreckung nicht durch Verbüßung der Ersatzfreiheitsstrafe oder Verjährung erledigt ist.

3) Die Vollstreckung in den Nachlass (III) ist unzulässig. Die zu Lebzeiten des Verurteilten nicht vollstreckte Geldstrafe erlischt (KMR-Stöckel 9). Eine vor seinem Tod begonnene Vollstreckung muss abgebrochen werden.

4) Rechtsbehelfe: Über Einwendungen gegen die Entscheidung des Rechtspflegers nach I (Beitreibung vor Ablauf der Schonfrist) kann nach § 459h die Entscheidung des Gerichts herbeigeführt werden (§ 31 VI S 1 **RPflG**). Gegen die Entscheidung nach II ist kein Rechtsbehelf gegeben; sie beschwert den Verurteilten auch dann nicht, wenn die Unterbleibensanordnung nicht betroffen wird. Im Fall des III stehen den Erben gegen die Entscheidung des Rechtspflegers nach § 31 VI S 1 **RPflG** die Einwendungen nach § 459h zu.

Unterbleiben der Vollstreckung einer Geldstrafe

459d ᴵ Das Gericht kann anordnen, daß die Vollstreckung der Geldstrafe ganz oder zum Teil unterbleibt, wenn

1. in demselben Verfahren Freiheitsstrafe vollstreckt oder zur Bewährung ausgesetzt worden ist oder
2. in einem anderen Verfahren Freiheitsstrafe verhängt ist und die Voraussetzungen des § 55 des Strafgesetzbuches nicht vorliegen

und die Vollstreckung der Geldstrafe die Wiedereingliederung des Verurteilten erschweren kann.

ᴵᴵ Das Gericht kann eine Entscheidung nach Absatz 1 auch hinsichtlich der Kosten des Verfahrens treffen.

1) Absehen von der Vollstreckung der Geldstrafe (I):

A. Zur **Erleichterung der Wiedereingliederung** des Verurteilten gestattet I, dass die Vollstreckung der Geldstrafe ganz oder, wenn bereits dadurch die Resozialisierungsschwierigkeiten beseitigt werden können, teilw unterbleibt. Das Gericht ordnet das ohne mündliche Verhandlung nach Anhörung der StA und des Verurteilten durch Beschluss an (§ 462 I S 1). Die Anordnung enthält keinen Erlass oder Teilerlass und keine Ermäßigung der Geldstrafe. Da sie aber zeitlich unbeschränkt getroffen wird und unwiderruflich ist, fällt die Strafe praktisch weg (Hamm JMBlNW **76**, 107). Die Entscheidung, die auch noch nach Anordnung der Vollstreckung der Ersatzfreiheitsstrafe nach § 459e I zulässig ist (Koblenz MDR **78**, 248), ergeht auf Antrag, der nicht schon im Antrag auf Stundung der Geldstrafe liegt (Koblenz Rpfleger **78**, 148), oder von Amts wegen (BGH **30**, 263; Volckart NStZ **82**, 498). Bei der Ermessensentscheidung ist zu berücksichtigen, dass die Anordnung einen Eingriff in das rechtskräftige Urteil darstellt und deshalb Ausnahmecharakter trägt (vgl Düsseldorf NStZ-RR **15**, 150). Aus I kann nicht hergeleitet werden, dass die Vollstreckung der Geldstrafe allgemein einen Beschluss des Gerichts darüber voraussetzt, dass die Voraussetzungen des I nicht gegeben sind (Koblenz Rpfleger **78**, 27; Zweibrücken NStZ **85**, 575; **aM** Volckart aaO).

B. **Voraussetzungen:**

a) Bei **Geldstrafe neben Freiheitsstrafe im selben Verfahren (I Nr 1):** Nach § 41 StGB darf neben der Freiheitsstrafe eine Geldstrafe nur verhängt werden, wenn das unter Berücksichtigung der persönlichen und wirtschaftlichen Verhältnisse des Täters angebracht ist. Das Gericht muss daher prüfen, ob die zusätzliche Strafe die Wiedereingliederung des Täters erschwert. I Nr 1 ergänzt diese Vorschrift für das Vollstreckungsverfahren, gilt aber auch sonst, wenn im selben Urteil Freiheits- und Geldstrafe nebeneinander verhängt sind. Die Anordnung nach I Nr 1 setzt voraus, dass Wiedereingliederungsschwierigkeiten auf Grund nachträglich eingetretener oder bekanntgewordener Umstände zu erwarten sind (Koblenz MDR **81**, 870). Dass das Gericht die Wiedereingliederungsfrage anders

§ 459d

beurteilt als der Tatrichter, rechtfertigt die Anordnung nicht (KK-Appl 3), ebenso wenig eine lange Laufzeit der Vollstreckung, wenn dem Verurteilten erlaubt wurde, Verfahrenskosten in vergleichsweise niedrigen Teilbeträgen zu zahlen (KG NStZ-RR **16**, 151).

5 **Zeitlich** ist die Anordnung erst zulässig, wenn die Freiheitsstrafe vollstreckt (oder durch Erlass erledigt) oder zur Bewährung ausgesetzt ist (BGH **30**, 263, 264; Koblenz MDR **81**, 870; weitergehend Volckart NStZ **82**, 499: erst am Ende der Bewährungszeit). Diese Voraussetzung ist auch erfüllt, wenn die Freiheitsstrafe teilw vollstreckt und der Strafrest nach § 57 StGB oder im Gnadenweg zur Bewährung ausgesetzt worden ist.

6 Bei der **Ermessensentscheidung** ist der Ausnahmecharakter der Anordnung nach I im Auge zu behalten. Das Gericht darf das öffentliche Interesse an der Vollstreckung der Strafe nur vernachlässigen und ihr Unterbleiben nur anordnen, wenn die Resozialisierung des Verurteilten andernfalls ernsthaft gefährdet wäre. Die Vollstreckung wird nur in außergewöhnlichen Ausnahmefällen unterbleiben (Jena NStZ-RR **06**, 286; Koblenz MDR **81**, 870; LG Mainz NStZ **82**, 47; KK-Appl 4; **aM** Litwinski/Bublies 39; Volckart aaO). Die Anordnung ergeht nicht, wenn den persönlichen Verhältnissen des Verurteilten (Krankheit, finanzielle Lage usw) durch Zahlungsaufschub oder Ratenzahlungsbewilligungen nach § 459a Rechnung getragen werden kann (Hamm JMBlNW **76**, 107), auch nicht, wenn dem Verurteilten bereits Ratenzahlungen bewilligt waren, er aber über einen längeren Zeitraum nichts gezahlt hat, obwohl er dazu in der Lage war (Koblenz MDR **78**, 248).

7 b) **Bei Geldstrafe neben Freiheitsstrafe in verschiedenen Verfahren (I Nr 2):** Voraussetzung für die Anordnung ist in diesem Fall, dass die nachträgliche Bildung einer Gesamtstrafe nach § 55 I S 1 StGB rechtlich nicht möglich ist. Da es dann nicht zu der bei der Gesamtstrafenbildung vorgeschriebenen zusammenfassenden Würdigung des Täters und der einzelnen Straftaten (§ 54 I S 3 StGB) kommen kann, soll die Unterbleibensanordnung es ermöglichen, etwaigen Resozialisierungsschwierigkeiten zu begegnen. Auch die Anordnung nach I Nr 2 für die Geldstrafe oder einen Teilbetrag wird idR erst nach Beendigung der Vollstreckung der Freiheitsstrafe oder nach Aussetzung der Strafe oder des Strafrests zur Bewährung getroffen werden können (Jena NStZ-RR **04**, 383 L; LR-Graalmann-Scheerer 8; zw Jena NStZ-RR **06**, 286; **aM** Volckart NStZ **82**, 499: am Ende der Bewährungszeit, sofern nicht besondere Umstände für eine frühere Anordnung sprechen).

8 **2) Absehen von der Beitreibung der Kosten (II):** Die Anordnung nach I erfasst, anders als im Fall des § 459a IV S 1, nicht ohne weiteres die Verfahrenskosten (vgl BGH **31**, 244, 245). Die besondere Anordnung nach II setzt voraus, dass der Angeklagte (auch) zur Geldstrafe verurteilt ist (BGH **31**, 244, 246; Karlsruhe Justiz **82**, 275; LG Mainz Rpfleger **85**, 162), und ist nur zulässig, wenn zugleich die Voraussetzungen für die das vollständige oder teilw Unterbleiben der Geldstrafe erfüllt sind (BGH **31**, 244). Beide Entscheidungen brauchen aber inhaltlich nicht übereinzustimmen. Auch wenn das Gericht das Unterbleiben der Vollstreckung der Geldstrafe in vollem Umfang anordnet, kann es daher wegen der Kosten das Unterbleiben der Vollstreckung auf einen Teilbetrag beschränken (LR-Graalmann-Scheerer 11).

9 Auch die Entscheidung nach II ist nur in **Ausnahmefällen** zulässig, wenn überwiegende Gründe der Resozialisierung für den Wegfall der Kostenschuld sprechen (LG Mainz NStZ **82**, 47).

10 **3) Zuständiges Gericht:** Vgl §§ 462, 462a. Die StVollstrK bleibt auch nach Erledigung der Vollstreckung der Freiheitsstrafe zuständig (BGH **30**, 263).

11 **4) Beschwerde:** Vgl § 462 III S 1.

Vollstreckung der Ersatzfreiheitsstrafe

459e I Die Ersatzfreiheitsstrafe wird auf Anordnung der Vollstreckungsbehörde vollstreckt.

II Die Anordnung setzt voraus, daß die Geldstrafe nicht eingebracht werden kann oder die Vollstreckung nach § 459c Abs. 2 unterbleibt.

III Wegen eines Teilbetrages, der keinem vollen Tage Freiheitsstrafe entspricht, darf die Vollstreckung der Ersatzfreiheitsstrafe nicht angeordnet werden.

IV [1] Die Ersatzfreiheitsstrafe wird nicht vollstreckt, soweit die Geldstrafe entrichtet oder beigetrieben wird oder die Vollstreckung nach § 459d unterbleibt. [2] Absatz 3 gilt entsprechend.

1) Auf Anordnung der VollstrB (I) wird die Ersatzfreiheitsstrafe, die nach 1 § 43 S 1 StGB an die Stelle einer uneinbringlichen Geldstrafe tritt, nach den Vorschriften der §§ 22 ff, 50 I StVollstrO vollstreckt. Die Geschäfte sind auf die Rechtspfleger übertragen (§ 31 II S 1 **RPflG**). Das Gesetz schreibt eine besondere, förmliche Anordnung vor, weil die VollstrB in jedem Fall zu prüfen hat, ob die gesetzlichen Voraussetzungen der Vollstreckung der Ersatzfreiheitsstrafe vorliegen (Frankfurt NStZ-RR **13**, 292).

Rechtliches Gehör braucht dem Verurteilten vor der Anordnung nicht ge- 2 währt zu werden (Nürnberg NStZ **08**, 224; KK-Appl 4; LR-Graalmann-Scheerer 5 ff; Pohlmann Rpfleger **79**, 249; **aM** Celle NdsRpfl **77**, 128; KMR-Stöckel 4); denn der Verurteilte wird von der Anordnung durch die Ladung zum Strafantritt unterrichtet.

2) Voraussetzungen der Anordnung (II): Die Anordnung darf idR nur ge- 3 troffen werden, wenn angemessene Versuche, die Geldstrafe beizutreiben, erfolglos geblieben sind oder eine Anordnung nach § 459c II getroffen worden ist. Die Anordnung, die Geldstrafe zu vollstrecken, ist unzulässig, wenn die Schonfrist nach § 459b I noch nicht abgelaufen ist, wenn nach § 459a Zahlungserleichterungen gewährt sind oder wenn eine Anordnung nach § 459d oder § 459f getroffen ist.

3) Das Mindestmaß der Ersatzfreiheitsstrafe (III) ist nach § 43 S 3 StGB 4 ein voller Tag. Beträgt der Rest der ausstehenden Geldstrafe weniger als einen Tagessatz, so muss daher die Vollstreckung der Ersatzfreiheitsstrafe unterbleiben. Der Teilbetrag bleibt aber geschuldet. Die VollstrB kann die Restgeldstrafe bis zum Eintritt der Verjährung erneut vollstrecken. Zur Vollstreckung der Ersatzfreiheitsstrafe aus einer nachträglich nach § 55 StGB, § 460 gebildeten Gesamtfreiheitsstrafe vgl Siggelkow Rpfleger **94**, 285.

4) Absehen von der Vollstreckung (IV): Geht der Geldstrafenbetrag durch 5 Zahlung oder Beitreibung nach der Anordnung der Vollstreckung der Ersatzfreiheitsstrafe ein, so entsteht ein Vollstreckungshindernis (Düsseldorf NJW **80**, 250; Zweibrücken MDR **87**, 782). Befindet sich der Verurteilte zu diesem Zeitpunkt bereits im Vollzug der Ersatzfreiheitsstrafe, so muss er sofort entlassen werden, auch wenn noch kein voller Tag verbüßt ist (vgl § 51 IV StVollstrO). Geht ein Teilbetrag ein, so wird die Dauer der Ersatzfreiheitsstrafe entspr gekürzt (Isak/Wagner 274).

5) Über Einwendungen des Verurteilten nach § 459h gegen die Anordnung 6 des Rechtspflegers nach I entscheidet das Gericht (§ 31 VI S 1 **RPfl**).

6) Die Abwendung der Vollstreckung einer Ersatzfreiheitsstrafe durch 7 **freie Arbeit** kann durch RechtsVO der Landesregierung bzw LJV geregelt werden (Art 293 EGStGB idF des Art 4 Nr 1 des 23. StÄG vom 13.4.1986 [BGBl I 393]). Soweit der Verurteilte die freie Arbeit geleistet hat, ist die Ersatzfreiheitsstrafe erledigt. Die Arbeit muss unentgeltlich sein; sie darf nicht erwerbswirtschaftlichen Zwecken dienen (Art 293 I S 2 EGStGB). Vgl dazu Dölling NJW **87**, 1046;

§ 459f

Mrozynski JR **87**, 272; Schädler ZRP **83**, 5; **85**, 186; Schall NStZ **85**, 104. Aufgrund des Art 293 nF haben die Bundesländer entspr Vorschriften erlassen (vgl die Zusammenstellung bei LK-Häger 12 zu § 43 StGB). Die **Anfechtung** von Entscheidungen über die Abwendung der Vollstreckung durch gemeinnützige Arbeit erfolgt nach § 459h; der subsidiäre Rechtsweg nach §§ 23 ff EGGVG ist insoweit ausgeschlossen (Jena NStZ-RR **14**, 231 L unter Aufgabe von Jena NStZ-RR **10**, 61 L; Koblenz NStZ-RR **10**, 190 L; Karlsruhe NStZ-RR **09**, 220; vgl in diesem Sinne auch BGH **54**, 25; **aM** Dresden NStZ 99, 160; erg 16 zu § 23 EGGVG).

Unterbleiben der Vollstreckung einer Ersatzfreiheitsstrafe

459f Das Gericht ordnet an, daß die Vollstreckung der Ersatzfreiheitsstrafe unterbleibt, wenn die Vollstreckung für den Verurteilten eine unbillige Härte wäre.

1 **1)** Die **Vollstreckung der Ersatzfreiheitsstrafe unterbleibt** ganz oder teilw, wenn sie für den Verurteilten unbillig hart wäre. Gegenüber § 456 ist § 459f die Sondervorschrift (Schleswig SchlHA **76**, 13). Die Entscheidung trifft nicht die VollstrB, sondern das Gericht auf Antrag oder von Amts wegen durch Beschluss nach § 462 I S 1. Die VollstrB soll jedoch eine gerichtliche Entscheidung nach § 459f anregen, wenn sie die Voraussetzungen dafür für gegeben hält (§ 49 II S 1 StVollstrO). Die Anregung kann sie vor der Anordnung nach § 459e geben, aber auch später, wenn sie erst dann erkennt, dass die Vollstreckung eine unbillige Härte wäre. Die Anregung kann auch der Rechtspfleger geben (Pohlmann Rpfleger **70**, 265). Dass bereits mit der Vollstreckung der Ersatzfreiheitsstrafe begonnen worden ist, steht der Anordnung nach § 459f nicht entgegen.

2 **2)** Eine **unbillige Härte** liegt nicht schon vor, weil die Geldstrafe nicht beigetrieben werden kann (Düsseldorf MDR **85**, 76; Schädler ZRP **83**, 7). Es genügt auch nicht, dass der Verurteilte unverschuldet vermögenslos geworden ist und nicht fähig ist, die Mittel für seinen Unterhalt und den seiner Familie aufzubringen (BVerfG NJW 06, 3626 mwN; **aM** von Selle NStZ **90**, 118; weitergehend auch Bringewat StVollstr 5; Volckart 99 ff). Vielmehr müssen besondere Umstände hinzukommen, auf Grund deren mit der Vollstreckung der Ersatzfreiheitsstrafe eine außerhalb des Strafzwecks liegende zusätzliche Härte verbunden ist, die dem Verurteilten auch unter Berücksichtigung des Zwecks der Strafe nicht zugemutet werden kann (BGH **27**, 90, 93; Düsseldorf VRS **77**, 454; Jena NStZ-RR **06**, 286; LG Bremen StV **98**, 152; Tröndle ZStW **86**, 570); Schleswig StV **98**, 673 mit zust Anm Pause/Bobinski bejaht dies, falls der Verurteilte deshalb einen Therapieantritt verschieben muss; vgl auch Karlsruhe StV **06**, 590; LG Osnabrück StV **99**, 444. Die Vollstreckung muss geradezu als ungerecht erscheinen (LR-Graalmann-Scheerer 5). Ferner muss eine günstige Prognose die Annahme rechtfertigen, dass die Strafwirkung bereits durch die bloße Verhängung der Geldstrafe eingetreten ist (Düsseldorf MDR **85**, 76; LG Frankfurt StV **83**, 292); erfordert eine ungünstige Prognose eine nachhaltige Einwirkung auf den Verurteilten, so kommt eine Anordnung nach § 459f nicht in Betracht. Zur Anwendung der Vorschrift bei Insolvenz des Verurteilten Pfordte StV **10**, 595.

3 **3) Widerruf bei Wegfall der unbilligen Härte:** Die Anordnung nach § 459f bewirkt lediglich den Aufschub der Vollstreckung der Ersatzfreiheitsstrafe, nicht ihren Erlass (Schleswig SchlHA **76**, 13). Das Gericht kann sie daher widerrufen, wenn ihre Voraussetzungen nachträglich entfallen sind (Schleswig aaO), wenn sich zB die wirtschaftlichen Verhältnisse des Verurteilten so gebessert haben, dass die Vollstreckung keine unbillige Härte mehr darstellt, insbesondere auch, wenn die Geldstrafe jetzt nur noch infolge Verschuldens des Verurteilten nicht beigetrieben werden kann. Die Beitreibung der Geldstrafe ist nach § 49 II S 2 StVollstrO vom Widerruf der Anordnung nach § 459f nicht abhängig (vgl KK-Appl 3).

4 **4) Zuständiges Gericht:** Vgl §§ 462, 462a.

5) **Beschwerde:** Vgl § 462 III S 1.

Vollstreckung von Nebenfolgen

459g ¹ ¹ Die Anordnung der Einziehung oder der Unbrauchbarmachung einer Sache wird dadurch vollstreckt, dass die Sache demjenigen, gegen den sich die Anordnung richtet, weggenommen wird. ² Für die Vollstreckung gelten die Vorschriften des Justizbeitreibungsgesetzes.

II Für die Vollstreckung der Nebenfolgen, die zu einer Geldzahlung verpflichten, gelten die §§ 459, 459a sowie 459c Absatz 1 und 2 entsprechend.

III Die §§ 102 bis 110, 111c Absatz 1 und 2, § 111f Absatz 1, § 111k Absatz 1 und 2 sowie § 131 Absatz 1 gelten entsprechend.

IV Das Gericht ordnet den Ausschluss der Vollstreckung der Einziehung nach den §§ 73 bis 73c des Strafgesetzbuches an, soweit der Anspruch, der dem Verletzten aus der Tat auf Rückgewähr des Erlangten oder auf Ersatz des Wertes des Erlangten erwachsen ist, erloschen ist.

V ¹ In den Fällen des Absatzes 2 unterbleibt auf Anordnung des Gerichts die Vollstreckung, soweit der Wert des Erlangten nicht mehr im Vermögen des Betroffenen vorhanden ist oder die Vollstreckung sonst unverhältnismäßig wäre. ² Die Vollstreckung wird wieder aufgenommen, wenn nachträglich Umstände bekannt werden oder eintreten, die einer Anordnung nach Satz 1 entgegenstehen.

1) **Vollstreckung von Einziehung und Unbrauchbarmachung (I):**

A. **Eigentumsübergang:** Mit der Rechtskraft der Anordnung der **Einziehung** (§§ 73–73b, 74–74b StGB) der Sache geht das Eigentum an ihr auf den Landesfiskus über (§ 75 I StGB, § 60 I StVollstrO); das gilt auch für Grundstücke und andere unbewegliche Sachen. Wird ein Kfz eingezogen, so geht auch der Kfz-Brief in das Eigentum des Fiskus über (vgl BGHZ **34**, 122, 134; BGH NJW **64**, 1413; Pohlmann/Jabel/Wolf 9 zu § 61 StVollstrO). Der Landesfiskus wird auch Eigentümer, wenn im 1. Rechtszug in Ausübung der Gerichtsbarkeit des Bundes (§ 120 VI GVG) entschieden worden ist (§ 60 S 2 StVollstrO). Über die Verwertung der Sache vgl §§ 63 ff StVollstrO (dazu Isak/Wagner 430 ff).

Die **Unbrauchbarmachung** kann eine Zusatzanordnung zur Einziehung sein (zB nach § 74d I S 2 StGB), aber auch eine Anordnung ohne Verbindung mit der Einziehung als eine weniger einschneidende Maßnahme (§ 74f I Nr 1 StGB), die das Eigentum unberührt lässt. Daher hat der Berechtigte einen Anspruch auf Rückgabe der Sache nach Unbrauchbarmachung, sofern eine Unbrauchbarmachung nicht völlig vernichtet werden musste (§ 63 III StVollstrO). Über die Entschädigung eines Dritten vgl § 74b II, 74d V StGB.

B. Durch **Wegnahme (I S 1)** werden Einziehung und Unbrauchbarmachung vollstreckt, wenn die Sache sich im Besitz des Verurteilten oder des Einziehungsbeteiligten befindet und nicht freiwillig herausgegeben wird. Will die VollstrB die tatsächliche Gewalt nicht ausüben, so genügt die Herstellung des mittelbaren Besitzes (§ 868 BGB); das kann bei sperrigen oder behandlungsbedürftigen Sachen zweckmäßig sein. Wesentliche Bestandteile und Zubehörstücke werden ohne besonderen Vollstreckungstitel in Besitz genommen. Befindet sich die Sache im Besitz eines Dritten, so muss, wenn er die Herausgabe verweigert, Klage auf Herausgabe nach § 985 BGB erhoben werden (vgl § 61 IV StVollstrO). Hierüber entscheidet die oberste Justizbehörde (§ 61 III S 2 StVollstrO).

C. **Nach den Vorschriften des JBeitrG (I S 2)** richtet sich die Vollstreckung, soweit nicht III spezielle Regelungen enthält. § 6 I Nr 1 JBeitrG verweist auf die Vorschriften der ZPO; § 6 III S 1 JBeitrG regelt, wer die Vollstreckung ausführt. Eine eidesstattliche Versicherung über den Verbleib der Sache hat die in I S 1 genannte Person auf Antrag der VollstrB bei dem AG abzugeben (§ 6 I Nr 1 JBeitrG

§ 459g

iVm §§ 883 II–IV, 899, 900 I, III, V, 901, 902–910, 913 ZPO). Wiederholte Durchsuchungen vor und nach Abgabe der eidesstattlichen Versicherungen sind zulässig. Gemäß III iVm §§ 111f I S 2 gilt für unvertretbare Handlungen §§ 928 iVm 888 ZPO entspr (zB bei eingezogenen Bitcoins hinsichtlich des „Wallet"-Schlüssels) Wegen der Wohnungsdurchsuchung vgl 5 zu § 459. Zulässig ist nach III auch eine Durchsuchung entspr §§ 102 ff (erg unten 9).

6 D. **Tod des Eigentümers:** Steht die eingezogene Sache im Eigentum des Angeklagten, des Einziehungsbeteiligte (zB im Fall des § 73b StGB) oder eines Nebenbetroffenen (zB in den Fällen der §§ 74a Nr 2, 74b I Nr 2, 75 I Nr 2 StGB), so gilt bei seinem Tod folgendes: Wenn er **vor Rechtskraft** der Entscheidung stirbt, geht das Eigentum nicht mehr ohne Weiteres auf den Fiskus über. In den Fällen der §§ 73, 73a StGB richtet sich die Einziehung dann nach § 73b I S 1 Nr 3 StGB (ggf iVm § 76a I StGB), bei einer Sicherungseinziehung gem § 74b I Nr 2 StGB gegen den Rechtsnachfolger (zB den Erben); der Rechtsnachfolger wird am Verfahren beteiligt (§ 424), wenn es (zB gegen einen Mitangeklagten) fortgeführt wird, oder es wird ein selbständiges Verfahren gegen ihn eingeleitet (§ 435). Stirbt er **danach**, so verbleibt es bei dem Eigentumsübergang. Ist nur die Unbrauchbarmachung der Sache angeordnet, so geht sie beim Tod des Eigentümers in den Nachlass und damit auf einen Dritten über, von dem ihre Herausgabe, notfalls im Klagewege, verlangt werden kann.

7 2) **Nebenfolgen, die zu einer Geldzahlung verpflichten (II),** sind die Einziehung des Wertsatzes (§§ 73c, 74c StGB) sowie die Abführung des Mehrerlöses (§ 8 WiStG). Die Festsetzung einer Ersatzfreiheitsstrafe ausgeschlossen. II bezeichnet die Vorschriften, die bei der Vollstreckung entspr anwendbar sind. Insb kann entspr § 459c II von der Vollstreckung abgesehen werden, falls zu erwarten ist, dass sie in absehbarer Zeit zu keinem Erfolg führen wird (BKST-Seeger Rn 1918; erg 4f zu § 459c)Da § 459c III nicht aufgeführt ist, kann in den Nachlass vollstreckt werden. Zur Vollstreckungsreihenfolge bei Zusammentreffen mit einer Geldstrafe, vgl. Rettke NZWiSt **19**, 338, 339f; Savini Rpfleger **19**, 117, 119f).

8 Die Vollstreckung richtet sich nach II iVm § 459 grundsätzlich nach den Vorschriften der **ZPO** (§ 459 iVm § 6 I Nr 1 BeitrG). III enthält **Sonderbestimmungen** für die Vollstreckung (erg oben 5, unten 9).

9 3) Die mit der Reform der Vermögensabschöpfung eingeführten **Sonderbestimmungen (III)** sollen die Vollstreckung von (Wertersatz-)Einziehungsanordnungen nach §§ 73ff StGB stärken (BT-Drucks 18/11640 S 89). Nach III sind daher auch **Durchsuchungen entspr §§ 102 ff** zulässig. Dazu bedarf es der begründeten Aussicht, dass die Durchsuchung zum Auffinden des eingezogenen Gegenstandes oder von Vermögenswerten führt, die für die Vollstreckung der Wertersatzeinziehung verwertet werden können (erg 2 zu 102). Eine vorherige Anhörung kann unter den Voraussetzungen des § 33 IV unterbleiben. **Entspr § 131 I** können rechtskräftige (Wertersatz-)Einziehungsanordnungen im polizeilichen Fahndungssystem zur Vollstreckung **ausgeschrieben** werden. Werden bei einer Durchsuchung bewegliche Vermögenswerte festgestellt, können die Gegenstände entspr § 111c I, II (bei der Vollstreckung einer Einziehung) und § 111f (bei der Vollstreckung einer Wertersatzeinziehung) sichergestellt werden. Die Zuständigkeit hierfür richtet sich nach § 111k I, II; für die Beschlagnahme oder Pfändung einer bei beweglichen Sachen sind entspr § 111k I S 2, 3 auch die Ermittlungspersonen der StA (§ 152 GVG) zuständig. Die Zuständigkeit für erforderliche gerichtliche Entscheidungen (§ 105 I S 1) richtet sich nach § 462a; angesichts der in der Rechtspraxis in Betracht kommenden Fallkonstellationen wird nach § 462a II S 1 idR das Gericht erster Instanz zuständig sein (BT-Drucks 18/11640 S 89; Köhler/Burkhard NStZ **17**, 665, 669f, zu den praxisrelevanten Fallkonstellationen).

10 4) **IV** bietet dem Einziehungsadressaten **Schutz vor doppelter Inanspruchnahme,** die ihm in den Fällen der Einziehung des Tatertrages oder des Wertes des

Tatertrages (§§ 73 ff) bei Eigentums- und Vermögensdelikten aufgrund der neben der staatlichen Einziehung bestehenden Schadensersatzansprüche der Geschädigten droht. Soweit der zivilrechtliche Anspruch des Verletzten der materiellen (Erwerbs-)Tat nach der Anordnung erloschen ist, muss das Unterbleiben der Vollstreckung der staatlichen (Wertersatz-)Einziehung angeordnet werden (BT-Drucks 18/9525 S 94). IV ergänzt § 73e I StGB, der für diese Konstellation im Erkenntnisverfahren den Ausschluss der Anordnung der (Wertersatz-)Einziehung bestimmt. IV erfasst daher nur Schadenswiedergutmachungsleistungen nach Abschluss der Beweisaufnahme; im Strafbefehlsverfahren kommt es auf den Zeitpunkt des Erlasses des Strafbefehls an (13 zu § 408). Eine vor diesem Zeitpunkt erfolgte, rechtsfehlerhafte nicht berücksichtigte Schadenswiedergutmachung führt zum Unterbleiben der Vollstreckung der Wertersatzeinziehung (§ 73c StGB) wegen Unverhältnismäßigkeit (V S 1 Alt 2); die Anordnung der Einziehung nach § 73 StGB ginge ins Leere, weil die Schadenswiedergutmachung in diesen Fällen in der Rückübertragung des eingezogenen Gegenstandes an den Geschädigten besteht.

Der Schadensersatzanspruch des Verletzten erlischt durch Erfüllung (§ 362 I BGB), aber auch durch einen Erlass nach § 397 I BGB (vgl auch Fischer 4 zu § 73e), nicht hingegen durch Verjährung zivilrechtlicher Ersatzansprüche (BGH 5 StR 139/18 vom 8.5.2018) oder Ablauf der Frist des § 45 IV SGB X zur Rücknahme eines sozialrechtlichen Leistungsbescheides (BGH 5 StR 537/19 vom 27.11.2019; iE ebenso München wistra **18**, 418, 419). Anders ist dies wegen des eindeutigen Wortlauts des § 47 AO für die Verjährung des Anspruchs aus dem Steuerschuldverhältnis zu beurteilen (BGH 1 StR 173/19 vom 24.10.2019). Die „vergleichsfreundliche" Ausgestaltung (vgl BT-Drucks 19/9525 S 69) bezweckt allerdings nicht, den Einziehungsadressaten durch die Schadenswiedergutmachung eines anderen wegen einer anderen Straftat, durch einen Erlass des Verletzten zulasten der Allgemeinheit oder in sonstiger Weise trotz fortbestehender strafrechtswidriger Bereicherung von der staatlichen (Wertersatz-)Einziehung zu befreien. Dem Regelungszweck des IV würde in diesen Fällen – ebenso wie bei § 73e I StGB – eine restriktive Auslegung der Norm entsprechen (LG Stuttgart 6 Qs 1/19 vom 19.2.2019; Köhler/Burkhard NStZ **17**, 665, 673 f). Eine Amtspflicht zur Ermittlung eines etwaigen Erlöschens besteht nicht (Rettke NZWiSt **19**, 3338, 339). **11**

5) Die Berücksichtigung einer etwaigen **Entreicherung** oder einer sonstigen **Unverhältnismäßigkeit (V)** im Vollstreckungsverfahren ist die Folge der Streichung des § 73c StGB aF durch die Reform der strafrechtlichen Vermögensabschöpfung (vgl hierzu BGH NStZ-RR **18**, 241; wistra **18**, 427; erg 10 zu § 111e). V gilt ausschließlich in den Fällen des II, also für die Wertersatzeinziehung nach §§ 73c, 74c StGB (BT-Drucks 18/9525 S 57, 94). Die Prüfung kann sowohl von Amts wegen als auch auf Antrag des Betroffenen erfolgen. **Zuständig** ist nach § 462a zuständige Gericht. **12**

Zu der Frage, wann ein **Fall der Entreicherung** nach V S 1 vorliegt, hat sich – soweit ersichtlich – noch keine gefestigte Rspr entwickelt. Der BGH hat in einer Entscheidung – bei der hinsichtlich der Vermögensabschöpfung allerdings die Verfassungsmäßigkeit der Streichung des § 73c StGB aF entscheidungserheblich war – auf die zur Härteklausel im früheren Recht entwickelten Grundsätze hingewiesen (BGH NStZ-RR **18**, 241). Eine Fortdauer der Bereicherung dürfte danach grds anzunehmen sein, wenn der Betroffene über Vermögen verfügt – jedenfalls, wenn es nicht hinter dem angeordneten Einziehungsbetrag zurückbleibt (BGH **51**, 65; NStZ **12**, 267). Verfügt er nicht mehr über ein Vermögen, soll es wegen des zwingenden Charakters von V S 1 nicht möglich sein, wertende Gesichtspunkte bei der Prüfung des Wegfalls bei Bereicherung einzubeziehen, sodass sich auch der Täter erfolgreich auf eine Entreicherung berufen könnte, der mit den Erträgen aus seinen Straftaten Schulden begleicht oder – insoweit anders als im früheren Recht – sie „in Massagesalons und Bars" verbraucht oder sonst „verprasst" (BGH NStZ-RR **18** aaO; zur früheren Rechtslage BGH **38**, 23, 529; NStZ-RR **17**, 14). In **13** den Gesetzesmaterialien finden sich allerdings keine Anhaltspunkte dafür, dass der Gesetzgeber, der die Vermögensabschöpfung mit der Reform stärken und (auch) deshalb mit III neue Vollstreckungsmöglichkeiten (erg 9) geschaffen hat (vgl nur BT-Drucks 18/11640 S 77, 89), eine derart weitgehende Nutznießung von strafrechtswidrig erlangten Vermögenswerten ermöglichen wollte (zw auch BeckOK-Coen 26 bzgl der Tilgung von allgemeinen Verbindlichkeiten als Entreicherungsgrund; zu den mit der Reform verfolgten Zwecken, vgl BT-Drucks 18/9525 S 45). Zudem erscheint es auch unter systematischen Gesichtspunkten fraglich, ob die Rspr zu § 73c StGB aF uneingeschränkt auf V S 1 übertragbar ist (so auch Graf-Coen 22). Zum einen sind Entscheidungszeitpunkte (Urteil für § 73c StGB aF einerseits und Vollstreckungsverfahren für V S 1 andererseits) verschieden. Zum anderen sieht der Gesetzgeber die Entreicherung im Rahmen des V S 1 als Unterfall der Unverhältnismäßigkeit („sonst unverhältnismäßig") anwas die Einbeziehung wertender Gesichtspunkte ermöglichen dürfte (vgl Rhode wistra **18**, 102, 103; Blanke-Roeser StV **19**, 777, 780; ausführlich zum Ganzen Graf-Coen 22 ff). Insofern ist eine Klarstellung durch den Gesetzgeber wünschenswert, die sich – unter Berücksichtigung des hoheitlichen Charakters der Vermögensabschöpfung – an den Rechtsgedanken der §§ 818 IV, 819 BGB orientieren könnte (so 61. Aufl; vgl. auch Köhler/Burkhard NStZ **17**, 665, 674 f; abl Schleswig ZWS 69/19 vom 30.1.2020). Zum Verhältnis zum gemäß II entspr anwendbaren § 459c II, Lubini NZWiSt **19**, 419, 422.

13a An die **Unverhältnismäßigkeit** sind hohe Anforderungen zu stellen. Sie kann nur angenommen werden, wenn andernfalls das Übermaßverbot verletzt wäre (vgl BGHR § 73c Härte 7). Denkbar ist dies, wenn der Betroffene erwerbsunfähig wird oder erheblichen finanziellen Mehrbelastungen aufgrund von Krankheit ausgesetzt wird. Die im früheren Recht aufgrund des Verweises in II auf § 459d mögliche Berücksichtigung von Aspekten der Resozialisierung ist im Rahmen des V möglich (dafür auch Graf-Coen 30). Ob eine drohende Insolvenz eines drittbegünstigten Unternehmens einen Fall der Unverhältnismäßigkeit begründen kann (vgl aber auch Bittmann NZWiSt **18**, 209, 212), erscheint mit Blick auf § 111i II zw. Die Möglichkeit einer Zahlungserleichterung (II iVm § 459a) geht der Anordnung nach V in jedem Fall vor. Dass der durch die Vermögensatzeinziehung zugrundeliegende Straftat öffentlich-rechtliche Geschädigte (zB Jobcenter) im Wege der Aufrechnung nach § 43 SGB II eigenständig die Vollstreckung vornimmt, stellt keine sonstige Unverhältnismäßigkeit für den Betroffenen dar (**aA** LG Stralsund Rpfleger **19**, 357). Soweit der Anspruch der geschädigten Institution infolge ihrer Vollstreckungsbemühungen erloschen ist, hat die Vollstreckung des staatlichen Einziehungsanspruchs nach IV zu unterbleiben. Im Übrigen stellt die weitere Vollstreckung keine unbillige Härte für den Betroffenen dar (da dieser nach IV vor einer doppelte Inanspruchnahme geschützt wird, erg 1 zu § 459m), sondern lediglich einen unangemessenen Aufwand für die StA als VB dar. Dieser ist aber möglichst bereits in im Ermittlungsverfahren durch eine vorausschauende Anwendung des § 421 III zu vermeiden (dort 10). Im Vollstreckungsverfahren erscheint es in diesen Fällen zweckmäßig, mit der Vollstreckung des staatlichen Einziehungsanspruches zuzuwarten, bis abzusehen ist, ob die Vollstreckungsbemühungen zur vollständigen Befriedigung der geschädigten Institution führen.

13b Ob auf den **Tatertrag zu entrichtende Steuern** zu berücksichtigen sind, ist entsprechend der Rspr zu § 73c StGB aF eine Frage der Entreicherung; Steuern sind mithin keine Aufwendungen iSd § 73d Abs 1 S 1 StGB (BGH 5 StR 486/19 vom 11.12.2019). Sind die Steuern vor Beginn der Vollstreckung der Einziehungsentscheidung bereits bezahlt oder zumindest rechtskräftig festgesetzt worden, ist der Wert des Erlangten in diesem Umfang nicht mehr im Vermögen des Betroffenen vorhanden (BGH wistra **13**, 462; NStZ **12**, 92). Ist eine Besteuerung für das betreffende Jahr hingegen noch nicht bestandskräftig erfolgt und eine steuerliche Berücksichtigung der Wertersatzeinziehungsanordnung im entsprechenden Veranlagungszeitraum noch möglich, ist eine etwaige steuerliche Belastung nicht im Vollstreckungs-, sondern im Besteuerungsverfahren zu berücksichtigen (BGH

47, 260; vgl auch BT-Drucks 18/11640 S 78 f: „steuerrechtliche Lösung"). Eine darüberhinausgehende Berücksichtigung unter dem Gesichtspunkt der sonstigen Unverhältnismäßigkeit kommt grds nicht in Betracht (BGHR § 73c Härte 7). Gleiches gilt für Zahlungen auf eine **ausländische Einziehungsanordnung**, soweit diese auf derselben Erwerbstat beruht (Korte wistra 18, 1, 10).

V S 2 ermöglicht die **Wiederaufnahme** der Vollstreckung, wenn nachträglich 14 Umstände bekannt werden oder eintreten, die der Anordnung des Unterbleibens nach S 1 entgegengestanden hätten. Alt 1 regelt den Fall, dass schon bei der Anordnung ein ihr entgegenstehender Umstand zwar vorhanden, jedoch nicht bekannt war und deshalb nicht berücksichtigt werden konnte. Alt 2 ermöglicht die Wiederaufnahme, wenn nach der Anordnung ihr entgegenstehende neue Umstände eintreten (denkbar etwa bei einem erheblichen Losgewinn). Ob die Wiederaufnahme nach S 2 eines Gerichtsbeschlusses bedarf, ist nicht ausdrücklich geregelt. Dafür spricht der systematische Gesichtspunkt, dass das Unterbleiben nach S 1 nur durch das Gericht angeordnet werden kann (vgl 61. Aufl), dagegen der Wortlaut („wird wieder aufgenommen"), der die Wiederaufnahme der Vollstreckung als einen Realakt der VollstrB beschreibt (so Graf-Coen 19; Korte aaO; Lubini aaO 424). Rein praktische Erwägungen können die Begründung der Zuständigkeit der VollstrB allerdings nicht begründen. Denn die Anordnung des Unterbleibens der Vollstreckung nach S 1 steht unter dem Vorbehalt des S 2; die Entscheidung nach S 1 beendet das Vollstreckungsverfahren mithin nicht, sodass die VollstrB Verdachtsmomenten, die auf Umstände iSd S 2 hindeuten, ohne eine vorherige gerichtliche Wiederaufnahmeanordnung nachgehen kann (§§ 457 I, 459g III). Angesichts der Unsicherheiten bei der praktischen Anwendung der Norm (vgl Blanke-Roeser aaO) ist auch insofern eine Klarstellung durch den Gesetzgeber wünschenswert (zum weiteren Bedarf, vgl 13).

6) Über Einwendungen gegen Entscheidungen der VollstrB entscheidet das 15 Gericht (§ 459o). Dazu gehört auch die Entscheidung, bestimmte Vermögensgegenstände in Vollziehung der Wertersatzeinziehung nach II zu pfänden. § 459o ist auch insofern eine **Sondervorschrift**, die § 771 ZPO vorgeht (erg 15 f zu § 111k für Einwendungen gegen Vollziehung eines Vermögensarrestes).

Entschädigung des Verletzten

459h I¹**Ein nach den §§ 73 bis 73b des Strafgesetzbuches eingezogener Gegenstand wird dem Verletzten, dem ein Anspruch auf Rückgewähr die Erlangten erwachsen ist, oder dessen Rechtsnachfolger zurückübertragen.** ²**Gleiches gilt, wenn der Gegenstand nach § 76a Absatz 1 des Strafgesetzbuches, auch in Verbindung mit § 76a Absatz 3 des Strafgesetzbuches, eingezogen worden ist.** ³**In den Fällen des § 75 Absatz 1 Satz 2 des Strafgesetzbuches wird der eingezogene Gegenstand dem Verletzten oder dessen Rechtsnachfolger herausgegeben, wenn dieser sein Recht fristgerecht bei der Vollstreckungsbehörde angemeldet hat.**

II ¹**Hat das Gericht die Einziehung des Wertersatzes nach den §§ 73c und 76a Absatz 1 Satz 1 des Strafgesetzbuches, auch in Verbindung mit § 76a Absatz 3 des Strafgesetzbuches, angeordnet, wird der Erlös aus der Verwertung der auf Grund des Vermögensarrestes oder der Einziehungsanordnung gepfändeten Gegenstände an den Verletzten, dem ein Anspruch auf Ersatz des Wertes des Erlangten aus der Tat erwachsen ist, oder an dessen Rechtsnachfolger ausgekehrt.** ² **§ 111i gilt entsprechend.**

1) Allgemeines: Die Reform der strafrechtlichen Vermögensabschöpfung hat 1 die **Entschädigung der Verletzten** von Eigentums- und Vermögensdelikten **grundlegend umgestaltet** (vgl dazu ausführlich, BT-Drucks 18/9525 S 94 f). Anders als nach dem früheren Konzept der „Rückgewinnungshilfe" muss nunmehr zwingend auch die Einziehung von Erträgen aus Eigentums- und Vermö-

§ 459h

gensdelikten oder des Wertes solcher Erträgen angeordnet werden (§§ 73–73c StGB; vgl zum Ausschluss der Vermögensabschöpfung im früheren Recht, § 73 I S 2 StGB aF). Die (Wertersatz-)Einziehung nach §§ 73–73c StGB ist ein staatlicher Anspruch gegen Verurteilten oder den Einziehungsbeteiligten; die Einziehung wird mithin zugunsten des Staates angeordnet. Ist die der (Wertersatz-)Einziehung zugrundliegende (Erwerbs-)Tat ein Eigentums- oder Vermögensdelikt, hat dies zur Folge, dass der Verletzte der Tat seinen zivilrechtlichen Schadensersatz faktisch nicht durchsetzen kann. Mit §§ 459h ff enthält das reformierte Recht daher ein eigenständiges Opferentschädigungskonzept. § 459h gibt dem Verletzten einen **materiell-rechtlichen Anspruch** auf Rückgewähr des vom Täter, Teilnehmer oder Drittbegünstigten auf seine Kosten erlangten Vermögensgegenstandes oder auf Ersatz des Wertes des Erlangten. Das Verfahren richtet sich nach §§ 459i ff (ausführlich zur Opferentschädigung, Köhler/Burkhard NStZ **17**, 665, 679 ff; Rhode wistra **18**, 65; 102; Bielefeld/Handel wistra **19**, 9 aus Geschädigtenperspektive; zum Verletztenbegriff und dem Inhalt des Entschädigungsanspruch, vgl erg 2 f zu § 111i). Bei einer wirksamen „formlosen" Einziehung durch Verzicht (hierzu 6a vor § 421), gelten §§ 459h ff entspr (BKST-Tschakert Rn 1683 ff; **aA** AG München 814 Ds 261 Js 160705/17 vom 10.10.2017).

2 §§ 459h ff gelten ausschließlich für die Einziehung und die Wertersatzeinziehung nach §§ **73 ff StGB** (ggf iVm § 76a StGB); bei Einziehungen nach § 74 ff StGB finden die Vorschriften keine Anwendung. Zur Auflösung des Spannungsverhältnisses von Opferentschädigung und Einziehung des **Geldwäscheobjekts** (§ 74 II iVm § 261 VII S 1 StGB) durch eine sinngemäße Anwendung des § 459m, vgl dort 1; 4 Vor § 111b; Köhler/Burkhard NStZ **17**, 665, 681 f).

3 **2) Einziehung des Tatertrages (I):** Wird das erlangte Etwas (Tatertrag) nach §§ 73, 73a oder 73b eingezogen, geht Einziehungsgegenstand mit der Rechtskraft der Einziehungsanordnung auf den Staat über (§ 75 I S 1 StGB); der Staat wird Eigentümer der eingezogenen Sache oder Inhaber des eingezogenen Rechts. Er kann damit zivilrechtlich wirksam über den Gegenstand verfügen.

4 I S 1 gibt dem Verletzten der Erwerbstat einen **Anspruch** gegen den verfügungsberechtigten Staat **auf Rückgewähr** des als erlangtes Etwas eingezogenen Gegenstandes. Die Rückgewähr richtet sich nach den zivilrechtlichen Regeln. Eine eingezogene Sache wird übereignet (§ 929 BGB); eine eingezogene Forderung wird abgetreten (§ 398 BGB). Dass – anders als in II S 1 – in I S 1 die Worte „aus der Tat" vor zwischen „des Erlangten" und „erwachsen" fehlen, ist ein offensichtlicher redaktioneller Fehler.

5 Der Anspruch steht auch dem **Rechtsnachfolger** des Verletzten zu. Ob die Rechtsnachfolge auf einem gesetzlichen oder auf einem rechtsgeschäftlichen Übergang des Entschädigungsanspruchs beruht, ist ohne Belang (BT-Drucks 18/11640 S 90).

6 Der Entschädigungsanspruch besteht auch bei einer **selbständigen Einziehung** nach § 76a I, III StGB (I S 2), ausgenommen ist allerdings die selbständige Einziehung des Ertrages aus einer verjährten Tat nach § 76a II S 1 StGB (s aber zur Wertersatzeinziehung unten 13).

7 Wird das **Surrogat** des Erlangten eingezogen (§ 73 III StGB), ist I nicht einschlägig, da dem Verletzten kein Anspruch auf Rückgewähr des Surrogates aus der Tat erwachsen ist. Für die Entschädigung kann II sinngemäß angewendet werden; der Verletzte wird bis zur Höhe des Wertes des ursprünglich erlangten Gegenstandes aus dem Erlös der Verwertung des Surrogats entschädigt.

8 I S 3 ergänzt die Regelung über den **aufschiebend bedingten Rechtsübergang** des § 75 I S 2 StGB (vgl dazu BT-Drucks 19/9525 S 71). Geht die erlangte Sache durch die (Erwerbs-)Tat nicht auf den Einziehungsadressaten über (vgl § 935 BGB), wird auch der Staat nicht unmittelbar mit der Rechtskraft Eigentümer der Sache (vgl § 75 I S 1 Nr 1 StGB). Macht der Verletzte sein Eigentum fristgerecht bei der VollstrB geltend (und verhindert dadurch den Eigentumsübergang auf den Staat), genügt es, wenn der Staat dem Verletzten oder dessen Rechtsnachfolger (erg

oben 5) den Besitz an der eingezogenen Sache verschafft (BT-Drucks 18/9525 S 95). Der Anspruch richtet sich daher in diesen Fällen **auf Herausgabe** des eingezogenen Gegenstandes.

3) Einziehung des Wertes des Tatertrages (II): Wird die Wert des Erlang- 9 ten (Wert des Tatertrages) nach § 73c StGB eingezogen, tituliert die Anordnung der Wertersatzeinziehung den **staatlichen Zahlungsanspruch** gegen den durch die Erwerbstat bereicherten Eiziehungsadressaten (Täter, Teilnehmer oder Drittbegünstigten). Auf der Grundlage dieses Titels kann nach § 459g II die Zwangsvollstreckung in das bewegliche und unbewegliche Vermögen des Einziehungsadressaten betrieben werden (erg 11 vor § 421). Die aufgrund der rechtskräftigen Wertersatzeinziehung oder vorher aufgrund eines Vermögensarrestes (§ 111e, 111f) gepfändeten Gegenstände werden verwertet; der Entschädigungsanspruch richtet sich nach II S 1 auf die **Auskehrung des Verwertungserlös** an den Verletzten der betreffenden Erwerbstat im materiellen Sinn (BT-Drucks 18/9525 S 95).

Die Entschädigung richtet sich in zwei Fallkonstellationen nach II S 1: Bei nur 10 **einem Verletzten stets,** und zwar unabhängig davon, ob der Verwertungserlös seinen Anspruch auf Ersatz des Wertes des auf seine Kosten vom betreffenden Einziehungsadressaten Erlangten vollständig abdeckt; bei **mehreren Verletzten nur dann,** wenn der Verwertungserlös zur vollständigen Befriedigung der geltend gemachten (begründeten) Ersatzansprüche ausreicht **(„Deckungsfall").** Wird vor Abschluss der Entschädigung allerdings die **Eröffnung des Insolvenzverfahren** über das Vermögen des Einziehungsadressaten beschlossen (§ 27 InsO), gilt § 111i I entspr (II S 2); die gepfändeten Gegenstände oder der Erlös aus ihrer Verwertung werden für das Insolvenzverfahren frei. Die Verletzten der Erwerbstaten können dann im Insolvenzverfahren Entschädigung erlangen (BT-Drucks 18/9525 S. 95; erg 4 zu § 111i).

Reicht der Vollstreckungserlös bei mehreren Verletzten nicht zur vollständigen 11 Befriedigung der geltend gemachten (begründeten) Ersatzansprüche aus **(„Mangelfall"),** so stellt der VollstrB nach II S 2 iVm § 111i II S 1 den Insolvenzantrag nach § 14 InsO. Wird daraufhin das Insolvenzverfahren über das Vermögen des Einziehungsadressaten eröffnet, werden die Verletzten – falls sie ihre Forderung anmelden (§ 174 InsO) – im Insolvenzverfahren entschädigt (erg 6 ff zu § 111i). Ob ein Mangelfall vorliegt, prüft der VollstrB nach **Ablauf der sechsmonatigen Anmeldefrist** des § 459k I S 1; denn für die Feststellung des „Mangelfalls" kommt es auf den Vergleich zwischen dem Wert der aufgrund der Wertersatzeinziehungsanordnung (und/oder der zuvor aufgrund des Vermögensarrestes) gepfändeten Vermögenswerte und den von den Verletzten – zu Recht – geltend gemachten (angemeldeten) Ansprüche an (erg 11 zu § 111i). Die Entscheidung ist **abschließend** (erg 5 zu § 459k; 8 zu § 459m); ein Zuwarten, ob eventuell weitere Gegenstände gepfändet werden können, ist systemfremd und würde zu erheblichen Friktionen mit § 459m führen.

Nach II S 2 gilt auch § 111i II S 2 entspr Aufgrund des systematischen Zusam- 12 menhangs des § 459h II mit § 459m I S 4 richtet sich **Zeitpunkt** für die abschließende Entscheidung über die **Stellung des Insolvenzantrags** gem §§ 459h II, 111i II StPO nach der sechsmonatigen Anmeldefrist des § 459k I (Bittmann/Tschakert ZInsO 17, 2657, 2664 f; BKST-Seeger Rn 1976 „*Kassensturz*"). Das bedeutet: Kommt der VollstrB nach Ablauf der sechsmonatigen Anmeldefrist (§ 459k I) zur Auffassung, dass ein Insolvenzantrag vom Insolvenzgericht (zB mangels Masse) abgelehnt würde, muss sie von der Antragstellung absehen. Da dann nach § 459m I S 4 für die Opferentschädigung der Prioritätsgrundsatz gilt (erg 5 f zu § 459m), stellt die VollstrB die Entscheidung, von einem Insolvenzantrag abzusehen, in Form eines **Vermerks in den Akten** fest. Dies gilt auch, wenn dem Einziehungsschuldner gem §§ 459g II iVm 459a eine **Ratenzahlung** gewährt wurde, weil ein Insolvenzantrag (§ 14 InsO) in diesem Fall unbegründet wäre (Bittmann/Tschakert aaO 2660 Fn 16); eine Ratenzahlung sollte mithin erst nach Ablauf der sechsmonatigen Anmeldfrist gewährt werden.

§§ 459i, 459j

13 II gilt auch für die selbständige Wertersatzeinziehung (§§ 76 I S 1, III); allerdings nicht für die Einziehung des Wertes des Ertrages aus verjährten Erwerbstaten. Sollte der entsprechende zivilrechtliche Schadensersatzanspruch hingegen noch nicht verjährt sein, kann der dann bestehenden Gefahr einer doppelten Inanspruchnahme des Einziehungsadressaten durch eine analoge Anwendung von II begegnet werden (erg oben 6).

14 4) Funktionell sind die Rechtspfleger der StA als VollstrB (§ 451) **zuständig** (§§ 3 Nr 4c, 31 II S 1 RPflG). Für **Einwendungen** gegen eine Entscheidung der VollstrB gilt § 459o.

Mitteilungen

459i I ¹Der Eintritt der Rechtskraft der Einziehungsanordnung nach den §§ 73 bis 73c und 76a Absatz 1 Satz 1 des Strafgesetzbuches, auch in Verbindung mit § 76a Absatz 3 des Strafgesetzbuches, wird dem Verletzten unverzüglich mitgeteilt. ²Die Mitteilung ist zuzustellen; § 111l Absatz 4 gilt entsprechend.
II ¹Die Mitteilung ist im Fall der Einziehung des Gegenstandes mit dem Hinweis auf den Anspruch nach § 459h Absatz 1 und auf das Verfahren nach § 459j zu verbinden. ²Im Fall der Einziehung des Wertersatzes ist sie mit dem Hinweis auf den Anspruch nach § 459h Absatz 2 und das Verfahren nach den §§ 459k bis 459m zu verbinden.

1 1) Die **unverzügliche Mitteilung** der Rechtskraft der Anordnung nach §§ 73–73c StGB an den Verletzten der Erwerbstat, auf der die Anordnung beruht, bestimmt I. Sie gilt auch für die selbständige Einziehung des Tatertrages oder des Wertes des Tatertrages nach § 76a I S 1, III StGB. Sie ist grundsätzlich **zuzustellen** (I S 2 Hs 1), da durch die Mitteilung die Anmeldefrist für die Verletzten (§§ 459l I S 3, 459j I, 459k I) und den (aufschiebend bedingten) Eigentumserwerbs des Staates (§ 75 I S 2 StGB) in Gang gesetzt wird. Verletzter iSd I ist damit derjenige, der berechtigt ist, einen Entschädigungsanspruch geltend zu machen. Wegen § 92 InsO ist dies bei einem Bankrott (§ 283 StGB) des Geschäftsführers einer insolventen GmbH nur der Insolvenzverwalter (Uhlenbruck 2 zu § 92 InsO); nur er ist daher auch zu benachrichtigen (anders Reh NZWiSt **18**, 20, 22, die allerdings § 92 InsO übersieht; erg 3 zu § 459g; 3 zu § 459k). Bei mehreren Verletzten oder bei unbekannten Verletzten oder (bekannten) Verletzten unbekannten Aufenthalts kann die individuelle Zustellung gem § 111l IV durch eine einmalige **Bekanntmachung im Bundesanzeiger** ersetzt werden (I S 2 Hs 2). „Unverzüglich" heißt nicht sofort. Enthält das Urteil keine für eine Mitteilung nach I hinreichenden Angaben zu den Verletzten, kann dies nicht über § 458 I nachgeholt werden (LG Lübeck NZWiSt **19**, 199, 200). In Betracht kommt dann eine analoge Anwendung des § 459k II 2 (Rettke NZWiSt **19**, 200).

2 2) II bestimmt die **Hinweispflichten** der VollstrB ggü dem Verletzten, die mit der Mitteilung nach I zu verbinden sind. S 1 gilt für die Einziehung eines Gegenstandes (§§ 73–73b StGB), S 2 für die Wertersatzeinziehung (§ 73c StGB) – jeweils auch in Verbindung mit § 76a I, III StGB. Damit soll der Verletzte vor allem über seinen Entschädigungsanspruch (§ 459h) und die Anmeldefrist (§§ 459j, 459k) informiert werden. Zudem erlangt er dadurch Kenntnis, dass sich sein Anspruch auf die Rückgewähr des Erlangten oder auf Ersatz des Wertes des Erlangten beschränkt und daher weder Schmerzensgeld noch Zinsen oder Rechtsverfolgungskosten umfasst (BT-Drucks 18/9525 S 95).

Verfahren bei Rückübertragung und Herausgabe

459j I Der Verletzte oder dessen Rechtsnachfolger hat seinen Anspruch auf Rückübertragung oder Herausgabe nach § 459h Absatz 1 binnen sechs Monaten nach der Mitteilung der Rechtskraft der Einziehungsanordnung bei der Vollstreckungsbehörde anzumelden.

II ¹ Ergibt sich die Anspruchsberechtigung des Antragstellers ohne weiteres aus der Einziehungsanordnung und den ihr zugrundeliegenden Feststellungen, so wird der eingezogene Gegenstand an den Antragsteller zurückübertragen oder herausgegeben. ² Andernfalls bedarf es der Zulassung durch das Gericht. ³ Das Gericht lässt die Rückübertragung oder Herausgabe nach Maßgabe des § 459h Absatz 1 zu. ⁴ Die Zulassung ist zu versagen, wenn der Antragsteller seine Anspruchsberechtigung nicht glaubhaft macht; § 294 der Zivilprozessordnung ist anzuwenden.

III ¹ Vor der Entscheidung über die Rückübertragung oder Herausgabe ist derjenige, gegen den sich die Anordnung der Einziehung richtet, zu hören. ² Dies gilt nur, wenn die Anhörung ausführbar erscheint.

IV Bei Versäumung der in Absatz 1 Satz 1 genannten Frist ist unter den in den §§ 44 und 45 bezeichneten Voraussetzungen die Wiedereinsetzung in den vorigen Stand zu gewähren.

V Unbeschadet des Verfahrens nach Absatz 1 kann der Verletzte oder dessen Rechtsnachfolger seinen Anspruch auf Rückübertragung oder Herausgabe nach § 459h Absatz 1 geltend machen, indem er ein vollstreckbares Endurteil im Sinne des § 704 der Zivilprozessordnung oder einen anderen Vollstreckungstitel im Sinne des § 794 der Zivilprozessordnung vorlegt, aus dem sich der geltend gemachte Anspruch ergibt.

1) Der Anspruch auf Rückgewähr (Rückübertragung oder Herausgabe) des Er- 1 langten nach § 459h I wird durch **Anmeldung** bei der Vollstreckungsbehörde geltend gemacht (I). Erfolgt die Anmeldung **binnen 6 Monaten** nach der Mitteilung der Rechtskraft der Einziehungsanordnung (§ 459i I), reicht die bloße Geltendmachung (I). Danach ist zur Anmeldung des Anspruchs iSv I die Vorlage eines zivil- oder öffentlich-rechtlichen Vollstreckungstitels notwendig (V). Der Anspruch kann mithin auf 2 Wegen geltend gemacht werden (BT-Drucks 18/11640 S 90).

Hat der Verletzte die Anmeldefrist ohne Verschulden versäumt, wird ihm unter 2 den Voraussetzungen der §§ 44, 45 die **Wiedereinsetzung** in den vorigen Stand gewährt (IV).

2) Die **Entscheidung** nach II S 1 trifft die VollstrB (§ 451); sie ist den Rechts- 3 pflegern übertragen (§§ 3 Nr 4c, 31 II S 1 RPflG). Eine Rückübertragung oder Herausgabe durch die VollstrB (Rechtspfleger) kommt nur in Frage, wenn sich die Anspruchsberechtigung des Antragstellers **ohne weiteres** – also ohne die Hinzunahme weiterer Unterlagen – **aus der Einziehungsanordnung** und den ihr zugrundeliegenden Feststellungen ergibt. Grundlage der Entscheidung sind mithin ausschließlich das Urteil, der Strafbefehl oder – im Falle einer Entscheidung im selbständigen oder abgetrennten Verfahren (vgl § 423 II S 1, §§ 436 II iVm § 434 II) – der Beschluss, mit der die Einziehung angeordnet worden ist. Der Antragsteller und der beanspruchte Gegenstand müssen daher allein aus der Einziehungsanordnung und den Entscheidungsgründen bestimmt werden können. Ein Urteil, das den **Anforderungen des § 267** entspricht, wird die notwendigen Feststellungen enthalten (vgl insofern 2 ff zu § 267; KK-Kuckein/Bartel 3, 35 zu § 267). Insbesondere sind idR keine über den Namen hinausgehende Feststellungen zur Person des Verletzten notwendig; insoweit kann bei Zweifeln als auch bei offensichtlichen Unrichtigkeiten auf die Anklageschrift oä zurückgegriffen werden. Denn II S 1 soll die Rechtspfleger von der Prüfung materieller Fragen entlasten (BT-Drucks 18/11640 S 90), nicht aber die problemlose Korrektur bloßer Schreibversehen oä verhindern. Bei Verurteilung des Geschäftsführers einer insolventen GmbH wegen Bankrotts (§ 283 StGB) ist es nicht erforderlich, alle Gläubiger der GmbH in den Urteilsgründen aufzuführen, da in diesem Fall ausschließlich der Insolvenzverwalter Ansprüche gegen den Geschäftsführer geltend machen darf (Uhlenbruck 2 zu § 92 InsO, erg 1 zu § 459i; anders Reh NZWiSt **18**, 20, 22, die

allerdings § 92 InsO übersieht). Wird im abgetrennten Verfahren über die Einziehung entschieden, ist das für die Anordnung bindende Urteil in der Hauptsache (§ 423 I S 2) als Grundlage für die Entscheidung heranzuziehen, da insoweit in den Gründen der Einziehungsanordnung auf die bindenden Feststellungen Bezug genommen werden darf (vgl zur Zulässigkeit der Bezugnahme bei einem rechtskräftigen Schuldspruch, KK-Kuckein/Bartel 5 zu § 267; LR-Stuckenberg 32 zu § 267).

4 Andernfalls bedarf es der **Zulassung des Gerichts (II S 2)**. In Betracht kommt dies etwa, wenn der Antragsteller behauptet, Rechtsnachfolger (zB Erbe) des Verletzten zu sein (BT-Drucks 18/11640 S 90 f). Das Gericht entscheidet durch Beschluss (§ 462 I). Zuständig ist grundsätzlich das Gericht erster Instanz (§ 462a II S 1); zur Zuständigkeit der Strafvollstreckungskammer, vgl SSW-Hanft 4 zu § 459o. Die Zulassungsprüfung (also die Entscheidung über die Rückübertragung oder Herausgabe) richtet sich nach § 459h II (II S 3). Nach II S 4 muss der Antragsteller seine Anspruchsberechtigung nach § 294 ZPO glaubhaft machen (zB durch Vorlage eines Erbscheins).

5 3) Nach Ablauf der sechsmonatigen Frist für eine formlose Anmeldung des Anspruchs iSd § 459h I (I) bedarf es der **förmlichen Anmeldung** durch einen zivilrechtlichen (zB Endurteil nach § 704 ZPO) oder öffentlich-rechtlichen **Vollstreckungstitel** (zB bestandskräftiger Steuerbescheid).

6 4) Vor der Entscheidung über die Herausgabe oder Rückübertragung des eingezogenen Gegenstandes ist der Einziehungsadressat **anzuhören (III S 1)**. Die Anhörungspflicht besteht allerdings nur, wenn sie **ausführbar** erscheint **(III S 2);** die VollstrB muss daher keine Nachforschungen zum Aufenthalt des Einziehungsadressaten anstellen. Mit der Anhörung erhält der Einziehungsadressat Gelegenheit, Einwendungen gegen die Herausgabe oder Rückgabe des Einziehungsgegenstandes an den Verletzten geltend zu machen, nicht aber gegen die staatliche Einziehung selbst (BT-Drucks 18/9525 S 96). Denkbar ist die Einwendung, dass der Verletzte den Anspruch aus § 459h I im Zuge eines Schadensausgleich in Geld an den Einziehungsadressaten abgetreten hat (§ 398 BGB).

7 5) **Rechtsmittel:** Einwendungen gegen Entscheidungen der **VollstrB** können nach § 459o geltend gemacht werden. Für die gerichtlichen Entscheidungen gilt § 462 III.

Verfahren bei Auskehrung des Verwertungserlöses

§ 459k I 1 Der Verletzte oder dessen Rechtsnachfolger hat seinen Anspruch auf Auskehrung des Verwertungserlöses nach § 459h Absatz 2 binnen sechs Monaten nach der Mitteilung der Rechtskraft der Einziehungsanordnung bei der Vollstreckungsbehörde anzumelden. ² Bei der Anmeldung ist die Höhe des Anspruchs zu bezeichnen.

II ¹ Ergeben sich die Anspruchsberechtigung des Antragstellers und die Anspruchshöhe ohne weiteres aus der Einziehungsanordnung und den ihr zugrunde liegenden Feststellungen, so wird der Verwertungserlös in diesem Umfang an den Antragsteller ausgekehrt. ² Andernfalls bedarf es der Zulassung durch das Gericht. ³ Das Gericht lässt die Auskehrung des Verwertungserlöses nach Maßgabe des § 459h Absatz 2 zu. ⁴ Die Zulassung ist zu versagen, wenn der Antragsteller seine Anspruchsberechtigung nicht glaubhaft macht; § 294 der Zivilprozessordnung ist anzuwenden.

III ¹ Vor der Entscheidung über die Auskehrung ist derjenige, gegen den sich die Anordnung der Einziehung richtet, zu hören. ² Dies gilt nur, wenn die Anhörung ausführbar erscheint.

IV Bei Versäumung der in Absatz 1 Satz 1 genannten Frist ist unter den in den §§ 44 und 45 bezeichneten Voraussetzungen die Wiedereinsetzung in den vorigen Stand zu gewähren.

V ¹Unbeschadet des Verfahrens nach Absatz 1 kann der Verletzte oder dessen Rechtsnachfolger seinen Anspruch auf Auskehrung des Verwertungserlöses nach § 459h Absatz 2 geltend machen, indem er ein vollstreckbares Endurteil im Sinne des § 704 der Zivilprozessordnung oder einen anderen Vollstreckungstitel im Sinne des § 794 der Zivilprozessordnung vorlegt, aus dem sich der geltend gemachte Anspruch ergibt. ²Einem vollstreckbaren Endurteil im Sinne des § 704 der Zivilprozessordnung stehen bestandskräftige öffentlich-rechtliche Vollstreckungstitel über Geldforderungen gleich.

1) Der Anspruch auf Auskehrung des Verwertungserlöses nach § 459h II wird durch **Anmeldung** bei der Vollstreckungsbehörde geltend gemacht (I). Erfolgt die Anmeldung **binnen 6 Monaten** nach der Mitteilung der Rechtskraft der Wertersatzeinziehungsanordnung (§ 459i I), reicht die bloße Geltendmachung (I). Danach ist zur Anmeldung isV I die Vorlage eines zivil- oder öffentlich-rechtlichen Vollstreckungstitels notwendig (V). Der Anspruch kann mithin auf zwei Wegen geltend gemacht werden (BT-Drucks 18/11640 S 90). Zur rangwahrenden Wirkung der Anmeldung in den Fällen der Entschädigung nach § 459m, vgl dort 7, 9.   **1**

2) Aufbau und Inhalt der Vorschrift entsprechen weitgehend § 459j; die dortigen Anmerkungen (2 ff zu § 459j) gelten entspr (vgl auch BT-Drucks 18/9525 S 96; 18/11640 S 90 f). **Rechtsbehelfe,** 7 zu § 459j.   **2**

Da der Auskehrungsanspruch aus § 459 II auf eine Geldzahlung gerichtet ist, muss bei der Anmeldung auch die **Höhe des Anspruchs** bezeichnet werden (I S 2). Eine Auskehrung durch die VollstrB setzt daher auch voraus, dass sich die Höhe des Anspruchs des betreffenden Verletzten gem § 459h II – also der als Wertersatz eingezogene Geldbetrag (vgl. § 73c StGB) – sich **ohne weiteres** (vgl hierzu 3 zu § 459j, auch zu Bankrottstraftaten) aus der Einziehungsanordnung zugrundeliegenden **Feststellungen** (Gründe des Urteils, Strafbefehls oder Beschlusses) ergibt (II S 1); bei mehreren Erwerbstaten mit mehreren Verletzten muss mithin (auch weiterhin) nur der Gesamtbetrag tenoriert werden. Die geltend gemachte Anspruchshöhe und der in den Entscheidungsgründen als Wertersatz eingezogene Geldbetrag müssen nicht identisch sein. Es kommt darauf an, dass für die **VollstrB** ohne weiteres festzustellen ist, in welcher Höhe ein Geldbetrag als Wertersatz wegen der zum Nachteil des betreffenden Verletzten begangenen Erwerbstat iSd §§ 73, 73c StGB einzogen worden ist. Dieser Geldbetrag begrenzt den Anspruch aus § 459h II nach oben; mehr kann und darf nicht ausgekehrt werden – auch wenn der Antragsteller mehr beantragt. Meldet der Antragsteller weniger an, wird er nur in dieser Höhe entschädigt. Diese Grundsätze gelten auch bei der **gerichtlichen Zulassungsentscheidung,** wenn die VollstrB eine Auskehrung lediglich deshalb zurückweisen muss, weil die Anspruchsberechtigung des Antragstellers sich nicht ohne weiteres aus den Entscheidungsgründen ergibt (etwa mangels hinreichender Feststellungen zur Person des Verletzten oder im Falle einer behaupteten Rechtsnachfolge).   **3**

3) Zur Bedeutung der Anmeldefrist des I für die Stellung eines **Insolvenzantrags** nach §§ 459h II S 2, 111i II, vgl 11 f zu § 459h.   **4**

4) Das Auskehrungsverfahren wird **nur einmal** durchgeführt; die Entscheidung wird nach Ablauf der sechsmonatigen Anmeldefrist (I) getroffen (erg 11 f zu § 459h; 8 zu 459m). Werden nach seinem Abschluss aufgrund der rechtskräftigen Wertersatzeinziehung weitere Gegenstände gepfändet, richtet sich die Entschädigung nach § 459m II (dort 7 ff).   **5**

Ansprüche des Betroffenen

4591 ¹ ¹Legt derjenige, gegen den sich die Anordnung der Einziehung richtet, ein vollstreckbares Endurteil im Sinne des § 704 der Zivilprozessordnung oder einen anderen Vollstreckungstitel im Sinne des § 794 der

§ 459m

Zivilprozessordnung vor, aus dem sich ergibt, dass dem Verletzten aus der Tat ein Anspruch auf Rückgewähr des Erlangten erwachsen ist, kann er verlangen, dass der eingezogene Gegenstand nach Maßgabe des § 459h Absatz 1 an den Verletzten oder dessen Rechtsnachfolger zurückübertragen oder herausgegeben wird. [2] § 459j Absatz 2 gilt entsprechend.

II [1] Befriedigt derjenige, gegen den sich die Anordnung der Einziehung des Wertersatzes richtet, den Anspruch, der dem Verletzten aus der Tat auf Rückgewähr des Erlangten oder auf Ersatz des Wertes des Erlangten erwachsen ist, kann er im Umfang der Befriedigung Ausgleich aus dem Verwertungserlös verlangen, soweit unter den Voraussetzungen des § 459k Absatz 2 Satz 1 der Verwertungserlös an den Verletzten nach § 459h Absatz 2 auszukehren gewesen wäre. [2] § 459k Absatz 2 Satz 3 bis 4 gilt entsprechend. [3] Die Befriedigung des Anspruchs muss in allen Fällen durch eine Quittung des Verletzten oder dessen Rechtsnachfolgers glaubhaft gemacht werden. [4] Der Verletzte oder dessen Rechtsnachfolger ist vor der Entscheidung über den Ausgleichsanspruch zu hören, wenn dies ausführbar erscheint.

1 1) Die Vollstreckung einer (Wertersatz-)Einziehungsanordnung zugunsten des Staates (§ 73 ff StGB) hindert weder die Einziehungsadressaten an einer freiwilligen Schadenswiedergutmachung noch den Verletzten an einer zivilrechtlichen Durchsetzung seiner Schadensersatzansprüche. § 459l regelt deshalb **Ansprüche des Einziehungsadressaten** gegen den Staat, soweit er den Schadensersatzanspruch des Verletzten befriedigt (BT-Drucks 18/9525 S 96 f; 18/11640 S 91). Dies gilt allerdings nur in dem Umfang, in dem der Verletzte (oder dessen Rechtsnachfolger) Entschädigung nach § 459h verlangen könnte; grundsätzlich nicht also bei einer (Wertersatz-)Einziehung aus verjährten Erwerbstaten (erg 6, 13 zu § 459h).

2 2) I betrifft die **Einziehung eines Gegenstandes** nach § 73 StGB (ggf iVm § 73b oder § 76a I, III StGB). Sieht sich der Einziehungsadressat einem zivilrechtlichen Titel des Verletzten auf Rückgewähr des eingezogenen Gegenstandes ausgesetzt, kann er **verlangen,** dass der Staat seine Verbindlichkeit gegenüber dem Verletzten (oder dessen Rechtsnachfolger) durch Rückübertragung oder Herausgabe des betreffenden Gegenstandes (§ 459h I) erfüllt (§ 267 I BGB). Nach II S 2 gilt § 459j II entspr (dort zu 3 f). Befindet sich die eingezogene Sache mangels Wegnahme (vgl § 459g I) noch beim Einziehungsadressaten, ergibt sein Anspruch darauf, dass der Staat dem Verletzten (oder dessen Rechtsnachfolger) das – nach § 75 I StGB auf den Staat übergegangene Eigentum – verschafft.

3 3) II regelt die **Wertersatzeinziehung** nach § 73c StGB (ggf iVm § 73b oder § 76a I, III StGB). Soweit der Einziehungsadressat den Schaden des Verletzten befriedigt, hat er einen Anspruch gegen den Staat auf **Ausgleich aus dem Erlös der Verwertung** der gepfändeten Gegenstände, wenn und soweit der Verwertungserlös nach §§ 459 II, 459k II-IV an den Verletzten auszukehren gewesen wäre (II S 1, 2). Die Schadenswiedergutmachung muss der Einziehungsadressat durch eine **Quittung** glaubhaft machen (II S 3). Damit soll einer unberechtigten Auszahlung vorgebeugt werden. Diesem Zweck dient auch II S 4, wonach der Verletzte vor der Entscheidung **anzuhören** ist, wenn dies ausführbar erscheint (BT-Drucks 18/9525, S 97).

4 4) **Rechtsmittel:** Einwendungen gegen Entscheidungen der **VollstrB** können nach § 459o geltend gemacht werden. Für die gerichtlichen Entscheidungen gilt § 462 III.

Entschädigung in sonstigen Fällen

459m I [1] In den Fällen des § 111i Absatz 3 wird der Überschuss an den Verletzten oder dessen Rechtsnachfolger ausgekehrt, der ein vollstreckbares Endurteil im Sinne des § 704 der Zivilprozessordnung oder einen anderen Vollstreckungstitel im Sinne des § 794 der Zivilprozessordnung vor-

Strafvollstreckung § 459m

legt, aus dem sich der geltend gemachte Anspruch ergibt. ² § 459k Absatz 2 und 5 Satz 2 gilt entsprechend. ³ Die Auskehrung ist ausgeschlossen, wenn zwei Jahre seit der Aufhebung des Insolvenzverfahrens verstrichen sind. ⁴ In den Fällen des § 111i Absatz 2 gelten die Sätze 1 bis 3 entsprechend, wenn ein Insolvenzverfahren nicht durchgeführt wird.

II Absatz 1 Satz 1 und 2 gilt entsprechend, wenn nach Aufhebung des Insolvenzverfahrens oder nach Abschluss der Auskehrung des Verwertungserlöses bei der Vollstreckung der Wertersatzeinziehung nach den §§ 73c und 76a Absatz 1 Satz 1 des Strafgesetzbuches, auch in Verbindung mit § 76a Absatz 3 des Strafgesetzbuches, ein Gegenstand gepfändet wird.

1) Allgemeines: § 459m regelt die **Opferentschädigung** in **Sonderkonstel-** 1
lationen der Wertersatzeinziehung nach § 73c StGB, die von §§ 459h II nicht erfasst werden. Für diese Ausnahmefälle ist abweichend vom sonst geltenden Grundsatz der Gläubigergleichbehandlung die Entschädigung nach dem **Prioritätsprinzip** vorgeschrieben (BT-Drucks 18/9525 S 97). Damit wird verhindert, dass in diesen Fällen ein unverhältnismäßig aufwändiges Verteilungsverfahren durch die VollstrB durchgeführt werden muss. Die Vorschrift gilt entsprechend für eingezogene **Geldwäscheobjekte** (§§ 74, 261 VII S 1 StGB), wenn die Vortat des § 261 StGB eine Vermögensstraftat ist (Köhler/Burkhard NStZ 17, 665, 681 f; erg 4 Vor § 111b; 2 zu § 459h).

2) Überschuss nach Schlussverteilung (I S 1–3): Nach § 111i III S 1 ent- 2
steht ein gesetzliches Pfandrecht des Staates an einem verbleibenden Überschuss bei der Schlussverteilung im Insolvenzverfahren bis zur Höhe des Vermögensarrestes oder der rechtskräftigen Wertersatzeinziehungsanordnung (§ 459h II S 2 iVm § 111i III S 2). Dadurch wird verhindert, dass der Einziehungsadressat den Überschuss erlangt (vgl § 199 InsO). Der Fall tritt nur ein, wenn der StA den staatlichen Wertersatzeinziehungsanspruch nicht im Insolvenzverfahren geltend macht, da der Staat andernfalls als nachrangiger Gläubiger befriedigt würde (§ 39 I Nr 3 InsO).

I S 1 räumt dem Verletzten (oder seinem Rechtsnachfolger) einen **Anspruch** 3
auf Auskehrung des Überschusses ein, der als Erster einen zivilrechtlichen Vollstreckungstitel vorlegt, aus dem sich sein Anspruch, der ihm aus der Erwerbstat erwachsen ist, ergibt. Einem vollstreckbaren Endurteil nach § 704 ZPO steht ein bestandskräftiger öffentlich-rechtlicher Vollstreckungstitel über eine Geldforderung gleich (I S2 iVm § 459k V S 2). Durch den Verweis in I S 2 auf § 459k II ist klargestellt, dass es sich bei dem Anspruch um den Entschädigungsanspruch nach § 459h II eines **Verletzten iSd der strafrechtlichen Vermögensabschöpfung** handeln muss (erg 1 zu § 459h; zum Verletztenbegriff und dem Inhalt des Entschädigungsanspruch, vgl 2 f zu § 111i). Nur ein Verletzter, der nicht im Insolvenzverfahren oder anderweitig befriedigt worden ist, ist anspruchsberechtigt; andernfalls wäre – im Umfang der Befriedigung – der Anspruch auf Ersatz des Wertes des zu seinem Nachteil deliktisch Erlangten erloschen (BT-Drucks 18/9525 S 97).

Das **Verfahren** richtet sich gem I S 2 nach § 459k II (dort 2 f). II S 3 enthält 4
eine **Ausschlussfrist** von zwei Jahren nach der – öffentlich bekanntgemachten – Aufhebung des Insolvenzverfahrens durch das Insolvenzgericht (§ 200 InsO). Dem Rechtsgedankens des § 121 III S 1 entspr hemmt ein innerhalb der Zweijahresfrist gestellter Antrag den Fristablauf, da der Antragsteller keinen Einfluss auf die Bearbeitungsdauer bei der VollstrB hat.

3) Nichtdurchführung eines Insolvenzverfahrens (I S 4): I S 1–3 sind 5
entspr anwendbar, wenn **trotz „Mangelfalls"** iSd § 111 II (11 zu § 111i; 11 zu § 459h) kein Insolvenzverfahren durchgeführt wird (zB mangels ausreichender Masse; vgl § 26 InsO). Ob dies darauf beruht, dass das Insolvenzgericht die Eröffnung ablehnt oder die Staatsanwaltschaft gem §§ 459h II S 2 iVm 111i II S 2 schon von der Antragstellung absieht (vgl insofern 12 zu § 459h), ist ohne Belang (BT-Drucks 18/9525 S 97).

Köhler 1871

6 Über die Stellung des Insolvenzantrags entscheidet die VollstrB **abschließend** nach Ablauf der sechsmonatigen Anmeldefrist des § 459k I (erg 11 f zu § 459h; 5 zu § 459k) Die Entscheidung ist **aktenkundig** zu machen, da mit ihr die zweijährige **Ausschlussfrist** nach I S 3 in Gang gesetzt wird (12 zu § 459h). Beruht die Nichtdurchführung des Insolvenzverfahrens auf einer Ablehnung der Eröffnung durch das Insolvenzgericht, beginnt die Ausschlussfrist mit der gerichtlichen Entscheidung.

7 Entspr § 459i sollten die Verletzten auf die Nichtdurchführung des Insolvenzverfahrens und die Folgen für die Entschädigung **hingewiesen** werden, um sie in die Lage zu versetzen, ihre Rechte gleichberechtigt wahrzunehmen. Hat ein Verletzter seinen Entschädigungsanspruch aus § 459h II bereits vorher mit einem Vollstreckungstitel angemeldet (§ 459k V), hat dies **rangwahrende Wirkung** für die Entschädigung nach dem Prioritätsgrundsatz (Savini RPfleger **19**, 117, 122); die bloße formlose Anmeldung (§ 459k I) genügt hierfür nicht (erg 1 zu § 459k).

8 **4) Vollstreckung nach Abschluss des Insolvenzverfahrens oder der Auskehrung des Verwertungserlöses** (II): Werden nach der Aufhebung des Insolvenzverfahrens (§ 200 InsO) oder nach Abschluss der Auskehrung des Verwertungserlöses (§ 459h II S 1) aufgrund der rechtskräftigen Wertersatzeinziehung weitere Gegenstände gepfändet, gelten I S 1 und 2 entspr (BT-Drucks 18/9525 S 98). Daraus folgt, dass die VollstrB die Entschädigung im Insolvenzverfahren durch einen Antrag nach § 459 II S 2 iVm § 111i II oder im Auskehrungsverfahren nach § 459k nur **ein einziges Mal** – nämlich nach Ablauf der sechsmonatigen Anmeldefrist (§ 459k I) – veranlasst; im Übrigen richtet sich die Entschädigung gem I S 1 und 2 nach dem **Prioritätsgrundsatz**. II verweist nicht auf I S 3; für die Entschädigung nach II gibt es mithin keine Ausschlussfrist. Ein bereits bei der Geltendmachung des Anspruches aus § 459h II im Verfahren nach 459k oder in den Fällen des I vorgelegter Vollstreckungstitel hat rangwahrende Wirkung (oben 7).

9 II dürfte in den Fällen des I S 4 **(Nichtdurchführung des Insolvenzverfahrens)** entspr gelten, wenn nach Ablauf der zweijährigen Ausschlussfrist aufgrund der rechtskräftigen Wertersatzeinziehung weitere Vermögenswerte gepfändet werden, da diese Fallkonstellation in der Sache keinen Unterschied zu den in II aufgeführten Fällen aufweist.

10 **5) Über Einwendungen** gegen Entscheidungen der VollstrB entscheidet das Gericht (§ 459o). Für die gerichtlichen Entscheidungen gilt § 462 III.

Zahlungen auf Wertersatzeinziehung

459n Leistet derjenige, gegen den sich die Anordnung richtet, **Zahlungen auf die Anordnung der Einziehung des Wertersatzes nach den §§ 73c und 76a Absatz 1 Satz 1 des Strafgesetzbuches, auch in Verbindung mit § 76a Absatz 3 des Strafgesetzbuches, so gelten § 459h Absatz 2 sowie die §§ 459k und 459m entsprechend.**

1 Das Opferentschädigungskonzept der §§ 459h ff gilt nicht nur, wenn die Anordnung der Wertersatzeinziehung (§ 73c StGB) mit Mitteln der Zwangsvollstreckung nach § 459g II durchgesetzt wird, sondern auch für **freiwillige Zahlungen des Einziehungsadressaten** auf die Wertersatzeinziehung. Für diesen Fall sind § 459h II sowie §§ 459k und 459m entspr anzuwenden; die dortigen Anmerkungen gelten auch hier. Zum Insolvenzantrag und Ratenzahlungen; vgl 11 f zu § 459h.

Einwendungen gegen vollstreckungsrechtliche Entscheidungen

459o Über **Einwendungen gegen die Entscheidung der Vollstreckungsbehörde nach den §§ 459a, 459c, 459e sowie 459g bis 459m entscheidet das Gericht.**

§ 460

1) Über **Einwendungen** gegen Maßnahmen der Rechtspfleger, denen die Geschäfte der VollstrB nach den §§ 459 ff übertragen sind (§ 31 II S 1 RPflG), entscheidet das Gericht (§ 31 VI S 1 RPflG). § 459o schließt in seinem Anwendungsbereich § 458 und die §§ 23 ff **EGGVG** aus (Koblenz NStZ-RR **10**, 190; Zweibrücken 1 VAs 1/11 vom 2.2.2011; vgl auch Frankfurt NStZ-RR **13**, 292 zu § 459e). Nur wenn Einwendungen gegen den Bestand des Vollstreckungsanspruchs erhoben werden, zB Zahlung oder Erlass der Geldstrafe geltend gemacht wird, gilt § 458 I (LR-Graalmann-Scheerer 12). 1

2) Entscheidungen der VollstrB iSd § 459o sind alle tatsächlichen Maßnahmen und Anordnungen, gleichgültig, ob die VollstrB einen Ermessensspielraum hat oder nicht (LR-Graalmann-Scheerer 5). Vgl im Einzelnen 9 zu § 459a; 5 zu § 459b; 8 zu § 459c; 6 zu § 459e; 15 zu § 459g; 14 zu § 459h; 7 zu 459j; 2 zu § 459k; 4 zu § 459l; 10 zu § 459m. 2

Der Begriff „Entscheidung" ist weit auszulegen (KK-Appl 2). Ob eine Einwendung gegen eine Entscheidung der VollstrB vorliegt, wenn ausschließlich die **Art und Weise** der Vollstreckung gerügt wird, ist str (dafür wohl SSW-Burghart 14 zu § 111k; **aA** KK-Appl 3). Für Einwendungen, die der Sache nach als Drittwiderspruchsklage zu werten sind, hat § 459o als eine andere gesetzliche Bestimmung iSd § 459 (auch iVm § 459g II) Vorrang vor § 459 iVm § 6 I Nr 1 JBeitrG, 771 ZPO (so LG Berlin Rpfleger **06**, 337; KK-Appl 7 zu § 459; SSW-Burghart aaO; **aA** Nürnberg StV **11**, 148; Düsseldorf StV **09**, 233; erg zu 16 zu § 111k;). Kein Fall des § 459o ist es hingegen, wenn ein nicht am Erkenntnisverfahren beteiligter Dritter behauptet, zum Zeitpunkt der Rechtskraft der Einziehungsanordnung Eigentümer des eingezogenen Gegenstandes gewesen zu sein; hier ist das Nachverfahren nach § 433 statthaft (dort 1, 7). 3

3) Einwendungsberechtigt ist der Verurteilte oder der sonst von der Entscheidung unmittelbar Betroffene (9 ff vor § 296), zB der Einziehungsbeteiligte, wenn die VollstrB die Wegnahme der Sache aus seinem Gewahrsam anordnet (4 zu § 459g). Der Einwendende muss, falls das nicht auf der Hand liegt, entspr § 24 I **EGGVG** geltend machen, dass er durch die Entscheidung oder ihre Ablehnung oder Unterlassung in seinen Rechten verletzt ist (KK-Appl 2). Die StA als Strafverfolgungsbehörde kann keine Einwendungen erheben. Sie wird in dieser Eigenschaft erst beteiligt, wenn es zum gerichtlichen Verfahren kommt. 4

4) Zuständigkeit: IdR ist nach § 462a II das Gericht des 1. Rechtszugs zuständig. Die Zuständigkeit der StVollstrK besteht nur, wenn über Einwendungen zu entscheiden ist, die während des Vollzugs einer Freiheitsstrafe erhoben werden (§ 462a I S 1 iVm § 462), auch wenn es sich dabei um eine Ersatzfreiheitsstrafe handelt (KK-Appl 5; erg 4 zu § 462a). 5

5) Rechtsmittel: Vgl § 462 III. 6

Nachträgliche Gesamtstrafenbildung

460 Ist jemand durch verschiedene rechtskräftige Urteile zu Strafen verurteilt worden und sind dabei die Vorschriften über die Zuerkennung einer Gesamtstrafe (§ 55 des Strafgesetzbuches) außer Betracht geblieben, so sind die erkannten Strafen durch eine nachträgliche gerichtliche Entscheidung auf eine Gesamtstrafe zurückzuführen.

Übersicht

	Rn
1) Anwendungsbereich	1–5
2) Einzubeziehende Strafen	6–13
3) Gesamtstrafenbildung	14–20a
4) Verfahren	21–27
5) Gesamtvermögensstrafe	28

§ 460

1 **1) Anwendungsbereich:** Zur **Nachholung der unterlassenen Gesamtstrafenbildung nach** § 55 StGB steht das Nachtragsverfahren nach § 460 zur Verfügung, in dem der Verurteilte so (dh weder besser noch schlechter) gestellt werden muss, als habe bereits der letzte Tatrichter die Gesamtstrafe gebildet (BGH **7**, 180, 181; **15**, 66, 69; **17**, 173; **32**, 190, 193; KG JR **76**, 202; Bringewat 327). Das Verfahren nach § 460 hat regelmäßig Vorrang vor einem Widerrufsverfahren (KG StV **18**, 353).

2 **§ 460 erfasst die Fälle**, in denen die nach § 55 StGB grundsätzlich zwingend gebotene (BGH **12**, 1 [GSSt]; **25**, 382, 384; **32**, 190, 193; vgl auch NStZ **12**, 405) Gesamtstrafenbildung im Erkenntnisverfahren unterblieben ist, weil dem Richter die frühere Verurteilung nicht bekannt war (Bay **79**, 105 = JR **80**, 378), weil die Gesamtstrafenbildung wegen fehlender Rechtskraft der Vorverurteilung nicht zulässig war (BGH **20**, 292, 294; Stuttgart NJW **57**, 1813; Bringewat 333) oder weil er von ihr absehen durfte, zB weil der Verurteilte einen aussichtsreichen Wiedereinsetzungsantrag gegen die Versäumung der Rechtsmittelfrist gestellt hat (BGH **23**, 98; vgl dazu Küper MDR **70**, 885), weil die Vorstrafakten trotz gewissenhafter Terminsvorbereitung nicht rechtzeitig zu beschaffen oder sonst ohne Vertagung der Hauptverhandlung keine sichere Grundlagen für die Gesamtstrafenbildung zu gewinnen waren (BGH **12**, 1, 10 [GSSt]; **23**, 98; Hamm NJW **70**, 1200; Köln MDR **83**, 423) oder weil die Strafgewalt des Gerichts für die Gesamtstrafe nicht ausreichte (BGH **34**, 204, 208 ff für das Berufungsgericht). Das Berufungsgericht darf aber nicht wegen fehlender Vorstrafenakten auf das Verfahren nach § 460 verweisen, wenn das AG bereits eine Gesamtstrafe gebildet hatte (Hamburg MDR **95**, 84). Bei nur vertikaler Teilrechtskraft (Einl 185) muss die Gesamtstrafenbildung im Erkenntnisverfahren erfolgen (Oldenburg NdsRpfl **95**, 135; erg 11 zu § 302).

3 Die **Vorschrift gilt auch,** wenn der letzte Tatrichter von der Bildung der Gesamtstrafe abgesehen hat, weil er aus Rechtsirrtum nicht erkannt und demnach auch nicht sachlich geprüft hat, ob eine Gesamtstrafenbildung möglich war (BGH **35**, 208, 214; Düsseldorf JMBlNW **98**, 23; Hamm NStZ-RR **08**, 235; Karlsruhe NStZ **87**, 186; Stuttgart NStZ **89**, 47); denn § 460 bezweckt die Verwirklichung des materiellen Rechts ohne Rücksicht auf die Rechtskraft der Urteile (BGH aaO) und das materielle Recht lässt auch in einem solchen Fall die neue (fehlerfreie) Gesamtstrafenbildung zu (BGH **35**, 243).

3a § 460 ist zur Gewährleistung effektiven Rechtsschutzes ebenfalls **anwendbar,** wenn der Tatrichter nach ausdrücklicher Prüfung die Bildung einer Gesamtstrafe – wenn auch rechtsfehlerhaft – abgelehnt hat (BVerfG StV **18**, 350; vgl auch Bohnert GA **94**, 106, 111; **aM** Hamburg NStZ **92**, 607; Hamm aaO); das Unterlassen der Entscheidung nach § 460 ist dabei grundsätzlich beschwerend (BVerfG aaO).

4 Die **entsprechende Anwendung** des § 460 kommt in Betracht, wenn bei Wegfall einer Gesamtstrafe versehentlich nicht über die Frage der Strafaussetzung zur Bewährung hinsichtlich einer bestehen gebliebenen Strafe entschieden worden ist (Koblenz NStZ **91**, 555; Zweibrücken NStZ **96**, 303; erg 2 zu § 453; nach Sieg StV **98**, 631 auch bei unterbliebener Anrechnung erbrachter Leistungen, vgl unten 17; zw), oder bei Nichtbeachtung eines Gesamtstrafübels mehrerer Gesamtstrafen (BGH NStZ-RR **03**, 293 [B]). § 460 ist hingegen nicht auf den Fall entspr anwendbar, dass gegen die Beschränkung der Auslieferungsbewilligung eines ausländischen Staats verstoßen worden ist; insoweit gilt § 458 (dort 3).

5 Im **Jugendstrafverfahren** richtet sich die nachträgliche Zusammenfassung von Strafen und anderen Sanktionen nach § 66 **JGG**; wie bei § 55 StGB darf eine rechtskräftige Vorverurteilung nicht nach § 31 II JGG einbezogen werden, wenn sie bereits in ein anderes – noch nicht rechtskräftiges – Urteil einbezogen worden war (BGH NJW **03**, 2036).

6 **2) Einzubeziehende Strafen:**

7 A. Nicht Urteile, sondern die **Einzelstrafen der früheren Urteile** werden in die Gesamtstrafe einbezogen (BGH MDR **79**, 280 [H]; KG JR **86**, 119). Sie müssen im Zeitpunkt der Beschlussfassung nach § 460 rechtskräftig sein (Stuttgart

Strafvollstreckung **§ 460**

NJW **57**, 1813; KK-Appl 3. Ob sie bei Erlass des letzten tatrichterlichen Urteils bereits rechtskräftig waren, spielt keine Rolle (Frankfurt NJW **56**, 1609; Stuttgart aaO; Bringewat 341). Im Verfahren nach § 460 findet keine Urteilskorrektur statt (vgl aber oben 3); daher werden auch rechtsfehlerhaft verhängte Einzelstrafen in die Gesamtstrafe einbezogen (Schleswig SchlHA **76**, 43; LR-Graalmann-Scheerer 34 ff; Bringewat 355).

Einzubeziehen sind auch **Strafen aus Strafbefehlen** (BGH GA **56**, 50, 52), **8** wobei Zeitpunkt der früheren Verurteilung iS § 55 StGB der Erlass des Strafbefehls, nicht erst seine Zustellung ist (BGH **33**, 230; NJW **91**, 1763; Bringewat 206). Berücksichtigt werden ferner Beschlüsse nach § 453, § 59b StGB über die Verurteilung zu der vorbehaltenen Strafe (LR-Graalmann-Scheerer 6), nicht aber früher ergangene Beschlüsse nach § 460, sondern nur die diesen zugrundeliegenden Strafen (Karlsruhe GA **74**, 347; Bringewat 201 mwN).

Für **Geldstrafen** gilt § 53 II S 2 Hs 1 StGB. Sieht das Gericht nach dieser Vor- **9** schrift von der Einbeziehung der Geldstrafe in die Gesamtstrafe ab, so äußert es sich hierzu nur in der Beschlussgründung. Unzulässig ist der Ausspruch im Beschlusstenor, dass zwar das Urteil einbezogen wird, die Geldstrafe aber selbstständig bestehen bleibt (KG JR **86**, 119; Gollmer NJW **71**, 1247; Meyer-Goßner NStZ **88**, 530; **aM** Bender NJW **71**, 791). § 59c II StGB findet Anwendung (Frankfurt NStZ **09**, 268 L; LG Flensburg SchlHA **97**, 285; Fischer 3 zu § 59c StGB; Deckenbrock/Dötsch NStZ **03**, 346; **aM** AG Dieburg NStZ **96**, 613; SK-Paeffgen 4).

B. **Gesamtstrafen aus früheren Urteilen** und Strafbefehlen werden aufgelöst; **10** dadurch werden sie gegenstandslos. § 460 erlaubt insoweit einen Eingriff in die Rechtskraft früherer gerichtlicher Entscheidungen (BGH **35**, 208, 214). Das gilt auch für den Fall, dass die frühere Gesamtstrafe rechtsfehlerhaft gebildet worden war (Karlsruhe NStZ **87**, 186). Es gelten die Grundsätze zu § 55 StGB (vgl Fischer 8 ff zu § 55 StGB).

Ergibt sich das Erfordernis, 2 oder **mehrere Gesamtstrafengruppen zu bil-** **10a** **den**, so ist das damit nach § 462a III S 2 befasste Gericht für die Bildung aller Gesamtstrafen zuständig, auch für diejenigen Gruppen, in denen keine von ihm selbst verhängte Einzelstrafe enthalten ist (KG NStZ-RR **10**, 252).

C. Ist die **frühere Verurteilung bereits erledigt, so** ist zu unterscheiden: **11**

a) War sie **bereits zZ des Erlasses des letzten tatrichterlichen Urteils** ver- **12** büßt, verjährt oder erlassen, so lagen die Voraussetzungen für die Bildung einer Gesamtstrafe schon nach § 55 StGB nicht vor (wegen der Einzelheiten vgl Fischer 6 zu § 55 StGB); auch § 460 ist dann nicht anwendbar (KK-Appl 9; LR-Graalmann-Scheerer 13; Bringewat NStZ **90**, 51; vgl aber Schrader MDR **74**, 718). Bei Teilerledigung wird zwar die ganze Strafe in die Gesamtstrafe einbezogen, aber der verbüßte oder erlassene Teil von ihr wieder abgezogen (RG **46**, 179, 183; **60**, 206, 208; **77**, 151, 152; vgl auch Kuhnt MDR **55**, 194).

b) Ist die **Erledigung erst nach Erlass des letzten tatrichterlichen Urteils** **13** eingetreten, so steht sie, da der Verurteilte so gestellt werden muss, als sei zu diesem Zeitpunkt nach § 55 StGB verfahren worden (oben 1), der neuen Gesamtstrafenbildung grundsätzlich nicht entgegen (BGH NStZ-RR **09**, 382). Eine Ausnahme gilt, wenn sämtliche Einzelstrafen schon verbüßt, verjährt oder erlassen sind (BGH NStZ-RR **15**, 20; KG JR **76**, 202; Bringewat 346). Sonst hindert die Einbeziehung in die Gesamtstrafe nicht, dass die Einzelstrafe voll verbüßt (BGH NStZ-RR **07**, 369; Bay **57**, 185; KG aaO) oder durch Zahlung der Geldstrafe voll erledigt ist (vgl LG Kaiserslautern Rpfleger **72**, 373 mit Anm Pohlmann). Einbezogen werden auch Strafen, die durch Eintritt der Strafvollstreckungsverjährung erledigt (LR-Graalmann-Scheerer 22; Bringewat 344; **aM** Oppe NJW **59**, 1358) oder durch Gnadenerweis erlassen worden sind (LG Kiel Rpfleger **60**, 305; LR-Graalmann-Scheerer 17 ff; Bringewat 345). Die Gesamtstrafe ist dann aber um die anteilsmäßige Höhe der verjährten oder erlassenen Strafe zu mindern (LG Kiel aaO; KK-Appl 15; Kuhnt MDR **55**, 194; **aM** Bringewat StVollstr 25: Strafmaß der

§ 460 Siebentes Buch. 1. Abschnitt

Gesamtstrafe „zumessungsgerecht" verringern). Nicht einbezogen werden Strafen, für die die Bewährungszeit abgelaufen ist (KG aaO) oder die nach Ablauf der Frist bereits nach § 56g I S 1 StGB erlassen worden sind (KG aaO; KK-Appl 14; **aM** LR-Graalmann-Scheerer 20; Bringewat 344).

14
15 **3) Gesamtstrafenbildung:**
A. Die **Bemessung der Gesamtstrafe** darf nicht zur Urteilskorrektur führen (Bringewat 355 und NStZ **88**, 72), auch nicht durch einen Härteausgleich (Bringewat NStZ **90**, 50 gegen AG Waldshut-Tiengen ebenda). War bereits eine Gesamtstrafe gebildet worden, so ist ihre Höhe die unterste Grenze der neuen Gesamtstrafe (BGH **7**, 180, 183; LK-Rissing-van Saan 31 zu § 55 StGB; **aM** Sch/Sch-Stree/Sternberg-Lieben 40 zu § 55 StGB; Bringewat 349). Die Angemessenheit der erkannten Strafen hat das Gericht nicht zu prüfen. Es darf daher bei der Gesamtstrafe nicht unter die höchsten Einzelstrafe bleiben, weil sie ihm zu hoch erscheint. An die tatsächlichen Feststellungen des früheren Urteils ist das Gericht gebunden (Sch/Sch-Stree/Sternberg-Lieben 39 zu § 55 StGB; Horn NStZ **91**, 117). Eine fehlende Einzelstrafe darf es nicht durch eine fiktive ersetzen (BGH **41**, 374; **43**, 34; zw KK-Appl 27). Dem Gericht ist es im Nachtragsverfahren verwehrt, anstelle von Erwachsenenstrafrecht, das nach § 32 JGG angewendet wurde, nunmehr Jugendstrafrecht anzuwenden (Stuttgart StV **16**, 708). Im Übrigen gelten für die Bildung der Gesamtstrafe die gleichen Grundsätze wie bei § 55 StGB und den darin in Bezug genommenen §§ 53, 54 StGB (vgl wegen der Einzelheiten Fischer 16 ff zu § 55 StGB) Zur Gesamtstrafenbildung bei unterschiedlicher Tagessatzhöhe der Einzelgeldstrafen vgl LG Freiburg NStZ **91**, 135; LG Hildesheim NStZ **91**, 136 mit Anm Meyer-Goßner NStZ **91**, 434; Metz StraFo **10**, 403; Siggelkow Rpfleger **99**, 245; Zeitler Rpfleger **98**, 460); es sind die wirtschaftlichen Verhältnisse zZ der letzten tatrichterlichen Entscheidung, nicht diejenigen zZ des Nachtragsbeschlusses zugrundezulegen (LG Frankfurt a. M. NStZ-RR **11**, 40; LG Freiburg aaO; KK-Appl 30; **aM** LG Berlin NStZ-RR **06**, 373; Metz aaO 406).

16 Bei der **Begründung** ist von der Wiederholung der Strafzumessungsgründe für die Einzelstrafen abzusehen (Braunschweig NJW **54**, 569; LR-Graalmann-Scheerer 49; Bringewat 354). Die Gesamtstrafe muss dagegen entspr § 267 III S 1 begründet werden (Düsseldorf MDR **93**, 375; Köln NJW **53**, 225; Bringewat 354). Dabei muss das Gericht nach § 54 II S 3 StGB die Person des Täters und die einzelnen Taten zusammenfassend würdigen (vgl Düsseldorf StV **86**, 376). Die Begründung der Gesamtstrafe muss umso eingehender sein, je mehr sie sich der Summe der Einzelstrafen nähert (BGH **24**, 268). Vgl im Übrigen die Kommentare zu § 55 StGB.

17 B. Dass **Strafaussetzung zur Bewährung** in einem oder mehreren der früheren Urteile bewilligt worden war, steht der Gesamtstrafenbildung nicht entgegen; sie macht die Strafaussetzung gegenstandslos, ohne dass es eines Widerrufs bedarf (BGH **7**, 180; **8**, 203, 204; 254, 260; GA **82**, 177; Düsseldorf JR **84**, 508; Zweibrücken NJW **68**, 310). In dem Verfahren nach § 460 ist über die Aussetzung der Gesamtstrafe unter Beachtung der zeitlichen Schranken der §§ 56, 58 I StGB neu und grundsätzlich ohne Bindung an die Vorentscheidungen − nach der Sachlage zZ der Beschlussfassung (BGH NJW **03**, 2841; Bay NStZ-RR **02**, 297) − zu entscheiden (BGH **30**, 168, 170 mwN); ein hinsichtlich des Bewährungswiderrufs laufendes Beschwerdeverfahren muss aber zu Ende geführt werden (unrichtig KG NStZ **07**, 422: nur ausnahmsweise). Die Gesamtbeurteilung der Taten kann die Versagung der Strafaussetzung auch dann rechtfertigen, wenn alle einbezogenen Einzelstrafen zur Bewährung ausgesetzt waren (Hamm aaO). War die Strafaussetzung für alle einbezogenen Strafen abgelehnt worden, so darf auch die Gesamtstrafe nicht zur Bewährung ausgesetzt werden (SK-Paeffgen 22; **aM** LG Berlin StV **12**, 614). Der Widerruf der Bewährung für eine der einbezogenen Strafen hindert die Aussetzung der Gesamtstrafe rechtlich nicht (Fischer 3, 4 zu § 58 StGB); allerdings werden die Voraussetzungen des § 56 StGB dann idR nicht vorliegen. Wird die neue Gesamtstrafe nicht zur Bewährung ausgesetzt, so gilt nach § 58 II S 2 der

1876 Schmitt

§ 56f III StGB entspr (zur Anrechnung vgl BGH **36**, 378; Celle StV **92**, 526; Bringewat StVollstr 50), anders aber im Jugendstrafrecht (BGH **49**, 90 = JR **04**, 392 mit abl Anm Müller; str). Wird sie zur Bewährung ausgesetzt, so muss die Bewährungszeit nach § 56a StGB neu festgesetzt werden; dabei ist § 58 II S 1 StGB zu beachten. Die neue Bewährungszeit beginnt mit der Rechtskraft des Beschlusses (unten 26). Weisungen und Auflagen nach §§ 56b ff StGB können in dem neuen Gesamtstrafenbeschluss neu festgesetzt werden; waren sie in einem zugleich mit einem der früheren Urteile erlassenen Beschluss nach § 268a enthalten, so fallen sie fort, wenn sie in dem Gesamtstrafenbeschluss nicht ausdrücklich aufrechterhalten werden (LG Berlin JR **87**, 217). Der Widerruf der Bewährung einer in eine Gesamtstrafe einbezogenen Einzelstrafe geht ins Leere und ist daher wirkungslos (Düsseldorf JR **00**, 302 mit abl Anm Wohlers, gegen ihn zutr BGH StraFo **04**, 430). Setzt der Tatrichter eine nach § 460 neu gebildete Gesamtfreiheitsstrafe zur Bewährung aus, obwohl ihm bekannt ist, dass der Verurteilte nach Verhängung der zusammenzuführenden Strafen erneut straffällig und deswegen rechtskräftig verurteilt worden ist, wird damit für den Verurteilten ein Vertrauenstatbestand geschaffen, der einen Widerruf dieser Strafaussetzung nach § 56f I StGB jedenfalls aus den dem Gericht bei der Aussetzung bekannten Gründen verbietet (OLG Celle StraFo **11**, 416).

C. **Nebenstrafen, Nebenfolgen und Maßnahmen** is des § 11 I Nr 8 StGB **18** dürfen in dem Beschluss nach § 460 nicht erstmals angeordnet werden (Sch/Sch-Stree/Sternberg-Lieben 75 zu § 55 StGB; Bringewat 351; Oske MDR **65**, 13). War auf sie in einem der Urteile erkannt worden, deren Strafen in die Gesamtstrafe einbezogen worden sind, so müssen sie in dem Beschluss nach § 460 ausdrücklich aufrechterhalten werden, soweit er sie nicht gegenstandslos macht (§ 55 II StGB). Wegen der Einzelheiten vgl Fischer 29 ff zu § 55 StGB.

D. Das **Verbot der Schlechterstellung** (§ 331 I) gilt – entgegen früher ver- **19** tretener Auffassung (BGH **15**, 164, 166; Oldenburg Rpfleger **79**, 428) – hier nicht (BGH **35**, 208; LG Berlin NJW **00**, 3796; LG Lüneburg NStZ **09**, 573; SK-Paeffgen 10 mwN; Bringewat StV **93**, 50 und NStZ **09**, 545). Die neue Gesamtstrafe darf daher die Summe der bisherigen Gesamtstrafe und der nunmehr einbezogenen Strafen auch überschreiten, wenn nur so die Gesamtstrafenbildung § 54 StGB gerecht wird (LG Halle NStZ **96**, 456; LG Lüneburg aaO; Bringewat NStZ **09**, 542; erg 19 zu § 331).

Wenn der letzte Tatrichter beim **Zusammentreffen von Freiheits- und** **20** **Geldstrafe** nach § 53 II S 2 Hs 1 StGB davon abgesehen hat, eine Gesamtfreiheitsstrafe zu bilden, darf der Verurteilten dieser Vorteil in dem Verfahren nach § 460 nicht genommen werden (Bay **72**, 80; **74**, 102 = MDR **75**, 161; Bay **79**, 105 = JR **80**, 378; Düsseldorf StV **93**, 31 und 34; krit dazu Bringewat StV **93**, 50; Hamm MDR **72**, 162), anders aber, wenn dem letzten Tatrichter die anderweit verhängte Strafe unbekannt geblieben war (BGH **35**, 208 = JR **89**, 203 mit zust Anm Böttcher; erg 20 zu § 331) oder er über die Bildung einer Gesamtstrafe nicht entscheiden konnte (oben 2; dazu Frankfurt NStZ-RR **96**, 177; krit Manthey Strauda-FS 217).

Beim **Zusammentreffen einer lebenslangen Freiheitsstrafe mit anderen** **20a** **Freiheitsstrafen** darf das SchwG nach § 57b StGB nachträglich die besondere Schuldschwere bejahen (Hamm NStZ **96**, 301; Kintzi DRiZ **93**, 345). Ist aber bei einem nachträglichen Erkenntnis auf eine lebenslange Freiheitsstrafe als Gesamtstrafe die besondere Schwere der Schuld weder im Tenor noch in den Gründen erwähnt, darf der Gesamtstrafenbeschluss die in der einbezogenen Entscheidung festgestellte besondere Schwere der Schuld nicht bejahen (Frankfurt NStZ-RR **09**, 381 L).

4) Verfahren: **21**

A. **Von Amts wegen oder auf Antrag** des Verurteilten oder der StA als Straf- **22** verfolgungsbehörde (nicht des Rechtspflegers) ergeht die Entscheidung. Hat der

§ 461

Siebentes Buch. 1. Abschnitt

Verurteilte den Antrag nicht selbst gestellt, so muss er vor der Entscheidung gehört werden (§ 462 II), auch zur Höhe der Gesamtstrafe, die von der StA beantragt oder vorgeschlagen wird. Zur Entscheidung des Revisionsgerichts vgl § 354 Ib (dort 30 ff).

23 B. Den **Beschluss** erlässt das nach § 462a III zuständige Gericht ohne mündliche Verhandlung (§ 462 I S 1). Er muss nach § 34 begründet werden. Ein Abwarten mit der Entscheidung bis zum rechtskräftigen Abschluss eines weiteren gegen den Verurteilten anhängigen Strafverfahrens ist nicht zulässig (Karlsruhe Justiz **98**, 533). Wird die Gesamtstrafenbildung abgelehnt, so sind die Gründe dafür darzulegen. Wird sie vorgenommen, so müssen die rechtlichen Voraussetzungen (Angabe der Tatzeiten und der Urteilsdaten) dargelegt werden. Zur Begründung der Bemessung der Gesamtstrafe vgl oben 16.

24 C. **Rechtsmittel:** Vgl § 462 III S 1. Die Anfechtung kann beschränkt werden, zB auf die Frage der Strafaussetzung. Für Rechtsmittel des Verurteilten oder der StA zu seinen Gunsten gilt das Verbot der Schlechterstellung (vgl oben 19; 5 vor § 304). Das Beschwerdegericht entscheidet nach § 309 II auch dann in der Sache selbst, wenn der Beschluss mangelhaft begründet ist (Düsseldorf MDR **93**, 375; KMR-Stöckel 52; **aM** Düsseldorf StV **86**, 376; LG Halle NStZ **96**, 456; erg 7 ff zu § 309).

25 D. Die **Rechtskraft des Beschlusses** bewirkt, dass die Gesamtstrafe in gleicher Weise unabänderlich festgesetzt ist wie in einem Urteil nach § 55 StGB (Düsseldorf JR **84**, 508 mit zust Anm Beulke; Karlsruhe MDR **76**, 862). Die nachträgliche Abänderung des Beschlusses ist daher unzulässig (LG Stuttgart NStZ **97**, 455, das aber die entspr Anwendung der §§ 359 ff befürwortet; Bringewat 356; **aM** LG Bochum Rpfleger **62**, 441 mit Anm Pohlmann: bei Tatsachenirrtum).

26 Erst mit der Rechtskraft wird die neue **Bewährungszeit** in Kraft gesetzt (oben 17). Ein Widerruf der in dem Beschluss bewilligten Strafaussetzung ist nach § 56f I S 2 StGB zulässig, wenn eine neue Tat in der Zeit zwischen der Entscheidung über die Aussetzung in einem einbezogenen Urteil und der Rechtskraft des Beschlusses nach § 460 begangen worden ist (näher Fischer 3c zu § 56f StGB, auch zu Altfällen, bei denen der Gesamtstrafenbeschluss vor Inkrafttreten der Neuregelung am 31.12.2006 rechtskräftig wurde).

27 E. Die **Vollstreckung** der rechtskräftig festgesetzten Einzelstrafen ist bis zur (Voll-)Rechtskraft des Gesamtstrafenbeschlusses zulässig (KG NStZ-RR **04**, 286 mwN). Die Vollstreckung der neu gebildeten Gesamtstrafe erfolgt auf der Grundlage des Beschlusses nach § 460 wie die eines Urteils, verlangt also auch eine mit Rechtskraftbescheinigung versehene Urschrift oder beglaubigte Abschrift des Gesamtstrafenbeschlusses (LG Bochum NJW **57**, 194; Isak/Wagner 53). Zur Anrechnung der einbezogenen Strafe, soweit sie vollstreckt oder durch Anrechnung erledigt ist, auf die Gesamtstrafe vgl § 51 II StGB. Zur Anrechnung bezahlter oder durch freie Arbeit oder durch Verbüßung der Ersatzfreiheitsstrafe erledigter Geldstrafe auf die Gesamtstrafe vgl Siggelkow Rpfleger **94**, 93.

28 5) **Gesamtvermögensstrafe:** Für die Regelung in S 2 ist kein Anwendungsbereich mehr gegeben, nachdem das BVerfG § 43a StGB durch Urteil vom 20.3.2002 (NJW **02**, 1779) für verfassungswidrig erklärt hat.

Anrechnung des Aufenthalts in einem Krankenhaus

461 [I] Ist der Verurteilte nach Beginn der Strafvollstreckung wegen Krankheit in eine von der Strafanstalt getrennte Krankenanstalt gebracht worden, so ist die Dauer des Aufenthalts in der Krankenanstalt in die Strafzeit einzurechnen, wenn nicht der Verurteilte mit der Absicht, die Strafvollstreckung zu unterbrechen, die Krankheit herbeigeführt hat.

[II] Die Staatsanwaltschaft hat im letzteren Falle eine Entscheidung des Gerichts herbeizuführen.

Strafvollstreckung § 462

1) Die **Berechnung der Strafzeit** regelt I für den Fall, dass der Verurteilte auf 1
Anordnung der VollstrB wegen Krankheit in eine von der JVA getrennte Krankenanstalt gebracht worden ist, ohne dass zuvor die Unterbrechung der Strafvollstreckung nach § 455 IV (Hamburg NStZ **99**, 589; Stuttgart NStZ **89**, 552) oder im Gnadenweg (Celle MDR **68**, 782) angeordnet wurde. § 461 gilt sinngemäß für freiheitsentziehende Sicherungsmaßregeln (§ 463 I), findet aber im Übrigen keine entspr Anwendung (Hamburg aaO).

A. **Krankheit** iS von I ist nicht nur jede körperliche Erkrankung, sondern auch 2
eine geistige Erkrankung, die eine Verbringung des Verurteilten in ein psychiatrisches Krankenhaus erfordert (LR-Graalmann-Scheerer 3).

B. **In eine von der JVA getrennte Krankenanstalt gebracht** ist der Verur- 3
teilte, wenn er in eine Krankenanstalt außerhalb des Vollzugs unabhängig von seinem Willen in Ausübung öffentlicher Gewalt überführt worden ist (zB nach Art 67 BayStVollzG, § 46 NRWStVollzG). Dem steht der Fall gleich, dass sich der Verurteilte während eines Urlaubs aus dem Strafvollzug selbst in stationäre Krankenhausbehandlung begibt (Hamm NStZ **83**, 287). § 461 gilt aber nicht, wenn er während einer Strafunterbrechung ohne Mitwirkung der VollstrB ein Krankenhaus aufsucht (Celle MDR **68**, 782).

C. **Einzurechnen in die Strafzeit** ist der Aufenthalt in der Krankenanstalt. 4
Eine **Ausnahme** gilt, wenn der Verurteilte mit der Absicht, die Strafvollstre- 5
ckung zu unterbrechen, die Krankheit selbst herbeigeführt hat. Die bloße Vortäuschung der Krankheit, auch der Geisteskrankheit, steht dem gleich (LR-Graalmann-Scheerer 6; **aM** KK-Appl 3). In jedem Fall muss der Gefangene die Verlegung aus der Anstalt erstreben (KK-Appl 11). Was er damit im Ergebnis bezweckt (Flucht, Vermeidung des Arbeitszwangs usw), ist gleichgültig.

2) Die **gerichtliche Entscheidung (II)** hat die StA als Strafverfolgungsbehör- 6
de (Katholnigg NStZ **82**, 195) herbeizuführen, wenn sie den Krankenhausaufenthalt wegen selbst herbeigeführter oder bloß vorgetäuschter Erkrankung bei der Strafzeitberechnung nicht berücksichtigen will. Zuständig ist nach § 462a I die StVollstrK. Für das Verfahren gilt § 462 I S 1, II S 1.

3) **Rechtsbehelfe:** Gegen die Weigerung der StA, den Krankenhausaufenthalt 7
in die Strafzeit einzurechnen, sind Einwendungen nach § 458 I zulässig, gegen die gerichtliche Entscheidung, auch nach II, die sofortige Beschwerde nach § 462 III S 1.

Verfahren bei gerichtlichen Entscheidungen; sofortige Beschwerde

462 I ¹Die nach § 450a Abs. 3 Satz 1 und den §§ 458 bis 461 notwendig werdenden gerichtlichen Entscheidungen trifft das Gericht ohne mündliche Verhandlung durch Beschluß. ²Dies gilt auch für die Wiederverleihung verlorener Fähigkeiten und Rechte (§ 45b des Strafgesetzbuches), die Aufhebung des Vorbehalts der Einziehung und die nachträgliche Anordnung der Einziehung eines Gegenstandes (§ 74f Absatz 1 Satz 4 des Strafgesetzbuches), die nachträgliche Anordnung der Einziehung des Wertersatzes (§ 76 des Strafgesetzbuches) sowie für die Verlängerung der Verjährungsfrist (§ 79b des Strafgesetzbuches).

II ¹Vor der Entscheidung sind die Staatsanwaltschaft und der Verurteilte zu hören. ²Ordnet das Gericht eine mündliche Anhörung an, so kann es bestimmen, dass sich der Verurteilte dabei an einem anderen Ort als das Gericht aufhält und die Anhörung zeitgleich in Bild und Ton an den Ort, an dem sich der Verurteilte aufhält, und in das Sitzungszimmer übertragen wird. ³Das Gericht kann von der Anhörung des Verurteilten in den Fällen einer Entscheidung nach § 79b des Strafgesetzbuches absehen, wenn infolge bestimmter Tatsachen anzunehmen ist, daß die Anhörung nicht ausführbar ist.

§ 462

III ¹ Der Beschluß ist mit sofortiger Beschwerde anfechtbar. ² Die sofortige Beschwerde der Staatsanwaltschaft gegen den Beschluß, der die Unterbrechung der Vollstreckung anordnet, hat aufschiebende Wirkung.

1 1) **Im schriftlichen Verfahren (I)** nach Aktenlage durch Beschluss, der nach § 34 zu begründen ist, trifft das Gericht die in S 1 und 2 bezeichneten Entscheidungen. Eine mündliche Verhandlung ist nicht zulässig; wie bei § 309 (dort 1) und § 453 (dort 3) kann das Gericht aber aus besonderen Gründen mündliche Erklärungen entgegennehmen oder sogar herbeiführen (unten 3). Es kann vor der Entscheidung auch im Freibeweisverfahren (7, 9 zu § 244) Beweiserhebungen selbst vornehmen oder durch einen beauftragten oder ersuchten Richter vornehmen lassen; auch die Hilfe der StA oder der Polizei, in geeigneten Fällen auch die der Gerichtshilfe (§ 463d), kann in Anspruch genommen werden. Die eidliche Vernehmung von Zeugen ist nicht ausgeschlossen (KK-Appl 2).

2 2) **Die Anhörungspflicht (II)** besteht gegenüber der StA, die als Strafverfolgungsbehörde, nicht als VollstrB zu hören ist, zugleich aber deren Interessen wahrnimmt (KK-Appl 3; Katholnigg NStZ **82**, 195), dem Verurteilten und den von der Entscheidung sonst unmittelbar Betroffenen. Der Verurteilte muss, auch wenn er selbst den Antrag auf gerichtliche Entscheidung gestellt hat, zu allen Tatsachen oder Beweisergebnissen gehört werden, die oder deren Bedeutung ihm bei der Antragstellung nicht bekannt waren (§ 33 III).

3 Die **mündliche Anhörung des Verurteilten** ist, anders als im Fall des § 454 I S 3, nicht vorgeschrieben. Sie ist aber auch nicht unzulässig und mitunter empfehlenswert, wenn es auf den persönlichen Eindruck von dem Verurteilten ankommt, zB bei der nachträglichen Gesamtstrafenbildung nach § 460, bei der nach § 54 I S 2 StGB auch die Person des Täters zu würdigen ist, oder im Verfahren nach § 67d V StGB (Frankfurt NStZ-RR **12**, 323; **01**, 348). Das Gericht kann anordnen, dass die mündliche Anhörung im Wege der **Videokonferenztechnik** durchgeführt wird (I S 2), um die Anreise oder die Vorführung Verurteilter zu vermeiden.

4 Die **Ausnahme nach S 3** ist deshalb erforderlich, weil in den Fällen des § 79b StGB eine Anhörung des Verurteilten, der sich auf fremdes Staatsgebiet begeben hat, idR nicht durchführbar ist. Die Unausführbarkeit muss dann aber auf Grund bestimmter Tatsachen, nicht auf Grund bloßer Vermutungen (vgl 3 zu § 459c) anzunehmen sein. Der Beschluss kann öffentl zugestellt werden (§ 40). Der Verurteilte kann ggf das Nachtragsverfahren nach § 33a oder die Wiedereinsetzung nach § 44 beantragen.

5 3) **Sofortige Beschwerde (III)** nach § 311 ist gegen den Beschluss zulässig (auch wenn sich die Entscheidung irrtümlich als „Urteil" bezeichnet: BGH StraFo **17**, 240), es sei denn, das OLG habe entschieden (BGH NStE Nr 11 zu § 462a). Wenn aber das Gericht in der Sache selbst entschieden hat, ist die einfache Beschwerde nach § 304 gegeben (Düsseldorf NStZ **81**, 366). Beschwerdeberechtigt sind die StA als Strafverfolgungsbehörde, der Verurteilte und die unmittelbar von der Vollstreckung in ihren Rechten Betroffenen. Die VollstrB hat kein Beschwerderecht (KK-Appl 4; LR-Graalmann-Scheerer 9; **aM** Krauß NJW **58**, 49 für den Fall des § 458). Das Beschwerdegericht entscheidet nach § 309 II in der Sache selbst, auch wenn die Anhörung nach II unterblieben ist (7 ff zu § 309); der Mangel wird im Beschwerdeverfahren geheilt (**aM** Hamburg GA **63**, 215). Hat anstelle der StVollstrK das Gericht des 1. Rechtszugs entschieden, so entscheidet das beiden übergeordnete Beschwerdegericht ebenfalls in der Sache selbst (6 zu § 309; KG NStZ **94**, 255; **aM** Hamburg NStZ **91**, 356); andernfalls stellt es die Zuständigkeit der StVollstrK fest (vgl Koblenz OLGSt § 70a StGB Nr 1).

6 **Aufschiebende Wirkung** (S 2) hat die sofortige Beschwerde der StA im Fall des § 455 IV (dort 16).

Strafvollstreckung § 462a

Zuständigkeit der Strafvollstreckungskammer und des erstinstanzlichen Gerichts

462a I ¹Wird gegen den Verurteilten eine Freiheitsstrafe vollstreckt, so ist für die nach den §§ 453, 454, 454a und 462 zu treffenden Entscheidungen die Strafvollstreckungskammer zuständig, in deren Bezirk die Strafanstalt liegt, in die der Verurteilte zu dem Zeitpunkt, in dem das Gericht mit der Sache befaßt wird, aufgenommen ist. ²Diese Strafvollstreckungskammer bleibt auch zuständig für Entscheidungen, die zu treffen sind, nachdem die Vollstreckung einer Freiheitsstrafe unterbrochen oder die Vollstreckung des Restes der Freiheitsstrafe zur Bewährung ausgesetzt wurde. ³Die Strafvollstreckungskammer kann einzelne Entscheidungen nach § 462 in Verbindung mit § 458 Abs. 1 an das Gericht des ersten Rechtszuges abgeben; die Abgabe ist bindend.

II ¹In anderen als den in Absatz 1 bezeichneten Fällen ist das Gericht des ersten Rechtszuges zuständig. ²Das Gericht kann die nach § 453 zu treffenden Entscheidungen ganz oder zum Teil an das Amtsgericht abgeben, in dessen Bezirk der Verurteilte seinen Wohnsitz oder in Ermangelung eines Wohnsitzes seinen gewöhnlichen Aufenthaltsort hat; die Abgabe ist bindend. ³Abweichend von Absatz 1 ist in den dort bezeichneten Fällen das Gericht des ersten Rechtszuges zuständig, wenn es die Anordnung der Sicherungsverwahrung vorbehalten hat und eine Entscheidung darüber gemäß § 66a Absatz 3 Satz 1 des Strafgesetzbuches noch möglich ist.

III ¹In den Fällen des § 460 entscheidet das Gericht des ersten Rechtszuges. ²Waren die verschiedenen Urteile von verschiedenen Gerichten erlassen, so steht die Entscheidung dem Gericht zu, das auf die schwerste Strafart oder bei Strafen gleicher Art auf die höchste Strafe erkannt hat, und falls hiernach mehrere Gerichte zuständig sein würden, dem Gericht, dessen Urteil zuletzt ergangen ist. ³War das hiernach maßgebende Urteil von einem Gericht eines höheren Rechtszuges erlassen, so setzt das Gericht des ersten Rechtszuges die Gesamtstrafe fest; war eines der Urteile von einem Oberlandesgericht im ersten Rechtszuge erlassen, so setzt das Oberlandesgericht die Gesamtstrafe fest. ⁴Wäre ein Amtsgericht zur Bildung der Gesamtstrafe zuständig und reicht seine Strafgewalt nicht aus, so entscheidet die Strafkammer des ihm übergeordneten Landgerichts.

IV ¹Haben verschiedene Gerichte den Verurteilten in anderen als den in § 460 bezeichneten Fällen rechtskräftig zu Strafe verurteilt oder unter Strafvorbehalt verwarnt, so ist nur eines von ihnen für die nach den §§ 453, 454, 454a und 462 zu treffenden Entscheidungen zuständig. ²Absatz 3 Satz 2 und 3 gilt entsprechend. ³In den Fällen des Absatzes 1 entscheidet die Strafvollstreckungskammer; Absatz 1 Satz 3 bleibt unberührt.

V ¹An Stelle der Strafvollstreckungskammer entscheidet das Gericht des ersten Rechtszuges, wenn das Urteil von einem Oberlandesgericht im ersten Rechtszuge erlassen ist. ²Das Oberlandesgericht kann die nach den Absätzen 1 und 3 zu treffenden Entscheidungen ganz oder zum Teil an die Strafvollstreckungskammer abgeben. ³Die Abgabe ist bindend; sie kann jedoch vom Oberlandesgericht widerrufen werden.

VI Gericht des ersten Rechtszuges ist in den Fällen des § 354 Abs. 2 und des § 355 das Gericht, an das die Sache zurückverwiesen worden ist, und in den Fällen, in denen im Wiederaufnahmeverfahren eine Entscheidung nach § 373 ergangen ist, das Gericht, das diese Entscheidung getroffen hat.

Übersicht

	Rn
1) Strafvollstreckungskammern	1
2) Zuständigkeit der StVollstrK	2–16

Schmitt 1881

§ 462a Siebentes Buch. 1. Abschnitt

	Rn
A. Sachliche Zuständigkeit	3–6
a) Freiheitsstrafen	4
b) Aufnahme zum Zweck der Vollstreckung	5, 6
B. Örtliche Zuständigkeit	7–14
a) Grundsatz Vollzugsnähe (I S 1)	8
b) Perpetuierung der Zuständigkeit durch Befasstsein	9–14
C. Fortwirkung der Zuständigkeit (I S 2)	15, 15a
D. Abgabe an das Gericht des 1. Rechtszugs	16
3) Zuständigkeit des Gerichts des 1. Rechtszugs	17–24a
A. Zuständigkeit	18, 19
B. Abgabe an das Wohnsitzgericht	20–24
C. Vorbehalt der Anordnung der Sicherungsverwahrung	24a
4) Zuständigkeit für Gesamtstrafenentscheidungen nach § 460	25–28
5) Zuständigkeitskonzentration	29–35
A. Zuständigkeit des Gerichts des 1. Rechtszugs	30, 31
B. Zuständigkeit der Strafvollstreckungskammer	32–34
C. Zuständigkeit der StA	35
6) Zuständigkeit des OLG	36
7) Gericht des 1. Rechtszugs bei wiederholter erstinstanzlicher Entscheidung	37, 38
8) Zuständigkeit des Jugendrichters	39

1 **1) Strafvollstreckungskammern** bestehen nach § 78a I S 1 GVG bei allen LGen, in deren Bezirk sich Anstalten für Erwachsene zum Vollzug von Freiheitsstrafen oder freiheitsentziehenden Sicherungsmaßregeln befinden. Die Einrichtung dieser StrKn mit besonderer funktioneller Zuständigkeit (8 vor § 1) dient der Zuständigkeitskonzentration von Strafvollstreckungssachen bei besonders erfahrenen, entscheidungsnahen Gerichten, denen insbesondere die mündliche Anhörung nach § 454 I S 3 unschwer möglich ist. Die StVollstrKn sind nach § 78a I S 2 Nr 1 GVG zuständig für die Entscheidungen nach den §§ 462, 463, soweit sich aus der StPO nichts anderes ergibt. § 462a bestimmt die sachliche und örtliche Zuständigkeit der StVollstrKn und grenzt sie von der des Gerichts des 1. Rechtszugs ab.

2 **2) Zuständigkeit der StVollstrK (I):**

3 A. **Sachlich zuständig** (I S 1) ist, wenn nicht das Urteil von einem OLG im 1. Rechtszug erlassen ist (V S 1), die StVollstrK für Entscheidungen in den Fällen der §§ 453, 454, 454a und 462 (also auch in den Fällen der §§ 450a III S 1, 458 bis 461 mit Ausnahme des § 460), wenn der Verurteilte in dem Zeitpunkt, in dem das Gericht mit der Sache befasst wird (dazu unten 9ff) in eine JVA zur Vollstreckung einer Freiheitsstrafe (unten 4) aufgenommen worden ist (unten 5). Gemeint sind nur Entscheidungen, die den Verurteilten betreffen, gegen den eine Freiheitsstrafe vollzogen wird, nicht Mitangeklagte oder Nebenbeteiligte (BGH NStZ **87**, 428). Die Zuständigkeit geht selbst dann auf die StVollstrK über, wenn das erkennende Gericht mit einer Frage befasst war, über die es noch nicht abschließend entschieden hat (BGH NStZ-RR **05**, 69 [B]; KG NStZ **07**, 422); sie **endet erst** mit der vollständigen Erledigung der Strafvollstreckung, nicht schon bei Strafunterbrechungen und Strafaussetzungen (I S 2), fällt also nicht etwa an das Gericht des 1. Rechtszugs zurück (BGH 2 ARs 127/12 vom 4.4.2012; Frankfurt NStZ-RR **07**, 157). Die Zuständigkeit der StVollstrK endet auch, wenn eine Geldstrafe, die im Wege der Ersatzfreiheitsstrafe vollstreckt wird, vom erkennenden Gericht in eine zur Bewährung ausgesetzte Gesamtfreiheitsstrafe einbezogen und der Verurteilte mit Urteilsverkündung aus der Strafhaft entlassen wird (BGH **54**, 13).

4 a) **Freiheitsstrafen** iS von I S 1 sind Freiheitsstrafen nach § 38 StGB und Ersatzfreiheitsstrafen nach § 43 StGB (BGH **30**, 223; Hamburg NJW **76**, 257; München NStZ **84**, 238) sowie der Strafarrest nach § 9 WStGB, auch wenn er bei der Bundeswehr vollzogen wird (BGH **26**, 391, Stuttgart OLGSt S 31), nicht aber die Jugendstrafe (unten 40). Auf freiheitsentziehende Sicherungsmaßregeln ist § 462a entspr anwendbar (§ 463 I).

b) **Aufnahme zum Zweck der Vollstreckung:** Gemeint ist nicht nur die 5
1. Aufnahme, sondern auch die Aufnahme nach Strafunterbrechung oder widerrufener Strafaussetzung sowie nach Verlegung, nicht die bloße Einleitung der Vollstreckung (Düsseldorf StraFo 98, 430). Bei Verurteilung zu einer Bewährungsstrafe tritt die Zuständigkeit der StVollstrK mit Rechtskraft ein, wenn sich der Verurteilte zu diesem Zeitpunkt in anderer Sache in Strafhaft befand, ohne dass es darauf ankommt, ob während der Inhaftierung eine konkrete Entscheidung in der Strafvollstreckungssache zu treffen war; sie entfällt auch nicht durch die Entlassung aus der Strafhaft (Hamm NStZ 12, 711; vgl auch BGH NStZ-RR 08, 87; StraFo 07, 257). Erforderlich ist grundsätzlich die tatsächliche Aufnahme des Verurteilten als Strafgefangener in die JVA, an die das Aufnahmeersuchen, dessen Fehlen aber unschädlich sein kann (Hamburg MDR 82, 251), gerichtet war, also der Beginn des Strafvollzugs in dieser Anstalt (vgl BGH NStZ 84, 380; 00, 111; NStZ-RR 03, 293 [B]; Frankfurt NStZ-RR 96, 154; 07, 157; vgl auch BGH NStZ-RR 18, 190 mwN; Hamm NStZ 98, 479 zur sog Organisationshaft, dazu 7 vor § 112); dabei ist es unerheblich, ob die Vollzugseinrichtung nach dem Vollstreckungsplan des jeweiligen Bundeslandes auch zuständig ist, selbst wenn eine spätere Verlegung in eine zuständige Einrichtung schon abzusehen ist (BGH NStZ-RR 15, 58 mwN; StV 18, 354). Dem entsprechend genügt die Aufnahme in eine JVA zur Beurteilung durch die Aufnahmekommission (Düsseldorf NStE Nr 28; Stuttgart NJW 77, 1074 L), auch wenn eine Verlegung in eine andere Anstalt vorgesehen ist. **Keine Aufnahme** iS von I S 1 liegt dagegen vor, wenn der Verurteilte sich in der betreffenden JVA nur vorübergehend wie etwa im Rahmen einer Verschubung oder zum Zwecke einer medizinischen Untersuchung aufhält (BGH NStZ 12, 652; StraFo 15, 346: fünfwöchiger Aufenthalt im Justizvollzugskrankenhaus), ebenso, wenn er sich von sich aus oder auf Grund einer Ladung nach § 27 V StVollstrO zur Zuführung an die zuständige JVA in eine näher gelegene JVA begibt (Zweibrücken NStZ 03, 54), es sei denn, die Haft wird in der Folge in der unzuständigen JVA vollzogen (BGH aaO). UHaft begründet keine Zuständigkeit (BGH NStZ 90, 230 [M]), auch nicht Sicherungshaft nach § 453c (BGH NStZ-RR 05, 69 [B]).

Bei **Übergang von UHaft in Strafhaft** ist der Tag der Rechtskraft des Urteils 6 maßgebend (BGH 27, 302, 304; Celle NStZ 85, 188; Düsseldorf NStZ 81, 366; LG Bonn NStZ 82, 349), auch wenn eine Verlegung in die nach dem Vollstreckungsplan zuständige JVA oder eine Entziehungsanstalt zu erwarten ist (BGH 38, 63; NStZ 12, 652; 99, 638; Hamm NStZ 10, 295). Befindet sich der Verurteilte in Haft, ist daher die StVollstrK für die infolge Anrechnung von UHaft mögliche Entscheidung nach § 57 StGB auch dann zuständig, wenn das Urteil durch allseitigen Rechtsmittelverzicht noch am Schluss der Hauptverhandlung rechtskräftig wird (Celle NStZ 85, 188; Oldenburg StraFo 09, 254). Dies gilt auch, wenn gegen den Verurteilten ab Rechtskraft der Verurteilung bis zu seiner Verlegung in den Maßregelvollzug Organisationshaft vollzogen wurde (BGH StV 18, 357). Dagegen bleibt das erkennende Gericht unabhängig vom Zeitpunkt des Eintritts der Rechtskraft hierfür zuständig, wenn der Verurteilte zuvor aus der UHaft entlassen worden ist (Dresden NStZ-RR 98, 382; Frankfurt NStZ-RR 96, 155; Hamm NStZ 02, 223; Stuttgart Justiz 87, 233; aM Düsseldorf JR 76, 31).

B. **Örtliche Zuständigkeit der StrafVollstrK (I S 1):** 7

a) **Grundsatz Vollzugsnähe:** Der **öffentlich-rechtliche Sitz der JVA**, in der 8 der Verurteilte zur Strafvollstreckung aufgenommen worden ist (oben 5 ff) begründet die örtliche Zuständigkeit der StVollstrK (Celle NdsRpfl 78, 92). Auf ihn kommt es auch an, wenn die Strafe in einer Außenstelle der JVA vollstreckt wird, die im Bezirk eines anderen LG liegt (BGH 28, 135; Celle aaO).

b) **Perpetuierung der Zuständigkeit durch Befasstsein mit der Sache:** 9 Wird die Strafe nacheinander in mehreren JVAen verschiedener LG-Bezirke vollstreckt, so kommt es für die örtliche Zuständigkeit auf den Zeitpunkt an, in dem das Gericht mit der Strafvollstreckungssache konkret befasst wird (BGH NStZ-RR

§ 462a   Siebentes Buch. 1. Abschnitt

13, 390; 2 ARs 418/09 vom 23.9.2009; Frankfurt NStZ-RR 07, 157). War eine StrafVollstrK mit einer bestimmten Frage der Strafvollstreckung befasst, bleibt sie dafür zuständig, bis sie abschließend entschieden hat (BGH 56, 252 mwN). Die Zuständigkeitsperpetuierung gilt also nur für die konkret erforderlich gewordene Sachentscheidung, nicht für den Gesamtvorgang der Strafvollstreckung (KK-Appl 16).

10   Für das **Befasstsein** in diesem Sinne kommt es einmal auf den **Zeitpunkt** an, in dem ein **Antrag** oder Unterlagen (siehe BGH StV 18, 354 mN) eingehen, die eine Entscheidung erfordern (BGH NStZ 96, 23 [K]; Frankfurt NStZ-RR 96, 154). Dies gilt auch für einen **verfrüht** – etwa 7 Monate vor dem frühestmöglichen Entlassungszeitpunkt – gestellten Antrag nach § 57 StGB; das Befasstsein endet in diesem Fall nicht bereits durch Nichtbehandeln des Antrags, sondern erst durch seine Ablehnung als verfrüht (BGH 2 ARs 94/99 vom 18.2.1999; KK-Appl 18 mwN; Hamm JMBlNW 81, 11; Jena NStZ 96, 455). Der frühere Eingang des Antrags bei der StA oder einer anderen Behörde bleibt außer Betracht (BGH 26, 214; Düsseldorf OLGSt Nr 12). Der Eingang bei einem **unzuständigen Gericht** ist nur maßgebend, wenn dessen Zuständigkeit nicht von vornherein ausgeschlossen erscheint (BGH aaO; StraFo 05, 171; 2 ARs 211/16 vom 14.6.2016). Lässt sich das Eingangsdatum des Antrags nicht feststellen, so kommt es darauf an, wann das Gericht nach dem Inhalt der Akten erstmals mit der Sache befasst war (BGH 26, 214, 217). Befasst sich ein nicht mehr zuständiges Gericht mit einer Sache – zB das Gericht des 1. Rechtszuges mit einem Widerruf der von ihm bewilligten Bewährung –, wird zwar keine Zuständigkeit begründet, jedoch wirkt die Befassung für die zu diesem Zeitpunkt tatsächlich örtlich zuständige StrafVollstrK, sodass eine spätere Verlegung des Verurteilten außer Betracht bleibt (BGH 2 Ars 395/76 vom 19.11.1976).

11   Ein **Befasstsein** liegt auch **ohne** dass ein **Antrag** gestellt wurde ferner vor, wenn eine nachträgliche Entscheidung des Gerichts **aus gesetzlich vorgeschriebenen Gründen** (zB nach §§ 56a, 57 I, 67c, 67e StGB) erforderlich wird (KK-Appl 18). Hat das Gericht von Amts wegen zu entscheiden, ist der Zeitpunkt maßgebend, in dem es tätig werden musste, zB der Ablauf gesetzlicher oder richterlicher Fristen oder der Tag, an dem Tatsachen aktenkundig werden, die den Widerruf der Strafaussetzung rechtfertigen können (BGH 30, 189, 191; NStZ-RR 13, 389; 12, 358; Dresden StraFo 05, 171; Düsseldorf NStZ 88, 46; VRS 85, 359; Frankfurt NStZ-RR 08, 29; Hamm NStZ 10, 295; Zweibrücken JBlPF 10, 25).

11a   Bei **Reststrafenaussetzungen** ist die StrafVollstrK bereits dann im Rechtsinne mit der Sache befasst, wenn der von Amts wegen zu beachtende Zeitpunkt nach § 57 I herannaht, wobei zu berücksichtigen ist, ob Gutachten einzuholen sind (vgl BGH 2 ARs 377/13 vom 10.10.2013; Dresden StraFo 05, 171; Frankfurt NStZ-RR 08, 29). Nach Ansicht des OLG Hamm (NStZ-RR 14, 388 L) ist die StrafVollstrK aber auch nur dann damit befasst, wenn ein entsprechender Antrag bzw eine Stellungnahme so rechtzeitig bei Gericht eingeht, dass noch eine rechtskräftige Entscheidung zu dem nach § 57 maßgeblichen Zeitpunkt herbeigeführt werden kann; ist eine rechtzeitige Entscheidung in diesem Sinne nicht mehr möglich, bestehe dagegen Anlass, den Zeitpunkt des Befasstseins entsprechend den Anforderungen des jeweiligen Einzelfalls vorzuverlegen, so dass uU die StrafVollstrK zuständig sein könnte, in deren Bezirk der Verurteilte sich zu einem Zeitpunkt befunden hat, der noch eine rechtzeitige Entscheidung ermöglicht hätte.

11b   Bei der Frage des **Bewährungswiderrufs** liegt **Aktenkundigkeit** und damit Befasstsein der bislang zuständigen StrafVollstrK schon vor, wenn ihr eine neue Verurteilung, eine Anklageschrift bzw ein Haftbefehl in einer neuen Sache oder der Bericht eines Bewährungshelfers mitgeteilt wird, aus dem sich Widerrufsgründe ergeben (vgl BGH NStZ-RR 05, 69; 2 ARs 113/15 vom 9.6.2015; Hamm NStZ 10, 295; KK-Appl 17); nicht ausreichend ist eine bloße Aktenanforderung im Hinblick auf ein neues Verfahren, aus der sich keine konkrete Hinweise auf Widerrufsgründe ergeben (BGH 2 ARs 364/09 vom 12.8.2009; 2 ARs 80/00 vom 17.5.2000). Ob die StrafVollstrK tatsächlich tätig geworden ist, spielt dabei keine Rolle (BGH **26**, 187; 214, 216; 278, 280; **27**, 302; **30**, 189, 191; NStZ-RR **13**, 59 zu Entscheidungen nach § 68 f II, 68a–c StGB; Düsseldorf NStZ **84**, 428; JR **00**, 302; Hamburg NStZ **82**, 48).

Das **Befasstsein endet** erst, wenn in der Sache abschließend entschieden wor- 12 den ist (BGH **26**, 165; 278, 279; NStZ **13**, 301; 2 ARs 335/13 vom 24.10.2013; Düsseldorf MDR **83**, 155; Jena StV **97**, 450; Stuttgart NStZ-RR **96**, 61; Oldenburg NdsRpfl **85**, 46); insoweit kommt es weder auf den Zeitpunkt der Bekanntgabe der Entscheidung, noch auf den Eintritt der Rechtskraft oder darauf an, ob noch ein Rechtsmittel möglich ist (BGH 2 ARs 385/16 vom 11.7.2017; 2 ARs 42/16 vom 29.9.2016). Das Befasstsein endet auch durch Ablehnung des Antrags auf Aussetzung des Strafrestes nach §§ 57, 57a StGB, selbst wenn die erneute Prüfung zu einem späteren Zeitpunkt vorbehalten (Stuttgart NJW **76**, 436; KK-Appl 23; Valentin NStZ **81**, 130; aM Koblenz GA **77**, 246) oder eine Frist nach § 57 VII StGB gesetzt worden ist, die die neue StVollstrK nicht bindet (BGH **26**, 278). In den Fällen des IV S 1 bedeutet dies, dass die Zuständigkeit der StrafVollstrK – vom Fall der Aufnahme des Verurteilten in eine JVA in einem anderen Gerichtsbezirk abgesehen – erst endet, wenn die Vollstreckung aller Strafen, hinsichtlich derer ihre Zuständigkeit nach IV S 1 entstanden ist, vollständig erledigt ist (BGH NStZ-RR **08**, 124; 2 ARs 139/15 vom 9.7.2015 mwN). Die für eine Krisenintervention nach § 67h StGB (befristete Wiederinvollzugsetzung der Unterbringung nach §§ 63, 64 StGB) zuständige StVollstrK bleibt mit der Sache befasst, bis die Maßnahme beendet ist (BGH NJW **11**, 2677). Das Befasstsein endet durch Antragsrücknahme (BGH **26**, 278, 279; anders aber nach Dresden NStZ **10**, 719 bei Entscheidung über Führungsaufsicht), durch Rücknahme der Einwilligung nach § 57 I S 1 Nr 3 StGB (Karlsruhe MDR **92**, 595), durch Zurückstellung eines verfrühten Antrags mit Zustimmung des Verurteilten (Düsseldorf MDR **82**, 429; vgl aber Stuttgart NJW **76**, 436: nicht bei Aussetzung der endgültigen Entscheidung zur weiteren Klärung der Entlassungsvoraussetzungen) und bei Erledigung auf andere Weise (Düsseldorf NStZ **85**, 333, 334), **nicht,** wenn der Verurteilte aus der Haft entweicht und nach erneuter Festnahme in eine Haftanstalt eingewiesen wird, die zum Bezirk einer anderen StVollstrK gehört (Hamm NStZ-RR **13**, 354 L). Um das Ende des Befasstseins klarzustellen, ist es zweckmäßig, wenn die StVollstrK ein Absehen vom Bewährungswiderruf durch einen Vermerk aktenkundig macht (BGH NStZ-RR **03**, 7 [B]).

Vorher tritt ein **Wechsel der örtlichen Zuständigkeit** für die Entscheidung 13 über die anhängige Sache auch dann **nicht** ein, wenn der Verurteilte im Wege der Verlegung in eine zum Bezirk einer anderen StVollstrK gehörende JVA aufgenommen worden ist (BGH **26**, 165, 166; 187, 189; 278, 279; **30**, 189; NStZ-RR **13**, 59; Hamburg MDR **89**, 341; Hamm MDR **95**, 1058) oder wenn dort der Vollzug nach der Flucht aus der bisherigen JVA fortgesetzt wird (Düsseldorf MDR **83**, 155; vgl auch BGH 2 ARs 227/13 vom 19.6.2013). Das gilt erst recht bei nur vorübergehender Überstellung des Verurteilten in eine andere JVA (BGH **26**, 278, 279; Düsseldorf MDR **75**, 863; NStE Nr 22) oder in ein Krankenhaus eines anderen LG-Bezirks während des Vollzugs (BGH NJW **76**, 249; NStZ-RR **09**, 187).

Wird das Gericht nach der Aufnahme des Verurteilten in die neue JVA **erneut** 14 **mit einer Strafvollstreckungssache befasst,** so ist die StVollstrK zuständig, in deren Bezirk die neue JVA liegt (BGH **26**, 165, 166; 278, 279); denn entscheidend ist der tatsächliche Aufenthalt des Verurteilten in einer Vollzugsanstalt (BGH **36**, 229). Auf diese StVollstrK gehen auch die Überwachung des Verurteilten in der Bewährungszeit nach § 463b und die nachträglichen Entscheidungen über die Strafaussetzung (Oldenburg NdsRpfl **85**, 46) oder die Führungsaufsicht (BGH NStZ-RR **04**, 124; Stuttgart NStZ-RR **03**, 380) über. Der Ort des Zwischenaufenthalts auf der Fahrt in die neue JVA zählt nicht; die Zuständigkeit ist so zu beurteilen, als sei das Transportziel bereits erreicht (BGH MDR **79**, 990 [H]; NStZ-RR **09**, 187). Zur Zuständigkeit der StA als VollstrB vgl § 451 III.

Schmitt

§ 462a

15 C. Fortwirkung der Zuständigkeit (I S 2): Die Vorschrift bestimmt eine Ausnahme von dem Grundsatz (oben 3), dass die StVollstrK sachlich nur zuständig ist, wenn gegen den Verurteilten in einer JVA eine Freiheitsstrafe vollstreckt wird. Als Ausnahmevorschrift ist sie eng auszulegen (Hamburg NStZ **82**, 48). Sie regelt nur den Fall, dass der Verurteilte infolge (auch langfristiger, vgl Stuttgart NStZ-RR **96**, 61) Unterbrechung der Strafvollstreckung, etwa nach § 360 II (Frankfurt NStZ-RR **05**, 30) oder nach § 455 IV oder im Gnadenweg, aber auch wegen Entweichens des Gefangenen aus der Anstalt (LR-Graalmann-Scheerer 34; **aM** Bringewat StVollstr 32), oder durch Strafaussetzung nach §§ 57, 57a StGB (hier aber nicht im Gnadenweg, SK-Paeffgen 20) oder nach §§ 35, 36 BtMG (BGH NStZ-RR **06**, 262 [B]; **09**, 39 [C]) oder nach Wiedereinsetzung in den vorigen Stand (Hamm NStZ-RR **10**, 29) auf freien Fuß gelangt (BGH NStZ **97**, 379 [K]). Der Unterbrechung steht das Absehen von der Vollstreckung nach § 456a gleich (BGH NStZ **00**, 111; LG Hamburg StraFo **07**, 480; **aM** Laubenthal/Nestler 68). Dass die StVollstrK bereits früher tätig geworden ist, ist nicht erforderlich (Zweibrücken NStZ **10**, 109; KK-Appl 12; Immel JR **04**, 84). Die StVollstrK trifft die während der Unterbrechung oder Strafaussetzung erforderlichen Entscheidungen, jedoch nur, wenn sie örtlich zuständig ist (BGH NStZ **85**, 428; Düsseldorf NStZ **85**, 333; Köln NStZ **11**, 119). Sie bleibt uU auch zuständig, wenn sie über die Sache noch nicht abschließend entschieden hat, bevor gegen den Verurteilten im Bezirk einer anderen StVollstrK eine andere Freiheitsstrafe vollstreckt wird (unten 34). Ein Zuständigkeitswechsel tritt aber ein, wenn aus der von der StVollstrK zur Bewährung ausgesetzten Strafe und einer weiteren Strafe nach § 460 oder nach § 55 StGB oder nach § 31 II, 66 **JGG** eine (auch nicht zur Bewährung ausgesetzte) Gesamtstrafe bzw eine Einheitsjugendstrafe gebildet wird; zuständig ist dann das Gericht, das nach diesen Vorschriften entschieden hat (BGH NStZ **97**, 100; NStZ-RR **03**, 103 [B]; KG NStZ-RR **16**, 32 L; Frankfurt NStZ-RR **07**, 30; Hamburg StraFo **10**, 348 mwN). Zur Zuständigkeitskonzentration vgl unten 32 ff.

15a Die **Fortwirkungszuständigkeit endet,** sobald gegen den Verurteilten eine Freiheitsstrafe im Bezirk einer anderen StrafVollstrK vollzogen wird (KK-Appl 25); bei dieser StrafVollstrK konzentrieren sich mit Aufnahme des Verurteilten in der Strafhaft dann die Nachtragsentscheidungen in allen Verfahren einschließlich einer Widerrufsentscheidung in den Verfahren, das die fortwirkende Zuständigkeit der früheren StrafVollstrK begründet hat (BGH NStZ-RR **07**, 94; Zweibrücken NStZ **10**, 109; KK-Appl 25). Sie bleibt auch zuständig, wenn der Verurteilte entlassen wird (BGH **28**, 82).

16 D. Abgabe an das Gericht des 1. Rechtszugs (I S 3): Einzelne Entscheidungen nach § 462 iVm § 458 I, also über die Auslegung des Urteils, die Strafzeitberechnung und die Zulässigkeit der Strafvollstreckung, kann die StVollstrK an das Gericht des 1. Rechtszugs abgeben. Das kann zweckmäßig sein, wenn die Auslegung des Urteils zweifelhaft oder wenn über Einwendungen gegen Vollstreckungshandlungen im Zusammenhang mit einer (Wertersatz-)Einziehung zu entscheiden ist. Im Rahmen der Opferentschädigung (§§ 459h ff) ist sie bei Unklarheiten verpflichtend (vgl §§ 459j II S 2, 459k II § 2). Die entspr Anwendung des I S 3 auf Entscheidungen nach §§ 453, 454 ist ausgeschlossen (BGH **26**, 352). Die Abgabe wird auf Antrag oder von Amts wegen ohne vorherige Anhörung des Gerichts des 1. Rechtszugs beschlossen, sobald der StVollstrK die Einwendungen oder der Antrag vorgelegt worden sind. Sie ist für das Gericht bindend, an das abgegeben worden ist (I S 3 Hs 2). Das abgebende Gericht kann die Abgabe widerrufen, wenn das geboten erscheint (erg unten 23, 35).

17 **3) Zuständigkeit des Gerichts des 1. Rechtszugs (II):**
18 **A. Die Zuständigkeit** des Gerichts des 1. Rechtszugs besteht, von V S 1 abgesehen, nur, wenn nicht die der StVollstrK nach I gegeben ist, wenn also die Strafvollstreckung noch nicht begonnen hat (Düsseldorf VRS **76**, 375; Koblenz MDR **75**, 686; LG Bochum StV **81**, 239) oder – mit der Ausnahme des I S 2 (oben 15; BGH StraFo **08**, 87) – wenn der Verurteilte wieder aus der Haft entlas-

sen ist (BGH **26**, 187, 189). Hat das Gericht des 1. Rechtszugs vor Vollstreckungsbeginn entschieden und ist ein Rechtsmittel gegen die Entscheidung noch nicht erledigt, so verbleibt es auch nach Beginn der Vollstreckung bei der Zuständigkeit des Gerichts, das nach den allgemeinen Vorschriften über das Rechtsmittel zu entscheiden hat (BGH **26**, 187; 190; **33**, 111, 113).

Gericht des 1. Rechtszugs ist das AG auch, wenn Gegenstand des Antrags das 19 Urteil des Berufungsgerichts ist (Düsseldorf VRS **96**, 38), auch dann, wenn das AG auf Freispruch oder Verfahrenseinstellung erkannt und erst das Berufungsgericht verurteilt hat (vgl aber 37 zum Fall der Zurückverweisung nach VI). Im Fall des § 460 ist das Gericht, das die Gesamtstrafe gebildet hat, für diese Strafe das Gericht des 1. Rechtszugs (Hamm NJW **76**, 1648 L). Zur Zuständigkeitskonzentration bei mehreren erstinstanzlichen Entscheidungen vgl unten 30. Zu früheren DDR-Altfällen vgl BGH MDR **94**, 1030.

B. Abgabe an das Wohnsitzgericht (II S 2). Die Abgabe der Entscheidun- 20 gen nach § 453, nicht der Entscheidung über die Strafaussetzung nach §§ 57, 57a StGB selbst (BGH **26**, 352), darf das zuständige Gericht des 1. Rechtszugs durch unanfechtbaren Beschluss (Hamm MDR **72**, 439) anordnen, nicht das Berufungs- oder Beschwerdegericht (BGH NJW **66**, 2022; Hamm aaO). Die Abgabe ist nicht mehr zulässig, wenn das Beschwerdegericht einen Beschluss aufgehoben und die Sache zur erneuten Entscheidung zurückverwiesen hat (BGH **33**, 111).

An das **AG des Wohnsitzes** (1 zu § 8), ersatzweise des gewöhnlichen Aufent- 21 halts (3 zu § 8), nicht an das SchG (BGH **10**, 288, 290; NJW **66**, 2022), kann die Sache abgegeben werden (Düsseldorf GA **89**, 171), auch dann noch, wenn die Bewährungszeit schon abgelaufen ist (BGH NStE Nr 24). Ob der Verurteilte seinen Wohnsitz oder Aufenthalt schon vorher im Bezirk dieses AG hatte oder ihn erst nach Erlass der Aussetzungsentscheidung dorthin verlegt hat, spielt keine Rolle. Das AG, an das die Sache abgegeben wird, muss in dem Abgabebeschluss genau bezeichnet werden (BGH NJW **66**, 2022; München MDR **58**, 118).

Ganz oder teilweise kann die Abgabe erfolgen. Das abgebende Gericht kann 22 von der Abgabe zB die Entscheidung über den Widerruf des Straferlass ausnehmen. Die Zulässigkeit der Teilabgabe schließt die Möglichkeit aus, die Sache erst abzugeben, nachdem bestimmte Nachtragsentscheidungen schon getroffen worden sind.

Für das Gericht, an das abgegeben worden ist, ist die **Abgabe bindend (II S 2** 23 **Hs 2)**, es sei denn, das abgebende Gericht ist unzuständig (BGHR § 462a II S 2 Abgabe 1) oder die Abgabe ist willkürlich erfolgt; allein das Fehlen besonderer Gründe, die die Abgabe als zweckmäßig erscheinen lassen, rechtfertigt aber noch nicht die Annahme von Willkür (BGH NStZ **92**, 399; **93**, 200; NStZ-RR **03**, 242; Düsseldorf NStZ-RR **03**, 285; StraFo **03**, 324). Das Gericht darf die Sache nicht weiter übertragen (BGH NStZ **97**, 379 [K]; 2 ARs 182/18 vom 26.9.2018), auch dann nicht, wenn der Verurteilte am Ort des Wohnsitzgerichts unauffindbar wird (BGH NStZ-RR **09**, 39 [C]); seine Zuständigkeit bleibt wegen IV S 1 auch für die Bewährungsaufsicht wegen einer anderen Verurteilung bestehen (BGH NStZ **94**, 97; NStZ-RR **00**, 83; StraFo **04**, 144). Das abgebende Gericht, das für die anderen nachträglichen Entscheidungen im Vollstreckungsverfahren zuständig bleibt, ist an die Abgabe dagegen nicht gebunden (BGH **11**, 80; **26**, 204; NStZ-RR **02**, 262 [B]; erg oben 16; unten 35); es kann sie rückgängig machen und die Sache wieder an sich ziehen. Wenn sich der Wohnsitz oder gewöhnliche Aufenthalt erneut geändert hat, kann es die Sache auch auf das AG des neuen Wohnsitzes oder Aufenthalts weiterübertragen (BGH **26**, 204).

Auf die **Zuständigkeit der StA** als VollstrB ist die Abgabe ohne Einfluss. Zu- 24 ständig bleibt die nach § 143 I GVG, § 7 StVollstrO zuständige StA bei dem Gericht des 1. Rechtszugs (Katholnigg NStZ **82**, 195; **87**, 112; **aM** LG München I NStZ **81**, 453; Engel NStZ **87**, 110).

C. Soweit die **Anordnung der Sicherungsverwahrung vorbehalten** ist, 24a bleibt das Gericht des 1. Rechtszuges so lange zuständig, wie eine Entscheidung

§ 462a Siebentes Buch. 1. Abschnitt

nach § 66a III S 1 StGB noch möglich ist (II S 3). Damit werden widersprüchliche Entscheidungen zwischen dem Gericht des 1. Rechtszuges und der StVollstrK vermieden.

25 **4) Zuständigkeit für Gesamtstrafentscheidungen nach § 460 (III):** Die Vorschrift schränkt I S 1 ein, der infolge seiner Bezugnahme auf § 462 an sich auch für § 460 gelten müsste.
26   Nach S **1** ist die nachträgliche Gesamtstrafenbildung stets Sache des Gerichts des 1. Rechtszugs, auch wenn der Verurteilte sich in Strafhaft befindet (BGH MDR **76**, 680; KG JR **75**, 429).
27   Bei verschiedenen Urteilen verschiedener Gerichte gilt die **Reihenfolge des S 2** (Strafart, Strafhöhe, bei gleicher Strafhöhe der Tag der Urteilsfällung), wobei das Gericht des 1. Rechtszugs auch entscheidet, wenn das Urteil in einem höheren Rechtszug erlassen worden ist (S 3 Hs 1); die Zuständigkeit des OLG geht vor (S 3 Hs 2). Sofern es nach S 2 auf die Strafhöhe ankommt, werden nur die Hauptstrafen berücksichtigt; Nebenstrafen, Nebenfolgen und Sicherungsmaßregeln bleiben außer Betracht (BGH **11**, 293). Von mehreren Geldstrafen ist diejenige am höchsten, bei der die Anzahl der Tagessätze am größten ist; sind sie gleich, so entscheidet das Gericht, dessen Urteil zuletzt ergangen ist (BGH NJW **86**, 1117). Die Höhe einer in einem oder mehreren der Urteile bereits gebildeten Gesamtstrafe bleibt immer außer Betracht; für die Strafhöhe iS von III S 2 kommt es immer nur auf die höchste Einzelstrafe an, auch wenn sie bisher in einer Gesamtstrafe enthalten war (BGH NJW **76**, 1512; **86**, 1117). Ist nach S 2 der Zeitpunkt der Urteilserlasses maßgebend, so gilt das auch für ein Berufungsurteil, selbst wenn es die Berufung verworfen hat; der Zeitpunkt des Erlasses des Revisionsurteils ist nur von Bedeutung, wenn es die Freiheitsstrafe nach § 354 I selbst festgesetzt hat. Können nicht alle Einzelstrafen einbezogen werden, so bildet das nach S 2, 3 zuständige Gericht ggf eine 2. Gesamtstrafe, auch wenn dafür die Zuständigkeit eines anderen Gerichts gegeben wäre (Bay **55**, 112; LR-Graalmann-Scheerer 68). S 2 und 3 gelten im Falle des § 66b StGB entsprechend (§ 74f III GVG).
28   Würde ein AG mit der neuen Gesamtstrafe seine **Strafgewalt nach § 24 II GVG** (dort 9) überschreiten, so ist das ihm übergeordnete LG zuständig (S 4). Steht das von vornherein fest (zB weil die höchste Einzelstrafe bereits 4 Jahre beträgt), so gibt das AG die Sache formlos an das LG ab; andernfalls erlässt es, wenn die Sache ihm vorgelegt wird, einen (unanfechtbaren) Verweisungsbeschluss entspr § 270 (Schleswig SchlHA **86**, 109 [E/L]), der bindende Wirkung hat.

29 **5) Zuständigkeitskonzentration (IV):**
30 **A. Zuständigkeit des Gerichts des 1. Rechtszugs (S 1, 2):** Die Vorschrift ergänzt die Regelung des II für den Fall, dass gegen den Verurteilten mehrere rechtskräftige und noch nicht erledigte Verurteilungen ergangen sind, die Voraussetzungen einer nachträglichen Gesamtstrafe nach § 55 StGB aber nicht vorliegen. Würde jedes der Gerichte des 1. Rechtszugs mit Nachtragsentscheidungen nach §§ 453, 454, 454a oder 462 befasst, so bestünde die Gefahr einer Entscheidungszersplitterung (BGH NStZ **93**, 230 [K]). Insbesondere ließe sich eine unterschiedliche Beurteilung der für die Strafaussetzungsfrage maßgeblichen Sozialprognose nicht ausschließen. S 1 bestimmt daher, dass nur eines der erkennenden Gerichte für die Nachtragsentscheidungen zuständig ist, auch wenn die Zuständigkeit in dem Einzelverfahren, in dem die Entscheidung zu treffen ist, an sich nicht gegeben wäre (BGH **26**, 118; NStZ **01**, 222; Düsseldorf NStZ **88**, 46). Dabei ist gleichgültig, ob auch wegen der anderen Verurteilungen Nachtragsentscheidungen erforderlich sind oder werden (BGH NStZ **97**, 612; LG Hamburg MDR **80**, 781). Kommen jedoch Nachtragsentscheidungen rechtlich nur bei einer von mehreren Verurteilungen in Betracht, so gilt II S 1 (BGH NStZ **99**, 215; NStZ-RR **06**, 115).
31   Die **Verweisung des S 2 auf III S 2, 3** bedeutet, dass die Zuständigkeit bei dem Gericht liegt, das auf die höchste Strafart, bei gleicher Strafart auf die höchste

1888   Schmitt

Strafe, bei gleichen Strafen mit dem zeitlich letzten Urteil (BGH 2 ARs 357/15 vom 29.12.2015) erkannt hat. Nebenstrafen, Nebenfolgen und Sicherungsmaßregeln bleiben außer Betracht (erg oben 27). Anders als im Fall des III S 2 macht es bei dem Strafhöhenvergleich nach S 2 keinen Unterschied, ob die höchste Strafe eine Einzelstrafe oder eine Gesamtstrafe ist (BGH **27**, 68); Beschlüsse über eine nachträgliche Gesamtstrafenbildung bleiben außer Betracht (BGH NStZ **96**, 511). Die Zuständigkeit des OLG geht immer vor (S 2 iVm III S 2 Hs 2).

B. **Zuständigkeit der StVollstrK (S 3):** Die Zuständigkeit des Gerichts des 32 1. Rechtszugs nach S 1 und S 2 tritt zurück, wenn der Verurteilte auch nur in einer der Sachen in Strafhaft genommen wird (I S 1) oder genommen worden war (I S 2; vgl BGH NStZ **00**, 446). Die StVollstrK hat dann auch über den Widerruf der nach § 36 BtMG bewilligten Strafaussetzung zur Bewährung zu entscheiden (BGH **37**, 338; NStZ-RR **96**, 56; **01**, 343 L; **03**, 102 [B]), während bei der Bewilligung von Strafaussetzung zur Bewährung nach § 36 I BtMG das Gericht des 1. Rechtszugs sowohl für die erstmaligen Anordnungen nach §§ 56a bis 56d StGB (BGH **48**, 252 = JR **04**, 81 mit zust Anm Immel)) als auch dann zuständig ist, wenn die Therapiezeit nicht auf die Strafe angerechnet wird, weil der Verurteilte bereits vor der Therapie ²/₃ der Strafe verbüßt hatte (BGH **48**, 275). Die Zuständigkeit geht sonst aber selbst dann auf die StVollstrK über, wenn das erkennende Gericht mit einer Frage befasst ist, über die es noch nicht abschließend entschieden hat (BGH **30**, 189, 192; 2 ARs 562/08 vom 12.3.2009).

S 3 ist entsprechend anwendbar, wenn dasselbe Gericht gegen den Ver- 33 urteilten in mehreren Urteilen Strafen verhängt hat, die nicht nach § 55 StGB zu einer Gesamtstrafe zusammengefasst werden können. Die Zuständigkeit der StVollstrK erstreckt sich dann auf alle Nachtragsentscheidungen, die nach diesen Verurteilungen erforderlich werden (BGH **26**, 276; NStZ **01**, 222; 2 ARs 182/18 vom 26.9.2018).

Örtlich zuständig ist diejenige StVollstrK, in die der Verurteilte nach Eintritt 34 der Zuständigkeitskonzentration zur Strafvollstreckung aufgenommen worden ist. Die Befassung mit einer bestimmten Entscheidung ist nicht erforderlich (BGH NStZ **84**, 380; **96**, 23 [K]; Hamburg NStZ **87**, 92). Die Fortwirkungszuständigkeit nach I S 2 tritt zurück (Hamburg aaO). Da jedoch der Vorrang, den S 3 bestimmt, nur im Verhältnis zwischen erkennendem Gericht und StVollstrK gilt (BGH **30**, 189, 192), ist es nicht unzulässig, dass eine mit einer Strafvollstreckungssache befasste StVollstrK eine abschließende Entscheidung noch trifft, nachdem der Verurteilte in die JVA eines anderen LG-Bezirks zur Vollstreckung einer neuen Strafe aufgenommen worden ist. War der Verurteilte zB noch auf freiem Fuß oder in UHaft, als die StVollstrK mit der Frage des Widerrufs der Strafaussetzung befasst wurde, so entfällt ihre örtliche Zuständigkeit für diese Entscheidung nicht deshalb, weil gegen den Verurteilten nunmehr im Bezirk einer anderen StVollstrK Freiheitsstrafe vollstreckt wird (BGH **30**, 189; NStZ **81**, 404 L; 2 ARs 441/10 vom 21.12.2010; Düsseldorf NStZ **85**, 333; **88**, 46; Zweibrücken NStZ **10**, 109). Die nach S 3 zuständige StVollstrK bleibt auch nach Erledigung der in ihrem Bezirk vollstreckten Strafe für Nachtragsentscheidungen zuständig, die wegen der anderen Verurteilungen erforderlich werden (BGH **28**, 82; NStZ-RR **07**, 94; Hamburg NStZ **87**, 92; München NStZ **84**, 238). Dabei ist gleichgültig, ob sie in der Zeit, in der der Verurteilte in ihrem Bezirk eine Strafe verbüßte, eine Strafvollstreckungsentscheidung überhaupt zu treffen oder vorzubereiten hatte (BGH **30**, 223, 224). Allein die Möglichkeit, die nach § 453 zu treffenden Entscheidungen nach II bindend an das Wohnsitzgericht abzugeben, setzt die Zuständigkeitskonzentration des IV nicht außer Kraft (BGH NStZ **98**, 586).

C. Die **Zuständigkeit der StA** als VollstrB wird durch den Zuständigkeits- 35 wechsel nach IV nicht berührt. Zuständig bleibt die StA bei dem Gericht des 1. Rechtszugs (§ 143 I GVG, § 7 I StVollstrO) nach § 451 III auch, wenn die Sache auf die StVollstrK bei einem anderen LG übergeht (oben 24); sie kann aber ihre Aufgaben auf die andere StA übertragen (§ 451 III S 2).

§ 463

36 **6) Zuständigkeit des OLG (V):** Hat ein OLG im 1. Rechtszug entschieden, so entfällt die Zuständigkeit der StVollstrK nach I und IV S 3 (erg aber unten 40). An ihrer Stelle trifft das OLG die Nachtragsentscheidungen. Es kann die Entscheidung aber ganz und teilw an die StVollstrK abgeben (S 2). Die Abgabe, die durch unanfechtbaren Beschluss erfolgt, ist für die StVollstrK bindend; das OLG kann sie jederzeit widerrufen (S 3).

37 **7) Gericht des 1. Rechtszugs bei wiederholter erstinstanzlicher Entscheidung (VI):** Wenn das Revisionsgericht eine Sache nach §§ 354 II, 355 an ein anderes Gericht oder (über den Wortlaut des VI hinaus) nach § 354 II an einen anderen Spruchkörper desselben Gerichts zurückverweist, ist Gericht des 1. Rechtszugs das neu entscheidende Tatgericht, auch wenn es als Berufungsgericht zu entscheiden hatte (Karlsruhe StraFo **12**, 33), nicht aber für Nachtragsentscheidungen nach § 433 (Düsseldorf MDR **83**, 154; erg 1 zu § 434). VI gilt auch bei Aufhebung und Zurückverweisung nur im Strafausspruch, nicht aber, wenn nur eine Nebenstrafe oder Nebenfolge, insbesondere eine Einziehung, Gegenstand des neuen Urteils ist. Wird das Urteil nur wegen eines von mehreren Angeklagten oder wegen einer von mehreren tatmehrheitlichen Handlungen aufgehoben und zurückverwiesen, so bleibt das 1. Gericht zuständig, soweit die Revision verworfen worden ist (Frankfurt NJW **72**, 1066).

38 Nach Anordnung der **Wiederaufnahme des Verfahrens** ist Gericht des 1. Rechtszugs iS § 462a das Gericht, das neue Urteil nach § 373 erlassen hat. Das gilt auch, wenn es als Berufungsgericht tätig geworden ist. Führt die Wiederaufnahme gegen ein Revisionsurteil zu einer neuen Revisionsverhandlung, so gilt VI nicht; zuständig bleibt das ursprüngliche Gericht des 1. Rechtszugs. Mit dem Wechsel der Zuständigkeit des Gerichts des 1. Rechtszugs tritt auch ein Wechsel in der **Zuständigkeit der StA** ein (4 zu § 451).

39 **8) Zuständigkeit des Jugendrichters:** Die Aufgaben, die § 462a der StVollstrK zuweist, nimmt bei jugendlichen Verurteilten und bei Heranwachsenden, die nach Jugendstrafrecht verurteilt worden sind, nach § 82 I, 110 I **JGG** der Jugendrichter als Vollstreckungsleiter wahr, auch soweit es sich um den Vollzug einer Unterbringung nach § 7 JGG geht (BGH **26**, 162; BGH **27**, 189). Das gilt auch, wenn das OLG im 1. Rechtszug entschieden hat – V findet insoweit keine Anwendung – (Düsseldorf NStZ **01**, 616 L), ferner, wenn gegen den Verurteilten nach § 92 II S 3 JGG Jugendstrafe im Erwachsenenvollzug vollstreckt wird (BGH **27**, 25; 329, 332; **28**, 351; NStZ **85**, 92). Über die sofortige Beschwerde gegen eine Entscheidung des Jugendrichters hat die JugK zu befinden (Karlsruhe NStZ **93**, 104). Die Zuständigkeitskonzentration nach IV gilt nicht, wenn gegen denselben Verurteilten Jugendstrafe und Freiheitsstrafe gleichzeitig zu vollstrecken sind; der Jugendrichter bleibt für die Vollstreckung der Jugendstrafe bis zu deren Abschluss zuständig (BGH NStZ-RR **07**, 190, die StVollstrK ist nur für die Freiheitsstrafe zuständig (BGH **27**, 207; **28**, 351; NStZ **85**, 92; **97**, 255). Mit der Vollstreckungsabgabe nach §§ 89a III, 85 VI JGG wird für die Entscheidung über die Aussetzung eines Restes der Jugendstrafe aber die StVollstrK zuständig (BGH NStZ **97**, 255; Düsseldorf NStZ **92**, 606; JR **97**, 212; Heinrich NStZ **02**, 184). Zur Zuständigkeit bei Vollstreckung einer Jugendstrafe neben einer Freiheitsstrafe vgl Maaß NStZ **08**, 129.

Vollstreckung von Maßregeln der Besserung und Sicherung

463 I Die Vorschriften über die Strafvollstreckung gelten für die Vollstreckung von Maßregeln der Besserung und Sicherung sinngemäß, soweit nichts anderes bestimmt ist.

II § 453 gilt auch für die nach den §§ 68a bis 68d des Strafgesetzbuches zu treffenden Entscheidungen.

Strafvollstreckung **§ 463**

III ¹ § 454 Abs. 1, 3 und 4 gilt auch für die nach § 67c Abs. 1, § 67d Abs. 2 und 3, § 67e Abs. 3, den §§ 68e, 68f Abs. 2 und § 72 Abs. 3 des Strafgesetzbuches zu treffenden Entscheidungen. ² In den Fällen des § 68e des Strafgesetzbuches bedarf es einer mündlichen Anhörung des Verurteilten nicht. ³ § 454 Abs. 2 findet in den Fällen des § 67d Absatz 2 und 3 und des § 72 Absatz 3 des Strafgesetzbuches unabhängig von den dort genannten Straftaten sowie bei Prüfung der Voraussetzungen des § 67c Absatz 1 Satz 1 Nummer 1 des Strafgesetzbuches auch unabhängig davon, ob das Gericht eine Aussetzung erwägt, entsprechende Anwendung, soweit das Gericht über die Vollstreckung der Sicherungsverwahrung zu entscheiden hat; im Übrigen findet § 454 Abs. 2 bei den dort genannten Straftaten Anwendung. ⁴ Zur Vorbereitung der Entscheidung nach § 67d Abs. 3 des Strafgesetzbuches sowie der nachfolgenden Entscheidungen nach § 67d Abs. 2 des Strafgesetzbuches hat das Gericht das Gutachten eines Sachverständigen namentlich zu der Frage einzuholen, ob von dem Verurteilten weiterhin erhebliche rechtswidrige Taten zu erwarten sind. ⁵ Ist die Unterbringung in der Sicherungsverwahrung angeordnet worden, bestellt das Gericht dem Verurteilten, der keinen Verteidiger hat, rechtzeitig vor einer Entscheidung nach § 67c Absatz 1 des Strafgesetzbuches einen Verteidiger.

IV ¹ Im Rahmen der Überprüfung der Unterbringung in einem psychiatrischen Krankenhaus (§ 63 des Strafgesetzbuches) nach § 67e des Strafgesetzbuches ist eine gutachterliche Stellungnahme der Maßregelvollzugseinrichtung einzuholen, in der der Verurteilte untergebracht ist. ² Das Gericht soll nach jeweils drei Jahren, ab einer Dauer der Unterbringung von sechs Jahren nach jeweils 2 Jahren vollzogener Unterbringung in einem psychiatrischen Krankenhaus das Gutachten eines Sachverständigen einholen. ³ Der Sachverständige darf weder im Rahmen des Vollzugs der Unterbringung mit der Behandlung der untergebrachten Person befasst gewesen sein noch in dem psychiatrischen Krankenhaus arbeiten, in dem sich die untergebrachte Person befindet, noch soll er das letzte Gutachten bei einer vorangegangenen Überprüfung erstellt haben. ⁴ Der Sachverständige, der für das erste Gutachten im Rahmen einer Überprüfung der Unterbringung herangezogen wird, soll auch nicht das Gutachten in dem Verfahren erstellt haben, in dem die Unterbringung oder deren späterer Vollzug angeordnet worden ist. ⁵ Mit der Begutachtung sollen nur ärztliche oder psychologische Sachverständige beauftragt werden, die über forensisch-psychiatrische Sachkunde und Erfahrung verfügen. ⁶ Dem Sachverständigen ist Einsicht in die Patientendaten des Krankenhauses über die untergebrachte Person zu gewähren. ⁷ § 454 Abs. 2 gilt entsprechend. ⁸ Der untergebrachten Person, die keinen Verteidiger hat, bestellt das Gericht für die Überprüfung der Unterbringung, bei der nach Satz 2 das Gutachten eines Sachverständigen eingeholt werden soll, einen Verteidiger.

V ¹ § 455 Abs. 1 ist nicht anzuwenden, wenn die Unterbringung in einem psychiatrischen Krankenhaus angeordnet ist. ² Ist die Unterbringung in einer Entziehungsanstalt oder in der Sicherungsverwahrung angeordnet worden und verfällt der Verurteilte in Geisteskrankheit, so kann die Vollstreckung der Maßregel aufgeschoben werden. ³ § 456 ist nicht anzuwenden, wenn die Unterbringung des Verurteilten in der Sicherungsverwahrung angeordnet ist.

VI ¹ § 462 gilt auch für die nach § 67 Absatz 3, 5 Satz 2 und Absatz 6, §§ 67a und 67c Abs. 2, § 67d Abs. 5 und 6, den §§ 67g, 67h und 69a Abs. 7 sowie den §§ 70a und 70b des Strafgesetzbuches zu treffenden Entscheidungen. ² In den Fällen des § 67d Absatz 6 des Strafgesetzbuches ist der Verurteilte mündlich zu hören. ³ Das Gericht erklärt die Anordnung die Maßnahmen nach § 67h Abs. 1 Satz 1 und 2 des Strafgesetzbuchs für sofort vollziehbar, wenn erhebliche rechtswidrige Taten des Verurteilten drohen.

Schmitt 1891

§ 463

Siebentes Buch. 1. Abschnitt

VII Für die Anwendung des § 462a Abs. 1 steht die Führungsaufsicht in den Fällen des § 67c Abs. 1, des § 67d Abs. 2 bis 6 und des § 68f des Strafgesetzbuches der Aussetzung eines Strafrestes gleich.

VIII [1] Wird die Unterbringung in der Sicherungsverwahrung vollstreckt, bestellt das Gericht dem Verurteilten, der keinen Verteidiger hat, für die Verfahren über die auf dem Gebiet der Vollstreckung zu treffenden gerichtlichen Entscheidungen einen Verteidiger. [2] Die Bestellung hat rechtzeitig vor der ersten gerichtlichen Entscheidung zu erfolgen und gilt auch für jedes weitere Verfahren, solange die Bestellung nicht aufgehoben wird.

Übersicht

	Rn
1) Sinngemäße Anwendung der Vorschriften über die Strafvollstreckung (I)	1–4
2) Anwendung des § 453 bei Nachtragsentscheidungen über die Führungsaufsicht (II)	5
3) Anwendung des § 454 bei Aussetzungsentscheidungen (III)	6–9a
4) Überprüfung der Unterbringung in einem psychiatrischen Krankenhaus (IV)	10–10g
5) Einschränkung der Anwendung der §§ 455, 456 (V)	11
6) Anwendung des § 462 (VI)	12
7) Zuständigkeit der StVollstrK (VII)	13
8) Bestellung eines Pflichtverteidigers (VIII)	13a
9) Reihenfolge der Vollstreckung	14
10) Nachtragsentscheidungen im Jugendstrafrecht	15

1 **1) Sinngemäße Anwendung der Vorschriften über die Strafvollstreckung (I):** Die §§ 449 bis 462 betreffen zT unmittelbar auch die Vollstreckung der in § 61 StGB bezeichneten Sicherungsmaßregeln (vgl §§ 455a, 456a); § 456c (dazu § 458 II, III) hat ausschließlich eine solche Maßregel (Berufsverbot) zum Gegenstand. Im Übrigen sind die Vorschriften über die Strafvollstreckung bei der Vollstreckung von Sicherungsmaßregeln sinngemäß anwendbar, soweit II bis VI nichts anderes bestimmen.

2 **Entsprechend anwendbar** sind insbesondere die §§ 449, 450, 450a, § 451 (Hamm Rpfleger **80**, 325), § 453 (unten 5), § 453c (Hamburg NJW **76**, 1327; 2310), § 454 (unten 6), §§ 454a, 455, 456 (unten 10), § 457 und § 458 (LG Coburg VRS **29**, 269).

3 Entspr anwendbar sind auch, soweit VI das nicht schon ausdrücklich bestimmt (unten 12) die **Zuständigkeitsvorschriften des** § 462a (Düsseldorf VRS **64**, 432; Koblenz OLGSt § 70a StGB Nr 1; Stuttgart VRS **57**, 113). Dabei tritt bei der Anwendung des § 462a I an die Stelle der Strafanstalt die JVA, psychiatrische Krankenanstalt oder Entziehungsanstalt, in der der Verurteilte aufgenommen worden ist (BGH NStZ-RR **98**, 155; Hamm NStE Nr 21 zu § 462a). Die Zuständigkeit der StVollstrK gilt nach § 462a I S 2 auch für Entscheidungen nach § 69a VII StGB (Frankfurt NStZ-RR **96**, 157 mwN; Karlsruhe VRS **100**, 118), auch bei Unterbrechung, bedingter Entlassung oder Zurückstellung nach § 35 BtMG (Düsseldorf NStZ **03**, 53 = JR **03**, 83 mit zust Anm Aulinger bezüglich Unterbrechung und bedingter Entlassung, abl hinsichtlich Zurückstellung, dagegen Immel JR **04**, 83), nach vollständiger Verbüßung ist aber das Gericht 1. Instanz zuständig (Celle VRS **71**, 432; Stuttgart VRS **57**, 113; aM Düsseldorf VRS **64**, 432; Schleswig SchlHA **83**, 114 [E/L]), es sei denn, die StVollstrK bleibt für die Führungsaufsicht (VI iVm § 462 I S 1) zuständig (BGH NStZ-RR **05**, 69 [B]; Hamburg NStZ **88**, 197). Die Krisenintervention nach § 67h StGB ist Vollstreckung einer Maßregel iSd I (BGH NJW **11**, 163). Zur örtlichen Zuständigkeit der StVollstrK im Fall des § 68f II StGB vgl BGH NStZ **84**, 332 L. Die Abgabe von Entscheidungen an das Wohnsitzgericht nach § 462a II S 2 ist nur in Fällen möglich, die mit denen der Strafvollstreckung vergleichbar sind (BGH **30**, 386: nicht im Fall des § 69a VII StGB).

1892 Schmitt

Ergänzende Bestimmungen über die Vollstreckung von Sicherungsmaßregeln enthalten die §§ 44, 44a, 53 und 54 StVollstrO. 4

2) Anwendung des § 453 bei Nachtragsentscheidungen über die Führungsaufsicht (II): Die Vorschrift verweist auf die Regelung des Verfahrens und der Rechtsmittel in § 453, weil die Gründe, aus denen in § 453 das Rechtsmittelrecht eigenständig geregelt ist, auch für die §§ 68a bis 68d StGB gelten (siehe etwa Hamburg NStZ **12**, 325 zur „elektronischen Fußfessel"). Wegen § 453 II S 2 hat das zur Folge, dass eine Beschwerde, die sich gegen die Ausgestaltung der Führungsaufsicht richtet, nur darauf gestützt werden kann, dass die vom Gericht getroffenen Regelungen gesetzwidrig sind (Bamberg StV **12**, 737). 5

3) Anwendung des § 454 bei Aussetzungsentscheidungen (III). Soweit nach der Anordnung von Sicherungsmaßregeln oder dem Eintritt von Führungsaufsicht kraft Gesetzes Entscheidungen zu treffen sind, die den Aussetzungsentscheidungen nach den §§ 57, 57a StGB entsprechen, wozu auch die ablehnende Entscheidung nach § 68f II StGB gehört (Hamm JMBlNW **80**, 106), richtet sich das Verfahren nach § 454. Die **mündliche Anhörung** (§ 454 I S 3) des **Verurteilten** in dem Überprüfungsverfahren nach § 67e ist grundsätzlich durch alle zur Entscheidung berufenen Richter durchzuführen (Nürnberg OLGStPO § 463 Nr 3; Bremen StV **15**, 231 mwN). Die Anhörung durch einen **beauftragten Richter** kann ausnahmsweise ausreichen, wenn dem persönlichen Eindruck vom Untergebrachten nach Lage der Dinge nur eine untergeordnete Bedeutung zukommt (Bremen aaO) und wenn im Einzelfall auch ohne Anhörung durch die gesamte StrafVollstrK eine zuverlässige Tatsachengrundlage für die Entscheidung getroffen werden kann (Stuttgart NStZ-RR **15**, 230; Braunschweig BeckRS **14**, 16482; **weitergehend** Düsseldorf NStZ-RR **15**, 20: Übertragung regelmäßig zulässig; **enger** München 1 Ws 703/14 vom 7.10.2014; Nürnberg 2 Ws 17/13 vom 31.1.2013: Anhörung immer erforderlich, wenn Verurteilter noch nicht vor StrafVollstrK in voller und unveränderter Besetzung angehört wurde). In den Fällen des § 67d VI StGB gilt allerdings – mangels Verweisung des III auf § 454 I – die allgemeine Anhörungspflicht des § 462 II S 1, bei der ein schriftliches Verfahren genügt (Düsseldorf aaO). Die StrafVollstrK darf sich nicht damit abfinden, dass die Maßregelvollzugseinrichtung unter Verweis auf die Nichtentbindung von der Schweigepflicht durch den Untergebrachten keine Auskünfte zu dessen Unterbringungs- und Behandlungsverlauf erteilt; derartige Informationen unterfallen nicht der ärztlichen Schweigepflicht (BVerfG StV **18**, 309). 6

Die **Einholung eines Sachverständigengutachtens** (III S 3 in der ab 1.6.2013 gültigen Fassung [BGBl I 2012 S 2427, 2430]) ist in den Fällen des § 67d II und III – nicht aber des § 67d VI (Düsseldorf aaO) – sowie § 72 III StGB unabhängig von den dort genannten Straftaten vorgeschrieben, soweit das Gericht über die **Vollstreckung der Sicherungsverwahrung** zu entscheiden hat. Dies gilt gleichermaßen, wenn das Gericht nach § 67c I StGB prüft, ob der Zweck der Maßregel die Unterbringung in der Sicherungsverwahrung noch erfordert oder ob die weitere Unterbringung unverhältnismäßig wäre; anders als früher muss das Gericht auch dann ein Gutachten einholen, wenn es eine Aussetzung nicht in Betracht zieht, damit die gerichtliche Entscheidung keine bloßer „Durchlaufposten" in Richtung Vollstreckung ist (BT-Drucks 17/9874 S 39; erg 37 zu § 454; zum früheren Rechtszustand 59. Aufl, 6a). Nach Karlsruhe (BeckRS **15**, 19589) kann der Grundsatz der bestmöglichen Sachaufklärung gebieten, bei demjenigen Sachverständigen ein – ggf ergänzendes – Gutachten einzuholen, bei dem der Untergebrachte zur Mitwirkung bereit ist; dies erscheint nicht unzweifelhaft, da dem Untergebrachten die Möglichkeit eröffnet, durch Verweigerung der Mitwirkung bei dem gerichtlich bestellten Sachverständigen die Einholung eines Gutachtens bei einem ihm genehmen Sachverständigen zu erzwingen. 6a

In den Fällen der **Erledigterklärung einer Sicherungsverwahrung** (§ 67d III StGB) sowie der nachfolgenden Entscheidungen (§ 67d II StGB) ist das Gutachten eines Sachverständigen namentlich zu der Frage einzuholen, ob von dem 6b

§ 463 Verurteilten weiterhin erhebliche rechtswidrige Taten zu erwarten sind **(III S 4)**; insofern lässt III S 4 – anders als III S 3 iVm § 454 II S 2, wo ein Ausschluss der Gefahr verlangt wird – den Ausschluss der negativen Prognose genügen (Hamm StV **05**, 680; Karlsruhe StraFo **06**, 82, 83; Schöch NJW **98**, 1259).

6c   Gemäß III S 5 und VIII ist nunmehr in sämtlichen gerichtlichen Verfahren ein **Verteidiger zu bestellen,** in denen nach Rechtskraft des anordnenden Urteils über die Vollstreckung der Unterbringung in der Sicherungsverwahrung entschieden wird (siehe BT-Drucks 17/9874 S 39 f). Die Bestellung gilt gem VIII S 2 auch für jedes weitere Verfahren, solange sie nicht aufgehoben wird und zwar auch dann, wenn sie ursprünglich in entspr Anwendung von § 140 II vorgenommen wurde (Dresden NStZ-RR **14**, 357). Zur Verteidigerbestellung bei der Vollstreckung sonstiger Maßregeln 33, 33a zu § 140.

6d   **Bei der Unterbringung nach §§ 63, 64 StGB** ist die Einholung eines Sachverständigengutachtens nur erforderlich, wenn die Maßregel wegen einer rechtswidrigen Tat der in § 66 III S 1 StGB genannten Art angeordnet worden ist. In den übrigen Fällen hat die StVollstrK die Möglichkeit ein Sachverständigengutachten einzuholen, wenn sie dies trotz der im Maßregelvollzug gewonnenen Erkenntnisse ausnahmsweise für notwendig hält (vgl Schneider NStZ **08**, 68, 73).

6e   Die **Anhörung des Sachverständigen** erfolgt nach Maßgabe des § 454 II S 3 bis 7 (37a ff zu § 454). Zur Sachbehandlung, wenn der Untergebrachte die Exploration durch den Sachverständigen verweigert, vgl Karlsruhe NStZ-RR **06**, 90.

7   Die **mündliche Anhörung des Verurteilten** nach § 454 I S 3 (Düsseldorf MDR **86**, 255; Hamm aaO; Koblenz MDR **84**, 163; Saarbrücken MDR **83**, 598; ggf durch einen beauftragten Richter, vgl aber Frankfurt StraFo **09**, 303; Schleswig SchlHA **03**, 205 [D/D]) ist auch erforderlich, wenn das Gericht das Vorliegen der Voraussetzungen des § 68f II StGB von Amts wegen prüft (Zweibrücken MDR **92**, 1166 mwN; str). Das Recht auf mündliche Anhörung kann aber durch Nichterreichbarkeit verwirkt sein (Hamm MDR **88**, 74; Köln NJW **63**, 875).

8   Zu den **Beteiligten iS des § 454 I S 2** gehört die StA als Strafverfolgungsbehörde, nicht aber die Aufsichtsstelle nach § 68a StGB, über deren Mitwirkung oder Anhörung das Gesetz keine Regelung enthält. Eine ungünstige Stellungnahme der Anstalt muss dem Verurteilten vor der Entscheidung über die Fortdauer der Unterbringung zur Kenntnis gebracht werden (BVerfGE **18**, 419; BVerfG NJW **64**, 293; Hamm JMBlNW **62**, 199), soweit die entscheidungserheblich ist (Hamburg NJW **64**, 2315; erg 18 zu § 454).

9   Eine **über § 454 I S 4 hinausgehende Einschränkung** enthält III S 2 für die Entscheidung über die vorzeitige Aufhebung der Führungsaufsicht nach § 68e StGB. Die in § 454 I S 3 vorgeschriebene mündliche Anhörung würde hier häufig einen übermäßig großen Aufwand erfordern und unterbleibt daher. Dass eine Anhörung der JVA entbehrlich ist, versteht sich von selbst. Die StA, die Aufsichtsstelle nach § 68a StGB und der Bewährungshelfer sind aber zu hören (Fischer 12 zu § 68e StGB).

9a   § 454a II ist hinsichtlich der Aussetzung der Maßregel zur Bewährung sinngemäß anwendbar; dies gilt aber nicht für deren Erledigung (Braunschweig NStZ-RR **15**, 157 mwN).

10   **4) Die Überprüfung der Unterbringung in einem psychiatrischen Krankenhaus (IV)** wurde durch Gesetz vom 8.7.2016 neu geregelt (BGBl 2016 Teil I S 1610):

10a   A. Nach § 67e II StGB hat das Vollstreckungsgericht zumindest nach einem Jahr vollzogener Unterbringung zu überprüfen, ob die weitere Vollstreckung der Unterbringung zur Bewährung auszusetzen ist. **IV S 1** schreibt nunmehr vor, dass zur Vorbereitung dieser Prüfung eine **gutachterliche Stellungnahme der Maßregelvollzugseinrichtung** einzuholen ist, in der die Verurteilte untergebracht ist. Mit dem Begriff „gutachterliche Stellungnahme" wird zum Ausdruck gebracht, dass etwa ein bloßer „Arztbrief" nicht ausreicht (Glauch StraFo **16**, 407, 409), jedoch auch nicht den Anforderungen an ein Sachverständigengutachten genügt sein muss. Die Stellungnahme hat sich aber jedenfalls zu Art und Ausmaß der Gefährdung, zu Behandlungsmaßnahmen und aktuellem Behandlungsverlauf, zu weiteren Behandlungs- und Therapiemöglichkeiten sowie zu denkbaren Vollzugslockerungen und ggf zur Entlassungsvorbereitung zu äußern (BT-Drucks 18/7244 S 40).

B. **Prüfungsintervalle für Gutachten (IV S 2):** Dagegen soll das Gericht nach jeweils drei Jahren, ab einer Dauer der Unterbringung von sechs Jahren nach jeweils zwei Jahren vollzogener Unterbringung in einem psychiatrischen Krankenhaus ein **externes Gutachten eines Sachverständigen** einholen **(IV S 2).** Die Reduzierung des Prüfungsintervalls von sechs auf zwei Jahre durch das Gesetz vom 8.7.2016 erhöht die Kontrolldichte der Entscheidung. Das Gutachten muss bei Ablauf der Frist bereits vorliegen (siehe BT-Drucks 18/7244 S 38). Die Frist beginnt mit der Aufnahme des Untergebrachten im Maßregelvollzug. **10b**

C. **Anforderungen an externe Gutachter (IV S 3–5):** Der Gutachter muss über forensisch-psychiatrische Sachkunde und Erfahrung verfügen (IV S 5). Zum Sachverständigen dürfen keine Personen bestellt werden, die den Untergebrachten im Rahmen der Unterbringung behandelt haben oder in dem betreffenden psychiatrischen Krankenhaus arbeiten (S 3). Damit soll eine objektivere bzw ergebnisoffene (vgl dazu Naumburg NStZ **13**, 183) Beurteilung der Unterbringung gewährleistet werden (BT-Drucks 18/7244 S 41). Darüber hinaus soll nicht der Sachverständige bestellt werden, der das letzte Gutachten bei einer vorangegangenen Überprüfung erstellt hat (S 3). Mit dem Prinzip des wechselnden Gutachters (siehe Glauch aaO 410) wird Routinebeurteilungen vorgebeugt (vgl dazu bereits BVerfGE **70**, 297; NStZ **13**, 116; NStZ-RR **14**, 222). Ausnahmsweise kann hiervon abgewichen werden, wenn es bei der anstehenden Begutachtung gerade um die Entwicklung des Untergebrachten mit Rücksicht auf Entlassungsperspektiven geht, die bereits im vorangegangenen Gutachten angesprochen worden waren (vgl BT-Drucks 18/7244 S 39). Für das Erstgutachten im Rahmen der Unterbringung soll nicht der Sachverständige herangezogen werden, der das Gutachten in dem Verfahren erstattet hat, in dem die Unterbringung oder deren späterer Vollzug angeordnet wurde (IV S 4). Dies soll nach der Gesetzesbegründung nicht für Sachverständige gelten, die an dem vorhergehenden Gutachten lediglich in untergeordneter Funktion oder vorbereitend mitgewirkt haben (BT-Drucks 18/7244 S 39). Sachverständige, die Mitangeklagte begutachtet haben, können herangezogen werden (Glauch aaO 410). **10c**

D. Auf die Einholung eines externen Gutachtens nach drei Jahren kann, wie es in der Gesetzesbegründung heißt, **„nur in sehr eng begrenzten Ausnahmefällen verzichtet"** werden, so wenn ein externes Gutachten kurz zuvor erstellt wurde oder durch ein solches Therapieerfolge konterkariert werden könnten (BT-Drucks 18/7244 S 42). Denkbar sind auch Konstellationen, bei denen bereits auf Grund landesgesetzlicher Regelungen externe Begutachtungen vorgenommen wurden oder bei denen sich der zu begutachtende Straftäter bereits in der Entlassungsvorbereitung befindet. **10d**

E. Bei **speziellen Fragestellungen oder Zweifeln** an der Notwendigkeit der weiteren Unterbringung kann es auch vor Ablauf der gesetzlichen Fristen geboten sein, ein externes Sachverständigengutachten einzuholen (Karlsruhe NStZ-RR **16**, 357). **10e**

F. **Verfahren:** Dem Gutachter ist Einsicht in die Patientenakten zu gewähren (IV S 6). Das bei der Einholung einer externen Sachverständigenbegutachtung einzuhaltende Verfahren richtet sich nach § 454 II (IV S 7; erg 37a zu § 454; zu deren Umfang vgl Schöch Volk-FS 712). Die Bestellung eines Verteidigers in den Fällen des IV S 2 (IV S 8) hat vor der Beauftragung eines Sachverständigen zu erfolgen, damit der Verteidiger ggf auf die Auswahl des Sachverständigen Einfluss nehmen kann (Braunschweig StV **08**, 590 mit zust Anm Steck-Bromme). Ob in anderen Fällen einer Überprüfungsentscheidung ein Verteidiger entspr § 140 II **10f**

Schmitt

(dort 33) zu bestellen ist, richtet sich nach den Umständen des Einzelfalls (BVerfG NJW **09**, 3153 L; Frankfurt NStZ-RR **10**, 126).

10g G. Für am 1.8.2016 bereits anhängig gewesene Vollstreckungsverfahren gilt die **Übergangsvorschrift** des § 13 EGStPO.

11 **5) Einschränkung der Anwendung der §§ 455, 456 (V):** Die Vorschriften gelten grundsätzlich auch beim Vollzug von Sicherungsmaßregeln. Insbesondere ist die Unterbrechung in der Sicherungsverwahrung unter den Voraussetzungen des § 455 II zulässig (vgl Celle NJW **67**, 692). Ein Vollstreckungsaufschub nach § 455 I ist dagegen ausgeschlossen, wenn ein Verurteilter, dessen Unterbringung nach § 63 StGB wegen verminderter Schuldfähigkeit nach § 21 StGB angeordnet worden ist, in Geisteskrankheit verfällt (S 1). Ist die Unterbringung nach § 64 StGB oder die Sicherungsverwahrung nach § 66 StGB angeordnet, so ist der Aufschub zulässig (S 2). Er steht dann aber im Ermessen der VollstrB, die in außergewöhnl. Einzelfällen von dem Vollstreckungsaufschub absehen kann. Ein vorübergehender Vollstreckungsaufschub entspr § 456 ist bei der Sicherungsverwahrung ausgeschlossen (S 3). Für das Berufsverbot gilt die Sonderregelung des § 456c II.

12 **6) Anwendung des § 462 (VI):** In den bezeichneten Fällen (vgl zB zu § 67d V Celle StV **97**, 541) richten sich das gerichtliche Verfahren und die Anfechtung gerichtlicher Entscheidungen nach § 462. Damit ist – wegen § 462 II – eine mündliche Anhörung nicht zwingend (vgl KG NStZ-RR **16**, 30; Frankfurt NStZ-RR **96**, 91). Eine durch Gesetz vom 8.7.2016 (BGBl 2016 Teil I S 1610) eingeführte Ausnahme besteht allerdings in den Fällen des § 67d VI StGB, in denen der Verurteilte vor einer Erledigungserklärung der Unterbringung mündlich zu hören ist (S 2). Die Anhörung kann mit Hilfe der Videokonferenztechnik erfolgen (VI S 1 iVm § 462 II S 2; kritisch dazu für die Fälle des § 67d VI StGB Glauch StraFo **16**, 407, 410). Die Anwendung der Zuständigkeitsvorschrift des § 462a, die sich aus I ergibt (oben 3), wird durch VI nicht berührt (Koblenz OLGSt § 70a StGB Nr 1). Durch VI S 3 erhält das Gericht die – vom Regelfall des § 462 III abweichende (vgl 1 zu § 307) – Möglichkeit, die sofortige Vollziehbarkeit von Krisenmaßnahmen nach § 67h I StGB (befristete Wiederinvollzugsetzung der ausgesetzten Unterbringung nach §§ 63, 64 StGB zwecks Vermeidung des Widerrufs nach § 67g StGB; vgl Peglau NJW **07**, 1561) anzuordnen. Das gilt aber nur, wenn erhebliche rechtswidrige Taten des Verurteilten drohen, also Verbrechen oder schwerwiegende Vergehen.

13 **7) Zuständigkeit der StVollstrK (VII):** Bei freiheitsentziehenden Sicherungsmaßregeln sind nach I die Zuständigkeitsvorschriften des § 462a entspr anzuwenden (oben 3). VII erweitert die Zuständigkeit der StVollstrK auf die nicht freiheitsentziehende Sicherungsmaßregel der Führungsaufsicht (BGHR Führungsaufsicht 1; NStZ-RR **04**, 323 [B]). Dadurch, dass die Nachtragsentscheidungen über die Führungsaufsicht in den in VII bezeichneten Fällen der Aussetzung eines Strafrests nach den §§ 57, 57a StGB gleichgestellt wird, entsteht die Zuständigkeit der StVollstrK nach § 462a I S 2 (BGH NStZ **01**, 165), jedoch nur für die im Rahmen der Führungsaufsicht zu treffenden Nachtragsentscheidungen (KMR-Stöckel 22; SK-Paeffgen 14; **aM** Hamburg NStZ **88**, 197; Bringewat StVollstr 15: auch für die Entscheidung nach § 69a VII StGB), etwa nach § 68f II StGB (Stuttgart NStZ-RR **03**, 380). Die StVollstrK ist aber auch für die Nachtragsentscheidungen zuständig, die sich auf Strafaussetzungen zur Bewährung aus anderen Verfahren gegen den Verurteilten beziehen (BGH **54**, 272). Im Fall der Krisenintervention nach § 67h StGB findet VII entspr Anwendung (BGH NJW **11**, 163).

13a **8) Bestellung eines Pflichtverteidigers (VIII):** Wird die Sicherungsverwahrung vollstreckt, ist dem Verurteilten, der noch keinen Verteidiger hat, rechtzeitig vor der ersten gerichtlichen Entscheidung ein Verteidiger zu bestellen (S 1). „Rechtzeitig" ist eine Bestellung, wenn sie so frühzeitig erfolgt, dass der Verteidiger die Interessen des Verurteilten im Verfahren angemessen wahrnehmen kann

Strafvollstreckung § 463a

(Nürnberg StV **18**, 139; NStZ **17**, 118: Bestellung vor der Beauftragung eines Sachverständigen). Die Bestellung wirkt grundsätzlich für alle folgenden Verfahren, in denen der weitere Vollzug der Unterbringung geprüft wird (S 2); dies gilt auch, wenn sie in entsprechender Anwendung des § 140 II erfolgt ist (Dresden StV **15**, 50). Während eines bereits begonnenen und noch laufenden Prüfungsverfahrens kommt eine **Aufhebung** der Bestellung nur unter den Voraussetzungen des § 143a in Betracht (siehe dort 3, 19 ff); einem vor Beginn eines neuen Prüfungsverfahrens gestellten Antrag des Untergebrachten auf Widerruf der Bestellung ist dagegen regelmäßig stattzugeben (KG StraFo **20**, 30; Karlsruhe StV **20**, 44; Nürnberg aaO; krit Pollähne StV **18**, 141).

9) Die **Reihenfolge der Vollstreckung** mehrerer freiheitsentziehender Sicherungsmaßregeln bestimmt nach § 72 III S 1 StGB das Gericht, und zwar die StVollstrK, wenn bereits mit dem Vollzug einer der Maßnahmen begonnen worden ist, sonst das erkennende Gericht. Das Gleiche gilt, wenn neben einer freiheitsentziehenden Sicherungsmaßregel nach §§ 63, 64 StGB im selben Verfahren eine Freiheitsstrafe verhängt worden ist und nach § 67 II StGB von der gesetzlichen Reihenfolge der Vollstreckung (§ 67 I StGB) abgewichen werden soll. Über die Reihenfolge der Vollstreckung von Freiheitsstrafen und freiheitsentziehenden Sicherungsmaßregeln aus verschiedenen Strafurteilen entscheidet die StA als VollstrB nach § 451 I (Celle NStZ **83**, 188; Düsseldorf NStZ **83**, 383; München NStZ **88**, 93; KK-Appl 6; vgl § 44b II S 1 StVollstrO). Zur Anfechtbarkeit der Entscheidung vgl 7 ff zu § 454b. 14

10) Nachtragsentscheidungen im Jugendstrafrecht trifft der Jugendrichter als Vollstreckungsleiter (40 zu § 462a), auch wenn der Verurteilte inzwischen erwachsen ist (Celle NJW **75**, 2253; Karlsruhe Justiz **78**, 325). Das gilt auch, wenn Führungsaufsicht kraft Gesetzes eingetreten ist (Koblenz GA **75**, 285; KK-Appl 8; Bringewat StVollstr 17). 15

Zuständigkeit und Befugnisse der Aufsichtsstellen

463a I ¹Die Aufsichtsstellen (§ 68a des Strafgesetzbuches) können zur Überwachung des Verhaltens des Verurteilten und der Erfüllung von Weisungen von allen öffentlichen Behörden Auskunft verlangen und Ermittlungen jeder Art, mit Ausschluß eidlicher Vernehmungen, entweder selbst vornehmen oder durch andere Behörden im Rahmen ihrer Zuständigkeit vornehmen lassen. ²Ist der Aufenthalt des Verurteilten nicht bekannt, kann der Leiter der Führungsaufsichtsstelle seine Ausschreibung zur Aufenthaltsermittlung (§ 131a Abs. 1) anordnen.

II ¹Die Aufsichtsstelle kann für die Dauer der Führungsaufsicht oder für eine kürzere Zeit anordnen, daß der Verurteilte zur Beobachtung anläßlich von polizeilichen Kontrollen, die die Feststellung der Personalien zulassen, ausgeschrieben wird. ²§ 163e Abs. 2 gilt entsprechend. ³Die Anordnung trifft der Leiter der Führungsaufsichtsstelle. ⁴Die Erforderlichkeit des Fortdauer der Maßnahme ist mindestens jährlich zu überprüfen.

III ¹Auf Antrag der Aufsichtsstelle kann das Gericht einen Vorführungsbefehl erlassen, wenn der Verurteilte einer Weisung nach § 68b Abs. 1 Satz 1 Nr. 7 oder Nr. 11 des Strafgesetzbuchs ohne genügende Entschuldigung nicht nachgekommen ist und er in der Ladung darauf hingewiesen wurde, dass in diesem Fall seine Vorführung zulässig ist. ²Soweit das Gericht des ersten Rechtszuges zuständig ist, entscheidet der Vorsitzende.

IV ¹Die Aufsichtsstelle erhebt und speichert bei einer Weisung nach § 68b Absatz 1 Satz 1 Nummer 12 des Strafgesetzbuches mit Hilfe der von der verurteilten Person mitgeführten technischen Mittel automatisiert Daten über deren Aufenthaltsort sowie über etwaige Beeinträchtigungen der Datenerhebung; soweit es technisch möglich ist, ist sicherzustellen, dass innerhalb der

Schmitt 1897

§ 463a

Wohnung der verurteilten Person keine über den Umstand ihrer Anwesenheit hinausgehenden Aufenthaltsdaten erhoben werden. ²Die Daten dürfen ohne Einwilligung der betroffenen Person nur verwendet werden, soweit dies erforderlich ist für die folgenden Zwecke:
1. zur Feststellung des Verstoßes gegen eine Weisung nach § 68b Absatz 1 Satz 1 Nummer 1, 2 oder 12 des Strafgesetzbuches,
2. zur Ergreifung von Maßnahmen der Führungsaufsicht, die sich an einen Verstoß gegen eine Weisung nach § 68b Absatz 1 Satz 1 Nummer 1, 2 oder 12 des Strafgesetzbuches anschließen können,
3. zur Ahndung eines Verstoßes gegen eine Weisung nach § 68b Absatz 1 Satz 1 Nummer 1, 2 oder 12 des Strafgesetzbuches,
4. zur Abwehr einer erheblichen gegenwärtigen Gefahr für das Leben, die körperliche Unversehrtheit, die persönliche Freiheit oder die sexuelle Selbstbestimmung Dritter oder
5. zur Verfolgung einer Straftat der in § 66 Absatz 3 Satz 1 des Strafgesetzbuches genannten Art oder einer Straftat nach § 129a Absatz 5 Satz 2, auch in Verbindung mit § 129b Absatz 1 des Strafgesetzbuches.

³Zur Einhaltung der Zweckbindung nach Satz 2 hat die Verarbeitung der Daten zur Feststellung von Verstößen nach Satz 2 Nummer 1 in Verbindung mit § 68b Absatz 1 Satz 1 Nummer 1 oder 2 des Strafgesetzbuches automatisiert zu erfolgen und sind die Daten gegen unbefugte Kenntnisnahme besonders zu sichern. ⁴Die Aufsichtsstelle kann die Erhebung und Verarbeitung der Daten durch die Behörden und Beamten des Polizeidienstes vornehmen lassen; diese sind verpflichtet, dem Ersuchen der Aufsichtsstelle zu genügen. ⁵Die in Satz 1 genannten Daten sind spätestens zwei Monate nach ihrer Erhebung zu löschen, soweit sie nicht für die in Satz 2 genannten Zwecke verwendet werden. ⁶Bei jedem Abruf der Daten sind zumindest der Zeitpunkt, die abgerufenen Daten und der Bearbeiter zu protokollieren; § 488 Absatz 3 Satz 5 gilt entsprechend. ⁷Werden innerhalb der Wohnung der verurteilten Person über den Umstand ihrer Anwesenheit hinausgehende Aufenthaltsdaten erhoben, dürfen diese nicht verwertet werden und sind unverzüglich nach Kenntnisnahme zu löschen. ⁸Die Tatsache ihrer Kenntnisnahme und Löschung ist zu dokumentieren.

V ¹Örtlich zuständig ist die Aufsichtsstelle, in deren Bezirk der Verurteilte seinen Wohnsitz hat. ²Hat der Verurteilte keinen Wohnsitz im Geltungsbereich dieses Gesetzes, so ist die Aufsichtsstelle örtlich zuständig, in deren Bezirk er seinen gewöhnlichen Aufenthaltsort hat und, wenn ein solcher nicht bekannt ist, seinen letzten Wohnsitz oder gewöhnlichen Aufenthaltsort hatte.

1 1) **Aufsichtsstellen nach § 68a StGB:** Tritt nach §§ 67b, 67c, 67d II–VI oder 68f StGB kraft Gesetzes Führungsaufsicht ein oder ordnet das Gericht sie nach § 68 StGB an, so untersteht der Verurteilte nach §§ 68a, 68g I S 1 StGB einer Aufsichtsstelle. Die Aufsichtsstellen gehören nach Art 295 I EGStGB zum Geschäftsbereich der LJVen, die die Einzelheiten bestimmen. Ihre Leitung und Besetzung regelt Art 295 II EGStGB. Zu den Aufgaben der Aufsichtsstellen gehört es nach § 68a III StGB, im Einvernehmen mit dem Gericht (Gericht des 1. Rechtszugs oder, wenn gegen den Verurteilten Freiheitsstrafen oder freiheitsentziehende Sicherungsmaßregeln vollzogen worden sind, die StVollstrK) und mit Unterstützung des Bewährungshelfers das Verhalten des Verurteilten und die Erfüllung der ihm nach § 68b StGB erteilten Weisungen zu überwachen. Vorbereitungshandlungen und Mitteilungspflichten der VollstrB regelt § 54a StVollstrO.

2 2) Die **Befugnisse der Aufsichtsstellen** bei der Überwachung nach § 68a III StGB regelt I. Sie entsprechen denen der StA nach § 161 I mit der Erweiterung, dass die Aufsichtsstellen auch von anderen als von Polizeibehörden die Ausführung von Ermittlungen verlangen können.

Strafvollstreckung § 463a

Die Aufsichtsstellen können von allen Behörden unmittelbar **Auskunft** verlan- 3
gen; der Dienstweg braucht nicht eingehalten zu werden (LR-Graalmann-Scheerer
5). Die Behörden sind zur Auskunft verpflichtet, wenn sie zumutbar ist (1 ff zu
§ 161). Das Auskunftsrecht schließt das Recht ein, um Akteneinsicht und Überlassung von Schriftstücken zu ersuchen (KK-Appl 3). Die Behörde kann aber statt
dessen Auskunft durch entspr Mitteilung geben.
Ermittlungen jeder Art kann die Aufsichtsstelle selbst formlos oder förmlich 4
vornehmen. Sie kann Erkundigungen einziehen, den Verurteilten oder Zeugen
(uneidlich) vernehmen und schriftliche oder mündliche Gutachten von Sachverständigen einholen. Sie kann aber auch von anderen Behörden im Rahmen deren
Aufgabenbereichs die Ausführung bestimmter Ermittlungen im Wege der Amtshilfe verlangen, insbesondere von JVAen, anderen Vollzugsbehörden und VerwBen.
Sie kann die JVA zB um (uneidliche) Vernehmung einer dort tätigen oder aufgenommenen Person ersuchen. Bei bedingt ausgesetzter Unterbringung nach § 63
StGB kommen Ermittlungsersuchen an die Gesundheitsbehörden in Betracht. Die
Inanspruchnahme der Polizei schließt I nicht aus. Um den Eindruck zu vermeiden,
es handele sich bei der Führungsaufsicht um eine Aufsicht mit in 1. Hinsicht polizeilichen Mitteln und zu in 1. Hinsicht polizeilichen Zwecken, sollten die Polizeibehörden aber nur eingeschaltet werden, wenn das unumgänglich ist.
Bei unbekanntem Aufenthalt des Verurteilten kann gemäß I S 2 durch den 4a
Leiter der Aufsichtsstelle entspr § 131 I die Ausschreibung zur Aufenthaltsermittlung (vgl RiStBV 41 VII; dies gilt nicht die Ausschreibung zur Festnahme nach
§ 131 I; vgl aber unten 8) in allen Fahndungshilfsmitteln der Strafverfolgungsbehörden (§ 131a V) veranlasst werden, wobei aber der Verhältnismäßigkeitsgrundsatz zu beachten ist (erg 1 zu § 131a). Eine richterliche Bestätigung nach § 131c ist
nicht erforderlich, weil die Anordnungsbefugnis allein dem Leiter der Aufsichtsstelle zusteht (BT-Drucks 16/1993 S 25).
Zwangsmittel stehen der Aufsichtsstelle im Übrigen nicht zur Verfügung (vgl 5
aber III, siehe unten 8). Gegen die Weigerung von Behörden, Auskünfte zu erteilen oder Ermittlungen vorzunehmen, hat sie nur die Dienstaufsichtsbeschwerde
(erg 22 vor § 296). Unterlagen, die als Beweismittel in Betracht kommen, kann sie
weder beschlagnahmen noch beschlagnahmen lassen. Wenn der Verurteilte oder
ein Zeuge das Erscheinen oder die Aussage vor der Aufsichtsstelle verweigert, kann
sie keine Ordnungs- oder Zwangsmittel gegen ihn verhängen, auch wenn ihr Leiter ein Richter oder StA ist. Die Aufsichtsstelle kann aber stets das Gericht einschalten, das zur Durchsetzung seiner eigenen Entscheidung die üblichen
Zwangsmittel anwenden kann (LR-Graalmann-Scherer 9).

3) Polizeiliche Beobachtung (II): Entspr § 163e I, II kann eine Ausschrei- 6
bung des Verurteilten oder seines Kfz durch die Aufsichtsstelle zur Beobachtung
anlässlich polizeilicher Kontrollen (4 zu § 163e) erfolgen. Die Anordnung wird
durch den Leiter der Führungsaufsichtsstelle (II S 3) – idR im Einvernehmen mit
dem Gericht unter Beteiligung des Bewährungshelfers (Bringewat StVollstr 12) –
getroffen. Auch die Ausschreibung eines auf den Verurteilten zugelassenen oder
von ihm benutzten Kraftfahrzeugs ist zulässig (II S 2), nicht jedoch die von Kontaktpersonen (8, 10 zu § 163e).
Damit wird eine **einschneidende Überwachungsmaßnahme** eröffnet. Des- 7
halb ist – entspr der Befristung in § 163e IV S 5 – nach II S 4 die Erforderlichkeit
der Fortdauer der Maßnahme mindestens jährlich zu überprüfen; falls die Beobachtung nicht mehr erforderlich erscheint, ist sie unverzüglich aufzuheben. Eine
vorweggenommene Unterrichtung des Verurteilten von der Anordnung der Maßnahme ist vielfach mit ihrem Zweck vereinbar (Rieß NJ **92**, 497).

4) Einen **Vorführungsbefehl (III)** kann das Gericht auf Antrag des Leiters der 8
Aufsichtsstelle erlassen, falls der Verurteilte einer Melde- oder Vorstellungsweisung
nach § 68b I Nr 7 oder 11 StGB ohne genügende Entschuldigung nicht nachgekommen ist; wie bei § 230 (dort 18) ist eine ordnungsgemäße Ladung mit Vorführungsandrohung vorausgesetzt, der Verhältnismäßigkeitsgrundsatz ist zu beachten

Schmitt 1899

(19 zu § 230). Zur Ergreifung des Verurteilten ist auch die polizeiliche Durchsuchung seiner Wohnung, nicht die eines Dritten, zulässig (vgl 6 zu § 105; 11 zu § 457; 5 zu § 134).

9 5) Für die Erhebung und Verwendung der bei einer **elektronischen Aufenthaltsüberwachung** nach § 68b I S 1 Nr 12, S 3 StGB anfallenden Daten enthält IV die notwendigen Bestimmungen. Besonders hervorzuheben ist die Aussparung des Wohnraums der verurteilten Person nach IV S 1 Hs 2, S 7 und 8. Besondere Verwendungsregelungen begründen S 2 Nr 4 und 5 (vgl Bamberg StV **12**, 737). Möglichkeiten der Erhebung und Verarbeitung der Daten durch die Polizei eröffnet IV S 4. Die Dauer der Aufbewahrung der Daten richtet sich nach IV S 5 (grundsätzliche Löschungsfrist von 2 Monaten). IV S 6 enthält schließlich die Protokollierungspflicht.

10 6) **Örtlich zuständig** ist die Aufsichtsstelle, in deren Bezirk der Verurteilte seinen Wohnsitz oder bei Fehlen eines Wohnsitzes seinen gewöhnlichen Aufenthalt hat, hilfsweise seinen letzten Wohnsitz oder gewöhnlichen Aufenthalt hatte (V). Das Gericht kann den Verurteilten anweisen, sich nach der Entlassung bei der Aufsichtsstelle zu melden, die für den von ihm angegebenen Wohnsitz zuständig ist.

11 7) Zuständig für die **Entscheidung über die Anfechtung** der Anordnung nach II ist das nach § 68a StGB zur Durchführung der Führungsaufsicht berufene Gericht (München NStZ-RR **07**, 287 L), also die StVollstrK, wenn die Führungsaufsicht nach Vollzug einer freiheitsentziehenden Maßnahme in Kraft tritt, das Gericht des 1. Rechtszugs, wenn der Verurteilte vor Eintritt der Führungsaufsicht nicht in Haft war (KK-Appl 9).

Beschlagnahme von Führerscheinen

463b [I] Ist ein Führerschein nach § 44 Abs. 2 Satz 2 und 3 des Strafgesetzbuches amtlich zu verwahren und wird er nicht freiwillig herausgegeben, so ist er zu beschlagnahmen.

[II] Ausländische Führerscheine können zur Eintragung eines Vermerks über das Fahrverbot oder über die Entziehung der Fahrerlaubnis und die Sperre (§ 44 Abs. 2 Satz 4, § 69b Abs. 2 des Strafgesetzbuches) beschlagnahmt werden.

[III] [1] Der Verurteilte hat, wenn der Führerschein bei ihm nicht vorgefunden wird, auf Antrag der Vollstreckungsbehörde bei dem Amtsgericht eine eidesstattliche Versicherung über den Verbleib abzugeben. [2] § 883 Abs. 2 und 3 der Zivilprozeßordnung gilt entsprechend.

1 1) **Vollstreckung des Fahrverbots nach § 44 StGB (I):** Die VollstrB (§ 451 I) fordert den nach § 44 II S 2 und 3 StGB amtlich zu verwahrenden (aber nicht der Einziehung unterliegenden) Führerschein von dem Verurteilten ein, wenn er noch nicht in amtlichem Gewahrsam ist. Die Geschäfte sind nach § 31 II S 1 RPflG auf den Rechtspfleger übertragen. Wird der Führerschein trotz dieser Aufforderung (vgl Wollentin/Breckerfeld NJW **66**, 632) nicht freiwillig herausgegeben, so ist er zu beschlagnahmen. Die Anordnung der Beschlagnahme enthält zugleich die Anordnung der Wohnungsdurchsuchung bei dem Führerscheininhaber, nicht bei einem Dritten, soweit sie zur Ausführung der Beschlagnahme erforderlich ist (erg 6 zu § 105); bei einem von der Bußgeldbehörde nach § 25 StVG angeordneten Fahrverbot muss die Durchsuchung durch den Richter angeordnet werden (LG Berlin NZV **06**, 385; LG Lüneburg NZV **11**, 153 mwN; **aM** – Anordnung unzulässig – AG Berlin-Tiergarten NZV **96**, 506 mit abl Anm von Hentschel und von Göhler; AG Leipzig NStZ **99**, 309). Zur Ausführung der Beschlagnahme kann die VollstrB die Polizei um Amtshilfe ersuchen. Die Verwahrung des Führerscheins regelt § 59a I StVollstrO, die Rücksendung an den Verurteilten § 59a II StVollstrO.

2) Ausländische Führerscheine unterliegen nach II einem beschränkten Beschlagnahmeverbot (Isak/Wagner 391).

Bei rechtskräftigem **Fahrverbot** nach § 44 StGB dürfen nur diejenigen Führerscheine, die von einer Behörde eines Mitgliedstaates der EU oder eines anderen Vertragsstaates des Abkommens über den EWR ausgestellt sind, sofern der Inhaber seinen ordentlichen Wohnsitz im Inland hat, amtlich verwahrt werden; bei anderen ausländischen Führerscheinen wird das Fahrverbot nach Rechtskraft lediglich im Führerschein vermerkt (§ 44 II StGB). Nur zur Durchführung dieser Eintragung und nur für die dafür erforderliche Dauer darf der Führerschein vorübergehend beschlagnahmt werden, wenn er nicht freiwillig herausgegeben wird (dazu oben 1).

Die **Entziehung der Fahrerlaubnis** hat nach Rechtskraft die Wirkung eines Verbots, während der Sperre im Inland Kraftfahrzeuge zu führen, soweit das nach deutschem Recht ohne Fahrerlaubnis nicht zulässig ist (§ 69b I S 2 StGB). Die Entziehung und die Sperre werden im Führerschein vermerkt (§ 69b II S 2 StGB). Zu diesem Zweck darf er vorübergehend beschlagnahmt werden (dazu oben 1).

3) Zu einer **eidesstattlichen Versicherung über den Verbleib des Führerscheins** (III) kann der Verurteilte gezwungen werden, wenn die Durchsuchung seiner Person und seiner Wohnung erfolglos gewesen ist (S 1; vgl dazu AG Bremen NZV **11**, 151). Die Vorschriften der ZPO über die eidesstattliche Versicherung nach den §§ 807, 883 ZPO gelten entspr (S 2). Zuständig für die Abnahme der Versicherung ist der Gerichtsvollzieher des AG des Wohnsitzes (§ 899 ZPO); für das Verfahren gilt § 900 ZPO.

Öffentliche Bekanntmachung der Verurteilung

463c I Ist die öffentliche Bekanntmachung der Verurteilung angeordnet worden, so wird die Entscheidung dem Berechtigten zugestellt.

II **Die Anordnung nach Absatz 1 wird nur vollzogen, wenn der Antragsteller oder ein an seiner Stelle Antragsberechtigter es innerhalb eines Monats nach Zustellung der rechtskräftigen Entscheidung verlangt.**

III **¹ Kommt der Verleger oder der verantwortliche Redakteur einer periodischen Druckschrift seiner Verpflichtung nicht nach, eine solche Bekanntmachung in das Druckwerk aufzunehmen, so hält ihn das Gericht auf Antrag der Vollstreckungsbehörde durch Festsetzung eines Zwangsgeldes bis zu fünfundzwanzigtausend Euro oder von Zwangshaft bis zu sechs Wochen dazu an. ² Zwangsgeld kann wiederholt festgesetzt werden. ³ § 462 gilt entsprechend.**

IV **Für die Bekanntmachung im Rundfunk gilt Absatz 3 entsprechend, wenn der für die Programmgestaltung Verantwortliche seiner Verpflichtung nicht nachkommt.**

1) Urteilszustellung: Ist die öffentliche Bekanntmachung der Entscheidung auf Verlangen oder Antrag des Verletzten nach §§ 103 II, 165 I, 200 I StGB § 111 UrhG, § 142 VI PatG angeordnet worden, so wird dem Berechtigten auf Kosten des Verurteilten eine Ausfertigung des erkennenden Teils des Urteils oder Strafbefehls (vgl § 407 II Nr 1) nach § 37 förmlich zugestellt, um die Monatsfrist des II in Lauf zu setzen (vgl auch § 59 I S 1 StVollstrO). In der Ausfertigung, die zugestellt wird, lässt die VollstrB die Straftaten weg, die nicht zu der Veröffentlichungsanordnung geführt haben. Auch die Namen von Mitverurteilten, auf die sich die Veröffentlichungsbefugnis nicht bezieht, werden in der Ausfertigung ausgelassen (§ 59 I S 2 StVollstrO).

Der **Berechtigte,** an den zugestellt wird, ist derjenige, auf dessen Verlangen oder Antrag die Veröffentlichung angeordnet worden ist, auch ein an seiner Stelle Antragsberechtigter, zB der volljährig gewordene Verletzte (vgl § 77 III StGB) oder der Angehörige des verstorbenen Verletzten, auf den das Antragsrecht nach §§ 77 II, 165 I S 2 StGB übergegangen ist (LR-Graalmann-Scheerer 7).

Schmitt

§ 463d Siebentes Buch. 1. Abschnitt

3 2) Die **Vollziehung der Anordnung (II)** ist Aufgabe der VollstrB (§ 451 I); die Geschäfte sind nach § 31 II S 1 **RPflG** auf den Rechtspfleger übertragen. Vollzogen wird die Anordnung nur, wenn der Antragsteller oder ein an seiner Stelle Antragsberechtigter (oben 2) das innerhalb eines Monats nach der Zustellung der Entscheidung verlangt. Für die Fristberechnung gilt § 43; bei unverschuldeter Fristversäumnis ist Wiedereinsetzung (§ 44) möglich (hM; anders Deumeland Medien und Recht International, 2006, S 138).

4 Der **Umfang der Veröffentlichung** ergibt sich aus dem Entscheidungsausspruch. Sie soll den Namen des Verletzten enthalten (vgl RiStBV 231 S 1) und erkennbar machen, in welchen Teilen der Entscheidungsausspruch und ggf auch die Urteilsgründe zu veröffentlichen sind.

5 Die **Art der Bekanntmachung** ergibt sich ebenfalls aus dem Entscheidungsausspruch (vgl §§ 165 II, 200 II StGB); er muss auch die Zeitung oder Zeitschrift oder die Rundfunksendung bezeichnen, in der veröffentlicht werden soll (40 zu § 260).

6 Die **Kosten der Bekanntmachung** trägt zunächst die Staatskasse; sie zieht sie von demjenigen ein, dem in der Entscheidung die Verfahrenskosten auferlegt worden sind (vgl § 59 II S 2 StVollstrO).

7 3) **Zwangsmittel (III)** sind zulässig, wenn die Bekanntmachung in einer periodischen Druckschrift (zum Begriff vgl 2 zu § 111n), insbesondere in einer Zeitung oder Zeitschrift, angeordnet worden ist und ein Ersuchen der VollstrB um Veröffentlichung verweigert wird. Verpflichtet zur Veröffentlichung ist nach III S 1 der Verleger, dh derjenige, der das Erscheinen der Druckschrift veranlasst und ihre Vervielfältigung und Verbreitung bewirkt, sowie der verantwortliche Redakteur, dh derjenige, der bestimmt, was in die Druckschrift aufgenommen wird, und im Verhältnis zu anderen über die Gestaltung der Zeitung oder Zeitschrift zu entscheiden hat. Die Zwangsmittel (dazu Art 6 ff **EGStGB**) setzt das Gericht des 1. Rechtszugs, nicht die StVollstrK (BGH NStZ **87**, 428; vgl auch LR-Graalmann-Scheerer 16) auf Antrag der VollstrB fest. Sie können auch gegen Verleger und Redakteur zugleich angeordnet werden, wenn beide für das Unterlassen des Abdrucks verantwortlich sind. Zwangsgeld hat grundsätzlich den Vorrang (Einl 18 ff). Das in III S 1 bestimmte Höchstmaß gilt auch bei der Wiederholung der Festsetzung nach III S 1; für den Gesamtbetrag der Zwangsgelder bei wiederholten Festsetzungen besteht aber keine Begrenzung.

8 4) Für die **Bekanntmachung im Rundfunk (IV)** gilt III entspr. Zum Begriff Rundfunk vgl 30 zu § 53. Die Zwangsmittel richten sich gegen den für die Programmgestaltung Verantwortlichen. Diese Stellung entspricht dem verantwortlichen Redakteur in III. Der Begriff wird in IV nur deshalb nicht verwendet, weil er im Rundfunkrecht noch nicht allgemein eingeführt ist.

Gerichtshilfe

463d Zur Vorbereitung der nach den §§ 453 bis 461 zu treffenden Entscheidungen kann sich das Gericht oder die Vollstreckungsbehörde der Gerichtshilfe bedienen; dies kommt insbesondere vor einer Entscheidung über den Widerruf der Strafaussetzung oder der Aussetzung des Strafrestes in Betracht, sofern nicht ein Bewährungshelfer bestellt ist.

1 1) Die **Gerichtshilfe** (23 ff zu § 160) kann vom Gericht oder der VollstrB, für die der Rechtspfleger den Auftrag erteilt (§ 31 II S 1 **RPflG**), aber auch von der StA als Strafverfolgungsbehörde (KK-Appl 2) zur Vorbereitung der Nachtragsentscheidungen nach den §§ 453 bis 461 herangezogen werden. Hs 2 sieht die Heranziehung der Gerichtshilfe insbesondere vor, wenn über den Widerruf der Strafaussetzung oder der Aussetzung des Strafrestes zu entscheiden ist. Die Heranziehung der Gerichtshilfe ist auch insoweit nicht zwingend vorgeschrieben (KG JR **88**, 39; **aM** LG Bonn NStZ **86**, 574); sie kann insbesondere unterbleiben, wenn sie keine

1902 *Schmitt*

zusätzlichen Erkenntnisse verspricht, die es erlauben, von dem Widerruf oder der Versagung der Strafaussetzung abzusehen (aM Bringewat StVollstr 6).

2) Im Rahmen ihrer Zuständigkeit kann die Gerichtshilfe in Anspruch genommen werden. Zu ihrem Aufgabenbereich gehört die Beschaffung von Erkenntnissen und Unterlagen für die Beurteilung der Persönlichkeit des Verurteilten und der für die Sozialprognose bedeutsamen Umstände (vgl auch 24 zu § 160).

3) Der **schriftliche Bericht der Gerichtshilfe** wird Bestandteil der Akten, in die der Verteidiger Einsicht nehmen darf (§ 147). Da nach Aktenlage entschieden wird (vgl 1 zu § 462), ist er ohne weiteres verwertbar. Jedoch muss dem Verurteilten oder demjenigen, zu dessen Nachteil entschieden wird, zB dem Erziehungsbeteiligten (§ 459g I), vorher das rechtliche Gehör nach § 33 III gewährt werden.

Zweiter Abschnitt. Kosten des Verfahrens

Vorbemerkungen

1) Kosten des Verfahrens sind die Gebühren und Auslagen der Staatskasse (§ 464a I), iwS auch die notwendigen Auslagen eines Beteiligten (§ 464a II).

2) Die **Kostenvorschriften** der StPO enthalten einige verfahrensrechtliche (§§ 464–464b), überwiegend aber materiell-rechtliche Kostenbestimmungen (§§ 465 ff); sie werden durch §§ 74, 109 II JGG ergänzt. Nach allgM bilden sie keine abgeschlossene Regelung; um im Einzelfall der Billigkeit entspr Kostenentscheidungen zu ermöglichen, müssen sie auf rechtsähnliche Fälle entspr angewendet werden (BGH **16**, 168, 170; **17**, 376, 381; KG NJW **70**, 2129; Hamm NJW **71**, 1471; Koblenz VRS **54**, 443, 446; Stuttgart Justiz **87**, 116).

3) Grundlage des geltenden Kostenrechts ist das Veranlassungsprinzip (Hamm NStZ **83**, 571 L; München NJW **83**, 1688). Der Beschuldigte hat durch die, mindestens objektiv rechtswidrige, Zuwiderhandlung gegen einen Straftatbestand die Strafverfolgung gegen sich verursacht und dadurch die Verfahrenskosten veranlasst (BVerfGE **18**, 302, 304; **31**, 137; BGH **25**, 109, 118; aM BGH **14**, 391, 394; vgl auch Hassemer ZStW **85**, 651; Michaelowa ZStW **94**, 969). Allerdings kommt neben dem Veranlassungsprinzip in manchen Regelungen der Verschuldensgrundsatz (vgl § 467 II, III), in anderen (vgl § 467 IV) der Billigkeitsgrundsatz zur Geltung, so auch uU bei einem nur durch einen Fehler des Gerichts ausgelösten Beschwerdeverfahren (BGH NStZ **03**, 273).

4) Auslagenerstattung: Der Zahlungsanspruch eines Angeschuldigten gegen die Staatskasse (vgl § 467 I) ist ein öffentlich-rechtlicher Aufopferungsanspruch (Celle NJW **75**, 400; Stuttgart NJW **69**, 1446, 1447; Reinisch MDR **66**, 105); er dient dem Ausgleich für ein Sonderopfer, das der Angeschuldigte im öffentlichen Interesse erbracht hat. Im Zivilrechtsweg kann der aus dem Strafprozess entstandene Anspruch auf Auslagenersatz nicht geltend gemacht werden (BGHZ **24**, 263 = NJW **57**, 1593; **27**, 137 = NJW **58**, 1041). Die Sonderregelung der StPO wird für andere Arten der Entschädigung durch das **StrEG** ergänzt.

5) Die **Sicherung des Staates** wegen der voraussichtlichen Kosten des Strafverfahrens ist im Wege des Vermögensarrests möglich (§ 111e II), allerdings erst, wenn auf Strafe lautendes Urteil ergangen ist; ferner kann nach §§ 127a I Nr 2, 132 I S 1 Nr 1, 176 Sicherheit verlangt werden.

6) Eingehende Untersuchungen zu den Kostenvorschriften haben vorgelegt: Magold, Die Kostentragungspflicht des Verurteilten im Hinblick auf das Schuldprinzip, Resozialisierungsprinzip und Selbstbelastungsfreiheit, 2009, zugl Diss Erlangen-Nürnberg 2008, und Meier, Die Kostenlast des Verurteilten, 1991. Jährliche Rspr-Übersichten zu den Verfahrenskosten und notwendigen Auslagen in Strafsachen bringt Kotz in NStZ-RR.

§ 464

Kosten- und Auslagenentscheidung; sofortige Beschwerde

464 ¹ Jedes Urteil, jeder Strafbefehl und jede eine Untersuchung einstellende Entscheidung muß darüber Bestimmung treffen, von wem die Kosten des Verfahrens zu tragen sind.

II Die Entscheidung darüber, wer die notwendigen Auslagen trägt, trifft das Gericht in dem Urteil oder in dem Beschluß, der das Verfahren abschließt.

III ¹ Gegen die Entscheidung über die Kosten und die notwendigen Auslagen ist die sofortige Beschwerde zulässig; sie ist unzulässig, wenn eine Anfechtung der in Absatz 1 genannten Hauptentscheidung durch den Beschwerdeführer nicht statthaft ist. ² Das Beschwerdegericht ist an die tatsächlichen Feststellungen, auf denen die Entscheidung beruht, gebunden. ³ Wird gegen das Urteil, soweit es die Entscheidung über die Kosten und die notwendigen Auslagen betrifft, sofortige Beschwerde und im übrigen Berufung oder Revision eingelegt, so ist das Berufungs- oder Revisionsgericht, solange es mit der Berufung oder Revision befaßt ist, auch für die Entscheidung über die sofortige Beschwerde zuständig.

1   1) **Nach Anklageerhebung** gilt die Vorschrift; rechtshängig braucht die Sache noch nicht zu sein (KMR-Stöckel 4). Sonderregelungen enthalten §§ 467a II, 469 II, 470.

2   2) **Kostenentscheidung (I):** Entschieden wird über die Pflicht, die Kosten zu tragen, nicht über deren Höhe (vgl § 464b). Fehlt ein Kostenpflichtiger, so sind die Kosten der Staatskasse aufzuerlegen (BGH **14**, 391, 393). Die Kostenentscheidung ist (Neben-)Gegenstand des Verfahrens. Das rechtliche Gehör wird dem Betroffenen mit der Anhörung zur Sache gewährt (Seier 19). Vor Kostenentscheidungen, die an besondere Voraussetzungen geknüpft sind (zB an die schuldhafte Säumnis bei § 467 II), müssen die entscheidungserheblichen Tatsachen nach § 33 I ebenfalls zum Gegenstand des rechtlichen Gehörs gemacht werden (LR-Hilger 3; Seier 20).

3   A. **Urteile, Strafbefehle:** Gemeint sind nur verfahrensabschließende Urteile, auch solche nach § 260 III (LG Koblenz StV **97**, 35). Zurückverweisende Urteile nach §§ 328 II, 354 II, 355 müssen die Kostenentscheidung dem Gericht überlassen, an das zurückverwiesen wird (erg aber 7 zu § 473). Die Kostenentscheidung im Strafbefehl umfasst alle bis zur Zurücknahme des Einspruchs entstehenden Kosten (LR-Hilger 3 zu § 473 mwN).

4   B. **Jede eine Untersuchung einstellende Entscheidung:**

5   a) **Alle als Urteilsersatz zugelassenen Beschlüsse** (vgl §§ 206a, 206b, 319 I, 322 I, 346 I, 349 I, II, IV, 441 II) fallen hierunter. Wird das Verfahren nach § 206a wegen eines Prozesshindernisses eingestellt, so kommt es nicht darauf an, ob die StA (zB bei örtlicher Unzuständigkeit oder Fehlen der Anklage) eine neue Anklage erheben kann (Hamm JMBlNW **62**, 166).

6   b) **Andere Einstellungsbeschlüsse** kommen nur in Betracht, wenn sie das Verfahren endgültig abschließen. Das sind Beschlüsse nach §§ 153 II, 153b III, 383 II, 390 V und endgültige Einstellungsbeschlüsse nach § 153a (dort 53). Auch Beschlüsse nach § 154 II (dort 17f) und § 154b IV (dort 5) gehören trotz der missverständlichen gesetzlichen Fassung als „vorläufig" hierher (hM, vgl nur BGH NStZ-RR **12**, 159; Celle NStZ **83**, 328; Düsseldorf VRS **73**, 457, 458; **89**, 202; Stuttgart MDR **73**, 868; LR-Hilger 13; Kotz NStZ **90**, 420; Maatz MDR **86**, 884; KK-Gieg 2; **aM** keine Kostenentscheidung: Bay NJW **69**, 1448; München NJW **75**, 68; NStZ **81**, 234 mit abl Anm Meyer-Goßner; Meyer JR **76**, 76). Die Nichteröffnung des Hauptverfahrens (§ 204) steht ihnen gleich (vgl § 467 I).

7   **Nicht anwendbar** ist § 464 bei der vorläufigen Einstellung nach § 153a II und § 205 sowie bei Verfolgungsbeschränkungen nach § 154a II (BGH StV **93**, 135 L; LR-Hilger 14; **aM** Lemke NJW **71**, 1248), falls nicht einzelne materiell-recht-

lich selbstständige Teile einer Tat iSd § 264 ausgeschieden werden (erg 22 zu § 154a; vgl auch Frankfurt MDR **82**, 1042 für den Fall, dass die „Beschränkung" in Wahrheit das ganze Verfahren abschließt); dasselbe gilt für § 430 I. Nicht anwendbar ist § 464 in Fällen des § 458 I (Braunschweig BeckRS **14**, 20153) und in in DNA-Identitätsfeststellungsverfahren (Rostock BeckRS **13**, 04483).

c) Verfahrensbeendigung iS von I ist auch der **Abschluss von selbstständigen Zwischenverfahren** (Huber NStZ **85**, 18); zB des Ausschließungsverfahrens nach §§ 138a ff (Seier NStZ **82**, 271; 18 zu § 138c; 10 zu § 138d) und des Wiedereinsetzungsverfahrens (vgl § 473 VII), und von Beschwerdeverfahren (BVerfG 1 BvR 3229/06 vom 16.11.2009; Bay StV **06**, 6 [Pflichtverteidigerbestellung]; KK-Gieg 3 mwN; **aM** Frankfurt MDR **82**, 954; Hamburg NStZ **91**, 100; Michaelowa ZStW **94**, 969; vgl auch 473a). Auch Entscheidungen nach Urteilsrechtskraft gehören hierzu (**aM** Hamm NStZ **84**, 332), zB die Verwerfung eines Wiederaufnahmeantrags (Celle MDR **63**, 700); erg unten 11. 7a

C. **Unterbleibt eine ausdrückliche Kostenentscheidung**, so trägt die Staatskasse die Kosten (Stuttgart MDR **73**, 869; Rpfleger **70**, 439). Die Nachholung ist unzulässig (BGH NStZ-RR **96**, 352; **12**, 159; Frankfurt NJW **70**, 1432; Hamm NJW **73**, 1515; Karlsruhe MDR **76**, 513; LR-Hilger 17), auch wenn die Hauptentscheidung durch Beschluss ergangen ist (Meyer JR **78**, 256). Das gesetzwidrige Unterlassen kann aber mit der sofortigen Beschwerde nach III gerügt werden (unten 16). Unzulässig ist auch eine Berichtigung der Entscheidung außerhalb des Beschwerdeverfahrens (Meyer aaO), sofern es sich nicht um offensichtliche Unrichtigkeiten handelt (Hamm JMBlNW **76**, 105). 8

3) Auslagenentscheidung (II): 9

A. **Notwendigkeit:** Die Vorschrift bestimmt, wo (nicht wann) über die notwendigen Auslagen zu entscheiden ist (vgl Huber NStZ **85**, 18). Sie spricht aus, dass das nicht in einem besonderen Beschluss, sondern in dem verfahrensabschließenden Urteil oder Beschluss zu geschehen hat (KG JR **76**, 297; Meyer JR **76**, 76). Die Regelung des I ist insoweit ohne Bedeutung (LR-Hilger 19). Eine Auslagenentscheidung ist daher überflüssig, wenn es nach dem Gesetz selbstverständlich ist, wer die Auslagen zu tragen hat. Ist nichts anderes bestimmt, so gilt die gesetzliche Regelung (Stuttgart Rpfleger **70**, 439). Rechtliche Selbstverständlichkeiten, zB dass der Angeklagte, der voll verurteilt oder dessen Berufung voll verworfen worden ist, seine notwendigen Auslagen selbst zu tragen hat, gehören nicht in das Urteil (BGH **36**, 27, 28). Die Auslagenentscheidung ist ebenso wie die Entscheidung nach § 8 **StrEG** nur eine Entscheidung dem Grunde nach; ob überhaupt Auslagen entstanden sind, wird nicht geprüft. Das „Betragsverfahren" regelt § 464a, die Festsetzung § 464b. 10

B. **Nur in verfahrensabschließenden Urteilen und Beschlüssen** ist eine Auslagenentscheidung zu treffen; für vorläufige Verfahrenseinstellungen gilt das Gleiche wie für die Kostenentscheidung (oben 7). In Zwischenverfahren, zB bei Ablehnung des Antrags der StA auf Erlass eines Haftbefehls oder einer Anordnung nach § 111a ist eine Auslagenentscheidung grundsätzlich unzulässig (vgl aber oben 7a und unten 11a). Das Gleiche gilt für Beschlüsse, durch die im Vollstreckungsverfahren Anträge des Verurteilten oder der StA verbeschieden werden (KG NStZ-RR **12**, 359 L; Braunschweig NStZ-RR **01**, 185; Karlsruhe NStZ **98**, 252; Köln NStZ **99**, 534 mwN; **aM** LR-Hilger 16 zu § 473; vgl aber auch Celle StV **06**, 30 mit abl Anm Meier: Zurücknahme des Antrags auf Widerruf der Bewährung; Stuttgart NStE Nr 24: Ablehnung der Verlängerung der Bewährungszeit). 11

Mit einer Auslagenentscheidung zu versehen sind dagegen Entscheidungen in Beschwerdeverfahren (BGH NJW **07**, 3652, 3655; Bay StV **06**, 6 mwN; LR-Hilger 14 zu § 473; Huber NStZ **85**, 18; **aM** Düsseldorf NStZ **88**, 194 mit abl Anm Wasserburg; Hamburg NStZ **91**, 100; vgl auch § 473a). Ebenso müssen Entscheidungen nach Rechtskraft des Urteils stets eine die Staatskasse belastende Auslagenentscheidung enthalten, wenn sie der Beschwerde des Verurteilten stattgeben 11a

§ 464

(Hamm NJW 75, 2112; LR-Hilger 15 zu § 473; Meyer JR 74, 343; aM Michaelowa ZStW 94, 997; vgl auch KG NStZ 89, 490; LG Freiburg JurBüro 89, 1453). Das Gleiche gilt für Entscheidungen auf Beschwerde eines Dritten, zB im Fall des § 51 (LG Mainz Rpfleger 74, 74) oder des § 111e II (Stuttgart wistra 03, 358). Zur Auslagenentscheidung im Verfahren nach §§ 138a ff vgl 18 zu § 138c, 10 zu § 138d.

12 C. **Beim Fehlen einer ausdrücklichen Auslagenentscheidung** verbleiben die notwendigen Auslagen bei demjenigen, dem sie entstanden sind (Seier 24). Insbesondere die Auferlegung der Kosten auf die Staatskasse im Fall des § 467 I kann nicht dahin ausgelegt werden, dass sie auch die notwendigen Auslagen des Angeschuldigten umfasst (20 zu § 467). Eine nachträgliche Ergänzung der Entscheidung ist unzulässig (KG NStZ-RR 04, 190; Düsseldorf MDR 86, 76; Hamm NJW 74, 71; Karlsruhe NStZ-RR 97, 157; Oldenburg NStZ-RR 06, 191). Die Ergänzung ist nur durch die sofortige Beschwerde nach III (ggf iVm einem Wiedereinsetzungsantrag, vgl Köln StraFo 97, 285) zu erreichen; ein rechtzeitig gestellter Kostenfestsetzungsantrag kann uU in eine sofortige Beschwerde umgedeutet werden (Düsseldorf GA 90, 268; Stuttgart StV 93, 651; Justiz 01, 422; einschr KG aaO und Celle NStZ-RR 12, 30 L: nur wenn sich daraus eine Beanstandung der Kostengrundentscheidung ergibt; vgl aber LG Zweibrücken NStZ-RR 08, 359: auch bei einer offensichtlich versehentlich inhaltlich falsch gefassten Kostengrundentscheidung). Ist gegen die Kostenentscheidung bei dem Übergehen eines Nebenklägers allerdings wegen Unanfechtbarkeit der Hauptentscheidung keine sofortige Beschwerde möglich (unten 17), kann der unterbliebene Ausspruch gemäß § 33a nachgeholt werden (BGH 5 StR 427/19 vom 10.12.2019; KG JR 89, 392; Düsseldorf VRS 84, 446; MDR 93, 786; Hamburg MDR 85, 604; aM Oldenburg aaO). Dies gilt aber nicht, wenn das Gericht keinen Gehörsverstoß begangen, sondern allein die Existenz eines Nebenklägers übersehen hat, der sich an einem Revisionsverfahren nicht beteiligt hat (KG NStZ-RR 15, 328).

13 4) **Selbstständige Kosten- und Auslagenentscheidungen** sehen §§ 467a, 469 vor. Sie sind auch sonst zulässig und geboten, wenn das Verfahren ohne gerichtliche Entscheidung abgeschlossen wird und eine Kosten- oder Auslagenentscheidung als Festsetzungsgrundlage erforderlich ist (LR-Hilger 30; Meyer JR 78, 256), zB bei Zurücknahme des Rechtsmittels nach § 473 I (Bremen NJW 56, 72; Hamm NJW 73, 772) und bei Zurücknahme des Einspruchs gegen den Strafbefehl hinsichtlich der notwendigen Auslagen des Nebenklägers (LG Rottweil Justiz 88, 172; erg 10a zu § 472). Vor Vorlage der Akten an das Rechtsmittelgericht erlässt den Beschluss das Gericht, dessen Entscheidung angefochten ist (BGH 12, 217; LR-Hilger 7 zu § 473), danach das Rechtsmittelgericht, das Revisionsgericht auch, wenn das Rechtsmittel in Wahrheit eine Berufung ist (Bay VRS 48, 440; erg 5 zu § 473). Für die Anfechtung selbstständiger Beschlüsse gilt III (Köln NJW 66, 120), daher aber auch die Beschränkung nach dessen S 1 Hs 2 (unten 17; Stuttgart NStZ 89, 548: Sofortige Beschwerde des Nebenklägers bei Entscheidung über eine oder bei Rücknahme einer auf den Rechtsfolgenausspruch beschränkten Berufung des Angeklagten unzulässig; aM Hamm JMBlNW 90, 95; vgl auch Hilger JR 90, 214).

14 5) Bei **Tod des Angeklagten** vor Rechtskraft wird das Verfahren nach § 206a eingestellt (dort 8). Der Beschluss ist mit einer Kosten- und Auslagenentscheidung zu versehen; die Kosten des Verfahrens trägt gem § 467 I die Staatskasse, für die Auslagenentscheidung gilt § 467 III S 2 Nr 2 (BGH 45, 108, 116; NStZ-RR 02, 262 [B]; 03, 102 [B]; 10, 32 L; Celle NJW 02, 3720; Kühl Meyer-Goßner-FS 715, Vogler-GS 27 und Richter IFS 351; Laubenthal/Mitsch NStZ 88, 108; Pflüger GA 92, 20; aM unzutr München NStZ 03, 501 mit zust Anm Rau). IdR werden der Staatskasse die notwendigen Auslagen des Angeklagten aufzuerlegen sein (eingehend dazu Heger GA 09, 54ff; erg 18 zu § 467). Der Nachlass haftet nicht für die Kosten (§ 465 III). Eine Erstattung der notwendigen Auslagen des Nebenklägers kommt nicht in Betracht (BGH NStZ-RR 09, 21). Erg unten 22.

§ 464

6) Sofortige Beschwerde (III):

A. Zulässigkeit: (S 1): Mit der sofortigen Beschwerde nach § 311 kann der Beschwerdeführer die selbstständige Kosten- und Auslagenentscheidung (oben 13) und die Kosten- und Auslagenentscheidungen neben der Hauptentscheidung anfechten (unten 20); er kann sich aber auch unter Verzicht auf eine weitergehende Anfechtung auf die Kosten- und Auslagenbeschwerde beschränken und innerhalb dieser auf die Entscheidung über die notwendigen Auslagen (Stuttgart Justiz **08**, 372, 373). Dass die Hauptentscheidung nicht geprüft wird, steht dieser Beschwerde auch sonst nicht entgegen (Koblenz aaO für den Fall der Verwerfung der Revision nach § 346 I; LG Bielefeld NStE Nr 30 für die Annahmeberufung nach § 313). Ist die sofortige Beschwerde zulässig, so ist sie es auch gegen das Unterlassen der Kosten- und Auslagenentscheidung (Düsseldorf VRS **95**, 116; **96**, 222; 116; Hamm MDR **74**, 419; **86**, 1048; Koblenz Rpfleger **73**, 101). Jedoch kann nicht jede Kosten- und Auslagenentscheidung angefochten werden.

Neben der Wertgrenze des § 304 III und der Einschränkung des § 304 IV S 1, die auch die isolierte Anfechtung von Kosten- und Auslagenentscheidungen in OLG-Urteilen ausschließt (BGH **26**, 250; **27**, 96), gilt vor allem die – verfassungsrechtlich unbedenkliche (BVerfG NJW **02**, 1867) – **Beschränkung des S 1 Hs 2**: Die Anfechtung der Hauptentscheidung durch den Beschwerdeführer ist nicht statthaft, wenn das Gesetz die Hauptentscheidung ausdrücklich für unanfechtbar erklärt oder wenn sich die Unanfechtbarkeit aus dem systematischen Gesamtzusammenhang ergibt (LR-Hilger 52; Rieß/Hilger NStZ **87**, 206). S 1 Hs 2 schließt die Kosten- und Auslagenbeschwerde insbesondere gegen Beschlüsse nach §§ 46 II, 153 II S 3, 153a II S 5, 153b II, 154 II, 154a II, 154b IV (oben 6), 161a III S 4, 163a III S 3, 310 II, 390 V und in den Fällen des § 47 **JGG** (LG Hamburg NStZ-RR **96**, 217) und § 55 II **JGG** (Hamm NStZ-RR **14**, 96; Rpfleger **99**, 291), bei Nichtzulassung der Rechtsbeschwerde nach § 79 I S 2 OWiG (Jena VRS **111**, 199; Köln NZV **03**, 437 mwN) sowie bei § 121 II S 2 **StVollzG** (Jena NStZ-RR **96**, 254; **aM** KG NStZ-RR **02**, 62) aus.

Bei **Unanfechtbarkeit** der Hauptsacheentscheidung **für den Nebenkläger** (Frankfurt NStZ-RR **01**, 63) ist die Beschwerde unzulässig, somit auch dann, wenn nach § 400 I eine Urteilsanfechtung durch ihn ausgeschlossen ist, zB, weil der Angeklagte seine Berufung auf den Rechtsfolgenausspruch beschränkt hatte (Frankfurt NStZ-RR **96**, 128; Stuttgart NStZ **89**, 548; **aM** Düsseldorf VRS **96**, 222; Hamm NStZ-RR **06**, 95; StraFo **08**, 348; Karlsruhe NStZ-RR **04**, 120; Köln NStZ-RR **09**, 126; Stuttgart Justiz **03**, 170), bei unbeschränkter Berufung bleibt die Anfechtung für den Nebenkläger aber zulässig (KG JR **00**, 385; Hamm VRS **101**, 210). Unzulässig ist die Beschwerde hingegen wiederum bei einer nach § 406 I S 3 getroffenen Hauptentscheidung (Hamm BeckRS **14**, 20467) sowie einem Urt nach § 329 I (Hamm NStZ-RR **01**, 288; **aM** Stuttgart NStZ-RR **13**, 95 L = Justiz **13**, 156).

Dieser Ausschluss der Beschwerde gilt **ohne Rücksicht darauf**, ob die Nebenentscheidung gesetzwidrig (Düsseldorf JMBlNW **90**, 23; MDR **93**, 376; Meyer JR **81**, 260; vgl aber LG Göttingen NdsRpfl **90**, 99: Einfache Beschwerde bei „ausdrücklichem Verstoß gegen Unschuldsvermutung" zulässig), ob sie in dem Einstellungsbeschluss enthalten oder unterblieben (Düsseldorf VRS **98**, 148; LG Schweinfurt DAR **90**, 35) oder ob sie in unzulässiger Weise (oben 8, 12) durch einen selbstständigen Beschluss nachgeholt worden ist (KG VRS **40**, 122; Düsseldorf MDR **88**, 164; Hamm JMBlNW **77**, 225; LR-Hilger 54; **aM** Hamburg JR **78**, 255 mit abl Anm Meyer). Unanfechtbar ist auch der Beschluss, mit dem die Nachholung einer unanfechtbaren Kostenentscheidung abgelehnt (Düsseldorf MDR **88**, 164; Hamm VRS **69**, 291) oder mit dem sie in unzulässiger Weise geändert wird (**aM** Schleswig SchlHA **85**, 131 [E/L]), und die selbstständige Kostenentscheidung des Berufungs- oder Revisionsgerichts (oben 13) nach Rücknahme der Revision (KG StraFo **08**, 91; Dresden NStZ-RR **00**, 224; Hamm VRS **101**, 444; Jena NStZ-RR **97**, 287) – **anders** aber des Berufungsgerichts nach Rücknahme der Berufung (KG StraFo **08**, 264; Brandenburg NStZ-RR **16**, 192) – oder sonst bei Zurücknahme des Rechtsmittels gegen eine is des S 1 Hs 2 nicht anfechtbare Entscheidung (Düsseldorf JurBüro **84**, 246).

19 Die **Beschränkung des S 1 Hs 2 gilt nicht,** wenn gegen die Hauptentscheidung zwar ein Rechtsmittel statthaft, ihre Anfechtbarkeit also weder ausdrücklich noch nach dem systematischen Gesamtzusammenhang ausgeschlossen ist, das Rechtsmittel einem bestimmten Prozessbeteiligten aber mangels Beschwer nicht zusteht, zB für den Angeklagten freisprechende Urteile, Einstellungsurteile nach § 260 III, Nichteröffnungsbeschlüsse nach § 204 (KG StraFo **08**, 265; München StraFo **97**, 191), Einstellungsbeschlüsse nach §§ 206a, 383 II oder bei prozessualer Überholung in der Hauptsache (vgl Bay **87**, 151; KG JR **77**, 258 mwN; Hamburg NStZ **91**, 100; Jena NStZ-RR **06**, 311 L; Karlsruhe JR **81**, 38; Zweibrücken NStZ **87**, 425; LG Freiburg NStZ **88**, 146; MDR **92**, 179; erg 22 zu § 383). Zur Anfechtung der Nebenentscheidung bei Verzicht auf die Anfechtung der Hauptentscheidung vgl oben 16.

20 B. **Das einzige Rechtsmittel** gegen die Kosten- und Auslagenentscheidung ist die sofortige Beschwerde auch für den Fall, dass ein Urteil mit Revision oder Berufung angefochten wird (BGH **25**, 77; Düsseldorf JurBüro **83**, 728). Sie ist dann aber nur sinnvoll, wenn eine Änderung der Nebenentscheidung auch bei Verwerfung des Hauptrechtsmittels erstrebt wird. Allerdings kann der Angeklagte auch auf die Anfechtung der Hauptentscheidung verzichten und nur Kostenbeschwerde einlegen (oben 16); greift er mit Berufung oder Revision nur die Kostenentscheidung an, ist das Rechtsmittel in eine sofortige Beschwerde umzudeuten (Düsseldorf NStZ-RR **99**, 252). Führt ein Rechtsmittel zum Freispruch, zur Verfahrenseinstellung oder zur Aufhebung und Zurückverweisung nach §§ 328 II, 354 II, 355, so wird die Kostenbeschwerde gegenstandslos. Beschränkt sich der Beschwerdeführer auf die Einlegung von Berufung oder Revision, so wird im Fall der Verwerfung dieses Rechtsmittels die Kosten- und Auslagenentscheidung nicht geprüft (Bay **87**, 151; Karlsruhe MDR **90**, 464). Die Nichtanfechtung schafft jedoch nur eine auflösend bedingte Teilrechtskraft (Meyer JR **71**, 99; Seier 55). Wird die Hauptentscheidung auf die Berufung oder Revision geändert, so verliert damit der Kosten- und Auslagenausspruch idR, nicht jedoch bei bloßer Strafherabsetzung auf die Berufung (Celle NdsRpfl **78**, 91; Düsseldorf JurBüro **85**, 898; **90**, 1324), seine Grundlage und wird, auch ohne Anfechtung, entspr der neuen Entscheidung geändert (BGH **25**, 77, 79; **26**, 250, 253). Hebt das Revisionsgericht die angefochtene Entscheidung unter Zurückverweisung der Sache (§§ 354 II, 355) auf, so bezieht sich das ohne besonderen Ausspruch auch auf die Nebenentscheidung. Das Gericht, an das zurückverwiesen wird, trifft die neue Hauptentscheidung und eine ihr entspr Kosten- und Auslagenentscheidung für das ganze Verfahren. Das gilt auch, wenn ein erstinstanzliches Urteil des Oberlandesgerichts in der Hauptsache aufgehoben wird; bleibt die Revision gegen ein solches Urteil ohne Erfolg, entfällt, wie sich aus § 304 IV S 2 ergibt, eine selbstständige Anfechtung der Kosten- und Auslagenentscheidung (LR-Hilger 36).

21 C. **Einlegung:** Die sofortige Beschwerde muss neben Berufung oder Revision stets ausdrücklich erklärt werden; jedoch ist § 300 anwendbar (BGH DAR **88**, 233 [Sp] vgl Bay DAR **86**, 249 [R]: „Rechtsbeschwerde" gegen Einstellungsurteil nach § 260 III; Celle BeckRS **13**, 15 473: nicht ausreichend ist ein schlichter Kostenfestsetzungsantrag bei Fehlen einer Entscheidung über die notwendigen Auslagen). Wird gegen ein Urteil ein unbenanntes Rechtsmittel (München JR **81**, 126), Berufung oder Revision eingelegt, so schließt das die sofortige Beschwerde nicht ein (BGH **26**, 126; Stuttgart Justiz **03**, 451 mwN). Der Beschwerdeführer muss innerhalb der Frist des § 311 II S 1 erklären, dass sein Rechtsmittel zugleich sofortige Beschwerde gegen die Nebenentscheidung ist (BGH **25**, 77, 81; Bay **73**, 146; München JR **81**, 126). Hat er das getan, so liegt darin, dass er später nur das Hauptrechtsmittel begründet, keine Zurücknahme der sofortigen Beschwerde (Oldenburg NdsRpfl **84**, 15; VRS **67**, 125). Ein Verschulden des Verteidigers an

Kosten des Verfahrens **§ 464**

der Fristversäumung ist dem Angeklagten zuzurechnen (BGH **26**, 126; erg 19 zu § 44). Ein uneingeschränkter Rechtsmittelverzicht in Kenntnis des Anfechtungsrechts umfasst auch die sofortige Beschwerde nach III (KG NStZ-RR **07**, 55 L; Köln MDR **73**, 516; Seier 127; vgl auch LR-Hilger 37 mwN; erg 17 zu § 302).

D. **Beschwerdeberechtigt** ist jeder Verfahrensbeteiligte oder Dritte, der durch 22 die Entscheidung oder ihr Unterlassen beschwert ist, in den Fällen des § 67 I, III **JGG** auch der gesetzliche Vertreter und der Erziehungsberechtigte. Nach dem Tod des Angeklagten sind anfechtungsberechtigt sein Verteidiger (Celle NJW **02**, 3720; Stuttgart BeckRS **15**, 00337; Hamburg NJW **71**, 2183; Hamm NJW **78**, 177; erg 7 vor § 137; **aM** Celle MDR **72**, 1050 mit abl Anm Kleinknecht; München NStZ **03**, 501 mit zust Anm Rau), auch der Pflichtverteidiger (Karlsruhe NStZ-RR **03**, 286), und seine Erben (zutr Bamberg StraFo **10**, 475 gegen München NStZ **03**, 501; LR-Hilger 41). Für die Staatskasse muss die StA das Rechtsmittel einlegen; der Bezirksrevisor ist dazu nicht befugt (Düsseldorf JMBlNW **79**, 67; Köln NJW **70**, 874; LG Flensburg JurBüro **86**, 408). Legt von mehreren Nebenklägern nur einer sofortige Beschwerde ein, so wirkt die stattgebende Entscheidung nicht für die anderen (Hamm MDR **73**, 1041; KK-Gieg 12; **aM** Düsseldorf JMBlNW **72**, 867).

E. Die **Bindung des Beschwerdegerichts (III S 2)** bezieht sich auf die tat- 23 sächlichen Feststellungen, auf denen die Entscheidung beruht, nicht auf bloße Vermutungen oder Wahrscheinlichkeitsurteile (Düsseldorf JurBüro **86**, 249), auch nicht auf die Rechtsauffassung des 1. Richters (KG NStZ-RR **16**, 62 L; Stuttgart Justiz **87**, 160) oder auf dessen Beurteilung von Ermessensfragen (LR-Hilger 61, 63). Sie ist eine Abweichung von dem Grundsatz, dass im Beschwerdeverfahren die Tatsachen neu geprüft werden (4 zu § 309). Die tatsächlichen Grundlagen einer Entscheidung können nicht allein wegen der Kosten oder Auslagen überprüft und dadurch möglicherweise in Frage gestellt werden (Karlsruhe MDR **74**, 690). Bindend sind in einem mit der Revision angefochtenen Urteil (sonst nicht) auch die nur für die Kosten- und Auslagenentscheidung, zB nach §§ 465 II, 467 II, III, maßgebenden Feststellungen (BGH **26**, 29, 33; KG GA **87**, 405, 406; Frankfurt NJW **78**, 1017 Koblenz GA **86**, 461); sie können auch im Wege des Freibeweises getroffen werden (KG aaO). Andernfalls muss die angefochtene Entscheidung aufgehoben und die Sache zur Herbeiführung einer genügend begründeten neuen Kosten- und Auslagenentscheidung zurückverwiesen werden (BGH aaO; Celle MDR **73**, 604; Karlsruhe MDR **74**, 773). Ist die Hauptentscheidung nicht angefochten, so wird auf die Kosten- und Auslagenbeschwerde nicht geprüft, ob sie richtig ist (Hamm VRS **50**, 272; Koblenz aaO; Stuttgart MDR **84**, 512).

F. **Zuständigkeit (III S 3):** Grundsätzlich ist das übergeordnete Beschwerdege- 25 richt zuständig. Nur bei gleichzeitig eingelegter Berufung oder Revision, nicht bei Anträgen nach §§ 319 II, 346 II (BGH 1 StR 694/89 vom 12.12.89; Bay MDR **76**, 951; Düsseldorf MDR **85**, 785), entscheidet das Rechtsmittelgericht durch besonderen Beschluss, solange es mit diesem Rechtsmittel befasst ist. Hat von mehreren Beschwerdeführern einer Revision, der andere Kostenbeschwerde eingelegt, so entscheidet über die Beschwerde das Beschwerdegericht (BGH MDR **90**, 679 [H]; NStZ **93**, 31 [K]; NStZ-RR **97**, 238; **aM** Bay **87**, 151: das Revisionsgericht, falls sich Revision und Beschwerde auf denselben Angeklagten

Schmitt

beziehen und die Auslagenfrage mit der Entscheidung über die Hauptsache zusammenhängt, was aber nach Bay 5 St RR 30/95 vom 7.6.1995 wiederum nicht gelten soll, wenn die Beschwerde noch einen weiteren Angeklagten betrifft); dasselbe gilt bei Berufung und Beschwerde (Schleswig SchlHA **97**, 149 [L/S]).

25a Die **Befassung des Rechtsmittelgerichts entfällt**, wenn das Rechtsmittel zurückgenommen wird (BGH NStZ-RR **09**, 96; Bay VRS **51**, 49, 50) – auch wenn das Rechtsmittelgericht über die Wirksamkeit der Rücknahme entscheidet (BGH NStZ-RR **01**, 267 [B]) – oder sich sonst, etwa beim Tod des Nebenklägers (§ 402), von selbst erledigt. Die Zuständigkeit des Revisionsgerichts endet auch, wenn es die Revision als unzulässig verworfen hat (BGH NStZ-RR **09**, 253), oder wenn es über die Kostenbeschwerde nicht sofort entscheiden kann, weil noch weitere Tatsachen aufgeklärt werden müssen (BGH **29**, 168, 173; BGHR § 464 III Zuständigkeit 4), nicht aber bei bloßem Übersehen der sofortigen Beschwerde (KG JR **73**, 427; LR-Hilger 67; aM BGH MDR **78**, 282 [H]). Erg 5 zu § 305a. Nach Abschluss des Revisionsverfahrens entfällt auch die Zuständigkeit des Revisionsgerichts für die Entscheidung über einen Wiedereinsetzungsantrag (Koblenz NStZ **87**, 137).

26 G. Das **Verbot der Schlechterstellung** (vgl §§ 331, 358 II, 373 II) gilt nach zutr hM für die Entscheidung des Rechtsmittelgerichts nicht (BGH **5**, 52; 3 StR 512/80 vom 23.1.1981; Düsseldorf JurBüro **83**, 728; Koblenz OLGSt § 473 S 111; Köln StraFo **12**, 249; Oldenburg VRS **67**, 125, 127).

Kosten des Verfahrens; notwendige Auslagen

464a I ¹Kosten des Verfahrens sind die Gebühren und Auslagen der Staatskasse. ²Zu den Kosten gehören auch die durch die Vorbereitung der öffentlichen Klage entstandenen sowie die Kosten der Vollstreckung einer Rechtsfolge der Tat. ³Zu den Kosten eines Antrags auf Wiederaufnahme des durch ein rechtskräftiges Urteil abgeschlossenen Verfahrens gehören auch die zur Vorbereitung eines Wiederaufnahmeverfahrens (§§ 364a und 364b) entstandenen Kosten, soweit sie durch einen Antrag des Verurteilten verursacht sind.

II Zu den notwendigen Auslagen eines Beteiligten gehören auch

1. die Entschädigung für eine notwendige Zeitversäumnis nach den Vorschriften, die für die Entschädigung von Zeugen gelten, und
2. die Gebühren und Auslagen eines Rechtsanwalts, soweit sie nach § 91 Abs. 2 der Zivilprozeßordnung zu erstatten sind.

1 **1) Kosten des Verfahrens (I)** sind die im Strafverfahren, auch im Sicherungsverfahren (§§ 413 ff) und im selbstständigen Einziehungsverfahren (§§ 435, 436), entstandenen Gebühren und Auslagen der Staatskasse (Nrn 3110 ff, 9000 ff KVGKG), sie werden im Kostenansatzverfahren (1 zu § 464b) festgesetzt. Auslagen sind auch (vgl Nr 9007 KVGKG) die Pflichtverteidigervergütungen (BGH Rpfleger **79**, 412; Düsseldorf StV **85**, 142; Hamm NStZ-RR **00**, 160; erg 21 zu Art 6 **EMRK**), auch bei Mittellosigkeit zZ ihrer Entstehung (dazu 15 zu Art 6 **EMRK**); Dolmetscher- und Übersetzerkosten werden idR (Ausnahme § 464c nicht berechnet (Nr 9005 KVGKG), Auslagen anderer Behörden nach Nrn 9013, 9014 KVGKG. Zu den Verfahrenskosten gehören:

2 A. **Kosten zur Vorbereitung der öffentlichen Klage (I S 2):** Das sind alle Auslagen, die zur Aufklärung der Tatbeteiligung des Angeklagten (LG Bonn StraFo **04**, 255), auch durch Ermittlungen in einer sich nicht bestätigenden Verdachtsrichtung (LG Mannheim Rpfleger **63**, 196), und zur Täterergreifung aufgewendet worden sind, einschließlich der Kosten, die der Polizei, der FinB (Koblenz NStZ **95**, 563) und anderen Verwaltungsbehörden entstanden sind (vgl Nrn 9015, 9016 iVm Nr 9013 KVGKG; § 5 IV, V KostVfg), nicht aber Belohnungen an Dritte (LR-Hilger 15). Beispiele: Kosten der Blutalkoholbestimmung, der Untersu-

chung von Lebensmittelproben, der Telefonüberwachung (Koblenz NStZ-RR **02**, 160; vgl auch Schleswig SchlHA **03**, 206 [D/D]: einschließlich insoweit entstandener Dolmetscherkosten), der Sicherstellung von Beweismitteln, Einziehungsgegenständen (LG Berlin NStZ **06**, 56), Reisekosten, Sachverständigenkosten (vgl KG NStZ-RR **09**, 190; Koblenz NStZ-RR **98**, 127), nicht aber Kosten für die bloße Vornahme organisatorischer oder technischer Dienstleistungen, selbst wenn für deren Erstellung Expertenwissen erforderlich ist (Schleswig StV **17**, 660: softwaregestützte Auflistung kinderpornographischer Dateien als technische Sichtbarmachung/Vorsortierung von Datenmaterial). Für den Vollzug der UHaft gilt – verfassungsrechtlich unbedenklich (BVerfG NStZ-RR **99**, 255) – Nr 9011 KVGKG iVm § 12 S 2 KostVfg (dazu eingehend Nürnberg NStZ-RR **99**, 190); wegen der Kosten für eine Zwangsernährung vgl LG Frankfurt aM NJW **77**, 1924.

B. **Vollstreckungskosten (I S 2):** Gemeint sind nur die wegen der Rechtsfolgen der Tat nach Urteilsrechtskraft entstandenen Kosten, zB Kosten eines nach § 454 II eingeholten Gutachtens (BVerfG JR **06**, 480 mit abl Anm Eisenberg; BGH NJW **00**, 1128; Düsseldorf JR **07**, 129; Frankfurt NStZ **10**, 719 [auch zur Verjährung des Anspruchs nach § 5 I GKG] mit aus Gründen der Resozialisierung des Verurteilten abl Anm Oelbermann NStZ **11**, 600; Karlsruhe StraFo **03**, 290; Koblenz StraFo **05**, 348) oder Auslagen eines im Verfahren nach § 67e StGB bestellten Verteidigers (vgl Koblenz NStZ-RR **98**, 128), aber nicht Kosten eines Sachverständigengutachtens zur Prüfung der Haftfähigkeit des Verurteilten (Koblenz NStZ **97**, 256; SK-Degener 9; **aM** Peglau NJW **03**, 870, falls der Sachverständige vom Gericht – nicht von der StA – bestellt wurde). Für die Kosten des Vollzugs einer Freiheitsentziehung bestehen Sondervorschriften (§§ 50, 199 II Nr 3 StVollzG, vgl Karlsruhe Rpfleger **91**, 338). Ob von den Verurteilten grundsätzlich auch durch die Erfüllung führungsaufsichtlicher Weisungen entstandene Kosten zu tragen sind, ist str (verneinend Dresden NStZ **09**, 268, bejahend Jena NStZ-RR **11**, 296); Aufwendungen für Drogenscreenings sind aber keine Kosten der Vollstreckung (München NStZ-RR **13**, 169; vgl aber LG Bamberg NStZ-RR **13**, 125 L). 3

C. **Kosten bei Vorbereitung eines Wiederaufnahmeantrags (I S 3):** Die im Fall der §§ 364a, 364b entstandenen Auslagen werden von der Entscheidung nach § 473 VI Nr 1 erfasst (dort 33), um den Verurteilten von der Stellung aussichtsloser Anträge abzuhalten (Krägeloh NJW **75**, 139). Der Satzteil: „soweit sie durch einen Antrag des Verurteilten verursacht worden sind", hat keine Bedeutung (LR-Hilger 19; Krägeloh aaO Fn 12). 4

2) Die **notwendigen Auslagen eines Beteiligten (II)** gehören nicht zu den Verfahrenskosten. Der Begriff ist in II, der nur die am häufigsten vorkommenden Fälle aufführt, nicht abschließend geregelt. Allgemein gilt, dass nur solche Auslagen notwendig sind, die durch Verteidigungsmaßnahmen entstanden sind, also nicht Kosten Angehöriger für Besuche in der U-Haftanstalt (Düsseldorf Rpfleger **75**, 256; LR-Hilger 21) oder für eine Sicherheitsleistung nach § 116 I S 2 Nr 4 (Karlsruhe Rpfleger **71**, 72; KK-Gieg 7). Es gibt keinen allgemeinen Grundsatz, dass dem nicht verurteilten Angeklagten unter allen Umständen sämtliche Auslagen erstattet werden müssen (BVerfG NJW **85**, 726, 727). Dem Nebenkläger sind die Auslagen für ein Privatgutachten, das zur Wahrung seiner Rechte erforderlich war, zu erstatten (BVerfG NJW **06**, 136; vgl auch unten 16). Vgl zu Einzelfällen die Zusammenstellungen von Kotz NStZ-RR **10**, 1, **11**, 31. 5

A. **Notwendige Zeitversäumnis:** II Nr 1 enthält nur eine Rechtsfolgenverweisung, bezieht sich also nur auf Umfang und Höhe der Entschädigung (Hamm NStZ **96**, 356; Zweibrücken wistra **96**, 199; LR-Hilger 25 ff mwN). Demnach ist nicht nur der Verdienstausfall zu erstatten, der infolge Heranziehung durch Gericht oder StA entstanden ist (so aber Frankfurt JurBüro **83**, 886; Stuttgart Justiz **71**, 271; LG Bonn MDR **80**, 601 mit abl Anm H. Schmidt), erstattungsfähig sind vielmehr auch der Verdienstausfall infolge polizeilicher Vorladungen (Braunschweig aaO; 6

§ 464a Siebentes Buch. 2. Abschnitt

Göhler 36 vor § 105 OWiG), Reisen zum Verteidiger (Hamburg Rpfleger **72**, 414; Zweibrücken MDR **96**, 318; LG Krefeld NJW **72**, 1098; LG Lüneburg NJW **71**, 1575) und Besprechungen mit ihm (Karlsruhe aaO; Koblenz NJW **65**, 1289, 1291) sowie Auslagen des Nebenklägers für die (im Einzelfall gebotene) Teilnahme an der Hauptverhandlung (Bamberg JurBüro **85**, 1047 mit zust Anm Mümmler). Verdienstausfall infolge Teilnahme an der Revisionsverhandlung kann erstattungsfähig sein, wenn der Angeklagte an ihr nach den Umständen ein berechtigtes Interesse hat (Hamm NJW **73**, 259; weitergehend Koblenz NJW **65**, 1289 mit Anm Dahs; SK-Degener 18). Die Terminswahrnehmung während eines bezahlten Urlaubs bewirkt keinen Verdienstausfall und führt daher zu keiner Auslagenerstattung (aM Karlsruhe Justiz **87**, 156). Die 3-Monatsfrist des § 2 I S 1 JVEG gilt für II Nr 1 nicht (vgl LG Flensburg SchlHA **72**, 172; LG Lübeck Rpfleger **78**, 148).

7   B. **Gebühren und Auslagen eines RA (II Nr 2)** sind notwendige Auslagen, soweit sie nach § 91 II ZPO zu erstatten sind. Das gilt für den RA als Verteidiger (§ 137), als Vertreter eines Nebenbeteiligten (§§ 434 I, 442 I, 444 II S 2), als Beistand oder Vertreter eines Privatklägers (§ 378), Nebenklägers (§ 397 I S 2 iVm § 378) oder eines Dritten, zB eines Zeugen, gegen den ein Ordnungsmittelbeschluss nach § 51 erlassen worden ist. Dem RA stehen der Hochschullehrer (§ 138 I) und der nach § 138 II zugelassene Rechtsbeistand gleich (Düsseldorf NStZ **96**, 99 mit zust Anm Deumeland; LG Göttingen NdsRpfl **91**, 302; aM LG Gießen AnwBl **87**, 499: keine Anwendung auf Hochschullehrer – mit abl Anm Herrmann, der ³/₄ der Anwaltsgebühren geben will; H. Schmidt NJW **69**, 916; für das Verwaltungsverfahren vgl auch BVerwG NJW **78**, 1173). Im Steuerstrafverfahren gilt II Nr 2 auch für Angehörige steuerberatender Berufe (§ 408 **AO**).

8   a) Das **Bestehen einer Rechtsschutzversicherung**, die den Verteidiger bestellt hat, beeinflusst nach zutr hM weder die Erstattungsfähigkeit noch die Höhe der Vergütung (Frankfurt NJW **70**, 1695; LR-Hilger 24 mwN). Das Gleiche gilt bei Kostenübernahme durch einen Berufsverband (Celle NJW **68**, 1735) oder eine Gewerkschaft (Frankfurt MDR **66**, 258) oder den Arbeitgeber (Zweibrücken Rpfleger **92**, 406). Die Beiträge zu der Versicherung oder zu dem Berufsverband sind aber keine notwendigen Auslagen.

9   b) Auf die **Notwendigkeit der Mitwirkung** des RA kommt es nicht an (Düsseldorf Rpfleger **82**, 390; LR-Hilger 31). Die Erstattungsfähigkeit hängt (für alle Rechtszüge) nur davon ab, dass nach der StPO die Tätigkeit des RA in der Sache zulässig ist (Bremen AnwBl **77**, 73; LG Hamburg AnwBl **74**, 89). Das gilt sowohl für den Verteidiger (notwendig iS der §§ 140, 350 III muss die Verteidigung nicht sein) als auch für den Beistand eines Privat- oder Nebenklägers, für den Vertreter eines Nebenbeteiligten und für den Rechtsanwalt, der den nach § 51 I zu Ordnungsgeld verurteilten Zeugen vertritt (LG Frankenthal JurBüro **86**, 1675; aM LG Hannover JurBüro **86**, 1675; LG Würzburg JurBüro **80**, 1540). Unzulässig ist die Verteidigertätigkeit im Fall des § 137 I S 2 nach der Zurückweisung (nach § 146a), im Fall des § 138a I (LG Hamburg NStZ **01**, 277), im Fall des § 146 ohne Rücksicht auf den Zeitpunkt der Zurückweisung (LG Freiburg NStZ **85**, 330; LG Hof JurBüro **79**, 1174; LG Koblenz NStZ-RR **98**, 96; LG Krefeld MDR **80**, 248; LG Nürnberg-Fürth JurBüro **83**, 731 mit Anm Mümmler; LR-Hilger 33; aM LG Essen AnwBl **81**, 23; LG Flensburg JurBüro **88**, 653 mit Anm Mümmler; LG Frankenthal JurBüro **82**, 736 mit abl Anm Mümmler; LG Köln NStZ **82**, 347; offengelassen von BGH NStZ **91**, 398). Unerheblich ist, ob der Angeklagte die Auslagen durch rechtzeitiges Vorbringen entlastender Umstände hätte vermeiden können (Mümmler JurBüro **89**, 844 mwN; anders § 109a II OWiG).

10   Eine **zulässige, aber zwecklose Tätigkeit** des Verteidigers löst keinen Erstattungsanspruch wegen der dadurch entstandenen Gebühren aus. Das gilt etwa für den Fall, dass der Verteidiger in einer wegen schuldhafter Abwesenheit des Angeklagten ausgesetzten Hauptverhandlung erscheint (LG Krefeld JurBüro **86**, 1539; LG Osnabrück NdsRpfl **97**, 312; aM KMR-Stöckel 19). Heftig umstritten ist, ob dies

1912   *Schmitt*

auch anzunehmen ist, wenn der Verteidiger zwischen Einlegung und Begründung oder Zurücknahme der Berufung oder Revision der StA beratend oder schriftsätzlich tätig wird. Das wird zB bejaht von KG NStZ **07**, 119; Bremen NStZ-RR **11**, 391; Celle StV **96**, 164; Düsseldorf NStZ **92**, 299; AnwBl **98**, 611; Frankfurt NStZ-RR **99**, 351; Karlsruhe Rpfleger **95**, 517; Koblenz NStZ **07**, 423 mwN; AG Iserlohn StraFo **11**, 530, hingegen zB verneint von Stuttgart StV **93**, 651; **98**, 615; LG Bamberg JurBüro **89**, 1297 mit abl Anm Mümmler; LG Heilbronn StV **88**, 351; **96**, 613; LG Mannheim StV **91**, 310; Al-Jumaili JurBüro **99**, 4; Kotz NStZ **90**, 422; NStZ-RR **99**, 163. Regelmäßig dürfte von einer zweckentsprechenden Tätigkeit auszugehen sein (KK-Gieg 10; so auch Düsseldorf NStZ **90**, 204 bei einer Beschwerde der StA gegen die bedingte Entlassung eines Verurteilten). Darüber darf im Verfahren nach § 464b entschieden werden (krit M.J. Schmid JZ **82**, 186). Nicht erstattungsfähig sind auch die Gebühren eines RA, von dem sich der Verteidiger im Ausschlussverfahren nach §§ 138aff (KG JR **81**, 121 mit abl Anm H. Schmidt AnwBl **81**, 117; a**M** Koblenz MDR **80**, 78; erg 10 zu § 138d) oder im Verfahren über die Beschwerde gegen die Kostenentscheidung nach § 145 IV (a**M** Stuttgart NStZ **81**, 130) vertreten lässt.

c) Die **gesetzlichen Gebühren** werden erstattet (II Nr 2 iVm § 91 II S 1 ZPO). Beim Fehlen einer Gebührenordnung gilt § 408 S 2 **AO** entspr. Welche Gebühr innerhalb des Rahmens des VVRVG erstattungsfähig ist, hängt von den in § 14 RVG aufgeführten Umständen ab. Die Angemessenheit der von dem RA bestimmten Gebühr wird im Kostenfestsetzungsverfahren geprüft (3 zu § 464b). Soweit eine Gebührenvereinbarung (§ 4 RVG) die gesetzliche Vergütung (nicht nur die gesetzliche Höchstgebühr) übersteigt, besteht keine Erstattungspflicht (Düsseldorf MDR **71**, 778; **86**, 167; Hamburg MDR **76**, 952; Hamm MDR **71**, 321; Koblenz Rpfleger **84**, 286); eine Ausnahme gilt auch nicht bei besonderem Umfang oder besonderer Schwierigkeit (Mümmler JurBüro **84**, 1284 mwN). Diese Auslegung des II S 1 ist verfassungsrechtlich unbedenklich (BVerfGE **68**, 237 = NJW **85**, 727). Erstattungsfähig ist auch nicht die zusätzliche Vergütung, die der Pflichtverteidiger mit dem Angeklagten vereinbart hat (LG Verden AnwBl **84**, 266 mit abl Anm H. Schmidt). Die Auslagen des Verteidigers werden erstattet, soweit sie im Einzelfall notwendig waren. In Betracht kommen insbesondere Reisekosten zu auswärtigen Terminen (LG Coburg MDR **76**, 779), Schreibgebühren sowie Kosten für die zur sachgerechten Verteidigung von ihm für erforderlich gehaltenen Fotokopien (Karlsruhe NJW **72**, 1480; LG Aachen Rpfleger **86**, 150; LG Cottbus StraFo **04**, 254; LG Göttingen StraFo **04**, 182; idR auch für den Angeklagten selbst erstellte, vgl LG Landshut NZV **04**, 160; Heimann StV **04**, 32), unter dem Gesichtspunkt der Unzumutbarkeit uU selbst dann, wenn dem Verteidiger die Akte in Form eines Datenträgers übersandt wurde (vgl LG Duisburg StraFo **14**, 307: 76 Bände Aktenmaterial). Ausnahmsweise kann eine Auslandsreise zur Ermittlung von Entlastungszeugen als notwendig angesehen werden (Celle MDR **69**, 413 bei Anklage wegen mehrfachen Mordes). Wegen der Dolmetscherkosten vgl 25 zu Art 6 EMRK.

d) **Auswärtiger Verteidiger:** Mehrkosten (Reisekosten, Tage- und Abwesenheitsgelder; vgl Nrn 7003–7006 VVRVG) werden nach II Nr 2 iVm § 91 II S 2 ZPO grundsätzlich nur erstattet, wenn die Zuziehung des nicht am Prozessort wohnenden Verteidigers notwendig war. Dies ist jedenfalls gegeben, wenn der Verteidiger besondere Fachkenntnisse auf einem Spezialgebiet (Bamberg JurBüro **87**, 558; Düsseldorf MDR **85**, 696; NStZ **81**, 451; Oldenburg JurBüro **84**, 248; LG Bayreuth JurBüro **85**, 1207), weil es am Sitz des Gerichts keinen Fachanwalt für Strafrecht (AG Staufen NStZ **01**, 109) oder für Steuerrecht (Jena StraFo **01**, 387) gibt, weil der Angeklagte selbst weit entfernt vom Gerichtsort wohnt (LG Flensburg JurBüro **84**, 1537) oder weil er bei Beauftragung des Verteidigers davon ausgehen konnte, dass das Verfahren am Ort von dessen Bürositz durchgeführt werden würde (Celle StV **86**, 208). Das besondere Vertrauen des Angeklagten zu dem Verteidiger und dessen besonders guter Ruf führen zwar nicht zwingend zur

11

12

Notwendigkeit der Hinzuziehung; diese hängt vielmehr von einer Beurteilung des Einzelfalls ab (MK-Grommes 23). Jedenfalls bei gravierenderen Schuldvorwürfen oder wenn „der Tatvorwurf massiv in die berufliche und wirtschaftliche Existenz des Angeklagten eingreifen kann" (Naumburg StraFo **09**, 128) ist aber dem besonderen Vertrauensverhältnis Vorrang einzuräumen (MK-Grommes aaO; Koblenz StV **82**, 481). Anders kann es sich bei einfacher bzw durchschnittlicher Betäubungsmittelkriminalität verhalten (Bamberg JurBüro **89**, 242). Im Übrigen hat sich die Beurteilung an der Wertentscheidung des Gesetzgebers in § 142 V S 1 zu orientieren, wonach der Beschuldigte keinen ortsansässigen Verteidiger bezeichnen muss. Hätte der auswärtige Verteidiger nach § 142 V S 3 als Pflichtverteidiger bestellt werden können, dürfen auch seine als Wahlverteidiger geltend gemachten Auslagen dahinter nicht zurückbleiben (KK-Gieg 12). Hat das Gericht die Bestellung eines auswärtigen Verteidigers beschlossen, sind grundsätzlich auch diejenigen Mehrkosten erstattungsfähig, die dadurch entstehen, dass er nicht am Gerichtsort wohnt (BVerfG NJW **01**, 1269, 1270; Naumburg StraFo **14**, 174). Auch die im Rahmen einer Sockelverteidigung (11 zu § 137) entstandenen notwendigen Auslagen können uU erstattungsfähig sein (KG StraFo **03**, 147).

13 e) **Mehrere Verteidiger:** Grundsätzlich werden − verfassungsrechtlich unbedenklich (BVerfG NJW **04**, 3319) − die Kosten mehrerer Anwälte (oder eines Anwalts und eines nach § 138 II zugelassenen Verteidigers) außer im Fall eines notwendigen, vom Angeklagten nicht zu vertretenden Anwaltswechsels (Düsseldorf Rpfleger **75**, 256; Hamm StV **89**, 116; Oldenburg JurBüro **83**, 733; einen Fall des notwendigen Anwaltswechsels behandelt Hamm NStZ **83**, 284, einen Fall des nicht-notwendigen Hamburg NJW **91**, 1191), nur insoweit erstattet, als sie die Kosten eines RA nicht übersteigen (II Nr 2 iVm § 91 II S 3 ZPO). Das gilt auch in umfangreichen und schwierigen Verfahren (KG JR **75**, 476 mit zust Anm Eckl; Hamburg MDR **83**, 429; Hamm JMBlNW **83**, 100; LR-Hilger 32; KK-Gieg 13; **aM** Stuttgart Rpfleger **74**, 403; H. Schmidt Schäfer-FS 235), insbesondere auch in SchwurG-Sachen (**aM** Frankfurt OLGSt § 467 S 45; Zweibrücken Rpfleger **72**, 71; Heinbuch AnwBl **83**, 489). Bei Auslieferungshaft im Ausland kann die Mitwirkung eines dortigen Anwalts allein oder neben dem inländischen Verteidiger geboten sein (Düsseldorf NStZ **12**, 55 = JR **12**, 125 mit zust Anm Wohlers, Hamburg NStZ **88**, 370). Waren nacheinander ein Pflicht- und ein Wahlverteidiger tätig (oder umgekehrt), so wird von den Wahlverteidigerkosten nur der Unterschiedsbetrag zu den Kosten des Pflichtverteidigers erstattet (Düsseldorf JurBüro **84**, 724; Rpfleger **86**, 444; Karlsruhe NStZ **81**, 404; vgl aber Zweibrücken StV **83**, 119 für den Fall, dass der Angeklagte das Vertrauen zum Pflichtverteidiger verloren und deshalb einen Verteidiger gewählt hat). Ebenso ist es, wenn neben dem Wahlverteidiger auf Wunsch des Angeklagten (LG Flensburg JurBüro **85**, 560) oder sonst aus vom Angeklagten oder vom Verteidiger zu vertretenden Gründen ein Pflichtverteidiger bestellt wird (Hamm JMBlNW **83**, 100; Koblenz MDR **75**, 955: regelmäßig verspätetes Erscheinen des Wahlverteidigers). Die gesamten Wahlverteidigerkosten sind aber erstattungsfähig, wenn das Gericht die Bestellung des Pflichtverteidigers entgegen § 143a nicht aufgehoben (Düsseldorf AnwBl **83**, 40; Frankfurt AnwBl **83**, 41; LG Marburg StV **84**, 345) oder aus Fürsorgegründen oder zur Sicherung des Verfahrensfortgangs gemäß § 144 neben dem Wahlverteidiger einen − oder zwei (Dresden StraFo **07**, 126) − Pflichtverteidiger beigeordnet hat (BVerfGE **66**, 313; Celle StraFo **18**, 525; Düsseldorf NStZ **85**, 235; StraFo **02**, 370; Jena StraFo **12**, 163; München NStZ **81**, 194). Unter diesen Voraussetzungen kann nach KG NStZ **94**, 451 neben der Erstattung der Kosten für einen Wahlverteidiger auch für einen 2. Wahlverteidiger die hypothetisch festzusetzende Vergütung eines Pflichtverteidigers verlangt werden. Die Kosten des für die Anwesenheit bei einer kommissarischen Vernehmung beauftragten RA sind bis zur Höhe der Reisekosten des Verteidigers erstattungsfähig (LG Bayreuth JurBüro **83**, 1841; LG Coburg MDR **76**, 779). Im Steuerstrafverfahren können neben der RA-Vergütung die Kosten für die Mitwirkung eines Steuerberaters (§ 408 **AO**) erstattungsfähig

Kosten des Verfahrens § 464a

sein (KG NStZ 82, 207 mwN). Bei gemäß § 146 unzulässiger Mehrfachverteidigung kann der Verteidiger auch die bis zur Zurückweisung durch das Gericht nach § 146a angefallenen Gebühren regelmäßig nicht verlangen (Wasmuth NStZ 89, 348 mN zum Streitstand). Auch wenn dem Angeklagten 2 Pflichtverteidiger beigeordnet waren, sind ihm bei Freispruch notwendige Auslagen nur insoweit zu erstatten, als sie die Gebühren und Auslagen eines RA nicht übersteigen (Hamburg JurBüro 94, 295 mit zust Anm Mümmler; aM Düsseldorf StraFo 05, 350).

f) **In eigener Sache** erhält der RA als Angeklagter keine Gebühren erstattet. 14 Die Regelung des § 91 II S 3 ZPO ist auf den Zivilprozess zugeschnitten und im Strafverfahren nicht anwendbar (EGH Stuttgart AnwBl 83, 331; LG Potsdam NStZ-RR 14, 125; LG Berlin NJW 07, 1477; LG Göttingen NdsRpfl 91, 59; LG Nürnberg-Fürth NJW 73, 913; LG Mainz Rpfleger 85, 323; LG Wuppertal JurBüro 86, 410; LG Zweibrücken JurBüro 83, 1847; aM Frankfurt NJW 73, 1991; EGH Koblenz AnwBl 81, 415; SK-Degener 36). Das ist verfassungsrechtlich unbedenklich (BVerfGE 53, 207; sachlich einleuchtende Auslegung des II Nr 2; BVerfG NStZ 88, 282: nahe liegende Annahme) und gilt auch für den sich selbst verteidigenden RA im Privatklageverfahren (BVerfG NJW 94, 242). Als Privat- und Nebenkläger kann der RA dagegen Gebühren und Auslagen in dem in § 91 II S 3 ZPO bestimmten Umfang erstattet verlangen (Hamm Rpfleger 99, 565 mwN).

C. **Sonstige Auslagen des Beschuldigten** sind erstattungsfähig, soweit sie 15 durch Vorladung zur Vernehmung oder Verhandlung verursacht worden sind oder ihre Aufwendung einem berechtigten Schutzinteresse entspricht (Köln NJW 56, 603). In Betracht kommen etwa Zeugenentschädigungen nach § 220 II (LR-Hilger 49; **aM** D. Meyer JurBüro 84, 655), Kosten für die Fahrt zum Gericht oder zur StA, auch im eigenen Fahrzeug (Celle Rpfleger 69, 305; LG Flensburg JurBüro 83, 1345; LG Mannheim NJW 69, 1684), Kosten für Fahrten zum Verteidiger (Hamburg Rpfleger 72, 414). Wegen der Höhe gelten §§ 5, 6 JVEG entspr (Celle StraFo 13, 41; Karlsruhe MDR 86, 694). Notwendig sind auch Übernachtungs- und Verpflegungskosten am Gerichtsort während der Teilnahme an der Hauptverhandlung. Kosten für die Reise eines anwaltlich vertretenen Angeklagten zum Revisionsgericht werden grundsätzlich nicht erstattet (LG Mannheim NJW 65, 1822; **aM** Koblenz NJW 65, 1289 mit zust Anm Dahs; vgl aber auch Celle Rpfleger 96, 170; Hamm NJW 73, 259).

Eigene private Ermittlungen des Beschuldigten sind – ausgenommen im Pri- 16 vatklageverfahren (LG Hildesheim NJW 65, 1446) – idR nicht notwendig (vgl auch D. Meyer JurBüro 93, 8). Er kann Beweisanträge im Ermittlungsverfahren (§§ 136 I S 3, 163a III S 2, IV S 2) und im gerichtlichen Verfahren (§§ 201 I, 219, 244 III) stellen, diese prozessualen Möglichkeiten muss er ausschöpfen (Hamburg MDR 75, 74; NStZ 83, 284 L; Schleswig SchlHA 86, 114 [E/L]). Nicht erstattungsfähig sind daher Detektivkosten (Hamm NJW 88, 1537; LG Nürnberg-Fürth JurBüro 83, 1346), Kosten für Inserate (Schleswig aaO), für Rechtsgutachten (Celle Rpfleger 94, 225) und für Privatgutachten (Stuttgart NStZ-RR 03, 127 mwN = JR 03, 435 mit abl Anm Eisenberg/Puschke; LG Dortmund Rpfleger 91, 33, mwN; LG Mainz wistra 95, 320; Celle wistra 15, 366: Gutachten zur Frage der Verjährung), es sei denn, dass sie für die Abwehr des Anklagevorwurfs unbedingt notwendig waren (Celle StV 06, 32; Düsseldorf NStZ 91, 353 mit zust Anm Dahs, der sich aber weitergehend für grundsätzliche Erstattungsfähigkeit ausspricht; Hamm NStZ 89, 588; Koblenz NStZ-RR 00, 64 L; LG Dresden NJW 10, 692 L = NStZ-RR 10, 61 [Betrachtung *ex ante*]; LG Saarbrücken StraFo 09, 174; LG Schwerin StraFo 02, 304; LG Zweibrücken NStZ-RR 11, 95) oder das Verfahren gefördert haben (Frankfurt VRS 42, 430; LG Göttingen NdsRpfl 97, 142; LG Marburg StV 90, 362 mit krit Anm Nix; LG München I StV 88, 350; eingehend und differenzierend dazu Jakubetz JurBüro 99, 564 ff). Ausnahmsweise können Auslagen des Beschuldigten für eigene Ermittlungen als notwendig anerkannt werden, wenn er damit rechnen musste, dass sich seine Prozesslage sonst alsbald erheb-

Schmitt 1915

§ 464b — Siebentes Buch. 2. Abschnitt

lich verschlechtern werde (Düsseldorf NStZ **97**, 511 mwN; KG StraFo **12**, 380). Wegen der Dolmetscherkosten vgl 24, 25 zu Art 6 EMRK.

17 D. **Auslagen eines Dritten** für den Beschuldigten oder einen Nebenbeteiligten, der dem Dritten nicht ersatzpflichtig ist, gehören idR nicht zu den notwendigen Auslagen (Hamm NJW **53**, 1445; LG Flensburg SchlHA **62**, 203). Zu erstatten sind aber die Kosten eines Verteidigers, den der gesetzliche Vertreter bestellt (§ 137 II) und bezahlt hat (LG Bückeburg NJW **60**, 1026), und die notwendigen Auslagen eines Dritten, der kraft eigenen Rechts (§ 298, § 67 **JGG**) auf der Seite des Angeschuldigten steht. Zum Verdienstausfall des gesetzlichen Vertreters vgl LG Weiden MDR **71**, 598.

Kostenfestsetzung   RiStBV 145

464b ¹Die Höhe der Kosten und Auslagen, die ein Beteiligter einem anderen Beteiligten zu erstatten hat, wird auf Antrag eines Beteiligten durch das Gericht des ersten Rechtszuges festgesetzt. ²Auf Antrag ist auszusprechen, dass die festgesetzten Kosten und Auslagen von der Anbringung des Festsetzungsantrags an zu verzinsen sind. ³Auf die Höhe des Zinssatzes, das Verfahren und auf die Vollstreckung der Entscheidung sind die Vorschriften der Zivilprozessordnung entsprechend anzuwenden. ⁴Abweichend von § 311 Absatz 2 beträgt die Frist zur Einlegung der sofortigen Beschwerde zwei Wochen. ⁵Zur Bezeichnung des Nebenklägers kann im Kostenfestsetzungsbeschluss die Angabe der vollständigen Anschrift unterbleiben.

1 1) Im **Kostenfestsetzungsverfahren** wird die Höhe der Kosten und Auslagen festgesetzt, die ein Beteiligter einem anderen zu erstatten hat. Dazu gehören nicht die Gerichtskosten (für sie gilt das Kostenansatzverfahren nach § 19 II GKG, §§ 4 ff KostVfg) und die Pflichtverteidigergebühren (für sie gilt § 55 RVG). Grundlage der Festsetzung ist die Auslagenentscheidung nach § 464 II, ein selbstständiger Auslagenbeschluss (13 zu § 464) oder die einem Dritten Kosten auferlegende Entscheidung (2 zu § 467), nicht aber ein Privatklagevergleich (13 vor § 374). Die gerichtliche Entscheidung ist bindend (Celle NJW **71**, 1905; Saarbrücken NJW **73**, 1943; erg 20 zu § 467), auch wenn sie fehlerhaft (Bremen AnwBl **77**, 74; Düsseldorf Rpfleger **94**, 80; LG Dortmund Rpfleger **81**, 319; LG Köln AnwBl **83**, 468) oder sogar grob gesetzwidrig ist (Karlsruhe JurBüro **88**, 1073 mit abl Anm Mümmler: Verstoß gegen § 467 V; LG Essen JurBüro **84**, 1058 mit abl Anm Mümmler, LG Hanau Rpfleger **00**, 183, LG Osnabrück NdsRpfl **95**, 136 und LG Saarbrücken NStZ-RR **01**, 383: Überbürdung der notwendigen Auslagen des Nebenklägers auf der Landeskasse; **aM** LG Aschaffenburg JurBüro **85**, 1046 mit zust Anm Mümmler; LG Hannover NdsRpfl **94**, 167; LG Mainz Rpfleger **95**, 311), allerdings nicht, wenn sie bewusst in Abweichung von der gesetzlichen Regelung getroffen wird (Oldenburg Rpfleger **91**, 521; **aM** Oldenburg StraFo **13**, 440). Unklare Kostenentscheidungen können aber ausgelegt werden (Bremen aaO; LR-Hilger 3). Einwendungen des Erstattungspflichtigen gegen seine Kostentragungspflicht sind unbeachtlich (Hamm JMBlNW **66**, 119). Die Zulässigkeit der Nebenklage darf nicht mehr geprüft werden (LG Bochum MDR **56**, 438; LG Traunstein MDR **63**, 73). Die Auslagenverteilung ist nach den Maßstäben vorzunehmen, die die Gerichtsentscheidung vorschreibt. Hat diese nicht selbst nach § 464d eine Bruchteilsentscheidung getroffen, können nicht oder nur schwer trennbare Auslagen (zB bei Teilfreispruch) bei der Einzelfestsetzung nach Bruchteilen verteilt werden, da § 464d auch im Kostenfestsetzungsverfahren gilt (Köln NStZ-RR **04**, 384; LG Hamburg Rpfleger **00**, 296). Höhere als die entstandenen Auslagen dürfen keinesfalls festgesetzt werden (vgl BVerfGE **62**, 189 = NJW **83**, 809).

2 2) **Nur auf Antrag** eines Beteiligten (LG Essen Rpfleger **92**, 363: § 308 I ZPO gilt) werden die Kosten festgesetzt (S 1) und die Verzinsung ab Eingang des

Antrags (S 2), frühestens ab Rechtskraft des Urteils (LG Frankenthal JurBüro **84**, 723; LR-Hilger 7), angeordnet. Antragsberechtigt sind der nach der Gerichtsentscheidung Erstattungsberechtigte und sein Rechtsnachfolger (Koblenz Rpfleger **74**, 403: Zessionar; LG Duisburg NStZ-RR **07**, 287 L: Verteidigerin, an die der Anspruch abgetreten wurde), aber auch der Erstattungspflichtige. Der Verteidiger stellt den Antrag im Zweifel namens des Angeklagten; eine Wiedereinziehung von Pflichtverteidigergebühren ist dann im Kostenfestsetzungsverfahren nicht zulässig (KG NJW **71**, 2000). Da das Betragsverfahren nach § 464b, ebenso wie das nach § 10 **StrEG**, nicht mehr zum Strafverfahren gehört (LG Krefeld MDR **80**, 248), benötigt der Verteidiger für den Antrag eine besondere Vertretungsvollmacht (LR-Hilger 5; **aM** München Rpfleger **68**, 32; erg 3 zu § 10 StrEG), die aber zusammen mit der Verteidigervollmacht erteilt werden kann und durch die Bestellung zum Pflichtverteidiger nicht ohne weiteres erlischt (Hamm NStZ-RR **08**, 96 L; LG Kiel NStZ **03**, 52). Nach dem Tode des Angeklagten sind sein Verteidiger und seine Erben antragsberechtigt (7 vor § 137; 22 zu § 464).

3) Für das **Verfahren** gelten die Vorschriften der ZPO entspr (S 3), und zwar für die Höhe des Zinssatzes § 104 I S 2 (5% über dem Basiszinssatz nach § 247 BGB), für die Festsetzung die §§ 103 ff, für die Vollstreckung die §§ 794 I Nr 2, 795. Zuständig ist der Rechtspfleger (§ 21 Nr 1 **RPflG**) des Gerichts des 1. Rechtszugs (§§ 103 II, 104 I S 1 ZPO), nicht das Gericht selbst (Düsseldorf JurBüro **85**, 895), bei Zurückverweisung an ein anderes Gericht nach § 354 II S 1 der Rechtspfleger des 1. Gerichts (BGH NStZ **91**, 145), anders aber nach einem Wiederaufnahmeverfahren (LG Karlsruhe StraFo **08**, 265; **aM** Brandenburg NStZ-RR **10**, 263; Hamm NStZ-RR **08**, 128 L), bei Zurückverweisung an ein Gericht niederer Ordnung gem § 354 III ist das zuerst mit dem Verfahren befasst gewesene Gericht zuständig (KG NStZ-RR **14**, 160 L). Der Rechtspfleger prüft die Notwendigkeit der Auslagen (§ 464a II) und ist berechtigt, die von dem Verteidiger nach § 14 RVG bestimmte Rahmengebühr herabzusetzen, wenn sie unbillig hoch ist (LR-Hilger 42 ff zu § 464a). Der Beschluss ergeht nach Anhörung des Vertreters der Staatskasse (RiStBV 145 I) oder des sonstigen Antragsgegners (LG Bonn JurBüro **92**, 256; LG Krefeld NJW **70**, 2035). Er muss begründet werden (Frankfurt JurBüro **85**, 1102; München Rpfleger **81**, 157; LG Bonn aaO), auch wenn dem Antrag stattgegeben wird (LG Krefeld MDR **81**, 606; anders aber VVJMBW Justiz **01**, 399: aus Gründen der Verwaltungsvereinfachung nur Auszahlungsanordnung, wenn die Erstattungsbeträge vom Vertreter der Staatskasse anerkannt werden; besonders sorgfältig, wenn er ganz oder teilw abgelehnt wird (Düsseldorf JurBüro **81**, 1540). Entspr § 35a ist eine Rechtsbehelfsbelehrung zu erteilen (LG Bautzen Rpfleger **00**, 183; Jung NJW **73**, 985; 1 zu § 35a). Ausführlich zur Kostenfestsetzung bei Freispruch in Fällen notwendiger Verteidigung Fromm NJW **14**, 1708.

Die **Anschrift des Nebenklägers** muss im Kostenfestsetzungsbeschlusses nicht 4 vollständig bezeichnet werden (S 5), um zu seinem Schutz die – an sich wegen § 750 I ZPO – zur exakten Identifizierung des Gläubigers notwendige Angabe der Adresse zu vermeiden (BT-Drucks 18/4621 S 37).

4) **Rechtsbehelfe:** 5

B. **Sofortige Beschwerde** (§ 104 III S 1 ZPO, § 11 III RPflG) ist gegen 6 die Entscheidung des Rechtspflegers zulässig. Das Beschwerdeverfahren richtet sich nach StPO-Grundsätzen (vgl auch BGH NJW **03**, 763; Celle StraFo **18**, 525). Das bedeutet:

a) Für die **Einlegung des Rechtsmittels** gilt nach dem durch das Gesetz vom 7 17.8.2017 (BGBl I 3202, 3210) eingeführten S 4 eine Zweiwochenfrist. Anwaltsverschulden bei der Fristversäumnis ist dem Antragsteller zuzurechnen (18 zu § 44). Anwaltszwang besteht entgegen § 78 I ZPO wegen § 13 RPflG auch vor dem LG nicht (Düsseldorf NStZ **03**, 324 mwN). § 304 III gilt. Eine unselbstständige Anschlussbeschwerde ist unzulässig (Düsseldorf JMBlNW **71**, 59; Hamm JurBüro **83**, 1216; **aM** Koblenz MDR **84**, 777; LR-Hilger 9). Die weitere Be-

§ 464c Siebentes Buch. 2. Abschnitt

schwere gegen die Entscheidung des LG ist ausgeschlossen (Koblenz Rpfleger **89**, 78; Stuttgart MDR **75**, 248); §§ 574 ff ZPO (Rechtsbeschwerdeverfahren) gelten nicht (BGH **48**, 106; krit Popp aaO). Für das rechtliche Gehör gilt § 308 I S 1. Eine Abhilfemöglichkeit durch den Rechtspfleger besteht – anders als jetzt im Zivilverfahren nach § 572 I S 1 – nur im Fall des § 311 III S 2, im Übrigen nicht (§ 311 III S 1; Düsseldorf Rpfleger **99**, 234; Hamm NJW **99**, 3726; **aM** Schleswig SchlHA **09**, 244 [D/D]). Im Beschwerdeverfahren wird in der für Strafverfahren vorgesehenen Besetzung entschieden (Düsseldorf NStZ-RR **12**, 160).

8 b) Ein **Verbot der Schlechterstellung** besteht nicht (KG JR **81**, 391; Düsseldorf MDR **91**, 370; Hamburg NStZ-RR **10**, 327; Schleswig SchlHA **89**, 114 [L/G]; LG Flensburg JurBüro **85**, 96; LG Göttingen Rpfleger **91**, 34; LG Hannover JurBüro **77**, 1383; LG Mainz NJW **79**, 1897 mwN; KMR-Stöckel 23 mwN; D. Meyer JurBüro **82**, 1451). Die Gegenmeinung (Hamm Rpfleger **72**, 266; München AnwBl **79**, 198; LG Düsseldorf JurBüro **83**, 887; LR-Hilger 11; H. Schmidt NJW **80**, 682) setzt sich mit §§ 331, 358 II, 373 II in Widerspruch. Sie wäre nur berechtigt, wenn sich das Beschwerdeverfahren nach ZPO-Grundsätzen richtete und insbesondere § 308 I ZPO zu beachten wäre.

9 C. Nur **Nachprüfung** kann mit der Beschwerde verlangt werden. Eine weitere Erstattungsforderung, über die eine anfechtbare Entscheidung des Rechtspflegers noch nicht vorliegt, kann nicht gestellt werden (Hamm NJW **66**, 2074; LG Düsseldorf JurBüro **83**, 887; LG Göttingen Rpfleger **91**, 34; LR-Hilger 11). Erst nach rechtskräftigem Abschluss des Kostenfestsetzungsverfahrens ist eine Nachforderung zulässig (Hamburg NJW **71**, 2183, 2185; LG Dortmund NJW **67**, 897). Zur entspr Anwendung des § 321 ZPO vgl LG Bielefeld AnwBl **65**, 322; LG Zweibrücken NJW **65**, 165.

10 D. **Kostenentscheidung:** Es gelten § 467 I (entspr) und § 473. Die Gebühr für das Beschwerdeverfahren beträgt nach Nr 3601 KVGKG 50 €. Hatte der Rechtspfleger die Kosten des Nebenklägers zu gering festgesetzt, so können Kosten und notwendige Auslagen nicht der Staatskasse überbürdet werden (LR-Hilger 11; **aM** LG Hanau JurBüro **83**, 735 mit abl Anm Mümmler).

Kosten bei Bestellung eines Dolmetschers oder Übersetzers für den Angeschuldigten

464c Ist für einen Angeschuldigten, der der deutschen Sprache nicht mächtig, hör- oder sprachbehindert ist, ein Dolmetscher oder Übersetzer herangezogen worden, so werden die dadurch entstandenen Auslagen dem Angeschuldigten auferlegt, soweit er diese durch schuldhafte Säumnis oder in sonstiger Weise schuldhaft unnötig verursacht hat; dies ist außer im Falle des § 467 Abs. 2 ausdrücklich auszusprechen.

1 1) Die durch die **Heranziehung eines Dolmetschers** oder Übersetzers für einen der deutschen Sprache nicht mächtigen (§ 185 GVG; erg 30b zu § 140), hör- oder sprachbehinderten (vgl § 186 GVG) Angeschuldigten (§ 157) entstandenen Auslagen dürfen nach Art 6 IIIe **EMRK** von diesem nicht erhoben werden (24 zu Art 6 EMRK). Sie trägt daher grundsätzlich die Staatskasse (Nr 9005 IV KVGKG), ohne dass es dazu eines Ausspruchs in der Entscheidung bedarf (Köln NStZ-RR **11**, 267). Anderes gilt für auch durch die Hinzuziehung von Zeugen entstandene ausscheidbare Dolmetscherkosten (LG Koblenz NStZ-RR **00**, 30). Für eine entspr Anwendung der Vorschrift im Fall notwendiger Übersetzungen eines der ausländischen Sprache nicht mächtigen Verurteilten LG Trier NStZ-RR **09**, 159.

2 2) Einem Angeschuldigten, der **freigesprochen** oder gegen den die Eröffnung des Hauptverfahrens abgelehnt oder das Verfahren eingestellt worden ist, werden nach § 467 II die Kosten auferlegt, die er durch schuldhafte Säumnis oder durch andere schuldhafte Verzögerungen verursacht hat (4 zu § 467); darunter fallen

1918 Schmitt

Kosten des Verfahrens §§ 464d, 465

ohne besonderen Ausspruch auch die Auslagen für einen Dolmetscher oder Übersetzer.

3) Einem **verurteilten** Angeklagten sind nach § 464c solche Auslagen, die er 3 sonst nicht zu tragen hat (oben 1), aufzuerlegen; dazu bedarf es aber eines Ausspruchs des Gerichts.

Die **Auferlegung** kommt zB in Betracht, wenn der Angeschuldigte vorgespie- 4 gelt hat, einen Dolmetscher zu benötigen, oder wenn wegen seines Ausbleibens ein Hauptverhandlungstermin nicht durchgeführt werden kann, jedoch nicht im Fall des § 329 I, da dann auch bei seiner Anwesenheit Auslagen entstanden wären (Schnigula JurBüro **89**, 899).

Verteilung der Auslagen nach Bruchteilen

464d Die Auslagen der Staatskasse und die notwendigen Auslagen der Beteiligten können nach Bruchteilen verteilt werden.

1) Eine **Aufteilung der Auslagen nach Quoten** lässt das Gesetz (Art 8 VI 1 Nr 2 KostRÄndG 1994; vgl dazu Otto JurBüro **94**, 397) im Gegensatz zur früheren Rspr (BGH **25**, 109) nun stets zu. Anstatt durch abstrakte Abgrenzungskriterien kann danach eine Verteilung der Auslagen der Beteiligten und der Staatskasse nach Bruchteilen erfolgen. Dadurch soll in einfachen, leicht überschaubaren Fällen (Köln NStZ-RR **04**, 384) – ggf auf Grund einer sachgemäßen Schätzung – eine schnelle, angemessene Kostenentscheidung ermöglicht werden. Ob das Gericht eine Bruchteilsentscheidung trifft oder die Berechnung nach den im Urteil vorgegebenen Kriterien dem Kostenfestsetzungsverfahren (§ 464b) überlässt, liegt in seinem Ermessen.

2) Anwendungsfälle sind Entscheidungen nach §§ 465 II, 467a II, 468, 469 I, 2 470 S 2, 471 III, 472 I S 2, II, III, 472a II, 472b I S 2, III, 473 IV, nicht aber nach § 466 S 1 (Oldenburg StraFo **13**, 440). Auch bei Teilfreispruch kann gequotelt werden, jedoch ist ebenso die Differenztheorie (9 zu § 465) weiterhin anwendbar (Karlsruhe NStZ **98**, 317; Saarbrücken Rpfleger **00**, 564; Kotz NStZ-RR **99**, 165 mwN; SK-Degener 3; aM LG Frankfurt aM NStZ-RR **97**, 191; LG Leipzig StV **00**, 435).

3) Im **Kostenfestsetzungsverfahren** (§ 464b) kann durch den Rechtspfleger 3 ebenfalls eine Bruchteilsentscheidung getroffen werden (KG StraFo **09**, 260; 1 zu § 464b).

Kostentragungspflicht des Verurteilten

465 I ¹Die Kosten des Verfahrens hat der Angeklagte insoweit zu tragen, als sie durch das Verfahren wegen einer Tat entstanden sind, wegen derer er verurteilt oder eine Maßregel der Besserung und Sicherung gegen ihn angeordnet wird. ²Eine Verurteilung im Sinne dieser Vorschrift liegt auch dann vor, wenn der Angeklagte mit Strafvorbehalt verwarnt wird oder das Gericht von Strafe absieht.

II ¹Sind durch Untersuchungen zur Aufklärung bestimmter belastender oder entlastender Umstände besondere Auslagen entstanden und sind diese Untersuchungen zugunsten des Angeklagten ausgegangen, so hat das Gericht die entstandenen Auslagen teilweise oder auch ganz der Staatskasse aufzuerlegen, wenn es unbillig wäre, den Angeklagten damit zu belasten. ²Dies gilt namentlich dann, wenn der Angeklagte wegen einzelner abtrennbarer Teile einer Tat oder wegen einzelner von mehreren Gesetzesverletzungen nicht verurteilt wird. ³Die Sätze 1 und 2 gelten entsprechend für die notwendigen Auslagen des Angeklagten. ⁴Das Gericht kann anordnen, dass die Erhöhung der Gerichtsgebühren im Falle der Beiordnung eines psychosozialen Prozess-

Schmitt 1919

§ 465

begleiters ganz oder teilweise unterbleibt, wenn es unbillig wäre, den Angeklagten damit zu belasten.

III **Stirbt ein Verurteilter vor eingetretener Rechtskraft des Urteils, so haftet sein Nachlaß nicht für die Kosten.**

1 1) **Kostentragungspflicht des verurteilten Angeklagten (I):** Die Vorschrift ist mit dem GG vereinbar (BVerfGE **18**, 302 = NJW **65**, 387; BVerfGE **31**, 137; BVerfG EuGRZ **86**, 439; Koblenz JurBüro **92**, 111). Für Nebenbeteiligte gilt die Sonderregelung des § 472b. Im Verfahren gegen einen Jugendlichen und bei Anwendung von Jugendstrafrecht gegen einen Heranwachsenden kann nach §§ 74, 109 II **JGG** ganz oder teilw davon abgesehen werden, dem Angeklagten Kosten und Auslagen anderer Beteiligter aufzuerlegen (BGH StV **07**, 12; eingehend dazu KK-Gieg 5); von seinen eigenen notwendigen Auslagen kann er nicht entlastet werden (BGH **36**, 27; StV **07**, 12; Diemer/Schatz/Sonnen 28 zu § 74 JGG); denn einer möglicherweise aus erzieherischen Gründen wünschenswerten Entlastung des Angeklagten (so Brunner, Eisenberg, Ostendorf aaO) steht die eindeutige gesetzliche Regelung entgegen (Brandenburg NStZ-RR **12**, 192).

2 A. **Verurteilung und Anordnung einer Sicherungsmaßregel:** Eine Verurteilung iS des § 465 liegt vor, wenn das Urteil eine Schuldfeststellung trifft und eine Rechtsfolge festsetzt (BGH **14**, 391, 393). Darunter fallen auch die Verurteilung zu Erziehungsmaßnahmen oder Zuchtmitteln nach §§ 9 ff, 13 ff JGG (KG JR **62**, 271) und die Entscheidung nach § 27 JGG (Eisenberg 5 zu § 74 JGG). Die Anordnung einer Sicherungsmaßregel nach §§ 61 ff StGB neben einem Freispruch (Oldenburg NJW **64**, 2439) oder im Sicherungsverfahren nach §§ 413 ff führt ebenfalls zur Kostentragungspflicht, nicht aber die Anordnung der Einziehung oder einer anderen Nebenfolge neben dem Freispruch (BGH **14**, 391) oder im selbständigen Verfahren nach §§ 440, 442 (BGH **21**, 367, 371). Nach I S 2 ist auch die Verwarnung mit Strafvorbehalt nach § 59 StGB und das Absehen von Strafe (vgl 1 zu § 153b) eine Verurteilung. Dem steht die Nichtverurteilung infolge der Sperrwirkung der §§ 331, 358 II, 373 II gleich (BGH KostRspr Nr 11 mit Anm Herget; LR-Hilger 3). **I** ist bei der Kostenentscheidung über einen Antrag nach § **33a S 1** (BGH StraFo **15**, 144) bzw nach § **356a entspr** anwendbar (BGH 4 StR 519/14 vom 10.2.2015 mN). Für die Straffreierklärung gilt § 468.

3 B. **Wegen der Tat entstandene Kosten:** Der Tatbegriff ist der des § 264 (Zweibrücken MDR **66**, 351; **aM** Sommermeyer MDR **91**, 932 Fn 23; erg 1 ff zu § 264). Wegen der Kosten vgl 1 ff zu § 464a. Sind im 1. Rechtszug mehrere Hauptverhandlungen notwendig gewesen, zB infolge Verweisung nach § 270 (Oldenburg NStZ **96**, 405) oder Aufhebung und Zurückverweisung nach § 354 II oder § 357 (BGH StraFo **08**, 529), so trägt der Verurteilte alle Kosten; das Verfahren bildet eine Einheit (BGH **18**, 231; NStZ **87**, 86; NStZ-RR **99**, 63; **06**, 32; BGHR § 473 IV Quotelung 5 mwN; Düsseldorf StraFo **14**, 87, dort auch für die aufgehobene Entscheidung LG Düsseldorf). Das gilt auch für mehrere Rechtszüge; der zunächst freigesprochene und erst auf die Berufung oder Revision der StA verurteilte Angeklagte hat daher auch die Kosten der 1. Instanz zu tragen (Düsseldorf JurBüro **92**, 255; Stuttgart Justiz **87**, 160; erg 6 zu § 473). Auch sonst muss der Angeklagte Mehrkosten tragen, die durch unrichtige Sachbehandlung oder durch eine unzutreffende Beurteilung des Gerichts entstanden sind, zB bei der Fortsetzung des Verfahrens nach nicht erkannter Rechtskraft des Strafbefehls (BGH **13**, 306, 311; Düsseldorf MDR **86**, 428; Hamm VRS **41**, 381; erg unten 11).

4 **Eingeschränkt** ist die Kostentragungspflicht des Verurteilten, wenn ein Dritter nach § 51 oder einer anderen Vorschrift (vgl 2 zu § 467) mit Kosten belastet worden ist. Auch wenn das – zulässigerweise (BGH **43**, 146) und wie in der Praxis üblich – durch gesonderten Beschluss und nicht in der Kostenentscheidung des Urteils geschehen ist, hat der Verurteilte die Kosten nur in dem eingeschränkten Umfang zu tragen (Düsseldorf VRS **89**, 202; LG Aachen NStE Nr 7 mwN). Eine

dahin gehende Ergänzung der Kostenentscheidung des Urteils kann nicht verlangt werden (Dresden NStZ-RR **00**, 30). Bei nachträglicher Aufhebung des den Dritten belastenden Beschlusses lebt die volle Kostentragungspflicht des Verurteilten wieder auf (LR-Hilger 12).

2) Auslagenteilung zwischen Staatskasse und Verurteiltem (II): 5

A. **Besondere Auslagen der Staatskasse (S 1)** und besondere notwendige 6 Auslagen des Angeklagten (S 3) können aus Billigkeitsgründen ganz oder teilw der Staatskasse auferlegt werden. Allgemein gilt dies, wenn der Angeklagte wegen einzelner abtrennbarer Teile einer Tat oder wegen einzelner von mehreren Gesetzesverletzungen nicht verurteilt wird und die tatsächlich erfolgten Untersuchungen nicht notwendig gewesen wären, wenn Anklage und Eröffnungsbeschluss von vorneherein dem späteren Urteil entsprochen hätten (BGH 4 StR 473/13 vom 8.10.2014 mwN). Der Begriff besondere Auslagen stimmt nicht mit dem der (genau feststellbaren) ausscheidbaren Auslagen überein; gemeint sind vielmehr alle Mehrkosten (BGH **25**, 109, 116 = JR **74**, 30 mit krit Anm Meyer; **aM** KG NJW **70**, 1806; Braunschweig NJW **70**, 1809).

B. Durch **Untersuchungen zur Aufklärung bestimmter Umstände,** die 7 nach dem Gesamtergebnis der Untersuchungshandlungen zugunsten des Angeklagten ausgegangen sind (BGH 4 StR 252/91 vom 7.11.1991; Bode NJW **69**, 213), müssen die besonderen Auslagen entstanden sein, zB durch Zeugenvernehmungen und Sachverständigengutachten zu einzelnen rechtlichen Gesichtspunkten (LG Freiburg StV **98**, 611; LG Krefeld NStZ-RR **12**, 32). Dass die Verurteilung weniger schwer wiegt als der ursprüngliche Tatvorwurf, genügt allein nicht (BGH NStZ-RR **14**, 390; NStZ **82**, 80; Karlsruhe MDR **81**, 781), auch nicht, dass die Milderung des Schuldvorwurfs und die Herabsetzung der Strafe erst auf eine Revisionsentscheidung hin erfolgt sind (BGH NStZ **86**, 210 [Pf/M]), uU aber eine Strafherabsetzung bei beschränktem Einspruch gegen einen Strafbefehl (D. Meyer JurBüro **89**, 1331). Es müssen stets besondere Auslagen entstanden sein (BGH **25**, 109, 118; **26**, 29, 34). Das kann im Fall sein bei Anklage wegen einer Verkehrsstraftat und Verurteilung nur wegen einer OWi (Celle MDR **72**, 439; Düsseldorf JurBüro **85**, 898; OLGSt Nr 5 zu § 473; Stuttgart Justiz **74**, 136; LG Bonn VRS **119**, 123) oder im Sicherungsverfahren bei Antrag nach § 63 StGB, Verurteilung aber nur nach § 69 StGB (München NZV **12**, 251). Ist anzunehmen, dass der Verurteilte einen Bußgeldbescheid hingenommen hätte, so ist es nicht billig, der Staatskasse seine gesamten notwendigen Auslagen aufzuerlegen (BGH **25**, 109, 118; Celle JurBüro **83**, 402; LG Augsburg JurBüro **84**, 1207 mit Anm Mümmler; Schmidt DAR **83**, 318; vgl auch Hausel JurBüro **94**, 580 zum Fall des § 408 III; vgl zum fiktiven Teilfreispruch im OWi-Verfahren Lehmann-Richter NZV **03**, 366). Ähnlich ist es, wenn der bei dem LG wegen eines schweren Delikts Angeklagte nur wegen einer Tat verurteilt worden ist, für die das AG zuständig gewesen wäre, und die sachgemäße Behandlung des Falls von vornherein die Anklage vor diesem Gericht nahegelegt hätte (BGH **26**, 29, 35). Nach II S 2 besteht die Möglichkeit der Billigkeitsentscheidung vor allem in den Fällen des sog fiktiven Teilfreispruchs, dh bei der Nichtverurteilung wegen einzelner abtrennbarer Teile einer Tat (LG München I NStZ-RR **99**, 384) oder wegen einzelner von mehreren Gesetzesverletzungen bei Tateinheit (Düsseldorf StV **85**, 142). Vgl auch die Rspr-Übersicht bei D. Meyer JurBüro **94**, 519, 520.

Nach II S 4 wird der Angeklagte von den **Kosten eines beigeordneten psy-** 7a **chosozialen Prozessbegleiters** (s § 406g sowie Kommentierung dort) freigestellt, wenn seine Kostentragungspflicht unbillig wäre; dies kann etwa anzunehmen sein, wenn die rechtliche Bewertung der Tat, wegen der der Angeklagte verurteilt wird, von der abweicht, wegen der der Prozessbegleiter beigeordnet wurde (vgl BT-Drucks 18/4621 S 37).

C. Die **Auslagenteilung** kann schon im Urteil nach Bruchteilen erfolgen 8 (§ 464d). Das Gericht kann sich aber auch darauf beschränken, die nach der Entstehungsursache abzugrenzenden besonderen Auslagen, zB „die besonderen Auslagen des Verfahrens und die besonderen notwendigen Auslagen des Angeklagten, die wegen des Verdachts der Trunkenheitsfahrt entstanden sind" (BGH **25**, 109, 112), der Staatskasse aufzuerlegen und deren genaue Feststellung dem Verfahren nach § 464b zu überlassen. Das gilt insbesondere für Verteidigerkosten (dazu eingehend Sommermeyer MDR **91**, 931 und Mümmler JurBüro **92**, 221). Sie werden erst im Kostenfestsetzungsverfahren nach der Differenztheorie festgestellt, dh es wird geprüft, welche Verteidigergebühren entstanden wären, wenn die Untersuchungen nicht stattgefunden hätten oder die Anklage von vornherein so gelautet hätte wie das Urteil (KG NJW **70**, 1806; Düsseldorf OLGSt Nr 5 zu § 473; Köln NStZ **90**, 423). Nur der rechnerische Teil der einheitlichen Verteidigergebühr, der das fiktive Honorar übersteigt, wird erstattet (Braunschweig NJW **70**, 1809; Düsseldorf NJW **71**, 394).

9   3) **Teilfreispruch und Teileinstellung:** In diesem Fall wird über Kosten und Auslagen nach § 467 I entschieden: „Der Angeklagte hat die Kosten zu tragen, soweit er verurteilt ist; soweit er freigesprochen (das Verfahren eingestellt) worden ist, trägt die Staatskasse die Verfahrenskosten und die notwendigen Auslagen des Angeklagten". Eine Bruchteilsentscheidung über die Auslagen der Staatskasse oder des Angeklagten ist nunmehr durch § 464d (vgl dort) im Gegensatz zur bisherigen Rspr (BGH **25**, 109) zugelassen. In entspr Anwendung des II kommt es auf die Ausscheidbarkeit der Mehrkosten nicht an (BGH **25**, 109, 116; Düsseldorf StV **85**, 142; JurBüro **89**, 1720). Die Verteidigerkosten werden auch hier im Verfahren nach § 464b nach der Differenztheorie (oben 8) bestimmt (Karlsruhe NStZ **98**, 317; Koblenz StV **98**, 610 L; LG Hamburg StV **98**, 610; **aM** LG Frankfurt aM StV **98**, 85). Wäre wegen der übrig gebliebenen Fälle Anklage vor dem SchG und nicht dem LG erhoben worden, so muss der Angeklagte von der höheren Verteidigungsgebühr vor dem Landgericht entlastet werden (Celle Rpfleger **87**, 518). Hat der Teilfreispruch neben der Verurteilung in zahlreichen anderen Fällen keine Bedeutung, so muss der Verurteilte idR seine Auslagen in vollem Umfang tragen (Stuttgart MDR **75**, 598; vgl auch LG Passau JurBüro **87**, 726). Bezieht sich der Teilfreispruch auf die Verkehrsstraftat und hätte sich der Angeklagte wegen der OWi, derentwegen er nur verurteilt wurde, nicht verteidigt, so werden der Staatskasse idR seine gesamten notwendigen Auslagen auferlegt (Stuttgart Justiz **87**, 160; LG Bremen MDR **64**, 422; AG Mannheim AnwBl **85**, 164; erg oben 7). Weitere Einzelfälle bei LR–Hilger 42. Zur Festsetzung nach Bruchteilen im Verfahren nach § 464b vgl dort 1.

10   Bei nur **teilweiser Eröffnung des Hauptverfahrens** und bei Teileinstellung des Verfahrens gelten diese Grundsätze entspr.

11   4) Die **Nichterhebung von Verfahrenskosten,** die bei richtiger Behandlung der Sache (aus der damaligen Sicht) nicht entstanden wäre, kann nach § 21 I S 1 GKG in der Kostenentscheidung oder im Kostenansatzverfahren (BGH DAR **99**, 208 [To]; Celle NdsRpfl **81**, 239; Düsseldorf VRS **80**, 40; vgl auch D. Meyer JurBüro **91**, 175; **aM** Koblenz JurBüro **92**, 111: nur im Kostenansatzverfahren) angeordnet werden; überlässt das Gericht die Anordnung dem Kostenansatzverfahren, ist dagegen keine Beschwerde zulässig (BGH StraFo **08**, 48; Düsseldorf aaO). Die Anordnung setzt voraus, dass das Gericht gegen eindeutige rechtliche Vorschriften verstoßen hat und das offen zutage tritt oder dass ein offensichtliches Versehen vorliegt (BGH GA **60**, 314; LG Osnabrück NStZ-RR **96**, 192), aber nicht schon bei jedem Verfahrensverstoß (Zweibrücken wistra **00**, 400: offensichtlich unrichtige Rechtsmittelbelehrung), insbesondere wenn grobe Verfahrensfehler zur Aufhebung und Zurückverweisung nach § 354 II geführt haben, zB bei Verweigerung des rechtlichen Gehörs (Köln NJW **79**, 1834) oder bei unrichtiger Gerichtsbesetzung (BGH NStZ **89**, 191; NStZ-RR **01**, 135 [K]; 1 StR 502/04 vom 25.1.2005) oder Anklage beim unzuständigen Gericht (BGH 3 StR 263/01 vom 15.8.2001). Die notwendigen Auslagen des Angeklagten fallen nicht unter § 21 I S 1 GKG; das

Gericht darf sie nicht aus Billigkeitsgründen der Staatskasse auferlegen (BGH NStZ **00**, 499; Koblenz NStZ **89**, 46 mwN). Gegen die Nichtfreistellung von vermeidbaren Kosten in der Kostenentscheidung kann keine sofortige Beschwerde nach § 464 III erhoben werden (Düsseldorf VRS **80**, 40). Eine gleichwohl eingelegte Beschwerde ist idR in einen Antrag nach §§ 21, 66 GKG umzudeuten (D. Meyer JurBüro **91**, 175).

5) Bei **Tod des Verurteilten vor Rechtskraft (III)** ist das Verfahren einzustellen (8 zu § 206a), auch wenn es nur noch in einem Nebenpunkt anhängig ist (Bay NJW **57**, 1448: Einziehungsanordnung; Köln JMBlNW **60**, 248: Strafaussetzungsentscheidung). Zur Kostenentscheidung vgl 14 zu § 464. Stirbt der Verurteilte erst nach Rechtskraft der Entscheidung, so haftet der Nachlass (KMR-Stöckel 18). **12**

Haftung Mitverurteilter für Auslagen als Gesamtschuldner

466 [1] **Mitangeklagte, gegen die in bezug auf dieselbe Tat auf Strafe erkannt oder eine Maßregel der Besserung und Sicherung angeordnet wird, haften für die Auslagen als Gesamtschuldner.** [2] **Dies gilt nicht für die durch die Tätigkeit eines bestellten Verteidigers oder eines Dolmetschers und die durch die Vollstreckung, die einstweilige Unterbringung oder die Untersuchungshaft entstandenen Kosten sowie für Auslagen, die durch Untersuchungshandlungen, die ausschließlich gegen einen Mitangeklagten gerichtet waren, entstanden sind.**

1) Die **gesamtschuldnerische Haftung** mehrerer Angeklagter **(S 1)** setzt eine Verurteilung iS des § 465 I wegen derselben Tat (2 ff zu § 264; Karlsruhe StV **06**, 34 L = Justiz **06**, 13) in einem gemeinsamen Verfahren (Koblenz NStZ-RR **02**, 160) voraus, nicht aber im selben Urteil (LR-Hilger 4) oder im selben Rechtszug (LG Amberg NJW **52**, 398). Erforderlich ist eine Mitwirkung, nicht unbedingt als Täter oder Teilnehmer, in der gleichen Richtung (KG JR **67**, 431; Celle NJW **60**, 2305; erg 15 zu § 60), einschließlich Begünstigung, Strafvereitelung (aM Celle aaO) und Hehlerei (Stuttgart Justiz **72**, 19). Dieselbe Tat liegt zB vor bei Beteiligung mehrerer an einer Schlägerei, bei Bestechlichkeit und Bestechung (KMR-Stöckel 5) und bei fahrlässiger Nebentäterschaft (Bay **60**, 9 = Rpfleger **60**, 306; LR-Hilger 8; SK-Degener 3); nicht aber bei Körperverletzung und unterlassener Hilfeleistung (Hamm NJW **61**, 1833), Meineid und Prozessbetrug (Celle MDR **70**, 1030). Auf den Umfang der Beteiligung kommt es nicht an. **1**

Nur **für die Auslagen der Staatskasse** (§ 464a I) im 1. Rechtszug (LR-Hilger 2), nicht für die Gerichtsgebühren, gilt die gesamtschuldnerische Haftung. Ein besonderer Ausspruch darüber in der Kostenentscheidung ist überflüssig (BGH 5 StR 663/84 vom 23.10.1984), aber nicht unzulässig (Bay Rpfleger **60**, 306). Ob und in welchem Umfang der Kostenbeamte die Auslagen von dem einen oder anderen Verurteilten einfordert, steht nach § 8 III KostVfg in seinem pflichtgemäßen Ermessen (dazu KG JR **67**, 431; KK-Gieg 3). Der Ausgleichsanspruch nach § 426 BGB kann nicht im Kostenfestsetzungsverfahren festgestellt, sondern muss im Zivilprozess ausgetragen werden (Koblenz Rpfleger **90**, 36). **2**

2) Ausnahmen (S 2): Für die Pflichtverteidigervergütung besteht keine Mithaft. Dolmetscherkosten werden ohnehin nicht berechnet (1 zu § 464a; vgl aber § 464c). Ausgenommen sind ferner Haft- und Vollstreckungskosten. Ausschließlich gegen einen Mitangeklagten gerichtete Untersuchungshandlungen, sind zB die allein wegen dessen Einlassung erforderlichen Beweiserhebungen (Bode NJW **69**, 214), die Unterbringung nach § 81 oder § 73 **JGG** (Nürnberg OLGSt S 1) und Untersuchungen nach § 81a. Im Urteil braucht die Befreiung von der Mithaft nicht ausgesprochen zu werden; sie wird erst im Kostenansatzverfahren (1 zu § 464b) berücksichtigt (BGH NStZ **86**, 210 [Pf/M]; Karlsruhe MDR **90**, 464). Wird bei nach § 103 **JGG** verbundenen Verfahren gemäß § 74 **JGG** von der Auf- **3**

erlegung von Kosten abgesehen, haftet der Erwachsene nur für den auf ihn entfallenden Anteil nach Kopfteilen (Koblenz NStZ-RR **99**, 160).

Kosten und notwendige Auslagen bei Freispruch, Nichteröffnung und Einstellung

467 I Soweit der Angeschuldigte freigesprochen, die Eröffnung des Hauptverfahrens gegen ihn abgelehnt oder das Verfahren gegen ihn eingestellt wird, fallen die Auslagen der Staatskasse und die notwendigen Auslagen des Angeschuldigten der Staatskasse zur Last.

II ¹Die Kosten des Verfahrens, die der Angeschuldigte durch eine schuldhafte Säumnis verursacht hat, werden ihm auferlegt. ²Die ihm insoweit entstandenen Auslagen werden der Staatskasse nicht auferlegt.

III ¹Die notwendigen Auslagen des Angeschuldigten werden der Staatskasse nicht auferlegt, wenn der Angeschuldigte die Erhebung der öffentlichen Klage dadurch veranlaßt hat, daß er in einer Selbstanzeige vorgetäuscht hat, die ihm zur Last gelegte Tat begangen zu haben. ²Das Gericht kann davon absehen, die notwendigen Auslagen des Angeschuldigten der Staatskasse aufzuerlegen, wenn er

1. die Erhebung der öffentlichen Klage dadurch veranlaßt hat, daß er sich selbst in wesentlichen Punkten wahrheitswidrig oder im Widerspruch zu seinen späteren Erklärungen belastet oder wesentliche entlastende Umstände verschwiegen hat, obwohl er sich zur Beschuldigung geäußert hat, oder
2. wegen einer Straftat nur deshalb nicht verurteilt wird, weil ein Verfahrenshindernis besteht.

IV Stellt das Gericht das Verfahren nach einer Vorschrift ein, die dies nach seinem Ermessen zuläßt, so kann es davon absehen, die notwendigen Auslagen des Angeschuldigten der Staatkasse aufzuerlegen.

V Die notwendigen Auslagen des Angeschuldigten werden der Staatskasse nicht auferlegt, wenn das Verfahren nach vorangegangener vorläufiger Einstellung (§ 153a) endgültig eingestellt wird.

1 **1) Grundsatz (I):** Der Angeschuldigte, gegen den das Verfahren ohne Verurteilung abgeschlossen wird, gilt ohne Rücksicht auf die Stärke des verbleibenden Tatverdachts als unschuldig (Art 6 II **EMRK**). Hieraus zieht I die kostenrechtlichen Folgerungen. Die Auslagen der Staatskasse (1 ff zu § 464a) und die notwendigen Auslagen des Angeschuldigten (5 ff zu § 464a), auch für erfolglose Beschwerden im Zwischenverfahren (Hamm StraFo **09**, 261; aM Huber NStZ **85**, 18), fallen der Staatskasse zur Last, und zwar der des Landes, dem das Gericht 1. Instanz zugehört, auch im Fall des § 120 VI GVG. Diese Kosten- und Auslagenregelung, die in der verfahrensabschließenden Entscheidung ausdrücklich ausgesprochen werden muss (unten 20), gilt beim Freispruch ohne gleichzeitige Anordnung einer Sicherungsmaßregel (vgl § 465 I S 1), bei der Ablehnung der Eröffnung des Hauptverfahrens (§ 204) und bei der endgültigen Verfahrenseinstellung (6, 11 zu § 464, auch im Fall des Todes des Angeklagten, siehe BGH NStZ-RR **14**, 160), auch wenn die StA der Klage nach Behebung des Verfahrenshindernisses erneut oder bei einem anderen Gericht erheben kann (Hamm JMBlNW **62**, 166). Dem Freispruch steht die Ablehnung des Antrags im Sicherungsverfahren nach § 414 II S 4 gleich (BGH NJW **70**, 1242; 6 zu § 414). Der Auslagenerstattungsanspruch gegen die Staatskasse wird in dem Verfahren nach § 464b durchgesetzt.

2 Die **Kostentragungspflicht eines Dritten** nach §§ 51, 70, 77 I, 81c VI, 138c VI, 145 IV, 161a II, 177, 469 I, 470, 472a, 472b, § 56 GVG ist bei der Entscheidung nach I nicht zu berücksichtigen (Foth NJW **73**, 887, erg 7 zu § 469; 4 zu § 470). Der Erstattungsberechtigte braucht sich auch nicht darauf verweisen zu lassen, sich zunächst (über § 464b) an den Dritten zu halten (LG Aachen NJW **71**, 576; LG Dortmund JVBl **72**, 941; LG Münster NJW **74**, 1342; str) Die Staatskasse

kann dann aber im Verfahren nach § 464b Regress nehmen (D. Meyer JurBüro 89, 1633).

2) Zwingende Ausnahmen (II, III S 1, V): Die ihnen zugrunde liegenden 3 Tatsachen werden im Freibeweis (7, 9 zu § 244) festgestellt.

A. **Schuldhafte Säumnis (II):** Gemeint ist die schuldhafte (BVerfG NStE 4 Nr 4) Versäumung eines Termins oder einer Frist (Stuttgart NJW **74**, 512; Koch GA **64**, 174), nicht die verspätete Vorlegung von Beweisen (Karlsruhe NJW **61**, 1128) oder andere Fälle schuldhafter Verzögerung (Stuttgart Justiz **87**, 116); bei Einstellung des Verfahrens wegen Verjährung gilt nur III S 2 Nr 2, nicht etwa II S 2 analog (BVerfG NStZ **93**, 195). Die Säumnis kann auch vorwerfbar sein, wenn der Angeschuldigte einen Entschuldigungsgrund nicht rechtzeitig vorgebracht hat, obwohl das möglich und zumutbar war (Stuttgart aaO; LR-Hilger 24). Die Kostenfolge des II ist zwingend, gilt aber nur bei ausdrücklicher Anordnung in dem verfahrensabschließenden Urteil oder Beschluss (unten 20).

B. **Unrichtige Selbstanzeige (III S 1):** Eine förmliche Anzeige iS des § 158 5 oder eine Straftat nach § 145d StGB braucht nicht vorzuliegen (Jena NStZ-RR **11**, 327). Es genügt, dass der Beschuldigte die öffentliche Klage gegen sich durch irgendeine Selbstbezichtigung gegenüber einer Strafverfolgungsbehörde oder einer zur Anzeige verpflichteten Behörde, nicht gegenüber anderen Behörden oder Privatpersonen (LR-Hilger 29), veranlasst (unten 8) hat, zB einer Vernehmung als Beschuldigter oder Zeuge. Warum er seine Täterschaft vorgetäuscht hat, ist gleichgültig. Die Unwahrheit muss zur Überzeugung des Gerichts feststehen (Jena aaO). In der verfahrensabschließenden Entscheidung ist auszusprechen, dass die Staatskasse die Verfahrenskosten, nicht aber die notwendigen Auslagen des Angeschuldigten trägt (unten 20).

C. **Endgültige Einstellung nach § 153a (V):** Vgl 55 zu § 153a. 6

3) Ausnahmen nach gerichtlichem Ermessen (III S 2, IV): 7

A. **Wahrheitswidrige Selbstbelastung und Verschweigen entlastender** 8 **Umstände (III S 2 Nr 1)** rechtfertigen die Abweichung von der Regel des I, auch wenn der Beschuldigte sich nicht bei einer förmlichen, sondern nur bei einer informatorischen Vernehmung (aM LR-Hilger 42; offen gelassen von BGH NStZ-RR **03**, 103) oder in einer schriftlichen Erklärung, aber nicht nur bei einer Vernehmung als Zeuge (Oldenburg NStZ **92**, 245; zust D. Meyer JurBüro **92**, 518), so verhalten hat. Die Staatskasse darf von den notwendigen Auslagen des Angeschuldigten aber nur entlastet werden, wenn er die Klageerhebung veranlasst, dh durch sein Verhalten mindestens mitverursacht hat (Braunschweig NJW **73**, 158; Nürnberg MDR **70**, 69). Daran fehlt es, wenn der Strafverfolgungsbehörde, etwa durch die Aussage eines anderen Beteiligten, die Wahrheit bekannt war (LG Duisburg AnwBl **74**, 228; LR-Hilger 37). Zum Fall der Widerrufs vgl unten 12. Der Angeschuldigte muss ferner schuldhaft gehandelt haben. Das bedeutet nicht, dass er sich der ursächlichen Wirkung seines Verhaltens bewusst gewesen sein und sie mindestens billigend in Kauf genommen haben muss (so aber Braunschweig aaO). Vielmehr handelt auch schuldhaft, wer die Bedeutung und Wirkung seines Verhaltens fahrlässig verkennt (LR-Hilger 35; aM SK-Degener 17; vgl auch § 6 I Nr 1 **StrEG**, dort 2).

Die **Ermessensentscheidung des Gerichts,** deren tatsächliche Grundlagen im 9 Freibeweis (7, 9 zu § 244) festgestellt werden (oben 3), hängt allgemein davon ab, ob der Beschuldigte die Klageerhebung missbräuchlich oder sonst in unlauterer Weise, ohne vernünftigen oder billigenswerten Grund, veranlasst hat (Düsseldorf VRS **64**, 450; Nürnberg MDR **70**, 69; LG Münster **72**, 261; LR-Hilger 48). Davon kann mangels Vorliegens besonderer entschuldigender Umstände ausgegangen werden (Frankfurt NJW **72**, 784).

a) Die **wahrheitswidrige Selbstbelastung** unterscheidet sich von der unwah- 10 ren Selbstanzeige nach III S 1 dadurch, dass bereits Verdachtsgründe vorlagen (Ol-

§ 467

denburg VRS **67**, 125; KK-Gieg 7), die der Beschuldigte aber durch die Selbstbelastung in einem wesentlichen, dh für die Entschließung der StA entscheidenden, Punkt so verstärkt hat, dass dadurch die Anklageerhebung (mit-)verursacht worden ist. Eine Täuschungsabsicht ist nicht erforderlich (LR-Hilger 39). Die Entlastung der Staatskasse von den notwendigen Auslagen des Beschuldigten wird die Regel sein.

11 Die **entsprechende Anwendung** auf den Fall, dass sich der Angeschuldigte im 1. Rechtszug wahrheitswidrig belastet hat und erst im 2. Rechtszug auf Grund seiner geänderten Einlassung freigesprochen wird, ist nach dem Grundsatz, dass Ausnahmebestimmungen nicht erweiternd ausgelegt werden dürfen (Einl 199), nicht zulässig (Brandenburg NStZ-RR **10**, 95; Koblenz MDR **82**, 252; LR-Hilger 37, 48; SK-Degener 15; **aM** Düsseldorf NStZ **92**, 557; München NStZ **84**, 185 mit zust Anm Schikora; Schleswig SchlHA **90**, 129 [L/G]; Stuttgart Justiz **87**, 116; vgl auch BayVerfGH NStE Nr 12). Das gilt auch für den Fall, dass der Angeklagte sich im Ermittlungsverfahren nicht um Vorlage von Entlastungsmaterial bemüht hat (Düsseldorf StV **84**, 108), dass er den Entlastungszeugen, dessen Aussage zum Freispruch führt, erst im Berufungsrechtszug benannt hat (**aM** Koblenz VRS **65**, 49; vgl auch Hamm MDR **81**, 423; D. Meyer MDR **73**, 468) oder dass er nach Selbstbelastung im Ermittlungsverfahren auf Grund seiner geänderten Einlassung freigesprochen wird und die StA gegen das freisprechende Urteil erfolglos ein Rechtsmittel einlegt (Bay MDR **71**, 322). Erg 2 zu § 473.

12 b) **Selbstbelastung im Widerspruch zu späteren Erklärungen:** Ob die Selbstbelastung oder die spätere Erklärung wahr und wann der Widerruf erfolgt ist, spielt keine Rolle (LR-Hilger 40; **aM** SK-Degener 20). Die Klageerhebung ist trotz des Widerrufs veranlasst, wenn er nicht geeignet war, den durch die frühere Erklärung entstandenen Tatverdacht auszuräumen (Jena NStZ-RR **11**, 327), nicht aber, wenn das falsche Geständnis noch vor der Anklageerhebung unter Nennung des wahren Täters widerrufen wird (Koblenz VRS **45**, 374; vgl auch Nürnberg MDR **70**, 69).

13 c) **Verschweigen wesentlicher Umstände:** Die Bestimmung setzt voraus, dass der Beschuldigte sich zur Sache eingelassen hat (15 ff zu § 261). Schweigt er bis zur Erhebung der öffentlichen Klage, so hat er sie nicht iS des III S 2 Nr 1 veranlasst, und es gilt I. Eine entspr Anwendung der Ausnahmevorschrift auf den Fall, dass der bis dahin schweigende Angeklagte erst im gerichtlichen Verfahren entlastende Umstände vorbringt, ist ausgeschlossen (Koblenz MDR **82**, 252; LG Braunschweig AnwBl **79**, 41; LG Flensburg JurBüro **84**, 1860; LG Krefeld Rpfleger **84**, 331; LG Würzburg MDR **81**, 958; LR-Hilger 41, 47; **aM** München NStZ **84**, 185 mit Anm Schikora; LG Flensburg JurBüro **83**, 1217; LG Heidelberg Justiz **76**, 267; vgl auch BVerfG NJW **82**, 275 und dazu D. Meyer DAR **82**, 277). Die Vorschrift erfasst auch nicht den Fall, dass der Angeklagte entlastendes Beweismaterial nicht vorlegt (Düsseldorf VRS **64**, 450).

14 **Wesentliche Umstände** sind zB das Alibi und die notwehrbegründenden Tatsachen, bei den Straftaten nach §§ 315c, 316 StGB der Nachtrunk (KG VRS **44**, 122; Frankfurt NJW **78**, 1017), beim Betrug die Aufklärung des angeblichen Tatopfers über die schlechten Vermögensverhältnisse des Angeschuldigten (Saarbrücken NJW **75**, 292). Wesentlich ist insbesondere die Tatsache, dass ein anderer die Tat begangen hat (LR-Hilger 43); kein „Umstand" ist aber dessen Name (Götz MDR **77**, 1042; **aM** LG Aachen MDR **92**, 288 mwN; vgl aber unten 15). Das Verschweigen bloßer Vermutungen und Möglichkeiten zählt nicht (LG Dortmund AnwBl **72**, 94). III S 2 Nr 1 ist nicht anwendbar, wenn sich der Beschuldigte bei seiner Vernehmung des entlastenden Umstandes überhaupt nicht bewusst war (Stuttgart MDR **84**, 427 zu § 6 I Nr 1 StrEG).

15 Die **Ermessensausübung** hängt davon ab, ob der Beschuldigte vernünftige und billigenswerte Gründe für sein Verschweigen hatte (Hamm MDR **77**, 1042). Das ist zB der Fall, wenn er seine der Umwelt bisher unbekannte Geisteskrankheit aus menschlich verständlichen Gründen oder wenn er einen entlastenden Umstand verschwiegen hat, um die Strafverfolgung eines nahen Angehörigen (LG Münster

AnwBl **74**, 227; LR-Hilger 48), nicht anderer Personen (LG Münster aaO; MDR **72**, 261; **aM** Düsseldorf JurBüro **83**, 1849; Hamm MDR **77**, 1042 mit krit Anm Götz; Schleswig SchlHA **82**, 105 [E/L]; Stuttgart Justiz **87**, 116) zu verhindern.

B. **Einstellung wegen eines Verfahrenshindernisses (III S 2 Nr 2):** Im Gegensatz zu II, III S 1 und III S 2 Nr 1 knüpft die Vorschrift nicht an ein vorwerfbares Verhalten des Angeklagten an, sondern an die Prognose, dass der Angeklagte wegen einer Straftat nur deshalb nicht verurteilt wird, weil ein Verfahrenshindernis besteht (Frankfurt NStZ-RR **15**, 294; Celle NStZ-RR **15**, 30). Erfasst wird hiervon zunächst der Fall, dass wegen eines Verfahrenshindernisses nicht verurteilt werden kann, obwohl die Schuld gerichtlich festgestellt ist (vgl BGH **29**, 168, 171; Hamm NJW **86**, 734; Zweibrücken NStZ **87**, 425). Bleibt die Schuld zweifelhaft, so gilt I (Bay **69**, 133). Grundsätzlich ist eine Schuldfeststellung nur in der Hauptverhandlung möglich. Bei Verfahrenseinstellungen vor oder außerhalb der Hauptverhandlung (zB nach § 206a) kann nach der Rspr von einer Auslagenerstattung (BVerfG NJW **92**, 1612, 1613) – abgesehen werden, wenn ein erheblicher (BGH NStZ **00**, 330; KG StraFo **12**, 289; Jena NStZ-RR **07**, 254) oder hinreichender Tatverdacht fortbesteht (Celle StraFo **13**, 526; Frankfurt NStR-RR **02**, 246; Hamm NStZ-RR **10**, 224; Karlsruhe NStZ-RR **03**, 286; Köln NStZ-RR **10**, 392; vgl auch München NStZ **89**, 134; **aM** Düsseldorf OLGSt Nr 9; LG Düsseldorf StraFo **09**, 396: nur zu versagen, wenn bei Hinwegdenken des Verfahrenshindernisses Verurteilung mit Sicherheit wegen Schuldspruchreife zu erwarten gewesen wäre). 16

Dies darf aber **nicht schematisch,** sondern nur nach erkennbarer Ausübung des eingeräumten Ermessens geschehen (BVerfG 2 BvR 388/13 vom 29.10.2015; erg 18). So kann etwa berücksichtigt werden, dass das Verfahrenshindernis bereits vor Anklageerhebung bestand und auch erkennbar war (vgl BGH 3 StR 453/16 vom 21.12.2016). Es dürfen im Übrigen keine Umstände vorliegen, die bei weiterer Hauptverhandlung eine Konkretisierung des Tatverdachts bis zur Feststellung der Schuld in Frage stellen (Celle StraFo **14**, 438 mN). Strafrechtliche Schuldzuweisung darf insoweit aber nicht erfolgen (BVerfG aaO; BGH aaO; erg unten 19). Diese Grundsätze gelten auch bei Ablehnung der Eröffnung des Hauptverfahrens wegen eines Verfahrenshindernisses (BVerfG NJW **92**, 1611; Hamm wistra **06**, 359). Bei **Einstellung durch das Berufungs-** (Stuttgart Justiz **08**, 372) oder **Revisionsgericht** kommt es darauf an, ob die Verurteilung beim Hinwegdenken des Verfahrenshindernisses sicher erscheint (Bay **69**, 133; Hamburg MDR **69**, 945; **72**, 344; vgl auch Celle wistra **11**, 239: Tod des Angeklagten nach nicht rechtskräftigem Freispruch sowie BGH 4 StR 566/17 vom 21.3.2018); dies ist schon dann der Fall, wenn der Schuldspruch bei ungestörtem Fortgang des Revisionsverfahrens in Rechtskraft erwachsen wäre (BGH 4 StR 51/17 vom 24.5.2018 mwN). Ein Verstoß gegen Art 6 II **EMRK** ist bei dieser Auslegung ausgeschlossen (erg unten 19 und 12 zu Art 6 EMRK). Im Übrigen ist beim Tod des zuvor verurteilten Angeklagten im Revisionsverfahren regelmäßig unbillig, der Staatskasse die notwendigen Auslagen aufzuerlegen (BGH NStZ-RR **14**, 160). 16a

Auf die **Einstellung nach** § 206b oder sonst bei Freispruch wegen einer Gesetzesänderung ist die Vorschrift nicht anwendbar (LG Koblenz NStZ-RR **08**, 128 mwN), auch nicht im Bußgeldverfahren (vgl LG Koblenz **07**, 637). Sie gilt aber, wenn bei Tateinheit nur deshalb freigesprochen werden muss (vgl 46 zu § 260), weil der schwerere Vorwurf nicht erwiesen ist und der Verurteilung wegen des leichteren ein Verfahrenshindernis entgegensteht (Karlsruhe NStZ **81**, 228; Köln MDR **70**, 610; LR-Hilger 55; **aM** Naucke NJW **70**, 85). Die Belastung der Staatskasse mit den notwendigen Auslagen des Angeklagten ist gerechtfertigt, wenn anzunehmen ist, dass er einen Bußgeldbescheid wegen der (nun verjährten) OWi hingenommen hätte (Celle VRS **48**, 115; erg 7 zu § 465). 17

Die **Ermessensentscheidung** ist zu begründen; dabei muss sich das Gericht des Ausnahmecharakters der Norm bewusst sein (vgl BVerfG 2 BvR 388/13 vom 18

§ 467

29.10.2015). Sie hängt in 1. Hinsicht davon ab, ob das Verfahrenshindernis vor oder nach Klageerhebung eingetreten ist. Im zuerst genannten Fall hat idR die Staatskasse die notwendigen Auslagen des Angeschuldigten zu tragen (KG StV **91**, 479; Celle StraFo **13**, 526; Karlsruhe NStZ **81**, 228), auch wenn das Hindernis erst nach einer Beweisaufnahme in der Hauptverhandlung erkennbar wird (**aM** Frankfurt NJW **71**, 818; LR-Hilger 57); auf ein prozessual vorwerfbares Verhalten des Angeklagten kommt es nicht an (Celle StraFo **14**, 438). Stellt sich erst nach langwieriger Aufklärung des Tatgeschehens heraus, dass die nachweisbare Tat verjährt ist, werden die notwendigen Auslagen des Angeschuldigten aber nicht der Staatskasse auferlegt (BGH NJW **95**, 1297, 1301). Ist das Verfahrenshindernis erst im Lauf des Verfahrens eingetreten, so werden vielfach der Staatskasse die dem Angeschuldigten seit der Entstehung des Hindernisses entstandenen notwendigen Auslagen überbürdet (Celle NJW **73**, 1987; Hamburg MDR **75**, 165; Saarbrücken MDR **72**, 442; vgl auch München MDR **87**, 606 und StV **88**, 71 für den Fall des Fehlens des Eröffnungsbeschlusses und LG Hagen StraFo **10**, 307 für den Fall des Strafklageverbrauchs bei doppelter Rechtshängigkeit); auch eine Quotelung ist möglich (vgl BGH 1 StR 140/18 vom 7.11.2018). Es müssen jedoch immer Gründe hinzutreten, die eine andere Regelung unbillig erscheinen lassen (Düsseldorf MDR **90**, 359; Köln NJW **91**, 506; StraFo **97**, 18; Celle aaO), zB die Herbeiführung des Verfahrenshindernisses durch den Angeschuldigten (LG Frankfurt aM NJW **71**, 952; LG Koblenz NStZ **83**, 235; Lampe NJW **74**, 1856; Liemersdorf/Miebach NJW **80**, 375) oder sonstiges strafprozessual vorwerfbares Verhalten (Köln StraFo **03**, 105), zB das Unterlassen eines Hinweises auf ein wegen derselben Tat bereits ergangenes Urteil (Düsseldorf JurBüro **86**, 1535; vgl auch BVerfG NStZ-RR **96**, 4), nicht aber bei einem Beschuldigten, der wegen eines überdauernden Zustandes schuldunfähig ist (BGH NStZ-RR **16**, 263). Bei Beachtung dieser Grundsätze ist III S 2 Nr 2 nur in seltenen Ausnahmefällen anwendbar, das entspricht dem Willen des Gesetzgebers.

19   C. **Einstellung nach Ermessen** (IV; 29 zu § 153; 3 zu § 153b; 8 zu § 153e; 18 zu § 154; 5 zu § 154b; 11 zu § 383). Auch hier gilt als Grundsatz die Regelung in I (J.M. Schmid JR **79**, 223: für alle „durchschnittlichen" Fälle). IV sieht aber eine andere Entscheidungsmöglichkeit vor. Nach nunmehr übereinstimmender Auffassung des EGMR (NJW **88**, 3257), des BVerfG (BVerfGE **82**, 106 = NStZ **90**, 598 mit abl Anm Paulus; JMBlNW **92**, 78; ähnlich Frankfurt NJW **80**, 2031) und des BGH (NStZ **00**, 330) darf hierbei auf die Stärke des Tatverdachts abgestellt werden (ebenso SaarlVerfGH NJW **14**, 1229; BerlVerfGH **01**, 203; **aM** Kühl aaO; NJW **80**, 806; JR **78**, 94; Liemersdorf/Miebach NJW **80**, 374); die Unschuldsvermutung (Art 6 II **EMRK;** dort 12) ist nach dieser Rspr nur dann verletzt, wenn das Gericht dem Angeschuldigten über Verdachtserwägungen hinaus strafrechtliche Schuld zuweist, ohne dass diese prozessordnungsgemäß festgestellt wurde (BVerfG aaO; NStZ **87**, 421; **88**, 84; **92**, 238; vgl auch BVerfG StV **08**, 368, wo aber anscheinend die Sonderregelung in V übersehen wurde). Ist das nicht der Fall, hat somit jegliche Erwägung, der Angeschuldigte sei „wahrscheinlich schuldig" oder ähnliches zu unterbleiben. Der Staatskasse sind die Auslagen aufzuerlegen, wenn der bei der Einstellung noch vorhandene Verdacht sich auf eine Straftat bezieht, die sehr viel leichter wiegt als der Vorwurf, zu dessen Entkräftung dem Angeschuldigten die Auslagen entstanden sind (vgl Frankfurt NJW **80**, 2031, 2032; AG Backnang NStZ-RR **13**, 127). Hat sich der Angeschuldigte zur Tragung seiner Auslagen bereit erklärt, so kommt eine Belastung der Staatskasse nicht in Betracht (Frankfurt Rpfleger **73**, 143; LR-Hilger 66; Göhler 51 zu § 47 OWiG; **aM** J.M. Schmid JR **79**, 222). Eine Aufteilung nach Instanzen (zB bei Einstellung in der Revisionsinstanz) ist möglich (BGH NStZ **91**, 47, 48).

20   **4) Ausdrücklich ausgesprochen** werden muss die Kosten- und Auslagenfolge im Fall des I in der verfahrensabschließenden Entscheidung (§ 464 I, II; dort 20). Werden der Staatskasse nur die Verfahrenskosten auferlegt, so darf das, auch wenn es sich zweifelsfrei um einen Fall des I handelt, nicht dahin ausgelegt werden, dass

Kosten des Verfahrens § 467a

auch die notwendigen Auslagen des Angeschuldigten gemeint sind (KG NStZ-RR **04**, 190; Düsseldorf MDR **86**, 76; Hamm NJW **74**, 71; Karlsruhe MDR **76**, 513; LG Koblenz NStZ-RR **03**, 191; LR–Hilger 26 zu § 464; a**M** Naumburg NStZ-RR **01**, 189 mwN; LG Krefeld NJW **76**, 1548). Das gilt insbesondere, wenn der Angeklagte „auf Kosten der Landeskasse" freigesprochen wird (a**M** Düsseldorf Rpfleger **94**, 315; Köln JurBüro **85**, 1206; Oldenburg StraFo **02**, 359; NStZ-RR **11**, 390; LG Limburg JurBüro **85**, 1511; LG Zweibrücken JurBüro **93**, 238 mit Anm Mümmler lässt Gegenvorstellungen entspr § 33a zu). Hat das Gericht andererseits die notwendigen Auslagen der Staatskasse auferlegt, ohne eine einschränkende Bestimmung zu treffen, so steht fest, dass kein Teil seiner Auslagen dem Angeschuldigten zur Last fällt (Zweibrücken Rpfleger **79**, 344; LG Krefeld Rpfleger **75**, 320). Das gilt insbesondere für II (Zweibrücken aaO; LG Wuppertal JurBüro **84**, 1059; KK–Gieg 4; a**M** LG Flensburg JurBüro **85**, 1050 mit zust Anm D. Meyer; LG Trier Rpfleger **77**, 106; LG Wuppertal JurBüro **79**, 1184) und für III S 2 Nr 1 (LG Hamburg AnwBl **74**, 89; LG Münster AnwBl **74**, 227; a**M** LG Frankenthal MDR **79**, 165; LG Siegen Rpfleger **73**, 177; LG Würzburg JurBüro **74**, 889, die eine Korrektur der Entscheidung im Festsetzungsverfahren in der Weise für zulässig halten, dass die Notwendigkeit von Auslagen verneint wird, bei Nichtverschweigen wesentlicher Umstände nicht anwendbar wären). Die Entscheidung nach II–IV so zu begründen, wenn sie anfechtbar ist (§ 34); so muss dargelegt werden, warum nach III davon abgesehen wird, die Auslagen der Staatskasse aufzuerlegen (Stuttgart NStZ-RR **03**, 60). Bei V genügt idR der Gesetzeswortlaut (vgl aber 55 zu § 153a).

5) **Verteilung der Auslagen**: Die Ermächtigung, alle notwendigen Auslagen 21 des Angeschuldigten ihm oder der Staatskasse aufzuerlegen, schließt grundsätzlich die Befugnis zur Aufteilung ein (Hamburg NJW **71**, 292; Hamm NJW **70**, 2128; Nürnberg NJW **72**, 67). Das gilt insbesondere im Fall des IV (Naucke NJW **70**, 84; M.J. Schmid JR **79**, 224).

Auslagen der Staatskasse bei Einstellung nach Anklagerücknahme

467a

I ¹Nimmt die Staatsanwaltschaft die öffentliche Klage zurück und stellt sie das Verfahren ein, so hat das Gericht, bei dem die öffentliche Klage erhoben war, auf Antrag der Staatsanwaltschaft oder des Angeschuldigten die diesem erwachsenen notwendigen Auslagen der Staatskasse aufzuerlegen. ² § 467 Abs. 2 bis 5 gilt sinngemäß.

II Die einem Nebenbeteiligten (§ 424 Absatz 1, § 438 Absatz 1, §§ 439, 444 Abs. 1 Satz 1) erwachsenen notwendigen Auslagen kann das Gericht in den Fällen des Absatzes 1 Satz 1 auf Antrag der Staatsanwaltschaft oder des Nebenbeteiligten der Staatskasse oder einem anderen Beteiligten auferlegen.

III **Die Entscheidung nach den Absätzen 1 und 2 ist unanfechtbar.**

1) **Notwendige Auslagen des Beschuldigten (I):** 1

A. Eine **abschließende Regelung** für den Fall der Verfahrenseinstellung durch 2 die StA nach Klagerücknahme enthält die Vorschrift. Unzulässig ist die erweiternde Auslegung der Ausnahmeregelung auf zeitlich frühere Einstellungen (BGH **30**, 152, 157; BGHZ **65**, 170, 176 = NJW **75**, 2341, 2343; München NJW **69**, 1449; Saarbrücken NJW **69**, 1451; SK–Degener 2; D. Meyer JurBüro **84**, 1627; **93**, 521; a**M** Bohlander AnwBl **92**, 161; erg Einl **199**) und auf andere Fallgestaltungen (Celle NStZ **88**, 196; Schleswig SchlHA **86**, 114 [E/L]: Rücknahme des Antrages der StA auf Widerruf der Strafaussetzung). Nur wenn der Beschuldigte für eine Strafverfolgungsmaßnahme zu entschädigen ist (§§ 2, 9 **StrEG**), kann er auch für die zur Beseitigung einer solchen Maßnahme notwendigen Auslagen im Ermittlungsverfahren Entschädigung verlangen (5 zu § 7 StrEG). Für die Zurücknahme der Privatklage gilt § 471 II.

§ 467a

3 **B. Zurücknahme der Klage:** Vgl §§ 156, 153c IV, 153d II, 153f III, 411 III. Der Zurücknahme der Klage stehen gleich die Zurücknahme des Antrags auf Entscheidung im beschleunigten Verfahren nach § 417 (AG Wetzlar AnwBl **83**, 464), die Ablehnung dieses Antrags (LG Aachen JMBlNW **70**, 47; Geisler NJW **72**, 753) und die Zurücknahme des Strafbefehlsantrags vor dessen Erlass oder vor Anberaumung einer Hauptverhandlung nach § 408 III S 2 und nach §§ 400, 406 I AO. Wird die Klage nur zurückgenommen, um sie vor dem zuständigen Gericht erneut zu erheben, so ist § 467a nicht anwendbar (Düsseldorf JMBlNW **82**, 185; LG Nürnberg-Fürth NJW **71**, 1281 mit Anm H. Schmidt).

4 **C. Einstellung des Ermittlungsverfahrens:** Es muss sich um eine endgültige Einstellung handeln. Der Grund ist gleichgültig (Oske MDR **69**, 714). § 467a gilt daher nicht nur im Fall des § 170 II S 1 (AG Bayreuth JurBüro **92**, 758), sondern auch, wenn die StA nach der Zurücknahme der früheren Anklage das Verfahren nach §§ 153 I, 153b I, 153c IV, 153d II oder 153f III einstellt; das gilt auch bei Einstellung des Verfahrens nach § 154 I, § 154b I (LR-Hilger 9), jedoch nicht bei vorläufiger Einstellung nach § 154d und entspr § 205 (vgl RiStBV 104). Wegen der Einstellung nach § 153a vgl I S 2 und § 467 V. Die bloße Untätigkeit der StA steht der Einstellung nicht gleich (LR-Hilger 11; **aM** Kohlhaas NJW **66**, 1112). Wird nach der Einstellung erneut Anklage erhoben und das Verfahren dann vom Gericht eingestellt, so gilt nicht § 467a, sondern § 467.

5 **D. Die Belastung der Staatskasse** ist grundsätzlich zwingend. Jedoch gilt nach I S 2 der § 467 II–V sinngemäß. Daraus folgt, dass auch eine Aufteilung der notwendigen Auslagen zwischen Staatskasse und Beschuldigten zulässig ist (21 zu § 467). Die Anwendung des § 469 schließt die Auslagenüberbürdung nach § 467a nicht aus (AG Moers AnwBl **70**, 240). Über die Höhe wird nach § 464b entschieden.

6 **2) Notwendige Auslagen eines Nebenbeteiligten (II):**

7 **A. Nebenbeteiligte** sind nur Einziehungsbeteiligte (§ 424 I), Nebenbetroffene (§ 438 I) und die JP oder PV, gegen die die Festsetzung einer Geldbuße zulässig ist (§ 444). Für andere Nebenbeteiligte (Einl 73) gilt II nicht. Die Vorschrift setzt aber nicht voraus, dass die Beteiligung der als Nebenbeteiligte in Betracht kommenden Personen (vgl § 426 I S 1 ggf iVm § 438 III), JP oder PV schon angeordnet worden ist (LR-Hilger 31). Sie ist nicht anwendbar, wenn der Privatkläger den Antrag auf selbständige Einziehung stellt (SK-Degener 12; **aM** LR-Hilger 30).

8 **B. Die Kannbestimmung** gestattet die Belastung der Staatskasse oder eines anderen Beteiligten, dh eines Beschuldigten, Nebenklägers oder eines Nebenbeteiligten, dem die notwendigen Auslagen nicht selbst entstanden sind. Ein anderer Beteiligter wird insbesondere dann belastet, wenn er durch unrichtige Angaben die Zuziehung des Nebenbeteiligten verursacht hat. Auch eine Aufteilung zwischen Staatskasse und Beteiligten ist zulässig (vgl 21 zu § 467).

9 **C. Umfang der notwendigen Auslagen.** Vgl 5 ff zu § 464a. Die im Ermittlungsverfahren entstandenen Gebühren und Auslagen eines nach § 434 I gewählten Vertreters können bei berechtigtem Schutzinteresse des Nebenbeteiligten als notwendig anerkannt werden.

10 **3) Gerichtliche Entscheidung:**

11 **A.** Ein **Antrag** ist Voraussetzung für das Auslagenverfahren nach § 467a. Er ist an keine bestimmte Frist oder Form gebunden und kann zurückgenommen werden. Antragsteller können der Beschuldigte, sein gesetzlicher Vertreter (LR-Hilger 15; **aM** KMR-Stöckel 13: nur im Fall des § 67 I **JGG**), der Erziehungsberechtigte, der Verteidiger und die StA sein. Der Nebenbeteiligte, dessen Beteiligung noch nicht angeordnet war (oben 7), kann einen zulässigen Antrag nur stellen, wenn die Beteiligungsvoraussetzungen im Fall einer Neuerhebung der öffentlichen Klage vorliegen würden (LR-Hilger 31). Das Gleiche gilt, wenn die StA den Antrag nach II zugunsten des Nebenbeteiligten stellt.

B. **Zuständig** ist grundsätzlich das Gericht, bei dem Anklage erhoben oder der 12
Antrag nach §§ 407 I, 417, § 400 **AO** gestellt war. Das gilt auch, wenn das Gericht
unzuständig war (LR-Hilger 16).

C. **Rechtliches Gehör** muss der StA stets, dem Angeschuldigten oder sonstigen 13
Beteiligten nur gewährt werden, wenn eine ihm nachteilige Entscheidung getroffen wird (§§ 33 II, III; Einl 23 ff).

D. **Vor der Entscheidung** muss die Frist des § 172 II S 1 abgewartet werden; 14
§ 9 III **StrEG** gilt entspr (LR-Hilger 13; **am** KK-Gieg 2; KMR-Stöckel 16; SK-Degener 8). Kommt es nach rechtskräftiger Belastung der Staatskasse mit den notwendigen Auslagen des Angeschuldigten wegen derselben Tat zu einer gerichtlichen Verurteilung, so ist § 14 **StrEG** entspr anwendbar (LR-Hilger 20; zw KMR-Stöckel 19).

E. **Bindung des Gerichts:** Die Auslagenentscheidung knüpft an die Einstel- 15
lungsverfügung der StA an. Daher muss das Gericht von ihr ausgehen. Es darf die
Berechtigung der Einstellung nicht prüfen, insbesondere keine Beweise über die
Tatsachen erheben, die ihre Grundlage bilden. Nur über die besonderen Voraussetzungen der Auslagenentscheidung, zB über die schuldhafte Säumnis iS des § 467
II, können im Freibeweis (7, 9 zu § 244) Ermittlungen angestellt werden. Ergeben
sich dabei neue Tatsachen oder Beweismittel, die der Hauptentscheidung die
Grundlage entziehen, so beantragt die StA Aussetzung des Verfahrens, führt die
erforderliche Klärung herbei und macht das Auslagenverfahren ggf durch Erhebung
der öffentlichen Klage gegenstandslos.

4) Unanfechtbar (III) sind die Entscheidungen nach I und II, auch bei unzutr 16
Entscheidung (KK-Gieg 4). Dies entspricht § 464 III S 1 Hs 2 (vgl 17 zu § 464).

Kosten bei Straffreierklärung

468 Bei wechselseitigen Beleidigungen wird die Verurteilung eines oder
beider Teile in die Kosten dadurch nicht ausgeschlossen, daß einer
oder beide für straffrei erklärt werden.

1) Die **Straffreierklärung** nach § 199 StGB ist von der starren Kostenregelung 1
des § 465 I ausgenommen. Nach § 468, der auch im Privatklageverfahren gilt
(LR-Hilger 5 mwN, erg 5 zu § 471), kann das Gericht nach pflichtgemäßem Ermessen einen oder beide Angeklagte in die Kosten verurteilen. Es kann die Kosten
auch (nach Bruchteilen, ausscheidbaren Teilmassen oder bestimmten Beträgen) auf
beide verteilen oder teilw der Staatskasse auferlegen (KK-Gieg 1). Ist nur ein Beteiligter angeklagt, so kann er ganz oder teilw von den Kosten befreit werden;
insoweit wird die Staatskasse oder der Privatkläger belastet (SK-Degener 5).

2) **Kosten:** Eine Gerichtsgebühr entsteht nicht (Hartmann 5 zu Nr 3110–3117 2
KVGKG). Die Entscheidung betrifft daher nur die Auslagen des Gerichts. Seine
notwendigen Auslagen trägt der Angeklagte selbst.

3) Einem **Zeugen** dürfen nach § 468 keine Kosten aufgebürdet werden 3
(RG **13**, 421). Geschieht dies doch, so kann er diesen Teil des Urteils wie ein Angeklagter, in dessen Rolle er gedrängt ist, mit der sofortigen Beschwerde nach
§ 464 III anfechten (KMR-Stöckel 7; LR-Hilger 4; **aM** EbSchmidt Nachtr II 8:
einfache Beschwerde nach § 304 II).

**Kostentragungspflicht des Anzeigenden bei leichtfertiger
oder vorsätzlicher Erstattung einer unwahren Anzeige**   RiStBV 92, 139 II

469 [1] [1]Ist ein, wenn auch nur außergerichtliches Verfahren durch eine
vorsätzlich oder leichtfertig erstattete unwahre Anzeige veranlaßt
worden, so hat das Gericht dem Anzeigenden, nachdem er gehört worden ist,
die Kosten des Verfahrens und die dem Beschuldigten erwachsenen notwen-

§ 469

Siebentes Buch. 2. Abschnitt

digen Auslagen aufzuerlegen. ²Die einem Nebenbeteiligten (§ 424 Absatz 1, § 438 Absatz 1, §§ 439, 444 Abs. 1 Satz 1) erwachsenen notwendigen Auslagen kann das Gericht dem Anzeigenden auferlegen.

II War noch kein Gericht mit der Sache befaßt, so ergeht die Entscheidung auf Antrag der Staatsanwaltschaft durch das Gericht, das für die Eröffnung des Hauptverfahrens zuständig gewesen wäre.

III Die Entscheidung nach den Absätzen 1 und 2 ist unanfechtbar.

1   1) Eine **unwahre Anzeige** löst die Kostentragungspflicht des Anzeigenden aus. Für amtlich zur Anzeige verpflichtete Personen (6 zu § 158) gilt § 469 nur bei strafrechtlich (§ 344 StGB) oder disziplinarrechtlich zu ahndender Pflichtwidrigkeit (LR-Hilger 9), für einen RA, der eine Anzeige für seinen Mandanten erstattet, ohne diese Einschränkung (KMR-Stöckel 9; LR-Hilger 10). Im Privatklageverfahren gilt nur § 471 II.

2   A. **Anzeige** ist wie in § 164 StGB in weitestem Sinne zu verstehen. Es genügen Angaben anlässlich einer Vernehmung und öffentl aufgestellte Behauptungen (LR-Hilger 5; **aM** SK-Degener 3). Unter § 469 fällt auch die falsche Selbstbezichtigung in Form einer Anzeige; kommt es zum gerichtlichen Verfahren, so gilt aber § 467 III S 1 (LR-Hilger 8).

3   B. **Unwahr** muss die Anzeige in tatsächlicher Hinsicht sein. Falsche Schlussfolgerungen und unrichtige Rechtsausführungen sind unschädlich. Die Unwahrheit muss feststehen. Ist der Tatverdacht gegen den Angezeigten nicht beseitigt, so ist § 469 nicht anwendbar (Hamm NJW **73**, 1850; Neustadt NJW **52**, 718).

4   C. **Vorsatz oder Leichtfertigkeit** (dazu Fischer 20 zu § 15 StGB) muss dem Anzeigenden vorzuwerfen sein.

5   D. **Ursächlich** für die Einleitung oder Fortsetzung (Hamm NJW **73**, 1850 unter Hinweis auf diese Gleichstellung in § 164 StGB) eines, wenn auch nur außergerichtlichen Verfahrens muss die Anzeige oder jedenfalls ihr unwahrer Teil gewesen sein.

6   2) Die **Kosten des Verfahrens** (§ 464a) und die notwendigen Auslagen des Beschuldigten (§ 464a II) müssen dem Anzeigenden auferlegt werden. Dagegen steht es im Ermessen des Gerichts, ob es die einem Nebenbeteiligten (7 zu § 467a) erwachsenen notwendigen Auslagen dem Anzeigenden ganz oder teilw auferlegt. § 74 **JGG** gilt nicht entspr (Stuttgart MDR **82**, 519; **aM** SK-Degener 9).

7   3) **Verhältnis des I S 1 zu § 467:** Die notwendigen Auslagen des Beschuldigten müssen der Staatskasse nach § 467 I überbürdet werden, auch wenn die Entscheidung nach § 469 zugleich mit dem Urteil ergeht (Düsseldorf OLGSt Nr 1). Denn es steht weder fest, dass der Beschluss rechtskräftig wird (III), noch dass der Anzeigende zahlungsfähig ist (Bay NJW **58**, 1933; LG Mainz StraFo **99**, 135; erg 2 zu § 467). Erstattet die Staatskasse dem Angeschuldigten die notwendigen Auslagen, so gehört der Betrag zu den Kosten, die der Anzeigende auf Grund des Beschlusses nach § 469 zu bezahlen hat (LR-Hilger 16).

8   4) **Entscheidung des Gerichts:**
9   A. **Von Amts wegen oder auf Antrag** der StA, des Angeschuldigten oder eines Nebenbeteiligten entscheidet das Gericht im Fall des I S 1. Hat die StA das Verfahren eingestellt, so ergeht die Entscheidung nur auf deren Antrag (II), also nicht auf Antrag des Beschuldigten (AG Lüdinghausen NStZ-RR **03**, 382); I gilt aber, wenn die Einstellung erst nach Zurücknahme der Anklage verfügt worden ist (KMR-Stöckel 14; SK-Degener 12; SSW-Steinberger-Fraunhofer 5; **aM** Bremen JZ **53**, 471 mit zust Anm Niethammer).

10 B. **Zuständig** ist das Gericht, auch das Berufungsgericht, das den Angeschuldigten freigesprochen oder das Verfahren eingestellt hat, vorher das Gericht, das für die Eröffnung des Hauptverfahrens zuständig gewesen wäre (II). Im Klageerzwingungsverfahren ist das OLG nicht das mit der Sache befasste Gericht iS von II

Kosten des Verfahrens § **470**

(Frankfurt NJW **72**, 1724). Den Kostenfestsetzungsbeschluss erlässt auch im Fall des II der Rechtspfleger des Gerichts (3 zu § 464b), nicht der Rechtspfleger der StA (Stuttgart Justiz **03**, 155).

C. **Durch Beschluss** neben der Entscheidung nach § 467 I erfolgt die Auferle- **11** gung der Kosten, auch in der Hauptverhandlung (Bay NJW **58**, 1933). Das Gericht kann aber, ohne dass dazu im Urteil ein besonderer Vorbehalt erforderlich ist, auch in einem Nachverfahren durch selbstständigen Beschluss entscheiden (BGH NStE Nr 14 zu § 464; LR-Hilger 20). Wegen des rechtlichen Gehörs gilt § 33 I– III; es muss auch dem Anzeigenden vor der Entscheidung gewährt werden.

5) **Unanfechtbar (III)** sind die Entscheidungen nach I und II. Vgl 16 zu **12** § 467a.

Kosten bei Zurücknahme des Strafantrags

470 [1] Wird das Verfahren wegen Zurücknahme des Antrags, durch den es bedingt war, eingestellt, so hat der Antragsteller die Kosten sowie die dem Beschuldigten und einem Nebenbeteiligten (§ 424 Absatz 1, § 438 Absatz 1, §§ 439, 444 Abs. 1 Satz 1) erwachsenen notwendigen Auslagen zu tragen. [2] Sie können dem Angeklagten oder einem Nebenbeteiligten auferlegt werden, soweit er sich zur Übernahme bereit erklärt, der Staatskasse, soweit es unbillig wäre, die Beteiligten damit zu belasten.

1) **Kostentragungspflicht des Antragstellers (S 1):** 1

A. **Durch den Antrag bedingt** ist das Verfahren, wenn er zulässig und wirk- 2 sam war und das Verfahren ohne ihn nicht eingeleitet oder weiterbetrieben worden wäre. Das ist nicht der Fall, wenn die StA Tateinheit mit einem Offizialdelikt oder das besondere öffentliche Interesse an der Strafverfolgung (etwa nach §§ 183 II, 230 I, 248a StGB) angenommen hat. Wird das wegen eines Offizialdelikts eingeleitete Verfahren nur wegen des Antragsdelikts fortgesetzt, so ist es von diesem Zeitpunkt ab, zB nach Anklageerhebung, durch den Antrag bedingt (Oldenburg GA **64**, 250, **aM** LG Berlin VRS **122**, 27). Auf die Ermächtigung zur Strafverfolgung und das Strafverlangen (§§ 77e StGB) ist § 470 nicht anzuwenden.

B. **In jedem Verfahrensabschnitt** gilt S 1. War das Gericht mit der Sache 3 noch nicht befasst, muss die StA zur Durchsetzung der Kostenfolge den Antrag auf Erlass des Kostenbeschlusses entspr § 469 II bei Gericht stellen (LR-Hilger 3; unten 7).

C. **Kosten und notwendige Auslagen** (vgl § 464a) sind, wirksame Antrags- 4 rücknahme vorausgesetzt, dem Anzeigenden aufzuerlegen. Haben mehrere den Antrag gestellt und zurückgenommen, so werden sie gemeinsam belastet und haften entspr dem Grundsatz der §§ 466, 471 IV als Gesamtschuldner (KK-Gieg 2). Gerichtsgebühren können nach Nr 3200 KVGKG herabgesetzt werden oder ganz entfallen; sie fallen erst an, wenn das Hauptverfahren schon eröffnet war (vgl Hartmann 9 zu Nr 3200). Hat der Dienstvorgesetzte die Anzeige erstattet (§§ 77a, 194 III StGB), so werden nicht ihm, sondern dem Bund oder dem Land, dessen Behörde er vertritt, die Kosten auferlegt (LR-Hilger 5; **aM** EbSchmidt Nachtr II 11: die in §§ 465 ff immer gemeinte Staatskasse). Für das Verhältnis zu § 467 gilt 7 zu § 469 entspr.

2) **Kostenverteilung nach Ermessen (S 2):** Die Abweichung von der Re- 5 gel des S 1 ist, da S 2 vom Angeklagten (vgl § 157) spricht, nur nach Eröffnung des Hauptverfahrens zulässig (LR-Hilger 8; D. Meyer JurBüro **84**, 1627; **aM** AG Schwetzingen NJW **75**, 946, KK-Gieg 3). S 2 hat den Nebenzweck, die Beendigung des Verfahrens durch einen Kosten- und Auslagenvergleich (zum Vergleich 8 ff vor § 374; 13 vor § 395) zu erleichtern. Da ein Vergleich der Prozessbeteiligten das Gericht nicht bindet, darf die Zurücknahme des Strafantrags an die Bedingung geknüpft werden, dass der Antragsteller von Kosten freigestellt wird (BGH **9**, 149;

§ 471 Siebentes Buch. 2. Abschnitt

16, 105, 107). Mit den Kosten und notwendigen Auslagen, auch des antragstellenden Privat- oder Nebenklägers, kann der Angeklagte oder ein Nebenbeteiligter allein belastet werden, wenn er sich zur vollen Übernahme ausdrücklich oder stillschweigend (LG Potsdam NStZ **06**, 655: bei Entschuldigung) bereit erklärt hat; dies kann insbesondere im Rahmen eines TOA nach §§ 155a, 155b von Bedeutung sein (KK-Gieg 3). Handelt es sich um mehrere Übernahmebereite, so haften sie als Gesamtschuldner (oben 4). Es ist aber auch zulässig, Kosten und Auslagen auf mehrere Antragsteller nach dem Maß ihrer Übernahmebereitschaft aufzuteilen und erforderlichenfalls im Übrigen den Angeklagten zu belasten (vgl im Einzelnen KK-Gieg 3).

6 3) Die **Staatskasse** darf nur ausnahmsweise belastet werden (Oldenburg GA **64**, 250), wenn anerkennenswerte Gründe vorliegen, die es unbillig erscheinen lassen, die Regel des S 1 anzuwenden oder von der Übernahmebereitschaft des Angeklagten oder eines Nebenbeteiligten Gebrauch zu machen. Wenn die Rücknahme des Strafantrags übersehen wurde, sind aber die danach entstandenen Kosten der Staatskasse aufzuerlegen (Koblenz StraFo **05**, 129).

7 4) Die **Entscheidung des Gerichts** ergeht in dem Einstellungsurteil nach § 260 III oder dem Beschluss nach § 206a von Amts wegen oder auf Antrag. Hat die StA das Verfahren eingestellt, so wird nur auf deren Antrag (oben 3) und durch selbstständigen Kostenbeschluss entschieden. Die Zuständigkeitsregelung des § 469 II gilt dann entspr. Vor der Entscheidung, die nach § 34 zu begründen ist, muss der Antragsteller gehört werden (§ 33 I–III).

8 5) **Anfechtung:** Gegen die Kostenauferlegung ist die sofortige Beschwerde nach § 464 III zulässig, auch wenn durch Urteil entschieden worden ist (**aM** Hamburg wistra **12**, 324 L; Düsseldorf RPfleger **14**, 225: Beschwerde unstatthaft bei Entscheidung nach S 1 in entspr Anwendung von § 469 III). Hat die StA ein Ermittlungsverfahren wegen Rücknahme des Strafantrags eingestellt, ist die gerichtliche Kosten- und Auslagenentscheidung in entspr Anwendung von § 469 III unanfechtbar (Düsseldorf NStZ **14**, 424).

Kosten bei Privatklage

471 I In einem Verfahren auf erhobene Privatklage hat der Verurteilte auch die dem Privatkläger erwachsenen notwendigen Auslagen zu erstatten.

II Wird die Klage gegen den Beschuldigten zurückgewiesen oder wird dieser freigesprochen oder wird das Verfahren eingestellt, so fallen dem Privatkläger die Kosten des Verfahrens sowie die dem Beschuldigten erwachsenen notwendigen Auslagen zur Last.

III Das Gericht kann die Kosten des Verfahrens und die notwendigen Auslagen der Beteiligten angemessen verteilen oder nach pflichtgemäßem Ermessen einem der Beteiligten auferlegen, wenn

1. es den Anträgen des Privatklägers nur zum Teil entsprochen hat;
2. es das Verfahren nach § 383 Abs. 2 (§ 390 Abs. 5) wegen Geringfügigkeit eingestellt hat;
3. Widerklage erhoben worden ist.

IV ¹ Mehrere Privatkläger haften als Gesamtschuldner. ² Das gleiche gilt hinsichtlich der Haftung mehrerer Beschuldigter für die dem Privatkläger erwachsenen notwendigen Auslagen.

1 1) Die **allgemeinen Kostenbestimmungen** der §§ 464 ff gelten auch im Privatklageverfahren, soweit § 471 nichts anderes bestimmt (Stuttgart NJW **74**, 512, 513). Jedoch tritt an die Stelle der StA und der Staatskasse der Privatkläger (BGH **17**, 376, 380). § 471 gilt für alle Rechtszüge (LR-Hilger 4). Wegen der Rechtsmittelkosten vgl 32ff zu § 473. Anders als das Offizialverfahren kann das

Kosten des Verfahrens   § 471

Privatklageverfahren durch Vergleich beendet werden (9 ff vor § 374). An die darin
enthaltene Kostenregelung ist das Gericht nicht gebunden (LR-Hilger 23).

2) Der **verurteilte Angeklagte (I)** hat dem Privatkläger, was das Gericht aus- 2
drücklich aussprechen muss (Düsseldorf JurBüro **89**, 1000), die notwendigen Auslagen (§ 464a II) zu erstatten, auch soweit sie vor Klageerhebung entstanden sind.

3) **Im Fall der Nichtverurteilung (II)** muss in dem freisprechenden Urteil 3
oder in dem Einstellungsbeschluss ausgesprochen werden, dass der Privatkläger
dem Beschuldigten dessen notwendige Auslagen zu erstatten hat. Das gilt auch,
wenn die Privatklage nach § 383 I S 1 zurückgewiesen (dort 13) oder zurückgenommen wird oder nach § 391 II als zurückgenommen gilt (LG Hagen NJW **55**,
1646), wenn das Verfahren nach § 389 eingestellt wird, weil ein Offizialdelikt vorliegt (Bay **59**, 257; zw LR-Hilger 12; aM Traub NJW **60**, 710, der III Nr 2 entspr
anwenden will), und wenn es nach § 393 I wegen des Todes des Privatklägers eingestellt und nicht nach § 393 II fortgesetzt wird (Bay **60**, 141; LR-Hilger 10; **aM**
Traub aaO; erg 1 zu § 393), nicht aber im Fall des § 379a III S 1 (D. Meyer JurBüro **89**, 1205). Über den Tod des Beschuldigten vgl 14 zu § 464; 12 zu § 465. Bei
schuldhafter Säumnis der Beschuldigten gilt § 467 II (Stuttgart NJW **74**, 512, 513),
bei Teilfreispruch III Nr 1 (unten 5). Bei Widerklage ist stets nach III Nr 3 zu
entscheiden (unten 7).

4) **Verteilung; Belastung eines Beteiligten (III):** Die Vorschrift gilt für alle 4
Rechtszüge (33 zu § 473). Zulässig ist die Verteilung der Gebühren und Auslagen
der Staatskasse (§ 464a I) und der notwendigen Auslagen der Beteiligten (§ 464a
II), und zwar nach Bruchteilen oder nach ausscheidbaren Teilen (Massen oder
Einzelposten). Die Vollstreckungskosten werden nach dem Grundgedanken des
§ 466 S 2 idR dem Verurteilten aufzuerlegen sein, ebenso die sich nach der Verteilung richtenden Gerichtsgebühren. Die Verteilung muss so eindeutig sein, dass
sie eine sichere Grundlage für die Festsetzung der Höhe der Ansprüche erlaubt (vgl
1 zu § 464b). Werden die Ansprüche der Beteiligten auf Auslagenerstattung gegeneinander aufgehoben, so hat keiner gegenüber dem anderen einen Zahlungsanspruch. III gilt auch, wenn von mehreren Mitangeklagten einer freigesprochen
wird. Jedoch dürfen dann die Kosten, die nur im Verfahren gegen den Freigesprochenen entstanden sind, nicht einem Verurteilten auferlegt werden (Bay **57**, 190 =
JZ **58**, 180). Zur Berücksichtigung eines Kosten- und Auslagenvergleichs vgl 8 ff
vor § 374.

A. **Teilerfolg des Privatklägers (III Nr 1):** Maßgebend ist, ob der Verfah- 5
rensausgang hinter dem den Anträgen des Privatklägers entspr Eröffnungsbeschluss
zurückbleibt. Dabei kommt es nicht darauf an, ob der Angeklagte wegen aller in
Tateinheit stehender Delikte (**aM** KK-Gieg 4), oder bei einer natürlichen Handlungseinheit wegen aller Teilvorgänge verurteilt wird (**aM** Bay **62**, 139). Dagegen
kann Nr 1 anwendbar sein, wenn das Urteil nicht wegen aller selbstständigen
Handlungen ergeht; dann beurteilt sich die Frage, ob der Privatkläger nur teilw
Erfolg hat, nach dem Gesamtgegenstand der Privatklage (LR-Hilger 27). Für die
Frage des Erfolgs ist gleichgültig, ob der Privatkläger die Tat rechtlich anders beurteilt und ob auf die Strafe erkannt wird, die er im Schlussvortrag (§§ 385 I, 258)
beantragt hat (Düsseldorf JurBüro **85**, 896). Bei Straffreierklärung nach § 199 StGB
ist III Nr 1 neben § 468 anwendbar (RG **44**, 333; KMR-Stöckel 4 zu § 468); idR
werden dem Privatkläger die Kosten aufzuerlegen sein (LR-Hilger 6).

B. **Einstellung wegen Geringfügigkeit (III Nr 2):** Die volle oder teilw Be- 6
lastung eines der Beteiligten ist Teil des Einstellungsbeschlusses nach § 383 II,
390 V. Die Ermessensentscheidung darf das Gericht dann nicht mit der Schuld des
Beschuldigten begründen, wenn es die Hauptverhandlung in der Schuldfrage nicht
bis zur Entscheidungsreife geführt hat (BVerfG **74**, 358 = NJW **87**, 2427, 2428;
90, 2741; krit Krehl NJW **88**, 3254). Es darf aber berücksichtigen, inwieweit der
Beschuldigte nachvollziehbaren Anlass zur Klageerhebung gegeben hat; dabei darf
es aber nur die Umstände des Sachverhalts zugrunde legen, die keiner Aufklärung

Schmitt   1935

§ 472

mehr bedürfen (BVerfG NJW **91**, 829; **92**, 1611; Nierwetberg NJW **89**, 1978). Die Staatskasse darf nicht belastet werden.

7 C. **Bei Widerklage (III Nr 3)** bilden die Verfahrenskosten und notwendigen Auslagen beider Beteiligter eine unteilbare Einheit. Ohne Rücksicht auf den Ausgang der Privatklage muss daher über Kosten und Auslagen ausdrücklich entschieden werden (Bay **55**, 238), und zwar im Urteil oder in der sonstigen verfahrensabschließenden Entscheidung. Eine Verteilung ist auch bei Freisprechung des Privatklägers von der Beschuldigung der Widerklage möglich (Celle NdsRpfl **66**, 227).

8 5) **Als Gesamtschuldner (IV)** haften mehrere Privatkläger in den Fällen des II, in denen des III nur insoweit, als sie in der gerichtlichen Kostenverteilung gemeinsam belastet werden. Ebenso haften mehrere Beschuldigte als Gesamtschuldner im Fall des I für die dem Privatkläger oder den mehreren Privatklägern erwachsenen notwendigen Auslagen, soweit sie wegen derselben Tat (§ 264) verurteilt sind (LR-Hilger 37). Das Gleiche gilt im Fall des III, wenn und soweit die notwendigen Auslagen den mehreren Beschuldigten ohne Aufteilung auf die Einzelnen auferlegt werden. Die gesamtschuldnerische Haftung der mehreren Mitbeschuldigten für die Auslagen der Staatskasse richtet sich nach § 466. Für die Gerichtsgebühren gibt es keine solche Haftung (vgl § 466 S 1).

Notwendige Auslagen des Nebenklägers

472 I ¹Die dem Nebenkläger erwachsenen notwendigen Auslagen sind dem Angeklagten aufzuerlegen, wenn er wegen einer Tat verurteilt wird, die den Nebenkläger betrifft. ²Die notwendigen Auslagen für einen psychosozialen Prozessbegleiter des Nebenklägers können dem Angeklagten nur bis zu der Höhe auferlegt werden, in der sich im Falle der Beiordnung des psychosozialen Prozessbegleiters die Gerichtsgebühren erhöhen würden. ³Von der Auferlegung der notwendigen Auslagen kann ganz oder teilweise abgesehen werden, soweit es unbillig wäre, den Angeklagten damit zu belasten.

II ¹Stellt das Gericht das Verfahren nach einer Vorschrift, die dies nach seinem Ermessen zuläßt, ein, so kann es die in Absatz 1 genannten notwendigen Auslagen ganz oder teilweise dem Angeschuldigten auferlegen, soweit dies aus besonderen Gründen der Billigkeit entspricht. ²Stellt das Gericht das Verfahren nach vorangegangener vorläufiger Einstellung (§ 153a) endgültig ein, gilt Absatz 1 entsprechend.

III ¹Die Absätze 1 und 2 gelten entsprechend für die notwendigen Auslagen, die einem zum Anschluß als Nebenkläger Berechtigten in Wahrnehmung seiner Befugnisse nach § 406h erwachsen sind. ²Gleiches gilt für die notwendigen Auslagen eines Privatklägers, wenn die Staatsanwaltschaft nach § 377 Abs. 2 die Verfolgung übernommen hat.

IV § 471 Abs. 4 Satz 2 gilt entsprechend.

1 1) Die **Kosten der Beteiligung des Nebenklägers** sind von dem Angeklagten zu tragen, wenn er wegen der den Nebenkläger betreffenden Tat verurteilt wird (I), und verbleiben grundsätzlich bei dem Nebenkläger, wenn das Verfahren nach einer Ermessensvorschrift eingestellt wird (II). In beiden Fällen wird durch Billigkeitsklauseln die Möglichkeit einer abweichenden gerichtlichen Entscheidung eröffnet. Bei der Überbürdung der notwendigen Auslagen des Nebenklägers auf den Untergebrachten verbleibt es bei der analogen Anwendung von §§ 465, 467 (Hamm NStZ **88**, 379). Die Entscheidung setzt nur eine wirksame Anschlusserklärung (BGH 5 StR 141/11 vom 3.5.2011), nicht den (deklaratorischen) Beschluss nach § 396 II voraus (LG Koblenz StraFo **09**, 440); widerruft der Nebenkläger aber seine Anschlusserklärung, so verliert er den Kostenerstattungsanspruch (2 zu

§ 402); stirbt er vor Rechtskraft des Verfahrens, so bleibt der Anspruch bestehen (5 zu § 402).

Wenn der **Angeklagte freigesprochen,** das Hauptverfahren gegen ihn nicht 2 eröffnet oder das Verfahren nach §§ 206a, 206b, 260 III eingestellt wird, trägt die durch seine Beteiligung entstandenen Kosten stets der Nebenkläger selbst (BGH wistra **99**, 426 und StraFo **12**, 472 bei Tod des Angeklagten). Er kann auch nicht die Erstattung seiner durch die Säumnis des Beschuldigten entstandenen Kosten verlangen, denn I S 1 geht insoweit als abschließende Sonderregelung § 467 II vor (LR-Hilger 2, 4; Saarbrücken NStZ-RR **97**, 158: im Übrigen bleibt es bei § 467 II). In dem das Verfahren abschließenden Urteil oder Beschluss ist ein besonderer Ausspruch darüber, dass die Kosten bei dem Nebenkläger verbleiben, nicht erforderlich (Düsseldorf OLGSt § 469 Nr 1; **aM** LR-Hilger 8). Nach hM kann der Nebenkläger Kostenerstattungsansprüche gegen den freigesprochenen Angeklagten auch nicht auf dem Zivilrechtsweg geltend machen (BGHZ **24**, 263; LR-Hilger 29 vor § 464).

Der **Staatskasse** dürfen die Auslagen des Nebenklägers in keinem Fall überbür- 3 det werden (Celle NdsRpfl **70**, 184; Hamm VRS **42**, 36; München AnwBl **78**, 189; erg 1 zu § 464b; 12 zu § 473). Sie tritt auch im Fall des § 74 **JGG** nicht für den Angeklagten ein (Celle MDR **75**, 338; LR-Hilger 7; **aM** Zweibrücken AnwBl **73**, 86; LG Darmstadt NStZ **85**, 235 L; zw Eisenberg/Schimmel JR **96**, 218; Kölbel/Eisenberg StraFo **19**, 75; erg unten 8).

2) Kostenentscheidung bei Verurteilung des Angeklagten (I): 4

A. Bei **Verurteilung wegen einer den Nebenkläger betreffenden Tat** 5 (S 1), auch bei rechtskräftigem Strafbefehl (siehe erg 10a), hat der Angeklagte grundsätzlich die Kosten des Nebenklägers zu tragen. Verurteilt iS der Vorschrift ist auch der Freigesprochene, gegen den eine Maßregel nach §§ 63, 64, 69 StGB angeordnet worden ist (Bay **54**, 43; LG Stuttgart AnwBl **73**, 176).

In den **Fällen des § 395 I, III** hängt die Kostentragungspflicht des Angeklagten 6 nicht davon ab, dass es zur Verurteilung wegen des Nebenklagedelikts kommt (BGH **20**, 284; Bay JR **86**, 556). Eine den Nebenkläger betreffende Tat liegt vielmehr immer vor, wenn sie denselben geschichtlichen Vorrang iS des § 264 betrifft, der der Nebenklage zugrunde liegt, und wenn sie sich gegen den Nebenkläger als Träger eines strafrechtlich geschützten Rechtsguts richtet (BGH **38**, 93 mwN; NStZ **97**, 74 [K]; **98**, 28 [K]; 1 StR 419/15 vom 2.2.2016; **aM** LR-Hilger 12: nur wenn grundsätzlich eine Verurteilung wegen eines Nebenklagedelikts möglich wäre; offen gelassen von Celle NZV **91**, 42 mit Anm Riegner, der Tateinheit verlangt). Das gilt auch bei Verurteilung nach § 323a StGB, wenn sich die Rauschtat gegen den Nebenkläger gerichtet hatte (BGH **20**, 284; 3 StR 272/19 vom 20.8. 2019; Bay aaO; Kotz NStZ-RR **99**, 166), bei § 323c, wenn ihm gegenüber Hilfe unterblieb (BGH NJW **02**, 1356), und bei Verurteilung wegen fahrlässiger Veröffentlichung nach § 11 III BayLPresseG, wenn der strafbare Inhalt des Druckwerks eine Tat darstellt, derentwegen die Nebenklage erhoben werden kann (Bay **82**, 146). Es genügt auch die Verurteilung wegen einer OWi, die Schutzcharakter gegenüber dem Nebenkläger hat; dazu gehört § 1 StVO (Bay **70**, 227; Hamm JMBlNW **58**, 236; **aM** LG Limburg VRS **49**, 118), aber nicht die nur im Interesse der allgemeinen Verkehrssicherheit erlassenen Vorschriften der StVO (BGH **11**, 195, 198; Celle NJW **56**, 1611). Die Erstattungspflicht entfällt mangels Schutzcharakters dieser Vorschriften auch bei Verurteilung nach § 142 StGB (BGH VRS **17**, 424; Hamm DAR **61**, 344; **aM** Düsseldorf MDR **81**, 958; Riegner NZV **91**, 43) und nach § 316 StGB (Bay **68**, 36; KG VRS **44**, 119), aber nicht bei Verurteilung nach § 315b StGB (BGH NStZ-RR **06**, 127).

Im **Fall des § 395 II Nr 1** genügt es ebenfalls, dass der Angeklagte wegen einer 7 Straftat verurteilt ist, die gegen den Getöteten als Träger eines strafrechtlich geschützten Rechtsguts erhoben werden kann (BGH NJW **60**, 1311; GA **68**, 184; Hamm Anwbl **82**, 168; Stuttgart NJW **59**, 1455).

§ 472

Siebentes Buch. 2. Abschnitt

8 B. Die **notwendigen Auslagen (S 1)** des zu Recht und wirksam zugelassenen (Bay 71, 56; LR-Hilger 13) Nebenklägers hat der Angeklagte zu tragen. Das gilt idR auch für einen verurteilten Jugendlichen oder Heranwachsenden (vgl BGH StraFo **19**, 75 mit abl Anm Kölbel/Eisenberg), bei denen aber nach §§ 74, 109 II S 1 **JGG** davon abgesehen werden kann (BGH 3 StR 117/12 vom 20.12.2012; KG JR **96**, 216); letzteres erscheint nicht unproblematisch, da sie dann konsequenterweise der Staatskasse auferlegt werden (vgl Kölbel/Eisenberg aaO; oben 3). Maßgebend ist § 464a II. Notwendige Auslagen des Nebenklägers sind auch diejenigen, die zeitlich in das Vorverfahren fallen (Hamm JMBlNW **79**, 287; Schmidt NJW **79**, 1396; **aM** Schmid NJW **79**, 302) oder die nach teilw Aufhebung des Urteils und Zurückverweisung zur erneuten Straffestsetzung entstehen (Brandenburg NStZ-RR **98**, 255), auch diejenigen des Wiederaufnahmeverfahrens, wenn der Angeklagte wiederum wegen eines Nebenklagedelikts verurteilt wird (Celle NStZ-RR **11**, 293 L). Die Erstattungspflicht besteht gegenüber dem mitangeklagten Nebenkläger (Bay **59**, 168; Stuttgart NJW **57**, 435; SK-Degener 16; **aM** Lechleitner NJW **59**, 859). Dann ist aber nur der Differenzbetrag zu erstatten, um den sich die Verteidigergebühr infolge der Hinzunahme der Nebenklägervertretung erhöht (Bay aaO; LG Bonn MDR **71**, 776 mit abl Anm H. Schmidt; LG Regensburg NJW **67**, 898; LR-Hilger 16; **aM** LG Arnsberg JurBüro **85**, 1511 mit abl Anm Mümmler: volle Kosten der Nebenklägervertretung).

8a Die Erstattung der notwendigen Auslagen für einen **psychosozialen Prozessbegleiter** (s § 406g) ist nach S 2 begrenzt, damit der Angeklagte nicht dadurch schlechter gestellt wird, dass bei dem Verletzten zwar die Voraussetzungen für die Zulassung zur Nebenklage, nicht aber die engeren Voraussetzungen für die Beiordnung eines psychosozialen Prozessbegleiters vorliegen (BT-Drucks 18/4621 S 37).

9 C. **Billigkeitsentscheidung (S 3):** Von der Kostenentscheidung nach S 1 und 2 kann mit der Folge abgesehen werden, dass die Kosten – auch die eines psychosozialen Prozessbegleiters (8a) – beim Nebenkläger verbleiben, wenn das der Billigkeit entspricht. Das Gericht kann dabei die Umstände des Einzelfalls berücksichtigen (BGH NStZ **99**, 261), insbesondere den Umstand, dass der Beschuldigte durch sein Verhalten keinen vernünftigen Anlass für einen Anschluss als Nebenkläger gegeben hat (LR-Hilger 15; **aM** Beulke DAR **88**, 119) oder dass den Verletzten ein Mitverschulden trifft (vgl BGH **38**, 93, 95). S 2 ermöglicht auch eine Teilung der dem Nebenkläger erwachsenen notwendigen Auslagen, wobei in die Billigkeitsentscheidung auch die finanzielle Lage der Beteiligten und der Umstand einfließen, ob der Nebenkläger durch sein Prozessverhalten schuldhaft vermeidbare Auslagen verursacht hat (KG NStZ-RR **99**, 223). Hat der Angeklagte erfolglos Rechtsmittel eingelegt, gilt insoweit eher nicht S 2 sondern § 473 I S 2 (Düsseldorf JurBüro **91**, 853); zum Teilerfolg vgl 29 zu § 473.

10 D. Eine **ausdrückliche Entscheidung** über die notwendigen Auslagen des Nebenklägers ist in jedem verurteilenden Erkenntnis zu treffen (KG JR **89**, 392; Koblenz NStE Nr 5). Die Billigkeitsentscheidung nach S 2 ist zu begründen. Enthält das Urteil keine Entscheidung, so trägt der Nebenkläger seine Kosten selbst, sofern er nicht erfolgreich sofortige Beschwerde nach § 464 III S 1 Hs 1 einlegt (LG Koblenz StraFo **09**, 440). Die Nachholung der unterbliebenen Entscheidung ist unzulässig (LG Stuttgart NStE Nr 19 zu § 464; erg 12 zu § 464).

10a **Entsprechendes** – also Entscheidung notwendig, Beschwerde zulässig, Nachholung unzulässig (nicht verstanden von LG Nürnberg-Fürth NStZ-RR **05**, 159) – gilt für den Fall, dass der Angeklagte den Einspruch gegen den Strafbefehl nach Terminsanberaumung zurückgenommen hat (LG Gießen NStZ-RR **13**, 391; LG Hechingen DAR **91**, 197; LG Zweibrücken Rpfleger **92**, 128; erg 13 zu § 464) oder der Einspruch nach § 412 verworfen worden ist (**aM** LG Berlin NStE Nr 16 zu § 464, das zu Unrecht – vgl 19 zu § 464 – dem Nebenkläger die Anfechtungsmöglichkeit versagt). Falls gegen den Strafbefehl kein Einspruch eingelegt wird, trägt der Nebenkläger seine notwendigen Auslagen selbst, ausgenommen nach III solche für eine Tätigkeit im Rahmen des § 406g (Frankfurt NStZ-RR **01**, 63 mwN; erg unten 14).

3) Kostenentscheidung bei Verfahrenseinstellung (II): 11

A. Die **allgemeine Regelung (S 1)** dieser Kostenfrage geht dahin, dass der 12 Nebenkläger bei einer Verfahrenseinstellung nach §§ 153, 154 ff seine notwendigen Auslagen grundsätzlich selbst zu tragen hat, dass das Gericht aber die notwendigen Auslagen des Nebenklägers ganz oder teilw dem Angeschuldigten auferlegen kann, soweit das aus besonderen Gründen der Billigkeit entspricht (München NJW **03**, 3072). Dabei darf berücksichtigt werden, dass der Beschuldigte durch die bereits feststehenden Tatsachen verständlichen Anlass zur Nebenklage gegeben hat (BVerfG StV **88**, 31; vgl auch Beulke DAR **88**, 114, 119).

B. Bei **endgültiger Verfahrenseinstellung nach § 153a (S 2)** sind entspr I 13 S 1 die notwendigen Auslagen des Nebenklägers grundsätzlich dem Beschuldigten aufzuerlegen; nur aus Billigkeitsgründen kann bestimmt werden, dass sie bei dem Nebenkläger verbleiben; dieser ist jedoch vorher anzuhören (Düsseldorf MDR **93**, 786; Stuttgart StraFo **04**, 291: sonst § 33a). Auch wegen der Notwendigkeit eines ausdrücklichen Kostenausspruchs in dem Einstellungsbeschluss gelten die Grundsätze zu I S 1 (oben 10). Da der Beschuldigte der Einstellung gegen Auflagen und Weisungen nach § 153a II in jedem Fall zustimmen muss, kann er auch die Kostenlast nach II S 2 in seine Überlegungen einbeziehen; auch das Gericht kann den Umstand, dass den Angeschuldigten auch die Auslagen des Nebenklägers treffen, bei der Bemessung der Auflagen nach § 153a I S 1 Nrn 1–4 berücksichtigen.

4) Die **entsprechende Anwendung von I und II (III)** ist für zwei Fälle be- 14 stimmt. Einmal stellt S 1 denjenigen Verletzten, der sich zum Anschluss als Nebenkläger berechtigt wäre, sich aber darauf beschränkt hat, einen Rechtsanwalt nach § 406g hinzuzuziehen, kostenmäßig im Hinblick auf die ihm insoweit entstandenen Kosten einem Nebenkläger gleich. Das gilt auch für die Hinzuziehung des Beistands schon im Vorverfahren, sofern es später zur Verurteilung des Beschuldigten (durch Strafbefehl genügt, vgl LG Traunstein DAR **91**, 316) kommt. Zum anderen stellt S 2 sicher, dass dem früheren Privatkläger durch die Übernahme des Verfahrens durch die StA nach § 377 keine kostenmäßigen Nachteile erwachsen.

5) Gesamtschuldnerische Haftung (IV). Mehrere Angeschuldigte, die für 15 die notwendigen Auslagen des Nebenklägers einzustehen haben, haften entspr § 471 IV S 2 als Gesamtschuldner.

Kosten und notwendige Auslagen bei Adhäsionsverfahren

472a I Soweit dem Antrag auf Zuerkennung eines aus der Straftat erwachsenen Anspruchs stattgegeben wird, hat der Angeklagte auch die dadurch entstandenen besonderen Kosten und die notwendigen Auslagen des Verletzten zu tragen.

II ¹ Sieht das Gericht von der Entscheidung über den Antrag ab, wird ein Teil des Anspruchs dem Verletzten nicht zuerkannt oder nimmt der Verletzte den Antrag zurück, so entscheidet das Gericht nach pflichtgemäßem Ermessen, wer die insoweit entstandenen gerichtlichen Auslagen und die notwendigen den Beteiligten erwachsenen notwendigen Auslagen trägt. ² Die gerichtlichen Auslagen können der Staatskasse auferlegt werden, soweit es unbillig wäre, die Beteiligten damit zu belasten.

1) Bei vollem Erfolg des Antragstellers (I) im Adhäsionsverfahren nach 1 §§ 403 ff hat der Angeklagte die dadurch entstandenen besonderen Kosten (Nr 3700 KVGKG; Nr. 4143 VVRVG; 2 zu § 472b) und die notwendigen Auslagen des Antragstellers zu tragen. Das muss im Urteil oder Beschluss besonders ausgesprochen werden.

§ 472b Siebentes Buch. 2. Abschnitt

2 2) **Ermessensentscheidung bei Erfolglosigkeit oder Zurücknahme (II):** Vgl den Fall BGH MDR **66**, 560 [H]: Zuerkennung eines geringen Schmerzensgeldes, das durch die Auferlegung von RA-Kosten nicht noch geschmälert werden soll. Auch die Verteilung ist zulässig (Nürnberg NJW **72**, 67, 69; vgl auch Feigen Otto-FS 891: Bekämpfung eines Missbrauchs des Adhäsionsverfahrens durch Auferlegung der Kosten an denjenigen, der sie durch sein Prozessverhalten geradezu provoziert hat; krit Grau/Blechschmidt/Frick NStZ **10**, 668). Die Belastung der Staatskasse mit den gerichtlichen Auslagen (nicht mit den notwendigen Auslagen der Beteiligten) sieht II S 2 vor. Sie kommt vor allem im Fall des § 406 I S 3 in Betracht. Die Entscheidung ergeht in dem Urteil oder Beschluss, in dem über den Antrag entschieden wird.

3 3) Für **Grund- und Teilurteile** (§ 406 I S 2) gilt: Falls nur ein solches Urteil begehrt wurde, ist I, sonst II anzuwenden (vgl zur früheren Regelung auch Köckerbauer NStZ **94**, 310).

4 4) **Sofortige Beschwerde** nach § 464 III S 1 steht dem Angeklagten zu, soweit ihm nach I oder II Kosten und Auslagen auferlegt worden sind, dem Antragsteller hingegen wegen § 406a I S 2 iVm § 464 III S 1 Hs 2 nicht (BGH StraFo **08**, 164; LR-Hilger 4; Seier 104; aM Köckerbauer NStZ **94**, 311). Dasselbe gilt bei Rücknahme des Antrags nach § 404 IV (Düsseldorf JurBüro **89**, 240).

Kosten und notwendige Auslagen bei Nebenbeteiligung

472b I ¹Wird die Einziehung, der Vorbehalt der Einziehung, die Vernichtung, Unbrauchbarmachung oder Beseitigung eines gesetzwidrigen Zustandes angeordnet, so können dem Nebenbeteiligten die durch seine Beteiligung erwachsenen besonderen Kosten auferlegt werden. ²Die dem Nebenbeteiligten erwachsenen notwendigen Auslagen können, soweit es der Billigkeit entspricht, dem Angeklagten, im selbständigen Verfahren auch einem anderen Nebenbeteiligten auferlegt werden.

II Wird eine Geldbuße gegen eine juristische Person oder eine Personenvereinigung festgesetzt, so hat diese die Kosten des Verfahrens entsprechend den §§ 465, 466 zu tragen.

III Wird von der Anordnung einer der in Absatz 1 Satz 1 bezeichneten Nebenfolgen oder der Festsetzung einer Geldbuße gegen eine juristische Person oder eine Personenvereinigung abgesehen, so können die dem Nebenbeteiligten erwachsenen notwendigen Auslagen der Staatskasse oder einem anderen Beteiligten auferlegt werden.

1 1) **Anordnung von Maßnahmen und Festsetzung von Geldbußen gegen Nebenbeteiligte** (§§ 431, 442, 444) (I):

2 A. **Besondere Kosten (I S 1)** sind, da eine Gebühr für die Anordnung nicht entsteht (vgl Nrn 3410 ff KVGKG), nur die ausscheidbaren Auslagen der Staatskasse, zB für eine Beweisaufnahme über Einwendungen des Nebenbeteiligten (LR-Hilger 3). Von der die grundsätzliche Kostentragungspflicht des Angeklagten (§ 465) abändernden Kannbestimmung ist insbesondere Gebrauch zu machen, wenn die Auslagen durch unbegründete Einwendungen des Nebenbeteiligten entstanden sind.

3 B. Die **notwendigen Auslagen (I S 2)** trägt der Nebenbeteiligte selbst, wenn darüber keine besondere Entscheidung ergeht (LR-Hilger 4). Aus Billigkeitsgründen kommt im subjektiven Verfahren die Belastung des Angeklagten in Betracht, zB wenn er einen gestohlenen Gegenstand an den gutgläubigen Einziehungsbeteiligten veräußert hat und dieser die Einziehung aus seinem vermeintlichen Recht bekämpft oder wenn die JP oder PV auf Grund der später widerlegten Behauptung des Angeklagten, er habe die Tat zu ihrem Vorteil begangen, in das Verfahren hin-

Kosten des Verfahrens § 473

eingezogen wird. Die Aufteilung der Auslagen, auch nach Bruchteilen, ist zulässig (§ 464d; vgl auch Nürnberg NJW 72, 67, 69).

C. **Im selbstständigen Verfahren** (§§ 440, 442, 444 III) ist § 465 I nicht anwendbar; grundsätzlich muss daher die Staatkasse die Kosten tragen (RG 74, 326, 334; LR-Hilger 3). Wenn ein Nebenbeteiligter belastet werden soll, kann das auch hier nur durch Überbürdung der durch seine Beteiligung entstandenen besonderen Kosten geschehen (I S 1). Seine notwendigen Auslagen trägt der Nebenbeteiligte grundsätzlich selbst; sie können aber aus Billigkeitsgründen einem anderen Nebenbeteiligten auferlegt werden (I S 2), auch dem Privatkläger, der das Verfahren beantragt hat.   4

2) **Geldbuße gegen eine JP oder PV (II):** Wird gegen diese nach § 30 OWiG im Strafverfahren eine Geldbuße verhängt, so wird die JP oder PV kostenmäßig wie ein verurteilter Angeklagter nach § 465 I behandelt. Wird sie neben einer natürlichen Person als Organ usw der JP oder PV verurteilt, haftet sie neben dieser als Gesamtschuldner nach § 466.   5

3) **Absehen von der Anordnung oder Festsetzung (III):** Kostenpflichtig ist der verurteilte Angeklagte (§ 465 I) oder die verurteilte JP oder PV (II), bei Nichtverurteilung die Staatskasse. Der Nebenbeteiligte trägt seine notwendigen Auslagen selbst. Das Gericht kann sie jedoch ganz oder teilw der Staatskasse oder dem Angeklagten, dem Privat- oder Nebenkläger oder einem anderen Nebenbeteiligten (LR-Hilger 10) auferlegen. III gilt auch im selbstständigen Verfahren.   6

4) **Rechtsmittelkosten:** Vgl 28 zu § 473.   7

Kosten bei zurückgenommenem oder erfolglosem Rechtsmittel; Kosten der Wiedereinsetzung

473 I [1] Die Kosten eines zurückgenommenen oder erfolglos eingelegten Rechtsmittels treffen den, der es eingelegt hat. [2] Hat der Beschuldigte das Rechtsmittel erfolglos eingelegt oder zurückgenommen, so sind ihm die dadurch dem Nebenkläger oder dem zum Anschluß als Nebenkläger Berechtigten in Wahrnehmung seiner Befugnisse nach § 406h erwachsenen notwendigen Auslagen aufzuerlegen. [3] Hat im Falle des Satzes 1 allein der Nebenkläger ein Rechtsmittel eingelegt oder durchgeführt, so sind ihm die dadurch erwachsenen notwendigen Auslagen des Beschuldigten aufzuerlegen. [4] Für die Kosten des Rechtsmittels und die notwendigen Auslagen der Beteiligten gilt § 472a Abs. 2 entsprechend, wenn eine zulässig erhobene sofortige Beschwerde nach § 406a Abs. 1 Satz 1 durch eine den Rechtszug abschließende Entscheidung unzulässig geworden ist.

II [1] Hat im Falle des Absatzes 1 die Staatsanwaltschaft das Rechtsmittel zuungunsten des Beschuldigten oder eines Nebenbeteiligten (§ 424 Absatz 1, §§ 439, 444 Abs. 1 Satz 1) eingelegt, so sind die ihm erwachsenen notwendigen Auslagen der Staatskasse aufzuerlegen. [2] Dasselbe gilt, wenn das von der Staatsanwaltschaft zugunsten des Beschuldigten oder eines Nebenbeteiligten eingelegte Rechtsmittel Erfolg hat.

III Hat der Beschuldigte oder ein anderer Beteiligter das Rechtsmittel auf bestimmte Beschwerdepunkte beschränkt und hat ein solches Rechtsmittel Erfolg, so sind die notwendigen Auslagen des Beteiligten der Staatskasse aufzuerlegen.

IV [1] Hat das Rechtsmittel teilweise Erfolg, so hat das Gericht die Gebühr zu ermäßigen und die entstandenen Auslagen teilweise oder auch ganz der Staatskasse aufzuerlegen, soweit es unbillig wäre, die Beteiligten damit zu belasten. [2] Dies gilt entsprechend für die notwendigen Auslagen der Beteiligten.

§ 473

Siebentes Buch. 2. Abschnitt

^V Ein Rechtsmittel gilt als erfolglos, soweit eine Anordnung nach § 69 Abs. 1 oder § 69b Abs. 1 des Strafgesetzbuches nur deshalb nicht aufrechterhalten wird, weil ihre Voraussetzungen wegen der Dauer einer vorläufigen Entziehung der Fahrerlaubnis (§ 111a Abs. 1) oder einer Verwahrung, Sicherstellung oder Beschlagnahme des Führerscheins (§ 69a Abs. 6 des Strafgesetzbuches) nicht mehr vorliegen.

^{VI} Die Absätze 1 bis 4 gelten entsprechend für die Kosten und die notwendigen Auslagen, die durch einen Antrag
1. auf Wiederaufnahme des durch ein rechtskräftiges Urteil abgeschlossenen Verfahrens oder
2. auf ein Nachverfahren (§ 433)

verursacht worden sind.

^{VII} Die Kosten der Wiedereinsetzung in den vorigen Stand fallen dem Antragsteller zur Last, soweit sie nicht durch einen unbegründeten Widerspruch des Gegners entstanden sind.

Übersicht

	Rn
1) Rechtsmittel	1
2) Kostentragungspflicht bei vollem Erfolg eines unbeschränkten Rechtsmittels	2, 3
3) Kostentragungspflicht bei Zurücknahme und Erfolglosigkeit des Rechtsmittels (I)	4–13
4) Rechtsmittel der StA (II)	14–18
5) Beschränktes Rechtsmittel (III)	19–23
6) Teilerfolg (IV)	24–29
7) Erfolg wegen Zeitablaufs (V)	30, 31
8) Rechtsmittel im Privatklageverfahren	32–35
9) Rechtsmittelkosten bei Nebenbeteiligung	36
10) Wiederaufnahme und Nachverfahren (VI)	37
11) Kosten der Wiedereinsetzung (VII)	38

1 **1) Rechtsmittel** sind Beschwerde, Berufung und Revision (1 vor § 296), nicht der Einspruch gegen den Strafbefehl, auch nicht bei erfolgreichem Teileinspruch nach § 410 II (Stuttgart NStZ **89**, 589 mwN; LG Göttingen NdsRpfl **92**, 8; LG Hamburg NZV **93**, 205; LG Hildesheim NdsRpfl **89**, 41; LG Kempten DAR **99**, 141; **aM** München NStZ **88**, 241 mit abl Anm Mertens NStZ **88**, 473; AG Bretten MDR **91**, 371); hier kann ggf § 465 II helfen (LG Bremen MDR **91**, 666; LG Mosbach StV **97**, 34; D. Meyer JurBüro **89**, 1331). Mehrere nebeneinander eingelegte Rechtsmittel sind kostenrechtlich voneinander zu trennen (BGH 1 ARs 4/19 vom 6.8.2019 mwN). Die entspr Anwendung des § 473 bestimmt § 161a III S 3. Zur Frage, wann Rechtsmittelentscheidungen mit einer Kosten- und Auslagenentscheidung versehen werden müssen, vgl 7a, 11a zu § 464.

2 **2) Die Kostentragungspflicht bei vollem Erfolg eines unbeschränkten Rechtsmittels** ist in II S 2 nur für einen Sonderfall geregelt. Besteht der Erfolg des Rechtsmittels im Freispruch des Angeklagten oder in der Verfahrenseinstellung, so gilt § 467 (Karlsruhe NJW **74**, 469; Koblenz VRS **65**, 49). Zur entspr Anwendung des § 467 III S 1 Nr 1 vgl dort 11. Bei erfolgreicher Beschwerde trägt mangels eines anderen Kostenschuldners die Staatskasse die Kosten (2 zu § 464) und, sofern darüber hinaus eine Entscheidung zu treffen ist (11 zu § 464), die notwendigen Auslagen des Beschwerdeführers (Hamm NJW **75**, 2112). § 467 II–IV ist dann sinngemäß anzuwenden (**aM** Hamm aaO; SK-Degener 27). Entspr § 467 III S 2 Nr 1 trägt der Beschwerdeführer, der erst mit der Beschwerde die deren Erfolg begründenden Tatsachen vorträgt, idR seine notwendigen Auslagen selbst (Frankfurt NJW **72**, 784 für § 453 II S 1; Hamburg NStZ-RR **97**, 31; Hamm MDR **81**, 423; LG Duisburg JurBüro **84**, 250; 1204; LG Mainz MDR **81**, 781 für § 46 III; **aM** LR-Hilger 15). Beruht die Beschwerdeentscheidung nur auf einer von dem

1942 Schmitt

Kosten des Verfahrens § 473

angefochtenen Beschluss abweichenden Beurteilung einer Ermessensfrage, so ändert das an der Belastung der Staatskasse mit den notwendigen Auslagen des Beschwerdeführers nichts (LR-Hilger 15; **aM** Hamburg NJW **74**, 325 = JR **74**, 342 mit abl Anm Meyer; Hamm MDR **74**, 689; die § 467 IV entspr anwenden wollen).

Da bei vollem Erfolg seines Rechtsmittels Beschwerdegegner des Beschuldigten **3** die StA ist, braucht er dem **Nebenkläger** keine Auslagen zu erstatten (Bay VRS **18**, 451; Frankfurt MDR **57**, 474; Hamm NJW **62**, 2023). Bei vollem Erfolg des Rechtsmittels des Nebenkläger sind dem Angeklagten die Kosten und die notwendigen Auslagen des Nebenklägers aufzuerlegen, auch wenn daneben die StA ein Rechtsmittel eingelegt hat. Zum Fall des Teilerfolgs vgl unten 29.

3) Kostentragungspflicht bei Zurücknahme und Erfolglosigkeit des **4** **Rechtsmittels (I):**

A. **Zurücknahme:** Die wirksame Zurücknahme zwingt idR zu einer selbst- **5** ständigen Kostenentscheidung (13 zu § 464). Wenn die Sache wegen eines anderen Rechtsmittels bei dem Rechtsmittelgericht anhängig bleibt, kann es aber in dem verfahrensabschließenden Urteil auch über die Kosten nach I entscheiden (Bay **55**, 54 = JZ **55**, 553). Abweichend von I gilt § 467 I entspr, wenn der Grund der Zurücknahme eine Berichtigung der angefochtenen Entscheidung ist (Saarbrücken VRS **49**, 436; LR-Hilger 4; erg unten 37). Dies kann in Ausnahmefällen auch sonst aus Gründen der sachlichen Gerechtigkeit und Billigkeit gelten, vor allem in Fällen eingetretener Erledigung (BGH NJW **16**, 3192 mwN).

B. **Erfolglos** ist ein Rechtsmittel, wenn es als unzulässig oder unbegründet ver- **6** worfen wird oder nur einen ganz unwesentlichen Teilerfolg hat (vgl unten 21). Eine Revision, die nur zur Aufhebung des Berufungsurteils und Verwerfung der verspätet eingelegten Berufung als unzulässig führt, ist erfolglos (Düsseldorf GA **83**, 220), ebenso ein Rechtsmittel, auf das der Einspruch gegen den Strafbefehl unter Aufhebung des angefochtenen Urteils als unzulässig verworfen wird (Düsseldorf MDR **86**, 428), sofern das nicht das Ziel des Rechtsmittels gewesen ist (Hamm VRS **43**, 112; Karlsruhe DAR **60**, 237). Ein Rechtsmittelerfolg ist aber nicht eingetreten, wenn er nur auf einer Gesetzesänderung beruht (München MDR **77**, 249). Bei erfolgloser Berufung trägt der Verurteilte die Kosten aller Hauptverhandlungen, auch wenn sie aus Gründen wiederholt werden müssen, auf die das Gericht keinen Einfluss hat (Hamm MDR **77**, 865; Erkrankung eines Schöffen). Zum vollen Erfolg infolge Zeitablaufs vgl unten 30 ff, zum Teilerfolg unten 24 ff.

Die **Zurückverweisung der Sache** nach §§ 328 II, 354 II, 355 ist nur ein **7** vorläufiger Erfolg; eine Kostenentscheidung ergeht nicht (3 zu § 464). Maßgebend für den Rechtsmittelerfolg ist erst die abschließende Sachentscheidung, denn, die neue Verhandlung kann an dem Erfolg des Rechtsmittels nichts mehr ändern (Jena NJW **06**, 1892, 1994: voller Erfolg für StA-Revision). Bleibt es bei einer im Wesentlichen gleichen Verurteilung, wenn auch aus einem anderen Rechtsgrund (BGH JR **56**, 69; Bay **71**, 201), so wird der Verurteilte, außer im Fall des § 357 (Oldenburg NdsRpfl **49**, 184), auch mit den Rechtsmittelkosten belastet (Hamm JMBlNW **64**, 153; LR-Hilger 27 ff; **aM** D. Meyer DAR **73**, 231; Warburg NJW **73**, 23). Er trägt das Kosten- und Auslagenrisiko dafür, dass die endgültige Entscheidung nicht schon im 1. Rechtszug getroffen wird (BGH **17**, 376, 381; Bay JR **61**, 224 mit Anm Sarstedt; erg unten 16). Wird er schließlich freigesprochen oder wird das Verfahren eingestellt, so gilt § 467, bei Teilerfolg IV.

C. **Zur Tragung der Kosten verpflichtet (S 1)** ist der Beschwerdeführer, der **8** Angeklagte auch bei einem Rechtsmittel des Verteidigers. Sind mehrere Beschwerdeführer vorhanden, so trägt jeder die Kosten seines Rechtsmittels (BGH NStZ-RR **13**, 191). Die Kostentragungspflicht besteht unabhängig vom Erfolg eines etwaigen staatsanwaltlichen Rechtsmittels (Braunschweig BeckRS **13**, 19351). Gesetzliche Vertreter und Erziehungsberechtigte (§ 298, § 67 I III **JGG**) haben die Kosten ihrer erfolglosen Rechtsmittel zu tragen, haften aber nur mit

§ 473

dem ihrer Verwaltung unterliegenden Vermögen des Angeklagten (BGH **19**, 196, 199; NJW **56**, 520). Kostentragungspflichtig ist auch der vollmachtlose Vertreter (KG Rpfleger **71**, 193; Celle StraFo **98**, 31), zB der Verteidiger, der das Rechtsmittel ohne gültige Vollmacht oder gegen den Willen des Angeklagten einlegt (KG NJW **12**, 2293; Hamm NJW **08**, 3799; Stuttgart Justiz **94**, 453; anders aber beim RA als Beistand der zu Unrecht als Nebenkläger zugelassenen Person, BGH 4 StR 301/08 vom 18.11.2008) oder nachdem er nach § 146a zurückgewiesen worden ist (**aM** KG NJW **77**, 913), und der gesetzliche Vertreter nach Volljährigkeit des Angeklagten (LG Lüneburg NdsRpfl **66**, 274). Bei Jugendlichen und Heranwachsenden, auf die Jugendstrafrecht angewendet worden ist, gilt § 74 **JGG** (1 zu § 465), nicht aber für die Kosten und Auslagen bei erfolglosem Rechtsmittel des gesetzlichen Vertreters oder des Erziehungsberechtigten (Brunner/Dölling 12 zu § 74 JGG; **aM** Eisenberg 24 zu § 74 JGG mwN). Bei Tod des Beschuldigten oder Todeserklärung wird das Verfahren eingestellt (8 zu § 206a). Für Rechtsmittelkosten haftet der Nachlass entspr § 465 III nicht (vgl Hamm NJW **78**, 177, 178). Zum Fall des Todes des Nebenklägers, durch oder für den das Rechtsmittel eingelegt worden ist, vgl unten 12, zum Tod des Privatklägers 3 zu § 471.

9   D. **Kostentragungspflicht bei Nebenklage (S 2, 3):**
10   **Bei Zurücknahme oder Erfolglosigkeit des Rechtsmittel des Beschuldigten,** die im Hinblick auf das Nebenklagedelikt zu beurteilen ist (Frankfurt AnwBl **81**, 512), sind dem Beschuldigten durch ausdrücklichen Urteilsausspruch (vgl 10 zu § 472) die dem zu Recht zugelassenen (BGH NStZ **97**, 74 [K]; Düsseldorf NJW **83**, 1337: Rechtsmittelgericht prüft das für die Kostenfrage von Amts wegen) Nebenkläger durch das Rechtsmittel entstandenen notwendigen Auslagen aufzuerlegen (S 2); das gilt auch bei einer erfolglosen Strafmaßberufung (Koblenz VRS **54**, 201), falls der rechtskräftige Schuldspruch das Nebenklagedelikt enthält (Celle NZV **91**, 42 mit zust Anm Riegner) oder zumindest den Nebenkläger iSd § 472 I S 1 betrifft (dort 6; BGH NStZ **97**, 74 [K]), und für den Fall, dass nicht nur das Rechtsmittel des Angeklagten, sondern auch ein zu seinen Ungunsten eingelegtes Rechtsmittel der StA erfolglos (Hamburg MDR **70**, 1029) oder zurückgenommen worden ist (Schleswig JurBüro **87**, 556).

10a   **Bei erfolglosem Rechtsmittel des Angeklagten und des Nebenklägers** trägt jeder seine notwendigen Auslagen selbst (BGH NStZ **93**, 230 [K]; **94**, 229 [K]), anders nur, wenn der Anfechtungsumfang der beiden Rechtsmittel infolge einer Rechtsmittelbeschränkung nicht deckungsgleich war (BGH bei Kotz NStZ-RR **99**, 167). Die Regelung des I S 2 gilt auch für den Fall, dass einem Berechtigten in Wahrnehmung seiner Befugnisse nach § 406h notwendige Auslagen erwachsen sind (dort 4).

11   Wenn der **Nebenkläger das Rechtsmittel allein eingelegt** oder wenn er es durchgeführt hat, nachdem das Rechtsmittel eines anderen Prozessbeteiligten zurückgenommen worden ist (vgl Hamm NJW **59**, 1984; Karlsruhe Justiz **74**, 270), muss er dem Beschuldigten unter den Voraussetzungen des I S 1 die notwendigen Auslagen erstatten (S 3). Um einen Fall des I S 1 handelt es sich auch, wenn sich das Rechtsmittel des Nebenklägers durch dessen Tod erledigt hat; es gilt dann als zurückgenommen (6 zu § 402). Statt des Nebenklägers wird der Nachlass belastet (Celle NJW **53**, 1726). Bei erfolgloser oder zurückgenommener Revision der StA hat der Nebenkläger seine notwendigen Auslagen selbst zu tragen (BGH NStZ-RR **06**, 67 [B]). Bei Erfolglosigkeit des Rechtsmittels der StA und des Nebenklägers tragen dieser und die Staatskasse die gerichtlichen Auslagen je zur Hälfte; die notwendigen Auslagen des Angeklagten fallen nach II S 1 allein der Staatskasse zur Last (BGH NStZ-RR **06**, 128 L; **08**, 146; Koblenz VRS **54**, 131).

12   Sonst können der **Staatskasse** bei Erfolglosigkeit des Rechtsmittel des Nebenklägers Kosten und notwendige Auslagen des Verfahrens grundsätzlich nicht auferlegt werden (BVerfG NStE Nr 20; Bay NStZ **81**, 312). Eine Ausnahme gilt, wenn das erfolglose Rechtsmittel nach § 301 zum Freispruch des Angeklagten geführt hat; die notwendigen Auslagen des Angeklagten für das Rechtsmittel tragen dann

Staatskasse und Nebenkläger als Gesamtschuldner (Bay **68**, 26; NJW **59**, 1236; **aM** RG **41**, 349, 351: nur die Staatskasse). Hat erst die Berufung des Nebenklägers zur Verurteilung des Angeklagten geführt und wird er nach Aufhebung des Urteils durch das Revisionsgericht in der neuen Berufungsverhandlung freigesprochen, so trägt der Nebenkläger die Kosten und notwendigen Auslagen des Angeklagten für beide Berufungsverhandlungen allein (Bay NStZ **81**, 312 mit abl Anm Dünnebier). Anders ist es aber, wenn der Nebenkläger nicht die Berufung, sondern nur erfolgreich Revision eingelegt hatte; dann trägt er bei Freispruch des Angeklagten in der neuen Berufungsverhandlung nur die Kosten der Revision und die dadurch entstandenen notwendigen Auslagen des Angeklagten (Stuttgart NStE Nr 21).

E. **Kostentragungspflicht bei überholter Beschwerde (I S 4):** Es wäre unbillig, wenn der Beschwerdeführer nach I S 1 die Kosten tragen müsste, weil seine zunächst nach § 406a I S 1 zulässig eingelegte Beschwerde durch die den Rechtszug abschließende Entscheidung unzulässig geworden ist (vgl 3 zu § 406a). Daher gilt hier der auch sonst die Kostenentscheidung im Adhäsionsverfahren bei Absehen von der Entscheidung über den Antrag (§ 406 I S 3, 4) regelnde § 472a II entspr. Somit können ggf auch nach § 472a II S 2 die gerichtlichen Gebühren der Staatskasse auferlegt werden. 13

4) Rechtsmittel der StA (II): 14

A. **Zuungunsten des Beschuldigten oder Nebenbeteiligten (II S 1):** Bei Zurücknahme oder Erfolglosigkeit, der eine Entscheidung nach § 301 gleichsteht (RG **60**, 16; Hamm NJW **53**, 118), wird die Staatskasse mit den Kosten des Rechtsmittels (I) und dem Beschwerdegegner entstandenen notwendigen Auslagen belastet (II S 1), nicht aber mit den notwendigen Auslagen des Nebenklägers (BGH 4 StR 331/11 vom 24.11.2011). Ob solche Auslagen entstanden sind, wird erst in dem Verfahren nach § 464b geprüft (Bay MDR **83**, 156; Hamburg NJW **75**, 103). Auf die Gründe des Misserfolgs kommt es nicht an (Karlsruhe VRS **50**, 272; Oldenburg VRS **68**, 215); § 467 S 2 gilt nicht entspr (dort 11), auch nicht IV. Bleibt es nach Zurückverweisung (§ 354 II) bei der früheren Verurteilung, so trägt der Angeklagte die gesamten Verfahrenskosten (3 zu § 465) mit Ausnahme der Kosten der Revision und der ihm durch das Rechtsmittel entstandenen notwendigen Auslagen; sie werden der Staatskasse auferlegt (BGH **18**, 231). Hatte das Rechtsmittel Erfolg, so gehören die Rechtsmittelkosten zu den Verfahrenskosten, die der Angeklagte nach § 465 zu tragen hat; von seinen notwendigen Auslagen wird er nicht entlastet (BGH **19**, 226, 229). Das gilt auch beim Erfolg eines auf bestimmte Beschwerdepunkte beschränkten Rechtsmittels (Düsseldorf MDR **82**, 518). 15

B. **Zugunsten des Beschuldigten oder Nebenbeteiligten (II S 2):** Bei einem Erfolg wird der Beschuldigte so gestellt, als habe er das Rechtsmittel selbst eingelegt. Die Kosten fallen der Staatskasse zur Last (BGH **19**, 226); für die notwendigen Auslagen gilt II S 2 (BGH 1 StR 120/11 vom 20.9.2011). Bei Zurücknahme oder Erfolglosigkeit des Rechtsmittels trägt die Staatskasse ebenfalls die Kosten, nicht aber die dem Angeklagten im Rechtsmittelzug entstandenen notwendigen Auslagen (Bay DAR **86**, 249 [R]). 16

C. **Weder zugunsten noch zuungunsten** des Beschuldigten wird ein Rechtsmittel eingelegt, mit dem die StA nur ihre Aufgabe wahrnimmt, Gerichtsentscheidungen ohne Rücksicht darauf, welche Wirkung damit für den Verurteilten erzielt wird, mit dem Gesetz im Einklang zu bringen (Einl 87; 16 vor § 296); idR trägt dann die Staatskasse die Kosten und die notwendigen Auslagen des Angeklagten (BGH **18**, 268; Düsseldorf NStZ-RR **98**, 159; **00**, 223). 17

D. **Zusammentreffen mit einem Rechtsmittel des Angeklagten:** Rechtsmittel der StA und des Angeklagten werden kostenrechtlich getrennt behandelt (BGH **19**, 226). Bei Zurücknahme oder Erfolglosigkeit beider Rechtsmittel werden die ausscheidbaren (Hamburg NJW **75**, 130; **aM** Zweibrücken NJW **74**, 659: alle Mehrkosten ohne Rücksicht auf ihre Ausscheidbarkeit) notwendigen Auslagen 18

§ 473

des Angeklagten der Staatskasse auferlegt, soweit das Rechtsmittel der StA sie verursacht hat (BGH DAR **69**, 105, 106; Bamberg JurBüro **87**, 1840). Ob solche Mehrkosten entstanden sind, wird erst im Verfahren nach § 464b geprüft (KG VRS **38**, 359; Hamburg NJW **75**, 130). Sind Mehrkosten aber offensichtlich ausgeschlossen, so können die Rechtsmittelkosten auch uneingeschränkt dem Angeklagten auferlegt werden (Bay **62**, 298; Düsseldorf NStE Nr 8; Schleswig SchlHA **03**, 207 [D/D] und **05**, 264 [D/D]; **aM** LR-Hilger 59).

19 **5) Beschränktes Rechtsmittel (III):**

20 A. **Begriff:** Die Vorschrift gilt unmittelbar nur für den Fall, dass die Beschränkung schon bei der Einlegung oder Begründung (§§ 318 S 1, 344 I) des Rechtsmittels erklärt wird (Frankfurt NJW **74**, 1670; **aM** Oldenburg NJW **70**, 2130). Die nachträgliche Beschränkung ist idR (vgl aber 29 zu § 302) eine Teilrücknahme (2 zu § 302; 1 zu § 318); insoweit gilt I. In diesem Fall werden daher die Kosten des erfolgreichen Rechtsmittels und die dem Angeklagten erwachsenen notwendigen Auslagen der Staatskasse nur mit Ausnahme derjenigen auferlegt, die bei einer alsbald nach Urteilszustellung erklärten Rechtsmittelbeschränkung vermeidbar gewesen wären; diese trägt der Angeklagte (nunmehr allgM; vgl nur Hamm NStZ-RR **98**, 221; Stuttgart StraFo **14**, 351; Koblenz NStZ-RR **11**, 64 L; München NStZ-RR **97**, 192; AK-Meier 11). Ihre Höhe wird im Kostenansatzverfahren (vgl 1 zu § 464b) festgestellt.

21 B. **Vollen Erfolg** hat das beschränkte Rechtsmittel, wenn der Beschwerdeführer sein erklärtes Ziel im Wesentlichen erreicht (Düsseldorf NStZ **85**, 380). Bei einer Strafmaßberufung kommt es nach heute hM nur auf einen Vergleich zwischen der in der Vorinstanz erkannten Strafe und der in der Rechtsmittelinstanz erreichten Milderung, hingegen nicht entscheidend auf den Schlussantrag des Beschwerdeführers an (Stuttgart StraFo **14**, 351; KG StraFo **13**, 352; Köln StV **93**, 649 mwN; Zweibrücken OLGSt Nr 6). Wenn die Strafmilderung in das Ermessen des Gerichts gestellt wird, liegt ein voller Erfolg schon in der erheblichen Herabsetzung der Strafe, mindestens um ein Viertel (Frankfurt NJW **79**, 1515; Hamm NStZ-RR **13**, 392 L; Nürnberg OLGSt Nr 1; LR-Hilger 35; **aM** Saarbrücken AnwBl **93**, 293). Einen vollen Erfolg hat das Rechtsmittel auch, wenn statt auf Freiheitsstrafe auf eine geringfügige Geldstrafe (Nürnberg StraFo **12**, 117) oder statt auf Geldstrafe auf Verwarnung mit Strafvorbehalt erkannt (Bremen StV **94**, 495) oder wenn der Geldstrafentagessatz nur wegen der Änderung der wirtschaftlichen Verhältnisse des Beschwerdeführers herabgesetzt wird (Kadel GA **79**, 465; D. Meyer JurBüro **92**, 145; **aM** Hamburg MDR **77**, 72; Zweibrücken NStZ **91**, 602 mit abl Anm Hilger; vgl auch Bay DAR **82**, 256 [R], das IV anwendet). Ebenfalls Erfolg iSv III hat im Beschwerdeführer, dessen Rechtsmittelbeschränkung aus von ihm nicht zu vertretenden Rechtsgründen nicht möglich ist, der aber im Ergebnis das von ihm allein erstrebte beschränkte Ziel erreicht (Hamm NStZ-RR **14**, 96 L: Beschränkung der Berufung auf Rechtsfolgenausspruch bei unzureichenden Tatsachenfeststellungen des AG). Als Erfolg gilt aber nicht eine Abänderung des Urteils, die allein auf den Zeitablauf zurückzuführen ist (unten 30 ff).

22 Ist eine **Rechtsmittelbeschränkung aus Rechtsgründen nicht möglich** (13 ff zu § 318; 17 zu § 344), so liegt iS des III voller Erfolg vor, zB wenn die Berufungsbeschränkung unwirksam gewesen wäre (Hamm StraFo **13**, 528) oder wenn der Beschwerdeführer von vornherein erklärt, dass er mit seinem Rechtsmittel nur das beschränkte Ziel verfolgt, das er im Ergebnis erreicht hat (BGH **19**, 226, 229; Celle StraFo **19**, 424; KG bei Kotz NStZ-RR **99**, 168; Düsseldorf JR **91**, 120), zB den erstrebten Wegfall einer tateinheitlichen Verurteilung (BGH aaO) oder des Fahrverbots (Köln VRS **109**, 338, 340) oder Verurteilung wegen einer milderen Strafvorschrift (Düsseldorf aaO: § 229 statt § 222 StGB).

23 C. **Rechtsmittelkosten und notwendige Auslagen:** Der Angeklagte wird bei vollem Erfolg für das Rechtsmittelverfahren wie ein Freigesprochener behandelt (Saarbrücken StV **90**, 366); Auslagen des Nebenklägers dürfen ihm nicht auf-

Kosten des Verfahrens § 473

erlegt werden (Schleswig SchlHA **10**, 234 [D/D]; KK-Gieg 10; **aM** Hamm NStZ-RR **98**, 221 mwN zum Streitstand: § 472 I entspr), es sei denn, der Angeklagte habe sein Rechtsmittel erst in der Hauptverhandlung beschränkt (Köln NStZ-RR **09**, 126). Die Staatskasse trägt die (in III nicht erwähnten) Kosten des Rechtsmittels (Düsseldorf JR **91**, 120 mit Anm Hilger) und die notwendigen Auslagen des Beschwerdeführers. Beteiligter iS des III ist nicht der Nebenkläger; die Erstattung seiner Auslagen aus der Staatskasse kommt nicht in Betracht (oben 13).

6) Teilerfolg (IV): 24

A. **Begriff:** Bei Teilfreispruch in der Rechtsmittelinstanz gilt nicht IV, sondern 25 § 467 (Düsseldorf StV **95**, 308 mwN; Rpfleger **96**, 303). IV ist nur bei Teilerfolg hinsichtlich einer und derselben Tat anzuwenden (LR-Hilger 52), gleichgültig, ob das Rechtsmittel in vollem Umfang eingelegt oder beschränkt ist. Umstritten ist, ob auf einen Vergleich zwischen der in der Vorinstanz erkannten Strafe und der im Rechtsmittelzug erreichten Milderung abzustellen ist (so die hM) oder ob der Rechtsmittelführer das erklärte oder erkennbare Anfechtungsziel vollständig oder ohne wesentliche Abstriche erreicht hat (so KG NStZ **11**, 536).

Ein **Teilerfolg liegt zB** bei unbeschränktem Rechtsmittel des Angeklagten in 25a der nicht unwesentlichen Strafmilderung (Hamm MDR **73**, 1041: Ermäßigung um ein Viertel) und in der Bewilligung von Strafaussetzung, nicht aber in der Schuldspruchänderung (BGH JR **56**, 69; Hamm MDR **93**, 376; SK-Degener 45; **aM** München NJW **73**, 864; Schleswig SchlHA **88**, 119 [L/G]; LR-Hilger 50 und NStZ **91**, 604; ebenso Celle MDR **76**, 1042; Düsseldorf VRS **69**, 225 für den Fall, dass statt wegen Vorsatzes nur wegen Fahrlässigkeit verurteilt wird) oder in der Klarstellung der vom 1. Gericht offen gelassenen Schuldform (Düsseldorf JMBlNW **82**, 256), auch nicht, wenn nur eine Auflage im Bewährungsbeschluss gemildert wird (Celle NStZ-RR **08**, 359). Die Berufung der StA gegen ein freisprechendes Urteil hat vollen Erfolg, wenn der beantragte Schuldspruch ergeht, auch wenn die Strafe hinter dem Antrag zurückbleibt; bei Strafmaßberufung liegt kein Teilerfolg vor, wenn die Straferhöhung wesentlich geringer ist, als die StA beantragt hat (Bay NJW **60**, 255). Die Verfolgungsbeschränkung nach §§ 154 II, 154a II ist kein Teilerfolg (Köln StraFo **12**, 249; LR-Hilger 49).

B. **Billigkeitsentscheidung:** Der Teilerfolg allein führt nicht zur Anwendung 26 des IV. Diese Ausnahme von I setzt voraus, dass nach den Umständen anzunehmen ist, der Beschwerdeführer hätte das Rechtsmittel nicht eingelegt, wenn schon das 1. Urteil so gelautet hätte wie das des Rechtsmittelgerichts (BayVerfGH NStE Nr 13; BGH GA **78**, 241; **86**, 418; NStZ **87**, 86; NStE Nr 9; NStZ-RR **98**, 70; Düsseldorf VRS **98**, 366; Köln AnwBl **83**, 461). Im Übrigen kommt es auf den Umfang des Teilerfolgs an (BGH NStZ **89**, 221 [M]; Düsseldorf StV **96**, 613 mwN; NStZ-RR **11**, 293). Dass der Angeklagte in der 1. Instanz die Einlassung zur Sache verweigert hat und erst in der Berufungsinstanz die zum Teilerfolg führenden Umstände vorgetragen hat, darf nicht zu seinem Nachteil berücksichtigt werden (KG JR **71**, 299; Schleswig OLGSt Nr 2), wohl aber, wenn er in beiden Instanzen voneinander abweichende Angaben gemacht hat (Frankfurt NStZ-RR **07**, 158). Vgl ferner die Nw bei Kotz NStZ-RR **99**, 168.

C. Die **Gebührenermäßigung** ist nicht zwingend (Bay DAR **82**, 256 [R]; 27 Karlsruhe Justiz **84**, 432; KK-Gieg 7; LR-Hilger 47; **aM** Hamm MDR **73**, 1041), sondern kommt nur aus Billigkeitsgründen in Betracht. Sie entfällt, wenn nach Zurückverweisung und Neuverhandlung nochmals – nunmehr aber erfolglos – Revision eingelegt wird (BGH NStE Nr 7). Die Ermäßigung kann in der Bestimmung eines Bruchteils oder eines bestimmten Betrages bestehen. Auch der Ausspruch, dass die Gebühr ganz entfällt, ist durch IV gedeckt (KG GA **73**, 85; Hamm MDR **81**, 427; **aM** LR-Hilger 47 Fn 139).

D. **Auslagenverteilung:** In Betracht kommen die Auslagen der Staatskasse (IV 28 S 1) und die notwendigen Auslagen der Beteiligten (IV S 2) für die Rechtsmittelinstanz. Auch hier kann eine Aufteilung nach Bruchteilen, aber auch nach Mas-

Schmitt 1947

§ 473

sen oder Einzelposten erfolgen. Bei Vorliegen besonderer Umstände kann die Staatskasse mit den vollen Auslagen des Beschwerdeführers belastet werden.

29 E. **Nebenklage:** Beim Teilerfolg eines Rechtsmittels des Angeklagten oder des Nebenklägers ist IV S 2 entspr (= Verteilung zwischen Angeklagtem und Nebenkläger) anzuwenden (Celle NdsRpfl **99**, 325; Düsseldorf JurBüro **90**, 1324; NStZ **92**, 250; NStZ-RR **11**, 294; **aM** Düsseldorf JurBüro **91**, 853: § 473 I; Böttcher JR **87**, 137: entspr Anwendung des § 471 III Nr 1).

30 7) **Erfolg wegen Zeitablaufs (V):** Es ist kein Erfolg des Rechtsmittels des Angeklagten, wenn im Berufungsurteil die Fahrerlaubnisentziehung nach § 69 StGB nur deshalb wegfällt, weil wegen der inzwischen verstrichenen Zeit die Ungeeignetheit des Angeklagten zum Führen von Kraftfahrzeugen nicht mehr festgestellt werden kann (vgl Düsseldorf StV **95**, 308, 309). Denn in diesem Fall führt das Rechtsmittel nicht zur Korrektur einer fehlerhaften Entscheidung, sondern zu einer abweichenden Entscheidung, die allein auf der Veränderung der Umstände durch bloßen Zeitablauf beruht. Die Vorschrift ist nur anwendbar, wenn das Berufungsgericht die Anordnung der Maßregel nach § 69 StGB lediglich deshalb aufhebt, weil ihr Zweck bereits durch die vorläufige Entziehung der Fahrerlaubnis nach § 111a erreicht worden ist (vgl aber LR-Hilger 55: charakterliche Nachreife). Entsprechendes gilt, wenn eine vergleichbare Maßnahme iS des § 69a VI StGB angeordnet war. V erfasst auch die Fälle, in denen der Angeklagte das Urteil in mehreren Punkten anficht, seine Berufung aber nur dazu führt, dass das Berufungsgericht eine Maßregel nach § 69 I StGB wegfallen lässt. Die Vorschrift betrifft aber nicht den Fall, dass das Berufungsgericht die Entziehung der Fahrerlaubnis deshalb aufhebt, weil der Angeklagte nach der Tat längere Zeit beanstandungsfrei ein Kraftfahrzeug geführt hat, etwa weil eine vorläufige Anordnung nach § 111a nicht getroffen worden war und sich die Durchführung des Berufungsverfahrens verzögert hat, oder wenn es die mit dem Ziel der Verhängung einer längeren Sperrfrist eingelegte Berufung der StA verwirft (Düsseldorf VRS **86**, 136).

31 Die Vorschrift regelt den Fall, dass der Berufungserfolg allein auf dem Zeitablauf beruht, **nicht abschließend** (AK-Meier 7). Als Erfolg des Rechtsmittels gilt daher auch die Milderung der Rechtsfolgen nicht, die allein darauf zurückzuführen ist, dass infolge Zeitablaufs für einen vom 1. Richter als strafschärfend berücksichtigte Vorstrafe Tilgungsreife und demgemäß ein Verwertungsverbot nach § 51 **BZRG** eingetreten (Düsseldorf JurBüro **85**, 1352; NStZ **85**, 380; **aM** LR-Hilger 23 und NStZ **91**, 604) oder wenn wegen zwischenzeitlicher Veränderung der wirtschaftlichen Lage des Angeklagten die Tagessatzhöhe herabgesetzt worden ist (Jena NStZ-RR **97**, 384 L; Schleswig SchlHA **08**, 240 [D/D]).

32 8) **Rechtsmittel im Privatklageverfahren:**

33 A. **Rechtsmittel des Privatklägers:** Bei Zurücknahme oder Erfolglosigkeit des Rechtsmittels trägt der Privatkläger nach I die Gerichtskosten und nach § 471 II, der für alle Rechtszüge gilt (Bay **53**, 257; KG NJW **53**, 1405; Celle MDR **57**, 375; Karlsruhe JR **75**, 250), die notwendigen Auslagen des Angeklagten (Bay **60**, 283 = Rpfleger **61**, 81). Der Erfolglosigkeit steht der Tod des Privatklägers vor der Entscheidung über das Rechtsmittel gleich. Bei Erfolg eines beschränkten und bei Teilerfolg eines unbeschränkten Rechtsmittels gilt § 471 III Nr 1.

34 B. **Rechtsmittel des Angeklagten:** Unter den Voraussetzungen des I trägt der Angeklagte die Gerichtskosten und die notwendigen Auslagen des Privatklägers (Bay **60**, 283; 2 zu § 471). Bei vollem Erfolg, der zur Nichtverurteilung führt, gilt § 471 II. Dagegen ist § 471 III Nr 1 entspr anzuwenden, wenn ein beschränktes Rechtsmittel des Angeklagten vollen Erfolg hat (BGH **17**, 376; Hamm MDR **81**, 427; LR-Hilger 64 ff) oder wenn ein unbeschränktes teilw erfolgreich ist (Karlsruhe JR **75**, 250 mit Anm Meyer; vgl auch Düsseldorf JurBüro **85**, 896).

35 C. **Beiderseitige Rechtsmittel:** Sind beide Rechtsmittel erfolglos, so gilt § 471 III Nr 1 (Bay Rpfleger **61**, 81; LR-Hilger 70). Bei Widerklage ist § 471 III Nr 3 anzuwenden (Hamm MDR **53**, 441).

9) Rechtsmittelkosten bei Nebenbeteiligung nach §§ 431, 442, 444: Bei 36
Zurücknahme oder Erfolglosigkeit des Rechtsmittel des Nebenbeteiligten gilt
I. Hat ein unbeschränktes Rechtsmittel vollen Erfolg, so trägt die Staatskasse die
Kosten und die notwendigen Auslagen des Nebenbeteiligten. Bei Erfolg eines
beschränkten Rechtsmittels gilt hinsichtlich der notwendigen Auslagen III; die
Kosten trägt die Staatskasse (Hilger 12). Legt die StA zuungunsten des Nebenbeteiligten ein Rechtsmittel ein und hat sie Erfolg, so trägt der Nebenbeteiligte die
Kosten und seine notwendigen Auslagen. Für Rechtsmittel zugunsten des Nebenbeteiligten gilt das Gleiche wie für die zugunsten des Angeklagten (oben 16).

10) Wiederaufnahme und Nachverfahren (VI): Für den zurückgenomme- 37
nen oder erfolglosen Wiederaufnahmeantrag gilt I. Wird der Antrag nur wegen
einer Urteilsberichtigung zurückgenommen, hat die Grundlage entfallen, so
gilt § 467 I entspr (Perels NStZ **85**, 538; oben 5). Wegen des Umfangs der Kosten
vgl 4 zu § 464a. Die Anordnung der Wiederaufnahme nach § 370 II ist mit keiner
Kostenentscheidung zu verbinden (KK-Gieg 14); erst in der neuen Hauptverhandlung wird über die Kosten des gesamten früheren Verfahrens entschieden. Bei Freispruch und Einstellung gilt dann § 467 I, auch für die Kosten der früheren Revision (BGH JR **56**, 101; KK-Gieg 14). Bei neuer Verurteilung wird nach § 465 I
entschieden, sofern das Urteil nicht hinter dem Ziel des Wiederaufnahmeantrags
zurückbleibt; dann gilt IV (LR-Hilger 96). Entsprechendes gilt für den Fall des
§ 439.

11) Kosten der Wiedereinsetzung (VII): Eine Kostenentscheidung wird nur 38
bei Gewährung der Wiedereinsetzung getroffen; bei Antragsverwerfung gehören
die durch den Antrag entstandenen Kosten zu den Verfahrenskosten, mit denen der
Antragsteller schon belastet ist (Bay **70**, 148; KG JR **83**, 214; Düsseldorf JurBüro
84, 251). Hat der Wiedereinsetzungsantrag Erfolg oder wird Wiedereinsetzung von
Amts wegen gewährt, so muss der Betroffene die gerichtlichen Auslagen (Gebühren sind nicht vorgesehen) und seine notwendigen Auslagen (LG Krefeld JurBüro
79, 237) auch tragen, wenn er freigesprochen wird. In der Kostenentscheidung
werden die durch unbegründeten Widerspruch des Gegners entstandenen Auslagen der Staatskasse (ohne Bezifferung) ausgenommen; nach dem Sinn der Bestimmung sind sie dem widersprechenden Gegner aufzuerlegen (Müller NJW **62**, 238).

**Kosten und notwendige Auslagen bei gesonderter Entscheidung über die
Rechtmäßigkeit einer Ermittlungsmaßnahme**

§ 473a ¹Hat das Gericht auf Antrag des Betroffenen in einer gesonderten
Entscheidung über die Rechtmäßigkeit einer Ermittlungsmaßnahme oder ihres Vollzuges zu befinden, bestimmt es zugleich, von wem die
Kosten und die notwendigen Auslagen der Beteiligten zu tragen sind. ²Diese
sind, soweit die Maßnahme oder ihr Vollzug für rechtswidrig erklärt wird, der
Staatskasse, im Übrigen dem Antragsteller aufzuerlegen. ³ § 304 Absatz 3 und
§ 464 Absatz 3 Satz 1 gelten entsprechend.

1) Die Kostenregelung bei Entscheidungen über die **Rechtmäßigkeit einer** 1
Ermittlungsmaßnahme nach § 81g V S 4, § 98 II S 2 in unmittelbarer oder
entspr (dort 23) Anwendung und ist § 101 VII S 2 (dort 25 ff) trifft die Vorschrift. Sie ist aber mangels einer „gesonderten Entscheidung" nicht anwendbar,
wenn das Gericht über die Rechtmäßigkeit der Maßnahme in der das Verfahren
abschließenden Entscheidung befindet; dann gelten die §§ 464 ff. Schließlich gilt
§ 473a auch bei Entscheidungen nach § 161a III (dort 21), § 163a III S 4, § 406e
IV und § 478 III.

2) Nach S 2 hat das Gericht, falls die Maßnahme oder ihr Vollzug für rechts- 2
widrig angesehen wird, die Kosten und notwendigen Auslagen (vgl § 464 II) der
Staatskasse zu tragen; dies gilt auch im Falle der Verfahrenseinstellung gem § 170 II

Schmitt 1949

(LG Potsdam NStZ-RR **14**, 126). Sonst sind sie dem Antragsteller aufzuerlegen. Auch eine angemessene Verteilung bei Feststellung teilweiser Rechtswidrigkeit ist zulässig (BR-Drucks 178/09 S 65).

3 **3) S 3** stellt klar, dass die Entscheidung der **sofortigen Beschwerde** unterliegt, falls auch gegen die Hauptentscheidung über die Rechtmäßigkeit der Maßnahme oder ihres Vollzugs die Anfechtung statthaft ist und der Wert des Beschwerdegegenstands 200 € übersteigt.

Achtes Buch. Schutz und Verwendung von Daten

Erster Abschnitt. Erteilung von Auskünften und Akteneinsicht, sonstige Verwendung von Daten für verfahrensübergreifende Zwecke

Vorbemerkungen

1) Das aus dem **allgemeinen Persönlichkeitsrecht** nach Art 2 I iVm 1 I GG abgeleitete Recht auf informationelle Selbstbestimmung (vgl BVerfGE 65, 1) schützt den einzelnen gegen unbegrenzte Erhebung und Verwendung seiner persönlichen Daten. Die durch das – im Wesentlichen am 1.11.2000 in Kraft getretene – StVÄG 1999 geschaffenen ersten beiden Abschnitte des 8. Buchs (dazu Matheis, Strafverfahrensänderungsgesetz 1999, 2007, zugl Diss Marburg 2006; zur Gesetzesgeschichte ferner Brodersen NJW 00, 2536; s auch 1 zu § 492) wurden mit dem Gesetz zur Umsetzung der Richtlinie (EU) 2016/680 im Strafverfahren sowie zur Anpassung datenschutzrechtlicher Bestimmungen an die Verordnung (EU) 2016/679 vom 20.11.2019 (BGBl I 1724) grundlegend überarbeitet. Sie enthalten in den §§ 474 bis 480 dem Bestimmtheitsgrundsatz Rechnung tragende gesetzliche Grundlagen für die Erteilung von Auskünften und die Gewährung von Akteneinsicht an Gerichte, StAen, sonstige Behörden, Privatpersonen und für Zwecke wissenschaftlicher Forschung; aus ihnen ergeben sich für den Bürger erkennbar die Voraussetzungen und der Umfang der Beschränkungen des genannten Grundrechts. Mit diesen Vorschriften über die Erteilung von Informationen für verfahrensübergreifende Zwecke werden bereits vorhandene Regelungen über Auskünfte und Akteneinsicht ergänzt (vgl – neben § 80 II – für die Akteneinsicht durch Verfahrensbeteiligte insbesondere §§ 147, 406e, 428 I S 2, 444 II S 2). Verfahrensübergreifende Mitteilungen von Amts wegen sehen neben § 477 etwa die §§ 12ff **EGGVG** vor. Für das Bußgeldverfahren erklärt § 49b OWiG die §§ 474 bis 476, 478 bis 481 und § 498 II mit Abweichungen bei §§ 474, 477 und 480 für sinngemäß anwendbar (zu den hierbei auftretenden Zweifelsfragen vgl LG Kassel NZV 03, 437 mit Anm Schellhase, dieser insbesondere auch zur Zuständigkeit von AG oder LG). Vgl auch die erg Bestimmungen in den RiStBV 182ff sowie SK-Weßlau 60 vor § 474 zur Entwicklung auf europäischer Ebene.

2) Als **weitere Regelung** im 1. Abschnitt bestimmen die §§ 479 II S 2 Nr 1, 2, III S 1, 481, unter welchen Voraussetzungen Polizeibehörden personenbezogene Daten (§ 3 I BDSG), die zunächst allein für Zwecke der Strafverfolgung erhoben worden sind, für Aufgaben nach den Polizeigesetzen verwenden dürfen. In § 482 wird insb. die Unterrichtung der Polizei über den Ausgang des Verfahrens geregelt.

3) Die **datenschutzrechtlichen Vorschriften** der §§ 474ff gehen den Datenschutzgesetzen des Bundes und der Länder als *leges speciales* vor (§ 1 II 1 BDSG; vgl LG Hildesheim NJW 08, 531, 533). Da die bereichsspezifischen Regelungen der StPO jedoch nicht abschließend sind, ist im Einzelfall ein Rückgriff auf allgemeines Datenschutzrecht nicht ausgeschlossen (§ 1 II 2 BDSG; vgl auch § 476 VIII). Die **Kontrollbefugnis** der **Datenschutzbeauftragten** erstreckt sich auf das Datenschutzrecht der StPO nach §§ 474ff (§ 9 I BDSG), auf richterliche Tätigkeit nur, soweit die Gerichte Verwaltungsangelegenheiten wahrnehmen (§ 1, 9 II BDSG; vgl auch Keders/Spielmann DRiZ **12**, 347, 349 sowie die bei Fn 18 dokumentierten Vorschriften der Datenschutzgesetze der Länder; näher dazu ferner SK-Weßlau 27ff vor § 474). Tätigkeiten, die der richterlichen Unabhängigkeit unterfallen, unterliegen der Kontrolle nicht; dies gilt wegen des nach den entsprechenden Eingriffsnormen der StPO einheitlichen Prüfungsgegenstandes und -maßstabes von Gericht und StA auch nicht für Anträge der StA im Ermittlungsverfah-

§ 474

ren, welche in eine – anordnende oder ganz bzw teilweise ablehnende – Entscheidung des Gerichts münden (Keders/Spielmann aaO 350 f).

Auskünfte und Akteneinsicht für Justizbehörden und andere öffentliche Stellen   RiStBV 182 ff

474 I Gerichte, Staatsanwaltschaften und andere Justizbehörden erhalten Akteneinsicht, wenn dies für Zwecke der Rechtspflege erforderlich ist.

II ¹ Im Übrigen sind Auskünfte aus Akten an öffentliche Stellen zulässig, soweit

1. die Auskünfte zur Feststellung, Durchsetzung oder zur Abwehr von Rechtsansprüchen im Zusammenhang mit der Straftat erforderlich sind,
2. diesen Stellen in sonstigen Fällen auf Grund einer besonderen Vorschrift von Amts wegen personenbezogene Daten aus Strafverfahren übermittelt werden dürfen oder soweit nach einer Übermittlung von Amts wegen die Übermittlung weiterer personenbezogener Daten zur Aufgabenerfüllung erforderlich ist oder
3. die Auskünfte zur Vorbereitung von Maßnahmen erforderlich sind, nach deren Erlass auf Grund einer besonderen Vorschrift von Amts wegen personenbezogene Daten aus Strafverfahren an diese Stellen übermittelt werden dürfen.

²Die Erteilung von Auskünften an die Nachrichtendienste richtet sich nach § 18 des Bundesverfassungsschutzgesetzes, § 12 des Sicherheitsüberprüfungsgesetzes, § 10 des MAD-Gesetzes und § 23 des BND-Gesetzes sowie den entsprechenden landesrechtlichen Vorschriften.

III Unter den Voraussetzungen des Absatzes 2 kann Akteneinsicht gewährt werden, wenn die Erteilung von Auskünften einen unverhältnismäßigen Aufwand erfordern würde oder die Akteneinsicht begehrende Stelle unter Angabe von Gründen erklärt, dass die Erteilung einer Auskunft zur Erfüllung ihrer Aufgabe nicht ausreichen würde.

IV Unter den Voraussetzungen der Absätze 1 oder 3 können amtlich verwahrte Beweisstücke besichtigt werden.

V Akten, die noch in Papierform vorliegen, können in den Fällen der Absätze 1 und 3 zur Einsichtnahme übersandt werden.

VI Landesgesetzliche Regelungen, die parlamentarischen Ausschüssen ein Recht auf Akteneinsicht einräumen, bleiben unberührt.

1   1) **Amtliche Stellen** erhalten unter den Voraussetzungen der Vorschrift Einsicht in die Akten eines laufenden oder abgeschlossenen Strafverfahrens einschließlich der beigezogenen Akten (§ 480 II, dort 3) oder Auskünfte hieraus für verfahrensexterne Zwecke. Wer die **Verantwortung für die Zulässigkeit der Übermittlung** trägt, ist in § **479 V** geregelt (dort 15). Für Forschungszwecke gilt § 476. Die Vorlage der Akten an im Verfahren mitwirkende Stellen, insbesondere über- oder untergeordnete Instanzgerichte ist gesondert geregelt etwa in §§ 27 IV, 41, 163 II, 306 II, 320, 321, 347 II, 354 II, III, 355 oder § 152 I GVG (vgl hierzu 1a aE zu § 161); nicht unter die Vorschrift fällt auch die Übersendung der Akten an übergeordnete Stellen zur Wahrnehmung der Aufsichts-, Kontroll- und Weisungsbefugnisse. Besondere gesetzliche Übermittlungsbestimmungen (zB § 117b BRAO, § 60a III KWG [auch iVm 34 S 2 ZAG], § 95 BHO, § 5 IV PKGrG) bleiben unberührt. Die insoweit deklaratorische Regelung in § 480 aF wurde mit Ges vom 20.11.2019 (BGBl I 1724) gestrichen (BT-Drucks 19/4651 S 75 f).

2   2) **Justizbehörden** erhalten nach I im Regelfall (Karlsruhe NStZ **15**, 606) Akteneinsicht für Zwecke der Rechtspflege; idR wird der Übersendung der Akten, die noch in Papierform vorliegen (V), nichts entgegenstehen (siehe aber BVerfG

NJW 14, 1581 sowie anschl 3), andererseits deckt die Vorschrift auch – allerdings nicht vorrangig – die Erteilung von Auskünften aus Akten als Minus (vgl II, III) ab. I gilt für Gerichte, StAen und andere Justizbehörden im funktionellen Sinn einschließlich der strafverfolgend tätigen Polizei (vgl 2 zu § 23 EGGVG und das vereinfachte Verfahren in § 480 I S 5) und der Finanzbehörden in den Fällen der §§ 386 II, 399 I, 402 I, 404 **AO**. Für Ersuchen um Einsicht in Strafakten, die von nicht am anhängigen Verfahren beteiligten Strafverfolgungsorganen gestellt werden (oben 1), ergänzt I die Befugnisse von StA (§ 161 I S 1), Polizei (§§ 161 I S 2, 163 I S 2) und Gericht (§ 161 I, 202, 244 II; vgl BGH **30**, 34, 35; **36**, 328, 337; Stuttgart NStZ **08**, 359; anders LR-Erb 11a zu § 161: § 161 I S 1 als Sonderregelung), wenn eine danach zulässige Auskunft dem Ermittlungszweck nicht genügen würde (vgl auch unten 4).

Die Akteneinsicht erfolgt **zu Zwecken der Rechtspflege**, dh für ein bestimmtes anderes Verfahren (nicht schon für Vorermittlungen, Krause Strauda-FS 360; Senge Hamm-FS 710 mwN) oder einen bestimmten anderen Vorgang und damit für einen Zweck, der nicht der Grund für die Erhebung der Information im Ursprungsverfahren war. Eine nähere Zweckbestimmung ist idR nicht erforderlich (zur Zweckbindung 16 zu § 479). Ein um Akteneinsicht ersuchendes Zivilgericht hat allerdings bei Eingriffen in Grundrechte abzuwägen, ob Informationen aus Ermittlungsakten im Zivilverfahren verwertet werden können; dabei kann es sich auch an den im Rahmen von § 406e II und § 475 I 2 relevanten Aspekten orientieren (BVerfG NJW **14**, 1581 zur Einsicht in Akten, die von Art 12 I GG geschützte Betriebs- und Geschäftsgeheimnisse enthalten; Rostock wistra **17**, 412 mit Anm Pflaum zum Steuergeheimnis nach § 30 **AO**; erg 9-11 zu § 406e, 3 zu § 475). Die ersuchte Behörde – etwa die Akten führende **StA** – führt demgegenüber **nur** eine **abstrakte Zuständigkeitsprüfung** durch; die Vorschriften der StPO bilden insoweit lediglich die Grundlage der Übermittlung, § 299 I ZPO bietet dagegen die Grundlage für das Ersuchen und die weitere Verwendung im Zivilprozess (BVerfG aaO).

Die im Wortlaut als Ausprägung des allgemeinen Verhältnismäßigkeitsprinzips (4 zu § 14 EGGVG) hervorgehobene **Erforderlichkeit** ist Voraussetzung einer jeden Akteneinsicht und bestimmt daher – ungeachtet des unterschiedlichen Wortlauts in I und II – ggf auch hier deren Umfang. Die Erforderlichkeit ist von der die Akteneinsicht begehrenden Justizbehörde zu prüfen (Stuttgart StraFo **07**, 70, 71) und ihre Annahme zu verantworten (§ 479 V S 2); näher darlegen muss sie die Notwendigkeit in ihrem Ersuchen jedoch nicht (BT-Drucks 14/1484 S 26). Vom Vorliegen dieser Voraussetzung kann die ersuchte Stelle ohne weiteres ausgehen (vgl § 479 V), insbesondere wenn ein Gericht in einem Verfahren mit Amtsermittlungsgrundsatz von seiner Befugnis zur Akteneinsicht gegenüber der StA – etwa in §§ 99 I S 1 VwGO, 86 I FGO – Gebrauch macht (1 zu § 480). Eine zusätzliche eingehendere Prüfungspflicht der übermittelnden Stelle kann sich nur aus IV S 2 HS 2 ergeben, falls besonderer Anlass zu einer weiter gehenden Prüfung der Zulässigkeit der Übermittlung bestünde (Karlsruhe NStZ **15**, 606, 607). Es ist allerdings (allein) Sache der ersuchenden Stelle zu prüfen, ob nicht die in Vorschriften wie den Genannten alternativ vorgesehene Einholung einer Auskunft (§ 478) genügt (SK-Weßlau 11). Begrenzungen können sich aus § 479 I, II, III ergeben. Enthalten die Akten die Bild-Ton-Aufzeichnung einer Zeugenvernehmung, ist bereits bei dem Ersuchen um Akteneinsicht und deren Gewährung (vgl § 479 V) die Vorschrift des § 58a II S 1 mit der dort angeordneten Subsidiarität und der Beschränkung (der Verwendung) auf Zwecke der Strafverfolgung zu berücksichtigen (erg 14 zu § 58a; 19 zu § 479); die eine Einsichtnahme ablehnende Auffassung (Brodersen NJW **00**, 2540) ist überholt (vgl § 58a II S 6; SK-Weßlau 14 zu § 475 und 10 zu § 477 aF).

3) Andere öffentliche Stellen können unter den Voraussetzungen des II S 1 um die Übermittlung von Informationen aus Strafakten für bestimmte verfahrensexterne Zwecke nachsuchen. Erfasst sind alle nicht in I genannten, hoheitlich täti-

§ 474

gen Stellen, zB Finanzämter, soweit sie die Unterlagen für eine Steuerprüfung benötigen (Karlsruhe NStZ-RR **13**, 385 unter Hinweis auf §§ 111 I, 105 I **AO**), auch Körperschaften, Anstalten und Stiftungen des öffentlichen Rechts. Bei privatwirtschaftlicher Betätigung richten sich die Informationsrechte derartiger Stellen sowie privatrechtlich organisierter Unternehmen mit staatlicher bzw kommunaler Beteiligung dagegen nach § 475 (Lauterwein 49; vgl auch SK-Weßlau 14, ferner KMR-Gemählich 8 zu Auskünften an ausländische Behörden sowie diplomatische und konsularische Vertretungen). S 1 gilt nach S 2 nicht für Auskünfte an Nachrichtendienste (erg § 479 II S 2 Nr 3); die Übermittlung von Informationen an Polizeibehörden richtet sich, soweit sie nach Maßgabe der Polizeigesetze tätig werden, nach §§ 479 II S 2 Nr 1 und 2, 481.

6   A. Grundsätzlich (s aber unten 7) **nur Auskünfte** (§ 478) können die öffentlichen Stellen nach S 1 für die dort bezeichneten Übermittlungszwecke erhalten. Die Auskünfte können erteilt werden, soweit sie für die in Nr 1 genannten Zwecke erforderlich (dazu oben 4) sind, etwa zur Verfolgung oder Abwehr von Regressansprüchen. Nr 2 regelt zwei Fälle: Informationen aus Strafakten dürfen einer um Auskunft ersuchenden Stelle zum einen insoweit gegeben werden, als besondere gesetzliche Regelungen wie die §§ 12 ff **EGGVG** es gestatten, ihr personenbezogene Informationen von Amts wegen zu übermitteln. Dabei ist auf den konkreten, von der ersuchenden Stelle verfolgten Zweck abzustellen; ein abstraktes Verständnis der Formulierung „in sonstigen Fällen" scheidet im Blick auf den Bestimmtheitsgrundsatz (1 sub § 474) aus. Hieraus folgt zugleich die Zweckbindung iS des § 479 VI. Die vom BRat befürchtete Gesetzeslücke in Fällen, in denen Gefahren für das Gemeinwohl verhindert werden müssen (BT-Drucks 14/2886 S 4), besteht nicht (s insbesondere §§ 14 I Nr 7, 17 Nr 3 **EGGVG**). Zum anderen können nach einer Übermittlung von Amts wegen, soweit erforderlich (oben 4), der (nunmehr) ersuchenden Stelle weitere Auskünfte aus den Akten gegeben werden; dies gilt unabhängig von der Nachberichts- und Unterrichtungspflicht in § 20 **EGGVG**. Nr 3 gestattet den Strafverfolgungsbehörden in den Fällen, in denen sie nach dem Erlass einer Maßnahme durch eine öffentliche Stelle zur Mitteilung von Amts wegen berechtigt sind – etwa nach Erlass der in § 14 I Nr 5 und 7 **EGGVG** genannten Erlaubnisse, Genehmigungen, Zulassungen und Berechtigungen oder nach Verleihung von Titeln, Orden und Ehrenzeichen gemäß § 4 II, III des Gesetzes über Titel, Orden und Ehrenzeichen (MiStra 20) –, einer solchen Stelle auf deren Ersuchen bereits vor dem Erlass die zur Vorbereitung der Maßnahme erforderlichen (oben 4) Auskünfte zu erteilen. Einschränkungen der nach Erlass bestehenden Übermittlungsbefugnisse von Amts wegen (Rechtskraft, Verbrechen, Strafhöhe usw) bleiben hierbei außer Betracht (Brodersen NJW **00**, 2540).

7   B. **Akteneinsicht** kann der öffentlichen Stelle unter den Voraussetzungen des III ausnahmsweise (BT-Drucks 14/1484 S 26) gewährt werden, so wenn die (an sich vorrangige, oben 6) Erteilung von Auskünften einen unverhältnismäßigen Aufwand verursachen würde; Zweck dieser Alternative ist die Entlastung der Justiz. Das Gleiche gilt, wenn die ersuchende Stelle die Notwendigkeit der Akteneinsicht begründet. Diese hat hierbei das Regel-Ausnahme-Verhältnis zwischen Auskunft und Akteneinsicht zu beachten; für die über das Ersuchen entscheidende Strafverfolgungsbehörde besteht aber keine über § 479 V hinausgehende Prüfungspflicht. Die Übersendung der Akten zur Einsichtnahme ist nach V zulässig. Infolge der einschränkungslosen Bezugnahme auf II, der in S 1 Nr 3 ebenfalls auf andere Vorschriften verweist, gilt III auch in den Fällen des II S 2 (vgl auch RiStBV 205 II S 1: „in geeigneter Weise").

8   **4) Amtlich verwahrte Beweisstücke** (19 zu § 147) können nach IV besichtigt werden von Justizbehörden, soweit für Zwecke der Rechtspflege erforderlich (oben 2 bis 4), von öffentlichen Stellen, wenn die Voraussetzungen des II (oben 6) und des III (oben 7) kumulativ vorliegen. Damit wahrt das Gesetz gegenüber öffentlichen Stellen iS des II einschließlich der Nachrichtendienste das Regel-Ausnahme-Verhältnis, so dass grundsätzlich auch über die verwahrten Beweisstücke

1954   *Köhler*

nur Auskünfte erteilt werden dürfen (SK-Weßlau 23). Eine Übersendung ist in V nicht vorgesehen, in geeigneten Einzelfällen indes nicht ausgeschlossen.

5) VI hat klarstellende Bedeutung (vgl auch BVerwGE **109**, 258 mit Anm Jutzi NJ **00**, 103; Gielen JR **00**, 140). Die Akteneinsichts- und Auskunftsberechtigung der parlamentarischen Untersuchungsausschüsse des Btags folgt aus Art 44 GG, § 18 PUAG (vgl auch BVerfG NVwZ **09**, 1353, 1354; 6 zu § 23 EGGVG; Kissel/Mayer Einl 175, 180). 9

6) Zuständigkeit (und Rechtsbehelfe): Vgl die Erläuterungen zu § 480. 10

Auskünfte und Akteneinsicht für Privatpersonen und sonstige Stellen

475 I ¹Für eine Privatperson und für sonstige Stellen kann unbeschadet des § 57 des Bundesdatenschutzgesetzes ein Rechtsanwalt Auskünfte aus Akten erhalten, die dem Gericht vorliegen oder diesem im Falle der Erhebung der öffentlichen Klage vorzulegen wären, soweit er hierfür ein berechtigtes Interesse darlegt. ²Auskünfte sind zu versagen, wenn der hiervon Betroffene ein schutzwürdiges Interesse an der Versagung hat.

II Unter den Voraussetzungen des Absatzes 1 kann Akteneinsicht gewährt werden, wenn die Erteilung von Auskünften einen unverhältnismäßigen Aufwand erfordern oder nach Darlegung dessen, der Akteneinsicht begehrt, zur Wahrnehmung des berechtigten Interesses nicht ausreichen würde.

III Unter den Voraussetzungen des Absatzes 2 können amtlich verwahrte Beweisstücke besichtigt werden.

IV Unter den Voraussetzungen des Absatzes 1 können auch Privatpersonen und sonstigen Stellen Auskünfte aus den Akten erteilt werden.

1) Auskünfte (I): Privatpersonen oder sonstige (private) Stellen (zB private Versicherungen, aber auch privatwirtschaftlich tätige bzw organisierte öffentliche Stellen, siehe 5 zu § 474), können grundsätzlich (vgl IV) Auskünfte aus Akten (2 zu § 199; weiter Weßlau Hamm-FS 849 für nicht beigefügte Spurenakten) eines laufenden oder abgeschlossenen Strafverfahrens nur über einen Rechtsanwalt, nicht über einen nicht der RA-Kammer angehörenden Rechtsbeistand (BVerfG NJW **02**, 2307) und auch nicht – weil Privatpersonen und sonstige Stellen in § 138 III nicht ausdrücklich erwähnt sind – über einen Hochschullehrer (**aM** Ladies JR **13**, 295) erhalten; ein RA kann aber in eigener Sache auch selbst Akteneinsicht beantragen (LG Regensburg NZV **04**, 154). Die Vorschrift gilt nicht für Verfahrensbeteiligte (1 vor § 474), für den früheren Beschuldigten dann nicht, wenn sein Informationsgesuch der Vorbereitung weiterer Prozesshandlungen dient (Schleswig SchlHA **07**, 293 [D/D]; erg 11 zu § 147). Für Verletzte gilt § 406e. § 475 kann für (nicht verletzte) Zeugen und deren anwaltlichen Beistand in Betracht kommen (Hamburg NJW **02**, 1590; KG bei Hanschke StRR **08**, 104); es wird allerdings regelmäßig am berechtigten Interesse iSv I fehlen; zudem dürften die Zwecke des Strafverfahrens der Auskunftserteilung entgegenstehen (siehe unten 2, 4 sowie 2 zu § 479). Sie gilt weiterhin für nicht am Verfahren beteiligte Antragsteller nach § 101 VII S 2 (BGH StV **10**, 169; Lauterbach 52 mwN; erg 25d zu § 101), auch für den Strafverteidiger in einem anderen Verfahren (BGH StV **08**, 295, 296; StraFo **08**, 472), für den Insolvenzverwalter (2 vor § 406d) und uU für ein von Ermittlungen betroffenes Unternehmen (vgl Taschke StV **07**, 499) sie geht vergleichbaren Regelungen des Datenschutzrechts vor (vgl Hamm NStZ-RR **96**, 11; 3 vor **474**). S 1 stellt klar, dass das Auskunftsrecht nach § 57 BDSG nicht ausgeschlossen ist. Soweit im Zusammenhang mit dem betreffenden Verfahren auch Daten zu dem nach § 475 Berechtigten selbst verarbeitet werden, steht ihm ergänzend der Anspruch nach § 57 BDSG zu (BT-Drucks 19/4671 S. 65). 1

Auf die **Auskunftserteilung gegenüber den Medien** ist sie nicht anzuwenden; derartige Auskünfte richten sich vielmehr nach den Landespressegesetzen und 1a

§ 475

verlangen nicht die Geltendmachung eines berechtigten Interesses nach I S 1, IV (KG StV **17**, 168; vgl auch BVerwG StV **16**, 542, das den Auskunftsanspruch an Art 5 I S 2 GG sowie der von der Vorinstanz angewandten Regelung des LPressG misst; Rodenbeck StV **18**, 255, 257; LR-Hilger 2; R/H-Hohmann 1; Matheis [1 vor § 474] 162; OVG Münster NJW **01**, 3803; Lauterwein 54; KK-Gieg 9; Lindner StV **08**, 211, 216; Mitsch NJW **10**, 3482; dazu ferner eingehend Trüg NJW **11**, 1040). Bei der praktischen Durchführung sind Pressefreiheit und Persönlichkeitsrecht gegeneinander abzuwägen; dies kann Einschränkungen rechtfertigen soweit persönliche Lebensverhältnisse betroffen sind (vgl BVerfG **52**, 223; 108, 282; Pätzel DRiZ **18**, 392). Zum Anspruch auf Übersendung anonymisierter Entscheidungsabschriften siehe 7a. Zu den rechtlichen Anforderungen an die Pressearbeit der StA Rodenbeck StV **18**, 255 ff.

2   Der private Antragsteller muss ein **berechtigtes Interesse** an der Informationserteilung darlegen (vgl aber § 479 IV), dh Tatsachen schlüssig vortragen (nicht aber glaubhaft machen, vgl LR-Hilger 6 zu § 406e), aus denen sich Grund und Umfang der benötigten Auskünfte ergeben (LG Kassel StraFo **05**, 428 mit Anm Durth/Kempf). Ein **Zeuge bzw sein Beistand** hat regelmäßig kein berechtigtes Interesse an der Kenntnis der Ermittlungsakten (BGH NStZ-RR **10**, 246; vgl auch KG NStZ **08**, 587 L; AG Rudolfstadt StV **14**, 282); dies gilt wegen §§ 58 I, 243 II 1 insbesondere für die Aussagen anderer Zeugen (BGH aaO; erg 4 sowie 2 zu § 479). Ein berechtigtes Interesse kann unter Verweis auf ein anderes, anhängiges **Zivilverfahren** geltend gemacht werden, etwa wenn es sich um einen (zivilrechtlichen) Ausfluss aus dem strafrechtlichen Verfahren handelt oder wenn es um einen Rechtsstreit zwischen ganz oder teilweise identischen Parteien geht (vgl München NStZ **17**, 311). Das berechtigte Interesse (vgl Stuttgart NStZ-RR **00**, 349; LG Frankfurt aM StV **03**, 495) muss aber nicht auf die Wahrnehmung formal eingeräumter Rechte – wie die Verfolgung bürgerlich-rechtlicher Ansprüche (vgl LG Hildesheim NJW **09**, 3799, 3800) – gerichtet sein; der Umstand, dass die Akte personenbezogene Daten des Antragstellers enthält, genügt allerdings für sich allein nicht (vgl 4 zu § 406e; einschr auch LG Görlitz StraFo **01**, 315). Dem Antrag eines von einer Versicherungsgesellschaft bevollmächtigten RA wird vorbehaltlich der nachfolgenden Beschränkungen im Allgemeinen zu entsprechen sein (Düsseldorf NJW **65**, 1033), ebenso dem Antrag des **Insolvenzverwalters** zur Prüfung insolvenzrechtlicher Ansprüche (LG Hildesheim NJW **08**, 531; einschr Koch Hamm-FS 292: erst bei hinreichendem Tatverdacht), nicht jedoch, wenn die Akteneinsicht keine Straftaten zum Nachteil des von ihm vertretenen Unternehmens betrifft (Köln StraFo **15**, 72) oder des **Strafverteidigers** zu Verteidigungszwecken (BGH StV **08**, 295, 296; StraFo **08**, 472 und NStZ **10**, 530: Begründung einer Verfahrensrüge mit Tatsachen aus anderen Verfahren), uU auch des Arbeitgebers zur Klärung von Vorwürfen gegen seinen Arbeitnehmer, die Auswirkungen auf das Arbeitsverhältnis haben können (BAG NJW **09**, 1897). Ein schützenswertes Interesse des Privaten kann sich auch daraus ergeben, dass dessen Kontostammdaten nach § 24c III S 1 Nr 2 KWG abgerufen wurden (BVerfGE **118**, 168 = NJW **07**, 2464, 2473) oder dass eine generische amtliche Stelle nach § 474 Informationen erhalten hat (Lauterwein 71; weitergehend SK-Weßlau 19: auch in Fällen der Informationsübermittlung an Private). Ggf ist dem Auskunftsbegehren nur teilw („soweit") stattzugeben; das kommt auch in Betracht, wenn hierdurch einem schutzwürdigen Interesse des von der Auskunft Betroffenen (vgl die Legaldefinition in § 3 I BDSG) ausreichend Rechnung getragen werden kann (vgl BVerfG NJW **09**, 2876; Hamburg NJW **95**, 1440), wie etwa durch die Weglassung der Feststellungen zur Person vor Übersendung einer anonymisierten Urteilsabschrift an einen wissenschaftlichen Autor (LG Bochum NJW **05**, 999; krit hierzu Mensching AfP **07**, 538 Fn 52; vgl aber auch LG Hildesheim NJW **09**, 3799, 3801: keine Anonymisierung bei entgegenstehendem berechtigtem Interesse).

3   Genügt dies nicht, ist nach I S 2 die **Auskunft zu versagen,** wenn der **Betroffene** im Einzelfall ein **schutzwürdiges Interesse** hat; eine weitere Abwägung mit dem Interesse des Antragstellers erfolgt nicht – wie im Vergleich mit dem abwei-

Erteilung von Auskünften und Akteneinsicht § 475

chenden Wortlaut in § 406e II zeigt – nicht (LG Dresden StV **06**, 11; LG Frankfurt StV **03**, 495; KK-Gieg 2; Koch Hamm-FS 297; LR-Hilger 7; vgl auch SK-Weßlau 15; **aM** HK-GS/Hölscher 3; KMR-Gemählich 5; siehe auch BT-Drucks 14/1484 S 27). Versagungsgründe können zB sein der Schutz der Intimsphäre oder von Geschäfts- und Betriebsgeheimnissen (vgl LG Hildesheim NJW **09**, 3799, 3800) oder das Steuergeheimnis nach § 30 **AO** (Rostock wistra **17**, 412 mit Anm Pflaum). Weitere Ablehnungsgründe (zB Zwecke des Strafverfahrens, Steuergeheimnis) ergeben sich aus § 479 I (vgl Rostock aaO). Für beigezogene Akten gilt § 480 II (dort 3). Anders als für das „berechtigte" Interesse des Antragstellers gilt für das „schutzwürdige" Interesse des Betroffenen Amtsermittlungsgrundsatz; dem von einer Auskunft bzw Akteneinsicht Betroffenen ist vor einer Entscheidung rechtliches Gehör zu gewähren, wenn – was mit Rücksicht auf das informationelle Selbstbestimmungsrecht regelmäßig der Fall sein wird – seine grundrechtlich geschützten Positionen berührt sind (vgl BVerfG NJW **09**, 2876; **07**, 1052; Lauterwein 102). Die Persönlichkeitsrechte von Verteidigern und Staatsanwälten stehen einer Auskunftserteilung an Vertreter der Presse regelmäßig nicht entgegen (vgl BVerwG StV **16**, 542, das den presserechtlichen Auskunftsanspruch allerdings im Lichte von Art 5 I S 2 GG auslegt; erg 1a).

2) Akteneinsicht (II): Sie ist nach II auch bei Privaten die Ausnahme, die 4 Auskunftserteilung nach I die Regel (vgl im Einzelnen 7 zu § 474). Einer Akteneinsicht (nicht verletzter) **Zeugen** und deren **anwaltlichen Beistands** stehen regelmäßig gem § 479 I vorrangig zu berücksichtigende Zwecke des Strafverfahrens entgegen (BGH NStZ-RR **10**, 246; KG aaO; NStZ **08**, 587 L; LG Hamburg StraFo **19**, 335 mit abl Anm Rieckhoff; AG Rudolfstadt StV **14**, 282; erg 2 zu 479). Dies hat der Akteneinsicht begehrende RA zu beachten (vgl § 479 V, auch zur Prüfungspflicht der übermittelnden Stelle). Im Blick auf die Verweisung auf I („soweit"; oben 2 aE) sind einfach zu entfernende Aktenteile, auf die sich das berechtigte Interesse des Antragstellers offensichtlich nicht bezieht, vor der Akteneinsicht zu entheften bzw herauszunehmen (zu Auskunft aus dem BZR und Lichtbildern von Verletzten vgl RiStBV 16 II S 2, 220 II S 1; BVerfG NJW **07**, 1052: persönliche Briefe, intime Zeichnungen; LG Regensburg NStZ **85**, 233, 234: nervenärztliches Gutachten). Bild-Ton-Aufzeichnungen iS der § 58a II, 168e S 4 und 247a S 4, 5 sind stets von der Akteneinsicht Privater auszuschließen (§ 58a II S 1; so auch KMR-Gemählich 7; Lauterwein 145; **aM** SK-Weßlau 10 zu § 477). Für „überschießende" Informationen gilt iÜ § 479 V.I Für die **Form der Gewährung** der Akteneinsicht gilt § 32f.

3) Die Besichtigung amtlich verwahrter Beweisstücke (19 zu § 147) kann 5 nach III S 1 unter den Voraussetzungen des II gestattet werden, dh wenn eine (grundsätzlich vorrangige) Auskunftserteilung einen unverhältnismäßigen Aufwand erfordern würde oder wenn nach Darlegung desjenigen, der die Besichtigung begehrt, eine Auskunft über das amtlich verwahrte Beweisstück nicht zur Wahrnehmung des berechtigten Interesses ausreichen würde.
Zur **Mitgabe der Akten** nach Streichung der S 2 und 3 durch das Gesetz zur 6 Einführung der elektronischen Akte siehe nunmehr § 32f II S 3 (dort 9-13).

4) Auskünfte an Privatpersonen oder private Einrichtungen ohne Einschal- 7 tung eines RA – nicht aber Akteneinsicht oder Besichtigung amtlich verwahrter Beweisstücke – ermöglicht IV unter den Voraussetzungen des I; daher können insoweit auch Abschriften aus den Akten überlassen werden (§ 478); die Übermittlung anonymisierter Entscheidungsabschriften an Private ist vom Wortlaut des § 475 grundsätzlich ebenfalls erfasst (BGH **63**, 156 mit Anm Kaerkes JR **19**, 374). Versagungsgründe ergeben sich insbesondere aus I S 2 (oben 2 aE, 3), § 477 I, II, III, § 480 II S 1; insoweit ist auch zu berücksichtigen, dass eine Anonymisierung ins Leere kann, wenn angesichts des Sachverhaltes klar ist, um wen es geht (vgl Pätzel DRiZ **18**, 392). Im Übrigen ergeht die Entscheidung nach pflichtgemäßem Ermessen. Im Falle einer Auskunftserteilung ist auf die Zweckbindung

Köhler 1957

hinzuweisen, § 477 V S 3. Eine Spezialregelung enthält § 11 VIII S 3, 4 GwG für Verpflichtete (§ 2 GwG), die eine Verdachtsanzeige (§ 11 I GwG) erstattet haben (Helmrich NJW 09, 3689).

7a Ein **Presseorgan** kann mit Rücksicht auf die unmittelbar aus der Verfassung abgeleitete Justizgewährungspflicht sowie Demokratieprinzip, Gewaltenteilung und Pressefreiheit (Art 5 I Satz 2 GG) – weitergehend und unabhängig von den Voraussetzungen des § 475 – grundsätzlich die **Übersendung anonymisierter Entscheidungsabschriften** verlangen (BVerwGE **104**, 105 = NJW **97**, 2694; vgl auch BVerfG NJW **15**, 3798 mit Anm Brink/Vogel; BGH 5 AR [Vs] vom 20.6.2018; Putzke/Zenthöfer NJW **15**, 1777; Menschig AfP **07**, 534, vgl aber LR-Hilger 2; erg 1a). Die Beachtung der Grundsätze der Verdachtsberichterstattung sowie der Resozialisierung von Straftätern obliegt dabei grundsätzlich den Medien selbst (BVerfG aaO). Wenn es sich um strafrechtliche Vorwürfe gegen eine Person des öffentlichen Lebens handelt, die aufgrund der geschützten Rechtsgüter im öffentlichen Interesse liegen (zB §§ 108e, 331 StGB), kann eine Entscheidung allerdings ausnahmsweise unter Verschluss gehalten werden, wenn konkrete Anhaltspunkte die Gefahr einer Vereitelung, Erschwerung, Verzögerung oder Gefährdung der sachgemäßen Durchführung eines Strafverfahrens im Sinne der Landespressegesetze unmittelbar und dringend nahelegen (BVerfG aaO; vgl auch OVG Weimar NJW **15**, 1836). Geht es nicht um presserechtliche Auskunftsansprüche oder eine aus dem Rechtsstaatsprinzip folgende Verpflichtung der Justiz zur Publikation veröffentlichungswürdiger Gerichtsentscheidungen (vgl BVerfG 1 BvR 857/15 vom 14.9.2015) bleibt § 475 anwendbar (München NStZ **17**, 311).

8 **5) Zuständigkeit, Rechtsbehelfe:** Vgl die Erläuterungen zu § 480. Das OLG Dresden (bei Burhoff/Lange-Bertalot StRR **07**, 229) hält einen Widerspruch gegen die Vernehmung eines Zeugen für erforderlich, dessen Beistand zuvor Akteneinsicht gewährt worden war (vgl erg 25 zu § 136, aber auch 11 aE zu § 406e).

Auskünfte und Akteneinsicht zu Forschungszwecken RiStBV 189

476 I ¹Die Übermittlung personenbezogener Daten in Akten an Hochschulen, andere Einrichtungen, die wissenschaftliche Forschung betreiben, und öffentliche Stellen ist zulässig, soweit

1. dies für die Durchführung bestimmter wissenschaftlicher Forschungsarbeiten erforderlich ist,
2. eine Nutzung anonymisierter Daten zu diesem Zweck nicht möglich oder die Anonymisierung mit einem unverhältnismäßigen Aufwand verbunden ist und
3. das öffentliche Interesse an der Forschungsarbeit das schutzwürdige Interesse des Betroffenen an dem Ausschluss der Übermittlung erheblich überwiegt.

²Bei der Abwägung nach Satz 1 Nr. 3 ist im Rahmen des öffentlichen Interesses das wissenschaftliche Interesse an dem Forschungsvorhaben besonders zu berücksichtigen.

II ¹Die Übermittlung der Daten erfolgt durch Erteilung von Auskünften, wenn hierdurch der Zweck der Forschungsarbeit erreicht werden kann und die Erteilung keinen unverhältnismäßigen Aufwand erfordert. ²Andernfalls kann auch Akteneinsicht gewährt werden. ³Die Akten, die in Papierform vorliegen, können zur Einsichtnahme übersandt werden.

III ¹Personenbezogene Daten werden nur an solche Personen übermittelt, die Amtsträger oder für den öffentlichen Dienst besonders Verpflichtete sind oder die zur Geheimhaltung verpflichtet worden sind. ²§ 1 Abs. 2, 3 und 4 Nr. 2 des Verpflichtungsgesetzes findet auf die Verpflichtung zur Geheimhaltung entsprechende Anwendung.

IV ¹Die personenbezogenen Daten dürfen nur für die Forschungsarbeit verwendet werden, für die sie übermittelt worden sind. ²Die Verwendung für andere Forschungsarbeiten oder die Weitergabe richtet sich nach den Absätzen 1 bis 3 und bedarf der Zustimmung der Stelle, die die Übermittlung der Daten angeordnet hat.

V ¹Die Daten sind gegen unbefugte Kenntnisnahme durch Dritte zu schützen. ²Die wissenschaftliche Forschung betreibende Stelle hat dafür zu sorgen, dass die Verwendung der personenbezogenen Daten räumlich und organisatorisch getrennt von der Erfüllung solcher Verwaltungsaufgaben oder Geschäftszwecke erfolgt, für die diese Daten gleichfalls von Bedeutung sein können.

VI ¹Sobald der Forschungszweck es erlaubt, sind die personenbezogenen Daten zu anonymisieren. ²Solange dies noch nicht möglich ist, sind die Merkmale gesondert aufzubewahren, mit denen Einzelangaben über persönliche oder sachliche Verhältnisse einer bestimmten oder bestimmbaren Person zugeordnet werden können. ³Sie dürfen mit den Einzelangaben nur zusammengeführt werden, soweit der Forschungszweck dies erfordert.

VII ¹Wer nach den Absätzen 1 bis 3 personenbezogene Daten erhalten hat, darf diese nur veröffentlichen, wenn dies für die Darstellung von Forschungsergebnissen über Ereignisse der Zeitgeschichte unerlässlich ist. ²Die Veröffentlichung bedarf der Zustimmung der Stelle, die die Daten übermittelt hat.

VIII Ist der Empfänger eine nichtöffentliche Stelle, finden die Vorschriften der Verordnung (EU) 2016/679 und des Bundesdatenschutzgesetzes auch dann Anwendung, wenn die personenbezogenen Daten nicht automatisch verarbeitet werden und nicht in einem Dateisystem gespeichert sind oder gespeichert werden.

1) Für Zwecke **wissenschaftlicher Forschung** (Eigen- oder Auftragsforschung) dürfen unter den Voraussetzungen des I personenbezogene Daten aus Strafakten – auch befugt übermittelte Sozialdaten (§ 78 IV SGB X) oder Erkenntnisse aus bestimmten, besonders eingriffsintensiven Maßnahmen (§ 477 II S 3 Nr 3) – an Hochschulen (auch Fachhochschulen), andere Einrichtungen, die wissenschaftliche Forschung betreiben, und öffentliche Stellen übermittelt werden (erg § 487 IV); Doktoranden und Habilitanden als Privatpersonen können über § 475 I, IV Auskunft oder Akteneinsicht erhalten (Graalmann-Scheerer NStZ **05**, 435; Lauterwein 53; **aM** SK-Weßlau 8). Die Übermittlungsbefugnis besteht, wenn keine Einwilligung der Betroffenen vorliegt (§§ 3 I, 4 I BDSG; unten 3), nur insoweit, als die Mitteilung für die Durchführung eines bestimmten wissenschaftlichen Forschungsvorhabens erforderlich ist (erg 10 zu § 479) und die Herstellung oder Nutzung anonymisierter Informationen (vgl § 3 VI BDSG) aus den im Gesetz genannten Gründen ausscheidet (S 1 Nr 1, 2), wobei es genügt, dass anonymisierte Daten für den Forschungszweck nicht hinreichen (BT-Drucks 14/1484 S 27). Ferner muss nach S 1 Nr 3, S 2 das öffentliche, insbesondere wissenschaftliche Interesse an der Forschungsarbeit das unter Berücksichtigung der Einschränkungen in II bis VIII schutzwürdige Interesse des Betroffenen an dem Ausschluss der Übermittlung erheblich überwiegen; vor dieser gesetzlichen Abwägung zwischen dem Grundrecht auf informationelle Selbstbestimmung und der Freiheit von Wissenschaft und Forschung (Art 5 III GG) haben solche Forschungsvorhaben keinen Bestand, die methodisch unzulänglich sind, bei denen der Verdacht besteht, dass sie der Ausspionierung personenbezogener Daten dienen sollen, oder die offensichtlich als Instrument im wirtschaftlichen Konkurrenzkampf gedacht sind (BT-Drucks aaO). Bei umfangreichen Forschungsvorhaben mit vielen Betroffenen wird nur deren mutmaßliches Interesse in die Abwägung eingestellt werden können (LR-Hilger 6).

2) Regelungen zum **Schutz des allgemeinen Persönlichkeitsrechts** enthalten II bis VIII. II ordnet den grundsätzlichen Vorrang von Auskünften vor einer

Akteneinsicht an (wegen des mit der Auskunftserteilung verbundenen großen Aufwandes ist es in der Praxis aber umgekehrt, vgl Graalmann-Scheerer NStZ 05, 437). Personenbezogene Daten dürfen nur an zur Geheimhaltung verpflichtete Personen übermittelt werden (III; Strafbewehrung in § 203 II S 1 Nr 6 StGB). Die Zweckbindung in IV gilt auch für die durch die Forschung neu gewonnenen personenbezogenen Informationen. Die Verwendung für einen anderen wissenschaftlichen Zweck oder die Weitergabe an andere Personen – jeweils gemessen an der erteilten Genehmigung – setzen die vorherige Zustimmung der bewilligenden Stelle nach Maßgabe der I bis III voraus. V bis VII enthalten weitere Pflichten des Empfängers; die Zustimmung der übermittelnden Stelle zur Veröffentlichung personenbezogener Daten ist entbehrlich, wenn der Betroffene einwilligt oder sich Einzelangaben nur mit einem unverhältnismäßig großen Aufwand an Zeit, Kosten und Arbeitskraft einer bestimmten Person zuordnen lassen (BT-Drucks 14/1484 S 28). Für nichtöffentliche Stellen finden die Vorschriften der VO (EU) 2016/679 und das BDSG auch Anwendung, soweit die personenbezogenen Daten nicht automatisiert verarbeitet werden und nicht in einem Datensystem gespeichert sind oder gespeichert werden. Zu den datenschutzrechtlichen Anforderungen im Einzelnen – insbesondere auch zur Vorlage eines Datenschutzkonzepts durch den Antragsteller – vgl Graalmann-Scheerer aaO.

3) Im Einzelnen darlegen muss die ersuchende Stelle, dass die gesetzlichen Voraussetzungen für die Mitteilung nicht anonymisierter Informationen – abgesehen von der Frage des unverhältnismäßigen Aufwands in I S 1 Nr 2, II S 1 – gegeben sind. Dies wollte der Gesetzgeber durch die Fassung der Vorschrift klarstellen; der weitere Hinweis der Entwurfsbegründung (BT-Drucks 14/1484 S 28) auf eine sachgerechte Prüfung durch die zuständige Stelle (§ 480 I S 1) ändert nichts am Maßstab des § 479 V S 2. Der Antragsteller muss darlegen, welche konkreten Informationen er aus den Akten für sein Forschungsvorhaben begehrt (Graalmann-Scheerer NStZ 05, 435). Vorsitzender und StA haben einen Ermessensspielraum und können die Erlaubnis mit Auflagen, insbesondere den Datenschutz konkretisierenden Auflagen verbinden. § 479 I, II S 2 Nr 4 ist zu beachten (vgl Graalmann-Scheerer aaO 436; erg 10 zu § 479). Auf eine Einholung der Einwilligung der Betroffenen darf die ersuchende Stelle nicht verwiesen werden (SK-Weßlau 16).

4) Zuständigkeit, Rechtsbehelfe: Vgl die Erläuterungen zu § 480.

5) Zu den Kosten der Übermittlung vgl Graalmann-Scheerer NStZ 05, 440.

Datenübermittlung von Amts wegen

477 ¹ Von Amts wegen dürfen personenbezogene Daten aus Strafverfahren Strafverfolgungsbehörden und Strafgerichten für Zwecke der Strafverfolgung sowie den zuständigen Behörden und Gerichten für Zwecke der Verfolgung von Ordnungswidrigkeiten übermittelt werden, soweit diese Daten aus der Sicht der übermittelnden Stelle hierfür erforderlich sind.

II Eine von Amts wegen erfolgende Übermittlung personenbezogener Daten aus Strafverfahren ist auch zulässig, wenn die Kenntnis der Daten aus der Sicht der übermittelnden Stelle erforderlich ist für
1. die Vollstreckung von Strafen oder von Maßnahmen im Sinne des § 11 Absatz 1 Nummer 8 des Strafgesetzbuches oder die Vollstreckung oder Durchführung von Erziehungsmaßregeln oder Zuchtmitteln im Sinne des Jugendgerichtsgesetzes,
2. den Vollzug von freiheitsentziehenden Maßnahmen,
3. Entscheidungen in Strafsachen, insbesondere über die Strafaussetzung zur Bewährung oder deren Widerruf, oder in Bußgeld- oder Gnadensachen.

1) Mit dem Gesetz zur Umsetzung der Richtlinie (2016/680) im Strafverfahren sowie zur Anpassung datenschutzrechtlicher Bestimmungen an die **Verordnung (EU) 2016/679) vom 20.11.2019 (BGBl I 1724) wurden die §§ 474 ff systematisch überarbeitet. §§ 474 bis 477 regeln die rechtlichen Voraussetzungen der Datenübermittlung, § 478 deren Form, § 479 die Übermittlungsverbote und Verwendungsbeschränkungen, § 480 die Verantwortlichkeit für die Beurteilung der Zulässigkeit der Übermittlung sowie das dazugehörende Verfahren (BT-Drucks 19/4671 S 65). Der neu gefasste § 477 entspricht § 479 I und II aF.

2) Von Amts wegen, dh ohne Auskunftsersuchen, dürfen personenbezogene **1a** Daten, die für die bei der übermittelnden Stelle anhängiges oder anhängig gewesenes Strafverfahren erhoben worden sind, für die in der Vorschrift bezeichneten Zwecke der Strafrechtspflege iwS übermittelt werden; hieraus ergibt sich zugleich die Zulässigkeit der Zweckänderung. Indem das Gesetz auf die Sicht der übermittelnden Stelle abhebt (krit dazu Paeffgen Hilger-FG 159), verlangt es eine Art Schlüssigkeitsprüfung (vgl 3 zu § 14 EGGVG); diese ist an der Erforderlichkeit und damit an dem verfassungsrechtlichen Grundsatz der Verhältnismäßigkeit auszurichten (4 zu § 474; weitere Fälle verfahrensübergreifender Mitteilungen von Amts wegen: §§ 12 ff **EGGVG**).

A. Für **Zwecke der Strafverfolgung (I)** ist die Mitteilung zulässig, wenn die **2** übermittelnde Stelle erkennt, dass die in einem von ihr geführten Strafverfahren angefallenen Erkenntnisse – teilw („soweit") – auch für die dem genannten Zweck verpflichtete Tätigkeit einer anderen Strafverfolgungsbehörde oder eines anderen Strafgerichts erforderlich sind; Bezugspunkt ist stets eine andere prozessuale Tat. Mitteilungen an eine Stelle zur Förderung des anhängigen Verfahrens (zB zur Durchführung des Täter-Opfer-Ausgleichs) fallen nicht unter die Vorschrift.

B. Für bestimmte **andere Zwecke der Strafrechtspflege iwS** erlaubt II ver- **3** fahrensübergreifende Mitteilungen von Amts wegen; die in § 14 I Nr 1 bis 3 **EGGVG** aF auf Daten des Beschuldigten, die den Gegenstand des Verfahrens betreffen, beschränkte Ermächtigung ist durch die Einbeziehung grundsätzlich aller personenbezogenen Informationen aus einem Strafverfahren in personeller und sachlicher Hinsicht erweitert worden (vgl aber BT-Drucks 14/1484 S 31).

Nr 1 betrifft Mitteilungen, die zur Vollstreckung oder Durchführung der im **4** Gesetz aufgezählten, in einem anderen Verfahren verhängten Sanktionen erforderlich sind, zB Hinweise auf festgestellte Vermögenswerte, um die Vollstreckung einer Geldstrafe zu ermöglichen.

Insbesondere den Leiter einer JVA oder Anstalt iS der §§ 63, 64 StGB **5** können nach **Nr 2** solche Informationen übermittelt werden, deren Kenntnis für den Vollzug einer freiheitsentziehenden Maßnahme (U-Haft, Strafhaft, Unterbringungsmaßnahmen, Ordnungs- oder Erzwingungshaft) in einem anderen Verfahren erforderlich ist, etwa eine weitere Verurteilung eines Gefangenen (MiStra 43).

Nr 3 betrifft Informationen, die für Entscheidungen in anderen Verfahren ein- **6** schließlich Gnadensachen erheblich sind, zB über die nachträgliche Strafaussetzung zur Bewährung (§§ 57 ff StGB, § 57 **JGG**) oder den Widerruf der Strafaussetzung (vgl MiStra 13). Die Übermittlung von Informationen, die für die Aussetzung der Verhängung einer Jugendstrafe (§ 27 JGG) oder der Vollstreckung der ausgesprochenen Strafe zur Bewährung (§ 56 StGB, § 21 JGG) erheblich sind, richtet sich nach § 17 Nr 1 EGGVG (dort 1, 2; BT-Drucks 13/4709 S 22; **aM** SK-Weßlau 10).

3) Grenzen der Übermittlungsbefugnis und die Zuständigkeit: § 479 I **7** und II S 1 regelt die Übermittlungsverbote und Verwendungsbeschränkungen (dort 2 ff), § 480 die Zuständigkeit.

Die **Verantwortung** für die Zulässigkeit der Übermittlung richtet sich nach **8** § 479 V.

§§ 478, 479 Achtes Buch. 1. Abschnitt

Form der Datenübermittlung RiStBV 183, 188, 189

478 Auskünfte nach den §§ 474 bis 476 und Datenübermittlungen von Amts wegen nach § 477 können auch durch Überlassung von Kopien aus den Akten erfolgen.

1 § 478 entspricht dem bisherigen § 477 (BT-Drucks 19/4671 S 74). Die Regelung lässt eine **vereinfachte Form** der Auskunftserteilung und Datenübermittlung zu.

Übermittlungsverbote und Verwendungsbeschränkungen

479 I Die Übermittlung personenbezogener Daten ist unzulässig, wenn ihr Zwecke des Strafverfahrens, auch die Gefährdung des Untersuchungszwecks in einem anderen Strafverfahren, oder besondere bundesgesetzliche oder landesgesetzliche Verwendungsregelungen entgegenstehen.

II ¹ Ist eine Maßnahme nach diesem Gesetz nur bei Verdacht bestimmter Straftaten zulässig, so gilt für die Verwendung der auf Grund einer solchen Maßnahme erlangten Daten in anderen Strafverfahren § 161 Absatz 3 entsprechend. ² Darüber hinaus dürfen verwertbare personenbezogene Daten, die durch eine Maßnahme der nach Satz 1 bezeichneten Art erlangt worden sind, ohne Einwilligung der von der Maßnahme betroffenen Personen nur verwendet werden

1. zu Zwecken der Gefahrenabwehr, soweit sie dafür durch eine entsprechende Maßnahme nach den für die zuständige Stelle geltenden Gesetzen erhoben werden könnten,
2. zur Abwehr einer Gefahr für Leib, Leben oder Freiheit einer Person oder für die Sicherheit oder den Bestand des Bundes oder eines Landes oder für bedeutende Vermögenswerte, wenn sich aus den Daten im Einzelfall jeweils konkrete Ansätze zur Abwehr einer solchen Gefahr erkennen lassen,
3. für Zwecke, für die eine Übermittlung nach § 18 des Bundesverfassungsschutzgesetzes zulässig ist, sowie
4. nach Maßgabe des § 476.

³ § 100i Absatz 2 Satz 2 und § 108 Absatz 2 und 3 bleiben unberührt.

III ¹ Die Verwendung von durch eine Maßnahme nach den §§ 100b, 100c oder 100g Absatz 2, auch in Verbindung mit § 100g Absatz 1 oder 3 Satz 2, erlangten personenbezogenen Daten ist ohne die Einwilligung der von der Maßnahme betroffenen Person neben den in Absatz 2 Satz 1 genannten Zwecken nur zulässig:

1. bei durch eine Maßnahme nach den §§ 100b oder 100c erlangten personenbezogenen Daten, auch solchen nach § 100d Absatz 5 Satz 1 zweiter Halbsatz, nur zur Abwehr einer im Einzelfall bestehenden Lebensgefahr, einer dringenden Gefahr für Leib oder Freiheit einer Person oder für die Sicherheit oder den Bestand des Bundes oder eines Landes oder einer dringenden Gefahr für Gegenstände von bedeutendem Wert, die der Versorgung der Bevölkerung dienen, die aus einem kulturell herausragendem Wert sind oder die in § 305 Absatz 1 des Strafgesetzbuches genannt sind,
2. bei verwertbaren, durch eine Maßnahme nach den §§ 100b oder 100c erlangten personenbezogenen Daten neben den in Nummer 1 genannten Zwecken auch zur Abwehr einer im Einzelfall bestehenden dringenden Gefahr für sonstige bedeutende Vermögenswerte und
3. bei verwertbaren, durch eine Maßnahme nach § 100g Absatz 2, auch in Verbindung mit § 100g Absatz 1 Satz 3 oder Absatz 3 Satz 2, erlangten personenbezogenen Daten nur zur Abwehr von konkreten Gefahren für Leib, Leben oder Freiheit einer Person oder für den Bestand des Bundes oder eines Landes (§ 113c Absatz 1 Nummer 2 des Telekommunikationsgesetzes).

² Sind die Daten im Falle des Satzes 1 zur Abwehr der Gefahr oder für eine vorgerichtliche oder gerichtliche Überprüfung der zur Gefahrenabwehr getroffenen Maßnahmen nicht mehr erforderlich, so sind Aufzeichnungen über diese Daten von der für die Gefahrenabwehr zuständigen Stelle unverzüglich zu löschen. ³ Die Löschung ist aktenkundig zu machen. ⁴ Soweit die Löschung lediglich für eine etwaige vorgerichtliche oder gerichtliche Überprüfung zurückgestellt ist, dürfen die Daten nur für diesen Zweck verwendet werden; ihre Verarbeitung ist entsprechend einzuschränken.

IV Wenn in den Fällen der §§ 474 bis 476
1. der Angeklagte freigesprochen, die Eröffnung des Hauptverfahrens abgelehnt oder das Verfahren eingestellt wurde oder
2. die Verurteilung nicht in ein Führungszeugnis für Behörden aufgenommen wird und seit der Rechtskraft der Entscheidung mehr als zwei Jahre verstrichen sind,

dürfen Auskünfte aus den Akten und Akteneinsicht an nichtöffentliche Stellen nur gewährt werden, wenn ein rechtliches Interesse an der Kenntnis der Information glaubhaft gemacht ist und der frühere Beschuldigte kein schutzwürdiges Interesse an der Versagung hat.

V ¹ Die Verantwortung für die Zulässigkeit der Übermittlung trägt die übermittelnde Stelle. ² Abweichend hiervon trägt in den Fällen der §§ 474 bis 476 der Empfänger die Verantwortung für die Zulässigkeit der Übermittlung, sofern dieser eine öffentliche Stelle oder ein Rechtsanwalt ist. ³ Die übermittelnde Stelle prüft in diesem Falle nur, ob das Übermittlungsersuchen im Rahmen der Aufgaben des Empfängers liegt, es sei denn, dass ein besonderer Anlass zu einer weitergehenden Prüfung der Zulässigkeit der Übermittlung vorliegt.

VI 32f Absatz 5 Satz 2 und 3 gilt mit folgenden Maßgaben entsprechend:
1. Eine Verwendung der nach den §§ 474 und 475 erlangten personenbezogenen Daten für andere Zwecke ist zulässig, wenn dafür Auskunft oder Akteneinsicht gewährt werden dürfte und im Falle des § 475 die Stelle, die Auskunft oder Akteneinsicht gewährt hat, zustimmt;
2. eine Verwendung der nach § 477 erlangten personenbezogenen Daten für andere Zwecke ist zulässig, wenn dafür eine Übermittlung nach § 477 erfolgen dürfte.

1) Überblick: Seit der Überarbeitung der §§ 474ff durch Ges vom 20.11.2019 (BGBl I 1724) enthalten I-IV die bisher in § 477 II, III geregelten Übermittlungsverbote und Verwendungsbeschränkungen für die Übermittlung von Informationen aus Strafakten nach den §§ 474 bis 476 und Beiakten nach § 480 II (vgl BVerfGE **120**, 351 mwN zur Zweckänderung). Da die im GesE der BReg vorgeschlagene Streichung von § 100e VI und § 101a IV vom BT nicht übernommen wurde, III aber Verwendungsregelungen für Erkenntnisse aus den betreffenden Maßnahmen (§§ 100b, 100c und 100g II, auch iVm I und III S 2) vorsieht, bestehen insoweit nunmehr Überschneidungen, die in der Praxis allerdings keine Schwierigkeiten bereiten dürften (vgl unten 3, 4, 11). V und VI regeln die Verantwortung für die Zulässigkeit der Übermittlung (bisher: § 477 IV, § 479 III) und die Zweckbindung der nach §§ 474, 475 erlangten personenbezogenen Daten (bisher: § 477 V). IE entsprechen die überarbeiteten Regelungen – auch bzgl der Übermittlungsverbote und Verwendungsbeschränkungen – inhaltlich der bisherigen Rechtslage. Zu den Konsequenzen für die Aktenführung, vgl RiStBV 186 (vgl zur Notwendigkeit Groß/Fünfsinn NStZ **92**, 106).

2) Übermittlungsverbote und Verwendungsbeschränkungen (I-IV):
A. Die Datenübermittlung ist unzulässig, wenn ihr **Zwecke des Strafverfahrens** (Strafverfolgung, Strafvollstreckung) entgegenstehen (I). Nach I, 1. Alt sind Auskunft und Akteneinsicht nicht gestattet, wenn der Untersuchungszweck – auch in einem anderen Strafverfahren (vgl 11 zu § 406e) – gefährdet erscheint (vgl BGH

§ 479

NStZ-RR **10**, 246: grundsätzlich kein Recht auf Aktenkenntnis und keine Akteneinsicht für nicht verletzte Zeugen bzw ihren Beistand; vgl auch Düsseldorf NJW **02**, 2806; KG StraFo **15**, 459, 460; NStZ **08**, 587 L; a**M** für Fälle des § 55 Wessing/Ahlbrecht 22 ff; Klengel/Müller NJW **11**, 24 f; Koch Hamm-FS 295; erg 2 und 4 zu 475; 5 zu § 68b) oder die Informationsübermittlung zu unverhältnismäßigen Verzögerungen bzw Belastungen führen würde (vgl SK-Weßlau 4: Beurteilungsspielraum). Zu den besonderen Verwendungsregelungen iS des I, 2. Alt gehören innerhalb der StPO etwa §§ 58a II S 1, 81g V S 3 (erg SK-Weßlau 9 ff), außerhalb der StPO §§ 51, 52, 61, 63 IV **BZRG**, § 30 **AO**, §§ 35 SGB I, 67 ff SGB X (erg Lauterwein 130 f; 6 zu § 12 **EGGVG**).

3   B. Die Verwendung von **Zufallsfunden,** also die Umwidmung von personenbezogenen Daten zu anderen Zwecken als jenen, für die sie im Ausgangsverfahren erhoben wurden, bedarf einer gesetzlichen Grundlage (BVerfGE **109**, 279, 375). Dem trägt das Gesetz mit der Regelung des II S 1 Rechnung; ihr liegt der Gedanke des hypothetischen Ersatzeingriffs zugrunde (BT-Drucks 16/5846 S 66; Einl 57c; vgl auch BGH **58**, 32, 49 mit Anm Schuster StV **14**, 198; Singelnstein ZStW **120**, 880 ff). Die Vorschrift betrifft nicht die Verwertung von Erkenntnissen im Ausgangsverfahren zur Aufklärung der Anlasstat (einschließlich von vornherein getrennt geführter oder später abgetrennter Verfahren gegen Mitbeteiligte, SK-Weßlau 7 vor § 474; Bittmann DRiZ **07**, 120; 30 zu § 100a). Sie beschränkt die verfahrensübergreifende Verwertung personenbezogener Daten, wenn diese durch strafprozessuale Maßnahmen (andernfalls [insb bei präventiv-polizeilichen Maßnahmen] gilt § 161 III, dort 18b ff) erlangt worden sind, die nur bei **Verdacht bestimmter Straftaten** zulässig sind. Einen solchen spezifizierten Verdacht setzen – mit Ausnahme von §§ 99, 100h I S 1 Nr 1 – insbesondere die in § 101 I aufgezählten verdeckten Ermittlungsmaßnahmen voraus (BT-Drucks 16/5846 S 58; erg 35 zu § 100g), also auch § 163f (KG NStZ **19**, 429; LG Braunschweig StV **19**, 320), aber auch §§ Maßnahmen nach § 131 III, 131a III, 131b (Singelnstein aaO 879; zu 111 vgl unten 13). Aufgrund der vorgeschriebenen entspr Anwendung des § 161 III ist die Verwendung der gewonnenen personenbezogenen Daten in anderen Strafverfahren (dh für andere prozessuale Taten als die Anlasstat) nur zulässig, wenn sie der Aufklärung einer Straftat dient, aufgrund derer eine solche Maßnahme ebenfalls hätte angeordnet werden dürfen. Der Begriff „Strafverfahren" umfasst auch die Strafvollstreckung. Nach II S 1 dürften auch die über das Vorliegen einer Katalogtat hinausgehenden Anordnungsvoraussetzungen der einschlägigen Ermittlungsmaßnahme hypothetisch für das anhängige Verfahren und bezogen auf den Erkenntnisstand bei Verwendung bzw Verwertung der anderweitig vorhandenen personenbezogenen Daten zu prüfen sein (offen gelassen von BGH aaO; vgl auch BGH **53**, 64; KK-Gieg 3 zu § 477; MüKoStPO-Singelnstein 37 zu § 477). II S 1 gilt auch für **Rechtshilfeersuchen** begleitende gerichtliche Bestätigungen (vgl BGH aaO) sowie für die Verwendung von Zufallsfunden aus strafprozessualen Maßnahmen, die dem Brief-, Post- oder Fernmeldegeheimnis unterfallen, im **Besteuerungsverfahren** (vgl BFH NZWiSt **13**, 434 zu § 100a mit Anm Krug/Knierim/Huber); insoweit dürfte – anders als sonst (dazu anschl 4) – ein umfassendes Verwendungsverbot anzunehmen sein, da § 393 III AO allgemein von der Verwertung von „Erkenntnissen" spricht. Für die Verwendung personenbezogener Daten aus **Maßnahmen nach** §§ 100b (Online-Durchsuchung), § **100c** (Wohnraumüberwachung) **und** § **100g II, auch iVm I S 3 oder III S 2** (Erhebung von Vorrats- und retrograden Standortdaten sowie Funkzellenabfragen), in anderen Strafverfahren enthalten die über der Überarbeitung der §§ 474 ff StPO unberührt gebliebenen § 100e VI Nr 1 und § 101a IV S 1 Nr 1 (oben 1) striktere und daher vorrangige Regelungen (vgl hierzu 21-23 zu § 100e; 27 zu § 101a [auch zur Anwendung auf nach § 100g I S 3 erhobene retrograde Standortdaten]).

4   Diese **Einschränkung** galt schon vor der Überarbeitung der §§ 474 ff allerdings **nur** soweit, als die Daten **zu Beweiszwecken** verwendet werden sollen. Dies folgt daraus, dass der Vorgängerregelung des II S 1 (§ 477 II S 2 aF) in Anlehnung an die

1964   Köhler

entspr Rspr des BGH zu § 100a (BGH NStZ **98**, 426) geschaffen worden war (BT-Drucks 16/5846 S 64, 66). Mit der Einfügung des Verweises auf §161 III durch das Ges vom 20.11.2019 (BGBl I 1724) hat der Gesetzgeber diese Auffassung bestätigt, indem er die im GesE der BReg vorgeschlagenen Restriktionen (BT-Drucks 19/4671 S 10, 63f) gerade nicht übernommen hat (BT-Drucks 19/11190 S 10). Zufallserkenntnisse dürfen daher, auch wenn sie keine bestimmte Straftaten iS des II S 1 betreffen, als **Spurenansatz** oder zur Ermittlung des Aufenthaltsorts des Beschuldigten verwertet werden (so schon zum früheren Recht BVerfG NJW **16**, 1781 [Tz 315]; NJW **05**, 2766 [§ 100a]; 18d zu § 161; SSW-Ritscher/Klinge 5f zu § 477; BeckOK-Wittig 5 zu § 477; KK-Griesbaum 36 zu § 161; LR-Erb 80 zu § 161; MüKoStPO-Kölbel 45 zu § 161). Die zum früheren Recht vertretene Gegenauffassung (MüKoStPO-Singelnstein 33 zu § 477; erg hierzu 18d zu § 161) dürfte überholt sein. Für die Verwendung personenbezogener Daten aus **Maßnahmen nach §§ 100b 100c und 100g II, auch iVm I oder III S 2**, gelten indes die strikteren Regelungen des § 100e VI Nr 1 oder des § 101a IV S 1 Nr 1 (oben 3 aE). Da die Regelungen keine Einschränkung auf die Verwendung „zu Beweiszwecken" enthalten, dürfen die Daten aus diesen Maßnahmen nicht als Spurenansatz verwertet werden (erg 23 zu § 100e; 27 zu § 101a). Mit **Einwilligung** der von der Maßnahme jeweils Betroffenen können die erlangten personenbezogenen Daten (§ 51 I BDSG) aber auch in einem solchen Fall zu Beweiszwecken weiterverwendet werden. Im Einzelnen gilt daher Folgendes:

a) Zur **Strafverfolgung gegen den Beschuldigten** und die Teilnehmer an 5 seiner Tat dürfen Zufallserkenntnisse über eine andere als die in der Anordnung bezeichnete Katalogtat uneingeschränkt verwertet werden (Knauth NJW **77**, 1510; Peters 452); das gilt auch für Zufallsfunde von Taten, die im Zusammenhang mit einer Katalogtat stehen (zB Taten, auf deren Begehung die kriminelle Vereinigung nach § 129 StGB abzielt: BGH NStZ **98**, 426; dazu eingehend Kretschmer StV **99**, 223). Zufallserkenntnisse über Nichtkatalogtaten, auch wenn es sich um Anschlussdelikte zu einer Katalogtat handelt (Begünstigung, Hehlerei, Strafvereitelung), dürfen dagegen nicht unmittelbar zum Beweis (BGH **27**, 355; **28**, 122, 127; Bay **82**, 40; vgl auch BVerfG NJW **88**, 1075; Buse/Bohnert NJW **08**, 619 zu Steuerstraftaten), auch nicht zu Vorhalten benutzt werden (BGH **27**, 355; vgl aber auch BGH **30**, 317, Karlsruhe NStZ **94**, 201 m abl Anm Schneider NStZ **94**, 504 = StV **94**, 529 mit abl Anm Klesczewski: Verwertung in späterem Meineidsverfahren). Zulässig ist aber eine mittelbare Verwertung in der Weise, dass auf Grund der erlangten Erkenntnisse Ermittlungen geführt und dabei andere Beweismittel gewonnen werden (BVerfG NJW **05**, 2766; BGH **27**, 355; Allgayer NStZ **06**, 603; Welp JZ **73**, 290; **aM** Böse Amelung-FS 567; Knauth NJW **78**, 741; Wulf wistra **08**, 325; einschr auch Kaiser NJW **74**, 350; Maiwald JuS **78**, 395).

b) Zur **Strafverfolgung gegen dritte Personen** dürfen Zufallserkenntnisse 6 uneingeschränkt verwertet werden, die sich auf irgendeine Katalogtat beziehen (BGH **28**, 122, 129; **32**, 10, 15; NJW **79**, 1370; wistra **91**, 146; vgl auch BGH **26**, 298, 302; BGHR Verwertbarkeit 1; Bay **82**, 40; Hieramente wistra **15**, 9, 10). Für die Verfolgung von Nichtkatalogtaten ist auch hier eine unmittelbare Verwertung als Beweismittel unzulässig (BGH **26**, 298, 303; Düsseldorf NStZ **01**, 657 [Anschlussdelikte]; LG Münster StV **08**, 460), also auch nicht im Wege eines Vorhalts (Karlsruhe NJW **04**, 2687), nicht aber die mittelbare Verwertung in der Weise, dass die Zufallserkenntnisse zur Grundlage weiterer Ermittlungen gegen den Dritten gemacht werden (München wistra **06**, 472 [Durchsuchung]; Allgayer NStZ **06**, 607; Lehmann ArchPF **79**, 126; **aM** Knauth NJW **78**, 742; Lohberger Hanack-FS 264ff mwN zum Streitstand; vgl auch LG Landshut NStZ **99**, 635 im Anschluss an Kaiser NJW **74**, 350: zulässig bei einer Straftat nach § 112a). Dies alles muss auch für Zufallsfunde aus einer im Ausland angeordneten Telefonüberwachung gelten (Zietsch Kriminalistik **96**, 129). Verwertbar sind Äußerungen eines Angehörigen, die aufgrund eines in einer anderen Strafsache angeordneten „kleinen" Lauschangriffs (§ 100f) überwacht und protokolliert wurden, in dem gegen

§ 479

den Angeklagten gerichteten Verfahren wegen Bankraubs, ohne dass § 52 oder der fair trial-Grundsatz entgegenstehen (BVerfG NJW **10**, 287).

7 Bei **Änderung der Rechtslage** ist – mangels Übergangsbestimmungen – auf den Zeitpunkt der Verwendung des Zufallsfundes (bzw der Revisionsentscheidung, 4 zu § 354a, oder eines Rechtshilfeersuchens [BGH **58**, 32]) abzustellen; wegen der Ausweitung der Katalogtaten in § 100a durch das Ges vom 21.12.2007 kann dies zur Verwertbarkeit von zuvor nach § 100b V aF unverwertbaren Erkenntnissen führen (BGH **53**, 64 mit krit Anm Sankol MMR **09**, 181; vgl Einl 203).

8 c) **Überschneiden** sich Maßnahmen iS des II S 1 mit anderen, ggf auch unter II S 1 fallenden Eingriffen, dürfte nach dem Grundsatz zu entscheiden sein, dass sich die Verwendung des Zufallsfundes nach der höchsten Verdachtsschwelle richtet (zust AnwK-Pananis 4; Singelnstein ZStW **120**, 882 Fn 135; vgl aber die wohl auf einem Missverständnis beruhende Gegenauffassung von HK-Temming 8); für den Fall der akustischen Wohnraumüberwachung durch einen Verdeckten Ermittler stellte dies der aufgehobene § 110e Hs 2 klar. Beispiele für (formell und materiell rechtmäßige) Maßnahmen außerhalb von Wohnungen: Der Verdeckte Ermittler (§ 110a) fertigt Bildaufnahmen an oder setzt besondere Observationsmittel ein (§ 100h I S 1 Nr 1 und 2); die Verwertung eines Zufallsfundes richtet sich nach der Schwelle des § 110a I. Der Verdeckte Ermittler führt einen „kleinen Lauschangriff" aus; es gilt die Schwelle des § 100f I.

9 d) **Rechtswidrigkeit** der Ermittlungsmaßnahme: Der Gesetzgeber ist bei der Neuregelung der II S 1 davon ausgegangen, dass die Zufallserkenntnisse im Ausgangsverfahren rechtmäßig gewonnen werden (BT-Drucks 16/5846 S 66 iVm 64). Daraus allein folgt aber nicht, dass durch eine rechtswidrige Maßnahme erlangte personenbezogene Informationen zu einer anderen prozessualen Tat unverwertbar sind (so aber Singelnstein ZStW **120**, 889; SK-Weßlau 16); bei einem rechtswidrig erlangten Zufallsfund ist hierüber vielmehr anhand der vom Rspr für sog relative Verwertungsverbote vertretenen Abwägungslehre zu entscheiden (BGH **54**, 69, 89 f [jedenfalls außerhalb von Fällen bewusster Umgehung des Ges ist die Unverwertbarkeit die Ausnahme; krit Gusy HRRS **09**, 491]; Einl 55a, 57d).

10 C. Zu **präventiven Zwecken** sowie zu Zwecken der Forschung dürfen personenbezogene Daten (nicht nur Zufallsfunde), die durch strafprozessuale Maßnahmen iSd II S 1 (oben 3) erlangt wurden, ohne Einwilligung des Betroffenen lediglich eingeschränkt verwendet werden (II S 2; krit zur Weite der Nr 1 und 2 SK-Weßlau 30; vgl auch LSG Hessen MMR **09**, 718 mit Anm Sankol zur fehlenden gesetzlichen Grundlage im Sozialrecht). Die damit verbundene Zweckänderung erlauben Nr 1 und 2 zur Gefahrenabwehr, Nr 3 für die Zwecke, für die eine Übermittlung nach § 18 BVerfSchG zulässig ist (5 zu § 474), und Nr 4 für Forschungszwecke.

11 Für die Verwendung von Daten aus den besonders **eingriffsintensiven Ermittlungsmaßnahmen** (§§ 100b, 100c und 100g II, auch iVm I und III S 2) zur Gefahrenabwehr sieht III höhere Hürden als II S 2 Nr 1 und 2 vor. Allerdings besteht derzeit eine Anwendungskonkurrenz mit § 100e VI Nr 2 und § 101a IV S 1 Nr 2, die – anders als im GesE der BReg vorgesehen (BT-Drucks 19/4671 S 66 f) – nicht durch den mit Ges vom 20.11.2019 (BGBl I 1724) eingeführten III ersetzt wurden. Die aufgrund dieses Redaktionsversehens bestehende Konkurrenz der Vorschriften dürfte iE mit einem Vorrang des III aufzulösen sein. Hinsichtlich von Daten aus Maßnahmen nach §§ 100a und 100b spricht dafür, dass III S 1 Nr 2 – anders als § 100e Nr 2 S 2 – die Verwendung von Daten iSd § 100d V S 1 zur Abwehr einer Gefahr für sonstige bedeutende Vermögenswerte nicht gestattet. Das Gleiche gilt iE im Verhältnis von § 101a IV S 1 Nr 2 zu III S 1 Nr 3. Letztere ist die striktere Norm, da sie ausdrücklich auch die geschäftsmäßig gespeicherten (retrograden) Standortdaten iSd § 100g I S 3 erfasst. Wie bei § 100e VI Nr 2 (dort 24) setzt III S 1 Nr 1 und 2 für die Weiterverwendung zu präventiven Zwecken eine (konkrete) Lebensgefahr oder eine dringende Gefahr für im Einzelnen benannte hochrangige Rechtsgüter voraus. Zur Abwehr von (dringenden) Gefahren für höchstrangige Rechtsgüter dürfen nach III S 1 Nr 1 auch unverwertbare Daten (§ 100 V S 1) herangezogen werden dürfen (vgl Freiling/Safferling/Rückert JR **18**, 9, 16); zur Abwehr einer Gefahr für sonstige bedeutende Vermögenswerte ist dies – insofern anders als bei § 100e VI Nr 2 S 2 – nicht zulässig (III S 1 Nr 2). Die Löschungsvorschriften des III S 2 entsprechen § 100e VI S 3–5 und § 101a IV S 3–5. Die Pflicht, die Übermittlung aktenkundig zu machen (vgl § 101a IV S 2), ist in § 480 IV geregelt. Die Verwendung der durch solche Maßnahmen gewonnenen Daten in einem **anderen Strafverfahren** richtet sich hingegen nach § 100e VI Nr 1 und § 101a IV S 1 Nr 1 (oben 3, 4).

D. Die **Verantwortung** für die Zulässigkeit der Übermittlung richtet sich auch **12** für die von II S 1 und 2 erfassten Daten nach V (unten 15).

E. Die **speziellen Verwendungsregelungen** in §§ 100i II S 2 und 108 II, III **13** gehen den allgemeinen Bestimmungen in II vor (II S 3; BT-Drucks 16/6979 S 46; 19/4671 S 74); diese beschränken auch nicht das Recht die durch die Straftat Verletzten auf Akteneinsicht nach § 406e, wie im Gegenschluss aus § 406e VI folgt (BT-Drucks 16/5846 S 67). § 111 III (iVm § 108) wird in II S 3 nicht erwähnt; gleichwohl dürfte auch insoweit von einer *lex specialis* auszugehen sein (zu § 163d I S 3 vgl dort 13, 24). Zu den Verwendungsregelungen des § 100e VI und des § 101a IV vgl oben 1, 3, 4, 11. Zum Kernbereichsschutz sowie §§ 148, 160a vgl Knierim StV **08**, 605.

3) In Fällen, in denen der Beschuldigte **freigesprochen**, die Eröffnung des **14** Hauptverfahrens abgelehnt (§ 204) oder das Verfahren (auch vorläufig) eingestellt wurde oder seit der Rechtskraft der gemäß § 32 **BZRG** nicht in ein Führungszeugnis für Behörden aufzunehmenden Verurteilung mehr als 2 Jahre verstrichen sind, schränkt IV Auskünfte aus Akten und Akteneinsicht an nichtöffentliche Stellen gegenüber § 475 ein: Der Antragsteller muss glaubhaft machen (vgl 5 ff zu § 26, 6 ff zu § 45), dass sein mit dem Ersuchen verfolgtes Interesse die Wahrnehmung formal eingeräumter Rechte zum Gegenstand hat (vgl zum rechtlichen Interesse BT-Drucks 14/2595 S 29); gleichwohl ist der Antrag abzulehnen, wenn der frühere Beschuldigte ein schutzwürdiges Interesse an der Versagung hat (vgl BVerfG NJW **09**, 2876). Zur vorherigen Anhörung oder nachträglichen Unterrichtung des Beschuldigten vgl 2a zu § 480. In Fällen des § 11 VIII S 3 GwG (7 aE zu § 475) gilt III S 1.

4) Die **Verantwortung** für die Zulässigkeit der Übermittlung trägt nach V S 1 **15** grundsätzlich die übermittelnde Stelle. Sind Empfänger allerdings öffentliche Stellen oder RAe sind diese in den Fällen der §§ 474 bis 476 dafür verantwortlich, dass die Voraussetzungen für ihr Ersuchen vorliegen (V S 2); in diesen Fällen beschränkt sich der Prüfungsmaßstab der übermittelnden Stelle nach Maßgabe des V S 3 (näher dazu Koblenz 2 VAs 1/10 vom 11.6.2010). V S 2, 3 befreit die übermittelnde Stelle nicht davon, die Übermittlungsverbote des § 479 I zu prüfen (BT-Drucks 19/4671 S 86).

5) Für die **Zweckbindung** der nach §§ 474, 475 und 477 erlangten personen- **16** bezogenen Daten (VI) gilt § **32f V S 2 und 3 entsprechend** (dort 17); zur Verwendung von nach §§ 474 oder 475 erlangten Daten für **andere Zwecke** enthält VI Nr 1 zwei Maßgaben: Sie ist zulässig, wenn die Auskunft oder Akteneinsicht für diese (anderen) Zwecke gewährt werden dürfte (vorbehaltlich einer spezialgesetzlichen Regelung, zB § 11 VIII S 4 GwG); in Fällen des § 475 muss zudem die Zustimmung der auskunfts- oder akteneinsichtsgewährenden Stelle vorliegen. Bei einem RA ergibt sich die Zweckbindung zugleich für seinen Mandanten aus VI (SSW-Ritscher/Klinge 13 zu § 477; KK-Gieg 6 zu § 479). Für den Bereich der Forschung gilt § 476 IV.

Die Wahrnehmung von Aufsichts- und Kontrollbefugnissen, die Rechnungsprü- **17** fung, die Durchführung von Organisationsuntersuchungen für die aktenführende Stelle und die Verwendung zu Ausbildungs- und Prüfungszwecken, soweit ihr keine schutzwürdigen Interessen der betroffenen Person entgegenstehen, hält sich

§ 480 Achtes Buch. 1. Abschnitt

im Rahmen der nach S 2 bindenden ursprünglichen Zweckbestimmung (vgl § 23 I Nr 6, § 25 S 3 BDSG); das Gleiche gilt für eine Verwertung der für ein Eilverfahren übermittelten Informationen im nachfolgenden Hauptverfahren. Die Voraussetzungen für die Gewährung von Auskunft oder Akteneinsicht sind nicht gegeben, soweit Bild-Ton-Aufzeichnungen von Zeugenvernehmungen Aktenbestandteil sind (§§ 58a II S 1, 168e S 4, 247a I S 5; 4 zu § 474).

18 Es besteht **keine Hinweispflicht** auf die Zweckbindung, da der Gesetzgeber auf einen Verweis auf § 32f V S 4 verzichtet hat (SSW-Ritscher/Klinge 15 zu § 477).

19 VI dürfte wie § 477 V aF **Schutzgesetz** iS der §§ 1004, 823 II BGB (SSW-Ritscher/Klinge 14 zu § 477; Braunschweig NJW **08**, 3294; LG Mannheim 70128/06 vom 24.11.2006). Der Betroffene kann bei zweckwidriger Verwendung der Daten Unterlassung (§ 1004 BGB) und Schadensersatz verlangen (Braunschweig NJW **08**, 3294). Für den Rechtsanwalt besteht bei Verstoß gegen die Zweckbindung ein Strafbarkeitsrisiko nach §§ 203 I Nr 3, 204 StGB, andere Empfänger können sich gem § 353d Nr 3 StGB strafbar gemacht haben (Lauterwein 173 mwN). Ob die zweckwidrige Verwendung ein Verwertungsverbot in anderen Verfahren nach sich zieht, hängt von dem jeweiligem Verfahrensrecht ab (LR-Hilger 22 zu § 477; SK-Weßlau 46 zu § 477; aA Lauterwein 172 mwN: allgemeines Verwertungsverbot).

Entscheidung über die Datenübermittlung

480 I¹ Über die Übermittlungen nach den §§ 474 bis 477 entscheidet im vorbereitenden Verfahren und nach rechtskräftigem Abschluss des Verfahrens die Staatsanwaltschaft, im Übrigen der Vorsitzende des mit der Sache befassten Gerichts. ²Die Staatsanwaltschaft ist auch nach Erhebung der öffentlichen Klage befugt, personenbezogene Daten zu übermitteln. ³Die Staatsanwaltschaft kann die Behörden des Polizeidienstes, die die Ermittlungen geführt haben oder führen, ermächtigen, in den Fällen des § 475 Akteneinsicht und Auskünfte zu erteilen. ⁴Gegen deren Entscheidung kann die Entscheidung der Staatsanwaltschaft eingeholt werden. ⁵Die Übermittlung personenbezogener Daten zwischen Behörden des Polizeidienstes oder eine entsprechende Akteneinsicht ist ohne Entscheidung nach Satz 1 zulässig, sofern keine Zweifel an der Zulässigkeit der Übermittlung oder der Akteneinsicht bestehen.

II ¹ Aus beigezogenen Akten, die nicht Aktenbestandteil sind, dürfen Übermittlungen nur mit Zustimmung der Stelle erfolgen, um deren Akten es sich handelt; Gleiches gilt für die Akteneinsicht. ²In den Fällen der §§ 474 bis 476 sind Auskünfte und Akteneinsicht nur zulässig, wenn der Antragsteller die Zustimmung nachweist.

III ¹ In den Fällen des § 475 kann gegen die Entscheidung der Staatsanwaltschaft nach Absatz 2 gerichtliche Entscheidung durch das nach § 162 zuständige Gericht beantragt werden. ²Die §§ 297 bis 300, 302, 306 bis 309, 311a und 473a gelten entsprechend. ³Die Entscheidung des Gerichts ist unanfechtbar, solange die Ermittlungen noch nicht abgeschlossen sind. ⁴Diese Entscheidungen werden nicht mit Gründen versehen, soweit durch deren Offenlegung der Untersuchungszweck gefährdet werden könnte.

IV Die übermittelnde Stelle hat die Übermittlung und deren Zweck aktenkundig zu machen.

1 **1) Überblick:** § 480 aF stellte klar, dass besondere gesetzliche Bestimmungen des Bundes- oder auch des Landesrechts (SK-Weßlau 6) über die Übermittlung personenbezogener Informationen aus Strafverfahren (zB § 453 I S 4, § 117b BRAO, § 60a III KWG [auch iVm § 34 S 2 ZAG) neben den Vorschriften des 1. Abschnitts bestehen bleiben. Die Klarstellung betraf die Auskunftspflichten gegenüber den Rechnungshöfen (vgl § 95 BHO) sowie dem Parlamentarischen Kontrollgremium (§ 5 IV PKGrG). Für die Nachrichtendienste gelten §§ 474 II S 2,

1968 Köhler

479 II S 2 Nr 3. Da es sich um eine rein deklaratorische Regelung handelte, wurde sie bei der Überbearbeitung der §§ 474ff durch Ges vom 20.11.2019 (BGBl I 1724) nicht übernommen. Die Neufassung entspricht § 478 aF (BT-Drucks 19/4671 S 75 f).

2) Zuständig für die – mit Gründen zu versehende (Graalmann-Scheerer NStZ **05**, 439) – Entscheidung über die Erteilung von Auskünften und Akteneinsicht ist nach I S 1 die StA im Vorverfahren (auch nach Einstellung), auch wenn ein Beschwerdeverfahren anhängig ist (BGH NStZ-RR **10**, 246), und nach rechtskräftigem Abschluss des Verfahrens gegen alle Beschuldigten (KMR-Gemählich 3), sonst der Vorsitzende des mit der Sache befassten (dh erkennenden) Gerichts, der des Rechtsmittelgerichts erst nach Vorlage der Sache nach §§ 321 S 2, 347 II; der Vorsitzende entscheidet in richterlicher Unabhängigkeit. In Fällen des § 386 I, II **AO** ist im Ermittlungsverfahren die Finanzbehörde zuständig. Bei Ersuchen um Einsicht in die Akten mehrerer StAen für wissenschaftliche Vorhaben wird eine gemeinschaftliche übergeordnete Behörde auf eine einheitliche Entscheidung hinwirken. Die StA darf auch nach Anklageerhebung gemäß § 170 I oder vergleichbaren Verfahrenshandlungen (zB §§ 407 I S 4, 418 III S 2) Auskunft erteilen (I S 2). Darüber, ob Zwecke des Strafverfahrens iS des § 479 I S 1, 1. Alt der Erteilung von Auskunft und Akteneinsicht entgegenstehen, entscheidet sie auch in den Fällen, in denen andere Verfahrensordnungen ein Akteneinsichts- und Auskunftsrecht gegenüber Behörden vorsehen (vgl §§ 99 VwGO, 86 FGO, 119 SGG; ferner BT-Drucks 14/1484 S 26, 28); es ist ihr allerdings unbenommen, die in § 99 I S 2 VwGO, § 86 II FGO, § 119 I SGG vorgesehene Erklärung ihrer obersten Aufsichtsbehörde herbeizuführen (vgl aber BVerfG NJW **00**, 1175). § 479 V S 2, 3 befreit sie nicht davon, die Übermittlungsverbote des § 479 I zu prüfen (BT-Drucks 19/4671 S 66).

Sie kann – wohl nur im Ermittlungsverfahren (aM LR-Hilger 5; diff Lauterwein 2 156 f) – die in I S 3 bezeichneten **Behörden des Polizeidienstes** zur Erteilung von Auskünften an und zur Gewährung von Akteneinsicht durch Privatpersonen und nichtöffentliche Stellen (§ 475) ermächtigen; handelt es sich bei dem Antragsteller um einen Verletzten, gilt § 406e III S 3, 4 (dort 19). Nicht gegen diese innerdienstliche Maßnahme, sondern erst gegen die Entscheidung der Polizei ist ein Rechtsbehelf statthaft (I S 4; s weiter unter 4). Für die Informationsübermittlung zwischen Behörden des Polizeidienstes einschließlich der Akteneinsicht bedarf es gemäß I S 5 keiner Entscheidung nach I S 1; diese partielle Aufhebung der Sachleitungsbefugnis der StA dient einem vereinfachten und beschleunigten Informationsaustausch und soll nach dem Willen des Gesetzgebers (BT-Drucks 14/1484 S 30) nur für Zwecke der Strafverfolgung gelten (vgl § 474 I und dort 2). Bei Zweifeln an der zuständigen Polizeibehörden an der Zulässigkeit der Übermittlung sieht I S 5 (eingeführt durch Ges vom 21.7.2012 [BGBl I 1567]) nunmehr vor, dass die Kompetenzverteilung nach I S 1 und 2 eingreift. Damit soll – insbesondere mit Rücksicht auf die durch den Rahmenbeschluss 2006/960/JI des Rates mögliche Datenübermittlung an Polizeibehörden der Mitgliedstaaten der EU oder eines Schengen-assoziierten Staates – in juristisch problematischen Fällen eine nachträgliche justizielle Kontrolle gewährleistet werden (BT-Drucks 17/5096 S 17); ob dieses Ziel durch eine Regelung erreicht werden kann, die das Bestimmen von Zweifelsfällen allein den Polizeibehörden überlässt, erscheint allerdings zumindest zweifelhaft. I S 1 und 2 finden im Übrigen auch für die Eingabe dienstlich erlangter Informationen einschließlich personenbezogener Daten in das Zollinformationssystem im automatisierten Verfahren Anwendung (§ 3 II ZIS-Ausführungsgesetz).

3) Rechtliches Gehör sollte den Betroffenen vor der Gewährung der Akten- 2a einsicht nach der Vorstellung des Gesetzgebers (vgl BT-Drucks 14/1484 S 29; 14/2595 S 29; 14/2886 S 4; 14/3225 S 2) nicht gewährt werden. Das BVerfG (NJW **07**, 1052; **09**, 2876) hält eine Anhörung jedoch idR für erforderlich, wenn dadurch in Grundrechte des Betroffenen (Recht auf informationelle Selbstbestim-

§ 480 Achtes Buch. 1. Abschnitt

mung) eingegriffen wird (ebenso Rostock wistra **17**, 412; LR-Hilger 7; eingehend SK-Weßlau 9, 10; vgl auch Lindner StV **08**, 216). Ist vorher keine Anhörung erfolgt, wird demnach wohl auch – entgegen der bisher hM – eine nachträgliche Unterrichtung des Betroffenen erfolgen müssen (vgl auch § 491 sowie SK-Weßlau 16 unter Hinweis auf § 19a BDSG aF und § 21 II **EGGVG**).

3   **4)** Für **Beiakten** trifft II eine besondere Regelung: Auskunft und Akteneinsicht sind nur zulässig, wenn die insoweit aktenführende Stelle zustimmt. Zur Entlastung der Justizbehörden bestimmt die Vorschrift weiter, dass der Antragsteller eine erforderliche Zustimmung nachweisen (S 2), dh auch einholen muss. Soweit jedoch die zunächst verfahrensfremden Vorgänge durch Verbindung der Sachen oder durch Fertigung von Kopien Bestandteil der Akten der nach I zuständigen Stelle geworden sind, trägt diese im Rahmen des § 479 V die Verantwortung. Kann sie nicht hinreichend beurteilen, ob der Übermittlung von Informationen aus diesen Aktenteilen rechtliche Hindernisse entgegenstehen, etwa besondere Verwendungsregelungen nach der AO oder dem SGB, darf sie ihre Entscheidung von der Zustimmung der die Informationen ursprünglich erhebenden Stelle abhängig machen; nach Sinn und Zweck des II ist deren Einholung Sache des Antragstellers.

4   **5)** Einen **Rechtsbehelf** sieht III **in den Fällen des** § 475 dann vor, wenn die StA nach I S 1, 2 oder 4 – stattgebend oder ablehnend – entschieden hat (vgl dazu BGH NJW **18**, 3123; Schleswig SchlHA **07**, 293 [D/D]; LG Dresden StV **06**, 811), in Fällen unterbliebener Anhörung des Betroffenen (oben 2a) auch zur Feststellung der Rechtswidrigkeit der durch Vollzug erledigten Anordnung (KK-Gieg 3, der – mit LG Stralsund StraFo **06**, 76, 77, aber entgegen Dresden aaO 13 – eine Heilung des Gehörsverstoßes durch einen solchen Antrag annimmt; vgl aber Koch Hamm-FS 298, 300: vorbeugender Rechtsschutz). Die Zuständigkeit des Gerichts folgt aus § 162 I, III S 3 (ggf auch iVm § 169 I, BGH StB 28/09 vom 22.9.2009; Putzke/Zenthöfer NJW **15**, 1777, 1783). Die Regelung entspricht § 406e IV S 2 bis 5 (vgl dort 11). III S 3 schließt die Beschwerde gegen seine Entscheidung im Ermittlungsverfahren aus; Entscheidungen des Vorsitzenden des erkennenden Gerichts können dagegen mit der Beschwerde gem § 304 I angegriffen werden, da es insoweit seit der Streichung von S 2 aF durch das am 1.10.2009 in Kraft getretene 2. Opferrechtsreformgesetz an einem ausdr Ausschluss der Anfechtung fehlt (KG StraFo **15**, 459 [3. StS]; vgl auch BVerfG StraFo **15**, 375; Lauterwein 161; BT-Drucks 16/12098 S 36, 40: **aM** KG StraFo **13**, 340 [4. StS]; dagegen zutr Rübenstahl StraFo **13**, 341 unter Hinweis auf die neue Gesetzeslage und die Materialien). Soweit **in den Fällen der** §§ **474, 476** der Antragsteller im Einzelfall Träger eigener Rechte iS des § 24 I EGGVG ist und jedenfalls eine Verletzung seines Anspruchs auf ermessensfehlerfreie Entscheidung geltend machen kann, steht ihm gegen Entscheidungen der StA über Akteneinsicht oder Auskunft – auch nach rechtskräftigem Abschluss des Verfahrens – der Rechtsweg nach §§ 23 ff **EGGVG** offen (Karlsruhe NStZ **15**, 606: Akteneinsicht durch Zivilgericht; NZWiSt **14**, 198: Akteneinsicht der Finanzbehörde in staatsanwaltliche Ermittlungsakten zu Besteuerungszwecken; Koblenz 2 VAs 1/10 vom 11.6.2010; vgl auch SK-Weßlau 24 ff; Graalmann-Scheerer NStZ **05**, 440; LR-Hilger 16), ebenso dem dadurch beschwerten Beschuldigten (vgl Karlsruhe NStZ-RR **13**, 385); gegen positive wie negative Entscheidungen des Vorsitzenden (nicht des OLG, 16 zu § 304) nach §§ 474, 476 ist, soweit nicht im Einzelfall eine Beschwerdeberechtigung gegeben ist (6, 7 zu § 304), die Beschwerde zulässig (Graalmann-Scheerer aaO), auch für nichtverfahrensbeteiligte Antragsteller (§ 304 II), denen demgegenüber kein Antragsrecht nach §§ 23 ff EGGVG zusteht. Unberührt bleiben in Fällen des § 474 I die speziellen Verfahrensvorschriften der §§ 99 II VwGO, 86 III FGO (KMR-Gemählich 8; vgl aber BVerfG NJW **00**, 1371).

5   **6)** IV vereinheitlicht die **Dokumentationspflichten** für alle verfahrensübergreifenden Übermittlungen. Die Vorschrift greift die Regelung des § 101a IV S 2 auf, wonach die Übermittlung von Verkehrsdaten aktenkundig zu machen ist. IV hat keine Auswirkung auf die Prüfpflichten nach § 479 V (BT-Drucks 19/4671 S 66).

Verwendung personenbezogener Daten für polizeiliche Zwecke

481 I ¹Die Polizeibehörden dürfen nach Maßgabe der Polizeigesetze personenbezogene Daten aus Strafverfahren verwenden. ²Zu den dort genannten Zwecken dürfen Strafverfolgungsbehörden und Gerichte an Polizeibehörden personenbezogene Daten aus Strafverfahren übermitteln oder Akteneinsicht gewähren. ³Mitteilungen nach Satz 2 können auch durch Bewährungshelfer und Führungsaufsichtsstellen erfolgen, wenn dies zur Abwehr einer Gefahr für ein bedeutendes Rechtsgut erforderlich und eine rechtzeitige Übermittlung durch die in Satz 2 genannten Stellen nicht gewährleistet ist. ⁴Die Sätze 1 und 2 gelten nicht in den Fällen, in denen die Polizei ausschließlich zum Schutz privater Rechte tätig wird.

II Die Verwendung ist unzulässig, soweit besondere bundesgesetzliche oder entsprechende landesgesetzliche Verwendungsregelungen entgegenstehen.

III Hat die Polizeibehörde Zweifel, ob eine Verwendung personenbezogener Daten nach dieser Bestimmung zulässig ist, gilt § 480 Absatz 1 Satz 1 und 2 entsprechend.

1) In Form einer **Generalklausel** erlaubt I eine weitgehende Änderung der Zweckbestimmung personenbezogener Daten, die ausschließlich für Zwecke eines Strafverfahrens (Strafverfolgung, -vollstreckung) erhoben worden sind, durch die Polizeibehörden, dh alle Behörden, die polizeiliche Aufgaben wahrnehmen (Soiné Kriminalistik **01**, 249). Die Vorschrift enthält die Ermächtigungsgrundlage für die Verwendung der Daten zu den im Gesetz genannten Zwecken, wie sich aus der Entstehungsgeschichte (BT-Drucks 14/1484 S 31), dem Wortlaut („dürfen") sowie der Aufnahme des Vorbehalts in II ergibt (im Erg ebenso Hilger NStZ **01**, 17; Brodersen NJW **00**, 2539; **aM** SK-Weßlau 2; Schenke JZ **01**, 998).

Im Einzelnen wird durch die **Bezugnahme auf die Polizeigesetze** (S 1) eine Änderung des Zwecks zur Gefahrenabwehr ieS, zur vorbeugenden Bekämpfung von Straftaten, zur Erfüllung von durch andere Rechtsvorschriften übertragene Aufgaben oder zur Vollzugshilfe für zulässig erklärt (Baumanns Polizei **08**, 87; vgl aber unten 2); die in S 4 geregelte Ausnahme gilt nicht, wenn die Polizei zugleich auch gefahrenabwehrend tätig wird. S 1 betrifft vor allem Informationen, die bereits im Besitz der Polizei sind; Verwenden ist ein Unterfall des Verarbeitens von Informationen (vgl § 46 Nr 2 BDSG; Soiné aaO). S 2 gestattet den Strafverfolgungsbehörden – auch von Amts wegen – die Übermittlung der Informationen an Polizeibehörden für die genannten Zwecke der Polizeigesetze (BGH **51**, 191, 202: psychische Erkrankung; erg 2 zu § 487); danach richtet sich auch die Übermittlung an das BKA zur Abwehr von Gefahren des internationalen Terrorismus (vgl § 5 I, § 9 IV S 1 BKAG). Nach einer Zweckänderung gemäß § 481 gilt auch die Löschungsregelung in § 101 VIII nicht für die Unterlagen, die nunmehr zur Erfüllung der polizeilichen Aufgaben bestimmt sind (vgl Brodersen NJW **00**, 2540).

Den **Gerichten** räumt S 2 (eingeführt durch Ges vom 21.7.2012 [BGBl I 1567]) ebenfalls die Befugnis ein, zu Zwecken der Gefahrenabwehr personenbezogene Daten aus Strafverfahren, auch in Form der Gewährung von Akteneinsicht, an Polizeibehörden zu übermitteln; damit sollen für die Gefahrenabwehr relevante Informationen erfasst werden, die sich allein aus der dem Gericht vorliegenden Strafakte ergeben (BT-Drucks 17/5096 S 17).

Auch **Bewährungshelfer** dürfen nach S 3 (eingeführt durch das Gesetz vom 17.8.2017 [BGBl I 3202, 3210]) zur Abwehr einer dringenden Gefahr für ein bedeutendes Rechtsgut personenbezogene Daten nach S 2 übermitteln. Ein bedeutendes Rechtsgut in diesem Sinne wird vor allem betroffen sein, wenn von dem Probanden eine Gefahr für Leib, Leben, persönliche Freiheit, sexuelle Selbstbestimmung oder fremde Sachen von bedeutendem Wert ausgeht (BT-Drucks 18/

§ 482

11272 S 34). Dringend ist die Gefahr, wenn die Rechtsgutsverletzung unmittelbar bevorsteht. Darüber hinaus kommt die Mitteilung durch den Bewährungshelfer direkt an die Polizei nur in Betracht, wenn eine rechtzeitige Übermittlung durch Gerichte und Staatsanwaltschaften nicht gewährleistet ist.

5 **2)** Die in **II** erwähnten **Verwendungsregelungen** (6 zu § 12 EGGVG; vgl auch § 160 IV) schließen die Zweckänderung aus; dann ist nicht nur die Verwendung (I S 1), sondern auch die Übermittlung (I S 2) unzulässig. Das gilt auch dann, wenn die in § 479 II S 2 Nr 1 und 2 enthaltene Schwelle für die präventive Verwendung der dort genannten Daten nicht erreicht ist (für nach § 100a erhobene Daten vgl bereits R.P. Schenke Hilger-FG 219). Ob andererseits rechtswidrig erlangte Daten nach §§ 481, 479 II S 2 Nr 1 und 2 verwertet werden dürfen, erscheint zw; dies wird nur als Anlass für gezielte weitere polizeiliche Maßnahmen zum Schutz elementarer Rechtsgüter – wie Leben und Gesundheit von Menschen – als zulässig zu erachten sein (Schenke Hilger-FG 244; Würtenberger Hilger-FG 273; vgl auch OVG Hamburg NJW **08**, 96). Bei Zweifeln der Polizeibehörde über die Zulässigkeit einer Verwendung personenbezogener Daten sieht III vor, dass die StA oder das Gericht entsprechend § 480 I S 1 und 2 entscheiden (BT-Drucks 17/5096, S 5).

6 **3)** III regelt die entsprechende **Anwendung der Zuständigkeitsregelungen in** § 480 I S 1 und 2 für den Fall, dass die Polizeibehörde Zweifel an der Zulässigkeit einer zweckumwidmenden Verwendung der Daten hat (BT-Drucks 17/5096 S 17). Wie bei § 480 I S 5 sollen rechtlich schwierige Fragen einer justiziellen Kontrolle durch den Vorsitzenden des mit der Sache befassten Gerichts bzw durch die Staatsanwaltschaft zugeführt werden (BT-Drucks aaO S 18; erg 2 zu § 480); dass dieses gesetzgeberische Ziel allerdings durch eine Regelung zu erreichen sein wird, welche die Definition eines Zweifelsfalls der Polizeibehörde selbst überlässt, erscheint zumindest zweifelhaft.

Mitteilung des Aktenzeichens und des Verfahrensausgangs an die Polizei

482 I Die Staatsanwaltschaft teilt der Polizeibehörde, die mit der Angelegenheit befasst war, ihr Aktenzeichen mit.

II ¹ Sie unterrichtet die Polizeibehörde in den Fällen des Absatzes 1 über den Ausgang des Verfahrens durch Mitteilung der Entscheidungsformel, der entscheidenden Stelle sowie des Datums und der Art der Entscheidung. ² Die Übersendung der Mitteilung zum Bundeszentralregister ist zulässig, im Falle des Erforderns auch des Urteils oder einer mit Gründen versehenen Einstellungsentscheidung.

III In Verfahren gegen Unbekannt sowie bei Verkehrsstrafsachen, soweit sie nicht unter die §§ 142, 315 bis 315c des Strafgesetzbuches fallen, wird der Ausgang des Verfahrens nach Absatz 2 von Amts wegen nicht mitgeteilt.

IV Wird ein Urteil übersandt, das angefochten worden ist, so ist anzugeben, wer Rechtsmittel eingelegt hat.

1 **1)** Der **Polizeibehörde,** die mit der Angelegenheit befasst war, teilt die StA von Amts wegen ihr Aktenzeichen (I) und den Ausgang des Verfahrens mit; hierzu trifft II (und MiStra 11) zugleich die näheren Bestimmungen über Inhalt und Form der Mitteilung. Zu den Polizeibehörden iS der Vorschrift gehören auch die in §§ 402, 404 **AO** genannten zuständigen Finanzbehörden, die Zollfahndungsämter (auch das ZKA gemäß § 16 ZFdG) und die mit der Steuerfahndung betrauten Dienststellen der Landesfinanzbehörden. Die Mitteilungspflicht greift etwa ein, wenn ein Urteil gegen einen von mehreren Angeklagten rechtskräftig wird. Da nach dem Willen des Gesetzgebers die StA die Polizei „in allen Fällen" (abgesehen von III) zu informieren hat, ergibt sich aus seiner Erläuterung des Begriffs „Ausgang des Verfahrens" mit „rechtskräftigem Abschluss des Verfahrens" keine Be-

schränkung auf an sich rechtskraftfähige Entscheidungen (BT-Drucks 13/4709 S 37; vgl auch II S 2 aE und III 1. Alt). Ein Urteil einschließlich der gemäß § 267 I S 3, IV S 1, 2. Hs in Bezug genommenen Schriftstücke oder eine mit Gründen versehene Einstellungsentscheidung kann der Polizeibehörde auf Anforderung übersandt werden; entgegenstehende (offensichtliche) datenschutzrechtliche Gesichtspunkte, etwa schwerwiegende Interessen sonstiger Personen, über die die Entscheidung personenbezogene Informationen enthält, berücksichtigt die StA bei ihrer Ermessensentscheidung (SK-Weßlau 5; am HK-Temming 3). Im Verfahren gegen Unbekannt und in minder bedeutsamen Verkehrsstrafsachen (zB § 316 StGB, § 21 StVG) wird deren Ausgang nicht von Amts wegen mitgeteilt; im Einzelfall kann die Polizei jedoch auf Ersuchen die ihr erforderlich erscheinenden Informationen durch Auskunft oder Akteneinsicht erhalten. Ist die Übersendung eines Urteils ausnahmsweise erforderlich, bevor es rechtskräftig ist, muss nach IV mitgeteilt werden, wer es angefochten hat.

In Verfahren wegen **Geldwäsche** oder Handlungen iS des § 1 II GwG teilt die **2** StA dem BKA – Zentralstelle für Verdachtsanzeigen – die Erhebung der öffentlichen Klage und den Ausgang des Verfahrens mit (§ 11 VIII S 1, 2 GwG). Die Mitteilung erfolgt durch Übersendung einer Abschrift der Anklageschrift, der begründeten Einstellungsentscheidung oder des Urteils (vgl auch MiStra 52).

Zweiter Abschnitt. Regelungen über die Dateiverarbeitung

Datenverarbeitung für Zwecke des Strafverfahrens

483 **I** ¹Gerichte, Strafverfolgungsbehörden einschließlich Vollstreckungsbehörden, Bewährungshelfer, Aufsichtsstellen bei Führungsaufsicht und die Gerichtshilfe dürfen personenbezogene Daten in Dateisystemen verarbeiten, soweit dies für Zwecke des Strafverfahrens erforderlich ist. ²Die Polizei darf unter der Voraussetzung des Satzes 1 personenbezogene Daten auch in einem Informationssystem verarbeiten, welches nach Maßgabe eines anderen Gesetzes errichtet ist. ³Für dieses Informationssystem wird mindestens festgelegt:
1. die Kennzeichnung der personenbezogenen Daten durch die Bezeichnung
   a) des Verfahrens, in dem die Daten erhoben wurden,
   b) der Maßnahme, wegen der die Daten erhoben wurden, sowie der Rechtsgrundlage der Erhebung und
   c) der Straftat, zu deren Aufklärung die Daten erhoben wurden,
2. die Zugriffsberechtigungen,
3. die Fristen zur Prüfung, ob gespeicherte Daten zu löschen sind sowie der Speicherungsdauer der Daten.

II Die Daten dürfen auch für andere Strafverfahren, die internationale Rechtshilfe in Strafsachen und Gnadensachen genutzt werden.

III Erfolgt in einem Dateisystem der Polizei die Speicherung zusammen mit Daten, deren Speicherung sich nach den Polizeigesetzen richtet, so ist für die Verarbeitung personenbezogener Daten und die Rechte der Betroffenen das für die speichernde Stelle geltende Recht maßgeblich.

1) Die Regelung wurde im Zuge der Neuordnung des BDSG durch Ges vom **1** 20.11.2019 (BGBl I 1724) im wesentlichen lediglich redaktionell geändert (BT-Drucks 18/4671 S 76). Mit einer **Generalklausel** gestattet I S 1 den im Gesetz bezeichneten, mit den jeweiligen Abschnitten eines Strafverfahrens einschließlich der Vollstreckung befassten **Justizstellen,** personenbezogene Daten (§ 46 Nr 1 BDSG) in Dateisystemen (vgl § 46 Nr 6 BDSG) zu verarbeiten (§ 46 Nr 2 BDSG), soweit dies für Zwecke des Strafverfahrens erforderlich ist. Erlaubt sind zB Dateien, die aufgrund der Auswertung beschlagnahmter Beweismittel erstellt wurden (BVerfG 2 BvR 237/06 vom 2.4.2006: gespiegelte Datenbestände), ferner

§ 483

Falldateien und Spurendokumentationsdateien, auch wenn sie zu Bearbeitungszwecken im privaten Rechner angelegt wurden. Die Vorschrift setzt voraus, dass die Daten zuvor auf Grund einer gesonderten Ermächtigungsgrundlage erhoben worden sind (zB erkennungsdienstliche Daten nach § 81b 1. Alt). Die jeweilige Art der Dateisystems und der zu verarbeitenden Daten wird in der Errichtungsanordnung (§ 490) des Verantwortlichen (vgl § 46 Nr 7 BDSG) festgelegt. Personenbezogene Daten, die von einem sichergestellten Rechner und Mobiltelefon ausgedruckt werden, werden allerdings Bestandteil der strafrechtlichen Ermittlungsakte und unterliegen deshalb den für die Akteneinsicht und Erteilung von Auskünften geltenden Regelungen der §§ 474 ff (Koblenz 2 VAs 1/10 vom 11.6.2010).

2 Die **Bindung der Befugnis an den Erhebungszweck** ordnet das Gesetz an, indem es die – oben 1 – genannte Verwendung der personenbezogenen Daten auf Zwecke des Strafverfahrens, dh des konkreten Verfahrens, in dem die Informationen ermittelt worden sind, beschränkt (Singelnstein ZStW **120**, 858 Fn 24, 874; vgl aber unten 4). Dies umfasst die Zulässigkeit der automatisierten Verarbeitung der Daten, etwa im Strafbefehlsverfahren.

3 Die Ermächtigung zur Verwendung der Daten ist, auch vom Umfang her („soweit"), auf das für Zwecke des Strafverfahrens **Erforderliche** (4 zu § 474) beschränkt. Wegen der Löschungspflichten gem § 72 II BDSG und § 489 I Nr 1 (dort 3, 4) wird die Aufrechterhaltung einer Speicherung nach rechtskräftigem Freispruch und unanfechtbarer Ablehnung der Eröffnung des Hauptverfahrens als Verfahrenserledigung iSd § 489 I Nr 1 (vgl § 489 II S 1) nur in engen Grenzen zulässig sein. Als Gründe, die eine weitere Speicherung im Einzelfall rechtfertigen, kommen etwa folgende Umstände in Betracht: Die StA erwägt eine Wiederaufnahme nach § 362; neue Tatsachen oder Beweismittel iSd § 211 Gründe nach § 154 III, IV die Durchführung eines Klageerzwingungsverfahrens ist noch möglich. Bei einer Einstellung nach § 170 II StPO kann eine in Betracht kommende Wiederaufnahme des Ermittlungsverfahrens gegen Unbekannt eine weitere Speicherung rechtfertigen, wenn es Hinweise auf die Täter gibt (vgl insofern auch § 489 II S 2).

3a S 2 soll die Verarbeitung strafprozessual erhobener Daten für die Zwecke des Strafverfahrens innerhalb der neuen informationstechnischen Strukturen der **Polizeibehörden** (vgl §§ 13 ff BKAG) ermöglichen; S 3 macht insofern nähere Vorgaben (BT-Drucks 19/11190 S 10). Die Verarbeitung selbst richtet sich nach der StPO; insb gelten die Verwendungsbeschränkungen des § 479 II (BT-Drucks 19/4671 S 67). Für die polizeilichen Dateisysteme herkömmlicher Art gilt III.

4 2) Eine **Nutzung** der personenbezogenen Daten lässt II zur Vermeidung von Doppelerhebungen und -speicherungen für andere Strafverfahren, die internationale Rechtshilfe in Strafsachen und Gnadensachen zu. Durch die Zweckänderung dürfen grundrechtsbezogene Beschränkungen des Einsatzes bestimmter Erhebungsmethoden in dem anderen Strafverfahren nicht umgangen werden (BVerfGE **120**, 351 mwN; vgl auch Radtke Meyer-Goßner-FS 336); besondere Verwendungsbeschränkungen sind daher zu beachten (vgl etwa die Regelung in § 479 I S 2 über die Verwertung von Zufallsfunden zu Beweiszwecken). Daneben bleiben die Verwendungs- und Übermittlungsbefugnisse nach §§ 481, 487 unberührt (krit SK-Weßlau 14).

5 3) Für **polizeiliche Dateisysteme,** deren Datenbestand meist zugleich repressiven und präventiven Zwecken dient (sog Mischdateien, vgl BVerfGE **120**, 378 = NJW **08**, 1505, 1513; Soiné Kriminalistik **01**, 250), ist nach III im Blick auf die Verarbeitung personenbezogener Daten sowie die Rechte der Betroffenen das für die speichernde Stelle geltende Recht, also idR das Polizeirecht, maßgeblich (vgl Nds OVG NdsVBl **08**, 323; KMR-Gemählich 8). Das Ges vom 20.11.2019 hat daran nichts geändert (BT-Drucks 19/4671 S 67 f).

6 Für das **Bußgeldverfahren** erklärt § 49c OWiG die §§ 483 bis 491 mit Abweichungen für entspr anwendbar.

7 §§ 483 bis 491 und § 49c OWiG bleiben durch das **Schriftgutaufbewahrungsgesetz,** welches die Aufbewahrung von Strafakten betrifft, unberührt (§ 1

III SchrAG; vergleichbare Klauseln sind auch in die entspr Landesgesetze aufgenommen worden, zB § 77 III AGGVG NW; § 1 III rheinland-pfälzisches LandesG zur Aufbewahrung von Schriftgut der Justiz vom 29.4.2008 [GVBl 77]; erg Einl 64).

Datenverarbeitung für Zwecke künftiger Strafverfahren; Verordnungsermächtigung

484 I Strafverfolgungsbehörden dürfen für Zwecke künftiger Strafverfahren

1. die Personendaten des Beschuldigten und, soweit erforderlich, andere zur Identifizierung geeignete Merkmale,
2. die zuständige Stelle und das Aktenzeichen,
3. die nähere Bezeichnung der Straftaten, insbesondere die Tatzeiten, die Tatorte und die Höhe etwaiger Schäden,
4. die Tatvorwürfe durch Angabe der gesetzlichen Vorschriften,
5. die Einleitung des Verfahrens sowie die Verfahrenserledigungen bei der Staatsanwaltschaft und bei Gericht nebst Angabe der gesetzlichen Vorschriften

in Dateisystemen verarbeiten.

II ¹Weitere personenbezogene Daten von Beschuldigten und Tatbeteiligten dürfen sie in Dateisystemen nur verarbeiten, soweit dies erforderlich ist, weil wegen der Art oder Ausführung der Tat, der Persönlichkeit des Beschuldigten oder Tatbeteiligten oder sonstiger Erkenntnisse Grund zu der Annahme besteht, dass weitere Strafverfahren gegen den Beschuldigten zu führen sind. ²Wird der Beschuldigte rechtskräftig freigesprochen, die Eröffnung des Hauptverfahrens gegen ihn unanfechtbar abgelehnt oder das Verfahren nicht nur vorläufig eingestellt, so ist die Verarbeitung nach Satz 1 unzulässig, wenn sich aus den Gründen der Entscheidung ergibt, dass die betroffene Person die Tat nicht oder nicht rechtswidrig begangen hat.

III ¹Das Bundesministerium der Justiz und für Verbraucherschutz und die Landesregierungen bestimmen für ihren jeweiligen Geschäftsbereich durch Rechtsverordnung das Nähere über die Art der Daten, die nach Absatz 2 für Zwecke künftiger Strafverfahren gespeichert werden dürfen. ²Dies gilt nicht für Daten in Dateisystemen, die nur vorübergehend vorgehalten und innerhalb von drei Monaten nach ihrer Erstellung gelöscht werden. ³Die Landesregierungen können die Ermächtigung durch Rechtsverordnung auf die zuständigen Landesministerien übertragen.

IV Die Verarbeitung personenbezogener Daten, die für Zwecke künftiger Strafverfahren von der Polizei gespeichert sind oder werden, richtet sich, ausgenommen die Verarbeitung für Zwecke eines Strafverfahrens, nach den Polizeigesetzen.

1) Für **Zwecke künftiger Strafverfahren** dürfen Strafverfolgungsbehörden die in I enumerativ aufgezählten Daten, die bereits in einem Strafverfahren für dessen Zwecke erhoben wurden, in Dateisystemen verarbeiten (zu den datenschutzrechtlichen Begriffen vgl 1 zu § 483; zur Zweckänderung 4 zu § 483 sowie zur kompetenzrechtlichen Seite Rieß Otto-FS 964, 966 mwN). Der hiernach zulässige Umfang der aufzubewahrenden Daten begrenzt die Dateien weitgehend auf sog Aktenhinweissysteme (vgl Hamburg 2 VAs 5/09 vom 27.11.2009 zur Wiederauffindbarkeit und den Aufbewahrungsfristen [1 zu § 485]). Der in II S 1 vorausgesetzten konkreten Besorgnis bedarf es nicht (Hamburg StraFo **10**, 85, 87: aber keine bloße „Kompilation"). Die Speicherung kann gleichzeitig Zwecken des § 483 und des § 484 dienen (vgl § 489 I; dort 5). Datenerhebungen erlaubt die Vorschrift nicht; sie lässt die Verwendungs- und Übermittlungsbefugnisse nach §§ 481, 487 unberührt. Zu Daten Strafunmündiger vgl 4 zu § 489. § 4a II EJG 1

§ 485

nimmt für den zulässigen Umfang der in den Index der Arbeitsdateien des nationalen Mitglieds bei Eurojust aufzunehmenden Daten auf I Bezug.

2   **2) Weitere personenbezogene Daten** (vgl unten 4) von Beschuldigten und Tatbeteiligten dürfen die Strafverfolgungsbehörden für Zwecke künftiger Strafverfahren unter den engeren Voraussetzungen des II S 1 in Dateien speichern, verändern und nutzen. Das vorsorgliche Aufbewahren dieser Daten ist im Rahmen des Erforderlichen (4 zu § 474) zulässig, wenn Grund zur Annahme besteht, dass wegen bereits begangener oder künftig zu erwartender Straftaten weitere Strafverfahren gegen den Beschuldigten zu führen sein werden. Für diese Bewertung hebt das Gesetz als Anhaltspunkte Art oder Ausführung der Tat, Persönlichkeit des Beschuldigten oder Tatbeteiligten hervor und lässt ferner die Berücksichtigung aller Umstände des Strafverfahrens zu, die Rückschlüsse auf die Notwendigkeit einer Speicherung erlauben; die Grundlage der Prognose muss positiv festgestellt werden (Stuckenberg Hilger-FG 37); auf das Gewicht der anderweitigen strafrechtlichen Verfehlungen kommt es nicht an.

3   Der § 18 V BKAG entspr **Ausschluss der Datenverarbeitung** in den in II S 2 genannten Fällen bezieht sich nach Wortlaut und Systematik nur auf II S 1, nicht auf I. In welchen Fällen eine Verfahrenseinstellung endgültig ist, ist in 6 zu § 494 erläutert; auch hier sind Einstellungen nach § 170 II erfasst (Habenicht NStZ **09**, 709), was zusätzlich durch die gesetzliche Voraussetzung für das (sofortige) Verwendungsverbot nahegelegt wird.

4   Da II S 1 darauf verzichtet, die verschiedenen Arten der einzelnen Dateien festzulegen und durch Aufzählung von Datenfeldern die Daten gesetzlich zu umschreiben, die gespeichert werden dürfen, haben nach III S 1 das BMJV und die Landesregierungen (Delegationsnorm in III S 3) dies in **Rechtsverordnungen** – abgesehen von „flüchtigen" Dateien (III S 2) – zu konkretisieren; solche Rechts-VOen sind aber bisher nicht erlassen worden (vgl SK-Weßlau 14, 20), weil für eine Datenspeicherung nach II offenbar kein Bedarf besteht (vgl dazu Pollähne GA **06**, 813 ff; dort auch zur Kritik an § 484 I und II). Weitere Einzelheiten können nach § 490 festgelegt werden.

5   **3)** Die Verarbeitung in **Dateien der Polizei** für Zwecke künftiger Strafverfahren gespeicherter personenbezogener Daten richtet sich grundsätzlich nach den Polizeigesetzen der Länder; ausgenommen ist die Verarbeitung oder Nutzung für Zwecke eines konkreten Strafverfahrens (IV). Dies gilt unabhängig davon, ob diese in Dateien oder Dateisystemen mit Einrichtungsanordnung oder in einem Informationssystem iSd § 483 I S 2 erfolgt (BT-Drucks 19/4671 S 68).

Datenverarbeitung für Zwecke der Vorgangsverwaltung

485 [1] Gerichte, Strafverfolgungsbehörden einschließlich Vollstreckungsbehörden, Bewährungshelfer, Aufsichtsstellen bei Führungsaufsicht und die Gerichtshilfe dürfen personenbezogene Daten in Dateisystemen verarbeiten, soweit dies für Zwecke der Vorgangsverwaltung erforderlich ist. [2] Eine Nutzung für die in § 483 bezeichneten Zwecke ist zulässig. [3] Eine Nutzung für die in § 484 bezeichneten Zwecke ist zulässig, soweit die Speicherung auch nach dieser Vorschrift zulässig wäre. [4] § 483 Absatz 1 Satz 2 und Absatz 3 ist entsprechend anwendbar.

1   **1) Für Zwecke der Vorgangsverwaltung** ermächtigt S 1 die im Gesetz bezeichneten **Justizstellen**, in dem erforderlichen (Hamm 1 VAs 16/10 vom 15.6.10: Vor- und Zuname, Geburtsdatum und Geburtsort sowie AA; erg 4 zu § 474) Umfang personenbezogene Daten in Dateisystemen zu verarbeiten (zu den datenschutzrechtlichen Begriffen vgl 1 zu § 483). Hinsichtlich der Speicherungsdauer kann von den durch die AufbewahrungsVOen und den Schriftgutaufbewahrungsgesetzen (7 zu § 483) aufgestellten Fristrahmen ausgegangen werden (Hamburg StV **09**, 234 mit Anm Habenicht NStZ **09**, 708; StraFo **10**, 85, 86 [zur

Berücksichtigung der sich nach § 78b I Nr 1 StGB ergebenden Verjährungsfrist]; erg 3, 9 zu § 489). Die Speicherung der Daten in einer Datei auch für Zwecke der §§ 483 oder 484 ist zulässig (vgl § 489 I).

Die **Befugnis zur Nutzung** von ausschließlich zu Zwecken der Vorgangsverwaltung gespeicherten Daten erweitert S 2 für Zwecke des (konkreten) Strafverfahrens iS des § 483 und S 3 für Zwecke künftiger Strafverfahren, und zwar soweit eine Speicherung der entspr Daten durch eine Strafverfolgungsbehörde nach § 484 zulässig wäre. Dies ist für Stellen gedacht, die auf Speicherungen nach §§ 483, 484 verzichten. 2

Für Vorgangsverwaltungsdaten der **Polizei** verweist S 4 auf § 483 I und III (dort 3a, 5). 3

Gemeinsame Dateisysteme

486 [1] Die personenbezogenen Daten können für die in den §§ 483 bis 485 genannten Stellen in gemeinsamen Dateisystemen gespeichert werden. [2] Dies gilt für Fälle des § 483 Absatz 1 Satz 2, auch in Verbindung mit § 485 Satz 4, entsprechend.

Auch in **gemeinsamen Dateisystemen** ist nach S 1 die Speicherung personenbezogener Daten für die in §§ 483 bis 485 genannten Stellen zulässig. Nach S 2 gilt dies auch polizeiliche Dateisysteme. Für gemeinsame Dateisysteme, die den Bereich eines Landes nicht überschreiten, gelten die jeweiligen Landesdatenschutzgesetze. 1

Für länderübergreifende Dateien ist eine Vereinbarung zwischen den beteiligten Ländern erforderlich. 2

Übermittlung gespeicherter Daten; Auskunft

487 I [1] Die nach den §§ 483 bis 485 gespeicherten Daten dürfen den zuständigen Stellen übermittelt werden, soweit dies für die in diesen Vorschriften genannten Zwecke, für Zwecke eines Gnadenverfahrens, des Vollzugs von freiheitsentziehenden Maßnahmen oder der internationalen Rechtshilfe in Strafsachen erforderlich ist. [2] § 479 Absatz 1 und 2 und § 485 Satz 3 gelten entsprechend. [3] Bewährungshelfer und Führungsaufsichtsstellen dürfen personenbezogene Daten von Verurteilten, die unter Aufsicht gestellt sind, an die Einrichtungen des Justiz- und Maßregelvollzugs übermitteln, wenn diese Daten für den Vollzug der Freiheitsentziehung, insbesondere zur Förderung der Vollzugs- und Behandlungsplanung oder der Entlassungsvorbereitung erforderlich sind; das Gleiche gilt für Mitteilungen an Vollstreckungsbehörden, soweit diese Daten für die in § 477 Absatz 2 Nummer 1 oder 3 genannten Zwecke erforderlich sind.

II [1] Außerdem kann, unbeschadet des § 57 des Bundesdatenschutzgesetzes, Auskunft erteilt werden, soweit nach den Vorschriften dieses Gesetzes Akteneinsicht oder Auskunft aus den Akten gewährt werden könnte. [2] Entsprechendes gilt für Mitteilungen nach den § 477 und 481 Absatz 1 Satz 2 sowie für andere besondere gesetzliche Bestimmungen, die die Übermittlung personenbezogener Daten aus Strafverfahren anordnen oder erlauben.

III [1] Die Verantwortung für die Zulässigkeit der Übermittlung trägt die übermittelnde Stelle. [2] Erfolgt die Übermittlung auf Ersuchen des Empfängers, trägt dieser die Verantwortung. [3] In diesem Falle prüft die übermittelnde Stelle nur, ob das Übermittlungsersuchen im Rahmen der Aufgaben des Empfängers liegt, es sei denn, dass besonderer Anlass zu einer weitergehenden Prüfung der Zulässigkeit der Übermittlung besteht.

§ 488

Achtes Buch. 2. Abschnitt

IV ¹ Die nach den §§ 483 bis 485 gespeicherten Daten dürfen auch für wissenschaftliche Zwecke übermittelt werden. ² § 476 gilt entsprechend.

V Besondere gesetzliche Bestimmungen, die die Übermittlung von Daten aus einem Strafverfahren anordnen oder erlauben, bleiben unberührt.

VI ¹ Die Daten dürfen nur zu dem Zweck verwendet werden, für den sie übermittelt worden sind. ² Eine Verwendung für andere Zwecke ist zulässig, soweit die Daten auch dafür hätten übermittelt werden dürfen.

1 1) Die **Übermittlung** der nach §§ 483 bis 485 gespeicherten Daten an die Stellen, die für die Nutzung der Daten zu den in diesen Vorschriften bezeichneten Zwecken oder zu den Zwecken eines Gnadenverfahrens, des Vollzugs von freiheitsentziehenden Maßnahmen bzw der internationalen Rechtshilfe in Strafsachen zuständig sind, gestattet I S 1 in dem hierfür jeweils erforderlichen Umfang (4 zu § 474). Als Empfänger kommen vor allem die in § 483 I genannten Stellen, die Vornahme- und Bewilligungsbehörden im internationalen Rechtshilfeverkehr, die Gnadenbehörden, aber auch die Jugendgerichtshilfe in Betracht. Zulässig ist daher die Übermittlung der nach §§ 483, 484 gespeicherten Daten für die bzw in den Strafverfahren, in denen die Informationen ermittelt worden sind, und für alle anderen Strafverfahren, zu denen auch die Vollstreckung gehört, sowie für die internationale Rechtshilfe in Strafsachen und für Gnadensachen. Die Übermittlung der nach § 485 gespeicherten Daten ist zulässig für die Vorgangsverwaltung, die in § 483 bezeichneten Zwecke und – soweit eine Speicherbefugnis nach § 484 besteht – auch für Zwecke künftiger Strafverfahren (BT-Drucks 14/1484 S 33). I S 2 (eingeführt durch Gesetz vom 17.8.2017 [BGBl I 3202, 3210]) stellt die Rechtsgrundlage für die Weitergabe personenbezogener Daten durch Bewährungshelfer direkt an die Einrichtungen des Vollzuges dar, welche diese nach § 483 speichern dürfen; dabei darf es sich nur um solche Daten handeln, die zu den eigenen Akten des Bewährungshelfers gehören (BT-Drucks 18/11272 S 34). I S 2 ordnet weitere Beschränkungen durch die Verweisung auf § 479 I, II (dort 2 ff) an.

2 2) Eine **Auskunft aus der Datei** (II S 1) kann anstelle von Akteneinsicht oder Auskunft aus den Akten gegeben werden, wenn und soweit diese nach den Vorschriften der StPO gewährt werden könnten (etwa nach §§ 474 ff oder an Verfahrensbeteiligte, vgl 1 vor § 474). Das gilt entspr für Übermittlungen nach den §§ 477 und 481 I S 2 (II S 2); daher kann die Polizei etwa ihr auf der Grundlage eines elektronischen Datenaustauschs von der StA übersp ielte Daten auch zur polizeilichen Aufgabenerfüllung verwenden. Eine über den Umfang einer „gewöhnlichen" Akteneinsicht oder Aktenauskunft hinausgehende Auskunftserteilung gestattet II nicht. Aus der Vorschrift, die der Entlastung der Justiz dient, kann daher auch kein Anspruch auf Auskunft aus einer Datei hergeleitet werden (SK-Weßlau 7); dem Akteneinsichtsrecht können Dateien vielmehr nur unterliegen, wenn sie zu den Akten genommen worden sind (18a zu § 147).

3 3) Weitere **Einzelheiten** der Übermittlung gespeicherter Daten regeln die Absätze 3 bis 6: III stellt die Verantwortung für die Zulässigkeit der Übermittlung klar; gemäß IV dürfen die gespeicherten Daten (einschließlich befugt übermittelter Sozialdaten, § 78 IV SGB X) entspr § 476 auch für wissenschaftliche Zwecke übermittelt werden (vgl auch § 42a **BZRG**). Spezialbestimmungen, die ausdrücklich die Datenübermittlung aus Strafverfahren zulassen, werden nach V von der im Übrigen abschließenden Vorschrift nicht verdrängt. VI regelt die Zweckbindung.

Automatisierte Verfahren für Datenübermittlungen

488 I ¹ Die Einrichtung eines automatisierten Abrufverfahrens oder eines automatisierten Anfrage- und Auskunftsverfahrens ist für Übermittlungen nach § 487 Abs. 1 zwischen den in § 483 Abs. 1 genannten Stellen zulässig, soweit diese Form der Datenübermittlung unter Berücksichtigung der schutzwürdigen Interessen der betroffenen Person wegen der Vielzahl der

1978 Köhler

Übermittlungen oder wegen ihrer besonderen Eilbedürftigkeit angemessen ist. ²Die beteiligten Stellen haben zu gewährleisten, dass dem jeweiligen Stand der Technik entsprechende Maßnahmen zur Sicherstellung von Datenschutz und Datensicherheit getroffen werden, die insbesondere die Vertraulichkeit und Unversehrtheit der Daten gewährleisten; im Falle der Nutzung allgemein zugänglicher Netze sind dem jeweiligen Stand der Technik entsprechende Verschlüsselungsverfahren anzuwenden.

II ¹Bei der Festlegung zur Einrichtung eines automatisierten Abrufverfahrens haben die beteiligten Stellen zu gewährleisten, dass die Zulässigkeit des Abrufverfahrens kontrolliert werden kann. ²Hierzu haben sie Folgendes schriftlich festzulegen:

1. den Anlass und den Zweck des Abrufverfahrens,
2. die Dritten, an die übermittelt wird,
3. die Art der zu übermittelnden Daten und
4. die nach § 64 des Bundesdatenschutzgesetzes erforderlichen technischen und organisatorischen Maßnahmen.

³Die Festlegung bedarf der Zustimmung der für die speichernde und die abrufende Stelle jeweils zuständigen Bundes- und Landesministerien. ⁴Die speichernde Stelle übersendet die Festlegungen der Stelle, die für die Kontrolle der Einhaltung der Vorschriften über den Datenschutz bei öffentlichen Stellen zuständig ist.

III ¹Die Verantwortung für die Zulässigkeit des einzelnen Abrufs trägt der Empfänger. ²Die speichernde Stelle prüft die Zulässigkeit der Abrufe nur, wenn dazu Anlass besteht. ³Die speichernde Stelle hat zu gewährleisten, dass die Übermittlung personenbezogener Daten festgestellt und überprüft werden kann. ⁴Im Rahmen der Protokollierung nach § 76 des Bundesdatenschutzgesetzes hat sie ergänzend zu den dort in Absatz 2 aufgeführten Daten die abgerufenen Daten, die Kennung der abrufenden Stelle und das Aktenzeichen des Empfängers zu protokollieren. ⁵Die Protokolldaten sind nach zwölf Monaten zu löschen.

III *[bis 25.11.2019:] ¹Die Verantwortung für die Zulässigkeit des einzelnen Abrufs trägt der Empfänger. ²Die speichernde Stelle prüft die Zulässigkeit der Abrufe nur, wenn dazu Anlass besteht. ³Die speichernde Stelle hat zu gewährleisten, dass die Übermittlung personenbezogener Daten zumindest durch geeignete Stichprobenverfahren festgestellt und überprüft werden kann. ⁴Sie soll bei jedem zehnten Abruf zumindest den Zeitpunkt, die abgerufenen Daten, die Kennung der abrufenden Stelle und das Aktenzeichen des Empfängers protokollieren. ⁵Die Protokolldaten dürfen nur für die Kontrolle der Zulässigkeit der Abrufe verwendet werden und sind nach zwölf Monaten zu löschen.*

IV Die Absätze 2 und 3 gelten für das automatisierte Anfrage- und Auskunftsverfahren entsprechend.

1) Die **Einrichtung eines automatisierten Abruf-, Anfrage- und Auskunftsverfahrens** (online-Verfahren) ist für die Übermittlung von Daten zwischen den in § 483 I genannten Stellen nach § 487 I (vgl dort I) zulässig, wobei die Beschränkung in § 484 auf Strafverfolgungsbehörden zu beachten ist (SK-Weßlau 5). Das Verfahren muss nach näherer Maßgabe des I unter Berücksichtigung der schutzwürdigen Interessen der Betroffenen (§ 3 I BDSG) und der Erfüllung der Aufgaben des Empfängers angemessen sein (näher LR-Hilger 6, 7; vgl auch AnwK-Pananis 3). I S 2 trägt – in Anknüpfung an § 493 – den Anforderungen an die Sicherheit von Datenschutz und Datensicherheit Rechnung.

II S 1 stellt die Kontrolle der Zulässigkeit des automatisierten Abrufverfahrens sicher. S 2 schreibt vor, welche Einzelheiten über das automatisierte Abrufverfahren vor dessen Inbetriebnahme festzulegen sind; die schriftlichen Festlegungen bedürfen der Zustimmung der in S 3 bezeichneten Stellen und sind dem zuständigen Datenschutzbeauftragten zu übersenden (S 4).

3 Mit der Änderung von III durch Ges vom 20.11.2019 (BGBl I 1724) ist nunmehr eine **umfassende Protokollierungspflicht** für automatisierte Verarbeitungssysteme vorgesehen. Die Protokolldaten sind nach zwölf Monaten zu löschen (S 5). Die Zweckbindung richtet sich nach § 76 III BDSG (BT-Drucks 19/4671 S 69). Sie dürfen daher nur zur Überprüfung der Rechtmäßigkeit der Datenverarbeitung, für die Eigenüberwachung und für Strafverfahren verwendet werden. **III aF** gilt gem § 17 **EGStPO** für **vor dem 6.5.2016** eingerichtete automatisierte Verarbeitungssysteme und IT-Anwendungen der StA und der Gerichte in Fachverfahren bis zum 5.5.2023 bzw 2026 fort. Damit wird den mit den neuen Protokollierungspflichten einhergehenden technischen Anpassungen und Entwicklungen Rechnung getragen. Für bereits vor dem Stichtag bestehende Systeme und IT-Anwendungen gilt für die Übergangszeit mithin weiterhin das **Stichprobenverfahren** (dazu näher LR-Hilger 13 ff; 62. Aufl. 3). Die in S 5 aF enthaltene Zweckbindung für die bei den Stichproben anfallenden Protokolldaten erlaubt die Verwendung zur Ahndung unbefugter Abrufe.

4 Nach **IV** gelten die von I erfassten automatisierten Anfrage- und Auskunftsverfahren II und III entspr. Damit wird klargestellt, dass auch diese Verfahren als Abrufverfahren iSd Datenschutzes zu werten sind (BT-Drucks 19/4671 S 69).

5 2) Die StA ist nach § 29 VI S 2 **BKAG** befugt, für Zwecke der Strafrechtspflege im automatisierten Verfahren abzurufen: Fahndungsausschreibungen zur Festnahme und Aufenthaltsermittlung und, nach Maßgabe der Regelungen des SDÜ, auch die Ausschreibungen, die im Schengener Informationssystem gespeichert sind (INPOL), ferner Daten über Freiheitsentziehungen (Haftdatei) sowie Daten aus der DNA-Analyse-Datei (1 zu § 81g). § 29 VII BKAG ermächtigt darüber hinaus das BMI im Einvernehmen mit dem BMJV durch RechtsVO, die der Zustimmung des BRat bedarf, weitere im polizeilichen Informationssystem gespeicherte Daten unter denselben Voraussetzungen wie in § 488 I S 1 2. Hs zum automatisierten Abruf freizugeben.

Löschung und Einschränkung der Verarbeitung von Daten

489 I Zu löschen sind, unbeschadet der anderen, in § 75 Absatz 2 des Bundesdatenschutzgesetzes genannten Gründe für die Pflicht zur Löschung,

1. die nach § 483 gespeicherten Daten mit der Erledigung des Verfahrens, soweit ihre Speicherung nicht nach den §§ 484 und 485 zulässig ist,
2. die nach § 484 gespeicherten Daten, soweit die dortigen Voraussetzungen nicht mehr vorliegen und ihre Speicherung nicht nach § 485 zulässig ist, und
3. die nach § 485 gespeicherten Daten, sobald ihre Speicherung zur Vorgangsverwaltung nicht mehr erforderlich ist.

II ¹ Als Erledigung des Verfahrens gilt die Erledigung bei der Staatsanwaltschaft oder, sofern die öffentliche Klage erhoben wurde, bei Gericht. ² Ist eine Strafe oder eine sonstige Sanktion angeordnet worden, so ist der Abschluss der Vollstreckung oder der Erlass maßgeblich. ³ Wird das Verfahren eingestellt und hindert die Einstellung die Wiederaufnahme der Verfolgung nicht, so ist das Verfahren mit Eintritt der Verjährung als erledigt anzusehen.

III ¹ Der Verantwortliche prüft nach festgesetzten Fristen, ob gespeicherte Daten zu löschen sind. ² Die Frist zur Überprüfung der Notwendigkeit der Speicherung nach § 75 Absatz 4 des Bundesdatenschutzgesetzes beträgt für die nach § 484 gespeicherten Daten

1. bei Beschuldigten, die zur Tatzeit das achtzehnte Lebensjahr vollendet hatten, zehn Jahre,
2. bei Jugendlichen fünf Jahre,

Regelungen über die Datenverarbeitung § 489

3. in den Fällen des rechtskräftigen Freispruchs, der unanfechtbaren Ablehnung der Eröffnung des Hauptverfahrens und der nicht nur vorläufigen
Verfahrenseinstellung drei Jahre,
4. bei nach § 484 Absatz 1 gespeicherten Daten zu Personen, die zur Tatzeit
nicht strafmündig waren, zwei Jahre.

IV Der Verantwortliche kann in der Errichtungsanordnung nach § 490 kürzere Prüffristen festlegen.

V Die Fristen nach Absatz 3 beginnen mit dem Tag, an dem das letzte Ereignis eingetreten ist, das zur Speicherung der Daten geführt hat, jedoch
nicht vor
1. Entlassung der betroffenen Person aus einer Justizvollzugsanstalt oder
2. Beendigung einer mit Freiheitsentziehung verbundenen Maßregel der Besserung und Sicherung.

VI 1 § 58 Absatz 3 Satz 1 Nummer 1 und 3 des Bundesdatenschutzgesetzes
gilt für die Löschung nach Absatz 1 entsprechend. ²Darüber hinaus ist an
Stelle der Löschung personenbezogener Daten deren Verarbeitung einzuschränken, soweit die Daten für laufende Forschungsarbeiten benötigt werden. ³Die Verarbeitung personenbezogener Daten ist ferner einzuschränken,
soweit sie nur zu Zwecken der Datensicherung oder der Datenschutzkontrolle
gespeichert sind. ⁴Daten, deren Verarbeitung nach den Sätzen 1 oder 2 eingeschränkt ist, dürfen nur zu dem Zweck verwendet werden, für den ihre Löschung unterblieben ist. ⁵Sie dürfen auch verwendet werden, soweit dies zur
Behebung einer bestehenden Beweisnot unerlässlich ist.

VII Anstelle der Löschung der Daten sind die Datenträger an ein Staatsarchiv abzugeben, soweit besondere archivrechtliche Regelungen dies vorsehen.

1) Die **Löschung und Einschränkung der Verarbeitung** (§ 46 Nr 2, 3 1
BDSG) personenbezogener Daten in Dateien (zu diesen Begriffen vgl 1 zu § 483)
nach den §§ 483 bis 485 regelt die Vorschrift zum Schutz der Persönlichkeit des
Betroffenen; sie gilt nicht für Dateien der Polizei in den Fällen der §§ 483 III,
484 IV, 485 S 4 (Nds OVG NdsVBl **08**, 323), geht aber den Bestimmungen in
Schriftgutaufbewahrungsgesetzen vor (7 zu § 483).
Die Pflicht der speichernden Stelle als Verantwortliche (§ 46 Nr 7 BDSG) zur 2
Berichtigung unrichtiger Daten folgt unmittelbar aus **§ 75 I BDSG** (BT-Drucks
19/4671 S 69); sie ist nicht von einem Antrag des Betroffenen abhängig. Die ur-
sprüngliche Speicherung und deren Änderung müssen aber nachvollziehbar blei-
ben (Aktenvollständigkeit, -wahrheit).
In **I** regelt das Gesetz verschiedene Fälle, in denen die Daten zu **löschen** sind. 3
Der danach unmittelbar geltende § 75 II BDSG (der § 489 II S 1 entbehrlich
gemacht hat; vgl BT-Drucks 19/4671 S 69), verpflichtet die speichernde Stelle zur
Löschung, wenn die Speicherung unzulässig ist – etwa weil die Angaben nach den
§§ 483 bis 485 nicht hätten gespeichert werden dürfen – oder sich aus Anlass einer
Einzelfallbearbeitung ergibt, dass die Kenntnis der Daten für die jeweiligen gesetz-
lichen Speicherzwecke nicht mehr erforderlich iSd § 75 II BDSG (vgl auch 3 zu
§ 483) ist (den Zusammenhang mit dem Zweckbindungsgrundsatz betont auch
BVerfGE **113**, 29; ebenso BVerfGE **124**, 43 für beschlagnahmte E-Mail-Dateien;
Hamburg NStZ-RR **10**, 57 L). Letzteres kann im Rahmen der Vorgangsverwaltung auch teilw in Bezug auf stigmatisierende Zusätze der Fall sein (Frankfurt
NStZ-RR **08**, 183 und Hamburg StraFo **10**, 85, 86, anw zu §§ 174 ff StGB; vgl
auch Hamburg StV **09**, 234 mit Anm Habenicht NStZ **09**, 708: weitere Speicherung unzulässig, wenn erneute Straffälligkeit ausgeschlossen erscheint). Eine solche
Einzelfallbearbeitung hat die StA jedenfalls vorzunehmen, wenn der Betroffene
einen konkreten Löschungsantrag an sie richtet (Dresden StV **04**, 68, ber S 368;
Hamburg aaO; NStZ-RR **10**, 118 L; v. Galen DAV-FS 505). Abzuwägen sind
dann das Recht des Antragstellers auf informationelle Selbstbestimmung und das
Interesse der Allgemeinheit an Strafverfolgung und Vorgangsverwaltung unter Be-

Köhler

§ 489

Achtes Buch. 2. Abschnitt

rücksichtigung des Grundsatzes der Verhältnismäßigkeit anhand der Umstände des Einzelfalls (KG StraFo 09, 337). Bei der Prüfung kann grundsätzlich auf die – auf die Normen des StGB über die Verfolgungsverjährung abhebenden – Aufbewahrungsfristen nach der jeweiligen Aktenordnung abgestellt werden (Hamburg NStZ-RR 10, 57 L). Von maßgeblicher Bedeutung sind auch der von § 78b I Nr 1 StGB intendierte Kinder- und Minderjährigenschutz sowie die Möglichkeit der Durchführung eines Klageerzwingungsverfahrens (Hamburg aaO). Das „Erforderlichsein" ist ein unbestimmter Rechtsbegriff, der der gerichtlichen Überprüfung unterliegt (KG aaO 338; Hamburg StraFo 10, 85, 86; erg unten 9).

4 Nach **Nr 1** sind ferner zu löschen Daten in einer Strafverfahrensdatei (§ 483) mit Verfahrenserledigung (II), es sei denn, ihre Speicherung ist in diesem Zeitpunkt nach den §§ 484, 485 zulässig (vgl aber 3 zu § 483), nach **Nr 2** Daten für Zwecke künftiger Strafverfahren (§ 484) vorbehaltlich ihrer fortdauernden Speicherung nach § 485, soweit das Ergebnis der anlassunabhängigen Prüfung nach III ergibt, dass deren Kenntnis für den Speicherzweck nicht mehr erforderlich ist, und nach **Nr 3** Daten in einer Vorgangsverwaltungsdatei (§ 485) nach Wegfall der Erforderlichkeit ihrer Speicherung. Im Rahmen der reinen Vorgangsverwaltung ist aber in der Regel eine Speicherung der Namen der (ehemaligen) Beschuldigten mit den entsprechenden Aktenzeichen als geeignet und erforderlich anzusehen (Frankfurt NStZ-RR 10, 350).

5 III bestimmt **Aussonderungsprüffristen** für Speicherungen nach § 484. Die Fälle einer endgültigen Verfahrenseinstellung (III S 2 Nr 3) sind in 6 zu § 494 erläutert. Die Regelung in III S 2 Nr 4 ändert nichts an der grundsätzlichen Unzulässigkeit der Speicherung personenbezogener Informationen über zur Tatzeit Strafunmündige, da Kinder nicht Beschuldigte sein können (§ 19 StGB). Gemeint sind die Ausnahmefälle, in denen Daten Strafunmündiger gleichwohl zunächst gespeichert werden, etwa weil ihr Alter im Zeitpunkt der Speicherung nicht bekannt war. Der Fristbeginn ist in V geregelt, der § 77 III S 1 BKAG entspricht; dadurch ergibt sich eine absolute Löschungsfrist (BT-Drucks 19/11190 S 10). Nach IV können die Aussonderungsprüffristen in einer Errichtungsanordnung (§ 490) abgekürzt werden (hierzu Brodersen NJW **00**, 2541; Wollweber NJW **00**, 3624).

6 **3) Eine Einschränkung der Verarbeitung** statt der Löschung erfolgt ausnahmsweise nach **VI**. Einschränkung der Verarbeitung ist die Markierung gespeicherter personenbezogener Daten, um ihre weitere Verarbeitung einzuschränken (§ 46 Nr 3 BDSG). Dies kommt gem VI S 1 iVm § 58 III S 1 Nr 1 BDSG in Betracht, wenn durch die Löschung schutzwürdige Interessen des Betroffenen beeinträchtigt würden. Das ist etwa der Fall, wenn Informationen erhalten bleiben sollen, die für den Betroffenen möglicherweise günstig sind. Das richtet sich nach den Umständen des Einzelfalles und kann dann zu bejahen sein, wenn eine ansonsten eintretende Beweisnot nur durch Aufrechterhaltung der Speicherung verhindert werden kann. Aus rein praktischen Gründen – unverhältnismäßiger Aufwand – kann gem VI S 1 iVm § 58 III S 1 Nr 3 BDSG statt der Löschung die Verarbeitung eingeschränkt werden (näher Hamm 1 VAs 16/10 vom 15.6.10). Weitere Fälle sind die Erhaltung von Daten für bereits laufende Forschungsarbeiten, insbesondere für wissenschaftliche Auswertungen (VI S 2). Gemäß VI S 3 ist die Verarbeitung ferner ausschließlich zur Datensicherung oder Datenschutzkontrolle gespeicherte personenbezogene Daten einzuschränken; das gilt auch, wenn Protokolldaten für das gesamte System in einer Datei gespeichert werden. VI S 4 und 5 ordnen eine dem Sinn der Einschränkung der Verarbeitung entspr Zweckbindung an. Der Grund für die unterbliebene Löschung und die sich hieraus ergebende Zweckbindung sind in einem Aktenvermerk kenntlich zu machen (SK-Weßlau 19).

7 **4) Eine Nachberichtspflicht** regelt § **75 III S 1 iVm § 58 V BDSG** in Fällen der Übermittlung unrichtiger, zu löschender oder hinsichtlich der Verarbeitung einzuschränkender personenbezogener Daten.

5) Archivrechtliche Regelungen bleiben unberührt **(VII)**; § 489 ist also keine diesen gegenüber vorrangige Vorschrift über die Vernichtung von Unterlagen. Die speichernde Stelle darf, wenn sie Daten nach Löschungsreife an ein Staatsarchiv abgibt, keine Kopien zurückbehalten (SK-Weßlau 31). Ein Anspruch auf Vernichtung der in Papierform geführten Akten nach einer Einstellung des Verfahrens gem § 170 II besteht bis zum Ablauf der Aufbewahrungsfristen nicht (KG StraFO **09**, 337). 8

6) Anfechtung: Kommt die StA einem auf Datenlöschung gerichteten Antrag nicht nach, ist der Rechtsweg nach § 23 EGGVG eröffnet (BVerfG StV **07**, 226 L; Dresden StV **04**, 68, ber S 368; Frankfurt NStZ-RR **10**, 350; Hamburg StV **09**, 234; LR-Hilger 16, der auch eine entspr Anwendung des § 161a erwägt). 9

Errichtungsanordnung für automatisierte Dateisysteme

490 [1] **Der Verantwortliche legt für jedes automatisierte Dateisystem in einer Errichtungsanordnung mindestens fest:**
1. **die Bezeichnung des Dateisystems,**
2. **die Rechtsgrundlage und den Zweck des Dateisystems,**
3. **den Personenkreis, über den Daten in dem Dateisystem verarbeitet werden,**
4. **die Art der zu verarbeitenden Daten,**
5. **die Anlieferung oder Eingabe der zu verarbeitenden Daten,**
6. **die Voraussetzungen, unter denen in der Datei verarbeitete Daten an welche Empfänger und in welchem Verfahren übermittelt werden,**
7. **Prüffristen und Speicherungsdauer.**

[2] Dies gilt nicht für Dateisysteme, die nur vorübergehend vorgehalten und innerhalb von drei Monaten nach ihrer Erstellung gelöscht werden, und Informationssysteme gemäß § 483 Absatz 1 Satz 2.

Eine **Errichtungsanordnung** für jedes automatisierte Dateisystem hat der Verantwortliche (vgl § 46 Nr 7 BDSG) zu erstellen (S 1); die Vorschrift bestimmt auch den Mindestinhalt der Anordnung (vgl auch Dresden StV **04**, 68, 69). Dies dient sowohl der Eigenkontrolle der Stelle, die ein Dateisystem errichtet, als auch der externen Kontrolle, zB durch den Datenschutzbeauftragten. Festgelegt werden können etwa auch über die Rechtsverordnungen nach § 484 III hinaus weitere Einzelheiten über die Art der Daten iS des § 484 II oder kürzere als die gesetzlichen Aussonderungsprüffristen (§ 489 IV, dort 5). Die Vorschrift geht Landesdatenschutzrecht vor (KMR-Gemählich 2). 1

Nach S 2 bedarf es keiner Errichtungsanordnung nach S 1 bei „flüchtigen" Dateien und für polizeiliche Informationssysteme gem § 483 I S 2, da diese nach anderen Gesetzen errichtet werden (erg 3a zu § 483). 2

Auskunft an Betroffene

491 [I] [1] Ist die betroffene Person bei einem gemeinsamen Dateisystem nicht in der Lage, den Verantwortlichen festzustellen, so kann sie sich zum Zweck der Auskunft nach § 57 des Bundesdatenschutzgesetzes an jede beteiligte speicherungsberechtigte Stelle wenden. [2] Über die Erteilung einer Auskunft entscheidet die ersuchte speicherungsberechtigte Stelle im Einvernehmen mit dem Verantwortlichen.

[II] Für den Auskunftsanspruch betroffener Personen gilt § 57 des Bundesdatenschutzgesetzes.

1) Eine Vereinfachung für den Betroffenen enthält **I** in den Fällen einer gemeinsamen Datei gemäß § 486. 1

§ 491

2 **2) Auskunft** über die zu seiner Person gespeicherten Daten und den damit verfolgten Zweck kann der von der Speicherung in einem Dateisystem Betroffene mit einem entspr Antrag verlangen; hierfür verweist II auf den bundesdatenschutzrechtlichen Anspruch nach § 57 BDSG (eingehend SK-Weßlau 8 ff). Anders als noch § 491 I aF enthält II keine ausdrückliche Vorrangregelung für die in der StPO geregelte Auskunftserteilung (vgl hierzu 62. Aufl 1). Die diesbezüglichen StPO-Vorschriften (§§ 147, 406e, 428 I S 2, 444 II S 2, 474 ff) gehen II iE aber dennoch vor, da diese die Einsicht in und Auskünfte aus (Verfahrens-)Akten regeln, der Auskunftsspruch nach II sich – auch aufgrund seiner systematischen Stellung – hingegen auf in **Dateisystemen isd §§ 483, 486 gespeicherte Daten** bezieht (SSW-Ritscher/Klinge 1; KK-Gieg 1; LR-Hilger 3; MüKoStPO-Singelnstein 4; vgl auch BT-Drucks 19/4671 S 70). Auch elektronische Akten und elektronische Aktenkopien sind keine Dateisysteme (§ 496 III); für sie gilt § 491 ebenfalls nicht (dort 8).

3 Würden durch die Auskunftserteilung **Ermittlungen gefährdet**, kann nach § 57 IV iVm § 56 II Nr 1 BDSG von ihr abgesehen werden (BT-Drucks 19/11190 S 10; 19/4671 S 80 f; BVerfGE 113, 29 [Tz 131] zu § 19 BDSG aF). Würde bereits die Mitteilung vom Absehen der Auskunftserteilung darüber, „ob" den Antragsteller betreffende Daten in Dateisystemen verarbeitet werden (vgl § 57 I S 1 BDSG), braucht der Antrag gem § 57 V S 2 überhaupt nicht beschieden werden, falls bereits die Erteilung dieser Information die Ermittlungen gefährden könnte (BeckOK-Wolff/Brink 25 zu § 57 BDSG). Danach dürfte sich die Bescheidungspflicht in der Praxis auf Anträge zu offenen Ermittlungsverfahren beschränken. Denn insb im Bereich der organisierten Kriminalität oder des Terrorismus können auch aus dem Umstand, dass ein Antrag nicht beschieden, auf einen anderen Antrag hin dagegen das Absehen von der Auskunftserteilung nach § 57 VI S 1 BDSG mitgeteilt wird, Rückschlüsse gezogen werden, welche die Verhütung, Ermittlung, Aufdeckung oder Ahndung von Straftaten (vgl § 45 S 1 BDSG) iSd § 56 II Nr 1 BDSG gefährden könnte (vgl auch BVerfGE **120**, 351 [Tz 116];).

4 **Auskunftspflichtig** ist nach § 57 I S 1 BDSG der Verantwortliche; das ist die Stelle, die – allein oder gemeinsam mit anderen – über die Zwecke und Mittel der Verarbeitung der Daten entscheidet (§ 46 Nr 7 BDSG). II ist aber nur einschlägig, wenn der Antrag auf Auskunftserteilung bei einer Strafverfolgungsbehörde gestellt wird (VG Wiesbaden NVwZ-RR **06**, 693).

3) Gegen die den Antrag ablehnende Entscheidung kann sich der Betroffene nach § 57 V S 7 BDSG an den BfDI wenden, der das Auskunftsrecht für ihn ausüben kann. Nach dem eindeutigen Wortlaut der Norm gilt dies aber nur, wenn der Antragsteller über das Absehen von oder die Einschränkung der beantragten Auskunft „unterrichtet" worden ist, nicht aber, wenn der Antrag auf der Grundlage von § 57 VI S 2 BDSG überhaupt nicht beschieden wurde (anders noch § 19 VI S 1 BDSG aF; vgl aber auch MüKoStPO-Singelnstein 17). Ob der Betroffene insoweit den BfDI nach § 60 I S 1 BDSG anrufen kann, entspräche wohl dem gesetzgeberischen Willen (vgl LR-Hilger 21 zu § 1 aF), erscheint indes angesichts der speziellen Regelung in § 57 VI BDSG jedenfalls nicht unzw (unklar insoweit BT-Drucks 18/11325 S 114). Das Gericht kann unter den Voraussetzungen des § 147 V S 2 (dort 39) allenfalls in dem Sonderfall anrufen, dass in der Entscheidung eine zumindest faktische Verweigerung des tatsächlich bestehenden Anspruchs auf Akteneinsicht gemäß § 147 I zu sehen ist (BGH NStZ-RR **09**, 145; BeckOK-Wittig 6; **aA** MüKoStPO-Singelnstein 18 [§§ 23 ff EGGVG]). Nach unbekannten Beteiligten muss und soll nicht geforscht werden (BVerfGE **124**, 43).

Dritter Abschnitt. **Länderübergreifendes staatsanwaltschaftliches Verfahrensregister**

Zentrales staatsanwaltschaftliches Verfahrensregister

492 ¹ Das Bundesamt für Justiz (Registerbehörde) führt ein zentrales staatsanwaltschaftliches Verfahrensregister.

II ¹ In das Register sind
1. die Personendaten des Beschuldigten und, soweit erforderlich, andere zur Identifizierung geeignete Merkmale,
2. die zuständige Stelle und das Aktenzeichen,
3. die nähere Bezeichnung der Straftaten, insbesondere die Tatzeiten, die Tatorte und die Höhe etwaiger Schäden,
4. die Tatvorwürfe durch Angabe der gesetzlichen Vorschriften,
5. die Einleitung des Verfahrens sowie die Verfahrenserledigungen bei der Staatsanwaltschaft und bei Gericht nebst Angabe der gesetzlichen Vorschriften

einzutragen. ² Die Daten dürfen nur für Strafverfahren gespeichert und verändert werden.

III ¹ Die Staatsanwaltschaften teilen die einzutragenden Daten der Registerbehörde zu dem in Absatz 2 Satz 2 genannten Zweck mit. ² Auskünfte aus dem Verfahrensregister dürfen nur Strafverfolgungsbehörden für Zwecke eines Strafverfahrens erteilt werden. ³ § 5 Abs. 5 Satz 1 Nr. 2 des Waffengesetzes, § 8a Absatz 5 Satz 1 Nummer 2 des Sprengstoffgesetzes, § 12 Absatz 1 Nummer 2 des Sicherheitsüberprüfungsgesetzes und § 31 Absatz 4a Satz 1 des Geldwäschegesetzes bleiben unberührt; die Auskunft über die Eintragung wird insoweit im Einvernehmen mit der Staatsanwaltschaft, die die personenbezogenen Daten zur Eintragung in das Verfahrensregister mitgeteilt hat, erteilt, wenn hiervon eine Gefährdung des Untersuchungszwecks nicht zu besorgen ist.

IV ¹ Die in Absatz 2 Satz 1 Nummer 1 und 2 und, wenn dies erforderlich ist, Nummer 3 und 4 genannten Daten dürfen nach Maßgabe des § 18 Abs. 3 des Bundesverfassungsschutzgesetzes, auch in Verbindung mit § 10 Abs. 2 des Gesetzes über den Militärischen Abschirmdienst und § 23 Absatz 3 des BND-Gesetzes, auf Ersuchen auch an die Verfassungsschutzbehörden des Bundes und der Länder, den Militärischen Abschirmdienst und den Bundesnachrichtendienst übermittelt werden. ² § 18 Abs. 5 Satz 2 des Bundesverfassungsschutzgesetzes gilt entsprechend.

IVa ¹ Kann die Registerbehörde eine Mitteilung oder ein Ersuchen einem Datensatz nicht eindeutig zuordnen, übermittelt sie an die ersuchende Stelle zur Identitätsfeststellung Datensätze zu Personen mit ähnlichen Personalien. ² Nach erfolgter Identifizierung hat die ersuchende Stelle alle Daten, die sich nicht auf die betroffene Person beziehen, unverzüglich zu löschen. ³ Ist eine Identifizierung nicht möglich, sind alle übermittelten Daten zu löschen. ⁴ In der Rechtsverordnung nach § 494 Abs. 4 ist die Anzahl der Datensätze, die auf Grund eines Abrufs übermittelt werden dürfen, auf das für eine Identifizierung notwendige Maß zu begrenzen.

V ¹ Die Verantwortung für die Zulässigkeit der Übermittlung trägt der Empfänger. ² Die Registerbehörde prüft die Zulässigkeit der Übermittlung nur, wenn besonderer Anlaß hierzu besteht.

VI Die Daten dürfen unbeschadet des Absatzes 3 Satz 3 und des Absatzes 4 nur in Strafverfahren verwendet werden.

1) **Zweck des Registers:** Die gesetzliche Grundlage für dieses von den Informationsregistern der Polizei unabhängige zentrale staatsanwaltschaftliche Informationssystem (im allgemeinen Sprachgebrauch kurz SISY genannt) ist durch das

§ 492 Achtes Buch. 3. Abschnitt

Verbrechensbekämpfungsgesetz 1994 geschaffen worden (Einfügung der §§ 474–477, nun §§ 492–495). Der Registerbetrieb ist 1999 aufgenommen worden. Mit der Einrichtung dieses Registers wurde eine schon lange erhobene Forderung erfüllt (vgl Hoffmann ZRP **90**, 56; Rebmann/Schoreit NStZ **84**, 7; Schoreit DRiZ **87**, 85). Das Register dient dazu, die Funktionstüchtigkeit der Strafrechtspflege zu verbessern (vgl Rieß Otto-FS 966), indem es die Ermittlung überörtlicher Täter und Mehrfachtäter erleichtert, das frühzeitige Erkennen von Tat- und Täterverbindungen fördert, insbesondere es auch ermöglicht, reisende Gewalttäter festzustellen und in Haft zu nehmen. Ferner werden dadurch zuverlässige Grundlagen für Verfahrenseinstellungen nach §§ 153 ff geschaffen, indem zB einerseits keine ungerechtfertigten wiederholten Einstellungen gegen Auflagen nach § 153a mehr erfolgen, andererseits unbedeutende Verfahren mit Rücksicht auf schwerwiegendere Vorwürfe nach § 154 schnell beendet werden. Notwendige Verfahrenskonzentrationen durch Verbindung von Ermittlungs- und Strafverfahren sollen dadurch erzielt, übermäßige Grundrechtseingriffe im Rahmen von Doppelverfahren (BVerfGE **112**, 304, 320 = NJW **05**, 1338, 1341) sowie mehrere Hauptverhandlungen gegen denselben Angeklagten und damit nachträgliche Gesamtstrafenbildungen (§ 55 StGB, § 460) sollen vermieden werden.

2 **Neben die bereits bestehenden Register,** nämlich das Bundeszentralregister (§§ 1–58 **BZRG**) und das Erziehungsregister (§§ 59–64 **BZRG**), ist dieses Register getreten; es hätte daher gesetzestechnisch näher gelegen, die Vorschriften der §§ 492 ff in das BZRG statt in die StPO einzufügen (vgl Schoreit aaO; Uhlig Rebmann-FS 523 ff). Das Register erschien erforderlich, weil sich aus den übrigen Registern nicht entnehmen lässt, ob im Zuständigkeitsbereich einer anderen StA ebenfalls Ermittlungsverfahren gegen denselben Beschuldigten anhängig sind oder vor kurzem durch Einstellung des Verfahrens erledigt wurden (Richter NJW **89**, 1785; krit jedoch – auch wegen der Doppelspeicherung der Daten bei Polizei und StA – Krüger Kriminalistik **95**, 43). Insofern wären sonst umständliche Anfragen bei den StAen der anderen LG-Bezirke notwendig (zur Häufigkeit LG-Bezirke übergreifender Eintragungen im BZR vgl Uhlig aaO 522).

3 2) Das durch Ges vom 17.12.2006 (BGBl I 3171) errichtete **Bundesamt für Justiz** (früher der GBA) führt das zentrale staatsanwaltschaftliche Register; es ist die Registerbehörde iSd § 492 ff. Das Bundesamt hat seinen Sitz in Bonn. Die näheren Einzelheiten regelte früher die Errichtungsanordnung, die nun durch eine RechtsVO ersetzt worden ist (§ 494 IV; vgl 12 zu § 494).

4 **3) Umfang der Daten (II):** Alle staatsanwaltschaftlichen Ermittlungsverfahren, die sich gegen einen bestimmten, bekannten Täter richten (also nicht Anzeigen gegen unbekannte Täter, vgl Lemke NStZ **95**, 485), werden mit den unter II S 1 Nr 1–5 vorgeschriebenen Angaben gespeichert (abschließende Aufzählung in § 4 ZStVBetrV [12 zu § 494]). Dazu gehören auch Einstellungen wegen Schuldunfähigkeit von Kindern (kritisch dazu Ostendorf Heinz-FS 464, 467). Die im Entwurf eines StVÄG 1988 vorgesehene Beschränkung auf Verfahren mit erheblicher oder überörtlicher Bedeutung ist als unpraktikabel gestrichen worden (zutr Hoffmann ZRP **90**, 59; König/Seitz NStZ **95**, 5). Die geforderten Angaben zur näheren Bezeichnung der Straftaten, also insbesondere zu der Tatzeiten, die Tatorte und die Höhe etwaiger Schäden, sowie zu den Tatvorwürfen durch Angabe der gesetzlichen Vorschriften werden sich aus dem polizeilichen Schlussbericht (48 zu § 163) entnehmen lassen (vgl auch Habenicht NStZ **09**, 708 zu „MESTA").

5 Mindestens **2 Mitteilungen** muss die StA der Registerbehörde machen, falls es zur Einstellung des Verfahrens kommt: Zunächst ist die Mitteilung über die Einleitung des Verfahrens, sodann die über seine Erledigung durch Einstellung mit Angabe der gesetzlichen Vorschriften (zB nach § 153 oder nach § 170 II). Kommt es zur Anklageerhebung, so ist diese (ebenso wie ein Strafbefehlsantrag oder Antrag nach § 417) und die Art der Erledigung des gerichtlichen Verfahrens mitzuteilen. Auch die vorläufige Einstellung des Verfahrens nach § 205 ist mitzuteilen.

4) Die StA ist verpflichtet, der Registerbehörde die Daten mitzuteilen (III **6** S 1); dieselbe Verpflichtung trifft die Finanzbehörde, soweit diese das Ermittlungsverfahren führt (Einl 12). Die Daten dürfen nur zum Zwecke der Speicherung und Veränderung für Strafverfahren mitgeteilt werden (II S 2). Fälle besonderer Geheimhaltungsbedürftigkeit oder zu besorgender Gefährdung des Untersuchungszwecks sind in § 3 II und III ZStVBetrV (12 zu § 494) geregelt.

5) Auskünfte aus dem Verfahrensregister dürfen grundsätzlich nach III S 2 nur **7** an Strafverfolgungsbehörden und nur für Zwecke des Strafverfahrens erteilt werden. Daher erhalten Verwaltungsbehörden für Bußgeldverfahren nach dem OWiG keine Auskünfte (§ 46 III S 4 OWiG). Wenn ein Gericht eine Auskunft möchte, muss es sich an die zuständige StA wenden und diese um Einholung der Auskunft bitten, was wenig sachdienlich erscheint; eine Erstreckung des Auskunftsrechts auf Gerichte, wie vom BRat gewollt (vgl BR-Drucks 390/03 S 15 und 18), ist allerdings im Gesetzgebungsverfahren gescheitert (vgl BT-Drucks 15/1492 S 13). § 5 V S 1 Nr 2 WaffG und § 8a V S 1 Nr 2 Sprengstoffgesetz (Auskunftseinholung aus dem zentralen staatsanwaltschaftlichen Verfahrensregister durch die für die Erteilung einer waffen- oder sprengstoffrechtlichen Erlaubnis zuständige Behörde) sowie § 12 Absatz 1 Nummer 2 des Sicherheitsüberprüfungsgesetzes und § 31 Absatz 4a Satz 1 des Geldwäscheverdachtsgesetzes bleiben nach Maßgabe des III S 3 unberührt.

IV erweitert aber den Kreis der Auskunftsberechtigten über StAen, Polizeien, **8** Finanzbehörden, Steuer- und Zollfahndungsdienststellen hinaus auf die Verfassungsschutzbehörden des Bundes und der Länder, das Amt für den Militärischen Abschirmdienst und den Bundesnachrichtendienst. Diesen steht zur Erfüllung ihrer Aufgaben ohnehin gegenüber der StA und anderen Behörden ein Auskunftserteilungsrecht zu (vgl § 18 III BVerfSchG). Sie erhalten aber nur Auskunft über die Person und die zuständige Stelle nebst Aktenzeichen des Verfahrens (II Nr 1 und 2; Kalf StV **97**, 611); wenn sie nähere Auskünfte wollen, müssen sie sich an die zuständige StA usw wenden. Die Dienste sind entspr § 18 V S 2 BVerfSchG verpflichtet, einen gesonderten Nachweis über das Auskunftsersuchen zu führen, aus dem der Zweck und die Veranlassung der Anfrage hervorgehen. Dass der Beschuldigte von der Weitergabe der Daten nicht informiert wird, bemängelt Kestel StV **97**, 267; dagegen zutr Kalf aaO.

6) Bei der Unmöglichkeit, eine Mitteilung oder ein Ersuchen einem **9** **Datensatz zuzuordnen,** erlaubt IV a der Registerbehörde, an die ersuchende Stelle zur Identitätsfeststellung Datensätze zu Personen mit ähnlichen Personalien zu übermitteln. Damit ist eine ausdrückliche gesetzliche Grundlage für das nunmehr in § 8 ZStVBetrV (12 zu § 494) vorgesehene Verfahren (sog Ähnlichenservice und sog Sonderanfragen) geschaffen worden. Mit dem sog Ähnlichenservice können Anfragen nach Datensätzen mit geringfügig abweichenden Personendaten, mit sog Sonderanfragen können Anfragen anhand eines unvollständigen Ausgangsdatensatzes gestellt werden. In der Gesetzesbegründung (BT-Drucks 15/3331 S 11) wird betont, dass der Einsatz dieser Möglichkeiten erforderlich und wichtig ist, wenn der Name eines Beschuldigten nicht vollständig bekannt ist oder – etwa bei Ausländern – Unsicherheiten über die Namensschreibweise bestehen, so dass eine Zuordnung zwar nicht eindeutig möglich ist, jedoch die hohe Wahrscheinlichkeit einer Übereinstimmung besteht.

Eine **Löschungsverpflichtung** enthalten IV a S 2 und 3, damit die Daten Un- **10** beteiligter nicht über das Erforderliche hinaus genutzt werden. Daraus ergibt sich zugleich für die ersuchende Stelle die Verpflichtung, die Identitätsprüfung unverzüglich durchzuführen (BT-Drucks aaO).

7) Verantwortlichkeit (V): Die Verantwortung für die Zulässigkeit der Über- **11** mittlung trägt grundsätzlich der Empfänger. Das entspricht der Regelung in § 15 II S 2, 3 BDSG. Sieht die Registerbehörde besonderen Anlass, die Zulässigkeit der Übermittlung zu überprüfen, muss die anfragende Stelle ihr die erforderliche Auskunft erteilen.

12 **8) Zweckbindung (VI):** Ebenso wie die Auskünfte nach III S 2 nur für Zwecke des Strafverfahrens erteilt werden dürfen, dürfen die übermittelten Daten grundsätzlich (Ausnahmen nach III S 3 und IV) auch nur im Strafverfahren verwertet werden, wobei es keine Rolle spielt, ob dies in dem Verfahren, zu dem die Übermittlung erfolgte, oder in einem anderen Strafverfahren geschieht (Schneider NJW **96**, 304). Zum Strafverfahren idS gehört die Strafverfolgung selbst, die Strafvollstreckung einschließlich der Bewährungsaufsicht, das Gnadenwesen, die Internationale Rechtshilfe und die Dienstaufsicht (KK-Gieg 11; KMR-Gemählich 16; Lemke NStZ **95**, 485; **aM** LR-Hilger 42, 44 [hinsichtlich Gnadenwesen, Internationale Rechtshilfe]; SK-Weßlau 17 [hinsichtlich Gnadenwesen, Internationale Rechtshilfe, Dienstaufsicht]). Benötigt der Empfänger der Auskunft nähere Einzelheiten, so wendet er sich an die zuständige Stelle (II Nr 2), die diese, soweit es um Zwecke des Strafverfahrens geht, erteilt (Uhlig Rebmann-FS 524). Die den in IV erwähnten Nachrichtendiensten übermittelten Daten dürfen allerdings für deren Zwecke verwertet werden, da sonst die Übermittlung nutzlos wäre.

Automatisiertes Verfahren für Datenübermittlungen

493 [I] [1] Die Übermittlung der Daten erfolgt im Wege eines automatisierten Abrufverfahrens oder eines automatisierten Anfrage- und Auskunftsverfahrens, im Falle einer Störung der Datenfernübertragung oder bei außergewöhnlicher Dringlichkeit telefonisch oder durch Telefax. [2] Die beteiligten Stellen haben zu gewährleisten, dass dem jeweiligen Stand der Technik entsprechende Maßnahmen zur Sicherstellung von Datenschutz und Datensicherheit getroffen werden, die insbesondere die Vertraulichkeit und Unversehrtheit der Daten gewährleisten; im Falle der Nutzung allgemein zugänglicher Netze sind dem jeweiligen Stand der Technik entsprechende Verschlüsselungsverfahren anzuwenden.

[II] [1] Bei der Festlegung zur Einrichtung eines automatisierten Abrufverfahrens gilt § 488 Absatz 2 Satz 1 und 2 entsprechend. [2] Die Registerbehörde übersendet die Festlegungen dem Bundesbeauftragten für den Datenschutz.

[III] [1] Die Verantwortung für die Zulässigkeit des einzelnen automatisierten Abrufs trägt der Empfänger. [2] Die Registerbehörde prüft die Zulässigkeit der Abrufe nur, wenn dazu Anlaß besteht. [3] Im Rahmen der Protokollierung nach § 76 des Bundesdatenschutzgesetzes hat sie ergänzend zu den dort in Absatz 2 aufgeführten Daten die abgerufenen Daten, die Kennung der abrufenden Stelle und das Aktenzeichen des Empfängers zu protokollieren. [4] Die Protokolldaten sind nach sechs Monaten zu löschen.

[IV] Die Absätze 2 und 3 gelten für das automatisierte Anfrage- und Auskunftsverfahren entsprechend.

1 **1) Der automatisierte Abruf und die automatisierte Anfrage und Auskunft** von Daten für Zwecke eines Strafverfahrens ist nur den Strafverfolgungsbehörden (7, 8 zu § 492) gestattet, also nicht den Gerichten (vgl 7 zu § 492). Die Polizeibehörden haben damit einen Online-Lesezugriff auf das staatsanwaltschaftliche Verfahrensregister.

2 **2) Besondere Voraussetzungen** für das automatisierte Verfahren enthält die Vorschrift im Gegensatz zur früheren Regelung zu Recht nicht mehr, weil im Regelfall der Zugriff immer schon im Wege der Datenfernübertragung erfolgte (krit SK-Weßlau 3). Nur ausnahmsweise – nämlich bei technischer Störung der Datenfernübertragung oder bei außergewöhnlicher Dringlichkeit (die Abfragezeit beträgt derzeit idR noch etwa 2–3 Stunden) – wird die Datenübermittlung durch Telefon oder Telefax gestattet (I S 2). Für diese Fälle werden aber in I S 3 besondere Schutzmaßnahmen verlangt; die Vorschrift entspricht der verwandten Regelung in § 488 I (zur Verschlüsselung vgl Lemke NStZ **95**, 485 und 486). Bei der telefonischen oder Telefaxauskunft wird daher zuvor eine Rückfrage bei der auskunftsbegehrenden Stelle erforderlich sein, um deren Abfrageberechtigung sicher festzustellen (BT-Drucks 15/3331 S 11). Auch beim automatisierten Abruf-, Anfrageund Auskunftsverfahren dürfen nur diejenigen Daten zur Verfügung gestellt werden, hinsichtlich derer der ersuchenden Stelle nach Maßgabe des § 492 und der dort in Bezug genommenen Bestimmungen Auskunft erteilt werden darf (BT-Drucks aaO). Die Verwendungsregelung des § 492 VI gilt daher auch hier unmittelbar.

3) Festlegungen (II): Nach § 488 II S 1 und 2, der entspr Anwendung findet, 3 ist zu gewährleisten, dass die Zulässigkeit des Abrufverfahrens kontrolliert werden kann. Dazu sind schriftlich festzulegen: Anlass und Zweck des Abrufverfahrens, Datenempfänger, Art der zu übermittelnden Daten und die erforderlichen technischen und organisatorischen Maßnahmen, deren Aufwand nach § 64 BDSG in einem angemessenen Verhältnis zu dem angestrebten Schutzzweck stehen müssen. Diese Festlegungen sind von der Registerbehörde dem BfDI (zu dessen Rechtsstellung und Aufgaben vgl §§ 8 ff BDSG) zu übersenden.

4) Verantwortlichkeit (III): Sie ist für das automatisierte Abrufverfahren ge- 4 nauso wie bei der sonstigen Datenübermittlung nach § 492 V geregelt. Die Registerbehörde hat allerdings nach III S 3 eine umfassende Protokollierung zu gewährleisten; die Protokolldaten sind nach 6 Monaten zu löschen (III S 4). Ihre Zweckbindung ergibt sich wie bei § 488 aus § 76 III BDSG (3 zu § 488). Für **vor dem 6. Mai 2016 eingerichtete automatisierte Abrufverfahren** gilt nach § 17 **EGStPO** (dort 1, 2) für eine Übergangszeit § 488 III aF, der inhaltlich in III aF entspricht, und dem darin bestimmten Stichprobenverfahren fort (erg 3 zu § 488).

5) IV stellt klar, dass II und III nicht nur für automatisiertes Abrufverfahren, 5 sondern auch für das automatisierte Anfrage- und Auskunftsverfahren Anwendung finden.

Berichtigung, Löschung und Einschränkung der Verarbeitung von Daten; Verordnungsermächtigung

494 ^I In den Fällen des § 58 Absatz 1 und des § 75 Absatz 1 des Bundesdatenschutzgesetzes teilt der Verantwortliche insbesondere der Registerbehörde die Unrichtigkeit unverzüglich mit; der Verantwortliche trägt die Verantwortung für die Richtigkeit und die Aktualität der Daten.

^{II 1} Die Daten sind zu löschen, sobald sich aus dem Bundeszentralregister ergibt, dass in dem Strafverfahren, aus dem die Daten übermittelt worden sind, eine nach § 20 des Bundeszentralregistergesetzes mitteilungspflichtige gerichtliche Entscheidung oder Verfügung der Strafverfolgungsbehörde ergangen ist. ² Wird der Beschuldigte rechtskräftig freigesprochen, die Eröffnung des Hauptverfahrens gegen ihn unanfechtbar abgelehnt oder das Verfahren nicht nur vorläufig eingestellt, so sind die Daten zwei Jahre nach der Erledigung des Verfahrens zu löschen, es sei denn, vor Eintritt der Löschungsfrist wird ein weiteres Verfahren zur Eintragung in das Verfahrensregister mitgeteilt. ³ In diesem Fall bleiben die Daten gespeichert, bis für alle Eintragungen die Löschungsvoraussetzungen vorliegen. ⁴ Die Staatsanwaltschaft teilt der Registerbehörde unverzüglich den Eintritt der Löschungsvoraussetzungen oder den Beginn der Löschungsfrist nach Satz 2 mit.

^{III} § 489 Absatz 7 gilt entsprechend.

^{IV} Das Bundesministerium der Justiz und für Verbraucherschutz bestimmt durch Rechtsverordnung mit Zustimmung des Bundesrates die näheren Einzelheiten, insbesondere
1. die Art der zu verarbeitenden Daten,
2. die Anlieferung der zu verarbeitenden Daten,

§ 494

3. die Voraussetzungen, unter denen in dem Dateisystem verarbeitete Daten an welche Empfänger und in welchem Verfahren übermittelt werden,
4. die Einrichtung eines automatisierten Abrufverfahrens,
5. die nach den §§ 64, 71 und 72 des Bundesdatenschutzgesetzes erforderlichen technischen und organisatorischen Maßnahmen.

1 1) Die **Berichtigung** unrichtiger Daten **(I)** erfolgt auf Mitteilung der zuständigen Stelle durch die Registerbehörde. Weil die Registerbehörde selbst keine Kenntnis über die Richtigkeit der Daten hat, trägt die mitteilende StA die Verantwortung für Richtigkeit und Aktualität der Daten.

2 2) Die **Löschung** der gespeicherten Daten **(II)** hat in folgenden Fällen zu geschehen:

3 A. War die Speicherung **unzulässig**, weil die Daten nach § 492 II S 2 nicht hätten gespeichert werden dürfen oder weil über § 492 II S 1 hinausgehende Angaben gespeichert wurden, muss – was selbstverständlich ist – die Löschung dieser Daten nach § **75 II BDSG** erfolgen (BT-Drucks 19/4671 S 71).

4 B. Ist dem **BZR** durch ein Gericht oder eine Verwaltungsbehörde gemäß § 20 **BZRG** Mitteilung von einer eintragungspflichtigen Entscheidung, Feststellung oder Tatsache gemacht worden, wird die entspr Eintragung im staatsanwaltschaftlichen zentralen Verfahrensregister gelöscht, um Doppelspeicherungen zu vermeiden. Sobald die Auskunft aus dem BZR gewonnen werden kann, bedarf es hier keiner zusätzlichen Speicherung mehr (Lemke NStZ **95**, 485).

5 C. Bei rechtskräftigem **Freispruch**, unanfechtbarer **Ablehnung der Eröffnung** des Hauptverfahrens (§ 204) oder endgültiger **Verfahrenseinstellung** erfolgt keine sofortige Löschung sondern erst nach einer Frist von 2 Jahren nach Erledigung des Verfahrens, falls nicht vor Eintritt der Löschungsfrist ein weiteres Verfahren zur Eintragung mitgeteilt wird (krit dazu Staechelin StV **95**, 354); letzteres entspricht § 47 III **BZRG**.

6 a) **Endgültige Verfahrenseinstellung** liegt bei unanfechtbarem Beschluss nach §§ 206a, 206b vor, ferner bei erfolgter Einstellung nach § 153a I S 5 und II S 2 iVm I S 5, nicht aber bei Einstellung nach §§ 154f, 205. Auch in den übrigen Fällen der Einstellung nach §§ 153ff sowie bei Einstellung nach § 170 II sollte die Löschung nach 2 Jahren erfolgen. Zwar besteht in diesen Fällen die rechtliche Möglichkeit einer Fortsetzung des Verfahrens (vgl zB 37 zu § 153, 21 zu § 154, 9 zu § 170). Dies ist hier aber nicht einer vorläufigen Einstellung gleichzusetzen (so auch v. Galen DAV-FS 505), sondern eher der Wiederaufnahme nach einem rechtskräftigen Freispruch (§ 362) oder nach unanfechtbarer Ablehnung der Eröffnung des Hauptverfahrens (§ 211); diese Möglichkeiten hindern jedoch eine Löschung nicht. Im Übrigen erscheint es nicht hinnehmbar, wenn diese Daten, insbesondere bei Einstellung nach § 170 II wegen erwiesener Unschuld oder wegen eines endgültigen Verfahrenshindernisses, für immer gespeichert bleiben (auf § 489 III S 3 wird nicht verwiesen), während sonst alle Daten spätestens nach 2 Jahren (bei Fehlen weiterer Eintragungen) gelöscht werden (zw auch Lemke NStZ **95**, 486). Kestel StV **97**, 268 sieht in der Speicherung überhaupt einen Verstoß gegen die Unschuldsvermutung, dagegen SK-Weßlau 17; Kalf StV **97**, 612.

7 b) Die **Löschungsfrist beginnt** mit der Verfahrenserledigung, dh sobald Rechtskraft des Freispruchs eingetreten oder die Ablehnung der Eröffnung oder die Einstellung des Verfahrens unanfechtbar geworden sind (v. Galen DAV-FS 507). Dieses Datum muss die StA der Registerbehörde unverzüglich mitteilen (II S 4).

8 c) **Unbedenklich** ist die Einhaltung der Löschungsfrist bei Einstellungen nach § 153a I S 4 sowie bei den sonstigen Fällen, in denen die Einstellung aus Opportunitätsgründen erfolgt (§§ 153ff); denn das Register soll gerade auch dazu dienen, ungerechtfertigte Einstellungen bei Mehrfachtätern zu verhindern (erg 1 zu § 492). Hinnehmbar ist dies auch noch bei Einstellung nach § 170 II, da hier oftmals die Möglichkeit der Fortsetzung des Verfahrens bei neuen Erkenntnissen besteht (anders SK-Weßlau 21: Löschung nach Ablauf der Frist des § 172 II S 1; ähnlich v. Galen 508: Antrag auf vorzeitige Löschung, durchsetzbar nach § 23 **EGGVG**). **Bedenklich** erscheint aber das Absehen von der sofortigen Löschung bei Frei- 9 spruch, Ablehnung der Eröffnung und Verfahrenseinstellung nach §§ 206a, 206b. Allein die Möglichkeit einer Wiederaufnahme des Verfahrens (oben 6) rechtfertigt die langfristige Speicherung nicht. Dass gegenüber der Unschuldsvermutung für den Betroffenen insofern ein „unverzichtbares Informationsbedürfnis der StA" bestehen soll (BT-Drucks 12/6853 S 39), ist nicht überzeugend. Aus rechtsstaatlichen Gründen sollten vielmehr in diesen Fällen ebenso wie nach II S 1 die gespeicherten Daten idR sogleich gelöscht werden (ebenso AK-Hellmann 7 zu § 476; Wolter ZStW **107**, 802; **aM** KK-Gieg 6; eingehend und abl, weil die Regelung in II S 2 bis 4 gegen das Recht auf informationelle Selbstbestimmung und andere Grundsätze verstoße, SK-Weßlau 15 ff; im Wesentlichen der Regelung aber zust LR-Hilger 28 ff; vgl auch KMR-Gemählich 7); etwas anderes kann höchstens dann gelten, wenn trotz Freispruchs die Verdachtsmomente nicht ausgeräumt worden sind (so BVerfG NJW **02**, 3231 zu § 39 III 1 NdsGefAG; dazu Hohnstädter NJW **03**, 490 und eingehend Stuckenberg Hilger-FG 42).

3) Eine **Einschränkung der Verarbeitung** der Daten anstelle ihrer Löschung 10 sowie, wie sie in III aF durch Verweisung auf § 489 VIII aF geregelt war, ist mangels Verweises auf § 489 VI (dort 6) nicht möglich. Eine **Nachberichtspflicht** ergibt sich aus § 75 III S 1 iVm 58 V BDSG (erg 7 zu § 489).

4) Eine **Errichtungsanordnung** war entspr der ursprünglichen gesetzlichen 11 Regelung in IV am 7.8.1995 durch das BMJ erlassen worden (BAnz 9761); der Registerbetrieb ist 1999 aufgenommen worden (erg 1 zu § 492). Infolge des Urteils des BVerfG vom 2.3.1999 (BVerfGE **100**, 249 = NJW **99**, 3621 L) reichte die Errichtungsanordnung des BMJ jedoch nicht aus; deswegen ist nunmehr nach IV am 23.9.2005 (BGBl I 2885) die erforderliche RechtsVO erlassen worden; sie ist durch Art 4 VII Ges vom 17.12.2006 (BGBl I 3171, 3173) und Art 3 III Ges vom 17.7.2009 (BGBl I 2062, 2088) geändert worden und hat folgenden Wortlaut:

Verordnung über den Betrieb des Zentralen Staatsanwaltschaftlichen 12
Verfahrensregisters (ZStVBetrV)
Vom 23. September 2005 (BGBl I S 2885)
FNA 312-2-4
zuletzt geänd durch G v 12.12.2019 (BGBl I S 2602)

Auf Grund des § 494 Abs. 4 der Strafprozessordnung in der Fassung der Bekanntmachung vom 7. April 1987 (BGBl. I S. 1074, 1319), der zuletzt durch Artikel 2 Nr. 6 des Gesetzes vom 10. September 2004 (BGBl. I S. 2318) geändert worden ist, verordnet das Bundesministerium der Justiz:

§ 1 Register. *(1) Das Register nach den §§ 492 bis 495 der Strafprozessordnung wird bei dem Bundesamt für Justiz (Registerbehörde) unter der Bezeichnung „Zentrales Staatsanwaltschaftliches Verfahrensregister" geführt.*
(2) Eine Erhebung oder Verwendung personenbezogener Daten im Auftrag durch andere Stellen ist unzulässig.

§ 2 Inhalt und Zweck des Registers. *In dem Register werden die in § 4 bezeichneten Daten zu in der Bundesrepublik Deutschland geführten Strafverfahren einschließlich steuerstrafrechtlicher Verfahren zu dem Zweck gespeichert, die Durchführung von Strafverfahren effektiver zu gestalten, insbesondere die Ermittlung überörtlich handelnder Täter und Mehrfachtäter zu erleichtern, das frühzeitige Erkennen von Tat- und Täterverbindungen zu ermöglichen und gebotene Verfahrenskonzentrationen zu fördern.*

Köhler 1991

§ 494

§ 3 Übermittlung von Daten an das Register. *(1)* ¹*Die Staatsanwaltschaften und die diesen in steuerstrafrechtlichen Angelegenheiten nach § 386 Abs. 2 und § 399 der Abgabenordnung gleichgestellten Finanzbehörden (mitteilende Stellen) übermitteln, sobald ein Strafverfahren bei ihnen anhängig wird, die in § 4 bezeichneten Daten in einer den Regelungen nach § 10 Abs. 1 entsprechenden standardisierten Form im Wege der Datenfernübertragung an die Registerbehörde.* ²*Unrichtigkeiten und Änderungen der Daten sind der Registerbehörde unverzüglich mitzuteilen; dies gilt auch für Verfahrensabgaben, -übernahmen, -verbindungen und -abtrennungen.*

(2) Die Übermittlung kann mit der Maßgabe erfolgen, dass wegen besonderer Geheimhaltungsbedürftigkeit des Strafverfahrens Auskünfte über die übermittelten Daten an eine andere als die mitteilende Stelle ganz oder teilweise zu unterbleiben haben.

(3) ¹*Die Übermittlung kann vorübergehend zurückgestellt werden, wenn eine Gefährdung des Untersuchungszwecks zu besorgen ist und diese Gefährdung auf andere Weise, insbesondere durch eine Maßgabe nach Absatz 2, nicht abgewendet werden kann.* ²*Die Gründe für eine Zurückstellung der Übermittlung sind zu dokumentieren.*

§ 4 Zu speichernde Daten. *(1) Es werden die folgenden Identifizierungsdaten der beschuldigten Person gespeichert:*

1. *der Geburtsname,*
2. *der Familienname,*
3. *die Vornamen,*
4. *das Geburtsdatum,*
5. *der Geburtsort und der Geburtsstaat,*
6. *das Geschlecht,*
7. *die Staatsangehörigkeiten,*
8. *die letzte bekannte Anschrift und, sofern sich die beschuldigte Person in Haft befindet oder eine sonstige freiheitsentziehende Maßnahme gegen sie vollzogen wird, die Anschrift der Justizvollzugsanstalt mit Gefangenenbuchnummer oder die Anschrift der Anstalt, in der die sonstige freiheitsentziehende Maßnahme vollzogen wird,*
9. *besondere körperliche Merkmale und Kennzeichen (zum Beispiel Muttermale, Narben, Tätowierungen), soweit zur Identifizierung erforderlich,*
10. *etwaige abweichende Angaben zu den Daten nach den Nummern 1 bis 7 (zum Beispiel frühere, Alias- oder sonst vom Familiennamen abweichende Namen).*

(2) ¹*Es werden die folgenden Daten zur Straftat gespeichert:*
1. *die Zeiten oder der Zeitraum der Tat,*
2. *die Orte der Tat,*
3. *die verletzten Gesetze,*
4. *die nähere Bezeichnung der Straftat (zum Beispiel Handtaschenraub, Straßenraub),*
5. *die Höhe etwaiger durch die Tat verursachter Schäden in Euro,*
6. *die Angabe, dass es Mitbeschuldigte gibt.*

²*Die Angaben nach Satz 1 Nr. 3 und 4 können unter Verwendung eines Straftatenschlüssels erfolgen.*

(3) Es werden die folgenden Vorgangsdaten gespeichert:
1. *die mitteilende Stelle,*
2. *die sachbearbeitende Stelle der Polizei, der Zoll- und der Steuerfahndung,*
3. *die Aktenzeichen und Tagebuchnummern der in den Nummern 1 und 2 bezeichneten Stellen.*

(4) Es werden die folgenden Daten zum Verfahrensstand gespeichert:
1. *das Datum der Einleitung des Ermittlungsverfahrens durch die mitteilende Stelle,*
2. *das Datum der Anklage und das Gericht, vor dem die Hauptverhandlung stattfinden soll,*
3. *das Datum des Antrags auf Durchführung eines besonderen Verfahrens nach dem Sechsten Buch der Strafprozessordnung und die Art des Verfahrens,*
4. *das Datum des Antrags auf Entscheidung im vereinfachten Jugendverfahren nach § 76 des Jugendgerichtsgesetzes,*

5. das Datum der Aussetzung oder vorläufigen oder endgültigen Einstellung des Verfahrens und die angewandte Vorschrift,
6. das Datum des Freispruchs oder der Verurteilung,
7. das Datum und die Art einer sonstigen staatsanwaltschaftlichen oder gerichtlichen Verfahrenserledigung.

(5) Andere als die in den Absätzen 1 bis 4 genannten Daten werden in dem Register nicht gespeichert.

§ 5 Berichtigung, Löschung und Einschränkung der Verarbeitung. Die Berichtigung, Löschung und Einschränkung der Verarbeitung der gespeicherten Daten bestimmen sich nach § 494 Absatz 1 bis 3 der Strafprozessordnung.

§ 6 Auskunft an Behörden. (1) Auf Ersuchen erhalten Auskunft über die in § 4 genannten Daten
1. die mitteilenden Stellen; bei Mitteilung eines neuen Verfahrens erhalten sie auch ohne Ersuchen Auskunft über die zu der beschuldigten Person bereits gespeicherten Daten,
2. die Polizei- und Sonderpolizeibehörden, soweit sie im Einzelfall strafverfolgend tätig sind,
3. die Finanzbehörden in steuerstrafrechtlichen Ermittlungsverfahren der Staatsanwaltschaft (§ 402 der Abgabenordnung),
4. die Steuer- und Zollfahndungsdienststellen, soweit sie im Einzelfall strafverfolgend tätig sind,
5. die Waffenbehörden nach Maßgabe des § 492 Abs. 3 Satz 3 der Strafprozessordnung und des § 5 Abs. 5 Satz 1 Nr. 2 und Satz 2 des Waffengesetzes,
5a. die Sprengstoffbehörden nach Maßgabe des § 492 Absatz 3 Satz 3 der Strafprozessordnung und des § 8a Absatz 5 Satz 1 Nummer 2 und Satz 3 des Sprengstoffgesetzes,
5b. die an Sicherheitsüberprüfungen mitwirkenden Behörde nach Maßgabe des § 492 Absatz 3 Satz 3 der Strafprozessordnung und des § 12 Absatz 1 Nummer 2 des Sicherheitsüberprüfungsgesetzes,
5c. die Zentralstelle für Finanztransaktionsuntersuchungen nach Maßgabe des § 492 Absatz 3 Satz 3 der Strafprozessordnung und des § 31 Absatz 4a des Geldwäschegesetzes,
6. das nationale Mitglied von Eurojust nach Maßgabe des § 5 Absatz 1 Nummer 2 des Eurojust-Gesetzes.

(2) Nach Maßgabe des § 492 Absatz 4 der Strafprozessordnung erhalten auf Ersuchen Auskunft über die in § 4 Absatz 1 bis 3 genannten Daten auch
1. die Verfassungsschutzbehörden des Bundes und der Länder,
2. der Militärische Abschirmdienst,
3. der Bundesnachrichtendienst.

(3) [1] Auskunft wird erteilt über Eintragungen zu Personen mit gleichen und zu Personen mit ähnlichen Identifizierungsdaten. [2] Auf gesondertes Ersuchen wird Auskunft auch über Eintragungen zu Mitbeschuldigten erteilt.

(4) Auskunft wird nicht erteilt, soweit eine Maßgabe nach § 3 Abs. 2 entgegensteht.

§ 7 Automatisiertes Anfrage- und Auskunftsverfahren; automatisiertes Abrufverfahren. (1) [1] Auskunftsersuchen und Auskünfte werden im Wege eines automatisierten Anfrage- und Auskunftsverfahrens übermittelt. [2] Die Registerbehörde kann Maßnahmen zur Einführung eines automatisierten Abrufverfahrens treffen.

(2) [1] Bei Störung der technischen Einrichtungen für automatisierte Übermittlungen und bei außergewöhnlicher Dringlichkeit können Auskunftsersuchen und Auskünfte auch mittels Telefon oder Telefax übermittelt werden. [2] Hierbei hat die Registerbehörde sicherzustellen, dass die Mitteilung der Auskunft an die ersuchende Stelle erfolgt.

§ 8 Auskunft bei Anfragen mit ähnlichen oder unvollständigen Angaben. (1) [1] Auf Ersuchen mit nicht eindeutig zuordenbaren oder unvollständigen Identifizierungsdatensätzen übermittelt die Registerbehörde an die ersuchende Stelle zum Zwecke der Identitätsprüfung die in § 4 Abs. 1, 2 Satz 1 Nr. 1 und 2 sowie Abs. 3 bezeichneten Daten von bis zu 20 unter ähnlichen Identifizierungsdaten gespeicherten Personen. ²Satz 1 gilt entsprechend, wenn Anfragedatensätze zwar eindeutig zugeordnet werden können, aber auch Eintragungen unter ähnlichen Identifizierungsdaten vorhanden sind. ³Die Registerbehörde teilt ferner mit, wie viele weitere Datensätze zu Personen mit ähnlichen Identifizierungsdaten vorhanden sind.

(2) Die ersuchende Stelle hat die Identitätsprüfung unverzüglich vorzunehmen und Datensätze, die nicht zu einer Identifizierung führen, unverzüglich zu löschen.

(3) ¹Ist eine Identifizierung anhand der mitgeteilten Datensätze nicht möglich, kann die ersuchende Stelle der Registerbehörde ein Folgeersuchen übermitteln. ²Für die aufgrund des Folgeersuchens von der Registerbehörde zu übermittelnden Daten gelten die Absätze 1 und 2 entsprechend mit der Maßgabe, dass die Daten von bis zu 50 unter ähnlichen Identifizierungsdaten gespeicherten Personen übermittelt werden.

(4) ¹Ist eine Identifizierung auch anhand der nach Absatz 3 mitgeteilten Datensätze nicht möglich, kann die ersuchende Stelle der Registerbehörde weitere Folgeersuchen übermitteln, wenn dies für Zwecke eines Strafverfahrens erforderlich ist, das eine Straftat von erheblicher Bedeutung zum Gegenstand hat. ²Für die weiteren Folgeersuchen gelten die Absätze 1 und 2 entsprechend mit der Maßgabe, dass von der Registerbehörde jeweils die Daten von bis zu 50 weiteren unter ähnlichen Identifizierungsdaten gespeicherten Personen übermittelt werden.

§ 9 Auskunft an betroffene Personen. (1) Für den Auskunftsanspruch betroffener Personen gilt § 57 des Bundesdatenschutzgesetzes.

(2) Über die Erteilung der Auskunft entscheidet die Registerbehörde im Einvernehmen mit der Stelle, welche die in die Auskunft aufzunehmenden personenbezogenen Daten mitgeteilt hat.

(3) ¹Wird gemäß § 57 Absatz 4 des Bundesdatenschutzgesetzes von der Auskunft abgesehen, so wird dem Antragsteller mitgeteilt, dass keine Daten verarbeitet werden, über die Auskunft erteilt werden kann. ²Der Antragsteller ist unabhängig davon, ob Verfahren gegen ihn geführt werden, auf diese Regelung und auf die Rechtsschutzmöglichkeit des § 57 Absatz 7 Satz 2 des Bundesdatenschutzgesetzes hinzuweisen.

§ 10 Organisatorische und technische Leitlinien und Maßnahmen. (1) ¹Die Registerbehörde regelt die organisatorischen und technischen Einzelheiten im Einvernehmen mit den obersten Justiz-, Innen- und Finanzbehörden des Bundes und der Länder sowie unter Beteiligung des Bundesbeauftragten für den Datenschutz und des Bundesamtes für Sicherheit in der Informationstechnik. ²Insbesondere sind die Kommunikation zwischen den mitteilenden und auskunftsberechtigten Stellen und der Registerbehörde, der Aufbau der Datensätze und der Datenstruktur, die Kriterien zur Feststellung gleicher Identifizierungsdaten und die Beantwortung von Anfragen mit ähnlichen oder unvollständigen Angaben zu regeln.

(2) ¹Die Registerbehörde trifft die erforderlichen und angemessenen Maßnahmen, um die Verfügbarkeit, Integrität, Authentizität und Vertraulichkeit der im Register gespeicherten Daten entsprechend dem jeweiligen Stand der Technik sicherzustellen. ²Dabei ist die besondere Schutzbedürftigkeit der im Register gespeicherten Daten zu berücksichtigen. ³Die Organisation innerhalb der Registerbehörde ist so zu gestalten, dass sie den Grundsätzen der Aufgabentrennung und der Beschränkung des Zugangs zu personenbezogenen Daten auf das zur Aufgabenerfüllung Erforderliche entspricht.

§ 11 Inkrafttreten, Außerkrafttreten. ¹Diese Verordnung tritt am ersten Tag des neunten auf die Verkündung folgenden Kalendermonats in Kraft. ²Gleichzeitig tritt die Allgemeine Verwaltungsvorschrift über eine Errichtungsanordnung für das länderübergreifende staatsanwaltschaftliche Verfahrensregister vom 7. August 1995 (BAnz. S. 9761) außer Kraft.

Auskunft an betroffene Personen

495 ¹Der betroffenen Person ist entsprechend § 57 des Bundesdatenschutzgesetzes Auskunft aus dem Verfahrensregister zu erteilen; § 491 Absatz 2 gilt entsprechend. ²Über die Erteilung einer Auskunft entscheidet die Registerbehörde im Einvernehmen mit der Staatsanwaltschaft, die die personenbezogenen Daten zur Eintragung in das Verfahrensregister mitgeteilt hat. ³ Soweit eine Auskunft aus dem Verfahrensregister an eine öffentliche Stelle erteilt wurde und die betroffene Person von dieser Stelle Auskunft über die so erhobenen Daten begehrt, entscheidet hierüber diese Stelle im Einvernehmen mit der Staatsanwaltschaft, die die personenbezogenen Daten zur Eintragung in das Verfahrensregister mitgeteilt hat.

1) Für alle Betroffenen gilt die Auskunftsregelung. Weil auch gerade bei Auskunftsersuchen Betroffener an das Verfahrensregister die Gefahr einer Ausforschung von Bedeutung ist, gelten die gleichen Beschränkungen wie in § 491 (vgl dort 2, 3). 1

Die **Registerbehörde** (3 zu § 492) darf nach S 2 nur im Einvernehmen mit der StA, die ihr die personenbezogenen Daten übermittelt hat, Auskunft erteilen; der Registerbehörde fehlt es idR an hinreichender Kenntnis von Tatsachen für die insofern zu treffende Entscheidung (Uhlig Rebmann-FS 527). 2

§ 57 BDSG, auf den hier verwiesen wird, enthält ins Einzelne gehende Regelungen über den Inhalt der auf Antrag des Betroffenen zu erteilenden Auskunft und über die Möglichkeit der Ablehnung der Auskunftserteilung (hierzu 3, 4 zu § 491). 3

2) Auskunftserteilung durch andere Stellen (S 3): Hiermit ist eine zuvor in § 5 V S 1 Nr 2, S 3 WaffG enthaltene Regelung in die StPO übernommen worden. Die öffentlichen Stellen, denen eine Auskunft aus dem Verfahrensregister erteilt worden ist, dürfen die personenbezogenen Daten nur im Einvernehmen mit der StA, die die Daten dem Verfahrensregister mitgeteilt hatte, weitergeben. Damit gilt diese Regelung nicht mehr nur für die Waffenbehörden, sondern für alle Stellen, die Auskünfte aus dem Verfahrensregister über von ihnen nicht selbst dort eingestellte Daten erhalten haben. 4

Vierter Abschnitt. Schutz personenbezogener Daten in einer elektronischen Akte; Verwendung personenbezogener Daten aus elektronischen Akten

Verwendung personenbezogener Daten in einer elektronischen Akte

496 ᴵ Das Verarbeiten und Nutzen personenbezogener Daten in einer elektronischen Akte oder in elektronischen Aktenkopien ist zulässig, soweit dies für die Zwecke des Strafverfahrens erforderlich ist.
ᴵᴵ Dabei sind
1. die organisatorischen und technischen Maßnahmen zu treffen, die erforderlich sind, um den besonderen Anforderungen des Datenschutzes und der Datensicherheit gerecht zu werden, und
2. die Grundsätze einer ordnungsgemäßen Datenverarbeitung einzuhalten, insbesondere die Daten ständig verfügbar zu halten und Vorkehrungen gegen einen Datenverlust zu treffen.
ᴵᴵᴵ Elektronische Akten und elektronische Aktenkopien sind keine Dateisysteme im Sinne des Zweiten Abschnitts.

1) Verarbeiten und Nutzen personenbezogener Daten (I): Die Vorschrift regelt die Zulässigkeit des Verarbeitens und Nutzens personenbezogener Daten in einer elektronischen Akte oder in einer elektronischen Aktenkopie. Verarbeiten ist das Speichern, Verändern, Übermitteln, Sperren und Löschen; Nutzen ist jede Verwendung personenbezogener Daten, die nicht Verarbeitung ist (BT-Drucks 18/9614 S 66). Die **Erhebung** personenbezogener Daten fällt nicht darunter; insofern gibt es zahlreiche allgemeine und besondere Ermächtigungsgrundlagen in 1

§ 497

der StPO, die von § 496 nicht berührt werden (BT-Drucks 18/9416 S 66). Verarbeiten iSv I ist damit nicht identisch mit Verarbeitung iSd § 46 Nr 2 BDSG.

2   Das Verarbeiten oder Nutzen der Daten muss für „die Zwecke des Strafverfahrens" **erforderlich** sein. Gemeint ist das **konkrete Strafverfahren,** für das die betreffende Akte angelegt worden ist; für allgemeine, verfahrensübergreifende Zwecke gilt die Verwendungs- und Nutzungserlaubnis nicht (BT-Drucks 18/9416 S 66). Für die **Zweckänderung** von Daten aus elektronischen Akten gilt § 498.

3   Anders als die elektronische Originalakte ist eine elektronische Zweitakte unverzüglich zu **löschen**, sobald sie nicht mehr erforderlich ist (§ 499). Die Löschung der elektronischen Originalakte richtet sich nach dem Justizaktenaufbewahrungsgesetz (vgl § 1 JaktAG).

4   **2) Datenschutz und Datensicherheit (II):** Bei der Verarbeitung und Nutzung personenbezogener Daten in elektronischen Akten sind die erforderlichen Maßnahmen zu treffen, um den besonderen Anforderungen des Datenschutzes und der Datensicherheit gerecht zu werden (Nr 1) und die Grundsätze einer ordnungsgemäßen Datenverwaltung einzuhalten (Nr 2).

5   **Erforderlich** sind Maßnahmen dann, wenn ihr Aufwand in einem angemessenen Verhältnis zu dem angestrebten Schutzzweck steht. Bei den hier in Rede stehenden Akten in Strafsachen wird von einem hohen Schutzbedarf auszugehen sein, da die Daten häufig ohne Einwilligung des Betroffenen erhoben werden und regelmäßig „besondere Arten personenbezogener Daten" iSd § 3 IX BDSG sind.

6   Die Maßnahmen müssen zudem den datenschutzrechtlichen Vorgaben in **anderen Vorschriften** (zB § 68 V) entsprechen und den Geheimschutz (Verschlusssachen, die höher als „VS-NfD" eingestuft sind) gewährleisten. Die zu treffenden Maßnahmen sind entspr der auf der Grundlage von § 32 II, III, 32b V und 32f V zu erlassenden RechtsVO zu konkretisieren und dem Stand der Technik anzupassen.

7   Für die **Akteneinsicht** enthält § 32f III besondere datenschutzrechtliche Vorschriften (BT-Drucks 18/9416 S 67).

8   **3) „Keine Dateisysteme im Sinne des Zweiten Abschnitts"** (III): Die Regelung stellt klar, dass elektronische Akten oder elektronische Aktenkopien keine Dateien iSd zweiten Abschnitts des achten Buches sind (BT-Drucks 18/9416 S 68). Die §§ 483-491 gelten daher für diese nicht.

Datenverarbeitung im Auftrag

497 I Mit der dauerhaften rechtsverbindlichen Speicherung elektronischer Akten dürfen nichtöffentliche Stellen nur dann beauftragt werden, wenn eine öffentliche Stelle den Zutritt und den Zugang zu den Datenverarbeitungsanlagen, in denen die elektronischen Akten rechtsverbindlich gespeichert werden, tatsächlich und ausschließlich kontrolliert.

II ¹ Eine Begründung von Unterauftragsverhältnissen durch nichtöffentliche Stellen im Rahmen des dauerhaften rechtsverbindlichen Speicherns der elektronischen Akte ist zulässig, wenn der Auftraggeber im Einzelfall zuvor eingewilligt hat. ² Die Einwilligung darf nur erteilt werden, wenn der Zutritt und der Zugang zu den Datenverarbeitungsanlagen in dem Unterauftragsverhältnis entsprechend Absatz 1 vertraglich geregelt sind.

III ¹ Eine Pfändung von Einrichtungen, in denen eine nichtöffentliche Stelle im Auftrag einer öffentlichen Stelle Daten verarbeitet, ist unzulässig. ² Eine Beschlagnahme solcher Einrichtungen setzt voraus, dass die öffentliche Stelle im Einzelfall eingewilligt hat.

1   **1) Allgemeines**: Die Vorschrift trägt dem hohen Schutzbedarf für Daten aus Strafverfahren Rechnung. Sie macht deshalb Vorgaben für die aus Effizienz- und Wirtschaftlichkeitsgründen notwendige **Datenverarbeitung durch Private** im Auftrag der öffentlichen aktenführenden Stelle (Auftragsdatenverarbeitung). Die

Datenherrschaft verbleibt dabei bei der aktenführenden öffentlichen Stelle. Die Beauftragung anderer öffentlicher Stellen durch die aktenführende StA oder das aktenführende Gericht bleiben von der Vorschrift unberührt (BT-Drucks 18/9416 S 68).

2) Auftragsdatenverarbeitung (I): Die Regelung enthält über das allgemeine 2 Datenschutzrecht hinausgehende Vorgaben für die Auftragsdatenverarbeitung **durch nichtöffentliche Stellen.** Sie greift nur ein, soweit der Auftrag die rechtsverbindliche und dauerhafte Speicherung der Aktendaten umfasst, nicht eine aufgrund der technischen Infrastruktur notwendige Zwischenspeicherung (BT-Drucks 18/9416 S 68).

Die Beauftragung ist nur zulässig, wenn die **tatsächliche und ausschließliche** 3 **Kontrolle** des Zugangs und des Zutritts zu den betreffenden Datenverarbeitungsanlagen durch eine öffentliche Stellen gewährleistet ist. Die fraglichen Server müssen damit im unmittelbaren Zugriffsbereich der öffentliche Stelle befinden; dies wird nur bei einer Speicherung im Inland sichergestellt werden können (BT-Drucks 18/9416 S 68). Ob die aktenführende öffentliche Stelle und die kontrollierende öffentliche Stelle identisch sein müssen, ergibt sich aus dem Wortlaut („eine") nicht. Insofern dürfte das aktenführende Gericht oder die aktenführende StA die Zugangs-und Zutrittskontrolle auf eine andere öffentliche Stelle **übertragen** können.

3) Unterauftragsverhältnis (II): Die Vorschrift schränkt die Zulässigkeit von 4 Unterauftragsverhältnissen bei der Auftragsdatenverarbeitung ein. Zum einen muss der öffentliche Auftraggeber in das Unterauftragsverhältnis einwilligen (S 1); dies stellt sicher, dass die aktenführende öffentliche Stelle in jedem Einzelfall die Zuverlässigkeit des Unterauftragnehmers überprüfen kann (BT-Drucks 18/9416 S 69). Zum anderen muss das Unterauftragsverhältnis die Zugangs- und Zutrittskontrolle entspr S 1 vertraglich regeln (S 2).

4) Pfändungsmaßnahmen Dritter (III): Die Regelung schließt Pfändungen 5 Dritter von Einrichtungen, die bei der Auftragsdatenverarbeitung eingesetzt werden, aus (S 1). Nicht ausgeschlossen sein soll hingegen die strafprozessual notwendige Beschlagnahme (zB von kinderpornografischen Daten). Die öffentliche Stelle kann daher nach S 2 in die Beschlagnahme einwilligen (BT-Drucks 18/9416 S 69).

Verwendung personenbezogener Daten aus elektronischen Akten

498 I Das Verarbeiten und Nutzen personenbezogener Daten aus elektronischen Akten oder elektronischen Aktenkopien ist zulässig, soweit eine Rechtsvorschrift die Verwendung personenbezogener Daten aus einem Strafverfahren erlaubt oder anordnet.

II Der maschinelle Abgleich personenbezogener Daten mit elektronischen Akten oder elektronischen Aktenkopien gemäß § 98c ist unzulässig, es sei denn, er erfolgt mit einzelnen, zuvor individualisierten Akten oder Aktenkopien.

1) Zweckänderung (I): I ermöglicht die **Zweckänderung** von personenbe- 1 zogenen Daten aus elektronischen Akten oder elektronischen Aktenkopien. Die Zweckänderung setzt voraus, dass eine Rechtsvorschrift eine entspr Verwendung personenbezogener Daten aus einem Strafverfahren erlaubt oder anordnet. Es ist daher zulässig, aus einer elektronischen Akte bestimmte personenbezogene Daten zu entnehmen und sie für Zwecke der Vorgangsverwaltung (§ 485 S 1) oder für andere Dateien iSd §§ 483 ff zu verwenden. Auch die Übermittlung von Akten ist zulässig (zB iVm § 474).

2) Maschineller Datenabgleich (II): II schließt den **maschinellen Abgleich** 2 personenbezogener Daten (§ 98c) mit elektronischen Akten oder elektronischen Aktenkopien **grundsätzlich** aus. Damit soll den spezifischen tatsächlichen Gefah-

§§ 499, 500

ren entgegengewirkt werden, die mit einer elektronischen Aktenführung einhergehen (BT-Drucks 18/9416 S 69). **Ausnahmsweise** ist der maschinelle Abgleich nach § 98c zulässig, wenn er mit einzelnen, zuvor individualisierten elektronischen Akten oder elektronischen Aktenkopien durchgeführt wird. Die notwendige Individualisierung kann mittels der Vorgangsverwaltung (§ 485) oder des länderübergreifenden StA-Verfahrensregisters (§ 492) sowie aufgrund von Dateien, die nach §§ 483 ff geführt werden, erfolgen. Im Einzelfall kann sie auch von dem zuständigen StA oder Polizeibeamten aufgrund seiner Kenntnis über andere Sachverhalte vorgenommen werden. Ausgeschlossen ist mithin lediglich die unspezifische Suche über die Gesamtheit aller Akten, nicht hingegen ein zielgerichteter Abgleich mit „quasi elektronisch beigezogenen Akten". Für § 98a gilt die Vorschrift nicht (BT-Drucks 18/9416 S 69 f).

Löschung elektronischer Aktenkopien

499 Elektronische Aktenkopien sind unverzüglich zu löschen, wenn sie nicht mehr erforderlich sind.

1   Die Vorschrift schreibt die **unverzügliche Löschung** elektronischer Aktenkopien vor, wenn sie nicht (mehr) für die Zwecke des Strafverfahrens (vgl 2 zu § 496) erforderlich sind. Sie gilt nicht für die elektronischen Originalakten (vgl 3 zu § 496).

2   Die Regelung betrifft auch die Fälle, in denen nach der Übermittlung der elektronischen Akte bei einer **Verfahrensabgabe** (zunächst) aus technischen Gründen eine elektronische Aktenkopie bei der abgebenden Stelle verbleibt; die Kopie muss nach erfolgreicher Übermittlung gelöscht werden. Auch Kopien, die zum Zwecke der **Akteneinsicht** gefertigt wurden, sind unverzüglich (dh ohne schuldhaftes Zögern) zu löschen, wenn sie nicht mehr für die Akteneinsicht benötigt werden (BT-Drucks 18/9416 S 70).

Fünfter Abschnitt. Anwendbarkeit des Bundesdatenschutzgesetzes

Entsprechende Anwendung

500 I Soweit öffentliche Stellen der Länder im Anwendungsbereich dieses Gesetzes personenbezogene Daten verarbeiten, ist Teil 3 des Bundesdatenschutzgesetzes entsprechend anzuwenden.

II Absatz 1 gilt
1. nur, soweit nicht in diesem Gesetz etwas anderes bestimmt ist, und
2. nur mit der Maßgabe, dass die Landesbeauftragte oder der Landesbeauftragte an die Stelle der oder des Bundesbeauftragten tritt.

1   Die Regelung stellt sicher, dass für das Strafverfahren neben den bereichsspezifischen (vorrangigen [II Nr 1]) datenschutzrechtlichen Vorschriften der StPO ergänzend das BDSG zur Anwendung kommt. Sie gewährleistet eine bundesweit einheitliche Rechtslage (BT-Drucks 19/4671 S 71). Für die Datenschutzaufsicht verleibt es bei der Zuständigkeit der landesrechtlichen Aufsicht (II Nr 2).

2   Für Schadensersatzansprüche gilt I iVm § 83 BDSG (bisher: § 486 II aF).

2. Gerichtsverfassungsgesetz (GVG)

Vom 27. Januar 1877 (RGBl 41; III 300-2) idF vom 9. Mai 1975 (BGBl I 1077), letztes ÄndG vom 12.12.2019 (BGBl I S 2633)

(Auszug)

Vorbemerkungen

1) Gerichtsverfassungsrecht ist einerseits Teil des Verfassungsrechts für den Bereich der ordentlichen Gerichtsbarkeit (vgl Art 92–104, ferner Art 30, 31 GG), andererseits konkrete Grundlage für das Verfahrensrecht.

2) Das **GVG** wird durch andere Gesetze ergänzt, zB durch die Bestimmungen der StPO über die sachliche (§§ 1–6a) und die örtliche Zuständigkeit (§§ 7–21) und über die Ausschließung und Ablehnung von Richtern (§§ 22 ff) sowie des **JGG** über die Jugendgerichtsverfassung (§§ 33–37), ferner durch das **RPflG** sowie durch AusführungsGe der Länder (zB §§ 7–21 BWAGGVG, BayAGGVG, HambAGGVG, NdsAGGVG).

3) Gerichte sind von der Exekutive getrennte, unabhängige, nur dem Gesetz unterworfene Institutionen zur Ausübung der rechtsprechenden Gewalt (Art 92 GG; § 1). Das Gericht als organisatorische Einheit besteht aus mehreren Abteilungen oder Spruchkörpern und der Gerichtsverwaltung. Unter den Abteilungen oder Spruchkörpern wird die Gesamtkompetenz des Gerichts nach den Regeln der sachlichen Zuständigkeit und der Zuständigkeit besonderer StrKn aufgeteilt (1 ff vor § 1 StPO). Die Unabhängigkeit ist den Gerichten nur für die richterliche Tätigkeit gewährleistet (§§ 25, 26 DRiG).

4) Der **Status des Richters,** den das GG selbst (Art 98 I, III) aus dem sonstigen öffentlichen Dienst herausgelöst hat (BayVerfGH JZ **61**, 418), ist die Kernmaterie des Gerichtsverfassungsrechts, die im Einzelnen hauptsächlich im DRiG rechtlich Gestalt gewonnen hat.

Mit der **Neutralitätspflicht** jedenfalls des Berufsrichters/der Berufsrichterin (zu Laienrichtern- und richterinnen siehe 1 zu § 52) erscheint es unvereinbar, in Ausübung des Richteramtes, etwa in Verhandlungen, sichtbar religiöse Symbole bzw Kleidungsstücke zu tragen (zB Kopftuch, Kippa, Kreuz). Dies dürfte auch für Rechtsreferendarinnen und Referendare zu gelten haben, die – zB in Verhandlungen auf der Richterbank, bei der Durchführung von Beweisaufnahmen und als Sitzungsvertreterinnen bzw Vertreter der StA – als Repräsentanten der Justiz wahrgenommen werden (siehe VGH Kassel 1 B 1056/17 vom 23.5.2017 zu einer dies untersagenden hessischen Rechtsvorschrift, sowie der die Verfassungsbeschwerde der betroffenen Referendarin zurückweisende Beschluss des BVerfG vom 27.2. 2020 [2 BVR 1333/17]; vgl auch BayVGH DRiZ **19**, 186). Die Ausübung richterlicher Tätigkeit gehört zum Kernbereich eines „institutionellen Neutralitätsversprechens" (BayVGH aaO; vgl auch BVerfG aaO) des demokratischen Rechtsstaats. Das Vertrauen der Rechtsuchenden in die Unabhängigkeit und Neutralität der Gerichte ist nur gewährleistet, wenn Richter und Richterinnen zwischen ihrem Richteramt und ihren religiösen, wie auch politischen, Bekenntnissen klar trennen (vgl auch Kissel/Mayer 161 zu § 1). Dass die Person mit ihren Glaubens- und Wertevorstellungen im Sinne einer auch sichtbar objektiven und neutralen Justiz hinter die Funktion als Richter oder Richterin zurückzutreten hat, wird durch das Tragen der Robe symbolisiert (vgl auch BayVGH aaO).

5) Bei der **Ausübung der Strafgerichtsbarkeit** hat die BRep mit ihren Ländern als einheitliches Staatsganzes zu gelten. Darin sind die Länder als zur gemeinsamen Ausübung der Strafrechtspflege verbunden und alle Gerichte, StAen und Polizeibehörden als Organe einer einheitlichen Strafgewalt anzusehen (BGH **3**, 134, 137).

1. Titel. Gerichtsbarkeit

[Richterliche Unabhängigkeit]

1 Die richterliche Gewalt wird durch unabhängige, nur dem Gesetz unterworfene Gerichte ausgeübt.

1) Die **Richter** sind in Ausübung ihrer Rechtsprechungsfunktion persönlich und sachlich unabhängig nach Art 97 I GG (§§ 25, 45 I **DRiG**).

2) Der **Rechtspfleger** trifft die ihm aus dem Richterbereich übertragenen Entscheidungen, zB die ihm übertragenen gerichtlichen Geschäfte in Strafverfahren (§ 22 RPflG). Er ist sachlich unabhängig und nur an Recht und Gesetz gebunden (§ 9 RPflG).

2 bis 9 (weggefallen)

[Referendare]

10 [1]Unter Aufsicht des Richters können Referendare Rechtshilfeersuchen erledigen und außer in Strafsachen Verfahrensbeteiligte anhören, Beweise erheben und die mündliche Verhandlung leiten. [2]Referendare sind nicht befugt, eine Beeidigung anzuordnen oder einen Eid abzunehmen.

1) **Aufsicht des Richters:** Das bezieht sich auf die beiden Fallgruppen in S 1 und bedeutet: Der funktionell zuständige Richter überträgt (widerruflich) seine Kompetenz, nimmt aber durch vorangehende Besprechung der Sach- und Rechtslage und Beobachtung der Ausführung, falls erforderlich durch eigenes Eingreifen, so sehr teil, dass die Prozesshandlung iS des GVG eine solche des Richters bleibt, unter seiner Verfahrensherrschaft steht (Kissel/Mayer 12). Der Richter muss daher idR ständig anwesend sein (KG NJW **74**, 2094; KK-Barthe 2; Thomas/Putzo 2 zu § 10; **aM** Hahn NJW **73**, 1782; vgl auch LR-Böttcher 6: kurzzeitige Abwesenheit uU unschädlich). Ein Protokoll wird von dem Referendar aufgenommen und unterzeichnet, jedoch mit einem den Auftrag und die Aufsicht bestätigenden Vermerk des Richters versehen. Es genügt nicht, dass der Richter lediglich das Protokoll nachträglich durchsieht (Köln JMBlNW **73**, 282). Zur Verhandlungsleitung durch Referendare vgl allg Franzki JuS **72**, 615.

2) **Rechtshilfeersuchen:** Der Begriff ist weit auszulegen (Celle NJW **67**, 993 mit abl Anm Booss NJW **67**, 1869; KK-Barthe 4; **aM** SK-Frister 3). Darunter fallen nicht nur Ersuchen nach §§ 156, 157; auch die Ersuchen nach § 162 StPO, 46 OWiG sind hierher zu rechnen (Kissel/Mayer 7). Nur im Einzelfall wird die Aufgabe übertragen (ebenso wie eine Aufgabe des StA nach § 142 III).

3) **Anordnung und Abnahme des Eides** (S 2): Soll eine Aussage beeidet werden, so muss der Richter ständig anwesend gewesen sein oder zumindest das von dem Referendar aufgenommene Vernehmungsprotokoll der Vernommenen nochmals vorlesen (lassen) und sich persönlich von der Richtigkeit der Protokollierung und der Genehmigung des Aussagenden Gewissheit verschaffen (vgl BGH **12**, 92; LR-Böttcher 9).

4) **Staatsanwaltschaftliche Aufgaben** können dem Referendar nach § 142 III übertragen werden.

5) Zum **Tragen religiöser Symbole** bei der öffentlichen Ausübung richterlicher oder staatsanwaltlicher Tätigkeiten, siehe 4a vor § 1 GVG.

6) **Rechtspflegeraufgaben** können dem Referendar nach § 2 V **RPflG** zeitweilig übertragen werden, und zwar in bestimmter Weise zusammengefasst oder (erst recht) im Einzelfall.

1. Titel. Gerichtsbarkeit §§ 11–13a GVG

7) Kompetenzüberschreitung: Die Erledigung von Aufgaben, die dem Referendar nach § 10 nicht übertragen werden dürfen, insbesondere nach S 1 (vgl BGH **10**, 142, 143; **12**, 92, 94), führt zur Unwirksamkeit (Kissel/Mayer 18; KK-Barthe 7). Das Fehlen der in S 1 vorgeschriebenen Aufsicht macht die Handlung nur anfechtbar (Kissel/Mayer aaO; a**M** LR-Böttcher 11).

11 (weggefallen)

[Ordentliche Gerichtsbarkeit]

12 Die ordentliche Gerichtsbarkeit wird durch Amtsgerichte, Landgerichte, Oberlandesgerichte und durch den Bundesgerichtshof (den obersten Gerichtshof des Bundes für das Gebiet der ordentlichen Gerichtsbarkeit) ausgeübt.

1) In den Ländern **Brandenburg, Mecklenburg-Vorpommern, Sachsen, Sachsen-Anhalt und Thüringen** traten nach dem EV (Anl I Kap III Sachgebiet A Abschn III Nr 1a I, II, b I), bis dort Amts-, Land- und Oberlandesgerichte errichtet wurden, grundsätzlich an die Stelle der Amtsgerichte die Kreisgerichte, an die Stelle der Landgerichte und der Oberlandesgerichte die Bezirksgerichte. Bei den Bezirksgerichten, in deren Bezirk die Landesregierung ihren Sitz hat, wurden besondere Senate gebildet; diese traten im Rahmen ihrer Zuständigkeit an die Stelle der Oberlandesgerichte (EV aaO Nr 1k I). Nachdem in allen Ländern Amts-, Land- und Oberlandesgerichte errichtet wurden, sind die Amtsgerichte an die Stelle der Kreisgerichte, die Landgerichte an die Stelle der Bezirksgerichte getreten. Für Rehabilitationsverfahren (vgl 9 vor § 359 StPO) ist das Landgericht an die Stelle des Bezirksgerichts, das Oberlandesgericht an die Stelle des besonderen Senats getreten (§§ 8, 13 III StrRehaG).

In **Berlin** sind in Strafsachen das Kammergericht (= OLG), das Landgericht Berlin und das AG Tiergarten für ganz Berlin zuständig (vgl dazu Nöhre Tepperwien-FH 49).

[Zuständigkeit der ordentlichen Gerichte]

13 Vor die ordentlichen Gerichte gehören die bürgerlichen Rechtsstreitigkeiten, die Familiensachen und die Angelegenheiten der freiwilligen Gerichtsbarkeit (Zivilsachen) sowie die Strafsachen, für die nicht entweder die Zuständigkeit von Verwaltungsbehörden oder Verwaltungsgerichten begründet ist oder auf Grund von Vorschriften des Bundesrechts besondere Gerichte bestellt oder zugelassen sind.

1) **Strafsachen** gehören stets vor die ordentlichen Gerichte (BVerfGE **22**, 49 = NJW **67**, 1219). Für Bußgeldsachen besteht primär die Kompetenz der VerwBen (Einl 17); die Gerichte sind mit ihnen nur im Nachprüfungsverfahren (§§ 68 ff OWiG) und bei Zusammenhang mit Straftaten (§§ 42, 64, 82 OWiG) befasst.

[Konzentrationsermächtigung]

13a Durch Landesrecht können einem Gericht für die Bezirke mehrerer Gerichte Sachen aller Art ganz oder teilweise zugewiesen sowie auswärtige Spruchkörper von Gerichten eingerichtet werden.

[ab 1.1.2021]

[1] [1] Die Landesregierungen werden ermächtigt, durch Rechtsverordnung einem Gericht für die Bezirke mehrerer Gerichte Sachen aller Art ganz oder teilweise zuzuweisen sowie auswärtige Spruchkörper von Gerichten einzurichten, sofern dies für die sachdienliche Förderung oder schnellere Erledigung von Verfahren zweckmäßig ist. [2] Die Landesregierungen können die Ermächtigung auf die Landesjustizverwaltungen übertragen. [3] Beson-

dere Ermächtigungen der Landesregierungen zum Erlass von Rechtsverordnungen gehen vor.

II **Mehrere Länder können die Einrichtung eines gemeinsamen Gerichts oder gemeinsamer Spruchkörper eines Gerichts oder die Ausdehnung von Gerichtsbezirken über die Landesgrenzen hinaus, auch für einzelne Sachgebiete, vereinbaren.**

1 **1) Eine urspr nur in den neuen Bundesländern** nach dem EV geltende Regelung, die sich dort bewährt hat, ist durch § 13a auf das gesamte Bundesgebiet erstreckt worden (dazu Rieß Böttcher-FS 147). Dem Landesgesetzgeber ist damit die erforderliche Regelungsbefugnis eingeräumt. Spezielle Konzentrationsermächtigungen, zB nach § 74d oder § 30a III EGGVG, bleiben unberührt.

[Schifffahrtsgerichte]

14 **Als besondere Gerichte werden Gerichte der Schiffahrt für die in den Staatsverträgen bezeichneten Angelegenheiten zugelassen.**

1 **1) Für Binnenschifffahrtssachen** (§ 2 III BinSchVfG; dazu BGH NStZ-RR **98**, 367) gibt es eine besondere Zuständigkeitsregelung, aber keine besonderen Gerichte (vgl dazu KG VRS **79**, 433; Karlsruhe Justiz **00**, 403; **03**, 457 L; erg 5 vor § 7 StPO). Der Tatort ist ausschließlicher Gerichtsstand (§ 3 III S 1 BinSchVfG); die Revision ist nach § 10 BinSchVfG in Strafsachen ausgeschlossen (BGH NStZ **94**, 229 [K]). § 313 StPO gilt aber auch hier (Köln VRS **90**, 50). Sondergerichte sind nur die Zentralkommission in Rheinschifffahrts- und die Moselkommission in Moselschifffahrtssachen (vgl LR-Böttcher 8, 9; SK-Frister 3 ff).

15 (weggefallen)

[Verbot von Ausnahmegerichten]

16 ¹**Ausnahmegerichte sind unstatthaft.** ²**Niemand darf seinem gesetzlichen Richter entzogen werden.**

1 **1) Ausnahmegerichte** (S 1; Art 101 I S 1 GG) sind erst nach Tatbegehung zur Untersuchung und Entscheidung eines oder mehrerer konkreter oder individuell bestimmter Einzelfälle oder zur Aburteilung bestimmter Personen besonders eingesetzte Gerichte (BVerfGE **8**, 174, 182; **10**, 200, 212). Auch ein einzelner Spruchkörper kann ein Ausnahmegericht sein, wenn ihm durch die Geschäftsverteilung ein Einzelfall oder eine Gruppe von Einzelfällen zugewiesen wird (BVerfGE **40**, 356, 361). Spezialspruchkörper für besondere Sachgebiete sind dagegen zulässig (Kissel/Mayer 16).

2 **2) Sondergerichte** (Art 101 II GG) können nur durch Gesetz und für einzelne bestimmte Sachgebiete errichtet werden, in denen sie abstrakt und generell zu entscheiden berufen sind. Dass die Beschränkung auf das bestimmte Sachgebiet notwendigerweise auch eine Beschränkung auf einen bestimmten Personenkreis bedeutet (zB bei RA-Berufsgerichten für RAe und Bewerber um die Zulassung zur Anwaltschaft), begründet keinen Verstoß gegen Art 101 II GG (KK-Barthe 2).

3 **3) Das Prinzip des gesetzlichen Richters** hat Verfassungsrang (Art 101 I S 2 GG) und sichert die Rechtsstaatlichkeit auf dem Gebiet der Gerichtsverfassung (BVerfGE **40**, 356, 361; Einl 18 ff). Es gilt nicht nur für das Gericht als organisatorische Einheit, sondern auch für den im Einzelfall zur Entscheidung berufenen Richter (BVerfG aaO; BGH **28**, 290). Ihm kommt eine wesentliche Funktion bei der Stabilisierung der Rechtsprechung gegenüber den Gefahren einer zielgerichteten Einflussnahme zu (Sowada 104; im Einzelnen zum Anwendungsbereich des Art 101 I S 2 GG Sowada 136 ff).

1. Titel. Gerichtsbarkeit §§ 17, 17a GVG

4) Gesetzlicher Richter (I S 2): Das Gesetz und der im GVG vorgesehene 4
Geschäftsverteilungsplan des Präsidiums müssen zusammen, so eindeutig und genau wie möglich, den zuständigen Richter bestimmen (BVerfGE **18**, 345, 349; **19**, 52, 59; 2 zu § 21e, 4 zu § 21g). Ein rollierendes System nach Eingang der Sache oder die Verteilung nach dem Anfangsbuchstaben des Namens des Beschuldigten sind gebräuchliche Methoden.

Bei **mehreren Beschuldigten** darf nicht einfach auf die in der Anklageschrift 5 gewählte Reihenfolge abgestellt werden (so aber noch BGH NJW **58**, 1503), weil dadurch der StA die Möglichkeit eröffnet würde, selbst den im Einzelfall zuständigen Richter zu bestimmen; statt dessen ist etwa auf den lebensältesten oder den im Alphabet an erster Stelle stehenden Beschuldigten abzustellen (Sowada 321).

5) Richterentziehung liegt nicht vor bei einer auf einem Verfahrensirrtum be- 6
ruhenden gesetzwidrigen Besetzung (BVerfGE **30**, 165, 167 = NJW **71**, 1033); sie setzt eine (objektiv) willkürliche Maßnahme (BVerfGE **20**, 336, 346; **42**, 237, 241 = NJW **76**, 2128; BVerfG NJW **84**, 2147) voraus, dh eine Maßnahme, die auf unsachlichen, sich von den gesetzlichen Maßstäben völlig entfernenden Erwägungen beruht und unter keinem Gesichtspunkt mehr vertretbar erscheint (BVerfGE **6**, 45, 53; **19**, 38, 43; BVerfG NJW **84**, 1874; BGH **26**, 206, 211; Karlsruhe NStZ **81**, 272; Köln VRS **70**, 437), zB bei Nichtbeachtung veröffentlichter obergerichtlicher Entscheidungen (BGH **31**, 3, 5; krit zur „Willkürformel" und für deren Abschaffung Sowada 216 ff). Ein Verfahrensirrtum ist begrifflich nicht möglich, wenn eine außerhalb der Gerichtsorganisation stehende Person auf die Besetzung einwirkt. Das Gleiche gilt im Ergebnis, wenn ein ausgeschlossener Richter in einer Sache keine richterliche Funktion wahrnehmen durfte (BVerfGE **30**, 165, 167). Art 101 I S 2 GG kann bei Willkür auch dadurch verletzt sein, dass die Verpflichtung zu einer Vorlage nach §§ 121 II, 132 II oder nach Art 100 GG (Einl 218 ff) nicht erfüllt wird (BVerfGE **18**, 447).

Die **StA kann selbst nicht entziehen**, weil ihre Auffassung von der Zustän- 7
digkeit noch von dem angegangenen Gericht nachgeprüft wird (BVerfGE **18**, 428), soweit sie kein echtes Wahlrecht hat (10 vor § 7 StPO).

6) Absoluter Revisionsgrund ist der Verstoß gegen § 16 (6 zu § 338 StPO). 8
Gegenüber diesem tritt die Unanfechtbarkeit eines Beschlusses nach § 336 S 2 zurück (Karlsruhe NStZ **81**, 272; Rieß NJW **78**, 2271; 8 zu § 269).

[Entscheidung über die Zulässigkeit des Rechtsweges]

17 [I] ¹Die Zulässigkeit des beschrittenen Rechtsweges wird durch eine nach Rechtshängigkeit eintretende Veränderung der sie begründenden Umstände nicht berührt. ²Während der Rechtshängigkeit kann die Sache von keiner Partei anderweitig anhängig gemacht werden.

[II] ¹Das Gericht des zulässigen Rechtsweges entscheidet den Rechtsstreit unter allen in Betracht kommenden rechtlichen Gesichtspunkten. ²Artikel 14 Abs. 3 Satz 4 und Artikel 34 Satz 3 des Grundgesetzes bleiben unberührt.

[Rechtsweg]

17a [I] Hat ein Gericht den zu ihm beschrittenen Rechtsweg rechtskräftig für zulässig erklärt, sind andere Gerichte an diese Entscheidung gebunden.

[II] ¹Ist der beschrittene Rechtsweg unzulässig, spricht das Gericht dies nach Anhörung der Parteien von Amts wegen aus und verweist den Rechtsstreit zugleich an das zuständige Gericht des zulässigen Rechtsweges. ²Sind mehrere Gerichte zuständig, wird an das vom Kläger oder Antragsteller auszuwählende Gericht verwiesen oder, wenn die Wahl unterbleibt, an das vom Gericht bestimmte. ³Der Beschluß ist für das Gericht, an das der Rechtsstreit verwiesen worden ist, hinsichtlich des Rechtsweges bindend.

GVG § 17b   Gerichtsverfassungsgesetz

III ¹ Ist der beschrittene Rechtsweg zulässig, kann das Gericht dies vorab aussprechen. ² Es hat vorab zu entscheiden, wenn eine Partei die Zulässigkeit des Rechtsweges rügt.

IV ¹ Der Beschluß nach den Absätzen 2 und 3 kann ohne mündliche Verhandlung ergehen. ² Er ist zu begründen. ³ Gegen den Beschluß ist die sofortige Beschwerde nach den Vorschriften der jeweils anzuwendenden Verfahrensordnung gegeben. ⁴ Den Beteiligten steht die Beschwerde gegen einen Beschluß des oberen Landesgerichts an den obersten Gerichtshof des Bundes nur zu, wenn sie in dem Beschluß zugelassen worden ist. ⁵ Die Beschwerde ist zuzulassen, wenn die Rechtsfrage grundsätzliche Bedeutung hat oder wenn das Gericht von der Entscheidung eines obersten Gerichtshofes des Bundes oder des Gemeinsamen Senats der obersten Gerichtshöfe des Bundes abweicht. ⁶ Der oberste Gerichtshof des Bundes ist an die Zulassung der Beschwerde gebunden.

V Das Gericht, das über ein Rechtsmittel gegen eine Entscheidung in der Hauptsache entscheidet, prüft nicht, ob der beschrittene Rechtsweg zulässig ist.

VI Die Absätze 1 bis 5 gelten für die in bürgerlichen Rechtsstreitigkeiten, Familiensachen und Angelegenheiten der freiwilligen Gerichtsbarkeit zuständigen Spruchkörper in ihrem Verhältnis zueinander entsprechend.

[Anhängigkeit nach Verweisung; Kosten]

17b **I** ¹ Nach Eintritt der Rechtskraft des Verweisungsbeschlusses wird der Rechtsstreit mit Eingang der Akten bei dem im Beschluß bezeichneten Gericht anhängig. ² Die Wirkungen der Rechtshängigkeit bleiben bestehen.

II ¹ Wird ein Rechtsstreit an ein anderes Gericht verwiesen, so werden die Kosten im Verfahren vor dem angegangenen Gericht als Teil der Kosten behandelt, die bei dem Gericht erwachsen, an das der Rechtsstreit verwiesen wurde. ² Dem Kläger sind die enstandenen Mehrkosten auch dann aufzuerlegen, wenn er in der Hauptsache obsiegt.

III Absatz 2 Satz 2 gilt nicht in Familiensachen und in Angelegenheiten der freiwilligen Gerichtsbarkeit.

1   **1) Die Rechtswegentscheidung und -verweisung** sind in §§ 17–17b geregelt. Danach ist die rechtskräftige Zulässigkeitserklärung für alle Gerichte bindend (§ 17a I); die Verweisung wegen Unzulässigkeit des Rechtswegs ist für das Gericht, an das verwiesen wird, insoweit, jedoch nicht hinsichtlich der örtlichen und sachlichen Zuständigkeit bindend (§ 17a II S 3; Hamburg NStZ-RR **14**, 255, 256). Die Entscheidungen sind nur nach § 17a IV S 3 bis 6 anfechtbar. § 17a V ist nicht anwendbar, wenn das Gericht 1. Instanz über die Zulässigkeit des Rechtswegs entgegen § 17a III S 2 nicht vorab durch Beschluss, sondern erst im Urteil – oder einer sonstigen abschließenden Entscheidung (Jena NStZ-RR **09**, 155; **10**, 61 L) – entschieden hat (BGH NJW **93**, 470; JZ **93**, 1009). Art 34 S 3 GG bleibt nach § 17 II S 2 unberührt; für die Geltendmachung von Ansprüchen aus Amtspflichtverletzung kann somit der ordentliche Rechtsweg von Verfassungs wegen nicht ausgeschlossen werden (BGH 2 ARs 16/05 vom 23.3.2005).

2   **2) In strafrechtlichen Angelegenheiten** kommt die Anwendung der §§ 17ff im Verfahren nach §§ 23ff EGGVG in Betracht (BGH **46**, 261; Celle NStZ-RR **12**, 254; Frankfurt NStZ-RR **01**, 44; erg 2 zu § 25 EGGVG und Kissel NJW **91**, 947ff). Eine entspr Anwendung erscheint angezeigt, wenn der Kartellsenat des OLG einen Straftatbestand als erfüllt ansieht (vgl 2 zu § 270 StPO), ebenso, wenn statt des zuständigen Zivilgerichts oder des OLG nach § 23 EGGVG die StVollstrK nach § 109 StVollzG angerufen worden ist (Celle StraFo **98**, 27; Saarbrücken NJW **94**, 1423) oder umgekehrt (Jena StV **06**, 147 L) oder allgemein bei

1. Titel. Gerichtsbarkeit §§ 17c, 18 GVG

sonstigen Verweisungen zwischen verschiedenen Sparten der ordentlichen Gerichtsbarkeit (BGH 2 ARs 16/05 vom 23.3.2005; Frankfurt NStZ-RR **10**, 379); demgegenüber lehnen Hamburg NStZ **95**, 252; NStZ-RR **14**, 255; Nürnberg NStZ **06**, 654; Stuttgart wistra **02**, 38 eine entspr Anwendung für Verweisungen innerhalb der ordentlichen Gerichtsbarkeit ab (vom LG an das nach § 25 EGGVG zuständige OLG bzw von diesem an den ER und vom Straf- an das Zivilgericht). Vgl zur Problematik ferner Krack JR **96**, 259 sowie Karlsruhe NJW **13**, 3738.

[Zuständigkeitskonzentrationen, Änderungen der Gerichtsbezirksgrenzen]

17c [1] Werden Zuständigkeitskonzentrationen oder Änderungen der Gerichtsbezirksgrenzen aufgrund dieses Gesetzes, aufgrund anderer bundesgesetzlicher Regelungen oder aufgrund Landesrechts vorgenommen, stehen in diesen Fällen bundesrechtliche Bestimmungen, die die gerichtliche Zuständigkeit in anhängigen und rechtshängigen Verfahren unberührt lassen, einer landesrechtlichen Zuweisung dieser Verfahren an das neu zuständige Gericht nicht entgegen.

[II] [1] Ist im Zeitpunkt der Zuweisung die Hauptverhandlung in einer Straf- oder Bußgeldsache begonnen, aber noch nicht beendet, so kann sie vor dem nach dem Inkrafttreten der Zuständigkeitsänderung zuständigen Gericht nur fortgesetzt werden, wenn die zur Urteilsfindung berufenen Personen personenidentisch mit denen zu Beginn der Hauptverhandlung sind. [2] Soweit keine Personenidentität gegeben ist, bleibt das Gericht zuständig, das die Hauptverhandlung begonnen hat.

[Befreiungen im diplomatischen Dienst]   RiStBV 193–199

18 [1] Die Mitglieder der im Geltungsbereich dieses Gesetzes errichteten diplomatischen Missionen, ihre Familienmitglieder und ihre privaten Hausangestellten sind nach Maßgabe des Wiener Übereinkommens über diplomatische Beziehungen vom 18. April 1961 (Bundesgesetzbl. 1964 II S. 957 ff.) von der deutschen Gerichtsbarkeit befreit. [2] Dies gilt auch, wenn ihr Entsendestaat nicht Vertragspartei dieses Übereinkommens ist; in diesem Falle findet Artikel 2 des Gesetzes vom 6. August 1964 zu dem Wiener Übereinkommen vom 18. April 1961 über diplomatische Beziehungen (Bundesgesetzbl. 1964 II S. 957) entsprechende Anwendung.

1) Das **WÜD** mit seiner abgestuften Exterritorialität und Immunität (S 1; näher unten 11) wird in das GVG einbezogen, jedoch nicht im Wortlaut. Das **WÜD** gilt aber nach S 2 auch für diejenigen Angehörigen ausländischer Missionen, deren Staaten dem Übereinkommen noch nicht beigetreten sind. Dadurch wird eine einheitliche Rechtslage für die ausländischen diplomatischen Missionen in Deutschland geschaffen.   1

Ergänzend und in allen Einzelheiten zu §§ 18 ff (mit WÜD und WÜK) vgl Kreicker „**Völkerrechtliche Exemtionen**, Grundlagen und Grenzen völkerrechtlicher Immunitäten und ihre Wirkungen im Strafrecht" (2 Bände), 2007.   1a

2) **Kein Strafverfahren** darf gegen einen Exterritorialen eingeleitet oder fortgeführt werden. Unzulässig sind schon polizeiliche, staatsanwaltschaftliche und richterliche Untersuchungshandlungen, und zwar auch dann, wenn die Maßnahmen für ein anderes Strafverfahren bestimmt sind, aber in die Rechtssphäre der bevorrechtigten Person eingreifen (Kissel/Mayer 18). Zu dieser Rechtssphäre gehören auch die Wohn- und Diensträume und das Eigentum der Person.   2

Auch die Einleitung und Fortführung eines **Bußgeldverfahrens** gegen einen Exterritorialen ist unzulässig (§ 18 iVm § 46 I OWiG); daher darf auch keine Verwarnung mit Verwarnungsgeld (§ 56 OWiG) erteilt werden. Die Festsetzung von Ordnungsmitteln, Vorführung und Erzwingungshaft sind unzulässig.   3

4 3) Ein **Verfahrenshindernis** von besonderer Verbotskraft liegt in der Exterritorialität (Kissel/Mayer 18 ff). Eine unzulässige Entscheidung gegen einen Exterritorialen ist als Verstoß gegen ein Befassungsverbot (Einl 143) rechtsfehlerhaft (SK-Frister 38 vor §§ 18–21) und auf Rechtsmittel aufzuheben, aber nicht etwa nichtig (LR-Böttcher 6; SK-Frister 45, 46 vor §§ 18–21; **aM** KK-Barthe 7).

5 **4)** Ein **Verzicht** auf die Exterritorialität im Einzelfall ist zulässig, aber grundsätzlich nur mit Einwilligung des Entsendestaates. Bei Beweiserhebung kann auch die bevorrechtigte Person – ausdrücklich oder stillschweigend – verzichten.

6 **5)** Für **Zustellungen** an Exterritoriale gelten die Grundsätze der Zustellung im Ausland (RiStBV 196, 197).

7 **6) Im Einzelfall** entscheidet die für das Verfahren zuständige Behörde, ob ein Verfahrenshindernis nach § 18 vorliegt, nach Anklageerhebung das Gericht.

7a **7) Äußerungen des AA** sind nur nichtbindende Gutachten (vgl Kissel/Mayer 5; vgl auch BGH **32**, 275, 281), allerdings von besonderem Gewicht (Karlsruhe Justiz **83**, 133; s auch RiStBV 193 II). Mit dem Erlöschen der Exterritorialität wird der inländische Strafzwang wirksam; dies selbst für die Verfehlungen der Vergangenheit.

8 **8)** Das **NATO-Truppenstatut** und die Zusatzvereinbarungen regeln die Gerichtsbarkeit für Angehörige der verbündeten Truppen, die in der BRep stationiert sind (Nürnberg NJW **75**, 2151). ZT besteht nur die Gerichtsbarkeit des Entsendestaates, zT die deutsche, zT eine konkurrierende Zuständigkeit. Bei dieser (Art VII Abs 1 NTS) würde der BRep im Rahmen des Art VII Abs 3 Buchst b NTS ein Vorrecht auf Ausübung der Gerichtsbarkeit zustehen.

9 Nach Art 19 I NTS-ZA hat die BRep jedoch auf Ersuchen aller Entsendestaaten auf dieses **Vorrecht verzichtet**, soweit die Personen dem Militärrecht der Entsendestaaten unterstehen. Der Verzicht kann nach Art 19 III NTS-ZA im Einzelfall zurückgenommen werden, wenn wesentliche Belange der deutschen Strafrechtspflege die Ausübung der deutschen Gerichtsbarkeit erfordern. Auch ohne Zurücknahme unterliegt der Täter der deutschen Gerichtsbarkeit, wenn gegen ihn kein militärgerichtliches Verfahren durchgeführt worden ist und er als Privatmann in die BRep zurückkehrt (BGH **28**, 96). Art 19 NTS-UP führt Beispiele mit Richtliniencharakter auf.

10 Die **StA erklärt die Rücknahme des Verzichts** (Teil II Kap 1 Art 3 NTS-AG). Über Zustellungen und Ladungen vgl Art 36, 37 NTS-ZA. Zu den prozessualen Bestimmungen vgl Schwenk NJW **63**, 1425.

11 **9) WÜD und WÜK** (dazu § 19), auszugsweise wiedergegeben nach dem RdSchr des AA vom 15.9.2015 „**Zur Behandlung von Diplomaten und anderen bevorrechtigten Personen in der Bundesrepublik Deutschland**" (GMBl 2015, 1206 ff):

Teil 1

A. Grundlagen der Privilegierung bevorrechtigter Personen und Institutionen

Mitglieder diplomatischer Missionen und konsularischer Vertretungen sowie Bedienstete, Vertreter der Mitgliedsstaaten und Sachverständige bei Internationalen Organisationen sowie Mitglieder weiterer bevorrechtigter Personengruppen genießen bei ihrem (dienstlichen) Aufenthalt in der Bundesrepublik Deutschland bestimmte Vorrechte und Befreiungen. Die Grundlagen für diese Privilegien finden sich in den allgemeinen Regeln des Völkerrechts, die nach dem Grundgesetz Bestandteil des Bundesrechtes sind, und in besonderen völkerrechtlichen Vereinbarungen, wie z. B. dem Wiener Übereinkommen über diplomatische Beziehungen,[1] dem Wiener Übereinkommen über konsularische Beziehungen[2] oder besonderen

---

[1] *Wiener Übereinkommen vom 18. April 1961 über diplomatische Beziehungen, BGBl. 1964 II S. 957 – im Folgenden „WÜD".*

[2] *Wiener Übereinkommen vom 24. April 1963 über konsularische Beziehungen, BGBl. 1969 II S. 1585 – im Folgenden „WÜK".*

bilateralen Vereinbarungen. *Alle Personen, die Vorrechte und Befreiungen genießen, sind unbeschadet dieser Privilegierungen verpflichtet, die in der Bundesrepublik Deutschland geltenden Gesetze und anderen Rechtsvorschriften zu beachten und sich nicht in innere Angelegenheiten der Bundesrepublik Deutschland einzumischen (so z. B. normiert in Art. 41 Abs. 1 WÜD und Art. 55 Abs. 1 WÜK).*

Über die völkerrechtlichen Regeln hinaus ist als zwischenstaatliche Verhaltensregel beim Umgang mit bevorrechtigten Personen anerkannt, dass dieser Personenkreis mit besonderer Höflichkeit zu behandeln ist. Unter den Staaten besteht die gegenseitige Erwartung, dass diese Regel als Courtoisie (Völkersitte) eingehalten wird. Die unangemessene Behandlung bevorrechtigter Personen durch deutsche Behörden und Gerichte kann die bilateralen Beziehungen zum Herkunftsland der bevorrechtigten Person nachhaltig belasten. Hierdurch können sich auch negative Auswirkungen für staatlich entsandtes deutsches Personal im Ausland ergeben. Unhöflichkeit gegenüber bevorrechtigten Personen schadet zudem massiv dem internationalen Ansehen der Bundesrepublik Deutschland und beeinträchtigt das Interesse, als weltoffenes und einer Willkommenskultur verpflichtetes Land und nicht zuletzt auch als attraktiver Wirtschaftsstandort wahrgenommen zu werden.

B. Bevorrechtigung von Einzelpersonen

1. Staatsoberhäupter, Regierungschefs und Regierungsmitglieder

Staatsoberhäupter, Regierungschefs und Regierungsmitglieder anderer Staaten und deren Begleitung, die sich auf amtliche Einladung der Bundesrepublik Deutschland in Deutschland aufhalten, genießen Immunität von der deutschen Gerichtsbarkeit.

Dies folgt aus § 20 Absatz 1 GVG, wonach sich die deutsche Gerichtsbarkeit nicht auf Repräsentanten anderer Staaten erstreckt. § 20 Absatz 2 GVG stellt klar, dass sich die deutsche Gerichtsbarkeit auch nicht auf andere als die in § 20 Absatz 1 und in den §§ 18 und 19 (Mitglieder diplomatischer und konsularischer Missionen bzw. Vertretungen) genannten Personen erstreckt, soweit sie nach den allgemeinen Regeln des Völkerrechts, aufgrund völkerrechtlicher Vereinbarungen oder sonstiger Rechtsvorschriften von ihr befreit sind. Nach den allgemeinen Regeln des Völkerrechts sind ausländische Staatsoberhäupter selbst dann, wenn sie sich nicht auf amtliche Einladung in der Bundesrepublik aufhalten, von der deutschen Gerichtsbarkeit befreit (zur völkergewohnheitsrechtlichen Immunität von Mitgliedern ausländischer Streitkräfte, s. u. D.2). Ausnahmen von der Immunität vor der **nationalen** Strafgerichtsbarkeit werden – anders als bei der **internationalen** Strafgerichtsbarkeit (vgl. etwa Art. 27 Römisches Statut des Internationalen Strafgerichtshofs) – bei Strafverfahren, selbst wenn diese gravierende, durch das Völkerstrafrecht pönalisierte Verbrechen zum Gegenstand haben, vom Völkergewohnheitsrecht nicht anerkannt und bestehen vor deutschen Gerichten nicht.

Zur Begleitung von Repräsentanten anderer Staaten zählen bei Zugrundelegung der vom Entsendestaat übermittelten Delegationsliste bspw. mitreisende Familienangehörige, Berater, Dolmetscher, Pressemitglieder und sonstige persönliche Berater. Bei Familienangehörigen der Repräsentanten anderer Staaten ist die Befreiung von der Gerichtsbarkeit an den Aufenthalt aufgrund amtlicher Einladung und ihre Eigenschaft als Teil einer Besuchsdelegation geknüpft. Sie gilt nicht bei Aufenthalten zu anderen Zwecken (etwa bei Aufenthalten zu touristischen Zwecken oder zum Studium).

Nach allgemeinem Völkergewohnheitsrecht, das nach dem Grundgesetz als Teil des Bundesrechts zu beachten ist, sind Staatsoberhäupter, Regierungschefs und Regierungsmitglieder darüber hinaus „unverletzlich", so dass keine hoheitlichen Zwangsmaßnahmen gegen sie ergriffen werden dürfen. Hieraus ergibt sich u. a. die Verpflichtung zur Freistellung dieses Personenkreises von Luftsicherheitskontrollen, zu der die EU-Mitgliedstaaten nach den in diesem Bereich zu beachtenden EU-Regelungen[1] berechtigt sind. Freistellungen von den Sicherheitskontrollen werden nach den „Grundsätzen des Bundesministeriums des Innern für die Befreiung von Fluggästen von der Luftsicherheitskontrolle" sowie Ausnahmen für das Personal von der Sicherheitskontrolle"[2]) beantragt. Die völkerrechtliche Verpflichtung der Bundesrepublik Deutschland, die Unverletzlichkeit der o.g. bevorrechtigten Person zu respektieren, hängt jedoch nicht vom Vorliegen einer Freistellungsmitteilung ab, sondern ist auch zu beachten, sobald dessen Identität und seine bevorrechtigte Stellung zweifelsfrei festgestellt sind. Liegt eine Freistellungsmitteilung nicht vor, wird aber von der zu kontrollierenden Person unter Vorlage eines gültigen Diplomatenpasses geltend gemacht, dass er/sie als Staatsoberhaupt, Regierungschef oder Regierungsmitglied als Repräsentant eines ausländischen Staates von den Luftsicherheitskontrollen befreit sei, ist nach Identitätsfeststellung in Zweifelsfällen unverzüglich zur Klärung des Status' mit dem Auswärtigen Amt (Lagezentrum, Tel-Nr. 030–5000-2911) Kontakt aufzunehmen. Während dieser Sachverhaltsaufklärung ist von der Durchführung von Kontrollmaßnahmen zunächst abzusehen; die zu kontrollierende Person ist mit ausgesuchter Höflichkeit zu behandeln.

---

[1] Verordnung (EG) Nr. 300/2008.
[2] Anlage M zum Nationalen Luftsicherheitsprogramm.

Schmitt 2007

GVG § 18　　　　　　　　　　　　　　Gerichtsverfassungsgesetz

Nach Völkergewohnheitsrecht können darüber hinaus auch Mitglieder sogenannter „Sondermissionen" (offiziell vom Entsendestaat angezeigte Delegationsreisen, denen der Empfangsstaat zugestimmt hat[1]) Befreiung von der Gerichtsbarkeit und Unverletzlichkeit genießen. Bei Zweifelsfällen muss zur Klärung der Statusfragen mit dem Auswärtigen Amt (Lagezentrum, Tel-Nr. 030–5000-2911) Kontakt aufgenommen werden.

2. Diplomaten, Konsularbeamte und gleichgestellte Personen

2.1 Diplomaten und ihre Familienmitglieder

2.1.1 Anwendungsbereich der Privilegierung

2.1.1.1 Diplomaten

Nach dem WÜD zählen zu den Diplomaten zum einen die Missionschefs, d. h. die beim Bundespräsidenten oder beim Bundesaußenminister akkreditierten Leiter der ausländischen diplomatischen Missionen: die Botschafter, der Apostolische Nuntius und die notifizierten Geschäftsträger. Diplomaten sind nach WÜD zum anderen die Mitglieder des diplomatischen Personals: Gesandte, Räte, Sekretäre und Attachés der Botschaften und der Apostolischen Nuntiatur sowie die Sonderattachés, z. B. Wirtschafts-, Handels-, Finanz-, Landwirtschafts-, Kultur-, Presse-, Militärattachés und die Botschaftsseelsorger und -ärzte.

Grundsätzlich gilt, dass nur diejenigen Diplomaten Vorrechte und Immunitäten genießen, die in der Bundesrepublik Deutschland notifiziert, d. h. von einer ausländischen Vertretung in Deutschland zur Diplomatenliste angemeldet sind. Die Anmeldung erfolgt beim Auswärtigen Amt. Zum Nachweis der Zugehörigkeit zu einer ausländischen Mission stellt das Auswärtige Amt Diplomaten einen Protokollausweis aus. Auch in Drittstaaten angemeldete Diplomaten können auf einer dienstlichen Reise durch das Gebiet der Bundesrepublik Deutschland Immunität genießen (Art. 40 WÜD, s. a. die Ausführungen unter 2.6).

Der Besitz eines ausländischen Diplomatenpasses allein begründet noch keine Privilegien, sollte aber Veranlassung zur Klärung des Status' der Person geben. Wie in Deutschland[2] entspricht es auch internationaler Übung, dass die Erteilung von Diplomatenpässen nur an einen zahlenmäßig begrenzten Personenkreis und bei Vorliegen bestimmter Voraussetzungen erfolgt. Die Entscheidung eines anderen Staates, einer Person einen Diplomatenpass zu erteilen, ist zu respektieren. Es ist grundsätzlich davon auszugehen, dass der Diplomatenpassinhaber in dem Herkunfts-/Entsendestaat eine hervorgehobene Stellung einnimmt und sein Aufenthalt in der Bundesrepublik Deutschland von besonderem Interesse für diesen Staat ist. In Zweifelsfällen ist das Auswärtige Amt (unter der Rufnummer 030–5000-3411, 9.00–16.00 Uhr, ansonsten unter der Rufnummer 030–5000-2911) zu befassen.

Ins Ausland entsandte deutsche Diplomaten oder andere Inhaber eines deutschen Diplomatenpasses genießen in Deutschland keine Vorrechte und Immunitäten.[3]

Die Vorrechte und Immunitäten stehen einem zur Diplomatenliste angemeldeten Berechtigten von dem Zeitpunkt an zu, in dem er in das Gebiet der Bundesrepublik Deutschland einreist, um seinen Posten dort anzutreten. Wenn er sich bereits in der Bundesrepublik Deutschland befindet, ist für den Beginn der Privilegierung auf den Zeitpunkt abzustellen, zu dem der Entsendestaat den Beginn seiner Tätigkeit dem Auswärtigen Amt notifiziert hat.

2.1.1.2 Familienmitglieder des Diplomaten

Zu den Familienmitgliedern eines Diplomaten gehören die mit dem Diplomaten in häuslicher Gemeinschaft lebenden Ehepartner und Kinder, letztere jedoch nur bis zum 25. Lebensjahr und soweit sie unverheiratet und von dem Diplomaten wirtschaftlich abhängig sind.

Gleichgeschlechtliche Lebenspartner von Diplomaten genießen dann entsprechende Vorrechte und Befreiungen, wenn sie den Nachweis erbringen, dass sie in einer „eingetragenen Lebenspartnerschaft" mit dem Diplomaten leben, die den Anforderungen entspricht, die das deutsche LPartG für diese Lebenspartnerschaften aufstellt. Darüber hinaus ist erforderlich, dass der Entsendestaat dem Lebenspartner einen Diplomaten-/Dienstpass ausgestellt hat und Gegenseitigkeit bei der Behandlung von gleichgeschlechtlichen Lebenspartnerschaften zugesichert wird. Sie erhalten dann wie andere bevorrechtigte Personen einen Protokollausweis. Andere Nachweismöglichkeiten zum Bestehen der Lebenspartnerschaft (etwa durch eidesstattliche Versicherung) können im Einzelfall anerkannt werden.

---

[1] Zu den Voraussetzungen einer Sondermission s. a. die Entscheidung des BGH im sog. „Tabatabai-Fall" (NJW 1984, S. 2049).
[2] S. Allgemeine Verwaltungsvorschrift über die Ausstellung amtlicher Pässe der Bundesrepublik Deutschland vom 27. Juni 2014 auf Grundlage des § 27 PassG.
[3] Zu Diplomaten an Auslandsvertretungen in Deutschland, die deutsche Staatsangehörigkeit besitzen oder ständig in Deutschland ansässig sind s. u. 2.7.

1. Titel. Gerichtsbarkeit § 18 GVG

Andere Familienangehörige, wie z. B. Eltern oder Schwiegereltern, zählen grundsätzlich nicht zu den Familienmitgliedern. Wenn ihnen jedoch auf Grund besonderer Umstände im Einzelfall ein Protokollausweis erteilt worden sein sollte, müssen sie wie Diplomaten und mit besonderer Höflichkeit behandeln werden (s. auch Ausführungen unter 2.1.2.2.2).
Familienmitglieder von Diplomaten genießen grundsätzlich die gleichen Vorrechte und Befreiungen wie Diplomaten (s. Art. 37 Abs. 1 WÜD).[1] *Auch für sie gilt das Erfordernis der Notifizierung ggü. dem Empfangsstaat.*

2.1.1.3 Ende der Privilegierung

Die Vorrechte und Befreiungen erlöschen bei einer Person, deren dienstliche Tätigkeit beendet ist, normalerweise mit Zeitpunkt der Ausreise oder werden bei Ablauf einer hierfür gewährten angemessenen Frist hinfällig. Nach der deutschen Praxis haben ausländische Missionsmitglieder, deren Tätigkeitsbeendigung dem Auswärtigen Amt notifiziert wird, ab dem Datum der Abmeldung bis zu drei Monate Zeit, um die Bundesrepublik als Bevorrechtigte zu verlassen.

2.1.2 Umfang der Privilegierung

2.1.2.1 Befreiung von der Gerichtsbarkeit – Immunität – (Art. 31 WÜD)

2.1.2.1.1 Diplomatische Immunität

Aufgrund der diplomatischen Immunität sind Diplomaten in weitem Umfang von der Gerichtsbarkeit des Empfangsstaats befreit.
Für den Bereich des Strafrechts gilt, dass der ausländische Diplomat in der Bundesrepublik Deutschland uneingeschränkt Immunität **von der deutschen Strafgerichtsbarkeit** genießt.
Die Immunität ist als ein Verfahrenshindernis von Amts wegen zu beachten. Gegen den Diplomaten darf weder ein Straf- noch ein Ordnungswidrigkeitsverfahren durchgeführt werden. Er darf nicht geladen und es darf kein Termin zur mündlichen Verhandlung anberaumt werden. Unerheblich ist dabei, ob der Diplomat dienstlich oder als Privatperson gehandelt hat.
Grundsätzlich genießt der Diplomat auch Befreiung **von der Zivil- und Verwaltungsgerichtsbarkeit** sowie von Vollstreckungsmaßnahmen. Unerheblich ist dabei, ob er dienstlich oder als Privatperson gehandelt hat.
Unbeschadet der diplomatischen Immunität sind Diplomaten verpflichtet, die in der Bundesrepublik Deutschland geltenden Gesetze und anderen Rechtsvorschriften zu beachten (s. Art. 41 Abs. 1 WÜD).

2.1.2.1.2 Ausnahmen von der Immunität des Diplomaten
Es gelten folgende Ausnahmen (Art. 31 Abs. 1 WÜD):
Bei **dinglichen Klagen** in Bezug auf privates, im Hoheitsgebiet des Empfangsstaats gelegenes unbewegliches Vermögen; es sei denn, dass der Diplomat dieses im Auftrag des Entsendestaats für die Zwecke der Mission in Besitz hat.
Praxisrelevantes Beispiel: Bei Rechtsstreitigkeiten aus einem Mietrechtsverhältnis genießt der Diplomat Immunität. Nicht jedoch, wenn Streitgegenstand sein unbewegliches Eigentum (Grundstück) ist.
Bei Klagen im Zusammenhang mit einem **freien Beruf oder einer gewerblichen Tätigkeit,** die der Diplomat neben seiner amtlichen Tätigkeit ausübt. Darunter fallen Geschäfte, die nicht alltäglich und für den Aufenthalt in der Bundesrepublik nicht notwendig sind, so z. B. Spekulationsgeschäfte an der Börse oder die maßgebliche Beteiligung an einem Unternehmen.
Bei Klagen in **Nachlasssachen,** in denen der Diplomat als Testamentsvollstrecker, Verwalter, Erbe oder Vermächtnisnehmer in privater Eigenschaft und nicht als Vertreter des Entsendestaates beteiligt ist.
Strengt der Diplomat selbst einen Prozess an, ist zu beachten: Die Immunität hindert den Diplomaten unter völkerrechtlichen Gesichtspunkten nicht, die Gerichte des Empfangsstaates in Anspruch zu nehmen. Dies gilt zivilprozessual im Außenverhältnis auch ohne entsprechende Erklärung des Entsendestaates als stillschweigender Verzicht des Diplomaten auf die diplomatische Immunität mit der Rechtsfolge, dass er sich nach Klageerhebung auch in Bezug auf eine zulässige **Widerklage** nach § 33 der Zivilprozessordnung (ZPO) nicht mehr auf seine Immunität berufen kann. Zu beachten ist allerdings, dass grundsätzlich nur der Entsendestaat auf die Immunität verzichten kann. Ein ggfs. durch den Diplomaten gesetzter Rechtsschein des Immunitätsverzichts kann daher nachträglich durch den Entsendestaat wieder beseitigt werden, indem der Entsendestaat gegenüber dem Empfangsstaat geltend macht, keinen Verzicht ausgesprochen zu haben.
Werden in diesen Fällen Urteile gegen den Diplomaten gefällt, darf in die Vermögensgegenstände des Diplomaten vollstreckt werden, die sich außerhalb der – unverletzlichen – Privatwohnung befinden, z. B. in Bankkonten.

---

[1] Eine Ausnahme bildet die Amtshandlungsimmunität (zum Begriff s. u. 2.7), die nicht für Familienmitglieder von ständig ansässigen Diplomaten gilt, da sie keine Amtshandlungen vornehmen können.

2.1.2.1.3 Rechtsfolge bei Nichtbeachtung der Immunität

Gerichtsentscheidungen, die unter Nichtbeachtung der Immunität ergangen sind, sind nichtig. Rechtsmittel sind möglich, insbesondere zur Klärung des Bestehens oder Nicht-Bestehens der Immunität.

2.1.2.1.4 Befreiung von der Verpflichtung zu Zeugenaussagen

Der Diplomat ist nicht verpflichtet, weder in privaten noch in dienstlichen Angelegenheiten, als Zeuge auszusagen (Art. 31 Abs. 2 WÜD).[1] Er selbst kann auf dieses Recht, die Aussage zu verweigern, nicht verzichten. Hierzu ist allein der Entsendestaat berechtigt (Art. 32 Abs. 1 WÜD). Der Entsendestaat kann es jedoch dem Diplomaten überlassen, selbst zu entscheiden, wann er aussagen will und wann nicht. Ein Richter sollte den Diplomaten über sein Recht, die Aussage zu verweigern, belehren und von Amts wegen ermitteln, ob ggf. ein Verzicht auf das Aussageverweigerungsrecht vorliegt.

2.1.2.2 Unverletzlichkeit des Diplomaten (Art. 29 WÜD)

2.1.2.2.1 Begriff und Anwendungsfälle der Unverletzlichkeit

Unverletzlichkeit bedeutet, dass die Androhung oder Durchführung von hoheitlichen Zwangsmaßnahmen unzulässig ist. Zu beachten ist, dass darüber hinaus die Zustellung (Zusendung) eines Hoheitsakts an die Mission oder an die Privatwohnung eines Diplomaten unzulässig ist, weil auch die Räumlichkeiten der Mission und die Privatwohnung unverletzlich sind (Art. 22 und Art. 30 Abs. 2 WÜD).

In besonderen, seltenen Ausnahmefällen kann es geboten sein, die Unverletzlichkeit insbesondere zur Abwehr von Gefahren für die Allgemeinheit oder die bevorrechtigte Person selbst einzuschränken. Der Verhältnismäßigkeitsgrundsatz ist dabei zu beachten. Wegen des Ausnahmecharakters derartiger Maßnahmen ist es unerlässlich, die bevorrechtigte Person und ggf. begleitende Personen (Angehörige), selbst wenn Letztere keine Vorrechte genießen sollten, mit besonderer Höflichkeit zu behandeln.

Unangemessene/nicht verhältnismäßige Einschränkungen der Unverletzlichkeit können erhebliche negative Auswirkungen auf das Ansehen Deutschlands im Ausland haben und die bilateralen Beziehungen zum Entsendestaat nachhaltig belasten.

Praxisrelevante Beispiele:

Maßnahmen der Strafverfolgung ggü. dem Diplomaten sind unzulässig (z. B. vorläufige Festnahme, Verhaftung, Durchsuchung, Beschlagnahme und Sicherstellung von Eigentum des Diplomaten, auch im Rahmen der Barmittelkontrolle, Vernehmung gegen den Willen des Betroffenen, Telefonüberwachung, Entnahme von Blutproben oder Durchführung eines Alkohol-Atem-Tests gegen den Willen des Betroffenen zur Feststellung des BAK-Wertes bei Verdacht des Führens eines Kfz in alkoholisiertem Zustand).
Unter Beachtung des Verhältnismäßigkeitsgrundsatzes kann ausnahmsweise ein kurzfristiges Festhalten zulässig sein, etwa um den Diplomaten an einem gravierenden Rechtsverstoß zu hindern oder um seine Identität festzustellen.
Belastende Verwaltungs- oder Realakte der Verwaltungsvollstreckung, z. B. die Androhung, Festsetzung und Durchführung von Zwangsmitteln gegen den Diplomaten, sind unzulässig (z. B. Bußgeldverfahren bei Verstößen gegen Anzeigepflicht bei Einfuhr von Zahlungsmitteln über der Barmittelgrenze).
Weitere belastende Real- oder Verwaltungsakte, wie z. B. Standardmaßnahmen aufgrund der Polizeigesetze der Länder, sind unzulässig, z. B. die Ingewahrsamnahme, Durchsuchung oder Beschlagnahme von Gegenständen, die im Besitz des Betroffenen stehen (z. B. das Umsetzen eines Kfz) oder den Einzug des Führerscheins (s. im Einzelnen zu staatlichen Zwangsmaßnahmen bei Verstößen gegen die Straßenverkehrsordnung – Teil 6).
Strengt der Diplomat jedoch selbst ein Verwaltungsverfahren an (z. B. Antrag auf Vergütung einer Steuer), dürfen die auf diesen Antrag ergangenen Bescheide (z. B. Vergütungssteuerbescheid) an die Mission oder an die Privatwohnung des Diplomaten ausnahmsweise versandt werden.

2.1.2.2.2 Unverletzlichkeit bei Sicherheitskontrollen an Flughäfen

Die Sicherheitskontrollen an deutschen Flughäfen werden nach der Verordnung (EG) Nr. 300/2008 über gemeinsame Vorschriften für die Sicherheit in der Zivilluftfahrt und auf Grundlage der nationalen Anordnungslage bzgl. der Bundesministeriums des Innern für die Befreiung von Fluggästen von der Luftsicherheitskontrolle[2] durchgeführt. Sofern keine Freistellung nach den vorgenannten Grundsätzen vorliegt, unterliegen Diplomaten sowie ihr persönliches Gepäck grundsätzlich den allgemeinen Luftsicherheitskontrollen.
Für die Durchführung der Kontrollen ist in diesem Zusammenhang jedoch an die grundsätzliche Verpflichtung aus Art. 29 WÜD zu erinnern, wonach der Empfangsstaat die Unverletzlichkeit des

---

[1] Wegen des Grundsatzes der Unverletzlichkeit (s. u. 2.1.2.2) sind bereits Zeugenladungen, in denen eine Erscheinens- und Aussagepflicht begründet wird, gesandtschaftsrechtlich unzulässig.
[2] Anlage M zum Nationalen Luftsicherheitsprogramm.

1. Titel. Gerichtsbarkeit § 18 GVG

Diplomaten garantiert, ihn mit der gebührenden Achtung behandelt und jeden Angriff auf seine Würde verhindert. (Dies gilt sowohl bei unmittelbar in Deutschland akkreditierten Diplomaten als auch bei durchreisenden Diplomaten, s. hierzu auch Ziff. 2.6.) **Wie oben ausgeführt (Teil 1.A und Ziff. 2.1.2.2.1), entspricht es zwischenstaatlichen Verhaltensregeln, Diplomaten mit besonderer Höflichkeit zu behandeln.** Eine Missachtung dieser Verhaltensregeln durch deutsche Behörden schadet dem internationalen Ansehen der Bundesrepublik Deutschland und kann negative Auswirkungen auf die Behandlung deutscher Diplomaten, Konsularbeamten oder anderes staatlich entsandtes Personal im Ausland haben.

Die o. g. Grundsätze des Bundesministeriums des Innern für die Befreiung von Fluggästen von der Luftsicherheitskontrolle sehen die Möglichkeit der Befreiung von Diplomaten von den Luftsicherheitskontrollen vor. In den Fällen, in denen eine Freistellung nicht erfolgt ist, können Diplomaten unter Berufung auf ihre Unverletzlichkeit eine Leibesvisitation und die Durchsuchung ihres persönlichen Gepäcks verweigern. In einem solchen Fall ist der Diplomat darauf hinzuweisen, dass er von der Beförderung ausgeschlossen wird, wenn er sich nicht freiwillig der Personenkontrollen und der Kontrolle seines persönlichen Gepäcks unterzieht. Hält der Diplomat seine Weigerung aufrecht, darf er den Kontrollpunkt nicht passieren. Eine freiwillige Unterwerfung des Diplomaten unter die Sicherheitskontrollen ist jederzeit möglich.

Vorfälle, in denen Meinungsverschiedenheiten über die Angemessenheit der durchgeführten Kontrollmaßnahmen bei Diplomaten und anderen bevorrechtigten Personen auftreten, sind beschwerdeträchtig und können zu einer erheblichen Belastung der bilateralen Beziehungen mit dem Herkunftsland der bevorrechtigten Person führen. Im Falle von Beschwerden muss das Auswärtige Amt zu dem Vorfall Stellung nehmen können, um weiteren außenpolitischen Schaden abzuwenden. **Daher müssen im Fall von Meinungsverschiedenheiten Anlass und Rechtfertigung der Maßnahmen sowie die angestellten Ermessenserwägungen umfassend schriftlich festgehalten werden.** Dabei sollte in diesen Fällen detailliert dargelegt werden, welche besonderen Umstände im Einzelfall dazu Veranlassung gegeben haben, die von den Diplomaten oder anderen bevorrechtigten Personen beanstandete Kontrollmaßnahme in der gewählten Art und Weise durchzuführen. Diese Dokumentationsanforderung dient nicht zuletzt dem Schutz des kontrollierenden Personals. Auf die Ausführungen unter Ziff. 2.1.1.1 oben zur Stellung von Diplomatenpassinhabern wird in diesem Zusammenhang verwiesen. Bei Zweifeln über den Status des Diplomatenpassinhabers ist das Auswärtige Amt (unter der Rufnummer 030–5000-3411, 9.00–16.00 Uhr, ansonsten unter der Rufnummer 030–5000-2911) zu befassen.

2.1.2.3 Maßnahmen zum Gesundheitsschutz der Bevorrechtigten und der Bevölkerung

Das Auswärtige Amt bittet die ausländischen Vertretungen in der Bundesrepublik Deutschland ausdrücklich, im Falle einer akuten Bedrohung den Maßnahmen zur Verhütung und Bekämpfung übertragbarer Krankheiten nach dem Infektionsschutzgesetz (IfSG) und zum Schutz von Leib und Leben ihrer Angehörigen sowie der gesamten Bevölkerung in vollem Umfang zu entsprechen.

Ferner bitten die deutschen Behörden, bei Tieren, die sich auf dem Grundstück der diplomatischen Mission oder der konsularischen Vertretung oder dem Privatgrundstück eines Diplomaten oder in den dort vorhandenen Räumlichkeiten befinden, tierseuchenrechtliche Maßnahmen nach den in der Bundesrepublik Deutschland geltenden Bestimmungen, besonders dem Tiergesundheitsgesetz, zuzulassen.

Hier ist zu beachten, dass die Räumlichkeiten der Mission, die Privatwohnungen von Diplomaten und von Mitgliedern des verwaltungs- und technischen Personals einer diplomatischen Mission ohne Zustimmung des Missionschefs oder der jeweils bevorrechtigten Personen nicht betreten werden dürfen (vgl. Teil 2.A).

Die Diplomaten unterliegen auch den Gesundheitsmaßnahmen in Übereinstimmung mit den Internationalen Gesundheitsvorschriften (IGV, 2005) vom 23. Mai 2005 in der Fassung der Bekanntmachung vom 1. Oktober 2007 (BGBl. II S. 930, 1528), geändert durch Verordnung vom 23. Mai 2008 (BGBl. 2009 II S. 275, 276) und spezifiziert durch das IGV-Durchführungsgesetz vom 21. März 2013. **Die Befolgung und Umsetzung dieser Maßnahmen können jedoch, soweit die genannten Räumlichkeiten betroffen sind, grundsätzlich wegen des Grundsatzes der Unverletzlichkeit nicht erzwungen werden.**

2.1.2.4 Befreiung des Diplomaten von der Besteuerung (Art. 23 und 34 WÜD)

Der Diplomat genießt nach Artikel 34 WÜD Befreiung von der Besteuerung, für den Botschafter ergibt sich dies aus Artikel 23 WÜD.

Botschafter und sonstige Diplomaten sind von allen **staatlichen, regionalen und kommunalen Personal- und Realsteuern oder -abgaben** befreit. Indirekte Steuern (z. B. USt) sind zu entrichten, vgl. Artikel 34 lit. a WÜD. Gleichwohl hat sich eine Staatenpraxis auf Basis der Gegenseitigkeit herausgebildet, wonach die meisten Staaten auch **Entlastung von indirekten Steuern** gewähren.

In Deutschland besteht grundsätzlich – im Rahmen der Gegenseitigkeit – Entlastung von der **Umsatzsteuer** (Umsatzsteuererstattungsverordnung (UStErstV) in der Fassung der Bekanntmachung vom 3. Oktober 1988; BGBl. I S. 1780, zuletzt geändert durch Artikel 8 des Gesetzes vom 8. April 2010; BGBl. I S. 386),

GVG § 18

Gerichtsverfassungsgesetz

Energiesteuer (Energiesteuergesetz (EnergieStG) vom 15. Juli 2006; BGBl. I S. 1534; 2008 I S. 660; 1007, zuletzt geändert durch Artikel 11 des Gesetzes vom 18. Juli 2014; BGBl. I S. 1042),
Kraftfahrzeugsteuer (Kraftfahrzeugsteuergesetz (KraftStG) in der Fassung der Bekanntmachung vom 26. September 2002; BGBl. I S. 3818, zuletzt geändert durch Artikel 1 des Gesetzes vom 8. Juni 2015; BGBl. I S. 901),
Versicherungsteuer (Versicherungsteuergesetz (VersStG) in der Fassung der Bekanntmachung vom 10. Januar 1996; BGBl. I S. 22, zuletzt geändert durch Artikel 14 des Gesetzes vom 18. Dezember 2013; BGBl. I S. 4318).
Befreiung wird auch gewährt von den Rundfunkbeiträgen gem. § 5 Absatz 6 Nummer 2 Rundfunkbeitragsstaatsvertrag und den Gebühren für die Ausstellung und Umschreibung von Fahrerlaubnissen und der Zulassung von Kraftfahrzeugen (Gebührenordnung für Maßnahmen im Straßenverkehr). Ebenso besteht Gebührenfreiheit von den Gebühren nach Teil II Nummern 1 bis 27 der Anlage zur Kostenverordnung zum Waffengesetz in der Fassung der Neubekanntmachung vom 20. April 1990 (BGBl. I S. 780, zuletzt geändert durch Artikel 2 der Verordnung vom 10. Januar 2000, BGBl. I S. 38) für einige Gebühren nach Waffenrecht, sofern Gegenseitigkeit vorliegt.

Die Gegenseitigkeit als Voraussetzung des Steuerprivilegs wird durch das Auswärtige Amt per Abfrage bei den deutschen Auslandsvertretungen geklärt und per Verbalnotenaustausch zwischen dem Auswärtigen Amt und der jeweiligen Botschaft in Deutschland festgestellt.

Keine Befreiung erfolgt von
der Entrichtung von Abgaben, wenn diese als **Vergütung für bestimmte Dienstleistungen** erhoben werden, bspw. der Anliegerbeitrag für die Straßenreinigung,
der Entrichtung **von Steuern und sonstigen Abgaben von privatem, in Deutschland gelegenem unbeweglichen Vermögen** (es sei denn, der Diplomat hat es für die Zwecke der Mission in Besitz),
der Erbschaftsteuer, es sei denn, es handelt sich um bloße bewegliche Gegenstände, die sich aus Anlass des dienstlichen Aufenthalts des Verstorbenen im Gebiet der Bundesrepublik Deutschland befinden, z. B. Mobiliar, Schmuck oder Ersparnisse aus Gehaltszahlungen (Art. 34c WÜD i. V.m. Art. 39 Abs. 4 WÜD),
den Steuern und sonstigen Abgaben von privaten Einkünften, deren Quelle sich in der Bundesrepublik Deutschland befindet, sowie Vermögenssteuern von Kapitalanlagen in gewerblichen Unternehmen, die in der Bundesrepublik Deutschland gelegen sind,
Eintragungs-, Gerichts-, Beurkundungs-, Beglaubigungs-, Hypotheken- und Stempelgebühren in Bezug auf unbewegliches Vermögen, es sei denn, dass nationale Regelungen auf der Grundlage der Gegenseitigkeit eine Befreiung vorsehen.

2.1.2.5 Privilegierungen diplomatischen Vermögens

2.1.2.5.1 Befreiung von Zöllen und ähnlichen Abgaben bei der Einfuhr persönlicher Gegenstände (Art. 36 Abs. 1 WÜD)

In die Bundesrepublik eingeführte Gegenstände für den persönlichen Gebrauch von Diplomaten sind grundsätzlich von Zöllen, Steuern und ähnlichen Abgaben befreit, mit Ausnahme von Gebühren für Einlagerung, Beförderung und ähnliche Dienstleistungen.

2.1.2.5.2 Befreiung von Kontrollen des persönlichen Gepäcks (Art. 36 Abs. 2 WÜD)

Diplomaten genießen grundsätzlich Befreiung von der (Zoll-)Kontrolle ihres persönlichen Gepäcks, sofern nicht triftige Gründe für die Vermutung vorliegen, dass es Gegenstände enthält, die nicht für den amtlichen Gebrauch der Mission oder den persönlichen Gebrauch des Diplomaten bestimmt sind oder deren Ein- und Ausfuhr nach dem Recht der Bundesrepublik Deutschland verboten oder durch Quarantänevorschriften geregelt ist (etwa durch das Bundesseuchen- oder Tierseuchengesetz). Ein triftiger Grund erfordert objektiv vorhandene, gleichsam „ins Auge springende" Hinweise auf eine missbräuchliche Verwendung. Die Kontrolle muss daher ein Ausnahmefall bleiben. Selbst bei Vorliegen triftiger Gründe darf die Kontrolle nur in Anwesenheit des Diplomaten oder eines ermächtigten Vertreters stattfinden (Art. 36 Abs. 2 WÜD). Daher müssen Anlass und Rechtfertigung der Maßnahmen sowie die angestellten Ermessensenswägungen umfassend schriftlich festgehalten werden, s. zu diesem Dokumentationserfordernis im Einzelnen oben unter Ziff. 2.1.2.2.1.
Zu Flugsicherheitskontrollen s. o., Ziff. 2.1.2.2.2.

2.1.2.5.3 Unverletzlichkeit der Privatwohnung und des Vermögens (Art. 30 WÜD)

Die Privatwohnung eines Diplomaten ist unverletzlich und genießt denselben Schutz wie die Räumlichkeiten der Mission (vgl. Teil 2.A.2). In den Schutzbereich des Art. 30 WÜD fallen auch Zweitwohnungen und Ferienhäuser, wenn die Nutzung regelmäßig erfolgt und es der Bundesrepublik Deutschland möglich ist, ihrer Schutzverpflichtung dort wirksam nachzukommen. Die Papiere des Diplomaten, seine Korrespondenz und sein Vermögen sind ebenfalls unverletzlich. Unverletzlich ist nach Artikel 30

1. Titel. Gerichtsbarkeit § 18 GVG

Absatz 2 WÜD grundsätzlich auch das Vermögen des Diplomaten. Eine Ausnahme besteht für die Vollstreckung aus Urteilen, die in nach dem WÜD zulässigen Verfahren gegen Diplomaten ergangen sind (s. o. Teil 2.1.2.1.2), soweit die Vollstreckung Gegenstände außerhalb der Privatwohnung des Diplomaten betrifft (zu Vollstreckungsmaßnahmen in private Kfz von Diplomaten, vgl. unten Teil 6).

2.1.2.6 Freizügigkeit (Art. 26 WÜD)

Der Diplomat darf sich im gesamten Hoheitsgebiet des Empfangsstaates frei bewegen. Zu beachten sind jedoch Gesetze oder Rechtsvorschriften über Zonen, deren Betreten aus Gründen der nationalen Sicherheit verboten oder reglementiert ist.

2.1.2.7 Weitere Privilegien

Der Diplomat unterliegt nicht den Vorschriften über soziale Sicherheit des Empfangsstaates (Art. 33 Abs. 1 und 3 WÜD). Ferner ist er von persönlichen und öffentlichen Dienstleistungen (Art. 35 WÜD) sowie der Ausländermelde[1]) und Aufenthaltstitelpflicht befreit (vgl. Teil 3.A).

2.2 Mitglieder des Verwaltungs- und technischen Personals der Mission (VtP) und ihre Familienmitglieder

2.2.1 Verwaltungs- und technisches Personal

Mitglieder des VtP sind die im Verwaltungs- und technischen Dienst der Mission beschäftigten Mitglieder ihres Personals, die weder als Mitglied des diplomatischen noch des dienstlichen Hauspersonals anzusehen sind. Beispiele hierfür sind Schreibkräfte, Kanzleibeamte und Übersetzer (soweit sie nicht als Ortskräfte angestellt sind).

Die Familienmitglieder (Definition s. o. Teil 2.1.1.2) der Mitglieder des VtP genießen die gleichen Privilegien wie das Mitglied des VtP selbst.

2.2.2 Umfang der Privilegierung

2.2.2.1 Befreiung von der Gerichtsbarkeit − Immunität − (Art. 31 i. V. m. Art. 37 Abs. 2 WÜD)

Mitglieder des VtP sind grundsätzlich im selben Umfang von der Gerichtsbarkeit befreit wie Diplomaten − mit folgender Ausnahme: Sie genießen Immunität von der Zivil- oder Verwaltungsgerichtsbarkeit nur für Handlungen, die in Ausübung ihrer dienstlichen Tätigkeit vorgenommen wurden. Das sind die Handlungen, die für den Dienst oder dienstlich angeordnete Veranstaltungen unumgänglich sind. Bei Familienmitgliedern Handlungen in Ausübung dienstlicher Tätigkeit nicht möglich sind, genießen Familienmitglieder − anders als Familienmitglieder von Diplomaten i. S. d. Art. 1 lit. e) WÜD (Missionschef/Mitglieder des diplomatischen Personals) − in der Praxis keine Befreiung von der Zivil- en Verwaltungsgerichtsbarkeit.

2.2.2.2 Weitere Vorrechte des VtP

Darüber hinaus gelten folgende Vorrechte von Diplomaten im selben Umfang für Mitglieder des VtP, sofern sie weder deutsche Staatsangehörige noch in Deutschland ansässig sind (vgl. Art. 37 Abs. 2 WÜD):
Schutz des VtP vor hoheitlichen Maßnahmen (Unverletzlichkeit),
Maßnahmen zum Schutz der Gesundheit des VtP und der Bevölkerung,
Befreiung von der Besteuerung,
Befreiung von Kontrollen des persönlichen Gepäcks,
Unverletzlichkeit der Privatwohnung,
Freizügigkeit,
Zeugnisverweigerungsrecht,
Befreiung von den Vorschriften über soziale Sicherheit, persönliche und öffentliche Dienstleistungen,
Ausländermelde-, Aufenthaltstitelpflicht.
Von Zöllen, Steuern und ähnlichen Abgaben bei der Einfuhr persönlicher Gegenstände ist das VtP im Gegensatz zu Diplomaten nur in Bezug auf Gegenstände befreit, die anlässlich der Ersteinrichtung nach der Versetzung nach Deutschland eingeführt werden (Art. 37 Abs. 2 Satz 2 i. V. m. Art. 36 Abs. 1 WÜD).

2.3 Mitglieder des dienstlichen Hauspersonals (dHP) der Mission und ihre Familienmitglieder

2.3.1 Dienstliches Hauspersonal

Mitglieder des dHP sind nach dem WÜD die als Hausbedienstete bei der Mission beschäftigten Mitglieder ihres Personals, z. B. Fahrer, Pförtner, Boten, Gärtner, Köche und Nachtwächter der diplomatischen Mission.

---

[1]) Der ausländerrechtlichen Meldepflicht wird durch die Notifizierungspflicht nach Art. 10 Abs. 1 WÜD Genüge getan.

GVG § 18

Gerichtsverfassungsgesetz

Die **Familienmitglieder** (Definition s. o. Teil 2.1.1.2) des dHP genießen keine Privilegien. Wegen der verwandtschaftlichen Zugehörigkeit zu der als dHP bevorrechtigten Person entspricht es den zwischenstaatlich anerkannten Verhaltensregeln, auch diese Personengruppe mit der gebotenen Höflichkeit zu behandeln.

2.3.2 Umfang der Privilegierung

2.3.2.1 Befreiung von der Gerichtsbarkeit – Immunität – (Art. 31 i. V. m. Art. 37 Abs. 3 WÜD)

Mitglieder des dHP sind grundsätzlich im selben Umfang von der Gerichtsbarkeit befreit wie Diplomaten – mit folgender Ausnahme:
Das dHP genießt die Befreiung von der Straf-, Zivil- oder Verwaltungsgerichtsbarkeit nur für Handlungen, die in Ausübung der dienstlichen Tätigkeit vorgenommen wurden. Hierunter sind Handlungen zu verstehen, die für den Dienst oder dienstlich angeordnete Veranstaltungen unumgänglich sind (bspw. aber nicht Fahrten zum täglichen Dienst).

2.3.2.2 Weitere Vorrechte des dHP

Mitglieder des dHP, die weder deutsche Staatsangehörige noch in Deutschland ständig ansässig sind, zahlen keine Steuern oder sonstigen Abgaben auf ihre Dienstbezüge (Art. 37 Abs. 3 WÜD). Außerdem sind sie von den Vorschriften über die soziale Sicherheit (Art. 37 Abs. 3 WÜD i. V. m. Art. 33 WÜD) sowie der Ausländermelde- und Aufenthaltstitelpflicht (vgl. Teil 3.A) befreit. Nach Absatz 2 Buchstabe a) der Dienstvorschrift zum Diplomaten- und Konsulargut des Bundesministeriums der Finanzen (Kennung Z 0842 der vom Bundesministerium der Finanzen herausgegebenen Vorschriftensammlung VSF) in Verbindung mit § 17 Absatz 1 Nummer 1 der Zollverordnung kann den Mitgliedern des dHP und ihren Familienmitgliedern auf der Basis der Gegenseitigkeit auch das Privileg der zollfreien Einfuhr gewährt werden.
Die Gegenseitigkeit wird durch Abfrage des Auswärtigen Amtes bei den deutschen Auslandsvertretungen geklärt und per Verbalnotenaustausch zwischen dem Auswärtigen Amt und der jeweiligen Botschaft in Deutschland festgestellt. Meist besteht sie nur hinsichtlich des Umzugsguts innerhalb einer beschränkten Frist nach Dienstantritt des dHP. Darüber hinaus genießen Mitglieder des dHP keine weiteren Privilegien.

2.4 Private Hausangestellte von Mitgliedern diplomatischer Missionen

Private Hausangestellte sind im häuslichen Dienst eines Mitglieds der Mission beschäftigte Personen, die nicht Bedienstete des Entsendestaates sind, z. B. Fahrer, Erzieher, Reinigungskräfte, Kindermädchen und sonstiges Personal.
Private Hausangestellte, die weder deutsche Staatsangehörige noch in Deutschland ständig ansässig sind, zahlen keine Steuern oder sonstige Abgaben auf ihre Bezüge (Art. 37 Abs. 4 WÜD).
Private Hausangestellte sind von den Arbeitserlaubnispflicht sowie von den Vorschriften über soziale Sicherheit befreit, soweit sie den im Entsendestaat oder einem dritten Staat geltenden Vorschriften über soziale Sicherheit unterstehen (Art. 33 Abs. 2 WÜD). Soweit Gegenseitigkeit besteht, sind sie von der Aufenthaltstitelpflicht (vgl. Teil 3.A) befreit. Weitere Privilegien stehen privaten Hausangestellten nicht zu.
Der Nachzug von Familienmitgliedern privater Hausangestellter ist nicht gestattet. Soweit sich Familienmitglieder von privaten Hausangestellten in der Bundesrepublik Deutschland aufhalten, genießen diese keine Privilegien.

2.5 Ortskräfte der Mission

Ortskräfte sind die Mitarbeiter einer ausländischen Vertretung, die auf dem lokalen Arbeitsmarkt angeworben werden und die nicht der Stellenrotation in einem ausländischen Auswärtigen Dienst unterliegen. Sie besitzen entweder die deutsche Staatsangehörigkeit, genießen als EU/EWR-Bürger oder Schweizer Staatsangehörige Freizügigkeit oder haben einen deutschen Aufenthaltstitel, der die Beschäftigung erlaubt.
Ortskräften werden in der Bundesrepublik Deutschland grundsätzlich keine Vorrechte und Befreiungen gewährt. Wegen ihrer Einbindung in die Amtshandlungen der Mission (etwa bei Visumerteilungen) ist insoweit eine analoge Anwendung des Artikel 38 Absatz 1 WÜD und Amtshandlungsimmunität geboten. Jedenfalls darf der Empfangsstaat seine Befugnisse gegenüber den Ortskräften nicht in einer Weise ausüben, die die Mission bei der Wahrnehmung ihrer Aufgaben ungebührlich behindert (s. Art. 38 Abs. 2 S. 2 WÜD, der hier zumindest insoweit analog anzuwenden ist).

2.6 In Drittstaaten angemeldete Diplomaten auf (Dienst-)Reise durch/in das Gebiet der Bundesrepublik Deutschland (Art. 40 WÜD)

Reist ein nicht in Deutschland notifizierter Diplomat, ein Mitglied des Verwaltungs- und technischen Personals oder des dienstlichen Hauspersonals (nicht jedoch des privaten Hauspersonals) **durch** das Gebiet der Bundesrepublik Deutschland, um sein Amt in einem dritten Staat anzutreten oder um auf seinen Posten oder in seinen Heimatstaat zurückzukehren, so stehen ihm Unverletzlichkeit und alle sonstigen für seine sichere Durchreise oder Rückkehr erforderlichen Vorrechte und Befreiungen zu. Das gilt auch, wenn er in den Heimaturlaub fährt oder aus dem Urlaub an seine Dienststelle zurückkehrt. Es ist auch hier zu beachten, dass die betroffene Person mit Höflichkeit zu behandeln ist (s. a. die Ausführungen unter 2.1.2.2.2 zur höflichen Behandlung von Diplomaten, die hier entsprechend Gültigkeit haben).

Der Transit darf allerdings grundsätzlich nicht über das notwendige Maß hinaus verlängert und mit touristischen oder persönlichen Zwecken verbunden werden. Dies gilt auch für die Familienmitglieder, die ihn begleiten oder die getrennt von ihm reisen, um sich zu ihm zu begeben oder die in ihren Heimatstaat zurückkehren. Notwendig ist eine Transit in der Regel dann, wenn aus den vorzuweisenden Flugtickets hervorgeht, dass ein Zwischenaufenthalt für einige Stunden, möglicherweise auch eine Übernachtung erforderlich ist, ehe der Anschlussflug beginnt. Ein mehrtägiger Aufenthalt, etwa zu touristischen Zwecken oder zu Durchführung nicht akut erforderlicher medizinischer Behandlungen, kann nicht als Transit im Sinne von Artikel 40 WÜD anerkannt werden.

Hält sich die betroffene Person dienstlich in der Bundesrepublik Deutschland auf (z. B. als Teilnehmer einer Konferenz), genießt sie Privilegien nur, wenn die entsprechende Reise offiziell angekündigt war, auf offizielle deutsche Einladung hin erfolgte oder wenn für die Durchführung der Konferenz mit der durchführenden Internationalen Organisation ein sog. „Konferenzabkommen" abgeschlossen wurde, welches Privilegien vorsieht. Möglich ist auch, dass mit der betreffenden Internationalen Organisation bereits entsprechende Privilegienabkommen existieren (so z. B. mit den Vereinten Nationen).

2.7 Diplomaten mit deutscher Staatsangehörigkeit oder in der Bundesrepublik Deutschland ständig ansässige Diplomaten (Art. 38 WÜD)

Diplomaten, die deutsche Staatsangehörige oder in der Bundesrepublik Deutschland ständig ansässig sind, genießen in der Bundesrepublik Deutschland Immunität von der Gerichtsbarkeit und Unverletzlichkeit lediglich in Bezug auf die in Ausübung ihrer dienstlichen Tätigkeit vorgenommenen Amtshandlungen. Die **Amtshandlungsimmunität** umfasst nur die Amtshandlung selbst, nicht jedoch Handlungen, die mit der Amtshandlung in sachlichen Zusammenhang stehen, wie z. B. die Fahrt mit dem Kfz zum Dienstort.

Ständig ansässig ist eine Person in der Regel, wenn sie zum Zeitpunkt ihrer Anstellung durch die Mission bereits längere Zeit im Empfangsstaat ihren Wohnsitz hat. Bei einem entsandten Mitglied einer Mission ist in der Regel von einer ständigen Ansässigkeit bei einem Aufenthalt von über zehn Jahren in Deutschland auszugehen.

Die Bundesrepublik Deutschland darf jedoch grundsätzlich Hoheitsrechte gegenüber diesen Personen nur in der Weise ausüben, dass sie die Mission bei ihrer Arbeit nicht ungebührlich behindert.

2.8 Berufskonsularbeamte

2.8.1 Berufskonsularbeamte

Nach dem WÜK zählen zu den Berufskonsularbeamten Generalkonsul, Konsul, Vizekonsul, Konsularagenten und andere mit der Wahrnehmung von konsularischen Aufgaben beauftragte Personen.

2.8.2 Vorrechte und Befreiungen des Berufskonsularbeamten

2.8.2.1 Befreiung von der Gerichtsbarkeit – Immunität – (Art. 43 WÜK)

Für Konsularbeamte gilt hinsichtlich der Immunität dasselbe wie für Diplomaten, allerdings mit folgender Einschränkung: Konsularbeamte genießen die Befreiung von der Straf-, Zivil- oder Verwaltungsgerichtsbarkeit nur für Handlungen, die sie in Wahrnehmung konsularischer Aufgaben vorgenommen haben. Diese sog. **Amtsimmunität** betrifft alle Handlungen, die bei der Wahrnehmung der amtlichen bzw. dienstlichen Tätigkeit ausgeübt wurden. Der Begriff ist weit zu verstehen und umfasst nicht nur die eigentliche Amtshandlung, sondern ebenso Akte in engem sachlichen und zeitlichen Zusammenhang mit der Amtshandlung, z. B. auch die Fahrten zum täglichen Dienst.

Allerdings sind im Hinblick auf solche Amtshandlungen der Konsularbeamten nach Artikel 43 Absatz 2 WÜK bei Zivilklagen **nicht** von der Gerichtsbarkeit befreit,
wenn die Klage aufgrund eines Vertrages erhoben wurde, den der Konsularbeamte geschlossen hat, ohne dabei ausdrücklich oder erkennbar im Auftrag seines Entsendestaates zu handeln (Rechtsscheinhaftung),
wenn die Klage von einem Dritten wegen eines Schadens angestrengt wird, der aus einem in der Bundesrepublik durch ein Land-, Wasser- oder Luftfahrzeug verursachten Unfall entstanden ist, z. B. bei Verkehrsunfällen.

2.8.2.2 Unverletzlichkeit des Berufskonsularbeamten (Art. 41, 43 WÜK)

Für **Handlungen, die amtlich vorgenommen werden,** genießt der Konsularbeamte umfassenden Schutz vor staatlichen Eingriffen (Art. 43 Abs. 1 WÜK).

GVG § 18 Gerichtsverfassungsgesetz

Im privaten Bereich ist der Schutz der Unverletzlichkeit grundsätzlich geringer (vgl. Art. 41 WÜK). Der Konsularbeamte darf zwar grundsätzlich nicht in seiner persönlichen Freiheit beschränkt werden, etwa durch Festnahme oder Untersuchungshaft. Hiervon gelten jedoch folgende Ausnahmen: bei Vorliegen einer schweren strafbaren Handlung und einer Entscheidung der zuständigen Justizbehörde über die freiheitsentziehende Maßnahme (Art. 41 Abs. 1 WÜK). Die Entscheidung, wann eine schwere strafbare Handlung vorliegt, obliegt dem mit der Haftprüfung befassten Gericht. bei der Vollstreckung einer rechtskräftigen gerichtlichen Entscheidung (Art. 41 Abs. 2 WÜK). Wird ein Mitglied des konsularischen Personals vorläufig festgenommen oder in Untersuchungshaft genommen oder wird ein Strafverfahren gegen das Mitglied eingeleitet, so hat die zuständige Behörde in der Bundesrepublik Deutschland sofort den Leiter der konsularischen Vertretung zu benachrichtigen. Ist dieser selbst von einer der genannten Maßnahmen betroffen, so ist sofort das Auswärtige Amt (unter der Rufnummer 030–5000-3411, 9.00–16.00 Uhr, ansonsten unter der Rufnummer 030–5000-2911) zu unterrichten (Art. 42 WÜK).

Zu beachten ist, dass in der Staatenpraxis eine Tendenz festzustellen ist, Konsularbeamte auch bei nicht-dienstlichem Handeln wie Diplomaten zu behandeln. Zwangsmaßnahmen (z. B. Blutentnahme, Alkoholtest) sind deshalb jedenfalls dann nicht erlaubt, wenn schon die freiheitsentziehende Maßnahme nicht erlaubt wäre, wenn also kein Verdacht auf eine schwere strafbare Handlung vorliegt. Eine Zwangsmaßnahme sollte auch bei nichtdienstlichem Handeln nur eine Ausnahme darstellen (s. im Einzelnen zu staatlichen Zwangsmaßnahmen bei Verstößen gegen die Straßenverkehrsordnung, Teil 6).

Auch Konsularbeamte sind nach den etablierten zwischenstaatlichen Verhaltensregeln zum Umgang mit bevorrechtigten Personen mit **besonderer Höflichkeit** *zu behandeln*. Jeder Eingriff in die persönliche Unverletzlichkeit ist genau auf Zulässigkeit und Erforderlichkeit zu prüfen. Vorfälle, in denen Meinungsverschiedenheiten über die Angemessenheit der durchgeführten Kontrollmaßnahmen bei Diplomaten und anderen bevorrechtigten Personen auftreten, sind beschwerdeträchtig und können zu einer erheblichen Belastung der bilateralen Beziehungen mit dem Herkunftsland der bevorrechtigten Person führen. Im Falle von Beschwerden muss das Auswärtige Amt zu dem Vorfall Stellung nehmen können, um weiteren außenpolitischen Schaden abzuwenden. Daher müssen Anlass und Rechtfertigung der Maßnahmen sowie die angestellten Ermessenserwägungen umfassend schriftlich festgehalten werden, s. zu diesem Dokumentationserfordernis im Einzelnen oben unter Ziff. 2.1.2.2.1. Diese Dokumentationsanforderung dient nicht zuletzt dem Schutz des kontrollierenden Personals.

2.8.2.3 Sonstige Vorrechte des Berufskonsularbeamten

Bei folgenden Regelungsgegenständen gelten für Konsularbeamte dieselben Vorrechte wie für Diplomaten:

Befreiung von Besteuerung (Art. 49 Abs. 1 WÜK),

Befreiung von Zöllen und ähnlichen Abgaben hinsichtlich der Einfuhr persönlicher Gegenstände sowie Zollkontrollen (Art. 50 Abs. 1 WÜK),

Befreiung von Kontrollen persönlichen Gepäcks (Art. 50 Abs. 3 WÜK), Freizügigkeit (Art. 34 WÜK),

Befreiung von den Vorschriften über soziale Sicherheit, persönliche und öffentliche Dienstleistungen sowie über Ausländermelde- und Aufenthaltstitelpflicht (Art. 46, 47, 48, 52 WÜK),

Hinsichtlich der Maßnahmen zum Schutz der Gesundheit gelten die hierzu im Abschnitt 2.1.2.3 gemachten Ausführungen zu Diplomaten.

2.8.2.4 Die Privatwohnung des Berufskonsularbeamten

Die Privatwohnungen von Mitgliedern einer konsularischen Vertretung, einschließlich des Leiters, sind **nicht** unverletzlich.

2.8.2.5 Zeugnisverweigerungsrecht des Berufskonsularbeamten (Art. 44 Abs. 1 und Abs. 3 WÜK)

Der Konsularbeamte kann in einem Gerichts- oder Verwaltungsverfahren als Zeuge geladen werden. Er ist jedoch nicht verpflichtet, Zeugnis über die Angelegenheiten abzulegen, die mit der Wahrnehmung seiner Aufgaben zusammenhängen, oder die darauf bezogenen amtlichen Korrespondenzen und Schriftstücke vorzulegen. Gegen den Konsularbeamten dürfen keine Zwangsmaßnahmen ergriffen werden, auch wenn er das Zeugnis zu Angelegenheiten aus dem privaten Bereich verweigert.

2.8.3 Berufskonsularbeamte, die deutsche Staatsangehörige oder in Deutschland ständig ansässig sind (Art. 71 WÜK)

Konsularbeamte, die die deutsche Staatsangehörigkeit besitzen oder in Deutschland ständig ansässig sind,[1] genießen neben der Immunität von der Gerichtsbarkeit und der persönlichen Unverletzlichkeit wegen ihrer in Wahrnehmung ihrer Aufgaben vorgenommenen Amtshandlungen außerdem noch die

---

[1] Zum Begriff der ständigen Ansässigkeit s. o. 2.7.

Befreiung von der Zeugnispflicht über Angelegenheiten, die mit der Wahrnehmung ihrer Aufgaben zusammenhängen. Darüber hinausgehende Vorrechte und Befreiungen werden ihnen in Deutschland nicht gewährt. Außerdem muss der Leiter der konsularischen Vertretung im Falle ihrer Festnahme, bei der Anordnung von Untersuchungshaft oder der Einleitung eines Strafverfahrens gegen einen Konsularbeamten unverzüglich unterrichtet werden. Strafverfahren sind, außer wenn der Betroffene festgenommen oder inhaftiert ist, in einer Weise zu führen, welche die Wahrnehmung der konsularischen Aufgaben möglichst wenig beeinträchtigt.

2.8.4 Familienmitglieder des Berufskonsularbeamten

Familienmitglieder (Definition s. o. Teil 2.1.1.2) des Berufskonsularbeamten genießen im gleichen Umfang wie der Konsularbeamte selbst Befreiung von der Besteuerung (Art. 49 Abs. 1 WÜK), von Zöllen (Art. 50 Abs. 1 lit. b WÜK), von persönlichen Dienstleistungen und Auflagen sowie von der Ausländermeldepflicht, der Aufenthaltstitelpflicht (Art. 46, 47 WÜK) und von den Vorschriften über soziale Sicherheit. Sie dürfen einer privaten Erwerbstätigkeit nachgehen, sind in diesem Bereich dann jedoch nicht bevorrechtigt (Art. 57 Abs. 2 WÜK) und benötigen als Arbeitnehmer im Empfangsstaat eine Arbeitsund Aufenthaltserlaubnis.

Weitere Privilegien genießen sie nicht. Die Amtsimmunität gilt nicht für Familienmitglieder von Konsularbeamten, da davon ausgegangen wird, dass sie selbst keine Amtshandlungen vornehmen können. Es besteht kein Anspruch auf die Wahrung der persönlichen Unverletzlichkeit. Gleichwohl sollte die familiäre Bindung zum Konsularbeamten und evtl. negative Auswirkungen auf das bilaterale Verhältnis zum Entsendestaat bei der Durchführung von Zwangsmaßnahmen angemessen berücksichtigt werden. Die Familienmitglieder eines Konsularbeamten, der deutscher Staatsangehöriger oder in der Bundesrepublik Deutschland ständig ansässig ist, genießen ebenso wenig Privilegien wie Familienmitglieder, die selbst die deutsche Staatsangehörigkeit besitzen oder ständig in Deutschland ansässig sind (Art. 71 Abs. 2 WÜK).

2.9 Mitglieder des Verwaltungs- oder technischen Personals (VtP) der berufskonsularischen Vertretung und ihre Familienmitglieder

2.9.1 Konsularisches VtP

Der Begriff der Mitglieder des VtP ist im WÜK nur dahingehend definiert, dass hierzu jede in dieser Eigenschaft in der konsularischen Vertretung beschäftigte Person zu zählen ist. Hierzu zählen in der Praxis bspw. Kanzleibeamte, Chiffrierer, Übersetzer oder Schreibkräfte.

2.9.2 Umfang der Privilegierung

2.9.2.1 Immunität

In Bezug auf die Immunität gilt für das VtP dasselbe wie für Diplomaten (Teil 2.1.2.1), jedoch mit folgender Einschränkung: Das VtP genießt die Befreiung von der Straf-, Zivil- und Verwaltungsgerichtsbarkeit nur für Handlungen, die in Wahrnehmung konsularischer Aufgaben vorgenommen wurden (Amtsimmunität, vgl. Art. 43 WÜK).

Allerdings ist das VtP selbst in solchen Fällen bei Zivilklagen **nicht** von der Gerichtsbarkeit befreit, wenn das Konsulatsmitglied aufgrund eines Vertrages verklagt wird, den es geschlossen hat, ohne dabei ausdrücklich zu erkennen gegeben zu haben im Auftrag des Entsendestaates zu handeln (Rechtsscheinhaftung), wenn die Klage von einem Dritten wegen eines Schadens angestrengt wird, der aus einem in der Bundesrepublik durch ein Land-, Wasser- oder Luftfahrzeug verursachten Unfall entstanden ist, z. B. bei Verkehrsunfällen.

2.9.2.2 Unverletzlichkeit

Für **Handlungen, die in Wahrnehmung konsularischer Aufgaben vorgenommen wurden**, genießen Mitglieder des VtP umfassenden Schutz vor staatlichen Eingriffen (Art. 43 Abs. 1 WÜK). **Im privaten Bereich** genießen Mitglieder des VtP nicht das Privileg der Unverletzlichkeit, sodass grundsätzlich Zwangsmaßnahmen durchgeführt werden dürfen. Ein Anspruch auf Wahrung der persönlichen Unverletzlichkeit besteht nicht und es gelten von den Konsularbeamten die Ausnahmen bei schweren strafbaren Handlungen. Gleichwohl sollte bei Zwangsmaßnahmen wegen Handlungen, die im privaten Bereich vorgenommen worden sind, die Eigenschaft als Mitglied der konsularischen Mission angemessen berücksichtigt werden.

2.9.2.3 Sonstige Privilegierungen

Bei folgenden Regelungsgegenständen gelten für das VtP dieselben Vorrechte wie für den Konsularbeamten bzw. Diplomaten:
Befreiung von Besteuerung (vgl. Art. 49 Abs. 1 WÜK),
Freizügigkeit (Art. 34 WÜK),
Befreiung von den Vorschriften über soziale Sicherheit und öffentlichen Dienstleistungen,
Ausländermelde- sowie Aufenthaltstitelpflicht (Art. 46, 47, 48, 52 WÜK).

Es ist jedoch zu beachten, dass diese Privilegien nicht in Anspruch genommen werden können, wenn sie eine private Erwerbstätigkeit des Mitglieds des VtP betreffen (Art. 57 Abs. 2 WÜK, Art. 47 Abs. 2 WÜK).

2.9.2.4 Zeugnisverweigerungsrecht

Für das VtP gilt dasselbe wie für die Konsularbeamten (vgl. Teil 2.8.2.5) – mit folgender Ausnahme: Verweigert das Mitglied des VtP in Bezug auf private Tätigkeitsbereiche die Aussage, können Zwangsmaßnahmen durchgeführt werden (Art. 44 Abs. 1 und Abs. 3 WÜK).

2.9.2.5 Befreiung von Zöllen und ähnlichen Abgaben

Das VtP ist bezüglich der Ersteinfuhr von persönlichen Gegenständen anlässlich der Versetzung nach Deutschland von Zöllen, Steuern und ähnlichen Abgaben befreit (Art. 50 Abs. 2 WÜK).

2.9.3 Familienmitglieder des VtP einer berufskonsularischen Vertretung

Die Familienmitglieder (Definition s. o. 2.1.1.2) von Mitgliedern des VtP genießen die gleichen Privilegien wie die Familienmitglieder von Konsularbeamten. Die Familienmitglieder eines Konsularbeamten, der deutscher Staatsangehöriger oder in der Bundesrepublik Deutschland ständig ansässig ist, genießen ebenso wenig Privilegien wie Familienmitglieder, die selbst die deutsche Staatsangehörigkeit besitzen oder ständig in DEU ansässig sind (Art. 71 Abs. 2 WÜK).

2.10 Mitglieder des dienstlichen Hauspersonals der berufskonsularischen Vertretungen (dHP) und ihre Familienmitglieder

Das WÜK definiert als Mitglieder des dHP jede als Hausbediensteter bei einer konsularischen Vertretung beschäftigte Person. Hierzu zählen bspw. Kraftfahrer, Pförtner, Boten, Gärtner, Köche und Nachtwächter.

Mitglieder des dHP sind von der Verpflichtung hinsichtlich der Erlangung einer **Arbeitserlaubnis**, den **Vorschriften über soziale Sicherheit**, von **Steuern und sonstigen Abgaben auf ihre Dienstbezüge** (Art. 49 Abs. 2 WÜK) und von **persönlichen und öffentlichen Dienstleistungen** befreit. Es ist jedoch zu beachten, dass diese Privilegien in Bezug auf eine evtl. private (Neben-)Erwerbstätigkeit nicht in Anspruch genommen werden können (Art. 57 Abs. 2 WÜK). Hinsichtlich des Zeugnisverweigerungsrechts gilt dasselbe wie für Konsularbeamte mit folgender Ausnahme: Verweigert das Mitglied des dHP in Bezug auf private Tätigkeitsbereiche die Aussage, können Zwangsmaßnahmen durchgeführt werden (Art. 44 Abs. 1 und Abs. 3 WÜK).

Darüber hinausgehende Privilegien genießt das dHP konsularischer Vertretungen nicht. **Familienmitglieder** des dHP genießen keine Privilegien.

Besonders zu beachten ist, dass das dHP und seine Familienmitglieder zwar grundsätzlich einen **Aufenthaltstitel** benötigen, hiervon jedoch im Falle der Gegenseitigkeit abgesehen werden kann (§ 27 Abs. 1 Nr. 1 AufenthV).

2.11 Privates Hauspersonal von Mitgliedern der berufskonsularischen Vertretung

Zum privaten Hauspersonal gehören Personen, die ausschließlich im privaten Dienst eines Mitglieds der konsularischen Vertretung beschäftigt sind, z. B. Kindermädchen, persönliche Hausangestellte, Fahrer und sonstige Hausangestellte. Für die Tätigkeit als privates Hauspersonal benötigen sie keine **Arbeitserlaubnis**. Das private Hauspersonal ist ferner von den **Vorschriften über soziale Sicherheit** befreit, sofern es den im Entsendestaat oder einem dritten Staat geltenden Vorschriften über soziale Sicherheit untersteht (Art. 48 Abs. 2 WÜK).

2.12 Ortskräfte der berufskonsularischen Vertretung

Ortskräfte (siehe Definition oben 2.5) genießen in der Bundesrepublik Deutschland keine Vorrechte und Befreiungen, da sie grundsätzlich wie ständig Ansässige (im Sinne des Art. 71 WÜK) behandelt werden, denen aus gesandtschaftsrechtlicher Sicht kein Sonderstatus erteilt werden muss.

Wegen ihrer Einbindung in die Amtshandlungen der konsularischen Vertretung (etwa bei Visumerteilungen) ist fraglich, ob zumindest Raum für eine analoge Anwendung des Artikel 71 Absatz 1 WÜK besteht und Amtshandlungsimmunität gewährt werden sollte. Jedenfalls darf der Empfangsstaat seine Befugnisse ggü. den Ortskräften nicht in einer Weise ausüben, die die Mission bei der Wahrnehmung ihrer Aufgaben ungebührlich behindert (s. Art. 71 Abs. 2 WÜK, der hier zumindest insoweit analog anzuwenden ist).

2.13 Honorarkonsularbeamte, Mitarbeiter und Personal in Honorarkonsulaten und ihre Familienmitglieder

2.13.1 Honorarkonsularbeamte

Zu den Honorarkonsularbeamten zählen nach dem WÜK Honorargeneralkonsuln und Honorarkonsuln.

1. Titel. Gerichtsbarkeit § 18 GVG

2.13.2 Vorrechte und Befreiungen des Honorarkonsularbeamten

Der Honorarkonsularbeamte besitzt in der Regel die deutsche Staatsangehörigkeit oder ist in der Bundesrepublik ständig ansässig. Er genießt in dem Fall lediglich Befreiung von der Gerichtsbarkeit (Immunität) und Schutz vor hoheitlichen Maßnahmen (persönliche Unverletzlichkeit) in Bezug auf seine bei der Wahrnehmung konsularischer Aufgaben vorgenommen Amtshandlungen (Art. 71 Abs. 1 WÜK). Diese sogenannte **Amtshandlungsimmunität** ist enger als die den Berufskonsularbeamten zustehende **Amtsimmunität** (vgl. Art. 43 WÜK sowie oben 2.8.2.1). Sie umfasst nur die Amtshandlung selbst, nicht aber andere – von der Amtsimmunität noch erfasste – Handlungen, die mit der eigentlichen Amtshandlung lediglich in einem engen zeitlichen Zusammenhang stehen. Folglich besteht z. B. bei Kfz-Fahrten von Honorarkonsuln ein Schutz nur in solchen Fällen, in denen der Gebrauch des Fahrzeuges selbst als konsularische Amtshandlung anzusehen ist (z. B. beim Transport eines diplomatischen oder konsularischen Kuriers). Von der Amtshandlungsimmunität nicht erfasst sind deshalb z. B. tägliche Fahrten zum Dienst.

Ist der Honorarkonsularbeamte **nicht** deutscher Staatsangehöriger und bei Übernahme des Amtes nicht in Deutschland ständig ansässig, dann genießt er Amtsimmunität und unterliegt wie ein Berufskonsularbeamter wegen Handlungen, die er in Wahrnehmung konsularischer Aufgaben vorgenommen hat, weder der deutschen Gerichtsbarkeit noch Eingriffen deutscher Verwaltungsbehörden (persönliche Unverletzlichkeit im dienstlichen Bereich). Im Übrigen besteht gemäß Artikel 64 WÜK die Verpflichtung, dem entsandten Honorarkonsularbeamten den aufgrund seiner amtlichen Stellung erforderlichen Schutz zu gewähren. Dies kann etwa besondere Maßnahmen zum Schutz der körperlichen Unversehrtheit beinhalten oder auch darin bestehen, Angriffe auf die Freiheit und Würde des Honorarkonsularbeamten zu unterbinden.

Außerdem genießen diese Honorarkonsularbeamten Befreiung von
der Ausländermelde- und Aufenthaltstitelpflicht, soweit der Honorarkonsul nicht im Bundesgebiet einen freien Beruf oder eine gewerbliche Tätigkeit ausübt, welche auf persönlichen Gewinn gerichtet ist (Art. 65 WÜK, vgl. Teil 3.A.1),
der Besteuerung hinsichtlich seiner Bezüge, die er für seine amtliche Tätigkeit erhält (Art. 66 WÜK), persönlichen Dienstleistungen und Auflagen (Art. 67 WÜK).

Honorarkonsulbeamten stehen in der Bundesrepublik Deutschland Vorrechte und Befreiungen in der Regel nur für die Dauer ihrer Zulassung durch die Bundesregierung zu.

Wird ein Honorarkonsulbeamter festgenommen, in Untersuchungshaft genommen oder wird gegen ihn ein Strafverfahren eingeleitet, muss die Bundesrepublik unverzüglich den Entsendestaat auf diplomatischem Wege benachrichtigen. Dies gilt auch, wenn er, was in der Regel der Fall sein dürfte, als deutscher Staatsangehöriger oder in Deutschland ständig Ansässiger in seinen Privilegien beschränkt sein sollte (Art. 71 Abs. 1 WÜK).

Für nichtamtliche Handlungen genießen Honorarkonsulbeamten weder Befreiung von der Gerichtsbarkeit noch Schutz vor hoheitlichen Maßnahmen (Art. 63 WÜK), allerdings sollte bei der Durchführung eines Strafverfahrens ihre amtliche Stellung gebührend berücksichtigt werden. Hinsichtlich eines Zeugnisverweigerungsrechts gilt dasselbe wie für Konsularbeamte (s. o. – 2.8.2.5).

2.13.3 Familienmitglieder des Honorarkonsularbeamten

Die Familienmitglieder (Definition s. o. Teil 2.1.1.2) von Honorarkonsulbeamten genießen keine Privilegien.

2.13.4 In der honorarkonsularischen Vertretung tätige Berufskonsularbeamte, VtP und dHP im Honorarkonsulat und ihre Familienmitglieder

Die zeitweise oder dauerhafte Unterstützung eines Honorarkonsularbeamten durch Berufskonsularbeamte ist gesandtschaftsrechtlich zulässig. In solchen Fällen genießen Berufskonsularbeamte, die VtP und das dHP weiterhin die Privilegien, die sie auch in anderen Konsulaten genießen würden (vgl. oben). Die Familienmitglieder der Berufskonsularbeamten sind ebenfalls gesandtschaftsrechtlich privilegiert, nicht jedoch die Familienmitglieder des VtP und dHP (Art. 58 Abs. 1 und Abs. 3 WÜK).

2.13.5 Bedienstete Internationaler Organisationen, Vertreter der Mitgliedstaaten und Kongressteilnehmer sowie Durchreisende

2.13.5.1 Vorrechte und Immunitäten für Vertreter der Mitgliedstaaten und Bedienstete Internationaler Organisationen, ihre Familienmitglieder sowie die im Auftrag der betreffenden Organisationen tätigen Sachverständigen

Der Umfang der gewährten Vorrechte und Immunitäten für Vertreter der Mitgliedstaaten und Bedienstete Internationaler Organisationen, ihre Familienmitglieder sowie die im Auftrag der betreffenden Organisationen tätigen Sachverständigen richtet sich nach dem jeweiligen, auf die Internationale Organisation anwendbaren völkerrechtlichen Vereinbarungen und dazu erlassenen innerstaatlichen Vorschriften.[1] Diese sind je nach Aufgabe der Organisation unterschiedlich ausgestaltet. Eine abschließende Darstellung der für diesen Personenkreis in Betracht kommenden Vorrechte und Befreiungen kann an dieser Stelle nicht erfolgen.

Für die Vereinten Nationen (VN) sind von besonderer Bedeutung das Übereinkommen vom 13. Februar 1946 über die Vorrechte und Immunitäten der Vereinten Nationen[2] sowie das Abkommen vom 21. November 1947 über die Vorrechte und Befreiungen der Sonderorganisationen der Vereinten Nationen,[3] seit 1995 auch das mit den VN unterzeichnete Sitzstaatabkommen für das VN-Freiwilligenprogramm.[4] Es gilt als Rahmenabkommen auch für andere Organisationen aus dem Bereich der Vereinten Nationen und wird durch das Rechtsstatut der konkret betroffenen Organisation jeweils mit Einschränkungen oder Ergänzungen versehen.

Für die EU ist das Protokoll über die Vorrechte und Befreiungen der Europäischen Union[5] maßgebend.

Folgende Bedienstete Internationaler Organisationen genießen während der Wahrnehmung ihrer dienstlichen Aufgaben innerhalb der Bundesrepublik Deutschland **in der Regel** Vorrechte und Immunitäten aufgrund völkerrechtlicher Vereinbarungen und innerstaatlichen Rechts:
Vertreter der Mitgliedstaaten und deren Familienmitglieder (Definition s. o. 2.1.1.2),
Bedienstete Internationaler Organisationen und deren Familienmitglieder,
die im Auftrag der betreffenden Organisationen tätigen Sachverständigen.

Eine aktuelle Liste der in Deutschland tätigen Internationalen Organisationen, die auch die Namen ihrer Bediensteten, der Organe und der Staatenvertreter mit diplomatenähnlichen Sonderstatus enthält, ist auf der Homepage des Auswärtigen Amts zu finden unter: http://www.auswaertigesamt.de/cae/servlet/contentblob/332544/publicationFile/194407/VertretungenFremderStaat enListeIO.pdf

2.13.5.2 Vorrechte und Immunitäten für Teilnehmer an Kongressen, Seminaren oder ähnlichen Veranstaltungen der Vereinten Nationen, ihrer Sonderorganisationen oder der durch zwischenstaatliche Vereinbarungen geschaffenen Organisationen unter dem Schirm der Vereinten Nationen

Für die Vorrechte und Immunitäten von **Teilnehmern an Kongressen, Seminaren oder ähnlichen Veranstaltungen der Vereinten Nationen,** ihrer Sonderorganisationen oder der durch zwischenstaatliche Vereinbarungen geschaffenen Organisationen unter dem Schirm der Vereinten Nationen, die mit ausdrücklicher Zustimmung der Bundesregierung in der Bundesrepublik Deutschland stattfinden, gilt das Übereinkommen von 1946 über die Vorrechte und Immunitäten der Vereinten Nationen (VN-Privilegienabkommen, s. dazu Art. 3 Abs. 2 des Gesetzes vom 16. August 1980, BGBl. 1980 II, 941) bzw. das jeweilige Sitzstaatabkommen. Außerdem werden bisweilen Konferenzabkommen geschlossen, aus denen sich die gewährten Vorrechte und Befreiungen ergeben. Diese orientieren sich i. d. R. weitestgehend an den Regelungen des o. g. VN-Privilegienabkommens von 1946.

Teilnehmer an derartigen Veranstaltungen, die weder Staatenvertreter noch Bedienstete oder Sachverständige der veranstaltenden Organisation sind, genießen nach Artikel 3 Absatz 2 und 3 des Gesetzes vom 16. August 1980 zum o. g. VN-Privilegienabkommen diejenigen Vorrechte und Immunitäten, die im Auftrag der Vereinten Nationen tätigen Sachverständigen i. S. dieses Abkommens zustehen.

2.13.5.3 Konferenzteilnehmer mit deutscher Staatsangehörigkeit oder Teilnehmer, die in Deutschland ständig ansässig sind

Für Konferenzteilnehmer, die Deutsche im Sinne des Grundgesetzes sind (und die einen gültigen Reisepass oder Personalausweis besitzen) oder die in der Bundesrepublik Deutschland ständig ansässig sind, gelten die durch Privilegienabkommen gewährten Vorrechte und Immunitäten i. d. R. nur in eingeschränktem Maße. Entscheidend ist hier auf das jeweilige Abkommen abzustellen. Oftmals werden folgende Vorrechte gewährt:
Befreiung von jeder Gerichtsbarkeit hinsichtlich der von ihnen in Wahrnehmung ihrer Aufgaben vorgenommenen Handlungen; die vorgesehene Befreiung von der Gerichtsbarkeit gilt jedoch nicht für Ver-

---

[1] Eine Zusammenstellung der völkerrechtlichen Übereinkünfte und der damit in Zusammenhang stehenden Rechtsvorschriften, aufgrund derer Personen, insbesondere Bedienstete von Internationalen Organisationen aus anderen Staaten, in der Bundesrepublik Deutschland besondere Vorrechte und Befreiungen genießen, ist in dem vom Bundesministerium der Justiz und für Verbraucherschutz jährlich als Beilage zum Bundesgesetzblatt Teil I herausgegebenen Fundstellennachweis A und die Beilage zum Bundesgesetzblatt Teil II herausgegebenen Fundstellennachweis B enthalten. Nähere Auskunft erteilt das Auswärtige Amt, Referat OR02, unter der Rufnummer 0228–9917-2633, 9.00–16.00 Uhr.
[2] BGBl. 1980 II, S. 941.
[3] BGBl. 1954 II, S. 639.
[4] BGBl. 1996 II, S. 903.
[5] BGBl. 1965 II, 1482.

1. Titel. Gerichtsbarkeit § 18 GVG

stöße gegen das Straßenverkehrsrecht bei Schäden, die durch ein Motorfahrzeug verursacht wurden, das einem Teilnehmer gehört oder von einem solchen gesteuert wurde,
Unverletzlichkeit aller Papiere und Schriftstücke,
Recht zur Verwendung von Verschlüsselungen für ihren Verkehr mit der veranstaltenden Organisation sowie zum Empfang von Papieren und Korrespondenz durch Kurier oder in versiegelten Behältern.

2.13.5.4 Durchreisende

Der unter 2.13.5.1 und 2.13.5.2 genannte Personenkreis kann auf einer dienstlichen Reise durch das Gebiet der Bundesrepublik Deutschland Immunität genießen (Art. 40 WÜD-vergleichbare Regelungen, s. a. die Ausführungen unter 2.6).

Unabhängig hiervon sind durchreisende Diplomatenpassinhaber anderer Staaten stets mit besonderer Höflichkeit zu behandeln, da dem internationalen Ansehen der Bundesrepublik Deutschland anderenfalls geschadet werden kann, s. hierzu oben Ausführungen unter A und Ziff. 2.1.1.1. Anlass und Rechtfertigung von Kontrollmaßnahmen sowie die angestellten Ermessenserwägungen sind umfassend schriftlich festzuhalten, s. zu diesem Dokumentationserfordernis im Einzelnen oben unter Ziff. 2.1.2.2.1.

C. Vorgehen bei Zweifeln über den Status einer Person

1. Feststellung der Personalien

Allgemein zur Feststellung von Personalien ermächtigte Behörden und Beamte sind befugt, Namen und Anschrift von Personen festzustellen, sofern dies sachlich notwendig ist. Beruft sich eine Person auf Vorrechte und Befreiungen, so kann verlangt werden, dass der Nachweis durch Vorlage entsprechender Urkunden, insbesondere durch die in Teil 6 genannten Ausweise (Protokollausweise), den Diplomatenpass oder auf andere Weise geführt wird.

Es ist jedoch unerlässlich, die betroffene Person mit besonderer Höflichkeit zu behandeln, damit die Maßnahme keine negativen und evtl. politischen Reaktionen hervorruft.

2. Ansprechpartner

In eiligen Zweifelsfällen kann
unmittelbar beim Auswärtigen Amt (unter der Rufnummer 030–5000-3411 bzw. 0228–99172633 von 9.00–16.00 Uhr, ansonsten im Lagezentrum unter der Rufnummer 030–50002911) über Mitglieder diplomatischer Missionen, über Angehörige der konsularischen Vertretungen und über Bedienstete Internationaler Organisationen,
und hilfsweise auch bei den Staats-/Senatskanzleien der Länder über Angehörige der konsularischen Vertretungen
Auskunft eingeholt werden. Anhaltspunkte, die für oder gegen die Zugehörigkeit der Person zu einer in der Bundesrepublik Deutschland errichteten diplomatischen oder konsularischen Vertretung oder einer zwischenstaatlichen oder überstaatlichen Organisation sprechen, sind hierbei mitzuteilen.

3. Listen diplomatischer Missionen und konsularischer Vertretungen, Internationaler Organisationen sowie sonstiger Vertretungen

Aktuelle Listen der diplomatischen Missionen und konsularischen Vertretungen, Internationaler Organisationen sowie sonstiger Vertretungen, die auch die Namen der diplomatischen Mitglieder enthalten, werden bei Ref. 703 bzw. Ref. OR02 geführt (nicht alle Leiter Internationaler Organisationen haben einen Diplomatenstatus) und sind auf der Homepage des Auswärtigen Amts unter http://www.-auswaertigesamt.de/DE/Laenderinformationen/VertretungenFremderStaatenA-ZLaenderauswahlseite_node.html zu finden. Darüber hinaus erscheint ein- bis zweimal jährlich eine Liste im Bundesanzeiger-Verlag, Postfach 100534, 50445 Köln unter dem Titel: „Diplomatische und konsularische Vertretungen in der Bundesrepublik Deutschland". Das Verzeichnis ist im Buchhandel erhältlich. Eine Bestellung kann auch telefonisch unter 022197668-200 oder unter http://www.bundesanzeiger.de erfolgen.

D. Weitere bevorrechtigte Personen und Personengruppen

1. Rüstungskontrolleure

Teilnehmer an Inspektionen zur Rüstungskontrolle und an vertrauens- und sicherheitsbildenden Maßnahmen (VSBM) genießen Vorrechte und Befreiungen gemäß entsprechender völkerrechtlicher Verträge über Abrüstung, Rüstungskontrolle und VSBM.

Dazu zählen bei Maßnahmen anderer Staaten in der Bundesrepublik Deutschland insbesondere die Erteilung unentgeltlicher Visa für die Inspektoren und bei Vorliegen der gesetzlichen Voraussetzungen die Gewährleistung ihrer Einreise in die Bundesrepublik Deutschland innerhalb der in den internationalen Rüstungskontrollverträgen/Abkommen festgelegten Fristen.

Schmitt

Bei eigenen Maßnahmen in fremden Staaten haben deutsche Inspektoren das Recht, bei entsprechender Notwendigkeit die Hilfe der jeweiligen deutschen Botschaft oder anderen zuständigen deutschen diplomatischen Vertretung zur Sicherstellung des Auftrags in Anspruch zu nehmen.

2. Angehörige von Streitkräften anderer Staaten

2.1 Besatzungen von Staatsschiffen und Staatsluftfahrzeugen

Ausländische Kriegsschiffe und andere hoheitlichen Zwecken dienende Staatsschiffe und Staatsluftfahrzeuge genießen aufgrund Völkergewohnheitsrechts Vorrechte und Befreiungen.

Zwangsmaßnahmen an Bord von hoheitlichen Zwecken dienenden Staatsschiffen sind generell unzulässig. Besatzungsmitglieder und Passagiere partizipieren an dieser Befreiung, sofern sie sich an Bord des Staatsschiffs befinden. Befreiungen bei Staatsluftfahrzeugen entsprechen jenen bei Staatsschiffen. An Bord von fremden Staatsluftfahrzeugen und gegen solche dürfen daher keine hoheitlichen Maßnahmen eines fremden Staates unternommen werden. An der Exemtion partizipieren Besatzungsmitglieder und Passagiere, sofern sie sich an Bord des Staatsluftfahrzeugs befinden.

Diese völkerrechtlichen Regelungen gelten nur vorbehaltlich anderweitiger vertraglicher Bestimmungen. Solche existieren für Besatzungsmitglieder von Kriegsschiffen aus NATO-Staaten nach dem NATO-Truppenstatut und dem Zusatzabkommen zum NATO-Truppenstatut. Hinsichtlich des Inhalts der in diesen Abkommen enthaltenen Privilegien wird auf Teil 4.A verwiesen.

2.2 Verbände ausländischer Streitkräfte

Kraft Völkergewohnheitsrechts genießen Mitglieder der Streitkräfte funktionale Immunität vor der Gerichtsbarkeit des Empfangsstaats, sofern sie hoheitlich-dienstlich tätig werden. Wenn sich Truppen auf fremdem Staatsgebiet mit Einverständnis des Empfangsstaats aufhalten, wird ihr Status allerdings in der Regel vertraglich geregelt. Hinsichtlich der NATO-Mitgliedstaaten und Teilnehmerstaaten der NATO-Partnerschaft für den Frieden (PfP) wird auf Teil 4 verwiesen.

3. Kuriere und Kurierverkehr

3.1 Schutz diplomatischer und konsularischer Kuriere

Diplomatische oder konsularische Kuriere sowie ihnen gleichgestellte Personen genießen, soweit sie ein amtliches Schriftstück mitführen, aus welchem ihre Stellung hervorgeht („Kurierausweis"), umfassenden Schutz vor hoheitlichen Zwangsmaßnahmen. Dies gilt insbesondere für den Schutz vor Festnahme und Untersuchungshaft. Dabei ist zu beachten, dass die Gewährung dieser Privilegierung zeitlich auf die Anreise in den Empfangsstaat, ggf. mit Zwischenstopp in einem Drittstaat (vgl. Art. 40 Abs. 3 WÜD, Art. 54 Abs. 3 WÜK), den Aufenthalt im Empfangsstaat und die Rückkehr in den Entsendestaat zu beschränken ist.

In der deutschen Praxis unterliegt der Kurier zwar den Sicherheitskontrollen an den Flughäfen. Er ist jedoch wegen des umfassenden Schutzes vor Zwangsmaßnahmen berechtigt, die Leibesvisitationen zu verweigern (Art. 27 Abs. 5 WÜD, Art. 35 Abs. 5 WÜK). In einem solchen Fall ist der Kurier darauf hinzuweisen, dass er von der Beförderung ausgeschlossen wird, wenn er sich nicht freiwillig der Personenkontrolle und der Kontrolle seines persönlichen Gepäcks (nicht aber der Kontrolle des amtlichen Kurierpäcks) unterzieht. Hält der Kurier seine Weigerung aufrecht, darf er den Kontrollpunkt nicht passieren.

Fungieren Diplomaten oder Konsularbeamten als Kuriere, genießen sie die ihnen als Diplomaten/ Konsularbeamten zustehenden Vorrechte, so bspw. die Befreiung von der Kontrolle ihres **persönlichen Gepäcks**. Dies schließt nicht die Befreiung des Gepäcks von den Luftsicherheitskontrollen ein (s. hierzu 2.1.2.5.2). Eine Befreiung von den Luftsicherheitskontrollen gilt nur für Kuriergepäck (siehe unten 4.1).

3.2 Schutz des Kurierverkehrs und der amtlichen Korrespondenz

Die Bundesrepublik Deutschland gestattet und schützt den freien Verkehr eines sich in der Bundesrepublik aufhaltenden Staatsoberhauptes, des Chefs oder Ministers einer anderen Regierung oder des Chefs einer diplomatischen Mission, einer konsularischen oder sonstigen Vertretung, der dieses Recht eingeräumt wurde, für alle amtlichen Zwecke. Daraus folgt, dass sich diese im Verkehr mit anderen amtlichen Vertretungen des Entsendestaates aller geeigneten Mittel einschließlich Kurieren und verschlüsselten Nachrichten bedienen können, des Funkverkehrs jedoch nur nach Antrag an das Auswärtige Amt und mit Zustimmung der Bundesnetzagentur, wenn Gegenseitigkeit besteht (s. a. Art. 27 Abs. 1 WÜD, Art. 35 Abs. 1 WÜK).

Gemäß Artikel 27 Absatz 2 WÜD sowie Artikel 35 Absatz 2 WÜK ist auch zu beachten, dass die gesamte amtliche Korrespondenz, welche die Mission oder konsularische Vertretung und ihre Aufgaben betrifft, unverletzlich ist, auch wenn sie nicht als diplomatisches oder konsularisches Kuriergepäck gekennzeichnet und befördert wird. Die amtliche Korrespondenz darf daher in keiner Weise beeinträchtigt, d. h. weder geöffnet oder durchsucht noch beschlagnahmt werden.

4. Schutz des Kuriergepäcks

4.1 Grundsatz

Diplomatisches und konsularisches Kuriergepäck darf weder geöffnet noch zurückgehalten werden. Auch die Durchleuchtung und die Identifizierung des Inhalts mit elektronischen Mitteln sind unzulässig (s. a. für Luftsicherheitskontrollen Anlage M zum Nationalen Luftsicherheitsprogramm, Teil A, Nr. 4).

4.2 Ausnahmen für diplomatisches Kuriergepäck

Eine Ausnahme von diesem Grundsatz für **diplomatisches Kuriergepäck** ist vom WÜD nicht vorgesehen. In der deutschen Praxis kann lediglich in dringenden Verdachtsfällen hinsichtlich eines besonders gravierenden Missbrauchs der Unverletzlichkeit von Kuriergepäck im äußersten Notfall im Beisein eines Botschaftsmitgliedes eine Überprüfung (Durchleuchtung) gefordert werden. Voraussetzungen dafür sind eine Weisung des Auswärtigen Amtes und die Vornahme einer umfassenden Güterabwägung mit dem Ergebnis, dass es sich um einen rechtfertigenden Notstand handelt (bspw. bei Gefahr für Leib und Leben bei Weiterbeförderung, etwa wenn eindeutige Hinweise darauf vorliegen, dass Sprengstoff im Kuriergepäck befördert wird). Verweigert der Entsendestaat die Überprüfung, kommt nur eine Rücksendung an den Ursprungsort in Betracht. Andere Maßnahmen (Öffnung eines Einverständnis des Entsendestaates) dürften nur dann ergriffen werden, wenn andernfalls unmittelbar lebensgefährliche Bedrohungen für Rechtsgüter im Empfangsstaat (bspw. bei Beförderung radioaktiven Materials) zu befürchten sind.

4.3 Ausnahmen für konsularisches Kuriergepäck

Für konsularisches Kuriergepäck ist in Artikel 35 Absatz 3 WÜK eine ausdrückliche Ausnahme vom Verbot der Öffnung und Zurückbehaltung vorgesehen. Wenn die zuständigen deutschen Behörden triftige Gründe für die Annahme haben, dass das konsularische Kuriergepäck nicht nur amtliche Korrespondenz bzw. für den amtlichen Gebrauch bestimmte Schriftstücke oder Gegenstände enthält, können sie die Öffnung durch einen ermächtigten, d. h. entsprechend ausgewiesenen (amtlicher Kurierausweis, Diplomatenausweis, evtl. in Verbindung mit einer besonderen Vollmacht) Vertreter des Entsendestaates in Gegenwart eines Vertreters der deutschen Behörden verlangen. Lehnen die Behörden des Entsendestaates eine Öffnung ab, ist das Gepäck zurückzuschicken. Eine zwangsweise Öffnung ist nicht zulässig.

4.4 Verfahren bei Missbrauch des Schutzes von Kuriergepäck

Für die Abfertigung der Kuriere ergibt sich aus dem Vorgesagten, dass bei begründetem Verdacht auf eine missbräuchliche Nutzung des gesandtschaftsrechtlich geschützten Kuriergepäcks in jedem Fall sofort auf dem Dienstweg Weisung einzuholen ist, wie verfahren werden soll.

4.5 Vorschriften zur Beförderung des Kuriergepäcks

Kuriergepäck kann befördert werden

a) **durch einen diplomatischen oder konsularischen Kurier.** Dieser muss ein amtliches Schriftstück mit sich führen, aus dem seine Stellung und die Anzahl der Gepäckstücke ersichtlich ist, aus denen das diplomatische oder konsularische Kuriergepäck besteht. Der Kurier genießt persönliche Unverletzlichkeit und unterliegt keiner Festnahme oder Haft (Art. 27 Abs. 5 WÜD, Art. 35 Abs. 5 WÜK).

b) als diplomatisches oder konsularisches Kuriergepäck **durch den verantwortlichen Flugzeugführer (Kommandanten) eines im gewerblichen Luftverkehr eingesetzten Luftfahrzeuges,** dessen Bestimmungsort ein zugelassener Einreiseflugplatz ist. Der Kommandant muss ein amtliches Schriftstück mit sich führen, aus dem die Anzahl der Gepäckstücke ersichtlich ist, die das Kuriergepäck bilden. Er gilt jedoch nicht als diplomatischer oder konsularischer Kurier. Ein entsandtes Mitglied einer diplomatischen Mission oder konsularischen Vertretung darf nicht daran gehindert werden, das Kuriergepäck unmittelbar von dem Kommandanten entgegenzunehmen, wobei in Bezug auf konsularisches Kuriergepäck eine entsprechende Abmachung mit den zuständigen Ortsbehörden zur Voraussetzung gemacht werden darf (Art. 27 Abs. 7 WÜD, Art. 35 Abs. 7 WÜK).

c) als diplomatisches oder konsularisches Kuriergepäck **durch den Kapitän eines Seeschiffes,** dessen Bestimmungsort ein zugelassener Einreisehafen ist. Der Kapitän muss ein amtliches Schriftstück mit sich führen, aus dem die Anzahl der Gepäckstücke ersichtlich ist, die das Kuriergepäck bilden. Er gilt jedoch nicht als diplomatischer oder konsularischer Kurier. Ein entsandtes Mitglied der diplomatischen oder konsularischen Vertretung darf nicht daran gehindert werden, das Kuriergepäck unmittelbar von dem Kapitän entgegenzunehmen (Art. 35 Abs. 7 WÜK im Bereich des WÜD analog angewendet worden).

4.6 Kennzeichnung des Kuriergepäcks

Gepäckstücke, die das Kuriergepäck bilden, müssen äußerlich sichtbar als solche gekennzeichnet sein (Art. 27 Abs. 4 WÜD, Art. 35 Abs. 4 WÜK). Der Kurier, der Kuriergepäck befördert, muss ein amtliches Schriftstück mit sich führen, aus dem seine Stellung und die Anzahl der Gepäckstücke ersichtlich ist, die das Kuriergepäck bilden.

4.7 Zollabfertigung des Kuriergepäcks

Für die Zollabfertigung von diplomatischem und konsularischem Kuriergepäck gelten die Weisungen in der Kennung Z 2554 der vom Bundesministerium der Finanzen herausgegebenen Vorschriftensammlung Bundesfinanzverwaltung, VSF.

Teil 2
Bevorrechtigung und Schutz diplomatischer Missionen, konsularischer Vertretungen, Internationaler Organisationen und sonstiger Vertretungen

A. Diplomatische Missionen

1. Unterstützungspflicht des Empfangsstaates

Der diplomatischen Mission ist zur Wahrnehmung ihrer Aufgaben jede Erleichterung zu gewähren (Art. 25 WÜD). Diese allgemeine Beistandspflicht beinhaltet einerseits die Verpflichtung des Empfangsstaates, der ausländischen Mission jede ihm mögliche und zumutbare Hilfeleistung zur Sicherstellung der Funktionsfähigkeit der ausländischen Mission zu gewähren. Andererseits muss der Empfangsstaat Maßnahmen unterlassen, die die diplomatischen Vertretungen und ihre Mitglieder bei der wirksamen Wahrnehmung der ihnen nach dem WÜD übertragenen Aufgaben nachhaltig behindern könnte.

Die Vorschrift beinhaltet für den Empfangsstaat u. a. die Verpflichtung, freien Zugang zur ausländischen Mission zu gewähren. Diese Verpflichtung gilt v. a. für den Zugang von Staatsangehörigen des Entsendestaates, aber grundsätzlich auch für Staatsangehörige des Empfangsstaates. Zugangsbehinderungen bedürfen der besonderen Begründung (bspw. Sicherheitserwägungen) und müssen verhältnismäßig sein.

2. Schutz der Räumlichkeiten und Sachmittel der Mission

2.1 Unverletzlichkeit (Art. 22 WÜD)

Die Räumlichkeiten der Mission, d. h. die Residenz des Missionschefs, die Botschaftskanzlei und die für amtliche Zwecke genutzten Räume und Gebäudeteile sowie das dazugehörige Gelände und die Beförderungsmittel der Mission sind **unverletzlich**. Das Gebäude, die Räume und das Grundstück sind dadurch jedoch nicht „exterritorial" – es handelt sich weiterhin um Hoheitsgebiet der Bundesrepublik Deutschland. Die Vornahme von Hoheitsakten durch deutsche Behörden ist dort jedoch ausgeschlossen (uneingeschränkte deutsche Gebietshoheit, aber eingeschränkte Rechtshoheit). Die Räumlichkeiten, ihre Einrichtung und die sonstigen darin befindlichen Gegenstände sowie die Beförderungsmittel genießen **Befreiung von jeder Durchsuchung, Beschlagnahme, Pfändung oder Vollstreckung** (Art. 22 Abs. 3 WÜD). Vertreter deutscher Behörden dürfen die Räumlichkeiten einer Mission nur mit **Zustimmung des Leiters** betreten (Art. 22 Abs. 1 Satz 2 WÜD).

Daraus ergibt sich für die zuständige Behörde die besondere Pflicht, durch geeignete Maßnahmen die Missionsräumlichkeiten vor jedem Eindringen und jeder Beschädigung zu schützen und zu verhindern, dass der Friede der Mission gestört oder ihre Würde beeinträchtigt wird (Art. 22 Abs. 1, 2 WÜD).

Praxisrelevante Beispiele:

Da der Empfangsstaat **auf dem Missionsgelände und in anderen geschützten Räumlichkeiten keine Hoheitsakte vornehmen darf,** sind Zustellungen sowie jede andere Form der **Aushändigung von Hoheitsakten** – auch mit einfachem Brief per Post – **unzulässig**. Unter den Begriff „Hoheitsakt" fallen Verfügungen, Entscheidungen, Anordnungen und andere Maßnahmen, mit denen Behörden, Gerichte oder sonstige Träger von hoheitlicher Gewalt ein bestimmtes Handeln, Dulden oder Unterlassen fordern, oder die verbindlichen Feststellungs- bzw. Entscheidungscharakter haben. Es handelt sich hierbei vor allem um Verwaltungsakte (§ 35 VwVfG) sowie Gerichtsurteile und -beschlüsse, aber auch vorbereitende Maßnahmen wie Anhörungsbögen.

Ausnahmsweise dürfen Verwaltungsakte (z. B. Steuerbescheide) per Post an die Mission gesandt werden, sofern die Mission die Erteilung des Verwaltungsaktes ausdrücklich beantragt hat.

Verbotswidrig abgestellte **Dienstwagen** dürfen nicht **abgeschleppt, sondern höchstens aus der Gefahrenzone verbracht** werden, wenn Leib und Leben anderer Personen gefährdet sind.

Die **Zwangsvollstreckung** in den Räumlichkeiten und in Gegenstände der Mission sowie in ihre Immobilien ist unzulässig.

Öffnen des Kofferraums der Dienst-Kfz und Durchsuchen des mitgeführten Gepäcks sind unzulässig.

Abhörmaßnahmen sind unzulässig.

Bei Unglücksfällen auf dem Grundstück der Mission gilt Folgendes:

Grundsätzlich ist auch in einem solchen Fall z. B. die Feuerwehr oder das Technische Hilfswerk gehalten, die Genehmigung des Missionschefs oder seines Vertreters zum Betreten des Grundstücks einzuholen. Ist dies nicht möglich, ist es zweckmäßig, unverzüglich das Auswärtige Amt – Protokoll – Berlin (030–5000-2424 von 9.00–16.00 Uhr, ansonsten: 030–5000-2911) zu unterrichten. Ist wegen der Dringlichkeit der Maßnahmen (z. B. wg. Gefährdung von Menschenleben) ein sofortiges Eingreifen geboten, so ist der verantwortliche Leiter der Rettungskräfteeinheit nach pflichtgemäßem Ermessen berechtigt, das Betreten anzuordnen. Die Hilfsmaßnahmen haben sich auf das zur Abwehr der Gefahr Erforderliche zu beschränken.

2.2 Befreiung der Mission von der Gerichtsbarkeit (Immunität)

Botschaften haben keine eigene Rechtspersönlichkeit. Sie handeln stets nur im Namen des Staates, den sie vertreten. Dieser ist nach dem völkergewohnheitsrechtlichen Grundsatz der Staatenimmunität im Bereich seiner hoheitlichen Tätigkeit von der Gerichtsbarkeit anderer Staaten befreit.

2.3 Schutz des Missionsvermögens

Die Archive und Schriftstücke der Mission sind jederzeit unverletzlich, wo immer sie sich befinden (Art. 24 WÜD).

Auf Grundlage des völkergewohnheitsrechtlich anerkannten Grundsatzes, wonach die Arbeit und Funktionsfähigkeit der ausländischen Mission nicht behindert werden soll („ne impediatur legatio") ist in Deutschland höchstrichterlich anerkannt, dass in Bankkonten ausländischer Missionen, soweit diese für den Zahlungsverkehr zur Erfüllung der Aufgaben der diplomatischen Mission dienen, nicht vollstreckt werden darf.

2.4 Berechtigung zum Führen von Hoheitszeichen

Diplomatische Missionen haben das Recht, die Hoheitszeichen ihres Staates (Flagge, Wappen usw.) zu führen (Art. 20 WÜD).

B. Konsularische Vertretungen

1. Unterstützungspflicht des Empfangsstaates

Den konsularischen Vertretungen ist bei der Wahrnehmung ihrer Aufgaben jede Erleichterung zu gewähren (Art. 28 WÜK). Der Empfangsstaat ist hierdurch einerseits verpflichtet, der konsularischen Vertretung jede ihm mögliche und zumutbare Hilfeleistung zur Sicherstellung der Funktionsfähigkeit der Vertretung zu gewähren. Andererseits muss der Empfangsstaat Maßnahmen unterlassen, die die konsularischen Vertretungen und ihre Mitglieder bei der wirksamen Wahrnehmung der ihnen nach dem WÜK übertragenen Aufgaben nachhaltig behindern könnte.

Die Vorschrift beinhaltet für den Empfangsstaat u. a. die Verpflichtung, freien Zugang zur ausländischen Mission zu gewähren. Diese Verpflichtung gilt v. a. für den Zugang von Staatsangehörigen des Entsendestaates, aber grundsätzlich auch für Staatsangehörige des Empfangsstaates. Zugangsbehinderungen bedürfen der besonderen Begründung (bspw. Sicherheitserwägungen) und müssen verhältnismäßig sein.

2. Schutz der Räumlichkeiten der konsularischen Vertretung

2.1 Schutz der Räumlichkeiten bei berufskonsularischen Vertretungen

Für die Räumlichkeiten der konsularischen Vertretung gilt grundsätzlich dasselbe wie für die Räumlichkeiten einer diplomatischen Mission (vgl. Teil 2.A). Artikel 31 Absatz 4 WÜK ist bzgl. staatlicher Zwangsmaßnahmen so wie die Parallelvorschrift im WÜD (Art. 22 Abs. 3) zu lesen und als umfassende Immunitätsregelung zu verstehen.

Nach dem Wortlaut von Artikel 31 Absatz 4 WÜK sind die konsularischen Räumlichkeiten, ihre Einrichtung sowie das Vermögen und die Beförderungsmittel einer konsularischen Vertretung zwar nur von der Beschlagnahme zum Zweck der Landesverteidigung und des öffentlichen Wohls befreit. Eine Pfändung oder eine Vollstreckung stellen allerdings ähnlich gravierende Eingriffe dar wie die Beschlagnahme und müssen demnach ebenso behandelt werden. Erst recht ist auch davon auszugehen, dass weniger gravierende Maßnahmen wie die Durchsuchung ausgeschlossen sein müssen.

Wenn eine Beschlagnahme nur in den o. g. Fällen überhaupt denkbar ist, dann spricht außerdem vieles für den Ausschluss von Pfändung und Vollstreckung in Fällen, in denen die Maßnahmen nicht zur Wahrung der genannten Belange der Landesverteidigung und des öffentlichen Wohls ergriffen werden sollen.

Es sind jedoch folgende Ausnahmen zu beachten:
Die Räumlichkeiten genießen den Schutz nur, wenn sie ausschließlich bzw. auch für dienstliche Zwecke genutzt werden. Anders als die Residenz eines Botschafters gehört die Residenz eines Konsuls nicht zu den geschützten Räumlichkeiten (Art. 31 Abs. 1 WÜK).

Schmitt

In einer Notlage kann das Einverständnis des Leiters der konsularischen Vertretung zum Betreten der geschützten Räumlichkeiten vermutet werden (Art. 31 Abs. 2 WÜK). In einem solchen Fall ist die zuständige Landesbehörde – Staats- oder Senatskanzlei – unverzüglich zu unterrichten.

2.2 Schutz der Räumlichkeiten bei honorarkonsularischen Vertretungen

Für die Räumlichkeiten einer honorarkonsularischen Vertretung gilt das Privileg der Unverletzlichkeit nicht. Die Bundesrepublik Deutschland trifft nach Artikel 59 WÜK jedoch die Pflicht, alle erforderlichen Maßnahmen zu treffen, um die Räumlichkeiten vor jedem Eindringen und jeder Beschädigung zu schützen und um zu verhindern, dass der Friede der honorarkonsularischen Vertretung gestört und ihre Würde beeinträchtigt wird.

2.3 Unverletzlichkeit konsularischer Archive und Schriftstücke

Konsularische Archive und Schriftstücke sind jederzeit unverletzlich, wo auch immer sie sich befinden (Art. 33 WÜK). Dasselbe gilt für die konsularischen Archive und Schriftstücke in einer von einem Honorarkonsularbeamten geleiteten konsularischen Vertretung, sofern sie von anderen Papieren und Schriftstücken getrennt gehalten werden, insbesondere von der privaten Korrespondenz sowie von den Gegenständen, Büchern oder Schriftstücken, die sich auf den Beruf oder das Gewerbe eines Konsulatsmitarbeiters beziehen (Art. 61 WÜK).

2.4 Berechtigung zum Führen von Hoheitszeichen

Konsularische Vertretungen können die Hoheitszeichen ihres Staates (Flagge, Wappen) an dem Gebäude, in dem sich die konsularische Vertretung befindet, an der Wohnung des Leiters der konsularischen Vertretung und an den Beförderungsmitteln führen, wenn diese dienstlich benutzt werden (Art. 29 Abs. 2 WÜK). Konsularische Vertretungen, die von einem Honorarkonsularbeamten geleitet werden, führen gemäß Artikel 29 Absatz 3 WÜK die Hoheitszeichen nur an dem Gebäude, in dem sich die dienstlichen Räumlichkeiten befinden.

C. Internationale Organisationen

Zu beachten ist, dass auch Internationalen Organisationen Vorrechte und Befreiungen genießen (z. B. Unverletzlichkeit der Räumlichkeiten, Schutz der Archive und des Kuriers). Da diese Privilegien auf unterschiedlichen völkerrechtlichen Übereinkünften beruhen, können sie nicht zusammenfassend dargestellt werden. In Zweifelsfällen sollte das Auswärtige Amt, Referat OR02 (Tel. 0228–9917-2633, 9.00–16.00 Uhr) befragt werden.

Teil 3
Spezialgesetzliche Regelungen zur Behandlung gesandtschaftsrechtlich bevorrechtigter Personen im deutschen Recht

A. Aufenthaltsgesetz (AufenthG) und Aufenthaltsverordnung (AufenthV)

1. AufenthG vom 25. Februar 2008 (BGBl. I S. 162, zuletzt geändert durch Gesetz vom 6. September 2013; BGBl. I S. 3556) – nicht abgedruckt –

2. Aufenthaltsverordnung (AufenthV) vom 25. November 2004 (BGBl. I S. 2945, zuletzt geändert durch Verordnung vom 6. Mai 2014; BGBl. I S. 451) – nicht abgedruckt –

B. Melderechtsrahmengesetz (MRRG) vom 19. April 2002 und Bundesmeldegesetz (BMG) vom 3. Mai 2013 – nicht abgedruckt –

C. Waffengesetz (WaffG) vom 11. Oktober 2002 – nicht abgedruckt –

D. Personenstandsgesetz (PStG) vom 19. Februar 2007 – nicht abgedruckt –

Teil 4
Sonderbestimmungen für die Rechtsstellung der Stationierungsstreitkräfte, der Streitkräfte der NATO-Mitgliedsstaaten, der aufgrund des Nordatlantikvertrages errichteten internationalen militärischen Hauptquartiere, der Teilnehmerstaaten an der NATO-Partnerschaft für den Frieden (PfP) sowie der Streitkräfte aus Drittstaaten – nicht abgedruckt –

Teil 5
Ausweise für Mitglieder ausländischer Vertretungen und Internationaler Organisationen

A. Protokollausweis des Auswärtigen Amtes

Das Auswärtige Amt – Protokollabteilung – stellt den Mitgliedern ausländischer Vertretungen und Internationaler Organisationen seit 1999 einen roten Protokollausweis (laminierte Plastikkarte im Format 110mm × 80mm) aus.

Auf der Vorderseite befindet sich neben dem Lichtbild und den persönlichen Informationen die Funktionsbezeichnung des Ausweisinhabers. Oben rechts wird der Typ des Protokollausweises mitgeteilt (vgl. sogleich folgende Liste) sowie die Nummer des Protokollausweises.

Auf der Rückseite befindet sich ein zweisprachiger Hinweis auf die Vorrechte und Befreiungen des Ausweisinhabers sowie auf die aufenthaltsrechtlichen Besonderheiten. Daneben wird auf die Nummer des dazugehörigen Reisedokuments verwiesen sowie in der unteren rechten Ecke der Typ des Protokollausweises gekennzeichnet. Derzeit gibt es elf Ausweistypen:

„D" Ausweis für Diplomaten und deren Familienmitglieder
„VB" Ausweis für Verwaltungs- und technisches Personal an Botschaften und deren Familienmitglieder
„DP" Ausweis für dienstliches Hauspersonal an Botschaften und deren Familienmitglieder
„K" Ausweis für Konsularbeamte
„VK" Ausweis für Verwaltungs- und technisches Personal an Konsulaten
„DH" Ausweis für dienstliches Hauspersonal an Konsulaten
„KF" Ausweis für Familienmitglieder von Konsularbeamten, Verwaltungs- und technisches Personal und Hauspersonal an Konsulaten
„OK" Ausweis für Ortskräfte und deren Familienmitglieder (nur noch sog. „Altfälle"; Ortskräfte, die nach dem 1. Januar 2013 eingestellt wurden, haben keinen Protokollausweis mehr erhalten, da sie bereits bei Einstellung über einen Aufenthaltstitel verfügen mussten, der ihnen die Erwerbstätigkeit gestattet)
„PP" Ausweis für privates Hauspersonal
„IO" Ausweis für Mitglieder von in Deutschland eingerichteten Vertretungen Internationaler und Supranationaler Organisationen sowie zwischenstaatlicher Einrichtungen und deren Familienmitglieder
„S" Sonderausweise für Haushaltsangehörige i. S. v. § 27 Absatz 1 Nummer 5 AufenthV, sowie in bestimmten Sonderfällen bei Internationalen Organisationen.

Hinweis: Die jeweiligen Vorrechte, die auf den Karten mitgeteilt werden, können voneinander abweichen, auch wenn derselbe Ausweistyp vorliegt. Dies liegt daran, dass z. B. bei Diplomaten die Vorrechte u. a. davon abhängen, ob der Diplomat Ausländer oder Deutscher ist. Zu den Vermerken, die einen abweichenden Status anzeigen, zählen (Vermerk auf der Vorderseite des Ausweises oben rechts):

Zusatz „A"

(zum Beispiel: „Protokollausweis für Diplomaten A")
= Arbeitsaufnahme durch den Ausweisinhaber, dadurch Privilegienbeschränkung gemäß Artikel 31 Absatz 1 lit. c WÜD, siehe hierzu Teil 2.1.2.1.2.

Zusatz „Art. 38 I WÜD"

(zum Beispiel: „Protokollausweis für Diplomaten Art. 38 I WÜD") = Ausweisinhaber ist deutscher Staatsangehöriger oder ständig in Deutschland ansässig, dadurch Privilegienbeschränkung gemäß Artikel 38 Absatz 1 WÜD, siehe hierzu 2.7.

Zusatz „Art. 71 I WÜK"

(zum Beispiel: „Protokollausweis für Konsularbeamte Art. 71 I WÜK") = Ausweisinhaber ist deutscher Staatsangehöriger oder ständig in Deutschland ansässig, dadurch Privilegienbeschränkung nach Artikel 71 Absatz 1 WÜK, siehe hierzu Teil 2.8.3.

Hinweis: Honorarkonsuln erhalten keine Ausweise vom Auswärtigen Amt. Ihnen werden vom Protokoll des jeweiligen Bundeslandes (Senats- oder Staatskanzlei) weiße Ausweise im Scheckkartenformat ausgestellt, die im Jahr 2008 für alle Bundesländer einheitlich neu gestaltet wurden (siehe nachstehendes Muster).
Lediglich Rheinland-Pfalz und Saarland verwenden noch ein älteres Ausweismodell (weiß mit grünem Querstreifen).

B. Diplomatenpass des Entsendestaates

Die Entsendestaaten pflegen ihrerseits die Angehörigen ihres Auswärtigen Dienstes mit amtlichen Pässen zu versehen (Diplomatenpass, Dienstpass). Diese Pässe haben für den Status des Inhabers in der Bundesrepublik Deutschland zwar keine unmittelbare Bedeutung, doch können sie als Hinweis auf die Sonderstellung wichtig sein. Wie in Deutschland[1] entspricht es auch internationaler Übung, dass die Erteilung von amtlichen Pässen nur an einen zahlenmäßig begrenzten Personenkreis und bei Vorliegen bestimmter Voraussetzungen erfolgt. Die Entscheidung eines anderen Staates, einer Person einen amtlichen Pass zu erteilen, ist zu respektieren. Es ist grundsätzlich davon auszugehen, dass der Passinhaber in dem Herkunfts-/Entsendestaat eine hervorgehobene Stellung einnimmt und sein Aufenthalt in der Bundesrepublik Deutschland von besonderem Interesse für diesen Staat ist. Bei Vorweisen amtlicher Pässe ist daher eine vorsichtige/sorgfältige Prüfung aller Maßnahmen, notfalls Rückfrage angezeigt (vgl. die besonderen Rechte durchreisender Diplomaten Art. 40 Abs. 2 WÜD, siehe auch 2.1 und 2.6, und für Konsularbeamte Art. 54 Abs. 2 WÜK). In Zweifelsfällen ist das Auswärtige Amt (unter der Rufnummer 030–5000-3411, 9.00–16.00 Uhr, ansonsten unter der Rufnummer 030–5000-2911) zu befassen. Anlass und Rechtfertigung von evtl. Kontrollmaßnahmen sowie die angestellten Ermessenserwägungen sind umfassend schriftlich festzuhalten, s. zu diesem Dokumentationserfordernis im Einzelnen oben unter Ziff. 2.1.2.2.1.

Teil 6
Behandlung von bevorrechtigten Personen bei Verstößen gegen die Straßenverkehrsordnung und die öffentliche Ordnung

A. Nach dem Wiener Übereinkommen über diplomatische Beziehungen (WÜD) bevorrechtigte Personen

1. Diplomaten und ihre im Haushalt lebenden Familienmitglieder: Grundsätze der Bevorrechtigung

Artikel 29 WÜD regelt den fundamentalen Grundsatz der Unverletzlichkeit des Diplomaten. Danach sind hoheitliche Zwangsmaßnahmen gegen Diplomaten unzulässig. Folgende Maßnahmen widersprechen diesem Grundsatz:
Maßnahmen der Strafverfolgung (vorläufige Festnahme, Verhaftung, Durchsuchung, Beschlagnahme, Entnahme von Blutproben oder andere Alkoholtests bei Trunkenheitsverdacht im Straßenverkehr, Vernehmung gegen den Willen des Betroffenen)
Maßnahmen zur Verfolgung und Ahndung von Ordnungswidrigkeiten einschließlich der Verwarnung mit Verwarnungsgeld
Verwaltungsakte, welche die persönliche Freiheit der Diplomaten einschränken (z. B. polizeilicher Gewahrsam) oder mit denen Gegenstände beschlagnahmt oder sichergestellt werden, die im Eigentum oder in der tatsächlichen Gewalt dieser Person stehen (z. B. von der Polizei angeordnetes Umsetzen eines Kfz). Die Invenwahrungnahme solcher Gegenstände ist nur zulässig, soweit kein entgegenstehender Wille des Berechtigten erkennbar ist und die Verwahrung in seinem Interesse liegt.
Sonstige Verwaltungsakte mit Sanktionscharakter (z. B. Beschlagnahme des Führerscheins, Sicherstellen eines Kraftfahrzeugs, Anbringen von Parkkrallen).
Die genannten Verbote beschränken sich nicht nur auf die Ausführung, sondern bereits auf eine entsprechende Androhung derartiger Maßnahmen.
Der Grundsatz der Unverletzlichkeit gemäß Artikel 29 WÜD gilt sowohl bei dienstlichen als auch bei rein privaten Handlungen des Diplomaten.
Zwangsmaßnahmen dürfen gegen einen Diplomaten grundsätzlich nicht vorgenommen werden. Gerichtliche und behördliche Maßnahmen mit Sanktionscharakter gegen einen Diplomaten sind nur möglich, wenn der Entsendestaat über seine Mission ausdrücklich nach Artikel 32 WÜD einen Immunitätsverzicht erklärt. Hierzu haben Gerichte und Behörden in jedem Einzelfall das Auswärtige Amt zu konsultieren. **Der Diplomat selbst kann nicht wirksam auf seine Immunität verzichten.** Unzulässiger Zwang liegt auch schon vor, wenn der Betroffene im Falle einer Weigerung mit tatsächlichen Behinderungen durch Behörden, wie z. B. der Polizei, zu rechnen hat. Zur ausnahmsweisen Zulässigkeit von Zwangsmaßnahmen gegen Diplomaten s. o. Teil 2.1.2.2.
Die Frage, ob die Voraussetzungen für das ausnahmsweise Einschreiten vorliegen, ist seitens der deutschen Behörden mit größter Sorgfalt zu prüfen. Die Unverletzlichkeit des Diplomaten gehört zu den

---

[1] S. Allgemeine Verwaltungsvorschrift über die Ausstellung amtlicher Pässe der Bundesrepublik Deutschland vom 27. Juni 2014 auf Grundlage des § 27 Pass G.

1. Titel. Gerichtsbarkeit § 18 GVG

überragenden Schutzgütern des Gesandtschaftsrechts und darf in keinem Fall unter Hinweis auf die Durchsetzung der Straßenverkehrsvorschriften durchbrochen werden.

Eine **Anzeige der Polizei** bei der Staatsanwaltschaft ist möglich, soweit die Einleitung eines Ermittlungsverfahrens dazu dient, evtl. Zweifel über die Immunität des Diplomaten zu klären. Die Eröffnung eines Hauptverfahrens gegen Diplomaten ist unzulässig. Insoweit besteht ein Verfahrenshindernis, das von Amts wegen zu beachten ist.

Die direkte Zustellung von Bescheiden (auch Verwarnungen für Parkverstöße) an Botschaften und Diplomaten im Zusammenhang mit Verkehrsordnungswidrigkeiten nach der Straßenverkehrsordnung (StVO) ist aufgrund der Unverletzlichkeit der Mission und des Diplomaten (Art. 22 und 29 WÜD) völkerrechtswidrig und daher unzulässig.

Dazu zählen insbesondere:
das Anheften von Bescheiden an die Windschutzscheibe von Kraftfahrzeugen mit amtlichen diplomatischen Kennzeichen,
die Übersendung von Bußgeldbescheiden an die Adresse fremder Missionen oder an die Privatadresse von Diplomaten und
jede andere direkte Zustellung (z. B. durch persönliche Übergabe) an Diplomaten.

Gesandtschaftsrechtlich zulässig sind schlichte Hinweise – auch schriftlich – auf den begangenen Verkehrsverstoß, solange diese Hinweise nicht hoheitlich-autoritativen Charakter haben. Bund und Länder haben sich im Juni 2007 im Rahmen des Bund-Länder-Fachausschusses StVO/StVOWi mit Schwerpunkt Straßenverkehrsordnungswidrigkeiten (Sitzung I/07) auf entsprechende Mustertexte und Hinweise geeinigt (vgl. die Ergebnisniederschrift v. 27./28.6., Gz. des BMVI (ehemaliges BMVBS): S 02 (032)/7393.2/3–4/656550 (I/07)).

Wurde ein Diplomat z. B. bei einem Verkehrsunfall verletzt und ist nicht ansprechbar, können Behandlung und Transport in eine Klinik auch ohne seine Einwilligung erfolgen. Die zuständige Mission oder der Entsendestaat sind jedoch schnellstmöglich von diesen Maßnahmen zu unterrichten.

Über Artikel 37 Absatz 1 WÜD werden auch die **Familienmitglieder von Diplomaten, wenn sie nicht Angehörige des Empfangsstaates** sind, in den Schutz des Artikel 29 WÜD einbezogen.

2. Verfahren bei Trunkenheitsfahrten

Das Anhalten eines Diplomaten bei Anzeichen einer Trunkenheitsfahrt im Straßenverkehr ist zulässig. Erst durch die Identitätskontrolle (i. d. R.) anhand des Protokollausweises und/oder des amtlichen Passes) ist eine abschließende Überprüfung möglich, ob der Fahrer tatsächlich Privilegien nach dem Gesandtschaftsrecht genießt. Der Betroffene hat in diesen Fällen mitzuwirken. Weigert er sich, so ist ein Festhalten bis zur Klärung der Identität zulässig.

Die **Durchführung eines Alkoholtests** ist nur im Einvernehmen mit dem Diplomaten möglich. Aus der Weigerung dürfen keine für ihn nachteiligen Schlüsse gezogen werden, d. h. es erfolgt keine Umkehr der Beweislast, da der Empfangsstaat keinen Anspruch auf Mitwirkung des Diplomaten hat. Will der Diplomat kooperieren und an dem Test teilnehmen, sollte darauf hingewirkt werden, dass der Diplomat eine rechtswahrende Erklärung zu Protokoll der kontrollierenden Polizeibeamten abgibt, da ein Immunitätsverzicht nur durch seinen Dienstherrn, den Entsendestaat, erklärt werden kann.

Hindert die Polizei einen offensichtlich fahruntüchtigen Diplomaten an der Weiterfahrt und behält gegebenenfalls die Fahrzeugschlüssel ein, ist diese Maßnahme nur zu seinem eigenen Schutz sowie dem anderer Verkehrsteilnehmer zulässig.

Die Polizei darf den Diplomaten nicht daran hindern, sich vom Ort der Verkehrskontrolle zu Fuß, mit dem Taxi oder mit einem öffentlichen Verkehrsmittel zu entfernen. Ausgeschlossen ist das Anlegen von Handschellen, um den Betroffenen am Weggehen zu hindern. Etwas anderes gilt z. B. dann, wenn eine akute Gefahr der Selbstgefährdung besteht. Dann ist es zulässig, den Diplomaten zu seiner Mission oder nach Hause zu bringen. Zu beachten ist in jedem Einzelfall der Grundsatz der Verhältnismäßigkeit.

Das Kfz eines offensichtlich fahruntüchtigen Diplomaten kann durch die Polizei an einer sicheren Stelle am Ort der Verkehrskontrolle in unmittelbarer Nähe dazu geparkt werden. Ein Umsetzen darüber hinaus ist dagegen nur möglich, wenn am Ort der Verkehrskontrolle keine Möglichkeit besteht, das Auto sicher zu parken.

3. Verfahren bei Falschparken und Umsetzen

Bußgelder nach Verstößen gegen die StVO müssen Diplomaten nicht bezahlen, sie können dies jedoch freiwillig tun.

Parkgebühren müssen auch von Diplomaten bezahlt werden. Sie sind Vergütungen für bestimmte Dienstleistungen und fallen damit nicht unter das gesandtschaftsrechtliche Steuerprivileg.

Staatlicher Zwang zur Durchsetzung der Bezahlung von **Bußgeldern und Parkgebühren verstößt gegen den Unverletzlichkeitsgrundsatz** aus Artikel 29 WÜD und ist deshalb nicht zulässig.

Nach Artikel 22 Absatz 3 WÜD genießen verbotswidrig abgestellte Kfz einer diplomatischen Mission Immunität von Beschlagnahme und Vollstreckungsmaßnahmen, nach Artikel 30 Absatz 2 WÜD ist das Privatfahrzeug eines Diplomaten als Teil seines Vermögens unverletzlich.

Schmitt

GVG § 18 Gerichtsverfassungsgesetz

Das Umsetzen verbotswidrig geparkter Privatfahrzeuge von Diplomaten im Auftrag der Behörden des Empfangsstaates verstößt – ebenso wie bei Artikel 22 Absatz 3 WÜD (Dienstfahrzeuge der Mission) – gegen Artikel 30 Absatz 2 WÜD. Es wird jedoch von einer konkludenten Zustimmung des Diplomaten zum Umsetzvorgang dann ausgegangen, wenn das geparkte Fahrzeug eine konkrete Gefahr für Leib und Leben anderer Verkehrsteilnehmer oder Personen oder eine erhebliche Behinderung des Straßenverkehrs darstellt, z. B. durch Blockieren einer Krankenhauseinfahrt oder der Straßenbahnschienen.

Dem Empfangsstaat steht in diesen Fällen nach Ende der Gefahrenlage kein Zurückbehaltungsrecht an dem Fahrzeug bis zur Bezahlung der Umsetzkosten durch den Diplomaten oder die Mission zu. Die Mission bzw. der Entsendestaat als Halter von Dienstfahrzeugen und der Diplomat als Halter seines Privatfahrzeugs können zwar zur Zahlung der Umsetzkosten aufgefordert werden, Sanktionen zur Durchsetzung der Zahlungsaufforderung sind jedoch unzulässig.

Gleiches gilt entsprechend für andere Maßnahmen der Außerbetriebsetzung von Fahrzeugen der Mission oder des Diplomaten, wie z. B. das Anbringen einer „Parkkralle".

Dabei macht es keinen Unterschied, ob die jeweilige Verkehrsfläche privat oder öffentlich ist. Entscheidend ist, ob der Empfangsstaat behördlich in den Umsetzvorgang eingeschaltet wurde oder nicht. Es spielt keine Rolle, ob das Umsetzen selbst durch eine Privatfirma vorgenommen wurde. Wenn diese als Verwaltungshelfer im Auftrag der Behörden handelt, muss sich der Empfangsstaat den Umsetzvorgang zurechnen lassen.

Etwas anderes gilt jedoch bei einer Beauftragung eines Unternehmens durch einen Anlieger oder privaten Grundstücksbesitzer zur Durchsetzung seiner zivilrechtlichen Ansprüche. Hier kann diese Handlung dem Empfangsstaat nicht zugerechnet werden. Es handelt sich dabei um einen rein zivilrechtlichen Vorgang, bei dem das Gesandtschaftsrecht nicht zur Anwendung kommt. In diesen Fällen ist auch der Diplomat zur Bezahlung der Umsetzkosten verpflichtet. Eine Durchsetzung im Wege der Zwangsvollstreckung ist jedoch nicht möglich.

4. Entzug der Fahrerlaubnis

Der Entzug der Fahrerlaubnis bzw. die Sicherstellung oder Beschlagnahme des Führerscheins verstößt bei Diplomaten gegen die durch Artikel 31 WÜD gewährte Immunität bzw. gegen die Immunität gegenüber Vollstreckungsmaßnahmen (Art. 31 Abs. 3 WÜD sowie den Unverletzlichkeitsgrundsatz aus Art. 29 WÜD) und ist deshalb unzulässig.

5. Missbräuchliche Nutzung von Missions- und Diplomatenfahrzeugen

Die Mission und der Diplomat haben dafür Sorge zu tragen, dass ihre Fahrzeuge nur von gesandtschaftsrechtlich privilegierten Personen genutzt werden. Tun sie dies nicht, ist grundsätzlich von einem Privilegienmissbrauch auszugehen. Diese unzulässige Nutzung führt aber nicht automatisch dazu, dass die Fahrzeuge ihren gesandtschaftsrechtlichen Schutz verlieren. Sie sind zunächst weiterhin als Beförderungsmittel der Botschaft (Art. 22 Abs. 3 WÜD) bzw. als Vermögen des Diplomaten, auf dessen Namen sie angemeldet sind (Art. 30 Abs. 2 WÜD), geschützt. Durchsuchungen, Beschlagnahmen etc. sind daher grundsätzlich nicht zulässig. Dies gilt auch in Fällen des Diebstahls und der Gebrauchsanmaßung.

Bei fortgesetzter zweckwidriger Nutzung kann aber der betreffenden Mission oder dem Diplomaten mit der Aufhebung des geschützten Status und mit der Einziehung der das Fahrzeug nach außen privilegierenden Kennzeichen gedroht werden. Dabei ist der Grundsatz der Verhältnismäßigkeit zu beachten. Die Bundesrepublik ist als Empfangsstaat nicht verpflichtet, die völkerrechtlich unzulässige Nutzung der Fahrzeuge dauerhaft hinzunehmen. Bis zu einer entsprechenden Aufhebung sind die Behörden allerdings grundsätzlich verpflichtet, den geschützten Status der Fahrzeuge zu respektieren.

6. Diplomaten, die Angehörige des Empfangsstaates oder dort ständig ansässig sind

Diplomaten, die die deutsche Staatsangehörigkeit besitzen oder in der Bundesrepublik Deutschland ständig ansässig sind, genießen gemäß Artikel 38 Absatz 1 WÜD Immunität von der Gerichtsbarkeit und Unverletzlichkeit lediglich in Bezug auf ihre in Ausübung ihrer dienstlichen Tätigkeit vorgenommenen Amtshandlungen (s. o. 2.7).

Ihre Familienmitglieder besitzen keine Privilegien. Es gilt jedoch der Grundsatz, dass der Empfangsstaat seine Hoheitsgewalt über diese Personen nur so ausüben darf, dass er die Mission bei der Wahrnehmung ihrer Aufgaben nicht ungebührlich behindert.

7. Mitglieder des Verwaltungs- und technischen Personals (VtP) sowie in ihrem Haushalt lebende Familienmitglieder

Über Artikel 37 Absatz 2 WÜD werden Mitglieder des Verwaltungs- und technischen Personals (VtP) der Mission und die zu ihrem Haushalt gehörenden Familienmitglieder, wenn sie weder Angehörige des Empfangsstaats noch in demselben ständig ansässig sind, bei Verstößen gegen die StVO in den Schutz des Artikel 29 WÜD einbezogen. Die oben dargestellten Regelungen gelten daher für sie entsprechend.

8. Mitglieder des dienstlichen Hauspersonals

Mitglieder des dienstlichen Hauspersonals der Mission, die weder Angehörige des Empfangsstaats noch in demselben ständig ansässig sind, genießen nur Amtshandlungsimmunität. Diese umfasst in der Regel keine Immunität bei Verstößen gegen die StVO, da Handlungen im Straßenverkehr kaum jemals als Amtshandlung im Sinne des WÜD vorstellbar sind. Eine Ausnahme könnte für Fahrer der Mission bestehen, soweit diese als dienstliches Hauspersonal angemeldet sind.

Ihre **Familienmitglieder** besitzen unabhängig davon, ob sie Deutsche bzw. im Bundesgebiet ständig ansässig sind oder nicht, keine Privilegien. Auch hier gilt jedoch der Grundsatz, dass der Empfangsstaat seine Hoheitsgewalt über diese Personen nur so ausüben sollte, dass er die Mission bei der Wahrnehmung ihrer Aufgaben nicht ungebührlich behindert.

9. Private Hausangestellte

Nach Artikel 1 lit. h) WÜD ist das private Hauspersonal im häuslichen Dienst eines Missionsmitglieds beschäftigt und nicht Bediensteter des Entsendestaates. Private Hausangestellte von Mitgliedern der Mission, die weder Angehörige des Empfangsstaats noch in demselben ständig ansässig sind, sind unter bestimmten Voraussetzungen von der Sozialversicherungspflicht und von Steuern auf ihre Arbeitsbezüge befreit, genießen aber weder Unverletzlichkeit noch Immunität. Sie können aus diesem Grund für Verstöße gegen die StVO zur Verantwortung gezogen werden. Es gilt wiederum der Grundsatz, dass der Empfangsstaat seine Hoheitsgewalt über diese Personen nur so ausüben darf, dass er die Mission bei der Wahrnehmung ihrer Aufgaben nicht ungebührlich behindert.

10. Mitglieder des Verwaltungs- und technischen Personals (VtP), und des dienstlichen Hauspersonals sowie private Hausangestellte, wenn die Genannten Angehörige des Empfangsstaates bzw. dort ständig ansässig sind; Ortskräfte

Diesen Bediensteten stehen gemäß Artikel 38 Absatz 2 WÜD lediglich Vorrechte und Immunitäten in dem vom Empfangsstaat zugelassenen Umfang zu. Demnach besteht keinerlei Privilegierung, wenn es die innerstaatliche Rechtsordnung, wie in Deutschland, nicht vorsieht.

Ortskräfte (Definition s. o. 2.5) genießen grundsätzlich keine Immunität. Es gilt jedoch auch hier der Grundsatz, dass der Empfangsstaat seine Hoheitsgewalt über diese Personen nur so ausüben darf, dass er die Mission bei der Wahrnehmung ihrer Aufgaben nicht ungebührlich behindert.

B. Nach dem Wiener Übereinkommen über konsularische Beziehungen (WÜK) bevorrechtigte Personen

1. Berufskonsularbeamte

Die Unverletzlichkeit von Konsularbeamten ist im WÜK differenziert ausgestaltet (im Einzelnen s. o. Teil 2.8.2.2). Mit Blick auf Verstöße gegen die Straßenverkehrsordnung und die öffentliche Ordnung gilt Folgendes:

1.1 Dienst- und Privatfahrten von Berufskonsularbeamten

Die in Artikel 43 WÜK geregelte sog. *Amtsimmunität* erfasst alle Handlungen, die in Ausübung der amtlichen bzw. dienstlichen Tätigkeit vorgenommen werden, d. h. nicht nur die eigentliche Amtshandlung selbst, sondern ebenso Akte, die in einem zeitlichen und sachlichen Zusammenhang mit der Amtshandlung stehen. Von dem Begriff „Handlungen in Wahrnehmung konsularischer Aufgaben" werden deshalb auch eng mit der Amtshandlung als solcher zusammenhängende Handlungen erfasst.

So sind beispielsweise **Fahrten zum täglichen Dienst und nach Hause** (oder z. B. von der Wohnung zu einem offiziellen Empfang im Empfangsstaat und zurück) noch als in Wahrnehmung konsularischer Aufgaben erfolgt anzusehen. Denn sie sind für die Wahrnehmung konsularischer Aufgaben unumgänglich. Auch wenn die Rückfahrt nach Hause – anders als die Hinfahrt – bei enger Auslegung nicht mehr unmittelbar der Wahrnehmung konsularischer Aufgaben i. S. v. Artikel 5 WÜK dient, ist auch diese vom Schutzzweck des Artikel 43 WÜK erfasst. Hin- und Rückfahrt müssen – außer bei privaten Unterbrechungen – als einheitlicher Gesamtvorgang angesehen werden, der insgesamt zum Bereich der konsularischen Aufgabenwahrnehmung gehört.

Dabei ist nicht entscheidend, ob der betreffende Berufskonsularbeamte hierfür einen Privatwagen benutzt oder ob er einen Dienstwagen fährt. Allein die Benutzung des Dienstwagens spricht zwar dem ersten Anschein nach für eine Fahrt in Wahrnehmung konsularischer Aufgaben. Aber auch das Benutzen eines Privatwagens kann in Wahrnehmung konsularischer Aufgaben erfolgen. Erfolgt während der Fahrt ein Verkehrsunfall, ist die betreffende Person nach deutscher Praxis vor gerichtlicher Verfolgung im Empfangsstaat geschützt.

Auch die Fahrt eines Berufskonsularbeamten zum dienstlich angeordneten Sprachunterricht oder zum Flughafen, um dort das Kuriergepäck bzw. sonstige dienstliche Post abzuholen, geschieht in Ausübung dienstlicher Tätigkeit.

Dasselbe gilt, wenn der Berufskonsularbeamte etwa mit seinem eigenen Privatwagen unterwegs ist, um hilfsbedürftige Angehörige seines Entsendestaates aufzusuchen und ihre Heimführung vorzubereiten, oder wenn er zu einer Unfallstelle fährt, bei der solche Personen zu Schaden gekommen sind. Wenn nach Beendigung des Dienstes z. B. eine Gaststätte besucht wird, besteht für die anschließende Heimfahrt allerdings kein enger sachlicher Zusammenhang mit der Wahrnehmung konsularischer Aufgaben mehr. Mit der Heimfahrt wird die dienstliche Tätigkeit nicht wieder aufgenommen, sondern dient allein privaten Interessen.

Kein Bezug zum Dienst besteht außerdem bei Wochenend- (außer im Bereitschaftsdienst) bzw. Urlaubsreisen.

Bei eindeutig außerdienstlicher Benutzung eines Kfz unterliegen Berufskonsularbeamte bei Zuwiderhandlungen gegen das Straßenverkehrsrecht des Empfangsstaates der Strafverfolgung oder dem Bußgeldverfahren. Allerdings ist eine Festnahme oder Untersuchungshaft nur im Rahmen des Artikel 41 Absatz 1 WÜK zulässig.

1.2 Verfahren bei Trunkenheitsfahrten

Das **Anhalten** eines Konsularbeamten bei Anzeichen einer Trunkenheitsfahrt im Straßenverkehr ist zulässig. Erst durch die Identitätskontrolle (i. d. R. Protokollausweis) ist eine abschließende Überprüfung möglich, ob der Fahrer tatsächlich Privilegien nach dem Gesandtschaftsrecht genießt. Der Betroffene hat in diesen Fällen mitzuwirken. Weigert er sich, so ist ein Festhalten bis zur Klärung der Identität zulässig.

Die **zwangsweise Durchführung von Alkoholtests** bei Trunkenheitsverdacht im Straßenverkehr ist **unzulässig**. Die Unverletzlichkeit des Konsularbeamten, die ihn auch vor der zwangsweisen Durchführung eines Alkoholtestes schützt, kann nach Artikel 41 WÜK nur aufgrund einer „Entscheidung der zuständigen Justizbehörde" und bei Vorliegen einer „schweren Straftat" eingeschränkt werden. **Hindert die Polizei einen eindeutig angetrunkenen Konsularbeamten an der Weiterfahrt** und entzieht ihm gegebenenfalls die Fahrzeugschlüssel, ist diese Maßnahme nur zu seinem eigenen Schutz sowie dem anderer Verkehrsteilnehmer zulässig. Der Grundsatz der Verhältnismäßigkeit ist stets zu beachten. Die Polizei darf außerdem den Konsularbeamten nicht daran hindern, sich vom Ort der Verkehrskontrolle zu Fuß, mit dem Taxi oder mit einem öffentlichen Verkehrsmittel zu entfernen.

1.3 Verfahren bei Falschparken und Umsetzen

Das Umsetzen verbotswidrig geparkter Dienstwagen durch Polizei- oder Ordnungsbehörden des Empfangsstaats ist mit der Unverletzlichkeit der Beförderungsmittel der konsularischen Vertretung unvereinbar. Zwar sieht Artikel 31 Absatz 4 WÜK keine generelle Unverletzlichkeit von Beförderungsmitteln vor, doch sind die in Artikel 31 Absatz 4 WÜK genannten Gegenstände über die gesondert genannten Beschlagnahmegründe hinaus geschützt. Die Behörden des Empfangsstaats dürfen nur ausnahmsweise bei einer konkreten Gefahrenlage Dienstfahrzeuge umsetzen.

Im WÜK ist keine Vorschrift zum Schutz des Privatvermögens des Konsularbeamten enthalten. Privatfahrzeuge sind nur bei Dienstfahrten geschützt. Dem Funktionsprinzip folgend wird der dienstlich genutzte Privatwagen für die Dauer eines Dienstgeschäfts zum „Dienstfahrzeug" im Rechtssinne, welches den Schutz des Artikels 31 Absatz 4 WÜK genießt. Ein Umsetzen des falsch geparkten Fahrzeugs ist in solchen Fällen unzulässig, sofern nicht eine konkrete Gefahrenlage vorliegt. Für die Behandlung verbotswidrig geparkter Dienstwagen und dienstlich genutzter Privatfahrzeuge gilt ansonsten Teil 6.A.3 entsprechend.

1.4 Entzug der Fahrerlaubnis

Der Entzug der Fahrerlaubnis bzw. die Sicherstellung oder Beschlagnahme des Führerscheins von Berufskonsularbeamten im Zusammenhang mit einer Dienstfahrt ist ein unzulässiger Verwaltungseingriff in die bestehende Amtsimmunität im Sinne des Artikel 43 Absatz 1 WÜK.

Der Entzug der Fahrerlaubnis bzw. die Sicherstellung oder Beschlagnahme des Führerscheins eines Berufskonsularbeamten im Zusammenhang mit einer Privatfahrt durch die Behörden des Empfangsstaats ist eine hoheitliche Maßnahme, die zwangsläufig auch seinen dienstlichen Bereich berührt, und ist deshalb auch hier nicht zulässig. Sie kann dazu führen, dass der Betroffene nicht mehr seinen Dienst versehen kann. Verletzt würde durch eine solche Maßnahme das Gebot des Artikel 28 WÜK, die Tätigkeit der konsularischen Vertretung nicht nur zu erleichtern, sondern alles zu unterlassen, was die Funktion der Vertretung erschwert.

1.5 Missbräuchliche Nutzung von Konsulatsfahrzeugen und Fahrzeugen des Konsularbeamten

Die konsularischen Vertretungen und der Konsularbeamte haben dafür Sorge zu tragen, dass ihre Dienstfahrzeuge nur von gesandtschaftsrechtlich privilegierten Personen genutzt werden. Tun sie dies nicht, ist grundsätzlich von einem Privilegienmissbrauch auszugehen. Diese unzulässige Nutzung führt aber nicht automatisch dazu, dass die Fahrzeuge ihren gesandtschaftsrechtlichen Schutz verlieren. Sie sind daher zunächst weiterhin als Beförderungsmittel des Konsulats (Art. 31 Abs. 4 WÜK) geschützt.

1. Titel. Gerichtsbarkeit § 18 GVG

Durchsuchungen, Beschlagnahmen etc. sind daher grundsätzlich nicht zulässig. Dies gilt auch in Fällen des Diebstahls und der Gebrauchsanmaßung.

Bei fortgesetzter zweckwidriger Nutzung kann aber dem betreffenden Konsulat mit der Aufhebung des geschützten Status und mit der Einziehung des Fahrzeug nach außen privilegierenden Kennzeichen gedroht werden. Dabei ist der Grundsatz der Verhältnismäßigkeit zu beachten. Die Bundesrepublik ist als Empfangsstaat nicht verpflichtet, die völkerrechtlich unzulässige Nutzung der Fahrzeuge dauerhaft hinzunehmen. Bis zu einer entsprechenden Aufhebung sind die Behörden allerdings grundsätzlich verpflichtet, den geschützten Status der Fahrzeuge zu respektieren.

2. Berufskonsularbeamte, die Angehörige des Empfangsstaates oder dort ständig ansässig sind

Nach Artikel 71 Absatz 1 WÜK genießt ein Berufskonsularbeamter, der Angehöriger des Empfangsstaates oder dort ständig ansässig ist, Immunität von der Gerichtsbarkeit lediglich in Bezug auf seine in Ausübung seiner dienstlichen Tätigkeit vorgenommenen Amtshandlungen. Diese **Amtshandlungsimmunität** *ist eingeschränkter als die Amtsimmunität, wie sie gemäß Artikel 43 Absatz 1 WÜK den entsandten Konsularbeamten zusteht. Erstere umfasst nur die Amtshandlung selbst, nicht jedoch Handlungen, die mit der Amtshandlung in engem sachlichen Zusammenhang stehen, wie z. B. die Fahrt mit dem Kfz zum Ort der Amtshandlung. Auch die Unverletzlichkeit ist auf Amtshandlungen begrenzt.*

Des Weiteren muss der Empfangsstaat gem. Artikel 71 Absatz 1 Satz 1 WÜK die nach Artikel 42 WÜK vorgesehenen Benachrichtigungen an den Leiter der konsularischen Vertretung bzw. bei dessen Betroffenheit an den Entsendestaat vornehmen, wenn ein Konsularbeamter mit eingeschränktem Status festgenommen, in Untersuchungshaft genommen oder ein Strafverfahren gegen ihn eingeleitet wird.

Auch wenn dies in Artikel 71 Absatz 1 WÜK nicht ausdrücklich erwähnt ist, so muss der in Artikel 71 Absatz 2 Satz 3 WÜK verankerte Grundsatz, wonach der Empfangsstaat seine Hoheitsgewalt insbesondere über die dort erwähnten Konsulatsbediensteten nur so ausüben darf, dass dabei die Aufgabenwahrnehmung der konsularischen Vertretung nicht ungebührlich behindert wird, auch dann greifen, wenn es sich um nicht entsandte Konsularbeamte handelt. Was für das Verwaltungs- und technische Personal und das dienstliche Hauspersonal gilt, muss erst recht für Konsularbeamte gelten.

3. Mitglieder des Verwaltungs- und technischen Personals (VtP)

Die Mitglieder des Verwaltungs- und technischen Personals (VtP) einer konsularischen Vertretung können sich nur im Rahmen ihrer dienstlichen Tätigkeit auf die persönliche Unverletzlichkeit i. S. v. Artikel 43 Absatz 1 Alternative 2 WÜK berufen (Verbot des Eingriffs der Verwaltungsbehörden). Bei Fahrten im Straßenverkehr mit rein privater Natur besteht dagegen kein gesandtschaftsrechtlicher Schutz (Artikel 40 und 41 WÜK beziehen sich nur auf Konsularbeamte). Hier besteht daher grundsätzlich kein Schutz ggü. Vollstreckungsmaßnahmen bei Verstößen gegen die Straßenverkehrsordnung. Dennoch sollte die Zugehörigkeit zur konsularischen Vertretung bei der Durchführung der Maßnahmen angemessen berücksichtigt werden.

4. Mitglieder des dienstlichen Hauspersonals

Das dienstliche Hauspersonal genießt nach dem WÜK keine persönliche Unverletzlichkeit, auch nicht über Artikel 43 Absatz 1 Alternative 2 WÜK, der sich ausdrücklich nur auf die Konsularbeamten und das Verwaltungs- und technische Personal bezieht. Allerdings ist es herrschende Staatenpraxis, dass das entsandte und mit hoheitlichen Aufgaben betraute dienstliche Hauspersonal bei dienstlichen Handlungen weder der Gerichtsbarkeit noch administrativen Eingriffen des Empfangsstaats unterliegt. Diese Behandlung ist völkergewohnheitsrechtlich anerkannt. Deshalb kann zumindest bei amtlichen Handlungen ein Schutz des dienstlichen Hauspersonals angenommen werden. Für sie besteht grundsätzlich kein Schutz vor staatlichen Eingriffsmaßnahmen bei Verstößen gegen die Straßenverkehrsordnung.

5. Private Hausangestellte

Das private Hauspersonal von Mitgliedern konsularischer Vertretungen, das weder die Staatsangehörigkeit des Empfangsstaats hat, noch in demselben ständig ansässig ist, ist unter bestimmten Voraussetzungen von der Sozialversicherungspflicht und von Steuern auf ihre Arbeitsbezüge befreit, genießt aber weder Unverletzlichkeit noch Immunität. Bei Verstößen gegen die StVO kann es grundsätzlich zur Verantwortung gezogen und staatliche Zwangsmaßnahmen gegen es verhängt werden. Es gilt jedoch zu beachten, dass der Empfangsstaat seine Hoheitsgewalt über diese Personen in jedem Fall nur so ausüben darf, dass er die konsularische Vertretung bei der Wahrnehmung ihrer Aufgaben nicht ungebührlich behindert.

6. Mitglieder des Verwaltungs- und technischen Personals (VtP), des dienstlichen Hauspersonals und private Hausangestellte, die Angehörige des Empfangsstaates bzw. dort ständig ansässig sind, sowie Ortskräfte

Diesen Bediensteten stehen gemäß Artikel 71 Absatz 2 WÜK lediglich Vorrechte und Immunitäten in dem vom Empfangsstaat zugelassenen Umfang zu. **Demnach besteht keinerlei Privilegierung, wenn es die innerstaatliche Rechtsordnung, wie in Deutschland, nicht vorsieht.**

Schmitt

GVG § 18

Auch hier gilt jedoch der Grundsatz, dass der Empfangsstaat seine Hoheitsgewalt über diese Personen nur so ausüben darf, dass er die konsularische Vertretung bei der Wahrnehmung ihrer Aufgaben nicht ungebührlich behindert.
Ortskräfte genießen grundsätzlich keine Immunität (s. 2.5).

7. Familienmitglieder des konsularischen Personals berufskonsularischer Vertretungen

Familienmitglieder des konsularischen Personals genießen mangels entsprechender Regelung im WÜK keine persönliche Unverletzlichkeit und Immunität. Die enge persönliche Verbindung zum Personal der konsularischen Vertretung sollte jedoch bei der Durchführung staatlicher Zwangsmaßnahmen angemessen berücksichtigt werden.

8. Honorarkonsularbeamte

8.1 Allgemeines

Das WÜK gewährt Vorrechte und Befreiungen ausschließlich dem Honorarkonsularbeamten selbst, nicht jedoch seinen Hilfskräften oder Familienmitgliedern.

Für den Fall, dass **Berufskonsularbeamte des Entsendestaates einem Honorarkonsul zur Unterstützung zugeteilt werden,** gelten für sie weiterhin in vollem Umfang die Privilegien nach 2.8.2. Da sie auch im Rahmen einer solchen Beiordnung allein berufskonsularische Tätigkeiten ausüben, besteht kein Anlass dafür, ihren Status einzuschränken. Dementsprechend hat die Bundesregierung zu Kapitel II des WÜK (Artikel 28–57) beim Generalsekretär der Vereinten Nationen eine spezielle Interpretationserklärung abgegeben. Danach legt die Bundesrepublik Deutschland die Bestimmungen über die Vorrechte und Befreiungen i. S. v. Artikel 28 bis 57 WÜK so aus bzw. wendet sie so an, dass diese Regelungen ohne Unterschied für alle Berufsbediensteten einer konsularischen Vertretung einschließlich derjenigen gelten, die einer von einem Honorarkonsularbeamten geleiteten konsularischen Vertretung zugeteilt sind.

8.2 Honorarkonsularbeamte, die nicht Angehörige des Empfangsstaates oder dort ständig ansässig sind

Gemäß Artikel 58 Absatz 2 WÜK gilt Artikel 43 Absatz 1 WÜK auch für entsandte Honorarkonsularbeamte (die nicht Angehörige des Empfangsstaates oder dort ständig ansässig sind).

Danach unterliegt der Honorarkonsularbeamte wegen Handlungen, die er in Wahrnehmung konsularischer Aufgaben vorgenommen hat, weder der Gerichtsbarkeit des Empfangsstaates noch Eingriffen seiner Verwaltungsbehörden **(Amtsimmunität wie bei Berufskonsularbeamten).**

Für alle Handlungen, die der entsandte Honorarkonsularbeamte nicht in Wahrnehmung konsularischer Aufgaben vorgenommen hat, genießt er keinerlei Unverletzlichkeit und Immunität. Mit Blick auf Verstöße gegen die Straßenverkehrsordnung besteht demnach kein Verfolgungshindernis und kein Schutz vor staatlichen Zwangsmaßnahmen.

8.3 Honorarkonsularbeamte, die Angehörige des Empfangsstaates oder dort ständig ansässig sind

In der Regel werden in Deutschland Honorarkonsuln zugelassen, die entweder die deutsche Staatsangehörigkeit besitzen oder im Bundesgebiet ständig ansässig sind.

Sie genießen nach Artikel 71 Absatz 1 WÜK lediglich Immunität von der Gerichtsbarkeit und persönliche Unverletzlichkeit wegen in Wahrnehmung ihrer Aufgaben vorgenommener Amtshandlungen **(Amtshandlungsimmunität).** Die Amtshandlungsimmunität erfasst dabei nur echte Amtshandlungen, nicht aber Tätigkeiten, die mit der Amtshandlung bloß im sachlichen Zusammenhang stehen. Eine Dienstfahrt zum Ort der Amtshandlung ist daher z. B. von der Amtshandlungsimmunität nicht erfasst.

8.4 Familienmitglieder von Honorarkonsularbeamten

Familienmitglieder von Honorarkonsularbeamten genießen mangels entsprechender Regelung im WÜK keine persönliche Unverletzlichkeit und Immunität (Art. 58 Abs. 3 WÜK). Für die Personengruppe besteht daher bei Straßenverkehrsverstößen kein Verfolgungshindernis und kein Schutz vor staatlichen Zwangsmaßnahmen. Es gilt jedoch auch hier die Mindestforderung von Artikel 71 Absatz 2 WÜK, wonach der Empfangsstaat seine Hoheitsgewalt über diese Personen nur so ausüben darf, dass er die konsularische Vertretung bei der Wahrnehmung ihrer Aufgaben nicht ungebührlich behindert.

C. Bedienstete und Vertreter Internationaler Organisationen

Für den Status dieses Personenkreises sind die jeweiligen Privilegienübereinkommen oder Sitzstaatabkommen maßgeblich. Die Bandbreite reicht von einer Gleichbehandlung mit Diplomaten bis hin zur bloßen Amtshandlungsimmunität. Im konkreten Fall sollte der Status mit dem Auswärtigen Amt (Referat OR02, Tel. 0228–9917-2633, 9.00–16.00 Uhr) abgeklärt werden.

1. Titel. Gerichtsbarkeit **§ 19 GVG**

D. Kraftfahrzeug-Haftpflichtversicherungsschutz/TÜV/AU – nicht abgedruckt –

Teil 7 Kraftfahrzeugkennzeichen – nicht abgedruckt –

A. Diplomatische Vertretungen – nicht abgedruckt –

B. Berufskonsularische Vertretungen – nicht abgedruckt –

Teil 8 Ehrung und Schutz von Besuchern – nicht abgedruckt –

Teil 9 Schlussbestimmungen

Das Rundschreiben des Auswärtigen Amtes vom 19. September 2008 – Gz: 503-90-507.00 – (GMBl 2008, S. 1154) wird aufgehoben.

[Befreiungen im konsularischen Bereich] RiStBV 193–199

19 $^{I\,1}$Die Mitglieder der im Geltungsbereich dieses Gesetzes errichteten konsularischen Vertretungen einschließlich der Wahlkonsularbeamten sind nach Maßgabe des Wiener Übereinkommens über konsularische Beziehungen vom 24. April 1963 (Bundesgesetzbl. 1969 II S. 1585 ff.) von der deutschen Gerichtsbarkeit befreit. ^{2}Dies gilt auch, wenn ihr Entsendestaat nicht Vertragspartei dieses Übereinkommens ist; in diesem Falle findet Artikel 2 des Gesetzes vom 26. August 1969 zu dem Wiener Übereinkommen vom 24. April 1963 über konsularische Beziehungen (Bundesgesetzbl. 1969 II S. 1585) entsprechende Anwendung.

^{II} Besondere völkerrechtliche Vereinbarungen über die Befreiung der in Absatz 1 genannten Personen von der deutschen Gerichtsbarkeit bleiben unberührt.

1) Das **WÜK** (S 1; näher 11 zu § 18) wird in I S 2 ebenfalls zur allgemeinen 1
Regelung gemacht (1 zu § 18). Vgl im Übrigen 2 ff zu § 18. Die in § 19 als Wahlkonsularbeamte bezeichneten werden auch Honorarkonsularbeamte genannt (vgl 11 zu § 18 unter I Abschn VII B VIII).

2) **Bilaterale Abmachungen (II)** gehen der allgemeinen Regelung (I) vor, 2
auch wenn sie in Handels-, Schifffahrts-, Freundschafts- oder Niederlassungsverträgen uä enthalten sind. Diese Regelung steht im Einklang mit Art 73 WÜK.

3) **Strafbare Handlungen:** Konsularbeamte und Bedienstete des Verwaltungs- 3
und technischen Personals unterliegen wegen Zuwiderhandlungen, die sie in Wahrnehmung konsularischer Aufgaben begangen haben, nach Art 43 I WÜK nicht der deutschen Gerichtsbarkeit (AA-Rdschr 11 zu § 18 unter Abschn VII B I). Daher sind Ermittlungs-, Straf- und Bußgeldverfahren nur zulässig, wenn der Gebrauch eines Kfz nicht in engem sachlichen Zusammenhang mit der wirksamen Wahrnehmung konsularischer Aufgaben stand (Bay NJW **74**, 431; Karlsruhe NJW **04**, 3273; Schleswig VRS **62**, 277; Düsseldorf VRS **92**, 18; Hamburg NJW **88**, 2191). Konsularische Beamte dürfen nach Art 41 I WÜK nur wegen einer schweren strafbaren Handlung (eine solche, die mit Freiheitsstrafe mit einem Mindestmaß von 3 Jahren und mehr bedroht ist) und auf Grund einer Entscheidung der zuständigen Justizbehörde (gilt nicht für Wahlkonsularbeamte, Art 58,71 WÜK) festgenommen oder in UHaft genommen werden. In solchen Fällen bestehen keine Bedenken gegen die zwangsweise Entnahme einer Blutprobe; bei Wahlkonsuln oder Bediensteten des Verwaltungs- oder technischen Personals ist die zwangsweise Entnahme einer Blutprobe zulässig wegen Taten, die sie nicht in Wahrnehmung konsularischer Aufgaben begangen haben (AA-Rdschr unter

Schmitt 2035

Abschn VII B VIII). Zur Abgrenzung von konsularischer und sonstiger Tätigkeit kommt es darauf an, ob das Handeln mit der dienstlichen Betätigung noch irgendwie in einem inneren Zusammenhang steht (BGH **36**, 396, 401; NStZ **13**, 600; Zweibrücken NStZ **13**, 601).

4   4) Die **Telefonüberwachung** eines Konsulats ist unzulässig, wenn die vermuteten strafbaren Handlungen mit der Wahrnehmung konsularischer Aufgaben zusammenhängen können; es besteht dann für daraus gewonnene Erkenntnisse ein Verwertungsverbot (BGH **36**, 396; erg Einl 55, 57).

[Andere Exterritoriale] RiStBV 193–199

20 ¹ Die deutsche Gerichtsbarkeit erstreckt sich auch nicht auf Repräsentanten anderer Staaten und deren Begleitung, die sich auf amtliche Einladung der Bundesrepublik Deutschland im Geltungsbereich dieses Gesetzes aufhalten.

II Im übrigen erstreckt sich die deutsche Gerichtsbarkeit auch nicht auf andere als die in Absatz 1 und den §§ 18 und 19 genannten Personen, soweit nach den allgemeinen Regeln des Völkerrechts, auf Grund völkerrechtlicher Vereinbarungen oder sonstiger Rechtsvorschriften von ihr befreit sind.

1   1) **Repräsentanten anderer Staaten (I):** Staatsoberhäupter und Regierungsmitglieder ausländischer Staaten sind schon nach Art 25 GG von der deutschen Gerichtsbarkeit befreit (unten 4). Die Einfügung des I im Jahre 1984 diente dem Zweck, bei dem damals erwarteten Besuch des Staatsratsvorsitzenden der DDR Störungen durch Strafanzeigen zu verhindern (vgl Blumenwitz JZ **85**, 614 gegen BGH **33**, 97, der II anwendet). Zu diesem Zweck wurde die Exterritorialität auf die nicht schon nach II von der deutschen Gerichtsbarkeit ausgenommenen Repräsentanten anderer Staaten ausgedehnt. Dazu gehören außer dem Staatsoberhaupt die Regierungsmitglieder und die Repräsentanten anderer Staatsorgane. Die Befreiung erstreckt sich auf die Begleitung; das sind die auf der vom Gastland akzeptierten Delegationsliste genannten Begleitpersonen (BT-Drucks 10/1447 S 14).

2   Voraussetzung der Befreiung nach I ist aber stets ein Aufenthalt in der BRep auf amtliche Einladung der BReg oder einer anderen dazu befugten Stelle der BRep. Die Einladung eines Bundeslandes genügt nicht, selbst wenn sie auf Veranlassung der BRep ergeht oder mit ihr abgestimmt ist.

3   2) **Weitere Befreiungen (II):**
4   Solche gelten für alle Personen, die nach den allgemeinen **Regeln des Völkerrechts** (zum Begriff vgl BVerfGE **16**, 27, 33; **46**, 342, 367) nicht der deutschen Gerichtsbarkeit unterliegen. Das ergibt sich bereits aus Art 25 GG (Kissel/Mayer 2; Bleckmann NJW **78**, 1092; zur Frage der Völkerrechtmäßigkeit von Haftbefehlen gegen Regierungsmitglieder anderer Staaten Folz/Soppe NStZ **96**, 576). Die Befreiung gilt in 1. Hinsicht für ausländische Staatsoberhäupter, auch wenn sie sich nicht in amtlicher Eigenschaft in der BRep aufhalten (Oehler ZStW **91**, 399). Abgeleitete Immunität kommt dem Gefolge und den Familienmitgliedern zu, wenn sie das Staatsoberhaupt bei Besuchen begleiten (Oehler aaO), sonst nicht (Kissel/Mayer 11). Immunität genießen ferner die Chefs und Mitglieder ausländischer Regierungen, aber nur bei Besuchen in amtlicher Eigenschaft (Kissel/Mayer 12). Auch hier genießen Gefolge und Familienmitglieder abgeleitete Immunität. Zur Frage der Immunität von ad hoc bestellten Sonderbotschaftern vgl BGH **32**, 275; BGH NJW **86**, 2204; Düsseldorf EuGRZ **83**, 159; NStZ **87**, 67; Wolf EuGRZ **83**, 401. Nach allgemeinem Völkerrecht sind auch die Besatzungen ausländischer Kriegsschiffe (Kissel/Mayer 13) und ausländische geschlossene Truppenverbände befreit, die befugt den Boden der BRep betreten (Oehler aaO 401), nicht aber einzelne Angehörige fremder Truppen (BGH NStZ **04**, 402; Nürnberg NJW **75**, 2151). Für Angehörige der NATO-Truppen vgl Art VII **NTS**.

2. Titel. Präsidium und die Geschäftsverteilung §§ 21, 21a GVG

Zu den **völkerrechtlichen Vereinbarungen** gehört insbesondere das Abkommen über die Vorrechte und Befreiungen der Sonderorganisationen der UN vom 21.11.1947 und über die Gewährung von Vorrechten und Befreiungen an andere zwischenstaatliche Organisationen vom 22.6.1954 (BGBl II 639). Dazu sind zahlreiche Einzelregelungen erlassen worden (vgl den Fundstellennachweis A, Beil zum BAnz, Stand 31.12.1989, S 10 ff). Im Übrigen ist auf Vereinbarungen mit den Vereinten Nationen und ihren Organisationen sowie der EU hinzuweisen (Einzelheiten bei Mayer/Kissel 16, 17)

[Ersuchen eines internationalen Strafgerichtshofes]

21 Die §§ 18 bis 20 stehen der Erledigung eines Ersuchens um **Überstellung und Rechtshilfe eines internationalen Strafgerichtshofes, der durch einen für die Bundesrepublik Deutschland verbindlichen Rechtsakt errichtet wurde, nicht entgegen.**

1) Das Gesetz zur Ausführung des **Römischen Statuts des IStGH** (vgl Einl 207b) hat die Vorschrift eingefügt. Neben dem IStGH betrifft sie jedenfalls die Tribunale für das ehemalige Jugoslawien und Ruanda (BT-Drucks 14/8527 S 99; zur Frage, ob auch hybride Tribunale erfasst sind, SK-Frister 5) bzw deren gemeinsame Nachfolgeeinrichtung (MICT). Nach § 21 hindern Immunitäten nicht die Auslieferung, auch deutscher Staatsangehöriger (SK-Frister 8), wenn ein entsprechendes Ersuchen vorliegt.

2. Titel. Allgemeine Vorschriften über das Präsidium und die Geschäftsverteilung

[Zusammensetzung des Präsidiums]

21a I Bei jedem Gericht wird ein Präsidium gebildet.

II Das Präsidium besteht aus dem Präsidenten oder aufsichtführenden Richter als Vorsitzenden und
1. bei Gerichten mit mindestens achtzig Richterplanstellen aus zehn gewählten Richtern,
2. bei Gerichten mit mindestens vierzig Richterplanstellen aus acht gewählten Richtern,
3. bei Gerichten mit mindestens zwanzig Richterplanstellen aus sechs gewählten Richtern,
4. bei Gerichten mit mindestens acht Richterplanstellen aus vier gewählten Richtern,
5. bei den anderen Gerichten aus den nach § 21b Abs. 1 wählbaren Richtern.

1) Die **Präsidialverfassung** ist für alle Rechtszweige im Wesentlichen gleich. Die Tätigkeit des Präsidiums ist Verwaltung im materiellen Sinn (Jahn DRiZ **72**, 32), also nicht richterliche Tätigkeit ieS (BVerwG **50**, 11; KK-Diemer 3), jedoch ausgeübt in richterlicher Unabhängigkeit, als Teil der richterlichen Amtspflicht (Schäfer DRiZ **72**, 405), in einer Art „Allzuständigkeit". Auch der Vorsitzende ist unabhängig. Für die Dienstaufsicht in der Tätigkeit im Präsidium gelten die §§ 25, 26 **DRiG**.

2) **Bei jedem Gericht (I):** Ausnahme bei dem Einrichtergericht nach § 22b (aM Kissel/Mayer 9).

3) **Zusammensetzung (II):**
A. **Präs und aufsichtführende Richter** (5 zu § 22) sind Mitglieder kraft Gesetzes. Sie werden nach § 21c I vertreten (dort 1). Bei der Berechnung der Stärke

Schmitt 2037

GVG § 21b   Gerichtsverfassungsgesetz

des zu wählenden Präsidiums (II S 1 Nrn 1 bis 4; Stichtag § 21d Abs 1) wird die Stelle des Präs mitgerechnet, da auch er richterl Aufgaben wahrnimmt (§ 21e I S 2). II gilt auch, wenn eine Stelle seit Jahren nicht besetzt ist (Koblenz DRiZ **96**, 329).

5   B. **Kleines AG (II Nr 5):** Die wählbaren Richter sind Mitglieder kraft Gesetzes. Tritt ein neuer Richter hinzu, ohne dass die Mindestzahl 8 (S 1 Nr 4) erreicht wird, so gehört auch er dem Präsidium kraft Gesetzes an; denn § 21d gilt nur für die gewählten Präsidien **(II Nrn 1–4)**. Zum Einrichtergericht vgl § 22b.

6   C. Das **Vorsitzendenquorum** (= Hälfte der beim LG, OLG und BGH gewählten Richter müssen Vorsitzende Richter sein) ist durch das Ges vom 22.12.1999 (BGBl 2598) „zugunsten der Gleichrangigkeit der Richter zurückgefahren" (BT-Drucks 14/979 S 4) worden; damit ist aber auch die früher notwendigerweise hälftige Besetzung des Präsidiums mit Beisitzern beseitigt worden.

[Wahl des Präsidiums]

21b   I [1] Wahlberechtigt sind die Richter auf Lebenszeit und die Richter auf Zeit, denen bei dem Gericht ein Richteramt übertragen ist, sowie die bei dem Gericht tätigen Richter auf Probe, die Richter kraft Auftrags und die für eine Dauer von mindestens drei Monaten abgeordneten Richter, die Aufgaben der Rechtsprechung wahrnehmen. [2] Wählbar sind die Richter auf Lebenszeit und die Richter auf Zeit, denen bei dem Gericht ein Richteramt übertragen ist. [3] Nicht wahlberechtigt und nicht wählbar sind Richter, die für mehr als drei Monate an ein anderes Gericht abgeordnet, für mehr als drei Monate beurlaubt oder an eine Verwaltungsbehörde abgeordnet sind.

II Jeder Wahlberechtigte wählt höchstens die vorgeschriebene Zahl von Richtern.

III [1] Die Wahl ist unmittelbar und geheim. [2] Gewählt ist, wer die meisten Stimmen auf sich vereint. [3] Durch Landesgesetz können andere Wahlverfahren für die Wahl zum Präsidium bestimmt werden; in diesem Fall erlässt die Landesregierung durch Rechtsverordnung die erforderlichen Wahlordnungsvorschriften; sie kann die Ermächtigung hierzu auf die Landesjustizverwaltung übertragen. [4] Bei Stimmengleichheit entscheidet das Los.

IV [1] Die Mitglieder werden für vier Jahre gewählt. [2] Alle zwei Jahre scheidet die Hälfte aus. [3] Die zum ersten Mal ausscheidenden Mitglieder werden durch das Los bestimmt.

V Das Wahlverfahren wird durch eine Rechtsverordnung geregelt, die von der Bundesregierung mit Zustimmung des Bundesrates erlassen wird.

VI [1] Ist bei der Wahl ein Gesetz verletzt worden, so kann die Wahl von den in Absatz 1 Satz 1 bezeichneten Richtern angefochten werden. [2] Über die Wahlanfechtung entscheidet ein Senat des zuständigen Oberlandesgerichts, bei dem Bundesgerichtshof ein Senat dieses Gerichts. [3] Wird die Anfechtung für begründet erklärt, so kann ein Rechtsmittel gegen eine gerichtliche Entscheidung nicht darauf gestützt werden, das Präsidium sei deswegen nicht ordnungsgemäß zusammengesetzt gewesen. [4] Im Übrigen sind auf das Verfahren die Vorschriften des Gesetzes über das Verfahren in Familiensachen und in den Angelegenheiten der freiwilligen Gerichtsbarkeit entsprechend anzuwenden.

1   1) **Wahlrecht und Wählbarkeit (I):** Wahlberechtigt ist auch der Präs (§ 21e I S 2); denn auch ihm ist ein Richteramt übertragen (§ 21e I S 2). Die Übertragung eines Richteramtes ist zwar idR, aber nicht notwendig mit der Übertragung einer Planstelle verbunden. Wahlrecht und Wählbarkeit fehlen dem Richter bei bestehender voller Abordnung über 3 Monate (I S 3); ebenso bei Beurlaubung über 3 Monate. Sie fehlen also nicht dem Halbtagsrichter, dem Richter, der teilw an ein anderes Gericht abgeordnet ist; auch nicht dem Richter, der in seinem Gericht nur mit JV Aufgaben befasst ist.

Im Fall der **Abordnung** ist der Richter bei dem Gericht der Abordnung wahlberechtigt, wenn er länger als 3 Monate dort RsprAufgaben wahrnimmt (I S 1); wählbar ist er dagegen bei dem Gericht der Abordnung nicht (I S 2, 3). 2

2) Maßgebender Tag (I): Der für die Organisation in § 21d festgelegte Stichtag gilt hier nicht. Es kommt vielmehr auf den Wahltag an. Umstände, die nach der Erstellung des Wahlverzeichnisses, das nur formelle Bedeutung hat, eintreten oder erst erkannt werden, werden nachträglich berücksichtigt. 3

3) Wahlverfahren (II–V; Wahlordnung für die Präsidien der Gerichte vom 19.9.1972 [BGBl I 1821; III 300-2-2] idF des Ges vom 22.12.1999 [BGBl I 2598]), zuletzt geänd durch Ges vom 23.7.2002 (BGBl I 2850): Nach dem Wortlaut („wählt") besteht Wahlpflicht (Kissel/Mayer 16). Der Gewählte darf die Wahl nicht ausschlagen, braucht aber auch nicht zu erklären, dass er sie annehme. Die Mitgliedschaft wächst dem Gewählten nicht in dem Zeitpunkt zu, von dem an das Präsidium gebildet oder ergänzt wird, und zwar mit seiner Benachrichtigung über das festgestellte Wahlergebnis (§§ 8, 10 der Wahlordnung). Der Wahlberechtigte ist frei in der Zahl derer, die er wählt; Panaschieren und additive Stimmabgabe sind aber nicht erlaubt (Kissel NJW **00**, 461). 4

4) Wahlanfechtung (VI S 1, 2): Ihr braucht nicht ein Einspruch gegen die Richtigkeit des Wahlverzeichnisses vorausgegangen zu sein. Mit der konkretisierten Behauptung, bei der Wahl sei ein zwingendes Gesetz, etwa eine der in I–III oder in der Wahlordnung (V) enthaltene obligatorische Regelung, verletzt worden, kann ein Richter die Wahl anfechten, wenn er bei dieser das aktive Wahlrecht hatte (OVG Münster NJW **88**, 723; Katholnigg 5; KK-Diemer 5; **aM** Kissel/Mayer 18; LR-Breidling 16, die auf das Wahlrecht zZ der Anfechtung abstellen). Auch die Feststellung, wer nach § 21c II an die Stelle eines ausgeschiedenen Mitglieds tritt, unterliegt der Anfechtung (BGHZ **112**, 330; vgl auch Frankfurt DRiZ **08**, 184). Der nach § 78 II zum Mitglied der StVollstrK bestellte Richter kann die Wahl zum Präsidium des LG nicht anfechten (Bamberg NStZ **84**, 471). Die Entscheidung nach VI S 2 ist unanfechtbar (BGHZ **88**, 143; KK-Diemer 5; **aM** Celle NdsRpfl **75**, 138). Wird die Anfechtung für begründet erklärt, so muss die Wahl wiederholt werden, soweit sich der Mangel ausgewirkt haben kann. 5

5) Rechtsmittel gegen eine gerichtliche Entscheidung (VI S 3): Der von dem Präsidium aufgestellte Geschäftsverteilungsplan ist nicht ungültig, wenn festgestellt ist, dass bei der Wahl dieses Präsidiums eine Rechtsbestimmung verletzt worden ist (vgl BGH **12**, 227; 402, 406). Zurückliegende gerichtliche Entscheidungen können nicht deshalb angefochten und aufgehoben werden, weil das Präsidium nicht ordnungsgemäß besetzt war (BGH **26**, 206, 208 ff). Dieser Grundsatz gilt allgemein bei fehlerhafter Zusammensetzung der Gremien für die Richterbestimmung (zB 6 zu § 40). Vgl ferner 6 zu § 16; 7 zu § 338 StPO. 6

6) Sinngemäße Anwendung des FamFG (VI S 4): Die Verweisung bezieht sich nur auf das Verfahren, nicht auf die Anfechtbarkeit (BGHZ **88**, 143; KK-Diemer 5). Auch § 28 II, III FGG (Vorlegung an den BGH) gilt entspr (BGHZ **112**, 330). Ab 1.9.2009 ist an die Stelle des Vorlegungsverfahrens die Rechtsbeschwerde nach § 70 FamFG und die Sprungrechtsbeschwerde nach § 75 FamFG getreten, für die gemäß § 133 der BGH zuständig ist. 7

[Vertretung im Präsidium]

21c [1] ¹Bei einer Verhinderung des Präsidenten oder aufsichtführenden Richters tritt sein Vertreter (§ 21h) an seine Stelle. ²Ist der Präsident oder aufsichtführende Richter anwesend, so kann sein Vertreter, wenn er nicht selbst gewählt ist, an den Sitzungen des Präsidiums mit beratender

Stimme teilnehmen. ³Die gewählten Mitglieder des Präsidiums werden nicht vertreten.

II Scheidet ein gewähltes Mitglied des Präsidiums aus dem Gericht aus, wird es für mehr als drei Monate an ein anderes Gericht abgeordnet oder für mehr als drei Monate beurlaubt, wird es an eine Verwaltungsbehörde abgeordnet oder wird es kraft Gesetzes Mitglied des Präsidiums, so tritt an seine Stelle der durch die letzte Wahl Nächstberufene.

1 1) **Vertreter (I; § 21h):** Er tritt an die Stelle des verhinderten Vorsitzenden kraft Gesetzes, und zwar nur im Vorsitz, nicht in der Mitgliedschaft. Ist er gewähltes Mitglied, so stimmt er in dieser Eigenschaft während der Vertretung nicht ab und wird auch nicht vertreten (I S 3). Er wird aber auch nicht ersetzt (II); denn vorübergehende Mitgliedschaft gibt es nicht.

2 2) **Ausscheiden und Wechsel (II):** Versetzung, Entlassung, Ruhestand, Tod. Abordnung: Nur die volle Abordnung, nicht auch die teilw, führt zum Ausscheiden aus dem Präsidium (1 zu § 21b). Veränderung des Status im Präsidium: Wenn ein Mitglied Präs oder aufsichtführender Richter und damit kraft Gesetzes Mitglied (als Vorsitzender) des Präsidiums wird, rückt der nächste Wahllegitimierte nach. Die Dauer der Amtszeit eines nach II nächstberufenen Präsidiumsmitglieds wird durch die restliche Amtszeit des Ausgeschiedenen bestimmt (Frankfurt DRiZ 08, 184).

3 3) **Der durch die Wahl Nächstberufene (II)** ist immer der durch die jüngste Wahl Nächstberufene, wie das Gesetz jetzt ausdrücklich feststellt (so aber auch schon früher die hM, vgl BGHZ **112**, 330 mwN). Fehlt ein Nächstberufener, so findet Nachwahl statt (§ 14 Wahlordnung; 4 zu § 21b). Eine andere Regelung besteht auch nicht (entspr § 21a II Nr 5) für den Fall, dass nur noch ein wählbarer Richter vorhanden ist, der entweder zZ der Wahl noch nicht zum Gericht gehörte oder keine Stimme erhalten hat. Die Feststellung des Nächstberufenen trifft das Präsidium, nicht der Wahlvorstand (BGHZ **112**, 330), bei gleichzeitigem Ausscheiden mehrerer aus verschiedenen Wahlen hervorgegangener Mitglieder durch Auslosung (BGH aaO). Ist streitig, wer in das Präsidium nachrückt, so entscheidet entspr § 21b VI S 2 das dort bezeichnete Gericht (Frankfurt DRiZ **84**, 196; **08**, 184). Seine Entscheidung ist nicht anfechtbar (BGH MDR **84**, 1008 L).

[Größe des Präsidiums]

§ 21d ¹Für die Größe des Präsidiums ist die Zahl der Richterplanstellen am Ablauf des Tages maßgebend, der dem Tage, an dem das Geschäftsjahr beginnt, um sechs Monate vorhergeht.

II ¹Ist die Zahl der Richterplanstellen bei einem Gericht mit einem Präsidium nach § 21a Abs. 2 Nr. 1 bis 3 unter die jeweils genannte Mindestzahl gefallen, so ist bei der nächsten Wahl, die nach § 21b Abs. 4 stattfindet, die folgende Zahl von Richtern zu wählen:

1. bei einem Gericht mit einem Präsidium nach § 21a Abs. 2 Nr. 1 vier Richter,
2. bei einem Gericht mit einem Präsidium nach § 21a Abs. 2 Nr. 2 drei Richter,
3. bei einem Gericht mit einem Präsidium nach § 21a Abs. 2 Nr. 3 zwei Richter.

²Neben den nach § 21b Abs. 4 ausscheidenden Mitgliedern scheidet jeweils ein weiteres Mitglied, das durch das Los bestimmt wird, aus.

III ¹Ist die Zahl der Richterplanstellen bei einem Gericht mit einem Präsidium nach § 21a Abs. 2 Nr. 2 bis 4 über die für die bisherige Größe des Präsidiums maßgebende Höchstzahl gestiegen, so ist bei der nächsten Wahl, die nach § 21b Abs. 4 stattfindet, die folgende Zahl von Richtern zu wählen:

2. Titel. Präsidium und die Geschäftsverteilung § 21e GVG

1. bei einem Gericht mit einem Präsidium nach § 21a Abs. 2 Nr. 2 sechs Richter,
2. bei einem Gericht mit einem Präsidium nach § 21a Abs. 2 Nr. 3 fünf Richter,
3. bei einem Gericht mit einem Präsidium nach § 21a Abs. 2 Nr. 4 vier Richter.

²Hiervon scheidet jeweils ein Mitglied, das durch das Los bestimmt wird, nach zwei Jahren aus.

1) Nur für das zu wählende Präsidium gilt § 21d, nicht für das Präsidium **1** nach § 21a II Nr 5 (dort 4), auch nicht für die Wahlberechtigung (4 zu § 21b).

[Aufgaben des Präsidiums]

21e ᴵ ¹Das Präsidium bestimmt die Besetzung der Spruchkörper, bestellt die Ermittlungsrichter, regelt die Vertretung und verteilt die Geschäfte. ²Es trifft diese Anordnungen vor dem Beginn des Geschäftsjahres für dessen Dauer. ³Der Präsident bestimmt, welche richterlichen Aufgaben er wahrnimmt. ⁴Jeder Richter kann mehreren Spruchkörpern angehören.

ᴵᴵ Vor der Geschäftsverteilung ist den Richtern, die nicht Mitglied des Präsidiums sind, Gelegenheit zur Äußerung zu geben.

ᴵᴵᴵ ¹Die Anordnungen nach Absatz 1 dürfen im Laufe des Geschäftsjahres nur geändert werden, wenn dies wegen Überlastung oder ungenügender Auslastung eines Richters oder Spruchkörpers oder infolge Wechsels oder dauernder Verhinderung einzelner Richter nötig wird. ²Vor der Änderung ist den Vorsitzenden Richtern, deren Spruchkörper von der Änderung der Geschäftsverteilung berührt wird, Gelegenheit zu einer Äußerung zu geben.

ᴵⱽ Das Präsidium kann anordnen, daß ein Richter oder Spruchkörper, der in einer Sache tätig geworden ist, für diese nach einer Änderung der Geschäftsverteilung zuständig bleibt.

ⱽ Soll ein Richter einem anderen Spruchkörper zugeteilt oder soll sein Zuständigkeitsbereich geändert werden, so ist ihm, außer in Eilfällen, vorher Gelegenheit zu einer Äußerung zu geben.

ⱽᴵ Soll ein Richter für Aufgaben der Justizverwaltung ganz oder teilweise freigestellt werden, so ist das Präsidium vorher zu hören.

ⱽᴵᴵ ¹Das Präsidium entscheidet mit Stimmenmehrheit. ²§ 21i Abs. 2 gilt entsprechend.

ⱽᴵᴵᴵ ¹Das Präsidium kann beschließen, dass Richter des Gerichts bei den Beratungen und Abstimmungen des Präsidiums für die gesamte Dauer oder zeitweise zugegen sein können. ²§ 171b gilt entsprechend.

ᴵˣ Der Geschäftsverteilungsplan des Gerichts ist in der von dem Präsidenten oder aufsichtführenden Richter bestimmten Geschäftsstelle des Gerichts zur Einsichtnahme aufzulegen; einer Veröffentlichung bedarf es nicht.

Übersicht

	Rn
1) Geschäftsverteilungsplan	1–12a
A. Besetzung der Spruchkörper	2
B. Art der Verteilung	3–4
C. Statthafte Überbesetzung der Kollegialgerichte	5, 5a
D. Zuteilung an mehrere Spruchkörper (I S 4)	6
E. Vertretungsregelung	7–9
F. Ring-Vertretung	10
G. Zweigstellen des Gerichts	11
H. Ergänzungsrichter (§ 192 II GVG)	12
I. Ermittlungsrichter	12a

Schmitt 2041

GVG § 21e

Gerichtsverfassungsgesetz

	Rn
2) Änderungen (III)	13–16b
A. Überlastung; ungenügende Auslastung	14
B. Wechsel; dauernde Verhinderung	15
C. Hilfsstrafkammern	16, 16a
D. Dokumentation	16b
E. Änderung aus anderen Gründen	16c
3) Fortdauer der Zuständigkeit (IV)	17, 18
4) Anhörung (V)	19
5) Freistellung für Justizverwaltung (VI)	20
6) Entscheidung und Auflegung (VII, IX)	21
7) Kompetenzkonflikte (§ 14 StPO)	22
8) Richter-Öffentlichkeit (VIII)	23
9) Anfechtung des Geschäftsverteilungsplans	24
10) Revision	25

1 **1) Geschäftsverteilungsplan (I; auch Geschäftsplan):** Die Geschäftsverteilung erfolgt durch das Präsidium (§ 21a); lediglich der Präsident bestimmt seine Aufgaben selbst (I S 3; für eine entspr Anwendung auf die AG-Direktoren Kroll DRiZ **10**, 319). Sie ist ein organisatorischer Akt der gerichtl Selbstverwaltung zur Bestimmung des gesetzl Richters (Art 101 I S 2 GG) und muss deshalb im Voraus generell-abstrakt so eindeutig wie möglich die Zuständigkeit der Spruchkörper und die Zuweisung der einzelnen Richter regeln (BVerfG 2 BvR 2011/16 vom 16.1.2017). Sie ist keine Rechtsvorschrift (BayVerfGE 38 II 90). Sie wirkt auch auf die Rechtsstellung des einzelnen Richters ein; denn sie regelt seine öffentlichrechtlichen Berechtigungen und Verpflichtungen im Hinblick auf die von ihm wahrzunehmenden richterlichen Geschäfte (BVerwGE **50**, 11, 13). Alle vom Gesetz dem betreffenden Gericht zugewiesenen Geschäftsaufgaben müssen verteilt werden (sog Vollständigkeitsprinzip, vgl Sowada 251). Lücken im Geschäftsverteilungsplan dürfen aber nach allgM durch „gewachsene Übung" ausgefüllt werden (BGH 5 StR 474/92 vom 10.11.1992; Katholnigg 2 mwN).

2 **A. Besetzung:** Jeder Spruchkörper muss einen Vorsitzenden haben (BGH **28**, 290). Allen Richtern wird eine der bezeichneten richterlichen Aufgaben zugeteilt. Dabei wird § 29 DRiG berücksichtigt; der danach – vorübergehend – erlaubte Einsatz von 2 abgeordneten Richtern ist aber nur dann zulässig, wenn hierfür eine sachliche Notwendigkeit besteht (vgl Katholnigg JR **96**, 167 mwN; str). Alle Aufgaben müssen verteilt werden (Maunz/Dürig 53 zu Art 101 GG; Rieß JR **78**, 302). Die Besetzung der Spruchkörper ist so zu regeln, dass im Voraus und generell so eindeutig wie möglich festgelegt ist, welche Richter bei der Entscheidung des einzelnen Falles berufen sind und wer im Vertretungsfall an ihre Stelle tritt (BGH **27**, 209, 210; NJW **88**, 1921; 4 zu 16); das schließt aber nicht aus, einen im Laufe des Geschäftsjahres wegen Ausscheiden eines Richters sicher eintretenden Wechsel bereits bei Aufstellung des Planes zu berücksichtigen. Die Zuteilung der Richter muss sich auf die Dauer des Geschäftsjahrs erstrecken, nicht nur bis zur Erledigung bestimmter Sachen (BGH **8**, 252; **33**, 234, 236). In gleicher Weise wird die Besetzung eines Spruchkörpers, der im Laufe des Geschäftsjahres neu eingerichtet wird, für den Rest des Jahres bestimmt (BGH GA **79**, 223). Auch der Überwachungsrichter (§ 148a StPO) muss bestimmt werden, wenn nur sein Tätigwerden als möglich abzeichnet. Ein Präsidialbeschluss, der bestimmte richterliche Geschäfte von der Verteilung ausnimmt, ist insoweit, nicht wegen seines sonstigen Inhalts, unwirksam (Feiber NJW **75**, 2005). Auch wenn von vornherein abzusehen ist, dass der Geschäftsverteilungsplan wegen Richtermangels nicht einzuhalten ist, muss das Präsidium ihn aufstellen; der Plan ist deswegen nicht insgesamt gesetzwidrig (KG JR **82**, 433). Eine beschränkte Dauerverhinderung eines Richters (unten 15, 20) wird berücksichtigt, zB im Fall des § 4 II DRiG, durch Zuweisung zu einem Bruchteil seiner Arbeitskraft oder für von vornherein nach allgemeinen Gesichtspunkten bestimmte Sitzungstage (BGH **25**, 239).

3 **B. Die Art der Verteilung** (eingehend Sowada 311 ff) richtet sich entweder nach der Art der Aufgaben oder nach den Anfangsbuchstaben des Familiennamens

2. Titel. Präsidium und die Geschäftsverteilung § 21e GVG

des (ältesten oder alphabetisch an erster Stelle stehenden) Angeschuldigten (5 zu § 16). Bei Verteilung nach Registernummern muss für die am selben Tag eingehenden Sachen eine Regelung getroffen werden (BGHZ **40**, 91; Saarbrücken StraFo **96**, 150). Ein „rollierendes System", wonach die Zuständigkeit nach einigen aufeinander folgenden Eingangszahlen, die im Voraus festgelegt sind, wechselt, ist zulässig (BGH NStZ **90**, 138). Die Bestimmung des Geschäftsverteilungsplans, dass eine bei Eröffnung des Hauptverfahrens versehentlich angenommene Zuständigkeit bestehen bleibt, verstößt nicht gegen Art 101 I S 2 GG (BGH NStZ **84**, 181; einschr Sowada 330: Angeklagter muss Unzuständigkeit bis zum Beginn seiner Vernehmung zur Sache geltend machen können). Bei der Sachverteilung sind die rechtlich zwingend vorgeschriebenen Sonderzuständigkeiten (§§ 74 II, 74a, 74c, 74d; §§ 39–41 JGG; § 391 AO) zu beachten. Die Bestimmung, dass die Zuständigkeit des Spezialspruchkörpers gegeben ist, wenn eine die Sonderzuständigkeit begründende Norm in der Anklageschrift als verletzt bezeichnet wird, ist (von willkürlicher Annahme dieser Norm abgesehen) zulässig (**aM** Sowada 324). Beim AG ist auch die Zuständigkeit für die Fälle der §§ 27 III S 1, 30 StPO zu bestimmen.

Die **Zuständigkeit nach Zurückverweisung** (§§ 210 III, 354 II StPO) ist 4 bei den tatrichterlichen Spruchkörpern ebenfalls zu regeln. Wenn von einem übergeordneten Gericht an eine andere Kammer oder Abteilung der Vorinstanz zurückverwiesen wird, muss sich aus dem Geschäftsverteilungsplan eindeutig (BGH NStZ **82**, 211) ergeben, welcher andere Senat, welche andere Kammer oder Abteilung anstelle der ursprünglichen zuständig ist. Fehlt ein solcher Auffangspruchkörper, so muss er in sinngemäßer Anwendung des § 21e im Laufe des Geschäftsjahrs eingerichtet werden (11 zu § 210; 38 zu § 354 StPO).

C. **Statthafte Überbesetzung der Kollegialgerichte:** Der Spruchkörper darf 5 mehr Mitglieder haben, als er für eine Entscheidung, die volle Besetzung erfordert, benötigt, vorausgesetzt, dass es für eine geordnete Rechtspflege unvermeidbar und vom VorsRi zu bewältigen ist (BVerfGE **18**, 344, 350 = NJW **65**, 1219; BVerfGE **22**, 282, 286; BGH **33**, 234; BGH NJW **65**, 1715; Sowada 263). Nach der früheren Rspr des BVerfG durfte ein Spruchkörper nur soviel Mitglieder mehr haben, dass er in den Sachen, bei deren Entscheidung die größte Anzahl seiner Mitglieder mitwirken müssen, nicht in zwei personenverschiedenen Sitzgruppen gleichzeitig Sitzung halten oder drei Sitzgruppen zur Verhandlung zu verschiedenen Zeiten bilden kann (BVerfGE **17**, 294; **18**, 65; **18**, 344, 350; BGH **33**, 234). Da nun aber nach § 21g durch einen generell-abstrakten Mitwirkungsplan die Heranziehung der einzelnen Richter zu den Verfahren festgelegt ist, hat diese Rspr ihre Bedeutung verloren (nicht aber bei der StVollstrK, Celle NStZ **13**, 184). Daher darf die große StrK kann in § 76 II möglichen Entscheidung mit 2 Richtern (und 2 Schöffen) – mit 3 Beisitzern besetzt sein (BVerfG NJW **04**, 3482; BGH NJW **04**, 1118). Ob es darüber hinaus noch eine absolute Grenze der Überbesetzung eines Spruchkörpers gibt (zB Besetzung der Großen StrK mit einem Vorsitzenden und 5 Beisitzern; dazu aber auch 2 zu § 21f), hat das BVerfG (aaO) offen gelassen. Bei einem Senat des OLG, der erstinstanzlich tätig wird – ebenso beim BGH für Beschwerdeentscheidungen –, muss bestimmt werden, welche Richter bei den nach § 122 II S 2 möglichen Dreierentscheidungen ausscheiden (vgl Katholnigg JR **98**, 35).

Der **Sinn und die tatsächliche Handhabung** des Geschäftsverteilungsplanes, 5a nicht sein Wortlaut entscheiden, ob ein Richter ständiges Mitglied oder nur Vertreter ist (BGH NJW **65**, 875). Ständiges Mitglied ist nur, wer zur ständigen Dienstleistung zugeteilt ist (BGH **20**, 61, 63; NStZ **91**, 143).

D. Die **Zuteilung an mehrere Spruchkörper (I S 4)** ist stets zulässig. Auch 6 der Vorsitzende kann den Vorsitz in mehreren Spruchkörpern übernehmen (BGH **28**, 290, 292), sofern er seine Aufgaben als Vorsitzender ausreichend wahrnehmen kann (BGH **25**, 54). Für den Fall des Zusammentreffens der verschiedenen Dienst-

Schmitt 2043

GVG § 21e

geschäfte wird deren Rangverhältnis geregelt (BGH NJW 73, 1291; Kollisionsregel, vgl dazu Kissel Rebmann-FS 66). Ist dies nicht geschehen, so muss im Kollisionsfall geklärt werden, in welcher Sache der Richter verhindert ist und vertreten wird (unten 8).

7   E. Die **Vertretungsregelung** gilt ebenfalls für die Dauer des Geschäftsjahres (oben 2). Sie muss, auch für Hilfsstrafkammern (Hamm JMBlNW 82, 45), die voraussehbaren Verhinderungsfälle (BGH StV 87, 286; 88, 194) berücksichtigen und den Zeitpunkt festlegen, zu dem über den Vertretungseinsatz entschieden werden muss (BGH StraFo 19, 372). Vertretung ist nur bei vorübergehender Verhinderung zulässig (vgl § 21f II; erg dort 4 ff). Die Vertretungsregelung bezieht sich beim LG, OLG und BGH nur auf den Fall der Vertretung durch einen Richter eines anderen Spruchkörpers. Spruchkörperintern gilt § 21g.

8   **Feststellungsverfahren** (8 zu § 21f): Nur bei offensichtlicher Verhinderung aus tatsächlichen Gründen (5 zu § 21f) tritt der geschäftsplanmäßige Vertreter ohne weiteres an die Stelle des verhinderten Richters, zB bei Krankheit, Urlaub, Dienstbefreiung, Eintritt der Kollisionssituation nach der Kollisionsregel (oben 6), kurzfristiger Abordnung oder Unerreichbarkeit (Frankfurt DRiZ 80, 430 mwN; KK-Diemer 10). In den übrigen Fällen, zB bei Überlastung oder wegen anderer richterlicher Aufgaben (BGH StV 89, 338), greift die Vertretungsregelung nicht automatisch ein, sondern setzt voraus, dass die Verhinderung durch den Präs oder aufsichtführenden Richter (formlos, zweckmäßig aber mit Aktenvermerk; aM Schrader StV 91, 540: schriftlich und begründet) festgestellt wird (BGH 21, 174; NJW 74, 870; erg 8 zu § 21f), und zwar in einer für das Revisionsgericht nachprüfbaren Weise (BGH NStZ 88, 325; StV 89, 338). Ohne diese Entscheidung liegt in einem solchen Fall eine wirksame Verhinderung des Richters nicht vor (mit der Folge der Anwendbarkeit des § 338 Nr 1 StPO: BGH NJW 73, 1291). Wenn die vorübergehende Verhinderung eines Richters vor Beginn der Hauptverhandlung wegfällt und er an dieser teilnehmen kann, muss der Wegfall der Verhinderung (BGHSt 35, 55), wenn der vertretene Richter den Dienst zwar wieder antritt, infolge der Nachwirkungen seiner Krankheit an einer anstehenden Hauptverhandlung aber noch nicht teilnehmen kann, muss auch die Verhinderung festgestellt werden.

9   **Dauerverhinderung** (5 ff zu § 21f): Ist oder wird die Verhinderung eine dauernde, so darf die Vertretungsregelung durch eine Änderung der Geschäftsverteilung (III) abgelöst werden. Das ist kein Muss, weil durch die Änderung vielleicht keine bessere Lösung gefunden werden kann.

10   F. **Ring-Vertretung:** Es reicht grundsätzlich nicht aus, nur einen Vertreter zu bestellen. Daher genügt bei einer mit 3 Mitgliedern besetzten Strafkammer die Bestellung von nur 4 Vertretern idR nicht (BGHR StPO § 338 Nr 1 Beisitzer 4 und 6). Für jedes Mitglied sollten somit mind 2 Vertreter bestimmt werden, falls nicht eine Regelung gewählt wird, wonach bei Verhinderung der regelmäßigen Vertreter alle Richter des Gerichts in einer bestimmten Reihenfolge zur Vertretung berufen sind (BGH NStZ 91, 195; StV 93, 398). Werden mehrere Vertreter bestellt, so wird die Reihenfolge bestimmt, in der sie zur Vertretung berufen sind (Münn DRiZ 73, 233). Wird dabei auf das Dienst- oder Lebensalter abgestellt, so wird auch der Fall der Altersgleichheit berücksichtigt, falls er in Betracht kommt. Ausnahmsweise kann ein zeitweiliger Vertreter bestellt werden, wenn trotz ausreichender Vertretungsregelung unvorhersehbar alle Vertreter verhindert sind (Rspr-Nachweise bei Kissel StV 93, 399, der selbst jedoch eine solche *ad hoc*-Vertreterbestellung für unzulässig hält; ebenso Sowada 338: Ringvertretung zwingend).

11   G. **Zweigstellen des Gerichts** sind in ihrem Bezirk für sämtliche gerichtlichen Geschäfte zuständig, soweit nichts anderes bestimmt ist. Soweit ein Richter einem detachierten Spruchkörper oder einer Zweigstelle des Gerichts zugeteilt wird, bestimmt das Präsidium damit auch den Dienstsitz dieses Richters. Besteht sowohl im Bezirk des Hauptgerichts als auch im Bezirk der Zweigstelle ein Gerichtsstand, so hat die StA das Wahlrecht (10 vor § 7 StPO).

2. Titel. Präsidium und die Geschäftsverteilung § 21e GVG

H. **Ergänzungsrichter (§ 192 II)** sind vom Präsidium zu bestellen, ohne dass 12 auf die Vertretungsregelung im Geschäftsverteilungsplan zurückgegriffen werden muss (BGH 26, 324; aM SK-Velten 63); denn die Teilnahme eines Ergänzungsrichters ist kein Fall der im Geschäftsverteilungsplan geregelten Vertretung. Sie wird vielmehr vom Vorsitzenden nach seinem Ermessen angeordnet, während der Vertretungsfall unabhängig davon eintritt (vgl auch Foth DRiZ **74**, 87).

I. **Ermittlungsrichter:** Vgl 7 ff zu § 162 StPO. 12a

2) Änderungen (III): Eine nachträgliche Änderung des Geschäftsverteilungs- 13 plans kann geboten sein, wenn nur diese Weise dem Verfassungsgebot einer Gewährleistung von Rechtsschutz innerhalb angemessener Zeit nachzukommen ist (BVerfG 2 BvR 2011/16 vom 16.1.2017). Die Vorschrift muss eng ausgelegt und entsprechend streng angewandt werden (BGH NStZ-RR **16**, 218; zu den praktischen Umsetzungsproblemen speziell bei kleineren LGn, Drees Breidling-FS 65). Es dürfen allerdings alle Umstände berücksichtigt werden, die der Gewährleistung einer geordneten Rechtspflege dienen (BGHR Änderung 4; BGH 2 StR 344/14 vom 20.3.2016). Dazu gehören besondere Belastungen von Spruchkörpern und besondere Kenntnisse und Fähigkeiten der in Betracht kommenden Richter (BGH **27**, 397), aber auch das Beschleunigungsgebot in Bezug auf weitere von der Änderung betroffene Straf-und Zivilkammern (BGH 2 StR 344/14 vom 20.3.2016). Die weitere Ausbildung des richterlichen Nachwuchses ist für sich allein genommen kein Änderungsgrund (BGH **26**, 382). Jedoch kann das Präsidium bei einer aus anderen Gründen notwendigen Änderung auch die Ausbildung des richterlichen Nachwuchses berücksichtigen (BGH **27**, 397). IdR handelt es sich um Daueränderungen (Münn DRiZ **73**, 233). Im Interesse einer sachgerechten und raschen Durchführung eines Verfahrens ist aber auch eine **zeitweilige Vertreterbestellung** durch das Präsidium nach III zulässig, sofern nicht durch voraussehbare Häufigkeit solcher Bestellungen die gesetzliche Spruchkörperbesetzung in Frage gestellt wird (BGH **27**, 209, 210; NStZ **15**, 716; dagegen BGH NStZ **88**, 37) und die Anlass gebende Entwicklung bei Aufstellung des Geschäftsverteilungsplans nicht vorhersehbar gewesen ist (BGH NStZ **15**, 716 mit Anm Ventzke). Das gilt zB, wenn die beschlossene Ringvertretung (oben 10) wider Erwarten nicht ausreicht (BGH NStZ-RR **04**, 229 [B]; **10**, 184). Die vorübergehende Verhinderung eines Richters durch die Vorbereitung einer außergewöhnlich umfangreichen Strafsache ist kein Änderungsgrund (BGH NJW **86**, 1884).

Änderungen nach III können auch bereits **anhängige Verfahren** erfassen 13a (BVerfG NJW **09**, 1734; BGH **30**, 37; **44**, 161; NJW **04**, 865; Sowada 259; aM Gubitz/Bock NStZ **10**, 191 mwN). Es muss allerdings gewährleistet sein, dass die Neuverteilung durch den Geschäftsverteilungsplan selbst erfolgt; dies ist nicht der Fall, wenn im Einzelfall sowohl die Neuverteilung als auch die Beibehaltung bestehender Zuständigkeiten möglich ist und dabei die konkreten Zuständigkeiten von Beschlüssen einzelner Spruchkörper abhängig sind (BVerfG 2 BvR 2023/16 vom 23.12.2016; 2011/16 vom 16.1.2017: „Stichtagslösung", welche die Zuständigkeit einzelner Spruchkörper von einem später eintretenden Umstand – zB Eröffnung eines Verfahrens – abhängig macht). Auch dürfen nicht einzelne Sachen ausgesucht und einem anderen Richter zugewiesen werden (BGH StV **15**, 98 mit zust Anm Wollschläger; 4 StR 267/18 vom 27.9.2018); das ist auch dann unzulässig, wenn dies durch eine allgemein gehaltene Klausel geschieht (BVerfG NJW **05**, 2689; BGH NStE Nr 10; StraFo **98**, 377; Bay NStZ-RR **01**, 49). Ein fehlerhafter Plan kann durch eine gesetzmäßige Anordnung ersetzt werden (LG Potsdam NStZ-RR **15**, 19 L).

A. **Überlastung; ungenügende Auslastung:** Auch hier muss idR ein längerer 14 Zeitraum ins Auge gefasst werden. Die Veränderung des Belastungsausmaßes kann sich im Laufe des Geschäftsjahres zeigen, wenn die Folgen der änderungsbedürftigen Geschäftsverteilung zunehmend Gewicht erlangen und zu größeren Unzuträglichkeiten führen (BGH NJW **04**, 865); sie kann sich auch zwangsläufig aus einer Gesetzesänderung ergeben (Münn DRiZ **73**, 233). Überlastung liegt vor, wenn über einen längeren Zeitraum ein erheblicher Überhang der Eingänge über die Erledigungen zu verzeichnen ist, so dass mit einer Bearbeitung der Sachen innerhalb eines angemessenen Zeitraumes nicht zu rechnen ist und sich die Überlastung daher als so erheblich darstellt, dass der Ausgleich nicht bis zum Ende des Geschäftsjahres zurückgestellt werden kann (BGH 53, 268; NStZ 14, 287 mit Anm Grube StraFo 14, 123 und Sowada HRRS 15, 16). Insofern kann eine nachträgliche Änderung der Geschäftsverteilung sogar geboten sein, um dem Beschleunigungsgrundsatz Rechnung zu tragen (BGH NStZ 15, 658; StV 15, 747). Das Beschleunigungsgebot lässt indessen das Recht auf den gesetzlichen Richter nicht vollständig zurücktreten (BGH NStZ 14, 226; dazu eingehend Sowada aaO); vielmehr müssen die beiden zu einem angemessenen Ausgleich gebracht werden (BVerfG NJW 09,1734; BGH StV 15, 747 mwN). Die Änderung muss nach allgemeinen Merkmalen (oben 3) vorgenommen werden (BGH aaO; KG StV 81, 14). **Ausnahmsweise** kommt auch eine Änderung in Betracht, die **ausschließlich bereits anhängige** Verfahren überträgt, wenn nur so dem Beschleunigungsgebot Rechnung getragen werden kann und die Maßnahme geeignet ist, die Effizienz des Geschäftsablaufs zu erhalten oder wiederherzustellen (BVerfG aaO; BGH aaO; vgl aber auch StV 16, 623: Neuregelung muss grundsätzlich auch dann generell gelten, dh auch eine unbestimmte Vielzahl künftig eingehender Sachen erfassen); die spezielle Zuweisung eines einzigen bestimmten Verfahrens wird in aller Regel nicht in Betracht kommen (offen gelassen von BGH aaO). Eine (allgemeine) Regelung für den Fall des Eintritts einer Überlastung braucht der Geschäftsverteilungsplan nicht zu enthalten (BGH 44, 161). Endet die Überlastung einer StrK, die nach III entlastet worden ist, so ist nicht etwa die Rückübertragung der während der Zeit der Entlastung eingegangenen Sachen auf die entlastete StrK geboten (BGH NStZ-RR 06, 67 [B]).

15 B. **Wechsel; dauernde Verhinderung:** Wechsel bedeutet Ausscheiden eines Richters aus dem Gericht (Versetzung, Entlassung, Ruhestand, Tod) und seine Ersetzung durch einen anderen. Die dauernde Verhinderung besteht bei dem planmäßig bei dem Gericht verbleibenden Richter, wenn er über geraume oder nicht absehbare Zeit (BGH NJW 03, 150, 154: mehr als 3 Monate; 2 StR 344/14 vom 24.3.2016: Mutterschutz) – ganz oder teilw – verhindert ist. Diese kann im Einzelfall auch angenommen werden, wenn die Verhinderung eines Richters in einer Mehrzahl von Verfahren wegen begründeter Ablehnungsanträge droht; Anzahl und Art der in Betracht kommenden Verfahren müssen dann jedoch im Einzelnen nachvollziehbar dokumentiert werden (vgl BGH NStZ-RR 15, 288). Über Verhinderung vgl erg 4 ff zu § 21f. Der neu hinzukommende Richter muss nicht in die Lücke eingeteilt werden (BGH 22, 232; StV 03, 8). Auch die Änderung der Besetzung eines Spruchkörpers, in dem sich der Änderungsanlass nicht ergeben hat, ist als Folgemaßnahme gesetzlich abgedeckt (BGH aaO), sofern sie nicht auf Willkür beruht (6 zu § 16). Es ist aber dafür Sorge zu tragen, dass anstehende Haftsachen durch die Maßnahmen nicht unvermeidbar verzögert werden (BVerfG StraFo 07, 18).

16 C. **Die HilfsStrK** ist keine Dauerinstitution (2 zu § 60), sondern Ergebnis der Geschäftsverteilung nach III (BGH 15, 217; 21, 260). Ihre Bildung ist eine andere Lösung des Verhinderungsfalls, die vorzuziehen ist, wenn die Verhinderung nicht auf einzelne wenige Sitzungen beschränkt bleibt (BGH 25, 174; 31, 389 = NStZ 84, 84 mit abl Anm Frisch; allg zur Hilfsstrafkammer Frisch NStZ 87, 265, 304), oder sie ist eine Lösung des Überlastungsfalls.

16a Die **Überlastung** der ordentlichen StrK darf **nur vorübergehend** sein (BGH NJW 00, 1581: „unbestimmter Rechtsbegriff"). Insbesondere infolge Anfalls umfangreicher und schwieriger Strafsachen, zB Wirtschaftsstrafsachen (§ 74c), kann es notwendig werden, einen neuen Spruchkörper zu bilden, ihm ein wesentliches Teil der Verfahren zu übertragen und ihn entspr zu besetzen (BGH 31, 389; MDR 76, 63). Die Bildung der HilfsStrK darf nicht dadurch umgangen werden, dass der überlasteten StrK für ein Großverfahren zwei weitere Richter zugeteilt werden, damit sie gleichzeitig in zwei verschiedenen Besetzungen zwei Hauptverhandlungen nebeneinander durchführen kann (BGH **33**, 234, 236; GA **77**, 366). Auch den HilfsStrKn müssen die Geschäfte nach allgemeinen Gesichtspunkten zugewiesen werden (BGH **15**, 116, 217; NStZ **15**, 658); die Übertragung von Einzelsachen ist regelmäßig unzulässig (BGH **7**, 23, 25; **33**, 234, 237; StV **10**, 294; NStZ **14**, 287 mit Anm Grube StraFo **14**, 123), es sei denn, dies ist der sachgerechte Weg, um eine nur durch das abgeleitete Verfahren entstandene Überlastung auszugleichen (BGH **44**, 161, 166). Das Ende der Tätigkeit der HilfsStrK kann kalendermäßig oder mit einem sicher eintretenden, vom Willen einzelner unabhängigen Ereignis begrenzt werden (BGH **21**, 260, 263), auch wenn das voraussichtlich nicht mehr im laufenden Geschäftsjahr der Fall sein wird (Kissel/Mayer 12 zu § 60; aM Frisch NStZ **84**, 86). Ist ihre Lebensdauer durch den Tag der Entscheidung in einer Strafsache durch die ordentliche (überlastete) StrK begrenzt, so macht auch eine erhebliche Verzögerung des Abschlusses dieser Strafsache die HilfsStrK nicht nachträglich unzulässig (BGH **31**, 389). Jedoch darf die HilfsStrK nicht über das ihrer Einrichtung folgende Geschäftsjahr aufrechterhalten werden (BGH **33**, 303; vgl zu anderen Lösungen Sowada 350); ggf muss eine ordentliche StrK eingerichtet oder eine Neuverteilung der Sachen vorgenommen werden (BGH aaO). Die der HilfsStrK zugeteilten Richter können noch einer anderen Kammer des LG angehören (oben 6). Über die Bestellung eines Vorsitzenden vgl 10 ff zu § 21f.

D. Es besteht die **Pflicht zur umfassenden, nachvollziehbaren Dokumentation** der Gründe für die Änderung des GVPl (vgl BGH NJW 10, 625, 626; 2 StR 344/14 vom 24.3.2016). Dies gilt namentlich für die Einrichtung einer Hilfsstrafkammer, wenn bereits anhängige wie auch zukünftig eingehende Sachen auf sie übertragen werden, da ihre Errichtung erhebliche Gefahren für das verfassungsrechtliche Gebot des gesetzlichen Richters birgt (BGH NStZ **16**, 562; **15**, 658; NStZ-RR **15**, 288; StV **15**, 747). Diese Dokumentation muss grundsätzlich schon zZ der Präsidiumsentscheidung vorliegen, spätestens jedoch, wenn über einen (zulässig erhobenen) Besetzungseinwand nach § 222b II StPO sachlich zu entscheiden ist. Der Präsidiumsbeschluss ist regelmäßig mit einer eigenständigen Begründung zu versehen, die so detailliert sein muss, dass sie eine Prüfung der Rechtmäßigkeit ermöglicht (vgl BGH NStZ **16**, 562 sowie StV **16**, 626 mit Anm Deckers Breidling-FS 55: Übertragung eines einzelnen anhängigen Verfahrens); ihr Fehlen führt ausnahmsweise nicht zu einem durchgreifenden Rechtsfehler, wenn sich die Gründe hinreichend aus sonstigen Unterlagen – etwa Überlastungsanzeigen, Stellungnahmen von Gerichtspräsidenten usw – ergeben (BGH aaO). Etwaige Begründungsmängel können in einem ergänzenden Beschluss, bis zur Entscheidung über einen nach § 222b II erhobenen Besetzungseinwand nachgeholt und dadurch nachträglich geheilt werden (BGH NStZ **16**, 562; vgl ferner 2 StR 344/14 vom 24.3.2016). Auf Verlangen ist den Verfahrensbeteiligten die Dokumentation bekanntzumachen (BGH **53**, 268; StV **10**, 294 und 296; Gubitz/Bock NStZ **10**, 190).

E. Die Änderung des GVPl **aus anderen Gründen** wird nicht in Betracht kommen, da der Gesetzgeber den Anwendungsbereich mit Rücksicht auf das Prinzip des gesetzlichen Richters bewusst eng gefasst hat (Ventzke NStZ **16**, 220 zu BGH NStZ **16**, 218: Allgemeine Feststellung durch Revisionsgericht, dass es ein Richter an der erforderlichen Unvoreingenommenheit fehlen lässt.

3) Fortdauer der Zuständigkeit (IV): Dies gilt auch nach der Änderung durch den neuen Jahresgeschäftsverteilungsplan (I S 1) und auch dann, wenn der Richter nur vorbereitend tätig war. Die im abgelaufenen Geschäftsjahr eingegangenen und noch nicht erledigten Sachen können nach IV nur so weit von der Neueinteilung ausgenommen werden, als der nach der bisherigen Geschäftsverteilung zuständige Richter oder Spruchkörper in ihnen bereits tätig geworden ist (BGH **30**, 371, 375), dh eine Entscheidung getroffen oder eine sonstige Prozesshandlung vorgenommen hat. Nicht nur in „einer", sondern auch für mehrere oder eine Gruppe von Sachen, die jedoch eindeutig beschrieben sein müssen (BGH 33, 234, 236), kann die Zuständigkeit erhalten werden.

18 IV betrifft aber nicht den Fall, dass eine begonnene **Hauptverhandlung** in das neue Geschäftsjahr hinüberreicht (BGH aaO; **8**, 250). Dieser Fall ist für die Schöffen in den §§ 50, 77 I geregelt. Für die Berufsrichter ist eine solche besondere Regelung entbehrlich (BGH **19**, 382).

19 **4) Anhörung:** Die Zuteilung an einen anderen Spruchkörper **(V)** besteht beim AG in der Herausnahme aus der bisherigen und in der Einweisung in eine andere Geschäftsaufgabe. Wird die Geschäftsaufgabe eines Richters geändert (dh vergrößert, verringert oder in Teilen ausgetauscht), so ändert sich damit idR zugleich der Zuständigkeitsbereich eines anderen Richters, der ebenso nach V zu hören ist. II gilt nur bei der Geschäftsverteilung vor dem Beginn des Geschäftsjahres für dessen Dauer. Bei Änderungen gilt III S 2.

20 **5) Freistellung für Justizverwaltung (VI):** Justizverwaltung deckt sich nicht mit Gerichtsverwaltung iS des § 4 II DRiG (Schmidt-Räntsch 16 zu § 4 DRiG), ganz allgemein nicht mit den in § 4 II DRiG bezeichneten Aufgaben. Ein Richter kann trotz § 4 II DRiG zB in ein Ministerium abgeordnet werden. Denn in diesem Fall nimmt er nicht zugleich richterliche Aufgaben wahr. Dass das Präsidium auch in solchen Fällen gehört werden muss, beruht darauf, dass ein Richter seiner Verteilungsbefugnis entzogen wird (vgl auch BGHZ **112**, 189 zur Freistellung zwecks Referendarausbildung). Ein Mitbestimmungsrecht des Präsidiums lässt sich aus VI nicht ableiten.

21 **6) Entscheidung und Auflegung (VII, IX):** Zur Beschlussfähigkeit vgl § 21i. Wie bei gerichtlichen Entscheidungen (§ 195) dürfen sich die Mitglieder des Präsidiums nicht der Stimme enthalten (LR-Breidling 66; SK-Velten 46; Fischer DRiZ **78**, 174). Die Unterzeichnung der gefassten Beschlüsse durch die Präsidiumsmitglieder ist nicht erforderlich; es genügt die Protokollierung und Unterzeichnung des Protokolls durch Vorsitzenden und Protokollführer, auch durch den Vorsitzenden allein (BVerwG NJW **84**, 575 L). Das Auflegen des Geschäftsverteilungsplans soll den Verfahrensbeteiligten die Nachprüfung der ordnungsgemäßen Besetzung des Gerichts erleichtern; deshalb gehören dazu die die Geschäftsverteilung betreffenden Beschlüsse und Anordnungen, insbesondere die Änderungsbeschlüsse. Zur Angabe der Richterverhältnisse im Geschäftsverteilungsplan und in der Entscheidung vgl § 29 **DRiG**. Für die kammerinterne Geschäftsverteilung gilt IX nach § 21g VII entspr.

22 **7) Kompetenzkonflikte (§ 14 StPO):** Bei Abgabe einer Strafsache von einem Spruchkörper an einen anderen im Eröffnungsverfahren außerhalb des Anwendungsbereichs der §§ 209, 209a StPO (4 zu § 209; 6 zu § 269 StPO) entscheidet bei Meinungsverschiedenheiten das Präsidium (BGH **18**, 173, 175; **25**, 242; Frankfurt NStZ-RR **15**, 314 mwN); in Eilfällen gilt § 21i II. Eine vertretbare Auslegung des Geschäftsverteilungsplans ist dabei bindend (BGH **26**, 191, 199). Voraussetzung dafür ist aber, dass der Kompetenzkonflikt auf die Geschäftsverteilung zurückzuführen und nur durch deren authentische Auslegung oder durch ihre Ergänzung zu klären ist (1 zu § 14 StPO). Anders ist es, wenn es lediglich um Auslegung eines Gesetzes geht, durch das einem Spruchkörper ein besonderer Geschäftskreis zugewiesen worden ist; dann obliegt die Auslegung des Geschäftsverteilungsplans ausschließlich dem mit der Sache befassten Spruchkörper (BGH 5 StR 688/92 vom 3.5.1993).

23 **8) Richter-Öffentlichkeit (VIII):** Nach früherem Recht waren die Sitzungen des Präsidiums nicht öffentlich und die ihm angehörenden Richter nach hM zur Geheimhaltung der Beratung und Abstimmung verpflichtet (vgl NJW **95**, 2494; Kissel/Mayer 22). Nachdem demgegenüber zunächst vom BTag eine generelle Richteröffentlichkeit beschlossen worden war (vgl Kissel NJW **00**, 462), hat das Ges vom 22.12.1999 (BGBl I 2598) schließlich doch die Regelung der Nichtöf-

2. Titel. Präsidium und die Geschäftsverteilung § 21f GVG

fentlichkeit beibehalten, jedoch dem Präsidium die Befugnis eingeräumt, unter Beachtung des Schutzes der Privatsphäre entspr § 171b einigen oder allen Richtern des Gerichts zeitweise oder ständig die Anwesenheit zu gestatten (vgl dazu Sowada 425 ff). Insoweit besteht dann auch keine Verschwiegenheitspflicht für die Präsidiumsmitglieder mehr (Kissel aaO).

9) Die **Anfechtung des Geschäftsverteilungsplans** ist grundsätzlich ausgeschlossen (BGH DRiZ **73**, 280; MDR **85**, 319). Durch die Zuteilung oder Nichtzuteilung von Dienstgeschäften kann das Recht eines Richters nach Meinung des BVerwG verletzt sein (oben 1). Zur Klärung der Frage, ob dies der Fall ist, steht ihm der Verwaltungsrechtsweg offen (BVerwGE **50**, 11 = NJW **76**, 1224; OVG Hamburg NJW **87**, 1215; krit Kornblum NJW **77**, 666; Müller NJW **78**, 975). Die §§ 23 ff **EGGVG** sind hier nicht anwendbar, weil die Geschäftsverteilung keine Maßnahme einer VerwB und mithin auch nicht einer Justizbehörde (iS des § 23 I S 1 **EGGVG**) ist (BVerwG aaO). Die Klage des Richterrates auf Zuweisung einer neuen Richterstelle ist unzulässig (HessVGH DRiZ **78**, 120). 24

10) Revision: Die abstrakte Möglichkeit eines Missbrauchs macht eine Geschäftsverteilung weder verfassungs- noch gesetzwidrig (BGH NStZ **90**, 138 mwN). Durch die falsche Zusammensetzung des Präsidiums wird die Geschäftsverteilung nicht unwirksam (BVerfGE **31**, 47, 53) und kann daher im Einzelfall nicht mit der Revision gerügt werden (BGH **26**, 206, 208; 6 zu § 21b; 7 zu § 338 StPO). Eine Änderung nach III ist **nicht auf** eine reine **Willkürprüfung beschränkt,** sondern unterliegt der Nachprüfung durch das Revisionsgericht (BGH **53**, 268, 274; NJW **15**, 2597, 2598 f; NStZ-RR **16**, 218; **15**, 288; NStZ **14**, 287 mit Anm Grube StraFo **14**, 123; anders noch BGH **22**, 237, 239; **44**, 161, 165, 170: nur bei Willkür; zum Prüfungsumfang des BVerfG siehe 2 BvR 2011/16 vom 16.1.2017). Auch der Mangel der (für das Revisionsgericht bindenden, BGH **21**, 42) notwendigen Feststellung des Vertretungsfalles (6 ff) und der Rechtsirrtum bei der Entscheidung eines Kompetenzkonfliktes (oben 22; BGH MDR **75**, 770, 771) können geltend gemacht werden. Dienstliche Äußerungen zur Frage der Geschäftsverteilung sind grundsätzlich vom Präs selbst abzugeben. Die Äußerung eines „Präsidialrichters" kann nur dann genügen, wenn sie auch vom Präs iS der Zustimmung abgezeichnet ist (BGH GA **79**, 222). 25

[Vorsitz in den Spruchkörpern]

21f [I] **Den Vorsitz in den Spruchkörpern bei den Landgerichten, bei den Oberlandesgerichten sowie bei dem Bundesgerichtshof führen der Präsident und die Vorsitzenden Richter.**

[II] [1] **Bei Verhinderung des Vorsitzenden führt den Vorsitz das vom Präsidium bestimmte Mitglied des Spruchkörpers.** [2] **Ist auch dieser Vertreter verhindert, führt das dienstälteste, bei gleichem Dienstalter das lebensälteste Mitglied des Spruchkörpers den Vorsitz.**

1) Vorsitz: § 21f betrifft nicht das AG. Denn hier ist der Vorsitzende jeweils zugleich der Einzige mitwirkende Berufsrichter (abgesehen von dem erweiterten SchG, § 29 II). Bei seiner Verhinderung gilt die Vertretung in der Richteraufgabe, die notwendigerweise zugleich Vertretung im Vorsitz ist. Für eine spezielle Vorsitzvertretung ist kein Raum. Daher betrifft § 21f nur das LG, OLG und den BGH. 1

A. Vorsitz im Kollegialgericht: Dass in einer StrK oder in einem Senat der Vorsitzende einen richtungweisenden Einfluss auf den Geschäftsgang und die Rspr des Spruchkörpers ausüben muss, wie die Rspr früher angenommen hatte (vgl BGH **21**, 133; **25**, 55; BGHZ **88**, 1 = NJW **84**, 129, 130 mwN), ist zweifelhaft geworden, nachdem die in § 21g aF enthaltene Befugnis des Vorsitzenden zur internen Geschäftsverteilung aufgehoben worden ist. Das BVerfG (NJW **04**, 3482, 3483) scheint aber hieran festzuhalten, da es nur offen gelassen hat, „ob der Ge- 2

Schmitt 2049

danke des richtunggebenden Einflusses des Vorsitzenden verfassungsrechtlich verankert oder lediglich dem einfachen Recht zuzuordnen ist". Insbesondere aus der dem Vorsitzenden obliegenden Verhandlungsleitung in der Sitzung und bei den Beratungen ergibt sich jedenfalls nach wie vor seine hervorgehobene Stellung (BGH NJW 09, 931; vgl auch LR-Breidling 3; SK-Velten 1). Ausführlich zur Rolle des Vorsitzenden im Spruchkörper – auch zur „faktischen Dominanz" – Sowada 407 ff.

3 B. **Bestimmung des Vorsitzenden:** Die Vorsitzverteilung ist Besetzung der Spruchkörper und wird daher vom Präsidium vorgenommen (§ 21e I S 1; für den Präs: § 21e I S 2). Das gilt auch für die kleine StrK und die HilfsStrK (16 zu § 21e). Ein Vorsitzender kann für mehrere StrKn bestellt werden; eine zugewiesene Stelle kann im Geschäftsverteilungsplan bis zur Besetzung durch „NN" berücksichtigt werden (vgl hierzu BGH **34**, 379, 381; Hamm StV **98**, 6; Sowada 285). Es kann ihm auch – uU sogar darüber hinaus – der Vorsitz in einer großen StrK in Abwechslung mit seinem Vertreter übertragen werden. Nur darf sein Einfluss (oben 2) nicht unzulässig gemindert werden. Unter dieser Voraussetzung steht eine turnusmäßige Teildauerverhinderung einer vorübergehenden gleich (Bay RReg 2 St 139/80 vom 24.10.1980; vgl auch BGH NJW **74**, 1572). Unzulässig ist es, bei vorübergehender Verhinderung des (bisherigen) Vorsitzenden einer kleinen Strafkammer dessen Stelle im (neuen) Geschäftsverteilungsplan nicht zu besetzen und statt dessen dort allein einen stellvertretenden Vorsitzenden zu bestimmen (Hamm StV **04**, 366). Vorsitzender eines Spruchkörpers beim LG kann auch ein Vorsitzender Richter am OLG sein, der an das LG (rück-)abgeordnet wurde (BGH **53**, 99). Ein Abweichen vom gesetzlichen Leitbild des I kommt – abgesehen von den Vertretungsfällen des II (s 4 ff) ausnahmsweise bei einem unabwendbaren, rechtlich begründeten Bedürfnis – wie etwa der Eingangserprobung in Berlin – in Betracht (KG StraFo **18**, 72 mit Anm Sowada).

4 2) **Allgemeines zur Verhinderung (II):** Die Vertretung ist stets an die **vorübergehende** Verhinderung des zu Vertretenden geknüpft (7 zu § 21e; BGH **21**, 131, 133; NJW **74**, 1572; Hamburg NStZ **84**, 570). Der Begriff ist eng auszulegen (KG StraFo **18**, 72). Verhinderung liegt vor, wenn der Richter aus tatsächlichen (unten 5) oder rechtlichen (unten 6) Gründen außerstande ist, die ihm nach dem Geschäftsverteilungsplan obliegende konkrete Aufgabe wahrzunehmen (KG NStZ **18**, 491; Kissel/Mayer 114 zu § 21e; Schrader StV **91**, 540). Liegen diese Voraussetzungen vor, ist der Vorsitzende grundsätzlich nicht gehalten, die Verhinderung durch Terminierung außerhalb des Verhinderungszeitraums „zu verhindern"(vgl BGH NStZ-RR **17**, 16). Bei **dauernder** Verhinderung, zB Versetzung in ein anderes Bundesland oder in den Ruhestand, muss ein neuer Vorsitzender bestellt werden (BVerwG NJW **86**, 1366, BGH NStZ **89**, 32; Celle StV **93**, 66; Frankfurt MDR **79**, 162); das gilt auch bei länger andauernder (über ein Geschäftsjahr hinausgehender) Erkrankung (BGH DRiZ **06**, 352). Die Neubestellung muss nicht sofort, aber ohne ungebührliche Verzögerung geschehen (BVerfGE **18**, 423, 426 = NJW **65**, 1223; Oldenburg StraFo **01**, 131; StV **03**, 12); haushaltsrechtliche Gründe rechtfertigen keine Verzögerung (BGHZ **95**, 246; Hamburg aaO), nach früherer Rspr jedenfalls nicht über 6 Monate (BSG NJW **07**, 2717; dazu Werner NJW **07**, 2671; s auch Sowada 292: höchstens 3 Monate). Diese Frist von 6 Monaten wird im Falle **ruhestandsbedingter Vakanz** in der Praxis jedoch nicht selten deutlich überschritten, da sich hinziehende Konkurrentenstreitverfahren, vor allem bei den OLGen und beim BGH, inzwischen eher die Regel als die Ausnahme darstellen und Lösungen über den sog Doppelvorsitz (dazu unten 10, 11) nicht immer als praktikabel angesehen werden (siehe BGH NStZ-RR **13**, 259; 5 StR 420/15 vom 10.11.2015). Insoweit beruft man sich auf die Rspr des BFH, wonach II S 1 solange anwendbar ist, wie durch die Vakanz im Vorsitz keine wesentlich gewichtigere Beeinträchtigung der bei ordnungsgemäßer Besetzung des Spruchkörpers zu erwartenden Arbeitsweise zu erwarten ist als bei einem längeren Urlaub oder einer längeren Erkrankung (BFHE **190**, 47, 55; BGH aaO).

Ein Vertretungsfall liegt auch vor, wenn der **Vorsitzende** in dem betreffenden **4a** Verfahren **als Zeuge** vernommen werden soll. Die bloße, nicht näher konkretisierte Möglichkeit hierzu genügt noch nicht zur Annahme eines Verhinderungsfalles (BGH 5 StR 215/76 vom 10.9.1976 im Anschluss an BGH **7**, 44, 46; 330, 331; **11**, 206). Unzulässig ist es, einen Teil der anhängig werdenden Verfahren generell auf den Vertreter ohne Rücksicht darauf zu übertragen, ob im konkreten Fall ein Verhinderungsgrund besteht (Düsseldorf StV **94**, 533; zust Katholnigg Anm zu BGH LM Nr 5), oder den Vorsitzenden generell durch einen Vertreter zu entlasten (Hamburg StV **03**, 11).

A. **Tatsächliche Hinderungsgründe** sind zB Urlaub, Dienstreise (zB Teilnah- **5** me an einer Fortbildungsveranstaltung: BGH NStZ-RR **17**, 16), Krankheit (dazu BGH NStZ **19**, 359; **89**, 33; erg 7 zu § 192 GVG), Abordnung, Konkurrentenstreitverfahren (BGH NStZ-RR **13**, 259; BGH 5 StR 420/15 vom 10.11.2015), Unerreichbarkeit, Überlastung iS einer Arbeitsanhäufung in RsprAufgaben und anderen übertragenen Obliegenheiten (§§ 4 II, 40–42 **DRiG;** BGH **21**, 175; StV **89**, 338), zB für die Vorbereitung eines Großverfahrens (BGH aaO), für die Fertigung des schriftlichen Urteils (§ 275 StPO), Unkenntnis der Akten in einer großen Sache, wenn der Richter kurzfristig den Vorsitzenden vertreten soll (BGH **21**, 42). Eine Verhinderung kann grundsätzlich nicht in einem schweren Gewissenskonflikt (Art 4 GG) bestehen, der den Einzelfall betrifft (**aM** LR-Böttcher 13 zu § 1; Peters 112 ff; vgl auch A. Kaufmann Peters-FS 295).

Einer **Beteiligung als Beisitzer** steht die Verhinderung, den Vorsitz zu führen, **6** nicht entgegen, zB wenn diese nur darin besteht, dass sich der Richter nicht rechtzeitig und genügend auf den Vorsitz vorbereiten kann (LG Frankfurt aM, Dienstgericht für Richter, DRiZ **80**, 311).

Ein Lebenszeitrichter kann zur **Eignungserprobung** zeitlich befristet als Vorsit- **6a** zender einer Kleinen Strafkammer eingesetzt werden (KG NStZ **18**, 491).

B. **Rechtliche Hinderungsgründe** können sich ergeben aus der erfolgreichen **7** Ablehnung nach §§ 22–24 StPO (vgl Düsseldorf OLGSt § 21e Nr 1), einer Selbstanzeige des Richters (§ 30) oder aus der Teilnahme an einer langen Hauptverhandlung oder dem Doppelvorsitz (unten 10).

C. Die **Feststellung der Verhinderung** ist Aufgabe des Vorsitzenden der **8** Kammer, wenn sie ausschließlich auf RsprAufgaben der Kammer beruht (gilt nicht auf andere Kammern auswirkt (BGH NJW **68**, 512). Das gilt auch bei Verhinderung des Vorsitzenden selbst, nicht aber, wenn er sich wegen starker Belastung in der eigenen Strafkammer gehindert sieht, als Vertreter in einer anderen Kammer tätig zu werden. Hier (BGH NStZ **88**, 325; Düsseldorf StV **94**, 533) und sonst trifft die Feststellung der PräsLG (BGH NJW **74**, 870; MDR **91**, 486 [H]; Kissel/Mayer 148 zu § 21e), auch wenn es sich um seine Verhinderung in seinen richterlichen Aufgaben handelt (BGH **21**, 174 zu § 66 aF). Im Rahmen des Verfahrens nach §§ 222a, 222b StPO kann sie nachgeholt werden (12 zu § 222b StPO), sonst nicht (BGH **21**, 174, 179). Die Feststellung kann auch inzident (stillschweigend) getroffen werden (BGH LM Nr 5 mit Anm Katholnigg); bei Offensichtlichkeit ist sie entbehrlich (BGH **18**, 162; NStZ-RR **17**, 16: genehmigte Dienstreise; 8 zu § 21e), auch hier kann sich aber eine deklaratorische Feststellung empfehlen (Kissel Rebmann-FS 68).

D. **Vertreterbestimmung (II):** Das Präsidium ist verpflichtet, den Vertreter zu **9** bestimmen (BGH NJW **09**, 931). Ohne Rücksicht auf das Dienstalter kann das geeignetste Mitglied des Spruchkörpers zum regelmäßigen Vertreter des Vorsitzenden bestimmt werden. Ein Richter am AG kann nicht zum ständigen Vorsitzenden einer ordentlichen StrK bestellt werden (Hamm StV **04**, 366). Ist in Verkennung der Verpflichtung, einen Vertreter zu bestellen, keiner bestimmt worden, so ist von einer stillschweigenden Entscheidung dahin auszugehen, dass dem dienstältesten Mitglied des Spruchkörpers (I S 2) die regelmäßige Vertretung übertragen werden sollte. „Dienstältester": § 20 **DRiG.** Mehrere Richter können nicht nebeneinander als Vertreter bestellt werden (Hamm StV **98**, 6), vielmehr muss bestimmt sein, in welcher Reihenfolge sie berufen sind (Hamm StV **04**, 366).

10 **3) Vorsitz in mehreren Spruchkörpern:** I sieht nicht vor, dass dem Präs oder einem VorsRi der Vorsitz nur in einem Spruchkörper übertragen werden darf. Er darf daneben auch in einem anderen Spruchkörper als Beisitzer eingesetzt werden (BGHZ **88**, 1 = NJW **84**, 129).

11 A. **In zwei ordentlichen Spruchkörpern (§ 60 GVG):** Ist ein Vorsitzender nicht nur vorübergehend verhindert (II), so muss das Präsidium einen anderen Vorsitzenden bestellen, selbst wenn die Stelle des verhinderten Vorsitzenden nicht frei ist. Daraus ergibt sich die Notwendigkeit, dass ein Vorsitzender für längere Zeit den Vorsitz in zwei Kammern führen muss. Das ist zulässig (BGH **2**, 71, 73; **25**, 54; vgl auch BVerfG NJW **12**, 2334 für den Doppelvorsitz beim BGH). Ist für den Fall der Kollision keine Regelung im Geschäftsverteilungsplan getroffen, so entscheidet der PräsLG (Rieß DRiZ **77**, 291). Nach der Rspr der Zivilsenate des BGH muss der Vorsitzende in den mehreren Spruchkörpern (oben 3) mindestens 75 % der Aufgaben des Vorsitzenden selbst wahrnehmen (BGHZ **37**, 210 [GrS] = NJW **62**, 1570). Diese 75 %-Klausel ist von den Strafsenaten des BGH bisher nicht förmlich übernommen worden (BGH **21**, 131; vgl allerdings die ihr etwa gleichkommende „Mitunter-Klausel" in BGH JZ **74**, 586). Im Strafverfahren kann jedoch nichts anderes gelten als im Zivilverfahren (Bay RReg 2 St 139/80 vom 24.10.1980). Erforderlichenfalls muss die Zuständigkeit der mehreren Spruchkörper so eingeengt werden, dass der Vorsitzende den erforderlichen Einfluss (oben 2) wahrnehmen kann (BGH **25**, 54, 59). Zu den Schwierigkeiten, wenn eine Vorsitzendenstelle beim BGH wegen einer Konkurrentenklage nicht besetzt werden kann, vgl BGH StV **12**, 204, dagegen BGH StV **12**, 209, bestätigt von BVerfG NJW **12**, 2334; dazu Fischer/Krehl StV **12**, 550; zur Problematik eingehend Schünemann ZIS **12**, 1; Sowada NStZ **12**, 353; vgl auch Groß-Bölting HRRS **12**, 89.

12 B. **In einem ordentlichen Spruchkörper und einer HilfsStrK** (16 zu § 21e): Beide können in der Hand eines und desselben Vorsitzenden bleiben. Für die HilfsStrK gilt das Vorsitzenden-Prinzip des I nicht (BGH **12**, 104; **18**, 176, 178; **31**, 389; KK-Diemer 1; LR-Breidling 12). Die im Schrifttum (Kissel/Mayer 7; SK-Velten 3; vgl auch Sowada 352ff) vertretene **aM** zwingt, da die LGe nicht über überzählige Vorsitzende verfüge, die auf Zeit einsetzbar sind, zur Doppelbesetzung und dadurch zwangsläufig zur Vertretung nach II. Der Grundsatz des I lässt sich auf nur vorübergehend bestehende Spruchkörper nicht anwenden.

13 C. **Folgerungen aus der Rspr** (oben 12): Wird eine HilfsStrK neben der ordentlichen StrK, die eine Hauptverhandlung in einem Großverfahren durchzuführen hat, gebildet und bestimmt das Präsidium hinsichtlich der Aufgabe des Vorsitzenden (BGH NJW **73**, 1291), dass die Geschäfte in der ordentlichen StrK den Vorrang haben, so wird der Vorsitzende in der HilfsStrK nach II vertreten.

14 **4) Vertretung (II S 2):** Die Regelung betrifft die ständigen Mitglieder des Spruchkörpers, die Richter auf Lebenszeit sind und daher den Vorsitz führen dürfen (§ 28 II S 2 **DRiG**). Scheiden sie aus, so darf ein ständiges Mitglied des LG, das einem anderen Spruchkörper zugeteilt ist, den Vorsitzenden vertreten (BGH **21**, 42), und zwar nach Bestimmung des Präsidiums (§ 21e I) oder, falls dieses nicht mehr rechtzeitig entscheiden kann, auf Anordnung des Präs (§ 21i II).

15 **5) Vertretung bei Verhinderung während der Hauptverhandlung:** Hier gilt II nicht. Wenn ein Ergänzungsrichter (§ 192) zugezogen ist, tritt an die Stelle des verhinderten Vorsitzenden der Dienst-, ersatzweise der Lebensälteste (vgl oben 9), der an der Hauptverhandlung mitwirkenden, vorsitzfähigen Richter (LR-Breidling 35). Dieser wird wie ein anderer verhinderter mitwirkender Richter durch den Ergänzungsrichter ersetzt. Bei dauerhafter Verhinderung gilt auch für eine begonnene Hauptverhandlung § 21e III S 1, so dass auch ein bisheriger Er-

2. Titel. Präsidium und die Geschäftsverteilung § 21g GVG

gänzungsrichter zum neuen Vorsitzenden bestimmt werden kann (BGH NJW 09, 931).

6) Revision: Wird der Vorsitz einer StrK dauerhaft mit einem Richter statt einem Vorsitzenden Richter am LG besetzt, begründet dies die Revision (Oldenburg StraFo 00, 237). Erg 5 ff zu § 338 StPO. **16**

[Geschäftsverteilung innerhalb des Spruchkörpers]

§ 21g [I] [1] Innerhalb des mit mehreren Richtern besetzten Spruchkörpers werden die Geschäfte durch Beschluss aller dem Spruchkörper angehörenden Berufsrichter auf die Mitglieder verteilt. [2] Bei Stimmengleichheit entscheidet das Präsidium.

[II] Der Beschluss bestimmt vor Beginn des Geschäftsjahres für dessen Dauer, nach welchen Grundsätzen die Mitglieder an den Verfahren mitwirken; er kann nur geändert werden, wenn es wegen Überlastung, ungenügender Auslastung, Wechsels oder dauernder Verhinderung einzelner Mitglieder des Spruchkörpers nötig wird.

[III] Absatz 2 gilt entsprechend, soweit nach den Vorschriften der Prozessordnungen die Verfahren durch den Spruchkörper einem seiner Mitglieder zur Entscheidung als Einzelrichter übertragen werden können.

[IV] Ist ein Berufsrichter an der Beschlussfassung verhindert, tritt der durch den Geschäftsverteilungsplan bestimmte Vertreter an seine Stelle.

[V] § 21i Abs. 2 findet mit der Maßgabe entsprechende Anwendung, dass die Bestimmung durch den Vorsitzenden getroffen wird.

[VI] Vor der Beschlussfassung ist den Berufsrichtern, die von dem Beschluss betroffen werden, Gelegenheit zur Äußerung zu geben.

[VII] § 21e Abs. 9 findet entsprechende Anwendung.

1) Durch Beschluss aller Berufsrichter des Spruchkörpers statt wie früher durch den Vorsitzenden werden die Geschäfte für das laufende Kalenderjahr (Nürnberg StraFo **14**, 17) auf die Mitglieder verteilt. Damit soll eine möglichst einverständliche Aufteilung der Verfahren erfolgen (BT-Drucks 14/597 S 5). Mit der Neuregelung hat der Gesetzgeber einer auch im Schrifttum erhobenen Forderung (Eser Salger-FS 266 ff) Rechnung getragen. Durch den Beschluss dürfen aber grundsätzlich nicht Vorsitzendenaufgaben (zB Terminierung) auf andere übertragen werden, auch nicht ein Teil auf den Vertreter des Vorsitzenden (§ 21f II S 1) zur ständigen Wahrnehmung. **1**

Unklar ist nach der gesetzlichen Regelung, ob auch die **Bestellung des Berichterstatters** durch den Beschluss geregelt werden muss oder ob dies – wie bisher (vgl BVerfGE **96**, 27 = JR **97**, 278 mit insoweit krit Anm Berkemann und Katholnigg; BGHZ [VerGrSe] **126**, 63 = NJW **94**, 1735, 1740) – dem Vorsitzenden vorbehalten bleiben kann (Kissel/Mayer 41; sehr str, vgl Sowada 448 mit zahlreichen Nw in Fn 73 und 74). Für letzteres und gegen eine schematische Zuweisung spricht, dass dadurch eine gleichmäßigere Belastung der Mitglieder sichergestellt ist und zudem die besonderen Kenntnisse und Fähigkeiten des jeweiligen Mitglieds angemessener berücksichtigt werden können (SSW-Spiess 2; aM Sowada 459, der „der Stärkung der Demokratie in den Gerichten" den Vorrang vor einer möglichst funktionstüchtigen Zusammenarbeit im Spruchkörper einräumen will). **2**

§ 21g gilt auch für die **StVollstrK**, die Kollegialgericht ist (§ 78b I Nr 1). **3**

2) Überbesetzte Spruchkörper: In jedem Jahr erneut („Jährlichkeitsprinzip", vgl BGH NStZ **17**, 429 mit Anm Tully; NJW **99**, 796) müssen die Mitwirkungsgrundsätze aufgestellt werden; eine nachträgliche Beschlussfassung heilt den Fehler nicht (vgl BGH NStZ **17**, 429; kritisch dazu Tully aaO). Sie müssen mit abstrakten Merkmalen regeln, welche Richter an der Entscheidung mitzuwirken haben; die **4**

Schmitt

Grundsätze müssen ein System in der Weise ergeben, dass die Besetzung des Spruchkörpers bei der einzelnen Entscheidung im Regelfall aus ihnen ableitbar ist. Danach sind verschiedene Systeme möglich, je nachdem, ob bestimmte Spruchgruppen gebildet oder die Richter bestimmten Terminstagen zugeordnet werden oder durch die Auswahl des Berichterstatters zugleich die Spruchgruppe bestimmt wird. Auch die Verteilung nach Aktenzeichen oder nach Rechtsgebieten ist grundsätzlich möglich (BVerfG NJW 05, 2540; Sowada 440, 441). Für die nähere Ausgestaltung des Systems besteht Gestaltungsfreiheit; Merkmale wie der Sachzusammenhang, eine frühere Befassung mit der Sache oder besondere Eilbedürftigkeit dürfen berücksichtigt werden (vgl BGH [VerGrSe] NStZ 94, 443 mit Anm Katholnigg = JZ 94, 1175 mit Anm Kissel). Die einzelne Sache muss danach „blindlings" auf Grund allgemeiner, vorab festgelegter Merkmale an den entscheidenden Richter gelangen; Geschäftsverteilungs- und Mitwirkungspläne eines Gerichts dürfen keinen vermeidbaren Spielraum bei der Heranziehung der einzelnen Richter zur Entscheidung einer Sache lassen; das schließt aber die Verwendung unbestimmter Begriffe – wie in § 21e III S 1 und § 21g II Hs 2 – nicht aus. Diese Grundsätze gelten auch für die in der Besetzung mit 2 Richtern (und 2 Schöffen; § 76 II 1. Alt) entscheidende StrK (BGH NJW 00, 371 = JR 00, 166 mit Anm Katholnigg; BGH NJW 04, 2992); auch hier sollte ausdrücklich eine Besetzungsregelung getroffen und die Besetzung nicht nur incidenter durch die Bestimmung des Berichterstatters festgelegt werden (BGH NStZ-RR 08, 69 [B]).

5   Ist der **Vorsitzende verhindert,** und gehört der vom Präsidium bestimmte Vertreter (§ 21f II S 1) demselben Spruchkörper an, so ist dieser Richter durch die Vertretung im Vorsitz verhindert, als Beisitzer mitzuwirken, wenn er den Vorsitz zu führen hat. Er wird als Beisitzer nach der spruchkörperinternen Regelung vertreten. Dauert die Vertretung im Vorsitz längere Zeit, so kann der Vertreter des Vorsitzenden für diese Zeit seine Beisitzeraufgaben innerhalb des Spruchkörpers gleichmäßig verteilen.

6   **3) Form:** Der Beschluss muss schriftlich abgefasst werden (vgl BGH VerGrSe NStZ 94, 443; BGH 49, 130; NStZ 17, 429), ist von den Mitwirkenden zu unterschreiben und in der dazu bestimmten Geschäftsstelle des Gerichts zur Einsichtnahme aufzulegen (VII iVm § 21e IX).

7   **4) Beschlussfassung: III** findet in Strafsachen keine Anwendung. Die Vertretungsregelung in IV erscheint verfehlt, da hier kollegiumsfremde (uU mehrere!) Richter über die Aufteilung der Geschäfte in einem ihnen nicht vertrauten Spruchkörper befinden. Ebenso unglücklich und dazu auch umständlich ist die Bestimmung in IS 2, dass bei Stimmengleichheit – es gilt das Mehrheitsprinzip – das Präsidium entscheidet. V enthält eine Eilkompetenz für den Vorsitzenden entspr derjenigen des Präsidenten in § 21i II; § 21i II S 2–4 gelten entspr. VI ist für die Richter von Bedeutung, die dem Spruchkörper im Zeitpunkt der Beschlussfassung noch nicht angehören, später aber von dem Mitwirkungsplan betroffen werden.

8   **5) Vertretung:** Die Vertretung im Vorsitz bestimmt der Geschäftsverteilungsplan (§ 21 f II S 1). Im Übrigen gelten die Mitwirkungsgrundsätze bei offensichtlicher Verhinderung aus tatsächlichen Gründen von selbst (8 zu § 21e; 8 zu § 21f); sonst muss ebenso wie bei Abweichung von den Mitwirkungsgrundsätzen das Kollegium entscheiden. Wenn Vertretung durch einen Richter eines anderen Spruchkörpers notwendig wird, handelt es sich um Geschäftsverteilung nach § 21e.

9   **6) Änderungen (II Hs 2):** Die Änderungsanlässe sind die gleichen wie in § 21e III (dort 13ff). Die Änderung ist aktenkundig zu machen (BGH 21, 250); auch insoweit gilt VII.

10 **7) Eine Abweichung im Einzelfall** ist nicht nur unter den Voraussetzungen des II Hs 2 und nicht nur nach den Vertretungsgrundsätzen (7 zu § 21e; 4 ff zu § 21f) zulässig BGH VerGrSe NJW 94, 1735, 1739). Es genügen auch sonstige

2. Titel. Präsidium und die Geschäftsverteilung §§ 21h, 21i GVG

Umstände, die im Geschäftsjahr auftreten und bei strikter Einhaltung der Grundsätze zu Verzögerungen, teilweisem Leerlauf, ungleichmäßiger Auslastung oder vermeidbarem doppelten Arbeitsaufwand führen würden (BGH 29, 162, 163). Bei solcher Abweichung ist das Aktenkundigmachen des Grundes empfehlenswert, aber rechtlich nicht notwendig (BGH 29, 162, 164).

8) Revision: Nach § 338 Nr 1 StPO kann willkürliche oder sonst missbräuchliche Nichteinhaltung der kammerinternen Grundsätze der Geschäftsverteilung (II; BGH 21, 250; 29, 162) oder unzulässige Abweichung (oben 10) gerügt werden. Das vollständige Fehlen einer abstrakt-generellen Regelung verletzt das Gebot des gesetzlichen Richters, ohne dass es einer willkürlichen Heranziehung im Einzelfall bedarf (BGH NStZ 17, 429). In der Begründung sind die spruchkörperinternen Vorgänge anzugeben, die sich aus den nach VII aufliegenden Mitwirkungsgrundsätzen ergeben (erg 22 zu § 344 StPO). 11

[Vertretung des Präsidenten oder des aufsichtführenden Richters]

21h ¹Der Präsident oder aufsichtführende Richter wird in seinen durch dieses Gesetz bestimmten Geschäften, die nicht durch das Präsidium zu verteilen sind, durch seinen ständigen Vertreter, bei mehreren ständigen Vertretern durch den dienstältesten, bei gleichem Dienstalter durch den lebensältesten von ihnen vertreten. ²Ist ein ständiger Vertreter nicht bestellt oder ist er verhindert, wird der Präsident oder aufsichtführende Richter durch den dienstältesten, bei gleichem Dienstalter durch den lebensältesten Richter vertreten.

1) Der **ständige Vertreter (I S 1)** vertritt den Präs im Bereich der sog justizförmigen Verwaltungstätigkeit, die in richterlicher Unabhängigkeit ausgeübt wird (BGH 25, 257; LR-Breidling 2), zB in den Fällen der §§ 21i II, 22b III. Für die „reine" JV gilt das Landesrecht (zB § 7 II BWAGGVG), auch „im Vorfeld" der Schöffenbestimmung, zB in den Fällen der §§ 43 I, 45 II, III, 77 II S 1, III S 1 (BGH aaO). Für die Vertretung bei richterlichen Aufgaben ist § 21f II maßgebend. 1

2) Subsidiäre Vertretung durch andere Richter (S 2): Die Regelung beruht auf einem allgemein gültigen Grundsatz (9 zu § 21f). 2

3) Die **Feststellung des Vertretungsfalles** trifft der Vertretene, notfalls der Vertreter. 3

[Beschlussfähigkeit des Präsidiums; Notkompetenz]

21i ¹ Das Präsidium ist beschlussfähig, wenn mindestens die Hälfte seiner gewählten Mitglieder anwesend ist.

II ¹ Sofern eine Entscheidung des Präsidiums nicht rechtzeitig ergehen kann, werden die in § 21e bezeichneten Anordnungen von dem Präsidenten oder aufsichtführenden Richter getroffen. ²Die Gründe für die getroffene Anordnung sind schriftlich niederzulegen. ³Die Anordnung ist dem Präsidium unverzüglich zur Genehmigung vorzulegen. ⁴Sie bleibt in Kraft, solange das Präsidium nicht anderweit beschließt.

1) Mindestens die Hälfte anwesend: Über Stimmenthaltung vgl 21 zu § 21e I ist – auch nach seiner Entstehungsgeschichte – nicht so aufzufassen, dass er das bewährte und praktisch kaum entbehrliche Umlaufverfahren unzulässig macht (BVerwGE **88**, 159 = NJW **92**, 254; LR-Breidling 75 zu § 21e; Schorn/Stanicki 164; BGH **44**, 161: jedenfalls nicht im Bereich des § 21e III; **aM** Thomas/Putzo/ Hüßtege 6 zu § 21e; vgl auch KK-Diemer 7 zu § 21a: seltene Ausnahme). I gilt aber nur für den Fall, dass das Präsidium zu einer Sitzung zusammentritt. Im Umlaufverfahren müssen alle nicht verhinderten Mitglieder unterschreiben. 1

Schmitt

GVG §§ 21j, 22   Gerichtsverfassungsgesetz

2 2) Der **Vorsitzende des Präsidiums (II S 1; § 21a II)** entscheidet ersatzweise. Diese Eilzuständigkeit ist Kompetenz kraft Gesetzes. Mit Art 101 I S 2 GG ist sie vereinbar (BVerfG NJW **82**, 29 mwN). Von sich aus darf das Präsidium keine seiner Aufgaben auf den Vorsitzenden des Präsidiums übertragen. Der Vorsitzende trifft die Eilanordnung nach pflichtgemäßem Ermessen in eigener Verantwortung (BGH MDR **77**, 461 [H]). Er kann auch eine vorübergehende Vertretungsregelung im Einzelfall treffen, wenn die Regelung im Geschäftsverteilungsplan nicht ausreicht.

3 **Vorlage an das Präsidium (II S 2, 3):** Die Eilanordnung bleibt in Kraft, bis das Präsidium anderweit, dh sachlich anders, beschließt. Hält es die Eilanordnung für richtig, so braucht es nur festzustellen, dass zu einer abweichenden Entscheidung kein Anlass besteht (**aM** Katholnigg 3: nichts zu veranlassen).

4 3) **Revision:** Die Rüge, dass die tatsächlichen Voraussetzungen für eine vom Präsidenten angenommene Verhinderung eines Vertreters nicht vorgelegen hätten, ist nicht zulässig; denn das Revisionsgericht hat diese Voraussetzungen nicht zu prüfen (BGH **12**, 33; MDR **77**, 461 [H]).

[Neu errichtete Gerichte]

21j I [1] Wird ein Gericht errichtet und ist das Präsidium nach § 21a Abs. 2 Nr. 1 bis 4 zu bilden, so werden die in § 21e bezeichneten Anordnungen bis zur Bildung des Präsidiums von dem Präsidenten oder aufsichtführenden Richter getroffen. [2] § 21i Abs. 2 Satz 2 bis 4 gilt entsprechend.

II [1] Ein Präsidium nach § 21a Abs. 2 Nr. 1 bis 4 ist innerhalb von drei Monaten nach der Errichtung des Gerichts zu bilden. [2] Die in § 21b Abs. 4 Satz 1 bestimmte Frist beginnt mit dem auf die Bildung des Präsidiums folgenden Geschäftsjahr, wenn das Präsidium nicht zu Beginn eines Geschäftsjahres gebildet wird.

III An die Stelle des in § 21d Abs. 1 bezeichneten Zeitpunkts tritt der Tag der Errichtung des Gerichts.

IV [1] Die Aufgaben nach § 1 Abs. 2 Satz 2 und Abs. 3 der Wahlordnung für die Präsidien der Gerichte vom 19. September 1972 (BGBl. I S. 1821) nimmt bei der erstmaligen Bestellung des Wahlvorstandes der Präsident oder aufsichtführende Richter wahr. [2] Als Ablauf des Geschäftsjahres in § 1 Abs. 2 Satz 2 und § 3 Satz 1 der Wahlordnung für die Präsidien der Gerichte gilt der Ablauf der in Absatz 2 Satz 1 genannten Frist.

1 1) Die Regelung über die **Bildung von Präsidien und die Geschäftsverteilung bei der Neuerrichtung von Gerichten** enthält die Vorschrift, die an die Stelle des § 30 RpflAnpG (aufgehoben durch Art 3 des Ges vom 19.4.2006, BGBl I 866) getreten ist. Die Vorschrift nimmt hierfür Bestimmungen aus den §§ 21a, 21b, 21d, 21e und 21i in Bezug.

3. Titel. Amtsgerichte

[Richter beim Amtsgericht]

22 I Den Amtsgerichten stehen Einzelrichter vor.

II Einem Richter beim Amtsgericht kann zugleich ein weiteres Richteramt bei einem anderen Amtsgericht oder bei einem Landgericht übertragen werden.

III [1] Die allgemeine Dienstaufsicht kann von der Landesjustizverwaltung dem Präsidenten des übergeordneten Landgerichts übertragen werden. [2] Geschieht

2056   Schmitt

3. Titel. Amtsgerichte §§ 22a, 22b GVG

dies nicht, so ist, wenn das Amtsgericht mit mehreren Richtern besetzt ist, einem von ihnen von der Landesjustizverwaltung die allgemeine Dienstaufsicht zu übertragen.

IV Jeder Richter beim Amtsgericht erledigt die ihm obliegenden Geschäfte, soweit dieses Gesetz nichts anderes bestimmt, als Einzelrichter.

V ¹Es können Richter kraft Auftrags verwendet werden. ²Richter auf Probe können verwendet werden, soweit sich aus Absatz 6, § 23b Abs. 3 Satz 2, § 23c Abs. 2 oder § 29 Abs. 1 Satz 2 nichts anderes ergibt.

VI *(betrifft Insolvenzverfahren)*

1) **Einzelrichter als Vorstand (I):** Der Einzelrichter repräsentiert das AG im Spruchkörper (IV), auch im SchG (§§ 28 ff). Die Zahl der Richter bestimmt die LJV (2 zu § 60). 1

2) **Doppelernennung (II; § 27 II DRiG,** vgl auch § 59 II): Das Präsidium kann den Richter zur Dienstleistung beim LG oder beim AG heranziehen, ohne dass es noch einer besonderen Zuweisung des Richters an dieses Gericht durch die JV bedarf (BGH **24,** 283). 2

3) Für die **Errichtung und Aufhebung** von AGen gilt der Vorbehalt des Gesetzes (BVerfGE **2,** 307), ebenso für die Verlegung des Gerichtssitzes. Über Zuständigkeitskonzentration vgl 2 zu § 58. 3

Zweigstellen kann die LJV errichten (vgl zB § 2 II BWAGGVG). Diese sind keine selbstständigen Gerichte, sondern nur Spruchabteilungen desselben Gerichts (Zweibrücken VRS **68,** 54; Kissel/Mayer 2; erg 11 zu § 21e); Schriftsätze können fristwahrend daher sowohl beim Hauptgericht als auch bei der Zweigstelle eingereicht werden (Katholnigg 2). Im Gegensatz zu den §§ 78 und 116 II bestimmt hier die LJV nicht den örtlichen Zuständigkeitsbereich und den Geschäftskreis. Daher bedarf die Anordnung nicht der Form einer RechtsVO (vgl 1 zu § 58). 4

4) **Allgemeine Dienstaufsicht (III):** Zu ihr gehört nicht die Dienstaufsicht über Richter (§ 26 **DRiG;** § 16 BWAGGVG). Diese ist gemeint, wenn nur von Dienstaufsicht die Rede ist (zB §§ 22a, 22b IV, 22c I) oder vom aufsichtführenden Richter (zB §§ 21a II, 21h). 5

[Präsidium bei den Amtsgerichten]

22a Bei Amtsgerichten mit einem aus allen wählbaren Richtern bestehenden Präsidium (§ 21a Abs. 2 Nr. 5) gehört der Präsident des übergeordneten Landgerichts oder, wenn der Präsident eines anderen Amtsgerichts die Dienstaufsicht ausübt, dieser Präsident dem Präsidium als Vorsitzender an.

1) **Mindestens zwei Mitglieder** – bei weniger als 8 Richterplanstellen (vgl § 21a II Nr 5) – müssen vorhanden sein; zu ihnen tritt der Präs, der die Dienstaufsicht ausübt (5 zu § 22a) als drittes Mitglied. Zum Einrichtergericht § 22b. 1

2) **Für die Vertretung** des Präs gelten §§ 21c, 21h (Kissel/Mayer 3). Der Präs hat auch die Notkompetenz nach § 21i II (Kissel/Mayer 5). 2

[Amtsgericht mit nur einem Richter]

22b ¹Ist ein Amtsgericht nur mit einem Richter besetzt, so beauftragt das Präsidium des Landgerichts einen Richter seines Bezirks mit der ständigen Vertretung dieses Richters.

II Wird an einem Amtsgericht die vorübergehende Vertretung durch einen Richter eines anderen Gerichts nötig, so beauftragt das Präsidium des Landgerichts einen Richter seines Bezirks längstens für zwei Monate mit der Vertretung.

Schmitt 2057

GVG § 22c   Gerichtsverfassungsgesetz

III [1] In Eilfällen kann der Präsident des Landgerichts einen zeitweiligen Vertreter bestellen. [2] Die Gründe für die getroffene Anordnung sind schriftlich niederzulegen.

IV Bei Amtsgerichten, über die der Präsident eines anderen Amtsgerichts die Dienstaufsicht ausübt, ist in den Fällen der Absätze 1 und 2 das Präsidium des anderen Amtsgerichts und im Falle des Absatzes 3 dessen Präsident zuständig.

1   1) **Nicht präsidiumsfähig:** 2 zu § 21a.

2   2) **Vertretung (II–IV):** Die Aufteilung der Vertretung des (ganz oder teilw) verhinderten Richter beim AG auf 2 Richter des Bezirks des Präsidiums ist zulässig. II geht von der Vertretung einer vorübergehend nicht besetzten oder nicht wahrgenommenen Geschäftsaufgabe aus. Die zeitliche Beschränkung steht einer Verlängerung entgegen (Katholnigg 2; SK-Degener 6; **aM** Kissel/Mayer 5). Im Fall des II handelt es sich nicht um Abordnung (§ 37 DRiG). Eine Abordnung oder eine Verwendungsanordnung nach § 13 DRiG anstatt des Auftrags nach § 22b oder auch im Anschluss an einen solchen ist zulässig. III ist eine Sonderregelung gegenüber § 21i II.

[Gemeinsamer Bereitschaftsdienst]

22c   [1] [1] Die Landesregierungen werden ermächtigt, durch Rechtsverordnung zu bestimmen, dass für mehrere Amtsgerichte im Bezirk eines Landgerichts oder mehrere Landgerichte im Bezirk eines Oberlandesgerichts ein gemeinsamer Bereitschaftsdienstplan aufgestellt wird oder ein Amtsgericht Geschäfte des Bereitschaftsdienstes ganz oder teilweise wahrnimmt, wenn dies zur Sicherstellung einer gleichmäßigeren Belastung der Richter mit Bereitschaftsdiensten angezeigt ist. [2] Zu dem Bereitschaftsdienst sind die Richter der in Satz 1 bezeichneten Amtsgerichte heranzuziehen. [3] In der Verordnung nach Satz 1 kann bestimmt werden, dass auch die Richter der Landgerichte heranzuziehen sind. [4] Über die Verteilung der Geschäfte des Bereitschaftsdienstes beschließen nach Maßgabe des § 21e im Einvernehmen die Präsidien der Landgerichte sowie im Einvernehmen mit den Präsidien der betroffenen Amtsgerichte. [5] Kommt eine Einigung nicht zustande, obliegt die Beschlussfassung dem Präsidium des Oberlandesgerichts, zu dessen Bezirk die Landgerichte gehören.

II Die Landesregierungen können die Ermächtigung nach Absatz 1 auf die Landesjustizverwaltungen übertragen.

1   1) Eine **gleichmäßige Belastung** der AGe mit Bereitschaftsdiensten will die Vorschrift sicherstellen. Da sich in Befolgung der Rspr des BVerfG zum Begriff der „Gefahr im Verzug" (vgl 2 zu § 105 StPO) eine vermehrte Inanspruchnahme des richterlichen Bereitschaftsdienstes außerhalb der üblichen Dienstzeiten ergeben hat, ist durch die Änderung des § 22c durch das Ges vom 23.7.2002 (BGBl I 2850, 2855) die Beschränkung der Vorschrift auf dienstfreie Tage gefallen (dazu unten 2) und zudem die Möglichkeit geschaffen worden, zum Bereitschaftsdienst auch Richter des LG heranzuziehen (dazu unten 3). Um die regionalen Verhältnisse (Aufteilung der Gerichtsbezirke, personelle Ausstattung der einzelnen AGe) berücksichtigen zu können, delegiert die Vorschrift die Befugnis zur Einrichtung der gemeinsamen Bereitschaftsdienste auf die Landesregierungen bzw (über II) auf die Landesjustizverwaltungen.

2   2) **Eine über die dienstfreien Tage hinausgehende** Konzentrationskompetenz ermöglicht die gesetzliche Regelung. Dadurch soll die beabsichtigte gleichmäßigere Belastung aller Richter mit Bereitschaftsdiensten auch an normalen Werktagen außerhalb der üblichen Dienstzeiten ermöglicht werden. Es können entweder einem AG Geschäfte des Bereitschaftsdienstes mehrerer AGe übertragen werden, wobei der für ein anderes AG tätig werdende Richter seine Entscheidun-

3. Titel. Amtsgerichte §§ 22d–24 GVG

gen dann nach außen für das AG, dessen Aufgaben er wahrnimmt, trifft, oder es kann für mehrere AGe in Form einer „Pool-Lösung" ein gemeinsamer Bereitschaftsdienstplan aufgestellt werden. Der Bereitschaftsdienstplan „bestimmt dann nicht nur Namen und Zeitpunkt der am Bereitschaftsdienst teilnehmenden Richter, sondern darüber hinaus auch das zuständige Bereitschaftsdienstgericht, das zweckmäßigerweise dasjenige AG sein wird, dem der jeweils zum Bereitschaftsdienst eingeteilte Richter angehört" (BT-Drucks 14/9266 S 38).

3) Auch **Richter des LG** können unter Berücksichtigung der örtlichen und personellen Gegebenheiten, der generellen Belastung dieser Richter mit Bereitschaftsdiensten und der Notwendigkeit einer Entlastung der Richter der AGe (BT-Drucks 14/9266 S 39) zum Bereitschaftsdienst herangezogen werden. Geschieht dies, so ist die Heranziehung grundsätzlich auf alle Richter des LG (einschließlich der Vorsitzenden Richter) zu erstrecken. Einer Ernennung des Richters im Einzelfall oder einer Zustimmung des Richters bedarf es nicht (Zöller/Lückemann 3). Die Richter des LG werden dann der Sache nach und formell als Amtsrichter tätig, so dass auch für sie § 22d gilt (BT-Drucks aaO). **3**

4) Zuständig für die Verteilung der Geschäfte des Bereitschaftsdienstes und für die Aufstellung des Bereitschaftsdienstplanes ist das Präsidium des LG (§ 21a) im Einvernehmen mit den Präsidien der betroffenen AGe (§§ 21a II Nr 5, 22a). Da es hier wegen zu vermutender Interessengegensätze möglicherweise nicht zu einer Einigung kommt, sieht I S 5 eine Ersatzzuständigkeit des Präsidiums des OLG, zu dessen Bezirk das LG gehört, vor. **4**

Das Präsidium nimmt **die konkrete Ausgestaltung des gemeinsamen Bereitschaftsdienstes** (auch hinsichtl des Umfangs der in der RechtsVO generell angeordneten Zuziehung von Richtern des LG) vor. Es legt Beginn und Ende des Bereitschaftsdienstzeitraums fest und trifft die Zuständigkeitsabgrenzung ggü dem nach dem regulären Geschäftsverteilungsplan zuständigen Richter, soweit der Bereitschaftsdienst sich auch auf dienstfreie Tage erstreckt. Der Bereitschaftsrichter wird als Vertreter des örtlich zuständigen Richters tätig (LG Arnsberg StraFo **15**, 66): Eingehend zur Organisation des Bereitschaftsdienstes unter Beachtung des Art 101 I S 2 GG Falk DRiZ **07**, 151. **5**

[Gültigkeit einer Handlung]

22d Die Gültigkeit der Handlung eines Richters beim Amtsgericht wird nicht dadurch berührt, daß die Handlung nach der Geschäftsverteilung von einem anderen Richter wahrzunehmen gewesen wäre.

1) Einen **allgemeinen Rechtsgrundsatz** enthält § 22d (SK-Degener 2, 3; 1 zu § 20 StPO; Einl 104 ff; auch 2 zu § 16). Er gilt auch für Kollegialgerichte, aber nur bei Abweichung von einem gesetzmäßigen Geschäftsverteilungsplan. Besteht ein solcher Plan nicht oder ist er gesetzwidrig, so gelten § 16 und Art 101 I S 2 GG. Über die Revision bei Verstoß gg die Geschäftsverteilung vgl 7 zu § 338 StPO. **1**

23–23d *(betreffen Zivilsachen)*

[Zuständigkeit des Amtsgerichts] RiStBV 113

24 I 1 In Strafsachen sind die Amtsgerichte zuständig, wenn nicht
1. die Zuständigkeit des Landgerichts nach § 74 Abs. 2 oder § 74a oder des Oberlandesgerichts nach den §§ 120 oder 120b begründet ist,
2. im Einzelfall eine höhere Strafe als vier Jahre Freiheitsstrafe oder die Unterbringung des Beschuldigten in einem psychiatrischen Krankenhaus, al-

lein oder neben einer Strafe, oder in der Sicherungsverwahrung (§§ 66 bis 66b des Strafgesetzbuches) zu erwarten ist oder

3. die Staatsanwaltschaft wegen der besonderen Schutzbedürftigkeit von Verletzten der Straftat, die als Zeugen in Betracht kommen, des besonderen Umfangs oder der besonderen Bedeutung des Falles Anklage beim Landgericht erhebt.

²Eine besondere Schutzbedürftigkeit nach Satz 1 Nummer 3 liegt insbesondere vor, wenn zu erwarten ist, dass die Vernehmung für den Verletzten mit einer besonderen Belastung verbunden sein wird, und deshalb mehrfache Vernehmungen vermieden werden sollten.

II Das Amtsgericht darf nicht auf eine höhere Strafe als vier Jahre Freiheitsstrafe und nicht auf die Unterbringung in einem psychiatrischen Krankenhaus, allein oder neben einer Strafe, oder in der Sicherungsverwahrung erkennen.

1 1) Die **grundsätzliche Zuständigkeit des AG** bestimmt die Vorschrift. Seine Zuständigkeit entfällt nur in den Ausnahmefällen des I Nrn 1–3 und bei nicht ausreichender Strafgewalt (II); allein zum Zwecke der Verbindung mit einem beim LG anhängigen Berufungsverfahren darf weder ein nach § 24 zur Zuständigkeit des AG gehörendes Verfahren beim LG angeklagt (BGH **38**, 172; NStZ **92**, 397) noch ein beim AG anhängiges Verfahren dorthin abgegeben werden (BGH **37**, 15, 19/20). Das AG bilden Strafrichter und SchG; beides sind Gerichte verschiedener Ordnung (1 zu § 25; 2 zu § 1 StPO). Das SchG ist zuständig, wenn nicht die Zuständigkeit des Strafrichters nach § 25 gegeben ist. Bei den JugGen des AG ergibt sich die Abgrenzung aus §§ 33 II, 39, 40, 108 **JGG**. In Binnenschifffahrtssachen ist im 1. Rechtszug das AG zuständig (§§ 1, 2 II BinSchVfG).

2 2) **Ausnahmen von der Zuständigkeit des AG (I):**
3 A. **SchwurG- und Staatsschutzsachen (Nr 1)** sind von der Zuständigkeit des AG immer ausgenommen. Stellt sich erst nach Anklageerhebung heraus, dass es sich um eine solche Sache handelt, so gelten die §§ 209 II, 225a, 270 StPO. § 74c ist in Nr 1 nicht aufgeführt, weil Wirtschaftsstrafsachen nur dann zur Zuständigkeit der WirtschaftsStrK gehören, wenn sie von besonderer Bedeutung sind (Nr 3) oder wenn die Strafgewalt des AG (II) nicht ausreicht (vgl 2 zu § 74c).

4 B. Ob eine die **Strafgewalt übersteigende Rechtsfolgenerwartung** (Nr 2) besteht, muss auf Grund einer überschlägigen Prognoseentscheidung, ähnlich der Entscheidung über den hinreichenden Tatverdacht (§ 203 StPO), unter Berücksichtigung der nach § 160 II StPO ermittelten rechtsfolgenerheblichen Umstände festgestellt werden (Karlsruhe StV **98**, 252). Insoweit besteht ein weiter Beurteilungsspielraum (vgl BGH 2 StR 405/14 vom 29.4.2015). Geldstrafen, Nebenstrafen und Nebenfolgen werden dabei nicht berücksichtigt. Unterbringung nach § 63 StGB oder Sicherungsverwahrung nach § 66 StGB – auch nach Vorbehalt (§ 66a StGB) oder nachträglich (§ 66b StGB) – darf das AG nie anordnen.

5 C. **Besondere Umstände des Falles (Nr 3):** Hierbei handelt es sich (wie in §§ 74 I S 2, 74a II, 74b, 120 II, 142a IV) um eine sog bewegliche Zuständigkeitsregelung (dazu allg Achenbach Wassermann-FS 849; Rieß GA **76**, 8). Mit dem GG ist Nr 3 nur bei verfassungskonformer Auslegung vereinbar (BVerfGE **9**, 223 = NJW **59**, 871; Eisenberg NStZ **90**, 551; ohne diese Einschränkung: BGH **9**, 367; NJW **58**, 918; aM SK-Degener 21 ff; Herzog StV **93**, 612; Sowada 585: verfassungswidrig; vgl auch Arnold ZIS **08**, 92). Die Auslegung gebietet, dass die StA, wenn sie die besonderen Umstände bejaht, zur Anklageerhebung bei dem LG verpflichtet ist. Sie hat keinen Ermessensspielraum (Engelhardt DRiZ **82**, 419) und kein echtes Wahlrecht, sondern muss den unbestimmten Rechtsbegriff der besonderen Bedeutung auslegen und den konkreten Fall darunter subsumieren (BT-Drucks 15/1976 S 19). Sie muss daher in der Anklageschrift die Umstände darlegen, aus denen sich die besondere Schutzbedürftigkeit (unten 6), der besondere

3. Titel. Amtsgerichte § 24 GVG

Umfang (unten 7) oder die besondere Bedeutung (unten 8) ergeben, soweit dies nicht offenkundig ist (vgl BGHR Bedeutung 3; RiStBV 113 II).

a) Die **Schutzbedürftigkeit von Verletzten** der Straftat, die als Zeugen in Betracht kommen, denen man durch Anklage beim LG (vgl auch § 41 I Nr 4 **JGG**) eine 2. Tatsacheninstanz ersparen will (vgl dazu BGH **47**, 16; Zweibrücken NStZ **95**, 357), ist zu bejahen, wenn durch eine weitere Vernehmung psychische Auswirkungen auf den Opfer-Zeugen zu befürchten sind. Das kann bei allen Opfern von Straftaten der Fall sein, die sich gegen höchstpersönliche Rechtsgüter richten, insbesondere aber bei (kindlichen oder erwachsenen) Opfern von Sexualdelikten (vgl Celle NStZ **17**, 495 zu kindlichen Opfern). Es kommt dabei auf die individuelle Schutzbedürftigkeit des Zeugen in dem konkreten Strafverfahren an (Karlsruhe NStZ **11**, 479; Celle aaO), wobei die Beeinträchtigungen deutlich über das normale Maß der Belastungen von Opferzeugen durch die Verhandlungssituation hinausgehen müssen (LG Ravensburg NStZ-RR **14**, 90). Einer besonderen näheren Begründung in der Anklageschrift bedarf es nur, wenn die Umstände nicht offensichtlich sind (Celle aaO; vgl auch Hamburg NStZ **05**, 654: idR nicht). Zu verfassungsrechtlichen Bedenken gg diese Regelung Heghmanns DRiZ **05**, 291. 6

Ein **Regelbeispiel** bringt I S 2 dafür, wann das besondere Schutzbedürfnis zu bejahen ist, nämlich wenn schon die einmalige Vernehmung eine besondere Belastung für den Verletzten bedeutet, so dass mehrfache Vernehmungen zu vermeiden sind (dazu Karlsruhe NStZ-RR **14**, 154 L). Nach Ansicht von v. Galen StV **13**, 173 werden die gegen I S 1 Nr 3 bestehenden verfassungsrechtlichen Bedenken (oben 6 aE) hierdurch noch verstärkt. 6a

b) Der **besondere Umfang** des Verfahrens ist gegeben, wenn die Sache wegen einer Vielzahl von Angeklagten und/oder Vielzahl von Zeugen besonders umfangreich ist (Karlsruhe StraFo **11**, 56), wenn besondere Schwierigkeiten bei der Beweiswürdigung erkennbar sind (zB eingehende Sachverständigengutachten erforderlich) oder auch eine lange Verfahrensdauer vorausehbar ist (vgl KG NStZ-RR **05**, 26; **13**, 56 L; Hamburg NStZ **95**, 252; Karlsruhe StV **03**, 13 mit zust Anm Heghmanns). Mit dieser Fassung – der früheren gesetzlichen Regelung widersprechenden (vgl Düsseldorf StV **97**, 13; Saarbrücken wistra **02**, 118; dazu Radtke/Bechtoldt GA **02**, 591), wie die vorhergehende (oben 6) durch das 1.OpferRRG eingefügten – Alternative ist eine weitgehende Verlagerung der Verfahren vom AG an das LG ermöglicht worden; dabei ist aber zu beachten, dass sich die zum LG anzuklagenden Verfahren stets deutlich aus der großen Masse der Verfahren, die den gleichen Tatbestand betreffen, herausheben müssen (BT-Drucks 15/1976 S 19). Der besondere Umfang muss daher noch über den die Anwendung des § 29 II rechtfertigenden Umfang hinausgehen. Heghmanns (DRiZ **05**, 290) hält die Voraussetzungen bei zu erwartenden 6 oder mehr Verhandlungstagen für gegeben. 7

c) Von **besonderer Bedeutung** ist auch hier eine Sache, die sich aus tatsächlichen oder rechtlichen Gründen (Bremen JZ **53**, 150) aus der Masse der durchschnittlichen Strafsachen nach oben heraushebt (Jena NStZ **16**, 375; Düsseldorf StV **97**, 13; eingehend v Berg, Die besondere Bedeutung des Falles gemäß § 24 Abs 1 Nr 3 Var. 3 GVG, 2005, zugl Diss Berlin). Die besondere Bedeutung kann sich insbesondere aus dem Ausmaß der Rechtsverletzung und den Auswirkungen der Straftat ergeben (Düsseldorf NStZ **90**, 292; VRS **85**, 204; RiStBV 113 I); dabei müssen die unverschuldeten Tatfolgen unberücksichtigt bleiben (Kissel/Mayer 15; Schroeder MDR **65**, 177). Die hervorragende Stellung des Beschuldigten oder des Verletzten im öffentlichen Leben kann die besondere Bedeutung ebenso begründen (Jena aaO; Bremen aaO; Koblenz wistra **95**, 282; Schroeder aaO) wie das große Interesse der Medien und der Öffentlichkeit an der Sache (BGH **44**, 34, 37; einschr Karlsruhe NStZ-RR **00**, 60; Saarbrücken wistra **02**, 118; Schleswig SchlHA **11**, 274 [D/D]; Michel StraFo **03**, 242). Auch Persönlichkeit und Stellung des Beschuldigten können insoweit von Bedeutung sein, als sie den Unrechtsgehalt der Tat erhöhen (Stuttgart MDR **75**, 1042; Jena aaO; Schroe- 8 der aaO). Besondere Bedeutung können daher Strafsachen gegen hohe Beamte und gegen RAe haben (BGH NJW **60**, 542, 544; Stuttgart MDR **75**, 1042; Schleswig SchlHA **67**, 269; Jahn/Ebner NJW **12**, 30p). Entsprechendes gilt für Strafen, bei denen sonst schwerwiegende öffentliche Interessen auf dem Spiel stehen (Köln NJW **70**, 261: Landfriedensbruch). Dass schwierige Rechtsfragen zu lösen sind, begründet die besondere Bedeutung idR nicht (Bamberg MDR **57**, 117). Anders ist es, wenn ein besonderes Bedürfnis für die rasche Klärung einer grundsätzlichen, für eine Vielzahl gleich gelagerter Fälle bedeutsamen Rechtsfrage durch den BGH besteht (BGH **43**, 53; LG Nürnberg-Fürth NJW **88**, 2311, 2313). Zur Frage der Zulässigkeit strafrechtlicher Muster- oder Pilotverfahren Knauer ZStW **120**, 826.

9 d) Der **gerichtlichen Prüfung** unterliegt die Entscheidung der StA in vollem Umfang (BVerfGE **9**, 223; Jena NStZ **16**, 375; Hamburg NStZ **95**, 252; aM Schleswig NStZ **85**, 74; Achenbach Wassermann-FS 851: nur eingeschränkte Prüfungskompetenz). Hält das AG die besonderen Umstände nach Nr 3 für gegeben, so legt es die Sache nach § 209 II StPO dem LG vor; das LG, bei dem Anklage erhoben ist, eröffnet die Sache nach § 209 I StPO vor dem AG, wenn es die besonderen Umstände verneint.

10 **Nach Eröffnung des Hauptverfahrens** werden die Merkmale des Nr 3 nicht mehr geprüft. Mit dem Eröffnungsbeschluss tritt eine Zuständigkeitsperpetuierung ein; eine spätere Änderung der Beurteilung rechtfertigt die Anwendung der §§ 225a, 270 StPO nicht (BGH NStZ **18**, 111; Bay **85**, 33 = NStZ **85**, 470; Rieß GA **76**, 11ff; erg 5 zu § 225a StPO; 5 zu § 270 StPO). Eine Verweisung an das LG kommt nicht etwa aufgrund einer nachträglich geänderten Einschätzung des Verhandlungsumfangs in Betracht, erst recht nicht wegen Ausbleibens einer erwarteten Verständigung (BGH **61**, 277 mit Anm Moldenhauer NStZ **17**, 103). Daher kann, sofern nicht Willkür und demgemäß ein Verstoß gegen Art 101 I S 2 GG vorliegt, auch die Revision nicht darauf gestützt werden, dass die besonderen Umstände zu Unrecht angenommen oder nicht angenommen worden seien (vgl BGH GA **80**, 220; **81**, 231; VRS **23**, 267; NStZ **18**, 111; Bay aaO; 32 zu § 338 StPO).

11 3) **Rechtsfolgenkompetenz (II):** Durch das RpflEntlG ist die Strafgewalt des AG von 3 auf 4 Jahre erhöht worden, um einer möglichen „Austrocknung" des SchG (wegen der gleichzeitigen Erhöhung der Strafgewalt des Strafrichters von 1 auf 2 Jahre in § 25 Nr 2) vorzubeugen; im Übrigen erhoffte sich der Gesetzgeber dadurch eine Entlastung des BGH (erg 1 zu § 76 GVG). Die Begrenzung der Strafgewalt gilt auch für den Fall, dass eine Gesamtstrafe zu bilden ist. Werden in einem Urteil 2 getrennte, nicht mehr als 4 Jahre Freiheitsstrafe betragende Gesamtstrafen verhängt, so liegt darin aber auch dann kein Verstoß gegen II, wenn die Summe der Strafen 4 Jahre übersteigt (BGH **34**, 159; vgl auch Fezer JR **88**, 89). Auch die StrK als Berufungsgericht darf keine über II hinausgehende Rechtsfolge verhängen (9 zu § 328 StPO; Celle StraFo **18**, 120). Die Überschreitung der Rechtsfolgengewalt berücksichtigt das Revisionsgericht von Amts wegen (BGH **18**, 79, 81); sie führt zur Urteilsaufhebung wegen Fehlens der sachlichen Zuständigkeit.

12 4) Die **Revision** ist begründet, wenn das SchG willkürlich (dazu ausführlich Bremen NStZ-RR **98**, 53; Karlsruhe StV **98**, 252) seine Zuständigkeit bejaht hat, weil eine Freiheitsstrafe von mehr als 2 Jahren offenkundig ausgeschlossen und somit gemäß § 25 Nr 2 der Strafrichter zuständig war (Hamm StV **95**, 182; Oldenburg NStZ **94**, 449; erg 8 zu § 269 StPO). Dies gilt gleichermaßen, wenn die Strafkammer ihre Strafgewalt bejaht hat, obwohl unter keinem denkbaren Aspekt eine höhere Strafe als vier Jahre Freiheitsstrafe in Betracht gekommen war, weshalb das Amtsgericht zuständig gewesen wäre (vgl BGH 2 StR 405/14 vom 29.4.2015, dort auch näher zum Willkürmaßstab). Hatte eine Berufungsverhandlung stattgefunden, soll der Verstoß gegen § 328 II StPO nach BGH **42**, 205 nur auf eine entspr Verfahrensrüge geprüft werden; dies ist abzulehnen (vgl 8 zu § 269 StPO aE). Bei der Prüfung durch das Revisionsgericht, ob das LG die besondere Bedeu-

tung nach I Nr 3 zu Recht bejaht hat, ist die objektive Sachlage zum Zeitpunkt der Eröffnungsentscheidung zugrunde zu legen (BGH **47**, 16).

[Zuständigkeit des Strafrichters]

25 Der Richter beim Amtsgericht entscheidet als Strafrichter bei Vergehen,
1. wenn sie im Wege der Privatklage verfolgt werden oder
2. wenn eine höhere Strafe als Freiheitsstrafe von zwei Jahren nicht zu erwarten ist.

1) Die **Zuständigkeit des Strafrichters** ist ein aus der Gesamtzuständigkeit des AG ausgegliederter Teil (1 zu § 24). Sie gehört zur sachlichen Zuständigkeit und ist daher nach § 6 StPO in jeder Lage des Verfahrens von Amts wegen zu prüfen. Im Verhältnis zum SchG ist der Strafrichter ein Gericht niederer Ordnung (BGH **19**, 177; Schleswig SchlHA **84**, 97 [E/L]; 2 zu § 1 StPO).

2) **Privatklagedelikte (Nr 1):** Wird das Privatklagedelikt (§ 374 StPO) im Offizialverfahren verfolgt (§ 376 StPO), so ist nur die Nr 2 maßgebend. Die Übernahme der Verfolgung durch die StA nach § 377 StPO ändert an der Zuständigkeit des Strafrichters nichts (dort 11).

3) **Rechtsfolgenerwartung von nicht mehr als 2 Jahren Freiheitsstrafe (Nr 2):** Nach dieser durch das RpflEntlG geänderten (vgl 9 zu § 24) Vorschrift ist die sachliche Zuständigkeit des Strafrichters dann gegeben, wenn eine konkrete Rechtsfolgenerwartung von nicht mehr als 2 Jahren Freiheitsstrafe besteht, wobei bei einer Gesamtstrafenbildung die Höhe der Gesamtstrafe entscheidet; neben der Freiheitsstrafe angedrohte Rechtsfolgen bleiben außer Betracht. Im Gegensatz zur früheren Rechtslage, nach der die Zuständigkeit des Strafrichters ferner davon abhing, ob die StA die Sache als eine solche von minderer Bedeutung ansah, kommt es hierauf nicht mehr an (Rieß AnwBl **93**, 54); alle Vergehen mit einer derartigen Strafwartung sind beim Strafrichter und nicht beim SchG anzuklagen (Naumburg StV **15**, 214; Düsseldorf JMBlNW **96**, 47; Hamburg NStZ **95**, 252, 253; Koblenz StV **96**, 588 mwN; Köln StraFo **96**, 55; 85; SK-Degener 5; Radtke/Bechtoldt GA **02**, 589; Sowada 592ff; **aM** AG Höxter MDR **94**, 1139; Fuhse NStZ **95**, 165; Hohendorf NJW **95**, 1454; Schäfer DRiZ **97**, 169; Siegismund/Wickern wistra **93**, 137, die von der Weitergeltung eines ungeschriebenen Tatbestandsmerkmals „Sache von minderer Bedeutung" ausgehen; zust Naumburg StraFo **14**, 336; Kalf NJW **97**, 1489 entnimmt aus § 28, dass das SchG als höherrangiges Gericht die Zuständigkeit des Strafrichters einschließe). Nimmt der Strafrichter im Gegensatz zur StA an, dass eine Freiheitsstrafe von mehr als 2 Jahren zu erwarten ist (zur Prognoseentscheidung vgl Karlsruhe Justiz **97**, 403), so legt er die Sache nach § 209 II StPO dem Vorsitzenden des SchG vor (3 zu § 209 StPO); umgekehrt eröffnet der Vorsitzende des SchG eine bei ihm angeklagte Sache nach § 209 I StPO vor dem Strafrichter, wenn er dessen Zuständigkeit für ausreichend erachtet (2 zu § 209 StPO). Der Strafrichter hat die volle Strafgewalt des § 24 II (unten 4); verhängt er eine höhere Strafe als 2 Jahre Freiheitsstrafe, so hat er nicht zugleich zu prüfen, ob schon bei der Eröffnung des Hauptverfahrens mit einer solchen Strafe zu rechnen war (Bay **85**, 33). Auch mit der Revision kann nicht geltend gemacht werden, dass schon bei Eröffnung des Hauptverfahrens eine höhere Straferwartung bestanden habe (Bay aaO; **aM** Bay DAR **84**, 243 [R]; Achenbach NStZ **85**, 471).

4) Die **Rechtsfolgenkompetenz** des Strafrichters geht ebenso weit wie die des SchG nach § 24 II (BGH **16**, 248; **42**, 205, 213; Bay **85**, 33 = NStZ **85**, 470 mit abl Anm Achenbach; Düsseldorf StV **00**, 631 mwN). Eine Verweisung vom Strafrichter – oder auch vom Jugendrichter – an das Schöffengericht kommt daher nicht in Betracht (BGH StraFo **04**, 103; NStZ **09**, 579; erg 5 zu § 270 StPO).

GVG § 26 Gerichtsverfassungsgesetz

[Zuständigkeit der Jugendschutzgerichte]

26 I ¹ Für Straftaten Erwachsener, durch die ein Kind oder ein Jugendlicher verletzt oder unmittelbar gefährdet wird, sowie für Verstöße Erwachsener gegen Vorschriften, die dem Jugendschutz oder der Jugenderziehung dienen, sind neben den für allgemeine Strafsachen zuständigen Gerichten auch die Jugendgerichte zuständig. ² Die §§ 24 und 25 gelten entsprechend.

II ¹ In Jugendschutzsachen soll die Staatsanwaltschaft Anklage bei den Jugendgerichten erheben, wenn damit die schutzwürdigen Interessen von Kindern oder Jugendlichen, die in dem Verfahren als Zeugen benötigt werden, besser gewahrt werden können. ² Im Übrigen soll die Staatsanwaltschaft Anklage bei den Jugendgerichten nur erheben, wenn aus sonstigen Gründen eine Verhandlung vor dem Jugendgericht zweckmäßig erscheint.

III Die Absätze 1 und 2 gelten entsprechend für die Beantragung gerichtlicher Untersuchungshandlungen im Ermittlungsverfahren.

1 1) Eine **Doppelzuständigkeit** in Jugendschutzsachen schafft die Vorschrift, die mit Art 101 I S 2 GG vereinbar ist (BGH **13**, 297; **aM** Achenbach Wassermann-FS 853; Arnold ZIS **08**, 92). Sie gestattet, Strafsachen Erwachsener vor dem JugG anzuklagen, wenn das aus besonderen Gründen (II) zweckmäßig erscheint; für das weitere Verfahren, auch für das Rechtsmittelverfahren (Saarbrücken NJW **65**, 2313), gilt dann das JGG. Für die Verteilung der Jugendschutzsachen unter den JugGen beim AG (§ 33 II **JGG**) wird jedoch die §§ 24, 25 entspr anzuwenden (I S 2); die §§ 39, 40 **JGG** gelten nicht. Nach § 24 richtet sich auch die Zuständigkeitsabgrenzung zwischen dem AG und den Gerichten höherer Ordnung. Ist der StrK im 1. Rechtszug zuständig, so gilt § 74b.

2 2) **Jugendschutzsachen (I S 1)** sind Straftaten, durch die ein Kind oder ein Jugendlicher (§ 1 II JGG) unmittelbar oder mittelbar verletzt oder unmittelbar gefährdet wird; Straftaten gegen Heranwachsende (§ 1 II **JGG**) sind keine Jugendschutzsachen. Die Art der Straftat ist ohne Bedeutung; der Tatbestand braucht nicht nur oder in besonderer Weise dem Schutz von Kindern oder Jugendlichen zu dienen. § 26 ist aber nicht anwendbar, wenn die Tat zum Tod eines Kindes oder Jugendlichen geführt hat (Düsseldorf JMBlNW **63**, 166; Hamm JMBlNW **63**, 34).

3 Jugendschutzsachen sind **ferner** Straftaten gegen Vorschriften, die dem Jugendschutz oder der Jugenderziehung dienen, auch wenn sie sich gegen Heranwachsende richten (BGH **13**, 53, 59). In Betracht kommen insbesondere Verstöße gegen §§ 174ff, 180, 180a II Nr 1, 182, 235, 236 StGB, gegen die Vorschriften des Jugendarbeitsschutzgesetzes vom 12.4.1976 (BGBl I 965), des Jugendschutzgesetzes vom 23.7.2002 (BGBl I 2730) und gegen die Vorschriften über die Schulpflicht, idR aber nicht Verstöße gegen § 29a I Nr 1 BtMG (Abgabe von Betäubungsmitteln an Jugendliche, vgl BVerfG NSt Z **07**, 40).

4 3) Ein uneingeschränktes **Wahlrecht** hat die StA nicht. Anklage vor dem JugG darf sie nur erheben, wenn die Voraussetzungen des II vorliegen. Auch unter diesen Voraussetzungen kann sie die Sache in Ausnahmefällen (so BT-Drucks 17/6261 S 14) aber noch vor das allgemeine Strafgericht bringen (BGH **13**, 297, 300; **aM** LG Zweibrücken NStZ-RR **13**, 56 mwN). Nach II S 1 soll die StA Anklage bei dem JugG erheben, wenn damit schutzwürdige Interessen von Kindern oder Jugendlichen, die in dem Verfahren als Zeugen benötigt werden, besser gewahrt werden, nach II S 2, wenn eine Verhandlung vor dem JugG aus sonstigen Gründen zweckmäßig erscheint, insbesondere, wenn es auf die besondere Sachkunde und Erfahrung dieses Gerichts, auch bei der Vernehmung jugendlicher Zeugen und der Würdigung ihrer Aussagen (BGH **13**, 53, 59), ankommt.

5 Für das Gericht ist die Entscheidung der StA **nicht bindend** (Engelhardt DRiZ **82**, 420); es muss sich aber ebenfalls an die Richtlinie des II halten. Das JugG, vor dem Anklage erhoben ist, kann die Sache vor das allgemeine Strafgericht eröffnen (§§ 209 I iVm § 209a Nr 2 Buchst b StPO). Das Erwachsenenge-

richt kann sie dem JugG vorlegen, wenn es die Voraussetzungen des II für gegeben hält (§ 209 II iVm § 209a Nr 2 Buchst b StPO).

Nach Eröffnung des Hauptverfahrens wird das Vorliegen dieser Voraussetzungen nicht mehr geprüft (vgl 8 zu § 24; 3 zu § 25; 3 zu § 74b). Daher kann die Revision auf eine Verletzung des § 26 nur gestützt werden, wenn das Gericht willkürlich verfahren und daher gegen Art 101 I S 2 verstoßen hat (BGH bei Herlan GA **71**, 34; Kissel/Mayer 13; vgl auch BGH MDR **57**, 529 [D]). 6

4) Für die **Beantragung gerichtlicher Untersuchungshandlungen** im Ermittlungsverfahren gelten die Regelungen über die Zuständigkeit der Jugendschutzgerichte in I und über die Anklageerhebung in II entspr (III). 7

26a (weggefallen)

[Sonstige Zuständigkeit und Geschäftskreis]

27 Im übrigen wird die Zuständigkeit und der Geschäftskreis der Amtsgerichte durch die Vorschriften dieses Gesetzes und der Prozeßordnungen bestimmt.

1) **Sonstige Zuständigkeiten** des AG bestehen in Strafsachen ua für die Rechtshilfe (§ 157), die Tätigkeit im vorbereitenden Verfahren (§§ 115a I, 125 I, 128 I, 162, 163 I S 2, 165, 166 StPO) und im beschleunigten Verfahren (§ 417 StPO) sowie für den Erlass des Strafbefehls (§ 407 StPO). 1

4. Titel. Schöffengerichte

[Zuständigkeit]

28 Für die Verhandlung und Entscheidung der zur Zuständigkeit der Amtsgerichte gehörenden Strafsachen werden, soweit nicht der Strafrichter entscheidet, bei den Amtsgerichten Schöffengerichte gebildet.

1) **Schöffen** sind die ehrenamtlichen Laienrichter in der Strafrechtspflege (§§ 44–45a DRiG). Über Entwicklung und Einschätzung vgl Jescheck, Das Laienrichtertum in der Strafrechtspflege der BRep und der Schweiz (1977) sowie Andoor, Laien in der Strafrechtsprechung (2013); ferner SK-Degener 4 ff; krit Duttge JR **06**, 358; Kühne Amelung-FS 657; dagegen Börner ZStW **122**, 190. Zu Für und Wider einer Laienbeteiligung an der Strafrechtspflege Rönnau Weßlau-GS 293, 302 ff. 1

2) Die **Zuständigkeit** des SchG regelt § 24 I, seine Strafgewalt § 24 II. 2

[Zusammensetzung]   RiStBV 113 IV

29 I [1] Das Schöffengericht besteht aus dem Richter beim Amtsgericht als Vorsitzenden und zwei Schöffen. [2] Ein Richter auf Probe darf im ersten Jahr nach seiner Ernennung nicht Vorsitzender sein.

II [1] Bei Eröffnung des Hauptverfahrens kann auf Antrag der Staatsanwaltschaft die Zuziehung eines zweiten Richters beim Amtsgericht beschlossen werden, wenn dessen Mitwirkung nach dem Umfang der Sache notwendig erscheint. [2] Eines Antrages der Staatsanwaltschaft bedarf es nicht, wenn ein Gericht höherer Ordnung das Hauptverfahren vor dem Schöffengericht eröffnet.

GVG § 29

1) Zusammensetzung des SchG (I): Außer dem Richter beim AG wirken 2 Schöffen mit (S 1), aber nur in der Hauptverhandlung (§ 30 II). Den Vorsitz kann jeder Richter auf Lebenszeit bei dem AG führen, auch ein abgeordneter Richter (§ 37 DRiG) und ein Vertretungsrichter nach § 22b. Richter kraft Auftrags (§ 14 DRiG) können ebenfalls Vorsitzende sein, Richter auf Probe (§ 12 DRiG) aber nicht im 1. Jahr nach ihrer Ernennung (I S 2). Wegen der Schöffen vgl §§ 30, 31.

2) Das erweiterte SchG (II), das es tatsächlich fast nur noch im Bezirk des OLG Hamm gibt (vgl Heghmanns StV 03, 15), hat die gleiche sachliche Zuständigkeit und Strafgewalt wie das gewöhnliche SchG nach § 24 (eingehend zu allen mit II zusammenhängenden Fragen Nassif, Das erweiterte Schöffengericht, 2009). Es ist ein SchG in erweiterter Besetzung, aber kein Gericht höherer Ordnung gegenüber dem SchG (KG JR **76**, 209; StV **16**, 448; Bremen NJW **58**, 432; Hamm MDR **88**, 696; Karlsruhe StraFo **11**, 56). Den Vorsitz muss ein Richter auf Lebenszeit führen (§ 28 II S 2 **DRiG**). Der 2. Richter kann ein Richter kraft Auftrags oder auf Probe sein, auch im 1. Jahr nach seiner Ernennung.

Grundsätzlich darf ein 2. Richter nur auf **Antrag der StA** hinzugezogen werden. Der Antrag, der im pflichtgemäßem Ermessen der StA steht, wird idR bei Anklageerhebung gestellt, kann aber (etwa auf Anregung des Vorsitzenden des SchG), nachgereicht werden, solange das Hauptverfahren noch nicht eröffnet ist (R G **62**, 265, 269; Kissel/Mayer 5). Bis zu diesem Zeitpunkt kann er auch zurückgenommen werden (LR-Gittermann 6). Eines Antrags der StA bedarf es nicht, wenn ein höheres Gericht das Hauptverfahren nach § 209 I StPO vor dem SchG eröffnet (II S 2).

Die **Notwendigkeit** der Zuziehung des 2. Richters muss sich aus dem besonderen Umfang der Sache (zahlreiche Mitangeklagte, Straftaten oder Beweismittel) ergeben (RiStBV 113 III). Auch die zu erwartenden Beweisschwierigkeiten dürfen berücksichtigt werden, nicht aber die Schwierigkeit der Rechtslage oder die besondere Bedeutung der Sache (KK-Barthe 11); liegt sie vor, so ist nach § 24 I Nr 3 Anklage vor dem LG zu erheben.

Zuständig für die **Entscheidung** über die Zuziehung des 2. Richters ist im Fall des S 1 der Vorsitzende des SchG, im Fall des S 2 nur das höhere Gericht (KG JR **76**, 209; Bremen NJW **58**, 432; LR-Gittermann 7; SK-Degener 14; Sowada 692 Fn 215). Die Entscheidung, bei der das Gericht an den Antrag der StA nicht gebunden ist, kann nur gleichzeitig mit der Eröffnung des Hauptverfahrens getroffen werden (Düsseldorf JMBlNW **64**, 260; KG StV **16**, 448). Eine nachträgliche Entscheidung, zB bei Erhebung einer Nachtragsanklage nach § 266 StPO, Verweisung an das SchG nach § 270 StPO oder Zurückverweisung durch das Rechtsmittelgericht, ist unzulässig (KK-Barthe 13; **aM** für § 270 StPO: Deisberg/Hohendorf DRiZ **84**, 265). Die Entscheidung kann auch nicht nachträglich aufgehoben werden. Wird die Zuziehung eines 2. Richters beschlossen, so muss in dieser Besetzung entschieden werden, wenn die Sache mit einer gewöhnlichen SchG-Sache verbunden wird; ein weiterer Zuziehungsbeschluss ist nicht erforderlich. Bei Zurückverweisung der Sache nach §§ 328 II, 354 II, III oder 355 StPO hat erneut ein erweitertes SchG zu entscheiden. Entsprechendes gilt für das Nachverfahren nach §§ 439, 441 StPO.

Im **beschleunigten Verfahren** nach §§ 417ff StPO ist die Zuziehung eines 2. Amtsrichters ausgeschlossen (LR-Gössel 4 zu § 417 StPO; **aM** Deisberg/Hohendorf DRiZ **84**, 264 ff).

Die **Anfechtung** der Entscheidung des Gerichts über den Antrag der StA ist unzulässig, gleichgültig, ob er abgelehnt oder ihm stattgegeben wird (KG JR **76**, 209; Kissel/Mayer 17); das gilt auch für die Revision. Dieses Rechtsmittel kann aber darauf gestützt werden, dass ein erweitertes SchG entschieden hat, obwohl ein entspr Antrag der StA nicht gestellt worden war und auch die Voraussetzungen des S 2 nicht vorgelegen haben (Düsseldorf aaO).

4. Titel. Schöffengerichte § 30 GVG

[Befugnisse der Schöffen]

30 [I] Insoweit das Gesetz nicht Ausnahmen bestimmt, üben die Schöffen während der Hauptverhandlung das Richteramt in vollem Umfang und mit gleichem Stimmrecht wie die Richter beim Amtsgericht aus und nehmen auch an den im Laufe einer Hauptverhandlung zu erlassenden Entscheidungen teil, die in keiner Beziehung zu der Urteilsfällung stehen und die auch ohne mündliche Verhandlung erlassen werden können.
[II] Die außerhalb der Hauptverhandlung erforderlichen Entscheidungen werden von dem Richter beim Amtsgericht erlassen.

1) **Während der Hauptverhandlung (I)** wirken die Schöffen grundsätzlich in 1 gleichem Maße mit wie die Berufsrichter; sie haben auch das Recht zur unmittelbaren Befragung (§ 240 II StPO). Die Mitwirkung der Schöffen erstreckt sich auf die in der Hauptverhandlung oder zugleich mit dem Urteil zu erlassenden Beschlüsse (zB nach §§ 228 II S 1, 230 II, 231 II, 231a III S 1, 231b, 231c, 238 II, 268a, 268b, 270, 456c StPO, §§ 171a, 171b, 172, 173 II, 174), auch auf Vorlageschlüsse nach Art 100 I GG, § 80 BVerfGG (Einl 225) und auf Beschlüsse, die in keinem Zusammenhang mit der Urteilsfällung stehen, wie die Beschlüsse nach §§ 51, 70, 77 StPO, §§ 177 S 2, 178 II. Dass bei der Beschlussfassung auf den Akteninhalt zurückgegriffen werden muss, spielt keine Rolle (8 zu § 126 StPO). Ausnahmen von der Mitwirkung der Schöffen bestimmen zB §§ 27 II, 31 II S 1 StPO. Für die Beratung und Abstimmung gelten §§ 192 ff.

Das **Recht auf Akteneinsicht** wurde den Schöffen von der hM früher mit der 2 Begründung abgesprochen, dadurch werde der Unmittelbarkeitsgrundsatz des § 261 StPO verletzt (BGH **13**, 73; MDR **73**, 19 [D]; Hamburg MDR **73**, 69; jedoch bereits offen gelassen bei BGH NJW **87**, 1209; vgl auch RiStBV 126 III). Nach richtiger Ansicht sind die Schöffen aber insoweit den Berufsrichtern gleichgestellt, mit denen sie die Verantwortung für die richtige Entscheidung teilen (Kissel/Mayer 2 ff; SSW-Güntge 2; Hanack JZ **72**, 315; Hillenkamp Kaiser-FS 1437 ff; Linkenheil [8 zu § 126 StPO] zu § 228, 241; Lilie Rieß-FS 309; Nowak JR **06**, 459; Rüping JR **76**, 272; Schreiber Welzel-FS 954; Stüber [2a zu § 250 StPO] S 76]; Terhorst MDR **88**, 809; Volk Dünnebier-FS 382; **aM** Rönnau Weßlau-GS 293, 301; SK-Degener 15 ff; Börner ZStW **122**, 157, 190; Krüger Schünemann-FS 915, die gerade entgegengesetzt den Schöffen als Garanten der Unmittelbarkeit und Mündlichkeit der Hauptverhandlung ansehen). Auch Kemmer „Befangenheit von Schöffen durch Aktenkenntnis?" (1989) verneint die von ihm gestellte Frage mit überzeugender Begründung; für ein grundsätzliches Verbot der Akteneinsicht durch Schöffen hingegen Rennig, Die Entscheidungsfindung durch Schöffen und Berufsrichter, 1993, S 586 (sehr restriktiv ebenfalls Rönnau aaO). BGH **43**, 36 hat es – ua unter Hinweis auf § 249 II StPO – als rechtlich unbedenklich bezeichnet, wenn den Schöffen in der Hauptverhandlung zum besseren Verständnis der Beweisaufnahme aus den Akten stammende Protokolle über Beweismittel als Begleittext zur Verfügung gestellt werden; dem zuneigend auch BGH **43**, 360. Auch nach BGH **56**, 109, 118 (GrS) ist die Aushändigung des Anklagesatzes an die Schöffen nicht zu beanstanden (erg 49 zu § 261 StPO; vgl auch EGMR NJW **09**, 2871; zust Ellbogen DRiZ **10**, 136).

2) **An Entscheidungen außerhalb der Hauptverhandlung (II)** wirken die 3 Schöffen nicht mit (vgl auch § 76 I S 2). Das gilt für alle Entscheidungen, die vor Beginn oder nach Beendigung der Hauptverhandlung getroffen werden, aber auch für solche, die, während der Unterbrechung der Hauptverhandlung erforderlich werden, aber nur, falls sie auch ohne mündliche Verhandlung erlassen werden können, wie Beschlagnahme- und Durchsuchungsanordnungen. Bei Entscheidungen über die UHaft wirken die Schöffen nach einer Entscheidung des BGH (NStZ **11**, 356; **aM** KG StraFo **16**, 292 mwN) nicht mit (näher 8, 8a zu § 126 StPO, dort auch zur zutr Gegenauffassung), ebenso wenig notwendig bei der Entscheidung über die Unterbrechung der Hauptverhandlung nach § 229 II (BGH **34**, 154,

155). In den Fällen des II entscheidet – auch beim erweiterten SchG (§ 29 II) – der Richter beim AG allein, und zwar nicht als Vorsitzender des SchG, jedoch als dessen Vertreter (vgl § 319 I StPO: „Gericht des ersten Rechtszuges").

[Ehrenamt]

31 ¹Das Amt eines Schöffen ist ein Ehrenamt. ²Es kann nur von Deutschen versehen werden.

1 1) **Ehrenamtlich (S 1)** werden die Schöffen tätig; ihre Entschädigung regelt § 55. Schöffen sind Teil der rechtsprechenden Gewalt (§ 1 DRiG). Strafrechtlich werden sie wie Amtsträger und Richter behandelt (§ 11 Abs 1 Nr 2 Buchst a, Nr 3 StGB). Abberufen werden können sie vor Ablauf ihrer Amtszeit gegen ihren Willen nur durch Richterspruch (§ 44 II DRiG). Sie sind in gleichem Maße unabhängig wie Berufsrichter und müssen das Beratungsgeheimnis wahren (§ 45 I DRiG). Sie dürfen in der Übernahme oder Ausübung des Amtes nicht beschränkt oder benachteiligt werden, sind von ihrem Arbeitgeber freizustellen und dürfen wegen der Übernahme oder der Ausübung des Amtes nicht gekündigt werden (§ 45 Ia DRiG). Sie sind vor ihrer 1. Dienstleistung zu vereidigen (§ 45 II–VII DRiG). Fehlt es an einer rechtswirksamen Vereidigung, so ist das Gericht iS des § 338 Nr 1 StPO nicht vorschriftsmäßig besetzt (RG **61**, 274; Köln JMBlNW **76**, 118; KK-Barthe 4).

2 2) Nur **Deutsche (S 2)** iS des Art 116 GG können Schöffen sein (für Berufsrichter gilt § 9 Nr 1 DRiG). Unfähig zum Schöffenamt sind aber nur Ausländer und Staatenlose, nicht Deutsche mit doppelter Staatsangehörigkeit (RG **25**, 415; Kissel/Mayer 10).

3 3) **Sonstige Eigenschaften** werden nicht vorausgesetzt. Der Schöffe braucht keine auch nur durchschnittlichen intellektuellen Fähigkeiten zu haben (RG **30**, 399); er muss aber der deutschen Sprache mächtig sein (§ 33 Nr 5; so auch zum früheren Recht BGH StraFo **11**, 152 mwN). Geisteskrankheit und andere die Verhandlungsfähigkeit ausschließende Zustände schwerer geistiger oder körperlicher Behinderung stehen der Mitwirkung des Schöffen entgegen (5 zu § 33).

[Unfähigkeit zum Schöffenamt]

32 Unfähig zu dem Amt eines Schöffen sind:
1. Personen, die infolge Richterspruchs die Fähigkeit zur Bekleidung öffentlicher Ämter nicht besitzen oder wegen einer vorsätzlichen Tat zu einer Freiheitsstrafe von mehr als sechs Monaten verurteilt sind;
2. Personen, gegen die ein Ermittlungsverfahren wegen einer Tat schwebt, die den Verlust der Fähigkeit zur Bekleidung öffentlicher Ämter zur Folge haben kann.

1 1) Die **Unfähigkeit im Allgemeinen** ist hier gemeint, nicht die Ausschließung oder Ablehnung eines Schöffen wegen seiner Beziehungen zu einer bestimmten Strafsache (§ 31 StPO). Maßgebender Zeitpunkt für die Unfähigkeit ist die tatsächliche Amtsausübung, nicht die Listenaufstellung. Ist die ursprünglich vorhandene Unfähigkeit bis zur Hauptverhandlung weggefallen, so ist das Gericht daher vorschriftsmäßig besetzt. Jedoch ist die Unfähigkeit bereits bei der Aufstellung der Listen nach § 36 und bei der Schöffenwahl nach § 42 zu berücksichtigen (KK-Barthe 2). Bei nachträglich eintretender oder bekannt gewordener Unfähigkeit ist nach § 52 I Nr 1 zu verfahren. Die Unfähigkeit hat das Gericht, bei dem der Schöffe mitwirkt, von Amts wegen zu beachten (Katholnigg 1). Auskunft über das Vorliegen von Gründen der Amtsunfähigkeit kann in der Hauptverhandlung aber nicht verlangt werden (BGH NStZ **94**, 139).

4. Titel. Schöffengerichte § 33 GVG

In Anlehnung an die **Rspr** des **BVerfG**, (NJW 08, 2568) wird von Anger **1a** (NJW 08, 3041) vorgeschlagen, die Vorschrift dahin zu ergänzen, dass Personen auch wegen Verstoßes gegen die Verfassungstreuepflicht zu dem Amt eines Schöffen unfähig sind.

2) Die einzelnen Fälle: **2**

A. **Gerichtliche Verurteilung (Nr 1):** Die Aberkennung der Fähigkeit zur **3** Bekleidung öffentlicher Ämter regeln §§ 45–45b StGB; sie muss rechtskräftig sein (Kissel/Mayer 3). Die Verurteilung zu einer Freiheitsstrafe von mehr als 6 Monaten wegen vorsätzlicher Tat muss ebenfalls Rechtskraft erlangt haben (Kissel/Mayer 4). Das Urteil muss von einem inländischen Gericht erlassen worden sein. Freiheitsstrafe iS Nr 1 ist auch eine Jugendstrafe (KK-Barthe 3). Auch eine Gesamtfreiheitsstrafe von mehr als 6 Monaten führt zur Unfähigkeit. Hat das Urteil teils vorsätzliche, teils fahrlässige Taten zum Gegenstand, so sind die Einzelstrafen wegen der vorsätzlichen Taten maßgebend (Kissel/Mayer 5).

Die Unfähigkeit nach Nr 1 **endet** mit dem Wegfall der Amtsunfähigkeit durch **4** Zeitablauf oder durch Wiederverleihung der verlorenen Rechte nach § 46b StGB oder im Gnadenwege, im Fall der Verurteilung zu Freiheitsstrafe mit der Tilgung oder Tilgungsreife der Eintragung im BZRG (§ 51 **BZRG**); der Erlass der Strafe nach Ablauf der Bewährungsfrist (§ 56g I S 1 StGB) oder im Gnadenweg ist ohne Bedeutung.

B. **Schwebende Ermittlungsverfahren (Nr 2)**, dh von der StA, nicht nur **5** von der Polizei nach § 163 StPO eingeleitete Verfahren, begründen die Unfähigkeit nur, wenn sie wegen einer Tat geführt werden, die zu der Nebenfolge des § 45 StGB führen kann (Moller MDR **65**, 534 hält das für verfassungswidrig; dagegen Katholnigg 3 und JR **89**, 37). Es reicht aus, dass diese Folge (abstrakt) möglich ist (BGH **35**, 28; Bremen MDR **64**, 244; Kissel/Mayer 7); wahrscheinlich braucht sie nicht zu sein. Den Vorliegen der Voraussetzungen der Nr 2 ist unmittelbar zu beachten: einer vorherigen Streichung aus der Schöffenliste bedarf es nicht, ein späterer Freispruch hat keine Rückwirkung auf den Ausschluss (BGH aaO). Ob die Streichung bei Freispruch oder Einstellung des Verfahrens rückgängig zu machen ist, hat der BGH (aaO) offen gelassen; bejaht wurde es von Bremen aaO, dagegen wird aber zu Recht darauf hingewiesen, dass dies zu kaum behebbaren Schwierigkeiten führen könnte (SK-Degener 10; Katholnigg JR **89**, 37). Dass der Schöffe wegen des Ermittlungsverfahrens nicht aufgestellt oder nicht gewählt worden ist, lässt sich nachträglich nicht ändern.

3) Revision: Die Mitwirkung eines nach § 32 unfähigen Schöffen führt auf **6** entspr Rüge zur Urteilsaufhebung nach § 338 Nr 1 StPO (BGH **35**, 28). Zum notwendigen Revisionsvorbringen gehört im Fall der 2. Altern der Nr 1 die Darlegung von Schuldvorwurf und Strafmaß (BGH **33**, 261, 269).

[Ungeeignete Schöffen]

33 Zu dem Amt eines Schöffen sollen nicht berufen werden:
1. **Personen, die bei Beginn der Amtsperiode das fünfundzwanzigste Lebensjahr noch nicht vollendet haben würden;**
2. **Personen, die das siebzigste Lebensjahr vollendet haben oder es bis zum Beginn der Amtsperiode vollenden würden;**
3. **Personen, die zur Zeit der Aufstellung der Vorschlagsliste nicht in der Gemeinde wohnen;**
4. **Personen, die aus gesundheitlichen Gründen für das Amt nicht geeignet sind;**
5. **Personen, die mangels ausreichender Beherrschung der deutschen Sprache für das Amt nicht geeignet sind;**
6. **Personen, die in Vermögensverfall geraten sind.**

Schmitt 2069

GVG § 34 Gerichtsverfassungsgesetz

1 **1)** Eine bloße **Ordnungsvorschrift** ist § 33. Ihre Einhaltung steht gleichwohl nicht im Ermessen der zuständigen Stellen. Die Vorschrift enthält vielmehr ein von Amts wegen zu beachtendes allgemeines Verbot, ungeeignete Personen zum Schöffendienst heranzuziehen (Köln MDR **70**, 864). Die in § 33 bezeichneten Personen dürfen daher bereits in die Vorschlagslisten (§ 36; § 35 I S 1 **JGG**) nicht aufgenommen worden. Sind sie gleichwohl gewählt (§ 42) und ausgelost (§ 45) worden, so gilt § 52 I Nr 2. Ein Weigerungsrecht für den Schöffen begründet § 33 nicht (Kissel/Mayer 10).

2 **2) Einzelheiten:**
3 In den Fällen der Nrn 1 und 2 ist der Beginn der 4-Jährigen Amtsperiode nach § 42 I der **maßgebende Zeitpunkt**. Daher darf ein 24-Jähriger in die Vorschlagsliste aufgenommen werden, wenn er in diesem Zeitpunkt 25 Jahre, ein 69-Jähriger nicht, wenn er dann 70 Jahre alt sein wird. Im Fall der Nr 3 ist § 57 maßgebend.

4 **Wohnen** iS der Nr 3 verlangt nicht nur die rechtliche Wohnsitzbegründung, sondern den tatsächlichen Aufenthalt (BGH **28**, 61, 64). Beim nachträglichen Wegzug ist nach § 52 I S 1 Nr 2 zu verfahren. Der Wegzug in eine andere Gemeinde, die im selben LG-Bezirk liegt, ist jedoch kein Hinderungsgrund (§ 52 I S 2; BGH StV **82**, 60; vgl aber § 52 II S 1 Nr 1).

5 **Gesundheitliche Gründe** iS der Nr 4 sind schwere Krankheit, Sucht oder Behinderungen, aber nur solche, die die Verhandlungsfähigkeit nicht ausschließen, zB starke Schwerhörigkeit (BGH **22**, 289, 291). Ist sie ausgeschlossen, so führt die Mitwirkung des Schöffen dazu, dass das Gericht iS des § 338 Nr 1 StPO nicht vorschriftsmäßig besetzt ist (BGH MDR **71**, 723 [D]). Das gilt insbesondere – verfassungsrechtlich unbedenklich (BVerfG NJW **04**, 2150) – für die Mitwirkung blinder, stummer und tauber Richter (vgl 10 ff zu § 338; LR-Gittermann 5; **aM** BGHR Gebrechen 1; Kissel/Mayer 12 zu § 31).

6 **Ausreichende deutsche Sprachkenntnisse** sind Voraussetzung dafür, dass der Schöffe sein Amt sachgerecht ausüben kann (BGH StraFo **11**, 152). Der Schöffe muss bessere Sprachkenntnisse besitzen, als es das Führen einer alltäglichen Konversation oder die Lektüre eines Textes des täglichen Lebens erfordert; Fachvokabular braucht er nicht zu beherrschen. Erforderliche Feststellungen hierzu sind – in allen Fällen des § 33 – im Freibeweisverfahren zu treffen.

7 **Für** den **Vermögensverfall** iSd Nr 6 kann die Aufnahme in das Schuldnerverzeichnis nach § 915 ZPO oder die Eröffnung des Insolvenzverfahrens (§§ 11 ff InsO) sprechen. Bei völlig unverschuldetem Geraten in die wirtschaftliche Notlage oder bei dem Bemühen, nach den Vorschriften über die Restschuldbefreiung (§§ 286 ff InsO) wieder zu geordneten Vermögensverhältnissen zu gelangen, wird von der Anwendung der Nr 6 abgesehen werden können.

8 **3)** Die **Revision** kann ein Verstoß gegen die Sollvorschrift des § 33 nicht begründen (BGH **30**, 255, 257; **33**, 261, 269; NStZ **95**, 20 [K]).

[Weitere ungeeignete Schöffen]

34 ¹ Zu dem Amt eines Schöffen sollen ferner nicht berufen werden:
1. der Bundespräsident;
2. die Mitglieder der Bundesregierung oder einer Landesregierung;
3. Beamte, die jederzeit einstweilig in den Warte- oder Ruhestand versetzt werden können;
4. Richter und Beamte der Staatsanwaltschaft, Notare und Rechtsanwälte;
5. gerichtliche Vollstreckungsbeamte, Polizeivollzugsbeamte, Bedienstete des Strafvollzugs sowie hauptamtliche Bewährungs- und Gerichtshelfer;
6. Religionsdiener und Mitglieder solcher religiösen Vereinigungen, die satzungsgemäß zum gemeinsamen Leben verpflichtet sind.

4. Titel. Schöffengerichte § 34 GVG

II Die Landesgesetze können außer den vorbezeichneten Beamten höhere Verwaltungsbeamte bezeichnen, die zu dem Amt eines Schöffen nicht berufen werden sollen.

1) Eine **abschließende Regelung,** welche Personen wegen ihrer amtlichen **1** Stellung oder beruflichen Betätigung nicht zum Schöffendienst herangezogen werden sollen, enthält die Bestimmung (SK-Degener 12), die wie § 33 nur eine Ordnungsvorschrift ist (dort 1). Der Grundsatz der Gewaltenteilung (Art 20 II S 2 GG) verbietet weder die Heranziehung von Abgeordneten (BGH **22**, 85; vgl aber § 35 Nr 1) noch von Mitgliedern kommunaler Selbstverwaltungskörperschaften (Kissel/Mayer 7 zu § 31; **aM** Meier NJW **62**, 1999).

2) **Die einzelnen Fälle:** **2**
A. Der **Bundespräsident (I Nr 1)** soll seiner Amtstätigkeit auch nicht zeit- **3** weise entzogen werden. Maßgebend ist der Zeitpunkt der Schöffenwahl (Kissel/Mayer 2).

B. **Regierungsmitglieder (I Nr 2):** Der Personenkreis ergibt sich aus Art 62 **4** GG und den entspr Bestimmungen der Landesverfassungen (vgl auch 5 zu § 50 StPO).

C. **Politische Beamte (I Nr 3):** Vgl § 54 BBG, § 30 I BeamtStG. Die bereits **5** im Ruhestand oder einstweiligen Ruhestand befindlichen Beamten fallen nicht unter die Vorschrift.

D. **Richter, StAe, Notare, RAe (I Nr 4):** **6**
Gemeint sind die (noch im aktiven Dienst stehenden) **Berufsrichter** aller Ge- **7** richtszweige, gleichgültig, ob sie auf Lebenszeit ernannt oder Richter auf Probe (§ 12 DRiG) oder kraft Auftrags (§ 14 DRiG) sind und ob sie gegenwärtig richterlich tätig oder an eine andere Stelle abgeordnet sind (§ 37 DRiG), nicht aber Gerichtsreferendare (**aM** AG Berlin-Tiergarten NStE Nr 1), selbst wenn sie vorübergehend nach § 142 III die Aufgaben eines Amtsanwalts oder StA wahrnehmen (vgl aber § 22 Nr 4 StPO). Für ehrenamtliche Richter gilt § 35 Nr 2.
Beamte der StA iS Nr 4 sind nur StAe und Amtsanwälte (KK-Barthe 5). **8**
Zu den **Notaren** gehören alle Notare nach der BNotO, auch die Notarassesso- **9** ren, Bezirksnotare und Notarvertreter während der Zeit ihrer Bestellung.
Bei den **RAen** kommt es nur darauf an, dass sie nach der BRAO zugelassen sind **10** (vgl 15 zu § 53 StPO). Auch Personen, die keine RAe, aber nach § 53 BRAO zu allgemeinen Vertretern bestellt sind, fallen unter Nr 4.

E. **Vollstreckungs- und Vollzugsbeamte, Bewährungs- und Gerichtshel- 11 fer (I Nr 5):** Darunter fallen die Gerichtsvollzieher (§ 154) und Vollziehungsbeamten der Justiz (nicht die Justizwachtmeister), die Vollzugsbeamten der Schutz- und Kriminalpolizei, die Beamten der Bundespolizei, den nach § 152 II zu Ermittlungspersonen der StA bestellten Beamten und Angestellten und alle mit vergleichbaren Aufgaben betrauten öffentlichen Bediensteten (KK-Barthe 6), die Beamten und Angestellten des Strafvollzugs (zB Art 176 BayStVollzG, § 109 SächsStVollzG) ohne Rücksicht auf ihren Tätigkeitsbereich (Kissel/Mayer 13) sowie die hauptamtlichen Bewährungs- und Gerichtshelfer. Bundeswehrangehörige können als Schöffen herangezogen werden.

F. **Religionsdiener (I Nr 6).** Über den in 12 zu § 53 StPO bezeichneten Per- **12** sonenkreis hinaus gehören dazu auch die Pfarrer nicht-öffentlicher Kirchengemeinden (Köln MDR **70**, 864; KK-Barthe 7).
Satzungsgemäß **zum gemeinsamen Leben verpflichtet** sind vor allem die **13** Mitglieder der Orden der katholischen Kirche (Kissel/Mayer 16).

G. Die **frühere I Nr 7,** wonach bereits in 2 aufeinander folgenden Amtsperio- **14** den tätig gewesene ehrenamtliche Richter nicht berufen werden sollen, wurde durch Gesetz vom 27.8.2017 (BGBl I 3295, 3297) aufgehoben, um es engagierten und erfahrenen Schöffen zu ermöglichen, ihre Tätigkeit bis zur Altersgrenze fortzusetzen (BT-Drucks 18/9534 S 28). Erg siehe § 35 Nr 2a.

15 H. **Landesrechtlich bestimmte höhere Verwaltungsbeamte (II):** Gemeint sind nur Beamte im höheren Dienst (vgl § 17 V BBG). Auch Bundesbeamte können in die landesgesetzliche Regelung einbezogen werden (Kissel/Mayer 18).

16 3) **Revision:** Vgl 8 zu § 33.

[Ablehnung des Schöffenamts]

35 Die Berufung zum Amt eines Schöffen dürfen ablehnen:
1. Mitglieder des Bundestages, des Bundesrates, des Europäischen Parlaments, eines Landtages oder einer zweiten Kammer;
2. Personen, die
    a) in zwei aufeinanderfolgenden Amtsperioden als ehrenamtlicher Richter in der Strafrechtspflege tätig gewesen sind, sofern die letzte Amtsperiode zum Zeitpunkt der Aufstellung der Vorschlagsliste noch andauert,
    b) in der vorhergehenden Amtsperiode die Verpflichtung eines ehrenamtlichen Richters in der Strafrechtspflege an mindestens vierzig Tagen erfüllt haben oder
    c) bereits als ehrenamtliche Richter tätig sind;
3. Ärzte, Zahnärzte, Krankenschwestern, Kinderkrankenschwestern, Krankenpfleger und Hebammen;
4. Apothekenleiter, die keinen weiteren Apotheker beschäftigen;
5. Personen, die glaubhaft machen, daß ihnen die unmittelbare persönliche Fürsorge für ihre Familie die Ausübung des Amtes in besonderem Maße erschwert;
6. Personen, die das fünfundsechzigste Lebensjahr vollendet haben oder es bis zum Ende der Amtsperiode vollendet haben würden;
7. Personen, die glaubhaft machen, daß die Ausübung des Amtes für sie oder einen Dritten wegen Gefährdung oder erheblicher Beeinträchtigung einer ausreichenden wirtschaftlichen Lebensgrundlage eine besondere Härte bedeutet.

1 1) Eine **abschließende Regelung der Gründe**, aus denen Personen, die uneingeschränkt zum Schöffendienst herangezogen werden können, zur Ablehnung der Berufung berechtigt sind, enthält die Vorschrift (BGH **9**, 203, 206). Mit der Behauptung, sein Gewissen erlaube ihm die Tätigkeit als Laienrichter nicht, kann der Schöffe daher die Berufung nicht ablehnen (KG JR **66**, 188; Kissel/Mayer 11). Das Vorliegen von Ablehnungsgründen können schon die Gemeinde bei der Aufstellung der Vorschlagslisten nach § 36 und der Ausschuss (§ 40) durch Nichtaufnahme in die Schöffenliste (§ 44) berücksichtigen, wenn vorauszusehen ist, dass der Betroffene die Berufung ablehnen wird. Ist der Ablehnungsberechtigte zum Schöffen gewählt worden, so gilt § 53. Die Ablehnungserklärung bezieht sich nur auf die einzelne Amtsperiode (§ 42), kann aber in jeder weiteren wiederholt werden.

2 2) **Ablehnungsberechtigt** sind die in Nr 1 bis 7 erwähnten Personen. Nr 7 soll verhindern, dass die wirtschaftliche Existenz des Betroffenen oder eines Dritten durch die Übernahme des Schöffenamtes gefährdet wird. Demgegenüber betrifft Nr 5 die persönliche Betreuung, nicht die Beschaffung der finanziellen Mittel (Kissel/Mayer 8).

[Vorschlagsliste]

36 [1] [1]Die Gemeinde stellt in jedem fünften Jahr eine Vorschlagsliste für Schöffen auf. [2]Für die Aufnahme in die Liste ist die Zustimmung von zwei Dritteln der anwesenden Mitglieder der Gemeindevertretung, mindestens jedoch der Hälfte der gesetzlichen Zahl der Mitglieder der Gemeindever-

4. Titel. Schöffengerichte § 36 GVG

tretung erforderlich. ³Die jeweiligen Regelungen zur Beschlussfassung der Gemeindevertretung bleiben unberührt.

II ¹Die Vorschlagsliste soll alle Gruppen der Bevölkerung nach Geschlecht, Alter, Beruf und sozialer Stellung angemessen berücksichtigen. ²Sie muß Geburtsnamen, Familiennamen, Vornamen, Tag und Ort der Geburt, Wohnanschrift und Beruf der vorgeschlagenen Personen enthalten.

III ¹Die Vorschlagsliste ist in der Gemeinde eine Woche lang zu jedermanns Einsicht aufzulegen. ²Der Zeitpunkt der Auflegung ist vorher öffentlich bekanntzumachen.

IV ¹In die Vorschlagslisten des Bezirks des Amtsgerichts sind mindestens doppelt so viele Personen aufzunehmen, wie als erforderliche Zahl von Haupt- und Hilfsschöffen nach § 43 bestimmt sind. ²Die Verteilung auf die Gemeinden des Bezirks erfolgt durch den Präsidenten des Landgerichts (Präsidenten des Amtsgerichts) in Anlehnung an die Einwohnerzahl der Gemeinden.

1) Die **Aufstellung der Vorschlagslisten (I)** ist Sache der Gemeinden (S 1). **1** Zuständig ist die Gemeindevertretung (S 2). Das sind in Berlin die Bezirksverordnetenversammlungen (BGH StV **86**, 49 mit Anm Danckert), in Hamburg die Bezirksversammlungen (BGH NJW **86**, 1358; Hamburg StV **85**, 227; LG Hamburg NStZ **85**, 185). Sie entscheiden nach Änderung der Vorschrift durch Ges vom 21.12.2004 (BGBl I 3599) durch Wahl mit der Mehrheit von ²/₃ ihrer anwesenden Mitglieder, mindestens aber der Hälfte. Die sich aus den jeweiligen kommunalrechtlichen Regelungen ergebenden Wirksamkeitsvoraussetzungen für den Beschluss müssen erfüllt sein (I S 3). Den Schlusstermin für die in jedem 5. Jahr aufzustellenden Vorschlagslisten bestimmt die LJV (§ 57).

2) **Vorschlagslisten (II, III):** Jede Gemeinde stellt nur eine Liste auf (KK- **2** Barthe 4). Dass eine Gesamtliste nicht in einer einzigen Liste zusammengefasst ist, schadet aber nicht (BGH **12**, 197, 201). Die Liste kann auf Grund von Vorschlägen der im Gemeinderat vertretenen Parteigruppen zusammengestellt werden (BGH **12**, 197) oder auf Vorschläge anderer Vereinigungen oder auch auf Selbstbewerbungen zurückgreifen (BGH **38**, 47). Da sie aber immer die gesamte Bevölkerung repräsentieren muss, dürfen die Gemeindevertretungen die Auswahl nicht auf einen nach den Anfangsbuchstaben der Namen oder Straßen oder nach anderen Merkmalen bestimmten Teil der Bevölkerung beschränken (BGH **30**, 255). Auch die Übernahme einer nach dem Zufallsprinzip erstellten Liste ist fehlerhaft (BGH **38**, 47; abl Katholnigg NStZ **92**, 73). Die Anforderungen an das Schöffenamt nach §§ 32ff sind in jedem Fall zu beachten. Aus der Vorschlagsliste werden auch die Schöffen für das LG (§ 77) entnommen. Die JugSchöffen schlägt der Jugendwohlfahrtsausschuss vor (§ 35 **JGG**).
Die **Offenlegung der Listen** regelt III; die Frist muss nicht 7 Werktage umfas- **3** sen (Bay **96**, 172 = StV **98**, 8 mit abl Anm Bockemühl), die Listen sollten aber an 5 Werktagen eingesehen werden können (BGH StV **01**, 156). Zur richterlichen Prüfung vgl § 39 S 2.

3) **Erforderliche Anzahl (IV):** Die Zahl der in die Vorschlagsliste aufzuneh- **4** menden Personen bemisst sich nach der erforderlichen Zahl der Schöffen. Die Verteilung ist in S 2 nach dem Vorbild des § 43 I geregelt. Sie muss in Anlehnung an die Einwohnerzahl der Gemeinden erfolgen, also etwa deren Verhältnissen entsprechen; eine genaue prozentuale Entsprechung ist nicht erforderlich. Ob die Vorschlagslisten die in IV bestimmte Anzahl von Personen enthalten, hat der Vorsitzende des Schöffenwahlausschusses (§ 40 II) nicht zu prüfen (BGH **33**, 290, 291).

4) **Revision:** Vgl 9 zu § 338 StPO. Ein Mangel bei der Aufstellung der Vor- **5** schlagsliste stellt die vorschriftsmäßige Gerichtsbesetzung nicht in Frage, wenn die Schöffen von einem ordnungsgemäß besetzten Ausschuss in rechtswirksamer Weise

gewählt worden sind (BGH StV **08**, 566). Der Verstoß gegen die Sollvorschrift des II kann die Revision nicht begründen (BGH **30**, 255, 257; **38**, 47, 51; NStZ **86**, 210 [Pf/M]; Katholnigg 7; Kissel/Mayer 9, 14). Zu III S 1 vgl BGH NStZ **97**, 74 [K] und Bay **96**, 172 = StV **98**, 8 mit abl Anm Bockemühl: Auflegung nur von Montag bis Freitag macht Wahl nicht unwirksam.

[Einspruch gegen die Vorschlagsliste]

37 Gegen die Vorschlagsliste kann binnen einer Woche, gerechnet vom Ende der Auflegungsfrist, schriftlich oder zu Protokoll mit der Begründung Einspruch erhoben werden, daß in die Vorschlagsliste Personen aufgenommen sind, die nach § 32 nicht aufgenommen werden durften oder nach den §§ 33, 34 nicht aufgenommen werden sollten.

1   1) **Einspruchsberechtigt** ist jedermann innerhalb 1 Woche nach dem Ende der Auslegungsfrist (§ 36 III), also auch jeder in die Liste Aufgenommene. Für die Fristberechnung gilt § 187 I BGB.

2   2) Der **Einspruch,** der schriftlich (Einl 128) oder zu Protokoll des UrkB (Einl 131 ff) beim Schöffenwahlausschuss eingelegt werden muss (SSW-Güntge 2; aM LR-Gittermann 5: bei der Gemeindeverwaltung), kann nur auf die Hinderungsgründe der §§ 32–34 gestützt werden, nicht auf andere Bedenken gegen die Vorschlagsliste (KK-Barthe 1). Den Fällen des § 32 steht der Fall des § 31 S 2 gleich (Katholnigg 1). Vgl 1 zu § 52. Die Entscheidung trifft der Schöffenwahlausschuss (§§ 40, 41).

[Übersendung der Vorschlagsliste]

38 ^I Der Gemeindevorsteher sendet die Vorschlagsliste nebst den Einsprüchen an den Richter beim Amtsgericht des Bezirks.

^{II} Wird nach Absendung der Vorschlagsliste ihre Berichtigung erforderlich, so hat der Gemeindevorsteher hiervon dem Richter beim Amtsgericht Anzeige zu machen.

1   1) **Versandt (I)** wird die Liste unter Beachtung des nach § 57 bezeichneten Zeitpunkts an den Vorsitzenden des Schöffenwahlausschusses (§ 40 II). Die Übersendung an das AG genügt (KK-Barthe 1).

2   2) Die **Berichtigung (II)** der Liste ist erforderlich, wenn nachträglich Umstände der in §§ 31 S 2, 32–34 bezeichneten Art bekannt werden, wenn der Vorgeschlagene verstorben ist oder von seinem Ablehnungsrecht nach § 35 Gebrauch gemacht hat. Zuständig für die Berichtigung ist der Schöffenwahlausschuss (§ 40).

[Vorbereitung der Ausschussberatung]

39 ¹ Der Richter beim Amtsgericht stellt die Vorschlagslisten der Gemeinden zur Liste des Bezirks zusammen und bereitet den Beschluß über die Einsprüche vor. ² Er hat die Beachtung der Vorschriften des § 36 Abs. 3 zu prüfen und die Abstellung etwaiger Mängel zu veranlassen.

1   1) Die **Prüfung** des Gerichts erstreckt sich auf die Dauer der Auflegung der Liste und die Tatsache ihrer vorherigen Ankündigung, nicht auf den zeitlichen Abstand zwischen Ankündigung und Auflegung (BGH NJW **97**, 3034, 3036), auch nicht auf die Vollständigkeit der Liste nach § 36 IV (dort 4) oder auf die Ordnungsmäßigkeit der Vorbereitungsarbeiten bei ihrer Aufstellung (BGH NStZ **86**, 210 [Pf/M]; NStE Nr 3 zu § 36; anders jedoch BGH **38**, 47, 51 mit krit Anm Katholnigg NStZ **92**, 73). Sie erstreckt sich aber darauf, ob sämtliche Gemeinden Vorschlagslisten eingereicht haben (BGH **33**, 290, 291; NStZ **86**, 565), ferner auf

4. Titel. Schöffengerichte § 40 GVG

Ausschluss und Eignungsmängel nach §§ 31 S 2, 32–34 (BGH **22**, 122, 123). Erg 5 zu § 36.

[Schöffenwahlausschuss]

40 I Bei dem Amtsgericht tritt jedes fünfte Jahr ein Ausschuss zusammen.

II ¹ Der Ausschuss besteht aus dem Richter beim Amtsgericht als Vorsitzenden und einem von der Landesregierung zu bestimmenden Verwaltungsbeamten sowie sieben Vertrauenspersonen als Beisitzern. ² Die Landesregierungen werden ermächtigt, durch Rechtsverordnung die Zuständigkeit für die Bestimmung des Verwaltungsbeamten abweichend von Satz 1 zu regeln. ³ Sie können diese Ermächtigung durch Rechtsverordnung auf oberste Landesbehörden übertragen.

III ¹ Die Vertrauenspersonen werden aus den Einwohnern des Amtsgerichtsbezirks von der Vertretung des ihm entsprechenden unteren Verwaltungsbezirks mit einer Mehrheit von zwei Dritteln der anwesenden Mitglieder, mindestens jedoch mit der Hälfte der gesetzlichen Mitgliederzahl gewählt. ² Die jeweiligen Regelungen zur Beschlussfassung dieser Vertretung bleiben unberührt. ³ Umfasst der Amtsgerichtsbezirk mehrere Verwaltungsbezirke oder Teile mehrerer Verwaltungsbezirke, so bestimmt die zuständige oberste Landesbehörde die Zahl der Vertrauenspersonen, die von den Vertretungen dieser Verwaltungsbezirke zu wählen sind.

IV Der Ausschuß ist beschlußfähig, wenn wenigstens der Vorsitzende, der Verwaltungsbeamte und drei Vertrauenspersonen anwesend sind.

1) Bei jedem AG (I), selbst wenn es kein SchG hat (vgl § 58), tritt der Schöffenwahlausschuss zusammen (SK-Degener 2). Der Richter prüft die Richtigkeit des Zustandekommens und der Zusammensetzung des Ausschusses und sorgt für die Behebung von Mängeln. **1**

2) Ausschuss (II, III): **2**
Der Geschäftsverteilungsplan (§ 21e I S 1) bestimmt, welcher von mehreren **3** **Richtern** den Vorsitz führt. Beim Fehlen einer ausdrücklichen Bestimmung wirkt der Richter mit, der nach dem Geschäftsverteilungsplan für die Sachen zuständig ist, die keiner anderen Abteilung zugewiesen sind (BGH NStZ **86**, 210 [Pf/M]). Die Mitwirkung eines unzuständigen Richters macht die Wahl nicht ungültig (BGH **29**, 283, 287 mit Anm Katholnigg NStZ **81**, 31).
Der **Verwaltungsbeamte** wird von der Landesregierung, dh von der nach der **4** Landesverfassung zuständigen obersten Regierungsstelle (BGH 1 StR 412/70 vom 13.11.1970; Hruschka Larenz-FS 181), bestimmt, falls nicht von der Ermächtigung nach III S 2, 3 Gebrauch gemacht worden ist. Er braucht namentlich nicht bezeichnet zu werden. Auch der Träger eines bestimmten Amtes und für den Fall seiner Verhinderung sein Stellvertreter können bestimmt werden (BGH **12**, 197, 203). Auch wenn der Bezirk des AG sich auf mehrere Verwaltungsbezirke erstreckt (zB Stadtkreis und Landkreis), gehört dennoch nur ein Verwaltungsbeamter zum Ausschuss (BGH **26**, 206, 207; KK-Barthe 2). Die Teilnahme von 2 Beamten macht die Wahl aber nicht ungültig (BGH aaO; NStZ **86**, 84; unten 6).
Für die **Vertrauenspersonen,** von denen 7 dem Ausschuss angehören, gelten **5** die §§ 32–35 entspr, wenn das nach Landesrecht vorgesehen ist (vgl zB § 5 Nds-AGGVG). Sie können auch der Vertretungskörperschaft angehören, die sie wählt (BGH NStZ **81**, 150). Vertretung der unteren Verwaltungsbezirke iS III S 2 sind in Berlin die Bezirksverordnetenversammlungen, in Hamburg die Bezirksversammlungen (vgl 1 zu § 36). Eine fehlerhafte Bestellung der Vertrauenspersonen führt zur Unwirksamkeit der Schöffenwahl (Bay **87**, 131).
Auch für Vertrauenspersonen können Vertreter für den Verhinderungsfall bestellt **6** werden (BGH **12**, 197, 204), obwohl der Ausschuss, seine **Beschlussfähigkeit**

(IV) vorausgesetzt, ohne die verhinderten Vertrauenspersonen entscheiden kann und § 56 die Disziplinierung der ausbleibenden Vertrauensleute vorsieht.

7   3) Die **Revision** kann (entspr § 21b VI) nicht darauf gestützt werden, dass der Schöffenwahlausschuss nicht ordnungsgemäß zusammengesetzt gewesen sei (BGH **26**, 206; **29**, 283, 287; **37**, 245; NJW **88**, 3165; vgl auch BVerfG NJW **82**, 2368; BGH **20**, 37 ist überholt; erg 6 zu § 21b; 8 zu § 42; 9 zu § 338 StPO). Etwas anderes kann nur bei offenkundigen schweren Mängeln gelten, zB wenn der Schöffenwahlausschuss nur unvollständig besetzt oder ohne Stellvertreter bestellt war (LR-Gittermann 15; SK-Degener 16, 17). Zusammenfassend zu den verschiedenen beim Zustandekommen des Ausschusses möglichen Fehlern Katholnigg JR **90**, 82; vgl auch LR-Gittermann 11 ff.

[Entscheidung über Einsprüche]

41 ¹Der Ausschuß entscheidet mit einfacher Mehrheit über die gegen die Vorschlagsliste erhobenen Einsprüche. ²Bei Stimmengleichheit entscheidet die Stimme des Vorsitzenden. ³Die Entscheidungen sind zu Protokoll zu vermerken. ⁴Sie sind nicht anfechtbar.

1   1) **In nichtöffentlicher Sitzung** entscheidet der Ausschuss über die Einsprüche (§ 37) und die Mitteilungen (§ 38 II). Bei der Entscheidung über Einsprüche gegen die vorgeschlagenen JugSchöffen führt den Vorsitz der Jugendrichter (§ 35 IV JGG). Die Gründe der §§ 31 S 2, 32–34 sind von Amts wegen zu berücksichtigen, gleichviel, wie sie bekannt werden (KK-Barthe 1). Erweist sich ein Einspruch als begründet, so ist der Betroffene von der Vorschlagsliste zu streichen.

2   2) **Nicht anfechtbar** ist die Entscheidung; das gilt nach § 336 S 2 auch für die Revision. Die Unanfechtbarkeit entbindet aber das erkennende Gericht nicht davon, falls Anlass dazu besteht, zu prüfen, ob ein Schöffe für sein Amt unfähig oder geeignet (§ 52) ist (KK-Barthe 2).

[Schöffenwahl]

42 ¹ Aus der berichtigten Vorschlagsliste wählt der Ausschuß mit einer Mehrheit von zwei Dritteln der Stimmen für die nächsten fünf Geschäftsjahre:
1. die erforderliche Zahl von Schöffen;
2. die erforderliche Zahl der Personen, die an die Stelle wegfallender Schöffen treten oder in den Fällen der §§ 46, 47 als Schöffen benötigt werden (Hilfsschöffen). Zu wählen sind Personen, die am Sitz des Amtsgerichts oder in dessen nächster Umgebung wohnen.

II Bei der Wahl soll darauf geachtet werden, daß alle Gruppen der Bevölkerung nach Geschlecht, Alter, Beruf und sozialer Stellung angemessen berücksichtigt werden.

1   1) Die **Schöffenwahl** nimmt der Ausschuss (§ 40) aus der berichtigten Vorschlagsliste (§§ 36, 38 II, 41) mit einer Mehrheit von ²/₃ der Stimmen vor (I S 1). Der Wahlvorgang bedarf keiner Protokollierung, auch nicht das Stimmverhältnis (BGH **26**, 206, 211 ff; NStZ **86**, 211 [Pf/M]. Zur Wahl der Jugendschöffen vgl § 35 JGG.

2   2) **Zu wählen ist** die erforderliche Zahl der Haupt- und Hilfsschöffen.
3   Die **Hauptschöffenliste (I S 1 Nr 1)** enthält die Namen der Personen, aus denen die erforderliche Zahl (§§ 43, 38 II, 77 II, 78 III) der Schöffen für die einzelnen Spruchkörper ausgelost werden sollen (§ 45).
4   In die **Hilfsschöffenliste (I S 1 Nr 2)** ist die erforderliche Zahl (§ 43) der Personen aufzunehmen, die an die Stelle wegfallender Schöffen treten (§§ 52, 53) oder bei Bildung eines weiteren SchG (§ 46) oder bei Anberaumung von außeror-

4. Titel. Schöffengerichte § 42 GVG

dentlichen Sitzungen (§ 47) benötigt werden. Die Reihenfolge, in der auf sie zurückgegriffen werden soll, wird durch Auslosung nach §§ 45 II S 4, III, 77 III S 1 bestimmt. Die leichte Erreichbarkeit der Hilfsschöffen soll dadurch gesichert werden, dass am Sitz des AG oder in dessen nächster Umgebung wohnhafte Personen gewählt werden (I S 2). Das ist jedoch nur eine Ordnungsvorschrift, deren Verletzung die Gültigkeit der Wahl nicht beeinflusst (Kissel/Mayer 9).

3) Das Wahlverfahren ist nicht geregelt. Auf jeden Fall muss eine echte Wahl 5 stattfinden, die den Ausschussmitgliedern Gelegenheit gibt, II zu beachten. Es ist unzulässig, wenn der Ausschuss sich darauf beschränkt, eine von anderen Gremien getroffene Auswahl zu übernehmen und nur formal nachzuvollziehen (BGH 35, 190). Auch eine Auslosung von Schöffen ist gesetzwidrig (BGH 33, 41; 33, 261, 263; NStZ 85, 495 [Pf/M]; Kissel NStZ 85, 490; Meyer NJW 84, 2805; Vogt/Kurth NJW 85, 103; **aM** LG Frankfurt aM NJW 85, 155; StV 83, 411 mit abl Anm Danckert; Jasper MDR 85, 110 hält in Großgemeinden eine Wahl iS des Abwägens von persönlichen Eigenschaften für unmöglich). Die unter Mitwirkung ausgeloster Schöffen ergangenen Urteile sind aber nicht nichtig (BGH 33, 126; Kissel aaO; Meyer aaO; Vogt/Kurth aaO; **aM** Weis NJW 84, 2804; vgl auch BVerfG NJW 85, 125). Keine verbotene Auslosung liegt vor, wenn der Ausschuss zunächst, als den Wahlakt vorbereitende Handlung, die Schöffen auslost und sodann förmlich wählt (BGH 33, 261, 264). Zulässig ist auch das Auszählverfahren; der Ausschussvorsitzende kann jeden 2. Schöffen (eine andere Möglichkeit besteht nach § 36 IV nF idR nicht mehr) aus der den Ausschussmitgliedern vorliegenden Vorschlagsliste zur Wahl stellen (BGH NJW 86, 1358 = JR 86, 388 mit krit Anm Katholnigg; BGH NStZ_RR 14, 171 [C/Z]; Hamburg StV 85, 227; LG Hamburg NStZ 85, 185; **aM** LG Hamburg StV 85, 10). Auch die Schöffenwahl aus einer beschränkten Vorschlagsliste (Teilliste) ist nicht ungültig (BGH StV 87, 285). Der Wahlausschuss hat das Recht und die Pflicht, einen Wahlfehler, der sich auf die Besetzung der gerichtlichen Spruchkörper auswirken kann, durch Wiederholung der Schöffenwahl zu beheben (BGH NStZ-RR 99, 49).

4) Die angemessene Berücksichtigung aller Bevölkerungsgruppen (II) ist 6 nicht zwingend vorgeschrieben („soll"). Die Verletzung der Vorschrift hat auf die Ordnungsmäßigkeit der Wahl kein Einfluss (BGH NJW 86, 1358; Kissel/Mayer 15; einschr SK-Degener 21).

5) Die isolierte **Anfechtung** der Wahl ist nicht zulässig (Kissel/Mayer 21), auch 7 nicht in dem Verfahren nach §§ 23 ff **EGGVG**; der Ausschuss ist keine Justizbehörde iS § 23 I **EGGVG** (Stuttgart NJW 85, 2343).

Auch die **Revision** kann auf einen Fehler im Wahlverfahren grundsätzlich nicht 8 gestützt werden (BGH **26**, 206; **29**, 283, 287; NStZ **91**, 546; erg 7 zu § 40). Das gilt auch für den Fall, dass bei der Wahl die Vorschlagsliste einer Gemeinde gefehlt hat (BGH **33**, 290 = JR **86**, 473 mit abl Anm Seebode; BGH NStZ **86**, 565; LG Koblenz MDR **87**, 77). Die Besetzungsrüge (§ 338 Nr 1) kann aber mit Erfolg erhoben werden, wenn die Wahl wegen eines besonders schwerwiegenden und offensichtlichen Mangels nichtig ist (BGH **29**, 283, 287; **33**, 261, 268), zB wenn ein Schöffenwahlausschuss entschieden hat, der als solcher gar nicht besteht (BVerfGE **31**, 181, 184), wenn Personen gewählt wurden, die nicht zur Wahl bereitstanden (BGH **26**, 393: Wahl von Jugendschöffen aus der Liste der Erwachsenenschöffen; BGH **29**, 114: Wahl aus der Liste eines anderen AG; BGH NStZ **91**, 546: Wahl aus einer EDV-Liste) oder wenn die Schöffen nicht gewählt, sondern ausgelost worden sind (oben 5). Jedoch ist die Wahl eines Schöffen nicht deshalb unwirksam, weil zugleich Personen gewählt wurden, die nicht hätten gewählt werden dürfen (BGH **39**, 353, 365; NStZ **91**, 546; BGHR § 42 I Schöffenwahl 3).

GVG §§ 43–45

[Zahl der Schöffen]

43 ᴵ Die für jedes Amtsgericht erforderliche Zahl von Haupt- und Hilfsschöffen wird durch den Präsidenten des Landgerichts (Präsidenten des Amtsgerichts) bestimmt.

ᴵᴵ Die Zahl der Hauptschöffen ist so zu bemessen, daß voraussichtlich jeder zu nicht mehr als zwölf ordentlichen Sitzungstagen im Jahr herangezogen wird.

1   1) Die **Bestimmung der Zahl der Schöffen (I)** ist ein Akt der JV (vgl BGH **25**, 257; KK-Barthe 1). Für das gemeinsame SchG gilt § 58 II.

2   2) Zu **mehr als 12 Sitzungstagen (II)** soll der Schöffe nicht herangezogen werden. Ansprüche lassen sich aus dieser Sollvorschrift aber nicht herleiten (KK-Barthe 2); der zu mehr als 12 Sitzungstagen herangezogene Schöffe darf den Dienst nicht verweigern (LR-Gittermann 2; vgl aber § 35 Nr 2). In Großverfahren muss er an weitaus mehr Sitzungstagen mitwirken.

3   3) **Revision:** Eine über die erforderliche Zahl von Hauptschöffen getroffene Entscheidung nach I kann mit der Besetzungsrüge (§ 338 Nr 1) nur bei Ermessensmissbrauch gerügt werden, nicht aber, wenn sie sich im Rahmen einer vertretbaren Anwendung des Grundsatzes des II (und des § 45 II S 2) hält (BGH NJW **74**, 155; **78**, 1444, 1445; Kissel/Mayer 6).

[Schöffenliste]

44 Die Namen der gewählten Hauptschöffen und Hilfsschöffen werden bei jedem Amtsgericht in gesonderte Verzeichnisse aufgenommen (Schöffenlisten).

1   1) Die **Schöffenlisten des AG** enthalten getrennt die Namen der nach § 42 gewählten Haupt- und Hilfsschöffen. Durch die Auslosung nach § 45 werden aus ihnen die Schöffenlisten für die einzelnen Sitzungen und die Hilfsschöffenliste mit der maßgebenden Reihenfolge der Heranziehung gewonnen.

2   2) Die **Schöffenlisten des LG** entstehen auf Grund der Mitteilung des bei der Wahl tätigen Richters beim AG (§ 77 II S 4) oder Jugendrichters (§ 35 **JGG**).

3   3) Dem **Verteidiger** muss Einsicht zur Prüfung der Besetzung gewährt werden (BVerwGE **12**, 261 = NJW **61**, 1989; erg 23 zu § 222a StPO; vgl auch Katholnigg 8 zu § 45).

[Feststellung der Sitzungstage; Schöffenauslosung]

45 ᴵ Die Tage der ordentlichen Sitzungen des Schöffengerichts werden für das ganze Jahr im voraus festgestellt.

ᴵᴵ ¹ Die Reihenfolge, in der die Hauptschöffen an den einzelnen ordentlichen Sitzungen des Jahres teilnehmen, wird durch Auslosung in öffentlicher Sitzung des Amtsgerichts bestimmt. ² Sind bei einem Amtsgericht mehrere Schöffengerichte eingerichtet, so kann die Auslosung in einer Weise bewirkt werden, nach der jeder Hauptschöffe nur an den Sitzungen eines Schöffengerichts teilnimmt. ³ Die Auslosung ist so vorzunehmen, daß jeder ausgeloste Hauptschöffe möglichst zu zwölf Sitzungstagen herangezogen wird. ⁴ Satz 1 gilt entsprechend für die Reihenfolge, in der die Hilfsschöffen an die Stelle wegfallender Schöffen treten (Hilfsschöffenliste); Satz 2 ist auf sie nicht anzuwenden.

ᴵᴵᴵ Das Los zieht der Richter beim Amtsgericht.

ᴵⱽ ¹ Die Schöffenlisten werden bei einem Urkundsbeamten der Geschäftsstelle (Schöffengeschäftsstelle) geführt. ² Er nimmt ein Protokoll über die

4. Titel. Schöffengerichte § 45 GVG

Auslosung auf. ³Der Richter beim Amtsgericht benachrichtigt die Schöffen von der Auslosung. ⁴Zugleich sind die **Hauptschöffen** von den Sitzungstagen, an denen sie tätig werden müssen, unter Hinweis auf die gesetzlichen Folgen des Ausbleibens in Kenntnis zu setzen. ⁵Ein Schöffe, der erst im Laufe des Geschäftsjahres zu einem Sitzungstag herangezogen wird, ist sodann in gleicher Weise zu benachrichtigen.

1) Die Vorschrift dient der Konkretisierung des gesetzlichen (Schöffen)Richters (BGH NStZ **19**, 109). Die **Feststellung der ordentlichen Sitzungstage (I)** erfolgt als Maßnahme der JV (RG **64**, 50; Bay **60**, 277 = NJW **61**, 568) vor Beginn des Geschäftsjahrs unter Berücksichtigung des erfahrungsgemäß zu erwartenden Anfalls (BGH **15**, 107, 109) nach Kalendertagen oder wiederkehrend nach Wochen und Wochentagen (Kissel/Mayer 4). Feiertage können als ordentliche Sitzungstage des Schöffengerichts bzw der Strafkammern festgelegt werden (BGH aaO). Welche Strafsachen in den einzelnen Sitzungen verhandelt werden, bestimmt der Vorsitzende im Laufe des Jahres (§ 213 StPO; Bedenken gegen diese Regelung unter dem Gesichtspunkt der Vorausbestimmtheit des gesetzlichen Richters äußert Katholnigg JR **97**, 284). Bei gleich bleibender Zahl der Spruchkörper ist eine Änderung der festgesetzten Sitzungstage unzulässig, nicht aber, wenn ein neuer Spruchkörper gebildet und die Sitzungstage neu verteilt werden (Bay aaO). Ist der Erwachsenenspruchkörper zugleich JugG, so müssen getrennte Sitzungstage bestimmt werden (BGH **15**, 107, 109). Ist ein allgemeiner Spruchkörper zugleich für nach § 354 II StPO zurückverwiesene JGG-Sachen zuständig, so brauchen hierfür nicht von vornherein feste Sitzungstage bestimmt zu werden, wenn ungewiss ist, ob solche Sachen überhaupt anfallen; die Entscheidungen können außerordentlichen Sitzungen vorbehalten werden (Kissel/Mayer 4).

2) **Auslosung der Schöffen (II):** 2

A. Durch **Auslosung in öffentlicher Sitzung (S 1)** wird die Reihenfolge bestimmt, in der die Schöffen an den einzelnen ordentlichen Sitzungstagen teilnehmen; die Geschäftsstelle darf sie nicht ändern (BGH GA **82**, 324). 3

Wegen der **Öffentlichkeit** gelten die Anforderungen der §§ 169 ff (BGH NStZ **84**, 89; LG Bremen StV **82**, 461); ein Aushang am Zimmer des Präs oder an seinem Vorzimmer genügt (BGH NStZ **85**, 514; **06**, 512). 4

Die **Auslosung** erfolgt bei jedem AG, bei dem ein SchG besteht (für das LG gilt § 77 I), aus der Schöffenliste (§ 44) für jeweils ein Geschäftsjahr. Für die weiteren Geschäftsjahre der Wahlperiode (§ 42 I) ist jeweils vor deren Beginn eine neue Auslosung erforderlich; jedoch ist die Auslosung für die gesamte Amtszeit im Voraus, getrennt nach Geschäftsjahren, zulässig (LR-Gittermann 12; **aM** SK-Degener 6). 5

Das **Auslosungsverfahren** (vgl dazu LG Braunschweig NJW **90**, 1191; LG Hannover StV **91**, 205) steht im pflichtgemäßen Ermessen des Richters, muss aber alle gewählten Schöffen erfassen (Celle NStZ **91**, 350). Er kann die Schöffen für jeden Sitzungstag einzeln auslosen, aber auch so verfahren, dass immer für mehrere aufeinander folgende Sitzungstage 2 Hauptschöffen ausgelost werden (BGH NJW **91**, 435, 436; NStZ **92**, 226 [K]). Bei den Auslosungen dürfen Schöffen nicht berücksichtigt werden, die im Vorjahr zu Unrecht von der Hilfs- in die Hauptschöffenliste übernommen worden waren (KG StV **86**, 49; **aM** BGH StV **86**, 49 mit abl Anm Danckert). „Reserveschöffen" dürfen keinem Spruchkörper zugewiesen werden (BGH GA **78**, 120). 6

Durch die Auslosung entstehen die **Schöffenlisten** für die einzelnen Spruchkörper, denen die Namen der an den einzelnen Sitzungstagen mitwirkenden Schöffen entnommen werden können. Fällt eine Sitzung aus, so werden die für sie bestimmten Schöffen nicht zur nächste Sitzung herangezogen, sondern übersprungen; das gilt auch dann, wenn die neue Hauptverhandlung an einem Tag beginnt, der von Anfang an zur (Fortsetzungs-)Sitzungstag bestimmt war (BGH NJW **02**, 2963 = JR **03**, 29 mit Anm Katholnigg). 7

Schmitt 2079

8 **B. Bei mehreren Spruchkörpern (S 2)** kann so verfahren werden, dass die Hauptschöffen für die einzelnen Sitzungstage in deren chronologischer Folge (I) ausgelost werden. Für den Fall, dass mehrere Spruchkörper am selben Tag Sitzung haben, muss dann aber die Reihenfolge der Heranziehung der Schöffen im Einzelnen festgesetzt werden (Hamm NJW 56, 1937). Die Auslosung ist auch in der Weise zulässig, dass jeder der mehreren Spruchkörper seine eigenen Schöffen erhält, die nur bei ihm tätig werden.

9 **C. Zu mindestens 12 Sitzungstagen (S 3)** soll jeder Schöffe herangezogen werden; das ist bei der Auslosung zu berücksichtigen. Ein Verstoß gegen diese Sollvorschrift führt aber nur bei Ermessensmissbrauch zur vorschriftswidrigen Besetzung des Gerichts (3 zu § 43).

10 **D. Die Reihenfolge der Heranziehung der Hilfsschöffen (S 4)** wird durch das Los bestimmt. Die Hilfsschöffen werden aber nicht für jedes Geschäftsjahr, sondern nur einmal für die vierjährige Wahlperiode ausgelost (BGH 36, 138 = JR 89, 479 mit zust Anm Katholnigg). Anders als die Hauptschöffen werden die Hilfsschöffen nicht auf die einzelnen Spruchkörper verteilt, sondern es wird für das ganze Gericht eine einheitliche Liste aufgestellt, aus der die Hilfsschöffen in der dort festgesetzten Reihenfolge herangezogen werden.

11 Sie treten **an die Stelle weggefallener Schöffen**. Wegfallende Schöffen (vgl BGH 30, 149, 150) sind solche, die gestrichen (§ 52) oder für eine Einzelsitzung entbunden worden oder ausgefallen sind (§ 54). Darüber hinaus werden auch die Schöffen für neu gebildete SchGe (§ 46) und für außerordentlichen Sitzungen (§ 47) sowie die Ergänzungsschöffen (§ 48 I) aus der Hilfsschöffenliste in der dort festgesetzten Reihenfolge zugewiesen (§ 49 I; vgl auch § 42 I Nr 2 S 1).

12 **3) Der Richter (III)**, dem die Schöffenangelegenheiten im Geschäftsverteilungsplan übertragen sind (4 zu § 40), muss die Auslosung vornehmen. Einem anderen Richter darf er sie nicht überlassen, auch nicht dem UrkB nach IV. Bei der Auslosung der JugSchöffen tritt der Jugendrichter an seine Stelle (§§ 33, 34 I JGG). Für das LG gilt § 77 III S 1. Die Auslosung ist eine Maßnahme der JV (BGH 3, 68; **25**, 257); die Ausschließungsgründe des § 22 StPO gelten nicht.

13 **4) Schöffengeschäftsstelle (IV S 1, 2):** Ein UrkB führt unter dieser Bezeichnung die Schöffenlisten nach § 44 und nach II S 1 und 4. Er nimmt auch das Protokoll über die Auslosung auf (S 2), dem keine Beweiskraft nach § 274 StPO zukommt (SK-Degener 14), und weist die Hilfsschöffen zu (§ 49 III). Dem UrkB können daneben aber auch andere Aufgaben im Bereich der Rspr oder JV übertragen werden (KK-Barthe 9). Das LG hat seine eigene Schöffengeschäftsstelle (§ 77 I). Zum Recht auf Einsichtnahme in die Schöffenlisten vgl 3 zu § 44.

14 **5) Benachrichtigung der Schöffen (IV S 3–5):** Der Richter, der die Auslosung vorgenommen hat, benachrichtigt die Schöffen formlos (Hamburg GA **79**, 146; Kissel/Mayer 22) von deren Ergebnis. Den Hauptschöffen werden dabei zugleich ihre Sitzungstage unter Hinweis auf die Rechtsfolgen des § 56 I mitgeteilt. Eine weitere Ladung zu den einzelnen Sitzungen ist nicht erforderlich. Ein Schöffe, der erst später zu einer bestimmten Sitzung herangezogen wird, wird ebenfalls von diesem Richter, nicht vom Vorsitzenden des erkennenden Gerichts, unterrichtet (S 5). Für das LG gilt § 77 III S 1.

15 **6)** Mit der **Revision** kann beanstandet werden, dass keine Auslosung stattgefunden hat (BGH NStZ **84**, 274), nicht aber, dass ein unzuständiger Richter die Lose gezogen habe (BGH **25**, 257; Kissel/Mayer 14).

[Zusätzlicher Spruchkörper]

46 [1] **Wird bei einem Amtsgericht während des Geschäftsjahres ein weiteres Schöffengericht gebildet, so werden für dessen ordentliche Sitzungen die benötigten Hauptschöffen gemäß § 45 Abs. 1, 2 Satz 1, Abs. 3, 4 aus der

4. Titel. Schöffengerichte §§ 47, 48 GVG

Hilfsschöffenliste ausgelost. ²Die ausgelosten Schöffen werden in der Hilfsschöffenliste gestrichen.

1) **Aus der Hilfsschöffenliste** werden die Hauptschöffen für die ordentlichen 1 Sitzungen des nachträglich gebildeten Spruchkörpers ausgelost (§ 45); denn es handelt sich nicht um Heranziehung für einzelne Sitzungen, die sich nach der festgelegten Zuweisungsreihenfolge richtet (§ 49 I). Für die HilfsStrK gilt § 46 nicht (6 zu § 77).

2) Die **vorangegangene Heranziehung als Hilfsschöffe** muss noch vorran- 2 gig erfüllt werden (§ 52 V).

[Außerordentliche Sitzungen]

47 Wenn die Geschäfte die Anberaumung außerordentlicher Sitzungen erforderlich machen oder wenn zu einzelnen Sitzungen die Zuziehung anderer als der zunächst berufenen Schöffen oder Ergänzungsschöffen erforderlich wird, so werden Schöffen aus der Hilfsschöffenliste herangezogen.

1) **Außerordentliche Sitzung:** Das ist eine solche, die wegen des zusätzlich 1 erforderlichen Verhandlungsbedarfs neben den ordentlichen Sitzungen abgehalten wird (BGH **41**, 175, 177 mwN). Ob und wann sie anzusetzen ist, bestimmt der Vorsitzende nach pflichtgemäßem Ermessen (BGH **12**, 159, 161). Es ist nicht zulässig, einen ordentlichen Sitzungstermin (§ 45 I) allgemein für künftige Terminierungen freizuhalten (BGH **37**, 324), wohl aber für eine eilige Haftsache (Einl 160), deren Eingang sicher zu erwarten ist. Keine außerordentliche Sitzung ist die Verlegung der Sitzung von einem ordentlichen Sitzungstag auf einen anderen (Schleswig SchlHA **09**, 245 [D/D]; Stuttgart NStZ **84**, 231; LG Bremen StV **82**, 461), die Verlegung des Beginns des ordentlichen Sitzungstags „nach hinten" (BGH StraFo **05**, 206) sowie die Vorverlegung einer ordentlichen Sitzung, die sich voraussichtlich über einen oder mehrere ordentliche Sitzungstage erstreckt (BGH GA **80**, 68; vgl auch BGH NStZ-RR **12**, 319); dies gilt auch für HilfsStrKn (BGH **41**, 175). Liegt der verlegte Sitzungstag genau zwischen 2 freien Sitzungstagen, so bestimmt der frühere ordentliche Sitzungstag die Schöffenbesetzung; es handelt sich somit um einen nach hinten verlegten Sitzungstag (BGH **43**, 270; erg 9a zu § 54). Wird eine Strafsache auf einen Tag zwischen 2 ordentlichen Sitzungstagen terminiert, die zu diesem Zeitpunkt bereits mit Fortsetzungsverhandlungen in anderen Sachen belegt war, handelt es sich um eine außerordentliche Sitzung (BGH **50**, 132). Bei der außerordentlichen Sitzung muss die Schöffenbesetzung im Einzelfall bestimmt werden. Zugezogen werden die beiden nächstbereiten Hilfsschöffen (§ 49 I). Dabei kommt es darauf an, wann die Terminsbestimmung des Richters, mit der die außerordentliche Sitzung angeordnet wird, bei der Schöffengeschäftsstelle eingeht (§ 49 III).

2) **Ausfallende Schöffen,** die zunächst bei der Schöffenbesetzung von Anfang 2 an (2 zu § 45) oder im Einzelfall (§ 49 I) herangezogen waren, werden aus der Hilfsschöffenliste ersetzt, und auf Anordnung des Vorsitzenden (1 zu § 54) nach § 49.

[Ergänzungsschöffen]

48 I Ergänzungsschöffen (§ 192 Abs. 2, 3) werden aus der Hilfsschöffenliste zugewiesen.

II Im Fall der Verhinderung eines Hauptschöffen tritt der zunächst zugewiesene Ergänzungsschöffe auch dann an seine Stelle, wenn die Verhinderung vor Beginn der Sitzung bekannt wird.

Schmitt

GVG § 49 — Gerichtsverfassungsgesetz

1 1) **Aus der Hilfsschöffenliste (I)** werden die Ergänzungsschöffen nach dem einheitlichen Verfahren des § 49 zugewiesen.

2 2) Bei **Verhinderung eines Hauptschöffen** tritt in der Hauptverhandlung der Ergänzungsschöffe an seine Stelle (6, 7 zu § 192). Das gilt nach **II** aber auch dann, wenn der Verhinderungsfall nach der Bestimmung und Zuweisung eines Ergänzungsschöffen schon vor dem Beginn der Hauptverhandlung bekannt wird. Ist auch dieser verhindert, rückt der nächste aus der Hilfsschöffenliste zugewiesene Ergänzungsschöffe nach (BGHR Verhinderung 1; Katholnigg 2).

[Zuweisung aus der Hilfsschöffenliste]

49 [I] Wird die Heranziehung von Hilfsschöffen zu einzelnen Sitzungen erforderlich (§§ 47, 48 Abs. 1), so werden sie aus der Hilfsschöffenliste in deren Reihenfolge zugewiesen.

[II] [1] Wird ein Hauptschöffe von der Schöffenliste gestrichen, so tritt der Hilfsschöffe, der nach der Reihenfolge der Hilfsschöffenliste an nächster Stelle steht, unter seiner Streichung in der Hilfsschöffenliste an die Stelle des gestrichenen Hauptschöffen. [2] Die Schöffengeschäftsstelle benachrichtigt den neuen Hauptschöffen gemäß § 45 Abs. 4 Satz 3, 4.

[III] [1] Maßgebend für die Reihenfolge ist der Eingang der Anordnung oder Feststellung, aus der sich die Notwendigkeit der Heranziehung ergibt, bei der Schöffengeschäftsstelle. [2] Die Schöffengeschäftsstelle vermerkt Datum und Uhrzeit des Eingangs auf der Anordnung oder Feststellung. [3] In der Reihenfolge des Eingangs weist sie die Hilfsschöffen nach Absatz 1 den verschiedenen Sitzungen zu oder überträgt sie nach Absatz 2 in die Hauptschöffenliste. [4] Gehen mehrere Anordnungen oder Feststellungen gleichzeitig ein, so sind zunächst Übertragungen aus der Hilfsschöffenliste in die Hauptschöffenliste nach Absatz 2 in der alphabetischen Reihenfolge der Familiennamen der von der Schöffenliste gestrichenen Hauptschöffen vorzunehmen; im übrigen ist die alphabetische Reihenfolge der Familiennamen der an erster Stelle Angeklagten maßgebend.

[IV] [1] Ist ein Hilfsschöffe einem Sitzungstag zugewiesen, so ist er erst wieder heranzuziehen, nachdem alle anderen Hilfsschöffen ebenfalls zugewiesen oder von der Dienstleistung entbunden oder nicht erreichbar (§ 54) gewesen sind. [2] Dies gilt auch, wenn er selbst nach seiner Zuweisung von der Dienstleistung entbunden worden oder nicht erreichbar gewesen ist.

1 1) **Für alle Fälle**, in denen die Heranziehung der Hilfsschöffenliste erforderlich wird, regelt § 49 das Verfahren. § 46 ist nicht anwendbar (BGH NStZ **85**, 135).

2 2) Bei **Übertragung in die Hauptschöffenliste (II)** handelt es sich um eine nicht nur vorübergehende Änderung der Schöffenliste für die ordentlichen Sitzungstage; vielmehr tritt mit der Übertragung der bisherige Hilfsschöffe in die Termine des Ausgeschiedenen ein. Daher ist mit der Übertragung die Streichung in der Hilfsschöffenliste verbunden. Soweit eine Heranziehung als Hilfsschöffe noch nicht erledigt ist, wirkt sie weiter und hat den Vorrang (§ 52 V).

3 3) Wer **an bereitester Stelle (III)** steht, wird herangezogen. Das ist, wer nach Heranziehung („Verbrauch") seiner Vorgänger als nächster zur Verfügung steht (BGH **30**, 244; NStZ **85**, 135). Maßgebend ist gem S 1 und S 2 der Eingang der Heranziehungsanordnung (BGH **30**, 255, 258; LG Hannover StV **10**, 300 L), der zu dokumentieren ist (BGH StV **16**, 633: nicht die Bearbeitungszeit). Zunächst ist die Hilfsschöffenliste durch Vornahme der angeordneten Streichungen auf den neuesten Stand zu bringen (KG StV **84**, 504). Es braucht aber nicht ausdrücklich die Zuweisung verlangt zu werden. Vielmehr muss nur die Anordnung oder Feststellung, aus der sich die Notwendigkeit der Heranziehung ergibt, an die Schöffengeschäftsstelle gelangen, zB die Anordnung einer außerordentlichen Sitzung (§ 47), die Entbindung oder Feststellung der Unerreichbarkeit nach § 54 I, II, die Anordnung der Streichung aus der Hauptschöffenliste (II iVm § 52 I, II) oder die Anordnung nach § 192 III. Im Fall des III S 4 fehlt eine Regelung für den seltenen Fall, dass verschiedene Hauptschöffen oder Angeklagte denselben Namen haben. Hier ist notfalls von der alphabetischen Reihenfolge der Vornamen auszugehen (Katholnigg 5 und JR 80, 173); sollten auch die gleich sein, entscheidet das Los (Kissel/Mayer 6; SK-Degener 5; aM LR-Gittermann 8; Katholnigg aaO: Geburtsdatum).

4) Erst nach Verbrauch aller anderen Hilfsschöffen (IV) ist der herangezogene wieder an der Reihe. Wird er von der dann anfallenden Dienstleistung entbunden (§ 54 I) oder ist er nicht erreichbar (7 zu § 54), so wird auf ihn erst wieder nach dem nächsten Umlauf zurückgegriffen (KK-Barthe 6). Der Listenplatz des Hilfsschöffen ist auch dann verbraucht, wenn seine Heranziehung oder die maßgebliche Eintragung fehlerhaft war (BGH JR **78**, 210, 211; Kissel/Mayer 13; **aM** SK-Degener 10). 4

5) Revision: Nicht jeder Rechtsfehler bei der Heranziehung von Hilfsschöffen kann mit der Besetzungsrüge (§ 338 Nr 1) geltend gemacht werden. Es muss sich vielmehr um einen gravierenden, nicht mehr verständlichen und die Grenzen des Hinnehmbaren überschreitenden Fehler handeln (BGH StV **16**, 633 mit Anm Wollschläger; LR-Gittermann 11; erg 9 zu § 338). Dies ist zB nicht automatisch bei einer fehlerhaften Praxis der Schöffengeschäftsstelle gegeben, kann aber bei Vorliegen eines Organisationsmangels anzunehmen sein (vgl BGH aaO). 5

[Sitzungsdauer über die Wahlperiode hinaus]

50 **Erstreckt sich die Dauer einer Sitzung über die Zeit hinaus, für die der Schöffe zunächst einberufen ist, so hat er bis zur Beendigung der Sitzung seine Amtstätigkeit fortzusetzen.**

1) Drei Fälle: a) Die Hauptverhandlung dauert lediglich länger als erwartet; b) sie wird unterbrochen und später fortgesetzt (§ 229 StPO); c) sie greift (ohne oder nach Unterbrechung) über die Wahlperiode des Schöffen (§ 42) hinaus (BGH **8**, 250; vgl aber BGH **19**, 382). 1

2) Für die Berufsrichter am AG und LG ist eine solche besondere Regelung entbehrlich (BGH **8**, 250; **19**, 382; 17, 18 zu § 21e). 2

[Amtsenthebung des Schöffen]

51 **I Ein Schöffe ist seines Amtes zu entheben, wenn er seine Amtspflichten gröblich verletzt hat.**

II ¹Die Entscheidung trifft ein Strafsenat des Oberlandesgerichts auf Antrag des Richters beim Amtsgericht durch Beschluss nach Anhörung der Staatsanwaltschaft und des beteiligten Schöffen. ²Die Entscheidung ist nicht anfechtbar.

III ¹Der nach Absatz 2 Satz 1 zuständige Senat kann anordnen, dass der Schöffe bis zur Entscheidung über die Amtsenthebung nicht zu Sitzungen heranzuziehen ist. ²Die Anordnung ist nicht anfechtbar.

1) Die Möglichkeit einer **Amtsenthebung** war in § 113 schon immer für ehrenamtliche Richter der Kammer für Handelssachen vorgesehen (vgl auch die ähnlichen Regelungen in § 27 ArbGG, § 21 FGO, § 22 SGG, § 24 VwGO) und ist nun auch für Schöffen ausdrücklich geregelt. Sie trägt dem Umstand Rechnung, dass auch Schöffen der Verfassungstreuepflicht aus Art 33 V GG unterliegen (vgl BVerfG NJW **08**, 2568). Insbesondere Schöffen, die die freiheitliche demokrati- 1 sche, rechts- und sozialstaatliche Ordnung ablehnen oder bekämpfen, sind danach ihres Amtes zu entheben.

2 2) Nur eine **gröbliche Verletzung der Amtspflichten** führt zur Amtsenthebung. Dies kann bei Mitgliedschaft in einer – bisher aber nicht nach Art 21 II GG verbotenen – Partei bzw Organisation (Hamm NStZ-RR **17**, 354; Dresden NStZ-RR **15**, 121: „Reichsbürger"), die verfassungsfeindliche Ziele verfolgt, anzunehmen sein (BR-Drucks 539/10 S 21; vgl auch KG NStZ **20**, 104; München StV **16**, 637 L), ebenso bei der Verbreitung von Hassbotschaften im Internet (KG NStZ-RR **16**, 252) bzw. auf Facebook (Dresden StV **18**, 403). Daneben kommen als Enthebungsgründe wiederholtes unentschuldigtes Fernbleiben von Sitzungen, Unerreichbarkeit, Weigerung, unparteiisch zu entscheiden (Celle NStZ-RR **15**, 54), oder Verweigerung der Eidesleistung in Betracht (vgl dazu Kissel/Mayer 5 zu § 113; LR-Gittermann Nachtr 4).

3 3) Nur auf **Antrag des Richters beim AG,** der dem Schöffenausschuss vorsitzt (§ 40 II), nicht eines anderen Amtsrichters (LR-Gittermann Nachtr 7), bzw gemäß § 77 III S 3 des Vorsitzenden der StrK, der mit dieser Aufgabe nach dem Geschäftsverteilungsplan des LG betraut worden ist (Celle NStZ-RR **15**, 54), kann die Amtsenthebung erfolgen. Die Amtsenthebung ist umfassend und unabhängig vom Willen des Betroffenen.

4 Vor der Amtsenthebung ist aber eine **Anhörung** der StA und des Betroffenen (Art 103 I GG) erforderlich (II S 1). Die in II S 2 bestimmte **Unanfechtbarkeit** der Entscheidung (sowohl die Amtsenthebung als auch die Ablehnung des Antrags) entspricht § 304 IV S 2 StPO.

5 4) **Zuständigkeit:** Die Entscheidung trifft ein Strafsenat des OLG, in dessen Bezirk sich das AG bzw LG befindet, an dem der Schöffe tätig ist, in der Besetzung mit 3 Richtern (§ 122 I). Bestehen bei einem OLG mehrere Strafsenate, wird der zuständige Senat (anders als nach § 113 III S 1) durch den Geschäftsverteilungsplan des OLG bestimmt.

6 5) Eine **einstweilige Anordnung (III)** kann das OLG erlassen, wenn ein Schöffe derart schwerwiegend gegen Amtspflichten verstößt, dass das Zuwarten auf eine Entscheidung in der Hauptsache nicht zumutbar ist. Das ist insbesondere der Fall, wenn ein Strafverfahren unter Mitwirkung des beteiligten Schöffen durchgeführt werden müsste (BR-Drucks 539/10 S 22). Eine gesonderte Anhörung des Schöffin ist hier nicht erforderlich. Die Unanfechtbarkeit der Eilentscheidung nach III S 2 entspricht II S 2.

[Streichung von der Schöffenliste]

§ 52

I [1] Ein Schöffe ist von der Schöffenliste zu streichen, wenn
1. seine Unfähigkeit zum Amt eines Schöffen eintritt oder bekannt wird, oder
2. Umstände eintreten oder bekannt werden, bei deren Vorhandensein eine Berufung zum Schöffenamt nicht erfolgen soll.

[2] Im Falle des § 33 Nr. 3 gilt dies jedoch nur, wenn der Schöffe seinen Wohnsitz im Landgerichtsbezirk aufgibt.

II [1] Auf seinen Antrag ist ein Schöffe aus der Schöffenliste zu streichen, wenn er
1. seinen Wohnsitz im Amtsgerichtsbezirk, in dem er tätig ist, aufgibt oder
2. während eines Geschäftsjahres an mehr als 24 Sitzungstagen an Sitzungen teilgenommen hat.

[2] Bei Hauptschöffen wird die Streichung nur für Sitzungen wirksam, die später als zwei Wochen nach dem Tag beginnen, an dem der Antrag bei der Schöffengeschäftsstelle eingeht. [3] Ist einem Hilfsschöffen eine Mitteilung über

4. Titel. Schöffengerichte § 52 GVG

seine Heranziehung zu einem bestimmten Sitzungstag bereits zugegangen, so wird seine Streichung erst nach Abschluß der an diesem Sitzungstag begonnenen Hauptverhandlung wirksam.

III [1] Ist der Schöffe verstorben oder aus dem Landgerichtsbezirk verzogen, ordnet der Richter beim Amtsgericht seine Streichung an. [2] Im Übrigen entscheidet er nach Anhörung der Staatsanwaltschaft und des beteiligten Schöffen.

IV Die Entscheidung ist nicht anfechtbar.

V Wird ein Hilfsschöffe in die Hauptschöffenliste übertragen, so gehen die Dienstleistungen vor, zu denen er zuvor als Hilfsschöffe herangezogen war.

VI [1] Hat sich die ursprüngliche Zahl der Hilfsschöffen in der Hilfsschöffenliste auf die Hälfte verringert, so findet aus den vorhandenen Vorschlagslisten eine Ergänzungswahl durch den Ausschuß statt, der die Schöffenwahl vorgenommen hatte. [2] Der Richter beim Amtsgericht kann von der Ergänzungswahl absehen, wenn sie in den letzten sechs Monaten des Zeitraums stattfinden müßte, für den die Schöffen gewählt sind. [3] Für die Bestimmung der Reihenfolge der neuen Hilfsschöffen gilt § 45 entsprechend mit der Maßgabe, daß die Plätze im Anschluß an den im Zeitpunkt der Auslosung an letzter Stelle der Hilfsschöffenliste stehenden Schöffen ausgelost werden.

1) Von Amts wegen (I) durchzuführen und obligatorisch ist die Streichung 1 nach Nrn 1 und 2. Die Unfähigkeit ergibt sich aus den §§ 31 S 2, 32, durch den Tod (vgl III S 1; BGH NStZ **94**, 26 [K]) oder aus sonstigen Gründen (I Nr 1), zB der auf religiöser Überzeugung beruhenden Ablehnung, Männer und Frauen hinsichtlich ihrer Glaubwürdigkeit rechtlich gleich zu behandeln (LG Dortmund NStZ **07**, 360). Allein die religiös motivierte Kleidung (Kopftuch) soll aber kein Grund für Streichung sein (KG StraFo **13**, 164; LG Bielefeld NJW **07**, 3014; Kissel/Mayer 14 zu § 31; Bader NJW **07**, 2964; Buggert StRR **08**, 47; aM LG Dortmund NJW **07**, 3013), da Schöffinnen − anders als Berufsrichterinnen (vgl dazu Kissel/Mayer 161, 163 zu § 1) bei der Ausübung ihres Ehrenamtes Privatpersonen bleiben und mit ihrer kulturellen wie auch religiösen Herkunft die Vielfalt der Bevölkerung repräsentieren (vgl KG aaO; zu Berufsrichtern und Richterinnen sowie Rechtsreferendarinnen/Referendaren siehe 4a vor § 1); anders verhält es sich jedenfalls, wenn die Schöffin auf Grund ihrer Bekleidung (Ganzkörperschleier) nicht mehr erkennbar ist (Bader aaO 2965; erg 7, 10 zu § 176; 9 zu § 24 StPO; eingehend Kretschmer, Schöffin mit Kopftuch − persona non grata? 2007). Die Gründe des I Nr 2 ergeben sich aus den §§ 33−35 (vgl BGH **28**, 61, 63; NStZ **94**, 26 [K]; hinsichtlich § 35 aM KK-Barthe 4; SK-Degener 4). Die Streichung ist zB geboten, wenn der Schöffe seinen Wohnsitz an einen anderen Ort außerhalb des Land-(nicht des Amts-)Gerichtsbezirks verlegt (4 zu § 33) oder wenn seine Wohngemeinde aus dem Landgerichtsbezirk ausscheidet (BGH aaO).

2) Nur auf Antrag (II) führt die Verlegung des Wohnsitzes oder die näher be- 2 zeichnete Heranziehung im Übermaß zur Streichung. Wenn die Voraussetzungen vorliegen, muss dem Antrag entsprochen werden. An mehr als 24 Sitzungstagen hat der Schöffe auch dann teilgenommen, wenn eine einzige Hauptverhandlung so lange gedauert hat (KK-Barthe 5). Gezählt werden aber immer nur die Tage, an denen verhandelt worden ist, wenn auch nur für kurze Zeit (Katholnigg NJW **78**, 2377). II S 1 Nr 1 gilt nach § 77 V nicht für einen Schöffen am LG, der innerhalb des LG-Bezirks seinen Wohnsitz wechselt.

3) Die **Entscheidung (III)** trifft bei einem Schöffen des AG der Richter beim 3 AG (§ 45 III), der Jugendrichter bei einem Jugendschöffen des AG (§ 34 I JGG), eine (nach § 21e I S 1 bestimmte) StrK bei einem Schöffen des LG (§ 77 III S 2). Erforderlich ist eine förmliche Entscheidung, außer in den Fällen des III S 1 nach Anhörung der StA und des Schöffen (BGH **28**, 61, 64). Die Anhörung des beteiligten Schöffen ist aber entbehrlich, wenn er selbst den Antrag (II) gestellt

Schmitt 2085

hat, außer wenn Tatsachen zu seinem Nachteil verwendet werden, zu denen er nicht schon Stellung genommen hat (Einl 29). Ist der Streichungsantrag erst eingegangen, nachdem bereits eine Sitzung unter Mitwirkung des Schöffen bestimmt war, so hat die Entscheidung nach § 54 I den Vorrang (BGH GA **79**, 271; KK-Barthe 6).

4 **4) Unanfechtbarkeit (IV):** Beschwerde ist für den Schöffen und die StA ausgeschlossen (§ 304 I, II StPO; Koblenz NStZ-RR **15**, 122). Die Streichung aus der Hauptschöffenliste führt zwar zu einer Änderung der Besetzung für noch bevorstehende Hauptverhandlungen, aber die Besetzungsrüge (§ 338 Nr 1 StPO) kann auf die Entscheidung über die Streichung nicht gestützt werden (§ 336 S 2 StPO), wenn es sich nicht um einen Fall der Entziehung des gesetzlichen Richters handelt (6, 8 zu § 16).

5 Bei **Unterlassung einer Entscheidung** infolge Nichterkennens des Streichungsgrundes kann die Revision nur darauf gestützt werden, dass ein Schöffe bei dem Urteil mitgewirkt hat, der für das Schöffenamt unfähig war (7 zu § 32). Der Verstoß gegen eine Sollvorschrift, die der Berufung entgegenstand, macht die Besetzung nicht vorschriftswidrig iS des § 338 Nr 1 StPO (vgl 3 zu § 36; 4 zu § 337 StPO).

6 **5) Die Übertragung eines Hilfsschöffen (V)** wird durch die Streichung des Hauptschöffen ausgelöst (§ 49 II S 1) und von der Schöffengeschäftsstelle durchgeführt (§ 49 III S 3). Die Übertragung kann dazu führen, dass Pflichten, die noch aus der Zeit des Hilfsschöffenamtes herrühren, und neue Hauptschöffenaufgaben nebeneinander bestehen. Dieser Fall kann insbesondere deshalb eintreten, weil der Schöffe nach § 49 II S 1 in die Termine des ausgeschiedenen Hauptschöffen eintritt (Katholnigg NJW **78**, 2377). Bei Kollision haben die noch verbleibenden Hilfsschöffenpflichten den Vorrang.

7 **6)** Eine **Ergänzungswahl (VI iVm § 42)** zur Auffüllung der Hilfsschöffenliste ist notwendig, wenn diese auf die Hälfte geschrumpft ist. Dabei wird derselbe Ausschuss tätig; ein verhindertes Mitglied kann aber vertreten werden.
8 Keine Ergänzungswahl, sondern eine **Wiederholungswahl** ist vorzunehmen, wenn die Schöffenwahl nach § 42 unwirksam war und daher von vornherein nicht genügend Schöffen vorhanden waren (BGH **33**, 261, 265; LG Frankfurt aM NJW **85**, 157; **aM** LG Frankfurt aM NJW **85**, 928).

[Ablehnungsgründe]

53
I [1] Ablehnungsgründe sind nur zu berücksichtigen, wenn sie innerhalb einer Woche, nachdem der beteiligte Schöffe von seiner Einberufung in Kenntnis gesetzt worden ist, von ihm geltend gemacht werden. [2] Sind sie später entstanden oder bekannt geworden, so ist die Frist erst von diesem Zeitpunkt zu berechnen.

II [1] **Der Richter beim Amtsgericht entscheidet über das Gesuch nach Anhörung der Staatsanwaltschaft.** [2] **Die Entscheidung ist nicht anfechtbar.**

1 **1) Die Ablehnungsgründe** sind in § 35 abschließend aufgeführt (BGH **9**, 203). Werden Ablehnungsgründe rechtzeitig geltend gemacht, so tritt eine völlige Befreiung vom Schöffendienst für die ganze Wahlperiode oder ihren Rest ein; der Schöffe ist von der Liste zu streichen (KK-Barthe 1). Die Ablehnungserklärung kann schriftlich oder zu Protokoll der Geschäftsstelle abgegeben werden.

2 **2) Zuständigkeit (II S 1):** 3 zu § 52.

3 **3) Unanfechtbarkeit (II S 2):** 4 zu § 52.

4. Titel. Schöffengerichte § 54 GVG

[Entbindung an bestimmten Sitzungstagen]

54 I ¹ Der Richter beim Amtsgericht kann einen Schöffen auf dessen Antrag wegen eingetretener Hinderungsgründe von der Dienstleistung an bestimmten Sitzungstagen entbinden. ² Ein Hinderungsgrund liegt vor, wenn der Schöffe an der Dienstleistung durch unabwendbare Umstände gehindert ist oder wenn ihm die Dienstleistung nicht zugemutet werden kann.

II ¹ Für die Heranziehung von Hilfsschöffen steht es der Verhinderung eines Schöffen gleich, wenn der Schöffe nicht erreichbar ist. ² Ein Schöffe, der sich zur Sitzung nicht einfindet und dessen Erscheinen ohne erhebliche Verzögerung ihres Beginns voraussichtlich nicht herbeigeführt werden kann, gilt als nicht erreichbar. ³ Ein Hilfsschöffe ist auch dann als nicht erreichbar anzusehen, wenn seine Heranziehung eine Vertagung der Verhandlung oder eine erhebliche Verzögerung ihres Beginns notwendig machen würde. ⁴ Die Entscheidung darüber, daß ein Schöffe nicht erreichbar ist, trifft der Richter beim Amtsgericht. ⁵ § 56 bleibt unberührt.

III ¹ Die Entscheidung ist nicht anfechtbar. ² Der Antrag nach Absatz 1 und die Entscheidung sind aktenkundig zu machen.

1) Der **Vorsitzende** des SchG, beim LG der Vorsitzende der StrK (§ 77 III **1** S 3), entscheidet nach pflichtgemäßem Ermessen unter Abwägung aller Umstände des Einzelfalls über einen Entbindungsantrag (I) und über die Heranziehung eines Hilfsschöffen bei Unerreichbarkeit des zunächst berufenen Schöffen (II; 2 zu § 47; unten 7, 8). Denn es handelt sich um die Führung seiner Sitzung. Der Anhörung der StA bedarf es bei den Entscheidungen nach § 54 nicht. Betreibt ein Schöffe zugleich seine Entbindung im Einzelfall und seine Streichung aus der Schöffenliste (§ 52 II), so ist über beide Anträge selbstständig zu entscheiden (BGH **27**, 105; Katholnigg NJW **78**, 2378). Im Widerruf der Entbindung ist nach deren Eingang bei der Schöffengeschäftsstelle nicht mehr wirksam (BGH **30**, 149 mit Anm Rieß JR **82**, 256; BGH StV **83**, 497), sofern die Entbindung nicht gegen Art 101 I S 2 GG verstoßen hatte (BGH **31**, 3).

Eine bestimmte **Form** der Entscheidung ist nicht vorgeschrieben; telefonische **2** Entbindung genügt. Der Antrag und die Entscheidung müssen aber aktenkundig gemacht werden (III S 2). Mit Rücksicht auf III S 1, § 336 Satz 2 Alt 1 StPO kommt eine Richtigkeitsprüfung über den Willkürmaßstab hinaus nicht in Betracht und ist auch verfassungsrechtlich nicht geboten (BGH NStZ **15**, 714; vgl ferner BGH **59**, 75, 79 f; 5 StR 349/15 vom 1.9.2015; anders auch BGH – 2. StS – NStZ **15**, 350 sowie NStZ **17**, 491, wo der Prüfungsmaßstab offenbar deutlich weiter interpretiert wird; jeweils kritisch dazu Arnoldi NStZ **15**, 714 sowie NStZ **17**, 492; erg 6).

2) **Hinderungsgründe** (I S 2) brauchen entgegen dem Gesetzeswortlaut noch **3** nicht eingetreten zu sein; ihr Bevorstehen zZ der Dienstleistung genügt (Rieß JR **82**, 256). Sie können bei einem Hauptschöffen wie bei herangezogenen Hilfsschöffen auf unabwendbaren Umständen oder auf Unzumutbarkeit beruhen. Das ist im Hinblick auf die Bedeutung des Schöffenamts eng auszulegen (BGH **28**, 61, 66). Der Vorsitzende braucht die geltend gemachten Hinderungsgründe nicht nachzuprüfen, wenn er sie für glaubhaft hält (BGH NStZ **82**, 476).

A. **Unabwendbare Umstände:** Dass der Schöffe diese Umstände selbst verur- **4** sacht hat, spielt keine Rolle (Katholnigg NJW **78**, 2378). Der Hauptfall ist Erkrankung mit Bettlägerigkeit. Es genügt aber zB auch erhebliche Schwerhörigkeit (BGH **22**, 290). Ärztliche Arbeitsunfähigkeitsbescheinigung – auch ohne Diagnose – entschuldigt (Düsseldorf NStZ-RR **11**, 215).

B. **Unzumutbarkeit:** Mit Hilfe dieses Kriteriums kann der Richter die Um- **5** stände des Einzelfalls und die Situation des Schöffen in stärkerem Maß berücksichtigen als bei dem Kriterium der unabwendbaren Umstände. Das eigene Verursachen der Umstände, mit denen der Schöffe die Unzumutbarkeit begründet, kann,

Schmitt 2087

insbesondere bei Voraussehbarkeit der Schöffenpflicht, berücksichtigt werden. Unter dem Gesichtspunkt der Unzumutbarkeit kann zB ein herangezogener Hilfsschöffe entbunden werden, der während einer länger dauernden Hauptverhandlung nach Durchlauf der Schöffenliste erneut an der Reihe ist, wenn er an einem noch freien Tag an einer anderen Sitzung teilnehmen soll (Katholnigg NJW **78**, 2378). Unzumutbarkeit liegt nicht schon vor, wenn ein Prüfungsverfahren nach § 52 I Nr 2 oder II läuft (BGH **27**, 105; **28**, 61, 65). Ob die Unzumutbarkeit besteht, wenn ein Streichungsverfahren nach § 52 I Nr 1 läuft, kann nur im Einzelfall beurteilt werden. Eine Entbindung „aus Gewissensgründen" ist nicht möglich (Karlsruhe NJW **96**, 606; krit Lisken NJW **97**, 34). Die Drohung des Arbeitgebers, den Schöffen bei Teilnahme an einer außerordentlich langen oder für die beruflichen Aufgaben des Schöffen sonst exzeptionell ungünstig liegenden Hauptverhandlung zu entlassen, ist ein Eingriff in die Entscheidungsfreiheit des Richters, der möglicherweise eine Nötigung darstellt und zudem Anlass gibt, den Schöffen durch Belehrung des Arbeitgebers aus Gründen der Fürsorge (Einl 155) zu schützen (BGH **27**, 344, 346). Das schließt jedoch nicht völlig aus, dass die Drohung im Einzelfall als Hinderungsgrund anzuerkennen ist (vgl BGH MDR **78**, 626 [H]; SK-Degener 7).

6 **Berufliche Umstände** begründen nur ausnahmsweise die Unzumutbarkeit. Zu berücksichtigen sind Berufsgeschäfte, die der Schöffe nicht oder nicht ohne erheblichen Schaden für sich oder den Betrieb aufschieben oder bei denen er sich nicht durch einen anderen vertreten lassen kann, weil die Geschäfte ihrer Art nach eine Vertretung nicht zulassen oder kein geeigneter Vertreter zur Verfügung steht (BGH **28**, 61, 66; NJW **78**, 1169 mwN; NStZ **15**, 350).

6a Bei einem auf **Urlaub** gestützten Entbindungsantrag können ausnahmsweise Rückfragen oder Nachforschungen zur Klärung der Zumutbarkeit geboten sein, so zB wenn der Schöffe bereits wegen eines längeren Urlaubs im Geschäftsjahr entbunden worden war oder konkrete Anhaltspunkte dafür bestehen, dass er sich der Teilnahme an der Hauptverhandlung entziehen will (vgl BGH NStZ **18**, 616); diejenigen Umstände, die die Annahme des Hinderungsgrundes tragen, sind dann zu dokumentieren (BGH NStZ **15**, 350; vgl auch **17**, 491), wobei stichwortartige, den Hinderungsgrund aber zutreffend beschreibende Informationen genügen (BGH StV **15**, 754: geringere Anforderungen an die Dokumentation als bei der Entbindung wegen Verhinderung aus beruflichen Gründen). Regelmäßig darf der Vorsitzende sich jedoch mit der Erklärung des Schöffen begnügen, wenn er sie für glaubhaft und weitere Nachforschungen für überflüssig hält (BGH NStZ **18**, 616; **82**, 476; NJW **78**, 443). Die Verschiebung eines länger geplanten Erholungsurlaubs ist für den Schöffen regelmäßig unzumutbar (BGH NStZ **18**, 616).

7 **3) Unerreichbarkeit (II):** Ein Hauptschöffe ist unerreichbar, wenn ihm die Benachrichtigung (§ 46) oder die Ladung nicht übermittelt werden kann (KK-Barthe 14). Das Gleiche gilt, wenn er bei dem Versuch, ihn an die Sitzung zu erinnern oder ihn herbeizuholen, nicht angetroffen wird. Der unerreichbare Schöffe wird nicht von Amts wegen von der Teilnahme an der Sitzung entbunden; vielmehr zieht der Vorsitzende (oben 1) für ihn nach § 47 einen Ersatzschöffen heran (Bay MDR **79**, 1044). Diese Anordnung ist aktenkundig zu machen; einer besonderen Begründung des Verhinderungsfalles bedarf es dabei nicht (vgl BGH MDR **77**, 639 [H]).

8 Bei kleiner **Verspätung** kann die Heranziehung eines Ersatzschöffen überflüssig sein. Daher wird idR die ortsübliche Zeit auf den Schöffen zu warten und zu versuchen sein, ihn telefonisch oder durch Gerichtswachtmeister, Polizei ua herbeizuholen (Katholnigg NJW **78**, 2378). Wenn von vornherein anzunehmen ist, dass dadurch eine erhebliche Verzögerung nicht zu vermeiden ist, kann von solchen Versuchen abgesehen werden (Katholnigg aaO).

9 **4) Sind mehrere Sachen an einem Sitzungstag** angesetzt, so entfällt die Unerreichbarkeit des zunächst berufenen Schöffen und endet die Heranziehung des Hilfsschöffen, wenn sich ersterer vor Beginn einer neuen Sache zur Teilnahme

4. Titel. Schöffengerichte §§ 55, 56 GVG

meldet. Hatte sich der Vorsitzende zur Prüfung iS des II S 2 vor Beginn der Sitzung nach dem Verbleib des nichterschienenen Schöffen erkundigt und erfahren, dieser sei zur Wahrnehmung der Sitzung aufgebrochen, so muss sich der Vorsitzende jeweils vor Beginn einer neuen Sache erkundigen, ob der zunächst berufenen Schöffe jetzt erreichbar ist (Bay MDR **79**, 1044; KK-Barthe 19).

5) Bei Verlegung des ordentlichen Sitzungstags ist für die Entbindung des Schöffen von der Dienstleistung seine Verhinderung am tatsächlichen Sitzungstag, nicht die am ordentlichen Sitzungstag bestimmten Tag maßgeblich (BGH **59**, 75). 9a

6) Unanfechtbar (III S 1) ist die Entscheidung über den Entbindungsantrag (I), nicht aber der Widerruf der Entbindung (BGH **30**, 149; **31**, 3, 4). Unanfechtbar ist auch die Entscheidung über die Unerreichbarkeit (II S 4). Denn die Ersetzung des unerreichbaren Schöffen durch einen anderen kommt in der rechtlichen Wirkung einer Entbindung des ersteren gleich. Infolge des Ausschlusses der Beschwerde ist die Besetzungsrüge (§ 338 Nr 1 StPO) ausgeschlossen (§ 336 S 2 StPO), wenn nicht ein Fall der willkürlichen Richterentziehung vorliegt (BGH **31**, 3, 5; **59**, 75; 5 StR 108/18 vom 8.5.2018; 2 StR 317/17 vom 2.5.2018; 5 StR 276/15 vom 5.8.2015; Hamm NStZ **01**, 611; Karlsruhe NStZ **81**, 272; 6, 8 zu § 16). Bei Entbindung wegen Urlaubs des Schöffen scheidet Willkür im Regelfall aus (vgl BGH 5 StR 108/18 vom 8.5.2018; vgl auch Rieß DRiZ **77**, 294; siehe aber oben 2 und 6a). 10

[Entschädigung]

55 Die Schöffen und Vertrauenspersonen des Ausschusses erhalten eine Entschädigung nach dem Justizvergütungs- und -entschädigungsgesetz.

1) Nach § 15 I JVEG erhalten die Schöffen und Vertrauenspersonen Entschädigung für Fahrtkosten, Aufwand, Aufwendungen, Zeitversäumnis, für Nachteile bei der Haushaltsführung und für Verdienstausfall. 1

[Unentschuldigtes Ausbleiben]

56 II 1 Gegen Schöffen und Vertrauenspersonen des Ausschusses, die sich ohne genügende Entschuldigung zu den Sitzungen nicht rechtzeitig einfinden oder sich ihren Obliegenheiten in anderer Weise entziehen, wird ein Ordnungsgeld festgesetzt. 2 Zugleich werden ihnen auch die verursachten Kosten auferlegt.

II 1 Die Entscheidung trifft der Richter beim Amtsgericht nach Anhörung der Staatsanwaltschaft. 2 Bei nachträglicher genügender Entschuldigung kann die Entscheidung ganz oder zum Teil zurückgenommen werden. 3 Gegen die Entscheidung ist Beschwerde des Betroffenen nach den Vorschriften der Strafprozeßordnung zulässig.

1) Zwingend vorgeschrieben sind die Maßnahmen, wenn ihre Voraussetzungen vorliegen. Einzelheiten der Festsetzung des Ordnungsgeldes regeln Art 6 ff EGStGB. 1

A. **Ohne genügende Entschuldigung:** Vgl 10 ff zu § 51 StPO. Die Benachrichtigung nach § 46 muss nachgewiesen sein. Eine mündliche Ladung reicht aber aus (Koblenz OLGSt Nr 2). Ein nach § 54 von der Dienstleistung entbundener Schöffe ist stets entschuldigt; gegen ihn kann daher, auch wenn er die Entbindung durch unwahre Angaben erschlichen hat, kein Ordnungsgeld verhängt werden (Frankfurt NJW **96**, 1687). 2

B. **Nicht rechtzeitig (I):** Dazu gehört auch das Nichterscheinen (3 zu § 51 StPO). Kurzes Zuwarten mit der Maßregelung ist angebracht, soweit es den Beteiligten zugemutet werden kann (unten 6). Der Vorsitzende kann sich inzwischen um Ersatz nach § 49 bemühen. Die Berufung des Hilfsschöffen wird nicht dadurch 3

GVG § 57 Gerichtsverfassungsgesetz

wieder hinfällig, dass der zunächst berufene Schöffe nachher noch erscheint (zu einem ähnlichen Fall BGH **22**, 289).

4 C. **Sonstige Obliegenheiten** sind zB Eidesleistung und Beteiligung an der Abstimmung (§ 195; § 45 DRiG). Der Schöffe verletzt seine Pflicht schon dann, wenn er von vornherein bestimmt erklärt, er weigere sich, sachlich irgendwie richterlich mitzuwirken (Frankfurt NJW **92**, 3183), und werde bei den Beschlussabstimmungen und in der Urteilsberatung sich der Stimme enthalten. Hier kann § 56 schon anwendbar sein, wenn die Sitzung beginnen soll (KG 4 Ws 58/66 vom 4.7.1966). Die Verletzung des Beratungsgeheimnisses (§ 45 I S 2 DRiG) kann nicht nach § 56 geahndet werden (KG JR **87**, 302; LR-Gittermann 4; **aM** Schmidt-Räntsch 4 zu § 45 DRiG), ebenso wenig sonstige Pflichtverletzungen (Frankfurt NStZ **90**, 503; SK-Degener 6), ein Verhalten, das zur Ablehnung des Schöffen wegen Besorgnis der Befangenheit führt (KG NStZ **99**, 427) oder das Verlangen nach einer Zwischenberatung (LG Münster NJW **93**, 1088). Bei wiederholten, erheblichen Pflichtverletzungen wird Streichung von der Schöffenliste entspr § 52 I Nr 1 befürwortet (v. Danwitz ZRP **95**, 443; zw).

5 2) Die **Entscheidung** ergeht ohne Schöffenmitwirkung nach Anhörung des StA durch den Vorsitzenden des SchG oder der StrK (§ 77 III S 3), nicht erst iVm der Entscheidung über die Kosten und Auslagen nach §§ 464 ff StPO. Wenn den Schöffen kein Verschulden an der Unterbrechung oder Vertagung der Hauptverhandlung trifft, wird der Angeklagte, falls er verurteilt wird oder sein Rechtsmittel keinen Erfolg hat, auch mit den durch das Ausbleiben des Schöffen entstandenen Mehrkosten belastet (Hamm MDR **77**, 865). Die Höhe des Ordnungsgeldes richtet sich nach Art 6 EGStGB; Ersatzordnungshaft scheidet aus (SK-Degener 10).

6 3) **Anhörung des Betroffenen:** Ist der Schöffe nicht anwesend, so braucht er vor dem Beschluss nicht gehört zu werden (KK-Barthe 5). Er ist auf die Folgen des Ausbleibens in einer genügende Entschuldigung nach § 46 schon hingewiesen worden. Ist der Schöffe vor dem Erlass des Beschlusses erschienen, so wird er gehört; ebenso bei Verletzung sonstiger Obliegenheiten (oben 4).

7 4) **Zurückzunehmen (II S 2)** ist der Beschluss bei nachträglicher genügender Entschuldigung, und zwar ganz oder zum Teil, sei es, dass die Entschuldigungsgründe durch den Betroffenen dargetan, sei es, dass sie sonst bekannt werden. Eine Ausschlussfrist ist hierfür nicht vorgesehen. Im Gegensatz zu § 51 II S 3 StPO ist die Aufhebung bei nachträglicher Entschuldigung nicht zwingend vorgeschrieben. Dadurch soll aber nur ermöglicht werden, den Beschluss so abzuwandeln, dass er nur dem verbleibenden Verschulden Rechnung trägt, zB dem schuldhaften Verzögern der Entschuldigung (Koblenz MDR **93**, 1229).

8 5) **Wiederholung der Maßregeln:** Die Belastung mit den Kosten **(I S 2)** ist wiederholt zulässig, ebenso die Wiederholung des Ordnungsgeldes (KK-Barthe 7), und zwar nicht nur einmal (wie nach § 51 I S 4 StPO), sondern so oft, wie der Pflichtige seine Pflicht verletzt.

9 6) **Beschwerde (II S 2)** gegen den Beschluss steht dem Betroffenen zu (§ 304 II StPO). Wenn die Beschwerde nachträgliches Entschuldigungsvorbringen enthält, gelten die Grundsätze zu § 51 StPO (dort 28) entspr (Düsseldorf MDR **83**, 690). Die StA kann sich gegen die Festsetzung des Ordnungsgeldes und die Kostenauferlegung oder gegen deren Ablehnung nicht beschweren, selbst wenn sie einen Antrag gestellt hatte; denn sie hat in dem Verfahren nur ein Anhörungsrecht, aber kein weitergehendes Beteiligungsrecht.

[Bestimmung der Fristen]

57 Bis zu welchem Tag die Vorschlagslisten aufzustellen und dem Richter beim Amtsgericht einzureichen sind, der Ausschuß zu berufen und die

4. Titel. Schöffengerichte § 58 GVG

Auslosung der Schöffen zu bewirken ist, wird durch die Landesjustizverwaltung bestimmt.

[Gemeinsames Amtsgericht]

58 I ¹Die Landesregierungen werden ermächtigt, durch Rechtsverordnung einem Amtsgericht für die Bezirke mehrerer Amtsgerichte die Strafsachen ganz oder teilweise, Entscheidungen bestimmter Art in Strafsachen sowie Rechtshilfeersuchen in strafrechtlichen Angelegenheiten von Stellen außerhalb des räumlichen Geltungsbereichs dieses Gesetzes zuzuweisen, sofern die Zusammenfassung für eine sachdienliche Förderung oder schnellere Erledigung der Verfahren zweckmäßig ist. ²Die Landesregierungen können die Ermächtigung durch Rechtsverordnung auf die Landesjustizverwaltungen übertragen.

II ¹Wird ein gemeinsames Schöffengericht für die Bezirke mehrerer Amtsgerichte eingerichtet, so bestimmt der Präsident des Landgerichts (Präsident des Amtsgerichts) die erforderliche Zahl von Haupt- und Hilfsschöffen und die Verteilung der Zahl der Hauptschöffen auf die einzelnen Amtsgerichtsbezirke. ²Ist Sitz des Amtsgerichts, bei dem ein gemeinsames Schöffengericht eingerichtet ist, eine Stadt, die Bezirke der anderen Amtsgerichte oder Teile davon umfaßt, so verteilt der Präsident des Landgerichts (Präsident des Amtsgerichts) die Zahl der Hilfsschöffen auf diese Amtsgerichte; die Landesjustizverwaltung kann bestimmte Amtsgerichte davon ausnehmen. ³Der Präsident des Amtsgerichts tritt nur dann an die Stelle des Präsidenten des Landgerichts, wenn alle beteiligten Amtsgerichte seiner Dienstaufsicht unterstehen.

III Die übrigen Vorschriften dieses Titels sind entsprechend anzuwenden.

1) Nur durch RechtsVO (I) kann durch Zusammenfassung mehrerer AG-Bezirke ein neuer AG-Bezirk gebildet werden (BVerfGE **24**, 155, 166; **30**, 103, 106), da hierdurch in die Gerichtsbezirke eingegriffen wird und der gesetzliche Richter geändert wird. Vgl zB in Bayern § 30 GZVJu, in Hessen VO vom 8.6.1968 (GVBl I 170), letzte ÄndVO vom 12.10.1992 (GVBl I 473), in Mecklenburg-Vorpommern §§ 9, 10 VO vom 28.3.1994 (GVOBl 514), in Nordrhein-Westfalen VO vom 30.12.1961 (GVNW 1962, 9), letzte ÄndVO vom 24.9.1991 (GVNW 373), in Sachsen VO vom 6.8.1996 (GVBl 369). 1

2) Nur Konzentration der örtlichen Zuständigkeit auf der AG-Ebene ist nach § 58 zulässig, und zwar über die LGBezirke hinweg, jedoch nur innerhalb des Landes (BVerfGE **24**, 155, 168; **30**, 103, 107). Für Jugendsachen vgl § 33 III **JGG**. Weitere Regelungen: § 78a II für StVollstrK, § 391 I, II AO für Steuerstrafsachen, § 13 I WiStG 1954 für Wirtschaftsstrafsachen, § 38 I AWG für Außenwirtschaftssachen und § 38 I MOG für EG-Marktordnungssachen sowie in Binnenschifffahrtssachen § 4 BinSchVfG. 2

A. Für eine **sachdienliche Förderung oder schnellere Erledigung** muss die Zusammenfassung zweckmäßig sein **(I S 1)**. Mit dieser Klausel wird Zweck und Ausmaß der Ermächtigung zum Erlass von RechtsVOen näher bestimmt (Art 80 I S 2 GG). I S 1 ist, ebenso wie § 33 III **JGG** und § 391 II S 1 **AO,** mit dem GG vereinbar (BVerfGE **24**, 155; **30**, 103). 3

B. Die **Strafsachen ganz oder teilweise** können dem einen AG genommen und dem anderen zugewiesen werden. Die Hauptbedeutung des I liegt darin, dass die Haftsachen für mehrere Bezirke bei dem AG zusammengefasst werden können, bei dem sich eine UHaftvollzugsanstalt befindet (Köln NStZ-RR **00**, 273; Nürnberg NStZ **87**, 37; vgl § 22 III Nr 2 ZuVOJu-BW und dazu LG Offenburg NStZ-RR **00**, 246: keine Fortwirkung der dadurch begründeten Zuständigkeit nach Anklageerhebung; und dass für mehrere AG-Bezirke ein gemeinsames SchG eingerichtet werden kann (vgl II). Die Zuständigkeitskonzentration nur für die Fälle, 4 in denen das erweiterte SchG (§ 29 II) entscheidet, ist nicht zulässig (Dallinger JZ **53**, 434).

5 C. **Entscheidungen bestimmter Art:** ZB kann die Entscheidung über den Erlass eines Haftbefehls gegen einen von der Polizei vorläufig Festgenommenen (§ 127 II StPO) bei dem AG am Sitz der StA (oder einer Zweigstelle) konzentriert werden, um der StA die Freilassung (vgl § 120 III StPO) vor der richterlichen Entscheidung (§ 128 II StPO) und andernfalls die Abgabe einer Erklärung (§ 33 II StPO) vor der richterlichen Entscheidung praktisch zu erleichtern.

6 3) **Rechtshilfeersuchen von außerhalb des Geltungsbereichs der StPO** (11 zu 10 StPO): Die Konzentrationsmöglichkeit nach I gilt nur für strafrechtliche Angelegenheiten (vgl erg unten 8).

7 4) **Einrichtung eines gemeinsamen SchG (II; § 43):** Die Verteilung der Hilfsschöffen regeln S 2 und 3 für den dort bezeichneten Sonderfall. Darüber hinaus kommt eine Verteilung von Hilfsschöffen nicht in Betracht.

8 5) **Die BRep-internen Rechtshilfesachen (§§ 156, 157)** können für die Bezirke mehrerer AGe einem von ihnen ganz oder teilw zugewiesen werden (§ 157 II).

9 6) **In den neuen Bundesländern** gilt die durch den EV (Anl I Kap III Sachgebiet A Abschn III Nr 1n) den Landesregierungen erteilte Ermächtigung, durch RechtsVO einem Gericht für die Bezirke mehrerer Gerichte Sachen aller Art ganz oder teilw zuzuweisen, fort; danach können die Länder durch Vereinbarung Aufgaben auch dem Gericht eines anderen Landes übertragen.

5. Titel. Landgerichte

[Besetzung]

59 ¹ Die Landgerichte werden mit einem Präsidenten sowie mit Vorsitzenden Richtern und weiteren Richtern besetzt.

II Den Richtern kann gleichzeitig ein weiteres Richteramt bei einem Amtsgericht übertragen werden.

III Es können Richter auf Probe und Richter kraft Auftrags verwendet werden.

1 1) **Besetzung:** Der Präs hat eine Doppelfunktion: Er ist Richter (§§ 21e I S 3, 21f I) und hat Verwaltungsaufgaben, und zwar in der gerichtlichen Selbstverwaltung (§§ 21a ff) und der JV (20 zu § 21e; 1 zu § 21h). VorsRi: § 21f I. Weitere Richter iS I sind die Richter am LG (§ 19a I DRiG), Richter auf Probe (III; § 12 DRiG), Richter kraft Auftrags (III; § 14 DRiG) und an das LG abgeordnete Richter (§ 37 DRiG).

2 2) **Doppelernennung (II):** Vgl 2 zu § 22 II gilt für die Richter und die VorsRi am LG.

3 3) **Richter auf Probe (III):** Vgl § 22 V. Die Regelung gilt auch für die Besetzung der StVollstrK (KG StraFo **19**, 372).

[Kammern]

60 Bei den Landgerichten werden Zivil- und Strafkammern gebildet.
[ab 1.1.2021]
¹ Bei jedem Landgericht werden, soweit nichts anders bestimmt ist, sowohl Zivil- als auch Strafkammern gebildet.

5. Titel. Landgerichte **§§ 61–70 GVG**

II ¹Die Landesregierungen werden ermächtigt, durch Rechtsverordnung bei einem Landgericht mit mindestens 100 Richterstellen ausschließlich Zivil- oder Strafkammern zu bilden und diesem für die Bezirke mehrerer Landgerichte die Zivil- oder Strafsachen zuzuweisen. ²Die Landesregierungen können die Ermächtigung nach Satz 1 auf die Landesjustizverwaltungen übertragen.

1) StrK: Zuständigkeitsbereich §§ 73–74c, 78a. Auch die Kammer nach § 74a **1** IV ist eine StrK, ebenso die „kleine StrK", die lediglich in der Hauptverhandlung in anderer Besetzung als die große StrK entscheidet (§ 76 I). Über die „kleine" StVollstrK vgl § 78b I Nr 2.

2) Die Zahl der „institutionellen" ordentlichen Kammern, die dauernde **2** Einrichtungen sind (BGH **21**, 260), bestimmt die JV (BGH **20**, 132), in Bayern das JM (Art 5 AGGVG), in den anderen Ländern der LGPräs (LR-Siolek 7). Zur Problematik vgl Holch DRiZ **76**, 135 gegen Stanicki DRiZ **76**, 80. Zur HilfsStrK vgl 16 zu § 21e. Wenn 2 VorsRi nicht nur vorübergehend ausfallen, kann eine StrK auch im Laufe des Geschäftsjahres aufgelöst werden (BGH **20**, 132).

3) Die JugK beim LG ist ein JugG (§ 33 II JGG). Sie entscheidet nach § 33b I, **3** III **JGG** als kleine oder große JugK; sie kann auch als JugschutzK (§ 74b) tätig und zusätzlich mit allgemeinen Strafsachen betraut werden.

61-69 (weggefallen)

[Vertretung der Kammermitglieder]

70 ¹ Soweit die Vertretung eines Mitgliedes nicht durch ein Mitglied desselben Gerichts möglich ist, wird sie auf den Antrag des Präsidiums durch die Landesjustizverwaltung geordnet.

II Die Beiordnung eines Richters auf Probe oder eines Richters kraft Auftrags ist auf eine bestimmte Zeit auszusprechen und darf vor Ablauf dieser Zeit nicht widerrufen werden.

III Unberührt bleiben die landesgesetzlichen Vorschriften, nach denen richterliche Geschäfte nur von auf Lebenszeit ernannten Richtern wahrgenommen werden können, sowie die, welche die Vertretung durch auf Lebenszeit ernannte Richter regeln.

1) Antrag des Präsidiums (I): Dem Mangel der dem Präsidium nicht mehr **1** möglichen gerichtsinternen Vertretungsregelung (4ff zu § 21f) hilft die LJV durch Abordnung eines planmäßigen Richters eines anderen Gerichts an das LG (erg § 37 DRiG) oder durch Zuteilung eines Hilfsrichters ab. Das Präsidium hat aber keinen Rechtsanspruch gegen die JV auf Zuweisung weiterer Richter (Holch DRiZ **76**, 137; aM Katholnigg 2).

2) Beiordnung (II): Das Präsidium hat dem – auf eine bestimmte Zeit (dazu **2** LG Bremen StV **98**, 13) – zugeteilten Richter Geschäftsaufgaben zuzuweisen (§ 21e I S 1) unter Berücksichtigung der besonderen Eignung für ein Rechtsgebiet oder der Erfordernisse der weiteren Ausbildung. Es besteht kein Zwang, ihn gerade dort einzusetzen, wo wegen des zeitweiligen Ausfalls oder des außergewöhnlichen Geschäftsanfalls der Anlass zur Beiordnung entstanden ist (BGH **12**, 159, 161; **13**, 53, 56; **22**, 237, 239). Durch die Ernennung zum Richter auf Lebenszeit wird die Beiordnung ebenso beendet wie durch das Ausscheiden aus dem Richterdienst (BGH NStZ-RR **09**, 41 [C]; Kissel/Mayer 12).

3) Landesgesetzliche Vorschriften: Die Bestimmung hat zZ keine praktische **3** Bedeutung (Katholnigg 4).

Schmitt 2093

71, 72 *(betreffen Zivilsachen)*

72a *(betrifft den Zivilprozess)*

[Beschluss- und Beschwerdezuständigkeit]

73 ᴵ Die Strafkammern entscheiden über Beschwerden gegen Verfügungen des Richters beim Amtsgericht sowie gegen Entscheidungen des Richters beim Amtsgericht und der Schöffengerichte.
ᴵᴵ Die Strafkammern erledigen außerdem die in der Strafprozeßordnung den Landgerichten zugewiesenen Geschäfte.

1 1) **In Staatsschutz-Strafsachen** nach § 120 I, II trifft die Entscheidungen nach I das OLG (§ 120 III S 1), sonst die Staatsschutz-StrK (§ 74a III).

2 2) **In Wirtschaftsstrafsachen** trifft die Entscheidungen die große Wirtschafts-StrK als Gericht des 1. Rechtszugs oder die kleine WirtschaftsStrK als Berufungsgericht (§ 74c; dort 8). Das gilt nur, wenn sie nach dem Stand des Verfahrens zu dem Zeitpunkt, in dem die Entscheidung nach I anfällt, voraussichtlich als Gericht des 1. Rechtszugs zuständig wäre (2 ff zu § 74c).

3 3) Die **allgemeine StrK** trifft die Entscheidung auch dann, wenn sie entgegen der Ansicht des AG ein JugG als erstinstanzliches Gericht für zuständig erachtet (Zweibrücken NStZ **94**, 48; erg 2 zu § 210 StPO aE); die JugK ist nur zuständig, wenn im 1. Rechtszug ein JugG entschieden hat.

4 4) Auch **außerhalb des GVG und der StPO** sind der StrK Aufgaben zugewiesen, so zB nach § 8 III StrEG sowie nach §§ 70 II, 100 II S 2, 104 III S 1, 108 I S 2 Hs 2, 110 II S 2 OWiG.

73a (weggefallen)

Zuständigkeiten]

74 ᴵ ¹ Die Strafkammern sind als erkennende Gerichte des ersten Rechtszuges zuständig für alle Verbrechen, die nicht zur Zuständigkeit des Amtsgerichts oder des Oberlandesgerichts gehören. ² Sie sind auch zuständig für alle Straftaten, bei denen eine höhere Strafe als vier Jahre Freiheitsstrafe oder die Unterbringung in einem psychiatrischen Krankenhaus, allein oder neben einer Strafe, oder in der Sicherungsverwahrung zu erwarten ist oder bei denen die Staatsanwaltschaft in den Fällen des § 24 Abs. 1 Nr. 3 Anklage beim Landgericht erhebt.
ᴵᴵ ¹ Für die Verbrechen
1. des sexuellen Mißbrauchs von Kindern mit Todesfolge (§ 176b des Strafgesetzbuches),
2. des sexuellen Übergriffs, der sexuellen Nötigung und Vergewaltigung mit Todesfolge (§ 178 des Strafgesetzbuches),
3. des Mordes (§ 211 des Strafgesetzbuches),
4. des Totschlags (§ 212 des Strafgesetzbuches),
5. *(aufgehoben)*
6. der Aussetzung mit Todesfolge (§ 221 Abs. 3 des Strafgesetzbuches),
7. der Körperverletzung mit Todesfolge (§ 227 des Strafgesetzbuches),
8. der Entziehung Minderjähriger mit Todesfolge (§ 235 Abs. 5 des Strafgesetzbuches),

5. Titel. Landgerichte § 74 GVG

8a. der Nachstellung mit Todesfolge (§ 238 Absatz 3 des Strafgesetzbuches),
9. der Freiheitsberaubung mit Todesfolge (§ 239 Abs. 4 des Strafgesetzbuches),
10. des erpresserischen Menschenraubes mit Todesfolge (§ 239a Absatz 3 des Strafgesetzbuches),
11. der Geiselnahme mit Todesfolge (§ 239b Abs. 2 in Verbindung mit § 239a Absatz 3 des Strafgesetzbuches),
12. des Raubes mit Todesfolge (§ 251 des Strafgesetzbuches),
13. des räuberischen Diebstahls mit Todesfolge (§ 252 in Verbindung mit § 251 des Strafgesetzbuches),
14. der räuberischen Erpressung mit Todesfolge (§ 255 in Verbindung mit § 251 des Strafgesetzbuches),
15. der Brandstiftung mit Todesfolge (§ 306c des Strafgesetzbuches),
16. des Herbeiführens einer Explosion durch Kernenergie (§ 307 Abs. 1 bis 3 des Strafgesetzbuches),
17. des Herbeiführens einer Sprengstoffexplosion mit Todesfolge (§ 308 Abs. 3 des Strafgesetzbuches),
18. des Mißbrauchs ionisierender Strahlen gegenüber einer unübersehbaren Zahl von Menschen (§ 309 Abs. 2 und 4 des Strafgesetzbuches),
19. der fehlerhaften Herstellung einer kerntechnischen Anlage mit Todesfolge (§ 312 Abs. 4 des Strafgesetzbuches),
20. des Herbeiführens einer Überschwemmung mit Todesfolge (§ 313 in Verbindung mit § 308 Abs. 3 des Strafgesetzbuches),
21. der gemeingefährlichen Vergiftung mit Todesfolge (§ 314 in Verbindung mit § 308 Abs. 3 des Strafgesetzbuches),
22. des räuberischen Angriffs auf Kraftfahrer mit Todesfolge (§ 316a Abs. 3 des Strafgesetzbuches),
23. des Angriffs auf den Luft- und Seeverkehr mit Todesfolge (§ 316c Abs. 3 des Strafgesetzbuches),
24. der Beschädigung wichtiger Anlagen mit Todesfolge (§ 318 Abs. 4 des Strafgesetzbuches),
25. einer vorsätzlichen Umweltstraftat mit Todesfolge (§ 330 Abs. 2 Nr. 2 des Strafgesetzbuches),
26. der schweren Gefährdung durch Freisetzen von Giften mit Todesfolge (§ 330a Absatz 2 des Strafgesetzbuches),
27. der Körperverletzung im Amt mit Todesfolge (§ 340 Absatz 3 in Verbindung mit § 227 des Strafgesetzbuches),
28. des Abgebens, Verabreichens oder Überlassens von Betäubungsmitteln zum unmittelbaren Verbrauch mit Todesfolge (§ 30 Absatz 1 Nummer 3 des Betäubungsmittelgesetzes),
29. des Einschleusens mit Todesfolge (§ 97 Absatz 1 des Aufenthaltsgesetzes)

ist eine Strafkammer als Schwurgericht zuständig. ² § 120 bleibt unberührt.

III Die Strafkammern sind außerdem zuständig für die Verhandlung und Entscheidung über das Rechtsmittel der Berufung gegen die Urteile des Strafrichters und des Schöffengerichts.

1) **Negative Umschreibung der erstinstanzlichen Zuständigkeit (I):** Die StrK ist nicht zuständig, wenn das AG (§§ 24, 25) oder das OLG (§ 120) zuständig ist (vgl die Erläuterungen zu § 24 und zu § 120). Besondere StrKn mit gesetzlich zugewiesenen Aufgabenbereichen sind das SchwurG (II), die StaatsschutzStrK (§ 74a) und die WirtschaftsStrK (§ 74c). Über ihre Rangfolge untereinander und im Verhältnis zur allgemeinen StrK vgl § 74e.
Auch die JugK ist eine StrK mit besonderer Zuständigkeit (§§ 33 II, 41 I JGG). 2

2) **Berufungsgericht (III)** ist nach der Änderung des § 76 durch das RpflEntlG 3
die kleine StrK, und zwar immer dann, wenn ein Urteil eines zu demselben LG-Bezirk gehörenden AG angefochten ist (BGH 22, 48, 50). Hatte das mit der Beru-

Schmitt 2095

GVG § 74

fung angefochtene Urteil eines SchG eine Wirtschaftsstrafsache zum Gegenstand, so ist die WirtschaftsStrK Berufungsgericht (§ 74c I). Wenn das Urteil des Strafrichters eine Wirtschaftssache zum Gegenstand hatte, kann über die Berufung eine allg. kleine StrK entscheiden (vgl aber 6 zu § 74c). War das angefochtene Urteil von einem zum LG-Bezirk gehörenden Jugendrichter oder JugSchG erlassen, so tritt an die Stelle der sonst zuständigen BerufungsStrK die JugK (§ 41 II **JGG**; vgl auch 4 zu § 74b), wobei nach § 33b I **JGG** die kleine JugK (Besetzung: Vorsitzender und 2 Jugendschöffen) für Berufungen gegen Urteile des Jugendrichters und die große JugK (Besetzung: Vorsitzender und 1 oder 2 Beisitzer sowie 2 Jugendschöffen, vgl 13 zu § 76) für Berufungen gegen Urteile des JSchG zuständig sind.

4   3) **SchwurG (II):** Es handelt sich hier um eine besondere StrK (zur geschichtlichen Entwicklung Rieß Widmaier-FS 473), die nicht mit besonderen Schöffen ausgestattet ist, in der sachlichen Zuständigkeitsordnung den anderen StrKn gleichsteht, aber den Vorrang hat (§ 74e). Für die Prüfung ihrer Zuständigkeit im tatrichterlichen Verfahren gelten die §§ 6a, 209a Nr 1, 225a IV, 270 I S 2 StPO. Im Sicherungsverfahren nach §§ 413 ff StPO ist dann ebenfalls die SchwurG, nicht die allgemeine StrK zuständig (8 zu § 414 StPO). Das SchwurG ist – ebenso wie die in SchwurG-Sachen entscheidende große JugK – stets mit 3 Richtern und 2 Schöffen besetzt (§ 76 II, § 33b II **JGG**).

5   4) Durch einen **Zuständigkeitskatalog (II S 1 Nrn 1–29)** ist die Zuständigkeit des SchwurG bestimmt. Wenn es für das Urteil zuständig ist, hat es die Tat unter jedem rechtlichen Gesichtspunkt zu würdigen, auch dann, wenn der Verdacht eines im Katalog aufgezählten Verbrechens entfällt (BGH MDR **77**, 810 [H]). Teilnahme und Versuch stehen iS des II der Tatbegehung gleich (Kissel/Mayer 9). Zur Zuständigkeit des SchwurG gehören auch Verbrechen nach § 30 StGB iVm §§ 211, 212 StGB (Schnarr NStZ **90**, 260), nicht aber Vergehen nach § 323a StGB, auch wenn die Rauschtat vor II fällt (Stuttgart MDR **92**, 290; für Gesetzesänderung insoweit Celle NStZ-RR **12**, 181; zust JR **14**, 377).

6   5) **§ 120 bleibt unberührt (II S 2):** Das Evokationsrecht des GBA nach §§ 74a, 120 II S 1 gilt auch dann, wenn die Staatsschutzsache mit einem in dem Zuständigkeitskatalog des II S 1 aufgezählten Verbrechen zusammentrifft. Übernimmt der GBA die Verfolgung, so wird anstatt des LG insgesamt das OLG zuständig (vgl auch 5 zu § 74a).

7   6) **Konzentrationsgrundsatz:** „Eine" StrK als SchwurG hat die bezeichneten Strafsachen abzuurteilen. Bei jedem LG muss eine SchwurG bestehen, wenn nicht eine Ausnahme nach § 74d geschaffen wird. Wenn die SchwurGStrK mit diesen Sachen nicht voll ausgelastet ist, können ihr noch andere Aufgaben zugewiesen werden. Erst wenn die SchwurGStrK die zu erwartenden SchwurG-Sachen nicht mehr bewältigen kann, darf ein weiteres SchwurG eingerichtet werden (BGH **27**, 349, 350). Bleibt hierbei bei der Ersteren noch eine Restkapazität, so kann sie durch Zuweisung kleinerer anderer Aufgaben aufgefüllt werden (BGH NJW **78**, 1594 mit Anm Katholnigg; 3 zu § 74a; 7 zu § 74c).

8   7) **Jugendstrafverfahren:** Im Verfahren gegen einen Jugendlichen oder Heranwachsenden ist anstelle des SchwurG die JugK zuständig (§§ 41 I Nr 1, 108 I **JGG**), die stets in der Besetzung von 3 Richtern einschließlich des Vorsitzenden und 2 Jugendschöffen tätig wird (§ 33b I, II S 1 Nr 1 **JGG**).

9   8) **Auffang-SchwurG:** Für den Fall, dass ein SchwurG-Urteil aufgehoben und die Sache nach § 354 II an ein anderes SchwurG zurückverwiesen wird, muss bei jedem LG ein anderes SchwurG durch die Geschäftsverteilung bestimmt werden (4 zu § 21e; 38 zu § 354 StPO). Bestehen zwei SchwurGe bei dem LG, so kann jedes für die Zurückweisungsfälle der anderen als Auffang-SchwurG bestimmt werden.

10   9) **Revision:** Die Rüge nach § 338 Nr 1 StPO kann nicht darauf gestützt werden, dass das Präsidium sich in der Erwartung des künftigen Geschäftsanfalls (vertretbar) geirrt hat (BGH MDR **78**, 626 [H]). Die unzutreffende Beurteilung des

5. Titel. Landgerichte **§ 74a GVG**

Zuständigkeitsmerkmals der besonderen Bedeutung (I S 2) kann mit der Revision nur gerügt werden, wenn sie auf Willkür beruht (8 zu § 24).

[Zuständigkeit der Staatsschutzkammer und der Kammer für § 100c StPO] RiStBV 202 ff

74a I Bei den Landgerichten, in deren Bezirk ein Oberlandesgericht seinen Sitz hat, ist eine Strafkammer für den Bezirk dieses Oberlandesgerichts als erkennendes Gericht des ersten Rechtszuges zuständig für Straftaten
1. des Friedensverrats in den Fällen des § 80a des Strafgesetzbuches,
2. der Gefährdung des demokratischen Rechtsstaates in den Fällen der §§ 84 bis 86, 87 bis 90, 90a Abs. 3 und des § 90b des Strafgesetzbuches,
3. der Gefährdung der Landesverteidigung in den Fällen der §§ 109d bis 109g des Strafgesetzbuches,
4. der Zuwiderhandlung gegen ein Vereinigungsverbot in den Fällen des § 129, auch in Verbindung mit § 129b Abs. 1, des Strafgesetzbuches und des § 20 Abs. 1 Satz 1 Nr. 1 bis 4 des Vereinsgesetzes; dies gilt nicht, wenn dieselbe Handlung eine Straftat nach dem Betäubungsmittelgesetz darstellt,
5. der Verschleppung (§ 234a des Strafgesetzbuches) und
6. der politischen Verdächtigung (§ 241a des Strafgesetzbuches).

II Die Zuständigkeit des Landgerichts entfällt, wenn der Generalbundesanwalt wegen der besonderen Bedeutung des Falles vor der Eröffnung des Hauptverfahrens die Verfolgung übernimmt, es sei denn, daß durch Abgabe nach § 142a Abs. 4 oder durch Verweisung nach § 120 Absatz 2 Satz 3 die Zuständigkeit des Landgerichts begründet wird.

III In den Sachen, in denen die Strafkammer nach Absatz 1 zuständig ist, trifft sie auch die in § 73 Abs. 1 bezeichneten Entscheidungen.

IV Für die Anordnung von Maßnahmen nach den §§ 100b und 100c der Strafprozessordnung ist eine nicht mit Hauptverfahren in Strafsachen befasste Kammer bei den Landgerichten, in deren Bezirk ein Oberlandesgericht seinen Sitz hat, für den Bezirk dieses Oberlandesgerichts zuständig.

V Im Rahmen der Absätze 1, 3 und 4 erstreckt sich der Bezirk des Landgerichts auf den Bezirk des Oberlandesgerichts.

1) **StaatsschutzStrK (I):** 1

A. **Eine besondere StrK** wie das SchwurG und die WirtschaftsStrK mit ge- 2 setzlich bestimmter Geschäftsaufgabe ist die StaatsschutzStrK (4 zu § 74; 1 zu § 74c). Für ihren Rang gegenüber anderen StrKn gelten § 74e und § 103 II JGG. Sie ist für ihren Zuständigkeitsbereich auch Beschwerdekammer (III iVm § 73 I).

B. **Doppelte Konzentration (I):** Wie beim SchwurG und der WirtschaftsStrK 3 müssen die durch einen Katalog bezeichneten Staatsschutzsachen zu einer StrK zusammengefasst werden. Eine Auffang-StaatsschutzStrK muss aber daneben gebildet werden (9 zu § 74). Erst wenn die StaatsschutzStrK die zu erwartende Geschäftslast nicht bewältigen kann, darf das Präsidium eine weitere StaatsschutzStrK einrichten (7 zu § 74; 7 zu § 74c).

Eine **Zuständigkeit** der StaatsschutzStrK **nach I Nr 4** ist nicht gegeben, wenn 4 die dort bezeichneten Straftaten tateinheitlich mit solchen nach dem BtMG zusammentreffen; das gilt auch, wenn zu den BtM-Straftaten noch andere Straftaten hinzutreten (BGH **57**, 3 = JR **12**, 262 mit krit Anm Schroeder).

C. Durch **Übernahme der Verfolgung durch den GBA (II)** wird das OLG 5 in den im Zuständigkeitskatalog des I bezeichneten Strafsachen als Gericht des 1. Rechtszugs zuständig (§ 120 II Nr 1). Das gilt auch, wenn die Zuständigkeit der StaatsschutzStrK nach § 74e zurücktritt (vgl BGH NJW **88**, 1474 zur Zuständigkeit des OLG für Verfahren gegen eine kriminelle Ausländervereinigung; KK-Diemer 3; Katholnigg NJW **78**, 2376); auch dann noch geht die Strafsache infolge der

Schmitt 2097

Evokation durch den GBA auf das OLG über (vgl auch 6 zu § 74). Jedoch darf die StaatsschutzStrK im Eröffnungsverfahren und im Hauptverfahren die Sache dem OLG von sich aus nur unterbreiten, wenn der hinreichende Verdacht einer Straftat nach § 120 I besteht (§§ 209 II, 225a I, 270 I StPO).

6 D. Bei **Straftaten gegen Truppen der NATO-Staaten** in der BRep nach § 1 II NTSG, die den in § 74a genannten entsprechen, ist § 74a ebenfalls anzuwenden (§ 3 NTSG).

7 2) **Kammer für Maßnahmen nach § 100b und § 100c StPO (IV):** Für die bei der Online-Durchsuchung nach § 100b und der akustischen Wohnraumüberwachung nach § 100c StPO erforderlichen gerichtlichen Entscheidungen (§ 100e II StPO: Anordnung; § 100e V StPO: Überwachung; § 101 IV S 1 Nr 4 und 5, VII S 1: Benachrichtigung; § 101 VI: Weitere Zurückstellung der Benachrichtigung; § 101 VII S 2 StPO: Nachträglicher Rechtsschutz) wird ebenfalls bei dem LG, in dessen Bezirk das OLG seinen Sitz hat, eine besondere Kammer eingerichtet. Eine einmalige Besonderheit ist dabei, dass diese Kammer — obwohl sie eine Strafkammer ist (vgl 1 zu § 60) — nicht mit Hauptverfahren in Strafsachen befasst sein darf. Damit wird den Vorgaben des BVerfG (BVerfGE **109**, 279 = NJW **04**, 999) Rechnung getragen, dass, wenn der Angeklagte von der Durchführung der Maßnahme nicht unterrichtet worden ist, das in der Hauptsache erkennende Gericht nicht über die Zurückstellung der Benachrichtigung oder Anträge anderer Betroffener entscheiden darf (BT-Drucks 15/4533 S 20). Deshalb besteht insoweit auch beim OLG ein besonderer Senat (§ 120 IV S 2).

8 3) **Für den ganzen OLG-Bezirk** ist ein LG zuständig **(V)** und damit zugleich auch nur eine StA (§ 143 I).

9 4) **Revision:** Vgl 10 zu § 74 und 13 zu § 100d StPO.

[Zuständigkeit der Jugendschutzkammer]

74b [1] In Jugendschutzsachen (§ 26 Abs. 1 Satz 1) ist neben der für allgemeine Strafsachen zuständigen Strafkammer auch die Jugendkammer als erkennendes Gericht des ersten Rechtszuges zuständig. [2] § 26 Abs. 2 und §§ 73 und 74 gelten entsprechend.

1 1) **JugK** (I; § 41 **JGG**): In ihrer Hauptverhandlung wirken Jugendschöffen mit (§§ 33b I, 35 **JGG**), auch wenn sie in einer Jugendschutzsache tätig wird.

2 2) Eine **JugSchutzk** kann bei dem LG durch Geschäftsverteilung eingerichtet werden; ist sie eine gewöhnliche StrK (SK-Degener 2), der die Jugendschutzsachen (allein oder zusammen mit anderen Sachen) zugewiesen sind und die mit dafür besonders geeigneten Richtern besetzt wird.

3 3) Die **Zuständigkeitskriterien des § 26 II** sind nicht nur für die StA bindend, sondern auch für die Gerichte im Eröffnungsverfahren. Die JugK hat im Verhältnis zur allgemeinen StrK, auch wenn sie Jugendschutzkammer ist, die Kompetenz-Kompetenz (12 vor § 1 StPO). Sie eröffnet das Hauptverfahren, wenn die Voraussetzungen hierfür vorliegen, vor der anderen StrK, wenn es die Aburteilung durch diese für ausreichend hält (§ 209 I iVm § 209a Nr 2 Buchst b StPO). Ist die Klage zur anderen StrK erhoben, hält sie aber die JugK für zuständig, so legt sie dieser die Sache vor (§ 209 I iVm § 209a Nr 2 Buchst b StPO). Die JugK kann auch in diesem Fall das Verfahren bei der anderen StrK eröffnen. Im Hauptverfahren ist diese Zuständigkeitsverschiebung nach §§ 225a S 1, 270 I S 1 StPO nicht mehr zulässig (BGH **42**, 39; erg 2 zu § 225a StPO).

4 4) **Berufungsgericht:** Bei Berufung gegen Urteile des Jugendrichters entscheidet die kleine JugK, gegen Urteile des JugSchG die große JugK (§§ 33b I, 41 II **JGG**; 3 zu § 74); bei Berufung gegen ein Urteil des Strafrichters oder des SchG in einer Jugendschutzsache die durch die Geschäftsverteilung gebildete kleine Berufungskammer. Die JugK ist auch dann Berufungsgericht, wenn bei Verbindung

5. Titel. Landgerichte **§ 74c GVG**

nach §§ 103, 108 JGG nur der erwachsene Mitangeklagte Berufung einlegt (BGH **22**, 40, 51, 52).

[Zuständigkeit der Wirtschaftsstrafkammer] RiStBV 113 II

74c ¹ ¹Für Straftaten
1. nach dem Patentgesetz, dem Gebrauchsmustergesetz, dem Halbleiterschutzgesetz, dem Sortenschutzgesetz, dem Markengesetz, dem Designgesetz, dem Urheberrechtsgesetz, dem Gesetz gegen den unlauteren Wettbewerb, der Insolvenzordnung, dem Aktiengesetz, dem Gesetz über die Rechnungslegung von bestimmten Unternehmen und Konzernen, dem Gesetz betreffend die Gesellschaften mit beschränkter Haftung, dem Handelsgesetzbuch, dem SE-Ausführungsgesetz, dem Gesetz zur Ausführung der EWG-Verordnung über die Europäische wirtschaftliche Interessenvereinigung, dem Genossenschaftsgesetz, dem SCE-Ausführungsgesetz und dem Umwandlungsgesetz,
2. nach den Gesetzen über das Bank-, Depot-, Börsen- und Kreditwesen sowie nach dem Versicherungsaufsichtsgesetz, dem Zahlungsdiensteaufsichtsgesetz und dem Wertpapierhandelsgesetz,
3. nach dem Wirtschaftsstrafgesetz 1954, dem Außenwirtschaftsgesetz, den Devisenbewirtschaftungsgesetzen sowie dem Finanzmonopol-, Steuer- und Zollrecht, auch soweit dessen Strafvorschriften nach anderen Gesetzen anwendbar sind; dies gilt nicht, wenn dieselbe Handlung eine Straftat nach dem Betäubungsmittelgesetz darstellt, und nicht für Steuerstraftaten, welche die Kraftfahrzeugsteuer betreffen,
4. nach dem Weingesetz und dem Lebensmittelrecht,
5. des Subventionsbetruges, des Kapitalanlagebetruges, des Kreditbetruges, des Bankrotts, der Verletzung der Buchführungspflicht, der Gläubigerbegünstigung und der Schuldnerbegünstigung,
5a. der wettbewerbsbeschränkenden Absprachen bei Ausschreibungen, der Bestechlichkeit und Bestechung im geschäftlichen Verkehr sowie der Bestechlichkeit im Gesundheitswesen und der Bestechung im Gesundheitswesen,
6. a) des Betruges, des Computerbetruges, der Untreue, des Vorenthaltens und Veruntreuens von Arbeitsentgelt, des Wuchers, der Vorteilsannahme, der Bestechlichkeit, der Vorteilsgewährung und der Bestechung,
   b) nach dem Arbeitnehmerüberlassungsgesetz, dem EU-Finanzschutzstärkungsgesetz und dem Schwarzarbeitsbekämpfungsgesetz,
soweit zur Beurteilung des Falles besondere Kenntnisse des Wirtschaftslebens erforderlich sind,
ist, soweit nach § 74 Abs. 1 als Gericht des ersten Rechtszuges und nach § 74 Abs. 3 für die Verhandlung und Entscheidung über das Rechtsmittel der Berufung gegen die Urteile des Schöffengerichts das Landgericht zuständig ist, eine Strafkammer als Wirtschaftsstrafkammer zuständig. ²Die §§ 120 und 120b bleiben unberührt.

II In den Sachen, in denen die Wirtschaftsstrafkammer nach Absatz 1 zuständig ist, trifft sie auch die in § 73 Abs. 1 bezeichneten Entscheidungen.

III ¹Die Landesregierungen werden ermächtigt, zur sachdienlichen Förderung oder schnelleren Erledigung der Verfahren durch Rechtsverordnung einem Landgericht für die Bezirke mehrerer Landgerichte ganz oder teilweise Strafsachen zuzuweisen, welche die in Absatz 1 bezeichneten Straftaten zum Gegenstand haben. ²Die Landesregierungen können die Ermächtigung durch Rechtsverordnung auf die Landesjustizverwaltungen übertragen.

IV Im Rahmen des Absatzes 3 erstreckt sich der Bezirk des danach bestimmten Landgerichts auf die Bezirke der anderen Landgerichte.

Schmitt

GVG § 74c

1 1) Eine besondere StrK ist außer dem SchwurG und der StaatsschutzStrK auch die WirtschaftsStrK (4 zu § 74; 1 zu § 74a; 4 vor § 1 StPO). Einer nicht ausgelasteten besonderen StrK können auch allgemeine Strafsachen zugewiesen werden (BGH **27**, 349; **34**, 379). Es genügt, dass der Schwerpunkt der Zuständigkeit eindeutig bei den Wirtschaftsverfahren liegt (BGH **31**, 323). Eine weitere WirtschaftsStrK darf – wie beim SchwurG (vgl § 7 zu § 74) – eingerichtet werden, wenn die vorhandene WirtschaftsStrK voraussichtlich nicht in der Lage sein wird, den Geschäftsanteil zu bewältigen; es ist aber auch nicht zu beanstanden, wenn die Verteilung zwischen den beiden StrKn dann in der Weise vorgenommen wird, dass eine von beiden fast ausschließlich mit Wirtschaftsstrafsachen ausgelastet wird und der anderen lediglich die verbleibenden Wirtschaftsstrafsachen zugewiesen werden (BGH wistra **14**, 350).

2 2) Katalog der Wirtschaftsstrafsachen (I): Während die in den §§ 74 II, 74a I angeführten Straftaten ohne weiteres die LG-Zuständigkeit begründen, muss bei den Wirtschaftsstraftaten nach § 74c auf die §§ 74 I, 24 I Nr 3, II zurückgegriffen werden. Nur wenn die Katalogtat von besonderer Bedeutung ist oder die Rechtsfolgenkompetenz des AG (§ 24 II) nicht ausreicht, gehört sie vor die WirtschaftsStrK (Stuttgart wistra **86**, 191, 192). Sind außer der Wirtschaftsstraftat noch andere Taten angeklagt, so ist die Rechtsfolgenerwartung insgesamt maßgeblich (Karlsruhe NStZ **85**, 517; zum Zusammentreffen von Wirtschafts- und Nichtwirtschaftsstraftaten vgl auch Firgau wistra **88**, 140).

3 3) Besonderheiten ergeben sich bei der Anwendung der Nrn 3, 5 und 6:
4 A. **Nr 3:** Wenn die Katalogtat mit einer Straftat nach dem BtMG zusammentrifft (§ 52 StGB), ist die WirtschaftsStrK nicht zuständig. Das bedeutet keinen Ausschluss der Zuständigkeit des LG. Wenn diese für den Fall begründet ist (§ 24 I Nr 3, II), gehört sie vor eine allgemeine StrK. Das Gleiche gilt bei einer Steuerstraftat, die die Kfz-Steuer betrifft (vgl auch § 391 IV **AO**). Die Zuständigkeit des OLG nach § 120 für Straftaten nach dem AWG geht vor (I S 2).

4a B. **Nr 5:** Es bleibt bei der Zuständigkeit der WirtschaftsStrK auch dann, wenn § 265b StGB aus sachlich-rechtlichen Gründen (vgl BGH **36**, 130) hinter § 263 StGB zurücktritt (Celle wistra **91**, 359; vgl auch BGH NStZ-RR **16**, 245; SK-Degener 8; **aM** Stuttgart wistra **91**, 236).

5 C. **Nr 6:** Hier ist die Zuständigkeit der WirtschaftsStrK von dem genannten zusätzlichen normativen Zuständigkeitsmerkmal abhängig (Rieß NJW **78**, 2267; Sowada 654). Die besonderen Kenntnisse beziehen sich über die allgemeine Erfahrung hinaus auf Verfahrensweisen, die nur besonderen Wirtschaftskreisen eigen oder geläufig sind, insbesondere auf die komplizierten, schwer zu durchschauenden Mechanismen des Wirtschaftslebens, deren raffinierten Missbrauch die Wirtschaftsstrafsachen kennzeichnet (Koblenz NStZ **86**, 327; München JR **80**, 77; Stuttgart wistra **91**, 236). Sind zur Beurteilung einer noch so schwierigen oder umfangreichen Sache von der in Nr 6 beschriebenen Art solche Spezialkenntnisse nicht erforderlich, so ist die allgemeine StrK zuständig (Düsseldorf NStE Nr 2; wistra **93**, 277: Scheckreiterei; Koblenz aaO; Köln wistra **91**, 79; Saarbrücken wistra **07**, 360: Abrechnungsbetrug von Kassenärzten; erg 12 zu § 270 StPO).

6 4) Als Berufungsgericht (I) ist nicht die große, sondern die kleine WirtschaftsStrK (§ 76 I) zuständig, wenn das Urteil in einer Wirtschaftsstrafsache im 1. Rechtszug vom SchG erlassen worden ist (3 zu § 74). Das gilt nicht, wenn eine Ausnahme nach Nr 3 oder 6 zutrifft. Für die Prüfung der Berufungszuständigkeit kommt es nur darauf an, ob der Eröffnungsbeschluss den Verfahrensgegenstand als Katalogtat nach § 74c würdigt (Schleswig SchlHA **05**, 257; Stuttgart MDR **82**, 252); hat das AG aber die Katalogtat nach § 154 II ausgeschieden, ist die allgemeine StrK zuständig (KG NJW **10**, 3464; erg 26 zu § 154 StPO). Für die Zuständigkeitsverschiebung innerhalb des Berufungsgerichts gelten die gleichen Grundsätze wie im 1. Rechtszug (Düsseldorf JR **82**, 514; Kissel/Mayer 10; Meyer-Goßner

5. Titel. Landgerichte § 74c GVG

NStZ 81, 169); bei der Anwendung des § 6a StPO tritt an die Stelle der Eröffnung des Hauptverfahrens der Vortrag des Berichterstatters nach § 324 I S 1 StPO (14 zu § 6a StPO). Die Bestimmung des zuständigen Gerichts nach den §§ 14 und 19 StPO ist unzulässig (1 zu § 14 StPO). Die Anfechtbarkeit einer Zuständigkeitsverschiebung richtet sich nach § 210 StPO (Jena StV 13, 12 mit Anm Waider; Schleswig aaO). Hat der Strafrichter (§ 25 Nr 2) in einer Wirtschaftsstrafsache in 1. Instanz entschieden, so ist eine allgemeine kleine StrK als Berufungsgericht zuständig. Ist beim LG jedoch eine kleine WirtschaftsStrK eingerichtet, so sollten ihr zweckmäßigerweise durch den Geschäftsverteilungsplan (vgl § 21e) auch diese Berufungen zugewiesen werden.

5) Konzentrationsgrundsatz: Wie beim SchwurG und der StaatsschutzStrK 7 darf das Präsidium die erstinstanzlichen Katalogstraftaten nur einer großen StrK und die zweitinstanzlichen nur einer kleinen StrK zuteilen; nur wenn diese voraussichtlich nicht in der Lage sein werden, den Geschäftsanfall zu bewältigen, dürfen weitere WirtschaftsStrKn gebildet werden (BGH StV 15, 339, 340 mwN; Kissel/Mayer 8; Katholnigg NJW 78, 2376; 7 zu § 74). Dabei muss der **Schwerpunkt** der Zuständigkeit grundsätzlich bei den Wirtschaftsstrafsachen bleiben (vgl etwa BGH 34, 379, 380). Dieser Grundsatz lässt sich jedoch nicht stets durchhalten. Macht die Überlastung einer Wirtschaftsstrafkammer die Einrichtung einer weiteren erforderlich, reicht der Geschäftsanfall jedoch nicht aus, um bei beiden einen eindeutigen Schwerpunkt bei den Wirtschaftsstrafverfahren zu setzen, kann die Verteilung so vorgenommen werden, dass eine der Strafkammern fast ausschließlich mit Wirtschaftsstrafsachen ausgelastet und der anderen Strafkammern lediglich die verbleibenden Wirtschaftsstrafsachen zugewiesen werden; dabei kann der überwiegend mit Wirtschaftsstrafsachen ausgelasteten Strafkammer auch ein geringer Anteil an allgemeinen Strafsachen zugewiesen werden, um ihre Arbeitskraft abzuschöpfen, wenn zeitliche Lücken in den Wirtschaftsstrafverfahren entstehen (BGH StV 15, 339, 341 mwN und kritischen Anm Börner).

6) Für Beschwerdeentscheidungen und Entscheidungen nach § 161a III 8 StPO (II iVm § 73 I) ist die WirtschaftsStrK in den Fällen des I ebenfalls zuständig (vgl auch § 74a III). Die Zuständigkeit der großen WirtschaftsStrK ist gegeben, wenn sie nach dem Sachstand zZ des Anfalls der Entscheidung nach § 73 I voraussichtlich als Gericht des 1. Rechtszugs zuständig sein oder die kleine WirtschaftsStrK als Berufungsgericht tätig sein wird (Koblenz JBlRP 98, 67; trotz der missverständlichen Bezugnahme des II auf I entscheidet die kleine WirtschaftsStrK niemals als Beschwerdegericht, sondern nur in der Berufungsinstanz (erg 14 zu § 76). Ist das Verfahren rechtskräftig abgeschlossen, so entscheidet die WirtschaftsStrK auch über Beschwerden gegen Nachtragsentscheidungen, sofern eine Katalogtat nach I Gegenstand des Urteils ist (LG Hildesheim wistra 85, 245).

7) Ermächtigung zu weiterer Konzentration (III, IV; vgl auch § 58): Sie 9 betrifft nur die örtliche Zuständigkeit (Rieß GA 76, 6). Eine Änderung der Zuständigkeit für den Haftbefehlserlass nach § 125 I StPO tritt dadurch nicht ein (Nürnberg wistra 99, 280). Mit der Konzentration wird zugleich die StA zuständig, die für das Gericht, bei dem die Konzentration stattfindet, bestellt ist (§ 143 I). Von der Ermächtigung nach III ist in den meisten Bundesländern – in unterschiedlichem Umfang – Gebrauch gemacht worden (vgl die Zusammenstellung bei Waider StV 13, 14). Soweit in den landesrechtlichen VOen eine Konzentration lediglich hinsichtlich des LG festgelegt ist, ist die Kleine WirtschaftsStrK nicht für die Berufung gegen Urteile der Strafrichter bei den AGen anderer LG-Bezirke zuständig (Jena StV 13, 12 mit Anm Waider).

8) Revision: Die Entscheidung über das Vorliegen eines normativen Zustän- 10 digkeitsmerkmals ist nicht revisibel (8 zu § 24). Das gilt auch für das Erfordernis der besonderen Kenntnisse des Wirtschaftslebens (oben 5, 6; BGH NStZ 85, 464, 466; KK-Diemer 4; 33 zu § 338 StPO). Nur bei der Zurückverweisung der Sache (§ 354 III StPO) kann es berücksichtigt werden (7 zu § 74).

GVG §§ 74d–74f

[Gemeinsames Schwurgericht]

74d ¹Die Landesregierungen werden ermächtigt, durch Rechtsverordnung einem Landgericht für die Bezirke mehrerer Landgerichte die in § 74 Abs. 2 bezeichneten Strafsachen zuzuweisen, sofern dies der sachlichen Förderung der Verfahren dient. ²Die Landesregierungen können die Ermächtigung auf die Landesjustizverwaltungen übertragen.

1   1) **KonzentrationsVO** (I; 1 ff zu § 58): Die Konzentration kann über einen OLG-Bezirk hinausgreifen.

2   2) **Neue Bundesländer:** Die durch den EV erlaubte Möglichkeit der Konzentration auf ein Gericht besteht fort (vgl 9 zu § 58).

[Vorrang]

74e Unter verschiedenen nach den Vorschriften der §§ 74 bis 74d zuständigen Strafkammern kommt
1. in erster Linie dem Schwurgericht (§ 74 Abs. 2, § 74d),
2. in zweiter Linie der Wirtschaftsstrafkammer (§ 74c),
3. in dritter Linie der Strafkammer nach § 74a
der Vorrang zu.

1   1) Das **Vorrangprinzip** dient der Vermeidung und Klärung von Kompetenzkonflikten. Die Rangordnung richtet sich nach der generellen Beurteilung der Schwere der Delikte. Die allgemeine StrK ist im Reihenfolgekatalog nicht aufgeführt, weil ihr niemals der Vorrang zukommt. Sie ist aber in das System durch die Bezugnahme auf § 74 I, III miteinbezogen. Die StaatsschutzStrK liegt an 3. Stelle, weil in den schwersten Staatsschutzsachen das OLG zuständig ist (Katholnigg NJW **78**, 2376), entweder nach § 120 I oder nach §§ 74a II, 120 II.

2   2) **Rangverhältnis zur JugK** (§ 41 JGG): Es gilt nicht § 74e (BGH **42**, 39), sondern der Grundsatz, dass die JugGe den Vorrang vor den Erwachsenengerichten haben (§§ 102, 103 II S 1, 112 **JGG**; 11 ff vor § 1 StPO). Eine Ausnahme besteht nur bei Verbindung von Strafsachen gegen Jugendliche oder Heranwachsende mit einer Erwachsenensache. Wenn für letztere die WirtschaftsStrK oder die StaatsschutzStrK zuständig ist, geht ihre Zuständigkeit vor (§§ 103 II S 2, 3, 108 **JGG**), auch soweit es um Berufung geht oder um die Entscheidung nach § 73 I (§ 74c I, II). Wird die Zuständigkeit der WirtschaftsStrK oder der StaatsschutzStrK durch die SchwurG verdrängt, so lebt der Vorrang die JugG nach § 103 II S 1 **JGG** wieder auf.

3   3) **Berücksichtigung des Vorrangs:** §§ 6a, 209a, 225a IV, 270 I S 2.

[Zuständigkeit bei vorbehaltener oder nachträglicher Sicherungsverwahrung]

74f ¹Hat im ersten Rechtszug eine Strafkammer die Anordnung der Sicherungsverwahrung vorbehalten oder im Fall des § 66b des Strafgesetzbuches als Tatgericht entschieden, ist diese Strafkammer im ersten Rechtszug für die Verhandlung und Entscheidung über die im Urteil vorbehaltene oder die nachträgliche Anordnung der Sicherungsverwahrung zuständig.

II Hat im Fall des § 66b des Strafgesetzbuches im ersten Rechtszug ausschließlich das Amtsgericht als Tatgericht entschieden, ist im ersten Rechtszug eine Strafkammer des ihm übergeordneten Landgerichts für die Verhandlung und Entscheidung über die nachträgliche Anordnung der Sicherungsverwahrung zuständig.

III Im Fall des § 66b des Strafgesetzbuches gilt § 462a Absatz 3 Satz 2 und 3 der Strafprozessordnung entsprechend.

§§ 75, 76 GVG

IV [1] In Verfahren, in denen über die im Urteil vorbehaltene oder die nachträgliche Anordnung der Sicherungsverwahrung zu entscheiden ist, ist die große Strafkammer mit drei Richtern einschließlich des Vorsitzenden und zwei Schöffen besetzt. [2] Bei Entscheidungen außerhalb der Hauptverhandlung wirken die Schöffen nicht mit.

1) Vorangegangene Entscheidung einer Großen StrK (I): Die vorbehaltene Sicherungsverwahrung (§ 66a StGB; § 106 III, 1 JGG) kann wegen § 24 I Nr 2 beim LG immer nur von einer Großen StrK (auch einer nach §§ 74 II, 74a, 74b, 74c) oder einer JugK angeordnet worden sein. Daher ist auch diese StrK für den 2. Teil des Verfahrens – Entscheidung über den Vorbehalt (vgl 3 zu § 275a StPO) – zuständig, wobei es unerheblich ist, ob die so bezeichnete StrK inzwischen mit anderen Richtern besetzt ist (andere Schöffen werden es ohnehin so gut wie immer sein). Auch bei beabsichtigter nachträglicher Anordnung der Sicherungsverwahrung (§ 66b StGB, §§ 7 II–IV, 106 V und VI JGG) hat eine Große StrK bzw JugK zuvor entschieden, weil die Unterbringung im psychiatrischen Krankenhaus nach § 24 II nicht durch das AG angeordnet werden kann; das gilt nach §§ 41 I Nr 5, 108 III S 2 JGG auch bei Jugendlichen und Heranwachsenden (zu einem theoretischen Ausnahmefall aber SK-Frister 6).

2) Vorangegangene Entscheidung eines AG (II): Weil ein AG keine Unterbringung nach § 63 StGB anordnen kann (oben 1), besteht für II, der nur für die aufgehobenen Fälle des § 66b I und II aF StGB von Bedeutung war, kein Anwendungsbereich mehr. Dies wurde ersichtlich bei der Neufassung der Vorschrift durch das Ges vom 22.12.2010 (BGBl I 2300, 2303) übersehen. Sie kann somit nur noch bei „Altfällen" (1c zu § 275a StPO) zur Anwendung kommen (hierzu weitergehend wiederum SK-Frister 6).

3) Vorentscheidungen verschiedener Gerichte (III): Die hier gegebene Verweisung auf § 462a III S 2 und 3 StPO ist nun ebenfalls ohne Bedeutung (vgl oben 2), weil sie nur die Fälle des aufgehobenen § 66b I und II aF StGB betraf. War das Urteil im Fall des § 66b StGB von einem OLG im 1. Rechtszug erlassen worden, ist das OLG zuständig (§ 120a). Im Fall der vorbehaltenen Sicherungsverwahrung (§ 66a StGB bzw § 106 III JGG) muss jedes Gericht, das einen Vorbehalt angeordnet hat, selbst über diesen Vorbehalt in einem 2. Verfahren (vgl 3 zu § 275a StPO) entscheiden. Gesonderte Entscheidungen müssen auch in dem theoretisch denkbaren Fall ergehen, dass auf Grund verschiedener Urteile sowohl die Voraussetzungen des § 66a StGB bzw § 106 III JGG als auch des § 66b StGB bzw § 106 V oder VI JGG vorliegen.

4) Besetzung der StrK: Die StrK muss sowohl bei der Entscheidung nach vorbehaltener (§ 66a StGB) als auch bei der nachträglicher Anordnung der Sicherungsverwahrung (§ 66b StGB) stets mit 3 Berufsrichtern (und 2 Schöffen) besetzt sein (IV); die nach § 76 II und nach § 33b II JGG sonst mögliche Besetzungsreduzierung auf 2 Berufsrichter ist hier ausgeschlossen.

5) Die StVollstrK kann entspr § 462a I S 3 StPO die Entscheidung über Weisungen im Rahmen von Führungsaufsicht der nach § 74f zuständigen StrK für die Dauer des Verfahrens nach § 275a StPO übertragen (BGH **50**, 373).

75 *(betrifft die Zivilkammern)*

[Besetzung der Spruchkörper]

76 [1] [1] Die Strafkammern sind mit drei Richtern einschließlich des Vorsitzenden und zwei Schöffen (große Strafkammer), in Verfahren über Berufungen gegen ein Urteil des Strafrichters oder des Schöffengerichts mit dem Vorsitzenden und zwei Schöffen (kleine Strafkammer) besetzt. ²Bei Entscheidungen außerhalb der Hauptverhandlung wirken die Schöffen nicht mit.

II ¹Bei der Eröffnung des Hauptverfahrens beschließt die große Strafkammer über ihre Besetzung in der Hauptverhandlung. ²Ist das Hauptverfahren bereits eröffnet, beschließt sie hierüber bei der Anberaumung des Termins zur Hauptverhandlung. ³Sie beschließt eine Besetzung mit drei Richtern einschließlich des Vorsitzenden und zwei Schöffen, wenn
1. sie als Schwurgericht zuständig ist,
2. die Anordnung der Unterbringung in der Sicherungsverwahrung, deren Vorbehalt oder die Anordnung der Unterbringung in einem psychiatrischen Krankenhaus zu erwarten ist oder
3. nach dem Umfang oder der Schwierigkeit der Sache die Mitwirkung eines dritten Richters notwendig erscheint.
⁴Im Übrigen beschließt die große Strafkammer eine Besetzung mit zwei Richtern einschließlich des Vorsitzenden und zwei Schöffen.

III Die Mitwirkung eines dritten Richters nach Absatz 2 Satz 3 Nummer 3 ist in der Regel notwendig, wenn die Hauptverhandlung voraussichtlich länger als zehn Tage dauern wird oder die große Strafkammer als Wirtschaftsstrafkammer zuständig ist.

IV Hat die Strafkammer eine Besetzung mit zwei Richtern einschließlich des Vorsitzenden und zwei Schöffen beschlossen und ergeben sich vor Beginn der Hauptverhandlung neue Umstände, die nach Maßgabe der Absätze 2 und 3 eine Besetzung mit drei Richtern einschließlich des Vorsitzenden und zwei Schöffen erforderlich machen, beschließt sie eine solche Besetzung.

V Ist die Sache vom Revisionsgericht zurückverwiesen worden oder ist die Hauptverhandlung ausgesetzt worden, kann die jeweils zuständige Strafkammer erneut nach Maßgabe der Absätze 2 und 3 über ihre Besetzung beschließen.

VI ¹In Verfahren über Berufungen gegen ein Urteil des erweiterten Schöffengerichts (§ 29 Abs. 2) ist ein zweiter Richter hinzuzuziehen. ²Außerhalb der Hauptverhandlung entscheidet der Vorsitzende allein.

1 **1) In unterschiedlicher Besetzung** werden die Strafkammern tätig, wobei die Besetzung jeweils noch innerhalb und außerhalb der Hauptverhandlung differiert: In der Hauptverhandlung entscheidet die große Strafkammer mit 2 oder 3 Richtern und 2 Schöffen, die kleine Strafkammer mit 1 Richter und 2 Schöffen, beim erweiterten Schöffengericht in 1. und in der Berufungsinstanz mit 2 Richtern und 2 Schöffen. Außerhalb der Hauptverhandlung entscheidet die große Strafkammer stets mit 3 Richtern, die kleine Strafkammer mit 1 Richter; die Schöffen wirken hier nie mit. Damit sind in SchG-Sachen 1. Instanz und Berufungsgericht gleich besetzt. Das ist ein Systembruch (Schulz Schwind-FS 441); der Sinn des Berufungsverfahrens in SchG-Sachen ist damit zweifelhaft geworden (Werle JZ **91**, 796; vgl auch SSW-Werner 23; Jerouschek GA **92**, 514; zum Vorschlag einer Gesetzesänderung vgl Laufhütte Salger-FS 343; Meyer-Goßner ZRP **11**, 129).

2 **2) Besetzung in der Hauptverhandlung 1. Instanz:** Nach I S 1 ist die große StrK mit 3 Berufsrichtern (einschließlich des Vorsitzenden) und 2 Schöffen besetzt. Von dieser Besetzung wurde seit 1993 im Wege einer immer wieder verlängerten Übergangsregelung eine Ausnahme dahin zugelassen, dass die große Strafkammer abgesehen von den Fällen, in denen sie als SchwurG (§ 74 II) entscheidet, ihre Besetzung selbst auf 2 Richter (und 2 Schöffen) reduzieren durfte. Nunmehr ist eine unbefristete Regelung getroffen worden, die diese – verfassungs- und einfachgesetzlich bedenkliche (Meyer-Goßner ZRP **11**, 129) – Regelung der teilweisen „Selbstreduktion" aufrecht erhalten hat. Es gibt nun zwingende und fakultative Möglichkeiten mit 3 Berufsrichtern zu entscheiden; in den Übrigen Fällen werden nach Beschluss der großen Strafkammer nur 2 Berufsrichter in der Hauptverhandlung tätig. Im Einzelnen:

5. Titel. Landgerichte § 76 GVG

A. Die 3er Besetzung ist zwingend, wenn das Schwurgericht (§ 74 II) entscheidet oder wenn die Anordnung in der Sicherungsverwahrung (§ 66 StGB) oder die Anordnung des Vorbehalts der Sicherungsverwahrung (§ 66a StGB) oder die Anordnung der Unterbringung in einem psychiatrischen Krankenhaus (§ 63 StGB) zu erwarten ist (II S 1 Nr 1 und 2). Für die Anordnung der nachträglichen Sicherungsverwahrung (§ 66b StGB) schreibt § 74f IV die 3er-Besetzung vor. Für die Fälle der Nr 2 kommt es auf die Erwartung an; ob im Urteil dann eine Anordnung nach §§ 63, 66, 66a StGB ergeht oder nicht, spielt keine Rolle. Stellt sich allerdings umgekehrt heraus, dass eine solche Anordnung anders als erwartet doch ausgesprochen werden muss, so kann es sich empfehlen, die Hauptverhandlung auszusetzen und nach V neu über die Besetzung zu entscheiden; unabdingbar ist dies jedoch nicht. Stellt sich in der Verhandlung die Zuständigkeit des SchwG heraus, ohne dass dies wegen § 6a (dort 7) noch zu einer Verweisung dorthin führen kann, gilt dasselbe. Der Gesetzgeber geht aber – wie früher – davon aus (II S 4), dass im Übrigen die Besetzung mit 3 Richtern die Ausnahme, die mit 2 Richtern die Regel sein soll (BGH **44**, 328; BGH **44**, 361); in Zweifelsfällen verdient aber die 3 er-Besetzung den Vorzug (BGH JR **04**, 170). 3

B. Fakultativ ist die 3er Besetzung, wenn nach dem Umfang oder der Schwierigkeit der Sache die Mitwirkung eines 3. Richters notwendig erscheint (II S 1 Nr 3). Der Gesetzgeber hat an dieser eigenartigen – so schon in § 76 II aF enthaltenen – Konstruktion, dass nicht wie sonst immer das Gesetz die Besetzung vorschreibt, sondern diese den betroffenen Richtern überlassen wird, festgehalten, obwohl es hierdurch schon bisher in den einzelnen Gerichtsbezirken zu höchst unterschiedlicher Häufigkeit der Entscheidung mit 3 Richtern gekommen ist und weiterhin kommen wird (Meyer-Goßner ZRP **11**, 129). Allerdings hat der Gesetzgeber nun in III zwei Fälle aufgeführt, in denen idR die Voraussetzungen des I Nr 3 gegeben sein sollen: 4

a) **Bei voraussichtlicher Dauer der Hauptverhandlung** von mehr als 10 Tagen soll der 3. Richter idR notwendig sein. Der Gesetzgeber hat damit einen Gedanken aufgenommen, den BGH NStZ **11**, 52 (mit Anm Metzger) zur alten Regelung geäußert hatte. Ob die Hauptverhandlung mehr als 10 Tage dauern wird, lässt sich aber vor ihrem Beginn nicht sicher sagen (vgl BGH wistra **13**, 282, 287; siehe aber auch BGH StV **16**, 631). Hier wird eine weitere Unbestimmtheit in die Besetzungsanordnung getragen, da es von dem Vorsitzenden abhängt, ob er weit oder eng terminiert; oftmals wird die Hauptverhandlung auch kürzer als angenommen dauern, wenn es zB zu einer Verständigung nach § 257c StPO kommt. Von der Regel wird auch abgesehen werden können, wenn die Hauptverhandlung nur wegen der Vielzahl der Fälle länger dauern wird, die einzelnen Fälle aber weder umfangreich noch schwierig sind. 5

b) Des weiteren soll **in Wirtschaftsstrafsachen (§ 74c)** idR in der 3er Besetzung verhandelt werden. Es ist zutreffend, dass es auch einfach gelagerte Wirtschaftsstrafsachen gibt, bei denen die Mitwirkung eines 3. Richters entbehrlich erscheinen mag. Immerhin werden geringfügigere Wirtschaftsstraftaten aber ohnehin beim AG angeklagt, so dass es angebracht gewesen wäre, in Wirtschaftsstrafsachen stets die 3 er-Besetzung vorzuschreiben, um in diesen Fällen wieder unterschiedliche Handhabungen in den einzelnen Gerichtsbezirken auszuschließen (zust SK-Degener 10). 6

c) Schließlich soll in 3er-Besetzung verhandelt werden, wenn **Umfang oder Schwierigkeit der Sache** dies notwendig erscheinen lassen (II S 1 Nr 3). Bedeutsam für die Frage, ob ein dritter Richter mitwirken soll (zutr Weber JR **04**, 172: „was der Qualität des Verfahrens ebenso zugute kommt wie der Qualität des Urteils in der Beratung"; vgl auch Rissing-van Saan Krey-FS 442; Schlothauer StV **12**, 749), sind die Zahl der Angeklagten, Verteidiger und erforderlichen Dolmetscher, die Zahl der den Angeklagten vorgeworfenen Straftaten, die Zahl der Zeugen und anderen Beweismittel, die Notwendigkeit von Sachverständigen- 7

Schmitt 2105

gutachten, der Umfang der Akten sowie die zu erwartende Dauer der Hauptverhandlung (BGH StraFo **09**, 338; Kissel/Mayer 6); die überdurchschnittliche Schwierigkeit der Sache kann sich aus der Erforderlichkeit umfangreicher Sachverständigengutachten, aus zu erwartenden Beweisschwierigkeiten oder aus der Komplexität der aufgeworfenen Sach- und Rechtsfragen ergeben (BGH JR **04**, 170), sie liegt aber nicht schon bei jedem Indizienprozess vor (daher viel zu weitgehend Schlothauer StV **93**, 147). Nicht maßgeblich ist die zu erwartende Eingriffstiefe (BVerfG NJW **12**, 3357, 3365); auch die „besondere Bedeutung des Falles" (vgl § 24 I Nr 3) spielt hier keine Rolle.

8   C. Die **Entscheidung über die Besetzung** wird bei der Eröffnung des Hauptverfahrens getroffen. Die Entscheidung ergeht außerhalb der Hauptverhandlung stets (Ausnahme 15 zu § 266 StPO) durch die 3 Richter der StrK ohne Mitwirkung der Schöffen (BGH **50**, 267; **60**, 248, 250 mwN; erg 4 zu § 203 StPO). Beschließt die Strafkammer in der Hauptverhandlung mit zwei Berufsrichtern und zwei Schöffen, ein weiteres Verfahren zu eröffnen und unter Beibehaltung dieser Besetzung zu dem ursprünglichen Verfahren hinzuzuverbinden, sind der Eröffnungsbeschluss und die Besetzungsentscheidung unwirksam, und es besteht ein Verfahrenshindernis hinsichtlich des neuen Verfahrensgegenstandes (BGH NJW **15**, 2515).

8a   Die Verfahrensbeteiligten werden zur Besetzungsentscheidung **nicht gehört** (BGH **44**, 328, 336; a M SK-Degener 17). Die Entscheidung ist unanfechtbar (Bremen StV **93**, 350). Sie ist in den Eröffnungsbeschluss (§ 207 I StPO) mit aufzunehmen (vgl BGH NStZ-RR **99**, 274). Das gilt auch, wenn eine nach § 74e vorrangige StrK oder wenn das OLG nach sofortiger Beschwerde gemäß § 210 II StPO das Hauptverfahren vor der StrK eröffnet (Koblenz wistra **95**, 282). Falls versehentlich nicht über die Besetzung entschieden wurde, bedarf es dessen der 3 er-Besetzung (BGH NStZ **09**, 53; LG Bremen StraFo **04**, 102 mwN; zw Deutscher StRR **12**, 12), und zwar auch dann, wenn wegen Änderung des Geschäftsverteilungsplans eine andere StrK zuständig geworden ist (BGH StV **05**, 654).

9   **Ist das Hauptverfahren bereits eröffnet,** so wird die Besetzungsentscheidung bei der Terminierung getroffen. Das ist insbesondere der Fall, wenn ein bereits eröffnetes Verfahren zu dem anderen Verfahren hinzuverbunden wird; dasselbe gilt, wenn sich der Verfahrensumfang durch Verbindung mit weiteren Verfahren ändert (BGH **53**, 169; dazu eingehend unter Erörterung von Zweifelsfragen Freuding NStZ **09**, 611, 613). Weil die Entscheidung der StrK selbst ausgewiesen ist, ist sie von ihr auch dann zu treffen, wenn eine Verweisung nach §§ 225a, 270 StPO vom AG an das LG erfolgt (BGH StraFo **00**, 333) ebenso, wenn nachträglich eine weitere Anklage zugelassen und mit einem anhängigen Verfahren verbunden wird (BGH StraFo **10**, 424). Den Fall, dass eine Sache nach Revision vom Revisionsgericht zurückverwiesen wird, regelt nun ausdrücklich V. Zur Entscheidung bei der Jugendkammer unten 13.

10   D. **Änderung der Besetzungsentscheidung:** *Vor* Beginn der Hauptverhandlung kann die Besetzungsentscheidung, das nur mit 2 Richtern verhandelt werden soll, geändert werden, wenn sich neue Umstände ergeben, die eine 3-er-Besetzung notwendig machen **(IV)**. Das kann der Fall sein, wenn etwa durch die Verteidigung viele Beweisanträge gestellt werden, denen nachzugehen die Sache dadurch erheblich umfangreicher machen. Möglich ist auch, dass zunächst nicht erkannte rechtliche Schwierigkeiten aufgetreten sind, was insbesondere in Wirtschaftsstrafsachen geschehen kann. Schließlich kann sich dies auch ergeben, wenn sich herausstellt, dass eine zunächst auf wenige Tage terminierte Hauptverhandlung nun doch länger als 10 Tage dauern wird, zB, wenn der Angeklagte eine zuvor nach § 202a StPO angekündigte und abgesprochene Verständigung widerruft. Nicht genügt es, dass das Gericht seine zuvor getroffene Entscheidung – ohne Hervortreten neuer Umstände – für unrichtig hält und lieber mit einem 3. Richter verhandeln möchte. Eine Änderung von der beschlossenen 3er- zur 2er-Besetzung lässt das Gesetz nicht zu (LR-Gittermann Nachtr 12).

5. Titel. Landgerichte § 76 GVG

Grundsätzlich ausgeschlossen ist die Änderung der Besetzungsentscheidung 11
nach Beginn der Hauptverhandlung durch das Gericht (BGH NStZ **13**, 181). Etwas anderes gilt nur bei einer zulässigen Beanstandung nach § 222b (dort 3a); dann kann die Entscheidung geändert werden (BGH NJW **03**, 3644). Sonst kann sie aber nicht wieder aufgehoben werden (BGH **44**, 328, 333; StraFo **05**, 162), es sei denn, sie sei objektiv willkürlich erfolgt (BGH NStZ **11**, 54; StV **12**, 196 mit Anm Ventzke). Hat eine Strafkammer in der Hauptverhandlung in fehlerhafter Besetzung mit 2 Berufsrichtern und 2 Schöffen über die Eröffnung und Hinzuverbindung eines weiteren Verfahrens beschlossen, kann mit Blick auf II S 1 Nr 3 auch die ursprüngliche Besetzungsentscheidung beanstandet werden (BGH **60**, 248). Im Übrigen ist bei nachträglich erkannter fehlerhafter Entscheidung die Hauptverhandlung auszusetzen.

Nach Aussetzung der Hauptverhandlung kann allerdings die Besetzungs- 12
entscheidung nach Maßgabe von II und III durch Beschluss geändert werden, ebenso, wenn eine **Sache vom Revisionsgericht zurückverwiesen** wurde (V; vgl BGH NStZ **18**, 110: Verfügung des Vorsitzenden nicht ausreichend), muss es aber nicht (BGH StraFo **03**, 134). Eine Besetzungsänderung kommt vor allem in Betracht, wenn eine Zurückverweisung nur im Strafausspruch oder in einem Nebenpunkt (Anrechnung von UHaft, Kompensation wegen unangemessener Verfahrensdauer usw) erfolgt.

E. In **Jugendsachen** treffen §§ 33b II–VI, 108 III **JGG** eine entspr Regelung: 13
Die große JugK entscheidet darüber, ob sie mit 3 oder mit 2 Richtern tätig wird; ist Gegenstand des Verfahrens eine SchwurG-Sache, so ist auch bei ihr die Zuziehung eines 3. Richters stets erforderlich; im Übrigen wird in der gesetzlichen Regelung auf Besonderheiten des JGG Rücksicht genommen. Ausdrücklich ist die früher umstr Frage, ob die Besetzungsreduktion auch im Berufungsverfahren vor der großen JugK zulässig ist, nun in § 33b IV geregelt; es treffen die 3 Richter der JugK (Brandenburg NStZ **09**, 43: nicht nur der Vorsitzende) bei der Terminierung der Berufungssache eine Entscheidung über die Besetzung der großen JugK in der Berufungshauptverhandlung.

3) Besetzung in der Berufungsverhandlung: Über Berufungen gegen Ur- 14
teile des AG (Strafrichter und SchG) entscheidet stets die kleine StrK mit dem Vorsitzenden und 2 Schöffen (krit hierzu Meyer-Goßner/Ströber ZRP **96**, 358). Im Jugendstrafverfahren ist abweichend hiervon die kleine JugK mit dem Vorsitzenden und 2 Jugendschöffen für Berufungen gegen Urteile des Jugendrichters, die große JugK mit der Besetzung von 2 oder 3 Richtern einschließlich des Vorsitzenden für Berufungen gegen Urteile des JugSchG zuständig (§ 33b I **JGG;** erg oben 13). Außerhalb der Hauptverhandlung gilt II-VI nicht (Zweibrücken StraFo **97**, 204; unten 16).

Damit in Berufungsverfahren gegen Urteile des **erweiterten SchG** die 2. In- 15
stanz nicht schlechter besetzt ist als die 1. Instanz, ist nach VI S 1 die Zuziehung eines 2. Richters zwingend vorgeschrieben. Das gilt ohne Rücksicht darauf, ob das SchG den 2. Richter zu Recht nach § 29 II hinzugezogen hatte (Düsseldorf NStZ **94**, 97). Obwohl das Berufungsgericht die gleiche Besetzung aufweist wie die große StrK, falls diese nicht mit 3 Richtern verhandelt, bleibt es hier eine kleine StrK.

4) Besetzung außerhalb der Hauptverhandlung (I S 2, VI S 2): Hier 16
wirken die Schöffen nicht mit (erg 3 zu § 30; speziell zu Haftentscheidungen 8 zu § 126). Dies gilt namentlich für die Entscheidung über die Eröffnung des Hauptverfahrens, wenn sie in bereits laufender Hauptverhandlung vorgenommen wird (vgl BGH 5 StR 133/18 vom 5.6.2018; 4 StR 310/19 vom 18.7.2019). Bei der großen StrK entscheiden die 3 Berufsrichter, auch wenn für die Hauptverhandlung nach II eine Besetzung mit nur 2 Richtern vorgesehen oder zu erwarten ist. Dies gilt auch für die grundsätzlich zulässige (BGH **29**, 224; **50**, 267) **Nachholung** einer zunächst unterbliebenen **Eröffnungsentscheidung** nach Beginn der

Hauptverhandlung, ebenso für die Zulassung weiterer Anklagen unter anderem Aktenzeichen während laufender Hauptverhandlung (BGH NStZ-RR **17**, 181). Wirken die Schöffen mit (Fälle des II S 3) oder erfolgt sie in der reduzierten Hauptverhandlungsbesetzung nach II S 4 ist sie unwirksam (BGH StV **15**, 743; erg 4 zu § 203). Bei der kleinen StrK entscheidet der Vorsitzende allein. Einzelrichterentscheidungen gibt es bei der großen StrK nicht (LG Hildesheim StraFo **05**, 393 zu § 33 VIII RVG; vgl auch 1 zu § 139). Aus S 1 iVm § 73 I ergibt sich, dass über Beschwerden gegen Verfügungen und Entscheidungen des AG, auch des Strafrichters, immer die große StrK entscheidet, auch wenn sie mit dem durch die Berufung angefochtenen Urteil im Zusammenhang stehen; das gilt auch in Wirtschaftsstrafsachen (Köln StV **93**, 464).

17 **5) Revision:** Sie ist begründet, wenn das SchwurG statt mit 3 mit nur 2 Richtern entschieden hat; dasselbe gilt, wenn eine Anordnung nach §§ 63, 66, 66a StGB nach der zugelassenen Anklage zu erwarten war und im Urteil erfolgte (Schlothauer StV **12**, 753) oder wenn es an einem wirksamen Beschluss über die Besetzungsreduzierung fehlt (BGH NStZ **18**, 110) oder wenn die Entscheidung nach I S 2 (soeben 16) nicht in der vorgeschriebenen Besetzung erfolgte (vgl BGH **50**, 267; **60**, 248, 250). Dass der Umfang oder die Schwierigkeit der Sache die Zuziehung eines 3. Richters im Gegensatz zum Eröffnungsbeschluss (oben 4) erfordert oder nicht erfordert hätte, kann mit der Revision nicht beanstandet werden (vgl 10 zu § 74), es sei denn, die StrK habe den ihr insoweit zustehenden weiten Beurteilungsspielraum in unvertretbarer Weise überschritten und damit objektiv willkürlich gehandelt (BGH **44**, 328; StraFo **03**, 134; **09**, 338; StV **04**, 250), so zB bei Hunderten von angeklagten Straftaten und nicht geständigem Angeklagten (BGH NJW **03**, 3644) oder in einem wegen komplexer Rechtsbeugungsvorwürfe umfangreichen und schwierigen Strafverfahren (BGH NStZ **11**, 52). § 222b StPO gilt auch hier (vgl dort 3a).

18 **6)** Eine **Übergangsregelung** trifft § 41 EGGVG (s Anh 2).

[Schöffen beim LG]

77 ¹ Für die Schöffen der Strafkammern gelten entsprechend die Vorschriften über die Schöffen des Schöffengerichts mit folgender Maßgabe:

II ¹ Der Präsident des Landgerichts verteilt die Zahl der erforderlichen Hauptschöffen für die Strafkammern auf die zum Bezirk des Landgerichts gehörenden Amtsgerichtsbezirke. ² Die Hilfsschöffen wählt der Ausschuß bei dem Amtsgericht, in dessen Bezirk das Landgericht seinen Sitz hat. ³ Hat das Landgericht seinen Sitz außerhalb seines Bezirks, so bestimmt die Landesjustizverwaltung, welcher Ausschuß der zum Bezirk des Landgerichts gehörigen Amtsgerichte die Hilfsschöffen wählt. ⁴ Ist Sitz des Landgerichts eine Stadt, die Bezirke von zwei oder mehr zum Bezirk des Landgerichts gehörenden Amtsgerichten oder Teile davon umfaßt, so gilt für die Wahl der Hilfsschöffen durch die bei diesen Amtsgerichten gebildeten Ausschüsse Satz 1 entsprechend; die Landesjustizverwaltung kann bestimmte Amtsgerichte davon ausnehmen. ⁵ Die Namen der gewählten Hauptschöffen und der Hilfsschöffen werden von dem Richter beim Amtsgericht dem Präsidenten des Landgerichts mitgeteilt. ⁶ Der Präsident des Landgerichts stellt die Namen der Hauptschöffen zur Schöffenliste des Landgerichts zusammen.

III ¹ An die Stelle des Richters beim Amtsgericht tritt für die Auslosung der Reihenfolge, in der die Hauptschöffen an den einzelnen ordentlichen Sitzungen teilnehmen, und der Reihenfolge, in der die Hilfsschöffen an die Stelle wegfallender Schöffen treten, der Präsident des Landgerichts; § 45 Abs. 4 Satz 3, 4 gilt entsprechend. ² Ist der Schöffe verstorben oder aus dem Landgerichtsbezirk verzogen, ordnet der Vorsitzende der Strafkammer die Streichung von der Schöffenliste an; in anderen Fällen wird die Entscheidung dar-

5. Titel. Landgerichte § 77 GVG

über, ob ein Schöffe von der Schöffenliste zu streichen ist, sowie über die von einem Schöffen vorgebrachten Ablehnungsgründe von einer Strafkammer getroffen. ³Im übrigen tritt an die Stelle des Richters beim Amtsgericht der Vorsitzende der Strafkammer.

IV ¹Ein ehrenamtlicher Richter darf für dasselbe Geschäftsjahr nur entweder als Schöffe für das Schöffengericht oder als Schöffe für die Strafkammern bestimmt werden. ²Ist jemand für dasselbe Geschäftsjahr in einem Bezirk zu mehreren dieser Ämter oder in mehreren Bezirken zu diesen Ämtern bestimmt worden, so hat der Einberufene das Amt zu übernehmen, zu dem er zuerst einberufen wird.

V § 52 Abs. 2 Satz 1 Nr. 1 findet keine Anwendung.

1) **Entsprechend anwendbar (I)** sind die Vorschriften über die Schöffen des SchG (§§ 30–57), soweit II–V nichts Abweichendes bestimmen. 1

2) **Hauptschöffen (II S 1, 5, 6):** Die erforderliche Zahl der Schöffen (§ 43) verteilt der PräsLG auf die zum Bezirk des LG gehörenden AGe (S 1; BGH 5 StR 51/92 vom 25.2.1992: Prinzip der flächendeckenden Repräsentation der Bevölkerung bei der Rspr); dabei ist auch der Bezirk einer auswärtigen StrK zu berücksichtigen (BGH **34**, 121). Die nach § 42 gewählten Schöffen teilt der Richter beim AG (§ 40 II) dem PräsLG mit (S 5), der sie in der Schöffenliste des LG zusammenfasst (S 6). Dabei muss für alle StrKn, einschließlich des SchwurG, eine einheitliche Schöffenliste aufgestellt werden (BGH NJW **86**, 1356; Celle NJW **91**, 2848, 2849). Aus ihr werden die Hauptschöffen für die Einzelnen ordentlichen Sitzungen entspr § 45 I, II ausgelost. 2

3) **Hilfsschöffen (II S 2–4)** werden in der erforderlichen Zahl (§ 43) von den Schöffenwahlausschuss des AG (§ 40) am Sitz des LG gewählt (S 2), und zwar Personen, die am Sitz des AG oder in dessen nächster Umgebung wohnen (§ 42 I Nr 2 S 2). Im Fall des S 3, der zB auf das LG München II zutrifft (3 zu § 166), bestimmt die LJV den zuständigen Ausschuss. S 4 ermöglicht jetzt, dass in den Stadtstaaten und in Großstädten die Hilfsschöffen nach denselben Grundsätzen gewählt werden wie die Hauptschöffen; sie können (was BGH **29**, 144 für unzulässig erklärt hatte) idR aus allen AG-Bezirken nach einer durch den PräsLG vorzunehmenden Aufteilung von den bei den betreffenden AGen gebildeten Ausschüssen gewählt werden. 3

4) **An die Stelle des Richters beim AG (III)** tritt der PräsLG bei der Auslosung nach § 45 II, sonst der StrK-Vorsitzende. Der PräsLG kann sich vertreten lassen (BGH **25**, 257). Über Streichungen von den Schöffenlisten entscheidet bei Tod des Schöffen oder Wegzug aus dem LG-Bezirk (nicht bei Umzug innerhalb des LG-Bezirks, vgl V und 2 zu § 52) der Vorsitzende der Strafkammer, bei sonstigen Gründen eine vom Präsidium bestimmte StrK, die auch über die von den Schöffen vorgebrachten Ablehnungsgründe zu befinden hat (S 2). 4

5) **Der mehrfache Einsatz von Schöffen (IV)** ist unzulässig. Bei mehrfacher Einberufung übernimmt der Schöffe das Amt, zu dem er zuerst einberufen worden ist. Die Heranziehung für mehrere SchGe oder StrKn schließt IV nicht aus (BGH **20**, 296; LG Hamburg MDR **68**, 170). 5

6) **Auf HilfsStrKn** (16 zu § 21e) ist § 46 nicht anzuwenden (BGH **31**, 157; **41**, 175, 178; GA **83**, 180; StV **86**, 49 und KG StV **86**, 49). Benötigt der HauptStrK die Schöffen eines ordentlichen Sitzungstages für den Beginn einer neuen Hauptverhandlung nicht, muss die HilfStrK mit den für diesen Tag ausgelosten Schöffen verhandeln (BGH NStZ **07**, 537); nur wenn die ordentliche StrK an demselben Tag eine Verhandlung beginnt, liegt eine außerordentliche Sitzung iS des § 47 vor, für die die Schöffen aus der Hilfsschöffenliste nach deren Reihenfolge zuzuweisen sind (BGH **41**, 175, 178). 6

[Auswärtige Strafkammer]

78 I ¹ Die Landesregierungen werden ermächtigt, durch Rechtsverordnung wegen großer Entfernung zu dem Sitz eines Landgerichts bei einem Amtsgericht für den Bezirk eines oder mehrerer Amtsgerichte eine Strafkammer zu bilden und ihr für diesen Bezirk die gesamte Tätigkeit der Strafkammer des Landgerichts oder einen Teil dieser Tätigkeit zuzuweisen. ² Die in § 74 Abs. 2 bezeichneten Verbrechen dürfen einer nach Satz 1 gebildeten Strafkammer nicht zugewiesen werden. ³ Die Landesregierungen können die Ermächtigung auf die Landesjustizverwaltungen übertragen.

II ¹ Die Kammer wird aus Mitgliedern des Landgerichts oder Richtern beim Amtsgericht des Bezirks besetzt, für den sie gebildet wird. ² Der Vorsitzende und die übrigen Mitglieder werden durch das Präsidium des Landgerichts bezeichnet.

III ¹ Der Präsident des Landgerichts verteilt die Zahl der erforderlichen Hauptschöffen auf die zum Bezirk der Strafkammer gehörenden Amtsgerichtsbezirke. ² Die Hilfsschöffen wählt der Ausschuß bei dem Amtsgericht, bei dem die auswärtige Strafkammer gebildet worden ist. ³ Die sonstigen in § 77 dem Präsidenten des Landgerichts zugewiesenen Geschäfte nimmt der Vorsitzende der Strafkammer wahr.

1 1) Die **Ermächtigung** ergänzt die §§ 58, 74c, 74d, 78a II, 116 II, 130 II; vgl auch § 33 III **JGG** und 2 ff zu § 58. Vgl zB in Niedersachsen VO vom 14.8.1975 (GVBl 291), letzte ÄndVO vom 25.7.1994 (GVBl 409), in Nordrhein-Westfalen VO vom 15.7.1960 (GVNW 296), letzte ÄndVO vom 21.11.1978 (GVNW 604).

2 2) **Ein selbstständiger RsprKörper** ist die auswärtige StrK. Sie ist Teil des LG mit der in I bezeichneten und in der RechtsVO abgegrenzten örtlichen Zuständigkeit (BGH **18**, 176; **34**, 121; MDR **58**, 566 [D]). Ihre Zugehörigkeit zum Stammgericht ist trotzdem so stark, dass Fristwahrung bei diesem genügt (6 zu § 341 StPO). Die Zuteilung eines Mitglieds des LG an sie ist keine Versetzung. Das Gleiche gilt für die Zuteilung eines RiAG aus dem Bezirk der Kammer (II S 1; dazu bedarf es keiner Doppelernennung nach § 22 II). Die StrK bei dem LG ist im Verhältnis zu der detachierten eine andere Kammer iS des § 354 II StPO (LR-Siolek 11; **aM** KK-Diemer 2: anderes Gericht) und umgekehrt.

3 3) **SchwurG** kann die auswärtige StrK **nicht** sein **(I S 2)**, auch nicht StaatsschutzStrK nach § 74a (allgM). Werden mehrere auswärtige StrKn für denselben AG-Bezirk eingerichtet, kann aber davon WirtschaftsStrK (§ 74c) sein (**aM** Katholnigg 2).

4 4) **Geschäftsverteilung** (II; § 21e): Die Aufgabenzuteilung durch die Rechts-VO ist für das Präsidium bindend. Über einen Zuständigkeitsstreit zwischen der auswärtigen StrK und einer anderen StrK desselben LG entscheidet das Präsidium nur, soweit es sich um eine Geschäftsverteilung handelt (22 zu § 21e), sonst das OLG (2 zu § 14 StPO; Hamm NJW **56**, 317).

5 5) **Schöffen (III):** Die auswärtige StrK hat eigene Haupt- und Hilfsschöffenliste und ebenso eine eigene Schöffengeschäftsstelle (§ 45 IV). Die Auslosung (§ 45 III) erfolgt durch den StrK-Vorsitzenden (Katholnigg 4; Kissel/Mayer 14).

5a. Titel. Strafvollstreckungskammern

[Errichtung und Zuständigkeit]

78a ¹ ¹ Bei den Landgerichten werden, soweit in ihrem Bezirk für Erwachsene Anstalten unterhalten werden, in denen Freiheitsstrafe oder freiheitsentziehende Maßregeln der Besserung und Sicherung vollzogen wer-

5a. Titel. Strafvollstreckungskammern § 78a GVG

den, oder soweit in ihrem Bezirk andere Vollzugsbehörden ihren Sitz haben, Strafvollstreckungskammern gebildet. ²Diese sind zuständig für die Entscheidungen
1. nach den §§ 462a, 463 der Strafprozeßordnung, soweit sich nicht aus der Strafprozeßordnung etwas anderes ergibt,
2. nach den § 50 Absatz 5, §§ 109, 138 Abs. 3 des Strafvollzugsgesetzes,
3. nach den §§ 50, 58 Absatz 2, § 84g Absatz 1, den §§ 84j, 90h Absatz 1, § 90j Absatz 1 und 2 und § 90k Absatz 1 und 2 des Gesetzes über die internationale Rechtshilfe in Strafsachen.

³Ist nach § 454b Absatz 3 oder Absatz 4 der Strafprozeßordnung über die Aussetzung der Vollstreckung mehrerer Freiheitsstrafen gleichzeitig zu entscheiden, so entscheidet eine Strafvollstreckungskammer über die Aussetzung der Vollstreckung aller Strafen.

II ¹Die Landesregierungen weisen Strafsachen nach Absatz 1 Satz 2 Nr. 3 für die Bezirke der Landgerichte, bei denen keine Strafvollstreckungskammern zu bilden sind, in Absatz 1 Satz 1 bezeichneten Landgerichten durch Rechtsverordnung zu. ²Die Landesregierungen werden ermächtigt, durch Rechtsverordnung einem der in Absatz 1 bezeichneten Landgerichte für die Bezirke mehrerer Landgerichte die in die Zuständigkeit der Strafvollstreckungskammern fallenden Strafsachen zuzuweisen und zu bestimmen, daß Strafvollstreckungskammern ihren Sitz innerhalb ihres Bezirkes auch oder ausschließlich an Orten haben, an denen das Landgericht seinen Sitz nicht hat, sofern diese Bestimmungen für eine sachdienliche Förderung oder schnellere Erledigung der Verfahren zweckmäßig sind. ³Die Landesregierungen können die Ermächtigungen nach den Sätzen 1 und 2 durch Rechtsverordnung auf die Landesjustizverwaltungen übertragen.

III Unterhält ein Land eine Anstalt, in der Freiheitsstrafe oder freiheitsentziehende Maßregeln der Besserung und Sicherung vollzogen werden, auf dem Gebiete eines anderen Landes, so können die beteiligten Länder vereinbaren, daß die Strafvollstreckungskammer bei dem Landgericht zuständig ist, in dessen Bezirk die für die Anstalt zuständige Aufsichtsbehörde ihren Sitz hat.

1) **Bildung von StVollstrKn (I S 1):** Im Bezirk des LG muss eine JVA für 1 Erwachsene ihren Sitz haben oder eine andere Anstalt, in der nach dem Vollstreckungsplan freiheitsentziehende Maßregeln der Besserung und Sicherung an Erwachsenen vollzogen werden. Die in einem anderen LG-Bezirk liegende Zweigstelle, für die im Vollstreckungsplan keine eigene Zuständigkeit vorgesehen ist, wird der Hauptanstalt zugerechnet.

2) **Zuständigkeit (I S 2):** Die sachliche Zuständigkeit der StVollstrK ist in 2 § 78a abschließend geregelt (BGH 2 Ars 426/16 vom 19.1.2017). Zu der Zuständigkeit im Vollstreckungsverfahren nach I S 2 Nr 1 tritt die Zuständigkeit im Vollzugsverfahren nach I S 2 Nr 2, nämlich für den Antrag auf gerichtliche Entscheidung gegen eine Maßnahme zur Regelung einzelner Angelegenheiten auf dem Gebiet des Strafvollzugs (§ 109 I sowie § 50 V S 2 und § 138 III, jeweils iVm § 109 I **StVollzG**). Das gilt auch, wenn der Antrag nicht von dem Strafgefangenen, sondern von einem Außenstehenden gestellt wird (BGH NJW **78**, 282). Ferner ist die StVollstrK zuständig für die Entscheidung über die Vollstreckbarkeit eines ausländischen Erkenntnisses (§ 50 IRG) und über die Haftanordnung zur Sicherung der Vollstreckung von freiheitsentziehenden Sanktionen in ausländischen Erkenntnissen (§ 58 II IRG). Durch Ges vom 17. Juli 2015 (BGBl I Seite 1349) wurden ihr die gerichtlichen Entscheidungen betreffend die Vollstreckung ausländischer Erkenntnisse in der Bundesrepublik Deutschland (§§ 84g, 84j IRG) sowie hinsichtlich der Überwachung von ausländischen Bewährungsmaßnahmen und alternativen Sanktionen (§§ 90h, 90j, 90k IRG) übertragen.

Schmitt 2111

GVG § 78b

3 Die **gleichzeitige Entscheidung** nach § 454b III **oder IV StPO** trifft eine und dieselbe StVollstrK **(S 3).**

4 **Örtlich zuständig** ist die StVollstrK, in deren Bezirk die beteiligte Vollzugsbehörde ihren Sitz hat (§ 462a I S 1 StPO, § 110 **StVollzG**; 8 zu § 462a StPO). Über die Besetzung der StVollstrK vgl § 78b.

5 **3) Zuständigkeitskonzentration und auswärtige StVollstrK (II):** Die Ermächtigung zur Bildung einer StVollstrK, die auch oder ausschließlich ihren Sitz auswärts hat, ist eine Erweiterung des § 78 I (vgl auch dort 1); 2 ff zu § 58. VOen nach II: in Baden-Württemberg VO vom 7.9.1998 (GBl 561), in Bayern § 36 GZVJu, in Brandenburg VO vom 3.11.1993 (GVBl II689), in Bremen VO vom 3.12.1974 (GBl 337) für die StrK beim AG Bremerhaven, in Hessen VO vom 4.7.1983 (GVBl I 115), in Niedersachsen VO vom 22.1.1998 (GVBl 66), in Nordrhein-Westfalen VO vom 19.7.1976 (GVNW 291), in Rheinland-Pfalz VO vom 15.12.1982 (GVBl 460), in Sachsen VO vom 8.12.1992 (GVBl 605); in Sachsen-Anhalt VO vom 25.8.1992 (GVBl 660), in Schleswig-Holstein VO vom 4.12.1996 (GVOBl 720), in Thüringen vom 12.8.1993 (GVBl 563).

6 **4) Zuständigkeitsvereinbarungen** bei Anstalten außerhalb des Landesgebiets (III): Vgl Abk zwischen Schleswig-Holstein und Hamburg vom 10.10.1974 nebst Hamb G vom 18.11.1974 (GVBl 331) sowie Bek vom 6.1.1975 (GVBl 6) und Schl-H G v 18.12.1974 (GVOBl 475) sowie Bek vom 3.1.1975 (GVOBl 5).

7 **5) Vollstreckung von Verurteilungen nach materiellem Jugendstrafrecht:** Die Aufgabe der StVollstrK nimmt der Jugendrichter als Vollstreckungsleiter wahr (§§ 82 I, 83, 110 I **JGG**, erg 40 zu § 462a StPO). Wenn der Jugendrichter selbst im 1. Rechtszug am Urteil mitgewirkt hat oder wenn über seine eigene Anordnung als Vollstreckungsleiter zu entscheiden ist, ist die JugK zuständig (§§ 83 II, 110 I **JGG**).

8 **6) Antrag auf gerichtliche Entscheidung gegen Maßnahmen des Vollzugs:** Soweit der Jugendrichter Vollstreckungsleiter ist, entscheidet nicht er über den Antrag auf gerichtliche Entscheidung, der sich gegen Maßnahmen der Vollzugsbehörde richtet; insofern tritt er nicht an die Stelle der StVollstrK. Denn I S 2 Nr 2 gilt für diesen Fall nicht. Für den Antrag auf gerichtliche Entscheidung gelten nach wie vor die §§ 23 ff **EGGVG**.

[Besetzung]

78b I Die Strafvollstreckungskammern sind besetzt
1. in Verfahren über die Aussetzung der Vollstreckung des Restes einer lebenslangen Freiheitsstrafe oder die Aussetzung der Vollstreckung der Unterbringung in einem psychiatrischen Krankenhaus oder in der Sicherungsverwahrung mit drei Richtern unter Einschluß des Vorsitzenden; ist nach § 454b Absatz 4 der Strafprozeßordnung über mehrere Freiheitsstrafen gleichzeitig zu entscheiden, so entscheidet die Strafvollstreckungskammer über alle Freiheitsstrafen mit drei Richtern, wenn diese Besetzung für die Entscheidung über eine der Freiheitsstrafen vorgeschrieben ist,
2. in den sonstigen Fällen mit einem Richter.
II Die Mitglieder der Strafvollstreckungskammern werden vom Präsidium des Landgerichts aus der Zahl der Mitglieder des Landgerichts und der in seinem Bezirk angestellten Richter beim Amtsgericht bestellt.

1 **1) Ein einheitlicher Spruchkörper (I),** der in unterschiedlicher Besetzung entscheidet, ist die StVollstrK (Düsseldorf MDR **84**, 777; Hamm NStZ **81**, 452; vgl auch BVerfG NStZ **83**, 44: verfassungsrechtlich nicht zu beanstanden). Dem steht nicht entgegen, daß zwecks sprachlicher Vereinfachung je nach der Besetzung von der „kleinen" und „großen" StVollstrK gesprochen wird (vgl etwa BGH **28**,

5a. Titel. Strafvollstreckungskammern § 78b GVG

138). Daran hat sich auch dadurch nichts geändert, dass nach der Neufassung der Vorschrift durch das RpflEntlG die „große" StVollstrK nur noch ausnahmsweise (I Nr 1) entscheidet und die „kleine" StVollstrK im Grunde keine „Kammer" ist, weil sie stets nur mit einem Richter besetzt ist (Celle NStZ **13**, 184; Kissel/Mayer 3 zu § 78a). Schöffen wirken bei der Entscheidung nicht mit.

Bei jedem LG, in dessen Bezirk sich eine JVA befindet, ist eine StVollstrK ein- 2 zurichten und personell durch die Geschäftsverteilung (§ 21 I S 1) zu besetzen.

2) Besetzung der StVollstrK (I): Für den Vorsitz gilt § 21f I, II. Davon be- 3 freit II nicht. Die StVollstrK kann auch in der Weise gebildet werden, dass einer StrK die Aufgaben der StrVollstrK zugewiesen werden. In diesem Fall wird sie in den einzelnen Sachen in verschiedener Eigenschaft tätig. Das muss in ihrer Bezeichnung jeweils zum Ausdruck gebracht werden.

Die StVollstrK entscheidet nach I in **unterschiedlicher Besetzung,** und zwar 4 idR als „kleine" StVollstrK durch ein Mitglied der Kammer (Vorsitzender oder Beisitzer), als „große" StVollstrK mit 3 Richtern mit Einschluss des Vorsitzenden.

3) Die „große" StVollstrK (I Nr 1) ist zuständig, wenn es um die Ausset- 5 zung der Vollstreckung des Restes einer lebenslangen (Einzel- oder Gesamt-)Freiheitsstrafe nach §§ 57a, 57b StGB oder die Aussetzung der Vollstreckung der Unterbringung nach §§ 63, 66 StGB geht (Braunschweig StV **14**, 158). Hierzu gehören aber auch die diesbezüglichen nachträglichen Entscheidungen, zB der Widerruf der Aussetzung zur Bewährung (Hamm NStZ **94**, 146), die Umkehr der Vollstreckungsreihenfolge nach § 67 II StGB (Hamm NStZ **94**, 207) oder über Einwendungen gegen die Zulässigkeit der Vollstreckung der Sicherungsverwahrung (Hamm NStZ-RR **99**, 126), grundsätzlich jedoch nicht ein Antrag nach § 109 StVollzG über die Gewährung von Vollzugslockerungen (Hamm NStZ **14**, 541 mit zust Anm Ahmed). Die nach §§ 463 II S 1, 454 I S 3 StPO vorgeschriebene Anhörung des Betroffenen erfolgt grundsätzlich durch drei Richter (Dresden StV **18**, 365 L). Wird neben der lebenslangen Freiheitsstrafe oder Unterbringung nach §§ 63, 66 StGB noch eine weitere zeitige Freiheitsstrafe oder eine sonstige freiheitsentziehende Maßregel vollstreckt, so ist insoweit die „kleine" StVollstrK zuständig; die frühere Regelung, wonach in solchen Fällen die „große" StVollstrK insgesamt zuständig war (§ 78b I Nr 1 Hs 2 aF), ist nicht beibehalten worden. Für die bedingte Aussetzung der Vollstreckung des Restes einer zeitigen Freiheitsstrafe und der Unterbringung in einem psychiatrischen Krankenhaus ist jedoch die einheitliche Zuständigkeit der großen StVollstrK gegeben, wenn Strafe und Maßregel in einem Urteil verhängt worden sind (Zweibrücken JBlRP **07**, 38).

Im Fall des § 454b III StPO (11 bis 17 zu § 454b StPO) ist die mit 3 Rich- 5a tern besetzte StrafVollstrK ebenfalls zuständig, sofern über mehrere Freiheitsstrafen gleichzeitig zu entscheiden ist, wenn die Dreierbesetzung für die Entscheidung über eine der Freiheitsstrafen nach I Nr 1 Hs 1 vorgeschrieben ist.

4) Die „kleine" StVollstrK (I Nr 2) ist in allen übrigen Fällen im Strafvoll- 6 streckungsverfahren und im Gegensatz zur früheren Regelung (§ 78b I Nr 2, 3 aF) in allen Fällen bei Entscheidungen nach §§ 50 V, 109, 138 III **StVollzG** und nach §§ 50, 58 II, 71 IV IRG (vgl § 78a I Nr 2, 3; München NStZ **95**, 207) zuständig. Die Aufteilung der Geschäfte erfolgt nach § 21g (Celle NStZ **13**, 184 mit abl Anm Holtermann StV **13**, 392).

5) Die zu treffende Entscheidung iS des I betrifft jeweils nur bestimmte 7 Verurteilungen, mögen auch andere Verurteilungen als Material zu berücksichtigen sein. Für das Verfahren gilt der Freibeweis (dazu im Einzelnen Voigtel, Zum Freibeweis bei Entscheidungen der StVollstrK, 1998, zugl Diss Göttingen 1997). § 462a IV StPO regelt für das Verhältnis zwischen den Gerichten des Rechtszugs und den StVollstrKn, ändert aber nichts an I.

Nach Durchführung eines gesetzlich gebotenen **Anhörungstermins** durch 7a die StVollstrK ist es erforderlich, dass die an der Anhörung teilnehmenden Richter die nachfolgende Entscheidung auch selbst treffen und dies dokumentieren (KG StraFo **14**, 437).

8 6) **Beschwerdegericht,** das über eine zulässige sofortige Beschwerde gegen die Entscheidung der StVollstrK zu entscheiden hat, ist stets das OLG. Es entscheidet idR selbst, auch wenn statt der „kleinen" die „große" StVollstrK entschieden hat (Celle NStZ-RR **14**, 63 L; Düsseldorf NStZ **84**, 477; LR-Siolek 15; **aM** Düsseldorf NStZ **00**, 444; Koblenz NStZ **84**, 284 L; Kissel/Mayer 9). Im umgekehrten Fall kann das OLG zurückverweisen (Düsseldorf StV **91**, 432; Hamm NStZ **94**, 146), muss dies aber nicht unbedingt tun (Frankfurt StV **89**, 491; Hamm NStZ **92**, 407; Karlsruhe Justiz **98**, 603; **aM** SK-Albrecht 9; erg 6 zu § 309 StPO).

9 7) **Zurückgreifen auf Richter beim AG (II):** Vorsitzender in der „großen" StVollstrK kann auch ein (ranggleicher) Richter beim AG sein, dem zugleich das Amt eines VorsRi beim LG zugewiesen ist (§ 22 II). Im Übrigen können als Kammermitglieder Richter beim LG und Richter bei einem AG des Bezirks bestellt werden. Bei letzteren bedarf es für die Heranziehung nicht einer Doppelernennung nach § 22 II (Hamm 1 DGH 2/90 vom 17.7.1990). Die Auswahl trifft das Präsidium des LG. Bei der Geschäftsverteilung im AG muss dann hierauf Rücksicht genommen werden, ggf nach § 21e III. Die Regelung soll es ermöglichen, die Erfahrungen der Spruchrichter durch Erfahrungen in der Strafvollstreckung anzureichern und umgekehrt.

6. Titel. Schwurgerichte

79-92 (weggefallen)

7. Titel. Kammern für Handelssachen

93-114 *(für den Strafprozess bedeutungslos)*

8. Titel. Oberlandesgerichte

[Besetzung]

115 Die Oberlandesgerichte werden mit einem Präsidenten sowie mit Vorsitzenden Richtern und weiteren Richtern besetzt.

1 1) **Besetzung:** Es muss mindestens ein VorsRi vorhanden sein. Über Zuteilung eines Hochschullehrers vgl BGH NJW **66**, 1458.

2 2) **Nur Richter auf Lebenszeit** (§ 28 I DRiG): Als Hilfsrichter können auch abgeordnete Richter verwendet werden (§§ 27, 29 DRiG). Die Zuziehung solcher Hilfsrichter ist dem unumgänglichen Ausmaß zulässig, zB zur Vertretung, bei zeitweiligem außergewöhnlichen Arbeitsanfall, zur Erprobung (BVerfG DRiZ **71**, 27; BGH NJW **66**, 352; Kissel/Mayer 6 ff). Die Mitwirkung eines Hilfsrichters, der erneut in dieser Eigenschaft tätig ist, weil eine allgemeine Beförderungssperre besteht, ist unzulässig (BGHZ **95**, 22 = NJW **85**, 2336). Zur Überbesetzung vgl 5 zu § 21e.

115a (weggefallen)

8. Titel. Oberlandesgerichte §§ 116–120 GVG

[Senate]

116 I ¹ Bei den Oberlandesgerichten werden Zivil- und Strafsenate gebildet. ² Bei den nach § 120 zuständigen Oberlandesgerichten werden Ermittlungsrichter bestellt; zum Ermittlungsrichter kann auch jedes Mitglied eines anderen Oberlandesgerichts, das in dem in § 120 bezeichneten Gebiet seinen Sitz hat, bestellt werden.

II ¹ Die Landesregierungen werden ermächtigt, durch Rechtsverordnung außerhalb des Sitzes des Oberlandesgerichts für den Bezirk eines oder mehrerer Landgerichte Zivil- oder Strafsenate zu bilden und ihnen für diesen Bezirk die gesamte Tätigkeit des Zivil- oder Strafsenats des Oberlandesgerichts oder einen Teil dieser Tätigkeit zuzuweisen. ² Ein auswärtiger Senat für Familiensachen kann für die Bezirke mehrerer Familiengerichte gebildet werden.

III Die Landesregierungen können die Ermächtigung nach Absatz 2 auf die Landesjustizverwaltungen übertragen.

1) **Zahl der ordentlichen Senate:** Sie bestimmt idR der PräsOLG (vgl 2 zu § 60; § 5 BWAGGVG), jedoch das JM in Bayern (Art 5 BayAGGVG), Sachsen (Art 2 I GerichtsordnungsG) und Thüringen (§ 3 AGGVG). **1**

2) Der **auswärtige Senat** (II) ähnelt der auswärtigen StrK des LG (§ 78) und wird wie diese durch RechtsVO gebildet (1 zu § 78). Über einen Zuständigkeitsstreit, der nicht die Geschäftsverteilung betrifft, entscheidet nicht das Präsidium (22 zu § 21e), sondern in entspr Anwendung der §§ 14, 19 StPO der BGH (KK-Feilcke 6; SK-Frister 6). **2**

3) Für die **Besetzung des auswärtigen Senats** gelten die §§ 21e, 21f. **3**

4) **Ermittlungsrichter:** Vgl § 169 StPO. Die Abordnung eines Richters von einem anderen OLG ist eine Maßnahme nach § 21e (Kissel/Mayer 19). **4**

[Notvertretung]

117 Die Vorschrift des § 70 Abs. 1 ist entsprechend anzuwenden.

118 *(betrifft den Zivilprozess)*

119 *(betrifft den Zivilprozess)*

119a *(betrifft den Zivilprozess)*

[Erstinstanzliche Zuständigkeit] RiStBV 202 ff

120 I In Strafsachen sind die Oberlandesgerichte, in deren Bezirk die Landesregierungen ihren Sitz haben, für das Gebiet des Landes zuständig für die Verhandlung und Entscheidung im ersten Rechtszug
1. *(aufgehoben)*
2. bei Hochverrat (§§ 81 bis 83 des Strafgesetzbuches),
3. bei Landesverrat und Gefährdung der äußeren Sicherheit (§§ 94 bis 100a des Strafgesetzbuches) sowie bei Straftaten nach § 52 Abs. 2 des Patentgesetzes, nach § 9 Abs. 2 des Gebrauchsmustergesetzes in Verbindung mit § 52 Abs. 2 des Patentgesetzes oder nach § 4 Abs. 4 des Halbleiterschutzge-

GVG § 120   Gerichtsverfassungsgesetz

setzes in Verbindung mit § 9 Abs. 2 des Gebrauchsmustergesetzes und § 52 Abs. 2 des Patentgesetzes,
4. bei einem Angriff gegen Organe und Vertreter ausländischer Staaten (§ 102 des Strafgesetzbuches),
5. bei einer Straftat gegen Verfassungsorgane in den Fällen der §§ 105, 106 des Strafgesetzbuches,
6. bei einer Zuwiderhandlung gegen das Vereinigungsverbot des § 129a, auch in Verbindung mit § 129b Abs. 1, des Strafgesetzbuches,
7. bei Nichtanzeige von Straftaten nach § 138 des Strafgesetzbuches, wenn die Nichtanzeige eine Straftat betrifft, die zur Zuständigkeit der Oberlandesgerichte gehört, und
8. bei Straftaten nach dem Völkerstrafgesetzbuch.

II [1] Diese Oberlandesgerichte sind ferner für die Verhandlung und Entscheidung im ersten Rechtszug zuständig

1. bei den in § 74a Abs. 1 bezeichneten Straftaten, wenn der Generalbundesanwalt wegen der besonderen Bedeutung des Falles nach § 74a Abs. 2 die Verfolgung übernimmt,
2. bei Mord (§ 211 des Strafgesetzbuches), Totschlag (§ 212 des Strafgesetzbuches) und den in § 129a Abs. 1 Nr. 2 und Abs. 2 des Strafgesetzbuches bezeichneten Straftaten, wenn ein Zusammenhang mit der Tätigkeit einer nicht oder nicht nur im Inland bestehenden Vereinigung besteht, deren Zweck oder Tätigkeit die Begehung von Straftaten dieser Art zum Gegenstand hat, und der Generalbundesanwalt wegen der besonderen Bedeutung des Falles die Verfolgung übernimmt,
3. bei Mord (§ 211 des Strafgesetzbuchs), Totschlag (§ 212 des Strafgesetzbuchs), erpresserischem Menschenraub (§ 239a des Strafgesetzbuchs), Geiselnahme (§ 239b des Strafgesetzbuchs), schwerer und besonders schwerer Brandstiftung (§§ 306a und 306b des Strafgesetzbuchs), Brandstiftung mit Todesfolge (§ 306c des Strafgesetzbuchs), Herbeiführen einer Explosion durch Kernenergie in den Fällen des § 307 Abs. 1 und 3 Nr. 1 des Strafgesetzbuchs, Herbeiführen einer Sprengstoffexplosion in den Fällen des § 308 Abs. 1 bis 3 des Strafgesetzbuchs, Missbrauch ionisierender Strahlen in den Fällen des § 309 Abs. 1 bis 4 des Strafgesetzbuchs, Vorbereitung eines Explosions- oder Strahlungsverbrechens in den Fällen des § 310 Abs. 1 Nr. 1 bis 3 des Strafgesetzbuchs, Herbeiführen einer Überschwemmung in den Fällen des § 313 Abs. 2 in Verbindung mit § 308 Abs. 2 und 3 des Strafgesetzbuchs, gemeingefährlicher Vergiftung in den Fällen des § 314 Abs. 2 in Verbindung mit § 308 Abs. 2 und 3 des Strafgesetzbuchs und Angriff auf den Luft- und Seeverkehr in den Fällen des § 316c Abs. 1 und 3 des Strafgesetzbuchs, wenn die Tat nach den Umständen geeignet ist,
   a) den Bestand oder die Sicherheit eines Staates zu beeinträchtigen,
   b) Verfassungsgrundsätze der Bundesrepublik Deutschland zu beseitigen, außer Geltung zu setzen oder zu untergraben,
   c) die Sicherheit der in der Bundesrepublik Deutschland stationierten Truppen des Nordatlantik-Pakts, oder seiner nichtdeutschen Vertragsstaaten zu beeinträchtigen oder
   d) den Bestand oder die Sicherheit einer internationalen Organisation zu beeinträchtigen,
   und der Generalbundesanwalt wegen der besonderen Bedeutung des Falles die Verfolgung übernimmt,
4. bei Straftaten nach dem Außenwirtschaftsgesetz sowie bei Straftaten nach § 19 Abs. 2 Nr. 2 und § 20 Abs. 1 des Gesetzes über die Kontrolle von Kriegswaffen, wenn die Tat nach den Umständen
   a) geeignet ist, die äußere Sicherheit oder die auswärtigen Beziehungen der Bundesrepublik Deutschland erheblich zu gefährden, oder

8. Titel. Oberlandesgerichte § 120 GVG

b) bestimmt und geeignet ist, das friedliche Zusammenleben der Völker zu stören,
und der Generalbundesanwalt wegen der besonderen Bedeutung des Falles die Verfolgung übernimmt.

² Eine besondere Bedeutung des Falles ist auch anzunehmen, wenn in den Fällen des Satzes 1 eine Ermittlungszuständigkeit des Generalbundesanwalts wegen des länderübergreifenden Charakters der Tat geboten erscheint. ³ Die Oberlandesgerichte verweisen bei der Eröffnung des Hauptverfahrens die Sache in den Fällen der Nummer 1 an das Landgericht, in den Fällen der Nummern 2 bis 4 an das Land- oder Amtsgericht, wenn eine besondere Bedeutung des Falles nicht vorliegt.

III ¹ In den Sachen, in denen diese Oberlandesgerichte nach Absatz 1 oder 2 zuständig sind, treffen sie auch die in § 73 Abs. 1 bezeichneten Entscheidungen. ² Sie entscheiden ferner über die Beschwerde gegen Verfügungen der Ermittlungsrichter der Oberlandesgerichte (§ 169 Abs. 1 Satz 1 der Strafprozeßordnung) in den in § 304 Abs. 5 der Strafprozeßordnung bezeichneten Fällen.

IV ¹ Diese Oberlandesgerichte entscheiden auch über die Beschwerde gegen Verfügungen und Entscheidungen des nach § 74a zuständigen Gerichts. ² Für Entscheidungen über die Beschwerde gegen Verfügungen und Entscheidungen des nach § 74a Abs. 4 zuständigen Gerichts sowie in den Fällen des § 100e Absatz 2 Satz 6 der Strafprozessordnung ist ein nicht mit Hauptverfahren in Strafsachen befasster Senat zuständig.

V ¹ Für den Gerichtsstand gelten die allgemeinen Vorschriften. ² Die beteiligten Länder können durch Vereinbarung die den Oberlandesgerichten in den Absätzen 1 bis 4 zugewiesenen Aufgaben dem hiernach zuständigen Gericht eines Landes auch für das Gebiet eines anderen Landes übertragen.

VI Soweit nach § 142a für die Verfolgung der Strafsachen die Zuständigkeit des Bundes begründet ist, üben diese Oberlandesgerichte Gerichtsbarkeit nach Artikel 96 Abs. 5 des Grundgesetzes aus.

VII Soweit die Länder aufgrund von Strafverfahren, in denen die Oberlandesgerichte in Ausübung von Gerichtsbarkeit des Bundes entscheiden, Verfahrenskosten und Auslagen von Verfahrensbeteiligten zu tragen oder Entschädigungen zu leisten haben, können sie vom Bund Erstattung verlangen.

1) **Landeshauptstadt-OLG:** Über die landesinterne Zuständigkeitskonzentration hinaus sieht V S 2 noch die Möglichkeit einer Zuständigkeitszusammenfassung für mehrere Bundesländer durch Staatsvertrag vor (so das OLG Hamburg durch Abk zwischen Bremen und Hamburg; vgl Bremen: G vom 29.9.1970, GBl 123 und G vom 16.6.1978, GBl 163, mit Bek vom 17.12.1970, GBl 71, 1, und 15.8.1978, GBl 194; Hamburg: G vom 12.10.1970, GVBl 271, ÄndG vom 13.3.1978, GVBl 73, mit Bek vom 28.12.1970, GVBl 1971 1, und 1.8.1978, GVBl 325; das OLG Koblenz durch Abk zwischen Rheinland-Pfalz und Saarland; vgl Rheinland-Pfalz: G vom 20.12.1971, GVBl 304 und G vom 21.7.1978, GVBl 584, mit Bek vom 31.1.1972, GVBl 106, und 31.8.1978, GVBl 639; Saarland: G vom 15.12.1971, ABl 848, und G vom 12.7.1978, ABl 696, mit Bek vom 1.2.1972, ABl 61). Mit der Konzentration soll erreicht werden, dass in den in Betracht kommenden Strafsachen, in denen schwierige tatsächliche und rechtliche Fragen auftreten, Richter mit besonderer Sachkunde und mit genügend Erfahrung zur Verfügung stehen. Zur Verfolgungsbeschränkung nach § 154a StPO vgl dort 17. 1

2) **In den Fällen des I** ist primär der GBA zuständige StA (München NStZ 05, 706); er muss das Verfahren aber unter den Voraussetzungen des § 142a II, III an die StA bei dem zuständigen Landeshauptstadt-OLG abgeben. Mit dem Eingang der Abgabeerklärung bei dieser wird die Gerichtsbarkeit des OLG Aus- 2

Schmitt 2117

GVG § 120

Gerichtsverfassungsgesetz

übung von Landesgerichtsbarkeit (unten 9). Den negativen Kompetenzkonflikt entscheidet der GBA (§ 142a I S 2). Auf andere als in § 120 aufgeführte Straftaten erstreckt sich die Zuständigkeit des OLG nur, wenn es sich iVm einer Katalogtat um dieselbe Straftat isd § 264 StPO handelt (BGH NStZ **07**, 117) oder ausnahmsweise auch dann, wenn eine verfahrensrechtlich selbständige Tat mit einem Staatsschutzdelikt in einem derart engen persönlichen und deliktsspezifisch-sachlichen Zusammenhang steht, dass eine getrennte Verfolgung in hohem Maße sachwidrig erschiene (BGH **53**, 128, 144; 3 StR 314/12 vom 20.9.2012; vgl auch BVerfG NJW **15**, 3500).

3 3) **In den Fällen des II** ist das OLG, wenn der GBA wegen der besonderen Bedeutung des Falles die Verfolgung übernimmt, für die in § 74a I bezeichneten Straftaten (vgl BGH NStZ **88**, 188), für terroristische Gewalttaten, deren Verfolgung nicht zugleich nach § 129a StGB möglich ist (vgl Schnarr MDR **88**, 89), und unter den Voraussetzungen der Buchst a–c der Nr 3 (vgl BGH **46**, 238, 248; krit dazu Schaefer NJW **01**, 1621; Schroeder JR **01**, 391; Welp NStZ **02**, 5; BGH NJW **00**, 1580) sowie unter den Voraussetzungen der Buchst a und b der Nr 4 für die dort jeweils bezeichneten Straftaten, auch für Vorbereitungshandlungen (vgl Schnarr NStZ **90**, 260), zuständig (eingehend zu den zu II S 1 Nr 3 auftretenden Zweifelsfragen Schnarr MDR **93**, 589 ff; vgl auch BGH NStZ **10**, 468). Nach Streichung der Wörter „bestimmt und" durch das Ges vom 12.6.2015 (BGBL I 925) ist es für die Evokationszuständigkeit des GBA nicht mehr erforderlich, dass in den Fällen der Nr 3 mit der Tat auch eine subjektiv staatsschutzfeindliche Vorstellung des Täters verbunden ist, vielmehr genügt ein objektiv staatsschutzfeindlicher Charakter (BT-Drucks 18/3007 S 6).

3a An die Bejahung der „**besonderen Bedeutung**" sind grundsätzlich strenge **Anforderungen** zu stellen; sie ist anzunehmen, wenn es sich unter Beachtung des Ausmaßes der Rechtsgutverletzung um ein staatsgefährdendes Delikt von erheblichem Gewicht handelt, das die Schutzgüter des Gesamtstaates in einer derart spezifischen Weise angreift, dass ein Einschreiten des GBA und eine Aburteilung durch ein Bundesgerichtsbarkeit ausübendes Gericht geboten ist (BGH **53**, 128, 140; StB 27/09 vom 19.10.2010; dazu Safferling NStZ **09**, 610); neben dem individuellen Schuld- und Unrechtsgehalt sind auch die konkreten Auswirkungen für die innere Sicherheit der Bundesrepublik und ihr Erscheinungsbild gegenüber Staaten mit gleichen Wertvorstellungen sowie eine etwaige Signalwirkung von der Tat für potentielle Nachahmer in den Blick zu nehmen (BGH AK 47/16 vom 22.9.2016; StB 33/16 vom 10.11.2016). Allerdings hat der durch Ges vom 12.6.2015 (BGBL I 925) eingeführte II S 2 als Folge der Erfahrungen mit dem sog NSU-Strafverfahren die Zuständigkeit auf Fälle, in denen aufgrund des länderübergreifenden Charakters einer Tat oder einer Tatserie zentrale Ermittlungen des GBA geboten erscheinen, bewusst erweitert; erklärtes Ziel des Gesetzgebers ist es, damit einer – zu – restriktiven Auslegung des Kriteriums der besonderen Bedeutung entgegenzuwirken (BT-Drucks 18/3007 S 6).

3b Bei der „besonderen Bedeutung" handelt sich um eine **bewegliche Zuständigkeitsregelung** (vgl 5 zu § 24), bei der die Entscheidung des GBA gerichtlich überprüft wird (BGH **46**, 238, 254; NStZ **02**, 447; BGH StB 12, 13, 47/07 vom 20.12.2007). Bei der Eröffnung des Hauptverfahrens verweist das OLG die Sache an das LG oder an das AG, wenn er der Ansicht ist, dass der Fall keine besondere Bedeutung (zum Begriff 6 zu § 24) hat (II S 3; Sowada 674); im umgekehrten Fall wendet das LG § 209 II StPO entspr an (Kissel/Mayer 10; Sowada Fezer-FS 170). Der Übernahme steht nicht entgegen, dass der GBA die Verfolgung nicht übernehmen konnte, weil seine Zuständigkeit infolge der Ergänzung des II S 1 erst nach dem Eröffnungsbeschluss begründet worden ist (Stuttgart NStZ **09**, 348; **aM** Sowada aaO 183).

4 4) **Nebenentscheidungen (III)** nach § 73 I trifft ebenfalls das Landeshauptstadt-OLG während seiner Zuständigkeit (2 zu § 135). Eine Einschränkung besteht darin, dass es nur über die Beschwerden gegen Beschlüsse und Verfügungen des

8. Titel. Oberlandesgerichte § 120 GVG

Richters beim AG als Ermittlungsrichter und in den Fällen des § 304 V StPO des Ermittlungsrichters des OLG (§ 169 I S 1 StPO) zu entscheiden hat, während über Beschwerden gegen Verfügungen des Ermittlungsrichters des BGH (§ 169 I S 2 StPO) in den Fällen des § 304 V StPO der BGH entscheidet (§ 135 II). Ferner entscheidet das OLG über Beschwerden gegen Entscheidungen der Staatsschutz-StrK, über die Fortdauer der UHaft nach § 121 IV S 1 StPO, nach Erhebung der öffentlichen Klage auch über Entscheidungen der StA oder des GBA entspr § 161a III S 1 StPO iVm § 162 III S 1 StPO sowie über Anträge im Klageerzwingungsverfahren nach § 172 IV S 2 StPO.

Über die Beschwerde gegen eine Verfügung des Überwachungsrichters nach 5 § 148a I StPO entscheidet das LG (dort 12).

5) Konzentration der Beschwerdezuständigkeit in § 74a-Strafsachen 6 (IV): Über Beschwerden gegen Verfügungen und Beschlüsse der StaatsschutzStrK entscheidet ebenfalls das Landeshauptstadt-OLG, das nach I, II, V S 2 zuständig ist; ein hier ansässiger besonderer Senat, der nicht mit Hauptverfahren in Strafsachen befasst sein darf, gleichwohl aber ein Strafsenat (§ 116) ist (erg 1 zu § 60), entscheidet auch in den Fällen der Online-Durchsuchung und der akustischen Wohnraumüberwachung nach § 100e II S 6 StPO (erg 7 zu § 74a). Über weitere Beschwerde zum BGH vgl 2 zu § 135.

6) Gerichtsstand (V): Welches von mehreren in Betracht kommenden Landeshauptstadt-OLGen örtlich zuständig ist, bestimmt sich nach den §§ 7 ff StPO. 7 IdR wird der Gerichtsstand des Tatorts gewählt; über Sammelverfahren vgl RiStBV 25 ff, § 18 BKAG. Ist der GBA Strafverfolgungsbehörde, so wählt er unter mehreren örtlich zuständigen OLGen das aus, bei dem nach justizgemäßen Gesichtspunkten der Schwerpunkt liegt.

7) Polizeiliche Ermittlungen: Ist der GBA der zuständige StA, so kann er 8 sich des Bundeskriminalamtes als Ermittlungsorgan bedienen, das jedoch nur auf Ersuchen oder Auftrag tätig wird, dann aber die Ermittlungskompetenz im ganzen Bundesgebiet hat (§ 4 III Nr 3, § 18 BKAG). Die Notzuständigkeit jeglicher StA (§ 143 II) und Polizei (nach Landesrecht) für eilige Untersuchungshandlungen bleibt daneben bestehen.

8) Bundesgerichtsbarkeit (VI) übt das Landeshauptstadt-OLG in den Fällen 9 des I, II aus, wenn und solange der GBA das Amt der StA ausübt (§ 142a). Abgesehen von dem StA-Wechsel ändert sich bei einer Abgabe der Sache im StA-Bereich an der Gerichtstätigkeit nichts. Die Kosten und Auslagen (§§ 464 ff StPO) und die Entschädigung für Strafverfolgungsmaßnahmen (§§ 8, 15 StrEG), die der Staatskasse zur Last fallen, trägt das Land, dem das mit der Sache befasste OLG angehört. Über Erstattung von Kosten vom Bund an das Land vgl Art 3 des Ges vom 8.9.1969 (BGBl I 1582) sowie die Vereinbarung der LJVen und des BMJ über den Kostenausgleich in Staatsschutz-Strafsachen (abgedr bei Piller/Herrmann Nr 10 f).

9) Jugendliche oder Heranwachsende: Die Zuständigkeiten des OLG 10 und des BGH werden durch das JGG nicht berührt (§ 102 S 1 **JGG;** krit dazu Eisenberg NStZ **96,** 263, der eine Anklage zum OLG bei jugendlichen Angeklagten nur ausnahmsweise für zulässig hält; dagegen Schoreit NStZ **97,** 69). Der Vorrang des OLG gegenüber dem JugG greift jedoch erst ein, wenn die Zuständigkeit des OLG feststeht (BGH NStZ **02,** 447, 448 mit Anm Welp NStZ **02,** 609, 610).

10) Ein **Verfahrenshindernis,** das von Amts wegen zu beachten ist, besteht, 11 wenn das OLG entgegen I oder II nach Anklage durch den GBA seine Zuständigkeit angenommen hat; dies führt zur Verweisung an das zuständige Gericht (BGH **46,** 238, 245, 246; **aM** Andoor RW **15,** 403, 408 ff; Welp NStZ **02,** 4: Einstellung des Verfahrens). Das gilt nicht, wenn *nach* rechtmäßiger Eröffnung des Hauptverfahrens später eines der gesetzlichen Zuständigkeitsmerkmale nicht mehr

Schmitt 2119

bejaht werden kann (BGH aaO 247; **aM** Andoor aaO 411 f; Welp aaO; dagegen Sowada Fezer-FS 178).

12 11) **Die Kosten** muss nach VII letztlich der Bund tragen, wenn die Länder für ihn Gerichtsbarkeit ausüben. Die Regelung wurde aus dem durch Ges vom 19.4.2006 (BGBl I 866, 869) aufgehobenen Ges vom 8.9.1969 (BGBl I 1582) hierher übernommen.

[Zuständigkeit bei vorbehaltener oder nachträglicher Anordnung der Sicherungsverwahrung]

120a ^{I} Hat im ersten Rechtszug ein Strafsenat die Anordnung der Sicherungsverwahrung vorbehalten oder im Fall des § 66b des Strafgesetzbuches als Tatgericht entschieden, ist dieser Strafsenat im ersten Rechtszug für die Verhandlung und Entscheidung über die im Urteil vorbehaltene oder die nachträgliche Anordnung der Sicherungsverwahrung zuständig.

^{II} Im Fall des § 66b des Strafgesetzbuches gilt § 462a Abs. 3 Satz 2 und 3 der Strafprozessordnung entsprechend.

1 1) Das **Fortbestehen der Zuständigkeit** ordnet I für das OLG – abweichend von § 74f – an, wenn dieses im I. Rechtszug § 66a StGB die Anordnung der Sicherungsverwahrung vorbehalten hatte und nunmehr über den Vorbehalt entscheiden muss; in gleicher Weise ist es zuständig, wenn es eine Entscheidung als Tatgericht erlassen hat, die Grundlage für die Anordnung der nachträglichen Sicherungsverwahrung nach § 66b sein soll.

2 2) **Entscheidungen verschiedener OLGs (II):** Hier wird für den Fall der nachträglichen Anordnung der Sicherungsverwahrung entspr der Regelung in § 74f III auf § 462a III S 2 und 3 StPO verwiesen; diese Regelung ist jedoch obsolet (vgl 2 und 4 zu § 74f; dort auch zum Fall der vorbehaltenen Sicherungsverwahrung).

[Zuständigkeit bei Bestechlichkeit und Bestechung von Mandatsträgern]

120b ^{I} In Strafsachen sind die Oberlandesgerichte, in deren Bezirk die Landesregierungen ihren Sitz haben, zuständig für die Verhandlung und Entscheidung im ersten Rechtszug bei Bestechlichkeit und Bestechung von Mandatsträgern (§ 108e des Strafgesetzbuches). ^{2} § 120 Absatz 3 und 5 gilt entsprechend.

1 1) **Durch die Vorschrift** ist neben § 120 eine weitere erstinstanzliche Zuständigkeit des OLG für Straftaten nach § 108e StGB geschaffen worden, damit einerseits die mit solchen Vorwürfen befassten Justizorgane (OLG, ER des OLG [§ 169 StPO] und – über §§ 141, 142 – die GeneralStA) über die erforderliche Erfahrung verfügen und andererseits „den regelmäßig die Öffentlichkeit in besonderer Weise interessierenden Korruptionsvorwürfen gegen Mandatsträger mit dem erforderlichen Nachdruck nachgegangen wird" (BT-Drucks 18/607 S 9).

2 2) **Zu S 2** vgl die Erl 4 bis 7 zu § 120.

[Zuständigkeit in der Rechtsmittelinstanz]

121 ^{I} Die Oberlandesgerichte sind in Strafsachen ferner zuständig für die Verhandlung und Entscheidung über die Rechtsmittel:
1. der Revision gegen
   a) die mit der Berufung nicht anfechtbaren Urteile des Strafrichters;
   b) die Berufungsurteile der kleinen und großen Strafkammern;

8. Titel. Oberlandesgerichte § 121 GVG

c) die Urteile des Landgerichts im ersten Rechtszug, wenn die Revision ausschließlich auf die Verletzung einer in den Landesgesetzen enthaltenen Rechtsnorm gestützt wird;
2. der Beschwerde gegen strafrichterliche Entscheidungen, soweit nicht die Zuständigkeit der Strafkammern oder des Bundesgerichtshofes begründet ist;
3. der Rechtsbeschwerde gegen Entscheidungen der Strafvollstreckungskammern nach den § 50 Abs. 5, §§ 116, 138 Abs. 3 des Strafvollzugsgesetzes und der Jugendkammern nach § 92 Abs. 2 des Jugendgerichtsgesetzes;
4. des Einwands gegen die Besetzung einer Strafkammer im Fall des § 222b Absatz 3 Satz 1 der Strafprozessordnung.

II Will ein Oberlandesgericht bei seiner Entscheidung
1. nach Absatz 1 Nummer 1 Buchstabe a oder Buchstabe b von einer nach dem 1. April 1950 ergangenen Entscheidung,
2. nach Absatz 1 Nummer 3 von einer nach dem 1. Januar 1977 ergangenen Entscheidung,
3. nach Absatz 1 Nummer 2 über die Erledigung einer Maßregel der Unterbringung in der Sicherungsverwahrung oder in einem psychiatrischen Krankenhaus oder über die Zulässigkeit ihrer weiteren Vollstreckung von einer nach dem 1. Januar 2010 ergangenen Entscheidung oder
4. nach Absatz 1 Nummer 4 von einer Entscheidung

eines anderen Oberlandesgerichtes oder von einer Entscheidung des Bundesgerichtshofes abweichen, so hat es die Sache dem Bundesgerichtshof vorzulegen.

III 1 Ein Land, in dem mehrere Oberlandesgerichte errichtet sind, kann durch Rechtsverordnung der Landesregierung die Entscheidungen nach Absatz 1 Nr. 3 einem Oberlandesgericht für die Bezirke mehrerer Oberlandesgerichte oder dem Obersten Landesgericht zuweisen, sofern die Zuweisung für eine sachdienliche Förderung oder schnellere Erledigung der Verfahren zweckmäßig ist. ²Die Landesregierungen können die Ermächtigung durch Rechtsverordnung auf die Landesjustizverwaltungen übertragen.

1) **Revisionsgericht (I Nr 1)** ist das OLG – abgesehen von I Nr 1 Buchst c –, 1 wenn im 1. Rechtszug das AG entschieden hat, und zwar auch im Fall des § 335 StPO (BGH **2**, 63); zum Fall der Nichtannahme der Berufung nach §§ 313, 322a StPO vgl 21, 22 zu § 335 StPO. Berufungsurteile der großen StrK (I Nr 1b) gibt es nur noch in Jugendsachen (vgl 1, 13 zu § 76). I Nr 1 Buchst c ist anwendbar, wenn die Sachrüge erhoben ist und das Urteil nur Landesrecht zum Gegenstand hat oder, falls es auch auf Bundesrecht beruht, nur die Verletzung einer landesrechtlichen Norm geltend gemacht wird, obgleich die Prüfungspflicht (§ 352 I StPO) weitergeht.

Die Vorschrift gilt aber nicht bei **tateinheitlicher Anwendung von Bundes-** 2 **recht** (KG JR **57**, 230; R. Hamm 85) und bei gleichzeitig auf die Verletzung von Bundesrecht gestützter Revision von Mitangeklagten (BGH **4**, 207; Kissel/Mayer 4) oder Erziehungsberechtigten (BGH NStZ **81**, 483).

2) **Beschwerdegericht (I Nr 2)** ist das OLG, wenn eine Entscheidung des LG 3 mit der einfachen (§ 304 StPO), sofortigen (§ 311 StPO) oder weiteren (§ 310 StPO) Beschwerde angefochten wird. Das OLG entscheidet auch über Beschwerden gegen Beschlüsse des AG, wenn es selbst für die Erstentscheidung zuständig gewesen wäre, der Umweg über die Beschwerde beim LG ist dann überflüssig (KG JR **83**, 214). Zuständig ist das OLG – und nicht etwa der BGH als Revisionsgericht – ebenso, wenn eine Anordnung gemäß § 111i III S 1 angefochten wird (BGH 2 StR 9/15 vom 7.11.2016). Soweit eine Konzentration der Beschwerdesachen bei einem Senat sinnvoll oder geboten erscheint, kann sie das Präsidium des OLG anordnen (§ 21e I S 1), zB für Beschwerden gegen Entscheidungen der StVollstrKn.

Schmitt 2121

GVG § 121

4   **3) Rechtsbeschwerdegericht (I Nr 3):** Hier wird die Zuständigkeit der OLGe für die Rechtsbeschwerde gegen Entscheidungen der StVollstrK und der JugK in Vollzugsangelegenheiten begründet(§§ 78a I Nr 2, 78b I Nr 2; § 92 II JGG). Zuständigkeitskonzentration ist nach III möglich; vgl unten 17.

4a   **4) Entscheidung über Besetzungsrügen (I Nr 4):** Das OLG ist nunmehr auch im Rahmen des sog Vorabentscheidunsgverfahrens des § 222b III S 1 StPO zuständig für die Prüfung des Einwands der vorschriftswidrigen Besetzung in erstinstanzlichen Verfahren vor dem LG. Die Zuständigkeit des OLGs soll – insbesondere auch mit Blick auf die zulässige Höchstdauer einer Unterbrechung der Hauptverhandlung für drei Wochen (§ 229 I StPO) – die zeitnahe Entscheidung über den Besetzungseinwand gewährleisten (BT-Drucks 532/19 S 44); dies trifft ebenso auf den BGH in den Fällen des § 135 II Nr 3 zu.

5   **5) Die Vorlegungspflicht (II)** dient einer einheitlichen Rspr (BGH **4**, 138), und zwar auch bei Sprungrevision nach § 335 I StPO (BGH **2**, 63; wistra **87**, 349). Sie entsteht nur, wenn die Herbeiführung der Rechtseinheit unerlässlich ist (BGH MDR **79**, 109 [H]). Will ein Gericht von einem anderen OLG – oder auch vom BGH (Köln NZV **05**, 111) – abweichen, aber der Rspr des EuGH folgen, so besteht keine Vorlegungspflicht (BGH **33**, 76; dazu KK-Feilcke 13), ebenso wenig bei Differenzen über die Auslegung des Rechts der Europäischen Gemeinschaft, denn die verbindliche Auslegung steht dem EuGH zu (BGH **36**, 92). Unzulässig ist die Vorlegung, wenn der Gesetzgeber den Inhalt einer zunächst unterschiedlich ausgelegten Vorschrift durch einen neuen Gesetzgebungsakt klargestellt hat (BGH **46**, 17). Das Gesetz zur Modernisierung des Strafverfahrens vom 10.12.2019 hat die Divergenzvorlagepflicht auf die Fälle der Besetzungsrüge nach § 222b III S 1 ausgedehnt (I Nr 4, soeben 4a).

5a   II betrifft **nur Abweichungen in Rechtsfragen** (BGH 4 StR 547/16 vom 27.4.2017; **27**, 212, 214; BGH **29**, 18; **31**, 86; **314**; **46**, 358; **52**, 84 [Verhältnisse des Einzelfalls; abl Grosse-Wilde HRRS **09**, 363]). Eine Rechtsfrage ist eine Frage, die sich auf die Auslegung einer Rechtsnorm (vgl BGH **56**, 289, 292) oder auf die Formulierung von allgemeinen rechtlichen Grundsätzen und Anforderungen bezieht, deren Geltung sich aus einer Rechtsnorm oder einem Normgefüge ableitet und über die im Revisionsrechtszug bei der Nachprüfung des für die Entscheidung maßgeblichen Rechts mit zu entscheiden wäre (BGH 4 StR 547/16 vom 27.4.2017 mwN; BGH **52**, 84, 86 ff; zur Abgrenzung von der Tatfrage und zur Identität der Rechtsfrage vgl ferner SSW-Quentin 16; Schroth JR **90**, 94 ff). Dazu gehören auch Fragen, die Inhalt und Tragweite allgemeiner Erfahrungssätze betreffen (BGH **23**, 156, 159; **31**, 86, 89; **39**, 291, 294). Die Vorlegungspflicht wird nicht dadurch berührt, dass sich widersprechenden Entscheidungen (unterschiedliche) rechtliche Bestimmungen verschiedener Länder zur Grundlage haben (BGH **21**, 293).

5b   **Es kommt nicht darauf an,** ob das OLG das angefochtene Urteil aufheben oder bestätigen will, ob die abweichende Rechtsauffassung erst vom OLG oder schon im angefochtenen Urteil vertreten wird (BGH **17**, 205) und ob die Entscheidung durch Urteil oder durch Beschluss ergehen soll. Daher entsteht die Vorlegungspflicht ggf auch bei der Entscheidung nach § 346 II StPO (BGH **11**, 152) oder nach § 206a StPO. Jedoch muss sich das OLG eine abschließende Meinung über die Erheblichkeit der Vorlegungsfrage (unten 6) gebildet haben. Zu Entscheidungen über die Revision gehört nicht die Entscheidung über die Einstellung des Verfahrens nach § 153 StPO (BGH **12**, 213), über die Wiedereinsetzung in den vorigen Stand (Bay **70**, 9) und – ausgenommen die Fälle nach II Nr 3 – über eine Beschwerde (BGH **13**, 46). Die Nichtvorlage trotz zweifelsfrei gegebener Vorlegungsvoraussetzungen begründet die Verfassungsbeschwerde (Schroth JR **90**, 93 mwN). Der nach § 80a I OWiG allein entscheidende Richter darf nicht vorlegen; er hat vielmehr die Entscheidung des Senats nach § 80a III OWiG herbeizuführen (BGH **44**, 144). Die Voraussetzungen für die Vorlegung entfallen, wenn die streitige Rechtsfrage durch den BGH entschieden wurde (BGH 5 StR 230/18 vom 12.12.2018).

8. Titel. Oberlandesgerichte § 121 GVG

Bei den nach § 67d III und VI S 1 StGB zu treffenden **Entscheidungen über** 5c
die Erledigung oder die Zulässigkeit weiterer Vollstreckung einer Maßregel
der Sicherungsverwahrung (§§ 66–66b StGB, §§ 7 II–IV, 106 III–7 JGG) und der
Unterbringung in einem psychiatrischen Krankenhaus (§ 63 StGB) endet der Instanzenzug beim OLG. Dadurch besteht die Gefahr der Ungleichbehandlung der
Untergebrachten. Diese Gefahr ist durch die Entscheidung des EGMR vom
17.12.2009 (dazu 2 zu § 275a StPO) besonders akut geworden, nachdem dort die
nachträgliche Verlängerung der Sicherungsverwahrung für eine vor dem 30.1.1998
begangene Tat für menschenrechtswidrig erklärt worden ist (vgl BT-Drucks 17/
2350 S 6); es haben sich Zweifel ergeben, inwieweit die Gerichte der BRD sich
nach dieser Entscheidung zu richten haben (vgl Koblenz JR **10**, 306 und dazu
BVerfG JR **10**, 307; näher Gaede HRRS **10**, 329). Um hier eine einheitliche
Rspr zu ermöglichen, ist durch Ges vom 24.7.2010 die Vorlagepflicht nach II Nr 3
(hinsichtlich einer nach dem 1.1.2010 ergangenen Entscheidung) geschaffen worden.

5) Nur die **Außendivergenz** betrifft II (krit Lilie [14 zu § 132] S 44 ff), dh den 6
Fall, dass ein OLG von der – in einer Revisions- oder Rechtsbeschwerdesache,
nicht in Zivilsachen (Stuttgart DAR **95**, 32 mwN) ergangenen – Entscheidung
eines anderen OLG oder des BGH abweichen will. Es bleibt ein Fall der Divergenz, wenn der BGH-Senat, von dem abzuweichen beabsichtigt ist, nicht mehr
besteht (BGH **17**, 360; VRS **41**, 437; Kleinknecht JZ **59**, 182). Dasselbe gilt,
wenn das andere OLG nicht mehr besteht (BGH **52**, 364, 369 mwN hinsichtlich
des aufgelösten BayObLG; zw Rieß NStZ **09**, 230), es sei denn, das OLG, das
abweichen will, ist das alleinige Nachfolgegericht des nicht mehr bestehenden
OLG (LR-Franke 44; Rieß aaO; erg 14 zu § 132).

Dass **RsprVereinbarungen** zulässig sind, folgt jetzt aus § 132 III S 1; die Vorle- 7
gungspflicht entfällt somit, wenn das OLG, von dessen Entscheidung abgewichen
werden soll, auf Anfrage erklärt, an seiner früheren Rechtsauffassung nicht mehr
festhalten zu wollen (vgl BGH **14**, 319; NJW **96**, 3219).

6) Um ein **Abweichen** (dazu Schroth JR **90**, 96) handelt es sich nicht nur, 8
wenn das OLG eine Gesetzesbestimmung anders auslegen will, sondern auch dann,
wenn der gleiche Rechtsgrundsatz in mehreren Gesetzesbestimmungen enthalten
ist und das OLG ihn anders auffasst (BGH **6**, 41, 42; **31**, 195, 198 mwN). Das
Gleiche gilt bei Meinungsverschiedenheit im Landesrecht, und zwar auch, wenn es
sich um inhaltsgleiche Bestimmungen verschiedener Länder handelt (BGH bei
Herlan GA **59**, 49). Ein Abweichen liegt aber nicht vor, wenn infolge einer Entscheidung des BVerfG (BGH **44**, 171, 173; vgl auch BGH NJW **77**, 686) oder
einer Gesetzesänderung die tragenden Grundlagen der früheren Entscheidung
weggefallen sind (Bay **86**, 75, 80; **92**, 127, 130). Zwischen Entscheidungen der
Straf- und der Zivilsenate besteht hinsichtlich der Vorlegungspflicht kein Unterschied (BGH **13**, 373; Karlsruhe Justiz **88**, 73); Abweichen von einer Entscheidung
des Ermittlungsrichters des BGH zwingt nicht zur Vorlage (SK-Frister 14;
offen gelassen von BGH **44**, 171, 173). Das OLG muss jedoch auch dann vorlegen,
wenn es die Ansicht eines anderen OLG billigen will, von der inzwischen ein drittes OLG abgewichen ist (vgl BGH **13**, 49). Ist dagegen ein OLG vom BGH abgewichen, so braucht das OLG, das sich dem BGH anschließen will, nicht vorzulegen (BGH bei Herlan GA **59**, 338). Auch wenn der BGH inzwischen so
entschieden hat, wie das vorlegende Gericht entscheiden will, ist eine Vorlage
nicht zulässig (BGH GA **82**, 126).

7) Die **Innendivergenz**, dh den Fall des Abweichens eines Senats des OLG 9
von einem anderen Senat desselben OLG, behandelt II nicht. Haben zwei Senate
desselben OLG divergierende Entscheidungen erlassen, so muss ein anderes OLG
die Sache dem BGH vorlegen, wenn es von einer der beiden divergierenden Entscheidungen des anderen OLG abweichen will. Eine gesetzliche Regelung zur
Vermeidung der Innendivergenz besteht nur in § 132 II für den BGH und bestand

nach § 10 I **EGGVG** für das BayObLG. Beim Zusammentreffen der Innendivergenz mit einer Außendivergenz gilt II, ebenso bei mehrfacher Außendivergenz, dh wenn das OLG bei seiner Revisionsentscheidung von mehreren OLGen abweichen will, die verschieden oder gleich entschieden haben.

10 8) **Entscheidungserheblich,** und zwar für die frühere und die neue Entscheidung, muss die betreffende Rechtsansicht sein (BGH **7**, 314; **36**, 389, 394; NJW **86**, 1271, 1272 ae; Düsseldorf VRS **83**, 435); stillschweigende Stellungnahme in diesem Sinn genügt (BGH **11**, 34). Es ist kein Vorlegungsgrund, wenn das OLG nur in der Begründung seiner Rechtsansicht, nicht aber im Ergebnis von einer Entscheidung eines anderen OLG oder des BGH abweichen will (BGH NStZ **00**, 222; VRS **59**, 345). Ob die Rechtsansicht für die neue Entscheidung als Grundlage (vgl § 358 I StPO) erheblich ist, hängt von der Auffassung des vorlegenden OLG ab, es sei denn, dass diese offenbar unhaltbar ist oder Gegenstand einer Verfassungsbeschwerde werden kann (BGH **22**, 94, 100; **25**, 325, 328; NStZ **85**, 217, 218; KK-Feilcke 43 ff). Eine Tatfrage ist der Klärung im Vorlegungsverfahren auch dann nicht zugänglich, wenn das vorlegende OLG sie als Rechtsfrage behandelt hat (BGH NStZ **95**, 409, 410). Dies gilt gleichermaßen, wenn die dem Revisionsverfahren zugrunde liegenden tatsächlichen Feststellungen völlig unzureichend sind und der Sachverhalt ungeklärt ist (BGH NStZ-RR **19**, 60).

11 Eine **die frühere Entscheidung nicht tragende Rechtsäußerung** (obiter dictum) hat nur eine freie Autorität (vgl BVerfGE **3**, 261). Die Absicht, von ihr abzuweichen, verpflichtet nicht zur Vorlegung (BGH **3**, 234; SK-Frister 26; erg aber unten 13).

12 9) Der **Vorlegungsbeschluss,** der nur in einer Hauptverhandlung ergehen kann, wenn das OLG die beabsichtigte Entscheidung durch Urteil treffen muss (BGH **29**, 310), muss die dem BGH vorgelegte Frage genau formulieren und die Entscheidungserheblichkeit darlegen (BGH VRS **59**, 345). Eine eigene Stellungnahme ist entbehrlich, wenn das OLG mit jeder möglichen Entscheidung von der Ansicht der Strafsenate des BGH abweichen würde (BGH **30**, 93, 95). Der Beschluss ist dem Angeklagten mitzuteilen (§ 35 II StPO). Dieser erhält dadurch Gelegenheit, sich zu dem Zwischenverfahren bei dem BGH zu äußern. Der Beschluss ist nicht anfechtbar (§ 304 IV StPO). Erachtet der BGH die Vorlegungsvoraussetzungen nicht für gegeben, so erlässt er einen Beschluss, dass die Sache an das vorlegende Gericht zurückgegeben wird.

13 10) **Nur eine Teilentscheidung** trifft der BGH nach der Vorlegung. Voraussetzung ist die Zulässigkeit der Vorlegung. Hieran fehlt es, wenn die Revision oder Rechtsbeschwerde unzulässig ist. In diesem Fall verwirft der BGH das Rechtsmittel (vgl BGH JZ **63**, 596). Bei Zulässigkeit des Rechtsmittels entscheidet der BGH nur über die Rechtsfrage (BGH **3**, 72). Er ist jedoch nicht gehindert, eine zu eng oder zu weit gefasste Vorlegungsfrage zu präzisieren; hat er sie weiter gefasst, um eine sinnvolle und erschöpfende Antwort geben zu können, ist diese für die OLGe insgesamt bindend, eine erneute Vorlegung also nur zulässig, wenn ein OLG von der Antwort auf diese weiter gefasste Frage abweichen will (BGH **43**, 277).

14 Eine **volle Sachentscheidung** trifft der BGH nur, wenn es ihm aus besonderen Gründen zweckmäßig erscheint (BGH **2**, 63; **17**, 14; **39**, 291, 294; BGHR § 121 II Sachentscheidung 1; zust EbSchmidt JR **62**, 290; weitergehend Baur JZ **53**, 328). In diesem Fall ist das Verfahren nach den §§ 350, 351 StPO zu gestalten (Jagusch NJW **62**, 1647; vgl auch Baur JZ **64**, 597; Einl 23 ff).

15 Die **Inzidententscheidung** bildet einen Bestandteil der Revisionsentscheidung. Darüber hinaus entsteht eine Bindung aus Rechtsgründen nicht (vgl 18, 19 zu § 132). Das OLG kann im nächsten Fall gleicher Art die Sache wieder vorlegen; die Gerichte sind nur an das Gesetz – dh an die Rechtsnormen (§ 7 **EGStPO**) – gebunden (§ 25 **DRiG**).

11) Weitere Zuständigkeiten des OLG: § 159; §§ 121, 138c, 172 StPO, vgl 16
auch §§ 4, 12, 14, 15, 19, 27 StPO; § 25 **EGGVG;** §§ 13 I, 44 I, 61 I, 65 IRG;
wegen der Zuständigkeit des OLG bei KartellOWien vgl § 82 GWB.

12) Zuständigkeitskonzentration (III): Hiernach sind Entscheidungen nach 17
§§ 116, 117, 138 III **StVollzG** für Nordrhein-Westfalen durch VO vom 8.1.1985
(GVBl.NW 46) dem OLG Hamm, für Niedersachsen durch VO vom 28.12.2009
(Nds.GVBl 506) dem OLG Celle übertragen; um Rechtswegaufteilungen zu vermeiden ist in diesem Fall das für Rechtsbeschwerdeverfahren nach §§ 116 ff
StVollzG zuständige OLG auch für Beschwerden über prozessuale Nebenentscheidungen in Straf- und Maßregelvollzugssachen zuständig (Celle StraFo **15**, 346;
aM Celle NdsRpfl **94**, 22: Streitwertfestsetzung; vgl auch BGH NStZ **83**, 44).
Erg 14 zu § 4 StPO.

[Besetzung der Senate]

122 ¹ Die Senate der Oberlandesgerichte entscheiden, soweit nicht nach
den Vorschriften der Prozeßgesetze an Stelle des Senats der Einzelrichter zu entscheiden hat, in der Besetzung von drei Mitgliedern mit
Einschluß des Vorsitzenden.

II ¹ Die Strafsenate entscheiden über die Eröffnung des Hauptverfahrens des
ersten Rechtszuges mit einer Besetzung von fünf Richtern einschließlich des
Vorsitzenden. ² Bei der Eröffnung des Hauptverfahrens beschließt der Strafsenat, daß er in der Hauptverhandlung mit drei Richtern einschließlich des
Vorsitzenden besetzt ist, wenn nicht nach dem Umfang oder der Schwierigkeit der Sache die Mitwirkung zweier weiterer Richter notwendig erscheint.
³ Über die Einstellung des Hauptverfahrens wegen eines Verfahrenshindernisses entscheidet der Strafsenat in der für die Hauptverhandlung bestimmten
Besetzung. ⁴ Ist eine Sache vom Revisionsgericht zurückverwiesen worden,
kann der nunmehr zuständige Strafsenat erneut nach Satz 2 über seine Besetzung beschließen.

1) Besetzung: 1

A. Als **Rechtsmittelgerichte** (§ 121) entscheiden die Strafsenate immer in der 2
Besetzung von 3 Richtern einschließlich des Vorsitzenden.

B. Wird der Strafsenat **als Gericht des ersten Rechtszuges** (§ 120) tätig, ist 3
zu unterscheiden: Vor der Eröffnung des Hauptverfahrens entscheidet der Strafsenat stets in der Besetzung mit 3 Richtern (I), über die Eröffnung – auch im Fall
des § 225a StPO (dazu Stuttgart NStZ **09**, 348; erg 3 aE zu § 120) – hingegen
immer mit 5 Richtern einschließl. des Vorsitzenden (II S 1). In der Hauptverhandlung ist der Strafsenat je nach der bei der Eröffnung zu treffenden Entscheidung
mit 3 oder mit 5 Richtern einschließlich des Vorsitzenden besetzt. Damit ist eine
§ 76 II entspr Regelung für das OLG übernommen worden. Wie dort soll auch
hier idR in der reduzierten Besetzung verhandelt werden, wie sich aus der Fassung
der Vorschrift ergibt. Nach Zurückverweisung einer Sache durch den BGH kann
das OLG eine andere Besetzung beschließen (II S 4; KK-Feilcke 3a). Soweit im
Hauptverfahren die Einstellung wegen eines Verfahrenshindernisses erfolgen soll
(§§ 206a, 260 III StPO), richtet sich die Besetzung nach derjenigen in der Hauptverhandlung (II S 3); dasselbe gilt für während einer Hauptverhandlung zu treffende Haftentscheidungen, auch wenn die Entscheidung selbst außerhalb der Hauptverhandlung ergeht (BGH **43**, 91 = NStZ **97**, 606 mit zust Anm Dehn = JR **98**,
33 mit abl Anm Katholnigg; dem BGH zust auch Schlothauer StV **98**, 144, abl
hingegen SK-Frister 11; Foth NStZ **98**, 262).

Nicht geregelt ist, in welcher Besetzung sonstige Entscheidungen außerhalb 4
der Hauptverhandlung zu treffen sind. Da sich aber der Grundsatz der 3er-Besetzung aus I ergibt und hiervon nur in II S 1 und S 3 Ausnahmen gemacht sind,
verbietet sich nach ganz hM eine entspr Anwendung des II S 3 auf andere Be-

schlüsse, etwa nach §§ 206b, 370, 441, 442 StPO (SK-Frister 9 mwN; **aM** Katholnigg 5).

5 II S 3 gilt auch dann, wenn sich die Entscheidung nur auf einen prozessrechtlich selbstständigen Verfahrensteil bezieht (BGH **38**, 312, 313).

6 2) Zu den Begriffen **Umfang oder Schwierigkeit der Sache** in II S 2 vgl 7 zu § 76 mit der Abwandlung, dass die Tatsache des Vorliegens einer Staatsschutzsache hier für sich natürlich noch nicht diese Voraussetzungen erfüllt.

7 3) **Revision:** Dass Umfang oder Schwierigkeit der Sache die Zuziehung von 2 weiteren Richtern erfordert hätten, kann auch hier mit der Revision nicht gerügt werden (erg 17 zu § 76).

9. Titel. Bundesgerichtshof

[Sitz]

123 Sitz des Bundesgerichtshofes ist Karlsruhe.

1 1) Der **5. StS des BGH,** der seit 1952 in Berlin ansässig war, sowie die dazu gehörige Dienststelle des GBA haben seit 14.7.1997 ihren Sitz in Leipzig (erg 2 zu § 130; mWv 15.12.2020 hat das BMJV in Leipzig den 6. StS des BGH errichtet). Rechtlich ist ihr Sitz dennoch Karlsruhe, was angesichts unterschiedlicher Feiertage in den Bundesländern wegen § 43 II Bedeutung erlangen kann (vgl Dietlein Berliner AnwBl **18**, 372).

[Besetzung]

124 Der Bundesgerichtshof wird mit einem Präsidenten sowie mit Vorsitzenden Richtern und weiteren Richtern besetzt.

[Ernennung der Mitglieder]

125 ¹Die Mitglieder des Bundesgerichtshofes werden durch den Bundesminister der Justiz und für Verbraucherschutz gemeinsam mit dem Richterwahlausschuß gemäß dem Richterwahlgesetz berufen und vom Bundespräsidenten ernannt.

ᴵᴵ Zum Mitglied des Bundesgerichtshofes kann nur berufen werden, wer das fünfunddreißigste Lebensjahr vollendet hat.

1 1) Das **RichterwahlG** vom 25.8.1950 (BGBl 368; III 301-2), ÄndG vom 30.7.1968 (BGBl I 873), enthält die nähere Regelung.

2 2) Die **Ernennung** durch den BPräs (Art 60 I GG) bedarf der Gegenzeichnung des BMJV (Art 58 GG). Vgl auch Anordnung des BPräs vom 14.7.1975 (BGBl I 1915; III 2030-11–47) mit Änderung vom 10.10.1978 (BGBl I 1685).

126-129 (weggefallen)

[Senate; Ermittlungsrichter]

130 ᴵ ¹Bei dem Bundesgerichtshof werden Zivil- und Strafsenate gebildet und Ermittlungsrichter bestellt. ²Ihre Zahl bestimmt der Bundesminister der Justiz und für Verbraucherschutz.

ᴵᴵ Der Bundesminister der Justiz und für Verbraucherschutz wird ermächtigt, Zivil- und Strafsenate auch außerhalb des Sitzes des Bundesgerichtshofes

9. Titel. Bundesgerichtshof §§ 131–132 GVG

zu bilden und die Dienstsitze für Ermittlungsrichter des Bundesgerichtshofes zu bestimmen.

1) Die **Anzahl** der institutionellen Senate bestimmt der BMJV durch Verwaltungsanordnung, und zwar nicht nur die Gesamtzahl, sondern auch die Zahl der Straf- und Zivilsenate (zZ 5 Straf- und 12 Zivilsenate). 1

2) Der **auswärtige Senat** (II) ist lediglich Spruchkörper des BGH, also nicht ein von diesem verschiedener Gerichtskörper. Die JV greift hier weder in sachlicher noch in persönlicher Beziehung in die Geschäftsverteilung ein. Daher bedarf es im Fall des II (anders als in den Fällen der §§ 78 II, 116 II) nicht einer Rechts-VO. Aufgrund der AO des BMJV vom 2.7.1997 (BAnz Nr 125) befindet sich der 5. StS, ferner seit 15.2.2020 der 6. StS in Leipzig (erg 1 zu § 123). 2

3) Den **Dienstsitz für Ermittlungsrichter des BGH** (II; § 169 StPO) kann der BMJ ebenfalls bestimmen, jedoch nur im Einvernehmen mit dem Präsidium, das die Ermittlungsrichter bestellt und die Geschäfte auf sie verteilt. 3

131, 131a (weggefallen)

[Große Senate; Vereinigte Große Senate]

132

I [1] Beim Bundesgerichtshof werden ein Großer Senat für Zivilsachen und ein Großer Senat für Strafsachen gebildet. [2] Die Großen Senate bilden die Vereinigten Großen Senate.

II Will ein Senat in einer Rechtsfrage von der Entscheidung eines anderen Senats abweichen, so entscheiden der Große Senat für Zivilsachen, wenn ein Zivilsenat von einem anderen Zivilsenat oder von dem Großen Zivilsenat, der Große Senat für Strafsachen, wenn ein Strafsenat von einem anderen Strafsenat oder von dem Großen Senat für Strafsachen, die Vereinigten Großen Senate, wenn ein Zivilsenat von einem Strafsenat oder von dem Großen Senat für Strafsachen oder ein Strafsenat von einem Zivilsenat oder von dem Großen Senat für Zivilsachen oder ein Senat von den Vereinigten Großen Senaten abweichen will.

III [1] Eine Vorlage an den Großen Senat oder die Vereinigten Großen Senate ist nur zulässig, wenn der Senat, von dessen Entscheidung abgewichen werden soll, auf Anfrage des erkennenden Senats erklärt hat, daß er an seiner Rechtsauffassung festhält. [2] Kann der Senat, von dessen Entscheidung abgewichen werden soll, wegen einer Änderung des Geschäftsverteilungsplanes mit der Rechtsfrage nicht mehr befaßt werden, tritt der Senat an seine Stelle, der nach dem Geschäftsverteilungsplan für den Fall, in dem abweichend entschieden wurde, zuständig wäre. [3] Über die Anfrage und die Antwort entscheidet der jeweilige Senat durch Beschluß in der für Urteile erforderlichen Besetzung; § 97 Abs. 2 Satz 1 des Steuerberatungsgesetzes und § 74 Abs. 2 Satz 1 der Wirtschaftsprüferordnung bleiben unberührt.

IV Der erkennende Senat kann eine Frage von grundsätzlicher Bedeutung dem Großen Senat zur Entscheidung vorlegen, wenn das nach seiner Auffassung zur Fortbildung des Rechts oder zur Sicherung einer einheitlichen Rechtsprechung erforderlich ist.

V [1] Der Große Senat für Zivilsachen besteht aus dem Präsidenten und je einem Mitglied der Zivilsenate, der Große Senat für Strafsachen aus dem Präsidenten und je zwei Mitgliedern der Strafsenate. [2] Legt ein anderer Senat vor oder soll von dessen Entscheidung abgewichen werden, ist auch ein Mitglied dieses Senats im Großen Senat vertreten. [3] Die Vereinigten Großen Senate bestehen aus dem Präsidenten und den Mitgliedern der Großen Senate.

Schmitt

VI ¹Die Mitglieder und die Vertreter werden durch das Präsidium für ein Geschäftsjahr bestellt. ²Dies gilt auch für das Mitglied eines anderen Senats nach Absatz 5 Satz 2 und für seinen Vertreter. ³Den Vorsitz in den Großen Senaten und den Vereinigten Großen Senaten führt der Präsident, bei Verhinderung das dienstälteste Mitglied. ⁴Bei Stimmengleichheit gibt die Stimme des Vorsitzenden den Ausschlag.

1 **1) Bildung Großer Senate:**
2 A. Für **Zivil- und Strafsachen** wird jeweils ein **Großer Senat** errichtet. Die unterschiedliche Besetzung (V S 1) rechtfertigt sich daraus, dass die Zahl der Zivilsenate die der Strafsenate erheblich übersteigt (zZ 12 ZS, 5 StS), dh der GrZS hat 13, der GrStS 11 Mitglieder; damit soll in etwa ein Gleichgewicht zwischen den GrS hergestellt werden (BT-Drucks 11/3621 S 55); dazu tritt ggf noch 1 Mitglied nach V S 2 aus einem anderen Senat (Senat für Anwaltssachen, § 106 BRAO, für Landwirtschaftssachen, § 2 LwVG, für Notarsachen, § 106 BNotO, für Patentanwaltssachen, § 90 PatAO, für Steuerberater- und Steuerbevollmächtigtensachen, § 97 StBerG, und für Wirtschaftsprüfersachen, § 74 WiPrO, sowie das Dienstgericht des Bundes, §§ 61, 79 DRiG, und der Kartellsenat § 95 GWB).
3 Die **Vereinigten Großen Senate** bestehen daher idR aus 23 Mitgliedern, zu denen ggf noch 1 Mitglied nach V S 2 hinzutreten kann.
4 B. Für jedes Mitglied ist ein **Vertreter** zu bestellen. Die Bestellung erfolgt durch das Präsidium für 1 Jahr (VI). Auch das nach V S 2 mitwirkende weitere Mitglied und dessen Vertreter werden durch das Präsidium bestimmt (zur Auswahl der Mitglieder Fischer StraFo **14**, 312).
5 C. Den **Vorsitz** führt stets der Präsident des BGH. Im Gegensatz zur früheren Regelung wird er nicht durch den Vizepräsidenten, sondern durch das dienstälteste Mitglied vertreten, auch wenn dieses nur Richter am BGH ist und VorsRichter am BGH mitwirken. Stimmengleichheit kann es zZ nur bei Hinzutritt eines Mitglieds nach V S 2 geben, da lediglich hier eine gerade Teilnehmerzahl erreicht wird. Stimmenthaltung ist nicht gestattet (vgl § 195).

6 **2) Verfahren:**
7 A. Eine **Zuständigkeit** für den GrS oder die Vereinigten GrS kann sich nur in 2 Fällen ergeben: Entweder bei bestehender Innendivergenz (II, dazu unten 13 f) oder bei einer Vorlage wegen grundsätzlicher Bedeutung (IV, dazu unten 15 ff). Eine Vorlage sowohl nach II als auch nach IV ist zulässig, allerdings müssen dabei die jeweiligen Zulässigkeitsvoraussetzungen erfüllt sein (Kissel/Mayer 30; vgl aber auch BGH GrS NJW **08**, 860: IV geht II vor; dagegen Ignor/Bertheau NJW **08**, 2211).
8 B. Bei beabsichtigter **Abweichung (II)** ist die Vorlage nur zulässig, wenn der andere Senat erklärt hat, dass er an seiner Meinung festhalten will (III S 1). Bei beabsichtigter Abweichung von der Rspr mehrerer Senate ist bei jedem von ihnen anzufragen. Besteht der andere Senat nicht mehr, so tritt an die Stelle des weggefallenen Senats der nunmehr zuständige (III S 2). Ist der Senat, der abweichen will, jetzt allein zuständig, so entfällt die Vorlage (BGH **11**, 15, 17; KK-Feilcke 6). Bei Zweifeln über die Zuständigkeit muss das Präsidium entscheiden. Wird ein anderer Senat mit einer Rechtsfrage aus einem Spezialgebiet befasst (zB infolge Verbindung mehrerer Strafsachen oder in einem Zivilprozess) und will er von der Auffassung des Spezialsenats abweichen, so ist vorzulegen.
9 Die **Entscheidung über Anfrage und Antwort** ergeht in der Urteilsbesetzung, dh durch 5 Mitglieder einschließlich des Vorsitzenden des Senats (§ 139 I); lediglich der StBerS und der WiPrS entscheiden nur in der Besetzung von 3 Berufsrichtern. Bei der Beratung sollten aber alle Senatsmitglieder mitwirken; welche Rchter entscheiden, richtet sich aber nach den senatsinternen Mitwirkungsgrundsätzen (§ 21g II; Rissing-van Saan aaO 516).
10 Bei **Zustimmung des Senats**, von dessen Auffassung abgegangen werden soll, erübrigt sich die Vorlegung (BGH **4**, 316, 319). Die Zustimmung wird in der neu-

en Entscheidung erwähnt. Damit wird diese richtungweisend (Kleinknecht JZ 59, 182 ff; vgl 8 zu § 121). Die Anfrage selbst erzeugt noch keine Bindungswirkung (BGH 1 StR 427/04 vom 19.10.2004), hindert also nicht eine Entscheidung auf der Grundlage der bisherigen Rspr (BGH **61**, 263: auch nicht des anfragenden Senats), auch nicht die Vorlegung (BGH StV **10**, 60), wohl aber die zustimmende Antwort des angefragten Senats (BGH aaO; BGHR Anfrageverfahren 1; LR-Franke 21).

Innerhalb eines Senates gibt es keine Bindungswirkung einzelner Spruch- **10a** gruppen an die Rspr anderer Spruchgruppen (vgl BGH **61**, 263). Ein Verfahren zur Auflösung einer solchen Binnendivergenz ist im Gesetz nicht vorgesehen (Dölp StraFo **18**, 379; **aM** Fischer Schlothauer-FS 471, 483, der den Begriff „Senat" in II im Sinne des „entscheidenden Quorums" [§ 192 I GVG] mit der Folge einer Vorlagepflicht einzelner Spruchgruppen bei senatsinternen Abweichungen verstehen will); eine etwaige Plenumsentscheidung aller 7 oder 8 Richter eines Senates hat für die im Einzelfall zuständige Sitzgruppe keine Bindungswirkung (BGH aaO; Fischer aaO 482). Dies erscheint mit Blick auf die durch den BGH zu gewährleistende Einheitlichkeit der Rechtsanwendung unbefriedigend und mit dem „komplizierten Regelwerk" (Mosbacher JuS **17**, 127, 130) zur Herstellung einer Rspr bei Differenzen verschiedener StS unvereinbar. Für das Verfahren nach II könnte die uneinheitliche Rspr desselben Senates allerdings bedeuten, dass das Anfrageverfahren obsolet bzw bei Festhalten an der Anfrage unzulässig wird, wenn eine Spruchgruppe des vorlegenden Senates die Vorlagefrage anders – etwa iSd bisherigen Rspr (vgl 10) – entscheidet (BGH NStZ-RR **17**, 112; Mosbacher aaO).

C. **Durch Beschluss** des Senats wird die genau formulierte Rechtsfrage dem **11** GrS vorgelegt (12 zu § 121). Damit wird das Zwischenverfahren eingeleitet. Die Anhörung der Verfahrensbeteiligten ist nicht erforderlich (**aM** KK-Feilcke 14; SK-Frister 19), der Beschluss wird ihnen jedoch bekanntgegeben (Kissel/Mayer 26). Der Beschluss kann auch nach einer – dann auszusetzenden – Hauptverhandlung (§ 351 StPO) ergehen (BGH NStZ **92**, 230). Das Zwischenverfahren wird durch einen Beschluss des GrS (mit Entscheidungsgründen) abgeschlossen, in dem entweder die Entscheidung wegen Fehlens der Vorlegungsvoraussetzungen abgelehnt oder der beschlossene Rechtssatz festgestellt wird (§ 138 I). Die Entscheidung unterbleibt, wenn der vorlegende Senat – etwa auf Anregung des GrS – den Vorlegungsbeschluss vorher zurücknimmt oder der andere Senat nun doch nicht mehr an seiner abweichenden Meinung festhalten will (erg unten 14; **aM** Tolksdorf Krüger-FS 489, 505, der jedenfalls hinsichtlich der vorgelegten Rechtsfrage von einer Selbstbindung des vorlegenden Senates ausgeht; vgl zum Verfahren allgemein auch May DRiZ **83**, 305).

D. **Für die Mitwirkung** im Verfahren gelten die §§ 22 ff StPO (Kissel/Mayer **12** 2); denn es wird eine Teilentscheidung zu dem anhängigen Verfahren getroffen (vgl 13, 15 zu § 121). Der GrS ist aber keine Rechtsmittelinstanz; sonst wären gerade die Mitglieder des erkennenden Senats ausgeschlossen (§ 23 I StPO), was nicht der Fall ist (V S 1). Die Mitglieder des GrS sind in ihrer Entscheidung frei; sie sind insbesondere nicht an die Auffassung gebunden, die „ihr" Senat im Anfrageverfahren (oben 8) vertreten hat (Rissing-van Saan Widmaier-FS 510).

3) **Innendivergenz** (vgl 9 zu § 121): Ein Abweichen des einen Senats von der **13** Rechtsauffassung eines anderen Senats des BGH bei unveränderter Rechtslage wird durch die Institution des GrS vermieden. Diese ist notwendig, weil es eine Hauptaufgabe des BGH ist, für die Einheitlichkeit der Rspr zu sorgen (vgl §§ 121 II, 120 III, ferner §§ 29 I S 2 **EGGVG**; § 28 FGG). Die Bestimmung will nicht eine Änderung der Rspr des BGH verhindern, die nicht durch den GrS sanktioniert worden ist; sie will nur vermeiden, dass mehrere widersprechende Entscheidungen verschiedener Senate des BGH bestehen, von denen keiner eindeutig die richtungsweisende Funktion zukommt. Die Nichtvorlage kann gegen Art 101 I S 2 GG verstoßen (BVerfG NStZ **93**, 90; **95**, 76; NJW **95**, 2914; Stam HRRS **11**, 79; erg 6 zu § 16). Art 100 1 S 1 GG geht vor.

14 Es ist **kein Vorlegungsfall**, wenn ein Senat seine eigene Rspr ändert, ohne dabei mit der Auffassung eines anderen Senats in Kollision zu geraten (Katholnigg 4). Hat ein Senat nach der Geschäftsverteilung die ausschließliche Zuständigkeit für ein bestimmtes Rechtsgebiet, kann er bei einer nur dieses betreffenden Rechtsfrage ohne Vorlegung von der Rechtsansicht eines anderen Senats abweichen (KK-Feilcke 6). Vorlegungspflicht besteht nach hM wie in § 121 (dort 10) nur bei beabsichtigtem Abweichen von tragenden Entscheidungsgründen (Rönnau StraFo **14**, 266; **aM** Lilie, Obiter dictum und Divergenzausgleich in Strafsachen, 1993, S 263). Auch von der in einer nur vorläufigen Entscheidung eines anderen Senats, zB im Rahmen einer Haftprüfung, geäußerten Rechtsansicht kann ohne Anfrage abgewichen werden.

14a Eine **Vorlagepflicht an den EuGH** kann nach Art 267 AEUV bestehen, wenn es für das Urteil relevante Fragen geht, welche die Auslegung der Verträge betreffen (näher Leipold Fischer-FS 737 mit kritischen Anm zur restriktiven Praxis des BGH). Die **Vorlagepflicht entfällt,** wenn Entscheidungen des BVerfG (§ 31 I BVerfGG) oder des EuGH (Art 267 AEUV) rechtliche Bindungswirkung entfalten. Dies trifft grundsätzlich nicht auf Entscheidungen des EGMR zu, da die Vertragsparteien nach Art 46 EMRK lediglich im Hinblick auf einen bestimmten Streitgegenstand an das endgültige Urteil des EGMR gebunden sind. Der BGH macht hiervon eine Ausnahme, wenn der EGMR eine Rechtsfigur des deutschen Richterrechts als nicht ausreichende Kompensation einer Konventionsverletzung im Sinne von Art 41 EMRK angesehen hat und deshalb eine erneute Verurteilung der Bundesrepublik Deutschland durch den Gerichtshof zu besorgen ist (BGH **60**, 276 = NJW **16**, 91, 97 mit Anm Eisenberg: Strafzumessungslösung bei unzulässiger Tatprovokation; siehe Einl 148a sowie 4b zu Art 6 EMRK).

15 **4) Grundsätzliche Rechtsfragen:**

16 A. **Auch ohne RsprDivergenz** kann der GrS angerufen werden, wenn es sich um eine Rechtsfrage (dazu näher 5 zu § 121 GVG) handelt, die nicht dem Verfassungsgericht vorbehalten (Einl 220) und nicht nur für den Einzelfall von sachentscheidender Bedeutung ist (über das Erfordernis der Entscheidungserheblichkeit vgl auch 10 zu § 121), sondern auch grundsätzliche Bedeutung hat (BGH **33**, 356, 359 [GSSt]; KK-Feilcke 18). Die Vorlage nach IV und die nach II stehen gleichberechtigt nebeneinander (Tolksdorf Krüger-FS 489, 497; SSW-Quentin 7; so im Erg auch BGH **52**, 124; NJW **07**, 3294, 3298; **aM** LR-Franke 39; Rissing-van Saan Widmaier-FS 517, 519). In den Fällen des IV muss ein Anfrageverfahren selbst dann nicht durchgeführt werden, wenn auch eine Divergenzvorlage nach II in Betracht käme (BGH GSSt 1/16 vom 15.7.2016 mwN). Eine Vorlage sowohl nach II als auch nach IV ist zulässig (BGH **40**, 360, 366).

17 B. **Zur Sicherung einer einheitlichen Rspr** wird der GrS nur von vornherein angerufen, wenn damit zu rechnen ist, dass er doch bald nach II mit der Frage befasst sein wird und eine etwaige Korrektur der Auffassung des zuerst entscheidenden Senats bei der Bedeutung der Rechtsfrage schwer erträglich wäre.

18 C. Die **Fortbildung des Rechts,** die mit der Vorlage ebenfalls bezweckt werden kann, besteht in der Bildung von Auslegungsgrundsätzen (vgl Einl 190ff, 202). Die Entscheidung eines GrS ist aber nicht unmittelbar Rechtsschöpfung. Sie ist auch nur in der vorliegenden Sache für den Senat bindend (§ 138 I S 3).

19 Die **Bildung von Gewohnheitsrecht** setzt außer konstantem, langjährigem Gerichtsgebrauch die Aufnahme durch die Beteiligten und Billigung durch die (hM der) Rechtslehre als verbindliche Rechtsnorm voraus (BVerfGE **15**, 226, 232; BVerfGE **122**, 248). § 132 meint mit Fortbildung des Rechts die Aufstellung von höchstrichterlichen Leitsätzen für die Auslegung, ferner die rechtsschöpferische Ausfüllung von Gesetzeslücken, die von Anfang an bestehen, und von sekundären Anschauungs- und Wertungslücken, die die „Zusammenpassung der Gebote zu einem harmonischen Ganzen" (Heck, Gesetzesauslegung, S 169, 179), sowie die institutionelle Verfestigung der gewonnenen Leitsätze in der Rspr, die zu organischer und kontinuierlicher Rechtsentwicklung führt.

9. Titel. Bundesgerichtshof §§ 133–135 GVG

Das von der Rspr entwickelte **sog Richterrecht** hat keine gesetzesgleiche oder gesetzesähnliche Kraft (Fischer, Die Weiterbildung des Rechts durch die Rechtsprechung, 1971, S 38). Über Gesetzesrecht und Richterrecht auch Arndt NJW **63**, 1273, und zur unzulässigen Gesetzesänderung durch angebliche richterliche Rechtsfortbildung Bruns JR **81**, 358. Zur Reform durch Richterrecht vgl auch einerseits Hattenhauer ZRP **78**, 83, andererseits Haverkate ZRP **78**, 88. Vgl ferner Schlüchter, Mittlerfunktion der Präjudizien, 1986, und Orru ZRP **89**, 441.

5) Ob die **Vorlegungsvoraussetzungen** gegeben sind, prüft der GrS grundsätzlich in vollem Umfang nach (KK-Feilcke 19). Eine Bindung an die Bewertung des festgestellten Sachverhalts im Vorlegungsbeschluss besteht nicht (offen gelassen von BGH GSSt 1/14 vom 17.3.2015). Allerdings legt der GrS regelmäßig die (Beweis)Würdigung des Sachverhalts sowie dessen rechtl Wertung durch den vorliegenden Senat zugrunde, wenn diese nicht unvertretbar sind (BGH **42**, 139, 144; **38**, 106, 108 f). Eine Entscheidung über die Vorlegungsfrage kommt aber nicht in Betracht, wenn der Vorlagebeschluss eine Auseinandersetzung mit einem sich aufdrängenden anderen Sachverhaltsverständnis nicht erkennen lässt, dessen Berücksichtigung eine angenommene Divergenz beseitigt (BGH **61**, 14). Verneint er dieses, so lehnt er eine Entscheidung ab (BT-Drucks 11/3621 S 55). Andernfalls trifft er eine Inzidentenentscheidung (1 zu § 138). Sowohl für die Zulässigkeit der Vorlage nach II wie für die nach IV ist es erforderlich, dass die Beantwortung der Vorlagefrage durch den GrS für das konkrete Revisionsverfahren **entscheidungsrelevant** ist; dies ist etwa im Falle einer das Verfahren betreffenden Rechtsfrage nicht der Fall, wenn der vorlegende Senat das tatrichterl Urteil ohnehin auf die Sachrüge aufheben und zurückverweisen müsste (BGH NJW **17**, 94 [GSSt]).

6) Einen **Überblick** über die Tätigkeit des GrS in Strafsachen und die seit 1952 von ihm getroffenen Entscheidungen gibt Rieß Miebach-SH 30 ff.

7) Andere Gerichtszweige: Gleichartige Regelungen wie § 132 enthalten § 45 ArbGG, § 11 FGO, § 41 SGG und § 11 VwGO. Die Einheitlichkeit unter den Obersten Gerichtshöfen des Bundes (Art 95 I GG) wird durch den „Gemeinsamen Senat" dieser Gerichte gewahrt (Art 95 III GG; Ges vom 19.6.1968, BGBl I 661; III 304-1; vgl Katholnigg S 493 ff).

20

21

22

23

133 *(betrifft den Zivilprozess)*

134, 134a (weggefallen)

[Zuständigkeit in Strafsachen]

135
I In Strafsachen ist der Bundesgerichtshof zuständig zur Verhandlung und Entscheidung über das Rechtsmittel der Revision gegen die Urteile der Oberlandesgerichte im ersten Rechtszug sowie gegen die Urteile der Landgerichte im ersten Rechtszug, soweit nicht die Zuständigkeit der Oberlandesgerichte begründet ist.

II Der Bundesgerichtshof entscheidet ferner über

1. Beschwerden gegen Beschlüsse und Verfügungen der Oberlandesgerichte in den in § 138d Abs. 6 Satz 1, § 304 Abs. 4 Satz 2 und § 310 Abs. 1 der Strafprozessordnung bezeichneten Fällen,
2. Beschwerden gegen Verfügungen des Ermittlungsrichters des Bundesgerichtshofes (§ 169 Abs. 1 Satz 2 der Strafprozeßordnung) in den in § 304 Abs. 5 der Strafprozessordnung bezeichneten Fällen sowie
3. Einwände gegen die Besetzung eines Oberlandesgerichts im Fall des § 222b Absatz 3 Satz 1 der Strafprozessordnung.

GVG §§ 136–138 Gerichtsverfassungsgesetz

1 **1) Die Zuständigkeit des BGH** als Revisionsgericht **(I)** hängt allein davon ab, ob das angefochtene Urteil von einem der genannten Gerichte erlassen worden ist (BGH **22**, 48). Hat das LG eine im 1. Rechtszug anhängige Sache nach § 4 StPO zur gemeinsamen Verhandlung und Entscheidung mit einer Berufungssache verbunden – was unzulässig ist, aber von der Rspr bisher toleriert wird (vgl 7, 8d zu § 4 StPO) –, so ist der BGH ebenfalls zuständig (BGH **36**, 348), auch wenn die Revision sich nur gegen den das ursprüngliche Berufungsverfahren betreffenden Teil der Entscheidung wendet (KG JR **69**, 349; vgl auch BGH **26**, 271). Bei Verfahrensverbindung nach § 237 StPO ist der BGH nur zuständig, soweit sich die Revision gegen die erstinstanzliche Entscheidung richtet (BGH **36**, 348, 351; erg 8 zu § 237 StPO). Zur Überleitung eines Berufungsverfahrens in ein Verfahren 1. Instanz bei der großen JugK vgl 9 zu § 328 StPO.

2 **2) Beschwerdezuständigkeit des BGH (II):** Aus der Bezugnahme auf § 304 IV S 2 StPO ergibt sich, dass es sich insoweit um Beschlüsse und Verfügungen handeln muss, die das OLG als Gericht des 1. Rechtszugs in Staatsschutz-Strafsachen nach § 120 I, II erlassen hat. In den Fällen, in denen die weitere Beschwerde nach § 310 I StPO zulässig ist, kann auch die vom OLG nach § 120 III erlassene Beschwerdeentscheidung mit weiterer Beschwerde zum BGH angefochten werden; gegen die nach § 120 IV erlassenen Beschwerdeentscheidungen ist aber keine weitere Beschwerde zulässig (LR-Franke 4). Die Beschwerde gegen einen Beschluss oder eine Verfügung des Ermittlungsrichters des BGH (§ 169 I S 2 StPO) geht unmittelbar an den BGH. Mit dem Entfallen der Zuständigkeit des Ermittlungsrichters des BGH, also mit der Abgabe der Sache nach § 142a II oder mit der Erhebung der öffentlichen Klage durch den GBA, entfällt auch die Zuständigkeit des BGH für die Entscheidung über eine noch anhängige Beschwerde gegen eine Entscheidung dieses Ermittlungsrichters (BGH **27**, 253; StB 9/15 vom 12.11.2015 mwN; vgl auch 19 zu § 162 StPO). Die Zuständigkeit des BGH entfällt auch, wenn das OLG die Eröffnung des Hauptverfahrens wegen der Straftat, die seine Zuständigkeit begründen würde, ablehnt und das Hauptverfahren wegen anderer Anklagepunkte bei einem Gericht niederer Ordnung eröffnet. Die vom OLG erlassene Haftanordnung gilt von diesem Beschluss an als eine vom nunmehr zuständigen Haftrichter getroffene Entscheidung (BGH **29**, 200, 202). Die Entscheidung gegen Anordnungen des GBA nach §§ 161a III S 1, 163a III S 3 StPO trifft nunmehr auch der Ermittlungsrichter des BGH (3 zu § 169 StPO) bzw das OLG (4 zu § 120; BGH **39**, 96 ist durch das 2. OpferRRG überholt).

3 **3)** Der BGH ist nunmehr außerdem für die **Prüfung des Einwands der vorschriftswidrigen Besetzung** in erstinstanzlichen Verfahren vor dem OLG nach § 222b III S 1 StPO zuständig (Nr 3). In diesen Fällen, die nach alter Rechtslage im Rahmen der Revision zu prüfen waren, muss der BGH nunmehr unter deutlich erhöhtem Zeitdruck entscheiden (siehe 18 ff zu § 222b).

3) Weitere Zuständigkeiten des BGH außerhalb des GVG: vgl zB §§ 13a, 138c I S 2 StPO; §§ 29 I S 2, 35 S 2 Hs 1 EGGVG; § 42 IRG; § 83 GWB.

136, 137 *(aufgehoben)*

[Verfahren vor dem Plenum]

138 I ¹Die Großen Senate und die Vereinigten Großen Senate entscheiden nur über die Rechtsfrage. ²Sie können ohne mündliche Verhandlung entscheiden. ³Die Entscheidung ist in der vorliegenden Sache für den erkennenden Senat bindend.

II ¹Vor der Entscheidung des Großen Senats für Strafsachen oder der Vereinigten Großen Senate und in Rechtsstreitigkeiten, welche die Anfechtung

9. Titel. Bundesgerichtshof §§ 139, 140 GVG

einer Todeserklärung zum Gegenstand haben, ist der Generalbundesanwalt zu hören. ²Der Generalbundesanwalt kann auch in der Sitzung seine Auffassung darlegen.

III Erfordert die Entscheidung der Sache eine erneute mündliche Verhandlung vor dem erkennenden Senat, so sind die Beteiligten unter Mitteilung der ergangenen Entscheidung der Rechtsfrage zu der Verhandlung zu laden.

1) **Nur eine Teilentscheidung** in einem Zwischenverfahren treffen die GrSe, nämlich eine Entscheidung nur über die vorgelegte Rechtsfrage (vgl 13, 15 zu § 121). Die Entscheidung ergeht in Form eines Beschlusses, der den Verfahrensbeteiligten mitzuteilen ist (KK-Feilcke 7). Der GrS ist befugt, über mit der vorgelegten Rechtsfrage in unmittelbarem Zusammenhang stehende Rechtsfragen mitzuentscheiden (KK-Feilcke 9 mit Beispielen; a**M** Lilie [14 zu § 132] S 218 ff). 1

2) Die Möglichkeit einer **mündlichen Verhandlung** vor dem GrS ist erst durch das Ges vom 17.12.1990 (BGBl I 2847) geschaffen worden. Ob mündlich verhandelt werden soll, steht grundsätzlich im pflichtgemäßen Ermessen des GrS (Kissel NJW **91**, 951); vgl aber unten 3. Findet eine mündliche Verhandlung statt, so sind die Verfahrensbeteiligten zu laden. 2

3) **Anhörung des GBA:** Nachdem die Möglichkeit einer mündlichen Verhandlung eingeführt worden ist (oben 2), in der der GBA selbstverständlich zu hören ist, kann der Sinn des II S 2 nur darin gesehen werden, dass auf Antrag des GBA mündlich verhandelt werden muss; denn eine Anhörung des GBA ohne die anderen Verfahrensbeteiligten ist ausgeschlossen (vgl KK-Feilcke 5; weitergehend Katholnigg Anm zu BGH LM Nr 11 zu § 579 ZPO: stets mündliche Verhandlung). 3

4) Eine **Bindungswirkung** besteht nur in der vorliegenden Sache (I S 3); im Übrigen ergibt sich nur bei beabsichtigter Abweichung die allgemeine Vorlegungspflicht nach § 132 II (vgl Kissel/Mayer 14). 4

[Besetzung der Senate]

139
I Die Senate des Bundesgerichtshofes entscheiden in der Besetzung von fünf Mitgliedern einschließlich des Vorsitzenden.

II ¹ Die Strafsenate entscheiden über Beschwerden in der Besetzung von drei Mitgliedern einschließlich des Vorsitzenden. ²Dies gilt nicht für die Entscheidung über Beschwerden gegen Beschlüsse, durch welche die Eröffnung des Hauptverfahrens abgelehnt oder das Verfahren wegen eines Verfahrenshindernisses eingestellt wird.

1) Vgl 1 zu § 122. Eine Entscheidung durch den Einzelrichter (wie nach § 122 I) gibt es beim BGH nicht (BGH NStZ **06**, 239 zu § 51 II S 4 iVm § 42 III RVG). Auch über die Erinnerung nach § 66 GKG wird daher mit 5 Richtern entschieden (BGH NStZ **07**, 663 L; NStZ-RR **08**, 69 [B]; 5 StR 406/09 vom 13.4.2011). 1

[Geschäftsordnung]

140
Der Geschäftsgang wird durch eine Geschäftsordnung geregelt, die das Plenum beschließt.

1) **Plenum:** Einziger Fall der gesetzlichen Zuständigkeit des Plenums. 1

2) Die **Geschäftsordnung** erging am 3.3.1952 (BAnz Nr 83 vom 30.4.1952), zuletzt geänd durch Bek vom 21.6.1971 (BAnz Nr 114 vom 26.6.1971). 2

9a. Titel. Zuständigkeit für Wiederaufnahmeverfahren in Strafsachen

[Zuständigkeit für Wiederaufnahmeverfahren in Strafsachen]

140a ^I ¹Im Wiederaufnahmeverfahren entscheidet ein anderes Gericht mit gleicher sachlicher Zuständigkeit als das Gericht, gegen dessen Entscheidung sich der Antrag auf Wiederaufnahme des Verfahrens richtet. ²Über einen Antrag gegen ein im Revisionsverfahren erlassenes Urteil entscheidet ein anderes Gericht der Ordnung des Gerichts, gegen dessen Urteil die Revision eingelegt war.

^{II} Das Präsidium des Oberlandesgerichts bestimmt vor Beginn des Geschäftsjahres die Gerichte, die innerhalb seines Bezirks für die Entscheidungen in Wiederaufnahmeverfahren örtlich zuständig sind.

^{III} ¹Ist im Bezirk eines Oberlandesgerichts nur ein Landgericht eingerichtet, so entscheidet über den Antrag, für den nach Absatz 1 das Landgericht zuständig ist, eine andere Strafkammer des Landgerichts, die vom Präsidium des Oberlandesgerichts vor Beginn des Geschäftsjahres bestimmt wird. ²Die Landesregierungen werden ermächtigt, durch Rechtsverordnung die nach Absatz 2 zu treffende Entscheidung des Präsidiums eines Oberlandesgerichts, in dessen Bezirk nur ein Landgericht eingerichtet ist, dem Präsidium eines benachbarten Oberlandesgerichts für solche Anträge zuzuweisen, für die nach Absatz 1 das Landgericht zuständig ist. ³Die Landesregierungen können die Ermächtigung durch Rechtsverordnung auf die Landesjustizverwaltungen übertragen.

^{IV} ¹In den Ländern, in denen nur ein Oberlandesgericht und nur ein Landgericht eingerichtet sind, gilt Absatz 3 Satz 1 entsprechend. ²Die Landesregierungen dieser Länder werden ermächtigt, mit einem benachbarten Land zu vereinbaren, daß die Aufgaben des Präsidiums des Oberlandesgerichts nach Absatz 2 einem benachbarten, zu einem anderen Land gehörenden Oberlandesgericht für Anträge übertragen werden, für die nach Absatz 1 das Landgericht zuständig ist.

^V In den Ländern, in denen nur ein Landgericht eingerichtet ist und einem Amtsgericht die Strafsachen für die Bezirke der anderen Amtsgerichte zugewiesen sind, gelten Absatz 3 Satz 1 und Absatz 4 Satz 2 entsprechend.

^{VI} ¹Wird die Wiederaufnahme des Verfahrens beantragt, das von einem Oberlandesgericht im ersten Rechtszug entschieden worden war, so ist ein anderer Senat dieses Oberlandesgerichts zuständig. ² § 120 Abs. 5 Satz 2 gilt entsprechend.

^{VII} Für Entscheidungen über Anträge zur Vorbereitung eines Wiederaufnahmeverfahrens gelten die Absätze 1 bis 6 entsprechend.

1 1) **Wiederaufnahmegericht** (§ 367 I S 1 StPO) ist das Gericht, das über Wiederaufnahmeanträge und (VII) über Anträge zur Vorbereitung des Wiederaufnahmeverfahrens nach §§ 364a, 364b StPO, auch nach § 360 StPO (BGH **29**, 47, 49), zu entscheiden hat. Zur Zuständigkeit der StA vgl 2 zu § 367 StPO.

2 2) Die **örtliche Zuständigkeit** (I S 1, II) des Wiederaufnahmegerichts bestimmt das Präsidium des OLG – verfassungsmäßig unbedenklich (LR-Franke 7a unter Hinweis auf den Beschluss des BVerfG 2 BvR 410/87 vom 7.5.1987; **aM** Feiber NJW **86**, 699) – jeweils vor Beginn des Geschäftsjahrs. Das ist kein Akt der Geschäftsverteilung nach § 21e I, kann aber mit dem Geschäftsverteilungsplan verbunden werden (LR-Franke 7). Eine Veröffentlichung der Anordnung ist nicht geboten (**aM** Kissel/Mayer 10; Feiber aaO); § 21e VIII gilt entspr.

9a. Titel. Wiederaufnahmeverfahren § **140a GVG**

Ein **anderes Gericht** innerhalb des OLG-Bezirks muss bestimmt werden, nicht 3
nur ein anderer Spruchkörper (Karlsruhe MDR **80**, 252; Kissel/Mayer 3), auch
kein auswärtiger (LR-Franke 4). Für den Fall, dass ein AG-Urteil mit dem Wiederaufnahmeantrag angefochten ist, kann ein anderes AG innerhalb desselben LG-Bezirks bestimmt werden; denn über eine Berufung gegen das neue Urteil kann
dasselbe LG wie zuvor entscheiden (Nürnberg MDR **77**, 688; Kissel/Mayer 3).
Wenn im Fall der Zuständigkeitskonzentration nach §§ 74c III, 74d in dem OLG-Bezirk nur ein LG bestimmt ist, wird nicht irgendein anderes LG (**aM** Kissel/
Mayer 13), sondern entspr III S 1 eine andere StrK desselben LG bestimmt (Karlsruhe JR **80**, 305 mit zust Anm Rieß; LR-Gössel 18 zu § 367 StPO). Das gilt auch
im Fall des § 74a (LR-Franke 8a; insoweit übereinstimmend Kissel/Mayer 14). Die
Ansicht des BGH, der Fall biete unlösbare Schwierigkeiten, sofern nicht durch
RechtsVO ein weiteres LG zuständig gemacht oder entspr III S 2 die Entscheidung
nach II einem benachbarten OLG zugewiesen wird (BGH **29**, 47 = NJW **80**, 131
mit abl Anm Katholnigg), erscheint unrichtig.

3) Sachliche Zuständigkeit (I S 1): 4
A. **Grundsätzlich** ist ein gleichrangiger Spruchkörper des von dem OLG- 5
Präsidium bestimmten Gerichts zuständig, beim LG erneut eine allgemeine StrK
oder eine StrK mit besonderer Zuständigkeit (München MDR **80**, 601). Die Zuständigkeit im Einzelfall richtet sich nach dem Geschäftsverteilungsplan für das
neue Gericht. Für die Zuständigkeit der Rechtsmittelgerichte gelten die allgemeinen Bestimmungen. Zur Wirksamkeit von Entscheidungen unzuständiger Gerichte
vgl 5 zu § 367 StPO.

B. **Berufungsurteile:** War über eine in vollem Umfang eingelegte Berufung 6
sachlich entschieden worden, so richtet sich ein unbeschränkter Wiederaufnahmeantrag gegen das Berufungsurteil (RG **77**, 281, 284; Düsseldorf JMBlNW **79**, 261;
LR-Gössel 8 zu § 367 StPO). Zuständig ist dann das nach II bestimmte LG, das
grundsätzlich in der gleichen Besetzung (§ 76) wie in der früheren Hauptverhandlung entscheidet; hatte jedoch nach früherer Rechtslage eine große StrK über die
Berufung gegen ein Urteil des SchG entschieden (§ 76 S 1 aF GVG), so ist eine
kleine StrK zuständig (§ 76 I S 1). Hatte das LG über die Schuldfrage nicht zu
entscheiden (Strafmaßberufung, Verwerfung nach § 329 I StPO), so ist ein AG
Wiederaufnahmegericht (Frankfurt NStZ-RR **06**, 275 mwN; Koblenz NStZ-RR **98**, 19), auch wenn das Berufungsgericht versehentlich Feststellungen zur
Frage der Schuldfähigkeit nach § 20 StGB getroffen (Düsseldorf MDR **86**, 1050)
oder die Schuldfrage sonst erneut geprüft hat (Bremen JZ **58**, 546; **aM** Peters Fehlerquellen III 129). Das Berufungsgericht entscheidet in diesem Fall nur dann über
die Wiederaufnahme, wenn der Antrag auf einen innerhalb des Berufungsverfahrens liegenden Wiederaufnahmegrund gestützt wird (Köln MBlNW **57**, 131). War
bei der großen StrK ein erstinstanzliches mit einem Berufungsverfahren nach § 237
StPO verbunden worden (was jetzt nur noch bei der großen JugK vorkommen
kann, vgl 4 zu § 237 StPO), kommt es darauf an, gegen welchen Urteilsteil sich
der Wiederaufnahmeantrag richtet. Im Wiederaufnahmeverfahren selbst sind Verbindungen zur Verschiebung der sachlichen Zuständigkeit unzulässig (Koblenz
aaO).

C. **Revisionsurteile:** Es entscheidet immer ein Gericht gleicher Ordnung wie 7
das Gericht, dessen Urteil mit der Revision angefochten war (I S 2), auch wenn
das ein Verwerfungsurteil nach § 329 I StPO gewesen ist (LR-Gössel 13 zu § 367
StPO) und auch, wenn nur ein Mangel des revisionsgerichtlichen Verfahrens geltend gemacht wird (BGH GA **85**, 419; StV **99**, 138; vgl auch 1 ARs 3/15 vom
25.3.2015); gleichgültig ist, ob über die Revision durch Urteil oder Beschluss entschieden worden ist (BGH NStZ **85**, 496 [Pf/M]). Erg 1 zu § 373 StPO.

D. **Besondere Fälle:** 8
a) Bei **Gesamtstrafen** unter Einbeziehung früherer Urteile (§ 55 StGB) bleibt 9
es bei der Zuständigkeit der einzelnen Gerichte, die die Urteile erlassen haben

(Köln JMBlNW **59**, 283; vgl auch BGH 2 ARs 360/92 vom 19.8.1992 mwN). Das kann zur Aufteilung des Verfahrens und Entscheidung verschiedener nach II bestimmter Ersatzgerichte zwingen (LR-Gössel 19 zu § 367 StPO).

10 b) Bei **Zurückverweisung durch das Revisionsgericht** nach § 354 II, III StPO entscheidet grundsätzlich das nach II bestimmte Ersatzgericht für das Gericht, das das letzte Urteil erlassen hatte, auch wenn die Feststellungen zum äußeren Tatbestand aufrechterhalten worden sind (Hamm NJW **68**, 313). Ist bei Zurückverweisung an ein anderes LG das LG, das zuerst entschieden hatte, nach II zum Ersatzgericht für das andere LG bestimmt worden, so ist es für die Entscheidung zuständig (Koblenz NJW **96**, 1072 L; **aM** LG Bad Kreuznach NJW **96**, 1070; SK-Frister 8; Weiler NJW **96**, 1043). Das 1. Gericht ist zuständig, wenn bei Aufhebung nur im Rechtsfolgenausspruch mit dem Wiederaufnahmeantrag der Schuldspruch angegriffen wird (Braunschweig NJW **61**, 1082; Köln MDR **73**, 603; Saarbrücken OLGSt § 367 StPO S 5). Das gilt auch, wenn die Sache nach §§ 354 II S 1, 355 StPO an ein anderes Gericht zurückverwiesen worden war (Celle MDR **60**, 947) oder wenn das Revisionsgericht nach vorangegangenem Freispruch selbst die Schuldfeststellung getroffen hatte (Koblenz NStZ-RR **97**, 111).

11 c) **Jugendgerichte** bleiben zuständig, auch wenn der Verurteilte bei der Aburteilung erwachsen war oder es inzwischen geworden ist (LR-Gössel 17 zu § 367 StPO). In dem Beschluss nach § 370 II StPO kann die Sache aber an ein allgemeines Strafgericht verwiesen werden (dort 17).

12 d) **Weggefallene Gerichte:** Für Gerichte, an deren Sitz deutsche Gerichtsbarkeit nicht mehr ausgeübt wird, gelten die §§ 1, 17, 19 ZEG, für Wehrmacht- und Sondergerichte die §§ 18, 19 ZEG. Wegen der Urteile des RG im 1. Rechtszug vgl BGH **31**, 365; NStZ **82**, 214; KG NStZ **81**, 273 mit Anm Rieß.

13 4) **Sonderregelungen aus gerichtsorganisatorischen Gründen (III–V):** III betraf Braunschweig, zu dem bis Ende 1997 nur das LG Braunschweig (seit 1.1.1998 auch das LG Göttingen) gehörte; IV betrifft Bremen, Hamburg und das Saarland, V Berlin. Zur entspr Anwendung des III S 1 und 2 bei Zuständigkeitskonzentrationen vgl oben 3.

14 5) **OLG als Wiederaufnahmegericht (VI):** Für Wiederaufnahmeverfahren gegen OLG-Urteile im 1. Rechtszug (§ 120 I, II) gilt § 140a nicht. Zuständig ist vielmehr ein vom OLG-Präsidium im Geschäftsverteilungsplan nach § 21e I zu bestimmender anderer Senat desselben OLG, sofern keine länderübergreifende Regelung nach IV S 2 iVm § 120 V S 2 besteht.

10. Titel. Staatsanwaltschaft

Vorbemerkungen

1 1) Die **StA** ist ein dem Gericht gleichgeordnetes Organ der Strafrechtspflege (BGH **24**, 170, 171a; **aM** Peters 161), dem die Strafverfolgung und Mitwirkung im Strafverfahren obliegt. Sie trägt die Verantwortung für die Rechtmäßigkeit und Ordnungsmäßigkeit, aber auch für die Gründlichkeit des Ermittlungsverfahrens (3 zu § 163 StPO) sowie dessen schnelle Durchführung (Kohlmann Maurach-FS 50 ff; Schaefer Stöckel-FS 307; Einl 160; 7 zu Art 6 EMRK).

2 **Straftaten zu verhüten**, ist ihr, soweit das Ges nichts anderes bestimmt, nicht als unmittelbare Pflicht übertragen (Peters 181); in dieser Richtung wirkt sie nur insoweit, als mit der Verfolgung von Straftaten auch die Verhütung weiterer Straftaten bezweckt wird (BGH LM Nr 5 zu § 839 BGB). Über das Zusammentreffen von Strafverfolgung und präventivpolizeilichen Maßnahmen vgl 17 zu § 163 StPO.

3 Im **Verhältnis zu den Strafgerichten** schafft die StA die Voraussetzungen für die Ausübung der rechtsprechenden Gewalt (Ermittlungsverfahren, Anklageerhe-

10. Titel. Staatsanwaltschaft   Vor § 141 GVG

bung), fördert die rechtsprechende Tätigkeit der Gerichte (vgl zB §§ 226, 296 StPO) und vollstreckt die gerichtlichen Entscheidungen (vgl §§ 36 II, 451 StPO). Vgl auch Einl 11 ff, 87. Sie ist „Wächter des Gesetzes" (vgl Savigny bei der Einführung der StA in Preußen 1840, zitiert bei Otto, Die Preußische StA, S 17 ff) insofern, als sie dem Legalitätsprinzip unterworfen (§ 152 II StPO) und ihr das Anklagemonopol übertragen ist (§ 151 I StPO). In der Hauptverhandlung ist der StA „Anwalt eines die moderne Kriminalpolitik bestimmenden Resozialisierungsstrafrechts" (Roxin DRiZ **69**, 389), in diesem Sinn eine Art Gegner des Angeklagten (Marx GA **78**, 360; erg unten 8).

Zur **Stellung der StA** vgl Dünnebier JZ **58**, 417; Gössel GA **80**, 325; Roxin **4** DRiZ **69**, 385; Sarstedt NJW **64**, 1752; Wohlers 278. Über Haftung für Amtspflichtverletzungen des StA vgl Blomeyer JZ **70**, 715; Steffen DRiZ **72**, 153 mwN und aus jüngerer Zeit einerseits (verneinend) BGH NJW **96**, 2373 (in aller Regel) und Düsseldorf NJW **96**, 530, andererseits (bejahend) Hörstel NJW **96**, 497 sowie Vogel wistra **96**, 219 ff und NJW **96**, 3401 (nur bei gegenwärtig Verletzten). Verhältnis zur Polizei vgl 3 ff zu § 163 StPO; Blanckenburg ZRP **78**, 263; Görgen DRiZ **76**, 296; Kuhlmann DRiZ **76**, 265, 313; Rupprecht ZRP **77**, 275; Ulrich ZRP **77**, 159.

2) Weisungsgebundenheit; Verhältnis zur dritten Gewalt; parlamentari- **5** **sche Verantwortlichkeit:** Der StA ist weisungsgebunden (Näheres zu §§ 146, 147); er übt schon deshalb keine rechtsprechende Gewalt aus (§ 151), auch soweit er judizielle Entscheidungen als Rechtspflegeorgan der Justiz trifft. Zu diesen Entscheidungen gehören insbesondere die Einstellungsverfügungen, mit denen der StA mehr als die Hälfte der Strafverfahren durch eigene Sachentscheidung beendet (5 ff zu § 170 StPO). Diese Entscheidungen gehören noch aus einem anderen Grund nicht zur Rspr: Sie sind – im Gegensatz zu den richterlichen – nicht der materiellen Rechtskraft fähig (Einl 168 ff; Arndt NJW **59**, 605; vgl auch BVerfGE **9**, 89, 96, 97; Einschränkung: § 153a I S 4 StPO).

Daher gehört die **StA zur Exekutive** (BVerfGE **103**, 142; SK-Wohlers 13; **6** eingehend zur verfassungsrechtlichen Einordnung der StA Kurzrock, Die Zulässigkeit politischer Einflussnahme auf Strafverfahren, Diss Greifswald 2003). Über sie und den JM ist im Bereich der Strafrechtspflege das Grundprinzip der parlamentarischen Verantwortlichkeit realisiert. Jedoch ist die StA **eine Institution** *sui generis*. Sie „verwaltet" nicht (vgl auch Peters 161 ff), sondern arbeitet auf Rspr hin, gehört zum Funktionsbereich der Rspr, erfüllt gemeinsam mit dem Richter auf dem strafrechtlichen Gebiet die Aufgabe der Justizgewährung (BVerfGE **9**, 223, 228).

In diesem Sinn ist sie **„ein der dritten Gewalt zugeordnetes Organ der** **7** **Rechtspflege"** (Paeffgen Schlüchter-GS 569; Schaefer Stöckel-FS 321; Vogel DRiZ **74**, 236). Ihr „Grundgesetz" ist das Legalitätsprinzip in seiner positiven und negativen Seite (2 ff zu § 152 StPO). Dieses Prinzip bindet auch den JM (1 ff zu § 146), ebenso die Regierung und das Parlament, wenn sie über den JM auf die Strafjustiz Einfluss nehmen wollen. Die StA hat die Funktion einer Brücke zwischen beiden zu erfüllen; sie ist „Mittlerin zwischen der Exekutive und der Gerichtsbarkeit" (Arndt im BTag bei der Beratung des DRiG am 14.6.1961, Bericht S 9373). Die StA hat nach § 152 StPO die Initiativbefugnis, die dem Richter fehlt; StA und Gericht stellen damit gemeinsam die Justizgewährung sicher (Lilie Mehle-FS 364, 367). Eine solche „Vermengung" im System der Gewaltenverteilung (Trautmann MDR **71**, 173, 174) gibt es auch auf anderen Gebieten (vgl Böckstiegel NJW **70**, 1712).

3) Die StA ist nicht Partei im Strafprozess (Stuttgart MDR **74**, 1394, 1395; **8** Kissel/Mayer 5 zu § 141; Kintzi Wassermann-FS 902; Krause SchlHA **68**, 105; Wendisch Schäfer-FS 247; aM Blomeyer GA **70**, 172). Das gilt auch für die Hauptverhandlung, in der ein Verteidiger mitwirkt. Denn der StA ist verpflichtet, den Richter in seinem Ringen um die Erforschung des wirklichen Sachverhalts und um die richtige Rechtsanwendung zu unterstützen (RG **60**, 190). Die StA hat während des ganzen Verfahrens Belastung und Entlastung des Beschuldigten gleichermaßen zu berücksichtigen. Sie hat im Rahmen des Zulässigen dazu beizutragen, dass der Bürger zu seinem Recht kommt (vgl BVerwGE 9, 90, 91; Einl 161). Fehlerhafte Sachbehandlung kann einen Schadensersatzanspruch gegen den Staat nach § 839 BGB iVm Art 34 GG begründen (BGH [ZS] StV 04, 330: Haftbefehlsantrag unter Verschweigen erheblicher Beweisergebnisse).

9 Der **Grundsatz der verfahrensrechtlichen Waffengleichheit** zwischen Angeklagtem und StA (Einl 88) besteht nur is einer Ausbalancierung der Rechte (E. Müller NJW 76, 1063). Der Grundsatz hat vorwiegend im Hauptverfahren Bedeutung; im Vorverfahren ist er nur beschränkt realisierbar (vgl Kuhlmann DRiZ 76, 14; Schaefer MDR 77, 982), nämlich nur im Rahmen der Verfahrensstruktur und der Prozessrollen.

10 **4) Auch in anderen Verfahren** sind der StA Funktionen zugewiesen. Nach §§ 16 II, 30 I VerschollenheitsG idF v 15.1.1951 (BGBl. I 63; III 401-6) wirkt die StA mit im Todeserklärungsverfahren und zur Feststellung der Todeszeit sowie bei der Aufhebung einer Todeserklärung. Bund und Länder lassen sich zT auch in Zivilprozessen gegen den Justizfiskus durch die StA vertreten. Bei OWien nach § 115 OWiG ist die StA zuständige VerwB iS des § 36 OWiG; vgl zB in Baden-Württemberg § 8 Nr 2 OWiZuV idF vom 2.2.1990 (GBl 75), letzte ÄndVO vom 15.3.2011 (GBl 125), in Bayern § 7 Nr 1 ZuVOWiG vom 21.10.1997 (GVBl 727), letzte ÄndVO vom 20.7.2011 (GVBl 307); vgl zu den übrigen Bundesländern Göhler Anh B.

11 **5) Ob eine rechtliche Bindung der StA** an gerichtliche Präjudizien besteht, ist sehr str (verneinend LR-Graalmann-Scheerer 25, 26 mwN; Fezer 2/33; Roxin DRiZ 69, 387; 97, 115; Haft/Hilgendorf StASchlH-FS 279; Schroers Wolff-FS 475; bejahend BGH 15, 155; Krey/Pföhler NStZ 85, 150; Peters 167; Woesner NJW 61, 535; eingehend Breneselovic, Die Bindung der StA an die höchstrichterliche Rspr, 2013). Es wird zu unterscheiden sein: Hält die StA entgegen der höchstrichterlichen Rspr ein Verhalten für strafbar, ist sie an der Anklage nicht gehindert; hält sie es im Gegensatz dazu für straflos, muss sie zwar nicht auf Grund einer Bindungswirkung, aber wegen der ihr obliegenden Pflicht, auf eine einheitliche Rechtsanwendung zu achten, durch Anklageerhebung eine Änderung der Rspr herbeizuführen versuchen (Zweibrücken NStZ 07, 420; SK-Wohlers 17; Ranft 242). Innerhalb der StA geht die bei zweifelhaften Rechtsfragen die Auffassung des Dienstvorgesetzten vor. Vgl aber 6, 7 zu § 146.

[Sitz]

141 Bei jedem Gericht soll eine Staatsanwaltschaft bestehen.

1 **1) Der Begriff des Gerichts** ist hier im administrativen Sinn zu verstehen; eine StA kann auch Aufgaben bei mehreren Gerichten wahrnehmen (Kissel/Mayer 24). Bei der auswärtigen StrK (§ 78) oder bei dem auswärtigen Strafsenat (§ 116) besteht keine eigene StA.

2 **2) Beim AG** nimmt die staatsanwaltschaftlichen Aufgaben die StA des übergeordneten LG wahr (zB Art 12 II S 1 BayAGGVG; § 8 II S 1 BWAGGVG). Das ist zulässig, weil § 141 dem Sinn nach nur verlangt, dass für jedes Gericht eine StA als Anklagebehörde zuständig ist.

3 **3) Eine Zweigstelle der StA** kann für den Bezirk eines oder mehrerer AGe bei einem AG nach Maßgabe des Landesrechts (zB Art 12 II S 2 BayAGGVG; § 8 II S 2 BWAGGVG) eingerichtet werden. Eine „Außenstelle" kann durch JVerwA errichtet und wieder aufgelöst werden.

10. Titel. Staatsanwaltschaft § 142 GVG

[Zuständigkeit der Staatsanwaltschaft]

142 I Das Amt der Staatsanwaltschaft wird ausgeübt:
1. bei dem Bundesgerichtshof durch einen Generalbundesanwalt und durch einen oder mehrere Bundesanwälte;
2. bei den Oberlandesgerichten und den Landgerichten durch einen oder mehrere Staatsanwälte;
3. bei den Amtsgerichten durch einen oder mehrere Staatsanwälte oder Amtsanwälte.

II Die Zuständigkeit der Amtsanwälte erstreckt sich nicht auf das amtsrichterliche Verfahren zur Vorbereitung der öffentlichen Klage in den Strafsachen, die zur Zuständigkeit anderer Gerichte als der Amtsgerichte gehören.

III Referendaren kann die Wahrnehmung der Aufgaben eines Amtsanwalts und im Einzelfall die Wahrnehmung der Aufgaben eines Staatsanwalts unter dessen Aufsicht übertragen werden.

1) Sequenzzuständigkeit der StA: Die Zuständigkeit der StA bei dem LG richtet sich grundsätzlich nach der örtlichen (§ 143) Zuständigkeit des Gerichts (für das Hauptverfahren). Ändert sich diese Zuständigkeit irgendwann im Verfahren, zB durch Übertragung (5 ff zu § 12 StPO), Abgabe (5 ff zu § 13 StPO), Zurückverweisung (§ 354 II StPO), Wiederaufnahmeantrag (§ 140a), so ist die StA zuständig, die zu dem nunmehr mit der Sache befassten Gericht gehört, solange dessen Zuständigkeit besteht. 1

Keine Verfahrensvoraussetzung ist die Zuständigkeit der StA. Hat die StA Anklage bei einem nach ihrer Meinung zuständigen Gericht erhoben, ist dieses Gericht aber sachlich nicht zuständig, so kommt es zur Anwendung des § 209 StPO oder der §§ 225a, 270 StPO, aber grundsätzlich nicht zur Einstellung des Verfahrens. Daher ist auch keine neue Anklageschrift erforderlich (Bay **73**, 8). 2

Anträge an Gerichte außerhalb ihres Bezirks kann die das Ermittlungsverfahren führende StA stellen, wenn einzelne Untersuchungshandlungen von diesem auswärtigen Gericht vorzunehmen sind, zB nach § 162 StPO. 3

Im **Strafvollstreckungsverfahren** ist die StA, die VollstrB ist, am Verfahren der StVollstrK beteiligt, auch wenn diese in einem anderen Bezirk liegt (§§ 451 III, 462a I StPO); im Beschwerdeverfahren ist dagegen der GStA bei dem beschließenden OLG verfahrensbeteiligt (erg 21 zu § 451). 4

2) Beim BGH (I Nr 1): Der Begriff Bundesanwälte in Nr 1 ist – ebenso wie der Begriff Staatsanwälte in Nrn 2, 3 – nicht iS einer Rangbezeichnung, sondern iS einer Funktion zu verstehen. Er umfasst also auch die OStAe beim BGH sowie die Richter und StAe, die zur Wahrnehmung staatsanwaltschaftlicher Aufgaben an die Bundesanwaltschaft beim BGH abgeordnet sind (vgl 1 zu § 149). 5

3) Beim OLG (I Nr 2) besteht eine eigene StA, an deren Spitze der GStA steht (gesetzliche Bezeichnung, Besoldungsordnung R, Anlage III zum BBesG). Erg § 147 Nr 3. 6

4) Beim LG (I Nr 2): Diese StA – mit einem leitenden OStA an der Spitze – übt mit ihren StAen und Amtsanwälten auch die Funktion der StA bei den AGen ihres Bezirks aus (2 zu § 141). Der StA kann ein Wirtschaftsreferent zugeteilt werden (zu seiner Stellung BGH **28**, 381; Zweibrücken MDR **79**, 425; Bittmann wistra **11**, 47). Diese Kooperation darf jedoch nicht dazu führen, dass der zugeteilte Gehilfe das Verfahren leitet. Dieser ist auch nicht befugt, dem LG gegenüber Prozesserklärungen abzugeben oder Anträge zu stellen. Er kann aber mit der Durchführung von Vernehmungen betraut werden. Die von dem Vernommenen unterschriebene Niederschrift steht dann einer bei der schriftlichen Vernehmung abgegebenen Äußerung gleich (11 ff, 26 zu § 163a StPO). Auch mit anderen Untersuchungshandlungen, für die keine besondere Zuständigkeit besteht, darf der 7 zugeteilte Gehilfe beauftragt werden. Ein vom JM an die StA abgeordneter Beamter mit der Befähigung nach §§ 5 ff DRiG kann ebenfalls das Amt eines StA ausüben (KG NStZ **95**, 148).

8 **5) Beim AG (I Nr 3)** können die Aufgaben der StA auch durch eine Zweigstelle oder Außenstelle der StA beim LG wahrgenommen werden (3 zu § 141). Nach der von den LJVen bundeseinheitlich erlassenen Anordnung über Organisation und Dienstbetrieb der StA – OrgStA (abgedruckt zB in Justiz **03**, 627) – werden den Amtsanwälten (II; über Befähigung zB § 9 I BWAGGVG) nur Strafsachen übertragen, in denen der Strafrichter (§ 25 GVG) entscheidet, und zwar nur die in einem Katalog bezeichneten Strafsachen. Mit der Wahrnehmung der Aufgaben des Amtsanwalts können auch sonstige Beamte des gehobenen Dienstes (vgl Art 14 I BayAGGVG; § 20 II HambAGGVG) beauftragt werden.

9 **6) Örtliche Sitzungsvertreter** können nach Landesrecht bei dem AG, bei dem weder ein StA noch ein Amtsanwalt seinen Dienstsitz hat, für die Strafrichtersitzungen bestellt werden; zB nach § 10 II BWAGGVG, Art 14 II BayAGGVG nebst VO vom 16.5.1957 (GVBl 119), ÄndVO vom 18.6.1970 (GBVl 296), § 8 NdsAGGVG, RhPf-G vom 18.12.1967 (GVBl 321), ÄndG vom 26.5.1972 (BGBl I 841), Schl-H G vom 20.11.1967 (GVOBl 265). Das ist mit §§ 142, 150 vereinbar (BVerfGE **56**, 110). Über Inhalt und Schranken der Tätigkeit des örtlichen Sitzungsvertreters vgl Landau/Globuschütz NStZ **92**, 68, über die Rechtsmittelbefugnis vgl 3 zu § 296 StPO.

10 **7) JugStA (§ 36 JGG):** Er bearbeitet die Verfahren, für die das JugG zuständig ist (§§ 33–33b, 107 **JGG**), sowie die Jugendschutzsachen (§§ 26, 74b), soweit Anklage zum Jugendgericht in Betracht kommt (Eisenberg 8 zu § 36 JGG). § 36 **JGG** ist eine Ordnungsvorschrift (BGH bei Herlan GA **61**, 358). Daher findet § 338 Nr 5 StPO keine Anwendung, wenn die StA anstatt durch einen JugStA durch einen anderen StA (Brunner/Dölling 1 zu § 36 JGG) oder einen Amtsanwalt (Karlsruhe NStZ **88**, 241) vertreten war (aM Eisenberg NStZ **94**, 69: § 337 StPO anwendbar).

11 **8) Übertragung auf Referendare (III;** vgl auch § 10):
12 A. **Die beiden Aufgabenbereiche** sind nur dadurch voneinander unterschieden, dass dem Amtsanwalt lediglich die in I Nr 3, II bezeichneten Funktionen übertragen werden dürfen. In III sind daher unter den Aufgaben eines Amtsanwalts diejenigen Funktionen gemeint, die ihm übertragen werden können. Die LJVen können die Übertragung auf einen Referendar zur unbeaufsichtigten Erledigung in der gleichen Weise beschränken wie die Übertragung auf Amtsanwälte durch die OrgStA (oben 8). Bei der Anwendung des III ist sowohl ein konkret abgegrenzter allgemeiner Auftrag als auch ein Spezialauftrag für einen Einzelfall möglich. In diesem Rahmen handelt der Referendar, soweit erforderlich, zwar nach vorangegangenen Besprechungen und Instruktionen durch den AusbildungsStA, aber nicht unter dessen Aufsicht. Eine Aufsicht des Amtsanwalts ist nicht vorgesehen (ebenso wenig wie bei der Ausführung von Aufgaben des Rechtspflegers, 5 zu § 10).

13 B. **Aufgaben eines StA** sind alle übrigen Aufgaben der StA (2. Fallgruppe). Ein spezieller Auftrag aus diesem Bereich wird unter der Aufsicht des (behördenintern) zuständigen StA ausgeführt. Die Aufsicht muss nicht in ständiger Anwesenheit bei der Ausführung vorgenommen werden. Der StA muss aber so viel an Aufsichtstätigkeit entfalten, dass das Ergebnis der Arbeit des Referendars als vollwertig staatsanwaltschaftliche Untersuchungshandlung anerkannt werden kann. Ein Referendarprotokoll versieht der StA mit einem Aufsichtsvermerk (1 zu § 10). Anklageschriften und Einstellungsverfügungen sollten stets vom StA unterzeichnet sein (**aM** LR-Franke 46).

14 C. **Sitzungsvertretung:** Im Rahmen der 1. Fallgruppe (oben 12) kann der Referendar als Sitzungsvertreter in den Sitzungen des AG – aber nach § 36 II JGG nicht des JugG – nach Entscheidung des Leiters der StA (vgl zB Art 14 III Bay-

AGGVG) allein auftreten. Den Auftrag erteilt der Leiter der StA oder ein von ihm beauftragter StA, was auch durch schlüssige Handlung geschehen kann (Einl 126). Nicht aus Rechtsgründen, aber aus Gründen der Ausbildung kann die JV anordnen, dass der Ausbildungs-StA anwesend ist.

Bei den anderen erkennenden Gerichten (und beim JugG) gestaltet sich die 15 Mitwirkung des Referendars in der Hauptverhandlung in der Weise, dass er als 2. Sitzungsvertreter neben dem StA fungiert oder der StA – überwiegend (Zweibrücken VRS **47**, 352) oder jedenfalls von Zeit zu Zeit (Landau/Globuschütz NStZ **92**, 68) – anwesend ist und die Aufsicht ausübt, um ggf selbst tätig werden zu können. Bei der Urteilsverkündung ist die zusätzliche Anwesenheit des StA nicht erforderlich.

Die **Disposition des Referendars über den staatlichen Strafanspruch** (zB 16 durch Zustimmung nach §§ 153 II, 153a II StPO) wird zweckmäßigerweise von der Zustimmung des sachbearbeitenden oder ausbildenden StA abhängig gemacht, die in geeigneten Fällen für den Fall bestimmter Entwicklung der Sache schon vor der Hauptverhandlung erteilt werden kann. Das Gleiche gilt für Rechtsmittelverzicht.

9) Zum **Tragen religiöser Symbole** bei der Ausübung des Amtes 4a vor § 1 17 GVG.

10) Dem **Rechtspfleger** bei der StA sind bestimmte Geschäfte der StA über- 18 tragen (§ 31 **RPflG**), insbesondere die Geschäfte der VollstrB (2 zu § 451 StPO).

11) **Unwirksamkeit:** Führt ein Amtsanwalt ein Ermittlungsverfahren in einer 19 Sache, für die er zu Unrecht die künftige Zuständigkeit des AG als erkennendes Gericht annimmt oder in der sich die Zuständigkeit des LG erst in einem späteren Stadium des Ermittlungsverfahrens ergibt, so sind seine Prozesshandlungen wirksam. Das Gleiche gilt, wenn er die Beschränkung seiner Kompetenz auf Strafrichtersachen (oben 8) nicht beachtet. Gibt der Amtsanwalt aber eine Prozesserklärung namens der StA entgegen dem Verbot in I Nr 3 gegenüber dem LG ab, so ist diese unwirksam (Bay NJW **74**, 761 für die Beschränkung der Berufung); auch ein umfassendes Fragerecht darf ihm beim LG nicht eingeräumt werden (BGH NStZ **12**, 344). Wenn die Erklärung aber nicht rechtsgestaltender Art ist, gilt das in 1 zu § 22d Ausgeführte (vgl auch oben 1 ff).

[Generalbundesanwalt]   RiStBV 202–214

142a

I ¹Der Generalbundesanwalt übt in den zur Zuständigkeit von Oberlandesgerichten im ersten Rechtszug gehörenden Strafsachen (gemäß § 120 Absatz 1 und 2) das Amt der Staatsanwaltschaft auch bei diesen Gerichten aus. ²Für die Übernahme der Strafverfolgung durch den Generalbundesanwalt genügt es, dass zureichende tatsächliche Anhaltspunkte für die seine Zuständigkeit begründenden Voraussetzungen gegeben sind. ³Vorgänge, die Anlass zu der Prüfung einer Übernahme der Strafverfolgung durch den Generalbundesanwalt geben, übersendet die Staatsanwaltschaft diesem unverzüglich. ⁴Können in den Fällen des § 120 Abs. 1 die Beamten der Staatsanwaltschaft eines Landes und der Generalbundesanwalt sich nicht darüber einigen, wer von ihnen die Verfolgung zu übernehmen hat, so entscheidet der Generalbundesanwalt.

II Der Generalbundesanwalt gibt das Verfahren vor Einreichung einer Anklageschrift oder einer Antragsschrift (§ 435 der Strafprozessordnung) an die Landesstaatsanwaltschaft ab,

1. wenn es folgende Straftaten zum Gegenstand hat:
   a) Straftaten nach den §§ 82, 83 Abs. 2, §§ 98, 99 oder 102 des Strafgesetzbuches,

b) Straftaten nach den §§ 105 oder 106 des Strafgesetzbuches, wenn die Tat sich gegen ein Organ eines Landes oder gegen ein Mitglied eines solchen Organs richtet,
c) Straftaten nach § 138 des Strafgesetzbuches in Verbindung mit einer der in Buchstabe a bezeichneten Strafvorschriften oder
d) Straftaten nach § 52 Abs. 2 des Patentgesetzes, nach § 9 Abs. 2 des Gebrauchsmustergesetzes in Verbindung mit § 52 Abs. 2 des Patentgesetzes oder nach § 4 Abs. 4 des Halbleiterschutzgesetzes in Verbindung mit § 9 Abs. 2 des Gebrauchsmustergesetzes und § 52 Abs. 2 des Patentgesetzes;
2. in Sachen von minderer Bedeutung.

III Eine Abgabe an die Landesstaatsanwaltschaft unterbleibt,
1. wenn die Tat die Interessen des Bundes in besonderem Maße berührt oder
2. wenn es im Interesse der Rechtseinheit geboten ist, daß der Generalbundesanwalt die Tat verfolgt.

IV Der Generalbundesanwalt gibt eine Sache, die er nach § 120 Abs. 2 Satz 1 Nr. 2 bis 4 oder § 74a Abs. 2 übernommen hat, wieder an die Landesstaatsanwaltschaft ab, wenn eine besondere Bedeutung des Falles nicht mehr vorliegt.

1 1) **Primärzuständigkeit des GBA:** Soweit der GBA als Strafverfolgungsbehörde (außerhalb seiner Mitwirkung beim BGH als Revisions- oder Beschwerdegericht, § 135) tätig wird, übt er seine StA-Funktion bei den OLGen aus (§ 120 I, II), die insoweit im Wege der sog Organleihe Bundesgerichtsbarkeit ausüben (Art 96 V GG; § 120 VI). Gegenüber der Landes-StA hat der GBA zwar das Kompetenzbestimmungsrecht in Staatsschutzsachen nach I S 3, II–IV, aber kein Weisungsrecht (§ 147 Nrn 2, 3).

1a Für die Übernahme kommt es Anlehnung an § 152 II faktisch darauf an, ob **zureichende tatsächliche Anhaltspunkte** für die seine Zuständigkeit begründenden Voraussetzungen gegeben sind (I S 2; BT-Drucks 18/3007 S 6). Vorgänge, aus denen sich der Verdacht einer Zuständigkeit des GBA ergibt, sind von den Landesstaatsanwaltschaften dem GBA unverzüglich zu übermitteln (I S 3). Der GBA ist befugt, Erhebungen darüber anzustellen, ob ein Anfangsverdacht (§ 152 II StPO) für eine in seine Zuständigkeit fallende Straftat besteht (Diemer NStZ **05**, 666).

2 2) **Abgeleitete Zuständigkeit der Landes-StA (II, III):**
3 A. Die **Abgabepflicht** nach II entsteht erst, wenn nach Auffassung des GBA die Sache abschließend so weit geklärt ist, dass über die Anklageerhebung entschieden werden kann. Er darf die Sache aber auch früher abgeben, wenn die Voraussetzungen abschließend geklärt sind. Betrifft das Verfahren nicht (oder nicht nur) eine Straftat aus dem Katalog des II Nr 1, sondern (auch) eine andere der in § 120 I aufgezählten Sachen, so hat sie der GBA abzugeben, wenn die Sache von minderer Bedeutung ist (II Nr 2). Rücküberhahme durch den GBA ist zulässig (vgl RiStBV 203 II).

4 B. Die **Rückausnahmen** nach III verpflichten den GBA, die Anklage- oder Antragsschrift selbst bei dem OLG einzureichen und die Sache im weiteren Verfahren zu vertreten.

5 3) **Abgabe an die Landes-StA (IV):** Zwar wird der GBA die übernommene Sache idR erst abgeben, wenn das Vorverfahren die Voraussetzungen für die Einreichung einer Anklageschrift oder Antragsschrift ergeben hat, um das Vorverfahren nicht in zwei Teile zu trennen. Das Abgaberecht entsteht aber bereits, wenn erkennbar ist, dass die besondere Bedeutung des Falls, die zur Übernahme geführt hat (§§ 74a II, 120 II Nrn 2 bis 4), eindeutig nicht mehr besteht. Der in II bezeichnete Endzeitpunkt (dazu Sowada Fezer-FS 165) gilt praktisch auch für IV. Eine erneute Übernahme durch den GBA ist ausgeschlossen (KK-Mayer 10; Kissel/Mayer 11; **aM** Katholnigg 5).

10. Titel. Staatsanwaltschaft § 143 GVG

4) Eine gerichtliche Nachprüfung der Übernahme oder Abgabe, die in der 6 Gesamtinstitution der StA Interna sind, findet nicht statt. Mit der Abgabe nach II, IV entfällt auch die Zuständigkeit des BGH für eine Beschwerde gegen eine Entscheidung des Ermittlungsrichters des BGH (BGH NJW **73**, 477; erg 2 zu § 169 StPO).

[Örtliche Zuständigkeit]

143 I ¹Die örtliche Zuständigkeit der Staatsanwaltschaft bestimmt sich nach der örtlichen Zuständigkeit des Gerichts, bei dem die Staatsanwaltschaft besteht. ²Fehlt es im Geltungsbereich dieses Gesetzes an einem zuständigen Gericht oder ist dieses nicht ermittelt, ist die zuerst mit der Sache befasste Staatsanwaltschaft zuständig. ³Ergibt sich in den Fällen des Satzes 2 die Zuständigkeit eines Gerichts, ist das Verfahren an die nach Satz 1 zuständige Staatsanwaltschaft abzugeben, sobald alle notwendigen verfahrenssichernden Maßnahmen ergriffen worden sind und der Verfahrensstand eine geordnete Abgabe zulässt. ⁴Satz 3 gilt entsprechend, wenn die Zuständigkeit einer Staatsanwaltschaft entfallen ist und eine andere Staatsanwaltschaft zuständig geworden ist.

II Ein unzuständiger Beamter der Staatsanwaltschaft hat sich den innerhalb seines Bezirks vorzunehmenden Amtshandlungen zu unterziehen, bei denen Gefahr im Verzug ist.

III ¹Können die Staatsanwaltschaften verschiedener Länder sich nicht darüber einigen, welche von ihnen die Verfolgung zu übernehmen hat, so entscheidet der Generalbundesanwalt. ²Er entscheidet auf Antrag einer Staatsanwaltschaft auch, wenn die Staatsanwaltschaften verschiedener Länder sich nicht über die Verbindung zusammenhängender Strafsachen einigen.

IV Den Beamten einer Staatsanwaltschaft kann für die Bezirke mehrerer Land- oder Oberlandesgerichte die Zuständigkeit für die Verfolgung bestimmter Arten von Strafsachen, die Strafvollstreckung in diesen Sachen sowie die Bearbeitung von Rechtshilfeersuchen von Stellen außerhalb des räumlichen Geltungsbereichs dieses Gesetzes zugewiesen werden, sofern dies für eine sachdienliche Förderung oder schnellere Erledigung der Verfahren zweckmäßig ist; in diesen Fällen erstreckt sich die örtliche Zuständigkeit der Beamten der Staatsanwaltschaft in den ihnen zugewiesenen Sachen auf alle Gerichte der Bezirke, für die ihnen diese Sachen zugewiesen sind.

V ¹Die Landesregierungen werden ermächtigt, durch Rechtsverordnung einer Staatsanwaltschaft für die Bezirke mehrerer Land- oder Oberlandesgerichte die Zuständigkeit für die Strafvollstreckung und die Vollstreckung von Maßregeln der Besserung und Sicherung ganz oder teilweise zuzuweisen, sofern dies für eine sachdienliche Förderung oder schnellere Erledigung der Vollstreckungsverfahren zweckmäßig ist. ²Die Landesregierungen können die Ermächtigung durch Rechtsverordnung den Landesjustizverwaltungen übertragen.

1) Die örtliche Zuständigkeit der StA richtet sich nach der des Gerichts (I; 1 1 ff zu § 142), auch in den Fällen, wo bestimmte Strafsachen bei einem Gericht örtlich konzentriert sind (§§ 58, 74a, 74c III, IV, 74d). Die StA kann eine Sache formlos an die StA eines anderen örtlich zuständigen Gerichts abgeben. Eine gerichtliche Kontrolle besteht im Ermittlungsverfahren hinsichtlich der örtlichen Zuständigkeit insoweit nicht; die StA erklärt sich – wie Strate Widmaier-FS 572 beklagt – faktisch selbst für zuständig. Erst nach der Eröffnung der gerichtlichen Untersuchung gilt § 12 II StPO (BGH **14**, 179, 184). Der Bereich der Zuständigkeit der einzelnen StA fällt mit dem seiner Behörde zusammen. Wenn aber eine Sache zur Zuständigkeit einer StA gehört, ist diese und damit auch der Sachbearbeiter weder an den Bezirk der Behörde noch an die Grenzen des Landes gebun-

Schmitt

GVG § 143

Gerichtsverfassungsgesetz

den. Der StA kann im ganzen Bundesgebiet Amtshandlungen vornehmen, die ihm zur Verfolgung notwendig erscheinen (Kissel/Mayer 4). Der Sachbearbeiter kann auch bei jedem Ermittlungsrichter Anträge stellen (1 zu § 162 StPO) und bei dem jeweils zuständigen LG Beschwerde einlegen.

1a **2) Fehlt es** an einer gerichtlichen Zuständigkeit oder ist diese nicht ermittelt, so ist die StA zuständig, die – etwa aufgrund einer Strafanzeige – zuerst mit der Sache befasst wird (I S 2). Von der Regelung werden auch die Fälle erfasst, in denen eine Zuständigkeitsbestimmung durch den BGH nach § 13a StPO ausscheidet, weil die Tat nicht der deutschen Gerichtsbarkeit unterfällt (vgl BGH **33**, 97) oder wenn für eine im Ausland begangene Tat das deutsche Strafrecht nicht gilt (vgl BGH NStZ **07**, 534); im letzteren Fall kann insoweit für eine erstattete Strafanzeige nach § 158 III StPO (vgl dort 27 ff) auch eine Weiterleitungsverpflichtung bestehen. Die Regelung in I S 2 erfasst aber auch Fälle, für die das deutsche Strafrecht zwar anwendbar ist, für die aber nach §§ 7 bis 13 StPO kein Gerichtsstand besteht.

1b **Ergibt sich im Nachhinein** die Zuständigkeit eines Gerichts, hat die zuerst zuständig gewordene StA das Verfahren an die nach I S 1 zuständige StA abzugeben, muss aber zuvor das Erforderliche veranlassen (I S 3). Das gilt nach I S 4 auch, wenn die Zuständigkeit einer StA wechselt, zB bei Wohnsitzwechsel des Beschuldigten während des Ermittlungsverfahrens bei einer nur auf § 8 I StPO beruhenden Zuständigkeit (BT-Drucks 17/9694 S 9).

2 **3) Notzuständigkeit (II):** Entsprechend gilt II bei sachlicher Unzuständigkeit, zB wenn nicht die StA beim LG, sondern der GBA zuständig ist (§ 120 I, II); rascheste Aufnahme der Verbindung zum GBA ist dann notwendig. Vgl auch § 4 III S 2 BKAG.

2a Die **örtliche Unzuständigkeit** hat die Unwirksamkeit einer Prozesshandlung der StA und das Entstehen eines Verfahrenshindernisses höchstens dann zur Folge, wenn die Annahme der örtlichen Zuständigkeit objektiv willkürlich war (Düsseldorf JMBlNW **96**, 260; LR-Franke 10).

3 **4) Kompetenzkonflikte (III):** Hier sind die über ein Land hinausgreifenden Konfliktsfälle geregelt. Eine den beteiligten StAen gemeinsam vorgesetzte Instanz gibt es in diesen Fällen nicht. Deshalb ist der GBA im Konfliktfall zuständig (S 1) und zwar auch auf Antrag einer übernahme- oder abgabewilligen StA bei Sammelverfahren (S 2; BT-Drucks 18/3007 S 6). Der landesinterne Kompetenzkonflikt wird mit den Mitteln der Dienstaufsicht des § 147 geregelt. Im Übrigen gilt III nur als letztes Mittel (RiStBV 27 III).

4 **5) Partielle Konzentration bei der StA (IV)** und damit eine Ausnahme der gesetzlichen Regelung des I ist Gegenstand der Ermächtigung. Der für die Änderung der Gerichtsorganisation bestehende Gesetzesvorbehalt (BVerfGE **24**, 155) gilt nicht für die Organisationsänderung der StA (KK-Mayer 7). Eine RechtsVO ist daher für die Ausführung der Ermächtigung – anders als zB nach den §§ 58, 74c III, 74d und 78a II – nicht erforderlich. Es genügt ein Organisationsakt des JM (§ 147). Dieser kann die Ermächtigung auch auf den GStA delegieren, ihm jedenfalls die Details für seinen Bezirk überlassen.

5 A. **Den Beamten einer StA:** Das sind alle Beamten, vor allem der Behördenleiter und alle anderen, die bei der Ausführung und Beaufsichtigung beteiligt sind.

6 B. Die **erweiterten Kompetenzen** verleihen der StA die Befugnis, bei jedem Gericht des Zuständigkeitsbereichs Anträge zu stellen, die Anklage zu erheben und Rechtsmittel einzulegen. Die Zuständigkeit der StA nach I wird dadurch nicht ausgeschlossen (Zweibrücken NStZ **84**, 233; SK-Wohlers 11; **aM** Katholnigg 4). Die Erweiterung gilt auch gegenüber den Behörden und Beamten des Polizeidienstes. Schon wegen dieser Wirkungen macht das JM die Kompetenzerweiterung in der landesüblichen Weise bekannt.

10. Titel. Staatsanwaltschaft §§ 144, 145 GVG

C. **Aufrechterhaltung zentraler Zuständigkeit:** Die Anwendung des IV 7
kommt besonders für den Fall in Betracht, dass die Zuständigkeit der zentralen
StaatsschutzStA (I iVm § 74a IV) dadurch entfällt, dass ein anderes LG zuständig
wird (§ 74e). Hier kann es sachdienlich sein und einer unnötigen Verzögerung der
Verfahren entgegenwirken, wenn die StaatsschutzStA trotz des Übergangs der Zuständigkeit auf ein anderes LG zuständig bleibt (Katholnigg NJW **78**, 2379).
Bei ähnlichen **Zuständigkeitskonzentrationen** (§§ 74d, 74c III, IV; vgl 9 zu 8
§ 74c) kann das gleiche Bedürfnis für die Anwendung des IV bestehen (vgl
SchlHA **79**, 120 für Wirtschaftsstrafsachen).

D. Bei **Konzentration der Rechtshilfeersuchen,** die von Stellen außerhalb 9
des Geltungsbereiches des GVG kommen, sind weniger Fachkräfte nötig und werden die Kenntnisse der vorhandenen Fachkräfte besser ausgenutzt. Für die Rechtshilfeersuchen in umgekehrter Richtung gilt IV nicht.

SchwerpunktStAen können auch zur Verfolgung anderer Straftaten eingerich- 10
tet werden, zB für Straftaten nach § 129a StGB und die in dieser Vorschrift bezeichneten anderen Straftaten (vgl § 103 I S 3 StPO).

6) Umfassende Konzentration: V ermöglicht es, über IV und § 451 III S 2 11
hinaus, den StAen jeweils für den Zuständigkeitsbereich der StVollstrKen die Aufgaben der VollstrB zuzuweisen.

[Organisation der Staatsanwaltschaft]

144 Besteht die Staatsanwaltschaft eines Gerichts aus mehreren Beamten, so handeln die dem ersten Beamten beigeordneten Personen als dessen Vertreter; sie sind, wenn sie für ihn auftreten, zu allen Amtsverrichtungen desselben ohne den Nachweis eines besonderen Auftrags berechtigt.

1) **Bürokratisch** ist die StA organisiert. Vgl OrgStA; 8 zu § 142.   1

2) **Unbeschränkbar** nach außen (also gegenüber dem Gericht) ist die sich aus 2
§ 144 ergebende Vertretungsbefugnis des amtierenden StA.

[Ersetzungsbefugnisse]

145 ᴵ Die ersten Beamten der Staatsanwaltschaft bei den Oberlandesgerichten und den Landgerichten sind befugt, bei allen Gerichten ihres Bezirks die Amtsverrichtungen der Staatsanwaltschaft selbst zu übernehmen oder mit ihrer Wahrnehmung einen anderen als den zunächst zuständigen Beamten zu beauftragen.

ᴵᴵ Amtsanwälte können das Amt der Staatsanwaltschaft nur bei den Amtsgerichten versehen.

1) Das **Recht der Devolution (Übernahme) und der Substitution (Be-** 1
auftragung eines anderen StA) haben die ersten Beamten und nicht der Vertreter, nicht aber die sonstigen „beigeordneten" StAe (§ 144;
LR-Franke 7). Die Substitution kann sich auf einen bestimmten StA oder die
gesamte Staatsanwaltschaft als Behörde beziehen (BGH NStZ **98**, 309; SSW-
Schnabl 1; aM Stuttgart Justiz **97**, 222: nur ein StA). Die Schranke des II gilt auch,
falls der Amtsanwalt die Befähigung zum Richteramt besitzt (Kissel/Mayer 3; KK-
Mayer 6; Katholnigg 5; LR-Franke 18; aM RG **51**, 222). Es gibt nur einen gesetzlichen Richter (§ 16 S 2), aber keinen gesetzlichen StA (vgl 3ff vor § 22 StPO).
Die Substitutionsbefugnis hat **auch der JM** (1 zu § 147). Der Auftrag kann 2
auch eine Gruppe von Strafsachen betreffen. Wird er dem Leiter einer StA oder
einer Zweigstelle (3 zu § 141) erteilt, so kann damit der Auftrag verbunden werden, die Sachbearbeiter im Einzelfall durch Geschäftsverteilung zu bestimmen.

Schmitt 2145

§§ 145a, 146

3 **2) Beauftragt der GStA** einen StA seines Bezirks, der nicht zu der nach § 143 I zuständigen Behörde gehört, so wird dieser als Beamter der an sich zuständigen StA tätig. Bei Unterzeichnung braucht er nicht auf den Auftrag nach I hinzuweisen (BGH NStZ **95**, 204).

4 **3) Auch der GBA** beim BGH kann jegliche Amtsverrichtung der Bundesanwaltschaft selbst übernehmen oder sie einem anderen als dem nach der Geschäftsverteilung zuständigen StA übertragen.

5 **4) Der Auftrag** nach § 145 muss in irgendeiner Form aktenkundig gemacht werden, damit das Gericht die Berechtigung erkennen kann (KK-Mayer 4).

6 **5)** Einen **Rechtsanspruch** auf Substitution oder Devolution hat der Beschuldigte nicht (Hamm NJW **69**, 808; Karlsruhe MDR **74**, 423; Schleswig SchlHA **83**, 106 [E/L]; Arloth NJW **83**, 207; Bruns JR **80**, 400; Bottke JA **80**, 720; Wendisch Schäfer-FS 264; 7 vor § 22 StPO), daher auch nicht die Befugnis zum Antrag nach § 23 EGGVG (dort 15). Ein Revisionsgrund kann sich aus § 145 nicht ergeben (7 vor § 22 StPO). Erg 2 zu 296 StPO und 39 zu § 338 StPO.

145a (weggefallen) GVG

[Weisungen]

146
Die Beamten der Staatsanwaltschaft haben den dienstlichen Anweisungen ihres Vorgesetzten nachzukommen.

1 **1) Weisungsbefugt** (§ 147) sind die vorgesetzten StAe und der JM (mit den von ihm bevollmächtigten Beamten). Da der JM nicht StA ist, wird seine Weisungsbefugnis als extern bezeichnet (zur Kritik, Bedeutung und Reform des externen Weisungsrechts Frank ZRP **10**, 147; Paeffgen Schlüchter-GS 563; Schaefer Hamm-FS 643; Wohlers Schroeder-FS 735). Die externe Weisung des JM wird vom GStA (1 zu § 147) in eine StA-interne umgewandelt, falls sie akzeptiert wird (unten 6, 7). Die Weisungen können allgemeiner Art sein oder einen Einzelfall betreffen. Die einen wie die anderen können die rechtliche oder tatsächliche Sachbehandlung zum Gegenstand haben.

2 **Allgemeine Weisungen** sind zB enthalten in den RiStBV, in den RiJGG, in den RiVASt, in der MiStra (vgl 8, 9 zu § 12 **EGGVG** und in den Anordnungen über Berichtspflichten in Strafsachen. Sie können aber auch die Behandlung einzelner Sachen betreffen.

3 **2) Die Grenzen des Weisungsrechts** (vgl allg Geerds StASchlH-FS 297; Hund ZRP **94**, 470; Krey/Pföhler NStZ **85**, 145; Roxin DRiZ **97**, 118; Schairer Lenckner-FS 739) ergeben sich aus dem Legalitätsprinzip (§ 152 II StPO) und dem dieses Prinzip nach der positiven und negativen Seite strafrechtlich schützenden §§ 344, 345, 258a StGB. Diese Grenzen gelten auch für den JM (eingehend dazu Bölter Strauda-FS 293; Paeffgen Schlüchter-GS 574ff); denn Dienstaufsicht ist Kontrolle der Richtigkeit der Dienstausübung. Außer im Bereich des Ermessens (9ff zu § 152 StPO) ist für Weisungen nur Raum, soweit die Beurteilung zweifelhaft ist; dies wird bei der Frage, ob ein Anfangsverdacht zu bejahen ist, mit Rücksicht auf die geringen hierfür notwendigen tatsächlichen Voraussetzungen (4, 4a zu § 152) nur ausnahmsweise anzunehmen sein (vgl Trentmann JR **15**, 571, 579).

4 Für die Würdigung der Beweise **in der Hauptverhandlung** können dem Sitzungsvertreter von einem nicht teilnehmenden Vorgesetzten grundsätzlich keine speziellen Weisungen für die Beweiswürdigung oder Rechtsfolgenbemessung gegeben werden, soweit die Anträge hierzu von dem Ergebnis der Beweisaufnahme und dem Inbegriff der Verhandlung (§ 261 StPO) abhängen (KK-Mayer 9; Geerds aaO 304; Markwardt Böttcher-FS 97; **aM** Kissel/Mayer 6; LR-Franke 28ff; Fezer 2/23; Wohlers 275). Das betrifft zB die Beurteilung der Größe der Schuld in § 153

10. Titel. Staatsanwaltschaft § 147 GVG

II und § 153a II StPO, grundsätzlich aber nicht die Wertung des öffentlichen Interesses an der Strafverfolgung aus grundsätzlichen Erwägungen. Dadurch wird aber nicht ausgeschlossen, dass der Vorgesetzte die Anweisung zur Anfechtung des Urteils gibt.

In keinem Fall darf sich der Weisungsberechtigte von **justizfremden Zwecken** 5 (Lüttger GA **57**, 216 ff), von rechts- oder sachwidrigen Erwägungen leiten lassen (BVerfGE **9**, 223, 229). Dabei ist Richtschnur, dass die StA nur den Rechtswillen, nicht den politischen Machtwillen des Staates zu vertreten hat.

3) Die **Grenzen der Befolgungspflicht** des StA ergeben sich aus den Grenzen 6 des Weisungsrechts. Hat der StA unüberwindliche Bedenken gegen die Rechtmäßigkeit einer dienstlichen Anordnung, so trifft ihn eine zweifache Remonstrationspflicht, wie sie das für ihn geltende Beamtenrecht vorsieht (vgl § 63 II BBG; § 36 II BeamtStG). Die Remonstration dient einerseits der Klärung und Vermeidung falscher Sachbehandlung, andererseits der Entlastung des Angewiesenen von der Verantwortung.

Eine rechtswidrige Weisung darf der StA auch nach vergeblicher Remonstration 7 nicht befolgen, wenn das ihm aufgetragene Verhalten **strafbar** oder ordnungswidrig und die Strafbarkeit oder Ordnungswidrigkeit für ihn erkennbar ist (SK-Wohlers 21). Das gilt auch, wenn sich die Weisung auf den Schlussvortrag des StA (§ 258 I StPO; Less JR **51**, 193) oder auf Rechtsmitteleinlegung bezieht (vgl BGH **15**, 210; Dünnebier JZ **58**, 417). Die Weisungsgebundenheit der StA darf der sachgerechten Erfüllung ihrer Aufgaben nicht entgegenstehen (BVerfGE **9**, 223). Das Risiko des Ungehorsams bleibt dem Angewiesenen; er hat nicht das Recht der gerichtlichen Anfechtung (BGHZ **42**, 163, 170; LR-Franke 35). Anders § 26 III DRiG.

4) **Nur im Innenverhältnis** ist die zulässige Weisung bindend; auftragswidriges 8 Prozessverhalten des StA ist nicht unwirksam (2 zu § 144).

[Dienstaufsicht]

147 Das Recht der Aufsicht und Leitung steht zu:
1. **dem Bundesminister der Justiz und für Verbraucherschutz hinsichtlich des Generalbundesanwalts und der Bundesanwälte;**
2. **der Landesjustizverwaltung hinsichtlich aller staatsanwaltschaftlichen Beamten des betreffenden Landes;**
3. **dem ersten Beamten der Staatsanwaltschaft bei den Oberlandesgerichten und den Landgerichten hinsichtlich aller Beamten der Staatsanwaltschaft ihres Bezirks.**

1) Die **Dienstaufsicht** – für Richter vgl § 26 DRiG – umfasst außer dem Be- 1 aufsichtigen der formellen und sachlichen Erledigung der Dienstgeschäfte die Befugnis, zu rügen und zu mahnen. Das Recht der Leitung gibt die Befugnis zur Anweisung (§ 146), auch in Einzelfällen (Markwardt Böttcher-FS 99; str). Der JM hat nicht das Recht, selbst die Funktionen der StA wahrzunehmen (zB ein Rechtsmittel einzulegen); sein Gesprächspartner ist der der GStA (Leverenz SchlHA **61**, 39). Die Substitutionsbefugnis nach § 145 steht auch dem JM zu, auch für bestimmte Gruppen von Sachen, wobei die OLG-Grenzen nicht im Wege stehen (BGH 4 StR 519/69 vom 6.8.1970; RG **58**, 105; Hellebrand 105).

2) Der **hierarchische Aufbau** der StA ergibt sich aus § 147, insbesondere aus 2 Nr 3 (vgl auch 1, 2 zu § 146). Nr 3 gilt auch – obwohl nicht ausdrücklich erwähnt – für die Bundesanwälte; der GBA übt die Aufsicht über die Bundesanwälte iSd § 148 aus (Kissel/Mayer 2).

3) Auch die **Berichtspflicht** ergibt sich aus § 147; denn ohne Berichte können 3 die Vorgesetzten von ihrem Recht der Leitung kaum Gebrauch machen. Zur Wei-

tergabe personenbezogener Daten im Hinblick auf das informationelle Selbstbestimmungsrecht vgl Landau/Dames DRiZ **92**, 130.

4 4) Nach Ansicht des EuGH (NJW **19**, 2145) stellt die StA mit Rücksicht auf das in § 147 geregelte externe Weisungsrecht **keine „ausstellende Justizbehörde"** iSv Art 6 I Rb-EuHB dar. Dies hat allerdings nicht zur Konsequenz, dass der Gesetzgeber der StA rechtlich vollständige Unabhängigkeit zugestehen müsste, sondern lediglich, dass EuHB nicht mehr von der StA ausgestellt werden dürfen (siehe Andoor ZRP **19**, 154; erg 9-9g vor § 112).

[Befähigung]

148 Der Generalbundesanwalt und die Bundesanwälte sind Beamte.

[Ernennung der Bundesanwälte]

149 Der Generalbundesanwalt und die Bundesanwälte werden auf Vorschlag des Bundesministers der Justiz und für Verbraucherschutz, der der Zustimmung des Bundesrates bedarf, vom Bundespräsidenten ernannt.

1 1) Der **Begriff „Bundesanwälte"** ist hier – anders als in § 142 I Nr 1 – iS des Ranges zu verstehen. Die Vorschrift gilt also nicht für die OStAe beim GBA.

[Unabhängigkeit von den Gerichten]

150 Die Staatsanwaltschaft ist in ihren amtlichen Verrichtungen von den Gerichten unabhängig.

1 1) **Dem Gericht gleichgeordnet** (vgl 1ff vor § 141) ist die StA, obwohl sie ihre Maßnahmen manchmal gemäß der richterlichen Entscheidungen treffen muss, vgl §§ 175, 458 StPO. Zum Verhältnis zwischen dem Vorsitzenden und dem Sitzungsvertreter der StA in der Hauptverhandlung vgl 10 zu § 176. Das Ersuchen des Gerichts, einen offensichtlich befangenen StA in der Hauptverhandlung abzulösen, schließt § 150 nicht aus (**aM** LG Köln NStZ **85**, 230 mit abl Anm Wendisch; erg 4 vor § 22 StPO).

[Ausschluss von richterlichen Geschäften]

151 ¹Die Staatsanwälte dürfen richterliche Geschäfte nicht wahrnehmen. ²Auch darf ihnen eine Dienstaufsicht über die Richter nicht übertragen werden.

1 1) Der **StA als solcher** darf richterliche Geschäfte nicht wahrnehmen (Art 92 GG; 5ff vor § 141). Er darf auch nicht durch Doppelernennung (vgl § 59 II) zugleich zum Richter ernannt werden.

2 2) **Richter** können auf Grund Gesetzes (vgl § 165 StPO) staatsanwaltschaftliche Geschäfte ausüben. Sie können auch auf Grund einer Abordnung (mit Einverständnis des Richters, § 37 I DRiG) oder nach §§ 13, 16 II DRiG Aufgaben der StA wahrnehmen; dann gilt S 2 nicht (Kissel/Mayer 2).

[Ermittlungspersonen der Staatsanwaltschaft]

152 ¹Die Ermittlungspersonen der Staatsanwaltschaft sind in dieser Eigenschaft verpflichtet, den Anordnungen der Staatsanwaltschaft ihres Bezirks und der dieser vorgesetzten Beamten Folge zu leisten.

II ¹ Die Landesregierungen werden ermächtigt, durch Rechtsverordnung diejenigen Beamten- und Angestelltengruppen zu bezeichnen, auf die diese

10. Titel. Staatsanwaltschaft § **152 GVG**

Vorschrift anzuwenden ist. ²Die Angestellten müssen im öffentlichen Dienst stehen, das 21. Lebensjahr vollendet haben und mindestens zwei Jahre in den bezeichneten Beamten- oder Angestelltengruppen tätig gewesen sein. ³Die Landesregierungen können die Ermächtigung durch Rechtsverordnung auf die Landesjustizverwaltungen übertragen.

1) Bedeutung: Die Beamten und Behörden des Polizeidienstes sind nach § 161 **1** S 2 StPO verpflichtet, dem Ersuchen oder Auftrag der StA Folge zu leisten. Diese Pflicht gilt nicht nur im Ermittlungsverfahren, sondern im gesamten Strafverfahren (Einl 43), was gerade § 152, der ohne Rücksicht auf den Stand des Verfahrens gilt, bestätigt. Die Ermittlungspersonen (frühere Bezeichnung: Hilfsbeamten) der StA haben mehr Anordnungsbefugnisse als die (sonstigen) Beamten des Polizeidienstes, die diese Eigenschaft nicht haben, vor allem das Recht, unter bestimmten Voraussetzungen die körperliche Untersuchung des Beschuldigten (§ 81a StPO) oder Unverdächtiger (§ 81c StPO), die Beschlagnahme (§§ 98 I, 111e I S 2, 132 III S 2 StPO), die Durchsuchung (§§ 105 I S 1, 111b IV StPO, soweit die Beschlagnahmezuständigkeit nach § 111e I S 2 StPO besteht), die Einrichtung einer Kontrollstelle (§ 111 II StPO) und die Notveräußerung (§ 111l II S 2, III S 2 Hs 2 StPO) anzuordnen sowie eine Maßnahme nach § 132 II oder § 163d StPO zu treffen (zur Problematik vgl Nelles, Kompetenzen und Ausnahmekompetenzen in der StPO, 1980, S 81 ff). Hatte der bestellte Beamte noch keine kriminalpolizeilichen Befugnisse, so erhält er sie mit der Bestellung. Die Vollstreckung der Anordnung ist Sache der Ermittlungsperson selbst; es können aber andere Polizeibeamte dazu herangezogen oder damit beauftragt werden.

2) Anordnung der StA (I): Der StA richtet, solange nicht eine bestimmte **2** Ermittlungsperson mit der Bearbeitung des konkreten Falls befasst ist, seinen Auftrag grundsätzlich an die Polizeidienststelle (entspr der AV über unmittelbaren Zwang, RiStBV Anl A unter B I; **aM** Füllkrug ZRP **84**, 193: an den einzelnen Hilfsbeamten). Jedoch darf die StA nach § 152 auch die persönliche Ausführung von einer Ermittlungsperson ihres Bezirks fordern (11 zu § 161 StPO), auch die Landes-StA von einem Bundesbeamten, und zwar nicht nur hinsichtlich einer Prozesshandlung, die der Ermittlungsperson vorbehalten ist (oben 1). Die gleiche Befugnis haben die StA gegenüber den örtlichen StA vorgesetzten Beamten (vgl § 147). Der Bezirk des GBA ist die ganze BRep (KK-Mayer 14); er kann daher allen Ermittlungspersonen verbindliche Anweisungen geben (Holland MDR **73**, 376; Katholnigg 2).

Der **spezielle Auftrag** an einen bestimmten Beamten spielt insbesondere bei **3** Eile sowie am Tat- oder Augenscheinsort (vgl 11 zu § 161 StPO) und sonst bei wichtigem Grund eine Rolle. Denn nach dem Sinn des § 152 stehen die Ermittlungspersonen in noch stärkerer Bindung zur StA als andere Polizeibeamte (vgl auch RiStBV Anl A unter B I). Auf polizeiliche Präventivmaßnahmen erstreckt sich die Weisungsbefugnis des StA nicht (Hirsch ZRP **71**, 206; 13 zu § 161; 17 zu § 163 StPO; RiStBV Anl A unter A Abs 2).

Besondere Verfahrensarten: Im Ermittlungsverfahren wegen einer Steuer- **4** straftat, das von der FinB geführt wird (Einl 12), gilt § 399 **AO.** Im Bußgeldverfahren haben die Ermittlungspersonen den Anordnungen der VerwB nachzukommen (§ 53 I S 2 OWiG) und die gleichen Anordnungsbefugnisse wie im Strafverfahren (§ 53 II OWiG).

3) Der **Zuständigkeitsbereich** der Ermittlungsperson wird mit der Bestellung **5** allein nicht erweitert; er richtet sich vielmehr nach ihrem allgemein- oder spezialpolizeilichen Hauptamt (RG **66**, 339; Bay NJW **54**, 362; Krause/Nehring 57), gleichviel, ob sie auf Anordnung oder aus eigener Entschließung tätig wird (Katholnigg 5; KK-Mayer 7; **aM** SK-Wohlers 20; Kramer wistra **90**, 176). Für die zuständigen Ermittlungsperson kann auch, wie beim StA, ein anderer Beamter tätig werden, wenn der Erstere nicht rechtzeitig eingreifen kann (§ 143 II).

4) Bestellt (II) werden die Ermittlungspersonen nach Gruppen, nicht einzeln. **6** Dies geschieht durch RechtsVOen der Länder **(S 1).** Beamte der Betriebssiche-

Schmitt 2149

GVG § 153   Gerichtsverfassungsgesetz

rung der Deutschen Post AG können nicht bestellt werden (Hamburg NStZ-RR **96**, 13). In den neuen Bundesländern können auch Angestellte zu Ermittlungspersonen der StA bestellt werden (EV Anl I Kap III Sachgebiet A Abschn III Nr 1o II). Die Ermächtigung haben nach S 3 auf den JM übertragen: Mecklenburg-Vorpommern durch VO vom 6.6.1991 (GVBl 170), Rheinland-Pfalz durch VO vom 30.5.1975 (GVBl 214), Sachsen durch VO vom 9.4.1991 (GVBl 57) und Schleswig-Holstein durch VO vom 17.12.1976 (GVOBl 1977 S 1). Die Ermittlungspersonen sind bestellt für Baden-Württemberg durch VO vom 12.2.1996 (GBl 184), für Bayern durch VO vom 21.12.1995 (GVBl 1996 4), für Berlin durch VO vom 6.1.1997 (GVBl 5), für Brandenburg durch VO vom 28.12.1995 (GVBl 1996 II 62), für Bremen durch VO vom 5.2.1991 (GBl 61), für Hamburg durch VO vom 2.4.1996 (GVBl 44, 167), für Hessen durch VO vom 15.3.1996 (GVBl I 114), für Mecklenburg-Vorpommern durch VO vom 2.7.1996 (GVBl 311), für Niedersachsen durch VO vom 2.10.1997 (GVBl 423; 1998, 485), für Nordrhein-Westfalen durch VO vom 30.4.1996 (GVBl 180), für Rheinland-Pfalz durch VO vom 3.9.1975 (GVBl 375; ÄndVO vom 27.9.1985, GVBl 222), für das Saarland durch VO vom 11.7.1996 (ABl 784), für Sachsen durch VO vom 8.6.1991 (GVBl 209), für Sachsen-Anhalt durch VO vom 9.8.2001 (GVBl 334), für Schleswig-Holstein durch VO vom 23.11.1995 (GVBl 391) und für Thüringen durch VO vom 12.6.1996 (GVBl 110).

7   **5) Kraft Gesetzes:** In den Fällen des § 4 I, II und des § 18 I BKAG sind die Vollzugsbeamten des Bundes – also des BKA – und der Länder Ermittlungspersonen der zuständigen StA (§ 19 BKAG). Der Zusatz „zuständig" hat praktisch keine Bedeutung. Ermittlungspersonen kraft Gesetzes gibt es ferner zB bei der Finanzverwaltung (§ 404 **AO**, § 37 III AWG, § 37 III S 2 MOG) und bei der Forst- und Jagdverwaltung (§ 25 II BJagdG); vgl ferner die Regelungen in § 148 II BBergG sowie § 18 III TiefseebergbauG. Dazu kommen noch einige landesrechtliche Regelungen und § 63 I S 2 OWiG, auch iVm § 13 II WiStG 1954.

8   **6)** Als **Rechtsbehelf** gegen eine Maßnahme der Ermittlungsperson der StA gibt es die Sachaufsichtsbeschwerde an die StA, für die der Beamte tätig geworden ist (Hamburg NJW **70**, 1700). Über die Dienstaufsichtsbeschwerde, die das Verhalten des Beamten, nicht die eigentliche Sachbearbeitung betrifft, entscheidet der Dienstvorgesetzte des Beamten (SK-Wohlers 25). Zum Antrag auf gerichtliche Entscheidung gegen Untersuchungshandlungen der Ermittlungsperson der StA vgl 10 zu § 23 **EGGVG**.

11. Titel. Geschäftsstelle

153   **I** Bei jedem Gericht und jeder Staatsanwaltschaft wird eine Geschäftsstelle eingerichtet, die mit der erforderlichen Zahl von Urkundsbeamten besetzt wird.

II ¹ Mit den Aufgaben eines Urkundsbeamten der Geschäftsstelle kann betraut werden, wer einen Vorbereitungsdienst von zwei Jahren abgeleistet und die Prüfung für den mittleren Justizdienst oder für den mittleren Dienst bei der Arbeitsgerichtsbarkeit bestanden hat. ² Sechs Monate des Vorbereitungsdienstes sollen auf einen Fachlehrgang entfallen.

III Mit den Aufgaben eines Urkundsbeamten der Geschäftsstelle kann auch betraut werden,

1. wer die Rechtspflegerprüfung oder die Prüfung für den gehobenen Dienst bei der Arbeitsgerichtsbarkeit bestanden hat,
2. wer nach den Vorschriften über den Laufbahnwechsel die Befähigung für die Laufbahn des mittleren Justizdienstes erhalten hat,

11. Titel. Geschäftsstelle § 153 GVG

3. wer als anderer Bewerber nach den landesrechtlichen Vorschriften in die Laufbahn des mittleren Justizdienstes übernommen worden ist.

IV ¹ Die näheren Vorschriften zur Ausführung der Absätze 1 bis 3 erlassen der Bund und die Länder für ihren Bereich. ² Sie können auch bestimmen, ob und inwieweit Zeiten einer dem Ausbildungsziel förderlichen sonstigen Ausbildung oder Tätigkeit auf den Vorbereitungsdienst angerechnet werden können.

V ¹ Der Bund und die Länder können ferner bestimmen, daß mit Aufgaben eines Urkundsbeamten der Geschäftsstelle auch betraut werden kann, wer auf dem Sachgebiet, das ihm übertragen werden soll, einen Wissens- und Leistungsstand aufweist, der dem durch die Ausbildung nach Absatz 2 vermittelten Stand gleichwertig ist. ² In den Ländern Brandenburg, Mecklenburg-Vorpommern, Sachsen, Sachsen-Anhalt und Thüringen dürfen solche Personen weiterhin mit den Aufgaben eines Urkundsbeamten der Geschäftsstelle betraut werden, die bis zum 25. April 2006 gemäß Anlage I Kapitel III Sachgebiet A Abschnitt III Nr. 1 Buchstabe q Abs. 1 zum Einigungsvertrag vom 31. August 1990 (BGBl. 1990 II S. 889, 922) mit diesen Aufgaben betraut worden sind.

1) **Die Geschäftsstelle (I)** ist eine einheitliche Einrichtung des Gerichts bzw 1 der StA und untersteht dem Behördenleiter (SK-Degener 6). Der Personenkreis, der mit den Aufgaben des UrkB betraut werden kann, ist zu II, III, V näher umschrieben. Ob die Vorschriften zur Ausführung von I–V als Rechtsnorm oder Verwaltungsanordnung erlassen werden, bestimmt das Landesrecht (vgl zB Art 15 I BayAGGVG iVm VO vom 6.5.1982, GVBl 271, zuletzt geändert durch VO vom 27.10.1999, GVBl 454; für Bremen vgl Bremen StV **84**, 109).

2) **Aufgaben:** Der Geschäftsstelle obliegen der Geschäftsgang und die Erledi- 2 gung der Aufgaben, die weder der Verwaltungsspitze zugeordnet sind noch zum Funktionsbereich des Richters oder des StA gehören. Die Geschäftsstelle bewirkt zB die Zustellungen (§§ 36, 214 StPO).

A. Die **UrkB**en sind besonders genannt. Ihre Aufgaben bestehen in der Auf- 3 nahme von Niederschriften (zB §§ 168, 168a, 168b StPO), im Protokolldienst in der Hauptverhandlung (§ 271 I StPO), in der Entgegennahme von Prozesserklärungen einfacher Art zur Niederschrift der Geschäftsstelle (zB nach § 158 StPO) und in der Führung der Schöffenlisten (§ 49 IV). Ferner bescheinigt der UrkB die Vollstreckbarkeit der rechtskräftigen Urteile (§ 451 I StPO; § 13 II–V StVollstrO). Der UrkB muss nicht dem Gericht angehören, für das er tätig wird (BGH NStZ **83**, 213 [Pf/M]). Auch der Stationsreferendar kann die Aufgaben des UrkB wahrnehmen, wenn das Landesrecht das vorsieht (vgl BGH NStZ **84**, 327: in Niedersachsen nur auf Anordnung des Behördenleiters; BGH MDR **85**, 862: in Baden-Württemberg im Auftrag des für die Ausbildung Verantwortlichen; Koblenz Rpfleger **85**, 77: in Rheinland-Pfalz im Auftrag des jeweiligen Ausbilders; vgl auch AV des JM Schleswig-Holstein vom 4.12.1984 [SchlHA **85**, 6]: Behördenleiter). Seine – zulässig auch nur mündliche – Betrauung mit der Aufgabe des UrkB muss aber vor Aufnahme der entspr Tätigkeit ausgesprochen werden (BGH NStZ **15**, 473; NStZ-RR **14**, 171 [C/Z]; 378; Hamburg MDR **84**, 337).

B. **Rechtspfleger:** Ein Teil der Erklärungen muss, ein anderer soll vom Rechts- 4 pfleger aufgenommen werden (§ 24 **RPflG;** Einl 133). Zu den Aufgaben des UrkB, die vom Rechtspfleger wahrgenommen werden (§ 21 **RPflG**), gehört auch die Festsetzung von Kosten und Auslagen im Kostenfestsetzungsverfahren (§ 464b StPO). Nach § 36b **RPflG** ist eine Übertragung von Rechtspflegeraufgaben auf den UrkB der Geschäftsstelle möglich (dazu Wiedemann NJW **02**, 3448).

3) Nach **V S 1** können der Bund und die Länder auch Personen mit den Auf- 5 gaben des Urkundsbeamten betrauen, deren Wissens- und Leistungsstand dem durch die Ausbildung nach II bzw III vermittelten gleichwertig ist; die Betrauung

Schmitt 2151

kann auch insoweit formlos geschehen, insbesondere mündlich ausgesprochen werden (BGH NStZ **15**, 473, dort auch zum notwendigen Revisionsvorbringen). Die Einzelheiten der Betrauung der betroffenen Personen ist grundsätzlich nach dem jeweiligen Landesrecht zu beurteilen (BGH NJW **17**, 1126 zu § 20 BremAGGVG: Rechtsreferendare). In den **neuen Bundesländern** können nach V S 2 (wie zuvor schon nach dem EV) auch andere als die in § 153 genannten Personen mit den Aufgaben eines UrkB betraut werden (vgl BGH NStZ-RR **14**, 378), zB in Sachsen Rechtsreferendare (vgl Dresden StV **04**, 368 L).

12. Titel. Zustellungs- und Vollstreckungsbeamte

154 *(betrifft Gerichtsvollzieher)*

[Ausschließung des Gerichtsvollziehers]

155 Der Gerichtsvollzieher ist von der Ausübung seines Amts kraft Gesetzes ausgeschlossen:
I. in bürgerlichen Rechtsstreitigkeiten:
1. *(nicht abgedruckt)*
2. *(nicht abgedruckt)*
3. wenn eine Person Partei ist, mit der er in gerader Linie verwandt oder verschwägert, in der Seitenlinie bis zum dritten Grad verwandt oder bis zum zweiten Grad verschwägert ist oder war;
II. in Strafsachen:
1. wenn er selbst durch die Straftat verletzt ist;
2. wenn er der Ehegatte oder Lebenspartner des Beschuldigten oder Verletzten ist oder gewesen ist;
3. wenn er mit dem Beschuldigten oder Verletzten in dem unter Nummer I 3 bezeichneten Verwandtschafts- oder Schwägerschaftsverhältnis steht oder stand.

13. Titel. Rechtshilfe

Vorbemerkungen

1 **1) Rechts- und Amtshilfe** haben sich die Behörden des Bundes und der Länder gegenseitig zu leisten (Art 35 GG), zB eine StA der anderen bei der Vernehmung des Beschuldigten oder von Beweispersonen (§ 161a IV StPO hat insoweit keine konstitutive Wirkung). Soweit besondere Bestimmungen bestehen, ist die Rechtshilfe in dem darin vorgesehenen Rahmen zu leisten. Um einen solchen Fall handelt es sich bei den §§ 156 ff. Die Rechtshilfe wird auf Ersuchen eines Gerichts von einem anderen Gericht im Aufgabenbereich des Richters, des Rechtspflegers oder des UrkB (RG **46**, 175) geleistet. Das ersuchende Gericht muss für die Handlung sachlich zuständig sein (RG **52**, 21). Die örtliche und sachliche Zuständigkeit des ersuchten Gerichts ergibt sich aus § 157.

2 **2) Eine andere Behörde** als ein Gericht des Bundes oder eines Landes kann von einem Gericht Amtshilfe verlangen, soweit es ein Gesetz vorsieht, zB § 4 NdsAGGVG. Die Pflicht zur Amtshilfe findet aber ihre Grenze in der Rücksicht auf den betroffenen Bürger, nämlich dort, wo unangemessen in die persönliche Sphäre des einzelnen eingegriffen (Art 1, 2 GG; Einl 20, 21; Becker NJW **70**,

13. Titel. Rechtshilfe **§§ 156, 157 GVG**

1075) und wo sie dem Bund oder einem Land unangemessenen Nachteil bereiten würde (vgl § 96 StPO).

3) In dem Titel über Rechtshilfe sind auch Bestimmungen enthalten, die 3 zum Teil die Amtshilfe betreffen, zB § 162.

4) Die **zwischenstaatliche oder supranationale Rechts- und Amtshilfe** in 4 Strafsachen wird durch den 13. Titel nicht geregelt; vgl dazu Einl 207 ff.

[Rechtshilfepflicht]

156 Die Gerichte haben sich in Zivilsachen und in Strafsachen Rechtshilfe zu leisten.

1) Die **Rechtshilfepflicht** besteht ohne Rücksicht auf das Stadium des Verfah- 1 rens. Ihr unterliegen alle Prozesshandlungen, die der Durchführung eines anhängigen Verfahrens zu dienen bestimmt sind (Frankfurt NStZ **81**, 191: Akteneinsicht). Der ausführende Richter ist der „ersuchte Richter" (vgl zB § 223 I StPO).

2) Die **Zulässigkeit** des Rechtshilfeersuchens setzt voraus, dass es rechtlich ges- 2 tattet ist (zB § 223 I StPO); hieran fehlt es zB bei einem Ersuchen um Durchführung der mündlichen Verhandlung im Haftprüfungsverfahren (München MDR **58**, 181). Vgl 2 zu § 158.

[Rechtshilfegericht]

157 I Das Ersuchen um Rechtshilfe ist an das Amtsgericht zu richten, in dessen Bezirk die Amtshandlung vorgenommen werden soll.

II ¹ Die Landesregierungen werden ermächtigt, durch Rechtsverordnung die Erledigung von Rechtshilfeersuchen für die Bezirke mehrerer Amtsgerichte einem von ihnen ganz oder teilweise zuzuweisen, sofern dadurch der Rechtshilfeverkehr erleichtert oder beschleunigt wird. ² Die Landesregierungen können diese Ermächtigung durch Rechtsverordnung auf die Landesjustizverwaltungen übertragen.

1) Als **Rechtshilferichter** ist der Richter beim Amtsgericht funktionell zu- 1 ständig (10 vor § 1 StPO), der durch die Geschäftsverteilung bestimmt ist (§ 21e I S 1), auch wenn die Strafsache zur Zuständigkeit eines Gerichts höherer Ordnung gehört. Die Aufgabe des Rechtshilferichters und des Ermittlungsrichters können nach der Geschäftsverteilung einem und demselben Richter oder gemeinsam mehreren Richtern unter Abgrenzung ihrer Zuständigkeiten übertragen werden.

2) Örtlich zuständig ist das AG, in dessen Bezirk die Handlung vorgenom- 2 men werden soll, sei es, dass sie anderswo gar nicht möglich ist, sei es, dass es nach der Natur der Sache zweckmäßig ist, sie in diesem Bezirk vorzunehmen. Bei Vernehmung einer Person ist idR der Gedanke des § 8 StPO zu berücksichtigen. Es kann aber auch auf günstige Verkehrsverbindung zum Gericht, auf den Dienstoder Geschäftssitz oder auf eine Reisetätigkeit der Person Rücksicht genommen werden (vgl KK-Mayer 3; Hamm MDR **57**, 437); auch die Grenznähe kann zwecks Vernehmung eines im Ausland wohnhaften Zeugen ausreichend sein (Schleswig NStZ **89**, 240; Rose wistra **98**, 13).

Sind **mehrere Zeugen** in einer Strafsache zu vernehmen, so kann das Ersuchen 3 um ihre Vernehmung an jedes AG gerichtet werden, das für die Vernehmung eines der Zeugen zuständig ist, falls die Zusammenfassung aus sachgemäßen Zweckmäßigkeitserwägungen angebracht ist, zB zur Ermöglichung einer erforderlichen Gegenüberstellung (§ 58 II StPO; BGH 1 StR 317/71 vom 9.9.1971).

Ordnungs- und Zwangsmittel: Ergibt sich mit Bezug auf das Ersuchen die 4 Notwendigkeit eines Beschlusses nach §§ 51, 70, 77, 133, 134 StPO, § 178, so trifft die Entscheidung der ersuchte Richter. Ob das ersuchende Gericht für den

Schmitt 2153

Eventualfall des Nichterscheinens der zu vernehmenden Person bei dem ersuchten Richter von vornherein die Vorführung zu diesem anordnen darf, ist zweifelhaft (Frössler NJW 72, 517).

5 **3) Örtliche Konzentration** (II): Vgl zu § 58 sowie in Hamburg VO vom 1.9.1987 (GVBl 172).

[Ablehnung der Rechtshilfe]

158 ¹ Das Ersuchen darf nicht abgelehnt werden.

II ¹ Das Ersuchen eines nicht im Rechtszuge vorgesetzten Gerichts ist jedoch abzulehnen, wenn die vorzunehmende Handlung nach dem Recht des ersuchten Gerichts verboten ist. ²Ist das ersuchte Gericht örtlich nicht zuständig, so gibt es das Ersuchen an das zuständige Gericht ab.

1 **1) Das Ersuchen des Gerichts höherer Instanz**, in dessen Bezirk das AG liegt, darf nicht abgelehnt werden, auch wenn das ersuchende Gericht dabei als Gericht des ersten Rechtszugs tätig ist. Das gilt sogar für den Fall, dass das ersuchende Gericht am gleichen Ort seinen Sitz hat (Koblenz OLGSt S 3).

2 **2) In anderen Fällen** ist das Ersuchen abzulehnen, wenn die gewünschte Handlung ausdrücklich oder nach dem Sinn der gesetzlichen Vorschrift (Frankfurt NStZ **81**, 191; LR-Franke 3) verboten ist. Hierfür ist nach hM erforderlich, dass sie schlechthin – *in abstracto* – rechtlich unzulässig ist (BGH NJW **91**, 2936; Düsseldorf MDR **88**, 604; NZV **98**, 516; Frankfurt NJW **74**, 430; Stuttgart NStZ **87**, 43; 14 zu § 162 StPO); denn der ersuchte Richter ist nur der „verlängerte Arm" des ersuchenden Richters (BGH JZ **53**, 230). Das Vernehmungsersuchen nach § 233 II StPO darf zB nicht mit der Begründung abgelehnt werden, der Angeklagte habe noch keinen Entbindungsantrag gestellt (Hamm NdsRpfl **84**, 47; vgl auch BGH **25**, 42) oder die vorzunehmende Handlung sei nicht zweckmäßig (Düsseldorf MDR **88**, 604; **96**, 843; Frankfurt NStZ-RR **04**, 50; Köln StraFo **12**, 364; **aM** zu § 223 StPO AG Höxter MDR **92**, 893; AG Solingen MDR **96**, 629); auch die Eröffnung eines erweiterten Haftbefehls (12 zu § 115 StPO) darf nicht abgelehnt werden (Stuttgart Justiz **97**, 140; **aM** Frankfurt NStZ **88**, 471). Dem Ersuchen, dem Verteidiger Akten in die Kanzlei mitzugeben, muss stattgegeben werden (Karlsruhe Justiz **86**, 50). Jedoch darf der ersuchte Richter, wenn sich ihm irgendwie aufdrängt, dass die tatsächliche Grundlage des Ersuchens mangelhaft ist oder sich inzwischen wesentlich geändert hat, vor der Ausführung eine Entscheidung des ersuchenden Gerichts darüber herbeiführen, ob das Ersuchen zurückgenommen oder geändert wird (Seetzen NJW **72**, 1190). Ein Verfahrenshindernis, das nicht für das ersuchende Gericht gilt, hindert die Rechtshilfehandlung nicht (Einl 205).

3 **Unzulässig** und daher abzulehnen ist nach der Neufassung des OWiG durch das Ges vom 26.1.1998 (BGBl I 156, 340) aber das Ersuchen um kommissarische Vernehmung des Betroffenen im gerichtlichen Bußgeldverfahren (BGH **44**, 345; Düsseldorf NZV **98**, 516; **aM** Celle VRS **96**, 110).

4 **3) Bei Amtshilfeersuchen** prüft das Gericht nicht nur die rechtlichen, sondern auch – soweit es geboten erscheint – die tatsächlichen Voraussetzungen nach.

5 **4) Die Abgabe wegen örtlicher Unzuständigkeit (II S 2)** ist nicht bindend; das betroffene Gericht kann sich auch für örtlich unzuständig erklären und das Gesuch an das von ihm für zuständig gehaltene Gericht weiterleiten (SK-Degener 19; erg 1 zu § 159).

13. Titel. Rechtshilfe **§§ 159, 160 GVG**

[Entscheidung des Oberlandesgerichts]

159 I ¹Wird das Ersuchen abgelehnt oder wird der Vorschrift des § 158 Abs. 2 zuwider dem Ersuchen stattgegeben, so entscheidet das Oberlandesgericht, zu dessen Bezirk das ersuchte Gericht gehört. ²Die Entscheidung ist nur anfechtbar, wenn sie die Rechtshilfe für unzulässig erklärt und das ersuchende und das ersuchte Gericht den Bezirken verschiedener Oberlandesgerichte angehören. ³Über die Beschwerde entscheidet der Bundesgerichtshof.

II Die Entscheidungen ergehen auf Antrag der Beteiligten oder des ersuchenden Gerichts ohne mündliche Verhandlung.

1) Die **Nachprüfung nach I S 1** setzt einen Antrag eines Beteiligten oder des 1 ersuchenden Gerichts voraus, wie sich aus II ergibt. Sie bezieht sich nur darauf, ob die ablehnende oder stattgebende Entscheidung dem § 158 entspricht (Nürnberg MDR **68**, 946; a**M** Katholnigg 2). Eine teilw Ablehnung kann in dem Streit über die Art der Ausführung des Ersuchens enthalten sein (BGH NJW **58**, 1310; Düsseldorf NStZ **89**, 39), zB bei Meinungsverschiedenheiten über die Verpflichtung zur Festsetzung der Entschädigung für Zeugen oder Sachverständige. Eine Ablehnung ist auch gegeben, wenn das ersuchte Gericht die Sache an dass nach seiner Auffassung örtlich zuständige Gericht gemäß § 158 II S 2 abgibt, dies das Ersuchen aber wieder zurückgibt und das ersuchte Gericht sich weiterhin weigert, das Ersuchen auszuführen (Frankfurt NStZ-RR **04**, 50). § 159 geht §§ 14, 19 StPO vor (Frankfurt aaO).

2) Einen **Rechtshilfefall** setzt § 159 voraus. Daran fehlt es bei Versagung der 2 Zustimmung nach § 166 (dort 2). Gegen die Verweigerung der Amtshilfe durch den Richter ist, soweit das Landesrecht nichts anderes bestimmt (vgl § 4 NdsAGGVG), die Beschwerde nach § 304 StPO zulässig, wie zB gegen die Ablehnung eines Ersuchens nach § 162 StPO. Auf dem Gebiet der Strafvollstreckung ist nur die Dienstaufsichtsbeschwerde an die Aufsichtsbehörde zulässig.

3) **Verfahren:** Den Beteiligten ist rechtliches Gehör zu gewähren (Kissel/Mayer 3 14; einschr Katholnigg 4). Das AG kann ablehnen. Die Entscheidung des OLG ist den Beteiligten mitzuteilen. Sie ist stets unanfechtbar, wenn sie die Rechtshilfe für zulässig erklärt; sonst entscheidet der BGH (BGH NStZ-RR **03**, 97 [B]).

[Einheitliches Rechtspflegegebiet]

160 Vollstreckungen, Ladungen und Zustellungen werden nach Vorschrift der Prozeßordnungen bewirkt ohne Rücksicht darauf, ob sie in dem Land, dem das Prozeßgericht angehört, oder in einem anderen deutschen Land vorzunehmen sind.

1) **Vollstreckt** werden Anordnungen des Richters und der StA auch in einem 1 anderen Land der BRep (Karlsruhe NJW **69**, 1546), auch schon im Ermittlungsverfahren, zB Beschlagnahme und Durchsuchung (Einl 43), Haft- und Vorführungsbefehle (KG JR **76**, 253; LR-Franke 5); ebenso die allgemeine Beschlagnahme von Schriften (§§ 111m, 111n; 5 zu § 111n StPO). Das gilt auch, wenn die Anordnung auf Landesrecht beruht. Für Freiheitsstrafen gelten die §§ 162, 163.

2) Auch für **Ladungen und Zustellungen** erstreckt sich der Wirkungsbereich 2 des Gerichts und der StA auf den ganzen Geltungsbereich des Gesetzes.

3) Die **unmittelbare Bewirkung** der bezeichneten Maßnahme im ganzen 3 Geltungsbereich des Gesetzes gestattet § 160, ohne dass es eines Ersuchens um Amtshilfe nach § 157 I bedarf (LR-Franke 1; Zender NJW **91**, 2947).

Schmitt 2155

GVG §§ 161–166

[Vermittlung der Geschäftsstelle]

161 ¹Gerichte, Staatsanwaltschaften und Geschäftsstellen der Gerichte können wegen Erteilung eines Auftrags an einen Gerichtsvollzieher die Mitwirkung der Geschäftsstelle des Amtsgerichts in Anspruch nehmen, in dessen Bezirk der Auftrag ausgeführt werden soll. ²Der von der Geschäftsstelle beauftragte Gerichtsvollzieher gilt als unmittelbar beauftragt.

[Vollstreckung von Freiheitsstrafen]

162 Hält sich ein zu einer Freiheitsstrafe Verurteilter außerhalb des Bezirks der Strafvollstreckungsbehörde auf, so kann diese Behörde die Staatsanwaltschaft des Landgerichts, in dessen Bezirk sich der Verurteilte befindet, um die Vollstreckung der Strafe ersuchen.

1) **Freiheitsstrafen:** § 162 gilt auch für freiheitsentziehende Maßregeln der Besserung und Sicherung (§ 463 I StPO). Das Ersuchen und seine Ausführung sind dem Rechtspfleger übertragen (§ 31 II S 1 **RPflG**).

2) Die **Vollstreckung von Ordnungs- und Zwangsmitteln,** also auch von Ordnungshaft (Art 6, 7 EGStGB), ist nach § 31 III RPflG auf den Rechtspfleger des Gerichts übertragen, soweit sich nicht der Richter im Einzelfall die Vollstreckung ganz oder teilw vorbehält. Für ein Vollstreckungsersuchen an eine StA ist daher kein Raum; jedoch kann hier nach den §§ 156, 157 verfahren werden, wobei bei fehlendem Zuständigkeitsvorbehalt des Richters auf beiden Seiten der Rechtspfleger tätig wird.

3) Nach **Ländervereinbarung** vom 13.1.1965 zur Vereinfachung und Beschleunigung der Strafvollstreckung (abgedr bei Piller-Herrmann Nr 2b Anh 1) können die VollstrBen Freiheitsstrafen unmittelbar durch Einweisung in die Vollzugsanstalten eines anderen Landes vollstrecken.

[Vollstreckungshilfe]

163 Soll eine Freiheitsstrafe in dem Bezirk eines anderen Gerichts vollstreckt oder ein in dem Bezirk eines anderen Gerichts befindlicher Verurteilter zum Zwecke der Strafverbüßung ergriffen und abgeliefert werden, so ist die Staatsanwaltschaft bei dem Landgericht des Bezirks um die Ausführung zu ersuchen.

1 Vgl 1 zu § 162.

[Kostenersatz]

164 ᴵ Kosten und Auslagen der Rechtshilfe werden von der ersuchenden Behörde nicht erstattet.

ᴵᴵ Gebühren oder andere öffentliche Abgaben, denen die von der ersuchenden Behörde übersendeten Schriftstücke (Urkunden, Protokolle) nach dem Recht der ersuchten Behörde unterliegen, bleiben außer Ansatz.

1 Vgl dazu BVerwG Rpfleger **91**, 473.

165 *(weggefallen)*

[Amtshandlungen außerhalb des Bezirks]

166 Ein Gericht darf Amtshandlungen im Geltungsbereich dieses Gesetzes auch außerhalb seines Bezirks vornehmen.

14. Titel. Öffentlichkeit und Sitzungspolizei   §§ 167–169 GVG

1) Es kommen sowohl **Amtshandlungen**, die an sich auch im Wege der Rechtshilfe vorgenommen werden könnten (vgl §§ 223, 225 StPO) als auch andere Tätigkeiten in Betracht. So darf das Gericht auch die ganze Hauptverhandlung außerhalb seines Bezirks durchführen (BGH **22**, 250; SK-Degener 4). 1

2) Zustimmung des Gerichts des anderen Bezirkes oder Gefahr im Verzug ist nach der Neufassung der Vorschrift durch das Rechtspflege-Vereinfachungsgesetz (BGBl 1990 I 2847, 2855) nicht mehr erforderlich. 2

3) Über den Sitz des Gerichts sagt § 166 nichts aus. Das Gericht kann seinen Sitz außerhalb seines Bezirks haben (zB LG München II, das in der Stadt München, dem Bezirk des LG München I liegt), bei entsprechendem Staatsvertrag auch in einem anderen Bundesland. 3

4) Auch die **StA** darf ohne weiteres in anderen Bezirken tätig werden, auch über die Grenzen der Bundesländer hinweg (Loh MDR **70**, 812). 4

[Nacheile]

167 I Die Polizeibeamten eines deutschen Landes sind ermächtigt, die Verfolgung eines Flüchtigen auf das Gebiet eines anderen deutschen Landes fortzusetzen und den Flüchtigen dort zu ergreifen.

II **Der Ergriffene ist unverzüglich an das nächste Gericht oder die nächste Polizeibehörde des Landes, in dem er ergriffen wurde, abzuführen.**

1) Flüchtiger: Auch ein schon Verurteilter oder ein auf frischer Tat Verfolgter (dazu im einzelnen Heinrich NStZ **96**, 362). Ohne die Voraussetzungen des I dürfen Polizeibeamte in dem Gebiet eines anderen Landes auf Grund einer Vereinbarung zwischen den Ländern tätig werden (8 zu § 163 StPO; zur Verfolgung über das Gebiet der BRep hinaus vgl 8a zu § 163 StPO. 1

2) Polizeibeamte: Ermittlungspersonen der StA (§ 152) sind wegen § 143 nicht an § 167 gebunden (SK-Degener 7; Heinrich NStZ **96**, 362). Dasselbe gilt für Polizeibeamte des Bundes, vgl § 19 BKAG, § 44 II, III BGSG. Für Strafvollzugsbeamte treffen die StVollzGe der Länder entsprechende Regelungen (zB § 82 SächsStVollzG, Art 95 BayStVollzG). 2

3) Art und Dauer der Verfolgung sind gleichgültig; die Verfolgung darf auch über mehrere Landesgrenzen gehen (Heinrich NStZ **96**, 363). 3

[Mitteilung von Akten]

168 Die in einem deutschen Land bestehenden Vorschriften über die Mitteilung von Akten einer öffentlichen Behörde an ein Gericht dieses Landes sind auch dann anzuwenden, wenn das ersuchende Gericht einem anderen deutschen Land angehört.

14. Titel. Öffentlichkeit und Sitzungspolizei

[Öffentlichkeit]

169 ¹ ¹Die Verhandlung vor dem erkennenden Gericht einschließlich der Verkündung der Urteile und Beschlüsse ist öffentlich. ²Ton- und Fernseh-Rundfunkaufnahmen sowie Ton- und Filmaufnahmen zum Zwecke der öffentlichen Vorführung oder Veröffentlichung ihres Inhalts sind unzulässig. ³Die Tonübertragung in einen Arbeitsraum für Personen, die für Presse, Hörfunk, Fernsehen oder für andere Medien berichten, kann von dem Gericht zugelassen werden. ⁴Die Tonübertragung kann zur Wahrung schutzwürdiger Interessen der Beteiligten oder Dritter oder zur Wahrung eines ordnungsgemäßen Ablaufs des Verfahrens teilweise untersagt werden. ⁵ Im Übrigen gilt für den in den Arbeitsraum übertragenen Ton Satz 2 entsprechend.

II ¹ Tonaufnahmen der Verhandlung einschließlich der Verkündung der Urteile und Beschlüsse können zu wissenschaftlichen und historischen Zwecken von dem Gericht zugelassen werden, wenn es sich um ein Verfahren von herausragender zeitgeschichtlicher Bedeutung für die Bundesrepublik Deutschland handelt. ² Zur Wahrung schutzwürdiger Interessen der Beteiligten oder Dritter oder zur Wahrung eines ordnungsgemäßen Ablaufs des Verfahrens können die Aufnahmen teilweise untersagt werden. ³ Die Aufnahmen sind nicht zu den Akten zu nehmen und dürfen weder herausgegeben noch für Zwecke des aufgenommenen oder eines anderen Verfahrens genutzt oder verwertet werden. ⁴ Sie sind vom Gericht nach Abschluss des Verfahrens demjenigen zuständigen Bundes- oder Landesarchiv zur Übernahme anzubieten, das nach dem Bundesarchivgesetz oder einem Landesarchivgesetz festzustellen hat, ob den Aufnahmen ein bleibender Wert zukommt. ⁵ Nimmt das Bundesarchiv oder das jeweilige Landesarchiv die Aufnahmen nicht an, sind die Aufnahmen durch das Gericht zu löschen.

III ¹ Abweichend von Absatz 1 Satz 2 kann das Gericht für die Verkündung von Entscheidungen des Bundesgerichtshofs in besonderen Fällen Ton- und Fernseh-Rundfunkaufnahmen sowie Ton- und Filmaufnahmen zum Zwecke der öffentlichen Vorführung oder der Veröffentlichung ihres Inhalts zulassen. ² Zur Wahrung der schutzwürdigen Interessen der Beteiligten oder Dritter sowie eines ordnungsgemäßen Ablaufs des Verfahrens können die Aufnahmen oder deren Übertragung teilweise untersagt oder von der Einhaltung von Auflagen abhängig gemacht werden.

IV Die Beschlüsse des Gerichts nach den Absätzen 1 bis 3 sind unanfechtbar.

Übersicht

	Rn
1) Öffentlichkeitsmaxime (I S 1)	1
2) Jugendstrafverfahren	2
3) Vollstreckungsverfahren	2a
4) Unmittelbare und mittelbare Öffentlichkeit	3–7
5) Ton- und Fernsehrundfunkaufnahmen (I S 2)	8, 8a
6) Ton- und Filmaufnahmen zu anderen Zwecken	9–13
7) Aufnahmen im Gerichtssaal	14
8) Notizen und Zeichnungen	15
9) Audiovisuelle Vernehmungen	16
10) Erweiterung der Medienöffentlichkeit (I S 3–5)	17–21
11) Tonaufnahmen zu wissenschaftlichen und historischen Zwecken (II)	22–27
12) Übertragung von Urteilsverkündungen des BGH (III)	28–31
13) Unanfechtbarkeit der Beschlüsse nach I bis III (IV)	32
14) Revision	33

1 **1) Öffentlichkeitsmaxime:** Ganz überwiegend dem Informationsinteresse der Allgemeinheit dient die Öffentlichkeitsmaxime (vgl Kleinknecht Schmidt-Leichner-FS 112). Dabei steht heute die Massenmedienöffentlichkeit im Vordergrund, was zuletzt im „Gesetz zur Erweiterung der Medienöffentlichkeit in Gerichtsverfahren" vom 8.10.2017 mit der Einführung von I S 3 bis 5 sowie II bis IV seinen Ausdruck gefunden hat. Die staatstheoretische Begründung (öffentliche Kontrolle und Schutz vor Willkür) hat heute ihre Bedeutung im Wesentlichen verloren (vgl Franke StraFo 14, 362). Das Informationsinteresse schließt mittelbar den Zweck ein, dass das Rspr in die Rechtsgemeinschaft hineinwirkt (SSW-Quentin zu dag Recht lebendig erhält (zum Ganzen Gierhake JZ 13, 1030) Die Öffentlichkeitsmaxime ist nicht im GG (anders zB Art 90 BayVerf) verankert, aber in den durch S 2 aufgezeigten Grenzen eine grundlegende Einrichtung des

14. Titel. Öffentlichkeit und Sitzungspolizei § **169 GVG**

Rechtsstaates und Prozessmaxime für die Hauptverhandlung (BGH **22**, 297, 301; MDR **80**, 273 [H]; 46 zu § 338 StPO). Jedoch muss sie sich heute Abstriche zum verfassungsrechtlich gewährleisteten Schutz der Persönlichkeitssphäre des Angeklagten oder anderer Personen gefallen lassen (§§ 171b, 172 Nrn 2, 3). Ein Bedeutungswandel der Öffentlichkeitsmaxime kommt in diesen Vorschriften zum Ausdruck (vgl etwa Trüg NJW **11**, 1040: Schutz des Beschuldigten statt *durch* nun *vor* Öffentlichkeit). Für alle Hauptverhandlungen gilt die Öffentlichkeitsmaxime, auch für die Hauptverhandlung vor dem Revisionsgericht (§ 351 StPO) nicht auch für andere gerichtliche Verhandlungen (Koblenz VRS **61**, 270: kommissarische Vernehmung), auch nicht für solche, die außerhalb der Hauptverhandlung vorgenommen werden dürfen (BGH NStZ **02**, 106), wie zB Verhandlungen über Ablehnungsanträge (BGH NStZ **96**, 398) und über den Ausschluss des Verteidigers (erg 1 zu § 138d StPO). Die §§ 175 I, 176, 177 bedeuten keine Einschränkung, sondern eine Konkretisierung der Öffentlichkeitsmaxime. Das Vertrauen in eine Terminsankündigung umfasst der Öffentlichkeitsgrundsatz nicht (BGH NStZ **84**, 134; NStZ-RR **09**, 35 [C]).

2) Jugendstrafverfahren: Gegen Jugendliche, dh gegen Angeklagte, die zZ der **2** Tat Jugendliche waren (§ 1 II **JGG**), ist die Hauptverhandlung beim JugG (einschließlich der Verkündung der Entscheidungen) nicht öffentl (§ 48 I, II **JGG**). Das gilt auch für das Berufungsgericht (RG **59**, 375), nicht aber für die Revisionsgerichte (**aM** BGH 5 StR 530/03 vom 20.1.2004; LR-Wickern 1 mwN), da diese keine Jugendgerichte sind. Hat der Angeklagte die Tat oder die Taten teils vor und teils nach Vollendung des 18. Lebensjahres begangen, so gilt § 48 **JGG** ebenfalls und zwar auch dann noch, wenn in der Hauptverhandlung das Verfahren wegen der Jugendtaten nach § 154 II StPO eingestellt worden ist (BGH **44**, 43 = JR **99**, 171 mit abl Anm Wölfl). Nur wenn er die Taten ausschließlich in der Altersstufe des Heranwachsenden begangen hat, gilt § 109 I S 4 **JGG** (BGH **22**, 21). Durch besonderen Beschluss kann die Öffentlichkeit ausgeschlossen werden, wenn neben dem Jugendlichen zugleich Heranwachsende oder Erwachsene angeklagt sind, und zwar nach § 48 III S 2 **JGG** oder nach § 109 I S 4 **JGG** oder nach § 172. Die allgemeinen Regeln über Öffentlichkeit gelten für Verfahren gegen Jugendliche vor den für die allgemeinen Strafsachen zuständigen Gerichten (§ 104 I **JGG**) und für die Hauptverhandlung vor einem JugG ausschließlich gegen Erwachsene (§§ 26, 74b; BGH MDR **55**, 246).

3) Der Grundsatz gilt **nicht im Vollstreckungsverfahren**, jedoch kann einzel- **2a** nen Personen gem § 175 II S 1 der Zutritt gestattet werden (KG StraFo **19**, 372).

4) Unmittelbare und beschränkte mittelbare Öffentlichkeit: Die Öffent- **3** lichkeit iS des § 169 besteht darin, dass jedermann aus dem Publikum ohne Rücksicht auf seine Gesinnung oder seine Zugehörigkeit zu einer bestimmten Bevölkerungsgruppe sich ohne besondere Schwierigkeit Kenntnis von Ort und Zeit der Verhandlung verschaffen kann (BGH DAR **81**, 195 [D]; Bay GA **70**, 242; Köln VRS **66**, 209) und dass ihm im Rahmen der tatsächlichen Gegebenheiten (BGH **24**, 72; Foth JR **79**, 262) der Zutritt eröffnet wird (BVerfG NJW **02**, 814; BGH **21**, 72, 73; **28**, 341, 343; Bay NJW **82**, 395 mwN; Hamm VRS **64**, 451; erg unten 6 und 46 ff zu § 338 StPO), nicht aber, dass er auch alle Vorgänge im Sitzungssaal erkennen kann (zB Inaugenscheinnahme einer Urkunde: BGH NStZ **91**, 122 [M/K]; krit SK-Velten 14). Geringfügige Erschwerungen des Zutritts sind unschädlich (BGH **24**, 72, 74; Hamm aaO mwN). Ausnahmsweise ist der Öffentlichkeitsgrundsatz aber auch dann verletzt, wenn die physische Möglichkeit des Zutritts zwar besteht, aber im unmittelbaren Bereich des Zugangs zum Verhandlungsraum starke psychische Hemmschwellen errichtet sind (vgl BGH NJW **80**, 249; Hamm aaO; Kissel/Mayer 40; unten 7). Die „mittelbare" Öffentlichkeit, die durch Massenmedien vermittelt wird (oben 1), findet nur insoweit Berücksichtigung, als das räumliche – bzw akkustische (siehe nunmehr I S 3 bei der Übertragung in einen Arbeitsraum) – Dabeisein den einzelnen Personen er-

Schmitt 2159

GVG § 169

möglich, über das Gehörte und Gesehene Berichte an andere oder das Publikum gelangen zu lassen.

4 A. Für die **Wahrung der Öffentlichkeit** ist es erforderlich, dass im Sitzungssaal Zuhörer in einer Anzahl, in der sie noch als Repräsentanten einer keiner besonderen Auswahl unterliegenden Öffentlichkeit angesehen werden können, Platz finden (BGH **5**, 75, 83; Bay NJW **82**, 395; Hamburg VRS **24**, 437). Bei Verhandlung im Richterzimmer ist die Öffentlichkeit daher nicht gewahrt, wenn nur ein Zuhörer Platz findet (Köln NStZ **84**, 282). Ferner müssen die Zuhörer in der Reihenfolge ihrer Ankunft eingelassen werden, selbst wenn zB eine Schulklasse erscheint, die den ganzen Zuhörerraum ausfüllt; dieses Reihenfolgeprinzip darf nicht durch Platzreservierung beeinträchtigt werden. Im Hinblick auf die Bedeutung der Presse (Art 5 GG; oben 1) ist es aber zulässig, ihr eine bestimmte Anzahl von Plätzen vorzubehalten (Foth DRiZ **80**, 103).

4a Vor dem Verhandlungsraum muss nicht notwendig **ein Sitzungszettel** angebracht sein (Zweibrücken VRS **30**, 205); auch der Zeitpunkt der Fortsetzung einer unterbrochenen Hauptverhandlung in demselben Saal des Gerichtsgebäudes, aber zu späterer Uhrzeit desselben Tages muss auf dem ausgehängten Terminsverzeichnis nicht vermerkt werden (Hamm NStZ **13**, 64). Andererseits genügt es grundsätzlich nicht, dass Zeit und Ort der (Weiter-)Verhandlung auf der Geschäftsstelle erfragt werden können (Hamburg VRS **24**, 437), es sei denn, es handele sich um ein kleines, leicht überschaubares Gerichtsgebäude (Koblenz NZV **11**, 266 mwN; vgl auch BGH 1 StR 579/15 vom 7.4.2016). Für den Fall, dass die Verhandlung in einem anderen als dem ursprünglichen Sitzungssaal stattfindet, ist nicht nur an dem neuen, sondern auch an dem ursprünglich vorgesehenen Raum ein Aushang anzubringen (Koblenz aaO). Besondere Hinweise sind notwendig, wenn die Hauptverhandlung nicht in den gewohnten Räumen stattfindet (Dresden DAR **09**, 212; Hamburg GA **64**, 24; Hamm NJW **60**, 785; Oldenburg MDR **79**, 518; erg unten 6).

5 B. **Eine Schranke findet die Öffentlichkeitsmaxime** dort, wo eine geordnete Verhandlung nicht mehr durchführbar wäre, zB wegen Raummangels (BGH **24**, 72; NJW **59**, 899; Bay NJW **82**, 395; Köln VRS **50**, 370) oder wegen gesundheits- oder gewerbepolizeilicher Sicherheitsvorschriften bei der Einnahme des Augenscheins (BGH **21**, 72, 73), bei der die Öffentlichkeit ohnehin in den gegebenen Verhältnissen eine natürliche Schranke findet (BGH **5**, 83; RG **52**, 137). Der Zutritt muss nur nach Maßgabe der räumlichen Möglichkeiten und örtlichen Verhältnisse gewährt werden (BGH **21**, 72; **27**, 13; NJW **06**, 1220; oben 3). Der ungestörte Ablauf der Verhandlung ist ebenso wichtig wie die Kontrolle des Verfahrensgangs durch die Allgemeinheit (BVerfG NJW **12**, 1863; BGH **24**, 72, 74; **27**, 13, 15; **29**, 258, 259 ff; NStZ **84**, 134; Kissel/Mayer 38). Wenn die zur Verfügung stehenden Gerichtssäle die Zahl derer nicht fassen, die an dem Prozess als Zuhörer teilnehmen wollen, darf die Hauptverhandlung nicht in eine Stadthalle, ein Auditorium Maximum, einen Ballsaal oder in ein Freilichttheater verlegt werden (Roxin Peters-FS 400). Schon die Ausdehnung der Öffentlichkeit auf Flure um den Gerichtssaal herum iVm Lautsprecherübertragung ist unzulässig (Roxin aaO: Lesch StraFo **14**, 358). Solche Öffentlichkeitserweiterungen über den Gerichtssaal hinaus würden den Angeklagten zum Schauobjekt degradieren, was seiner Menschenwürde und auch dem Sinn des S 2 zuwiderliefe. Erforderlichenfalls kommt für die Vertreter der Medien nach I S 3 die Tonübertragung in einen Arbeitsraum in Betracht (17 ff). Gegen die Ausgabe von Einlasskarten in der auf den Gerichtssaal zugeschnittenen Zahl bestehen keine Bedenken; die Karten müssen aber nach dem Prioritätsprinzip vergeben werden (Roxin aaO).

6 Zuweilen muss die **Hauptverhandlung ganz oder teilweise außerhalb des Gerichtsgebäudes** (oder in einem anderen Sitzungssaal, dazu Dresden StV **09**, 682) stattfinden, zB in einem Privat- oder Krankenhaus (etwa weil der Zeuge bettlägerig ist), zur Einnahme eines Augenscheins auf öffentlicher Straße (zB am Rande einer Autobahn, Köln NJW **76**, 637) oder auch in einer JVA. Wird dadurch in

14. Titel. Öffentlichkeit und Sitzungspolizei § 169 GVG

ein Hausrecht eingegriffen, so muss der Vorsitzende die erforderliche Erlaubnis einholen; wird sie versagt, muss der Öffentlichkeitsgrundsatz zurücktreten (BGH **40**, 191; DAR **00**, 207 [To]; **aM** Lilie NStZ **93**, 121), bei Erteilung der Erlaubnis muss der Vorsitzende sicherstellen, dass die Öffentlichkeit gewahrt wird (Foth JR **79**, 262). So muss zB bei Verhandlung in der Wohnung des Angeklagten dort ein „Terminszettel" angebracht werden (Köln NStZ-RR **99**, 335); im Gerichtsgebäude selbst ist für jedermann erkennbar darauf hinzuweisen, wann und wo verhandelt wird (BGH NStZ **81**, 311; Düsseldorf NJW **83**, 2514; Hamm StV **00**, 659; **02**, 474; Köln StV **92**, 222). Bei Fortsetzung der Verhandlung außerhalb des Gerichtsgebäudes kann es aber auch genügen, dass Ort und Zeit der Fortsetzung in der Verhandlung bekanntgegeben und dort nicht anwesenden Interessenten Auskunft gegeben wird (BGH NStZ-RR **06**, 261 [B]). Das gilt insbesondere für Augenscheinseinnahmen außerhalb des Gerichts (BGHR StPO § 338 Nr 6 Ortstermin 1, 2, 3; Bay NStZ-RR **01**, 49; Karlsruhe MDR **81**, 692 mwN; Köln StV **84**, 275 mit abl Anm Fezer; weitergehend Celle StV **87**, 287). Im Anschluss an eine solche Augenscheinseinnahme kann die Verhandlung im dortigen AG-Gebäude oder an anderer Stelle fortgesetzt werden, auch wenn das ursprünglich nicht angekündigt war (BGH NStZ **84**, 470; **02**, 46). Bei Verhandlung in einer JVA (zB zur Zeugenvernehmung) genügt es nicht, dem Aufsichtspersonal den Zutritt zu ermöglichen (BGH NJW **79**, 770). Die Wahrung der Sicherheit und Ordnung kann jedoch die Beschränkung der Zahl der Zuhörer durch den Vorsitzenden (BGH **5**, 75, 83), eine Ausweiskontrolle oder gar die Durchsuchung der Zuhörer notwendig machen (BGH JR **79**, 261; unten 7; 7 zu § 176). Dass auch bei beschränkten räumlichen Verhältnissen einige (nicht alle) Plätze für Pressevertreter freigehalten werden, ist nicht zu beanstanden (BGH NJW **06**, 1220 = JR **06**, 389 mit zust Anm Humberg). Zum Ausschluss der Öffentlichkeit wegen Gefährdung der öffentlichen Ordnung vgl 3 zu § 172.

C. **Kontrollmaßnahmen** sind zulässig, weil die ungestörte Verhandlung ebenso 7 wesentlich ist wie ihre Kontrolle durch die Öffentlichkeit (oben 5). Nicht jede mögliche psychologische Hemmungsschwelle kommt einer Verwehrung des Zutritts gleich (BGH NJW **80**, 249). Hat der Vorsitzende eine Maßnahme zur Kontrolle der Zuhörer angeordnet (zB Ausweiskontrolle, Durchsuchung auf Waffen, gefährliche Gegenstände und Wurfgegenstände; 5 zu § 176), darf die Hauptverhandlung erst beginnen, sobald die rechtzeitig zum angesetzten Termin erschienenen Zuhörer den Sitzungssaal betreten haben; die Verzögerung des Eintritts später erschienener Personen schadet nicht (BGH **28**, 341 mit Anm Foth JR **79**, 522). Die Fortsetzung der Verhandlung ist bereits zulässig, wenn ein Zutritt zum Sitzungssaal überhaupt eröffnet ist, auch wenn durch die Kontrollmaßnahmen verzögerter Eintrittsmöglichkeit (BGH **29**, 258, 261); das gilt auch für den Fall, dass Kontrollmaßnahmen während der Sitzung erforderlich werden (BGH NStZ **84**, 18 [Pf/M]). Wird dem Vorsitzenden bekannt, dass der freie Zugang (oben 4) durch nicht von ihm angeordnete Maßnahmen verhindert wird, so muss er auf Abhilfe hinwirken, notfalls die Hauptverhandlung aufschieben (BGH NJW **80**, 249).

5) **Ton- und Fernseh-Rundfunkaufnahmen (I S 2)** dürfen in der Haupt- 8 verhandlung – anders als etwa bei internationalen Strafgerichten, zB dem IStGH (vgl Regulation 21 of the Regulations of the Court) – grundsätzlich nicht gemacht werden (zu I S 3 siehe aber unten 17 ff). Die Vorschrift ist verfassungsgemäß (BVerfGE **103**, 44; vgl auch BVerfG NJW **96**, 581); für die Verhandlungen vor dem BVerfG ist S 2 durch § 17a BVerfGG eingeschränkt. Von diesem Verbot darf weder der Vorsitzende noch das Gericht eine Ausnahme zulassen, auch nicht für die Urteilsverkündung (BGH **22**, 83). Denn mit dem Erfordernis der Öffentlichkeit ist nicht die Verbreitung des gesprochenen Wortes oder des Gebarens der Beteiligten durch den Rundfunk an eine unbestimmte Vielzahl von Menschen gemeint (vgl BGH **16**, 111; Dahs NJW **61**, 1755; EbSchmidt JZ **62**, 221). S 2 gilt nur für die Verhandlung selbst, nicht für Ortsbesichtigungen (BGH **36**, 119).

Schmitt 2161

GVG § 169

8a I S 2 gilt dagegen **nicht** während einer Verhandlungspause (BGH **23**, 123) und vor und nach der Verhandlung. Insoweit genießen Ton- und Bildaufnahmen den Schutz der Presse- und Rundfunkfreiheit; Aufnahmen ausschließende bzw begrenzende sitzungspolizeiliche Maßnahmen des Vorsitzenden bedürfen daher konkreter, auf die Gesichtspunkte der Sitzungsleitung bezogener Gründe, welche in der Entscheidung darzulegen sind (vgl BVerfG **91**, 125, 138 f; **119**, 309, 321; StV **15**, 201). Regelmäßig muss die Übertragung der Abbildung der **Mitglieder des Gerichts, der StA und der Verteidigung** gestattet werden (BVerfG StV **15**, 201; NJW **00**, 2890; **08**, 977; StraFo **07**, 284 mit abl Anm J. Eisenberg; abl auch Ernst NJW **01**, 1624; JR **07**, 392), notfalls aber in anonymisierter Form der Gesichter, wenn die Veröffentlichung von Abbildungen eine erhebliche Belästigung oder eine Gefährdung ihrer Sicherheit durch Übergriffe Dritter bewirken kann (BVerfG JR **02**, 409 mit krit Anm Bertram). Bei der Ablichtung von **Angeklagten, Zeugen und Sachverständigen** ist eine Abwägung vorzunehmen, in die die Pressefreiheit einerseits und andererseits der Schutz des allgemeinen Persönlichkeitsrechts der Beteiligten sowie die Funktionstüchtigkeit der Rechtspflege, insbesondere die ungestörte Wahrheits- und Rechtsfindung, einzustellen sind; dabei ist auch zu berücksichtigen, ob sich Beteiligte im Vorfeld mit ihren Äußerungen freiwillig in die Öffentlichkeit begeben haben (BVerfG StV **15**, 201, 202 mwN). Der Angeklagte – und sein Verteidiger – haben ggf eine Duldungspflicht, sie sind aber nicht verpflichtet, sich für die Presseberichterstattung zur Verfügung zu stellen (VerfGH Berlin StraFo **18**, 109 zu einer entspr Anordnung des Vors nach § 176 GVG). Beim Angeklagten kann – auch bei schweren Straftaten – angeordnet werden, dass sein Gesicht unkenntlich gemacht (etwa „verpixelt") wird, wenn sonst die Gefahr seiner Stigmatisierung begründet wird (BVerfGE **119**, 309). Bei engen räumlichen Verhältnissen ist eine Beschränkung im Rahmen einer Pool-Lösung (= Aufnehmen durch nur *ein* Fernsehteam für alle interessierten Anstalten; dazu aber BVerfG NJW **14**, 3013 mit Anm Schäfer JR **14**, 494), oder durch eine Verteilung der zur Verfügung stehenden Plätze im Losverfahren möglich (EGMR NJW **13**, 521).

9 6) Auch **Ton- und Filmaufnahmen,** die nicht für den Rundfunk bestimmt sind, dürfen aus den gleichen Gründen in der Hauptverhandlung zum Zweck der Veröffentlichung oder der Veröffentlichung ihres Inhalts nicht gemacht werden. Ebenso unzulässig ist eine Erweiterung der Öffentlichkeit, die die Bild-Übertragung wegen des starken Zuschauerinteresses aus dem Sitzungssaal in einen – vom Sitzungssaal per Video einsehbaren – weiteren Raum übertragen werden soll.

10 A. **Einfache Bildaufnahmen** betrifft I S 2 nicht (BGH MDR **71**, 188 [D]; Maul MDR **70**, 286; unten 14). Für diese gilt im Rahmen des § 23 I, II KUG: Aufnahme und Verbreitung von Bildnissen von Personen der Zeitgeschichte sind zulässig, sofern nicht berechtigte Interessen entgegenstehen. Personen der Zeitgeschichte sind Repräsentanten ihrer Zeit (Stuttgart JZ **60**, 126); darüber hinaus aber auch „relative" Personen der Zeitgeschichte, dh solche, die erst durch das Strafverfahren oder die in diesem untersuchte Tat zu solchen geworden sind. Daher sind Abbildungen rechtmäßig, wenn der Gegenstand des Verfahrens über das Alltägliche und häufig Wiederkehrende hinausgeht und deshalb für die Öffentlichkeit etwas besonderes bedeutet oder wenn es sich zwar um den Vorwurf einer alltäglichen Straftat handelt, die Sache aber durch die Person des Angeklagten dem Bereich des Alltäglichen weit entrückt wird und aus diesem Grund Bedeutung für die Öffentlichkeit gewinnt und ihr Aufsehen erregt (München NJW **63**, 658; enger Stuttgart aaO). Erg 15 zu § 176.

11 B. **Gerichtliche Ton- und Filmaufnahmen** für justizinterne Zwecke und für Zwecke der Verteidigung sind nicht ausgeschlossen, sofern sie vor Missbrauch jeglicher Art und Fälschung gesichert werden (vgl Dahs 711). Dass das Gericht diese Aufnahmen selbst (mit eigenem Gerät und Personal) anfertigt, ist nicht erforderlich, wohl aber die Beaufsichtigung durch den Vorsitzenden. In Betracht kommen insbesondere Tonbandaufnahmen von Aussagen der Angeklagten, Zeugen

14. Titel. Öffentlichkeit und Sitzungspolizei § 169 GVG

und Sachverständigen sowie Filmaufnahme von der Einnahme eines Augenscheins, und zwar zur Verwendung als Gedächtnisstütze für den Vorsitzenden bei der Verhandlungsleitung, für das Gericht in der Beratung, für den StA oder Verteidiger zur Vorbereitung von Beweisanträgen oder der Plädoyers, für Vorhalte (mit oder ohne Wiedergabe der Aufnahme), für die Herstellung des Protokolls (§ 273 II, III StPO), der mündlichen Urteilsbegründung durch einen Beisitzer als Gedächtnisstütze für die Urteilsabsetzung (Koblenz NStZ **88**, 42) oder auch zur Verwendung in einem Parallelverfahren, um dort einen Ausschluss des Richters nach § 22 Nr 5 StPO zu vermeiden (Bremen NStZ **07**, 481). Für weitergehende Zwecke dürfen Aussagen von Zeugen aber ohne deren Einverständnis nicht auf Tonband aufgenommen werden (Schleswig NStZ **92**, 399 mit zust Anm Molketin NStZ **93**, 145: Untersuchung durch einen Sachverständigen). Zum Einsatz der Videotechnik vgl §§ 58a, 168e, 247a und § 255a.

C. **Tonbandaufnahmen des Verteidigers oder des StA:** Sie dürfen Vorgänge in der Hauptverhandlung nicht heimlich aufnehmen oder aufnehmen lassen (Marxen NJW **77**, 2188). Wenn einer von ihnen wünscht, sein Plädoyer für persönliche Zwecke auf Tonband aufzunehmen und Missbrauch nicht zu besorgen ist, kann und wird ihm der Vorsitzende dies gestatten und ihm auch die Aufnahme überlassen. Bei besonderem Interesse, insbesondere in Großverfahren, gilt das auch für andere Aufnahmen (Marxen aaO), aber auch hier nicht, wenn die Gefahr des Missbrauchs besteht (Düsseldorf NJW **96**, 1360), und nicht für die gesamte Hauptverhandlung (Düsseldorf NStZ **90**, 554). Dabei handelt es sich um Sachleitung (§ 238 II StPO; dort 5), in außergewöhnlich gelagerten Fällen auch um Sitzungspolizei (§ 176). Einen Rechtsanspruch darauf, dass das Gericht bestimmte Ausführungen auf Tonband aufnimmt und dann schreiben lässt, hat kein Verfahrensbeteiligter (vgl auch Hamburg MDR **77**, 688 zum Schlussvortrag des StA). **12**

D. **Ohne Zustimmung der Beteiligten** kann das gerichtliche Tonband aufgenommen werden (Kleinknecht NJW **66**, 1541; Meyer-Mews NJW **02**, 105; Rottländer NStZ **14**, 138; erg 13 zu § 147 und 10 zu § 261 StPO; aM R. Schmitt JuS **67**, 20). Ein Verbot ergibt sich auch nicht aus § 201 StGB (42 zu § 163 StPO; nicht überzeugend die Bedenken in BGH MDR **68**, 729 [2] in Anknüpfung an BGH **19**, 193). Anders verhält es sich wegen des ungleich intensiveren Eingriffs in das Persönlichkeitsrecht bei einer Videoaufnahme zu justizinternen Zwecken (so auch KK-Diemer 19 zu § 247a StPO; erg 11 zu § 247a StPO). Dass die Beteiligten gezielt in ein Mikrofon sprechen, kann nicht erzwungen und daher nicht verlangt werden (vgl BGH **10**, 202, 207). **13**

7) **Presse und Rundfunk** kann der Vorsitzende Aufnahmen auch im Gerichtssaal gestatten, jedoch nur im Rahmen des § 176 und nicht während des eigentlichen Ganges der Hauptverhandlung (BGH **23**, 123). Dabei sind die schutzwürdigen Interessen der Beteiligten und das Interesse der Allgemeinheit an Unterrichtung über das Zeitgeschehen gegeneinander abzuwägen; die Rundfunkfreiheit ist angemessen zu berücksichtigen (BVerfGE **87**, 334; eingehend dazu Lehr NStZ **01**, 63). Bis zu einem erstinstanzlichen Schuldspruch wird oftmals das Gewicht des Persönlichkeitsrechts gegenüber der Freiheit der Berichterstattung überwiegen; der Betreffende wird sich aber idR nicht mehr auf sein allgemeines Persönlichkeitsrecht berufen können, wenn er sich in eigenverantwortlicher Weise den ihm gegenüber erhobenen Vorwürfen in der medialen Öffentlichkeit auch im Wege der Bildberichterstattung gestellt hat (BVerfG NJW **09**, 350, 352; 2117, 2119). Erg oben 8. **14**

8) Die **Anfertigung von Notizen und Zeichnungen** über Vorgänge in der Hauptverhandlung ist im Rahmen des § 176 nicht nur an der Verhandlung Beteiligten gestattet, sondern auch den Zuhörern, zB einem Angestellten des Verteidigers (BGH **18**, 179) oder den Presse- und Rundfunkreportern zum Zweck der Berichterstattung. Ausnahmsweise kann das Gericht einem Zuschauer die Mitschrift untersagen, wenn andernfalls die Erforschung der Wahrheit gefährdet ist, zB **15**

Schmitt 2163

GVG § 169

wenn konkrete Anhaltspunkte dafür bestehen, dass einem noch zu vernehmenden Zeugen Aussageinhalte unzulässigerweise mitgeteilt werden sollen oder ein gesondert verfolgter Tatbeteiligter unterrichtet werden soll (vgl BGH NStZ **82**, 389). Dies gilt auch für sog **polizeiliche Prozessbeobachter**, die noch zu vernehmende polizeiliche Zeugen über den bisherigen Verhandlungsverlauf unterrichten sollen (vgl Rühlmann StV **05**, 692; a**M** Hollinger NZWiSt **18**, 81, 83; erg 5 zu § 58 StPO); bei polizeilichen Zeugen sind Unbefangenheit und Selbständigkeit der Darstellung mit Rücksicht auf die Vorgänge in der Hauptverhandlung ebenso zu gewährleisten wie bei anderen Zeugen (vgl 2 zu § 58 StPO); davon unberührt bleibt ihr Recht, sich anhand der Ermittlungsakte auf ihre Vernehmung vorzubereiten (vgl BGH NStZ **14**, 604). Mitschrift eines nicht zum erkennenden Spruchkörper gehörenden Richters „zur Entlastung des Berichterstatters" ist unzulässig (BGH NStZ **12**, 404). Fotografische Lichtbilder in der Hauptverhandlung anzufertigen, kann der Vorsitzende nach § 176 verbieten (dort 15). Die Benutzung von **Mobiltelefonen, Laptops, Notebooks** und dergleichen kann aber untersagt werden, da sich bei einer Gestattung kaum kontrollieren lässt, ob entgegen S 2 Aufnahmen angefertigt werden (BVerfG NJW **09**, 352; StV **15**, 201, 203).

16   9) Zeugen, Sachverständigen oder Angeklagte, die **audiovisuell** an einem anderen Ort als dem Gerichtssaal vernommen werden (§§ 247a I, II, 233 II), müssen der Verhandlung folgen und die Verfahrensbeteiligten hören und sehen können (vgl Kissel/Mayer 96). Hinsichtlich der Zuhörer im Sitzungssaal genügt es dagegen zur Wahrung der Öffentlichkeit, dass sie die zugeschaltete Person akustisch wahrnehmen können (Kissel/Mayer 98). Zum Einsatz von Multimedia im Gerichtssaal Beukelmann/Sacher Volk-FS 33; Witting StraFo **10**, 133.

17   **10) Erweiterung der Medienöffentlichkeit (I S 3–5):** Der durch Gesetz vom 8.10.2017 (BGBl I 3546) eingeführte I S 3 ermöglicht nunmehr die Tonübertragung in einen Arbeitsraum für Medienvertreter. Damit soll in Fällen, in denen ein besonderes Informationsbedürfnis der Allgemeinheit besteht, Kapazitätsengpässen innerhalb des Verhandlungssaals Rechnung getragen werden (vgl BT-Drucks 18/10144 S 12 und 24). Da der Arbeitsraum nur Medienvertretern zugänglich ist, wird der Zweck von § 243 II **StPO**, wonach die Zeugen bei der Vernehmung des Angeklagten nicht anwesend sein dürfen, nicht beeinträchtigt (vgl BT-Drucks aaO S 25).

18   Die Maßnahme steht **im Ermessen des Gerichts** und bedarf eines Gerichtsbeschlusses, an dem die Schöffen nicht mitwirken (§§ 30 II, 76 I S 2 GVG); ein Anspruch darauf besteht nicht. Zu berücksichtigen sind vor allem das Informationsinteresse der Öffentlichkeit, die Persönlichkeitsrechte der Verfahrensbeteiligten und die Funktionstüchtigkeit der Strafrechtspflege. Die Zulassung der Tonübertragung in einen Medienarbeitsraum ist nicht als zusätzliches Serviceangebot der Justiz gedacht, sondern eher als Notmaßnahme, falls unter Abwägung der relevanten Ermessenskriterien einem besonderen Öffentlichkeits- und Medieninteresse nicht anders Rechnung getragen werden kann. Sie wird jedenfalls, aber nicht nur, in den Fällen des II in Betracht zu ziehen sein. Für die Zulassung können vor allem tatsächlich bestehende Kapazitätsengpässe in besonders öffentlichkeitswirksamen Strafprozessen sprechen, dagegen – fehlende – räumliche Kapazitäten sowie durch die Maßnahme zu erwartende Verfahrensverzögerungen, etwa bei Eilentscheidungen (BT-Drucks aaO S 24).

19   **Teilweise Untersagung (I S 4):** Das Gericht kann die Tonübertragung nach I S 4 zur Wahrung schutzwürdiger Interessen der Verfahrensbeteiligten oder Dritter oder zur Wahrung eines ordnungsgemäßen Ablaufs der Hauptverhandlung teilweise untersagen. Dies gibt dem Gericht zum einen die Möglichkeit, schon bei der Zulassung gebotene Einschränkungen vorzunehmen, und zum anderen Entwicklungen Rechnung zu tragen, die sich während des Verfahrens ergeben.

20   Für den in den Arbeitsraum übertragenen Ton gilt **I S 2 entsprechend** (I S 5). Das Mitschneiden oder Aufnehmen der Tonübertragung ist damit unzulässig.

Keine Erweiterung der Öffentlichkeit: Bei der Maßnahme nach I S 3 handelt sich um eine gerichtsinterne Übertragung, die nicht zu einer Erweiterung des Sitzungssaals führt, sondern lediglich die Arbeitsbedingungen der Medienvertreter erleichtert. Ein von Gesetzes wegen bestehender oder vom Gericht etwa für Teile der Hauptverhandlung angeordneter Ausschluss der Öffentlichkeit erstreckt sich daher auch auf den Medienarbeitsraum (BT-Drucks aaO S 18, 25). Da der Sitzungssaal nicht erweitert wird, entscheidet der Gerichtspräsident im Rahmen seines Hausrechts über die Ausstattung des Arbeitsraums, die Einzelheiten des Zugangs und die Aufrechterhaltung der Ordnung (ebenso MüKo-Kulhanek 63; **aM** Kissel/Mayer 86b: Sitzungsgewalt des Vorsitzenden). Dies kann Maßnahmen wie ein Akkreditierungsverfahren für Medienvertreter sowie Zugangskontrollen umfassen, um Missbrauch – wie etwa den Zugang für Personen, die nicht Medienvertreter sind – und unerlaubte Mitschnitte zu verhindern (vgl BT-Drucks aaO S 25; kritisch zu praktischen Problemen der Umsetzung, Hoeren NJW **17**, 3339, 3340 f). Es können Nachweise – wie etwa die Vorlage eines Presseausweises, Redaktionsbestätigungen oder sogar Arbeitsproben – dafür verlangt werden, dass ein Antragsteller tatsächlich journalistisch tätig ist (MüKo-Kulhanek 58).

Beschlüsse nach I S 3 und 4 sind **unanfechtbar** (IV), die Revision kann auf behauptete Verstöße nicht gestützt werden (§ 336 S 2).

11) Tonaufnahmen zu wissenschaftlichen und historischen Zwecken: Nach II können nunmehr Tonaufnahmen (nicht Filmaufnahmen, vgl dazu noch der ursprüngliche Gesetzentwurf der BReg vom 26.10.2016 [BT-Drucks 18/10144 S 17]) der Verhandlung einschließlich der Verkündung des Urteile und Beschlüsse zu wissenschaftlichen und historischen Zwecken vom Gericht zugelassen werden. Die Vorschrift findet keine Anwendung auf Verfahren, die am 18.4.2018 bereits anhängig waren (§ 43 EGGVG).

Voraussetzung ist, dass es sich um ein Verfahren von herausragender zeitgeschichtlicher Bedeutung für die Bundesrepublik Deutschland handelt (II S 1). Dies wird nur ausnahmsweise anzunehmen sein, wenn sich im Zeitpunkt der Entscheidung absehen lässt, dass das Verfahren eine über den tagesaktuellen Bezug hinausreichende Wirkung hat und ein Interesse auch für die Nachwelt entfalten wird. Historische Beispiele wären etwa die Prozesse gegen die RAF-Terroristen oder der Auschwitz-Prozess vor dem Landgericht Frankfurt, aus jüngster Zeit das sog „NSU-Verfahren" vor dem OLG München. Eine rein regionale Bedeutung reicht wegen der Bezugnahme auf die Bundesrepublik Deutschland nicht aus, ebenso wenig wegen des Verweises auf die zeitgeschichtliche Bedeutung des Verfahrens als Ganzem allein der Umstand, dass eine absolute oder relative Person der Zeitgeschichte betroffen ist (vgl BT-Drucks aaO S 26).

Die Entscheidung steht im **Ermessen des Gerichts**, das ohne die Schöffen entscheidet (§§ 30 II, 76 I S 2 GVG); ein Anspruch auf Zulassung der Tonaufnahme besteht nicht. Die Beurteilung der Bedeutung kann sich im Laufe des Verfahrens ändern und ist deshalb durch das jeweils zuständige Gericht zu beantworten.

Teilweise untersagt werden können die Tonaufnahmen zur Wahrung der schutzwürdigen Interessen der Verfahrensbeteiligten oder Dritter oder zur Wahrung eines ordnungsgemäßen Ablaufs des Verfahrens (II S 2).

Verwertungsverbot zu Verfahrenszwecken (II S 3): Die Aufnahmen dürfen nicht zu den Akten genommen und weder herausgegeben noch für Zwecke des aufgenommenen oder eines anderen Verfahrens genutzt oder verwertet werden. Damit wird die Zweckbindung der Tonaufnahmen alleine für wissenschaftliche und historische Zwecke klar gestellt. Die Aufnahmen dürfen nicht zur Dokumentation des betreffenden Strafverfahrens genutzt oder verwertet werden. Dies schließt es vor allem aus, sich auf die Aufzeichnungen in der Revisionsinstanz des aufgenommenen Verfahrens zu berufen, etwa um eine – möglicherweise unter dem Gesichtspunkt des § 261 StPO relevante – Diskrepanz zwischen den Urteilsgründen und dem Ergebnis der Beweisaufnahme zu dokumentieren. Ebenso wenig ist es zulässig, sich auf die Aufnahmen im aufgenommenen oder in anderen Verfahren zu berufen, etwa um Beweisanträge oder Vorhalte an Beweispersonen zu begründen. Abgesichert wird das Verwertungsverbot durch das Herausgabeverbot sowie durch den Umstand, dass die Tonaufnahmen nicht Aktenbestandteil werden; sie sind deshalb auch dem Revisionsgericht nicht vorzulegen.

27 **Zugänglichmachen der Aufzeichnungen (II S 4):** Die Aufnahmen sind vielmehr unmittelbar nach Abschluss des Verfahrens vor dem erkennenden Gericht dem jeweiligen Bundes- oder Landesarchiv anzubieten, das sodann entsprechend dem geltenden Bundes- oder Landesarchivgesetz zu entscheiden hat, ob ihnen ein bleibender Wert zukommt. Trifft das Bundes- oder Landesarchiv keine entsprechende Feststellung, sind die Aufnahmen durch das Gericht zu löschen (II S 5).

28 **12) Verkündung von Entscheidungen des BGH (III):** Das Gesetz zur Erweiterung der Medienöffentlichkeit in Gerichtsverfahren vom 8.10.2017 (BGBl I 3546) hat die Möglichkeit geschaffen, abweichend von I S 2 für die Verkündung von Entscheidungen – beschränkt auf den BGH und nur in besonderen Fällen – Ton- und Filmaufnahmen zum Zwecke der öffentlichen Vorführung oder Veröffentlichung ihres Inhalts zuzulassen. Damit soll der gewandelten Medienlandschaft und Wahrnehmung der Justiz durch die Öffentlichkeit Rechnung getragen werden (BT-Drucks 18/10144 S 15).

29 Die Entscheidung steht im **Ermessen des Senates (III S 1);** ein Anspruch auf Zulassung der Medienübertragung besteht nicht. Es verbleibt beim gesetzlichen Regelfall des I S 2; es bedarf also keiner ausdrücklichen Negativentscheidung, wenn das Gericht die Medienübertragung nicht ausdrücklich zulässt. Ermessenskriterien sind vor allem das Informationsinteresse der Öffentlichkeit, der Schutz der allgemeinen Persönlichkeitsrechte der Verfahrensbeteiligten sowie die Funktionstüchtigkeit der Rechtspflege, insbesondere etwaige Verfahrensverzögerungen durch die Art der Verkündung; hinsichtlich der Auswirkungen auf den Angeklagten sind außerdem seine Sicherheit sowie sein Resozialisierungsinteresse zu berücksichtigen (BT-Drucks 18/10144 S 27), aber auch, ob die Verteidigung Einwände erhebt oder nicht (vgl BGH 1 StR 39/19 vom 8.10.2019; 2 StR 557/18 vom 5.11.2019). Im Übrigen kann der Senat für die Art und Weise der Filmaufnahmen Auflagen vorsehen (siehe etwa BGH 3 StR 561/18 vom 13.11.2019).

30 Die Beschränkung auf „**besondere Fälle**" macht deutlich, dass die Medienübertragung der Urteilsverkündung die Ausnahme sein soll. Die Regelung sollte allerdings auch nicht zu engherzig angewandt werden (**aM** MüKo-Kulhanek 71). Sie bietet die Möglichkeit, die Wirkkraft von Entscheidungen des BGH zu verbessern, da – wie die positiven Erfahrungen beim BVerfG zeigen – Urteilsbegründungen durch die erkennenden Richter und Richterinnen in der Wahrnehmung der Öffentlichkeit ein besonderes Gewicht entfalten. Sie sollte daher als Chance gesehen werden, in geeigneten Fällen die Breitenwirkung der Entscheidungen des BGH und dessen Ansehen in der Bevölkerung weiter zu verbessern. In Betracht kommen für eine Übertragung der Urteilsverkündung praktisch vor allem die Fälle, in denen der BGH wegen ihrer rechtlichen (oder auch faktischen) Bedeutung Anlass sieht, eine Pressemitteilung herauszugeben (**aM** Trentmann MMR **18**, 441, 443). Da die vollständige Begründung des Urteils regelmäßig bei der Verkündung nicht vorliegt, wird der Vorsitzende des Senats eine kurze Zusammenfassung der Entscheidungsgründe vortragen (dazu allerdings kritisch Hoeren NJW **17**, 3339, 3340).

31 **Teilweise Untersagung, Auflagen (III S 2):** Die Aufnahmen können teilweise untersagt oder von Auflagen abhängig gemacht werden, um die schutzwürdigen Belange der Verfahrensbeteiligten oder Dritter zu wahren oder den ordnungsgemäßen Ablauf des Verfahrens zu gewährleisten. Praktisch in Betracht kommen werden vor allem Auflagen, welche dem Persönlichkeitsschutz des Angeklagten dienen (zB BGH NStZ **19**, 45 mit Anm Wick: Übertragung erst nach Verkündung der Urteilsformel bei mehreren Angeklagten) und/oder die praktische Durchführung der Übertragung regeln. Diese können etwa die Zahl der zugelassenen Kameras und Kameraausrichtungen und -einstellungen regeln, welche eben-

falls vor allem die Persönlichkeitsrechte der Beteiligten so weit wie möglich wahren (vgl etwa BGH aaO: Ausrichtung der Kameras ausschließlich auf die Richterbank; 1 StR 347/18 vom 9.1.2018).

13) Unanfechtbarkeit (IV): Die Beschlüsse des Gerichts nach den Absätzen 1 bis 3 sind unanfechtbar, behauptete Verstöße nicht revisibel (§ 336 S 2). Damit sollen der ungehinderte Fortgang des Verfahrens gewährleistet und nachträgliche Rügen ausgeschlossen werden (BT-Drucks aaO S 28). **32**

14) Revision: 45 ff zu § 338 StPO. **33**

170 *(betrifft Zivilsachen)*

171 *(aufgehoben)*

[Ausschluss der Öffentlichkeit]

171a Die Öffentlichkeit kann für die Hauptverhandlung oder für einen Teil davon ausgeschlossen werden, wenn das Verfahren die Unterbringung des Beschuldigten in einem psychiatrischen Krankenhaus oder einer Entziehungsanstalt, allein oder neben einer Strafe, zum Gegenstand hat.

1) Die **Ausschließungsgründe** sind in den §§ 171a, 171b, 172 aufgezählt. Sie werden ergänzt durch die Regelungen im **JGG** (2 zu § 169) und Art 38 NTS-ZA. Da in nach § 103 JGG verbundenen Strafverfahren und in Verfahren gegen Heranwachsende nicht § 48 JGG anzuwenden ist (§§ 104 I, 109 JGG), sind hier die §§ 171a, 171b, 172 von Bedeutung. **1**

2) Unerheblich ist es, ob die Unterbringung beantragt ist. Wenn das Sachverständigengutachten nur die Persönlichkeitsstruktur des Angeklagten erkennen lassen soll, ohne dass die Unterbringung in Betracht kommt, gilt § 171a nicht, sondern § 171b. **2**

3) Das **Urteil** muss öffentl verkündet werden (§ 173 I). Für die Dauer der Urteilsbegründung (oder eines Teils davon) kann die Öffentlichkeit nur ausgeschlossen werden, wenn die Voraussetzungen der §§ 171b, 172 gegeben sind (§ 173 II). **3**

4) Die **Revision** kann den Ausschluss bei Vorliegen der Voraussetzungen des § 171a nicht rügen, weil der Ausschluss im Ermessen des Gerichts liegt (Katholnigg 2; erg 21 zu § 174, 48 zu § 338 StPO). Der Nichtausschluss kann nur als Verstoß gegen die Aufklärungspflicht (§ 244 II StPO) geltend gemacht werden (BGH NStZ **98**, 586 mit Anm Foth NStZ **99**, 373). **4**

[Ausschluss der Öffentlichkeit zum Schutz von Persönlichkeitsrechten] RiStBV 131a

171b ¹¹Die Öffentlichkeit kann ausgeschlossen werden, soweit Umstände aus dem persönlichen Lebensbereich eines Prozessbeteiligten, eines Zeugen oder eines durch eine rechtswidrige Tat (§ 11 Absatz 1 Nummer 5 des Strafgesetzbuchs) Verletzten zur Sprache kommen, deren öffentliche Erörterung schutzwürdige Interessen verletzen würde. ²Das gilt nicht, soweit das Interesse an der öffentlichen Erörterung dieser Umstände überwiegt. ³Die besonderen Belastungen, die für Kinder und Jugendliche mit einer öffentlichen Hauptverhandlung verbunden sein können, sind dabei zu berücksichtigen. ⁴Entsprechendes gilt bei volljährigen Personen, die als Kinder oder Jugendliche durch die Straftat verletzt worden sind.

Schmitt

GVG § 171b

II ¹ Die Öffentlichkeit soll ausgeschlossen werden, soweit in Verfahren wegen Straftaten gegen die sexuelle Selbstbestimmung (§§ 174 bis 184j des Strafgesetzbuchs) oder gegen das Leben (§§ 211 bis 222 des Strafgesetzbuchs), wegen Misshandlung von Schutzbefohlenen (§ 225 des Strafgesetzbuchs) oder wegen Straftaten gegen die persönliche Freiheit nach den §§ 232 bis 233a des Strafgesetzbuchs ein Zeuge unter 18 Jahren vernommen wird. ² Absatz 1 Satz 4 gilt entsprechend.

III ¹ Die Öffentlichkeit ist auszuschließen, wenn die Voraussetzungen der Absätze 1 oder 2 vorliegen und der Ausschluss von der Person, deren Lebensbereich betroffen ist, beantragt wird. ² Für die Schlussanträge in Verfahren wegen der in Absatz 2 genannten Straftaten ist die Öffentlichkeit auszuschließen, ohne dass es eines hierauf gerichteten Antrags bedarf, wenn die Verhandlung unter den Voraussetzungen der Absätze 1 oder 2 oder des § 172 Nummer 4 ganz oder zum Teil unter Ausschluss der Öffentlichkeit stattgefunden hat.

IV Abweichend von den Absätzen 1 und 2 darf die Öffentlichkeit nicht ausgeschlossen werden, soweit die Personen, deren Lebensbereiche betroffen sind, dem Ausschluss der Öffentlichkeit widersprechen.

V Die Entscheidungen nach den Absätzen 1 bis 4 sind unanfechtbar.

1 1) Den **Ausschluss der Öffentlichkeit zum Schutz der Persönlichkeitsrechte** der Verfahrensbeteiligten, Zeugen und Verletzten ermöglicht die Vorschrift. Sie trägt dem Umstand Rechnung, dass ein Straf- und Strafprozessrecht, das sich immer mehr die Persönlichkeitserforschung zur Aufgabe macht, es erfordert, in der Hauptverhandlung mehr als früher Umstände aus dem persönlichen Lebensbereich, teilw auch aus dem Intimbereich, sowohl des Angeklagten als auch von Zeugen und insbesondere von Tatopfern zu erörtern. Wie sich aus § 68a StPO (dort 4) ergibt, müssen sie es hinnehmen, dass solche Umstände in der Hauptverhandlung zur Sprache kommen, wenn das zur Wahrheitserforschung unerlässlich ist. Das muss aber nicht vor der Öffentlichkeit geschehen. § 171b erlaubt es daher in Übereinstimmung mit Art 6 I S 2 **EMRK** (dort 6), das Öffentlichkeitsprinzip (1 zu § 169) hinter dem verfassungsrechtlich geschützten Anspruch auf Achtung der Privatsphäre zurücktreten zu lassen.

2 2) **Voraussetzungen des Ausschlusses (I–III):**
3 Die Öffentlichkeit kann ausgeschlossen werden, wenn und soweit **Umstände aus dem persönlichen Lebensbereich** eines Prozessbeteiligten (Angeklagten, Privatklägers, Nebenklägers, Nebenbeteiligten, Antragsteller im Adhäsionsverfahren), Zeugen oder durch eine rechtswidrige Tat Verletzten zur Sprache kommen (vgl unten 7). Zeuge iS der Vorschrift ist auch, wer noch nicht oder nicht mehr geladen ist, aber als Zeuge in Betracht kommt (Kleinknecht Schmidt-Leichner-FS 115; Mertens NJW **80**, 2687; **aM** SK-Velten 5; Sieg NJW **81**, 963). Zum persönlichen Lebensbereich gehören nur Umstände, die nicht das Berufs- oder Erwerbsleben betreffen (KK-Diemer 3). Gemeint ist der private Bereich, der jedermann zur Entfaltung seiner Persönlichkeit gewährleistet werden muss (Kissel/Mayer 3; Odersky Pfeiffer-FS 330 ff). Dazu gehören insbesondere private Eigenschaften und Neigungen des Betroffenen, sein Gesundheitszustand, seine Sexualsphäre, seine politische und religiöse Einstellung, aber auch Tatsachen aus dem Familienleben, die unbefugten Dritten nicht ohne weiteres zugänglich sind und Schutz vor dem Einblick Außenstehender verdienen (BGH **30**, 212). Insgesamt handelt es sich um Tatsachen, nach denen üblicherweise im Sozialleben nicht gefragt zu werden pflegt und die idR nicht spontan und unbefangen mitgeteilt werden (Rieß/Hilger NStZ **87**, 150).

3a **Beschränkt sich der Ausschluss** auf einen bestimmten Verfahrensabschnitt, etwa die Vernehmung einer Beweisperson, so umfasst er alle Verfahrensvorgänge, die mit der Vernehmung in enger Verbindung stehen oder sich aus ihr entwickeln und die daher zu diesem Verfahrensabschnitt gehören (BGH NStZ **16**, 118 mit

Anm Bittmann). Beispielsfälle aus der Rspr sind Erörterungen gemäß § 257b (BGH aaO), Erklärungen des Angeklagten nach § 257 (BGH NStZ **06**, 117), nicht aber solche zur Sache (BGH 2 StR 428/16 vom 31.5.2017), seine Entfernung nach § 247 (BGH NStZ **94**, 354), Augenscheinseinnahmen (NStZ **88**, 190), aber nur soweit sie einen Bezug zu dem von dem Verfahrensabschnitt betroffenen Beweismittel aufweisen (BGH 2 StR 428/16 vom 31.5.2017), Vorhalte aus von der Zeugin erstellten Schriftstücken (BGH 2 StR 454/17 vom 5.9.2018), Entscheidungen über die Vereidigung (BGH NJW **96**, 2663) und die Entlassung von Zeugen (NJW **03**, 2761) sowie Hinweise nach § 265 und das Stellen von Beweisanträgen (NStZ **99**, 371). Ist die Vernehmung einer Beweisperson abgeschlossen und diese entlassen, bedarf es für eine weitere Vernehmung eines erneuten Ausschlusses der Öffentlichkeit durch Beschluss des Gerichts (vgl BGH NStZ **18**, 679; 2 StR 543/17 vom 9.5.2018; erg 8 zu § 174 GVG).

Die öffentliche Erörterung solcher Tatsachen muss **schutzwürdige Interessen** 4 des Betroffenen verletzen. Das ist der Fall, wenn sie sich für ihn in irgendeiner Hinsicht nachteilig auswirken kann, was nach objektiven Maßstäben, nicht nach den Wertvorstellungen des Betroffenen zu beurteilen ist (Odersky Pfeiffer-FS 332). Das bloße Interesse des Betroffenen an der Geheimhaltung der Tatsachen genügt daher nicht. Die Geheimhaltung muss vielmehr erforderlich sein, um den Betroffenen davor zu schützen, dass sein Ansehen in der Öffentlichkeit gemindert oder dass ihr ein Einblick in sein Wesen und seine Lebensgewohnheiten verschafft wird, den zu versagen er ein verständliches Interesse hat. Die Erörterung von Tatsachen aus der Intimsphäre des Betroffenen wird seine schutzwürdigen Interessen idR berühren. Das gilt insbesondere für die Vernehmung der Opfer von Vergewaltigungen. An der Schutzwürdigkeit fehlt es allerdings, wenn der Betroffene die Tatsachen freiwillig und außerhalb des Verfahrens vor die Öffentlichkeit ausgebreitet hat, etwa indem er einer Illustrierten das Recht übertragen hat, sie bekanntzumachen. Schutzwürdig ist die Interessenverletzung auch dann nicht, wenn der Betroffene die Privatsphäre eines anderen selbst zum Gegenstand öffentlicher Auseinandersetzung gemacht hat und nun bei der strafrechtlichen Prüfung dieses Verhaltens seine eigene Privatsphäre in der Hauptverhandlung erörtert werden muss (Kissel/Mayer 8; Kleinknecht Schmidt-Leichner-FS 113).

Der Ausschluss der Öffentlichkeit scheidet bei **überwiegendem Interesse an** 5 **der öffentlichen Erörterung** aus der Umstände aus dem Lebensbereich des Betroffenen aus. Dabei gilt der Grundsatz, dass das Öffentlichkeitsprinzip umso mehr zurücktreten muss, je stärker es um den Schutz des inneren Kerns der Persönlichkeitssphäre geht und je größer die Gefahr einer unzumutbaren öffentlichen Anprangerung durch die Berichterstattung der Massenmedien ist (Kleinknecht Schmidt-Leichner-FS 114). IdR ist das Interesse der Öffentlichkeit bei tatbezogenen Umständen höher zu bewerten als bei solchen, die nur für die Rechtsfolgenentscheidung von Bedeutung sind (Kleinknecht aaO). Vorstrafen werden daher grundsätzlich in öffentlicher Sitzung erörtert (KK-Diemer 3). Lässt sich nicht sicher feststellen, ob die Interessen des Betroffenen oder die der öffentlichen Erörterung überwiegen, so ist der Ausschluss der Öffentlichkeit zulässig.

Die **besonderen Belastungen,** die für Kinder und Jugendliche mit einer öf- 6 fentlichen Hauptverhandlung verbunden sind, sind zu berücksichtigen (S 3); diesen stellt das Gesetz aus Opferschutzgründen die Personen gleich, die als Minderjährige durch die den Gegenstand des Verfahrens bildende Straftat verletzt worden sind (S 4).

In den den Verletzten besonders belastenden **schweren Straftaten,** in de- 7 nen nach § 255a II StPO die Vernehmung in der Hauptverhandlung durch die Vorführung einer Bild-Ton-Aufzeichnung seiner früheren Vernehmung ersetzt werden darf, soll, wenn hiervon kein Gebrauch gemacht wird, wenigstens die Öffentlichkeit ausgeschlossen werden (II). Das gilt sowohl für Zeugen, die zur Zeit der Vernehmung in der Hauptverhandlung unter 18 Jahre alt sind auch für solche, die zur Zeit der Tat minderjährig waren (S 4; **aM** LR-Krauß Nachtr 9I).

8   3) Für die **Rechtmäßigkeit des Ausschlusses** der Öffentlichkeit kommt es nur darauf an, dass im Zeitpunkt der gerichtlichen Beschlussfassung mit der Erörterung der in I S 1 bezeichneten Umstände zu rechnen ist. Bestätigt sich diese Erwartung nicht, so wird das Verfahren dadurch nicht fehlerhaft; die Vernehmung braucht daher nicht in öffentlicher Sitzung wiederholt zu werden (BGH **30**, 212, 215).

9   4) **Auf Antrag oder von Amts wegen** kann die Öffentlichkeit nach I ausgeschlossen werden:
10 Wird der **Antrag** von der Person gestellt, deren Lebensbereich betroffen ist, so muss ihm beim Vorliegen der Voraussetzungen des I oder II stattgegeben werden (III S 1); verneint das Gericht das Vorliegen dieser Voraussetzungen, so lehnt es den Antrag durch Beschluss ab. Antragsberechtigt sind die betroffenen Prozessbeteiligten, Zeugen und Verletzten (oben 3), der Verletzte auch, wenn er sich sonst nicht am Verfahren beteiligt und auch nicht als Zeuge vernommen wird, Umstände aus seinem persönlichen Lebensbereich aber bei der Vernehmung des Angeklagten zur Sache oder bei der Beweisaufnahme erörtert werden; den Antrag kann dann für ihn sein Beistand stellen (4 zu § 406 f StPO). Betreffen die zu erörternden Umstände den persönlichen Lebensbereich mehrerer Personen, so ist jeder von ihnen unabhängig von dem anderen antragsberechtigt. Ein entspr Antrag kann wirksam auch außerhalb der Hauptverhandlung angebracht werden (BGH 4 StR 389/13 vom 22.10.2013; 2 StR 454/17 vom 5.9.2018).
11 Anträge können dem Gericht nur Anlass zur Prüfung der Frage geben, ob die Öffentlichkeit **von Amts wegen** ausgeschlossen werden soll. Auch Prozessbeteiligte, deren persönlicher Lebensbereich nicht betroffen ist, können bei Gericht anregen, die Öffentlichkeit auszuschließen. Zu einer solchen Anregung ist insbesondere die StA, auch im Interesse des Verletzten verpflichtet, wenn erkennbar ist, dass der Betroffene aus Unbeholfenheit keine eigenen Anträge stellt, oder wenn er nicht anwesend und auch nicht vertreten ist (RiStBV 131a).
12 Für die **Schlussanträge** ist die Öffentlichkeit in Verfahren wegen der in II genannten Straftaten auch ohne entspr Antrag auszuschließen, wenn die Verhandlung unter den Voraussetzungen des I oder II des § 172 Nr 4 ganz oder teilw unter Ausschluss der Öffentlichkeit stattgefunden hat (III S 2). Dies gilt für die Schlussvorträge aller Verfahrensbeteiligten, auch solcher, deren Anschlussberechtigung sich aus anderen als den in II genannten Straftaten ergibt (BGH NStZ **18**, 620 mit Anm Eisenberg JR **18**, 297). Damit wird verhindert, dass Umstände, für deren Erörterung die Öffentlichkeit ausgeschlossen war, nun doch bei den Schlussplädoyers öffentlich zur Sprache kommen. Zu den Schlussanträgen im Sinne von III S 2 zählt auch das letzte Wort des Angeklagten (BGH StV **17**, 369 mit Anm Hinz JR **17**, 536).
13 Die Entscheidung des Gerichts bedarf der **Begründung**, und zwar der Ausschluss der Öffentlichkeit anordnende Beschluss nach § 174 I S 3, der einen Antrag nach II ablehnende Beschluss nach § 34 StPO.
14 5) Gegen den **Widerspruch des Betroffenen** darf der Ausschluss nicht angeordnet werden **(IV)**. Bei mehreren Betroffenen ist der Ausschluss zwar zulässig, wenn nur Einzelne widersprechen (Rieß/Hilger NStZ **87**, 208 Fn 335; **aM** KK-Diemer 6). Diese unterschiedliche Interessenlage muss das Gericht aber in die Abwägung mit einbeziehen, ob das öffentliche Interesse an der öffentlichen Erörterung der Umstände überwiegt.
15 6) **Unanfechtbar (V)** sind Entscheidungen nach I bis IV (vgl BGH 2 StR 462/18 vom 13.3.2019; dagegen verfassungsrechtliche Bedenken bei SK-Velten 16); das gilt auch, soweit der Ausschluss der Öffentlichkeit abgelehnt oder nur in geringerem Umfang als beantragt beschlossen worden ist (BGH NStZ **96**, 243; StV **08**, 10 L). BGH StV **15**, 79 (1. StS) neigt aber dazu, eine Ausnahme von der Unanfechtbarkeit zu machen, wenn das Gericht überhaupt keine Entscheidung getroffen hatte (vgl auch BGH 4 StR 401/15 vom 15.12.2015). Nach § 336 S 2

14. Titel. Öffentlichkeit und Sitzungspolizei § 172 GVG

StPO kann auch die Revision nicht darauf gestützt werden, dass die Voraussetzungen der Vorschrift nicht vorgelegen hätten (BGH NJW 07, 709).

Zulässig ist dagegen die Rüge, die tatbestandlichen Voraussetzungen der Ausschlussgründe der I–III hätten nicht vorgelegen (Hamm StV **19**, 526; KK-Diemer 7), ebenso, das gerichtliche Verfahren habe gegen § 174 verstoßen (BGH StV **90**, 10; **12**, 140; 48 zu § 338 StPO), auch die Beanstandung, die Öffentlichkeit sei aus einem anderen als dem in I bezeichneten Grunde ausgeschlossen worden oder über den zulässigen oder festgelegten Umfang hinausgehend (BGH **57**, 273; StV **98**, 364) bzw ob eine generelle Befugnis besteht, die Öffentlichkeit während eines bestimmten Verfahrensabschnitts auszuschließen (BGH StV **17**, 369: Schlussanträge). Dies gilt für eine Verletzung von III S 2 – unter den Voraussetzungen von § 337 (vgl BGH 5 StR 234/16 sowie 5 StR 396/16 vom 26.10.2016 und 1 StR 305/16 vom 7.12.2016) – auch, wenn nur der Vorsitzende vor Anbringung der Schlussanträge die Wiederherstellung der Öffentlichkeit angeordnet und das Gericht weiterverhandelt hat, ohne eine Entscheidung über die Öffentlichkeit des Verfahrens zu treffen (BGH NStZ **16**, 180 mit Anm Arnoldi, vgl auch 1 StR 212/14 vom 17.9.2014). In den Fällen des III S 2 muss sich die Revision zudem dazu verhalten, welche zusätzlichen Ausführungen bei Schlussvorträgen in nichtöffentlicher Sitzung gemacht worden wären (vgl BGH 4 StR 401/15 vom 15.12. 2015). Der Angeklagte kann die Rüge erheben, auch wenn er nicht den Ausschluss der Öffentlichkeit beantragt hatte (Hamm StV **19**, 526, 528); er ist mit der Rüge auch nicht präkludiert, wenn er vom Zwischenrechtsbehelf des § 238 II keinen Gebrauch gemacht hat (Hamm aaO 527). Das Fehlen eines die Öffentlichkeit ausschließenden Beschlusses stellt allerdings keinen Fall des § 338 Nr 6 dar (BGH NStZ **19**, 549 mit Anm Ventzke und abl Anm Fahl NStZ-RR **19**, 321; erg 48 zu § 338); für § 337 wird es insoweit außerdem regelmäßig am Beruhen fehlen (Ventzke aaO). Wegen der **Dauer** des Ausschlusses vgl im Übrigen 15 ff zu § 172.

16

[Ausschluss der Öffentlichkeit] RiStBV 130a–133, 219 III, 222 III

172 Das Gericht kann für die Verhandlung oder für einen Teil davon die Öffentlichkeit ausschließen, wenn

1. eine Gefährdung der Staatssicherheit, der öffentlichen Ordnung oder der Sittlichkeit zu besorgen ist,
1a. eine Gefährdung des Lebens, des Leibes oder der Freiheit eines Zeugen oder einer anderen Person zu besorgen ist,
2. ein wichtiges Geschäfts-, Betriebs-, Erfindungs- oder Steuergeheimnis zur Sprache kommt, durch dessen öffentliche Erörterung überwiegende schutzwürdige Interessen verletzt würden,
3. ein privates Geheimnis erörtert wird, dessen unbefugte Offenbarung durch den Zeugen oder Sachverständigen mit Strafe bedroht ist,
4. eine Person unter 18 Jahren vernommen wird.

1) In zwei Gruppen sind die Ausschließungsgründe einzuteilen. Bei der einen besteht ein vorrangiges Interesse der Allgemeinheit (Nr 1); bei der anderen steht der Schutz der Einzelinteressen, der freilich auch im öffentlichen Interesse liegt, im Vordergrund (Nrn 1a–4). Die Ermessensentscheidung (BGH NStZ-RR **04**, 116, 118) nach § 172 trifft das Gericht unter Würdigung des Rechtsgutes, das mit dem Ausschließungsgrund geschützt werden soll. Wenn eine Maßnahme des Vorsitzenden nach § 175 I genügt, hat sie den Vorrang. Bei Wegfall des Grundes wird der Ausschluss aufgehoben (Loesdau MDR **62**, 778).

1

2) Gefährdung der Staatssicherheit (Nr 1): In Betracht kommt die äußere und die innere Sicherheit der BRep (vgl § 92 III Nr 2 StGB). „Staatswohl" ist nicht gleichbedeutend (LR-Wickern 2). Der Ruf eines hohen Amtsträgers oder führenden Politikers kann also nicht durch Ausschluss der Öffentlichkeit nach Nr 1 geschützt werden (KK-Diemer 4). Die Ausschließungsgründe gelten auch zugunsten der NATO-Verbündeten nach näherer Bestimmung des Art 38 NTS-ZA.

2

GVG § 172

3 **3) Gefährdung der öffentlichen Ordnung (Nr 1):** Sie setzt voraus, dass gerade aus der Öffentlichkeit der Verhandlung sich eine Wahrscheinlichkeit dafür ergibt, dass die öffentliche Ruhe, Sicherheit oder Ordnung gestört wird, mag sich diese Störung in der Verhandlung selbst (also im Gerichtssaal) oder außerhalb auswirken (BGH **30**, 193, 194). Dieser Ausschließungsgrund kann zB vorliegen, wenn geheimhaltungsbedürftige Maßnahmen oder Einrichtungen zur Verhütung oder Aufklärung von Straftaten, neuartige Deliktsformen oder Gegebenheiten aus dem Bereich des Vollzugs in der Hauptverhandlung erörtert werden müssen (RiStBV 133; LR-Wickern 6).

4 Auch eine wiederholte oder fortgesetzte **Störung** der Verhandlung **durch die Zuhörerschaft** oder einen Teil der Zuhörer, zB durch Applaudieren, Zwischenrufe, Sprechchöre, wenn das Gericht mit weiteren Störungen durch im Voraus nicht bestimmbare Personen rechnen kann und muss, rechtfertigt den Ausschluss (BGH 5 StR 294/69 vom 13.1.1970); vgl ferner unten 7 aE.

5 **4) Gefährdung der Sittlichkeit (Nr 1; Art 6 I S 2 EMRK;** Art 14 des Intern Paktes über die staatsbürgerlichen und politischen Rechte vom 19.12. 1966 nebst Ges vom 15.11.1973 [BGBl II 1533] und Bek vom 14.6.1976 [BGBl II 1068]): Vor Anwendung dieser Vorschrift ist § 171b I, II zu prüfen und eine Entschließung des betroffenen Prozessbeteiligten herbeizuführen, ob er selbst einen Ausschluss der Öffentlichkeit zur Wahrung seiner Intimsphäre wünscht (BGH **38**, 248 = JR **93**, 297 mit Anm Katholnigg). Erst wenn dieser dem Ausschluss nach § 171b IV widerspricht oder er den Ausschluss nach § 171b III S 1 nicht beantragt, stellt sich die Frage des Ausschlusses nach § 172 Nr 1. Ein Ausschluss kommt dann noch in Betracht, wenn durch die Erörterung des Falles das Scham- und Sittlichkeitsgefühl des Durchschnittsmenschen verletzt würde (Düsseldorf MDR **81**, 427; **aM** offenbar Rüping 434: nur Unterfall der öffentlichen Ordnung). Das ist – auch im Hinblick auf § 171b – nur in seltenen Ausnahmefällen denkbar (Kissel/Mayer 32; vgl auch Schweling DRiZ **70**, 354), zB wenn in der Hauptverhandlung Einzelheiten des sexuellen Missbrauchs eines Kindes durch einen möglicherweise triebgestörten Täter zu erörtern sind (BGH NJW **86**, 200).

6 **5) Gefährdung eines Zeugen oder einer anderen Person (Nr 1a):** Bei Gefahr für Leib oder Leben des Angeklagten oder eines Zeugen durch andere Personen bei wahrheitsgemäßer Aussage in öffentlicher Verhandlung (BGH **3**, 344, 345; **16**, 111, 113; **30**, 193, 194; MDR **80**, 273 [H]) gilt Nr 1a, auch bei Gefahr für den Informanten, über dessen Person und Tätigkeit der Zeuge aussagen soll (BGH 1 StR 300/74 vom 27.8.1974). Geht eine solche Drohung von einem beschränkten Personenkreis aus (zB von den Angehörigen des Angeklagten), so genügt es, ihn auszuschließen (BGH MDR **80**, 273 [H]). Nr 1a ist auch anzuwenden, wenn die Behörde die „Freigabe" eines Zeugen an die Bedingung knüpft, dass er unter Ausschluss der Öffentlichkeit vernommen wird (BGH **32**, 115, 125 [GSSt]; NStZ **84**, 522; KK-Diemer 5, 6). Eine Gesundheitsgefährdung, die in keinem Zusammenhang mit der Öffentlichkeit der Verhandlung steht, genügt nicht (BGH NStZ **87**, 86).

7 Eine **Erschwerung der Wahrheitsermittlung** ohne Gefahr für Leib oder Leben des Angeklagten oder eines Zeugen rechtfertigt den Ausschluss nicht. Es genügt daher nicht die bloße Erwartung, dass der Angeklagte in nichtöffentlicher Verhandlung ein Geständnis ablegen (BGH **9**, 280; KK-Diemer 5), oder die Möglichkeit, dass die Berichterstattung über das Verfahren die Wahrheitsfindung erschweren werde (BGH MDR **73**, 730 [D]), insbesondere, weil ein Zeuge aus Furcht vor falschen Berichten nicht aussagen will (BGH **30**, 193, 195; vgl auch BVerfGE **50**, 234 = NJW **79**, 1400). Die Weigerung des Zeugen, in öffentlicher Sitzung auszusagen, rechtfertigt den Ausschluss auch dann nicht, wenn ihm ein Aussageverweigerungsrecht zusteht (BGH **30**, 193). Bei Gefährdung anderer Rechtsgüter als Leib, Leben oder Freiheit (zB erhebliche Sachbeschädigungen) kann ein Ausschluss nach Nr 1 wegen Gefährdung der öffentlichen Ordnung erfolgen (LR-Wickern 11); aus Nr 1a ist nicht ein Umkehrschluss zu ziehen, dass

nur bei Gefährdung der hier erwähnten Rechtsgüter der Ausschluss zulässig ist (Rieß NJ **92**, 495).

6) Überwiegende schutzbedürftige persönliche Interessen (Nr 2)   8

A. **Geschäfts- oder Betriebsgeheimnis** (§§ 203, 355 I Nr 2 StGB; § 17   9
UWG): Geheimnis ist eine Tatsache, die nur einem einzelnen oder einem beschränkten Personenkreis bekannt oder zugänglich ist und an deren Geheimhaltung der Berechtigte ein schutzwürdiges Interesse hat. Das Geschäftsgeheimnis betrifft die unternehmerische Tätigkeit, das Betriebsgeheimnis die technische Ausgestaltung und Führung des Betriebs. Der Ausschlusstatbestand ist gegeben, wenn für den Geheimnisgeschützten durch die öffentliche Verhandlung Nachteile entstehen würden, die durch den Zweck des Verfahrens nicht gerechtfertigt sind.

B. **Erfindungsgeheimnis:** Zu ihm gehören alle auf eine Erfindung bezüglichen   10
Umstände, an deren Geheimhaltung eine Person oder Institution ein berechtigtes Interesse hat (Kissel/Mayer 42). Die Erfindung besteht in einer anwendbaren, niederlegungsfähigen und ausführbaren technischen Idee oder Regel. Sie muss einen technischen Fortschritt und eine persönliche Leistung des Erfinders darstellen, die über das hinausgeht, was für einen Durchschnittsfachmann erreichbar ist. Die Erfindung ist nicht mehr geheim (vgl oben 9), wenn ein Patent oder Gebrauchsmuster gewährt worden ist (**aM** Katholnigg 6: bereits ab Patentanmeldung).

C. **Steuergeheimnis** (§ 30 AO; § 355 StGB; 3 zu § 161 StPO): Zum Schutz   11
des Steuergeheimnisses wird im Allgemeinen die Öffentlichkeit nicht ausgeschlossen, soweit die Erörterung in einem Steuerstrafverfahren der Tatfeststellung dient. Unzulässig ist das aber nicht (Rüping/Arloth DB **84**, 1795; Weyand wistra **93**, 135; **aM** Schomberg NJW **79**, 526). Jedoch liegt der Ausschluss näher, wenn es sich um die Gewinnung der tatsächlichen Grundlage für die Bemessung des Tagessatzes (§ 40 StGB) handelt (Weyand aaO).

D. **Geschützter Personenkreis nach Nr 2** sind alle Verfahrensbeteiligten,   12
Zeugen und Unbeteiligten.

7) Privates Geheimnis (Nr 3; § 203 StGB): Die Ausschließungsbefugnis be-   13
steht, wenn das Offenbaren des Geheimnisses gegenüber Dritten oder der Öffentlichkeit außerhalb des Strafverfahrens dem Geheimhaltungsgebot des § 203 StGB widersprechen würde. Sie ist nicht davon abhängig, dass sich der Geheimnisträger, der sich als Zeuge oder Sachverständiger äußern soll, durch die Äußerung strafbar machen würde. Bei der Ermessensentscheidung über die Ausschließung der Öffentlichkeit wird hier – trotz Fehlens einer Abwägungsklausel – abgewogen auf der einen Seite: Das Interesse der Allgemeinheit an der uneingeschränkten Öffentlichkeit der Hauptverhandlung (1 zu § 169), das Interesse an möglichst umfassender und gründlicher Aufklärung aller für die Strafsache bedeutender Umstände. Auf der anderen Seite: Das öffentliche Interesse an der Schonung des geschützten Geheimnisses vor vermeidbarer Offenlegung und die Rücksicht auf die Auskunftsperson, die als Berufsträger das Geheimnis im Rahmen des möglichen wahren und gewahrt sehen will; diese Interessen wiegen umso mehr, je mehr das Geheimnis dem inneren Bereich der Persönlichkeitssphäre angehört. Werden private Geheimnisse in der Hauptverhandlung erörtert, so wird durch die Ausschließung der Öffentlichkeit der durch das Vertrauensverhältnis geschaffene Schutz des Geheimnisses so weit gewahrt, wie es geschehen kann, ohne das Anvertraute dem gerichtlichen Verfahren entzogen wird. Besteht ein Zeugnisverweigerungsrecht, so kann es bei zu erwartendem Ausschluss der Öffentlichkeit leichter zu einer Entbindung von der Schweigepflicht nach § 53 II S 1 StPO oder zur Aussage auf Grund einer Güter- und Pflichtenabwägung (5, 6u § 53 StPO) kommen.

8) Eine Person unter 18 Jahren (Nr 4; vgl auch §§ 241a, 247 StPO): Der   14
innere Grund für die Anwendung der Nr 4 können der Schutz der Person des Zeugen und die bessere Sachaufklärung sein. Durch den Ausschlussgrund kann insbesondere auf die besondere psychische Situation des jungen Zeugen Rücksicht

genommen werden, für den bereits das Auftreten vor Gericht, vollends vor zahlreichen Zuhörern, eine schwere Belastung darstellen kann, die auch durch das Informationsinteresse der Öffentlichkeit nicht zu rechtfertigen ist. Nr 4 ist ferner anzuwenden, wenn der junge Zeuge wegen großen Aufsehens der Hauptverhandlung übermäßig in seinem Fortkommen gehemmt werden oder wenn bei ihm im Fall öffentlicher Verhandlung der Eindruck entstehen könnte, er sei Mittelpunkt des allgemeinen Interesses. In diesem Fall oder wenn „Freunde" oder „Feinde" im Zuhörerraum anwesend sind, kann es zu wesentlichen Entstellungen der Sachschilderung kommen, die durch Ausschließung der Öffentlichkeit vermieden werden können. Der Ausschluss erstreckt sich auch auf den gesetzlichen Vertreter des Zeugen, selbst wenn er als Begleitperson erschienen ist. Ihm kann aber die Anwesenheit gestattet werden (§ 175 II; dort 4). Ob von dieser Möglichkeit Gebrauch gemacht wird, hängt davon ab, ob seine Anwesenheit der Vernehmung voraussichtlich nützen oder schaden wird.

15   9) Die **Dauer der Ausschließung** richtet sich danach, für welche Teile der Hauptverhandlung der Ausschließungsgrund nach pflichtgemäßem Ermessen anzuerkennen ist (vgl BGH 7, 218; Düsseldorf MDR 81, 427). Die Ausschließung für die gesamte weitere Dauer der Verhandlung kann zulässig sein (BGH NJW 86, 200; erg 8 zu § 174). Auch während der Verlesung des Anklagesatzes (§ 243 III S 1 StPO) darf die Öffentlichkeit ausgeschlossen werden; das gilt auch für § 171b (BGH 57, 273).

16   A. **Für die Verhandlung:** Der Ausschluss „für die ganze Verhandlung" oder „für die Verhandlung" oder „bis zur Urteilsverkündung" endet von selbst (vgl § 173 iVm § 172) vor der Urteilsverkündung, ohne dass es eines ausdrücklichen Beschlusses über die Wiederherstellung der Öffentlichkeit bedarf (RG 53, 271; JW 26, 2762). Daher genügt es, dass der Gerichtswachtmeister die Öffentlichkeit wiederherstellt und der Protokollführer dies im Protokoll vermerkt.

17   B. **Für einen Teil der Verhandlung:** Zulässig ist auch der Ausschluss „bis auf weiteres", dh so lange, bis dem Gericht die Wiederherstellung der Öffentlichkeit geboten erscheint (RG JW 28, 1940). Für die Wiederherstellung der Öffentlichkeit ist dann ein besonderer Beschluss notwendig. Beschränkt sich der Ausschluss auf einen bestimmten Verfahrensabschnitt, so ist nach dessen Ablauf kein Beschluss zur Wiederherstellung der Öffentlichkeit erforderlich (BGH GA 81, 473; vgl auch Frankfurt StV 85, 8); die Öffentlichkeit muss aber tatsächlich wiederhergestellt werden (BGH 7, 218; BGHR § 171b I Dauer 7). Der Ausschluss für die Dauer der Vernehmung eines Zeugen bedeutet, dass er bis zur Beendigung der Vernehmung (auch bei mehrmaliger Unterbrechung der Vernehmung, nicht aber, wenn er entlassen wurde [BGH 2 StR 543/17 vom 9.5.2018]) gilt (BGH 41, 145, 148) und dass er alle Verfahrensvorgänge umfasst, die mit der Vernehmung in enger Verbindung stehen oder sich aus ihr entwickeln und daher zu diesem Verfahrensabschnitt gehören (BGH StV 18, 205; MDR 75, 198 [D]; 544 [D]; NStZ 83, 213 [Pf/M]), zB die Beschlussfassung nach § 247 I StPO (BGH NStZ 85, 206 [Pf/M]; 94, 354), die Verlesung von im Zusammenhang mit der Zeugenvernehmung stehenden Urkunden (BGH StV 85, 402 mit krit Anm Fezer), Befragung des gesetzlichen Vertreters nach § 52 II StPO, die Abgabe von Erklärungen nach § 257 StPO (BGH NStZ 06, 117), eine Augenscheinsnahme, die im Zusammenhang mit der Zeugenaussage steht (BGH NStZ 88, 190), kurze Äußerungen anderer Zeugen oder eine Beweisanregung und die Verhandlung hierüber, die durch die Vernehmung veranlasst werden (BGHR § 171b I Dauer 8). Auch die Verhandlung und Entscheidung über die Vereidigung sowie die Vereidigung selbst können noch während des Ausschlusses der Öffentlichkeit vorgenommen werden (BGH NJW 96, 2663), ebenso über die Entlassung des Zeugen (BGH NJW 03, 2761). Im Übrigen gilt der Ausschluss für alle Erklärungen eines Zeugen, die mit dem Ausschließungsgrund in Zusammenhang stehen und zu dem Verfahrensabschnitt gehören, der Anlass zu dem Ausschluss gegeben hat (BGH GA 81, 473; NStZ 99, 371).

10) Revision: Es kommt darauf an, ob der Ausschluss der Öffentlichkeit wegen des zu erwartenden Inhalts des betreffenden Verhandlungsabschnitts gerechtfertigt war; dass sich diese Erwartung nicht bestätigt hat, macht den Ausschluss nicht unrechtmäßig (BGH **38**, 248). Hinsichtlich der Dauer des Ausschlusses ist zu beachten, dass für die Wiederherstellung der Öffentlichkeit die besondere Beweiskraft des Protokolls gilt (§ 274 StPO, siehe BGH StV **18**, 205). Vgl im Übrigen 48 zu § 338 StPO. 18

[Öffentliche Urteilsverkündung]

173 I Die Verkündung des Urteils sowie der Endentscheidung in Ehesachen und Familienstreitsachen erfolgt in jedem Falle öffentlich.

II Durch einen besonderen Beschluß des Gerichts kann unter den Voraussetzungen der §§ 171b und 172 auch für die Verkündung der Entscheidungsgründe oder eines Teiles davon die Öffentlichkeit ausgeschlossen werden.

1) Verkündung des Urteils (I): Dazu gehört auch die Eröffnung der Urteilsgründe (§ 268 I S 2 StPO). Wenn die Öffentlichkeit in der Verhandlung oder in einem Teil davon ausgeschlossen war, muss bei der Urteilsverkündung das während des Ausschlusses erzielte Ergebnis schonend wiedergegeben werden, dh ohne Verletzung des materiellen Gehalts des Ausschlussgrundes. Die Gerichtsbeschlüsse, die nicht zu dem Verfahrensteil gehören, in dem die Öffentlichkeit ausgeschlossen worden ist, werden ebenfalls öffentl verkündet. Wenn sie dagegen zu dem nichtöffentlichen Teil der Verhandlung gehören (zB bei Ausschluss der Öffentlichkeit für die Dauer der Vernehmung eines Zeugen der Beschluss über die Vereidigung; 21 zu § 172), so können sie auch noch während des Ausschlusses verkündet werden. Das ergibt sich schon daraus, dass die Öffentlichkeit auch für die ganze Verhandlung ausgeschlossen werden kann (20 zu § 172). 1

2) Verfahren nach dem JGG: §§ 48 I, III S 2, 109 I S 4 JGG. Diese Vorschriften können angewendet werden, wenn das Erwachsenengericht gegen einen Jugendlichen (§§ 103 I, 104 II **JGG**) oder gegen einen Heranwachsenden (§ 112 S 1 **JGG**) verhandelt (Brunner/Dölling 3 ff zu § 48 JGG). Die Ausschließung der Öffentlichkeit nach § 109 I S 4 **JGG** umfasst, soweit das Gericht nichts anderes bestimmt, wie in § 48 I JGG auch die Urteilsverkündung (BGH **42**, 294 = NStZ **98**, 51 mit abl Anm Eisenberg). 2

3) Heilung des Mangels: 10 zu § 174. 3

4) Revision: Vgl 48 zu § 338 StPO. 4

[Ausschließungsverhandlung; Schweigegebot]   RiStBV 131–134, 219 III, 222

174 I ¹Über die Ausschließung der Öffentlichkeit ist in nicht öffentlicher Sitzung zu verhandeln, wenn ein Beteiligter es beantragt oder das Gericht es für angemessen erachtet. ²Der Beschluß, der die Öffentlichkeit ausschließt, muß öffentlich verkündet werden; er kann in nicht öffentlicher Sitzung verkündet werden, wenn zu befürchten ist, daß seine öffentliche Verkündung eine erhebliche Störung der Ordnung in der Sitzung zur Folge haben würde. ³Bei der Verkündung ist in den Fällen der §§ 171b, 172 und 173 anzugeben, aus welchem Grund die Öffentlichkeit ausgeschlossen worden ist.

II Soweit die Öffentlichkeit wegen Gefährdung der Staatssicherheit ausgeschlossen wird, dürfen Presse, Rundfunk und Fernsehen keine Berichte über die Verhandlung und den Inhalt eines die Sache betreffenden amtlichen Schriftstücks veröffentlichen.

III ¹Ist die Öffentlichkeit wegen Gefährdung der Staatssicherheit oder aus den in §§ 171b und 172 Nr. 2 und 3 bezeichneten Gründen ausgeschlossen, so kann das Gericht den anwesenden Personen die Geheimhaltung von Tatsachen, die durch die Verhandlung oder durch ein die Sache betreffendes amtliches Schriftstück zu ihrer Kenntnis gelangen, zur Pflicht machen. ²Der Beschluß ist in das Sitzungsprotokoll aufzunehmen. ³Er ist anfechtbar. ⁴Die Beschwerde hat keine aufschiebende Wirkung.

1   1) Das **Ausschließungsverfahren** ist ein Inzidentverfahren des erkennenden Gerichts in der Besetzung, in der die Hauptverhandlung stattfindet, unter Mitwirkung der Schöffen. Der Angeklagte nimmt teil; zum Fall seiner Ausschließung nach § 247 StPO vgl dort 6.

2   A. **Antrag auf Ausschließung:** Aus I S 1 ergibt sich, dass ein „Beteiligter" den Antrag stellen kann. Beteiligter ist jedenfalls der am Hauptverfahren Beteiligte. Diejenigen, deren Persönlichkeitssphäre im konkreten Fall bei öffentlicher Verhandlung beeinträchtigt würde (§ 172 Nrn 2, 3), haben ebenfalls die Befugnis, den Ausschluss der Öffentlichkeit für die Verhandlung oder einen Teil davon zu beantragen (vgl BGH **60**, 58 mwN: Zeugen).

3   Da der Kreis der am Hauptverfahren Beteiligten nicht notwendig deckungsgleich sein muss mit den am Inzidentverfahren Beteiligten, kann demjenigen, dessen Persönlichkeitsrechte mit dem Ausschließungstatbestand des § 172 Nrn 2 oder 3 geschützt werden soll, ein förmliches Antragsrecht zugestanden werden, soweit er ein **anzuerkennendes Interesse** an den Ausschluss haben kann (BGH aaO mit Anm Heine NStZ **15**, 480 und abl Anm Rosenstock StV **15**, 477: **Zeugen**). Der Antrag eines Berechtigten führt zwingend zur Ausschließungsverhandlung. Für § 171b vgl dort 10.

4   B. **Auch ohne Antrag** auf Ausschließung kann das Gericht die Ausschließungsverhandlung durchführen. Die Beteiligten erhalten auch in diesem Fall Gelegenheit zur Äußerung. Der in Betracht kommende Ausschließungstatbestand wird im Freibeweisverfahren (7, 9 zu § 244 StPO) geklärt, wobei freieste Ermittlung (RG **66**, 113) zur Gewinnung einer genügenden Prognosegrundlage statthaft ist.

5   C. **In nichtöffentlicher Sitzung** muss verhandelt werden, wenn ein Beteiligter es beantragt (I S 1 1. Alt) oder das Gericht es von sich aus für angemessen hält (I S 1 2. Alt). Das sollte im Sitzungssaal, nicht im Beratungszimmer, geschehen, da der Wortlaut des I S 1 für ein von der Hauptverhandlung vollständig gelöstes in camera-Verfahren nichts hergibt (Heine aaO). Die Tatsache des Zwischenverfahrens und sein Ergebnis müssen im Protokoll vermerkt werden.

6   D. **Unterbleibt die Ausschließungsverhandlung** trotz gültigen Antrags, so kann der Mangel durch Nachholung geheilt werden. Dabei kann auch der Beschluss geändert werden. Wenn es § 244 II StPO gebietet, kann es zu einer Teilwiederholung der Hauptverhandlung unter Ausschluss der Öffentlichkeit kommen.

7   E. **Jugendstrafsachen:** Wenn das JugG gegen einen Jugendlichen verhandelt, gilt § 174 nicht (§ 48 I **JGG**). Er gilt aber bei Verhandlung gegen einen Heranwachsenden (§ 109 I S 4 **JGG**); ebenso bei Verhandlung des Erwachsenengerichts gegen einen Jugendlichen oder Heranwachsenden (§§ 104 II, 112 S 1 **JGG**; 2 zu 173).

8   2) Ein **Ausschließungsbeschluss (I S 2)** des Gerichts ist erforderlich, wenn es im Sinne der 2. Alt nach seinem Ermessen entscheidet; eine Anordnung des Vorsitzenden, auch der Ausschluss aufgrund Antrages eines Beteiligten nach der 1. Alt zwingend ist (BGH NStZ **99**, 372; 3 StR 437/14 vom 27.11.2014; **aM** BGH NStZ **99**, 371). Soll die Öffentlichkeit nur für bestimmte Verfahrensabschnitte ausgeschlossen werden (17 zu § 172), ist dies im Beschluss anzugeben (BGH NStZ **89**, 483; StV **90**, 10); der Ausschließungsbeschluss deckt dann aber auch nur diese Abschnitte (BGH StV **90**, 252). Ist etwa die Vernehmung, für die die Öffentlichkeit ausgeschlossen war, abgeschlossen und der Zeuge entlassen worden, bedarf es für eine nochmalige Vernehmung grundsätzlich eines neuen Ausschließungsbeschlusses des Gerichts (BGH 2 StR 543/17 vom 9.5.2018; NStZ **18**, 679: Anordnung des Vorsitzenden nicht ausreichend; erg 3a zu § 171b GVG). Ist der Zeitraum des Ausschlusses im Beschluss zeitlich nicht eingegrenzt wor-

14. Titel. Öffentlichkeit und Sitzungspolizei   § 174 GVG

den, so ist idR davon auszugehen, dass die Öffentlichkeit für die gesamte Dauer der Hauptverhandlung ausgeschlossen werden sollte (BGH MDR 92, 634 [H]). Der Beschluss mit seiner Begründung (unten 9) muss grundsätzlich öffentl verkündet werden (BGH NStZ 96, 202). Das gilt auch, wenn die Öffentlichkeit nach vorübergehendem Ausschluss weiterhin ausgeschlossen wird (BGH NJW 80, 2088 mwN; NStZ 85, 37; NStZ-RR 00, 40 [K]). Die Verkündung gehört zu den Förmlichkeiten iS der §§ 273, 274 StPO (BGH 27, 187, 189). Der Verkündung bedarf es nicht bei dem Beschluss, mit dem der Ausschluss abgelehnt oder wieder aufgehoben wird. Jedoch dürfen auch diese Beschlüsse verkündet werden; jedenfalls aber muss für das Publikum erkennbar sein, ob die Öffentlichkeit ausgeschlossen ist oder nicht. Die Ausnahme des Hs 2 des I S 2 setzt nur voraus, dass gewisse Tatsachen die Befürchtung als subjektives Empfinden begründen. Sie setzt aber keinen Beschluss voraus, sondern ist Teil der Verhandlungsleitung gemäß § 238 I StPO (aM Kissel/Mayer 8; offengelassen von BGH NStZ 96, 202).

Die **Mitteilung des Ausschlussgrundes (I S 3)** in der Begründung des Aus- 9 schließungsbeschlusses ist in den Fällen der §§ 171b, 172, 173 II vorgeschrieben (BGH NStZ 88, 20 [Pf/M]. Der Beschluss muss aus sich heraus verständlich sein (BGH NJW 88, 429, 431). Der Begründungszwang entfällt nicht deshalb, weil der Ausschlussgrund für alle Beteiligten aus dem Gang der Verhandlung ergibt (BGH StV 81, 3; 84, 146; zw BGH NStZ 94, 591; 99, 372; einschr BGH 45, 117 „unter besonderen Umständen" [erg 48 zu § 338]; abl dazu Fahl 720; Gössel NStZ 00, 181; Park StV 00, 246; krit auch Rieß JR 00, 251). Wenn die Verständlichkeit dadurch gewährleistet ist, genügt aber die Angabe mit dem abstrakten Gesetzeswortlaut (BGH 30, 212 für § 172 Nr 2; BGH 27, 117 für § 172 Nr 4; BGH NJW 86, 200; BGH GA 75, 283; NStZ 89, 442; jedoch verneint bei § 172 Nr 3 durch BGH StV 96, 134). Die tatsächlichen Umstände, aus denen sich der Ausschließungsgrund ergibt, brauchen nicht angegeben zu werden (BGH 30, 212; NJW 86, 200; Gössel NStZ 82, 140; aM Park NJW 96, 2214). Wenn eine Bestimmung nur einen einzigen Ausschließungsgrund enthält – wie zB § 172 Nr 1a oder Nr 4 – reicht auch die bloße Angabe der Gesetzesbestimmung aus (BGH 41, 145 mit abl Anm Park StV 96, 136); sind aber mehrere Gründe vorgesehen, muss der angewendete Grund bezeichnet werden, zB im Fall des § 172 Nr 1 (BGH NStZ 91, 122 [M/K]) oder Nr 2 (BGH 27, 187; NStZ 82, 169; 85, 496 [Pf/M]; 88, 20 [Pf/M]; StV 84, 146; 86, 376). Es genügt nicht, dass es aus dem Zusammenhang (BGH StV 86, 376) oder aus früheren Beschlüssen oder Anträgen (BGH NStZ 85, 496 [Pf/M]; zw BGH NStZ 94, 591) erkennbar ist oder für die Beteiligten und die Zuhörerschaft offen zutage liegt (BGH 27, 117; 187; StV 84, 146), auch nicht, wenn zugleich eine Anordnung nach § 247 StPO begründet ist (BGH NStZ 83, 324). Die Bezugnahme auf die Gründe eines vorangehenden Ausschließungsbeschlusses ist ausnahmsweise zulässig, wenn der nochmalige Ausschluss auf denselben Grund gestützt wird (BGH 30, 298; NJW 07, 709), insbesondere, wenn beide Beschlüsse insofern eine Einheit bilden (BGH NJW 79, 276). Sonst ist aber stets, zB bei wiederholter Zeugenvernehmung, ein neuer Beschluss erforderlich (BGH NJW 82, 275; NStZ 08, 476; 09, 286; 13, 479; NStZ-RR 09, 213; StV 12, 140), es sei denn, die bereits verfügte Entlassung des Zeugen wird sogleich zurückgenommen und die Vernehmung des Zeugen fortgesetzt (BGH NStZ 92, 447; 04, 220). Die Zurückweisung des Antrags auf Wiederherstellung der Öffentlichkeit bedarf der Form des I S 3 nicht (BGH GA 83, 361).

3) Ein rechtzeitig bemerkter Verstoß iS des § 338 Nr 6 StPO kann durch 10 Wiederholung des fehlerhaften Verhandlungsteils geheilt werden (RG 35, 354; Einl 159). Ein nachträglicher Beschluss heilt den Mangel nicht, auch nicht, wenn dieser nur in einer Überschreitung der Ausschlussdauer besteht.

4) Verbot öffentlicher Berichte (II; § 353d Nr 1 StGB): Es tritt mit dem 11 Ausschluss der Öffentlichkeit wg Gefährdung der Staatssicherheit (§ 172 Nr 1) von selbst ein. Die sonstigen Strafbestimmungen, insb die §§ 94ff StGB, bleiben unberührt.

Schmitt

GVG § 174

12 5) Gerichtliches Schweigegebot (III; § 353d Nr 2 StGB):
13   A. **Persönlicher Umfang:** Zu den anwesenden Personen gehören auch die Richter, der StA, der Angeklagte und sein Verteidiger, der Zeuge und ggf sein Beistand, der Sachverständige, der Gerichtswachtmeister und zugelassene Personen (§ 175 II S 1), zB Presseberichterstatter. Nicht erfasst sind nicht anwesende Verfahrensbeteiligte, zB die durch einen RA in der Verhandlung vertretene Nebenklägerin; eine − im Ergebnis wünschenswerte − analoge Anwendung kommt angesichts des eindeutigen Wortlauts nicht in Betracht (**aM** Lütke MMR **19**, 157, 162).
14   B. **Sachlicher Umfang:** Die geheimzuhaltenden Tatsachen müssen in dem Gerichtsbeschluss bezeichnet werden. Dies kann auch durch komplexartige Bezeichnung geschehen. Im Übrigen wird das Schweigegebot − zweckmäßigerweise unter Hinweis auf § 353d Nr 2 StGB (RiStBV 131 II) − als absolutes angeordnet, obwohl nur das unbefugte Offenbaren strafbar ist, dh nur das Offenbaren ohne Rechtfertigungsgrund. Ein solcher kann zB darin bestehen, dass der StA seinen Vorgesetzten berichten muss (vgl 3 zu § 147). Im Übrigen bindet der Beschluss nicht denjenigen, der befugt ist, die Tatsache zu offenbaren und in dessen ausschließlichem Interesse die Schweigepflicht ausgesprochen worden ist.
15   **Gegenstandslos wird das Schweigegebot,** wenn und soweit die Tatsachen bei der öffentlichen Urteilsverkündung (§ 173 I) bekanntgegeben werden; nicht schon dadurch, dass sie in den schriftlichen Urteilsgründen dargelegt werden.
16   C. Der **Beschluss** ergeht von Amts wegen oder auf Antrag eines Beteiligten, entweder mit dem Beschluss, durch den die Öffentlichkeit ausgeschlossen wird, oder in einem späteren Zeitpunkt, in dem sich das Bedürfnis für die Anordnung ergibt. Dabei muss aber bedacht werden, dass der Beschluss keine rückwirkende Kraft hat. Das Schweigegebot kann auch noch in der Hauptverhandlung und auch nach dieser aufgehoben werden, zB im Fall der Beschwerde durch die Abhilfeentscheidung (§ 306 II StPO).
17   D. **Verfahren vor den JugGen** (2 zu § 169): Das Schweigegebot ist nur iVm dem Beschluss zulässig, durch den die Öffentlichkeit ausgeschlossen wird. Für einen solchen ist kein Raum, wenn die Hauptverhandlung ohnehin nicht öffentl ist. Daher gibt es in diesen Fällen auch keinen Beschluss, der zum Schweigen verpflichtet (LR-Wickern 37; **aM** Katholnigg 7). Insoweit bleibt nur das persönliche Hinwirken auf die freiwillige Geheimhaltung (RiStBV 131 II).
18   **6) Nach Wiederherstellung der Öffentlichkeit** behalten das Gericht und der StA, aber auch der RA als Rechtspflegeorgan, den durch die Ausschließung der Öffentlichkeit bezweckten Schutz, soweit es mit Rücksicht auf die Wahrnehmung ihrer Funktion möglich ist, im Auge, zB bei den Schlussvorträgen und bei der Urteilsverkündung (Kleinknecht Schmidt-Leichner-FS 116).
19   **7) Beschwerde (III S 3, 4)** gegen den Ausschließungsbeschluss oder gegen den Beschluss, durch den die Ausschließung der Öffentlichkeit abgelehnt wird, scheidet für die Prozessbeteiligten nach § 305 StPO aus. Sie ist auch für andere Personen (§ 304 II StPO) unzulässig. Von einem Ausschließungsbeschluss sind sie nicht betroffen (Nürnberg MDR **61**, 508). Aber auch den ablehnenden Beschluss können sie nicht anfechten, weil die Entscheidung über die Ausschließung der Öffentlichkeit der Anfechtung durch einen Dritten nach dem Sinn der Bestimmungen entzogen ist (6 zu § 304 StPO).
20   Die **Schweigeanordnung** ist dagegen mit der Beschwerde (§ 304 StPO) anfechtbar (III S 3), nicht der diese Anordnung ablehnende Beschluss. Diese Anfechtbarkeit des Schweigegebots ist für die Verfahrensbeteiligten eine Ausnahme von § 305 StPO. Die Beschwerde ist unbefristet wie das Schweigegebot selbst, das mit der Beschwerde angefochten wird.
21   **8) Revision:** Vgl 48, 50a, 50b zu § 338 StPO. Die tatsächlichen Umstände, auf denen der Ausschluss beruht, prüft das Revisionsgericht nicht nach (Gössel

14. Titel. Öffentlichkeit und Sitzungspolizei § 175 GVG

NStZ 82, 140). Aus II, III ergeben sich keine Revisionsgründe; sie betreffen nur zusätzlichen Geheimnisschutz nach außen, der auf das Urteil keinen Einfluss hat. Eine Auswechslung des Ausschließungsgrundes durch das Revisionsgericht ist wegen I S 3 nicht zulässig (Park NJW 96, 2215; erg oben 9). Dass an Stelle des Gerichts der Vorsitzende entschieden hat, schadet im Fall des I S 1 1. Alt (Antrag), anders als bei der 2. Alt nicht (BGH NStZ 99, 372). Der begründungslose Beschluss über den Ausschluss der Öffentlichkeit stellt einen absoluten Revisionsgrund dar, wenn mehrere Ausschlussmöglichkeiten in Betracht kamen, die im Ermessen des Gerichts standen (Nürnberg StV 15, 282).

[Versagung des Zutritts]

175 I **Der Zutritt zu öffentlichen Verhandlungen kann unerwachsenen und solchen Personen versagt werden, die in einer der Würde des Gerichts nicht entsprechenden Weise erscheinen.**

II 1 **Zu nicht öffentlichen Verhandlungen kann der Zutritt einzelnen Personen vom Gericht gestattet werden.** 2 **In Strafsachen soll dem Verletzten der Zutritt gestattet werden.** 3 **Einer Anhörung der Beteiligten bedarf es nicht.**

III **Die Ausschließung der Öffentlichkeit steht der Anwesenheit der die Dienstaufsicht führenden Beamten der Justizverwaltung bei den Verhandlungen vor dem erkennenden Gericht nicht entgegen.**

1) Die **Ausschließung einzelner Personen (I)** aus der Hauptverhandlung sehen auch die §§ 177, 178 vor. Jedoch ist der in diesen Bestimmungen enthaltene Katalog der Ausschließungsgründe nicht abschließend. Die Ausschließung ist vielmehr auch auf Grund allgemeiner übergeordneter Verfahrensgesichtspunkte zulässig (BGH 3, 338; 17, 203; Strassburg MDR 77, 712; erg 8 zu § 176). Die Versagung nach I obliegt dem Vorsitzenden (§ 176). Er wird dabei von dem Justizwachtmeister unterstützt (RiStBV 128 III; 12 ff zu § 176), der in eindeutigen Fällen für den Vorsitzenden handeln darf. Für die Eigenschaft „unerwachsen" ist zunächst die äußere Erscheinung maßgebend, also nicht eine bestimmte Altersgrenze (RG 47, 376; aM Schilken 193); jedoch ist es zulässig, ggf alle Personen unter 16 Jahren auszuschließen (BGH NStZ 06, 652; NStZ-RR 09, 40 [C]). Entscheidend ist die zur ernsthaften Teilnahme erforderliche Reife, die aber bei über 18-Jährigen immer besteht (KK-Diemer 1).

Würde des Gerichts: § 175 betrifft (ebenso wie die §§ 176, 177) Abwehr 2 konkreter Verstöße gegen das Schutzgut, § 178 die Ahndung. Bei der Auslegung des Begriffs „Ungebühr" in § 178 wird ebenfalls auf den Begriff der „Würde des Gerichts" zurückgegriffen.

Schutzgut ist das Ansehen des Gerichts als Institution in der sozialen Gemein- 3 schaft (Düsseldorf JZ 85, 1012; Nürnberg JZ 69, 150 mit krit Anm Sarstedt; Wolf § 25 III 3; Baufeld GA 04, 163). Auch die Störung des Ablaufs der Hauptverhandlung kann dieses Ansehen beeinträchtigen. Daher ist die akute Gefahr solcher Störung oder anderer Kundgabe der Missachtung (§ 185 StGB) Zurückweisungsgrund nach I (vgl auch BGH 17, 201; Kern JZ 62, 564; 4 zu § 176). Der Würde des Gerichts widerspricht insbesondere das Erscheinen in provozierendem Aufzug (Roxin JR 76, 387; Baufeld aaO) oder in betrunkenem oder verwahrlostem Zustand (Rehbinder MDR 63, 642; erg 2, 3 zu § 178).

2) Die **Zulassung nach II** ist eine Abweichung von einem Gerichtsbeschluss; 4 sie setzt daher einen Gerichtsbeschluss voraus. Die vorherige Anhörung der Beteiligten ist nicht notwendig (II S 3); für den Beschluss muss die ausgeschlossene Öffentlichkeit nicht wiederhergestellt werden (BGH 4 StR 100/95 vom 14.3.1995). Der Beschluss kann auch in dem stillschweigenden Gestatten der Anwesenheit liegen (Einl 123). Ein Beteiligter kann aber Hinwendungen erheben und in einem ausdrücklichen förmlichen Beschluss herbeiführen (§ 238 II StPO). Die Methode der stillschweigenden Zulassung wird am häufigsten bei Referendaren angewendet,

die dem Gericht zur Ausbildung zugewiesen sind. Niemand hat Anspruch auf Zulassung; den Vertretern der Presse wird der Zutritt jedoch idR gestattet werden (vgl Schweiz. Bundesgericht Lausanne EuGRZ **92**, 202 zu Art 6 I S 2 **EMRK;** zur zulässigen Beschränkung der Zulassung von Pressekorrespondenten EGMR NJW **13**, 521; BVerfG NJW **10**, 1739). Ein Anspruch kann auch nicht aus § 149 StPO oder Art 6 I GG abgeleitet werden (BGH 1 StR 227/65 vom 6.7.1965). Daher haben auch die Eltern keinen Anspruch auf Anwesenheit während der Zeugenvernehmung ihres Kindes, selbst wenn sie als Begleitpersonen auf Aufforderung des Gerichts erschienen sind. Anders ist es bei dem förmlich zugelassenen Beistand (1, 2 zu § 149 StPO), falls dieser nicht als Zeuge außerhalb des Sitzungssaales warten muss (7 zu § 243 StPO).

5   Dem **Verletzten** soll nach S 2 der Zutritt gestattet werden. Nur in Ausnahmefällen darf ihm die Zulassung verwehrt werden (vgl auch § 48 II **JGG**), zB wenn er noch als Zeuge vernommen werden soll oder ein besonderes Interesse an der Vertraulichkeit der in §§ 171b, 172 Nr 2 bezeichneten Umstände auch gegenüber dem Verletzten besteht (Rieß/Hilger NStZ **87**, 208).

6   Die Zulassung kann aus sitzungspolizeilichen Gründen **zurückgenommen** werden. Ist ein Reporter zugelassen worden und veröffentlicht er unsachliche und aufreizende Berichte (zB über die Tätigkeit des Verteidigers), so kann die Zulassung aus diesem Grunde nicht zurückgenommen werden (aM BGH NJW **64**, 1485). Denn damit würde letztlich auf Erscheinen und Inhalt von Presseveröffentlichungen Einfluss genommen, was mit Art 5 I S 2 GG nicht vereinbar wäre (BVerfGE **50**, 234, 243; 3 zu § 172).

7   Im **Verfahren nach dem JGG** entscheidet, soweit die Öffentlichkeit nach § 48 I **JGG** kraft Gesetzes ausgeschlossen ist, über die Zulassung von Personen, denen die Anwesenheit nicht kraft Gesetzes gestattet ist, der Vorsitzende allein (§ 48 II S 3 **JGG**); § 238 II StPO gilt insoweit nicht (Eisenberg 18 zu § 48 JGG). Wenn in einem Verfahren gegen einen Heranwachsenden die Öffentlichkeit nach § 109 I S 4 **JGG** ausgeschlossen wird, kann den Eltern der Zutritt nach II gestattet werden, auch bei Widerspruch des Angeklagten; jedoch wird der Zutritt nur erlaubt, wenn er nach Auffassung des Gerichts dem Ausschließungsgrund („Interesse des Heranwachsenden") nicht zuwiderläuft.

8   3) Das **Anwesenheitsrecht nach III** ist nicht von einer Anordnung des Vorsitzenden oder des Gerichts abhängig. Die Beobachtung der Vorgänge im Gerichtssaal ist eine Frage der Dienstaufsicht. Daher kann sich der Präsident dabei auch einer Hilfsperson bedienen, zB des Pressereferenten. III gilt auch für die nichtöffentliche Ausschließungsverhandlung (§ 174 I S 1).

[Sitzungspolizei] RiStBV 125, 128

176 I Die Aufrechterhaltung der Ordnung in der Sitzung obliegt dem Vorsitzenden.

II 1 An der Verhandlung beteiligte Personen dürfen ihr Gesicht während der Sitzung weder ganz noch teilweise verhüllen. ² Der Vorsitzende kann Ausnahmen gestatten, wenn und soweit die Kenntlichmachung des Gesichts weder zur Identitätsfeststellung noch zur Beweiswürdigung notwendig ist.

Übersicht

	Rn
1) Sitzungspolizeigewalt (I)	1, 2
2) Hausrecht	3
3) Ordnung in der Sitzung	4–9
4) Persönlicher Anwendungsbereich	10, 11
5) Entscheidungskompetenz des Vorsitzenden	12–14
6) Presse und Rundfunk	15
7) Gesichtsverhüllung (II)	16–23
8) Rechtsbehelfe	24–26

14. Titel. Öffentlichkeit und Sitzungspolizei § 176 GVG

1) Die **Sitzungspolizeigewalt** (I) obliegt dem Vorsitzenden. Die Sitzung (6 zu 1 § 178) erstreckt sich in örtlicher Hinsicht auch auf die dem Sitzungssaal vorgelagerten und unmittelbar angrenzenden Räume (BGH **44**, 23; Stuttgart Justiz **93**, 147), etwa Flure, Korridore und Wartezonen (näher Küspert Breidling-FS 177, 186 f). In persönlicher Hinsicht erstreckt sie sich auf alle Anwesenden (unten 10).

In zeitlicher Hinsicht erfasst der Begriff auch die kurzen Sitzungspausen 2 (BGH aaO), ferner die Zeit für Verrichtungen vor (Karlsruhe JR **76**, 383) und nach der Sitzung, die mit der verhandelten Sache zusammenhängen (Schorn, Der Strafrichter, S 209), schließlich die Zeitspanne vor und nach der Sitzung, in der der Sitzungssaal geöffnet wird, sich die Beteiligten einfinden oder entfernen (Hamm NJW **56**, 1452), insbesondere die Zeit, die das Gericht benötigt, um ohne Hast die mit der endgültigen Abwicklung der verhandelten Sache zusammenhängenden Verrichtungen vorzunehmen und in Ruhe den Sitzungssaal zu verlassen (Düsseldorf MDR **86**, 428). Längere Unterbrechungen (zB mehrstündige Mittagspausen) gehören nicht zur Sitzungszeit.

2) Das **Hausrecht** außerhalb des Sitzungsbereichs steht dem Gerichtspräsidenten 3 zu (BVerfG NJW **12**, 1863), der es nach pflichtgemäßem Ermessen ausübt; es kann aber auch dem Vorsitzenden übertragen werden. Es erstreckt sich auf den gesamten Gebäudekomplex sowie auf das Gebäudeumfeld, soweit es von der Justiz berechtigt genutzt wird; wird ein Gebäude von mehreren Gerichten genutzt, umfasst es die dem betreffenden Gericht zugewiesenen Räume und Flächen sowie die Gemeinschafts- und Verkehrsflächen (Küspert Breidling-FS 177, 188). Inhaltlich berechtigt es zu allen Maßnahmen, die der Sicherung und Ordnung des Hausfriedens, insbesondere der Gewährleistung eines geordneten Geschäftsablaufs dienen. Das Hausrecht wird durch das Recht und die Pflicht, die Sitzungspolizei auszuüben, verdrängt (BGH **30**, 350; Küspert aaO 189). Mit ihm kann eingegriffen werden, wo weder die sitzungspolizeiliche Zuständigkeit noch der Öffentlichkeitsgrundsatz berührt sind, zB nach Entfernung aus der Sitzung (BGH **24**, 329; vgl unten 4; 1 ff zu § 177). Bei der Ausübung des Hausrechts ist darauf zu achten, dass andere, zB die Polizei, unzulässige Verwehrung des Zutritts unterlassen (BGH NJW **80**, 249; 7 zu § 169). Eingehend zur Ausübung des Hausrechts in Gerichtsgebäuden Küspert aaO 177 ff; Angermaier/Kujath DRiZ **12**, 338.

3) Ordnung in der Sitzung ist der Zustand, der dem Gericht und den Ver- 4 fahrensbeteiligten eine störungsfreie Ausübung ihrer Funktionen ermöglicht (Marxen NJW **77**, 2192; Bremen StV **16**, 549, 551), die Aufmerksamkeit der übrigen Anwesenden in der öffentlichen Verhandlung nicht beeinträchtigt und allgemein deren gebührlichen Ablauf sichert (Wolf § 26 II 1; Baufeld GA **04**, 168). Diesen störungsfreien Sitzungsablauf – letzten Endes im Interesse der Wahrheitsfindung – zu sichern, gehört zur Sitzungspolizei (BVerfGE **50**, 234, 242 = NJW **79**, 1400; BGH **44**, 23), die dem Vorsitzenden als eigene Aufgabe obliegt, und zwar als Teil der Verhandlungsleitung (§ 238 I StPO), also als Ausfluss der richterlichen Gewalt (BGH **17**, 201, 204), nicht von polizeilicher Gewalt (Schmidt/Walter NStZ **16**, 505 mN). Die **Sitzordnung** muss sich an den baulichen Gegebenheiten des Hauptverhandlungssaals orientieren, der Angeklagte muss aber der Verhandlung folgen und grundsätzlich mit seinem Verteidiger kommunizieren können; er kann jedoch aus Sicherheitsgründen oder zur Störungsabwehr auf eine umfriedete oder besonders gesicherte Anklagebank verwiesen werden (BGH NStZ-RR **18**, 357 mit Anm Börner NStZ **19**, 299; vgl auch Nr 125 II RistBV; zur Revision 59 zu § 338).

A. **Vorbereitung auf die Sitzung:** Dazu gehören zB Auswahl des Sitzungssaa- 5 les nach dem zu erwartenden Interesse der Öffentlichkeit (Weidemann DRiZ **70**, 114). Hinsichtlich der aus räumlichen Gründen gebotenen Beschränkung der Zulassung von Medienvertretern muss der grundsätzliche Anspruch der Presse auf Zugang für eine freie Berichterstattung sachlich ausgestaltet sein und dem subjektiven Recht des Medienvertreter auf gleiche Teilhabe an den Berichterstattungsmög-

Schmitt 2181

GVG § 176

lichkeiten Rechnung tragen; Rückgriff auf das Prioritätsprinzip (oder das Losverfahren) ist grundsätzlich möglich (BVerfG NJW **13**, 1294 mit Anm Zuck; krit Kühne StV **13**, 417). Zur Vorbereitung gehören ferner Absprachen mit JV und Polizei über Sicherungsmaßnahmen, zB zur Personenkontrolle beim Eingang in den Sitzungssaal oder beim Zutritt zu den diesem vorgelagerten Räumlichkeiten, etwa durch Ausgabe von Einlasskarten (Karlsruhe JR **76**, 383), Ausweiskontrollen (BGH **27**, 13) oder Durchsuchung der Personen und der von ihnen mitgeführten Gegenstände (BVerfGE **48**, 118, 123; BGH MDR **79**, 247; 6, 7 zu § 169) sowie Verbot der Mitnahme bestimmter Gegenstände (Celle NStZ-RR **16**, 26: spitze Schreibgeräte). Das gilt auch gegenüber Verteidigern (BVerfG NJW **98**, 296 = StV **98**, 241 mit abl Anm Hübel; BVerfG NJW **06**, 1500; Artkämper NJ **99**, 80). Dass durch die Vorkehrungen auch Personen betroffen werden, die keinen Anlass für die Annahme gegeben haben, sie würden die Ordnung in der Sitzung gefährden, muss im Interesse der Sicherheit in Kauf genommen werden (BVerfGE **46**, 1, 13). In Betracht kommt ferner eine Absprache mit den Beisitzern und Schöffen, um Gerichtsbeschlüsse nach kurzer Verständigung im Gerichtssaal zu ermöglichen (Willms JR **72**, 653; 3 zu § 193).

6 B. **Maßnahmen in der Sitzung:** Ob hinreichender Anlass für eine sitzungspolizeiliche Maßnahme besteht, entscheidet der Vorsitzende nach pflichtgemäßem Ermessen, soweit nicht die Mitwirkung des Gerichts nach §§ 177, 178 erforderlich ist (OVG Berlin NJW **73**, 1246; 3, 5 zu § 238 StPO). Die Maßnahmen müssen aus wichtigen konkreten Gründen, welche mitzuteilen sind (vgl BVerfG 1 BvR 1534/16 vom 8.7.2016), erforderlich sein und dürfen sich nicht auf ein allgemeines Misstrauen gegen eine Person oder auf einen nicht weiter belegten Verdacht stützen (Marxen NJW **77**, 2192). Unter dieser Voraussetzung darf der Vorsitzende zB anordnen, dass sich uniformierte Polizeibeamte mit Funksprechgerät in seiner Nähe und weitere Polizeibeamte in Reichweite im Sitzungssaal aufhalten sollen (Schleswig SchlHA **78**, 186).

7 C. **Störungsabwehr:** Der Vorsitzende kann Ermahnungen und Rügen erteilen, ungebührliches Verhalten untersagen, wie zB das Fotografieren aus dem Zuhörerraum während der Verhandlung, wobei er erforderlichenfalls den Fotoapparat bis zum Schluss der Sitzung wegnehmen lassen kann (Koblenz HESt **3**, 59). Er kann ferner die Zuhörer ermahnen, Beifalls- oder Missfallenskundgebungen zu unterlassen oder die Ruhe zu bewahren. Eine solche Aufforderung kann durch die Drohung verstärkt werden, bei Nichtbefolgung werde der Sitzungssaal geräumt (§ 177). Über Festnahme wegen Straftaten in der Sitzung vgl § 183. Wird die äußere Ordnung der Sitzung durch Erregung einzelner Beteiligter gestört, so kann eine kurze Unterbrechung (§ 228 I S 2 StPO) helfen (Seibert NJW **73**, 128). Der Vorsitzende darf auch anordnen, die Tür zum Sitzungssaal solle während der Bekanntgabe der Urteilsgründe oder während eines anderen eng begrenzten Abschnitts der Hauptverhandlung möglichst geschlossen bleiben, wenn es geboten erscheint, Störungen in dem beengten Verhandlungsraum zu vermeiden (BGH **24**, 73).

8 D. **Abwehr von Einflussnahme:** Es gehört auch zur Wahrung der äußeren Ordnung, einer durch konkrete Tatsachen begründeten Gefahr entgegenzuwirken, dass Zuhörer Aussagen wartender Zeugen unzulässigerweise mitteilen (RG **64**, 385) oder auf den Angeklagten oder einen Zeugen durch Zeichen einwirken (Kern JZ **62**, 564). Zu solchem Zweck kann das Mitschreiben untersagt (BGH NStZ **82**, 389: nicht aus anderen Gründen; vgl auch Hamm JMBlNW **90**, 42) oder ein Zuhörer aus dem Sitzungssaal entfernt werden. Diese Maßnahmen sind aber nicht erforderlich, wenn die Hauptverhandlung voraussichtlich ohne Unterbrechung durchgeführt wird, die Zeugen alle vorgeladen und erschienen sind und auch in den Pausen von den Zuhörern getrennt bleiben. Die Anordnung, den Sitzungssaal zu verlassen, ist auch zulässig, wenn ein Zuhörer als Zeuge in Betracht kommt (§§ 58 I, 243 II S 1 StPO; BGH **3**, 388; NStZ **91**, 122 [M/K]; **aM** mit beachtlichen Erwägungen Schneiders StV **90**, 91), oder wenn gegen ihn wegen derselben Vorgänge, über die verhandelt wird, ein Ermittlungsverfahren schwebt (BGH **17**, 201). Es kann auch den Verteidigern untersagt werden, ihre Mobiltelefone in den Sitzungssaal mitzunehmen, wenn dadurch sichergestellt werden soll, die materielle Wahrheit zu finden (Stuttgart NJW **11**, 2899 mit insoweit abl Anm Michalke = StV **11**, 718 mit krit Anm Kühne).

Ein **Prozessbeobachter**, der sich für den Geschädigten im Zuhörerraum aufhält, kann grundsätzlich nicht zum Verlassen des Sitzungssaales aufgefordert werden; anders nur bei konkreter Gefahr störender Einflussnahme (zB der Zeugenbeeinflussung), falls es nicht ausreicht, ihm das Mitschreiben zu untersagen (Straßburg MDR **77**, 712). **9**

4) In persönlicher Hinsicht erstreckt sich die Sitzungspolizei auf alle Anwesenden. Die Pressevertreter genießen grundsätzlich keinen weitergehenden Schutz als andere Bürger; aber es darf kein Einfluss auf die Berichterstattung genommen werden (BVerfGE **50**, 234, 242 ff; 3 zu § 172; 5 zu § 175). Der Sitzungspolizei unterstehen auch der Verteidiger (BVerfGE **48**, 118, 123 = NJW **78**, 1048; SK-Wohlers 78 vor § 137 StPO; Malmendier NJW **97**, 232 ff), der RA als Vertreter des Privat- oder Nebenklägers (§§ 378, 387 StPO) und der StA sowie der UrkB, die mitwirkenden Richter einschließlich Schöffen, wobei bei letzteren. Für diese Personen gilt jedoch nur § 176; die §§ 177, 178 sind gegen sie nicht anwendbar (3 zu § 177; eingehend Kramer, Die Zurückweisung von Rechtsanwälten und deren zwangsweise Entfernung aus dem Sitzungssaal, Diss Bielefeld 2000; Kirch-Heim NStZ **14**, 431). Sie dürfen auch durch Anwendung des § 176 nicht in ihrer Rechtspflegefunktion beeinträchtigt werden. Bei Schöffinnen ist das religiös motivierte Tragen eines Kopftuchs aber kein Ausschließungsgrund (Bader NJW **07**, 2964; Kissel/Mayer 14 zu § 31; erg 1 zu § 52). Jedoch hat der Vorsitzende bei unangebrachten Ausführungen auch diesen Personen gegenüber durch Ordnungs- oder Rügerufe einzugreifen, wenn auch mit Zurückhaltung und unter möglichster Vermeidung einer Bloßstellung. Die sitzungspolizeilichen Aufgaben müssen aber auch wahrgenommen werden, um die Verfahrensbeteiligten, Zeugen oder Sachverständigen vor grob verfahrenswidrigen Angriffen zu schützen (BGH **44**, 23; Einl 157). **10**

Der Verstoß des RAs gegen die in § 20 BORA vorgeschriebene Pflicht, **in Robe aufzutreten,** kann bei grundsätzl Weigerung in Anwendung des § 176 zur Zurückweisung für die betreffende Sitzung führen (vgl auch BVerfGE **28**, 21; **34**, 138; BGH **27**, 34, 38; BayVerfGE 25 II 51 = AnwBl **72**, 228; Karlsruhe NJW **77**, 309; Wolf NJW **77**, 1064; aM Kissel/Mayer 20; Kirch-Heim BStZ **14**, 434 [mit Vorschlag *de lege ferenda*]; Sälzer JZ **70**, 572 Weihrauch Müller-FS 761). Ein besonderes Verfahren ist hierfür nicht vorgesehen. Wenn der Verteidiger in der Hauptverhandlung keine weiße Krawatte trägt, rechtfertigt dieser Umstand nicht die Zurückweisung oder die Bestellung eines (weiteren) Pflichtverteidigers (Zweibrücken NStZ **88**, 144); vgl auch BVerfG NJW **12**, 2570: Zurückweisung „im Hinblick auf die möglicherweise erschöpfende Regelung des § 59b II Nr 6 BRAO rechtlich bedenklich und als Reaktion ... überzogen". Nach München NJW **06**, 3079 ist die Zurückweisung des Verteidigers aber zulässig, wenn er nur ein weißes T-Shirt unter der offenen Robe trägt; dagegen zustr Beulke Hamm-FS 21, Pielke NJW **07**, 3261 sowie Weihrauch StV **07**, 28 und Müller-FS 759; differenzierend LG Mannheim NJW **09**, 1094 mit Anm Leitner. Das Tragen eines Kopftuchs durch eine RAin aus religiösen Gründen rechtfertigt keine sitzungspolizeilichen Maßnahmen (Kissel/Mayer 20; vgl aber EGMR NJW **16**, 2243, wonach eine als „besondere Ordnungsmaßnahme" nach spanischem Recht ergangene Untersagung, auf der Verteidigerbank mit Kopftuch Platz zu nehmen, als nicht von vorneherein „unvernünftig oder willkürlich" qualifiziert wurde; erg 7a, 10). **11**

5) Zuständig ist der Vorsitzende. Ihm steht ein weiter Ermessensspielraum zu (vgl EGMR NJW **18**, 2461; BGH **17**, 201; erg 11 zu § 177). Der Vorsitzende kann die Verweisung von Störern aus dem Saal zugleich in Vollmacht des Hausherrn aussprechen, mithin diese für die betreffende Sitzung oder allgemein erteilt **12**

ist, und darauf hinweisen, dass die Nichtbefolgung die Strafbarkeit wegen Hausfriedensbruchs begründet.

13 Die **Kompetenz des Vorsitzenden endet** in jedem Fall, wenn eine Maßnahme zur Zuständigkeit des Gerichts gehört. Das ist der Fall, wenn die Maßnahme die Verteidigung des Angeklagten beschränken, die wahrheitsgemäße Ermittlung des Sachverhalts gefährden oder die Grundsätze über die Öffentlichkeit verletzen würde (BGH **17**, 201, 203), ebenso wenn die Maßnahme die „Sitzung" überhaupt aufheben würde.

14 Zur **Ausführung der Anordnungen** bedient sich der Vorsitzende des Justizwachtmeisters (RiStBV 128 III), erforderlichenfalls im Wege der Amtshilfe der Polizei (BGH NJW **80**, 249; Einl 44), der er jedoch keine bindenden Einzelweisungen (zB für das Waffentragen im Gerichtssaal) erteilen kann (Leimius NJW **73**, 448). Die Justizwachtmeister sind Beamte, die mit Vollzugs- und Sicherungsaufgaben betraut sind, daher in rechtmäßiger Ausübung dieses Dienstes zur Anwendung von Zwang unmittelbar befugt (vgl §§ 1, 6 Nr 7 UZwG; Einl 46).

15 **6) Über Presse- und Rundfunkberichterstatter** vgl 8 ff zu § 169. Für die Erlaubnis von Bild- und Funkaufnahmen in der Sitzung ist der Vorsitzende zuständig, ebenso für die Reservierung von Medienplätzen, Akkreditierungen und Platzvergaben (dazu im Einzelnen Küspert Breidling–FS 177, 191), für die Tonübertragung in einen Medienarbeitsraum nach § 169 I S 3 (17–21 zu § 169) dagegen das Gericht. Sonst ist der Behördenleiter als Hausherr zuständig. Dieser muss auch zustimmen, wenn im Gebäude Leitungen gelegt oder im Sitzungssaal Veränderungen vorgenommen werden sollen (Rasehorn DRiZ **61**, 256). Ob und in welchem Umfang fotografische Aufnahmen in dem Bereich gemacht werden dürfen, für den die sitzungspolizeilichen Rechte und Pflichten gelten, entscheidet ebenfalls der Vorsitzende. Ob er sie erlauben oder unterbinden soll, richtet sich nach den Erfordernissen der öffentlichen Ordnung, vor allem eines ungestörten Verlaufs der Sitzung (vgl dazu BVerfG NJW **96**, 310), und unter Abwägung der betroffenen Interessen (EGMR NJW **18**, 2461). Es ist aber auch der Schutz des Angeklagten und der sonstigen Verfahrensbeteiligten in den Grenzen des § 23 KUG (10 zu § 169) zu berücksichtigen (EGMR aaO; Stuttgart NStZ-RR **16**, 383, 385; LG Ravensburg NStZ-RR **07**, 348; vgl auch Düsseldorf StraFo **13**, 30 zur Anonymisierung der Gesichter von Angeklagten). Sofern die Person nicht erkennbar einverstanden ist, darf der Vorsitzende zur Veröffentlichung bestimmten Aufnahmen nicht erlauben oder dulden, wenn die Gefahr einer unzumutbaren Anprangerung, einer erheblichen Belästigung oder Gefährdung ihrer Sicherheit durch Übergriffe Dritter oder einer Beeinträchtigung der Wahrheitsfindung besteht (BVerfG 1 BvR 2309/19 vom 21.10.2019 mw; Bremen StV **16**, 549, 552; vgl auch Stuttgart aaO). Die Persönlichkeitsrechte des Angeklagten können es gebieten, die Verpixelung von Film- und Fotoaufnahmen (Bremen aaO 553; vgl. auch BVerfG NJW **17**, 798 mit Anm Bernzen) oder das Verbot der Veröffentlichung nicht anonymisierter Fotos anzuordnen (vgl EGMR aaO). Jede Beschränkung der Berichterstattung muss aber der Bedeutung des Art 5 I S 2 GG Rechnung tragen und dem Grundsatz der Verhältnismäßigkeit genügen (BVerfGE **91**, 125; BVerfG NJW **12**, 2178; vgl auch BVerfG NJW **03**, 500 zur Platzverteilung für Journalisten; BVerfG wistra **12**, 145 zur Veröffentlichung nichtanonymisierter Bilder) deshalb darf die Entscheidung über eine Bildberichtserstattung nicht alleine in die Hand der Beteiligten gelegt werden (BVerfG NJW **17**, 798 mit Anm Bernzen). Der Vorsitzende hat die für seine Entscheidung maßgebenden Gründe offenzulegen (BVerfG NJW **14**, 3013 mit Anm Schäfer JR **14**, 494); formalhafte Begründungen genügen nicht (1 BvR 2309/19 vom 21.10.2019: „Schutz der Rechte der Angeklagten und Zeugen").

16 **7) Die Gesichtsverhüllung** wurde durch das Gesetz zur Modernisierung des Strafverfahrens vom 10.12.2019 für am Verfahren beteiligte Personen untersagt (II S 1). Schutzzweck der Vorschrift ist die Sicherung der Funktionsfähigkeit der gerichtlichen Verhandlung sowie ihrer Kontrolle durch Sicherstellung der Identitäts-

feststellung der beteiligten Personen sowie der Beweiswürdigung (BT-Drucks 532/ 19 S 46). Die Identitätsfeststellung erfordert regelmäßig den visuellen Abgleich zwischen der betreffenden Person, etwa einem Zeugen, und der Vorlage eines Personaldokumentes (BT-Drucks aaO). Die Beweiswürdigung wird dem Gericht erschwert bzw nahezu unmöglich gemacht, wenn es sich aufgrund einer teilweisen oder vollständigen Gesichtsverhüllung keinen unmittelbaren Eindruck vom Zeugen zu verschaffen vermag. Darüber hinaus kann durch die Gesichtsverhüllung auch das Recht des Angeklagten aus Art 6 IIId **EMRK** verletzt sein, da es kaum möglich erscheint, die Glaubwürdigkeit von Zeugen und den Wahrheitsgehalt ihrer Aussagen zu erschüttern, die nicht zu sehen sind (vgl Nestler HRRS **16**, 126; vgl auch BR-Drucks 408/18). Ob allerdings die forensische Relevanz der Gesichtsverhüllung eine solche war, dass sie einer detaillierten gesetzlichen Regelung bedurfte, und das Problem nicht ebenso qua Sitzungsgewalt bzw Verhandlungsleitung des Vorsitzenden in Verbindung mit der Entwicklung entsprechender Grundsätze durch die Rspr hätte gelöst werden können, mag bezweifelt werden.

A. **Gesichtsverhüllung meint** die Verwendung jedes Gegenstandes, der dazu 17 dient, die Gesichtspartie zwischen Stirn und Kinn teilweise oder vollständig zu verdecken. Sie kann, muss aber nicht religiös motiviert sein; sie kann durch Textilien erfolgen – zB Burka oder Maske –, aber auch durch Helme, Sonnenbrillen und dergleichen mehr (BT-Drucks 532/19 S 46). Nicht erfasst sind die natürliche Gesichtsbehaarung, kleinere Pflaster, Brillen mit durchsichtigem Glas sowie Bedeckungen des Halses oder des Haarbereiches, welche den Blick auf das Gesicht frei lassen (vgl BT-Drucks aaO). Das Tragen eines **Kopftuchs** aus religiösen Gründen darf einer Angeklagten, Zeugin oder sonstigen Verfahrensbeteiligten – auch nicht einer Zuhörerin – nicht untersagt werden (BVerfG NJW **07**, 56; Buggert StRR **08**, 45; zur Kopftuch tragenden Schöffin 1 zu § 52).

B. **Anwendungsbereich**: 18
In **persönlicher** Hinsicht betrifft die Verbotsregelung alle an der Verhandlung 19 beteiligten Personen, dh Angeklagte und Verteidiger, sonstige Verfahrensbeteiligte wie Nebenkläger und ihre rechtlichen Vertreter, Sachverständige und Zeugen. Nicht erfasst sind Zuschauer und Sicherheitspersonal.
Zeitlich umfasst das Verbot die Sitzung (dazu 2 sowie BT-Drucks 532/19 S 45). 20
Der Vorsitzende wird die an der Verhandlung beteiligte Person zunächst **auffor-** 21
dern, die Verhüllung zu entfernen. Im **Weigerungsfall** stehen ihm die Maßnahmen nach §§ 177, 178 GVG zu. Wie sinnvoll sie sind entscheidet der Vorsitzende im Einzelfall nach pflichtgemäßem Ermessen.
Über § 180 GVG ist die Regelung auf alle richterlichen Amtshandlungen au- 22
ßerhalb der Sitzung anwendbar, dh etwa auf Vernehmungen im Ermittlungsverfahren oder im Wege der Rechtshilfe, aber auch im Vollstreckungsverfahren.

C. **Ausnahmen**: Der Vorsitzende kann nach II S 2 Ausnahmen zulassen, wenn 23 die Schutzzwecke des Verbots nicht berührt sind. Ausnahmen kommen also in Betracht, wenn im konkreten Fall die Sicherstellung der Identität der Person und der Beweiswürdigung durch die Verhüllung nicht beeinträchtigt ist. Dies wird praktisch vor allem bei nur teilweisen Verhüllungen zu erwägen sein. In die Abwägung kann auch die Verfahrensrolle der beteiligten Person einfließen; so besitzt der Aspekt der umfassenden Beweiswürdigung bei Zeugen und Zeuginnen naturgemäß ein größeres Gewicht als bei anderen Verfahrensbeteiligten wie zB Nebenklägern. Bei der Entscheidung kann auch berücksichtigt werden, dass sich am Verfahren beteiligte Personen auf religiöse oder medizinische Gründe für die – teilweise – Verdeckung berufen (BT-Drucks 532/19 S 47). Nach der gesetzgeberischen Intention besteht eine weitere Ausnahme vom Verbot der Gesichtsverhüllung bei der Vernehmung von verdeckt arbeitenden Ermittlungspersonen, da diesen andernfalls regelmäßig keine Aussagegenehmigungen erteilt werden (BT-Drucks aaO). Insoweit dürfte allerdings regelmäßig bereits § 68 III S 3 StPO zur Anwendung kommen (siehe dort 17a).

GVG § 177

24 **8) Rechtsbehelfe:** Die Anrufung des Gerichts zur Nachprüfung einer sitzungspolizeilichen Maßnahme ist nach § 238 II StPO zulässig (dort 13). Sitzungspolizeiliche Maßnahmen können zwar grundsätzlich nicht mit der **Beschwerde** (KG NStZ **11**, 120; Hamburg NJW **76**, 1987; Hamm NStZ-RR **12**, 118; Zweibrücken StV **88**, 519; zw BVerfGE **87**, 334), mit der Revision (BGH **17**, 201, 202) oder mit dem Antrag nach § 23 **EGGVG** (Hamburg NStZ **92**, 509) angegriffen werden. Die Beschwerde soll aber ausnahmsweise zulässig sein, wenn durch die Anordnung Rechtspositionen des Betroffenen, insbesondere Grundrechte wie etwa die Pressefreiheit in Art 5 I S 2 GG, über die Hauptverhandlung hinaus dauerhaft berührt und beeinträchtigt werden (BVerfG StV **15**, 601 mit Anm Lohse; Celle NStZ-RR **16**, 26 mwN; Stuttgart NStZ-RR **16**, 383; NJW **11**, 2899 mit insoweit zust Anm Michalke und Kühne StV **11**, 720; Bremen StV **16**, 549; Schmidt/Walter NStZ **16**, 505; für weitergehende Angreifbarkeit mit Beschwerde und Revision SK-Velten 17, 18; zweifelnd BGH StB 9 und 10/16 vom 12.5.2016; vgl auch BGH NJW **15**, 3671, wo erwogen, aber offen gelassen wird, ob abgesehen von den Fällen des § 181 GVG die Beschwerde nach § 304 I eröffnet ist; Habetha NJW **15**, 3627, 3629 will lediglich nicht am Verfahren Beteiligten ein Beschwerderecht einräumen). Denkbar ist auch im Einzelfall ein Eingriff in die Religionsfreiheit des Art 4 GG durch eine Maßnahme nach II S 1. Allerdings kann die Maßnahme nur darauf überprüft werden, ob sie einen zulässigen Zweck verfolgt, verhältnismäßig ist und der Vorsitzende sein – im angefochtenen Beschluss oder einer Nichtabhilfeentscheidung dokumentiertes – Ermessen fehlerfrei ausgeübt hat (Stuttgart, Bremen, jeweils aaO). Nicht zulässig ist sie jedoch gegen die vom Vorsitzenden eines OLG-Senates im ersten Rechtszug nach § 176 GVG getroffenen Maßnahmen, da diese nicht von § 304 IV Satz 2 Halbsatz 2 erfasst sind (BGH NJW **15**, 3671; vgl auch BGH StB 3/16 vom 10.3.2016: Trennscheibenanordnung). Mit Rücksicht auf diese Rspr des BGH bedarf es für die Zulässigkeit einer **Verfassungsbeschwerde** nicht der vorrangigen Inanspruchnahme des Rechtsbehelfs der Beschwerde (BVerfG 1 BvR 1534/16 vom 8.7.2016).

25 Greift eine Maßnahme über die Sitzungspolizei hinaus (vgl oben 13) in die Sachleitung ein, so kann das Gericht angerufen und dann auch mit der **Revision** eine etwaige Beschränkung der Verteidigung in einem wesentlichen Punkt nach § 338 Nr 8 StPO geltend gemacht werden (5, 23 zu § 238 StPO; krit Krekeler NJW **79**, 185). Hat der Vorsitzende jemanden unter Ermessensüberschreitung aus dem Saal verwiesen, so gilt § 338 Nr 6 StPO (BGH **17**, 201). Es ist hier unschädlich, wenn das Gericht an Stelle des Vorsitzenden entschieden hat (BGH NStZ **04**, 220).

26 Soweit der Gerichtspräsident im Rahmen seines **Hausrechts** entschieden hat, ist die Beschwerde nach § 304 nicht eröffnet (Bremen StV **16**, 549: Untersagung von Bild- und Filmaufnahmen im gesamten Gerichtsgebäude; erg 3).

[Ungehorsamsfolgen]

177 [1]**Parteien, Beschuldigte, Zeugen, Sachverständige oder bei der Verhandlung nicht beteiligte Personen, die den zur Aufrechterhaltung der Ordnung getroffenen Anordnungen nicht Folge leisten, können aus dem Sitzungszimmer entfernt sowie zur Ordnungshaft abgeführt und während einer zu bestimmenden Zeit, die vierundzwanzig Stunden nicht übersteigen darf, festgehalten werden.** [2]**Über Maßnahmen nach Satz 1 entscheidet gegenüber Personen, die bei der Verhandlung nicht beteiligt sind, der Vorsitzende, in den übrigen Fällen das Gericht.**

1 **1) Maßnahmen bei manifesten Störungen:**

2 A. **Bei der Verhandlung nicht beteiligte Personen:** Das sind die Zuhörer, auch Vertreter der Medien (LR-Wickern 17). Die Zeugen und Sachverständigen gehören zwar nicht zu den Verfahrensbeteiligten, sind aber bei der Verhandlung

beteiligt; ebenso der UrkB (Protokollführer). Der Vorsitzende kann die Maßnahmen in geeigneten Fällen zunächst androhen.

B. **Bei der Verhandlung beteiligte Personen:** Soweit sie aufgezählt sind, kann nach § 177 gegen sie vorgegangen werden (Köln NJW 08, 2865: auch gegen eine am Verfahren nicht beteiligte Rechtspflegerin). Gegen die anderen an der Verhandlung beteiligten Personen ist dies nicht zulässig, zB nicht gegen Beisitzer, Schöffen, den StA, den Verteidiger (Düsseldorf MDR **94**, 297: auch wenn er erst Rechtsreferendar ist) und gegen den RA als Beistand oder Vertreter des Privatklägers (§ 378 StPO), des Nebenklägers (§§ 397 I S 1 iVm 378 StPO) oder eines sonstigen Nebenbeteiligten (Einl 73). Ist ein RA Beschuldigter, so wird er nur als solcher behandelt (BVerfGE **53**, 207; 4 zu § 138 StPO). Nach § 51 III **JGG** gilt § 177 aber entspr für Erziehungsberechtigte und gesetzliche Vertreter jugendlicher Angeklagter. 3

Gegen Verteidiger sind Zwangsmaßnahmen stets unzulässig. Die Ansicht, in Extremfällen sei die zwangsweise Entfernung des Störers in Anwaltsrobe (aber nicht die Verhängung von Ordnungshaft gegen ihn) unter Beachtung des Verhältnismäßigkeitsgrundsatzes nicht ausgeschlossen (BGH NJW **77**, 437, 438; Katholnigg 3; Malmendier NJW **97**, 235), steht im Widerspruch zu dem eindeutigen Wortlaut des Gesetzes (Celle StraFo **02**, 355; Hamm JZ **04**, 205 mit zust Anm Jahn; SK-Velten 2; SSW-Quentin 2; Kissel/Mayer 42 zu § 176 mwN; Baumann Jescheck-FS 114 ff; Jahn NStZ **98**, 389; Kirch-Heim NStZ **14**, 432; Leuze StV **04**, 101). Es ist allein Sache des Gesetzgebers, Vorsorge dagegen zu treffen, dass die Durchführung einer Hauptverhandlung an dem ungehörigen Verhalten eines RAs scheitert (LR-Wickern 8; vgl auch Fahl 329 ff), der im Übrigen der Anwaltsgerichtsbarkeit unterliegt. 3a

Für den **RA als Beistand des Zeugen** müssen nach der in § 68b StPO durch das 2. OpferRRG getroffenen Neuregelung die rechtlichen Möglichkeiten der §§ 176 ff, also auch die des § 177 ausscheiden (LR-Wickern 15). 4

Parteien: Dazu zählen der Privat- und der Nebenkläger, der Einziehungsbeteiligte (§§ 424 I StPO), der Nebenbetroffene (§ 438 I StPO) und der Vertreter des bußgeldbeteiligten JP oder PV (§ 444 StPO). 5

Beschuldigte (4 zu § 157 StPO): Gegen den Beschuldigten kommen die Maßnahmen auch bei einer Sitzung in Betracht, die nicht Hauptverhandlung ist, zB im Fall des § 118 I StPO oder des § 138d StPO. 6

2) Nicht Folge leisten: Es muss eine verständliche und verstandene Anordnung vorangegangen sein. 7

3) Entfernung aus dem Sitzungszimmer: Hier handelt es sich um eine Maßnahme der Sitzungspolizei (§ 176; § 238 I StPO), die zwar klaren Ungehorsam in der Sitzung (4 zu § 176), aber nicht nachgewiesenes Verschulden voraussetzt. Die Entfernung ist nicht Ausschluss von Öffentlichkeit. Daher müssen auch neue Zuhörer zugelassen werden (RG **30**, 105). Ist Polizei im Sitzungssaal anwesend, so kann die Anordnung des Vorsitzenden auch darin bestehen, dass der Sitzungssaal von den offensichtlich am Krawall beteiligten Zuhörern zu räumen sei (BGH 1 StR 72/74 vom 7.5.1974). 8

Ist eine Differenzierung nicht möglich, so kann die **Entfernung aller anwesenden Zuhörer** angeordnet werden. Präventive Abweisung bei vermutlich zu erwartenden Störungen, zB Abweisung Verdächtiger oder gezielte Verkleinerung des Zuhörerraums, sind nicht zulässig (Roxin Peters-FS 397), auch nicht auf Grund des Hausrechts (Stürner JZ **72**, 665; 3 zu § 176). Wenn die Maßnahmen nach § 177 nicht ausreichen, kommt die Ausschließung der Öffentlichkeit wegen Gefährdung der öffentlichen Ordnung in Betracht (3 zu § 172). 9

4) Ordnungshaft: Ihre Anordnung setzt Verschulden voraus (15 zu § 51 StPO; aM Katholnigg 2). Sie darf der Dauer der Sitzung nicht überschreiten (Kissel/Mayer 5; LR-Wickern 26); die 24-Stundengrenze ist absolut. Die Ordnungshaft kann aber erforderlichenfalls wiederholt angeordnet werden (vgl 7 zu § 178). Ge- 10

GVG § 178

gen den Beschuldigten vollzogene Ordnungshaft ist nicht nach § 51 StGB anrechnungsfähig. Dagegen wird Ordnungshaft auf die Strafe angerechnet, wenn später wegen derselben Tat auf Strafe erkannt wird (§ 178 III). Einzelheiten der Ordnungshaft regeln die Art 6 ff **EGStGB**.

11 **5) Zuständigkeit (I S 2):** Der Vorsitzende allein entscheidet nur gegenüber den Personen, die bei der Verhandlung nicht beteiligt sind. Entscheidungen des Gerichts sind nicht unwirksam, auch wenn der Vorsitzende zuständig ist (Karlsruhe NJW **77**, 309; **aM** Koblenz MDR **78**, 693). Bei den anderen genannten Personen, von denen die Durchführung der Hauptverhandlung abhängen kann, entscheidet das Gericht. In Fällen äußerster Dringlichkeit kann zunächst der Vorsitzende entscheiden; er muss die Maßnahme dann aber alsbald durch Gerichtsbeschluss bestätigen lassen (vgl BGH NStZ **88**, 85) oder rückgängig machen (Greiser JA **83**, 431).

12 Ist zu befürchten, dass aus der Sitzung entfernte Personen ihre Störaktionen wiederholen werden, so können gegen sie alsbald **Hausverbote** (in Ausübung des Hausrechts; 3 zu § 176) angeordnet werden (vgl BGH **24**, 329), die für sofort vollziehbar erklärt werden müssen (§ 80 II S 1 Nr 4 VwGO) und auch bei Widerspruch wirksam sind.

13 **6) Nach Entfernung des Angeklagten** aus dem Sitzungszimmer kann in seiner Abwesenheit verhandelt werden. Eines gesonderten Beschlusses nach § 231b StPO bedarf es dann nicht mehr (vgl 9 zu § 231b StPO). Allerdings dürfen während seiner Abwesenheit keine vom Entfernungsbeschluss nicht gedeckten Beweise erhoben werden (BGH NStZ **15**, 181: Augenschein).

14 **7) Rechtliches Gehör** muss dem von einer Einzelmaßnahme Betroffenen gewährt werden. Einschränkung: 13 ff zu § 178.

15 **8) Anfechtung:** Beschwerde ist nicht zulässig. Dies ergibt sich auch aus dem Umkehrschluss aus § 181 (dort 5; Katholnigg 9; einschr Schilken 240; vgl auch 16 zu § 176). Auch mit der Revision können die sitzungspolizeilichen Maßnahmen und Ordnungsmittel nicht angegriffen werden. Die Entfernung des Angeklagten aus dem Sitzungssaal auf Anordnung des Vorsitzenden ohne Gerichtsbeschluss (S 2) ist absoluter Revisionsgrund nach § 338 Nr 5 StPO, allerdings nur, wenn kein Grund für die Maßnahme bestand (RG **70**, 65, 70).

[Ordnungsmittel wegen Ungebühr]

178 I ¹Gegen Parteien, Beschuldigte, Zeugen, Sachverständige oder bei der Verhandlung nicht beteiligte Personen, die sich in der Sitzung einer Ungebühr schuldig machen, kann vorbehaltlich der strafgerichtlichen Verfolgung ein Ordnungsgeld bis zu eintausend Euro oder Ordnungshaft bis zu einer Woche festgesetzt und sofort vollstreckt werden. ²Bei der Festsetzung von Ordnungsgeld ist zugleich für den Fall, daß dieses nicht beigetrieben werden kann, zu bestimmen, in welchem Maße Ordnungshaft an seine Stelle tritt.

II Über die Festsetzung von Ordnungsmitteln entscheidet gegenüber Personen, die bei der Verhandlung nicht beteiligt sind, der Vorsitzende, in den übrigen Fällen das Gericht.

III Wird wegen derselben Tat später auf Strafe erkannt, so sind das Ordnungsgeld oder die Ordnungshaft auf die Strafe anzurechnen.

1 **1) Der in Betracht kommende Personenkreis (I)** ist der Gleiche wie in § 177 (dort 2 ff; bezüglich gesetzlicher Vertreter jugendlicher Angeklagter zw Dresden NStZ **10**, 472).

2 **2) Ungebühr (I)** ist ein erheblicher (Schwind JR **73**, 134) Angriff auf die Ordnung in der Sitzung (§ 176), auf deren justizgemäßen Ablauf (Stuttgart NJW **69**,

627), auf den „Gerichtsfrieden" und damit auf die Ehre und Würde des Gerichts (Koblenz VRS **68**, 48; Nürnberg JZ **69**, 150 mit krit Anm Sarstedt; Schleswig SchlHA **02**, 148 [D/D]; Stuttgart Justiz **86**, 228; vgl auch BerlVerfGH JR **01**, 363; erg 2, 3 zu § 175), aber nicht ein Verhalten, das lediglich prozessualen Vorschriften zuwiderläuft (Stuttgart NStZ **91**, 297). Ein Verfahrensbeteiligter darf auch „starke, eindringliche Ausdrücke und sinnfällige Schlagworte benutzen, um seine Rechtsposition zu unterstreichen", nicht gestattet sind jedoch „ehrverletzende Äußerungen, die in keinem inneren Zusammenhang zur Ausführung oder Verteidigung der geltend gemachten Rechte stehen" (BVerfG NJW **07**, 2839).

Beispiele: Das Erscheinen in unangemessener Kleidung (BVerfG DRiZ **66**, 356; Düsseldorf NJW **86**, 1505; Koblenz OLGSt S 19; Stuttgart Justiz **07**, 281: provokantes Aufbehalten einer Mütze), nicht aber in Freizeitkleidung (Düsseldorf JMBlNW **81**, 215; Koblenz NJW **95**, 976: kurze Hose), das Erscheinen im Zustand der Trunkenheit (Düsseldorf NJW **89**, 241 mwN; Schleswig SchlHA **83**, 106; **07**, 280 [D/D]; aM Stuttgart MDR **89**, 763; Michel MDR **92**, 544), das Zuschlagen der Tür des Sitzungssaales (Zweibrücken NJW **05**, 611); ordnungsstörendes Fotografieren in der Hauptverhandlung trotz Verbots (15 zu § 176); das Nichtaufstehen beim ersten Betreten des Sitzungssaals durch das Gericht (Celle NStZ-RR **12**, 119; Koblenz NStZ **84**, 234; krit dazu Pardey DRiZ **90**, 132; anders aber idR nach einer Sitzungspause, Karlsruhe StraFo **15**, 74; Saarbrücken StraFo **07**, 208; Köln StV **16**, 549 L), insbesondere trotz mehrfacher Aufforderung des Vorsitzenden in der Absicht, das Gericht herauszufordern und zu verletzen (vgl Bamberg NStE Nr 7) oder das Nichtaufstehen in solcher Absicht bei der Zeugenvereidigung (Koblenz GA **85**, 328) oder bei der Urteilsverkündung (Brandenburg wistra **14**, 79; Hamm NJW **75**, 942), auch das Aufstehen nach mehrmaliger Aufforderung unter Zuwendung der Rückseite (Köln NJW **85**, 446); das wiederholte Verlassen des Sitzungssaals trotz Belehrung (Koblenz OLGSt Nr 7); das allgemein sichtbare Lesen einer Zeitung oder Zeitschrift während der Hauptverhandlung (Karlsruhe JR **77**, 392); die Beleidigung eines Richters, der dann trotz § 22 Nr 1 StPO und trotz etwaiger Ablehnung ein Ordnungsmittel mitverhängen darf; uU auch ein ehrverletzender Angriff gegen einen anderen an der Verhandlung Beteiligten (Hamm NJW **63**, 1791; Koblenz NStE Nr 10; Stuttgart OLGSt Nr 12), zB seitens eines Zeugen auf den Angeklagten (Hamm StraFo **05**, 251) oder den Verteidiger; die Äußerung eines Zeugen, der Richter wolle ihn mit einer Frage nur „fangen" (BGH JZ **51**, 791); die Äußerung des Angeklagten gegenüber dem Richter: „Dann erhalten Sie ein Disziplinarverfahren" (Hamm NJW **69**, 256); der Vorwurf eines Zeugen, das Gericht habe nicht unvoreingenommen entschieden und die Richter hätten ihre Pflichten verletzt (Koblenz OLGSt Nr 9); die Äußerung „Man meint ja, man wäre beim Volksgerichtshof" (Koblenz VRS **72**, 189).

Es **genügt nicht** eine – möglicherweise sogar heftige – Reaktion des Angeklagten auf eine Zeugenaussage, wenn sie sich als nichts anderes als Betonung der eigenen Selbstdarstellung erweist (Koblenz MDR **80**, 76; Zweibrücken VRS **77**, 447). Fortgehen des Angeklagten in einer Pause vor der Urteilsverkündung ist noch keine Ungebühr (München MDR **56**, 503), auch nicht das Klatschen (Saarbrücken NJW **61**, 890 mit krit Anm Händel S 1176); geschmacklose Haartracht (München NJW **66**, 1935) oder bei Erkältung das Lutschen eines Hustenbonbons (Schleswig NStE Nr 12). Das Klingeln eines Mobiltelefons kann trotz eines Hinweises am Sitzungssaal, dass Handys auszuschalten seien, nicht schon als Ungebühr angesehen werden (Brandenburg NZV **04**, 213). Bei einer aus einer gereizten Verhandlungssituation entstandenen, einmaligen Entgleisung ist eine Ahndung idR nicht geboten (KG StraFo **08**, 33; Düsseldorf NStE Nr 11; wistra **97**, 319; Hamm DAR **01**, 134; Koblenz NStE Nr 10; eingehend Milger NStZ **06**, 123), auch nicht bei einer Spontanreaktion auf ein aus Sicht des Betroffenen beanstandungswürdiges Verhalten (BVerfG NJW **07**, 2839).

3) Schuldhaft muss die Ungebühr sein. Nach dem Sinn und Zweck ist Vorsatz gemeint (Schleswig SchlHA **62**, 84; **83**, 106 [E/L]; Stuttgart Justiz **86**, 228, Rosenberg/Schwab/Gottwald § 23 V 2b; **am** Katholnigg 2; Kissel/Mayer 32 mwN; Schilken 236). Wenn der Ungebührwille nicht außer Zweifel steht, ist idR zunächst eine Ermahnung durch den Vorsitzenden angebracht (BVerfG NJW **07**, 2839; Karlsruhe JR **77**, 392). Die Maßnahmen sind auch gegen Jugendliche zulässig.

5 Es gilt auch **§ 20 StGB**. Ein Affektsturm kann in Extremfällen zu einer tiefgreifenden Bewusstseinsstörung führen (Bremen NJW **59**, 952; Koblenz VRS **72**, 189, 191). Es müssen aber verschiedene äußere und innere Faktoren zusammenwirken, die das seelische Gefüge des Täters zerstören oder tiefgreifend erschüttern (Sch/ Sch-Perron/Weißer 13, 14 zu § 20 StGB; Geilen Maurach-FS 173; von Winterfeld NJW **75**, 2229). Es genügt nicht, dass sich der Betroffene in eine völlig unangemessene Erregung hineingesteigert und sich dann so wie ein jähzorniger Choleriker ohne Selbstdisziplin verhalten hat (Frankfurt 2 Ws 75/76 vom 12.3.1976).

6 **4) Sitzung** (1, 2 zu § 176) ist die Gerichtsverhandlung, die öffentliche oder nicht öffentliche, im Gerichtsgebäude, am Augenscheinsort oder in einer Privatwohnung. Ordnungsgemäße Ladung (2 zu § 51 StPO) ist nicht Voraussetzung für das Ordnungsmittel (**aM** Hamburg MDR **79**, 160). § 178 gilt nicht bei Ungebühr auf der Geschäftsstelle (Schleswig SchlHA **67**, 152), wohl aber bei Störungen außerhalb des Sitzungssaals, die jedoch unmittelbar in diesen hineinwirken (Celle NStZ **12**, 592: Schlagen von außen gegen das Fenster). Vgl auch § 180; ferner § 164 StPO.

7 **5) Festsetzung der Ordnungsmittel:** Es gilt das Opportunitäts-, nicht das Legalitätsprinzip (Köln NJW **08**, 2865). „Kann" bedeutet nach pflichtgemäßem Ermessen (Koblenz OLGSt Nr 7; Köln aaO; Stuttgart OLGSt Nr 12; hM). Jedoch ist zu berücksichtigen, dass die geschützte Ordnung der Sitzung für den einzelnen Richter kein disponibles Gut ist (Willms JZ **74**, 138). Mehrfaches Fehlverhalten in der Sitzung gehört bis zur Anordnung des Ordnungsmittels zur selben Ungebühr. Neue Ungebühr nach der Festsetzung kann zur wiederholten Anordnung eines Ordnungsmittels führen (vgl Bremen NJW **56**, 113). Bei geringem Verschulden kann von der Festsetzung entspr § 153 StPO abgesehen werden (Neustadt NJW **62**, 602; erg 17 zu § 51 StPO).

8 A. **Ordnungsgeld:** Die Festsetzung kann mit der Entfernung nach § 177 verbunden werden. Das Höchstmaß beträgt 1000 Euro. Einzelheiten regeln die Art 6 ff **EGStGB**. Immunität steht der Festsetzung von Ordnungsgeld nicht entgegen (32 zu § 51 StPO; dort auch zur Exterritorialität).

9 B. **Ordnungshaft:** Das Höchstmaß beträgt 1 Woche. Wegen der Einzelheiten vgl Art 6 ff **EGStGB**. Die Ordnungshaft darf die Sitzungsdauer übersteigen; das Höchstmaß von 1 Woche darf aber nicht überschritten werden.

10 **6) Vorbehaltlich der strafgerichtlichen Verfolgung:** Ob eine Ahndung nach § 178 eine disziplinare Maßnahme unzulässig macht, erscheint zweifelhaft (Einl 178), dürfte aber für den Regelfall zutreffen. Die Unterlassung eines Ordnungsmittels steht jedenfalls einer disziplinaren Maßnahme nicht entgegen. Gegen einen UGefangenen darf nach hM auch nach Festsetzung eines Ordnungsmittels wegen der Ungebühr in der Sitzung noch eine Hausstrafe angeordnet werden (LR-Wickern 29); das Gleiche gilt bei einem Strafgefangenen.

11 Bei einer **Widersetzlichkeit, die Straftat ist,** kann der Störer festgehalten und nach Ermittlung seiner Person vorgeführt werden, damit der Vorfall in das Protokoll aufgenommen (§ 183) und dem Störer das rechtliche Gehör gewährt werden kann. Über die vorläufige Festnahme zum Zweck der Strafverfolgung vgl 2 zu § 183.

12 **7) Festsetzungszuständigkeit** (II; wie § 177 S 2): Entscheidet der Vorsitzende anstatt des Gerichts oder umgekehrt, so ist die Anordnung nicht unwirksam (1 zu § 22d; 11 zu § 177; Einl 104 ff), jedoch anfechtbar (Dresden NStZ **10**, 472). Dass der Vorsitzende hier „in eigener Sache" tätig wird, macht ihn nicht befangen und

steht seiner Entscheidungsbefugnis nicht entgegen (Kissel NJW **07**, 1109 in krit Auseinandersetzung mit EGMR NJW **06**, 2901).

8) Festsetzungsverfahren: Weder die StA noch andere Verfahrensbeteiligte 13 haben ein förmliches Recht, die Festsetzung einer Maßnahme nach § 178 zu beantragen. Über die Verpflichtung der StA vgl aber RiStBV 128 I. Das rechtliche Gehör muss der betroffenen Person – wenn auch nicht durch ausdrückliche Aufforderung zur Äußerung (Einl 28, 29, 31) – vor der Anordnung der Maßnahme gewährt werden (Bamberg StraFo **13**, 292; Hamm NStZ-RR **09**, 93; Köln NJW **08**, 2865; Röhl NJW **64**, 275; Tillmann MDR **60**, 197; Woesner NJW **59**, 866). Richtet sich das Festsetzungsverfahren gegen den Beschuldigten, so wird mit diesem der Verteidiger gehört; richtet es sich gegen eine sonst am Verfahren beteiligte Person, die im Beistand eines RA erschienen ist, so wird dieser mit angehört.

Das **Absehen von der vorherigen Anhörung** der betroffenen Person ist ge- 14 rechtfertigt, wenn die Ungebühr und der Ungebührwille völlig außer Frage stehen und die Anhörung nur zu weiteren Ausfällen Gelegenheit gäbe (Brandenburg wistra **14**, 79; Celle NStZ **12**, 592; Düsseldorf NStZ **88**, 238; VRS **80**, 29), etwa bei Rohheitsausschreitungen oder groben unflätigen Beleidigungen (Hamm MDR **78**, 780); uU kann nachträgliche Anhörung genügen (Stuttgart NStE Nr 9). Ein im Sitzungssaal angebrachter Hinweis auf die Verhängung von Ordnungsgeld bei einem bestimmten Verhalten (Nichtausschalten des Handys) entbindet aber nicht von der Anhörungspflicht (Brandenburg NZV **04**, 189).

Die **Anhörung des Sitzungsvertreters der StA** ist zu empfehlen, ihre Un- 15 terlassung aber keine Verletzung des § 33 I, weil es sich um den sitzungspolizeilichen Bereich handelt. Der Beschluss des Gerichts kann bei genügender Vorbesprechung nach Verständigung im Sitzungssaal ergehen (5 zu § 176; 3 zu § 193).

9) Erlass des Beschlusses: Der Anordnungsbeschluss des Vorsitzenden oder 16 des Gerichts muss noch während der Sitzung erlassen (Hamburg NJW **99**, 2607 mwN; Nürnberg NStZ-RR **06**, 308), bei mehrtägiger Verhandlung uU erst am folgenden Verhandlungstag (Schleswig MDR **80**, 76), begründet (Hamm NStZ-RR **09**, 183) und nach § 35 StPO bekanntgemacht werden (Koblenz GA **89**, 175). Damit wird die Rechtsmittelbelehrung verbunden (§ 181 iVm § 35a StPO). Zur Protokollierung vgl § 182.

10) Vollstreckung: § 179; § 36 II S 2 StPO. Vgl auch 5, 6 zu Art 6 **EGStGB**. 17 Jedenfalls bei an der Verhandlung nicht beteiligten Personen veranlasst der Vorsitzende idR alsbald die sofortige Vollstreckung (§ 179); die sofortige Beschwerde hat keine aufschiebende Wirkung (§ 181 II). Zulässig sind auch erkennungsdienstliche Maßnahmen (§ 81b StPO), wenn die Personalien eines in Ordnungshaft genommenen Zeugen anders nicht festgestellt werden können (Koblenz OLGSt § 181 Nr 1). Das in allen Haftsachen zu beachtende Beschleunigungsgebot (1 zu § 121 StPO) gilt auch für die Ordnungshaft; so kann es geboten sein, eine Beschwerde sofort dem Beschwerdegericht vorzulegen (BGH **47**, 105 = JR **02**, 254 mit Anm Foth; Schiemann NJW **02**, 114; vgl auch Böttcher NStZ **02**, 146; Kühl/Heger JZ **02**, 203).

11) Rechtsbehelfe: § 181. 18

[Vollstreckung]

179 Die Vollstreckung der vorstehend bezeichneten Ordnungsmittel hat der Vorsitzende unmittelbar zu veranlassen.

1) Die **StA** wirkt bei der Vollstreckung nicht mit (§ 36 II S 2 StPO; § 88 II 1 StVollstrO). Die gerichtliche Vollstreckung ist nach § 31 III **RPflG** dem Rechtspfleger übertragen, soweit sie sich der Richter nicht im Einzelfall ganz oder teilw vorbehält. Zur Vollstreckung sitzungspolizeilicher Anordnungen des Vorsitzenden durch die Justizwachtmeister eingehend Kees NJW **13**, 1929.

2   2) **Vollstreckungsverjährung**: Art 9 II **EGStGB**.

[Einzelrichter außerhalb der Sitzung]

180 Die in den §§ 176 bis 179 bezeichneten Befugnisse stehen auch einem einzelnen Richter bei der Vornahme von Amtshandlungen außerhalb der Sitzung zu.

1   1) **Einzelner Richter**: Der Ermittlungsrichter (§§ 162, 169 StPO), der Rechtshilferichter (§ 157), der ersuchte und der beauftragte Richter. § 180 setzt eine einer Sitzung vergleichbare Verhandlung voraus (LR-Wickern 1), gilt also bei richterlichen Vernehmungen und richterlichem Augenschein, bei denen ein Protokoll aufgenommen wird (§§ 168, 168a StPO, wo in I, III der Ausdruck Verhandlung verwendet wird). § 164 StPO betrifft Maßnahmen gegen Störungen an Ort und Stelle; die eine Bestimmung schließt die Anwendbarkeit der anderen nicht aus (Celle MDR **55**, 692; 1 zu § 164 StPO).

[Beschwerde]

181 I Ist in den Fällen der §§ 178, 180 ein Ordnungsmittel festgesetzt, so kann gegen die Entscheidung binnen der Frist von einer Woche nach ihrer Bekanntmachung Beschwerde eingelegt werden, sofern sie nicht von dem Bundesgerichtshof oder einem Oberlandesgericht getroffen ist.

II Die Beschwerde hat in dem Falle des § 178 keine aufschiebende Wirkung, in dem Falle des § 180 aufschiebende Wirkung.

III Über die Beschwerde entscheidet das Oberlandesgericht.

1   1) **Frist von einer Woche**: Es handelt sich nach ganz hM (vgl Schiemann NJW 02, 112) um eine sofortige Beschwerde (§ 311 StPO), die nur deshalb nicht als solche bezeichnet ist, weil diese Beschwerde in StPO und ZPO an verschiedene Fristen gebunden ist. Daher ist eine Abänderung des Beschlusses durch die untere Instanz ausgeschlossen (LR-Wickern 2, 3); jedoch gilt § 311 III S 2 StPO. Erklärt der Betroffene alsbald nach der Verkündung des Beschlusses, dass er Beschwerde einlege, so wird diese Erklärung nicht protokolliert, da § 306 StPO gilt. Wenn sie aber mit Wissen und Willen des Beschwerdeführers protokolliert wird, ist sie wirksam eingelegt (Koblenz VRS **61**, 356; **72**, 189; Einl 137). Die Einlegung der Beschwerde beim OLG wahrt die Beschwerdefrist nicht (Hamburg NJW **99**, 2607 mwN). Die Beschwerde hat nur im Fall des 180 aufschiebende Wirkung (II); das Beschwerdegericht kann aber eine Anordnung nach § 307 II StPO treffen, sofern ihm eine wenigstens summarische Prüfung möglich ist (BGH **47**, 105; Karlsruhe NJW **76**, 2274; Kissel/Mayer 11 mwN).

2   A. Die **Frist beginnt** mit der Verkündung, wenn der Betroffene anwesend ist; sonst mit der Zustellung (§ 35 StPO).

3   B. Die **Vollstreckung** macht die Beschwerde nicht gegenstandslos (Celle NStZ-RR **12**, 119; Düsseldorf NJW **92**, 1712 mwN; vgl 18 vor § 296 StPO). Ist gegen den Beschuldigten Ordnungshaft angeordnet und vollstreckt worden, so gilt bei nachträglicher Aufhebung des Beschlusses weder § 51 StGB noch § 2 **StrEG** (Frankfurt NJW **76**, 303).

4   C. Gegen **Fristversäumung** gibt es auch hier die Wiedereinsetzung in den vorigen Stand, zB bei Nichtbelehrung nach § 35a StPO (Düsseldorf Rpfleger **94**, 429; Hamburg NJW **99**, 2607; Hamm NJW **63**, 1791; JZ **54**, 171).

5   2) **Beschwerdeberechtigt ist** allein der, gegen den das Ordnungsmittel festgesetzt worden ist, nicht die StA (Kissel/Mayer 10; **aM** Stuttgart NStZ **91**, 297; Kaehne, Die Anfechtung sitzungspolizeilicher Maßnahmen, 2000, S 51: auch StA); daher ist der das Ordnungsmittel ablehnende Beschluss unanfechtbar. Beschwerdegericht ist stets das OLG, auch bei einem Anordnungsbeschluss seines beauftragten

14. Titel. Öffentlichkeit und Sitzungspolizei § 182 GVG

Richters. Ausnahmen: § 120 III, IV. Gegen andere als die in § 181 genannten sitzungspolizeilichen Maßnahmen ist Beschwerde nicht zulässig (Karlsruhe NJW 77, 309; Koblenz OLGSt Nr 1; Nürnberg MDR 69, 600; Kissel/Mayer 1; aM Krekeler NJW 79, 185; 15 zu § 177), außer gegen solche, die Rechtsfolgen enthalten, die allein auf § 178 gestützt werden könnten (vgl Kaehne S 49). Jedoch gilt § 304 I, II StPO, wenn die Maßnahme in der Wirkung über die reine Sitzungspolizei hinausgeht (Karlsruhe aaO; vgl dazu auch Kaehne S 77, 184). Alle sitzungspolizeilichen Anordnungen des OLG sind nach I der Beschwerde entzogen (BGH 44, 23 zu einer Sicherstellung); gegen die vom ER des OLG oder des BGH (§ 169 StPO) verhängte Ordnungshaft ist aber gemäß § 304 V StPO Beschwerde zulässig (LR-Wickern 1; aM Kaehne S 50).

3) Die **Aufhebung des Beschlusses** führt nicht zur Zurückverweisung zwecks 6 erneuter Beschlussfassung; denn die sitzungspolizeiliche Gewalt des Gerichts endete nach Abschluss der Sitzung (Stuttgart NJW 69, 227; Justiz 60, 252). Das Beschwerdegericht kann auch von der Festsetzung in entspr Anwendung des § 153 StPO absehen (7 zu § 178). Im Übrigen wird der Beschluss aufgehoben, wenn der protokollierte Sachverhalt die Annahme der Ungebühr nicht rechtfertigt oder sie widerlegt wird (1, 2 zu § 182); idR nicht wegen Fehlens der Begründung (16 zu § 178; 4 zu § 182) oder des rechtlichen Gehörs (Einl 34; 13 ff zu § 178). Das Beschwerdegericht kann aufheben oder mildern, aber nicht verschärfen (vgl 28 zu § 51 StPO; 3 vor § 304 StPO; **aM** Hamburg StV 15, 680 mit Anm Rinio).

4) **Kostenentscheidung:** Bei erfolgloser Beschwerde werden (im Gegensatz 7 zur früheren Regelung, vgl Brandenburg NZV 04, 213) dem Beschwerdeführer gemäß § 1 IV iVm I Nr 5 GKG die Gerichtskosten des Beschwerdeverfahrens (Nr 3602 KVGKG: 50 €) auferlegt (Hamburg 3 Ws 1/09 vom 9.1.2009). Bei erfolgreicher Beschwerde können die dem Beschwerdeführer entstandenen notwendigen Auslagen entspr § 467 I StPO der Landeskasse auferlegt werden.

5) Das **OLG** entscheidet über die Beschwerde in der Besetzung von 3 Richtern 8 (§ 122 I); das gilt aber nach § 80a I OWiG nicht für Beschwerden gegen im Bußgeldverfahren festgesetzte Ordnungsmittel (Köln NStZ 07, 181: 1 Richter). Dem OLG obliegt eine eigene Prüfung auch im Hinblick auf Art und Maß des Ordnungsmittels (Celle NStZ-RR 12, 119). Nach Verwerfung der Beschwerde durch das OLG ist eine Änderung oder Aufhebung des Ordnungsmittels ausgeschlossen (Schleswig SchlHA 07, 281 [D/D]).

[Protokollierung]

182 Ist ein Ordnungsmittel wegen Ungebühr festgesetzt oder eine Person zur Ordnungshaft abgeführt oder eine bei der Verhandlung beteiligte Person entfernt worden, so ist der Beschluß des Gerichts und dessen Veranlassung in das Protokoll aufzunehmen.

1) Der **Protokollierungszwang** gilt für die Vorgänge nach den §§ 177 bis 180 1 (mit Ausnahme der bloßen Entfernung einer nicht beteiligten Person). Der Sachverhalt muss so deutlich dargestellt werden, dass, falls die Beschwerde nach § 181 zulässig ist, das Beschwerdegericht nachprüfen kann, ob eine Ungebühr vorlag. Die Niederschrift muss ein so deutliches Bild von dem Vorgang geben, dass der Grund und die Höhe der Sanktion idR ohne weiteres nachzuprüfen sind (Düsseldorf StV 83, 274; NStZ 88, 238; Nürnberg StraFo 13, 213; Stuttgart Justiz 79, 347; 93, 147). Wesentliche Lücken können nicht durch dienstliche Erklärungen oder sonstige Beweiserhebungen ausgefüllt werden (BVerfG NJW 07, 2839, 2840).

§ 182 ersetzt § 273 StPO für das Festsetzungsverfahren. Der Inhalt dieses Teils 2 der Niederschrift ist widerlegbar, zB durch (formlose) Zeugenvernehmungen oder dienstliche Erklärungen, und der freien Auslegung zugänglich (Dallinger JR 51, 693). Die Nichtaufnahme der Veranlassung in das Protokoll führt auf sofortige Beschwerde (§ 181) regelmäßig zur Aufhebung des Ordnungsmittelbeschlusses,

Schmitt 2193

GVG §§ 183, 184

wenn das veranlassende Geschehen in Frage gestellt wird (KG MDR **82**, 329; Hamm NJW **63**, 1791; Koblenz NJW **55**, 348; Köln JR **52**, 484). Die Beschlussbegründung kann die fehlende Protokollierung nicht ersetzen (Stuttgart Justiz **79**, 347; **aM** Foth JR **02**, 257), es sei denn, eine Aufnahme ins Protokoll war aus tatsächlichen Gründen unmöglich (Stuttgart OLGSt Nr 2).

3 2) Der **Ordnungsmittelbeschluss** muss grundsätzlich eine Begründung enthalten (§ 34 StPO; 16 zu § 178). Für die Fassung des Beschlusses und seine Begründung sind das Gericht bzw der Vorsitzende (§ 178 II), für die Protokollierung der Veranlassung des Beschlusses die Urkundspersonen (§ 271 StPO) verantwortlich. Daher ist es keine Protokollierung der Veranlassung, wenn diese in der Beschlussbegründung geschildert wird (Düsseldorf StraFo **00**, 412; Koblenz NJW **55**, 348).

4 **Fehlt dem Beschluss die Begründung,** so führt dieser Mangel nicht notwendig zur Aufhebung, wenn auf Grund des Protokollvermerks über seine Veranlassung davon auszugehen ist, dass die Gründe für den Betroffenen außer Zweifel standen, und wenn der Protokollvermerk dem Beschwerdegericht die volle Nachprüfung des Beschlusses ermöglicht (Celle NStZ **12**, 592; Düsseldorf NStZ **88**, 238 mwN; VRS **80**, 29; Koblenz VRS **72**, 189; Stuttgart Justiz **91**, 27).

[Straftaten in der Sitzung]   RiStBV 136

183 ¹Wird eine Straftat in der Sitzung begangen, so hat das Gericht den Tatbestand festzustellen und der zuständigen Behörde das darüber aufgenommene Protokoll mitzuteilen. ²In geeigneten Fällen ist die vorläufige Festnahme des Täters zu verfügen.

1 1) **Straftaten:** Auch solche, die nicht gegen die Sitzungspolizei verstoßen (vgl RiStBV 136: Falschaussagen; dazu Nierwetberg NJW **96**, 433). Zum Begriff Sitzung vgl 6 zu § 178. Die Feststellung des Sachverhalts ist Aufgabe des Gerichts, nicht nur der Urkundspersonen (§ 271 I StPO), denen die Beurkundung und Weiterleitung des (Teiles des) Protokolls obliegt. Ein Antrag der StA ist nicht Voraussetzung für das Verfahren nach § 183. Zum Fall, dass der Vorsitzende selbst einer Straftat bezichtigt wird, LG Regensburg NJW **08**, 1094 mit Anm Nierwetberg. Bei Amtshandlungen außerhalb der Sitzung (§ 180) ist § 183 nach dessen Sinn ebenfalls anwendbar.

2 2) Die **vorläufige Festnahme** richtet sich nach den §§ 127, 128 StPO. In einer Verhandlung, an der die StA teilnimmt, kann sie dieser veranlassen, in jedem Fall auch das Gericht (auch ein Zivilgericht, RG **73**, 337). Einen Haftbefehl kann das Gericht jedoch nicht erlassen (Hamm NJW **49**, 191), weil es dafür in diesem Stadium der Strafverfolgung nicht zuständig ist.

3 3) **Ordnungswidrigkeiten:** Wird in der gerichtlichen Sitzung eine OWi begangen, so gilt § 183 nicht; § 46 I OWiG greift hier nicht durch. Jedoch kann sich aus dem Gesichtspunkt der Amtshilfe (Art 35 GG) eine Feststellungs- und Mitteilungspflicht des Vorsitzenden ergeben (LR-Wickern 4), insbesondere, wenn in der Sitzung kein StA anwesend ist, zB bei einem Verstoß gegen § 111 OWiG.

15. Titel. Gerichtssprache

[Deutsche Sprache]

184 ¹Die Gerichtssprache ist deutsch. ²Das Recht der Sorben, in den Heimatkreisen der sorbischen Bevölkerung vor Gericht sorbisch zu sprechen, ist gewährleistet.

15. Titel. Gerichtssprache § 184 GVG

1) Die Verhandlung darf nur in deutscher Sprache geführt werden (vgl umfassend zu § 184: Weith, Gerichtssprachenproblematik im Straf- und Bußgeldverfahren, 1992; zur Bedeutung der Vorschrift Paulus JuS **94**, 367). Beherrscht ein Beteiligter sie nicht, so ist ein Dolmetscher zuzuziehen (§ 185 I). Die Ausnahme des § 185 II gilt nur für Verhandlungen im Vorverfahren und für Vernehmungen außerhalb der Hauptverhandlung (9 zu § 185). Deutsche Mundarten, die alle Beteiligten verstehen, dürfen benutzt werden (Schneider MDR **79**, 534).

2) Schriftliche Eingaben in fremder Sprache sind grundsätzlich unbeachtlich (BGH NStZ **17**, 601 mwN; KG JR **77**, 129; JurBüro **86**, 1107). Das gilt ohne Rücksicht darauf, ob dem Verfasser die Einreichung einer deutschsprachigen Schrift möglich oder zuzumuten ist. Gleichgültig ist auch, ob sie in einer gängigen Sprache abgefasst sind, die der Richter versteht. Bei allen fremdsprachigen Eingaben kann aber die Fürsorgepflicht gebieten, den Absender auf § 184 hinzuweisen (BVerfG StV **95**, 394 L; Basdorf Meyer-GedSchr 23).

Allerdings wird dieser Grundsatz **für nicht verteidigte Beschuldigte** durch **EU-Recht erheblich eingeschränkt.** Nach dem Urteil des EuGH vom 15.10. 2015 (NJW **16**, 303 mit Anm Böhm; Brodowski StV **16**, 210) kommt es für die Frage, ob ein in fremder Sprache abgefasstes Schriftstück von Amts wegen zu übersetzen ist, gem Art 3 III RL 2010/64/EU über das Recht auf Dolmetschleistungen darauf an, ob es sich um ein für das Verfahren wesentliches Dokument handelt. Dies wird man bei fristgebundenen Eingaben und Rechtsmittelschriften, aber auch bei Rechtsmittelrücknahmen (dazu schon BGHR StPO § 302 I Rücknahme 1; Hamburg MDR **89**, 90; ferner BGH NStZ **00**, 553), die in fremder Sprache abgefasst sind, zu bejahen haben (Böhm NJW **16**, 306; LR-Wickern 16; BGH **30**, 182; aM offenbar Brodowski StV **16**, 210; Zündorf NStZ **17**, 41, 42). Gleiches dürfte auch für schriftliche Stellungnahmen eines Beschuldigten zum Tatvorwurf gelten, der keinen Verteidiger hat. Hat der Beschuldigte allerdings einen Verteidiger verbleibt es bei dem Grundsatz, dass fremdsprachige Rechtsmittelschreiben unbeachtlich sind (BGH NStZ **17**, 601; NStZ-RR **18**, 57).

3) Gerichtliche Entscheidungen werden stets in deutscher Sprache abgefasst (vgl auch Hamm NStZ-RR **10**, 348 zur Verwendung lateinischer Fachausdrücke). Dasselbe gilt für Anklageschriften und Strafbefehle, wobei es aber unschädlich ist, wenn die Anklageschrift inhaltlich auf in einer fremden Sprache errichtete, nicht in deutscher Übersetzung vorgelegten Urkunde fußt (eingehend dazu BGH NStZ **12**, 523); zu Verstößen gegen die Übersetzungspflicht vgl Eschelbach HRRS **07**, 466. Zu übersetzen sind auch Ladungen (BGH **32**, 342, 344; erg 25 zu § 37 StPO) und Rechtsmittelbelehrungen (9 zu 35a StPO). Zur Wahrung der Verteidigungsinteressen des Beschuldigten, dessen mangelnde Kenntnis der deutschen Sprache nicht zur Verkürzung seines Anspruchs auf rechtliches Gehör führen darf (BVerfGE **40**, 95; Bay NJW **76**, 2084; Düsseldorf JZ **85**, 200), ist entweder die Mitwirkung eines Dolmetschers (§ 185) oder die Beifügung einer Übersetzung (vgl dazu § 187; 26 zu Art 6 EMRK) erforderlich. Die Wirksamkeit von Ladungen, denen keine Übersetzung beigefügt ist, wird dadurch nicht berührt (Bay NStZ **96**, 248; Hamm JMBlNW **84**, 78) – die anderslautenden RiStBV 181 II enthalten für das Gericht nur eine Empfehlung (BVerfGE **64**, 135, 150; Düsseldorf aaO; vgl auch Basdorf Meyer-GedSchr 24); Zwangsmittel nach § 230 II StPO werden dann aber idR nicht angeordnet werden dürfen (Bremen NStZ **05**, 527; Dresden StV **09**, 348; erg 4 zu § 216 StPO).

4) Auch sonstiger Schriftverkehr des Gerichts ist in deutscher Sprache abzufassen. Der Richter ist auch im Rechtshilfeverkehr mit dem Ausland nicht gehalten, einen Text in einer ihm nicht verständlichen Sprache zu unterschreiben (BGH **32**, 342 = JR **85**, 76 mit abl Anm Lichtenberger; aM auch Vogler NJW **85**, 1764).

5) Den Sorben wurde schon durch den EV das Recht, in heimatkreisen der sorbischen Bevölkerung vor Gericht sorbisch zu sprechen, garantiert; das bestätigt nunmehr S 2 (vgl BT-Drucks 16/47 S 50).

Schmitt 2195

GVG § 185

[Dolmetscher]

185 ¹ ¹ Wird unter Beteiligung von Personen verhandelt, die der deutschen Sprache nicht mächtig sind, so ist ein Dolmetscher zuzuziehen. ² Ein Nebenprotokoll in der fremden Sprache wird nicht geführt; jedoch sollen Aussagen und Erklärungen in fremder Sprache, wenn und soweit der Richter dies mit Rücksicht auf die Wichtigkeit der Sache für erforderlich erachtet, auch in der fremden Sprache in das Protokoll oder in eine Anlage niedergeschrieben werden. ³ In den dazu geeigneten Fällen soll dem Protokoll eine durch den Dolmetscher zu beglaubigende Übersetzung beigefügt werden.

^Ia ¹ Das Gericht kann gestatten, dass sich der Dolmetscher während der Verhandlung, Anhörung oder Vernehmung an einem anderen Ort aufhält. ² Die Verhandlung, Anhörung oder Vernehmung wird zeitgleich in Bild und Ton an diesen Ort und in das Sitzungszimmer übertragen.

^II Die Zuziehung eines Dolmetschers kann unterbleiben, wenn die beteiligten Personen sämtlich der fremden Sprache mächtig sind.

^III In Familiensachen und in Angelegenheiten der freiwilligen Gerichtsbarkeit bedarf es der Zuziehung eines Dolmetschers nicht, wenn der Richter der Sprache, in der sich die beteiligten Personen erklären, mächtig ist.

1 1) Die **Aufgabe des Dolmetschers** besteht darin, den Prozessverkehr zwischen dem Gericht und den der deutschen Sprache nicht mächtigen Beteiligten zu vermitteln (BGH **1**, 4, 7; vgl auch Kabbani StV **87**, 410 zu Auswahl des Dolmetschers, Art und Umfang der Übersetzung). § 185 gilt bei jeder Art der Verhandlung, zB auch bei der Vernehmung eines Beschuldigten, Zeugen oder Sachverständigen im Inland oder im Ausland.

2 Ein **Übersetzer,** dh ein Sprachmittler, der schriftlich von einer Sprache in die andere überträgt (Jessnitzer Rpfleger **82**, 366), kann, muss aber nicht mit dem Dolmetscher identisch sein (BGH NJW **65**, 643; NStZ **85**, 466; eingehend dazu Cebulla, Sprachmittlerstrafrecht, 2007, S 34 ff). Ein Übersetzer kann auch notwendig sein, wenn es eines Dolmetschers nicht bedarf. Im Regelfall wird der Übersetzer als Sachverständiger vernommen (BGH **1**, 4, 7; EzSt § 241 StPO Nr 1; NStZ **98**, 158). Hierauf kann das Gericht verzichten, wenn es die Richtigkeit auf Grund eigener Sachkunde beurteilen kann.

3 2) **Übersetzt** wird in die Muttersprache des Beteiligten oder in eine andere ihm geläufige Sprache (BGH 1 StR 491/65 vom 25.1.1966; vgl Art 6 III **EMRK**). Dass ein Sprachkundiger zur Überwindung etwaiger Sprachschwierigkeiten der Verhandlung beiwohnt, ersetzt die Zuziehung des Dolmetschers nicht (BGH 5 StR 105/62 vom 17.4.1962).

4 **Anspruch auf einen Dolmetscher** – jedenfalls für die mündliche Verhandlung (BVerfG NJW **88**, 1462, 1464), aber auch auf deren Vorbereitung (dazu 25 zu Art 6 **EMRK**) – haben der Angeklagte und (entgegen der früheren Regelung, vgl BGH NStZ **03**, 218) gemäß § 187 IV auch der Nebenkläger, soweit sie der deutschen Sprache nicht mächtig, dh nicht in der Lage sind, der Verhandlung zu folgen und selbst das vorzubringen, was sie vertreten wollen (Braunschweig StV **16**, 104; Frankfurt NJW **52**, 1310; Zweibrücken VRS **53**, 39; vgl auch BVerfGE **64**, 135, 146 = NJW **83**, 2762, 2763). Einem Ausländer, der die deutsche Sprache nicht versteht, muss ohne Rücksicht auf seine finanzielle Lage unentgeltlich ein Dolmetscher beigeordnet werden (Art 6 III Buchst e **EMRK**; dort 23 ff; vgl auch § 464c StPO). Ein Auswahlrecht (wie nach § 142 V S 1 StPO für den Verteidiger) hat der Beschuldigte nicht (**aM** LG Duisburg StraFo **08**, 328), ein Verzicht ist unwirksam (Celle NStZ **15**, 720; Braunschweig aaO). Einen absoluten Anspruch auf Beiordnung eines Dolmetschers gibt Art VII Abs 9 Buchst f NTS dem Beschuldigten, wenn er als Mitglied der ausländischen NATO-Truppe oder eines zivilen Gefolges oder als Angehöriger einer solchen Person in der BRep verfolgt wird. Der Verzicht

des Beteiligten, der der deutschen Sprache nicht mächtig ist, hat keine Bedeutung. Für die Schlussvorträge gilt § 259 I StPO.

Auf die **Verhandlung** (vgl 3 vor § 226 StPO) bezieht sich § 185; für Ermittlungshandlungen gilt § 187. Die notwendige Übersetzungstätigkeit erstreckt sich auf alle wesentlichen Vorgänge und Äußerungen (vgl im einzelnen BVerfGE **64**, 135, 148), auch auf die Übersetzung von Urkunden (Armbrüster NJW **11**, 814). Eingehend dazu, *was* und *wie* zu dolmetschen ist, Kranjcic NStZ **11**, 657. Anders als in Zivilsachen (vgl III) bedarf es der Zuziehung des Dolmetschers auch dann, wenn der Richter die Fremdsprache beherrscht. 5

Ist der Angeklagte der deutschen Sprache nur teilw mächtig, so bleibt es dem pflichtgemäßen Ermessen des Gerichts überlassen, in welchem **Umfang** unter Mitwirkung des Dolmetschers verhandelt wird (BGH **3**, 285; NStZ **02**, 275; **90**, 229 [M] mit Anm Kühne StV **90**, 102; Stuttgart NJW **06**, 3797; Basdorf Meyer-GedSchr 21; **aM** SK-Frister 5). Dabei ist die Zuziehung aber in allen wesentlichen Teilen erforderlich, soweit nicht feststeht, dass der Beteiligte die Verhandlung versteht (Bay NStZ-RR **05**, 178). Wie der Richter sich die Überzeugung vom Umfang der Sprachkenntnisse des Angeklagten verschafft, gehört zur Ausübung seines Ermessens (BGH NStZ **84**, 328); an Erklärungen des Beteiligten über seine Sprachkenntnisse ist das Gericht nicht gebunden (Celle NStZ **15**, 720). Die Zuziehung des Dolmetschers kann zeitlich beschränkt werden, wenn die Person, derentwegen seine Mitwirkung beschlossen wird – zB der Zeuge –, nur vorübergehend anwesend zu sein braucht. 6

3) Gehilfe des Gerichts und der Prozessbeteiligten ist der Dolmetscher, ein Beteiligter eigener Art. Er ist nicht Sachverständiger (vgl § 191; BGH **4**, 154), wird aber in mancher Beziehung wie ein solcher behandelt. Er wird vom Gericht ausgewählt (zu den zu stellenden Anforderungen Christl NStZ **14**, 381). Seine Zuziehung und ihr Anlass werden im Protokoll vermerkt; ist die Zuziehung für die ganze Hauptverhandlung angeordnet, so braucht die Mitwirkung nicht bei jedem Verhandlungsakt erwähnt zu werden (BGH NStE Nr 2; RG **43**, 441, 442). Bei unentschuldigtem Ausbleiben des Dolmetschers gilt § 77 StPO nicht entspr hinsichtlich der Verhängung eines Ordnungsgeldes (Stuttgart Justiz **03**, 449; LG Hamburg StV **85**, 500; LG Nürnberg-Fürth MDR **78**, 508; AG Tiergarten StV **87**, 13; Wittschier NJW **85**, 2873; **aM** Koblenz VRS **47**, 353), wohl aber bezüglich der Auferlegung der entstandenen Kosten (LG Hildesheim NdsRpfl **90**, 232; **aM** KG StraFo **08**, 89; SK-Frister 11; offen gelassen von Stuttgart aaO). 7

4) Die teilweise fremdsprachige Protokollierung, deren Anordnung in dem in I S 2 (Hs 2) bezeichneten Umfang im Ermessen des Vorsitzenden steht, obliegt dem Dolmetscher im Zusammenwirken mit den Urkundspersonen (§ 271 StPO). 8

5) Durch Einsatz der Videokonferenztechnik kann nach Ia die persönliche Anwesenheit des Dolmetschers bei Anhörungen und Vernehmungen, aber auch in der Hauptverhandlung ersetzt werden. Gerade in der Hauptverhandlung wird hiervon aber ohnehin nur zurückhaltend Gebrauch zu machen sein, da dort vielfach eine direkte Kommunikation zwischen Angeklagtem, Verteidiger und Dolmetscher notwendig sein wird. Für polizeiliche und staatsanwaltliche Vernehmungen gilt § 185, der nur das gerichtliche Verfahren betrifft, nicht; derartige Vernehmungen sind ohnehin mit Einschaltung des Dolmetschers per Videokonferenz zulässig (BT-Drucks 17/1224 S 10). 8a

6) II hat hauptsächlich für das Vorverfahren und für Vernehmungen außerhalb der Hauptverhandlung Bedeutung (Kissel/Mayer 9; Hoffmann/Mildeberger StraFo **04**, 412; vgl aber auch Sommer StraFo **10**, 109). 9

7) Revision: Vgl § 338 Nr 5 StPO (dort 44). Falls die Zuziehung nicht dauernd notwendig oder nicht zwingend war, gilt § 337 StPO (Katholnigg 6). Das Ermessen des Tatrichters (oben 6) kann vom Revisionsgericht nur darauf geprüft werden, ob seine Grenzen eingehalten worden sind (BGH NStZ **84**, 328; Stuttgart 10

NJW **06**, 3797); das gilt auch, wenn es um die Wirksamkeit eines vom Tatrichter zu Protokoll genommenen mündlichen Rechtsmittelverzicht geht (BGH 1 StR 1/04 vom 30.3.2004). Die Ermessensentscheidung der Auswahl ist grundsätzlich nicht anfechtbar (RG **76**, 177; KK-Diemer 7), jedenfalls nicht mit der allgemeinen Behauptung, der Dolmetscher sei zu einer richtigen Übersetzung teilw nicht in der Lage gewesen (BGH NStZ **85**, 376) oder der Angeklagte habe der Verhandlung teilw nicht folgen können (BGH MDR **91**, 1025 [H]). Für die Rüge unzureichender Dolmetscherleistungen bedarf es Vortrags zu den konkreten Mängeln der Übersetzung, vor allem der Verfahrensteile, die unzureichend bzw gar nicht übersetzt worden sein sollen (BGH 5 StR 337/19 vom 14.8.2019), und deren Auswirkungen auf die Möglichkeiten des Angeklagten, dem Gang des Verfahrens zu folgen und die wesentlichen Verfahrensvorgänge zu erfassen (BGH NJW **17**, 3797, der zu einer Rüge nach § 338 Nr 8 neigt; erg 58 ff zu § 338). Auf der fehlenden Vereidigung als Sachverständiger (oben 2) kann das Urteil nicht beruhen, wenn der Dolmetschereid geleistet wurde (BGH NStZ **98**, 158).

[Hör- und Sprachbehinderte]

186 ^{I 1}**Die Verständigung mit einer hör- oder sprachbehinderten Person erfolgt nach ihrer Wahl mündlich, schriftlich oder mit Hilfe einer die Verständigung ermöglichenden Person, die vom Gericht hinzuziehen ist.** ² **Für die mündliche und schriftliche Verständigung hat das Gericht die geeigneten technischen Hilfsmittel bereitzustellen.** ³ **Die hör- oder sprachbehinderte Person ist auf ihr Wahlrecht hinzuweisen.**

II **Das Gericht kann eine schriftliche Verständigung verlangen oder die Hinzuziehung einer Person als Dolmetscher anordnen, wenn die hör- oder sprachbehinderte Person von ihrem Wahlrecht nach Absatz 1 keinen Gebrauch gemacht hat oder eine ausreichende Verständigung in der nach Absatz 1 gewählten Form nicht oder nur mit unverhältnismäßigem Aufwand möglich ist.**

III **Das Bundesministerium der Justiz und für Verbraucherschutz bestimmt durch Rechtsverordnung, die der Zustimmung des Bundesrates bedarf,**
1. **den Umfang des Anspruchs auf Bereitstellung von geeigneten Kommunikationshilfen gemäß den Absätzen 1 und 2,**
2. **die Grundsätze einer angemessenen Vergütung für den Einsatz von Kommunikationshilfen gemäß den Absätzen 1 und 2,**
3. **die geeigneten Kommunikationshilfen, mit Hilfe derer die in den Absätzen 1 und 2 genannte Verständigung zu gewährleisten ist,**
4. **ob und wie die Person mit Hör- oder Sprachbehinderung mitzuwirken hat.**

1 1) Für die **Verständigung mit hör- oder sprachbehinderten Personen** (natürlich auch für hör- *und* sprachbehinderte) ist durch Ges vom 23.7.2002 (BGBl I 2850, 2855) hier eine Regelung geschaffen worden, während früher nur taube und stumme, also nur gänzlich hör- oder sprachbehinderte erfasst wurden (für die Eidesleistung von Zeugen im Strafverfahren trifft § 66 StPO jetzt eine entspr Bestimmung, vgl dort). Durch Ges vom 8.10.2017 (BGBl I 3546) wurde die Beschränkung „in der Verhandlung" in I gestrichen und der Anwendungsbereich auf das gesamte gerichtliche Verfahren erstreckt. Die Kostenerstattung für Übersetzungsleistungen erfolgt somit nunmehr auch über die mündliche Verhandlung hinaus (BT-Drucks 18/10144 S 19). Die in § 186 aufgestellten Grundsätze gelten nicht nur für das Gericht, sondern auch für das der Verfahrensherrschaft der StA unterliegende Ermittlungs- und das Vollstreckungsverfahren.

2 2) Ein **Wahlrecht** zwischen mündlicher oder schriftlicher Verständigung oder der Hinzuziehung einer die Verständigung ermöglichenden Person wird der behinderten Person eingeräumt, auf das sie hinzuweisen ist (I S 1, 3), wobei der

15. Titel. Gerichtssprache § 187 GVG

Hinweis seinerseits in mündlicher oder schriftlicher Form oder durch Hinzuziehung einer zur Übersetzung geeigneten Person erfolgen kann. Die behinderte Person hat Anspruch auf die Bereitstellung der für die Verständigung zweckdienlichen technischen Hilfsmittel durch das Gericht (I S 2); als geeignete Kommunikationshilfen kommen zB Tonübertragungseinrichtungen (Höranlagen) in Betracht. Bei Taubblinden kann eine Übertragung der gesprochenen Rede simultan in Punktschrift auf einen Papierstreifen zur Abtastung durch diesen geboten sein. Ggf sind Hilfspersonen (technische Kommunikationsassistenten) hinzuzuziehen (BT-Drucks 14/9266 S 40).

Macht die behinderte Person von ihrem **Wahlrecht keinen Gebrauch** oder 3 erfordert die gewünschte Verständigungsart einen unverhältnismäßigen Aufwand oder ist sie gar unmöglich, kann das Gericht eine schriftliche Verständigung verlangen, wenn zB auch durch den Einsatz technischer Hilfsmittel keine ausreichende Verständigung möglich ist, oder umgekehrt die Hinzuziehung eines Dolmetschers anordnen, wenn etwa eine gewünschte schriftliche Verständigung zu aufwändig wäre (II). Aber auch hierbei ist I S 2 zu beachten.

3) Als **Sprachmittler** kommen Gebärden-, Schrift- und Oraldolmetscher in 4 Betracht. Daneben kann die Verständigung aber auch mit Hilfe anderer dem behinderten Menschen vertrauter Personen, die zB lautsprachbegleitende Gebärden, das Lormen oder die Methode der „gestützten Kommunikation" beherrschen, ohne formelle Dolmetscherfunktion erfolgen (BT-Drucks 14/9266 S 40). Ob diese wie ein Dolmetscher durch einen Eid nach § 189 zu verpflichten sind, steht im Ermessen des Gerichts (BGH **43**, 62).

4) **Zusätzliche Verständigungsmöglichkeiten** – neben den in I genannten – 5 sind nicht ausgeschlossen, zB die Beantwortung von Fragen des Vorsitzenden durch den sprachbehinderten Angeklagten mittels Kopfnicken oder Kopfschütteln (SK-Frister 4). Dabei muss der Sinn der Antworten jeweils durch Erläuterung des Vorsitzenden klargestellt werden.

5) **Dolmetscherkosten** (vgl § 9 III JVEG) werden von den in § 186 genannten 6 Personen auch im Falle der Verurteilung nicht erhoben (Nr 9005 IV KVGKG; 24 zu Art 6 EMRK; vgl aber §§ 464c, 467 II S 1 StPO).

6) **Verordungsermächtigung (III):** Das Ges vom 8.10.2017 (BGBl I 3546) 7 hat in III eine Ermächtigungsgrundlage für eine vom BMJV mit Zustimmung des BR zu erlassende Verordnung geschaffen, in der die Einzelheiten der Übersetzungsmodalitäten, die Kriterien für die Notwendigkeit im Einzelnen sowie der Anspruchsumfang festgelegt werden können (vgl BT-Drucks 19/19144 S 29).

[Heranziehung eines Dolmetschers oder Übersetzers]

187 I 1 Das Gericht zieht für den Beschuldigten oder Verurteilten, der der deutschen Sprache nicht mächtig ist, einen Dolmetscher oder Übersetzer heran, soweit dies zur Ausübung seiner strafprozessualen Rechte erforderlich ist. ²Das Gericht weist den Beschuldigten in einer ihm verständlichen Sprache darauf hin, dass er insoweit für das gesamte Strafverfahren die unentgeltliche Hinzuziehung eines Dolmetschers oder Übersetzers beanspruchen kann.

II 1 Erforderlich zur Ausübung der strafprozessualen Rechte des Beschuldigten, der der deutschen Sprache nicht mächtig ist, ist in der Regel eine schriftliche Übersetzung von freiheitsentziehenden Anordnungen sowie von Anklageschriften, Strafbefehlen und nicht rechtskräftigen Urteilen. ²Eine auszugsweise schriftliche Übersetzung ist ausreichend, wenn hierdurch die strafprozessualen Rechte des Beschuldigten gewahrt werden. ³Die schriftliche Übersetzung ist dem Beschuldigten unverzüglich zur Verfügung zu stellen. ⁴An die Stelle der schriftlichen Übersetzung kann eine mündliche Überset-

GVG § 187

zung der Unterlagen oder eine mündliche Zusammenfassung des Inhalts der Unterlagen treten, wenn hierdurch die strafprozessualen Rechte des Beschuldigten gewahrt werden. [5] Dies ist in der Regel dann anzunehmen, wenn der Beschuldigte einen Verteidiger hat.

[III] [1] Der Beschuldigte kann auf eine schriftliche Übersetzung nur wirksam verzichten, wenn er zuvor über sein Recht auf eine schriftliche Übersetzung nach den Absätzen 1 und 2 und über die Folgen eines Verzichts auf eine schriftliche Übersetzung belehrt worden ist. [2] Die Belehrung nach Satz 1 und der Verzicht des Beschuldigten sind zu dokumentieren.

[IV] Absatz 1 gilt entsprechend für Personen, die nach § 395 der Strafprozessordnung berechtigt sind, sich der öffentlichen Klage mit der Nebenklage anzuschließen.

1 **1) Ausländischer Beschuldigter (I):** Nach Art 6 III Buchst e **EMRK** hat jeder Beschuldigte, der der deutschen Sprache nicht mächtig ist (BGH NJW **05**, 3434: aber nicht der Ausländer, der sie ausreichend versteht, aber nicht in ihr verhandeln will), Anspruch auf unentgeltliche Beiordnung eines Dolmetschers für das gesamte Strafverfahren (erg 5 zu § 185); dies umschließt – unabhängig von der finanziellen Lage des Beschuldigten – auch Gespräche mit einem Wahlverteidiger (vgl 25 zu Art 6 **EMRK**) und kann im Einzelfall auch die schriftliche Kommunikation mit dem Verteidiger umfassen (LG Freiburg NStZ-RR **12**, 292). Dem trägt § 187 I Rechnung, der dem Beschuldigten einen Anspruch auf Beiordnung eines Dolmetschers oder Übersetzers gibt (Celle NStZ **11**, 718); er enthält damit gegenüber §§ 185, 186 eine Sonderregelung für das Strafverfahren. Zugleich gilt die Regelung grundsätzlich auch im Bußgeldverfahren.

1a **Maßnahmen nach §§ 186, 187** sind solche der Verfahrensleitung und werden zunächst nach pflichtgemäßem Ermessen allein vom Vorsitzenden getroffen; es ist allerdings unschädlich, wenn die StrK anstelle des Vorsitzenden entschieden hat (Hamburg StV **14**, 534 m Anm Bockemühl). Im Ermittlungsverfahren ist der Ermittlungsrichter zuständig (BGH 5 BGs 47/18 vom 5.3.2018 [ER] unter Hinweis auf den in der Neufassung des § 141 IV S 2 aF StPO [nunmehr § 142 III Nr 1] zum Ausdruck kommenden Rechtsgedanken). Gegen die Ablehnung des Antrags ist Beschwerde nach § 304 StPO gegeben (Hamburg aaO; LG Freiburg aaO); im Falle der Entscheidung eines Vorsitzenden am BGH ist der betreffende Strafsenat zuständig, um dem Betroffenen einen Rechtsbehelf zur Verfügung zu stellen (BGH StV **19**, 595 m Anm Kühne).

1b **I S 2, II und III** wurden in Umsetzung der Art 2, 3 und 7 der Richtlinie 2010/64/EU und Art 3 der Richtlinie 2012/13/EU durch Ges vom 2.7.2013 (BGBl I 1938) eingefügt; der bisherige II wurde IV (dazu Hamburg aaO).

1c Die Vorschrift erfasst allein die Hinzuziehung eines Dolmetschers **außerhalb von gerichtlichen Verhandlungen**; für gerichtliche Verhandlungen gilt § 185 I 1 (BGH 1 StR 671/16 vom 8.8.2017; KK-Diemer 1).

2 **2) Eine Belehrungspflicht** für das Gericht hinsichtlich des Rechts auf – unentgeltliche – Dolmetscherleistung sieht daher jetzt I S 2 vor. Eines förmlichen Antrags des Beschuldigten bedarf es nicht. Die Belehrung ist, falls der Beschuldigte noch keine Dolmetscherdienste beansprucht hat, vor jeder neuen Vernehmung zu wiederholen. Die erfolgte Belehrung ist nach §§ 168 S 1, 168a, 168b StPO zu dokumentieren.

3 **3) Alle Unterlagen** von der förmlichen Mitteilung der Beschuldigung bis zum rechtskräftigen Abschluss des Ermittlungsverfahrens, die mit Blick auf die Wahrnehmung der Verteidigung und die Wahrung des Rechts auf ein faires Verfahren notwendig sind, müssen grundsätzlich schriftlich übersetzt werden (eingehend dazu Christl NStZ **14**, 376). II S 1 nennt beispielhaft die wichtigsten Anordnungen und Entscheidungen, gilt aber auch in anderen Fällen, zB für Haftentscheidungen (vgl §§ 114a, 114b StPO), auch gem § 77 I IRG für Europäische Haftbefehle, nicht aber für Zeugenaussagen und Urteile, die gegen gesondert verfolgte Beschul-

digte ergangen sind (Hamburg StV **14**, 534 mit abl Anm Bockemühl und Schneider StV **15**, 379, 383 f). Mit dem Wort „Urteil" ist das schriftliche Urteil iSd § 275 StPO gemeint, nicht die mündliche Begründung nach § 268 II StPO. Insbesondere nicht-rechtskräftige Urteil (mit Rechtsmittelbelehrung) müssen übersetzt werden (München wistra **14**, 532), während rechtskräftige Urteile gemäß S 1 nicht übersetzt werden müssen, ebensowenig sonstige vollstreckungsrechtliche Entscheidungen (Köln StV **14**, 552 mit abl Anm Kühne und Schneider aaO 380).

II S 2 bis 5 sieht allerdings ein **abgestuftes System** vor, nach dem die nach S 1 bestehende generelle Pflicht zur vollständigen Übersetzung eingeschränkt werden kann: So genügt nach S 2 eine *auszugsweise* Übersetzung, sofern hierdurch die strafprozessualen Rechte des Beschuldigten gewahrt werden; das wird bei den in Satz 1 genannten freiheitsentziehenden Maßnahmen (Haftbefehle, Unterbringungsbefehle), Anklageschriften (vgl dazu auch BGH StV **15**, 345: rechtzeitig vor der Hauptverhandlung), Strafbefehlen (erg dazu 31 zu § 37; vgl auch EuGH NJW **18**, 142; BVerfG StV **17**, 775) und nicht rechtskräftigen Urteilen **in aller Regel nur durch eine vollständige Übersetzung** zu gewährleisten sein (zu den Rechtsfolgen im Falle des Verstoßes erg 30 f zu § 37; 10 ff zu § 44); ein Anspruch auf Übersetzung eines rechtskräftigen Urteils besteht nicht (BGH StV **19**, 595 mit Anm Kühne). Nach S 3 ist die – vollständige oder auszugsweise – Übersetzung dem Beschuldigten *schriftlich unverzüglich* zur Verfügung zustellen. S 4 sieht die Möglichkeit der *mündlichen* statt der schriftlichen Übersetzung vor. Dies soll nach S 5 idR genügen, wenn der Beschuldigte einen *Verteidiger* hat (dazu Hamburg aaO; Nürnberg NStZ-RR **14**, 183; krit Eisenberg JR **13**, 445); das gilt insbesondere für nicht-rechtskräftige Urteile, wenn die Hauptverhandlung einschließlich der mündlichen Urteilsbegründung für den anwesenden Angeklagten laufend durch einen Dolmetscher übersetzt wurde (BGH 4 StR 506/17 vom 22.1.2018; Hamm StV **14**, 534; Stuttgart StV **14**, 536 mit abl Anm Bockemühl und Schneider StV **15**, 379, 380; Braunschweig NStZ-RR **16**, 253 L; erg aber 27 zu Art 6 EMRK), nicht aber für Anklageschriften (BGH NStZ **14**, 725).

Für **Nebenkläger** gilt II über § 397 III StPO. Ist ein Verfahren eingestellt und ein Rechtsmittel nicht mehr zulässig, besteht kein Anspruch auf Übersetzung zur Ausübung prozessualer Rechte; allein die aus der Stellung eines Verfahrensbeteiligten gegebene inhaltliche Bedeutung eines Schriftstücks begründet keinen Übersetzungsanspruch (BGH 4 StR 51/17 vom 4.10.2018 [VR]).

4) Die **Möglichkeit eines Verzichts** auf die schriftliche Übersetzung sieht III vor. Voraussetzung ist allerdings, dass der Beschuldigte zuvor über sein Recht auf schriftliche Übersetzung nach I und II und auch über die Folgen seiner Erklärung (keine schriftliche Übersetzung mehr) durch das Gericht belehrt wird, und dass Belehrung und Verzicht (ggf im Hauptverhandlungsprotokoll nach § 273 I StPO) dokumentiert werden. Wenn Verständigungsprobleme die ordnungsgemäße Durchführung des Verfahrens unter Wahrung der Rechte des Betroffenen in Frage stellen könnten, ist trotz des Verzichts des Beschuldigten nach I S 1 ein Dolmetscher heranzuziehen (Eisenberg JR **13**, 444). Der Verzicht lässt im Übrigen den Anspruch des Beschuldigten auf mündliche Übersetzung unberührt.

5) **Nebenkläger (IV):** Auch solche nebenklageberechtigten Verletzten – ohne Rücksicht darauf, ob sie sich dem Verfahren als Nebenkläger angeschlossen haben – haben gemäß IV iVm I Anspruch auf unentgeltliche Beiordnung eines Dolmetschers oder Übersetzers, worauf sie ebenso wie der Beschuldigte hinzuweisen sind; denn das Opfer soll nicht schlechter gestellt sein als der Beschuldigte. Das OLG Hamburg (NJW **05**, 1135 = Rpfleger **05**, 108 mit Anm Grau) hat die Vorschrift zutr dahingehend ausgelegt, dass der Anspruch auf unentgeltliche Dolmetscherleistung ist auf das zur Wahrnehmung strafprozessualer Rechte erforderliche Maß beschränkt ist. Die Dolmetscherhilfe umfasst eine Übersetzungshilfe bei der Hauptverhandlung sowie eigene Verfahrenshandlungen vorbereitende Gespräche mit dem Vertreter. Die wörtliche Übersetzung der gesamten Akte oder einzelner Aktenbestandteile kann idR nicht verlangt werden, zusammenfassende Berichte

genügen. Erforderlich ist die vorherige Bestellung des Dolmetschers durch das Gericht; selbst aufgewandte Dolmetscherkosten können nur ausnahmsweise bei nicht rechtzeitiger Entscheidung über einen Antrag auf Bestellung erstattet werden.

[Eid in fremder Sprache]

188 Personen, die der deutschen Sprache nicht mächtig sind, leisten Eide in der ihnen geläufigen Sprache.

1   1) Die **Form der Eidesleistung** für Zeugen und Sachverständige enthalten die §§ 64, 65, 79 II StPO. Der Dolmetscher spricht den Wortlaut in der Fremdsprache vor. Die (Rück-)Übertragung des von dem Zeugen gesprochenen Eideswortlauts ins Deutsche ist nicht erforderlich (RG **45**, 304; Kissel/Mayer 1). Ist der Richter der fremden Sprache mächtig, so kann er dem Zeugen Eidesnorm und -formel selbst in dessen Sprache vorsprechen (KMR-Neubeck 2 zu § 64 StPO; aM Köln MDR **69**, 501).

[Dolmetschereid]

189 I ¹ Der Dolmetscher hat einen Eid dahin zu leisten:
        dass er treu und gewissenhaft übertragen werde.
² Gibt der Dolmetscher an, dass er aus Glaubens- oder Gewissensgründen keinen Eid leisten wolle, so hat er eine Bekräftigung abzugeben. ³ Diese Bekräftigung steht dem Eid gleich; hierauf ist der Dolmetscher hinzuweisen.

II Ist der Dolmetscher für Übertragungen der betreffenden Art nach dem Gerichtsdolmetschergesetz *[oder in einem Land nach den landesrechtlichen Vorschriften]*[1]) allgemein beeidigt, so genügt vor allen Gerichten des Bundes und der Länder die Berufung auf diesen Eid.

III In Familiensachen und in Angelegenheiten der freiwilligen Gerichtsbarkeit ist die Beeidigung des Dolmetschers nicht erforderlich, wenn die beteiligten Personen darauf verzichten.

IV ¹ Der Dolmetscher oder Übersetzer soll über Umstände, die ihm bei seiner Tätigkeit zur Kenntnis gelangen, Verschwiegenheit wahren. ² Hierauf weist ihn das Gericht hin.

1   1) Die **Vereidigung** ist – anders als in Zivilsachen (vgl III) – stets notwendig (mit Ausnahme des § 190), und zwar nach dem Aufruf der Sache vor der Übertragung (I: „dass er ... übertragen werde"; Hamburg OLGSt § 247 StPO S 1), auch im Ermittlungsverfahren (BGH StV **92**, 551; vgl auch Düsseldorf NJW **93**, 3084); die dort vorgenommene Vereidigung kann aber die in der Hauptverhandlung erforderliche Vereidigung nicht ersetzen (BGH NStZ **92**, 30 [K]). Die Vereidigung ist in jeder neuen Strafsache zu wiederholen. Das Gleiche gilt für eine neue Hauptverhandlung in derselben Sache (Bay MDR **79**, 696), hier aber mit der Erleichterung der §§ 67, 72 StPO, falls die neue Zuziehung in der gleichen Verfahrensstufe erfolgt. Bei einer lediglich unterbrochenen Hauptverhandlung ist hingegen keine neue Vereidigung erforderlich, auch wenn sich die Verhandlung über mehrere Sitzungstage erstreckt (BGH GA **79**, 272). Die bloße Feststellung des Vorsitzenden, der Dolmetscher sei in dem früheren Hauptverhandlungstermin vereidigt worden, genügt nicht (Bay aaO). Für die Eidesleistung gelten §§ 64, 65, 72 StPO. Die bewusst unrichtige Übertragung fällt unter § 154 StGB (BGH **4**, 154).

2   2) Die **allgemeine Vereidigung (II)** ist zulässig für Dolmetscher nach § 185 in einer bestimmten Fremdsprache oder für das Dolmetschen nach § 186. Sie erfolgt nach dem durch das Gesetz zur Modernisierung des Strafverfahrens vom 10.12. 2019 eingeführten Gerichtsdolmetschergesetz (BGBl I 2124 ff); nach dem 12.12.

---

[1]) *Gestrichen mWv 12.12.2024 (Art 4, 10 S 2 des Ges zur Modernisierung des Strafverfahrens vom 10.12.2019 (BGBl I 2124, 2173).*

15. Titel. Gerichtssprache §§ 190, 191 GVG

2024 (s Fn) können sich Dolmetscher nur noch auf die allgemeine Beeidigung nach diesem Gesetz berufen, die Berufung auf landesrechtliche Vorschriften genügt nicht mehr (BT-Drucks 532/19 S 47). Der Dolmetscher selbst muss sich weiterhin auf den Eid berufen (Celle NdsRpfl **87**, 259); der Protokollvermerk: „Allgemein vereidigt", reicht daher nicht aus (BGH NStZ **81**, 69; NStZ **81**, 190; **87**, 568; Düsseldorf StraFo **98**, 123; vgl auch BGH **31**, 39; MDR **78**, 280 [H]: Auslegung zulässig; erg 5 zu § 79 StPO), auch nicht der Protokollvermerk: „Personalien und allgemeine Vereidigung gerichtsbekannt" (BGH StV **84**, 146). Es genügt aber, dass er anlässlich der Vernehmung zur Person erklärt, „allgemein vereidigter Dolmetscher" zu sein (BGH MDR **78**, 280 [H]); denn diese Erklärung lässt erkennen, dass er sich seiner Bindung an den Eid bewusst war. Ob der Dolmetscher allgemein vereidigt ist, unterliegt dem Freibeweis (Frankfurt StV **06**, 519).

3) Revision: Auf der fehlenden Vereidigung, die durch das Fehlen des Dolmetschers in den Datenbanken der Justizverwaltung oder einer länderübergreifenden Dolmetscher- und Übersetzerdatenbank erwiesen ist (BGH StV **19**, 823) bzw durch das Schweigen des Sitzungsprotokolls unwiderlegbar bewiesen wird (§ 274 StPO; vgl BGH NStZ **88**, 20 [Pf/M]; **14**, 356; Köln NStZ-RR **02**, 247), wird das Urteil idR beruhen (BGH NStZ **82**, 517; StV **96**, 531; **97**, 515; wistra **05**, 272; Celle StraFo **16**, 255; Hamburg StV **83**, 410; Hamm StV **96**, 532; Koblenz VRS **71**, 438; Köln aaO; Schleswig SchlHA **96**, 87 [L/T]; Stuttgart NStZ-RR **03**, 88; einschr Düsseldorf **98**, 204); das kann aber ausnahmsweise ausgeschlossen sein, wenn die Richtigkeit der Übersetzung leicht kontrollierbar war (BGH NStZ **98**, 204; vgl auch Celle aaO) oder anderweitig bestätigt worden ist (BGH NStZ **94**, 230 [K]; **96**, 608) oder sich der Dolmetscher jahrelang auf seinen allgemein geleisteten Eid berufen hat und dies nur einmal offenbar versehentlich unterblieben war (BGH NStZ **05**, 705; **14**, 228 mit Anm Ferber; NJW **12**, 1015; aM SK-Frister 9). Auf der Leistung des Nacheides statt des Voreides beruht das Urteil nicht (BGH NStZ **87**, 568; Saarbrücken NJW **75**, 65). Die Revision muss, falls dies zweifelhaft ist, darlegen, dass der Dolmetscher ohne Vereidigung tatsächlich tätig geworden ist (BGH NStZ **94**, 26 [K]; vgl auch BGHR § 274 StPO Beweiskraft 17). Hat sich der Dolmetscher auf eine nicht ordnungsgemäße allgemeine Vereidigung berufen, so beruht das Urteil darauf nicht, wenn er und das Gericht sie für rechtsfehlerfrei gehalten haben (BGH NStZ **84**, 328; **86**, 469; erg 9 zu § 67 StPO; 13 zu § 79 StPO). Die Berufung auf eine allgemeine Vereidigung schließt idR aus, dass das Urteil darauf beruht, dass der Dolmetscher eine Übertragung in eine Sprache vorgenommen hat, auf die sich die Vereidigung nicht erstreckt (BGH NJW **87**, 1033; vgl aber Frankfurt StV **06**, 519).

4) Verschwiegenheitspflicht: Der Dolmetscher ist nach IV durch das Gericht darauf hinzuweisen, dass er hinsichtlich der Umstände, die ihm bei seiner Tätigkeit zur Kenntnis gelangen, Verschwiegenheit zu wahren hat (dazu Christl NStZ **14**, 382). IV ist im Übrigen eine reine Ordnungsvorschrift; mit ihr ist weder die Einräumung einer Rechtsstellung als Berufsgeheimnisträger noch eines Zeugnisverweigerungsrechts verbunden (BT-Drucks 17/12578 S 14).

[Urkundsbeamter als Dolmetscher]

190 [1] Der Dienst des Dolmetschers kann von dem Urkundsbeamten der Geschäftsstelle wahrgenommen werden. [2] Einer besonderen Beeidigung bedarf es nicht.

Nur der UrkB, nicht ein mitwirkender Richter (Karlsruhe Justiz **62**, 93), der StA oder Verteidiger (Celle NStZ **15**, 720; Braunschweig StV **16**, 104); auch der UrkB nur, falls er in der Verhandlung als solcher tätig ist (das Protokoll führt?).

[Ausschließung und Ablehnung]

191 [1] Auf den Dolmetscher sind die Vorschriften über Ausschließung und Ablehnung der Sachverständigen entsprechend anzuwenden. [2] Es

GVG § 191a

Gerichtsverfassungsgesetz

entscheidet das Gericht oder der Richter, von dem der Dolmetscher zugezogen ist.

1 1) Der **Dolmetscher** kann zugleich Zeuge oder Sachverständiger sein, also seine Aussage selbst übertragen (RG 45, 304). Das Protokoll hat hinsichtlich seiner Tätigkeit nur freien, nicht den ausschließlichen Beweiswert des § 274 StPO (RG 43, 442).

2 2) **Ablehnung:** Die Ausschließung von Sachverständigen sieht das Gesetz nicht vor; S 1 beruht insoweit auf einem redaktionellen Versehen (Wittschier NJW **85**, 2874). Auch Verwandte des Beschuldigten sind nicht ausgeschlossen, können aber entspr § 74 StPO abgelehnt werden (BVerwG StV **84**, 681). Dass der Dolmetscher schon im Vorverfahren von der Polizei oder der StA herangezogen war, begründet nicht seine Befangenheit (BGH 1 StR 287/67 vom 1.8.1967; 6 zu § 74 StPO). Diese Besorgnis kann aber bestehen, wenn er die Übersetzung mit Wertungen versieht (LG Darmstadt StV **90**, 258; **95**, 239; vgl auch LG Berlin StV **94**, 180) oder wenn er etwa in Beratungspausen für Angeklagten und Verteidiger übersetzt (Hilgendorf Heinz-FS 866). Im Übrigen ist bei der Anwendung der allgemeinen Ablehnungsgrundsätze allerdings zu berücksichtigen, dass die Tätigkeit des Dolmetschers von den Verfahrensbeteiligten regelmäßig nur schwer kontrolliert werden kann, mit der Folge, dass deren berechtigtes Vertrauen in die Integrität und Unparteilichkeit des Dolmetschers besonderen Schutzes bedarf (BGH 2 StR 485/17 vom 4.7.2018). Die Vernehmung des mit Erfolg abgelehnten Dolmetschers als Zeuge über ihm übersetzte Aussagen ist unzulässig (LG Köln StV **92**, 460; **aM** Bay **97**, 157; erg 19 zu § 74 StPO).

3 3) Das **Revisionsgericht** ist bei seiner Prüfung an die vom Tatrichter festgestellten Tatsachen gebunden (BGH 2 StR 485/17 vom 4.7.2018 mwN).

[Zugänglichmachung von Schriftstücken für blinde oder sehbehinderte Personen]

191a I ¹Eine blinde oder sehbehinderte Person kann Schriftsätze und andere Dokumente in einer für sie wahrnehmbaren Form bei Gericht einsehen. ²Sie kann nach Maßgabe der Rechtsverordnung nach Absatz 2 verlangen, dass ihr Schriftsätze und andere Dokumente eines gerichtlichen Verfahrens barrierefrei zugänglich gemacht werden. ³Ist der blinden oder sehbehinderten Person Akteneinsicht zu gewähren, kann sie verlangen, dass ihr die Akteneinsicht nach Maßgabe der Rechtsverordnung nach Absatz 2 barrierefrei gewährt wird. ⁴Ein Anspruch im Sinne der Sätze 1 bis 3 steht auch einer blinden oder sehbehinderten Person zu, die von einer anderen Person mit der Wahrnehmung ihrer Rechte beauftragt oder hierfür bestellt worden ist. ⁵Auslagen für die barrierefreie Zugänglichmachung nach diesen Vorschriften werden nicht erhoben.

II Das Bundesministerium der Justiz und für Verbraucherschutz bestimmt durch Rechtsverordnung, die der Zustimmung des Bundesrates bedarf, unter welchen Voraussetzungen und in welcher Weise die in Absatz 1 genannten Dokumente und Dokumente, die von den Parteien zur Akte gereicht werden, einer blinden oder sehbehinderten Person zugänglich gemacht werden, sowie ob und wie diese Person bei der Wahrnehmung ihrer Rechte mitzuwirken hat.

III ¹Elektronische Dokumente sind für blinde oder sehbehinderte Personen barrierefrei zu gestalten, soweit sie in Schriftzeichen wiedergegeben werden. ²Erfolgt die Übermittlung eines elektronischen Dokuments auf einem sicheren Übermittlungsweg, ist dieser barrierefrei auszugestalten. ³Sind elektronische Formulare eingeführt (§ 130c der Zivilprozessordnung, § 14a des Gesetzes über das Verfahren in Familiensachen und in den Angelegenheiten der freiwilligen Gerichtsbarkeit, § 46f des Arbeitsgerichtsgesetzes, § 65c des Sozialgerichtsgesetzes, § 55c der Verwaltungsgerichtsordnung, § 52c der Finanzgerichtsordnung), sind diese blinden oder sehbehinderten Personen barrierefrei zugänglich zu machen. [4]Dabei sind die Standards von § 3 der Barrierefreie-Informationstechnik-Verordnung vom 12. September 2011 (BGBl. I S. 1843) in der jeweils geltenden Fassung maßgebend.

1) **Blinden und sehbehinderten Menschen** sind auf ihren Antrag hin die von den Gerichten erstellten Dokumente (insbesondere Verfügungen, Beschlüsse und Urteile) zusätzlich zur üblichen Schriftform in einer für sie wahrnehmbaren Form zu übermitteln, soweit dies zur Wahrnehmung ihrer Rechte im Verfahren erforderlich ist. Letzteres wird im Strafverfahren idR nur dann zu verneinen sein, wenn die sehbehinderte Person als Beschuldigte einen Verteidiger hat, oder wenn sie in einer anderen Rechtsstellung (zB als Nebenkläger) durch einen Prozessbevollmächtigten vertreten ist (BVerfG NJW 14, 3567). Die Vorschrift gilt nicht nur für die Gerichte, sondern auch für die StA im Ermittlungs- und im Vollstreckungsverfahren.

2) Der **Umfang des Anspruchs** auf Übermittlung richtet sich nach den individuellen Fähigkeiten des Betroffenen. In Betracht kommt die Übersendung eines Dokuments in elektronischer Form, wenn die sehbehinderte Person über einen Internetzugang sowie über einen Computer mit Braille-Zeile oder Sprachausgabe verfügt (BT-Drucks 14/9266 S 41). Für die besondere Übermittlung werden besondere Auslagen nicht erhoben (I S 5).

3) Unberührt bleiben durch § 191a die Vorschriften über Formen, Fristen und Zustellungen. Bei unverschuldeter Fristversäumnis im Zusammenhang mit der Übersendung eines Dokuments in einer für den Sehbehinderten wahrnehmbaren Form kann eine Wiedereinsetzung in den vorigen Stand (§§ 44 ff StPO) in Betracht kommen.

4) Die RechtsVO (II) hat das BMJ am 26.2.2007 erlassen (BGBl I 215). Sie trägt den Titel „VO zur barrierefreien Zugänglichmachung von Dokumenten für blinde und sehbehinderte Personen im gerichtlichen Verfahren (Zugänglichmachungsverordnung – ZMV) und enthält nähere Bestimmungen zur Art und Weise sowie zur Mitwirkungspflicht der Betroffenen bei der Geltendmachung ihres Anspruchs auf zusätzliche Übermittlung von Dokumenten in behindertengerechter Form. Danach können der berechtigten Person auf Verlangen, worauf diese hinzuweisen ist, nach ihrer Wahl die Dokumente schriftlich, elektronisch, akustisch, mündlich, fernmündlich oder in anderer Weise zugänglich gemacht werden; die schriftliche Zugänglichmachung erfolgt in Blindenschrift oder Großbuchstaben, die elektronische durch Übermittlung eines elektronischen Dokuments. Dabei sind die Standards von § 3 der Barrierefreie Informationstechnikverordnung (BJTV vom 17.7.2002) maßgebend.

5) III regelt, wie bei elektronischen Dokumenten zu verfahren ist. Soweit sie in Schriftzeichen wiedergegeben werden, sind sie für blinde oder sehbehinderte Personen barrierefrei zu gestalten (S 1); dies gilt gleichermaßen für die Übermittlung auf einem sicheren Übermittlungsweg (S 2).

16. Titel. Beratung und Abstimmung

[Quorum; Ergänzungsrichter]

192 [I] Bei Entscheidungen dürfen Richter nur in der gesetzlich bestimmten Anzahl mitwirken.

[II] Bei Verhandlungen von längerer Dauer kann der Vorsitzende die Zuziehung von Ergänzungsrichtern anordnen, die der Verhandlung beizuwohnen und im Falle der Verhinderung eines Richters für ihn einzutreten haben.

[III] Diese Vorschriften sind auch auf Schöffen anzuwenden.

Schmitt

GVG § 192

1) Das Quorum darf nicht unter- und nicht überschritten werden; die Anordnung nach II, III ändert daran nichts. Sie wird von dem Vorsitzenden nach pflichtgemäßem Ermessen getroffen und kann noch vor der Hauptverhandlung und auch noch in dieser widerrufen werden (BGH 1 StR 544/09 vom 2.11.2010).

2) Ein Berufs-Ergänzungsrichter kann erst in das Quorum eintreten, wenn die Verhandlung bereits begonnen hat und sich erst in dieser die Verhinderung eines bereits mitwirkenden Berufsrichters ergibt (II). Wird die Verhinderung eines zum erkennenden Gericht gehörenden Berufsrichters vor der Hauptverhandlung bekannt, so wird dieser durch den nach der Geschäftsverteilung zuständigen Vertreter ersetzt (§ 21e I S 1). § 48 II (unten 6) gilt nicht entspr.

3) Der Vertretungsfall des II entsteht erst mit dem Ausscheiden eines mitwirkenden Richters. Bis dahin gehören die Ergänzungsrichter zwar zum erkennenden Gericht, haben also alle Rechte dieser Richter (RG **67**, 277); sie wirken aber bei den Beratungen, bei denen sie nicht einmal zugegen sein dürfen (SK-Frister 9), und bei den Entscheidungen nicht mit, solange sie nicht in das Quorum eingetreten sind (BGH **18**, 331). Die frühere Mitwirkung (§§ 23 I, 31 I StPO) schließt daher den Ergänzungsrichter nicht aus, wenn er an der damaligen Entscheidung nicht mitgewirkt hat (vgl RG **65**, 40; **aM** Arzt NJW **71**, 1112, 1114). Beim AG kann der Vorsitzende keinen Richter als Ergänzungsrichter zuziehen (LR-Wickern 8; **aM** Katholnigg 3); es gibt nur einen Ergänzungsschöffen.

Mehrere Berufsrichter oder mehrere Schöffen können nach § 192 herangezogen werden; jedoch muss dann die Reihenfolge ihres Eintretens bestimmt sein.

4) Bestimmung des Ergänzungsrichters: Bei den Berufsrichtern ist sie, falls ein spruchkörperfremder Richter beigezogen werden soll, eine Angelegenheit des Präsidiums (BGH StV **03**, 8), sonst gilt § 21g (SK-Frister 8). Die Regelung für Vertretung (§ 21e I S 1) betrifft den Fall des Ergänzungsrichters nicht. Daher wird im Geschäftsverteilungsplan (außer beim AG) allgemein geregelt, welche Richter als Ergänzungsrichter von den Vorsitzenden der einzelnen Spruchkörper herangezogen werden können (12 zu § 21e) und in welcher Reihenfolge dies zu geschehen hat (LG Halle StV **05**, 208; LG Köln StV **13**, 557).

Für **Ergänzungschöffen** gelten die §§ 48, 49, 77 I. Wenn ein zugeteilter Ergänzungsschöffe während der Hauptverhandlung wegfällt, kann er nicht mehr ersetzt werden. Wird seine Verhinderung schon vor Beginn der Hauptverhandlung bekannt, so wird er, falls der Vorsitzende die Zuziehungsanordnung nicht widerruft (oben 1), von der Schöffengeschäftsstelle durch den nächstberufenen Hilfsschöffen ersetzt (§ 49 III). Dabei rückt ein vorher zugewiesener Ergänzungsschöffe in der Zuziehungsreihenfolge nach vorn. Entspr wird verfahren, wenn ein Hauptschöffe vor der Sitzung ausfällt. In diesem Fall tritt der zunächst zugewiesene Ergänzungsschöffe in das Quorum ein; die weiteren Ergänzungsschöffen rücken nach. Der letzte Platz wird aus der Hilfsschöffenliste aufgefüllt.

5) Der Eintritt des Ergänzungsrichters (II, III) hängt davon ab, dass ein Fall der Verhinderung vorliegt (4ff zu § 21f; LG Bremen StV **98**, 13). Die Feststellung darüber obliegt dem Vorsitzenden, nicht dem Gericht (BGH **61**, 160, 162; NJW **16**, 2197; zw wegen § 21g I Sowada 369 mit Fn 170; **aM** Börner JR **17**, 16, 19; Schlothauer Müller-FS 647 für den Fall des § 229 III StPO); sie ist formfrei und kann auch durch schlüssiges Verhalten getroffen werden (BGH **35**, 366; NJW **91**, 51), sollte aber besser aktenkundig gemacht (protokolliert) werden (Katholnigg JR **89**, 349). Dem Vorsitzenden steht ein Ermessensspielraum zu, der auch den Zeitpunkt seiner Entscheidung umfasst (BGH **61**, 160, 162). Eine zeitweise, sich prognostisch innerhalb der Frist des § 229 I bewegende Verhinderung begründet nicht notwendig den Verhinderungsfall, schließt ihn aber auch nicht aus; bei der gebotenen substantiierten Abwägung im Einzelfall können neben dem grundrechtsgleichen Recht des Angeklagten auf den gesetzlichen Richter auch das Beschleunigungs- und Konzentrationsgebot, Gesichtspunkte einer ressourcenschonenden Durchführung der Hauptverhandlung, die Zahl der noch geplanten Hauptverhandlungstermine sowie ein etwa drohender Beweismittelverlust berücksichtigt werden (vgl BGH NStZ **19**, 359 mit Anm Schäfer JR **19**, 169). Der Beschluss kann außerhalb der Hauptverhandlung ergehen. Die Verkennung des Rechtsbegriffs der Verhinderung begründet nicht die Revision, sondern nur Willkür (BGH aaO; **47**, 220; NJW **16**, 2197). Die Revision kann daran scheitern, dass der Feststellung der Verhinderung nicht widersprochen oder kein Besetzungseinwand erhoben worden ist (BGH NStZ **13**, 479). Der Ergänzungsrichter muss eintreten, wenn einem zeitweise verhinderten Richter die weitere Mitwirkung nur unter Verstoß gegen § 229 StPO möglich ist (BGH NStZ **86**, 518); dass der Richter nur an einzelnen – sitzungsfreien – Tagen nicht zur Verfügung steht, ist unschädlich (BGH **53**, 99). Im Fall der Erkrankung eines Richters muss regelmäßig abgewartet werden, ob der Richter innerhalb der Frist des § 229 III S 1 StPO genesen wird (BGH NJW **16**, 2197 mit Anm Ventzke NStZ **16**, 558; abl Schäfer JR **17**, 41; aM Kissel/Mayer 17; Schlothauer aaO 646: sofortige Fortsetzung mit Ergänzungsrichter, da § 192 II § 229 III StPO vorgehe).

6) Ausfall des Vorsitzenden während der Hauptverhandlung: Es gelten die 8 allg Grundsätze über die Verhinderung (4 ff zu § 21 f; vgl auch BGH NStZ **13**, 479). Den weiteren Vorsitz übernimmt der regelmäßige Vertreter (§ 21 f II), wenn er in der Hauptverhandlung mitwirkt, sonst der nach Dienstalter, ersatzweise nach Geburt älteste Beisitzer. Kennt dieser die Akten nicht genügend, so tritt an seine Stelle der Berichterstatter (BGH **21**, 108, 111), falls er nicht nach § 28 II DRiG daran gehindert ist. Die Lücke füllt der Ergänzungsrichter aus (BGH **21**, 108).

[Anwesende Personen]

193 I Bei der Beratung und Abstimmung dürfen außer den zur Entscheidung berufenen Richtern nur die bei demselben Gericht zu ihrer juristischen Ausbildung beschäftigten Personen und die dort beschäftigten wissenschaftlichen Hilfskräfte zugegen sein, soweit der Vorsitzende deren Anwesenheit gestattet.

II ¹ Ausländische Berufsrichter, Staatsanwälte und Anwälte, die einem Gericht zur Ableistung eines Studienaufenthaltes zugewiesen worden sind, können bei demselben Gericht bei der Beratung und Abstimmung zugegen sein, soweit der Vorsitzende deren Anwesenheit gestattet und sie gemäß den Absätzen 3 und 4 verpflichtet sind. ² Satz 1 gilt entsprechend für ausländische Juristen, die im Entsendestaat in einem Ausbildungsverhältnis stehen.

III ¹ Die in Absatz 2 genannten Personen sind auf ihren Antrag zur Geheimhaltung besonders zu verpflichten. ² § 1 Abs. 2 und 3 des Verpflichtungsgesetzes vom 2. März 1974 (BGBl. I S. 469, 547 – Artikel 42) gilt entsprechend. ³ Personen, die nach Satz 1 besonders verpflichtet worden sind, stehen für die Anwendung der Vorschriften des Strafgesetzbuches über die Verletzung von Privatgeheimnissen (§ 203 Absatz 2 Satz 1 Nummer 2, Satz 2, Absatz 5 und 6, § 205), Verwertung fremder Geheimnisse (§§ 204, 205), Verletzung des Dienstgeheimnisses (§ 353b Abs. 1 Satz 1 Nr. 2, Satz 2, Abs. 3 und 4) sowie Verletzung des Steuergeheimnisses (§ 355) den für den öffentlichen Dienst besonders verpflichteten gleich.

IV ¹ Die Verpflichtung wird vom Präsidenten oder vom aufsichtsführenden Richter des Gerichts vorgenommen. ² Er kann diese Befugnis auf den Vorsitzenden des Spruchkörpers oder auf den Richter übertragen, dem die in Absatz 2 genannten Personen zugewiesen sind. ³ Einer erneuten Verpflichtung bedarf es während der Dauer des Studienaufenthaltes nicht. ⁴ In den Fällen des § 355 des Strafgesetzbuches ist der Richter, der die Verpflichtung vorgenommen hat, neben dem Verletzten antragsberechtigt.

GVG § 193

1 **1) Die Beratung** dient der gründlichen Prüfung und Abwägung aller für die Entscheidungsbildung wichtigen Umstände, die Gegenstand der Verhandlung waren (§ 261 StPO), mit dem Ziel einer Einigung der Richter (einschl der Schöffen, ohne die Ergänzungsschöffen, vgl BGHR § 344 II S 2 StPO Ergänzungsrichter 1). Die Richter müssen sich gewissermaßen „zusammenraufen" (Kleinknecht GA **61**, 49). Deshalb müssen grundsätzlich alle Richter ununterbrochen anwesend sein. Vorheriges Sichten und Ordnen des Verhandlungsstoffes und vorbereitende Überlegungen und Gespräche der Richter außerhalb der Beratung sind nicht unzulässig (vgl dazu Michel DRiZ **92**, 262). Es ist nicht erforderlich, dass in einem Kollegialgericht alle Mitglieder die Akten lesen; grundsätzlich genügt der Vortrag eines Berichterstatters (BVerfG NJW **87**, 2219, 2220; BGH 5 StR 15/92 vom 15.2.1994). Geleitet wird die Beratung vom Vorsitzenden (§ 194 I).

2 **2) Die Beratung ist geheim** (vgl §§ 43, 45 I S 2 **DRiG;** erg dazu 2 zu § 260 StPO; 9 zu § 263 StPO) und findet daher regelmäßig im Beratungszimmer statt (zum Beratungsgeheimnis vgl Michel DRiZ **92**, 266). Sie ist kein Teil der Hauptverhandlung. Im Protokoll kann nur die Unterbrechung der Hauptverhandlung zum Zweck der Beratung, nicht aber diese selbst bestätigt werden (BGH **5**, 294).

3 Es gibt auch **Beratung im Sitzungssaal.** Sie kann in einfachen Fällen zum Zweck der Beschlussfassung oder auch als Nachberatung eines Urteils nach kurzem Wiedereintritt in die Verhandlung im Ssaal selbst stattfinden, wenn dabei die nicht beteiligten Personen nichts vernehmen können, zB wenn die Beratung sachgemäß durch Zeichen und Flüstern geführt werden kann, falls dabei keine Zweifel über das Beratungsergebnis entstehen können (BGH **19**, 156; **24**, 170: „größte Zurückhaltung"; BGH NJW **87**, 3210: „in Ausnahmefällen"; BGH StV **91**, 547: nicht zulässig, wenn der Angeklagte, der sich bisher nicht geäußert hatte, nun eine Erklärung abgegeben hat; **aM** Mellinghoff 16: stets unzulässig; erg 4 zu § 260 StPO).

4 **3)** Zur **Abstimmung** vgl §§ 194 II, 195, 196, 197 sowie § 263 StPO.

5 **4) Auszubildende Personen:** Ein Referendar darf nicht zugegen sein, wenn er mit der Sache über die Ausbildung hinaus befasst war oder ist (BGH **18**, 165; BVerwG NJW **82**, 1716; zB als Zeuge oder nach § 142 III oder auf der Seite der Verteidigung. Frühere Befassung nach § 10 hindert nicht (vgl § 23 StPO), ebenso nicht seine Einteilung als Protokollführer in der Hauptverhandlung. Studenten, die sich informatorisch bei dem Gericht beschäftigen, dürfen nicht zugelassen werden (BGH **41**, 119 mwN; SK-Frister 20; **aM** Seifert MDR **96**, 125; Speiermann NStZ **96**, 397; zu letzterem Meyer-Goßner NStZ **96**, 607; schon gar nicht Abiturienten in einem freiwilligen Berufsorientierungspraktikum (Koblenz StraFo **05**, 79). Von der Beratung, bei der das Urteil gewonnen wird (oben 1), sind Ausbildungsgespräche zu unterscheiden.

6 **5) Wissenschaftliche Hilfskräfte** werden bei den Obersten Gerichtshöfen des Bundes beschäftigt. Ob sie zur Beratung zugelassen werden durften, war früher umstritten. Der Gesetzgeber hat die Streitfrage im Interesse sowohl eines sinnvollen Einsatzes der Hilfskräfte als auch ihrer Aus- und Weiterbildung zutr dahin entschieden, dass ihre Anwesenheit zulässig ist. Über den Umfang ihrer Teilnahme an der Beratung befindet der Vorsitzende.

7 **6) Ausländische Richter, StAe und RAe** oder im Ausland in einem Ausbildungsverhältnis hierzu stehende Juristen, die dem Gericht zur Ableistung eines Studienaufenthaltes zugewiesen sind, können vom Vorsitzenden bei der Beratung und Abstimmung zugelassen werden, falls sie zuvor nach III, IV zur Verschwiegenheit verpflichtet worden sind. Sie werden nicht von Amts wegen, sondern nur auf ihren Antrag verpflichtet; stellen sie den Antrag nicht, können sie auch nicht teilnehmen. Zur Wahrung des Steuergeheimnisses durch die Hospitanten vgl § 30 III Nr 1a **AO.** Ausländische Rechtsstudenten, auch wenn sie sich zur Ausbildung bei dem Gericht befinden, dürfen nicht teilnehmen.

16. Titel. Beratung und Abstimmung §§ 194, 195 GVG

7) Revision: Ein Verstoß gegen § 193 ist kein absoluter Revisionsgrund (BGHR § 344 II S 2 StPO Ergänzungsrichter 1); es kann aber nach § 337 die Revision begründen, wenn jemand bei der Beratung und Abstimmung unbefugt zugegen war (BGH **18**, 165, 166; 331, 332; Koblenz VRS **46**, 449). Dass jemand außerhalb des Beratungszimmers oder in diesem versteckt zugehört hat, genügt nicht (BGH GA **64**, 134; SK-Frister 28).

[Beratungshergang]

194 I Der Vorsitzende leitet die Beratung, stellt die Fragen und sammelt die Stimmen.

II Meinungsverschiedenheiten über den Gegenstand, die Fassung und die Reihenfolge der Fragen oder über das Ergebnis der Abstimmung entscheidet das Gericht.

1) Die Abstimmungsweise ist vom Gesetz nicht vorgeschrieben. Bei einem mit mehreren Richtern besetzten Spruchkörper sollten alle bedeutsamen Fragen im Spruchkörper erörtert werden (BVerfG NJW **87**, 2219). Grundsätze der Logik sind maßgebend (vgl im einzelnen Michel DRiZ **92**, 264). Reihenfolge etwa: a) Verfahrenshindernisse (Einl 141 ff), bei mehreren gesondert (Mellinghoff 112 ff, 137 f); b) Tatfrage, Schuldfrage (§ 263 I, II StPO); ggf zunächst über den Ausgangstatbestand, dann über einen normierten Rechtsfolgenmilderungstatbestand und über einen Rechtsfolgenverschärfungstatbestand (15 zu § 267 StPO); Konkurrenzen (Mellinghoff 126). Nach Verneinung der Vorsitzat Frage eines in Betracht kommenden Fahrlässigkeitstatbestandes (RG **59**, 83; 36 zu § 261 StPO); c) Nach der Vorwegnahme der im Einzelfall in Betracht kommenden Teilfragen ist über das Ob und Wie des Schuldspruchs insgesamt abzustimmen (LR-Stuckenberg 5 zu § 263 StPO).

Reihenfolge bei der Rechtsfolgenentscheidung: Strafe, Nebenstrafe, andere Rechtsfolgen.

Am Ende stehen Kosten und Auslagenentscheidungen; ggf die Entschädigungsfrage nach dem **StrEG** und gleichzeitige Beschlüsse (§§ 268a, 268b StPO).

2) Nachträgliche Änderung der Stimmabgabe ist unzulässig, auch vor Verkündung der Entscheidung (Kissel/Mayer 5; **aM** LR-Wickern 19). Eine Nachberatung (mit neuer Abstimmung) kann nur verlangt werden, wenn sich neue Gesichtspunkte ergeben haben oder Abstimmungsfehler unterlaufen sind (Mellinghoff 19 f; **aM** SK-Frister 13).

3) Umlaufverfahren bei Entscheidung außerhalb der Hauptverhandlung ist in einfachen Sachen zulässig, wenn es offensichtlich einer Beratung nicht bedarf (LR-Wickern 21; **aM** Mellinghoff 15). Diese kann aber von jedem der an der Entscheidung beteiligten Richter verlangt werden.

[Keine Verweigerung der Abstimmung]

195 Kein Richter oder Schöffe darf die Abstimmung über eine Frage verweigern, weil er bei der Abstimmung über eine vorhergegangene Frage in der Minderheit geblieben ist.

1) Der Standpunkt der Mehrheit ist für die Überstimmten für die Folge maßgebend (krit dazu Peters Meyer-GedSchr 336). Wer bei seiner Bejahung der vorsätzlichen Tötung in der Minderheit geblieben ist, darf nicht die Abstimmung über die fahrlässige Tötung verweigern (RG **59**, 84).

2) Der überstimmte Vorsitzende darf die Gründe der Mehrheit und das Urteil bei der Verkündung nicht desavouieren (Seibert MDR **57**, 597), auch nicht der überstimmte Berichterstatter bei der Urteilsabfassung. Bei Entscheidungen eines

GVG §§ 196, 197, Vor § 198

Kollegialgerichts bedeutet die Unterschrift (6 vor § 33; 19 ff zu § 275 StPO) nicht Billigung, sondern nur Bescheinigung richtigen Zustandekommens.

[Stimmenverhältnis]

196 ¹ Das Gericht entscheidet, soweit das Gesetz nicht ein anderes bestimmt, mit der absoluten Mehrheit der Stimmen.

II Bilden sich in Beziehung auf Summen, über die zu entscheiden ist, mehr als zwei Meinungen, deren keine die Mehrheit für sich hat, so werden die für die größte Summe abgegebenen Stimmen den für die zunächst geringere abgegebenen so lange hinzugerechnet, bis sich eine Mehrheit ergibt.

III ¹ Bilden sich in einer Strafsache, von der Schuldfrage abgesehen, mehr als zwei Meinungen, deren keine die erforderliche Mehrheit für sich hat, so werden die dem Beschuldigten nachteiligsten Stimmen den zunächst minder nachteiligen so lange hinzugerechnet, bis sich die erforderliche Mehrheit ergibt. ² Bilden sich in der Straffrage zwei Meinungen, ohne daß eine die erforderliche Mehrheit für sich hat, so gilt die mildere Meinung.

IV Ergibt sich in dem mit zwei Richtern und zwei Schöffen besetzten Gericht in einer Frage, über die mit einfacher Mehrheit zu entscheiden ist, Stimmengleichheit, so gibt die Stimme des Vorsitzenden den Ausschlag.

1   1) Ein **qualifiziertes Stimmenverhältnis** bestimmt das Gesetz für die Schuld- und Straffrage in § 263 StPO. Für das Revisionsgericht gilt, abgesehen vom Fall des § 354 I StPO, stets die Regel des I.

2   2) **Mit 2 Richtern und 2 Schöffen (IV)** ist die große StrK besetzt, falls sie nicht als SchwurG tätig wird oder falls nicht die Zuziehung eines 3. Richters beschlossen worden ist (§ 76 I S 1, II); ferner entscheidet das erweiterte SchG (§ 29 II) und bei Berufungen gegen dessen Urteile die kleine StrK (14 zu § 76) in dieser Besetzung (§ 76 III). Hier gibt bei Stimmengleichheit die Stimme des Vorsitzenden den Ausschlag. Das gilt auch bei Streit über den Inhalt der Urteilsgründe (Katholnigg 7 zu § 29; Kissel/Mayer 7: aM Börner ZStW 122, 176: neue Hauptverhandlung erforderlich).

[Reihenfolge der Stimmabgabe]

197 ¹ Die Richter stimmen nach dem Dienstalter, bei gleichem Dienstalter nach dem Lebensalter, ehrenamtliche Richter und Schöffen nach dem Lebensalter; der jüngere stimmt vor dem älteren. ² Die Schöffen stimmen vor den Richtern. ³ Wenn ein Berichterstatter ernannt ist, so stimmt er zuerst. ⁴ Zuletzt stimmt der Vorsitzende.

1   1) Die **Vorschrift regelt** nur die Abstimmung. Bei der vorhergehenden Beratung entscheidet auch über die Reihenfolge der Vorsitzende (§ 194 I), so dass er nicht als letzter sprechen muss, sondern sogleich nach dem Berichterstatter das Wort ergreifen kann.

17. Titel. Rechtsschutz bei überlangen Gerichtsverfahren und strafrechtlichen Ermittlungsverfahren

Vorbemerkungen

1   1) **Der EGMR** hatte in seinem Urteil vom 8.6.2006 (NJW **06**, 2389) erklärt, dass die im deutschen Recht zur Verfügung stehenden Rechtsbehelfe gegen überlange Verfahren nicht ausreichen. Er hat in der Folgezeit Deutschland in weit über 100 Fällen wegen überlanger Verfahrensdauer zu Entschädigungszahlungen verur-

17. Titel. Rechtsschutz § 198 GVG

teilt. In seiner Entscheidung vom 2.9.2010 (NJW **10**, 3355 mit Anm Meyer-Ladewig) hatte er das Fehlen eines wirksamen Rechtsschutzes als strukturelles Problem eingestuft und der BRep zur Behebung dieses Mangels eine Frist von einem Jahr gesetzt. In Erfüllung dieses Auftrags hat der Gesetzgeber durch Ges vom 24.11.2011 (BGBl I 2302) die §§ 198–201 geschaffen, die am Tag nach der Verkündung (3.12.2011) in Kraft getreten sind (krit zur gesetzlichen Regelung Sommer StV **12**, 107).

2) Im Gegensatz zu einem früheren Gesetzesentwurf vom 22.8.2005, der (lediglich) eine Untätigkeitsbeschwerde vorsah, ist nun **ein verschuldensunabhängiger Anspruch auf Entschädigung** für einen infolge unangemessener Dauer des Verfahrens erlittenen Nachteil geschaffen worden. Dabei läuft das Verfahren in 2 Stufen ab: Auf der 1. Stufe muss eine sog Verzögerungsrüge geltend gemacht und damit dem Gericht oder der StA Gelegenheit zur Abhilfe gegeben werden. Mit der Verzögerungsrüge soll eine Missbrauchsabwehr gegen die Möglichkeit „Dulde und Liquidiere" (vgl Steinbeiß-Winkelmann ZRP **10**, 206) gegeben sein. Nur wenn die Verzögerungsrüge erhoben wurde und sich das Verfahren trotzdem weiter verzögert, kann auf der 2. Stufe eine Entschädigungsklage erhoben werden.

3) Die **Untätigkeitsbeschwerde** ist nach Einführung der §§ 198 ff GVG grunds unzulässig (vgl BGH NJW **13**, 385). Sie kann ausnahmsweise noch in Betracht zu ziehen sein, wenn eine gebotene richterliche Entscheidung über die Fortdauer einer Freiheitsentziehung gravierend verzögert wird und alle (geschriebenen) Rechtsschutzmöglichkeiten ausgeschöpft sind, da insoweit später zu gewährende finanzielle Mittel den tiefgreifenden Eingriff in Grundrechte nicht hinreichend zu kompensieren vermögen (vgl KG NStZ-RR **15**, 291 mwN).

[Verzögerungsrüge und Entschädigungsregelung]

198 I ¹Wer infolge unangemessener Dauer eines Gerichtsverfahrens als Verfahrensbeteiligter einen Nachteil erleidet, wird angemessen entschädigt. ²Die Angemessenheit der Verfahrensdauer richtet sich nach den Umständen des Einzelfalles, insbesondere nach der Schwierigkeit und Bedeutung des Verfahrens und nach dem Verhalten der Verfahrensbeteiligten und Dritter.

II ¹Ein Nachteil, der nicht Vermögensnachteil ist, wird vermutet, wenn ein Gerichtsverfahren unangemessen lange gedauert hat. ²Hierfür kann Entschädigung nur beansprucht werden, soweit nicht nach den Umständen des Einzelfalles Wiedergutmachung auf andere Weise gemäß Absatz 4 ausreichend ist. ³Die Entschädigung gemäß Satz 2 beträgt 1200 Euro für jedes Jahr der Verzögerung. ⁴Ist der Betrag gemäß Satz 3 nach den Umständen des Einzelfalles unbillig, kann das Gericht einen höheren oder niedrigeren Betrag festsetzen.

III ¹Entschädigung erhält ein Verfahrensbeteiligter nur, wenn er bei dem mit der Sache befassten Gericht die Dauer des Verfahrens gerügt hat (Verzögerungsrüge). ²Die Verzögerungsrüge kann erst erhoben werden, wenn Anlass zur Besorgnis besteht, dass das Verfahren nicht in einer angemessenen Zeit abgeschlossen wird; eine Wiederholung der Verzögerungsrüge ist frühestens nach sechs Monaten möglich, außer wenn ausnahmsweise eine kürzere Frist geboten ist. ³Kommt es für die Verfahrensförderung auf Umstände an, die noch nicht in das Verfahren eingeführt worden sind, muss die Rüge hierauf hinweisen. ⁴Anderenfalls werden sie von dem Gericht, das über die Entschädigung zu entscheiden hat (Entschädigungsgericht), bei der Bestimmung der angemessenen Verfahrensdauer nicht berücksichtigt. ⁵Verzögert sich das Verfahren bei einem anderen Gericht weiter, bedarf es einer erneuten Verzögerungsrüge.

Schmitt 2211

GVG § 198 Gerichtsverfassungsgesetz

IV ¹ Wiedergutmachung auf andere Weise ist insbesondere möglich durch die Feststellung des Entschädigungsgerichts, dass die Verfahrensdauer unangemessen war. ² Die Feststellung setzt keinen Antrag voraus. ³ Sie kann in schwerwiegenden Fällen neben der Entschädigung ausgesprochen werden; ebenso kann sie ausgesprochen werden, wenn eine oder mehrere Voraussetzungen des Absatzes 3 nicht erfüllt sind.

V ¹ Eine Klage zur Durchsetzung eines Anspruchs nach Absatz 1 kann frühestens sechs Monate nach Erhebung der Verzögerungsrüge erhoben werden. ² Die Klage muss spätestens sechs Monate nach Eintritt der Rechtskraft der Entscheidung, die das Verfahren beendet, oder einer anderen Erledigung des Verfahrens erhoben werden. ³ Bis zur rechtskräftigen Entscheidung über die Klage ist der Anspruch nicht übertragbar.

VI Im Sinne dieser Vorschrift ist

1. ein Gerichtsverfahren jedes Verfahren von der Einleitung bis zum rechtskräftigen Abschluss einschließlich eines Verfahrens auf Gewährung vorläufigen Rechtsschutzes und zur Bewilligung von Prozess- oder Verfahrenskostenhilfe; ausgenommen ist das Insolvenzverfahren nach dessen Eröffnung; im eröffneten Insolvenzverfahren gilt die Herbeiführung einer Entscheidung als Gerichtsverfahren;
2. ein Verfahrensbeteiligter jede Partei und jeder Beteiligte eines Gerichtsverfahrens mit Ausnahme der Verfassungsorgane, der Träger öffentlicher Verwaltung und sonstiger öffentlicher Stellen, soweit diese nicht in Wahrnehmung eines Selbstverwaltungsrechts an einem Verfahren beteiligt sind.

1 **1) Regelungsgehalt:** I begründet einen Entschädigungsanspruch gegen den Staat wegen überlanger Dauer eines gerichtlichen Verfahrens (nicht des Vollstreckungsverfahrens: Koblenz NStZ-RR **17**, 323). Der für den Entschädigungsanspruch maßgebliche Tatbestand ist die Verletzung des Anspruchs eines Verfahrensbeteiligten aus Art 19 IV, 20 III GG und aus Art 6 I EMRK auf Entscheidung seines gerichtlichen Verfahrens in angemessener Zeit. Der Anspruchsgegner ergibt sich aus § 200. Für das Strafverfahren (einschließlich des Ermittlungsverfahrens) ist § 198 nach Maßgabe des § 199 II, III anzuwenden. Die Regelung gilt für das Straf- und für das Bußgeldverfahren von der Einleitung bis zum rechtskräftigen Abschluss des Verfahrens (VI Nr 1). Verfahrensbeteiligter ist im Strafverfahren in erster Linie der Beschuldigte, im Bußgeldverfahren der Betroffene, darüber hinaus aber auch jeder sonstige Beteiligte des Verfahrens, zB der Adhäsionskläger (§ 403 StPO), der Einziehungsbeteiligte (§ 431 StPO) oder der Nebenkläger (§ 395 StPO), nicht aber der Privatkläger (VI Nr 2 mit § 199 IV) und auch nicht Zeugen und Sachverständige; nach VI Nr 2 sind auch staatliche Stellen wie etwa die StA oder die Jugendgerichtshilfe ausgeschlossen (BT-Drucks 17/3802 S 23).

2 **2) Überlanges Verfahren: Für die Frage der Angemessenheit** der Verfahrensdauer kommt es auf die Umstände des Einzelfalls an (BGH NJW **14**, 220 mit Anm Heinrich; eingehend Bub DRiZ **14**, 94). I S 2 erwähnt insoweit – beispielhaft – die Schwierigkeit und Bedeutung des Verfahrens sowie das Verhalten der Verfahrensbeteiligten und Dritter; auch der Umfang und die Komplexität des Falles sind zu berücksichtigen (erg 16 ff zu § 121 StPO). Entscheidend ist, ob das Verfahren ohne zwingenden Grund für eine nicht unerhebliche Dauer zum Stillstand gekommen ist (Gercke/Heinisch NStZ **12**, 301; vgl auch Roller DRiZ Beilage Juni 2012, 9), wobei es unbeachtlich ist, ob sich das Gericht oder die StA (dazu Sommer StV **12**, 111) pflichtwidrig verhalten haben. Bei der Beurteilung des Verhaltens des Gerichts darf der verfassungsrechtliche Grundsatz richterlicher Unabhängigkeit nicht unberücksichtigt bleiben; dem Gericht muss in jedem Fall eine angemessene Vorbereitungs- und Bearbeitungszeit zur Verfügung stehen (BGH aaO). Der Staat kann sich nicht auf Umstände innerhalb des staatlichen Verantwortungsbereichs, etwa chronische Überlastung eines Gerichts, berufen (BVerfG JZ **13**, 145 mit krit Anm F. und D. Huerkamp). Ob insbesondere die häufig durch die Einholung von Sachverständigengutachten entstehenden Verzögerungen dem Gericht zuzurechnen sind, ist bei einer ex-post Betrachtung durch das Entschädigungsgericht anhand der Einzelfallumstände zu beurteilen.

3) Angemessene Entschädigung: Das Gesetz normiert in II S 1 die widerlegbare Vermutung, dass im Fall eines überlangen Verfahrens von einem Nachteil, der nicht Vermögensnachteil ist, ausgegangen werden muss. Durch die Entschädigung sollen die durch das überlange Verfahren bedingten seelischen und körperlichen Belastungen ausgeglichen werden. Für materielle Nachteile wird nicht voller Ersatz, sondern nur eine angemessen Entschädigung gewährt. Darüber hinaus kann bei pflichtwidriger (schuldhafter) Verzögerung ein Amtshaftungsanspruch nach § 839 BGB iVm Art 34 GG geltend gemacht und insofern Schadensersatz geleistet werden; ein solcher Amtshaftungsanspruch steht mit der nach § 198 gewährten Entschädigung in Anspruchskonkurrenz (vgl dazu Remus NJW **12**, 1408). 3

Eine **Entschädigung kommt für immaterielle Nachteile nur in Betracht,** wenn eine Wiedergutmachung auf andere Weise nicht ausreichend ist **(II S 2, IV).** Neben der Feststellung, dass die Verzögerung unangemessen war (IV S 1; dazu Schenke NJW **15**, 433), kommt hier gerade im Strafverfahren die Wiedergutmachung in Form der Vollstreckungslösung in Betracht (9a ff zu Art 6 EMRK; KK-Barthe 4 zu § 199; **aM** Kissel/Mayer 50); insoweit enthält § 199 III eine Sonderregelung (vgl dort). Der Anspruch auf Ersatz eines Vermögensnachteils wird von der Ausschlussregelung des II S 2 nicht berührt. 4

Die **Bemessung der Entschädigung** ist nach II S 3 pauschaliert; von dieser Pauschale kann aber gemäß II S 4 nach oben oder unten abgewichen werden. 5

4) Verzögerungsrüge: Voraussetzung für eine Entschädigung ist grundsätzlich, dass der Betroffene eine Verzögerungsrüge erhoben hat **(III S 1).** Die Verzögerungsrüge ist bei dem mit der Sache befassten Gericht bzw im Ermittlungsverfahren bei der StA zu erheben; sie dient als eine Art „Vorwarnung". *Frühestens* kann die Verzögerungsrüge erhoben werden, wenn Anlass zur Besorgnis besteht, dass das Verfahren nicht in angemessener Zeit abgeschlossen wird (III S 2). Eine verfrühte Rüge geht ins Leere und kann keinen Entschädigungsanspruch begründen (Kissel/Mayer 19; Steinbeiß-Winkelmann ZRP **10**, 207). Einer Entscheidung über die Verzögerungsrüge bedarf es nicht (krit dazu Sommer StV **12**, 109); die Rüge erledigt sich, wenn das Verfahren in angemessener Weise beschleunigt und abgeschlossen wird (Celle StV **14**, 492). Ist das nicht der Fall kann die Verzögerungsrüge grundsätzlich frühestens nach 6 Monaten wiederholt werden **(III S 2).** Es besteht keine Verpflichtung zu einer wiederholten Verzögerungsrüge (Düsseldorf StV **17**, 654). 6

Für die bloße **Feststellung** einer unangemessenen Verfahrensdauer hat der BGH allerdings entschieden, dass es einer Verzögerungsrüge **nicht** bedarf (BGH 5 StR 410/14 vom 23.9.2014); ob dies auch für einen begehrten Vollstreckungsabschlag nach der Vollstreckungslösung (7 ff zu Art 6 **EMRK**) zu gelten hat, ist noch offen, dürfte aber zu bejahen sein (vgl Liebhart NStZ **17**, 249, 262; erg 3 zu § 199). 6a

Gesetzliche Anforderungen an die Substantiierung der Verzögerungsrüge enthält **III S 3.** Der Betroffene muss zum Ausdruck bringen, dass er mit der Dauer des Verfahrens nicht einverstanden ist; er muss aber nicht begründen, aus welchen Umständen sich die Unangemessenheit der Verfahrensdauer ergibt und welche Alternativen zur Verfahrensgestaltung in Betracht kommen. Verlangt wird lediglich, dass der Betroffene auf solche Umstände hinweist, die für das Maß der gebotenen Zügigkeit wichtig, aber noch nicht in das Verfahren eingeführt sind. Werden solche – im Strafverfahren allerdings wohl kaum akut werdenden – Hinweise nicht gegeben, werden sie vom Entschädigungsgericht nicht berücksichtigt (III S 4). 7

Verzögert sich das ein **anderes Gericht** gelangte Verfahren weiter, so muss dort erneut eine Verzögerungsrüge erhoben werden (III S 5); das ist allerdings nicht innerhalb einer Instanz anzunehmen (**aM** wohl Kissel/Mayer 25). Dasselbe 8 gilt jedoch, wenn eine Verzögerungsrüge bei der StA erhoben wurde und das Verfahren nunmehr beim Gericht anhängig ist (§ 199 II aE).

9 **5) Entschädigungsklage (V):** *Frühestens* kann die Klage 6 Monate nach – schriftlicher oder mündlicher – Erhebung der Verzögerungsrüge erhoben werden. Ist das Strafverfahren allerdings noch nicht rechtskräftig abgeschlossen, hat das Entschädigungsgericht gemäß § 201 III S 2 das Verfahren bis zum Abschluss des Strafverfahrens auszusetzen. *Spätestens* ist die Entschädigungsklage 6 Monate nach Eintritt der Rechtskraft der Entscheidung oder einer anderen Erledigung im Strafverfahren zu erheben; nach Ablauf dieser Frist ist die Geltendmachung des Anspruchs auf Entschädigung ausgeschlossen (absolute Ausschlussfrist). Eine Übertragbarkeit – und damit gemäß § 851 I ZPO auch eine Pfändbarkeit – vor rechtskräftiger Entscheidung über die Entschädigungsklage schließt V S 3 (entspr § 13 II StrEG) ausdrücklich aus.

[Strafverfahren]

199 [I] Für das Strafverfahren einschließlich des Verfahrens auf Vorbereitung der öffentlichen Klage ist § 198 nach Maßgabe der Absätze 2 bis 4 anzuwenden.

[II] **Während des Verfahrens auf Vorbereitung der öffentlichen Klage tritt die Staatsanwaltschaft und in Fällen des § 386 Absatz 2 der Abgabenordnung die Finanzbehörde an die Stelle des Gerichts; für das Verfahren nach Erhebung der öffentlichen Klage gilt § 198 Absatz 3 Satz 5 entsprechend.**

[III] [1] **Hat ein Strafgericht oder die Staatsanwaltschaft die unangemessene Dauer des Verfahrens zugunsten des Beschuldigten berücksichtigt, ist dies eine ausreichende Wiedergutmachung auf andere Weise gemäß § 198 Absatz 2 Satz 2; insoweit findet § 198 Absatz 4 keine Anwendung.** [2] **Begehrt der Beschuldigte eines Strafverfahrens Entschädigung wegen überlanger Verfahrensdauer, ist das Entschädigungsgericht hinsichtlich der Beurteilung der Angemessenheit der Verfahrensdauer an eine Entscheidung des Strafgerichts gebunden.**

[IV] **Ein Privatkläger ist nicht Verfahrensbeteiligter im Sinne von § 198 Absatz 6 Nummer 2.**

1 **1) Geltungsbereich:** Für das Strafverfahren und über § 46 OWiG auch für das gerichtliche Bußgeldverfahren (nicht für das Verfahren vor der Verwaltungsbehörde und das Strafvollstreckungsverfahren, vgl Koblenz NStZ-RR **17**, 323) gilt § 198 mit den in II und III bestimmten Maßgaben. Ausgenommen ist nach IV der Privatkläger (§ 374 StPO), was wenig einleuchtend ist, da in diesem bei den Gerichten wenig geschätzten Verfahren gerade auch er vor unangemessener Verzögerung geschützt werden muss (zust SK-Degener 7). Dem weiter gehenden Vorschlag des BRats-Rechtsausschusses, den Entschädigungsanspruch überhaupt auf den Beschuldigten und den Adhäsionskläger (§ 403 StPO) zu beschränken (BR-Drucks 587/1/11 S 3), ist der Gesetzgeber nicht gefolgt. Das Entschädigungsverfahren wird im Strafverfahren allerdings keine sehr große Rolle spielen, weil hier eine Kompensation der Verfahrensverzögerung regelmäßig schon nach der Vollstreckungslösung (9a ff zu Art 6 EMRK) erfolgt (erg 4 zu § 198).

2 **2)** Der für die Verfahrensdauer **zu berücksichtigende Zeitraum** beginnt, sobald an eine Person eine offizielle Mitteilung erfolgt, dass ihr die Begehung einer Zuwiderhandlung vorgeworfen wird oder ihre Rechtsposition durch Ermittlungsmaßnahmen ernsthaft beeinträchtigt ist (BGH NJW **14**, 220, 221 mwN; LR-Krauß Nachtr 3). II S 2 stellt klar, dass nach einer bei der StA erhobenen Verzögerungsrüge bei weiterer Verzögerung im gerichtlichen Verfahren dort eine erneute Verzögerungsrüge zu erheben ist (erg 8 zu § 198).

3) **Eine ausreichende Wiedergutmachung** der Verzögerung liegt vor, wenn 3 ein Strafgericht oder die StA im Strafverfahren die unangemessene Dauer im Sinne einer rechtsstaatswidrigen Verzögerung zugunsten des Beschuldigten festgestellt oder im Wege der sog Vollstreckungslösung berücksichtigt hat (BGH NStZ 12, 653; im Einzelnen dazu 7 ff zu Art 6 **EMRK**); das hat zur Folge, dass § 198 IV dann keine Anwendung findet (III S 1; Liebhart NStZ 17, 249, 262; Steinbeiß-Winkelmann/Sporrer NJW 14, 179). Ein Anspruch nach § 198 wegen immaterieller Nachteile kommt somit nur dann in Betracht, wenn er durch das Strafgericht oder die StA – wie etwa im Falle eines Freispruchs – nicht kompensiert werden kann (Sommer StV 12, 108). Ob für den Fall einer Kompensation iSd Vollstreckungslösung (9 a ff zu Art 6 EMRK) eine Verzögerungsrüge erforderlich ist, ist str (offen gelassen von BGH NStZ-RR 15, 23 mwN). Der Anspruch eines Beschuldigten auf Entschädigung wegen Vermögensnachteilen wird durch § 199 nicht eingeschränkt; insofern gilt das Verfahren nach § 198.

Widersprüchliche Entscheidungen von Straf- und Entschädigungsgericht 4 hinsichtlich der Entschädigungsansprüche eines Beschuldigten werden dadurch vermieden, dass das Entschädigungsgericht bezüglich der Beurteilung der Angemessenheit der Verfahrensdauer an die Entscheidung des Strafgerichts gebunden ist (III S 2). Hat das Strafgericht die Verfahrensdauer im Ergebnis als angemessen eingestuft und demnach keine Kompensation vorgenommen, darf also auch das Entschädigungsgericht dies nicht anders werten.

4) **Revision:** Mit Rücksicht auf die Verweisung in I auf § 198 III S 1 liegt 5 nahe, dass die Rüge rechtsstaatswidriger Verzögerung des Strafverfahrens zu ihrer Zulässigkeit Vortrags zur Erhebung einer Verzögerungsrüge bedarf (offen gelassen von BGH 5 StR 116/16 vom 10.5.2016; erg 9g zu Art 6 EMRK).

[Haftung]

200 [1]Für Nachteile, die auf Grund von Verzögerungen bei Gerichten eines Landes eingetreten sind, haftet das Land. [2]Für Nachteile, die auf Grund von Verzögerungen bei Gerichten des Bundes eingetreten sind, haftet der Bund. [3]Für Staatsanwaltschaften und Finanzbehörden in Fällen des § 386 Absatz 2 der Abgabenordnung gelten die Sätze 1 und 2 entsprechend.

Gegen wen der Entschädigungsanspruch wegen einer unangemessenen Verfah- 1 rensverzögerung geltend zu machen ist, regelt die Vorschrift. Welches Gericht über den Anspruch entscheidet, bestimmt § 201.

[Zuständigkeit]

201 I [1]Zuständig für die Klage auf Entschädigung gegen ein Land ist das Oberlandesgericht, in dessen Bezirk das streitgegenständliche Verfahren durchgeführt wurde. [2]Zuständig für die Klage auf Entschädigung gegen den Bund ist der Bundesgerichtshof. [3]Diese Zuständigkeiten sind ausschließliche.

II [1]Die Vorschriften der Zivilprozessordnung über das Verfahren vor den Landgerichten im ersten Rechtszug sind entsprechend anzuwenden. [2]Eine Entscheidung durch den Einzelrichter ist ausgeschlossen. [3]Gegen die Entscheidung des Oberlandesgerichts findet die Revision nach Maßgabe des § 543 der Zivilprozessordnung statt; § 544 der Zivilprozessordnung ist entsprechend anzuwenden.

III [1]Das Entschädigungsgericht kann das Verfahren aussetzen, wenn das Gerichtsverfahren, von dessen Dauer ein Anspruch nach § 198 abhängt, noch andauert. [2]In Strafverfahren, einschließlich des Verfahrens auf Vorbereitung der öffentlichen Klage, hat das Entschädigungsgericht das Verfahren auszusetzen, solange das Strafverfahren noch nicht abgeschlossen ist.

IV Besteht ein Entschädigungsanspruch nicht oder nicht in der geltend gemachten Höhe, wird aber eine unangemessene Verfahrensdauer festgestellt, entscheidet das Gericht über die Kosten nach billigem Ermessen.

1) Zuständig für die Entschädigungsklage ist im Bereich der ordentlichen Gerichtsbarkeit das OLG bzw der BGH, für die anderen Gerichtsbarkeiten ist die Regelung in deren Verfahrensordnungen auf die entspr Gerichte übertragen. Auf Landesebene ist örtlich ausschließlich das OLG zuständig, in dessen Bezirk das streitgegenständliche Verfahren geführt wurde.

2) Der Entschädigungsprozess wird nach den Regeln der ZPO durchgeführt (vgl dazu im Einzelnen Althammer/Schäuble NJW **12**, 6). Eine Entscheidung durch den Einzelrichter ist generell ausgeschlossen. Auch die Revision gegen die Entscheidung des OLG richtet sich allein nach den ZPO-Vorschriften.

3) Im Strafverfahren – einschließlich des Ermittlungsverfahrens – besteht eine Pflicht für das Entschädigungsgericht, das Verfahren bis zum Abschluss des Strafverfahrens auszusetzen (III S 2); denn das Entschädigungsgericht kann die notwendigerweise im Strafverfahren zu treffenden Entscheidungen nicht vorweg nehmen (vgl auch § 199 III S 2).

4) Eine angemessene Kostenentscheidung im Entschädigungsverfahren ermöglicht IV, der eine von den grundsätzlichen Kostentragungsprinzipien abweichende Billigkeitsregelung aufstellt (SK-Degener 5).

3. Anhang
Nebengesetze und ergänzende Bestimmungen

I. Erläuterte Gesetze

1. Einführungsgesetz zur Strafprozessordnung

Vom 1. Februar 1877 (RGBl 346; BGBl III 312-1), letztes ÄndG vom 20.11.2019 (BGBl I S. 1724)

(Auszug)

1 *(aufgehoben)*

2 *(gegenstandslose Überleitungsvorschrift)*

Anwendungsbereich der Strafprozessordnung

3 I Die Strafprozeßordnung findet auf alle Strafsachen Anwendung, welche vor die ordentlichen Gerichte gehören.

II Insoweit die Gerichtsbarkeit in Strafsachen, für welche besondere Gerichte zugelassen sind, durch die Landesgesetzgebung den ordentlichen Gerichten übertragen wird, kann diese ein abweichendes Verfahren gestatten.

III Die Landesgesetze können anordnen, daß Forst- und Feldrügesachen durch die Amtsgerichte in einem besonderen Verfahren, sowie ohne Zuziehung von Schöffen verhandelt und entschieden werden.

1) **Strafsache:** Ein Verfahren, in dem geprüft wird, ob Anklage bei einem ordentlichen Gericht erhoben werden soll, und in dem, wenn es hierzu kommt, die ordentlichen Gerichte entscheiden. Zum Übergang vom Bußgeld- zum Strafverfahren vgl § 81 OWiG.

2) **Sinngemäße Anwendung** der StPO sehen die meisten Disziplinargesetze und die Gesetze über die Ehren- und Berufsgerichtsbarkeit vor, soweit nicht besondere Regelungen getroffen sind und die Eigenart des Verfahrens entgegensteht (vgl zB § 91 I WDO, § 116 S 2 BRAO; anders aber § 3 BDG: VwVfG und VwGO). Auch im Bußgeldverfahren ist die StPO sinngemäß anzuwenden, soweit das OWiG nichts anderes bestimmt (§ 46 I OWiG).

3) **Über ordentliche Gerichte,** besondere Gerichte und Ausnahmegerichte vgl §§ 12–14, 16 GVG.

4) **Im Rahmen des II und III** ist der Landesgesetzgeber zB ermächtigt, die Rechtsmittel einzuschränken (BGH **4**, 138). Das Urteil hat die gleiche strafklageverbrauchende Wirkung wie andere Urteile der ordentlichen Gerichte. Abweichende Regelungen in Feld- und Forstschutzsachen (vgl Art 4 V EGStGB) enthält das Landesrecht nicht mehr; Verstöße gegen die Feld- und Forststrafengesetze werden nur noch als Ordnungswidrigkeiten geahndet.

4 *(gegenstandslos)*

5 (aufgehoben)

Verhältnis zu landesgesetzlichen Vorschriften

6 I ¹Die prozeßrechtlichen Vorschriften der Landesgesetze treten für alle Strafsachen, über die gemäß § 3 nach den Vorschriften der Strafprozeßordnung zu entscheiden ist, außer Kraft, soweit nicht in der Strafprozeßordnung auf sie verwiesen ist. ²Außer Kraft treten insbesondere die Vorschriften über die Befugnis zum Erlaß polizeilicher Strafverfügungen.
II Unberührt bleiben landesgesetzliche Vorschriften:
1. über die Voraussetzungen, unter denen gegen Mitglieder eines Organs der Gesetzgebung eine Strafverfolgung eingeleitet oder fortgesetzt werden kann;
2. über das Verfahren bei Zuwiderhandlungen gegen die Vorschriften über die Erhebung öffentlicher Abgaben und Gefälle, soweit sie auf die Abgabenordnung verweisen.

1 **1) Ergänzung der StPO durch Polizeigesetze:** Das Strafverfolgungsrecht gehört zur konkurrierenden Gesetzgebung (Art 74 Nr 1 GG). Ergänzende landesrechtliche Bestimmungen sind nur zulässig, soweit die StPO keine abschließende Regelung enthält (Art 72 I GG). § 6 enthält hierfür kein Verbot (Sigrist JR **76**, 397, 399; Krause/Nehring 173). Eine subsidiäre Anwendung des Landespolizeirechts auf dem Gebiet der repressiven Strafverfolgung ist jedoch mit Rücksicht auf die inzwischen erfolgten Änderungen der StPO nicht mehr möglich (Götz NVwZ **84**, 212; Rogall GA **85**, 7).

2 **2) Strafverfolgung von Abgeordneten (II Nr 1):** Zu § 152a StPO.

3 **3) Abgaben-Verfahren (II Nr 2):** Die Vorschrift betrifft nur die Abgaben, die nicht der **AO** unterliegen, und nur die Verfahrensvorschriften, die auf die **AO** (§§ 385ff) verweisen (LR-Hilger 5).

Begriff des Gesetzes

7 Gesetz im Sinne der Strafprozeßordnung und dieses Gesetzes ist jede Rechtsnorm.

1 **Gesetz:** Art 20 III GG; § 337 II StPO; § 25 **DRiG**.

Mitteilungen in Strafsachen gegen Mandatsträger

8 I ¹In Strafsachen gegen Mitglieder der gesetzgebenden Körperschaften des Bundes oder eines Landes oder gegen Mitglieder des Europäischen Parlaments ist dem Präsidenten der Körperschaft, dem das Mitglied angehört, nach nicht nur vorläufiger Einstellung oder nach rechtskräftigem Abschluß des Verfahrens zur Sicherstellung der Funktionsfähigkeit oder zur Wahrung des Ansehens der jeweiligen Körperschaft die das Verfahren abschließende Entscheidung mit Begründung zu übermitteln; ist mit dieser Entscheidung ein Rechtsmittel verworfen worden, so ist auch die angefochtene Entscheidung zu übermitteln. ²Bei Mitgliedern des Deutschen Bundestages oder des Europäischen Parlaments erfolgt die Übermittlung über das Bundesministerium der Justiz und für Verbraucherschutz. ³Die Übermittlung veranlaßt die Strafverfolgungs- oder Strafvollstreckungsbehörde.
II Die Übermittlung unterbleibt, wenn die jeweilige Körperschaft darauf verzichtet hat.

1 **1) Eine bereichsspezifische Übermittlungsvorschrift** (vgl 1 vor § 12 EGGVG) für Strafsachen gegen Mitglieder der gesetzgebenden Körperschaften des Bundes oder eines Landes oder gegen Mitglieder des Europäischen Parlaments, die gegenüber den

Einführungsgesetz zur StPO § 9 EGStPO Anh 1

§§ 12 bis 22 **EGGVG** vorrangig ist, enthält die durch das JuMiG eingefügte Bestimmung; sie tritt an die Stelle der RiStBV 192 V aF, deren Neufassung die Mitteilung auf dem Dienstweg vorschreibt.

2) Mitzuteilen ist entweder die endgültige Einstellung oder – nach Rechtskraft – die **2** abschließende Entscheidung mit Begründung; mit einer ein Rechtsmittel verwerfenden Entscheidung ist auch das angefochtene Erkenntnis zu übermitteln.

Zuständig ist nach I S 4 die Strafverfolgungs- oder Strafvollstreckungsbehörde; Ein- **3** zelheiten – auch zur funktionellen Zuständigkeit – ergeben sich aus MiStra 4.

Empfänger der Mitteilung ist der Präsident der jeweiligen Körperschaft. I S 2 **4** schreibt – ergänzt durch RiStBV 192 V, 192a IV S 3, 192b V S 2 – die Übermittlung über das Bundesministerium der Justiz vor, wenn es sich um eine Strafsache gegen Abgeordnete des BTags oder des Europäischen Parlaments handelt. Da es den im Gesetz bezeichneten Körperschaften obliegt, die in I S 1 genannten Zwecke zu wahren, unterbleibt die Mitteilung bei Verzicht (II).

Vorwarnmechanismus

9 I 1 Das Gericht unterrichtet die zuständigen Behörden der anderen Mitgliedstaaten der Europäischen Union, der anderen Vertragsstaaten des Abkommens über den Europäischen Wirtschaftsraum und der Schweiz mittels des durch die Verordnung (EU) Nr. 1024/2012 des Europäischen Parlaments und des Rates vom 25. Oktober 2012 über die Verwaltungszusammenarbeit mit Hilfe des Binnenmarkt-Informationssystems und zur Aufhebung der Entscheidung 2008/49/EG der Kommission („IMI-Verordnung") (ABl. L 316 vom 14.11.2012, S. 1), die zuletzt durch die Richtlinie 2014/67/EU (ABl. L 159 vom 28.5.2014, S. 11) geändert worden ist, in der jeweils geltenden Fassung eingerichteten Binnenmarkt-Informationssystems über Entscheidungen in Strafsachen, durch die ein vorläufiges Berufsverbot nach § 132a der Strafprozessordnung oder ein Berufsverbot nach § 70 des Strafgesetzbuches gegen Angehörige folgender Berufe angeordnet wurde:

1. Heilberufe:
 a) Ärztinnen und Ärzte,
 b) Altenpflegerinnen und -pfleger,
 c) Apothekerinnen und Apotheker,
 d) Diätassistentinnen und -assistenten,
 e) Ergotherapeutinnen und -therapeuten,
 f) Hebammen und Entbindungspfleger,
 g) Heilpraktikerinnen und -praktiker,
 h) Kinder- und Jugendlichenpsychotherapeutinnen und -therapeuten,
 i) Krankenschwestern und -pfleger,
 j) Logopädinnen und Logopäden,
 k) Masseurinnen und Masseure sowie medizinische Bademeisterinnen und -meister,
 l) Medizinisch-technische Assistentinnen und Assistenten,
 m) Notfallsanitäterinnen und -sanitäter,
 n) Orthoptistinnen und Orthoptisten,
 o) Pharmazeutisch-technische Assistentinnen und Assistenten,
 p) Physiotherapeutinnen und -therapeuten,
 q) Podologinnen und Podologen,
 r) Psychotherapeutinnen und Psychotherapeuten [ab 1.9.2020]
 s) Psychologische Psychotherapeutinnen und -therapeuten,
 t) Rettungsassistentinnen und -assistenten,
 u) Tierärztinnen und Tierärzte,
 v) Zahnärztinnen und Zahnärzte und
 w) sonstige Angehörige reglementierter Berufe, die Tätigkeiten ausüben, die Auswirkungen auf die Patientensicherheit haben;

Schmitt

2. **Erziehungsberufe:**
   a) Erzieherinnen und Erzieher,
   b) Lehrerinnen und Lehrer und
   c) sonstige Angehörige reglementierter Berufe, die Tätigkeiten im Bereich der Erziehung Minderjähriger ausüben.

²Die Unterrichtung erfolgt im Fall eines vorläufigen Berufsverbots spätestens drei Tage nach dessen Anordnung durch das entscheidende Gericht, im Fall eines Berufsverbots spätestens drei Tage nach dessen Rechtskraft durch das Gericht, bei dem das Verfahren im Zeitpunkt der Rechtskraft anhängig ist.
³Dabei sind folgende Daten mitzuteilen:
1. Angaben zur Identität der betroffenen Person,
2. betroffener Beruf,
3. Angabe des Gerichts, das die Anordnung getroffen hat,
4. Umfang des Berufsverbots und
5. Zeitraum, für den das Berufsverbot gilt.

II ¹ Wird eine Person verurteilt, weil sie bei einem Antrag auf Anerkennung ihrer Berufsqualifikation nach der Richtlinie 2005/36/EG des Europäischen Parlaments und des Rates vom 7. September 2005 über die Anerkennung von Berufsqualifikationen (ABl. L 255 vom 30.9.2005, S. 22; L 271 vom 16.10. 2007, S. 18; L 93 vom 4.4.2008, S. 28; L 33 vom 3.2.2009, S. 49; L 305 vom 24.10.2014, S. 115), die zuletzt durch die Richtlinie 2013/55/EU (ABl. L 354 vom 28.12.2013, S. 132; L 268 vom 15.10.2015, S. 35; L 95 vom 9.4.2016, S. 20) geändert worden ist, in der jeweils geltenden Fassung einen gefälschten Berufsqualifikationsnachweis verwendet hat, unterrichtet das Gericht, bei dem das Verfahren im Zeitpunkt der Rechtskraft der Verurteilung anhängig ist, die zuständigen Behörden der anderen in Absatz 1 Satz 1 genannten Staaten mittels des Binnenmarkt-Informationssystems spätestens drei Tage nach Rechtskraft hierüber. ²Dabei sind folgende Daten mitzuteilen:
1. Angaben zur Identität der betroffenen Person,
2. betroffener Beruf und
3. Angabe des verurteilenden Gerichts.

III ¹ Unverzüglich nach der Mitteilung nach Absatz 1 oder 2 unterrichtet das Gericht die betroffene Person schriftlich über die Mitteilung und belehrt sie über die Rechtsbehelfe, die ihr gegen die Entscheidung, die Mitteilung zu veranlassen, zustehen. ² Legt die betroffene Person gegen die Entscheidung einen Rechtsbehelf ein, ist die Mitteilung unverzüglich um einen entsprechenden Hinweis zu ergänzen.

IV ¹ Spätestens drei Tage nach der Aufhebung eines vorläufigen Berufsverbots unterrichtet das Gericht die zuständigen Behörden der anderen in Absatz 1 Satz 1 genannten Staaten mittels des Binnenmarkt-Informationssystems hierüber und veranlasst die Löschung der ursprünglichen Mitteilung. ²Wird ein rechtskräftig angeordnetes Berufsverbot aufgehoben, ändert sich der Zeitraum, für den es gilt, oder wird die Vollstreckung unterbrochen, so unterrichtet das Gericht die zuständigen Behörden hierüber und veranlasst gegebenenfalls die Löschung der ursprünglichen Mitteilung. ³Bei einer Aufhebung oder Veränderung des Geltungszeitraums des Berufsverbots auf Grund einer Gnadenentscheidung, auf Grund einer Entscheidung nach § 456c Absatz 2 der Strafprozessordnung oder auf Grund des § 70 Absatz 4 Satz 3 des Strafgesetzbuches nimmt die Staatsanwaltschaft die Unterrichtung vor und veranlasst gegebenenfalls die Löschung der ursprünglichen Mitteilung.

[Opferrechtsreformgesetz]

10 ¹ War beim Inkrafttreten des Opferrechtsreformgesetzes die öffentliche Klage bereits erhoben, so bleibt die Befugnis, sich nach § 395 Abs. 2

Nr. 2 der Strafprozessordnung in der bisherigen Fassung der erhobenen öffentlichen Klage als Nebenkläger anzuschließen, auch nach dem Inkrafttreten des Opferrechtsreformgesetzes erhalten.
II Artikel 2 Nr. 1 des Opferrechtsreformgesetzes gilt nicht für Verfahren, in denen die Staatsanwaltschaft vor Inkrafttreten der Änderung die öffentliche Klage erhoben hat.
III § 10 tritt mit Ablauf des 31. Dezember 2014 außer Kraft.

1) Nach § 395 II Nr 2 StPO stand im Falle des § 90 StGB dem BPräs und im Falle 1 des § 90b StGB der betroffenen Person das Recht zu, sich als Nebenkläger anzuschließen. Bis 31.12.2014 bleibt diese Befugnis erhalten, falls am 1.9.2004 (= Inkrafttreten des 1.OpferRRG) die öffentl Klage bereits erhoben worden war.

2) Art 2 Nr 1 des 1. OpferRRG betrifft die Änderung des § 24 GVG dahin, dass 2 auch bei besonderer Schutzbedürftigkeit von Verletzten der Straftat und wegen des besonderen Umfangs Anklage beim LG erhoben werden darf; diese Erweiterung gilt nicht für bei Inkrafttreten des 1.OpferRRG bereits laufende Verfahren.

Übergangsregelung zum Gesetz zur Novellierung der forensischen DNA-Analyse

11 Für die nach dem DNA-Identitätsfeststellungsgesetz vom 7. September 1998 (BGBl. I S. 2646), das zuletzt durch Artikel 4 des Gesetzes vom 27. Dezember 2003 (BGBl. I S. 3007) geändert worden ist, erhobenen und verwendeten Daten finden ab dem 1. November 2005 die Regelungen der Strafprozessordnung Anwendung.

Übergangsregelung zum Gesetz zur Einführung einer Speicherpflicht und einer Höchstspeicherfrist für Verkehrsdaten

12 I Nach § 96 Absatz 1 Satz 1 Nummer 1 des Telekommunikationsgesetzes gespeicherte Standortdaten dürfen erhoben werden bis zum 29. Juli 2017 auf der Grundlage des § 100g Absatz 1 der Strafprozessordnung in der bis zum Inkrafttreten des Gesetzes zur Einführung einer Speicherpflicht und einer Höchstspeicherfrist für Verkehrsdaten vom 10. Dezember 2015 (BGBl. I S. 2218) geltenden Fassung.

II ¹Die Übersicht nach § 101b der Strafprozessordnung in der Fassung des Artikels 1 des Gesetzes vom 10. Dezember 2015 (BGBl. I S. 2218) ist erstmalig für das Berichtsjahr 2018 zu erstellen. ²Für die vorangehenden Berichtsjahre ist § 100g Absatz 4 der Strafprozessordnung in der bis zum Inkrafttreten des Gesetzes zur Einführung einer Speicherpflicht und einer Höchstspeicherfrist für Verkehrsdaten geltenden Fassung anzuwenden.

1) § 12 trifft **zwei Übergangsregelungen,** die darauf beruhen, dass die Speicher- 1 pflicht nach den §§ 113b ff TKG gem § 150 XIII S 1 TKG nicht mit Inkrafttreten des Ges zur Einführung einer Speicherpflicht und einer Höchstspeicherfrist für Verkehrsdaten vom 10.12.2015 am Tag nach der Verkündung (BGBl I S 2218, Art 8) umgesetzt werden kann, sondern erst spätestens 18 Monate danach zu erfüllen ist (vgl BT-Drucks 18/5088 S 48).

2) **Gespeicherte Standortdaten** durften nach I noch bis zum 29.7.2017 auf der 2 Grundlage von § 100g StPO aF, erhoben werden, um bis dahin überhaupt ihre Erhebung zu ermöglichen (siehe 23a zu § 100g).

3) Darüber hinaus war die **Übersicht nach § 101b StPO** gem II S 1 erstmals für 3 das Berichtsjahr 2018 zu erstellen, da die Speicherpflicht grundsätzlich erst ab dem 1.7.2017 zu erfüllen war; in der Zwischenzeit gilt § 100g IV StPO aF (II S 2).

Schmitt

Anh 1 EGStPO §§ 13, 14

Übergangsvorschrift zum Gesetz zur Novellierung des Rechts der Unterbringung in einem psychiatrischen Krankenhaus gemäß § 63 des Strafgesetzbuches und zur Änderung anderer Vorschriften

13 ¹Auf am 1. August 2016 bereits anhängige Vollstreckungsverfahren ist § 463 Absatz 4 Satz 2 und 8 der Strafprozessordnung in der seit dem 1. August 2016 geltenden Fassung erst ab dem 1. August 2018 anwendbar; die Pflicht des Gerichts zur Sachaufklärung, namentlich für die nach § 67d Absatz 6 Satz 2 und 3 des Strafgesetzbuches in der seit dem 1. August 2016 geltenden Fassung gebotenen Überprüfungen, bleibt unberührt. ²§ 463 Absatz 4 Satz 3 und 4 der Strafprozessordnung in der seit dem 1. August 2016 geltenden Fassung ist auf am 1. August 2016 bereits anhängige Vollstreckungsverfahren erst ab dem 1. Februar 2017 anwendbar. ³Bis zur Anwendbarkeit des neuen Rechts nach Satz 1 ist § 463 Absatz 4 Satz 1 und 5 der Strafprozessordnung und bis zur Anwendbarkeit des neuen Rechts nach Satz 2 ist § 463 Absatz 4 Satz 2 der Strafprozessordnung für die genannten Vollstreckungsverfahren in der jeweils am 31. Juli 2016 geltenden Fassung weiter anzuwenden.

Übergangsregelung zum Gesetz zur Reform der strafrechtlichen Vermögensabschöpfung

14 Das Gesetz zur Reform der strafrechtlichen Vermögensabschöpfung vom 13. April 2017 (BGBl. I S. 872) gilt nicht für Verfahren, in denen bis zum Inkrafttreten dieses Gesetzes im Urteil oder Strafbefehl festgestellt wurde, dass deshalb nicht auf Verfall erkannt wird, weil Ansprüche eines Verletzten im Sinne des § 73 Absatz 1 Satz 2 des Strafgesetzbuches entgegenstehen.

1   Die Übergangsregelung betrifft **ausschließlich** Verfahren, in denen das Gericht bis zum Inkrafttreten des Gesetzes zur Reform der strafrechtlichen Vermögensabschöpfung am 1. Juli 2017 (BGBl. I S 872, 894) nach § 111i II S 1 StPO aF den Ausschluss des Verfalls aufgrund § 73 I S 2 StGB aF festgestellt hat (vgl. Voraufl Anm zu § 111i StPO). Da die Feststellung die **materiell-rechtliche Grundentscheidung** für die aufschiebend bedingte Verfallanordnung zugunsten des Staates ("Auffangrechtserwerb") darstellt (BGH NJW 08, 1093, 1094), ordnet die Übergangsvorschrift die Fortgeltung des alten Rechts an, weil ansonsten eine Regelungslücke entstünde. Die Regelung betrifft nicht nur rechtskräftige Entscheidungen, sondern jedes Verfahren, in dem bis zum Inkrafttreten des neuen Rechts der strafrechtlichen Vermögensabschöpfung die Feststellung nach § 111i II S 1 StPO aF getroffen worden war – unabhängig davon, ob das Verfahren bis zum 1. Juli 2017 rechtskräftig abgeschlossen wurde oder nicht (BT-Drucks 18/9525 S 98; BGH NStZ-RR 17, 342).

2   In allen **anderen Verfahren** gilt – mangels einer anderen gesetzlichen Bestimmung – der **allgemeine Grundsatz** des Strafverfahrensrecht, wonach **neues Verfahrensrecht** auch für bereits anhängige Verfahren gilt (BGHSt 22, 321, 325; 4 zu § 354a StPO; KK-Gericke 5 zu § 354a StPO). Art 316h S 2 **EGStGB** gilt nicht für das Prozessrecht (Hamm StraFo **18**, 63; so auch implizit BGH 3 StR 300/17 vom 24.8.17; 4 StR 286/17 vom 2.11.17 – Anwendung des der Reform neu eingeführten § 421 StPO auf „Altfälle"; erg 4 zu Art 316h **EGStGB**), auch nicht für Verfahren, in denen die Feststellung nach § 111i II S 1 StPO unterblieben ist (BGH 5 StR 185/18 vom 23.10.2018).

Übergangsregelung zum Gesetz zur Einführung der elektronischen Akte in der Justiz und zur weiteren Förderung des elektronischen Rechtsverkehrs; Verordnungsermächtigungen

15 ¹Die Bundesregierung und die Landesregierungen können jeweils für ihren Bereich durch Rechtsverordnung bestimmen, dass die Einreichung elektronischer Dokumente abweichend von § 32a der Strafprozessordnung erst zum 1. Januar des Jahres 2019 oder 2020 möglich ist und § 41a der Strafprozessordnung in der am 31. Dezember 2017 geltenden Fassung bis jeweils zum 31. Dezember des Jahres 2018 oder 2019 weiter Anwendung findet. ²Sie können die Ermächtigung nach Satz 1 durch Rechtsverordnung auf die zuständigen Bundes- oder Landesministerien übertragen.

Übergangsregelung zum Gesetz zur effektiveren und praxistauglicheren Ausgestaltung des Strafverfahrens

16 Die Übersichten nach § 101b der Strafprozessordnung sind erstmalig für das Berichtsjahr 2019 zu erstellen. Für die vorangehenden Berichtsjahre sind § 100b Absatz 6, § 100e Absatz 2 und § 101b Nummer 2 der Strafprozessordnung in der bis zum 23. August 2017 geltenden Fassung weiter anzuwenden.

Übergangsregelung zum Gesetz zur Umsetzung der Richtlinie (EU) 2016/680 im Strafverfahren sowie zur Anpassung datenschutzrechtlicher Bestimmungen an die Verordnung (EU) 2016/679 und zu § 76 des Bundesdatenschutzgesetzes vom 30. Juni 2017

17 I ¹Für vor dem 6. Mai 2016 eingerichtete automatisierte Verarbeitungssysteme sind die durch das Gesetz zur Umsetzung der Richtlinie (EU) 2016/680 im Strafverfahren sowie zur Anpassung datenschutzrechtlicher Bestimmungen an die Verordnung (EU) 2016/679 vom 20. November 2019 (BGBl. S. 1724) neu gefassten Vorgaben zur Protokollierung in den §§ 488 und 493 der Strafprozessordnung sowie in § 76 des Bundesdatenschutzgesetzes vom 30. Juni 2017 (BGBl. I S. 2097) erst ab dem 6. Mai 2023 anzuwenden. ²Bis zum 5. Mai 2023 sind für vor dem 6. Mai 2016 eingerichtete automatisierte Abrufverfahren die Vorschriften zur Protokollierung des § 488 Absatz 3 der Strafprozessordnung in der bis zum Inkrafttreten des Gesetzes zur Umsetzung der Richtlinie (EU) 2016/680 im Strafverfahren sowie zur Anpassung datenschutzrichtlicher Bestimmungen an die Verordnung (EU) 2016/679 geltenden Fassung anzuwenden.

II Für die IT-Anwendungen der Staatsanwaltschaften und Gerichte zur Verarbeitung und Verwaltung von Verfahrensdaten (Fachverfahren) tritt an die Stelle des 6. Mai 2023 in Absatz 1 Satz 1 der 6. Mai 2026 und an die Stelle des 5. Mai 2023 in Absatz 1 Satz 2 der 5. Mai 2026.

Die Übergangsregelung stellt den mit den neu geregelten Protokollierungs- 1 pflichten einhergehenden technischen Anpassungsbedarf in Rechnung. Zu berücksichtigen waren insbesondere die zeitgleich stattfindenden Arbeiten zur Einführung der elektronischen Akte in Straf- und Bußgeldsachen (BT-Drucks 19/4671 S 81 f). Sie betrifft lediglich automatisierte Verarbeitungssysteme (I) und IT-Anwendungen der StA und Gerichte im Fachverfahren (II), die vor 6.5.2016 eingerichtet worden sind.

I betrifft automatisierte Verarbeitungssysteme; hier ist § 488 III StPO aF längs- 2 tens bis zum 5.5.2023 anzuwenden. II regelt die Fortgeltung der früheren Protokollierungsvorschrift bis 5.5.2026 für IT-Anwendungen der StA und Gerichte im Fachverfahren. Grund für die im Vergleich zu I längere Frist ist, dass die Länder sich entschieden haben, ein vollständig neues, fachbereichsübergreifendes Fachverfahren zu entwickeln (BT-Drucks aaO).

2. Einführungsgesetz zum Gerichtsverfassungsgesetz

Vom 27. Januar 1877 (RGBl 77; BGBl III 300-1), letztes ÄndG vom 12.12.2019 (BGBl I S. 2633)

Erster Abschnitt. Allgemeine Vorschriften

1 *(aufgehoben)*

[Anwendungsgebiet]

2 Die Vorschriften des Gerichtsverfassungsgesetzes finden auf die ordentliche Gerichtsbarkeit und deren Ausübung Anwendung.

1) Zur **ordentlichen Gerichtsbarkeit** gehört auch die Strafrechtspflege (1 zu § 3 EGStPO); der Strafprozess ist freilich kein Parteiverfahren (Einl 9, 10). In Jugendsachen gilt das GVG nur, soweit das JGG nichts anderes bestimmt (§ 2 II **JGG**). 1

Übertragung der Gerichtsbarkeit]

3 ¹ ¹ Die Gerichtsbarkeit in bürgerlichen Rechtsstreitigkeiten und Strafsachen, für welche besondere Gerichte zugelassen sind, kann den ordentlichen Landesgerichten durch die Landesgesetzgebung übertragen werden. ² Die Übertragung darf nach anderen als den durch das Gerichtsverfassungsgesetz vorgeschriebenen Zuständigkeitsnormen erfolgen.

ᴵᴵ *(aufgehoben)*

ᴵᴵᴵ *(betrifft bürgerliche Rechtsstreitigkeiten)*

4 *(aufgehoben)*

[Sondervorschrift für Stadtstaaten]

4a ¹ ¹ Die Länder Berlin und Hamburg bestimmen, welche Stellen die Aufgaben erfüllen, die im Gerichtsverfassungsgesetz den Landesbehörden, den Gemeinden oder den unteren Verwaltungsbezirken sowie deren Vertretungen zugewiesen sind. ² Das Land Berlin kann bestimmen, dass die Wahl der Schöffen und Jugendschöffen bei einem gemeinsamen Amtsgericht stattfindet, bei diesem mehrere Schöffenwahlausschüsse gebildet werden und deren Zuständigkeit sich nach den Grenzen der Verwaltungsbezirke bestimmt.

ᴵᴵ *(aufgehoben)*

1) **Berlin** hat von der Ermächtigung des I S 2 Gebrauch gemacht und nach § 6a seines AGGVG die Schöffenwahl beim AG Tiergarten konzentriert und dort entspr Schöffenwahlausschüsse gebildet. 1

5 *(gegenstandslos)*

[Übergangsvorschrift für das Recht der ehrenamtlichen Richter]

6 ᴵ Vorschriften über die Wahl oder Ernennung ehrenamtlicher Richter in der ordentlichen Gerichtsbarkeit einschließlich ihrer Vorbereitung, über die Voraussetzung hierfür, die Zuständigkeit und das dabei einzuschlagende Verfahren sowie über die allgemeinen Regeln über Auswahl und Zuziehung dieser ehrenamtlichen Richter zu den einzelnen Sitzungen sind erstmals auf die erste Amtsperiode der ehrenamtlichen Richter anzuwenden, die nicht früher als am ersten Tag des auf ihr Inkrafttreten folgenden zwölften Kalendermonats beginnt.

II Vorschriften über die Dauer der Amtsperiode ehrenamtlicher Richter in der ordentlichen Gerichtsbarkeit sind erstmals auf die erste nach ihrem Inkrafttreten beginnende Amtsperiode anzuwenden.

1 1) **Allgemeine Übergangsvorschriften** für alle Gesetze, mit denen künftig das Recht der ehrenamtlichen Richter in der ordentlichen Gerichtsbarkeit geändert wird, enthält die Vorschrift. Dadurch soll vermieden werden, dass jeweils neue Übergangsvorschriften für jedes einzelne Änderungsgesetz geschaffen werden müssen.

2 2) Für **Vorschriften über die Wahl oder Ernennung** der ehrenamtlichen Richter enthält I eine Anwendungsregelung. Die Schutzfrist von 12 Monaten soll sicherstellen, dass ausreichend Zeit für die Vorbereitung und Durchführung der Wahl oder Ernennung bleibt.

3 3) **Neue Vorschriften über die Dauer der Amtsperioden** sind nach II nicht für die laufenden Amtsperioden anzuwenden.

7 *(gegenstandslos)*

8 *(betrifft bürgerliche Rechtsstreitigkeiten)*

[Zuständigkeitskonzentration; Oberstes Landesgericht]

9
¹Durch die Gesetzgebung eines Landes, in dem mehrere Oberlandesgerichte errichtet werden, können der zur Zuständigkeit der Oberlandesgerichte gehörenden Entscheidungen in Strafsachen oder in Verfahren nach dem Gesetz über die internationale Rechtshilfe in Strafsachen ganz oder teilweise ausschließlich einem der mehreren Oberlandesgerichte oder an Stelle eines solchen Oberlandesgerichts dem Obersten Landesgericht zugewiesen werden. ²Dem Obersten Landesgericht können auch die zur Zuständigkeit eines Oberlandesgerichts nach § 120 des Gerichtsverfassungsgesetzes gehörenden Entscheidungen zugewiesen werden.

1 1) Ein **ObLG** war nur in Bayern errichtet (Art 11 BayAGGVG); ihm waren die erstinstanzlichen Strafsachen des § 120 GVG (II Nr 1), die OLG-Revisionssachen für Bayern (II Nr 2) und die Rechtsbeschwerdesachen im Bußgeldverfahren (II Nr 3) übertragen; es hatte ferner die Zuständigkeit nach § 35 S 2 (II Nr 4). Das traditionsreiche, fast 400 Jahre alte BayObLG wurde zum 30.6.2006 aufgelöst (GVBl **04**, 400); damit wurde eine in jeder Hinsicht bewährte Institution, die für eine einheitliche Rechtsprechung in Bayern sorgte, aus rein fiskalischen Gründen beseitigt (vgl Kruis NJW **04**, 640). Gegen die Auflösung gerichtete Anträge wurden vom BayVerfGH abgewiesen (NJW **05**, 3699). Die Entscheidung über die Rechtsbeschwerden auf Grund des WiStG, des OWiG oder einer hierauf verweisenden Vorschrift wurde allerdings auch für den Bezirk der beiden anderen bayer. OLGe (München und Nürnberg) dem OLG Bamberg zugewiesen (Art 11b BayAGGVG).

2 2) **Zuständigkeitskonzentration bei einem OLG:** Für Entscheidungen über Beschwerden nach § 57a StGB, § 454 II StPO sind zuständig: Celle in Niedersachsen (G vom 27.6.1982, GVBl 295), Hamm in NW (G vom 6.4.1982, GVNW 170), Karlsruhe in BW (§ 44 BWAGGVG), Koblenz in RP (§ 4 III Nr 1 RPGerOrgG).

3) **Ergänzende Vorschriften:** §§ 83, 92 GWB für KartellOWien, § 25 II für die gerichtliche Nachprüfung von VerwAen, § 37 IV iVm § 25 II für das Anfechtungsverfahren bei Kontaktsperre und § 4 III BinSchVfG.

[Anwendbare Vorschriften]

10 ¹ Die allgemeinen sowie die in § 116 Abs. 1 Satz 2, §§ 124, 130 Abs. 1 und § 181 Abs. 1 enthaltenen besonderen Vorschriften des Gerichtsverfassungsgesetzes finden auf die obersten Landesgerichte der ordentlichen Gerichtsbarkeit entsprechende Anwendung; ferner sind die Vorschriften der §§ 132, 138 des Gerichtsverfassungsgesetzes mit der Maßgabe entsprechend anzuwenden, daß durch Landesgesetz die Zahl der Mitglieder der Großen Senate anderweitig geregelt oder die Bildung eines einzigen großen Senats angeordnet werden kann, der aus dem Präsidenten und mindestens acht Mitgliedern zu bestehen hat und an die Stelle der Großen Senate für Zivilsachen und für Strafsachen sowie der Vereinigten Großen Senate tritt.

II Die Besetzung der Senate bestimmt sich in Strafsachen, in Grundbuchsachen und in Angelegenheiten der freiwilligen Gerichtsbarkeit nach den Vorschriften über die Oberlandesgerichte, im übrigen nach den Vorschriften über den Bundesgerichtshof.

1) Die **Verfassung des ObLG** wird der Verfassung des BGH angeglichen. In der Besetzung und auch sonst, soweit sich aus § 10 nichts anderes ergibt, bleibt das ObLG ein OLG. Keine erweiternde Auslegung von II auf uU vergleichbare Fälle, wie zB einen Beschluss nach § 441 StPO; Besetzung mit drei Richtern (Bay AfP **87**, 690). Beim BayObLG (1 zu § 9) waren entspr § 132 GVG Große Senate für Zivil- und Strafsachen errichtet.

11 *(aufgehoben)*

Zweiter Abschnitt. Verfahrensübergreifende Mitteilungen von Amts wegen

Vorbemerkungen

1) Das **Justizmitteilungsgesetz** und Gesetz zur Änderung kostenrechtlicher Vorschriften und anderer Gesetze (JuMiG) vom 18. Juni 1997 (BGBl I 1430) hat in Art 1 das EGGVG in Abschnitte eingeteilt und die Bestimmungen des 2. Abschnitts neu eingefügt. Die Änderungsvorschriften in den Art 2 bis 31 JuMiG implementierten – grundsätzlich vorrangige – bereichsspezifische Übermittlungsvorschriften in eine Vielzahl von Gesetzen (Wollweber NJW **97**, 2488). Dort oder in anderen Spezialvorschriften (vgl zB 2 zu § 13) nicht erfasste verfahrensübergreifende Mitteilungen (Übermittlung personenbezogener Daten) durch Gerichte der ordentlichen Gerichtsbarkeit und Staatsanwaltschaften an öffentliche Stellen des Bundes oder eines Landes von Amts wegen (nicht auf Ersuchen, vgl §§ 474 ff StPO) sind – begrenzt auf das unbedingt Erforderliche (das betont auch BGH ZIP **08**, 466) – im 2. Abschnitt des EGGVG geregelt worden. Den verfahrensrechtlichen Vorkehrungen (unten 4) kann aber auch in den bereichsspezifisch – auch landesrechtlich – vorgesehenen Mitteilungen Bedeutung zukommen, soweit die Vorschriften über das Verfahren der übermittelnden Stelle keine datenschutzrechtlichen Regelungen enthalten (Wollweber aaO 2489).

2) Auf eine **verfassungsrechtlich einwandfreie gesetzliche Grundlage** soll durch das JuMiG die Übermittlung personenbezogener Daten durch die Gerichte der ordentlichen Gerichtsbarkeit und die Staatsanwaltschaften gestellt werden (vgl BVerfG NJW

Anh 2 EGGVG § 12 Anhang

15, 610). Das vom BVerfG in seiner Entscheidung vom 15. Dezember 1983 zum Volkszählungsgesetz 1983 (BVerfGE **65**, 1) aus dem allgemeinen Persönlichkeitsrecht entwickelte Recht auf „informationelle Selbstbestimmung", das den einzelnen gegen unbegrenzte Erhebung, Speicherung, Verwendung und Weitergabe seiner persönlichen Daten schützt, umfasst die Übermittlung staatlicher Entscheidungen, die eine Person betreffen (BVerfGE **78**, 77, 84). Wegen der Gemeinschaftsbezogenheit und Gemeinschaftsgebundenheit der Person muss der einzelne Einschränkungen im überwiegenden Allgemeininteresse hinnehmen (BVerfGE **65**, 1, 43; **80**, 367, 373); strafrechtlich relevante Verhaltensweisen berühren Belange der Allgemeinheit (BVerwG NJW **90**, 2765, 2766). Eingriffe in das Recht auf „informationelle Selbstbestimmung" bedürfen jedoch einer gesetzlichen Grundlage, die dem Gebot der Normenklarheit und dem Grundsatz der Verhältnismäßigkeit genügt sowie die organisatorischen und verfahrensrechtlichen Vorkehrungen enthält, die der Gefahr einer Verletzung des Persönlichkeitsrechts entgegenwirken (BVerfGE **65**, 1, 44).

3 3) Bewusst auf **Mitteilungsermächtigungen** beschränkt sich das Gesetz; die Begründung von Mitteilungspflichten bleibt, soweit diese nicht spezialgesetzlich bestehen (vgl auch §§ 20, 21), Verwaltungsvorschriften im Wege der Normenkonkretisierung und Ermessensbindung vorbehalten (8, 9 zu § 12). Nach Auffassung des Gesetzgebers (BT-Drucks 13/4709 S 18) entspricht die Anknüpfung an das „bewährte System" der einschlägigen Regelungen (insbesondere der MiStra) dem verfassungsrechtlichen Erfordernis, dass „für jeden klar und erkennbar bestimmt (ist), in welchen Fällen eine Mitteilung rechtmäßig erfolgen kann" (krit unter Hinweis auf die eingeschränkte Pflicht zur Unterrichtung Betroffener von Amts wegen in § 21 Wollweber NJW **97**, 2489).

4 4) Die **wesentlichen verfahrensrechtlichen Vorkehrungen,** die der Gefahr einer Verletzung des Persönlichkeitsrechts entgegenwirken (oben 2), sind die Zweckbindung (§ 19 I, 18 I S 2), die Prüfungs- und Rücksendepflicht (§ 19 II), die Nachberichts- und Korrekturpflicht (§ 20), die Auskunfts- und Unterrichtungspflicht (§ 21) und die Gewährung effektiven Rechtsschutzes (§ 22).

[Anwendungsbereich; Verantwortung]

12 I 1 Die Vorschriften dieses Abschnitts gelten für die Übermittlung **personenbezogener Daten von Amts wegen durch Gerichte der ordentlichen Gerichtsbarkeit und Staatsanwaltschaften an öffentliche Stellen des Bundes oder eines Landes für andere Zwecke als die des Verfahrens, für die die Daten erhoben worden sind.** [2] Besondere Rechtsvorschriften des Bundes oder, wenn die Daten aus einem landesrechtlich geregelten Verfahren übermittelt werden, eines Landes, die von den §§ 18 bis 22 abweichen, gehen diesen Vorschriften vor.

II Absatz 1 gilt entsprechend für die Übermittlung personenbezogener Daten an Stellen der öffentlich-rechtlichen Religionsgesellschaften, sofern sichergestellt ist, daß bei dem Empfänger ausreichende Datenschutzmaßnahmen getroffen werden.

III Eine Übermittlung unterbleibt, wenn ihr eine besondere bundes- oder entsprechende landesgesetzliche Verwendungsregelung entgegensteht.

IV Die Verantwortung für die Zulässigkeit der Übermittlung trägt die übermittelnde Stelle.

V [1] Das Bundesministerium der Justiz und für Verbraucherschutz kann mit Zustimmung des Bundesrates allgemeine Verwaltungsvorschriften zu den nach diesem Abschnitt zulässigen Mitteilungen erlassen. [2] Ermächtigungen zum Erlaß von Verwaltungsvorschriften über Mitteilungen in besonderen Rechtsvorschriften bleiben unberührt.

1 1) Den **Anwendungsbereich** der Vorschriften des 2. Abschnitts regelt I.

A. **Für Übermittlungen von Amts wegen** durch die Gerichte der ordentl. Gerichtsbarkeit (einschließlich der Arbeitsgerichte, Art 14 JuMiG) und der StAen gelten die Vorschriften des 2. Abschnitts (I S 1). Nach der Begründung des Gesetzentwurfs der Bundesregierung (BT-Drucks 13/4709 S 19) zählen Gerichtsvollzieher wegen ihrer eigenständigen Stellung nicht zu den Gerichten. Wer im jeweiligen Verfahrensstadium mitteilungspflichtige Stelle und dort funktionell zuständig ist, ergibt sich für den Anwendungsbereich der MiStra aus deren Nr 4 (vgl unten 8, 9).

B. Die für die **Empfänger der Daten** verwendete Bezeichnung „öffentliche Stellen des Bundes oder eines Landes" übernimmt die Begriffsbestimmung in § 2 BDSG: Gerichte, Behörden, andere öffentlich-rechtlich organisierte Einrichtungen des Bundes, der Länder, der Gemeinden und der Gemeindeverbände, ferner bundesunmittelbare Körperschaften, Anstalten und Stiftungen des öffentlichen Rechts sowie sonstige der Aufsicht eines Landes unterstehende juristische Personen des öffentlichen Rechts, jeweils einschließlich deren Vereinigungen ungeachtet ihrer Rechtsform. Hinzu kommen nichtöffentliche Stellen, soweit sie hoheitliche Aufgaben der öffentlichen Verwaltung wahrnehmen (zB die Post-Aktiengesellschaften nach Art 143b III GG iVm § 1 I des Postpersonalrechtsgesetzes). Adressat der Mitteilung können nach II ferner Stellen der öffentlich-rechtlichen Religionsgesellschaften sein. Bei den in Betracht kommenden kirchlichen Körperschaften des öffentlichen Rechts ist die Datensicherheit gewährleistet (KK-Mayer 8). Die Empfänger haben weitere Schritte in eigener Zuständigkeit zu prüfen (BGH ZIP 08, 466: Insolvenzvergehen eines Insolvenzverwalters). Transnationale Datenübermittlungen von Amts wegen sehen zB §§ 61a, 92 IRG vor.

C. **Personenbezogene Daten** unmittelbar am Verfahren beteiligter, aber auch am Verfahren unbeteiligter Personen sind Gegenstand der Übermittlung. Der Begriff wird vom JuMiG vorausgesetzt. Nach § 3 I BDSG sind dies Einzelangaben über persönliche oder sachliche Verhältnisse einer bestimmten oder bestimmbaren natürlichen Person (Betroffener); sie müssen für Zwecke des Verfahrens, aus dem die Mitteilung erfolgen soll, erhoben worden sein (vgl 2 zu § 14).

D. **Nicht erfasst** sind Übermittlungen auf Ersuchen an nicht-öffentliche Stellen (vgl aber oben 3) und Privatpersonen; insoweit ergeben sich die Rechtsgrundlagen aus den einzelnen Verfahrensgesetzen, etwa den §§ 474 ff StPO, und aus bereichsspezifischen Regelungen. Mitteilungen „für andere Zwecke" (als die des Verfahrens vor der übermittelnden Stelle) liegen nicht vor bei Übermittlungen an im Verfahren mitwirkende Stellen einschließlich der über- und untergeordneten Instanzgerichte sowie zur Wahrnehmung von Aufsichtsbefugnissen oder zu Ausbildungs- und Prüfungszwecken (vgl § 23 I Nr 6 BDSG). Soweit bereichsspezifisch geregelte Übermittlungen besondere, von den §§ 18 bis 22 abweichende – auch landesrechtliche – Bestimmungen enthalten, verdrängen sie gemäß I S 2 die subsidiär geltenden (1 vor § 12) Vorschriften des 2. Abschnitts, zB § 30 AO.

2) Besondere **Verwendungsregelungen** (III) einschließlich der Übermittlungsverbote schließen eine Mitteilung der geschützten Daten aus. Erfasst sind zB besondere Amts- und Berufsgeheimnisse sowie das Steuer- (§ 30 I, IV **AO**) und das in § 35 SGB I, §§ 67 ff SGB X geregelte Sozialgeheimnis (vgl Lührs MDR **96**, 21; 3 zu § 98b StPO), ferner §§ 311, 338 FamFG (vgl BT-Drucks 13/4709 S 20, 31 zu den Vorgängervorschriften in §§ 69n, 70n FGG), aber auch landesrechtliche Geheimhaltungspflichten, etwa in den Landesstatistik- und Kommunalabgabengesetzen. Das an den Ablauf der Tilgungsfristen des § 46 **BZRG** anknüpfende Verwertungsverbot der §§ 51, 52, 63 IV **BZRG** wird im Allgemeinen erst vom Empfänger zu beachten sein (SK-Weßlau 7 zu § 477).

3) Die **Verantwortung der übermittelnden Stelle** für die Zulässigkeit von Mitteilungen von Amts wegen (IV) entspricht datenschutzrechtlichen Grundsätzen (vgl § 15 II S 1 BDSG).

4) **Zu V**: Durch allgemeine Justizverwaltungsvorschriften soll im Interesse der Praxis und einer in den wesentlichen Punkten bundeseinheitlichen Regelung eine Aufsplitte-

rung in bundes- und landesrechtliche Bestimmungen vermieden werden. Die Begründung von Mitteilungspflichten durch den Erlass einheitlicher Verwaltungsvorschriften des Bundes und der Länder entspricht der auf Mitteilungsermächtigungen (3 vor § 12) beschränkten Regelungssystematik des 2. Abschnitts.

9 Die zwischen den Landesjustizverwaltungen und dem BMJ vereinbarte Neufassung der **Anordnung über Mitteilungen in Strafsachen (MiStra)** ist am 1.6.2008 in Kraft getreten (Anh **A 13**). Mitteilungspflichten können sich auch aus anderen Verwaltungsvorschriften ergeben (zB RiStBV, RiVASt, StVollstrO; vgl die Zusammenstellung im Anh der MiStra). Nicht geregelten Einzelfällen kann durch Entscheidungen auf der Grundlage gesetzlicher Befugnisse (zB § 17) Rechnung getragen werden.

[Übermittlungsvoraussetzungen]

13 [I] Gerichte und Staatsanwaltschaften dürfen personenbezogene Daten zur Erfüllung der in der Zuständigkeit des Empfängers liegenden Aufgaben übermitteln, wenn
1. eine besondere Rechtsvorschrift dies vorsieht oder zwingend voraussetzt,
2. die betroffene Person eingewilligt hat,
3. offensichtlich ist, daß die Übermittlung im Interesse der betroffenen Person liegt, und kein Grund zu der Annahme besteht, daß sie in Kenntnis dieses Zwecks ihre Einwilligung verweigern würde,
4. die Daten auf Grund einer Rechtsvorschrift von Amts wegen öffentlich bekanntzumachen sind oder in ein von einem Gericht geführtes, für jedermann unbeschränkt einsehbares öffentliches Register einzutragen sind oder es sich um die Abweisung des Antrags auf Eröffnung des Insolvenzverfahrens mangels Masse handelt oder
5. auf Grund einer Entscheidung
 a) bestimmte Rechtsfolgen eingetreten sind, insbesondere der Verlust der Rechtsstellung aus einem öffentlich-rechtlichen Amts- oder Dienstverhältnis, der Ausschluß vom Wehr- oder Zivildienst, der Verlust des Wahlrechts oder der Wählbarkeit oder der Wegfall von Leistungen aus öffentlichen Kassen, und
 b) die Kenntnis der Daten aus der Sicht der übermittelnden Stelle für die Verwirklichung der Rechtsfolgen erforderlich ist;
dies gilt auch, wenn auf Grund der Entscheidung der Erlaß eines Verwaltungsaktes vorgeschrieben ist, ein Verwaltungsakt nicht erlassen werden darf oder wenn die betroffene Person ihr durch Verwaltungsakt gewährte Rechte auch nur vorläufig nicht wahrnehmen darf.

[II] [1] In anderen als in den in Absatz 1 genannten Fällen dürfen Gerichte und Staatsanwaltschaften personenbezogene Daten zur Erfüllung der in der Zuständigkeit des Empfängers liegenden Aufgaben einschließlich der Wahrnehmung personalrechtlicher Befugnisse übermitteln, wenn eine Übermittlung nach den §§ 14 bis 17 zulässig ist und soweit nicht für die übermittelnde Stelle offensichtlich ist, daß schutzwürdige Interessen der betroffenen Person an dem Ausschluß der Übermittlung überwiegen. [2] Übermittelte Daten dürfen auch für die Wahrnehmung der Aufgaben nach dem Sicherheitsüberprüfungsgesetz oder einem entsprechenden Landesgesetz verarbeitet werden.

1 1) I ermächtigt Gerichte und StAen in den dort genannten 5 Fallgruppen personenbezogene Daten zur Erfüllung von Aufgaben zu übermitteln, die in der – durch Rechtsnorm begründeten – Zuständigkeit des Empfängers (3 zu § 12) liegen.

2 Nr 1 stellt klar, dass bereichsspezifisch – auch landesrechtlich – geregelte oder zwingend vorausgesetzte Übermittlungen nicht eingeschränkt werden. Das gilt etwa für § 8 II AsylVfG, §§ 87, 88 AufenthG, § 27 III, IV BtMG, § 18 I und II BVerfSchG, § 8 I und II BNDG, § 64a II BNotO, § 36 II BRAO (vgl BGH ZIP **08**, 466 zu MiStra 23 aF), §§ 9, 34a EuRAG, § 4 V S 1 Nr 10 S 2, 4 EStG, § 311 FamFG, § 15 II GwG,

§ 84a II WiPrO und § 34 Zahlungsdiensteaufsichtsgesetz. **Nr 2** entspricht allgemeinen datenschutzrechtlichen Grundsätzen; die Einwilligung bedarf keiner Form. **Nr 3** enthält insbesondere die Rechtsgrundlage für die Mitteilung der Einstellung des Verfahrens oder des Freispruchs des Angeklagten an die öffentliche Stelle, die das Strafverfahren veranlasst hat (zum Maßstab der Offensichtlichkeit vgl unten 7). Der Wortlaut („dieses Zwecks") soll klarstellen, dass mit dem Zweck der Übermittlung die in der Zuständigkeit des Empfängers liegenden Aufgaben gemeint sind (BT-Drucks 13/7489 S 54).

Nr 4 greift einen auf Art 5 I S 1 GG beruhenden Rechtsgedanken auf. Auch die Übermittlung zuvor bereits öffentlich bekanntgemachter Daten bedarf einer gesetzlichen Grundlage (vgl BVerfGE **78**, 77, 85). Gesetzlich vorgeschrieben ist eine Bekanntmachung etwa bei Vermögensbeschlagnahmen in Strafsachen nach § 291 StPO (dort 1, 2), sonst zB in §§ 50 I, 66 I, 1562, 1983 BGB, § 435 FamFG, §§ 39, 40 ZVG, §§ 23 I, 30 I InsO. Insoweit reicht aus, dass die Übermittlung zur Erfüllung der in der Zuständigkeit des Empfängers liegenden Aufgaben erfolgt. Allgemein zugängliche Register sind zB das Vereinsregister (§ 79 I S 1 BGB), das Güterrechtsregister (§ 1563 BGB), das Handelsregister (§ 9 I HGB) und das Register nach § 20 AGBG; es genügt nicht, dass der Empfänger – wie beim Grundbuch nach § 12 GBO – ein Recht auf Einsicht hat (BT-Drucks 13/4709 S 25, 40, 54; 7/7489 S 54). Die Abweisung des Antrags auf Eröffnung des Insolvenzverfahrens mangels Masse darf mitgeteilt werden, obwohl die Entscheidung nicht öffentlich bekanntgemacht wird und das Schuldnerverzeichnis nicht unbeschränkt einsehbar ist (§ 26 II InsO iVm § 915b ff ZPO).

Nr 5 betrifft die Fälle, in denen Rechtsfolgen an eine Entscheidung – sei es nach ihrem Inhalt, sei es auf Grund von Rechtsvorschriften – geknüpft sind und die Mitteilung – aus der Sicht der übermittelnden Stelle – erforderlich ist, um deren Beachtung und Umsetzung zu gewährleisten. Die Rechtsfolgen können bundesrechtlich (zB § 45 StGB; § 41 BBG; § 24 BeamtStG; § 61 I S 1 Nr 4 des Beamtenversorgungsgesetzes), landesrechtlich oder in Satzungen von Selbstverwaltungskörperschaften angeordnet sein (vgl BT-Drucks 13/4709 S 23: Erlöschen der Zusatzversorgung durch die Versorgungsanstalt des Bundes und der Länder nach § 42 III S 1 ihrer Satzung, wenn der Betroffene wegen einer vorsätzlichen Tat zu einer Freiheitsstrafe von mindestens 2 Jahren – wegen bestimmter Staatsschutzdelikte mindestens 6 Monaten – verurteilt worden ist). Die Übermittlungsermächtigung besteht nach dem 2. Hs auch, wenn die Rechtsfolge zusätzlich von einem Verwaltungsakt abhängt oder dessen Erlass ausschließt, ferner zB, wenn ein Führerschein, den der Beschuldigte freiwillig ohne vorläufige Entziehung nach § 111a StPO herausgegeben hat, in amtliche Verwahrung genommen wird (vgl § 21 II Nr 2 StVG). Eine gesetzliche Mitteilungspflicht bei Verlust des Wahlrechts oder der Wählbarkeit – wie in § 309 I FamFG – sieht das Gesetz nicht vor.

2) Als Auffangvorschrift gegenüber I und bereichsspezifischen Regelungen kennzeichnet II die §§ 14 bis 17. Diese Ermächtigungen gestatten Übermittlungen nur zur Erfüllung der in der Zuständigkeit des Empfängers liegenden Aufgaben (oben 1). Personalrechtliche Befugnisse werden mit Blick auf § 14 I Nr 5 ausdrücklich genannt. Der Empfänger darf übermittelte Daten auch für Aufgaben nach dem Sicherheitsüberprüfungsgesetz vom 20. April 1994 (BGBl I 867) bzw entsprechenden Landesgesetzen verwenden (II S 2).

Eine Mitteilung unterbleibt, wenn ihr **überwiegende schutzwürdige Interessen des Betroffenen** entgegenstehen (krit zu dieser Formel Wollweber NJW **97**, 2488). Das Abwägungserfordernis ist eine Ausprägung des Grundsatzes der Verhältnismäßigkeit, der einen Eingriff nur in dem unbedingt erforderlichen Umfang und nur zu dem Zeitpunkt zulässt, der den Betroffenen am wenigsten belastet. Schon daraus folgt, dass in Strafsachen Mitteilungen erst nach rechtskräftigem Abschluss des Verfahrens gemacht werden dürfen, wenn dies zur Erfüllung der Aufgaben des Empfängers ausreichend erscheint (BT-Drucks 13/4709 S 21; zu Übermittlungen vor Verfahrensabschluss vgl auch 4 zu § 14).

Sowohl die für eine Abweichung sprechenden Umstände als auch deren Überwiegen müssen für die übermittelnde Stelle **offensichtlich** sein, dh sich auf Grund besonderer

Umstände aufdrängen. Mit dem Maßstab der Offensichtlichkeit wollte der Gesetzgeber klarstellen, dass im Einzelfall keine Ermittlungen erforderlich sind (BT-Drucks 13/7489 S 54). Auch soweit in der MiStra auf Erkennbarkeit abgestellt wird (zB Nr 29 II, 48 I S 2), entscheidet die übermittelnde Stelle auf Grund ihres Kenntnisstandes ohne weitere Ermittlungen (vgl BT-Drucks 13/4709 S 21; krit Wollweber aaO und Wullweber SchlHA 99, 71 mit dem Hinweis, dass die Betroffenen mangels Kenntnis ihre Bedenken nicht geltend machen können). In den durch Verwaltungsvorschriften vorbewerteten Fällen (vgl 8, 9 zu § 12) räumt II der übermittelnden Stelle die Möglichkeit ein, von der Mitteilung abzusehen, wenn sich dies auf Grund besonderer Umstände aufdrängt. Für „Bagatellfälle" enthält § 14 II eine Sonderregelung (vgl dort 11).

8 Bei **nicht allgemein angeordneten Mitteilungen,** wie dies etwa nach § 17 der Fall sein kann (9 zu § 12), ist eine Interessenabwägung im Einzelfall erforderlich, allerdings beschränkt auf die vorhandenen Unterlagen und sonstigen offensichtlichen Umstände.

[Datenübermittlung in Strafsachen]

14 I In Strafsachen ist die Übermittlung personenbezogener Daten des Beschuldigten, die den Gegenstand des Verfahrens betreffen, zulässig, wenn die Kenntnis der Daten aus der Sicht der übermittelnden Stelle erforderlich ist für

1. bis 3. *(aufgehoben)*
4. dienstrechtliche Maßnahmen oder Maßnahmen der Aufsicht, falls
    a) die betroffene Person wegen ihres Berufs oder Amtsverhältnisses einer Dienst-, Staats- oder Standesaufsicht unterliegt, Geistlicher einer Kirche ist oder ein entsprechendes Amt bei einer anderen öffentlich-rechtlichen Religionsgesellschaft bekleidet oder Beamter einer Kirche oder einer Religionsgesellschaft ist und
    b) die Daten auf eine Verletzung von Pflichten schließen lassen, die bei der Ausübung des Berufs oder der Wahrnehmung der Aufgaben aus dem Amtsverhältnis zu beachten sind oder in anderer Weise geeignet sind, Zweifel an der Eignung, Zuverlässigkeit oder Befähigung hervorzurufen,
5. die Entscheidung über eine Kündigung oder für andere arbeitsrechtliche Maßnahmen, für die Entscheidung über eine Amtsenthebung, für den Widerruf, die Rücknahme, die Einschränkung einer behördlichen Erlaubnis, Genehmigung oder Zulassung zur Ausübung eines Gewerbes, eines sonstigen wirtschaftlichen Unternehmung oder eines Berufs oder zum Führen einer Berufsbezeichnung, für die Untersagung der beruflichen, gewerblichen oder ehrenamtlichen Tätigkeit oder der sonstigen wirtschaftlichen Unternehmung oder für die Untersagung der Einstellung, Beschäftigung, Beaufsichtigung von Kindern und Jugendlichen, für die Untersagung der Durchführung der Berufsausbildung oder für die Anordnung einer Auflage, falls
    a) die betroffene Person ein nicht unter Nummer 4 fallender Angehöriger des öffentlichen Dienstes oder des Dienstes einer öffentlich-rechtlichen Religionsgesellschaft, ein Gewerbetreibender oder ein Vertretungsberechtigter eines Gewerbetreibenden oder eine mit der Leitung eines Gewerbebetriebes oder einer sonstigen wirtschaftlichen Unternehmung beauftragte Person, ein sonstiger Berufstätiger oder Inhaber eines Ehrenamtes ist und
    b) die Daten auf eine Verletzung von Pflichten schließen lassen, die bei der Ausübung des Dienstes, des Gewerbes, der sonstigen wirtschaftlichen Unternehmung, des Berufs oder des Ehrenamtes zu beachten sind oder in anderer Weise geeignet sind, Zweifel an der Eignung, Zuverlässigkeit oder Befähigung hervorzurufen,

6. Dienstordnungsmaßnahmen mit versorgungsrechtlichen Folgen oder für den Entzug von Hinterbliebenenversorgung, falls die betroffene Person aus einem öffentlich-rechtlichen Amts- oder Dienstverhältnis oder aus einem Amts- oder Dienstverhältnis mit einer Kirche oder anderen öffentlich-rechtlichen Religionsgesellschaft Versorgungsbezüge erhält oder zu beanspruchen hat,
7. den Widerruf, die Rücknahme, die Versagung oder Einschränkung der Berechtigung, der Erlaubnis oder der Genehmigung oder für die Anordnung einer Auflage, falls die betroffene Person
   a) in einem besonderen gesetzlichen Sicherheitsanforderungen unterliegenden genehmigungs- oder erlaubnispflichtigen Betrieb verantwortlich tätig oder
   b) Inhaber einer atom-, waffen-, sprengstoff-, gefahrstoff-, immissionsschutz-, abfall-, wasser-, seuchen-, tierseuchen-, betäubungsmittel- oder arzneimittelrechtlichen Berechtigung, Erlaubnis oder Genehmigung, einer Genehmigung nach dem Gentechnikgesetz, dem Gesetz über die Kontrolle von Kriegswaffen oder dem Außenwirtschaftsgesetz, einer Erlaubnis zur Arbeitsvermittlung nach dem Dritten Buch Sozialgesetzbuch, einer Verleiherlaubnis nach dem Arbeitnehmerüberlassungsgesetz, einer Erlaubnis nach tierschutzrechtlichen Vorschriften, eines Jagdscheins, eines Fischereischeins, einer verkehrsrechtlichen oder im übrigen einer sicherheitsrechtlichen Erlaubnis oder Befähigung ist oder einen entsprechenden Antrag gestellt hat,
8. Maßnahmen der Aufsicht, falls es sich
   a) um Strafsachen im Zusammenhang mit Betriebsunfällen, in denen Zuwiderhandlungen gegen Unfallverhütungsvorschriften bekannt werden, oder
   b) um Straftaten gegen Vorschriften zum Schutz der Arbeitskraft oder zum Schutz der Gesundheit von Arbeitnehmern handelt, oder
9. die Abwehr erheblicher Nachteile für Tiere und Pflanzen, Boden, Wasser, Luft, Klima und Landschaft sowie das kulturelle Erbe.

II ¹In Privatklageverfahren, in Verfahren wegen fahrlässig begangener Straftaten, in sonstigen Verfahren bei Verurteilung zu einer anderen Maßnahme als einer Strafe oder einer Maßnahme im Sinne des § 11 Abs. 1 Nr. 8 des Strafgesetzbuches, oder wenn das Verfahren eingestellt worden ist, unterbleibt die Übermittlung in den Fällen des Absatzes 1 Nr. 4 bis 9, wenn nicht besondere Umstände des Einzelfalles die Übermittlung erfordern. ²Die Übermittlung ist insbesondere erforderlich, wenn die Tat bereits ihrer Art nach geeignet ist, Zweifel an der Zuverlässigkeit oder Eignung der betroffenen Person für die gerade von ihr ausgeübte berufliche, gewerbliche oder ehrenamtliche Tätigkeit oder für die Wahrnehmung von Rechten aus einer ihr erteilten Berechtigung, Genehmigung oder Erlaubnis hervorzurufen. ³Die Sätze 1 und 2 gelten nicht bei Straftaten, durch die der Tod eines Menschen verursacht worden ist, und bei gefährlicher Körperverletzung. ⁴Im Falle der Einstellung des Verfahrens ist zu berücksichtigen, wie gesichert die zu übermittelnden Erkenntnisse sind.

1) Eine **Aufzählung der Zwecke**, für die in Strafsachen eine Übermittlung personenbezogener Daten (4 zu § 12) des Beschuldigten zulässig ist, enthält I, die durch §§ 16 bis 18 – etwa für Daten anderer Verfahrensbeteiligter – ergänzt wird. Die Frage einer Harmonisierung der Übermittlungen von Amts wegen mit den Verwendungsbeschränkungen in §§ 41, 61 **BZRG** hat der Gesetzgeber offengelassen (krit Wollweber NJW 97, 2490 mwN). 1

A. Den **Gegenstand des Verfahrens** müssen die übermittelten Daten betreffen. Dies umfasst die prozessuale Tat, alle dazugehörenden Tatsachen und alle sonstigen Umstände, die damit zusammenhängen und für die Entscheidung – einschließlich der 2

Anh 2 EGGVG § 14

Bestimmung der Rechtsfolgen und der Nebenentscheidungen – von Bedeutung sein können.

3   Das mitteilungspflichtige Strafverfolgungsorgan (2 zu § 12) hat keine Ermittlungen, sondern lediglich eine Art **Schlüssigkeitsprüfung** durchzuführen; dies stellt die Formulierung, dass die Kenntnis der Daten aus der Sicht der übermittelnden Stelle für die in Nr 4 bis 9 genannten Zwecke erforderlich ist, klar. Es genügt, wenn die Daten nach den für den Empfänger geltenden Rechtsvorschriften zur Erfüllung seiner Aufgaben grundsätzlich beachtlich sind, also Anlass bieten zu prüfen, ob Maßnahmen zu ergreifen sind (Kissel/Mayer 3; so auch BFH wistra **08**, 224 zu § 125c BRRG [§§ 115 BBG; 49 BeamtStG; erg unten 5]; zur Prüfung durch den Empfänger vgl 3 zu § 19).

4   Die Ausrichtung dieser Prüfung an der **Erforderlichkeit** trägt dem verfassungsrechtlichen Grundsatz der Verhältnismäßigkeit Rechnung; dies ist insbesondere bei Übermittlungen vor rechtskräftigem Abschluss oder vor nicht nur vorläufiger Einstellung des Verfahrens zu prüfen (KK-Mayer 16). Risiken einer vorzeitigen Übermittlung können schon nach § 13 II zu berücksichtigen sein (wohl a**M** Wollweber NJW **97**, 2491); insoweit können überwiegende schutzwürdige Interessen des Betroffenen einer Übermittlung offensichtlich entgegenstehen (vgl 6, 7 zu § 13), zB bei Jugendlichen in den Fällen des I Nr 4 und 5 (vgl ferner MiStra 12 I; 17; 30 I; 33; 38 I, II; 39 I; 50 I Nr 1, II); zu „Bagatellfällen" vgl II und unten 11.

5   B. Der **Nr 4** gehen die bereichsspezifischen Regelungen in §§ 49 BeamtStG, 115 BBG (vgl, auch zum Verhältnis zu § 30 AO, BFH wistra **08**, 224: keine antizipierte disziplinarrechtliche Prüfung erforderlich [dies offen lassend BVerfG NJW **08**, 3489]; BMF BStBl 2000 I 494; Schmidt-Keßeler DStZ **09**, 52), § 89 SG und § 45a Zivildienstgesetz vor; die beamtenrechtlichen Bestimmungen gelten für Richter entspr (vgl §§ 46, 71 DRiG). Nr 4 betrifft neben Personen, die in einem sonstigen öffentlich-rechtlichen Amtsverhältnis oder in einem im Gesetz bezeichneten Dienstverhältnis zu einer Religionsgemeinschaft stehen, Angehörige von Berufen, die einer Staats- oder Standesaufsicht unterliegen, wenn eine bereichsspezifische Norm fehlt (zB Heilhilfsberufe). Die Zulässigkeit von Mitteilungen aus Strafverfahren ist nach dem Grundsatz der Verhältnismäßigkeit (6, 7 zu § 13; oben 4) auf Grund des Inhalts des jeweiligen (bundes- oder landesrechtlichen) Berufsgesetzes zu bestimmen. Zweck ist, wie sich aus Buchst b) ergibt, die Unterstützung der jeweils zuständigen Stelle (Behörde, öffentlich-rechtlich verfasste Berufsorganisation, Disziplinar- oder Berufsgerichtsbarkeit) bei der Überwachung der Anforderungen an die persönliche und fachliche Eignung und das berufliche Verhalten; in der MiStra (vgl Nr 22, 23, 24, 26) ist der Adressat näher bezeichnet.

6   Nach **Nr 5** können die Daten der dem Tarifrecht unterstehenden Angehörigen des öffentlichen Dienstes mitgeteilt werden, wenn sie die Fähigkeit zur Berufsausübung in diesem Bereich betreffen. Die Bestimmung erfasst ferner Inhaber von Ehrenämtern, Gewerbetreibende einschließlich ihrer Vertretungsberechtigten, eine mit der Leitung eines Gewerbebetriebes oder einer sonstigen wirtschaftlichen Unternehmung beauftragte Person und sonstige Berufstätige, die zur Ausübung ihres Berufs oder zur Führung ihrer Berufsbezeichnung einer besonderen Erlaubnis bedürfen (zB Privatschullehrer, Betreiber von Altenpflegeheimen, Makler, Bauträger, Baubetreuer). Bei erlaubnisfreien Berufen oder Gewerben ist die Übermittlung zulässig, wenn die Daten Anlass geben können, die Ausübung des Berufs oder Gewerbes zu untersagen oder Auflagen anzuordnen. Zulässig ist schließlich die Mitteilung von Daten, die nach dem Jugendarbeitsschutzgesetz oder dem Berufsbildungsgesetz zur Untersagung der Einstellung, Beschäftigung oder Beaufsichtigung von Kindern und Jugendlichen oder der Durchführung der Berufsausbildung führen können.

7   **Nr 6** lässt die Übermittlung personenbezogener Daten von Betroffenen, die im Gesetz näher bezeichnete Versorgungsbezüge erhalten oder zu beanspruchen haben, nur zu, wenn dies für Dienstordnungsmaßnahmen mit versorgungsrechtlichen Folgen (zB auf Grund des § 77 II BBG) oder für den Entzug der Hinterbliebenenversorgung nach § 64 des Beamtenversorgungsgesetzes erforderlich ist. Jedoch greift § 13 I Nr 5 (vgl dort 4) ein, wenn auf Grund einer Entscheidung in einer Rechtsvorschrift bestimmte

Rechtsfolgen eintreten. Übermittlungen hinsichtlich Disziplinarmaßnahmen mit anderen als versorgungsrechtlichen Folgen sieht § 89 II SG vor (MiStra 20).

Mitteilungen nach **Nr 7** sollen der zuständigen Behörde ermöglichen, die zum 8 Schutz der Allgemeinheit erforderlichen Maßnahmen gegen Beschuldigte zu treffen, die in einem besonderen gesetzlichen Sicherheitsanforderungen unterliegenden genehmigungs- oder erlaubnispflichtigen Betrieb verantwortlich tätig oder Inhaber der in Buchst b) aufgezählten Berechtigungen, Genehmigungen oder Erlaubnisse sind (zum Widerruf einer Waffenbesitzkarte vgl BVerwGE 97, 245; zur Erteilung einer Fahrerlaubnis VGH Mannheim NJW 05, 234).

Nr 8 gestattet Mitteilungen an die zuständige Aufsichtsstelle, wenn in Strafsachen, die 9 Betriebsunfälle zum Gegenstand gehabt haben, Verstöße gegen Unfallverhütungsvorschriften bekanntgeworden sind (MiStra 44) oder wenn Straftaten gegen Vorschriften zum Schutz der Arbeitskraft oder der Gesundheit von Arbeitnehmern verfolgt werden (Arbeitsschutzgesetz, Arbeitszeitgesetz usw, vgl MiStra 46).

Die Formulierung der **Nr 9** ist § 2 I S 2 Nr 1 des Gesetzes über die Umweltverträg- 10 lichkeitsprüfung vom 12.2.1990 (BGBl I 205) entlehnt und betrifft die Mitteilung von Daten, deren Kenntnis zur Abwehr erheblicher Gefahren für die Umwelt erforderlich ist (vgl die nicht abschließende Aufzählung der in Betracht kommenden Straftaten in MiStra 51).

2) Bei **leichten Straftaten** oder geringer Schuld, bei Anordnung von Erziehungs- 11 maßregeln oder Zuchtmitteln sowie im Falle der Einstellung des Verfahrens schließt II, der den Grundsatz der Verhältnismäßigkeit weiter (6, 7 zu § 13; oben 4) konkretisiert, in den Fällen des Absatzes 1 die Übermittlung aus, wenn diese nicht auf Grund der besonderen Umstände des Einzelfalles erforderlich ist (zB MiStra 40 II, 51 II). Insoweit stellt das Regelbeispiel in S 2 auf die konkrete, vom Betroffenen ausgeübte Tätigkeit ab; ist die Tat geeignet, Zweifel an seiner Zuverlässigkeit und Eignung hervorzurufen, ist die Mitteilung zulässig. Bedenken gegen seine Befähigung etwa zu einer Tätigkeit im öffentlichen Dienst schlechthin sind nicht erforderlich. S 2 erfasst aber zB auch den Fall, dass das Verfahren wegen eines Trunkenheitsdelikts gegen den Inhaber eines Waffenscheines nach § 153a StPO eingestellt wird. Die Entscheidung ist auf der Grundlage vorhandener Erkenntnisse ohne weitere Sachaufklärung zu treffen (unten 13).

Wegen der **Schwere des Delikts** gilt der Ausschluss der Übermittlung nicht für 12 Straftaten, durch die der Tod eines Menschen verursacht worden ist, und für die gefährliche Körperverletzung (II S 3). Nicht ausgeschlossen sind Mitteilungen ferner in den Fällen des § 477 II StPO, da angesichts des engen Zusammenhangs zwischen dem Zweck des Verfahrens, aus dem übermittelt werden soll, und den vom Empfänger verfolgten Zwecken auch den in „Bagatellsachen" übermittelten Daten häufig erhebliche Bedeutung für Entscheidungen des Empfängers – zB über die Aussetzung eines Strafrests zur Bewährung – zukommen wird (vgl auch das Beispiel in § 477 StPO).

Im Falle der **Einstellung** (II S 4) ist – ohne weitere Sachaufklärung – zu berücksich- 13 tigen, wie gesichert die Erkenntnisse sind, so dass eine Übermittlung idR zu unterbleiben hat, wenn nach § 170 II StPO verfahren wird. In den Fällen des § 153a StPO wird vornehmlich der prozessuale Kontext zu beachten sein (vgl Dahs NJW 96, 1192).

15 *(betrifft Zivilsachen)*

[Übermittlung an andere als deutsche Stellen]

16
Werden **personenbezogene Daten an ausländische öffentliche Stellen oder an über- oder zwischenstaatliche Stellen** nach den hierfür geltenden Rechtsvorschriften übermittelt, so ist eine Übermittlung dieser Daten auch zulässig

1. an das Bundesministerium der Justiz und für Verbraucherschutz und das Auswärtige Amt,

Anh 2 EGGVG §§ 16a, 17

2. in Strafsachen gegen Mitglieder einer ausländischen konsularischen Vertretung zusätzlich an die Staats- oder Senatskanzlei des Landes, in dem die konsularische Vertretung ihren Sitz hat.

1 1) Werden an **ausländische öffentliche Stellen** oder an über- oder zwischenstaatliche Einrichtungen personenbezogene Daten übermittelt (vgl auch die Dokumentation in DuD 98, 97), gestattet die Bestimmung, sie auch dem BMJV und dem AA mitzuteilen. Diese Ermächtigung hat insbesondere Bedeutung, wenn der diplomatische Weg eingehalten wird. Die zugrundeliegenden Rechtsvorschriften ergeben sich aus völkerrechtlichen Vereinbarungen (vgl etwa die Hinweise im Anh II der RiVASt [Länderteil]; vgl auch Art 36 Ib und 42 WÜK sowie 9 zu § 114b).

2 In Strafsachen gegen Mitglieder einer ausländischen **konsularischen Vertretung** lässt die Vorschrift zusätzlich die Unterrichtung der Staats- oder Senatskanzlei des Landes zu, in dem die Vertretung ihren Sitz hat. Der hiervon betroffene Personenkreis wird in der eine Mitteilungspflicht regelnden MiStra 41 – in Übereinstimmung mit Art 1 Ig WÜK – näher bezeichnet. Das AA wird nur unterrichtet, wenn der Leiter der konsularischen Vertretung von der Maßnahme betroffen ist (in diesem Fall ist der Entsendestaat zu benachrichtigen, Art 42 S 2 WÜK).

[Kontaktstellen]

16a I Das Bundesamt für Justiz nach Maßgabe des Absatzes 2 und die von den Landesregierungen durch Rechtsverordnung bestimmten weiteren Stellen nehmen die Aufgaben der Kontaktstellen im Sinne des Artikels 2 der Entscheidung 2001/470/EG des Rates vom 28. Mai 2001 über die Einrichtung eines Europäischen Justiziellen Netzes für Zivil- und Handelssachen (ABl. EG Nr. L 174 S. 25), die durch die Entscheidung 568/2009/EG (ABl. L 168 vom 30.6.2009, S. 35) geändert worden ist, wahr.

II Das Bundesamt für Justiz stellt die Koordinierung zwischen den Kontaktstellen sicher.

III ¹ Die Landesregierungen werden ermächtigt, durch Rechtsverordnung die Aufgaben der Kontaktstelle einer Landesbehörde zuzuweisen. ² Sie können die Befugnis zum Erlass einer Rechtsverordnung nach Absatz 1 einer obersten Landesbehörde übertragen.

1 1) Die **Zuständigkeit** des durch Ges vom 17.12.2006 (BGBl I 3171) errichteten Bundesamtes für Justiz (statt früher des GBA) als Kontaktstelle auf Bundesebene ist hier bestimmt. Es stellt die Koordinierung zwischen den von den Ländern zu benennenden Kontaktstellen sicher. Im Wesentlichen handelt es sich darum, Anfragen aus anderen Mitgliedstaaten an die jeweils auf Landesebene zu errichtende örtlich zuständige Kontaktstelle weiterzuleiten und der Kommission als Ansprechpartner zur Verfügung zu stehen (BT-Drucks 14/9266 S 41).

2 2) Der Begriff **Koordinierung** in II schließt auch eigene Sacharbeit wie zB Sitzungswahrnehmung und Mitarbeit beim Aufbau des Informationssystems für die Öffentlichkeit mit ein (BT-Drucks 14/9266 S 41).

[Übermittlung in weiteren Fällen]

17 Die Übermittlung personenbezogener Daten ist ferner zulässig, wenn die Kenntnis der Daten aus der Sicht der übermittelnden Stelle
1. zur Verfolgung von Straftaten oder Ordnungswidrigkeiten,
2. für ein Verfahren der internationalen Rechtshilfe,
3. zur Abwehr erheblicher Nachteile für das Gemeinwohl oder einer Gefahr für die öffentliche Sicherheit,
4. zur Abwehr einer schwerwiegenden Beeinträchtigung der Rechte einer anderen Person oder

5. zur Abwehr einer erheblichen Gefährdung Minderjähriger erforderlich ist.

1) Aus allen Verfahren ist die Übermittlung personenbezogener Daten in den genannten 5 Fällen zulässig, und zwar unabhängig davon, gegen wen sich das Verfahren richtet und wer Partei oder Beschuldigter ist (vgl zB MiStra 29 I, 35 I, 36 IV, 38 III, 45 II). Das gilt auch für zufällig bekanntgewordene Daten Dritter. Ein Betroffener, der nicht zugleich Beschuldigter (Partei oder Beteiligter) ist, wird gemäß § 21 II von Amts wegen über die Weitergabe seiner Daten unterrichtet (3 zu § 21). Die übermittelnde Stelle ist nach der Fassung der Bestimmung auf eine „Schlüssigkeitsprüfung" beschränkt (vgl 3 zu § 14) und hat § 13 II (dort 6–8) sowie besondere Verwendungsregelungen iS des § 12 III (dort 6) zu beachten.

2) Die **Voraussetzungen** in Nr 1, 3 und 4 entsprechen im Wesentlichen denen in § 25 I Nr 3–5 BDSG (zu Nr 3 vgl KK-Mayer 4). Nr 2 gestattet, Daten – vornehmlich aus Strafverfahren – zur Durchführung von Verfahren der internationalen Rechtshilfe (zB Auslieferungsverfahren) zu übermitteln; nach Nr 5 dürfen den zuständigen Stellen (vgl MiStra 35) etwa Erkenntnisse über Straftaten gegen die sexuelle Selbstbestimmung Minderjähriger oder nach den §§ 171, 225 StGB sowie über die Notwendigkeit einer Vormundschaft oder Pflegschaft mitgeteilt werden.

[Untrennbarkeit; Form der Übermittlung]

18 I ¹ **Sind mit personenbezogenen Daten, die nach diesem Abschnitt übermittelt werden dürfen, weitere personenbezogene Daten der betroffenen Person oder eines Dritten so verbunden, daß eine Trennung nicht oder nur mit unvertretbarem Aufwand möglich ist, so ist die Übermittlung auch dieser Daten zulässig, soweit nicht berechtigte Interessen der betroffenen Person oder eines Dritten an deren Geheimhaltung offensichtlich überwiegen.** ² **Eine Verwendung der Daten durch den Empfänger ist unzulässig; für Daten der betroffenen Person gilt § 19 Abs. 1 Satz 2 entsprechend.**

II ¹ **Die übermittelnde Stelle bestimmt die Form der Übermittlung nach pflichtgemäßem Ermessen.** ² **Soweit dies nach der Art der zu übermittelnden Daten und der Organisation des Empfängers geboten ist, trifft sie angemessene Vorkehrungen, um sicherzustellen, daß die Daten unmittelbar den beim Empfänger funktionell zuständigen Bediensteten erreichen.**

1) „Überschießende Daten" des Betroffenen oder eines Dritten, für die die Voraussetzungen der §§ 13 bis 17 nicht vorliegen, dürfen nach I zusammen mit Daten, deren Übermittlung zulässig ist, mitgeteilt werden, wenn eine Trennung nicht möglich oder unvertretbar ist. Das ist der Fall bei „Angaben, die untrennbar mit weiteren Daten dieser oder einer anderen Person verbunden sind, so dass die an sich gebotene isolierte Übermittlung oft daran scheitert, dass der innere und äußere Zusammenhang der zu übermittelnden Daten zerstört würde oder dass die Trennung dieser Daten mit unvertretbarem Aufwand verbunden wäre" (BT-Drucks 13/4709 S 25). Die Informanten können nicht nur in Akten, sondern auch in Dateien verbunden sein. Offensichtlich (vgl 7 zu § 13) überwiegende berechtigte Geheimhaltungsinteressen des Betroffenen oder eines Dritten schließen jedoch die Übermittlung – ganz oder teilweise („soweit") – aus (ebenso § 15 V BDSG).

„Überschießende Daten" des Betroffenen darf der Empfänger nach I S 2 unter den Voraussetzungen des § 19 I S 2 **verwenden** (1 zu § 19), solche eines Dritten hingegen nicht (absolutes Verwendungsverbot).

2) Die übermittelnde Stelle befindet gemäß II S 1 nach pflichtgemäßem Ermessen etwa darüber, ob sie eine Abschrift der Entscheidung oder nur bestimmte Daten übersendet und ob sie den Zweck der Übermittlung nennt oder statt dessen die Bestimmung der VV (8, 9 zu § 12) bezeichnet (vgl zur Zweckbestimmung und zur Aktenkundigkeit 2 zu § 19). II S 2 meint allerdings nur solche Vorkehrungen, die mit zumutbarem Aufwand durchgeführt werden können. Dies kann zB die Adressierung an den Leiter der Behörde persönlich sein; werden insbesondere Daten mit dienst- oder arbeitsrechtlicher Relevanz einem öffentlich-rechtlichen Arbeitgeber mitgeteilt, ist darauf Bedacht zu nehmen, dass die Informationen nur denjenigen Bediensteten zur Kenntnis gelangen, die für die Personalangelegenheiten zuständig sind. Nach der MiStra sind außerhalb automatisierter Verfahren verschlossene Umschläge zu verwenden (vgl näher MiStra 9, 10).

[Zweckbindung]

19 I [1] Die übermittelten Daten dürfen nur zu dem Zweck verarbeitet werden, zu dessen Erfüllung sie übermittelt worden sind. [2] Eine Verarbeitung für andere Zwecke ist zulässig, soweit die Daten auch dafür hätten übermittelt werden dürfen.

II [1] Der Empfänger prüft, ob die übermittelten Daten für die in Absatz 1 genannten Zwecke erforderlich sind. [2] Sind die Daten hierfür nicht erforderlich, so schickt er die Unterlagen an die übermittelnde Stelle zurück. [3] Ist der Empfänger nicht zuständig und ist ihm die für die Verarbeitung der Daten zuständige Stelle bekannt, so leitet er die übermittelten Unterlagen dorthin weiter und benachrichtigt hiervon die übermittelnde Stelle.

1   1) Die **Zweckbindung** für den Empfänger (I) – ein wesentlicher Grundsatz des Datenschutzrechts (vgl § 25 I BDSG) – gestattet die Verwendung der Daten für einen anderen als den von der übermittelnden Stelle bestimmten Zweck nur unter der Voraussetzung, dass die Mitteilung an diesen Empfänger auch zu diesem Zweck hätte erfolgen dürfen. Die Prüfung obliegt dem Empfänger (krit KK-Mayer 2), der das Ergebnis aktenkundig zu machen hat. Zulässig ist die Verwendung der übermittelten Daten für einen anderen Zweck, wenn eine besondere Rechtsvorschrift solches erlaubt. Nach einem allgemeinen datenschutzrechtlichen Grundsatz verstößt der Adressat ferner dann nicht gegen die Zweckbindung, wenn er die Daten zur Wahrnehmung von Aufsichts- und Kontrollbefugnissen, zur Rechnungsprüfung, zur Durchführung von Organisationsuntersuchungen oder – grundsätzlich – zu Ausbildungs- und Prüfungszwecken (vgl § 23 I Nr 6 BDSG) verwendet.

2   Aus der Zweckbindung folgt, dass die übermittelnde Stelle bei jeder Mitteilung **den Zweck bestimmen** und dem Empfänger bekannt geben muss (vgl zur Form 3 zu § 18). Das hat sie – nicht zuletzt mit Blick auf die gerichtliche Nachprüfbarkeit – aktenkundig zu machen, ohne dass dies einer ausdrücklichen Regelung bedürfte.

3   2) Der **Empfänger hat nach II S 1 zu prüfen**, ob die Daten für den Zweck, für den sie übermittelt worden sind (I S 1) oder hätten übermittelt werden dürfen (I S 2), erforderlich sind. Die Prüfungspflicht zählt nicht nur zu den vom BVerfG geforderten verfahrensrechtlichen Vorkehrungen (4 vor § 12), sie ist auch notwendige Folge der Beschränkung der übermittelnden Stelle auf eine „Art Schlüssigkeitsprüfung" (3 zu § 14). Die mitgeteilten Daten sind schon dann erforderlich, wenn sie Anlass geben zu prüfen, ob eine Maßnahme ergriffen werden soll; ob dies letztlich geschieht, ist unerheblich.

4   **Verneint der Empfänger die Erforderlichkeit** (auch wegen fehlender Zuständigkeit), schickt er die Unterlagen zurück (II S 2). Hierauf prüft die übermittelnde Stelle, ob sie die Mitteilung an einen anderen Empfänger zu richten hat, etwa an die örtlich oder sachlich zuständige Stelle. Ist diese jedoch den unzuständigen Empfänger bekannt, verpflichtet II S 3 bereits ihn zur unmittelbaren Weiterleitung der Daten. Die erforderliche Abgabenachricht sichert die Nachberichts- (§ 20) sowie die Auskunfts- und Unterrichtungspflicht (§ 21). Auf die Zweckbindung nach I und § 18 I S 2 sowie über das Verfahren in II wird der Empfänger nach näherer Maßgabe der MiStra 9 V hingewiesen; die Pflicht zur Weiterleitung nach II S 3 wird jedoch im vorformulierten Text der MiStra nicht erwähnt.

3) Daten „auch zur **vorbeugenden Bekämpfung** von Straftaten" zu verwenden, (BT-Drucks 13/4709 S 44, 56), lässt § 481 StPO zu. 5

4) Ein **Verstoß** gegen den Zweckbindungsgrundsatz schließt eine Verarbeitung der 6 übermittelten Daten aus. Die Empfangsbehörde darf aber die Ergebnisse eigener weiterer Ermittlungen verwerten. Dem steht auch der auf die Übermittlung beschränkte Rechtsschutz nach § 22 nicht entgegen (vgl dort 2). Die Verletzung der Zweckbindung kann aber Schadensersatzansprüche begründen (vgl § 83 BDSG).

[Nachberichts- und Unterrichtungspflicht]

20 I ¹Betreffen Daten, die vor Beendigung eines Verfahrens übermittelt worden sind, den Gegenstand dieses Verfahrens, so ist der Empfänger vom Ausgang des Verfahrens zu unterrichten; das gleiche gilt, wenn eine übermittelte Entscheidung abgeändert oder aufgehoben wird, das Verfahren, außer in den Fällen des § 153a der Strafprozeßordnung, auch nur vorläufig eingestellt worden ist oder nach den Umständen angenommen werden kann, daß das Verfahren auch nur vorläufig nicht weiter betrieben wird. ²Der Empfänger ist über neue Erkenntnisse unverzüglich zu unterrichten, wenn dies erforderlich erscheint, um bis zu einer Unterrichtung nach Satz 1 drohende Nachteile für die betroffene Person zu vermeiden.

II ¹Erweist sich, daß unrichtige Daten übermittelt worden sind, so ist der Empfänger unverzüglich zu unterrichten. ²Der Empfänger berichtigt die Daten oder vermerkt ihre Unrichtigkeit in den Akten.

III Die Unterrichtung nach Absatz 1 oder 2 Satz 1 kann unterbleiben, wenn sie erkennbar weder zur Wahrung der schutzwürdigen Interessen der betroffenen Person noch zur Erfüllung der Aufgaben des Empfängers erforderlich ist.

1) Zweck der **Nachberichts- und Unterrichtungspflicht**, die im Allgemeinen 1 (vgl aber I S 2, II) erst mit Beendigung des Verfahrens entsteht, ist es, der Nutzung überholter oder unrichtiger Daten durch den Empfänger entgegenzuwirken (vgl ferner § 22 II sowie das Auskunftsrecht des Empfängers nach § 474 II S 1 Nr 2, dort 6). Sind Daten vor Beendigung des Verfahrens mitgeteilt worden (4 zu § 14), verpflichtet I S 1 – vorbehaltlich III (unten 3) – die übermittelnde Stelle, den Empfänger – im Falle des § 19 II S 3 den Adressaten der Weiterleitung – über den Ausgang des Verfahrens (jede die Instanz abschließende Erledigung) zu informieren. Erwächst die abschließende Entscheidung in Rechtskraft, ist dieser Zeitpunkt, im Übrigen aber der Erlass für die Mitteilung maßgebend. Zuvor, und zwar unverzüglich, ist der Empfänger nach I S 2 nur bei dem Betroffenen sonst drohenden Nachteilen zu unterrichten. Das gilt nicht, wenn der Empfänger die Unterlagen nach § 19 II S 2 zurückgeschickt hat oder wenn die Daten nicht den Gegenstand des Verfahrens betreffen, sondern nur bei Gelegenheit desselben bekanntgeworden sind. Unter die Nachberichtspflicht fällt weiter die Abänderung oder Aufhebung der übermittelten Entscheidung – zB auf Beschwerde oder nach Wiederaufnahme – und die vorläufige – wegen des idR kurzen Schwebezustands jedoch nicht in den Fällen des § 153a StPO – oder endgültige Einstellung des Verfahrens. Auch nur vorläufig nicht weiter betrieben wird das Strafverfahren etwa in den Fällen des § 153b I StPO.

2) Eine **Pflicht zur unverzüglichen Unterrichtung** des Empfängers besteht nach 2 II (vgl aber unten 3), wenn sich die übermittelten, im Strafverfahren häufig besonders sensiblen Daten als unrichtig erweisen. Die im Gesetz angeordnete Korrektur verhindert ihre weitere – unzulässige – Verwendung.

3) Die **Ausnahmen von der Unterrichtungspflicht** in III sind im Interesse des 3 Betroffenen und des Empfängers eng auszulegen (KK-Mayer 5); darüber entscheidet nach MiStra 7 I S 4 der Richter oder StA.

Schmitt 2239

Anh 2 EGGVG § 21

[Auskunft]

21 **I** ¹Der betroffenen Person ist auf Antrag Auskunft über die übermittelten Daten und deren Empfänger zu erteilen. ²Der Antrag ist schriftlich zu stellen. ³Die Auskunft wird nur erteilt, soweit die betroffene Person Angaben macht, die das Auffinden der Daten ermöglichen, und der für die Erteilung der Auskunft erforderliche Aufwand nicht außer Verhältnis zu dem geltend gemachten Informationsinteresse steht. ⁴Die übermittelnde Stelle bestimmt das Verfahren, insbesondere die Form der Auskunftserteilung, nach pflichtgemäßem Ermessen.

II ¹Die betroffene Person ist gleichzeitig mit der Übermittlung personenbezogener Daten über den Inhalt und den Empfänger zu unterrichten. ²Die Unterrichtung des gesetzlichen Vertreters eines Minderjährigen, des Bevollmächtigten oder Verteidigers reicht aus. ³Die übermittelnde Stelle bestimmt die Form der Unterrichtung nach pflichtgemäßem Ermessen. ⁴Eine Pflicht zur Unterrichtung besteht nicht, wenn die Anschrift des zu Unterrichtenden nur mit unvertretbarem Aufwand festgestellt werden kann.

III Bezieht sich die Auskunftserteilung oder die Unterrichtung auf die Übermittlung personenbezogener Daten an Verfassungsschutzbehörden, den Bundesnachrichtendienst, den Militärischen Abschirmdienst oder, soweit die Sicherheit des Bundes berührt wird, andere Behörden des Bundesministers der Verteidigung, ist sie nur mit Zustimmung dieser Stellen zulässig.

IV ¹Die Auskunftserteilung und die Unterrichtung unterbleiben, soweit
1. sie die ordnungsgemäße Erfüllung der Aufgaben der übermittelnden Stelle oder des Empfängers gefährden würden,
2. sie die öffentliche Sicherheit oder Ordnung gefährden oder sonst dem Wohle des Bundes oder eines Landes Nachteile bereiten würden oder
3. die Daten oder die Tatsache ihrer Übermittlung nach einer Rechtsvorschrift oder ihrem Wesen nach, insbesondere wegen der überwiegenden berechtigten Interessen eines Dritten, geheimgehalten werden müssen

und deswegen das Interesse der betroffenen Person an der Auskunftserteilung oder Unterrichtung zurücktreten muß. ²Die Unterrichtung der betroffenen Person unterbleibt ferner, wenn erhebliche Nachteile für seine Gesundheit zu befürchten sind.

V Die Ablehnung der Auskunftserteilung bedarf keiner Begründung, soweit durch die Mitteilung der tatsächlichen und rechtlichen Gründe, auf die die Entscheidung gestützt wird, der mit der Auskunftsverweigerung verfolgte Zweck gefährdet würde.

VI Die Absätze 1 bis 5 gelten nicht im Anwendungsbereich der Verordnung (EU) 2016/679 des Europäischen Parlaments und des Rates vom 27. April 2016 zum Schutz natürlicher Personen bei der Verarbeitung personenbezogener Daten, zum freien Datenverkehr und zur Aufhebung der Richtlinie 95/46/EG (Datenschutz-Grundverordnung) (ABl. L 119 vom 4.5.2016, S. 1; L 314 vom 22.11.2016, S. 72; L 127 vom 23.5.2018, S. 2).

1 1) Mit dem **Auskunftsrecht** in I wird die datenschutzrechtliche Forderung erfüllt (vgl Art 15 DS-GVO), dass es den Bürgern möglich sein muss zu erfahren, wer was wann und bei welcher Gelegenheit über sie weiß (BVerfGE 65, 1, 43). Es umfasst nicht den Zweck der Datenübermittlung (§ 19).

2 Nach I S 1 und 2 ist ein **schriftlicher Antrag** erforderlich. I S 3 setzt voraus, dass der Antragsteller das Auffinden der Daten – in Akten oder in Dateien – durch geeignete Angaben ermöglicht; ferner darf der für die Auskunftserteilung erforderliche Aufwand nicht außer Verhältnis zum Informationsinteresse stehen. Andernfalls hat die übermittelnde Stelle den Antrag – ggf teilw – abzulehnen. Häufig wird es sich empfehlen, dem Betroffenen einen Abdruck der Mitteilung zu übersenden (I S 4; vgl MiStra 3 III).

2) Eine Unterrichtung von Amts wegen sieht II in Strafsachen für die von der Über- 3
mittlung betroffene Person vor; eine Beschränkung, etwa für Beschuldigte (vgl II S 1
aF), enthält II S 1 nicht mehr (BT-Drucks 19/4671 S 73). Wer am Verfahren nicht
(mehr) beteiligt ist, wird häufig nicht mit einer Weitergabe seiner Daten rechnen; er
kann daher aus verfassungsrechtlichen Gründen nicht auf sein Auskunftsrecht in I verwiesen werden. So liegt es etwa, wenn Daten aus einem bis zur Abtrennung auch gegen
den Betroffenen geführten Prozess mitgeteilt werden oder sich das Verfahren noch nicht
gegen ihn als Beschuldigten gerichtet hat (vgl Einl 76); ebenso kann es sich bei Übermittlungen nach § 17 (dort 1) verhalten. In diesen Fällen ist der Betroffene gleichzeitig
mit der Übermittlung seiner Daten über Inhalt und Empfänger zu unterrichten; wegen
der Form vgl II S 3 und oben 2. Nach II S 2 reicht die Unterrichtung eines Bevollmächtigten oder Verteidigers bzw des gesetzlichen Vertreters eines Kindes oder Jugendlichen aus. Unvertretbarem Aufwand bei der Ermittlung der Anschrift beugt II S 4 vor.

3) III bis V entsprechen im Wesentlichen § 32 ff BDSG. Sie sehen in den im Gesetz 4
näher bezeichneten Fällen die Zustimmung anderer Stellen bzw das Unterbleiben einer
Auskunft oder Unterrichtung vor. Die ablehnende Entscheidung, die idR schriftlich
ergehen wird, bedarf ausnahmsweise keiner Begründung, soweit dies den mit der Auskunftsverweigerung verfolgten Zweck gefährden würde. Die Unterrichtung nach II ist
nachzuholen, sobald die Beschränkungen in IV entfallen sind (vgl MiStra 3 IV). Die Entscheidung über die Auskunftserteilung ist kostenfrei (vgl auch Art 12 V S 1 DS-GVO).

4) VI regelt den Vorrang der DS-GVO. 5

[Rechte und Pflichten bei verfahrensübergreifenden Mitteilungen von Amts wegen]

21a [1] Bei verfahrensübergreifenden Mitteilungen von Amts wegen im Sinne dieses Abschnitts gelten für Rechte und Pflichten nach den Artikeln 12 bis 15 und 19 Satz 2 der Verordnung (EU) 2016/679 die Bestimmungen des § 21 Absatz 3 bis 5 entsprechend. [2] Rechte nach den Artikeln 18 und 21 der Verordnung (EU) 2016/679 bestehen bei verfahrensübergreifenden Mitteilungen von Amts wegen im Sinne dieses Abschnitts nicht. [3] Die Sätze 1 und 2 gelten entsprechend für Bestimmungen des Artikels 5 der Verordnung (EU) 2016/679, soweit sie den Rechten und Pflichten nach den in den Sätzen 1 und 2 genannten Artikeln der Verordnung (EU) 2016/679 entsprechen.

Die Vorschrift beschränkt die Rechte und Pflichten der DS-GVO, um vor allem Ge- 1
richtsverfahren zu schützen. Sie soll eine Gefährdung öffentlicher Belange oder Rechter
Dritte verhindern, die durch eine unbeschränkte Auskunft bewirkt wreden könnte (BT-
Drucks 19/4671 S 73).

Entspr Beschränkungen gelten nach S 2 bei verfahrensübergreifenden Mitteilungen 2
(BT-Drucks aaO S 74).

[Rechtsschutz]

22 II [1] Ist die Rechtsgrundlage für die Übermittlung personenbezogener Daten nicht in den Vorschriften enthalten, die das Verfahren der übermittelnden Stelle regeln, sind für die Überprüfung der Rechtmäßigkeit der Übermittlung die §§ 23 bis 30 nach Maßgabe der Absätze 2 und 3 anzuwenden. [2] Hat der Empfänger auf Grund der übermittelten Daten eine Entscheidung oder andere Maßnahme getroffen und dies der betroffenen Person bekanntgegeben, bevor ein Antrag auf gerichtliche Entscheidung gestellt worden ist, so wird die Rechtmäßigkeit der Übermittlung ausschließlich von dem Gericht, das gegen die Entscheidung oder Maßnahme des Empfängers angerufen werden kann, in der dafür vorgesehenen Verfahrensart überprüft.

II [1] Wird ein Antrag auf gerichtliche Entscheidung gestellt, ist der Empfänger zu unterrichten. [2] Dieser teilt dem nach § 25 zuständigen Gericht mit, ob die Voraussetzungen des Absatzes 1 Satz 2 vorliegen.

Anh 2 EGGVG Vor § 23

III ¹War die Übermittlung rechtswidrig, so spricht das Gericht dies aus. ²Die Entscheidung ist auch für den Empfänger bindend und ist ihm bekanntzumachen. ³Die Verarbeitung der übermittelten Daten ist unzulässig, wenn die Rechtswidrigkeit der Übermittlung festgestellt worden ist.

1   1) Einen **lückenlosen Rechtsschutz,** aber auch ein möglichst prozessökonomisches Verfahren zu gewährleisten, ist Zweck der Bestimmung. Die gerichtliche Überprüfung der Übermittlung personenbezogener Daten richtet sich nur dann nach den §§ 23 bis 30, wenn die Mitteilung ihre Rechtsgrundlage nicht im Verfahrensrecht der übermittelnden Stelle hat, wie zB bei Mitteilungen der Justizbehörden nach §§ 28 IV StVG, 13 I Nr 1 an das Kraftfahrt-Bundesamt zwecks Eintragung im Verkehrszentralregister (KG StraFo **15,** 518; Jena NStZ-RR **06,** 321; VRS **115,** 439; Schleswig SchlHA **09,** 217 [D/D]; Stuttgart NStZ **06,** 535; StraFo **08,** 128; vgl auch BVerfG NJW **15,** 610; Hamm NZV **08,** 365); sie beschränkt sich nicht auf die Einhaltung datenschutzrechtlicher Bestimmungen, sondern erstreckt sich auch darauf, ob die Mitteilung überhaupt erfolgen durfte (KG aaO 520 mwN). Ferner darf der Empfänger dem Betroffenen auf Grund der übermittelten Daten nicht schon vor Antragstellung eine Entscheidung oder andere Maßnahme bekanntgegeben haben (I S 2); in diesem Fall wird der Rechtsschutz, auch soweit er die Rechtmäßigkeit der Übermittlung betrifft, ausschließlich bei dem Gericht konzentriert, das gegen die Entscheidung oder Maßnahme des Empfängers angerufen werden kann (vgl Jena, Schleswig und Stuttgart aaO zu Maßnahmen der vom Kraftfahrt-Bundesamt nach § 30 I StVG informierten Führerscheinstelle), und zwar in der hierfür vorgesehenen Verfahrensart (zu den Konsequenzen vgl Wollweber NJW **97,** 2490). Das gilt auch für die Ablehnung einer Maßnahme durch den Datenempfänger (KK-Mayer 5). Ein der Bekanntgabe nachfolgender Antrag gemäß §§ 23 ff wäre unzulässig; mit der Unterrichtungs- und Auskunftspflicht in II stellt das Gesetz sicher, dass das nach § 25 zuständige Gericht vom Vorliegen eines gemäß I S 2 zur Unzulässigkeit führenden Sachverhalts erfährt. Auf seine Mitteilungspflicht nach II S 2 soll der Empfänger bei Unterrichtung über die Antragstellung hingewiesen werden (MiStra 7 III S 2). § 22 erfasst nicht die Auskunftserteilung nach § 21.

2   2) Das **Verfahren** richtet sich nach den §§ 23 bis 30. Der Empfänger der Daten kann nicht beigeladen werden (1 zu § 28; krit zu dessen verfahrensrechtlicher Stellung Wollweber aaO). Gemäß der ergänzenden Regelung in III stellt das OLG ggf die Rechtswidrigkeit der Übermittlung fest; die dies gegenüber der übermittelnden Stelle – der Antragsgegnerin (1 zu § 28) – aussprechende Entscheidung bindet auch den Empfänger. Er darf daher die ihm rechtswidrig übermittelten Daten nicht (weiter-)verwenden (LR-Böttcher 8); deshalb ist ihm die Entscheidung bekanntzumachen. Die Unzulässigkeit der Verwendung tritt grundsätzlich rückwirkend ab Mitteilung der Daten ein (KK-Mayer 4). Die Ergebnisse eigener Ermittlungen sind aber verwertbar (6 zu § 19). Auch die Gerichte, die über Maßnahmen des Empfängers zu befinden haben, sind an die Feststellung gebunden; diese Folge kann sich ergeben, wenn der Betroffene den Antrag auf gerichtliche Entscheidung nach §§ 23 ff vor Bekanntgabe einer Maßnahme des Empfängers an ihn gestellt hat. In einem solchen Fall hat das gegen die Maßnahme angerufene Gericht die Vorgreiflichkeit der Entscheidung des OLG zu berücksichtigen, zB nach §§ 148 ZPO, 46 II S 1 ArbGG.

3   III betrifft nur die Entscheidung in der Hauptsache; liegen die Voraussetzungen einer **einstweiligen Anordnung** vor (OLG Karlsruhe NStZ **94,** 142; 13 zu § 28), wird das OLG ggf die Verwertung der übermittelten Daten durch den Empfänger vorläufig aussetzen.

Dritter Abschnitt. Anfechtung von Justizverwaltungsakten

Vorbemerkungen

1   1) **Ausführungsbestimmungen zu Art 19 IV GG** sind die §§ 23–30. Sie bestimmen abweichend von der Generalklausel des § 40 VwGO die Zuständigkeit der sachnäheren ordentlichen Gerichte für die Überprüfung der in § 23 I bezeichneten

Maßnahmen (BVerwGE **47**, 255 = NJW **75**, 893; KG DVBl **60**, 812, 814). Die StPO enthält Einzelregelungen in §§ 147 V, 161a III, 163 III S 3, 406e IV und 478 III. Für den Bereich des Strafvollzugs gegen Erwachsene und deren Unterbringung nach §§ 63, 64 StGB gelten §§ 109 ff **StVollzG**.

2) „Klage"arten: Die §§ 23 ff kennen nur die Anfechtung einer belastenden Maß- 2
nahme (§ 23 I), den Verpflichtungsantrag, mit dem der Erlass eines abgelehnten oder unterlassenen VerwA begehrt wird (§ 23 II), und den Antrag auf Feststellung der Rechtswidrigkeit einer vor oder nach der Antragstellung durch Vollzug oder auf andere Weise erledigten Maßnahme (§ 28 I S 4). Unzulässig sind der (entspr § 113 IV VwGO) auf eine Leistung gerichtete Antrag (Kissel/Mayer 13 zu § 28), der allgemeine Feststellungsantrag (Karlsruhe NStZ **85**, 525; München NJW **75**, 509, 511; Schleswig SchlHA **88**, 108 [L/G]; Zweibrücken StV **97**, 313) und grundsätzlich auch der vorbeugende Unterlassungsantrag (Hamm GA **75**, 178; JR **96**, 257 mit Anm Krack; Koblenz NJW **85**, 2038, 2040), insbesondere der Antrag, der Behörde für künftige Fälle Anweisungen zu erteilen (Frankfurt NStZ **82**, 134; Karlsruhe NStZ **97**, 407 mwN). **Ausnahmsweise** kommt aber ein **vorbeugender Unterlassungsantrag** in Betracht, wenn der Ast nicht in zumutbarer Weise auf den nachträglichen Rechtsschutz verwiesen werden kann (BVerfG NJW **00**, 3126; Karlsruhe NStZ **15**, 606, 607 mwN: Akteneinsicht durch ein Zivilgericht nach § 474 **StPO**). Für die Zulässigkeit der Leistungs- (Unterlassungs-) und allgemeinen Feststellungsklage aber Neuling StV **08**, 388.

3) Notwendiges Antragsvorbringen: Zur Zulässigkeit des Antrags gehört eine aus 3
sich heraus verständliche Sachdarstellung, aus der Art und Datum der angefochtenen Maßnahme hervorgehen und der Grund ersichtlich ist, aus dem sich der Antragsteller gegen sie wendet. Wegen der Darlegung der Rechtsverletzung vgl 1 zu § 24. Der Antragsgegner muss bezeichnet werden (KG GA **78**, 244; Stuttgart NJW **85**, 2343). Erschöpft sich das Antragsvorbringen in der Beschimpfung der Behörde, so ist der Antrag unzulässig (KG NJW **69**, 151; Koblenz OLGSt § 23 EGGVG S 65).

[Rechtsweg bei Justizverwaltungsakten]

23 I ¹Über die **Rechtmäßigkeit der Anordnungen, Verfügungen oder sonstigen Maßnahmen,** die von den Justizbehörden zur Regelung einzelner Angelegenheiten auf den Gebieten des bürgerlichen Rechts einschließlich des Handelsrechts, des Zivilprozesses, der freiwilligen Gerichtsbarkeit und der Strafrechtspflege getroffen werden, entscheiden auf Antrag die ordentlichen Gerichte. ²Das gleiche gilt für Anordnungen, Verfügungen oder sonstige Maßnahmen der Vollzugsbehörden im Vollzug der Untersuchungshaft sowie derjenigen Freiheitsstrafen und Maßregeln der Besserung und Sicherung, die außerhalb des Justizvollzuges vollzogen werden.

II Mit dem Antrag auf gerichtliche Entscheidung kann auch die Verpflichtung der Justiz- oder Vollzugsbehörde zum Erlaß eines abgelehnten oder unterlassenen Verwaltungsaktes begehrt werden.

III Soweit die ordentlichen Gerichte bereits auf Grund anderer Vorschriften angerufen werden können, behält es hierbei sein Bewenden.

Übersicht

	Rn
1) Maßnahmen von Justiz- und Vollzugsbehörden	1–3
A. Justizbehörden (I S 1)	2, 2a
B. Vollzugsbehörden (I S 2)	3
2) Auf dem Gebiet der Strafrechtspflege	4
3) Maßnahmen zur Regelung einzelner Angelegenheiten	5–10
A. Maßnahme	6
B. Unmittelbar zur Regelung einer einzelnen Angelegenheit	7
C. Zweitbescheide	8
D. Maßnahmen der StA im Ermittlungsverfahren	9–10
4) Verpflichtungsantrag (II)	11

Anh 2 EGGVG § 23

	Rn
5) Subsidiarität (III)	12
6) Beispiele aus der Rechtsprechung	13–19
A. Maßnahmen der Gerichte	14
B. Maßnahmen der StA im Strafverfahren	15
C. Maßnahmen der StA bei der Vollstreckung	16
D. Gnadenentscheidungen	17
E. Maßnahmen im UHaft-Vollzug	18
F. Bundeszentral- und -erziehungsregister	19

1 1) **Maßnahmen von Justiz- und Vollzugsbehörden** können vor dem OLG angefochten werden (I). Die Vorschrift regelt die Zuständigkeitsfrage, will aber nicht abschließend klarstellen, welche Maßnahmen überprüfbar sind (BGH **16**, 225, 230).

2 A. **Justizbehörden** (I S 1): Maßgebend ist die funktionale Betrachtungsweise (BGH **28**, 206, 209; StraFo **17**, 462; BVerwGE **47**, 255, 262 = NJW **75**, 893; Frankfurt NStZ-RR **01**, 44). Nimmt eine Behörde kraft Gesetzes Aufgaben wahr, die unmittelbar der Strafrechtspflege dienen, so ist sie Justizbehörde iS I S 1 (Kissel/Mayer 14, 15 mwN). Daher fallen unter den Begriff nicht nur die Gerichte, soweit sie nicht in richterlicher Unabhängigkeit tätig werden (Hamm MDR **83**, 75; NStZ **83**, 232; Karlsruhe NStZ **93**, 104; Stuttgart NJW **85**, 2343; Altenhain JZ **65**, 757), der JM (Hamburg MDR **82**, 602; Hamm NStZ **82**, 215; OVG Münster NJW **77**, 1790) und die StA als Strafverfolgungs-, Strafvollstreckungs- und Strafregisterbehörde, sondern auch die Polizei, soweit ihre Beamten im Einzelfall überwiegend zur Strafverfolgung tätig werden (BVerwGE **47**, 255 = NJW **75**, 893; BGH StraFo **17**, 462; Hamm NJW **73**, 1089; Nürnberg GA **87**, 270; Stuttgart NStZ **08**, 359, 360; OVG Münster NJW **80**, 855; Katholnigg 4; Kissel/Mayer 18, 19), gleichgültig, ob sie Ermittlungspersonen der StA sind (hM, vgl Kissel/Mayer 18 mwN) und auf deren Weisung oder aus eigener Initiative handeln (BVerwG aaO; Karlsruhe NJW **76**, 1417; a**M** Markworth DVBl **75**, 575), die Finanzbehörde, soweit sie nach §§ 386 II, 399 I **AO** die Rechte und Pflichten der StA (Celle NJW **90**, 1802; Karlsruhe NStZ **95**, 48; Stuttgart NJW **72**, 2146; wistra **93**, 120; Karlsruhe NJW **78**, 1338: nicht nach Einstellung des Verfahrens) oder nach §§ 402 I, 404 I **AO** die Polizei hat (BFHE **138**, 164 = BStBl **11** 482; Karlsruhe NStZ **86**, 567).

2a **Keine Justizbehörden** iS I S 1 sind das nach § 21e GVG tätige Präsidium (dort 24), der Bundesbeauftragte für die Unterlagen des Staatssicherheitsdienstes der ehemaligen DDR (KG NStZ **93**, 45), die Polizeibehörde, die die Auskunft über den Namen eines V-Manns verweigert (Hamm NJW **73**, 1089; VGH München NJW **80**, 198), und der Innenminister oder -senator, der die Genehmigung zur Aussage nach beamtenrechtlichen Vorschriften verweigert, eine Sperrerklärung nach § 96 StPO abgibt oder in entspr Anwendung der Vorschrift (dort 12) eine Auskunft verweigert (BGH **44**, 107; BVerwGE **69**, 192; VGH Mannheim NJW **91**, 2097; erg 14 zu § 96 StPO); nur für Sperrerklärungen des JM, die Akten der StA betreffen, gilt § 23 (OVG Münster NJW **77**, 1790).

3 B. **Vollzugsbehörden** (I S 2): Im Verfahren nach §§ 23ff anfechtbar sind nur Maßnahmen der Behörden im Vollzug von UHaft und von Strafen und Maßregeln, die außerhalb des Justizvollzugs vollzogen werden, wie kurzfristige Freiheitsstrafen in Anstalten der Bundeswehr (4 vor § 449 StPO). Sonst gelten für den Strafvollzug gegen Erwachsene die §§ 109ff **StVollzG** (KG NStZ **08**, 226: auch nach Entlassung), auch wenn eine Jugendstrafe vollzogen wird (§ 92 VI JGG; früher schon BGH **29**, 33). Nach § 138 III StVollzG sind die §§ 109ff StVollzG auch auf die Unterbringung nach §§ 63, 64 StGB anzuwenden. Über Maßnahmen im Vollzug des Jugendarrestes, der Jugendstrafe und der Maßregeln der Unterbringung in einem psychiatrischen Krankenhaus oder in der Entziehungsanstalt entscheidet nach § 92 II JGG eine JugK (vgl Arloth GA **08**, 140; Eisenberg NStZ **08**, 260; bei Untergebrachten ist aber die Altersgrenze in § 92 VI JGG zu beachten). Gegen Maßnahmen eines Beamten, der nicht zur Vertretung des Anstaltsleiters befugt ist, muss zunächst dessen Entscheidung herbeigeführt werden; erst hiergegen ist der Antrag nach I zulässig (Hamm NStZ-RR **12**, 62; Stuttgart JVBl **71**, 114). Anordnungen des Anstaltsarztes gelten als Maßnahmen der Behörde, wenn sie wie diese auf Art und Weise des Vollzugs einwirken (Bremen NJW **64**, 1194).

2) Auf dem Gebiet der Strafrechtspflege müssen die Maßnahmen getroffen worden sein, und zwar auf dem der innerstaatlichen (Vogler NJW 82, 470). Die Bewilligung der Auslieferung und anderer ausländischer Rechtshilfeersuchen durch die BReg oder die StA kann daher nicht nach I angefochten werden (dazu Hamburg GA 85, 325; Hamm GA 75, 150; 178; Stuttgart StV 90, 123; OVG Münster DVBl 63, 731; Ahlbrecht/Börgers ZIS 08, 221), ebenso wenig Rechtshilfeersuchen der BRep an ausländische Staaten (München NJW 75, 509; vgl auch BVerfG NJW 81, 1154: Auslieferungsersuchen; Celle NdsRpfl 09, 431: Europäischer Haftbefehl; erg 1, 7 zu § 131) und die Weigerung, ein solches Ersuchen zu stellen (Bamberg NStZ 85, 224; ebenso KG StV 93, 543 zur Ablehnung der Stellung eines Vollstreckungshilfeersuchens). Zur Strafrechtspflege gehört die Führung des BZR, des Erziehungs- und des Gewerbezentralregisters (KG GA 73, 180; Hamm NStZ 88, 136; Karlsruhe Justiz 00, 24; erg unten 19), Anträge der StA gemäß § 111i II StPO (Hamm NStZ 20, 49 mit Anm Tschakert), aber nicht die Beförderung von Strafrichtern in ein höheres Amt, die disziplinarische Ahndung von Dienstvergehen (Koblenz GA 76, 151), die Erteilung der Aussagegenehmigung (BVerwG NJW 64, 1088; Hamm NJW 68, 1440; aM Hamburg NJW 82, 297) und andere beamtenrechtliche Maßnahmen sowie der Bau von Gerichtsgebäuden mit Sitzungssälen (aM KK-Mayer 45; VG Stuttgart NJW 75, 1294: Auswirkung auf ein konkretes Verfahren).

3) Maßnahmen zur Regelung einzelner Angelegenheiten:

A. **Maßnahme** ist jedes behördliche Vorgehen in Form einer Anordnung, Verfügung oder in sonstiger Weise, das der Regelung einer Einzelangelegenheit dient und geeignet ist, den Betroffenen in seinen Rechten zu verletzen (KK-Mayer 21). Der Begriff VerwA, den II verwendet (der sonst gleich lautende § 109 I S 2 **StVollzG** spricht auch hier von „Maßnahmen") und den § 35 S 1 VwVfG definiert, muss nicht erfüllt sein (VGH Kassel VerwRspr 28, 1009; VGH Mannheim NJW 69, 1319; 73, 214). Anfechtbar ist daher (nach § 28 I S 4) auch schlichtes Verwaltungshandeln mit Außenwirkung (KG NJW 87, 197; Hamburg NJW 79, 279; Hamm NStZ 84, 136; StV 82, 125; OVG Hamburg NJW 70, 1699; OVG München BayVBl 85, 121). Für Streitigkeiten über die von einem Untersuchungsausschuss des BTags im Wege der Amtshilfe begehrte Einsicht in staatsanwaltliche Ermittlungsakten ist nicht mehr der Rechtsweg nach § 23 (so noch BGH 46, 261), sondern der nach §§ 18, 36 PUAG gegeben (vgl BVerfG 2 BvE 3/07 vom 17.6.2009 [Tz 77]). Keine „Maßnahmen" sind Auskünfte (Koblenz MDR 84, 1036), Ermahnungen (Stuttgart JVBl 71, 114), Stellungnahmen (Hamm NJW 85, 2040; Altenhain JZ 65, 759 mwN), Belehrungen und Feststellungen (Bamberg JVBl 63, 175). Unter I fallen auch nicht – von § 22 nicht erfasste – Maßnahmen gegenüber anderen Behörden und Ersuchen an andere Behörden, in bestimmter Weise zu verfahren (Koblenz MDR 72, 169; München NJW 75, 509), oder die Ablehnung des Antrags, ein solches Ersuchen zu stellen (Schleswig SchlHA 84, 97 [E/L]), Wissenserklärungen (Karlsruhe NJW 65, 1545; Stuttgart NStZ 08, 359; KK-Mayer 27) und Weisungen des JM an die StA (OVG Münster JMBlNW 68, 23; VGH Mannheim NJW 73, 214).

B. **Unmittelbar der Regelung einer einzelnen Angelegenheit** muss die Maßnahme dienen. In seinem Anwendungsbereich unterstellt § 22 jedoch die Übermittlung personenbezogener Daten, die nur eine andere Maßnahme vorbereitet, ebenfalls der Anfechtung. Allgemeine behördeninterne Verwaltungsanordnungen regeln keinen Einzelfall und sind daher nur anfechtbar, wenn sie schon durch ihre Existenz unmittelbar in die Rechte des einzelnen eingreifen (KG NJW 71, 476; Frankfurt NJW 77, 2177; Hamm NStZ 88, 93; vgl auch Saarbrücken NJW 78, 1446). Eine Allgemeinverfügung, die einen konkreten Sachverhalt für einen größeren Personenkreis regelt, kann aber jeder davon Betroffene anfechten (Kopp/Schenke Anh 52ff zu § 42 VwGO). Die Beschränkung auf Einzelregelungen bedeutet auch, dass es unzulässig ist, der Behörde für die Zukunft bestimmte Maßnahmen zu untersagen (2 vor § 23).

C. **Zweitbescheide,** insbesondere auf Gegenvorstellungen, sind dann anfechtbar, wenn sie neue Gesichtspunkte tatsächlicher oder rechtlicher Art berücksichtigen. Ablehnende Bescheide auf Dienstaufsichtsbeschwerde sind ebenfalls keine selbstständigen Maßnahmen, sondern verneinen nur einen Grund zum Einschreiten (KG GA 76, 342;

Koblenz wistra **87**, 359; Stuttgart NStZ **86**, 480; Kissel/Mayer 49). Auch sie sind nur anfechtbar, wenn eine neue selbstständige Rechtsverletzung geltend gemacht wird (Hamburg MDR **75**, 248; Koblenz GA **76**, 151; Stuttgart NJW **64**, 1382).

9 D. **Maßnahmen der StA im Ermittlungsverfahren,** gegen die nicht nach § 22 oder mit den in 1 vor § 23 genannten Rechtsbehelfen auf gerichtliche Entscheidung angetragen werden kann, sind – verfassungsrechtlich unbedenklich (BVerfG NJW **84**, 1451; **85**, 1019; NStZ **84**, 228) – grundsätzlich unanfechtbar (vgl Heinrich NStZ **96**, 110, der aber bei objektiv willkürlicher Verfahrenseinstellung § 23 entspr anwenden will). Der Beschuldigte kann seine auf den Beginn und Betrieb des Ermittlungsverfahrens gerichteten Anträge nicht nach §§ 23 ff durchsetzen (Hamburg NStZ **84**, 566; Hamm NStZ **84**, 280; **95**, 412; Karlsruhe NStZ **82**, 434; **94**, 142; Jena NStZ **05**, 343; Nürnberg NStZ **86**, 575; Stuttgart NStZ **08**, 359; Rieß Geerds-FS 503; **aM** LR-Erb 67a ff zu § 160; Beckemper NStZ **99**, 221; Kölbel JR **06**, 322; hinsichtlich der Einleitung eines Ermittlungsverfahrens nach § 152 II StPO Eisenberg/Conen NJW **98**, 2247; hinsichtlich verfahrenseinleitender und -fortführender Maßnahmen Nagel StV **01**, 185); denn durch solche Maßnahmen (Anhörung von Zeugen, Zuziehung von Sachverständigen uä) wird keine Regelung iS I S 1 getroffen (vgl Dresden NJW **98**, 3368; Frankfurt NStZ-RR **05**, 13; Schleswig SchlHA **08**, 268 [D/D]). Gegen die Einleitung oder Fortführung eines Ermittlungsverfahrens gibt es – abgesehen davon, wenn dies aus schlechthin unhaltbaren Erwägungen, also objektiv willkürlich geschieht (dazu eingehend Jahn Strauda-FS 335) – keinen Rechtsschutz (BVerfG NStZ **04**, 447); daher sind auch nicht anfechtbar die verzögerliche Behandlung (Stuttgart OLGSt Nr 11) und die verzögerte Einstellung des Ermittlungsverfahrens (Frankfurt NStZ-RR **08**, 78; Hamm NStZ **83**, 38; JMBlNW **94**, 23; **aM** Böttcher Dahs-FS 243; Brete/Thomsen wistra **08**, 370; Füßer/Viertel NStZ **99**, 118 [§ 27]; Mansdörfer GA **10**, 166 [Verfassungsbeschwerde in Extremfällen]; Rieß Roxin-FS 1319 plädiert *de lege ferenda* für ein Einstellungserzwingungsverfahren entspr § 172 StPO); wegen der Gewährung und Versagung der Akteneinsicht vgl unten 15 sowie 24 ff und 39 ff zu § 147 StPO, 4 zu § 478 StPO.

9a Für **Medienauftritte, Pressemitteilungen oder -auskünfte** durch die Ermittlungsbehörden ist der Verwaltungsrechtsweg nach § 40 I VwGO gegeben; dies betrifft sowohl die Feststellung der Rechtswidrigkeit, als auch für vorbeugende Unterlassungsansprüche (BGH StV **18**, 208).

10 Für **Eingriffe in Grundrechte,** zu denen StA und ihre Ermittlungspersonen allgemein (§§ 81b, 163b, 164 StPO) oder bei Gefahr im Verzug (§§ 81a II, 81c III S 3, V, 98 I, 100 I, 100b I, 105 I, 111 II, 127 II, 132 II, 163d II, 163e IV, 163f III StPO) berechtigt sind, gilt das nicht. Zwar sind alle Maßnahmen der StA, die der Einleitung, Durchführung und Gestaltung des Strafverfahrens dienen, der Anfechtung entzogen, weil sie keine JVerwA, sondern Prozesshandlungen sind (Hamm NJW **73**, 1089; Karlsruhe NJW **76**, 1417; Stuttgart NJW **77**, 2276; weit Nachw bei Kissel/Mayer 31); eine Ausnahme ist aber im Hinblick auf Art 19 IV GG zu machen, soweit es sich um in Grundrechte eingreifende Maßnahmen handelt (vgl BGH **28**, 57, 58; Amelung 34; Bottke StV **86**, 120; Fezer Jura **82**, 23; Schenke NJW **76**, 1816). Eine Anfechtung nach I scheidet allerdings aus, solange die Maßnahme nicht durchgeführt ist; dann gilt § 98 II S 2 StPO entspr (dort 23). Auch nach Erledigung der Maßnahme durch Vollzug ist nach der Rspr des BGH aber diese Vorschrift – und nicht § 23 – anzuwenden (vgl 23 zu § 98 StPO; 23 zu § 127 StPO; 18a vor § 296 StPO). Dasselbe gilt nach neuerer Rspr, wenn die Art und Weise des Vollzugs einer in Grundrechte eingreifenden Maßnahme der StA und der Polizei angefochten wird (BGH **44**, 265; erg 17 zu § 105 StPO). Die „Ausforschung und Beschlagnahme" einer Powerpointdatei pornographischen Inhalts ist einer Entscheidung nach § 98 II S 2 StPO aber nicht zugänglich (BVerfG NJW **07**, 3343).

11 **4) Verpflichtungsantrag (II):** Der Antrag ist nur zulässig, wenn der Antragsteller geltend macht, durch die Ablehnung oder Unterlassung in seinen Rechten verletzt zu sein (1 zu § 24), zB durch die Ablehnung der Löschung der Eintragung in die Zentrale Namenskartei der StA (Frankfurt NJW **89**, 48; dazu Scholderer NStZ **89**, 585; Simitis NJW **89**, 21). Für den Antrag auf Verpflichtung zum Erlass einer abgelehnten Maßnahme gilt § 26 I (Frankfurt ZInsO **09**, 388). Der Antrag, die Behörden zum Erlass eines unterlassenen VerwA zu verpflichten, kann nur unter den Voraussetzungen des § 27 als Vornahmeantrag gestellt werden (KG NJW **68**, 609).

5) Subsidiarität (III): Die §§ 23 ff treten zurück, wenn das Gesetz andere Rechts- **12** behelfe vorsieht (vgl KG NStZ **08**, 226 und NStZ-RR **09**, 324 zu § 109 I **StVollzG**; Naumburg 2 ARs 7/10 vom 17.8.2010 zu §§ 65 I, 100 UVollzG Sachsen-Anhalt; Hamm NStZ-RR **12**, 126 zu § 458 **StPO**; Koblenz NStZ-RR **10**, 190 zu § 459h **StPO**), auch wenn der Betroffene von ihnen, zB wegen Fristversäumung, nicht mehr Gebrauch machen kann (Frankfurt NStZ-RR **04**, 184), und auch bei Verletzung des Willkürverbots (Frankfurt NStZ-RR **05**, 282). Über den Wortlaut der Vorschrift hinaus gelten die §§ 23 ff auch dann nicht, wenn Verwaltungs-, Arbeits-, Sozial- oder Finanzgerichte zuständig sind (Hamm NJW **66**, 607, 609; Katholnigg 13). Sieht das Gesetz die Anfechtung einer Maßnahme vor, so ist der Antrag nach § 23 auch dann ausgeschlossen, wenn diese Regelung bewusst nicht alle Fälle erfasst (vgl Frankfurt ZInsO **09**, 242, 244), zB § 172 II StPO (Bamberg JVBl **65**, 262; vgl auch Karlsruhe NStZ **16**, 126; Frankfurt ZInsO **09**, 242; **aM** KG JVBl **62**, 20) oder § 4 III JVEG. Wenn der Antrag im Zeitpunkt der Antragstellung beim OLG nicht zulässig ist, weil das Gericht nach § 98 II S 2 StPO angerufen werden kann, wird er nicht nachträglich zulässig, weil die Maßnahme nunmehr abgeschlossen ist (Karlsruhe NJW **79**, 2527; Zweibrücken StV **97**, 313). Für Einwendungen des Verurteilten gegen die Vollstreckungsreihenfolge ist der Antrag nur zulässig, wenn diese in keinem Zusammenhang mit der Unterbrechung der gesetzlich vorgesehenen Strafvollstreckung nach der Hälfte bzw zwei Dritteln der Strafe stehen (Stuttgart StV **09**, 259 mwN; 9 zu § 454b StPO).

6) Beispiele aus der Rspr: **13**

A. **Maßnahmen der Gerichte:** Nicht nach §§ 23 ff anfechtbar sind alle Akte der **14** Rechtsprechung (Karlsruhe NJW **88**, 983), zB der Erlass eines Europäischen Haftbefehls einschließlich des darin enthaltenen Auslieferungsersuchens und des Ersuchens um Festnahme (Celle NStZ **10**, 534), für den Verurteilten die Verweigerung der Zustimmung nach § 35 BtMG (so ausdrücklich § 35 II S 2 BtMG: nur zusammen mit der Ablehnung der Zurückstellung durch die VollstrB nach §§ 23 ff anfechtbar), anders aber, wenn der Jugendrichter als VollstrB entscheidet (Stuttgart NStZ **86**, 141), die Verweigerung der Akteneinsicht (vgl 40 zu § 147 StPO, 1 und 4 zu § 478 StPO), auch für Dritte (Hamburg NStZ **82**, 482; Hamm NJW **68**, 169; **aM** Altenhain JZ **65**, 757), die Weigerung, den Hauptverhandlungstermin abzusetzen (Koblenz MDR **73**, 521), Schriftstücke aus den Akten zu entfernen (Köln NJW **66**, 1761), Reisekostenvorschüsse an Angeklagte zu zahlen (Bremen NJW **15**, 1617; Düsseldorf MDR **83**, 689; Stuttgart NJW **56**, 473; Beschwerde nach § 304 StPO) oder über einen Kostenfestsetzungsantrag zu befinden (Jena NStZ-RR **04**, 319; vgl aber auch Frankfurt NStZ-RR **96**, 183 und Koblenz JBlRP **09**, 71 zur Erstattung der Kosten des Aufenthalts in einem Heim der Jugendhilfe in Erfüllung einer jugendrichterlichen Weisung: Justizverwaltungsakt). Auch die Verweigerung der Dienstreisegenehmigung für Angehörige der Führungsaufsichtsstelle zur Betreuung eines Verurteilten ist nur nach § 304 StPO anfechtbar (Hamm NStZ **84**, 285). Dies gilt wegen § 478 III StPO auch für Auskünfte nach § 475 StPO. Anfechtbar nach §§ 23 ff sind dagegen Maßnahmen nach § 474, da insoweit eine Anfechtungsmöglichkeit gem § 478 III nicht vorgesehen ist (Karlsruhe NStZ **15**, 606).

B. **Maßnahmen der StA im Strafverfahren:** Die Abgabe oder Nichtabgabe einer **15** Presseverlautbarung ist nach der Rspr des BVerwG (NStZ **88**, 513; NJW **92**, 62) im Verwaltungsrechtsweg anfechtbar (ebenso BGH StraFo **17**, 462; VG Berlin NJW **01**, 3799; VG Saarlouis DRiZ **08**, 356 L; Lehr NStZ **09**, 413; nach **aM** ist hingegen der Rechtsweg nach § 23 eröffnet: Hamm NStZ **95**, 412; Karlsruhe NJW **99**, 899; Justiz **08**, 363; Stuttgart NJW **01**, 3797; NStZ **08**, 359, 360; Neuling StV **08**, 387; Wasmuth NJW **88**, 1705). Nicht anfechtbar ist die Weigerung, der Verfahrenseinstellung nach den §§ 153 ff StPO zuzustimmen (Hamm NStZ **85**, 472; **aM** Terbach NStZ **98**, 172), eine Entscheidung nach § 154 I (KG StraFo **10**, 428), die Ablehnung der Ersetzung des ermittelnden StA durch einen anderen (Frankfurt NStZ-RR **99**, 81; Hamm NJW **69**, 808; Karlsruhe MDR **74**, 423; Schleswig SchlHA **83**, 106 [E/L]; Pawlik NStZ **95**, 314;

Anh 2 EGGVG § 23

Pfeiffer Rebmann-FS 367; Schlüchter 66. 1; Wendisch Schäfer-FS 243; **aM** Bottke StV **86**, 123; Hilgendorf StV **96**, 53; Roxin/Schünemann § 9, 15; Wohlers GA **06**, 403; einschr Böttcher Roxin-FS 1343: nur bei Willkür; erg 5 vor § 22 StPO; 6 zu § 145 GVG), die Erklärung nach § 230 StGB (BGH **16**, 225; Kauffmann Kleinknecht-FS 210 mwN), die Verweigerung der Akteneinsicht an den Beschuldigten (40 zu § 147 StPO) oder von Auskünften an ihn über die verdachtsbegründenden Tatsachen (BVerfG NJW **84**, 1451), die unterbliebene Mitteilung nach § 171 S 1 StPO (BGH 5 AR 29/13 vom 21.1.2014), die Weigerung der Herausgabe sichergestellter Sachen (Nürnberg NStZ **06**, 654; Stuttgart wistra **02**, 38 mwN; LG Mannheim NStZ-RR **98**, 113: Zivilrechtsweg; **aM** Hoffmann/Knierim NStZ **00**, 463: § 98 II S 2 entspr), die Verneinung oder Bejahung des öffentl. Interesses nach § 376 StPO (dort 6, 7), die Nichteinhaltung einer Zusage, kein Rechtsmittel einzulegen (Hamm NJW **65**, 1241; ebenso Krumdiek StRR **10**, 88 zu sog Sperrberufungen), sowie von Maßnahmen im Ermittlungsverfahren (oben 9). Dagegen kann die Entscheidung darüber, ob einem Dritten (iS des § 475 StPO) eine anonymisierte Urteilsabschrift, sonstige Abschriften aus den Ermittlungsakten sowie die Akten zur Einsichtnahme überlassen oder Auskünfte aus Akten erteilt werden sollen, mit einem **Antrag nach § 478 III StPO** (dort 4) angefochten werden (OVG Münster NJW **01**, 3803; Lindner StV **08**, 216). Einen Antrag nach § 23 kann aber die Öffentlichkeitsfahndung (vgl BGH StraFo **17**, 462) oder die Ablehnung des Antrags auf Aktenvernichtung (Frankfurt NJW **99**, 73) bzw Datenlöschung (BVerfG StV **07**, 226 L; Hamburg StV **09**, 234, 235; vgl 9 zu § 489) begründen.

16 C. **Maßnahmen der StA bei der Vollstreckung:** Anfechtbar nach §§ 23 ff sind Entscheidungen über die Unterbrechung der Vollstreckung eines Strafrests auf Grund einer widerrufenen Strafaussetzung zur Bewährung (BGH NStZ **91**, 205), die Versagung einer Unterbrechung zum Halbstrafenzeitpunkt in Fällen des § 57 II Nr 2 StGB (Frankfurt NStZ-RR **11**, 221), Entscheidungen nach § 456a StPO (dort 9; Karlsruhe NStZ **08**, 222; **12**, 655; **aM** Stuttgart StraFo **11**, 114, das unter Missachtung des Wortlauts § 458 II anwenden will, falls zugleich beantragt wird, die Nachholung der Strafvollstreckung einstweilen auszusetzen), Zwangsmaßnahmen nach § 457 StPO (dort 16), Entscheidungen der VollstrB über die Art und Weise der Vollstreckung der Unterbringungsanordnung (Hamburg NStZ **88**, 242), die Ablehnung, die Vollstreckung für die Strafaussetzung nach § 57 II Nr 2 StGB zum Zwecke der Anschlussvollstreckung in anderer Sache zu unterbrechen (Celle NdsRpfl **89**, 299; vgl auch BVerfG NJW **95**, 1885 mwN) oder nach § 35 BtMG die Vollstreckung zurückzustellen (vgl § 35 II S 2 BtMG, zum hierbei einzuhaltenden Verfahren 5 zu § 24), ferner die bei der Zurückstellung angeordneten Weisungen und Auflagen (Hamm NStZ **86**, 187; StV **88**, 24), die Ablehnung der Vorabvollstreckung einer nicht zurückstellungsfähigen Strafe (Köln NStZ-RR **10**, 157), die Entscheidung bei der Vollstreckung der Geldstrafe nach § 459b StPO (dort 5), und die Abgabe der Vollstreckung nach § 85 VI **JGG** (LG Koblenz NStZ-RR **97**, 53) sowie die Ablehnung der Aufnahme zur Strafvollstreckung in einem anderen Bundesland (KG NStZ-RR **07**, 124; Bamberg 1 Ws 45/10 vom 18.2.2010; Hamm StV **04**, 86; 1 VAs 26/08 vom 6.5.2008; Schleswig NStZ-RR **07**, 324; vgl auch BGH StraFo **01**, 432), nicht aber die Ablehnung eines Antrages auf Verlegung in ein anderes Bundesland (KG NStZ-RR **07**, 124; Jena StV **06**, 147 L; **aM** Schleswig NStZ-RR **08**, 126) oder den Antrags auf Verlegung in eine andere JVA desselben Bundeslandes (Frankfurt NStZ-RR **06**, 253); dann gelten §§ 109, 110 **StVollzG**. Keine Verlegung, sondern nach § 23 anfechtbar ist die Entscheidung der VollstrB über die Überführung und Einweisung des Verurteilten, der sich im Zeitpunkt der Einleitung der Vollstreckung in einer für ihn nicht zuständigen Vollzugsanstalt befindet, in die zuständige JVA gemäß §§ 28 I S 1, 29 I StVollstrO (Schleswig SchlHA **08**, 268 [D/D] = bei Roth NStZ **08**, 683) oder über die Abweichung vom Vollstreckungsplan durch unmittelbare Ladung in den offenen Vollzug (Frankfurt NStZ **07**, 173; Naumburg OLGSt Nr 3 zu § 10 StVollzG; Zweibrücken StraFo **10**, 129, 130; vgl auch Hamm StV **09**, 204). Der Überprüfung unterliegt auch, ob die Vollstreckungsbehörde bei der Ablehnung eines Überstellungswunsches nach dem ÜberstÜbk (Einl 215c) ihr Ermessen fehlerfrei ausgeübt hat (BVerfG NStZ **98**, 140; Frankfurt NStZ-RR **02**, 310). Wegen der Mitteilungen in Strafsachen vgl oben 7 und § 22. Entscheidungen der Vollstreckungsbehörde über die Abwendung der Vollstreckung der Ersatzfreiheitsstrafe durch freie Arbeit werden nach § 459h angefochten (7 zu § 459e).

D. **Gnadenentscheidungen** sind unanfechtbar (BVerfGE **25**, 352; **45**, 187, 242; **66**, 337, 363; BVerfG NJW **01**, 3771; BVerwGE **14**, 73 = NJW **62**, 1410; BVerwG NJW **83**, 187; BayVerfGH NStZ-RR **97**, 39; Celle NdsRpfl **96**, 310; Hamburg JR **97**, 255 mwN auch zur im verfassungs- und verwaltungsrechtlichen Schrifttum teilw vertretenen Gegenmeinung; Stuttgart NStZ **85**, 331). I gilt aber für ihren Widerruf (KG NStZ **93**, 54; Celle NJW **89**, 114; Hamburg NStZ-RR **04**, 223; Saarbrücken MDR **79**, 338; Schleswig SchlHA **08**, 268 [D/D]; BVerfGE **30**, 108 hatte die Frage des Rechtswegs offen gelassen); vgl zum Widerruf von Gnadenentscheidungen Lemke Strauda-FS 375 und die Rspr-Übersicht von Rinio NStZ **06**, 438. 17

E. **Maßnahmen im UHaft-Vollzug** sind nach III nur anfechtbar, wenn sie nicht in die Anordnungskompetenz des Haftrichters nach § 119 I S 3 StPO fallen (dort 25; Frankfurt NStZ-RR **04**, 184; eingehend dazu Cassardt NStZ **94**, 523 ff; krit zur Abgrenzung Krack JR **96**, 258) oder nach § 119a StPO als den einzelnen UGefangenen betreffende Maßnahmen beanstandet werden können (siehe dort). Nach I anfechtbar sind danach **nur noch allgemeine Regelungen** mit unmittelbarer Wirkung, die wegen ihres generellen Organisationscharakters über den individuellen Interessenbereich einzelner Inhaftierter hinausgehen und die Gesamtverhältnisse in der JVA zur Gestaltung der UHaft betreffen (Hamm NStZ-RR **12**, 62: Allgemeinverfügungen). Hierzu gehören etwa die allgemeine Festsetzung der Zeiten für Verteidigerbesuche (Hamm aaO; Karlsruhe NStZ **97**, 407) sowie der Dauer der Freistunde (vgl Hamm NStZ **81**, 156), die Kontrolle von Verteidigerpost in Anwendung eines ministeriellen Erlasses (Frankfurt StV **05**, 226), die Erhöhung der allgemeinen Gewichtsgrenze für den Paketempfang (Hamm NStZ **82**, 134), die Anordnung des Anstaltsleiters, dass alle Besucher körperlich zu durchsuchen sind (BGH **29**, 135), die Art der Ausgestaltung der Sprechzellen mit Trennscheiben (KG JR **79**, 519; NStZ-RR **11**, 388, wo allerdings stillschweigend von der Statthaftigkeit eines – vorherigen – Antrags nach § 119a ausgegangen wird), die Weigerung, Arbeitsbelohnungen zu zahlen (Hamburg GA **64**, 87) und die Regelung der Dauer der Zellenbeleuchtung (KG GA **78**, 81), **nicht** aber das maschinelle Auslesen und Speichern der Ausweise von Besuchern (VG Aachen DuD **09**, 192: § 40 VwGO) oder die Zuweisung eines bestimmten Haftraums (Karlsruhe NStZ-RR **05**, 191: § 119a). Die Weigerung des Anstaltsleiters, Weisungen des Haftrichters nachzukommen, ist nur mit der Dienstaufsichtsbeschwerde (Hamm NJW **65**, 1554) angreifbar. Wendet sich der Gefangene erst nach längerer Zeit gegen die Maßnahme, kann das Recht auf Feststellung der Rechtswidrigkeit verwirkt sein (Karlsruhe aaO). § 27 III kann entspr angewendet werden (Frankfurt aaO). 18

F. **Bundeszentral- und -erziehungsregister:** Die Entscheidung über eine den Verurteilten begünstigende Maßnahme der Registerbehörde (§ 1 I **BZRG**: Bundesamt für Justiz; 3 zu § 492 StPO) enthält einen JVerwA auf dem Gebiet der Strafrechtspflege (vgl Karlsruhe Justiz **00**, 24; LR-Böttcher 34). Anfechtbar ist daher zB die Ablehnung der Entfernung einer Eintragung (§§ 25, 55 II, 63 III **BZRG**), die Nichtaufnahme von Verurteilungen in das Führungszeugnis (§ 39 **BZRG**; KG GA **73**, 180, NStZ-RR **09**, 27), der Tilgung in besonderen Fällen (§ 49 **BZRG**; KG Rpfleger **09**, 696 = NStZ-RR **10**, 27 L; Hamm MDR **92**, 283) und der Entfernung einer ausländischen Verurteilung (§ 56 I S 1 **BZRG**; Karlsruhe NStZ **92**, 40); das Gleiche gilt für die Übermittlung von Strafnachrichten an einen ausländischen Staat (§ 57 III S 1 **BZRG**; Karlsruhe wistra **03**, 478) oder einen Streit über die Berechnung der gesetzlichen Fristen (Böttcher aaO). Zum Vorverfahren vgl 5 zu § 24, zur Zuständigkeit 1 zu § 25. 19

[Zulässigkeit des Antrags]

24 I Der Antrag auf gerichtliche Entscheidung ist nur zulässig, wenn der Antragsteller geltend macht, durch die Maßnahme oder ihre Ablehnung oder Unterlassung in seinen Rechten verletzt zu sein.

II Soweit Maßnahmen der Justiz- oder Vollzugsbehörden der Beschwerde oder einem anderen förmlichen Rechtsbehelf im Verwaltungsverfahren unterliegen, kann der Antrag auf gerichtliche Entscheidung erst nach vorausgegangenem Beschwerdeverfahren gestellt werden.

1 1) Die **Rechtsverletzung (I)** muss der Antragsteller als mögliche Beeinträchtigung behaupten (Frankfurt NJW **79**, 1613); dafür muss er Tatsachen anführen, die, wenn sie zuträfen, die Rechtsverletzung ergäben (Bremen NJW **60**, 2261; Hamm MDR **83**, 602; Kissel/Mayer 1). Ein Antrag, der weder ausdrücklich noch durch seine Begründung (Saarbrücken JBl Saar **61**, 129) eine Rechtsverletzung substanziiert geltend macht, wird als unzulässig verworfen (Frankfurt NStZ-RR **05**, 282; ZInsO **09**, 388). Auf die Wahrheit des Antragsvorbringens kommt es bei der Zulässigkeitsprüfung aber nicht an (KG DVBl **60**, 812; Kissel/Mayer 1).

2 Die **eigenen Rechte des Antragstellers** müssen verletzt sein (Frankfurt ZInsO **09**, 242, 246); hierzu zählen auch das Recht auf Löschung von Verfahrensdaten (Dresden StV **04**, 68, ber S 368; Hamburg StV **09**, 234, 235) und der Anspruch auf ermessensfehlerfreie Entscheidung (Frankfurt NStZ-RR **08**, 174). Die Verletzung der Rechte Dritter genügt ebenso wenig wie der Eingriff in die bloße Interessensphäre des Antragstellers (Hamm MDR **67**, 137). Die Ablehnung einer gerichtlichen Aktenanforderung wirkt dann unmittelbar auf die Rechtsposition des Angeklagten ein, wenn die Aktenauswertung allein seiner Entlastung dienen soll (vgl Hamm Rpfleger **09**, 150).

3 2) **Vorschaltverfahren (II):**
4 A. Eine **von Amts wegen zu prüfende Sachentscheidungsvoraussetzung** ist die Einhaltung des Vorschaltverfahrens. Im Fall des § 28 I S 4 gilt II nicht, weil hier eine Beschwerde rechtlich nicht mehr möglich ist (7 zu § 28; zw Katholnigg 10), wohl aber bei Eröffnung des falschen Rechtswegs nach oder entspr § 17a V GVG (Jena NStZ-RR **10**, 61 L). Die Beschwerdeentscheidung muss nicht schon bei Stellung des Antrags nach § 23 ergangen sein; es genügt, dass sie im Zeitpunkt der Entscheidung des OLG vorliegt (KG Rpfleger **09**, 412; Hamm NStZ **82**, 134; Schleswig SchlHA **88**, 108 [L/G]). Hatte der Antragsteller die Frist für den Rechtsbehelf nach II versäumt, so kommt es darauf an, ob von der VerwB, die über ihn zu befinden hat, entspr § 70 II iVm § 60 I, IV VwGO Wiedereinsetzung gewährt worden ist. Hat sie ohne Wiedereinsetzung sachlich entschieden, so verwirft das OLG, das die rechtzeitige Einlegung des Rechtsbehelfs selbstständig prüfen muss, den Antrag als unzulässig (Oldenburg NdsRpfl **68**, 234; Stuttgart NJW **70**, 718; Schmid NStZ **90**, 451; **aM** Celle NJW **69**, 522; Katholnigg 9; Kissel/Mayer 5; Karstendiek DRiZ **77**, 50).

5 B. Ein **förmlicher Rechtsbehelf** muss gegeben sein, nicht nur die Dienstaufsichtsbeschwerde (Kissel/Mayer 8). Ob der Rechtsbehelf durch Gesetz (zB §§ 25 II, 39 III, 49 III, 55 II S 3, 63 III S 2 **BZRG**), durch RechtsVO oder durch eine allgemeine Verwaltungsvorschrift eingeführt ist, macht keinen Unterschied (BVerfGE **40**, 237 = NJW **76**, 34; Katholnigg 7; Kissel/Mayer 6). Danach kann das Vorschaltverfahren auch durch Verwaltungsvorschriften angeordnet werden, die jedem, den es angeht, bekannt werden können und für jeden gleich gehandhabt werden, für die Verwaltung verbindlich sind und wie eine Norm als objektives Recht angewendet werden. Diese Voraussetzungen erfüllen vor allem die Einwendungen nach § 21 StVollstrO (KG StV **89**, 27; Oldenburg NStZ **91**, 512 mwN), so auch bei Ablehnung der Zurückstellung der Vollstreckung nach § 35 BtMG (München JR **94**, 296; Oldenburg StraFo **00**, 67; Stuttgart MDR **94**, 297; Zweibrücken JBlRP **98**, 244; vgl dazu auch Katholnigg NJW **95**, 1330; Körner NStZ **95**, 64; **98**, 228; Weichert NJW **99**, 830); das OLG kann über den Antrag bei Ablehnung durch die StA wegen Verweigerung der erforderlichen gerichtlichen Zustimmung nach § 35 I S 1 BtMG aber erst entscheiden, wenn die StA dagegen nach § 35 II S 1 BtMG erfolglos Beschwerde eingelegt hatte (Celle NStZ **96**, 304; **aM** Katholnigg NStZ **96**, 615; Weichert aaO). Mitteilungen der StA an das Kraftfahrt-Bundesamt unterfallen nicht § 21 StVollstrO (Jena NStZ-RR **06**, 321; VRS **115**, 439, 441; Stuttgart StraFo **08**, 128; vgl aber Hamm NZV **08**, 365).

6 C. **Eigene Ermessensentscheidung:** Soweit der VerwB in der anzuwendenden Norm Ermessen eingeräumt ist, darf sich die Beschwerdeinstanz nicht auf eine bloße Überprüfung der angegriffenen Entscheidung auf Rechtsfehler beschränken (KG NStZ **09**, 527 zu § 456a StPO).

D. Anfechtungsgegenstand in dem Verfahren nach §§ 23 ff ist der ursprüngliche VerwA in der Gestalt, die er im Vorschaltverfahren gefunden hat (Hamburg StV **99**, 105; Karlsruhe Justiz **00**, 147), der Beschwerdebescheid nur, wenn er eine zusätzliche Beschwer enthält (Katholnigg 8; Bettermann NJW **58**, 81; erg 8 zu § 23).

[Zuständigkeit des OLG]

25 I ¹Über den Antrag entscheidet ein Zivilsenat oder, wenn der Antrag eine Angelegenheit der Strafrechtspflege oder des Vollzugs betrifft, ein Strafsenat des Oberlandesgerichts, in dessen Bezirk die Justiz- oder Vollzugsbehörde ihren Sitz hat. ²Ist ein Beschwerdeverfahren (§ 24 Abs. 2) vorausgegangen, so ist das Oberlandesgericht zuständig, in dessen Bezirk die Beschwerdebehörde ihren Sitz hat.

II Ein Land, in dem mehrere Oberlandesgerichte errichtet sind, kann durch Gesetz die nach Absatz 1 zur Zuständigkeit des Zivilsenats oder des Strafsenats gehörenden Entscheidungen ausschließlich einem der Oberlandesgerichte oder dem Obersten Landesgericht zuweisen.

1) Zuständigkeit (I): Sachlich zuständig ist in Angelegenheiten der Strafrechtspflege und des Vollzugs (§ 23 I) der geschäftsplanmäßig bestimmte Strafsenat des OLG; es können auch mehrere bestimmt werden. Örtlich zuständig ist das OLG, in dessen Bezirk die Justiz- oder Vollzugsbehörde, deren Maßnahme angefochten ist oder herbeigeführt werden soll, im Fall des § 24 II die Beschwerdebehörde ihren Sitz hat. Ist der Behördensitz nicht durch Rechtsnorm bestimmt, so kommt es darauf an, wo die Verwaltung geführt wird. In Angelegenheiten nach dem BZRG ist das OLG Hamm zuständig (§ 1 **BZRG**; Hamm 1 VAs 32/08 vom 3.7.2008; unten 3, 3 zu § 492), im Falle einer Beschwerdeentscheidung des BMJV das KG.

2) Verweisung: Bei der gebotenen verfassungskonformen Auslegung des § 25 ist das OLG befugt, die Sache an das zuständige Gericht zu verweisen (vgl BVerfGE **57**, 9, 22; KG StV **96**, 326; Braunschweig NStZ **90**, 608; **91**, 551; NdsRpfl **92**, 56; Celle NStE Nr 14 zu § 23; NdsRpfl **09**, 431; Hamm NStZ-RR **96**, 210; Karlsruhe NJW **88**, 84; Krack JR **96**, 260; **aM** Oldenburg NStZ **90**, 504 mit abl Anm Katholnigg), auch an die StVollstrK (KG GA **85**, 271; NStZ **08**, 226). Die Verweisung setzt aber voraus, dass überhaupt eine Rechtsbeeinträchtigung des Antragstellers vorliegt (Hamburg GA **85**, 325). Hat ein anderes Gericht die Sache nach § 17a II S 1 GVG an das OLG verwiesen, so ist nicht nur eine Zurückverweisung (Frankfurt NStZ **83**, 231), sondern nach § 17a II S 3 GVG auch eine Weiterverweisung in einen dritten Rechtszug unzulässig; das schließt aber eine interne Weiterverweisung aus Gründen der örtlichen, sachlichen oder funktionellen Zuständigkeit, zB vom OLG an das AG, nicht aus (vgl Karlsruhe MDR **95**, 88). Vor der Verweisung ist ein Antrag bei dem OLG wegen der anderweitigen Rechtshängigkeit unzulässig (§ 17 I S 2 GVG; Stuttgart Justiz **80**, 359). Die Verweisung ist auch dann bindend, wenn die Zulässigkeitsvoraussetzungen nach § 23 nicht vorliegen; damit wird aber noch nicht die Zulässigkeit des Antrages nach §§ 23 ff begründet (Hamm JR **96**, 257; vgl auch Dresden NStZ **99**, 160).

3) Zuständigkeitskonzentration (II): In NW sind die nach I den Strafsenaten zugewiesenen Entscheidungen durch Ges vom 8.11.1960 (GVNW 352) dem OLG Hamm übertragen.

[Antragsfrist und Wiedereinsetzung]

26 I Der Antrag auf gerichtliche Entscheidung muß innerhalb eines Monats nach Zustellung oder schriftlicher Bekanntgabe des Bescheides oder, soweit ein Beschwerdeverfahren (§ 24 Abs. 2) vorausgegangen ist, nach Zustellung des Beschwerdebescheides schriftlich oder zur Niederschrift der Geschäftsstelle des Oberlandesgerichts oder eines Amtsgerichts gestellt werden.

II ¹ War der Antragsteller ohne Verschulden verhindert, die Frist einzuhalten, so ist ihm auf Antrag Wiedereinsetzung in den vorigen Stand zu gewähren.

² Ein Fehlen des Verschuldens wird vermutet, wenn in dem Bescheid oder, soweit ein Beschwerdeverfahren (§ 24 Absatz 2) vorausgegangen ist, in dem Beschwerdebescheid eine Belehrung über die Zulässigkeit des Antrags auf gerichtliche Entscheidung sowie über das Gericht, bei dem er zu stellen ist, dessen Sitz und die einzuhaltende Form und Frist unterblieben oder unrichtig erteilt ist.[1)]

III ¹ Der Antrag auf Wiedereinsetzung ist binnen zwei Wochen nach Wegfall des Hindernisses zu stellen. ² Die Tatsachen zur Begründung des Antrags sind bei der Antragstellung oder im Verfahren über den Antrag glaubhaft zu machen. ³ Innerhalb der Antragsfrist ist die versäumte Rechtshandlung nachzuholen. ⁴ Ist dies geschehen, so kann die Wiedereinsetzung auch ohne Antrag gewährt werden.

IV Nach einem Jahr seit dem Ende der versäumten Frist ist der Antrag auf Wiedereinsetzung unzulässig, außer wenn der Antrag vor Ablauf der Jahresfrist infolge höherer Gewalt unmöglich war.

1 **1) Form des Antrags (I):** Schriftlich oder zu Protokoll (Einl 128 ff, 131 ff) des nach § 25 zuständigen OLG oder eines beliebigen AG kann der Antrag gestellt werden. Wegen der notwendigen Begründung vgl 3 vor § 23, 1 zu § 24. Antragsberechtigt ist in eigener Sache auch ein verhandlungsfähiger Minderjähriger (Frankfurt JR **64**, 393) und ein nach § 63 StGB Untergebrachter. Über Rücknahme und Verzicht vgl 2 zu § 28.

2 **2) Antragsfrist (I):**
3 A. **Innerhalb eines Monats** (vgl § 43 Abs 1 StPO zur Fristberechnung) nach Zustellung oder schriftlicher Bekanntgabe des Bescheides oder (im Fall des § 24 II) nach Zustellung des Beschwerdebescheides muss der Antrag nicht nur gestellt, sondern auch begründet werden (vgl Celle NdsRpfl **80**, 156; Hamm MDR **83**, 602). Bei Realakten erfolgt keine Zustellung oder schriftliche Bekanntgabe an den Betroffenen; in diesen Fällen gibt es keine Ausschlussfrist (Koblenz StV **87**, 430). Ein inhaltlich den Antragserfordernissen entspr Antrag auf Prozesskostenhilfe (§ 29 IV) wahrt die Frist (Katholnigg 3), nicht aber das bloße Gesuch des Gefangenen bei der Anstalt, den Antrag anbringen zu dürfen (Schleswig SchlHA **61**, 146). Die Nichtigkeit der Maßnahme (vgl §§ 43 III, 44 VwVfG) kann noch nach Fristablauf geltend gemacht werden (Kissel/Mayer 7).

4 B. Die **mündliche Bekanntgabe** der Maßnahme setzt die Frist nicht in Lauf (BGH NJW **63**, 1789), auch nicht, wenn im schriftlicher Bescheid ergangen ist oder sein Inhalt sich aus einem schriftlich bekanntgegebenen Bescheid über die Dienstaufsichtsbeschwerde ergibt (KG GA **76**, 342). Dass die Antragsfrist nicht begonnen hat, hindert aber die Antragstellung nicht. Wird damit ungewöhnlich lange gewartet, so kann das Antragsrecht verwirkt sein (vgl Bremen MDR **66**, 867; Jena VRS **115**, 439, 441; Kissel/Mayer 4 mwN). Entsprechendes gilt bei der Anfechtung eines Realakts (Kissel/Mayer 3).

5 C. Eine **Belehrung über das Antragsrecht** setzt der Fristbeginn nicht voraus, da sie bei Bekanntmachung der nach § 23 I anfechtbaren Maßnahmen gesetzlich nicht vorgeschrieben ist (BGH NJW **74**, 1335; Katholnigg 4; aM KK-Mayer 8: § 35a StPO entspr). Ihr Fehlen hindert den Fristablauf auch dann nicht, wenn sie durch Verwaltungsvorschriften angeordnet ist.

6 **3) Wiedereinsetzung (II–IV):** Anders als nach § 45 I S 1 StPO beträgt die Antragsfrist 2 Wochen; auch sonst stimmen II–IV weniger mit den §§ 44, 45 StPO als mit § 60 VwGO überein, an dem daher ihre Auslegung auszurichten ist (Hamm GA **68**, 310; Katholnigg 5; Kissel/Mayer 10). Die Frist, innerhalb deren der Antrag zu stellen und die Wiedereinsetzungsgründe geltend zu machen sind (BVerwG NJW **76**, 74), beginnt mit dem Wegfall des Hindernisses. Dessen Zeitpunkt muss der Antrag dartun, wenn er nicht offensichtlich ist. Zur Glaubhaftmachung der Wiedereinsetzungsgründe

---

[1)] Satz 2 angefügt durch Ges zur Einführung einer Rechtsbehelfsbelehrung im Zivilprozess und zur Änderung anderer Vorschriften vom 5. Dezember 2012 (BGBl I 2012 S 2418; Inkraft getreten am 1. Januar 2014).

vgl 5 zu § 26 StPO; die Glaubhaftmachung kann nach Fristablauf nachgeholt werden (OVG Koblenz NJW 72, 2326).

Unverschuldet iS II ist eine Fristversäumnis, wenn der Antragsteller die gebotene und ihm nach den gesamten Umständen zumutbare Sorgfalt beachtet hat (vgl BVerwG NJW 76, 1332, 1333; Hamm GA 68, 310; erg 10 ff zu § 44 StPO). Das Verschulden eines gewählten oder nach § 29 III bestellten RA ist dem Antragsteller zuzurechnen (KG Stra-Fo 08, 221; Hamburg NStZ-RR 04, 185 mwN; 19 zu § 44 StPO). Ausnahmen sollen gelten, wenn der Antrag einen Justizverwaltungsakt in einer Strafvollstreckungssache betrifft (so Hamm NStZ 82, 483: ablehnende Entscheidung nach § 35 BtMG; Stuttgart NStZ 88, 430: Widerruf eines Gnadenerweises); dagegen zutr Hamburg aaO. Da die Rechtsvermutung des § 44 S 2 StPO nicht gilt, rechtfertigt das Fehlen der Rechtsmittelbelehrung nicht ohne weiteres die Wiedereinsetzung (Schleswig SchlHA 81, 91 [E/L]; Altenhain JZ 66, 18; aM Hamburg JVBl 62, 18). Ist die Antragstellung verspätet, weil der Antragsteller die Antragsberechtigung oder -frist nicht kannte, so fehlt es am Verschulden nur, wenn er alles ihm billigerweise Zumutbare getan hat, um die der Fristwahrung entgegenstehende Rechtsunkenntnis zu beseitigen (vgl OVG Berlin DÖV 53, 93). 7

Das **Fehlen des Verschuldens** wird nach dem durch Ges vom 5.12.2012 eingeführten, am 1.1.2014 in Kraft getretenen II S 2 (BGBl I 2418, 2424) **vermutet,** wenn eine erforderliche Rechtsbehelfsbelehrung unterblieben oder fehlerhaft ist (vgl BT-Drucks 17/10490 S 15). 7a

Über den Wiedereinsetzungsantrag muss **ausdrücklich entschieden** werden; eine stillschweigende Wiedereinsetzung ist ausgeschlossen (vgl BVerwGE 59, 302 = NJW 81, 698). 8

Die **Jahresfrist des IV** ist eine Ausschlussfrist. Wiedereinsetzung ist nicht zulässig; der Antrag kann aber nachträglich (binnen 2 Wochen) gestellt werden, wenn die Antragstellung vor Ablauf der Jahresfrist infolge höherer Gewalt unmöglich war. Das ist ein Ereignis, das durch äußerste Sorgfalt weder abgewehrt noch verhindert werden kann (Kissel/Mayer 18), wobei das Geringste eigene Verschulden die höhere Gewalt ausschließt (OVG Berlin NJW 65, 1151). 9

[Antragstellung bei Untätigkeit der Behörde]

§ 27 I 1 **Ein Antrag auf gerichtliche Entscheidung kann auch gestellt werden, wenn über einen Antrag, eine Maßnahme zu treffen, oder über eine Beschwerde oder einen anderen förmlichen Rechtsbehelf ohne zureichenden Grund nicht innerhalb von drei Monaten entschieden ist.** ² **Das Gericht kann vor Ablauf dieser Frist angerufen werden, wenn dies wegen besonderer Umstände des Falles geboten ist.**

II 1 **Liegt ein zureichender Grund dafür vor, daß über die Beschwerde oder den förmlichen Rechtsbehelf noch nicht entschieden oder die beantragte Maßnahme noch nicht erlassen ist, so setzt das Gericht das Verfahren bis zum Ablauf einer von ihm bestimmten Frist, die verlängert werden kann, aus.** ² **Wird der Beschwerde innerhalb der vom Gericht gesetzten Frist stattgegeben oder der Verwaltungsakt innerhalb dieser Frist erlassen, so ist die Hauptsache für erledigt zu erklären.**

III **Der Antrag nach Absatz 1 ist nur bis zum Ablauf eines Jahres seit der Einlegung der Beschwerde oder seit der Stellung des Antrags auf Vornahme der Maßnahme zulässig, außer wenn die Antragstellung vor Ablauf der Jahresfrist infolge höherer Gewalt unmöglich war oder unter den besonderen Verhältnissen des Einzelfalles unterblieben ist.**

1) Der **Untätigkeitsantrag** (vgl § 23 II) entspricht der Untätigkeitsklage nach § 75 VwGO. Er muss auf Vornahme einer bestimmten Maßnahme, die der Antragsteller bei der Behörde erfolglos beantragt hatte (KG NJW 68, 609), nicht bloß auf „Bearbeitung" gerichtet sein (VGH Mannheim NJW 75, 707; OVG Münster DÖV 74, 97; KK-Mayer 7) und kann grundsätzlich erst 3 Monate nach Stellung des Antrags, eine Maßnahme nach § 23 I zu treffen oder über einen förmlichen Rechtsbehelf (nicht über 1

eine Dienstaufsichtsbeschwerde) zu entscheiden, angebracht werden. Nur bei Vorliegen besonderer Umstände ist eine frühere Antragstellung zulässig (I S 2). Der Behörde, gegen die sich der Antrag richtet, muss eine angemessene Handlungs- und Entscheidungsfrist gewahrt bleiben; dem trägt II Rechnung. Erfolg kann der Vornahmeantrag nur haben, wenn der Antragsteller einen Rechtsanspruch auf die beantragte Maßnahme hat (vgl BVerwGE **29**, 239 = NJW **68**, 1643). Erteilt die Behörde nach Stellung des Vornahmeantrags einen ablehnenden Bescheid, so kann der Antrag als Verpflichtungsantrag (2 vor § 23) weiterverfolgt werden (Hamburg GA **63**, 316; Hamm MDR **90**, 465).

2 2) Die **Jahresfrist des III** ist wie die des § 26 IV eine Ausschlussfrist. Wiedereinsetzung wird nicht gewährt. Zulässig ist aber die nachträgliche Antragstellung, und zwar innerhalb der Frist des § 26 III S 1 (Kissel/Mayer 7; vgl auch BVerwG MDR **73**, 523), bei Verhinderung durch höhere Gewalt (9 zu § 26) oder wegen der besonderen Verhältnisse des Einzelfalls. Das sind erwiesene (bleiben Zweifel, so ist der Antrag unzulässig) Umstände, die die Fristüberschreitung als geboten, das Unterbleiben der Antragstellung als gerechtfertigt erscheinen lassen (BVerwGE **26**, 54 = DÖV **67**, 787).

[Entscheidung über den Antrag]

28 I ¹ Soweit die Maßnahme rechtswidrig und der Antragsteller dadurch in seinen Rechten verletzt ist, hebt das Gericht die Maßnahme und, soweit ein Beschwerdeverfahren (§ 24 Abs. 2) vorausgegangen ist, den Beschwerdebescheid auf. ² Ist die Maßnahme schon vollzogen, so kann das Gericht auf Antrag auch aussprechen, daß und wie die Justiz- oder Vollzugsbehörde die Vollziehung rückgängig zu machen hat. ³ Dieser Ausspruch ist nur zulässig, wenn die Behörde dazu in der Lage und diese Frage spruchreif ist. ⁴ Hat sich die Maßnahme vorher durch Zurücknahme oder anders erledigt, so spricht das Gericht auf Antrag aus, daß die Maßnahme rechtswidrig gewesen ist, wenn der Antragsteller ein berechtigtes Interesse an dieser Feststellung hat.

II ¹ Soweit die Ablehnung oder Unterlassung der Maßnahme rechtswidrig und der Antragsteller dadurch in seinen Rechten verletzt ist, spricht das Gericht die Verpflichtung der Justiz- oder Vollzugsbehörde aus, die beantragte Amtshandlung vorzunehmen, wenn die Sache spruchreif ist. ² Andernfalls spricht es die Verpflichtung aus, den Antragsteller unter Beachtung der Rechtsauffassung des Gerichts zu bescheiden.

III Soweit die Justiz- oder Vollzugsbehörde ermächtigt ist, nach ihrem Ermessen zu handeln, prüft das Gericht auch, ob die Maßnahme oder ihre Ablehnung oder Unterlassung rechtswidrig ist, weil die gesetzlichen Grenzen des Ermessens überschritten sind oder von dem Ermessen in einer dem Zweck der Ermächtigung nicht entsprechenden Weise Gebrauch gemacht ist.

IV Hat das Gericht die Rechtsbeschwerde gegen seine Entscheidung zugelassen (§ 29), ist dem Beschluss eine Belehrung über das Rechtsmittel sowie über das Gericht, bei dem es einzulegen ist, dessen Sitz und über die einzuhaltende Form und Frist beizufügen.

1 1) **Verfahren des OLG:** Mit Wirkung vom 1.9.2009 entfiel zwar ein § 29 II aF enthaltene Verweis auf die Vorschriften der StPO über das Beschwerdeverfahren. Die Gesetzesmaterialien ergeben jedoch keinen Anhalt für die Annahme, dass der Gesetzgeber die sinngemäße Anwendung der Beschwerdegrundsätze, die sich bereits aus der Sachnähe ergibt, abschaffen wollte (vgl BT-Drucks 16/6308 S 318); daher gelten auch für den Rechtszustand ab 1.9.2009 die §§ 307–309 StPO sinngemäß. Eine mündliche Verhandlung findet daher nicht statt (vgl KG NJW **68**, 608). Antragsgegner iS § 308 I StPO ist die Behörde, deren Maßnahme angefochten oder verlangt wird, oder ihre Aufsichtsbehörde. Der GStA muss nur in „geeigneten Fällen" gehört werden (§ 309 I StPO), eine „Beiladung" entspr § 65 VwGO gibt es nicht (Celle NdsRpfl **90**, 254; Frankfurt NStZ-RR **01**, 46).

2 Auch **allgemeine Grundsätze der StPO**, die für das Beschwerdeverfahren Bedeutung haben, sind anzuwenden (Bremen JVBl **63**, 12), zB §§ 22–30 StPO (KG NJW **61**,

2363), §§ 299, 302 StPO und der Grundsatz, dass der Rechtsbehelf nicht wiederholt werden kann, wenn wirksam auf ihn verzichtet worden ist. Nicht anwendbar sind die §§ 464 ff StPO (1 zu § 30).

Das **OLG entscheidet ohne Bindung an die Feststellungen** der VerwB (Altenhain JZ 66, 18). Es prüft den Sachverhalt auch in tatsächlicher Hinsicht (BGH 24, 290). Für die Art der Beweiserhebung gilt § 308 II StPO; in Vollzugssachen nach § 23 I S 2 kann auch der Anstaltsvorstand mit Beweiserhebungen beauftragt werden (KG NJW 68, 608). Zur Prüfung von Ermessensentscheidungen vgl unten 10. Maßgebender Zeitpunkt für die Prüfung der Rechtswidrigkeit ist bei Anfechtungsanträgen die Sach- und Rechtslage zZ des Erlasses des VerwA bzw des Beschwerdebescheids in den Fällen des § 24 II (Kissel/Mayer 7), die Sach- und Rechtslage zZ der Entscheidung des OLG bei Verpflichtungsanträgen nach § 23 II (KG GA 77, 115; vgl auch Frankfurt NStZ 86, 240) und bei Anfechtung von Maßnahmen mit Dauerwirkung (KG GA 73, 49; Karlsruhe VRS 67, 433; Kissel/Mayer 7). Ist der VerwA rechtmäßig oder der Antragsteller nicht in seinen Rechten verletzt, so wird der Antrag als unbegründet verworfen.

2) Entscheidung bei Rechtswidrigkeit der Maßnahme (I): 4

A. Ist die **Maßnahme noch nicht vollzogen** und hat sie sich auch nicht auf andere 5 Weise erledigt (I S 4), so hebt das OLG sie und den etwa ergangenen Beschwerdebescheid (§ 24 II) auf (I S 1).

B. Bei einer **schon vollzogenen Maßnahme** wird auf Antrag neben der Aufhebung 6 (Hamburg MDR 70, 865) ausgesprochen, dass und wie ihre Vollziehung rückgängig zu machen ist (I S 2; vgl Neuling StV 08, 390: Widerruf oder Ergänzung nach rechtswidriger Medienauskunft), aber nur, wenn die Behörde dazu in der Lage ist und die Folgenbeseitigungsfrage spruchreif (unten 9) ist (I S 3). Wenn die Folgen der vollständig vollzogenen Maßnahme nicht mehr rückgängig gemacht werden können, wäre die Aufhebung des VerwA sinnlos; dann kommt nur (auf Antrag) der Ausspruch nach I S 4 in Betracht (BGH 29, 33, 34; KG NJW 72, 169; GA 76, 79; Katholnigg 5).

C. Eine **erledigte Maßnahme** kann nicht mehr aufgehoben werden. I S 4 sieht aber 7 ein Feststellungsverfahren vor, wobei Art und Zeitpunkt der Erledigung gleichgültig sind. Ist die Erledigung schon vor Antragstellung eingetreten, so entfällt das Verfahren nach § 24 II (KG NJW 72, 169; Frankfurt NJW 65, 2315; Koblenz NJW 86, 3093, 3094; Stuttgart NStZ 84, 574; 98, 212). I S 4 gilt entspr, wenn ein Verpflichtungsantrag gegenstandslos geworden ist (vgl BVerwG DVBl 70, 277 mwN; KG StV 85, 70).

Voraussetzung für die Feststellung der Rechtswidrigkeit ist – verfassungsrechtlich unbedenklich (BVerfG wistra 84, 221) – ein **berechtigtes Interesse** des Antragstellers (vgl BGH StraFo 13, 476), das vor allem bei Wiederholungsgefahr bestehen kann (KG NJW 72, 169; GA 77, 115; Frankfurt NStZ-RR 96, 364; StV 05, 226; Hamm NJW 85, 2040; Koblenz aaO; Nürnberg StV 88, 372; Stuttgart aaO), aber entspr der Rspr des BVerfG (18a vor § 296 StPO) auch bei schlüssiger Behauptung einer Grundrechtsverletzung anzunehmen ist (Hamburg StV 00, 518), zB hinsichtlich Erlass und Vollzug eines Vollstreckungsvorführungs- oder Haftbefehls nach § 457 II (KG NStZ-RR 09, 324; 12, 357 L; Dresden Rpfleger 08, 389; Frankfurt StraFo 05, 259; Karlsruhe StraFo 05, 261). Die Möglichkeit der Wiederholung muss substantiiert dargetan werden (BGH aaO; KG GA 76, 79; Karlsruhe NStZ 86, 567; StraFo 97, 13; Nürnberg NStZ 86, 575). Allgemeine Befürchtungen der Betroffenen genügen nicht (KG aaO; 86, 24; Koblenz aaO; NStZ 86, 135; 97, 563; Koblenz StV 94, 284). Rechtsirrtum (bei einer polizeilichen Beschlagnahme) begründet idR keine Wiederholungsgefahr (KG JR 83, 304). Bei Nichtbeschuldigten kommt auch das Bedürfnis nach Rehabilitierung wegen des diskriminierenden Charakters der Maßnahme in Betracht; der Beschuldigte kann seine Rehabilitierung idR nur in dem gegen ihn eingeleiteten Strafverfahren durchsetzen (BGH 37, 79, 83; KG GA 84, 24; NStZ 86, 135; Brandenburg OLG-NL 95, 191; Nürnberg NStZ 86, 575; Meyer Schäfer-FS 124; vgl auch BVerfG NStZ 84, 228; BGH 33, 196, 207; vgl auch 10 zu § 23). Dass der Antragsteller eine Amtshaftungsklage erheben will, begründet kein Feststellungsinteresse, da, anders als im Verwaltungsrechtsstreit, hierfür keine prozessökonomischen Gründe sprechen (KG GA 76, 79; 84, 24; NStZ 86, 135; 97, 563; Frankfurt NJW 65, 2315; Karls-

Schmitt

ruhe NStZ **86**, 567; Stuttgart NStZ **86**, 431; Meyer Schäfer-FS 123; **aM** Katholnigg 5; Kissel/Mayer 19; Dörr NJW **84**, 2261; vgl auch Hamm NStZ **87**, 183 und LR-Böttcher 13: ausnahmsweise bei Entscheidungsreife nach Erledigung des Anfechtungsantrags; ferner Stuttgart NStE Nr 7 zu § 23); an eine im Verfahren nach § 28 ergangene Feststellung oder Verneinung der Rechtswidrigkeit ist das Zivilgericht im Amtshaftungsprozess aber gebunden (BGH NJW **94**, 1950 mN auch zur Gegenauffassung). Zum berechtigten Interesse bei gewährter Behördeneinsicht in Akten des JugG vgl Karlsruhe MDR **93**, 1229.

9   3) Die **Verpflichtung zur Vornahme einer Maßnahme (II)** kann ausgesprochen werden, wenn die Sache spruchreif ist, dh weitere Erhebungen nicht mehr erforderlich sind. Die Spruchreife fehlt insbesondere, wenn eine Ermessensentscheidung zu treffen ist; dem OLG ist sie verwehrt (III). Anders liegt es, wenn der Ermessensspielraum der VerwB auf Null reduziert ist (Naumburg OLGSt Nr 3 zu dem früherer § 10 StVollzG).

10   4) **Ermessensprüfung (III):** Das OLG setzt nicht sein Ermessen an die Stelle des Ermessens der VerwB, sondern prüft nur, ob Willkür oder Missbrauch des Ermessens vorliegt (KG NStZ-RR **09**, 27; Hamm StV **09**, 204; Karlsruhe StraFo **09**, 83 und Naumburg OLGSt Nr 3 zu dem früheren § 10 StVollzG: wesentlicher Gesichtspunkt übergangen; Jena NStZ-RR **09**, 156: unvollständige tatsächliche Grundlage; vgl auch Frankfurt NStZ-RR **09**, 214, Hamm StV **10**, 147, Karlsruhe StraFo **09**, 124, StV **10**, 148, München StV **09**, 370 und Schleswig SchlHA **09**, 256 [D/D] zu § 35 BtMG; KG StraFo **13**, 38 zu § 71 I IRG). Die Prüfung erstreckt sich darauf, ob Gesichtspunkte zum Nachteil des Antragstellers berücksichtigt wurden, die nach Sinn und Zweck des Gesetzes keine Rolle spielen dürfen, oder ob relevante Gesichtspunkte falsch bewertet oder außer Acht gelassen wurden (KG StraFo **12**, 337 zu § 456a StPO). Enthält der VerwA keine diese Prüfung ermöglichende Begründung, so muss er aufgehoben werden (KG GA **73**, 180; NStZ **09**, 527 [Ermessensausfall]; StV **09**, 594; Frankfurt NJW **66**, 465; Karlsruhe JR **83**, 386; LR-Böttcher 20 mwN); die Gründe können aber im gerichtlichen Verfahren nachgeschoben werden (Karlsruhe Justiz **80**, 450; Kissel/Mayer 8; **aM** Hamm NJW **67**, 1976; Katholnigg 7; vgl auch BVerwG DÖV **67**, 63), erst recht im Vorschaltverfahren (Karlsruhe Justiz **00**, 147). Zur eingeschränkten Prüfungsmöglichkeit bei Sperrerklärungen nach oder entspr § 96 StPO (dort 12) und den dagegen sprechenden verfassungsrechtlichen Bedenken vgl Fezer Kleinknecht-FS 113.

11   5) **Bekanntmachung der Entscheidung:** Ist die OLG-Entscheidung endgültig, genügt formlose Mitteilung; lässt das OLG die Rechtsbeschwerde zu, ist der Beschluss dem hierdurch Beschwerten zuzustellen (vgl § 29 I, III iVm §§ 41, 71 FamFG; 1, 6 zu § 29).

12   6) **Vollstreckung:** § 36 II StPO gilt nicht; für die Ausführung der Entscheidung zu sorgen, ist Sache des Gerichts. Entscheidungen der Strafsenate können gegenüber der Justizverwaltungsbehörde nicht entspr § 35 FamFG, §§ 170 ff VwGO vollstreckt werden (Celle NdsRpfl **90**, 254; **aM** Katholnigg 9).

13   7) **Einstweiliger Rechtsschutz:** Die Aussetzung des Vollzugs des angefochtenen VerwA ist entspr § 307 II StPO möglich (vgl auch § 114 II S 1 **StVollzG**); Art 19 IV GG gebietet die Auslegung, dass sie schon vor der Entscheidung nach § 24 II beantragt werden kann (BVerfGE **37**, 150 = NJW **74**, 1079; Kissel/Mayer 24). Einstweilige Anordnungen (in §§ 307 ff StPO nicht vorgesehen) sind in sinngemäßer Anwendung der §§ 114 II S 2 **StVollzG,** 123 I VwGO zulässig (Karlsruhe NStZ **94**, 142 und Justiz **08**, 363, jew mwN; Neuling StV **08**, 389; **aM** Celle JR **84**, 297; Hamm GA **75**, 150), auch schon vor der Entscheidung nach § 24 II, dürfen aber dem Antragsteller nicht endgültig das gewähren, was ihm erst in der Endentscheidung zugesprochen werden könnte (Bamberg StraFo **14**, 261; Hamburg MDR **77**, 688; NJW **79**, 279; Karlsruhe aaO).

14   Für die **Prozesskostenhilfe** verweist § 29 IV auf die §§ 114 ff ZPO; das gilt auch für die 1. Instanz (vgl im Einzelnen 11 zu § 29).

15   8) **Rechtsbehelfsbelehrung:** Wenn das Gericht die Rechtsbeschwerde zulässt (§ 29, siehe dort), ist dem Beschluss nach dem durch Ges vom 5.12.2012 angefügten, am 1.1.2014 in Kraft getretenen IV (BGBl I 2418, 2424) eine Rechtsbehelfsbelehrung beizufügen. Dies entspricht dem allgemeinen Grundsatz, wonach jede anfechtbare gerichtliche Entscheidung eine Belehrung über den statthaften Rechtsbehelf zu enthalten hat (BT-Drucks 17/10 490 S 15).

[Rechtsbeschwerde; Prozesskostenhilfe]

29 ^I Gegen einen Beschluss des Oberlandesgerichts ist die Rechtsbeschwerde statthaft, wenn sie das Oberlandesgericht im ersten Rechtszug in dem Beschluss zugelassen hat.

^{II 1} Die Rechtsbeschwerde ist zuzulassen, wenn
1. die Rechtssache grundsätzliche Bedeutung hat oder
2. die Fortbildung des Rechts oder die Sicherung einer einheitlichen Rechtsprechung eine Entscheidung des Rechtsbeschwerdegerichts erfordert.

² Das Rechtsbeschwerdegericht ist an die Zulassung gebunden.

^{III} Auf das weitere Verfahren sind § 17 sowie[1] die §§ 71 bis 74a des Gesetzes über das Verfahren in Familiensachen und in den Angelegenheiten der freiwilligen Gerichtsbarkeit entsprechend anzuwenden.

^{IV} Auf die Bewilligung der Prozesskostenhilfe sind die Vorschriften der Zivilprozessordnung entsprechend anzuwenden.

1) Zur **Vereinheitlichung** des Rechtsmittelrechts hat das FGG-RG nach dem Vorbild der §§ 574 ff ZPO das Rechtsbeschwerderecht – ebenso wie in §§ 70 ff FamFG – auch für die Entscheidung von (Zivil- und) Strafsenaten in Justizverwaltungssachen eingeführt. Die durch Art 21 Nr 2 FGG-RG neu gefasste Vorschrift trat gemäß Art 112 I FGG-RG am 1.9.2009 in Kraft und löste die bis dahin vorgesehene Divergenzvorlage durch eine Zulassungsrechtsbeschwerde ab (vgl auch die Übergangsvorschrift in Art 111 FGG-RG in BT-Drucks 16/6308 S 358; 16/11 903 S 61; Schleswig NJW **10**, 242). Macht das OLG von der neuen Zulassungsmöglichkeit keinen Gebrauch (BGH 5 AR (Vs) 45/16 vom 19. Juli 2016: **Schweigen bedeutet Nichtzulassung**), verbleibt es bei der Endgültigkeit seiner Entscheidung; diese kann durch Antragsrücknahme nicht mehr beseitigt werden (Hamburg Rpfleger **65**, 45). Das OLG kann sie bei offensichtlichem Versehen berichtigen, auch nicht auf Gegenvorstellungen ändern, es sei denn, das Gericht hat das rechtliche Gehör verletzt (§ 33a StPO entspr, vgl BVerfG EuGRZ **07**, 738, 742; erg unten 2). Nur die Änderung der Sach- und Rechtslage berechtigt den Antragsteller, seinen Antrag bei der VerwB zu wiederholen und ggf erneut den Antrag nach § 23 zu stellen. Der OLG-Beschluss, mit dem der Antrag aus formellen Gründen als unzulässig verworfen worden ist, kann bei tatsächlichem Irrtum wieder aufgehoben werden (Hamm bei Altenhain JZ **66**, 19).

2) Statthaft ist die Rechtsbeschwerde gemäß I nur gegen Beschlüsse der OLGe, die diese im Verfahren nach §§ 23 ff erlassen haben; hinzukommen muss, dass das OLG dieses Rechtsmittel in dem angefochtenen Beschluss zugelassen hat. Hierüber entscheidet es von Amts wegen; Schweigen bedeutet Nichtzulassung (BGH StraFo **11**, 319; 5 AR (Vs) 6/16 vom 6. April 2016). Diese ist unanfechtbar. Dem entsprechend müssen dennoch eingelegte Rechtsbeschwerden vom Beschwerdegericht nicht verbeschieden werden (BGH NStZ-RR **17**, 122). Nachholung der Zulassung kommt nur bei Berichtigung wegen offenbarer Unrichtigkeit oder analog § 33a StPO dann in Betracht, wenn ihre Unterlassung gegen das Verfassungsgebot des gesetzlichen Richters verstößt (vgl BGH NJW **04**, 2529; WM **07**, 2035; 5 AR 64/19 vom 9.10.2019; erg oben 1). Der sonst (vgl §§ 574 I S 2 ZPO, 70 IV FamFG) angeordnete Ausschluss der Rechtsbeschwerde im einstweiligen Rechtsschutzverfahren (vgl 13 zu § 28) ist nicht in das Gesetz aufgenommen worden. Die Zulassung kann auf einen abtrennbaren Teil des Beschlusses (einen von mehreren Beteiligten) beschränkt werden; das kann sich auch aus den Entscheidungsgründen ergeben (vgl BVerfG 1 BvR 2298/09 vom 9.11.2009; BGH NJW **08**, 2351).

---

[1] Eingefügt durch Ges zur Einführung einer Rechtsbehelfsbelehrung im Zivilprozess und zur Änderung anderer Vorschriften vom 5. Dezember 2012 (BGBl I 2012 S 2418; Inkraft getreten am 1. Januar 2014).

3 Liegen die in II S 1 abschließend aufgezählten **Zulassungsgründe** vor, ist die Zulassung auszusprechen (kein Ermessen): Grundsätzliche Bedeutung einer Rechtssache gemäß Nr 1 ist regelmäßig dann gegeben, wenn eine klärungsbedürftige Rechtsfrage zu entscheiden ist, deren Auftreten in einer unbestimmten Vielzahl von Fällen denkbar ist. Die Zulassung erfolgt nach Nr 2 des Weiteren, wenn die Fortbildung des Rechts oder die Sicherung einer einheitlichen Rechtsprechung dies erfordert. Zur Fortbildung des Rechts ist die Zulassung erforderlich, wenn der Einzelfall Veranlassung gibt, Leitsätze für die Auslegung von Gesetzesbestimmungen des materiellen oder des Verfahrensrechts aufzustellen oder Gesetzeslücken auszufüllen. Zur Sicherung einer einheitlichen Rechtsprechung ist die Rechtsbeschwerde zuzulassen, wenn vermieden werden soll, dass schwer erträgliche Unterschiede in der Rspr entstehen oder fortbestehen, wobei darauf abzustellen ist, welche Bedeutung die angefochtene Entscheidung für die Rspr als Ganzes hat. Diese Gründe (dazu auch Zweibrücken wistra **10**, 118, 120) entsprechen dem Rechtsbeschwerderecht der ZPO (vgl BGH NJW **02**, 2473; 3029; **81**; 1943; **04**, 367; 1960; **05**, 153; 2710; **07**, 2702; Thomas/Putzo 4 ff zu § 574, 2 ff zu § 543) und des FamFG.

4 An die Zulassung ist das Rechtsbeschwerdegericht (der BGH) **gebunden** (II S 2; Korrektur des urspr gegenteiligen Wortlauts durch Art 8 Nr 3 Ges vom 30.7.2009, BGBl I 2449, 2472).

5 3) Für das **weitere Verfahren** vor dem Rechtsbeschwerdegericht verweist III auf §§ 71–74a FamFG und damit über § 74 IV FamFG subsidiär auf die entspr Anwendung der §§ 23 ff. Das Gesetz setzt eine Beschwer voraus (vgl BGH StraFo **13**, 476); eine Abhilfebefugnis des OLG besteht nicht (BT-Drucks 16/6308 S 209).

6 Frist und Form: Nach § 71 FamFG ist die Rechtsbeschwerde beim Rechtsbeschwerdegericht (BGH) binnen eines Monats nach schriftlicher Bekanntgabe des Beschlusses einzulegen (11 zu § 28) *und* – insoweit allerdings mit Verlängerungsmöglichkeit – zu begründen. Die Anforderungen, die § 71 III FamFG an die Begründung stellt, ähneln denen des § 344 StPO; abtrennbare Teile des Verfahrensgegenstandes können isoliert angefochten werden.

7 Revisionsähnlich ist das Rechtsbeschwerdeverfahren ausgestaltet; § 72 I FamFG entspr im Wesentlichen § 337 StPO, wobei mit dem Begriff der Rechtsnorm Bundesrecht, Landesrecht und andere regional begrenzte Vorschriften gemeint sind (BT-Drucks 16/9733 S 301; Bumiller/Harders 3 zu § 72 FamFG). Str ist, ob und inwieweit die Verletzung ausländischen Rechts gerügt werden kann (vgl Keidel 53 ff zu § 72 FamFG; Roth JZ **09**, 590). Die fehlerhafte Annahme der Zuständigkeit durch das OLG kann nicht gerügt werden (§ 72 II FamFG). § 72 III FamFG verweist insbesondere auf die absoluten Revisionsgründe nach § 547 ZPO; ferner verweist § 74 III S 4 FamFG ua auf § 559 ZPO.

8 Dem Hauptrechtsmittel **anschließen** kann sich der Rechtsbeschwerdegegner nach näherer Maßgabe des § 73 FamFG binnen 1 Monats nach Bekanntgabe der Rechtsbeschwerdebegründung (§ 71 IV FamFG); die Anschließung wird wirkungslos, wenn die Rechtsbeschwerde zurückgenommen, als unzulässig verworfen oder nach § 74a I FamFG zurückgewiesen wird (unselbständiges Anschlussrechtsmittel). Vgl zur Statthaftigkeit bei einseitiger Zulassung BGH MDR **05**, 823, zum unmittelbaren Zusammenhang der Gegenstände von Haupt- und Anschlussrechtsmittel BGH NJW **08**, 920.

9 Detaillierte Bestimmungen für die **Entscheidung** über die Rechtsbeschwerde treffen §§ 74, 74a FamFG: Von der in § 74 I FamFG vorgesehenen Verwerfung als unzulässig ist die Zurückweisung nach § 74a FamFG durch einstimmigen Beschluss des Rechtsbeschwerdegerichts zu unterscheiden; hiernach ist (nach Gewährung rechtlichen Gehörs) zu verfahren, wenn ein Zulassungsgrund nicht vorliegt und die Sache keine Aussicht auf Erfolg hat (vgl zum nachträglichen Wegfall des Zulassungsgrundes BVerfG WM **05**, 2014; NJW **08**, 2493). Neben der Ergebnisrichtigkeit aus anderen Gründen (§ 74 II FamFG) ist die Geltung des Grundsatzes *ne ultra petita* hervorzuheben; innerhalb der gestellten Anträge (oben 6) ist das Rechtsbeschwerdegericht an die geltend gemachten Rechtsbeschwerdegründe allerdings nicht gebunden, wobei nicht von Amts wegen zu berücksichtigende Verfahrensmängel formgerecht (§§ 71 III, 73 S 2 FamFG) gerügt sein müssen (§ 74 III FamFG). Der BGH hebt den angefochtenen Beschluss auf, soweit die Rechtsbeschwerde begründet ist. Bei Entscheidungsreife trifft er die abschließende Ent-

Einführungsgesetz zum GVG § 30 EGGVG Anh 2

scheidung; ansonsten wird die Sache zurückverwiesen, ggf auch an einen anderen Senat des OLG. Der neue Tatrichter ist an die Aufhebungsansicht gebunden (§ 74 V, VI FamFG).

Von einer **Begründung** kann der BGH (nach dem Vorbild des § 544 IV S 2 ZPO) gemäß § 74 VII FamFG absehen, wenn diese nicht geeignet wäre, zur Klärung von Rechtsfragen grundsätzlicher Bedeutung, zur Fortbildung des Rechts oder zur Sicherung einer einheitlichen Rechtsprechung beizutragen; das gilt – vorbehaltlich der Spezialregelung in § 74a III FamFG – sowohl für Verwerfungs- als auch für Sachentscheidungen (oben 9). Von einer Begründung kann weiter nach § 74 III S 4 FamFG, § 564 ZPO abgesehen werden, soweit Verfahrensrügen nicht durchgreifen; das gilt allerdings nicht für die absoluten Rechtsbeschwerdegründe (oben 7). **10**

Durch die mit Ges vom 5.12.2012 neu eingefügte, am 1.1.2014 in Kraft getretene Verweisung auf § 17 FamFG (BGBl I 2418, 2424) wird klargestellt, dass die Regeln über die **Wiedereinsetzung in den vorigen Stand** auch im Verfahren über die Rechtsbeschwerde Anwendung finden; dies gilt einschließlich des Grundsatzes, dass eine unterbliebene oder fehlerhafte Rechtsbehelfsbelehrung der Annahme eines Verschuldens hinsichtlich der Fristversäumung entgegensteht (BT-Drucks 17/10490 S 15; vgl auch § 26 II S 2). **10a**

4) Für die **Prozesskostenhilfe** verweist IV auf die §§ 114ff ZPO; da der Gesetzgeber hiermit den Regelungsgehalt des § 29 III in der bis zum 31.8.2009 geltenden Fassung übernehmen wollte (BT-Drucks 16/6308 S 318), gilt der Verweis auch für die 1. Instanz. Ggf ist Prozesskostenhilfe für jede Instanz gesondert zu beantragen (§ 119 ZPO). Der Antrag muss eine zusammenhängende, aus sich heraus verständliche Sachdarstellung enthalten. Wird ein Antrag nach § 23 von der gleichzeitig beantragten Bewilligung der Prozesskostenhilfe nicht abhängig gemacht, so ist über beide Anträge zu entscheiden. § 140 II StPO ist nicht entspr anwendbar (Litwinski/Bublies 161; Isak/Wagner 45). **11**

[Kosten]

30 ¹Das Oberlandesgericht kann nach billigem Ermessen bestimmen, daß die außergerichtlichen Kosten des Antragstellers, die zur zweckentsprechenden Rechtsverfolgung notwendig waren, ganz oder teilweise aus der Staatskasse zu erstatten sind. ²Die Vorschriften des § 91 Abs. 1 Satz 2 und der §§ 103 bis 107 der Zivilprozeßordnung gelten entsprechend. ³Die Entscheidung des Oberlandesgerichts kann nicht angefochten werden.

1) Kostenentscheidung: Die Sonderregelung, die durch das Gesetz über Kosten der freiwilligen Gerichtsbarkeit für Gerichte und Notare vom 23.7.2013 (GNotKG; BGBl I 2586) neu gefasst wurde, schließt die Anwendung der §§ 464ff StPO aus. Insbesondere gilt § 464 II StPO nicht. **1**

2) Gerichtsgebühren entstehen nach Teil 1 Hauptabschnitt 5 Abschnitt 3 KV GNotKG nur bei (teilw) Zurücknahme (0,5 Verfahrensgebühr) und Zurückweisung (1,0 Verfahrensgebühr) des Antrags (vgl dazu Zweibrücken wistra **10**, 118, 120: Ausspruch nach § 28 II S 2 auf Verpflichtungsantrag keine Teilabweisung). Soweit es sich um ein Antragsverfahren handelt, wird ein Kostenvorschuss erhoben (§ 13 iVm § 22 I GNotKG). Die Entscheidung nach § 27 II S 2 und die sonstige Erledigung ohne Antragstellung nach § 28 I S 4 lösen keine Gebühren und keine Vorschusspflicht aus. **2**

3) Außergerichtliche Kosten des (ganz oder teilw) erfolgreichen Antragstellers werden nur erstattet, wenn das OLG es ausdrücklich bestimmt (S 1). Die Entscheidung, die auch nachträglich, auch nach dem Tod des Antragstellers (Hamm NJW **71**, 209), getroffen werden kann, ergeht von Amts wegen nach billigem Ermessen. Die Belastung der Staatskasse bleibt die Ausnahme (Naumburg OLGSt Nr 3 zu dem früheren § 10 StVollzG; Zweibrücken wistra **10**, 118, 120; LR-Böttcher 45). Die Erstattung der Auslagen eines Dritten kann nicht angeordnet werden (Frankfurt ZInsO **09**, 242, 247; Hamm Rpfleger **74**, 228). Für das Verfahren gelten die §§ 103–107 ZPO. § 162 II S 1 VwGO **3**

gilt nicht entspr; wird die Hauptsache für erledigt erklärt, kann daher nicht die Erstattung von Auslagen im Vorverfahren angeordnet werden (vgl Hamm NStZ **84**, 332). Die Entscheidung ist unanfechtbar (S 3).

4 4) Der **Geschäftswert** der gem § 79 I GNotKG von Amts wegen festzusetzen ist, bestimmt sich nach § 36 GNotKG. Er beträgt regelmäßig 5000 €, kann nach Lage des Falles niedriger oder höher, jedoch nicht über 1 000 000 € angenommen werden. Die Unanfechtbarkeit der Wertfestsetzung ergibt sich aus § 83 I S 5 iVm § 81 III S 3 GNotKG (vgl BR-Drucks 517/12 S 445).

[Anfechtung von Verwaltungsakten durch Antrag auf gerichtliche Entscheidung]

30a I [1] Verwaltungsakte, die im Bereich der Justizverwaltung beim Vollzug des Gerichtskostengesetzes, des Gesetzes über Kosten in Familiensachen, des Gerichts- und Notarkostengesetzes, des Gerichtsvollzieherkostengesetzes, des Justizvergütungs- und -entschädigungsgesetzes oder sonstiger für gerichtliche Verfahren oder Verfahren der Justizverwaltung geltender Kostenvorschriften, insbesondere hinsichtlich der Einforderung oder Zurückzahlung ergehen, können durch einen Antrag auf gerichtliche Entscheidung auch dann angefochten werden, wenn es nicht ausdrücklich bestimmt ist. [2] Der Antrag kann nur darauf gestützt werden, dass der Verwaltungsakt den Antragsteller in seinen Rechten beeinträchtige, weil er rechtswidrig sei. [3] Soweit die Verwaltungsbehörde ermächtigt ist, nach ihrem Ermessen zu befinden, kann der Antrag nur darauf gestützt werden, dass die gesetzlichen Grenzen des Ermessens überschritten seien, oder dass von dem Ermessen in einer dem Zweck der Ermächtigung nicht entsprechenden Weise Gebrauch gemacht worden sei.

II [1] Über den Antrag entscheidet das Amtsgericht, in dessen Bezirk die für die Einziehung oder Befriedigung des Anspruchs zuständige Kasse ihren Sitz hat. [2] In dem Verfahren ist die Staatskasse zu hören. [3] Die §§ 7a, 81 Absatz 2 bis 8 und § 84 des Gerichts- und Notarkostengesetzes gelten entsprechend.

III [1] Durch die Gesetzgebung eines Landes, in dem mehrere Oberlandesgerichte errichtet sind, kann die Entscheidung über das Rechtsmittel der weiteren Beschwerde nach Absatz 1 und 2 sowie nach § 81 des Gerichts- und Notarkostengesetzes, über den Antrag nach § 127 des Gerichts- und Notarkostengesetzes, über das Rechtsmittel der Beschwerde nach § 66 des Gerichtskostengesetzes, nach § 57 des Gesetzes über Kosten in Familiensachen, nach § 81 des Gerichts- und Notarkostengesetzes und nach § 4 des Justizvergütungs- und -entschädigungsgesetzes einem der mehreren Oberlandesgerichte oder anstelle eines solchen Oberlandesgerichts einem obersten Landesgericht zugewiesen werden. [2] Dies gilt auch für die Entscheidung über das Rechtsmittel der weiteren Beschwerde nach § 33 des Rechtsanwaltsvergütungsgesetzes, soweit nach dieser Vorschrift das Oberlandesgericht zuständig ist.

IV Für die Beschwerde finden die vor dem Inkrafttreten des Kostenrechtsmodernisierungsgesetzes vom 5. Mai 2004 (BGBl. I S. 718) am 1. Juli 2004 geltenden Vorschriften weiter Anwendung, wenn die anzufechtende Entscheidung vor dem 1. Juli 2004 der Geschäftsstelle übermittelt worden ist.

1 1) Für die **Anfechtbarkeit von Kosten-JustizVerwAen** hat § 30a Regelungen übernommen, die in durch Art 115 des Ges vom 19.4.2006 (BGBl I 866, 881) aufgehobenen Kostengesetzen enthalten waren. Es wird durch die Vorschrift klargestellt, dass hierfür die ordentlichen Gerichte zuständig sind. Im Unterschied zu §§ 23 ff ist aber nicht die Zuständigkeit des OLG, sondern die des AG gegeben. Aus § 7a GNotKG ergibt sich, dass jede anfechtbare Entscheidung eine Belehrung über den statthaften Rechtsbehelf sowie über die Stelle, bei der dieser Rechtsbehelf einzulegen ist, über deren Sitz und über die einzuhaltende Form und Frist zu enthalten hat. Der Antragsteller hat gegen den Kostenansatz das Rechtsmittel der Beschwerde (II S 3 iVm § 81 II – VIII bNotKG); außerdem steht den Beteiligten die Gehörsrüge zu, wenn das Gericht ihren Anspruch auf rechtliches Gehör in entscheidungserheblicher Weise verletzt hat (II S 3 iVm § 84 GNotKG).

2) Die **Konzentrationsermächtigung** des III ist eine Spezialregelung gegenüber der allgemeinen Vorschrift des § 13a GVG.

3) Übergangsvorschriften: Neben IV findet sich für die Änderungen durch Art 21 Nr 3 FGG-RG eine Übergangsvorschrift in Art 111 FGG-RG (vgl dazu die Nachw in 1 zu § 29).

Vierter Abschnitt. Kontaktsperre

Vorbemerkungen

1) Durch das sog **Kontaktsperregesetz** (Ges zur Änderung des EGGVG vom 30.9.1977 [BGBl I 1877]) sind die §§ 31–38 eingefügt worden, § 34a durch das ÄndG vom 4.12.1985 (BGBl I 2141), zu § 38a vgl dort 1. Die Einordnung dieser Vorschriften in das EGGVG im Anschluss an die §§ 23 ff rechtfertigt sich dadurch, dass sie Vorgänge betreffen, die nicht zum Strafprozessrecht gehören, aber dem Justizbereich zuzurechnen sind und im Überprüfungs- und Anfechtungsverfahren zur Entscheidung obergerichtlicher Strafsenate führen (§§ 35, 37).

2) Die **Abwehr schwerer terroristischer Gefahren** ist das Ziel der Kontaktsperre. Die Notwendigkeit einer solchen Sperre ergab sich nach der Entführung des (wenig später ermordeten) Industriellen Schleyer am 5.9.1977. Es bestanden Anhaltspunkte dafür, dass Mitglieder terroristischer Vereinigungen, die ua für die Ermordung des GBA Buback und des Bankiers Ponto im Jahre 1977 verantwortlich waren, aus der UHaft oder Strafhaft heraus die Schleyer-Entführung unterstützten oder sogar leiteten und dass Verteidiger dabei Hilfe leisteten. Daher ordneten die JM der Bundesländer am 9.9.1977 eine auf § 34 StGB gestützte Kontaktsperre an. Der BGH billigte am 23.9.1977 entspr richterliche Anordnungen, auch soweit sie gegen § 148 I StPO verstießen (BGH **27**, 260). Den Erlass einer einstweiligen Anordnung gegen diese Maßnahmen lehnte das BVerfG ab (BVerfGE **46**, 1 = NJW **77**, 2157). Um die Kontaktsperre gesetzlich abzusichern, wurde dann innerhalb von 2 Tagen das ÄndG vom 30.9.1977 im BTag eingebracht, beraten und verabschiedet. Das Gesetz ist mit dem GG vereinbar (BVerfGE **49**, 24 = NJW **78**, 2235); es schafft keine neuen Eingriffsbefugnisse, enthält eine abschließende Regelung und lässt daher keinen weitergehenden Rückgriff auf das allgemeine Notstandsprinzip zu (Vogel NJW **78**, 1223; Kissel/Mayer 11 zu § 31). Die §§ 31 ff brauchten seit 1977 nicht mehr angewendet zu werden.

3) Durch das **Gesetz vom 27.8.2017** (BGBl I 3295) wurden die Regelungen der Kontaktsperre zwar grundsätzlich beibehalten, da ihm zugrunde liegende terroristische Gefahrenlagen auch für die Zukunft nicht ausgeschlossen werden können, der Kontakt zum Verteidiger wurde jedoch in Umsetzung der Richtlinie 2013/48/EU teilweise aus dem Anwendungsbereich herausgenommen (BT-Drucks 18/9534 S 23).

[Feststellung der Voraussetzungen für Kontaktsperre]

31 ¹ ¹Besteht eine gegenwärtige Gefahr für Leben, Leib oder Freiheit einer Person, begründen bestimmte Tatsachen den Verdacht, daß die Gefahr von einer terroristischen Vereinigung ausgeht, und ist es zur Abwehr dieser Gefahr geboten, jedwede Verbindung von Gefangenen untereinander und mit der Außenwelt zu unterbrechen, so kann eine entsprechende Feststellung getroffen werden. ²Die Feststellung darf sich nur auf Gefangene beziehen, die wegen einer Straftat nach § 129a, auch in Verbindung mit § 129b Abs. 1, des

Strafgesetzbuches oder wegen einer der in dieser Vorschrift bezeichneten Straftaten rechtskräftig verurteilt sind oder gegen die ein Haftbefehl wegen des Verdachts einer solchen Straftat besteht; das gleiche gilt für solche Gefangene, die wegen einer anderen Straftat verurteilt oder die wegen des Verdachts einer anderen Straftat in Haft sind und gegen die der dringende Verdacht besteht, daß sie diese Tat im Zusammenhang mit einer Tat nach § 129a, auch in Verbindung mit § 129b Abs. 1, des Strafgesetzbuches begangen haben. [3] Die Feststellung ist auf bestimmte Gefangene oder Gruppen von Gefangenen zu beschränken, wenn dies zur Abwehr der Gefahr ausreicht. [4] Die Feststellung ist nach pflichtgemäßem Ermessen zu treffen. [5] § 148 der Strafprozessordnung bleibt unberührt.

II Für Gefangene, gegen die die öffentliche Klage noch nicht erhoben wurde oder die rechtskräftig verurteilt sind, kann die Feststellung nach Absatz 1 auf die Unterbrechung des mündlichen und schriftlichen Verkehrs mit dem Verteidiger erstreckt werden.

1 **1) Voraussetzungen der Kontaktsperre (I S 1):** Es muss eine gegenwärtige Gefahr für Leben, Leib oder Freiheit einer Person (vgl § 34 StGB) vorliegen; bestimmte Tatsachen (vgl 5 zu § 112 StPO) müssen den Verdacht begründen, dass die Gefahr von einer terroristischen Vereinigung (§ 129a StGB) oder von mehreren ausgeht, und die Kontaktsperre muss zur Abwehr der Gefahr geboten, dh geeignet und erforderlich sein (dazu BVerfGE **49**, 24, 61; Kissel/Mayer 16). Welchen Personen die Gefahr droht, braucht noch nicht festzustehen.

2 **2) Der von der Kontaktsperre erfassbare Personenkreis** ist in I S 2 bezeichnet (wegen der Einzelheiten vgl Kissel/Mayer 20 ff). Die Vorschrift wird durch § 38 und § 38a ergänzt. Eine Beschränkung auf bestimmte Gefangene oder Gruppen von Gefangenen ist erforderlich, wenn das zur Abwehr der Gefahr ausreicht (I S 3).

3 **3) Die Anordnung der Kontaktsperre** erfolgt durch Feststellung der zuständigen Behörde (§ 32), die dabei nach pflichtgemäßem Ermessen handelt (I S 4).
4 **Inhaltlich** muss die Feststellung die Eingriffsvoraussetzung des S 1 darlegen und die Gefangenen, auf die sich die Feststellung bezieht, namentlich bezeichnen (BGH **27**, 276; Kissel/Mayer 27). In den Gründen der Feststellung werden, entspr 34 StPO, die Tatsachen und Erwägungen angeführt, die die Grundlage für die Feststellung bilden und für die gerichtliche Nachprüfung (§§ 35, 37) benötigt werden.
5 **Bekanntzumachen** ist die Feststellung mit Begründung auch den betroffenen Gefangenen (vgl § 34a VI) und ihren Verteidigern. Sie müssen von ihr Kenntnis erhalten, weil sie nur dann mit Aussicht auf Erfolg einen Antrag nach § 37 I stellen können (BVerfGE **49**, 24, 67 = NJW **78**, 2235, 2239). Dabei gelten aber die Grenzen des § 37 III (BVerfG aaO). Mit der Bekanntmachung der Feststellung ist die Belehrung der Gefangenen nach § 34a VI zu verbinden.
6 Die Feststellung **tritt außer Kraft,** wenn sie nicht nach § 35 bestätigt oder wenn sie nach § 36 S 1 zurückgenommen wird, sonst nach Ablauf der in §§ 35 S 1, 36 S 2 bezeichneten Fristen.

7 **4) Wirkung der Kontaktsperre:** Jede Verbindung von Gefangenen untereinander und mit Dritten wird unterbrochen. Durch Gesetz vom 27.8.2017 (BGBl I 3295) wurde allerdings der schriftliche und mündliche Verkehr mit dem Verteidiger aus dem Anwendungsbereich von I herausgenommen (siehe oben 3 vor § 31 EGGVG). Ein Verkehr findet abgesehen davon lediglich mit den Vollzugsbediensteten, soweit nicht nach § 33 auch insoweit Beschränkungen angeordnet worden sind, und mit der nach § 34a bestellten Kontaktperson statt. Für den Verkehr mit StA und Gericht trifft § 34 III eine besondere Regelung. Das Petitionsrecht (Art 17 GG) bleibt erhalten (BVerfGE **49**, 24, 65); jedoch gilt § 37 II sinngemäß (Kissel/Mayer 32).

8 **5) Im Ermittlungsverfahren und nach Rechtskraft** kann die Kontaktsperre allerdings unter den Voraussetzungen des I nach pflichtgemäßem Ermessen auch auf den

mündlichen und schriftlichen Verkehr mit dem Verteidiger erstreckt werden (II). II findet somit im vorgerichtlichen wie im Strafvollstreckungsverfahren Anwendung.

6) In den Fällen, in denen I und II keine Kontaktsperre zwischen Verteidiger und Beschuldigtem erlauben, kommen bei **Missbrauchsgefahr** Maßnahmen nach § 138 II, III und § 148 II StPO (vgl I S 5) in Betracht. 9

7) Eine **Anfechtung** der Feststellung nach § 31 lässt das Gesetz nicht zu; auch eine Verfassungsbeschwerde (Einl 230 ff) ist nicht statthaft (BVerfGE **49**, 24). Vorgesehen ist nur das Bestätigungsverfahren nach § 35 und die Anfechtung einzelner Maßnahmen durch die Betroffenen nach § 37, bei der allerdings die Rechtmäßigkeit der Feststellung als Vorfrage geprüft wird (4 zu § 37). 10

[Feststellungsverfahren]

32 ¹Die Feststellung nach § 31 trifft die Landesregierung oder die von ihr bestimmte oberste Landesbehörde. ²Ist es zur Abwendung der Gefahr geboten, die Verbindung in mehreren Ländern zu unterbrechen, so kann die Feststellung der Bundesminister der Justiz und für Verbraucherschutz treffen.

1) **Zuständig** für die Feststellung nach § 31 sind in 1. Hinsicht die Landesregierungen oder die von ihnen bestimmten obersten Landesbehörden (S 1). Der JM ist als zuständige Behörde bestimmt in Baden-Württemberg durch VO vom 15.11.1977 (GVBl 672), in Bayern durch VO vom 4.10.1977 (GVBl 505), in Hessen durch AO vom 20.1.1978 (GVBl I 91), in Nordrhein-Westfalen durch VO vom 25.10.1977 (GVNW 368) und in Rheinland-Pfalz durch AO vom 13.10.1977 (GVBl 341). 1

Der **BMJV** ist zuständig, wenn es erforderlich ist, die Kontaktsperre in mehreren (mindestens 2) Ländern anzuordnen (S 2), aber nicht alle betroffenen Länder die Anordnung treffen oder besondere Eile geboten ist (Kissel/Mayer 2). Macht der BMJV von seiner Befugnis nicht oder nicht rechtzeitig Gebrauch, so bleibt die Zuständigkeit der Länder nach S 1 unberührt (Kissel/Mayer 2). Hat das Land die Feststellung vor dem BMJV getroffen, so bleibt sie bestehen; die Feststellung des BMJV hat dann nur Bedeutung, soweit sie weitergeht als die des Landes. 2

2) In **Form** einer Verwaltungsanordnung ergeht die Feststellung (Kissel/Mayer 4 f). Der BMJV¹ erlässt sie als Verwaltungsanordnung iS des Art 84 V GG (Kissel/Mayer 5) mit bindender Wirkung für die Ausführungsbehörden der Länder (§ 33). Die Anordnung bedarf der Schriftform und hat nur eine behördeninterne Wirkung. Für den Gefangenen entsteht eine Beschwer erst durch die Maßnahmen nach § 33 (Kissel/Mayer 4). 3

[Unterbrechungsmaßnahmen]

33 ¹Ist eine Feststellung nach § 31 erfolgt, so treffen die zuständigen Behörden der Länder die Maßnahmen, die zur Unterbrechung der Verbindung erforderlich sind. ²Die Maßnahmen sind zu begründen und dem Gefangenen schriftlich bekannt zu machen. ³§ 37 Absatz 3 gilt entsprechend.

1) Die **Durchführung der Kontaktsperre** obliegt den zuständigen Landesbehörden, vor allem den Strafvollzugsbehörden (S 1). Sie sind an die Feststellung nach § 31 gebunden. Ihre Maßnahmen gehen (auch richterlichen) Anordnungen nach § 119 StPO und den Vorschriften der UVollzGe oder StVollzGe vor (Kissel/Mayer 2). 1

2) Die **Bekanntgabe an die Gefangenen,** welche Maßnahmen gegen sie getroffen worden sind, ist erforderlich (BVerfGE **49**, 24, 66). Die Maßnahmen sind zu begründen und dem Gefangenen schriftlich bekannt zu machen (S 2). Tatsachen und Umstände dürfen so weit und so lange nicht mitgeteilt werden, als die Mitteilung den Zweck der Kontaktsperre gefährden würde (S 3 iVm § 37 III). Dieses noch im Anfechtungsverfahren geltende Verbot (§ 37 III S 1) besteht also auch vor der Anfechtung. Die Begrün- 2

dung ist dann aber nachzuholen, sobald die Voraussetzungen dieser Vorschrift nicht mehr vorliegen (BVerfG aaO).

[Besondere Vorschriften]

34 ¹ Sind Gefangene von Maßnahmen nach § 33 betroffen, so gelten für sie, von der ersten sie betreffenden Maßnahme an, solange sie von einer Feststellung erfasst sind, die in den Absätzen 2 bis 4 nachfolgenden besonderen Vorschriften.

II Gegen die Gefangenen laufende Fristen werden gehemmt, wenn sie nicht nach anderen Vorschriften unterbrochen werden.

III In Strafverfahren und anderen gerichtlichen Verfahren, für die die Vorschriften der Strafprozessordnung als anwendbar erklärt sind, gilt ergänzend Folgendes:
1. Gefangenen, die keinen Verteidiger haben, wird ein Verteidiger bestellt.
2. ¹ Gefangene dürfen bei Vernehmungen und anderen Ermittlungshandlungen auch dann nicht anwesend sein, wenn sie nach allgemeinen Vorschriften ein Recht auf Anwesenheit haben; Gleiches gilt für ihre Verteidiger, soweit ein von der Feststellung nach § 31 erfasster Mitgefangener anwesend ist und soweit die gemäß § 31 Absatz 1 getroffene Feststellung nach § 31 Absatz 2 auf den schriftlichen und mündlichen Verkehr mit dem Verteidiger erstreckt wurde. ² Solche Maßnahmen dürfen nur stattfinden, wenn der Gefangene oder der Verteidiger ihre Durchführung verlangt und derjenige, der nach Satz 1 nicht anwesend sein darf, auf seine Anwesenheit verzichtet. ³ Wurde die gemäß § 31 Absatz 1 getroffene Feststellung nach § 31 Absatz 2 auf den schriftlichen und mündlichen Verkehr mit dem Verteidiger erstreckt, ist § 147 Absatz 3 der Strafprozessordnung nicht anzuwenden, soweit der Zweck der Untersuchung gefährdet würde.
3. Wurde die gemäß § 31 Absatz 1 getroffene Feststellung nach § 31 Absatz 2 auf den schriftlichen und mündlichen Verkehr mit dem Verteidiger erstreckt, findet eine Vernehmung des Gefangenen als Beschuldigter, bei der der Verteidiger nach allgemeinen Vorschriften ein Anwesenheitsrecht hat, nur statt, wenn der Gefangene und der Verteidiger auf die Anwesenheit des Verteidigers verzichten.
4. ¹ Wurde die gemäß § 31 Absatz 1 getroffene Feststellung nach § 31 Absatz 2 auf den schriftlichen und mündlichen Verkehr mit dem Verteidiger erstreckt, hat der Verteidiger bei der Verkündung eines Haftbefehls kein Recht auf Anwesenheit; er ist von der Verkündung des Haftbefehls zu unterrichten. ² Der Richter hat dem Verteidiger das wesentliche Ergebnis der Vernehmung des Gefangenen bei der Verkündung, soweit der Zweck der Unterbrechung nicht gefährdet wird, und die Entscheidung mitzuteilen.
5. ¹ Wurde die gemäß § 31 Absatz 1 getroffene Feststellung nach § 31 Absatz 2 auf den schriftlichen und mündlichen Verkehr mit dem Verteidiger erstreckt, finden mündliche Haftprüfungen sowie andere mündliche Verhandlungen, deren Durchführung innerhalb bestimmter Fristen vorgeschrieben ist, soweit der Gefangene anwesend ist, ohne den Verteidiger statt; Nummer 4 Satz 2 gilt entsprechend. ² Eine mündliche Verhandlung bei der Haftprüfung ist auf Antrag des Gefangenen oder seines Verteidigers nach Ende der Maßnahmen nach § 33 zu wiederholen, auch wenn die Voraussetzungen des § 118 Abs. 3 der Strafprozessordnung nicht vorliegen.
6. ¹ Eine Hauptverhandlung findet nicht statt und wird, wenn sie bereits begonnen hat, nicht fortgesetzt. ² Die Hauptverhandlung darf bis zur Dauer von dreißig Tagen unterbrochen werden; § 229 Abs. 2 der Strafprozessordnung bleibt unberührt.

7. Eine Unterbringung zur Beobachtung des psychischen Zustandes nach § 81 der Strafprozeßordnung darf nicht vollzogen werden.
8. ¹Der Gefangene darf sich in einem gegen ihn gerichteten Strafverfahren schriftlich an das Gericht oder die Staatsanwaltschaft wenden. ²Wurde die gemäß § 31 Absatz 1 getroffene Feststellung nach § 31 Absatz 2 auf den schriftlichen und mündlichen Verkehr mit dem Verteidiger erstreckt, darf dem Verteidiger für die Dauer der Feststellung keine Einsicht in diese Schriftstücke gewährt werden.

IV Ein anderer Rechtsstreit oder ein anderes gerichtliches Verfahren, in dem der Gefangene Partei oder Beteiligter ist, wird unterbrochen; das Gericht kann einstweilige Maßnahmen treffen.

1) Zur **Nachteilsmilderung** werden die gegen den Gefangenen laufenden Fristen gehemmt (II). Für Straf-, Bußgeld- und Disziplinarverfahren lockert III die Auswirkungen der Sperre; die übrigen Verfahren werden kraft Gesetzes unterbrochen (IV).

Diese Rechtswirkungen **enden** in dem Zeitpunkt, in dem die Feststellung ihre Wirkung durch Nichtbestätigung (§ 35), Zurücknahme oder Fristablauf (§§ 35 S 1, 36 S 1, 2) verliert, für den einzelnen Gefangenen auch mit der Haftentlassung oder nach Feststellung seines Nichtbetroffenseins im Anfechtungsverfahren nach § 37.

2) **Fristenhemmung (II):** Hemmung bedeutet, dass der Zeitraum, während dessen die Maßnahmen bestehen, nicht in die Fristen eingerechnet wird (vgl § 209 BGB). Gehemmt werden nur Fristen, die gegen den Gefangenen laufen. Das sind alle gesetzlichen, richterlichen (7 vor § 42 StPO) und vereinbarten Fristen, nach deren ungenutztem Ablauf sich die Rechtsposition des Gefangenen verschlechtert. Dazu gehören auch die für ihn laufenden Anfechtungsfristen.

3) Für das **Strafverfahren und ähnliche Verfahren (III)**, zu denen insbesondere das Bußgeld-, das Disziplinarverfahren und das Verfahren nach §§ 23ff gehören, gelten folgende besonderen Regelungen:

A. **Verteidigerbestellung (Nr 1):** Die Befugnis, einen Verteidiger zu wählen (§ 137 StPO), kann der Gefangene infolge der Kontaktsperre nicht ausüben (Kissel/Mayer 5; aM LR-Böttcher 6). Ihm muss daher ein Verteidiger beigeordnet werden, wenn er noch keinen Verteidiger hat. Die Beiordnung, die der nach § 142 III Nr 1 StPO zuständige Richter vorzunehmen hat, endet mit der Aufhebung der Kontaktsperre (Kissel/Mayer 6). Eine Bestellung nach anderen Bestimmungen, insbesondere nach § 141 II Nr 4 StPO, die in ihrer Dauer weiterreicht als die nach Nr 1, hat den Vorrang. Für Strafgefangene, gegen die keine weiteren Strafverfahren anhängig sind, gilt Nr 1 nicht; ihnen wird kein Verteidiger beigeordnet.

B. **Ermittlungshandlungen (Nr 2):** Das Strafverfahren wird durch die Kontaktsperre nicht unterbrochen (vgl IV). Daher können richterliche, staatsanwaltschaftliche und polizeiliche Vernehmungen sowie andere Ermittlungshandlungen unter den Beschränkungen der Nr 2 S 1, 2 durchgeführt werden. Für die Beschuldigtenvernehmung gilt die Sonderregelung der Nr 3, für die Hauptverhandlung Nr 6. Gleiches gilt für ihre Verteidiger soweit die gemäß § 31 I getroffene Feststellung nach § 31 II auf den schriftlichen und mündlichen Verkehr mit ihnen erstreckt wurde. In diesem Fall ist § 147 III StPO nicht anzuwenden, soweit der Zweck der Untersuchung gefährdet würde.

Als **Zeuge** kann der Gefangene während der Kontaktsperre nicht vernommen werden. Da die Vernehmung in der JVA unzulässig ist und der Gefangene nicht zur Vernehmung vorgeführt werden darf, ist er während der Sperre aus rechtlichen Gründen unerreichbar iS des § 244 III S 3 Nr 5 StPO (Kissel/Mayer 11; LR-Böttcher 12; 66 zu § 244 StPO).

Das **Akteneinsichtsrecht** nach § 147 III StPO ist, soweit der Zweck der Kontaktsperre gefährdet würde (S 3), allgemein ausgeschlossen, also nicht nur für Protokolle und Niederschriften, die während der Sperre entstehen und zu den Akten gelangen (Kissel/Mayer 9).

Schmitt

Anh 2 EGGVG § 34a Anhang

9   C. An der **Beschuldigtenvernehmung (Nr 3)** darf der Verteidiger, abweichend von §§ 163a III S 2, 168c I StPO, nicht teilnehmen, wenn die gemäß § 31 I getroffene Feststellung gemäß § 31 II auf den schriftlichen und mündlichen Verkehr mit dem Verteidiger erstreckt wurde. Eine solche Vernehmung findet aber nur statt, wenn der Gefangene und der Verteidiger auf die Anwesenheit des Verteidigers verzichten. Für die Vernehmung nach §§ 115 II, 115a II S 1 StPO ist Nr 4 die Sondervorschrift.

10   D. Bei der **Verkündung des Haftbefehls (Nr 4)** nach § 114a StPO gegenüber einem Beschuldigten, der erst nach Erlass der Feststellung nach § 31 ergriffen worden ist, darf der Verteidiger nicht anwesend sein, sofern die Kontaktsperre gemäß § 31 I, II auf ihn erstreckt wurde; er wird von der Verkündung lediglich unterrichtet. Auch die Vernehmung nach §§ 115 II, 115a II S 1 StPO ist in Abwesenheit des Verteidigers durchzuführen (Nr 4 S 2); über ihren Inhalt und die Entscheidung wird er nur unterrichtet, wenn dadurch der Zweck der Kontaktsperre nicht gefährdet wird.

11   Bei **vorläufiger Festnahme** und der darauf folgenden richterlichen Vernehmung (§§ 127 II, 128 StPO) gelten die Einschränkungen der Nr 4 nicht; denn solange noch kein Haftbefehl besteht, kann sich die Feststellung nach § 31 nicht auf den Beschuldigten beziehen.

12   E. **Mündliche Haftprüfungen (Nr 5)** finden auch während der Kontaktsperre statt, aber in den Fällen des § 31 II in Abwesenheit des Verteidigers, wenn der Beschuldigte anwesend ist. Für die Unterrichtung des Verteidigers gilt Nr 4 S 2 entspr. Auf Antrag des Gefangenen oder des Verteidigers wird die mündliche Haftprüfung nach Ende der Kontaktsperre wiederholt (Nr 5 S 2). Die mündliche Anhörung nach § 454 I S 3 StPO ist keine Haftprüfung iS der Nr 5 (Kissel/Mayer 14; **am** LR-Böttcher 14).

13   F. **Hauptverhandlungen (Nr 6)** gegen den von der Kontaktsperre betroffenen Gefangenen finden nicht statt oder werden, ohne dass es einer besonderen Unterbrechungsanordnung bedarf, nicht fortgesetzt. Eine Unterbrechung bis zu 30 Tagen ist ohne Rücksicht auf die bisherige Dauer der Verhandlung und unabhängig von bereits eingetretenen Unterbrechungen nach § 229 II StPO zulässig. Sie darf jedoch nicht länger dauern als die Kontaktsperre; nach deren Beendigung muss die Hauptverhandlung unverzüglich fortgesetzt werden. Nach Verlängerung der Kontaktsperre gilt Nr 6 nicht mehr (§ 36 S 5), auch wenn die 30-Tage-Frist noch nicht ausgenutzt worden ist (5 zu § 36).

14   G. Die **Unterbringung** zur Beobachtung **(Nr 7)** nach § 81 StPO, § 73 JGG darf nicht eingeleitet und, falls sie bereits begonnen hat, nicht weiter vollzogen werden. Ihre Anordnung ist aber zulässig (Kissel/Mayer 21).

15   H. **Schriftliche Eingaben an Gerichte oder StA (Nr 8)** werden im Gegensatz zu Eingaben an andere Behörden von der JVA weitergeleitet. Dem Verteidiger darf aber in den Fällen des § 31 II für die Dauer der Feststellung keine Einsicht in diese Schriftstücke gewährt werden.

16   4) Eine **Unterbrechung anderer Verfahren (IV)**, dh solcher, die nicht unter III fallen, tritt kraft Gesetzes und ausnahmslos ein (Kissel/Mayer 23). Einstweilige Maßnahmen kann das Gericht von Amts wegen oder auf Antrag treffen (wegen der Einzelheiten vgl Kissel/Mayer 28 ff).

[Beiordnung von Kontaktpersonen]

34a [1] [1] Wurde die gemäß § 31 Absatz 1 getroffene Feststellung nach § 31 Absatz 2 auf den schriftlichen und mündlichen Verkehr mit dem Verteidiger erstreckt, ist dem Gefangenen auf seinen Antrag ein Rechtsanwalt als Kontaktperson beizuordnen. [2] Der Kontaktperson obliegt, unter Wahrung der Ziele der nach § 31 getroffenen Feststellung, die rechtliche Betreuung des Gefangenen, soweit dafür infolge der nach § 33 getroffenen Maßnahmen ein Bedürfnis besteht; die Kontaktperson kann insbesondere durch Anträge und Anregungen auf die Ermittlung entlastender Tatsachen und Umstände hinwirken, die im Interesse des Gefangenen unverzüglicher Aufklärung bedürfen.

II [1] Soweit der Gefangene damit einverstanden ist, teilt die Kontaktperson dem Gericht und der Staatsanwaltschaft die bei dem Gespräch mit dem Gefangenen und im weiteren Verlauf ihrer Tätigkeit gewonnenen Erkenntnisse mit; sie kann im Namen des Gefangenen Anträge stellen. [2] Die Kontaktperson ist im Einverständnis mit dem Gefangenen befugt, an Vernehmungen und Ermittlungshandlungen teilzunehmen, bei denen der Verteidiger nach § 34 Abs. 3 Nr. 3, Nr. 4 Satz 1 und Nr. 5 Satz 1 nicht anwesend sein darf. [3] Die Kontaktperson darf Verbindung mit Dritten aufnehmen, soweit dies zur Erfüllung ihrer Aufgaben nach Absatz 1 unabweisbar ist.

III [1] Über die Beiordnung einer Kontaktperson und deren Auswahl aus dem Kreis der im Geltungsbereich dieses Gesetzes zugelassenen Rechtsanwälte entscheidet der Präsident des Landgerichts, in dessen Bezirk die Justizvollzugsanstalt liegt, innerhalb von 48 Stunden nach Eingang des Antrags. [2] Der Verteidiger des Gefangenen darf nicht beigeordnet werden. [3] Der Präsident ist hinsichtlich der Beiordnung und der Auswahl Weisungen nicht unterworfen; seine Vertretung richtet sich nach § 21h des Gerichtsverfassungsgesetzes. [4] Dritte dürfen über die Person des beigeordneten Rechtsanwalts, außer durch ihn selbst im Rahmen seiner Aufgabenerfüllung nach Absatz 1 und 2, nicht unterrichtet werden. [5] Der beigeordnete Rechtsanwalt muß die Aufgaben einer Kontaktperson übernehmen. [6] Der Rechtsanwalt kann beantragen, die Beiordnung aufzuheben, wenn hierfür wichtige Gründe vorliegen.

IV Der Gefangene hat nicht das Recht, einen bestimmten Rechtsanwalt als Kontaktperson vorzuschlagen.

V [1] Dem Gefangenen ist mündlicher Verkehr mit der Kontaktperson gestattet. [2] Für das Gespräch sind Vorrichtungen vorzusehen, die die Übergabe von Schriftstücken und anderen Gegenständen ausschließen.

VI Der Gefangene ist bei Bekanntgabe der Feststellung nach § 31, die nach dessen Absatz 2 auf den schriftlichen und mündlichen Verkehr mit dem Verteidiger erstreckt wird, über sein Recht, die Beiordnung einer Kontaktperson zu beantragen, und über die übrigen Regelungen der Absätze 1 bis 5 zu belehren.

1) Durch die **Beiordnung einer Kontaktperson sollen** in den Fällen, in denen die Kontaktsperre gemäß § 31 II auf den schriftlichen und mündlichen Verkehr mit dem Verteidiger erstreckt wurde, die strafprozessualen Garantien des von einer Kontaktsperre betroffenen Gefangenen verbessert werden. Die Beiordnung setzt einen Antrag des Gefangenen voraus; über sein Antragsrecht muss er belehrt werden (VI). Widerruft er den Antrag, so ist die Beiordnung zurückzunehmen (vgl Krekeler NJW **86**, 418).

2) Nur ein RA kann Kontaktperson sein (I S 1); der Verteidiger des Gefangenen ist ausgeschlossen (III S 2). Die Beiordnung eines RA als Kontaktperson für mehrere Gefangene ist unzulässig (vgl BT-Drucks 10/902 S 8). Der beigeordnete RA ist (entspr §§ 48, 49 BRAO) verpflichtet, die Aufgaben einer Kontaktperson zu übernehmen (III S 5); er kann aber die Aufhebung der Beiordnung beantragen, wenn hierfür wichtige Gründe (vgl 19 ff zu § 143a StPO) vorliegen (III S 6). Zum Schutz der Kontaktperson dürfen Dritte über die Beiordnung nicht unterrichtet werden (III S 4). Die Vergütung der Tätigkeit des RA regelt § 55 III RVG mit Nr 4304 VVRVG.

3) Zuständig für die Beiordnung ist der Präs des LG, in dessen Bezirk die JVA liegt, in der der Gefangene verwahrt wird (III S 1). Die Entscheidung ist innerhalb von 48 Stunden nach Eingang des Antrags zu treffen (III S 1). Der LG-Präs wählt die Kontaktperson aus dem Kreis der in der BRep zugelassenen RAe aus; der Gefangene hat kein Vorschlagsrecht (IV). Die Beiordnung kann zurückgenommen werden, wenn der RA seine Aufgabe nicht oder nur unzulänglich erfüllt. Der LG-Präs ist bei der ihm durch § 34a übertragenen Tätigkeit keinen Weisungen unterworfen; seine Vertretung richtet sich nach § 21h GVG (III S 3).

Schmitt

4 4) **Aufgabe der Kontaktperson** ist die rechtliche Betreuung des Gefangenen, soweit dafür im Hinblick auf die nach § 33 getroffenen Maßnahmen ein Bedürfnis besteht (I S 2 Hs 1). Der Gefangene soll Gelegenheit haben, sich in allen Rechtsangelegenheiten mit der Kontaktperson zu besprechen. Der RA hat zwar nicht die umfassenden Aufgaben eines Verteidigers, kann aber Aufgaben wahrnehmen, die der Verteidiger infolge der Kontaktsperre nicht ausüben kann.

5 Insbesondere ist es seine Aufgabe, durch **Anträge und Anregungen** bei StA und Gericht darauf hinzuwirken, dass entlastende Tatsachen in einem gegen den Gefangenen anhängigen Strafverfahren ermittelt werden, sofern eine unverzügliche Aufklärung geboten ist (I S 2 Hs 2). Dabei wird allerdings eine vorherige Abstimmung mit dem Verteidiger notwendig sein. Von den während seiner Tätigkeit, insbesondere durch Gespräche mit dem Gefangenen, gewonnenen Erkenntnissen darf der RA das Gericht und die StA nur mit dessen Einverständnis unterrichten (II S 1 Hs 1); auch Anträge im Namen des Gefangenen darf er nur stellen, wenn dieser damit einverstanden ist. An Vernehmungen und Ermittlungshandlungen, von denen der Verteidiger nach § 34 II Nrn 3, 4 S 1, 5 S 1 ausgeschlossen ist, darf die Kontaktperson im Einverständnis mit dem Gefangenen teilnehmen (II S 2). Die besonderen Schutzvorschriften des § 34 III Nr 4 S 2, 5 S 2 bleiben bestehen.

6 **Verbindung mit Dritten** darf die Kontaktperson nur aufnehmen, wenn das zur Erfüllung ihrer Aufgaben unabweisbar ist (II S 3). Um die Gefahr einer auch nur unbewussten Nachrichtenübermittlung auf ein Mindestmaß zu beschränken, dürfen solche Kontaktaufnahmen nur in besonderen Ausnahmefällen stattfinden (vgl BT-Drucks 10/902 S 4/5; 10/3958 S 7). Überhaupt hat die Kontaktperson vor jeder Maßnahme zu prüfen, ob ihre Tätigkeit den Zweck der Kontaktsperre unterlaufen könnte.

7 5) Der **Verkehr des Gefangenen mit der Kontaktsperre** darf nur mündlich stattfinden (V S 1). Ein Schriftwechsel und die Aushändigung von Schriftstücken ist nicht erlaubt. Gespräche dürfen nur geführt werden, wenn Vorrichtungen vorhanden sind, die die Übergabe von Schriftstücken und anderen Gegenständen ausschließen (dazu 21 zu § 148 StPO).

8 6) **Belehrung:** Der Gefangene ist in den Fällen des § 31 II über seine Rechte nach I–V zu belehren (VI).

9 7) **Anfechtung:** Der Gefangene kann nach § 23 auf gerichtliche Entscheidung antragen, wenn der LG-Präs dem Antrag auf Beiordnung einer Kontaktperson nicht stattgibt. Die Auswahl der Kontaktperson kann er nur anfechten, wenn er geltend macht, dass sie ermessensfehlerhaft ist (§ 28 III), etwa weil der beigeordnete RA ungeeignet erscheint. Der beigeordnete RA kann den Antrag nach § 23 nur darauf stützen, dass ihm die Tätigkeit als Kontaktperson nicht zuzumuten ist und seine Beiordnung daher ermessensmissbräuchlich ist.

[Bestätigungsverfahren]

35 ¹Die Feststellung nach § 31 verliert ihre Wirkung, wenn sie nicht innerhalb von zwei Wochen nach ihrem Erlaß bestätigt worden ist. ²Für die Bestätigung einer Feststellung, die eine Landesbehörde getroffen hat, ist ein Strafsenat des Oberlandesgerichts zuständig, in dessen Bezirk die Landesregierung ihren Sitz hat, für die Bestätigung einer Feststellung des Bundesministers der Justiz und für Verbraucherschutz ein Strafsenat des Bundesgerichtshofes; § 25 Abs. 2 gilt entsprechend.

1 1) Ohne **richterliche Bestätigung** verliert die nach § 31 ergangene Feststellung 2 Wochen nach ihrem Erlass ihre Wirkung; wenn sie bestätigt wird, spätestens nach 30 Tagen (§ 36 S 2 Hs 1). Die Frist beginnt „nach" dem Erlass der Feststellung, dh mit Ablauf des Tages, unter dem sie ergangen ist (vgl § 36 S 2 Hs 2). Wird die Bestätigung abgelehnt, so wird die Feststellung sofort wirkungslos.

2) Zuständig (S 2) für die Bestätigung der Feststellung einer Landesregierung oder - 2
behörde ist ein StS des OLG, in dessen Bezirk die Landesregierung ihren Sitz hat, für
die Bestätigung einer Feststellung des BJM ein StS des BGH.

3) Das **Bestätigungsverfahren,** das nur eingeleitet werden muss, wenn die Kontakt- 3
sperre länger als 2 Wochen dauern soll, richtet sich nach den §§ 29, 30 (Kissel/Mayer
3). Verfahrensbeteiligt ist nur die Feststellungsbehörde, die zugleich verpflichtet ist, das
Verfahren in Gang zu bringen; für ihre Vertretung gelten die allgemeinen Vorschriften.
Die Gefangenen sind an dem Verfahren nicht beteiligt (BGH **27**, 276, 280; vgl auch
BVerfGE **49**, 24, 67 = NJW **78**, 2235, 2239); sie erhalten daher auch kein rechtliches
Gehör (Kissel/Mayer 4).

Die **Entscheidung** bestätigt die Feststellung oder hebt sie auf; auch eine teilw Bestä- 4
tigung unter Herausnahme einzelner Gefangener aus der Feststellung ist zulässig (vgl
BGH **27**, 276). Für die Rechtmäßigkeit der Feststellung ist der Zeitpunkt der Entscheidung maßgebend (Kissel/Mayer 5). Eine Kosten- und Auslagenentscheidung ergeht
nicht (Kissel/Mayer 5). Die Entscheidung, die nicht anfechtbar ist, wird der Feststellungsbehörde und den betroffenen Gefangenen mitgeteilt (BVerfG aaO, Kissel/
Mayer 6).

[Zurücknahme; Wiederholung]

36 ¹Die Feststellung nach § 31 ist zurückzunehmen, sobald ihre Voraussetzungen nicht mehr vorliegen. ²Sie verliert spätestens nach Ablauf von
dreißig Tagen ihre Wirkung; die Frist beginnt mit Ablauf des Tages, unter
dem die Feststellung ergeht. ³Eine Feststellung, die bestätigt worden ist, kann
mit ihrem Ablauf getroffen werden, wenn die Voraussetzungen noch
vorliegen; für die erneute Feststellung gilt § 35. ⁴War eine Feststellung nicht
bestätigt, so kann eine erneute Feststellung nur getroffen werden, wenn neue
Tatsachen es erfordern. ⁵ § 34 Abs. 3 Nr. 6 Satz 2 ist bei erneuten Feststellungen nicht mehr anwendbar.

1) Zur **Rücknahme der Feststellung** (S 1) ist die Feststellungsbehörde verpflich- 1
tet, wenn die Voraussetzungen des § 31 nicht mehr vorliegen. Die Behörde hat insoweit
eine ständige Prüfungspflicht.

2) Wirkungslos (S 2) wird die nach § 35 bestätigte Feststellung spätestens 30 Tage 2
nach Ablauf des Tages, unter dem sie ergangen ist. War sie nicht bestätigt worden, so
tritt sie spätestens nach 2 Wochen außer Kraft (§ 35 S 1).

3) Die **Wiederholung der Feststellung** (S 3, 4) ist zulässig. Eine nach § 35 gericht- 3
lich bestätigte Feststellung kann mit ihrem Ablauf (auch mehrmals) erneut erlassen werden, wenn die Voraussetzungen des § 31 noch vorliegen; auch die neue Feststellung
muss dann nach § 35 bestätigt werden. Eine nicht bestätigte Feststellung kann nur auf
Grund veränderter tatsächlicher Umstände erneut erlassen werden. Das Gleiche gilt,
wenn die Feststellung vor der Entscheidung über die Bestätigung oder vor ihrem Wir-
kungsverlust zurückgenommen oder die Bestätigung nicht beantragt worden ist (Katholnigg 4). Neue Beweismittel rechtfertigen die Wiederholung der Feststellung jedenfalls dann, wenn sich aus ihnen neue Tatsachen ergeben; neue Beweisanzeichen reichen
aus.

Zuständig für die erneute Feststellung ist die Behörde, die die frühere Feststellung 4
erlassen hat; jedoch kann auch ein Land die Feststellung des BJM für seinen Bereich
wiederholen, der BJM die Feststellungen mehrerer Länder.

4) Für die **Hauptverhandlung bei erneuter Kontaktsperre** (S 5) gilt § 34 III 5
Nr 6 S 2 nicht mehr (vgl dort 13). Eine Unterbrechung ist nur nach § 229 I, II StPO
zulässig. Reicht diese Unterbrechung nicht aus, so muss die Hauptverhandlung ausgesetzt werden (§§ 228, 229 IV S 1 StPO).

Schmitt 2269

Anh 2 EGGVG § 37 Anhang

[Anfechtung einzelner Maßnahmen]

37 ^I Über die Rechtmäßigkeit einzelner Maßnahmen nach § 33 entscheidet auf Antrag ein Strafsenat des Oberlandesgerichts, in dessen Bezirk die Landesregierung ihren Sitz hat.

^{II} Stellt ein Gefangener einen Antrag nach Absatz 1, so ist der Antrag von einem Richter bei dem Amtsgericht aufzunehmen, in dessen Bezirk der Gefangene verwahrt wird.

^{III 1} Bei der Anhörung werden Tatsachen und Umstände soweit und solange nicht mitgeteilt, als die Mitteilung den Zweck der Unterbrechung gefährden würde. ² § 33a der Strafprozeßordnung gilt entsprechend.

^{IV} Die Vorschriften des § 23 Abs. 2, des § 24 Abs. 1, des § 25 Abs. 2 und der §§ 26 bis 30 gelten entsprechend.

1   1) Zur **Anfechtung einzelner Maßnahmen** nach § 33 stellt das Gesetz den Antrag auf gerichtliche Entscheidung zur Verfügung. Dieser Rechtsbehelf entspricht dem nach §§ 23 ff; jedoch enthält § 37 eine Sonderregelung. Der Antrag richtet sich idR gegen die Anordnung einer Maßnahme; angefochten werden kann aber auch die Ablehnung oder das Unterlassen einer konkreten, die Kontaktsperre betreffenden Maßnahme (IV iVm § 23 II).

2   **Antragsberechtigt** ist in 1. Hinsicht der von der Maßnahme betroffene Gefangene. Der Verteidiger kann Anträge im Namen des Gefangenen, aber auch im eigenen Namen stellen, wenn er durch die Maßnahme in seinen Rechten verletzt ist (Kissel/Mayer 4).

3   Der **Antrag des Gefangenen** kann nicht schriftlich gestellt, sondern muss von einem Richter bei dem AG aufgenommen werden, in dessen Bezirk der Gefangene verwahrt wird (II). Der Richter muss den Gefangenen auf dessen Verlangen über seine Rechte aufklären; über diese Möglichkeit ist der Gefangene zu belehren (BVerfGE **49**, 24, 69 = NJW **78**, 2235, 2239).

4   2) Das **Verfahren** entspricht im Wesentlichen dem nach §§ 23 ff. Beteiligt ist außer dem Antragsteller die Behörde, die die angefochtene Maßnahme getroffen hat oder die erstrebte Maßnahme hätte treffen sollen. Wenn der Antragsteller zu dem Vorbringen der Behörde in der JVA mündlich, sonst schriftlich (vgl 1 zu § 28), angehört werden muss, dürfen ihm Tatsachen so weit und so lange nicht mitgeteilt werden, als die Mitteilung den Zweck der Kontaktsperre gefährden würde (III S 1). Jedoch kann dann von Amts wegen oder auf Antrag des Gefangenen entspr § 33a StPO ein Nachtragsverfahren durchgeführt werden (III S 2).

5   3) Die **Entscheidung** trifft ein StS des OLG, in dessen Bezirk die Landesregierung ihren Sitz hat (I), oder das nach § 25 II bestimmten OLG (IV) ohne mündliche Verhandlung durch Beschluss. Die Prüfung der Rechtmäßigkeit der Einzelmaßnahme nach § 33 hat sich, auch wenn die Feststellung bereits nach § 35 bestätigt worden ist, darauf zu erstrecken, ob die Feststellung allgemein und insbesondere gegen den Antragsteller zu Recht besteht (BGH **27**, 276, 280; Kissel/Mayer 7). Das OLG ist allerdings nicht berechtigt, einen Gefangenen aus der durch den BGH bestätigten Feststellung des BJM (§ 35 S 2) zu entlassen. Meint es, dass die Feststellung gegen den Antragsteller nicht aufrechterhalten werden kann, so muss es die Sache dem BGH vorlegen (IV iVm § 29 I S 2), und zwar nach dem Sinn der Regelung nur dann, wenn die Auffassung des OLG auf veränderten tatsächlichen Umständen oder auf inzwischen gewonnenen neuen Erkenntnissen beruht, die sich auf solche Umstände beziehen (BGH aaO). Ist die angefochtene Maßnahme oder die Kontaktsperre insgesamt erledigt, so kann auf Antrag des Betroffenen nachträglich über die Rechtmäßigkeit der Maßnahme entschieden werden, wenn ein berechtigtes Interesse an dieser Feststellung hat (IV iVm § 28 I S 4).

[Entsprechende Geltung]

38 Die Vorschriften der §§ 31 bis 37 gelten entsprechend, wenn eine Maßregel der Besserung und Sicherung vollzogen wird oder wenn ein Unterbringungsbefehl nach § 126a der Strafprozeßordnung besteht.

1) Die **Erweiterung des Personenkreises** des § 31 I ermöglicht die Vorschrift. Die Kontaktsperre ist auch gegen Personen zulässig, gegen die freiheitsentziehende Maßregeln der Besserung und Sicherung nach §§ 61 ff StGB vollzogen werden. In Betracht kommen die in einem psychiatrischen Krankenhaus (§ 63 StGB), einer Entziehungsanstalt (§ 64 StGB) oder in Sicherungsverwahrung (§ 66 StGB) untergebrachten Verurteilten. Ferner kann die Kontaktsperre gegen Personen angeordnet werden, gegen die ein Unterbringungsbefehl nach § 126a StPO vollzogen wird.

2) **Nicht anwendbar** ist § 38 auf Personen, die sich in anderer öffentlich-rechtlicher Verwahrung befinden, auch nicht auf die nach § 81 StPO zur Beobachtung untergebrachten Beschuldigten. Besteht gegen solche Personen ein Haftbefehl, so kann die Kontaktsperre angeordnet werden; dann muss die Unterbringung nach § 81 StPO abgebrochen und der Beschuldigte in die JVA zurückverlegt werden (Kissel/Mayer 4).

[Entsprechende Anwendung der §§ 31 bis 38]

38a I 1 Die §§ 31 bis 38 finden entsprechende Anwendung, wenn gegen einen Gefangenen ein Strafverfahren wegen des Verdachts der Bildung einer kriminellen Vereinigung (§ 129 des Strafgesetzbuches) eingeleitet worden ist oder eingeleitet wird, deren Zweck oder andere Tätigkeit darauf gerichtet ist,
1. Mord oder Totschlag (§§ 211, 212) oder Völkermord (§ 6 des Völkerstrafgesetzbuches),
2. Straftaten gegen die persönliche Freiheit in den Fällen des § 239a oder des § 239b oder
3. gemeingefährliche Straftaten in den Fällen der §§ 306 bis 308, des § 310b Abs. 1, des § 311 Abs. 1, des § 311a Abs. 1, der §§ 312, 316c Abs. 1 oder des § 319

zu begehen. ²Sie finden entsprechende Anwendung auch für den Fall, dass der nach § 31 Satz 2 zweiter Halbsatz erforderliche dringende Tatverdacht sich auf eine Straftat nach § 129 des Strafgesetzbuches bezieht, die die Voraussetzungen des Satzes 1 Nr. 1 bis 3 erfüllt.

II Das Gleiche gilt, wenn der Gefangene wegen einer solchen Straftat rechtskräftig verurteilt worden ist.

1) Eine **gleichlautende Regelung** war zuvor in Art 2 des Ges zur Änderung des EGGVG (vgl 1 vor § 31) enthalten; durch Art 16 des Ges vom 19.4.2006 (BGBl I 866, 868) wurde die Vorschrift aufgehoben und durch Art 14 dieses Gesetzes wegen des Sachzusammenhangs hier eingestellt.

2) Die **Vorschrift erfasst diejenigen Gefangenen**, gegen die ein Verfahren eingeleitet oder rechtskräftig abgeschlossen worden ist, das eine vor dem Inkrafttreten des § 129a StGB (eingefügt durch Ges vom 18.8.1976, BGBl I 2181) begangene Straftat nach § 129 StGB iVm I Nr 1 bis 3 zum Gegenstand hat.

Fünfter Abschnitt. Insolvenzstatistik

39 *(aufgehoben)*

Sechster Abschnitt. Übergangsvorschriften

40 *(betrifft den Zivilprozess)*

40a *(betrifft den Zivilprozess)*

[Besetzung der Strafkammern]

41 ^I Für Verfahren, die vor dem 1. Januar 2012 beim Landgericht anhängig geworden sind, sind die §§ 74, 74c, 76 des Gerichtsverfassungsgesetzes in der bis zum 31. Dezember 2011 geltenden Fassung anzuwenden.

^{II} Hat die Staatsanwaltschaft in Verfahren, in denen über die im Urteil vorbehaltene oder die nachträgliche Anordnung der Sicherungsverwahrung zu entscheiden ist, die Akten dem Vorsitzenden des zuständigen Gerichts vor dem 1. Januar 2012 übergeben, ist § 74f des Gerichtsverfassungsgesetzes in der bis zum 31. Dezember 2011 geltenden Fassung entsprechend anzuwenden.

1   Die **Überleitungsvorschrift**, die durch das Gesetz über die Besetzung der Großen Straf- und Jugendkammern in der Hauptverhandlung vom 6.12.2011 (BGBl I 2554) eingefügt wurde, geht in ihrem Anwendungsbereich der Übergangsregelung des Art 316e I S 2 EGStGB vor (BT-Drucks 17/6905 S 12; erg siehe dort).

2   Abs 1 regelt die Besetzung der allgemeinen Großen Strafkammern und der Wirtschaftsstrafkammern in der Hauptverhandlung und bestimmt, dass die §§ 74, 74c, 76 GVG auf vor dem 1.1.2012 anhängig gewordene Verfahren noch in ihrer bis 31.12.2011 geltenden Fassung anzuwenden sind (zur Neuregelung siehe die Kommentierung zu § 76 GVG).

3   Abs 2 bezieht sich auf Verfahren, in denen gemäß § 275a StPO über die vorbehaltene oder nachträgliche Anordnung der Sicherungsverwahrung zu entscheiden ist; sind die Akten dem Vorsitzenden von der StA vor dem 1.1.2012 übergeben worden, ist § 74f GVG in seiner bis zum 31.12.2011 geltenden Fassung, danach in der neuen Fassung (vgl dazu insbesondere 4 zu § 74f GVG) anzuwenden. Für die Übergabe ist auf den Eingang der Akten bei Gericht abzustellen.

[Weitergeltung von § 30a]

42 § 30a ist auf Verwaltungsakte im Bereich der Kostenordnung auch nach dem Inkrafttreten des 2. Kostenrechtsmodernisierungsgesetzes vom 23. Juli 2013 (BGBl. I S. 2586) weiter anzuwenden.

1   Insoweit handelt es sich um eine Folgeänderung des mit Ges vom 23.7.2013 (BGBl I 2586) eingeführten GNotKG, die der Anpassung der Verweisung auf das neue GNotKG dient (BR-Drucks 517/12 S 445).

[Anwendung von § 169 Abs. 2 GVG]

43 § 169 Absatz 2 des Gerichtsverfassungsgesetzes findet keine Anwendung auf Verfahren, die am 18. April 2018 bereits anhängig sind.

3. Einführungsgesetz zum Strafgesetzbuch (EGStGB)

Vom 2. März 1974 (BGBl I 469, ber. 1975 I S. 1916 und 1976 I S. 507; 450-16), letztes ÄndG vom 11. Juni 2017 (BGBl I 1612)

(Auszug)

1) **Gemeinsame Vorschriften** für Ordnungs- und Zwangsmittel enthalten die Art 6 bis 9. Im Strafprozess haben sie nur für die Ordnungsmittel Bedeutung. Frühere Bestimmungen sind durch Art 287 Nr 26 aufgehoben worden.

2) **Ordnungsmittel** sind Ordnungsgeld und Ordnungshaft. Sie sind für das Strafverfahren in § 51 I S 1, § 70 I S 2, §§ 77, 81c VI S 1, § 95 II, § 161a I S 2 StPO und § 56 I S 1, § 177 S 1, § 178 GVG vorgesehen. Ordnungshaft darf, abgesehen von den Fällen der §§ 177, 178 GVG, nur als Ersatzhaft festgesetzt werden.

3) Eine **Übergangsvorschrift** zum Recht der Sicherungsverwahrung enthält der durch Ges vom 22.12.2010 (BGBl I 2300, 2304) eingefügte Art 316a.

Mindest- und Höchstmaß von Ordnungs- und Zwangsmitteln

6 I ¹Droht das Bundesgesetz Ordnungsgeld oder Zwangsgeld an, ohne dessen Mindest- oder Höchstmaß zu bestimmen, so beträgt das Mindestmaß fünf, das Höchstmaß tausend Euro. ²Droht das Landesgesetz Ordnungsgeld an, so gilt Satz 1 entsprechend.

II ¹Droht das Gesetz Ordnungshaft an, ohne das Mindest- oder Höchstmaß zu bestimmen, so beträgt das Mindestmaß einen Tag, das Höchstmaß sechs Wochen. ²Die Ordnungshaft wird in diesem Fall nach Tagen bemessen.

1) **Ordnungsgeld (I):** Wenn nichts anderes bestimmt ist, beträgt das Mindestmaß 5 Euro, das Höchstmaß 1000 Euro. Die Festsetzung eines durch 5 oder 10 teilbaren Betrags ist üblich und empfehlenswert. Die Beitreibung regeln § 1 I Nr 3 JBeitrG, §§ 1 ff EBAO.

2) **Ordnungshaft (II):**

A. Der **Haftrahmen** bewegt sich, sofern nichts anderes bestimmt ist, zwischen 1 Tag und 6 Wochen. Maß und Folgen des Ungehorsams bestimmen die Höhe im Einzelfall. Die Bemessung erfolgt nach Tagen (II S 2).

B. **Als Ersatzhaft** muss die Ordnungshaft schon im Ordnungsgeldbeschluss festgesetzt werden; die nachträgliche Festsetzung ermöglicht Art 8 I. Die Ersatzhaft kann in ihrer gesamten Höhe bezeichnet (zB Ordnungsgeld von 100 Euro, ersatzweise 4 Tage Ordnungshaft) oder nach einem Umrechnungsschlüssel (zB je 1 Tag Ordnungshaft für 50 € Ordnungsgeld) festgesetzt werden. Die Teilung des Ordnungsgeldes muss dann eine ohne Rest errechenbare Zahl ergeben (Bay NJW **60**, 878).

C. Die **Vollstreckung der Ersatzhaft** setzt die Uneinbringlichkeit des Ordnungsgeldes voraus (vgl § 459e StPO für die Geldstrafe). Zur quotenmäßigen Berechnung bei nur teilweiser Uneinbringlichkeit vgl Hamburg HESt **1**, 30. Die Vollstreckung regelt § 88 StVollstrO, den Vollzug §§ 171 ff StVollzG.

3) **Vollstreckungsbehörde** ist grundsätzlich die StA (§ 36 II S 1, § 161a II S 1 StPO); zur Übertragung auf den Rechtspfleger vgl § 31 IV iVm II RPflG. Für die Vollstreckung der nach §§ 177, 178 GVG verhängten Ordnungsmittel gilt die Sondervorschrift des § 179 GVG iVm § 31 III **RPflG**.

Anh 3 EGStGB Art. 7, 8

Zahlungserleichterungen bei Ordnungsgeld

7 I ¹Ist dem Betroffenen nach seinen wirtschaftlichen Verhältnissen nicht zuzumuten, das Ordnungsgeld sofort zu zahlen, so wird ihm eine Zahlungsfrist bewilligt oder gestattet, das Ordnungsgeld in bestimmten Teilbeträgen zu zahlen. ²Dabei kann angeordnet werden, daß die Vergünstigung, das Ordnungsgeld in bestimmten Teilbeträgen zu zahlen, entfällt, wenn der Betroffene einen Teilbetrag nicht rechtzeitig zahlt.

II ¹Nach Festsetzung des Ordnungsgeldes entscheidet über die Bewilligung von Zahlungserleichterungen nach Absatz 1 die Stelle, der die Vollstreckung des Ordnungsgeldes obliegt. ²Sie kann eine Entscheidung über Zahlungserleichterungen nachträglich ändern oder aufheben. ³Dabei darf sie von einer vorausgegangenen Entscheidung zum Nachteil des Betroffenen nur auf Grund neuer Tatsachen oder Beweismittel abweichen.

III ¹Entfällt die Vergünstigung nach Absatz 1 Satz 2, das Ordnungsgeld in bestimmten Teilbeträgen zu zahlen, so wird dies in den Akten vermerkt. ²Dem Betroffenen kann erneut eine Zahlungserleichterung bewilligt werden.

IV Über Einwendungen gegen Anordnungen nach den Absätzen 2 und 3 entscheidet die Stelle, die das Ordnungsgeld festgesetzt hat, wenn einer anderen Stelle die Vollstreckung obliegt.

1. 1) **Zahlungserleichterungen** (I): Bei Unzumutbarkeit der sofortigen Zahlung sind die Stundung (Bewilligung einer Zahlungsfrist) und die Teilzahlungsbewilligung mit oder ohne Verfallklausel zulässig. Die Verfallklausel führt zum Wegfall der Teilzahlungsbewilligung bei Verzug mit nur einer Rate; ein Widerrufsbeschluss ist nicht erforderlich (6 zu § 459a StPO). Die zu § 42 StGB, § 18 OWiG entwickelten Grundsätze gelten entspr. Ist mit der Zahlung des Ordnungsgeldes von vornherein nicht zu rechnen, so braucht auch keine Zahlungserleichterung gewährt zu werden (vgl BGH **13**, 356). Die nachträgliche Änderung und Aufhebung ist zulässig (II 2), zum Nachteil des Betroffenen aber nur auf Grund neuer Tatsachen oder Beweismittel (II 3; vgl dazu 5 zu § 459a StPO). Bei Bewilligung einer Zahlungserleichterung ruht die Vollstreckungsverjährung (Art 9 II S 4 Nr 3).

2. 2) Die **Bewilligung** (II) ist schon im Ordnungsgeldbeschluss möglich, kommt aber vor allem im Vollstreckungsverfahren in Betracht. Zuständig ist die Vollstreckungsbehörde (6 zu Art 6). Es gelten die gleichen Grundsätze wie bei § 459a StPO (dort 1, 2, 4) und § 93 OWiG.

3. 3) Das **Entfallen der Ratenzahlungsbewilligung** (III) wegen Eintritts der Verfallklausel nach I S 2 muss in den Akten vermerkt werden, schließt aber eine erneute Bewilligung von Zahlungserleichterungen nicht aus. Die Vorschrift entspricht § 459a III StPO (dort 6).

4. 4) **Einwendungen gegen nachträgliche Anordnungen** (IV) werden von der Stelle beschieden, die den Ordnungsgeldbeschluss erlassen hat, auch wenn sie nicht zugleich Vollstreckungsbehörde ist. Gegen Anordnungen des Rechtspflegers ist der Rechtsbehelf gegeben, der nach den allgemeinen verfahrensrechtlichen Vorschriften zulässig ist (§ 31 VI S 1 **RPflG**). Gegen die Entscheidung des Gerichts ist nach § 304 I, II StPO Beschwerde zulässig. Im Fall des § 161a II S 1 StPO kann auf gerichtliche Entscheidung nach § 161 III StPO angetragen werden.

Nachträgliche Entscheidungen über die Ordnungshaft

8 I ¹Kann das Ordnungsgeld nicht beigetrieben werden und ist die Festsetzung der für diesen Fall vorgesehenen Ordnungshaft unterblieben, so wandelt das Gericht das Ordnungsgeld nachträglich in Ordnungshaft um. ²Das Gericht entscheidet nach Anhörung der Beteiligten durch Beschluß.

II Das Gericht ordnet an, daß die Vollstreckung der Ordnungshaft, die an Stelle eines uneinbringlichen Ordnungsgeldes festgesetzt worden ist, unterbleibt, wenn die Vollstreckung für den Betroffenen eine unbillige Härte wäre.

1) Nachträgliche Festsetzung der Ersatzhaft (I) ist zulässig, wenn die Festsetzung in dem Ordnungsgeldbeschluss versehentlich oder absichtlich unterlassen worden war. Zuständig ist das Gericht, das den Beschluss erlassen hat, auch wenn die Strafsache bei ihm nicht mehr anhängig ist, bei Ordnungsgeldfestsetzungen der StA das nach § 161a II S 2 StPO zuständige Gericht. Die Beteiligten (StA und Betroffener) müssen gehört werden. Der Beschluss ist nach § 304 I, II StPO mit der Beschwerde anfechtbar (Celle NStZ-RR **98**, 210). 1

2) Absehen von der Vollstreckung (II): Die Vorschrift entspricht dem § 459f StPO. Zuständig für die Anordnung ist das Gericht, das den Ordnungsgeldbeschluss erlassen oder die Ersatzhaft nach § 161a II S 2 StPO festgesetzt hat. 2

Verjährung von Ordnungsmitteln

9 I ¹Die Verjährung schließt die Festsetzung von Ordnungsgeld und Ordnungshaft aus. ²Die Verjährungsfrist beträgt, soweit das Gesetz nichts anderes bestimmt, zwei Jahre. ³Die Verjährung beginnt, sobald die Handlung beendet ist. ⁴Die Verjährung ruht, solange nach dem Gesetz das Verfahren zur Festsetzung des Ordnungsgeldes nicht begonnen oder nicht fortgesetzt werden kann.

II ¹Die Verjährung schließt auch die Vollstreckung des Ordnungsgeldes und der Ordnungshaft aus. ²Die Verjährungsfrist beträgt zwei Jahre. ³Die Verjährung beginnt, sobald das Ordnungsmittel vollstreckbar ist. ⁴Die Verjährung ruht, solange
1. nach dem Gesetz die Vollstreckung nicht begonnen oder nicht fortgesetzt werden kann,
2. die Vollstreckung ausgesetzt ist oder
3. eine Zahlungserleichterung bewilligt ist.

1) Festsetzungsverjährung (I): 1

A. Die **Verjährungsfrist** (I S 2) beträgt, wenn nichts anderes bestimmt ist, 2 Jahre. Die Fristberechnung regeln §§ 187 I, 188 II BGB. 2

B. Die **Verjährung beginnt** (I S 3), sobald die Handlung beendet ist, bei der Ungebühr nach § 178 GVG also an dem Tag, an dem sie begangen wurde. Bei Nichterfüllung gesetzlich bestimmter Pflichten gelten die Grundsätze des echten Unterlassungsdelikts. Die Verjährung beginnt, sobald die Pflicht zum Handeln entfällt (Fischer 14 zu § 78a StGB mwN). In den Fällen der §§ 51, 70 StPO, 56 GVG beginnt die Verjährung an dem Verhandlungstag, an dem der Betroffene säumig oder sonst ungehorsam war. 3

C. **Ruhen der Verjährung** (I S 4): Die Vorschrift entspricht § 78b I S 1 Nr 2 1. Hs StGB, § 32 I S 1 OWiG. 4

2) Vollstreckungsverjährung (II): Die Verjährungsfrist beträgt auch hier 2 Jahre (erg oben 2). Sie beginnt, sobald das Ordnungsmittel vollstreckbar ist, setzt also (vgl § 307 I StPO, § 181 II GVG) die Rechtskraft des Beschlusses nicht voraus. Eine Ausnahme gilt für den Fall des § 180 GVG (vgl § 181 II GVG). Das Ruhen der Verjährung regelt II S 4. 5

Übergangsvorschrift zum Gesetz zur Neuordnung des Rechts der Sicherungsverwahrung und zu begleitenden Regelungen

316e I ¹Die Vorschriften über die Sicherungsverwahrung in der Fassung des Gesetzes zur Neuordnung des Rechts der Sicherungsverwahrung und zu begleitenden Regelungen vom 22. Dezember 2010 (BGBl. I

Anh 3 EGStGB Art. 316e

S. 2300) sind nur anzuwenden, wenn die Tat oder mindestens eine der Taten, wegen deren Begehung die Sicherungsverwahrung angeordnet oder vorbehalten werden soll, nach dem 31. Dezember 2010 begangen worden ist. ²In allen anderen Fällen ist das bisherige Recht anzuwenden, soweit in den Absätzen 2 und 3 sowie in Artikel 316f Absatz 2 und 3 nichts anderes bestimmt ist.

II Sind die Taten, wegen deren Begehung die Sicherungsverwahrung nach § 66 des Strafgesetzbuches angeordnet werden soll, vor dem 1. Januar 2011 begangen worden und ist der Täter deswegen noch nicht rechtskräftig verurteilt worden, so ist § 66 des Strafgesetzbuches in der seit dem 1. Januar 2011 geltenden Fassung anzuwenden, wenn diese gegenüber dem bisherigen Recht das mildere Gesetz ist.

III ¹Eine nach § 66 des Strafgesetzbuches vor dem 1. Januar 2011 rechtskräftig angeordnete Sicherungsverwahrung erklärt das Gericht für erledigt, wenn die Anordnung ausschließlich auf Taten beruht, die nach § 66 des Strafgesetzbuches in der seit dem 1. Januar 2011 geltenden Fassung nicht mehr Grundlage für eine solche Anordnung sein können. ²Das Gericht kann, soweit dies zur Durchführung von Entlassungsvorbereitungen geboten ist, als Zeitpunkt der Erledigung spätestens den 1. Juli 2011 festlegen. ³Zuständig für die Entscheidungen nach den Sätzen 1 und 2 ist das nach den §§ 454, 462a Absatz 1 der Strafprozessordnung zuständige Gericht. ⁴Für das Verfahren ist § 454 Absatz 1, 3 und 4 der Strafprozessordnung entsprechend anzuwenden; die Vollstreckungsbehörde übersendet die Akten unverzüglich an die Staatsanwaltschaft des zuständigen Gerichtes, die diese umgehend dem Gericht zur Entscheidung übergibt. ⁵Mit der Entlassung aus dem Vollzug tritt Führungsaufsicht ein.

IV § 1 des Therapieunterbringungsgesetzes vom 22. Dezember 2010 (BGBl. I S. 2300, 2305) ist unter den dortigen sonstigen Voraussetzungen auch dann anzuwenden, wenn der Betroffene noch nicht in Sicherungsverwahrung untergebracht ist, gegen ihn aber bereits Sicherungsverwahrung im ersten Rechtszug angeordnet war und aufgrund einer vor dem 4. Mai 2011 ergangenen Revisionsentscheidung festgestellt wurde, dass die Sicherungsverwahrung ausschließlich deshalb nicht rechtskräftig angeordnet werden konnte, weil ein zu berücksichtigendes Verbot rückwirkender Verschärfungen im Recht der Sicherungsverwahrung dem entgegenstand, ohne dass es dabei auf den Grad der Gefährlichkeit des Betroffenen für die Allgemeinheit angekommen wäre.

1 1) Die **Neuregelung des Rechts der Sicherungsverwahrung** gilt nur, wenn mindestens eine der Taten, für die Sicherungsverwahrung nach § 66 StGB angeordnet oder nach § 66a StGB vorbehalten werden soll, nach dem 31.12.2010 begangen worden ist. Für „Altfälle" verbleibt es sowohl hinsichtlich des materiellen als auch der Verfahrensvorschriften bei der bisherigen Regelung mit den Ausnahmen nach II und III und des § 316f II und III (erg 1 ff zu § 275a StPO). Danach ist für Altfälle auch die Anordnung der nachträglichen Sicherungsverwahrung nach § 66 StGB aF uneingeschränkt erlaubt. Ob dies einer Prüfung durch den EGMR standhalten wird, wird sich zeigen (vgl 2, 2a zu § 275a StPO); die insoweit – auch im Gesetzgebungsverfahren (BR-Drucks 794/6/10) – geäußerten Bedenken haben den Gesetzgeber nicht überzeugt.

2 2) **Das mildere Gesetz** ist nach II ist allerdings bei vor dem 1.1.2011 begangenen Taten anzuwenden, wenn erst nach diesem Zeitpunkt die Anordnung der Sicherungsverwahrung erfolgt; das gilt insbesondere, wenn die Taten nach § 66 I StGB nF nicht zur Anordnung der Sicherungsverwahrung führen könnten (vgl BGH 1 StR 528/10 vom 11.1.2011: Verurteilung nach § 263 StGB).

3 3) Auch nach altem Recht **bereits angeordnete Sicherungsverwahrung** ist nach III S 1 die in II getroffene Regelung; diese Anordnung einer nach neuem Recht unzulässigen Sicherungsverwahrung ist daher für erledigt zu erklären

(Nürnberg StV 11, 486), wobei III S 2 im Interesse der Allgemeinheit und des Untergebrachten eine (knappe) Erledigungsfrist festlegt. Das Verfahren regelt III S 3 und 4. Zuständig ist nach III S 3 iVm §§ 454, 462a StPO die StVollstrK. Kraft Gesetzes tritt mit der Entlassung aus dem Vollzug Führungsaufsicht (§ 68 StGB) ein (III S 5). In Fällen, in denen eine oder mehrere Taten unter § 66 I StGB nF fallen, andere aber nicht (sog „Mischfälle"), muss das Gericht prüfen, ob es die weitere Vollstreckung der Sicherungsverwahrung nach § 67d II StGB zur Bewährung aussetzen kann (BT-Drucks 17/ 3403 S 51).

4) IV: Zum ThUG vgl 1b und 22 zu § 275a StPO sowie BGH NJW 13, 2828. **4**

Übergangsvorschrift zum Gesetz zur bundesrechtlichen Umsetzung des Abstandsgebotes im Recht der Sicherungsverwahrung

316f ¹ Die bisherigen Vorschriften über die Sicherungsverwahrung sind in der ab dem 1. Juni 2013 geltenden Fassung anzuwenden, wenn die Tat oder mindestens eine der Taten, wegen deren Begehung die Sicherungsverwahrung angeordnet oder vorbehalten werden soll (Anlasstat), nach dem 31. Mai 2013 begangen worden ist.

II ¹ In allen anderen Fällen sind, soweit Absatz 3 nichts anderes bestimmt, die bis zum 31. Mai 2013 geltenden Vorschriften über die Sicherungsverwahrung nach Maßgabe der Sätze 2 bis 4 anzuwenden. ² Die Anordnung oder Fortdauer der Sicherungsverwahrung auf Grund einer gesetzlichen Regelung, die zur Zeit der letzten Anlasstat noch nicht in Kraft getreten war, oder eine nachträgliche Anordnung der Sicherungsverwahrung, die nicht die Erledigung einer Unterbringung in einem psychiatrischen Krankenhaus voraussetzt, oder die Fortdauer einer solchen nachträglich angeordneten Sicherungsverwahrung ist nur zulässig, wenn beim Betroffenen eine psychische Störung vorliegt und aus konkreten Umständen in seiner Person oder seinem Verhalten eine hochgradige Gefahr abzuleiten ist, dass er infolge dieser Störung schwerste Gewalt- oder Sexualstraftaten begehen wird. ³ Auf Grund einer gesetzlichen Regelung, die zur Zeit der letzten Anlasstat noch nicht in Kraft getreten war, kann die Anordnung der Sicherungsverwahrung nur vorbehalten werden, wenn beim Betroffenen eine psychische Störung vorliegt und die in Satz 2 genannte Gefahr wahrscheinlich ist, oder, wenn es sich bei dem Betroffenen um einen Heranwachsenden handelt, feststeht. ⁴ Liegen die Voraussetzungen für eine Fortdauer der Sicherungsverwahrung in den in Satz 2 genannten Fällen nicht mehr vor, erklärt das Gericht die Maßregel für erledigt; mit der Entlassung aus dem Vollzug der Unterbringung tritt Führungsaufsicht ein.

III ¹ Die durch die Artikel 1, 2 Nummer 1 Buchstabe c Doppelbuchstabe cc und Nummer 4 sowie die Artikel 3 bis 6 des Gesetzes zur bundesrechtlichen Umsetzung des Abstandsgebotes im Recht der Sicherungsverwahrung vom 5. Dezember 2012 (BGBl. I S. 2425) geänderten Vorschriften sind auch auf die in Absatz 2 Satz 1 genannten Fälle anzuwenden, § 67c Absatz 1 Satz 1 Nummer 2 des Strafgesetzbuches jedoch nur dann, wenn nach dem 31. Mai 2013 keine ausreichende Betreuung im Sinne des § 66c des Strafgesetzbuches angeboten worden ist. ² Die Frist des § 119a Absatz 3 des Strafvollzugsgesetzes für die erste Entscheidung von Amts wegen beginnt am 1. Juni 2013 zu laufen, wenn die Freiheitsstrafe zu diesem Zeitpunkt bereits vollzogen wird.

1) Nur für Neufälle (= letzte Anlasstat nach dem 31.5.2013) ist das neue Recht – **1** also die ab 1.6.2013 geltenden Vorschriften über die Sicherungsverwahrung – anzuwenden (I); § 2 VI StGB gilt damit nicht. Eine nachträgliche Sicherungsverwahrung nach Strafhaft gibt es nach der gesetzlichen Neuregelung für Neufälle nicht mehr.

2) Auf Altfälle (= letzte Anlasstat vor dem 1.6.2013) ist grundsätzlich das bisherige **2** Recht anzuwenden, also im allgemeinen Strafrecht das seit dem Inkrafttreten des Ges zur Neuordnung des Rechts der Sicherungsverwahrung am 1.11.2011 geltende Recht (vgl 1a zu § 275a StPO). Davon macht II S 2 bis 4 allerdings – entspr den Vorgaben des BVerfG in seinem Urteil vom 4.5.2011 (vgl 2b zu § 275a StPO) – hinsichtlich der rückwirkenden Anwendung von Verschärfungen bei der Sicherungsverwahrung und der nachträglichen Sicherungsverwahrung nach Strafhaft Ausnahmen (dazu BGH StV **13**, 767 mit Anm Brettel). Liegen danach die Voraussetzungen für die Fortdauer der Sicherungsverwahrung nicht mehr vor, ist diese für erledigt zu erklären, wonach mit der Entlassung des Untergebrachten aus der Sicherungsverwahrung automatisch Führungsaufsicht eintritt (II S 4). Vgl auch BGH **58**, 292.

3 3) **III S 1** stellt sicher, dass die Vorschriften zur Umsetzung des verfassungsrechtlichen Abstandsgebots ab dem 1.6.2013 auch in den Altfällen zur Anwendung kommen, mit einer Einschränkung in Bezug auf § 67c I S 1 Nr 2 StGB. III S 2 ist nur für die StVollzGe von Bedeutung.

Übergangsvorschrift zum Gesetz zur Verbesserung des Schutzes der sexuellen Selbstbestimmung

316g Als Straftat im Sinne von § 66 Absatz 3 Satz 1 des Strafgesetzbuches in der Fassung des Gesetzes zur Verbesserung des Schutzes der sexuellen Selbstbestimmung vom 4. November 2016 (BGBl. I S. 2460) gilt auch eine Straftat nach § 179 Absatz 1 bis 4 des Strafgesetzbuches in der bis zum 9. November 2016 geltenden Fassung.

Übergangsvorschrift zum Gesetz zur Reform der strafrechtlichen Vermögensabschöpfung

316h [1]Wird über die Anordnung der Einziehung des Tatertrages oder des Wertes des Tatertrages wegen einer Tat, die vor dem 1. Juli 2017 begangen worden ist, nach diesem Zeitpunkt entschieden, sind abweichend von § 2 Absatz 5 des Strafgesetzbuches die §§ 73 bis 73c, 75 Absatz 1 und 3 sowie die §§ 73d, 73e, 76, 76a, 76b und 78 Absatz 1 Satz 2 des Strafgesetzbuches in der Fassung des Gesetzes zur Reform der strafrechtlichen Vermögensabschöpfung vom 13. April 2017 (BGBl. I S. 872) anzuwenden. Die Vorschriften des Gesetzes zur Reform der strafrechtlichen Vermögensabschöpfung vom 13. April 2017 (BGBl. I S. 872) sind nicht in Verfahren anzuwenden, in denen bis zum 1. Juli 2017 bereits eine Entscheidung über die Anordnung des Verfalls oder des Verfalls von Wertersatz ergangen ist.

1 1) **Grundsatz:** S 1 schließt § 2 V StGB und damit die entspr Anwendung von § 2 I–IV StGB für die mit dem Gesetz zur Reform der strafrechtlichen Vermögensabschöpfung neu geregelten **materiellen Vorschriften** über die Einziehung des Tatertrages oder des Wertes des Tatertrages aus. Die Meistbegünstigungsklausel (§ 2 V iVm III StGB) findet daher insoweit **keine Anwendung.** Dadurch wird ein uU jahrelanges Nebeneinander von neuem und altem Recht vermieden. (BT-Drucks 18/11640 S 84). Seit dem **Inkrafttreten** der Reform am 1. Juli 2017 (BGBl. I S 872, 894) ist damit – vorbehaltlich einer Ausnahme nach S 2 – nur noch das **neue materielle Recht** der strafrechtlichen Vermögensabschöpfung anzuwenden. Für die Einziehung von Tatprodukten, Tatmitteln und Tatobjekten (§§ 74 ff StGB) gilt die Regelung nicht.

2 Mit dem **Rückwirkungsverbot** kollidiert die Übergangsvorschrift nicht, weil die strafrechtliche Vermögensabschöpfung **keinen Strafcharakter** hat (BVerfGE 110, 1, auch unter Hinweis auf EGMR EuGRZ **88**, 513; BGH NStZ **18**, 400 mit Anm Müller-Metz; NStZ-RR **18**, 241; erg 2 vor § 421 StPO). Ein rechtlich schutzwürdiges **Vertrauen** in den Fortbestand strafrechtswidrig geschaffener Vermögenslagen gibt es nicht (BT-Drucks 18/11640 S 84; BGH wistra **18**, 427; NStZ-RR 2019, 22: keine verfassungsrechtliche Bedenken; NStZ **03**, 32); für die mögliche Ausnahme hiervon für die selbständige Einziehung des Tatertrages aus einer vor dem 1.7.2017 verjährten Erwerbstat, vgl 13 zu § 435 **StPO.** Mangels Strafcharakter der Vermögensabschöpfung steht auch Art 7 I **MRK** der Übergangsregelung nicht entgegen (BGH NStZ **18**, 400; 5 StR 185/18 vom 23. August 2018; Köln StraFo **18**, 204; **aA** LG Kaiserslautern StV **18**, 333, mit krit Anm Saliger/Schörner StV **18**, 388; instruktiv zur Einordnung von Maßnahmen unter Art 7 I **MRK**, Meyer StV **17**, 343, 350 f). Zur **aA** in der Lit, vgl Fischer 5 zu § 73).

2) Ausnahme: S 2 enthält eine **Ausnahme** zu dem in S 1 normierten Grundsatz. Danach ist in Verfahren, in denen **bis zum 1. Juli 2017** bereits eine **Entscheidung** über die Anordnung des Verfalls oder Verfalls von Wertersatz nach §§ 73 ff StGB aF ergangen war, weiterhin (ausschließlich) das bis dahin geltende materielle Recht der strafrechtlichen Vermögensabschöpfung anzuwenden (BT-Drucks 18/11640 S 84). Eine Entscheidung iSd S 2 ist nach der ratio legis der Regelung auch das begründungslose (stillschweigende) Unterbleiben der Anordnung einer dieser Maßnahmen in einem tatrichterlichen Urteil (BGH NJW **18**, 1831; Hamburg wistra **18**, 396). Die Verfahren sind dann nach dem alten materiellen Recht zu Ende zu führen. 3

3) Prozessrecht: Wie sich aus ihrem Standort im EGStGB und aus den in S 1 genannten Vorschriften ergibt, gilt die Übergangsvorschrift **ausschließlich** für das **materielle Recht** der Vermögensabschöpfung. Trotz des insoweit missverständlichen Wortlauts gilt dies aus den genannten systematischen Gründen und dem Zweck der Norm **auch** für **S 2** (Köhler/Burkhard NStZ **17**, 665, 682). Für das Prozessrecht gilt mithin der **allgemeine Grundsatz** des Strafverfahrensrecht, wonach neues Verfahrensrecht auch für bereits anhängige Verfahren gilt, soweit gesetzlich nicht ausdrücklich etwas anderes geregelt ist (BGHSt **22**, 321, 325; 4 zu § 354a StPO; KK-Gericke 5 zu § 354a StPO). Für die Reform der Vermögensabschöpfung hat der Gesetzgeber in § 14 **EGStPO** lediglich für die Fälle des § 111i II S 2 StPO aF eine – Art 316h ausschließende – Übergangsregelung geschaffen (vgl hierzu 5 StR 185/18 vom 23.10.2018); im Übrigen gilt ausschließlich das neue Prozessrecht (Hamm StraFo **18**, 63; so auch implizit BGH 3 StR 300/17 vom 24.8.17; 4 StR 286/17 vom 2.11.17 – Anwendung des mit der Reform neu eingeführten § 421 StPO auf „Altfälle"; anders Rostock 20 Ws 239/17 vom 4.12.2017, allerdings aufgrund einer Fehlinterpretation von BGH NStZ-RR **17**, 342, da dort auch § 14 EGStPO einschlägig war; erg 2 zu § 14 **EGStPO**). 4

4. Konvention zum Schutz der Menschenrechte und Grundfreiheiten

Vom 4. November 1950 (BGBl. 1952 II S. 685) idF der Bek vom 22. Oktober 2010 (BGBl. II S. 1198), letztes ÄndG vom 24. Juni 2013 (BGBl. II 1034)

(Auszug)

Vorbemerkungen

1 1) **Ein völkerrechtlicher Vertrag,** dem alle 47 Mitgliedstaaten des Europarats beigetreten sind und den alle gezeichnet und ratifiziert haben, ist die am 4.11.1950 in Rom von zunächst 15 Staaten unterzeichnete EMRK. Die BRep hat sie durch Ges vom 7.8.1952 (BGBl II 685, 953) ratifiziert. Nach der Bek vom 15.12.1953 (BGBl 1954 II 14) ist die EMRK für die BRep am 3.9.1953 in Kraft getreten; seit dem 1.6.2010 gilt sie in der Fassung des 11. und 14. Protokolls (BGBl 2010 II S 1198; unten 2; Sartorius II 130). Der Beitritt der Europäischen Union ist in Art 6 II EUV (idF des am 1.12.2009 in Kraft getretenen Lissabonner Vertrags vom 13.12.2007, ABl EU 2007 Nr C 306; BGBl 2009 II 1223) vorgesehen (dazu Heger ZIS **09**, 408; vgl auch Esser StRR **10**, 138); die korrespondierende „Öffnungsklausel" findet sich in Art 59 II EMRK.

2 2) **Zusatzprotokolle:** Abschn I EMRK wird durch das ZP vom 20.3.1952 ergänzt, das das Recht auf Eigentum (Art 1), Bildung (Art 2) sowie freie und geheime Wahlen (Art 3) sichert. Zu der EMRK sind ferner das 2. ZP (Zuständigkeit des EGMR zur Erstattung von Gutachten), das 3. ZP (Änderung der Art 29, 30, 34), das 4. ZP (Verbot des Freiheitsentzuges wegen Nichterfüllung vertraglicher Verpflichtungen [Art 1], Gewährleistung der Freizügigkeit [Art 2], Verbot der Ausweisung der eigenen Staatsangehörigen [Art 3] und der Kollektivausweisung von Ausländern [Art 4]), das 5. ZP (Änderung der Art 22, 40) und das 6. ZP (Abschaffung der Todesstrafe) vereinbart worden. Von der BRep noch nicht ratifiziert ist das 7. ZP vom 22.11.1984, das den Grundrechtskatalog der EMRK um solche Rechte erweitert, die der Internationale Pakt der Vereinten Nationen über bürgerliche und politische Rechte (IPBPR), nicht aber die EMRK gewährleistet (vgl Bartsch NJW **85**, 1758). Zum IBPR vgl unten 7; dem am 23.3.1976 in Kraft getretenen Fakultativprotokoll vom 19.12.1966 zum IPBPR, welches das Verfahren des Ausschusses zur Entgegennahme und Prüfung einer behaupteten Verletzung eines im Pakt niedergelegten Rechts regelt, hat der BTag am 21.12.1992 zugestimmt (BGBl II 1246). Das am 1.1.1990 in Kraft getretene 8. ZP vom 19.3.1985 hat das Verfahren der Individualbeschwerde nach Art 34 verbessert und beschleunigt (vgl Bartsch NJW **86**, 1385; NJW **91**, 1396). Das 9. ZP ist am 1.10.1994 in Kraft getreten und durch Art 2 VIII des 11. ZP aufgehoben worden (durch dessen Vorschriften abgelöst); das 10. ZP ist durch die Neufassung des Art 32 gegenstandslos geworden. Das in der BRep am 1.11.1998 in Kraft getretene 11. ZP (vgl Meyer-Ladewig NJW **98**, 512) hat mit der Neufassung der Art 19 ff den EMRK, den EGMR und das Ministerkomitee für Individualbeschwerden durch einen ständigen Gerichtshof ersetzt; es ist nach Ablauf der Übergangsregeln gegenstandslos geworden. Das 12. ZP vom 4.11.2000, das auf zusätzliche Absicherung gegen jede Form von Diskriminierung zielt, ist am 1.4.2005 in Kraft getreten, von der BRep allerdings noch nicht ratifiziert. Hingegen ist das 13. ZP, das die Todesstrafe „unter allen Umständen" abschafft, von Deutschland am 5.7.2004 ratifiziert worden (BGBl II 982) und am 1.2.2005 in Kraft getreten (BGBl 2004 II 1722). Dem 14. ZP vom 13.5.2004 über die Änderung des Kontrollsystems der EMRK hat die BRep mit Gesetz vom 21.2.2006 (BGBl II 138) zugestimmt. Es ist am 1.6.2010 in Kraft getreten (Übergangsvorschriften in Art 20, 21 14. ZP), nachdem seine Art 4, 6, 7 und 8 schon seit dem 1.6.2009 in Verfahren gegenüber Deutschland vorläufig anwendbar waren (BGBl 2009 II 823: Bek der Erklärung vom 29.5.2009 aufgrund des Madrider Abkommens vom 12.5.2009; vgl auch Meyer-Ladewig/Petzold NJW **09**, 3752 zu der nunmehr entfallenen „Zwischenlösung" des Protokolls).

3) Innerstaatliche Geltung: Die EMRK ist unmittelbar geltendes innerstaatliches Recht der BRep. Sie steht formell nur im Rang eines einfachen Bundesgesetzes (Art 59 II GG; vgl BVerfGE 111, 307). Allgemeine, den Gesetzen vorgehende Regeln des Völkerrechts iS des Art 25 GG sind auch die Bestimmungen des Abschn I nicht (KG aaO; Cammareri JuS 16, 791; Herzog DÖV 59, 44; Klein in FS für Laun, 1962, S 152ff; aM Guradze Einl S 17; Schorn 38, 44; diff Grabenwarter/Pabel § 3 Rn 8). Die EMRK ist kein Gesetz, sondern ein völkerrechtlicher Vertrag, der als solcher nicht unmittelbar in die staatliche Rechtsordnung eingreifen kann (BVerfG aaO). Ihre materielle Bedeutung geht jedoch über ihren formellen Rang weit hinaus (Volkmann JZ 11, 835f). Sie hat insofern verfassungsrechtliche Bedeutung, als sie die Auslegung der Grundrechte und rechtsstaatlichen Grundsätze des GG beeinflusst (BVerfGE 128, 326; erg 4, 4a) und kann funktionell als ein europäisches Verfassungsnormsystem betrachtet werden, das neben Verfassungen der Konventionsstaaten tritt (vgl Volkmann aaO 836).

4) Wirkung der EMRK auf bestehendes Recht: Durch die Aufnahme der EMRK in das deutsche Recht ist das mit ihr übereinstimmende bestehende Recht nicht auf- oder abgelöst, sondern nur gefestigt und mit übernationalem Rechtsschutz versehen worden (Jescheck NJW 54, 784). Der durch die EMRK gewährte Schutz ist **subsidiär,** greift also lediglich nachrangig zum nationalen Grundrechtsschutz ein (Peters/Altwicker § 2 Rn 1ff mN; erg 1 zu Art 1). Bei der Auslegung der bestehenden Gesetze sind jedoch wegen des Grundsatzes der Völkerrechtsfreundlichkeit des GG die Wertentscheidungen der EMRK stets zu berücksichtigen (BVerfG EuGRZ 10, 145, 147; BVerfGE 74, 358, 370; BGH 8, 59, 64; BVerwGE 6, 271; Voßkuhle NVwZ 10, 1, 3f; zum Einfluss der EMRK auf den deutschen Strafprozess Schmitt [4a] 47ff; Eisele JR 04, 12 sowie Kruis StraFo 03, 34). Auch bei der Auslegung des GG selbst – insbesondere bei der Bestimmung des Inhalts und der Reichweite der Grundrechte sowie des Rechtsstaatsprinzips – stellen der jeweilige Inhalt und der Entwicklungsstand der EMRK sowie die Rspr des EGMR eine wichtige Auslegungshilfe dar (Voßkuhle aaO 4f; erg anschl 4a, sofern dies nicht zu einer Einschränkung oder Minderung des Grundrechtsschutzes nach dem GG führt, BVerfGE 128, 326). Wegen des Verhältnisses zum EU-Recht vgl Grabenwarter/Pabel § 4; Peters/Altwicker § 4; Polakiewicz EuGRZ 10, 11.

5) Entscheidungen des EGMR haben zwar im Wesentlichen deklaratorischen Charakter (so ausdrücklich EGMR NJW 10, 3704). Sie legen jedoch den Inhalt einer Garantie der EMRK für einen bestimmten Beschwerdegegenstand verbindlich fest (Grabenwarter JZ 10, 857, 862; Meyer-Ladewig Art 46 Rn 15). Darin erschöpft sich ihre innerstaatliche Wirkung jedoch nicht. Vielmehr sind sie bei der Gesetzesauslegung zu berücksichtigen. Sie spiegeln den aktuellen Entwicklungsstand der Konvention wider und nehmen an ihrer völkerrechtlichen Verbindlichkeit teil. Insoweit entfalten sie eine **„Orientierungs- und Leitfunktion"** und damit eine faktische Präzedenzwirkung für die staatlichen Organe (BVerfGE 128, 326; Grabenwarter EuGRZ 12, 507, 509). Bei der Berücksichtigung von Entscheidungen des EGMR haben die staatlichen Organe deshalb die Auswirkungen auf die nationale Rechtsordnung in ihre Rechtsanwendung einzubeziehen (so auch schon BVerfGE 111, 307; allgemein dazu Cammareri JuS 16, 791, 793ff). Das gilt insbesondere dann, wenn es sich beim einschlägigen nationalen Recht um ein ausbalanciertes Teilsystem des innerstaatlichen Rechts handelt, das verschiedene Grundrechtspositionen miteinander zum Ausgleich bringen will. Entscheidungen des EGMR, die neue Aspekte für die Auslegung des GG enthalten, können sogar zu einer Überwindung der Rechtskraft einer Entscheidung des BVerfG führen (BVerfGE 128, 326 mit Anm Peglau NJW 11, 1924; Kirchhof NJW 11, 3681; Hörnle NStZ 11, 488; Kreuzer/Bartsch StV 11, 472; Eisenberg StV 11, 480). Im Ergebnis folgt daraus, dass dem EGMR bei wesentlichen die Menschenrechte und Grundfreiheiten berührenden strittigen Fragen das Primat über die innerstaatlichen Gerichte – einschließlich des BVerfG – zukommt. Da der Gerichtshof dazu tendiert, seine Kompetenzen weit im Sinne eines europäischen Verfassungsgerichts zu verstehen und so seinen Einfluss zu vermehren, kommt seiner Rspr eine stetig **wachsende praktische Bedeutung** zu (kritisch zur sachlichen Legitimation des EGMR für seine „expansive Rspr"

Volkmann JZ **11**, 835, 841; vgl auch Landau NStZ **11**, 537, 540 zum „ausgreifenden Charakter" der Rspr des Gerichtshofs; Schmitt, Der Einfluss der strafrechtlichen Rechtsprechung des EGMR auf den BGH und das BVerfG, in: Gegenwartsfragen des europäischen und deutschen Strafrechts, 2012, 47 ff; erg 1, 1a zu Art 1). Dies gilt mit Rücksicht auf die autonome und weite Interpretation unbestimmter Begriffe wie „Faires Verfahren" (Art 6 I) bzw „Recht auf Privatleben" (Art 8) auch für das Strafverfahrensrecht. Es ist zu erwarten, dass das Gewicht des EGMR mit dem geplanten Beitritt der EU zur Konvention noch weiter wachsen würde, da ihm dann auch die Kontrolle der Rechtsprechung des EuGH zukommt, soweit Menschenrechte und Grundfreiheiten betroffen sind.

4b **Einschränkungen**: Inzwischen hat das **BVerfG** seine Rspr allerdings präzisiert und nuanciert. Die Heranziehung der EMRK als Auslegungshilfe ziele nicht auf eine schematische Parallelisierung verfassungsrechtlicher Begriffe. Die Anerkennung einer Orientierungs- und Leitfunktion setze ein Moment der Vergleichbarkeit voraus; bei der Berücksichtigung der Rspr des EGMR seien daher der konkrete Sachverhalt des entschiedenen Falls und sein rechtskultureller Hintergrund ebenso miteinzustellen wie mögliche spezifische Besonderheiten der deutschen Rechtsordnung, die einer undifferenzierten Übertragung im Sinne einer bloßen Begriffsparallelisierung entgegenstünden (BVerfG NJW **18**, 2695 mit Anm Haug NJW **18**, 2674). Deshalb könne in der gleichen Weise wie eine fehlende Auseinandersetzung mit einer Entscheidung des Gerichtshofs auch deren gegen vorrangiges Recht verstoßende schematische „Vollstreckung" einen Verfassungsverstoß gegen Grundrechte in Verbindung mit dem Rechtsstaatsprinzip begründen (BVerfG aaO). Solange der deutsche Recht **Auslegungs- und Abwägungsspielräume** eröffnet, trifft die Gerichte zwar im Übrigen die Pflicht, den konventionsgemäßen Auslegung den Vorrang zu geben (BVerfG NJW **04**, 3411; Grabenwarter JZ **10**, 857, 862). Die Zulässigkeit einer konventionskonformen Auslegung endet aber wegen der Gesetzesbindung der Gerichte dort, wo der gegenteilige Wille des Gesetzgebers hinreichend deutlich erkennbar wird (BGH NStZ **10**, 565, 566; BVerfGE **128**, 326 = NJW **11**, 1931). Die EMRK eröffnet den Gerichten keine Verwerfungskompetenz für eindeutig entgegenstehende Gesetze (BGH NJW **11**, 240). Anders als bei der Unvereinbarkeit mit dem Grundgesetz (Art 100 I GG) besteht hier auch keine Vorlegungsmöglichkeit. In einem solchen Fall kann nur der Gesetzgeber einen mit der Konvention übereinstimmenden Zustand herstellen (BGH aaO). Aus diesen Gründen scheidet etwa die Auslegung von § 2 Abs 6 StGB aus, nach der Art 5 und 7 EMRK eine „andere gesetzliche Bestimmung" iSd Vorschrift darstellen (BVerfG aaO).

5 6) Bei der **Auslegung der EMRK** ist, wie allgemein bei der Anwendung internationaler Abkommen, auf den Wortlaut weniger Gewicht zu legen als bei ausschließlich innerstaatlichen Gesetzen. Art 31 I der Wiener Vertragsrechtskonvention verlangt, einen völkerrechtlichen Vertrag „nach Treu und Glauben in Übereinstimmung mit den gewöhnlichen, seinen Bestimmungen in ihrem Zusammenhang zukommenden Bedeutungen und im Lichte seines Ziels und Zwecks auszulegen". Demnach kann die Orientierung an nationalen Vorschriften in die Irre führen. Vielmehr ist die Auslegung der EMRK **autonom**, dh unabhängig von den in den einzelnen nationalen Rechtsordnungen verwendeten Begriffen vorzunehmen, was angesichts der unterschiedlichen Rechtssysteme auch nicht anders sein kann (vgl Grabenwarter/Pabel § 5 Rn 9; Kühne 33; Uerpmann, Die Europäische Menschenrechtskonvention, 1993, 217; Wildhaber EuGRZ **09**, 545). Nur auf diese Weise kann die Einhaltung der Garantien der EMRK effektiv kontrolliert werden. In Zweifelsfällen ist für die Gerichte und Behörden der BRep nicht der deutsche, sondern der französische und englische Text maßgebend (Guradze Einl S 33; Herzog JZ **66**, 657; Lenckner GA **68**, 6; a**M** BGHZ **45**, 58, 68 = NJW **66**, 1021, 1024; Krüger NJW **70**, 1485; Woesner NJW **61**, 1383). Hier wiedergegeben ist die zwischen der BRep, Liechtenstein, Österreich und der Schweiz abgestimmte Fassung der deutschen Übersetzung (Sartorius II 130). Im Übrigen dürfen Einzelgewährleistungen nicht isoliert, sondern nur unter Berücksichtigung der Konvention und ihrer Zusatzprotokolle als Ganzem ausgelegt werden (EGMR NJW **11**, 3773, 374; **10**, 3699; Nr 39 692/09 ua vom 15.3.2012); dabei ist auf die **heutigen Verhält-**

nisse und **Anschauungen** abzustellen, wenn sich insoweit unter den Mitgliedsstaaten des Europarates ein – weitgehender – Konsens feststellen lässt (EGMR jeweils aaO).

7) Die **Verletzung** der in der EMRK gewährleisteten Rechte und Freiheiten durch die Gerichte oder Behörden der BRep kann mit den allgemeinen Rechtsmitteln (Beschwerde, Revision, Rechtsbeschwerde, Klage im Verwaltungsrechtsweg usw) und im Wege der Individualbeschwerde nach Art 34 gerügt werden. Eine Verfassungsbeschwerde ist ausgeschlossen (2 zu Art 13). Die Unzulässigkeit der Strafverfolgung hat der Verstoß grundsätzlich nicht zur Folge (vgl aber 9 zu Art 6 und § 359 Nr 6 StPO).

8) Der **Internationale Pakt über bürgerliche und politische Rechte (IPBPR)** (vgl oben 2) gewährt im Wesentlichen denselben Menschenrechtsschutz wie die EMRK; Art 53 EMRK und Art 5 II IPBPR lassen jeweils weitergehende Gewährleistungen unberührt. Das am 25.11.1993 für die BRep (mit den von dieser erklärten Vorbehalten) in Kraft getretene Fakultativprotokoll vom 19.12.1966 zum IPBPR (BGBl 1992 II 1246) eröffnet jedermann, der sich in seinen in den Zivilpakt (BGBl 1973 II 1533) geschützten Menschenrechten verletzt fühlt, die Möglichkeit, eine Beschwerde bei dem Ausschuss für Menschenrechte der Vereinten Nationen in Genf in Gang zu bringen. Die gleichzeitige Behandlung einer Beschwerde vor diesem Ausschuss und vor dem EGMR ist ausgeschlossen; der UN-Ausschuss darf aber dieselbe Sache prüfen, nachdem das Verfahren vor dem EGMR abgeschlossen ist (Bartsch NJW **94**, 1323).

9) Verhältnis zur Charta der Grundrechte der EU (ABl EU 2007 Nr C 364): Diese hat mit Anpassungen die am 7.12.2000 proklamierte Charta der Grundrechte (ABl EU 2000 Nr C 364 S 1) übernommen und ist ab dem Zeitpunkt des Inkrafttretens des Vertrages von Lissabon vom 13.12.2007 (BGBl 2008 II 1038) am 1.12.2009 ersetzt (BGBl 2009 II 1223, veröffentlicht am 8.10.2008 in BGBl II 1165; vgl dazu auch Jarass NStZ **12**, 611; Heger ZIS **09**, 408; Mansdörfer HRRS **10**, 14). Das Unionsrecht verdrängt die EMRK nicht; vielmehr sind die Grundrechte und Grundfreiheiten der EMRK rechtlich gleichrangiger Bestandteil des Unionsrechts (Art 6 I, III AEUV), weshalb die Mitgliedsstaaten der EU bei der Umsetzung von EU-Recht auch die Konvention beachten müssen. Darüber hinaus haben nach Art 52 III GRC die aus der EMRK übernommenen Rechte im Unionsrecht die gleiche Bedeutung und Tragweite, wie sie ihnen in der Konvention verliehen wird; das Recht der Union darf allerdings einen weiter gehenden Schutz gewähren. Wenn der EuGH eine Rechtsfrage bereits entschieden hat, legt der EGMR bislang einen sehr eingeschränkten Prüfungsmaßstab an, der einer Vermutung der Konventionskonformität entspr Unionsakte gleich kommt (EGMR Nr 45036/98 vom 30.6.2005: Konventionswidrigkeit nur bei „offensichtlicher Unzulänglichkeit"). Ob der EGMR dieser aus der Zeit vor Inkrafttreten von Art 52 III GRC stammenden Judikatur allerdings auch künftig uneingeschränkt folgen wird, bleibt abzuwarten. Es erscheint zweifelhaft, ob sich die an den Interessen des Individuums orientierte, einzelfallbezogene Prüfung des EGMR und der eher übergeordneten Interessen von Integration und Rechtsvereinheitlichung in der EU verpflichtete Ansatz des EuGH stets spannungsfrei miteinander vereinbaren lassen werden (s etwa 9 ff vor § 112 StPO zum Europäischen Haftbefehl; diese Zweifel werden durch den Beitrag von Callewaert [Vizekanzler der Großen Kammer des EGMR] StV **14**, 504 genährt).

Insoweit wird vor allem zu beobachten sein, wie sich das **Verhältnis von EGMR und EuGH** nach dem vorgesehenen Beitritt der EU zur EMRK (Art 6 II S 1 AEUV; zu dem entspr Abkommensentwurf Polakiewicz EuGRZ **13**, 472; Callewaert bezeichnet aaO den Beitritt der EU zur EMRK als „Schicksalsfrage für den europäischen Grundrechtsschutz") entwickeln wird. Dabei wird auch in den Blick zu nehmen sein, dass alleine die Verantwortung für die Wahrung der GRC ein neues Rollenverständnis des EuGH als – auch – europäisches Verfassungsgericht befördern wird (vgl dazu Spiecker gen. Döhmann JZ **14**, 1109), was mit dem durchaus vergleichbaren Anspruch des EGMR im Zuständigkeitsbereich der Konvention (dazu bereits oben 4a) in Konflikt geraten könnte; vor diesem – sicher auch Macht- und Deutungsansprüche reflektierenden – Hintergrund verwundert nicht, dass der EuGH in seiner Entscheidung zur Mitwirkung der EU in internationalen Organisationen **hohe unionsrechtliche Hürden**

Anh 4 EMRK Art. 1

für einen Beitritt der EU zur EMRK aufgestellt hat, welche die Autonomie des Unionsrechts sowie die Zuständigkeiten des EuGH wahren sollen (EuGH EuGRZ **15**, 56 mit Anm Wendel NJW **15**, 921). Eine sehr weit gehende und auch verfassungsrechtlich nicht unbedenkliche Ausdehnung von Geltung und Anwendung der GRC auf nationale Sachverhalte der Mitgliedsstaaten offenbart zudem EuGH NJW **13**, 1415 (mit Recht kritisch Eckstein ZIS **13**, 220; vgl auch BVerfG JZ **13**, 621, wonach der Entscheidung „im Sinne eines kooperativen Miteinanders zwischen dem BVerfG und dem EuGH keine Lesart unterlegt werden" dürfe, „nach der diese offensichtlich als ultra-vires-Akt zu beurteilen wäre ... oder die Identität der durch das GG errichteten Verfassungsordnung in Frage stellte."). Zum Verhältnis der EMRK zum Recht der EU siehe SK-Meyer Einleitung 142 ff.

Verpflichtung zur Achtung der Menschenrechte

I Die Hohen Vertragsparteien sichern allen ihrer Hoheitsgewalt unterstehenden Personen die in Abschnitt I bestimmten Rechte und Freiheiten zu.

1 1) Einen **Mindeststandard an Rechten und Freiheiten,** die der gemeinsamen Überlieferung aller Vertragstaaten entsprechen, soll die EMRK gewährleisten (vgl Heubel, Der „fair trial" – ein Grundsatz des Strafverfahrens? 1981, S 39; Mattil JR **65**, 167; D. Meyer MDR **74**, 194; Scheuner Jahrreiss-FS 367). Dabei ging jeder Vertragstaat davon aus, dass seine Rechtsordnung der EMRK entspricht (Bockelmann Engisch-FS 464; Heubel S 38; von Weber **65**, 346). Mit der EMRK sollten daher in 1. Hinsicht staatliche Eingriffe verhindert werden, durch die der Wesensgehalt der in Abschn I bezeichneten Grundrechte angetastet würde (Jescheck NJW **54**, 784; von Weber ZStW **65**, 335). Der Sicherung von Mindeststandards und dem Respekt vor der nationalen Souveränität der Vertragsstaaten entspricht das Verständnis vom **subsidiären Charakter** des durch den Gerichtshof gewährleisteten Menschenrechtsschutzes (siehe nur EGMR EuGRZ **38**, 38), der sich vor allem in einem (weiten) Einschätzungsspielraum (sog margin of appreciation) für die nationalen Behörden sowie dem Erfordernis richterlicher Zurückhaltung manifestiert (vgl Peters/Altwicker § 2 Rn 2 ff sowie § 3 Rn 18).

1a Jedoch **ist zu bezweifeln** ob dieser streng subsidiäre Ansatz heute noch in vollem Umfang Geltung besitzt. In der neueren Rspr des Gerichtshofs ist vielmehr eine Tendenz zu einer engmaschigeren, auch die Rechtspraxis des BVerfGs erfassenden (zB EGMR NJW **10**, 2495 zur nachträglich verlängerten Sicherungsverwahrung, die vom BVerfG für verfassungsgemäß erklärt wurde; StV **09**, 561 zum Beschleunigungsgrundsatz) Überprüfung mitgliedsstaatlicher Akte und auch Gesetze zu erkennen. Dies spiegelt das gewandelte (Selbst)Verständnis hin zu einem Europäischen Verfassungsgericht wider, das in Fragen der Menschen- bzw Grundrechte und Grundfreiheiten sowie des Rechtsstaatsprinzips den Vorrang gegenüber den obersten Gerichten wie auch – in Einzelfällen – der gesetzgebenden Gewalt der Mitgliedsstaaten beansprucht (erg dazu insbes 4a und 8 vor 1; 2 zu Art 5 sowie 7a, 20, 22–22f zu Art 6, ferner 1 zu Art 7). Das zT bei den Vertragsstaaten vorhandene Unbehagen über diese Entwicklung hat zu der Forderung geführt, die vom Gerichtshof entwickelten Grundsätze der Subsidiarität des Konventionssystems und des Beurteilungsspielraums der nationalen Organe ausdrücklich in der Präambel der Konvention zu kodifizieren (Nr 12b der Brighton Declaration vom 19.4./20.4.2012 des Ministerkomitees des Europarates); auch wird der Gerichtshof in der Erklärung daran erinnert, den Beurteilungsspielraum der Vertragsstaaten in konkreten Fällen zu respektieren und seine Rechtsprechungskompetenzen nicht zu überdehnen (siehe EuGRZ **12**, 265).

2 2) **Allen Personen, die der Hoheitsgewalt der Vertragspartei unterstehen,** werden die in Abschn I bezeichneten Rechte und Freiheiten (die Begriffe meinen dasselbe) zugesichert. Ausländer und Staatenlose stehen insoweit den eigenen Staatsangehörigen gleich. Geschützt werden auch im Ausland wohnende Inländer und Ausländer, die vor einem inländischen Gericht prozessieren oder mit inländischen Behörden zu tun haben (Echterhölter JZ **56**, 143). Auch (inländische und ausländische) juristische Perso-

nen werden geschützt und sind nach Art 25 beschwerdeberechtigt, sofern sie nicht – etwa durch Ausüben hoheitlicher Gewalt – staatlichen Organen gleichzustellen sind (Einzelheiten bei Grabenwarter/Pabel § 17 Rn 5; Guradze 4). Handlungen außerhalb des Hoheitsgebietes können ausnahmsweise unter den Anwendungsbereich der EMRK fallen, wenn diplomatische oder konsularische Vertreter des Vertragsstaates im Ausland Herrschaftsgewalt und Kontrolle über andere ausüben, wenn der Konventionsstaat mit Zustimmung der Regierung des anderen Gebietes Zuständigkeiten der öffentlichen Gewalt übernimmt, wenn seine Vertreter durch Gewaltanwendung Personen unter die Kontrolle seiner Behörden bringen oder wenn der Konventionsstaat infolge einer rechtmäßigen oder unrechtmäßigen Militäraktion die tatsächliche Kontrolle über ein außerhalb seines Territoriums liegendes Gebiet ausübt (EGMR NJW 12, 283, 286 ff; Nr 27 765/09 vom 23.2.2012).

3) Als **Anspruch gegen den Staat** fasst die EMRK die Menschenrechte und Grundfreiheiten auf, und zwar gegenüber positivem Eingriff und Unterlassen gleichermaßen (LR-Esser 45 ff, 48 ff). Sie betreffen nur das Verhältnis zwischen Staat und Bürger. Daher kann der einzelne Bürger im konkreten Fall auf die Ausübung eines dieser Rechte verzichten (Echterhölter JZ **56**, 145); er muss aber die Konsequenzen seines Tuns vorhersehen können (EGMR **10**, 179 L).

Privatpersonen werden durch die EMRK nicht zu bestimmten Handlungen verpflichtet (Herzog JZ **66**, 658; Morvay ZaöRV **21**, 319; aM Guradze Einl S 22; Frister GA **85**, 553; Krüger NJW **70**, 1483; von Weber ZStW **65**, 340 ff). Ob den Menschenrechten und Grundfreiheiten der EMRK eine mittelbare Drittwirkung, die den Staat verpflichtet, den Einzelnen vor Angriffen von Privatpersonen zu schützen, zukommt, ist str (vgl dazu LR-Gollnitzer 21). Die EMRK kann aber jedenfalls als Prüfungsmaßstab für Handlungen Privater verwendet werden (vgl BVerwG DÖV **60**, 65, 66), zB bei der Anwendung der §§ 234a, 241a StGB.

Abschnitt I. Rechte und Freiheiten

Recht auf Leben

2 I ¹Das Recht jedes Menschen auf Leben wird gesetzlich geschützt. ²Niemand darf absichtlich getötet werden, außer durch Vollstreckung eines Todesurteils, das ein Gericht wegen eines Verbrechens verhängt hat, für das die Todesstrafe gesetzlich vorgesehen ist.

II Eine Tötung wird nicht als Verletzung dieses Artikels betrachtet, wenn sie durch eine Gewaltanwendung verursacht wird, die unbedingt erforderlich ist, um

a) jemanden gegen rechtswidrige Gewalt zu verteidigen;
b) jemanden rechtmäßig festzunehmen oder jemanden, dem die Freiheit rechtmäßig entzogen ist, an der Flucht zu hindern;
c) einen Aufruhr oder Aufstand rechtmäßig niederzuschlagen.

1) Das **menschliche Leben** wird durch die Vorschrift geschützt. I S 1 entspricht etwa dem Grundrecht auf Leben nach Art 2 II S 1 GG, hat aber keine weitergehende Bedeutung iS einer Gewährleistung der Entfaltung der Persönlichkeit (BVerfGE **6**, 389, 441). Hinsichtlich der Frage, inwieweit das vorgeburtliche Leben geschützt ist, haben die Vertragsstaaten mangels eines europäischen Konsenses einen weiten Regelungsspielraum (EGMR NJW **05**, 727; Nr. 25579/05 vom 16.12.2010; eingehend Meyer-Ladewig 3; Grabenwarter/Pabel § 20 Rn 3; SK-Paeffgen 5 ff). Die Infizierung mit einer tödlichen Krankheit kann eine Verletzung von Art 2 sein (EGMR NJW **10**, 1865). In Abschiebefällen liegt ein Eingriff in Art 2 vor, wenn im Empfängerland die reale Gefahr der Hinrichtung droht (EGMR Nr. 13 284/04 vom 8.11.2005; Grabenwarter/Pabel § 20 Rn 5; erg 4 zu Art 3). I S 1 verpflichtet den Staat auch dazu, notwendige Maßnahmen zum Schutz des Lebens von Personen zu treffen, die seiner Hoheitsgewalt unterstehen (EGMR aaO). Dazu gehören auch effektive Ermittlungen bei Todesfällen,

Anh 4 EMRK Art. 3

auch unter schwierigen Sicherheitsverhältnissen nach einem bewaffneten Konflikt (EGMR NJW **12**, 283, 288; vgl auch Nr 49 278/09 vom 22.5.2014), ein Anspruch auf Strafverfolgung gegen Dritte (EGMR NJW **01**, 1989; **03**, 3259; **05**, 3405; Meyer-Ladewig 9ff mwN) sowie das Verhindern einer Selbsttötung, wenn die Person die Entscheidung dazu nicht frei und in Kenntnis aller Umstände getroffen hat (EGMR NJW **11**, 3773, erg 1 zu Art 8). Dem Staat ist es allerdings nicht erlaubt, Einzelpersonen vor Straftaten einer Person durch Maßnahmen zu schützen, die gegen deren Konventionsrechte, insbesondere gegen Art 5 I verstießen (EGMR Nr 3300/10 vom 28.6. 2012). Die Todesstrafe (I S 2) ist in Deutschland schon allgemein abgeschafft (Art 102 GG; zur Auslieferung bei drohender Todesstrafe vgl 4 zu Art 3); ihre Wiedereinführung ist im Hinblick auf Art 2 II S 1 iVm Art 19 II GG ausgeschlossen (BGH NJW **96**, 857, 858). Nach dem 13. ZP (vgl Vorbem 2 aE) ist sie darüber hinaus auch in den Fällen von Art 15 I, II, dh in Kriegszeiten oder bei drohender Kriegsgefahr verboten.

2 **2) Ausnahmen (II):**
3 A. **Notwehr (Buchst a):** Nach hM schließt die Vorschrift die Anerkennung von Notwehr zur Rettung von immateriellen Gütern und Sachwerten, auch gegen Angriffe ohne Gewaltanwendung, nicht aus, da das Notwehr- und Nothilferecht des einzelnen Staatsbürgers gegen seine Rechtsgenossen nicht betrifft (Fischer 40; Sch/Sch-Lenckner/Perron 62; alle zu § 32 StGB; Bockelmann Engisch-FS 456; Krey JZ **79**, 709; **aM** Köln OLGSt § 32 StGB S 1; Schorn 87; Echterhölter JZ **56**, 143; Frister GA **85**, 553; Woesner NJW **61**, 1384). Aber auch für die staatliche Notwehr oder -hilfe hat Art 2 praktisch keine Bedeutung, da die absichtliche Tötung, die er verbietet, zur Abwehr von Angriffen auf Sachen ohnehin nicht zulässig ist (Sch/Sch-Lenckner/Perron aaO). Die Notwehr nach § 32 StGB, § 15 OWiG wird durch Art 2 daher nicht berührt (Sch/Sch-Lenckner/Perron aaO; Bockelmann aaO; Roxin ZStW **93**, 99; **aM** Frister aaO; Krüger NJW **70**, 1483; vgl auch SK-Paeffgen 61 ff). Der Einsatz lebensbedrohlicher Gewalt durch Polizeiorgane – zB der Gebrauch von Schusswaffen – kann gerechtfertigt sein, wenn das innerstaatliche Recht einen ausreichenden rechtlichen und administrativen Rahmen zur Verfügung stellt (EGMR 24 329/02 vom 22.2.2011; 23 458/02 vom 24.3.2011).

4 B. **Festnahme (Buchst b):** Die Vorschrift betrifft nur die Festnahme durch staatliche Organe, nicht durch Privatpersonen nach § 127 I StPO (Guradze 11; **aM** Schorn 88). Der Schusswaffengebrauch bei Festnahmen ist in § 10 Nrn 2–4 UZwG geregelt. Die vorsätzliche Tötung zum Zweck der Festnahme oder der Verhinderung einer Flucht ist nach deutschem Recht unzulässig (vgl KK-Lohse/Jakobs 7; Echterhölter JZ **56**, 144).

5 C. **Unterdrückung von Aufruhr und Aufstand** (Buchst c): Die Vorschrift ist eine Blankettnorm, die für Vollzugsbeamte durch § 10 II UZwG ausgefüllt wird (Guradze 12). Aufruhr ist die ungesetzliche Zusammenrottung einer gewalttätigen Menschenmenge, Aufstand deren bewaffneter Widerstand gegen die Staatsgewalt (LR-Esser 59; SK-Paeffgen 70).

Verbot der Folter

3 Niemand darf der Folter oder unmenschlicher Behandlung oder erniedrigender Strafe oder Behandlung unterworfen werden.

1 **1) Folter** ist die vorbedachte und gewollte Auferlegung schwerer körperl Qualen, die „ernste und grausame" Leiden hervorruft (EGMR Nr 7511/13 vom 24.7.2014; EuGRZ **79**, 153; BGH **46**, 292, 303), vornehmlich zur Erlangung von Informationen oder Geständnissen, aber auch als Quälerei zu anderen Zwecken (LR-Esser 62). Sie ist eine erschwerte Form der unmenschlichen Behandlung und in der BRep schon durch Art 1 I, 104 I S 2 GG und § 136a I S 1 StPO verboten (BVerfG NJW **05**, 656).

1a Dem **Europ. Übereinkommen** vom 26.11.1987 zur Verhütung von Folter und unmenschlicher oder erniedrigender Behandlung oder Strafe (Sartorius II Nr 140) hat die BRep mit Gesetz vom 29.11.1989 (BGBl II 946) zugestimmt; es ist für die BRep am 1.6.1990 in Kraft getreten (BGBl II 491). Den Protokollen Nr 1 und Nr 2 vom 4.11.1993 zum Übereinkommen hat die BRep mit Gesetz vom 17.7.1996 (BGBl II 1114) zugestimmt.

Neben das Europ. Übk tritt das „Übk gegen Folter und andere grausame, unmensch- **1b** liche oder erniedrigende Behandlung oder Strafe" (**UN-Antifolterkonvention**) vom 10.12.1984. In Ausführung des Protokolls ist eine „Bundesstelle zur Verhütung von Folter" für den Zuständigkeitsbereich des Bundes eingerichtet (BAnz Nr 182, S 4277); durch Staatsvertrag der Länder erfolgt die Gründung einer „Kommission zur Verhütung von Folter" für den Zuständigkeitsbereich der Länder (vgl zB GVBl NW **09**, 555). Das Sekretariat beider Einrichtungen befindet sich bei der Kriminologischen Zentralstelle in Wiesbaden. Diese Einrichtungen sollen als unabhängige Kontrollstellen fungieren, die Gewahrsamseinrichtungen überprüfen, Mängel beanstanden und Verbesserungen anregen können.

2) Unmenschliche oder erniedrigende Behandlung: Unmenschlich ist eine Be- **2** handlung, die vorsätzlich schwere geistige oder körperliche Leiden verursacht und in der besonderen Situation nicht zu rechtfertigen ist (EKMR NJW **78**, 475). Unmenschlichkeit greift den Kern des Menschseins des Betroffenen an und missachtet seine Menschenwürde (Celle NdsRpfl **64**, 255). In der BRep gelten hierfür dieselben Verbotsbestimmungen wie für die Folter (oben 1). Eine erniedrigende Behandlung liegt vor, wenn sie den Betroffenen vor anderen in hohem Maße demütigt oder ihn dazu bringt, gegen Willen und Gewissen zu handeln (EKMR aaO), wenn demnach seine Stellung als freie, auf Entfaltung der geistigen und seelischen Kräfte in der Gemeinschaft angelegte Persönlichkeit nicht unerheblich in Frage steht (Köln NJW **63**, 1748; vgl auch Koblenz NJW **62**, 1881). Dabei ist auf die Umstände des Einzelfalls abzustellen (näher dazu sowie zum erforderlichen Schweregrad EGMR NVwZ **08**, 1330). Als unmenschlich und erniedrigend ist zB das gewaltsame Verabreichen einer Beruhigungsspritze nach der Festnahme angesehen worden (ÖstVerfGH EuGRZ **84**, 530), die Wegnahme der Kleider eines Häftlings (EGMR NJW **12**, 2173; siehe auch NJW **12**, 3422 sowie NJW **15**, 2095 zu Haftbedingungen) sowie das zwangsweise Einflößen eines Brechmittels durch eine Nasen-Magen-Sonde (EGMR NJW **06**, 3117; dazu eingehend Renzikowski Amelung-FS 669; erg 4 zu Art 6 sowie 22 zu § 81a StPO). Überhöhte Sicherheitsvorkehrungen während einer mündlichen Verhandlung, die sich als öffentliche Vorführung darstellen, können erniedrigend sein (EGMR NJW **12**, 3422), zB die Unterbringung von Angeklagten in einem Metallkäfig während einer Gerichtsverhandlung (EGMR NJW **15**, 3423), ebenso ausnahmsweise eine über das nach den Umständen notwendige hinausgehende Maß einer Fesselung des Beschuldigten bzw Angeklagten (vgl EGMR Nr 39474/98 vom 16.5.2002; näher Esser Weßlau-GS 97, 120ff). Die Androhung von Misshandlungen durch Polizeibeamte, um den Aufenthaltsort eines mutmaßlich noch lebenden, tatsächlich aber bereits ermordeten 11jährigen Entführungsopfers zu erfahren, hat die Große Kammer des EGMR als unmenschliche Behandlung eingestuft (NJW **10**, 3145 mit Anm Grabenwarter NJW **10**, 3128; vgl ferner die Kammerentscheidung in EGMR NStZ **08**, 699, 700; krit hierzu Esser NStZ **08**, 658).

Materiellrechtlich gilt das **Verbot der Folter oder unmenschlicher Behand- 2a lung absolut** wie aus dem Wortlaut von Art 3 sowie daraus abgeleitet werden kann, dass es nach Art 15 II selbst im Notstandsfall nicht außer Kraft gesetzt werden darf. Es gilt auch im Kampf gegen den Terrorismus uneingeschränkt (EGMR NJW **10**, 3359). Die Große Kammer des EGMR hat dies auch für den oben 2 aE genannten Fall (Entführung und Ermordung eines 11jährigen) und selbst für den Fall eines öffentlichen Notstandes, der das Überleben der Nation bedroht, bekräftigt (NJW **10**, 3148f; vgl auch NStZ **08**, 699). Darüber hinaus hat der EGMR Überlegungen ausdrücklich verworfen, die Pflicht der Vertragsstaaten, das Recht auf Leben zu schützen, könne gegen das absolute Verbot des Art 3 abgewogen werden (EGMR aaO 3149; NVwZ **08**, 1330). Darin kommt das — nachvollziehbare — Bestreben des Gerichtshofs zum Ausdruck, jede Diskussion über eine Zulässigkeit der Folter in bestimmten (Ausnahme)Situationen und eine dadurch befürchtete Aushöhlung des Art 3 bereits im Ansatz zu unterbinden. Die Konvention lässt in ihrer Auslegung durch den Gerichtshof eine sog Rettungsfolter, dh

Anh 4 EMRK Art. 3

eine Ausnahme vom Folterverbot aus Nothilfegesichtspunkten bei anders nicht zu beseitigender akuter Lebensgefahr bestimmter anderer Personen, in keinem Fall zu (siehe EGMR aaO; im Sinne des EGMR auch Grabenwarter/Pabel § 20 Rn 32; Jahn KritV **04**, 24; Kinzig ZStW **115**, 791; Lüderssen Rudolphi-FS 691; Merten JR **03**, 404; Roxin Eser-FS 461 und Nehm-FS 205; ferner Greco GA **07**, 628; Scheller NJW **09**, 705; Fischer 13 ff zu § 32 StGB mwN zum Streitstand; a**M** Lackner/Kühl 17a zu § 32; Erb NStZ **05**, 593, Nehm-FS 186 und Seebode-FS 99; Gössel Otto-FS 41; Götz NJW **05**, 953 gegen LG Frankfurt a. M. NJW **05**, 692; vgl ferner Fahl JR **04**, 182; Hilgendorf JZ **04**, 331; Jerouschek/Kölbel JZ **03**, 613; Miehe NJW **03**, 1219; Saliger ZStW **116**, 35; Schünemann GA **07**, 644). Dabei spielt es nach der Rspr des EGMR auch keine Rolle, dass es bei der „Rettungsfolter" nicht repressiv um allg Einschränkungen des strafprozessualen Verwertungsverbots nach § 136a StPO geht, sondern nur präventiv um die Frage der materiell-rechtlichen Entschuldbarkeit einer Gewaltmaßnahme zur Rettung des Lebens von Privatpersonen in einem Extremfall (EGMR NJW **10**, 3149). Die **Verantwortlichkeit des Vertragsstaates** kann sich auch daraus ergeben, dass – wie im Falle der sog Inhaftierung von Terrorverdächtigen durch die CIA – Verantwortliche Kenntnis davon haben, dass auf ihrem Hoheitsgebiet Personen dem ernsthaften Risiko einer konventionswidrigen Behandlung durch Angehörige anderer Staaten ausgesetzt sind (EGMR Nr 7511/13 vom 24.7.2014).

2b **Prozessual** verpflichtet das Folterverbot den Vertragsstaat zur Durchführung unabhängiger, zügiger und gründlicher Ermittlungen sowie zur möglichst weitgehenden Offenlegung der Ermittlungsergebnisse (EGMR aaO). Diese Verpflichtung zur Durchführung eines wirksamen Strafverfahrens soll sich auch auf Misshandlungen zwischen Privaten erstrecken, so zB dem Schlag ins Gesicht mit der Folge eines Kieferbruchs im Rahmen einer Prügelei (EGMR NJW **15**, 3771 mit Anm Meyer-Ladewig/Petzold). Allerdings wird das Folterverbot damit in einer Weise ausgedehnt und beliebig, dass es einer Entwertung seiner Substanz gleichkommt.

3 **3) Unmenschliche oder erniedrigende Strafe:** Das Verbot bindet nicht nur den Gesetzgeber, sondern auch den Richter bei der Festsetzung der angemessenen Strafe innerhalb des gesetzlichen Strafrahmens (Woesner NJW **61**, 1384). Die Verhängung einer Strafe, die in keinem gerechten Verhältnis zur Schuld steht, verstößt aber schon gegen das aus Art 2 II S 1 iVm Art 1 I GG herzuleitende Übermaßverbot (BVerfGE **6**, 389, 439 = NJW **57**, 865; BVerfGE **45**, 187, 228; vgl auch Einl 20). Das Verbot gilt entspr für die Unterbringung im Strafvollzug (BVerfG NStZ **17**, 111 mit Anm Laubenthal: Haftraum; Frankfurt NStZ **85**, 572 mwN; Frowein/Peukert 10 ff) und für die im UHaft- und Strafvollzug in den UVollzGen bzw StVollzGn der Länder vorgesehenen Disziplinarmaßnahmen (vgl VGH Bremen DÖV **56**, 703; Morvay ZaöRV **21**,323). Die Anordnung einer Mindesthaftzeit von 25 Jahren bei einer lebenslangen Freiheitsstrafe verstößt nicht gegen Art 3 (EGMR EuGRZ **07**, 283). Bejahende und verneinende Beispiele für unmenschliche und erniedrigende Strafen bei SK-Paeffgen 15 ff.

4 **4) Die Ausweisung und Abschiebung von Ausländern** schließt die EMRK nicht aus (EGMR NVwZ **92**, 869 Nr 102; BVerwG NVwZ **00**, 1302; eingehend dazu Lorz/Sauer EuGRZ **10**, 389 ff; SK-Paeffgen 20 ff). Die Überantwortung eines Menschen an einen anderen Staat ist allerdings unzulässig, wenn die konkrete Gefahr besteht, dass er dort schlechthin menschenunwürdig behandelt würde oder aber mit einer eklatanten Verweigerung eines fairen Verfahrens zu rechnen ist (EGMR Nr 27765/09 vom 23.2.2012; EuGRZ **91**, 203; NJW **90**, 2183: „Todeszellensyndrom"; BVerfG StV **16**, 220; NJW **01**, 3110; München StraFo **18**, 422; Dresden StV **16**, 237; **15**, 363; Bremen StV **15**, 365: Haftbedingungen; Düsseldorf NStZ **06**, 692; vgl auch Braunschweig NStZ-RR **15**, 28; eingehend Meyer-Ladewig 21; Frowein/Peukert 18 ff; Riegel/ Speicher StV **16**, 250). Eine **drohende lebenslange Freiheitsstrafe** steht einer Abschiebung oder Auslieferung nicht per se entgegen; das bewilligende Gericht muss aber in jedem Einzelfall prüfen, ob eine solche Strafe entweder als grob unverhältnismäßig erscheint oder aber eine vorzeitige Freilassung faktisch und rechtlich ausgeschlossen ist (EGMR Nr 9146/07 vom 17.1.2012; Nr 24027/07 vom 10.4.2012; vgl auch BVerfGE **113**, 154, 163 ff); dabei kann auch berücksichtigt werden, ob der aufnehmende Staat zusichert, dass eine Gefahr lebenslanger Vollstreckung nicht besteht (Meyer-Ladewig 20 mN). Das Verbot der Auslieferung bei drohender Verhängung oder Vollstreckung der Todesstrafe folgt für den vertraglosen Auslieferungsverkehr aus § 8 IRG; bei bestehender vertraglicher Verpflichtung kann eine Erklärung nach Art 11 EuAlÜbk, dass die Todesstrafe nicht verhängt oder vollstreckt werde, verlangt und bei nicht ausreichender Erklärung wieder nach § 8 IRG die Auslieferung verweigert werden (Vogler NJW **94**, 1433; Düsseldorf NJW **94**, 1485, wonach die sichere Erwartung der Nichtvollstreckung aufgrund einer völkerrechtlich verbindlichen Zusicherung des ersuchenden Staates erforderlich ist). Diese Grundsätze gelten nicht für den umgekehrten Fall deutscher Auslieferungsersuchen bei Beschuldigten, die sich dem inländischen Strafverfahren durch Flucht entzogen haben (BGH 5 StR 272/19 vom 27.11.2019).

5) Beweiswürdigung und Beweisverwertungsverbot: Bei der **Beweiswürdi-** **5** **gung** einer behaupteten Verletzung von Art 3 stellt der Gerichtshof grundsätzlich darauf ab, dass „kein vernünftiger Mensch mehr zweifelt" (vgl EGMR NJW **18**, 3763); dieses Beweismaß kann sich aus einer Mehrzahl von Indizien oder nicht widerlegten Tatsachenvermutungen ergeben, die ausreichend beweiskräftig, genau und überzeugend sind (EGMR NJW **12**, 2173, 2175 mwN). Erleiden Personen in staatlichem Gewahrsam Verletzungen oder kommen sie gar zu Tode, spricht eine starke Vermutung für die Verantwortung des betreffenden Staates, wenn dieser die genannten Folgen nicht plausibel erklären kann (EGMR Nr 39 630/09 vom 13.12.2012 mit Anm Ambos StV **13**, 129). Bei **Vernehmungen im Ausland** – auch in Nichtkonventionsstaaten – reicht es aus, wenn ein „**reales Risiko**" dargelegt wird, dass das Beweismittel unter Verstoß gegen Art 3 gewonnen wurde (EGMR Nr 649/08 vom 25.9.2012 mit Anm Schüller ZIS **13**, 245; Nr 7511/13 vom 24.7.2014 mit Anm Ambos StV **14**, 646; Heine NStZ **13**, 680; erg 32 zu § 136a StPO). Vorwürfe über Folter oder unmenschliche bzw erniedrigende Behandlung müssen also nicht mit an Sicherheit grenzender Wahrscheinlichkeit (beyond reasonable doubt) bewiesen sein. Ein reales Risiko der Folter im Sinne des EGMR ist bereits dann anzunehmen, wenn das Justizsystem eines anderen Staates keine echten Garantien einer unabhängigen, unparteiischen und ernsthaften Untersuchung von Foltervorwürfen bietet, was durch Berichte der Vereinten Nationen und von Nichtregierungsorganisationen belegt werden kann (EGMR aaO). Das Beweismaß für behauptete Foltervorwürfe hängt also davon ab, ob und inwieweit das Rechtssystem des ausländischen Staates die Gewähr für eine rechtsstaatliche Untersuchung und Verfolgung von etwaigen Verstößen gegen das Folterverbot bietet.

Ein **nach diesen Maßstäben** unter Anwendung von Folter oder unmenschlicher **6** Behandlung erhobener Beweis sowie die Verwertung körperl Beweise, die als deren direkte Folge erlangt wurden, ist stets **unverwertbar** (EGMR aaO; NJW **10**, 3148; vgl auch schon EGMR NJW **06**, 3117). Dies gilt auch dann, wenn das Urteil nicht darauf beruht (EGMR HRRS **07**, 655 Nr 60). Die wirksame Absicherung des Folterverbotes kann es iÜ erfordern, iS einer Fernwirkung (siehe Einl 57) auch körperliche Beweise im Verfahren auszuschließen, die mittelbar durch den Verstoß gegen Art 3 gewonnen wurden (EGMR aaO 3149), wie etwa Spuren an einer Leiche, deren Fundort dem Täter abgenötigt wurde. Eine Einschränkung besteht insoweit nur, wenn die Verurteilung des Angeklagten nicht auf der Verletzung des Folterverbotes beruht. In dem Fall der Entführung und Ermordung eines Elfjährigen (siehe oben 2, 2a) hat die Große Kammer des EGMR – unter dem Aspekt des fairen Verfahrens (Art 6 I) – eine Fernwirkung abgelehnt, da die sachlichen Beweismittel, die aufgrund des durch unmenschliche Behandlung gewonnenen Geständnisses erlangt wurden, für den Schuldnachweis des geständigen Angeklagten nicht notwendig waren und damit der Kausalzusammenhang zwischen der verbotenen Vernehmungsmethode und der Verurteilung und Bestrafung des Angeklagten unterbrochen sei (EGMR aaO; vgl auch die zuvor ergangene Kammerentscheidung des EGMR NStZ **08**, 699, die eine Fernwirkung noch damit verneint hatte, dass den sachlichen Beweismitteln, die aufgrund der unmenschlichen Behandlung erlangt worden waren, nur eine „Nebenrolle" im Beweisgebäude zukam und ansonsten die Rechte der Verteidigung gewahrt wurden; vertiefend und krit hierzu Esser NStZ **08**, 658, 661; Grabenwarter NJW **10**, 3128; vgl auch Satzger § 11 Rn 71 zur

Anh 4 EMRK Art. 4

Bewertung von Verstößen gegen das Folterverbot unter dem Blickwinkel des fairen Verfahrens iS von Art 6 I).

Verbot der Sklaverei und der Zwangsarbeit

4 ^I Niemand darf in Sklaverei oder Leibeigenschaft gehalten werden.

^{II} Niemand darf gezwungen werden, Zwangs- oder Pflichtarbeit zu verrichten.

^{III} Nicht als Zwangs- oder Pflichtarbeit im Sinne dieses Artikels gilt
a) eine Arbeit, die üblicherweise von einer Person verlangt wird, der unter den Voraussetzungen des Artikels 5 die Freiheit entzogen oder die bedingt entlassen worden ist;
b) eine Dienstleistung militärischer Art oder eine Dienstleistung, die an die Stelle des im Rahmen der Wehrpflicht zu leistenden Dienstes tritt, in Ländern, wo die Dienstverweigerung aus Gewissensgründen anerkannt ist;
c) eine Dienstleistung, die verlangt wird, wenn Notstände oder Katastrophen das Leben oder das Wohl der Gemeinschaft bedrohen;
d) eine Arbeit oder Dienstleistung, die zu den üblichen Bürgerpflichten gehört.

1 1) **Sklaverei und Leibeigenschaft (I)** sind in den Mitgliedstaaten des Europarats seit langem abgeschafft. Für die BRep ist das Verbot ohne Bedeutung, vgl aber zu den Begriffen EGMR NJW **07**, 41. Menschenhandel fällt in den Anwendungsbereich und begründet die Pflicht des Staates nach Art 4, im Rahmen des ihm Möglichen Opfer oder künftige Opfer zu schützen und entsprechende Straftaten effektiv zu verfolgen (EGMR NJW **10**, 3003m Anm Pati NJW **11**, 128).

2 2) **Zwangs- oder Pflichtarbeit:**
3 A. **Verbot (II):** Schon nach Art 12 II S 1, III GG ist Zwangsarbeit (dazu EGMR EuGRZ **85**, 477; NJW **07**, 41) nur bei einer gerichtlich angeordneten Freiheitsentziehung zulässig. II hat keine weitergehende Bedeutung.
4 B. **Ausnahmen (III):**
5 a) **Häftlinge oder bedingt freigelassene Verurteilte (Buchst a):** Die Vorschrift lässt die Arbeit zu, die üblicherweise von nach Art 5 rechtmäßig in Haft gehaltenen Personen verlangt wird; neben Art 12 III GG hat sie keine Bedeutung. In der BRep besteht eine Arbeitspflicht nur für Strafgefangene (§§ 37, 103 I Nr 7 StVollzG) und Sicherungsverwahrte (§ 130 StVollzG); die (frühere) Arbeitspflicht für junge UGefangene (UVollzO 80 II; verfassungsrechtliche Bedenken hiergegen bei AG Zweibrücken NJW **79**, 1557; Eisenberg 84 zu § 89c JGG mwN) ist den Regelungen in den UVollzGen der Länder gewichen (vgl zB § 71 IV UVollzG RP; § 75 III JVollzGB BW II; § 161 I S 1 NJVollzG; Ostendorf/Rose SchlHA **09**, 207). Die Weisung an einen Jugendlichen oder Heranwachsenden, Arbeitsleistungen zu erbringen (§§ 10 I S 3 Nr 4, 105 I **JGG**), verstößt nicht gegen III Buchst a, weil sie eine Freiheitsstrafe nicht verschärfen, sondern abwenden soll (Gudraze 9). Nach III Buchst a sind auch Arbeitsauflagen für bedingt freigelassene Verurteilte zulässig. Das gilt sowohl bei der Aussetzung der Vollstreckung der Strafe nach § 56 StGB, §§ 21, 57 **JGG** (vgl § 56b II Nr 3 StGB: Erbringen gemeinnütziger Leistungen; § 23 I S 2 JGG: Auflagen) als auch bei der Aussetzung des Restes einer teilverbüßten Freiheitsstrafe nach §§ 57, 57a StGB, § 88 **JGG** (einschr KK-Lohse/Jakobs 6). In diesem Fall gelten § 56b StGB (vgl §§ 57 III S 1, 57a StGB S 2 StGB) und § 23 JGG (vgl § 88 VI S 1 **JGG**) entspr.
6 b) **Wehr- und Ersatzdienst (Buchst b):** Vgl Art 12a GG. Der Staat ist berechtigt, die im Zusammenhang mit diesen Dienstleistungen stehende Arbeit von den wehrpflichtigen Bürgern zu verlangen.
7 c) **Notstandspflichten (Buchst c)** sind Feuerwehr-, Wasserwehr- und Deichpflichten, Hilfspflichten beim polizeilichen Notstand und Dienstleistungen nach §§ 1 I Nrn 1

und 2, 2 I Nr 9 des Bundesleistungsgesetzes idF vom 27.9.1961 (BGBl I 1769, 1820). Bei Notstand und in Katastrophenfällen ergibt sich eine Arbeitspflicht auch aus § 323c StGB. Sie ist aber an strengere Anforderungen geknüpft, als III Buchst c aufstellt; denn die Strafvorschrift setzt die Zumutbarkeit der Hilfeleistung voraus.

d) **Normale Bürgerpflichten (Buchst d):** Hierzu gehören alle Straßenreinigungs-, Streu- und Schneeräumungspflichten sowie Hand- und Spanndienste, die auch Art 12 II GG zulässt, weil sie im Rahmen einer herkömmlichen, für alle gleichen öffentlichen Dienstleistungspflicht geleistet werden (vgl Scholz in Maunz/Dürig 489 zu Art 12 GG; Echterhölter JZ **56**, 144). Zur Diskussion um die Einführung eines sozialen Pflichtjahres bei Abschaffung der Wehrpflicht vgl SK-Paeffgen 21: Kein Verstoß gegen Art 4. 8

3) **Art 4 kann dazu verpflichten,** Maßnahmen zum **Schutz von Opfern** oder möglichen Opfern des Menschenhandels zu treffen, wenn die Behörden von Umständen wussten oder hätten wissen müssen, die den glaubhaften Verdacht begründen, dass eine bestimmte Person in unmittelbarer Gefahr war oder ist, Opfer von Menschenhandel und/oder sexueller Ausbeutung zu sein; dabei dürfen allerdings den Behörden, die Prioritäten zu setzen und auf Ressourcen Bedacht zu nehmen haben, keine unmöglichen oder unverhältnismäßigen Lasten aufgebürdet werden (EGMR NJW **10**, 3003, 3007). Im Übrigen ergibt sich aus Art 4 die verfahrensrechtliche Pflicht, von Amts wegen Tatumstände möglichen Menschenhandels zu ermitteln (EGMR aaO). 9

Recht auf Freiheit und Sicherheit

5 I ¹Jede Person hat das Recht auf Freiheit und Sicherheit. ²Die Freiheit darf nur in den folgenden Fällen und nur auf die gesetzlich vorgeschriebene Weise entzogen werden:
a) rechtmäßige Freiheitsentziehung nach Verurteilung durch ein zuständiges Gericht;
b) rechtmäßige Festnahme oder Freiheitsentziehung wegen Nichtbefolgung einer rechtmäßigen gerichtlichen Anordnung oder zur Erzwingung der Erfüllung einer gesetzlichen Verpflichtung;
c) rechtmäßige Festnahme oder Freiheitsentziehung zur Vorführung vor die zuständige Gerichtsbehörde, wenn hinreichender Verdacht besteht, dass die betreffende Person eine Straftat begangen hat, oder wenn begründeter Anlass zu der Annahme besteht, dass es notwendig ist, sie an der Begehung einer Straftat oder an der Flucht nach Begehung einer solchen zu hindern;
d) rechtmäßige Freiheitsentziehung bei Minderjährigen zum Zweck überwachter Erziehung oder zur Vorführung vor die zuständige Behörde;
e) rechtmäßige Freiheitsentziehung mit dem Ziel, eine Verbreitung ansteckender Krankheiten zu verhindern, sowie bei psychisch Kranken, Alkohol- oder Rauschgiftsüchtigen und Landstreichern;
f) rechtmäßige Festnahme oder Freiheitsentziehung zur Verhinderung der unerlaubten Einreise sowie bei Personen, gegen die ein Ausweisungs- oder Auslieferungsverfahren im Gange ist.

II Jeder festgenommenen Person muss innerhalb möglichst kurzer Frist in einer ihr verständlichen Sprache mitgeteilt werden, welches die Gründe für ihre Festnahme sind und welche Beschuldigungen gegen sie erhoben werden.

III ¹Jede Person, die nach Absatz 1 Buchstabe c von Festnahme oder Freiheitsentziehung betroffen ist, muss unverzüglich einem Richter oder einer anderen gesetzlich zur Wahrnehmung richterlicher Aufgaben ermächtigten Person vorgeführt werden; sie hat Anspruch auf ein Urteil innerhalb angemessener Frist oder auf Entlassung während des Verfahrens. ²Die Entlassung kann von der Leistung einer Sicherheit für das Erscheinen vor Gericht abhängig gemacht werden.

IV Jede Person, die festgenommen oder der die Freiheit entzogen ist, hat das Recht zu beantragen, dass ein Gericht innerhalb kurzer Frist über die

Anh 4 EMRK Art. 5

Rechtmäßigkeit der Freiheitsentziehung entscheidet und ihre Entlassung anordnet, wenn die Freiheitsentziehung nicht rechtmäßig ist.

V Jede Person, die unter Verletzung dieses Artikels von Festnahme oder Freiheitsentziehung betroffen ist, hat Anspruch auf Schadensersatz.

1 1) **Freiheitsentziehung (I):** Wie in Art 2 II S 2 GG ist nur der, auch kurzfristige (Frowein/Peukert 16 ff), Freiheitsentzug ieS (im Gegensatz zur bloßen Freiheitsbeschränkung) gemeint (Vogler ZStW **89**, 767; vgl auch EGMR NJW **84**, 544, 547); ein Polizeikordon, der aus Gründen der öffentlichen Sicherheit eine Gruppe von zT gewaltbereiten Demonstranten isoliert, gehört nicht hierzu (EGMR Nr 39 692/09 ua vom 15.3.2012). Die Fälle der zulässigen Freiheitsentziehung führt Art 5 I S 2, anders als Art 104 I GG, erschöpfend auf (EGMR EuGRZ **11**, 20, 23; StV **10**, 181, 182; vgl auch NJW **14**, 283: „Behinderung des Verfahrens", „verächtliches Verhalten gegenüber dem Gericht"). Der Katalog kann auch mit Rücksicht auf die Pflicht der Staaten, potentielle Opfer vor Straftaten zu schützen, nicht erweitert werden (EGMR NJW **14**, 369; Nr 3300/10 vom 28.6.2012). Die Praxis der sog **„extraordinary renditions"** – dh die außergerichtliche Überstellung einer Person von einem Staat in einen anderen zum Zwecke der Festnahme und Vernehmung außerhalb des normalen Rechtssystems bei konkreter Gefahr von Folter oder unmenschlicher Behandlung – bedeutet die vollständige Negation aller Schutzgarantien für Inhaftierte und verstößt (selbstverständlich) gegen Art 5 (EGMR Nr 39630/09 vom 13.12.2012 mit Anm Ambos StV **13**, 129; Nr 7511/13 vom 24.7.2014). Auch Art 5 stellt aber im Übrigen nur Mindestanforderungen an den Gesetzgeber und schreibt vor, dass die materiellen und verfahrensrechtlichen Vorschriften des innerstaatlichen Rechts, die ihrerseits ausreichende Vorkehrungen gegen Willkür bieten müssen, eingehalten werden (EGMR NJW **04**, 2209; **11**, 3423, 3426; Nr 53783/09 vom 18.10.2011; erg zur Rspr des EGMR Grabenwarter/Pabel § 21 Rn 2 ff).

1a Die Haft ist grundsätzlich rechtmäßig, wenn sie aufgrund einer (nicht willkürlichen) EGMR NJW **15**, 2095) **gerichtlichen Anordnung** erfolgt. Die nachträgliche Feststellung, dass dem Gericht nach innerstaatlichem Recht bei dem Erlass der Anordnung ein Fehler unterlief, bedeutet nicht notwendigerweise, dass die dazwischen liegende Haft rückwirkend für unrechtmäßig erklärt wird (EGMR NJW **14**, 369; **12**, 3422; StV **08**, 475, 478, bestätigt durch Große Kammer EuGRZ **09**, 566, 572 [anders nur bei groben offensichtlichen Mängeln]), da die Konvention auch der Rechtskraft von Urteilen, die Rechtssicherheit als Teil des Rechtsstaatsprinzips sichert, einen hohen Stellenwert einräumt (EGMR NJW **14**, 369). Dies gilt gleichermaßen für ein geringfügiges Überschreiten der gesetzlich vorgeschriebenen Höchstdauer der Haft (EGMR NJW **11**, 3017: 30 Min). Ein Verstoß gegen I hat daher auch nicht ohne weiteres die Unzulässigkeit der Strafverfolgung zur Folge (Düsseldorf NJW **84**, 2050, 2052). Im Einzelnen ist folgende Freiheitsentziehungen, wenn sie gesetzlich ausdrücklich bestimmt sind, auf dem gesetzlich vorgeschriebenen Weg zulässig (I S 2; vgl auch zu § 7 II JGG BGH NJW **10**, 1539):

2 A. **Freiheitsentziehung auf Grund richterlicher Verurteilung (Buchst a):** „Nach" Verurteilung durch das zuständige Gericht bedeutet, dass ein ausreichender kausaler Zusammenhang zwischen Urteil und Freiheitsentziehung bestehen muss (EGMR NJW **12**, 2093; EuGRZ **11**, 20, 23; NJW **10**, 2495). In Betracht kommen Freiheitsstrafen, freiheitsentziehende Maßregeln der Besserung und Sicherung, insbes auch die Anordnung der Sicherungsverwahrung zusammen mit dem der Schuld feststellenden Urteil (EGMR EuGRZ **11**, 20, 23; NJW **12**, 1707) sowie die Unterbringung nach § 63 StGB (EGMR NJW **14**, 369). Auch der Vorbehalt der Unterbringung in der Sicherungsverwahrung (§ 66a StGB nF; siehe 1a zu § 275a StPO) begründet einen ausreichenden Kausalzusammenhang, da er zusammen mit der Feststellung des erkennenden Gerichts über die Schuld des Betroffenen ausgesprochen wird; die spätere Anordnung der Unterbringung durch dieses Gericht ist damit in der ursprünglichen richterlichen Verurteilung angelegt und ergibt sich aus dieser (zur Vereinbarkeit mit Verfassung und Konvention BVerfG NJW **12**, 3357). Die notwendige kausale Verbindung zwischen Verurteilung und nachträglicher Freiheitsentziehung wurde aber bei der

1. Sicherungsverwahrung über 10 Jahren in sog Altfällen (§ 67d StGB aF) sowie der nachträglichen Sicherungsverwahrung (§ 66b StGB aF) unterbrochen (EGMR StV **10**, 181). Das BVerfG hat in der Folge dieser Judikatur (**aM** noch BVerfGE **109**, 133 = NJW **04**, 739 zum aus Art 104 I 1 GG abgeleiteten Bestimmtheitsgebot bei Freiheitsentziehungen) eine Verletzung des rechtsstaatlichen Vertrauensschutzgebots aus Art 2 Abs 2 S 2 iVm Art 20 GG angenommen; bis zum Inkrafttreten einer gesetzlichen Neuregelung, längstens jedoch bis 31.5.2013, durfte in diesen Fällen die Sicherungsverwahrung nur angeordnet werden, wenn eine hochgradige Gefahr schwerster Gewalt- oder Sexualstraftaten aus konkreten Umständen abzuleiten war und der Täter an einer psychischen Störung iS von Buchstabe e litt (BVerfGE **128**, 326 = NJW **11**, 1931, erg BVerfG NJW **11**, 2711; unten 6, ferner 1 zu Art 7 sowie 2, 2a zu § 275a StPO); dies gilt auch, wenn der Betroffene zuvor in einem psychiatrischen Krankenhaus untergebracht war (BVerfG StV **13**, 626). Der EGMR hat die Wende der Rspr des BVerfG begrüßt (EGMR NJW **13**, 1791 mwN), der Gesetzgeber hat den Anwendungsbereich der nachträglichen Sicherungsverwahrung durch Abschaffung der früheren Absätze I und II des § 66b StGB weitgehend reduziert (Fischer 1 zu § 66b StGB) und das Abstandsgebot im Recht der Sicherungsverwahrung durch Ges vom 5.12.2012 neu geregelt (dazu Renzikowski NJW **13**, 1638).

Nicht ausreichend ist auch die rein präventive Unterbringung rückfallgefährdeter 2a hochgefährlicher Straftäter nach Landesrecht durch die StVollstrK, da diese keine neue Feststellungen zur strafrechtlichen Schuld trifft und deshalb kein „Strafgericht" iSd Terminologie des EGMR darstellt (EGMR NJW **11**, 3423; vgl auch Nr 27360/04 und 42225/07 vom 13.1.2011: Entscheidung der StVollstrK, den Beschwerdeführer weiter in der Sicherungsverwahrung zu halten, nicht ausreichend). Straf- und Jugendarrest, auch die Ordnungshaft nach § 890 ZPO (Guradze 12) sind dagegen nach Buchst a zulässig. Der Strafbefehl steht dem Urteil gleich (Trechsel JR **81**, 137). Die Rechtskraft des Urteils wird nicht vorausgesetzt (Vogler ZStW **89**, 770). Haft aufgr Sicherungshaftbefehls nach § 453c StPO und zur Sicherung der Vollstreckung ausl Urteile (§ 58 IRG) ist ebenfalls zulässig.

B. **Ordnungs- und Erzwingungshaft (Buchst b):** Die Vorschrift enthält eine 3 Art Generalklausel (Guradze 13), die alle in den innerstaatlichen Verfahrensordnungen vorgesehenen Festnahme- und Vorführungsfälle sowie die Fälle unmittelbaren Zwangs (Einl 46; vgl etwa 28ff zu § 81a StPO) deckt, soweit sie nicht durch andere Bestimmungen des Art 5 erfasst werden. Unter I Buchst b fallen insbesondere die Ordnungs- und Beugehaft nach §§ 51, 70 I und II (BGH **36**, 236, 239), 95 II StPO, §§ 380 I, 390, 888, 901, 918 ZPO, §§ 177, 178 GVG, § 21 III InsO, die Erzwingungshaft nach § 96 OWiG, die Festhaltung nach §§ 164, 231 I StPO, die Vorführung nach §§ 51 I, 134, 230 II, 457 II StPO, § 380 II ZPO, § 21 III InsO, die Untersuchungshaft nach §§ 127b II, 230 II StPO und die polizeiliche Festhaltung von Störern (Guradze 13; Maaß NVwZ **85**, 155). Polizeigewahrsam aufgrund ordnungsrechtlicher Tatbestände kann nach Buchst b als „Erzwingung der Erfüllung einer gesetzlichen Verpflichtung" zulässig sein, wenn die zulässige Höchstdauer strikt beachtet wird (EGMR Nr 15598/08 vom 7.3.2013: Festhalten von sog Hooligans; NVwZ **06**, 797). Die (allgemeine) Pflicht, keine Straften zu begehen, genügt allerdings nicht (EGMR EuGRZ **12**, 141 zur Präventivhaft bei Großdemonstrationen).

C. **Vorläufige Festnahme und Verhinderung einer Straftat (Buchst c):** Die 4 Vorschrift enthält zwei Tatbestände. Eine „rechtmäßige Festnahme" muss innerstaatlichen Vorschriften entsprechen und verlangt darüber hinaus nur Tatverdacht oder Fluchtgefahr; der Verdachtsgrad, den sie voraussetzt, ist geringer als der nach §§ 112ff, 127 StPO. Haft zum Zweck der Vorführung iS der Vorschrift ist auch und insbesondere die UHaft (BGHZ **57**, 33), ferner die einstweilige Unterbringung nach § 126a StPO (vgl EGMR EuGRZ **92**, 535; Pollähne/Ernst StV **09**, 706 Fn 14 mwN). Weiterhin ist die Freiheitsentziehung nach Buchst c möglich, wenn begründeter Anlass besteht, dass sie zur Verhütung einer „konkreten und spezifischen" Straftat erforderlich ist (EGMR EuGRZ **12**, 141; StV **10**, 181, 183, 184). Nach der auf den Wortlaut und den systematischen Zusammenhang mit III gestützten Rspr des Gerichtshofes sind damit ausschließlich Freiheitsentziehungen im Rahmen einer strafrechtlichen Untersuchung gestattet (EGMR NVwZ **06**, 797; vgl ferner EGMR Nr 15598/08 vom 7.3.2013; EuGRZ **11**, 255), zu denen auch die UHaft wegen Wiederholungsgefahr nach § 112a StPO gehört (Renzikowski JR **04**, 273), nicht aber Freiheitsentziehungen aus präventiven Gründen wegen potentieller Gefahren, die sich – wie bei der Sicherungsverwahrung, die nur nach Buchst a gerechtfertigt sein kann (dazu 2) – auf den fortbestehenden Hang des Betroffenen zur Begehung von Straftaten stützen (EGMR StV **10**, 181, 184; EuGRZ **11**, 255), ebenso wenig solche, die auf der Erfüllung ausschließlich präventivpolizeilicher bzw ordnungsrechtlicher Aufgaben ohne Bezug zu einer Straftat beruhen und als „Erzwingung einer gesetzlichen Verpflichtung" Buchst b unterfallen können (EGMR NVwZ **06**, 797: Durchsetzung eines Platzverweises; erg 3). Ebenfalls nicht zulässig sind Internierungen oder präventive Haft im Rahmen bewaffneter Konflikte wegen des Verdachts terroristischer Aktivitäten, wenn nicht beabsichtigt ist, binnen angemessener Frist Anklage zu erheben (EGMR Nr 27021/08 vom 7.7.2011).

4a Die Vollstreckung eines **Europäischen Haftbefehls** soll nach der Rspr des EuGH nur in den Fällen der Art 3, 4, 4a des Rahmenbeschlusses 2002/584/JI des Rates vom 13.6.2002 in der durch Rahmenbeschluss 2009/299/JI des Rates vom 26.2.2009 geänderten Fassung abgelehnt werden können (EuGH NJW **13**, 1145 [Radu]; **13**, 1215 [Melloni]); dies impliziert, dass eine Ablehnung der Vollstreckung selbst in Ausnahmefällen nicht unter Berufung auf eine Verletzung der insbesondere in Art 5 I, III und IV sowie Art 6 I EMRK niedergelegten Rechte zulässig ist (mit Recht kritisch dazu Brodowski HRRS **13**, 54; Gaede NJW **13**, 1279; erg 9ff vor § 112 StPO).

5 D. **Haftanordnung gegen Minderjährige aus Erziehungsgründen (Buchst d):** Zulässig sind Heimerziehung (§§ 1666, 1666a BGB; §§ 34, 42, 43 SGB VIII; §§ 5, 9, 12 Nr 2 JGG) und Vorführung vor Gericht nach § 90 II S 2 FamFG.

6 E. **Haft wegen Allgemeingefährlichkeit (Buchst e):** Vgl § 126a StPO, § 413ff StPO, § 30 II IFSG sowie die Unterbringungsgesetze der Länder (vgl auch EGMR EuGRZ **92**, 535; NJW **04**, 2209; NStZ **10**, 263, 264). Haft bei **psychischen Störungen** nach Buchst e setzt voraus, dass eine solche durch medizinische Gutachten hinreichend sicher festgestellt (EGMR NJW **11**, 3423; EuGRZ **11**, 255, 260) und sie so schwerwiegend ist, dass sie eine zwangsweise Unterbringung notwendig macht (EGMR EuGRZ **12**, 383, 389; NJW **11**, 3427). Sie darf nur so lange andauern, wie die Störung fortbesteht (EGMR aaO; Nr 53783/09 vom 18.10.2011). Der Begriff „psychisch Kranke" lässt sich nicht exakt definieren, weil sich seine Bedeutung mit dem Fortschreiten der psychiatrischen Forschung ständig verändert; bei seiner Beurteilung steht den innerstaatlichen Behörden ein gewisses Ermessen zu (EGMR JR **13**, 78 mit Anm Peglau; EuGRZ **12**, 383, 389 mwN). Eine dissoziale Persönlichkeitsstörung oder eine Psychopathie können ausreichen (EGMR Nr 50272/99 vom 20.2.2003; vgl auch EGMR NJW **17**, 1007, 1011: sexuelle Devianz), selbst wenn sie nicht die Voraussetzungen der §§ 20, 21 StGB erfüllen (BGH NStZ **11**, 631; BVerfG 2 BvR 1516/11 vom 15.9.2011 unter Hinweis auf die Gesetzesmaterialien zum ThUG – BT-Drucks 17/3403 S 53f), lediglich sozial abweichendes Verhalten nicht (EGMR NJW **04**, 2209; Nr 6301/73 vom 24.10.1979; zusammenfassend Renzikowski ZIS **11**, 531, 536ff; SK-Paeffgen 42, 42a; vgl auch Dannhorn StRR **12**, 297). Die Freiheitsentziehung muss nach der Rspr des Gerichtshofs in einem **Verfahren** angeordnet werden, das – wie zB die Unterbringung nach § 63 StGB, nicht aber die nach § 66 StGB – speziell auf psychische Störungen zugeschnitten ist (EGMR NJW **11**, 3423, 3425f; Nr 53783/09 vom 18.10.2011) und in einem Krankenhaus, einer Klinik oder einer anderen geeigneten Einrichtung vollzogen wird (EGMR NJW **14**, 369; EuGRZ **12**, 383, 389; positiv zu den in Deutschland unternommenen Anstrengungen EGMR NJW **17**, 1007). Allerdings wird es in der Praxis häufig keine scharfe Trennlinie zwischen „nur" gefährlichen und deshalb in der Sicherungsverwahrung unterzubringenden Personen und solchen geben, die zugleich psychisch gestört sind und deshalb im psychiatrischen Krankenhaus (§ 63 StGB) untergebracht werden müssen.

6a Nach dem **Urteil des BVerfG vom 4.5.2011** (BVerfGE **128**, 326 mit Anm Peglau NJW **11**, 1924; Kreuzer/Bartsch StV **11**, 472; Eisenberg StV **11**, 480; Hörnle NStZ **11**,

488; erg BVerfG 2 BvR 1879/10 vom 21.5.2011, 2 BvR 1516/11 vom 15.9.2011 sowie NJW **11**, 2711) setzt die Anordnung und Vollstreckung der **Sicherungsverwahrung** voraus, dass der gebotene Abstand zur Strafe gewahrt ist (vgl auch EGMR EuGRZ **11**, 255, 260, der von einer „gewissen Relation" zwischen dem Grund der Freiheitsentziehung und den Unterbringungsbedingungen spricht, die EGMR EuGRZ **12**, 383, 390, dem BVerfG folgend, hinsichtlich der Unterbringungsbedingungen in der Sicherungsverwahrung nicht als gegeben angesehen hat). Der Gesetzgeber hat dieser Forderung durch Ges vom 5.12.2012, in Kraft ab 1.6.2013, Rechnung getragen (BGBl I 2012 S 2425; dazu Renzikowski NJW **13**, 1638). Außerdem muss der Täter an einer psychischen Störung iS von § 1 I Nr 1 ThUG leiden, welche inhaltlich dem von Buchst e vorausgesetzten Begriff des „psychisch Kranken" entspricht (BVerfG aaO; BGH NStZ **11**, 631; Saarbrücken StV **12**, 31, 37 f mit Anm Ullenbruch StV **12**, 44; Karlsruhe StV **12**, 228 erg oben 2). Inwieweit sich allerdings für die Rechtsanwendung praktikable Maßstäbe finden lassen werden, die den unbestimmten und mit psychiatrischpsychologischen Kriterien nur schwer zu fassenden Begriff der „psychischen Störung" handhabbar machen, bleibt abzuwarten (dazu Morgenstern ZIS **11**, 974 ff; Höfler/ Stadtland StV **12**, 239 ff; Dannhorn StRR **12**, 297).

F. **Abschiebungs- und Auslieferungshaft gegen Ausländer (Buchst f):** Vgl § 62 7
AufenthG, §§ 15, 16, 34 IRG. Auch die Haft zur Sicherung der Durchlieferung nach § 45 IRG ist durch I Buchst f abgedeckt (Schorn 165).

2) **Unterrichtungspflicht (II):** Vgl § 114a StPO, RiStBV 181 II. 8

3) **Vorführungspflicht (III S 1, 1. Hs):** Vgl Art 104 III GG, §§ 115, 115a, 128 9
StPO. Die Vorschrift gilt nur für die Festnahme oder Verhaftung nach I Buchst c (EGMR NJW **07**, 3699). Um eine Festnahme iS III handelt es sich daher nicht bei der Vorführung zur Vernehmung nach §§ 51 I S 3, 133 II, 134, 135, 161a I S 2, 163a III S 2 StPO. Nach Erlass eines Urteils gilt nur I Buchst a (Vogler ZStW **89**, 770).

Zur **Begründung** von Entscheidungen, die Haft anordnen oder aufrechterhalten, 9a
genügt nicht die bloße Aufzählung der Haftgründe; vielmehr sind diese mit stichhaltigen und ausreichenden Angaben zu untermauern, wobei auch zu überprüfen ist, ob die Gründe im Voranschreiten des Verfahrens unterm noch gültig sind (EGMR – Große Kammer – NJW **10**, 213).

4) **Beschleunigungspflicht (III S 1, 2. Hs):** Ein Anspruch auf Aburteilung inner- 10
halb angemessener Frist besteht nach Art 6 I S 1 allgemein (eingehend dazu 7 ff zu Art 6; vgl auch Einl 160). Dass er Inhaftierten in besonderem Maße zusteht, ergibt sich bereits aus Art 2 I S 2 GG (BVerfGE **20**, 45). III S 1, 2. Hs bestimmt darüber hinaus, dass der Inhaftierte aus der Haft zu entlassen ist, wenn dem Beschleunigungsgebot nicht entsprochen wird (EGMR NJW **07**, 3699). Das Wort „oder" bedeutet nicht, dass der Verhaftete insoweit ein Wahlrecht hat (Guradze 32). Haftentlassung gegen Sicherheitsleistung (III S 2) sieht § 116 I S 2 Nr 4 StPO vor. Die Vertraulichkeit der Kontakte zwischen Inhaftiertem und Verteidiger ist zu achten (vgl §§ 97, 148 StPO); dem entsprechend verletzt es III, wenn aus diesem Anlass gefertigte Gesprächsnotizen des Anwalts beschlagnahmt werden (EGMR Nr 5829/04 vom 31.5.2011).

Für die Beurteilung der **Angemessenheit der Frist**, die nicht in abstracto, sondern 11
im Hinblick auf die Umstände des Einzelfalls geprüft werden muss (EGMR EuGRZ **93**, 384; NJW **05**, 3125; zur EGMR-Rspr vgl ferner Frowein/Peukert 122 ff; erg 7b, 8 zu Art 6) ist der Zeitraum von der nach Festnahme oder nach Auslieferung einsetzenden UHaft (Frowein/Peukert 120) bis zu dem Tag maßgebend, an dem über die Begründetheit der Anklage entschieden wird (EGMR JR **68**, 463), also bis zum Erlass des erstinstanzlichen Urteils (EGMR NJW **15**, 3773 mwN). Dabei kann eine fortdauernde Inhaftierung durch ein besonderes öffentliches Interesse an der Strafverfolgung – etwa bei schwerwiegenden Straftaten mit internationalem Bezug – gerechtfertigt sein (EGMR aaO). Die Weitergeltung der Gründe für die U-Haft ist im Laufe des Verfahrens zu überprüfen (EGMR NJW **10**, 213, 214). Dauer der UHaft über 6 Monate ist nach § 121 I StPO nur unter den dort genannten Voraussetzungen zulässig. Dauert die UHaft schon überaus lange, muss das Prozessgericht mit besonderer Beschleunigung verhandeln

(EGMR NJW 05, 3125: Verstoß gegen Art 5 III bei 2jähriger UHaft und weniger als 4 Verhandlungsterminen pro Monat mit durchschnittlich weniger als $2^1/_2$ Stunden Verhandlungsdauer). Auch insoweit ist eine schematische Betrachtung allerdings nicht angebracht; größere zeitliche Lücken zwischen einzelnen Hauptverhandlungsterminen können zB vertretbar sein, wenn sie auf Problemen der internationalen Rechtshilfe beruhen (EGMR NJW 15, 3773). Nach Urteilserlass schützt Art 6 I, der auch den Zeitraum bis zur Rechtskraft des Urteils umfasst (vgl EGMR aaO). Dass die UHaft die Strafe übersteigt, die am Ende ausgesprochen wird, beweist nicht ohne weiteres einen Verstoß gegen III (Morvay ZaöRV **21**, 331; Vogler ZStW **82**, 759).

12 Die **Überschreitung der angemessenen Frist** führt zwar zur Beendigung der Haft, grundsätzlich aber nicht zur Einstellung des Verfahrens (erg 9, 9b aE zu Art 6); zu § 126a StPO vgl Hamm StV **09**, 703 mit Anm Pollähne/Ernst.

13 **5) Haftprüfungsverfahren (IV):** Vgl §§ 115, 117, 118, 121, 122, 128 StPO. Die Vorschrift ist lex specialis zu Art 6 (EGMR Nr 67175/01 vom 15.11.2005). Verhaftete Personen haben Anspruch auf einen Rechtsbehelf, der sich auf die verfahrens- und die materiellrechtlichen Voraussetzungen für die Rechtmäßigkeit der Freiheitsentziehung erstreckt (EGMR NJW **02**, 2013; **12**, 2331; **14**, 283). Das Verfahren muss kontradiktorisch sein und Waffengleichheit zwischen der StA und dem Verhafteten gewährleisten, wozu auch die Einsicht in die für eine wirksame Anfechtung der Rechtmäßigkeit der Haft wesentlichen Schriftstücke und die Wahrung des Grundsatzes des rechtlichen Gehörs gehört (EGMR NJW **02**, 2013; **13**, 2409; StV **10**, 490; Nr 8844/12 vom 7.9.2017; EuGRZ **09**, 472, 474 mwN; Morgenstern ZIS **11**, 240, 242; erg 25a zu § 147 StPO). Die Entscheidung über die Haftfortdauer muss innerhalb einer den konkreten Umständen des Falles angemessenen Frist (dazu EGMR NJW **12**, 2331; NJW **19**, 2143: regelmäßig innerhalb von 20 Tagen; krit dazu Weigend StV **19**, 561, der mit Recht darauf hinweist, dass eine derartige Höchstgrenze den ganz unterschiedlichen prozessualen Ausgangslagen nicht gerecht wird) und erforderlichenfalls in regelmäßigen Zeitabständen erfolgen (EGMR StV **08**, 475, 479, bestätigt durch Große Kammer EuGRZ **09**, 566, 576; vgl im Einzelnen SK-Paeffgen 65 ff). Regelmäßig ist dabei nur die bei größtmöglicher Beschleunigung erreichbare Minimaldauer hinnehmbar (BGH StV **08**, 633). Im Prüfungsverfahren nach § 67e StGB muss einem nach § 63 StGB Untergebrachten idR rechtlicher Beistand gewährt werden (EGMR NJW **92**, 2945). Zur Prüfung der Rechtmäßigkeit einer (vorläufigen) Unterbringung zur Erstellung eines psychiatrischen Gutachtens vgl EGMR NJW **04**, 2209.

14 **6) Schadensersatzanspruch (V):** Die Vorschrift begründet unmittelbar einen Entschädigungsanspruch gegen den Staat (BGHZ **45**, 30, 34 = NJW **66**, 924), und zwar gegen die öffentlich-rechtliche Körperschaft, in deren Bereich die Verhaftung eingetreten ist (vgl Brückler DRiZ **65**, 255) bzw im Fall der nachträglich verlängerten Sicherungsverwahrung das Bundesland, in dem die Freiheit konventionswidrig entzogen wurde (BGH JZ **13**, 1161 mit Anm Breuer); er kann nur im Zivilrechtsweg geltend gemacht werden (München NStZ-RR **96**, 125). Der Anspruch setzt rechtswidrige Haft, aber kein Verschulden voraus (BGHZ **45**, 58, 66), wobei die Rechtswidrigkeit sowohl an den innerstaatlichen Gesetzen als auch an den Bestimmungen der EMRK gemessen werden kann (BGH aaO; BGHZ **57**, 33), und geht daher über den Anspruch nach § 839 BGB hinaus, der aber neben dem nach V bestehen bleibt (Rüping 710). Ansprüche nach dem **StrEG** schließen den Anspruch nach V nicht aus (3 vor § 1 StrEG). Die Vorschrift gilt jedoch nicht für den Fall der Strafvollbüßung auf Grund eines unrichtigen, aber formell rechtmäßigen Urteils (BGHZ **57**, 33), nach Hamm (NStZ **89**, 327 mit abl Anm Seebode) auch nicht bei einer gegen den Verhältnismäßigkeitsgrundsatz verstoßenden, jedoch nicht willkürlich angeordneten Unterbringung in einem psychiatrischen Krankenhaus. Der Anspruch nach V ist kein Aufopferungsanspruch (aM Guradze 43; Schorn 178; Herzog JZ **66**, 657), sondern ein Fall der Gefährdungshaftung mit deliktsähnlichem Einschlag (BGHZ **45**, 58, 66 ff); für die Verjährung gilt daher § 195 (früher § 852) BGB entspr (BGH aaO). Nach V wird der volle Schaden ersetzt (BGHZ **45**, 58, 68), auch der immaterielle (BGH NJW **93**, 2927; NStZ **10**, 229), an dessen Nachweis keine überspannten Anforderungen gestellt werden dürfen (EGMR

Nr 9411/05 vom 2.9.2009). Vgl auch Strafner StV 10, 275. Zum Ganzen Brockhaus/Ullrich StV 16, 678 ff

Recht auf ein faires Verfahren

6 I ¹ Jede Person hat ein Recht darauf, dass über Streitigkeiten in Bezug auf ihre zivilrechtlichen Ansprüche und Verpflichtungen oder über eine gegen sie erhobene strafrechtliche Anklage von einem unabhängigen und unparteiischen, auf Gesetz beruhenden Gericht in einem fairen Verfahren, öffentlich und innerhalb angemessener Frist verhandelt wird. ²Das Urteil muss öffentlich verkündet werden; Presse und Öffentlichkeit können jedoch während des ganzen oder eines Teiles des Verfahrens ausgeschlossen werden, wenn dies im Interesse der Moral, der öffentlichen Ordnung oder der nationalen Sicherheit in einer demokratischen Gesellschaft liegt, wenn die Interessen von Jugendlichen oder der Schutz des Privatlebens der Prozessparteien es verlangen oder – soweit das Gericht es für unbedingt erforderlich hält – wenn unter besonderen Umständen eine öffentliche Verhandlung die Interessen der Rechtspflege beeinträchtigen würde.

II Jede Person, die einer Straftat angeklagt ist, gilt bis zum gesetzlichen Beweis ihrer Schuld als unschuldig.

III Jede angeklagte Person hat mindestens folgende Rechte:
a) innerhalb möglichst kurzer Frist in einer ihr verständlichen Sprache in allen Einzelheiten über Art und Grund der gegen sie erhobenen Beschuldigung unterrichtet zu werden;
b) ausreichende Zeit und Gelegenheit zur Vorbereitung ihrer Verteidigung zu haben;
c) sich selbst zu verteidigen, sich durch einen Verteidiger ihrer Wahl verteidigen zu lassen oder, falls ihr die Mittel zur Bezahlung fehlen, unentgeltlich den Beistand eines Verteidigers zu erhalten, wenn dies im Interesse der Rechtspflege erforderlich ist;
d) Fragen an Belastungszeugen zu stellen oder stellen zu lassen und die Ladung und Vernehmung von Entlastungszeugen unter denselben Bedingungen zu erwirken, wie sie für Belastungszeugen gelten;
e) unentgeltliche Unterstützung durch einen Dolmetscher zu erhalten, wenn sie die Verhandlungssprache des Gerichts nicht versteht oder spricht.

Übersicht

	Rn
1) Anwendungsbereich	1
2) Anspruch auf faires Verfahren und öffentliche Anhörung durch unabhängiges Gericht in angemessener Frist (I S 1)	2–11a
A. Bedeutung und Auslegungsgrundsätze	3–3c
B. Aussage- und Selbstbelastungsfreiheit	4
C. Einsatz eines polizeilichen Lockspitzels	4a
D. Beweisverwertung	4b, 4c
E. Konkretisierung durch Gesetzgeber	5, 5a
F. Öffentliche Anhörung	6
G. Innerhalb angemessener Frist	7–9i
H. Unabhängiges und unparteiisches Gericht	10, 10a
I. Gesetzlicher Richter	11
J. Begründung gerichtlicher Entscheidungen	11a
3) Unschuldsvermutung (II)	12–15b
4) Mindestrechte des Angeklagten (III)	16–28
A. Bekanntgabe der Beschuldigung (Buchst a)	17, 18
B. Zeit und Gelegenheit zur Vorbereitung der Verteidigung (Buchst b)	19
C. Recht auf Verteidigung (Buchst c)	20–21
D. Heranziehung und Befragung von Zeugen (Buchst d)	22–22g
E. Dolmetscher (Buchst e)	23–28

Anh 4 EMRK Art. 6 Anhang

1 1) **Anwendungsbereich:** Der Begriff „strafrechtliche Anklage" ist autonom auszulegen. Er erfasst bereits den Vorwurf eines strafbaren Verhaltens, vergleichbar der Beschuldigteneigenschaft im deutschen Strafprozess (EGMR Nr 50541/08 vom 13.9.2016; Jahn JuS **17**, 177). Die Vorschrift gilt zudem nicht nur für die Strafgerichtsbarkeit, sondern auch für das Bußgeldverfahren (EGMR NJW **85**, 1273; EuGH WM **10**, 65; Bamberg NJW **09**, 2468; str; zum Streitstand und zur praktischen Bedeutung der Streitfrage ausführlich KK/OWiG-Lampe 6 ff zu § 46). Sie findet – allerdings abhängig von der Sanktions-Intensität – auch im Auslieferungsverfahren Anwendung (SK-Paeffgen 24); im verwaltungsgerichtlichen Verfahren gilt sie jedenfalls nicht, wenn der Organwalter hoheitlich tätig wird (dazu eingehend SK-Paeffgen 20 ff). Sie ist entgegen ihrem Wortlaut nicht nur auf Angeklagte (vgl § 157 StPO), sondern auf jeden Beschuldigten anzuwenden (EGMR NJW **09**, 3709; Kempf DAV-FS 595; Schroeder GA-FS 206 ff; erg unten 8). Sie gilt auch im Revisionsverfahren und im Verfahren vor dem Verfassungsgericht, dagegen nicht für die Vollstreckung rechtskräftiger Strafurteile (Nr 74912/01 vom 17.9.2009) sowie die Wiederaufnahme eines Strafverfahrens (EGMR NJW **10**, 3704, 3705). Auf ein Überstellungsverfahren ist Art 6 ausnahmsweise anwendbar, wenn eine „sehr enge" Verbindung zwischen diesem und dem Strafverfahren besteht; dies hat der EGMR angenommen, wenn sich das Verfahren der Überstellung auf eine Zusicherung der StA während des Strafverfahrens bezieht (EGMR NStZ-RR **11**, 113). Zum Geltungsbereich des Art 6 im Einzelnen vgl auch KK-Lohse/Jakobs 7 ff, zur allg Auslegung durch den EGMR Frowein/Peukert 4 ff, 51 ff. In berufsrechtlichen Disziplinarverfahren ist I, auch wenn es um anwaltliche Tätigkeit geht, (lediglich) unter seinem zivilrechtlichen Aspekt anwendbar (EGMR NJW **14**, 1791 mwN).

2 2) **Anspruch auf faires Verfahren und öffentliche Anhörung in angemessener Frist (I S 1):**

3 A. **Bedeutung und Auslegungsgrundsätze:** Die Vorschrift enthält den dem anglo-amerikanischen Strafverfahren entstammenden fair trial-Grundsatz (EKMR NJW **63**, 2247). Sie bedeutet nicht materielle, sondern prozessuale Fairness (EGMR Nr 54111/07 vom 6.7.2010). Zum fairen Verfahren zählt auch das Verbot des *venire contra factum proprium* (Engländer JZ **09**, 1180 mwN), insbesondere aber der Grundsatz der Waffengleichheit zwischen staatlicher Strafverfolgung und Verteidigung (Frowein/Peukert 83 ff; dazu Einl 88), der allerdings in dem von der Aufklärungspflicht des Gerichts (§ 244 II StPO) und der Objektivitätspflicht der Staatsanwaltschaft (§ 161 II StPO) geprägten deutschen Strafverfahren nicht denselben Inhalt und dieselbe Bedeutung haben kann wie im angelsächsischen Parteienprozess. Der Begriff wird in der Rspr des EGMR umfassend verstanden, sodass sich ein Verstoß gegen Art 6 nur aus einer Gesamtschau des Verfahrens ergeben kann (EGMR NJW **01**, 2387; erg unten 16 und 22). I S 1 hat damit allgemeine Bedeutung für den gesamten Bereich des Art 6, erstreckt sich also auch auf die normierten Einzelgewährleistungen (vgl Harris/O'Boyle/Warbrick 201; Meyer-Ladewig 35 ff). Dabei akzeptiert der Gerichtshof bis zur Grenze der Willkür die Auslegung des innerstaatlichen Rechts bzw auch des Völkerrechts durch die staatlichen Gerichte (EGMR NJW **12**, 3502; 3419: Strafmilderung als Gegenleistung für ein Geständnis im Rahmen einer Absprache).

3a Bei der erforderlichen **Gesamtbetrachtung** (vgl EGMR NJW **19**, 1999; **17**, 2811) nach I sind die widerstreitenden Interessen der Verteidigung, des Opfers, der Zeugen und des öffentlichen Interesses an einer effektiven Strafrechtspflege gegeneinander abzuwägen, ferner das Gewicht des Verstoßes gegen innerstaatliches Recht oder Konventionsrecht (EGMR NJW **06**, 3117, 3122 f; vgl auch BVerfG NJW **12**, 907, 911). Auch die Besonderheiten des jeweils betroffenen Rechtssystems sind zu berücksichtigen (vgl EGMR – Große Kammer – Nr 26766/05 ua vom 15.12.2011 zu IIId; Meyer HRRS **12**, 117). Dies ermöglicht es, bei der Bewertung der Fairness zu berücksichtigen, dass die Gerichte in Deutschland gehalten sind, den Sachverhalt auch unabhängig von Beweisbegehren der Staatsanwaltschaft oder der Verteidigung von Amts wegen umfassend aufzuklären (vgl EGMR Nr 29881/07 vom 19.7.2012 zu § 244 II StPO). Einen von vorneherein reduzierten Prüfungsumfang beim Verdacht des Terrorismus gibt es nicht (EGMR Nr 50541/08 vom 13.9.2016; Jahn JuS **17**, 177, 178 f). Der plakative und unscharfe Begriff der Fairness entzieht sich allerdings weitgehend einer an objektiven Kriterien orientierten Inhaltsbestimmung und birgt die Gefahr in sich, zur Durchsetzung subjektiver, die rollenspezifischen Interessen oder rechtspolitischen Vorstellungen widerspiegelnder Überlegungen von Gerechtigkeit und „Fairness" instrumentalisiert zu werden.

Bei „**flagranten Rechtsverweigerungen**" ist ohne weiteres ein Verstoß gegen **3b** Art 6 gegeben. Diese nimmt der EGMR bei schweren und offenkundigen Fairnessverstössen durch Vorenthalten elementarer Verteidigungs- und Beschuldigtenrechte an, welche die Integrität eines rechtsstaatlichen Strafverfahrens irreparabel schädigen (EGMR Nr 7511/13 vom 24.7.2014 zur Praxis der sog „extraordinary renditions" Terrorverdächtiger; vgl auch EGMR NJW 15, 2095). Umgekehrt hat ein Straftäter aus I keinen „Anspruch" darauf, dass die Ermittlungsbehörden rechtzeitig gegen ihn einschreiten, um seine Taten zu verhindern (BGH 1 StR 142/14 vom 27.1.2015 mwN).

Tatopfer werden nur dann in den Schutzbereich des I S 1 einbezogen, wenn **3c** sie im Strafverfahren einen nach nationalem Recht anerkannten zivilrechtlichen Anspruch („civil right") verfolgen, für dessen Wahrnehmung der Ausgang des Strafverfahrens von entscheidender Bedeutung ist (EGMR [Große Kammer] Nr 47287/99 vom 12.2.2004). Dies wird jedenfalls zu bejahen sein, wenn das Opfer Entschädigungsansprüche im Adhäsionsverfahren geltend macht, erscheint aber bei einer allein punitive Ziele verfolgenden Nebenklage zweifelhaft (wohl a**M** Helmken StV **16**, 456, 460).

B. Der Grundsatz der **Aussage- und Selbstbelastungsfreiheit,** dh die Entschei- **4** dungsfreiheit eines Verdächtigen, ob er Angaben machen oder schweigen will, ist ein grundlegender Bestandteil der in Art 6 I garantierten Waffengleichheit (EGMR NJW **10**, 213; **08**, 3549; Satzger § 11 Rn 70; zur in den Mitgliedstaaten allerdings im Einzelnen unterschiedlich reichweite des nemo-tenetur-Grundsatzes EGMR Nr 18731/91 vom 8.2.1996; BVerfG JZ **16**, 1113). Verständigungsverfahren, die dem Angeklagten Strafnachlass für ein Geständnis in Aussicht stellen, unterliegen unter diesem Aspekt keinen grundsätzlichen Bedenken (EGMR Nr 29090/06 vom 3.11.2011). Schwierig zu beurteilen sind allerdings vor allem denkbare Verstöße in Fällen, in denen belastende Äußerungen auf einer nicht offen geführten Vernehmung des Beschuldigten beruhen. Der nemo-tenetur-Grundsatz kann je nach den Umständen auch in einem solchen Fall verletzt sein, wenn die Angaben des Beschuldigten aufgrund von Maßnahmen der Ermittlungsbehörden erlangt wurden, die sich bei wertender Betrachtung als funktionales Äquivalent einer formellen Polizeivernehmung darstellen (siehe EGMR StV **03**, 257, 259: Selbst belastende Angaben gegenüber einem in derselben Zelle einsitzenden, von der Polizei instruierten und beharrlich insistierenden Informanten unter Ausnutzung eines vermeintlichen Vertrauensverhältnisses; vgl auch BGH NStZ **09**, 343; Kaiske StV **14**, 423). Dies gilt namentlich, wenn der Beschuldigte durch – psychischen – Druck in eine Lage gebracht wird, die einem Aussagezwang nahe kommt (BGH **55**, 138: Drohung mit einem empfindlichen Übel) oder wenn er bereits bei einer förmlichen Vernehmung von seinem Schweigerecht Gebrauch gemacht hat (BGH **52**, 11; vgl auch EGMR aaO). Kein Verstoß gegen die Selbstbelastungsfreiheit liegt dagegen bei einem durch einen Informanten der Polizei heimlich aufgenommenen Gespräch vor, das der auf freiem Fuß befindliche und noch nicht polizeilich vernommene Verdächtige aus freien Stücken geführt hatte (EGMR NJW **10**, 2013, 2015; vgl auch BGH NStZ **11**, 596 = StV **12**, 131 mit krit Anm Roxin: Die Informantin hatte sich der Polizei von sich aus zur Verfügung gestellt und war von dieser nicht instruiert und angeleitet worden). Das nemo-tenetur-Prinzip verbietet grundsätzlich auch nicht die zwangsweise Erlangung von Beweisen vom Beschuldigten, die unabhängig von seinem Willen vorhanden sind, wie zB Proben von Atemluft, Blut, Urin oder Körpergewebe, es sei denn, sie wurden unter den Umständen des Einzelfalls unter Verstoß gegen Art 3 gewonnen (EGMR NJW **06**, 3117, 3123 f: Brechmitteleinsatz bei Betäubungsmitteldelikt; erg 2 zu Art 3).

C. Der **Einsatz eines polizeilichen Lockspitzels** verletzt Art 6 I, wenn Mitglieder **4a** der Polizeikräfte oder Personen, die in ihrem Auftrag tätig werden, diejenigen, auf die sie angesetzt sind, dazu anstiften, eine Straftat zu begehen, die sie sonst nicht begangen hätten (EGMR NJW **12**, 3502; NJW **09**, 3565; NStZ **99**, 47). Bei der Beurteilung, ob eine Anstiftung in diesem Sinne vorgelegen hat, stellt der Gerichtshof vor allem darauf ab, ob es im Vorhinein stichhaltige Gründe dafür gab, dass der Betroffene bereit war, Straftaten zu begehen und ob sich die beteiligten Beamten nicht auf eine im Wesentlichen passive Rolle beschränkt, sondern aktiv auf die Begehung der Straftat hingewirkt haben (EGMR aaO; Nr 54648/09 vom 23.10.2014); selbst wenn man objektiv eine Tatgeneigtheit bejaht, rechtfertigt dies allerdings nicht ein zur Tat anstiftendes, sie provozierendes Verhalten des polizeilichen Lockspitzels. Für die Frage der **Tatgeneigtheit** können einschlägige Vorstrafen, die Vertrautheit mit den Usancen der betreffenden Straftaten (zB des Drogenhandels) sowie das Vorhandensein von Anhaltspunkten sprechen, welche einen konkreten Tatverdacht begründen (siehe etwa BGH NStZ **14**, 277: „gewisser Anfangsverdacht"; BGH **60**, 238; **60**, 276; NStZ **16**, 232; vgl auch BVerfG 2 BvR 209/14 ua vom 18.12.2014: „ausreichende tatsächliche Anhaltspunkte"). Zur Beurteilung des **Verhaltens des polizeilichen Lockspitzels** nimmt der BGH eine Abwägung aller Umstände vor, ob das tatprovozierende Verhalten „unvertretbar übergewichtig" war (BGH jeweils aaO; 5 StR 650/17 vom 4.7.2018; NStZ **18**, 355 mit krit Anm Esser; erg Einl 148a). Von besonderer Bedeutung ist, mit welcher Beharrlichkeit der polizeiliche Lockspitzel auf den Betroffenen eingewirkt hat, ob sich ein etwaiges „Drängen" auf die Vornahme des Geschäftes als solches oder lediglich auf dessen beschleunigte Abwicklung bezog (BGH NStZ **16**, 232) und ob der Betroffene auch selbst initiativ geworden ist (EGMR NJW **09**, 3565, 3568; Nr 13 109/04 vom 1.3.2011; BGH **60**, 276; vgl auch Bremen NZWiSt **12**, 465 mit abl Anm Waßmer zu jugendlichen Testkäufern von Alkohol); auch ein außergewöhnlich langer Zeitraum der Einwirkung sowie der Umstand, dass die übrigen Ermittlungen keinerlei belastende Momente ergeben haben, können berücksichtigt werden (BGH NStZ **14**, 277). Ein bloßes Ansprechen ohne sonstige Einwirkung reicht für die Annahme einer Tatprovokation nicht aus (BGH 5 StR 650/17 vom 4.7.2018). Der Konventionsverstoß kann sich nach Maßgabe des Einzelfalls auf nicht direkt provozierte Tatbeteiligte erstrecken, wenn sich die Ermittlungsbehörden darüber im Klaren waren, dass durch die Tatprovokation auch andere Personen verstrickt würden (BGH aaO). Schließlich bedarf es angemessener und ausreichender prozessualer Sicherungen gegen Missbrauch, insbesondere eindeutiger und vorhersehbarer Verfahrensregeln, um die fraglichen Ermittlungsmaßnahmen zu genehmigen, durchzuführen und zu überwachen (EGMR NJW **09**, 3566; **12**, 3502). Zur Frage der Verwertung der durch eine unzulässige Tatprovokation erlangten Beweise siehe sogleich 4b.

4b D. **Beweisverwertung:** Art 6 enthält keine grundsätzlichen Bestimmungen über die Zulässigkeit von Beweismitteln oder die Beweiswürdigung und schreibt insbesondere nicht vor, dass nach nationalem Recht rechtswidrig erlangte Beweismittel prinzipiell nicht verwertet werden dürfen (EGMR EuGRZ **10**, 281; NJW **12**, 3502; **10**, 1865; ebenso EGMR NJW **17**, 2811; **10**, 213, 215 für unter Verstoß gegen Art 8 erlangte Beweise; zu Art 6 IIId näher 22d; vgl dazu auch BVerfG NJW **12**, 907 sowie 2 BvR 209/14 ua vom 18.12.2014; zur Verletzung rechtshilferechtlicher Bestimmungen über die Beweiserhebung im Ausland BGH **58**, 32); die Abwägungslösung des BGH (vgl nur BGH **31**, 304, 307; **44**, 243, 248; näher Einl 55, 55a) entspricht den sich aus der EMRK ergebenden sowie den verfassungsrechtlichen Anforderungen an ein faires Verfahren (BVerfG aaO). Art 6 I gebietet dem entsprechend auch nicht, **„fruits of the poisonous tree"** generell von der Verwertung auszuschließen ((EGMR Nr 7215/10 vom 9.2.2016 mit Anm Byczyk HRRS **16**, 509; vgl auch EGMR NJW **17**, 2811 für durch eine rechtswidrige Durchsuchung erlangte Beweise). **Verwertungsverbote** nimmt der EGMR **ausnahmsweise** an für Beweise, die aufgrund von **Folter** oder unmenschlicher Behandlung (EGMR NJW **10**, 3148; NJW **06**, 3117; Nr 7511/13 vom 24.7.2014; erg 5 zu Art 3) oder durch eine **unzulässige Tatprovokation** erlangt wurden (EGMR NJW **09**, 3565; Nr 54648/09 vom 23.10.2014 (näher dazu Greco Stra-Fo **10**, 52). Esser/Gaede/Tsambikakis (NStZ **11**, 142) halten vor diesem Hintergrund die deutsche Rspr zur Tatprovokation [etwa BGH **47**, 44, 47; NStZ **14**, 277; näher dazu

Einl 148a], die dem Verstoß auf der Ebene der Strafzumessung Rechnung trägt, nicht mit Art 6 I für vereinbar. Für diese Auffassung spricht die Entscheidung des EGMR vom 23.10.2014 (StraFo **14**, 504 mit Anm Sommer; Pauly StV **15**, 411, Petzsche JR **15**, 88 Meyer/Wohlers JZ **15**, 761und Sinn/Maly NStZ **15**, 379), in der der Gerichtshof ausdrücklich eine Reduzierung der Strafe nicht als ausreichende Kompensation gewertet, sondern einen Ausschluss der durch Verstoß gegen Art 6 erlangten Beweismittel, dagegen nicht zwingend die Annahme eines Verfahrenshindernisses, für erforderlich erachtet (weitergehend BGH **60**, 276 = NJW **16**, 91 [2. StS] mit Anm Eisenberg; Mitsch NStZ **16**, 57; Eidam StV **16**, 129; Lochmann StraFo **15**, 492: regelmäßig Verfahrenshindernis, da Strafzumessungslösung keine vollständige Wiedergutmachung im Sinne des Art 41 darstelle; vgl dazu auch Zieschang Paeffgen-FS 423; dagegen wiederum BGH **60**, 238; **15**, 226 [jew 1. StS]; wiederum anders Beulke/Swoboda 288: in Extremfällen Schuld bzw Strafausschließungsgrund; ebenso I. Roxin Neumann-FS 1359 für unverdächtig rechtsstaatswidrig Provozierte; erg 4a, 34a, 34b zu § 163, Einl 148a). Das BVerfG betont in seiner Entscheidung vom 18.12.2014 (NJW **15**, 1083) dass das nationale Rechtssystem nicht zwingend dem dogmatischen Ansatz des Gerichtshofs folgen müsse (ebenso BGH **60**, 238; a**M** Meyer/Wohlers aaO 768; Jahn/Kudlich JR **16**, 54), vielmehr die Rspr des EGMR möglichst schonend in das vorhandene, dogmatisch ausdifferenzierte nationale Rechtssystem einzufügen sei und dass die „Strafzumessungslösung" schlüssig in das deutsche Strafrechtssystem passe; allerdings schließt das BVerfG auch eine Verfahrenseinstellung nicht aus, die mit Rücksicht auf das Interesse an einer der materiellen Gerechtigkeit dienenden Strafverfolgung allerdings „nur in extremen Ausnahmefällen" in Betracht komme (BVerfG aaO). Das Revisionsgericht kann die Sache auch zur Nachholung fehlender Feststellungen oder wenn die Bewertung der Tatprovokation von einer Würdigung der vom Tatrichter erhobenen Beweise abhängt, an das Tatgericht zurückverweisen (BGH NStZ-RR **16**, 42; 5 StR 650/17 vom 4.7.2018). Zum Ganzen I. Roxin Neumann-FS 1359; Roxin Rogall-FS 651; Dölp StraFo **16**, 265; Schmidt ZIS **17**, 56; erg Einleitung 148a.

Darüber hinaus lässt sich der **Rspr des BGH** in jüngerer Zeit die **Tendenz** entnehmen, sich bei angenommenen Verstößen gegen den **Grundsatz der Selbstbelastungsfreiheit** auf Art 6 I 1 zu beziehen und ein Verwertungsverbot für dadurch erhaltene Aussagen anzunehmen (BGH **53**, 294, 304 ff: Heimliche Überwachung von Ehegattengesprächen im Besuchsraum der JVA; BGH **55**, 138: Verdecktes Verhör eines inhaftierten Beschuldigten durch einen als Besucher getarnten Polizeibeamten unter Zwangseinwirkung; BGH **52**, 11, 17 ff: Angaben eines Beschuldigten, der sich auf sein Schweigerecht berufen hat, gegenüber einem verdeckten Ermittler; erg 4 sowie eingehend dazu Sowada Geppert-FS 689, 704 ff). 4c

E. Es ist **primär Aufgabe des Gesetzgebers** zwischen möglichen Alternativen 5 bei der normativen Ausgestaltung des Rechts auf ein faires Verfahrens zu wählen (BVerfG NJW **11**, 591, 592). Insofern stellen die einfachgesetzlichen Regelungen der StPO in einem demokratischen und rechtsstaatlichen Gesetzgebungsprozess zustande gekommene Konkretisierungen eines fairen, rechtsstaatlichen Strafverfahrens dar und genügen damit grundsätzlich den Anforderungen des I S 1. Dies zeigt sich namentlich durch die Gewährung des rechtlichen Gehörs (§§ 33, 33a, 308 I, 311a StPO), des Rechts auf Verteidigung (§§ 137 ff, 265 III, IV StPO; vgl EGMR HRRS **09**, 471 L: auch bei unentschuldigtem Ausbleiben des Angeklagten), die Aussagefreiheit des Beschuldigten (EGMR NJW **02**, 499; **10**, 213, 215; JR **05**, 423 mit Anm Gaede; BGH **53**, 294, 304 f), dessen Schweigen allein nicht als belastendes Indiz gewertet werden darf (15 zu § 261; weitergehend erlaubt EGMR NJW **11**, 201, dass Schlüsse aus dem Schweigen des Angeklagten gezogen werden können, wenn ihm Umstände nachgewiesen werden, die eindeutig einer Erklärung bedürften), den Grundsatz der freien Beweiswürdigung (§ 261), die Einräumung von Rechtsmitteln (§§ 296 ff), die Rechtsmittelbelehrung (§ 35a) ua. Die Auslegung der EMRK durch den EGMR ist jedoch bei der Anwendung der StPO zu beachten und wird auch in der Rspr des BGH zunehmend berücksichtigt (BGH aaO; **46**, 93, 97; erg 4a vor Art 1 sowie Einl 19).

5a **Verstöße** gegen den Grundsatz des fairen Verfahrens müssen mit einer **Verfahrensrüge** geltend gemacht werden (offen gelassen von BGH **45**, 321, 323 und NStZ **01**, 553; vgl aber BGH NStZ **10**, 294).

6 F. **Öffentliche Anhörung:** Vgl § 169 GVG. Die Beschränkungen der Öffentlichkeit nach den §§ 170 ff GVG, §§ 48, 109 I S 4 **JGG** sind durch I S 2 gedeckt (EGMR NJW **13**, 521; Guradze 17). Zu den Ausschlussgründen nach I S 2 eingehend SK-Paeffgen 90 ff; Morscher/Christ EuGRZ **10**, 274 ff. Die Rechtsmittelverwerfung durch schriftlich bekanntgemachten Beschluss schließt I S 2, der nicht buchstabengetreu angewendet werden muss, nicht generell aus (EGMR EuGRZ **85**, 225; 548; **91**, 415, 419/420; vgl auch EKMR NJW **63**, 2247). Das Strafbefehlsverfahren (§§ 407 ff StPO) ist zulässig (EKMR bei Strasser EuGRZ **92**, 277).

7 G. **Innerhalb angemessener Frist:** Die Vorschrift verpflichtet die Regierungen, ihre Gerichtsbarkeit so zu organisieren, dass sie den Anforderungen des I gerecht wird (EGMR NJW **84**, 2749; **99**, 3545; BGH NStZ **10**, 230); hiergegen wird auch durch eine unzureichende Ausstattung des für gutachtliche Untersuchungen als zuständig bestimmten LKA verstoßen (BGH 3 StR 494/09 vom 13.1.2010). Sie ergänzt Art 5 III S 2 dahin, dass jeder, nicht nur der inhaftierte Beschuldigte (BGH NStZ **03**, 384), einen unmittelbaren Anspruch auf Beschleunigung des Verfahrens hat (10 zu Art 5; erg unten 9g; zum Ermittlungsverfahren eing Mansdörfer GA **10**, 153). Sie gilt auch für Verfahren vor dem BVerfG (EGMR StV **09**, 561 mit Anm Krehl). Nach Übernahme eines Ermittlungsverfahrens durch die BRep ist eine in einem abgebenden Vertragsstaat der EMRK bereits eingetretene rechtsstaatswidrige Verfahrensverzögerung allerdings nicht zu kompensieren (BGH **57**, 1).

7a a) Die **Angemessenheit der Frist** hängt von den Umständen des Einzelfalls ab (so jetzt ausdr § 198 I S 2 GVG; vgl ferner EGMR Nr 67 522/09 vom 6.11.2014 und Nr 17 603/07 vom 22.5.2012; BVerfG NJW **92**, 2472; BGH NStZ **04**, 345; vgl auch BGH 3 StR 148/09 vom 16.6.2009 und 3 StR 44/09 vom 28.7.2009: kein rein rechnerischer Maßstab). Nicht jede im Strafprozess vorkommende Verzögerung führt zu einer konventionswidrigen Verletzung des Beschleunigungsgebotes (BGH 1 StR 531/12 vom 5.12.2012; BVerfG 2 BvR 2819/11 vom 25.9.2012). Ein lediglich vorübergehender Engpass in der Arbeits- und Verhandlungskapazität der Strafverfolgungsorgane führt deshalb nicht zu einem Verstoß (BGH wistra **05**, 34; vgl auch BGH **54**, 133 zum Vorwurf, es hätte noch intensiver ermittelt werden können). Zu berücksichtigen sind die Schwere des Tatvorwurfs, Umfang und Schwierigkeit des Verfahrens (§ 198 I S 3 GVG: „Schwierigkeit und Bedeutung des Verfahrens"), die Art und Weise der Ermittlungen, die konkrete Belastung durch das Verfahren für den Beschuldigten und sein eigenes – auch prozessual zulässiges – Verhalten (vgl EGMR NJW **86**, 647; EuGRZ **85**, 548; BVerfG NStZ-RR **05**, 346; StV **09**, 673; BGH **46**, 159, 173; NJW **10**, 1155; StV **10**, 228, 230). Die Probleme bei der Durchführung von Strafverfahren mit internationalen Bezügen und der Erfordernis internationaler Rechtshilfe sind zu berücksichtigen (EGMR Nr 67 522/09 vom 6.11.2014; BGH NStZ **15**, 521). Art 6 I 1 ist nicht verletzt, wenn und soweit die überlange Verfahrensdauer vom Beschwerdeführer verursacht wurde (EGMR aaO; EuGRZ **09**, 315; vgl nunmehr auch die Formulierung in § 198 I S 3 GVG: Verhalten der Verfahrensbeteiligten). Wird den Ermittlungsbehörden nicht Untätigkeit, sondern ein fehlerhaftes Vorgehen angelastet, ist eine rechtsstaatswidrige Verzögerung allenfalls bei kaum verständlichen, schwerwiegenden Ermittlungsfehlern in Betracht zu ziehen (EGMR NJW **15**, 3773; BGH NStZ **10**, 531, 533). Eine Verfahrensdauer von mehr als 7 Jahren (BVerfG NStZ **04**, 335) oder gar 9 bis 11 Jahren ist regelmäßig, aber nicht zwingend (siehe EGMR aaO) übermäßig lang (vgl EGMR EuGRZ **83**, 346; StV **05**, 475; **09**, 519, 521; NJW **11**, 3353 zu überlanger Dauer des Verfahrens beim BVerfG; BVerfG NJW **93**, 3254, 3255; weitere Nachw zur Rspr des EGMR bei Meyer-Ladewig 82). In sog Umfangsverfahren muss grundsätzlich mindestens zweimal wöchentlich verfahrensfördernd verhandelt werden (BVerfG StraFo **13**, 160; StV **06**, 318; Hamburg NJW **06**, 2792; erg 1a zu § 121 StPO), eine Forderung, die sich in der Praxis aufgrund von Terminsschwierigkeiten der Beteiligten sowie von parallel zu betreibenden weiteren Verfahren häufig nicht verwirklichen lässt. Haftsachen haben Vorrang vor Nichthaftsachen (Hamm StV **06**, 319). Die angemessene Frist nach I S 1 kann länger sein als die für die Dauer der UHaft nach Art 5 III S 1 Hs 2 vertretbare (BGH StV **08**, 633; erg unten 9g). Erg zum Begriff der Angemessenheit der Frist siehe 11 zu Art 5.

Ob allein die durch **Aufhebung des Urteils und Zurückverweisung der Sache** 7b bedingte längere Verfahrensdauer eine rechtsstaatswidrige Verfahrensverzögerung begründet, wird vom BVerfG und vom BGH unterschiedlich beantwortet: Während ersteres dies – jedenfalls in früheren Entscheidungen – bejaht, lehnt letzterer es grundsätzlich ab (vgl BGH StV **06**, 237 und 241, jeweils mit ausführlichen Nachweisen; NJW **08**, 307; NStZ-RR **10**, 40 L zu Art 5 I; wie BGH auch EGMR EuGRZ **09**, 566, 575; vgl auch eingehend dazu Koblenz StV **06**, 645) und bejaht es nur bei erheblichen, kaum verständlichen Rechtsfehlern (BGH NStZ **09**, 104; ähnlich EGMR NJW **15**, 3773: „grave procedural error") oder bei wiederholter Aufhebung und Zurückverweisung (BGH NStZ **09**, 472; vgl dazu auch BGH NStZ-RR **14**, 314; StV **09**, 692). Die Aufhebung eines tatrichterlichen Urteils allein im Strafausspruch erfasst grundsätzlich nicht die Frage der Kompensation einer bis zur revisionsgerichtlichen Entscheidung eingetretenen rechtsstaatswidrigen Verfahrensverzögerung (BGH 1 StR 641/12 vom 8.1.2013 mwN).

Keine zu beanstandende Verzögerung ist die Durchführung des Vorlageverfah- 7c rens zum GSSt des BGH nach § 132 GVG (BGH StV **11**, 407) bzw des Eilvorlageverfahrens an den EuGH (Art 267 IV AEUV; 21 zu § 121 StPO), die Ausschöpfung der Frist des § 275 I StPO zur Urteilsabsetzung (BGH NStZ **04**, 504), das vorübergehende Vorgehen der StA gem § 154 I StPO nach sachlich vertretbarer Wiederaufnahme (BGH NStZ **11**, 651), wohl aber 1 Jahr „Pause" aus gerichtsorganisatorischen Gründen nach erfolgreicher Ablehnung (BGH StraFo **09**, 245; ähnlich BGH 3 StR 430/09 vom 29.10.2009) oder eine „willkürliche" Berufungseinlegung durch die StA (Karlsruhe NJW **04**, 1887). Verzögerungen, die durch die Verteidigung verursacht worden sind, bleiben selbst dann außer Betracht, wenn es sich um zulässiges Prozessverhalten handelt (BGH 1 StR 531/12 vom 5.12.2012; BVerfG 2 BvR 2819/11 vom 25.9.2012; EGMR Nr 67522/09 vom 6.11.2014). Bei einer insgesamt angemessenen Verfahrensdauer führt eine gewisse Untätigkeit während eines einzelnen Verfahrensabschnitts noch nicht zu einem Verstoß gegen I S 1 (BGH StraFo **01**, 409; **09**, 245; NStZ **04**, 504; **05**, 445; 582; NStZ-RR **06**, 50; **07**, 150; NJW **10**, 1155; krit Theile ZIS **09**, 450 mwN). Die zur sorgfältigen Vorbereitung und Terminierung erforderliche Zeit führt selbst dann nicht zu einer zu kompensierenden Verzögerung, wenn sie nicht näher belegt ist, wie diese Zeitraum vom Gericht genutzt wurde (BGH 1 StR 525/11 vom 7.2.2012; vgl auch StV **14**, 6). In umfangreichen **Steuer- und Wirtschaftsstrafsachen** sind nach der Rspr des BGH Besonderheiten zu berücksichtigen, die regelmäßig einen Vorrang der Gründlichkeit vor der Schnelligkeit gebieten (BGH NJW **12**, 1458; vgl auch BGH wistra **07**, 392: trotz überdurchschnittlich langer Verfahrensdauer keine rechtsstaatswidrige Verfahrensverzögerung; der EGMR [wistra **04**, 177] hat allerdings in einem Einzelfall ein 5 jähriges Ermittlungsverfahren als zu lang beanstandet; eingehend zum Recht auf Verfahrensbeschleunigung in Steuer- und Wirtschaftsstrafsachen Gaede wistra **04**, 166 ff); allerdings dürfte dieser Grundsatz für alle Strafverfahren Geltung beanspruchen. Die Zustimmung des Angeschuldigten zur Einstellung des Strafverfahrens schließt die Rüge wegen überlanger Verfahrensdauer aus (EGMR EuGRZ **08**, 277).

Die **Frist beginnt,** wenn der Beschuldigte von der Einleitung des Ermittlungsverfah- 8 rens in Kenntnis gesetzt wird (EGMR NJW **86**, 647; StV **09**, 519, 521; BVerfG NJW **93**, 3254; BGH NStZ **82**, 291; wistra **04**, 298; NStZ-RR **09**, 298 [M/P]), und endet nicht schon mit Erlass des Urteils (Hamburg MDR **83**, 71 mwN), sondern erst mit dem rechtskräftigen Abschluss des Verfahrens (BGH **35**, 137, 141; EGMR EuGRZ **78**, 417; **83**, 371, 380), ggf also sogar erst mit Rechtskraft eines Gesamtstrafenbeschlusses nach § 460 StPO (EGMR EuGRZ **83**, 364; vgl auch BGH NStZ **87**, 232); sie ist folglich auch im **Revisionsverfahren** zu beachten (BVerfG NStZ **05**, 456), darüber hinaus auch im **Verfahren vor dem BVerfG** (EGMR NJW **01**, 211; **02**, 2856; StV **09**, 519, 521; 561). Die Frist läuft nicht, wenn die Strafverfolgung kraft Gesetzes (zB wegen Immunität) nicht fortgesetzt werden kann (BGH **36**, 363, 372). Nicht zu berücksichtigen ist auch **Auslieferungshaft** im Ausland, sofern der Betroffene sich zuvor durch Flucht dem Zugriff der Behörden entzogen hatte (EGMR Nr 71 029/01 vom 20.12.2011).

9 b) **Grundsätzlich kein Verfahrenshindernis** wird durch die Verletzung des Beschleunigungsgebots begründet (BGH **21**, 81; **24**, 239; **27**, 274; **35**, 137, 140), auch nicht nach Art 54 SDÜ, wenn ein Verfahren im Ausland als Kompensation überlanger Verfahrensdauer eingestellt wurde (BGH NStZ **17**, 174; erg 177a-c). Etwas anderes gilt nur in ganz außergewöhnlichen Einzelfällen, wenn sonst eine angemessene Berücksichtigung des Verstoßes im Rahmen einer Sachentscheidung nicht mehr in Betracht kommt (BGH **46**, 159; wistra **17**, 108; Koblenz StraFo **18**, 23; Rostock StV **11**, 220; Saarbrücken StV **07**, 178; Schleswig StV **03**, 379; vgl auch EGMR StV **01**, 489; **09**, 519, 521; ebenso BVerfG NJW **84**, 967; **92**, 2473; Koblenz NJW **94**, 1887; Zweibrücken NStZ **89**, 134; erg Einl 147). Solches kann sich in jeder Lage des Verfahrens ergeben (BVerfG 2 BvR 1089/09 vom 4.9.2009). Im Einstellungsurteil müssen dann die Verfahrenstatsachen, die Feststellungen zum Schuldumfang des Angeklagten und die der Prognose über die weitere Verfahrensdauer zugrunde liegenden Tatsachen dargelegt werden (BGH aaO; NStZ-RR **03**, 104 [B]; Bay StV **03**, 375; abl zur Einbeziehung der Schuldhöhe Kempf aaO 136; Ostendorf/Radke aaO 1096; I. Roxin aaO; Trunit/ Schroth StraFo **05**, 363). In Fällen besonders schwerwiegender Verfahrensverzögerung kommt auch eine Verfahrenseinstellung nach §§ 153, 153a StPO in Betracht (BGH NStZ **10**, 641).

9a c) Mit Hilfe der sog **Vollstreckungslösung** wird im Übrigen seit der Entscheidung des GrS des BGH vom 17.1.2008 (BGH **52**, 124) die übermäßige und von dem Beschuldigten nicht zu vertretende rechtsstaatswidrige Verzögerung ausgeglichen (zur früheren Strafabschlagslösung BVerfG NJW **03**, 2225, 2228; BGH NJW **03**, 2759). Danach lässt die rechtsstaatswidrige Verfahrensverzögerung die Frage des Unrechts, der Schuld und der Strafhöhe unberührt. Die Kompensation wird aus dem Vorgang der Strafzumessung herausgelöst, und der Angeklagte ist zu der angemessenen Strafe zu verurteilen. In leichten Fällen nur unbedeutender Verzögerung/Belastung genügt als Kompensation deren ausdrückliche Feststellung in den Urteilsgründen (BGH StraFo **08**, 297; NJW **10**, 1155; NStZ **10**, 640; vgl auch BGH NStZ-RR **10**, 106: Bewährungsstrafe wegen Verzögerung). Ist die bloße Feststellung nicht ausreichend, muss in entspr Anwendung des § 51 I S 1, IV S 2 StGB in der Urteilsformel ausgesprochen werden, dass (zur Entschädigung für die überlange Verfahrensdauer) ein beziffertert Teil der verhängten (Gesamt-)Strafe als vollstreckt gilt. Die Kompensation mit Hilfe der Vollstreckungslösung gilt gem § 199 III S 1 GVG als ausreichende Wiedergutmachung auf andere Weise als durch finanzielle Entschädigung (§ 198 II S 2 GVG); insoweit findet auch § 198 IV GVG (Feststellung der Unangemessenheit der Verfahrensdauer durch das Entschädigungsgericht) keine Anwendung. Das Entschädigungsgericht (zu Zuständigkeit und Verfahren siehe § 201 I–III GVG) ist im Übrigen hinsichtlich der Beurteilung der Angemessenheit der Verfahrensdauer an die Entscheidung des Strafgerichts gebunden (§ 199 III S 2 GVG), und es hat das Verfahren auszusetzen, solange das Strafverfahren noch nicht abgeschlossen ist (§ 201 III S 2 GVG). Regelmäßig wird daher der Ausgleich bei überlangen Strafverfahren weiterhin in dem von der Rspr entwickelten rechtlichen Rahmen der Vollstreckungslösung erfolgen. Haben die nationalen Gerichte die Konventionsverletzung ausdrücklich oder der Sache nach anerkannt und hinreichende Wiedergutmachung geleistet, verliert der Betroffene seinen Opferstatus nach Art 34 (EGMR Nr 17603/07 vom 22.5.2012 mwN).

9b Die **Höhe der Kompensation** ist auf Grund einer wertenden Betrachtung aller maßgeblichen Umstände des Einzelfalls vorzunehmen (BGH StV **08**, 298). Der Tatrichter ist verpflichtet, Art und Ausmaß der Verzögerung sowie ihre Ursachen zu ermitteln und im Urteil konkret festzustellen (BGH NStZ-RR **14**, 21; 2 StR 364/15 vom 5.11.2015). Dabei ist es rechtsfehlerhaft, allein auf den äußeren Verfahrensgang abzustellen (BGH 3 StR 50/11 vom 21.4.2011). Maßstab ist vielmehr der Umfang der staatlich zu verantwortenden Verzögerung, das Maß des Fehlverhaltens der Strafverfolgungsorgane und die daraus folgenden individuellen Belastungen für den Angeklagten (BGH NStZ-RR **12**, 244; NStZ **10**, 230). Namentlich bei nicht inhaftierten Angeklagten kann es ausreichen, den Konventionsverstoß festzustellen und erforderlichenfalls die Dauer der Verfahrensverzögerung bei der Strafzumessung nach § 46 StGB zu berücksichtigen (BGH NStZ **12**, 470; 653; siehe aber auch BGH NStZ **15**, 601). Bei der Beurteilung der der Justiz zu zurechnenden Verzögerungen sind der Umfang und die Schwierigkeit des Verfahrens zu berücksichtigen (BGH NStZ **09**, 287). Zeiträume, die bei sachgerechter Behandlung beansprucht werden durften, sind nicht in Rechnung zu stellen. Eine Verzögerung während eines Verfahrensabschnitts kann durch eine beschleunigte Bearbeitung während eines anderen ausgeglichen werden (BGH 3 StR 50/11 vom 21.4.2011; erg 9d). Das Gewicht der Tat und das Maß der Schuld spielen weder für die Frage, ob das Verfahren rechtswidrig verzögert ist, noch für Art und Umfang der zu gewährenden Kompensation eine Rolle (BGH **54**, 133). Regelmäßig wird sich die Anrechnung auf einen **eher geringen Bruchteil der Strafe** zu beschränken haben (BGH StV **11**, 603; StV **08**, 298; NStZ **08**, 234, 236; 4 StR 391/14 vom 12.2.2015: 3 Monate bei einer Verzögerung von 1½ Jahren; 2 StR 364/15 vom 5.11.2015). Das Revisionsgericht hat zu prüfen, ob die Kompensation den Umständen des Einzelfalls gerecht wird (siehe oben 7a). Die Höhe der Kompensation soll allerdings ein zulässiger **Verständigungsgegenstand** iSd § 257c StPO sein, wenn eine überlange Verfahrensdauer hinsichtlich Art, Ausmaß und Ursachen prozessordnungsgemäß festgestellt ist (BGH StV **16**, 415; vgl auch 10 zu § 257c). Bei auf Revision erfolgter Aufhebung des Urteils und Zurückverweisung der Sache gilt § 358 II StPO (Weber JR **08**, 38) und zwar entspr auch bei Aufhebung einer Revisionsentscheidung durch das BVerfG (BGH 4 StR 643/10 vom 7.6.2011).

Die Kompensation betrifft nur die Gesamtstrafe, nicht die Einzelstrafen 9c (BGH 5 StR 302/09 vom 19.8.2009). Bei einer **Geldstrafe** ist ein bezifferter Teil der zugemessenen Tagessätze als bereits vollstreckt zu bezeichnen. Bei Verhängung einer **lebenslangen Freiheitsstrafe** (bei der die Gewährung eines Strafabschlags umstritten war, vgl BGH NJW **06**, 1529, bestätigt durch BVerfG NStZ **06**, 680; dazu Gaede JR **07**, 254; Hoffmann-Holland ZIS **06**, 539; Strate NJW **06**, 1481) kann Anrechnung auf die Mindestverbüßungsdauer iSd § 57a I Nr 1 StGB erfolgen (zust EGMR StV **09**, 561, 563 mit Anm Krawczyk JR **09**, 172; einschr Reichenbach NStZ **09**, 120). Bei einer ausschließlich auf die Schwere der Schuld gestützten **Jugendstrafe** ist die Vollstreckungslösung ebenfalls anwendbar (BGH NStZ **10**, 94); dies gilt nach neuerer Judikatur des BGH auch für eine auf schädliche Neigungen und Schwere der Schuld gestützte Jugendstrafe (BGH 1 StR 551/17 vom 9.1.2018; vgl auch NStZ **11**, 524; 2 StR 271/19 vom 13.11.2019; näher zu den Auswirkungen von Verzögerungen im Jugendstrafverfahren Rose NStZ **13**, 315). Bei Jugendarrest kommt die Anwendung der Vollstreckungslösung nicht in Betracht (Hamm 3 RVs 102/11 vom 8.12.2011), ebensowenig bei jugendgerichtlichen Auflagen und Weisungen (BGH 4 StR 73/17 vom 9.5.2017 mwN: Berücksichtigung bei der Bestimmung des Maßes des Erziehungsbedarfs). Bei nachträglicher Auflösung der Gesamtstrafe nach § 55 I StGB ist die angeordnete Kompensation, die dabei nicht eingeschränkt werden darf, entspr auf die neuen Strafen zu verteilen (zur Berechnung im Einzelnen Kraatz JR **08**, 194). Wenn die Kompensation die schuldangemessene (Einzel-)Strafe erreicht, kommt – wie bisher auch schon – die Anwendung der §§ 59 ff StGB (BVerfG NStZ **04**, 335), des § 60 StGB, wenn das Gesetz das zulässt (BGH StV **04**, 420; Krehl/Eidam NStZ **06**, 9; **aM** Gaede JZ **08**, 422) oder die (teilw) Einstellung nach §§ 153, 153a, 154, 154a StPO in Betracht (BGH StV **08**, 299; NStZ **10**, 641).

Prüfungsreihenfolge: Neben der im Wege der Vollstreckungslösung erfolgenden 9d Kompensation der Verletzung des Beschleunigungsgebotes nach I S 1 sind unverändert als selbstständige Strafmilderungsgründe der lange zeitliche Abstand zwischen Tat und Urteil sowie die Belastungen durch lange Verfahrensdauer zu bedenken (BGH NJW **99**, 1198; NStZ **08**, 478; KG StV **09**, 694; Jena StV **09**, 132). Somit ist nach der Rspr des BGH **folgendermaßen vorzugehen:** Zunächst sind nach den Kriterien des § 46 StGB die schuldangemessenen, die rechtsstaatswidrige Verfahrensverzögerung außer Acht lassenden Einzelstrafen festzusetzen, um aus diesen ist eine Gesamtstrafe zu bilden. Dabei ist zu prüfen, inwieweit der zeitliche Abstand zwischen den begangenen Taten und dem Urteil sowie die Verfahrensdauer als solche bei der Strafzumessung mildernd zu berücksichtigen sind. Es kann ausreichen, den Konventionsverstoß festzustellen und die Verzögerung mildernd bei der Strafzumessung nach § 46 StGB zu berücksichtigen (BGH NStZ **12**, 470; 653). Die entspr Erörterungen sind als bestimmende Zulassungsfaktoren in den Urteilsgründen kenntlich zu machen (§ 267 III S 1 StPO); einer Bezifferung des Maßes der Strafmilderung bedarf es nicht. Für den Fall, dass allein die Feststellung einer rechtsstaatswidrigen Verfahrensverzögerung als Kompensation nicht ausreicht, ist entspr § 39 StGB im Urteilstenor festzulegen, welcher bezifferte Teil der Gesamtstrafe zur Kompensation der Verzögerung als vollstreckt gilt (BGH NJW **09**, 307; 2 StR 248/09 vom 23.7.2009 [nicht als Bruchteil der verhängten Strafe]; 2 StR 113/09 vom 25.6.2009 [nicht: „$^2/_5$ der Verzögerung"]). Entscheidend für diese Festlegung sind der Umfang der staatlich zu verantwortenden Verzögerung, das Maß des Fehlverhaltens der Strafverfolgungsorgane oder einer anderen staatlichen Stelle (BGH NStZ-RR **12**, 244; NStZ **10**, 230; KG aaO) sowie die Auswirkungen all dessen auf den jeweiligen Angeklagten (BGH wistra **09**, 271; NStZ **09**, 287; erg 9b). Dabei ist im Auge zu behalten, dass die mit der Verfahrensdauer als solcher verbundenen Belastungen des Angeklagten bereits mildernd in die Strafbemessung eingeflossen sind und es nur noch um einen Ausgleich für die rechtsstaatswidrige Verursachung dieses Umstandes geht (BGH StV **10**, 479). Eine Kompensation, die die Dauer einer nach § 51 I S 1 StGB anrechenbaren Zeit der UHaft (nahezu) erreicht oder gar überschreitet, ist nur ausnahmsweise bei deutlich gravierenden individuellen Belastungen angemessen (BGH StV **08**, 633; vgl auch – noch restriktiver – BGH StV **11**, 603; 1 StR 19/11 vom 15.2.2011; StV **10**, 228, 230; 3 StR 511/08 vom 7.1.2009 und 3 StR 148/09 vom 16.7.2009; erg 9b aE).

9e Ist **nach Erlass des tatrichterlichen Urteils** das Beschleunigungsgebot in erheblicher Weise verletzt worden (BGH NStZ **04**, 504: nicht bei einer Dauer von 3 Monaten zwischen dem Eingang der Revisionsbegründung beim LG und Übersendung des gesamten Vorgangs an den GBA), kann dies die Aufhebung des angefochtenen Urteils, soweit eine Kompensation unterblieben ist, nur noch in Ausnahmefällen auch die Aufhebung des (sonst fehlerfreien) Strafausspruchs (BGH StV **09**, 638 [mehrjährige Verzögerung]), den unmittelbaren Ausspruch der Kompensation (Feststellung, ggf Bezifferung des als vollstreckt geltenden Teils der Strafe; BGH wistra **09**, 437; NStZ **10**, 94 [Jugendsache]; 5 StR 456/09 vom 24.11.2009; 4 StR 245/09 vom 24.11.2009 und 1 StR 163/10 vom 15.4.2010 [§ 354 I a S 2]), die Einstellung des Verfahrens nach § 153 II StPO (BGH NJW **90**, 1000; NStZ **96**, 21 [K]; 506) oder – wenn eine Sachentscheidung nicht mehr in Betracht kommt (oben 9) – sogar die Einstellung des Verfahrens wegen eines Verfahrenshindernisses zur Folge haben. Die Rspr nimmt hier ggf auch einen „Abbruch des Verfahrens" vor (vgl BGH **35**, 137, 140; **49**, 189, 195 = NStZ **05**, 36 mit insoweit abl Anm Gribbohm und insoweit zust Anm Bröhmer/Bröhmer; Düsseldorf MDR **89**, 935; Rostock StRR **10**, 426; Zweibrücken NStZ **95**, 49), was aber nichts anderes als eine Verfahrenseinstellung und als eine „erfundene" eigene Art einer Verfahrensbeendigung unzulässig ist (eingehend dazu Meyer-Goßner Eser-FS 383); schon gar nicht ist eine solche Verfahrensweise im Berufungsverfahren erlaubt (so aber Stuttgart NStZ **93**, 450 = JR **94**, 81 mit abl Anm Meurer; LG Memmingen StV **95**, 403; vgl auch LG Berlin StV **91**, 371 = JZ **92**, 159 mit eingehender Kritik Scheffler JZ **92**, 131). Das Revisionsgericht hat einen nach Ablauf der Revisionsbegründungsfrist begangenen Verstoß auf die zulässige Revision von Amts wegen zu beachten (BGH NStZ **95**, 335; **97**, 29; **01**, 52; StV **97**, 409; **98**, 377; NStZ-RR **02**, 166; **05**, 320; Karlsruhe aaO; Stuttgart Justiz **04**, 169), ggf auch noch auf Gegenvorstellung (24 zu § 349). Das gilt auch, wenn sich das Verfahren bei Vorlage der Sache nach § 132 GVG unangemessen verzögert hat (BGH 3 StR 61/02 und 243/02, jeweils vom 15.12.2005; BGH NStZ **07**, 719 sowie StV **11**, 407 sehen hierin hingegen keine rechtsstaatswidrige Verfahrensverzögerung [„grundsätzlich" ebenso BVerfGE **122**, 248, 280 = NJW **09**, 1469, 1476; BGH NJW **10**, 1010, 1012]). Eine Verfahrensrüge ist aber erforderlich, wenn das Urteil nach Einlegung der Revision wegen eines Zustellungsmangels erneut zugestellt werden musste und der Revisionsführer dadurch die Möglichkeit hatte, die ihm bekannte Verzögerung innerhalb der neu in Gang gesetzten Frist des § 345 I StPO geltend zu machen (BGH NJW **07**, 2647).

Bei **Freispruch** oder Einstellung aus mit der Verfahrenslänge nicht zusammenhängenden Gründen (oder bei durch Strafmilderung nicht genügend ausgleichbarer Verfahrensdauer) wird eine entspr Anwendung des StrEG iVm Art 41 (= Art 50 aF) EMRK diskutiert (vgl Scheffler 262 ff). BGH (GSSt) **52**, 124, 140 schließt die entspr Anwendung der Vorschriften des StrEG wegen dessen „abschließenden Charakters" allerdings aus. Dem zust empfiehlt deswegen Volkmer NStZ **08**, 608 eine Geldentschädigung im Rahmen des öffentlich-rechtlichen Folgenbeseitigungsanspruchs (zur Höhe mit entspr Anwendung der Regelung des § 7 III StrEG); in einem anwaltsgerichtlichen Verfahren hat der BGH (AnwSt [B]) 3/09 vom 14.10.2009) der Verletzung des Beschleunigungsgrundsatzes im Rahmen der auf entspr Anwendung des § 21 GKG gestützten Kostenentscheidung Rechnung getragen (vgl auch BGH NJW **10**, 1155 zur Kompensation im berufsrechtlichen Verfahren der Steuerberater). EGMR StV **09**, 519 fordert eine angemessene Entschädigung für den materiellen und den immateriellen Schaden (näher Esser/Gaede/Tsambikakis NStZ **11**, 140, 141; vgl auch EGMR bei Artkämper StRR **09**, 227).

9f

d) In der **Revision** muss **grundsätzlich** eine **Verfahrensrüge** erhoben werden, wenn eine der Justiz zuzurechnende Verletzung des Beschleunigungsgrundsatzes beanstandet werden soll (BGH StV **99**, 205; NStZ **00**, 418; NStZ-RR **06**, 50; 56); dies gilt gleichermaßen, wenn die StA zu Ungunsten eines Angeklagten geltend macht, der Kompensationsausspruch halte sich nicht innerhalb des dem Tatgericht zustehenden Beurteilungsspielraums, weil Tatsachen, aus denen sich die angenommene Verzögerung ergibt, nicht hinreichend dargelegt seien (BGH NStZ-RR **14**, 21). Mit der Verfahrensrüge sind gemäß § 344 II S 2 StPO die die Verfahrensverzögerung begründenden Tatsachen so genau darzulegen (BGH StV **98**, 377; **08**, 345; NStZ **04**, 504; Düsseldorf StraFo **00**, 379; Hamm NStZ-RR **09**, 318 zum Fristbeginn [oben 8]), dass das Revisionsgericht allein aufgrund der Revisionsschrift den behaupteten Verstoß prüfen kann (BGH 1 StR 75/14 vom 4.9.2014; vgl ferner NStZ-RR **09**, 92 mwN; zur Frage, ob zur Erhebung einer Verzögerungsrüge vorgetragen werden muss, siehe 4 zu § 199 GVG). Allerdings dürfen die Anforderungen auch nicht überspannt werden (BGH NJW **08**, 2451, 2452; in der Tendenz ebenso BVerfG StV **09**, 673; vgl noch BGH StraFo **10**, 112; 5 StR 518/09 vom 25.3.2010). Diese Darlegungsanforderungen gelten richtiger Ansicht nach auch, soweit wegen außergewöhnlich langer Verzögerung ein Verfahrenshindernis geltend gemacht wird (Meyer-Goßner NStZ **03**, 173; unentschieden insoweit etwa BGH wistra **04**, 29, 30 und BGH 5 StR 330/03 vom 10.9.2003; aM Wohlers JR **05**, 189 mit der nicht überzeugenden Folgerung, die vorzunehmende Amtsprüfung sei abzubrechen, wenn nur eine „einfache Überlänge" gegeben sein könnte). Mit der Aufklärungsrüge (§ 101 ff zu § 244 StPO) kann beanstandet werden, dass das Gericht es unterlassen hat, eine verfahrensverzögernde Sachbehandlung durch StA und Gericht aufzuklären (BGH StV **92**, 452; **94**, 652). Die (allgemeine) **Sachrüge** kann aber **ausnahmsweise** zur Urteilsaufhebung – nicht auch zugunsten von Nichtrevidenten (11 zu § 357) – führen, wenn sich die Verfahrensverzögerung aus den Revisionsakten (BGH 1 StR 617/16 vom 20.12.2016: Verzögerungen im Revisionsverfahren) oder aus den Urteilsgründen ergibt oder diese ausreichende Anhaltspunkte enthalten, die das Tatgericht zur Prüfung einer solchen Verfahrensverzögerung drängen mussten (BGH **49**, 342 in Erledigung des Anfragebeschlusses BGH NStZ **04**, 639; NStZ-RR **07**, 71; NStZ **10**, 531, 532; vgl auch BGH NStZ-RR **11**, 171: im Urteil mitgeteilte Eckdaten zum Verfahrensablauf; zur Beschränkung des Rechtsmittels auf die Kompensationsentscheidung 30b zu § 318.) Allerdings darf der sachlich-rechtliche Erörterungsbedarf mit Rücksicht auf die vielen denkbaren Verfahrensvorgänge, die für die Entscheidung keine Rolle spielen können, nicht überspannt werden; es reicht deshalb aus, wenn das Revisionsgericht anhand der Ausführungen im Urteil im Sinne einer Schlüssigkeitsprüfung nachvollziehen kann, ob sich eine getroffene Kompensationsentscheidung innerhalb des dem Tatrichter insoweit eingeräumten Beurteilungsspielraums hält (BGH NStZ-RR **14**, 21; 4 StR 21/15 vom 1.6.2015). Die lange Zeitspanne zwischen Beendigung der Tat und ihrer Aburteilung stellt unabhängig davon einen wesentlichen Strafmilderungsgrund dar (vgl oben 9, 9b), bei dessen Nichtberücksichtigung der Straf-

9g

Anh 4 EMRK Art. 6

ausspruch des Urteils auf die Sachrüge aufzuheben ist (BGH NStZ-RR **99**, 108; NStZ **10**, 230).

9h **Hebt** das Revisionsgericht das angefochtene Urteil nur im **Strafausspruch auf,** erfasst dies grundsätzlich nicht die Frage der Kompensation einer bis dahin eingetretenen rechtsstaatswidrigen Verfahrensverzögerung; ist im ersten Durchgang eine Kompensationsentscheidung nicht ergangen, darf der Tatrichter im zweiten Durchgang wegen der eingetretenen Teilrechtskraft keine Entschädigung wegen eines vor der Revisionsentscheidung liegenden Verstoßes gegen Art 6 zusprechen, hat allerdings ggf über einen solchen Verstoß nach der Aufhebung im Wege der Gesamtbetrachtung des ganzen Verfahrens zu entscheiden (BGH **54**, 133 mit Anm Maier NStZ **10**, 651); vgl auch zur Abgrenzung BGH StV **10**, 479: Aufhebung des Rechtsfolgenausspruchs).

9i e) **Nicht anzuwenden** ist die **Vollstreckungslösung** auf andere konventionsrechtlich begründete Kompensationsfälle (zB Verstoß gegen Art 36 I Buchst b WÜK, dazu BGH **52**, 110, 118; StV **11**, 603; erg 9 zu § 114b StPO; offen gelassen für fair trial in BGH NStZ **10**, 294), bei Tatprovokation (aM Kraatz JR **08**, 194) oder allgemein zur Kompensation von Verfahrensfehlern (BGH 3 StR 97/11 vom 31.5.2011; **52**, 110, 118; NJW **10**, 1470), wohl aber auf einen parallelen Verstoß gegen Art 5 III S 1 Hs 2 (BGH NStZ **10**, 229, 230); reicht insoweit trotz vollständiger Anrechnung der U-Haft die Feststellung dieses Konventionsverstoßes nicht aus (hierzu Mansdörfer GA **10**, 165: iaR keine weitere Kompensation), ist eine einheitliche Kompensation festzusetzen (BGH aaO; 3 StR 148/09 vom 16.7.2009). Bei Verhängung lebenslanger Freiheitsstrafe ist der Härteausgleich für erledigte, an sich gesamtstrafenfähige Vorstrafen im Vollstreckungsmodell zu gewähren (BGH NJW **10**, 1157; 1470). Der 5. StS des BGH hat das Vollstreckungsmodell auch auf einen Härteausgleich wegen entgangener Bewährung infolge des Wegfalls einer den Angeklagten begünstigenden Zäsur angewendet (BGH StV **10**, 239), nicht aber bei ausländischer Vorverurteilung (BGH StV **10**, 238, 239).

10 H. **Unabhängiges und unparteiisches Gericht:** Art 6 geht nicht weiter als die Garantie der rechtsprechenden Gewalt in Art 92 GG (Jescheck NJW **54**, 785 Fn 28). Vgl im übrigen Art 97 GG, § 1 GVG, §§ 25, 26 DRiG, §§ 22 ff StPO, §§ 41 ff ZPO. Es dürfen nach objektiven und subjektiven Maßstäben keine Zweifel an der Unparteilichkeit des Gerichts bestehen (EGMR NJW **06**, 2901; **07**, 3553). Allgemeine Kriterien sind die Art der Bestellung der Richter und ihre Amtszeit, die Existenz von Sicherungen gegen Druck von außen sowie der äußere Anschein von Unabhängigkeit (EGMR 23465/03 vom 6.10.2011 mwN).

10a Für die Annahme von **Befangenheit im Einzelfall** setzt der EGMR hohe Hürden. Die persönliche Unparteilichkeit des Richters wird bis zum Beweis des Gegenteils vermutet (EGMR aaO 2903; NJW **16**, 1563; NJW **07**, 3553; **11**, 3633, 3634). Bei der Prüfung, ob objektive Gesichtspunkte für Befangenheit vorliegen, ist nicht entscheidend auf den Standpunkt desjenigen abzustellen, der Parteilichkeit geltend macht, sondern auf nachweisbare Tatsachen, die entspr Zweifel objektiv begründen können (EGMR NJW **11**, 3633, 3634). Der Umstand allein, dass ein Richter bereits über ähnliche Vorwürfe, auch gegen einen – früheren – Mitangeklagten in einem gesonderten Verfahren verhandelt hat, begründet nicht den Vorwurf der Befangenheit (EGMR NJW **07**, 3553, 3554; aaO 3634), ebenso wenig das Angebot einer Absprache (Strafmilderung gegen Geständnis), das im Interesse einer zügigen Verfahrensführung und geordneten Rechtspflege gerechtfertigt sein kann (EGMR NJW **11**, 3633, 3634). So liegt es auch nach Überlassung des wesentlichen Ermittlungsergebnisses an über dessen Bedeutung aufgeklärte Schöffen (EGMR NJW **09**, 2871; dazu näher Esser/Gaede/Tsambikakis NStZ **11**, 143; erg 2 zu § 30 GVG). Richter müssen allerdings im Zusammenhang mit den von ihnen behandelten Fällen wegen ihres herausragenden Amtes sowie der übergeordneten Anforderungen an die Justiz bei Erklärungen gegenüber der Presse äußerst zurückhaltend sein; dies gilt selbst dann, wenn sie provoziert worden sind (EGMR NJW **06**, 2901, 2903; ausf zur Rspr des EGMR zur Unabhängigkeit und Meinungsfreiheit der Richter Weber DRiZ **12**, 16 ff, 59 ff). **Widerlegt sein** kann die Vermutung der Unparteilichkeit auch beim Vorliegen von Tatsachen, die unabhängig vom Verhalten des Richters Zweifel an seiner Unabhängigkeit begründen können. Dies ist etwa anzunehmen, wenn der Richter mehrere Funktionen im Verfahren ausübt, er eine Beziehung zu Verfahrensbeteiligten hat (EGMR NJW **06**, 2901, 2903) oder er sich zu dem betreffenden Verfahren bereits öffentlich geäußert hat (EGMR NJW **16**, 1563).

I. **Gesetzlicher Richter:** Mit der Formulierung, dass das Gericht auf dem Gesetz **11** beruhen muss, soll sichergestellt werden, dass die Justizorganisation nicht vom Ermessen der Exekutive abhängt, sondern durch Rechtsnormen bestimmt wird, die von den Parlamenten verabschiedet wurden (EGMR Nr 54809/07 vom 25.10.2011); I S 1 erfasst insoweit auch die Besetzung des Gerichts in jedem einzelnen Fall (EGMR aaO). Vgl Art 101 I GG, §§ 16, 21a GVG.

J. **Begründung gerichtlicher Entscheidungen:** I verpflichtet die Gerichte zwar, **11a** ihre Entscheidungen zu begründen; das bedeutet allerdings nicht, dass sie auf jedes Argument detailliert eingehen müssen (EGMR NJW **99**, 2429). Es kann ausreichen, dass eine obere Instanz einen Rechtsbehelf nur mit dem Hinweis auf Vorschriften zurückweist, die ein solches Vorgehen erlauben, wenn die mit dem Rechtsbehelf aufgeworfenen Fragen keine besondere Bedeutung haben oder er keine hinreichende Aussicht auf Erfolg hat (EGMR NJW **12**, 3502, 3504); dies gilt namentlich für die Beschlusspraxis der Revisionsgerichte nach § 349 II StPO (EGMR JR **15**, 95 sowie BVerfG JR **15**, 92, jeweils mit Anm Allgayer; BGH NStZ-RR **16**, 383).

3) Die **Unschuldsvermutung** (II; vgl auch Art 48 I GRC) folgt schon aus dem **12** Rechtsstaatsprinzip (BVerfGE **22**, 254, 265; NJW **90**, 2741) und ist nunmehr auch in Art 48 I der Charta der Grundrechte der EU verankert (8 vor Art 1). Sie erfasst das gesamte Strafverfahren und ist auch nach dessen Abschluss anwendbar, wenn ein Zusammenhang zwischen dem abgeschlossenen Verfahren und dem nachfolgenden Verfahren besteht (EGMR JR **14**, 533 mit Anm Peglau). Sie will verhüten, dass jemand als schuldig behandelt wird, ohne dass ihm in einem gesetzlich geregelten Verfahren seine Schuld nachgewiesen ist (EGMR NJW **11**, 1789, 1790). Die Unschuldsvermutung ist verletzt, wenn Erklärungen oder Entscheidungen den Eindruck erwecken, der Betroffene – auch ein Verstorbener (EGMR Nr 33468/03 vom 10.1.2012) – sei schuldig, sofern die Person nicht entsprechend den gesetzlichen Bestimmungen schuldig gesprochen worden ist (EGMR aaO; NJW **16**, 3645), wenn die Öffentlichkeit dazu veranlasst wird, an seine Schuld zu glauben, oder wenn die Beurteilung des zuständigen Richters vorweggenommen wird (EGMR aaO), nicht aber bei bloßem Äußern eines Verdachts (EGMR aaO). Bei **Äußerungen von Amtsträgern** kommt es auf die Wortwahl sowie die konkreten Umstände an, unter denen die Aussage gemacht wurde (EGMR aaO; BGH NJW **16**, 3670 mit Anm Stuckenberg JR **17**, 231; Meinecke StV **17**, 651). Maßnahmen, die den vollen Nachweis der Schuld erfordern, dürfen nicht getroffen werden, bevor er erbracht ist (BGH NJW **75**, 1829, 1831). Das gilt insbesondere bei Verfahrenseinstellungen (EGMR NJW **06**, 1113), auch nach § 383 II StPO (BVerfG **74**, 358, 370 ff = NJW **87**, 2427), und beim Widerruf der Strafaussetzung (EGMR NJW **04**, 43; BVerfG NJW **05**, 817; KG StV **88**, 26); Art 6 II steht aber Vermutungen tatsächlicher oder rechtlicher Art in Strafgesetzen nicht entgegen, sofern die Vermutung widerlegbar ist und die Verteidigungsrechte gewahrt sind (EuGH WM **10**, 65, 69; vgl auch EGMR NJW **11**, 201). Die Unschuldsvermutung schützt Dritte nicht vor faktischen Belastungen, die sich daraus ergeben, dass im Rahmen eines gegen andere Personen ergangenen Strafurteils Feststellungen über eine Beteiligung ihrerseits getroffen werden (BVerfG NJW **09**, 3569; EGMR NJW **15**, 37: keine Verletzung der Unschuldsvermutung durch Ausführungen im Urteil gegen Mittäter, wobei der EGMR es im Gegensatz zum BVerfG nicht für ausgeschlossen gehalten hat, dass die Unschuldsvermutung nach Verfahrenstrennung im Urteil gegen gesondert verfolgte Mitbeschuldigte betroffen sein kann; näher dazu Esser Paeffgen-FS 503).

Die Unschuldsvermutung gebietet auch eine **unvoreingenommene Behandlung** **13** des Beschuldigten im Verfahren (§§ 22 ff StPO); Richter dürfen bei ihrer Amtsausübung nicht von der vorgefassten Meinung ausgehen, der Betroffene habe die ihm vorgeworfene Tat begangen (EGMR NJW **11**, 1789, 1790). Staatliche Organe dürfen nicht durch Erklärungen oder Entscheidungen in der Öffentlichkeit den Eindruck erwecken, der Betroffene sei schuldig, bevor der gesetzliche Nachweis der Schuld erbracht ist (EGMR

Schmitt 2309

aaO mwN; **06**, 1113; BGH NJW **16**, 3670). Erforderlich ist ferner eine Güterabwägung bei öffentlicher Fahndung (Hamburg NJW **80**, 842) und Zurückhaltung bei behördlicher Unterstützung der **Publikation einer strafrechtlichen Beschuldigung** (Trüg NJW **11**, 1041 f; vgl auch EGMR HRRS **09**, 226 L; Koblenz StV **87**, 430; siehe allerdings auch BGH aaO: Gesamtbetrachtung aller Umstände erforderlich). Auch steht Art 6 II der Berücksichtigung einer noch nicht rechtskräftig abgeurteilten Tat bei der Prognoseentscheidung nach § 57 StGB grundsätzlich entgegen (vgl 4 zu § 453c). Sie bindet zwar nur die staatliche Strafgerichtsbarkeit (Frankfurt NJW **80**, 597; **aM** Grave NJW **81**, 209, Marxen GA **80**, 365; 4 zu Art 1) und Träger öffentlicher Gewalt, wie etwa den Justizminister in einem Fernsehinterview oder Justizpresseartikel (Kühl Müller-Dietz-FS 415 mwN), hat aber insofern eine mittelbare Drittwirkung, als sie den Maßstab für die Beurteilung von öffentlichen Berichten über Strafverfahren abgibt (Frankfurt aaO; Köln JMBlNW **85**, 282; Bornkamm NStZ **83**, 103; Lampe NJW **83**, 217; zu weitgehend Stapper AfP **96**, 230; Presse ist an die Unschuldsvermutung gebunden; vgl auch Zabel GA **11**, 347, 360). Eine heftige **Pressekampagne** gegen den Angeklagten ohne staatliche Einflussnahme kann zwar die Fairness des Verfahrens tangieren, wird aber regelmäßig keinen Verstoß iSd Art 6 begründen; dies gilt jedenfalls dann, wenn Berufsrichter über die Anklage entscheiden (EGMR NJW **16**, 3147).

14 Die Unschuldsvermutung berührt nicht die **Zulässigkeit von Strafverfolgungsmaßnahmen** auf Grund bestimmten Verdachts, zB die vorläufige Festnahme oder UHaft (vgl Art 5 I Buchst c), Maßnahmen nach § 119 StPO (vgl BVerfGE **35**, 307 = MDR **74**, 204) und die Erhebung der strafrechtl Anklage (I S 1); denn diese Maßnahmen bezwecken erst die Klärung des Tatvorwurfs. Sie verwehrt also nicht die Beurteilung des Grades des Verdachts einer strafbaren Handlung eines Beschuldigten (BVerfG NJW **90**, 2741). Auch die Berücksichtigung von Vor- oder Nachtaten, die nicht oder noch nicht zu einer rechtskräftigen Verurteilung geführt haben, bei der Beweiswürdigung (BGH **34**, 209), der Strafzumessung (siehe EGMR NJW **19**, 203, erg 23, 25 zu § 154 StPO) oder einer Strafrestaussetzung nach § 57 StGB (BVerfG NStZ **88**, 21) soll durch II nicht ausgeschlossen sein, wenn das Gericht von ihrer Begehung überzeugt ist (BVerfG 2 BvR 366/10 vom 5.4.2010; vgl auch Peukert EuGRZ **80**, 261; **aM** Vogler Kleinknecht-FS 429 und Tröndle-FS 423); dies erscheint jedoch jedenfalls in dieser Absolutheit mit Rücksicht auf die Rechtsprechung des EGMR zu §§ 56f I Nr 1 StGB, 26 I Nr 1 JGG in diesen Fällen nicht mehr unzweifelhaft (EGMR NJW **16**, 3645, 3648; dazu sogleich 15).

15 Die **Vermutung der Unschuld endet** mit der Rechtskraft der Verurteilung (BVerfGE **35**, 202, 232; vgl auch EGMR NJW **19**, 203). Die Herbeiführung der Rechtskraft durch einen Rechtsmittelverzicht als Gegenstand einer Verständigung im Strafprozess verstößt grundsätzlich nicht gegen II (EGMR NJW **12**, 3419). Wird das gerichtliche Verfahren eingestellt, so hindert die Unschuldsvermutung nicht, den Beschuldigten die ihm entstandenen Auslagen selbst tragen zu lassen, die Regelung des § 467 III–V ist daher unbedenklich (EGMR NJW **88**, 3257; BVerfG NJW **90**, 2741; BGH NJW **75**, 1829, 1831; München NStZ **84**, 185; erg 16, 19 zu § 467 StPO); bei Art 6 II gibt dann auch kein Recht auf Entschädigung für rechtmäßige UHaft (EGMR NJW **06**, 1113). Es verstößt gegen II, ohne zumindest erstinstanzliche Verurteilung bzw ein Geständnis des Verurteilten einen **Widerruf der Strafaussetzung** zur Bewährung nach § 56 f I Nr 1 StGB bzw § 26 I Nr 1 JGG auszusprechen (siehe BVerfG NStZ **05**, 204; Peglau JR **14**, 539 mwN; vgl auch Esser NStZ **16**, 697); dies gilt auch, wenn der Widerruf auf ein ohne anwaltlichen Beistand abgelegtes Geständnis vor einem Richter gestützt wird, das der Beschuldigte später widerrufen hat (EGMR NJW **16**, 3645 mit Anm Pauly StV **16**, 703); nicht dagegen, wenn das Geständnis in Gegenwart des Verteidigers abgelegt und erst nach der Widerrufsentscheidung der Fachgerichte widerrufen wurde (EGMR aaO mN). Dies gilt auch, wenn die StVollstrK im Rahmen eines Antrags auf gerichtliche Entscheidung gegen die Auferlegung einer Disziplinarmaßnahme feststellt, dass der Betroffene eine bestimmte Straftat begangen habe, obwohl diese noch nicht abgeurteilt ist und er der Betroffene nicht gestanden hat (Hamm NStZ **13**, 174).

15a Nach der Rspr des EGMR kann II ausnahmsweise auch durch ein **freisprechendes Urteil** verletzt werden, wenn die Urteilsgründe zum Ausdruck bringen, der Angeklagte habe die ihm zur Last gelegte Tat tatsächlich begangen; insoweit kommt es darauf an, ob sprachlich die Feststellung von Schuld zum Ausdruck gebracht oder lediglich der Zustand eines verbleibenden Tatverdachts beschrieben wird (EGMR StV **16**, 1 mwN mit Anm Stuckenberg; Rostalski HRRS **15**, 315; kritisch zur insoweit uneinheitlichen Rspr des EGMR Weigend Rogall-FS 739, 753 ff). Unbedenklich ist es dagegen, einen Betroffenen ausdrücklich als Beteiligten an einer Straftat in einem gegen andere Personen ergangenen Strafurteil zu erwähnen, wenn dies für die Schuldbeurteilung von Mitbeschuldigten unvermeidbar ist (EGMRNr 17 103/10 vom 27.2.2014). Die Rspr des Gerichtshofs bedeutet auch nicht, dass das Erfordernis der Tenorbeschwer (siehe 11, 13 zu § 296) als Zulässigkeitsvoraussetzung für ein Rechtsmittel gegen II verstößt; es genügt daher nicht, dass der Angeklagte bei einem Freispruch durch die Urteilsgründe in irgendeiner Weise belastet wird (BGH NStZ **16**, 560). Dies folgt schon daraus, dass in einem Strafprozesssystem, das Rechtsmittel gegen Freisprüche ermöglicht, ein solches freisprechendes Urteil sich mit allen wesentlichen aus der Beweisaufnahme ergebenden Umständen auseinandersetzen muss, um dem Revisionsgericht eine rechtliche Überprüfung zu ermöglichen; diese Begründungsanforderungen erstrecken sich auch auf die gegen den Angeklagten sprechenden Indizien. Eingehend dazu Ahlbrecht StV **16**, 257.

Eine festgestellte Verletzung der Unschuldsvermutung begründet **keine Kompensation nach dem Vollstreckungsmodell** (BGH NJW **16**, 3670 mit Anm Stuckenberg JR **17**, 231); festgestellte konkrete Belastungen können auf der Ebene der Strafzumessung berücksichtigt werden (dahingestellt von BGH aaO). 15b

4) Mindestrechte des Angeklagten (III; vgl auch Art 48 II GRC). Die Vorschrift 16 erweitert die Garantien des I (EKMR NJW **78**, 477). Da ihre Gewährleistungen aber besondere Ausprägungen des allgemeinen fair trial-Gebotes sind (oben 4), prüft der EGMR Beschwerden unter dem Gesichtspunkt von III und I zusammen genommen (EGMR NJW **03**, 2297; **01**, 2387, 2390; **99**, 2353; erg 3). Verstöße gegen III führen nach der Rspr des EGMR nicht automatisch zu einem Verwertungsverbot, sondern nur dann, wenn das Verfahren nach einer Gesamtbetrachtung nicht mehr fair war (vgl dazu EGMR NJW **06**, 3117, 3122; Eisele JR **04**, 15; Gaede JR **09**, 495; erg 3, 4 sowie unten 22). Das ist insbesondere anzunehmen, wenn der Beschuldigte auf das Verfahren keinen Einfluss nehmen und an ihm nicht teilnehmen konnte (vgl EGMR NJW **10**, 213). Beauftragt das erkennende Gericht während laufender Hauptverhandlung die Polizei mit einer Wahlgegenüberstellung des Angeklagten, so muss es den Verteidiger vor deren Durchführung unterrichten (anders bei einer Wahllichtbildvorlage), nicht aber den Versuch unternehmen, eine effektive Teilhabe der Verteidigung hieran zu gewährleisten (Schneider NStZ **10**, 54 in zutr krit Anm zu BGH NStZ **10**, 53 [*obiter dictum*]).

A. Bekanntgabe der Beschuldigung (Buchst a): Der Angeklagte hat Anspruch 17 auf Unterrichtung über den Grund der Anklage innerhalb möglichst kurzer Frist, dh über die tatsächlichen Vorkommnisse, die ihm zur Last gelegt werden, und über die Art der Anklage, dh über die rechtliche Würdigung dieser Vorkommnisse (EKMR NJW **77**, 2011; EGMR NJW **99**, 3545). Die Mitteilung muss die Einzelheiten enthalten, deren Kenntnis für den Angeklagten zur Vorbereitung der Verteidigung erforderlich ist. Die Angabe der Beweismittel schreibt III Buchst a nicht vor (EKMR und EGMR aaO). Der Anspruch auf Unterrichtung besteht bei Festnahme schon im Ermittlungsverfahren (Art 5 II); nach einer weitergehenden Ansicht folgt aus Art 6 III Buchst a, dass der Beschuldigte bereits zu Beginn jedes Ermittlungsverfahrens zu unterrichten sei (Frister StV **98**, 159; Müller Koch-FG 196 f; Weigend StV **00**, 385; **aM** Schroeder GA-FS 210; vgl auch Gillmeister StraFo **96**, 115), es sei denn, der Untersuchungserfolg könne dadurch vereitelt werden (Frister aaO 162).

In einer ihm verständlichen Sprache muss dem Angeklagten die Beschuldigung 18 bekanntgegeben werden und zwar nicht erst in der Hauptverhandlung (LG Heilbronn StV **87**, 192), anders aber bei der Antragsschrift (§ 417 StPO) im beschleunigten Verfahren (Stuttgart NStZ **05**, 471). Beherrscht er die deutsche Sprache nicht hinreichend, so muss ihm neben der Anklageschrift eine schriftliche Übersetzung in seine Muttersprache oder eine andere Sprache, die er versteht, übersandt werden (BGH StraFo **16**, 148;

Schmitt 2311

Anh 4 EMRK Art. 6

Düsseldorf StV **10**, 512 mwN; einschr Basdorf Meyer-GedSchr 25), es sei denn, er ist anderweitig ausreichend über die Anklagegründe informiert worden (EGMR Nr 60705/08 vom 9.3.2010); mündliche Übersetzung genügt nur in Ausnahmefällen (BGH NStZ **14**, 725; Hamburg NStZ **93**, 53), dh dann, wenn der Verfahrensgegenstand rechtlich und tatsächlich leicht überschaubar ist (Düsseldorf NJW **03**, 2766; Hamburg StV **06**, 175, 177 mit abl Anm Keller/Gericke; Schleswig SchlHA **05**, 259 [D/D]; aM Hamm StV **04**, 364; Karlsruhe StraFo **05**, 370). Das Gleiche gilt für den Strafbefehl (LG München II NJW **72**, 405), aber nicht für den Strafbefehlsentwurf der StA (LG Aachen NStZ **84**, 283 L). Die schriftliche oder mündliche Übersetzung des gesamten Akteninhalts oder wesentlicher Teile davon in eine ihm verständliche Sprache kann der Angeklagte nicht verlangen (Düsseldorf JZ **86**, 508; Hamm NStZ-RR **99**, 158, 159 mwN; Vogler ZStW **89**, 787). Dies gilt auch für Urteile und Revisionsbegründungen (Köln NStZ **12**, 471 mwN).

19 B. **Zeit und Gelegenheit zur Vorbereitung der Verteidigung (Buchst b)** muss dem Angeklagten gegeben werden (Stuttgart JR **79**, 170, 172; Einl 131; 8 zu § 147; 3a zu § 40 StPO). Die Vorschrift gilt auch für die StA, soweit von ihren Anträgen die Zeit der Vorbereitung der Verteidigung abhängt, zB bei dem Antrag nach § 417 StPO (Dünnebier GA **59**, 163). Dass die starren gesetzlichen Fristen nicht verlängert werden können, verstößt nicht gegen III Buchst b (BGH 5 StR 232/59 vom 5.8.1958 zu § 345 I StPO; Int Komm EMRK-Vogler 494).

20 C. **Recht auf Verteidigung (Buchst c**; vgl auch Art 47 II S 2, 48 II GRC): Das Recht des Beschuldigten, sich durch einen Anwalt seiner Wahl verteidigen zu lassen, gehört zu den wesentlichen Elementen eines fairen Verfahrens (EGMR NJW **12**, 3709). Der Angeklagte hat Anspruch auf „konkrete und wirkliche" Verteidigung (EGMR EuGRZ **80**, 662; **85**, 234; BGH **46**, 36, 44), der verletzt ist, wenn ihm nicht schon von der ersten Vernehmung durch die Polizei an Zugang zu einem Verteidiger gewährt wird (EGMR NJW **19**, 1999; **12**, 3709; **09**, 3707: Einschränkung nur bei zwingenden Gründen; vgl dazu etwa Nr 50541/08 vom 13.9.2016), ihm unüberwachte persönliche Kontakte mit dem Anwalt verweigert werden (EGMR NJW **19**, 1999; **92**, 3090), ihm das Recht, sich von dem Anwalt seines Vertrauens vertreten zu lassen, aufgrund ermessensfehlerhafter Ablehnung bzw Nichtbescheidung eines Terminsverlegungsantrags genommen wird (Oldenburg StV **15**, 156) oder mit diesem trotz eingeschränkter Verteidigungsfähigkeit „substantiell" verhandelt wird (BGH StV **09**, 565, 567, auch zum Verhältnis zu Buchst b). Bei einer Rechtshilfevernehmung des Beschuldigten in einem anderen Vertragsstaat ist ein anwesender Richter des ersuchenden Staates jedenfalls dann verpflichtet, die Verantwortlichen der Vernehmung im ersuchten Staat auf das Erfordernis eines anwaltlichen Beistands hinzuweisen, wenn er selbst um die Beiordnung eines Anwalts ersucht hatte (EGMR NJW **12**, 3709). Der Beschuldigte darf sich selbst verteidigen oder einen Verteidiger wählen. Ist er mittellos, so muss ihm ein Verteidiger beigeordnet werden, wenn es im Interesse der Rechtspflege erforderlich ist; insoweit sind alle Umstände, insbesondere die Schwere der Tat und der Strafdrohung, die Schwierigkeit der Sache und die persönliche Situation des Angeklagten zu berücksichtigen (EGMR NJW **19**, 2005; vgl Komm zu § 140 StPO). Der Regelungszweck besteht darin, jede Ungleichheit unter Angeklagten zu vermeiden (EKMR NJW **78**, 477). Zulässig ist die Beschränkung der Zahl der Verteidiger (§ 137 I S 2 StPO) und des Personenkreises, der verteidigen darf (§ 138 StPO, EKMR EuGRZ **78**, 314). Der Angekl hat Anspruch auf einen Verteidiger seines Vertrauens, sofern dem kein wichtiger Grund entgegensteht (37 ff zu § 142 StPO). Eine Pflicht zur Ablösung des beigeordneten RA kommt nur ganz ausnahmsweise in Betracht (EGMR NJW **08**, 2317, 2318; Nr 28 154/05 vom 29.9.2009; erg 19 ff zu § 143a StPO); eine solche, den RA dazu zwingen, entgegen seiner Überzeugung zu den Erfolgsaussichten ein Rechtsmittel einzulegen, besteht nicht (EGMR NJW **08**, 2317). **Revisionshauptverhandlungen** in Strafsachen sind mit Rücksicht auf IIIc in Anwesenheit des vom Angeklagten gewählten Verteidigers durchzuführen. Nach deutschem Recht gilt dies grundsätzlich nur für den Fall der notwendigen Verteidigung (§ 350 II S 2 StPO sowie dort 7 ff). Erscheint ein Wahlverteidiger zur Hauptverhandlung vor dem Revisionsgericht nicht, oder teilt er vorab mit, er werde nicht erscheinen, ist er in der Regel zum Pflichtverteidiger für die Revisionshauptverhandlung zu bestellen (BGH NJW **14**, 3527 mit Anm Meyer-Mews – Verfügung des Vors).

Nach der **Rspr des Gerichtshofs durfte entgegen** § 329 I S 1 StPO **aF** die Berufung des Angeklagten nicht ohne Verhandlung zur Sache verworfen werden, wenn zwar der Angeklagte ausblieb, aber ein verteidigungsbereiter Verteidiger erschienen war (EGMR StraFo **12**, 490 mit zust Anm Püschel und Gerst NStZ **13**, 310; abl Mosbacher NStZ **13**, 312; sehr kritisch auch Frisch Paeffgen-FS 589; vgl auch die bereits auf dieser Linie liegenden, andere Vertragsstaaten betreffenden Entscheidungen Nr 13566/06 vom 22.9.2009; EGMR NJW **99**, 2353; **01**, 2387). Diese Judikatur war unvereinbar mit der Rechtsprechung des BVerfG (2 BvR 534/09 vom 27.12.2006), und ist mit den Strukturprinzipien der deutschen StPO kaum zu vereinbaren (München StV **13**, 301 mit Anm Esser StraFo **13**, 253; Mosbacher aaO; Düsseldorf StV **13**, 299 mit Anm Esser StV **13**, 331; Celle NStZ **13**, 615 mit Anm Waszczynski NStZ-RR **14**, 18; Bremen StV **14**, 211 mit Anm Hüls/Reichling StV **14**, 242; Hamm III-1 RVs 41/12 vom 14.6.2012; vgl auch das in der Sache abweichende – ie allerdings der Entscheidung des EGMR zustimmende – Sondervotum der Richterinnen Power-Forde und Nussberger StraFo **12**, 492). Um weitere Verurteilung Deutschlands zu vermeiden hat der Gesetzgeber inzwischen § 329 StPO mit Ges vom 1.7.2015 neugefasst und damit einen konventionskonformen Zustand hergestellt (näher 14 ff zu § 329 StPO). **20a**

Dass der Verurteilte die **Kosten des Pflichtverteidigers** nachträglich der Staatskasse **21** erstatten muss (Nr 9007 KVGKG), steht dem Sinn des III Buchst c nicht entgegen (Düsseldorf NStZ **84**, 283 mwN; Koblenz JBlRP **98**, 90; Zweibrücken NStZ **90**, 51 mwN; vgl auch BVerfG NJW **03**, 196: verfassungsrechtlich unbedenklich; erg 1 zu § 464a StPO). Eine allgemeine Befreiung des Verurteilten von der Erstattung dieser Auslagen lässt sich aus der Vorschrift nicht herleiten (Bamberg JurBüro **86**, 1057; **87**, 254; Köln JurBüro **91**, 855; München aaO; **aM** Düsseldorf NStZ **82**, 339; **85**, 370 mit abl Anm Schikora). Nur wenn der Angeklagte auch nach der Rechtskraft des Urteils noch mittellos ist, braucht er die Verteidigerkosten nicht zu tragen (EKMR StV **85**, 89 L; Peukert EuGRZ **80**, 276); das schließt den Kostenansatz aber nicht aus (Köln JurBüro **91**, 856). Die Erstattung der durch die „aufgedrängte" Bestellung eines weiteren Verteidigers entstandenen Kosten kann vom Angeklagten nicht verlangt werden (Neumann NJW **91**, 266; **aM** EGMR EuGRZ **92**, 542; EKMR bei Strasser EuGRZ **92**, 280; Zweibrücken NJW **91**, 309; LG Göttingen NdsRpfl **92**, 241).

D. Heranziehung und Befragung von Zeugen (Buchst d): Das aus anglo- **22** amerikanischen Rechtsvorstellungen eines kontradiktorischen Strafprozesses stammende (Weigend Wolter-FS 1145, 1150; Widmaier Nehm-FS 366; Jung GA **09**, 235 f) sog Konfrontationsrecht soll gewährleisten, dass Belastungszeugen nicht alleine von den Strafverfolgungsbehörden vernommen werden, sondern unmittelbar auch von dem Angeklagten befragt werden können (allg dazu Jung GA **09**, 235; Harris/O'Boyle/Warbrick 322; EGMR JR **15**, 95; eine kritische Würdigung der Rspr des EGMR findet sich bei Lonati EuCLR **18**, 116 ff). Es geht mit seiner Zielsetzung der „Waffengleichheit" der Verteidigung in allen Stadien des Strafverfahrens über im deutschen Strafprozessrecht verankerte Frage- und Anwesenheitsrechte (vgl §§ 168c, 219, 220, 239, 240 II, 244, 245, 255a II S 2 StPO) sowie den vorrangig der Zuverlässigkeit der Beweisgewinnung dienenden Grundsatz der Unmittelbarkeit (§ 250 S 2 StPO) hinaus (Schmitt Rissing-van Saan-FS 546 ff; Weigend Eisenberg-FS 695, Wolter-FS 1148 f, der aaO 1162 von einem „Fremdkörper" spricht und das Konfrontationsrecht wie Walther GA **03**, 204 als eigenständiges Prozessrecht versteht; Gaede StV **12**, 51, 54 ff sieht es als Anspruch des Angekl auf Beweisteilhabe). Zeuge iSd III Buchst d ist jeder, dessen Aussage vor Gericht als Beweismittel zur Entscheidungsfindung verwendet wird, unabhängig davon, ob sie vor Gericht oder außerhalb des Gerichts oder von einem Mitbeschuldigten gemacht wurde (BGH NStZ **10**, 589; EGMR NStZ **07**, 103). Die (unbeeinflusste) Ausübung des Schweigerechts des Mitangeklagten ggü Fragen der Verteidiger der anderen Angeklagten ist jedoch vom Gericht zu respektieren (BGH NStZ **09**, 581; dazu Dehne-Niemann HRRS **10**, 189 mN).

Anh 4 EMRK Art. 6 Anhang

22a a) **Gesamtwürdigung des Verfahrens:** Da der EGMR das Konfrontationsrecht als besondere Ausformung des allgemeinen in Art 6 I S 1 verankerten Prinzips der Verfahrensfairness versteht (EGMR – Große Kammer – 26766/05 ua vom 15.12.2011; NJW **03**, 2297; **01**, 2387), kommt es für die Frage eines Konventionsverstoßes darauf an, ob die Verteidigungsrechte gewahrt wurden und das Verfahren bei einer Würdigung aller Umstände in seiner Gesamtheit fair gewesen ist (EGMR NStZ **07**, 103; StraFo **07**, 107 mit abl Anm Sommer; Nr 9154/10 vom 15.12.2015; BVerfG NJW **10**, 925; BGH NStZ **04**, 505 mwN; NStZ-RR **05**, 321, bestätigt durch BVerfG NJW **07**, 204; BGH NJW **05**, 1132; aM Sommer NJW **05**, 1240; vgl auch BGH StV **05**, 533 mit abl Anm Wohlers; **09**, 346; NStZ-RR **10**, 83, 84; erg oben 16); dabei werden unter Berücksichtigung der Besonderheiten der jeweils betroffenen Rechtsordnung die widerstreitenden Interessen von Verteidigung, Opfer und Zeuge sowie das öffentliche Interesse an einer wirksamen Strafverfolgung gegeneinander abgewogen (EGMR – Große Kammer – 26766/05 ua vom 15.12.2011 mit Anm Meyer HRRS **12**, 117; zur jüngeren Rspr des EGMR Dionysopoulou ZIS **17**, 629). Allerdings stellt das BVerfG bei der erforderlichen Gesamtschau pointierter als der Gerichtshof auf dem Konfrontationsrecht uU entgegenstehende Erfordernisse einer funktionstüchtigen Strafrechtspflege sowie Belange eines effektiven Opferschutzes ab (BVerfG NJW **10**, 925). Darüber hinaus messen das BVerfG und auch der BGH dem Umstand, ob Einschränkungen des Befragungsrechts der Justiz zuzurechnen sind oder nicht, im Einzelfall eine noch größere Bedeutung als der Gerichtshof bei (siehe BVerfG NJW **10**, 925; BGH **51**, 150, 155 einerseits, EGMR StraFO **07**, 108 f; Reid 210 mwN andererseits; vgl dazu auch Esser/Gaede/Tsambikakis NStZ **11**, 148; Dehne-Niemann HRRS **10**, 189; Safferling NStZ **06**, 75; Schmitt Rissing-van Saan-FS 631 ff und Widmaier Nehm-FS 357, 361 ff). Diese zT unterschiedlichen, Gewichtungen wirken sich allerdings im Ergebnis kaum aus und dürfen in ihren praktischen Auswirkungen nicht überschätzt werden (siehe 22f, g).

22b b) Die **Befragung des Zeugen** hat grundsätzlich, wenn auch nicht zwingend, in öffentlicher Hauptverhandlung in Anwesenheit des Angeklagten zu erfolgen (EGMR – Große Kammer – 26766/05 vom 15.12.2011; NJW **13**, 3225; EuGRZ **92**, 476; NJW **03**, 2297; 2893; **06**, 2753; BVerfG aaO). Ist der Zeuge nur im Ermittlungsverfahren oder sonst außerhalb der Hauptverhandlung vernommen worden, ist der Konvention regelmäßig Genüge getan, wenn der Angeklagte zu irgendeinem Zeitpunkt des Verfahrens Gelegenheit hatte, einen gegen ihn aussagenden Zeugen zu befragen oder durch seinen Verteidiger befragen zu lassen (BGH **51**, 150, 154; BGH **46**, 93; EGMR StV **90**, 481; NJW **03**, 2297; **03**, 2893; Ambos NStZ **03**, 16; Cornelius NStZ **08**, 247). Besondere Bedeutung kommt dabei der Einhaltung von Vorschriften zu, die im Ermittlungsverfahren die Teilhabe der Verteidigung ermöglichen sollen (EGMR Nr 9154/10 vom 15.12.2015: § 168c II, V StPO iVm §§ 141 II Nr 1-3, 140 I Nr 10 StPO; erg 4 zu § 168c, 20b-d zu § 140 StPO). Bei Vorliegen anerkannter Gründe (zu diesen anschließend 22c, d) kann auch ganz auf die Konfrontation des Zeugen mit dem Angeklagten verzichtet werden, wenn die Justiz das Defizit durch prozessuale Maßnahmen und bei der Beweiswürdigung ausgleicht (vgl EGMR – Große Kammer – 26766/05 ua vom 15.12.2011). Es geht zu Lasten des Beschuldigten, wenn eine unterbliebene Befragung ihm zuzurechnen ist, etwa weil die Abwesenheit eines Zeugen auf Bedrohung oder Einschüchterung durch den Beschuldigten beruht (Jung GA **09**, 239) oder er bzw sein Verteidiger einer Vernehmung fernbleiben, bei der sie das Fragerecht hätten ausüben können (BGH StV **05**, 533, 534).

22c c) **Ausreichende Gründe für Beschränkungen:** Das Konfrontationsrecht darf grundsätzlich nur bei Vorliegen ausreichender Gründe beschränkt werden (EGMR aaO spricht von „good reason for non attendance of a witness"). Anerkannt ist allgemein die trotz aller gebotenen Bemühungen der Justiz bestehende **tatsächliche oder rechtliche Unmöglichkeit,** die Anwesenheit des Belastungszeugen sicherzustellen und eine direkte Befragung durch den Angeklagten zu ermöglichen (EGMR JR **15**, 95; NStZ **07**, 103: Unmögliches wird von der Justiz nicht verlangt; vgl auch EGMR JR **06**, 289 mN; BGH **51**, 150). Als faktische Unmöglichkeit kommen in Betracht Krankheit, Unerreichbarkeit (EGMR JR **15**, 95; Nr 9154/10 vom 15.12.2015: aktive Suche nach dem

Zeugen, ggf Rückgriff auf Rechtshilfe erforderlich) oder Tod (EGMR – Große Kammer – 26766/05 ua vom 15.12.2011) des Zeugen, als rechtliche Unmöglichkeit die Verweigerung der Rechtshilfe durch einen anderen Staat oder das Fehlen eines Rechtshilfeabkommens (Nachweise bei Grabenwarter/Pabel § 24 Rn 118; Harris/O'Boyle/Warbrick 324 f) sowie die Weigerung eines Mitangeklagten, Fragen des Angeklagten zu beantworten (BGH 5 StR 495/16 vom 23.3.2017). Die von der Konvention ebenfalls als Ausprägung eines fairen Verfahrens geschützte Aussage- und Selbstbelastungsfreiheit, wie sie etwa in § 55 StPO zum Ausdruck kommt, schränkt das Konfrontationsrecht ein (EGMR Nr 29881/07 vom 19.7.2012; BGH NStZ-RR **14**, 246; erg oben 4). Das Befragungsrecht kann darüber hinaus in Konflikt mit gegenläufigen Schutzinteressen, insbesondere mit dem Opferschutz sowie dem Gebot der Wahrheitsermittlung treten, denen im Einzelfall der Vorrang einzuräumen ist. Dies ist vor allem der Fall, wenn das Leben, die Freiheit oder die Sicherheit von Zeugen sowie sonstige Interessen betroffen sind, die ihrerseits dem Schutzbereich des Art 8 unterfallen (EGMR StraFo **03**, 362; StV **97**, 619; zum Zeugenschutz im Lichte der Rspr des EGMR Gaede StV **06**, 599). Insoweit sind auch EU-Vorschriften wie der Rahmenbeschluss 2001/220/JI des Rates vom 15.3.2001 über die Stellung des Opfers im Strafverfahren (siehe allerdings EuGH NJW **12**, 595 zum weiten Ermessen der nationalen Behörden bei der konkreten Umsetzung) sowie internationale Verträge zum Schutz von Opfern und Zeugen zu beachten, die mit den Justizbehörden zusammenarbeiten (so etwa das Übereinkommen des Europarates vom 16.5.2005 zur Bekämpfung des Menschenhandels, das namentlich in seinen Art 28 und 30 Maßnahmen zum Schutz des Privatlebens, der Identität und der Sicherheit der Opfer während gerichtlicher Verfahren vorsieht). Konkret sind in der Rspr anerkannt die Gefährdung der Sicherheit eines Zeugen, auch verdeckt operierender Polizeibeamter (BGH NJW **91**, 646, bestätigt durch BVerfG NJW **92**, 168; vgl auch EGMR Nr 14212/10 vom 18.12.2014; BVerfG NJW **10**, 925 f), die Sicherstellung künftiger Einsätze verdeckter Ermittler (EGMR StV **97**, 619; erg 12a zu § 96 StPO) bzw der Schutz des Vertrauens in staatliche Vertraulichkeitszusagen (BVerfG aaO 926), der Schutz jugendlicher Zeugen und von Opfern einer Sexualstraftat (EGMR NJW **03**, 2297 f; BGH NJW **07**, 2341), die Befürchtung, dass ein Zeuge in Gegenwart des Angeklagten nicht die Wahrheit sagen werde (BGH **46**, 93, 96 mwN), uU sogar die nachgewiesene Angst vor einer Aussage in öffentlicher Verhandlung (EGMR – Große Kammer – 26766/05 ua vom 15.12.2011) sowie die Gefährdung der nationalen Sicherheit (EGMR StraFO **03**, 362). Fehlt es an einem derartigen legitimen Grund führt dies zwar nicht automatisch zur Annahme eines Verstoßes gegen Art 6 I, III d); jedoch wird dieser Umstand bei der Gesamtabwägung, ob das Verfahren fair war, regelmäßig entscheidend sein (EGMR Nr 9154/10 vom 15.12.2015).

Durch III Buchst d nicht ausgeschlossen wird die Verlesung von Vernehmungs- **22d** protokollen nach § 251 StPO (BGH NStZ **85**, 376; EGMR JR **15**, 95), die Vorführung von Bild-Ton-Aufzeichnungen nach § 255a StPO, wenn der Angeklagte und sein Verteidiger Gelegenheit hatten, an der früheren richterlichen Vernehmung teilzunehmen (BGH **48**, 268; NJW **11**, 3382; vgl auch EGMR Nr 40156/07 vom 28.9.2010; Weigend, Gutachten zum 62. DJT, C 63 ff) und die Vernehmung von Zeugen vom Hörensagen (Gollwitzer Meyer-GedSchr 156), insbesondere von Verhörsbeamten anonymer V-Leute (BVerfG NJW **10**, 925; BGH **17**, 382, 388; NStZ **00**, 265; Peukert EuGRZ **80**, 258; Vogler ZStW **89**, 788; **aM** Grünwald Dünnebier-FS 359; krit auch SK-Paeffgen 157; erg 5 zu § 250 StPO), oder die Vernehmung eines V-Mannes unter Wahrung seiner Anonymität (EGMR NJW **92**, 3088). Es besteht nach der polizeilichen Videovernehmung einer Belastungszeugin, zu der der Angeklagte nicht hinzugezogen werden konnte, weil er als Täter noch nicht ermittelt war, jedenfalls auch ausdrücklichen Antrag keine Verpflichtung zu einer ergänzenden richterlichen Zeugenvernehmung in Anwesenheit des Angeklagten bzw seines Verteidigers (BGH 5 StR 578/12 vom 12.12.2012). Der in der Rspr des BGH anerkannte Verzicht des Opferzeugen auf das in § 252 StPO normierte Verwertungsverbot ist allerdings mit Rücksicht auf III Buchst d nicht unproblematisch (näher 16b zu § 252 StPO). Stehen der Vernehmung des Belastungszeugen keine absoluten tatsächlichen oder rechtlichen Hindernisse entgegen, müssen das Gericht oder allgemein die staatlichen Behörden die ihnen zumutbaren

Schritte unternehmen, um die konfrontative Befragung zu ermöglichen (EGMR EuGRZ **92**, 476; Grabenwarter/Pabel § 24 Rn 118). Eine allgemeine **Zurechnung des Verfahrensgangs anderer Mitgliedsstaaten der EMRK** und dort möglicherweise aufgetretener Defizite findet nach der Rspr des BGH jedoch nicht statt (BGH **55**, 70 mit abl Anm Schramm HRRS **11**, 156; abl auch Gless Wolter-FS 1355, 1362 f; dem BGH zust Stiebig ZJS **12**, 614); dies steht im Einklang mit der Rspr des Gerichtshofs, der seine Unzuständigkeit ratione personae annimmt, wenn die behauptete Verletzung der Konvention nicht durch den betreffenden Staat erfolgte oder ihm nicht zurechenbar ist (EGMR Nr 27996/06 ua vom 22.12.2009; Nr 48205/99 ua vom 14.5.2002; siehe aber zu III Buchst c EGMR NJW **12**, 3709 für die Rechtshilfevernehmung in einem Vertragsstaat unter Mitwirkung eines Richters aus dem ersuchenden Vertragsstaat; erg dazu 20).

22e d) **Kompensation im Verfahren:** Durch andere Maßnahmen im Verfahren müssen Einschränkungen des Fragerechts soweit wie möglich ausgeglichen werden (EGMR – Große Kammer – 26766/05 ua vom 15.12.2011; StraFO **07**, 107; **03**, 362; NJW **03**, 2893, 2894: sog „counterbalancing measures" sowie „strong procedural safeguards"; vgl auch BVerfG NJW **10**, 925). Dabei können allgemein auch **Strukturprinzipien des nationalen Strafverfahrensrechts** als kompensierende Faktoren berücksichtigt werden (vgl EGMR – Große Kammer – Nr 26766/05 ua vom 15.12.2011; Meyer HRRS **12**, 117, 119; du Bois-Pedain HRRS **12**, 120, 129 ff). Wird etwa ein Zeuge in der Hauptverhandlung vernommen und weigert sich lediglich, Fragen der Verteidigung zu beantworten, kann auch die im deutschen Rechtssystem bestehende Aufklärungspflicht des Gerichts nach § 244 II StPO in Verbindung mit dem Umstand, dass sich das Gericht selbst einen Eindruck von der Aussageperson verschaffen konnte, eine Rolle spielen (vgl EGMR Nr 29881/07 vom 19.7.2012). Eine Kompensation kann ferner darin bestehen, dass wenigstens der Verteidiger bei der Vernehmung anwesend ist (BVerfG aaO; NJW **96**, 3408; BGH NStZ **18**, 51) oder notfalls der Verteidigung Gelegenheit gegeben wird, dem Zeugen durch das Gericht einen vorbereiteten Fragenkatalog vorzulegen (BVerfG aaO; BGH NStZ **93**, 292; NStZ-RR **01**, 268 [B]); allerdings hat es der EGMR in einer Reihe von Fällen bei der Gesamtschau für unzureichend erachtet, dem anonymen Zeugen schriftlich Fragen vorlegen zu lassen; siehe etwa EGMR Nr. 11454/85 vom 20.11.1989; Safferling NStZ **06**, 78 mwN). Eine **Videosimultanvernehmung** des Zeugen – erforderlichenfalls unter optischer und akkustischer Abschirmung – kann unter dem Aspekt der Kompensation geboten sein, um eine Verletzung von III Buchst d zu vermeiden (BGH **45**, 188, 190; **46**, 93, 103; NStZ **07**, 477; BGH **51**, 232; BVerfG aaO; NStZ **07**, 534). Eine Reduzierung des tatrichterlichen Anordnungsermessens bei § 247a StPO auf Null wird in diesen Fällen aber regelmäßig nicht bestehen (siehe 7 zu § 247a StPO). Die audiovisuelle Konfrontationsvernehmung kann zB zum Schutz gefährdeter Zeugen abgelehnt werden, wenn selbst bei Abschirmung des Zeugen Sprachduktus, Mimik und Gestik zur Aufdeckung seiner Identität führen können (vgl BVerfG NJW **10**, 926). Bei Auslandszeugen kann sie an tatsächlichen oder rechtlichen Hindernissen scheitern, die im Einflussbereich des anderen Staates liegen und der deutschen Justiz nicht zuzurechnen sind (EGMR NStZ **07**, 103; BGH **55**, 70 zu anderen Vertragsstaaten der Konvention). Im Ermittlungsverfahren kann es geboten sein, dem unverteidigten Beschuldigten bereits vor seiner richterlichen Vernehmung einen Verteidiger zu bestellen, wenn er selbst – zB aus Gründen des Zeugenschutzes (§ 168c III StPO) – von der Vernehmung ausgeschlossen ist (BGH **46**, 93, 99; EGMR NJW **13**, 3225; erg anschl 22g sowie 4 zu § 168c StPO). Wegen des verfassungsrechtlich abgesicherten Grundsatzes der Selbstbelastungsfreiheit (vgl nur BVerfG NStZ **02**, 378) muss das Gericht dagegen keine aktiven Schritte unternehmen, um dem Angeklagten bzw seinem Verteidiger die Befragung eines Mitangeklagten oder eines zur Verweigerung der Auskunft nach § 55 StPO berechtigten Zeugen zu ermöglichen, der von seinem (partiellen) Schweigerecht Gebrauch macht (BGH NStZ **09**, 581; EGMR Nr 29881/07 vom 19.7.2012, der in einem solchen Fall die Erklärungsrechte nach §§ 257, 258 StPO als prozessuale Kompensation gewertet hat). Bei einer im Wege der **Rechtshilfe** durch einen anderen Mitgliedstaat der EMRK durchgeführten, nichtkonfrontativen Vernehmung scheidet die Zurechnung jedenfalls dann aus, wenn das deutsche Gericht seinerseits alles Erforderliche getan hat, um die Anwesenheit des Verteidigers bzw des Angeklagten zu erreichen und der ausländische Staat in deren Abwesenheit den Zeugen in Übereinstimmung mit seinen verfahrensrechtlichen Vorschriften vernommen hat (BGH 55, 70; vgl aber EGMR NJW 12, 3709, der bei einer Rechtshilfevernehmung in einem ersuchten Vertragsstaat ohne anwaltlichen Beistand für den Beschuldigten eine Verpflichtung des ersuchenden Staat angenommen hat, die Fairness des Verfahrens unter dem Blickwinkel von III Buchst c zu prüfen; erg oben 20).

e) **Kompensation bei der Beweiswürdigung:** Ein Beweisverwertungsverbot ist hinsichtlich der unkonfrontiert gebliebenen Aussage regelmäßig nicht anzunehmen (BVerfG NJW 10, 926; vgl auch EGMR NJW 03, 2297; BGH 51, 150, 155; StV 17, 776 mit Anm Steinert; Gaede StV 18, 175; Schumann HRRS 17, 354; offen gelassen von BGH NStZ 17, 602, der für den Fall der Annahme eines Verwertungsverbotes das Erfordernis eines Widerspruchs in der Hauptverhandlung erwägt; Gless StV 10, 402; Schmitt Rissing-van Saan-FS 559), erst recht kommt eine Einstellung wegen eines Verfahrenshindernisses nicht in Betracht (vgl BGH StV 17, 776). Dies gilt selbst dann, wenn die fehlende Befragung der Justiz zuzurechnen ist (BGH aaO; 46, 93, 96; Weigend Wolter-FS 1145, 1159 f), wobei in einem solchen Fall allerdings der Beweiswert der bemakelten Aussage deutlich reduziert ist (BGH NStZ 07, 166, 167). Der Ausschluss des Fragerechts ist vielmehr bei der Beweiswürdigung zu kompensieren (BVerfG aaO; BGH 46, 93, 104 f; NStZ 18, 51; NStZ-RR 14, 246). Dabei hängen die Anforderungen zunächst davon ab, in welchem Maße sich die Zeugenaussage auf die Verurteilung ausgewirkt hat. Je bedeutsamer sie für die Beweisführung war, umso mehr zusätzliche und valide Beweismittel müssen vorliegen (vgl EGMR StraFO 02, 160). Die Aussage eines nicht konfrontativ befragten Belastungszeugen selbst, dessen Angaben aber über Protokolle, Zeugen vom Hörensagen oder Vernehmungsbeamte in die Hauptverhandlung eingeführt wurden, ist äußerst sorgfältig und zurückhaltend zu würdigen (EGMR NStZ 07, 103). Auch die erforderliche Gesamtwürdigung unterliegt erhöhten Anforderungen an Sorgfältigkeit und Vollständigkeit (BGH NStZ-RR 12, 52). Darüber hinaus kann eine Verurteilung nicht allein auf die Angaben des Zeugen gestützt, sondern muss durch andere gewichtige Gesichtspunkte außerhalb der Aussage bestätigt werden (BVerfG aaO; BGH 51, 150; 51, 280; 46, 93, 106; NStZ 18, 51 mit Anm Arnoldi; Schädler StraFo 08, 229; Safferling NStZ 06, 75; kritisch zu einer schematischen Handhabung in diesem Sinne allerdings BGH StV 17, 776, der darauf hinweist, dass der Umstand, dass ein Verstoß gegen das Konfrontationsrecht der Justiz zuzurechnen ist, auch unter Berücksichtigung des Grundsatzes der freien Beweiswürdigung [§ 261] keine Bedeutung für die Frage hat, ob die Angaben des Zeugen als zuverlässig anzusehen sind). Die Aussage darf nach der **Rspr des BVerfG** allerdings nicht nur dann verwertet werden, wenn die Beweise auch ohne sie für eine Überführung des Angeklagten genügen würden, weil dies in der Sache einem – von Verfassung wegen nicht gebotenen – Beweisverwertungsverbot nahe käme (BVerfG NJW 10, 926 unter Hinweis auf BVerfGE 57, 250, 283 ff). Insofern können etwa Aussagen anonymer Zeugen nicht nur zur Abrundung des Beweisergebnisses, sondern auch als tragendes Element der Beweiswürdigung verwertet werden (BVerfG aaO).

Im rechtlichen Ansatz restriktiver verlangt der **EGMR**, dass das Urteil grundsätzlich nicht alleine oder in einem entscheidenden Ausmaß („solely or to a decisive extent") auf die nicht konfrontierte Aussage gestützt werden dürfe, sondern maßgeblich auf anderen Beweisen beruhen müsse (EGMR NJW 13, 3225; 03, 2893; StraFo 07, 107, 108 f; Reid 210; Harris/O'Boyle/Warbrick 324 f; Weigend Wolter-FS 1145, 1154 ff; Grabenwarter/Pabel § 24 Rn 120, jeweils mwN). Die unterschiedlich formulierten Voraussetzungen an die Beweiswürdigung wirken sich allerdings in der Rechtsanwendung regelmäßig nicht aus. Dies ist darauf zurückzuführen, dass nach der Rspr des Gerichtshofs selbst ein Urteil, das alleine oder entscheidend auf einer nicht konfrontierten Aussage beruht, nicht automatisch eine Verletzung von I zur Folge hat (EGMR 26766/05 ua vom 15.12.2011; vgl auch Nr 9154/10 vom 15.12.2015, jeweils Große Kammer). Bei der gebotenen, flexiblen (EGMR aaO), Gesamtwürdigung unter dem

22f

22g

Gesichtspunkt des fairen Verfahrens (oben 22) berücksichtigt der Gerichtshof ausschlaggebend, ob die nationalen Gerichte die ihnen zur Verfügung stehenden Anstrengungen zur Herbeiführung einer konfrontativen Aussage unternommen haben und ob eine ausreichende verfahrensrechtliche Kompensation erfolgt ist (EGMR aaO; JR **15**, 95; erg oben 3, 22e). Ist dies zu bejahen, verneint er im Ergebnis einen Konventionsverstoß in Übereinstimmung mit den vom BVerfG und vom BGH praktizierten Grundsätzen, wenn die Verurteilung noch auf ausreichend andere wesentliche Beweismittel gestützt und die Aussage selbst äußerst sorgfältig gewürdigt wurde (EGMR aaO; NStZ **07**, 103, 105 f; StraFO **07**, 107, 108; EuGRZ **92**, 476; Reid 210 mwN; Gless StV **10**, 401, 403). Bei **Versäumnissen der Justiz** ist der Gerichtshof allerdings weniger großzügig und stellt zur Vermeidung eines Konfrontationsverstoßes Anforderungen an die Qualität der zusätzlichen Beweise, die je nach Lage des Einzelfalls einem Beweisverwertungsverbot nahekommen können (siehe etwa EGMR NJW **13**, 3225 mit Anm Pauly StV **14**, 456 zu einer richterlichen Vernehmung der zentralen Belastungszeugen nach § 168c StPO, bei der dem nach § 168c III ausgeschlossenen Beschuldigten kein Verteidiger bestellt worden war); allerdings hat der BGH in einem obiter dictum die Relevanz eines der Justiz vorwerfbaren Verstoßes für die Beweiswürdigungslösung in Frage gestellt (BGH JR **18**, 207, 211 mit Anm Lohse JR **18**, 183). Insgesamt hat die Rspr des Gerichtshofs zu IIId die Konsequenz, dass er im Einzelfall nach Aktenlage umfassende eigene Würdigungen der Beweise und Spekulationen hinsichtlich möglicher Prozessausgänge vornimmt, was seiner Aufgabe als europäisches Gericht zur Wahrung von Grundrechten und Grundfreiheiten kaum gerecht werden dürfte (zutr Esser/Gaede/Tsambikakis NStZ **12**, 619, 622; siehe dazu etwa EGMR [Große Kammer] Nr 9154/10 vom 15.12. 2015). Zugleich führen Einzelfallbetrachtung und Unschärfe der Beweismaßstäbe zu einer erheblichen Rechtsunsicherheit bei der Anwendung der Vorschrift (vgl dazu Weigend Wolter-FS 1145, 1155 f; du Bois-Pedain HRRS **12**, 120, 127 ff).

23 **E. Dolmetscher (Buchst e):**

23a a) **Ausländer** in der BRep haben die gleichen prozessualen Grundrechte sowie den gleichen Anspruch auf ein rechtsstaatliches Verfahren und auf umfassenden und objektiven gerichtlichen Schutz wie Deutsche (BVerfGE **40**, 95 mwN). Einem ausländischen Angeklagten, der die deutsche Sprache nicht hinreichend beherrscht, muss daher ohne Rücksicht auf seine finanzielle Lage unentgeltlich ein Dolmetscher beigeordnet werden (EKMR NJW **78**, 477; 4 zu § 185 GVG), und zwar für das gesamte Strafverfahren (BGH NJW **01**, 309), auch für vorbereitende Gespräche mit einem Verteidiger (Hamm NStZ-RR **14**, 328); ein verhafteter Beschuldigter ist auf dieses Recht hinzuweisen (§ 114b II S 2 StPO; dort 8; ebenso in den Fällen §§ 127 IV, 127b I S 2, 163c I S 3 StPO). Zum Rechtsraum der EU erg Richtlinie 2010/64/EU vom 20.10.2010 (ABl L Nr 280).

24 b) Die **Erstattung der Dolmetscherkosten** darf zwar vom Privatkläger (BVerfG NStZ **81**, 230), nicht aber von dem Angeklagten, auch nicht im Fall der Verurteilung verlangt werden (EGMR NJW **79**, 1091), auch nicht im Bußgeldverfahren, wie in Befolgung der Rspr des EGMR (NJW **85**, 1273; vgl auch KK/OWiG-Lampe 11 zu § 46) in Nr 9005 IV KVGKG klargestellt ist (vgl 1 zu § 464a StPO), es sei denn, dem freigesprochenen Angeklagten seien nach § 467 II StPO die Kosten seiner Säumnis oder dem Verurteilten seien nach § 464c StPO die Auslagen des Dolmetschers auferlegt worden. Der Angeklagte darf auch nicht mit den Kosten belastet werden, die bei Verfahrensaussetzung wegen Ausbleibens des Dolmetschers entstanden sind (LG Hamburg StV **85**, 500). Von den Kosten für die Übersetzung von Briefen zwecks Kontrolle ist der ausländische Gefangene freigestellt (BVerfG NJW **04**, 1095 mwN), ebenso von den bei der Besuchsüberwachung des UGefangenen entstandenen Kosten (BVerfG aaO) oder den Kosten der Überwachung eines Telefongespräch (Stuttgart StV **95**, 260 mwN); denn die vom Staat erzwungene Überwachung kostenmäßig dem Gefangenen zu überbürden, verstößt gegen Art 3 III S 1 GG (BVerfG aaO). Stattdessen ist notfalls eine Beschränkung des Briefverkehrs anzuordnen (BVerfG aaO 1096 mwN; 18 zu § 119; vgl auch § 146 IV NJVollzG). Eine Freistellung von Kosten für eine angeordnete Telefonüberwachung nach § 100a StPO scheidet aber aus (BVerfG aaO), ebenso von Kosten im

Vollstreckungsverfahren (AG Montabaur NStZ **97**, 616; dagegen Kotz NStZ-RR **99**, 164).

c) Die im **Verkehr mit dem Wahlverteidiger** entstandenen Dolmetscherkosten **25** sind dem Verurteilten zu erstatten (BVerfG NJW **04**, 50; BGH **46**, 178 = JR **02**, 121). Dies gilt auch, wenn zusätzlich ein Pflichtverteidiger tätig ist (LG Osnabrück StraFO **11**, 89), uU sogar für einen 2. Wahlverteidiger, wenn dessen Hinzuziehung für einen verhafteten Beschuldigten geboten war, um erstmals eine persönliche anwaltliche Beistandsleistung zu erhalten (Oldenburg NStZ **11**, 719). Der Beschuldigte hat unabhängig von seiner finanziellen Lage für das gesamte Strafverfahren und damit auch für vorbereitende und abschließende (München StraFo **08**, 88) Gespräche mit einem Verteidiger Anspruch auf unentgeltliche Zuziehung eines Dolmetschers, und zwar auch dann, wenn kein Fall der notwendigen Verteidigung nach § 140 StPO gegeben ist; ein Pflichtverteidiger ist ihm nicht – wie früher vielfach vertreten – allein deswegen beizuordnen, weil er die deutsche Sprache nicht beherrscht und wegen seiner Mittellosigkeit nicht in der Lage ist, die Kosten für einen Dolmetscher aufzubringen (erg 30b zu § 140 StPO; 5 zu § 185 GVG). Von einer vor der Zuziehung erteilten gerichtlichen Bewilligung ist die Kostenerstattung für den Dolmetscher nicht abhängig (BVerfG aaO), auch dann nicht, wenn zusätzlich ein Pflichtverteidiger bestellt ist (Brandenburg StraFo **05**, 415); eines nachträglichen, gesonderten Ausspruchs bedarf es ebenfalls nicht (Karlsruhe StraFo **09**, 527; vgl aber Düsseldorf NStZ **11**, 719: Kein Vergütungsanspruch gegen das Gericht für Dolmetscher, der von keiner der in § 1 JVEG genannten Stelle, sondern vom Verteidiger herangezogen wurde). Zu den Dolmetscherkosten für ein Gespräch mit dem deutschen „Einvernehmensanwalt" (3 zu § 138 StPO) vgl KG NStZ **02**, 52.

d) **Zu übersetzen** sind neben staatsanwaltschaftlichen und gerichtlichen Äußerungen **26** auch Erklärungen des Beschuldigten sowie frühere ausländische Urteile und Urkunden, soweit sie für das Verfahren eine Rolle spielen (Dresden NStZ-RR **12**, 64 L), nach Art 3 II der Richtlinie 2010/64/EU ferner jede Anordnung einer freiheitsentziehenden Maßnahme sowie Anklageschriften; einen Anspruch auf Übersetzung der gesamten Akten hat der Beschuldigte aber nicht (EGMR ÖJZ **90**, 412; Dresden aaO; SK-Paeffgen 169; Staudinger StV **02**, 328; Kotz StV **12**, 626, 628).

Gerichtsentscheidungen, die in seiner Abwesenheit ergangen sind, werden dem **27** Ausländer, der die deutsche Sprache nicht hinreichend beherrscht, mit schriftlicher Übersetzung in einer ihm verständlichen Sprache bekanntgemacht (vgl RiStBV 181 II; aM Köln VRS **63**, 457; Stuttgart Justiz **86**, 307), grundsätzlich aber nicht Urteile, die in seiner Anwesenheit unter Mitwirkung eines Dolmetschers verkündet und begründet worden sind (BGH GA **81**, 262; Düsseldorf JZ **85**, 200; Frankfurt NJW **80**, 1238; Hamburg NJW **78**, 2462; Hamm StV **90**, 101; Köln NStZ-RR **06**, 51; Stuttgart NStZ **81**, 225; aM SK-Paeffgen 170; Sieg MDR **81**, 279; Strate AnwBl **80**, 15). Eine Ausnahme gilt, wenn der Angeklagte für seine weitere Verteidigung auf die Übersetzung angewiesen ist (Römer NStZ **81**, 474), aber nicht schon deshalb, weil er Berufung (Stuttgart MDR **83**, 256) oder Revision eingelegt hat (Stuttgart NStZ **81**, 225; aM Sieg MDR **83**, 636), jedenfalls nicht, wenn ein Verteidiger mitwirkt (BVerfGE **64**, 135, 151 = NJW **83**, 2762, 2764; BVerfG NStZ-RR **05**, 273 L; Düsseldorf JZ **85**, 200; vgl auch LR-Hilger 12 zu § 464a StPO). Ob sich diese Rspr mit Rücksicht auf Art 3 II der Richtlinie 2010/64/EU, die im Rechtsraum der EU im Regelfall einen Anspruch auf schriftliche Übersetzung postuliert, wird aufrechterhalten lassen, erscheint zweifelhaft (siehe Kotz StV **12**, 626, 629).

Über die **Rechtsmittelbelehrung** vgl 9 zu § 35a StPO. Ladungen erfolgen nur in **28** deutscher Sprache (3 zu § 184 GVG).

Keine Strafe ohne Gesetz

7 [1] [1] Niemand darf wegen einer Handlung oder Unterlassung verurteilt werden, die zur Zeit ihrer Begehung nach innerstaatlichem oder internationalem Recht nicht strafbar war. [2] Es darf auch keine schwerere als die zur Zeit der Begehung angedrohte Strafe verhängt werden.

Anh 4 EMRK Art. 7

II Dieser Artikel schließt nicht aus, dass jemand wegen einer Handlung oder Unterlassung verurteilt oder bestraft wird, die zur Zeit ihrer Begehung nach den von den zivilisierten Völkern anerkannten allgemeinen Rechtsgrundsätzen strafbar war.

1 1) **Verbot der Rückwirkung (I):** Vgl Art 103 II GG, §§ 1, 2 II StGB. Der Begriff der „Strafe" ist autonom auszulegen. Dabei kommt es im Ausgangspunkt darauf an, ob die Maßnahme nach Verurteilung wegen einer Straftat auferlegt worden ist, ferner auf Natur und Zweck, ihre Schwere sowie das Verfahren bei ihrer Anwendung und ihrem Vollzug (EGMR NJW **10**, 2495, 2497 f). Unter Zugrundelegung dieser Kriterien nimmt der EGMR an, dass I auch für die Sicherungsverwahrung gilt (kritisch Hörnle Rissing-van Saan-FS 242 ff; vgl allerdings EGMR NJW **17**, 1007, 1011 zu einem Ausnahmefall bei Vorliegen einer psychischen Störung). Deren nachträgliche rückwirkende Verlängerung (§ 67d StGB aF) bzw ihre nachträgliche Verhängung (§ 66b StGB aF) verletzt Art 7 (EGMR aaO zu § 67d StGB aF mit Anm Eschelbach; vgl auch EGMR Nr 79457/13 vom 6.7.2017; dazu 2, 2a zu § 275a StPO sowie 2, 6a zu Art 5; Jung GA **10**, 639; Müller StV **10**, 207; Radtke NStZ **10**, 537; Möllers ZRP **10**, 153; Grabenwarter JZ **10**, 857; aM zu Art 103 II GG noch BVerfGE **109**, 133). In seiner Entscheidung vom 4.5.2011 (BVerfGE **128**, 326 = NJW **11**, 1931 mit Anm Peglau NJW **11**, 1924; Hörnle NStZ **11**, 488; Kreuzer/Bartsch StV **11**, 472; Eisenberg StV **11**, 480) hat das BVerfG allerdings unter Beibehaltung der dogmatischen Einordnung der Sicherungsverwahrung als Maßregel (dazu Landau NStZ **11**, 537, 540) die grundsätzliche Verfassungswidrigkeit der betreffenden Vorschriften aus einer Verletzung des „Abstandsgebotes" zur Strafe und dem rechtsstaatlichen Vertrauensschutzgebot von Art 2 Abs 2 S 2 GG iVm Art 20 Abs 3 GG abgeleitet (vgl auch BGH NStZ **10**, 567, NJW **10**, 1539; **10**, 3315 sowie Koblenz JBlRP **10**, 50); der Gesetzgeber hat den Anwendungsbereich des § 66b StGB inzwischen deutlich eingeschränkt (näher Fischer 1 zu § 66b StGB). Art 7 gilt aber nicht für Präventivmaßnahmen, Disziplinarstrafen (Frowein/Peukert 5; eingehend SK-Paeffgen 5) und für Ehrengerichtsverfahren; es bezieht sich auch nicht auf Maßnahmen, die die Vollstreckung bzw den Vollzug der Strafe betreffen (EGMR aaO) sowie auf die richterliche Gesetzesauslegung (BVerfG NStZ **90**, 537; BGH 5 StR 314/09 vom 23.9.2009; Bay **90**, 78; aM Hettinger/Engländer Meyer-Goßner-FS 145). Aus der Vorschrift ergibt sich ein sachlich-rechtliches Analogieverbot (Frowein/Peukert 2; Einl 198). Zur Einordnung der strafrechtlichen Vermögensabschöpfung (§§ 73 ff StGB), vgl 2 zu Art 316n **EGStGB**; 2 vor § 421 **StPO**.

1a Zum erforderlichen Grad der **Bestimmtheit von Strafnormen** hat der EGMR ausgeführt, dass mit Rücksicht auf ihre generelle Anwendbarkeit nicht in jeder Hinsicht präzise sein könnten; die Vorhersehbarkeit eines strafbaren Verhaltens hänge in einem beträchtlichem Maß von Inhalt und Gegenstand der getroffenen Regelung sowie Anzahl und Status derer ab, an die sie sich richte (EGMR 50425/06 vom 6.10.2011 zu strafbarem Insiderhandel). Zu den Grenzen revisionsrichterlicher Rechtsfortbildung in Strafsachen mit Blick auf Bestimmtheitserfordernis und Rückwirkungsverbot Kempf/ Schilling NJW **12**, 1849.

2 2) Die **Ausnahme (II)** von dem Rückwirkungsverbot erklärt sich in 1. Hinsicht aus dem Bestreben, die Nürnberger Kriegsverbrecherurteile vor dem Vorwurf zu schützen, sie verstießen gegen den Grundsatz *nulla poena sine lege* (Frowein/Peukert 8; Jescheck NJW **54**, 785; von Weber ZStW **65**, 348). Die BReg hat auf Wunsch des BTages den „Vorbehalt" erklärt, dass sie die Vorschrift nur in den Grenzen des Art 103 II anwenden wird. Dabei handelt es sich nicht um einen Vorbehalt iSd Art 64 II, sondern um einen bloßen Ausdruck der Missbilligung (Jescheck aaO; von Weber ZStW **65**, 347; vgl auch Guradze 11); dass Art 103 II GG dem Art 7 vorgeht, der nur Mindestrechte gewährt (1 zu Art 1), ist ohnehin selbstverständlich. Vgl zu Art 7 II auch die Urteile des EGMR vom 22.3.2001 in NJW **01**, 3035 (betr Streletz/Keßler/Krenz) und **01**, 3042.

3 3) Zu den **Justizgewährleistungen nach dem 7. ZP** (2 vor Art 7 vorletzter Teil) – Recht auf Überprüfung von Strafurteilen, Recht auf Entschädigung nach Fehlurteilen, Verbot der Doppelbestrafung – vgl SK-Paeffgen Anhang Art 7; speziell zu Inhalt und Reichweite

des in Art 103 III GG, Art 50 GrC und Art 54 SDÜ jeweils erfassten Doppelbestrafungsverbotes Einl 177a–c sowie EuGH NJW **14**, 3007; **14**, 3010 mit Anm Gaede NJW **14**, 2990 und Hieramente StraFo **14**, 445; ferner EuGH HRRS **16** Nr 628 mit Anm Wegner HRRS **16**, 396; BVerfG NJW **12**, 1202; BGH **59**, 120; NStZ-RR **16**, 290.

Recht auf Achtung des Privat- und Familienlebens

8 **I Jede Person hat das Recht auf Achtung ihres Privat- und Familienlebens, ihrer Wohnung und ihrer Korrespondenz.**

II Eine Behörde darf in die Ausübung dieses Rechts nur eingreifen, soweit der Eingriff gesetzlich vorgesehen und in einer demokratischen Gesellschaft notwendig ist für die nationale oder öffentliche Sicherheit, für das wirtschaftliche Wohl des Landes, zur Aufrechterhaltung der Ordnung, zur Verhütung von Straftaten, zum Schutz der Gesundheit oder der Moral oder zum Schutz der Rechte und Freiheiten anderer.

1) Die **Privatsphäre** als Rechtsposition wird hier, ebenso wie durch Art 1 II, 2 II **1** GG, gewährleistet. Sie wird vom Gerichtshof umfassend verstanden (EGMR NJW **11**, 3773), und ihre einzelnen Begriffe werden autonom interpretiert. Mit Bezug zum Strafverfahrensrecht (zum Anwendungsbereich im Übrigen EGMR aaO 3774) werden Durchsuchungen und Beschlagnahmen sowie Telefongespräche erfasst (EGMR NJW **10**, 2111; **07**, 1433). Der Begriff „Wohnung" kann auch Geschäftsräume umfassen, insbesondere die Kanzlei eines Rechtsanwalts (EGMR NJW **10**, 2109; NJW **06**, 1495). Das systematische Sammeln und Speichern von Daten über bestimmte Personen durch Sicherheitsdienste stellt auch ohne heimliche Überwachung ebenso einen Eingriff dar wie Filmaufnahmen auf einer Polizeiwache oder auf öffentlichen Plätzen, verdachtsunabhängige Personenkontrollen und körperliche Durchsuchungen einer Person (EGMR Nr 4158/05 vom 12.1.2010) sowie die Überwachung von Verdächtigen mittels GPS (EGMR NJW **11**, 1333 mwN; zu den Schutzbereichen im Einzelnen vgl ferner EGMR EuGRZ **14**, 285 [DNA-Identifizierungsmuster zum Zwecke der Identitätsfeststellung in künftigen Strafverfahren]; **09**, 299 [Zellproben, DNA-Profile, Fingerabdrücke]; NJW **09**, 3637; SK-Paeffgen 17 ff; Gusy Hilger-FG 119 ff; Schweizer DuD **09**, 464 ff). Auch die heimliche ununterbrochene Aufzeichnung der Stimme eines Beschwerdeführers, um zu Identifizierungszwecken eine Stimmprobe zu erhalten, fällt grundsätzlich unter Art 8 (EGMR NJW **11**, 1333, 1335 mN), ebenso die Durchsuchung und Beschlagnahme von Daten (EGMR Nr 30457/06 vom 3.7.2012). Zusammenfassend kann man festhalten, dass potentiell alle staatlichen Ermittlungs- und Zwangsmaßnahmen, die in der StPO geregelt sind, dem Prüfungsmaßstab des Art 8 unterworfen werden können.

2) **Eingriff gesetzlich vorgesehen** (II; dazu Schweizer DuD **09**, 467 und eing SK- **2** Paeffgen 103 ff): Eingriffe sind nur auf Grund gesetzlicher Vorschriften zulässig, welche die Anwendungsvoraussetzungen hinreichend präzise festlegen (EGMR NJW **16**, 2013; **11**, 1333, 1336; Nr 4158/05 vom 12.1.2010). Der Einsatz technischer Überwachungsmaßnahmen im Strafverfahren erfordert eine gesetzliche Regelung, die einen hinreichenden Schutz gegen Willkür bietet (EGMR aaO sowie NJW **07**, 1433, 1437 ff; **10**, 213, 214 ff; dazu Esser/Gaede/Tsambikakis NStZ **11**, 143, 144 mwN). Räumt das Ges Ermessen ein, muss es dessen Umfang und die Art seiner Ausübung ausreichend deutlich bestimmen (EGMR NJW **10**, 213). Zu den – abschließend aufgezählten – zulässigen Eingriffszwecken gehören die Strafverfolgung und ihre Fortsetzung in Strafvollstreckung und -vollzug (Einl 65 ff; vgl zur Vorratsdatenspeicherung Klug/Reif RDV **08**, 91 [erg 7 zu § 100g]). Grundsätzlich wird zwar jedes Strafgesetz, das den Prinzipien eines demokratischen Rechtsstaats entspricht, durch II gedeckt (BVerfGE **6**, 389).

Der Eingriff muss aber auch nach II „**in einer demokratischen Gesellschaft not- 3 wendig**" sein. Dies setzt nach der Rspr des Gerichtshofs voraus, dass er einem dringenden sozialen Bedürfnis – wie namentlich der Verfolgung von Straftaten – entspricht und in Bezug auf das rechtmäßig verfolgte Ziel bei der Anwendung im Einzelfall verhältnismäßig ist (EGMR NJW **11**, 1333, 1336; **06**, 1495). Insofern besteht ein Beurteilungsspielraum des Vertragsstaates. Dieser ist bei unterschiedsloser und unbefristeter Aufbewahrung von Fingerabdrücken, Zellproben und DNA-Profilen verdächtiger, aber nicht schuldig gesprochener Personen überschritten (EGMR EuGRZ **09**, 299, 311). Zulässig ist aber zB die Kontrolle und Beschlagnahme des Postverkehrs eines UGefangenen (BGH NStZ **82**, 188 [Pf]; zu den Grenzen zulässiger Zensurmaßnahmen vgl aber EGMR EuGRZ **92**, 99; 535), auch mit Einschränkungen die mit dem Verteidiger nach § 148 II StPO (EGMR NJW **19**, 3131; **03**, 1439). Auch §§ 81g (EGMR EuGRZ **14**, 285), 99, 100a, 102, 103 StPO und § 1 G 10 sind mit II vereinbar (EGMR NJW **79**, 1755; **07**, 1433; vgl aber auch EGMR NJW **93**, 718, **06**, 1495, **08**, 3409 und NJW **13**, 3081: Verhältnismäßigkeitsgrundsatz ist zu beachten), ebenso § 100c I Nr 1b StPO (EGMR NJW **11**, 1333; vgl dazu auch BVerfGE **112**, 304), § 100 f (Hauck NStZ **10**, 20 Fn 51), auch der Einsatz eines V-Mannes iVm einer Telefonüberwachung (EGMR NJW **92**, 3088). Die Verwertung der Niederschrift eines überwachten Gesprächs zwischen Anwalt und Mandant verstößt nicht gegen Art 8, wenn der Inhalt vermuten lässt, dass der Anwalt selbst an einer Straftat beteiligt war, und soweit dies das Recht des Mandanten auf Verteidigung nicht beeinträchtigt (EGMR NJW **17**, 3577). Ein durch die dem Staat zurechenbare Einwirkung von Privatpersonen in die Strafverfolgung erfolgender Eingriff kann Art 8 verletzen (EGMR StV **04**, 1: „Hörfalle"; zust Gaede StV **04**, 46; erg 4a zu § 136a StPO) und ein Auslieferungshindernis darstellen (Karlsruhe NStZ-RR **14**, 387). Die Verwertung eines unter Verstoß gegen Art 8 erhobenen Beweises macht das Verfahren aber nicht stets unfair iSv Art 6 I (EGMR NJW **10**, 213; erg 4b zu Art 6; vertiefend und krit hierzu Gaede JR **09**, 498, Jung GA **09**, 651).

Gedanken-, Gewissens- und Religionsfreiheit

9 I Jede Person hat das Recht auf Gedanken-, Gewissens- und Religionsfreiheit; dieses Recht umfasst die Freiheit, seine Religion oder Weltanschauung zu wechseln, und die Freiheit, seine Religion oder Weltanschauung einzeln oder gemeinsam mit anderen öffentlich oder privat durch Gottesdienst, Unterricht oder Praktizieren von Bräuchen und Riten zu bekennen.

II Die Freiheit, seine Religion oder Weltanschauung zu bekennen, darf nur Einschränkungen unterworfen werden, die gesetzlich vorgesehen und in einer demokratischen Gesellschaft notwendig sind für die öffentliche Sicherheit, zum Schutz der öffentlichen Ordnung, Gesundheit oder Moral oder zum Schutz der Rechte und Freiheiten anderer.

Freiheit der Meinungsäußerung

10 I ¹Jede Person hat das Recht auf freie Meinungsäußerung. ²Dieses Recht schließt die Meinungsfreiheit und die Freiheit ein, Informationen und Ideen ohne behördliche Eingriffe und ohne Rücksicht auf Staatsgrenzen zu empfangen und weiterzugeben. ³Dieser Artikel hindert die Staaten nicht, für Hörfunk-, Fernseh- oder Kinounternehmen eine Genehmigung vorzuschreiben.

II Die Ausübung dieser Freiheiten ist mit Pflichten und Verantwortung verbunden; sie kann daher Formvorschriften, Bedingungen, Einschränkungen oder Strafdrohungen unterworfen werden, die gesetzlich vorgesehen und in einer demokratischen Gesellschaft notwendig sind für die nationale Sicherheit, die territoriale Unversehrtheit oder die öffentliche Sicherheit, zur Aufrechterhaltung der Ordnung oder zur Verhütung von Straftaten, zum Schutz der Gesundheit oder der Moral, zum Schutz des guten Rufes oder der Rechte anderer, zur Verhinderung der Verbreitung vertraulicher Informationen oder zur Wahrung der Autorität und der Unparteilichkeit der Rechtsprechung.

1 Einen **Eingriff in die hier garantierte Freiheit der Meinungsäußerung** durch Strafverfahrensrecht stellen Zwangsmaßnahmen wie Haft, Durchsuchung einer Wohnung und die dabei erfolgte Beschlagnahme von Beweismitteln dar. Ein solcher Eingriff ist mit I nur vereinbar, wenn er eine gesetzliche Grundlage im staatlichen Recht hat (EGMR NJW-RR **11**, 1266) und durch die in II benannten übergeordneten Erfordernisse des öffentlichen Interesses gerechtfertigt ist. Es muss ein „dringendes soziales Bedürfnis" für den Eingriff bestehen, und er muss verhältnismäßig zu dem verfolgten berechtigten Ziel sein (vgl EGMR NJW **08**, 2563; EGMR NJW-RR **11**, 984; **10**, 1487). Die staatlichen Behörden müssen zu seiner Rechtfertigung Gründe angeführt haben, die stichhaltig und ausreichend sind (EGMR aaO). Diese Garantien sind von besonderer Bedeutung für den Schutz journalistischer Quellen (zum Ganzen EGMR NJW **08**, 2563 und 2565; NJW-RR **11**, 1266; erg 26 ff zu § 53 StPO); dieser muss durch gesetzliche Verfahrensgarantien, vor allem eine Überprüfung etwaiger Anordnungen vor ihrem Vollzug, abgesichert werden (EGMR NJW-RR **11**, 1266). Zur Auslegung von Art 10 vgl auch EGMR NJW **16**, 1373; **08**, 3412 mit Anm Schork; erg 5a zu § 102 StPO.

Versammlungs- und Vereinigungsfreiheit

11 I Jede Person hat das Recht, sich frei und friedlich mit anderen zu versammeln und sich frei mit anderen zusammenzuschließen; dazu gehört auch das Recht, zum Schutz seiner Interessen Gewerkschaften zu gründen und Gewerkschaften beizutreten.

II 1 Die Ausübung dieser Rechte darf nur Einschränkungen unterworfen werden, die gesetzlich vorgesehen und in einer demokratischen Gesellschaft notwendig sind für die nationale oder öffentliche Sicherheit, zur Aufrechterhaltung der Ordnung oder zur Verhütung von Straftaten, zum Schutz der Gesundheit oder der Moral oder zum Schutz der Rechte und Freiheiten anderer. 2 Dieser Artikel steht rechtmäßigen Einschränkungen der Ausübung dieser Rechte für Angehörige der Streitkräfte, der Polizei oder der Staatsverwaltung nicht entgegen.

Recht auf Eheschließung

12 Männer und Frauen im heiratsfähigen Alter haben das Recht, nach den innerstaatlichen Gesetzen, welche die Ausübung dieses Rechts regeln, eine Ehe einzugehen und eine Familie zu gründen.

Recht auf wirksame Beschwerde

13 Jede Person, die in ihren in dieser Konvention anerkannten Rechten oder Freiheiten verletzt worden ist, hat das Recht, bei einer innerstaatlichen Instanz eine wirksame Beschwerde zu erheben, auch wenn die Verletzung von Personen begangen worden ist, die in amtlicher Eigenschaft gehandelt haben.

1) Beschwerderecht: Art 13 verlangt eine wirksame Beschwerdemöglichkeit – auch **1** gegen Verfahrensverzögerungen (EGMR NJW **10**, 3355; **06**, 2389; **01**, 2694, 2699) – vor einer nationalen Instanz (EMGR EuGRZ **77**, 419; **79**, 278), schafft aber sonst keine neuen Rechtsschutzmöglichkeiten, gibt also kein Beschwerderecht gegen eine nach deutschem Recht unanfechtbare Entscheidung (BGH **20**, 68). Der Begriff „wirksame Beschwerde" verweist auf die innerstaatliche Rechtsordnung. Soweit sie ein Rechtsmittel zulässt, kann damit die Verletzung der innerstaatlich unmittelbar anwendbaren Bestimmungen der EMRK geltend gemacht werden (6 vor Art 1). Soweit dies nicht der Fall ist, verlangt der EGMR bei strukturellen Problemen, dass im innerstaatlichen Recht ein Rechtsbehelf geschaffen wird, mit dem eine Konventionsverletzung festgestellt werden kann (EGMR NJW **10**, 3355 zur überlangen Dauer von Zivilverfahren in Deutschland, umgesetzt durch das Gesetz über den Rechtsschutz bei unangemessen Gerichtsverfahren und strafrechtlichen Ermittlungsverfahren vom 24.11.2011 – BGBl I/2302). Aus der

Formulierung „auch wenn" kann nicht geschlossen werden, dass die EMRK erst recht für die Eingriffe des einen Bürgers gegen den anderen gilt. Weitergehende Rechtsbehelfsgarantien der EMRK (zB Art 5 III, IV, 6 I) gehen grundsätzlich als Spezialregelungen Art 13 vor; der EGMR NJW **01**, 2694 mit abl Anm Meyer-Ladewig NJW **01**, 2679 hat sich allerdings für eine Gewährleistungs-Konkurrenz ausgesprochen). Bei allen Konventionsverletzungen ist in der BRep im Hinblick auf Art 19 IV GG grundsätzlich der Weg zu den Gerichten eröffnet, jedoch kein weiterer außerordentlicher Rechtsbehelf gegen einen einmaligen Konventionsverstoß durch ein letztinstanzliches Gericht gegeben.

2 2) Die **Verfassungsbeschwerde** kann auf Verletzungen der EMRK nicht gestützt werden (BVerfGE **10**, 271, 274 = NJW **60**, 1243; BVerfGE **34**, 384, 395; **41**, 126, 149; BVerfG EuGRZ **86**, 439). Nur soweit Verstöße gegen die Menschenrechte und Grundfreiheiten der EMRK zugleich das GG oder Landesverfassungsrecht verletzen, können sie mit der Verfassungsbeschwerde geltend gemacht werden (Einl 231; 1 zu Art 26). Die Rspr des EGMR entfaltet allerdings bei der Auslegung des Verfassungsrechts eine „normative Leit- und Orientierungsfunktion" (Voßkuhle NVwZ **10**, 1, 4 mN) und vermag bei Abweichungen zu einer Überwindung der Rechtskraft von Entscheidungen des BVerfG führen (BVerfGE **128**, 326 = NJW **11**, 1931; erg 4a, 4b vor Art 1).

Diskriminierungsverbot

14 Der Genuss der in dieser Konvention anerkannten Rechte und Freiheiten ist ohne Diskriminierung insbesondere wegen des Geschlechts, der Rasse, der Hautfarbe, der Sprache, der Religion, der politischen oder sonstigen Anschauung, der nationalen oder sozialen Herkunft, der Zugehörigkeit zu einer nationalen Minderheit, des Vermögens, der Geburt oder eines sonstigen Status zu gewährleisten.

Abweichen im Notstandsfall

15 I Wird das Leben der Nation durch Krieg oder einen anderen öffentlichen Notstand bedroht, so kann jede Hohe Vertragspartei Maßnahmen treffen, die von den in dieser Konvention vorgesehenen Verpflichtungen abweichen, jedoch nur, soweit es die Lage unbedingt erfordert und wenn die Maßnahmen nicht im Widerspruch zu den sonstigen völkerrechtlichen Verpflichtungen der Vertragspartei stehen.

II Aufgrund des Absatzes 1 darf von Artikel 2 nur bei Todesfällen infolge rechtmäßiger Kriegshandlungen und von Artikel 3, Artikel 4 Absatz 1 und Artikel 7 in keinem Fall abgewichen werden.

III 1 Jede Hohe Vertragspartei, die dieses Recht auf Abweichung ausübt, unterrichtet den Generalsekretär des Europarats umfassend über die getroffenen Maßnahmen und deren Gründe. 2 Sie unterrichtet den Generalsekretär des Europarats auch über den Zeitpunkt, zu dem diese Maßnahmen außer Kraft getreten sind und die Konvention wieder volle Anwendung findet.

Beschränkungen der politischen Tätigkeit ausländischer Personen

16 Die Artikel 10, 11 und 14 sind nicht so auszulegen, als untersagten sie den Hohen Vertragsparteien, die politische Tätigkeit ausländischer Personen zu beschränken.

Verbot des Missbrauchs der Rechte

17 Diese Konvention ist nicht so auszulegen, als begründe sie für einen Staat, eine Gruppe oder eine Person das Recht, eine Tätigkeit auszuüben oder eine Handlung vorzunehmen, die darauf abzielt, die in der Konvention festgelegten Rechte und Freiheiten abzuschaffen oder sie stärker einzuschränken, als es in der Konvention vorgesehen ist.

Begrenzung der Rechtseinschränkungen

18 Die nach dieser Konvention zulässigen Einschränkungen der genannten Rechte und Freiheiten dürfen nur zu den vorgesehenen Zwecken erfolgen.

Abschnitt II. Europäischer Gerichtshof für Menschenrechte

Errichtung des Gerichtshofs

19 ^{1}Um die Einhaltung der Verpflichtungen sicherzustellen, welche die Hohen Vertragsparteien in dieser Konvention und den Protokollen dazu übernommen haben, wird ein Europäischer Gerichtshof für Menschenrechte, im Folgenden als „Gerichtshof" bezeichnet, errichtet. ^{2}Er nimmt seine Aufgaben als ständiger Gerichtshof wahr.

1) Der ständige **Europäische Gerichtshof für Menschenrechte** (EGMR) in 1 Straßburg ist seit 1.11.1998 an die Stelle der früher zuständigen Europäischen Kommission (EKMR) und des früher nicht ständig tagenden EGMR getreten; das Ministerkomitee des Europarates ist nunmehr darauf beschränkt, die Einhaltung der Urteile zu überwachen (Art 46 II). Der Gerichtshof besteht aus ebenso vielen Richtern, wie es Vertragsstaaten gibt (Art 20). Die Richter werden von der Parlamentarischen Versammlung des Europarates für 9 Jahre gewählt; Wiederwahl ist nicht zulässig (Art 23 I). Vgl im Einzelnen Meyer-Ladewig/Petzold **09**, 3749. Eingehend zu Stellung, Funktion und Reform des EGMR Wildhaber EuGRZ **09**, 541.

2) Seine **Entscheidungen** trifft der EGMR in Einzelrichterbesetzung, in Ausschüs- 2 sen mit 3 Richtern, in Kammern mit grundsätzlich 7 Richtern und in einer Großen Kammer mit 17 Richtern (Art 26 I). Die Kammern des Gerichtshofs bilden die Ausschüsse für einen bestimmten Zeitraum (Art 26 I). Einzelrichter und Ausschüsse (diese durch einstimmigen Beschluss) können eine Individualbeschwerde (vgl Art 34) endgültig für unzulässig erklären oder im Register streichen, wenn sie offensichtlich unbegründet ist (Art 27 I, 28 Ia); die Ausschüsse können darüber hinaus einstimmig durch endgültiges Sachurteil entscheiden, wenn die aufgeworfenen Fragen Gegenstand einer gefestigten Rechtsprechung des Gerichtshofs sind (Art 28 Ib). Einzelrichter und Ausschüsse übernehmen daher die Filterwirkung, die früher der EKMR zukam. Sonst entscheidet über Zulässigkeit und Begründetheit die Kammer, die aber die Sache an die Große Kammer abgibt, wenn eine schwerwiegende Frage der Auslegung der EMRK oder der Zusatzprotokolle (vgl 2 vor Art 1) zu entscheiden oder eine Divergenz von einer früheren Entscheidung des EGMR möglich ist; die Abgabe ist jedoch nicht zulässig, wenn eine Partei widerspricht (Art 30). Die Große Kammer entscheidet ferner, wenn ein Ausschuss von 5 Richtern der Großen Kammer eine von einer Partei innerhalb von 3 Monaten nach Urteilserlass der Kammer beantragte Verweisung annimmt; dies ist nur für Ausnahmefälle bei Fragen grundsätzlicher Bedeutung vorgesehen (Art 43).

3) **Verfahren** (ausführlich hierzu SK-Paeffgen Einl 102 ff): Die Beschwerde wird bei 3 der beim EGMR bestehenden Kanzlei (Art 24) eingelegt, die prüft, ob die Beschwerde formal in Ordnung ist, und den Beschwerdeführer ggf darauf hinweist, wenn Angaben oder Unterlagen fehlen (Meyer-Ladewig NJW **98**, 513). Nach Registrierung gelangt die Sache an einen Einzelrichter (oben 2), der sie im Falle der Zulässigkeit des Rechtsbehelfs an einen Ausschuss oder eine Kammer weitergibt (Art 27 III); dort wird sie nach Bestimmung eines Berichterstatters geprüft. Erweist sich die Beschwerde als zulässig (Art 35) und bedarf sie – weil keine gefestigte Rechtsprechung des EGMR zu der auf-

geworfenen Frage vorliegt (Art 28 I Buchst b) – einer näheren Prüfung, wird sie der Regierung des betroffenen Landes zur Stellungnahme zugeleitet, auf die der Beschwerdeführer erwidern kann (vgl zur Beteiligung des Kommissars für Menschenrechte des Europarats Art 36 III). Das Gericht stellt den Sachverhalt fest und führt erforderlichenfalls eine Beweisaufnahme durch (Art 38). Das Gericht prüft, ob eine gütliche Einigung möglich ist; das hierfür eingeschlagene Verfahren ist vertraulich (Art 39). Kommt eine gütliche Einigung nicht zustande, entscheidet die Kammer idR im schriftlichen Verfahren durch Urteil, das begründet und veröffentlicht wird (Art 45 I, 44 III). Der EGMR kann zur Wiedergutmachung für die Folgen der Menschenrechtsverletzung (Vermögens- und Nichtvermögensschaden sowie Kosten und Auslagen) eine Entschädigung zusprechen (Art 41).

4 4) **Nach der Verfahrensordnung** vom 4.11.1998 (BGBl 2006 II 693; zuletzt geändert mWv 1.7.2009 [www.echr.coe.int]) sind 5 Sektionen gebildet. Jeder Richter gehört einer Sektion an, aus der die Kammern gebildet werden. Da der nationale Richter in der Kammer sitzen muss, wenn ein Fall gegen sein Land verhandelt wird, „folgt der Fall dem Richter"; der Fall wird also der Kammer zugewiesen, in der der nationale Richter sitzt (Art 26 IV; vgl auch Art 28 III für die Ausschüsse).

5 5) Die **Urteile sind verbindlich;** alle Vertragsstaaten haben sich verpflichtet, das endgültige Urteil des Gerichtshofs in allen Rechtssachen, in denen sie Partei sind, zu befolgen (Art 46 I). Das endgültige Urteil wird dem Ministerkomitee zugeleitet, das seine Durchführung überwacht (Art 46 II–V). Eine festgestellte Menschenrechtsverletzung führt zur Wiederaufnahme des Verfahrens, wenn das angefochtene Urteil auf ihr beruht (vgl 52 zu § 359 StPO).

20–33 *(nicht abgedruckt)*

Individualbeschwerden

34 ¹Der Gerichtshof kann von jeder natürlichen Person, nichtstaatlichen Organisation oder Personengruppe, die behauptet, durch eine der Hohen Vertragsparteien in einem der in dieser Konvention oder den Protokollen dazu anerkannten Rechte verletzt zu sein, mit einer Beschwerde befasst werden. ²Die Hohen Vertragsparteien verpflichten sich, die wirksame Ausübung dieses Rechts nicht zu behindern.

Zulässigkeitsvoraussetzungen

35 I Der Gerichtshof kann sich mit einer Angelegenheit erst nach Erschöpfung aller innerstaatlichen Rechtsbehelfe in Übereinstimmung mit den allgemein anerkannten Grundsätzen des Völkerrechts und nur innerhalb einer Frist von sechs Monaten nach der endgültigen innerstaatlichen Entscheidung befassen.

II Der Gerichtshof befasst sich nicht mit einer nach Artikel 34 erhobenen Individualbeschwerde, die
a) anonym ist oder
b) im Wesentlichen mit einer schon vorher vom Gerichtshof geprüften Beschwerde übereinstimmt oder schon einer anderen internationalen Untersuchungs- oder Vergleichsinstanz unterbreitet worden ist und keine neuen Tatsachen enthält.

III Der Gerichtshof erklärt eine nach Artikel 34 erhobene Individualbeschwerde für unzulässig,
a) wenn er sie für unvereinbar mit dieser Konvention oder den Protokollen dazu, für offensichtlich unbegründet oder für missbräuchlich hält oder

b) wenn er der Ansicht ist, dass dem Beschwerdeführer kein erheblicher Nachteil entstanden ist, es sei denn, die Achtung der Menschenrechte, wie sie in dieser Konvention und den Protokollen dazu anerkannt sind, erfordert eine Prüfung der Begründetheit der Beschwerde, und vorausgesetzt, es wird aus diesem Grund nicht eine Rechtssache zurückgewiesen, die noch von keinem innerstaatlichen Gericht gebührend geprüft worden ist.

IV ¹ Der Gerichtshof weist eine Beschwerde zurück, die er nach diesem Artikel für unzulässig hält. ² Er kann dies in jedem Stadium des Verfahrens tun.

1) **Jedermann,** der sich in seinen Rechten nach der EMRK verletzt fühlt, kann den EGMR anrufen, ohne dass eine Unterwerfungserklärung des betroffenen Staates erforderlich wäre. 1

Allerdings befasst sich der EGMR als Ausdruck des Grundsatzes der Subsidiarität des Konventionssystems (dazu 4 vor Art 1, 1, 1a zu Art 1) erst nach **Erschöpfung des innerstaatlichen Rechtswegs,** für die der Beschwerdeführer die Beweislast trägt (vgl im Einzelnen EGMR – Große Kammer – EuGRZ **09,** 566, 577; **12,** 514), mit der Sache (EGMR NJW **01,** 55). Der Beschwerdeführer muss sich vor einem innerstaatlichen Gericht zwar nicht unbedingt unter Anführung der EMRK, aber wenigstens substantiell auf die angeblich verletzte EMRK-Bestimmung unter Einhaltung der Form- und Fristvorschriften des staatlichen Rechts berufen haben (EGMR NJW **12,** 2093); die innerstaatlichen Rechtsbehelfe sind deshalb nicht erschöpft und die Beschwerde ist unzulässig, wenn ein Rechtsmittel wegen eines Verfahrensfehlers nicht zugelassen wird (EGMR aaO). Von der Erschöpfung des Rechtswegs kann aber abgesehen werden, wenn nach der Rspr der obersten Gerichte ein Rechtsmittel von vornherein aussichtslos ist (EGMR – Große Kammer – EuGRZ **09,** 566, 577; Frowein/Peukert 35), nicht aber schon dann, wenn nur Zweifel hinsichtlich der Erfolgsaussichten bestehen (EGMR NStZ **01,** 335 L). Zum Rechtsweg gehört nicht nur ein Rechtsmittelverfahren ieS, sondern jede rechtliche Möglichkeit der Abhilfe, die zugänglich und geeignet erscheint (EGMR NJW **82,** 497; Vogler ZStW **89,** 792), auch die Richterablehnung (Peukert EuGRZ **80,** 249), die Dienstaufsichtsbeschwerde (22 vor § 296 StPO), der Antrag nach §§ 23, 37 EGGVG (Vogler aaO) und die Verfassungsbeschwerde nach § 90 BVerfGG (Frowein/Peukert 25 ff; Kühne 36). Soweit sich die in der EMRK verbürgten Rechte und Grundfreiheiten mit den Grundrechten des GG decken, muss daher vor Anrufung des EGMR eine erfolglose Verfassungsbeschwerde eingelegt worden sein (EKMR NJW **56,** 1376; VerfGH Koblenz NJW **59,** 1628; Peukert EuGRZ **79,** 264; **80,** 249; Weigend StV **00,** 389; Einl 230 ff), sofern das BVerfG nicht in einem ähnlichen Fall bereits eine Verfassungsbeschwerde verworfen hat (Vogler aaO). Hat das BVerfG die Verfassungsbeschwerde wegen fehlender Substantiierung des Beschwerdegegenstandes verworfen, so ist der innerstaatliche Rechtsweg nicht erschöpft (EKMR NJW **88,** 1441); das gilt aber nicht, wenn das BVerfG zu Unrecht fehlende Substantiierung gerügt oder gleichwohl eine (teilweise) Sachprüfung vorgenommen hatte (EGMR StV **05,** 475; vgl auch EGMR StraFo **06,** 406). Hatte der Beschwerdeführer seine gegen das Urteil eingelegte Berufung zurückgenommen, ist die Beschwerde unzulässig (EGMR NJW **08,** 3273). Ein Wiederaufnahmeverfahren braucht nicht beantragt worden zu sein (Vogler aaO). Eine wegen Nichterschöpfung des Rechtsweges für unzulässig erklärte Beschwerde kann nach Erschöpfung der Rechtsbehelfe wiederholt werden (Vogler ZStW **89,** 793). 2

2) **Frist:** Die Beschwerde nach Art 34 muss dem EGMR so rechtzeitig vorliegen, dass er sich noch vor Fristablauf mit ihr befassen kann. Die 6-Monatsfrist beginnt mit der (förmlichen oder formlosen) Bekanntmachung der innerstaatlichen Entscheidung (Frowein/Peukert 48 ff; Einzelheiten zur Fristberechnung bei EGMR NJW **12,** 2943; Ladewig NJW **11,** 1559; erg 5 ff zu § 35 StPO). Wiedereinsetzung ist nicht zulässig (3 vor § 42 StPO). 3

3) **Form:** Die Einlegung erfolgt schriftlich (vgl Meyer-Ladewig/Petzold NJW **09,** 3751); sie kann in deutscher Sprache abgefasst werden; erst nach der Zulässigkeitserklärung durch eine Kammer (3 zu Art 19) müssen die Schriftsätze in einer der beiden 4

Anh 4 EMRK Art. 36–59

Amtssprachen (Englisch und Französisch) verfasst sein (vgl Willinger NJW **01**, 1239). Das Verfahren ist insgesamt für den Beschwerdeführer gebührenfrei.

5 **4) Als unzulässig zurückgewiesen** (Art 35 IV) wird die Beschwerde, wenn die Voraussetzungen des Art 35 I oder II oder III (zur Vereinbarkeit der Beschwerde mit der EMRK in persönlicher, zeitlicher und sachlicher Hinsicht vgl zB EGMR NJW **09**, 3775; NJW **12**, 3709) gegeben sind. Offensichtlich unbegründet isV IIIa ist eine Beschwerde nach der Rspr des Gerichtshofs ua, wenn er in der Sache als „Vierte Instanz", dh als eine Art Berufungs- oder Revisionsgericht tätig werden soll, das Urteile nationaler Gerichte aufhebt; dies ist vor allem der Fall, wenn ihm angesonnen wird, angebliche Fehler bei der Sachverhaltsfeststellung oder Beweiswürdigung bzw die fehlerhafte Anwendung des innerstaatlichen Rechts zu überprüfen, ohne dass ein Verstoß gegen Konventionsrechte in Betracht kommt (vgl EGMR Nr 17721/04 vom 22.2.2007). Bei bewusst falschen Tatsachenbehauptungen sowie dem Verschweigen wesentlicher Informationen ist ein Missbrauch des Beschwerderechts anzunehmen (EGMR EuGRZ **09**, 316). Ein „erheblicher Nachteil" iSv III Buchst b liegt nur vor, wenn die behauptete Verletzung ein Minimum an Schwere aufweist. Dies ist bei geringfügigen materiellen Schäden nicht der Fall, es sei denn, die Beschwerde wirft eine Grundsatzfrage auf (EGMR NJW **10**, 3081). Zu querulatorischen Beschwerden EGMR NJW **12**, 3501; zum Verfahrensgang im Übrigen vgl 3 zu Art 19.

36–59 *(nicht abgedruckt)*

5. Gesetz über die Entschädigung für Strafverfolgungsmaßnahmen (StrEG)

Vom 8. März 1971 (BGBl. I S. 157; 313-4), letztes ÄndG Art. 6 v. 13.4.2017 (BGBl. I S. 872)

(Auszug)

Vorbemerkungen

1) Der **Entschädigungsanspruch** nach dem StrEG ist seiner Rechtsnatur nach ein Aufopferungsanspruch (BGHZ **72**, 302 = NJW **79**, 425; Nürnberg MDR **75**, 779; Kunz Einl 31; a**M** Paeffgen 211 ff: Gefährdungstatbestand eigener Art). Er setzt voraus, dass der Betroffene ein unveranlasstes Sonderopfer erbracht hat (BGHZ **60**, 302 = NJW **73**, 1322; Karlsruhe MDR **76**, 515). Auf den Nachweis seiner Unschuld kommt es nicht an. Aus der Regelung der Entschädigungspflicht nach dem StrEG lässt sich daher nicht schließen, dass die Anordnung der Strafverfolgungsmaßnahme oder ihr Vollzug rechtswidrig war. Wird das sachliche Recht geändert und der Angeklagte deswegen nach § 206b StPO freigesprochen, so kommt jedoch eine Entschädigung in Betracht, weil keiner der Ausschließungsgründe (§§ 5, 6) greift (LR-Stuckenberg 18; SK-Paeffgen 13, je zu § 206b StPO; a**M** KG JR **77**, 334; Schätzler GA **90**, 37); dasselbe gilt, wenn der erneut verurteilte Angeklagte nur wegen einer Gesetzesänderung milder bestraft worden ist (München StV **84**, 471 mit zust Anm H. Schmidt).

2) **Entschädigungsberechtigt** können nur der in einem Strafverfahren Beschuldigte, Angeschuldigte, Angeklagte oder Verurteilte, gegen den die schadensbegründende Strafverfolgungsmaßnahme gerichtet gewesen ist (KG StraFo **09**, 437; Hamburg MDR **94**, 310; Hamm wistra **06**, 359; Karlsruhe StraFo **98**, 33), oder ein Unterhaltsberechtigter (§ 11) sein (KG NJW **78**, 2406). Für Ausländer gelten keine Einschränkungen. Wer sonst durch Strafverfolgungsmaßnahmen einen Schaden erlitten hat, wird nicht nach dem StrEG entschädigt (Celle NdsRpfl **86**, 38, 40; Nürnberg NStZ-RR **03**, 62; Schleswig SchlHA **89**, 78; LG Freiburg NJW **90**, 399; LG Kassel NStZ **94**, 497; D. Meyer Einl 50; erg 7 zu § 2). Insbesondere Zeugen, gegen die zu Unrecht Erzwingungshaft nach § 70 II StPO angeordnet wurde, oder Einziehungs- und andere Nebenbeteiligte müssen ihre Ansprüche im Zivilrechtsweg geltend machen (BGH **36**, 236 mwN; Düsseldorf VRS **83**, 198).

3) **Andere Entschädigungsregelungen,** wie § 74f StGB und die Bestimmungen über die notwendigen Auslagen nach §§ 464ff StPO (5 zu § 7), sowie Schadensersatzansprüche nach Art 34 GG, § 839 BGB und nach Art 5 V **EMRK** (dort 14) bleiben unberührt (Karlsruhe Justiz **88**, 87; Schleswig SchlHA **90**, 132 [L/G]; Einzelheiten bei D. Meyer Einl 53 ff). Für vor Inkrafttreten des EV erlassene Urteile der DDR gelten §§ 1, 2 nicht (vgl § 16a).

4) **Entsprechend anwendbar** ist das StrEG auf Verfolgungsmaßnahmen wegen einer OWiG (§ 46 I OWiG; RiStBV 295). Nur für das von einer VerwB abgeschlossene Bußgeldverfahren gelten nach § 110 OWiG Besonderheiten für das Verfahren. Für zu Unrecht erlittene Auslieferungshaft kann das StrEG nur dann entspr angewendet werden, wenn die Behörden der BRep die unberechtigte Verfolgung zu vertreten haben (BGH **30**, 152 = NStZ **81**, 441 mit abl Anm Schätzler; **32**, 221 = NStZ **85**, 222 mit Anm Schomburg; LG Berlin StraFo **08**, 311 mit zust Anm König; a**M** KG NStZ-RR **11**, 207; Düsseldorf NJW **92**, 646; Schätzler aaO: stets ausgeschlossen; offengelassen von Hamm NStZ **97**, 246; vgl auch Gillmeister NJW **91**, 2251; D. Meyer JurBüro **91**, 1592). Entsprechendes gilt für im Ausland auf Grund ausländischer Vorschriften vollzogene Untersuchungs- oder Strafhaft (Düsseldorf NStZ **88**, 371).

Anh 5 StrEG § 1

5) Nicht entspr anwendbar ist das StrEG bei irrtümlicher Verhaftung (Düsseldorf StraFo **00**, 429) oder zu Unrecht erlittener Abschiebungshaft nach § 62 AufenthG (AG Kiel JurBüro **84**, 1060 mit Anm D. Meyer; vgl aber zu einem Ausnahmefall Schleswig SchlHA **95**, 37 [L/T]), auch nicht bei Ordnungsmitteln nach § 178 GVG (Schleswig SchlHA **83**, 121 [E/L]) oder bei einer Entscheidung nach § 57a StGB (Köln StraFo **98**, 286) oder bei einer Nachfolgeentscheidung im Vollstreckungsverfahren (Nürnberg NStZ-RR **12**, 223). Erg 1 zu 2.

Entschädigung für Urteilsfolgen

I ¹ Wer durch eine strafgerichtliche Verurteilung einen Schaden erlitten hat, wird aus der Staatskasse entschädigt, soweit die Verurteilung im Wiederaufnahmeverfahren oder sonst, nachdem sie rechtskräftig geworden ist, in einem Strafverfahren fortfällt oder gemildert wird.

II Absatz 1 gilt entsprechend, wenn ohne Verurteilung eine Maßregel der Besserung und Sicherung oder eine Nebenfolge angeordnet worden ist.

1) Schaden durch strafgerichtliche Verurteilung: Entschädigt wird nur, wer als Verurteilter (2 vor § 1) durch die frühere Verurteilung (I) oder durch selbständig angeordnete Maßregeln oder Nebenfolgen (II) einen Schaden erlitten hat. Dem Urteil steht der Strafbefehl (§ 407 StPO) gleich (dazu D. Meyer 6 ff). Maßregeln der Besserung und Sicherung sind die in § 61 StGB vorgesehenen Rechtsfolgen. Nebenfolgen sind Einziehung und Unbrauchbarmachung, die nach § 76a StGB, §§ 435, 436 StPO selbständig angeordnet werden können. Der Schaden muss nicht unmittelbar durch die Rechtsfolge entstanden sein (vgl Düsseldorf MDR **80**, 958: Schaden infolge des durch die Verurteilung veranlassten Widerrufs der in einem anderen Verfahren bewilligten Strafaussetzung). Für einen auf die Strafe angerechneten Disziplinararrest der Bundeswehr wird kein Ersatz geleistet (Schleswig MDR **79**, 165).

2) Fortfall im Wiederaufnahmeverfahren oder sonst: Der Wegfall einer Rechtsfolge in dem Verfahren nach §§ 359ff StPO führt, vorbehaltlich der §§ 5, 6, zur Entschädigung. Eine Ausnahme gilt, wenn der 1. Richter in Kenntnis der neuen Tatsachen eine andere Rechtsfolge verhängt hätte, im Wiederaufnahmeverfahren aber das Verbot der Schlechterstellung nach § 373 II StPO zum Freispruch zwingt (Kunz 17; **aM** Nürnberg MDR **75**, 779; D. Meyer 23; erg 6 zu 6). Neben dem Wiederaufnahmeverfahren kommen nur ähnliche Korrekturen einer rechtskräftigen strafgerichtlichen Entscheidung (zB in Anwendung des § 357 StPO oder des § 95 II BVerfGG; vgl Stuttgart NJW **97**, 206) in Betracht. Dazu gehört auch Wiedereinsetzung gegen die Versäumung der Einspruchsfrist, nachdem auf Grund des rechtskräftigen Strafbefehls die Ersatzfreiheitsstrafe bereits vollstreckt war (Bay **86**, 25; **aM** D. Meyer JurBüro **87**, 1603; vgl aber auch Saarbrücken NStZ **92**, 442: nicht bei nur teilw Verbüßung und Aussetzung des Strafrestes zur Bewährung). § 1 ist nicht anwendbar, wenn die bedingte Entlassung nach § 57 oder § 67d II StGB verspätet angeordnet worden ist (Hamm EuGRZ **86**, 546; Karlsruhe MDR **76**, 515). Der Erlass einer rechtskräftig verhängten Strafe durch Gnadenerweis oder Amnestie führt nicht zur Anwendung des StrEG (D. Meyer 12, 13; Kunz 32).

3) Milderung der Rechtsfolgen: Ob der spätere Rechtsfolgenausspruch milder ist als der frühere, ergibt ein Vergleich der ursprünglichen mit dem jetzigen Rechtsfolgen auf Grund einer ganzheitlichen Betrachtungsweise (München StV **84**, 471; D. Meyer 27 und JurBüro **87**, 1602; erg 12 zu § 331 StPO). Das gilt auch bei Wegfall einer tatmehrheitlichen Handlung (Frankfurt NJW **83**, 2398 aE). Auf der Anwendung eines milderen Strafgesetzes muss die Milderung nicht beruhen (Kunz 15).

4) Die Ausschluss- und Versagungsgründe der §§ 5 und 6 gelten auch im Fall des § 1 (Saarbrücken NJW **75**, 792). Die §§ 3, 4, die nur die Maßnahmen nach § 2 betreffen, sind von Bedeutung, wenn solche Maßnahmen in dem wiederaufgenommenen Verfahren vollzogen worden sind. Da dieses und das frühere Verfahren eine Einheit bilden (vgl 37 zu § 473 StPO), sind auch die in dem früheren Verfahren vollzogenen Maßnahmen is des § 2 entschädigungsfähig, soweit der Anspruch nicht mit dem nach § 1 zusammenfällt (D. Meyer 35), wie etwa angerechnete Haft.

Entschädigung für andere Strafverfolgungsmaßnahmen

2 I Wer durch den Vollzug der Untersuchungshaft oder einer anderen Strafverfolgungsmaßnahme einen Schaden erlitten hat, wird aus der Staatskasse entschädigt, soweit er freigesprochen oder das Verfahren gegen ihn eingestellt wird oder soweit das Gericht die Eröffnung des Hauptverfahrens gegen ihn ablehnt.

II Andere Strafverfolgungsmaßnahmen sind
1. die einstweilige Unterbringung und die Unterbringung zur Beobachtung nach den Vorschriften der Strafprozeßordnung und des Jugendgerichtsgesetzes,
2. die vorläufige Festnahme nach § 127 Abs. 2 der Strafprozeßordnung,
3. Maßnahmen des Richters, der den Vollzug des Haftbefehls aussetzt (§ 116 der Strafprozeßordnung),
4. die Sicherstellung, die Beschlagnahme, der Vermögensarrest nach § 111e der Strafprozeßordnung und die Durchsuchung, soweit die Entschädigung nicht in anderen Gesetzen geregelt ist,
5. die vorläufige Entziehung der Fahrerlaubnis,
6. das vorläufige Berufsverbot.

III Als Strafverfolgungsmaßnahmen im Sinne dieser Vorschrift gelten die Auslieferungshaft, die vorläufige Auslieferungshaft, die Sicherstellung, die Beschlagnahme und die Durchsuchung, die im Ausland auf Ersuchen einer deutschen Behörde angeordnet worden sind.

1) Nichtverurteilte Angeschuldigte, im Fall des § 9 auch Beschuldigte, haben Anspruch auf Entschädigung für den Vollzug, nicht für die bloße Anordnung (BGH MDR **79,** 562; Hamburg MDR **82,** 519), der in I, II abschließend aufgezählten (Jena NStZ-RR **01,** 160 Maßnahmen, sofern sich nicht eine Ausnahme oder Einschränkung aus §§ 3, 5 oder 6 ergibt. Dem Freispruch stehen nicht nur die (endgültige; vgl 1 zu § 3; 2 zu § 8) Einstellung des Verfahrens auf Grund zwingender Vorschriften (§§ 170 II, 206a, 206b, 260 III StPO) und die Ablehnung der Eröffnung des Hauptverfahrens (§ 204 StPO) gleich, sondern auch die in I nicht erwähnte Ablehnung des Erlasses eines Strafbefehls (D. Meyer 33) und die Ablehnung des Antrags auf Anordnung der Unterbringung nach § 63 StGB (BGH NStZ-RR **10,** 296) oder der nachträglichen Sicherungsverwahrung nach § 66b StGB, § 275a StPO (BGH 2 StR 598/05 vom 3.2.2006) sowie des Antrags im Sicherungsverfahren nach § 414 II S 4 StPO (Stuttgart NStZ-RR **00,** 190; erg 1 zu § 467 StPO). Auch die Teilfreisprechung kann zur Entschädigung führen (D. Meyer 26). Nachteile, die auf der Einleitung eines Ermittlungsverfahrens beruhen, werden nicht entschädigt (Schleswig SchlHA **00,** 68). Erg 1 zu § 1. **1**

2) Schaden durch Vollzug der UHaft (I): UHaft ist die Haft nach §§ 112 ff, 230 II, 231 (Frankfurt NStZ-RR **05,** 96), 236, 329 IV StPO), nicht aber der Vollzug eines Sicherungshaftbefehls nach § 453c StPO (KG JR **81,** 87; Düsseldorf MDR **82,** 958; Burmann StV **86,** 80; **aM** Bringewat StVollstr 21 zu § 453c StPO; von Meding NJW **77,** 914) oder die Strafvollstreckung auf Grund Widerrufs der Strafaussetzung zur Bewährung, wenn der Widerruf nachträglich wieder aufgehoben wird (Düsseldorf MDR **93,** 808; Katzenstein StV **03,** 363). Der Schaden muss unmittelbar durch die Freiheitsentziehung entstanden sein; Rufschaden wird als immaterieller Schaden nicht ersetzt, wohl aber, wenn er zu einer Vermögensschädigung geführt hat (3 zu § 7; BGH MDR **79,** 562; Kunz 59 zu § 7). § 4 dehnt die Regelung des I auf Fälle aus, in denen das Verfahren mit Verurteilung endet. **2**

Anh 5 StrEG Art. 3 Anhang

3) Andere Strafverfolgungsmaßnahmen (II):

A. Nr 1: Vgl §§ 81, 126a StPO, § 73 JGG. Hierzu gehören auch die einstweilige Unterbringung nach § 275a V StPO (BGH **52**, 213, 219; StraFo **08**, 266; Koblenz NStZ **07**, 56 L = JBlRP **06**, 38) sowie die einstweilige Unterbringung nach §§ 71 II, 72 IV **JGG** (KG NStZ **10**, 284).

B. Nr 2: Der vorläufigen Festnahme nach § 127 II StPO steht die nach § 127 I StPO auch dann nicht gleich, wenn sie durch einen Strafverfolgungsbeamten zur alsbaldigen Identitätsfeststellung vorgenommen worden ist. Die Vorschrift muss aber auch im Fall des § 127b I StPO gelten; bei der Einfügung dieser Vorschrift in die StPO ist die Änderung der Nr 2 offensichtlich vergessen worden. Keine vorläufige Festnahme ist die Verbringung zur Blutprobenentnahme (29 zu § 81a StPO), die Zuführung zur erkennungsdienstlichen Behandlung (15 zu § 81b StPO) und das Festhalten zur Identitätsfeststellung (7 zu § 163b StPO).

C. Nr 3: Die weniger einschneidenden Maßnahmen nach § 116 StPO können die Bewegungsfreiheit und dadurch die Erwerbsmöglichkeiten einschränken oder, bei Sicherheitsleistung, Darlehenszinsen oder Zinsverluste verursachen (Kunz 50). Anordnungen und andere Maßnahmen zur Abwendung der UHaft gegen Jugendliche (§ 72 I **JGG**) fallen nicht unter Nr 3 (**aM** D. Meyer 50).

D. Nr 4: Die Vorschrift gilt nur subsidiär. In Betracht kommt der Vollzug, nicht schon die Anordnung, der Maßnahmen nach §§ 94, 99, 108 I S 1, 111b, 111e, 132 III, 290, 443 StPO. Die Führerscheinbeschlagnahme nach § 94 III StPO fällt unter die Vorschrift, wenn keine Anordnung nach § 111a StPO ergangen ist (Stuttgart VerkMitt **83**, 45); sonst gilt Nr 5. Der Entschädigungsanspruch besteht auch, wenn der Betroffene der Sicherstellung nicht widersprochen (LG Memmingen NJW **77**, 347), keine richterliche Entscheidung nach §§ 98 II S 2, 111e II S 3 StPO beantragt oder die Sache sogar freiwillig herausgegeben hat, um der sonst zu erwartenden Beschlagnahme zuvorzukommen (BGH NJW **75**, 347, 348; Hamm NJW **72**, 1477; VRS **47**, 201; AG Osnabrück DAR **84**, 94; einschr LG Flensburg GA **78**, 341; D. Meyer 20, 63: wenn die Beschlagnahme mit Sicherheit zu erwarten ist). Durchsuchung iS Nr 4 ist nur die nach §§ 102, 103 StPO, nicht nach § 111 StPO (D. Meyer 55). Entschädigt wird nur der Beschuldigte selbst, gegen den sich die Maßnahme gerichtet hat (Celle NdsRpfl **86**, 38, 40; Frankfurt NStZ-RR **02**, 320; LG Freiburg NJW **90**, 399; erg 2 vor § 1), und nur für die typischen Folgen des Vollzugs der Maßnahme; eine durch sie eingetretene Diskriminierung gehört dazu nicht (BGH MDR **79**, 562); zum Verlust des Arbeitsplatzes vgl § 7 Rn 3. Entschädigungsfähig ist aber der durch die Herausgabe einer beschlagnahmten Sache an einen Nichtberechtigten entstandene Verlust (BGHZ **72**, 302 = NJW **79**, 425; Jena NStZ-RR **05**, 125). Zur Haftungssituation bei Ausbleiben der Einziehungsanordnung Rönnau/Hohn wistra **02**, 448.

E. Nr 5: Die freiwillige Herausgabe des Führerscheins steht der Beschlagnahme gleich (oben 7). Für die vorläufige Entziehung der Fahrerlaubnis (§ 111a StPO) wird kein Ersatz geleistet, wenn die Fahrerlaubnis schon vorher rechtskräftig entzogen war (Zweibrücken VRS **54**, 203). Die Beschlagnahme nach § 111a VI S 2 StPO ist nicht entschädigungsfähig (Kunz 66; **aM** D. Meyer 70). Einen besonderen Ausschlussgrund enthält § 5 I Nr 4.

F. Nr 6: Vgl § 132a StPO. Nr 6 gilt nicht bei einem vorläufigen Tierhaltungsverbot nach § 20a TierschG (Jena NStZ-RR **01**, 160).

4) Strafverfolgungsmaßnahmen im Ausland (III), die von den Behörden der BRep veranlasst worden sind, werden in der Entschädigungsfrage wie inländische behandelt. Wegen der entspr Anwendung des III auf Maßnahmen, die auf Ersuchen eines ausländischen Staates im Inland angeordnet worden sind, vgl 4 vor § 1.

Entschädigung bei Einstellung nach Ermessensvorschrift

3 Wird das Verfahren nach einer Vorschrift eingestellt, die dies nach dem Ermessen des Gerichts oder der Staatsanwaltschaft zuläßt, so kann für die in § 2 genannten Strafverfolgungsmaßnahmen eine Entschädigung gewährt werden, soweit dies nach den Umständen des Falles der Billigkeit entspricht.

1) Einstellung nach Ermessen: Gemeint ist die endgültige Verfahrenseinstellung nach §§ 153 I, II, 153b, 153d, 153e, 154c, 383 II, 390 V StPO, §§ 45, 47 **JGG**, § 398 **AO**. Hierzu gehören aber auch die Einstellungen nach § 153a StPO (Hamburg OLGSt Nr 2 = MDR **93**, 948 mit Anm Sojka; Stuttgart MDR **91**, 978; Kunz 20; **aM** Grohmann BA **85**, 234) und nach §§ 154, 154b StPO (vgl 2 zu § 8), wobei aber bei Anrechnung der UHaft in einem anderen Verfahren die Entschädigung natürlich ausgeschlossen ist (Frankfurt NStZ-RR **00**, 159). Die Verfolgungsbeschränkung nach § 154a StPO ist keine Einstellung; eine Entschädigung ist daher idR ausgeschlossen (D. Meyer 23 und JurBüro **84**, 343; erg 2 zu § 8). § 3 ist auch nicht entspr anwendbar, wenn von der Einziehung nach §§ 421 StPO abgesehen wird (D. Meyer 25).

2) Entschädigung aus Billigkeitsgründen: Die Ausschlussgründe der §§ 5 und 6 haben Vorrang (KG Rpfleger **99**, 350). Die Billigkeitsentscheidung ist nicht die Regel, sondern die Ausnahme (Braunschweig NStZ-RR **13**, 95; LG Flensburg GA **85**, 329; Kunz 27; **aM** Dahs 366) und setzt voraus, dass sich der Fall von anderen auffallend abhebt (D. Meyer 45 und MDR **80**, 722). Billigkeitsgründe werden insbesondere bei der Einstellung nach § 153 StPO (LG Flensburg MDR **79**, 76) nur vorliegen, wenn der Tatverdacht, der bei der Einstellung noch besteht, erheblich hinter dem zurückbleibt, der zu der Verfolgungsmaßnahme geführt hat (zB UHaft wegen Raubes, verbleibender Verdacht einer Tat nach § 248a StGB). Von der Stärke des bei der Einstellung vorhandenen Tatverdachts darf die Entschädigung aber sonst nicht abhängig gemacht werden; denn der Beschuldigte gilt nach Art 6 II **EMRK** in jedem Fall als unschuldig (vgl Kühl NJW **80**, 806; **aM** D. Meyer 38, 39; vgl auch 19 zu § 467 StPO). Fahrlässige Herbeiführung der Verfolgungsmaßnahme und das Vorliegen eines der Gründe des § 6 I Nr 1 schließen die Entschädigung idR aus. Auch der Verzicht des Betroffenen (3 zu § 8) führt zur Versagung (allg dazu Seebode NStZ **82**, 144, der den Verzicht nur im Fall des § 153a StPO zulassen will). Ggf ist eine teilw Entschädigung zu bewilligen. Zur Frage der unterschiedlichen Entscheidungen nach § 3 und § 467 IV StPO vgl D. Meyer 50 ff.

Entschädigung nach Billigkeit

4 ^I Für die in § 2 genannten Strafverfolgungsmaßnahmen kann eine Entschädigung gewährt werden, soweit dies nach den Umständen des Falles der Billigkeit entspricht,
1. wenn das Gericht von Strafe abgesehen hat,
2. soweit die in der strafgerichtlichen Verurteilung angeordneten Rechtsfolgen geringer sind als die darauf gerichteten Strafverfolgungsmaßnahmen.

^{II} Der strafgerichtlichen Verurteilung im Sinne des Absatzes 1 Nr. 2 steht es gleich, wenn die Tat nach Einleitung des Strafverfahrens nur unter dem rechtlichen Gesichtspunkt einer Ordnungswidrigkeit geahndet wird.

1) Von Strafe absehen (I Nr 1): Vgl die Aufzählung 1 zu § 153b StPO. Je näher die Grenzen zwischen Absehen und Festsetzung von Strafe beieinander liegen, desto mehr spricht gegen die Entschädigung. Sie kommt nur in seltenen Ausnahmefällen in Betracht (D. Meyer 34, 35 und JurBüro **87**, 1604).

2) Überschießende Strafverfolgungsmaßnahme (I Nr 2):
A. **Strafverfolgungsmaßnahmen** iS des I Nr 2 sind solche, die einen der Tatbestände des § 2 StrEG erfüllen (Düsseldorf NStZ **88**, 371), vor allem UHaft und vorläufige Unterbringung. Auch eine Beschlagnahme kann aber eine zeitlich überschießende Maßnahme sein. Die überschießende vorläufige Entziehung der Fahrerlaubnis regelt § 5 I Nr 3. UHaft, die das Gericht nicht nach § 51 I S 2 StGB, § 52a I S 2 JGG auf die Strafe angerechnet hat, wird nicht berücksichtigt (§ 5 I Nr 1). UHaft, die die verhängte Freiheitsstrafe nicht übersteigt, ist auch dann keine überschießende Maßnahme, wenn

die Vollstreckung der Strafe zur Bewährung ausgesetzt ist (Kunz 19). Für im Ausland erlittene Freiheitsentziehung, deren tatsächliche Dauer hinter der erkannten Freiheitsstrafe zurückbleibt, wird auch dann keine Entschädigung gewährt, wenn sich in Anwendung des § 51 IV S 2 StGB ein Überschuss ergibt (Karlsruhe MDR **91**, 978). Bei Teilfreispruch wird für UHaft, die wegen der nicht erwiesenen Tat vollzogen wurde, nicht entschädigt, sondern sie wird auf die Strafe angerechnet (BGH **28**, 29; Schleswig NJW **78**, 115; vgl auch Düsseldorf MDR **86**, 422; Hamm StV **08**, 365).

4 B. **Grundlage der Billigkeitsentscheidung:** Es muss ein ursächlicher Zusammenhang zwischen dem Verhalten des Angeklagten und der Zwangsmaßnahme bestehen (LG Bamberg StraFo **13**, 306). Erforderlich ist sodann eine Gesamtabwägung der vorläufigen Maßnahmen und der endgültigen Rechtsfolgen (BGH GA **75**, 208; Düsseldorf MDR **87**, 80; NStZ **82**, 252; vgl 12 zu § 331 StPO). Der dem Richter eingeräumte Ermessensspielraum (Hamm JMBlNW **75**, 177; München MDR **72**, 1056) wird umso mehr eingeengt, je stärker die vorläufige Maßnahme die endgültig angeordnete übersteigt (Karlsruhe NJW **74**, 1008). Bei geringfügiger Abweichung wird kein Anspruch zuerkannt (BGHR UHaft 4: wenige Tage mehr; Frankfurt DAR **73**, 161: Rückgabe des Führerscheins eine Woche nach Ablauf der festgesetzten Sperre; zust D. Meyer 52, 53; krit Hentschel 1057); bei einem Missverhältnis ist die Zuerkennung geboten (BGH EzSt Nr 2 zu § 5). Der Billigkeit entspricht es idR, den Betroffenen zu entschädigen, wenn die verhängte Strafe in keinem angemessenen Verhältnis zur UHaft steht (BGH GA **75**, 208; Düsseldorf StV **89**, 29; Hamm III-2 Ws 272/14 vom 9.12.2014: verbüßte UHaft übersteigt die verhängte Sanktion um mehr als 50%). Ein solches Missverhältnis liegt vor, wenn die UHaft 6 Monate dauerte, aber nur ein 4-wöchiger Dauerarrest verhängt wurde (Stuttgart StV **02**, 556), nicht aber schon dann, wenn die UHaft nur unerheblich länger als die erkannte Freiheitsstrafe gedauert hat. Auch besondere Härten, die durch den faktischen Vorwegvollzug der Strafe im Wege der UHaft für den Angeklagten entstanden sind, müssen berücksichtigt werden (BGH StV **08**, 369). Ob die Freiheitsstrafe zur Bewährung ausgesetzt wurde oder nicht, spielt für den anzustellenden Vergleich selbst keine Rolle, sondern kann nur im Rahmen der Billigkeitsbeurteilung von Bedeutung sein (D. Meyer 38; **aM** Hofmann StraFo **07**, 52, die aber verkennt, dass Strafaussetzung zur Bewährung nur hinsichtlich einer Freiheitsstrafe möglich ist, die nicht durch UHaft verbüßt ist, vgl BGH **31**, 25, und dass durch Anrechnung kompensierte Strafverfolgungsmaßnahmen nicht entschädigungspflichtig sind, vgl auch Kunz 19). In Betracht kommt auch eine Teilentschädigung, wenn dies der Billigkeit entspricht.

5 Auch **andere Gesichtspunkte** sind zu berücksichtigen, insbesondere die Schwere der Schuld, die Auswirkungen der Strafverfolgungsmaßnahmen auf die Person und die Lebensverhältnisse des Angeklagten (Karlsruhe Justiz **77**, 393; Stuttgart OLGSt § 2 StrEG S 21; einschr Stuttgart NStZ-RR **98**, 95). Die Entschädigung kann zB versagt werden, wenn zwar von vornherein nur eine geringe Straferwartung bestand, der Täter aber wohnungs- und ausweislos war und daher in UHaft genommen werden musste (Karlsruhe NJW **74**, 1008). Auch sonst muss der Betroffene gegen sich gelten lassen, dass eine Aussetzung des Haftvollzugs aus in seiner Person liegenden Gründen nicht in Betracht kam (Hamm JMBlNW **75**, 177; MDR **74**, 777). Bei der Billigkeitsentscheidung spielt auch eine Rolle, ob der Betroffene die Maßnahme leicht fahrlässig (bei grober Fahrlässigkeit gilt § 5 II; vgl Düsseldorf NStZ **89**, 232 mit Anm Schätzler) verursacht hat (D. Meyer 16, 45; Göhler 11 zu § 110 OWiG). Das ist zB der Fall bei schuldhaft ausgelöstem Verdacht einer weitergehenden strafbaren Tätigkeit, der weitere Ermittlungen veranlasst und die UHaft verlängert hat (Hamburg MDR **77**, 74). Zu berücksichtigen ist ferner, dass die Strafe mit Rücksicht auf die überschießende Verfolgungsmaßnahme niedriger festgesetzt wurde (Göhler aaO) oder dass das Berufungsgericht nur durch § 331 StPO an der Anordnung einer Sicherungsmaßregel gehindert war (Stuttgart NJW **77**, 641: Fahrerlaubnisentziehung).

6 **3) Die Gleichstellung von strafgerichtlicher Verurteilung und Bußgeldfestsetzung (II)** entspricht der Gleichstellung der Entschädigungspflicht von Strafverfolgungsmaßnahmen und Maßnahmen zur Verfolgung einer OWi (4 vor § 1). Auch eine Strafverfolgungsmaßnahme, die nur der Verfolgung der Tat als Straftat zu dienen bestimmt und geeignet war, kann zu den Rechtsfolgen, die schließlich von der VerwB oder vom Gericht allein unter dem rechtlichen Gesichtspunkt einer OWi ausgesprochen worden sind, in Beziehung gesetzt werden.

Ausschluß der Entschädigung

5
I Die Entschädigung ist ausgeschlossen
1. **für die erlittene Untersuchungshaft, eine andere Freiheitsentziehung und für die vorläufige Entziehung der Fahrerlaubnis, soweit deren Anrechnung auf die verhängte Strafe unterbleibt,**
2. **für eine Freiheitsentziehung, wenn eine freiheitsentziehende Maßregel der Besserung und Sicherung angeordnet oder von einer solchen Anordnung nur deshalb abgesehen worden ist, weil der Zweck der Maßregel bereits durch die Freiheitsentziehung erreicht ist,**
3. **für die vorläufige Entziehung der Fahrerlaubnis und das vorläufige Berufsverbot, wenn die Entziehung der Fahrerlaubnis oder das Berufsverbot endgültig angeordnet oder von einer solchen Anordnung nur deshalb abgesehen worden ist, weil ihre Voraussetzungen nicht mehr vorlagen,**
4. **für die Beschlagnahme und den Vermögensarrest (§§ 111b bis 111h der Strafprozeßordnung), wenn die Einziehung einer Sache angeordnet ist.**

II ¹ Die Entschädigung ist auch ausgeschlossen, wenn und soweit der Beschuldigte die Strafverfolgungsmaßnahme vorsätzlich oder grob fahrlässig verursacht hat. ² Die Entschädigung wird nicht dadurch ausgeschlossen, daß der Beschuldigte sich darauf beschränkt hat, nicht zur Sache auszusagen, oder daß er unterlassen hat, ein Rechtsmittel einzulegen.

III Die Entschädigung ist ferner ausgeschlossen, wenn und soweit der Beschuldigte die Strafverfolgungsmaßnahme dadurch schuldhaft verursacht hat, daß er einer ordnungsgemäßen Ladung vor den Richter nicht Folge geleistet oder einer Anweisung nach § 116 Abs. 1 Nr. 1 bis 3, Abs. 3 der Strafprozeßordnung zuwidergehandelt hat.

1) Die **zwingenden Ausschlussgründe** gelten bei allen Entschädigungstatbeständen 1 der §§ 1 und 2. Soweit sie durchgreifen, schließen sie die Gewährung einer Entschädigung nach §§ 3, 4 und 6 aus (D. Meyer 4). Auch eine Teilentschädigung ist dann unzulässig. Die Anwendung des § 5 hat stets Vorrang vor der des § 6 (dort 1). Die Entscheidung ist erst nach endgültiger strafrechtlicher Erledigung des historischen Geschehens, dem die Strafverfolgung zugrunde liegt, veranlasst (Celle StraFo **13**, 526).

2) **Nichtanrechnung von Verfolgungsmaßnahmen (I Nr 1):** Die Nichtanrech- 2 nung der UHaft und anderer Freiheitsentziehungen auf die Freiheits- und Geldstrafe kann der Tatrichter nach § 51 I S 2 StGB, § 52a I S 2 JGG anordnen, die der vorläufigen Entziehung der Fahrerlaubnis auf das Fahrverbot nach § 51 IV StGB. Insoweit ist die Entschädigung ausgeschlossen. Die entspr Anwendung der Nr 1 auf die Verfahrenseinstellung nach §§ 153ff StPO kommt nicht in Betracht (D. Meyer 9; **aM** Kunz 15). Soweit eine der genannten Maßnahmen nach § 450 StPO bei der Vollstreckung angerechnet wird, ist eine Entschädigung nur auf dem Weg über § 1 möglich (D. Meyer 10).

3) **Vorläufige Freiheitsentziehung zur Sicherung einer freiheitsentziehenden** 3 **Maßregel (I Nr 2):** Bei der 1. Altern handelt es sich um eine durch die Anordnung im Urteil gedeckte vorläufige Maßnahme, bei der 2. Altern um eine Art formloser Anrechnung. Der Zweck der Maßregel ist durch die Freiheitsentziehung erreicht, wenn er durch die Vollzugswirkung an sich oder durch ärztliche Behandlung während des Vollzugs, zB eine Entziehungsbehandlung, die eine Unterbringung nach § 64 StGB entbehrlich macht, eingetreten ist (Kunz 23). Zum Verhältnis des I Nr 2 zu § 6 I Nr 2 vgl D. Meyer 11 und MDR **79**, 192.

4) **Vorläufige Entziehung der Fahrerlaubnis und vorläufiges Berufsverbot** 4 (I Nr 3): Auch hier handelt es sich bei der 1. Altern („endgültig angeordnet"), die auch

bei Freispruch vorliegen kann (§§ 69, 70 StGB), um einen durch die Anordnung im Urteil gedeckten vorläufigen Eingriff, bei der 2. Altern („Voraussetzungen nicht mehr vorliegen") um eine Art formlose Anrechnung der Maßnahmen nach §§ 111a, 132a StPO, sei es auch erst in der Berufungsinstanz (Bay DAR **74**, 177 [R]). Auf den Fall, dass das Berufungsgericht nur durch § 331 StPO an der Anordnung der Maßregel gehindert ist, kann I Nr 3 nicht entspr angewendet werden (Stuttgart NJW **77**, 641). Auch bei unverhältnismäßig langer Dauer der vorläufigen Entziehung kommt eine Entschädigung nicht in Betracht (Düsseldorf NZV **01**, 177; Kunz 26; **aM** Bay **86**, 83; D. Meyer 23 und DAR **77**, 68).

5 **5) Beschlagnahme; Vermögensarrest (I Nr 4):** Der Ausschlussgrund ist erforderlich, weil (Wertersatz-)Einziehung auch ohne Verurteilung zu einer Strafe angeordnet werden können (§ 76a StGB, §§ 435, 436 StPO). Auf Beschlagnahmen zu Beweiszwecken nach § 94 StPO bezieht er sich nicht. Nr 4 gilt, wenn die Einziehung eines nach §§ 111b I, 111c StPO beschlagnahmten Gegenstandes angeordnet worden ist. Der Vermögensarrest nach § 111e StPO sichert nicht die Einziehung einer „Sache", sondern die Einziehung eines Geldbetrages. Nr 4 muss deshalb so gelesen werden: „... wenn die Einziehung des Wertersatzes angeordnet ist" (so auch D. Meyer 31).

6 **6) Vorsätzliche oder grob fahrlässige Verursachung (II):**

7 A. **Ursächlicher Zusammenhang:** Die Vorschrift beruht auf dem Rechtsgedanken des § 254 BGB. Gleichgültig ist, ob das ursächliche Verhalten des Beschuldigten bereits in der Tat selbst oder vor ihr lag oder ihr erst nachfolgte (Bay **73**, 83; KG Rpfleger **99**, 350; Düsseldorf JZ **85**, 400; AnwBl **87**, 151; Stuttgart NStZ **81**, 484 mwN). Das Verhalten des Beschuldigten ist nicht oder nicht mehr ursächlich, wenn die Maßnahme auch ohne sein Verhalten angeordnet worden wäre (KG StraFo **09**, 129; Karlsruhe NStZ-RR **05**, 255: UHaft), aber auch, wenn sie allein oder überwiegend auf Grund von Zeugenaussagen (BGH NStE Nr 5; Düsseldorf StV **88**, 446; Köln StraFo **01**, 146; LG Freiburg StV **90**, 80) oder eines groben Bearbeitungsfehlers der Strafverfolgungsbehörde angeordnet und vollzogen oder aufrechterhalten worden ist (BGH 3 StR 453/16 vom 25.4.2017: Fehlender Strafantrag; KG VRS **44**, 122; NStZ-RR **12**, 30; Hamm MDR **75**, 167; Jena NStZ-RR **05**, 125; Karlsruhe Justiz **76**, 376; **93**, 148; Stuttgart NJW **77**, 641), insbesondere bei abwegiger oder schlechthin unvertretbarer Beweiswürdigung oder rechtsfehlerhafter Verfahrensweise, die bei sorgfältiger Prüfung ohne weiteres erkennbar war (Hamm MDR **84**, 253: aber nicht stets bei Verfahrensfortführung trotz Strafklageverbrauchs). Der Ausschluss nach II entfällt daher für die Zeit, von der an die von dem Beschuldigten gesetzte Kausalität nicht mehr fortwirkt und die Maßnahme hätte aufgehoben werden müssen (BGH **29**, 168, 172; BGHR Ursächlichkeit 2; KG aaO; Hamm VRS **58**, 69; Celle StV **17**, 657: verzögerliche Sachbearbeitung nach Entscheidung durch das Revisionsgericht; Göhler 19 zu § 110 OWiG). Als zurechenbare Ursachen scheiden die Weigerung des Beschuldigten, Angaben zur Sache (anders bei Angaben zur Person, anders auch bei Zeugenaussage, Frankfurt NStZ-RR **99**, 349 gegen Oldenburg NStZ **92**, 245) zu machen, und die Nichteinlegung von Rechtsmitteln aus (II S 2). Das Gleiche gilt, wenn der Beschuldigte es unterlässt, entlastendes Beweismaterial vorzulegen (Düsseldorf StV **84**, 108; OLGSt Nr 6). Maßnahmen, die auch beim Schweigen des Beschuldigten angeordnet worden wären, sind nicht durch die vorwerfbare Art der Einlassung verursacht (Sieg MDR **80**, 907). In solchen Fällen kommt auch der Ausschluss der Entschädigung unter dem Gesichtspunkt des Rechtsmissbrauchs idR nicht in Betracht (Oldenburg NdsRpfl **83**, 253). Ein Ausschließungsgrund nach II liegt aber vor, wenn sich der Beschuldigte mit einem Alkoholtest einverstanden erklärt, dann jedoch nicht sachgerecht mitwirkt und dadurch den gegen ihn bestehenden Verdacht verstärkt (LG Passau JurBüro **86**, 1218), oder wenn der Beschuldigte nicht aus der UHaft entlassen werden will und sich deshalb weigert, eine Sicherheitsleistung zu erbringen (BGH NStZ **92**, 286).

8 B. **Vorsatz:** Der Begriff umfasst den bedingten Vorsatz (Kunz 66). Bei Schuldunfähigen genügt die natürliche Einsicht (KG VRS **100**, 317; Hamburg NStZ **83**, 30; **aM** LG München I StraFo **08**, 266).

C. **Grob fahrlässig** ist iS der §§ 276 II, 277 BGB zu verstehen (BGH EzSt Nr 1; Düsseldorf AnwBl **87**, 151; Hamburg MDR **82**, 870; Köln VRS **50**, 207; Saarbrücken NJW **75**, 792; D. Meyer 44; Kunz 69). Der Vorwurf trifft den Beschuldigten (bei Einstellung wegen eines Verfahrenshindernisses) schon wegen der Tatbegehung (BGH **29**, 168, 172; NJW **95**, 1297, 1301; Stuttgart NStZ **81**, 484), wobei aber auch zu berücksichtigen ist, ob die Einsichts- und Steuerungsfähigkeit des Beschuldigten im Zeitpunkt des ursächlichen Verhaltens erheblich eingeschränkt war (Celle StraFo **11**, 159). Sonst handelt grob fahrlässig, wer nach objektiven, abstrakten Maßstäben (BGH EzSt Nr 1; Düsseldorf JurBüro **89**, 1301; Frankfurt MDR **78**, 514; Karlsruhe StV **88**, 447; Stuttgart aaO) in ungewöhnlichem Maß die Sorgfalt außer acht lässt, die ein verständiger Mensch in gleicher Lage anwenden würde, um sich vor Schaden durch die Strafverfolgungsmaßnahme zu schützen (BGH StraFo **10**, 87; Bay **86**, 25; KG VRS **64**, 373; Düsseldorf JZ **85**, 400; VRS **78**, 115; Frankfurt NJW **78**, 1017; Köln VRS **50**, 207; Zweibrücken NStZ **86**, 129). Ergebnisse einer Telefonüberwachung rechtfertigen nicht die Annahme einer groben Fahrlässigkeit (Karlsruhe StV **88**, 447; zw Düsseldorf NStE Nr 147; vgl aber auch Düsseldorf JMBlNW **91**, 33: Starke objektive Verdachtsgründe genügen nicht). Grob fahrlässig handelt aber auch, wer nicht bedenkt, was im gegebenen Fall jedem einleuchten müsste (Düsseldorf MDR **77**, 866; Hamm NJW **75**, 2033; D. Meyer 48), oder wer ein jeglichen Regeln über das Verhalten eines ordentlichen Kaufmanns widersprechendes Geschäftsgebaren zeigt (Düsseldorf NStE Nr 12). Missbräuchliches oder sonst unlauteres Verhalten wird nicht vorausgesetzt (Bay **73**, 83; Düsseldorf JurBüro **84**, 1858; MDR **84**, 1048; Stuttgart NStZ **81**, 484; Hentschel 1063). Vgl im Übrigen zur Rspr D. Meyer JurBüro **91**, 1596, zu einem Fall willkürlicher Ablehnung einer Entschädigung BVerfG NJW **96**, 1049. Zur Angabe eines falschen Alibis KG StraFo **09**, 129.

a) **Beurteilungsgrundlagen:** Bei der Beurteilung, ob der Anspruch ausgeschlossen 10 ist, wird nicht auf das Ergebnis der Hauptverhandlung, sondern darauf abgestellt, wie sich der Sachverhalt in dem Zeitpunkt dargestellt hat, in dem die Maßnahme angeordnet oder aufrechterhalten wurde (BGH EzSt Nr 1; BGHR Fahrlässigkeit, grobe 6; KG VRS **64**, 373; Braunschweig VRS **42**, 50; Düsseldorf NStZ **89**, 232 mit abl Anm Schätzler; NJW **92**, 326; Frankfurt MDR **78**, 514 und bei Sieg MDR **80**, 907; Karlsruhe StraFo **98**, 33; NJW **04**, 3356; Stuttgart NStZ **81**, 484; **aM** Abramenko NStZ **98**, 177). Bei Freispruch durch das Berufungsgericht wirkt das Ergebnis der Beweiswürdigung nicht ohne weiteres auf den Zeitpunkt des 1. Urteils zurück (Hamm VRS **49**, 56; Karlsruhe Justiz **76**, 367; Koblenz VRS **50**, 303; **aM** Celle VRS **45**, 375; vgl auch Hentschel 1080). Der Anspruch ist aber nicht etwa deshalb ausgeschlossen, weil ein nach neuer höchstrichterlicher Rspr strafloses Verhalten zur „Tatzeit" als strafbar angesehen wurde (Düsseldorf NStZ **90**, 39 mit abl Anm D. Meyer = GA **90**, 34 mit abl Anm Schätzler; zust aber Hentschel JR **90**, 33).

b) Bei **UHaft** entfällt der Entschädigungsanspruch, wenn der Beschuldigte durch die 11 Tat oder durch sein Prozessverhalten den Erlass des Haftbefehls herausgefordert hat (oben 9; vgl auch die Rspr-Übersicht bei D. Meyer 51, 54), zB durch ein falsches Geständnis (Frankfurt MDR **78**, 514), auch wenn er es noch vor Erlass des Haftbefehls widerrufen hat (Düsseldorf JurBüro **84**, 1858), durch unglaubhafte, wechselnde Einlassung, die den Tatverdacht dringend machte (BGH MDR **83**, 450 [H]; Frankfurt bei Sieg MDR **80**, 907), durch Untertauchen trotz Zusage, auf Ladung zu erscheinen, durch illegalen Aufenthalt in der BRep (Hamburg MDR **75**, 166; Karlsruhe Justiz **73**, 28), durch Flucht ins Ausland (KG NStZ-RR **13**, 192 L), allgemein durch ein Verhalten, das indiziert, dass der Beschuldigte sich dem Verfahren entziehen will (BGH 3 StR 453/16 vom 25.4.2017), auch wenn der Haftbefehl ohnehin erlassen worden wäre (Hamburg MDR **80**, 79), durch den Versuch, sich ein falsches Alibi zu verschaffen (Frankfurt NStZ-RR **98**, 341; Karlsruhe MDR **75**, 251) oder einen Zeugen zu einer bestimmten Aussage zu veranlassen. Die UHaft hat auch selbst verschuldet, wer ein Alibi grundlos verschweigt oder es sonst unterlässt, durch zumutbares Verhalten den Tatverdacht zu entkräften (BGH StraFo **08**, 352; D. Meyer JurBüro **91**, 746), oder wer sich trotz einschlägiger Vorstrafen erneut in eine Schlägerei verwickeln lässt (Hamburg NStZ **81**, 396) oder wer in einem nicht genehmigten und zT bewaffneten Aufzug mitmarschiert und bei seiner Festnahme Widerstand leistet (BGH MDR **84**, 980, 981 [H]: Verdacht des Landfriedensbruchs). Es genügt nicht, dass der Beschuldigte sich irgendwie verdächtig gemacht hat (BGH StraFo **10**, 87).

12 c) Bei **vorläufiger Entziehung der Fahrerlaubnis** (§ 111a StPO) wegen Führens eines Kfz nach Alkoholgenuss wurde grobe Fahrlässigkeit idR schon bei 0,8‰ Blutalkoholgehalt angenommen (Bay JR **90**, 436 mit Anm Loos; Düsseldorf VRS **81**, 124; Hamm NJW **75**, 790 mwN); nach der Änderung des § 24a StVG durch Ges vom 27.4.1998 (BGBl I 795) wird dies jetzt schon ab 0,5‰ zu bejahen sein (zw Hentschel JR **99**, 479). Bei noch geringerem Blutalkoholgehalt setzt der Ausschluss voraus, dass sich der Beschuldigte vorwerfbar verkehrswidrig verhalten und dadurch schuldhaft den Tatverdacht verstärkt hat, so dass die Verursachung insgesamt als grob fahrlässig zu beurteilen ist (Düsseldorf MDR **77**, 866; Köln VRS **50**, 207; Schleswig SchlHA **86**, 121 [E/L]; Zweibrücken VRS **53**, 284; vgl auch LG Flensburg JurBüro **85**, 1209: schon bei 0,2‰). Dass der Alkoholtest positiv war, genügt allein nicht (Hamm NJW **75**, 790; LG Passau JurBüro **87**, 559; Grohmann aaO; **aM** LG Flensburg MDR **76**, 954; LG Krefeld DAR **79**, 337; LG Münster NJW **74**, 1008; LG Osnabrück DAR **85**, 94; D. Meyer 62 und JurBüro **87**, 1607; vgl auch Hentschel 1063 ff); wer die durch § 24a I Nr 2 StVG gesetzte Grenze von 0,5‰ Blutalkohol einhält und fahrtüchtig ist, darf nicht deswegen Nachteile erleiden, weil das Alcotestverfahren ungenau ist. Grob fahrlässig verhält sich aber, wer nach einem Unfall zu einem Zeitpunkt, in dem noch mit polizeilichem Einschreiten zu rechnen ist, Alkohol nachtrinkt (KG VRS **44**, 122; Hamm VRS **58**, 69; Karlsruhe Justiz **78**, 373; Köln VRS **65**, 218; Nürnberg NStZ-RR **97**, 189; Stuttgart MDR **72**, 539; Grohmann BA **85**, 237), ohne dass dies (ausnahmsweise) entschuldigt ist (Schleswig SchlHA **86**, 121 [E/L]; LG Flensburg BA **84**, 89), unter Umständen auch, wer einen Nachtrunk verschweigt (LG Saarbrücken NZV **19**, 105), wer sich vom Unfallort entfernt und dadurch die Ausräumung des gegen ihn bestehenden Verdachts verhindert (KG VRS **64**, 373) oder wer den Namen des wahren Fahrers verschweigt oder sonst das Einschreiten der Polizei herausfordert (LG Flensburg VRS **68**, 46). Grob fahrlässig handelt auch, wer nach Einnahme eines berauschenden Mittels iSd § 24a II, V StVG, zB in engem zeitlichen Zusammenhang mit Haschischkonsum, ein Kfz im Verkehr führt (BGHR Fahrlässigkeit, grobe 7; Bay **94**, 71 = NJW **94**, 2427; Düsseldorf BA **95**, 62; JR **99**, 474, 476 mit Anm Hentschel). Vgl ferner die Rspr-Übersicht DAR **89**, 312 und die Zusammenfassung von Sandherr DAR **07**, 420.

13 D. Die nur **leicht fahrlässige Verursachung** der Strafverfolgungsmaßnahme durch den Betroffenen, die für den Ausschluss nach II nicht ausreicht, hat nur bei III und bei der Anwendung des § 4 (dort 5) und des § 6 I Nr 1 Bedeutung. Sonst darf der Strafrichter die Entschädigung nicht nach § 254 BGB versagen; denn II beschränkt den Ausschluss ausdrücklich auf Vorsatz und grobe Fahrlässigkeit (Kunz 72; Göhler 18 zu § 110 OWiG; D. Meyer NJW **76**, 761; **aM** BGHZ **63**, 209, 214 = NJW **75**, 350; Hamm NJW **75**, 2033).

14 **7) Nichtbefolgung der Ladung oder der Anweisungen bei der Haftverschonung** (III): Hier genügt auch einfache Fahrlässigkeit iS des § 276 II BGB (vgl BGH 2 StR 493/15 vom 10.8.2016). Der Ausschlussgrund liegt nicht nur vor, wenn wegen des Ausbleibens des Angeklagten ein Haftbefehl nach § 230 II StPO ergeht und vollzogen wird (dazu Saarbrücken NJW **75**, 792; Löffler MDR **78**, 726), sondern auch, wenn die Hauptverhandlung vertagt werden muss und die Dauer bereits angeordneter Strafverfolgungsmaßnahmen dadurch verlängert wird (D. Meyer 89). Der Widerruf der Aussetzung des UHaft-Vollzugs erfolgt nach § 116 IV Nr 2 StPO (dazu LG Flensburg MDR **79**, 77).

Versagung der Entschädigung

6 ¹ Die Entschädigung kann ganz oder teilweise versagt werden, wenn der Beschuldigte

1. die Strafverfolgungsmaßnahme dadurch veranlaßt hat, daß er sich selbst in wesentlichen Punkten wahrheitswidrig oder im Widerspruch zu seinen späteren Erklärungen belastet oder wesentliche entlastende Umstände verschwiegen hat, obwohl er sich zur Beschuldigung geäußert hat, oder
2. wegen einer Straftat nur deshalb nicht verurteilt oder das Verfahren gegen ihn eingestellt worden ist, weil er im Zustand der Schuldunfähigkeit gehandelt hat oder weil ein Verfahrenshindernis bestand.

II Die Entschädigung für eine Freiheitsentziehung kann ferner ganz oder teilweise versagt werden, wenn das Gericht die für einen Jugendlichen geltenden Vorschriften anwendet und hierbei eine erlittene Freiheitsentziehung berücksichtigt.

1) **Im Ermessen des Gerichts** steht die volle oder teilw Versagung der Entschädigung aus Billigkeitsgründen. Die Teilversagung kann sich auf einzelne Maßnahmen, Teile davon, bestimmte Zeitabschnitte oder auf Bruchteile des Schadens beziehen (D. Meyer 5; Kunz 40). Sind die Voraussetzungen des § 5 II erfüllt, so hat dieser Ausschlussgrund den Vorrang (BGH **29**, 168 mwN; KG NStZ-RR **12**, 30; Celle wistra **11**, 239). Gegenüber §§ 3 und 4 ist § 6 dagegen die speziellere Vorschrift (LG Flensburg JurBüro **76**, 1407; D. Meyer 11 zu § 4). 1

2) **Eigene Veranlassung der Maßnahme (I Nr 1):** Die Regelung ist an § 467 III 2
S 2 Nr 1 StPO angeglichen (dort 7 ff); sie gilt auch im Fall des § 1, immer aber nur für den Zeitraum, für den den Betroffenen der Vorwurf der überwiegenden Verursachung trifft (7 zu § 5). Die Ursächlichkeit endet, wenn die Maßnahme auch bei Berücksichtigung des Verhaltens des Betroffenen hätte aufgehoben werden müssen (KG VRS **44**, 122; Schleswig NJW **76**, 1467) oder auch bei Angabe der entlastenden Umstände nicht aufgehoben worden wäre (Oldenburg StraFo **05**, 384). Der Versagungsgrund gilt auch, wenn der Betroffene fahrlässig nicht erkannt hat, dass er die Strafverfolgungsmaßnahme durch sein eigenes Verhalten veranlasst hat (LG Flensburg VRS **68**, 46). Vorsatz kann schon deshalb nicht verlangt werden, weil § 5 II, der dem § 6 vorgeht (oben 1), grobe Fahrlässigkeit genügen lässt.

A. **Wahrheitswidrige oder mit späteren Erklärungen im Widerspruch stehende Selbstbelastung:** Es muss sich um wesentliche Punkte handeln (13 zu § 467 StPO). Bei widersprüchlicher Einlassung kommt es nicht darauf an, welche davon wahr ist (Kunz 8); eine Einlassung muss aber die Strafverfolgungsmaßnahme veranlasst haben (Düsseldorf JurBüro **91**, 425). 3

B. **Verschweigen wesentlicher entlastender Umstände:** Der Betroffene muss sich 4
als Beschuldigter (Oldenburg NStZ **92**, 245; zust D. Meyer JurBüro **92**, 518) zur Sache mindestens teilw geäußert (dazu D. Meyer 9), und er muss einen wesentlichen entlastenden Umstand, dessen er sich bewusst gewesen ist (Hamm StV **84**, 472 L; Stuttgart MDR **84**, 427) und dessen Bedeutung er verstanden (vgl BGH NJW **94**, 334) oder fahrlässig verkannt hat, verschwiegen haben. In Betracht kommt insbesondere das Verschweigen des wahren Täters (LG Flensburg VRS **68**, 46). Das gilt auch, wenn der Betroffene damit den Rat seines Verteidigers befolgt hat (Düsseldorf NStZ-RR **96**, 223). Ob der Berücksichtigung der Aussage im Strafverfahren möglicherweise ein Verwertungsverbot entgegenstand (20 zu § 136 StPO), spielt hier idR keine Rolle (Karlsruhe NStZ **98**, 211; Koblenz JBlRP **05**, 223; **aM** Abramenko NStZ **98**, 177). Vgl auch 13 ff zu § 467 StPO.

3) **Schuldunfähigkeit und Verfahrenshindernisse (I Nr 2):** 5
A. **Schuldunfähigkeit:** Die Versagung der Entschädigung ist die Regel (vgl aber KG 6
NStZ-RR **13**, 32 und Stuttgart NStZ-RR **00**, 190: anders, wenn die Anordnung der Unterbringung oder der UHaft erkennbar verfehlt war): setzt aber voraus, dass die (nicht ausschließbare, vgl Schleswig NStE Nr 5) Schuldunfähigkeit der einzige Grund für die Verfahrensbeendigung ist (Düsseldorf JurBüro **86**, 249; D. Meyer 31). Bei der Ausübung des Ermessens ist zum einen darauf abzustellen, wie hoch der Unrechtsgehalt der rechtswidrigen Taten ist und ob durch sie der Rechtsfrieden empfindlich gestört wurde,

Anh 5 StrEG Art. 7

zum andern ist das Maß des Sonderopfers zu betrachten, das der Betroffene durch die Strafverfolgungsmaßnahme zu erleiden hatte (BGH NStZ-RR 10, 296; Hamm NJW 12, 3046). Eine Entschädigung ist zu versagen, wenn die Maßregel nach § 63 StGB rechtsfehlerhaft nur deshalb unterblieben ist, weil sie schon in anderer Sache angeordnet worden war (Schleswig MDR 79, 165). Erfolgt im Wiederaufnahmeverfahren Freispruch nach § 20 StGB, so kommt eine Entschädigung nicht in Betracht, wenn das 1. Gericht bei Kenntnis der Schuldunfähigkeit die Unterbringung nach § 63 StGB angeordnet hätte (Saarbrücken MDR 75, 1044; am D. Meyer MDR 79, 192; erg 2 zu § 1). Der Schuldunfähigkeit steht das Fehlen der Verantwortungsreife Jugendlicher (§ 3 JGG) gleich, nicht aber das Vorliegen eines Schuldausschließungsgrundes (D. Meyer 32, 33). Die Vorschrift gilt auch im Sicherungsverfahren (Köln StraFo 12, 41 mwN).

7 B. **Verfahrenshindernisse:** Die Regelung entspricht § 467 III Nr 2 StPO (dort 16 ff). Die Schuld des Angeklagten muss gerichtlich festgestellt sein (BGH 29, 168, 171; Hamm NStZ-RR 97, 127). Da die Tatbegehung selbst schon dem Beschuldigten vorzuwerfen ist (9 zu § 5) und § 5 II vorgeht (oben 1), kommt die Vorschrift nur bei leichter Fahrlässigkeit zur Anwendung (BGH aaO 172). Die Entschädigung ist idR zu versagen, wenn das Verfahrenshindernis erst nach Beendigung des Vollzugs der Maßnahme eintritt oder bekannt wird (Kunz 31). § 6 I Nr 2 ist entspr anwendbar, wenn nur das Verbot des § 331 StPO die Anordnung einer Sicherungsmaßregel hindert (Stuttgart NJW 77, 641; am D. Meyer 38), nicht aber, wenn freigesprochen werden muss, weil eine Wahlfeststellung rechtlich unzulässig ist (am Karlsruhe NStZ 81, 228 mit Anm Schätzler).

8 C. **Tod des Beschuldigten** (8 zu § 206a StPO): Eine vor dem Tod des Betroffenen erlassene zuerkennende Entscheidung kommt seinen Erben zugute (erg 3 zu § 13); sie wird nicht etwa durch den Tod gegenstandslos (Kunz 37 zu § 8). Bei Tod des Beschuldigten während des Strafverfahrens ist nach I Nr 2 über die Entschädigungspflicht zu befinden (BGH NStZ-RR 03, 103 [B]; Hamm NJW 78, 177; Pflüger GA 92, 20; erg 14 und 22 zu § 464 StPO).

9 **4) Berücksichtigung einer Freiheitsentziehung bei Anwendung von Jugendrecht (II):** Die Regelung, die auf demselben Rechtsgedanken beruht wie § 5 I Nr 2 (Kunz 37), gilt idR, wenn unter Berücksichtigung der erlittenen UHaft eine Ahndung nach §§ 45 I, 47 I Nr 1 JGG für entbehrlich gehalten wird (dazu KG NStZ 10, 284; Eisenberg/Reuther, Kindschaftsrecht und Jugendhilfe, 2006, 490). Zur Anwendung des StrEG im Jugendstrafverfahren im Einzelnen eingehend Eisenberg GA 04, 385.

Umfang des Entschädigungsanspruchs

7 I Gegenstand der Entschädigung ist der durch die Strafverfolgungsmaßnahme verursachte Vermögensschaden, im Falle der Freiheitsentziehung auf Grund gerichtlicher Entscheidung auch der Schaden, der nicht Vermögensschaden ist.

II Entschädigung für Vermögensschaden wird nur geleistet, wenn der nachgewiesene Schaden den Betrag von fünfundzwanzig Euro übersteigt.

III Für den Schaden, der nicht Vermögensschaden ist, beträgt die Entschädigung 25 Euro für jeden angefangenen Tag der Freiheitsentziehung.

IV Für einen Schaden, der auch ohne die Strafverfolgungsmaßnahme eingetreten wäre, wird keine Entschädigung geleistet.

1 **1) Vermögensschaden (I, II):** Dem bürgerlichen Recht (§§ 249–252 BGB) ist der Begriff entnommen (BGHZ 65, 170 = NJW 75, 2341). Der Antragsteller trägt die Beweislast für das Entstehen des Schadens (LG Flensburg JurBüro 91, 1382; LG Karlsruhe AnwBl 85, 158; D. Meyer 55; Kunz 13). Eine Ersatzgrenze besteht nach unten (II), nicht nach oben. Ausgaben, die der Berechtigte infolge Inhaftierung für Verpflegung und Unterkunft erspart, können im Wege der Vorteilsausgleichung angerechnet werden (RiStBV Anl C Teil I, B II 2b), aber nur, soweit ein innerer Zusammenhang zwischen Vor- und Nachteil besteht (Düsseldorf StraFo **07**, 35; LG Frankfurt aM NStZ **85**, 30 mit zust Anm Baukelmann). Mitwirkendes Verschulden (§ 254 BGB) ist zu berücksichtigen (BGH NJW **88**, 1141; Kunz 88 ff; erg 13 zu § 5). Zur Zahlung von Vorschüssen vgl RiStBV aaO, B II 8. Im Einzelnen gilt (vgl auch zur Rspr des BGH Galke DVBl **90**, 145; Kröner Baumann-FS 407):

A. **Geldstrafen und -auflagen:** Die Rückzahlung einer später weggefallenen Geldstrafe vollzieht sich außerhalb des StrEG (9 zu § 373 StPO). Vermögensschaden ist aber die Zahlung für eine Geldauflage nach § 56b II Nrn 2, 4 StGB, auch Zinsaufwendungen zur Aufbringung von Strafe, Geldauflage und Kosten (Stuttgart NJW **97**, 206; D. Meyer MDR **79**, 459). Bei Vollstreckung einer Geldstrafe durch freie Arbeit (7 zu § 459e StPO) ist Entschädigung in Höhe des Wertes der geleisteten Arbeit zu gewähren (so zutr D. Meyer StV **03**, 240 gegen Dresden StV **03**, 239). 2

B. **Entgangener Gewinn:** Vermögensschäden sind vor allem der Verdienstausfall infolge der Inhaftierung (nicht wegen unbezahlten Urlaubs zwecks Sammlung von Wiederaufnahmematerial; Koblenz Rpfleger **73**, 144; aM Hamm MDR **88**, 414: bloßer, nicht entschädigungsfähiger Rufschaden), auch der Verlust des Arbeitsplatzes (BGHZ NJW **88**, 1141; MDR **88**, 385: wegen Sicherstellung der Fahrerlaubnis) und andere entgangene Gewinne, auch entgangene Naturalbezüge, Arbeitgeberanteile zur Sozialversicherung. Der Ersatz kann in der Form wiederkehrender Leistungen gewährt werden (vgl § 16 S 4), zB bei Unterhaltsleistungen (vgl auch § 11). Bei der Berechnung des Vermögensschadens infolge Freiheitsentziehung wird das vom Arbeitgeber bezogene Urlaubsgeld nicht von dem zu ersetzenden entgangenen Arbeitslohn abgezogen (GStA Nürnberg MDR **73**, 249). 3

C. **Zeitweiliger Nutzungsausfall bei einem Kfz** (oder auch bei einem anderen Gegenstand, LG Stuttgart NStZ-RR **10**, 128 L: Computer) infolge vorläufiger Entziehung der Fahrerlaubnis (§ 2 II Nr 5, § 111a StPO): Zu erstatten sind nur tatsächliche finanzielle Mehraufwendungen oder sonstige wirtschaftliche Nachteile, die dem Betroffenen durch die Maßnahme entstanden sind, zB für Fahrgelder, Verdienstausfall, Nutzungsausfall eines Kfz (Celle VRS **107**, 166; Schleswig NJW-RR **86**, 775), Mietwagenkosten, Anstellung eines Fahrers (BGHZ **63**, 203 = NJW **75**, 347; BGH DAR **79**, 171). Dass der Antragsteller das Fahrzeug nicht benutzen konnte, weil ihm das Führen von Kraftfahrzeugen vorläufig untersagt war, begründet allein keinen Entschädigungsanspruch (BGHZ **65**, 170 = NJW **75**, 2341; Hentschel 1085; aM Nickel DAR **72**, 181). 4

D. **Ersatz notwendiger Auslagen, insbesondere von Verteidigungskosten:** Der Anspruch nach I schließt den Ersatz der Auslagen ein, die für die Beseitigung der erstattungsfähigen Strafverfolgungsmaßnahme notwendig waren, soweit die §§ 464 ff StPO die Möglichkeit einer prozessualen Kostenerstattung nicht vorsehen (BGH **30**, 152, 157; BGHZ **65**, 170 = NJW **75**, 2341; Nürnberg MDR **75**, 414; str). Das hat insbesondere Bedeutung für den Fall, dass das Verfahren durch die StA eingestellt wird, ohne dass die Voraussetzungen des § 467a StPO vorliegen (Kunz 25 ff; Stoll JZ **76**, 284). Verteidigerkosten werden nur bis zum Höchstmaß der gesetzlichen Gebühren (aM v. Galen DAV-FS 495) und, wenn der Verteidiger auch sonst tätig war, nur anteilig erstattet (BGHZ **68**, 86 = NJW **77**, 957). Lässt sich die Verteidigung gegen die entschädigungsfähigen Strafverfolgungsmaßnahmen von der allgemeinen Verteidigung nicht abgrenzen, so ist der ersatzfähige Anteil nach § 287 ZPO zu schätzen; das gilt auch dann, wenn die anwaltliche Tätigkeit „deckungsgleich" ist, dh wenn während des gesamten Zeitraums sowohl das Ermittlungsverfahren lief als auch die Strafverfolgungsmaßnahme aufrechterhalten wurde (BGH NJW **09**, 2682). 5

Auch wenn ein Verteidiger erst **nach Durchführung einer Durchsuchung** beauftragt wird, sind die Anwaltskosten nach der von ihm betriebenen gerichtlichen Feststellung der Rechtswidrigkeit der Maßnahme zu erstatten (vgl auch BGH NJW **09**, 2682, 2683); das folgt allerdings nicht aus dem StrEG, sondern ist nun ausdrücklich in § 473a StPO festgelegt (zur - gleichen - Rechtslage vor Inkrafttreten dieser Vorschrift BVerfG 1 BvR 3229 vom 16.11.2009). 5a

E. **Kosten der Geltendmachung des Anspruchs:** Wird der Entschädigungsanspruch durch einen RA geltend gemacht, so werden seine Gebühren hierfür (§§ 16 6

Nr 1, 17 Nr 1 RVG mit Nr 2400 VVRVG) in den Entschädigungsbetrag einbezogen (RiStBV Anl C Teil I, B II 2h); vgl dazu Kunz 31; die Zuziehung eines RA muss aber notwendig gewesen sein (LG Koblenz NStZ **01**, 500. Eine Anrechnung der durch UHaft ersparten Verpflegung ist ausgeschlossen (LG Frankfurt a. M. NStZ **85**, 30 mit Anm Baukelmann).

7   F. **Versteuern** muss der Entschädigungsempfänger die Beträge (vgl § 24 Nr 1 Buchst a EStG). Hat er keinen festen Wohnsitz oder gewöhnlichen Aufenthalt im Inland, so wird der von der FinB zu bestimmende Steuerbetrag unmittelbar an sie abgeführt und von dem auszuzahlenden Betrag abgezogen.

8   **2) Immaterieller Schaden (I, III)** wird nur bei Freiheitsentziehung und nur in der Form der Pauschale nach III ersetzt (erg 2 zu § 2). Eine höhere Entschädigung für solchen Schaden ist ausgeschlossen; eine niedrigere kann sich in den Fällen der §§ 3, 4, 6 ergeben. Eine Vorteilsausgleichung (oben 1) ist unzulässig (Kunz 83; Baukelmann NStZ **85**, 31). Zur Entschädigung wegen entgangenen Urlaubs vgl Köln MDR **94**, 658 mit Anm D. Meyer, zur Zahlung von Vorschüssen vgl RiStBV Anl C Teil I, B II 7. Auf eine **konventionswidrige vollzogene Sicherungsverwahrung** ist III nicht anwendbar (Hamm I-11 U 80/13 vom 14.11.2014: regelmäßig 500 Euro pro Tag zu gewähren).

9   **3) Kausalität (IV):** Die Beweislast hat die JVerwB (D. Meyer 56). Entschädigung wird nicht geleistet, wenn der Schaden schon auf Grund des Ermittlungsverfahrens entstanden ist (vgl 2 zu § 2 für den Rufschaden). Denn ein Schaden, der nur äußerlich durch die Strafverfolgung ausgelöst wird, in der Sache aber nur auf dem bekanntgewordenen Fehlverhalten des Beschuldigten beruht, stellt kein Sonderopfer (1 vor § 1) dar. Daher wird zB auch dann kein Ersatz für Verdienstausfall geleistet, wenn anlässlich einer Strafverfolgung eine bis dahin verborgene Krankheit des Beschuldigten entdeckt wird und zu seiner vorzeitigen Versetzung in den Ruhestand führt (vgl BGH NJW **68**, 2287). Ursächlich ist aber die Kündigung des Arbeitsverhältnisses wegen Verlustes der Fahrerlaubnis (BGH MDR **88**, 385; Düsseldorf VersR **76**, 1134). Zur Ursächlichkeit muss hinzukommen, dass der Schaden dem Staat zuzurechnen ist (vgl BGHZ **60**, 302 = NJW **73**, 1322, 1325: Verletzung in der UHaft durch einen Mitgefangenen).

10   **4) Anrechnung von Freiheitsentziehung durch Gnade und Verzicht auf Entschädigung:** Ist der Antragsteller berechtigt, die Entschädigung für eine Freiheitsentziehung zu verlangen, so kann er wirksam auf die Entschädigung für den Fall verzichten, dass die Freiheitsentziehung auf eine zu verbüßende Freiheitsstrafe im Gnadenweg angerechnet wird.

11   **5) Abtreten von Ansprüchen.** Der zur Entschädigung nach §§ 1 ff Verpflichtete kann in Anwendung des Grundgedankens des § 255 BGB verlangen, dass der Berechtigte ihm kongruente Schadensersatzansprüche gegen Dritte wegen schuldhafter Vertragsverletzung abtritt (BGH NStZ **89**, 479).

Entscheidung des Strafgerichts   RiStBV Anl C Teil I, A I

8 I ¹ Über die Verpflichtung zur Entschädigung entscheidet das Gericht in dem Urteil oder in dem Beschluß, der das Verfahren abschließt. ² Ist die Entscheidung in der Hauptverhandlung nicht möglich, so entscheidet das Gericht nach Anhörung der Beteiligten außerhalb der Hauptverhandlung durch Beschluß.

II Die Entscheidung muß die Art und gegebenenfalls den Zeitraum der Strafverfolgungsmaßnahme bezeichnen, für die Entschädigung zugesprochen wird.

III ¹ Gegen die Entscheidung über die Entschädigungspflicht ist auch im Falle der Unanfechtbarkeit der das Verfahren abschließenden Entscheidung die sofortige Beschwerde nach den Vorschriften der Strafprozeßordnung zulässig. ² § 464 Abs. 3 Satz 2 und 3 der Strafprozeßordnung ist entsprechend anzuwenden.

Entschädigung für Strafverfolgungsmaßnahmen   Art. 8   **StrEG Anh 5**

1) Die Entscheidung über die Entschädigungspflicht (I) ergeht mit dem Ab- 1
schluss des Verfahrens (5 ff zu § 464 StPO) und ist Bestandteil der Hauptentscheidung.
Im Vollstreckungsverfahren entscheidet das nach § 462a StPO zuständige Gericht (Düsseldorf MDR **82**, 958; vgl auch BGH NStZ **94**, 27 [K]). Die Entschädigungspflicht
wird nur dem Grunde nach festgestellt (BGHZ **63**, 209 = NJW **75**, 350; BGHZ **103**,
113 = NJW **88**, 1141). Bei der Entscheidung ist die Unschuldsvermutung zu beachten;
ist das Verfahren vor Schuldspruchreife abgeschlossen worden, darf nicht auf strafrechtliche Schuld, sondern nur auf einen verbleibenden Tatverdacht abgestellt werden (BVerfG
NJW **92**, 2011; erg 16 ff zu § 467 StPO). Der Strafrichter bestimmt nur den Entschädigungsberechtigten und die Maßnahmen, für deren Vollzug er entschädigt wird (Düsseldorf NStZ-RR **96**, 287). Die Entscheidung ist die Grundlage für das Betragsverfahren
(§§ 10, 13) und in diesem bindend (BGHZ **103**, 113 = NJW **88**, 1141; **108**, 14 =
NJW **89**, 2619; Dresden OLG-NL **96**, 216; Düsseldorf MDR **85**, 504; München
MDR **76**, 228), auch in der Frage, wofür entschädigt wird und wer anspruchsberechtigt
ist (BGH MDR **79**, 562), selbst bei offenbarer Unrichtigkeit (LG München I AnwBl
81, 292), es sei denn, die Grundentscheidung entbehrt jeder gesetzlichen Grundlage
(Jena NStZ-RR **01**, 160). Zur umstrittenen Zulässigkeit der Ergänzung unvollständiger Entscheidungen durch das Strafgericht eingehend LG Saarbrücken NStZ-RR **11**,
262 (erg unten 7), zur Ergänzung durch das Zivilgericht vgl Odenthal MDR **90**,
961. Die strafrichterliche Entscheidung steht unter dem stillschweigenden Vorbehalt,
dass dem Betroffenen überhaupt ein Schaden entstanden ist; geprüft wird das erst
im Betragsverfahren nach den §§ 10, 13 (BGHZ **63**, 209 = NJW **75**, 350; BGHZ **103**,
113 = NJW **88**, 1141; Frankfurt StraFo **10**, 262). Daher wird eine Entscheidung
auch getroffen, wenn ein Schaden offensichtlich nicht entstanden ist (Bamberg
NStZ **89**, 185; Düsseldorf NStZ-RR **96**, 223; aM Jena NStZ-RR **05**, 125; D. Meyer
6).

2) Verfahrensabschließende Entscheidung: Es gelten dieselben Grundsätze wie 2
bei § 464 II StPO (dort 11). Hierzu gehört auch der Strafbefehl (D. Meyer MDR **92**,
219), nicht aber die Einstellung wegen Fehlens eines Eröffnungsbeschlusses, wenn dieser
nachholbar ist (Bamberg NStZ-RR **16**, 264; Frankfurt NStZ-RR **06**, 159). Die vorläufige Verfahrenseinstellung gibt keinen Anlass zu einer Entscheidung über die Entschädigungspflicht. Das gilt aber nicht bei der Einstellung nach § 154 StPO (Düsseldorf
NJW **81**, 833; MDR **88**, 164; Frankfurt JR **84**, 389 mit Anm Baukelmann; aM KG
JR **73**, 167; München NJW **75**, 68; MDR **74**, 162; erg 6 zu § 464 StPO) und nach
§ 154b StPO (Düsseldorf MDR **90**, 568; Hamburg NStZ **81**, 187; Kunz **39** zu § 2); die
Frist des § 154 IV StPO muss allerdings abgelaufen sein (Düsseldorf StraFo **99**, 176). Bei
einer Beschränkung nach § 154a StPO kommt eine Entschädigungsentscheidung idR
nicht in Betracht (BGHR § 5 II S 1 Fahrlässigkeit, grobe 7). Ist eine ausgesetzte Strafe
ganz oder teilw in der irrigen Annahme rechtskräftigen Widerrufs vollstreckt worden, so
ist die Entschädigungsentscheidung erst zu treffen, wenn über den Erlass der Strafe
und damit auch abschließend über die sachliche Berechtigung der Vollstreckung entschieden
wird (Oldenburg MDR **76**, 166; aM D. Meyer 17: StrEG ist auf diesen Fall nicht anwendbar).

3) Von Amts wegen nach Anhörung der Beteiligten (§ 33 I–III StPO) ergeht die 3
Entscheidung. Im erfolgreichen Wiederaufnahmeverfahren ist sie stets erforderlich, sonst
nur, wenn eine entschädigungspflichtige Strafverfolgungsmaßnahme (§§ 1, 2) vollzogen
war (D. Meyer 5) und das Gesetz die Möglichkeit einer Entschädigung vorsieht. Der
Berechtigte kann auf die Entscheidung nicht wirksam verzichten (BGH NJW **90**, 1000,
1001; KG VRS **72**, 380; Karlsruhe Justiz **76**, 367; München NJW **73**, 721; AG Pasewalk NStZ-RR **04**, 352; Seebode NStZ **82**, 146; aM Stuttgart MDR **92**, 897;
D. Meyer 14 vor §§ 1–6 und JurBüro **91**, 1593; vgl auch Kunz 15 ff). Er kann aber, auch
bevor sie ergangen ist, darauf verzichten, Ansprüche aus ihr herzuleiten (erg 2 zu § 3;
vgl hierzu die umfangreiche Abhandlung von Friehe, Der Verzicht auf Entschädigung
für Strafverfolgungsmaßnahmen, 1997 [zugl Diss München 1996], die jeden abgesprochenen Verzicht für unwirksam erachtet).

Schmitt

4 **4) Annex zum Strafverfahren** ist die Entscheidung über den Grund (BGH **26**, 250, 252; D. Meyer 10 und 8 vor §§ 8–9). Daher gelten insoweit noch die Vollmacht oder Bestellung des Verteidigers und § 145a StPO (Düsseldorf NStZ-RR **02**, 109). In der Hauptverhandlung stellt der StA beim Vorliegen eines entschädigungsfähigen Tatbestandes einen Antrag zur Entschädigungsentscheidung, ebenso, wenn er eine verfahrensabschließende Entscheidung durch das Gericht außerhalb der Hauptverhandlung beantragt oder sich mit ihr einverstanden erklärt (zB im Fall des § 153 II StPO).

5 **5) Isolierte Entschädigungsentscheidung (I S 2):**

6 A. **Teil des Hauptverfahrens** ist die isolierte Entscheidung; daher bedarf sie keiner Kostenentscheidung (Bremen MDR **75**, 602; D. Meyer 22).

7 B. **Voraussetzungen:** Die Entscheidung ist in der Hauptverhandlung nicht möglich, wenn Hindernisse bestehen, deren Überwindung zur Aussetzung oder längeren Unterbrechung der Hauptverhandlung zwingen würde, zB weil über die Entscheidungsgrundlagen nach §§ 3–6 zusätzliche Beweise erhoben werden müssen (Düsseldorf NJW **73**, 1660). Entgegen dem zu engen Gesetzeswortlaut ist die isolierte Entscheidung nach hM auch zulässig, wenn die Entscheidung in der Hauptverhandlung aus anderen Gründen unterblieben ist (KG NStZ **10**, 284; Celle StraFo **11**, 419; Düsseldorf NJW **99**, 2830 mwN; Nürnberg NJW **06**, 1826; **aM** KG StraFo **09**, 437; München AnwBl **98**, 50; D. Meyer 18 ff mwN); dasselbe gilt im Strafbefehlsverfahren (**aM** D. Meyer MDR **92**, 220). Anders als bei § 464 II StPO (dort 12) bedeutet das bloße Schweigen im Urteil keine Versagung der Entschädigung (Celle aaO; Stuttgart NStZ **01**, 496; Zweibrücken VRS **47**, 443; D. Meyer 28; **aM** Naton NJW **73**, 479; Seier 25), auch wenn nur eine von mehreren Strafverfolgungsmaßnahmen unberücksichtigt geblieben ist (Düsseldorf GA **81**, 173; Karlsruhe StV **84**, 474; München NJW **77**, 2090), anders aber, wenn mit dem Urteil über das Rechtsmittel der sofortigen Beschwerde „gegen die nicht ausgesprochene Haftentschädigung" belehrt wurde (Nürnberg aaO), oder wenn Entschädigung nur für einen Teil ein und derselben Strafverfolgungsmaßnahme zugesprochen wurde (Düsseldorf NStZ-RR **01**, 159: dann nur sofortige Beschwerde nach III). Die unterbliebene Entscheidung darf und muss im Beschlussverfahren nachgeholt werden (Bay DAR **73**, 210 [R]; Celle aaO; Düsseldorf NJW **99**, 2830; VRS **73**, 457, 460; Kunz 28; **aM** LG Bautzen NStZ **96**, 446; Seier NStZ **82**, 272). Das gilt auch, wenn sich eine Entscheidung zwar in den Urteilsgründen befindet, aus Gründen der Rechtssicherheit aber eine Klarstellung geboten ist (Oldenburg VRS **67**, 37). Für ein Rechtsmittel ist vor Erlass der isolierten Entscheidung kein Raum (Celle aaO; München aaO), auch nicht in einem aus anderen Gründen anhängigen Beschwerdeverfahren (Stuttgart aaO). Die Nachholung ist auch zulässig, wenn die abschließende Entscheidung durch Beschluss außerhalb der Hauptverhandlung getroffen worden ist (Hamm NJW **74**, 374).

8 C. **Tod des Beschuldigten:** Vgl 8 zu § 6.

9 **6) Inhalt des Ausspruchs: (II):**

10 A. **Art der Maßnahme:** Im Fall des § 1 muss die fortgefallene Verurteilung oder die Milderung (Differenz zwischen früherer und neuer Verurteilung) angegeben werden, ggf auch bestimmte Verfolgungsmaßnahmen aus dem ersten, später wiederaufgenommenen Verfahren (4 zu § 1). Im Fall des § 2 sind Angaben über die erlittene UHaft oder, genau und erschöpfend (BGH MDR **79**, 562; LG Flensburg SchlHA **92**, 12), die sonstigen Verfolgungsmaßnahmen zu machen. Soweit erforderlich (zB bei Beschlagnahme) muss auch angegeben werden, in welcher Weise die Maßnahme vollzogen worden ist (BGH aaO).

11 B. **Zeitraum:** Die Angabe des Zeitraums ist bei freiheitsentziehenden Maßnahmen (BGH StraFo **10**, 87, 88; Düsseldorf JMBlNW **86**, 30) und Beschlagnahme (BGHZ NJW **88**, 1141; Düsseldorf JMBlNW **87**, 198) notwendig, in anderen Fällen (zB bei § 111a StPO) zweckmäßig (BGHZ **108**, 14 = NJW **89**, 2619; **aM** Odenthal MDR **90**, 961: immer erforderlich). In Betracht kommt auch die Einschränkung der Entschädigungspflicht bis zu dem sich aus § 5 III ergebenden Zeitpunkt, bis zum Zeitpunkt der

Äußerung des Beschuldigten, bei der er einen wesentlichen entlastenden Umstand verschwiegen und dadurch den Ausschlussgrund des § 6 I Nr 1 geschaffen hat, oder bis zur Entstehung des Verfahrenshindernisses im Fall des § 6 I Nr 2. Die nachträgliche Berichtigung oder Ergänzung ist zulässig (Düsseldorf MDR **80**, 958; Odenthal aaO 964; a**M** D. Meyer 44: § 458 II StPO gilt entspr). Die teilweise Gewährung oder Versagung in den Fällen der §§ 3, 4 II, III, 6 kann nach Zeiträumen näher bestimmt werden (1 zu § 6).

C. **Begründung des Ausspruchs (III iVm § 34 StPO):** Sie ist insbesondere erforderlich, wenn der Anspruch nach § 5 ausgeschlossen ist oder nach § 6 versagt wird (Kunz 43). Bei allen Ermessensentscheidungen bedarf es einer eingehenden Abwägung aller entscheidungserheblichen Umstände (BGH **11**, 383, 389 zum früheren Recht). 12

7) Zuständigkeit: 13

A. Der **Tatrichter**, der das abschließende Urteil oder den abschließenden Beschluss 14 erlässt, entscheidet auch über die Entschädigungsfrage. Hatte eine StrVollstrK die Vollstreckungsmaßnahme angeordnet, für die Entschädigung verlangt wird, so ist sie auch für die Entscheidung über die Entschädigung zuständig (Köln NStZ-RR **13**, 392; München NStZ-RR **96**, 125; Schleswig SchlHA **86**, 122 [E/L]; a**M** LG Krefeld NJW **77**, 117). Ergeben sich entschädigungspflichtige Tatbestände erst im Beschwerdeverfahren, so entscheidet das Beschwerdegericht (Hamm EuGRZ **86**, 546).

B. Das **Berufungsgericht** entscheidet von Amts wegen nur bei vollem oder teilwei- 15 sen Erfolg des Rechtsmittels erneut über die Entschädigungsfrage (Bay **72**, 10 = VRS **43**, 369; Celle MDR **77**, 74; VRS **50**, 122; **51**, 440; Karlsruhe NJW **72**, 2323; a**M** D. Meyer 35: bei jeder Sachentscheidung), auch wenn es das Verfahren nach § 153a StPO einstellt (Düsseldorf NStE Nr 2). Bei Verwerfung der Berufung prüft es die Entscheidung des 1. Rechtszugs nur auf eine sofortige Beschwerde nach III S 1 (Düsseldorf JMBlNW **95**, 250 mwN). Die Beschwerdeentscheidung ist nicht anfechtbar, auch wenn sie in den Urteilsgründen getroffen wird (Celle VRS **51**, 440; Düsseldorf aaO; Oldenburg VRS **67**, 37).

C. Das **Revisionsgericht** hat über die Entschädigungspflicht zu entscheiden, wenn es 16 das Verfahren durch freisprechendes oder einstellendes Urteil oder einen entspr Beschluss abschließt (BGH StraFo **08**, 266; 3 StR 437/12 vom 26.5.2012). Es darf diese Aufgabe grundsätzlich nicht dem Tatrichter überlassen (Düsseldorf NStZ **90**, 39 mit insoweit zust Anm D. Meyer und Schätzler GA **90**, 36; a**M** Düsseldorf VRS **54**, 44; Hamm NJW **57**, 209; erg 5 zu § 305a StPO; 25 zu § 464 StPO). Von einer Entscheidung sieht es nur ab, wenn dazu noch tatrichterliche Feststellungen nötig sind (BGH 3 StR 437/12 vom 26.5.2012; NJW **90**, 2073; **91**, 1839, 1840 aE; weitergehend BGH NJW **84**, 1312 aE; **88**, 2483, 2485 aE), oder eine Fortführung des teilw nach § 154 II StPO eingestellten Verfahrens in Betracht kommt (BGH NJW **94**, 2966; BGHR Verfahrensabschluss 1, 2) oder wenn das Verfahren beim Revisionsgericht nur teilw anhängig ist (BGH NJW **99**, 1562, 1564) oder schon früher rechtskräftig abgeschlossen worden war (BGH NStZ **94**, 230 [K]).

D. Im **Wiederaufnahmeverfahren** trifft das nach § 373 StPO entscheidende Gericht 16a die Entschädigungsentscheidung (Köln GA **92**, 180).

8) Sofortige Beschwerde (III): 17

A. Die **Einlegung** des Rechtsmittels ist nicht in der Einlegung der Berufung oder 18 Revision enthalten. Sie muss vielmehr ausdrücklich erklärt werden (Düsseldorf JMBlNW **95**, 250; Frankfurt NJW **74**, 202; Karlsruhe NJW **72**, 2323; erg 21 zu § 464 StPO), und zwar innerhalb der Frist des § 311 II S 1 StPO. Bei Fristversäumnis ist dem Antragsteller das Verschulden seines Verteidigers zuzurechnen (19 zu § 44 StPO).

B. **Zulässig** ist die sofortige Beschwerde ohne Rücksicht darauf, ob die Hauptent- 19 scheidung anfechtbar ist. Die Einschränkung des § 464 III S 1 Hs 2 StPO gilt für § 8 III nicht. Auch gegen das Unterlassen der Entscheidung ist sofortige Beschwerde zulässig (Düsseldorf NJW **99**, 2830). Die isolierte Anfechtung einer OLG-Entscheidung schließt

§ 304 IV S 2 aus (BGH **26**, 250). Der Verzicht auf die Entschädigung (oben 3) macht die sofortige Beschwerde unzulässig (Karlsruhe Justiz **81**, 450).

20 Die **Wertgrenze des** § 304 III StPO gilt nicht; denn die Entscheidung nach § 8 I betrifft nur den Grund, nicht die noch völlig ungeklärte Höhe des Anspruchs (KG JR **81**, 524; München NJW **73**, 721; MDR **75**, 68; Kunz 54; **aM** Düsseldorf JMBlNW **78**, 170; D. Meyer 50; Seier 120).

21 C. Die **Bindung des Beschwerdegerichts** an die Urteilsfeststellungen ordnet III S 2 unter Verweisung auf § 464 III S 2 StPO an (zum Umfang vgl Schleswig MDR **79**, 165; 23 zu § 464 StPO). Sie gilt auch für die Tatsachen, auf Grund deren die grobe Fahrlässigkeit nach § 5 II zu beurteilen ist (Frankfurt NJW **78**, 1392). Zusätzliche Feststellungen auf Grund des Akteninhalts sind zulässig (Düsseldorf JurBüro **86**, 249; Frankfurt NJW **78**, 1017; Karlsruhe Justiz **73**, 360; Schleswig NJW **76**, 1467; 24 zu § 464 StPO). Richtet sich die sofortige Beschwerde gegen das Unterlassen der Entscheidung nach III 1, so wird das Beschwerdegericht uU nicht selbst entscheiden können, sondern die Sache an den Tatrichter zurückgeben müssen (Düsseldorf VRS **73**, 457, 461; NStE Nr 2; **aM** D. Meyer JurBüro **90**, 798).

22 **Ermessensentscheidungen** des Tatrichters prüft das Beschwerdegericht in vollem Umfang. Eine Beschränkung der Prüfungsbefugnis auf Ermessensfehler besteht nicht (Hamm NJW **12**, 3046; Schleswig NJW **76**, 1467, 1468; D. Meyer 57; **aM** KG NStZ **10**, 284; Frankfurt NStZ-RR **96**, 286; erg 4 zu § 309 StPO). Das Verbot der Schlechterstellung (§ 331 StPO) gilt nicht (LG Flensburg JurBüro **82**, 882; D. Meyer 58; Kunz 46; vgl 5 vor § 304 StPO).

23 D. **Zuständiges Beschwerdegericht:** Vgl 25 zu § 464 StPO.

Verfahren nach Einstellung durch die Staatsanwaltschaft

RiStBV Anl C Teil I, A II, C 2

9 I ¹Hat die Staatsanwaltschaft das Verfahren eingestellt, so entscheidet das Amtsgericht am Sitz der Staatsanwaltschaft über die Entschädigungspflicht. ²An die Stelle des Amtsgerichts tritt das Gericht, das für die Eröffnung des Hauptverfahrens zuständig gewesen wäre, wenn

1. die Staatsanwaltschaft das Verfahren eingestellt hat, nachdem sie die öffentliche Klage zurückgenommen hat,
2. der Generalbundesanwalt oder die Staatsanwaltschaft beim Oberlandesgericht das Verfahren in einer Strafsache eingestellt hat, für die das Oberlandesgericht im ersten Rechtszug zuständig ist.

³Die Entscheidung ergeht auf Antrag des Beschuldigten. ⁴Der Antrag ist innerhalb einer Frist von einem Monat nach Zustellung der Mitteilung über die Einstellung des Verfahrens zu stellen. ⁵In der Mitteilung ist der Beschuldigte über sein Antragsrecht, die Frist und das zuständige Gericht zu belehren. ⁶Die Vorschriften der §§ 44 bis 46 der Strafprozeßordnung gelten entsprechend.

II Gegen die Entscheidung des Gerichts ist die sofortige Beschwerde nach den Vorschriften der Strafprozeßordnung zulässig.

III War die Erhebung der öffentlichen Klage von dem Verletzten beantragt, so ist über die Entschädigungspflicht nicht zu entscheiden, solange durch einen Antrag auf gerichtliche Entscheidung die Erhebung der öffentlichen Klage herbeigeführt werden kann.

1 1) Auch **nach Einstellung des Ermittlungsverfahrens** durch StA oder FinB (§ 399 **AO**) entscheidet stets das Gericht über den Entschädigungsanspruch. Vorausgesetzt wird, dass das Verfahren durch die Einstellung endgültig abgeschlossen ist (2 zu § 8). Um eine derartige Einstellung handelt es sich auch, wenn die StA nach § 376 StPO verfährt oder wenn sie die Sache nach § 43 I OWiG an die VerwB abgibt. In diesem Fall wirkt die StA idR darauf hin, dass das Gericht nicht über die Entschädi-

2) Zustellung und Belehrung (I S 4, 5): Liegt ein entschädigungsfähiger Tatbestand vor (§§ 1, 2), so muss die StA oder FinB (§ 399 **AO**) die Einstellungsverfügung dem Antragsberechtigten (2 vor § 1) förmlich zustellen (I S 4 iVm § 35 II S 1 StPO), dem Beschuldigten auch dann, wenn er sonst nach § 170 II S 2 StPO nur formlos von der Einstellung unterrichtet werden müsste (D. Meyer 24). § 145a StPO ist anwendbar (RiStBV Anl C Teil I, C 2). Bei jugendlichen Beschuldigten wird auch den Erziehungsberechtigten und gesetzlichen Vertretern zugestellt (§ 67 I, II **JGG**). Die Einstellungsverfügung muss die in I S 5 vorgeschriebene Belehrung enthalten. Hatte der Verletzte Strafanzeige erstattet, so wird der Beschuldigte auch darüber belehrt, dass über die Entschädigungspflicht nicht entschieden wird, solange durch einen Antrag nach § 172 II StPO die Erhebung der Klage herbeigeführt werden kann (III; RiStBV Anl C Teil I, A II 1).

Die **Belehrung** muss konkret sein, dh auch die Art der Maßnahme (vgl § 8 III) und ggf die Dauer ihres Vollzugs angeben. Sie ist so zu fassen, dass sie nicht als Zusicherung mißverstanden werden kann. Das kann durch allgemeine oder besondere Hinweise auf Ausschluss- und Versagungsgründe und durch den Hinweis auf § 7 II erreicht werden.

3) Antragstellung (I S 3): Das Gericht entscheidet nur auf Antrag des Beschuldigten (Stuttgart NStZ **94**, 291: auch des Verdächtigen, gegen den eine Durchsuchung gemäß § 102 StPO durchgeführt wurde) oder des nach § 11 Unterhaltsberechtigten. Für den Beschuldigten kann der im Ermittlungsverfahren bevollmächtigte Verteidiger den Antrag stellen (LG Bonn StV **84**, 476). Tatunbeteiligte Dritte haben kein Antragsrecht (LG Flensburg JurBüro **84**, 419). Ein schon im Ermittlungsverfahren gestellter Antrag wird mit der Verfahrenseinstellung wirksam (LG Passau JurBüro **86**, 1218). Der Antragsteller kann sich darauf beschränken, die Feststellung der Entschädigungspflicht der Staatskasse zu beantragen. Ausdrückliche Angaben über Verfolgungsmaßnahmen oder über die Schadensentstehung sind entbehrlich (vgl LG Krefeld VRS **42**, 293). Auch die Voraussetzungen des § 7 II brauchen nicht dargetan zu werden.

4) Antragsfrist und Wiedereinsetzung (I S 4, 6): Die Monatsfrist (I S 4) beginnt mit der Zustellung der Einstellungsverfügung, auch wenn die Belehrung nach I S 5 ganz oder teilw unterblieben ist (LG Aschaffenburg NStZ **82**, 167; LG Freiburg NStZ-RR **02**, 367, 368; Budach SchlHA **73**, 203). Ihre Unterlassung ist Wiedereinsetzungsgrund in entspr Anwendung des § 44 S 2 StPO, wobei die Belehrung einer Rechtsmittelbelehrung (§ 35a StPO) entspricht. Bei Versäumung der Antragsfrist aus anderen Gründen muss sich der Antragsteller nach dem Grundsatz des § 85 II ZPO das Verschulden seines Verteidigers zurechnen lassen (Hamburg NStZ **90**, 191; erg 19 zu § 44 StPO).

5) Gerichtliche Zuständigkeit (I S 1, 2):

A. Das **AG am Sitz der StA (I S 1)**, bei einer Zweig- oder Außenstelle der StA (3 zu § 141 GVG) an deren Sitz (D. Meyer 12), ist zuständig, auch wenn die Strafsache, falls es zur Anklage gekommen wäre, bei einem anderen Gericht hätte anhängig gemacht werden müssen oder wenn die StA Anklage beim LG erhoben, die Tat, in deren Zusammenhang eine Entschädigung beantragt ist, aber nach § 154a StPO von der Verfolgung ausgenommen hat (Düsseldorf JMBlNW **84**, 20; dazu D. Meyer JurBüro **84**, 343; vgl auch Koblenz NStZ-RR **99**, 52 zur Zuständigkeit bei getrennten Verfahrensteilen). Hat die FinB das Verfahren eingestellt (§§ 386, 399 **AO**), so ist das AG an seinem Sitz zuständig, auch wenn es nicht das AG des § 391 I **AO** ist (Nürnberg 3 AR 13/72 vom 28.3.1972). Welcher Richter beim AG zuständig ist, bestimmt der Geschäftsverteilungsplan des AG (§ 22e I GVG). Die Bestellung zum Ermittlungsrichter begründet die Zuständigkeit nach I S 1 nicht. Zum Zusammentreffen verschiedener Zuständigkeiten vgl Düsseldorf NStZ **91**, 141.

B. **Hypothetisches Eröffnungsgericht (I S 2):** Welcher Richter beim AG oder welcher Spruchkörper beim LG oder OLG zuständig ist, bestimmt sich im Fall des I S 2 nach der allgemeinen Verteilung der Strafsachen.

9 6) Die **Prüfung des Gerichts** bezieht sich auf die tatsächlichen und rechtlichen Voraussetzungen der Entschädigungspflicht dem Grunde nach (1 zu § 8). Das Gericht entscheidet nach Anhörung der StA und ist dabei an die Einstellungsverfügung gebunden, nicht aber an die tatsächlichen Feststellungen, auf denen sie beruht. Diese braucht es der Entscheidung nicht ungeprüft zugrunde zu legen. Vor der Entscheidung ist der Ablauf der Frist des § 172 II S 1 StPO abzuwarten **(III)**.

10 7) **Sofortige Beschwerde (II)** kann vom Beschuldigten, dem Verteidiger, in den Fällen des § 67 I, II **JGG** auch vom Erziehungsberechtigten oder gesetzlichen Vertreter eingelegt werden, auch vom gesetzlichen Vertreter des Erwachsenen (§ 298 StPO) und von der StA (§ 296 I, II StPO). Ist der Beschluss von dem im 1. Rechtszug zuständigen OLG (I S 1 Nr 2) erlassen worden, so ist die sofortige Beschwerde zum BGH nach § 304 IV S 2 StPO unzulässig (BGH **26**, 250). Das gilt auch für die sofortige Beschwerde gegen die Versagung der Wiedereinsetzung (BGH NJW **76**, 525).

Anmeldung des Anspruchs; Frist   **RiStBV Anl C Teil I, A–D, Teil II**

10 I ¹ Ist die Entschädigungspflicht der Staatskasse rechtskräftig festgestellt, so ist der Anspruch auf Entschädigung innerhalb von sechs Monaten bei der Staatsanwaltschaft geltend zu machen, welche die Ermittlungen im ersten Rechtszug zuletzt geführt hat. ² Der Anspruch ist ausgeschlossen, wenn der Berechtigte es schuldhaft versäumt hat, ihn innerhalb der Frist zu stellen. ³ Die Staatsanwaltschaft hat den Berechtigten über sein Antragsrecht und die Frist zu belehren. ⁴ Die Frist beginnt mit der Zustellung der Belehrung.

II ¹ Über den Antrag entscheidet die Landesjustizverwaltung. ² Eine Ausfertigung der Entscheidung ist dem Antragsteller nach den Vorschriften der Zivilprozeßordnung zuzustellen.

1 1) Das **Betragsverfahren** (dazu RiStBV Anl C; Matt Rpfleger **97**, 468) gehört nicht mehr zum Strafverfahren, sondern ist ein dem Rechtsweg (§ 13) vorgeschaltetes Verwaltungsverfahren zur Festsetzung der Höhe der Entschädigung (BGHZ **66**, 122, 124 = NJW **76**, 1218). Die Entscheidung des Strafgerichts über die Entschädigungspflicht dem Grunde nach (§§ 8 I, 9 I) ist bindend (1 zu § 8).

2 2) **Belehrung durch die StA (I S 3):** Steht mit der Rechtskraft der gerichtlichen Entscheidung nach § 8 oder § 9 die Entschädigungspflicht der Staatskasse dem Grunde nach fest, so stellt die StA, die insoweit als Verwaltungsbehörde tätig wird (D. Meyer 2 vor §§ 10–13; Kunz 1), dem Berechtigten unverzüglich eine Belehrung über sein Antragsrecht und die Antragsfrist zu. Eine verfrühte oder unrichtige Belehrung und die Zustellung an einen nicht besonders bevollmächtigten Vertreter (vgl RiStBV Anl C Teil I, C) sind wirkungslos (Schätzler/Kunz 3, 6). Ist bekannt oder besteht nach den Umständen die Möglichkeit, dass ein Fall des § 11 I vorliegt, so soll den Unterhaltsberechtigten die Belehrung nach § 11 II S 2 zugestellt werden (RiStBV aaO, A III Nr 2). Zuständig ist stets die StA, die die Ermittlungen im 1. Rechtszug zuletzt geführt hat, um Steuerstrafverfahren die an die Stelle der StA getretene Finanzbehörde (§ 386 II **AO**).

3 3) **Antragstellung (I S 1):** Der Entschädigungsantrag ist bei der StA geltend zu machen, auch wenn die FinB die Ermittlungen geführt hat; denn die Rechte der StA hat sie nur im Ermittlungsverfahren (§ 399 I **AO**). Zur Antragstellung ist derjenige berechtigt, „zu dessen Gunsten die Entschädigungspflicht ausgesprochen worden ist" (vgl § 11 I S 1). Die Unterhaltsberechtigten haben ein zusätzliches eigenes Antragsrecht (§ 11 I). Ist der Beschuldigte nach der rechtskräftigen Entstehung des Anspruchs gestorben, so sind seine Erben als Rechtsnachfolger berechtigt (3 zu § 13), auch wenn sie nicht zu den Unterhaltsberechtigten gehören. Der Antrag kann von einem bevollmächtigten Vertreter gestellt werden (BGHZ **66**, 122 = NJW **76**, 1218; RiStBV Anl C Teil I, C). Der Verteidiger braucht dazu eine besondere Vollmacht (D. Meyer 9; 5 vor § 137 StPO); denn das Betragsverfahren gehört nicht mehr zum Strafverfahren (oben 1).

Die **Geltendmachung des Anspruchs** zum Zweck der Festsetzung seiner Höhe ist 4
der Inhalt des Antrags. Gleichwohl ist die Bezifferung der Schadenshöhe nicht unbedingt erforderlich (D. Meyer 13; Kunz 8a). Angaben und Nachweise können nachgereicht werden. Jedoch genügt die bloße Erklärung, die Entschädigung werde „dem Grunde nach" angemeldet, nicht (BGHZ **108**, 14 = NJW **89**, 2619; D. Meyer JurBüro **91**, 1598). Wird in dem Antrag auch die Erstattung von Verfahrensauslagen auf Grund einer Kosten- und Auslagenentscheidung verlangt, so wird eine Ablichtung zu den Akten genommen und nach § 464b StPO behandelt (RiStBV Anl C Teil I, B I 3; vgl auch 5 zu § 7). Anregungen für den Inhalt des Antrags ergeben sich aus RiStBV aaO, B II. Zum Anspruch auf Zahlung eines Vorschusses vgl D. Meyer JurBüro **91**, 771.

4) Versäumung der Antragsfrist (I S 2): Die 6-Monatsfrist des § 10 I S 1 beginnt 5
mit der Zustellung der Belehrung an den Berechtigten (I S 3, 4). Die Zustellung an den nicht besonders bevollmächtigten Verteidiger setzt sie nicht in Lauf (BGHZ **29**, 334 = NJW **59**, 1129 zum früheren Recht). Bei nicht schuldhafter Versäumung der Antragsfrist kann die Behörde nach I S 2 Nachsicht gewähren (Kunz 13; Schütz StV **08**, 53; **aM** D. Meyer 15; Kröner Baumann-FS 416). Das Verschulden seines Verfahrensbevollmächtigten muss sich der Antragsteller nach dem Grundsatz des § 85 II ZPO zurechnen lassen (BGHZ **66**, 122 = NJW **76**, 1218). Eine absolute Ausschlussfrist setzt § 12 fest (Schütz aaO).

5) Prüfungs- und Entscheidungsstelle (II): Wenn nicht ihr Leiter selbst mit der 6
Prüfung des Anspruchs betraut ist, legt die StA den Antrag der Prüfungsstelle mit den Akten und einem Bericht vor (RiStBV Anl C Teil I, B I). Prüfungsstelle ist je nach Delegation der Leiter der StA beim LG oder beim OLG (vgl RiStBV aaO Teil II). Ist die Prüfungsstelle nicht selbst zur Entscheidung befugt, so berichtet sie an die Entscheidungsstelle. Ihr Verfahren regelt RiStBV aaO Teil I, B II. Die Zustellung der Entscheidung nach den Vorschriften der ZPO setzt die Frist für den Rechtsweg nach § 13 I in Lauf (II S 2).

Ersatzanspruch des kraft Gesetzes
Unterhaltsberechtigten　　　　　　　　　**RiStBV Anl C Teil I, A III 2, B II 3**

11

I [1] **Außer demjenigen, zu dessen Gunsten die Entschädigungspflicht der Staatskasse ausgesprochen worden ist, haben die Personen, denen er kraft Gesetzes unterhaltspflichtig war, Anspruch auf Entschädigung.** [2]**Ihnen ist insoweit Ersatz zu leisten, als ihnen durch die Strafverfolgungsmaßnahme der Unterhalt entzogen worden ist.**

II [1]**Sind Unterhaltsberechtigte bekannt, so soll die Staatsanwaltschaft, bei welcher der Anspruch geltend zu machen ist, sie über ihr Antragsrecht und die Frist belehren.** [2]**Im übrigen ist § 10 Abs. 1 anzuwenden.**

1) Unterhaltsberechtigte (I): Außer dem Hauptanspruchsberechtigten haben Personen einen Entschädigungsanspruch, denen er kraft Gesetzes unterhaltspflichtig war. In Betracht kommen nur Unterhaltsansprüche nach §§ 1360, 1361, 1569 ff, 1601, 1615a ff BGB. Ihre vertraglich vereinbarte Höhe ist zu berücksichtigen (Kunz 5; **aM** D. Meyer 9). Ersatz wird nur insoweit geleistet, als der Hauptberechtigte eine Entschädigung verlangen kann und die Strafverfolgungsmaßnahme für den Entzug des Unterhalts ursächlich war (I S 2). Zum Begriff des Unterhaltsentzuges vgl RiStBV Anl C Teil I, B II 3a.

2) Die Gesamtleistung der Staatskasse darf den Hauptanspruch nicht übersteigen 2
(Düsseldorf JMBlNW **86**, 30; Kunz 7). Der Hauptanspruchsberechtigte und der Unterhaltsberechtigte haben eine ähnliche Stellung wie Gesamtgläubiger nach § 428 BGB (D. Meyer 3). Die Staatskasse muss aber die Unterhaltsansprüche gesondert erfüllen, wenn das geboten erscheint. Sie muss eine Einigung der Beteiligten auf Aufteilung der Gesamtentschädigung herbeiführen; notfalls ist der Entschädigungsbetrag zu hinterlegen (RiStBV Anl C Teil I, B II 3b, c).

Anh 5 StrEG Art. 12, 13

3 3) Die **Belehrung** (II; 2 zu § 10) ist entbehrlich, wenn nach der Sachlage nicht damit gerechnet zu werden braucht, dass Unterhalt entzogen worden ist oder dass der Hauptberechtigte die Entschädigung nicht auch zum Ausgleich verwenden wird (D. Meyer 19). Eine Nachforschung nach bisher unbekannten Unterhaltsberechtigten findet nicht statt. Die Frist zur Geltendmachung des Anspruchs beginnt für den Unterhaltsberechtigten mit der Zustellung der Belehrung an ihn (§§ 11 II S 2, 10 I S 4).

Ausschluß der Geltendmachung der Entschädigung

12 Der Anspruch auf Entschädigung kann nicht mehr geltend gemacht werden, wenn seit dem Ablauf des Tages, an dem die Entschädigungspflicht rechtskräftig festgestellt ist, ein Jahr verstrichen ist, ohne daß ein Antrag nach § 10 Abs. 1 gestellt worden ist.

1 1) Die **absolute Ausschlussfrist** (Düsseldorf JMBlNW **86**, 30) wird in ihrem Lauf durch das Unterlassen der Belehrung über das Antragsrecht und die Antragsfrist oder deren Zustellung (§§ 10 I S 3, 11 II S 1) nicht beeinträchtigt. Sie macht jeglichen Antrag unzulässig, gleichgültig, aus welchen Gründen der Antrag verspätet gestellt worden ist (Düsseldorf aaO). Eine Wiedereinsetzung kommt nicht in Betracht (BGHZ **108**, 14 = NStZ **90**, 131). Den Beginn der Ausschlussfrist hat das Zivilgericht selbstständig zu prüfen (BGH aaO).

2 2) Eine **Hemmung der Frist** tritt in entspr Anwendung des § 210 BGB ein, wenn der Berechtigte geschäftsunfähig oder in seiner Geschäftsfähigkeit beschränkt wird und keinen gesetzlichen Vertreter hat (BGHZ **79**, 1 = NJW **81**, 285).

Rechtsweg; Beschränkung der Übertragbarkeit

13 I ¹Gegen die Entscheidung über den Entschädigungsanspruch ist der Rechtsweg gegeben. ²Die Klage ist innerhalb von drei Monaten nach Zustellung der Entscheidung zu erheben. ³Für die Ansprüche auf Entschädigung sind die Zivilkammern der Landgerichte ohne Rücksicht auf den Wert des Streitgegenstandes ausschließlich zuständig.

II Bis zur rechtskräftigen Entscheidung über den Antrag ist der Anspruch nicht übertragbar.

1 1) Der **Rechtsweg (I)** zu den ordentlichen Gerichten steht offen, soweit dem Antrag im Betragsverfahren (1 zu § 10) nicht entsprochen worden ist. Darüber und über die Klagefrist (I S 2) ist der Berechtigte bei der Antragsablehnung zu belehren (RiStBV Anl C Teil I, B III 2); das Unterlassen der Belehrung berührt den Fristablauf jedoch nicht (BGH VRS **65**, 416; StV **84**, 477 L). Eine Partei, die sich für bedürftig halten darf, wahrt die Ausschlussfrist, wenn sie rechtzeitig einen vollständigen Prozesskostenhilfeantrag stellt und die Klage unverzüglich nach der von ihr nicht verzögerten Entscheidung über ihr Gesuch zugestellt wird (BGH NJW **07**, 439 und 441; Schütz StV **08**, 53). Die Klage, für die das LG ausschließlich zuständig ist (I S 3), muss sich gegen das nach § 15 ersatzpflichtige Land richten, dessen Vertretung (meist durch den GStA beim OLG) das Landesrecht bestimmt. Falls die StA über einen Antrag ohne zureichenden Grund in angemessener Frist nicht entscheidet, gilt § 75 VwGO entspr (Köln NStZ **88**, 508; **aM** D. Meyer JurBüro **91**, 1599: Verpflichtungsklage beim VG).

2 2) Die **Unübertragbarkeit (II)** des Anspruchs, auch auf Vorschusszahlung (Hamm NJW **75**, 2075), bedeutet zugleich Unpfändbarkeit (§ 851 ZPO), Unverpfändbarkeit (§ 1274 II BGB) und den Ausschluss der Aufrechnung (§ 394 BGB); § 134 BGB gilt entspr. Eine Teilungsabrede, bei der der Berechtigte zunächst Inhaber des Anspruchs bleibt, ist zulässig (BGH NJW **82**, 2504). Übertragbar wird der Anspruch grundsätzlich erst, wenn er im Rechtsweg rechtskräftig festgestellt ist. Jedoch kann auch der im Betragsverfahren (§ 10) unabänderbar zuerkannte Anspruch schon vor der Auszahlung übertragen werden (Hamm aaO). Insoweit kann die Staatskasse wegen ihrer Ansprüche

Entschädigung für Strafverfolgungsmaßnahmen   Art. 14, 15   **StrEG Anh 5**

(Geldstrafe, Kosten, Wertersatz usw) aufrechnen (LG Stuttgart MDR 80, 590 mit Anm Schmierer).

3) Vererblich wird der Anspruch schon mit seiner Entstehung dem Grunde nach 3 (D. Meyer 13 vor §§ 10–13). Denn weder das öffentliche Recht (vgl BVerwGE **21**, 302, 303) noch das BGB enthält eine ausdrückliche oder entspr anwendbare gegenteilige Vorschrift. Der Erbfall gilt auch nicht als Forderungsübergang iS des § 412 BGB. Zum Fall des Todes des Betroffenen vgl 8 zu § 6.

Nachträgliche Strafverfolgung   RiStBV Anl C Teil I, B IV

14 ^I ¹Die Entscheidung über die Entschädigungspflicht tritt außer Kraft, wenn zuungunsten des Freigesprochenen die Wiederaufnahme des Verfahrens angeordnet oder wenn gegen den Berechtigten, gegen den das Verfahren eingestellt worden war, oder gegen den das Gericht die Eröffnung des Hauptverfahrens abgelehnt hatte, nachträglich wegen derselben Tat das Hauptverfahren eröffnet wird. ²Eine bereits geleistete Entschädigung kann zurückgefordert werden.

^{II} Ist zuungunsten des Freigesprochenen die Wiederaufnahme beantragt oder sind gegen denjenigen, gegen den das Verfahren eingestellt worden war, oder gegen den das Gericht die Eröffnung des Hauptverfahrens abgelehnt hatte, die Untersuchung oder die Ermittlungen wiederaufgenommen worden, so kann die Entscheidung über den Anspruch sowie die Zahlung der Entschädigung ausgesetzt werden.

1) Außerkrafttreten der Entscheidung über die Entschädigungspflicht (I 1 **S 1):** Im Fall der Wiederaufnahme aus einem der Gründe des § 362 StPO (nicht nur bei Freispruch) tritt diese Wirkung mit dem Beschluss nach § 370 II iVm § 362 StPO ein, im Fall der nachträglichen Eröffnung des Hauptverfahrens mit dem Eröffnungsbeschluss, dem der Erlass eines Strafbefehls gleichsteht. Düsseldorf StV **01**, 517 wendet die Vorschrift bei Entschädigung trotz Anrechnung der UHaft nach § 51 StGB entspr an.

2) Rückforderung (I S 2): Darüber entscheidet die für das Betragsverfahren zu- 2 ständige Stelle (6 zu § 10). Sie betreibt auch die Wiedereinziehung der geleisteten Entschädigung.

3) Aussetzung des Betragsverfahrens und der Zahlung (II): Die zuständige 3 Stelle (6 zu § 10) hat von Wiederaufnahmeanträgen und -entscheidungen zu unterrichten (RiStBV Anl C Teil I, B IV). Sie entscheidet über die Aussetzung nach pflichtgemäßem Ermessen.

Ersatzpflichtige Kasse

15 ^I Ersatzpflichtig ist das Land, bei dessen Gericht das Strafverfahren im ersten Rechtszug anhängig war oder, wenn das Verfahren bei Gericht noch nicht anhängig war, dessen Gericht nach § 9 Abs. 1 über die Entschädigungspflicht entschieden hat.

^{II} ¹Bis zum Betrag der geleisteten Entschädigung gehen die Ansprüche auf die Staatskasse über, welche dem Entschädigten gegen Dritte zustehen, weil durch deren rechtswidrige Handlungen die Strafverfolgungsmaßnahme herbeigeführt worden war. ²Der Übergang kann nicht zum Nachteil des Berechtigten geltend gemacht werden.

1) Ersatzpflichtige Landeskasse (I): Maßgebend ist der Sitz des Gerichts des 1. 1 Rechtszugs, bei dessen Wechsel (§§ 12 ff StPO) des zuletzt entscheidenden Gerichts, im Fall des § 9 I des Gerichts, das den Beschluss erlassen hat. Bei erstinstanzlicher Zuständigkeit des OLG (§ 120 GVG) kann das Land nach Art 3 des G zur allgemeinen Einführung eines zweiten Rechtszuges in Staatsschutz-Strafsachen vom 8.9.1969

Schmitt   2351

Anh 5 StrEG Art. 16–21 Anhang

(BGBl I 1582; III 300-2-1) die Erstattung der geleisteten Entschädigung vom Bund verlangen.

2 2) **Forderungsübergang (II):** Zivilrechtliche Ansprüche des Entschädigungsberechtigten gegen einen Dritten (zB nach §§ 823 II, 826 BGB), der die Strafverfolgungsmaßnahme verursacht hat, gehen bis zur Höhe der geleisteten Entschädigung kraft Gesetzes auf die Staatskasse über.

16 *(nicht abgedruckt)*

Entschädigung für die Folgen einer rechtskräftigen Verurteilung, einer freiheitsentziehenden oder anderen vorläufigen Strafverfolgungsmaßnahme in der Deutschen Demokratischen Republik

16a [1]Die §§ 1 und 2 finden keine Anwendung auf die Folgen einer strafgerichtlichen Verurteilung, einer Maßregel oder Nebenfolge oder einer freiheitsentziehenden oder anderen vorläufigen Strafverfolgungsmaßnahme, die vor dem Wirksamwerden des Beitritts in der Deutschen Demokratischen Republik erfolgte oder angeordnet wurde. [2]Die Voraussetzungen der Entschädigung für diese Folgen richten sich nach den bis zu diesem Zeitpunkt in der Deutschen Demokratischen Republik geltenden Vorschriften über die Entschädigung für Untersuchungshaft und Strafen mit Freiheitsentzug (§§ 369 ff. der Strafprozeßordnung der Deutschen Demokratischen Republik), soweit nicht eine Rehabilitierung nach dem Strafrechtlichen Rehabilitierungsgesetz erfolgt oder ein Kassationsverfahren nach den vom 3. Oktober 1990 bis zum Inkrafttreten des Strafrechtlichen Rehabilitierungsgesetzes geltenden Vorschriften abgeschlossen ist. [3]Für Art und Höhe der Entschädigung gelten die Vorschriften des Strafrechtlichen Rehabilitierungsgesetzes entsprechend.

1 Nicht nur §§ 1 und 2 gelten nicht (S 1), sondern dementsprechend auch §§ 3 bis 7 nicht, §§ 8 und 9 sind hingegen anzuwenden (D. Meyer JurBüro **91**, 899 ff). Für die Realisierung eines dem Grunde nach festgestellten Anspruchs und das dabei einzuhaltende Verfahren gelten die §§ 10 ff (BGH NStZ **91**, 245; LG Berlin NStZ **91**, 200 = NJ **91**, 110, 111). Die Voraussetzungen der Entschädigung richten sich grundsätzlich nach §§ 369–372 StPO-DDR (vgl dazu KG NJW **94**, 601 und D. Meyer 14 ff), es sei denn, die Rehabilitierung erfolgt nach dem StRehaG oder ein Kassationsverfahren wurde nach dem 3.10.1990 bis zum 4.11.1992 (= Inkrafttreten des StRehaG) abgeschlossen. Art und Höhe der Entschädigung richten sich stets nach §§ 16 ff StRehaG.

17–21 *(aufgehoben)*

II. Andere Gesetze

6. Abgabenordnung (AO)

In der Fassung der Bekanntmachung vom 1. Oktober 2002 (BGBl. I S. 3866, ber. 2003, S. 61),
FNA 610-1-3
Zuletzt geändert durch Art. 1 G zur Einführung einer Pflicht zur Mitteilung grenzüberschreitender Steuergestaltungen vom 21.12.2019 (BGBl. I S. 2875)

(Auszug)

§ 30 Steuergeheimnis. (1) Amtsträger haben das Steuergeheimnis zu wahren.

(2) Ein Amtsträger verletzt das Steuergeheimnis, wenn er
1. personenbezogene Daten eines anderen, die ihm
   a) in einem Verwaltungsverfahren, einem Rechnungsprüfungsverfahren oder einem gerichtlichen Verfahren in Steuersachen,
   b) in einem Strafverfahren wegen einer Steuerstraftat oder einem Bußgeldverfahren wegen einer Steuerordnungswidrigkeit,
   c) im Rahmen einer Weiterverarbeitung nach § 29c Absatz 1 Satz 1 Nummer 4, 5 oder 6 oder aus anderem dienstlichen Anlass, insbesondere durch Mitteilung einer Finanzbehörde oder durch die gesetzlich vorgeschriebene Vorlage eines Steuerbescheids oder einer Bescheinigung über die bei der Besteuerung getroffenen Feststellungen,
   bekannt geworden sind, oder
2. ein fremdes Betriebs- oder Geschäftsgeheimnis, das ihm in einem der in Nummer 1 genannten Verfahren bekannt geworden ist,
   (geschützte Daten) unbefugt offenbart oder verwertet oder
3. geschützte Daten im automatisierten Verfahren unbefugt abruft, wenn sie für eines der in Nummer 1 genannten Verfahren in einem automationsgestützten Dateisystem gespeichert sind.

(3) Den Amtsträgern stehen gleich
1. die für den öffentlichen Dienst besonders Verpflichteten (§ 11 Abs. 1 Nr. 4 des Strafgesetzbuchs),
1a. die in § 193 Abs. 2 des Gerichtsverfassungsgesetzes genannten Personen,
2. amtlich zugezogene Sachverständige,
3. die Träger von Ämtern der Kirchen und anderen Religionsgemeinschaften, die Körperschaften des öffentlichen Rechts sind.

(4) Die Offenbarung oder Verwertung geschützter Daten ist zulässig, soweit
1. sie der Durchführung eines Verfahrens im Sinne des Absatzes 2 Nr. 1 Buchstaben a und b dient,
1a. sie einer Verarbeitung durch Finanzbehörden nach Maßgabe des § 29c Absatz 1 Satz 1 Nummer 4 oder 6 dient,
1b. sie der Durchführung eines Bußgeldverfahrens nach Artikel 83 der Verordnung (EU) 2016/679 im Anwendungsbereich dieses Gesetzes dient,
2. sie durch Bundesgesetz ausdrücklich zugelassen ist,
2a. sie durch Recht der Europäischen Union vorgeschrieben oder zugelassen ist,
2b. sie der Erfüllung der gesetzlichen Aufgaben des Statistischen Bundesamtes oder für die Erfüllung von Bundesgesetzen durch die Statistischen Landesämter dient,
2c. sie der Gesetzesfolgenabschätzung dient und die Voraussetzungen für eine Weiterverarbeitung nach § 29c Absatz 1 Satz 1 Nummer 5 vorliegen,
3. die betroffene Person zustimmt,

4. sie der Durchführung eines Strafverfahrens wegen einer Tat dient, die keine Steuerstraftat ist, und die Kenntnisse
   a) in einem Verfahren wegen einer Steuerstraftat oder Steuerordnungswidrigkeit erlangt worden sind; dies gilt jedoch nicht für solche Tatsachen, die der Steuerpflichtige in Unkenntnis der Einleitung des Strafverfahrens oder des Bußgeldverfahrens offenbart hat oder die bereits vor Einleitung des Strafverfahrens oder des Bußgeldverfahrens im Besteuerungsverfahren bekannt geworden sind, oder
   b) ohne Bestehen einer steuerlichen Verpflichtung oder unter Verzicht auf ein Auskunftsverweigerungsrecht erlangt worden sind,
5. für sie ein zwingendes öffentliches Interesse besteht; ein zwingendes öffentliches Interesse ist namentlich gegeben, wenn
   a) die Offenbarung erforderlich ist zur Abwehr erheblicher Nachteile für das Gemeinwohl oder einer Gefahr für die öffentliche Sicherheit, die Verteidigung oder die nationale Sicherheit oder zur Verhütung oder Verfolgung von Verbrechen und vorsätzlichen schweren Vergehen gegen Leib und Leben oder gegen den Staat und seine Einrichtungen,
   b) Wirtschaftsstraftaten verfolgt werden oder verfolgt werden sollen, die nach ihrer Begehungsweise oder wegen des Umfangs des durch sie verursachten Schadens geeignet sind, die wirtschaftliche Ordnung erheblich zu stören oder das Vertrauen der Allgemeinheit auf die Redlichkeit des geschäftlichen Verkehrs oder auf die ordnungsgemäße Arbeit der Behörden und der öffentlichen Einrichtungen erheblich zu erschüttern, oder
   c) die Offenbarung erforderlich ist zur Richtigstellung in der Öffentlichkeit verbreiteter unwahrer Tatsachen, die geeignet sind, das Vertrauen in die Verwaltung erheblich zu erschüttern; die Entscheidung trifft die zuständige oberste Finanzbehörde im Einvernehmen mit dem Bundesministerium der Finanzen; vor der Richtigstellung soll der Steuerpflichtige gehört werden.

(5) Vorsätzlich falsche Angaben der betroffenen Person dürfen den Strafverfolgungsbehörden gegenüber offenbart werden.

(6) ¹Der Abruf geschützter Daten, die für eines der in Absatz 2 Nummer 1 genannten Verfahren in einem automationsgestützten Dateisystem gespeichert sind, ist nur zulässig, soweit er der Durchführung eines Verfahrens im Sinne des Absatzes 2 Nummer 1 Buchstabe a und b oder der zulässigen Übermittlung geschützter Daten durch eine Finanzbehörde an die betroffene Person oder Dritte dient. ²Zur Wahrung des Steuergeheimnisses kann das Bundesministerium der Finanzen durch Rechtsverordnung mit Zustimmung des Bundesrates bestimmen, welche technischen und organisatorischen Maßnahmen gegen den unbefugten Abruf von Daten zu treffen sind. ³Insbesondere kann es nähere Regelungen treffen über die Art der Daten, deren Abruf zulässig ist, sowie über den Kreis der Amtsträger, die zum Abruf solcher Daten berechtigt sind. ⁴Die Rechtsverordnung bedarf nicht der Zustimmung des Bundesrates, soweit sie die Kraftfahrzeugsteuer, die Luftverkehrsteuer, die Versicherungsteuer sowie Einfuhr- und Ausfuhrabgaben und Verbrauchsteuern, mit Ausnahme der Biersteuer, betrifft.

(7) Werden dem Steuergeheimnis unterliegende Daten durch einen Amtsträger oder diesem nach Absatz 3 gleichgestellte Personen nach Maßgabe des § 87a Absatz 4 oder 7 über De-Mail-Dienste im Sinne des § 1 des De-Mail-Gesetzes versendet, liegt keine unbefugte Offenbarung, Verwertung und kein unbefugter Abruf von dem Steuergeheimnis unterliegenden Daten vor, wenn beim Versenden eine kurzzeitige automatisierte Entschlüsselung durch den akkreditierten Diensteanbieter zum Zweck der Überprüfung auf Schadsoftware und zum Zweck der Weiterleitung an den Adressaten der De-Mail-Nachricht stattfindet.

(8) Die Einrichtung eines automatisierten Verfahrens, das den Abgleich geschützter Daten innerhalb einer Finanzbehörde oder zwischen verschiedenen Finanzbehörden ermöglicht, ist zulässig, soweit die Weiterverarbeitung oder Offenbarung dieser Daten zulässig und dieses Verfahren unter Berücksichtigung der schutzwürdigen Interessen der betroffenen Person und der Aufgaben der beteiligten Finanzbehörden angemessen ist.

(9) Die Finanzbehörden dürfen sich bei der Verarbeitung geschützter Daten nur dann eines Auftragsverarbeiters im Sinne von Artikel 4 Nummer 8 der Verordnung (EU) 2016/679 bedienen, wenn diese Daten ausschließlich durch Personen verarbeitet werden, die zur Wahrung des Steuergeheimnisses verpflichtet sind.

(10) Die Offenbarung besonderer Kategorien personenbezogener Daten im Sinne des Artikels 9 Absatz 1 der Verordnung (EU) 2016/679 durch Finanzbehörden an öffentliche oder nicht-öffentliche Stellen ist zulässig, wenn die Voraussetzungen der Absätze 4 oder 5 und ein Ausnahmetatbestand nach Artikel 9 Absatz 2 der Verordnung (EU) 2016/679 oder nach § 31c vorliegen.

(11) [1] Wurden geschützte Daten
1. einer Person, die nicht zur Wahrung des Steuergeheimnisses verpflichtet ist,
2. einer öffentlichen Stelle, die keine Finanzbehörde ist, oder
3. einer nicht-öffentlichen Stelle

nach den Absätzen 4 oder 5 offenbart, darf der Empfänger diese Daten nur zu dem Zweck speichern, verändern, nutzen oder übermitteln, zu dem sie ihm offenbart worden sind. [2] Die Pflicht eines Amtsträgers oder einer ihm nach Absatz 3 gleichgestellten Person, dem oder der die geschützten Daten durch die Offenbarung bekannt geworden sind, zur Wahrung des Steuergeheimnisses bleibt unberührt.

§ 30a *[aufgehoben]*

§ 31 Mitteilung von Besteuerungsgrundlagen.

(1) [1] Die Finanzbehörden sind verpflichtet, Besteuerungsgrundlagen, Steuermessbeträge und Steuerbeträge an Körperschaften des öffentlichen Rechts einschließlich der Religionsgemeinschaften, die Körperschaften des öffentlichen Rechts sind, zur Festsetzung von solchen Abgaben mitzuteilen, die an diese Besteuerungsgrundlagen, Steuermessbeträge oder Steuerbeträge anknüpfen. [2] Die Mitteilungspflicht besteht nicht, soweit deren Erfüllung mit einem unverhältnismäßigen Aufwand verbunden wäre. [3] Die Finanzbehörden dürfen Körperschaften des öffentlichen Rechts auf Ersuchen Namen und Anschriften ihrer Mitglieder, die dem Grunde nach zur Entrichtung von Abgaben im Sinne des Satzes 1 verpflichtet sind, sowie die von der Finanzbehörde für die Körperschaft festgesetzten Abgaben übermitteln, soweit die Kenntnis dieser Daten zur Erfüllung von in der Zuständigkeit der Körperschaft liegenden öffentlichen Aufgaben erforderlich ist und überwiegende schutzwürdige Interessen der betroffenen Person entgegenstehen.

(2) [1] Die Finanzbehörden sind verpflichtet, die nach § 30 geschützten Daten der betroffenen Person den Trägern der gesetzlichen Sozialversicherung, der Bundesagentur für Arbeit und der Künstlersozialkasse mitzuteilen, soweit die Kenntnis dieser Daten für die Feststellung der Versicherungspflicht oder die Festsetzung von Beiträgen einschließlich der Künstlersozialabgabe erforderlich ist oder die betroffene Person einen Antrag auf Mitteilung stellt. [2] Die Mitteilungspflicht besteht nicht, soweit deren Erfüllung mit einem unverhältnismäßigen Aufwand verbunden wäre.

(3) Die für die Verwaltung der Grundsteuer zuständigen Behörden sind berechtigt, die nach § 30 geschützten Namen und Anschriften von Grundstückseigentümern, die bei der Verwaltung der Grundsteuer bekannt geworden sind, zur Verwaltung oder anderer Abgaben sowie zur Erfüllung sonstiger öffentlicher Aufgaben an die hierfür zuständigen Gerichten, Behörden oder juristischen Personen des öffentlichen Rechts auf Ersuchen mitzuteilen, soweit nicht überwiegende schutzwürdige Interessen der betroffenen Person entgegenstehen.

§ 31a Mitteilungen zur Bekämpfung der illegalen Beschäftigung und des Leistungsmissbrauchs.

(1) Die Offenbarung der nach § 30 geschützten Daten der betroffenen Person ist zulässig, soweit sie
1. für die Durchführung eines Strafverfahrens, eines Bußgeldverfahrens oder eines anderen gerichtlichen oder Verwaltungsverfahrens mit dem Ziel
   a) der Bekämpfung von illegaler Beschäftigung und Schwarzarbeit oder

Anh 6 AO §§ 31b, 31c

b) der Entscheidung
  aa) über Erteilung, Rücknahme oder Widerruf einer Erlaubnis nach dem Arbeitnehmerüberlassungsgesetz oder
  bb) über Bewilligung, Gewährung, Rückforderung, Erstattung, Weitergewährung oder Belassen einer Leistung aus öffentlichen Mitteln
oder
2. für die Geltendmachung eines Anspruchs auf Rückgewähr einer Leistung aus öffentlichen Mitteln
erforderlich ist.

(2) ¹Die Finanzbehörden sind in den Fällen des Absatzes 1 verpflichtet, der zuständigen Stelle die jeweils benötigten Tatsachen mitzuteilen. ²In den Fällen des Absatzes 1 Nr. 1 Buchstabe b und Nr. 2 erfolgt die Mitteilung auch auf Antrag der betroffenen Person. ³Die Mitteilungspflicht nach den Sätzen 1 und 2 besteht nicht, soweit deren Erfüllung mit einem unverhältnismäßigen Aufwand verbunden wäre.

§ 31b Mitteilungen zur Bekämpfung der Geldwäsche und der Terrorismusfinanzierung. (1) Die Offenbarung der nach § 30 geschützten Daten der betroffenen Person an die jeweils zuständige Stelle ist auch ohne Ersuchen zulässig, soweit sie einem der folgenden Zwecke dient:
1. der Durchführung eines Strafverfahrens wegen Geldwäsche oder Terrorismusfinanzierung nach § 1 Absatz 1 und 2 des Geldwäschegesetzes,
2. der Verhinderung, Aufdeckung und Bekämpfung von Geldwäsche oder Terrorismusfinanzierung nach § 1 Absatz 1 und 2 des Geldwäschegesetzes,
3. der Durchführung eines Bußgeldverfahrens nach § 56 des Geldwäschegesetzes gegen Verpflichtete nach § 2 Absatz 1 Nummer 13 bis 16 des Geldwäschegesetzes,
4. dem Treffen von Maßnahmen und Anordnungen nach § 51 Absatz 2 des Geldwäschegesetzes gegenüber Verpflichteten nach § 2 Absatz 1 Nummer 13 bis 16 des Geldwäschegesetzes oder
5. der Wahrnehmung von Aufgaben nach § 28 Absatz 1 des Geldwäschegesetzes durch die Zentralstelle für Finanztransaktionsuntersuchungen.

(2) ¹Die Finanzbehörden haben der Zentralstelle für Finanztransaktionsuntersuchungen unverzüglich Sachverhalte unabhängig von deren Höhe mitzuteilen, wenn Tatsachen vorliegen, die darauf hindeuten, dass
1. es sich bei Vermögensgegenständen, die mit dem mitzuteilenden Sachverhalt im Zusammenhang stehen, um den Gegenstand einer Straftat nach § 261 des Strafgesetzbuchs handelt oder
2. die Vermögensgegenstände im Zusammenhang mit Terrorismusfinanzierung stehen.

²Mitteilungen an die Zentralstelle für Finanztransaktionsuntersuchungen sind durch elektronische Datenübermittlung zu erstatten; hierbei ist ein sicheres Verfahren zu verwenden, das die Vertraulichkeit und Integrität des Datensatzes gewährleistet. ³Im Fall einer Störung der Datenübertragung ist ausnahmsweise eine Mitteilung auf dem Postweg möglich. ⁴§ 45 Absatz 3 und 4 des Geldwäschegesetzes gilt entsprechend.

(3) Die Finanzbehörden haben der zuständigen Verwaltungsbehörde unverzüglich solche Tatsachen mitzuteilen, die darauf schließen lassen, dass
1. ein Verpflichteter nach § 2 Absatz 1 Nummer 13 bis 16 des Geldwäschegesetzes eine Ordnungswidrigkeit nach § 56 des Geldwäschegesetzes begangen hat oder begeht oder
2. die Voraussetzungen für das Treffen von Maßnahmen und Anordnungen nach § 51 Absatz 2 des Geldwäschegesetzes gegenüber Verpflichteten nach § 2 Absatz 1 Nummer 13 bis 16 des Geldwäschegesetzes gegeben sind.

(4) § 47 Absatz 3 des Geldwäschegesetzes gilt entsprechend.

§ 31c Verarbeitung besonderer Kategorien personenbezogener Daten durch Finanzbehörden zu statistischen Zwecken. (1) ¹Abweichend von Artikel 9 Absatz 1 der Verordnung (EU) 2016/679 ist die Verarbeitung besonderer Kategorien personenbezogener Daten im Sinne des Artikels 9 Absatz 1 der Verordnung (EU) 2016/679 durch Finanzbehörden auch ohne Einwilligung der betroffenen Person für statistische Zwecke zulässig, wenn die Verarbeitung zu diesen Zwecken erforderlich ist und die Interessen des Verantwortlichen an der Verarbeitung die Interessen der betroffenen Person an einem Ausschluss der Verarbeitung erheblich überwiegen. ²Der Verantwortliche sieht angemessene und spezifische Maßnahmen zur Wahrung der Interessen der betroffenen Person vor; § 22 Absatz 2 Satz 2 des Bundesdatenschutzgesetzes gilt entsprechend.

(2) Die in den Artikeln 15, 16, 18 und 21 der Verordnung (EU) 2016/679 vorgesehenen Rechte der betroffenen Person sind insoweit beschränkt, als diese Rechte voraussichtlich die Verwirklichung der Statistikzwecke unmöglich machen oder ernsthaft beinträchtigen und die Beschränkung für die Erfüllung der Statistikzwecke notwendig ist.

(3) ¹Ergänzend zu den in § 22 Absatz 2 Satz 2 des Bundesdatenschutzgesetzes genannten Maßnahmen sind zu statistischen Zwecken verarbeitete besondere Kategorien personenbezogener Daten im Sinne des Artikels 9 Absatz 1 der Verordnung (EU) 2016/679 zu pseudonymisieren oder anonymisieren, sobald dies nach dem Statistikzweck möglich ist, es sei denn, berechtigte Interessen der betroffenen Person stehen dem entgegen. ²Bis dahin sind die Merkmale gesondert zu speichern, mit denen Einzelangaben über persönliche oder sachliche Verhältnisse einer bestimmten oder bestimmbaren Person zugeordnet werden können. ³Sie dürfen mit den Einzelangaben nur zusammengeführt werden, soweit der Statistikzweck dies erfordert.

Achter Teil. Straf- und Bußgeldvorschriften, Straf- und Bußgeldverfahren

Erster Abschnitt. Strafvorschriften

§ 369 Steuerstraftaten. (1) Steuerstraftaten (Zollstraftaten) sind:
1. Taten, die nach den Steuergesetzen strafbar sind,
2. der Bannbruch,
3. die Wertzeichenfälschung und deren Vorbereitung, soweit die Tat Steuerzeichen betrifft,
4. die Begünstigung einer Person, die eine Tat nach den Nummern 1 bis 3 begangen hat.

(2) (nicht abgedruckt)

§§ 370–376. (nicht abgedruckt)

Zweiter Abschnitt. Bußgeldvorschriften (nicht abgedruckt)

Dritter Abschnitt. Strafverfahren

1. Unterabschnitt. Allgemeine Vorschriften

§ 385 Geltung von Verfahrensvorschriften. (1) Für das Strafverfahren wegen Steuerstraftaten gelten, soweit die folgenden Vorschriften nichts anderes bestimmen, die allgemeinen Gesetze über das Strafverfahren, namentlich die Strafprozessordnung, das Gerichtsverfassungsgesetz und das Jugendgerichtsgesetz.

(2) Die für Steuerstraftaten geltenden Vorschriften dieses Abschnitts, mit Ausnahme des § 386 Abs. 2 sowie der §§ 399 bis 401, sind bei dem Verdacht einer Straftat, die unter Vorspiegelung eines steuerlich erheblichen Sachverhalts gegenüber der Finanzbehörde oder einer anderen Behörde auf die Erlangung von Vermögensvorteilen gerichtet ist und kein Steuerstrafgesetz verletzt, entsprechend anzuwenden.

§ 386 Zuständigkeit der Finanzbehörde bei Steuerstraftaten. (1) ¹Bei dem Verdacht einer Steuerstraftat ermittelt die Finanzbehörde den Sachverhalt. ²Finanzbehörde im Sinne dieses Abschnitts sind das Hauptzollamt, das Finanzamt, das Bundeszentralamt für Steuern und die Familienkasse.

(2) Die Finanzbehörde führt das Ermittlungsverfahren in den Grenzen des § 399 Abs. 1 und der §§ 400, 401 selbständig durch, wenn die Tat
1. ausschließlich eine Steuerstraftat darstellt oder
2. zugleich andere Strafgesetze verletzt und deren Verletzung Kirchensteuern oder andere öffentlich-rechtliche Abgaben betrifft, die an Besteuerungsgrundlagen, Steuermessbeträge oder Steuerbeträge anknüpfen.

(3) Absatz 2 gilt nicht, sobald gegen einen Beschuldigten wegen der Tat ein Haftbefehl oder ein Unterbringungsbefehl erlassen ist.

(4) ¹Die Finanzbehörde kann die Strafsache jederzeit an die Staatsanwaltschaft abgeben. ²Die Staatsanwaltschaft kann die Strafsache jederzeit an sich ziehen. ³In beiden Fällen kann die Staatsanwaltschaft im Einvernehmen mit der Finanzbehörde die Strafsache wieder an die Finanzbehörde abgeben.

§ 387 Sachlich zuständige Finanzbehörde. (1) Sachlich zuständig ist die Finanzbehörde, welche die betroffene Steuer verwaltet.

(2) ¹Die Zuständigkeit nach Absatz 1 kann durch Rechtsverordnung einer Finanzbehörde für den Bereich mehrerer Finanzbehörden übertragen werden, soweit dies mit Rücksicht auf die Wirtschafts- oder Verkehrsverhältnisse, den Aufbau der Verwaltungsbehörden oder andere örtliche Bedürfnisse zweckmäßig erscheint. ²Die Rechtsverordnung erlässt, soweit die Finanzbehörde eine Landesbehörde ist, die Landesregierung, im Übrigen das Bundesministerium der Finanzen. ³Die Rechtsverordnung des Bundesministeriums der Finanzen bedarf nicht der Zustimmung des Bundesrates. ⁴Das Bundesministerium der Finanzen kann die Ermächtigung nach Satz 1 durch Rechtsverordnung, die nicht der Zustimmung des Bundesrates bedarf, auf eine Bundesoberbehörde übertragen. ⁵Die Landesregierung kann die Ermächtigung auf die für die Finanzverwaltung zuständige oberste Landesbehörde übertragen.

§ 388 Örtlich zuständige Finanzbehörde. (1) Örtlich zuständig ist die Finanzbehörde,
1. in deren Bezirk die Steuerstraftat begangen oder entdeckt worden ist,
2. die zur Zeit der Einleitung des Strafverfahrens für die Abgabenangelegenheiten zuständig ist oder
3. in deren Bezirk der Beschuldigte zur Zeit der Einleitung des Strafverfahrens seinen Wohnsitz hat.

(2) ¹Ändert sich der Wohnsitz des Beschuldigten nach Einleitung des Strafverfahrens, so ist auch die Finanzbehörde örtlich zuständig, in deren Bezirk der neue Wohnsitz liegt. ²Entsprechendes gilt, wenn sich die Zuständigkeit der Finanzbehörde für die Abgabenangelegenheit ändert.

(3) Hat der Beschuldigte im räumlichen Geltungsbereich dieses Gesetzes keinen Wohnsitz, so wird die Zuständigkeit auch durch den gewöhnlichen Aufenthaltsort bestimmt.

§ 389 Zusammenhängende Strafsachen. ¹Für zusammenhängende Strafsachen, die einzeln nach § 388 zur Zuständigkeit verschiedener Finanzbehörden gehören würden, ist jede dieser Finanzbehörden zuständig. ²§ 3 der Strafprozessordnung gilt entsprechend.

§ 390 Mehrfache Zuständigkeit. (1) Sind nach den §§ 387 bis 389 mehrere Finanzbehörden zuständig, so gebührt der Vorzug der Finanzbehörde, die wegen der Tat zuerst ein Strafverfahren eingeleitet hat.

(2) ¹Auf Ersuchen dieser Finanzbehörde hat eine andere zuständige Finanzbehörde die Strafsache zu übernehmen, wenn dies für die Ermittlungen sachdienlich er-

scheint. ²In Zweifelsfällen entscheidet die Behörde, der die ersuchte Finanzbehörde untersteht.

§ 391 Zuständiges Gericht. (1) ¹Ist das Amtsgericht sachlich zuständig, so ist örtlich zuständig das Amtsgericht, in dessen Bezirk das Landgericht seinen Sitz hat. ²Im vorbereitenden Verfahren gilt dies, unbeschadet einer weitergehenden Regelung nach § 58 Abs. 1 des Gerichtsverfassungsgesetzes, nur für die Zustimmung des Gerichts nach § 153 Abs. 1 und § 153a Abs. 1 der Strafprozessordnung.

(2) ¹Die Landesregierung kann durch Rechtsverordnung die Zuständigkeit abweichend von Absatz 1 Satz 1 regeln, soweit dies mit Rücksicht auf die Wirtschafts- oder Verkehrsverhältnisse, den Aufbau der Verwaltungsbehörden oder andere örtliche Bedürfnisse zweckmäßig erscheint. ²Die Landesregierung kann diese Ermächtigung auf die Landesjustizverwaltung übertragen.

(3) Strafsachen wegen Steuerstraftaten sollen beim Amtsgericht einer bestimmten Abteilung zugewiesen werden.

(4) Die Absätze 1 bis 3 gelten auch, wenn das Verfahren nicht nur Steuerstraftaten zum Gegenstand hat; sie gelten jedoch nicht, wenn dieselbe Handlung eine Straftat nach dem Betäubungsmittelgesetz darstellt, und nicht für Steuerstraftaten, welche die Kraftfahrzeugsteuer betreffen.

§ 392 Verteidigung. (1) Abweichend von § 138 Abs. 1 der Strafprozessordnung können auch Steuerberater, Steuerbevollmächtigte, Wirtschaftsprüfer und vereidigte Buchprüfer zu Verteidigern gewählt werden, soweit die Finanzbehörde das Strafverfahren selbständig durchführt; im Übrigen können sie die Verteidigung nur in Gemeinschaft mit einem Rechtsanwalt oder einem Rechtslehrer an einer deutschen Hochschule im Sinne des Hochschulrahmengesetzes mit Befähigung zum Richteramt führen.

(2) § 138 Abs. 2 der Strafprozessordnung bleibt unberührt.

§ 393 Verhältnis des Strafverfahrens zum Besteuerungsverfahren. (1) ¹Die Rechte und Pflichten der Steuerpflichtigen und der Finanzbehörde im Besteuerungsverfahren und im Strafverfahren richten sich nach den für das jeweilige Verfahren geltenden Vorschriften. ²Im Besteuerungsverfahren sind jedoch Zwangsmittel (§ 328) gegen den Steuerpflichtigen unzulässig, wenn er dadurch gezwungen würde, sich selbst wegen einer von ihm begangenen Steuerstraftat oder Steuerordnungswidrigkeit zu belasten. ³Dies gilt stets, soweit gegen ihn wegen einer solchen Tat das Strafverfahren eingeleitet worden ist. ⁴Der Steuerpflichtige ist hierüber zu belehren, soweit dazu Anlass besteht.

(2) ¹Soweit der Staatsanwaltschaft oder dem Gericht in einem Strafverfahren aus Steuerakten Tatsachen oder Beweismittel bekannt werden, die der Steuerpflichtige der Finanzbehörde vor Einleitung des Strafverfahrens oder in Unkenntnis der Einleitung des Strafverfahrens in Erfüllung steuerlicher Pflichten offenbart hat, dürfen diese Kenntnisse gegen ihn nicht für die Verfolgung einer Tat verwendet werden, die keine Steuerstraftat ist. ²Dies gilt nicht für Straftaten, an deren Verfolgung ein zwingendes öffentliches Interesse (§ 30 Abs. 4 Nr. 5) besteht.

(3) ¹Erkenntnisse, die die Finanzbehörde oder die Staatsanwaltschaft rechtmäßig im Rahmen strafrechtlicher Ermittlungen gewonnen hat, dürfen im Besteuerungsverfahren verwendet werden. ²Dies gilt auch für Erkenntnisse, die dem Brief-, Post- und Fernmeldegeheimnis unterliegen, soweit die Finanzbehörde diese rechtmäßig im Rahmen eigener strafrechtlicher Ermittlungen gewonnen hat oder soweit nach den Vorschriften der Strafprozessordnung Auskunft an die Finanzbehörden erteilt werden darf.

§ 394 Übergang des Eigentums. ¹Hat ein Unbekannter, der bei einer Steuerstraftat auf frischer Tat betroffen wurde, aber entkommen ist, Sachen zurückgelassen und sind diese Sachen beschlagnahmt oder sonst sichergestellt worden, weil sie eingezogen werden können, so gehen sie nach Ablauf eines Jahres in das Eigentum des Staates über, wenn der Eigentümer der Sachen unbekannt ist und die Finanzbehörde durch eine öffentliche Bekanntmachung auf den drohenden Verlust des Eigentums hingewiesen hat.

Anh 6 AO §§ 395–398a Anhang

² § 10 Abs. 2 Satz 1 des Verwaltungszustellungsgesetzes ist mit der Maßgabe anzuwenden, dass anstelle einer Benachrichtigung der Hinweis nach Satz 1 bekannt gemacht oder veröffentlicht wird. ³ Die Frist beginnt mit dem Aushang der Bekanntmachung.

§ 395 Akteneinsicht der Finanzbehörde. ¹ Die Finanzbehörde ist befugt, die Akten, die dem Gericht vorliegen oder im Fall der Erhebung der Anklage vorzulegen wären, einzusehen sowie beschlagnahmte oder sonst sichergestellte Gegenstände zu besichtigen. ² Die Akten werden der Finanzbehörde auf Antrag zur Einsichtnahme übersandt.

§ 396 Aussetzung des Verfahrens. (1) Hängt die Beurteilung der Tat als Steuerhinterziehung davon ab, ob ein Steueranspruch besteht, ob Steuern verkürzt oder ob nicht gerechtfertigte Steuervorteile erlangt sind, so kann das Strafverfahren ausgesetzt werden, bis das Besteuerungsverfahren rechtskräftig abgeschlossen ist.

(2) Über die Aussetzung entscheidet im Ermittlungsverfahren die Staatsanwaltschaft, im Verfahren nach Erhebung der öffentlichen Klage das Gericht, das mit der Sache befasst ist.

(3) Während der Aussetzung des Verfahrens ruht die Verjährung.

2. Unterabschnitt. Ermittlungsverfahren

I. Allgemeines

§ 397 Einleitung des Strafverfahrens. (1) Das Strafverfahren ist eingeleitet, sobald die Finanzbehörde, die Polizei, die Staatsanwaltschaft, einer ihrer Ermittlungspersonen oder der Strafrichter eine Maßnahme trifft, die erkennbar darauf abzielt, gegen jemanden wegen einer Steuerstraftat strafrechtlich vorzugehen.

(2) Die Maßnahme ist unter Angabe des Zeitpunkts unverzüglich in den Akten zu vermerken.

(3) Die Einleitung des Strafverfahrens ist dem Beschuldigten spätestens mitzuteilen, wenn er dazu aufgefordert wird, Tatsachen darzulegen oder Unterlagen vorzulegen, die im Zusammenhang mit der Straftat stehen, derer er verdächtig ist.

§ 398 Einstellung wegen Geringfügigkeit. ¹ Die Staatsanwaltschaft kann von der Verfolgung einer Steuerhinterziehung, bei der nur eine geringwertige Steuerverkürzung eingetreten ist oder nur geringwertige Steuervorteile erlangt sind, auch ohne Zustimmung des für die Eröffnung des Hauptverfahrens zuständigen Gerichts absehen, wenn die Schuld des Täters als gering anzusehen wäre und kein öffentliches Interesse an der Verfolgung besteht. ² Dies gilt für das Verfahren wegen einer Steuerhehlerei nach § 374 und eine Begünstigung einer Person, die eine der in § 375 Abs. 1 Nr. 1 bis 3 genannten Taten begangen hat, entsprechend.

§ 398a Absehen von Verfolgung in besonderen Fällen. (1) In Fällen, in denen Straffreiheit nur wegen § 371 Absatz 2 Satz 1 Nummer 3 oder 4 nicht eintritt, wird von der Verfolgung einer Steuerstraftat abgesehen, wenn der an der Tat Beteiligte innerhalb einer ihm bestimmten angemessenen Frist
1. die aus der Tat zu seinen Gunsten hinterzogenen Steuern, die Hinterziehungszinsen nach § 235 und die Zinsen nach § 233a, soweit sie auf die Hinterziehungszinsen nach § 235 Absatz 4 angerechnet werden, entrichtet und
2. einen Geldbetrag in folgender Höhe zugunsten der Staatskasse zahlt:
   a) 10 Prozent der hinterzogenen Steuer, wenn der Hinterziehungsbetrag 100 000 Euro nicht übersteigt,
   b) 15 Prozent der hinterzogenen Steuer, wenn der Hinterziehungsbetrag 100 000 Euro übersteigt und 1 000 000 Euro nicht übersteigt,
   c) 20 Prozent der hinterzogenen Steuer, wenn der Hinterziehungsbetrag 1 000 000 Euro übersteigt.

(2) Die Bemessung des Hinterziehungsbetrags richtet sich nach den Grundsätzen in § 370 Absatz 4.

(3) Die Wiederaufnahme eines nach Absatz 1 abgeschlossenen Verfahrens ist zulässig, wenn die Finanzbehörde erkennt, dass die Angaben im Rahmen einer Selbstanzeige unvollständig oder unrichtig waren.

(4) [1] Der nach Absatz 1 Nummer 2 gezahlte Geldbetrag wird nicht erstattet, wenn die Rechtsfolge des Absatzes 1 nicht eintritt. [2] Das Gericht kann diesen Betrag jedoch auf eine wegen Steuerhinterziehung verhängte Geldstrafe anrechnen.

II. Verfahren der Finanzbehörde bei Steuerstraftaten

§ 399 Rechte und Pflichten der Finanzbehörde. (1) Führt die Finanzbehörde das Ermittlungsverfahren auf Grund des § 386 Abs. 2 selbständig durch, so nimmt sie die Rechte und Pflichten wahr, die der Staatsanwaltschaft im Ermittlungsverfahren zustehen.

(2) [1] Ist einer Finanzbehörde nach § 387 Abs. 2 die Zuständigkeit für den Bereich mehrerer Finanzbehörden übertragen, so bleiben das Recht und die Pflicht dieser Finanzbehörden unberührt, bei dem Verdacht einer Steuerstraftat den Sachverhalt zu erforschen und alle unaufschiebbaren Anordnungen zu treffen, um die Verdunkelung der Sache zu verhüten. [2] Sie können Beschlagnahmen, Notveräußerungen, Durchsuchungen, Untersuchungen und sonstige Maßnahmen nach den für Ermittlungspersonen der Staatsanwaltschaft geltenden Vorschriften der Strafprozessordnung anordnen.

§ 400 Antrag auf Erlass eines Strafbefehls. Bieten die Ermittlungen genügenden Anlass zur Erhebung der öffentlichen Klage, so beantragt die Finanzbehörde beim Richter den Erlass eines Strafbefehls, wenn die Strafsache zur Behandlung im Strafbefehlsverfahren geeignet erscheint; ist dies nicht der Fall, so legt die Finanzbehörde die Akten der Staatsanwaltschaft vor.

§ 401 Antrag auf Anordnung von Nebenfolgen im selbständigen Verfahren. Die Finanzbehörde kann den Antrag stellen, die Einziehung selbständig anzuordnen oder eine Geldbuße gegen eine juristische Person oder eine Personenvereinigung selbständig festzusetzen (§§ 435, 444 Abs. 3 der Strafprozessordnung).

III. Stellung der Finanzbehörde im Verfahren der Staatsanwaltschaft

§ 402 Allgemeine Rechte und Pflichten der Finanzbehörde. (1) Führt die Staatsanwaltschaft das Ermittlungsverfahren durch, so hat die sonst zuständige Finanzbehörde dieselben Rechte und Pflichten wie die Behörden des Polizeidienstes nach der Strafprozessordnung sowie die Befugnisse nach § 399 Abs. 2 Satz 2

(2) Ist einer Finanzbehörde nach § 387 Abs. 2 die Zuständigkeit für den Bereich mehrerer Finanzbehörden übertragen, so gilt Absatz 1 für jede dieser Finanzbehörden.

§ 403 Beteiligung der Finanzbehörde. (1) [1] Führt die Staatsanwaltschaft oder die Polizei Ermittlungen durch, welche Steuerstraftaten betreffen, so ist die sonst zuständige Finanzbehörde befugt, daran teilzunehmen. [2] Ort und Zeit der Ermittlungshandlungen sollen ihr rechtzeitig mitgeteilt werden. [3] Dem Vertreter der Finanzbehörde ist zu gestatten, Fragen an Beschuldigte, Zeugen und Sachverständige zu stellen.

(2) Absatz 1 gilt sinngemäß für solche richterlichen Verhandlungen, bei denen auch der Staatsanwaltschaft die Anwesenheit gestattet ist.

(3) Der sonst zuständigen Finanzbehörde sind die Anklageschrift und der Antrag auf Erlass eines Strafbefehls mitzuteilen.

(4) Erwägt die Staatsanwaltschaft, das Verfahren einzustellen, so hat sie die sonst zuständige Finanzbehörde zu hören.

IV. Steuer- und Zollfahndung

§ 404 Steuer- und Zollfahndung. ¹Die Behörden des Zollfahndungsdienstes und die mit der Steuerfahndung betrauten Dienststellen der Landesfinanzbehörden sowie ihre Beamten haben im Strafverfahren wegen Steuerstraftaten dieselben Rechte und Pflichten wie die Behörden und Beamten des Polizeidienstes nach den Vorschriften der Strafprozessordnung. ²Die in Satz 1 bezeichneten Stellen haben die Befugnisse nach § 399 Abs. 2 Satz 2 sowie die Befugnis zur Durchsicht der Papiere des von der Durchsuchung Betroffenen (§ 110 Abs. 1 der Strafprozessordnung); ihre Beamten sind Ermittlungspersonen der Staatsanwaltschaft.

V. Entschädigung der Zeugen und der Sachverständigen

§ 405 Entschädigung der Zeugen und der Sachverständigen. ¹Werden Zeugen und Sachverständige von der Finanzbehörde zu Beweiszwecken herangezogen, so erhalten sie eine Entschädigung oder Vergütung nach dem Justizvergütungs- und -entschädigungsgesetz. ²Dies gilt auch in den Fällen des § 404.

3. Unterabschnitt. Gerichtliches Verfahren

§ 406 Mitwirkung der Finanzbehörde im Strafbefehlsverfahren und im selbständigen Verfahren. (1) Hat die Finanzbehörde den Erlass eines Strafbefehls beantragt, so nimmt sie die Rechte und Pflichten der Staatsanwaltschaft wahr, solange nicht nach § 408 Abs. 3 Satz 2 der Strafprozessordnung Hauptverhandlung anberaumt oder Einspruch gegen den Strafbefehl erhoben wird.

(2) Hat die Finanzbehörde den Antrag gestellt, die Einziehung selbständig anzuordnen oder eine Geldbuße gegen eine juristische Person oder eine Personenvereinigung selbständig festzusetzen (§ 401), so nimmt sie die Rechte und Pflichten der Staatsanwaltschaft wahr, solange nicht mündliche Verhandlung beantragt oder vom Gericht angeordnet wird.

§ 407 Beteiligung der Finanzbehörde in sonstigen Fällen. (1) ¹Das Gericht gibt der Finanzbehörde Gelegenheit, die Gesichtspunkte vorzubringen, die von ihrem Standpunkt für die Entscheidung von Bedeutung sind. ²Dies gilt auch, wenn das Gericht erwägt, das Verfahren einzustellen. ³Der Termin zur Hauptverhandlung und der Termin zur Vernehmung durch einen beauftragten oder ersuchten Richter (§§ 223, 233 der Strafprozessordnung) werden der Finanzbehörde mitgeteilt. ⁴Ihr Vertreter erhält in der Hauptverhandlung auf Verlangen das Wort. ⁵Ihm ist zu gestatten, Fragen an Angeklagte, Zeugen und Sachverständige zu richten.

(2) Das Urteil und andere das Verfahren abschließende Entscheidungen sind der Finanzbehörde mitzuteilen.

4. Unterabschnitt. Kosten des Verfahrens

§ 408 Kosten des Verfahrens. ¹Notwendige Auslagen eines Beteiligten im Sinne des § 464a Abs. 2 Nr. 2 der Strafprozessordnung sind im Strafverfahren wegen einer Steuerstraftat auch die gesetzlichen Gebühren und Auslagen eines Steuerberaters, Steuerbevollmächtigten, Wirtschaftsprüfers oder vereidigten Buchprüfers. ²Sind Gebühren und Auslagen gesetzlich nicht geregelt, so können sie bis zur Höhe der gesetzlichen Gebühren und Auslagen eines Rechtsanwalts erstattet werden.

Vierter Abschnitt. Bußgeldverfahren

§ 409 Zuständige Verwaltungsbehörde. ¹Bei Steuerordnungswidrigkeiten ist zuständige Verwaltungsbehörde im Sinne des § 36 Abs. 1 Nr. 1 des Gesetzes über Ordnungswidrigkeiten die nach § 387 Abs. 1 sachlich zuständige Finanzbehörde. ²§ 387 Abs. 2 gilt entsprechend.

§ 410 Ergänzende Vorschriften für das Bußgeldverfahren. (1) Für das Bußgeldverfahren gelten außer den verfahrensrechtlichen Vorschriften des Gesetzes über Ordnungswidrigkeiten entsprechend:
1. die §§ 388 bis 390 über die Zuständigkeit der Finanzbehörde,
2. § 391 über die Zuständigkeit des Gerichts,
3. § 392 über die Verteidigung,
4. § 393 über das Verhältnis des Strafverfahrens zum Besteuerungsverfahren,
5. § 396 über die Aussetzung des Verfahrens,
6. § 397 über die Einleitung des Strafverfahrens,
7. § 399 Abs. 2 über die Rechte und Pflichten der Finanzbehörde,
8. die §§ 402, 403 Abs. 1, 3 und 4 über die Stellung der Finanzbehörde im Verfahren der Staatsanwaltschaft,
9. § 404 Satz 1 und Satz 2 erster Halbsatz über die Steuer- und Zollfahndung,
10. § 405 über die Entschädigung der Zeugen und der Sachverständigen,
11. § 407 über die Beteiligung der Finanzbehörde und
12. § 408 über die Kosten des Verfahrens.

(2) Verfolgt die Finanzbehörde eine Steuerstraftat, die mit einer Steuerordnungswidrigkeit zusammenhängt (§ 42 Abs. 1 Satz 2 des Gesetzes über Ordnungswidrigkeiten), so kann sie in den Fällen des § 400 beantragen, den Strafbefehl auf die Steuerordnungswidrigkeit zu erstrecken.

§ 411 Bußgeldverfahren gegen Rechtsanwälte, Steuerberater, Steuerbevollmächtigte, Wirtschaftsprüfer oder vereidigte Buchprüfer. Bevor gegen einen Rechtsanwalt, Steuerberater, Steuerbevollmächtigten, Wirtschaftsprüfer oder vereidigten Buchprüfer wegen einer Steuerordnungswidrigkeit, die er in Ausübung seines Berufs bei der Beratung in Steuersachen begangen hat, ein Bußgeldbescheid erlassen wird, gibt die Finanzbehörde der zuständigen Berufskammer Gelegenheit, die Gesichtspunkte vorzubringen, die von ihrem Standpunkt für die Entscheidung von Bedeutung sind.

§ 412 Zustellung, Vollstreckung, Kosten. (1) ¹Für das Zustellungsverfahren gelten abweichend von § 51 Abs. 1 Satz 1 des Gesetzes über Ordnungswidrigkeiten die Vorschriften des Verwaltungszustellungsgesetzes auch dann, wenn eine Landesfinanzbehörde den Bescheid erlassen hat. ²§ 51 Abs. 1 Satz 2 und Absatz 2 bis 5 des Gesetzes über Ordnungswidrigkeiten bleibt unberührt.

(2) ¹Für die Vollstreckung von Bescheiden der Finanzbehörden in Bußgeldverfahren gelten abweichend von § 90 Abs. 1 und 4, § 108 Abs. 2 des Gesetzes über Ordnungswidrigkeiten die Vorschriften des Sechsten Teils dieses Gesetzes. ²Die übrigen Vorschriften des Neunten Abschnitts des Zweiten Teils des Gesetzes über Ordnungswidrigkeiten bleiben unberührt.

(3) Für die Kosten des Bußgeldverfahrens gilt § 107 Absatz 4 des Gesetzes über Ordnungswidrigkeiten auch dann, wenn eine Landesfinanzbehörde den Bußgeldbescheid erlassen hat; an Stelle des § 19 des Verwaltungskostengesetzes in der bis zum 14. August 2013 geltenden Fassung gelten § 227 und § 261 dieses Gesetzes.

7. Gesetz über das Zentralregister und das Erziehungsregister (Bundeszentralregistergesetz – BZRG)

In der Fassung der Bekanntmachung vom 21. September 1984 (BGBl. I S. 1229, ber. 1985 I S. 195)
FNA 312-7
Zuletzt geändert durch Art. 7 G zur Änd. des UmweltauditG, des AtomG, des StandortauswahlG, der EndlagervorausleistungsVO und anderer G und VO vom 12.12.2019 (BGBl. I S. 2510)

Erster Teil. Registerbehörde

§ 1 Bundeszentralregister. (1) Für den Geltungsbereich dieses Gesetzes führt das Bundesamt für Justiz ein Zentralregister und ein Erziehungsregister (Bundeszentralregister).

(2) ¹Die näheren Bestimmungen trifft das Bundesministerium der Justiz und für Verbraucherschutz. ²Soweit die Bestimmungen die Erfassung und Aufbereitung der Daten sowie die Auskunftserteilung betreffen, werden sie von der Bundesregierung mit Zustimmung des Bundesrates erlassen.

§ 2 *(aufgehoben)*

Zweiter Teil. Das Zentralregister

Erster Abschnitt. Inhalt und Führung des Registers

§ 3 Inhalt des Registers. In das Register werden eingetragen
1. strafgerichtliche Verurteilungen (§§ 4 bis 8),
2. *(aufgehoben)*
3. Entscheidungen von Verwaltungsbehörden und Gerichten (§ 10),
4. gerichtliche Entscheidungen und Verfügungen von Strafverfolgungsbehörden wegen Schuldunfähigkeit (§ 11),
5. gerichtliche Feststellungen nach § 17 Abs. 2, § 18,
6. nachträgliche Entscheidungen und Tatsachen, die sich auf eine der in den Nummern 1 bis 4 genannten Eintragungen beziehen (§§ 12 bis 16, § 17 Abs. 1).

§ 4 Verurteilungen. In das Register sind die rechtskräftigen Entscheidungen einzutragen, durch die ein deutsches Gericht im Geltungsbereich dieses Gesetzes wegen einer rechtswidrigen Tat
1. auf Strafe erkannt,
2. eine Maßregel der Besserung und Sicherung angeordnet,
3. jemanden nach § 59 des Strafgesetzbuchs mit Strafvorbehalt verwarnt oder
4. nach § 27 des Jugendgerichtsgesetzes die Schuld eines Jugendlichen oder Heranwachsenden festgestellt

hat.

§ 5 Inhalt der Eintragung. (1) Einzutragen sind
1. die Personendaten der betroffenen Person; dazu gehören der Geburtsname, ein hiervon abweichender Familienname, die Vornamen, das Geschlecht, das Geburtsdatum, der Geburtsort, die Staatsangehörigkeit und die Anschrift sowie abweichende Personendaten,
2. die entscheidende Stelle samt Geschäftsnummer,

3. der Tag der (letzten) Tat,
4. der Tag des ersten Urteils; bei Strafbefehlen gilt als Tag des ersten Urteils der Tag der Unterzeichnung durch den Richter; ist gegen den Strafbefehl Einspruch eingelegt worden, so ist der Tag der auf den Einspruch ergehenden Entscheidung Tag des ersten Urteils, außer wenn der Einspruch verworfen wurde,
5. der Tag der Rechtskraft,
6. die rechtliche Bezeichnung der Tat, deren der Verurteilte schuldig gesprochen worden ist, unter Angabe der angewendeten Strafvorschriften,
7. die verhängten Strafen, die nach § 59 des Strafgesetzbuchs vorbehaltene Strafe sowie alle kraft Gesetzes eintretenden oder in der Entscheidung neben einer Strafe oder neben Freisprechung oder selbständig angeordneten oder vorbehaltenen Maßnahmen (§ 11 Abs. 1 Nr. 8 des Strafgesetzbuchs) und Nebenfolgen.

(2) Die Anordnung von Erziehungsmaßregeln und Zuchtmitteln sowie von Nebenstrafen und Nebenfolgen, auf die bei Anwendung von Jugendstrafrecht erkannt worden ist, wird in das Register eingetragen, wenn sie mit einem Schuldspruch nach § 27 des Jugendgerichtsgesetzes, einer Verurteilung zu Jugendstrafe oder der Anordnung einer Maßregel der Besserung und Sicherung verbunden ist.

(3) [1] Ist auf Geldstrafe erkannt, so sind die Zahl der Tagessätze und die Höhe eines Tagessatzes einzutragen. [2] Ist auf Vermögensstrafe erkannt, so sind deren Höhe und die Dauer der Ersatzfreiheitsstrafe einzutragen.

§ 6 Gesamtstrafe und Einheitsstrafe. Wird aus mehreren Einzelstrafen nachträglich eine Gesamtstrafe gebildet oder eine einheitliche Jugendstrafe festgesetzt, so ist auch diese in das Register einzutragen.

§ 7 Aussetzung zur Bewährung; Vorbehalt der Entscheidung über die Aussetzung. (1) [1] Wird die Vollstreckung einer Strafe oder einer Maßregel der Besserung und Sicherung zur Bewährung ausgesetzt oder wird die Entscheidung über die Aussetzung einer Jugendstrafe zur Bewährung im Urteil einem nachträglichen Beschluss vorbehalten, so ist dies in das Register einzutragen. [2] Dabei ist das Ende der Bewährungszeit, der Führungsaufsicht oder einer vom Gericht für die Entscheidung über die Aussetzung einer Jugendstrafe zur Bewährung gesetzten Frist zu vermerken.

(2) Hat das Gericht den Verurteilten nach § 56d des Strafgesetzbuchs oder nach § 61b Absatz 1 Satz 2 des Jugendgerichtsgesetzes der Aufsicht und Leitung eines Bewährungshelfers unterstellt, so ist auch diese Entscheidung einzutragen.

(3) Wird jemand mit Strafvorbehalt verwarnt (§ 59 des Strafgesetzbuchs) oder wird die Entscheidung über die Verhängung einer Jugendstrafe zur Bewährung ausgesetzt (§ 27 des Jugendgerichtsgesetzes), so ist das Ende der Bewährungszeit einzutragen.

§ 8[1) Sperre für Fahrerlaubnis. Hat das Gericht eine Sperre (§ 69a des Strafgesetzbuchs) angeordnet, so ist der Tag ihres Ablaufs in das Register einzutragen.

§ 9 *[aufgehoben]*

§ 10 Entscheidungen von Verwaltungsbehörden und Gerichten. (1) [1] In das Register sind die vollziehbaren und die nicht mehr anfechtbaren Entscheidungen einer Verwaltungsbehörde einzutragen, durch die
1. von einer deutschen Behörde die Entfernung eines Mitgliedes einer Truppe oder eines zivilen Gefolges der Stationierungsstreitkräfte nach Artikel III Abs. 5 des NATO-Truppenstatuts verlangt wird,
2. ein Paß versagt, entzogen oder in seinem Geltungsbereich beschränkt oder angeordnet wird, daß ein Personalausweis nicht zum Verlassen des Gebiets des Geltungsbereichs des Grundgesetzes über eine Auslandsgrenze berechtigt,

---

[1)] Ab 31.8.2010: *[aufgehoben]*

3. a) nach dem Waffengesetz der Besitz und Erwerb von Waffen und Munition untersagt wird,
   b) die Erteilung einer Waffenbesitzkarte, eines Munitionserwerbscheins, eines Waffenscheins, eines Jagdscheins oder einer Erlaubnis nach § 27 des Sprengstoffgesetzes wegen Unzuverlässigkeit oder fehlender persönlicher Eignung abgelehnt oder nach § 34 des Sprengstoffgesetzes zurückgenommen oder widerrufen wird.

²Einzutragen sind auch der Verzicht auf die Erlaubnis zum Erwerb und Besitz von Waffen (§ 10 Absatz 1 des Waffengesetzes) oder Munition (§ 10 Absatz 3 des Waffengesetzes), zum Führen einer Waffe (§ 10 Absatz 4 des Waffengesetzes), zur Ausübung der Jagd (§ 15 des Bundesjagdgesetzes) sowie der Verzicht auf die Erlaubnis nach § 27 des Sprengstoffgesetzes, wenn der jeweilige Verzicht während eines Rücknahme- oder Widerrufsverfahrens wegen Unzuverlässigkeit oder fehlender persönlicher Eignung oder nach § 34 des Sprengstoffgesetzes erfolgt.

(2) ¹In das Register sind auch die vollziehbaren und die nicht mehr anfechtbaren Entscheidungen einer Verwaltungsbehörde sowie rechtskräftige gerichtliche Entscheidungen einzutragen, durch die wegen Unzuverlässigkeit, Ungeeignetheit oder Unwürdigkeit

1. ein Antrag auf Zulassung zu einem Beruf abgelehnt oder eine erteilte Erlaubnis zurückgenommen oder widerrufen,
2. die Ausübung eines Berufes untersagt,
3. die Befugnis zur Einstellung oder Ausbildung von Auszubildenden entzogen oder
4. die Beschäftigung, Beaufsichtigung, Anweisung oder Ausbildung von Kindern und Jugendlichen verboten

wird; richtet sich die Entscheidung nicht gegen eine natürliche Person, so ist die Eintragung bei der vertretungsberechtigten natürlichen Person vorzunehmen, die unzuverlässig, ungeeignet oder unwürdig ist. ²Einzutragen sind auch Verzichte auf eine Zulassung zu einem Beruf während eines Rücknahme- oder Widerrufsverfahrens wegen Unzuverlässigkeit, Ungeeignetheit oder Unwürdigkeit.

(3) Wird eine nach Absatz 1 oder 2 eingetragene vollziehbare Entscheidung unanfechtbar, so ist dies in das Register einzutragen.

§ 11 Schuldunfähigkeit. (1) ¹In das Register sind einzutragen

1. gerichtliche Entscheidungen und Verfügungen einer Strafverfolgungsbehörde, durch die ein Strafverfahren wegen erwiesener oder nicht auszuschließender Schuldunfähigkeit oder auf psychischer Krankheit beruhender Verhandlungsunfähigkeit ohne Verurteilung abgeschlossen wird,
2. gerichtliche Entscheidungen, durch die der Antrag der Staatsanwaltschaft, eine Maßregel der Besserung und Sicherung selbständig anzuordnen (§ 413 der Strafprozessordnung), mit der Begründung abgelehnt wird, dass von dem Beschuldigten erhebliche rechtswidrige Taten nicht zu erwarten seien oder dass er für die Allgemeinheit trotzdem nicht gefährlich sei,

sofern die Entscheidung oder Verfügung auf Grund des Gutachtens eines medizinischen Sachverständigen ergangen ist und das Gutachten bei der Entscheidung nicht älter als fünf Jahre ist. ²Das Datum des Gutachtens ist einzutragen. ³Verfügungen der Staatsanwaltschaft werden eingetragen, wenn auf Grund bestimmter Tatsachen davon auszugehen ist, dass weitere Ermittlungen zur Erhebung der öffentlichen Klage führen würden. ⁴§ 5 findet entsprechende Anwendung. ⁶Ferner ist einzutragen, ob es sich bei der Tat um ein Vergehen oder ein Verbrechen handelt.

(2) Die Registerbehörde unterrichtet die betroffene Person von der Eintragung.

(3) Absatz 1 gilt nicht, wenn lediglich die fehlende Verantwortlichkeit eines Jugendlichen (§ 3 des Jugendgerichtsgesetzes) festgestellt wird oder nicht ausgeschlossen werden kann.

§ 12 Nachträgliche Entscheidungen nach allgemeinem Strafrecht. (1) In das Register sind einzutragen

Bundeszentralregistergesetz §§ 13, 14 BZRG Anh 7

1. die nachträgliche Aussetzung der Strafe, eines Strafrestes oder einer Maßregel der Besserung und Sicherung; dabei ist das Ende der Bewährungszeit oder der Führungsaufsicht zu vermerken,
2. die nachträgliche Unterstellung des Verurteilten unter die Aufsicht und Leitung eines Bewährungshelfers sowie die Abkürzung oder Verlängerung der Bewährungszeit oder der Führungsaufsicht,
3. der Erlaß oder Teilerlaß der Strafe,
4. die Überweisung des Täters in den Vollzug einer anderen Maßregel der Besserung und Sicherung,
5. der Widerruf der Aussetzung einer Strafe, eines Strafrestes oder einer Maßregel der Besserung und Sicherung zur Bewährung und der Widerruf des Straferlasses,
6. die Aufhebung der Unterstellung unter die Aufsicht und Leitung eines Bewährungshelfers,
7. der Tag des Ablaufs des Verlustes der Amtsfähigkeit, der Wählbarkeit und des Wahl- und Stimmrechts,
8. die vorzeitige Aufhebung der Sperre für die Erteilung der Fahrerlaubnis,
9. Entscheidungen über eine vorbehaltene Sicherungsverwahrung,
10. die nachträgliche Anordnung der Unterbringung in der Sicherungsverwahrung.

(2) ¹ Wird nach einer Verwarnung mit Strafvorbehalt auf die vorbehaltene Strafe erkannt, so ist diese Entscheidung in das Register einzutragen. ² Stellt das Gericht nach Ablauf der Bewährungszeit fest, daß es bei der Verwarnung sein Bewenden hat (§ 59b Abs. 2 des Strafgesetzbuchs), so wird die Eintragung über die Verwarnung mit Strafvorbehalt aus dem Register entfernt.

§ 13 Nachträgliche Entscheidungen nach Jugendstrafrecht. (1) In das Register sind einzutragen

1. die Aussetzung der Jugendstrafe zur Bewährung durch Beschluß; dabei ist das Ende der Bewährungszeit zu vermerken,
2. die Aussetzung des Strafrestes; dabei ist das Ende der Bewährungszeit zu vermerken,
3. die Abkürzung oder Verlängerung der Bewährungszeit,
4. der Erlaß oder Teilerlaß der Jugendstrafe,
5. die Beseitigung des Strafmakels,
6. der Widerruf der Aussetzung einer Jugendstrafe oder eines Strafrestes und der Beseitigung des Strafmakels,
7. Entscheidungen über eine vorbehaltene Sicherungsverwahrung,
8. die nachträgliche Anordnung der Unterbringung in der Sicherungsverwahrung.

(2) ¹ Wird nach § 30 Abs. 1 des Jugendgerichtsgesetzes auf Jugendstrafe erkannt, so ist auch diese in das Register einzutragen; § 7 Abs. 1 gilt entsprechend. ² Die Eintragung über einen Schuldspruch wird aus dem Register entfernt, wenn der Schuldspruch

1. nach § 30 Abs. 2 des Jugendgerichtsgesetzes getilgt wird oder
2. nach § 31 Abs. 2, § 66 des Jugendgerichtsgesetzes in eine Entscheidung einbezogen wird, die in das Erziehungsregister einzutragen ist.

(3) Die Eintragung über eine Verurteilung wird aus dem Register entfernt, wenn diese in eine Entscheidung einbezogen wird, die in das Erziehungsregister einzutragen ist.

§ 14 Gnadenerweise und Amnestien. In das Register sind einzutragen

1. die Aussetzung einer im Register eingetragenen Strafe oder einer Maßregel der Besserung und Sicherung sowie deren Widerruf; wird eine Bewährungszeit festgesetzt, so ist auch deren Ende zu vermerken,
2. die Unterstellung des Verurteilten unter die Aufsicht und Leitung eines Bewährungshelfers sowie die Abkürzung oder Verlängerung der Bewährungszeit,
3. der Erlaß, der Teilerlaß, die Ermäßigung oder die Umwandlung einer im Register eingetragenen Strafe oder einer Maßregel der Besserung und Sicherung sowie die Wiederverleihung von Fähigkeiten und Rechten, die der Verurteilte nach dem Strafgesetz infolge der Verurteilung verloren hatte,

4. die Aufhebung der Unterstellung unter die Aufsicht und Leitung eines Bewährungshelfers.

§ 15 Eintragung der Vollstreckung und des Freiheitsentzugs. Ist eine Freiheitsstrafe, ein Strafarrest, eine Jugendstrafe oder eine Maßregel der Besserung und Sicherung, mit Ausnahme der Sperre für die Erteilung einer Fahrerlaubnis, zu vollstrecken, sind in das Register das Datum einzutragen,
1. an dem die Vollstreckung der Freiheitsstrafe, des Strafarrests, der Jugendstrafe oder der Maßregel der Besserung und Sicherung endet oder in sonstiger Weise erledigt ist,
2. an dem nach einer Aussetzung zur Bewährung der Freiheitsentzug tatsächlich endet und
3. an dem eine Freiheitsstrafe und eine Maßregel der Besserung und Sicherung, die auf Grund einer Entscheidung zu vollstrecken sind, beginnt oder endet.

§ 16 Wiederaufnahme des Verfahrens. (1) In das Register ist der rechtskräftige Beschluß einzutragen, durch den das Gericht wegen einer registerpflichtigen Verurteilung die Wiederaufnahme des Verfahrens anordnet (§ 370 Abs. 2 der Strafprozeßordnung).

(2) ¹Ist die endgültige Entscheidung in dem Wiederaufnahmeverfahren (§§ 371, 373 der Strafprozeßordnung) rechtskräftig geworden, so wird die Eintragung nach Absatz 1 aus dem Register entfernt. ²Wird durch die Entscheidung das frühere Urteil aufrechterhalten, so wird dies im Register vermerkt. ³Andernfalls wird die auf die erneute Hauptverhandlung ergangene Entscheidung in das Register eingetragen, wenn sie eine registerpflichtige Verurteilung enthält, die frühere Eintragung wird aus dem Register entfernt.

§ 17 Sonstige Entscheidungen und gerichtliche Feststellungen. (1) ¹Wird die Vollstreckung einer Strafe, eines Strafrestes oder der Unterbringung in einer Entziehungsanstalt nach § 35 – auch in Verbindung mit § 38 – des Betäubungsmittelgesetzes zurückgestellt, so ist dies in das Register einzutragen. ²Dabei ist zu vermerken, bis zu welchem Tage die Vollstreckung zurückgestellt worden ist. ³Wird nachträglich ein anderer Tag festgesetzt oder die Zurückstellung der Vollstreckung widerrufen, so ist auch dies mitzuteilen.

(2) Wird auf Freiheitsstrafe von nicht mehr als zwei Jahren erkannt und hat das Gericht festgestellt, daß der Verurteilte die Tat auf Grund einer Betäubungsmittelabhängigkeit begangen hat, so ist diese Feststellung in das Register einzutragen; dies gilt auch bei einer Gesamtstrafe von nicht mehr als zwei Jahren, wenn der Verurteilte alle oder den ihrer Bedeutung nach überwiegenden Teil der abgeurteilten Straftaten auf Grund einer Betäubungsmittelabhängigkeit begangen hat.

§ 18 Straftaten im Zusammenhang mit der Ausübung eines Gewerbes. Ist eine Verurteilung im Falle des § 32 Abs. 4 in ein Führungszeugnis aufzunehmen, so ist dies in das Register einzutragen.

§ 19 Aufhebung von Entscheidungen. (1) Wird eine nach § 10 eingetragene Entscheidung aufgehoben oder durch eine neue Entscheidung gegenstandslos, so wird die Eintragung aus dem Register entfernt.

(2) Entsprechend wird verfahren, wenn
1. die Vollziehbarkeit einer nach § 10 eingetragenen Entscheidung aufgrund behördlicher oder gerichtlicher Entscheidung entfällt,
2. die Verwaltungsbehörde eine befristete Entscheidung erlassen oder in der Mitteilung an das Register bestimmt hat, daß die Entscheidung nur für eine bestimmte Frist eingetragen werden soll, und diese Frist abgelaufen ist,
3. ein nach § 10 Absatz 1 Satz 1 Nummer 3 Buchstabe b oder Absatz 2 Satz 2 eingetragener Verzicht durch eine spätere Entscheidung gegenstandslos wird.

§ 20 Mitteilungen, Berichtigungen, Sperrvermerke. (1) [1]Gerichte und Behörden teilen der Registerbehörde die in den §§ 4 bis 19 bezeichneten Entscheidungen, Feststellungen und Tatsachen mit. [2]Stellen sie fest, dass die mitgeteilten Daten unrichtig sind, haben sie der Registerbehörde dies und, soweit und sobald sie bekannt sind, die richtigen Daten unverzüglich anzugeben. [3]Stellt die Registerbehörde eine Unrichtigkeit fest, hat sie die mitteilende Stelle zu ersuchen, die richtigen Daten mitzuteilen. [4]In beiden Fällen hat die Registerbehörde die unrichtige Eintragung zu berichtigen. [5]Die mitteilende Stelle sowie Stellen, denen nachweisbar eine unrichtige Auskunft erteilt worden ist, sind hiervon zu unterrichten, sofern es sich nicht um eine offenbare Unrichtigkeit handelt. [6]Die Unterrichtung der mitteilenden Stelle unterbleibt, wenn seit Eingang der Mitteilung nach Satz 1 mehr als zehn Jahre verstrichen sind. [7]Dies gilt nicht bei Verurteilung zu lebenslanger Freiheitsstrafe sowie bei Anordnung der Unterbringung in der Sicherungsverwahrung oder in einem psychiatrischen Krankenhaus. [8]Die Frist verlängert sich bei Verurteilung zu Freiheitsstrafe, Strafarrest oder Jugendstrafe um deren Dauer.

(2) [1]Legt die betroffene Person schlüssig dar, dass eine Eintragung unrichtig ist, so hat die Registerbehörde die Eintragung mit einem Sperrvermerk zu versehen, solange sich weder die Richtigkeit noch die Unrichtigkeit der Eintragung feststellen lässt. [2]Die betroffene Person kann nur in diesem Fall abweichend von Artikel 18 Absatz 1 Buchstabe a der Verordnung (EU) 2016/679 des Europäischen Parlaments und des Rates vom 27. April 2016 zum Schutz natürlicher Personen bei der Verarbeitung personenbezogener Daten, zum freien Datenverkehr und zur Aufhebung der Richtlinie 95/46/EG (Datenschutz-Grundverordnung) (ABl. L 119 vom 4.5.2016, S. 1; L 314 vom 22.11. 2016, S. 72; L 127 vom 23.5.2018, S. 2) in der jeweils geltenden Fassung die Einschränkung der Verarbeitung der gespeicherten Daten von der Registerbehörde verlangen. [3]Die Daten dürfen außer zur Prüfung der Richtigkeit und außer in den Fällen des Absatzes 3 Satz 1 ohne Einwilligung der betroffenen Person nicht verarbeitet werden. [4]Absatz 1 Satz 5 bis 8 gilt entsprechend.

(3) [1]Sind Eintragungen mit einem Sperrvermerk versehen, wird eine Auskunft über sie nur den in § 41 Abs. 1 Nr. 1, 3 bis 5 genannten Stellen erteilt. [2]In der Auskunft ist auf den Sperrvermerk hinzuweisen. [3]Im Übrigen wird nur auf den Sperrvermerk hingewiesen.

§ 20a Änderung von Personendaten. (1) [1]Die Meldebehörden haben der Registerbehörde bei Änderung des Geburtsnamens, Familiennamens, Vornamens oder Geburtsdatums einer Person für die in den Absätzen 2 und 3 genannten Zwecke neben dem bisherigen Namen oder Geburtsdatum folgende weitere Daten zu übermitteln:

1. Geburtsname,
2. Familienname,
3. Vorname,
4. Geburtsdatum,
5. Geburtsort,
6. Anschrift,
7. Bezeichnung der Behörde, die die Änderung im Melderegister veranlaßt hat, sowie
8. Datum und Aktenzeichen des zugrundeliegenden Rechtsaktes.

[2]Die Mitteilung ist ungeachtet des Offenbarungsverbots nach § 5 Abs. 1 des Transsexuellengesetzes und des Adoptionsgeheimnisses nach § 1758 Abs. 1 des Bürgerlichen Gesetzbuchs zulässig.

(2) Enthält das Register eine Eintragung oder einen Suchvermerk über diejenige Person, deren Geburtsname, Familienname, Vorname oder Geburtsdatum sich geändert hat, ist der geänderte Name oder das geänderte Geburtsdatum in den Eintrag oder den Suchvermerk aufzunehmen.

(3) [1]Eine Mitteilung nach Absatz 1 darf nur für die in Absatz 2, § 494 Absatz 1 der Strafprozeßordnung oder in § 153a Abs. 2 der Gewerbeordnung genannten Zwecke verwendet werden. [2]Liegen diese Voraussetzungen nicht vor, so ist die Mitteilung von der Registerbehörde unverzüglich zu vernichten.

Anh 7 BZRG §§ 21–22

§ 21 Automatisiertes Auskunftsverfahren. [1] Die Einrichtung eines automatisierten Verfahrens, das die Übermittlung personenbezogener Daten durch Abruf ermöglicht, ist zulässig, soweit diese Form der Datenübermittlung unter Berücksichtigung der schutzwürdigen Interessen der betroffenen Personen wegen der Vielzahl der Übermittlungen oder wegen ihrer besonderen Eilbedürftigkeit angemessen ist und wenn gewährleistet ist, dass die Daten gegen den unbefugten Zugriff Dritter bei der Übermittlung wirksam geschützt werden. [2] § 493 Absatz 2 und 3 Satz 1 und 2 der Strafprozessordnung gilt entsprechend; für Auskunftsersuchen der Verfassungsschutzbehörden des Bundes und der Länder, des Bundesnachrichtendienstes und des Militärischen Abschirmdienstes gelten darüber hinaus § 492 Absatz 4a der Strafprozessordnung und § 8 der Verordnung über den Betrieb des Zentralen Staatsanwaltschaftlichen Verfahrensregisters entsprechend.

§ 21a Protokollierungen. (1) Die Registerbehörde fertigt zu den von ihr erteilten Auskünften, Mitteilungen und Hinweisen Protokolle, die folgende Daten enthalten:

1. die Vorschrift, auf der die Auskunft oder der Hinweis beruht,
2. den Zweck der Auskunft,
3. die in der Anfrage und der Auskunft verarbeiteten Personendaten,
4. die Person oder Stelle, die um Erteilung der Auskunft ersucht hat, den Empfänger eines Hinweises sowie die Behörde in den Fällen des § 30 Absatz 5 oder deren Kennung,
5. den Zeitpunkt der Übermittlung,
6. die Namen der Bediensteten, die die Mitteilung gemacht haben, oder eine Kennung, außer bei Abrufen im automatisierten Verfahren,
7. das Aktenzeichen, außer bei Führungszeugnissen nach § 30 Absatz 1, den §§ 30a und 30b.

(2) [1] Die Protokolldaten nach Absatz 1 dürfen nur für Mitteilungen über Berichtigungen nach § 20, zu internen Prüfzwecken, zur Datenschutzkontrolle und zur Auskunft aus Protokolldaten entsprechend Absatz 3 verarbeitet verwendet werden. [2] Sie sind durch geeignete Vorkehrungen gegen Missbrauch zu schützen. [3] Protokolldaten sowie Nachweise nach § 30c Absatz 3 sind nach einem Jahr zu löschen, es sei denn, sie werden für Zwecke nach Satz 1 benötigt. [4] Danach sind sie unverzüglich zu löschen.

(3) [1] Soweit sich das Auskunftsrecht der betroffenen Person nach Artikel 15 der Verordnung (EU) 2016/679 auf Auskünfte bezieht, die einer Stelle nach den §§ 31 und 41 erteilt wurden, entscheidet die Registerbehörde über die Beschränkung des Auskunftsrechts nach Maßgabe des Bundesdatenschutzgesetzes im Einvernehmen mit dieser Stelle. [2] Für die Antragsberechtigung und das Verfahren gilt § 30 entsprechend. [3] Wird mit der Protokolldatenauskunft eine Selbstauskunft nach § 42 beantragt, gilt § 42 Satz 2 bis 5 entsprechend.

§ 22 Hinweispflicht der Registerbehörde. (1) [1] Erhält das Register eine Mitteilung über

1. eine Verwarnung mit Strafvorbehalt,
2. die Aussetzung der Verhängung einer Jugendstrafe,
3. die Zurückstellung der Vollstreckung oder die Aussetzung einer Strafe, eines Strafrestes oder einer Maßregel der Besserung und Sicherung zur Bewährung,
4. den Erlaß oder Teilerlaß der Strafe,

so wird die Behörde, welche die Mitteilung gemacht hat, von der Registerbehörde unterrichtet, wenn eine Mitteilung über eine weitere Verurteilung eingeht, bevor sich aus dem Register ergibt, daß die Entscheidung nicht mehr widerrufen werden kann. [2] Ist eine Maßregel der Besserung und Sicherung ausgesetzt, so stehen in den Fällen der Nummer 3 Mitteilungen nach § 11 einer Mitteilung über eine Verurteilung gleich.

(2) Das Gleiche gilt, wenn eine Mitteilung über die Bewilligung einer weiteren in Absatz 1 bezeichneten Anordnung oder ein Suchvermerk eingeht.

(3) Wird eine in Absatz 1 bezeichnete Entscheidung widerrufen und ist im Register eine weitere Entscheidung nach Absatz 1 eingetragen, so hat die Registerbehörde die

Behörde, welche die weitere Entscheidung mitgeteilt hat, von dem Widerruf zu benachrichtigen.

(4) Ist im Register eine Führungsaufsicht, aber noch nicht deren Beendigung eingetragen, unterrichtet die Registerbehörde, sobald sie eine Mitteilung über die Anordnung oder den Eintritt einer neuen Führungsaufsicht erhält, die Behörde, welche die bereits eingetragene Führungsaufsicht mitgeteilt hat, über die neue Eintragung.

§ 23 Hinweis auf Gesamtstrafenbildung. Ist bei Eintragung einer Verurteilung in das Register ersichtlich, daß im Register eine weitere Verurteilung eingetragen ist, bei der die Bildung einer Gesamtstrafe mit der neu einzutragenden Verurteilung in Betracht kommt, so weist die Registerbehörde die Behörde, welche die letzte Mitteilung gemacht hat, auf die Möglichkeit einer Gesamtstrafenbildung hin.

§ 24 Entfernung von Eintragungen. (1) [1] Eintragungen über Personen, deren Tod der Registerbehörde amtlich mitgeteilt worden ist, werden drei Jahre nach dem Eingang der Mitteilung aus dem Register entfernt. [2] Während dieser Zeit darf nur den Gerichten und Staatsanwaltschaften Auskunft erteilt werden.

(2) Eintragungen, die eine über 90 Jahre alte Person betreffen, werden ebenfalls aus dem Register entfernt.

(3) [1] Eintragungen nach § 11 werden bei Verfahren wegen eines Vergehens nach zehn Jahren, bei Verfahren wegen eines Verbrechens nach 20 Jahren aus dem Register entfernt. [2] Bei Straftaten nach den §§ 174 bis 180 oder § 182 des Strafgesetzbuches beträgt die Frist 20 Jahre. [3] Die Frist beginnt mit dem Tag der Entscheidung oder Verfügung.

(4) Sind im Register mehrere Eintragungen nach § 11 vorhanden, so ist die Entfernung einer Eintragung erst zulässig, wenn für alle Eintragungen die Voraussetzungen der Entfernung vorliegen.

§ 25 Anordnung der Entfernung. (1) [1] Die Registerbehörde kann auf Antrag oder von Amts wegen im Benehmen mit der Stelle, welche die Entscheidung getroffen hat, insbesondere im Interesse der Rehabilitierung der betroffenen Person anordnen, daß Eintragungen nach den §§ 10 und 11 vorzeitig aus dem Register entfernt werden, soweit nicht das öffentliche Interesse einer solchen Anordnung entgegensteht. [2] Vor ihrer Entscheidung soll sie in den Fällen des § 11 eine Anhörung eines oder eines in der Psychiatrie erfahrenen medizinischen Sachverständigen durchführen.

(2) [1] Gegen die Ablehnung eines Antrags auf Entfernung einer Eintragung steht der antragstellenden Person innerhalb zwei Wochen nach der Bekanntgabe der Entscheidung die Beschwerde zu. [2] Hilft die Registerbehörde der Beschwerde nicht ab, so entscheidet das Bundesministerium der Justiz und für Verbraucherschutz.

§ 26 Zu Unrecht entfernte Eintragungen. Die Registerbehörde hat vor ihrer Entscheidung darüber, ob eine zu Unrecht aus dem Register entfernte Eintragung wieder in das Register aufgenommen wird, der betroffenen Person Gelegenheit zur Stellungnahme zu geben.

Zweiter Abschnitt. Suchvermerke

§ 27 Speicherung. Auf Grund einer Ausschreibung zur Festnahme oder zur Feststellung des Aufenthalts einer Person wird auf Ersuchen einer Behörde ein Suchvermerk im Register gespeichert, wenn der Suchvermerk der Erfüllung hoheitlicher Aufgaben oder der Durchführung von Maßnahmen der Zentralen Behörde nach § 7 des Internationalen Familienrechtsverfahrensgesetzes vom 26. Januar 2005 (BGBl. I S. 162), § 4 Abs. 3 des Erwachsenenschutzübereinkommens-Ausführungsgesetzes vom 17. März 2007 (BGBl. I S. 314) oder nach den §§ 16 und 17 des Auslandsunterhaltsgesetzes vom 23. Mai 2011 (BGBl. I S. 898) dient und der Aufenthaltsort der betroffenen Person zum Zeitpunkt des Ersuchens unbekannt ist.

§ 28 Behandlung. (1) [1] Enthält das Register eine Eintragung oder erhält es eine Mitteilung über die gesuchte Person, gibt die Registerbehörde der suchenden Behörde bekannt
1. das Datum und die Geschäftsnummer der Entscheidung,
2. die Behörde, die mitgeteilt hat, sowie
3. die letzte mitgeteilte Anschrift der gesuchten Person.

[2] Entsprechend ist zu verfahren, wenn ein Antrag auf Erteilung eines Führungszeugnisses oder auf Auskunft aus dem Register eingeht.

(2) [1] Liegen von verschiedenen Behörden Anfragen vor, welche dieselbe Person betreffen, so ist jeder Behörde von der Anfrage der anderen Behörde Mitteilung zu machen. [2] Entsprechendes gilt, wenn Anfragen von derselben Behörde unter verschiedenen Geschäftsnummern vorliegen.

§ 29 Erledigung. (1) Erledigt sich ein Suchvermerk vor Ablauf von drei Jahren seit der Speicherung, so ist dies der Registerbehörde mitzuteilen.

(2) Der Suchvermerk wird entfernt, wenn seine Erledigung mitgeteilt wird, spätestens jedoch nach Ablauf von drei Jahren seit der Speicherung.

Dritter Abschnitt. Auskunft aus dem Register

1. Führungszeugnis

§ 30 Antrag. (1) [1] Jeder Person, die das 14. Lebensjahr vollendet hat, wird auf Antrag ein Zeugnis über den sie betreffenden Inhalt des Registers erteilt (Führungszeugnis). [2] Hat sie eine gesetzliche Vertretung, ist auch diese antragsberechtigt. [3] Ist die Person geschäftsunfähig, ist nur ihre gesetzliche Vertretung antragsberechtigt.

(2) [1] Wohnt die antragstellende Person innerhalb des Geltungsbereichs dieses Gesetzes, ist der Antrag persönlich oder mit amtlich oder öffentlich beglaubigter Unterschrift schriftlich bei der Meldebehörde zu stellen. [2] Bei der Antragstellung sind die Identität und im Fall der gesetzlichen Vertretung die Vertretungsmacht nachzuweisen. [3] Die antragstellende Person und ihre gesetzliche Vertretung können sich bei der Antragstellung nicht durch Bevollmächtigte vertreten lassen. [4] Die Meldebehörde nimmt die Gebühr für das Führungszeugnis entgegen, behält davon zwei Fünftel ein und führt den Restbetrag an die Bundeskasse ab.

(3) [1] Wohnt die antragstellende Person außerhalb des Geltungsbereichs dieses Gesetzes, so kann sie den Antrag unmittelbar bei der Registerbehörde stellen. [2] Absatz 2 Satz 2 und 3 gilt entsprechend.

(4) Die Übersendung des Führungszeugnisses ist nur an die antragstellende Person zulässig.

(5) [1] Wird das Führungszeugnis zur Vorlage bei einer Behörde beantragt, so ist es der Behörde unmittelbar zu übersenden. [2] Die Behörde hat der antragstellenden Person auf Verlangen Einsicht in das Führungszeugnis zu gewähren. [3] Die antragstellende Person kann verlangen, daß das Führungszeugnis, wenn es Eintragungen enthält, zunächst an ein von ihr benanntes Amtsgericht zur Einsichtnahme durch sie übersandt wird. [4] Die Meldebehörde hat die antragstellende Person in den Fällen, in denen der Antrag bei ihr gestellt wird, auf diese Möglichkeit hinzuweisen. [5] Das Amtsgericht darf die Einsicht nur der antragstellenden Person persönlich gewähren. [6] Nach Einsichtnahme ist das Führungszeugnis an die Behörde weiterzuleiten oder, falls die antragstellende Person dem widerspricht, vom Amtsgericht zu vernichten.

(6) [1] Wohnt die antragstellende Person außerhalb des Geltungsbereichs dieses Gesetzes, so kann sie verlangen, dass das Führungszeugnis, wenn es Eintragungen enthält, zunächst an eine von ihr benannte amtliche Vertretung der Bundesrepublik Deutschland zur Einsichtnahme durch sie übersandt wird. [2] Absatz 5 Satz 5 und 6 gilt für die amtliche Vertretung der Bundesrepublik Deutschland entsprechend.

§ **30a** Antrag auf ein erweitertes Führungszeugnis. (1) Einer Person wird auf Antrag ein erweitertes Führungszeugnis erteilt,
1. wenn die Erteilung in gesetzlichen Bestimmungen unter Bezugnahme auf diese Vorschrift vorgesehen ist oder
2. wenn dieses Führungszeugnis benötigt wird für
   a) eine berufliche oder ehrenamtliche Beaufsichtigung, Betreuung, Erziehung oder Ausbildung Minderjähriger oder
   b) eine Tätigkeit, die in einer Buchstabe a vergleichbaren Weise geeignet ist, Kontakt zu Minderjährigen aufzunehmen.

(2) ¹Wer einen Antrag auf Erteilung eines erweiterten Führungszeugnisses stellt, hat eine schriftliche Aufforderung vorzulegen, in der die Person, die das erweiterte Führungszeugnis von der antragstellenden Person verlangt, bestätigt, dass die Voraussetzungen nach Absatz 1 vorliegen. ²Im Übrigen gilt § 30 entsprechend.

§ **30b** Europäisches Führungszeugnis. (1) ¹In das Führungszeugnis nach § 30 oder § 30a Absatz 1 von Personen, die die Staatsangehörigkeit eines anderen Mitgliedstaates der Europäischen Union besitzen, wird die Mitteilung über Eintragungen im Strafregister ihres Herkunftsmitgliedstaates vollständig und in der übermittelten Sprache aufgenommen (Europäisches Führungszeugnis), sofern der Herkunftsmitgliedstaat eine Übermittlung nach seinem Recht vorsieht. ²§ 30 gilt entsprechend.

(2) ¹Die Registerbehörde ersucht den Herkunftsmitgliedstaat um Mitteilung der Eintragungen. ²Das Führungszeugnis soll spätestens 20 Werktage nach der Übermittlung des Ersuchens der Registerbehörde an den Herkunftsmitgliedstaat erteilt werden. ³Hat der Herkunftsmitgliedstaat keine Auskunft aus seinem Strafregister erteilt, ist hierauf im Führungszeugnis hinzuweisen.

§ **30c** Elektronische Antragstellung. (1) ¹Erfolgt die Antragstellung abweichend von § 30 Absatz 2 oder Absatz 3 elektronisch, ist der Antrag unter Nutzung des im Internet angebotenen Zugangs unmittelbar bei der Registerbehörde zu stellen. ²Die antragstellende Person kann sich nicht durch Bevollmächtigten vertreten lassen. ³Handelt sie in gesetzlicher Vertretung, hat sie ihre Vertretungsmacht nachzuweisen.

(2) ¹Der elektronische Identitätsnachweis nach § 18 des Personalausweisgesetzes oder nach § 78 Absatz 5 des Aufenthaltsgesetzes ist zu führen. ²Dabei müssen aus dem elektronischen Speicher- und Verarbeitungsmedium des Personalausweises oder des elektronischen Aufenthaltstitels an die Registerbehörde übermittelt werden:
1. die Daten nach § 18 Absatz 3 Satz 1 des Personalausweisgesetzes oder nach § 78 Absatz 5 Satz 2 des Aufenthaltsgesetzes in Verbindung mit § 18 Absatz 3 Satz 1 des Personalausweisgesetzes und
2. Familienname, Geburtsname, Vornamen, Geburtsort sowie Geburtsdatum, Staatsangehörigkeit und Anschrift.

³Lässt das elektronische Speicher- und Verarbeitungsmedium die Übermittlung des Geburtsnamens nicht zu, ist der Geburtsname im Antrag anzugeben und nachzuweisen. ⁴Bei der Datenübermittlung ist ein dem jeweiligen Stand der Technik entsprechendes sicheres Verfahren zu verwenden, das die Vertraulichkeit und Integrität des elektronisch übermittelten Datensatzes gewährleistet.

(3) ¹Vorzulegende Nachweise sind gleichzeitig mit dem Antrag elektronisch einzureichen und ihre Echtheit sowie inhaltliche Richtigkeit sind an Eides statt zu versichern. ²Bei vorzulegenden Schriftstücken kann die Registerbehörde im Einzelfall die Vorlage des Originals verlangen.

(4) ¹Die näheren Einzelheiten des elektronischen Verfahrens regelt die Registerbehörde. ²Im Übrigen gilt § 30 entsprechend.

§ **31** Erteilung des Führungszeugnisses und des erweiterten Führungszeugnisses an Behörden. (1) ¹Behörden erhalten über eine bestimmte Person ein Führungszeugnis, soweit sie es zur Erledigung ihrer hoheitlichen Aufgaben benötigen und eine Aufforderung an die betroffene Person, ein Führungszeugnis vorzulegen, nicht sachgemäß ist oder erfolglos bleibt. ²Die Behörde hat der betroffenen Person auf Verlangen Einsicht in das Führungszeugnis zu gewähren.

(2) ¹Behörden erhalten zum Zweck des Schutzes Minderjähriger ein erweitertes Führungszeugnis unter den Voraussetzungen des Absatzes 1. ²Absatz 1 Satz 2 gilt entsprechend.

§ 32 Inhalt des Führungszeugnisses. (1) ¹In das Führungszeugnis werden die in den §§ 4 bis 16 bezeichneten Eintragungen aufgenommen. ²Soweit in Absatz 2 Nr. 3 bis 9 hiervon Ausnahmen zugelassen werden, gelten diese nicht bei Verurteilungen wegen einer Straftat nach den §§ 174 bis 180 oder 182 des Strafgesetzbuches.

(2) Nicht aufgenommen werden

1. die Verwarnung mit Strafvorbehalt nach § 59 des Strafgesetzbuchs,
2. der Schuldspruch nach § 27 des Jugendgerichtsgesetzes,
3. Verurteilungen, durch die auf Jugendstrafe von nicht mehr als zwei Jahren erkannt worden ist, wenn die Vollstreckung der Strafe oder eines Strafrestes gerichtlich oder im Gnadenwege zur Bewährung ausgesetzt oder nach § 35 des Betäubungsmittelgesetzes zurückgestellt und diese Entscheidung nicht widerrufen worden ist,
4. Verurteilungen, durch die auf Jugendstrafe erkannt worden ist, wenn der Strafmakel gerichtlich oder im Gnadenwege beseitigt erklärt und die Beseitigung nicht widerrufen worden ist,
5. Verurteilungen, durch die auf
   a) Geldstrafe von nicht mehr als neunzig Tagessätzen,
   b) Freiheitsstrafe oder Strafarrest von nicht mehr als drei Monaten
   erkannt worden ist, wenn im Register keine weitere Strafe eingetragen ist,
6. Verurteilungen, durch die auf Freiheitsstrafe von nicht mehr als zwei Jahren erkannt worden ist, wenn die Vollstreckung der Strafe oder eines Strafrestes
   a) nach § 35 oder § 36 des Betäubungsmittelgesetzes zurückgestellt oder zur Bewährung ausgesetzt oder
   b) nach § 56 oder § 57 des Strafgesetzbuchs zur Bewährung ausgesetzt worden ist und sich aus dem Register ergibt, daß der Verurteilte die Tat oder bei Gesamtstrafen alle oder den ihrer Bedeutung nach überwiegenden Teil der Taten auf Grund einer Betäubungsmittelabhängigkeit begangen hat,
   diese Entscheidungen nicht widerrufen worden sind und im Register keine weitere Strafe eingetragen ist,
7. Verurteilungen, durch die neben Jugendstrafe oder Freiheitsstrafe von nicht mehr als zwei Jahren die Unterbringung in einer Entziehungsanstalt angeordnet worden ist, wenn die Vollstreckung der Strafe, des Strafrestes oder der Maßregel nach § 35 des Betäubungsmittelgesetzes zurückgestellt worden ist und im übrigen die Voraussetzungen der Nummer 3 oder 6 erfüllt sind,
8. Verurteilungen, durch die Maßregeln der Besserung und Sicherung, Nebenstrafen oder Nebenfolgen allein oder in Verbindung miteinander oder in Verbindung mit Erziehungsmaßregeln oder Zuchtmitteln angeordnet worden sind,
9. Verurteilungen, bei denen die Wiederaufnahme des gesamten Verfahrens vermerkt ist; ist die Wiederaufnahme nur eines Teils des Verfahrens angeordnet, so ist im Führungszeugnis darauf hinzuweisen,
10. abweichende Personendaten gemäß § 5 Abs. 1 Nr. 1,
11. Eintragungen nach den §§ 10 und 11,
12. die vorbehaltene Sicherungsverwahrung, falls von der Anordnung der Sicherungsverwahrung rechtskräftig abgesehen worden ist.

(3) In ein Führungszeugnis für Behörden (§ 30 Abs. 5, § 31) sind entgegen Absatz 2 auch aufzunehmen

1. Verurteilungen, durch die eine freiheitsentziehende Maßregel der Besserung und Sicherung angeordnet worden ist,

2. Eintragungen nach § 10, wenn die Entscheidung oder der Verzicht nicht länger als zehn Jahre zurückliegt,
3. Eintragungen nach § 11, wenn die Entscheidung oder Verfügung nicht länger als fünf Jahre zurückliegt,
4. abweichende Personendaten gemäß § 5 Abs. 1 Nr. 1, sofern unter diesen Daten Eintragungen erfolgt sind, die in ein Führungszeugnis für Behörden aufzunehmen sind.

(4) In ein Führungszeugnis für Behörden (§ 30 Abs. 5, § 31) sind ferner die in Absatz 2 Nr. 5 bis 9 bezeichneten Verurteilungen wegen Straftaten aufzunehmen, die
1. bei oder in Zusammenhang mit der Ausübung eines Gewerbes oder dem Betrieb einer sonstigen wirtschaftlichen Unternehmung oder
2. bei der Tätigkeit in einem Gewerbe oder einer sonstigen wirtschaftlichen Unternehmung
   a) von einem Vertreter oder Beauftragten im Sinne des § 14 des Strafgesetzbuchs oder
   b) von einer Person, die in einer Rechtsvorschrift ausdrücklich als verantwortlich bezeichnet ist,

begangen worden sind, wenn das Führungszeugnis für die in § 149 Abs. 2 Satz 1 Nr. 1 der Gewerbeordnung bezeichneten Entscheidungen bestimmt ist.

(5) Soweit in Absatz 2 Nummer 3 bis 9 Ausnahmen für die Aufnahme von Eintragungen zugelassen werden, gelten diese nicht bei einer Verurteilung wegen einer Straftat nach den §§ 171, 180a, 181a, 183 bis 184g, 184i, 184j, 201a Absatz 3, den §§ 225, 232 bis 233a, 234, 235 oder § 236 des Strafgesetzbuchs, wenn ein erweitertes Führungszeugnis nach § 30a oder § 31 Absatz 2 erteilt wird.

§ 33 Nichtaufnahme von Verurteilungen nach Fristablauf. (1) Nach Ablauf einer bestimmten Frist werden Verurteilungen nicht mehr in das Führungszeugnis aufgenommen.

(2) Dies gilt nicht bei Verurteilungen, durch die
1. auf lebenslange Freiheitsstrafe erkannt worden ist, wenn der Strafrest nicht nach § 57a Abs. 3 Satz 2 in Verbindung mit § 56g des Strafgesetzbuches oder im Gnadenwege erlassen ist,
2. Sicherungsverwahrung angeordnet worden ist oder
3. die Unterbringung in einem psychiatrischen Krankenhaus angeordnet worden ist, wenn ein Führungszeugnis für Behörden (§ 30 Abs. 5, § 31) beantragt wird.

§ 34 Länge der Frist. (1) Die Frist, nach deren Ablauf eine Verurteilung nicht mehr in das Führungszeugnis aufgenommen wird, beträgt
1. drei Jahre bei
   a) Verurteilungen zu
      aa) Geldstrafe und
      bb) Freiheitsstrafe oder Strafarrest von nicht mehr als drei Monaten,
      wenn die Voraussetzungen des § 32 Absatz 2 nicht vorliegen,
   b) Verurteilungen zu Freiheitsstrafe oder Strafarrest von mehr als drei Monaten, aber nicht mehr als einem Jahr, wenn die Vollstreckung der Strafe oder eines Strafrestes gerichtlich oder im Gnadenweg zur Bewährung ausgesetzt, diese Entscheidung nicht widerrufen worden und im Register nicht außerdem Freiheitsstrafe, Strafarrest oder Jugendstrafe eingetragen ist,
   c) Verurteilungen zu Jugendstrafe von nicht mehr als einem Jahr, wenn die Voraussetzungen des § 32 Absatz 2 nicht vorliegen,
   d) Verurteilungen zu Jugendstrafe von mehr als zwei Jahren, wenn ein Strafrest nach Ablauf der Bewährungszeit gerichtlich oder im Gnadenweg erlassen worden ist,
2. zehn Jahre bei Verurteilungen wegen einer Straftat nach den §§ 174 bis 180 oder 182 des Strafgesetzbuches zu einer Freiheitsstrafe oder Jugendstrafe von mehr als einem Jahr,
3. fünf Jahre in den übrigen Fällen.

(2) Die Frist, nach deren Ablauf eine Verurteilung wegen einer Straftat nach den §§ 171, 180a, 181a, 183 bis 184g, 184i, 184j, 201a Absatz 3, den §§ 225, 232 bis 233a, 234, 235 oder § 236 des Strafgesetzbuchs zu einer Freiheitsstrafe oder Jugendstrafe von mehr als einem Jahr nicht mehr in ein erweitertes Führungszeugnis aufgenommen wird, beträgt zehn Jahre.

(3) [1] In den Fällen des Absatzes 1 Nr. 1 Buchstabe d, Nr. 2, Nr. 3 und des Absatzes 2 verlängert sich die Frist um die Dauer der Freiheitsstrafe, des Strafarrestes oder der Jugendstrafe. [2] Bei Erlaß des Restes einer lebenslangen Freiheitsstrafe verlängert sich die Frist um den zwischen dem Tag des ersten Urteils und dem Ende der Bewährungszeit liegenden Zeitraum, mindestens jedoch um zwanzig Jahre.

§ 35 Gesamtstrafe, Einheitsstrafe und Nebenentscheidungen. (1) Ist eine Gesamtstrafe oder eine einheitliche Jugendstrafe gebildet oder ist nach § 30 Abs. 1 des Jugendgerichtsgesetzes auf Jugendstrafe erkannt worden, so ist allein die neue Entscheidung für § 32 Abs. 2 und § 34 maßgebend.

(2) Bei der Feststellung der Frist nach § 34 bleiben Nebenstrafen, Nebenfolgen und neben Freiheitsstrafe oder Strafarrest ausgesprochene Geldstrafen sowie Maßregeln der Besserung und Sicherung unberücksichtigt.

§ 36 Beginn der Frist. [1] Die Frist beginnt mit dem Tag des ersten Urteils (§ 5 Abs. 1 Nr. 4). [2] Dieser Tag bleibt auch maßgebend, wenn
1. eine Gesamtstrafe oder eine einheitliche Jugendstrafe gebildet,
2. nach § 30 Abs. 1 des Jugendgerichtsgesetzes auf Jugendstrafe erkannt wird oder
3. eine Entscheidung im Wiederaufnahmeverfahren ergeht, die eine registerpflichtige Verurteilung enthält.

§ 37 Ablaufhemmung. (1) Haben Verurteilte infolge der Verurteilung die Fähigkeit, öffentliche Ämter zu bekleiden und Rechte aus öffentlichen Wahlen zu erlangen, oder das Recht, in öffentlichen Angelegenheiten zu wählen oder zu stimmen, verloren, so läuft die Frist nicht ab, solange sie diese Fähigkeit oder dieses Recht nicht wiedererlangt haben.

(2) Die Frist läuft ferner nicht ab, solange sich aus dem Register ergibt, daß die Vollstreckung einer Strafe oder eine der in § 61 des Strafgesetzbuchs aufgeführten Maßregeln der Besserung und Sicherung mit Ausnahme der Sperre für die Erteilung einer Fahrerlaubnis noch nicht erledigt oder die Strafe noch nicht erlassen ist.

§ 38 Mehrere Verurteilungen. (1) Sind im Register mehrere Verurteilungen eingetragen, so sind sie alle in das Führungszeugnis aufzunehmen, solange eine von ihnen in das Zeugnis aufzunehmen ist.

(2) Außer Betracht bleiben
1. Verurteilungen, die nur in ein Führungszeugnis für Behörden aufzunehmen sind (§ 32 Abs. 3, 4, § 33 Abs. 2 Nr. 3),
2. Verurteilungen in den Fällen des § 32 Abs. 2 Nr. 1 bis 4,
3. Verurteilungen, durch die auf Geldstrafe von nicht mehr als neunzig Tagessätzen oder auf Freiheitsstrafe oder Strafarrest von nicht mehr als drei Monaten erkannt worden ist.

§ 39 Anordnung der Nichtaufnahme. (1) [1] Die Registerbehörde kann auf Antrag oder von Amts wegen anordnen, daß Verurteilungen und Eintragungen nach § 11 entgegen diesem Gesetz nicht in das Führungszeugnis aufgenommen werden. [2] Dies gilt nicht, soweit das öffentliche Interesse der Anordnung entgegensteht. [3] Die Anordnung kann auf Führungszeugnisse ohne Einbeziehung der Führungszeugnisse für Behörden, auf Führungszeugnisse ohne Einbeziehung der erweiterten Führungszeugnisse, auf Führungszeugnisse ohne Einbeziehung der erweiterten Führungszeugnisse für Behörden oder auf die einmalige Erteilung eines Führungszeugnisses beschränkt werden. [4] Die Registerbehörde soll das erkennende Gericht und die sonst zuständige Behörde hören.

⁵ Betrifft die Eintragung eine solche der in § 11 bezeichneten Art oder eine Verurteilung, durch die eine freiheitsentziehende Maßregel der Besserung und Sicherung angeordnet worden ist, soll sie auch die Stellungnahme eines oder einer in der Psychiatrie erfahrenen medizinischen Sachverständigen einholen.

(2) Haben Verurteilte infolge der Verurteilung durch ein Gericht im Geltungsbereich dieses Gesetzes die Fähigkeit, öffentliche Ämter zu bekleiden und Rechte aus öffentlichen Wahlen zu erlangen, oder das Recht, in öffentlichen Angelegenheiten zu wählen oder zu stimmen, verloren, so darf eine Anordnung nach Absatz 1 nicht ergehen, solange sie diese Fähigkeit oder dieses Recht nicht wiedererlangt haben.

(3) ¹ Gegen die Ablehnung einer Anordnung nach Absatz 1 steht der antragstellenden Person innerhalb zwei Wochen nach der Bekanntgabe der Entscheidung die Beschwerde zu. ² Hilft die Registerbehörde der Beschwerde nicht ab, so entscheidet das Bundesministerium der Justiz und für Verbraucherschutz.

§ 40 Nachträgliche Eintragung. ¹ Wird eine weitere Verurteilung im Register eingetragen oder erfolgt eine weitere Eintragung nach § 11, so kommt der betroffenen Person nach eine Anordnung nach § 39 nicht zugute, solange die spätere Eintragung in das Führungszeugnis aufzunehmen ist. ² § 38 Abs. 2 gilt entsprechend.

2. Unbeschränkte Auskunft aus dem Register

§ 41 Umfang der Auskunft. (1) Eintragungen, die in ein Führungszeugnis nicht aufgenommen werden, sowie Suchvermerke dürfen, unbeschadet der §§ 42 und 57, nur zur Kenntnis gegeben werden

1. den Gerichten, Gerichtsvorständen, Staatsanwaltschaften, dem nationalen Mitglied nach Maßgabe des § 5 Absatz 1 Nummer 2 des Eurojust-Gesetzes sowie den Aufsichtsstellen nach § 68a des Strafgesetzbuchs für Zwecke der Rechtspflege sowie den Justizvollzugsbehörden für Zwecke des Strafvollzugs einschließlich der Überprüfung aller im Strafvollzug tätigen Personen,
2. den obersten Bundes- und Landesbehörden,
3. den Verfassungsschutzbehörden des Bundes und der Länder, dem Bundesnachrichtendienst und dem Militärischen Abschirmdienst für die diesen Behörden übertragenen Sicherheitsaufgaben,
4. den Finanzbehörden für die Verfolgung von Straftaten, die zu ihrer Zuständigkeit gehören,
5. den Kriminaldienst verrichtenden Dienststellen der Polizei für Zwecke der Verhütung und Verfolgung von Straftaten,
6. den Einbürgerungsbehörden für Einbürgerungsverfahren,
7. den Ausländerbehörden und dem Bundesamt für Migration und Flüchtlinge, wenn sich die Auskunft auf einen Ausländer bezieht,
8. den Gnadenbehörden für Gnadensachen,
9. den für waffenrechtliche oder sprengstoffrechtliche Erlaubnisse, für die Erteilung von Jagdscheinen, für Erlaubnisse zum Halten eines gefährlichen Hundes oder für Erlaubnisse für das Bewachungsgewerbe und die Überprüfung des Bewachungspersonals zuständigen Behörden,
10. dem Bundesinstitut für Arzneimittel und Medizinprodukte im Rahmen des Erlaubnisverfahrens nach dem Betäubungsmittelgesetz,
11. den Rechtsanwaltskammern oder der Patentanwaltskammer für Entscheidungen in Zulassungs-, Aufnahme- und Aufsichtsverfahren nach der Bundesrechtsanwaltsordnung, der Patentanwaltsordnung, dem Gesetz über die Tätigkeit europäischer Rechtsanwälte in Deutschland oder dem Gesetz über die Tätigkeit europäischer Patentanwälte in Deutschland,
12. dem Bundesamt für die Sicherheit der nuklearen Entsorgung im Rahmen der atomrechtlichen Zuverlässigkeitsprüfung nach dem Atomgesetz,
13. den Luftsicherheitsbehörden für Zwecke der Zuverlässigkeitsüberprüfung nach § 7 des Luftsicherheitsgesetzes,

14. der Zentralstelle für Finanztransaktionsuntersuchungen zur Erfüllung ihrer Aufgaben nach dem Geldwäschegesetz.

(2) [1] Eintragungen nach § 17 und Verurteilungen zu Jugendstrafe, bei denen der Strafmakel als beseitigt erklärt ist, dürfen nicht nach Absatz 1 mitgeteilt werden; über sie wird nur noch den Strafgerichten und Staatsanwaltschaften für ein Strafverfahren gegen die betroffene Person Auskunft erteilt. [2] Dies gilt nicht für Verurteilungen wegen einer Straftat nach den §§ 171, 174 bis 180a, 181a, 182 bis 184g, 184i, 184j, 201a Absatz 3, den §§ 225, 232 bis 233a, 234, 235 oder § 236 des Strafgesetzbuchs.

(3) [1] Die Auskunft nach den Absätzen 1 und 2 wird nur auf ausdrückliches Ersuchen erteilt. [2] Die in Absatz 1 genannten Stellen haben den Zweck anzugeben, für den die Auskunft benötigt wird; sie darf nur für diesen Zweck verwertet werden.

§ 42 Auskunft an die betroffene Person. [1] Das Auskunftsrecht nach Artikel 15 Absatz 1 der Verordnung (EU) 2016/679 wird dadurch gewährleistet, dass der betroffenen Person mitgeteilt wird, welche Eintragungen über sie im Register enthalten sind. [2] Für die Antragsberechtigung und das Verfahren gilt § 30 Absatz 1 entsprechend. [3] Erfolgt die Mitteilung nicht durch Einsichtnahme bei der Registerbehörde, so ist sie, wenn die antragstellende Person im Geltungsbereich dieses Gesetzes wohnt, an ein von ihr benanntes Amtsgericht zu senden, bei dem sie die Mitteilung persönlich einsehen kann. [4] Befindet sich die betroffene Person in amtlichem Gewahrsam einer Justizbehörde, so tritt die Anstaltsleitung an die Stelle des Amtsgerichts. [5] Wohnt die antragstellende Person außerhalb des Geltungsbereichs dieses Gesetzes, so ist die Mitteilung an eine von ihr benannte amtliche Vertretung der Bundesrepublik Deutschland zu senden, bei der sie die Mitteilung persönlich einsehen kann. [6] Nach Einsichtnahme ist die Mitteilung vom Amtsgericht, der Anstaltsleitung oder der amtlichen Vertretung der Bundesrepublik Deutschland zu vernichten. [7] Zum Schutz der betroffenen Personen ist die Aushändigung der Mitteilung oder einer Kopie unzulässig.

§ 42a Auskunft für wissenschaftliche Zwecke. (1) [1] Die Übermittlung personenbezogener Daten aus dem Register an Hochschulen, andere Einrichtungen, die wissenschaftliche Forschung betreiben, und öffentliche Stellen ist zulässig, soweit
1. dies für die Durchführung bestimmter wissenschaftlicher Forschungsarbeiten erforderlich ist,
2. eine Nutzung anonymisierter Daten zu diesem Zweck nicht möglich oder die Anonymisierung mit einem unverhältnismäßigen Aufwand verbunden ist und
3. das öffentliche Interesse an der Forschungsarbeit das schutzwürdige Interesse der betroffenen Person an dem Ausschluss der Übermittlung erheblich überwiegt.

[2] Bei der Abwägung nach Satz 1 Nr. 3 ist im Rahmen des öffentlichen Interesses das wissenschaftliche Interesse an dem Forschungsvorhaben besonders zu berücksichtigen.

(1a) [1] Die mehrfache Übermittlung von personenbezogenen Daten für eine wissenschaftliche Forschungsarbeit kann für einen angemessenen Zeitraum nach Anhörung des Bundesbeauftragten für den Datenschutz und die Informationsfreiheit mit Zustimmung des Bundesministeriums der Justiz und für Verbraucherschutz zugelassen werden, wenn
1. die Voraussetzungen von Absatz 1 Nummer 1 und 2 vorliegen,
2. ein bedeutendes öffentliches Interesse an der Forschungsarbeit besteht und
3. das bedeutende öffentliche Interesse an der Forschungsarbeit das schutzwürdige Interesse der betroffenen Personen an dem Ausschluss der Übermittlung erheblich überwiegt.

[2] Die übermittelten Daten sollen pseudonymisiert werden; ein Verzicht auf eine Pseudonymisierung ist nur zulässig, wenn dies zur Erreichung des Forschungszweckes unerlässlich ist. [3] Absatz 1 Satz 2 gilt entsprechend. [4] Der Zeitraum ist insbesondere unter Berücksichtigung des Forschungszweckes, einer beabsichtigten Pseudonymisierung der Daten, der Schwere der untersuchten Straftaten und der Länge der gesetzlichen Tilgungsfristen festzusetzen; ein Übermittlungszeitraum, der im Ergebnis die Tilgungsfristen mehr als verdoppelt, ist in der Regel nicht mehr angemessen. [5] Die Sätze 1 bis 4

gelten entsprechend, wenn bei einmaliger Übermittlung personenbezogene Daten mit früher übermittelten, noch nicht anonymisierten Daten eines anderen Forschungsvorhabens zusammengeführt werden sollen.

(2) [1] Personenbezogene Daten werden nur an solche Personen übermittelt, die Amtsträger oder für den öffentlichen Dienst besonders Verpflichtete sind oder die zur Geheimhaltung verpflichtet worden sind. [2] § 1 Abs. 2, 3 und Abs. 4 Nr. 2 des Verpflichtungsgesetzes findet auf die Verpflichtung zur Geheimhaltung entsprechende Anwendung.

(3) [1] Die personenbezogenen Daten dürfen nur für den Zweck verarbeitet werden, für den sie übermittelt worden sind. [2] Die Verarbeitung für andere Forschungsvorhaben oder die Weitergabe richtet sich nach den Absätzen 1 und 2 und bedarf der Zustimmung der Registerbehörde; Absatz 1a gilt entsprechend, wenn mehrfach von der Registerbehörde übermittelte personenbezogene Daten verknüpft werden sollen.

(4) [1] Die Daten sind gegen unbefugte Kenntnisnahme durch Dritte zu schützen. [2] Die wissenschaftliche Forschung betreibende Stelle hat dafür zu sorgen, dass die Verarbeitung der personenbezogenen Daten räumlich und organisatorisch getrennt von der Erfüllung solcher Verwaltungsaufgaben oder Geschäftszwecke erfolgt, für die diese Daten gleichfalls von Bedeutung sein können.

(5) [1] Sobald der Forschungszweck es erlaubt, sind die personenbezogenen Daten zu anonymisieren. [2] Solange dies noch nicht möglich ist, sind die Merkmale gesondert aufzubewahren, mit denen Einzelangaben über persönliche oder sachliche Verhältnisse einer bestimmten oder bestimmbaren Person zugeordnet werden können. [3] Sie dürfen mit den Einzelangaben nur zusammengeführt werden, soweit der Forschungszweck dies erfordert.

(6) [1] Wer nach den Absätzen 1 und 2 personenbezogene Daten erhalten hat, darf diese nur veröffentlichen, wenn dies für die Darstellung von Forschungsergebnissen über Ereignisse der Zeitgeschichte unerlässlich ist. [2] Die Veröffentlichung bedarf der Zustimmung der Registerbehörde.

(7) Ist der Empfänger eine nichtöffentliche Stelle, finden die Vorschriften der Verordnung (EU) 2016/679 auch Anwendung für die nichtautomatisierte Verarbeitung personenbezogener Daten, die nicht in einem Dateisystem gespeichert sind oder gespeichert werden sollen.

(8) Ist es der Registerbehörde mit vertretbarem Aufwand möglich, kann sie mit den Registerdaten vorbereitende Analysen durchführen.

§ 42b Auskünfte zur Vorbereitung von Rechtsvorschriften und allgemeinen Verwaltungsvorschriften. [1] Die Registerbehörde kann öffentlichen Stellen zur Vorbereitung und Überprüfung von Rechtsvorschriften und allgemeinen Verwaltungsvorschriften Auskünfte in anonymisierter Form erteilen. [2] § 42a Abs. 8 gilt entsprechend.

§ 42c *(aufgehoben)*

§ 43 Weiterleitung von Auskünften. Oberste Bundes- oder Landesbehörden dürfen Eintragungen, die in ein Führungszeugnis nicht aufgenommen werden, einer nachgeordneten oder ihrer Aufsicht unterstehenden Behörde nur mitteilen, wenn dies zur Vermeidung von Nachteilen für den Bund oder ein Land unerläßlich ist oder wenn andernfalls die Erfüllung öffentlicher Aufgaben erheblich gefährdet oder erschwert würde.

3. Auskünfte an Behörden

§ 43a Verfahrensübergreifende Mitteilungen von Amts wegen. (1) In Verfahren nach den §§ 25, 39, 49, 55 Absatz 2 und § 63 Absatz 3 ist die Übermittlung personenbezogener Daten zulässig, wenn die Kenntnis der Daten aus der Sicht der übermittelnden Stelle
1. zur Verfolgung einer Straftat,

2. zur Abwehr eines erheblichen Nachteils für das Gemeinwohl oder einer Gefahr für die öffentliche Sicherheit,
3. zur Abwehr einer schwerwiegenden Beeinträchtigung der Rechte einer anderen Person,
4. zur Abwehr einer erheblichen Gefährdung des Wohls einer minderjährigen Person oder
5. zur Erledigung eines Suchvermerks

erforderlich ist.

(2) Die §§ 18 bis 22 des Einführungsgesetzes zum Gerichtsverfassungsgesetz gelten entsprechend.

§ 44 Vertrauliche Behandlung der Auskünfte. Auskünfte aus dem Register an Behörden (§ 30 Abs. 5, §§ 31, 41, 43) dürfen nur den mit der Entgegennahme oder Bearbeitung betrauten Bediensteten zur Kenntnis gebracht werden.

4. Versagung der Auskunft zu Zwecken des Zeugenschutzes

§ 44a Versagung der Auskunft. (1) Die Registerbehörde sperrt den Datensatz einer im Register eingetragenen Person für die Auskunftserteilung, wenn eine Zeugenschutzstelle mitteilt, dass dies zum Schutz der Person als Zeuge oder Zeugin erforderlich ist.

(2) [1] Die Registerbehörde soll die Erteilung einer Auskunft aus dem Register über die gesperrten Personendaten versagen, soweit nicht entgegenstehende öffentliche Interessen oder schutzwürdige Interessen Dritter nicht überwiegen. [2] Sie gibt der Zeugenschutzstelle zuvor Gelegenheit zur Stellungnahme; die Beurteilung der Zeugenschutzstelle, dass die Versagung der Auskunft für Zwecke des Zeugenschutzes erforderlich ist, ist für die Registerbehörde bindend. [3] Die Versagung der Auskunft bedarf keiner Begründung.

(3) [1] Die Registerbehörde legt über eine Person, über die keine Eintragung vorhanden ist, einen besonders gekennzeichneten Personendatensatz an, wenn die Zeugenschutzstelle darlegt, dass dies zum Schutze dieser Person als Zeuge oder Zeugin vor Ausforschung durch missbräuchliche Auskunftsersuchen erforderlich ist. [2] Über diesen Datensatz werden Auskünfte nicht erteilt. [3] Die Registerbehörde unterrichtet die Zeugenschutzstelle über jeden Antrag auf Erteilung einer Auskunft, der zu dieser Person oder zu sonst von der Zeugenschutzstelle bestimmten Daten eingeht.

(4) Die §§ 161, 161a der Strafprozessordnung bleiben unberührt.

Vierter Abschnitt. Tilgung

§ 45 Tilgung nach Fristablauf. (1) Eintragungen über Verurteilungen (§ 4) werden nach Ablauf einer bestimmten Frist getilgt.

(2) [1] Eine zu tilgende Eintragung wird ein Jahr nach Eintritt der Tilgungsreife aus dem Register entfernt. [2] Während dieser Zeit darf über die Eintragung nur der betroffenen Person Auskunft erteilt werden.

(3) Absatz 1 gilt nicht
1. bei Verurteilungen zu lebenslanger Freiheitsstrafe,
2. bei Anordnung der Unterbringung in der Sicherungsverwahrung oder in einem psychiatrischen Krankenhaus.

§ 46 Länge der Tilgungsfrist. (1) Die Tilgungsfrist beträgt
1. fünf Jahre
   bei Verurteilungen
   a) zu Geldstrafe von nicht mehr als neunzig Tagessätzen, wenn keine Freiheitsstrafe, kein Strafarrest und keine Jugendstrafe im Register eingetragen ist,
   b) zu Freiheitsstrafe oder Strafarrest von nicht mehr als drei Monaten, wenn im Register keine weitere Strafe eingetragen ist,

c) zu Jugendstrafe von nicht mehr als einem Jahr,
d) zu Jugendstrafe von nicht mehr als zwei Jahren, wenn die Vollstreckung der Strafe oder eines Strafrestes gerichtlich oder im Gnadenwege zur Bewährung ausgesetzt worden ist,
e) zu Jugendstrafe von mehr als zwei Jahren, wenn ein Strafrest nach Ablauf der Bewährungszeit gerichtlich oder im Gnadenwege erlassen worden ist,
f) zu Jugendstrafe, wenn der Strafmakel gerichtlich oder im Gnadenwege als beseitigt erklärt worden ist,
g) durch welche eine Maßnahme (§ 11 Abs. 1 Nr. 8 des Strafgesetzbuchs) mit Ausnahme der Sperre für die Erteilung einer Fahrerlaubnis für immer und des Berufsverbots für immer, eine Nebenstrafe oder eine Nebenfolge allein oder in Verbindung miteinander oder in Verbindung mit Erziehungsmaßregeln oder Zuchtmitteln angeordnet worden ist,
2. zehn Jahre
bei Verurteilungen zu
a) Geldstrafe und Freiheitsstrafe oder Strafarrest von nicht mehr als drei Monaten, wenn die Voraussetzungen der Nummer 1 Buchstabe a und b nicht vorliegen,
b) Freiheitsstrafe oder Strafarrest von mehr als drei Monaten, aber nicht mehr als einem Jahr, wenn die Vollstreckung der Strafe oder eines Strafrestes gerichtlich oder im Gnadenwege zur Bewährung ausgesetzt worden und im Register nicht außerdem Freiheitsstrafe, Strafarrest oder Jugendstrafe eingetragen ist,
c) Jugendstrafe von mehr als einem Jahr, außer in den Fällen der Nummer 1 Buchstabe d bis f,
d) Jugendstrafe bei Verurteilungen wegen einer Straftat nach den §§ 171, 180a, 181a, 183 bis 184g, 184i, 184j, 201a Absatz 3, den §§ 225, 232 bis 233a, 234, 235 oder § 236 des Strafgesetzbuchs von mehr als einem Jahr in Fällen der Nummer 1 Buchstabe d bis f,
3. zwanzig Jahre bei Verurteilungen wegen einer Straftat nach den §§ 174 bis 180 oder 182 des Strafgesetzbuches zu einer Freiheitsstrafe oder Jugendstrafe von mehr als einem Jahr,
4. fünfzehn Jahre
in allen übrigen Fällen.

(2) Die Aussetzung der Strafe oder eines Strafrestes zur Bewährung oder die Beseitigung des Strafmakels bleiben bei der Berechnung der Frist unberücksichtigt, wenn diese Entscheidungen widerrufen worden sind.

(3) In den Fällen des Absatzes 1 Nr. 1 Buchstabe e, Nr. 2 Buchstabe c und d sowie Nummer 3 und 4 verlängert sich die Frist um die Dauer der Freiheitsstrafe, des Strafarrestes oder der Jugendstrafe.

§ 47 Feststellung der Frist und Ablaufhemmung. (1) Für die Feststellung und Berechnung der Frist gelten die §§ 35, 36 entsprechend.

(2) [1] Die Tilgungsfrist läuft nicht ab, solange sich aus dem Register ergibt, daß die Vollstreckung einer Strafe oder eine der in § 61 des Strafgesetzbuchs aufgeführten Maßregeln der Besserung und Sicherung noch nicht erledigt oder die Strafe noch nicht erlassen ist. [2] § 37 Abs. 1 gilt entsprechend.

(3) [1] Sind im Register mehrere Verurteilungen eingetragen, so ist die Tilgung einer Eintragung erst zulässig, wenn für alle Verurteilungen die Voraussetzungen der Tilgung vorliegen. [2] Die Eintragung einer Verurteilung, durch die eine Sperre für die Erteilung der Fahrerlaubnis für immer angeordnet worden ist, hindert die Tilgung anderer Verurteilungen nur, wenn zugleich auf eine Strafe erkannt worden ist, für die allein die Tilgungsfrist nach § 46 noch nicht abgelaufen wäre.

§ 48 Anordnung der Tilgung wegen Gesetzesänderung. Ist die Verurteilung ausschließlich wegen einer Handlung eingetragen, für die das nach der Verurteilung geltende Gesetz keine Strafe mehr vorsieht oder droht das neue Gesetz für die Handlung nur noch Geldbuße allein oder Geldbuße in Verbindung mit einer Nebenfolge an, wird die Eintragung auf Antrag der betroffenen Person getilgt.

§ 49 Anordnung der Tilgung in besonderen Fällen. (1) [1] Die Registerbehörde kann auf Antrag oder von Amts wegen anordnen, daß Eintragungen entgegen den §§ 45, 46 zu tilgen sind, falls die Vollstreckung erledigt ist und das öffentliche Interesse der Anordnung nicht entgegensteht. [2] Die Registerbehörde soll das erkennende Gericht und die sonst zuständige Behörde hören. [3] Betrifft die Eintragung eine Verurteilung, durch welche eine freiheitsentziehende Maßregel der Besserung und Sicherung angeordnet worden ist, so soll sie auch die Stellungnahme eines oder einer in der Psychiatrie erfahrenen medizinischen Sachverständigen einholen.

(2) Hat der Verurteilte infolge der Verurteilung durch ein Gericht im Geltungsbereich dieses Gesetzes die Fähigkeit, öffentliche Ämter zu bekleiden und Rechte aus öffentlichen Wahlen zu erlangen, oder das Recht, in öffentlichen Angelegenheiten zu wählen oder zu stimmen, verloren, so darf eine Anordnung nach Absatz 1 nicht ergehen, solange er diese Fähigkeit oder dieses Recht nicht wiedererlangt hat.

(3) [1] Gegen die Ablehnung einer Anordnung nach Absatz 1 steht dem Antragsteller innerhalb zwei Wochen nach der Bekanntgabe der Entscheidung die Beschwerde zu. [2] Hilft die Registerbehörde der Beschwerde nicht ab, so entscheidet das Bundesministerium der Justiz und für Verbraucherschutz.

§ 50 Zu Unrecht getilgte Eintragungen. Die Registerbehörde hat vor ihrer Entscheidung darüber, ob eine zu Unrecht im Register getilgte Eintragung wieder in das Register aufgenommen wird, der betroffenen Person Gelegenheit zur Stellungnahme zu geben.

Fünfter Abschnitt. Rechtswirkungen der Tilgung

§ 51 Verwertungsverbot. (1) Ist die Eintragung über eine Verurteilung im Register getilgt worden oder ist sie zu tilgen, so dürfen die Tat und die Verurteilung der betroffenen Person im Rechtsverkehr nicht mehr vorgehalten und nicht zu ihrem Nachteil verwertet werden.

(2) Aus der Tat oder der Verurteilung entstandene Rechte Dritter, gesetzliche Rechtsfolgen der Tat oder der Verurteilung und Entscheidungen von Gerichten oder Verwaltungsbehörden, die im Zusammenhang mit der Tat oder der Verurteilung ergangen sind, bleiben unberührt.

§ 52 Ausnahmen. (1) Die frühere Tat darf abweichend von § 51 Abs. 1 nur berücksichtigt werden, wenn
1. die Sicherheit der Bundesrepublik Deutschland oder eines ihrer Länder eine Ausnahme zwingend gebietet,
2. in einem erneuten Strafverfahren ein Gutachten über die Voraussetzungen der §§ 20, 21, 63, 64, 66, 66a oder 66b des Strafgesetzbuchs zu erstatten ist, falls die Umstände der früheren Tat für die Beurteilung der Schuldfähigkeit oder Gefährlichkeit der betroffenen Person von Bedeutung sind,
3. die Wiederaufnahme des früheren Verfahrens beantragt wird,
4. die betroffene Person die Zulassung zu einem Beruf oder einem Gewerbe, die Einstellung in den öffentlichen Dienst oder die Erteilung einer Waffenbesitzkarte, eines Munitionserwerbsscheins, Waffenscheins, Jagdscheins oder einer Erlaubnis nach § 27 des Sprengstoffgesetzes beantragt, falls die Zulassung, Einstellung oder Erteilung der Erlaubnis sonst zu einer erheblichen Gefährdung der Allgemeinheit führen würde; das gleiche gilt, wenn die betroffene Person die Aufhebung einer die Ausübung eines Berufes oder Gewerbes untersagenden Entscheidung beantragt oder
5. dies in gesetzlichen Bestimmungen unter Bezugnahme auf diese Vorschrift vorgesehen ist.

(2) ¹Abweichend von § 51 Absatz 1 darf eine frühere Tat ferner
1. in einem Verfahren, das die Erteilung oder Entziehung einer Fahrerlaubnis zum Gegenstand hat,
2. zur Ergreifung von Maßnahmen nach dem Fahreignungs-Bewertungssystem nach § 4 Absatz 5 des Straßenverkehrsgesetzes

berücksichtigt werden, solange die Verurteilung nach den Vorschriften der §§ 28 bis 30b des Straßenverkehrsgesetzes verwertet werden darf. ²Außerdem dürfen für die Prüfung der Berechtigung zum Führen von Kraftfahrzeugen Entscheidungen der Gerichte nach den §§ 69 bis 69b des Strafgesetzbuches verwertet werden.

Sechster Abschnitt. Begrenzung von Offenbarungspflichten des Verurteilten

§ 53 Offenbarungspflicht bei Verurteilungen. (1) Verurteilte dürfen sich als unbestraft bezeichnen und brauchen den der Verurteilung zugrunde liegenden Sachverhalt nicht zu offenbaren, wenn die Verurteilung
1. nicht in das Führungszeugnis oder nur in ein Führungszeugnis nach § 32 Abs. 3, 4 aufzunehmen oder
2. zu tilgen ist.

(2) Soweit Gerichte oder Behörden ein Recht auf unbeschränkte Auskunft haben, können Verurteilte ihnen gegenüber keine Rechte aus Absatz 1 Nr. 1 herleiten, falls sie hierüber belehrt werden.

Siebter Abschnitt. Internationaler Austausch von Registerinformationen

§ 53a Grenzen der internationalen Zusammenarbeit. ¹Die Eintragung einer Verurteilung, die nicht durch ein deutsches Gericht im Geltungsbereich dieses Gesetzes ergangen ist, in das Register oder die Erteilung einer Auskunft aus dem Register an eine Stelle eines anderen Staates oder an eine über- und zwischenstaatliche Stelle ist unzulässig, wenn die Verurteilung oder die Erteilung der Auskunft wesentlichen Grundsätzen der deutschen Rechtsordnung widerspricht. ²Liegt eine Verurteilung oder ein Ersuchen eines Mitgliedstaates der Europäischen Union vor, ist die Eintragung der Verurteilung oder die Erledigung des Ersuchens unzulässig, wenn die Verurteilung oder die Erledigung des Ersuchens im Widerspruch zur Charta der Grundrechte der Europäischen Union steht.

§ 54 Eintragungen in das Register. (1) Strafrechtliche Verurteilungen, die nicht durch deutsche Gerichte im Geltungsbereich dieses Gesetzes ergangen sind, werden in das Register eingetragen, wenn
1. die verurteilte Person die deutsche Staatsangehörigkeit besitzt oder im Geltungsbereich dieses Gesetzes geboren oder wohnhaft ist,
2. wegen des der Verurteilung zugrunde liegenden oder sinngemäß umgestellten Sachverhalts auch nach dem im Geltungsbereich dieses Gesetzes geltenden Recht, ungeachtet etwaiger Verfahrenshindernisse, eine Strafe oder eine Maßregel der Besserung und Sicherung hätte verhängt werden können,
3. die Entscheidung rechtskräftig ist.

(2) Erfüllt eine Verurteilung die Voraussetzungen des Absatzes 1 Nr. 2 nur hinsichtlich eines Teils der abgeurteilten Tat oder Taten, so wird die ganze Verurteilung eingetragen.

(3) ¹Ist eine Verurteilung einzutragen oder ist sie bereits eingetragen, wird auch Folgendes eingetragen:
1. als Folgemaßnahmen spätere Entscheidungen oder sonstige Tatsachen, die sich auf die Verurteilung beziehen,

2. bei der Übermittlung einer Strafnachricht mitgeteilte Bedingungen, die die Verwendung des Mitgeteilten beschränken,
3. soweit es sich um eine Verurteilung aus einem Mitgliedstaat der Europäischen Union handelt, Mitteilungen zu
   a) der Tilgung,
   b) dem Ort der Tatbegehung und
   c) den Rechtsverlusten, die sich aus der Verurteilung ergeben,
4. eine deutsche Entscheidung, durch die die ausländische Freiheitsstrafe oder Maßregel der Besserung und Sicherung für vollstreckbar erklärt wurde.

[2] Wird eine eingetragene Verurteilung durch die Eintragung einer Folgemaßnahme ergänzt, ist § 55 Absatz 2 nicht anzuwenden.

§ 55 Verfahren bei der Eintragung. (1) Die Registerbehörde trägt eine Verurteilung, die nicht durch ein deutsches Gericht im Geltungsbereich dieses Gesetzes ergangen ist, ein, wenn ihr die Verurteilung von einer Behörde des Staates, der sie ausgesprochen hat, mitgeteilt worden ist und sich aus der Mitteilung nicht ergibt, daß die Voraussetzungen des § 54 nicht vorliegen.

(2) [1] Die betroffene Person soll unverzüglich zu der Eintragung gehört werden, wenn ihr Aufenthalt feststellbar ist. [2] Ergibt sich, daß bei einer Verurteilung oder einem abtrennbaren Teil einer Verurteilung die Voraussetzungen des § 54 Abs. 1 nicht vorliegen, so ist die Eintragung insoweit zu entfernen. [3] Lehnt die Registerbehörde einen Antrag der betroffenen Person auf Entfernung der Eintragung ab, so steht der betroffenen Person innerhalb von zwei Wochen nach der Bekanntgabe der Entscheidung die Beschwerde zu. [4] Hilft die Registerbehörde der Beschwerde nicht ab, so entscheidet das Bundesministerium der Justiz und für Verbraucherschutz.

§ 56 Behandlung von Eintragungen. (1) [1] Eintragungen nach § 54 werden bei der Anwendung dieses Gesetzes wie Eintragungen von Verurteilungen durch deutsche Gerichte im Geltungsbereich dieses Gesetzes behandelt. [2] Hierbei steht eine Rechtsfolge der im Geltungsbereich dieses Gesetzes geltenden Rechtsfolge gleich, der sie am meisten entspricht; Nebenstrafen und Nebenfolgen haben für die Anwendung dieses Gesetzes keine Rechtswirkung.

(2) Für die Nichtaufnahme einer nach § 54 eingetragenen Verurteilung in das Führungszeugnis und für die Tilgung der Eintragung bedarf es nicht der Erledigung der Vollstreckung.

(3) Die §§ 39 und 49 gelten entsprechend.

§ 56a *[aufgehoben]*

§ 56b Speicherung zum Zweck der Auskunftserteilung an Mitgliedstaaten der Europäischen Union. (1) [1] Übermittelt eine Zentralbehörde eines anderen Mitgliedstaates eine strafrechtliche Verurteilung über eine Person, die die deutsche Staatsangehörigkeit besitzt, und ist die Eintragung der Verurteilung nicht zulässig, weil die Voraussetzungen des § 54 Absatz 1 Nummer 2 nicht vorliegen, werden die Verurteilung sowie eintragungsfähige Folgemaßnahmen im Register gesondert gespeichert. [2] Speicherungen nach dieser Vorschrift dürfen an einen anderen Mitgliedstaat nur zur Unterstützung eines strafrechtlichen Verfahrens in diesem Staat auf Grund eines Ersuchens übermittelt werden.

(2) Die §§ 42 und 55 Absatz 2 gelten entsprechend.

(3) Die Speicherung wird im Register gelöscht, wenn

1. mitgeteilt wird, dass eine Tilgung durch den Urteilsmitgliedstaat erfolgt ist, oder
2. fünf Jahre abgelaufen sind; § 47 Absatz 1 gilt bei der Fristberechnung entsprechend.

§ 57 Auskunft an ausländische sowie über- und zwischenstaatliche Stellen.

(1) Ersuchen von Stellen eines anderen Staates sowie von über- und zwischenstaatlichen Stellen um Erteilung einer unbeschränkten Auskunft aus dem Register oder um Erteilung eines Führungszeugnisses an Behörden werden nach den hierfür geltenden völkerrechtlichen Verträgen, soweit an ihnen nach Artikel 59 Absatz 2 Satz 1 des Grundgesetzes die gesetzgebenden Körperschaften mitgewirkt haben, von der Registerbehörde ausgeführt.

(2) [1] Soweit kein völkerrechtlicher Vertrag im Sinne des Absatzes 1 vorliegt, kann die Registerbehörde als ausführende Behörde den in Absatz 1 genannten Stellen für die gleichen Zwecke und in gleichem Umfang eine unbeschränkte Auskunft aus dem Register oder ein Führungszeugnis an Behörden erteilen wie vergleichbaren deutschen Stellen. [2] Die empfangende Stelle ist darauf hinzuweisen, dass sie die Auskunft nur zu dem Zweck verwenden darf, für den sie erteilt worden ist. [3] Die Übermittlung personenbezogener Daten muss im Einklang mit Kapitel V der Verordnung (EU) 2016/679 und den sonstigen allgemeinen datenschutzrechtlichen Vorschriften stehen.

(3) [1] Regelmäßige Benachrichtigungen über strafrechtliche Verurteilungen und nachfolgende Maßnahmen, die im Register eingetragen werden (Strafnachrichten), werden nach den hierfür geltenden völkerrechtlichen Verträgen, die der Mitwirkung der gesetzgebenden Körperschaften nach Artikel 59 Abs. 2 des Grundgesetzes bedurften, erstellt und übermittelt. [2] Absatz 2 Satz 2 gilt entsprechend. [3] Ist eine Strafnachricht übermittelt worden, wird der empfangenden Stelle auch die Entfernung der Eintragung aus dem Register mitgeteilt.

(4) Die Verantwortung für die Zulässigkeit der Übermittlung trägt die übermittelnde Stelle.

(5) [1] Eine nach § 54 Absatz 3 Satz 1 Nummer 2 eingetragene Bedingung ist bei der Ausführung von Ersuchen nach den Absätzen 1 und 2 zu beachten. [2] Ist im Register zu einer nach § 54 eingetragenen Verurteilung eines anderen Mitgliedstaates die Tilgung der Verurteilung im Urteilsmitgliedstaat eingetragen, unterbleibt eine Auskunft aus dem Register über diese Verurteilung.

§ 57a Austausch von Registerinformationen mit Mitgliedstaaten der Europäischen Union.

(1) [1] Strafnachrichten über Personen, die die Staatsangehörigkeit eines anderen Mitgliedstaates der Europäischen Union besitzen, werden erstellt und der Registerbehörde des Mitgliedstaats übermittelt, dessen Staatsangehörigkeit die verurteilte Person besitzt. [2] Besitzt die Person die Staatsangehörigkeit mehrerer Mitgliedstaaten, ist jedem betroffenen Mitgliedstaat eine Strafnachricht zu übermitteln. [3] Die Sätze 1 und 2 sind auch anzuwenden, wenn die verurteilte Person zugleich die deutsche Staatsangehörigkeit besitzt. [4] § 57 Absatz 3 Satz 3 gilt entsprechend.

(2) [1] Ersuchen eines anderen Mitgliedstaates um Erteilung einer unbeschränkten Auskunft aus dem Register zur Unterstützung eines strafrechtlichen Verfahrens werden von der Registerbehörde erledigt; in die Auskunft sind auch die Eintragungen nach § 56b aufzunehmen. [2] § 57 Absatz 5 gilt entsprechend.

(3) [1] Für Ersuchen eines anderen Mitgliedstaates um Erteilung einer unbeschränkten Auskunft aus dem Register oder um Erteilung eines Führungszeugnisses an Behörden zur Unterstützung eines nichtstrafrechtlichen Verfahrens oder eines Verfahrens wegen einer Ordnungswidrigkeit gilt § 57 Absatz 1, 2 und 5 entsprechend. [2] Enthält die im Register eingetragene Verurteilung eines anderen Mitgliedstaates eine nach § 54 Absatz 3 Satz 1 Nummer 2 eingetragene Bedingung, die die Verwendung der Mitteilung der Verurteilung auf strafrechtliche Verfahren beschränkt, wird dem ersuchenden Mitgliedstaat, falls dem Ersuchen stattgegeben wird, nur mitgeteilt,

1. dass eine strafrechtliche Verurteilung eines anderen Mitgliedstaates vorhanden ist, deren Verwendung auf strafrechtliche Verfahren beschränkt ist, und
2. in welchem Mitgliedstaat die Verurteilung ergangen ist.

(4) [1] Ersuchen eines Mitgliedstaates der Europäischen Union um Erteilung einer Auskunft aus dem Register für nichtstrafrechtliche Zwecke, deren Art oder Umfang in diesem Gesetz nicht vorgesehen ist, erledigt die Registerbehörde, soweit die Erteilung nach Maßgabe von Rechtsakten der Europäischen Union geboten ist, es sei denn, dass eine besondere fachliche Bewertung zur Beschränkung der Auskunft erforderlich ist. [2] Ist eine solche Bewertung erforderlich, erhält die für die internationale Amtshilfe zuständige Behörde eine Auskunft aus dem Register. [3] § 57 Absatz 1, 2 und 4 sowie § 8e des Verwaltungsverfahrensgesetzes gelten entsprechend.

(5) [1] Zur Aufnahme von deutschen Registerinformationen in das Führungszeugnis eines anderen Mitgliedstaates ist diesem auf sein Ersuchen ein Führungszeugnis für Private oder zur Vorlage bei einer Behörde nach § 30 über eine Person, die die deutsche Staatsangehörigkeit besitzt und im ersuchenden Mitgliedstaat wohnt, zu erteilen. [2] Aus dem Ersuchen muss hervorgehen, dass ein entsprechender Antrag der Person im ersuchenden Mitgliedstaat vorliegt. [3] Ein Führungszeugnis nach § 30a wird zu dem in Satz 1 genannten Zweck erteilt, wenn die Voraussetzungen nach § 30a vorliegen.

(6) Die Verantwortung für die Zulässigkeit der Übermittlung trägt die übermittelnde Stelle.

(7) Ersuchen, die ausschließlich die Erteilung einer Auskunft aus dem Strafregister eines anderen Mitgliedstaates der Europäischen Union zum Inhalt haben und ihrem Umfang nach einer unbeschränkten Auskunft nach § 41 oder einem Behördenführungszeugnis nach § 31 vergleichbar sind, werden über die Registerbehörde an die Zentralbehörde des ersuchten Mitgliedstaates gerichtet.

§ 58 Berücksichtigung von Verurteilungen. [1] Eine strafrechtliche Verurteilung gilt, auch wenn sie nicht nach § 54 in das Register eingetragen ist, als tilgungsreif, sobald eine ihr vergleichbare Verurteilung im Geltungsbereich dieses Gesetzes tilgungsreif wäre. [2] § 53 gilt auch zugunsten der außerhalb des Geltungsbereichs dieses Gesetzes Verurteilten.

Dritter Teil. Das Erziehungsregister

§ 59 Führung des Erziehungsregisters. Für das Erziehungsregister gelten die Vorschriften des Zweiten Teils, soweit die §§ 60 bis 64 nicht etwas anderes bestimmen.

§ 60 Eintragungen in das Erziehungsregister. (1) In das Erziehungsregister werden die folgenden Entscheidungen und Anordnungen eingetragen, soweit sie nicht nach § 5 Abs. 2 in das Zentralregister einzutragen sind:
1. die Anordnung von Maßnahmen nach § 3 Satz 2 des Jugendgerichtsgesetzes,
2. die Anordnung von Erziehungsmaßregeln oder Zuchtmitteln sowie eines diesbezüglich verhängten Ungehorsamsarrestes (§§ 9 bis 16 des Jugendgerichtsgesetzes), Nebenstrafen oder Nebenfolgen (§ 8 Abs. 3, § 76 des Jugendgerichtsgesetzes) allein oder in Verbindung miteinander,
3. der Schuldspruch, der nach § 13 Absatz 2 Satz 2 Nummer 2 aus dem Zentralregister entfernt worden ist, sowie die Entscheidung, die nach § 13 Absatz 3 aus dem Zentralregister entfernt worden ist,
4. Entscheidungen, in denen das Gericht die Auswahl und Anordnung von Erziehungsmaßregeln dem Familiengericht überläßt (§§ 53, 104 Abs. 4 des Jugendgerichtsgesetzes),
5. Anordnungen des Familiengerichts, die auf Grund einer Entscheidung nach Nummer 4 ergehen,
6. der Freispruch wegen mangelnder Reife und die Einstellung des Verfahrens aus diesem Grunde (§ 3 Satz 1 des Jugendgerichtsgesetzes),
7. das Absehen von der Verfolgung nach § 45 des Jugendgerichtsgesetzes und die Einstellung des Verfahrens nach § 47 des Jugendgerichtsgesetzes,

8. *(aufgehoben)*
9. vorläufige und endgültige Entscheidungen des Familiengerichts nach § 1666 Abs. 1 und § 1666a des Bürgerlichen Gesetzbuchs sowie Entscheidungen des Familiengerichts nach § 1837 Abs. 4 in Verbindung mit § 1666 Abs. 1 und § 1666a des Bürgerlichen Gesetzbuchs, welche die Sorge für die Person des Minderjährigen betreffen; ferner die Entscheidungen, durch welche die vorgenannten Entscheidungen aufgehoben oder geändert werden.

(2) In den Fällen des Absatzes 1 Nr. 7 ist zugleich die vom Gericht nach § 45 Abs. 3 oder § 47 Abs. 1 Satz 1 Nr. 3 des Jugendgerichtsgesetzes getroffene Maßnahme einzutragen.

(3) Ist ein Jugendarrest angeordnet worden, wird auch seine vollständige Nichtvollstreckung eingetragen.

§ 61 Auskunft aus dem Erziehungsregister. (1) Eintragungen im Erziehungsregister dürfen – unbeschadet der §§ 21a, 42a – nur mitgeteilt werden

1. den Strafgerichten und Staatsanwaltschaften für Zwecke der Rechtspflege sowie den Justizvollzugsbehörden für Zwecke des Strafvollzugs einschließlich der Überprüfung aller im Strafvollzug tätigen Personen,
2. den Familiengerichten für Verfahren, welche die Sorge für die Person des im Register Geführten betreffen,
3. den Jugendämtern und den Landesjugendämtern für die Wahrnehmung von Erziehungsaufgaben der Jugendhilfe,
4. den Gnadenbehörden für Gnadensachen,
5. den für waffen- und sprengstoffrechtliche Erlaubnisse zuständigen Behörden mit der Maßgabe, dass nur Entscheidungen und Anordnungen nach § 60 Abs. 1 Nr. 1 bis 7 mitgeteilt werden dürfen,
6. den Verfassungsschutzbehörden des Bundes und der Länder, dem Bundesnachrichtendienst und dem Militärischen Abschirmdienst für die diesen Behörden übertragenen Sicherheitsaufgaben, wenn eine Auskunft nach § 41 Absatz 1 Nummer 3 im Einzelfall nicht ausreicht, und mit der Maßgabe, dass nur Entscheidungen und Anordnungen nach § 60 Absatz 1 Nummer 1 bis 7 mitgeteilt werden dürfen.

(2) Soweit Behörden sowohl aus dem Zentralregister als auch aus dem Erziehungsregister Auskunft zu erteilen ist, werden auf ein Ersuchen um Auskunft aus dem Zentralregister (§ 41 Absatz 3) auch die in das Erziehungsregister aufgenommenen Eintragungen mitgeteilt.

(3) Auskünfte aus dem Erziehungsregister dürfen nicht an andere als die in Absatz 1 genannten Behörden weitergeleitet werden.

§ 62 Suchvermerke. Im Erziehungsregister können Suchvermerke unter den Voraussetzungen des § 27 nur von den Behörden gespeichert werden, denen Auskunft aus dem Erziehungsregister erteilt wird.

§ 63 Entfernung von Eintragungen. (1) Eintragungen im Erziehungsregister werden entfernt, sobald die betroffene Person das 24. Lebensjahr vollendet hat.

(2) Die Entfernung unterbleibt, solange im Zentralregister eine Verurteilung zu Freiheitsstrafe, Strafarrest oder Jugendstrafe oder eine freiheitsentziehende Maßregel der Besserung und Sicherung eingetragen ist.

(3) [1] Die Registerbehörde kann auf Antrag oder von Amts wegen anordnen, daß Eintragungen vorzeitig entfernt werden, wenn die Vollstreckung erledigt ist und das öffentliche Interesse einer solchen Anordnung nicht entgegensteht. [2] § 49 Abs. 3 ist anzuwenden.

(4) Die §§ 51, 52 gelten entsprechend.

§ 64 Begrenzung von Offenbarungspflichten der betroffenen Person. (1) Eintragungen in das Erziehungsregister und die ihnen zugrunde liegenden Sachverhalte braucht die betroffene Person nicht zu offenbaren.

(2) Soweit Gerichte oder Behörden ein Recht auf Auskunft aus dem Erziehungsregister haben, kann die betroffene Person ihnen gegenüber keine Rechte aus Absatz 1 herleiten, falls sie hierüber belehrt wird.

Vierter Teil. Übernahme des Strafregisters beim Generalstaatsanwalt der Deutschen Demokratischen Republik

§ 64a Strafregister der Deutschen Demokratischen Republik. (1) Die Registerbehörde ist für das Speichern, Verändern, Übermitteln, Sperren und Löschen der Eintragungen und der zugrunde liegenden Unterlagen des bisher beim Generalstaatsanwalt der Deutschen Demokratischen Republik geführten Strafregisters zuständig; sie trägt als speichernde Stelle insoweit die datenschutzrechtliche Verantwortung.

(2) [1]Eintragungen des bisher beim Generalstaatsanwalt der Deutschen Demokratischen Republik geführten Strafregisters werden in das Zentralregister oder das Erziehungsregister übernommen. [2]Die Übernahme der Eintragungen in das Zentralregister oder das Erziehungsregister erfolgt spätestens anlässlich der Bearbeitung einer Auskunft aus dem Zentralregister oder dem Erziehungsregister nach Prüfung durch die Registerbehörde unter Beachtung von Absatz 3. [3]Die Entscheidung über die Übernahme aller Eintragungen hat innerhalb von drei Jahren zu erfolgen.

(3) [1]Nicht übernommen werden Eintragungen
1. über Verurteilungen oder Erkenntnisse, bei denen der zugrunde liegende Sachverhalt im Zeitpunkt der Übernahme dieses Gesetzes nicht mehr mit Strafe bedroht oder mit Ordnungsmitteln belegt ist,
2. über Verurteilungen oder Erkenntnisse, bei denen sich ergibt, daß diese mit rechtsstaatlichen Maßstäben nicht vereinbar sind,
3. von Untersuchungsorganen und von Staatsanwaltschaften im Sinne des Strafregistergesetzes der Deutschen Demokratischen Republik.

[2]Für Verurteilungen, die nicht übernommen wurden, gelten die §§ 51 bis 53.

(4) [1]Bis zur Entscheidung über die Übernahme sind die Eintragungen nach Absatz 1 außerhalb des Zentralregisters oder des Erziehungsregisters zu speichern und für Auskünfte nach diesem Gesetz zu sperren. [2]Dies gilt auch für Eintragungen, deren Übernahme abgelehnt worden ist. [3]Die in das Zentralregister oder das Erziehungsregister zu übernehmenden Eintragungen werden vom Zeitpunkt der Übernahmeentscheidung an nach den Vorschriften dieses Gesetzes behandelt.

(5) [1]Die Tilgungsfrist berechnet sich weiterhin nach den bisherigen Bestimmungen (§§ 26 bis 34 des Strafregistergesetzes der Deutschen Demokratischen Republik). [2]Erfolgt eine Neueintragung nach Übernahme des Bundeszentralregistergesetzes, gelten für die Feststellung und Berechnung der Tilgungsfrist die Vorschriften dieses Gesetzes.

§ 64b Eintragungen und Eintragungsunterlagen. (1) [1]Die nach § 64a Absatz 1 gespeicherten Eintragungen und Eintragungsunterlagen aus dem ehemaligen Strafregister der Deutschen Demokratischen Republik dürfen den für die Rehabilitierung zuständigen Stellen für Zwecke der Rehabilitierung übermittelt werden. [2]Eine Verarbeitung für andere Zwecke ist nur mit Einwilligung der betroffenen Person zulässig.

(2) [1]Auf Anforderung darf den zuständigen Stellen mitgeteilt werden, welche Eintragungen gemäß § 64a Abs. 3 nicht in das Zentralregister oder das Erziehungsregister übernommen worden sind, soweit dies bei Richtern und Staatsanwälten wegen ihrer dienstlichen Tätigkeit in der Deutschen Demokratischen Republik für dienstrechtliche Maßnahmen oder zur Rehabilitierung betroffener Personen erforderlich ist. [2]Die Mitteilung kann alle Eintragungen, die die anfordernde Stelle für ihre Entscheidung nach

Satz 1 benötigt, oder nur solche Eintragungen umfassen, die bestimmte, von der anfordernden Stelle vorgegebene Eintragungsmerkmale erfüllen.

Fünfter Teil. Übergangs- und Schlußvorschriften

§ 65 Übernahme von Eintragungen in das Zentralregister. (1) Eintragungen, die vor dem Inkrafttreten dieses Gesetzes in das Strafregister aufgenommen worden sind, werden in das Zentralregister übernommen.

(2) Nicht übernommen werden Eintragungen über Verurteilungen zu
1. Geldstrafe, die mehr als zwei Jahre vor dem Inkrafttreten dieses Gesetzes ausgesprochen worden ist, wenn die Ersatzfreiheitsstrafe nicht mehr als drei Monate beträgt und keine weitere Eintragung im Register enthalten ist,
2. Geldstrafe, bei der die Voraussetzungen der Nummer 1 nicht vorliegen, Freiheitsstrafe und Jugendstrafe von nicht mehr als neun Monaten sowie Strafarrest, wenn die Strafe mehr als fünf Jahre vor dem Inkrafttreten dieses Gesetzes ausgesprochen worden ist,
3. Freiheitsstrafe und Jugendstrafe von mehr als neun Monaten, aber nicht mehr als drei Jahren, die mehr als zehn Jahre vor dem Inkrafttreten dieses Gesetzes ausgesprochen worden ist,
4. Freiheitsstrafe und Jugendstrafe von mehr als drei, aber nicht mehr als fünf Jahren, die mehr als fünfzehn Jahre vor dem Inkrafttreten dieses Gesetzes ausgesprochen worden ist.

(3) Absatz 2 gilt nicht, wenn
1. die betroffene Person als gefährlicher Gewohnheitsverbrecher oder innerhalb der letzten zehn Jahre vor dem Inkrafttreten dieses Gesetzes zu Freiheitsstrafe oder Jugendstrafe von mehr als neun Monaten verurteilt worden ist,
2. gegen die betroffene Person auf Unterbringung in einer Heil- oder Pflegeanstalt oder auf Untersagung der Erteilung der Fahrerlaubnis für immer erkannt worden ist.

(4) Nicht übernommen werden ferner Eintragungen über Entscheidungen von Verwaltungsbehörden aus der Zeit bis zum 23. Mai 1945.

(5) Die in das Zentralregister zu übernehmenden Eintragungen werden nach den Vorschriften dieses Gesetzes behandelt.

§ 66 Bei Inkrafttreten dieses Gesetzes getilgte oder tilgungsreife Eintragungen. Für die Verurteilungen, die bei dem Inkrafttreten dieses Gesetzes im Strafregister getilgt oder tilgungsreif sind oder die nach § 65 Abs. 2 nicht in das Zentralregister übernommen werden, gelten die §§ 51 bis 53.

§ 67 Eintragungen in der Erziehungskartei. Die bei dem Inkrafttreten dieses Gesetzes vorhandenen Eintragungen in der gerichtlichen Erziehungskartei sind in das Erziehungsregister zu übernehmen.

§ 68 Bestimmungen und Bezeichnungen in anderen Vorschriften. Soweit in anderen Vorschriften auf das Gesetz über beschränkte Auskunft aus dem Strafregister und die Tilgung von Strafvermerken oder auf Bestimmungen des Jugendgerichtsgesetzes, welche die Behandlung von Verurteilungen nach Jugendstrafrecht im Strafregister betreffen, verwiesen wird oder Bezeichnungen verwendet werden, die durch dieses Gesetz aufgehoben oder geändert werden, treten an ihre Stelle die entsprechenden Bestimmungen und Bezeichnungen dieses Gesetzes.

§ 69 Übergangsvorschriften. (1) Sind strafrechtliche Verurteilungen, die nicht durch deutsche Gerichte im Geltungsbereich dieses Gesetzes ergangen sind, vor dem 1. August 1984 in das Zentralregister oder das Erziehungsregister eingetragen worden, so ist die Eintragung nach den bis zum Inkrafttreten des Zweiten Gesetzes zur Änderung des Bundeszentralregistergesetzes vom 17. Juli 1984 (BGBl. I S. 990) geltenden Vorschriften zu behandeln.

(2) [1] Verurteilungen wegen einer Straftat nach den §§ 174 bis 180 oder § 182 des Strafgesetzbuches zu einer Freiheitsstrafe oder Jugendstrafe, die vor dem 1. Juli 1998 in das Zentralregister eingetragen wurden, werden nach den Vorschriften dieses Gesetzes in der ab dem 1. Juli 1998 gültigen Fassung behandelt. [2] In ein Führungszeugnis oder eine unbeschränkte Auskunft werden vor dem 30. Januar 1998 erfolgte Verurteilungen nur aufgenommen, soweit sie zu diesem Zeitpunkt in ein Führungszeugnis oder eine unbeschränkte Auskunft aufzunehmen waren.

(3) [1] Eintragungen nach § 11, die vor dem 1. Oktober 2002 erfolgt sind, werden nach 20 Jahren aus dem Zentralregister entfernt. [2] Die Frist beginnt mit dem Tag der Entscheidung oder Verfügung. [3] § 24 Abs. 4 gilt entsprechend.

(4) Verurteilungen wegen einer Straftat nach den §§ 171, 180a, 181a, 183 bis 184f, 225, 232 bis 233a, 234, 235 oder § 236 des Strafgesetzbuchs, die vor dem 1. Mai 2010 in das Zentralregister eingetragen wurden, werden nach den Vorschriften dieses Gesetzes in der ab 1. Mai 2010 geltenden Fassung behandelt.

(5) [1] § 21 Satz 2 in der ab dem 29. Juli 2017 geltenden Fassung ist erst ab dem 1. Mai 2018 anzuwenden. [2] Bis zum 30. April 2018 ist § 21a Satz 2 in der am 20. November 2015 geltenden Fassung weiter anzuwenden.

§§ 70, 71 *(aufgehoben)*

8. Jugendgerichtsgesetz (JGG)

In der Fassung der Bekanntmachung vom 11. Dezember 1974 (BGBl. I S. 3427)
FNA 451-1
Zuletzt geändert durch Art. 1 G zur Stärkung der Verfahrensrechte von Beschuldigten im Jugendstrafverfahren vom 9.12.2019 (BGBl. I S. 2146)

(Auszug)

Erster Teil. Anwendungsbereich

§ 1 Persönlicher und sachlicher Anwendungsbereich. (1) Dieses Gesetz gilt, wenn ein Jugendlicher oder ein Heranwachsender eine Verfehlung begeht, die nach den allgemeinen Vorschriften mit Strafe bedroht ist.

(2) Jugendlicher ist, wer zurzeit der Tat vierzehn, aber noch nicht achtzehn, Heranwachsender, wer zurzeit der Tat achtzehn, aber noch nicht einundzwanzig Jahre alt ist.

(3) Ist zweifelhaft, ob der Beschuldigte zur Zeit der Tat das achtzehnte Lebensjahr vollendet hat, sind die für Jugendliche geltenden Verfahrensvorschriften anzuwenden.

§ 2 Ziel des Jugendstrafrechts; Anwendung des allgemeinen Strafrechts.
(1) [1] Die Anwendung des Jugendstrafrechts soll vor allem erneuten Straftaten eines Jugendlichen oder Heranwachsenden entgegenwirken. [2] Um dieses Ziel zu erreichen, sind die Rechtsfolgen und unter Beachtung des elterlichen Erziehungsrechts auch das Verfahren vorrangig am Erziehungsgedanken auszurichten.

(2) Die allgemeinen Vorschriften gelten nur, soweit in diesem Gesetz nichts anderes bestimmt ist.

Zweiter Teil. Jugendliche

Erstes Hauptstück. Verfehlungen Jugendlicher und ihre Folgen

§§ 3–32 *(nicht abgedruckt)*

Zweites Hauptstück. Jugendgerichtsverfassung und Jugendstrafverfahren

Erster Abschnitt. Jugendgerichtsverfassung

§ 33 Jugendgerichte. (1) Über Verfehlungen Jugendlicher entscheiden die Jugendgerichte.

(2) Jugendgerichte sind der Strafrichter als Jugendrichter, das Schöffengericht (Jugendschöffengericht) und die Strafkammer (Jugendkammer).

(3) ¹Die Landesregierungen werden ermächtigt, durch Rechtsverordnung zu regeln, daß ein Richter bei einem Amtsgericht zum Jugendrichter für den Bezirk mehrerer Amtsgerichte (Bezirksjugendrichter) bestellt und daß bei einem Amtsgericht ein gemeinsames Jugendschöffengericht für den Bezirk mehrerer Amtsgerichte eingerichtet wird. ²Die Landesregierungen können die Ermächtigung durch Rechtsverordnung auf die Landesjustizverwaltungen übertragen.

§ 33a Besetzung des Jugendschöffengerichts. (1) ¹Das Jugendschöffengericht besteht aus dem Jugendrichter als Vorsitzenden und zwei Jugendschöffen. ²Als Jugendschöffen sollen zu jeder Hauptverhandlung ein Mann und eine Frau herangezogen werden.

(2) Bei Entscheidungen außerhalb der Hauptverhandlung wirken die Jugendschöffen nicht mit.

§ 33b Besetzung der Jugendkammer. (1) Die Jugendkammer ist mit drei Richtern einschließlich des Vorsitzenden und zwei Jugendschöffen (große Jugendkammer), in Verfahren über Berufungen gegen Urteile des Jugendrichters mit dem Vorsitzenden und zwei Jugendschöffen (kleine Jugendkammer) besetzt.

(2) ¹Bei der Eröffnung des Hauptverfahrens beschließt die große Jugendkammer über ihre Besetzung in der Hauptverhandlung. ²Ist das Hauptverfahren bereits eröffnet, beschließt sie hierüber bei der Anberaumung des Termins zur Hauptverhandlung. ³Sie beschließt eine Besetzung mit drei Richtern einschließlich des Vorsitzenden und zwei Jugendschöffen, wenn
1. die Sache nach den allgemeinen Vorschriften einschließlich der Regelung des § 74e des Gerichtsverfassungsgesetzes zur Zuständigkeit des Schwurgerichts gehört,
2. ihre Zuständigkeit nach § 41 Absatz 1 Nummer 5 begründet ist oder
3. nach dem Umfang oder der Schwierigkeit der Sache die Mitwirkung eines dritten Richters notwendig erscheint.

⁴Im Übrigen beschließt die große Jugendkammer eine Besetzung mit zwei Richtern einschließlich des Vorsitzenden und zwei Jugendschöffen.

(3) Die Mitwirkung eines dritten Richters ist nach Absatz 2 Satz 3 Nummer 3 in der Regel notwendig, wenn
1. die Jugendkammer die Sache nach § 41 Absatz 1 Nummer 2 übernommen hat,
2. die Hauptverhandlung voraussichtlich länger als zehn Tage dauern wird oder
3. die Sache eine der in § 74c Absatz 1 Satz 1 des Gerichtsverfassungsgesetzes genannten Straftaten zum Gegenstand hat.

(4) ¹In Verfahren über die Berufung gegen ein Urteil des Jugendschöffengerichts gilt Absatz 2 entsprechend. ²Die große Jugendkammer beschließt ihre Besetzung mit drei Richtern einschließlich des Vorsitzenden und zwei Jugendschöffen auch dann, wenn mit dem angefochtenen Urteil auf eine Jugendstrafe von mehr als vier Jahren erkannt wurde.

(5) Hat die große Jugendkammer eine Besetzung mit zwei Richtern einschließlich des Vorsitzenden und zwei Jugendschöffen beschlossen und ergeben sich vor Beginn der

Hauptverhandlung neue Umstände, die nach Maßgabe der Absätze 2 bis 4 eine Besetzung mit drei Richtern einschließlich des Vorsitzenden und zwei Jugendschöffen erforderlich machen, beschließt sie eine solche Besetzung.

(6) Ist eine Sache vom Revisionsgericht zurückverwiesen oder die Hauptverhandlung ausgesetzt worden, kann die jeweils zuständige Jugendkammer erneut nach Maßgabe der Absätze 2 bis 4 über ihre Besetzung beschließen.

(7) § 33a Abs. 1 Satz 2, Abs. 2 gilt entsprechend.

§ 34 Aufgaben des Jugendrichters. (1) Dem Jugendrichter obliegen alle Aufgaben, die ein Richter beim Amtsgericht im Strafverfahren hat.

(2) [1] Dem Jugendrichter sollen für die Jugendlichen die familiengerichtlichen Erziehungsaufgaben übertragen werden. [2] Aus besonderen Gründen, namentlich wenn der Jugendrichter für den Bezirk mehrerer Amtsgerichte bestellt ist, kann hiervon abgewichen werden.

(3) Familiengerichtliche Erziehungsaufgaben sind
1. die Unterstützung der Eltern, des Vormundes und des Pflegers durch geeignete Maßnahmen (§ 1631 Abs. 3, §§ 1800, 1915 des Bürgerlichen Gesetzbuches),
2. die Maßnahmen zur Abwendung einer Gefährdung des Jugendlichen (§§ 1666, 1666a, 1837 Abs. 4, § 1915 des Bürgerlichen Gesetzbuches).

§ 35 Jugendschöffen. (1) [1] Die Schöffen der Jugendgerichte (Jugendschöffen) werden auf Vorschlag des Jugendhilfeausschusses für die Dauer von fünf Geschäftsjahren von dem in § 40 des Gerichtsverfassungsgesetzes vorgesehenen Ausschuß gewählt. [2] Dieser soll eine gleiche Anzahl von Männern und Frauen wählen.

(2) [1] Der Jugendhilfeausschuß soll ebenso viele Männer wie Frauen und muss mindestens die doppelte Anzahl von Personen vorschlagen, die als Jugendschöffen und -hilfsschöffen benötigt werden. [2] Die Vorgeschlagenen sollen erzieherisch befähigt und in der Jugenderziehung erfahren sein.

(3) [1] Die Vorschlagsliste des Jugendhilfeausschusses gilt als Vorschlagsliste im Sinne des § 36 des Gerichtsverfassungsgesetzes. [2] Für die Aufnahme in die Liste ist die Zustimmung von zwei Dritteln der anwesenden stimmberechtigten Mitglieder, mindestens jedoch der Hälfte aller stimmberechtigten Mitglieder des Jugendhilfeausschusses erforderlich. [3] Die Vorschlagsliste ist im Jugendamt eine Woche lang zu jedermanns Einsicht aufzulegen. [4] Der Zeitpunkt der Auflegung ist vorher öffentlich bekanntzumachen.

(4) Bei der Entscheidung über Einsprüche gegen die Vorschlagsliste des Jugendhilfeausschusses und bei der Wahl der Jugendschöffen und -hilfsschöffen führt der Jugendrichter den Vorsitz in dem Schöffenwahlausschuß.

(5) Die Jugendschöffen werden in besondere für Männer und Frauen getrennt zu führende Schöffenlisten aufgenommen.

(6) Die Wahl der Jugendschöffen erfolgt gleichzeitig mit der Wahl der Schöffen für die Schöffengerichte und die Strafkammern.

§ 36 Jugendstaatsanwalt. (1) [1] Für Verfahren, die zur Zuständigkeit der Jugendgerichte gehören, werden Jugendstaatsanwälte bestellt. [2] Richter auf Probe und Beamte auf Probe sollen im ersten Jahr nach ihrer Ernennung nicht zum Jugendstaatsanwalt bestellt werden.

(2) [1] Jugendstaatsanwaltliche Aufgaben dürfen Amtsanwälten nur übertragen werden, wenn diese die besonderen Anforderungen erfüllen, die für die Wahrnehmung jugendstaatsanwaltlicher Aufgaben an Staatsanwälte gestellt werden. [2] Referendaren kann im Einzelfall die Wahrnehmung jugendstaatsanwaltlicher Aufgaben unter Aufsicht eines Jugendstaatsanwalts übertragen werden. [3] Die Sitzungsvertretung in Verfahren vor den Jugendgerichten dürfen Referendare nur unter Aufsicht und im Beisein eines Jugendstaatsanwalts wahrnehmen.

§ 37 Auswahl der Jugendrichter und Jugendstaatsanwälte. Die Richter bei den Jugendgerichten und die Jugendstaatsanwälte sollen erzieherisch befähigt und in der Jugenderziehung erfahren sein.

§ 38 Jugendgerichtshilfe. (1) Die Jugendgerichtshilfe wird von den Jugendämtern im Zusammenwirken mit den Vereinigungen für Jugendhilfe ausgeübt.

(2) [1]Die Vertreter der Jugendgerichtshilfe bringen die erzieherischen, sozialen und sonstigen im Hinblick auf die Ziele und Aufgaben der Jugendhilfe bedeutsamen Gesichtspunkte im Verfahren vor den Jugendgerichten zur Geltung. [2]Sie unterstützen zu diesem Zweck die beteiligten Behörden durch Erforschung der Persönlichkeit, der Entwicklung und des familiären, sozialen und wirtschaftlichen Hintergrundes des Jugendlichen und äußern sich zu einer möglichen besonderen Schutzbedürftigkeit sowie zu den Maßnahmen, die zu ergreifen sind.

(3) [1]Sobald es im Verfahren von Bedeutung ist, soll über das Ergebnis der Nachforschungen nach Absatz 2 möglichst zeitnah Auskunft gegeben werden. [2]In Haftsachen berichten die Vertreter der Jugendgerichtshilfe beschleunigt über das Ergebnis ihrer Nachforschungen. [3]Bei einer wesentlichen Änderung der nach Absatz 2 bedeutsamen Umstände führen sie nötigenfalls ergänzende Nachforschungen durch und berichten der Jugendstaatsanwaltschaft und nach Erhebung der Anklage auch dem Jugendgericht darüber.

(4) [1]Ein Vertreter der Jugendgerichtshilfe nimmt an der Hauptverhandlung teil, soweit darauf nicht nach Absatz 7 verzichtet wird. [2]Entsandt werden soll die Person, die die Nachforschungen angestellt hat. [3]Erscheint trotz rechtzeitiger Mitteilung nach § 50 Absatz 3 Satz 1 kein Vertreter der Jugendgerichtshilfe in der Hauptverhandlung und ist kein Verzicht nach Absatz 7 erklärt worden, so kann dem Träger der öffentlichen Jugendhilfe auferlegt werden, die dadurch verursachten Kosten zu ersetzen; § 51 Absatz 2 der Strafprozessordnung gilt entsprechend.

(5) [1]Soweit nicht ein Bewährungshelfer dazu berufen ist, wacht die Jugendgerichtshilfe darüber, dass der Jugendliche Weisungen und Auflagen nachkommt. [2]Erhebliche Zuwiderhandlungen teilt sie dem Jugendgericht mit. [3]Im Fall der Unterstellung nach § 10 Absatz 1 Satz 3 Nummer 5 übt sie die Betreuung und Aufsicht aus, wenn das Jugendgericht nicht eine andere Person damit betraut. [4]Während der Bewährungszeit arbeitet sie eng mit dem Bewährungshelfer zusammen. [5]Während des Vollzugs bleibt sie mit dem Jugendlichen in Verbindung und nimmt sich seiner Wiedereingliederung in die Gemeinschaft an.

(6) [1]Im gesamten Verfahren gegen einen Jugendlichen ist die Jugendgerichtshilfe heranzuziehen. [2]Dies soll so früh wie möglich geschehen. [3]Vor der Erteilung von Weisungen (§ 10) sind die Vertreter der Jugendgerichtshilfe stets zu hören; kommt eine Betreuungsweisung in Betracht, sollen sie sich auch dazu äußern, wer als Betreuungshelfer bestellt werden soll.

(7) [1]Das Jugendgericht und im Vorverfahren die Jugendstaatsanwaltschaft können auf die Erfüllung der Anforderungen des Absatzes 3 und auf Antrag der Jugendgerichtshilfe auf die Erfüllung der Anforderungen des Absatzes 4 Satz 1 verzichten, soweit dies auf Grund der Umstände des Falles gerechtfertigt und mit dem Wohl des Jugendlichen vereinbar ist. [2]Der Verzicht ist der Jugendgerichtshilfe und den weiteren am Verfahren Beteiligten möglichst frühzeitig mitzuteilen. [3]Im Vorverfahren kommt ein Verzicht insbesondere in Betracht, wenn zu erwarten ist, dass das Verfahren ohne Erhebung der öffentlichen Klage abgeschlossen wird. [4]Der Verzicht auf die Anwesenheit eines Vertreters der Jugendgerichtshilfe in der Hauptverhandlung kann sich auch auf Teile der Hauptverhandlung beschränken. [5]Er kann auch während der Hauptverhandlung erklärt werden und bedarf in diesem Fall keines Antrags.

Zweiter Abschnitt. Zuständigkeit

§ 39 Sachliche Zuständigkeit des Jugendrichters. (1) [1]Der Jugendrichter ist zuständig für Verfehlungen Jugendlicher, wenn nur Erziehungsmaßregeln, Zuchtmittel, nach diesem Gesetz zulässige Nebenstrafen und Nebenfolgen oder die Entziehung der Fahrerlaubnis zu erwarten sind und der Staatsanwalt Anklage beim Strafrichter erhebt. ²Der Jugendrichter ist nicht zuständig in Sachen, die nach § 103 gegen Jugendliche und Erwachsene verbunden sind, wenn für die Erwachsenen nach allgemeinen Vorschriften der Richter beim Amtsgericht nicht zuständig wäre. ³§ 209 Abs. 2 der Strafprozeßordnung gilt entsprechend.

(2) Der Jugendrichter darf auf Jugendstrafe von mehr als einem Jahr nicht erkennen; die Unterbringung in einem psychiatrischen Krankenhaus darf er nicht anordnen.

§ 40 Sachliche Zuständigkeit des Jugendschöffengerichts. (1) ¹Das Jugendschöffengericht ist zuständig für alle Verfehlungen, die nicht zur Zuständigkeit eines anderen Jugendgerichts gehören. ² § 209 der Strafprozeßordnung gilt entsprechend.

(2) Das Jugendschöffengericht kann bis zur Eröffnung des Hauptverfahrens von Amts wegen die Entscheidung der Jugendkammer darüber herbeiführen, ob sie eine Sache wegen ihres besonderen Umfangs übernehmen will.

(3) Vor Erlaß des Übernahmebeschlusses fordert der Vorsitzende der Jugendkammer den Angeschuldigten auf, sich innerhalb einer zu bestimmenden Frist zu erklären, ob er die Vornahme einzelner Beweiserhebungen vor der Hauptverhandlung beantragen will.

(4) ¹Der Beschluß, durch den die Jugendkammer die Sache übernimmt oder die Übernahme ablehnt, ist nicht anfechtbar. ²Der Übernahmebeschluß ist mit dem Eröffnungsbeschluß zu verbinden.

§ 41 Sachliche Zuständigkeit der Jugendkammer. (1) Die Jugendkammer ist als erkennendes Gericht des ersten Rechtszuges zuständig in Sachen,
1. die nach den allgemeinen Vorschriften einschließlich der Regelung des § 74e des Gerichtsverfassungsgesetzes zur Zuständigkeit des Schwurgerichts gehören,
2. die sie nach Vorlage durch das Jugendschöffengericht wegen ihres besonderen Umfangs übernimmt (§ 40 Abs. 2),
3. die nach § 103 gegen Jugendliche und Erwachsene verbunden sind, wenn für die Erwachsenen nach allgemeinen Vorschriften eine große Strafkammer zuständig wäre,
4. bei denen die Staatsanwaltschaft wegen der besonderen Schutzbedürftigkeit von Verletzten der Straftat, die als Zeugen in Betracht kommen, Anklage bei der Jugendkammer erhebt und
5. bei denen dem Beschuldigten eine Tat der in § 7 Abs. 2 bezeichneten Art vorgeworfen wird und eine höhere Strafe als fünf Jahre Jugendstrafe oder die Unterbringung in einem psychiatrischen Krankenhaus zu erwarten ist.

(2) ¹Die Jugendkammer ist außerdem zuständig für die Verhandlung und Entscheidung über das Rechtsmittel der Berufung gegen die Urteile des Jugendrichters und des Jugendschöffengerichts. ²Sie trifft auch die in § 73 Abs. 1 des Gerichtsverfassungsgesetzes bezeichneten Entscheidungen.

§ 42 Örtliche Zuständigkeit. (1) Neben dem Richter, der nach dem allgemeinen Verfahrensrecht oder nach besonderen Vorschriften zuständig ist, sind zuständig
1. der Richter, dem die familiengerichtlichen Erziehungsaufgaben für den Beschuldigten obliegen,
2. der Richter, in dessen Bezirk sich der auf freiem Fuß befindliche Beschuldigte zurzeit der Erhebung der Anklage aufhält,
3. solange der Beschuldigte eine Jugendstrafe noch nicht vollständig verbüßt hat, der Richter, dem die Aufgaben des Vollstreckungsleiters obliegen.

(2) Der Staatsanwalt soll die Anklage nach Möglichkeit vor dem Richter erheben, dem die familiengerichtlichen Erziehungsaufgaben obliegen, solange aber der Beschuldigte eine Jugendstrafe noch nicht vollständig verbüßt hat, vor dem Richter, dem die Aufgaben des Vollstreckungsleiters obliegen.

(3) ¹Wechselt der Angeklagte seinen Aufenthalt, so kann der Richter das Verfahren mit Zustimmung des Staatsanwalts an den Richter abgeben, in dessen Bezirk sich der Angeklagte aufhält. ²Hat der Richter, an den das Verfahren abgegeben worden ist, gegen die Übernahme Bedenken, so entscheidet das gemeinschaftliche obere Gericht.

Dritter Abschnitt. Jugendstrafverfahren

Erster Unterabschnitt. Das Vorverfahren

§ 43 Umfang der Ermittlungen. (1) ¹Nach Einleitung des Verfahrens sollen so bald wie möglich die Lebens- und Familienverhältnisse, der Werdegang, das bisherige Verhalten des Beschuldigten und alle übrigen Umstände ermittelt werden, die zur Beurteilung seiner seelischen, geistigen und charakterlichen Eigenart dienen können. ²Der Erziehungsberechtigte und der gesetzliche Vertreter, die Schule und der Ausbildende sollen, soweit möglich, gehört werden. ³Die Anhörung der Schule oder des Ausbildenden unterbleibt, wenn der Jugendliche davon unerwünschte Nachteile, namentlich den Verlust seines Ausbildungs- oder Arbeitsplatzes, zu besorgen hätte. ⁴§ 38 Absatz 6 und § 70 Absatz 2 sind zu beachten.

(2) ¹Soweit erforderlich, ist eine Untersuchung des Beschuldigten, namentlich zur Feststellung seines Entwicklungsstandes oder anderer für das Verfahren wesentlicher Eigenschaften, herbeizuführen. ²Nach Möglichkeit soll ein zur Untersuchung von Jugendlichen befähigter Sachverständiger mit der Durchführung der Anordnung beauftragt werden.

§ 44 Vernehmung des Beschuldigten bei zu erwartender Jugendstrafe. Ist Jugendstrafe zu erwarten, so soll der Staatsanwalt oder der Vorsitzende des Jugendgerichts den Beschuldigten vernehmen, ehe die Anklage erhoben wird.

§ 45 Absehen von der Verfolgung. (1) Der Staatsanwalt kann ohne Zustimmung des Richters von der Verfolgung absehen, wenn die Voraussetzungen des § 153 der Strafprozeßordnung vorliegen.

(2) ¹Der Staatsanwalt sieht von der Verfolgung ab, wenn eine erzieherische Maßnahme bereits durchgeführt oder eingeleitet ist und er weder eine Beteiligung des Richters nach Absatz 3 noch die Erhebung der Anklage für erforderlich hält. ²Einer erzieherischen Maßnahme steht das Bemühen des Jugendlichen gleich, einen Ausgleich mit dem Verletzten zu erreichen.

(3) ¹Der Staatsanwalt regt die Erteilung einer Ermahnung, von Weisungen nach § 10 Abs. 1 Satz 3 Nr. 4, 7 und 9 oder von Auflagen durch den Jugendrichter an, wenn der Beschuldigte geständig ist und der Staatsanwalt die Anordnung einer solchen richterlichen Maßnahme für erforderlich, die Erhebung der Anklage aber nicht für geboten hält. ²Entspricht der Jugendrichter der Anregung, so sieht der Staatsanwalt von der Verfolgung ab, bei Erteilung von Weisungen oder Auflagen jedoch nur, nachdem der Jugendliche ihnen nachgekommen ist. ³§ 11 Abs. 3 und § 15 Abs. 3 Satz 2 sind nicht anzuwenden. ⁴§ 47 Abs. 3 findet entsprechende Anwendung.

§ 46 Wesentliches Ergebnis der Ermittlungen. Der Staatsanwalt soll das wesentliche Ergebnis der Ermittlungen in der Anklageschrift (§ 200 Abs. 2 der Strafprozeßordnung) so darstellen, daß die Kenntnisnahme durch den Beschuldigten möglichst keine Nachteile für seine Erziehung verursacht.

Zweiter Unterabschnitt. Das Hauptverfahren

§ 47 Einstellung des Verfahrens durch den Richter. (1) ¹Ist die Anklage eingereicht, so kann der Richter das Verfahren einstellen, wenn

1. die Voraussetzungen des § 153 der Strafprozeßordnung vorliegen,
2. eine erzieherische Maßnahme im Sinne des § 45 Abs. 2, die eine Entscheidung durch Urteil entbehrlich macht, bereits durchgeführt oder eingeleitet ist,
3. der Richter eine Entscheidung durch Urteil für entbehrlich hält und gegen den geständigen Jugendlichen eine in § 45 Abs. 3 Satz 1 bezeichnete Maßnahme anordnet oder
4. der Angeklagte mangels Reife strafrechtlich nicht verantwortlich ist.

²In den Fällen von Satz 1 Nr. 2 und 3 kann der Richter mit Zustimmung des Staatsanwalts das Verfahren vorläufig einstellen und dem Jugendlichen eine Frist von höchstens sechs Monaten setzen, binnen der er den Auflagen, Weisungen oder erzieherischen Maßnahmen nachzukommen hat. ³Die Entscheidung ergeht durch Beschluß. ⁴Der Beschluß ist nicht anfechtbar. ⁵Kommt der Jugendliche den Auflagen, Weisungen oder erzieherischen Maßnahmen nach, so stellt der Richter das Verfahren ein. ⁶§ 11 Abs. 3 und § 15 Abs. 3 Satz 2 sind nicht anzuwenden.

(2) ¹Die Einstellung bedarf der Zustimmung des Staatsanwalts, soweit er nicht bereits der vorläufigen Einstellung zugestimmt hat. ²Der Einstellungsbeschluß kann auch in der Hauptverhandlung ergehen. ³Er wird mit Gründen versehen und ist nicht anfechtbar. ⁴Die Gründe werden dem Angeklagten nicht mitgeteilt, soweit davon Nachteile für die Erziehung zu befürchten sind.

(3) Wegen derselben Tat kann nur auf Grund neuer Tatsachen oder Beweismittel von neuem Anklage erhoben werden.

§ 47a Vorrang der Jugendgerichte. ¹Ein Jugendgericht darf sich nach Eröffnung des Hauptverfahrens nicht für unzuständig erklären, weil die Sache vor ein für allgemeine Strafsachen zuständiges Gericht gleicher oder niedrigerer Ordnung gehöre. ² § 103 Abs. 2 Satz 2, 3 bleibt unberührt.

§ 48 Nichtöffentlichkeit. (1) Die Verhandlung vor dem erkennenden Gericht einschließlich der Verkündung der Entscheidungen ist nicht öffentlich.

(2) ¹Neben den am Verfahren Beteiligten ist dem Verletzten, seinem Erziehungsberechtigten und seinem gesetzlichen Vertreter und, falls der Angeklagte der Aufsicht und Leitung eines Bewährungshelfers oder der Betreuung und Aufsicht eines Betreuungshelfers untersteht oder für ihn ein Erziehungsbeistand bestellt ist, dem Helfer und dem Erziehungsbeistand die Anwesenheit gestattet. ²Das gleiche gilt in den Fällen, in denen dem Jugendlichen Hilfe zur Erziehung in einem Heim oder einer vergleichbaren Einrichtung gewährt wird, für den Leiter der Einrichtung. ³Andere Personen kann der Vorsitzende aus besonderen Gründen, namentlich zu Ausbildungszwecken, zulassen.

(3) ¹Sind in dem Verfahren auch Heranwachsende oder Erwachsene angeklagt, so ist die Verhandlung öffentlich. ²Die Öffentlichkeit kann ausgeschlossen werden, wenn dies im Interesse der Erziehung jugendlicher Angeklagter geboten ist.

§ 49 *(aufgehoben)*

§ 50 Anwesenheit in der Hauptverhandlung. (1) Die Hauptverhandlung kann nur dann ohne den Angeklagten stattfinden, wenn dies im allgemeinen Verfahren zulässig wäre, besondere Gründe dafür vorliegen und die Jugendstaatsanwaltschaft zustimmt.

(2) ¹Der Vorsitzende soll auch die Ladung der Erziehungsberechtigten und der gesetzlichen Vertreter anordnen. ²Die Vorschriften über die Ladung, die Folgen des Ausbleibens und die Entschädigung von Zeugen gelten entsprechend.

(3) ¹Der Jugendgerichtshilfe sind Ort und Zeit der Hauptverhandlung in angemessener Frist vor dem vorgesehenen Termin mitzuteilen. ²Der Vertreter der Jugendgerichtshilfe erhält in der Hauptverhandlung auf Verlangen das Wort. ³Ist kein Vertreter der Jugendgerichtshilfe anwesend, kann unter den Voraussetzungen des § 38 Absatz 7 Satz 1 ein schriftlicher Bericht der Jugendgerichtshilfe in der Hauptverhandlung verlesen werden.

(4) [1] Nimmt ein bestellter Bewährungshelfer an der Hauptverhandlung teil, so soll er zu der Entwicklung des Jugendlichen in der Bewährungszeit gehört werden. [2] Satz 1 gilt für einen bestellten Betreuungshelfer und den Leiter eines sozialen Trainingskurses, an dem der Jugendliche teilnimmt, entsprechend.

§ 51 Zeitweilige Ausschließung von Beteiligten.

(1) [1] Der Vorsitzende soll den Angeklagten für die Dauer solcher Erörterungen von der Verhandlung ausschließen, aus denen Nachteile für die Erziehung entstehen können. [2] Er hat ihn von dem, was in seiner Abwesenheit verhandelt worden ist, zu unterrichten, soweit es für seine Verteidigung erforderlich ist.

(2) [1] Der Vorsitzende kann auch Erziehungsberechtigte und gesetzliche Vertreter des Angeklagten von der Verhandlung ausschließen, soweit
1. erhebliche erzieherische Nachteile drohen, weil zu befürchten ist, dass durch die Erörterung der persönlichen Verhältnisse des Angeklagten in ihrer Gegenwart eine erforderliche künftige Zusammenarbeit zwischen den genannten Personen und der Jugendgerichtshilfe bei der Umsetzung zu erwartender jugendgerichtlicher Sanktionen in erheblichem Maße erschwert wird,
2. sie verdächtig sind, an der Verfehlung des Angeklagten beteiligt zu sein, oder soweit sie wegen einer Beteiligung verurteilt sind,
3. eine Gefährdung des Lebens, des Leibes oder der Freiheit des Angeklagten, eines Zeugen oder einer anderen Person oder eine sonstige erhebliche Beeinträchtigung des Wohls des Angeklagten zu besorgen ist,
4. zu befürchten ist, dass durch ihre Anwesenheit die Ermittlung der Wahrheit beeinträchtigt wird, oder
5. Umstände aus dem persönlichen Lebensbereich eines Verfahrensbeteiligten, Zeugen oder durch eine rechtswidrige Tat Verletzten zur Sprache kommen, deren Erörterung in ihrer Anwesenheit schutzwürdige Interessen verletzen würde, es sei denn, das Interesse der Erziehungsberechtigten und gesetzlichen Vertreter an der Erörterung dieser Umstände in ihrer Gegenwart überwiegt.

[2] Der Vorsitzende kann in den Fällen des Satzes 1 Nr. 3 bis 5 auch Erziehungsberechtigte und gesetzliche Vertreter des Verletzten von der Verhandlung ausschließen, im Fall der Nummer 3 auch dann, wenn eine sonstige erhebliche Beeinträchtigung des Wohls des Verletzten zu besorgen ist. [3] Erziehungsberechtigte und gesetzliche Vertreter sind auszuschließen, wenn die Voraussetzungen des Satzes 1 Nr. 5 vorliegen und der Ausschluss von der Person, deren Lebensbereich betroffen ist, beantragt wird. [4] Satz 1 Nr. 5 gilt nicht, soweit die Personen, deren Lebensbereiche betroffen sind, in der Hauptverhandlung dem Ausschluss widersprechen.

(3) § 177 des Gerichtsverfassungsgesetzes gilt entsprechend.

(4) [1] In den Fällen des Absatzes 2 ist vor einem Ausschluss auf ein einvernehmliches Verlassen des Sitzungssaales hinzuwirken. [2] Der Vorsitzende hat die Erziehungsberechtigten und gesetzlichen Vertreter des Angeklagten, sobald diese wieder anwesend sind, in geeigneter Weise von dem wesentlichen Inhalt dessen zu unterrichten, was während ihrer Abwesenheit ausgesagt oder sonst verhandelt worden ist.

(5) Der Ausschluss von Erziehungsberechtigten und gesetzlichen Vertretern nach den Absätzen 2 und 3 ist auch zulässig, wenn sie zum Beistand (§ 69) bestellt sind.

(6) [1] Werden die Erziehungsberechtigten und die gesetzlichen Vertreter für einen nicht unerheblichen Teil der Hauptverhandlung ausgeschlossen, so ist für die Dauer ihres Ausschlusses von dem Vorsitzenden einer anderen für den Schutz der Interessen des Jugendlichen geeigneten volljährigen Person die Anwesenheit zu gestatten. [2] Dem Jugendlichen soll Gelegenheit gegeben werden, eine volljährige Person seines Vertrauens zu bezeichnen. [3] Die anwesende andere geeignete Person erhält in der Hauptverhandlung auf Verlangen das Wort. [4] Wird keiner sonstigen anderen Person nach Satz 1 die Anwesenheit gestattet, muss ein für die Betreuung des Jugendlichen in dem Jugendstrafverfahren zuständiger Vertreter der Jugendhilfe anwesend sein.

(7) Sind in der Hauptverhandlung keine Erziehungsberechtigten und keine gesetzlichen Vertreter anwesend, weil sie binnen angemessener Frist nicht erreicht werden konnten, so gilt Absatz 6 entsprechend.

§ 52 Berücksichtigung von Untersuchungshaft bei Jugendarrest. Wird auf Jugendarrest erkannt und ist dessen Zweck durch Untersuchungshaft oder eine andere wegen der Tat erlittene Freiheitsentziehung ganz oder teilweise erreicht, so kann der Richter im Urteil aussprechen, daß oder wieweit der Jugendarrest nicht vollstreckt wird.

§ 52a Anrechnung von Untersuchungshaft bei Jugendstrafe. (1) [1] Hat der Angeklagte aus Anlaß einer Tat, die Gegenstand des Verfahrens ist oder gewesen ist, Untersuchungshaft oder eine andere Freiheitsentziehung erlitten, so wird sie auf die Jugendstrafe angerechnet. [2] Der Richter kann jedoch anordnen, daß die Anrechnung ganz oder zum Teil unterbleibt, wenn sie im Hinblick auf das Verhalten des Angeklagten nach der Tat oder aus erzieherischen Gründen nicht gerechtfertigt ist. [3] Erzieherische Gründe liegen namentlich vor, wenn bei Anrechnung der Freiheitsentziehung die noch erforderliche erzieherische Einwirkung auf den Angeklagten nicht gewährleistet ist.

(2) *(aufgehoben)*

§ 53 Überweisung an das Familiengericht. [1] Der Richter kann dem Familiengericht im Urteil die Auswahl und Anordnung von Erziehungsmaßregeln überlassen, wenn er nicht auf Jugendstrafe erkennt. [2] Das Familiengericht muß dann eine Erziehungsmaßregel anordnen, soweit sich nicht die Umstände, die für das Urteil maßgebend waren, verändert haben.

§ 54 Urteilsgründe. (1) [1] Wird der Angeklagte schuldig gesprochen, so wird in den Urteilsgründen auch ausgeführt, welche Umstände für seine Bestrafung, für die angeordneten Maßnahmen, für die Überlassung ihrer Auswahl und Anordnung an das Familiengericht oder für das Absehen von Zuchtmitteln und Strafe bestimmend waren. [2] Dabei soll namentlich die seelische, geistige und körperliche Eigenart des Angeklagten berücksichtigt werden.

(2) Die Urteilsgründe werden dem Angeklagten nicht mitgeteilt, soweit davon Nachteile für die Erziehung zu befürchten sind.

Dritter Unterabschnitt. Rechtsmittelverfahren

§ 55 Anfechtung von Entscheidungen. (1) [1] Eine Entscheidung, in der lediglich Erziehungsmaßregeln oder Zuchtmittel angeordnet oder die Auswahl und Anordnung von Erziehungsmaßregeln dem Familiengericht überlassen sind, kann nicht wegen des Umfangs der Maßnahmen und nicht deshalb angefochten werden, weil andere oder weitere Erziehungsmaßregeln oder Zuchtmittel hätten angeordnet werden sollen oder weil die Auswahl und Anordnung der Erziehungsmaßregeln dem Familiengericht überlassen worden sind. [2] Diese Vorschrift gilt nicht, wenn der Richter angeordnet hat, Hilfe zur Erziehung nach § 12 Nr. 2 in Anspruch zu nehmen.

(2) [1] Wer eine zulässige Berufung eingelegt hat, kann gegen das Berufungsurteil nicht mehr Revision einlegen. [2] Hat der Angeklagte, der Erziehungsberechtigte oder der gesetzliche Vertreter eine zulässige Berufung eingelegt, so steht gegen das Berufungsurteil keinem von ihnen das Rechtsmittel der Revision zu.

(3) Der Erziehungsberechtigte oder der gesetzliche Vertreter kann das von ihm eingelegte Rechtsmittel nur mit Zustimmung des Angeklagten zurücknehmen.

(4) Soweit ein Beteiligter nach Absatz 1 Satz 1 an der Anfechtung einer Entscheidung gehindert ist oder nach Absatz 2 kein Rechtsmittel gegen die Berufungsentscheidung einlegen kann, gilt § 356a der Strafprozessordnung entsprechend.

§ 56 Teilvollstreckung einer Einheitsstrafe. (1) [1] Ist ein Angeklagter wegen mehrerer Straftaten zu einer Einheitsstrafe verurteilt worden, so kann das Rechtsmittelgericht vor der Hauptverhandlung das Urteil für einen Teil der Strafe als vollstreckbar erklären, wenn die Schuldfeststellungen bei einer Straftat oder bei mehreren Straftaten nicht beanstandet worden sind. ²Die Anordnung ist nur zulässig, wenn sie dem wohlverstandenen Interesse des Angeklagten entspricht. ³Der Teil der Strafe darf nicht über die Strafe hinausgehen, die einer Verurteilung wegen der Straftaten entspricht, bei denen die Schuldfeststellungen nicht beanstandet worden sind.

(2) Gegen den Beschluß ist sofortige Beschwerde zulässig.

Vierter Unterabschnitt. Verfahren bei Aussetzung der Jugendstrafe zur Bewährung

§ 57 Entscheidung über die Aussetzung. (1) ¹Die Aussetzung der Jugendstrafe zur Bewährung wird im Urteil oder, solange der Strafvollzug noch nicht begonnen hat, nachträglich durch Beschluß angeordnet. ²Ist die Entscheidung über die Aussetzung nicht im Urteil vorbehalten worden, so ist für den nachträglichen Beschluss das Gericht zuständig, das in der Sache im ersten Rechtszug erkannt hat; die Staatsanwaltschaft und der Jugendliche sind zu hören.

(2) Hat das Gericht die Entscheidung über die Aussetzung nicht einem nachträglichen Beschluss vorbehalten oder die Aussetzung im Urteil oder in einem nachträglichen Beschluss abgelehnt, so ist ihre nachträgliche Anordnung nur zulässig, wenn seit Erlaß des Urteils oder des Beschlusses Umstände hervorgetreten sind, die allein oder in Verbindung mit den bereits bekannten Umständen eine Aussetzung der Jugendstrafe zur Bewährung rechtfertigen.

(3) ¹Kommen Weisungen oder Auflagen (§ 23) in Betracht, so ist der Jugendliche in geeigneten Fällen zu befragen, ob er Zusagen für seine künftige Lebensführung macht oder sich zu Leistungen erbietet, die der Genugtuung für das begangene Unrecht dienen. ²Kommt die Weisung in Betracht, sich einer heilerzieherischen Behandlung oder einer Entziehungskur zu unterziehen, so ist der Jugendliche, der das sechzehnte Lebensjahr vollendet hat, zu befragen, ob er hierzu seine Einwilligung gibt.

(4) § 260 Abs. 4 Satz 4 und § 267 Abs. 3 Satz 4 der Strafprozeßordnung gelten entsprechend.

§ 58 Weitere Entscheidungen. (1) ¹Entscheidungen, die infolge der Aussetzung erforderlich werden (§§ 22, 23, 24, 26, 26a), trifft der Richter durch Beschluß. ²Der Staatsanwalt, der Jugendliche und der Bewährungshelfer sind zu hören. ³Wenn eine Entscheidung nach § 26 oder die Verhängung von Jugendarrest in Betracht kommt, ist dem Jugendlichen Gelegenheit zur mündlichen Äußerung vor dem Richter zu geben. ⁴Der Beschluß ist zu begründen.

(2) Der Richter leitet auch die Vollstreckung der vorläufigen Maßnahmen nach § 453c der Strafprozeßordnung.

(3) ¹Zuständig ist der Richter, der die Aussetzung angeordnet hat. ²Er kann die Entscheidungen ganz oder teilweise dem Jugendrichter übertragen, in dessen Bezirk sich der Jugendliche aufhält. ³§ 42 Abs. 3 Satz 2 gilt entsprechend.

§ 59 Anfechtung. (1) ¹Gegen eine Entscheidung, durch welche die Aussetzung der Jugendstrafe angeordnet oder abgelehnt wird, ist, wenn sie für sich allein oder nur gemeinsam mit der Entscheidung über die Anordnung eines Jugendarrests nach § 16a angefochten werden kann, sofortige Beschwerde zulässig. ²Das gleiche gilt, wenn ein Urteil nur deshalb angefochten wird, weil die Strafe nicht ausgesetzt worden ist.

(2) ¹Gegen eine Entscheidung über die Dauer der Bewährungszeit (§ 22), die Dauer der Unterstellungszeit (§ 24), die erneute Anordnung der Unterstellung in der Bewährungszeit (§ 24 Abs. 2) und über Weisungen oder Auflagen (§ 23) ist Beschwerde zulässig. ²Sie kann nur darauf gestützt werden, daß die Bewährungs- oder die Unterstellungszeit nachträglich verlängert, die Unterstellung erneut angeordnet worden oder daß eine getroffene Anordnung gesetzwidrig ist.

(3) Gegen den Widerruf der Aussetzung der Jugendstrafe (§ 26 Abs. 1) ist sofortige Beschwerde zulässig.

(4) Der Beschluß über den Straferlaß (§ 26a) ist nicht anfechtbar.

(5) Wird gegen ein Urteil eine zulässige Revision und gegen eine Entscheidung, die sich auf eine in dem Urteil angeordnete Aussetzung der Jugendstrafe zur Bewährung bezieht, Beschwerde eingelegt, so ist das Revisionsgericht auch zur Entscheidung über die Beschwerde zuständig.

§ 60 Bewährungsplan. (1) ¹Der Vorsitzende stellt die erteilten Weisungen und Auflagen in einem Bewährungsplan zusammen. ²Er händigt ihn dem Jugendlichen aus und belehrt ihn zugleich über die Bedeutung der Aussetzung, die Bewährungs- und Unterstellungszeit, die Weisungen und Auflagen sowie über die Möglichkeit des Widerrufs der Aussetzung. ³Zugleich ist ihm aufzugeben, jeden Wechsel seines Aufenthalts, Ausbildungs- oder Arbeitsplatzes während der Bewährungszeit anzuzeigen. ⁴Auch bei nachträglichen Änderungen des Bewährungsplans ist der Jugendliche über den wesentlichen Inhalt zu belehren.

(2) Der Name des Bewährungshelfers wird in den Bewährungsplan eingetragen.

(3) ¹Der Jugendliche soll durch seine Unterschrift bestätigen, daß er den Bewährungsplan gelesen hat, und versprechen, daß er den Weisungen und Auflagen nachkommen will. ²Auch der Erziehungsberechtigte und der gesetzliche Vertreter sollen den Bewährungsplan unterzeichnen.

§ 61 Vorbehalt der nachträglichen Entscheidung über die Aussetzung. (1) Das Gericht kann im Urteil die Entscheidung über die Aussetzung der Jugendstrafe zur Bewährung ausdrücklich einem nachträglichen Beschluss vorbehalten, wenn

1. nach Erschöpfung der Ermittlungsmöglichkeiten die getroffenen Feststellungen noch nicht die in § 21 Absatz 1 Satz 1 vorausgesetzte Erwartung begründen können und
2. auf Grund von Ansätzen in der Lebensführung des Jugendlichen oder sonstiger bestimmter Umstände die Aussicht besteht, dass eine solche Erwartung in absehbarer Zeit (§ 61a Absatz 1) begründet sein wird.

(2) Ein entsprechender Vorbehalt kann auch ausgesprochen werden, wenn

1. in der Hauptverhandlung Umstände der in Absatz 1 Nummer 2 genannten Art hervorgetreten sind, die allein oder in Verbindung mit weiteren Umständen die in § 21 Absatz 1 Satz 1 vorausgesetzte Erwartung begründen könnten,
2. die Feststellungen, die sich auf die nach Nummer 1 bedeutsamen Umstände beziehen, aber weitere Ermittlungen verlangen und
3. die Unterbrechung oder Aussetzung der Hauptverhandlung zu erzieherisch nachteiligen oder unverhältnismäßigen Verzögerungen führen würde.

(3) ¹Wird im Urteil der Vorbehalt ausgesprochen, gilt § 16a entsprechend. ²Der Vorbehalt ist in die Urteilsformel aufzunehmen. ³Die Urteilsgründe müssen die dafür bestimmenden Umstände anführen. ⁴Bei der Verkündung des Urteils ist der Jugendliche über die Bedeutung des Vorbehalts und seines Verhaltens in der Zeit bis zu der nachträglichen Entscheidung zu belehren.

§ 61a Frist und Zuständigkeit für die vorbehaltene Entscheidung. (1) ¹Die vorbehaltene Entscheidung ergeht spätestens sechs Monate nach Eintritt der Rechtskraft des Urteils. ²Das Gericht kann mit dem Vorbehalt eine kürzere Höchstfrist festsetzen. ³Aus besonderen Gründen und mit dem Einverständnis des Verurteilten kann die Frist nach Satz 1 oder 2 durch Beschluss auf höchstens neun Monate seit Eintritt der Rechtskraft des Urteils verlängert werden.

(2) Zuständig für die vorbehaltene Entscheidung ist das Gericht, in dessen Urteil die zugrunde liegenden tatsächlichen Feststellungen letztmalig geprüft werden konnten.

§ 61b Weitere Entscheidungen bei Vorbehalt der Entscheidung über die Aussetzung. (1) ¹Das Gericht kann dem Jugendlichen für die Zeit zwischen Eintritt der

Rechtskraft des Urteils und dem Ablauf der nach § 61a Absatz 1 maßgeblichen Frist Weisungen und Auflagen erteilen; die §§ 10, 15 Absatz 1 und 2, § 23 Absatz 1 Satz 1 bis 3, Absatz 2 gelten entsprechend. ²Das Gericht soll den Jugendlichen für diese Zeit der Aufsicht und Betreuung eines Bewährungshelfers unterstellen; darauf soll nur verzichtet werden, wenn ausreichende Betreuung und Überwachung durch die Jugendgerichtshilfe gewährleistet sind. ³Im Übrigen sind die §§ 24 und 25 entsprechend anzuwenden. ⁴Bewährungshilfe und Jugendgerichtshilfe arbeiten eng zusammen. ⁵Dabei dürfen sie wechselseitig auch personenbezogene Daten über den Verurteilten übermitteln, soweit dies für eine sachgemäße Erfüllung der Betreuungs- und Überwachungsaufgaben der jeweils anderen Stelle erforderlich ist. ⁶Für die Entscheidungen nach diesem Absatz gelten § 58 Absatz 1 Satz 1, 2 und 4, Absatz 3 Satz 1 und § 59 Absatz 2 und 5 entsprechend. ⁷Die Vorschriften des § 60 sind sinngemäß anzuwenden.

(2) Ergeben sich vor Ablauf der nach § 61a Absatz 1 maßgeblichen Frist hinreichende Gründe für die Annahme, dass eine Aussetzung der Jugendstrafe zur Bewährung abgelehnt wird, so gelten § 453c der Strafprozessordnung und § 58 Absatz 2 und 3 Satz 1 entsprechend.

(3) Wird die Jugendstrafe zur Bewährung ausgesetzt, so wird die Zeit vom Eintritt der Rechtskraft des Urteils, in dem die Aussetzung einer nachträglichen Entscheidung vorbehalten wurde, bis zum Eintritt der Rechtskraft der Entscheidung über die Aussetzung auf die nach § 22 bestimmte Bewährungszeit angerechnet.

(4) ¹Wird die Aussetzung abgelehnt, so kann das Gericht Leistungen, die der Jugendliche zur Erfüllung von Weisungen, Auflagen, Zusagen oder Anerbieten erbracht hat, auf die Jugendstrafe anrechnen. ²Das Gericht hat die Leistungen anzurechnen, wenn die Rechtsfolgen der Tat andernfalls das Maß der Schuld übersteigen würden. ³Im Hinblick auf Jugendarrest, der nach § 16a verhängt wurde (§ 61 Absatz 3 Satz 1), gilt § 26 Absatz 3 Satz 3 entsprechend.

Fünfter Unterabschnitt. Verfahren bei Aussetzung der Verhängung der Jugendstrafe

§ 62 Entscheidungen. (1) ¹Entscheidungen nach den §§ 27 und 30 ergehen auf Grund einer Hauptverhandlung durch Urteil. ²Für die Entscheidung über die Aussetzung der Verhängung der Jugendstrafe gilt § 267 Abs. 3 Satz 4 der Strafprozeßordnung sinngemäß.

(2) Mit Zustimmung des Staatsanwalts kann die Tilgung des Schuldspruchs nach Ablauf der Bewährungszeit auch ohne Hauptverhandlung durch Beschluß angeordnet werden.

(3) Ergibt eine während der Bewährungszeit durchgeführte Hauptverhandlung nicht, daß eine Jugendstrafe erforderlich ist (§ 30 Abs. 1), so ergeht der Beschluß, daß die Entscheidung über die Verhängung der Strafe ausgesetzt bleibt.

(4) Für die übrigen Entscheidungen, die infolge einer Aussetzung der Verhängung der Jugendstrafe erforderlich werden, gilt § 58 Abs. 1 Satz 1, 2 und 4 und Abs. 3 Satz 1 sinngemäß.

§ 63 Anfechtung. (1) Ein Beschluß, durch den der Schuldspruch nach Ablauf der Bewährungszeit getilgt wird (§ 62 Abs. 2) oder die Entscheidung über die Verhängung der Jugendstrafe ausgesetzt bleibt (§ 62 Abs. 3), ist nicht anfechtbar.

(2) Im übrigen gilt § 59 Abs. 2 und 5 sinngemäß.

§ 64 Bewährungsplan. ¹§ 60 gilt sinngemäß. ²Der Jugendliche ist über die Bedeutung der Aussetzung, die Bewährungs- und Unterstellungszeit, die Weisungen und Auflagen sowie darüber zu belehren, daß er die Festsetzung einer Jugendstrafe zu erwarten habe, wenn er sich während der Bewährungszeit schlecht führe.

Sechster Unterabschnitt. Ergänzende Entscheidungen

§ 65 Nachträgliche Entscheidungen über Weisungen und Auflagen.
(1) [1] Nachträgliche Entscheidungen, die sich auf Weisungen (§ 11 Abs. 2, 3) oder Auflagen (§ 15 Abs. 3) beziehen, trifft der Richter des ersten Rechtszuges nach Anhören des Staatsanwalts und des Jugendlichen durch Beschluß. [2] Soweit erforderlich, sind der Vertreter der Jugendgerichtshilfe, der nach § 10 Abs. 1 Satz 3 Nr. 5 bestellte Betreuungshelfer und der nach § 10 Abs. 1 Satz 3 Nr. 6 tätige Leiter eines sozialen Trainingskurses zu hören. [3] Wenn die Verhängung von Jugendarrest in Betracht kommt, ist dem Jugendlichen Gelegenheit zur mündlichen Äußerung vor dem Richter zu geben. [4] Der Richter kann das Verfahren an den Jugendrichter abgeben, in dessen Bezirk sich der Jugendliche aufhält, wenn dieser seinen Aufenthalt gewechselt hat. [5] § 42 Abs. 3 Satz 2 gilt entsprechend.

(2) [1] Hat der Richter die Änderung von Weisungen abgelehnt, so ist der Beschluß nicht anfechtbar. [2] Hat er Jugendarrest verhängt, so ist gegen den Beschluß sofortige Beschwerde zulässig. [3] Diese hat aufschiebende Wirkung.

§ 66 Ergänzung rechtskräftiger Entscheidungen bei mehrfacher Verurteilung. (1) [1] Ist die einheitliche Festsetzung von Maßnahmen oder Jugendstrafe (§ 31) unterblieben und sind die durch die rechtskräftigen Entscheidungen erkannten Erziehungsmaßregeln, Zuchtmittel und Strafen noch nicht vollständig ausgeführt, verbüßt oder sonst erledigt, so trifft der Richter eine solche Entscheidung nachträglich. [2] Dies gilt nicht, soweit der Richter nach § 31 Abs. 3 von der Einbeziehung rechtskräftig abgeurteilter Straftaten abgesehen hatte.

(2) [1] Die Entscheidung ergeht auf Grund einer Hauptverhandlung durch Urteil, wenn der Staatsanwalt es beantragt oder der Vorsitzende es für angemessen hält. [2] Wird keine Hauptverhandlung durchgeführt, so entscheidet der Richter durch Beschluß. [3] Für die Zuständigkeit und das Beschlußverfahren gilt dasselbe wie für die nachträgliche Bildung einer Gesamtstrafe nach den allgemeinen Vorschriften. [4] Ist eine Jugendstrafe teilweise verbüßt, so ist der Richter zuständig, dem die Aufgaben des Vollstreckungsleiters obliegen.

Siebenter Unterabschnitt. Gemeinsame Verfahrensvorschriften

§ 67 Stellung der Erziehungsberechtigten und der gesetzlichen Vertreter.
(1) Soweit der Beschuldigte ein Recht darauf hat, gehört zu werden oder Fragen und Anträge zu stellen, steht dieses Recht auch den Erziehungsberechtigten und den gesetzlichen Vertretern zu.

(2) Die Rechte der gesetzlichen Vertreter zur Wahl eines Verteidigers und zur Einlegung von Rechtsbehelfen stehen auch den Erziehungsberechtigten zu.

(3) [1] Bei Untersuchungshandlungen, bei denen der Jugendliche ein Recht darauf hat, anwesend zu sein, namentlich bei seiner Vernehmung, ist den Erziehungsberechtigten und den gesetzlichen Vertretern die Anwesenheit gestattet, soweit
1. dies dem Wohl des Jugendlichen dient und
2. ihre Anwesenheit das Strafverfahren nicht beeinträchtigt.

[2] Die Voraussetzungen des Satzes 1 Nummer 1 und 2 sind in der Regel erfüllt, wenn keiner der in § 51 Absatz 2 genannten Ausschlussgründe und keine entsprechend § 177 des Gerichtsverfassungsgesetzes zu behandelnde Missachtung einer zur Aufrechterhaltung der Ordnung getroffenen Anordnung vorliegt. [3] Ist kein Erziehungsberechtigter und kein gesetzlicher Vertreter anwesend, weil diesen die Anwesenheit versagt wird oder weil binnen angemessener Frist kein Erziehungsberechtigter und kein gesetzlicher Vertreter erreicht werden konnte, so ist einer anderen für den Schutz der Interessen des Jugendlichen geeigneten volljährigen Person die Anwesenheit zu gestatten, wenn die Voraussetzungen des Satzes 1 Nummer 1 und 2 im Hinblick auf diese Person erfüllt sind.

(4) ¹Das Jugendgericht kann die Rechte nach den Absätzen 1 bis 3 Erziehungsberechtigten und gesetzlichen Vertretern entziehen, soweit sie verdächtig sind, an der Verfehlung des Beschuldigten beteiligt zu sein, oder soweit sie wegen einer Beteiligung verurteilt sind. ²Liegen die Voraussetzungen des Satzes 1 bei einem Erziehungsberechtigten oder einem gesetzlichen Vertreter vor, so kann der Richter die Entziehung gegen beide aussprechen, wenn ein Mißbrauch der Rechte zu befürchten ist. ³Stehen den Erziehungsberechtigten und den gesetzlichen Vertretern ihre Rechte nicht mehr zu, so bestellt das Familiengericht einen Pfleger zur Wahrnehmung der Interessen des Beschuldigten im anhängigen Strafverfahren. ⁴Die Hauptverhandlung wird bis zur Bestellung des Pflegers ausgesetzt.

(5) ¹Sind mehrere erziehungsberechtigt, so kann jeder von ihnen die in diesem Gesetz bestimmten Rechte der Erziehungsberechtigten ausüben. ²In der Hauptverhandlung oder in einer sonstigen gerichtlichen Verhandlung werden abwesende Erziehungsberechtigte als durch anwesende vertreten angesehen. ³Sind Mitteilungen oder Ladungen vorgeschrieben, so genügt es, wenn sie an eine erziehungsberechtigte Person gerichtet werden.

§ 67a Unterrichtung der Erziehungsberechtigten und der gesetzlichen Vertreter.

(1) Ist eine Mitteilung an den Beschuldigten vorgeschrieben, so soll die entsprechende Mitteilung an die Erziehungsberechtigten und die gesetzlichen Vertreter gerichtet werden.

(2) ¹Die Informationen, die der Jugendliche nach § 70a zu erhalten hat, sind jeweils so bald wie möglich auch den Erziehungsberechtigten und den gesetzlichen Vertretern zu erteilen. ²Wird dem Jugendlichen einstweilig die Freiheit entzogen, sind die Erziehungsberechtigten und die gesetzlichen Vertreter so bald wie möglich über den Freiheitsentzug und die Gründe hierfür zu unterrichten.

(3) Mitteilungen und Informationen nach den Absätzen 1 und 2 an Erziehungsberechtigte und gesetzliche Vertreter unterbleiben, soweit
1. auf Grund der Unterrichtung eine erhebliche Beeinträchtigung des Wohls des Jugendlichen zu besorgen wäre, insbesondere bei einer Gefährdung des Lebens, des Leibes oder der Freiheit des Jugendlichen oder bei Vorliegen der Voraussetzungen des § 67 Absatz 4 Satz 1 oder 2,
2. auf Grund der Unterrichtung der Zweck der Untersuchung erheblich gefährdet würde oder
3. Erziehungsberechtigte und gesetzliche Vertreter binnen angemessener Frist nicht erreicht werden können.

(4) ¹Werden nach Absatz 3 weder Erziehungsberechtigte noch gesetzliche Vertreter unterrichtet, so ist eine andere für den Schutz der Interessen des Jugendlichen geeignete volljährige Person zu unterrichten. ²Dem Jugendlichen soll zuvor Gelegenheit gegeben werden, eine volljährige Person seines Vertrauens zu bezeichnen. ³Eine andere geeignete volljährige Person kann auch der für die Betreuung des Jugendlichen in dem Jugendstrafverfahren zuständige Vertreter der Jugendgerichtshilfe sein.

(5) ¹Liegen Gründe, aus denen Mitteilungen und Informationen nach Absatz 3 unterbleiben können, nicht mehr vor, so sind im weiteren Verfahren vorgeschriebene Mitteilungen und Informationen auch wieder an die betroffenen Erziehungsberechtigten und gesetzlichen Vertreter zu richten. ²Außerdem erhalten sie in diesem Fall nachträglich auch solche Mitteilungen und Informationen, der der Jugendliche nach § 70a bereits erhalten hat, soweit diese im Laufe des Verfahrens von Bedeutung bleiben oder sobald sie Bedeutung erlangen.

(6) Für den dauerhaften Entzug der Rechte nach den Absätzen 1 und 2 findet das Verfahren nach § 67 Absatz 4 entsprechende Anwendung.

§ 68 Notwendige Verteidigung. Ein Fall der notwendigen Verteidigung liegt vor, wenn

1. im Verfahren gegen einen Erwachsenen ein Fall der notwendigen Verteidigung vorliegen würde,
2. den Erziehungsberechtigten und den gesetzlichen Vertretern ihre Rechte nach diesem Gesetz entzogen sind,
3. die Erziehungsberechtigten und die gesetzlichen Vertreter nach § 51 Abs. 2 von der Verhandlung ausgeschlossen worden sind und die Beeinträchtigung in der Wahrnehmung ihrer Rechte durch eine nachträgliche Unterrichtung (§ 51 Abs. 4 Satz 2) oder die Anwesenheit einer anderen geeigneten volljährigen Person nicht hinreichend ausgeglichen werden kann,
4. zur Vorbereitung eines Gutachtens über den Entwicklungsstand des Beschuldigten (§ 73) seine Unterbringung in einer Anstalt in Frage kommt oder
5. die Verhängung einer Jugendstrafe, die Aussetzung der Verhängung einer Jugendstrafe oder die Anordnung der Unterbringung in einem psychiatrischen Krankenhaus oder in einer Entziehungsanstalt zu erwarten ist.

§ 68a Zeitpunkt der Bestellung eines Pflichtverteidigers. (1) ¹In den Fällen der notwendigen Verteidigung wird dem Jugendlichen, der noch keinen Verteidiger hat, ein Pflichtverteidiger spätestens bestellt, bevor eine Vernehmung des Jugendlichen oder eine Gegenüberstellung mit ihm durchgeführt wird. ²Dies gilt nicht, wenn ein Fall der notwendigen Verteidigung allein deshalb vorliegt, weil dem Jugendlichen kein Verbrechen zur Last gelegt wird, ein Absehen von der Strafverfolgung nach § 45 Absatz 2 oder 3 zu erwarten ist und die Bestellung eines Pflichtverteidigers zu dem in Satz 1 genannten Zeitpunkt auch unter Berücksichtigung des Wohls des Jugendlichen und der Umstände des Einzelfalls unverhältnismäßig wäre.

(2) § 141 Absatz 2 Satz 2 der Strafprozessordnung ist nicht anzuwenden.

§ 68b Vernehmungen und Gegenüberstellungen vor der Bestellung eines Pflichtverteidigers. ¹Abweichend von § 68a Absatz 1 dürfen im Vorverfahren Vernehmungen des Jugendlichen oder Gegenüberstellungen mit ihm vor der Bestellung eines Pflichtverteidigers durchgeführt werden, soweit dies auch unter Berücksichtigung des Wohls des Jugendlichen
1. zur Abwehr schwerwiegender nachteiliger Auswirkungen auf Leib oder Leben oder die Freiheit einer Person dringend erforderlich ist oder
2. ein sofortiges Handeln der Strafverfolgungsbehörden zwingend geboten ist, um eine erhebliche Gefährdung eines sich auf eine schwere Straftat beziehenden Strafverfahrens abzuwenden.

²Das Recht des Jugendlichen, jederzeit, auch schon vor der Vernehmung, einen von ihm zu wählenden Verteidiger zu befragen, bleibt unberührt.

§ 69 Beistand. (1) Der Vorsitzende kann dem Beschuldigten in jeder Lage des Verfahrens einen Beistand bestellen, wenn kein Fall der notwendigen Verteidigung vorliegt.

(2) Der Erziehungsberechtigte und der gesetzliche Vertreter dürfen nicht zum Beistand bestellt werden, wenn hierdurch ein Nachteil für die Erziehung zu erwarten wäre.

(3) ¹Dem Beistand kann Akteneinsicht gewährt werden. ²Im übrigen hat er in der Hauptverhandlung die Rechte eines Verteidigers. ³Zu einer Vertretung des Angeklagten ist er nicht befugt.

§ 70 Mitteilungen an amtliche Stellen. (1) ¹Die Jugendgerichtshilfe, in geeigneten Fällen auch das Familiengericht und die Schule werden von der Einleitung und dem Ausgang des Verfahrens unterrichtet. ²Sie benachrichtigen die Jugendstaatsanwaltschaft, wenn ihnen bekannt wird, daß gegen den Beschuldigten noch ein anderes Strafverfahren anhängig ist. ³Das Familiengericht teilt der Jugendstaatsanwaltschaft ferner familiengerichtliche Maßnahmen sowie ihre Änderung und Aufhebung mit, soweit nicht für das Familiengericht erkennbar ist, daß schutzwürdige Interessen des Beschuldigten oder

Jugendgerichtsgesetz § 70a **JGG Anh 8**

einer sonst von der Mitteilung betroffenen Person oder Stelle an dem Ausschluß der Übermittlung überwiegen.

(2) ¹Von der Einleitung des Verfahrens ist die Jugendgerichtshilfe spätestens zum Zeitpunkt der Ladung des Jugendlichen zu seiner ersten Vernehmung als Beschuldigter zu unterrichten. ²Im Fall einer ersten Beschuldigtenvernehmung ohne vorherige Ladung muss die Unterrichtung spätestens unverzüglich nach der Vernehmung erfolgen.

(3) ¹Im Fall des einstweiligen Entzugs der Freiheit des Jugendlichen teilen die den Freiheitsentzug durchführenden Stellen der Jugendstaatsanwaltschaft und dem Jugendgericht von Amts wegen Erkenntnisse mit, die sie auf Grund einer medizinischen Untersuchung erlangt haben, soweit diese Anlass zu Zweifeln geben, ob der Jugendliche verhandlungsfähig oder bestimmten Untersuchungshandlungen oder Maßnahmen gewachsen ist. ²Im Übrigen bleibt § 114e der Strafprozessordnung unberührt.

§ 70a Unterrichtung des Jugendlichen. (1) ¹Wenn der Jugendliche davon in Kenntnis gesetzt wird, dass er Beschuldigter ist, so ist er unverzüglich über die Grundzüge eines Jugendstrafverfahrens zu informieren. ²Über die nächsten anstehenden Schritte in dem gegen ihn gerichteten Verfahren wird er ebenfalls unverzüglich informiert, sofern der Zweck der Untersuchung dadurch nicht gefährdet wird. ³Außerdem ist der Jugendliche unverzüglich darüber zu unterrichten, dass

1. nach Maßgabe des § 67a die Erziehungsberechtigten und die gesetzlichen Vertreter oder eine andere geeignete volljährige Person zu informieren sind,
2. er in den Fällen notwendiger Verteidigung (§ 68) nach Maßgabe des § 141 der Strafprozessordnung und des § 68a die Mitwirkung eines Verteidigers und nach Maßgabe des § 70c Absatz 4 die Verschiebung oder Unterbrechung seiner Vernehmung für eine angemessene Zeit verlangen kann,
3. nach Maßgabe des § 48 die Verhandlung vor dem erkennenden Gericht grundsätzlich nicht öffentlich ist und dass er bei einer ausnahmsweise öffentlichen Hauptverhandlung unter bestimmten Voraussetzungen den Ausschluss der Öffentlichkeit oder einzelner Personen beantragen kann,
4. er nach § 70c Absatz 2 Satz 4 dieses Gesetzes in Verbindung mit § 58a Absatz 2 Satz 6 und Absatz 3 Satz 1 der Strafprozessordnung der Überlassung einer Kopie der Aufzeichnung seiner Vernehmung in Bild und Ton an die zur Akteneinsicht Berechtigten widersprechen kann und dass die Überlassung der Aufzeichnung oder die Herausgabe von Kopien an andere Stellen seiner Einwilligung bedarf,
5. er nach Maßgabe des § 67 Absatz 3 bei Untersuchungshandlungen von seinen Erziehungsberechtigten und seinen gesetzlichen Vertretern oder einer anderen geeigneten volljährigen Person begleitet werden kann,
6. er wegen einer mutmaßlichen Verletzung seiner Rechte durch eine der beteiligten Behörden oder durch das Gericht eine Überprüfung der betroffenen Maßnahmen und Entscheidungen verlangen kann.

(2) Soweit dies im Verfahren von Bedeutung ist oder sobald dies im Verfahren Bedeutung erlangt, ist der Jugendliche außerdem so früh wie möglich über Folgendes zu informieren:

1. die Berücksichtigung seiner persönlichen Verhältnisse und Bedürfnisse im Verfahren nach Maßgabe der §§ 38, 43 und 46a,
2. das Recht auf medizinische Untersuchung, das ihm nach Maßgabe des Landesrechts oder des Rechts der Polizeien des Bundes im Fall des einstweiligen Entzugs der Freiheit zusteht, sowie über das Recht auf medizinische Unterstützung, sofern sich ergibt, dass eine solche während dieses Entzugs erforderlich ist,
3. die Geltung des Verhältnismäßigkeitsgrundsatzes im Fall des einstweiligen Entzugs der Freiheit, namentlich
    a) des Vorrangs anderer Maßnahmen, durch die der Zweck des Freiheitsentzugs erreicht werden kann,
    b) der Begrenzung des Freiheitsentzugs auf den kürzesten angemessenen Zeitraum und

c) der Berücksichtigung der besonderen Belastungen durch den Freiheitsentzug im Hinblick auf sein Alter und seinen Entwicklungsstand sowie der Berücksichtigung einer anderen besonderen Schutzwürdigkeit,
4. die zur Haftvermeidung in geeigneten Fällen generell in Betracht kommenden anderen Maßnahmen,
5. die vorgeschriebenen Überprüfungen von Amts wegen in Haftsachen,
6. das Recht auf Anwesenheit der Erziehungsberechtigten und der gesetzlichen Vertreter oder einer anderen geeigneten volljährigen Person in der Hauptverhandlung,
7. sein Recht auf und seine Pflicht zur Anwesenheit in der Hauptverhandlung nach Maßgabe des § 50 Absatz 1 und des § 51 Absatz 1.

(3) Wird Untersuchungshaft gegen den Jugendlichen vollstreckt, so ist er außerdem darüber zu informieren, dass
1. nach Maßgabe des § 89c seine Unterbringung getrennt von Erwachsenen zu erfolgen hat,
2. nach Maßgabe der Vollzugsgesetze der Länder
   a) Fürsorge für seine gesundheitliche, körperliche und geistige Entwicklung zu leisten ist,
   b) sein Recht auf Erziehung und Ausbildung zu gewährleisten ist,
   c) sein Recht auf Familienleben und dabei die Möglichkeit, seine Erziehungsberechtigten und seine gesetzlichen Vertreter zu treffen, zu gewährleisten ist,
   d) ihm der Zugang zu Programmen und Maßnahmen zu gewährleisten ist, die seine Entwicklung und Wiedereingliederung fördern, und
   e) ihm die Religions- und Weltanschauungsfreiheit zu gewährleisten ist.

(4) Im Fall eines anderen einstweiligen Entzugs der Freiheit als der Untersuchungshaft ist der Jugendliche über seine dafür geltenden Rechte entsprechend Absatz 3 Nummer 2 zu informieren, im Fall einer polizeilichen Ingewahrsamnahme auch über sein Recht auf die von Erwachsenen getrennte Unterbringung nach den dafür maßgeblichen Vorschriften.

(5) § 70b dieses Gesetzes und § 168b Absatz 3 der Strafprozessordnung gelten entsprechend.

(6) Sofern einem verhafteten Jugendlichen eine schriftliche Belehrung nach § 114b der Strafprozessordnung ausgehändigt wird, muss diese auch die zusätzlichen Informationen nach diesem Paragrafen enthalten.

(7) Sonstige Informations- und Belehrungspflichten bleiben von den Bestimmungen dieses Paragrafen unberührt.

§ 70b Belehrungen. (1) [1] Vorgeschriebene Belehrungen des Jugendlichen müssen in einer Weise erfolgen, die seinem Alter und seinem Entwicklungs- und Bildungsstand entspricht.
[2] Sie sind auch an seine anwesenden Erziehungsberechtigten und gesetzlichen Vertreter zu richten und müssen dabei in einer Weise erfolgen, die es diesen ermöglicht, ihrer Verantwortung im Hinblick auf den Gegenstand der Belehrung gerecht zu werden.
[3] Sind Erziehungsberechtigte und gesetzliche Vertreter bei der Belehrung des Jugendlichen über die Bedeutung vom Gericht angeordneter Rechtsfolgen nicht anwesend, muss ihnen die Belehrung darüber schriftlich erteilt werden.

(2) Sind bei einer Belehrung über die Bedeutung der Aussetzung einer Jugendstrafe zur Bewährung oder über die Bedeutung des Vorbehalts einer diesbezüglichen nachträglichen Entscheidung auch jugendliche oder heranwachsende Mitangeklagte anwesend, die nur zu Erziehungsmaßregeln oder Zuchtmitteln verurteilt werden, soll die Belehrung auch ihnen ein Verständnis von der Bedeutung der Entscheidung vermitteln.

§ 70c Vernehmung des Beschuldigten. (1) Die Vernehmung des Beschuldigten ist in einer Art und Weise durchzuführen, die seinem Alter und seinem Entwicklungs- und Bildungsstand Rechnung trägt.

(2) ¹ Außerhalb der Hauptverhandlung kann die Vernehmung in Bild und Ton aufgezeichnet werden. ² Andere als richterliche Vernehmungen sind in Bild und Ton aufzuzeichnen, wenn zum Zeitpunkt der Vernehmung die Mitwirkung eines Verteidigers notwendig ist, ein Verteidiger aber nicht anwesend ist. ³ Im Übrigen bleibt § 136 Absatz 4 Satz 2 der Strafprozessordnung, auch in Verbindung mit § 163a Absatz 3 Satz 2 oder Absatz 4 Satz 2 der Strafprozessordnung, unberührt. ⁴ Wird die Vernehmung in Bild und Ton aufgezeichnet, gilt § 58a Absatz 2 und 3 der Strafprozessordnung entsprechend.

(3) ¹ Eine Aufzeichnung in Bild und Ton nach Absatz 2 lässt die Vorschriften der Strafprozessordnung über die Protokollierung von Untersuchungshandlungen unberührt. ² Wird eine Vernehmung des Beschuldigten außerhalb der Hauptverhandlung nicht in Bild und Ton aufgezeichnet, ist über sie stets ein Protokoll aufzunehmen.

(4) ¹ Ist oder wird die Mitwirkung eines Verteidigers zum Zeitpunkt einer Vernehmung des Beschuldigten oder einer Gegenüberstellung (§ 58 Absatz 2 der Strafprozessordnung) notwendig, ist diese für eine angemessene Zeit zu verschieben oder zu unterbrechen, wenn ein Verteidiger nicht anwesend ist und kein Fall des § 68b vorliegt. ² Satz 1 gilt nicht, wenn der Verteidiger ausdrücklich auf seine Anwesenheit verzichtet hat.

§ 71 Vorläufige Anordnungen über die Erziehung. (1) Bis zur Rechtskraft des Urteils kann der Richter vorläufige Anordnungen über die Erziehung des Jugendlichen treffen oder die Gewährung von Leistungen nach dem Achten Buch Sozialgesetzbuch anregen.

(2) ¹ Der Richter kann die einstweilige Unterbringung in einem geeigneten Heim der Jugendhilfe anordnen, wenn dies auch im Hinblick auf die zu erwartenden Maßnahmen geboten ist, um den Jugendlichen vor einer weiteren Gefährdung seiner Entwicklung, insbesondere vor der Begehung neuer Straftaten, zu bewahren. ² Für die einstweilige Unterbringung gelten die §§ 114 bis 115a, 117 bis 118b, 120, 125 und 126 der Strafprozeßordnung sinngemäß. ³ Die Ausführung der einstweiligen Unterbringung richtet sich nach den für das Heim der Jugendhilfe geltenden Regelungen.

§ 72 Untersuchungshaft. (1) ¹ Untersuchungshaft darf nur verhängt und vollstreckt werden, wenn ihr Zweck nicht durch eine vorläufige Anordnung über die Erziehung oder durch andere Maßnahmen erreicht werden kann. ² Bei der Prüfung der Verhältnismäßigkeit (§ 112 Abs. 1 Satz 2 der Strafprozeßordnung) sind auch die besonderen Belastungen des Vollzuges für Jugendliche zu berücksichtigen. ³ Wird Untersuchungshaft verhängt, so sind im Haftbefehl die Gründe anzuführen, aus denen sich ergibt, daß andere Maßnahmen, insbesondere die einstweilige Unterbringung in einem Heim der Jugendhilfe, nicht ausreichen und die Untersuchungshaft nicht unverhältnismäßig ist.

(2) Solange der Jugendliche das sechzehnte Lebensjahr noch nicht vollendet hat, ist die Verhängung von Untersuchungshaft wegen Fluchtgefahr nur zulässig, wenn er
1. sich dem Verfahren bereits entzogen hatte oder Anstalten zur Flucht getroffen hat oder
2. im Geltungsbereich dieses Gesetzes keinen festen Wohnsitz oder Aufenthalt hat.

(3) Über die Vollstreckung eines Haftbefehls und über die Maßnahmen zur Abwendung seiner Vollstreckung entscheidet der Richter, der den Haftbefehl erlassen hat, in dringenden Fällen der Jugendrichter, in dessen Bezirk die Untersuchungshaft vollzogen werden müßte.

(4) ¹ Unter denselben Voraussetzungen, unter denen ein Haftbefehl erlassen werden kann, kann auch die einstweilige Unterbringung in einem Heim der Jugendhilfe (§ 71 Abs. 2) angeordnet werden. ² In diesem Falle kann der Richter den Unterbringungsbefehl nachträglich durch einen Haftbefehl ersetzen, wenn sich dies als notwendig erweist.

(5) Befindet sich ein Jugendlicher in Untersuchungshaft, so ist das Verfahren mit besonderer Beschleunigung durchzuführen.

(6) Die richterlichen Entscheidungen, welche die Untersuchungshaft betreffen, kann der zuständige Richter aus wichtigen Gründen sämtlich oder zum Teil einem anderen Jugendrichter übertragen.

§ 72a Heranziehung der Jugendgerichtshilfe in Haftsachen. [1] Die Jugendgerichtshilfe ist unverzüglich von der Vollstreckung eines Haftbefehls zu unterrichten; ihr soll bereits der Erlaß eines Haftbefehls mitgeteilt werden. [2] Von der vorläufigen Festnahme eines Jugendlichen ist die Jugendgerichtshilfe zu unterrichten, wenn nach dem Stand der Ermittlungen zu erwarten ist, daß der Jugendliche gemäß § 128 der Strafprozeßordnung dem Richter vorgeführt wird.

§ 72b Verkehr mit Vertretern der Jugendgerichtshilfe, dem Betreuungshelfer und dem Erziehungsbeistand. [1] Befindet sich ein Jugendlicher in Untersuchungshaft, so ist auch den Vertretern der Jugendgerichtshilfe der Verkehr mit dem Beschuldigten in demselben Umfang wie einem Verteidiger gestattet. [2] Entsprechendes gilt, wenn der Beschuldigte der Betreuung und Aufsicht eines Betreuungshelfers untersteht oder für ihn ein Erziehungsbeistand bestellt ist, für den Helfer oder den Erziehungsbeistand.

§ 73 Unterbringung zur Beobachtung. (1) [1] Zur Vorbereitung eines Gutachtens über den Entwicklungsstand des Beschuldigten kann der Richter nach Anhören eines Sachverständigen und des Verteidigers anordnen, daß der Beschuldigte in eine zur Untersuchung Jugendlicher geeignete Anstalt gebracht und dort beobachtet wird. [2] Im vorbereiteten Verfahren entscheidet der Richter, der für die Eröffnung des Hauptverfahrens zuständig wäre.

(2) [1] Gegen den Beschluß ist sofortige Beschwerde zulässig. [2] Sie hat aufschiebende Wirkung.

(3) Die Verwahrung in der Anstalt darf die Dauer von sechs Wochen nicht überschreiten.

§ 74 Kosten und Auslagen. Im Verfahren gegen einen Jugendlichen kann davon abgesehen werden, dem Angeklagten Kosten und Auslagen aufzuerlegen.

Achter Unterabschnitt. Vereinfachtes Jugendverfahren

§ 75 (weggefallen)

§ 76 Voraussetzungen des vereinfachten Jugendverfahrens. [1] Der Staatsanwalt kann bei dem Jugendrichter schriftlich oder mündlich beantragen, im vereinfachten Jugendverfahren zu entscheiden, wenn zu erwarten ist, daß der Jugendrichter ausschließlich Weisungen erteilen, Hilfe zur Erziehung im Sinne des § 12 Nr. 1 anordnen, Zuchtmittel verhängen, auf ein Fahrverbot erkennen, die Fahrerlaubnis entziehen und eine Sperre von nicht mehr als zwei Jahren festsetzen oder die Einziehung ausprechen wird. [2] Der Antrag des Staatsanwalts steht der Anklage gleich.

§ 77 Ablehnung des Antrags. (1) [1] Der Jugendrichter lehnt die Entscheidung im vereinfachten Verfahren ab, wenn sich die Sache hierzu nicht eignet, namentlich wenn die Anordnung von Hilfe zur Erziehung im Sinne des § 12 Nr. 2 oder die Verhängung von Jugendstrafe wahrscheinlich oder eine umfangreiche Beweisaufnahme erforderlich ist. [2] Der Beschluß kann bis zur Verkündung des Urteils ergehen. [3] Er ist nicht anfechtbar.

(2) Lehnt der Jugendrichter die Entscheidung im vereinfachten Verfahren ab, so reicht der Staatsanwalt eine Anklageschrift ein.

§ 78 Verfahren und Entscheidung. (1) [1] Der Jugendrichter entscheidet im vereinfachten Jugendverfahren auf Grund einer mündlichen Verhandlung durch Urteil. [2] Er darf auf Hilfe zur Erziehung im Sinne des § 12 Nr. 2, Jugendstrafe oder Unterbringung in einer Entziehungsanstalt nicht erkennen.

(2) ¹Der Staatsanwalt ist nicht verpflichtet, an der Verhandlung teilzunehmen. ²Nimmt er nicht teil, so bedarf es seiner Zustimmung zu einer Einstellung des Verfahrens in der Verhandlung oder zur Durchführung der Verhandlung in Abwesenheit des Angeklagten nicht.

(3) ¹Zur Vereinfachung, Beschleunigung und jugendgemäßen Gestaltung des Verfahrens darf von Verfahrensvorschriften abgewichen werden, soweit dadurch die Erforschung der Wahrheit nicht beeinträchtigt wird. ²Die Vorschriften über die Anwesenheit des Angeklagten (§ 50), die Stellung der Erziehungsberechtigten und der gesetzlichen Vertreter und deren Unterrichtung (§§ 67, 67a), die Mitteilungen an amtliche Stellen (§ 70) und die Unterrichtung des Jugendlichen (§ 70a) müssen beachtet werden. ³Bleibt der Beschuldigte der mündlichen Verhandlung fern und ist sein Fernbleiben nicht genügend entschuldigt, so kann die Vorführung angeordnet werden, wenn dies mit der Ladung angedroht worden ist.

Neunter Unterabschnitt. Ausschluß von Vorschriften des allgemeinen Verfahrensrechts

§ 79 Strafbefehl und beschleunigtes Verfahren. (1) Gegen einen Jugendlichen darf kein Strafbefehl erlassen werden.

(2) Das beschleunigte Verfahren des allgemeinen Verfahrensrechts ist unzulässig.

§ 80 Privatklage und Nebenklage. (1) ¹Gegen einen Jugendlichen kann Privatklage nicht erhoben werden. ²Eine Verfehlung, die nach den allgemeinen Vorschriften durch Privatklage verfolgt werden kann, verfolgt der Staatsanwalt auch dann, wenn Gründe der Erziehung oder ein berechtigtes Interesse des Verletzten, das dem Erziehungszweck nicht entgegensteht, es erfordern.

(2) ¹Gegen einen jugendlichen Privatkläger ist Widerklage zulässig. ²Auf Jugendstrafe darf nicht erkannt werden.

(3) ¹Der erhobenen öffentlichen Klage kann sich als Nebenkläger nur anschließen, wer verletzt worden ist
1. durch ein Verbrechen gegen das Leben, die körperliche Unversehrtheit oder die sexuelle Selbstbestimmung oder nach § 239 Absatz 3, § 239a oder § 239b des Strafgesetzbuches, durch welches das Opfer seelisch oder körperlich schwer geschädigt oder einer solchen Gefahr ausgesetzt worden ist,
2. durch einen besonders schweren Fall eines Vergehens nach § 177 Absatz 6 des Strafgesetzbuches, durch welches das Opfer seelisch oder körperlich schwer geschädigt oder einer solchen Gefahr ausgesetzt worden ist, oder
3. durch ein Verbrechen nach § 251 des Strafgesetzbuches, auch in Verbindung mit § 252 oder § 255 des Strafgesetzbuches.

²Im Übrigen gelten § 395 Absatz 2 Nummer 1, Absatz 4 und 5 und §§ 396 bis 402 der Strafprozessordnung entsprechend.

§ 81 Entschädigung des Verletzten. Die Vorschriften der Strafprozeßordnung über die Entschädigung des Verletzten (§§ 403 bis 406c der Strafprozeßordnung) werden im Verfahren gegen einen Jugendlichen nicht angewendet.

Zehnter Unterabschnitt. Anordnung der Sicherungsverwahrung

§ 81a Verfahren und Entscheidung. Für das Verfahren und die Entscheidung über die Anordnung der Unterbringung in der Sicherungsverwahrung gelten § 275a der Strafprozessordnung und die §§ 74f und 120a des Gerichtsverfassungsgesetzes sinngemäß.

Drittes Hauptstück. Vollstreckung und Vollzug

Erster Abschnitt. Vollstreckung

Erster Unterabschnitt. Verfassung der Vollstreckung und Zuständigkeit

§ 82 Vollstreckungsleiter. (1) [1] Vollstreckungsleiter ist der Jugendrichter. [2] Er nimmt auch die Aufgaben wahr, welche die Strafprozeßordnung der Strafvollstreckungskammer zuweist.

(2) Soweit der Richter Hilfe zur Erziehung im Sinne des § 12 angeordnet hat, richtet sich die weitere Zuständigkeit nach den Vorschriften des Achten Buches Sozialgesetzbuch.

(3) In den Fällen des § 7 Abs. 2 und 4 richten sich die Vollstreckung der Unterbringung und die Zuständigkeit hierfür nach den Vorschriften der Strafprozessordnung, wenn der Betroffene das einundzwanzigste Lebensjahr vollendet hat.

§ 83 Entscheidungen im Vollstreckungsverfahren. (1) Die Entscheidungen des Vollstreckungsleiters nach den §§ 86 bis 89a und 89b Abs. 2 sowie nach den §§ 462a und 463 der Strafprozeßordnung sind jugendrichterliche Entscheidungen.

(2) Für die bei der Vollstreckung notwendig werdenden gerichtlichen Entscheidungen gegen eine vom Vollstreckungsleiter getroffene Anordnung ist die Jugendkammer in den Fällen zuständig, in denen

1. der Vollstreckungsleiter selbst oder unter seinem Vorsitz das Jugendschöffengericht im ersten Rechtszug erkannt hat,
2. der Vollstreckungsleiter in Wahrnehmung der Aufgaben der Strafvollstreckungskammer über seine eigene Anordnung zu entscheiden hätte.

(3) [1] Die Entscheidungen nach den Absätzen 1 und 2 können, soweit nichts anderes bestimmt ist, mit sofortiger Beschwerde angefochten werden. [2] Die §§ 67 bis 69 gelten sinngemäß.

§ 84 Örtliche Zuständigkeit. (1) Der Jugendrichter leitet die Vollstreckung in allen Verfahren ein, in denen er selbst oder unter seinem Vorsitz das Jugendschöffengericht im ersten Rechtszuge erkannt hat.

(2) [1] Soweit, abgesehen von den Fällen des Absatzes 1, die Entscheidung eines anderen Richters zu vollstrecken ist, steht die Einleitung der Vollstreckung dem Jugendrichter des Amtsgerichts zu, dem die familiengerichtlichen Erziehungsaufgaben obliegen. [2] Ist in diesen Fällen der Verurteilte volljährig, steht die Einleitung der Vollstreckung dem Jugendrichter des Amtsgerichts zu, dem die familiengerichtlichen Erziehungsaufgaben bei noch fehlender Volljährigkeit oblägen.

(3) In den Fällen der Absätze 1 und 2 führt der Jugendrichter die Vollstreckung durch, soweit § 85 nichts anderes bestimmt.

§ 85 Abgabe und Übergang der Vollstreckung. (1) Ist Jugendarrest zu vollstrecken, so gibt der zunächst zuständige Jugendrichter die Vollstreckung an den Jugendrichter ab, der nach § 90 Abs. 2 Satz 2 als Vollzugsleiter zuständig ist.

(2) [1] Ist Jugendstrafe zu vollstrecken, so geht nach der Aufnahme des Verurteilten in die Einrichtung für den Vollzug der Jugendstrafe die Vollstreckung auf den Jugendrichter des Amtsgerichts über, in dessen Bezirk die Einrichtung für den Vollzug der Jugendstrafe liegt. [2] Die Landesregierungen werden ermächtigt, durch Rechtsverordnung zu bestimmen, daß die Vollstreckung auf den Jugendrichter eines anderen Amtsgerichts übergeht, wenn dies aus verkehrsmäßigen Gründen günstiger erscheint. [3] Die Landesregierungen können die Ermächtigung durch Rechtsverordnung auf die Landesjustizverwaltungen übertragen.

(3) [1] Unterhält ein Land eine Einrichtung für den Vollzug der Jugendstrafe auf dem Gebiet eines anderen Landes, so können die beteiligten Länder vereinbaren, daß der

Jugendrichter eines Amtsgerichts des Landes, das die Einrichtung für den Vollzug der Jugendstrafe unterhält, zuständig sein soll. ²Wird eine solche Vereinbarung getroffen, so geht die Vollstreckung auf den Jugendrichter des Amtsgerichts über, in dessen Bezirk die für die Einrichtung für den Vollzug der Jugendstrafe zuständige Aufsichtsbehörde ihren Sitz hat. ³Die Regierung des Landes, das die Einrichtung für den Vollzug der Jugendstrafe unterhält, wird ermächtigt, durch Rechtsverordnung zu bestimmen, daß der Jugendrichter eines anderen Amtsgerichts zuständig wird, wenn dies aus verkehrsmäßigen Gründen günstiger erscheint. ⁴Die Landesregierung kann die Ermächtigung durch Rechtsverordnung auf die Landesjustizverwaltung übertragen.

(4) Absatz 2 gilt entsprechend bei der Vollstreckung einer Maßregel der Besserung und Sicherung nach § 61 Nr. 1 oder 2 des Strafgesetzbuches.

(5) Aus wichtigen Gründen kann der Vollstreckungsleiter die Vollstreckung widerruflich an einen sonst nicht oder nicht mehr zuständigen Jugendrichter abgeben.

(6) ¹Hat der Verurteilte das vierundzwanzigste Lebensjahr vollendet, so kann der nach den Absätzen 2 bis 4 zuständige Vollstreckungsleiter die Vollstreckung einer nach den Vorschriften des Strafvollzugs für Erwachsene vollzogenen Jugendstrafe oder einer Maßregel der Besserung und Sicherung an die nach den allgemeinen Vorschriften zuständige Vollstreckungsbehörde abgeben, wenn der Straf- oder Maßregelvollzug voraussichtlich noch länger dauern wird und die besonderen Grundgedanken des Jugendstrafrechts unter Berücksichtigung der Persönlichkeit des Verurteilten für die weiteren Entscheidungen nicht mehr maßgebend sind; die Abgabe ist bindend. ²Mit der Abgabe sind die Vorschriften der Strafprozeßordnung und des Gerichtsverfassungsgesetzes über die Strafvollstreckung anzuwenden.

(7) Für die Zuständigkeit der Staatsanwaltschaft im Vollstreckungsverfahren gilt § 451 Abs. 3 der Strafprozeßordnung entsprechend.

Zweiter Unterabschnitt. Jugendarrest

§ 86 Umwandlung des Freizeitarrestes. Der Vollstreckungsleiter kann Freizeitarrest in Kurzarrest umwandeln, wenn die Voraussetzungen des § 16 Abs. 3 nachträglich eingetreten sind.

§ 87 Vollstreckung des Jugendarrestes. (1) Die Vollstreckung des Jugendarrestes wird nicht zur Bewährung ausgesetzt.

(2) Für die Anrechnung von Untersuchungshaft auf Jugendarrest gilt § 450 der Strafprozeßordnung sinngemäß.

(3) ¹Der Vollstreckungsleiter sieht von der Vollstreckung des Jugendarrestes ganz oder, ist Jugendarrest teilweise verbüßt, von der Vollstreckung des Restes ab, wenn seit Erlaß des Urteils Umstände hervorgetreten sind, die allein oder in Verbindung mit den bereits bekannten Umständen ein Absehen von der Vollstreckung aus Gründen der Erziehung rechtfertigen. ²Sind seit Eintritt der Rechtskraft sechs Monate verstrichen, sieht er von der Vollstreckung ganz ab, wenn dies aus Gründen der Erziehung geboten ist. ³Von der Vollstreckung des Jugendarrestes kann er ganz absehen, wenn zu erwarten ist, daß der Jugendarrest neben einer Strafe, die gegen den Verurteilten wegen einer anderen Tat verhängt worden ist oder die er wegen einer anderen Tat zu erwarten hat, seinen erzieherischen Zweck nicht mehr erfüllen wird. ⁴Vor der Entscheidung hört der Vollstreckungsleiter nach Möglichkeit das erkennende Gericht, die Staatsanwaltschaft und die Vertretung der Jugendgerichtshilfe.

(4) ¹Die Vollstreckung des Jugendarrestes ist unzulässig, wenn seit Eintritt der Rechtskraft ein Jahr verstrichen ist. ²Im Falle des § 16a darf nach Ablauf von drei Monaten seit Eintritt der Rechtskraft der Vollzug nicht mehr begonnen werden. ³Jugendarrest, der nach § 16a verhängt wurde und noch nicht verbüßt ist, wird nicht mehr vollstreckt, wenn das Gericht

1. die Aussetzung der Jugendstrafe widerruft (§ 26 Absatz 1),

2. auf eine Jugendstrafe erkennt, deren Verhängung zur Bewährung ausgesetzt worden war (§ 30 Absatz 1 Satz 1), oder
3. die Aussetzung der Jugendstrafe in einem nachträglichen Beschluss ablehnt (§ 61a Absatz 1).

Dritter Unterabschnitt. Jugendstrafe

§ 88 Aussetzung des Restes der Jugendstrafe. (1) Der Vollstreckungsleiter kann die Vollstreckung des Restes der Jugendstrafe zur Bewährung aussetzen, wenn der Verurteilte einen Teil der Strafe verbüßt hat und dies im Hinblick auf die Entwicklung des Jugendlichen, auch unter Berücksichtigung des Sicherheitsinteresses der Allgemeinheit, verantwortet werden kann.

(2) ¹Vor Verbüßung von sechs Monaten darf die Aussetzung der Vollstreckung des Restes nur aus besonders wichtigen Gründen angeordnet werden. ²Sie ist bei einer Jugendstrafe von mehr als einem Jahr nur zulässig, wenn der Verurteilte mindestens ein Drittel der Strafe verbüßt hat.

(3) ¹Der Vollstreckungsleiter soll in den Fällen der Absätze 1 und 2 seine Entscheidung so frühzeitig treffen, daß die erforderlichen Maßnahmen zur Vorbereitung des Verurteilten auf sein Leben nach der Entlassung durchgeführt werden können. ²Er kann seine Entscheidung bis zur Entlassung des Verurteilten wieder aufheben, wenn die Aussetzung aufgrund neu eingetretener oder bekanntgewordener Tatsachen im Hinblick auf die Entwicklung des Jugendlichen, auch unter Berücksichtigung des Sicherheitsinteresses der Allgemeinheit, nicht mehr verantwortet werden kann.

(4) ¹Der Vollstreckungsleiter entscheidet nach Anhören des Staatsanwalts und des Vollzugsleiters. ²Dem Verurteilten ist Gelegenheit zur mündlichen Äußerung zu geben. ³Im Falle des § 16a darf nach Ablauf von drei Monaten seit Eintritt der Rechtskraft der Vollzug nicht mehr begonnen werden. ⁴Jugendarrest, der nach § 16a verhängt wurde und noch nicht vebüßt ist, wird nicht mehr vollstreckt, wenn das Gericht
1. die Aussetzung der Jugendstrafe widerruft (§ 26 Absatz 1),
2. auf eine Jugendstrafe erkennt, deren Verhängung zur Bewährung ausgesetzt worden war (§ 30 Absatz 1 Satz 1), oder
3. die Aussetzung der Jugendstrafe in einem nachträglichen Beschluß ablehnt (§ 61a Absatz 1).

(5) Der Vollstreckungsleiter kann Fristen von höchstens sechs Monaten festsetzen, vor deren Ablauf ein Antrag des Verurteilten, den Strafrest zur Bewährung auszusetzen, unzulässig ist.

(6) ¹Ordnet der Vollstreckungsleiter die Aussetzung der Vollstreckung des Restes der Jugendstrafe an, so gelten § 22 Abs. 1, 2 Satz 1 und 2 sowie die §§ 23 bis 26a sinngemäß. ²An die Stelle des erkennenden Richters tritt der Vollstreckungsleiter. ³Auf das Verfahren und die Anfechtung von Entscheidungen sind die §§ 58, 59 Abs. 2 bis 4 und § 60 entsprechend anzuwenden. ⁴Die Beschwerde der Staatsanwaltschaft gegen den Beschluß, der die Aussetzung des Strafrestes anordnet, hat aufschiebende Wirkung.

§ 89 Jugendstrafe bei Vorbehalt der Entscheidung über die Aussetzung. ¹Hat das Gericht die Entscheidung über die Aussetzung der Jugendstrafe einem nachträglichen Beschluss vorbehalten, darf die Jugendstrafe vor Ablauf der nach § 61a Absatz 1 maßgeblichen Frist nicht vollstreckt werden. ²Dies gilt nicht, wenn die Aussetzung zuvor in einem auf Grund des Vorbehalts ergangenen Beschluss abgelehnt wurde.

§ 89a Unterbrechung und Vollstreckung der Jugendstrafe neben Freiheitsstrafe. (1) ¹Ist gegen den zu Jugendstrafe Verurteilten auch Freiheitsstrafe zu vollstrecken, so wird die Jugendstrafe in der Regel zuerst vollstreckt. ²Der Vollstreckungsleiter unterbricht die Vollstreckung der Jugendstrafe, wenn die Hälfte, mindestens jedoch sechs Monate, der Jugendstrafe verbüßt sind. ³Er kann die Vollstreckung zu einem früheren Zeitpunkt unterbrechen, wenn die Aussetzung des Strafrestes in Betracht kommt. ⁴Ein

Strafrest, der auf Grund des Widerrufs seiner Aussetzung vollstreckt wird, kann unterbrochen werden, wenn die Hälfte, mindestens jedoch sechs Monate, des Strafrestes verbüßt sind und eine erneute Aussetzung in Betracht kommt. [5] § 454b Absatz 4 der Strafprozeßordnung gilt entsprechend.

(2) [1] Ist gegen einen Verurteilten außer lebenslanger Freiheitsstrafe auch Jugendstrafe zu vollstrecken, so wird, wenn die letzte Verurteilung eine Straftat betrifft, die der Verurteilte vor der früheren Verurteilung begangen hat, nur die lebenslange Freiheitsstrafe vollstreckt; als Verurteilung gilt das Urteil in dem Verfahren, in dem die zugrundeliegenden tatsächlichen Feststellungen letztmals geprüft werden konnten. [2] Wird die Vollstreckung des Restes der lebenslangen Freiheitsstrafe durch das Gericht zur Bewährung ausgesetzt, so erklärt das Gericht die Vollstreckung der Jugendstrafe für erledigt.

(3) In den Fällen des Absatzes 1 gilt § 85 Abs. 6 entsprechend mit der Maßgabe, dass der Vollstreckungsleiter die Vollstreckung der Jugendstrafe abgeben kann, wenn der Verurteilte das einundzwanzigste Lebensjahr vollendet hat.

§ 89b Ausnahme vom Jugendstrafvollzug. (1) [1] An einem Verurteilten, der das 18. Lebensjahr vollendet hat und sich nicht für den Jugendstrafvollzug eignet, kann die Jugendstrafe statt nach den Vorschriften für den Jugendstrafvollzug nach den Vorschriften des Strafvollzuges für Erwachsene vollzogen werden. [2] Hat der Verurteilte das 24. Lebensjahr vollendet, so soll Jugendstrafe nach den Vorschriften des Strafvollzuges für Erwachsene vollzogen werden.

(2) Über die Ausnahme vom Jugendstrafvollzug entscheidet der Vollstreckungsleiter.

Vierter Unterabschnitt. Untersuchungshaft

§ 89c Vollstreckung der Untersuchungshaft. (1) [1] Solange zur Tatzeit Jugendliche das 21. Lebensjahr noch nicht vollendet haben, wird die Untersuchungshaft nach den Vorschriften für den Vollzug der Untersuchungshaft an jungen Gefangenen und nach Möglichkeit in den für junge Gefangene vorgesehenen Einrichtungen vollzogen. [2] Ist die betroffene Person bei Vollstreckung des Haftbefehls 21, aber noch nicht 24 Jahre alt, kann die Untersuchungshaft nach diesen Vorschriften und in diesen Einrichtungen vollzogen werden.

(2) [1] Hat der Jugendliche das 18. Lebensjahr noch nicht vollendet, darf er mit jungen Gefangenen, die das 18. Lebensjahr vollendet haben, nur untergebracht werden, wenn eine gemeinsame Unterbringung seinem Wohl nicht widerspricht. [2] Mit Gefangenen, die das 24. Lebensjahr vollendet haben, darf er nur untergebracht werden, wenn dies seinem Wohl dient.

(3) [1] Die Entscheidung nach Absatz 1 Satz 2 trifft das Gericht. [2] Die für die Aufnahme vorgesehene Einrichtung und die Jugendgerichtshilfe sind vor der Entscheidung zu hören.

Zweiter Abschnitt. Vollzug

§§ 90–93a (nicht abgedruckt bzw. aufgehoben)

Viertes Hauptstück. Beseitigung des Strafmakels

§§ 94–96 (weggefallen)

§ 97 Beseitigung des Strafmakels durch Richterspruch. (1) [1] Hat der Jugendrichter die Überzeugung erlangt, dass sich ein zu Jugendstrafe verurteilter Jugendlicher durch einwandfreie Führung als rechtschaffener Mensch erwiesen hat, so erklärt er von Amts wegen oder auf Antrag des Verurteilten, des Erziehungsberechtigten oder des gesetzlichen Vertreters den Strafmakel als beseitigt. [2] Dies kann auch auf Antrag des

Staatsanwalts oder, wenn der Verurteilte im Zeitpunkt der Antragstellung noch minderjährig ist, auf Antrag des Vertreters der Jugendgerichtshilfe geschehen. ³Die Erklärung ist unzulässig, wenn es sich um eine Verurteilung nach den §§ 174 bis 180 oder 182 des Strafgesetzbuches handelt.

(2) ¹Die Anordnung kann erst zwei Jahre nach Verbüßung oder Erlaß der Strafe ergehen, es sei denn, daß der Verurteilte sich der Beseitigung des Strafmakels besonders würdig gezeigt hat. ²Während des Vollzugs oder während einer Bewährungszeit ist die Anordnung unzulässig.

§ 98 Verfahren. (1) ¹Zuständig ist der Jugendrichter des Amtsgerichts, dem die familiengerichtlichen Erziehungsaufgaben für den Verurteilten obliegen. ²Ist der Verurteilte volljährig, so ist der Jugendrichter zuständig, in dessen Bezirk der Verurteilte seinen Wohnsitz hat.

(2) ¹Der Jugendrichter beauftragt mit den Ermittlungen über die Führung des Verurteilten und dessen Bewährung vorzugsweise die Stelle, die den Verurteilten nach der Verbüßung der Strafe betreut hat. ²Er kann eigene Ermittlungen anstellen. ³Er hört den Verurteilten und, wenn dieser minderjährig ist, den Erziehungsberechtigten und den gesetzlichen Vertreter, ferner die Schule und die zuständige Verwaltungsbehörde.

(3) Nach Abschluss der Ermittlungen ist der Staatsanwalt zu hören.

§ 99 Entscheidung. (1) Der Jugendrichter entscheidet durch Beschluß.

(2) Hält er die Voraussetzungen für eine Beseitigung des Strafmakels noch nicht für gegeben, so kann er die Entscheidung um höchstens zwei Jahre aufschieben.

(3) Gegen den Beschluss ist sofortige Beschwerde zulässig.

§ 100 Beseitigung des Strafmakels nach Erlass einer Strafe oder eines Strafrestes. ¹Wird die Strafe oder ein Strafrest bei Verurteilung zu nicht mehr als zwei Jahren Jugendstrafe nach Aussetzung zur Bewährung erlassen, so erklärt der Richter zugleich den Strafmakel als beseitigt. ²Dies gilt nicht, wenn es sich um eine Verurteilung nach den §§ 174 bis 180 oder 182 des Strafgesetzbuches handelt.

§ 101 Widerruf. ¹Wird der Verurteilte, dessen Strafmakel als beseitigt erklärt worden ist, vor der Tilgung des Vermerks wegen eines Verbrechens oder vorsätzlichen Vergehens erneut zu Freiheitsstrafe verurteilt, so widerruft der Richter in dem Urteil oder nachträglich durch Beschluss die Beseitigung des Strafmakels. ²In besonderen Fällen kann er von dem Widerruf absehen.

Fünftes Hauptstück. Jugendliche vor Gerichten, die für allgemeine Strafsachen zuständig sind

§ 102 Zuständigkeit. ¹Die Zuständigkeit des Bundesgerichtshofes und des Oberlandesgerichts wird durch die Vorschriften dieses Gesetzes nicht berührt. ²In den zur Zuständigkeit von Oberlandesgerichten im ersten Rechtszug gehörenden Strafsachen (§ 120 Abs. 1 und 2 des Gerichtsverfassungsgesetzes) entscheidet der Bundesgerichtshof auch über Beschwerden gegen Entscheidungen dieser Oberlandesgerichte, durch welche die Aussetzung der Jugendstrafe zur Bewährung angeordnet oder abgelehnt wird (§ 59 Abs. 1).

§ 103 Verbindung mehrerer Strafsachen. (1) Strafsachen gegen Jugendliche und Erwachsene können nach den Vorschriften des allgemeinen Verfahrensrechts verbunden werden, wenn es zur Erforschung der Wahrheit oder aus anderen wichtigen Gründen geboten ist.

(2) ¹Zuständig ist das Jugendgericht. ²Dies gilt nicht, wenn die Strafsache gegen Erwachsene nach den allgemeinen Vorschriften einschließlich der Regelung des § 74e des Gerichtsverfassungsgesetzes zur Zuständigkeit der Wirtschaftsstrafkammer oder der Straf-

Jugendgerichtsgesetz § 104 **JGG Anh 8**

kammer nach § 74a des Gerichtsverfassungsgesetzes gehört; in einem solchen Fall sind diese Strafkammern auch für die Strafsache gegen den Jugendlichen zuständig. ³Für die Prüfung der Zuständigkeit der Wirtschaftsstrafkammer und der Strafkammer nach § 74a des Gerichtsverfassungsgesetzes gelten im Falle des Satzes 2 die §§ 6a, 225a Abs. 4, § 270 Abs. 1 Satz 2 der Strafprozeßordnung entsprechend; § 209a der Strafprozeßordnung ist mit der Maßgabe anzuwenden, daß diese Strafkammern auch gegenüber der Jugendkammer einem Gericht höherer Ordnung gleichstehen.

(3) Beschließt der Richter die Trennung der verbundenen Sachen, so erfolgt zugleich Abgabe der abgetrennten Sache an den Richter, der ohne die Verbindung zuständig gewesen wäre.

§ 104 Verfahren gegen Jugendliche. (1) In Verfahren gegen Jugendliche vor den für allgemeine Strafsachen zuständigen Gerichten gelten die Vorschriften dieses Gesetzes über

1. Verfehlungen Jugendlicher und ihre Folgen (§§ 3 bis 32),
2. die Heranziehung und die Rechtsstellung der Jugendgerichtshilfe (§§ 38, 46a, 50 Abs. 3),
3. den Umfang der Ermittlungen im Vorverfahren (§ 43),
4. das Absehen von der Verfolgung und die Einstellung des Verfahrens durch den Richter (§§ 45, 47),
4a. den Ausschluss der Öffentlichkeit (§ 48 Absatz 3 Satz 2),
5. die Untersuchungshaft (§§ 52, 52a, 72, 89c),
6. die Urteilsgründe (§ 54),
7. das Rechtsmittelverfahren (§§ 55, 56),
8. das Verfahren bei Aussetzung der Jugendstrafe zur Bewährung und der Verhängung der Jugendstrafe (§§ 57 bis 64),
9. die Beteiligung und die Rechtsstellung der Erziehungsberechtigten und der gesetzlichen Vertreter (§ 50 Absatz 2, § 51 Absatz 2 bis 7, §§ 67, 67a),
10. die notwendige Verteidigung (§§ 68, 68a),
11. Mitteilungen an amtliche Stellen (§ 70),
11a. die Unterrichtung des Jugendlichen (§ 70a),
11b. Belehrungen (§ 70b),
11c. die Vernehmung des Beschuldigten (§ 70c),
12. die Unterbringung zur Beobachtung (§ 73),
13. Kosten und Auslagen (§ 74),
14. den Ausschluß von Vorschriften des allgemeinen Verfahrensrechts (§§ 79 bis 81) und
15. Verfahren und Entscheidung bei Anordnung der Sicherungsverwahrung (§ 81a).

(2) Die Anwendung weiterer Verfahrensvorschriften dieses Gesetzes steht im Ermessen des Gerichts.

(3) Soweit es aus Gründen der Staatssicherheit geboten und mit dem Wohl des Jugendlichen vereinbar ist, kann das Gericht anordnen, dass die Heranziehung der Jugendgerichtshilfe unterbleibt und dass die in § 67 Absatz 1 und 2 genannten Rechte der Erziehungsberechtigten und der gesetzlichen Vertreter ruhen.

(4) ¹Hält das Gericht Erziehungsmaßregeln für erforderlich, so hat es deren Auswahl und Anordnung dem Familiengericht zu überlassen. ² § 53 Satz 2 gilt entsprechend.

(5) Dem Jugendrichter, in dessen Bezirk sich der Jugendliche aufhält, sind folgende Entscheidungen zu übertragen:

1. Entscheidungen, die nach einer Aussetzung der Jugendstrafe zur Bewährung erforderlich werden;
2. Entscheidungen, die nach einer Aussetzung der Verhängung der Jugendstrafe erforderlich werden, mit Ausnahme der Entscheidungen über die Festsetzung der Strafe und die Tilgung des Schuldspruchs (§ 30);
3. Entscheidungen, die nach dem Vorbehalt einer nachträglichen Entscheidung über die Aussetzung der Jugendstrafe erforderlich werden, mit Ausnahme der vorbehaltenen Entscheidung selbst (§ 61a).

Dritter Teil. Heranwachsende

Erster Abschnitt. Anwendung des sachlichen Strafrechts

§ 105 Anwendung des Jugendstrafrechts auf Heranwachsende. (1) Begeht ein Heranwachsender eine Verfehlung, die nach den allgemeinen Vorschriften mit Strafe bedroht ist, so wendet der Richter die für einen Jugendlichen geltenden Vorschriften der §§ 4 bis 8, 9 Nr. 1, §§ 10, 11 und 13 bis 32 entsprechend an, wenn
1. die Gesamtwürdigung der Persönlichkeit des Täters bei Berücksichtigung auch der Umweltbedingungen ergibt, daß er zur Zeit der Tat nach seiner sittlichen und geistigen Entwicklung noch einem Jugendlichen gleichstand, oder
2. es sich nach der Art, den Umständen oder den Beweggründen der Tat um eine Jugendverfehlung handelt.

(2) § 31 Abs. 2 Satz 1, Abs. 3 ist auch dann anzuwenden, wenn der Heranwachsende wegen eines Teils der Straftaten bereits rechtskräftig nach allgemeinem Strafrecht verurteilt worden ist.

(3) ¹Das Höchstmaß der Jugendstrafe für Heranwachsende beträgt zehn Jahre. ²Handelt es sich bei der Tat um Mord und reicht das Höchstmaß nach Satz 1 wegen der besonderen Schwere der Schuld nicht aus, so ist das Höchstmaß 15 Jahre.

§ 106 Milderung des allgemeinen Strafrechts für Heranwachsende; Sicherungsverwahrung. (1) Ist wegen der Straftat eines Heranwachsenden das allgemeine Strafrecht anzuwenden, so kann das Gericht an Stelle von lebenslanger Freiheitsstrafe auf eine Freiheitsstrafe von zehn bis zu fünfzehn Jahren erkennen.

(2) Das Gericht kann anordnen, daß der Verlust der Fähigkeit, öffentliche Ämter zu bekleiden und Rechte aus öffentlichen Wahlen zu erlangen (§ 45 Abs. 1 des Strafgesetzbuches), nicht eintritt.

(3) ¹Sicherungsverwahrung darf neben der Strafe nicht angeordnet werden. ²Das Gericht kann im Urteil die Anordnung der Sicherungsverwahrung vorbehalten, wenn
1. der Heranwachsende zu einer Freiheitsstrafe von mindestens fünf Jahren verurteilt wird wegen eines oder mehrerer Verbrechen
   a) gegen das Leben, die körperliche Unversehrtheit oder die sexuelle Selbstbestimmung oder
   b) nach § 251 des Strafgesetzbuches, auch in Verbindung mit § 252 oder § 255 des Strafgesetzbuches,
   durch welche das Opfer seelisch oder körperlich schwer geschädigt oder einer solchen Gefahr ausgesetzt worden ist, und
2. auf Grund der Gesamtwürdigung des Heranwachsenden und seiner Tat oder seiner Taten mit hinreichender Sicherheit feststellbar oder zumindest wahrscheinlich ist, dass bei ihm ein Hang zu Straftaten der in Nummer 1 bezeichneten Art vorliegt und er infolgedessen zum Zeitpunkt der Verurteilung für die Allgemeinheit gefährlich ist.

(4) Unter den übrigen Voraussetzungen des Absatzes 3 Satz 2 kann das Gericht einen solchen Vorbehalt auch aussprechen, wenn
1. die Verurteilung wegen eines oder mehrerer Vergehen nach § 176 des Strafgesetzbuches erfolgt,
2. die übrigen Voraussetzungen des § 66 Absatz 3 des Strafgesetzbuches erfüllt sind, soweit dieser nicht auf § 66 Absatz 1 Satz 1 Nummer 4 des Strafgesetzbuches verweist, und
3. es sich auch bei den maßgeblichen früheren und künftig zu erwartenden Taten um solche der in Nummer 1 oder Absatz 3 Satz 2 Nummer 1 genannten Art handelt, durch welche das Opfer seelisch oder körperlich schwer geschädigt oder einer solchen Gefahr ausgesetzt worden ist oder würde.

(5) ¹Wird neben der Strafe die Anordnung der Sicherungsverwahrung vorbehalten und hat der Verurteilte das siebenundzwanzigste Lebensjahr noch nicht vollendet, so ordnet das Gericht an, dass bereits die Strafe in einer sozialtherapeutischen Einrichtung zu vollziehen ist, es sei denn, dass die Resozialisierung des Täters dadurch nicht besser gefördert werden kann. ²Diese Anordnung kann auch nachträglich erfolgen. ³Solange der Vollzug in einer sozialtherapeutischen Einrichtung noch nicht angeordnet oder der Gefangene noch nicht in eine sozialtherapeutische Einrichtung verlegt worden ist, ist darüber jeweils nach sechs Monaten neu zu entscheiden. ⁴Für die nachträgliche Anordnung nach Satz 2 ist die Strafvollstreckungskammer zuständig. ⁵ § 66c Absatz 2 und § 67a Absatz 2 bis 4 des Strafgesetzbuches bleiben unberührt.

(6) Das Gericht ordnet die Sicherungsverwahrung an, wenn die Gesamtwürdigung des Verurteilten, seiner Tat oder seiner Taten und ergänzend seiner Entwicklung bis zum Zeitpunkt der Entscheidung ergibt, dass von ihm Straftaten der in Absatz 3 Satz 2 Nummer 1 oder Absatz 4 bezeichneten Art zu erwarten sind; § 66a Absatz 3 Satz 1 des Strafgesetzbuches gilt entsprechend.

(7) ¹Ist die wegen einer Tat der in Absatz 3 Satz 2 Nr. 1 bezeichneten Art angeordnete Unterbringung in einem psychiatrischen Krankenhaus nach § 67d Abs. 6 des Strafgesetzbuches für erledigt erklärt worden, weil der die Schuldfähigkeit ausschließende oder vermindernde Zustand, auf dem die Unterbringung beruhte, im Zeitpunkt der Erledigungsentscheidung nicht bestanden hat, so kann das Gericht die Unterbringung in der Sicherungsverwahrung nachträglich anordnen, wenn

1. die Unterbringung des Betroffenen nach § 63 des Strafgesetzbuches wegen mehrerer solcher Taten angeordnet wurde oder wenn der Betroffene wegen einer oder mehrerer solcher Taten, die er vor der zur Unterbringung nach § 63 des Strafgesetzbuches führenden Tat begangen hat, schon einmal zu einer Freiheitsstrafe von mindestens drei Jahren verurteilt oder in einem psychiatrischen Krankenhaus untergebracht worden war und
2. die Gesamtwürdigung des Betroffenen, seiner Taten und ergänzend seiner Entwicklung bis zum Zeitpunkt der Entscheidung ergibt, dass er mit hoher Wahrscheinlichkeit erneut Straftaten der in Absatz 3 Satz 1 Nr. 1 bezeichneten Art begehen wird.

Zweiter Abschnitt. Gerichtsverfassung und Verfahren

§ 107 Gerichtsverfassung. Von den Vorschriften über die Jugendgerichtsverfassung gelten die §§ 33 bis 34 Abs. 1 und §§ 35 bis 38 für Heranwachsende entsprechend.

§ 108 Zuständigkeit. (1) Die Vorschriften über die Zuständigkeit der Jugendgerichte (§§ 39 bis 42) gelten auch bei Verfehlungen Heranwachsender.

(2) Der Jugendrichter ist für Verfehlungen Heranwachsender auch zuständig, wenn die Anwendung des allgemeinen Strafrechts zu erwarten ist und nach § 25 des Gerichtsverfassungsgesetzes der Strafrichter zu entscheiden hätte.

(3) ¹Ist wegen der rechtswidrigen Tat eines Heranwachsenden das allgemeine Strafrecht anzuwenden, so gilt § 24 Abs. 2 des Gerichtsverfassungsgesetzes. ²Ist im Einzelfall eine höhere Strafe als vier Jahre Freiheitsstrafe oder die Unterbringung des Beschuldigten in einem psychiatrischen Krankenhaus, allein oder neben einer Strafe, oder der Sicherungsverwahrung (§ 106 Absatz 3, 4, 7) zu erwarten, so ist die Jugendkammer zuständig. ³Der Beschluss einer verminderten Besetzung in der Hauptverhandlung (§ 33b) ist nicht zulässig, wenn die Anordnung der Unterbringung in der Sicherungsverwahrung, deren Vorbehalt oder die Anordnung der Unterbringung in einem psychiatrischen Krankenhaus zu erwarten ist.

§ 109 Verfahren. (1) ¹Von den Vorschriften über das Jugendstrafverfahren (§§ 43 bis 81a) sind im Verfahren gegen einen Heranwachsenden die §§ 43, 46a, 47a, 50 Absatz 3 und 4, die §§ 51a, 68 Nummer 1, 4 und 5, die §§ 68a, 68b, 70 Absatz 2 und 3, die §§ 70a, 70b Absatz 1 Satz 1 und Absatz 2, die §§ 70c, 72a bis 73 und 81a entsprechend anzuwenden. ²Die Bestimmungen des § 70a sind nur insoweit anzuwenden, als sich die Unterrichtung auf Vorschriften bezieht, die nach dem für die Heranwachsenden geltenden Recht nicht ausgeschlossen sind. ³Die Jugendgerichtshilfe und in geeigneten Fällen auch die Schule werden von der Einleitung und dem Ausgang des Verfahrens unterrichtet. ⁴Sie benachrichtigen den Staatsanwalt, wenn ihnen bekannt wird, daß gegen den Beschuldigten noch ein anderes Strafverfahren anhängig ist. ⁵Die Öffentlichkeit kann ausgeschlossen werden, wenn dies im Interesse des Heranwachsenden geboten ist.

(2) ¹Wendet der Richter Jugendstrafrecht an (§ 105), so gelten auch die §§ 45, 47 Abs. 1 Satz 1 Nr. 1, 2 und 3, Abs. 2, 3, §§ 52, 52a, 54 Abs. 1, §§ 55 bis 66, 74 und 79 Abs. 1 entsprechend. ² § 66 ist auch dann anzuwenden, wenn die einheitliche Festsetzung von Maßnahmen oder Jugendstrafe nach § 105 Abs. 2 unterblieben ist. ³ § 55 Abs. 1 und 2 ist nicht anzuwenden, wenn die Entscheidung im beschleunigten Verfahren des allgemeinen Verfahrensrechts ergangen ist. ⁴ § 74 ist im Rahmen einer Entscheidung über die Auslagen des Verletzten nach § 472a der Strafprozessordnung nicht anzuwenden.

(3) In einem Verfahren gegen einen Heranwachsenden findet § 407 Abs. 2 Satz 2 der Strafprozeßordnung keine Anwendung.

Dritter Abschnitt. Vollstreckung, Vollzug und Beseitigung des Strafmakels

§ 110 **Vollstreckung und Vollzug.** (1) Von den Vorschriften über die Vollstreckung und den Vollzug bei Jugendlichen gelten § 82 Abs. 1, §§ 83 bis 93a für Heranwachsende entsprechend, soweit der Richter Jugendstrafrecht angewendet (§ 105) und nach diesem Gesetz zulässige Maßnahmen oder Jugendstrafe verhängt hat.

(2) Für die Vollstreckung von Untersuchungshaft an zur Tatzeit Heranwachsenden gilt § 89c Absatz 1 und 3 entsprechend.

§ 111 **Beseitigung des Strafmakels.** Die Vorschriften über die Beseitigung des Strafmakels (§§ 97 bis 101) gelten für Heranwachsende entsprechend, soweit der Richter Jugendstrafe verhängt hat.

Vierter Abschnitt. Heranwachsende vor Gerichten, die für allgemeine Strafsachen zuständig sind

§ 112 **Entsprechende Anwendung.** ¹Die §§ 102, 103, 104 Abs. 1 bis 3 und 5 gelten für Verfahren gegen Heranwachsende entsprechend. ²Die in § 104 Abs. 1 genannten Vorschriften sind nur insoweit anzuwenden, als sie nach dem für die Heranwachsenden geltenden Recht nicht ausgeschlossen sind. ³Hält der Richter die Erteilung von Weisungen für erforderlich, so überläßt er die Auswahl und Anordnung dem Jugendrichter, in dessen Bezirk sich der Heranwachsende aufhält.

Vierter Teil. Sondervorschriften für Soldaten der Bundeswehr

§§ 112a–112d (nicht abgedruckt)

§ 112e **Verfahren vor Gerichten, die für allgemeine Strafsachen zuständig sind.** In Verfahren gegen Jugendliche oder Heranwachsende vor den für allgemeine Strafsachen zuständigen Gerichten (§ 104) sind die §§ 112a und 112d anzuwenden.

Fünfter Teil. Schluß- und Übergangsvorschriften

§§ 113–125 (nicht abgedruckt)

9. Rechtspflegergesetz (RPflG)

In der Fassung der Bekanntmachung vom 14. April 2013 (BGBl. I S. 768, ber. 2014 I S. 46), zuletzt geändert durch Art. 4 G zum internationalen Güterrecht und zur Änd. von Vorschriften des internationalen Privatrechts vom 17.12.2018
(BGBl. I S. 2573)
FNA 302-2

(Auszug)

Erster Abschnitt. Aufgaben und Stellung des Rechtspflegers

§ 1 Allgemeine Stellung des Rechtspflegers. Der Rechtspfleger nimmt die ihm durch dieses Gesetz übertragenen Aufgaben der Rechtspflege wahr.

§ 2 Voraussetzungen für die Tätigkeit als Rechtspfleger. (1) Mit den Aufgaben eines Rechtspflegers kann ein Beamter des Justizdienstes betraut werden, der einen Vorbereitungsdienst von drei Jahren abgeleistet und die Rechtspflegerprüfung bestanden hat (S. 2–4 nicht abgedruckt).

(2) (nicht abgedruckt)

(3) Mit den Aufgaben eines Rechtspflegers kann auf seinen Antrag auch betraut werden, wer die Befähigung zum Richteramt besitzt.

(4) (nicht abgedruckt)

(5) Referendare können mit der zeitweiligen Wahrnehmung der Geschäfte eines Rechtspflegers beauftragt werden.

(6) Die Länder erlassen die näheren Vorschriften.

(7) Das Berufsqualifikationsfeststellungsgesetz ist nicht anzuwenden.

§ 3 Übertragene Geschäfte. Dem Rechtspfleger werden folgende Geschäfte übertragen:

1.–2. (nicht abgedruckt)
3. die in den §§ 20 bis 24a, 25 und 25a dieses Gesetzes einzeln aufgeführten Geschäfte
   a) in Verfahren nach der Zivilprozessordnung,
   b) in Festsetzungsverfahren,
   c) des Gerichts im Straf- und Bußgeldverfahren,
   d) in Verfahren vor dem Patentgericht,
   e) auf dem Gebiet der Aufnahme von Erklärungen,
   f) auf dem Gebiet der Beratungshilfe,
   g) auf dem Gebiet der Familiensachen,
   h) in Verfahren über die Verfahrenskostenhilfe nach dem Gesetz über das Verfahren in Familiensachen und in den Angelegenheiten der freiwilligen Gerichtsbarkeit,
   i) Verfahren nach § 33 des Internationalen Erbrechtsverfahrensgesetzes vom 29. Juni 2015 (BGBl. I S. 1042) über die Ausstellung, Berichtigung, Änderung oder den Widerruf eines Europäischen Nachlasszeugnisses, über die Erteilung einer beglaubigten Abschrift eines Europäischen Nachlasszeugnisses oder die Verlängerung der Gültigkeitsfrist einer beglaubigten Abschrift sowie über die Aussetzung der Wirkungen eines Europäischen Nachlasszeugnisses;
4. die in den §§ 29 und 31 dieses Gesetzes einzeln aufgeführten Geschäfte
   a) im internationalen Rechtsverkehr,
   b) (weggefallen)
   c) der Staatsanwaltschaft im Strafverfahren und der Vollstreckung in Straf- und Bußgeldsachen sowie von Ordnungs- und Zwangsmitteln.

§ 4 Umfang der Übertragung. (1) Der Rechtspfleger trifft alle Maßnahmen, die zur Erledigung der ihm übertragenen Geschäfte erforderlich sind.

(2) Der Rechtspfleger ist nicht befugt,
1. eine Beeidigung anzuordnen oder einen Eid abzunehmen,
2. Freiheitsentziehungen anzudrohen oder anzuordnen, sofern es sich nicht um Maßnahmen zur Vollstreckung
   a) einer Freiheitsstrafe nach § 457 der Strafprozessordnung oder einer Ordnungshaft nach § 890 der Zivilprozessordnung,
   b) einer Maßregel der Besserung und Sicherung nach § 463 der Strafprozessordnung oder
   c) der Erzwingungshaft nach § 97 des Gesetzes über Ordnungswidrigkeiten handelt.

(3) Hält der Rechtspfleger Maßnahmen für geboten, zu denen er nach Absatz 2 Nummer 1 und 2 nicht befugt ist, so legt er deswegen die Sache dem Richter zur Entscheidung vor.

§ 5 Vorlage an den Richter. (1) Der Rechtspfleger hat ihm übertragene Geschäfte dem Richter vorzulegen, wenn
1. sich bei der Bearbeitung der Sache ergibt, dass eine Entscheidung des Bundesverfassungsgerichts oder eines für Verfassungsstreitigkeiten zuständigen Gerichts eines Landes nach Artikel 100 des Grundgesetzes einzuholen ist;
2. zwischen dem übertragenen Geschäft und einem vom Richter wahrzunehmenden Geschäft ein so enger Zusammenhang besteht, dass eine getrennte Behandlung nicht sachdienlich ist.

(2) Der Rechtspfleger kann ihm übertragene Geschäfte dem Richter vorlegen, wenn die Anwendung ausländischen Rechts in Betracht kommt.

(3) [1]Die vorgelegten Sachen bearbeitet der Richter, solange er es für erforderlich hält. [2]Er kann die Sachen dem Rechtspfleger zurückgeben. [3]Gibt der Richter eine Sache an den Rechtspfleger zurück, so ist dieser an eine von dem Richter mitgeteilte Rechtsauffassung gebunden.

§ 6 Bearbeitung übertragener Sachen durch den Richter. Steht ein übertragenes Geschäft mit einem vom Richter wahrzunehmenden Geschäft in einem so engen Zusammenhang, dass eine getrennte Bearbeitung nicht sachdienlich wäre, so soll der Richter die gesamte Angelegenheit bearbeiten.

§ 7 Bestimmung des zuständigen Organs der Rechtspflege. [1]Bei Streit oder Ungewissheit darüber, ob ein Geschäft von dem Richter oder dem Rechtspfleger zu bearbeiten ist, entscheidet der Richter über die Zuständigkeit durch Beschluss. [2]Der Beschluss ist unanfechtbar.

§ 8 Gültigkeit von Geschäften. (1) Hat der Richter ein Geschäft wahrgenommen, das dem Rechtspfleger übertragen ist, so wird die Wirksamkeit des Geschäfts hierdurch nicht berührt.

(2) Hat der Rechtspfleger ein Geschäft wahrgenommen, das ihm der Richter nach diesem Gesetz übertragen kann, so ist das Geschäft nicht deshalb unwirksam, weil die Übertragung unterblieben ist oder die Voraussetzungen für die Übertragung im Einzelfalle nicht gegeben waren.

(3) Ein Geschäft ist nicht deshalb unwirksam, weil es der Rechtspfleger entgegen § 5 Absatz 1 dem Richter nicht vorgelegt hat.

(4) [1]Hat der Rechtspfleger ein Geschäft des Richters wahrgenommen, das ihm nach diesem Gesetz weder übertragen ist noch übertragen werden kann, so ist das Geschäft unwirksam. [2]Das gilt nicht, wenn das Geschäft dem Rechtspfleger durch eine Entscheidung nach § 7 zugewiesen worden war.

(5) Hat der Rechtspfleger ein Geschäft des Urkundsbeamten der Geschäftsstelle wahrgenommen, so wird die Wirksamkeit des Geschäfts hierdurch nicht berührt.

§ 9 Weisungsfreiheit des Rechtspflegers. Der Rechtspfleger ist sachlich unabhängig und nur an Recht und Gesetz gebunden.

§ 10 Ausschließung und Ablehnung des Rechtspflegers. [1] Für die Ausschließung und Ablehnung des Rechtspflegers sind die für den Richter geltenden Vorschriften entsprechend anzuwenden. [2] Über die Ablehnung des Rechtspflegers entscheidet der Richter.

§ 11 Rechtsbehelfe. (1) Gegen die Entscheidungen des Rechtspflegers ist das Rechtsmittel gegeben, das nach den allgemeinen verfahrensrechtlichen Vorschriften zulässig ist.

(2) [1] Kann gegen die Entscheidung nach den allgemeinen verfahrensrechtlichen Vorschriften ein Rechtsmittel nicht eingelegt werden, so findet die Erinnerung statt, die innerhalb einer Frist von zwei Wochen einzulegen ist. [2] Hat der Erinnerungsführer die Frist ohne sein Verschulden nicht eingehalten, ist ihm auf Antrag Wiedereinsetzung in den vorigen Stand zu gewähren, wenn er die Erinnerung binnen zwei Wochen nach der Beseitigung des Hindernisses einlegt und die Tatsachen, welche die Wiedereinsetzung begründen, glaubhaft macht. [3] Ein Fehlen des Verschuldens wird vermutet, wenn eine Rechtsbehelfsbelehrung unterblieben oder fehlerhaft ist. [4] Die Wiedereinsetzung kann nach Ablauf eines Jahres, von dem Ende der versäumten Frist an gerechnet, nicht mehr beantragt werden. [5] Der Rechtspfleger kann der Erinnerung abhelfen. [6] Erinnerungen, denen er nicht abhilft, legt er dem Richter zur Entscheidung vor. [7] Auf die Erinnerung sind im Übrigen die Vorschriften der Zivilprozessordnung über die sofortige Beschwerde sinngemäß anzuwenden.

(3) [1] Gerichtliche Verfügungen, Beschlüsse oder Zeugnisse, die nach den Vorschriften der Grundbuchordnung, der Schiffsregisterordnung oder des Gesetzes über das Verfahren in Familiensachen und in den Angelegenheiten der freiwilligen Gerichtsbarkeit wirksam geworden sind und nicht mehr geändert werden können, sind mit der Erinnerung nicht anfechtbar. [2] Die Erinnerung ist ferner in den Fällen der §§ 694, 700 der Zivilprozessordnung und gegen die Entscheidungen über die Gewährung eines Stimmrechts (§ 77 der Insolvenzordnung) ausgeschlossen.

(4) Das Erinnerungsverfahren ist gerichtsgebührenfrei.

§ 12 Bezeichnung des Rechtspflegers. Im Schriftverkehr und bei der Aufnahme von Urkunden in übertragenen Angelegenheiten hat der Rechtspfleger seiner Unterschrift das Wort „Rechtspfleger" beizufügen.

§ 13 (nicht abgedruckt)

Zweiter Abschnitt. Dem Richter vorbehaltene Geschäfte in Familiensachen und auf dem Gebiet der freiwilligen Gerichtsbarkeit sowie in Insolvenzverfahren und schifffahrtsrechtlichen Verteilungsverfahren

§§ 14–19b (nicht abgedruckt)

Dritter Abschnitt. Dem Rechtspfleger nach § 3 Nummer 3 übertragene Geschäfte

§ 20 (nicht abgedruckt)

§ 21 Festsetzungsverfahren. Folgende Geschäfte im Festsetzungsverfahren werden dem Rechtspfleger übertragen:

1. die Festsetzung der Kosten in den Fällen, in denen die §§ 103 ff. der Zivilprozessordnung anzuwenden sind;
2.–3. (nicht abgedruckt)

§ 22 Gerichtliche Geschäfte in Straf- und Bußgeldverfahren. Von den gerichtlichen Geschäften in Straf- und Bußgeldverfahren wird dem Rechtspfleger die Entscheidung über Feststellungsanträge nach § 52 Absatz 2 und § 53 Absatz 3 des Rechtsanwaltsvergütungsgesetzes übertragen.

§ 23 (nicht abgedruckt)

§ 24 Aufnahme von Erklärungen. (1) Folgende Geschäfte der Geschäftsstelle werden dem Rechtspfleger übertragen:
1. die Aufnahme von Erklärungen über die Einlegung und Begründung
   a) der Rechtsbeschwerde und der weiteren Beschwerde,
   b) der Revision in Strafsachen;
2. die Aufnahme eines Antrags auf Wiederaufnahme des Verfahrens (§ 366 Absatz 2 der Strafprozessordnung, § 85 des Gesetzes über Ordnungswidrigkeiten).

(2) Ferner soll der Rechtspfleger aufnehmen:
1. sonstige Rechtsbehelfe, soweit sie gleichzeitig begründet werden;
2. Klagen und Klageerwiderungen;
3. andere Anträge und Erklärungen, die zur Niederschrift der Geschäftsstelle abgegeben werden können, soweit sie nach Schwierigkeit und Bedeutung den in den Nummern 1 und 2 genannten Geschäften vergleichbar sind.

(3) § 5 ist nicht anzuwenden.

§§ 24a, 24b (nicht abgedruckt)

§§ 25, 25a (nicht abgedruckt)

Vierter Abschnitt. Sonstige Vorschriften auf dem Gebiet der Gerichtsverfassung

§ 26 Verhältnis des Rechtspflegers zum Urkundsbeamten der Geschäftsstelle. Die Zuständigkeit der Urkundsbeamten der Geschäftsstelle nach Maßgabe der gesetzlichen Vorschriften bleibt unberührt, soweit sich nicht aus § 20 Satz 1 Nummer 12 (zu den §§ 726 ff. der Zivilprozessordnung), aus § 21 Nummer 1 (Festsetzungsverfahren) und aus § 24 (Aufnahme von Erklärungen) etwas anderes ergibt.

§ 27 Pflicht zur Wahrnehmung sonstiger Dienstgeschäfte. (1) Durch die Beschäftigung eines Beamten als Rechtspfleger wird seine Pflicht, andere Dienstgeschäfte einschließlich der Geschäfte des Urkundsbeamten der Geschäftsstelle wahrzunehmen, nicht berührt.

(2) Die Vorschriften dieses Gesetzes sind auf die sonstigen Dienstgeschäfte eines mit den Aufgaben des Rechtspflegers betrauten Beamten nicht anzuwenden.

§ 28 Zuständiger Richter. Soweit mit Angelegenheiten, die dem Rechtspfleger zur selbständigen Wahrnehmung übertragen sind, nach diesem Gesetz der Richter befasst wird, ist hierfür das nach den allgemeinen Verfahrensvorschriften zu bestimmende Gericht in der für die jeweilige Amtshandlung vorgeschriebenen Besetzung zuständig.

Fünfter Abschnitt. Dem Rechtspfleger übertragene Geschäfte in anderen Bereichen

§ 29 (nicht abgedruckt)

§ 30 (weggefallen)

§ 31 Geschäfte der Staatsanwaltschaft im Strafverfahren und Vollstreckung in Straf- und Bußgeldsachen sowie von Ordnungs- und Zwangsmitteln. (1) Von den Geschäften der Staatsanwaltschaft im Strafverfahren werden dem Rechtspfleger übertragen:

1. die Geschäfte bei der Vollziehung der Beschlagnahme (§ 111c Absatz 3 Satz 1 und Absatz 4 Satz 2 und 3 der Strafprozessordnung),
2. die Geschäfte bei der Vollziehung der Beschlagnahme und der Vollziehung des Vermögensarrestes sowie die Anordnung der Notveräußerung und die weiteren Anordnungen bei deren Durchführung (§§ 111k und 111p der Strafprozessordnung), soweit die entsprechenden Geschäfte im Zwangsvollstreckungs- und Arrestverfahren dem Rechtspfleger übertragen sind,
3. die Geschäfte im Zusammenhang mit Insolvenzverfahren (§ 111i der Strafprozessordnung) und
4. die Geschäfte bei der Verwaltung beschlagnahmter oder gepfändeter Gegenstände (§ 111m der Strafprozessordnung).

(2) [1] Die der Vollstreckungsbehörde in Straf- und Bußgeldsachen obliegenden Geschäfte werden dem Rechtspfleger übertragen. [2] Ausgenommen sind Entscheidungen nach § 114 des Jugendgerichtsgesetzes. [3] Satz 1 gilt entsprechend, soweit Ordnungs- und Zwangsmittel von der Staatsanwaltschaft vollstreckt werden.

(2a) Der Rechtspfleger hat die ihm nach Absatz 2 Satz 1 übertragenen Sachen dem Staatsanwalt vorzulegen, wenn

1. er von einer ihm bekannten Stellungnahme des Staatsanwalts abweichen will oder
2. zwischen dem übertragenen Geschäft und einem vom Staatsanwalt wahrzunehmenden Geschäft ein so enger Zusammenhang besteht, dass eine getrennte Sachbearbeitung nicht sachdienlich ist, oder
3. ein Ordnungs- oder Zwangsmittel von dem Staatsanwalt verhängt ist und dieser sich die Vorlage ganz oder teilweise vorbehalten hat.

(2b) Der Rechtspfleger kann die ihm nach Absatz 2 Satz 1 übertragenen Geschäfte dem Staatsanwalt vorlegen, wenn

1. sich bei der Bearbeitung Bedenken gegen die Zulässigkeit der Vollstreckung ergeben oder
2. ein Urteil vollstreckt werden soll, das von einem Mitangeklagten mit der Revision angefochten ist.

(2c) [1] Die vorgelegten Sachen bearbeitet der Staatsanwalt, solange er es für erforderlich hält. [2] Er kann die Sachen dem Rechtspfleger zurückgeben. [3] An eine dabei mitgeteilte Rechtsauffassung oder erteilte Weisungen ist der Rechtspfleger gebunden.

(3) Die gerichtliche Vollstreckung von Ordnungs- und Zwangsmitteln wird dem Rechtspfleger übertragen, soweit sich nicht der Richter im Einzelfall die Vollstreckung ganz oder teilweise vorbehält.

(4) (weggefallen)

(5) [1] Die Leitung der Vollstreckung im Jugendstrafverfahren bleibt dem Richter vorbehalten. [2] Dem Rechtspfleger werden die Geschäfte der Vollstreckung übertragen, durch die eine richterliche Vollstreckungsanordnung oder eine die Leitung der Vollstreckung nicht betreffende allgemeine Verwaltungsvorschrift ausgeführt wird. [3] Der Bundesminister der Justiz und für Verbraucherschutz wird ermächtigt, durch Rechtsverordnung mit Zustimmung des Bundesrates auf dem Gebiet der Vollstreckung im Jugendstrafverfahren dem Rechtspfleger nichtrichterliche Geschäfte zu übertragen, soweit nicht die Leitung

der Vollstreckung durch den Jugendrichter beeinträchtigt wird oder das Vollstreckungsgeschäft wegen seiner rechtlichen Schwierigkeit, wegen der Bedeutung für den Betroffenen, vor allem aus erzieherischen Gründen, oder zur Sicherung einer einheitlichen Rechtsanwendung dem Vollstreckungsleiter vorbehalten bleiben muss. [4] Der Richter kann die Vorlage von übertragenen Vollstreckungsgeschäften anordnen.

(6) [1] Gegen die Maßnahmen des Rechtspflegers ist der Rechtsbehelf gegeben, der nach den allgemeinen verfahrensrechtlichen Vorschriften zulässig ist. [2] Ist hiernach ein Rechtsbehelf nicht gegeben, entscheidet über Einwendungen der Richter oder Staatsanwalt, an dessen Stelle der Rechtspfleger tätig geworden ist. [3] Er kann dem Rechtspfleger Weisungen erteilen. [4] Die Befugnisse des Behördenleiters aus den §§ 145, 146 des Gerichtsverfassungsgesetzes bleiben unberührt.

(7) Unberührt bleiben ferner bundes- und landesrechtliche Vorschriften, welche die Vollstreckung von Vermögensstrafen im Verwaltungszwangsverfahren regeln.

§ 32 Nicht anzuwendende Vorschriften. Auf die nach den §§ 29 und 31 dem Rechtspfleger übertragenen Geschäfte sind die §§ 5 bis 11 nicht anzuwenden.

Sechster Abschnitt. Schlussvorschriften

§§ 33–36a (nicht abgedruckt)

§ 36b Übertragung von Rechtspflegeraufgaben auf den Urkundsbeamten der Geschäftsstelle. (1) [1] Die Landesregierungen werden ermächtigt, durch Rechtsverordnung folgende nach diesem Gesetz vom Rechtspfleger wahrzunehmende Geschäfte ganz oder teilweise dem Urkundsbeamten der Geschäftsstelle zu übertragen:

1.–4. (nicht abgedruckt)
5. die der Staatsanwaltschaft als Vollstreckungsbehörde in Straf- und Bußgeldsachen obliegenden Geschäfte bei der Vollstreckung von Geldstrafen und Geldbußen (§ 31 Absatz 2); hierzu gehört nicht die Vollstreckung von Ersatzfreiheitsstrafen.

[2] Die Landesregierungen können die Ermächtigung auf die Landesjustizverwaltungen übertragen.

(2) [1] Der Urkundsbeamte der Geschäftsstelle trifft alle Maßnahmen, die zur Erledigung der ihm übertragenen Geschäfte erforderlich sind. [2] Die Vorschriften über die Vorlage einzelner Geschäfte durch den Rechtspfleger an den Richter oder Staatsanwalt (§§ 5, 28, 31 Absatz 2a und 2b) gelten entsprechend.

(3) Bei der Wahrnehmung von Geschäften nach Absatz 1 Satz 1 Nummer 2 kann in den Fällen der §§ 694, 696 Absatz 1, § 700 Absatz 3 der Zivilprozessordnung eine Entscheidung des Prozessgerichts zur Änderung einer Entscheidung des Urkundsbeamten der Geschäftsstelle (§ 573 der Zivilprozessordnung) nicht nachgesucht werden.

(4) [1] Bei der Wahrnehmung von Geschäften nach Absatz 1 Satz 1 Nummer 5 entscheidet über Einwendungen gegen Maßnahmen des Urkundsbeamten der Geschäftsstelle der Rechtspfleger, an dessen Stelle der Urkundsbeamte tätig geworden ist. [2] Er kann dem Urkundsbeamten Weisungen erteilen. [3] Die Befugnisse des Behördenleiters aus den §§ 145, 146 des Gerichtsverfassungsgesetzes bleiben unberührt.

§ 37 Rechtspflegergeschäfte nach Landesrecht. Die Länder können Aufgaben, die den Gerichten durch landesrechtliche Vorschriften zugewiesen sind, auf den Rechtspfleger übertragen.

§ 38 (nicht abgedruckt)

§ 39 Überleitungsvorschrift. Für die Anfechtung von Entscheidungen des Rechtspflegers gelten die §§ 11 und 23 Absatz 2 in der vor dem 1. Oktober 1998 geltenden Fassung, wenn die anzufechtende Entscheidung vor diesem Datum verkündet oder, wenn eine Verkündung nicht stattgefunden hat, der Geschäftsstelle übergeben worden ist.

§ 40 Inkrafttreten.

10. Gesetz über den Vollzug der Freiheitsstrafe und der freiheitsentziehenden Maßregeln der Besserung und Sicherung – Strafvollzugsgesetz (StVollzG) –

Vom 16. März 1976 (BGBl. I S. 581, ber. S. 2088 und 1977 I S. 436),

FNA 312-9-1

Zuletzt geändert durch Art. 7 G zur Stärkung der Verfahrensrechte von Beschuldigten im Jugendstrafverfahren vom 9.12.2019 (BGBl. I S. 2146)

(Auszug)

Mit Gesetz vom 28.8.2006 (BGBl. I 2034) wurde die Gesetzgebungskompetenz für den Strafvollzug auf die Länder übertragen. Alle Bundesländer haben nunmehr eigene Strafvollzugsgesetze erlassen. Nach wie vor Gegenstand der konkurrierenden Gesetzgebung ist aber das gerichtliche Verfahren (StPO, GVG, einschließlich der ZPO) und das bürgerliche Recht. Deshalb gelten in allen Bundesländern die entspr Vorschriften des StVollzG – §§ 43 XI S 2 Hs 2, 50 II S 5, 51 IV und V, 75 III, 109 bis 121, 122, 130, 138 III, 171 bis 175, 176 IV und § 178 II und III – fort.

Die §§ 109 bis 121, die nach § 138 III für den Maßregelvollzug entspr gelten, lauten:

§ 109 Antrag auf gerichtliche Entscheidung. (1) [1] Gegen eine Maßnahme zur Regelung einzelner Angelegenheiten auf dem Gebiete des Strafvollzuges oder des Vollzuges freiheitsentziehender Maßregeln der Besserung und Sicherung kann gerichtliche Entscheidung beantragt werden. [2] Mit dem Antrag kann auch die Verpflichtung zum Erlass einer abgelehnten oder unterlassenen Maßnahme begehrt werden.

(2) Der Antrag auf gerichtliche Entscheidung ist nur zulässig, wenn der Antragsteller geltend macht, durch die Maßnahme oder ihre Ablehnung oder Unterlassung in seinen Rechten verletzt zu sein.

(3) [1] Dient die vom Antragsteller begehrte oder angefochtene Maßnahme der Umsetzung des § 66c Absatz 1 des Strafgesetzbuches im Vollzug der Sicherungsverwahrung oder der ihr vorausgehenden Freiheitsstrafe, so ist dem Antragsteller für ein gerichtliches Verfahren von Amts wegen ein Rechtsanwalt beizuordnen, es sei denn, dass wegen der Einfachheit der Sach- und Rechtslage die Mitwirkung eines Rechtsanwalts nicht geboten erscheint oder es ersichtlich ist, dass der Antragsteller seine Rechte selbst ausreichend wahrnehmen kann. [2] Über die Bestellung und einen Widerruf entscheidet der Vorsitzende des nach § 110 zuständigen Gerichts.

§ 110 Zuständigkeit. Über den Antrag entscheidet die Strafvollstreckungskammer, in deren Bezirk die beteiligte Vollzugsbehörde ihren Sitz hat.

§ 110a Elektronische Aktenführung; Verordnungsermächtigungen. (1) [1] Die Gerichtsakten können elektronisch geführt werden. [2] Die Landesregierungen bestimmen durch Rechtsverordnung den Zeitpunkt, von dem an die Akten elektronisch geführt werden. [3] Sie können die Einführung der elektronischen Aktenführung dabei auf einzelne Gerichte oder auf allgemein bestimmte Verfahren beschränken und bestimmen, dass Akten, die in Papierform angelegt wurden, auch nach Einführung der elektronischen Aktenführung in Papierform weitergeführt werden; wird von der Beschränkungsmöglichkeit Gebrauch gemacht, kann in der Rechtsverordnung bestimmt werden, dass durch Verwaltungsvorschrift, die öffentlich bekanntzumachen ist, geregelt wird, in welchen Verfahren die Akten elektronisch zu führen sind. [4]Die Ermächtigung kann durch Rechtsverordnung auf die zuständigen Landesministerien übertragen werden.

(2) [1]Die Landesregierungen bestimmen durch Rechtsverordnung die für die elektronische Aktenführung geltenden organisatorischen und dem Stand der Technik entsprechenden technischen Rahmenbedingungen einschließlich der einzuhaltenden Anforderungen des Datenschutzes, der Datensicherheit und der Barrierefreiheit. [2]Sie können die Ermächtigung durch Rechtsverordnung auf die zuständigen Landesministerien übertragen.

(3) [1]Die Bundesregierung bestimmt durch Rechtsverordnung mit Zustimmung des Bundesrates die für die Übermittlung elektronischer Akten zwischen Behörden und Gerichten geltenden Standards. [2]Sie kann die Ermächtigung durch Rechtsverordnung ohne Zustimmung des Bundesrates auf die zuständigen Bundesministerien übertragen.

§ 111 Beteiligte. (1) Beteiligte des gerichtlichen Verfahrens sind
1. der Antragsteller,
2. die Vollzugsbehörde, die die angefochtene Maßnahme angeordnet oder die beantragte abgelehnt oder unterlassen hat.

(2) In dem Verfahren vor dem Oberlandesgericht oder dem Bundesgerichtshof ist Beteiligte nach Absatz 1 Nr. 2 die zuständige Aufsichtsbehörde.

§ 112 Antragsfrist. Wiedereinsetzung. (1) Der Antrag muß binnen zwei Wochen nach Zustellung oder schriftlicher Bekanntgabe der Maßnahme oder ihrer Ablehnung schriftlich oder zu Protokoll der Geschäftsstelle des Gerichts gestellt werden.

(2) War der Antragsteller ohne Verschulden verhindert, die Frist einzuhalten, so ist ihm auf Antrag Wiedereinsetzung in den vorigen Stand zu gewähren.

(3) [1]Der Antrag auf Wiedereinsetzung ist binnen zwei Wochen nach Wegfall des Hindernisses zu stellen. [2]Die Tatsachen zur Begründung des Antrags sind bei der Antragstellung oder im Verfahren über den Antrag glaubhaft zu machen. [3]Innerhalb der Antragsfrist ist die versäumte Rechtshandlung nachzuholen. [4]Ist dies geschehen, so kann die Wiedereinsetzung auch ohne Antrag gewährt werden.

(4) Nach einem Jahr seit dem Ende der versäumten Frist ist der Antrag auf Wiedereinsetzung unzulässig, außer wenn der Antrag vor Ablauf der Jahresfrist infolge höherer Gewalt unmöglich war.

§ 113 Vornahmeantrag. (1) Wendet sich der Antragsteller gegen das Unterlassen einer Maßnahme, kann der Antrag auf gerichtliche Entscheidung nicht vor Ablauf von drei Monaten seit dem Antrag auf Vornahme der Maßnahme gestellt werden, es sei denn, dass eine frühere Anrufung des Gerichts wegen besonderer Umstände des Falles geboten ist.

(2) [1]Liegt ein zureichender Grund dafür vor, dass die beantragte Maßnahme noch nicht erlassen ist, so setzt das Gericht das Verfahren bis zum Ablauf einer von ihm bestimmten Frist aus. [2]Die Frist kann verlängert werden. [3]Wird die beantragte Maßnahme in der gesetzten Frist erlassen, so ist der Rechtsstreit in der Hauptsache erledigt.

(3) Der Antrag nach Absatz 1 ist nur bis zum Ablauf eines Jahres seit der Stellung des Antrags auf Vornahme der Maßnahme zulässig, außer wenn die Antragstellung vor Ablauf der Jahresfrist infolge höherer Gewalt unmöglich war oder unter den besonderen Verhältnissen des Einzelfalles unterblieben ist.

§ 114 Aussetzung der Maßnahme. (1) Der Antrag auf gerichtliche Entscheidung hat keine aufschiebende Wirkung.

(2) [1]Das Gericht kann den Vollzug der angefochtenen Maßnahme aussetzen, wenn die Gefahr besteht, dass die Verwirklichung eines Rechts des Antragstellers vereitelt oder wesentlich erschwert wird und ein höher zu bewertendes Interesse an dem sofortigen

Vollzug nicht entgegensteht. ²Das Gericht kann auch eine einstweilige Anordnung erlassen; § 123 Abs. 1 der Verwaltungsgerichtsordnung ist entsprechend anzuwenden. ³Die Entscheidungen sind nicht anfechtbar; sie können vom Gericht jederzeit geändert oder aufgehoben werden.

(3) Der Antrag auf eine Entscheidung nach Absatz 2 ist schon vor Stellung des Antrags auf gerichtliche Entscheidung zulässig.

§ 115 Gerichtliche Entscheidung. (1) ¹Das Gericht entscheidet ohne mündliche Verhandlung durch Beschluß. ²Der Beschluss stellt den Sach- und Streitstand seinem wesentlichen Inhalt nach gedrängt zusammen. ³Wegen der Einzelheiten kann auf in der Gerichtsakte befindliche Dokumente, die nach Herkunft und Datum genau zu bezeichnen sind, verwiesen werden, soweit sich aus ihnen der Sach- und Streitstand ausreichend ergibt. ⁴Das Gericht kann von einer Darstellung der Entscheidungsgründe absehen, soweit es der Begründung der angefochtenen Entscheidung folgt und dies in seiner Entscheidung feststellt.

(1a) ¹Das Gericht kann anordnen, dass eine Anhörung unter Verzicht auf die persönliche Anwesenheit des Gefangenen zeitgleich in Bild und Ton in die Vollzugsanstalt und das Sitzungszimmer übertragen wird. ²Eine Aufzeichnung findet nicht statt. ³Die Entscheidung nach Satz 1 ist nicht anfechtbar.

(2) ¹Soweit die Maßnahme rechtswidrig und der Antragsteller dadurch in seinen Rechten verletzt ist, hebt das Gericht die Maßnahme auf. ²Ist die Maßnahme schon vollzogen, kann das Gericht auch aussprechen, daß und wie die Vollzugsbehörde die Vollziehung rückgängig zu machen hat, soweit die Sache spruchreif ist.

(3) Hat sich die Maßnahme vorher durch Zurücknahme oder anders erledigt, spricht das Gericht auf Antrag aus, dass die Maßnahme rechtswidrig gewesen ist, wenn der Antragsteller ein berechtigtes Interesse an dieser Feststellung hat.

(4) ¹Soweit die Ablehnung oder Unterlassung der Maßnahme rechtswidrig und der Antragsteller dadurch in seinen Rechten verletzt ist, spricht das Gericht die Verpflichtung der Vollzugsbehörde aus, die beantragte Amtshandlung vorzunehmen, wenn die Sache spruchreif ist. ²Anderenfalls spricht es die Verpflichtung aus, den Antragsteller unter Beachtung der Rechtsauffassung des Gerichts zu bescheiden.

(5) Soweit die Vollzugsbehörde ermächtigt ist, nach ihrem Ermessen zu handeln, prüft das Gericht auch, ob die Maßnahme oder ihre Ablehnung oder Unterlassung rechtswidrig ist, weil die gesetzlichen Grenzen des Ermessens überschritten sind oder von dem Ermessen in einer dem Zweck der Ermächtigung nicht entsprechenden Weise Gebrauch gemacht ist.

§ 116 Rechtsbeschwerde. (1) Gegen die gerichtliche Entscheidung der Strafvollstreckungskammer ist die Rechtsbeschwerde zulässig, wenn es geboten ist, die Nachprüfung zur Fortbildung des Rechts oder zur Sicherung einer einheitlichen Rechtsprechung zu ermöglichen.

(2) ¹Die Rechtsbeschwerde kann nur darauf gestützt werden, dass die Entscheidung auf einer Verletzung des Gesetzes beruhe. ²Das Gesetz ist verletzt, wenn eine Rechtsnorm nicht oder nicht richtig angewendet worden ist.

(3) ¹Die Rechtsbeschwerde hat keine aufschiebende Wirkung. ² § 114 Abs. 2 gilt entsprechend.

(4) Für die Rechtsbeschwerde gelten die Vorschriften der Strafprozessordnung über die Beschwerde entsprechend, soweit dieses Gesetz nichts anderes bestimmt.

§ 117 Zuständigkeit für die Rechtsbeschwerde. Über die Rechtsbeschwerde entscheidet ein Strafsenat des Oberlandesgerichts, in dessen Bezirk die Strafvollstreckungskammer ihren Sitz hat.

§ 118 Form. Frist. Begründung. (1) ¹Die Rechtsbeschwerde muss bei dem Gericht, dessen Entscheidung angefochten wird, binnen eines Monats nach Zustellung der gerichtlichen Entscheidung eingelegt werden. ²In dieser Frist ist außerdem die Erklärung abzugeben, inwieweit die Entscheidung angefochten und ihre Aufhebung beantragt wird. ³Die Anträge sind zu begründen.

(2) ¹Aus der Begründung muss hervorgehen, ob die Entscheidung wegen Verletzung einer Rechtsnorm über das Verfahren oder wegen Verletzung einer anderen Rechtsnorm angefochten wird. ²Ersterenfalls müssen die den Mangel enthaltenden Tatsachen angegeben werden.

(3) Der Antragsteller als Beschwerdeführer kann dies nur in einer von einem Rechtsanwalt unterzeichneten Schrift oder zu Protokoll der Geschäftsstelle tun.

§ 119 Entscheidung über die Rechtsbeschwerde.
(1) Der Strafsenat entscheidet ohne mündliche Verhandlung durch Beschluss.

(2) Seiner Prüfung unterliegen nur die Beschwerdeanträge und, soweit die Rechtsbeschwerde auf Mängel des Verfahrens gestützt wird, nur die Tatsachen, die in der Begründung der Rechtsbeschwerde bezeichnet worden sind.

(3) Der Beschluss, durch den die Beschwerde verworfen wird, bedarf keiner Begründung, wenn der Strafsenat die Beschwerde einstimmig für unzulässig oder für offensichtlich unbegründet erachtet.

(4) ¹Soweit die Rechtsbeschwerde für begründet erachtet wird, ist die angefochtene Entscheidung aufzuheben. ²Der Strafsenat kann an Stelle der Strafvollstreckungskammer entscheiden, wenn die Sache spruchreif ist. ³Sonst ist die Sache zur neuen Entscheidung an die Strafvollstreckungskammer zurückzuverweisen.

(5) Die Entscheidung des Strafsenats ist endgültig.

§ 119a Strafvollzugsbegleitende gerichtliche Kontrolle bei angeordneter oder vorbehaltener Sicherungsverwahrung.
(1) Ist die Unterbringung in der Sicherungsverwahrung angeordnet oder vorbehalten, stellt das Gericht während des Vollzuges der Freiheitsstrafe nach Ablauf der in Absatz 3 genannten Fristen von Amts wegen fest,
1. ob die Vollzugsbehörde dem Gefangenen im zurückliegenden Zeitraum eine Betreuung angeboten hat, die § 66c Absatz 2 in Verbindung mit Absatz 1 Nummer 1 des Strafgesetzbuches entspricht;
2. soweit die Betreuung nicht den in Nummer 1 genannten Anforderungen entsprochen hat, welche bestimmten Maßnahmen die Vollzugsbehörde dem Gefangenen bei sich nicht wesentlich ändernder Sachlage künftig anzubieten hat, um den gesetzlichen Anforderungen an die Betreuung zu genügen.

(2) ¹Die Vollzugsbehörde kann jederzeit eine Entscheidung nach Absatz 1 beantragen, sofern hieran ein berechtigtes Interesse besteht. ²Nach der erstmaligen Aufstellung oder einer wesentlichen Änderung des Vollzugsplans kann die Vollzugsbehörde auch beantragen, festzustellen, ob die im Vollzugsplan vorgesehenen Maßnahmen im Falle ihres Angebots bei sich nicht wesentlich ändernder Sachlage eine dem § 66c Absatz 2 in Verbindung mit Absatz 1 Nummer 1 des Strafgesetzbuches entsprechende Betreuung darstellen würden; in diesem Fall hat das Gericht die Feststellungen nach Absatz 1 auch zu treffen, wenn die Frist gemäß Absatz 3 noch nicht abgelaufen ist.

(3) ¹Entscheidungen von Amts wegen sind alle zwei Jahre zu treffen. ²Das Gericht kann bei einer Entscheidung nach Absatz 1, auch in Verbindung mit Absatz 2 Satz 2, im Hinblick auf die Gesamtdauer der noch zu vollziehenden Freiheitsstrafe eine längere Frist festsetzen, die fünf Jahre nicht überschreiten darf. ³Die Frist für die erste Entscheidung von Amts wegen beginnt mit dem Vollzug der Freiheitsstrafe zu laufen, die Frist für jede weitere mit Bekanntgabe einer erstinstanzlichen Entscheidung nach Absatz 1.

(4) Die Strafvollstreckungskammer ist bei Entscheidungen nach den Absätzen 1 und 2 Satz 2 mit drei Richtern unter Einschluss des Vorsitzenden besetzt.

(5) Gegen die gerichtliche Entscheidung ist die Beschwerde zulässig.

(6) ¹Für das gerichtliche Verfahren ist dem Gefangenen von Amts wegen ein Rechtsanwalt beizuordnen. ²Vor einer Entscheidung sind der Gefangene, die Vollzugsbehörde

und die Vollstreckungsbehörde anzuhören. ³Im Übrigen gelten § 109 Absatz 3 Satz 2, die §§ 110, 111, 115 Absatz 1 Satz 1 und 2 sowie die §§ 117, 118 Absatz 1 Satz 1, § 119 Absatz 1 und 5 entsprechend.

(7) Alle Gerichte sind bei nachfolgenden Entscheidungen an die rechtskräftigen Feststellungen nach den Absätzen 1 und 2 Satz 2 gebunden.

§ 120 Entsprechende Anwendung anderer Vorschriften. (1) ¹Kommt die Behörde in den Fällen des § 114 Absatz 2 Satz 2 sowie des § 115 Absatz 2 Satz 2 und Absatz 4 der ihr in der einstweiligen Anordnung oder im Beschluss auferlegten Verpflichtung nicht nach, gilt § 172 der Verwaltungsgerichtsordnung entsprechend. ²Im Übrigen sind die Vorschriften der Strafprozessordnung und die auf der Grundlage des § 32a Absatz 2 Satz 2 und Absatz 4 Nr. 4, des § 32b Absatz 5 und des § 32f Absatz 6 der Strafprozessordnung erlassenen Rechtsverordnungen entsprechend anzuwenden, soweit sich aus diesem Gesetz nichts anderes ergibt.

(2) Auf die Bewilligung der Prozeßkostenhilfe sind die Vorschriften der Zivilprozessordnung entsprechend anzuwenden.

§ 121 Kosten des Verfahrens. (1) In der das Verfahren abschließenden Entscheidung ist zu bestimmen, von wem die Kosten des Verfahrens und die notwendigen Auslagen zu tragen sind.

(2) ¹Soweit der Antragsteller unterliegt oder seinen Antrag zurücknimmt, trägt er die Kosten des Verfahrens und die notwendigen Auslagen. ²Hat sich die Maßnahme vor einer Entscheidung nach Absatz 1 in anderer Weise als durch Zurücknahme des Antrags erledigt, so entscheidet das Gericht über die Kosten des Verfahrens und die notwendigen Auslagen nach billigem Ermessen.

(3) ¹Bei erstinstanzlichen Entscheidungen des Gerichts nach § 119a fallen die Kosten des Verfahrens und die notwendigen Auslagen der Staatskasse zur Last. ²Absatz 2 Satz 2 gilt nicht im Falle des § 115 Abs. 3.

(4) Im übrigen gelten die §§ 464 bis 473 der Strafprozeßordnung entsprechend.

(5) Für die Kosten des Verfahrens nach den §§ 109ff. kann auch ein den dreifachen Tagessatz der Eckvergütung nach § 43 Abs. 2 übersteigender Teil des Hausgeldes (§ 47) in Anspruch genommen werden.

§ 121a Gerichtliche Zuständigkeit bei dem Richtervorbehalt unterliegenden Maßnahmen. (1) Soweit nach den Vollzugsgesetzen eine Maßnahme der vorherigen gerichtlichen Anordnung oder der gerichtlichen Genehmigung bedarf, ist das Amtsgericht zuständig, in dessen Bezirk die Maßnahme durchgeführt wird.

(2) Unterhält ein Land eine Anstalt, in der Freiheitsstrafen oder freiheitsentziehende Maßregeln der Besserung und Sicherung vollzogen werden, auf dem Gebiet eines anderen Landes, so können die beteiligten Länder vereinbaren, dass für gerichtliche Entscheidungen im Sinne des Absatzes 1 das Amtsgericht zuständig ist, in dessen Bezirk die für die Anstalt zuständige Aufsichtsbehörde ihren Sitz hat.

11. Gesetz zur Beschränkung des Brief-, Post- und Fernmeldegeheimnisses (Artikel 10-Gesetz – G 10)

Vom 26. Juni 2001 (BGBl. I S. 1254, ber. S. 2298), zuletzt geändert durch Art. 12 G zur effektiven und praxistauglichen Ausgestaltung des Strafverfahrens vom 17.8.2017 (BGBl. I S. 3202, ber. S. 3630)

FNA 190-4

Abschnitt 1. Allgemeine Bestimmungen

§ 1 Gegenstand des Gesetzes. (1) Es sind

1. die Verfassungsschutzbehörden des Bundes und der Länder, der Militärische Abschirmdienst und der Bundesnachrichtendienst zur Abwehr von drohenden Gefahren für die freiheitliche demokratische Grundordnung oder den Bestand oder die Sicherheit des Bundes oder eines Landes einschließlich der Sicherheit der in der Bundesrepublik Deutschland stationierten Truppen der nichtdeutschen Vertragsstaaten des Nordatlantikvertrages,
2. der Bundesnachrichtendienst im Rahmen seiner Aufgaben nach § 1 Abs. 2 des BND-Gesetzes auch zu den in § 5 Abs. 1 Satz 3 Nr. 2 bis 8 und § 8 Abs. 1 Satz 1 bestimmten Zwecken

berechtigt, die Telekommunikation zu überwachen und aufzuzeichnen, in den Fällen der Nummer 1 auch die dem Brief- oder Postgeheimnis unterliegenden Sendungen zu öffnen und einzusehen.

(2) Soweit Maßnahmen nach Absatz 1 von Behörden des Bundes durchgeführt werden, unterliegen sie der Kontrolle durch das Parlamentarische Kontrollgremium und durch eine besondere Kommission (G 10-Kommission).

§ 2 Pflichten der Anbieter von Post- und Telekommunikationsdiensten. (1) [1] Wer geschäftsmäßig Postdienste erbringt oder an der Erbringung solcher Dienste mitwirkt, hat der berechtigten Stelle auf Anordnung Auskunft über die näheren Umstände des Postverkehrs zu erteilen und Sendungen, die ihm zum Einsammeln, Weiterleiten oder Ausliefern anvertraut sind, auszuhändigen. [2] Der nach Satz 1 Verpflichtete hat der berechtigten Stelle auf Verlangen die zur Vorbereitung einer Anordnung erforderlichen Auskünfte zu Postfächern zu erteilen, ohne dass es hierzu einer gesonderten Anordnung bedarf. [3] Wer geschäftsmäßig Telekommunikationsdienste erbringt oder an der Erbringung solcher Dienste mitwirkt, hat der berechtigten Stelle auf Anordnung Auskunft über die näheren Umstände der nach Wirksamwerden der Anordnung durchgeführten Telekommunikation zu erteilen, Sendungen, die ihm zur Übermittlung auf dem Telekommunikationsweg anvertraut sind, auszuhändigen sowie die Überwachung und Aufzeichnung der Telekommunikation zu ermöglichen. [4] § 8a Absatz 2 Satz 1 Nummer 4 des Bundesverfassungsschutzgesetzes, § 4a des MAD-Gesetzes und § 3 des BND-Gesetzes bleiben unberührt. [5] Ob und in welchem Umfang der nach Satz 3 Verpflichtete Vorkehrungen für die technische und organisatorische Umsetzung der Überwachungsmaßnahme zu treffen hat, bestimmt sich nach § 110 des Telekommunikationsgesetzes und der dazu erlassenen Rechtsverordnung.

(2) [1] Der nach Absatz 1 Satz 1 oder 3 Verpflichtete hat vor Durchführung einer beabsichtigten Beschränkungsmaßnahme unverzüglich die Personen, die mit der Durchführung der Maßnahme betraut werden sollen,

1. auszuwählen,
2. einer einfachen Sicherheitsüberprüfung unterziehen zu lassen und
3. über Mitteilungsverbote nach § 17 sowie die Strafbarkeit eines Verstoßes nach § 18 zu belehren; die Belehrung ist aktenkundig zu machen.

²Mit der Durchführung einer Beschränkungsmaßnahme dürfen nur Personen betraut werden, die nach Maßgabe des Satzes 1 überprüft und belehrt worden sind. ³Nach Zustimmung des Bundesministeriums des Innern, bei Beschränkungsmaßnahmen einer Landesbehörde des zuständigen Landesministeriums, kann der Behördenleiter der berechtigten Stelle oder dessen Stellvertreter die nach Absatz 1 Satz 1 oder 3 Verpflichteten schriftlich auffordern, die Beschränkungsmaßnahme bereits vor Abschluss der Sicherheitsüberprüfung durchzuführen. ⁴Der nach Absatz 1 Satz 1 oder 3 Verpflichtete hat sicherzustellen, dass die Geheimschutzmaßnahmen zum Schutz als VS – NUR FÜR DEN DIENSTGEBRAUCH eingestufter Information gemäß der nach § 35 Abs. 1 des Sicherheitsüberprüfungsgesetzes zu erlassenden allgemeinen Verwaltungsvorschrift zum materiellen Geheimschutz in der jeweils geltenden Fassung getroffen werden.

(3) ¹Die Sicherheitsüberprüfung nach Absatz 2 Satz 1 Nr. 2 ist entsprechend dem Sicherheitsüberprüfungsgesetz durchzuführen. ²Für Beschränkungsmaßnahmen einer Landesbehörde gilt dies nicht, soweit Rechtsvorschriften des Landes vergleichbare Bestimmungen enthalten; in diesem Fall sind die Rechtsvorschriften des Landes entsprechend anzuwenden. ³Zuständig ist bei Beschränkungsmaßnahmen von Bundesbehörden das Bundesministerium des Innern; im Übrigen sind die nach Landesrecht bestimmten Behörden zuständig. ⁴Soll mit der Durchführung einer Beschränkungsmaßnahme eine Person betraut werden, für die innerhalb der letzten fünf Jahre bereits eine gleich- oder höherwertige Sicherheitsüberprüfung nach Bundes- oder Landesrecht durchgeführt worden ist, soll von einer erneuten Sicherheitsüberprüfung abgesehen werden.

Abschnitt 2. Beschränkungen in Einzelfällen

§ 3 Voraussetzungen. (1) ¹Beschränkungen nach § 1 Abs. 1 Nr. 1 dürfen unter den dort bezeichneten Voraussetzungen angeordnet werden, wenn tatsächliche Anhaltspunkte für den Verdacht bestehen, dass jemand
1. Straftaten des Friedensverrats oder des Hochverrats (§§ 80a bis 83 des Strafgesetzbuches),
2. Straftaten der Gefährdung des demokratischen Rechtsstaates (§§ 84 bis 86, 87 bis 89b, 89c Absatz 1 bis 4 des Strafgesetzbuches, § 20 Abs. 1 Nr. 1 bis 4 des Vereinsgesetzes),
3. Straftaten des Landesverrats und der Gefährdung der äußeren Sicherheit (§§ 94 bis 96, 97a bis 100a des Strafgesetzbuches),
4. Straftaten gegen die Landesverteidigung (§§ 109e bis 109g des Strafgesetzbuches),
5. Straftaten gegen die Sicherheit der in der Bundesrepublik Deutschland stationierten Truppen der nichtdeutschen Vertragsstaaten des Nordatlantikvertrages (§§ 87, 89, 94 bis 96, 98 bis 100, 109e bis 109g des Strafgesetzbuches) in Verbindung mit § 1 des NATO-Truppen-Schutzgesetzes,
6. Straftaten nach
   a) den §§ 129a bis 130 des Strafgesetzbuches sowie
   b) den §§ 211, 212, 239a, 239b, 306 bis 306c, 308 Abs. 1 bis 3, § 315 Abs. 3, § 316b Abs. 3 und § 316c Abs. 1 und 3 des Strafgesetzbuches, soweit diese sich gegen die freiheitliche demokratische Grundordnung, den Bestand oder die Sicherheit des Bundes oder eines Landes richten,
7. Straftaten nach § 95 Abs. 1 Nr. 8 des Aufenthaltsgesetzes,
8. Straftaten nach den §§ 202a, 202b und 303a, 303b des Strafgesetzbuches, soweit sich die Straftat gegen die innere oder äußere Sicherheit der Bundesrepublik Deutschland, insbesondere gegen sicherheitsempfindliche Stellen von lebenswichtigen Einrichtungen richtet, oder
9. Straftaten nach § 13 des Völkerstrafgesetzbuches

plant, begeht oder begangen hat. ²Gleiches gilt, wenn tatsächliche Anhaltspunkte für den Verdacht bestehen, dass jemand Mitglied einer Vereinigung ist, deren Zwecke oder deren Tätigkeit darauf gerichtet sind, Straftaten zu begehen, die gegen die freiheitliche demokratische Grundordnung, den Bestand oder die Sicherheit des Bundes oder eines Landes gerichtet sind.

(1a) Beschränkungen nach § 1 Abs. 1 Nr. 1 dürfen unter den dort bezeichneten Voraussetzungen für den Bundesnachrichtendienst auch für Telekommunikationsanschlüsse, die sich an Bord deutscher Schiffe außerhalb deutscher Hoheitsgewässer befinden, angeordnet werden, wenn tatsächliche Anhaltspunkte bestehen, dass jemand eine der in § 23a Abs. 1 und 3 des Zollfahndungsdienstgesetzes genannten Straftaten plant, begeht oder begangen hat.

(2) [1] Die Anordnung ist nur zulässig, wenn die Erforschung des Sachverhalts auf andere Weise aussichtslos oder wesentlich erschwert wäre. [2] Sie darf sich nur gegen den Verdächtigen oder gegen Personen richten, von denen auf Grund bestimmter Tatsachen anzunehmen ist, dass sie für den Verdächtigen bestimmte oder von ihm herrührende Mitteilungen entgegennehmen oder weitergeben oder dass der Verdächtige ihren Anschluss benutzt. [3] Maßnahmen, die sich auf Sendungen beziehen, sind nur hinsichtlich solcher Sendungen zulässig, bei denen Tatsachen die Annahme rechtfertigen, dass sie von dem, gegen den sich die Anordnung richtet, herrühren oder für ihn bestimmt sind. [4] Abgeordnetenpost von Mitgliedern des Deutschen Bundestages und der Parlamente der Länder darf nicht in eine Maßnahme einbezogen werden, die sich gegen einen Dritten richtet.

§ 3a Schutz des Kernbereichs privater Lebensgestaltung. [1] Beschränkungen nach § 1 Abs. 1 Nr. 1 sind unzulässig, soweit tatsächliche Anhaltspunkte für die Annahme vorliegen, dass durch sie allein Erkenntnisse aus dem Kernbereich privater Lebensgestaltung erfasst würden. [2] Soweit im Rahmen von Beschränkungen nach § 1 Abs. 1 Nr. 1 neben einer automatischen Aufzeichnung eine unmittelbare Kenntnisnahme erfolgt, ist die Maßnahme unverzüglich zu unterbrechen, soweit sich während der Überwachung tatsächliche Anhaltspunkte dafür ergeben, dass Inhalte, die dem Kernbereich privater Lebensgestaltung zuzurechnen sind, erfasst werden. [3] Bestehen insoweit Zweifel, darf nur eine automatische Aufzeichnung fortgesetzt werden. [4] Automatische Aufzeichnungen nach Satz 3 sind unverzüglich einem bestimmten Mitglied der G10-Kommission oder seinem Stellvertreter zur Entscheidung über die Verwertbarkeit oder Löschung der Daten vorzulegen. [5] Das Nähere regelt die Geschäftsordnung. [6] Die Entscheidung des Mitglieds der Kommission, dass eine Verwertung erfolgen darf, ist unverzüglich durch die Kommission zu bestätigen. [7] Ist die Maßnahme nach Satz 2 unterbrochen worden, so darf sie für den Fall, dass sie nicht nach Satz 1 unzulässig ist, fortgeführt werden. [8] Erkenntnisse aus dem Kernbereich privater Lebensgestaltung, die durch eine Beschränkung nach § 1 Abs. 1 Nr. 1 erlangt worden sind, dürfen nicht verwertet werden. [9] Aufzeichnungen hierüber sind unverzüglich zu löschen. [10] Die Tatsachen der Erfassung der Daten und der Löschung sind zu dokumentieren. [11] Die Dokumentation darf ausschließlich für Zwecke der Datenschutzkontrolle verwendet werden. [12] Sie ist zu löschen, wenn sie für diese Zwecke nicht mehr erforderlich ist, spätestens jedoch am Ende des Kalenderjahres, das dem Jahr der Dokumentation folgt.

§ 3b Schutz zeugnisverweigerungsberechtigter Personen. (1) [1] Maßnahmen nach § 1 Abs. 1 Nr. 1, die sich gegen eine in § 53 Abs. 1 Satz 1 Nr. 1, 2 oder Nr. 4 der Strafprozessordnung genannte Person richten und voraussichtlich Erkenntnisse erbringen würden, über die diese Person das Zeugnis verweigern dürfte, sind unzulässig. [2] Dennoch erlangte Erkenntnisse dürfen nicht verwertet werden. [3] Aufzeichnungen hierüber sind unverzüglich zu löschen. [4] Die Tatsache ihrer Erlangung und Löschung ist zu dokumentieren. [5] Die Sätze 2 bis 3 gelten entsprechend, wenn durch eine Maßnahme, die sich nicht gegen eine in § 53 Abs. 1 Satz 1 Nr. 1, 2 oder Nr. 4 der Strafprozessordnung genannte Person richtet, von einer dort genannten Person Erkenntnisse erlangt werden, über die sie das Zeugnis verweigern dürfte.

(2) [1] Soweit durch eine Beschränkung eine in § 53 Abs. 1 Satz 1 Nr. 3 bis 3b oder Nr. 5 der Strafprozessordnung genannte Person betroffen wäre und dadurch voraussichtlich Erkenntnisse erlangt würden, über die diese Person das Zeugnis verweigern dürfte, ist dies im Rahmen der Prüfung der Verhältnismäßigkeit unter Würdigung des öffentlichen Interesses an den von dieser Person wahrgenommenen Aufgaben und des Interesses an der Geheimhaltung der dieser Person anvertrauten oder bekannt gewor-

denen Tatsachen besonders zu berücksichtigen. ²Soweit hiernach geboten, ist die Maßnahme zu unterlassen oder, soweit dies nach der Art der Maßnahme möglich ist, zu beschränken.

(3) Die Absätze 1 und 2 gelten entsprechend, soweit die in § 53a der Strafprozessordnung Genannten das Zeugnis verweigern dürften.

(4) Die Absätze 1 bis 3 gelten nicht, sofern die zeugnisverweigerungsberechtigte Person Verdächtiger im Sinne des § 3 Abs. 2 Satz 2 ist oder tatsächliche Anhaltspunkte den Verdacht begründen, dass sie dessen in § 3 Abs. 1 bezeichnete Bestrebungen durch Entgegennahme oder Weitergabe von Mitteilungen bewusst unterstützt.

§ 4 Prüf-, Kennzeichnungs- und Löschungspflichten, Übermittlungen, Zweckbindung.

(1) ¹Die erhebende Stelle prüft unverzüglich und sodann in Abständen von höchstens sechs Monaten, ob die erhobenen personenbezogenen Daten im Rahmen ihrer Aufgaben allein oder zusammen mit bereits vorliegenden Daten für die in § 1 Abs. 1 Nr. 1 bestimmten Zwecke erforderlich sind. ²Soweit die Daten für diese Zwecke nicht erforderlich sind und nicht für eine Übermittlung an andere Stellen benötigt werden, sind sie unverzüglich unter Aufsicht eines Bediensteten, der die Befähigung zum Richteramt hat, zu löschen. ³Die Löschung ist zu protokollieren. ⁴Die Protokolldaten dürfen ausschließlich zur Durchführung der Datenschutzkontrolle verwendet werden. ⁵Die Protokolldaten sind am Ende des Kalenderjahres, das dem Jahr der Protokollierung folgt, zu löschen. ⁶Die Löschung der Daten unterbleibt, soweit die Daten für eine Mitteilung nach § 12 Abs. 1 oder für eine gerichtliche Nachprüfung der Rechtmäßigkeit der Beschränkungsmaßnahme von Bedeutung sein können. ⁷In diesem Fall ist die Verarbeitung der Daten einzuschränken; sie dürfen nur zu diesen Zwecken verwendet werden.

(2) ¹Die verbleibenden Daten sind zu kennzeichnen. ²Nach einer Übermittlung ist die Kennzeichnung durch den Empfänger aufrechtzuerhalten. ³Die Daten dürfen nur zu den in § 1 Abs. 1 Nr. 1 und den in Absatz 4 genannten Zwecken verwendet werden.

(3) ¹Der Behördenleiter oder sein Stellvertreter kann anordnen, dass bei der Übermittlung auf die Kennzeichnung verzichtet wird, wenn dies unerlässlich ist, um die Geheimhaltung einer Beschränkungsmaßnahme nicht zu gefährden, und die G 10-Kommission oder, soweit es sich um die Übermittlung durch eine Landesbehörde handelt, die nach Landesrecht zuständige Stelle zugestimmt hat. ²Bei Gefahr im Verzuge kann die Anordnung bereits vor der Zustimmung getroffen werden. ³Wird die Zustimmung versagt, ist die Kennzeichnung durch den Übermittlungsempfänger unverzüglich nachzuholen; die übermittelnde Behörde hat ihn hiervon zu unterrichten.

(4) ¹Die Daten dürfen an andere als die nach § 1 Absatz 1 Nummer 1 berechtigten Stellen nur übermittelt werden

1. zur Verhinderung oder Aufklärung von Straftaten, wenn
    a) tatsächliche Anhaltspunkte für den Verdacht bestehen, dass jemand eine der in § 3 Abs. 1 und 1a genannten Straftaten plant oder begeht,
    b) bestimmte Tatsachen den Verdacht begründen, dass jemand eine sonstige in § 7 Abs. 4 Satz 1 genannte Straftat plant oder begeht,
2. zur Verfolgung von Straftaten, wenn bestimmte Tatsachen den Verdacht begründen, dass jemand eine in Nummer 1 bezeichnete Straftat begeht oder begangen hat, oder
3. zur Vorbereitung und Durchführung eines Verfahrens nach Artikel 21 Abs. 2 Satz 2 des Grundgesetzes oder einer Maßnahme nach § 3 Abs. 1 Satz 1 des Vereinsgesetzes,

soweit sie zur Erfüllung der Aufgaben des Empfängers erforderlich sind. ²Bei der Übermittlung an ausländische öffentliche Stellen sowie an über- und zwischenstaatlichen Stellen ist daneben § 19 Absatz 3 Satz 2 und 4 des Bundesverfassungsschutzgesetzes anzuwenden.

(5) ¹Sind mit personenbezogenen Daten, die übermittelt werden dürfen, weitere Daten des Betroffenen oder eines Dritten in Akten so verbunden, dass eine Trennung nicht oder nur mit unvertretbarem Aufwand möglich ist, ist die Übermittlung auch dieser

Daten zulässig; eine Verwendung dieser Daten ist unzulässig. ²Über die Übermittlung entscheidet ein Bediensteter der übermittelnden Stelle, der die Befähigung zum Richteramt hat. ³Die Übermittlung ist zu protokollieren.

(6) ¹Der Empfänger darf die übermittelten Daten nur für die Zwecke verwenden, zu deren Erfüllung sie ihm übermittelt worden sind. ²Er prüft unverzüglich und sodann in Abständen von höchstens sechs Monaten, ob die übermittelten Daten für diese Zwecke erforderlich sind. ³Absatz 1 Satz 2 und 3 gilt entsprechend. ⁴Der Empfänger unterrichtet die übermittelnde Stelle unverzüglich über die erfolgte Löschung.

Abschnitt 3. Strategische Beschränkungen

§ 5 Voraussetzungen. (1) ¹Auf Antrag des Bundesnachrichtendienstes dürfen Beschränkungen nach § 1 für internationale Telekommunikationsbeziehungen, soweit eine gebündelte Übertragung erfolgt, angeordnet werden. ²Die jeweiligen Telekommunikationsbeziehungen werden von dem nach § 10 Abs. 1 zuständigen Bundesministerium mit Zustimmung des Parlamentarischen Kontrollgremiums bestimmt. ³Beschränkungen nach Satz 1 sind nur zulässig zur Sammlung von Informationen über Sachverhalte, deren Kenntnis notwendig ist, um die Gefahr

1. eines bewaffneten Angriffs auf die Bundesrepublik Deutschland,
2. der Begehung internationaler terroristischer Anschläge mit unmittelbarem Bezug zur Bundesrepublik Deutschland,
3. der internationalen Verbreitung von Kriegswaffen im Sinne des Gesetzes über die Kontrolle von Kriegswaffen sowie des unerlaubten Außenwirtschaftsverkehrs mit Waren, Datenverarbeitungsprogrammen und Technologien in Fällen von erheblicher Bedeutung,
4. der unbefugten gewerbs- oder bandenmäßig organisierten Verbringung von Betäubungsmitteln in das Gebiet der Europäischen Union in Fällen von erheblicher Bedeutung mit Bezug zur Bundesrepublik Deutschland,
5. der Beeinträchtigung der Geldwertstabilität im Euro-Währungsraum durch im Ausland begangene Geldfälschungen,
6. der international organisierten Geldwäsche in Fällen von erheblicher Bedeutung,
7. des gewerbs- oder bandenmäßig organisierten Einschleusens von ausländischen Personen in das Gebiet der Europäischen Union in Fällen von erheblicher Bedeutung mit Bezug zur Bundesrepublik Deutschland
   a) bei unmittelbarem Bezug zu den Gefahrenbereichen nach Nr. 1 bis 3 oder
   b) in Fällen, in denen eine erhebliche Anzahl geschleuster Personen betroffen ist, insbesondere wenn durch die Art der Schleusung von einer Gefahr für ihr Leib oder Leben auszugehen ist, oder
   c) in Fällen von unmittelbarer oder mittelbarer Unterstützung oder Duldung durch ausländische öffentliche Stellen oder
8. des internationalen kriminellen, terroristischen oder staatlichen Angriffs mittels Schadprogrammen oder vergleichbaren schädlich wirkenden informationstechnischen Mitteln auf die Vertraulichkeit, Integrität oder Verfügbarkeit von IT-Systemen in Fällen von erheblicher Bedeutung mit Bezug zur Bundesrepublik Deutschland

rechtzeitig zu erkennen und einer solchen Gefahr zu begegnen. ⁴In den Fällen von Satz 3 Nr. 1 dürfen Beschränkungen auch für Postverkehrsbeziehungen angeordnet werden; Satz 2 gilt entsprechend.

(2) ¹Bei Beschränkungen von Telekommunikationsbeziehungen darf der Bundesnachrichtendienst nur Suchbegriffe verwenden, die zur Aufklärung von Sachverhalten über den in der Anordnung bezeichneten Gefahrenbereich bestimmt und geeignet sind. ²Es dürfen keine Suchbegriffe verwendet werden, die

1. Identifizierungsmerkmale enthalten, die zu einer gezielten Erfassung bestimmter Telekommunikationsanschlüsse führen, oder
2. den Kernbereich der privaten Lebensgestaltung betreffen.

³Dies gilt nicht für Telekommunikationsanschlüsse im Ausland, sofern ausgeschlossen werden kann, dass Anschlüsse, deren Inhaber oder regelmäßige Nutzer deutsche Staatsangehörige sind, gezielt erfasst werden. ⁴Die Durchführung ist zu protokollieren. ⁵Die Protokolldaten dürfen ausschließlich zu Zwecken der Datenschutzkontrolle verwendet werden. ⁶Sie sind am Ende des Kalenderjahres, das dem Jahr der Protokollierung folgt, zu löschen.

§ 5a Schutz des Kernbereichs privater Lebensgestaltung. ¹Durch Beschränkungen nach § 1 Abs. 1 Nr. 2 dürfen keine Kommunikationsinhalte aus dem Kernbereich privater Lebensgestaltung erfasst werden. ²Sind durch eine Beschränkung nach § 1 Abs. 1 Nr. 2 Kommunikationsinhalte aus dem Kernbereich privater Lebensgestaltung erfasst worden, dürfen diese nicht verwertet werden. ³Sie sind unverzüglich unter Aufsicht eines Bediensteten, der die Befähigung zum Richteramt hat, zu löschen. ⁴§ 3a Satz 2 bis 7 gilt entsprechend. ⁵Die Tatsache der Erfassung der Daten und ihrer Löschung ist zu protokollieren. ⁶Die Protokolldaten dürfen ausschließlich zum Zwecke der Durchführung der Datenschutzkontrolle verwendet werden. ⁷Sie sind zu löschen, wenn sie für diese Zwecke nicht mehr erforderlich sind, spätestens jedoch am Ende des Kalenderjahres, das dem Jahr der Protokollierung folgt.

§ 6 Prüf-, Kennzeichnungs- und Löschungspflichten, Zweckbindung. (1) ¹Der Bundesnachrichtendienst prüft unverzüglich und sodann in Abständen von höchstens sechs Monaten, ob die erhobenen personenbezogenen Daten im Rahmen seiner Aufgaben allein oder zusammen mit bereits vorliegenden Daten für die in § 5 Abs. 1 Satz 3 bestimmten Zwecke erforderlich sind. ²Soweit die Daten für diese Zwecke nicht erforderlich sind und nicht für eine Übermittlung an andere Stellen benötigt werden, sind sie unverzüglich unter Aufsicht eines Bediensteten, der die Befähigung zum Richteramt hat, zu löschen. ³Die Löschung ist zu protokollieren. ⁴Die Protokolldaten dürfen ausschließlich zur Durchführung der Datenschutzkontrolle verwendet werden. ⁵Die Protokolldaten sind am Ende des Kalenderjahres zu löschen, das dem Jahr der Protokollierung folgt. ⁶Außer in den Fällen der erstmaligen Prüfung nach Satz 1 unterbleibt die Löschung, soweit die Daten für eine Mitteilung nach § 12 Abs. 2 oder für eine gerichtliche Nachprüfung der Rechtmäßigkeit der Beschränkungsmaßnahmen von Bedeutung sein können. ⁷In diesem Fall ist die Verarbeitung der Daten einzuschränken; sie dürfen nur zu diesen Zwecken verwendet werden.

(2) ¹Die verbleibenden Daten sind zu kennzeichnen. ²Nach einer Übermittlung ist die Kennzeichnung durch den Empfänger aufrechtzuerhalten. ³Die Daten dürfen nur zu den in § 5 Abs. 1 Satz 3 genannten Zwecken und für Übermittlungen nach § 7 Abs. 1 bis 4 und § 7a Absatz 1 verwendet werden.

(3) ¹Auf Antrag des Bundesnachrichtendienstes dürfen zur Prüfung der Relevanz erfasster Telekommunikationsverkehre auf Anordnung des nach § 10 Abs. 1 zuständigen Bundesministeriums die erhobenen Daten in einem automatisierten Verfahren mit bereits vorliegenden Rufnummern oder anderen Kennungen bestimmter Telekommunikationsanschlüsse abgeglichen werden, bei denen tatsächliche Anhaltspunkte dafür bestehen, dass sie in einem Zusammenhang mit dem Gefahrenbereich stehen, für den die Überwachungsmaßnahme angeordnet wurde. ²Zu diesem Abgleich darf der Bundesnachrichtendienst auch Rufnummern oder andere Kennungen bestimmter Telekommunikationsanschlüsse im Inland verwenden. ³Die zu diesem Abgleich genutzten Daten dürfen nicht als Suchbegriffe im Sinne des § 5 Abs. 2 Satz 1 verwendet werden. ⁴Der Abgleich und die Gründe für die Verwendung der für den Abgleich genutzten Daten sind zu protokollieren. ⁵Die Protokolldaten dürfen ausschließlich zu Zwecken der Datenschutzkontrolle verwendet werden. ⁶Sie sind am Ende des Kalenderjahres, das dem Jahr der Protokollierung folgt, zu vernichten.

§ 7 Übermittlungen durch den Bundesnachrichtendienst. (1) Durch Beschränkungen nach § 5 erhobene personenbezogene Daten dürfen nach § 33 des BND-Gesetzes zur Unterrichtung über die in § 5 Abs. 1 Satz 3 genannten Gefahren übermittelt werden.

(2) Durch Beschränkungen nach § 5 erhobene personenbezogene Daten dürfen an die Verfassungsschutzbehörden des Bundes und der Länder sowie an den Militärischen Abschirmdienst übermittelt werden, wenn
1. tatsächliche Anhaltspunkte dafür bestehen, dass die Daten erforderlich sind zur Sammlung und Auswertung von Informationen über Bestrebungen in der Bundesrepublik Deutschland, die durch Anwendung von Gewalt oder darauf gerichtete Vorbereitungshandlungen gegen die in § 3 Abs. 1 Nr. 1 und 3 des Bundesverfassungsschutzgesetzes genannten Schutzgüter gerichtet sind,
2. bestimmte Tatsachen den Verdacht sicherheitsgefährdender oder geheimdienstlicher Tätigkeiten für eine fremde Macht begründen oder
3. im Falle des § 5 Absatz 1 Satz 1 in Verbindung mit Satz 3 Nummer 8 tatsächliche Anhaltspunkte dafür bestehen, dass die Angriffe von Bestrebungen oder Tätigkeiten nach § 3 Absatz 1 des Bundesverfassungsschutzgesetzes ausgehen.

(3) Durch Beschränkungen nach § 5 Abs. 1 Satz 1 in Verbindung mit Satz 3 Nr. 3 erhobene personenbezogene Daten dürfen an das Bundesamt für Wirtschaft und Ausfuhrkontrolle (BAFA) übermittelt werden, wenn tatsächliche Anhaltspunkte dafür bestehen, dass die Kenntnis dieser Daten erforderlich ist
1. zur Aufklärung von Teilnehmern am Außenwirtschaftsverkehr über Umstände, die für die Einhaltung von Beschränkungen des Außenwirtschaftsverkehrs von Bedeutung sind, oder
2. im Rahmen eines Verfahrens zur Erteilung einer ausfuhrrechtlichen Genehmigung oder zur Unterrichtung von Teilnehmern am Außenwirtschaftsverkehr, soweit hierdurch eine Genehmigungspflicht für die Ausfuhr von Gütern begründet wird.

(4) [1]Durch Beschränkungen nach § 5 erhobene personenbezogene Daten dürfen zur Verhinderung von Straftaten an die mit polizeilichen Aufgaben betrauten Behörden übermittelt werden, wenn
1. tatsächliche Anhaltspunkte für den Verdacht bestehen, dass jemand
 a) Straftaten nach den §§ 89a, 89b, 89c Absatz 1 bis 4 oder § 129a, auch in Verbindung mit § 129b Abs. 1, sowie den §§ 146, 151 bis 152a oder § 261 des Strafgesetzbuches,
 b) vorsätzliche Straftaten nach den §§ 17 und 18 des Außenwirtschaftsgesetzes, §§ 19 bis 21 oder § 22a Abs. 1 Nr. 4, 5 und 7 des Gesetzes über die Kontrolle von Kriegswaffen oder
 c) Straftaten nach § 29a Abs. 1 Nr. 2, § 30 Abs. 1 Nr. 1, 4 oder § 30a des Betäubungsmittelgesetzes
 plant oder begeht oder
2. bestimmte Tatsachen den Verdacht begründen, dass jemand eine der in § 3 Absatz 1 Satz 1 Nummer 1, 2, 5, 7 und 9, Satz 2 oder Absatz 1a dieses Gesetzes oder eine sonstige der in § 100a Absatz 2 der Strafprozessordnung genannten Straftaten plant oder begeht.

[2]Die Daten dürfen zur Verfolgung von Straftaten an die zuständigen Behörden übermittelt werden, wenn bestimmte Tatsachen den Verdacht begründen, dass jemand eine in Satz 1 bezeichnete Straftat begeht oder begangen hat.

(4a) Durch Beschränkungen nach § 5 Absatz 1 Satz 1 in Verbindung mit Satz 3 Nummer 8 erhobene personenbezogene Daten dürfen an das Bundesamt für Sicherheit in der Informationstechnik übermittelt werden, wenn tatsächliche Anhaltspunkte dafür bestehen, dass die Daten erforderlich sind zur Abwehr von Gefahren für die Sicherheit der Informationstechnik des Bundes oder zur Sammlung und Auswertung von Informationen über Sicherheitsrisiken auch für andere Stellen und Dritte.

(5) [1]Die Übermittlung ist nur zulässig, soweit sie zur Erfüllung der Aufgaben des Empfängers erforderlich ist. [2]Sind mit personenbezogenen Daten, die übermittelt werden dürfen, weitere Daten des Betroffenen oder eines Dritten in Akten so verbunden, dass eine Trennung nicht oder nur mit unvertretbarem Aufwand möglich ist, ist die Übermittlung auch dieser Daten zulässig; eine Verwendung dieser Daten ist unzulässig.

³ Über die Übermittlung entscheidet ein Bediensteter des Bundesnachrichtendienstes, der die Befähigung zum Richteramt hat. ⁴ Die Übermittlung ist zu protokollieren.

(6) ¹ Der Empfänger darf die Daten nur für die Zwecke verwenden, zu deren Erfüllung sie ihm übermittelt worden sind. ² Er prüft unverzüglich und sodann in Abständen von höchstens sechs Monaten, ob die übermittelten Daten für diese Zwecke erforderlich sind. ³ § 4 Abs. 6 Satz 4 und § 6 Abs. 1 Satz 2 und 3 gelten entsprechend.

§ 7a Übermittlungen durch den Bundesnachrichtendienst an ausländische öffentliche Stellen. (1) ¹ Der Bundesnachrichtendienst darf durch Beschränkungen nach § 5 Abs. 1 Satz 3 Nr. 2, 3, 7 und 8 erhobene personenbezogene Daten an die mit nachrichtendienstlichen Aufgaben betrauten ausländischen öffentlichen Stellen übermitteln, soweit

1. die Übermittlung zur Wahrung außen- oder sicherheitspolitischer Belange der Bundesrepublik Deutschland oder erheblicher Sicherheitsinteressen des ausländischen Staates erforderlich ist,
2. überwiegende schutzwürdige Interessen des Betroffenen nicht entgegenstehen, insbesondere in dem ausländischen Staat ein angemessenes Datenschutzniveau gewährleistet ist sowie davon auszugehen ist, dass die Verwendung der Daten durch den Empfänger in Einklang mit grundlegenden rechtsstaatlichen Prinzipien erfolgt, und
3. das Prinzip der Gegenseitigkeit gewahrt ist.

² Die Übermittlung bedarf der Zustimmung des Bundeskanzleramtes.

(2) Der Bundesnachrichtendienst darf unter den Voraussetzungen des Absatzes 1 durch Beschränkungen nach § 5 Abs. 1 Satz 3 Nr. 2, 3, 7 und 8 erhobene personenbezogene Daten ferner im Rahmen von Artikel 3 des Zusatzabkommens zu dem Abkommen zwischen den Parteien des Nordatlantikvertrages über die Rechtsstellung ihrer Truppen hinsichtlich der in der Bundesrepublik Deutschland stationierten ausländischen Truppen vom 3. August 1959 (BGBl. 1961 II S. 1183, 1218) an Dienststellen der Stationierungsstreitkräfte übermitteln, soweit dies zur Erfüllung der in deren Zuständigkeit liegenden Aufgaben erforderlich ist.

(3) ¹ Über die Übermittlung entscheidet ein Bediensteter des Bundesnachrichtendienstes, der die Befähigung zum Richteramt hat. ² Die Übermittlung ist zu protokollieren. ³ Der Bundesnachrichtendienst führt einen Nachweis über den Zweck, die Veranlassung, die Aktenfundstelle und die Empfänger der Übermittlungen nach Absatz 1 und 2. ⁴ Die Nachweise sind gesondert aufzubewahren, gegen unberechtigten Zugriff zu sichern und am Ende des Kalenderjahres, das dem Jahr ihrer Erstellung folgt, zu vernichten.

(4) Der Empfänger ist zu verpflichten,

1. die übermittelten Daten nur zu dem Zweck zu verwenden, zu dem sie ihm übermittelt wurden,
2. eine angebrachte Kennzeichnung beizubehalten und
3. dem Bundesnachrichtendienst auf Ersuchen Auskunft über die Verwendung zu erteilen.

(5) Das zuständige Bundesministerium unterrichtet monatlich die G10-Kommission über Übermittlungen nach Absatz 1 und 2.

(6) Das Parlamentarische Kontrollgremium ist in Abständen von höchstens sechs Monaten über die vorgenommenen Übermittlungen nach Absatz 1 und 2 zu unterrichten.

§ 8 Gefahr für Leib oder Leben einer Person im Ausland. (1) Auf Antrag des Bundesnachrichtendienstes dürfen Beschränkungen nach § 1 für internationale Telekommunikationsbeziehungen im Sinne des § 5 Abs. 1 Satz 1 angeordnet werden, wenn dies erforderlich ist, um eine im Einzelfall bestehende Gefahr für Leib oder Leben einer Person im Ausland rechtzeitig zu erkennen oder ihr zu begegnen und dadurch Belange der Bundesrepublik Deutschland unmittelbar in besonderer Weise berührt sind.

(2) ¹ Die jeweiligen Telekommunikationsbeziehungen werden von dem nach § 10 Abs. 1 zuständigen Bundesministerium mit Zustimmung des Parlamentarischen Kon-

trollgremiums bestimmt. ²Die Zustimmung bedarf der Mehrheit von zwei Dritteln seiner Mitglieder. ³Die Bestimmung tritt spätestens nach zwei Monaten außer Kraft. ⁴Eine erneute Bestimmung ist zulässig, soweit ihre Voraussetzungen fortbestehen.

(3) ¹Die Anordnung ist nur zulässig, wenn die Erforschung des Sachverhalts auf andere Weise aussichtslos oder wesentlich erschwert wäre. ²Der Bundesnachrichtendienst darf nur Suchbegriffe verwenden, die zur Erlangung von Informationen über die in der Anordnung bezeichnete Gefahr bestimmt und geeignet sind. ³§ 5 Abs. 2 Satz 2 bis 6 gilt entsprechend. ⁴Ist die Überwachungsmaßnahme erforderlich, um einer im Einzelfall bestehenden Gefahr für Leib oder Leben einer Person zu begegnen, dürfen die Suchbegriffe auch Identifizierungsmerkmale enthalten, die zu einer gezielten Erfassung der Rufnummer oder einer anderen Kennung des Telekommunikationsanschlusses dieser Person im Ausland führen.

(4) ¹Der Bundesnachrichtendienst prüft unverzüglich und sodann in Abständen von höchstens sechs Monaten, ob die erhobenen personenbezogenen Daten im Rahmen seiner Aufgaben allein oder zusammen mit bereits vorliegenden Daten zu dem in Absatz 1 bestimmten Zweck erforderlich sind. ²Soweit die Daten für diesen Zweck nicht erforderlich sind, sind sie unverzüglich unter Aufsicht eines Bediensteten, der die Befähigung zum Richteramt hat, zu löschen. ³Die Löschung ist zu protokollieren. ⁴§ 6 Abs. 1 Satz 4 und 5, Abs. 2 Satz 1 und 2 gilt entsprechend. ⁵Die Daten dürfen nur zu den in den Absätzen 1, 5 und 6 genannten Zwecken verwendet werden.

(5) Die erhobenen personenbezogenen Daten dürfen nach § 33 des BND-Gesetzes zur Unterrichtung über die in Absatz 1 genannte Gefahr übermittelt werden.

(6) ¹Die erhobenen personenbezogenen Daten dürfen zur Verhinderung von Straftaten an die zuständigen Behörden übermittelt werden, wenn tatsächliche Anhaltspunkte den Verdacht begründen, dass jemand eine Straftat plant oder begeht, die geeignet ist, zu der Entstehung oder Aufrechterhaltung der in Absatz 1 bezeichneten Gefahr beizutragen. ²Die Daten dürfen zur Verfolgung von Straftaten an die zuständigen Behörden übermittelt werden, wenn bestimmte Tatsachen den Verdacht begründen, dass jemand eine in Satz 1 bezeichnete Straftat begeht oder begangen hat. ³§ 7 Abs. 5 und 6 sowie § 7a Abs. 1 und 3 bis 6 gelten entsprechend.

Abschnitt 4. Verfahren

§ 9 Antrag. (1) Beschränkungsmaßnahmen nach diesem Gesetz dürfen nur auf Antrag angeordnet werden.

(2) Antragsberechtigt sind im Rahmen ihres Geschäftsbereichs
1. das Bundesamt für Verfassungsschutz,
2. die Verfassungsschutzbehörden der Länder,
3. der Militärische Abschirmdienst und
4. der Bundesnachrichtendienst
durch den Behördenleiter oder seinen Stellvertreter.

(3) ¹Der Antrag ist schriftlich zu stellen und zu begründen. ²Er muss alle für die Anordnung erforderlichen Angaben enthalten. ³In den Fällen der §§ 3 und 8 hat der Antragsteller darzulegen, dass die Erforschung des Sachverhalts auf andere Weise aussichtslos oder wesentlich erschwert wäre.

§ 10 Anordnung. (1) Zuständig für die Anordnung von Beschränkungsmaßnahmen ist bei Anträgen der Verfassungsschutzbehörden der Länder die zuständige oberste Landesbehörde, im Übrigen das Bundesministerium des Innern.

(2) ¹Die Anordnung ergeht schriftlich. ²In ihr sind der Grund der Anordnung und die zur Überwachung berechtigte Stelle anzugeben sowie Art, Umfang und Dauer der Beschränkungsmaßnahme zu bestimmen.

(3) ¹In den Fällen des § 3 muss die Anordnung denjenigen bezeichnen, gegen den sich die Beschränkungsmaßnahme richtet. ²Bei einer Überwachung der Telekommuni-

kation ist auch die Rufnummer oder eine andere Kennung des Telekommunikationsanschlusses oder die Kennung des Endgerätes, wenn diese allein diesem Endgerät zuzuordnen ist, anzugeben.

(4) [1] In den Fällen der §§ 5 und 8 sind die Suchbegriffe in der Anordnung zu benennen. [2] Ferner sind das Gebiet, über das Informationen gesammelt werden sollen, und die Übertragungswege, die der Beschränkung unterliegen, zu bezeichnen. [3] Weiterhin ist festzulegen, welcher Anteil der auf diesen Übertragungswegen zur Verfügung stehenden Übertragungskapazität überwacht werden darf. [4] In den Fällen des § 5 darf dieser Anteil höchstens 20 vom Hundert betragen.

(5) [1] In den Fällen der §§ 3 und 5 ist die Anordnung auf höchstens drei Monate zu befristen. [2] Verlängerungen um jeweils nicht mehr als drei weitere Monate sind auf Antrag zulässig, soweit die Voraussetzungen der Anordnung fortbestehen.

(6) [1] Die Anordnung ist dem nach § 2 Abs. 1 Satz 1 oder 3 Verpflichteten insoweit mitzuteilen, als dies erforderlich ist, um ihm die Erfüllung seiner Verpflichtungen zu ermöglichen. [2] Die Mitteilung entfällt, wenn die Anordnung ohne seine Mitwirkung ausgeführt werden kann.

(7) [1] Das Bundesamt für Verfassungsschutz unterrichtet die jeweilige Landesbehörde für Verfassungsschutz über die in deren Bereich getroffenen Beschränkungsanordnungen. [2] Die Landesbehörden für Verfassungsschutz teilen dem Bundesamt für Verfassungsschutz die in ihrem Bereich getroffenen Beschränkungsanordnungen mit.

§ 11 Durchführung. (1) Die aus der Anordnung sich ergebenden Beschränkungsmaßnahmen sind unter Verantwortung der Behörde, auf deren Antrag die Anordnung ergangen ist, und unter Aufsicht eines Bediensteten vorzunehmen, der die Befähigung zum Richteramt hat.

(2) [1] Die Maßnahmen sind unverzüglich zu beenden, wenn sie nicht mehr erforderlich sind oder die Voraussetzungen der Anordnung nicht mehr vorliegen. [2] Die Beendigung ist der Stelle, die die Anordnung getroffen hat, und dem nach § 2 Abs. 1 Satz 1 oder 3 Verpflichteten, dem die Anordnung mitgeteilt worden ist, anzuzeigen. [3] Die Anzeige an den Verpflichteten entfällt, wenn die Anordnung ohne seine Mitwirkung ausgeführt wurde.

(3) [1] Postsendungen, die zur Öffnung und Einsichtnahme ausgehändigt worden sind, sind dem Postverkehr unverzüglich wieder zuzuführen. [2] Telegramme dürfen dem Postverkehr nicht entzogen werden. [3] Der zur Einsichtnahme berechtigten Stelle ist eine Abschrift des Telegramms zu übergeben.

§ 12 Mitteilungen an Betroffene. (1) [1] Beschränkungsmaßnahmen nach § 3 sind dem Betroffenen nach ihrer Einstellung mitzuteilen. [2] Die Mitteilung unterbleibt, solange eine Gefährdung des Zwecks der Beschränkung nicht ausgeschlossen werden kann oder solange der Eintritt übergreifender Nachteile für das Wohl des Bundes oder eines Landes absehbar ist. [3] Erfolgt die nach Satz 2 zurückgestellte Mitteilung nicht binnen zwölf Monaten nach Beendigung der Maßnahme, bedarf die weitere Zurückstellung der Zustimmung der G10-Kommission. [4] Die G10-Kommission bestimmt die Dauer der weiteren Zurückstellung. [5] Einer Mitteilung bedarf es nicht, wenn die G10-Kommission einstimmig festgestellt hat, dass

1. eine der Voraussetzungen in Satz 2 auch nach fünf Jahren nach Beendigung der Maßnahme noch vorliegt,
2. sie mit an Sicherheit grenzender Wahrscheinlichkeit auch in Zukunft vorliegt und
3. die Voraussetzungen für eine Löschung sowohl bei der erhebenden Stelle als auch beim Empfänger vorliegen.

(2) [1] Absatz 1 gilt entsprechend für Beschränkungsmaßnahmen nach den §§ 5 und 8, sofern die personenbezogenen Daten nicht unverzüglich gelöscht wurden. [2] Die Frist von fünf Jahren beginnt mit der Erhebung der personenbezogenen Daten.

(3) ¹Die Mitteilung obliegt der Behörde, auf deren Antrag die Anordnung ergangen ist. ²Wurden personenbezogene Daten übermittelt, erfolgt die Mitteilung im Benehmen mit dem Empfänger.

§ 13 Rechtsweg. Gegen die Anordnung von Beschränkungsmaßnahmen nach den §§ 3 und 5 Abs. 1 Satz 3 Nr. 1 und ihren Vollzug ist der Rechtsweg vor der Mitteilung an den Betroffenen nicht zulässig.

Abschnitt 5. Kontrolle

§ 14 Parlamentarisches Kontrollgremium. (1) ¹Das nach § 10 Abs. 1 für die Anordnung von Beschränkungsmaßnahmen zuständige Bundesministerium unterrichtet in Abständen von höchstens sechs Monaten das Parlamentarische Kontrollgremium über die Durchführung dieses Gesetzes. ²Das Gremium erstattet dem Deutschen Bundestag jährlich einen Bericht über Durchführung sowie Art und Umfang der Maßnahmen nach den §§ 3, 5, 7a und 8; dabei sind die Grundsätze des § 10 Absatz 1 des Kontrollgremiumgesetzes zu beachten.

(2) ¹Bei Gefahr im Verzug kann das zuständige Bundesministerium die Bestimmungen nach den §§ 5 und 8 vorläufig treffen und das Parlamentarische Kontrollgremium durch seinen Vorsitzenden und dessen Stellvertreter vorläufig zustimmen. ²Die Zustimmung des Parlamentarischen Kontrollgremiums ist unverzüglich einzuholen. ³Die Bestimmung tritt außer Kraft, wenn die vorläufige Zustimmung nicht binnen drei Tagen und die Zustimmung nicht binnen zwei Wochen erfolgt.

§ 15 G 10-Kommission. (1) ¹Die G 10-Kommission besteht aus dem Vorsitzenden, der die Befähigung zum Richteramt besitzen muss, und drei Beisitzern sowie vier stellvertretenden Mitgliedern, die an den Sitzungen mit Rede- und Fragerecht teilnehmen können. ²Bei Stimmengleichheit entscheidet die Stimme des Vorsitzenden. ³Die Mitglieder der G 10-Kommission sind in ihrer Amtsführung unabhängig und Weisungen nicht unterworfen. ⁴Sie nehmen ein öffentliches Ehrenamt wahr und werden von dem Parlamentarischen Kontrollgremium nach Anhörung der Bundesregierung für die Dauer einer Wahlperiode des Deutschen Bundestages mit der Maßgabe bestellt, dass ihre Amtszeit erst mit der Neubestimmung der Mitglieder der Kommission, spätestens jedoch drei Monate nach Ablauf der Wahlperiode endet. ⁵Die oder der Ständige Bevollmächtigte des Parlamentarischen Kontrollgremiums nimmt regelmäßig an den Sitzungen der G 10-Kommission teil.

(2) ¹Die Beratungen der G 10-Kommission sind geheim. ²Die Mitglieder der Kommission sind zur Geheimhaltung der Angelegenheiten verpflichtet, die ihnen bei ihrer Tätigkeit in der Kommission bekannt geworden sind. ³Dies gilt auch für die Zeit nach ihrem Ausscheiden aus der Kommission.

(3) ¹Der G 10-Kommission ist die für die Erfüllung ihrer Aufgaben notwendige Personal- und Sachausstattung zur Verfügung zu stellen; sie ist im Einzelplan des Deutschen Bundestages gesondert im Kapitel für die parlamentarische Kontrolle der Nachrichtendienste auszuweisen. ²Der Kommission sind Mitarbeiter mit technischem Sachverstand zur Verfügung zu stellen.

(4) ¹Die G 10-Kommission tritt mindestens einmal im Monat zusammen. ²Sie gibt sich eine Geschäftsordnung, die der Zustimmung des Parlamentarischen Kontrollgremiums bedarf. ³Vor der Zustimmung ist die Bundesregierung zu hören.

(5) ¹Die G 10-Kommission entscheidet von Amts wegen oder auf Grund von Beschwerden über die Zulässigkeit und Notwendigkeit von Beschränkungsmaßnahmen. ²Die Kontrollbefugnis der Kommission erstreckt sich auf die gesamte Verarbeitung der nach diesem Gesetz erlangten personenbezogenen Daten durch Nachrichtendienste des Bundes einschließlich der Entscheidung über die Mitteilung an Betroffene. ³Der Kommission und ihren Mitarbeitern ist dabei insbesondere
1. Auskunft zu ihren Fragen zu erteilen,

2. Einsicht in alle Unterlagen, insbesondere in die gespeicherten Daten und in die Datenverarbeitungsprogramme, zu gewähren, die im Zusammenhang mit der Beschränkungsmaßnahme stehen, und
3. jederzeit Zutritt in alle Diensträume zu gewähren.

[4] Die Kommission kann dem Bundesbeauftragten für den Datenschutz Gelegenheit zur Stellungnahme in Fragen des Datenschutzes geben.

(6) [1] Das zuständige Bundesministerium unterrichtet monatlich die G 10-Kommission über die von ihm angeordneten Beschränkungsmaßnahmen vor deren Vollzug. [2] Bei Gefahr im Verzuge kann es den Vollzug der Beschränkungsmaßnahmen auch bereits vor der Unterrichtung der Kommission anordnen. [3] Bei Gefahr im Verzug darf am Tag der Beantragung bereits vor der Anordnung der Beschränkungsmaßnahme mit der Datenerhebung begonnen werden. [4] Die bereits erhobenen Daten dürfen erst nach der Anordnung genutzt werden. [5] Erfolgt die Anordnung nicht binnen 24 Stunden nach Beantragung, sind die erhobenen Daten unverzüglich automatisiert und unwiederbringlich zu löschen. [6] Anordnungen, die die Kommission für unzulässig oder nicht notwendig erklärt, hat das zuständige Bundesministerium unverzüglich aufzuheben. [7] In den Fällen des § 8 tritt die Anordnung außer Kraft, wenn sie nicht binnen drei Tagen vom Vorsitzenden oder seinem Stellvertreter bestätigt wird. [8] Die Bestätigung der Kommission ist unverzüglich nachzuholen.

(7) [1] Das zuständige Bundesministerium unterrichtet monatlich die G 10-Kommission über Mitteilungen von Bundesbehörden nach § 12 Abs. 1 und 2 oder über die Gründe, die einer Mitteilung entgegenstehen. [2] Hält die Kommission eine Mitteilung für geboten, ist diese unverzüglich vorzunehmen. [3] § 12 Abs. 3 Satz 2 bleibt unberührt, soweit das Benehmen einer Landesbehörde erforderlich ist.

(8) Die G 10-Kommission und das Parlamentarische Kontrollgremium tauschen sich regelmäßig unter Wahrung der jeweils geltenden Geheimhaltungsvorschriften über allgemeine Angelegenheiten ihrer Kontrolltätigkeit aus.

§ 16 Parlamentarische Kontrolle in den Ländern. [1] Durch den Landesgesetzgeber wird die parlamentarische Kontrolle der nach § 10 Abs. 1 für die Anordnung von Beschränkungsmaßnahmen zuständigen obersten Landesbehörden und die Überprüfung der von ihnen angeordneten Beschränkungsmaßnahmen geregelt. [2] Personenbezogene Daten dürfen nur dann an Landesbehörden übermittelt werden, wenn die Kontrolle ihrer Verarbeitung durch den Landesgesetzgeber geregelt ist.

Abschnitt 6. Straf- und Bußgeldvorschriften

§ 17 Mitteilungsverbote. (1) Wird die Telekommunikation nach diesem Gesetz oder nach den §§ 100a, 100e der Strafprozessordnung überwacht, darf diese Tatsache von Personen, die Telekommunikationsdienste erbringen oder an der Erbringung solcher Dienste mitwirken, anderen nicht mitgeteilt werden.

(2) Wird die Aushändigung von Sendungen nach § 2 Abs. 1 Satz 1 oder 3 angeordnet, darf diese Tatsache von Personen, die zur Aushändigung verpflichtet oder mit der Sendungsübermittlung betraut sind oder hieran mitwirken, anderen nicht mitgeteilt werden.

(3) Erfolgt ein Auskunftsersuchen oder eine Auskunftserteilung nach § 2 Abs. 1, darf diese Tatsache oder der Inhalt des Ersuchens oder der erteilten Auskunft von Personen, die zur Beantwortung verpflichtet oder mit der Beantwortung betraut sind oder hieran mitwirken, anderen nicht mitgeteilt werden.

§ 18 Straftaten. Mit Freiheitsstrafe bis zu zwei Jahren oder mit Geldstrafe wird bestraft, wer entgegen § 17 eine Mitteilung macht.

§ 19 Ordnungswidrigkeiten. (1) Ordnungswidrig handelt, wer

1. einer vollziehbaren Anordnung nach § 2 Abs. 1 Satz 1 oder 3 zuwiderhandelt,
2. entgegen § 2 Abs. 2 Satz 2 eine Person betraut oder
3. entgegen § 2 Abs. 2 Satz 3 nicht sicherstellt, dass eine Geheimschutzmaßnahme getroffen wird.

(2) Die Ordnungswidrigkeit kann mit einer Geldbuße bis zu fünfzehntausend Euro geahndet werden.

(3) Bußgeldbehörde im Sinne des § 36 Abs. 1 Nr. 1 des Gesetzes über Ordnungswidrigkeiten ist die nach § 10 Abs. 1 zuständige Stelle.

Abschnitt 7. Schlussvorschriften

§ 20 Entschädigung. [1] Die nach § 1 Abs. 1 berechtigten Stellen haben für die Leistungen nach § 2 Abs. 1 eine Entschädigung zu gewähren, deren Umfang sich nach § 23 des Justizvergütungs- und -entschädigungsgesetzes bemisst. [2] In den Fällen der §§ 5 und 8 ist eine Entschädigung zu vereinbaren, deren Höhe sich an den nachgewiesenen tatsächlichen Kosten orientiert.

§ 21 Einschränkung von Grundrechten. Das Grundrecht des Brief-, Post- und Fernmeldegeheimnisses (Artikel 10 des Grundgesetzes) wird durch dieses Gesetz eingeschränkt.

III. Sonstige Rechtsvorschriften

12. Richtlinien für das Strafverfahren und das Bußgeldverfahren (RiStBV)

vom 1. Januar 1977 in der ab 1.2.1997 (bundeseinheitlich) geltenden Fassung

Die Richtlinien sind im Bund und in den Ländern eingeführt, geändert und ergänzt worden. Im **Bund** ist dies durch folgende Bekanntmachungen geschehen:
zuletzt geändert durch Bek. vom 26.11.2018 (BAnz. AT 30.11.2018 B3)

Übersicht[1]
Richtlinien für das Strafverfahren
Allgemeiner Teil

	Nr.
I. Abschnitt: Vorverfahren	
1. Allgemeines	1–24
2. Sammelverfahren, Fälle des § 18 BKAG und kontrollierte Transporte	25–29d
3. Fälle des § 4 Abs. 1 bis 3 BKAG	30–32
4. Leichenschau und Leichenöffnung	33–38
5. Fahndung	39–43
6. Vernehmung des Beschuldigten	44, 45
7. Untersuchungshaft, einstweilige Unterbringung und sonstige Maßnahmen zur Sicherstellung der Strafverfolgung und der Strafvollstreckung	46–60
8. Beobachtung in einem psychiatrischen Krankenhaus	61–63
9. Zeugen	64–68
10. Sachverständige	69–72
11. Akten über Vorstrafen	73
11 a. Durchsuchung und Beschlagnahme	73a
12. Behandlung der amtlich verwahrten Gegenstände	74–76
13. Beschlagnahme von Postsendungen	77–83
14. Auskunft über den Postverkehr und die Telekommunikation	84, 85
15. Öffentliches Interesse bei Privatklagesachen	86, 87
16. Einstellung des Verfahrens	88–105
17. Verteidiger	106–108
18. Abschluss der Ermittlungen	109
II. Abschnitt: Anklage	110–114
III. Abschnitt: Hauptverfahren	115–146
1. Eröffnung des Hauptverfahrens	115
2. Vorbereitung der Hauptverhandlung	116–122
3. Hauptverhandlung	123–145
4. Beschleunigtes Verfahren	146
IV. Abschnitt: Rechtsmittel	
1. Einlegung	147–151
2. Verzicht und Rücknahme	152
3. Verfahren nach der Einlegung	
A. Gemeinsame Bestimmungen	153–157
B. Berufungsverfahren	158, 158a
C. Revisionsverfahren	159–169
V. Abschnitt: Wiederaufnahme des Verfahrens	170, 171
VI. Abschnitt: Beteiligung des Verletzten am Verfahren	
1. Privatklage	172
2. Entschädigung des Verletzten	173, 174
3. Sonstige Befugnisse des Verletzten	174a–174c
VII. Abschnitt: Besondere Verfahrensarten	
1. Verfahren bei Strafbefehlen	175–179
2. Selbstständiges Verfahren bei Verfall und Einziehung	180

---

[1] Übersicht nichtamtl. an die Änderungen angepasst.

Anh 12 RiStBV Übersicht Anhang. Richtlinien

		Nr.
	3. Verfahren bei Festsetzung einer Geldbuße gegen eine juristische Person oder Personenvereinigung	180a
VIII.	Abschnitt: Verfahren gegen sprachunkundige Ausländer	181
IX.	Abschnitt: Erteilung von Auskünften, Überlassung von Abschriften und Gewährung von Akteneinsicht	182–189
X.	Abschnitt: Einholung der Entscheidung des Bundesverfassungsgerichts	190
XI.	Abschnitt: Strafsachen gegen Mitglieder des Deutschen Bundestages, der gesetzgebenden Körperschaften der Länder sowie des Europäischen Parlaments	191–192b
XII.	Abschnitt: Behandlung der von der deutschen Gerichtsbarkeit befreiten Personen	193–199
XIII.	Abschnitt: (aufgehoben)	
XIV.	Abschnitt: Verfahren nach Feststellung der Entschädigungspflicht nach dem Gesetz über die Entschädigung für Strafverfolgungsmaßnahmen	201

Besonderer Teil

I. Abschnitt: Strafvorschriften des StGB

1.	Staatsschutz und verwandte Strafsachen	202–214
2.	Geld- und Wertzeichenfälschung	215–219
3.	Sexualstraftaten	220–222a
4.	Verbreitung und Zugänglichmachen gewaltdarstellender, pornographischer und sonstiger jugendgefährdender Schriften und Inhalte	223–228
5.	Beleidigung	229–232
6.	Körperverletzung	233–235
7.	Betrug	236–238
8.	Mietwucher	239
9.	Glücksspiel und Ausspielung	240, 241
10.	Straftaten gegen den Wettbewerb	242, 242a
11.	Straßenverkehr	243, 244
12.	Bahnenverkehr, Schiffahrt und Luftfahrt	245–247
13.	Förderung der Prostitution, Menschenhandel und Zuhälterei	248
14.	Pressestrafsachen	249–254

II. Abschnitt: Strafvorschriften des Nebenstrafrechts

A.	Allgemeines	255
B.	Einzelne Strafvorschriften	
	1. Waffen- und Sprengstoffsachen	256
	2. Straftaten nach dem Arzneimittelgesetz (AMG) und dem Betäubungsmittelgesetz	257–257a
	3. Arbeitsschutz	258, 259
	4. Unlauterer Wettbewerb	260–260c
	5. Straftaten nach den Gesetzen zum Schutze des geistigen Eigentums	261–261b
	6. Verstöße gegen das Lebensmittelrecht	262
	7. Verstöße gegen das Weingesetz	263
	8. Verstöße gegen das Futtermittelgesetz	264
	9. Verstöße gegen das Außenwirtschaftsgesetz	265
	10. Verstöße gegen die Steuergesetze (einschließlich der Gesetze über Eingangsabgaben)	266, 267
	11. Umweltschutz	268

Richtlinien für das Bußgeldverfahren

I.	Abschnitt: Zuständigkeit	269–271
II.	Abschnitt: Zusammenarbeit der Staatsanwaltschaft mit den Verwaltungsbehörden	272
III.	Abschnitt: Einbeziehung von Ordnungswidrigkeiten in das vorbereitende Verfahren wegen einer Straftat	
	1. Berücksichtigung des rechtlichen Gesichtspunktes einer Ordnungswidrigkeit	273–276
	2. Übernahme der Verfolgung einer Ordnungswidrigkeit	277–279
IV.	Abschnitt: Erstreckung der öffentlichen Klage auf die Ordnungswidrigkeit	280
V.	Abschnitt: Verfahren nach Einspruch gegen den Bußgeldbescheid	281–290
VI.	Abschnitt: Rechtsbeschwerdeverfahren	291–293
VII.	Abschnitt: Bußgelderkenntnis im Strafverfahren	294
VIII.	Abschnitt: Entschädigung für Verfolgungsmaßnahmen	295
IX.	Abschnitt: Akteneinsicht	296
X.	Abschnitt: Einholung der Entscheidung des Bundesverfassungsgerichts	297
XI.	Abschnitt: Bußgeldsachen gegen Mitglieder der gesetzgebenden Körperschaften	298
XII.	Abschnitt: Behandlung der von der deutschen Gerichtsbarkeit befreiten Personen	299
XIII.	Abschnitt: Rechtshilfeverkehr mit dem Ausland	300

Anlagen zu den Richtlinien für das Strafverfahren

A. Gemeinsame Richtlinien der Justizminister/-senatoren und der Innenminister/-senatoren des Bundes und der Länder über die Anwendung unmittelbaren Zwanges durch Polizeibeamte auf Anordnung des Staatsanwalts
B. Richtlinien über die Inanspruchnahme von Publikationsorganen und die Nutzung des Internets sowie anderer elektronischer Kommunikationsmittel zur Öffentlichkeitsfahndung nach Personen im Rahmen von Strafverfahren
C. Ausführungsvorschriften zum Gesetz über die Entschädigung für Strafverfolgungsmaßnahmen
D. Gemeinsame Richtlinien der Justizminister/-senatoren und der Innenminister/-senatoren der Länder über die Inanspruchnahme von Informanten sowie über den Einsatz von Vertrauenspersonen (V-Personen) und Verdeckten Ermittlern im Rahmen der Strafverfolgung
E. Gemeinsame Richtlinien der Justizminister/-senatoren und der Innenminister/-senatoren der Länder über die Zusammenarbeit von Staatsanwaltschaft und Polizei bei der Verfolgung der Organisierten Kriminalität
F. Richtlinien über die internationale Fahndung nach Personen, einschließlich der Fahndung nach Personen im Schengener Informationssystem

Einführung

Die Richtlinien sind vornehmlich für den Staatsanwalt bestimmt. Einige Hinweise wenden sich aber auch an den Richter. Soweit diese Hinweise nicht die Art der Ausübung eines Amtsgeschäfts betreffen, bleibt es dem Richter überlassen, sie zu berücksichtigen. Auch im Übrigen enthalten die Richtlinien Grundsätze, die für den Richter von Bedeutung sein können.

Die Richtlinien können wegen der Mannigfaltigkeit des Lebens nur Anleitung für den Regelfall geben. Der Staatsanwalt hat daher in jeder Strafsache selbstständig und verantwortungsbewusst zu prüfen, welche Maßnahmen geboten sind. Er kann wegen der Besonderheit der Einzelfalles von den Richtlinien abweichen.

Für Verfahren, die zur Zuständigkeit der Jugendgerichte gehören, gelten diese Richtlinien nur, wenn in den Richtlinien zum Jugendgerichtsgesetz nichts anderes bestimmt ist.

Richtlinien für das Strafverfahren

Allgemeiner Teil

I. Abschnitt. Vorverfahren

1. Allgemeines

1. Der Staatsanwalt. Das vorbereitende Verfahren liegt in den Händen des Staatsanwalts. Er ist Organ der Rechtspflege. Im Rahmen der Gesetze verfolgt er Straftaten und leitet verantwortlich die Ermittlungen der sonst mit der Strafverfolgung befassten Stellen.

2. Zuständigkeit. (1) Die Ermittlungen führt grundsätzlich der Staatsanwalt, in dessen Bezirk die Tat begangen ist.

(2) Für Sammelverfahren und in den Fällen des § 18 des Gesetzes über die Einrichtung eines Bundeskriminalpolizeiamtes (BKAG) gelten die Nr. 25 bis 29.

3. Persönliche Ermittlungen des Staatsanwalts. (1) Der Staatsanwalt soll in bedeutsamen oder in rechtlich oder tatsächlich schwierigen Fällen den Sachverhalt vom ersten Zugriff an selbst aufklären, namentlich den Tatort selbst besichtigen, die Beschuldigten und die wichtigsten Zeugen selbst vernehmen. Bei der Entscheidung, ob er den Verletzten als Zeugen selbst vernimmt, können auch die Folgen der Tat von Bedeutung sein.

(2) Auch wenn der Staatsanwalt den Sachverhalt nicht selbst aufklärt, sondern seine Ermittlungspersonen (§ 152 Abs. 1 GVG), die Behörden und Beamten des Polizeidienstes (§ 161 Abs. 1 StPO) oder andere Stellen damit beauftragt, hat er die Ermittlungen zu leiten, mindestens ihre Richtung und ihren Umfang zu bestimmen. Er kann dabei auch konkrete Einzelweisungen zur Art und Weise der Durchführung einzelner Ermittlungshandlungen erteilen (vgl. auch Anlage A).

(3) Bei formlosen mündlichen Erörterungen mit dem Anzeigenden, dem Beschuldigten oder mit anderen Beteiligten sind die Vorschriften der §§ 52 Abs. 3 Satz 1, 55 Abs. 2, 163a Abs. 3 Satz 2 StPO zu beachten. Über das Ergebnis der Erörterung ist ein Vermerk niederzulegen.

4. Grundsatz der Verhältnismäßigkeit. Der Verfassungsgrundsatz der Verhältnismäßigkeit ist insbesondere bei Eingriffen in grundgesetzlich geschützte Rechte (z. B. Freiheit der Person, Unverletzlichkeit der Wohnung, Brief-, Post- und Fernmeldegeheimnis, Pressefreiheit) zu berücksichtigen; dies gilt vor allem bei der Anordnung von Maßnahmen, von denen Unverdächtige betroffen werden (z. B. Einrichtung von Kontrollstellen, Durchsuchung von Gebäuden).

4a. Keine unnötige Bloßstellung des Beschuldigten. Der Staatsanwalt vermeidet alles, was zu einer nicht durch den Zweck des Ermittlungsverfahrens bedingten Bloßstellung des Beschuldigten führen kann. Das gilt insbesondere im Schriftverkehr mit anderen Behörden und Personen. Sollte die Bezeichnung des Beschuldigten oder der ihm zur Last gelegten Straftat nicht entbehrlich sein, ist deutlich zu machen, dass gegen den Beschuldigten lediglich der Verdacht einer Straftat besteht.

4b. Ermittlungen gegen eine Vielzahl von Personen. Wird bei der Suche nach einem Täter gegen eine Vielzahl von Personen ermittelt, so achtet der Staatsanwalt darauf, dass diesen die Erforderlichkeit einer gegen sie gerichteten Maßnahme erläutert wird, soweit der Untersuchungszweck nicht entgegensteht.

4c. Rücksichtnahme auf den Verletzten. Der Staatsanwalt achtet darauf, dass die für den Verletzten aus dem Strafverfahren entstehenden Belastungen möglichst gering gehalten und seine Belange im Strafverfahren berücksichtigt werden.

5. Beschleunigung. (1) Die Ermittlungen sind zunächst nicht weiter auszudehnen, als nötig ist, um eine schnelle Entscheidung über die Erhebung der öffentlichen Klage oder die Einstellung des Verfahrens zu ermöglichen. Hierbei sind insbesondere die Möglichkeiten der §§ 154, 154a StPO zu nutzen.

(2) Die Ermittlungshandlungen sind möglichst gleichzeitig durchzuführen (vgl. Nr. 12).

(3) Der Sachverhalt, die Einlassung des Beschuldigten und die für die Bemessung der Strafe oder für die Anordnung einer Maßnahme (§ 11 Abs. 1 Nr. 8 StGB) wichtigen Umstände sind so gründlich aufzuklären, dass die Hauptverhandlung reibungslos durchgeführt werden kann.

(4) In Haftsachen sind die Ermittlungen besonders zu beschleunigen. Das Gleiche gilt für Verfahren wegen Straftaten, die den öffentlichen Frieden nachhaltig gestört oder die sonst besonderes Aufsehen erregt haben, und für Straftaten mit kurzer Verjährungsfrist.

5a. Kostenbewusstsein. Die Ermittlungen sind so durchzuführen, dass unnötige Kosten vermieden werden (vgl. auch Nummer 20 Abs. 1, Nummer 58 Abs. 3). Kostenbewusstes Handeln ist etwa möglich durch:
a) die frühzeitige Planung der Ermittlungen und Nutzung der gesetzlichen Möglichkeiten, von der Strafverfolgung oder der Erhebung der öffentlichen Klage abzusehen (vgl. auch Nummer 101 Abs. 1, Nummer 101a Abs. 1 Satz 2),
b) die Nutzung der Möglichkeit zu standardisiertem Arbeiten (Textbausteine, Abschlussentscheidungen nach Fallgruppen),
c) den Verzicht auf die förmliche Zustellung, etwa wenn keine Zwangsmaßnahmen zu erwarten sind (vgl. auch Nummer 91 Abs. 2),
d) die Vermeidung einer Verwahrung, jedenfalls die rasche Rückgabe von Asservaten (vgl. auch Nummer 75 Abs. 1).

5b. Vorläufige Aufzeichnung von Protokollen. Bei der vorläufigen Aufzeichnung von Protokollen (§ 168a Abs. 2 StPO) soll vom Einsatz technischer Hilfsmittel (insbesondere von Tonaufnahmegeräten) möglichst weitgehend Gebrauch gemacht werden. Die Entscheidung hierüber trifft jedoch allein der Richter, in den Fällen des § 168b StPO der Staatsanwalt.

6. Verfolgung von Antragsdelikten. (1) Wegen einer Straftat, die nur auf Antrag zu verfolgen ist, wird der Staatsanwalt in der Regel erst tätig, wenn ein ordnungsgemäßer Strafantrag vorliegt. Ist zu befürchten, dass wichtige Beweismittel verloren gehen, so kann es geboten sein, mit den Ermittlungen schon vorher zu beginnen.

(2) Hält der Staatsanwalt eine Strafverfolgung im öffentlichen Interesse für geboten und ist die Straftat oder das Antragserfordernis dem Antragsberechtigten offenbar noch unbekannt, so kann es angebracht sein, ihn von der Tat zu unterrichten und anzufragen, ob ein Strafantrag gestellt wird.

(3) Enthält eine von Amts wegen zu verfolgende Straftat zugleich eine nur auf Antrag verfolgbare Tat, so verfährt der Staatsanwalt nach Abs. 2.

(4) Wird der Strafantrag zu Protokoll gestellt, so soll der Antragsteller über die möglichen Kostenfolgen bei Rücknahme des Strafantrages (§ 470 StPO) und darüber belehrt werden, dass ein zurückgenommener Antrag nicht nochmals gestellt werden kann (§ 77d Abs. 1 Satz 3 StGB).

(5) Kommt eine Ermächtigung eines obersten Staatsorgans des Bundes oder eines Landes zur Strafverfolgung (§ 89a Abs. 4, § 89b Abs. 4, § 89c Absatz 4, § 90 Abs. 4, § 90b Abs. 2, § 97 Abs. 3, §§ 104a, 129b Abs. 1 Satz 2, § 194 Abs. 4, § 353a Abs. 2, § 353b Abs. 4 StGB) oder ein Strafantrag eines solchen Organs wegen Beleidigung (§ 194 Abs. 1, 3 StGB) oder ein Strafantrag eines solchen Organs wegen Beleidigung (§ 194 Abs. 1, 3 StGB) in Betracht, so sind die besonderen Bestimmungen der Nr. 209, 210 Abs. 1, 2, Nr. 211, 212 zu beachten.

7. Haftbefehl bei Antragsdelikten. (1) Wird der Beschuldigte vorläufig festgenommen oder gegen ihn ein Haftbefehl erlassen, bevor ein Strafantrag gestellt ist, so hat der Staatsanwalt alle Ermittlungen vorzunehmen, die keinen Aufschub dulden.

(2) Ist eine Tat nur mit Ermächtigung oder auf Strafverlangen verfolgbar, so gilt Abs. 1 sinngemäß.

8. Namenlose Anzeigen. Auch bei namenlosen Anzeigen prüft der Staatsanwalt, ob ein Ermittlungsverfahren einzuleiten ist. Es kann sich empfehlen, den Beschuldigten erst dann zu vernehmen, wenn der Verdacht durch andere Ermittlungen eine gewisse Bestätigung gefunden hat.

9. Benachrichtigung des Anzeigenden. (1) Wird ein Ermittlungsverfahren auf Grund einer Anzeige eingeleitet, so wird der Eingang der Anzeige bestätigt, sofern dies nicht nach den Umständen entbehrlich ist.

(2) Ist der Anzeigeerstatter zugleich der Verletzte, ist für die Bestätigung der Anzeige nach § 158 Absatz 1 StPO hinsichtlich der angezeigten Tat die Angabe der amtlichen Überschrift des Straftatbestandes ausreichend.

10. Richterliche Untersuchungshandlungen. Der Staatsanwalt beantragt richterliche Untersuchungshandlungen, wenn er sie aus besonderen Gründen für erforderlich erachtet, z. B. weil der Verlust eines Beweismittels droht, ein Geständnis festzuhalten ist (§ 254 StPO) oder wenn eine Straftat nur durch Personen bewiesen werden kann, die zur Verweigerung des Zeugnisses berechtigt sind.

11. Ermittlungen durch andere Stellen. (1) Den Behörden und Beamten des Polizeidienstes und den anderen Stellen, die zu den Ermittlungen herangezogen werden, ist möglichst genau anzugeben, welche Erhebungen sie vornehmen sollen; Wendungen wie „zur Erörterung", „zur weiteren Aufklärung" oder „zur weiteren Veranlassung" sind zu vermeiden.

(2) Ist zu erwarten, dass die Aufklärung einer Straftat schwierig sein wird oder umfangreiche Ermittlungen erforderlich werden, empfiehlt es sich, die durchzuführenden Maßnahmen und deren Reihenfolge mit den beteiligten Stellen zu besprechen.

12. Versendung der Akten, Hilfs- oder Doppelakten. (1) Ermittlungsersuchen sind möglichst so zu stellen, dass die Ermittlungen gleichzeitig durchgeführt werden können (Nr. 5 Abs. 2, Nr. 10, 11). Von der Beifügung der Ermittlungsakten ist abzusehen, wenn durch die Versendung eine Verzögerung des Verfahrens eintreten würde und wenn der für die Ermittlung maßgebliche Sachverhalt in dem Ersuchen dargestellt oder aus einem Aktenauszug entnommen werden kann.

(2) In geeigneten Fällen sind Hilfs- oder Doppelakten anzulegen. Dies gilt insbesondere, wenn Haftprüfungen oder Haftbeschwerden zu erwarten sind.

13. Feststellung der persönlichen Verhältnisse des Beschuldigten. (1) Die persönlichen Verhältnisse des Beschuldigten, besonders die richtige Schreibweise seines Familien- und Geburtsnamens, sein Geburtstag und Geburtsort und seine Staatsangehörigkeit, sind sorgfältig festzustellen; führt er einen abgekürzten Vornamen, so ist auch der volle Vorname anzugeben. Bei Ausländern sind die Passnummer und die Namen der Eltern (einschließlich deren Geburtsnamen) festzustellen. Wird bei einer Vernehmung auf die Angaben zur Person in einer früheren polizeilichen Vernehmung verwiesen, so sind diese mit dem Beschuldigten im Einzelnen durchzusprechen und, wenn nötig, zu ergänzen. Können die Eintragungen im Bundeszentralregister für die Untersuchung von Bedeutung sein und ist eine Registerauskunft bei den Akten, so ist der Beschuldigte auch hierüber zu vernehmen. Bestreitet er, die in der Auskunft genannte Person zu sein, oder behauptet er, die Eintragungen seien unrichtig, so ist auch dies in die Niederschrift aufzunehmen.

(2) Der Beschuldigte soll ferner befragt werden, ob er sozialleistungsberechtigt ist (Angaben über Rentenbescheid, Versorgungsbescheid, Art der Verletzung), ob er Betreuungen, Vormundschaften oder Pflegschaften führt, ob er die Erlaubnis zum Führen von Kraft-, Luft- oder Wasserfahrzeugen, eine gewerbliche Erlaubnis oder Berechtigung, einen Jagd- oder Fischereischein, eine waffen- oder sprengstoffrechtliche Erlaubnis oder Genehmigung, ein Schiffer- oder Lotsenpatent besitzt (Angabe der ausstellenden Behörde und der Nummer des Ausweises), ob er für die laufende oder für die nächste Wahlperiode als Schöffe gewählt oder ausgelost ist (Angabe des Ausschusses nach § 40 GVG) und ob er ein richterliches oder ein anderes Ehrenamt in Staat oder Gemeinde ausübt.

(3) Ist der Beschuldigte ein Soldat der Bundeswehr, so sind der Dienstgrad, der Truppenteil oder die Dienststelle sowie der Standort des Soldaten festzustellen. Bei Reservisten der Bundeswehr genügt die Angabe des letzten Dienstgrades.

(4) Besteht Fluchtgefahr, so ist festzustellen, ob der Beschuldigte einen Pass oder einen Personalausweis besitzt.

(5) Nach dem Religionsbekenntnis darf der Beschuldigte nur gefragt werden, wenn der Sachverhalt dazu Anlass gibt.

(6) Die Angaben des Beschuldigten sind, soweit veranlasst, nachzuprüfen; wenn nötig, ist eine Geburtsurkunde anzufordern.

14. Aufklärung der wirtschaftlichen Verhältnisse des Beschuldigten. (1) Die Einkommens- und Vermögensverhältnisse des Beschuldigten sind aufzuklären. Es ist festzustellen, welchen Beruf der Beschuldigte erlernt hat und welchen er ausübt (Angabe des Arbeitgebers). Bei verheirateten Beschuldigten ist auch der Beruf des Ehegatten, bei Minderjährigen auch der der Eltern anzugeben. Es ist ferner zu ermitteln, wieviel der Beschuldigte verdient, welche anderen Einkünfte, z. B. Zinsen aus Kapital, Mieteinnahmen er hat, ob er Grundstücke oder anderes Vermögen besitzt und welche Umstände sonst für seine Zahlungsfähigkeit von Bedeutung sind. In geeigneten Fällen soll der Beschuldigte befragt werden, ob er die Finanz- und Steuerbehörden ermächtigt, den Justizbehörden Auskunft zu erteilen. Dabei kann er auch darauf hingewiesen werden, dass seine Einkünfte, sein Vermögen und andere Grundlagen für die Bemessung eines Tagessatzes geschätzt werden können (§ 40 Abs. 3 StGB).

(2) Ist der Beschuldigte erwerbslos, so ist zu ermitteln, wieviel Unterstützung er erhält und welche Kasse sie zahlt.

(3) Bestehen gegen die Angaben des Beschuldigten über seine wirtschaftlichen Verhältnisse Bedenken oder wird vermutet, dass sie sich nachträglich wesentlich geändert haben, so kann sich der Staatsanwalt der Gerichtshilfe (§ 160 Abs. 3 StPO) bedienen. In manchen Fällen wird es genügen, eine Auskunft des Gerichtsvollziehers oder des Vollziehungsbeamten der Justiz oder eine Auskunft aus dem Schuldnerverzeichnis des Amtsgerichts einzuholen. Ist es nicht vermeidbar, eine Polizei-, Gemeinde- oder andere Behörde um eine Auskunft über die wirtschaftlichen Verhältnisse des Beschuldigten zu ersuchen, so soll sich das Ersuchen möglichst auf bestimmte Fragen beschränken.

15. Aufklärung der für die Bestimmung der Rechtsfolgen der Tat bedeutsamen Umstände. (1) Alle Umstände, die für die Strafbemessung, die Strafaussetzung zur Bewährung, die Verwarnung mit Strafvorbehalt, das Absehen von Strafe, die Nebenstrafe und Nebenfolgen oder die Anordnung von Maßregeln der Besserung und Sicherung, des Verfalls oder sonstiger Maßnahmen (§ 11 Abs. 1 Nr. 8 StGB) von Bedeutung sein können, sind schon im vorbereitenden Verfahren aufzuklären. Dazu kann sich der Staatsanwalt der Gerichtshilfe bedienen.

(2) Gemäß Abs. 1 ist der dem Verletzten durch die Tat entstandene Schaden aufzuklären, soweit er für das Strafverfahren von Bedeutung sein kann. Der Staatsanwalt prüft auch, ob und mit welchem Erfolg sich der Beschuldigte um eine Wiedergutmachung bemüht hat.

(3) Gehört der Beschuldigte zum Leitungsbereich einer juristischen Person oder Personenvereinigung und kommt die Festsetzung einer Geldbuße gegen diese in Betracht (Nummer 180a), so sind schon im vorbereitenden Verfahren Ermittlungen zur Höhe des durch die Tat erlangten wirtschaftlichen Vorteils zu führen.

(4) Bei Körperverletzungen sind Feststellungen über deren Schwere, die Dauer der Heilung, etwaige Dauerfolgen und über den Grad einer etwaigen Erwerbsminderung zu treffen. Bei nicht ganz unbedeutenden Verletzungen wird ein Attest des behandelnden Arztes anzufordern sein.

(5) Soweit Anhaltspunkte für rassistische, fremdenfeindliche oder sonstige menschenverachtende Beweggründe bestehen, sind die Ermittlungen auch auf solche Tatumstände zu erstrecken.

16. Feststellung von Eintragungen im Bundeszentralregister. (1) Für die öffentliche Klage ist in der Regel eine Auskunft aus dem Zentralregister, gegebenenfalls auch aus dem Erziehungsregister, einzuholen. Gleiches gilt, wenn von der öffentlichen Klage (§ 153a StPO) in Betracht kommt.

(2) Bei der Erörterung von Eintragungen im Bundeszentralregister ist darauf zu achten, dass dem Beschuldigten oder seiner Familie durch das Bekanntwerden der eingetragenen Tatsachen keine Nachteile entstehen, die vermeidbar sind oder zur Bedeutung der Strafsache außer Verhältnis stehen. Werden die Akten an andere mit dem Strafverfahren nicht unmittelbar befasste Stellen versandt, so ist die Registerauskunft zurückzubehalten; wird ihnen Akteneinsicht gewährt, so ist sie aus den Akten herauszunehmen.

(3) Sind Anhaltspunkte dafür gegeben, dass ein Widerruf der Beseitigung des Strafmakels hinsichtlich einer früher erkannten Jugendstrafe in Betracht kommt (§ 101 JGG), so empfiehlt sich ein ausdrückliches Ersuchen um Auskunft aus dem Zentralregister im Sinne des § 41 Abs. 3 und 4 BZRG.

16a. DNA-Maßnahmen für künftige Strafverfahren. Der Staatsanwalt wirkt darauf hin, dass bei Beschuldigten, bei denen die Voraussetzungen des § 81g StPO gegeben sind, unverzüglich die erforderlichen DNA-Maßnahmen für Zwecke künftiger Strafverfahren erfolgen.

17. Mehrere Strafverfahren gegen denselben Beschuldigten. (1) Die Ermittlungen sollen sich auch darauf erstrecken, ob gegen den Beschuldigten noch weitere Strafverfahren anhängig sind und ob er eine frühere Strafe noch nicht voll verbüßt hat.

(2) Hat jemand mehrere selbstständige Straftaten begangen, so sorgt der Staatsanwalt dafür, dass die Verfahren verbunden oder die Ergebnisse des einen Verfahrens in dem anderen berücksichtigt werden. Nr. 2 ist zu beachten.

(3) Vor Anordnung oder Beantragung einer verdeckten Ermittlungsmaßnahme prüft der Staatsanwalt nach Möglichkeit, z. B. anhand des Auszugs aus dem zentralen staatsanwaltschaftlichen Verfahrensregister, ob gegen den Betroffenen der Maßnahme weitere Ermittlungsverfahren anhängig sind. In geeigneten Fällen, insbesondere wenn anhängige Ermittlungsverfahren Straftaten von erheblicher Bedeutung betreffen können, stimmt er sein Vorgehen mit dem das weitere Ermittlungsverfahren führenden Staatsanwalt ab, um unkoordinierte Ermittlungsmaßnahmen zu verhindern.

18. Gegenüberstellung und Wahllichtbildvorlage. (1) Soll durch eine Gegenüberstellung geklärt werden, ob der Beschuldigte der Täter ist, so ist dem Zeugen nicht nur der Beschuldigte, sondern auch eine Reihe anderer Personen gleichen Geschlechts, ähnlichen Alters und ähnlicher Erscheinung gegenüberzustellen, und zwar in einer Form, die nicht erkennen lässt, wer von den Gegenübergestellten der Beschuldigte ist (Wahlgegenüberstellung). Die Wahlgegenüberstellung kann auch mittels elektronischer Bildtechnik durchgeführt werden (wie z. B. Wahlvideogegenüberstellung).

(2) Die Gegenüberstellung soll grundsätzlich nacheinander und nicht gleichzeitig erfolgen. Sie soll auch dann vollständig durchgeführt werden, wenn der Zeuge zwischenzeitlich erklärt, eine Person erkannt zu haben. Die Einzelheiten sind aktenkundig zu machen.

(3) Die Absätze 1 und 2 gelten bei der Vorlage von Lichtbildern (Wahllichtbildvorlage) mit der Maßgabe, dass dem Zeugen mindestens acht Personen gezeigt werden sollen, entsprechend.

19. Vernehmung von Kindern und Jugendlichen. (1) Eine mehrmalige Vernehmung von Kindern und Jugendlichen vor der Hauptverhandlung ist wegen der damit verbundenen seelischen Belastung dieser Zeugen nach Möglichkeit zu vermeiden.

(2) Bei Zeugen unter 18 Jahren soll zur Vermeidung wiederholter Vernehmungen von der Möglichkeit der Aufzeichnung auf Bild-Ton-Träger Gebrauch gemacht werden (§ 58a Abs. 1 Satz 2 Nr. 1, § 255a Abs. 1 StPO). Hierbei ist darauf zu achten, dass die vernehmende Person und der Zeuge gemeinsam und zeitgleich in Bild und Ton aufgenommen und dabei im Falle des § 52 StPO auch die Belehrung und die Bereitschaft des Zeugen zur Aussage (§ 52 Abs. 2 Satz 1 StPO) dokumentiert werden. Für die Anwesenheit einer Vertrauensperson soll nach Maßgabe des § 406f Abs. 3 StPO Sorge getragen werden. Mit Blick auf eine spätere Verwendung der Aufzeichnung als Beweismittel in der Hauptverhandlung (§ 255a StPO) empfiehlt sich eine richterliche Vernehmung (§§ 168c, 168e StPO). Bei Straftaten im Sinne des § 255a Abs. 2 Satz 1 StPO soll rechtzeitig darauf hingewirkt werden, dass der Beschuldigte und sein Verteidiger Gelegenheit haben, an der Vernehmung mitzuwirken.

(3) In den Fällen des § 52 Abs. 2 Satz 2 StPO wirkt der Staatsanwalt möglichst frühzeitig auf die Anordnung einer Ergänzungspflegschaft (§ 1909 Abs. 1 Satz 1 BGB) durch das zuständige Familiengericht (§ 152 FamFG) hin.

(4) Alle Umstände, die für die Glaubwürdigkeit eines Kindes oder Jugendlichen bedeutsam sind, sollen möglichst frühzeitig festgestellt werden. Es ist zweckmäßig, hierüber Eltern, Lehrer, Erzieher oder andere Bezugspersonen zu befragen; gegebenenfalls ist mit dem Jugendamt Kontakt aufzunehmen.

(5) Bleibt die Glaubwürdigkeit zweifelhaft, so ist ein Sachverständiger, der über besondere Kenntnisse und Erfahrungen auf dem Gebiet der Kinderpsychologie verfügt, zuzuziehen.

19a. Vernehmung des Verletzten als Zeuge. (1) Ist erkennbar, dass mit der Vernehmung als Zeuge für den Verletzten eine erhebliche psychische Belastung verbunden sein kann, wird ihm bei der Vernehmung mit besonderer Einfühlung und Rücksicht zu begegnen sein; auf §§ 68a, 68b StPO wird hingewiesen. Einer Vertrauensperson nach § 406f Abs. 2 StPO ist die Anwesenheit zu gestatten, wenn der Untersuchungszweck nicht gefährdet wird.

(2) Bei der richterlichen Vernehmung des Verletzten wirkt der Staatsanwalt durch Anregung und Antragstellung auf eine entsprechende Durchführung der Vernehmung hin. Er achtet insbesondere darauf, dass der Verletzte durch Fragen und Erklärungen des Beschuldigten und seines Verteidigers nicht größeren Belastungen ausgesetzt wird, als im Interesse der Wahrheitsfindung hingenommen werden muss.

(3) Eine mehrmalige Vernehmung des Verletzten vor der Hauptverhandlung kann für diesen zu einer erheblichen Belastung führen und ist deshalb nach Möglichkeit zu vermeiden.

19b. Widerspruchsrecht des Zeugen im Falle der Bild-Ton-Aufzeichnung. Wird die Vernehmung eines Zeugen auf Bild-Ton-Träger aufgezeichnet (§ 58a StPO), ist dieser darauf hinzuweisen, dass er der Überlassung einer Kopie der Aufzeichnung seiner Vernehmung im Wege der Akteneinsicht an den Verteidiger oder den Rechtsanwalt des Verletzten widersprechen kann.

20. Vernehmung von Gefangenen und Verwahrten. (1) Personen, die sich in Haft oder sonst in amtlicher Verwahrung befinden, sind in der Regel in der Anstalt zu vernehmen; dies gilt vor allem dann, wenn die Gefahr des Entweichens besteht oder die Vorführung besondere Kosten verursacht.

(2) Erscheint auf Grund der Vernehmung die Besorgnis begründet, dass ein Gefangener oder Verwahrter die Ordnung in der Anstalt beeinträchtigt oder sich selbst gefährdet, so ist der Anstaltsleiter zu unterrichten.

21. Umgang mit behinderten Menschen. (1) Behinderten Menschen ist mit besonderer Rücksichtnahme auf ihre Belange zu begegnen.

(2) Im Hinblick auf die Ausübung des Wahlrechts nach § 186 Abs. 1 GVG teilt der Staatsanwalt mit Erhebung der öffentlichen Klage in geeigneter Form eine ihm bekannt gewordene Hör- oder Sprachbehinderung mit.

(3) Es empfiehlt sich, hörbehinderte Personen zur Wiederholung dessen zu veranlassen, was sie von Fragen, Zeugenaussagen oder mündlichen Erörterungen verstanden haben. Wenn sie auch mit technischen Hilfsmitteln zu einer Wiederholung nicht in der Lage sind oder von ihrem Wahlrecht nach § 186 Abs. 1 GVG keinen Gebrauch gemacht haben, ist darauf hinzuwirken, dass eine die Verständigung ermöglichende Maßnahme nach § 186 Abs. 2 GVG ergriffen wird.

(4) Bei Vernehmungen von geistig behinderten oder lernbehinderten Zeugen empfiehlt es sich, in geeigneten Fällen darauf hinzuwirken, dass nach Möglichkeit eine Vertrauensperson des Behinderten an der Vernehmung teilnimmt, die in der Lage ist, sprachlich zwischen diesem und dem Vernehmenden zu vermitteln.

(5) Bei Vernehmungen von hör- oder sprachbehinderten Beschuldigten, Verurteilten oder nebenklageberechtigten Personen im vorbereitenden Verfahren soll, sofern dies zur Ausübung der strafprozessualen Rechte dieser Personen erforderlich ist, der Staatsanwalt darauf hinwirken, dass ein Dolmetscher oder Übersetzer herangezogen wird.

22. Unterbrechung der Verjährung. Der Staatsanwalt hat während des ganzen Verfahrens darauf zu achten, dass die Verjährung rechtzeitig unterbrochen wird, besonders wenn kürzere Verjährungsfristen laufen. Dabei ist jedoch der Grundgedanke der Verjährung zu berücksichtigen und deren Eintritt nicht wahllos, vor allem nicht in minder schweren Fällen, die erst nach Jahren zur Aburteilung kämen, zu verhindern. Auf Nr. 274 wird hingewiesen.

23. Zusammenarbeit mit Presse und Rundfunk. (1) Bei der Unterrichtung der Öffentlichkeit ist it mit Presse, Hörfunk und Fernsehen unter Berücksichtigung ihrer besonderen Aufgaben und ihrer Bedeutung für die öffentliche Meinungsbildung zusammenzuarbeiten. Diese Unterrichtung darf weder den Untersuchungszweck gefährden noch dem Ergebnis der Hauptverhandlung vorgreifen; der Anspruch des Beschuldigten auf ein faires Verfahren darf nicht beeinträchtigt werden. Auch ist im Einzelfall zu prüfen, ob das Interesse der Öffentlichkeit an einer vollständigen Berichterstattung gegenüber den Persönlichkeitsrechten des Beschuldigten oder anderer Beteiligter, insbesondere auch des Verletzten, überwiegt. Eine unnötige Bloßstellung dieser Person ist zu vermeiden. Dem allgemeinen Informationsinteresse der Öffentlichkeit wird in der Regel ohne Namensnennung entsprochen werden können. Auf die Nr. 129 Abs. 1, Nr. 219 Abs. 1 wird hingewiesen. Die entsprechenden Verwaltungsvorschriften der Länder sind zu beachten (vgl. auch Anlage B).

(2) Über die Anklageerhebung und Einzelheiten der Anklage darf die Öffentlichkeit grundsätzlich erst unterrichtet werden, nachdem die Anklageschrift dem Beschuldigten zugestellt oder sonst bekannt gemacht worden ist.

24. Verkehr mit ausländischen Vertretungen. Für den Verkehr mit ausländischen diplomatischen und konsularischen Vertretungen in der Bundesrepublik sind die Nr. 133 bis 137 RiVASt zu beachten.

2. Sammelverfahren, Fälle des § 18 BKAG und kontrollierte Transporte

25. Sammelverfahren. Im Interesse einer zügigen und wirksamen Strafverfolgung ist die Führung einheitlicher Ermittlungen als Sammelverfahren geboten, wenn der Verdacht mehrerer Straftaten besteht, eine Straftat den Bezirk mehrerer Staatsanwaltschaften berührt oder ein Zusammenhang mit einer Straftat im Bezirk einer anderen Staatsanwaltschaft besteht. Dies gilt nicht, sofern die Verschiedenartigkeit der Taten oder ein anderer wichtiger Grund entgegensteht.

26. Zuständigkeit. (1) Die Bearbeitung von Sammelverfahren obliegt dem Staatsanwalt, in dessen Bezirk der Schwerpunkt des Verfahrens liegt.

(2) Der Schwerpunkt bestimmt sich nach den gesamten Umständen des Tatkomplexes. Dabei sind vor allem zu berücksichtigen:
a) die Zahl der Einzeltaten, der Täter oder der Zeugen;
b) der Sitz einer Organisation;
c) der Ort der geschäftlichen Niederlassung, wenn ein Zusammenhang mit der Tat besteht;
d) der Wohnsitz oder der gewöhnliche Aufenthaltsort des (Haupt-)Beschuldigten, wenn diese für Planung, Leitung oder Abwicklung der Taten von Bedeutung sind;
e) das Zusammenfallen des Wohnsitzes mit einem Tatort.

(3) Lässt sich der Schwerpunkt nicht feststellen, so ist der Staatsanwalt zuständig, der zuerst mit dem (Teil-)Sachverhalt befasst war.

(4) Die Führung eines Sammelverfahrens darf nicht allein mit der Begründung abgelehnt werden, dass wegen eines Teils der Taten bereits ein gerichtliches Verfahren anhängig ist.

27. Verfahren bei Abgabe und Übernahme. (1) Ist die Führung eines Sammelverfahrens geboten, so soll der Staatsanwalt bei ihm anhängige Einzelverfahren unverzüglich unter Bezeichnung der Umstände, aus denen sich der Schwerpunkt des Verfahrens ergibt (Nr. 26 Abs. 2), an den für das Sammelverfahren zuständigen Staatsanwalt abgeben.

(2) Der um Übernahme gebetene Staatsanwalt hat unverzüglich, möglichst binnen drei Tagen, zu entscheiden, ob er das Verfahren übernimmt. Die Ablehnung der Übernahme ist zu begründen.

(3) Verbleibt der Staatsanwalt, dessen Verfahren nicht übernommen worden ist, bei seinem Standpunkt, so berichtet er dem Generalstaatsanwalt. Können die Generalstaatsanwälte eines Landes sich nicht binnen einer Woche über die Frage des Schwerpunktes einigen, so ist unverzüglich eine Entscheidung der Landesjustizverwaltung herbeizuführen; im Übrigen ist nach § 143 Abs. 3 GVG zu verfahren.

(4) Bis zur Entscheidung über die Übernahme des Verfahrens hat der abgebende Staatsanwalt alle Amtshandlungen vorzunehmen, bei denen Gefahr im Verzug ist.

(5) Der übernehmende Staatsanwalt setzt den Anzeigenden von der Übernahme des Verfahrens in Kenntnis, sofern dies nicht nach den Umständen entbehrlich ist.

28. Regelung zu § 18 BKAG. (1) Unterrichtet das Bundeskriminalamt die Generalstaatsanwälte nach § 18 BKAG darüber, dass es angezeigt erscheine, die polizeilichen Aufgaben auf dem Gebiet der Strafverfolgung einheitlich wahrzunehmen, so ist wie folgt zu verfahren:
a) Der Generalstaatsanwalt, in dessen Bezirk ein Sammelverfahren geführt wird, stellt, wenn er eine Zuweisungsanordnung nach § 7 BKAG für erforderlich hält, unverzüglich, möglichst binnen drei Tagen, das Einvernehmen für diese Anordnung mit der obersten Behörde der Innenverwaltung seines Landes her.
b) Hält das Bundeskriminalamt es für angezeigt, dass die polizeilichen Aufgaben auf dem Gebiet der Strafverfolgung einem anderen als dem Land übertragen werden, in dem das staatsanwaltschaftliche Sammelverfahren geführt wird, so verständigen sich die beteiligten Generalstaatsanwälte unverzüglich, möglichst binnen drei Tagen, darüber, ob eine Zuweisungsanordnung erforderlich ist und ob das Sammelverfahren von einer Staatsanwaltschaft des vom Bundeskriminalamt bezeichneten Landes übernommen werden soll. Der Generalstaatsanwalt, in dessen Bezirk das Sammelverfahren übernommen werden soll, führt unverzüglich das für die Zuweisungsanordnung erforderliche Einvernehmen mit der obersten Behörde der Innenverwaltung seines Landes herbei.
c) Wird ein staatsanwaltschaftliches Sammelverfahren noch nicht geführt, so verständigen sich die beteiligten Generalstaatsanwälte fernmündlich oder fernschriftlich unverzüglich, möglichst binnen drei Tagen, darüber, ob die Einleitung eines Sammelverfahrens angezeigt ist und welche Staatsanwaltschaft das Sammelverfahren führen soll. Hält der Generalstaatsanwalt, in dessen Bezirk das Sammelverfahren geführt werden soll, eine Zuweisungsanordnung für erforderlich, so stellt er das Einvernehmen für diese Zuweisungsanordnung mit der obersten Behörde der Innenverwaltung seines Landes her.

(2) Bei der Entscheidung darüber, welche Staatsanwaltschaft ein Sammelverfahren führen soll, kann vor den sonstigen für die Führung von Sammelverfahren maßgebenden Gesichtspunkten kriminaltaktischen Erwägungen besondere Bedeutung zukommen. Können die Generalstaatsanwälte sich nicht einigen, so sind die zuständigen Landesjustizverwaltungen zu beteiligen.

(3) Der Generalstaatsanwalt, in dessen Bezirk das Sammelverfahren geführt wird, unterrichtet unverzüglich das Bundeskriminalamt über das Ergebnis seiner Verhandlungen mit der obersten Behörde der Innenverwaltung seines Landes und benennt gegebenenfalls die das Sammelverfahren führende Staatsanwaltschaft, deren Aktenzeichen sowie die sachbearbeitende Polizeidienststelle.

(4) Auch wenn die Einleitung eines staatsanwaltschaftlichen Sammelverfahrens nicht in Betracht kommt, ist unter Berücksichtigung kriminaltaktischer Erwägungen zu prüfen, ob eine Zuweisungsanordnung nach § 18 BKAG erforderlich ist. Die beteiligten Generalstaatsanwälte verständigen sich unverzüglich, möglichst binnen drei Tagen, darüber, ob das Einvernehmen erklärt werden soll. Vor einer Entscheidung, dass das Einvernehmen zu einer Zuweisungsanordnung nicht erklärt werden soll, sind die zuständigen Landesjustizverwaltungen zu unterrichten. Ein beteiligter Generalstaatsanwalt des Landes, dem die polizeilichen Aufgaben insgesamt zugewiesen werden sollen, stellt das Einvernehmen für die Zuweisungsanordnung mit der obersten Behörde der Innenverwaltung seines Landes her und unterrichtet unverzüglich das Bundeskriminalamt über das Ergebnis der Verhandlungen.

(5) Hält der ein Sammelverfahren bearbeitende Staatsanwalt eine Zuweisungsanordnung des Bundeskriminalamtes für angezeigt, so berichtet er dem Generalstaatsanwalt. Hält der Generalstaatsanwalt eine solche Anordnung des Bundeskriminalamtes für erforderlich, so stellt er unverzüglich das Einvernehmen mit der obersten Behörde der Innenverwaltung seines Landes her und regt beim Bundeskriminalamt eine Zuweisungsanordnung an.

29. Mitteilung an das Bundeskriminalamt. Der Staatsanwalt, der ein Sammelverfahren führt, bittet alsbald das Bundeskriminalamt, dies in das Bundeskriminalblatt aufzunehmen.

29a. Kontrollierter Transport. Kontrollierte Durchfuhr ist der von den Strafverfolgungsbehörden überwachte illegale Transport von Betäubungsmitteln, Waffen, Diebesgut, Hehlerware u. Ä. vom Ausland durch das Inland in ein Drittland; kontrollierte Ausfuhr ist der vom Inland ausgehende überwachte illegale Transport in das Ausland; kontrollierte Einfuhr ist der überwachte illegale Transport vom Ausland in das Inland.

29b. Voraussetzungen. (1) Ein kontrollierter Transport kommt nur in Betracht, wenn auf andere Weise die Hintermänner nicht ermittelt oder Verteilerwege nicht aufgedeckt werden können. Die Überwachung ist so zu gestalten, dass die Möglichkeit des Zugriffs auf Täter und Tatgegenstände jederzeit sichergestellt ist.

(2) Im Übrigen müssen für Durchfuhr und Ausfuhr folgende Erklärungen der ausländischen Staaten vorliegen:
a) Einverständnis mit der Einfuhr oder Durchfuhr;
b) Zusicherung, den Transport ständig zu kontrollieren;
c) Zusicherung, gegen die Kuriere, Hintermänner und Abnehmer zu ermitteln, die Betäubungsmittel, Waffen, das Diebesgut, die Hehlerware u. Ä. sicherzustellen und die Verurteilung der Täter sowie die Strafvollstreckung anzustreben;
d) Zusicherung, dass die deutschen Strafverfolgungsbehörden fortlaufend über den jeweiligen Verfahrensstand unterrichtet werden.

29c. Zuständigkeit. Bei der kontrollierten Durchfuhr führt, wenn wegen der Tat noch kein Ermittlungsverfahren bei einer deutschen Staatsanwaltschaft anhängig ist, das Verfahren grundsätzlich der Staatsanwalt, in dessen Bezirk der Grenzübergang liegt, über den die Tatgegenstände in das Inland verbracht werden. Dies gilt auch bei der kontrollierten Einfuhr. Bei der kontrollierten Ausfuhr führt das Verfahren grundsätzlich der Staatsanwalt, in dessen Bezirk der Transport beginnt.

29d. Zusammenarbeit. (1) Die Entscheidung über die Zulässigkeit des kontrollierten Transports trifft der zuständige Staatsanwalt (Nr. 29c). Er unterrichtet den Staatsanwalt, in dessen Bezirk ein Transport voraussichtlich das Inland verlässt. Auch der für den Einfuhrort zuständige Staatsanwalt ist zu unterrichten, wenn ein anderer als dieser das Verfahren führt.

(2) Die Behörden und Beamten des Polizei- und Zolldienstes wenden sich grundsätzlich an den nach Nr. 29c zuständigen Staatsanwalt.

3. Fälle des § 4 Abs. 1 bis 3 BKAG

30. Allgemeines. (1) Wird dem Staatsanwalt ein Sachverhalt bekannt, der den Verdacht einer in § 4 Abs. 1 Satz 1 BKAG bezeichneten Straftaten begründet, so unterrichtet er unverzüglich, erforderlichenfalls fernschriftlich oder fernmündlich, das Bundeskriminalamt und das Landeskriminalamt. Er erörtert die Art der Ermittlungsführung in dem erforderlichen Umfange mit dem Bundeskriminalamt.

(2) Hält der Staatsanwalt zu Beginn oder im weiteren Verlaufe des Verfahrens Sofortmaßnahmen für erforderlich, die von dem Bundeskriminalamt nicht getroffen werden können, so erteilt er die notwendigen Aufträge bei gleichzeitiger Benachrichtigung des Bundeskriminalamtes an die sonst zuständigen Polizeibehörden (vgl. § 4 Abs. 3 Satz 2 BKAG).

(3) Die Benachrichtigung der in § 4 Abs. 3 Satz 1 BKAG bezeichneten Stellen obliegt in den Fällen des § 4 Abs. 1 Satz 1 und Abs. 2 Nr. 1 BKAG dem Bundeskriminalamt, in den Fällen des § 4 Abs. 2 Nr. 2 und 3 BKAG der Stelle, von der die Anordnung oder der Auftrag ausgeht, es sei denn, diese Stellen übertragen im Einzelfalle die Benachrichtigung dem Bundeskriminalamt.

31. Verfahren in den Fällen des § 4 Abs. 1 Satz 1 Nr. 1 BKAG. (1) Die Frage, ob eine Zusammenhangstat im Sinne des § 4 Abs. 1 Satz 1 Nr. 1 BKAG vorliegt, ist nach § 3 StPO zu beurteilen. Vor seiner Entscheidung soll sich der Staatsanwalt mit den beteiligten Polizeibehörden und dem Bundeskriminalamt ins Benehmen setzen.

(2) Bei seiner Entscheidung, ob die Ermittlungen einer anderen sonst zuständigen Polizeibehörde übertragen werden (vgl. § 4 Abs. 1 Satz 2 BKAG), berücksichtigt der Staatsanwalt insbesondere, ob eine rasche und wirksame Aufklärung besser durch zentra-

le Ermittlungen des Bundeskriminalamtes oder durch Ermittlungen der Landespolizeibehörden erreicht werden kann. Vor seiner Entscheidung erörtert der Staatsanwalt die Sachlage mit dem Bundeskriminalamt und den Polizeidienststellen, die für die weitere Durchführung der Ermittlungen in Betracht kommen.

32. Verfahren in den Fällen des § 4 Abs. 1 Satz 1 Nr. 2 und 3b BKAG. In den Fällen des § 4 Abs. 1 Satz 1 Nr. 2 und 3b BKAG führt der Staatsanwalt zugleich mit der Unterrichtung des Bundeskriminalamtes (vgl. Nr. 30 Abs. 1) unmittelbar die nach § 4 Abs. 1 Satz 3 BKAG erforderliche Zustimmung des Bundesministeriums des Innern herbei, es sei denn, dem Bundeskriminalamt ist wegen der Eilbedürftigkeit bereits die Zustimmung erteilt worden.

4. Leichenschau und Leichenöffnung

33. Voraussetzungen. (1) Sind Anhaltspunkte dafür vorhanden, dass jemand eines nicht natürlichen Todes gestorben ist oder wird die Leiche eines Unbekannten gefunden, so prüft der Staatsanwalt, ob eine Leichenschau oder eine Leichenöffnung erforderlich ist. Eine Leichenschau wird regelmäßig schon dann nötig sein, wenn eine Straftat als Todesursache nicht von vornherein ausgeschlossen werden kann. Die Leichenschau soll möglichst am Tatort oder am Fundort der Leiche durchgeführt werden.

(2) Lässt sich auch bei der Leichenschau eine Straftat als Todesursache nicht ausschließen oder ist damit zu rechnen, dass die Feststellungen später angezweifelt werden, so veranlasst der Staatsanwalt grundsätzlich die Leichenöffnung. Dies gilt namentlich bei Sterbefällen von Personen, die sich in Haft oder sonst in amtlicher Verwahrung befunden haben.

(3) Die Leichenschau nimmt in der Regel der Staatsanwalt vor. Die Vornahme der Leichenschau durch den Richter und die Anwesenheit des Richters bei der Leichenöffnung sollen nur beantragt werden, wenn dies aus besonderen Gründen, etwa um die Verlesung der Niederschrift nach § 249 StPO zu ermöglichen, erforderlich ist.

(4) Der Staatsanwalt nimmt an der Leichenöffnung teil, wenn er dies nach seinem pflichtgemäßen Ermessen im Rahmen einer umfassenden Sachaufklärung für geboten erachtet. Eine Teilnahme des Staatsanwalts wird in der Regel in Betracht kommen in Kapitalsachen, nach tödlichen Unfällen zur Rekonstruktion des Unfallgeschehens, bei Todesfällen durch Schusswaffengebrauch im Dienst, bei Todesfällen im Vollzug freiheitsentziehender Maßnahmen oder in Verfahren, die ärztliche Behandlungsfehler zum Gegenstand haben.

34. Exhumierung. Bei der Ausgrabung einer Leiche sollte einer der Obduzenten anwesend sein. Liegt der Verdacht einer Vergiftung vor, so ist das Mittelstück der Bodenfläche des Sarges herauszunehmen und aufzubewahren; von dem Erdboden, auf dem der Sarg stand, und von dem gewachsenen Boden der Seitenwände des Grabes sind zur chemischen Untersuchung und zum Vergleich Proben zu entnehmen. In solchen Fällen empfiehlt es sich, zur Ausgrabung und zur Sektion der Leiche den chemischen Sachverständigen eines Untersuchungsinstituts beizuziehen, damit er die Aufnahme von Erde, Sargschmuck, Sargteilen, Kleiderstücken und Leichenteilen selbst vornehmen kann.

35. Entnahme von Leichenteilen. (1) Der Staatsanwalt hat darauf hinzuwirken, dass bei der Leichenöffnung Blut- und Harnproben, Mageninhalt oder Leichenteile entnommen werden, falls es möglich ist, dass der Sachverhalt durch deren eingehende Untersuchung weiter aufgeklärt werden kann. Manchmal, z. B. bei mutmaßlichem Vergiftungstod, wird es sich empfehlen, einen besonderen Sachverständigen zuzuziehen, der diese Bestandteile bezeichnet.

(2) Werden Leichenteile zur weiteren Begutachtung versandt, so ist eine Abschrift der Niederschrift über die Leichenöffnung beizufügen. Die Ermittlungsakten sind grundsätzlich nicht zu übersenden (vgl. Nr. 12).

(3) Sind anlässlich der Leichenöffnung Körperglieder, Organe oder sonstige wesentliche Körperteile abgetrennt oder entnommen und aufbewahrt worden, trägt der Staats-

anwalt regelmäßig dafür Sorge, dass ein Totensorgeberechtigter hierüber in geeigneter Weise spätestens bei der Freigabe der Leiche zur Bestattung (§ 159 Abs. 2 StPO) unterrichtet und auf die weitere Verfahrensweise, insbesondere die Möglichkeit einer Nachbestattung, hingewiesen wird.

36. Beschleunigung. (1) Leichenschau und Leichenöffnung sind mit größter Beschleunigung herbeizuführen, weil die ärztlichen Feststellungen über die Todesursache auch durch geringe Verzögerungen an Zuverlässigkeit verlieren können.

(2) Dies gilt besonders bei Leichen von Personen, die möglicherweise durch elektrischen Strom getötet worden sind; die durch Elektrizität verursachten Veränderungen werden durch Fäulniserscheinungen rasch verwischt. In der Regel wird es sich empfehlen, bereits bei der Leichenöffnung einen auf dem Gebiet der Elektrotechnik erfahrenen Sachverständigen zu beteiligen. In den Fällen, in denen eine Tötung durch elektrischen Strom wahrscheinlich ist, können Verletzungen oder andere Veränderungen oft gar nicht oder nur von einem besonders geschulten Sachverständigen festgestellt werden; daher kann es ferner geboten sein, in schwierig zu deutenden Fällen außer dem elektrotechnischen Sachverständigen nach Anhörung des Gerichtsarztes auch einen erfahrenen Pathologen zu der Leichenöffnung zuzuziehen.

37. Leichenöffnung in Krankenhäusern. Besteht der Verdacht, dass der Tod einer Person, die in einem Krankenhaus gestorben ist, durch eine Straftat verursacht wurde, so haben der Staatsanwalt und seine Ermittlungspersonen darauf hinzuwirken, dass die Leiche nicht von den Krankenhausärzten geöffnet wird. Da die Krankenhausärzte indes an der Leichenöffnung vielfach ein erhebliches wissenschaftliches Interesse haben, empfiehlt es sich, ihnen die Anwesenheit zu gestatten, sofern nicht gewichtige Bedenken entgegenstehen. Hat das Krankenhaus einen pathologisch besonders ausgebildeten Arzt zur Verfügung, so kann es zweckmäßig sein, auch ihn zu der Leichenöffnung zuzuziehen.

38. Feuerbestattung. Aus dem Bestattungsschein muss sich ergeben, ob auch die Feuerbestattung genehmigt wird. Bestehen gegen diese Bestattungsart Bedenken, weil dadurch die Leiche als Beweismittel verloren geht, so wird die Genehmigung hierfür zu versagen sein. Solange der Verdacht eines nicht natürlichen Todes besteht, empfiehlt es sich, die Feuerbestattung nur im Einvernehmen mit dem Arzt (§ 87 Abs. 2 Satz 3 StPO) zu genehmigen.

5. Fahndung

39. Allgemeines. (1) Ist der Täter nicht bekannt, hält er sich im Ausland auf oder ist sein Aufenthalt oder der eines wichtigen Zeugen nicht ermittelt, so veranlasst der Staatsanwalt die erforderlichen Fahndungsmaßnahmen nach Maßgabe der §§ 131 bis 131c StPO.

(2) Soweit erforderlich, veranlasst der Staatsanwalt nach Wegfall des Fahndungsgrundes unverzüglich die Rücknahme aller Fahndungsmaßnahmen.

40. Fahndungshilfsmittel. (1) Fahndungshilfsmittel des Staatsanwalts, die auch dann eingesetzt werden können, wenn die Voraussetzungen einer Öffentlichkeitsfahndung nicht gegeben sind, sind neben Auskünften von Behörden oder anderen Stellen insbesondere:
a) das Bundeszentralregister, das Verkehrszentralregister, das Gewerbezentralregister, das Ausländerzentralregister,
b) das EDV-Fahndungssystem der Polizei (INPOL),
c) Dateien nach den §§ 483 ff. StPO, die Fahndungsinformationen enthalten,
d) das Bundeskriminalblatt und die Landeskriminalblätter,
e) das Schengener Informationssystem (SIS).

(2) Sollen für eine Öffentlichkeitsfahndung Publikationsorgane in Anspruch genommen oder öffentlich zugängliche elektronische Medien wie das Internet genutzt werden, ist Anlage B zu beachten.

41. Fahndung nach dem Beschuldigten. (1) In den Fällen des § 131 StPO veranlasst der Staatsanwalt die Ausschreibung des Beschuldigten zur Festnahme und die Niederlegung eines entsprechenden Suchvermerks im Bundeszentralregister. Die Ausschreibung ist grundsätzlich auch dann bei der Polizeidienststelle zu veranlassen, die für die Dateneingabe in das Informationssystem der Polizei (INPOL) und gegebenenfalls auch in das Schengener Informationssystem (SIS) zuständig ist (vgl. auch Nummer 43), wenn der Haftbefehl (Unterbringungsbefehl) zur Auslösung einer gezielten Fahndung der für den mutmaßlichen Wohnsitz des Gesuchten zuständigen Polizeidienststelle übersandt wird. Der für die Dateneingabe zuständigen Polizeidienststelle ist eine beglaubigte Abschrift der Haftunterlagen zu übersenden. Wenn die überörtliche Ausschreibung aus Verhältnismäßigkeitserwägungen nicht in Frage kommt, ist dies gegenüber der zur örtlichen Fahndung aufgeforderten Polizeidienststelle zum Ausdruck zu bringen.

(2) Bei auslieferungsfähigen Straftaten soll gleichzeitig mit Einleitung der nationalen Fahndung zur Festnahme einer Person auch international in allen Mitgliedstaaten der Europäischen Union, Island, Liechtenstein, Norwegen und der Schweiz gefahndet werden, es sei denn, es liegen Anhaltspunkte vor, dass sich die gesuchte Person im Inland aufhält. Erfolgt keine internationale Fahndung zur Festnahme, ist die gesuchte Person im SIS zur Aufenthaltsermittlung auszuschreiben (Artikel 98 SDÜ – vgl. Anlage F). Der Grundsatz der Verhältnismäßigkeit ist zu berücksichtigen.

(3) Erfolgt eine Ausschreibung zur Festnahme nach Absatz 1, ohne dass ein Haft- oder Unterbringungsbefehl vorliegt, ist § 131 Abs. 2 Satz 2 StPO zu beachten. Nach Erlass des Haft- oder Unterbringungsbefehls ist die Ausschreibung entsprechend zu aktualisieren.

(4) Ist der Beschuldigte ausländischer Staatsangehöriger und liegen Anhaltspunkte dafür vor, dass er sich im Ausland befindet, so setzt sich der Staatsanwalt, bevor er um Ausschreibung zur Festnahme ersucht, in der Regel mit der Ausländerbehörde in Verbindung. Besteht ein Aufenthaltsverbot oder sind bei einer späteren Abschiebung Schwierigkeiten zu erwarten, so prüft der Staatsanwalt bei Straftaten von geringerer Bedeutung, ob die Ausschreibung unterbleiben kann.

(5) Liegen die Voraussetzungen des § 131 StPO nicht vor, so veranlasst der Staatsanwalt die Ausschreibung zur Aufenthaltsermittlung (§ 131a StPO) und die Niederlegung eines entsprechenden Suchvermerkes im Bundeszentralregister. Er veranlasst gegebenenfalls daneben die Ausschreibung zur Aufenthaltsermittlung im SIS nach Artikel 98 SDÜ.

(6) Ist der Beschuldigte im Zusammenhang mit einer Haftverschonung nach § 116 Abs. 1 Satz 2 StPO angewiesen worden, den Geltungsbereich der Strafprozessordnung nicht zu verlassen, so veranlasst der Staatsanwalt die Ausschreibung zur Festnahme im geschützten Grenzfahndungsbestand.

(7) Eine Fahndung zur polizeilichen Beobachtung wird unter den Voraussetzungen des § 163e StPO auch in Verbindung mit § 463a StPO durchgeführt. Liegen zusätzlich die Voraussetzungen des Artikels 99 Abs. 2 SDÜ vor, so kann auch eine Ausschreibung im SIS zur verdeckten Registrierung erfolgen (vgl. Anlage F).

42. Fahndung nach einem Zeugen. Ist der Aufenthalt eines wichtigen Zeugen nicht bekannt, so kann der Staatsanwalt nach Maßgabe des § 131a Abs. 1, Abs. 3 bis 5, § 131b Abs. 2 und 3, § 131c StPO eine Fahndung veranlassen. Ersuchen zur Aufnahme von Zeugen in die INPOL-Fahndung und gegebenenfalls in das SIS nach Artikel 98 SDÜ (vgl. Anlage F) sind an die für die Dateneingabe zuständige Polizeidienststelle zu richten.

43. Internationale Fahndung. (1) In den in Nr. 41 Abs. 2 Satz 1 genannten Staaten wird durch das SIS gefahndet. In anderen Staaten erfolgt die Fahndung durch INTERPOL.

(2) Liegen Anhaltspunkte vor, dass sich die gesuchte Person in einem bestimmten Staat aufhält, so kann eine internationale Fahndung durch ein gezieltes Mitfahndungsersuchen veranlasst werden.

(3) Alle in Abs. 1 und 2 genannten Ausschreibungen zur internationalen Fahndung können zur Festnahme oder Aufenthaltsermittlung erfolgen. Die internationale Fahndung zur Festnahme ist nur einzuleiten, wenn beabsichtigt ist, ein Auslieferungsersuchen anzuregen oder zu stellen.

(4) Zeugen können zur Aufenthaltsermittlung ausgeschrieben werden.

(5) Für die internationale Fahndung nach Personen, einschließlich der Fahndung nach Personen im SIS und aufgrund eines Europäischen Haftbefehls, gelten die hierfür erlassenen Richtlinien (vgl. Anlage F).

6. Vernehmung des Beschuldigten

44. Ladung und Aussagegenehmigung. (1) Die Ladung eines Beschuldigten soll erkennen lassen, dass er als Beschuldigter vernommen werden soll. Der Gegenstand der Beschuldigung wird dabei kurz anzugeben sein, wenn und soweit es mit dem Zweck der Untersuchung vereinbar ist. Der Beschuldigte ist durch Brief, nicht durch Postkarte, zu laden.

(2) In der Ladung zu einer richterlichen oder staatsanwaltschaftlichen Vernehmung sollen Zwangsmaßnahmen für den Fall des Ausbleibens nur angedroht werden, wenn sie gegen den unentschuldigt ausgebliebenen Beschuldigten voraussichtlich auch durchgeführt werden.

(3) Soll ein Richter, Beamter oder eine andere Person des öffentlichen Dienstes als Beschuldigter vernommen werden und erstreckt sich die Vernehmung auf Umstände, die der Amtsverschwiegenheit unterliegen können, so ist der Beschuldigte in der Ladung darauf hinzuweisen, dass er, sofern er sich zu der Beschuldigung äußern will, einer Aussagegenehmigung des Dienstherrn bedarf. Erklärt der Beschuldigte seine Aussagebereitschaft, soll ihm Gelegenheit gegeben werden, diese Aussagegenehmigung einzuholen. Im Übrigen gilt Nummer 66 Abs. 2 und 3 entsprechend.

45. Form der Vernehmung und Niederschrift. (1) Die Belehrung des Beschuldigten vor seiner ersten Vernehmung nach §§ 136 Abs. 1, 163a Abs. 3 Satz 2 StPO ist aktenkundig zu machen.

(2) Für bedeutsame Teile der Vernehmung empfiehlt es sich, die Fragen, Vorhalte und Antworten möglichst wörtlich in die Niederschrift aufzunehmen. Legt der Beschuldigte ein Geständnis ab, so sind die Einzelheiten der Tat möglichst mit seinen eigenen Worten wiederzugeben. Es ist darauf zu achten, dass besonders solche Umstände aktenkundig gemacht werden, die nur der Täter wissen kann. Die Namen der Personen, die das Geständnis mit angehört haben, sind zu vermerken.

7. Untersuchungshaft, einstweilige Unterbringung und sonstige Maßnahmen zur Sicherstellung der Strafverfolgung und der Strafvollstreckung

46. Begründung der Anträge in Haftsachen. (1) Der Staatsanwalt hat alle Anträge und Erklärungen, welche die Anordnung, Fortdauer und Aufhebung der Untersuchungshaft betreffen, zu begründen und dabei die Tatsachen anzuführen, aus denen sich
a) der dringende Tatverdacht,
b) der Haftgrund
ergeben.

(2) Wenn die Anwendung des § 112 Abs. 1 Satz 2 StPO nahe liegt, hat der Staatsanwalt darzulegen, weshalb er auch bei Berücksichtigung des Grundsatzes der Verhältnismäßigkeit die Anordnung der Untersuchungshaft für geboten hält.

(3) Soweit durch Bekannt werden der angeführten Tatsachen die Staatssicherheit gefährdet wird, ist auf diese Gefahr besonders hinzuweisen (§ 114 Abs. 2 Nr. 4 StPO).

(4) Besteht in den Fällen des § 112 Abs. 3 und des § 112a Abs. 1 StPO auch ein Haftgrund nach § 112 Abs. 2 StPO, so sind die Feststellungen hierüber aktenkundig zu machen.

47. Beschränkungen in der Untersuchungshaft, Unterrichtung der Vollzugsanstalt. (1) Der Staatsanwalt hat im Zusammenhang mit dem Vollzug von Untersuchungshaft frühzeitig, möglichst mit Stellung des Antrages auf Erlass des Haftbefehls darauf hinzuwirken, dass die zur Abwehr einer Flucht-, Verdunkelungs- oder Wiederholungsgefahr nach § 119 Abs. 1 StPO erforderlichen Beschränkungen angeordnet und mit dem Aufnahmeersuchen verbunden werden. Im Eilfall trifft er vorläufige Anordnungen gemäß § 119 Abs. 1 Satz 4 StPO selbst und führt nach § 119 Abs. 1 Satz 5 StPO die nachträgliche richterliche Entscheidung herbei.

(2) Wird dem Staatsanwalt darüber hinaus ein Sachverhalt bekannt, der eine Gefährdung der Sicherheit und Ordnung der Vollzugsanstalt (einschließlich einer Selbstgefährdung des Untersuchungsgefangenen) begründet, unterrichtet er unverzüglich in geeigneter Weise die Vollzugsanstalt, damit diese in eigener Zuständigkeit Beschränkungsanordnungen nach den Reglungen des Untersuchungshaftvollzugsgesetzes des Landes prüfen kann (vgl. § 114d Abs. 1 Satz 2 Nr. 7, Abs. 2 Satz 1 StPO).

48. Abschrift des Haftbefehls für den Beschuldigten. (1) Um sicherzustellen, dass dem Beschuldigten bei der Verhaftung eine Abschrift des Haftbefehls und gegebenenfalls eine Übersetzung in einer für ihn verständlichen Sprache ausgehändigt wird (vgl. § 114a Satz 1 StPO), empfiehlt es sich, entsprechende Abschriften bei den Akten bereitzuhalten.

(2) Wird eine bestimmte Polizeibehörde auf Grund eines Haftbefehls um die Festnahme des Beschuldigten ersucht, so ist dem Ersuchen eine Abschrift des Haftbefehls und gegebenenfalls eine Übersetzung für den Beschuldigten beizufügen, wenn dies möglich ist.

49. Unterrichtung der Vollzugsanstalt. (gestrichen)

50. Untersuchungshaft bei Soldaten der Bundeswehr. Kann den Erfordernissen der Untersuchungshaft während des Vollzuges von Freiheitsstrafe, Strafarrest, Jugendarrest oder Disziplinararrest durch Behörden der Bundeswehr nicht Rechnung getragen werden, so prüft der Staatsanwalt, ob der Soldat im dortigen Vollzug verbleiben kann oder ob die Vollstreckung zu unterbrechen oder die Übernahme des Soldaten in den allgemeinen Vollzug erforderlich ist.

51. Symbolische Vorführung. Kann eine vorläufig festgenommene Person wegen Krankheit nicht in der vorgeschriebenen Frist (§ 128 StPO) dem Richter vorgeführt werden, so sind diesem die Akten innerhalb der Frist vorzulegen, damit er den Festgenommenen nach Möglichkeit an dem Verwahrungsort vernehmen und unverzüglich entscheiden kann, ob ein Haftbefehl zu erlassen ist.

52. Kennzeichnung der Haftsachen. In Haftsachen erhalten alle Verfügungen und ihre Ausfertigungen den deutlich sichtbaren Vermerk „Haft". Befindet sich der Beschuldigte in anderer Sache in Haft, so ist auch dies ersichtlich zu machen.

53. Ausländische Staatsangehörige und staatenlose Personen. Wird ein ausländischer Staatsangehöriger in Untersuchungshaft genommen (vgl. § 114b Abs. 2 Satz 4 StPO), so sind für seinen Verkehr mit der diplomatischen oder konsularischen Vertretung seines Landes die Nr. 135 und 136 RiVASt und die hierzu ergangenen Verwaltungsvorschriften der Länder zu beachten. Dies gilt für staatenlose Personen mit der Maßgabe entsprechend, dass diese berechtigt sind, mit dem nächsten zuständigen Vertreter des Staates, in dem sie ihren gewöhnlichen Aufenthalt haben, in Verbindung zu treten.

54. Überwachung, Haftprüfung. (1) Der Staatsanwalt achtet in jeder Lage des Verfahrens darauf,
a) ob die Voraussetzungen der Untersuchungshaft noch vorliegen und ob die weitere Untersuchungshaft zu der Bedeutung der Sache und zu der zu erwartenden Strafe oder Maßregel der Besserung und Sicherung nicht außer Verhältnis steht (§ 120 StPO);
b) ob der Zweck der Untersuchungshaft nicht auch durch weniger einschneidende Maßnahmen erreicht werden kann (§ 116 Abs. 1 bis 3 StPO).
Gegebenenfalls stellt er die entsprechenden Anträge.

(2) Der Staatsanwalt achtet darauf, dass das Gericht einem Beschuldigten, gegen den Untersuchungshaft oder einstweilige Unterbringung vollstreckt wird, einen Verteidiger bestellt (vgl. § 140 Abs. 1 Nr. 4 StPO). Es empfiehlt sich, zugleich mit der Belehrung nach § 114b Abs. 2 Satz 1 Nr. 4 StPO zu klären, ob der Beschuldigte bereits einen Verteidiger gewählt hat oder die Bestellung eines Verteidigers seiner Wahl wünscht.

(3) Haftprüfungen und Haftbeschwerden sollen den Fortgang der Ermittlungen nicht aufhalten.

55. Anordnung der Freilassung des Verhafteten. (1) Wird der Haftbefehl aufgehoben, so ordnet das Gericht zugleich die Freilassung des Untersuchungsgefangenen an.

(2) Wird der Haftbefehl in der Hauptverhandlung aufgehoben, so wird der Angeklagte sofort freigelassen, wenn keine Überhaft vorgemerkt ist. Jedoch kann der Hinweis an ihn angebracht sein, dass es sich empfiehlt, in die Anstalt zurückzukehren, um die Entlassungsförmlichkeiten zu erledigen.

(3) Der Staatsanwalt achtet darauf, dass der Verhaftete nach Aufhebung des Haftbefehls entlassen wird. Beantragt er vor Erhebung der öffentlichen Klage die Aufhebung des Haftbefehls, so ordnet er gleichzeitig die Freilassung des Beschuldigten an (§ 120 Abs. 3 Satz 2 StPO).

56. Haft über sechs Monate. (1) Ist es geboten, die Untersuchungshaft über sechs Monate hinaus aufrechtzuerhalten, und liegen die besonderen Voraussetzungen des § 121 Abs. 1 StPO vor, so leitet der Staatsanwalt die Akten dem zuständigen Gericht (§§ 122, 125, 126 StPO) so rechtzeitig zu, dass dieses sie durch Vermittlung der Staatsanwaltschaft innerhalb der Frist dem Oberlandesgericht oder in den Fällen des § 120 GVG dem Bundesgerichtshof vorlegen kann. Liegen die Akten dem zuständigen Gericht bereits vor, so wirkt der Staatsanwalt auf die rechtzeitige Vorlage der Akten hin. Er legt die Gründe dar, die nach seiner Auffassung die Fortdauer der Haft über sechs Monate hinaus rechtfertigen. Zugleich beantragt er, falls erforderlich, eine dem letzten Ermittlungsstand entsprechende Ergänzung oder sonstige Änderung des Haftbefehls.

(2) Die Akten sind besonders zu kennzeichnen. Sie sind stets mit Vorrang zu behandeln und beschleunigt zu befördern.

(3) Hat das Oberlandesgericht oder in den Fällen des § 120 GVG der Bundesgerichtshof die Fortdauer der Untersuchungshaft angeordnet, so sorgt der Staatsanwalt dafür, dass auch die weiteren nach §§ 122 Abs. 3 und 4, 122a StPO erforderlichen gerichtlichen Entscheidungen rechtzeitig herbeigeführt werden.

(4) Soll eine Entscheidung des Oberlandesgerichts oder des Bundesgerichtshofs nicht herbeigeführt werden, so hat der Staatsanwalt dafür Sorge zu tragen, dass der Haftbefehl nach Ablauf der Frist von sechs Monaten aufgehoben oder außer Vollzug gesetzt wird (§§ 121 Abs. 2, 120 Abs. 3 StPO).

57. Aussetzung des Vollzuges. (1) Hat der Richter den Vollzug des Haftbefehls nach § 116 StPO ausgesetzt, so überwacht der Staatsanwalt, ob die erteilten Anweisungen befolgt werden.

(2) Liegen die Voraussetzungen des § 116 Abs. 4 StPO vor, so beantragt der Staatsanwalt, den Vollzug des Haftbefehls anzuordnen. In den Fällen des § 123 Abs. 1 StPO beantragt er, die nach § 116 StPO angeordneten Maßnahmen aufzuheben.

(3) Bei der Erteilung von Anweisungen nach § 116 StPO an Soldaten der Bundeswehr sollte der Eigenart des Wehrdienstes Rechnung getragen werden. Der Staatsanwalt wirkt darauf hin, dass Anweisungen, denen der zur Truppe zurückgekehrte Soldat nur schwer nachkommen kann, oder die dem nicht rückkehrwilligen Soldaten Anlass zu dem Versuch geben könnten, sein Fernbleiben von der Truppe zu rechtfertigen, vermieden werden. Es kann sich daher empfehlen, eine Anweisung an den Soldaten anzuregen, sich bei seiner Einheit (Disziplinarvorgesetzten) zu melden (§ 116 Abs. 1 Satz 2 Nr. 1 StPO).

58. Unterbringung von Untersuchungsgefangenen in einem Krankenhaus. (1) Muss ein Untersuchungsgefangener in einem Krankenhaus außerhalb der Vollzugsanstalt ärztlich behandelt werden, so rechtfertigt dies allein die Aufhebung des Haftbefehls nicht. Entscheidend ist vielmehr, ob die Voraussetzungen für die Untersuchungshaft wegen der Krankheit weggefallen sind.

(2) Hebt der Richter wegen der Art, der Schwere oder der voraussichtlichen Dauer der Krankheit den Haftbefehl auf, so ist es nicht Aufgabe der Justizbehörden, den Be-

schuldigten in einem Krankenhaus unterzubringen, vielmehr ist es den Verwaltungsbehörden zu überlassen, notwendige Maßnahmen zu treffen.

(3) Wird der Haftbefehl aufgehoben, nachdem der Beschuldigte in einem Krankenhaus untergebracht worden ist, so teilt der Staatsanwalt die Aufhebung des Haftbefehls und die Haftentlassung dem Beschuldigten selbst und dem Krankenhaus unverzüglich mit. Dem Krankenhaus ist gleichzeitig zu eröffnen, dass der Justizfiskus für die weiteren Kosten der Unterbringung und Behandlung nicht mehr aufkommt. Die Polizei darf nicht im Voraus ersucht werden, den Beschuldigten nach seiner Heilung erneut vorläufig festzunehmen oder zu diesem Zweck den Heilungsverlauf zu überwachen; auch darf nicht gebeten werden, die Entlassung mitzuteilen, da solche Maßnahmen dahin ausgelegt werden könnten, dass die Untersuchungshaft trotz der Entlassung tatsächlich aufrechterhalten werden soll und der Justizfiskus für die Kosten der Unterbringung und Behandlung in Anspruch genommen werden kann.

(4) Wird der Haftbefehl trotz der Krankheit aufrechterhalten, so rechtfertigt es allein der Umstand, dass der Verhaftete vorübergehend in einem Krankenhaus unterzubringen ist, nicht, den Haftbefehl außer Vollzug zu setzen. Der Beschuldigte ist vielmehr auf Kosten des Justizfiskus unterzubringen.

59. Einstweilige Unterbringung. Auf die einstweilige Unterbringung sind die Nr. 46 bis 55 sinngemäß anzuwenden.

60. Besondere Maßnahmen zur Sicherung der Strafverfolgung und Strafvollstreckung. Im Rahmen der besonderen Maßnahmen (§§ 127a, 132 StPO) zur Sicherung der Strafverfolgung und der Strafvollstreckung gegen Beschuldigte, die im Geltungsbereich der StPO keinen Wohnsitz haben, sind bei der Bemessung der Sicherheitsleistung die bei einschlägigen Straftaten erfahrungsgemäß festgesetzten Beträge für Geldstrafen und Kosten zugrunde zu legen. Kann der Beschuldigte einen Zustellungsbevollmächtigten eigener Wahl zunächst nicht benennen, so ist er darauf hinzuweisen, dass er einen Rechtsanwalt oder einen hierzu bereiten Beamten der Geschäftsstelle des zuständigen Amtsgerichts bevollmächtigen kann.

8. Beobachtung in einem psychiatrischen Krankenhaus

61. Allgemeines. (1) Der für die Anordnung der Unterbringung des Beschuldigten in einem psychiatrischen Krankenhaus geltende Grundsatz der Verhältnismäßigkeit (§ 81 Abs. 2 Satz 2 StPO) ist auch bei der Vollstreckung der Anordnung zu beachten.

(2) Der auf freiem Fuß befindliche Beschuldigte darf in der Regel erst dann zwangsweise in das psychiatrische Krankenhaus verbracht werden, wenn er unter Androhung der zwangsweisen Zuführung für den Fall der Nichtbefolgung aufgefordert worden ist, sich innerhalb einer bestimmten Frist in dem psychiatrischen Krankenhaus zu stellen, und er dieser Aufforderung nicht nachgekommen ist. Einer solchen Aufforderung bedarf es nicht, wenn zu erwarten ist, dass der Beschuldigte sie nicht befolgt.

62. Dauer und Vorbereitung der Beobachtung. (1) Der Sachverständige ist darauf hinzuweisen, dass die Unterbringung nicht länger dauern darf, als zur Beobachtung des Beschuldigten unbedingt notwendig ist, dass dieser entlassen werden muss, sobald der Zweck der Beobachtung erreicht ist, und dass das gesetzliche Höchstmaß von sechs Wochen keinesfalls überschritten werden darf.

(2) Der Sachverständige ist zu veranlassen, die Vorgeschichte möglichst vor der Aufnahme des Beschuldigten in die Anstalt zu erheben. Dazu sind ihm ausreichende Zeit vorher die Akten und Beiakten, besonders Akten früherer Straf- und Ermittlungsverfahren, Akten über den Aufenthalt in Justizvollzugsanstalten, in einer Entziehungsanstalt oder in einem psychiatrischen Krankenhaus (mit Krankenblättern), Betreuungs-, Entmündigungs-, Pflegschafts-, Ehescheidungs- und Rentenakten zugänglich zu machen, soweit sie für die Begutachtung von Bedeutung sein können.

(3) Angaben des Verteidigers, des Beschuldigten oder seiner Angehörigen, die für die Begutachtung von Bedeutung sind, z. B. über Erkrankungen, Verletzungen, auffälliges Verhalten, sind möglichst schnell nachzuprüfen, damit sie der Gutachter verwerten kann.

(4) Sobald der Beschluss nach § 81 StPO rechtskräftig ist, soll sich der Staatsanwalt mit dem Leiter des psychiatrischen Krankenhauses fernmündlich darüber verständigen, wann der Beschuldigte aufgenommen werden kann.

63. Strafverfahren gegen Hirnverletzte. (1) In Strafverfahren gegen Hirnverletzte empfiehlt es sich in der Regel, einen Facharzt für Nerven- und Gemütsleiden (Neurologie und Psychiatrie) oder einen auf einem dieser Fachgebiete vorgebildeten und besonders erfahrenen Arzt als Gutachter heranzuziehen.

(2) Die Kranken- und Versorgungsakten sind in der Regel für die fachärztliche Begutachtung von Bedeutung; sie sind daher rechtzeitig beizuziehen. Soweit möglich, sollte der Staatsanwalt auf die Einwilligung des Beschuldigten hinwirken. Im Übrigen sind die Vorschriften der §§ 67 ff. SGB X, insbesondere § 73 SGB X, zu beachten.

9. Zeugen

64. Ladung. (1) Die Ladung eines Zeugen muss erkennen lassen, dass er als Zeuge vernommen werden soll. Der Name des Beschuldigten ist anzugeben, wenn der Zweck der Untersuchung es nicht verbietet, der Gegenstand der Beschuldigung nur dann, wenn dies zur Vorbereitung der Aussage durch den Zeugen erforderlich ist. Mit der Ladung ist der Zeuge auf die seinem Interesse dienenden verfahrensrechtlichen Bestimmungen und die vorhandene Möglichkeit der Zeugenbetreuung hinzuweisen.

(2) Ist anzunehmen, dass der Zeuge Schriftstücke oder andere Beweismittel besitzt, die für die Untersuchung von Bedeutung sein können, so soll er in der Ladung aufgefordert werden, sie bei der Vernehmung vorzulegen.

(3) Die Zeugen sollen durch einfachen Brief, nicht durch Postkarte, geladen werden. Nur bei Vorliegen besonderer Umstände ist die Ladung zuzustellen. Wegen der Ladung zur Hauptverhandlung wird auf Nr. 117 hingewiesen.

65. Belehrung des Zeugen. Die Belehrung des Zeugen über sein Zeugnisverweigerungsrecht nach § 52 StPO und sein Auskunftsverweigerungsrecht nach § 55 StPO (§ 163 Abs. 3 Satz 1, § 161a Abs. 1 Satz 2 StPO) ist aktenkundig zu machen. Entsprechendes gilt für eine Belehrung seines gesetzlichen Vertreters.

66. Vernehmung von Personen des öffentlichen Dienstes. (1) Soll ein Richter, ein Beamter oder eine andere Person des öffentlichen Dienstes als Zeuge vernommen werden und erstreckt sich die Vernehmung auf Umstände, die der Amtsverschwiegenheit unterliegen, so holt die Stelle, die den Zeugen vernehmen will, die Aussagegenehmigung von Amts wegen ein. Bestehen Zweifel, ob sich die Vernehmung auf Umstände, die der Amtsverschwiegenheit unterliegen, erstrecken kann, so ist dies vor der Vernehmung durch eine Anfrage bei dem Dienstvorgesetzten zu klären.

(2) Um die Genehmigung ist der Dienstvorgesetzte zu ersuchen, dem der Zeuge im Zeitpunkt der Vernehmung untersteht oder dem er im Falle des § 54 Abs. 4 StPO zuletzt unterstanden hat.

(3) Der Antrag auf Erteilung einer Aussagegenehmigung muss die Vorgänge, über die der Zeuge vernommen werden soll, kurz, aber erschöpfend angeben, damit der Dienstvorgesetzte beurteilen kann, ob Versagungsgründe vorliegen. Der Antrag ist so rechtzeitig zu stellen, dass der Dienstvorgesetzte ihn prüfen und seine Entscheidung noch vor dem Termin mitteilen kann. In eiligen Sachen wird deshalb die Aussagegenehmigung schon vor der Anberaumung des Termins einzuholen sein.

67. Schriftliche Aussage. (1) In geeigneten Fällen kann es ausreichen, dass ein Zeuge sich über bestimmte Fragen zunächst nur schriftlich äußert, vorausgesetzt, dass er glaubwürdig erscheint und eine vollständige Auskunft von ihm erwartet werden kann. In dieser Weise zu verfahren, empfiehlt sich besonders dann, wenn der Zeuge für seine Aussage Akten, Geschäftsbücher oder andere umfangreiche Schriftstücke braucht.

(2) Befindet sich der Zeuge im Ausland, so ist bei der schriftlichen Befragung Nr. 121 RiVASt zu beachten.

68. Behördliches Zeugnis. Die Vernehmung von Zeugen kann entbehrlich sein, wenn zum Beweis einer Tatsache die schriftliche Erklärung einer öffentlichen Behörde genügt. In geeigneten Fällen wird der Staatsanwalt daher ein behördliches Zeugnis einholen, das in der Hauptverhandlung verlesen werden kann (§ 256 StPO).

10. Sachverständige

69. Allgemeines. Ein Sachverständiger soll nur zugezogen werden, wenn sein Gutachten für die vollständige Aufklärung des Sachverhalts unentbehrlich ist. Nr. 68 gilt sinngemäß.

70. Auswahl des Sachverständigen und Belehrung. (1) Während des Ermittlungsverfahrens gibt der Staatsanwalt dem Verteidiger Gelegenheit, vor Auswahl eines Sachverständigen Stellung zu nehmen, es sei denn, dass Gegenstand der Untersuchung ein häufig wiederkehrender, tatsächlich gleichartiger Sachverhalt (z. B. Blutalkoholgutachten) ist oder eine Gefährdung des Untersuchungszwecks (vgl. § 147 Abs. 2 StPO) oder eine Verzögerung des Verfahrens zu besorgen ist.

(2) Ist dem Staatsanwalt kein geeigneter Sachverständiger bekannt, so ersucht er die Berufsorganisation oder die Behörde um Vorschläge, in deren Geschäftsbereich die zu begutachtende Frage fällt.

(3) Es empfiehlt sich, für die wichtigsten Gebiete Verzeichnisse bewährter Sachverständiger zu führen, damit das Verfahren nicht durch die Auswahl von Sachverständigen verzögert wird.

(4) Sollen Personen des öffentlichen Dienstes als Sachverständige vernommen werden, so gilt Nr. 66 sinngemäß.

(5) Für die Belehrung des Sachverständigen gilt Nr. 65 entsprechend.

71. Arbeitsunfälle. Bei Arbeitsunfällen empfiehlt es sich, der für den Betrieb zuständigen Berufsgenossenschaft oder ihren technischen Aufsichtsbeamten neben den für die Gewerbeaufsicht zuständigen Stellen Gelegenheit zu geben, sich gutachtlich zu äußern. Auch kann es geboten sein, sie schon zur Besichtigung der Unfallstelle zuzuziehen.

72. Beschleunigung. (1) Vor Beauftragung des Sachverständigen soll gegebenenfalls geklärt werden, ob dieser in der Lage ist, das Gutachten in angemessener Zeit zu erstatten.

(2) Dem Sachverständigen ist ein genau umgrenzter Auftrag zu erteilen; nach Möglichkeit sind bestimmte Fragen zu stellen. Oft ist es zweckmäßig, die entscheidenden Gesichtspunkte vorher mündlich zu erörtern.

(3) Bis zur Erstattung des Gutachtens wird der Staatsanwalt sonst noch fehlende Ermittlungen durchführen.

(4) Bestehen Zweifel an der Eignung des Sachverständigen, so ist alsbald zu prüfen, ob ein anderer Sachverständiger beauftragt werden muss.

11. Akten über Vorstrafen

73. Ist wegen der Vorstrafen des Beschuldigten zu prüfen, ob die Anordnung der Sicherungsverwahrung (§ 66 StGB) in Betracht kommt, oder kann es für die Strafbemessung wichtig sein, dass der Beschuldigte wegen gleichartiger Straftaten vorbestraft ist, so sind die vollständigen Akten beizuziehen.

11a. Durchsuchung und Beschlagnahme

73a. Durchsuchung und Beschlagnahme stellen erhebliche Eingriffe in die Rechte des Betroffenen dar und bedürfen daher im Hinblick auf den Verhältnismäßigkeitsgrundsatz einer sorgfältigen Abwägung. Bei der Prüfung, ob bei einem Zeugnisverweigerungsberechtigten die Voraussetzungen für eine solche Maßnahme vorliegen (§ 97 Abs. 2 Satz 3, Abs. 5 Satz 2 StPO), ist ein strenger Maßstab anzulegen.

12. Behandlung der amtlich verwahrten Gegenstände

74. Sorgfältige Verwahrung. Gegenstände, die in einem Strafverfahren beschlagnahmt oder sonst in amtliche Verwahrung genommen worden sind, müssen zur Vermeidung von Schadensersatzansprüchen vor Verlust, Entwertung oder Beschädigung geschützt werden. Die Verantwortung hierfür trifft zunächst den Beamten, der die Beschlagnahme vornimmt; sie geht auf die Stelle (Staatsanwaltschaft oder Gericht) über, der die weitere Verfügung über den verwahrten Gegenstand zusteht. Die Verwaltungsvorschriften der Länder über die Verwahrung sind zu beachten.

75. Herausgabe. (1) Sachen, deren Einziehung, Verfall oder Unbrauchbarmachung nicht in Betracht kommt, sind vorbehaltlich einer anderen Entscheidung nach § 111i StPO herauszugeben, sobald sie für das Strafverfahren entbehrlich sind.

(2) Die Sachen werden an den letzten Gewahrsamsinhaber herausgegeben, es sei denn, dass dieser der Herausgabe an einen anderen zugestimmt hat oder ein Fall des § 111k StPO vorliegt. Die Abs. 3 und 4 bleiben unberührt. Sind gefährliche Sachen an einen Gefangenen oder Untergebrachten herauszugeben, so sind diese an die Leitung der Justizvollzugsanstalt oder Unterbringungseinrichtung unter Hinweis auf die Gefährlichkeit zu übersenden.

(3) Stehen der Herausgabe an den letzten Gewahrsamsinhaber oder an eine von ihm benannte Person offensichtlich begründete Ansprüche eines Dritten entgegen, so werden die Sachen an diesen herausgegeben. Bestehen lediglich Anhaltspunkte für die Berechtigung eines Dritten, so kann der Staatsanwalt diesem unter Bestimmung einer Frist Gelegenheit zu ihrem Nachweis geben. Lässt der Dritte die Frist ungenutzt verstreichen, so wird der Gegenstand an den letzten Gewahrsamsinhaber oder an eine von ihm benannte Person herausgegeben.

(4) Ergibt sich im Laufe der Ermittlungen zweifelsfrei, dass eine Sache unrechtmäßig in die Hand des letzten Gewahrsamsinhabers gekommen ist, lässt sich der Verletzte aber nicht ermitteln, so ist nach § 983 BGB und den dazu erlassenen Vorschriften zu verfahren.

(5) In der Herausgabeanordnung sind die Sachen und der Empfangsberechtigte genau zu bezeichnen. Die Sachen dürfen nur gegen eine Bescheinigung des Empfangsberechtigten oder dessen ausgewiesenen Bevollmächtigten herausgegeben werden. Anordnung und Herausgabe sind aktenkundig zu machen.

76. Beweissicherung. (1) In Verfahren gegen unbekannte Täter sind Gegenstände, die für Zwecke des Strafverfahrens noch benötigt werden, in der Regel bis zum Eintritt der Verfolgungsverjährung aufzubewahren.

(2) Vor der Notveräußerung, vor der Herausgabe oder bei drohendem Verderb eines Überführungsstückes prüft der Staatsanwalt, ob eine fotografische oder andere kriminaltechnische Sicherung des Überführungsstückes erforderlich ist.

13. Beschlagnahme von Postsendungen

77. Umfang der Beschlagnahme. (1) In dem Antrag auf Beschlagnahme von Postsendungen und Telegrammen sowie in einer Beschlagnahmeanordnung des Staatsanwalts sind die Briefe, Telegramme und andere Sendungen nach ihren äußeren Merkmalen so genau zu bezeichnen, dass Zweifel über den Umfang der Beschlagnahme ausgeschlossen sind.

(2) Der Staatsanwalt prüft, ob die Beschlagnahme aller Postsendungen und Telegramme an bestimmte Empfänger notwendig ist oder ob sie auf einzelne Gattungen von Sendungen beschränkt werden kann. Durch die Beschränkung und den Umstand, dass andere Sendungen ausgeliefert werden, kann verhindert werden, dass die Beschlagnahme vorzeitig bekannt wird.

(3) Für die einzelnen Gattungen von Sendungen können folgende Bezeichnungen verwendet werden:
a) Briefsendungen (§ 4 Nr. 2 Postgesetz);

b) adressierte Pakete;
c) Postanweisungen, Zahlungsanweisungen und Zahlkarten;
d) Bücher, Kataloge, Zeitungen oder Zeitschriften;
e) Telegramme.

Soll die Beschlagnahme auf einen engeren Kreis von Sendungen beschränkt werden, so ist deren Art in der Beschlagnahmeanordnung so zu beschreiben, dass der Adressat die betreffenden Sendungen eindeutig identifizieren kann. Erforderlichenfalls ist die Formulierung durch Rücksprache mit den jeweils als Adressaten in Betracht kommenden Personen oder Unternehmen, die geschäftsmäßig Post- und Telekommunikationsdienste erbringen oder daran mitwirken (Post- oder Telekommunikationsunternehmen), zu klären.

(4) Auf den Aktenumschlag ist der Vermerk „Postbeschlagnahme" deutlich anzubringen.

78. Inhalt der Beschlagnahmeanordnung. (1) Die Beschlagnahme von Sendungen, die bei einer inländischen Betriebsstätte eines Post- oder Telekommunikationsunternehmens für einen bestimmten Empfänger eingehen, z. B. an den Beschuldigten oder an eine von ihm verwendete Deckanschrift, ist in der Regel anderen Möglichkeiten vorzuziehen. Der volle Name, bei häufig wiederkehrenden Namen, zumal in Großstädten, auch andere Unterscheidungsmerkmale, der Bestimmungsort, bei größeren Orten die Straße und die Hausnummer und die Betriebsstätte eines Post- oder Telekommunikationsunternehmens, sind anzugeben.

(2) Bei der Beschlagnahme von Sendungen nach anderen Merkmalen, z. B. eines bestimmten Absenders, ist die Annahme-/Einlieferungsstelle des jeweiligen Post- oder Telekommunikationsunternehmens zu bezeichnen, bei der die Einlieferung erwartet wird. Dasselbe gilt, wenn Sendungen an bestimmte Empfänger nicht bei der Auslieferungsstelle, z. B. weil diese im Ausland liegt, sondern bei anderen Betriebsstätten beschlagnahmt werden sollen. Beschlagnahmen solcher Art sollen nur beantragt werden, wenn sie unentbehrlich sind. In diesen Ausnahmefällen sind alle Merkmale, nach denen die Beschlagnahme ausgeführt werden soll, so genau zu beschreiben, dass kein Zweifel darüber bleibt, welche Sendungen das Unternehmen auszuliefern hat.

(3) In zweifelhaften und schwierigen Fällen wird sich der Staatsanwalt vorher mit dem betreffenden Post- oder Telekommunikationsunternehmen darüber verständigen, wie die Beschlagnahme am zweckmäßigsten durchgeführt wird.

79. Verfahren bei der Beschlagnahme. Der Staatsanwalt prüft, welche Post- oder Telekommunikationsunternehmen als Adressaten einer Beschlagnahmeanordnung in Betracht kommen. Hierzu ist zunächst festzustellen, welche Unternehmen eine Lizenz für die Beförderung von Sendungen der zu beschlagnahmenden Art in dem betreffenden geographischen Bereich besitzen. Die Beschlagnahmeanordnung ist allen Post- oder Telekommunikationsunternehmen zu übersenden, bei welchen die Beschlagnahme erfolgen soll. In Zweifelsfällen ist bei der Bundesnetzagentur für Elektrizität, Gas, Telekommunikation, Post und Eisenbahnen (Tulpenfeld 4, 53113 Bonn) festzustellen, welche Unternehmen als Adressaten einer Beschlagnahmeanordnung in Betracht kommen.[1] Bei der Adressierung der Beschlagnahmeanordnung ist die jeweilige Betriebsstruktur des Adressaten zu beachten (z. B. das Bestehen rechtlich selbstständiger Niederlassungen, Franchise-Unternehmen). In Zweifelsfällen empfiehlt sich eine vorherige Kontaktaufnahme mit dem jeweiligen Unternehmen.

80. Aufhebung der Beschlagnahme. (1) Die Beschlagnahme soll in der Regel von vornherein auf eine bestimmte Zeit (etwa einen Monat) beschränkt werden. Wegen der mit jeder Beschlagnahme verbundenen Verzögerung der Postzustellung achtet der Staatsanwalt darauf, dass die Beschlagnahme nicht länger als erforderlich aufrechterhalten wird.

---

[1] **Amtlicher Fußnotentext:** Eine Aufstellung der Lizenzunternehmen kann im Internet abgerufen werden unter http://www.bundesnetzagentur.de/cln_1421/DE/Sachgebiete/Post/Unternehmen_Institutionen/Lizenzierung/ErteilteLizenzen/erteiltelizenzen-node.html.

(2) Sobald ein Beschlagnahmebeschluss erledigt ist, beantragt der Staatsanwalt unverzüglich, ihn aufzuheben und verständigt sofort die betroffenen Post- oder Telekommunikationsunternehmen.

(3) Der Vermerk „Postbeschlagnahme" (Nr. 77 Abs. 4) ist zu beseitigen.

81. Postsendungen mit staatsgefährdenden Schriften. Bei Postsendungen mit staatsgefährdenden Schriften ist Nr. 208 zu beachten.

82. (gestrichen)

83. (gestrichen)

14. Auskunft über den Postverkehr und die Telekommunikation

84. Postsendungen. Statt einer Beschlagnahme kann der Richter, unter den Voraussetzungen des § 100 StPO auch der Staatsanwalt, von Postunternehmen Auskunft über Postsendungen verlangen, die von dem Beschuldigten herrühren oder für ihn bestimmt sind. Die Auskunft wird auch über solche Postsendungen erteilt, die sich bei Eingang des Ersuchens nicht mehr im Machtbereich des Postunternehmens befinden.

85. Telekommunikation. Der Richter, unter den Voraussetzungen des § 100h Abs. 1 Satz 3 in Verbindung mit § 100b Abs. 1 Satz 2 und 3 StPO auch die Staatsanwaltschaft, kann nach § 100g StPO von Telekommunikationsunternehmen Auskunft über abgeschlossene und zukünftige Telekommunikationsverbindungen verlangen. Soweit danach keine Auskunft verlangt werden kann (z. B. Auskunft über die Standortkennung eines Mobiltelefons, wenn kein Fall einer Telekommunikationsverbindung besteht) sind Maßnahmen nach den §§ 100a, 100b StPO zu prüfen.

15. Öffentliches Interesse bei Privatklagesachen

86. Allgemeines. (1) Sobald der Staatsanwalt von einer Straftat erfährt, die mit der Privatklage verfolgt werden kann, prüft er, ob ein öffentliches Interesse an der Verfolgung von Amts wegen besteht.

(2) Ein öffentliches Interesse wird in der Regel vorliegen, wenn der Rechtsfrieden über den Lebenskreis des Verletzten hinaus gestört und die Strafverfolgung ein gegenwärtiges Anliegen der Allgemeinheit ist, z. B. wegen des Ausmaßes der Rechtsverletzung, wegen der Rohheit oder Gefährlichkeit der Tat, der rassistischen, fremdenfeindlichen oder sonstigen menschenverachtenden Beweggründe des Täters oder der Stellung des Verletzten im öffentlichen Leben. Ist der Rechtsfrieden über den Lebenskreis des Verletzten hinaus nicht gestört worden, so kann ein öffentliches Interesse auch dann vorliegen, wenn dem Verletzten wegen seiner persönlichen Beziehung zum Täter nicht zugemutet werden kann, die Privatklage zu erheben, und die Strafverfolgung ein gegenwärtiges Anliegen der Allgemeinheit ist.

(3) Der Staatsanwalt kann Ermittlungen darüber anstellen, ob ein öffentliches Interesse besteht.

87. Verweisung auf die Privatklage. (1) Die Entscheidung über die Verweisung auf den Privatklageweg trifft der Staatsanwalt. Besteht nach Ansicht der Behörden oder Beamten des Polizeidienstes kein öffentliches Interesse an der Strafverfolgung, so legen sie ohne weitere Ermittlungen dem Staatsanwalt vor.

(2) Kann dem Verletzten nicht zugemutet werden, die Privatklage zu erheben, weil er die Straftat nicht oder nur unter großen Schwierigkeiten aufklären könnte, so soll der Staatsanwalt die erforderlichen Ermittlungen anstellen, bevor er dem Verletzten auf die Privatklage verweist, z. B. bei Beleidigung durch namenlose Schriftstücke. Dies gilt aber nicht für unbedeutende Verfehlungen.

16. Einstellung des Verfahrens

88. Mitteilung an den Beschuldigten. In der Mitteilung an den Beschuldigten nach § 170 Abs. 2 StPO sind die Gründe der Einstellung nur auf Antrag und dann auch nur soweit bekanntzugeben, als kein schutzwürdiges Interesse entgegensteht. Hat sich herausgestellt, dass der Beschuldigte unschuldig ist oder dass gegen ihn kein begründeter Verdacht mehr besteht, so ist dies in der Mitteilung auszusprechen.

89. Bescheid an den Antragsteller und Mitteilung an den Verletzten. (1) Der Staatsanwalt hat dem Antragsteller den in § 171 StPO vorgesehenen Bescheid über die Einstellung auch dann zu erteilen, wenn die Erhebung der öffentlichen Klage nicht unmittelbar bei der Staatsanwaltschaft beantragt worden war.

(2) Die Begründung der Einstellungsverfügung darf sich nicht auf allgemeine und nichts sagende Redewendungen, z. B. „da eine Straftat nicht vorliegt oder nicht nachgewiesen ist", beschränken. Vielmehr soll in der Regel – schon um unnötige Beschwerden zu vermeiden – angegeben werden, aus welchen Gründen der Verdacht einer Straftat nicht ausreichend erscheint oder weshalb sich sonst die Anklageerhebung verbietet. Dabei kann es genügen, die Gründe anzuführen, die ein Eingehen auf Einzelheiten unnötig machen, z. B., dass die angezeigte Handlung unter kein Strafgesetz fällt, dass die Strafverfolgung verjährt oder aus anderen Gründen unzulässig ist oder dass kein öffentliches Interesse an der Strafverfolgung besteht.

(3) Auch bei einer Einstellung nach §§ 153 Abs. 1, 153a Abs. 1, 153b Abs. 1 StPO erteilt der Staatsanwalt dem Anzeigenden einen mit Gründen versehenen Bescheid.

(4) Der Staatsanwalt soll den Einstellungsbescheid so fassen, dass er auch dem rechtsunkundigen Antragsteller verständlich ist.

(5) Erhält der Verletzte nicht bereits gemäß Absatz 1 oder Absatz 3 Kenntnis von der Einstellung des Verfahrens, so ist ihm letztere auf Antrag mitzuteilen, soweit das Verfahren ihn betrifft.

90. Anhörung von Behörden und Körperschaften des öffentlichen Rechts bei Einstellungen nach den §§ 153, 153a oder 170 Abs. 2 StPO. (1) Hat eine Behörde oder eine Körperschaft des öffentlichen Rechts die Strafanzeige erstattet oder ist sie sonst am Ausgang des Verfahrens interessiert, soll ihr der Staatsanwalt, bevor er das Verfahren einstellt oder bei Einstellungen, zu denen er die Zustimmung des Gerichts einzuholen hat, bevor er die Zustimmung des Gerichts zu einer Einstellung einholt, die Gründe mitteilen, die für die Einstellung sprechen, und ihr Gelegenheit zur Äußerung geben. Dies gilt auch für die Zustimmung des Staatsanwalts zu einer Einstellung außerhalb einer Hauptverhandlung, die das Gericht beabsichtigt (§ 153 Abs. 2, § 153a Abs. 2 StPO). Zur Vereinfachung können Ablichtungen aus den Akten beigefügt werden. Stellt der Staatsanwalt entgegen einer widersprechenden Äußerung ein, soll er in der Einstellungsverfügung auch die Einwendungen würdigen, die gegen die Einstellung erhoben worden sind.

(2) Hat ein oberstes Staatsorgan des Bundes oder eines Landes die Ermächtigung zur Strafverfolgung nach § 89a Abs. 4, § 89b Abs. 4, § 89c Abs. 4, § 90 Abs. 4, § 90b Abs. 2, § 97 Abs. 3, §§ 104a, 129b Abs. 1 Satz 3, § 194 Abs. 4, § 353a Abs. 2 oder § 353b Abs. 4 StGB erteilt oder Strafantrag wegen Beleidigung gestellt, so ist Nr. 211 Abs. 1 und 3 Buchst. a zu beachten.

91. Bekanntgabe. (1) Dem Beschuldigten wird die Einstellungsverfügung grundsätzlich formlos durch einfachen Brief bekanntgegeben. Die Mitteilung über die Einstellung wird dem Beschuldigten zugestellt, wenn gegen ihn eine Strafverfolgungsmaßnahme im Sinne des § 2 des Gesetzes über die Entschädigung für Strafverfolgungsmaßnahmen (StrEG) vollzogen worden ist. Wegen der in der Einstellungsnachricht nach diesem Gesetz zu erteilenden Belehrung wird auf die Ausführungsvorschriften zum Gesetz über die Entschädigung für Strafverfolgungsmaßnahmen (Anlage C) verwiesen.

(2) Die Mitteilung über die Einstellung des Verfahrens ist dem Antragsteller (§ 171 StPO) im Regelfall formlos zu übersenden. Der Staatsanwalt soll die Zustellung nur dann anordnen, wenn im Einzelfall Anhaltspunkte dafür bestehen, dass mit einer Beschwerde und einem Antrag auf Durchführung des Klageerzwingungsverfahrens zu rechnen ist.

92. Kostenpflicht des Anzeigenden. Ist ein Verfahren durch eine vorsätzlich oder leichtfertig erstattete unwahre Anzeige veranlasst worden, so prüft der Staatsanwalt, ob die Kosten des Verfahrens und die dem Beschuldigten erwachsenen notwendigen Auslagen dem Anzeigeerstatter aufzuerlegen sind. Dies gilt auch dann, wenn die unwahren Angaben, die zur Einleitung des Verfahrens geführt haben, bei einer Vernehmung gemacht worden sind.

93. Einstellung nach § 153a StPO. (1) Bei einer Einstellung nach § 153a StPO prüft der Staatsanwalt, ob eine Wiedergutmachungsauflage (§ 153a Abs. 1 Nr. 1 StPO) in Betracht kommt. Dabei achtet der Staatsanwalt auch darauf, dass die Auflagen einen durch die Straftat erlangten Vermögensvorteil abschöpfen. Im Übrigen sollen unredlich erzielte Vermögensvorteile bei der Festsetzung einer Geldauflage nach § 153a Abs. 1 Nr. 2 StPO berücksichtigt werden. In geeigneten Fällen können Auflagen miteinander kombiniert werden.

(2) Bei einer Einstellung nach § 153a StPO, bei der die Auflage erteilt wird, einen Geldbetrag zugunsten einer gemeinnützigen Einrichtung zu zahlen, oder bei der Erklärung der Zustimmung dazu, beachtet der Staatsanwalt neben spezialpräventiven Erwägungen, dass bei der Auswahl des Zuwendungsempfängers insbesondere Einrichtungen der Opferhilfe, Kinder- und Jugendhilfe, Straffälligen- und Bewährungshilfe, Gesundheits- und Suchthilfe sowie Einrichtungen zur Förderung von Sanktionsalternativen und Vermeidung von Ersatzfreiheitsstrafen in angemessenem Umfang berücksichtigt werden.

93a. (gestrichen)

94. Einstellung nach § 153c Abs. 1 StPO. (1) In den Fällen des § 153c Abs. 1 StPO kann der Staatsanwalt nach pflichtgemäßem Ermessen von der Verfolgung absehen. Dies wird insbesondere in Betracht kommen, wenn die in § 153c Abs. 3 StPO bezeichneten Gründe vorliegen können, wenn eine Strafverfolgung zu unbilligen Härten führen würde oder ein öffentliches Interesse an der strafrechtlichen Ahndung nicht oder nicht mehr besteht.

(2) Der Staatsanwalt prüft im Einzelfall, ob völkerrechtliche Vereinbarungen zur Verpflichtung begründen, bestimmte außerhalb des räumlichen Geltungsbereichs der Strafprozessordnung begangene Taten so zu behandeln, als ob sie innerhalb dieses Bereichs begangen wären. Auskunft über derartige Vereinbarungen erteilt das Bundesministerium der Justiz.

(3) Bestehen in den Fällen des § 153c Abs. 1 StPO Anhaltspunkte dafür, dass die Gründe des § 153c Abs. 3 StPO gegeben sein könnten, holt der Staatsanwalt unverzüglich die Entscheidung des Generalstaatsanwalts ein, ob die Tat verfolgt werden soll. Der Generalstaatsanwalt berichtet vor seiner Entscheidung unverzüglich der Landesjustizverwaltung.

(4) Können die in § 153c Abs. 3 StPO bezeichneten Gründe der Strafverfolgung entgegenstehen, so holt der Staatsanwalt unverzüglich die Entscheidung des Generalstaatsanwalts ein, wenn er wegen Gefahr im Verzuge eine Beschlagnahme, eine Durchsuchung oder eine mit Freiheitsentziehung verbundene Maßnahme für erforderlich hält. Der Generalstaatsanwalt unterrichtet vor seiner Entscheidung die Landesjustizverwaltung. Ist eine Entscheidung des Generalstaatsanwalts nicht rechtzeitig zu erlangen, so unterrichtet der Staatsanwalt die Landesjustizverwaltung unmittelbar. Ist auch das nicht möglich, so trifft er selbst die notwendige Entscheidung.

95. Einstellung nach § 153c Abs. 3 StPO. (1) Bei Straftaten, die durch eine außerhalb des räumlichen Geltungsbereichs der Strafprozessordnung ausgeübte Tätigkeit begangen sind, deren Erfolg jedoch innerhalb dieses Bereichs eingetreten ist (Distanztaten), klärt der Staatsanwalt beschleunigt den Sachverhalt und die Umstände auf, die für eine Entscheidung nach § 153c Abs. 3 StPO von Bedeutung sein können. Er beschränkt sich dabei auf solche Maßnahmen, die den Zweck der Vorschrift nicht gefährden.

(2) Bestehen Anhaltspunkte dafür, dass die Voraussetzungen des § 153c Abs. 3 StPO gegeben sein könnten, so holt der Staatsanwalt unverzüglich die Entscheidung des Ge-

neralstaatsanwalts ein, ob die Tat verfolgt werden soll. Der Generalstaatsanwalt unterrichtet vor seiner Entscheidung unverzüglich die Landesjustizverwaltung. Bei der Entscheidung, ob die Tat verfolgt werden soll, ist Art. 5 des OECD-Übereinkommens über die Bekämpfung der Bestechung ausländischer Amtsträger im internationalen Geschäftsverkehr (Vertrags- und Umsetzungsgesetz: Gesetz zur Bekämpfung internationaler Bestechung vom 10. September 1998, BGBl. 1998 II S. 2327)* zu beachten.

(3) Hält der Staatsanwalt wegen Gefahr im Verzuge eine Beschlagnahme, eine Durchsuchung oder eine mit Freiheitsentziehung verbundene Maßnahme für erforderlich, so gelten Abs. 2 sowie Nr. 94 Abs. 4 Satz 3 und 4 entsprechend.

96. Einstellung nach § 153c Abs. 4 StPO. In den Fällen des § 153c Abs. 4 StPO gelten die Nr. 94 und 95 sinngemäß.

97. Einstellung nach § 153c Abs. 5 StPO. In den Fällen des § 153c Abs. 5 StPO klärt der Staatsanwalt alle für die Entscheidung des Generalbundesanwalts bedeutsamen Umstände mit größter Beschleunigung, jedoch unter Beschränkung auf solche Maßnahmen, die den Zweck dieser Vorschrift nicht gefährden; er unterrichtet fernmündlich oder fernschriftlich den Generalbundesanwalt unter gleichzeitiger Benachrichtigung des Generalstaatsanwalts. Die Vorgänge reicht er mit einem Begleitschreiben dem Generalbundesanwalt unverzüglich nach; eine Abschrift des Begleitschreibens leitet er dem Generalstaatsanwalt zu. Sind die Akten nicht entbehrlich, so werden dem Generalbundesanwalt Ablichtungen vorgelegt. In Verfahren, die nach § 142a Abs. 2 und 4 GVG an die Landesstaatsanwaltschaft abgegeben worden sind, ist entsprechend zu verfahren. Fordert der Generalstaatsanwalt die Vorgänge zum Zwecke der Prüfung an, ob die Voraussetzungen für eine Einstellung des Verfahrens nach § 153c Abs. 1, 3 und 4 StPO vorliegen, so trifft der Staatsanwalt weitere Verfolgungsmaßnahmen nur im Einverständnis mit dem Generalbundesanwalt.

98. Einstellung nach § 153d StPO. Ergeben sich für den Staatsanwalt Anhaltspunkte dafür, dass die Voraussetzungen des § 153d StPO vorliegen, so sind die in Nr. 97 getroffenen Anordnungen zu beachten. Eine Entscheidung des Generalbundesanwalts, solche Straftaten nicht zu verfolgen, bewirkt, dass polizeiliche und staatsanwaltschaftliche Verfolgungsmaßnahmen insoweit zu unterbleiben haben; diese Entscheidung kann schon vor der Einleitung von Verfolgungsmaßnahmen getroffen werden.

99. Benachrichtigung der Polizeidienststellen in den Fällen der §§ 153c, 153d StPO. (1) Wird von der Strafverfolgung nach §§ 153c, 153d StPO abgesehen, so kann neben der unverzüglichen Benachrichtigung der Polizeidienststelle, die mit der Sache unmittelbar befasst ist, die sofortige Benachrichtigung weiterer Polizeidienststellen erforderlich sein, um sicherzustellen, dass Verfolgungsmaßnahmen unterbleiben.

(2) In derartigen Fällen unterrichtet der Staatsanwalt neben der mit der Sache unmittelbar befassten Polizeidienststelle unverzüglich das Bundesministerium des Innern und nachrichtlich das Bundeskriminalamt, Thaerstraße 11, 65193 Wiesbaden, von seiner Entscheidung, mit der von der Strafverfolgung abgesehen wird. Einen Abdruck der schriftlichen Nachricht erhält die Landesjustizverwaltung/das Bundesministerium der Justiz.

(3) Sieht der Staatsanwalt einstweilen von weiteren Strafverfolgungsmaßnahmen ab, so unterrichtet er unverzüglich die mit der Sache befasste Polizeidienststelle.

100. Einstellung nach § 153e StPO. (1) Die Möglichkeit einer Einstellung des Verfahrens nach § 153e StPO (gegebenenfalls in Verbindung mit § 4 NATO-Truppen-Schutzgesetz) soll mit dem Beschuldigten und seinem Verteidiger nur erörtert werden,

---

* **Amtlicher Fußnotentext:** Art. 5 des OECD-Übereinkommens hat folgenden Wortlaut: „Ermittlungsverfahren und Strafverfolgung wegen Bestechung eines ausländischen Amtsträgers unterliegen den geltenden Regeln und Grundsätzen der jeweiligen Vertragspartei. Sie dürfen nicht von Erwägungen nationalen wirtschaftlichen Interesses, der möglichen Wirkung auf Beziehungen zu einem anderen Staat oder der Identität der beteiligten natürlichen oder juristischen Personen beeinflusst werden."

wenn diese selbst Fragen danach stellen oder wenn nach den bereits bekannten Umständen des Einzelfalles deutliche Anhaltspunkte dafür vorliegen, dass eine Anwendung des § 153e StPO in Betracht kommt und eine Erörterung hierüber aus besonderen Gründen zweckmäßig erscheint. Bei einer solchen Erörterung ist jedoch darauf zu achten, dass sie nicht als Zusicherung einer Einstellung des Verfahrens nach § 153e StPO missverstanden wird.

(2) Der Staatsanwalt legt die Akten dem Generalbundesanwalt vor, wenn Anhaltspunkte dafür bestehen, dass die Einstellung nach § 153e StPO in Betracht kommt.

101. Einstellung nach § 154 StPO. (1) Von den Möglichkeiten einer Einstellung nach § 154 Abs. 1 StPO soll der Staatsanwalt in weitem Umfang und in einem möglichst frühen Verfahrensstadium Gebrauch machen. Er prüft zu diesem Zweck vom Beginn der Ermittlungen an, ob die Voraussetzungen für eine Beschränkung des Prozessstoffes vorliegen. Der Staatsanwalt erteilt der Polizei allgemein oder im Einzelfall die Weisungen, die erforderlich sind, um die Rechtzeitigkeit der Prüfung zu gewährleisten.

(2) Wird das Verfahren nach § 154 Abs. 1 StPO eingestellt, so gilt für den Bescheid an den Anzeigenden Nr. 89 entsprechend.

(3) Ist mit Rücksicht auf eine wegen einer anderen Tat zu erwartende Strafe nach § 154 Abs. 1 StPO von der Verfolgung einer Tat abgesehen oder nach § 154 Abs. 2 StPO das Verfahren vorläufig eingestellt worden, so prüft der Staatsanwalt nach Abschluss des wegen dieser Tat eingeleiteten Verfahrens, ob es bei der Einstellung verbleiben kann.

101a. Einstellung nach § 154a StPO. (1) Soweit die Strafverfolgung nach § 154a StPO beschränkt werden kann, soll der Staatsanwalt von dieser Möglichkeit Gebrauch machen, wenn dies das Verfahren vereinfacht. Nr. 101 Abs. 1 gilt entsprechend.

(2) Bei abtrennbaren Teilen einer Tat, die mit anderen in Fortsetzungszusammenhang stehen, wird nach § 154a Abs. 1 Satz 1 StPO die Verfolgung häufig auf wenige Teilakte beschränkt werden können; eine Beschränkung auf einen einzelnen Teilakt kommt nur dann in Betracht, wenn dieser besonders schwerwiegend ist. In den Fällen des § 154a Abs. 1 Satz 2 StPO kann die Verfolgung auf einen oder mehrere Teilakte beschränkt werden, wenn die Aufklärung der anderen Teilakte unverhältnismäßig viel Zeit in Anspruch nehmen würde und eine zur Einwirkung auf den Täter und zur Verteidigung der Rechtsordnung ausreichende Bestrafung gewährleistet ist.

(3) Beschränkungen nach § 154a StPO werden aktenkundig gemacht; erfolgt die Beschränkung vor Erhebung der öffentlichen Klage, so wird in der Anklageschrift darauf hingewiesen.

(4) Nr. 101 Abs. 3 gilt entsprechend.

102. Einstellung zugunsten des Opfers einer Nötigung oder Erpressung.
(1) Eine Einstellung nach § 154c StPO soll grundsätzlich nur erfolgen, wenn die Nötigung oder die Erpressung strafwürdiger ist als die Tat des Genötigten oder Erpressten.

(2) Die Entscheidung, ob zugesichert werden kann, dass das Verfahren eingestellt wird, ist dem Behördenleiter vorzubehalten.

103. Mitteilung an den Anzeigenden. Sieht der Staatsanwalt nach § 154e StPO von der Erhebung der öffentlichen Klage vorläufig ab, so teilt er dies dem Anzeigenden mit.

104. Vorläufige Einstellung nach § 205 StPO. (1) Unter den Voraussetzungen des § 205 StPO soll der Staatsanwalt das Ermittlungsverfahren vorläufig einstellen, wenn der Sachverhalt so weit wie möglich aufgeklärt ist und die Beweise, soweit notwendig, gesichert sind; eine förmliche Beweissicherung (§§ 285 ff. StPO) soll indessen nur in wichtigen Fällen stattfinden. Der Staatsanwalt hat in bestimmten, nicht zu lange bemessenen Abständen zu prüfen, ob die Hinderungsgründe des § 205 StPO noch fortbestehen.

(2) Kann nach dem Ergebnis der Ermittlungen mit einer Eröffnung des Hauptverfahrens auch dann nicht gerechnet werden, wenn die Hinderungsgründe des § 205 StPO wegfallen, so stellt der Staatsanwalt das Verfahren sofort ein.

(3) Nr. 103 gilt entsprechend.

105. Beschwerde gegen die Einstellungsverfügung. (1) Einer Beschwerde gegen die Einstellung des Verfahrens kann der Staatsanwalt, der die Einstellung verfügt hat, abhelfen. Werden in der Beschwerde neue und wesentliche Tatsachen oder Beweismittel angeführt, so nimmt er die Ermittlungen wieder auf.

(2) Geht eine Beschwerde des Verletzten bei dem Staatsanwalt ein, dessen Entscheidung angegriffen wird, so prüft er unverzüglich, ob er ihr abhilft. Hilft er ihr nicht ab, so legt er sie unverzüglich dem vorgesetzten Staatsanwalt (§ 147 GVG) vor. Im Übersendungsbericht legt er dar, aus welchen Gründen er die Ermittlungen nicht wieder aufnimmt; neue Tatsachen oder Beweismittel oder neue rechtliche Erwägungen, welche die Beschwerdeschrift enthält, sind zu würdigen. Werden dem Beschuldigten selbstständige Straftaten vorgeworfen, so ist zu berichten, was insoweit bereits veranlasst oder was nach Rückkunft der Akten beabsichtigt ist. Die Akten sind dem Übersendungsbericht beizufügen oder, wenn sie nicht verfügbar oder nicht entbehrlich sind, nachzureichen.

(3) Ist die Beschwerde bei dem vorgesetzten Staatsanwalt eingereicht worden und hat er um Bericht oder um Beifügung der Vorgänge ersucht, so ist dieser Auftrag nur auszuführen, wenn die Ermittlungen nicht wieder aufgenommen werden; sonst genügt eine kurze Anzeige über die Wiederaufnahme der Ermittlungen. Kann die Beschwerde nicht sofort geprüft werden, so sind die Gründe hierfür anzugeben; die Akten sind nicht beizufügen.

(4) Dem Beschwerdeführer ist die Wiederaufnahme der Ermittlungen mitzuteilen.

(5) Für die Bekanntgabe des Bescheides des vorgesetzten Staatsanwalts gilt Nr. 91 Abs. 2 entsprechend.

17. Verteidiger

106. Auswahl des Verteidigers. Die Bitte eines Beschuldigten, ihm einen für seine Verteidigung geeigneten Rechtsanwalt zu bezeichnen, ist abzulehnen. Jedoch kann ihm ein nach der Buchstabenfolge geordnetes Verzeichnis der Rechtsanwälte des Landgerichtsbezirks vorgelegt werden, damit er einen Verteidiger selbst auswählt.

107. Referendare als Verteidiger. (1) Referendare sollen als Verteidiger nur bestellt werden (§ 142 Abs. 2 StPO), wenn nach der Art und der Bedeutung der Strafsache und der Person des Referendars Gewähr für eine sachgemäße Verteidigung besteht. Ist die Mitwirkung eines Verteidigers aus den Gründen des § 140 Abs. 2 StPO notwendig, so wird die Bestellung eines Referendars im Allgemeinen nur dann in Betracht kommen, wenn die Tat nicht besonders schwer und die Sach- und Rechtslage nicht besonders schwierig, aber ersichtlich ist, dass der Beschuldigte sich nicht selbst verteidigen kann. Der Gesichtspunkt der Gebührenersparnis soll bei der Bestellung unberücksichtigt bleiben.

(2) Dem von Amts wegen als Verteidiger bestellten Referendar sind die notwendigen baren Auslagen aus der Staatskasse zu erstatten.

108. Unterrichtung des Verteidigers. Der Verteidiger, der nach § 145a Abs. 1 StPO als ermächtigt gilt, Zustellungen für den Beschuldigten anzunehmen, ist über § 145a StPO hinaus über alle Entscheidungen zu unterrichten, die dem Beschuldigten mitgeteilt werden. Der Verteidiger soll dabei neben dem Beschuldigten und gleichzeitig mit diesem unterrichtet werden.

18. Abschluss der Ermittlungen

109. (1) Bei der Fertigung des Vermerkes über den Abschluss der Ermittlungen sind die besonderen verfahrensrechtlichen Wirkungen (§§ 141 Abs. 3 Satz 3, 147 Abs. 2 StPO) zu beachten.

(2) Richtet sich das Verfahren gegen mehrere Beschuldigte, so wird vor dem Vermerk über den Abschluss der Ermittlungen gegen einzelne von ihnen der Stand der Ermittlungen gegen die übrigen zu berücksichtigen sein.

(3) Der Vermerk über den Abschluss der Ermittlungen ist mit dem Datum und der Unterschrift des Staatsanwalts zu versehen. Richtet sich das Verfahren gegen mehrere Beschuldigte, so muss der Vermerk erkennen lassen, gegen welche Beschuldigten die Ermittlungen abgeschlossen sind.

II. Abschnitt. Anklage

110. Form und Inhalt der Anklageschrift. (1) Die Anklageschrift muss klar, übersichtlich und vor allem für den Angeschuldigten verständlich sein.

(2) In der Anklageschrift sind anzugeben:
a) der Familienname und die Vornamen (Rufname unterstrichen), Geburtsname, Beruf, Anschrift, Familienstand, Geburtstag und Geburtsort (Kreis, Bezirk) des Angeschuldigten und seine Staatsangehörigkeit, bei Minderjährigen Namen und Anschriften der gesetzlichen Vertreter;
b) der Verteidiger;
c) der Anklagesatz;
er umfasst:
die Tat, die dem Angeschuldigten zur Last gelegt wird, sowie Zeit und Ort ihrer Begehung, die gesetzlichen Merkmale der Straftat – gegebenenfalls in vereinfachter Form, z. B. beim Versuch –, die anzuwendenden Strafvorschriften, die Umstände, welche die Anordnung einer Maßnahme (§ 11 Abs. 1 Nr. 8 StGB) rechtfertigen, bei Verletzungen mehrerer Strafvorschriften auch die Angabe, ob Tateinheit oder Tatmehrheit angenommen wird;
d) bei Antragsdelikten ein Hinweis auf den Strafantrag;
wird in Fällen, in denen das Gesetz dies zulässt, bei einem Antragsdelikt die öffentliche Klage erhoben, ohne dass ein Strafantrag gestellt ist, so soll in der Anklageschrift erklärt werden, dass wegen des besonderen öffentlichen Interesses an der Strafverfolgung ein Einschreiten von Amts wegen geboten ist;
e) Hinweise auf Verfolgungsbeschränkungen nach § 154a StPO;
f) die Zeugen (gegebenenfalls mit den nach § 200 Abs. 1 Satz 3 bis 5 StPO zulässigen Einschränkungen) und anderen Beweismitteln;
g) das wesentliche Ergebnis der Ermittlungen (§ 200 Abs. 2 StPO) und alle Umstände, die für die Strafbemessung, die Strafaussetzung zur Bewährung, die Verwarnung mit Strafvorbehalt, das Absehen von Strafe, die Nebenstrafe und Nebenfolge von Bedeutung sein können.

(3) Die Anklageschrift hat ferner den Antrag auf Eröffnung des Hauptverfahrens und die Angabe des Gerichts zu enthalten, vor dem die Hauptverhandlung stattfinden soll. Sie hat auch den Spruchkörper (z. B. Wirtschaftsstrafkammer, Jugendkammer, Staatsschutzkammer) zu bezeichnen, den der Staatsanwalt als zuständig ansieht.

(4) War der Angeschuldigte in Untersuchungshaft, so sind Ort und Dauer der Haft zu vermerken; dies gilt auch für eine andere Freiheitsentziehung. Zur Frage der Fortdauer ist ein bestimmter Antrag zu stellen. Auf den Ablauf der in § 121 Abs. 2 StPO bezeichneten Frist ist hinzuweisen.

(5) Beantragt der Staatsanwalt die Beteiligung der juristischen Person oder Personenvereinigung und kündigt er die Beantragung der Festsetzung einer Geldbuße gegen diese an (Nummer 180a Abs. 2), führt er sie als Nebenbeteiligte an und gibt die tatsächliche und rechtliche Grundlage für die begehrte Maßnahme an.

111. Auswahl der Beweismittel. (1) Der Staatsanwalt soll nur die Beweismittel aufführen, die für die Aufklärung des Sachverhalts und für die Beurteilung der Persönlichkeit des Angeschuldigten wesentlich sind.

(2) Haben mehrere Zeugen über denselben Vorgang im Vorverfahren übereinstimmend ausgesagt, so wird es häufig nicht nötig sein, jeden zu benennen.

(3) Für Sachverständige gilt Abs. 2 entsprechend. Soweit es zulässig ist, ein schriftliches Gutachten in der Hauptverhandlung zu verlesen (§ 256 Abs. 1 StPO), wird dieses oft ein ausreichendes Beweismittel sein; dies gilt nicht, wenn der Sachverständige ein Gutachten nur unter dem Eindruck der Hauptverhandlung erstatten kann, z. B. über die Schuldfähigkeit oder über besondere seelische oder geistige Eigenschaften des Angeschuldigten oder eines sonstigen Prozessbeteiligten.

(4) Liegt ein Geständnis des Angeschuldigten vor, das zur vollständigen Beurteilung der Tat, auch der Strafbemessung, voraussichtlich ausreicht, so kann auf die Benennung von Zeugen verzichtet werden.

(5) Der Staatsanwalt darf dem Gericht oder dem Vorsitzenden Akten, Schriftstücke oder Beweisstücke nur vorlegen, wenn er sie gleichzeitig zu Bestandteilen der gerichtlichen Akten erklärt und damit auch dem Verteidiger zugänglich macht. Legt er sie erst in der Hauptverhandlung vor, so hat er sie dadurch zum Gegenstand der Verhandlung zu machen, dass er die Vorlegung auch dem Angeklagten oder dem Verteidiger bekannt gibt.

112. Ermittlungsergebnis. (1) Auch wenn die Anklage vor dem Strafrichter erhoben wird, soll das wesentliche Ergebnis der Ermittlungen (§ 200 Abs. 2 StPO) in die Anklageschrift aufgenommen werden, wenn die Sach- oder Rechtslage Schwierigkeiten bietet.

(2) Sind die Akten umfangreich, so soll auf die Aktenstellen und möglichst auch auf die Beweismittel für die einzelnen Tatvorgänge verwiesen werden.

113. Zuständiges Gericht. (1) Bei der Beurteilung der Frage, ob ein Fall von besonderer Bedeutung vorliegt und deshalb die Anklage beim Landgericht (§ 24 Abs. 1 Nr. 3 GVG) zu erheben ist, prüft der Staatsanwalt, ob die besondere Bedeutung einer Sache sich etwa aus dem Ausmaß der Rechtsverletzung oder den Auswirkungen der Straftat, z. B. nach einer Sexualstraftat, ergibt.

(2) Erhebt der Staatsanwalt wegen der besonderen Schutzbedürftigkeit von Verletzten der Straftat, die als Zeugen in Betracht kommen, des besonderen Umfangs oder der besonderen Bedeutung des Falles Anklage beim Landgericht (§ 24 Abs. 1 Nr. 3 GVG), so macht er die hierfür bedeutsamen Umstände aktenkundig, sofern diese nicht offensichtlich sind. Satz 1 gilt entsprechend, wenn der Staatsanwalt Anklage zur Wirtschaftsstrafkammer nach § 74c Abs. 1 Nr. 6 GVG erhebt, weil zur Beurteilung des Falles besondere Kenntnisse des Wirtschaftslebens erforderlich sind.

(3) Erhebt der Staatsanwalt Anklage beim Landgericht und hält er aus den in § 76 Abs. 2 GVG genannten Gründen die Mitwirkung eines dritten Richters für erforderlich, regt er dies an.

(4) Ist die Sache umfangreich, z. B. wegen der großen Anzahl der Angeschuldigten oder Zeugen, und erhebt der Staatsanwalt nicht Anklage beim Landgericht, so beantragt er, einen zweiten Richter beim Amtsgericht zuzuziehen (§ 29 Abs. 2 GVG).

114. Zusammenhängende Strafsachen. Zusammenhängende Strafsachen (§§ 2, 3 StPO) sind in einer Anklage zusammenzufassen (vgl. Nr. 17). Hiervon kann abgesehen werden, wenn die Erhebung der öffentlichen Klage wegen einer Tat durch die Aufklärung der anderen Tat erheblich verzögert würde und wenn gewichtige Interessen der Allgemeinheit oder des Beschuldigten nicht entgegenstehen.

III. Abschnitt. Hauptverfahren

1. Eröffnung des Hauptverfahrens

115. (1) Beschließt das Gericht, die Anklage mit Änderungen nach § 207 Abs. 2 StPO zuzulassen, so legt es die Akten mit diesem Beschluss der Staatsanwaltschaft vor.

(2) Reicht der Staatsanwalt nach § 207 Abs. 3 StPO eine neue Anklageschrift ein, so empfiehlt es sich in der Regel, das wesentliche Ergebnis der Ermittlungen darzustellen, wenn ausgeschiedene Teile einer Tat in das Verfahren wieder einbezogen werden oder wenn die ursprüngliche Anklageschrift durch Änderungen im Eröffnungsbeschluss unübersichtlich oder unverständlich geworden ist.

2. Vorbereitung der Hauptverhandlung

116. Anberaumung der Termine. (1) Die Hauptverhandlung findet grundsätzlich am Sitz des Gerichts statt; nur wenn es wegen der Besonderheit des Falles geboten erscheint, soll sie an einem anderen Ort durchgeführt werden.

(2) Für die Festsetzung der Terminstage sind die örtlichen Feiertage, auch wenn sie gesetzlich nicht anerkannt sind, von Bedeutung.

(3) Bei der Festsetzung der Terminsstunden wird den Beteiligten jeder vermeidbare Zeitverlust zu ersparen und daher zu prüfen sein, wie lange die Verhandlung der einzelnen Sachen voraussichtlich dauern wird und in welchen Abständen die einzelnen Termine daher anzuberaumen sind. Sind an einer Verhandlung Personen beteiligt, die außerhalb des Sitzungsortes wohnen, so sind auch die Verkehrsverhältnisse zu berücksichtigen.

(4) Ist für die Verhandlung eine längere Zeit (ein ganzer Tag oder mehrere Tage) vorgesehen, so kann es sich empfehlen, die einzelnen Zeugen und Sachverständigen, sofern dies die Hauptverhandlung nicht erschwert, erst für den Zeitpunkt zu laden, in dem sie voraussichtlich benötigt werden (§ 214 Abs. 2 StPO). In geeigneten Fällen kann es zweckmäßig sein, den Zeugen mit der Auflage zu laden, dass er sich zu einem bestimmten Zeitpunkt oder während eines bestimmten Zeitraumes auf Abruf bereithalten möge.

(5) Stellt sich nachträglich heraus, dass die Verhandlung einer Sache vermutlich länger als vorgesehen dauern wird, so kann es geboten sein, die folgenden Sachen auf eine spätere Terminstunde zu verlegen und die Beteiligten umzuladen.

117. Ladung und Benachrichtigung. (1) Die Ladung zur Hauptverhandlung soll dem auf freiem Fuß befindlichen Angeklagten, den Zeugen und den Sachverständigen zugestellt werden, damit sie nachweisbar ist. Bei Zeugen und Sachverständigen kann eine einfache Form der Ladung gewählt werden.

(2) Abs. 1 Satz 2 gilt auch für andere Prozessbeteiligte, soweit gesetzlich nichts anderes bestimmt ist. Ist eine Behörde am Verfahren zu beteiligen, so ist ihr der Termin zur Hauptverhandlung so rechtzeitig mitzuteilen, dass ihre Vertreter sich auf die Hauptverhandlung vorbereiten und die Akten vorher einsehen können.

(3) Bei der Ladung von Zeugen ist zu berücksichtigen, dass eine direkte Begegnung mit dem Beschuldigten in den Räumen der Justiz als bedrohlich und belastend empfunden werden kann. Dies gilt insbesondere für durch die Tat verletzte Zeugen.

(4) Mit der Ladung ordnet der Vorsitzende an, dass die nach § 395 Abs. 1 und Abs. 2 Nr. 1 StPO zur Nebenklage berechtigten Verletzten Mitteilung vom Termin erhalten, wenn aktenkundig ist, dass sie dies beantragt haben. Unter der letztgenannten Voraussetzung sollen auch sonstige gemäß § 406g Abs. 1 StPO zur Anwesenheit in der Hauptverhandlung berechtigte Verletzte eine solche Mitteilung erhalten.

118. Unterrichtung über die Beweismittel. (1) Die vom Gericht geladenen Zeugen und Sachverständigen sind dem Angeklagten und der Staatsanwaltschaft in der Regel in der Ladung oder Terminsmitteilung, sonst unverzüglich mitzuteilen (§ 222

Abs. 1 Satz 1 und 3 StPO). Sind sie bereits in der Anklageschrift benannt, so kann auf sie Bezug genommen werden.

(2) Nach Eingang der Mitteilung nach Abs. 1 Satz 1 prüft der Staatsanwalt, ob Anlass besteht, von dem unmittelbaren Ladungsrecht (§ 214 Abs. 3 StPO) Gebrauch zu machen; gegebenenfalls unterrichtet er Gericht und Angeklagten (§ 222 Abs. 1 Satz 2 und 3 StPO).

(3) Dem Angeklagten sollen ferner, um eine Aussetzung oder Unterbrechung nach § 246 Abs. 2 StPO zu vermeiden, mit der Ladung auch die als Beweismittel dienenden Gegenstände angegeben werden, soweit sie nicht in der Anklageschrift bezeichnet sind.

119. Beiakten. Der Eingang von Beiakten, die das Gericht angefordert hat, soll dem Staatsanwalt und dem Verteidiger rechtzeitig mitgeteilt werden, damit sie diese möglichst noch vor der Hauptverhandlung einsehen können.

120. Befreiung des Angeklagten von der Pflicht zum Erscheinen. (1) Ist die persönliche Anwesenheit des Angeklagten in der Hauptverhandlung entbehrlich, so empfiehlt sich, ihn über sein Antragsrecht nach § 233 StPO schon vor der Ladung zu belehren.

(2) Der Staatsanwalt prüft, ob er auf die Terminsnachricht (§ 233 Abs. 3 StPO) verzichten kann.

(3) Zur Hauptverhandlung ist der Angeklagte zu laden, wenn er nicht ausdrücklich darauf verzichtet hat. In der Ladung ist er darüber zu belehren, dass er zum Erscheinen nicht verpflichtet ist.

121. Kommissarische Vernehmung von Zeugen und Sachverständigen. (1) Die kommissarische Vernehmung von Zeugen oder Sachverständigen ist zu vermeiden, wenn eine hinreichende Aufklärung nur von der Vernehmung in der Hauptverhandlung zu erwarten ist oder wenn das Gericht aus anderen Gründen gezwungen sein wird, den Zeugen oder Sachverständigen unmittelbar zu vernehmen, z. B. weil die Verlesung der Aussage in der Hauptverhandlung nur unter weiteren Voraussetzungen zulässig ist (vgl. § 233 Abs. 2 in Verbindung mit § 251 Abs. 1 Nr. 3 StPO). Auf Bedenken gegen eine kommissarische Vernehmung hat der Staatsanwalt rechtzeitig hinzuweisen.

(2) Sind mehrere Zeugen oder Sachverständige bei verschiedenen Gerichten kommissarisch zu vernehmen, so kann es sich empfehlen, die Gerichte möglichst gleichzeitig unter Übersendung von Aktenauszügen um die Vernehmung zu ersuchen.

(3) Ist die Sache umfangreich, so sollen dem ersuchten Richter die Teile der Akten bezeichnet werden, die für die Vernehmung wichtig sind.

(4) Der Staatsanwalt prüft jeweils, ob er auf Terminsnachrichten verzichten kann.

122. Verhandlung in Abwesenheit des Angeklagten bei selbstverschuldeter Verhandlungsunfähigkeit. (1) Sind Anhaltspunkte dafür vorhanden, dass der Angeklagte vorsätzlich und schuldhaft seine Verhandlungsunfähigkeit herbeiführen und dadurch wissentlich die ordnungsmäßige Durchführung der Hauptverhandlung in seiner Gegenwart verhindern wird (§ 231a Abs. 1 Satz 1 StPO), so ist ihm möglichst frühzeitig Gelegenheit zu geben, sich vor einem Richter zur Anklage zu äußern (§ 231 Abs. 1 Satz 2 StPO). Erforderlichenfalls wirkt der Staatsanwalt hierauf hin. In Verfahren von größerer Bedeutung soll der Staatsanwalt von seinem Anwesenheitsrecht Gebrauch machen.

(2) Kommt eine Verhandlung in Abwesenheit des Angeklagten in Betracht, so wirkt der Staatsanwalt darauf hin, dass
a) dem Angeklagten, der keinen Verteidiger hat, ein Verteidiger bestellt wird (§ 231a Abs. 4 StPO) und
b) der Beschluss über die Durchführung der Hauptverhandlung in Abwesenheit des Angeklagten so rechtzeitig gefasst wird, dass die Rechtskraft des Beschlusses vor der Hauptverhandlung eintreten kann.

3. Hauptverhandlung

123. Allgemeines. Der Staatsanwalt vermeidet alles, was auch nur den Schein einer unzulässigen Einflussnahme auf das Gericht erwecken könnte; deshalb soll er den Sitzungssaal nicht gemeinsam mit dem Gericht betreten oder verlassen, sich nicht in das Beratungszimmer begeben und während der Verhandlungspausen sich nicht mit Mitgliedern des Gerichts unterhalten.

124. Äußere Gestaltung der Hauptverhandlung. (1) Die Hauptverhandlung soll im Sitzungssaal des Gerichts, nicht im Amtszimmer des Richters, durchgeführt werden.

(2) Pflicht des Staatsanwalts, des Urkundsbeamten und des Verteidigers ist es, schon vor Erscheinen des Gerichts ihren Platz im Sitzungssaal einzunehmen. Beim Eintritt des Gerichts zu Beginn der Sitzung, bei der Vereidigung von Zeugen und Sachverständigen und bei der Verkündung der Urteilsformel erheben sich sämtliche Anwesende von ihren Plätzen. Im Übrigen steht es allen am Prozess Beteiligten frei, ob sie bei der Abgabe von Erklärungen und bei Vernehmungen sitzen bleiben oder aufstehen.

125. Platzzuteilung. (1) Der Justizwachtmeister hat vor dem Erscheinen des Gerichts und während der Verhandlung dafür zu sorgen, dass die Platzordnung im Gerichtssaal eingehalten wird.

(2) Der Angeklagte soll in eine umfriedete Anklagebank nur dann verwiesen werden, wenn besondere Umstände vorliegen (z. B. Fluchtgefahr, Störung des Verhandlungsablaufs).

(3) Für die Presseberichterstatter sollen im Voraus geeignete Plätze in ausreichender Zahl bereitgestellt werden.

126. Schöffen. (1) Der Vorsitzende soll die mitwirkenden Schöffen vor Beginn der Sitzung über die Unfähigkeitsgründe (§§ 31, 32 GVG) und – unter Hinweis auf die einzelnen Strafsachen, die verhandelt werden – über die Ausschließungsgründe (§§ 22, 23, 31 StPO) belehren sowie auf die Umstände hinweisen, die eine Ablehnung wegen Besorgnis der Befangenheit rechtfertigen könnten (§ 24 StPO). Ein Hinweis auf das Merkblatt für Schöffen kann genügen.

(2) Die Berufsrichter sollen dazu beitragen, dass die Schöffen die ihnen vom Gesetz zugewiesenen Aufgaben erfüllen können. Die Verhandlung ist so zu führen, dass die Schöffen ihr folgen können; Förmlichkeiten und Fachausdrücke, die ihnen nicht verständlich sind, müssen erläutert werden.

(3) Die Anklageschrift darf den Schöffen nicht zugänglich gemacht werden. Ihnen kann jedoch, namentlich in Verfahren mit einem umfangreichen oder schwierigen Sachverhalt, für die Dauer der Hauptverhandlung eine Abschrift des Anklagesatzes nach dessen Verlesung überlassen werden.

127. Pflichten des Staatsanwalts in der Hauptverhandlung. (1) Der Staatsanwalt wirkt darauf hin, dass das Gesetz beachtet wird. Er sorgt durch geeignete Anträge, Fragen oder Anregungen dafür, dass nicht nur die Tat in ihren Einzelheiten, sondern auch die persönlichen und wirtschaftlichen Verhältnisse des Angeklagten und alle Umstände erörtert werden, die für die Strafbemessung, die Strafaussetzung zur Bewährung, die Verwarnung mit Strafvorbehalt, das Absehen von Strafe, die Nebenstrafe und Nebenfolgen oder die Anordnung von Maßregeln der Besserung und Sicherung, des Verfalls oder sonstiger Maßnahmen (§ 11 Abs. 1 Nr. 8 StGB) bedeutsam sein können. Nr. 4c ist zu beachten.

(2) Der Staatsanwalt soll darauf hinwirken, dass ungeeignete oder nicht zur Sache gehörende Fragen zurückgewiesen werden. Dies gilt namentlich dann, wenn sie lediglich auf eine Ausforschung von Privat-, Geschäfts- oder Dienstgeheimnissen hinzielen.

(3) Der Staatsanwalt wirkt darauf hin, dass die gesetzlichen Möglichkeiten zur Beschleunigung und Vereinfachung der Hauptverhandlung genutzt werden.

128. Wahrung der Ordnung. (1) Der Staatsanwalt wirkt darauf hin, dass die Hauptverhandlung geordnet abläuft. Obwohl ihm kein förmliches Recht, Ordnungsmittel zu beantragen, zusteht, ist er nicht gehindert, unter Umständen sogar verpflichtet, eine Ungebühr zu rügen und ein Ordnungsmittel anzuregen, vor allem, wenn die Ungebühr mit seiner Amtsausübung in der Verhandlung zusammenhängt. Eine bestimmte Maßnahme soll er grundsätzlich nicht anregen. Ist die Ungebühr auf Ungewandtheit, Unerfahrenheit oder verständliche Erregung zurückzuführen, so wirkt der Staatsanwalt gegebenenfalls darauf hin, dass von einem Ordnungsmittel abgesehen wird.

(2) Auf Vorgänge, welche die Erforschung der Wahrheit vereiteln oder erschweren können, hat der Staatsanwalt das Gericht unverzüglich hinzuweisen, z. B. wenn ein Zuhörer Aufzeichnungen macht und der Verdacht besteht, dass er sie verwenden will, um einen noch nicht vernommenen Zeugen über den Verlauf der Verhandlung zu unterrichten.

(3) Der Vorsitzende wird, soweit erforderlich, bei der Aufrechterhaltung der Ordnung in der Hauptverhandlung durch einen Justizwachtmeister unterstützt. Dieser ist für die Dauer der Sitzung möglichst von jedem anderen Dienst freizustellen. Er hat dem Vorsitzenden jede Ungebühr im Sitzungssaal mitzuteilen und bei drohender Gefahr sofort selbstständig einzugreifen.

129. Berichterstattung durch Presse und Rundfunk. (1) Presse, Hörfunk und Fernsehen dürfen in ihrer Berichterstattung nicht mehr beschränkt werden, als das Gesetz und der Zweck der Hauptverhandlung es gebieten. Die Aufgabe des Gerichts, die Wahrheit zu erforschen, darf nicht vereitelt oder erschwert, das Recht des Angeklagten, sich ungehindert zu verteidigen, nicht beeinträchtigt werden; auch sind die Persönlichkeitsrechte des Angeklagten und anderer Beteiligter, insbesondere auch des Verletzten, zu berücksichtigen (vgl. Nr. 23).

(2) Während der Hauptverhandlung, einschließlich der Urteilsverkündung, sind Ton- und Fernseh-Rundfunkaufnahmen sowie Ton- und Filmaufnahmen zum Zwecke der öffentlichen Vorführung oder Veröffentlichung ihres Inhalts unzulässig.

(3) Ob und unter welchen Voraussetzungen im Sitzungssaal sonst Ton-, Film- und Bildaufnahmen gemacht werden dürfen, entscheidet der Vorsitzende.

(4) Über die Zulässigkeit von Ton-, Film- und Bildaufnahmen im Gerichtsgebäude außerhalb des Sitzungssaales entscheidet der Inhaber des Hausrechts.

(5) Bei Entscheidungen nach Abs. 3 und 4 sind die Persönlichkeitsrechte der Beteiligten zu berücksichtigen. Wird die Erlaubnis erteilt, so empfiehlt es sich klarzustellen, dass die Rechte der betroffenen Personen unberührt bleiben.

130. Belehrung der Zeugen und Sachverständigen. Die Belehrung der Zeugen und Sachverständigen über die Bedeutung des Eides und über die strafrechtlichen Folgen einer unrichtigen oder unvollständigen Aussage soll in angemessener und wirkungsvoller Form erfolgen. Sie wird im Sitzungsprotokoll vermerkt; der Staatsanwalt wirkt darauf hin, dass dies auch bei Zeugen oder Sachverständigen geschieht, die zu einem späteren Zeitpunkt vorgeladen worden sind.

130a. Schutz der Zeugen. (1) Unter den Voraussetzungen des § 247a StPO prüft der Staatsanwalt, ob es geboten ist, dass sich ein Zeuge während seiner Vernehmung an einem anderen Ort aufhält. Stellt der Staatsanwalt einen entsprechenden Antrag, so ist in der Begründung dazu Stellung zu nehmen, ob die Vernehmung aufgezeichnet werden soll.

(2) Besteht Anlass zu der Besorgnis, dass durch die Angabe des Wohnortes oder durch die Offenbarung der Identität oder des Wohn- oder Aufenthaltsortes der Zeuge oder eine andere Person gefährdet wird, so prüft der Staatsanwalt, ob Schutzmaßnahmen erforderlich sind. Unter den Voraussetzungen des § 68 Abs. 2 oder 3 StPO wirkt er darauf hin, dass dem Zeugen gestattet wird, seinen Wohnort oder seine Identität nicht preiszugeben. Im Fall des § 172 Nr. 1a GVG beantragt er den Ausschluss der Öffentlichkeit.

Anh 12 RiStBV Nrn 131–134　　　Anhang. Richtlinien

(3) Für die Vernehmung des Verletzten in der Hauptverhandlung gilt Nr. 19a Abs. 2.

(4) Unter den Voraussetzungen des § 255a StPO wirkt der Staatsanwalt auf eine Ersetzung der Vernehmung von Zeugen durch die Vorführung einer Bild-Ton-Aufzeichnung seiner früheren Vernehmung hin, soweit der Schutz des Zeugen dies gebietet.

131. Ausschluss der Öffentlichkeit; Allgemeines. (1) Unabhängig vom Gericht hat auch der Staatsanwalt zu prüfen, ob es geboten ist, die Öffentlichkeit für die ganze Hauptverhandlung oder für einen Teil auszuschließen. Stellt er einen solchen Antrag, so hat er ihn zu begründen.

(2) Verpflichtet das Gericht die Anwesenden zur Geheimhaltung nach § 174 Abs. 3 GVG, so empfiehlt es sich, auf die Strafbarkeit eines Verstoßes gegen die Schweigepflicht hinzuweisen (§ 353d Nr. 2 StGB). Ist zu befürchten, dass geheim zu haltende Tatsachen über den Kreis der Zeugen und Zuhörer hinaus durch Presse und Rundfunk verbreitet werden, so sollen der Vorsitzende und der Staatsanwalt die Berichterstatter zu einer freiwilligen Beschränkung in ihrem Bericht veranlassen, wenn es nicht geboten ist, auch sie zur Geheimhaltung zu verpflichten. Hält ein Berichterstatter die übernommene Verpflichtung nicht ein, so hat der Staatsanwalt – unbeschadet anderer Maßnahmen – darauf hinzuwirken, dass ihm der Zutritt zu Verhandlungen, in denen die Öffentlichkeit ausgeschlossen ist, nicht mehr gestattet wird.

131a. Ausschluss der Öffentlichkeit zum Schutz des Verletzten. Wird beantragt, die Öffentlichkeit nach § 171b GVG auszuschließen, so nimmt der Staatsanwalt dazu in der Regel Stellung. Wird ein Antrag nicht gestellt, liegen aber die Voraussetzungen für einen Ausschluss der Öffentlichkeit vor, so beantragt der Staatsanwalt den Ausschluss, wenn die betroffenen Personen in der Hauptverhandlung nicht anwesend oder vertreten sind oder wenn sie ihr Antragsrecht nicht sachgerecht ausüben können.

132. Ausschluss der Öffentlichkeit wegen Gefährdung der Sittlichkeit. Die Öffentlichkeit wegen Gefährdung der Sittlichkeit auszuschließen, kann schon dann gerechtfertigt sein, wenn Jugendliche durch die öffentliche Erörterung sittlicher Verfehlungen erheblich gefährdet würden. Aus den gleichen Erwägungen kann jugendlichen Personen auch der Zutritt zu einer Verhandlung versagt werden, für die sonst die Öffentlichkeit nicht ausgeschlossen zu werden braucht (§ 175 Abs. 1 GVG).

133. Ausschluss der Öffentlichkeit wegen Gefährdung der öffentlichen Ordnung. (1) Maßnahmen und Einrichtungen der Polizei und anderer an der Strafverfolgung beteiligter Stellen, die der Verhütung oder der Aufklärung von Straftaten dienen, bleiben vielfach nur wirksam, solange sie geheim gehalten werden können. In öffentlicher Hauptverhandlung soll daher möglichst nicht erörtert werden, mit welchen Mitteln und auf welchem Wege die Polizei die Täter überführt. Lässt sich dies weder vermeiden noch genügend einschränken, so beantragt der Staatsanwalt, für diese Teile der Hauptverhandlung die Öffentlichkeit wegen Gefährdung der öffentlichen Ordnung auszuschließen.

(2) Das Gleiche gilt, wenn Einzelheiten über neue oder eigenartige Begehungsformen von Straftaten, z. B. von Fälschungen, Betrügereien, Vergiftungen oder Einbruchsdiebstählen erörtert werden müssen.

(3) Auch Bauweise, Einrichtung, Belegung und Sicherheitssystem einer Vollzugsanstalt sollen in der Regel nicht in öffentlicher Hauptverhandlung erörtert werden. Gegebenenfalls wirkt der Staatsanwalt auf den Ausschluss der Öffentlichkeit hin.

134. Feststellung von Eintragungen im Bundeszentralregister. Bei der Erörterung von Eintragungen im Bundeszentralregister oder im Verkehrszentralregister ist darauf zu achten, dass dem Angeklagten durch das Bekanntwerden der eingetragenen Tatsachen keine Nachteile entstehen, die vermeidbar sind oder zur Bedeutung der Straftat außer Verhältnis stehen. Hält der Staatsanwalt abweichend von der Ansicht des Vorsitzenden (§ 243 Abs. 5 Satz 3, 4 StPO) die Feststellung von Eintragungen für geboten, so bleibt es ihm unbenommen, hierüber eine Entscheidung des Gerichts herbeizuführen. Da es der Feststellung etwaiger Eintragungen in der Regel dann nicht bedarf, wenn eine Verurteilung des Angeklagten nicht zu erwarten ist, kann es angebracht sein, einen hierauf gerichteten Antrag bis zum Ende der Beweisaufnahme aufzuschieben.

135. Zeugen und Sachverständige. (1) Über das Erforderliche hinausgehende Begegnungen von Zeugen, insbesondere von Opfern, mit dem Angeklagten sollen vermieden, spezielle Warteräume für Zeugen genutzt werden.

(2) Zeugen und Sachverständige, die für die weitere Verhandlung nicht mehr benötigt werden, sollen nach ihrer Vernehmung entlassen werden.

(3) Kinder und Jugendliche sind möglichst vor anderen Zeugen zu vernehmen. In den Warteräumen sollen sie beaufsichtigt und, soweit möglich, betreut werden.

(4) Der Staatsanwalt soll durch geeignete Anträge auf eine entsprechende Verfahrensweise hinwirken.

136. Verdacht strafbarer Falschaussagen. Ergibt sich im Laufe der Verhandlung ein begründeter Verdacht, dass sich ein Zeuge oder ein Sachverständiger einer Eidesverletzung oder einer falschen uneidlichen Aussage schuldig gemacht hat, so beantragt der Staatsanwalt, die beanstandete Aussage zur Feststellung des Tatbestandes für ein künftiges Ermittlungsverfahren zu beurkunden (§ 183 GVG, § 273 Abs. 3 StPO). Er sorgt für die Einleitung eines Ermittlungsverfahrens und veranlasst, wenn nötig, die vorläufige Festnahme des Zeugen oder Sachverständigen.

137. Unterbrechung und Aussetzung der Hauptverhandlung. (1) Wird die Hauptverhandlung unterbrochen, so gibt der Vorsitzende den Anwesenden bekannt, wann sie fortgesetzt wird, und weist darauf hin, dass weitere Ladungen nicht ergehen.

(2) Wird die Verhandlung ausgesetzt und beraumt das Gericht den Termin für die neue Hauptverhandlung sofort an, so kann eine schriftliche Ladung der Zeugen und Sachverständigen dadurch ersetzt werden, dass der Vorsitzende sie unter Hinweis auf die gesetzlichen Folgen ihres Ausbleibens zu dem neuen Termin mündlich lädt. Dies ist im Protokoll zu vermerken. Der Angeklagte und der Verteidiger sind zu dem neuen Termin schriftlich zu laden, der Verteidiger jedoch nur, wenn er nicht auf die Ladung verzichtet.

(3) Wird die Verhandlung ausgesetzt oder unterbrochen, weil gegen einen Verteidiger ein Ausschließungsverfahren eingeleitet worden ist (§ 138c Abs. 4 StPO), empfiehlt es sich, dem über die Ausschließung entscheidenden Gericht mit der Vorlage (§ 138c Abs. 2 StPO) auch die Aussetzung oder Unterbrechung mitzuteilen. Wird die Hauptverhandlung unterbrochen, so ist auch mitzuteilen, an welchem Tag sie spätestens fortgesetzt werden muss.

138. Schlussvortrag des Staatsanwalts. (1) Der Staatsanwalt erörtert in seinem Schlussvortrag das Gesamtergebnis der Hauptverhandlung und würdigt es tatsächlich und rechtlich. Darüber hinaus weist er in geeigneten Fällen darauf hin, welche Bedeutung der Strafvorschrift für das Gemeinwohl zukommt.

(2) Hält der Staatsanwalt die Schuld des Angeklagten für erwiesen, so erörtert er auch die Strafzumessungsgründe (§ 46 StGB; vgl. auch Nr. 15) sowie alle Umstände, die für die Strafbemessung, die Strafaussetzung zur Bewährung, die Verwarnung mit Strafvorbehalt, das Absehen von Strafe, die Nebenstrafe und Nebenfolgen oder die Anordnung von Maßregeln der Besserung und Sicherung, des Verfalls; des erweiterten Verfalls oder sonstiger Maßnahmen (§ 11 Abs. 1 Nr. 8 StGB) von Bedeutung sein können. Von einem Antrag auf Anordnung einer Maßregel der Besserung und Sicherung (z. B. eines Berufsverbotes nach § 70 StGB) soll regelmäßig nicht schon im Hinblick auf mögliche Maßnahmen der Verwaltungsbehörden oder der Berufsgerichtsbarkeit abgesehen werden.

(3) Kommt eine Verwarnung mit Strafvorbehalt (§ 59 StGB) in Betracht, so wägt der Staatsanwalt die besonderen Umstände des Falles gegen das Gebot der Verteidigung der Rechtsordnung ab.

(4) Beantragt der Staatsanwalt eine Freiheitsstrafe unter sechs Monaten, so nimmt er dazu Stellung, aus welchen Gründen die Verhängung einer Geldstrafe nicht ausreicht und deshalb eine Freiheitsstrafe unerlässlich ist (§ 47 StGB). Von der Geldstrafe darf nicht allein deshalb abgesehen werden, weil der Angeklagte sie nicht oder nicht sofort zahlen kann. Gegebenenfalls ist eine Anordnung gemäß § 42 StGB zu erörtern.

(5) Beantragt der Staatsanwalt eine Freiheitsstrafe von nicht mehr als zwei Jahren, so nimmt er dazu Stellung, ob die Voraussetzungen für die Strafaussetzung zur Bewährung vorliegen (§ 56 StGB). Beantragt der Staatsanwalt Verwarnung mit Strafvorbehalt, Strafaussetzung zur Bewährung oder eine Maßregel der Besserung und Sicherung, so schlägt er gegebenenfalls zugleich geeignete Auflagen und Weisungen vor; für Auflagen gelten die Nr. 93 Abs. 3, 4 und 93a sinngemäß.

(6) Hat der Täter sich durch die Tat bereichert oder zu bereichern versucht, nimmt der Staatsanwalt in geeigneten Fällen auch dazu Stellung, ob Geldstrafe neben Freiheitsstrafe zu verhängen ist (§ 41 StGB).

(7) Besteht Anlass, vom Angeklagten erlittene Untersuchungshaft oder eine andere Freiheitsentziehung nicht auf die Strafe anzurechnen, so hat sich der Staatsanwalt hierzu zu äußern (vgl. § 51 Abs. 1 Satz 2 StGB). Er hat ferner zu der Frage Stellung zu nehmen, ob der Haftbefehl noch aufrechtzuerhalten oder aufzuheben ist. Hat die Verhandlung Haftgründe gegen den auf freiem Fuß befindlichen Angeklagten ergeben, so beantragt der Staatsanwalt einen Haftbefehl. Untersuchungshaft wegen Verdunkelungsgefahr wird jedoch nach Verkündung des Urteils nur ausnahmsweise in Betracht kommen.

(8) Beim Antrag zum Kostenausspruch beachtet der Staatsanwalt die Ausnahmen von der Haftung für die Auslagen bei bestimmten Untersuchungen (§ 465 Abs. 2 StPO).

139. Anträge zum Freispruch des Angeklagten. (1) Beantragt der Staatsanwalt, den Angeklagten freizusprechen oder das Verfahren gegen ihn einzustellen, so nimmt er in geeigneten Fällen in seinem Antrag zugleich zur Frage der Auferlegung der Kosten (§§ 467 Abs. 2 Satz 1, 470 StPO) und des Ersatzes der dem Angeklagten erwachsenen notwendigen Auslagen (§ 467 Abs. 2 Satz 2, Abs. 3, 4; § 470 StPO) Stellung.

(2) Hat die Hauptverhandlung ergeben, dass eine unwahre Anzeige vorsätzlich oder leichtfertig erstattet worden ist, so regt der Staatsanwalt eine Entscheidung nach § 469 StPO an.

(3) Kann eine Entschädigung nach den §§ 1, 2 StrEG in Betracht kommen, so wirkt der Staatsanwalt darauf hin, dass das Gericht gemäß § 8 des Gesetzes über die Entschädigungspflicht entscheidet. Der Staatsanwalt nimmt unter Berücksichtigung der §§ 3 bis 6 dieses Gesetzes und des § 254 BGB dazu Stellung, ob und in welchem Umfang eine Verpflichtung zur Entschädigung besteht, und vermerkt dies in den Handakten.

140.[1]**) Mitteilung der Entscheidung und des Standes der Strafvollstreckung.** Von einem rechtskräftigen Urteil sowie von einem in § 268a StPO genannten Beschluss über Strafaussetzung zur Bewährung ist dem Verurteilten oder Freigesprochenen und, sofern er einen Verteidiger hat, auch diesem eine Abschrift zu übersenden. In Verfahren gegen Jugendliche und Heranwachsende sowie in Staatsschutzsachen kann im Einzelfall hiervon abgesehen werden. Andere Entscheidungen werden auf Antrag übersandt.

141. Form des Urteils. (1) Im Urteil wird der Angeklagte so genau bezeichnet, wie es für die Anklage vorgeschrieben ist (Nr. 110 Abs. 2 Buchst. a). Werden die Urteilsgründe in die Verhandlungsniederschrift vollständig aufgenommen (§ 275 Abs. 1 Satz 1 StPO) und enthält diese auch die in Nr. 110 Abs. 2 Buchst. a vorgesehenen Angaben, so ist es nicht mehr nötig, das Urteil gesondert abzusetzen. Eine von der Nieder-

---

[1]) **Amtlicher Fußnotentext:** In Bayern gilt diese Vorschrift in einer abweichenden Fassung (Bekanntmachung des Bayerischen Staatsministeriums der Justiz über die Einführung der Richtlinien für das Strafverfahren und das Bußgeldverfahren, Justizministerialblatt).

schrift getrennte Absetzung der Urteilsgründe allein ist unzureichend. Ergeht das Urteil gegen mehrere Angeklagte, so sind die angewendeten Vorschriften (§ 260 Abs. 5 StPO) für jeden Angeklagten gesondert anzugeben.

(2) Das Urteil ist unverzüglich abzusetzen. Die in § 275 Abs. 1 Satz 2 StPO bestimmte Frist ist einzuhalten; erforderlichenfalls empfiehlt es sich, den Berichterstatter und gegebenenfalls auch den Vorsitzenden von anderen Dienstgeschäften freizustellen. Ist das Urteil in unterschriebener Form fristgerecht zu den Akten gebracht worden, so kann eine etwa erforderlich werdende Reinschrift auch noch nach Fristablauf hergestellt werden.

(3) Wird eine Überschreitung der Urteilsabsetzungsfrist durch einen im Einzelfall nicht voraussehbaren unabwendbaren Umstand veranlasst (§ 275 Abs. 1 Satz 4 StPO), ist es zweckmäßig, die Gründe hierfür aktenkundig zu machen.

142. Belehrung über Rechtsmittel und Rechtsbehelfe. (1) Ist der Angeklagte bei der Verkündung des Urteils anwesend, so belehrt ihn der Vorsitzende über die zulässigen Rechtsmittel (§ 35a StPO). Dabei wird dem Angeklagten ein Merkblatt ausgehändigt, auf das wegen der Einzelheiten verwiesen werden kann. Bei einem Angeklagten, der der deutschen Sprache nicht hinreichend mächtig ist, hat die durch den hinzugezogenen Dolmetscher (Nr. 181 Abs. 1) zu vermittelnde Rechtsmittelbelehrung den Hinweis zu enthalten, dass die schriftliche Rechtsmitteleinlegung in deutscher Sprache erfolgen muss. Die Belehrung wird im Protokoll über die Hauptverhandlung vermerkt.

(2) Der Angeklagte soll nicht veranlasst werden, im unmittelbaren Anschluss an die Urteilsverkündung zu erklären, ob er auf Rechtsmittel verzichtet. Erklärt er, ein Rechtsmittel einlegen zu wollen, so ist er an die Geschäftsstelle zu verweisen.

(3) Ist der Angeklagte bei der Verkündung des Urteils abwesend, so ist er über die Einlegung des zulässigen Rechtsmittels schriftlich zu belehren, sofern er nicht durch einen mit einer schriftlichen Vollmacht versehenen Verteidiger vertreten war; es genügt, wenn dem zuzustellenden Urteil ein Merkblatt beigefügt und dies in der Zustellungsurkunde vermerkt wird. In den Fällen der §§ 232, 329 Abs. 1 und 2 und des § 412 StPO ist der Angeklagte zugleich über sein Recht zu belehren, die Wiedereinsetzung in den vorigen Stand zu beantragen (§§ 235, 329 Abs. 3 StPO).

143. Beurkundung eines Rechtsmittelverzichts. (1) Ein unmittelbar nach der Urteilsverkündung erklärter Verzicht auf Rechtsmittel ist im Protokoll zu beurkunden. Es empfiehlt sich, im Protokoll zu vermerken, dass die Erklärung über den Rechtsmittelverzicht verlesen und genehmigt worden ist (§ 273 Abs. 3 StPO).

(2) Verzichtet ein in Untersuchungshaft befindlicher Angeklagter auf Rechtsmittel, so ist der Zeitpunkt des Verzichts nach Stunde und Minute in das Protokoll aufzunehmen.

144. Die Beurkundung der Hauptverhandlung. (1) Der Urkundsbeamte hat das Protokoll über die Hauptverhandlung wegen dessen besonderer Bedeutung (§ 274 StPO) sorgfältig abzufassen. Der Vorsitzende überwacht die ordnungsgemäße Beurkundung, namentlich der Förmlichkeiten des Verfahrens (z.B. §§ 265, 303 StPO) und der Beweisanträge. Er prüft das Protokoll auf Richtigkeit und Vollständigkeit und veranlasst nötige Abänderungen und Ergänzungen. Als Tag der Fertigstellung des Protokolls (§ 271 Abs. 1 Satz 2 StPO) ist der Tag anzugeben, an dem die zweite Urkundsperson das Protokoll unterschreibt.

(2) Bei der Aufnahme von Zeugenaussagen kann auf amtliche, auch außergerichtliche Niederschriften über eine frühere Vernehmung des Zeugen im Vorverfahren Bezug genommen werden. Ändert oder ergänzt der Zeuge jedoch seine früheren Erklärungen oder bestreitet ein Beteiligter die Richtigkeit der Aussage, so ist es in der Regel geboten, die Aussage vollständig, in den entscheidenden Punkten unter Umständen sogar wörtlich, in das Protokoll aufzunehmen, damit für ein späteres Ermittlungsverfahren wegen einer unrichtigen Aussage ausreichende Unterlagen vorhanden sind. Auf nichtamtliche Niederschriften von Aussagen soll grundsätzlich nicht Bezug genommen werden.

145. Festsetzung der notwendigen Auslagen des Beschuldigten. (1) Vor dem Erlass des Festsetzungsbeschlusses soll der Rechtspfleger den Vertreter der Staatskasse hören. Dieser kann zu den von ihm beabsichtigten Äußerungen oder zu Einzelfragen eine Stellungnahme des Leiters der Strafverfolgungsbehörde beim Landgericht herbeiführen.

(2) Der Festsetzungsbeschluss des Rechtspflegers ist dem Vertreter der Staatskasse zuzustellen (§ 464b Satz 3 StPO, § 104 Abs. 1 S. 3 ZPO). Dieser prüft, ob gegen den Festsetzungsbeschluss innerhalb der gesetzlichen Frist namens der Staatskasse ein Rechtsbehelf (Erinnerung oder sofortige Beschwerde) einzulegen ist. Dabei kann er den Leiter der Strafverfolgungsbehörde beim Landgericht beteiligen. Wird von einem Rechtsbehelf abgesehen, so teilt der Vertreter der Staatskasse dies dem Rechtspfleger mit. Legt der Vertreter der Staatskasse einen Rechtsbehelf ein, so beantragt er gleichzeitig, die Vollziehung des Festsetzungsbeschlusses auszusetzen. Er teilt dem Rechtspfleger unverzüglich die Entscheidung des Gerichts über diesen Antrag mit.

(3) Die Entscheidung des Gerichts über die Erinnerung wird dem Vertreter der Staatskasse zugestellt, wenn gegen sie die sofortige Beschwerde statthaft ist. Für die sofortige Beschwerde und für den Antrag auf Aussetzung der Vollziehung der angefochtenen Entscheidung gilt Absatz 2 Satz 2 bis 6 entsprechend.

(4) Soweit der Rechtspfleger bei der Festsetzung der Auslagen der Stellungnahme des Vertreters der Staatskasse entspricht, ordnet er gleichzeitig mit dem Erlass des Festsetzungsbeschlusses die Auszahlung an. Die Auszahlung von Auslagen, deren Festsetzung der Vertreter der Staatskasse widersprochen hat, wird bereits vor der formellen Rechtskraft des Festsetzungsbeschlusses angeordnet, wenn
a) die Frist zur Einlegung des statthaften Rechtsbehelfs für den Vertreter der Staatskasse abgelaufen ist,
b) der Vertreter der Staatskasse erklärt hat, dass ein Rechtsbehelf nicht eingelegt werde, oder
c) der Vertreter der Staatskasse einen Rechtsbehelf eingelegt hat und
   aa) die Vollziehung des Kostenfestsetzungsbeschlusses oder
   bb) die Vollziehung der Entscheidung über die Erinnerung für den Fall, dass diese mit der sofortigen Beschwerde angefochten werden kann,
nicht innerhalb einer Woche nach Ablauf der Frist zur Einlegung des jeweiligen Rechtsbehelfs ausgesetzt wird.
Wird der Kostenfestsetzungsbeschluss nur zum Teil angefochten, so ist der Teil der Auslagen, dessen Festsetzung nicht angefochten ist, sofort zu erstatten; auf dem Auszahlungsbeleg ist auf die Teilanfechtung hinzuweisen.

4. Beschleunigtes Verfahren

146. (1) In allen geeigneten Fällen ist die Aburteilung im beschleunigten Verfahren (§ 417 StPO) zu beantragen; dies gilt vor allem, wenn der Beschuldigte geständig ist oder andere Beweismittel zur Verfügung stehen. Das beschleunigte Verfahren kommt nicht in Betracht, wenn Anlass besteht, die Person des Beschuldigten und sein Vorleben genau zu erforschen oder wenn der Beschuldigte durch die Anwendung dieses Verfahrens in seiner Verteidigung beeinträchtigt werden würde.

(2) Zur Vereinfachung und Erleichterung des Verfahrens soll der Staatsanwalt die Anklage nach Möglichkeit schriftlich niederlegen, sie in der Hauptverhandlung verlesen und dem Gericht einen Abdruck als Anlage für die Niederschrift übergeben.

IV. Abschnitt. Rechtsmittel

1. Einlegung

147. Rechtsmittel des Staatsanwalts. (1) Der Staatsanwalt soll ein Rechtsmittel nur einlegen, wenn wesentliche Belange der Allgemeinheit oder der am Verfahren beteiligten Personen es gebieten und wenn das Rechtsmittel aussichtsreich ist. Entspricht eine Entscheidung der Sachlage, so kann sie in der Regel auch dann unangefochten bleiben, wenn eine Rechtsnorm nicht oder nicht richtig angewendet worden ist. Zur Nachprüfung des Strafmaßes ist ein Rechtsmittel nur einzulegen, wenn die Strafe in einem offensichtlichen Missverhältnis zu der Schwere der Tat steht. Die Tatsache allein, dass ein anderer Beteiligter ein Rechtsmittel eingelegt hat, ist für den Staatsanwalt kein hinreichender Grund, das Urteil ebenfalls anzufechten.

(2) Von diesen Grundsätzen kann abgewichen werden, wenn ein Gericht in einer häufiger wiederkehrenden, bedeutsamen Rechtsfrage eine nach Ansicht des Staatsanwalts unzutreffende Rechtsauffassung vertritt oder wenn es im Strafmaß nicht nur vereinzelt, sondern allgemein den Aufgaben der Strafrechtspflege nicht gerecht wird.

(3) Der Staatsanwalt soll ein Rechtsmittel zugunsten des Angeklagten einlegen (§ 296 Abs. 2 StPO), wenn dieser durch einen Verfahrensverstoß oder durch einen offensichtlichen Irrtum des Gerichts benachteiligt worden ist oder wenn die Strafe unter Würdigung aller Umstände des Falles unangemessen hoch erscheint. Dass das Rechtsmittel zu Gunsten des Angeklagten eingelegt wird, muss deutlich zum Ausdruck gebracht werden.

148. Vorsorgliche Einlegung von Rechtsmitteln. (1) Nur ausnahmsweise soll ein Rechtsmittel lediglich vorsorglich eingelegt werden. Dies kann in Betracht kommen, wenn es geboten erscheint, die Entschließung der vorgesetzten Behörde herbeizuführen oder wenn das Verfahren eine Behörde besonders berührt und ihr Gelegenheit gegeben werden soll, sich zur Durchführung des Rechtsmittels zu äußern. Nr. 211 Abs. 2 und 3 Buchst. b ist zu beachten.

(2) In der Rechtsmittelschrift darf nicht zum Ausdruck kommen, dass das Rechtsmittel nur vorsorglich oder auf Weisung eingelegt wird.

(3) Wird ein Rechtsmittel lediglich vorsorglich eingelegt, so ist in der Rechtsmittelschrift nur die Tatsache der Einlegung mitzuteilen. Wenn so verfahren wird, braucht die Rechtsmittelschrift dem Angeklagten nicht zugestellt zu werden.

149. Unterzeichnung der Rechtsmittelschrift. Der Staatsanwalt hat die Reinschrift der Rechtsmittel- und der Begründungsschrift handschriftlich zu unterzeichnen.

150. Rechtsmittel des Angeklagten zu Protokoll der Geschäftsstelle. (1) Legt der Angeklagte die Berufung zu Protokoll der Geschäftsstelle ein oder begründet er sie in dieser Form, so ist er zu befragen, ob er das Urteil in seinem ganzen Umfang anfechten oder die Anfechtung auf bestimmte Beschwerdepunkte beschränken will (§ 318 StPO). Das Protokoll muss dies klar erkennen lassen. Wird eine erneute Beweisaufnahme begehrt, so sind neue Beweismittel genau zu bezeichnen. In den Fällen des § 313 Abs. 1 Satz 1 StPO ist der Angeklagte im Hinblick auf die Entscheidung über die Annahme der Berufung nach § 313 Abs. 2 StPO auf die Möglichkeit der Begründung des Rechtsmittels hinzuweisen.

(2) Rechtfertigt der Angeklagte die Revision zu Protokoll der Geschäftsstelle (§ 345 Abs. 2 StPO), so soll der Rechtspfleger dafür sorgen, dass er die Gerichtsakten, mindestens aber eine Abschrift des angefochtenen Urteils zur Hand hat. Der Rechtspfleger belehrt den Angeklagten über die richtige Art der Revisionsrechtfertigung und wirkt auf eine den gesetzlichen Vorschriften entsprechende Fassung hin. Der Rechtspfleger ist an den Wortlaut und die Form des zur Begründung der Revision Vorgebrachten nicht gebunden, wohl aber an dessen sachlichen Kern. Er nimmt in das Protokoll auch das Vorbringen auf, für das er die Verantwortung ablehnt; er belehrt den Angeklagten über die sich daraus ergebenden Folgen und vermerkt diese Belehrung im Protokoll.

(3) Das Protokoll muss aus sich heraus verständlich sein. Bezugnahmen auf andere Schriftstücke sind unwirksam. Dies gilt vor allem für handschriftliche Erklärungen des Beschwerdeführers. Diese können auch nicht dadurch zu einer zulässigen Begründung der Revision werden, dass sie äußerlich die Form des Protokolls erhalten oder dass sie in das Protokoll übernommen werden, ohne dass sie der Rechtspfleger geprüft und ihnen eine möglichst zweckmäßige Form gegeben hat.

(4) Es ist ein bestimmter Antrag aufzunehmen. Dieser muss erkennen lassen, ob der Beschwerdeführer das Urteil im Ganzen anfechten oder ob er die Revision beschränken will; der Umfang der Beschränkung ist genau anzugeben.

(5) Will der Beschwerdeführer rügen, dass das Strafgesetz nicht richtig angewandt worden sei, so ist die Erklärung aufzunehmen, dass die Verletzung sachlichen Rechts gerügt wird; Zusätze müssen rechtlicher Natur sein. Die allgemeine Sachrüge ist angebracht, wenn dem Revisionsgericht die materielle Überprüfung des Urteils im ganzen ermöglicht werden soll.

(6) Wird ein Verfahrensverstoß geltend gemacht, so muss der prozessuale Vorgang, in dem der Mangel gefunden wird, z. B. die Ablehnung eines Beweisantrages oder eines Antrages auf Bestellung eines Verteidigers, genau wiedergegeben werden. Es genügt nicht, auf Aktenstellen Bezug zu nehmen. Wohl aber ist es angebracht, auf die Aktenstellen hinzuweisen, aus denen sich die behaupteten Verfahrenstatsachen ergeben. Wird gerügt, dass die Aufklärungspflicht verletzt worden sei, so müssen auch die angeblich nicht benutzten Beweismittel bezeichnet werden.

151. Empfangsbestätigung. Die Geschäftsstelle hat dem Beschwerdeführer auf Verlangen den Eingang einer Rechtsmittel- oder Begründungsschrift zu bescheinigen. Von Rechtsanwälten kann verlangt werden, dass sie eine vorbereitete Empfangsbescheinigung vorlegen.

2. Verzicht und Rücknahme

152. (1) Verzichtet ein Verteidiger auf die Einlegung eines Rechtsmittels oder beschränkt er ein Rechtsmittel von vornherein oder nachträglich auf einen Teil der Entscheidung (Teilverzicht) oder nimmt er ein Rechtsmittel zurück, so ist zu prüfen, ob seine Ermächtigung zum Verzicht oder zur Rücknahme nachgewiesen ist (§ 302 Abs. 2 StPO). Das Ergebnis der Prüfung ist aktenkundig zu machen. Fehlt der Nachweis für die Ermächtigung, so ist sie vom Verteidiger oder vom Angeklagten einzufordern.

(2) Liegen die Akten bereits dem Rechtsmittelgericht vor, so wird die Rücknahmeerklärung erst wirksam, wenn sie bei dem Rechtsmittelgericht eingeht; daher sind in diesem Falle die Rücknahmeerklärungen, die bei der Staatsanwaltschaft oder beim Gericht des früheren Rechtszuges eingehen, unverzüglich weiterzuleiten. Ist Revision eingelegt, so ist darüber hinaus beim Revisionsgericht oder der Staatsanwaltschaft bei diesem Gericht fernmündlich oder telegrafisch mitzuteilen, dass eine Rücknahmeerklärung eingegangen ist.

(3) Nimmt der Angeklagte ein Rechtsmittel zurück, so ist der Staatsanwalt (gegebenenfalls auch der Nebenkläger), nimmt der Staatsanwalt oder der Nebenkläger ein Rechtsmittel zurück, so sind der Angeklagte und sein Verteidiger durch das mit der Sache befasste Gericht zu benachrichtigen, auch wenn ihnen die Rechtsmittelschrift nicht zur Kenntnis gebracht worden ist (Nr. 148 Abs. 3 Satz 2).

3. Verfahren nach der Einlegung

A. Gemeinsame Bestimmungen

153. Beschleunigung. Rechtsmittelsachen sind stets als Eilsachen zu behandeln.

154. Zustellung des Urteils. (1) Das Urteil, gegen das der Angeklagte ein Rechtsmittel eingelegt hat, ist dem Verteidiger zuzustellen, wenn sich dessen Vollmacht bei den Akten befindet (Wahlverteidiger) oder wenn er zum Verteidiger bestellt worden ist (Pflichtverteidiger). Kann an mehrere Verteidiger rechtswirksam zugestellt werden, so soll die Zustellung nur an einen von ihnen erfolgen. Die weiteren Verteidiger und der Angeklagte sind von der Zustellung zu unterrichten; eine Abschrift des Urteils ist beizufügen.

(2) Hat der gesetzliche Vertreter des Angeklagten ein Rechtsmittel eingelegt, so wird ihm das Urteil zugestellt. Haben beide das Rechtsmittel eingelegt, so ist das Urteil jedem von ihnen zuzustellen.

155. Antrag auf Wiedereinsetzung in den vorigen Stand. Wenn ein Antrag auf Wiedereinsetzung in den vorigen Stand wegen Versäumung einer Rechtsmittelfrist mit dem Verschulden anderer Personen (Urkundsbeamten, Bediensteten der Vollzugsanstalt, Verteidiger usw.) begründet wird, so ist eine (dienstliche) Äußerung dieser Personen herbeizuführen.

156. Rechtsmittelbegründung. (1) Der Staatsanwalt muss jedes von ihm eingelegte Rechtsmittel begründen, auch wenn es sich nur gegen das Strafmaß richtet.

(2) Eine Revisionsbegründung, die sich – abgesehen von den Anträgen – darauf beschränkt, die Verletzung sachlichen Rechts zu rügen, genügt zwar den gesetzlichen Erfordernissen; der Staatsanwalt soll aber seine Revision stets so rechtfertigen, dass klar ersichtlich ist, in welchen Ausführungen des angefochtenen Urteils er eine Rechtsverletzung erblickt und auf welche Gründe er seine Rechtsauffassung stützt.

(3) Stützt der Staatsanwalt seine Revision auf Verletzungen von Verfahrensvorschriften, so sind die formellen Rügen nicht nur mit der Angabe der die Mängel enthaltenden Tatsachen zu begründen (§ 344 Abs. 2 Satz 2 StPO), sondern es sind auch die Aktenstellen, auf die sich die Rügen beziehen, z. B. Teile des Protokolls über die Hauptverhandlung, abschriftlich in der Revisionsrechtfertigung anzuführen.

157. Urteilsabschrift an den Beschwerdegegner. Mit der Zustellung der Berufungs- oder Revisionsschriften ist dem Gegner des Beschwerdeführers, falls noch nicht geschehen, eine Abschrift des Urteils mit Gründen zu übersenden.

B. Berufungsverfahren

158. Benennung von Beweismitteln. Bei Übersendung der Akten an das Berufungsgericht (§ 321 Satz 2 StPO) benennt der Staatsanwalt nur solche Zeugen und Sachverständige, deren Vernehmung zur Durchführung der Berufung notwendig ist.

158a. Annahmeberufung. (1) Hat in den Fällen des § 313 Abs. 1 Satz 1 StPO der Angeklagte oder der Nebenkläger Berufung eingelegt, so nimmt der Staatsanwalt gegenüber dem Berufungsgericht zur Frage der Zulässigkeit des Rechtsmittels Stellung und stellt einen Antrag zu der nach den § 313 Abs. 2, § 322a StPO zu treffenden Entscheidung.

(2) In den Fällen des § 313 Abs. 3 StPO (Berufung gegen ein auf Geldbuße, Freispruch oder Einstellung wegen einer Ordnungswidrigkeit lautendes Urteil) gilt Nummer 293 Abs. 2 entsprechend.

C. Revisionsverfahren

159. Zustellung des Urteils an die Staatsanwaltschaft. Wird das Urteil der Staatsanwaltschaft durch Vorlegen der Urschrift (§ 41 StPO) zugestellt, so hat die Geschäftsstelle der Staatsanwaltschaft auf der Urschrift den Tag zu bescheinigen, an dem das Urteil eingegangen ist („Zur Zustellung eingegangen am ..."). Bleibt die Urschrift nicht bei den Akten, so vermerkt die Geschäftsstelle der Staatsanwaltschaft auf der mit der Urschrift vorgelegten, für die Akten bestimmten Ausfertigung des Urteils: „Die Urschrift des Urteils ist zur Zustellung am ... eingegangen." Beide Vermerke sind vom Staatsanwalt zu zeichnen.

160. Akteneinsicht durch den Verteidiger. Während die Frist zur Revisionsbegründung läuft, sind die Akten zur Einsichtnahme durch den Verteidiger bereitzuhalten.

161. Berichtigung des Verhandlungsprotokolls. (1) Wird beantragt, das Protokoll über die Hauptverhandlung zu berichtigen, so führt der Staatsanwalt eine Erklärung des Vorsitzenden und des Urkundsbeamten herbei.

(2) Wird – ohne einen förmlichen Antrag auf Berichtigung – nur in der Revisionsbegründung geltend gemacht, dass das Protokoll unrichtig oder unvollständig sei, so wird

es sich empfehlen, dies vor der Einsendung der Akten an das Revisionsgericht durch Rückfrage aufzuklären.

162. Gegenerklärung des Staatsanwalts. (1) Begründet der Angeklagte oder der Nebenkläger seine Revision nur mit der Verletzung des sachlichen Rechts, so kann der Staatsanwalt in der Regel von einer Gegenerklärung (§ 347 Abs. 1 Satz 2 StPO) absehen.

(2) Wird das Urteil wegen eines Verfahrensmangels angefochten, so gibt der Staatsanwalt eine Gegenerklärung fristgemäß ab, wenn anzunehmen ist, dass dadurch die Prüfung der Revisionsbeschwerden erleichtert wird und zeitraubende Rückfragen und Erörterungen vermieden werden. Die Gegenerklärung soll die Tatsachen, auf die sich die Verfahrensrügen erstrecken, erschöpfend darstellen; die in Betracht kommenden Aktenstellen sind abzulichten oder abschriftlich wiederzugeben. Ausführungen des angefochtenen Urteils, die Gegenstand einer Verfahrensrüge sind, werden in die Gegenerklärung nicht aufgenommen. Wird die Behandlung von Beweisanträgen gerügt, so ist aus dem Protokoll über die Hauptverhandlung festzustellen, ob die Beteiligten auf weitere Beweise verzichtet oder sich mit der Schließung der Beweisaufnahme einverstanden erklärt haben. Trifft dies zu, so ist dieser Teil des Protokolls in der Gegenerklärung wörtlich wiederzugeben. Ist über einen Antrag, namentlich einen Beweisantrag, im Urteil entschieden worden, so ist auf die betreffende Urteilsstelle (nach der Seite der Abschrift) zu verweisen. Bezieht sich die Verfahrensrüge auf einen Vorgang, der aus einem Protokoll über die Hauptverhandlung nicht ersichtlich und auch von dem Sitzungsstaatsanwalt nicht wahrgenommen worden ist, so wird es zweckmäßig sein, über den Vorgang eine Äußerung der Beteiligten herbeizuführen.

(3) Der Staatsanwalt teilt eine Gegenerklärung dem Beschwerdeführer mit und legt sie dem Gericht vor. Anlagen (dienstliche Äußerungen usw.), auf die Bezug genommen wird, sind der Vorlage an das Gericht beizufügen. Enthält die Gegenerklärung erhebliche neue Tatsachen oder Beweisergebnisse, so ist sie dem Beschwerdeführer zuzustellen. Wird keine Gegenerklärung abgegeben, so braucht das Gericht hiervon nicht unterrichtet zu werden.

(4) Der Vorsitzende leitet die Akten der Staatsanwaltschaft zur weiteren Verfügung zu, wenn er von der Gegenerklärung Kenntnis genommen hat oder wenn die Frist (§ 347 Abs. 1 Satz 2 StPO) abgelaufen ist.

163. Übersendung der Akten an das Revisionsgericht. (1) Die Akten werden dem Revisionsgericht durch die Staatsanwaltschaft bei diesem Gericht vorgelegt. Ist der Bundesgerichtshof zur Entscheidung über die Revision zuständig und betreibt der Staatsanwalt allein oder neben einem anderen Beteiligten die Revision, so werden die Akten über den Generalstaatsanwalt beim Oberlandesgericht geleitet. Dies gilt nicht, wenn das Amt des Staatsanwalts bei dem Oberlandesgericht durch den Generalbundesanwalt ausgeübt wird (§ 142a GVG). Der Vorlage an den Bundesgerichtshof ist ein Übersendungsbericht beizufügen; dies gilt auch für die Vorlage an ein Revisionsgericht eines Landes, soweit nichts anderes bestimmt ist.

(2) Abs. 1 gilt entsprechend, wenn der Beschwerdeführer Wiedereinsetzung in den vorigen Stand oder die Entscheidung des Revisionsgerichts nach § 346 Abs. 2 StPO beantragt hat.

(3) Vor der Übersendung prüft der Staatsanwalt, ob die Zustellungen und Vollmachten in Ordnung sind und veranlasst, dass alle Mängel beseitigt werden. Ist die Urschrift des Urteils schwer lesbar, so ist eine einwandfreie Ausfertigung oder beglaubigte Abschrift des Urteils beizuheften.

164. Form und Inhalt des Übersendungsberichts. (1) Der Übersendungsbericht soll folgende Angaben enthalten:
a) die Namen und die zuletzt bekannten vollständigen Anschriften aller Verfahrensbeteiligten (Angeklagte, Verteidiger, gesetzliche Vertreter, Nebenbeteiligte, Einziehungsbeteiligte usw.) sowie die Aktenstellen, aus denen sich Beiordnungen und Vollmachten von Rechtsanwälten ergeben;

b) die Angabe, ob der Angeklagte bei der Verkündung des Urteils anwesend war;
c) das Eingangsdatum und die Aktenstelle der Schriften über die Einlegung und die Begründung der Revision;
d) den Tag der Zustellung des Urteils an den Beschwerdeführer und der Revisionsbegründung an den Gegner des Beschwerdeführers;
e) die Aktenstelle der Gegenerklärung und der Mitteilung der Gegenerklärung an den Beschwerdeführer;
f) die Anzahl der Abschriften der Revisionsentscheidung, die für Mitteilungen gebraucht werden;
g) den Hinweis auf nur örtlich geltende gesetzliche Feiertage, wenn das Ende einer Frist, die für das Revisionsverfahren wesentlich ist, auf einen solchen Tag fällt;
h) den Hinweis auf die Zulassung eines Nebenklägers (§ 396 Abs. 2 StPO) mit Angabe der Aktenstelle;
i) den Hinweis auf einen in Beiakten anberaumten Termin oder auf andere Beschleunigungsgründe, die übersehen werden könnten.

(2) In Haftsachen ist ferner anzugeben, wo der Angeklagte verwahrt wird. Auf dem Übersendungsbericht ist deutlich sichtbar „Haft" zu vermerken (vgl. Nr. 52). Dieser Vermerk ist durch nähere Angaben (z. B. „Strafhaft in der Sache ...") zu erläutern.

(3) Auf andere Strafverfolgungsmaßnahmen (vorläufige Entziehung der Fahrerlaubnis, vorläufiges Berufsverbot u. a.), die eine Entschädigungspflicht auslösen könnten, ist hinzuweisen.

(4) Legt der Staatsanwalt wegen der Bedeutung der Strafsache oder aus anderen Gründen, z. B. weil gegen den Angeklagten Haftbefehl erlassen ist, Wert darauf, über die Entscheidung des Revisionsgerichts beschleunigt unterrichtet zu werden, so weist er hierauf hin; wird eine besondere Übermittlungsart gewünscht (z. B. Telex, Telefax), so ist dies deutlich hervorzuheben.

165. Anlagen zum Übersendungsbericht. (1) Für das Revisionsgericht sind beizufügen je eine Ausfertigung oder beglaubigte Abschrift
a) des angefochtenen und jedes weiteren in diesem Verfahren gegen den Angeklagten ergangenen Urteils, sowie eines nach § 346 Abs. 1 StPO ergangenen Beschlusses, wobei einzelne Teile der Entscheidung, die einen anderen Angeklagten oder eine der Revisionsentscheidung nicht unterliegende Straftat betreffen, in der Abschrift ausgelassen werden können,
b) der Schriftstücke über die Einlegung und die Rechtfertigung der Revision, der sonstigen die Revision betreffenden Schriften (Wiedereinsetzungsantrag, Antrag nach § 346 Abs. 2 StPO usw., jeweils versehen mit dem Eingangsdatum), der Gegenerklärung mit den Anlagen und der Erwiderung.

(2) Kommen für die Entscheidung landesrechtliche oder örtliche Vorschriften in Betracht, die nur in Amts-, Kreis- oder ähnlichen Blättern von örtlicher Bedeutung veröffentlicht sind, so sind Abdrucke oder beglaubigte Abschriften beizufügen.

(3) Für die Staatsanwaltschaft beim Revisionsgericht sind je eine Ausfertigung oder beglaubigte Abschrift der in den Abs. 1 und 2 bezeichneten Schriftstücke beizufügen.

166. Übersendung von Überführungsstücken und Beiakten. (1) Dem Revisionsgericht sind nur die für die Entscheidung über die Revision nötigen Überführungsstücke und Akten zu übersenden, z. B. die Akten, die für die Nachprüfung von Prozeßvoraussetzungen oder für die Anwendung der §§ 66, 69, 70 StGB von Bedeutung sind.

(2) Schriftstücke, Skizzen und Lichtbilder, auf die in dem angefochtenen Urteil Bezug genommen ist oder die zum besseren Verständnis des Urteils beitragen (z. B. Verkehrsunfallskizzen, Lichtbilder), sind zu übersenden. Welche anderen Überführungsstücke und Akten zu übersenden sind, entscheidet der Staatsanwalt.

167. Beschleunigung. Ist über Haft-, Dienstaufsichts- oder sonstige Beschwerden oder über Anträge auf Festsetzung von Kosten, Vergütungen oder Entschädigungen zu entscheiden, sind Gnadengesuche von Mitverurteilten zu bearbeiten oder ist gegen diese die Strafvollstreckung einzuleiten, so ist zu prüfen, ob diese Entscheidungen auf Grund von Aktenteilen, die für das Revisionsgericht entbehrlich sind, oder auf Grund von Abschriften oder Ablichtungen getroffen werden können. Ist dies nicht der Fall, so ist zu erwägen, ob die Angelegenheit bis zur Rückkunft der Akten aus der Revisionsinstanz zurückgestellt werden kann. Eine Zurückstellung unterbleibt bei Vollstreckungsmaßnahmen und Gnadenverfahren.

168. Überprüfung durch den Generalstaatsanwalt und Rücknahme der Revision. (1) Ist zur Entscheidung über die Revision der Staatsanwaltschaft der Bundesgerichtshof zuständig, so prüft der Generalstaatsanwalt beim Oberlandesgericht, ob die Förmlichkeiten beachtet worden sind und ob die Revision durchgeführt werden soll. Hält er sie nicht für angebracht oder verspricht er sich von ihr keinen Erfolg, so nimmt er die Revision entweder selbst zurück oder weist die Staatsanwaltschaft an, sie zurückzunehmen. Bei der Weiterleitung der Akten soll der Generalstaatsanwalt zum Ausdruck bringen, ob er der Revisionsbegründung beitritt oder aus welchen anderen Gründen er die Revision durchzuführen wünscht.

(2) Abs. 1 gilt entsprechend, wenn das Oberlandesgericht zur Entscheidung über die Revision zuständig ist.

169. Rückleitung der Akten. (1) Nach Erledigung der Revision werden die Akten über den Generalstaatsanwalt beim Oberlandesgericht an die Staatsanwaltschaft zurückgeleitet. Die Akten werden unmittelbar an die Staatsanwaltschaft zurückgeleitet, wenn lediglich der Angeklagte Revision eingelegt und der Generalstaatsanwalt bei dem Oberlandesgericht darauf verzichtet hat, dass die Akten über ihn zurückgeleitet werden.

(2) In Haftsachen ist die Rückleitung zu beschleunigen; der Zeitpunkt, zu dem das Urteil rechtskräftig geworden ist, soll nach Stunde und Minute angegeben werden und dem Staatsanwalt, wenn nötig, fernmündlich oder in der von ihm sonst gewünschten Art im Voraus mitgeteilt werden.

(3) In den Fällen der Nr. 164 Abs. 3 sind die Akten beschleunigt zurückzusenden. Dasselbe gilt, wenn die Befugnis zuerkannt worden ist, die Verurteilung innerhalb einer Frist öffentlich bekanntzumachen.

V. Abschnitt. Wiederaufnahme des Verfahrens

170. Allgemeines. (1) Der Staatsanwalt, der die Anklage oder die Antragsschrift verfasst hat oder der an der Hauptverhandlung gegen den Verurteilten teilgenommen hat, soll in der Regel in dem von dem Verurteilten beantragten Wiederaufnahmeverfahren nicht mitwirken.

(2) Der Generalstaatsanwalt beim Oberlandesgericht soll im Wiederaufnahmeverfahren von seiner Befugnis gemäß § 145 Abs. 1 GVG, die Amtsverrichtungen der Staatsanwaltschaft selbst zu übernehmen oder mit ihrer Wahrnehmung einen anderen als den zunächst zuständigen Beamten (§§ 140a, 143 GVG) zu beauftragen, nur in besonders begründeten Ausnahmefällen Gebrauch machen.

171. Erneuerung der Hauptverhandlung. (1) Ist die Wiederaufnahme des Verfahrens angeordnet, so muss in der Regel eine neue Hauptverhandlung stattfinden, weil nur so die meist vorhandenen Widersprüche geklärt und das gesamte Beweismaterial umfassend gewürdigt werden kann und weil nur dadurch gesichert ist, dass die Umstände, die für die frühere Verurteilung maßgebend waren, neben dem Ergebnis der neuen Beweisaufnahme gebührend berücksichtigt werden. Der Staatsanwalt wird deshalb einem Freispruch ohne neue Hauptverhandlung nur ausnahmsweise zustimmen.

(2) Eine solche Ausnahme kann vorliegen, wenn einwandfrei festgestellt ist, dass der Verurteilte zurzeit der Tat geisteskrank war, oder wenn seine Unschuld klar zutage tritt und es wegen der besonderen Umstände des Falles unzweckmäßig ist, die Hauptverhandlung zu erneuern; jedoch ist zu berücksichtigen, dass der Verurteilte mitunter ein berechtigtes Interesse daran hat, dass seine Ehre in öffentlicher Verhandlung wiederhergestellt wird.

VI. Abschnitt. Beteiligung des Verletzten am Verfahren

1. Privatklage

172. Übernahme der Verfolgung durch den Staatsanwalt. (1) Legt das Gericht dem Staatsanwalt die Akten nach § 377 Abs. 1 Satz 2 StPO vor oder erwägt der Staatsanwalt von sich aus, die Verfolgung zu übernehmen, hält er aber noch weitere Ermittlungen für nötig, so teilt er dies dem Gericht mit und ersucht, die Entscheidung nach § 383 StPO zurückzustellen.

(2) Übernimmt der Staatsanwalt die Verfolgung (vgl. Nr. 86), so teilt er dies dem Gericht und dem Privatkläger mit; der Privatkläger ist zugleich auf eine etwa bestehende Nebenklagebefugnis und auf die Kostenfolge des § 472 Abs. 3 Satz 2 StPO hinzuweisen. Hält der Staatsanwalt später die Einstellung des Verfahrens für angezeigt, so legt er dem Gericht seine Auffassung dar und beantragt, das Hauptverfahren nicht zu eröffnen. Verneint er das öffentliche Interesse an weiterer Verfolgung, so gibt er die Akten dem Gericht mit einem entsprechenden Vermerk zurück.

2. Entschädigung des Verletzten

173. Unterrichtung des Verletzten über das Entschädigungsverfahren. Der Staatsanwalt trägt dafür Sorge, dass Verletzte oder deren Erben so früh wie möglich, spätestens aber mit Anklageerhebung, auf die Möglichkeit, einen Entschädigungsanspruch nach den §§ 403 ff. StPO geltend zu machen, hingewiesen werden. Dabei wird der Verletzte über die Möglichkeit der Prozesskostenhilfe (§ 404 Abs. 5 StPO), Form und Inhalt des Antrags (§ 404 Abs. 1 StPO) und über das Recht auf Teilnahme an der Hauptverhandlung (§ 404 Abs. 3 StPO) zu belehren sein. Auch wird er darauf hinzuweisen sein, dass es sich in der Regel empfiehlt, den Antrag möglichst frühzeitig zu stellen, dass er seinen Anspruch, soweit er ihm nicht zuerkannt wird, noch im Zivilrechtsweg verfolgen kann (§ 406 Abs. 3 StPO) und dass das Gericht aus bestimmten Gründen von der Entscheidung über den Antrag absehen kann (§ 406 Abs. 1 StPO).

174. Stellung des Staatsanwalts im Entschädigungsverfahren. (1) Der Staatsanwalt soll zur Eignung des Entschädigungsantrages für eine Erledigung im Strafverfahren Stellung nehmen (§ 406 Abs. 1 Satz 4 und 5 StPO). Im Übrigen äußert er sich, wenn dies nötig ist, um die Tat strafrechtlich zutreffend zu würdigen.

(2) Der Staatsanwalt hat den bei ihm eingegangenen Entschädigungsantrag dem Gericht beschleunigt zuzuleiten, weil die Rechtswirkungen des Antrags (§ 404 Abs. 2 StPO) erst eintreten, wenn dieser bei Gericht eingegangen ist.

3. Sonstige Befugnisse des Verletzten

174a. Unterrichtung des Verletzten, seiner Angehörigen und Erben. Sobald der Staatsanwalt mit den Ermittlungen selbst befasst ist, prüft er, ob die Informationen gemäß § 406i Abs. 1, §§ 406j bis 406l StPO erteilt worden sind. Falls erforderlich, holt er dies nach. Dazu kann er das übliche Formblatt verwenden.

174b. Bestellung des Beistandes und des psychosozialen Prozessbegleiters. Geht während eines Ermittlungsverfahrens oder im Klageerzwingungsverfahren (§ 172 StPO) bei der Staatsanwaltschaft ein Antrag des Verletzten auf Bestellung eines Rechtsanwalts als Beistand oder auf Bewilligung von Prozesskostenhilfe für die Hinzuziehung eines Rechtsanwalts nach den §§ 406h, 397a StPO ein, ist dieser Antrag unverzüglich an das zuständige Gericht weiterzuleiten. Gleiches gilt, wenn während des Ermittlungsverfahrens bei der Staatsanwaltschaft ein Antrag des Verletzten auf Beiordnung eines psychosozialen Prozessbegleiters nach § 406g StPO eingeht.

Anh 12 RiStBV Nrn 174c–177

174c. Umgang mit Anträgen des Verletzten nach § 406d Abs. 2 StPO. Anträge nach § 406d Abs. 2 StPO sind in das Vollstreckungsheft aufzunehmen und deutlich sichtbar zu kennzeichnen sowie gegebenenfalls der Justizvollzugsanstalt oder der Einrichtung des Maßregelvollzugs mitzuteilen.

VII. Abschnitt. Besondere Verfahrensarten

1. Verfahren bei Strafbefehlen

175. Allgemeines. (1) Erwägt der Staatsanwalt, den Erlass eines Strafbefehls zu beantragen, so vermerkt er den Abschluss der Ermittlungen in den Akten (vgl. Nr. 109).

(2) Der Erlass eines Strafbefehls soll nur beantragt werden, wenn der Aufenthalt des Beschuldigten bekannt ist, so dass in der regelmäßigen Form zugestellt werden kann. Sonst ist das Verfahren vorläufig einzustellen oder, wenn sich die Abwesenheit des Beschuldigten erst nach dem Antrag auf Erlass des Strafbefehls herausgestellt hat, die vorläufige Einstellung des Verfahrens (§ 205 StPO) zu beantragen.

(3) Im Übrigen soll von dem Antrag auf Erlass eines Strafbefehls nur abgesehen werden, wenn die vollständige Aufklärung aller für die Rechtsfolgenbestimmung wesentlichen Umstände oder Gründe der Spezial- oder Generalprävention die Durchführung einer Hauptverhandlung geboten erscheinen lassen. Auf einen Strafbefehlsantrag ist nicht schon deswegen zu verzichten, weil ein Einspruch des Angeschuldigten zu erwarten ist.

(4) Bei verhafteten oder vorläufig festgenommenen Personen ist zu prüfen, ob das beschleunigte Verfahren nach § 417 StPO eine raschere Erledigung ermöglicht.

175a. Strafbefehl nach Eröffnung des Hauptverfahrens. Ein Antrag auf Erlass eines Strafbefehls nach Eröffnung des Hauptverfahrens (§ 408a Abs. 1 Satz 1 StPO) kommt namentlich in Betracht, wenn

a) der Angeklagte mit bekanntem Aufenthalt im Ausland wohnt, seine Einlieferung zur Durchführung der Hauptverhandlung aber nicht möglich oder nicht angemessen wäre,
b) der Angeklagte der Hauptverhandlung entschuldigt fernbleibt, weil er infolge einer längeren Krankheit an ihr nicht teilnehmen kann, obwohl seine Verhandlungsfähigkeit im Übrigen nicht beeinträchtigt ist,
c) der Angeklagte der Hauptverhandlung fernbleibt und nicht nach § 232 StPO ohne ihn verhandelt werden kann oder
d) der unmittelbaren Beweisaufnahme in der Hauptverhandlung erhebliche Hinderungsgründe entgegenstehen und die Voraussetzungen des § 251 Abs. 1 Nr. 2 StPO nicht vorliegen, der Sachverhalt aber nach dem Akteninhalt genügend aufgeklärt erscheint.

176. Anträge. (1) Zur Vereinfachung und Beschleunigung des Geschäftsgangs hat der Staatsanwalt, wenn nicht besondere Umstände ein abweichendes Verfahren rechtfertigen, den Strafbefehlsantrag so zu stellen, dass er einen Strafbefehlsentwurf einreicht und beantragt, einen Strafbefehl dieses Inhalts zu erlassen. In den Fällen des § 444 StPO in Verbindung mit § 30 OWiG ist im Strafbefehlsentwurf die Anordnung der Beteiligung der juristischen Person oder Personenvereinigung und die Festsetzung einer konkreten Geldbuße aufzunehmen. In den Fällen des § 407 Abs. 2 Satz 2 StPO schlägt er gegebenenfalls zugleich geeignete Auflagen und Weisungen vor; für Auflagen gelten Nummer 93 Abs. 3, 4 und Nummer 93a sinngemäß.

(2) Dem Entwurf ist die zur Zustellung des Strafbefehls und für etwa vorgeschriebene Mitteilungen nötige Zahl von Durchschlägen beizufügen.

177. Fassung des Strafbefehlsentwurfs. (1) Der Strafbefehlsentwurf muss klar, übersichtlich und leicht verständlich sein. Er darf sich nicht darauf beschränken, die Straftat formelhaft mit den Worten des Gesetzes zu bezeichnen.

(2) Soll die Fahrerlaubnis nicht entzogen oder eine Sperre für ihre Erteilung nicht angeordnet werden, obwohl dies nach der Art der Straftat in Betracht kommt, so müssen die Gründe dafür im Strafbefehlsentwurf angegeben werden (vgl. § 409 Abs. 1 Satz 3 StPO).

(3) Beantragt der Staatsanwalt die Beteiligung der juristischen Person oder Personenvereinigung und die Festsetzung einer Geldbuße gegen diese (Nummer 180a Abs. 2), führt er sie als Nebenbeteiligte an und gibt die tatsächliche und rechtliche Grundlage für die begehrte Maßname an.

178. Prüfung durch den Richter. (1) Hat der Richter Bedenken, ohne Hauptverhandlung zu entscheiden, oder will er von der rechtlichen Beurteilung im Strafbefehlsantrag abweichen oder eine andere als die beantragte Rechtsfolge festsetzen (§ 408 Abs. 3 Satz 2 StPO), so teilt er vor einer Entscheidung über die Anberaumung der Hauptverhandlung seine Auffassung dem Staatsanwalt mit und bittet ihn um Äußerung.

(2) Tritt der Staatsanwalt der Auffassung des Richters bei, so gibt er die Akten mit einem entsprechenden Vermerk und dem abgeänderten Strafbefehlsantrag zurück. Sonst erklärt er, dass er seinen Antrag aufrechterhalte.

(3) Verfährt der Richter nach § 408 Abs. 1 Satz 2 StPO, so legt der Staatsanwalt seine Auffassung über die Zuständigkeit bei Weiterleitung der Akten dar.

(4) Der Beschluss, durch den der Antrag auf Erlass eines Strafbefehls zurückgewiesen wird, ist dem Angeschuldigten mitzuteilen, wenn das Verfahren durch den Beschluss abgeschlossen wird.

179. Zustellung. (1) Der Strafbefehl muss dem Angeklagten förmlich zugestellt werden, wenn er ihm nicht von dem Richter bekannt gemacht worden ist (§§ 35, 409 StPO). Es genügt nicht, dass ein Beamter der Geschäftsstelle dem Beschuldigten den Strafbefehl eröffnet.

(2) Ist der Angeklagte verhaftet, so ist der Zeitpunkt der Zustellung und, falls auf Einspruch verzichtet wird, auch der des Verzichts nach Stunde und Minute festzustellen.

(3) Hat der Angeklagte einen gesetzlichen Vertreter, so wird diesem eine Abschrift des Strafbefehls übersandt (§ 409 Abs. 2 StPO).

2. Selbstständiges Verfahren bei Verfall und Einziehung

180. (1) Für das selbstständige Verfahren nach den §§ 440 ff. StPO (z. B. in den Fällen des § 76a StGB) besteht kein Verfolgungszwang.

(2) Soweit die Möglichkeit besteht, auf durch die Straftat erlangte Vermögensvorteile zuzugreifen, beantragt der Staatsanwalt die selbstständige Anordnung des Verfalls.

(3) Ist es wegen der Bedeutung oder der Schwierigkeit der Sache oder im Interesse eines Beteiligten geboten, so beantragt der Staatsanwalt, auf Grund mündlicher Verhandlung zu entscheiden.

(4) Sind keine Beteiligten vorhanden oder haben sie – gegebenenfalls nach Hinweis auf die Rechtslage – auf ihre Rechte und auf die Durchführung des selbstständigen Verfahrens verzichtet oder kommt ihre Befragung nicht in Betracht, so kann der Gegenstand in der Regel formlos aus dem Verkehr entfernt werden. Der Staatsanwalt leitet auch in diesen Fällen das selbstständige Verfahren ein, wenn die Herbeiführung einer gerichtlichen Entscheidung wegen der tatsächlichen oder rechtlichen Schwierigkeit oder sonstigen Bedeutung der Sache zweckmäßig ist.

3. Verfahren bei Festsetzung einer Geldbuße gegen eine juristische Person oder Personenvereinigung

180a. (1) Gehört der Beschuldigte zum Leitungsbereich einer juristischen Person oder Personenvereinigung, prüft der Staatsanwalt, ob auch die Festsetzung einer Geldbuße gegen die juristische Person oder Personenvereinigung in Betracht kommt (§ 30 OWiG, § 444 StPO; vgl. aber Nummer 270 Satz 3). Ist dies der Fall, so sind schon im vorbereitenden Verfahren die Vertreter der juristischen Person oder Personenvereinigung wie Beschuldigte zu hören (§ 444 Abs. 2, § 432 StPO).

(2) Der Staatsanwalt beantragt in der Anklageschrift oder im Strafbefehlsantrag die Beteiligung der juristischen Person oder Personenvereinigung (§ 444 Abs. 1 StPO), ins-

besondere, wenn die Festsetzung einer Geldbuße gegen diese die Möglichkeit eröffnet, die wirtschaftlichen Verhältnisse der juristischen Person oder Personenvereinigung, auch im Hinblick auf den durch die Tat erlangten wirtschaftlichen Vorteil, angemessen zu berücksichtigen (§ 30 Abs. 3 in Verbindung mit § 17 Abs. 4 OWiG). In der Anklageschrift kündigt er zudem die Beantragung der Festsetzung einer Geldbuße an und im Strafbefehlsantrag beantragt er diese. Dies kann vor allem bei Delikten der Wirtschaftskriminalität, einschließlich Korruptions- und Umweltdelikten, in Betracht kommen.

(3) Für den Antrag auf Festsetzung einer Geldbuße im selbständigen Verfahren gegen die juristische Person oder Personenvereinigung in den – auch die Einstellungen nach §§ 153, 153a StPO, § 47 OWiG erfassenden – Fällen des § 30 Abs. 4 OWiG (§ 444 Abs. 3 in Verbindung mit § 440 StPO) gilt Absatz 2 entsprechend.

VIII. Abschnitt. Verfahren gegen sprachunkundige Ausländer

181. (1) Bei der ersten verantwortlichen Vernehmung eines Ausländers ist aktenkundig zu machen, ob der Beschuldigte die deutsche Sprache soweit beherrscht, dass ein Dolmetscher nicht hinzugezogen zu werden braucht.

(2) Ladungen, Haftbefehle, Strafbefehle, Anklageschriften und sonstige gerichtliche Sachentscheidungen sind dem Ausländer, der die deutsche Sprache nicht hinreichend beherrscht, mit einer Übersetzung in eine ihm verständliche Sprache bekanntzugeben.

IX. Abschnitt. Erteilung von Auskünften, Überlassung von Abschriften und Gewährung von Akteneinsicht

182. Geltungsbereich. Für die Erteilung von Auskünften, die auch durch eine Überlassung von Abschriften aus den Akten erfolgen kann (§ 477 Abs. 1 StPO), und die Gewährung von Akteneinsicht gegenüber Dritten nach den §§ 474 ff. StPO (auch in Verbindung mit § 487 Abs. 2 Satz 1 StPO) gelten ergänzend die nachfolgenden Bestimmungen. Sie gelten hingegen insbesondere nicht

1. für die Erteilung von Auskünften und Akteneinsicht nach anderen gesetzlichen Bestimmungen als den §§ 474 ff. StPO (z. B. nach den §§ 147, 385, 397, 406e, 487 Abs. 1, den §§ 491, 492 Abs. 3 Satz 2, Abs. 4, § 495 StPO, §§ 3 ff. SGB X),
2. für die Vorlage von Akten an im Verfahren mitwirkende Stellen, übergeordnete und untergeordnete Instanzgerichte bzw. Behörden z. B. nach § 27 Abs. 3, §§ 41, 163 Abs. 2, § 306 Abs. 2, §§ 320, 321, 347, 354, 355 StPO oder im Rahmen der Wahrnehmung von Aufsichts-, Kontroll- und Weisungsbefugnissen anderer Stellen,
3. für Mitteilungen nach den §§ 12 ff. EGGVG sowie den Bestimmungen der Anordnung über Mitteilungen in Strafsachen (MiStra).

183. Zuständigkeit für die Erteilung von Auskünften und die Gewährung von Akteneinsicht. (1) Soweit nach § 478 Abs. 1 StPO die Staatsanwaltschaft die Entscheidung über die Erteilung von Auskünften und die Akteneinsicht zu treffen hat, obliegt diese Entscheidung grundsätzlich dem Staatsanwalt, im Vollstreckungsverfahren auch dem Rechtspfleger. In den Fällen des § 476 StPO ist Nummer 189 Abs. 2 zu beachten.

(2) Von der Möglichkeit der Delegation an die Behörden des Polizeidienstes nach § 478 Abs. 1 Satz 3 StPO soll nur insoweit Gebrauch gemacht werden, als dies im Interesse aller Beteiligten zur einfacheren oder beschleunigten Unterrichtung des Ersuchenden sachdienlich erscheint. Soweit eine Delegation in Betracht kommt, wird es grundsätzlich angezeigt sein, diese auf einfach und schnell zu erledigende Auskünfte zu beschränken.

184. Vorrang der Verfahrensbearbeitung, Gefährdung der Ermittlungen. Die Erteilung von Auskünften und die Gewährung von Akteneinsicht unterbleiben insbesondere dann, wenn das Verfahren unangemessen verzögert oder der Untersuchungszweck gefährdet würde. Auskünfte und Akteneinsicht unterbleiben nach § 477 Abs. 2 Satz 1 StPO u. a. dann, wenn Zwecke des Strafverfahrens entgegenstehen.

185. Vorrang der Erteilung von Auskünften. Abgesehen von den Fällen des § 474 Abs. 1 StPO räumt das Gesetz im Hinblick auf die Vermeidung einer Übermittlung von Überschussinformationen der Erteilung von Auskünften grundsätzlich Vorrang vor der Gewährung von Einsicht in die Verfahrensakten ein, soweit nicht die Aufgabe oder das berechtigte Interesse des Ersuchenden oder der Zweck der Forschungsarbeit die Einsichtnahme in Akten erfordert. Wenn mit der Auskunftserteilung – gegebenenfalls in der Form der Überlassung von Ablichtungen aus den Akten (§ 477 Abs. 1 StPO) – ein unverhältnismäßiger Aufwand verbunden wäre, kann dem Ersuchen grundsätzlich auch durch – gegebenenfalls teilweise (siehe Nr. 186) – Gewährung der Einsicht in die Akten nachgekommen werden (§ 474 Abs. 3, § 475 Abs. 2, § 476 Abs. 2 StPO).

186. Umfang der Akteneinsicht. (1) Die Akteneinsicht soll außer in den Fällen des § 474 Abs. 1 StPO nur in dem Umfang erfolgen, als dies zur Erfüllung der Aufgaben der ersuchenden öffentlichen Stelle, zur Wahrnehmung des berechtigten Interesses der Privatperson oder sonstigen Stelle oder zur Erreichung des Forschungszweckes erkennbar erforderlich ist. Wenn eine derartig beschränkte Akteneinsicht nur mit unverhältnismäßigem Aufwand möglich wäre, kann umfassende Akteneinsicht gewährt werden.

(2) Da die Frage der Einsichtsgewährung nicht immer für die Gesamtheit der Verfahrensakte einheitlich beantwortet werden kann, erscheint es angebracht, Aktenteile, die erkennbar sensible persönliche Informationen enthalten, gesondert zu heften und hinsichtlich der Einsichtsgewährung einer besonderen Prüfung zu unterziehen. Damit wird zugleich der Aufwand für eine beschränkte Akteneinsicht gering gehalten und in den Fällen der §§ 98a, 100a, 110a und 163f StPO die Erkennbarkeit erhöht, wodurch im Interesse des Schutzes sensibler persönlicher Informationen eine beschränkte Akteneinsicht häufiger ermöglicht wird.

Zu den gesondert zu heftenden Aktenteilen zählen regelmäßig:
– medizinische und psychologische Gutachten, mit Ausnahme solcher im Sinne des § 256 Abs. 1 Nr. 2, 3 und 4 StPO,
– Berichte der Gerichts- und Bewährungshilfe sowie anderer sozialer Dienste,
– Niederschriften über die in den §§ 98a, 100a, 110a und 163f StPO genannten Ermittlungsmaßnahmen, sowie personenbezogene Informationen aus Maßnahmen nach den §§ 100c und 100f Abs. 1 Satz 1 StPO.

Nr. 16 Abs. 2 Satz 2 und Nr. 220 Abs. 2 Satz 1 sind zu beachten.

(3) Von der Einsicht sind die Handakten der Staatsanwaltschaft und andere innerdienstliche Vorgänge auszuschließen. In Akten einer anderen Verwaltung darf nur mit deren ausdrücklicher Zustimmung Einsicht gewährt werden, deren Nachweis dem Antragsteller obliegt.

(4) Bei Verschlusssachen ist Nr. 213 zu beachten.

187. Überlassung der Akten. (1) Öffentlichen Stellen werden, soweit nicht lediglich eine Auskunft erteilt wird, die Akten teilweise oder ganz übersandt.

(2) Rechtsanwälten und Rechtsbeiständen sollen auf Antrag die Akten im Umfang der gewährten Akteneinsicht mit Ausnahme der Beweisstücke zur Einsichtnahme mitgegeben oder übersandt werden, soweit nicht wichtige Gründe entgegenstehen.

(3) Im Übrigen ist die Akteneinsicht grundsätzlich nur in den Diensträumen der Staatsanwaltschaft und des Gerichts oder bei Delegation auf die Behörden des Polizeidienstes in deren Räumen zu gewähren.

188. Bescheid an den Antragsteller. (1) Wird die Erteilung der Auskunft oder die Gewährung von Akteneinsicht versagt, so wird dem Ersuchenden ein kurzer Bescheid erteilt. Ist in dem Ersuchen ein berechtigtes oder ein rechtliches Interesse an der Akteneinsicht dargelegt, so muss der Bescheid erkennen lassen, dass dieses Interesse gegen entgegenstehende Interessen abgewogen worden ist. Eine Begründung des Bescheides unterbleibt, soweit hierdurch der Untersuchungszweck gefährdet werden könnte.

(2) Ist der Antrag von einer Privatperson oder einer privaten Einrichtung gestellt worden, so soll, wenn dem Gesuch nicht nach § 475 Abs. 4 StPO entsprochen werden

kann, auf die Möglichkeit der Akteneinsicht durch einen bevollmächtigten Rechtsanwalt hingewiesen werden.

189. Auskünfte und Akteneinsicht für wissenschaftliche Vorhaben. (1) Wenn die Voraussetzungen der §§ 476, 477 Abs. 2 Satz 3 StPO gegeben sind, also u. a. Zwecke des Strafverfahrens nicht entgegenstehen (§ 477 Abs. 2 Satz 1 StPO), ist die Übermittlung personenbezogener Informationen zu Forschungszwecken grundsätzlich zulässig. Ob Auskünfte und Akteneinsicht erteilt werden, steht im pflichtgemäßen Ermessen der zuständigen Stelle. Gegen die Erteilung von Auskünften und die Gewährung von Akteneinsicht kann insbesondere sprechen, dass es sich um ein vorbereitendes Verfahren oder ein Verfahren mit sicherheitsrelevanten Bezügen handelt.

(2) Soweit in den Fällen des § 476 StPO die Staatsanwaltschaft nach § 478 Abs. 1 StPO die Entscheidung über die Erteilung von Auskünften und Akteneinsicht zu treffen hat, obliegt diese Entscheidung dem Behördenleiter.

(3) Betrifft ein Forschungsvorhaben erkennbar mehrere Staatsanwaltschaften, ist der gemeinschaftlichen übergeordneten Behörde auf dem Dienstweg ein Absichtsbericht vorzulegen. Sind erkennbar Staatsanwaltschaften mehrerer Länder betroffen, ist der jeweils obersten Dienstbehörde auf dem Dienstweg ein Absichtsbericht vorzulegen.

(4) Stammt ein Ersuchen nach § 476 StPO von einer Einrichtung, die ihren Sitz außerhalb des Geltungsbereichs der Strafprozessordnung hat, ist der obersten Dienstbehörde auf dem Dienstweg ein Absichtsbericht vorzulegen.

X. Abschnitt. Einholung der Entscheidung des Bundesverfassungsgerichts

190. (1) Hat das Gericht beschlossen, die Entscheidung des Bundesverfassungsgerichts nach Art. 100 Abs. 1 und 2 oder Art. 126 GG in Verbindung mit § 13 Nr. 11, 12, 14, §§ 80, 83 oder 86 Abs. 2 BVerfGG zu beantragen, so leitet der Vorsitzende die Akten dem Bundesverfassungsgericht unmittelbar zu (§ 80 Abs. 1 BVerfGG). Das Begleitschreiben ist von dem Vorsitzenden zu unterschreiben. Es wird Bestandteil der Akten des Bundesverfassungsgerichts; eine beglaubigte Abschrift ist als Versendungsbeleg zurückzubehalten.

(2) Der Antrag an das Bundesverfassungsgericht ist zu begründen (§ 80 Abs. 2 BVerfGG). Seine Urschrift bleibt Bestandteil der Strafakten.

(3) Dem Begleitschreiben sind außer den Akten eine beglaubigte und 50 einfache Abschriften des Antrages für das Bundesverfassungsgericht beizufügen.

XI. Abschnitt. Strafsachen gegen Mitglieder des Deutschen Bundestages, der gesetzgebenden Körperschaften der Länder sowie des Europäischen Parlaments

191. Prozesshindernis der Immunität. (1) Wegen einer mit Strafe bedrohten Handlung darf ein Abgeordneter des Deutschen Bundestages nur mit Genehmigung des Bundestages zur Verantwortung gezogen oder verhaftet werden, es sei denn, dass er bei der Begehung der Tat oder im Laufe des folgenden Tages festgenommen wird (Artikel 46 Abs. 2 GG). Entsprechende Vorschriften sind in den Verfassungen der Länder enthalten.[1]

(2) Ein Ermittlungs- oder Strafverfahren, dessen Durchführung von der vorhergehenden gesetzgebenden Körperschaft genehmigt oder das vor dem Erwerb des Mandats eingeleitet worden war, darf nur mit Genehmigung der gesetzgebenden Körperschaft fortgesetzt werden, der der Abgeordnete zur Zeit der Fortsetzung angehört.[2]

---

[1] **Amtlicher Fußnotentext:** Sonderregelungen in Art. 58 der Verfassung Brandenburgs, in Art. 15 der Verfassung Hamburgs und Art. 58 der Landesverfassung Sachsen-Anhalts. Nach Art. 51 Abs. 3 der Verfassung von Berlin gilt die in Satz 1 bezeichnete Ausnahme nur, wenn der Abgeordnete bei Ausübung der Tat festgenommen wird.

[2] **Amtlicher Fußnotentext:** Sonderregelungen in Bayern, Berlin und Saarland; vgl. die jeweiligen Verwaltungsvorschriften.

(3) Die Immunität hindert nicht,
a) ein Verfahren gegen einen Abgeordneten einzuleiten und durchzuführen, wenn er bei der Begehung der Tat oder spätestens im Laufe des folgenden Tages festgenommen wird;[1)]
b) ein Verfahren gegen einen Abgeordneten zum Zwecke der Einstellung einzuleiten, wenn der Sachverhalt die Einstellung ohne Beweiserhebung rechtfertigt;
c) zur Prüfung der Frage, ob ein Vorwurf offensichtlich unbegründet ist, diesen dem Abgeordneten mitzuteilen und ihm anheim zu geben, dazu Stellung zu nehmen;
d) in einem Verfahren gegen eine andere Person den Abgeordneten als Zeugen zu vernehmen, bei ihm Durchsuchungen nach §§ 103, 104 StPO vorzunehmen oder von ihm die Herausgabe von Gegenständen nach § 95 StPO zu verlangen; §§ 50, 53 Abs. 1 Nr. 4, §§ 53a, 96 Satz 2 und § 97 Abs. 4 StPO sind zu beachten;
e) ein Verfahren gegen Mittäter, Anstifter, Gehilfen oder andere an der Tat eines Abgeordneten beteiligte Personen einzuleiten oder durchzuführen;
f) unaufschiebbare Maßnahmen zur Sicherung von Spuren (z. B. Messungen, Lichtbildaufnahmen am Tatort) in unmittelbarem zeitlichen Zusammenhang mit einer Straftat zu treffen;
g) bei Verkehrsunfällen, an denen ein Abgeordneter beteiligt ist, seine Personalien, das amtliche Kennzeichnen und den Zustand seines Fahrzeuges festzustellen, die Vorlage des Führerscheins und des Fahrzeugscheins zu verlangen sowie Fahr-, Brems- und andere Spuren, die von seinem Fahrzeug herrühren, zu sichern, zu vermessen und zu fotografieren;
h) einem Abgeordneten unter den Voraussetzungen des § 81a StPO eine Blutprobe zu entnehmen, wenn dies innerhalb des in Buchst. a) genannten Zeitraums geschieht.

(4) Zur Klärung der Frage, ob es sich um eine offensichtlich unbegründete Anzeige handelt, kann der Staatsanwalt Feststellungen über die Persönlichkeit des Anzeigeerstatters sowie über andere für die Beurteilung der Ernsthaftigkeit der Anzeige wichtige Umstände treffen.

(5) Wird gegen einen Abgeordneten ein Ermittlungsverfahren eingeleitet, ohne dass es hierzu einer Genehmigung der gesetzgebenden Körperschaft bedarf (Artikel 46 Abs. 2 GG und die entsprechenden Vorschriften der Landesverfassungen), so unterrichtet der Staatsanwalt unverzüglich und unmittelbar den Präsidenten der betreffenden gesetzgebenden Körperschaft von der Einleitung des Verfahrens. Abschriften seiner Mitteilung übersendet er gleichzeitig dem Generalstaatsanwalt und der Landesjustizverwaltung, bei Abgeordneten des Deutschen Bundestages auch dem Bundesministerium der Justiz. Im weiteren Verfahren teilt der Staatsanwalt in gleicher Weise jede richterliche Anordnung einer Freiheitsentziehung und einer Freiheitsbeschränkung gegen den Abgeordneten sowie die Erhebung der öffentlichen Klage mit.

(6) In jedem Stadium des Verfahrens ist bei Auskünften und Erklärungen gegenüber Presse, Hörfunk und Fernsehen der Funktionsfähigkeit und dem Ansehen der betreffenden gesetzgebenden Körperschaft Rechnung zu tragen. Das Interesse der gesetzgebenden Körperschaft, über eine die Immunität berührende Entscheidung früher als die Öffentlichkeit unterrichtet zu werden, ist zu berücksichtigen. Auf Nr. 23 wird hingewiesen.

192. Aufhebung der Immunität von Mitgliedern des Deutschen Bundestages und der gesetzgebenden Körperschaften der Länder.

(1) Beabsichtigt der Staatsanwalt, gegen einen Abgeordneten ein Ermittlungsverfahren einzuleiten oder ein auf Freiheitsstrafe lautendes Urteil zu vollstrecken oder sonst eine genehmigungsbedürftige Strafverfolgungsmaßnahme zu treffen, so beantragt er, einen Beschluss der gesetzgebenden Körperschaft, der der Abgeordnete angehört, über die Genehmigung der Strafverfolgung oder der Strafvollstreckung oder zur Durchführung der beabsichtigten Maßnahme herbeizuführen.

[1)] **Amtlicher Fußnotentext:** Vgl. Fußnote zu Nr. 191 Abs. 1 Satz 2.

(2) Der Antrag ist mit einer Sachdarstellung und einer Erläuterung der Rechtslage zu verbinden. Die Beschreibung der zur Last gelegten Tat soll die Tatsachen enthalten, in denen die gesetzlichen Merkmale der Straftat gesehen werden, sowie Zeit und Ort ihrer Begehung angeben; die Strafvorschriften sind zu bezeichnen, die als verletzt in Betracht kommen. Auf eine aus sich heraus verständliche Darstellung ist zu achten. Bei Anträgen auf Genehmigung der Strafvollstreckung genügt die Bezugnahme auf ein vorliegendes oder beigefügtes Strafurteil.

(3) Der Antrag ist auf dem Dienstweg an den Präsidenten der betreffenden gesetzgebenden Körperschaft zu richten, bei Abgeordneten des Deutschen Bundestages auch über das Bundesministerium der Justiz. Für die Landesjustizverwaltung und – bei Abgeordneten des Deutschen Bundestages – für das Bundesministerium der Justiz sind Abschriften des Antrages beizufügen; eine beglaubigte Abschrift ist zu den Akten zu nehmen.

(4) In Privatklagesachen führt der Staatsanwalt die Genehmigung nur herbei, wenn er die Verfolgung übernehmen will (§§ 377, 376 StPO).

(5) Die Mitteilung nach § 8 EGStPO erfolgt auf dem Dienstweg.

192a. Allgemeine Genehmigung zur Durchführung von Ermittlungsverfahren (vereinfachte Handhabung). (1) Der Deutsche Bundestag sowie die gesetzgebenden Körperschaften der Länder pflegen regelmäßig zu Beginn einer neuen Wahlperiode eine allgemeine Genehmigung zur Durchführung von Ermittlungsverfahren gegen Abgeordnete zu erteilen; ausgenommen sind Ermittlungen wegen Beleidigungen (§§ 185, 186, 188 Abs. 1 StGB) politischen Charakters. Diese allgemeine Genehmigung wird im Einzelfall erst wirksam, nachdem dem Präsidenten der gesetzgebenden Körperschaft eine Mitteilung nach Absatz 3 zugegangen ist.[1]

(2) Die allgemeine Genehmigung umfasst nicht
a) die Erhebung der öffentlichen Klage in jeder Form,[2]
b) im Verfahren nach dem Gesetz über Ordnungswidrigkeiten den Hinweis des Gerichts, dass über die Tat auch auf Grund eines Strafgesetzes entschieden werden kann (§ 81 Abs. 1 Satz 2 OWiG),
c) freiheitsentziehende und freiheitsbeschränkende Maßnahmen im Ermittlungsverfahren,
d) den Vollzug einer angeordneten Durchsuchung oder Beschlagnahme in dem genehmigten Verfahren, vorbehaltlich etwaiger von den gesetzgebenden Körperschaften der Länder getroffener abweichender Regelungen,
e) den Antrag auf Verhängung eines vorläufigen Berufsverbotes (§ 132a StPO).
Die allgemeine Genehmigung umfasst jedoch die vorläufige Entziehung der Fahrerlaubnis (§ 111a StPO).

(3) Soweit Ermittlungsverfahren allgemein genehmigt sind, ist dem Präsidenten der gesetzgebenden Körperschaft und, soweit nicht Gründe der Wahrheitsfindung entgegenstehen, dem betroffenen Abgeordneten mitzuteilen, dass die Einleitung eines Ermittlungsverfahrens beabsichtigt ist. In der Mitteilung an den Präsidenten ist zu erklären, dass der Abgeordnete gleichzeitig benachrichtigt worden ist; ist eine Mitteilung an den Abgeordneten unterblieben, so ist der Präsident auch hiervon unter Angabe der Gründe zu unterrichten. Die Mitteilung ist unmittelbar an den Präsidenten der gesetz-

---

[1] **Amtlicher Fußnotentext:** Abweichend:
Berlin, Bremen, Rheinland-Pfalz, Sachsen:
48 Stunden nach Zugang;
Deutscher Bundestag, Bayern:
48 Stunden nach Zugang (Fällt das Ende der Frist auf einen Samstag, einen Sonntag oder einen Feiertag, endet die Frist mit Ablauf des nächsten Werktags);
Mecklenburg-Vorpommern, Nordrhein-Westfalen, Saarland, Schleswig-Holstein:
48 Stunden nach Absendung.
[2] **Amtlicher Fußnotentext:** Abweichend Bayern: Die allgemeine Genehmigung umfasst auch den Antrag auf Erlass eines Strafbefehls wegen einer Straftat, die der Beschuldigte beim Führen eines Kraftfahrzeuges oder unter Verletzung der Pflichten eines Kraftfahrzeugführers begangen hat, wenn der Beschuldigte damit einverstanden ist.

gebenden Körperschaft zu richten.[1)] Für ihren Inhalt gilt Nr. 192 Abs. 2 entsprechend; in den Fällen der Nr. 191 Abs. 3 Buchst. c) soll auch der wesentliche Inhalt einer Stellungnahme des Abgeordneten mitgeteilt werden. Abschriften der Mitteilung sind gleichzeitig dem Generalstaatsanwalt und der Landesjustizverwaltung sowie, bei Abgeordneten des Deutschen Bundestages, auch dem Bundesministerium der Justiz zu übersenden.

(4) Will der Staatsanwalt nach dem Abschluss der Ermittlungen die öffentliche Klage erheben, so beantragt er, einen Beschluss der gesetzgebenden Körperschaft über die Genehmigung der Strafverfolgung herbeizuführen. Für den Inhalt und den Weg des Antrages gilt Nr. 192 Abs. 2 und 3. Stellt er das Verfahren nicht nur vorläufig ein, so verfährt er nach Nr. 192 Abs. 5.

(5) Beabsichtigt der Staatsanwalt, die Genehmigung zur Durchführung der Strafverfolgung wegen einer Beleidigung politischen Charakters einzuholen, so verfährt er nach Nr. 192 Abs. 1 bis 3. Zur Vorbereitung seiner Entscheidung, ob die Genehmigung zur Strafverfolgung wegen einer Beleidigung politischen Charakters herbeigeführt werden soll, teilt der Staatsanwalt dem Abgeordneten den Vorwurf mit und stellt ihm anheim, hierzu Stellung zu nehmen.

(6) Für Bußgeldsachen wird auf Nr. 298 verwiesen.

192b. Aufhebung der Immunität eines Mitglieds des Europäischen Parlaments.

(1) Einem Mitglied des Europäischen Parlaments aus der Bundesrepublik Deutschland steht die einem Abgeordneten des Deutschen Bundestages zuerkannte Immunität zu. Ein ausländisches Mitglied des Europäischen Parlaments kann im Inland weder festgehalten noch gerichtlich verfolgt werden. Die Immunität nach den vorstehenden Sätzen besteht während der Dauer der fünfjährigen Wahlperiode und auch während der Reise zum und vom Tagungsort des Europäischen Parlaments. Bei Ergreifung auf frischer Tat kann die Immunität nicht geltend gemacht werden (Artikel 4 Abs. 2 des Aktes des Rates der Europäischen Gemeinschaften vom 20. September 1976 zur Einführung allgemeiner unmittelbarer Wahlen der Abgeordneten der Versammlung – BGBl. 1977 II S. 733, 735 – in Verbindung mit Artikel 10 des Protokolls über die Vorrechte und Befreiungen der Europäischen Gemeinschaften vom 8. April 1965 – BGBl. 1965 II S. 1453, 1482). Nr. 191 Abs. 3 Buchst. b) bis e) und Abs. 4 gilt entsprechend.

(2) Das Europäische Parlament hat eine allgemeine Genehmigung zur Durchführung von Ermittlungsverfahren nicht erteilt.

(3) Beabsichtigt der Staatsanwalt, gegen eine Mitglied des Europäischen Parlaments ein Ermittlungsverfahren einzuleiten oder ein auf Freiheitsstrafe lautendes Urteil zu vollstrecken oder sonst eine genehmigungsbedürftige Strafverfolgungsmaßnahme zu treffen, so beantragt er, einen Beschluss des Europäischen Parlaments über die Aufhebung der Immunität herbeizuführen.

(4) Zur Vorbereitung seiner Entschließung teilt der Staatsanwalt, soweit nicht Gründe der Wahrheitsfindung entgegenstehen, dem Abgeordneten den Vorwurf mit und stellt ihm anheim, Stellung zu nehmen.

(5) Der Antrag ist an den Präsidenten des Europäischen Parlaments, Generalsekretariat, Plateau du Kirchberg, L-2929 Luxemburg, zu richten und auf dem Dienstweg, auch über das Bundesministerium der Justiz, zu übermitteln. Nr. 192 Abs. 2, Abs. 3 Satz 2 und Abs. 4 gilt entsprechend. Nr. 192 Abs. 5 gilt mit der Maßgabe entsprechend, dass die Übermittlung über das Bundesministerium der Justiz erfolgt.

[1)] **Amtlicher Fußnotentext:** Abweichend Bremen: Die Mitteilung ist über den Präsidenten des Senats an den Präsidenten des Deutschen Bundestages oder den Präsidenten der Bremischen Bürgerschaft, im Übrigen unmittelbar an den Präsidenten der gesetzgebenden Körperschaft zu richten.
Sachsen-Anhalt: Die Mitteilung ist über das Ministerium der Justiz an den Präsidenten des Landtags von Sachsen-Anhalt zu richten.

XII. Abschnitt. Behandlung der von der deutschen Gerichtsbarkeit befreiten Personen

193. Allgemeines. (1) Handlungen, die eine Ausübung der inländischen Gerichtsbarkeit darstellen, sind gegenüber den Personen, die nach §§ 18 bis 20 GVG oder nach anderen Rechtsvorschriften von der deutschen Gerichtsbarkeit befreit sind, ohne ihre Zustimmung grundsätzlich unzulässig.

(2) Sache der Justizbehörden ist es, im Einzelfall die nötigen Feststellungen zu treffen und darüber zu befinden, ob und wieweit Personen nach den §§ 18 und 19 GVG von der deutschen Gerichtsbarkeit befreit sind.

194. Ausweise von Diplomaten und anderen von der inländischen Gerichtsbarkeit befreiten Personen. Die Art der Ausweise von Diplomaten und der anderen von der inländischen Gerichtsbarkeit befreiten Personen ergibt sich aus dem Rundschreiben des Auswärtigen Amtes zur Behandlung von Diplomaten und anderen bevorrechtigten Personen in der Bundesrepublik Deutschland vom 15. September 2015 (GMBl. S. 1206).

195. Verhalten gegenüber Diplomaten und den anderen von der inländischen Gerichtsbarkeit befreiten Personen. (1) Gegen Personen, die rechtmäßig den Ausweis eines Diplomaten oder einer anderen von der inländischen Gerichtsbarkeit befreiten Person besitzen oder die ihre Befreiung von der deutschen Gerichtsbarkeit anders glaubhaft machen, ist nicht einzuschreiten. Der Staatsanwalt hat sich darauf zu beschränken, die zulässigen Ermittlungen beschleunigt durchzuführen. Er unterrichtet unverzüglich unter Beigabe der Akten das Bundesamt für Justiz über die Landesjustizverwaltung. Für diese und das Auswärtige Amt sind Abschriften beizufügen.

(2) In besonders eiligen Fällen kann unmittelbar beim Auswärtigen Amt in Berlin (Telefonnummer: 0 30–50 00–34 11 bzw. 02 28–99 17–26 33 von 9.00 bis 16.00 Uhr, ansonsten im Lagezentrum unter 0 30–50 00–29 11) bzw. beim Bundeskanzleramt (Telefon 0 18 88/4 00–0 oder 0 30/40 00–0, Telefax 0 30/40 00–23 57) Auskunft erbeten werden.

(3) Ist nach Absatz 2 eine Auskunft erbeten worden oder liegt ein Fall von besonderer Bedeutung vor, so ist die vorläufige Unterrichtung des Bundesministeriums der Justiz geboten, falls noch weitere Ermittlungen nötig sind. Absatz 1 Satz 3 und 4 gilt sinngemäß.

(4) Über Verkehrsordnungswidrigkeiten exterritorialer Personen ist das Auswärtige Amt unmittelbar zu unterrichten. Die Akten brauchen der Mitteilung nicht beigefügt zu werden. Eine Unterrichtung des Bundesministeriums der Justiz und der Landesjustizverwaltung bedarf es in diesen Fällen nicht.

196. Zustellungen. (1) Für die Zustellung von Schriftstücken, z. B. von Ladungen oder Urteilen, an Diplomaten oder andere von der inländischen Gerichtsbarkeit befreite Personen ist stets die Vermittlung des Auswärtigen Amts in Anspruch zu nehmen.

(2) Das Schreiben an das Auswärtige Amt, in dem um Zustellung ersucht wird, ist mit einem Begleitbericht der Landesjustizverwaltung vorzulegen, die es an das Auswärtige Amt weiterleitet. Das zuzustellende Schriftstück ist beizufügen.

(3) In dem Schreiben an das Auswärtige Amt ist der Sachverhalt kurz darzustellen und außerdem anzugeben:
a) Name, Stellung und Anschrift der Person, der zugestellt werden soll;
b) Bezeichnung des zuzustellenden Schriftstücks, z. B. Ladung als Zeuge, Sachverständiger, Privat- oder Nebenkläger;
c) Name und Stellung der Parteien in Privatklagesachen.

(4) Die Reinschrift des Schreibens an das Auswärtige Amt hat der Richter oder der Staatsanwalt handschriftlich zu unterzeichnen.

(5) Als Nachweis dafür, dass das Schriftstück dem Empfänger übergeben worden ist, übersendet das Auswärtige Amt ein Zeugnis.

(6) Ist ein Angehöriger einer diplomatischen Vertretung als Privatkläger oder Nebenkläger durch einen mit schriftlicher Vollmacht versehenen Rechtsanwalt vertreten, so kann nach § 378 StPO an den Anwalt zugestellt werden.

(7) Stellt der von einem Gericht oder einem Staatsanwalt mit der Zustellung beauftragte Beamte nach Empfang des Schriftstücks fest, dass die geforderte Amtshandlung nach den vorstehenden Bestimmungen nicht vorgenommen werden darf, so hat er den Auftrag unter Hinweis auf diese Bestimmung an die ersuchende Stelle zurückzugeben.

197. Ladungen. (1) Bei der Ladung eines Diplomaten oder einer anderen von der inländischen Gerichtsbarkeit befreiten Person sind weder Vordrucke zu verwenden noch Zwangsmaßnahmen anzudrohen. Es ist vielmehr eine besondere Vorladung zu fertigen, in der die von der Gerichtsbarkeit befreite Person unter genauer Bezeichnung des Gegenstandes und der Art der Verhandlung gebeten wird, zu erklären, ob sie bereit ist, sich zu dem angegebenen Zeitpunkt einzufinden oder ob sie sich statt dessen in ihren Wohn- oder Diensträumen vernehmen lassen oder über den Gegenstand der Vernehmung eine schriftliche Äußerung abgeben möchte.

(2) Die Ladung ist nach Nr. 196 zuzustellen.

(3) Abgesehen von besonders dringlichen Fällen ist der Tag der Vernehmung in der Regel so festzusetzen, dass zwischen der Absendung der Ladung mit Begleitbericht an die Landesjustizverwaltung und der Vernehmung mindestens vier Wochen liegen.

198. Vernehmungen. (1) Erscheint ein Diplomat oder eine andere von der inländischen Gerichtsbarkeit befreite Person vor Gericht, so soll sie möglichst bald vernommen und entlassen werden.

(2) Die Vernehmung in den Dienst- oder Wohnräumen eines Diplomaten oder einer anderen von der inländischen Gerichtsbarkeit befreiten Person darf nur unter den Voraussetzungen der Nr. 199 Abs. 1 erfolgen. Andere an dem Strafverfahren Beteiligte dürfen nur anwesend sein, wenn der Leiter der fremden Dienststelle ausdrücklich zugestimmt hat. Die Teilnahme eines sonst Beteiligten ist in dem Antrag auf Zustimmung zur Vernehmung in den Dienst- oder Wohnräumen besonders zu begründen.

199. Amtshandlungen in den Dienst- und Wohnräumen. (1) In den Diensträumen der diplomatischen Vertretungen, der konsularischen Vertretungen sowie von Organisationen und Stellen, die auf Grund allgemeiner Regeln des Völkerrechts, völkerrechtlicher Vereinbarungen oder sonstiger Rechtsvorschriften Unverletzlichkeit genießen, dürfen Amtshandlungen, durch die inländische Gerichtsbarkeit ausgeübt wird, nur mit Zustimmung des Leiters der Vertretung, der Organisation oder Stelle vorgenommen werden. Entsprechendes gilt für die Wohnräume der Mitglieder der diplomatischen Vertretungen.

(2) In den vorgenannten Dienst- und Wohnräumen dürfen Amtshandlungen nach Abs. 1 einschließlich Zustellungen ohne Zustimmung des Leiters der Vertretung, der Organisation oder der Stelle auch nicht gegenüber Personen vorgenommen werden, die nicht von der inländischen Gerichtsbarkeit befreit sind. Ihnen kann nach Nr. 196, 197 zugestellt werden.

(3) Die Zustimmung des Leiters nach Absatz 1 ist in entsprechender Anwendung der Nr. 196 zu beantragen.

(4) Zur Vornahme der Amtshandlung dürfen die Dienst- und Wohnräume nur betreten werden, wenn die Zustimmung schriftlich vorliegt.

XIII. Abschnitt
(gestrichen)

Anh 12 RiStBV Nrn 201–203

XIV. Abschnitt. Verfahren nach Feststellung der Entschädigungspflicht nach dem Gesetz über die Entschädigung für Strafverfolgungsmaßnahmen

201. Wegen der Belehrung über Recht und Frist zur Antragstellung nach rechtskräftiger Feststellung der Entschädigungspflicht sowie hinsichtlich des weiteren Verfahrens zur Feststellung der Höhe des Anspruchs wird auf die Ausführungsvorschriften zum Gesetz über die Entschädigung für Strafverfolgungsmaßnahmen (Anlage C) verwiesen.

Besonderer Teil

I. Abschnitt. Strafvorschriften des StGB

1. Staatsschutz und verwandte Strafsachen

202. Strafsachen, die zur Zuständigkeit der Oberlandesgerichte im ersten Rechtszug gehören. (1) Vorgänge, aus denen sich der Verdacht einer zur Zuständigkeit der Oberlandesgerichte im ersten Rechtszug gehörenden Straftat (§ 120 GVG, §§ 1 und 3 NATO-Truppen-Schutzgesetz) ergibt, übersendet der Staatsanwalt mit einem Begleitschreiben unverzüglich dem Generalbundesanwalt.

(2) Das Begleitschreiben soll eine gedrängte Darstellung und eine kurze rechtliche Würdigung des Sachverhalts enthalten sowie die Umstände angeben, die sonst für das Verfahren von Bedeutung sein können. Erscheinen richterliche Maßnahmen alsbald geboten, so ist hierauf hinzuweisen. Das Schreiben ist dem Generalbundesanwalt über den Generalstaatsanwalt, in dringenden Fällen unmittelbar bei gleichzeitiger Übersendung von Abschriften an den Generalstaatsanwalt, zuzuleiten.

(3) Der Staatsanwalt hat jedoch die Amtshandlungen vorzunehmen, bei denen Gefahr im Verzuge ist; dringende richterliche Handlungen soll er nach Möglichkeit bei dem Ermittlungsrichter des Bundesgerichtshofes (§ 169 StPO) beantragen. Vor solchen Amtshandlungen hat der Staatsanwalt, soweit möglich, mit dem Generalbundesanwalt Fühlung zu nehmen; Nr. 5 findet Anwendung.

(4) Die Pflicht der Behörden und Beamten des Polizeidienstes, ihre Verhandlungen in Strafsachen, die zur Zuständigkeit der Oberlandesgerichte im ersten Rechtszug gehören, unmittelbar dem Generalbundesanwalt zu übersenden (§ 163 Abs. 2 Satz 1 StPO; § 142a Abs. 1 GVG), wird durch Absatz 1 nicht berührt.

203. Behandlung der nach § 142a Abs. 2 und 4 GVG abgegebenen Strafsachen. (1) Gibt der Generalbundesanwalt ein Verfahren nach § 142a Abs. 2 oder 4 GVG an eine Landesstaatsanwaltschaft ab, so ist er über den Ausgang zu unterrichten. Die Anklageschrift und die gerichtlichen Sachentscheidungen sind ihm in Abschrift mitzuteilen.

(2) Ergeben sich Anhaltspunkte dafür, dass der Generalbundesanwalt nach § 142a Abs. 3 GVG zuständig ist oder dass infolge einer Veränderung des rechtlichen Gesichtspunktes die Voraussetzungen für die Abgabe nach § 142a Abs. 2 Nr. 1 GVG entfallen, so sind dem Generalbundesanwalt die Akten unverzüglich zur Entscheidung über die erneute Übernahme vorzulegen. Der Generalbundesanwalt ist ferner unverzüglich zu unterrichten, sobald sonst Anlass zu der Annahme besteht, dass er ein nach § 142a Abs. 2 oder 4 GVG abgegebenes Verfahren wieder übernehmen wird. Bei der Vorlage ist auf die Umstände hinzuweisen, die eine erneute Übernahme des Verfahrens durch den Generalbundesanwalt nahe legen.

(3) Überweist ein Oberlandesgericht ein Verfahren nach § 120 Abs. 2 Satz 2 GVG an ein Landgericht, so unterrichtet der Staatsanwalt den Generalbundesanwalt über den Ausgang des Verfahrens und teilt ihm die gerichtlichen Sachentscheidungen in Abschrift mit.

(4) Für die Unterrichtung nach Absatz 1, 2 und 3 gilt Nr. 202 Abs. 2 Satz 3 sinngemäß.

(5) Beschwerden und weitere Beschwerden, über die der Bundesgerichtshof zu entscheiden hat, übersendet der Generalstaatsanwalt dem Generalbundesanwalt mit einer kurzen Stellungnahme.

204. Strafsachen, die zur Zuständigkeit der zentralen Strafkammern gehören.
(1) Vorgänge, aus denen sich der Verdacht einer zur Zuständigkeit der Staatsschutzkammer gehörenden Straftat (§ 74a Abs. 1 GVG, §§ 1 und 3 NATO-Truppen-Schutzgesetz) ergibt, übersendet der Staatsanwalt unverzüglich dem hierfür zuständigen Staatsanwalt; er hat jedoch die Amtshandlungen vorzunehmen, bei denen Gefahr im Verzuge ist.

(2) Besteht ein Anlass zu der Annahme, dass der Generalbundesanwalt einem zur Zuständigkeit der Staatsschutzkammer gehörenden Fall besondere Bedeutung (§ 74a Abs. 2 GVG) beimessen wird, so unterrichtet der zuständige Staatsanwalt den Generalbundesanwalt möglichst frühzeitig über den Sachverhalt und dessen bisherige rechtliche Würdigung sowie über die Gründe, aus denen er die besondere Bedeutung des Falles folgert; Nr. 202 Abs. 2 Satz 3 gilt sinngemäß. Der Staatsanwalt hat jedoch die Ermittlungen fortzuführen; er soll aber vor Ablauf eines Monats seit der Unterrichtung des Generalbundesanwalts keine abschließende Verfügung treffen, sofern der Generalbundesanwalt nicht vorher die Übernahme des Verfahrens abgelehnt hat. Übernimmt der Generalbundesanwalt das Verfahren nicht, so gilt Nr. 203 Abs. 2 und 4 sinngemäß.

205. Unterrichtung der Behörden für den Verfassungsschutz in Staatsschutz- und anderen Verfahren. (1) In Staatsschutzstrafverfahren (§§ 74a, 120 Abs. 1 und 2 GVG, Artikel 7, 8 des Vierten Strafrechtsänderungsgesetzes) arbeitet der Staatsanwalt mit dem Bundesamt für Verfassungsschutz und den Landesbehörden für Verfassungsschutz in geeigneter Weise nach Maßgabe der gesetzlichen Vorschriften insbesondere unter Berücksichtigung des informationellen Trennungsprinzips zusammen, damit dort gesammelte Informationen bei den Ermittlungen des Staatsanwalts und dessen Erkenntnisse für die Aufgaben des Verfassungsschutzes ausgewertet werden können. Dies gilt auch für andere Verfahren, bei denen tatsächliche Anhaltspunkte dafür bestehen, dass es um Straftaten zur Durchsetzung verfassungsfeindlicher Ziele geht.

(2) Der Staatsanwalt unterrichtet das Bundesamt für Verfassungsschutz bei Bekanntwerden von Tatsachen nach § 18 Abs. 1 BVerfSchG und die Verfassungsschutzbehörden des Landes nach Maßgabe des entsprechenden Landesrechts von sich aus in geeigneter Weise über die der Einleitung und den Fortgang von Verfahren sowie die für eine Auswertung wesentlichen Entscheidungen (z. B. Anklageschriften, Urteile, Einstellungsverfügungen). Eine Unterrichtung nach Satz 1 soll insbesondere erfolgen in Verfahren wegen
– Vorbereitung oder Aufnahme von Beziehungen zur Begehung einer schweren staatsgefährdenden Gewalttat (§§ 89a und 89b StGB) oder Terrorismusfinanzierung (§ 89c StGB),
– Landesverrats und Gefährdung der äußeren Sicherheit (§§ 94 bis 100a StGB),
– Straftaten nach den §§ 129a und 129b StGB und damit in einem möglichen Sachzusammenhang stehenden Straftaten,
– Straftaten nach den §§ 17, 18 AWG und nach den §§ 19 bis 22a KrWaffKontrG mit Bezügen zu ausländischen Nachrichtendiensten,
– Straftaten unter Anwendung von Gewalt, sofern tatsächliche Anhaltspunkte dafür bestehen, dass sie zur Durchsetzung verfassungsfeindlicher Ziele begangen wurden.
Im Übrigen unterrichtet der Staatsanwalt unter den Voraussetzungen des § 18 Abs. 1b BVerfSchG das Bundesamt für Verfassungsschutz und nach Maßgabe des Landesrechts die Verfassungsschutzbehörde des Landes jedenfalls dann, wenn dies für deren Aufgabenerfüllung erforderlich und über den Einzelfall hinaus von Bedeutung ist.

(2a) Der Staatsanwalt soll bei allen Verfahren im Sinne der Absätze 1 und 2 nach Maßgabe der gesetzlichen Vorschriften die Behörden für Verfassungsschutz um Übermittlung der dort vorhandenen Informationen ersuchen, die für das Ermittlungsverfahren von Bedeutung sein können.

(3) Der Staatsanwalt unterrichtet die Behörden für Verfassungsschutz auf deren Ersuchen über vorhandene Erkenntnisse (vgl. § 18 Abs. 3 BVerfSchG und entsprechende Landesregelungen). Er kann ihnen auch Niederschriften über Vernehmungen oder Vermerke über andere Ermittlungsbehandlungen überlassen.

(4) Auf die Übermittlungsverbote nach § 23 BVerfSchG, den Minderjährigenschutz des § 24 BVerfSchG und die entsprechenden Landesregelungen wird hingewiesen.

(5) Angehörige der Behörden für Verfassungsschutz können als Sachverständige oder Auskunftspersonen zu Vernehmungen und anderen Ermittlungshandlungen (z. B. Tatortbesichtigung, Durchsuchung oder Beschlagnahme) zugezogen werden. Ihre Zuziehung ist in den Akten zu vermerken.

(6) Unbeschadet bestehender Berichtspflichten ist im Rahmen der Absätze 1 bis 3 und des Absatzes 5 der unmittelbare Geschäftsverkehr mit den in Absatz 1 bezeichneten Behörden zulässig.

206. Unterrichtung des Militärischen Abschirmdienstes und des Bundesnachrichtendienstes. Der Staatsanwalt unterrichtet den Militärischen Abschirmdienst von sich aus nach Maßgabe des § 22 i. V. m. § 18 Abs. 1 und 2 BVerfSchG und auf dessen Ersuchen nach Maßgabe des § 22 i. V. m. § 18 Abs. 3 BVerfSchG. Er unterrichtet den Bundesnachrichtendienst von sich aus zu dessen Eigensicherung nach Maßgabe des § 8 Abs. 2 BNDG sowie auf dessen Ersuchen nach Maßgabe des § 8 Abs. 3 BNDG i. V. m. § 18 Abs. 3 BVerfSchG. Nr. 205 ist jeweils entsprechend anzuwenden.

207. Benachrichtigung des Bundeskriminalamtes. (1) Von der Einleitung eines Verfahrens wegen eines Organisationsdeliktes (§§ 84, 85, 129, 129a, 129b StGB; § 20 Abs. 1 Nr. 1 bis 4 des Vereinsgesetzes; § 95 Abs. 1 Nr. 8 des Aufenthaltsgesetzes) ist das Bundeskriminalamt, Thaerstraße 11, 65193 Wiesbaden, zu benachrichtigen. Dieses gibt auf Anfrage an Hand der von ihm geführten Karteien Auskünfte darüber, ob und wo wegen des gleichen oder eines damit zusammenhängenden Organisationsdeliktes ein weiteres Verfahren anhängig ist oder anhängig gewesen ist.

(2) [1]Die Staatsanwaltschaft übersendet in Ermittlungs- und Strafverfahren wegen
1. Gefährdung des demokratischen Rechtsstaats in den Fällen der §§ 84, 85, 89a, 89b, 89c und 91 StGB,
2. Landesverrats und Gefährdung der äußeren Sicherheit in den Fällen der §§ 93 bis 101a StGB,
3. Straftaten gegen die Landesverteidigung in den Fällen des § 109h StGB,
4. Straftaten gegen die öffentliche Ordnung in den Fällen der §§ 129, 129a und 129b StGB,
5. Politisch motivierter Gewaltstraftaten oder Deliktsgruppen
   a) Widerstandsdelikte in den Fällen der §§ 113 bis 115 StGB,
   b) Landfriedensbruch in den Fällen der §§ 125 und 125a StGB,
   c) Straftaten gegen die sexuelle Selbstbestimmung in den Fällen der §§ 176b, 177 und 178 StGB,
   d) Straftaten gegen das Leben in den Fällen der §§ 211, 212 StGB,
   e) Straftaten gegen die körperliche Unversehrtheit in den Fällen der §§ 223 bis 227, 231 StGB,
   f) Freiheitsberaubung in den Fällen der §§ 234, 239 bis 239b StGB,
   g) Raub und Erpressung in den Fällen der §§ 249 bis 255 StGB,
   h) Gemeingefährliche Straftaten in den Fällen der §§ 306 bis 306c, 308 Abs. 1 bis 5, 309 Absatz 3 und 4, 310 Absatz 1 Nummer 2, 315 Absatz 1 bis 5; 315b Absatz 1 bis 4, 316a, 316c, 318 Absatz 3 und 4 StGB,
6. Straftaten nach § 20 Absatz 1 Nummer 1 bis 4 des Vereinsgesetzes,
7. Straftaten nach § 95 Absatz 1 Nummer 8 des Aufenthaltsgesetzes,

dem Bundeskriminalamt – unabhängig von einem polizeilichen Informationsaustausch – alsbald nach Abschluss des Verfahrens eine Kopie der staatsanwaltschaftlichen oder gerichtlichen Abschlussentscheidung (z. B. Urteil mit Gründen, Strafbefehl, Einstellungsverfügung), möglichst in elektronischer Form, zur Auswertung. [2]Ausgenommen sind:
a) Verfahren, die keinerlei Erkenntnisse sachlicher oder personeller Art enthalten; z. B. Verfahren, die mangels Anhaltspunkten für eine Aufklärung eingestellt worden sind, und
b) Entscheidungen über selbstständige Einziehungsverfahren.

(3) Straftaten im Sinne des Absatzes 2 Satz 1 Nummer 5 sind politisch motiviert, wenn bei Würdigung der Umstände der Tat und/oder der Einstellung des Täters Anhaltspunkte dafür vorliegen, dass sie

- den demokratischen Willensbildungsprozess beeinflussen sollen, der Erreichung oder Verhinderung politischer Ziele dienen oder sich gegen die Umsetzung politischer Entscheidungen richten,
- sich gegen die freiheitliche demokratische Grundordnung bzw. eines ihrer Wesensmerkmale, den Bestand und die Sicherheit des Bundes oder eines Landes richten oder eine ungesetzliche Beeinträchtigung der Amtsführung von Mitgliedern der Verfassungsorgane des Bundes oder eines Landes zum Ziel haben,
- durch Anwendung von Gewalt oder darauf gerichtete Vorbereitungshandlungen auswärtige Belange der Bundesrepublik Deutschland gefährden,
- gegen eine Person wegen ihrer politischen Einstellung, Nationalität, Volkszugehörigkeit, Rasse, Hautfarbe, Religion, Weltanschauung, Herkunft oder aufgrund ihres äußeren Erscheinungsbildes, ihrer Behinderung, ihrer sexuellen Orientierung oder ihres gesellschaftlichen Status gerichtet sind und die Tathandlung damit im Kausalzusammenhang steht bzw. sich in diesem Zusammenhang gegen eine Institution, Sache oder ein Objekt richtet.

208. Verfahren betreffend staatsgefährdende Schriften. (1) Ist eine Schrift (§ 11 Abs. 3 StGB) zur Begehung einer Straftat nach den §§ 80 bis 101a, 129 bis 130 StGB, § 20 Abs. 1 Nr. 1 bis 4 des Vereinsgesetzes oder nach § 95 Abs. 1 Nr. 8 des Aufenthaltsgesetzes gebraucht worden oder bestimmt gewesen, benachrichtigt der Staatsanwalt das Bundeskriminalamt, Thaerstraße 11, 65193 Wiesbaden, unverzüglich von der Einleitung des Verfahrens. Einer gesonderten Benachrichtigung von der Einleitung des Verfahrens bedarf es nicht, wenn das Bundeskriminalamt binnen kürzester Frist durch ein Auskunftsersuchen nach Absatz 2 oder durch eine Mitteilung nach Absatz 4 benachrichtigt wird.

(2) Bevor der Staatsanwalt die Beschlagnahme oder die Einziehung beantragt, holt er eine Auskunft des Bundeskriminalamtes darüber ein, ob und wo wegen der Schriften (§ 11 Abs. 3 StGB) schon ein Verfahren anhängig ist oder anhängig gewesen ist und ob und wo bereits Beschlagnahme- oder Einziehungsentscheidungen beantragt oder ergangen sind. In Eilfällen kann die Auskunft auch fernmündlich, fernschriftlich oder telegrafisch eingeholt werden. Ergibt sich aus der Auskunft des Bundeskriminalamtes, dass in einem wegen derselben Schriften (§ 11 Abs. 3 StGB) bereits anhängigen Verfahren eine die gesamte Auflage erfassende (allgemeine) Beschlagnahmeanordnung beantragt oder ergangen oder eine allgemeine Einziehung beantragt oder angeordnet, aber noch nicht rechtskräftig geworden ist, so wartet der Staatsanwalt den Abschluss dieses Verfahrens ab, wenn für ihn lediglich die Durchführung des selbstständigen Einziehungsverfahrens in Betracht käme. In allen anderen Fällen gilt Nr. 249 sinngemäß.

(3) In selbstständigen Einziehungsverfahren ist zu prüfen, ob auf die Herbeiführung einer gerichtlichen Beschlagnahme verzichtet und sogleich die Einziehung beantragt werden kann; von dieser Möglichkeit wird in der Regel bei selbstständigen Einziehungsverfahren betreffend Massenschriften Gebrauch zu machen sein. Anträge auf Beschlagnahme sollen nach Möglichkeit beim Amtsgericht am Sitz der in § 74a GVG bezeichneten Strafkammer gestellt werden. Anträge auf Beschlagnahme oder Einziehung sollen, soweit nicht Rechtsgründe entgegenstehen, die gesamte Auflage erfassen.

(4) Das Bundeskriminalamt ist von allen auf Beschlagnahme- und Einziehungsanträge hin ergehenden Entscheidungen sowie von der Rücknahme solcher Anträge unverzüglich zu benachrichtigen. Handelt es sich um die Entscheidungen, durch welche die Beschlagnahme oder Einziehung nicht periodischer Schriften angeordnet, wieder aufgehoben oder abgelehnt wird, so kann zugleich um Bekanntmachung der Entscheidung im Bundeskriminalblatt ersucht werden; dasselbe gilt bei periodischen Schriften, die im räumlichen Geltungsbereich des Strafgesetzbuches erscheinen.

(5) Im Übrigen gelten die Nr. 226 Abs. 1 Satz 4 und Abs. 2, 251, 252 und 253 sinngemäß. Für die Verwertung der in Staatsschutzverfahren eingezogenen Filme gilt die bundeseinheitlich getroffene Anordnung vom 2. April 1973.

(6) Postsendungen, die von den Zollbehörden gemäß § 2 des Gesetzes zur Überwachung strafrechtlicher und anderer Verbringungsverbote vom 24. Mai 1961[1]) der Staatsanwaltschaft vorgelegt, jedoch von dieser nach Prüfung freigegeben werden, sind beschleunigt an die Empfänger weiterzuleiten. Geöffnete Sendungen sind zu verschließen sowie mit dem Vermerk:
„Auf Grund des Gesetzes zur Überwachung strafrechtlicher und anderer Verbringungsverbote vom 24. Mai 1961 zollamtlich geöffnet und von der Staatsanwaltschaft freigegeben"
und mit dem Dienststempel der Staatsanwaltschaft zu versehen.

209. Verfahren wegen Verunglimpfung und Beleidigung oberster Staatsorgane. (1) Bei Verunglimpfungen und Beleidigungen oberster Staatsorgane des Bundes (§§ 90, 90b, 185 bis 188 StGB) ist das Bundesministerium der Justiz, bei Verunglimpfungen oder Beleidigungen oberster Staatsorgane eines Landes die Landesjustizverwaltung beschleunigt zu unterrichten, damit der Verletzte eine Entschließung darüber treffen kann, ob die Sache verfolgt werden soll. Zu diesem Zweck sind die im Interesse der Beweissicherung notwendigen Ermittlungen zu führen, von der Vernehmung des Beschuldigten ist jedoch zunächst abzusehen. Der Bericht soll eine gestraffte Darstellung des Sachverhalts mit kurzer rechtlicher Würdigung sowie Angaben über die persönlichen Verhältnisse des Beschuldigten, sofern diese bekannt sind, enthalten. Bei Verunglimpfungen und Beleidigungen oberster Staatsorgane des Bundes ist der Bericht dem Bundesministerium der Justiz unmittelbar unter gleichzeitiger Übersendung von Abschriften an die Landesjustizverwaltung und die vorgesetzten Behörden zu erstatten.

(2) Erwägt ein oberstes Staatsorgan, eine Ermächtigung zur Strafverfolgung zu erteilen oder Strafantrag zu stellen, so ist der Sachverhalt beschleunigt aufzuklären. Der abschließende Bericht soll den Sachverhalt erschöpfend darstellen und rechtlich würdigen, die für die Entschließung des Verletzten bedeutsamen Umstände, wie besondere Tatumstände, Persönlichkeit, Verhältnisse, Vorstrafen und Reue des Täters, Entschuldigungen, Widerruf oder sonstige Wiedergutmachung bzw. die Bereitschaft dazu, darlegen sowie mit der Verunglimpfung oder Beleidigung zusammentreffende, von Amts wegen zu verfolgende Straftaten einbeziehen; soweit nach der Beweislage eine Überführung des Täters zweifelhaft erscheint, soll hierauf hingewiesen werden. Dem Bericht sind die erforderliche Anzahl von Abschriften für die Ermächtigungs- oder Antragsberechtigten sowie in der Regel die Akten beizufügen. Der Bericht ist auf dem Dienstwege, in dringenden Fällen (z. B. bei bevorstehendem Fristablauf) unmittelbar, dem Bundesministerium der Justiz oder der Landesjustizverwaltung unter gleichzeitiger Übersendung von Abschriften an die vorgesetzten Behörden zu erstatten.

(3) Ist die Befugnis zur Bekanntgabe der Verurteilung anzuordnen, so gilt Nr. 231 sinngemäß.

(4) Kann bei Verunglimpfungen oder Beleidigungen oberster Staatsorgane selbstständig auf Einziehung und Unbrauchbarmachung erkannt werden (Nr. 180), so gelten die Absätze 1 bis 3 entsprechend.

210. Verfahren wegen Handlungen gegen ausländische Staaten (§§ 102 bis 104a StGB). (1) Bei Handlungen gegen ausländische Staaten (§§ 102 bis 104a StGB) soll der Staatsanwalt beschleunigt die im Interesse der Beweissicherung notwendigen Ermittlungen durchführen sowie die Umstände aufklären, die für die Entschließung des verletzten ausländischen Staates, ein Strafverlangen zu stellen, und für die Entschließung der Bundesregierung, die Ermächtigung zur Strafverfolgung zu erteilen, von Bedeutung sein können.

(2) Von dem Ergebnis dieser Ermittlungen ist das Bundesministerium der Justiz auf dem Dienstwege zu unterrichten. Für die Berichterstattung gilt Nr. 209 Abs. 2 Satz 2 sinngemäß. Dem Bericht sind drei Abschriften für die Bundesregierung sowie in der Regel die Akten beizufügen.

---

[1]) **Amtlicher Fußnotentext:** Vgl. Fundstellennachweis A zum Bundesrecht.

(3) Ist die Befugnis zur Bekanntgabe der Verurteilung anzuordnen (§§ 103 Abs. 2, 200 StGB), so gilt Nr. 231 sinngemäß.

211. Anhörung und Unterrichtung oberster Staatsorgane. (1) In den Fällen, in denen ein oberstes Staatsorgan des Bundes oder eines Landes die Ermächtigung zur Strafverfolgung nach § 89a Abs. 4, § 89b Abs. 4, § 89c Absatz 4, § 90 Abs. 4, § 90b Abs. 2, § 97 Abs. 3, §§ 104a, 129b Abs. 1 Satz 3, § 194 Abs. 4 StGB erteilt oder Strafantrag wegen Beleidigung gestellt hat, teilt der Staatsanwalt, bevor er das Verfahren nach § 170 Abs. 2 Satz 1 StPO oder nach § 153 Abs. 1, § 153a Abs. 1 StPO einstellt oder einer vom Gericht beabsichtigten Einstellung nach § 153 Abs. 2, § 153a Abs. 2 StPO zustimmt, dem obersten Staatsorgan unter Beifügung der Akten die Gründe mit, die für die Einstellung des Verfahrens sprechen, und gibt ihm Gelegenheit zur Stellungnahme. Wenn der Staatsanwalt entgegen einer widersprechenden Stellungnahme des obersten Staatsorgans das Verfahren einstellt oder der Einstellung des Verfahrens durch das Gericht zustimmt, so soll er dabei auch die Einwendungen würdigen, die gegen die Einstellung erhoben worden sind.

(2) Wird in den in Absatz 1 Satz 1 bezeichneten Fällen die Eröffnung des Hauptverfahrens abgelehnt, das Verfahren durch das Gericht eingestellt oder der Angeklagte freigesprochen und erscheint ein Rechtsmittel nicht aussichtslos, so gibt der Staatsanwalt dem obersten Staatsorgan Gelegenheit zur Stellungnahme, bevor er von der Einlegung eines Rechtsmittels absieht, auf die Einlegung eines Rechtsmittels verzichtet oder ein Rechtsmittel zurücknimmt. Dies gilt auch, wenn der Staatsanwalt der Auffassung ist, dass die erkannte Strafe in einem Missverhältnis zur Schwere der Tat steht. Bei drohendem Fristablauf wird in der Regel die vorsorgliche Einlegung eines Rechtsmittels geboten sein.

(3) In den in Absatz 1 Satz 1 bezeichneten Fällen gibt der Staatsanwalt dem obersten Staatsorgan ferner Gelegenheit zur Stellungnahme,
a) bevor er von einem Antrag auf Einziehung und Unbrauchbarmachung im selbständigen Verfahren absieht,
b) bevor er von der Durchführung eines Rechtsmittels gegen eine Entscheidung absieht, durch die das Gericht einem Antrag des Staatsanwalts auf Einziehung und Unbrauchbarmachung im selbständigen Verfahren nicht stattgegeben hat, sofern nicht ein Rechtsmittel aussichtslos erscheint.

(4) Das Bundesministerium der Justiz, bei Beteiligung eines obersten Staatsorgans eines Landes die Landesjustizverwaltung, ist in angemessenen Zeitabständen über den Fortgang des Verfahrens sowie über dessen Ausgang zu unterrichten. Abschriften der Einstellungsverfügungen und der gerichtlichen Sachentscheidungen sind in der erforderlichen Zahl für die beteiligten obersten Staatsorgane beizufügen.

(5) Für die Berichterstattung nach Absatz 1 bis 4 gilt Nr. 209 Abs. 2 Satz 4 sinngemäß; Nr. 5 Abs. 4 findet Anwendung.

212. Verfahren bei weiteren Ermächtigungsdelikten. (1) Wird dem Staatsanwalt eine Straftat nach §§ 353a oder 353b StGB bekannt, so holt er unter Mitteilung des bekannt gewordenen Sachverhalts, jedoch in der Regel vor weiteren Ermittlungen, über das Bundesministerium der Justiz bzw. über die Landesjustizverwaltung die Entscheidung ein, ob die Ermächtigung zur Strafverfolgung erteilt wird. Die Vorschriften der Nr. 209 Abs. 2 Satz 3 und 4, 211 gelten sinngemäß.

(2) Bei Straftaten betreffend die Bildung krimineller oder terroristischer Vereinigungen im Ausland außerhalb der Europäischen Union (§§ 129, 129a in Verbindung mit § 129b StGB) soll der Staatsanwalt beschleunigt die zur Beweissicherung notwendigen Ermittlungen durchführen sowie die Umstände aufklären, die für die Entschließung des Bundesministeriums der Justiz und für Verbraucherschutz, die Ermächtigung zur Strafverfolgung zu erteilen, von Bedeutung sein können. Von dem Ergebnis dieser Ermittlungen ist das Bundesministerium der Justiz und für Verbraucherschutz auf dem Dienstweg zu unterrichten. In Eilfällen (zum Beispiel Haftsachen) kann die Unterrichtung unmittelbar unter gleichzeitiger Übersendung von Abschriften an die vorgesetzte Behörde erfolgen. Der Bericht soll die Erkenntnisse zu der Vereinigung, die Gegenstand des Verfahrens ist, zusammenfassend darstellen.

(3) Bei Straftaten nach §§ 89a, 89b oder 89c StGB gilt Absatz 2 Satz 1 bis 3 sinngemäß.

213. Geheimhaltung. (1) Geheimzuhaltende Tatsachen und Erkenntnisse, insbesondere Staatsgeheimnisse (§ 93 StGB), dürfen in Sachakten nur insoweit schriftlich festgehalten werden, als dies für das Verfahren unerlässlich ist.

(2) Bei der Behandlung von Verschlusssachen sind die Vorschriften der Verschlusssachenanweisung, bei der Behandlung von Verschlusssachen zwischenstaatlichen oder überstaatlichen Ursprungs die für diese geltenden besonderen Geheimschutzvorschriften zu beachten. Das gilt auch bei der Mitteilung von Verschlusssachen an Verteidiger, Sachverständige und sonstige Verfahrensbeteiligte (z. B. Dolmetscher), soweit nicht zwingende Rechtsgrundsätze entgegenstehen.

(3) Auch wenn bei der Mitteilung von Verschlusssachen an Verteidiger, Sachverständige oder sonstige Verfahrensbeteiligte zwingende Rechtsgrundsätze den Vorschriften der Verschlusssachenanweisung oder den besonderen Geheimschutzvorschriften entgegenstehen, sind die Empfänger gleichwohl eindringlich auf ihre Geheimhaltungspflicht (§§ 93 ff., 203, 353b StGB) hinzuweisen; dabei ist ihnen zu empfehlen, bei der Behandlung der Verschlusssachen nach den im Einzelfall einschlägigen Vorschriften zu verfahren, die ihnen zu erläutern sind. Über den Hinweis und die Empfehlungen ist ein Vermerk zu den Akten zu nehmen; dieser soll vom Empfänger unterschrieben werden.

(4) Der Mitteilung von Verschlusssachen an Verteidiger im Sinne der Absätze 2 und 3 steht die Akteneinsicht gleich, wenn sie sich auf Verschlusssachen erstrecken. Bei Akten, die Verschlusssachen des Geheimhaltungsgrades VS-VERTRAULICH, GEHEIM oder STRENG GEHEIM enthalten, ist besonders sorgfältig zu prüfen,
a) ob nicht wichtige Gründe entgegenstehen, dem Verteidiger die Akten zur Einsichtnahme in seine Geschäftsräume oder in seine Wohnung mitzugeben (§ 147 Abs. 4 StPO);
b) ob rechtliche Bedenken gegen die Anfertigung von Notizen, Abschriften, Auszügen oder Ablichtungen durch den Verteidiger bestehen.
Dies gilt sinngemäß bei Sachverständigen und sonstigen Verfahrensbeteiligten.

(5) In geeigneten Fällen soll der Staatsanwalt die Verteidiger, Sachverständigen, sonstigen Verfahrensbeteiligten zur Geheimhaltung der ihnen mitgeteilten geheimhaltungsbedürftigen Umstände unter Hinweis auf die Strafbarkeit der Geheimnisverletzung (§ 353b Abs. 2 StGB) förmlich verpflichten. Dabei ist zu beachten, dass eine derartige Verpflichtung zur Geheimhaltung nur auf Grund eines Gesetzes oder mit Einwilligung des Betroffenen möglich ist. Über die Einwilligung des Betroffenen und über die Vornahme der Verpflichtung ist ein Vermerk zu den Akten zu nehmen, der von dem Verpflichteten unterschrieben werden soll.

(6) Ist eine Gefährdung der Staatssicherheit zu besorgen, so hat der Staatsanwalt durch entsprechende Anträge auf gerichtliche Maßnahmen nach §§ 172 und 174 Abs. 2 GVG hinzuwirken. Im Übrigen ist Nr. 131 zu beachten.

214. Verlust oder Preisgabe von Verschlusssachen. Bei Ermittlungen, die den Verlust oder die Preisgabe von Verschlusssachen betreffen, ist zu prüfen, ob eine Verpflichtung besteht, ausländische Geheimhaltungsinteressen wahrzunehmen. Hierzu kann es sich empfehlen, eine Anfrage an das Bundesministerium des Innern zu richten, das eine Liste der internationalen Geheimschutzvereinbarungen führt.

2. Geld- und Wertzeichenfälschung

215. Internationale Abkommen. Bei der Verfolgung der Geld- und Wertzeichenfälschung (Münzstrafsachen) sind völkerrechtliche Vereinbarungen, insbesondere das Internationale Abkommen vom 20. April 1929 zur Bekämpfung der Falschmünzerei[1] zu beachten. Auskunft erteilt das Bundesministerium der Justiz.

---

[1] **Amtlicher Fußnotentext:** Vgl. Fundstellennachweis B zum Bundesgesetzblatt Teil II.

216. Zusammenwirken mit anderen Stellen. (1) Bei der Verfolgung von Münzstrafsachen arbeitet der Staatsanwalt insbesondere mit folgenden Stellen zusammen:
a) dem Bundeskriminalamt und den Landeskriminalämtern,
b) der Deutschen Bundesbank, Wilhelm-Epstein-Str. 14, 60431 Frankfurt am Main, als nationales Analysezentrum (NAZ) und nationales Münzanalysezentrum (MAZ), wenn es sich um in- oder ausländische Noten oder Münzen handelt,
c) der Bundesrepublik Deutschland – Finanzagentur GmbH, Lurgiallee 5, 60295 Frankfurt/Main, wenn es sich um Schuldverschreibungen oder Zins- und Erneuerungsscheine des Deutschen Reiches, der Deutschen Reichspost, des Preußischen Staates, der Bundesrepublik Deutschland, der Deutschen Bundesbahn oder der Deutschen Bundespost handelt.

(2) Bei Münzstrafsachen, die Schuldverschreibungen oder deren Zins- oder Erneuerungsscheine betreffen, soll die Körperschaft (z. B. das Land, die Gemeinde, der Gemeindeverband) beteiligt werden, die echte Schuldverschreibungen dieser Art ausgegeben hat oder in ihnen als Ausgeber genannt ist.

217. Nachrichtensammel- und Auswertungsstelle bei dem Bundeskriminalamt. (1) Bei der Verfolgung von Münzstrafsachen beachtet der Staatsanwalt, dass das Bundeskriminalamt auf diesem Gebiet die Aufgaben einer Zentralstelle wahrnimmt (vgl. Art. 12, 13 des Internationalen Abkommens zur Bekämpfung der Falschmünzerei) und die folgenden Sammlungen unterhält:
a) Falschgeldtypenlisten,
in denen alle bekannt gewordenen in- und ausländischen Falschgeldtypen registriert sind unter Angabe der Orte, an denen Falschgeld in Erscheinung getreten ist;
b) eine Geldfälscherkartei,
die untergliedert ist in
aa) eine Hersteller- und Verbreiterkartei;
aus ihr kann Auskunft über die Personen erteilt werden, die als Hersteller oder Verbreiter von Falschgeld in Erscheinung getreten sind;
bb) eine Typenherstellerkartei;
aus ihr kann Auskunft erteilt werden über die Hersteller bestimmter Fälschungstypen (bei Münzen) oder Fälschungsklassen (bei Noten).

(2) Auch die Landeskriminalämter unterhalten eine Nachrichtensammelstelle zur Bekämpfung von Geldfälschungen; sie stehen in enger Verbindung mit dem Bundeskriminalamt und erhalten von diesem regelmäßig Bericht mit Angaben über die Anfallmenge, Anfallorte und Verausgabungsstellen, mit Hinweisen auf vermutliche Verbreitungszusammenhänge sowie mit einer Übersicht über die Menge der angehaltenen Fälschungstypen, Fälschungsklassen und die Verbreitungsschwerpunkte.

218. Verbindung mehrerer Verfahren. (1) Mehrere dieselbe Fälschungsklasse betreffende Verfahren, die von derselben Staatsanwaltschaft geführt werden, sind regelmäßig zu verbinden.

(2) Werden gegen mehrere Verbreiter oder gegen Hersteller und Verbreiter durch verschiedene Staatsanwaltschaften Verfahren geführt, so wird eine Verbindung nur zweckmäßig sein, wenn zwischen den Beschuldigten unmittelbare Zusammenhänge feststellbar sind. Ist ein Zusammenhang (Ringbildung) erkennbar, so ist die Verbindung regelmäßig geboten.

219. Unterrichtung und Ausschluss der Öffentlichkeit. (1) Über Münzstrafsachen unterrichtet der Staatsanwalt die Öffentlichkeit grundsätzlich nur im Einvernehmen mit den in Nr. 216 Abs. 1 Buchst. a und b genannten Stellen. Dies gilt auch für die Bezeichnung der Fälschungsklasse und der Reihennummern der einzelnen Falschstücke.

(2) In der Anklageschrift sind über die in Absatz 1 bezeichneten Umstände, sowie über die bei Münzstraftaten angewandten Verfahren und die Mittel zur Bekämpfung dieser Straftaten nur die unbedingt notwendigen Angaben zu machen.

(3) In der Hauptverhandlung soll der Staatsanwalt den Ausschluss der Öffentlichkeit sowie die Auferlegung der Schweigepflicht beantragen (§§ 172 Nr. 1, 174 Abs. 3 GVG;

vgl. auch Nr. 131 Abs. 2); regelmäßig ist dies für die Erörterung des Herstellungsverfahrens und der anderen in Absätzen 1 und 2 bezeichneten Umstände geboten. Auch wenn es sich nur um die Verbreitung von Falschgeld handelt, ist dies zweckmäßig.

3. Sexualstraftaten

220. Rücksichtnahme auf Verletzte. (1) Die Anordnung und Durchführung der körperlichen Untersuchung erfordern Behutsamkeit, Einfühlungsvermögen sowie hinreichende Betreuung und Information. Die Durchführung der körperlichen Untersuchung sollte mit Rücksicht auf das Schamgefühl des Opfers möglichst einer Person gleichen Geschlechts oder einer ärztlichen Kraft (§ 81d StPO) übertragen werden. Bei berechtigtem Interesse soll dem Wunsch, die Untersuchung einer Person oder einem Arzt bestimmten Geschlechts zu übertragen, entsprochen werden. Auf Verlangen der betroffenen Person soll eine Person des Vertrauens zugelassen werden. Auf die beiden vorgenannten Regelungen ist die betroffene Person hinzuweisen.

(2) Lichtbilder von Verletzten, die sie ganz oder teilweise unbekleidet zeigen, sind in einem verschlossenen Umschlag oder gesondert geheftet zu den Akten zu nehmen und bei der Gewährung von Akteneinsicht – soweit sie nicht für die verletzte Person selbst erfolgt – vorübergehend aus den Akten zu entfernen. Der Verteidigung ist insoweit Akteneinsicht auf der Geschäftsstelle zu gewähren (§ 147 Abs. 4 Satz 1 StPO).

221. Beschleunigung in Verfahren mit kindlichen Opfern. (1) Das Verfahren ist zu beschleunigen, vor allem deswegen, weil das Erinnerungsvermögen der Kinder rasch verblasst und weil sie besonders leicht zu beeinflussen sind.

(2) Wird ein Beschuldigter, der in häuslicher Gemeinschaft mit dem Geschädigten lebt oder der auf diesen in anderer Weise unmittelbar einwirken kann, freigelassen, so ist das Jugendamt unverzüglich zu benachrichtigen, damit die erforderlichen Maßnahmen zum Schutze des Geschädigten ergriffen werden können. Die Benachrichtigung obliegt derjenigen Stelle, welche die Freilassung veranlasst hat.

222. Vernehmung von Kindern, Ausschluss und Beschränkung der Öffentlichkeit. (1) Werden Kinder als Zeugen vernommen, so sind die Nr. 19, 19a, 130a Abs. 2 und 135 Abs. 2 zu beachten. Vielfach wird es sich empfehlen, schon zur ersten Vernehmung einen Sachverständigen beizuziehen, der über besondere Kenntnisse und Erfahrungen auf dem Gebiet der Kinderpsychologie verfügt.

(2) Hat der Beschuldigte ein glaubhaftes Geständnis vor dem Richter abgelegt, so ist im Interesse des Kindes zu prüfen, ob dessen Vernehmung noch nötig ist (vgl. Nr. 111 Abs. 4).

(3) Wegen des Ausschlusses oder der Beschränkung der Öffentlichkeit sind Nr. 131a, 132 zu beachten.

222a. Anhörung des durch eine Straftat nach den §§ 174 bis 182 StGB Verletzten. (1) Vor der Einleitung verfahrensbeendender Maßnahmen nach den §§ 153 Abs. 1, 153a Abs. 1, 153b Abs. 1 oder 154 Abs. 1 StPO soll dem Verletzten Gelegenheit zur Stellungnahme zu dem beabsichtigten Verfahrensabschluss gegeben werden, in den Fällen des § 154 Abs. 1 StPO jedoch nur, wenn die Einstellung im Hinblick auf andere Taten zum Nachteil Dritter erfolgen soll. Hiervon kann abgesehen werden, wenn der Verletzte bereits bei seiner Vernehmung als Zeuge hierzu befragt worden ist. Widerspricht der Verletzte einer beabsichtigten Maßnahme und wird das Verfahren eingestellt, soll eine Würdigung seiner Einwendungen in den Bescheid über die Einstellung (Nr. 89, 101 Abs. 2) aufgenommen werden.

(2) Dem Verletzten soll auch Gelegenheit gegeben werden, sich durch einen anwaltlichen Beistand bei einer etwaigen Erörterung des Verfahrensstands nach § 160b StPO sowie im Hinblick auf eine etwaige Entscheidung über die Anklageerhebung nach § 24 Abs. 1 Nr. 3 GVG oder § 26 Abs. 2 GVG (vgl. Nr. 113 Abs. 2) zu seiner besonderen Schutzbedürftigkeit zu äußern. In geeigneten Fällen kann auch der Verletzte selbst an der Erörterung des Verfahrensstands beteiligt werden.

4. Verbreitung und Zugänglichmachung gewaltdarstellender, pornographischer und sonstiger jugendgefährdender Schriften

223. Zentralstellen der Länder. Die Zentralstellen der Länder zur Bekämpfung gewaltdarstellender, pornographischer und sonstiger jugendgefährdender Schriften sorgen dafür, dass Straftaten nach den §§ 131, 184, 184a, 184b, 184c, 184d StGB und §§ 15, 27 des Jugendschutzgesetzes, § 23 des Jugendmedienschutz-Staatsvertrages (JMStV)[1] und Ordnungswidrigkeiten nach den §§ 119, 120 Abs. 1 Nr. 2 OWiG, § 28 Abs. 1 Nr. 1 bis 4, Nr. 9, Nr. 14 bis 20, Abs. 2, 3 und 4 JuSchG, § 24 JMStV nach einheitlichen Grundsätzen verfolgt werden, und halten insbesondere in den über den Bereich eines Landes hinausgehenden Fällen miteinander Verbindung. Sie beobachten auch die in ihrem Geschäftsbereich erscheinenden oder verbreiteten Zeitschriften und Zeitungen.

224. Mehrere Strafverfahren. (1) Das Bundeskriminalamt gibt Auskunft darüber, ob eine Schrift (§ 11 Abs. 3 StGB) bereits Gegenstand eines Strafverfahrens nach den §§ 131, 184, 184a, 184b, 184c, 184d StGB oder den §§ 15, 27 JuSchG, § 23 JMStV gewesen ist.

(2) Um zu verhindern, dass voneinander abweichende Entscheidungen ergehen, sind folgende Grundsätze zu beachten:
a) Leitet der Staatsanwalt des Verbreitungsortes ein Verfahren wegen einer gewaltdarstellenden, pornographischen oder sonstigen jugendgefährdenden Schrift ein, unterrichtet er gleichzeitig den Staatsanwalt des Erscheinungsortes. Dieser teilt ihm unverzüglich mit, ob er ebenfalls ein Verfahren eingeleitet hat oder einzuleiten beabsichtigt, und unterrichtet ihn über den Ausgang des Verfahrens.
b) Will der Staatsanwalt des Verbreitungsortes aus besonderen Gründen sein Verfahren durchführen, bevor das Verfahren am Erscheinungsort abgeschlossen ist, führt er die Entscheidung der Landesjustizverwaltung (der Zentralstelle, falls ihr die Entscheidungsbefugnis übertragen ist) herbei.
c) Die Genehmigung der Landesjustizverwaltung (der Zentralstelle) ist auch dann einzuholen, wenn wegen einer Schrift eingeschritten werden soll, obwohl ein anderes Verfahren wegen derselben Schrift bereits deswegen zur Einstellung, zur Ablehnung der Eröffnung des Hauptverfahrens, zu einem Freispruch oder zur Ablehnung der Einziehung geführt hat, weil sie nicht als gewaltdarstellend, pornographisch oder sonst jugendgefährdend erachtet worden ist.

(3) Auf Schriften, auf denen der Name des Verlegers oder – beim Selbstverlag – der Name des Verfassers oder des Herausgebers und ein inländischer Erscheinungsort nicht angegeben sind, findet Absatz 2 keine Anwendung.

(4) Die Absätze 1 bis 3 sind auf mittels Rundfunk oder Telemedien verbreitete Inhalte entsprechend anzuwenden, wobei anstelle
a) der Schrift auf den Inhalt der Rundfunksendung oder des Telemediums,
b) des Verbreitungsorts auf den Ort des Empfangs oder der Nutzung, insbesondere um Informationen zu erlangen,
c) des Erscheinungsorts auf den Ort der Rundfunkveranstaltung oder der Nutzung, insbesondere um Informationen zugänglich zu machen,
abzustellen ist. Bei der entsprechenden Anwendung des Absatzes 3 ist auf den Rundfunkveranstalter bzw. den Nutzer, der insbesondere Informationen zugänglich machen will, abzustellen.

225. Verwahrung beschlagnahmter Schriften. Die beschlagnahmten Stücke sind so zu verwahren, dass ein Missbrauch ausgeschlossen ist; sie dürfen nur dem Staatsanwalt und dem Gericht zugänglich sein. Von den verwahrten Schriften werden höchstens je zwei Stück in einem besonderen Umschlag (zum Gebrauch des Staatsanwalts und des Gerichts) zu den Ermittlungs- oder Strafakten genommen. Wenn diese Stücke nicht benötigt werden, sind sie wie die übrigen amtlich verwahrten Schriften unter Verschluss zu halten.

---

[1] **Amtlicher Fußnotentext:** Vgl. Fundstellennachweis A zum jeweiligen Landesrecht.

226. Veröffentlichung von Entscheidungen. (1) Die Beschlagnahme gewaltdarstellender, pornographischer und sonstiger jugendgefährdender Schriften ist im Bundeskriminalblatt bekanntzumachen, sofern nicht wegen voraussichtlich geringer oder nur örtlich beschränkter Verbreitung eine Veröffentlichung im Landeskriminalblatt genügt. Beschränkt sich die Beschlagnahme auf die in § 74d Abs. 3 StGB bezeichneten Stücke, wird hierauf in der Bekanntmachung hingewiesen. Nr. 251 Abs. 2 bis 6 gilt sinngemäß. Wird die Beschlagnahme aufgehoben, ist dies in gleicher Weise bekanntzumachen.

(2) Bei rechtskräftigen Entscheidungen, die auf Einziehung einer Schrift erkennen, ist nach § 81 StVollstrO zu verfahren.

(3) Rechtskräftige Entscheidungen, in denen das Gericht den gewaltdarstellenden, pornographischen oder sonst jugendgefährdenden Charakter einer Schrift (§ 11 Abs. 3 StGB) oder eines mittels Rundfunk oder Telemedien verbreiteten Inhalts verneint und den Angeklagten freigesprochen oder die Einziehung abgelehnt hat, sind im Bundeskriminalblatt auszugsweise zu veröffentlichen, wenn der Medieninhalt genau genug bezeichnet werden kann. Ist der Medieninhalt nur geringfügig (etwa nur in wenigen Stücken) oder nur in örtlich begrenztem Gebiet verbreitet worden, so genügt die Veröffentlichung im Landeskriminalblatt.

227. Unterrichtung des Bundeskriminalamts. Gerichtliche Entscheidungen über den gewaltdarstellenden, pornographischen oder sonst jugendgefährdenden Charakter einer Schrift (§ 11 Abs. 3 StGB) oder eines mittels Rundfunk oder Telemedien verbreiteten Inhalts, insbesondere über die Beschlagnahme oder die Einziehung von Schriften nach den §§ 74d, 76a StGB, teilen die Zentralstellen dem Bundeskriminalamt auch dann mit, wenn eine Bekanntmachung oder Veröffentlichung im Bundeskriminalblatt nicht verlangt wird oder nicht erfolgt ist. Von der Mitteilung wird abgesehen, sofern die Aufnahme entsprechender Schriften in die Liste nach § 18 JuSchG bereits bekanntgemacht ist.

228. Unterrichtung der Bundesprüfstelle für jugendgefährdende Medien.
(1) Ist rechtskräftig festgestellt, dass eine Schrift (§ 11 Abs. 3 StGB) oder ein mittels Rundfunk oder Telemedien verbreiteter Inhalt einen in den §§ 86, 130, 130a, 131, 184, 184a, 184b oder 184c StGB bezeichneten Charakter hat, übersendet die Zentralstelle eine Ausfertigung dieser Entscheidung der Bundesprüfstelle für jugendgefährdende Medien nach § 18 Abs. 5 Jugendschutzgesetz. Die Ausfertigung soll mit Rechtskraftvermerk versehen sein.

(2) Rechtskräftige Entscheidungen, in denen das Gericht den gewaltdarstellenden, pornographischen oder sonstigen jugendgefährdenden Charakter einer Schrift (§ 11 Abs. 3 StGB) oder eines mittels Rundfunk oder Telemedien verbreiteten Inhalts verneint hat, teilen die Zentralstellen der Bundesprüfstelle für jugendgefährdende Medien in gleicher Form mit.

5. Beleidigung

229. Erhebung der öffentlichen Klage. (1) Von der Erhebung der öffentlichen Klage soll der Staatsanwalt regelmäßig absehen, wenn eine wesentliche Ehrenkränkung nicht vorliegt, wie es vielfach bei Familienzwistigkeiten, Hausklatsch, Wirtshausstreitigkeiten der Fall ist. Liegt dagegen eine wesentliche Ehrenkränkung oder ein Fall des 188 StGB vor, so wird das öffentliche Interesse meist gegeben sein. Auf Nr. 86 wird verwiesen.

(2) Auch wenn ein Strafantrag nach § 194 Abs. 3 StGB gestellt ist, prüft der Staatsanwalt, ob ein öffentliches Interesse an der Strafverfolgung besteht. Will er es verneinen, so gibt er dem Antragsteller vor der abschließenden Verfügung Gelegenheit, sich hierzu zu äußern.

(3) Ist kein Strafantrag nach § 194 Abs. 3 StGB gestellt, so folgt daraus allein noch nicht, dass kein öffentliches Interesse an der Strafverfolgung besteht. Will der Staatsanwalt die öffentliche Klage erheben, gibt er dem nach § 194 Abs. 3 StGB Berechtigten Gelegenheit, einen Strafantrag zu stellen. Dies gilt sinngemäß, sofern eine Beleidigung nur mit Ermächtigung der betroffenen politischen Körperschaften (§ 194 Abs. 4 StGB) zu verfolgen ist.

230. Wahrheitsbeweis. Dem Versuch, die Zulassung des Wahrheitsbeweises zur weiteren Verunglimpfung des Beleidigten zu missbrauchen und dadurch den strafrechtlichen

Ehrenschutz zu unterlaufen, tritt der Staatsanwalt im Rahmen des § 244 Abs. 2, 3 StPO entgegen.

231. Öffentliche Bekanntgabe der Verurteilung. Ist nach § 200 StGB die Bekanntgabe der Verurteilung anzuordnen, so hat der Staatsanwalt darauf hinzuwirken, dass der Name des Beleidigten in die Urteilsformel aufgenommen wird. Ist die öffentliche Bekanntgabe der Verurteilung zu vollziehen (§ 463c StPO), so sind die dazu ergangenen Vorschriften der Strafvollstreckungsordnung zu beachten.

232. Beleidigung von Justizangehörigen. (1) Wird ein Justizangehöriger während der Ausübung seines Berufs oder in Beziehung auf ihn beleidigt und stellt die vorgesetzte Dienststelle zur Wahrung des Ansehens der Rechtspflege Strafantrag nach § 194 Abs. 3 StGB, so ist regelmäßig auch das öffentliche Interesse an der Strafverfolgung im Sinne des § 376 StPO zu bejahen (vgl. Nr. 229).

(2) Wird in Beschwerden, Gnadengesuchen oder ähnlichen Eingaben an Entscheidungen und anderen Maßnahmen von Justizbehörden oder -angehörigen in beleidigender Form Kritik geübt, so ist zu prüfen, ob es sich um ernst zu nehmende Ehrenkränkungen handelt und es zur Wahrung des Ansehens der Rechtspflege geboten ist, einzuschreiten (vgl. Nr. 229 Abs. 1). Offenbar haltlose Vorwürfe unbelehrbarer Querulanten oder allgemeine Unmutsäußerungen von Personen, die sich in ihrem Recht verletzt glauben, werden regelmäßig keine Veranlassung geben, die öffentliche Klage zu erheben, es sei denn, dass wegen falscher Verdächtigung vorzugehen ist.

(3) Für ehrenamtliche Richter gelten die Absätze 1 und 2 entsprechend.

6. Körperverletzung

233. Erhebung der öffentlichen Klage. Das öffentliche Interesse an der Verfolgung von Körperverletzungen ist vor allem dann zu bejahen, wenn eine rohe Tat, eine erhebliche Misshandlung oder eine erhebliche Verletzung vorliegt (vgl. Nr. 86). Dies gilt auch, wenn die Körperverletzung in einer engen Lebensgemeinschaft begangen wurde; Nr. 235 Abs. 3 gilt entsprechend.

234. Besonderes öffentliches Interesse an der Strafverfolgung (§ 230 Abs. 1 StGB). (1) Ein besonderes öffentliches Interesse an der Verfolgung von Körperverletzungen (§ 230 Abs. 1 Satz 1 StGB) wird namentlich dann anzunehmen sein, wenn der Täter einschlägig vorbestraft ist, roh oder besonders leichtfertig oder aus rassistischen, fremdenfeindlichen oder sonstigen menschenverachtenden Beweggründen gehandelt hat, durch die Tat eine erhebliche Verletzung verursacht wurde oder dem Opfer wegen seiner persönlichen Beziehung zum Täter nicht zugemutet werden kann, Strafantrag zu stellen, und die Strafverfolgung ein gegenwärtiges Anliegen der Allgemeinheit ist. Nummer 235 Abs. 3 gilt entsprechend. Andererseits kann auch der Umstand beachtlich sein, dass der Verletzte auf Bestrafung keinen Wert legt.

(2) Ergibt sich in einem Verfahren wegen einer von Amts wegen zu verfolgenden Tat nach Anklageerhebung, dass möglicherweise nur eine Verurteilung wegen Körperverletzung (§ 230 Abs. 1 StGB) in Betracht kommt oder dass eine derartige Verurteilung nach dem Ergebnis der Beweisaufnahme zusätzlich dringend geboten erscheint, so erklärt der Staatsanwalt, ob er ein Einschreiten von Amts wegen für geboten hält.

(3) Bei im Straßenverkehr begangenen Körperverletzungen ist Nr. 243 Abs. 3 zu beachten.

235. Kindesmisshandlung. (1) Auch namenlosen und vertraulichen Hinweisen geht der Staatsanwalt grundsätzlich nach; bei der Beweissicherung beachtet er insbesondere § 81c Abs. 3 Satz 3 StPO. Im Übrigen gelten die Nr. 220, 221, 222 Abs. 1 und 2 sinngemäß.

(2) Bei einer Kindesmisshandlung ist das besondere öffentliche Interesse an der Strafverfolgung (§ 230 Abs. 1 Satz 1 StGB) grundsätzlich zu bejahen. Eine Verweisung auf den Privatklageweg gemäß § 374 StPO ist in der Regel nicht angezeigt.

(3) Sind sozialpädagogische, familientherapeutische oder andere unterstützende Maßnahmen eingeleitet worden und erscheinen diese Erfolg versprechend, kann ein öffentliches Interesse an der Strafverfolgung entfallen.

7. Betrug

236. Schwindelunternehmen, Vermittlungsschwindel. (1) Bei der Bekämpfung von Schwindelunternehmen kann es zweckmäßig sein, mit dem Deutschen Schutzverband gegen Wirtschaftskriminalität e. V., Frankfurt am Main, Landgrafenstraße 24b, 61348 Bad Homburg v. d. H., in Verbindung zu treten. Auf Grund seiner umfangreichen Stoffsammlungen kann er Auskünfte erteilen und Sachverständige benennen.

(2) Der Immobilienverband Deutschland (IVD) Bundesverband der Immobilienberater, Makler, Verwalter und Sachverständigen e. V., Littenstraße 10, 10179 Berlin, und der Deutsche Schutzverband gegen Wirtschaftskriminalität e. V., Frankfurt am Main, Landgrafenstraße 24b, 61348 Bad Homburg v. d. H., haben sich bereit erklärt, zur Bekämpfung der Wirtschaftskriminalität Material zur Verfügung zu stellen und Auskünfte zu erteilen.

(3) Verstöße gegen vom Bundeskartellamt nach §§ 24 bis 27 GWB anerkannte Wettbewerbsregeln können nach den Vorschriften des UWG mit Strafe oder nach § 81 GWB als Ordnungswidrigkeiten mit Geldbuße bedroht sein. Dies ist insbesondere von Bedeutung, wenn in Ermittlungsverfahren gegen Makler ein Betrug nicht nachweisbar ist. Ferner ist die Verordnung über die Pflichten der Makler, Darlehensvermittler, Bauträger und Baubetreuer (Makler- und Bauträgerverordnung MaBV)[1] zu beachten.

237. Abzahlungsgeschäfte. (1) Bei Strafanzeigen, die Abzahlungsgeschäfte zum Gegenstand haben, berücksichtigt der Staatsanwalt die Erfahrung, dass Abzahlungskäufer nicht selten leichtfertig des Betruges verdächtigt werden, um zivilrechtliche Ansprüche des Anzeigeerstatters unter dem Druck eines Strafverfahrens durchzusetzen.

(2) In den Fällen, in denen beim Abschluss von Abzahlungsgeschäften Unerfahrenheit, Ungewandtheit und Leichtgläubigkeit der Käufer ausgenutzt worden sind, prüft der Staatsanwalt, ob insoweit eine Straftat vorliegt.

238. Betrügerische Bankgeschäfte. Besteht gegen Geschäftsleiter von Kreditinstituten der Verdacht einer Straftat, so setzt sich der Staatsanwalt in der Regel möglichst frühzeitig mit der Aufsichtsbehörde in Verbindung. Nach dem Gesetz über das Kreditwesen[2] besteht eine allgemeine Fachaufsicht über sämtliche Kreditinstitute, die die Bundesanstalt für Finanzdienstleistungsaufsicht (Graurheindorfer Straße 108, 53117 Bonn) ausübt. Die Sonderaufsicht (Staatsaufsicht) bestimmt sich nach Landes- oder Bundesrecht (§ 52 Kreditwesengesetz).

8. Mietwucher

239. Bei der Verfolgung von Mietwucher (§ 291 Abs. 1 Nr. 1 StGB) empfiehlt es sich, auch die in den Ländern erlassenen Richtlinien zur wirksameren Bekämpfung von Mietpreisüberhöhungen zu berücksichtigen.

9. Glücksspiel und Ausspielung

240. Glücksspiel. Gutachten darüber, ob es sich bei der Benutzung von mechanisch betriebenen Spielgeräten um ein Glücksspiel oder ein Geschicklichkeitsspiel handelt, erstattet die Physikalisch-Technische Bundesanstalt, Abbestraße 2–12, 10587 Berlin. Gutachten über den Spielcharakter nichtmechanischer Spiele (Glücks- oder Geschicklichkeitsspiele) werden vom Bundeskriminalamt erstellt.

241. Öffentliche Lotterien und Ausspielungen. Gewerbliche Unternehmen versuchen oft, in unlauterer Weise ihren Kundenkreis dadurch zu erweitern, dass sie unter dem Deckmantel eines Preisrätsels oder in ähnlicher Art (z. B. durch Benutzung des so genannten Schneeball- oder Hydrasystems) öffentliche Lotterien oder Ausspielungen

---

[1] **Amtlicher Fußnotentext:** Vgl. Fundstellennachweis A zum Bundesrecht.
[2] **Amtlicher Fußnotentext:** Vgl. Fundstellennachweis A zum Bundesrecht.

veranstalten. Anlass zum Einschreiten besteht regelmäßig schon dann, wenn in öffentlichen Ankündigungen ein Hinweis auf die behördliche Genehmigung der Lotterie oder Ausspielung fehlt.

10. Straftaten gegen den Wettbewerb

242. (1) Bei der Verfolgung von wettbewerbsbeschränkenden Absprachen bei Ausschreibungen (§ 298 StGB) ist, wenn auch der Verdacht einer Kartellordnungswidrigkeit besteht, frühestmöglich eine Zusammenarbeit von Staatsanwaltschaft und Kartellbehörde sicherzustellen. Durch die vertrauensvolle gegenseitige Abstimmung können unnötige Doppelarbeiten dieser Behörden vermieden und die Gefahr sich widersprechender Entscheidungen vermindert werden.

(2) Hat die Kartellbehörde in den Fällen des § 82 Satz 1 GWB ein § 30 OWiG betreffendes Verfahren nicht nach § 82 Satz 1 GWB an die Staatsanwaltschaft abgegeben, ist grundsätzlich eine gegenseitige Unterrichtung über geplante Ermittlungsschritte mit Außenwirkung sowie eine Abstimmung der zu treffenden oder zu beantragenden Rechtsfolgen angezeigt.

(3) Bei Zweifeln, ob die Landeskartellbehörde oder das Bundeskartellamt zuständig ist, ist regelmäßig mit der Landeskartellbehörde Kontakt aufzunehmen.

242a. Besonderes öffentliches Interesse an der Strafverfolgung (§ 301 Abs. 1, §§ 299, 300 StGB). (1) Ein besonderes öffentliches Interesse an der Strafverfolgung wegen Bestechung und Bestechlichkeit im geschäftlichen Verkehr (§ 299 StGB) wird insbesondere dann anzunehmen sein, wenn
– der Täter einschlägig (vermögensstrafrechtlich, insbesondere wirtschaftsstrafrechtlich) vorbestraft ist,
– der Täter im Zusammenwirken mit Amtsträgern gehandelt hat,
– mehrere geschäftliche Betriebe betroffen sind,
– der Betrieb mehrheitlich im Eigentum der öffentlichen Hand steht und öffentliche Aufgaben wahrnimmt,
– ein erheblicher Schaden droht oder eingetreten ist oder
– zureichende Anhaltspunkte dafür bestehen, dass ein Antragsberechtigter aus Furcht vor wirtschaftlichen oder beruflichen Nachteilen einen Strafantrag nicht stellt.

(2) Kommt ein besonders schwerer Fall (§ 300 StGB) in Betracht, so kann das besondere öffentliche Interesse an der Strafverfolgung nur ausnahmsweise verneint werden.

11. Straßenverkehr

243. Verkehrsstraftaten, Körperverletzungen im Straßenverkehr. (1) In Verkehrsstrafsachen wird der Staatsanwalt, wenn nötig (vgl. Nr. 3), die Ermittlungen selbst führen, den Tatort besichtigen, die Spuren sichern lassen und frühzeitig – in der Regel schon bei der Tatortbesichtigung – einen geeigneten Sachverständigen zuziehen, falls dies zur Begutachtung technischer Fragen notwendig ist. Neben einer Auskunft aus dem Zentralregister soll auch eine Auskunft aus dem Verkehrszentralregister eingeholt werden.

(2) Besteht der Verdacht, dass der Täter unter Alkoholeinwirkung gehandelt hat, so ist für eine unverzügliche Blutentnahme zur Bestimmung des Blutalkoholgehalts zu sorgen.

(3) Ein Grundsatz, dass bei einer im Straßenverkehr begangenen Körperverletzung das besondere öffentliche Interesse an der Strafverfolgung (§ 230 Abs. 1 Satz 1 StGB) stets oder in der Regel zu bejahen ist, besteht nicht. Bei der im Einzelfall zu treffenden Ermessensentscheidung sind das Maß der Pflichtwidrigkeit, insbesondere der vorangegangene Genuss von Alkohol oder anderer berauschender Mittel, die Tatfolgen für den Verletzten und den Täter, einschlägige Vorbelastungen des Täters sowie ein Mitverschulden des Verletzten von besonderem Gewicht.

244. Internationale Abkommen. Hinsichtlich des Rechtshilfeverkehrs mit dem Ausland wird auf die völkerrechtlichen Vereinbarungen, insbesondere das Übereinkommen vom 8. November 1968 über den Straßenverkehr,[1]) ergänzt durch das Europäische Zusatzübereinkommen vom 1. Mai 1971[1]) sowie gegebenenfalls das Internationale Abkommen vom 24. April 1926 über Kraftfahrzeugverkehr[1]) hingewiesen. Auskunft erteilt das Bundesministerium der Justiz.

12. Bahnverkehr, Schifffahrt und Luftfahrt

245. Transportgefährdung. (1) Bei dem Verdacht einer strafbaren Transportgefährdung, die wegen ihrer Folgen oder aus anderen Gründen in der Öffentlichkeit Aufsehen erregen kann, führt der Staatsanwalt, wenn nötig, die Ermittlungen selbst und besichtigt den Tatort (vgl. Nr. 3).

(2) Für die Frage, ob Leib oder Leben eines anderen oder fremde Sachen von bedeutendem Wert im Sinne der §§ 315, 315a StGB gefährdet worden sind, ist die Art des Verkehrsmittels von Bedeutung. Der Staatsanwalt wird daher in Verbindung treten bei Beeinträchtigungen der Sicherheit
a) des Betriebs der Eisenbahnen des Bundes:
   mit der örtlichen Außenstelle des Eisenbahnbundesamtes;
b) des Betriebs anderer Schienenbahnen oder von Schwebebahnen:
   mit der zuständigen Aufsichtsbehörde;
c) des Betriebs der Schifffahrt:
   mit der zuständigen Wasser- und Schifffahrtsdirektion;
d) des Luftverkehrs:
   mit der obersten Landesverkehrsbehörde.

(3) Im Betrieb der Eisenbahn wird eine Gefahr für Leib oder Leben eines anderen oder für fremde Sachen von bedeutendem Wert in der Regel dann bestehen, wenn der Triebfahrzeugführer bei Erkennen des Fahrthindernisses oder einer anderen Beeinträchtigung der Sicherheit des Betriebs pflichtgemäß die Schnellbremsung einzuleiten hätte.

(4) Wegen der Eigenart der in Absatz 2 genannten Verkehrsmittel können schon geringfügige Versehen Betriebsbeeinträchtigungen verursachen, die den Tatbestand des § 315 Abs. 5, 6 StGB erfüllen. Ist in solchen Fällen die Schuld des Täters gering, so wird der Staatsanwalt prüfen, ob §§ 153 Abs. 1, 153a Abs. 1 StPO (vgl. Nr. 93 Abs. 1) anzuwenden sind.

246. Unfälle beim Betrieb von Eisenbahnen. (1) Zur Aufklärung eines Unfalls beim Betrieb von Eisenbahnen, der wegen seiner Folgen oder aus anderen Gründen in der Öffentlichkeit Aufsehen erregen kann, setzt sich der Staatsanwalt sofort mit der zuständigen Polizeidienststelle und ggf. der zuständigen Aufsichtsbehörde der Eisenbahn in Verbindung und begibt sich in der Regel selbst unverzüglich an den Unfallort, um die Ermittlungen zu leiten (vgl. Nummern 3 und 11).

(2) Soweit im weiteren Verfahren Sachverständige benötigt werden, sind in der Regel fachkundige Angehörige der zuständigen Aufsichtsbehörde heranzuziehen. Wenn andere Sachverständige beauftragt werden, so ist auch der Aufsichtsbehörde Gelegenheit zur gutachtlichen Äußerung zu geben.

247. Schifffahrts- und Luftverkehrssachen. (1) In Strafverfahren wegen Gefährdung des Schiffsverkehrs (§ 315a Abs. 1 Nr. 2 StGB) und bei der Untersuchung von Schiffsunfällen können namentlich folgende Vorschriften zur Sicherung des Schiffsverkehrs von Bedeutung sein:
a) im Bereich des Seeschiffsverkehrs
   das Seeaufgabengesetz (SeeAufgG)[2]) und die hierauf beruhenden Rechtsverordnungen, insbesondere
   die Verordnung zu den Internationalen Regelungen von 1972 zur Verhütung von Zusammenstößen auf See,[2])

---

[1]) **Amtlicher Fußnotentext:** Vgl. Fundstellennachweis B zum Bundesgesetzblatt II.
[2]) **Amtlicher Fußnotentext:** Vgl. Fundstellennachweis A zum Bundesrecht.

die Seeschifffahrtstraßen-Ordnung (SeeSchStrO),[1]
die Verordnung über die Sicherheit der Seefahrt,[1]
die Schiffssicherheitsverordnung (SchSV),[1]
die Verordnung über die Beförderung gefährlicher Güter mit Seeschiffen (GGV See),[1]
die Internationalen Übereinkommen zum Schutz des menschlichen Lebens auf See (SOLAS 74)[2] und zum Schutze der Umwelt (MARPOL),[2]

b) im Bereich des Binnenschiffsverkehrs
das Binnenschifffahrtsaufgabengesetz (BinSchAufgG)[1] und die hierauf beruhenden folgenden Verordnungen:
die Binnenschiffs-Untersuchungsordnung (BinSchUO)[1],
die Rheinschifffahrtspolizeiverordnung[1],
die Moselschifffahrtspolizeiverordnung[1],
die Binnenschifffahrtsstraßen-Ordnung[1] nebst ihren Einführungsverordnungen,
die Donauschifffahrtspolizeiverordnung[1] nebst ihrer Anlage A,
die Binnenschifferpatentverordnung[1],
die Gefahrgutverordnung Straße, Eisenbahn und Binnenschifffahrt (GGVSEB).

(2) In solchen Verfahren empfiehlt es sich in der Regel, die Wasser- und Schifffahrtsdirektionen zu hören. Bei Verstößen gegen Sicherheitsvorschriften sind
im Bereich des Seeschiffsverkehrs die Berufsgenossenschaft für Transport und Verkehrswirtschaft und gegebenenfalls das Bundesamt für Seeschifffahrt und Hydrographie in Hamburg und im Bereich des Binnenschiffsverkehrs die Berufsgenossenschaft für Transport und Verkehrswirtschaft
zu beteiligen.

(3) Verstöße gegen die in Absatz 1 Buchst. a) genannten Seeverkehrsvorschriften sind überwiegend auch Seeunfälle im Sinne des Seesicherheits-Untersuchungs-Gesetzes (SUG),[1] die von den Seeämtern Rostock, Kiel, Hamburg, Bremerhaven und Emden förmlich untersucht werden. Die Seeämter sind zu beteiligen.

(4) In Strafverfahren wegen Zuwiderhandlungen gegen luftrechtliche Vorschriften, die der Abwehr von Gefahren für den Luftverkehr dienen (§§ 59, 60, 62 Luftverkehrsgesetz),[1] und bei der Untersuchung von Luftfahrzeugunfällen sind die obersten Verkehrsbehörden der Länder, die Bundesstelle für Flugunfalluntersuchung (BFU, Hermann-Blenk-Str. 16, 38108 Braunschweig, Telefon 05 31/3 54 80) oder das Bundesministerium für Verkehr und digitale Infrastruktur zu beteiligen.

13. Förderung der Prostitution, Menschenhandel und Zuhälterei

248. (1) Es empfiehlt sich, nach der ersten Aussage einer Prostituierten unverzüglich, möglichst im Anschluss an die polizeiliche Vernehmung, eine richterliche Vernehmung herbeizuführen, da Prostituierte erfahrungsgemäß nicht selten ihre Aussagen gegen den Zuhälter in der Hauptverhandlung nicht aufrechterhalten oder zu diesem Zeitpunkt nicht mehr erreichbar sind.

(2) Ist zu befürchten, dass ein Zeuge wegen der Anwesenheit bestimmter Personen in der Hauptverhandlung die Wahrheit nicht sagen werde, so wirkt der Staatsanwalt auf gerichtliche Maßnahmen nach § 172 GVG oder §§ 247, 247a StPO hin.

(3) Ist in einem Strafverfahren die Ladung einer von der Tat betroffenen ausländischen Person als Zeuge zur Hauptverhandlung erforderlich und liegt deren Einverständnis für einen weiteren befristeten Aufenthalt in der Bundesrepublik Deutschland vor, informiert der Staatsanwalt die zuständige Ausländerbehörde mit dem Ziel, aufenthaltsbeendende Maßnahmen für die Dauer des Strafverfahrens zurückzustellen. Wird die ausländische Person nicht mehr als Zeuge für das Strafverfahren benötigt, setzt der Staatsanwalt die Ausländerbehörde hiervon umgehend in Kenntnis.

---

[1] **Amtlicher Fußnotentext:** Vgl. Fundstellennachweis B zum Bundesgesetzblatt II.

14. Pressestrafsachen

249. Allgemeines. (1) Pressestrafsachen im Sinne dieses Abschnitts sind Strafsachen, die Verstöße gegen die Pressegesetze der Länder oder solche Straftaten zum Gegenstand haben, die durch Verbreitung von Druckschriften (Druckwerken) strafbaren Inhalts begangen werden.

(2) Ist eine Straftat nach §§ 80 bis 101a, 129 bis 131 StGB, § 20 Abs. 1 Nr. 1 bis 4 des Vereinsgesetzes oder nach § 95 Abs. 1 Nr. 8 des Aufenthaltsgesetzes (Nr. 208 Abs. 1 Satz 1), eine Verunglimpfung oder eine Beleidigung oberster Staatsorgane (Nr. 209 Abs. 1 Satz 1) oder eine Beleidigung fremder Staatspersonen (Nr. 210 Abs. 1) mittels einer Druckschrift begangen worden, so gelten die Nr. 202 bis 214.

(3) Auf Straftaten nach §§ 131, 184, 184a, 184b, 184c StGB und §§ 15, 27 JuSchG, § 23 JMStV finden die Nummern 223 bis 228 Anwendung.

(4) Die Vorschriften dieses Abschnitts finden auf die in Absätzen 2 und 3 bezeichneten Straftaten nur Anwendung, soweit es besonders bestimmt ist.

(5) Durch rasches Handeln ist zu verhindern, dass Druckschriften strafbaren Inhalts weitere Verbreitung finden; dies gilt vor allem, wenn Flugblätter, Handzettel, verbotene Zeitungen und Zeitschriften heimlich verbreitet werden. Beschleunigung ist auch wegen der kurzen Verjährungsfristen von Pressestrafsachen geboten.

(6) Die Akten sind als Pressestrafsache kenntlich zu machen und mit einem Hinweis auf die kurze Verjährungsfrist zu versehen.

250. Einheitliche Bearbeitung verschiedener, dieselbe Druckschrift betreffende Verfahren. (1) Strafsachen, welche dieselbe Veröffentlichung betreffen, sind möglichst einheitlich zu bearbeiten. Leitet der Staatsanwalt wegen einer Veröffentlichung in einer Druckschrift, die nicht in seinem Bezirk erschienen ist, ein Verfahren ein, so hat er dies dem Staatsanwalt des Erscheinungsortes unverzüglich mitzuteilen (vgl. § 7 StPO). Dieser prüft, ob ein Verfahren einzuleiten oder das bei der anderen Staatsanwaltschaft anhängige Verfahren zu übernehmen ist.

(2) Werden die Verfahren getrennt geführt, so unterrichten sich die beteiligten Staatsanwälte gegenseitig.

(3) Die Absätzen 1 und 2 gelten sinngemäß, wenn die Veröffentlichung im Wesentlichen ein Abdruck aus einer anderen Veröffentlichung oder mit einer anderen Veröffentlichung im Wesentlichen inhaltsgleich ist.

251. Vollstreckung einer Beschlagnahmeanordnung. (1) Maßnahmen zur Vollstreckung einer Beschlagnahmeanordnung sind der Bedeutung des Falles sowie dem Umfang und der Art der Verbreitung der Druckschrift anzupassen.

(2) Ist die Druckschrift offenbar noch nicht verbreitet, so wird es in der Regel genügen, wenn sich der Staatsanwalt in den Besitz der erreichbaren Stücke setzt.

(3) Ist eine nur örtliche Verbreitung der Druckschrift anzunehmen, so ist lediglich die Polizeidienststelle, in deren Bereich die Verbreitung vermutlich stattgefunden hat oder stattfinden könnte, und, wenn die Verbreitung über einen örtlichen Polizeibezirk hinausgeht, auch das zuständige Landeskriminalamt zu ersuchen, die Vollstreckung der Beschlagnahme zu veranlassen.

(4) Ist es unmöglich oder unangebracht, die Durchführung der Beschlagnahme örtlich zu beschränken, so empfiehlt es sich, das Ersuchen um Vollstreckung der Beschlagnahmeanordnung den Polizeidienststellen durch den Sprech- und Datenfunk der Polizei bekanntzumachen.

(5) Die Ersuchen sind auf schnellstem Wege zu übermitteln. Es ist dafür zu sorgen, dass die Beschlagnahmeanordnung nicht vorzeitig bekannt wird. Mitunter wird es nötig sein, Vollstreckungsersuchen an die Polizeidienststellen in verschlüsselter (chiffrierter) Form weiterzugeben.

(6) In dem Ersuchen sind die ersuchende Behörde, die zugrunde liegende Anordnung (nach Aktenzeichen, anordnender Stelle, Ort und Datum der Anordnung) und der genaue Titel der Druckschrift (mit Verlag und Erscheinungsort) anzugeben.

252. Aufhebung der Beschlagnahme. Wird die Beschlagnahme aufgehoben, so sind davon unverzüglich alle Behörden und Stellen, die um die Vollstreckung ersucht worden sind, auf demselben Wege unter Rücknahme des Vollstreckungsersuchens zu benachrichtigen.

253. Einziehung, Unbrauchbarmachung und Ablieferung. Der Staatsanwalt hat bei Veröffentlichungen strafbaren Inhalts durch geeignete Anträge, notfalls durch Einlegung der zulässigen Rechtsmittel, darauf hinzuwirken, dass auf Einziehung und Unbrauchbarmachung (§§ 74d, 74e StGB) erkannt wird. Kann wegen der Straftat aus tatsächlichen Gründen keine bestimmte Person verfolgt oder verurteilt werden, so ist zu prüfen, ob das selbstständige Verfahren nach § 76a StGB einzuleiten ist.

254. Sachverständige in Presseangelegenheiten. Soweit Sachverständige in Presseangelegenheiten benötigt werden, wendet sich der Staatsanwalt oder das Gericht
a) für grundsätzliche Fragen an den Deutschen Presserat, Fritschestr. 27/28, 10585 Berlin;
b) für journalistische Fragen an den Deutschen Journalisten-Verband, Geschäftsstelle Berlin, Charlottenstr. 17, 10117 Berlin;
c) für das Zeitungswesen an den Bundesverband Deutscher Zeitungsverleger, Markgrafenstr. 15, 10969 Berlin;
d) für das Zeitschriftenwesen an den Verband Deutscher Zeitschriftenverleger e. V., Markgrafenstr. 15, 10969 Berlin;
e) für das Buchverlagswesen an den Börsenverein des Deutschen Buchhandels e. V., Braubachstr. 16, 60311 Frankfurt am Main.

II. Abschnitt. Strafvorschriften des Nebenstrafrechts

A. Allgemeines

255. (1) Auch die Straftaten des Nebenstrafrechts sind Zuwiderhandlungen, die ein sozialethisches Unwerturteil verdienen; sie sind deshalb nach den gleichen Grundsätzen und mit dem gleichen Nachdruck zu verfolgen wie Zuwiderhandlungen gegen Vorschriften des Strafgesetzbuchs. Dies gilt auch für die Anwendung der §§ 153, 153a StPO. Maßnahmen zur Abschöpfung des durch die Tat erlangten wirtschaftlichen Vorteils einer juristischen Person oder Personenvereinigung nach Nr. 180a können auch bei Straftaten des Nebenstrafrechts in Betracht kommen. Den zuständigen Fachbehörden ist nach den Nr. 90, 93 Gelegenheit zur Äußerung zu geben.

(2) Bei der Verfolgung von Straftaten des Nebenstrafrechts arbeitet der Staatsanwalt mit den zuständigen Fachbehörden zusammen. Die Fachbehörden können vor allem bei der Benennung geeigneter Sachverständiger Hilfe leisten.

B. Einzelne Strafvorschriften

1. Waffen- und Sprengstoffsachen

256. (1) Bei der Verfolgung von Straftaten nach dem Waffengesetz oder dem Ausführungsgesetz zu Art. 26 Abs. 2 GG (Gesetz über die Kontrolle von Kriegswaffen) einschließlich der auf Grund dieser Gesetze erlassenen Rechtsverordnungen empfiehlt es sich, auch die hierzu ergangenen Verwaltungsvorschriften, namentlich die Allgemeine Verwaltungsvorschrift zum Waffengesetz (WaffVwV), heranzuziehen.

(2) Ein besonderes Augenmerk ist auf die Erkennung überörtlicher Zusammenhänge zu richten. In geeigneten Fällen ist mit der Zollbehörde zusammenzuarbeiten. Es empfiehlt sich, möglichst frühzeitig Strafregisterauszüge aus den Staaten, in denen sich der Beschuldigte vermutlich aufgehalten hat, anzufordern.

(3) Bevor der Staatsanwalt Schusswaffen, insbesondere auch nachträglich veränderte (z. B. durchbohrte oder verkürzte) Schreckschuss-, Reizstoff- und Signalwaffen in amtliche Verwahrung nimmt, prüft er, ob der Schusswaffenerkennungsdienst durchgeführt ist.

(4) Der Staatsanwalt teilt der Polizei oder der Verwaltungsbehörde unverzüglich alle Umstände mit, aus denen sich der Verdacht ergibt, dass
a) vorschriftswidrig mit Sprengstoffen umgegangen oder gehandelt wurde, oder diese Stoffe vorschriftswidrig befördert worden sind,
b) vorschriftswidrig Schusswaffen hergestellt, gehandelt oder erworben worden sind.

2. Straftaten nach dem Arzneimittelgesetz (AMG) und dem Betäubungsmittelgesetz

257. (1) Bei Straftaten nach dem Arzneimittel- und Betäubungsmittelgesetz gilt Nr. 256 Abs. 2 entsprechend.

(2) Der Staatsanwalt arbeitet auch mit den Stellen zusammen, die sich um die Betreuung von Suchtkranken bemühen, namentlich mit den Gesundheitsämtern, Jugendämtern und Verbänden der öffentlichen und freien Wohlfahrtspflege.

257a. Dopingstraftaten. In Ermittlungsverfahren, die Straftaten nach § 95 Abs. 1 Nr. 2a und b, Abs. 3 Nummer 2 AMG zum Gegenstand haben und einen Bezug zu Leistungssportlern bzw. deren Ärzten, Trainern, Betreuern oder Funktionären aufweisen, kann es zweckmäßig sein, mit der Nationalen Anti Doping Agentur Deutschland (NADA) – Stiftung privaten Rechts – Heussallee 38, 53113 Bonn (www.nada-bonn.de), in Verbindung zu treten, die gegebenenfalls sachdienliche Auskünfte erteilen kann.

3. Arbeitsschutz

258. (1) Vorschriften zum Schutze der Arbeitskraft und der Gesundheit der Arbeitnehmer sind namentlich enthalten in
a) dem Arbeitsschutzgesetz[1]) und dem Arbeitszeitgesetz[1]),
b) dem Atomgesetz[1]),
c) dem Bundesberggesetz[1]),
d) dem Chemikaliengesetz[1]),
e) dem Gesetz über den Ladenschluss[1]) oder den Gesetzen der Länder über die Ladenöffnungszeiten,[1])
f) der Gewerbeordnung[1]),
g) dem Heimarbeitsgesetz[1]),
h) dem Jugendarbeitsschutzgesetz[1]),
i) dem Mutterschutzgesetz[1]),
j) dem Seearbeitsgesetz[1]),
k) dem Sprengstoffgesetz[1]),
l) dem Gesetz über Betriebsärzte, Sicherheitsingenieure und andere Fachkräfte für Arbeitssicherheit[1]),
m) dem Bundesurlaubsgesetz[1]),
n) Teil 2 des Sozialgesetzbuches (SGB) IX[1]).

(2) Arbeitsschutzrechtliche Vorschriften enthalten auch die Strahlenschutzverordnung[1]), die Röntgenverordnung[1]), die Gefahrstoffverordnung[1]), die PSA-Benutzungsverordnung (Verordnung über Sicherheit und Gesundheitsschutz bei der Benutzung persönlicher Schutzausrüstungen bei der Arbeit[1]), die Bildschirmarbeitsverordnung[1]), die Lastenhandhabungsverordnung[1]), die Arbeitsstättenverordnung[1]), die Biostoffverordnung[1]) und die Baustellenverordnung.[1])

(3) Fachbehörden sind das Gewerbeaufsichtsamt, das Bergamt oder die sonst nach Landesrecht zuständigen Stellen.

---

[1]) **Amtlicher Fußnotentext:** Vgl. Fundstellennachweis A zum Bundesrecht.

259. Schutz des Arbeitsmarktes. (1) Vorschriften zum Schutze des Arbeitsmarktes und gegen die missbräuchliche Ausnutzung fremder Arbeitskraft sind namentlich enthalten im
a) Drittes Sozialgesetzbuch – Arbeitsförderung –[1]
b) Arbeitnehmerüberlassungsgesetz[1].
(2) Zuständige Fachbehörde ist die Bundesagentur für Arbeit.

4. Unlauterer Wettbewerb

260. Öffentliches Interesse an der Strafverfolgung. Das öffentliche Interesse an der Strafverfolgung wegen unlauteren Wettbewerbs (§ 299 StGB, §§ 16 bis 19 UWG) wird in der Regel zu bejahen sein, wenn eine nicht nur geringfügige Rechtsverletzung vorliegt. Dies gilt in Fällen
1. des § 16 Abs. 1 UWG vor allem, wenn durch unrichtige Angaben ein erheblicher Teil der Verbraucher irregeführt werden kann (vgl. auch § 144 Markengesetz in Bezug auf geographische Herkunftsangaben);
2. des § 16 Abs. 2 UWG vor allem, wenn insgesamt ein hoher Schaden droht, die Teilnehmer einen nicht unerheblichen Beitrag zu leisten haben oder besonders schutzwürdig sind.
Die Verweisung auf die Privatklage (§ 374 Abs. 1 Nr. 5a, 7, § 376 StPO) ist in der Regel nur angebracht, wenn der Verstoß leichter Art ist und die Interessen eines eng umgrenzten Personenkreises berührt.

260a. Besonderes öffentliches Interesse an der Strafverfolgung. (1) Ein besonderes öffentliches Interesse an der Strafverfolgung von Verletzungen von Geschäfts- oder Betriebsgeheimnissen (§§ 17 bis 19 UWG) wird insbesondere dann anzunehmen sein, wenn der Täter wirtschaftsstrafrechtlich vorbestraft ist, ein erheblicher Schaden droht oder eingetreten ist, die Tat Teil eines gegen mehrere Unternehmen gerichteten Plans zur Ausspähung von Geschäfts- oder Betriebsgeheimnissen ist oder den Verletzten in seiner wirtschaftlichen Existenz bedroht.
(2) Kommt ein besonders schwerer Fall (§ 17 Abs. 4 UWG) in Betracht, so kann das besondere öffentliche Interesse an der Verfolgung nur ausnahmsweise verneint werden. Das Gleiche gilt, auch bezüglich § 18 UWG, wenn der Täter davon ausgeht, dass das Geheimnis im Ausland verwertet werden soll, oder er es selbst im Ausland verwertet.

260b. Geheimhaltung von Geschäfts- oder Betriebsgeheimnissen. (1) Bittet der Verletzte um Geheimhaltung oder stellt er keinen Strafantrag, so sollen Geschäfts- oder Betriebsgeheimnisse in der Sachakte nur insoweit schriftlich festgehalten werden, als dies für das Verfahren unerlässlich ist.
(2) Wird in den Fällen des Absatz 1 Akteneinsicht gewährt, so ist darauf hinzuweisen, dass die Akte Geschäfts- oder Betriebsgeheimnisse enthält; hierüber ist ein Vermerk zu den Akten zu nehmen. Dies gilt sinngemäß bei sonstigen Mitteilungen aus den Akten. Es ist zu prüfen, ob nicht Gründe entgegenstehen, dem Verteidiger die Akten zur Einsichtnahme in seine Geschäftsräume oder in seine Wohnung mitzugeben (§ 147 Abs. 4 StPO).
(3) Vor Gewährung von Akteneinsicht an Dritte ist, auch wenn die Voraussetzungen des Absatz 1 nicht vorliegen, besonders sorgfältig zu prüfen, ob nicht schutzwürdige Interessen des Verletzten entgegenstehen.

260c. Auskünfte. Bei unlauteren Wettbewerbsmethoden von örtlicher Bedeutung können die Industrie- und Handelskammern Auskünfte geben; im Übrigen erteilen Auskünfte:
– die Zentrale zur Bekämpfung unlauteren Wettbewerbs e. V. Frankfurt am Main, Landgrafenstraße 24b, 61348 Bad Homburg v. d. H., die mit den Spitzenverbänden der deutschen gewerblichen Wirtschaft zusammenarbeiten;

---

[1] **Amtlicher Fußnotentext:** Vgl. Fundstellennachweis A zum Bundesrecht.

- der Deutscher Industrie- und Handelskammertag e. V., Gutachterausschuss für Wettbewerbsfragen, Breite Straße 29, 10178 Berlin;
- der Deutsche Schutzverband gegen Wirtschaftskriminalität e. V. Frankfurt am Main, Landgrafenstraße 24b, 61348 Bad Homburg v. d. H.;
- Pro Honore e. V., c/o Passarge + Killmer Rechtsanwaltsgesellschaft mbH, Am Sandtorkai 50 (SKAI), 20457 Hamburg;
- Verbraucherzentrale Bundesverband e. V. (VZbV), Markgrafenstraße 66, 10969 Berlin.

5. Straftaten nach den Gesetzen zum Schutze des geistigen Eigentums

261. Öffentliches Interesse an der Strafverfolgung. Das öffentliche Interesse an der Strafverfolgung von Verletzungen von Rechten des geistigen Eigentums (§ 142 Abs. 1 des Patentgesetzes, § 25 Abs. 1 des Gebrauchsmustergesetzes, § 10 Abs. 1 des Halbleiterschutzgesetzes, § 39 Abs. 1 des Sortenschutzgesetzes, § 143 Abs. 1, § 143a und § 144 Abs. 1 und 2 des Markengesetzes, § 51 Abs. 1 und § 65 Abs. 1 des Designgesetzes, §§ 106 bis 108 und § 108b des Urheberrechtsgesetzes und § 33 des Gesetzes betreffend das Urheberrecht an Werken der bildenden Künste und der Photografie) wird in der Regel zu bejahen sein, wenn eine nicht nur geringfügige Schutzrechtsverletzung vorliegt. Zu berücksichtigen sind dabei insbesondere das Ausmaß der Schutzrechtsverletzung, der eingetretene oder drohende wirtschaftliche Schaden und die vom Täter erstrebte Bereicherung.

261a. Besonderes öffentliches Interesse an der Strafverfolgung. Ein besonderes öffentliches Interesse an der Strafverfolgung (§ 142 Abs. 4 des Patentgesetzes, § 25 Abs. 4 des Gebrauchsmustergesetzes, § 10 Abs. 4 des Halbleiterschutzgesetzes, § 39 Abs. 4 des Sortenschutzgesetzes, § 143 Abs. 4 des Markengesetzes, §§ 51 Abs. 4, 65 Abs. 2 des Geschmacksmustergesetzes, § 109 des Urheberrechtsgesetzes) wird insbesondere dann anzunehmen sein, wenn der Täter einschlägig vorbestraft ist, ein erheblicher Schaden droht oder eingetreten ist, die Tat den Verletzten in seiner wirtschaftlichen Existenz bedroht oder die öffentliche Sicherheit oder die Gesundheit der Verbraucher gefährdet ist.

261b. Öffentliche Bekanntmachung der Verurteilung. Ist die Bekanntmachung der Verurteilung anzuordnen, so hat der Staatsanwalt darauf hinzuwirken, dass der Name des Verletzten in die Urteilsformel aufgenommen wird. Ist die öffentliche Bekanntmachung der Verurteilung zu vollziehen (§ 463c StPO), so ist § 59 der Strafvollstreckungsordnung zu beachten.

6. Verstöße gegen das Lebensmittelrecht

262. Strafvorschriften des Lebensmittelrechts sind insbesondere enthalten
a) im Lebensmittel-, Bedarfsgegenstände- und Futtermittelgesetzbuch[1)]
b) im Milch- und Margarinegesetz[1)]
sowie in den auf Grund dieser Gesetze erlassenen Rechtsverordnungen.

7. Verstöße gegen das Weingesetz

263. Als Sachverständige für Fragen der Herstellung und des gewerbsmäßigen Verkehrs mit Weinen und weinähnlichen Getränken kommen namentlich die hauptberuflichen Kontrolleure sowie die Beamten und Angestellten der Staatlichen Versuchs- und Lehranstalten für Obst- und Weinbau in Betracht. Für Fragen des Weinbaues benennen die landwirtschaftlichen Berufsvertretungen (z. B. Landwirtschaftskammern) Sachverständige.

8. Verstöße gegen das Futtermittelgesetz

264. In Verfahren wegen Straftaten nach §§ 58, 59 des Lebensmittel-, Bedarfsgegenstände- und Futtermittelgesetzbuches[1)] kommen als Sachverständige vor allem die

---

[1)] **Amtlicher Fußnotentext:** Vgl. Fundstellennachweis A zum Bundesrecht.

mit der Futtermitteluntersuchung betrauten wissenschaftlichen Beamten (Angestellten) der öffentlich-rechtlichen oder unter öffentlicher Aufsicht stehenden Untersuchungs- und Forschungsinstitute oder die vereidigten Handelschemiker, ferner sachkundige Leiter (Inhaber) von Herstellerbetrieben und anderen Handelsfirmen, leitende Angestellte landwirtschaftlicher Genossenschaften oder Landwirte in Betracht.

9. Verstöße gegen das Außenwirtschaftsgesetz

265. (1) In Verfahren wegen Straftaten nach dem Außenwirtschaftsgesetz[1]) und der Außenwirtschaftsverordnung[1]) kann der Staatsanwalt Ermittlungen auch durch die Hauptzollämter oder die Zollfahndungsämter und in Fällen überörtlicher Bedeutung auch durch das Zollkriminalamt vornehmen lassen. Auf die Koordinierungs- und Lenkungsfunktion des Zollkriminalamtes (§ 3 Abs. 5 des Gesetzes über das Zollkriminalamt und die Zollfahndungsämter) wird hingewiesen.

(2) Zuständige Verwaltungsbehörde ist das Hauptzollamt. Ort und Zeit der Hauptverhandlung sind ihm mitzuteilen; sein Vertreter erhält in der Hauptverhandlung auf Verlangen das Wort (vgl. § 22 Abs. 2 des Außenwirtschaftsgesetzes).

10. Verstöße gegen die Steuergesetze
(einschließlich der Gesetze über Eingangsabgaben)

266. Zusammenwirken mit den Finanzbehörden. (1) Ermittelt der Staatsanwalt wegen einer Steuerstraftat/Zollstraftat, so unterrichtet er das sonst zuständige Finanzamt/Hauptzollamt.

(2) Bei der Verfolgung von Straftaten gegen die Zoll- und Verbrauchssteuergesetze, das Branntweinmonopolgesetz und gegen Einfuhr-, Ausfuhr- und Durchfuhrverbote kann der Staatsanwalt die Zollfahndungsämter oder ihre Zweigstellen zur Mitwirkung heranziehen. Nach Übersendung des Schlussberichtes durch das Zollfahndungsamt richtet der Staatsanwalt Anfragen, die das Besteuerungsverfahren oder das Steuerstrafverfahren betreffen, an das sonst zuständige Hauptzollamt.

267. Zuständigkeit. (1) Von dem Recht, das Verfahren wegen einer Steuerstraftat/Zollstraftat an sich zu ziehen, macht der Staatsanwalt Gebrauch, wenn dies aus besonderen Gründen geboten erscheint, etwa wenn der Umfang und die Bedeutung der Steuerstraftat/Zollstraftat dies nahe legen, wenn die Steuerstraftat/Zollstraftat mit einer anderen Straftat zusammentrifft oder wenn der Verdacht der Beteiligung eines Angehörigen der Finanzverwaltung besteht.

(2) Im Interesse einer einheitlichen Strafzumessungspraxis unterrichtet sich der Staatsanwalt über die den Strafbefehlsanträgen des Finanzamtes/Hauptzollamtes zu Grunde liegenden allgemeinen Erwägungen.

11. Umweltschutz

268. Umwelt und Tierschutz. (1) Dem Schutz der Umwelt dienen außer § 307 Abs. 2 bis 4, § 309 Abs. 3 und 6, den §§ 310, 311, 312, 324 bis 330a StGB in den Bereichen

Abfall- und Abwässerbeseitigung,
Boden-, Gewässer- und Grundwasserschutz,
Lärmbekämpfung,
Luftreinhaltung,
Naturschutz und Landschaftspflege,
Pflanzenschutz,
Strahlenschutz,
Tierschutz,
Tierkörperbeseitigung,
Trinkwasserschutz[1]);

---

[1]) **Amtlicher Fußnotentext:** Vgl. Fundstellennachweis A zum Bundesrecht.

Straf- und Bußgeldvorschriften u. a. in folgenden Bundesgesetzen:
a) dem Kreislaufwirtschaftsgesetz[1]),
b) dem Wasserhaushaltsgesetz[1]),
 dem Bundeswasserstraßengesetz[1]),
 dem Wasch- und Reinigungsmittelgesetz[1]),
c) der Verordnung über Zuwiderhandlungen gegen das Internationale Übereinkommen von 1973 zur Verhütung der Meeresverschmutzung durch Schiffe[1]),
 dem Gesetz zu dem Übereinkommen vom 29. April 1958 über die Hohe See[1]),
 dem Gesetz zu dem Internationalen Übereinkommen vom 29. November 1969 über Maßnahmen auf Hoher See bei Ölverschmutzungs-Unfällen[1]),
 dem Gesetz zu dem Übereinkommen vom 15. Februar 1972 und 29. Dezember 1972 zur Verhütung der Meeresverschmutzung durch das Einbringen von Abfällen durch Schiffe und Luftfahrzeuge[1]),
 dem Gesetz zu dem Internationalen Übereinkommen von 1973 zur Verhütung der Meeresverschmutzung durch Schiffe und zu dem Protokoll von 1978 zu diesem Übereinkommen[1]),
d) dem Bundes-Immissionsschutzgesetz[1]),
 dem Luftverkehrsgesetz[1]),
 dem Benzinbleigesetz[1]),
 dem Chemikaliengesetz[1]),
 der Chemikalienverbotsverordnung[1]),
 dem Gesetz über die Beförderung gefährlicher Güter
 der Gefahrstoffverordnung[1]),
e) dem Bundesnaturschutzgesetz[1]),
 dem Pflanzenschutzgesetz[1]),
 der Reblaus-Verordnung[1]),
 dem Düngegesetz[1]),
f) dem Infektionsschutzgesetz[1]),
 dem Tiergesundheitsgesetz[1]),
g) dem Atomgesetz,
 dem Strahlenschutzvorsorgegesetz[1]),
 der Röntgenverordnung[1]),
h) dem Tierschutzgesetz[1]),
 der Tierschutz-Schlachtverordnung[1]),
 dem Bundesjagdgesetz[1]),
 dem Tierische Nebenprodukte-Beseitigungsgesetz[1]),
i) dem Gentechnikgesetz[1]),
j) dem Umweltschutzprotokoll-Ausführungsgesetz[1]).

(2) Von erheblicher Bedeutung sind außerdem landesrechtliche Straf- und Bußgeldvorschriften. Auf die in einzelnen Ländern bestehenden Sammlungen von Straf- und Bußgeldvorschriften auf dem Gebiet des Umweltschutzes wird hingewiesen.

Richtlinien für das Bußgeldverfahren

I. Abschnitt. Zuständigkeit

269. Abgrenzung der Zuständigkeit zwischen Staatsanwaltschaft und Verwaltungsbehörde. (1) Die Staatsanwaltschaft ist im Vorverfahren für die Verfolgung einer Ordnungswidrigkeit nur ausnahmsweise zuständig (vgl. Nr. 270). Sie ist nicht befugt, ausschließlich wegen einer Ordnungswidrigkeit Anklage zu erheben.

(2) Im gerichtlichen Verfahren ist die Staatsanwaltschaft für die Verfolgung einer Ordnungswidrigkeit stets zuständig (vgl. Nr. 271). In Verfahren nach Einspruch gegen einen

---

[1]) **Amtlicher Fußnotentext:** Vgl. Fundstellennachweis A zum Bundesrecht.

Bußgeldbescheid wird sie dies, sobald die Akten bei ihr eingehen (§ 69 Abs. 4 Satz 1 OWiG).

270. Zuständigkeit der Staatsanwaltschaft im vorbereitenden Verfahren. Die Staatsanwaltschaft ist im vorbereitenden Verfahren wegen einer Straftat zugleich auch für die Verfolgung einer Ordnungswidrigkeit zuständig, soweit
a) die Verfolgung der Tat auch unter dem rechtlichen Gesichtspunkt einer Ordnungswidrigkeit in Betracht kommt (§ 40 OWiG),
b) die Verfolgung einer Ordnungswidrigkeit wegen des Zusammenhanges mit einer Straftat übernommen worden ist (§ 42 OWiG).

Die Übernahme der Verfolgung einer Ordnungswidrigkeit nach § 130 OWiG eines zum Leitungsbereich einer juristischen Person oder Personenvereinigung gehörenden Betroffenen kommt insbesondere dann in Betracht, wenn die Ordnungswidrigkeit andernfalls nicht verfolgt werden könnte und die Übernahme die Möglichkeit der Verhängung einer Verbandsgeldbuße nach § 30 OWiG eröffnet; im Fall der Übernahme gilt Nummer 180a entsprechend.

In den Fällen des § 82 GWB ist die Staatsanwaltschaft nur zuständig, wenn die Kartellbehörde das betreffende Verfahren abgegeben hat.

271. Zuständigkeit der Staatsanwaltschaft im gerichtlichen Verfahren.
(1) Die Zuständigkeit der Staatsanwaltschaft für die Verfolgung einer Ordnungswidrigkeit im gerichtlichen Verfahren erstreckt sich auf
a) das Verfahren nach Einspruch gegen einen Bußgeldbescheid, sobald die Akten bei der Staatsanwaltschaft eingegangen sind (§ 69 Abs. 4 Satz 1 OWiG),
b) das Verfahren nach Anklage wegen einer Straftat, soweit es hier auf den rechtlichen Gesichtspunkt einer Ordnungswidrigkeit ankommt (§§ 40, 82 OWiG),
c) das Verfahren wegen Ordnungswidrigkeiten, die mit Straftaten zusammenhängen (§§ 42, 83 OWiG),
d) das Wiederaufnahmeverfahren gegen einen Bußgeldbescheid (§ 85 Abs. 4 Satz 2 OWiG) oder gegen eine gerichtliche Bußgeldentscheidung,
e) das Nachverfahren gegen einen Bußgeldbescheid (§ 87 Abs. 4 OWiG) oder gegen eine gerichtliche Bußgeldentscheidung.

(2) Im Verfahren nach Antrag auf gerichtliche Entscheidung gegen eine Maßnahme der Verwaltungsbehörde (§ 62 OWiG) ist die Staatsanwaltschaft nicht beteiligt.

II. Abschnitt. Zusammenarbeit der Staatsanwaltschaft mit den Verwaltungsbehörden

272. (1) Im Interesse einer sachgerechten Beurteilung und einer gleichmäßigen Behandlung berücksichtigt die Staatsanwaltschaft, soweit er für die Verfolgung von Ordnungswidrigkeiten zuständig ist, die Belange der Verwaltungsbehörde und macht sich ihre besondere Sachkunde zunutze. Dies gilt namentlich bei Verstößen gegen Rechtsvorschriften, die nicht zum vertrauten Arbeitsgebiet des Staatsanwalts gehören.

(2) Auch in den Fällen, die in den nachstehenden Bestimmungen nicht ausdrücklich genannt sind, prüft der Staatsanwalt, bevor er Anträge stellt oder Entschließungen trifft, ob hierfür die besondere Sachkunde der zuständigen Verwaltungsbehörde von Bedeutung sein kann oder deren Interessen in besonderem Maße berührt sind. Trifft dies zu, so hört er die Verwaltungsbehörde.

(3) Sind mehrere Verwaltungsbehörden sachlich oder örtlich zuständig, so wendet sich der Staatsanwalt an die Verwaltungsbehörde, der nach § 39 Abs. 1 Satz 1 OWiG der Vorzug gebührt. Besteht keine Vorzugszuständigkeit, so wählt der Staatsanwalt unter mehreren zuständigen Verwaltungsbehörden diejenige aus, deren Einschaltung wegen ihrer besonderen Sachkunde oder im Interesse der Beschleunigung oder Vereinfachung des Verfahrens oder aus anderen Gründen sachdienlich erscheint; gegebenenfalls wendet er sich an die Verwaltungsbehörde, die auf Grund Vereinbarung mit der Verfolgung der Ordnungswidrigkeit betraut ist. Dabei ist zu berücksichtigen, dass der Staatsanwalt durch

Übersendung der Akten an eine der mehreren zuständigen Verwaltungsbehörden bei sinngemäßer Anwendung des § 39 Abs. 1 Satz 1 OWiG deren Vorzugszuständigkeit herbeiführt, wenn der Betroffene wegen der Tat bereits vernommen ist.

III. Abschnitt. Einbeziehung von Ordnungswidrigkeiten in das vorbereitende Verfahren wegen einer Straftat

1. Berücksichtigung des rechtlichen Gesichtspunktes einer Ordnungswidrigkeit

273. Umfang der Ermittlungen. (1) Der Staatsanwalt erstreckt die Ermittlungen wegen einer Straftat auch auf den rechtlichen Gesichtspunkt einer Ordnungswidrigkeit, soweit er für die Beurteilung der Tat von Bedeutung ist oder sein kann.

(2) Ist eine Handlung gleichzeitig Straftat und Ordnungswidrigkeit, so kann das ordnungswidrige Verhalten für die Strafbemessung von Bedeutung sein oder die Grundlage für die Anordnung einer Nebenfolge bilden (§ 21 Abs. 1 Satz 2 OWiG). Im Übrigen ist zu berücksichtigen, dass die Ordnungswidrigkeit selbstständige Bedeutung erlangt, wenn sich der Verdacht der Straftat nicht erweist oder wenn eine Strafe nicht verhängt wird (§ 21 Abs. 2 OWiG).

(3) Umfasst die dem Beschuldigten zur Last gelegte Tat mehrere Handlungen im materiell-rechtlichen Sinne und ist eine von ihnen eine Ordnungswidrigkeit, so prüft der Staatsanwalt, ob die Verfolgung der Ordnungswidrigkeit geboten ist (§ 47 Abs. 1 Satz 1 OWiG). Bejaht er dies, so macht er seine Entschließung aktenkundig und klärt den Sachverhalt auch unter dem rechtlichen Gesichtspunkt der Ordnungswidrigkeit auf, ohne dass es einer Übernahme der Verfolgung bedarf (vgl. Abschnitt III/2). Ist jedoch zweifelhaft, ob ein einheitliches Tatgeschehen vorliegt, so ist es zweckmäßig, die Verfolgung der Ordnungswidrigkeit ausdrücklich zu übernehmen (vgl. Nr. 277 Abs. 3).

274. Unterbrechung der Verjährung. Kommt eine Ahndung der Tat auch unter dem rechtlichen Gesichtspunkt einer Ordnungswidrigkeit in Betracht (vgl. Nr. 273 Abs. 1, 3), so ist es, namentlich in Verkehrssachen, vielfach geboten, die Verjährung der Ordnungswidrigkeit zu unterbrechen (§ 33 OWiG), damit diese geahndet werden kann, wenn der Täter wegen der anderen Rechtsverletzungen nicht verurteilt wird.

275. Einstellung des Verfahrens wegen der Ordnungswidrigkeit. (1) Erwägt der Staatsanwalt, das Verfahren entweder auch unter dem rechtlichen Gesichtspunkt der Ordnungswidrigkeit (§ 40 OWiG) oder nur hinsichtlich einer mit der Straftat zusammenhängenden Ordnungswidrigkeit (§ 42 Abs. 1 OWiG) einzustellen, so gibt er der Verwaltungsbehörde Gelegenheit zur Stellungnahme (§ 63 Abs. 3 OWiG). Hiervon kann abgesehen werden, wenn der Staatsanwalt in der Beurteilung bestimmter Ordnungswidrigkeiten ausreichende Erfahrung hat oder wenn die Einstellung des Verfahrens allein von einer Rechtsfrage abhängt, für deren Entscheidung es auf die besondere Sachkunde der Verwaltungsbehörde nicht ankommt.

(2) Bei Ordnungswidrigkeiten nach den Steuergesetzen (einschließlich der Gesetze über Eingangsabgaben und Monopole) ist die sonst zuständige Verwaltungsbehörde (Finanzamt, Hauptzollamt) vor der Einstellung zu hören. Dasselbe gilt für Ordnungswidrigkeiten nach dem Wirtschaftsstrafgesetz 1954[1], dem Außenwirtschaftsgesetz[1] und dem Gesetz zur Durchführung der gemeinsamen Marktorganisationen und der Direktzahlungen (MOG)[1], da die Verwaltungsbehörde in diesen Fällen auch im Strafverfahren stets zu beteiligen ist (§ 13 Abs. 2 des Wirtschaftsstrafgesetzes 1954, § 22 Abs. 2 des Außenwirtschaftsgesetzes, § 38 Abs. 2 MOG).

(3) Würde die Anhörung der Verwaltungsbehörde das Verfahren unangemessen verzögern, so sieht der Staatsanwalt von der Einstellung des Verfahrens unter dem rechtlichen Gesichtspunkt einer Ordnungswidrigkeit ab; in diesem Falle gibt er die Sache, sofern er die Tat nicht als Straftat weiterverfolgt, an die Verwaltungsbehörde ab, wenn

---

[1] **Amtlicher Fußnotentext:** Vgl. Fundstellennachweis A zum Bundesrecht.

Anhaltspunkte dafür vorhanden sind, dass die Tat als Ordnungswidrigkeit verfolgt werden kann (§ 43 Abs. 1 OWiG).

(4) Stellt der Staatsanwalt das Verfahren sowohl wegen der Straftat als auch wegen der Ordnungswidrigkeit ein, so trifft er eine einheitliche Einstellungsverfügung.

(5) Stellt der Staatsanwalt das Verfahren unter dem rechtlichen Gesichtspunkt der Ordnungswidrigkeit ein, so braucht er dem Anzeigenden die Gründe für die Einstellung in der Regel nicht mitzuteilen. Hatte die Verwaltungsbehörde wegen der Ordnungswidrigkeit bereits ein Bußgeldverfahren eingeleitet, so teilt der Staatsanwalt auch ihr die Einstellung mit.

276. Einstellung des Verfahrens nur wegen der Straftat. (1) Der Staatsanwalt gibt die Sache an die Verwaltungsbehörde ab, wenn er das Verfahren nur wegen der Straftat einstellt, aber Anhaltspunkte dafür vorhanden sind, dass die Tat als Ordnungswidrigkeit verfolgt werden kann (§ 43 Abs. 1 OWiG). Die Nr. 88 ff. sind zu beachten.

(2) Der Verwaltungsbehörde werden im Falle des Abs. 1 Satz 1 die Vorgänge oder Abdrucke der Vorgänge, soweit sie sich auf die Ordnungswidrigkeit beziehen, übersandt. Bei der Abgabe der Sache ist mitzuteilen, worin die Anhaltspunkte dafür gesehen werden, dass die Tat als Ordnungswidrigkeit verfolgt werden kann; dies gilt nicht, wenn ein solcher Hinweis für die Verwaltungsbehörde entbehrlich ist.

(3) Wird gegen die Einstellung des Verfahrens wegen der Straftat Beschwerde eingelegt, so hindert dies den Staatsanwalt nicht, die Sache wegen des Verdachts der Ordnungswidrigkeit an die Verwaltungsbehörde abzugeben. Die Abgabe wird in diesem Falle namentlich dann geboten sein, wenn die Beschwerde unbegründet erscheint und die Verfolgung der Ordnungswidrigkeit zu verjähren droht.

2. Übernahme der Verfolgung einer Ordnungswidrigkeit

277. Übernahme. (1) Der Staatsanwalt soll die Verfolgung einer Ordnungswidrigkeit nur dann übernehmen, wenn diese Verfahrensgestaltung wegen besonderer Umstände sachdienlich erscheint (§ 42 Abs. 2 OWiG). Das wird in erster Linie zu bejahen sein, wenn die Taten in einer engen zeitlichen oder räumlichen Beziehung zueinander stehen. Auch sonst kann die Übernahme zweckmäßig sein, z.B. wenn einheitliche Ermittlungen den Betroffenen oder die Ermittlungsbehörden weniger belasten.

(2) Der Staatsanwalt soll grundsätzlich nicht die Verfolgung solcher Ordnungswidrigkeiten übernehmen, mit deren Beurteilung er im Allgemeinen nicht vertraut ist (z.B. Ordnungswidrigkeiten nach den innerstaatlichen EG-Durchführungsbestimmungen). Erscheint es zweifelhaft, ob die Übernahme der Verfolgung sachdienlich ist, so hört die Staatsanwaltschaft vor der Übernahme die sonst zuständige Verwaltungsbehörde.

(3) Der Staatsanwalt macht die Übernahme aktenkundig und unterrichtet zugleich die Verwaltungsbehörde, wenn sie bereits ein Bußgeldverfahren eingeleitet hat oder diese Möglichkeit nahe liegt.

(4) Übernimmt der Staatsanwalt die Verfolgung nicht, so gilt Nr. 276 Abs. 2 entsprechend.

278. Verfahren nach Übernahme. (1) Ergeben die Ermittlungen wegen der Ordnungswidrigkeit, dass deren weitere Verfolgung im Zusammenhang mit der Straftat nicht sachdienlich erscheint, so gibt der Staatsanwalt insoweit die Sache an die Verwaltungsbehörde ab (§ 43 Abs. 2 Halbs. 1 OWiG); Nr. 276 Abs. 2 gilt entsprechend.

(2) Erwägt der Staatsanwalt, das Verfahren wegen der übernommenen Ordnungswidrigkeit einzustellen, so ist § 63 Abs. 3 OWiG zu beachten. Im Übrigen gilt Nr. 275 Abs. 3 entsprechend.

279. Einstellung des Verfahrens nur wegen der Straftat. Stellt der Staatsanwalt nach Übernahme der Verfolgung einer Ordnungswidrigkeit das Verfahren nur wegen der zusammenhängenden Straftat ein (§ 43 Abs. 2 Halbsatz 2 OWiG), so gilt Nr. 276 entsprechend.

IV. Abschnitt. Erstreckung der öffentlichen Klage auf die Ordnungswidrigkeit

280. (1) Erstreckt der Staatsanwalt die öffentliche Klage auf die übernommene Ordnungswidrigkeit (§§ 42, 64 OWiG), so sind die Straftat und die Ordnungswidrigkeit in einer einheitlichen Anklageschrift zusammenzufassen.

(2) In der Anklageschrift ist die Ordnungswidrigkeit zu bezeichnen, die dem Angeschuldigten oder einem Betroffenen zur Last gelegt wird (§ 42 Abs. 1 Satz 2, 2. Fall OWiG). Die Nr. 110 bis 112 gelten sinngemäß auch für den Teil der Anklage, der sich auf die Ordnungswidrigkeit bezieht. Wer nur wegen einer Ordnungswidrigkeit verfolgt wird, ist in der Anklageschrift als „Betroffener" zu bezeichnen.

(3) § 63 OWiG ist zu beachten.

(4) Für den Antrag auf Erlass eines Strafbefehls gelten Absätze 1 bis 3 entsprechend.

V. Abschnitt. Verfahren nach Einspruch gegen den Bußgeldbescheid

281. Prüfung der Zulässigkeit des Einspruchs; Wiedereinsetzung in den vorigen Stand. Werden die Akten nach Einspruch gegen den Bußgeldbescheid über die Staatsanwaltschaft an das Amtsgericht übersandt und stellt der Staatsanwalt dabei fest, dass der Einspruch nicht rechtzeitig, nicht in der vorgeschriebenen Form oder sonst nicht wirksam eingelegt ist, so gibt er die Akten an die Verwaltungsbehörde zur Entscheidung über die Zulässigkeit des Einspruchs (§ 69 Abs. 1 Satz 1 OWiG) zurück. Satz 1 gilt entsprechend, wenn der Betroffene wegen Versäumung der Einspruchsfrist die Wiedereinsetzung in den vorigen Stand beantragt und die Verwaltungsbehörde hierüber noch nicht entschieden hat.

282. Prüfung des Vorwurfs. (1) Bei einem zulässigen Einspruch prüft der Staatsanwalt, ob der hinreichende Verdacht einer Ordnungswidrigkeit besteht, die Verfolgung geboten ist (§ 47 Abs. 1 OWiG) und Verfahrenshindernisse nicht entgegenstehen.

(2) Im Rahmen seiner Prüfung kann der Staatsanwalt selbst Ermittlungen vornehmen oder Ermittlungsorgane darum ersuchen oder von Behörden oder sonstigen Stellen die Abgabe von Erklärungen über dienstliche Wahrnehmungen, Untersuchungen und Erkenntnisse (§ 77a Abs. 2 OWiG) verlangen.

(3) Stellt der Staatsanwalt das Verfahren ein, teilt er dies dem Betroffenen und der Verwaltungsbehörde formlos mit; Nummer 275 Abs. 2 gilt für die dort genannten Fälle entsprechend. Eine Auslagenentscheidung nach § 108a Abs. 1 OWiG trifft die Staatsanwaltschaft in der Regel nur auf Antrag des Betroffenen oder eines anderen Antragsberechtigten; die Entscheidung kann auch von Amts wegen getroffen werden, so z. B. dann, wenn sich aus den Akten ergibt, dass dem Betroffenen notwendige Auslagen entstanden sind und das Verfahren mangels hinreichenden Verdachts eingestellt wird. Für die Festsetzung der notwendigen Auslagen des Betroffenen (§ 108a Abs. 3 OWiG, § 464b StPO) gilt Nr. 145 entsprechend.

(4) Bei der Einstellung des Verfahrens wegen eines Halt- oder Parkverstoßes hat der Staatsanwalt auch zu prüfen, ob eine Kostenentscheidung nach § 25a StVG in Betracht kommt.

283. Zustimmung zur Rückgabe der Sache an die Verwaltungsbehörde. Eine Zustimmung zur Rückgabe der Sache an die Verwaltungsbehörde wegen offensichtlich ungenügender Aufklärung des Sachverhalts (§ 69 Abs. 5 Satz 1 OWiG) kommt namentlich in Betracht, wenn
a) nach dem Akteninhalt Beweismittel zur Feststellung der Beschuldigung fehlen oder nahe liegende Beweise hierzu nicht erhoben sind oder
b) Beweisanregungen des Betroffenen, die für die Entscheidung von wesentlicher Bedeutung sind, ohne Angabe von Gründen nicht entsprochen ist.

Die Zustimmung zur Rückgabe ist in diesen Fällen geboten, wenn es angezeigt ist, die Verwaltungsbehörde auch für künftige Fälle zu einer näheren Prüfung nach § 69 Abs. 2 OWiG zu veranlassen.

284. Stellungnahme des Staatsanwalts bei Vorlage. (1) Bei der Vorlage der Akten an das Gericht soll sich der Staatsanwalt dazu äußern, ob er
a) einer Entscheidung durch Beschluss (§ 72 OWiG) widerspricht,
b) an der Hauptverhandlung nicht teilnehmen wird (vgl. auch § 47 Abs. 2 OWiG) und auf Terminsnachricht verzichtet,
c) die Vorladung eines Zeugen für erforderlich hält oder eine vereinfachte Art der Beweisaufnahme für ausreichend erachtet (§ 77a OWiG),
d) die schriftliche Begründung des Urteils beantragt.

(2) Stimmt der Staatsanwalt einer Entscheidung durch Beschluss zu, so äußert er sich zugleich zur Sache und stellt einen bestimmten Antrag.

285. Hauptverhandlung. (1) Für die Hauptverhandlung sind, soweit nichts anderes bestimmt ist, die Nr. 116 bis 145 sinngemäß anzuwenden. Dabei ist auch zu prüfen, ob die Anwendung einzelner Vorschriften im Hinblick auf die unterschiedliche Bewertung von Straftaten und Ordnungswidrigkeiten angemessen ist.

(2) Es wird sich empfehlen, die Termine zur Hauptverhandlung in ihrer Aufeinanderfolge von denen in Strafsachen getrennt festzusetzen. Auch in der Bezeichnung der Sachen auf Formularen und Terminszetteln sollten Bußgeld- und Strafverfahren möglichst getrennt behandelt werden.

286. Umfang der Sachaufklärung. Bei der Aufklärung der Sache wird die Erörterung der persönlichen und wirtschaftlichen Verhältnisse und die Prüfung, ob der Betroffene bestraft oder gegen ihn schon früher eine Geldbuße festgesetzt worden ist, nur dann in Betracht kommen, wenn dies für die Entscheidung von Bedeutung sein kann.

287. Teilnahme an der Hauptverhandlung. (1) Der Staatsanwalt nimmt an der Hauptverhandlung teil, wenn
a) er einer Entscheidung durch Beschluss widersprochen hat (§ 72 Abs. 1 OWiG), oder
b) Anhaltspunkte dafür vorhanden sind, dass die Tat auch unter dem rechtlichen Gesichtspunkt einer Straftat beurteilt werden kann (§ 81 OWiG; vgl. Nr. 290).

(2) Der Staatsanwalt soll im Übrigen an der Hauptverhandlung teilnehmen, wenn seine Mitwirkung aus besonderen Gründen geboten erscheint. Das kommt vor allem in Betracht, wenn
a) das Gericht ihm mitgeteilt hat, dass es seine Mitwirkung an der Hauptverhandlung für angemessen hält (§ 75 Abs. 1 Satz 2 OWiG),
b) die Aufklärung des Sachverhalts eine umfangreiche Beweisaufnahme erfordert,
c) eine hohe Geldbuße oder eine bedeutsame Nebenfolge in Betracht kommt,
d) eine Rechtsfrage von allgemeiner Bedeutung zu entscheiden ist,
e) die Verwaltungsbehörde die Teilnahme des Staatsanwalts an der Hauptverhandlung angeregt hat oder
f) mit einer gerichtlichen Einstellung des Verfahrens nach § 47 Abs. 2 Satz 1 OWiG in Fällen zu rechnen ist, in denen dies vom Standpunkt des öffentlichen Interesses nicht vertretbar erscheint (vgl. § 75 Abs. 2 OWiG).

288. Beteiligung der Verwaltungsbehörde. (1) Der Termin zur Hauptverhandlung wird der Verwaltungsbehörde so rechtzeitig mitgeteilt, dass ihr Vertreter sich auf die Hauptverhandlung vorbereiten und die Akten vorher einsehen kann (§ 76 Abs. 1 OWiG). Nr. 275 Abs. 2 Satz 2, Abs. 3 gilt entsprechend.

(2) Kann nach Auffassung des Staatsanwalts die besondere Sachkunde der Verwaltungsbehörde für die Entscheidung von Bedeutung sein, so wirkt er darauf hin, dass ein Vertreter der Verwaltungsbehörde an der Hauptverhandlung teilnimmt.

(3) § 76 Abs. 4 OWiG ist zu beachten.

289. Rücknahme der Klage. (1) Erwägt der Staatsanwalt, die Klage zurückzunehmen, so prüft er, ob die Verwaltungsbehörde vorher zu hören ist (§ 76 Abs. 3 OWiG). Nr. 275 Abs. 2, 3 gilt entsprechend.

(2) Nimmt der Staatsanwalt die Klage zurück, so teilt er dies dem Betroffenen und der Verwaltungsbehörde formlos mit.

290. Übergang vom Bußgeld- zum Strafverfahren. (1) Ergibt sich nach Einspruch gegen den Bußgeldbescheid, dass der hinreichende Verdacht einer Straftat besteht, so übersendet der Staatsanwalt die Akten dem Gericht mit dem Antrag, den Betroffenen auf die Veränderung des rechtlichen Gesichtspunktes hinzuweisen (§ 81 Abs. 2 Satz 1 OWiG). In diesem Falle widerspricht er zugleich einer Entscheidung durch Beschluss (§ 72 OWiG).

(2) Auch im weiteren Verlauf des Verfahrens hat der Staatsanwalt darauf zu achten, ob der hinreichende Verdacht einer Straftat besteht. Gegebenenfalls wird der Betroffene auf die Veränderung des rechtlichen Gesichtspunktes hinzuweisen sein (vgl. § 81 Abs. 2 Satz 1 OWiG).

(3) Wegen der weitreichenden Folgen, die sich aus dem Hinweis auf die Veränderung des rechtlichen Gesichtspunktes ergeben (§ 81 Abs. 2 OWiG), soll der Staatsanwalt darauf hinwirken, dass das Gericht den betroffenen und seinen Verteidiger vor dem Hinweis hört, wenn er beantragt, den Hinweis zu geben, oder das Gericht dies erwägt.

VI. Abschnitt. Rechtsbeschwerdeverfahren

291. Rechtsbeschwerde und Antrag auf deren Zulassung. Für die Rechtsbeschwerde und den Antrag auf deren Zulassung gelten, soweit nichts anderes bestimmt ist, die Nr. 147 bis 152 sinngemäß.

292. Vorsorgliche Einlegung. Hat die Verwaltungsbehörde angeregt, gegen eine gerichtliche Entscheidung ein Rechtsmittel einzulegen, und bestehen Zweifel, ob die Anregung sachlich berechtigt ist, so kann das Rechtsmittel ausnahmsweise vorsorglich eingelegt werden, wenn die Zweifel vor Ablauf der Rechtsmittelfrist nicht behoben werden können.

293. Verfahren nach Einlegung. (1) Für das Verfahren nach Einlegung der Rechtsbeschwerde und des Antrags auf deren Zulassung gelten die Nr. 153 bis 169 sinngemäß. Ein Übersendungsbericht ist abweichend von Nr. 163 Abs. 1 Satz 4 nur in umfangreichen Sachen beizufügen.

(2) Beantragt der Staatsanwalt, die Rechtsbeschwerde zuzulassen (§ 80 OWiG), so ist anzugeben, aus welchen Gründen die Nachprüfung des Urteils zur Fortbildung des Rechts oder zur Sicherung einer einheitlichen Rechtsprechung oder die Aufhebung des Urteils wegen Versagung des rechtlichen Gehörs geboten erscheint.

VII. Abschnitt. Bußgelderkenntnis im Strafverfahren

294. (1) Der Staatsanwalt achtet nach Erhebung der öffentlichen Klage wegen einer Straftat darauf, dass das Gericht über die Tat zugleich unter dem rechtlichen Gesichtspunkt einer Ordnungswidrigkeit entscheidet, wenn der Verdacht der Straftat nicht erweist oder eine Strafe nicht verhängt wird (§ 82 Abs. 1 OWiG).

(2) Ist eine Handlung gleichzeitig Straftat und Ordnungswidrigkeit, so prüft der Staatsanwalt weiterhin, ob bei einer Bestrafung die Anordnung einer Nebenfolge der Ordnungswidrigkeit in Betracht kommt (vgl. Nr. 273 Abs. 2 Satz 1) und berücksichtigt dies bei seinem Antrag zur Entscheidung in der Sache.

VIII. Abschnitt. Entschädigung für Verfolgungsmaßnahmen

295. Das Gesetz über die Entschädigung für Strafverfolgungsmaßnahmen gilt sinngemäß auch für das Bußgeldverfahren (§ 46 Abs. 1 OWiG). Auf die Ausführungsvorschriften zu diesem Gesetz (Anlage C) wird verwiesen.

IX. Abschnitt. Akteneinsicht

296. Die Nr. 182 bis 189 gelten für das Bußgeldverfahren sinngemäß.

X. Abschnitt. Einholung der Entscheidung des Bundesverfassungsgerichts

297. Die Nr. 190 ist auch im Bußgeldverfahren anzuwenden.

XI. Abschnitt. Bußgeldsachen gegen Mitglieder der gesetzgebenden Körperschaften

298. Die Immunität der Mitglieder der gesetzgebenden Körperschaften hindert nicht, gegen diese ein Bußgeldverfahren durchzuführen. Dagegen ist der Übergang zum Strafverfahren nach § 81 OWiG nur mit Genehmigung der gesetzgebenden Körperschaft zulässig (vgl. Nr. 191 ff.); dies gilt auch für die Anordnung der Erzwingungshaft.

XII. Abschnitt. Behandlung der von der deutschen Gerichtsbarkeit befreiten Personen

299. Die Nr. 193 bis 199 gelten für das Bußgeldverfahren entsprechend.

XIII. Abschnitt. Rechtshilfeverkehr mit dem Ausland

300. Die Staatsanwaltschaft kann im Bußgeldverfahren der Verwaltungsbehörde im Wege der Amtshilfe bei ausländischen Behörden Rechtshilfe erbitten, soweit dies in zwischenstaatlichen Verträgen vereinbart ist oder auf Grund besonderer Umstände (z. B. eines Notenwechsels zwischen der Bundesregierung und einer ausländischen Regierung) damit gerechnet werden kann, dass der ausländische Staat die Rechtshilfe auch ohne vertragliche Regelung gewähren wird.

Anlage A

Gemeinsame Richtlinien der Justizminister/-senatoren und der Innenminister/-senatoren des Bundes und der Länder über die Anwendung unmittelbaren Zwanges durch Polizeibeamte auf Anordnung des Staatsanwalts

In Kraft gesetzt:
Bund: AV v. 15.12.1973 (BAnz. Nr. 240)
Baden-Württemberg: AV v. 15.12.1973 (Justiz 1974 S. 73)
Bayern: Bek. v. 15.12.1973 (JMBl. 1974 S. 3), v. 16.12.1987 (JMBl. 1988 S. 2), v. 15.11.2001 (JMBl. 2001 S. 211)
Berlin: AV v. 15.12.1973 (ABl. 1974 S. 15), v. 27.12.1991 (ABl. 1992 S. 169)
Brandenburg: RdErl. v. 29.3.1993 (JMBl. S. 91)
Bremen: AV v. 1.1.1974
Hamburg: Vfg v. 15.12.1973 (JVBl. 1976 S. 66)
Hessen: RdErl. v. 16.6.1997 (JMBl. S. 509)
Mecklenburg-Vorpommern: Erl. v. 30.9.1991 (ABl. S. 875)
Niedersachsen: RdErl. v. 15.12.1973 (MBl. 1974 S. 26)
Nordrhein-Westfalen: RdErl. v. 15.12.1973 (JMBl. 1974 S. 25)
Rheinland-Pfalz: AV v. 15.12.1973 (JBl. 1974 S. 2), v. 21.11.1991 (JBl. S. 288)
Saarland: Erl. v. 14.12.1973 (GMBl. 1974 S. 81)
Sachsen: Bek. v. 14.5.1991 (ABl. S. 4), v. 3.12.1996 (JMBl. S. 142)
Sachsen-Anhalt: RdErl. v. 15.7.1992 (MBl. S. 1099)
Schleswig-Holstein: Erl. v. 15.12.1973 (SchlHA 1974 S. 55)
Thüringen: RdErl. v. 7.6.1991 (JMBl. S. 91)

A.

Im Hinblick auf die Verantwortung der Staatsanwaltschaft für das Ermittlungsverfahren und damit auch für die Vollständigkeit der Ermittlungen und ihre Rechtmäßigkeit umfasst die Leitungs- und Weisungsbefugnis des Staatsanwalts gegenüber der Polizei auch Anordnungen zur Anwendung unmittelbaren Zwanges.

Die Gefahrenabwehr ist Aufgabe der Polizei. In diesem Bereich besteht kein Raum für Anordnungen des Staatsanwalts.

B.

Für die Ausübung des Weisungsrechts zur Anwendung unmittelbaren Zwanges ergehen – unbeschadet der Vorschriften der §§ 161 StPO, 152 GVG – folgende Richtlinien:

I.

Der Staatsanwalt richtet, solange nicht ein bestimmter Beamter mit der Bearbeitung des konkreten Falles befasst ist, Weisungen grundsätzlich an die zuständige Polizeidienststelle.

Sind in einem konkreten Fall mehrere Polizeibeamte unter einem weisungsbefugten Beamten eingesetzt (z. B. Einsatzleitung, Sonderkommission), richtet der Staatsanwalt Weisungen grundsätzlich an den weisungsbefugten Beamten. Dieser gibt – unabhängig davon, ob er selbst zu dem Kreis der nach § 152 GVG bezeichneten Beamten gehört – die Weisung an die ihm unterstellten Bediensteten weiter und veranlasst ihre Durchführung.

Ist eine polizeiliche Einsatzleitung gebildet, begibt sich der Staatsanwalt, der auf die Anwendung unmittelbaren Zwanges Einfluss nehmen will, grundsätzlich zur Einsatzleitung. Seine Weisungen soll er an den mit der Gesamtverantwortung betrauten Einsatzleiter richten. Besteht eine mehrstufige Einsatzleitung, hält sich der Staatsanwalt grundsätzlich bei der Gesamtleitung auf. Befindet er sich bei einem nachgeordneten Einsatzleiter, so wird er Weisungen nur im Rahmen der Befehlsgebung der übergeordneten Einsatzleitung und des Ermessensspielraums geben, der dem nachgeordneten Einsatzleiter eingeräumt ist.

II.

Zur Art und Weise der Ausübung des unmittelbaren Zwanges soll der Staatsanwalt nur allgemeine Weisungen erteilen und deren Ausführung der Polizei überlassen.

Konkrete Einzelweisungen zur Art und Weise der Ausübung unmittelbaren Zwanges soll der Staatsanwalt nur erteilen, wenn

1. die Polizei darum nachsucht,
2. es aus Rechtsgründen unerlässlich ist oder
3. die Ausübung des unmittelbaren Zwanges Auswirkungen auf das weitere Ermittlungsverfahren hat.

Ob die Voraussetzungen zu Nr. 2 oder 3 gegeben sind, entscheidet der Staatsanwalt.

Die Erteilung konkreter Einzelweisungen setzt die genaue Kenntnis der jeweiligen Situation und der bestehenden Möglichkeiten für die Ausübung unmittelbaren Zwanges voraus. Dies bedingt in der Regel die Anwesenheit am Ort des Einsatzes oder der Einsatzleitung. Für konkrete Einzelweisungen zum Gebrauch von Schusswaffen ist die Anwesenheit am Ort des Einsatzes unerlässlich.

Bei konkreten Einzelweisungen soll der Staatsanwalt die besondere Sachkunde der Polizei berücksichtigen.

III.

Ergeben sich bei einem einheitlichen Lebenssachverhalt gleichzeitig und unmittelbar Aufgaben der Strafverfolgung und der Gefahrenabwehr, so sind die Staatsanwaltschaft und die Polizei zuständig, die zur Erfüllung ihrer Aufgaben notwendigen Maßnahmen zu treffen.

In einem solchen Falle ist eine enge und vertrauensvolle Zusammenarbeit zwischen Staatsanwaltschaft und Polizei in ganz besonderem Maße erforderlich. Die partnerschaftliche Zusammenarbeit gebietet es, dass jede Stelle bei der Wahrnehmung ihrer Aufgaben auch die Belange der übrigen sich aus dem Lebenssachverhalt stellenden Aufgaben berücksichtigt. Schaltet sich die Staatsanwaltschaft ein, so werden der Staatsanwalt und die Polizei möglichst im Einvernehmen handeln.

Dies gilt auch dann, wenn die Situation die gleichzeitige angemessene Wahrnehmung beider Aufgaben nicht zulässt. In diesem Falle ist nach dem Grundsatz der Güter- und Pflichtenabwägung jeweils für die konkrete Lage zu entscheiden, ob die Strafverfolgung oder die Gefahrenabwehr das höherwertige Rechtsgut ist.

Erfordert die Lage unverzüglich eine Entscheidung über die Anwendung unmittelbaren Zwanges und ist ein Einvernehmen darüber, welche Aufgabe in der konkreten Lage vorrangig vorzunehmen ist, – gegebenenfalls auch nach Einschaltung der vorgesetzten Dienststellen – nicht herzustellen, so entscheidet hierüber die Polizei.

Anlage B

Richtlinien über die Inanspruchnahme von Publikationsorganen und die Nutzung des Internets sowie anderer elektronischer Kommunikationsmittel zur Öffentlichkeitsfahndung nach Personen im Rahmen von Strafverfahren

In Kraft gesetzt bzw. geändert/verlängert:
Bund: AV v. 18. April 2005 (BAnz. Nr. 80 S. 6823)
Baden-Württemberg: VV v. 8.4.2005 (Justiz S. 241)
Bayern: Bek. v. 13.6.2005 (JMBl. S. 73)
Hamburg: AV v. 23.5.2005 (JVBl. S. 57)
Rheinland-Pfalz: Bek. v. 2.5.2005 (JBl. S. 135)
Thüringen: Gem. RL v. 4. 7./3.8.2005 (JMBl. S. 49)

Für die Inanspruchnahme von Publikationsorganen und die Nutzung des Internets sowie anderer elektronischer Kommunikationsmittel zur Öffentlichkeitsfahndung nach Personen im Rahmen von Strafverfahren wird Folgendes bestimmt:

1. Allgemeines

1.1 Grundsätzliches zur Einschaltung von Publikationsorganen und zur Nutzung von öffentlich zugänglichen elektronischen Medien

Die Strafverfolgungsbehörden sind gehalten, alle gesetzlich zulässigen Maßnahmen zu ergreifen, die geeignet sind, zur Aufklärung von Straftaten beizutragen. Insbesondere besteht die Möglichkeit, Publikationsorgane (z. B. Presse, Rundfunk, Fernsehen), die im Hinblick auf ihre Breitenwirkung in vielen Fällen wertvolle Fahndungshilfe leisten können, um ihre Mitwirkung zu bitten sowie öffentlich zugängliche elektronische Kommunikationsmittel zur Bereitstellung oder gezielten Verbreitung der Informationen (insbesondere das Internet) zu nutzen. Das gilt sowohl für die Fahndung nach einem bekannten oder unbekannten Tatverdächtigen als auch für die Suche nach anderen Personen, insbesondere Zeugen.

Die Einschaltung von Publikationsorganen sowie die Nutzung der öffentlich zugänglichen elektronischen Kommunikationsmittel zu Fahndungszwecken stellen stets eine Öffentlichkeitsfahndung dar, die nur bei Vorliegen der gesetzlichen Voraussetzungen (vgl. insbesondere § 131 Abs. 3 sowie § 131a Abs. 3, §§ 131b, 131c Abs. 1 Satz 1 und § 131c Abs. 2 der Strafprozessordnung – StPO) in Betracht kommt.

Darüber hinaus ist zu bedenken, dass bei allzu häufiger Inanspruchnahme der Massenmedien das Interesse und die Bereitschaft der Öffentlichkeit, an der Aufklärung von Straftaten mitzuwirken, erlahmen können. Stets ist auch zu prüfen, ob die Gefahr der

Täter- oder Beteiligtenwarnung oder die Gefahr der Nachahmung von Straftaten zu befürchten ist.

1.2 Grundsatz der Verhältnismäßigkeit

Die gesetzlichen Regelungen der Öffentlichkeitsfahndung stellen in weiten Teilen Ausgestaltungen des Verhältnismäßigkeitsgrundsatzes dar. In jedem Einzelfall bedarf es daher einer sorgfältigen Abwägung zwischen dem öffentlichen Interesse an einer wirksamen Strafverfolgung einerseits und den schutzwürdigen Interessen des Beschuldigten und anderer Betroffener andererseits. Dabei sind namentlich folgende Gesichtspunkte zu berücksichtigen:

Die Öffentlichkeitsfahndung kann dazu führen, dass Straftaten beschleunigt aufgeklärt werden und der Tatverdächtige bald ergriffen wird. Die zügige Aufklärung von Straftaten und die Aburteilung des Täters können verhindern, dass der Täter weitere Straftaten begeht. Eine schnelle und wirksame Strafverfolgung hat auch einen bedeutenden generalpräventiven Effekt. Sie dient der Sicherheit und dem Schutz des Bürgers und schafft dadurch die Voraussetzungen für eine wirksame Verbrechensbekämpfung.

Andererseits entsteht durch die Erörterung eines Ermittlungsverfahrens mit Namensnennung des Tatverdächtigen in den Publikationsorganen die Gefahr einer erheblichen Rufschädigung. Mit zunehmender Verbreitung des Internets gilt dies im wachsenden Maße auch für die Nutzung dieses elektronischen Mediums zu Fahndungszwecken. Die spätere Resozialisierung des Täters kann durch unnötige Publizität seines Falles schon vor der Verhandlung erschwert werden. Auch andere Personen, die in den Tatkomplex verwickelt sind oder die in nahen Beziehungen zu dem Tatverdächtigen stehen, können durch eine öffentliche Erörterung schwer benachteiligt werden. Eine Bloßstellung oder Schädigung des Tatverdächtigen oder anderer Betroffener muss nicht nur in deren Interesse, sondern auch im Interesse der Strafrechtspflege möglichst vermieden werden.

Daher ist stets auch zu prüfen, ob der beabsichtigte Fahndungserfolg nicht auch durch Maßnahmen, die den Tatverdächtigen oder andere Betroffene weniger beeinträchtigen, erreicht werden kann, namentlich dadurch, dass
- nur Medien von geringerer Breitenwirkung in Anspruch genommen werden,
- andere Formen der Öffentlichkeitsfahndung wie Plakate, Handzettel oder Lautsprecherdurchsagen gewählt werden oder
- die Fahndungshilfe örtlich oder in anderer Weise, etwa durch Verzicht auf die Verbreitung der Abbildung eines Gesuchten, beschränkt wird.

Bei der Nutzung des Internets zu Fahndungszwecken ist außerdem zu berücksichtigen, dass die im Internet eingestellten Daten weltweit abgerufen und verarbeitet werden können. Dabei ist regelmäßig zu prüfen, ob und ggf. in welchem Umfang eine Internationale Fahndung einzuleiten ist.

Auf die schutzwürdigen Interessen von Personen, die von einer Straftat betroffen sind, ist Rücksicht zu nehmen. In der Regel ist dies dadurch zu erreichen, dass die Namen solcher Personen nicht publiziert werden. Sollte die Publizierung eines solchen Namens aus Fahndungsgründen zwingend notwendig sein, so ist vor Beginn der Öffentlichkeitsfahndung mit diesen Personen ins Benehmen zu treten, soweit der Fahndungszweck dadurch nicht gefährdet wird.

2. Entscheidung über die Einschaltung von Publikationsorganen und die Nutzung von öffentlich zugänglichen elektronischen Medien

2.1 Fahndung nach einem bekannten Tatverdächtigen

Die Öffentlichkeitsfahndung nach einem bekannten Tatverdächtigen kommt regelmäßig nur in Betracht, wenn dringender Tatverdacht wegen einer Straftat von erheblicher Bedeutung (Verbrechen, Vergehen von erheblichem Gewicht, z. B. schwere oder gefährliche Körperverletzung, Betrug mit hohem Vermögensschaden, Unterschlagung hoher Geldbeträge, Serientaten) gegeben ist.

Grundsätzlich muss bei Fahndungen mit dem Ziel der Festnahme ein Haftbefehl oder ein Unterbringungsbefehl vorliegen. Ist dies der Fall oder liegen die Voraussetzungen des § 131

Abs. 2 Satz 1 StPO vor, entscheidet über die Öffentlichkeitsfahndung grundsätzlich die Staatsanwaltschaft (§ 131 Abs. 3 Satz 1 StPO). Die Polizei führt eine nach § 131 Abs. 3 Satz 1 StPO gleichfalls mögliche Entscheidung des Richters nur herbei, wenn sie die Staatsanwaltschaft nicht rechtzeitig erreichen kann. Ist für die Polizei auch der Richter nicht rechtzeitig erreichbar, ist nach § 131 Abs. 3 Satz 2 bis 4 StPO zu verfahren und insbesondere unverzüglich binnen 24 Stunden eine Entscheidung der Staatsanwaltschaft herbeizuführen.

Wird die polizeiliche Eilanordnung von der Staatsanwaltschaft binnen 24 Stunden nicht bestätigt, teilt die Polizei dies den eingeschalteten Publikationsorganen mit und weist sie darauf hin, dass sie sich bei einer Fortsetzung ihrer Maßnahmen nicht mehr auf ein Fahndungsersuchen der Strafverfolgungsbehörden berufen können; eine erfolgte Nutzung des Internets zu Fahndungszwecken ist zu beenden.

Erfolgt die Öffentlichkeitsfahndung aufgrund einer Entscheidung der Staatsanwaltschaft, liegt ein Haft- oder Unterbringungsbefehl noch nicht vor und ist die Öffentlichkeitsfahndung noch nicht erledigt, ist unverzüglich, spätestens binnen einer Woche, von der Staatsanwaltschaft beim Richter eine Entscheidung über den Haft- oder Unterbringungsbefehl herbeizuführen (§ 131 Abs. 3 Satz 1 in Verbindung mit § 131 Abs. 2 Satz 2 StPO). Lehnt der Richter den Erlass des Haft- oder Unterbringungsbefehls ab und ordnet er auch keine Öffentlichkeitsfahndung mit dem Ziel der Aufenthaltsermittlung (§ 131a Abs. 3 StPO) oder der Aufklärung einer Straftat (§ 131b Abs. 1 StPO) an, teilt die Staatsanwaltschaft dies den eingeschalteten Publikationsorganen mit und weist sie darauf hin, dass sie sich bei einer Fortsetzung ihrer Maßnahmen nicht mehr auf ein Fahndungsersuchen der Strafverfolgungsbehörden berufen können; eine erfolgte Nutzung des Internets zu Fahndungszwecken ist zu beenden.

2.2 Fahndung nach einem unbekannten Tatverdächtigen

Auch bei der Fahndung nach einem unbekannten Tatverdächtigen kann die Öffentlichkeitsfahndung veranlasst sein. In diesen Fällen gilt § 131 StPO nicht. Es ist daher – wenn nicht Gefahr im Verzug vorliegt – stets eine richterliche Entscheidung herbeizuführen (§ 131c Abs. 1 Satz 1 StPO). Die gesetzlichen Voraussetzungen des § 131b Abs. 1 StPO sind zu beachten. § 131b Abs. 1 StPO gilt auch für Phantombilder.

Wenn bei Gefahr im Verzug die Staatsanwaltschaft tätig geworden ist, bedarf die Maßnahme dann einer nachträglichen richterlichen Bestätigung, wenn das Internet zu Fahndungszwecken genutzt worden ist oder das Fernsehen oder ein periodisches Druckwerk dahingehend in Anspruch genommen worden ist, dass es zu einer wiederholten Veröffentlichung kommt, und die Maßnahme nicht binnen einer Woche erledigt ist (§ 131c Abs. 2 Satz 1 StPO). Eine nachträgliche richterliche Bestätigung ist daher insbesondere dann nicht erforderlich, wenn der Hörfunk in Anspruch genommen wurde oder sich die Maßnahme binnen einer Woche erledigt hat.

Wenn bei Gefahr im Verzug eine Ermittlungsperson der Staatsanwaltschaft tätig geworden ist und die Maßnahme sich nicht alsbald erledigt hat, ist die Staatsanwaltschaft rechtzeitig vor Ablauf der Wochenfrist des § 131c Abs. 2 Satz 2 StPO einzuschalten, damit die Staatsanwaltschaft entweder selbst über die Bestätigung der Fahndung entscheiden oder eine nach § 131c Abs. 2 Satz 1 StPO notwendige richterliche Entscheidung herbeiführen kann.

2.3 Fahndung nach Zeugen

Für die Öffentlichkeitsfahndung nach Zeugen gilt die Nummer 2.2 entsprechend. Maßnahmen zur Aufenthaltsermittlung eines bekannten Zeugen sind in § 131a Abs. 1, 3 bis 5 StPO, Maßnahmen zur Aufklärung einer Straftat, insbesondere zur Feststellung der Identität eines unbekannten Zeugen sind in § 131b Abs. 2 und 3 StPO geregelt. Eine Öffentlichkeitsfahndung zur Aufenthaltsermittlung eines Zeugen unterbleibt nach § 131a Abs. 4 Satz 3 StPO, wenn überwiegende schutzwürdige Interessen des Zeugen entgegenstehen. Bei der Veröffentlichung der Abbildung eines Zeugen ist zu beachten, dass die Subsidiaritätsklausel in § 131b Abs. 2 StPO enger gefasst ist als die in § 131b Abs. 1 StPO. Stets muss die Veröffentlichung erkennbar machen, dass die gesuchte Person nicht Beschuldigter ist (§ 131a Abs. 4 Satz 2, § 131b Abs. 2 Satz 2 StPO).

2.4 Fahndung nach einem flüchtigen Verurteilten

Die Öffentlichkeitsfahndung nach einem flüchtigen Verurteilten soll nur dann erfolgen, wenn der wegen einer Straftat von erheblicher Bedeutung Verurteilte noch mindestens ein Jahr Freiheitsstrafe zu verbüßen hat, wenn seine Unterbringung angeordnet ist oder wenn seine Ergreifung aus anderen Gründen, etwa wegen der Gefahr weiterer erheblicher Straftaten, im öffentlichen Interesse liegt.

Wer über die Öffentlichkeitsfahndung entscheidet, hängt auch in diesen Fällen davon ab, ob ein Haftbefehl oder Unterbringungsbefehl bzw. deren Voraussetzungen vorliegen oder nicht. Wenn zumindest die Voraussetzungen für einen Haftbefehl nach § 457 Abs. 2 StPO oder einen Unterbringungsbefehl nach § 463 Abs. 1 in Verbindung mit § 457 Abs. 2 StPO gegeben sind, was in aller Regel der Fall sein dürfte, gilt Nummer 2.1 Abs. 2 bis 4 mit der Maßgabe entsprechend, dass über den Vollstreckungshaftbefehl und die Öffentlichkeitsfahndung nicht der Richter entscheidet, sondern die Vollstreckungsbehörde.

3. Umsetzung der Maßnahmen

3.1 Einschaltung von Publikationsorganen, insbesondere des Fernsehens

Die Publikationsorgane sind grundsätzlich nicht verpflichtet, bei der Öffentlichkeitsfahndung mitzuwirken. Die Erfahrung hat aber gezeigt, dass viele Publikationsorgane zur Mitwirkung bereit sind.

Von praktischer Bedeutung für die inländische Fernsehfahndung sind dabei die „Grundsätze für die bundesweite Ausstrahlung von Fahndungsmeldungen im Fernsehen" aus dem Jahr 1987, an deren Erarbeitung die ARD-Rundfunkanstalten und das ZDF einerseits sowie die Justizminister und Innenminister und -senatoren des Bundes und der Länder andererseits beteiligt waren. Bei diesen Grundsätzen handelt es sich nicht um einen öffentlich-rechtlichen Vertrag, sondern um Absichtserklärungen der Beteiligten darüber, wie sie im Rahmen einer Fernsehfahndung verfahren wollen.

Wenn ausländische Fernsehsender in die Öffentlichkeitsfahndung eingeschaltet werden sollen, sind die Grundsätze der Internationalen Rechtshilfe und der Internationalen Fahndungsausschreibung zu beachten.

3.2 Nutzung des Internets

Um die Aufmerksamkeit der Internetnutzer für die Öffentlichkeitsfahndung zu erlangen, ist es zweckmäßig, die staatlichen Fahndungsaufrufe im Internet auf speziellen Seiten – etwa der Polizei – zu bündeln. Private Internetanbieter sollen grundsätzlich nicht eingeschaltet werden.

Sobald das Fahndungsziel erreicht ist oder die Ausschreibungsvoraussetzungen aus sonstigen Gründen nicht mehr vorliegen, ist die Nutzung des Internets zu Fahndungszwecken unverzüglich zu beenden. Darüber hinaus sind Internetfahndungen von der Staatsanwaltschaft – in den Fällen der Nummer 2.4 von der Vollstreckungsbehörde – regelmäßig, spätestens in halbjährlichen Abständen, hinsichtlich des weiteren Vorliegens der Ausschreibungsvoraussetzungen, insbesondere der weiteren Erfolgsaussichten dieser Fahndungsmethode, zu prüfen.

4. Öffentlichkeitsfahndung, die nicht ausschließlich Zwecken der Strafverfolgung oder -vollstreckung dient

Zum Strafverfahren im Sinne dieser Regelung gehören auch die Fälle des § 131a Abs. 2 StPO und des § 2 Abs. 3 des DNA-Identitätsfeststellungsgesetzes. Die Inanspruchnahme der Fahndungshilfe durch Publikationsorgane sowie die Nutzung des Internets oder anderer elektronischer Kommunikationsmittel zur Fahndung für andere Aufgaben, insbesondere für präventivpolizeiliche Zwecke, zur Identifizierung von unbekannten Toten, zur Auffindung von Vermissten sowie die Sachfahndung bleiben von dieser Regelung unberührt. Dies gilt auch dann, wenn die Fahndungshilfe durch die Medien für eine andere Aufgabe in Anspruch genommen wird, zugleich aber auch der Strafverfolgung dient und die andere öffentliche Aufgabe vorrangig ist.

5. Auskünfte an Publikationsorgane aus anderen Gründen

Das Informationsrecht, das den Publikationsorganen nach dem Presserecht zusteht, sowie Auskünfte (insbesondere nach § 475 StPO) und Mitteilungen von Amts wegen, die nicht auf Öffentlichkeitsfahndung abzielen, bleiben von dieser Regelung unberührt.

Anlage C
Ausführungsvorschriften zum Gesetz über die Entschädigung für Strafverfolgungsmaßnahmen

In Kraft gesetzt, bzw. geändert:
Baden-Württemberg: VwV v. 27.1.2015 (Die J S. 50)
Bayern: I. d. F. d. Bek. v. 28.5.2003 (JMBl. S. 94), v. 20.4.2005 (JMBl. S. 50), v. 20.4.2011 (JMBl. S. 66)
Berlin: AV v. 21.4.1998 (ABl. S. 1811), v. 23.5.2001 (ABl. S. 2625), v. 18.6.2004 (ABl. S. 2630)
Brandenburg: AV i. d. F. d. Bek. v. 11.7.2006 (JMBl. S. 101), v. 16.9.2015 (JMBl. S. 106)
Bremen: AO v. 2.8.1971 i. d. F. v. 31.7.1975
Hamburg: AV v. 23.8.2002 (JVBl. S. 57), v. 10.6.2003 (JVBl. S. 39)
Hessen: RdErl. v. 21.11.1994 (JMBl. S. 520), neuveröff. d. RdErl. (JMBl. 1995, S. 8), v. 10.2.2000 (JMBl. S. 86), v. 20.6.2001 (JMBl. S. 409), v. 10.6.2003 (JMBl. S. 236), v. 1.6.2004 (JMBl. S. 225) v. 7.11.2014 (JMBl. S. 748)
Mecklenburg-Vorpommern: AV i. d. F. d. Bek. v. 2.9.2003 (ABl. S. 931), v. 6.10.2011 (ABl. S. 792)
Niedersachsen: AV i. d. F. d. Bek. v. 25.6.2003 (Nds. RPfl. S. 207), v. 13.10.2011 (Nds. RPfl. S. 399)
Nordrhein-Westfalen: AV v. 5.7.2001 (JMBl. S. 177), zuletzt geänd. durch AV v. 22.5.2003 (JMBl. 2004 S. 27), v. 29.1.2006 (JMBl. S. 50)
Rheinland-Pfalz: VV v. 31.10.1986 (JMBl. S. 257), zuletzt geänd. durch VV v. 9.12.2003 (JBl. 2004, S. 2)
Saarland: AV i. d. F. d. Bek. v. 1.9.2003 (GMBl. S. 514)
Sachsen: Bek. v. 14.5.1991 (ABl. Nr. 14 S. 4), v. 14.6.1991 (ABl. Nr. 18 S. 3), v. 3.12.1996 (JMBl. S. 142), v. 12.7.2001 (JMBl. S. 82), VV v. 10.7.2003 (JMBl. S. 44)
Sachsen-Anhalt: AV v. 3.3.1992 (MBl. S. 402), AV v. 10.12.1992 (MBl. 1993, S. 455), AV v. 22.12.1994 (MBl. 1995 S. 64), AV v. 3.3.2000 (JMBl. S. 110), AV v. 26.6.2001 (JMBl. S. 237), AV v. 26.6.2003 (JMBl. S. 201), v. 26.6.2006 (JMBl. S. 275), v. 12.9.2011 (JMBl. S. 149), v. 26.2.2015 (JMBl. S. 17)
Schleswig-Holstein: AV i. d. F. d. Bek. v. 10.7.2003 (SchlHA S. 195)
Thüringen: VV v. 3.7.2001 (JMBl. S. 53), VV v. 1.7.2003 (JMBl. S. 29), VV v. 8.12.2004 (JBl. S. 262), v. 9.9.2006 (JMBl. S. 43), v. 1.8.2011 (JMBl. S. 49).

Teil I

A. Verfahren über den Grund des Anspruchs

I. Entscheidung des Strafgerichts

Liegen in einem bei Gericht anhängigen Verfahren die Voraussetzungen der §§ 1 und 2 des Gesetzes über die Entschädigung für Strafverfolgungsmaßnahmen (StrEG) vom 8. März 1971 (BGBl. I S. 157) in der jeweils geltenden Fassung vor, so wirkt die Staatsanwalt darauf hin, dass das Gericht gemäß § 8 StrEG über die Entschädigungspflicht entscheidet. Die Staatsanwaltschaft nimmt unter Berücksichtigung der §§ 3 bis 6 StrEG dazu Stellung, ob oder in welchem Umfang eine Verpflichtung zur Entschädigung besteht.

Anh 12 RiStBV Anl C

II. Einstellung des Verfahrens durch die Staatsanwaltschaft

1. Stellt die Staatsanwaltschaft ein Verfahren ein, in welchem gegen die beschuldigte Person eine Strafverfolgungsmaßnahme im Sinne des § 2 StrEG vollzogen worden ist, so wird dieser die Mitteilung über die Einstellung zugestellt. In der Einstellungsnachricht wird die beschuldigte Person über ihr Recht, einen Antrag auf Feststellung der Entschädigungspflicht der Staatskasse zu stellen, über die in § 9 Absatz 1 Satz 4 StrEG vorgeschriebene Frist sowie über das nach § 9 Absatz 1 Satz 1 und 2 StrEG zuständige Gericht belehrt.
War die Erhebung der öffentlichen Klage von der verletzten Person beantragt, so wird die beschuldigte Person ferner darüber belehrt, dass über die Entschädigungspflicht nicht entschieden wird, solange durch einen Antrag auf gerichtliche Entscheidung die Erhebung der öffentlichen Klage herbeigeführt werden kann. Bei der Belehrung wird darauf geachtet, dass sie nicht als Zusicherung einer Entschädigung missverstanden wird.
2. Die Staatsanwaltschaft nimmt gegenüber dem zuständigen Gericht zu dem Antrag der beschuldigten Person, die Entschädigungspflicht der Staatskasse festzustellen, Stellung. Hat die Staatsanwaltschaft nach Einstellung des Verfahrens die Sache gem. § 43 des Gesetzes über Ordnungswidrigkeiten (OWiG) an die Verwaltungsbehörde abgegeben, so wirkt sie in der Regel darauf hin, dass das Gericht nicht über die Entschädigungspflicht entscheidet, solange das Bußgeldverfahren nicht abgeschlossen ist.

III. Verfahren nach Feststellung der Entschädigungspflicht

1. Ist die Entschädigungspflicht der Staatskasse rechtskräftig festgestellt (vgl. § 8 Absatz 1, § 9 Absatz 1 Satz 1 und 2 StrEG), so stellt die Staatsanwaltschaft der berechtigten Person unverzüglich eine Belehrung über ihr Antragsrecht und die Frist zur Antragstellung zu (vgl. § 10 Absatz 1 StrEG). Zugleich weist sie sie auf die Möglichkeit der Nachzahlung von Beiträgen zur Rentenversicherung, insbesondere auf die dabei zu beachtende Antragsfrist (§ 205 Abs. 2 SGB VI) hin.
2. Ist der Staatsanwaltschaft bekannt, dass die berechtigte Person anderen Personen kraft Gesetzes unterhaltspflichtig war, und besteht nach den Umständen die Möglichkeit, dass den Unterhaltsberechtigten infolge der Strafverfolgungsmaßnahmen der Unterhalt entzogen worden ist (vgl. Abschnitt B Unterabschnitt II Nummer 3 Buchstabe a), so stellt die Staatsanwaltschaft auch diesen Personen eine Belehrung über ihr Antragsrecht und die Frist zur Antragstellung zu (vgl. § 11 Absatz 2 StrEG).

B. Verfahren zur Feststellung der Höhe des Anspruchs
I. Behandlung des Entschädigungsantrages

1. Ist die Entscheidung über die Verpflichtung der Staatskasse zur Entschädigung rechtskräftig und wird daraufhin die Zahlung einer Entschädigung beantragt, so legt die Leiterin oder der Leiter der Staatsanwaltschaft, wenn sie oder er nicht selbst mit der Prüfung des Anspruchs betraut ist, der dafür zuständigen Stelle den Antrag unverzüglich mit einem Bericht vor.
2. In dem Bericht wird ausgeführt,
  a) welche Strafverfolgungsmaßnahmen gegen die berechtigte Person vollzogen worden sind,
  b) welche Entscheidung das Gericht über die Entschädigung getroffen hat,
  c) ob der Entschädigungsanspruch rechtzeitig geltend gemacht worden ist,
  d) ob Unterhaltsberechtigte gemäß Abschnitt A III Nr. 2 über ihr Antragsrecht belehrt worden sind und ob sie Ansprüche geltend gemacht haben,
  e) ob aus dem Strafverfahren Umstände bekannt sind, die für die Bearbeitung des Entschädigungsanspruchs wesentlich sein können, und ob bzw. in welcher Höhe aufrechenbare Forderungen (z. B. Geldstrafen und Kosten) bestehen,
  f) ob Anlass zu der Annahme besteht, dass die berechtigte Person Ansprüche gegen Dritte hat, die im Falle einer Entschädigung auf das Land übergehen (vgl. § 15 Absatz 2 StrEG).

für das Straf- und das Bußgeldverfahren **Anl C RiStBV Anh 12**

Dem Bericht werden die Strafakten, soweit tunlich, beigefügt. Andernfalls werden sie unverzüglich nachgereicht. Sofern die Strafakten nicht alsbald entbehrlich sind, sind dem Bericht beglaubigte Abschriften der zu Buchst. a, b und e in Betracht kommenden Unterlagen beizufügen.

3. Werden in dem Anspruchsschreiben gleichzeitig Ansprüche auf Erstattung von Auslagen aus dem Strafverfahren geltend gemacht, so wird eine beglaubigte Abschrift des Anspruchsschreibens zu den Strafakten genommen und veranlasst, dass der Anspruch auf Auslagenerstattung getrennt bearbeitet wird. Die berechtigte Person wird hiervon unterrichtet.

II. Prüfung des Entschädigungsanspruchs

1. Die mit der Prüfung des Anspruchs beauftragte Stelle (Prüfungsstelle) legt für die Prüfung ein Sonderheft an.
2. Sie prüft, in welcher Höhe der Anspruch der berechtigten Person begründet ist, sowie ob und in welcher Höhe aufrechenbare Forderungen bestehen. Die Prüfung erstreckt sich auf die Punkte, die nach den Angaben der berechtigten Person und nach den einschlägigen gesetzlichen Vorschriften (z. B. §§ 7, 11 StrEG; §§ 249 ff. BGB) sowie der dazu ergangenen Rechtsprechung erheblich sind. Das muss anhand der Umstände des Einzelfalles festgestellt werden. Die nachstehend wiedergegebenen Hinweise für häufiger auftauchende Fragen gelten nur unter dem Vorbehalt, dass die Umstände des Einzelfalles keine andere Behandlung erfordern:
   a) Anhaltspunkte für die Bewertung entgangener Sachleistungen können den Rechtsverordnungen gem. § 17 Abs. 1 Satz 1 Nr. 4 SGB IV entnommen werden.
   b) Ausgaben, die die berechtigte Person infolge einer Haft für Unterkunft und Verpflegung erspart hat, werden allein bei der Geltendmachung von kongruenten Vermögensschäden (§ 7 Absatz 1 StrEG) und nur wie folgt angerechnet:
      aa) Sind der berechtigten Person Ausgaben für Verpflegung und Unterkunft erspart geblieben, so wird je Tag ein Betrag in Höhe von ³/₄ aus der Summe des Haftkostensatzes für Einzelunterbringung und des Haftkostensatzes für Verpflegung (Frühstück, Mittagessen und Abendessen) angerechnet.
      bb) Sind ihr nur Ausgaben für Verpflegung oder nur Ausgaben für Unterkunft erspart geblieben, so wird je Tag ein Betrag in Höhe von ³/₄ des Haftkostensatzes für Verpflegung (Frühstück, Mittagessen und Abendessen) bzw. des Haftkostensatzes für Einzelunterbringung angerechnet.
      cc) Dabei werden der Aufnahme- und der Entlassungstag als ein Tag gerechnet.
   c) Das während einer Haft gewährte Arbeitsentgelt wird nur auf einen Anspruch auf Entschädigung unmittelbar haftbedingter Vermögensschäden angerechnet.
   d) Durch die Strafverfolgungsmaßnahme erlittene rentenversicherungsrechtliche Nachteile werden regelmäßig dadurch ausgeglichen, dass der antragstellenden Person nach Maßgabe der Sätze 2 bis 4 der Betrag erstattet wird, der ohne die Strafverfolgungsmaßnahme an Beiträgen zur gesetzlichen Rentenversicherung entrichtet worden wäre. Hat die antragstellende Person freiwillige Beiträge zur Rentenversicherung für Zeiten von Strafverfolgungsmaßnahmen (vgl. § 205 SGB VI) nachgezahlt, so sind ihr die gezahlten Beiträge, höchstens jedoch der in Satz 1 genannte Betrag, zu erstatten. Hat sie rechtzeitig einen Antrag auf Nachzahlung freiwilliger Beiträge gestellt, die Beiträge aber noch nicht an den Rentenversicherungsträger gezahlt, so sind die Beiträge, höchstens jedoch der in Satz 1 genannte Betrag, unmittelbar an den Rentenversicherungsträger auszubezahlen. Hat die antragstellende Person einen Antrag auf Nachzahlung freiwilliger Beiträge nicht rechtzeitig gestellt, unterbleibt ein Ausgleich.
   e) In der Regel kann davon ausgegangen werden, dass die infolge eines Verdienstausfalls ersparten Beträge an Einkommens- oder Lohnsteuer dem Betrag entsprechen, den die berechtigte Person im Hinblick auf die Entschädigungsleistung als Einkommensteuer zu zahlen hat (vgl. § 2 Absatz 1 und 4, § 24 Nr. 1 Buchstabe a des Einkommensteuergesetzes).

f) Es besteht allgemein keine Verpflichtung des Landes, den Entschädigungsbetrag vom Zeitpunkt der Entstehung des Schadens bis zur Auszahlung des Entschädigungsbetrages zu verzinsen. Im Einzelfall können jedoch aufgrund besonderer Umstände im Hinblick auf den Zeitablauf Zuschläge zur Entschädigungssumme berechtigt sein (z. B. unter dem Gesichtspunkt des entgangenen Gewinns, wenn die berechtigte Person ohne den Verdienstausfall Beträge verzinslich angelegt hätte).

g) Beauftragt die berechtigte Person eine Rechtsanwältin oder einen Rechtsanwalt mit der Geltendmachung ihrer Ansprüche, so sind ihre Aufwendungen für die entstandenen Gebühren als Teil des Vermögensschadens in der Regel erstattungsfähig, sofern die Beauftragung einer Rechtsanwältin oder eines Rechtsanwaltes notwendig war. Daran fehlt es regelmäßig in einfach gelagerten Fällen, etwa, wenn ausschließlich immaterielle Haftentschädigung verlangt wird (§ 7 Absatz 3 StrEG). Eine Vorteilsausgleichung hinsichtlich erstattungsfähiger Gebühren findet nicht statt.

3. a) Entzogen im Sinne des § 11 Absatz 1 und 2 StrEG ist der Unterhalt, wenn ihn die unterhaltspflichtige Person infolge der Strafverfolgungsmaßnahmen nicht leisten und die unterhaltsberechtigte Person ihn auch nicht nachträglich beanspruchen konnte (vgl. z. B. § 1613 BGB).

b) Kommen Ansprüche von Unterhaltsberechtigten in Betracht, so widmet die Prüfungsstelle der Gefahr von Doppelzahlungen besondere Aufmerksamkeit. Aus diesem Grund kann es im Einzelfall zweckmäßig sein, die berechtigte Person zu einer Erklärung aufzufordern, ob und ggf. in welcher Höhe sie im fraglichen Zeitraum anderen Personen zur Unterhaltsleistung verpflichtet war oder gewesen wäre. Im Interesse der Beschleunigung und Vereinfachung ist anzustreben, dass sich die Beteiligten auf eine bestimmte Aufteilung der Gesamtentschädigung einigen oder eine der beteiligten oder eine dritte Person bevollmächtigen, die Gesamtentschädigung mit schuldbefreiender Wirkung für das Land in Empfang zu nehmen (vgl. § 362 Absatz 2 BGB).

c) Einigen sich die Beteiligten nicht und ist eine Prüfung der Unterhaltsansprüche mit Schwierigkeiten verbunden, verspricht sie kein eindeutiges Ergebnis oder hat eine durchgeführte Prüfung kein eindeutiges Ergebnis gehabt, so kommt die Hinterlegung (vgl. §§ 372 ff. BGB) des Entschädigungsbetrages in Betracht, soweit er unter den Beteiligten streitig ist und Zweifel an ihrer Berechtigung bestehen.

4. Die Prüfungsstelle prüft die erheblichen Angaben der berechtigten Person nach und stellt erforderlichenfalls über zweifelhafte Punkte Ermittlungen an. Weicht deren Ergebnis von dem Vorbringen der berechtigten Person ab, so wird diese in der Regel zu hören sein. Von kleinlichen Beanstandungen wird abgesehen. Bei den Ermittlungen wird darauf geachtet, dass bei Dritten nicht der Eindruck entsteht, gegen die berechtigte Person sei ein strafrechtliches Ermittlungsverfahren anhängig.

5. Die Prüfungsstelle berichtet, wenn sie nicht selbst zur Entscheidung über den Anspruch befugt ist, auf dem Dienstwege an die für die Entscheidung zuständige Stelle. In dem Bericht legt die Prüfungsstelle das Ergebnis ihrer Ermittlungen dar und fügt die einschlägigen Vorgänge bei. Sie führt insbesondere aus,
   a) ob der Antrag rechtzeitig gestellt worden ist,
   b) ob und in welcher Höhe nach §§ 7, 11 StrEG zu ersetzende Schäden entstanden sind,
   c) ob durch die Leistung der Entschädigung nach § 15 Abs. 2 StrEG Ansprüche auf die Staatskasse übergehen und ob und in welcher Höhe deren Verfolgung voraussichtlich zu einem Ersatz führen wird.

6. Die Prüfung der geltend gemachten Ansprüche und die Erstattung des Berichts werden möglichst beschleunigt. Erweisen sich Ermittlungen durch andere Behörden als notwendig, so wird stets auf die Eilbedürftigkeit hingewiesen. Über einen nachgewiesenen Teil des Anspruchs kann die Prüfungsstelle vorab berichten. Sie kann weiter nur über den Anspruch vorab berichten, wenn sie die Ansprüche gegen Dritte noch nicht abschließend geprüft hat. Die weiteren Ermittlungen dürfen durch dieses Verfahren nicht verzögert werden.

7. Ist ein immaterieller Schaden zu ersetzen, so ordnet die Prüfungsstelle im Einvernehmen mit der für die Entscheidung zuständigen Stelle insoweit die Auszahlung

eines Vorschusses unter Berücksichtigung aufrechenbarer Forderungen unverzüglich an.
8. Stellt die Prüfungsstelle fest, dass der Anspruch auf Ersatz des Vermögensschadens unter Berücksichtigung aufrechenbarer Forderungen ganz oder teilweise begründet ist, so kann sie im Einvernehmen mit der für die Entscheidung zuständigen Stelle in dringenden Fällen die Auszahlung eines Vorschusses anordnen. Der Vorschuss soll die Hälfte des für begründet erachteten Anspruchs oder Anspruchsteiles nicht übersteigen.
9. Wird ein Vorschuss gewährt, so werden seine Höhe und der Zeitpunkt der Zahlung in dem Bericht angegeben.

III. Entscheidung über den Anspruch

1. Die Entscheidung über den Anspruch wird der berechtigten Person durch die für die Entscheidung zuständige Stelle nach den Vorschriften der Zivilprozessordnung zugestellt (vgl. § 10 Abs. 2 Satz 2 StrEG).
2. Wird der Antrag ganz oder teilweise abgelehnt, so wird die berechtigte Person über den Rechtsweg und die Klagefrist belehrt (vgl. § 13 Abs. 1 StrEG).
3. Die für die Entscheidung zuständige Stelle ordnet die Auszahlung der zuerkannten Entschädigung an.
4. Die für die Entscheidung zuständige Stelle gibt eine Durchschrift der Entscheidung zu den Strafakten.
5. Beschreitet die berechtigte Person den Rechtsweg, so ist der für die Entscheidung zuständigen Stelle zu berichten.

IV. Außerkrafttreten der Entscheidung

1. In den Fällen des § 14 Absatz 2 StrEG berichtet die Leiterin oder der Leiter der Staatsanwaltschaft, sofern sie oder er nicht selbst zur Entscheidung über den Anspruch befugt ist, der dafür zuständigen Stelle auf dem Dienstweg unverzüglich von der Einreichung des Wiederaufnahmeantrages oder von der Wiederaufnahme der Untersuchungen oder Ermittlungen und von dem Ausgang des Verfahrens. Ist eine bereits festgesetzte Entschädigung noch nicht gezahlt, so ordnet die für die Entscheidung zuständige Stelle sofort die vorläufige Aussetzung der Zahlung an.
2. a) Tritt in den Fällen des § 14 Absatz 1 StrEG die Entscheidung über die Entschädigungspflicht außer Kraft, so berichtet die Leiterin oder der Leiter der Staatsanwaltschaft auf dem Dienstweg an die für die Entscheidung zuständige Stelle. Diese entscheidet darüber, ob eine schon bezahlte Entschädigung bereits vor rechtskräftigem Abschluss des neuen Verfahrens zurückgefordert werden soll.
   b) Der Eröffnung des Hauptverfahrens im Sinne des § 14 Abs. 1 StrEG steht der Erlass eines Strafbefehls oder eines Bußgeldbescheides gleich.
3. Die für die Entscheidung zuständige Stelle betreibt die Wiedereinziehung einer geleisteten Entschädigung.

C. Vertretung

1. Gibt die beschuldigte oder die berechtigte Person Erklärungen nicht persönlich ab, so wird die Vollmacht der gesetzlichen Vertretungsmacht der vertretenden Person geprüft. Grundsätzlich berechtigen weder die Vollmacht der Verteidigerin oder des Verteidigers noch die gewöhnliche Strafprozessvollmacht zur Vertretung im Entschädigungsverfahren.
2. Wird die beschuldigte Person in dem Ermittlungs- oder Strafverfahren von einer Verteidigerin oder einem Verteidiger vertreten, die oder der nach § 145a StPO als ermächtigt gilt, Zustellungen in Empfang zu nehmen, so wird dieser oder diesem das Urteil oder der Beschluss, der das Verfahren abschließt (vgl. § 8 Absatz 1 Satz 1 StrEG), oder die Mitteilung über die Einstellung der Verfahrens (vgl. § 9 Absatz 1 Satz 4 StrEG) zugestellt. Die sonstigen nach diesem Gesetz vorgesehenen Zustellungen werden, soweit nicht eine Vollmacht für das Entschädigungsverfahren erteilt ist

oder ein Fall der gesetzlichen Vertretungsmacht vorliegt, an die beschuldigte oder berechtigte Person persönlich bewirkt.
3. Die Entschädigungssumme darf an einen Vertreter nur gezahlt werden, wenn er nachweist, dass er von dem Berechtigten zur Entgegennahme der Entschädigung ausdrücklich bevollmächtigt ist.

D. Entschädigung nach Einspruch im Bußgeldverfahren

1. Das Gesetz über die Entschädigung für Strafverfolgungsmaßnahmen gilt sinngemäß für das Bußgeldverfahren (§ 46 Abs. 1 OWiG).
2. Sind in einem Bußgeldverfahren, das von der Verwaltungsbehörde nicht abgeschlossen worden ist (vgl. § 110 OWiG), Verfolgungsmaßnahmen nach § 2 StrEG vollzogen worden, so finden die Abschnitte A bis C Anwendung. Daher hat z.B. die Staatsanwaltschaft die betroffene Person nach Maßgabe des Abschnitts A II Nr. 1 zu belehren, wenn sie das Bußgeldverfahren, in dem Verfolgungsmaßnahmen nach § 2 StrEG durchgeführt worden sind, nach Einlegung des Einspruchs einstellt.

Teil II[1]
(Zusatzbestimmungen der Länder)

A. Prüfungsstelle im Sinne von Teil I Abschnitt B ist der Generalstaatsanwalt bei dem Oberlandesgericht Frankfurt am Main.
B. Über Entschädigungsansprüche entscheidet der Generalstaatsanwalt bei dem Oberlandesgericht,
   1. wenn er den Anspruch ablehnt,
   2. wenn er eine Entschädigung von nicht mehr als 25 000,- Euro zuerkannt und nicht der Generalbundesanwalt in der Strafsache, die der Entschädigung zugrunde liegt, Ermittlungen geführt hat.

Die Entscheidung ergeht im Namen und im Auftrag des Hessischen Ministeriums der Justiz; dies ist in den Bescheiden zum Ausdruck zu bringen.

C. Der Generalstaatsanwalt bei dem Oberlandesgericht Frankfurt am Main berichtet dem Hessischen Ministerium der Justiz zum 31. März jeden Jahres (zweifach) über die im abgelaufenen Kalenderjahr angeordneten Entschädigungszahlungen einschließlich der Entschädigungszahlungen, die vom Hessischen Ministerium der Justiz angeordnet wurden. In dem Bericht werden Entschädigungszahlungen für Urteilsfolgen (§ 1 StrEG) und für andere Strafverfolgungsmaßnahmen (§ 2 StrEG) unterschieden, sowie zusätzlich Entschädigungszahlungen für die vorläufige Entziehung der Fahrerlaubnis (§ 2 Abs. 2 Nr. 5 StrEG), aus Billigkeitsgründen (§§ 3, 4 StrEG) und für immateriellen Schaden (§ 7 Abs. 3 StrEG) erfasst. In jeder Gruppe werden die Zahl der Entschädigungsfälle und die Gesamtsumme der Auszahlung angegeben.

Teil III
Schlussvorschriften

A. Sprachliche Gleichstellung

Personen- und Funktionsbezeichnungen in dieser AV gelten jeweils in männlicher und weiblicher Form.

B. Inkrafttreten, Außerkrafttreten

Diese AV tritt am Tag nach ihrer Veröffentlichung[2] in Kraft.
Gleichzeitig tritt die Bezugs-AV außer Kraft.

---

[1] Beispielhaft ist hier nur die Zusatzbestimmung für das Land Hessen abgedruckt. Ein vollständiger Abdruck der Zusatzbestimmungen aller Länder ist enthalten in der Beck'schen Loseblatt-Textausgabe Strafrecht Nr. 440 c.
[2] Verkündet am 21.12.1976.

für das Straf- und das Bußgeldverfahren **Anl D RiStBV Anh 12**

Anlage D

Gemeinsame Richtlinien der Justizminister/-senatoren und der Innenminister/-senatoren der Länder über die Inanspruchnahme von Informanten sowie über den Einsatz von Vertrauenspersonen (V-Personen) und Verdeckten Ermittlern im Rahmen der Strafverfolgung

In Kraft gesetzt (Fassung vom Sept./Okt. 1985 und Nov. 1993), bzw. geändert:
Baden-Württemberg: VV v. 23.10.1996 (Justiz S. 505), neu erlassen durch VV v. 8.12.2003 (Justiz 2004 S. 5)
Bayern: Bek. v. 27.3.1986 (JMBl. S. 33), v. 13.5.1994 (JMBl. S. 87)
Berlin: AV v. 10.6.2004 (ABl. S. 2631)
Brandenburg: Erl. v. 21.2.1994 (ABl. S. 352)
Bremen: (nicht veröffentlicht)
Hamburg: AV v. 12.1.1994 (JVBl. S. 10)
Hessen: (nicht veröffentlicht)
Mecklenburg-Vorpommern: Erl. v. 1.3.1995 (ABl. S. 385)
Niedersachsen: RdErl. v. 16.6.1986 (NdsRpfl. S. 211) zul. geänd. durch RdErl. v. 25.8.1997 (MBl. S. 1574, ber. S. 889)
Nordrhein-Westfalen: RdErl. v. 17.2.1986 (JMBl. S. 62)
Rheinland-Pfalz: VV v. 31.3.1994 (JBl. S. 147), zul. geänd. durch VV v. 21.11.2014 (JBl. S. 117)
Saarland: Erl. v. 24.6.1986 (JMBl. S. 464), v. 7.3.1994 (JMBl. S. 133)
Sachsen: Bek. v. 14.5.1991 (ABl. S. 4), geänd. durch VV v. 30.11.1995, v. 3.12.1996 (JMBl. S. 142)
Sachsen-Anhalt: RdErl. v. 8.7.1994 (MBl. S. 2017), v. 20.9.1995 (MBl. S. 2107)
Schleswig-Holstein: Erl. v. 28.2.1986 (SchlHA S. 52), v. 29.6.1994 (SchlHA S. 232)
Thüringen: GemRichtl. v. 23.11.1994 (StAnz. S. 2964)

I. Inanspruchnahme von Informanten und Einsatz von Vertrauenspersonen (V-Personen) im Rahmen der Strafverfolgung

1 Grundsätzliches
1.1 Zur Erfüllung ihrer Aufgaben sind Polizei und Staatsanwaltschaft in zunehmendem Maße auf Informationen und Hinweise aus der Öffentlichkeit angewiesen. Diese lassen sich oft nur gegen Zusicherung der Vertraulichkeit gewinnen.
1.2 Darüber hinaus ist bei bestimmten Erscheinungsformen der Kriminalität der Einsatz von V-Personen erforderlich. Sie können regelmäßig nur dann für eine Mitarbeit gewonnen werden, wenn ihnen die Geheimhaltung ihrer Identität zugesichert wird.
1.3 Die Inanspruchnahme von Informanten und der Einsatz von V-Personen sind als zulässige Mittel der Strafverfolgung in der neueren Rechtsprechung des Bundesverfassungsgerichts, des Bundesgerichtshofs und der Obergerichte anerkannt.
1.4 Der Zeugenbeweis ist eines der wichtigsten Beweismittel, das die Strafprozessordnung zur Wahrheitserforschung zur Verfügung stellt. Die besondere Natur dieses Beweismittels gebietet es grundsätzlich, dass der Zeuge vor der Staatsanwaltschaft und/oder dem Gericht aussagt. Daher kann Informanten und V-Personen nur nach den folgenden Grundsätzen Vertraulichkeit bzw. Geheimhaltung zugesichert werden.

2 Begriffsbestimmungen
2.1 Informant ist eine Person, die im Einzelfall bereit ist, gegen Zusicherung der Vertraulichkeit der Strafverfolgungsbehörde Informationen zu geben.
2.2 V-Person ist eine Person, die, ohne einer Strafverfolgungsbehörde anzugehören, bereit ist, diese bei der Aufklärung von Straftaten auf längere Zeit vertraulich zu unterstützen, und deren Identität grundsätzlich geheim gehalten wird.

Anh 12 RiStBV Anl D

3 Voraussetzungen der Zusicherung der Vertraulichkeit/Geheimhaltung

3.1 Die Inanspruchnahme von Informanten und der Einsatz von V-Personen gebieten eine Abwägung der strafprozessualen Erfordernisse der Unmittelbarkeit der Beweisaufnahme und der vollständigen Sachverhaltserforschung einerseits und der Erfüllung öffentlicher Aufgaben durch Zusicherung der Vertraulichkeit/Geheimhaltung andererseits. Hierbei ist der Grundsatz des rechtsstaatlichen fairen Verfahrens zu beachten.

a) Die Zusicherung der Vertraulichkeit/Geheimhaltung kommt im Bereich der Schwerkriminalität, organisierten Kriminalität, des illegalen Betäubungsmittel- und Waffenhandels, der Falschgeldkriminalität und der Staatsschutzdelikte in Betracht.

b) Im Bereich der mittleren Kriminalität bedarf es einer besonders sorgfältigen Prüfung des Einzelfalls. Die Zusicherung der Vertraulichkeit/Geheimhaltung wird ausnahmsweise dann in Betracht kommen, wenn durch eine Massierung gleichartiger Straftaten ein die Erfüllung öffentlicher Aufgaben oder die Allgemeinheit ernsthaft gefährdender Schaden eintreten kann.

c) In Verfahren der Bagatellkriminalität kommt die Zusicherung der Vertraulichkeit/Geheimhaltung nicht in Betracht.

3.2 Informanten dürfen nur in Anspruch genommen, V-Personen nur eingesetzt werden, wenn die Aufklärung sonst aussichtslos oder wesentlich erschwert wäre. Werden sie in Anspruch genommen bzw. eingesetzt, so ist Ziel der weiteren Ermittlungen das Beschaffen von Beweismitteln, die den strafprozessualen Erfordernissen der Unmittelbarkeit der Beweisaufnahme entsprechen und einen Rückgriff auf diese Personen erübrigen.

3.3 Einem Informanten darf Vertraulichkeit nur zugesichert werden, wenn dieser bei Bekanntwerden seiner Zusammenarbeit mit den Strafverfolgungsbehörden erheblich gefährdet wäre oder unzumutbare Nachteile zu erwarten hätte.

3.4 Der Einsatz von Minderjährigen als V-Personen ist nicht zulässig.

4 Umfang und Folgen der Zusicherung

Staatsanwaltschaft und Polizei sind an die Zusicherung der Vertraulichkeit/Geheimhaltung gebunden. Die Bindung entfällt grundsätzlich, wenn

a) die Information wissentlich oder leichtfertig falsch gegeben wird,
b) die V-Person von einer Weisung vorwerfbar abweicht oder sich sonst als unzuverlässig erweist,
c) sich eine strafbare Tatbeteiligung des Empfängers der Zusicherung herausstellt,
d) die V-Person sich bei der Tätigkeit für die Strafverfolgungsbehörden strafbar macht.

Hierauf ist der Informant/die V-Person vor jeder Zusicherung hinzuweisen.

5 Verfahren

5.1 Über die Zusicherung der Vertraulichkeit/Geheimhaltung entscheidet im Bereich der Staatsanwaltschaft der Behördenleiter oder ein von ihm besonders bezeichneter Staatsanwalt, bei Gefahr im Verzug der Dezernent. Im Polizeibereich werden Regelungen getroffen, die die Entscheidung auf einer möglichst hohen Ebene vorsehen, mindestens auf der Ebene des Leiters der sachbearbeitenden Organisationseinheit.

5.2 Vor der Zusicherung der Vertraulichkeit gegenüber einem Informanten ist die Einwilligung der Staatsanwaltschaft herbeizuführen, es sei denn, dass der Untersuchungszweck gefährdet würde. Ist die Einwilligung nach Satz 1 nicht herbeigeführt worden, so ist die Staatsanwaltschaft unverzüglich zu unterrichten.

5.3 Soll eine V-Person in einem Ermittlungsverfahren gezielt eingesetzt werden, so ist zur Bestätigung der zugesicherten Geheimhaltung für diesen Einsatz die Einwilligung der Staatsanwaltschaft herbeizuführen. Kann die Einwilligung nicht rechtzeitig herbeigeführt werden, so ist die Staatsanwaltschaft unverzüglich über den Einsatz zu unterrichten.

5.4 In begründeten Ausnahmefällen unterrichtet die Polizei die Staatsanwaltschaft auch über die Identität des Informanten/der V-Person. Vertraulichkeit/Geheimhaltung ist zu gewährleisten.

5.5 Die Zusage der Vertraulichkeit/Geheimhaltung umfasst neben den Personalien auch die Verbindung zu Strafverfolgungsbehörden sowie alle Umstände, aus denen Rückschlüsse auf die Eigenschaft als Informant/V-Person gezogen werden könnten.

5.6 Die Staatsanwaltschaft fertigt über das Gespräch mit der Polizei über die Mitwirkung des Informanten/der V-Person und über die getroffene Entscheidung ohne Nennung des Namens einen Vermerk zu den Generalakten 4110. Vertrauliche Behandlung ist sicherzustellen. Die Polizei verfährt entsprechend. Staatsanwaltschaft und Polizei erhalten eine Durchschrift des Vermerks der jeweils anderen Behörde.

II. Einsatz Verdeckter Ermittler und sonstiger nicht offen ermittelnder Polizeibeamter im Rahmen der Strafverfolgung

1 Grundsätzliches

1.1 Die qualitative Veränderung der Erscheinungsformen der Kriminalität, insbesondere der organisierten Kriminalität, erfordern dieser Entwicklung angepasste Methoden der Verbrechensbekämpfung.

1.2 Zu ihnen gehört neben der Inanspruchnahme von Informanten und V-Personen auch der operative Einsatz Verdeckter Ermittler und sonstiger nicht offen ermittelnder Polizeibeamter.

2 Voraussetzungen und Verfahren

2.1 Der Einsatz Verdeckter Ermittler richtet sich nach §§ 110a bis 110e StPO.

2.2 Verdeckte Ermittler dürfen keine Straftaten begehen. Eingriffe in Rechte Dritter sind ihnen nur im Rahmen der geltenden Gesetze gestattet. Als gesetzliche Generalermächtigung kann § 34 StGB nicht herangezogen werden. Unberührt bleibt in Ausnahmefällen eine Rechtfertigung oder Entschuldigung des Verhaltens des einzelnen Polizeibeamten z. B. unter den Voraussetzungen der §§ 34, 35 StGB.

2.3 Bei Verletzung von Rechtsgütern, die zur Disposition des Berechtigten stehen, kann die Rechtswidrigkeit auch unter dem Gesichtspunkt der mutmaßlichen Einwilligung entfallen.

2.4 Die Entscheidung über die Zustimmung der Staatsanwaltschaft trifft der Behördenleiter oder ein ihm besonders bezeichneter Staatsanwalt. Im Polizeibereich werden Regelungen getroffen, die die Entscheidung über den Einsatz auf einer möglichst hohen Ebene vorsehen, mindestens auf der Ebene des Leiters der sachbearbeitenden Organisationseinheit.

2.5 Beim Einsatz auftretende materiell- oder verfahrensrechtliche Probleme trägt die Polizei an die Staatsanwaltschaft heran. Die Staatsanwaltschaft trifft ihre Entscheidung in enger und vertrauensvoller Zusammenarbeit mit der Polizei.

2.6 Der Verdeckte Ermittler ist von der Strafverfolgungspflicht gemäß § 163 StPO nicht befreit.

2.6.1 Aus kriminaltaktischen Erwägungen können Ermittlungsmaßnahmen, die in den Auftrag des Verdeckten Ermittlers fallen, zurückgestellt werden.

2.6.2 Neu hinzukommenden zureichenden Anhaltspunkten für strafbare Handlungen braucht der Verdeckte Ermittler solange nicht nachzugehen, als dies ohne Gefährdung seiner Ermittlungen nicht möglich ist; dieses gilt nicht, wenn sofortige Ermittlungsmaßnahmen wegen der Schwere der neu entdeckten Tat geboten sind.

2.6.3 In den Fällen der Nr. 2.6.1 und 2.6.2 ist die Zustimmung der Staatsanwaltschaft herbeizuführen. Kann die Zustimmung nicht rechtzeitig herbeigeführt werden, so ist die Staatsanwaltschaft unverzüglich zu unterrichten. Nummer 2.5 gilt entsprechend.

2.7 Die Staatsanwaltschaft fertigt über die Gespräche mit der Polizei, über die Mitwirkung der Verdeckten Ermittler und über die getroffenen Entscheidungen – ohne Nennung des Namens des Verdeckten Ermittlers – Vermerke, die gesondert

zu verwahren sind. Vertrauliche Behandlung ist sicherzustellen. Die Polizei verfährt entsprechend.
2.8 Die Entscheidungen nach § 110d StPO trifft die Staatsanwaltschaft im Benehmen mit der Polizei. Nummer 2.4 Satz 1 gilt entsprechend. Die Staatsanwaltschaft setzt die Polizei über ihre Entscheidung vor deren Ausführung in Kenntnis.
2.9 Die Ermittlungstätigkeit sonstiger nicht offen ermittelnder Polizeibeamter richtet sich nach den allgemeinen Bestimmungen. Ergibt sich im Einzelfall die Notwendigkeit, deren Identität im Strafverfahren geheim zu halten, so ist für den Einsatz die Zustimmung der Staatsanwaltschaft einzuholen. Ist diese nicht rechtzeitig zu erlangen, ist die Staatsanwaltschaft unverzüglich zu unterrichten; sie entscheidet, ob der Einsatz fortgeführt werden soll. Der Staatsanwalt, der für die Entscheidung über die Zustimmung zu dem Einsatz zuständig ist, kann verlangen, dass ihm gegenüber die Identität des nicht offen ermittelnden Polizeibeamten offenbart wird. Geheimhaltung ist zu gewährleisten.

Anlage E

Gemeinsame Richtlinien der Justizminister/-senatoren und der Innenminister/-senatoren der Länder über die Zusammenarbeit von Staatsanwaltschaft und Polizei bei der Verfolgung der Organisierten Kriminalität

Die Justizminister/-senatoren und die Innenminister/-senatoren der Länder haben bei ihrer Konferenz in München vom 28.–31.5.1990 Gemeinsame Richtlinien über die Zusammenarbeit von Staatsanwaltschaft und Polizei bei der Verfolgung der Organisierten Kriminalität beschlossen:
Die Richtlinien wurden durch folgende Erlasse veröffentlicht:
Baden-Württemberg: Gem. VV v. 15.1.1991 (unveröffentlicht)
Bayern: Gem. Bek. v. 29.1.1991 (JMBl. S. 1)
Berlin: Gem. Richtlinien v. 1.10.1991 (ABl. S. 2426)
Brandenburg: Gem. RdErl. v. 8.7.1992 (JMBl. S. 139)
Hamburg: Gem. Vfg. v. 29.1.1991 (JVBl. S. 19), v. 14.10.1991 (JVBl. S. 83)
Hessen: Gem. RdErl. i. d. F. d. Bek. v. 8.12.2000 (JMBl. 2001 S. 150)
Mecklenburg-Vorpommern: Gem. RdErl. v. 25.2.1992 (ABl. S. 268)
Niedersachsen: Gem. RdErl. v. 10.6.1992 (NdsRpfl. S. 163)
Nordrhein-Westfalen: Gem. RdErl. v. 13.11.1990 (JMBl. S. 267)
Rheinland-Pfalz: Gem. RdSchr. v. 17.12.1990 (JBl. 1991 S. 13)
Saarland: Gem. Richtlinien v. 18.4.1991 (GMBl. S. 125)
Sachsen: Gem. VV über die Zusammenarbeit von Staatsanwaltschaft und Polizeivollzugsdienst bei Bekämpfung der Organisierten Kriminalität (VV-BekämpfungOK) v. 15.2.1995 (ABl. S. 346)
Sachsen-Anhalt: Gem. RdErl. v. 31.7.1996 (JMBl. S. 291)
Schleswig-Holstein: Bek. v. 19.12.1990 (SchlHA 1991, S. 18)
Thüringen: Gem. VV v. 18./28.10.2013 (JMBl. S. 86), VV v. 20.10/24.11.2015 (JMBl. 2016, S. 21)

Die von den Ländern veröffentlichten Richtlinien sind **inhaltlich** im Wesentlichen **gleich;** im Wortlaut – bei Rheinland-Pfalz auch in der Gliederung – weisen sie aber Abweichungen auf, die hauptsächlich länderspezifische Zuständigkeiten betreffen. Ihre auszugsweise Darlegung in übersichtlicher Form ist nicht möglich und der Abdruck aller Texte wäre zu aufwändig. Andererseits ist die Aufnahme der Richtlinien in das Werk wegen ihrer Wichtigkeit dringlich.
Die bayerische Fassung ist auf die bundesweite Anwendbarkeit abgestellt. Sie enthält keine speziell auf Bayern bezogenen Regelungen. Nachstehend ist daher die Bek. von **Bayern** v. 29.1.1991 **abgedruckt.**

1 Grundsätzliches

1.1 Die Verfolgung der Organisierten Kriminalität ist ein wichtiges Anliegen der Allgemeinheit. Es ist eine zentrale Aufgabe der Strafverfolgungsbehörden, dieser Erscheinungsform der Kriminalität wirksam und mit Nachdruck zu begegnen.

1.2 Aufklärungserfolge können nur erreicht werden, wenn Staatsanwaltschaft und Polizei im einzelnen Verfahren und verfahrensübergreifend besonders eng und vertrauensvoll zusammenarbeiten; dies setzt eine möglichst frühzeitige gegenseitige Unterrichtung voraus. Gleiches gilt für die Zusammenarbeit mit dem Zoll- und dem Steuerfahndungsdienst.

1.3 Notwendig ist auch die Zusammenarbeit mit anderen Stellen, insbesondere den Justizvollzugsanstalten, den Finanz- und Zollbehörden, den Ordnungsbehörden (z. B. Ausländer- oder Gewerbeämter) sowie den Dienststellen der Arbeitsverwaltung.

2 Begriff, Erscheinungsformen und Indikatoren der Organisierten Kriminalität

2.1 Organisierte Kriminalität ist die von Gewinn- oder Machtstreben bestimmte planmäßige Begehung von Straftaten, die einzeln oder in ihrer Gesamtheit von erheblicher Bedeutung sind, wenn mehr als zwei Beteiligte auf längere oder unbestimmte Dauer arbeitsteilig
 a) unter Verwendung gewerblicher oder geschäftsähnlicher Strukturen,
 b) unter Anwendung von Gewalt oder anderer zur Einschüchterung geeigneter Mittel oder
 c) unter Einflussnahme auf Politik, Medien, öffentliche Verwaltung, Justiz oder Wirtschaft
 zusammenwirken.
 Der Begriff umfasst nicht Straftaten des Terrorismus.

2.2 Die Erscheinungsformen der Organisierten Kriminalität sind vielgestaltig. Neben strukturierten, hierarchisch aufgebauten Organisationsformen (häufig zusätzlich abgestützt durch ethnische Solidarität, Sprache, Sitten, sozialen und familiären Hintergrund) finden sich – auf der Basis eines Systems persönlicher und geschäftlicher kriminell nutzbarer Verbindungen – Straftäterverflechtungen mit unterschiedlichem Bindungsgrad der Personen untereinander, deren konkrete Ausformung durch die jeweiligen kriminellen Interessen bestimmt wird.

2.3 Organisierte Kriminalität wird zurzeit vorwiegend in den folgenden Kriminalitätsbereichen festgestellt:
 – Rauschgifthandel und -schmuggel
 – Waffenhandel und -schmuggel
 – Kriminalität im Zusammenhang mit dem Nachtleben (vor allem Zuhälterei, Prostitution, Menschenhandel, illegales Glücks- und Falschspiel)
 – Schutzgelderpressung
 – unerlaubte Arbeitsvermittlung und Beschäftigung
 – illegale Einschleusung von Ausländern
 – Warenzeichenfälschung (Markenpiraterie)
 – Goldschmuggel
 – Kapitalanlagebetrug
 – Subventionsbetrug und Eingangsabgabenhinterziehung
 – Fälschung und Missbrauch unbarer Zahlungsmittel
 – Herstellung und Verbreitung von Falschgeld
 – Verschiebung insbesondere hochwertiger Kraftfahrzeuge und von Lkw-, Container- und Schiffsladungen
 – Betrug zum Nachteil von Versicherungen
 – Einbruchsdiebstahl in Wohnungen mit zentraler Beuteverwertung
 Neben diesen Kriminalitätsbereichen zeichnen sich Ansätze Organisierter Kriminalität auch auf den Gebieten der illegalen Entsorgung von Sonderabfall und des illegalen Technologietransfers ab.

2.4 Indikatoren, die einzeln oder in unterschiedlicher Verknüpfung Anlass geben können, einen Sachverhalt der Organisierten Kriminalität zuzurechnen, sind in der Anlage genannt. Die Aufzählung ist nicht abschließend und nicht auf spezielle Deliktsbereiche abgestellt. In Zweifelsfällen stellen die einander zugeordneten Strafverfolgungsbehörden umgehend Einvernehmen darüber her, ob sie einen Sachverhalt als Organisierte Kriminalität bewerten.

3 **Grundlagen der Zusammenarbeit**

3.1 Die zügige und wirksame Verfolgung der Organisierten Kriminalität setzt eine aufeinander abgestimmte Organisation der Strafverfolgungsbehörden voraus. Ein identischer Aufbau ist nicht erforderlich.

3.2 Örtliche und überörtliche Stellen der Staatsanwaltschaft:

3.2.1 Bei jeder Staatsanwaltschaft wird ein Abteilungsleiter oder Staatsanwalt bestellt, der die Aufgabe hat, in ständiger und enger Zusammenarbeit mit den zuständigen Kriminalpolizeidienststellen die Entwicklung der Organisierten Kriminalität zu beobachten, zu analysieren und Maßnahmen der Strafverfolgungsbehörden zu planen und zu koordinieren (Ansprechpartner/OK-Beauftragter).

3.2.2 Der Abteilung oder dem Sachgebiet des Ansprechpartners/OK-Beauftragten soll die Bearbeitung aller Verfahren zugewiesen werden, denen Organisierte Kriminalität zu Grunde liegt. Soweit besondere Zuständigkeiten bestehen (z. B. für die Rauschgift- oder Wirtschaftskriminalität), können diese hiervon ausgenommen werden.

3.2.3 Bei dem Generalstaatsanwalt werden die verfahrensübergreifenden Aufgaben des Ansprechpartners/OK-Beauftragten für den Bezirk des Generalstaatsanwalts einem Koordinator übertragen. Der Koordinator sorgt auch dafür, dass über die Führung von Sammelverfahren umgehend entschieden wird.
Er hat ferner die Aufgabe, den Erfahrungs- und Informationsaustausch auf überörtlicher Ebene zwischen Staatsanwaltschaft und Polizei sowie mit den sonst in den in Nrn. 1.2 und 1.3 genannten Behörden vorzubereiten und durchzuführen. Nr. 3.2.2 gilt sinngemäß.

3.2.4 Der Generalstaatsanwalt prüft in geeigneten Fällen, ob bestimmte Verfahren für den Bezirk mehrerer Staatsanwaltschaften einer Staatsanwaltschaft zuzuweisen sind (§§ 143, 145 GVG).

3.3 Örtliche und überörtliche Stellen der Kriminalpolizei

3.3.1 Zur Aufdeckung und Verfolgung von Organisierter Kriminalität werden beim Bundeskriminalamt, den Landeskriminalämtern sowie in den Flächenstaaten im örtlichen oder regionalen Bereich an Brennpunkten der Organisierten Kriminalität spezialisierte Dienststellen/Einheiten eingerichtet bzw. ausgebaut, die insbesondere deliktsübergreifend und täterorientiert ermitteln.
Fälle der deliktstreuen Organisierten Kriminalität, insbesondere der Rauschgiftkriminalität, können von besonders eingerichteten Organisationseinheiten der Kriminalpolizei bearbeitet werden. Sonderkommissionen zur Bekämpfung der Organisierten Kriminalität sollen nur in Ausnahmefällen eingerichtet werden.

3.3.2 Den örtlichen oder regionalen Dienststellen obliegen in enger Abstimmung mit der für das jeweilige Verfahren zuständigen Staatsanwaltschaft die kriminalpolizeilichen Ermittlungen einschließlich operativer Maßnahmen.
Zu ihren Aufgaben gehören ferner
– das Zusammenführen OK-relevanter Erkenntnisse
– die Mitwirkung an der Erstellung des Kriminalitätslagebildes „Organisierte Kriminalität" für das Land
– der Informationsaustausch
– mit der Staatsanwaltschaft
– mit den Organisierte Kriminalität bearbeitenden Dienststellen des Landes
– anlassbezogen mit anderen Polizeidienststellen
– mit dem Landeskriminalamt

3.3.3 Das Landeskriminalamt wertet zentral den OK-Bereich betreffende Informationen aus und verknüpft sie mit eigenen und länderübergreifenden Erkenntnissen. Im Rahmen seiner Zuständigkeit führt es die Ermittlungen selbst oder veranlasst ihre Durchführung durch andere Dienststellen. Für den Informationsaustausch gilt Nr. 3.3.2 entsprechend.

3.3.4 Das Bundeskriminalamt wertet zentral OK-relevante Informationen aus und verknüpft sie mit Erkenntnissen aus eigenen Verfahren und aus dem internationalen Bereich. Es führt im Rahmen seiner originären oder auftragsabhängigen Zuständigkeit die kriminalpolizeilichen Ermittlungen selbst oder weist sie im Einvernehmen mit den zuständigen Stellen einem Land zu.

3.4 Die Bekämpfung der Organisierten Kriminalität ist eine Aufgabe nicht nur der in den Nrn. 3.2 und 3.3 aufgeführten Dienststellen und Beamten. Vielmehr sind alle Angehörigen der Strafverfolgungsbehörden gehalten, auf Anzeichen für Organisierte Kriminalität zu achten:

3.4.1 Im Bereich der Staatsanwaltschaft ist sicherzustellen, dass sich die Beamten an die besonderen Sachbearbeiter/Dezernenten wenden und, wenn die Sachbearbeitung konzentriert ist, die Verfahren abgeben können.

3.4.2 Im Bereich der Polizei sind entsprechende Erkenntnisse an die zur Bekämpfung der Organisierten Kriminalität eingerichteten Organisationseinheiten weiterzuleiten.

4 Zusammenarbeit bei der Verfahrensbearbeitung

4.1 Vorrangiges Ziel der Ermittlungen muss es sein, in den Kernbereich der kriminellen Organisation einzudringen und die im Hintergrund agierenden hauptverantwortlichen Straftäter zu erkennen, zu überführen und zur Aburteilung zu bringen.

4.2 Der Staatsanwalt schaltet sich schon zu Beginn der Ermittlungen in die unmittelbare Fallaufklärung ein. Die Verfahrenstaktik und die einzelnen Ermittlungsschritte sind abzustimmen. Die Sachleitungsbefugnis der Staatsanwaltschaft bleibt unberührt.

4.2.1 Der Grundsatz, dass Ermittlungen straff und beschleunigt zu führen sind, gilt auch in Verfahren wegen Organisierter Kriminalität. Das vorrangige Ermittlungsziel ist aber im Auge zu behalten, auch wenn dies längerdauernde Ermittlungen erfordert.

4.2.2 Im Interesse des vorrangigen Ermittlungszieles sind die Mittel zur Begrenzung des Verfahrensstoffes (§§ 153 ff. StPO) möglichst frühzeitig zu nutzen. Dies gilt besonders auch Hinblick auf das Hauptverfahren, das sich auf die wesentlichen Vorwürfe konzentrieren sollte.

4.2.3 Die Abfolge der Ermittlungshandlungen wird in erster Linie von dem vorrangigen Ermittlungsziel bestimmt. Einzelne Maßnahmen können vorläufig zurückgestellt werden, wenn ihre Vornahme die Erreichung dieses Zieles gefährden würde. Dies gilt nicht, wenn sofortige Maßnahmen wegen der Schwere der Tat oder aus Gründen der Gefahrenabwehr geboten sind.

4.2.4 Erfordert die Erledigung von Verfahren gegen Randtäter der kriminellen Organisation oder sonstige Nebenbeteiligte noch weitere Ermittlungen, so darf der schnelle Abschluss dieser Verfahren dem vorrangigen Ermittlungsziel nicht übergeordnet werden.
Bei der gebotenen Abwägung ist den Ermittlungen gegen die verantwortlichen Haupttäter der Vorzug zu geben; die übrigen Verfahren sind vorübergehend zurückzustellen.

4.3 In Verfahren wegen Organisierter Kriminalität soll möglichst der Staatsanwalt die Anklage vertreten, der die Ermittlungen geleitet hat.

4.4 Für die Zusammenarbeit bei der Inanspruchnahme von Informanten, bei dem Einsatz von V-Personen und Verdeckten Ermittlern sowie beim Zeugenschutz gelten die hierfür erlassenen Richtlinien.

4.5 Für die Zusammenarbeit im Rahmen von Initiativermittlungen gilt Nr. 6.

5 Verfahrensübergreifende Zusammenarbeit

5.1 Die verfahrensübergreifende Zusammenarbeit zwischen Staatsanwaltschaft und Polizei hat zum Ziel, dass beide Behörden einen vertieften und gleichen Erkenntnisstand über die Erscheinungsformen der Organisierten Kriminalität und die spezifischen Probleme einschlägiger Verfahren gewinnen, gemeinsam fortentwickeln und bei den jeweiligen Einzelmaßnahmen zugrunde legen.
Die verfahrensübergreifende Zusammenarbeit dient auch der Verständigung über die örtliche und zeitliche Steuerung der Ermittlungskapazitäten von Staatsanwaltschaft und Kriminalpolizei durch Bildung von Schwerpunkten entsprechend dem jeweiligen Lagebild.

5.2 Die Staatsanwaltschaft und die Kriminalpolizei vereinbaren regelmäßige Dienstbesprechungen, bei denen insbesondere erörtert werden
- Lage, voraussichtliche Entwicklung und Maßnahmen zur Bekämpfung der Organisierten Kriminalität in ihrem Bereich
- Erkenntnisse und Erfahrungen aus dem Ablauf von Ermittlungs- und gerichtlichen Verfahren, auch Auswirkungen von Fehlern in der Ermittlungstätigkeit
- Erkenntnisse und Erfahrungen aus der Anwendung verdeckter Ermittlungsmethoden und aus dem Zeugenschutz, einschließlich der Sicherung der gebotenen Geheimhaltung
- Erkenntnisse und Erfahrungen aus Maßnahmen zur Gewinnabschöpfung
- örtliche Praxis der internationalen Rechtshilfe und sonstigen Zusammenarbeit mit ausländischen Behörden
- allgemeine Fragen der Zusammenarbeit
- Öffentlichkeitsarbeit.

Die Besprechungen sollen einmal jährlich, bei Bedarf auch häufiger, stattfinden. Dem Zollfahndungsdienst soll Gelegenheit zur Teilnahme gegeben werden. Über die Zuziehung anderer Behörden entscheiden die beteiligten Stellen. Über das Ergebnis der Besprechungen ist den jeweils vorgesetzten Behörden zu berichten.

5.3 Die Besprechungen können auch auf der Ebene der Generalstaatsanwälte vereinbart werden.

5.4 Gemeinsame Informations- und Fortbildungsveranstaltungen sind vorzusehen.

5.5 Die Hospitation von Beamten der Staatsanwaltschaft und der Kriminalpolizei bei der jeweils anderen Behörde ist zu ermöglichen.

6 Initiativermittlungen

6.1 Organisierte Kriminalität wird nur selten von sich aus offenbar. Strafanzeigen in diesem Bereich werden häufig nicht erstattet, u. a. weil die Zeugen Angst haben.

Die Aufklärung und wirksame Verfolgung der Organisierten Kriminalität setzt daher voraus, dass Staatsanwaltschaft und Polizei von sich aus im Rahmen ihrer gesetzlichen Befugnisse Informationen gewinnen oder bereits erhobene Informationen zusammenführen, um Ansätze zu weiteren Ermittlungen zu erhalten (Initiativermittlungen).

6.2 Liegt ein Sachverhalt vor, bei dem nach kriminalistischer Erfahrung die wenn auch geringe Wahrscheinlichkeit besteht, dass eine verfolgbare Straftat begangen worden ist, besteht ein Anfangsverdacht (§ 152 Abs. 2 StPO). Dieser löst die Strafverfolgungspflicht aus. Es ist nicht notwendig, dass sich der Verdacht gegen eine bestimmte Person richtet.

Bleibt nach Prüfung der vorliegenden Anhaltspunkte unklar, ob ein Anfangsverdacht besteht, und sind Ansätze für weitere Nachforschungen vorhanden, so können die Strafverfolgungsbehörden diesen nachgehen. In solchen Fällen besteht keine gesetzliche Verfolgungspflicht. Ziel ist allein die Klärung, ob ein Anfangsverdacht besteht. Strafprozessuale Zwangs- und Eingriffsbefugnisse stehen den Strafverfolgungsbehörden in diesem Stadium nicht zu.

Ob und inwieweit die Strafverfolgungsbehörden sich in diesen Fällen um weitere Aufklärung bemühen, richtet sich nach Verhältnismäßigkeitserwägungen; wegen der besonderen Gefährlichkeit der Organisierten Kriminalität werden sie ihre Aufklärungsmöglichkeiten bei Anhaltspunkten für solche Straftaten in der Regel ausschöpfen.

6.3 Die Befugnisse der Polizei zu Initiativermittlungen im Rahmen der Gefahrenabwehr richten sich nach den Polizeigesetzen.

6.4 Bei Initiativermittlungen liegen häufig die Elemente der Strafverfolgung und der Gefahrenabwehr in Gemengelage vor oder gehen im Verlauf eines Verdichtungs- und Erkenntnisprozesses ineinander über. Staatsanwaltschaft und Polizei arbeiten auch in diesem Bereich eng zusammen. Für die Zusammenarbeit gelten die Nrn. 4 und 5 sinngemäß mit der Maßgabe, dass
- das Ziel der Initiativermittlungen die Klärung des Anfangsverdachts/der Gefahrenlage ist

für das Straf- und das Bußgeldverfahren **Anl E RiStBV Anh 12**

- dem Staatsanwalt in Fällen der Gefahrenabwehr eine Leitungsbefugnis nicht zusteht.
6.5 Die Zusammenarbeit obliegt auf der Seite der Staatsanwaltschaft der Behörde, die für die Durchführung des Ermittlungsverfahrens zuständig wäre. In Zweifelsfällen entscheidet die nächsthöhere Behörde.
7 **Zusammenarbeit mit den Justizvollzugsanstalten**
7.1 Die von der Organisierten Kriminalität ausgehenden Gefahren sind auch bei Vollzugsentscheidungen zu berücksichtigen.
7.2 Die Justizvollzugsanstalten sind über
 - Verbindungen eines Untersuchungs- oder Strafgefangenen zur Organisierten Kriminalität
 - Erscheinungsformen und Entwicklung der Organisierten Kriminalität
 zu informieren, soweit es für Vollzugsentscheidungen erheblich sein kann und Belange der Strafverfolgung nicht entgegenstehen.
7.3 Die Information über den Gefangenen muss möglichst bei der Einlieferung erfolgen. Anderenfalls ist sie nachzuholen. Sie obliegt der Staatsanwaltschaft, in Eilfällen der Kriminalpolizei.
7.4 Den Vollzugsbehörden soll Gelegenheit gegeben werden, an den in Nrn. 5.3 und 5.4 genannten Veranstaltungen teilzunehmen; bei Bedarf sind sie auch zu den Besprechungen nach Nr. 5.2 hinzuzuziehen.
7.5 Die Justizvollzugsanstalt unterrichtet die Staatsanwaltschaft, in Eilfällen die Kriminalpolizei, über Erkenntnisse, die für die Verfolgung der Organisierten Kriminalität von Bedeutung sein können.
7.6 Ansprechpartner in der Justizvollzugsanstalt ist der Anstaltsleiter.
8 **Zusammenarbeit mit anderen Behörden**
8.1 Zoll- und Finanzbehörden.
8.1.1 Soweit Staatsanwaltschaft oder Kriminalpolizei bei ihren Ermittlungen im Bereich der Organisierten Kriminalität Anhaltspunkte für
 - Hinterziehung von Eingangsabgaben oder Verbrauchsteuern, z. B. Gold- oder Alkoholschmuggel
 - Straftaten im Sinne des § 37 Abs. 1 des Gesetzes zur Durchführung der gemeinsamen Marktorganisationen (MOG), z. B. Subventionsbetrug im Zusammenhang mit Fleisch oder Getreide
 - Straftaten nach dem Außenwirtschaftsgesetz (AWG), z. B. illegaler Technologietransfer, oder nach dem Kriegswaffenkontrollgesetz (KWKG) mit Auslandsbezug
 - Zuwiderhandlungen gegen Verbote und Beschränkungen des grenzüberschreitenden Warenverkehrs, z. B. Rauschgift- oder Waffenschmuggel, Warenzeichenfälschungen
 feststellen, ist der Zollfahndungsdienst zu unterrichten (vgl. §§ 403, 116 AO, 42 AWG). Dies kann entweder über das Zollkriminalinstitut – Zentrales Zollfahndungsamt – oder das örtliche Zollfahndungsamt erfolgen.
 Gewinnt der Zollfahndungsdienst im Rahmen seiner Ermittlungen Anhaltspunkte, die auf das Vorliegen Organisierter Kriminalität hindeuten und für dessen Aufklärung die Polizei/Staatsanwaltschaft zuständig ist, so unterrichtet er die zuständigen Strafverfolgungsbehörden. Handelt es sich bei den Ermittlungen des Zollfahndungsdienstes um Ermittlungen wegen einer Zoll- oder Verbrauchsteuerstraftat, so ist das Steuergeheimnis zu beachten. Es ist dann im Einzelfall zu prüfen, ob das Steuergeheimnis durchbrochen werden kann.
8.1.2 Soweit Staatsanwaltschaft oder Kriminalpolizei bei ihren Ermittlungen im Bereich der Organisierten Kriminalität Anhaltspunkte für Steuerstraftaten feststellen, ist der Steuerfahndungsdienst zu unterrichten (vgl. §§ 403, 116 AO).
 Gewinnt der Steuerfahndungsdienst im Rahmen seiner steuerstrafrechtlichen Ermittlungen Anhaltspunkte, die auf das Vorliegen von Organisierter Kriminalität hindeuten und für dessen Aufklärung die Polizei/Staatsanwaltschaft zuständig ist, so unterrichtet er die zuständigen Strafverfolgungsbehörden, wenn das Steuergeheimnis dem nicht entgegensteht. Dies ist im Einzelfall zu prüfen.

8.2 Andere Behörden

Die Organisierte Kriminalität kann mit strafrechtlichen Mitteln allein nicht mit Erfolg bekämpft werden. Die von ihr ausgehenden Gefahren sind auch bei den Entscheidungen der Ordnungsbehörden (vgl. Nr. 1.3) und sonstiger Verwaltungsbehörden zu berücksichtigen.

Die Verwaltungsbehörden können ferner zur Aufklärung der Organisierten Kriminalität beitragen, indem sie relevante Erkenntnisse z. B. über unerlaubte Arbeitsvermittlung und -beschäftigung, illegale Einschleusung von Ausländern, den Strafverfolgungsbehörden mitteilen.

8.3 Verfahrensübergreifende Zusammenarbeit

Für die verfahrensübergreifende Zusammenarbeit kann sich die Einrichtung von Gesprächskreisen auf örtlicher und überörtlicher Ebene durch die Ansprechpartner/OK-Beauftragten und Koordinatoren (Nr. 3.2) empfehlen.

9 Schutz der Ermittlungen

Dem Schutz der Ermittlungen kommt in Verfahren wegen Organisierter Kriminalität besonders hohe Bedeutung zu. Ihm muss durch Ermittlungsbehörden und Justizvollzugsanstalten Rechnung getragen werden. Um das vorrangige Ermittlungsziel (vgl. Nr. 4.1) nicht zu gefährden, ist sicherzustellen, dass

- ausschließlich unmittelbar an den Ermittlungen Beteiligte Kenntnis von Maßnahmen der verdeckten Informationsgewinnung erlangen
- in den mit der Bekämpfung der Organisierten Kriminalität befassten Dienststellen/Organisationseinheiten alle Voraussetzungen für den Schutz der Ermittlungen gegeben sind.

Die Rechte der Verteidigung bleiben unberührt.

10 Inkrafttreten

Diese Bekanntmachung tritt am 1. März 1991 in Kraft.

Anlage [zu Anl. E]

Generelle Indikatoren zur Erkennung OK-relevanter Sachverhalte[1]

Vorbereitung und Planung der Tat

- präzise Planung
- Anpassung an Markterfordernisse durch Ausnützen von Marktlücken, Erkundungen von Bedürfnissen u. Ä.
- Arbeit auf Bestellung
- hohe Investitionen, z. B. durch Vorfinanzierung aus nicht erkennbaren Quellen
- Verschaffung und Nutzung legaler Einflusssphären
- Vorhalten von Ruheräumen im Ausland

Ausführung der Tat

- präzise und qualifizierte Tatdurchführung
- Verwendung verhältnismäßig teurer oder schwierig einzusetzender wissenschaftlicher Mittel und Erkenntnisse
- Tätigwerden von Spezialisten (auch aus dem Ausland)
- arbeitsteiliges Zusammenwirken
- Einsatz von polizeilich „unbelasteten" Personen
- Konstruktion schwer durchschaubarer Firmengeflechte

Finanzgebaren

- Einsatz von Geldmitteln ungeklärter Herkunft im Zusammenhang mit Investitionen
- Inkaufnahme von Verlusten bei Gewerbebetrieben

---

[1] **Amtlicher Fußnotentext:** Generelle Indikatoren sind allgemein kennzeichnende Merkmale. Spezielle Indikatoren werden unter Einbeziehung zusätzlicher Erkenntnisse zu deliktspezifischen Handlungsformen und Gruppenstrukturen erarbeitet.

für das Straf- und das Bußgeldverfahren   **Anl E RiStBV Anh 12**

- Diskrepanz zwischen dem Einsatz finanzieller Mittel und dem zu erwartenden Gewinn
- Auffälligkeiten bei Geldanlagen, z. B. beim Kauf von Immobilien oder sonstigen Sachwerten, die in keinem Verhältnis zum Einkommen stehen

Verwertung der Beute

- Rückfluss in den legalen Wirtschaftskreislauf
- Veräußerung im Rahmen eigener (legaler) Wirtschaftstätigkeiten
- Maßnahmen der Geldwäsche

Konspiratives Täterverhalten

- Gegenobservation
- Abschottung
- Decknamen
- Codierung in Sprache und Schrift
- Verwendung modernster technischer Mittel zur Umgehung polizeilicher Überwachungsmaßnahmen

Täterverbindungen/Tatzusammenhänge

- überregional
- national
- international

Gruppenstruktur

- hierarchischer Aufbau
- ein nicht ohne weiteres erklärbares Abhängigkeits- oder Autoritätsverhältnis zwischen mehreren Tatverdächtigen
- internes Sanktionierungssystem

Hilfe für Gruppenmitglieder

- Fluchtunterstützung
- Beauftragung bestimmter Anwälte und deren Honorierung durch Dritte
- Aufwendung größerer Barmittel im Rahmen der Verteidigung
- hohe Kautionsangebote
- Bedrohung und Einschüchterung von Verfahrensbeteiligten
- Unauffindbarkeit von zuvor verfügbaren Zeugen
- ängstliches Schweigen von Betroffenen
- überraschendes Benennen von Entlastungszeugen
- Betreuung in der Untersuchungshaft/Strafhaft
- Versorgung von Angehörigen
- Wiederaufnahme nach der Haftentlassung

Korrumpierung

- Einbeziehung in das soziale Umfeld der Täter
- Herbeiführen von Abhängigkeiten (z. B. durch Sex, verbotenes Glücksspiel, Zins- und Kreditwucher)
- Zahlung von Bestechungsgeldern, Überlassung von Ferienwohnungen, Luxusfahrzeugen usw.

Monopolisierungsbestrebungen

- „Übernahme" von Geschäftsbetrieben und Teilhaberschaften
- Führung von Geschäftsbetrieben durch Strohleute
- Kontrolle bestimmter Geschäftszweige
- „Schutzgewährung" gegen Entgelt

Öffentlichkeitsarbeit

- gesteuerte oder tendenziöse Veröffentlichungen, die von einem bestimmten Tatverdacht ablenken
- systematischer Versuch der Ausnutzung gesellschaftlicher Einrichtungen (z. B. durch auffälliges Mäzenatentum)

Anlage F

Richtlinien über die internationale Fahndung nach Personen, einschließlich der Fahndung nach Personen im Schengener Informationssystem

Die Landesjustizverwaltungen, das Bundesministerium der Justiz und das Bundesministerium des Innern haben die in „Richtlinien über die internationale Fahndung nach Personen, einschließlich der Fahndung nach Personen im Schengener Informationssystem" vereinbart.

Baden-Württemberg: RdErl. v. 27.9.1993 – 9362-III-70 g –
Bayern: JMS v. 13.9.1993, Gz. 9362 – II – 235/92
Berlin: AO v. 17.9.1993
Brandenburg: AV v. 5.1.1994 (ABl. S. 78)
Bremen: Erl. v. 23.9.1993 – 9300
Hamburg: AO v. 24.11.1993 – 9362/4/1–4 –
Hessen: RdErl. v. 15.9.1993 (JMBl. S. 660)
Mecklenburg-Vorpommern: Erl. v. 8.10.1993 – III A 330 9362-4 –
Niedersachsen: Gem. RdErl. v. 21.9.1993 (NdsRpfl. S. 266)
Nordrhein-Westfalen: Rdverfügung v. 21.9.1993 – 9362 – III A 11 –
Rheinland-Pfalz: RdSchr. v. 21.9.1993 – 9362–4 – 24/93
Saarland: AV v. 24.9.1993 (GMBl. 1994 S. 131)
Sachsen: RdErl. v. 27.9.1993 (n. veröffentlicht)
Sachsen-Anhalt: RdVerf. v. 24.9.1993 – 9362–304.17
Schleswig-Holstein: Erl. v. 24.9.1993
Thüringen: Erl. v. 23.9.1993 – 9362–1/91

I. Allgemeines

1. Die internationale Fahndung nach Personen, deren Aufenthalt nicht bekannt ist, kann durch Interpol, im Schengener Informationssystem (SIS) und durch gezielte Mitfahndungsersuchen an andere Staaten veranlasst werden. International ist auch die Ausschreibung zur Aufenthaltsermittlung möglich.
Die internationale Fahndung darf nur beantragt werden, wenn gleichzeitig die nationale Fahndung im Informationssystem der Polizei (INPOL) betrieben wird und beabsichtigt ist, im Falle der Ermittlung des Verfolgten ein Auslieferungsersuchen anzuregen.
2. Die internationale Fahndung soll in den Vertragsstaaten des Schengener Durchführungsübereinkommens (SDÜ; BGBl. 1993 II Seite 1013) grundsätzlich im Schengener Informationssystem erfolgen. Vertragsstaaten sind derzeit neben der Bundesrepublik Deutschland Belgien, Frankreich, Luxemburg und die Niederlande. Weitere Vertragsstaaten sind Griechenland, Italien, Portugal und Spanien, deren Beitritt in Kürze wirksam werden wird.
Die internationale Fahndung im Schengener Informationssystem wird veranlasst, wenn eine deutsche Behörde die Strafverfolgung oder die Vollstreckung einer Freiheitsstrafe oder einer freiheitsentziehenden Maßregel der Besserung und Sicherung gegen eine Person betreibt, deren Aufenthalt nicht bekannt ist, es sei denn, es liegen Anhaltspunkte vor, dass sich die gesuchte Person nur im Inland aufhält.
Eine Beschränkung der Fahndung auf ein Land oder mehrere Länder ist im Schengener Informationssystem nicht möglich.
3. Im Übrigen erfolgt die internationale Fahndung durch Interpol. Sie kann veranlasst werden, wenn eine deutsche Behörde die Strafverfolgung oder die Vollstreckung einer Freiheitsstrafe oder einer freiheitsentziehenden Maßregel der Besserung und Sicherung gegen eine Person betreibt, die sich vermutlich im Ausland aufhält. Sie kann auf Länder, Ländergruppen oder Fahndungszonen beschränkt werden. Bei der Entscheidung über die Fahndung sowie bei der Festlegung der Länder, Ländergrup-

pen oder Fahndungszonen, in denen gefahndet werden soll, ist der Grundsatz der Verhältnismäßigkeit zu beachten.
4. Eine Interpol-Fahndung ist in den Staaten des Schengener Informationssystems grundsätzlich nicht möglich. Ausnahmen regelt Abschnitt II, Nummer 2, 3. Absatz. Fahndungen im Schengener Informationssystem und – für andere als Schengener Vertragsstaaten – durch Interpol sind nebeneinander möglich. Besonderheiten gelten für die gleichzeitige Ausschreibung zur Fahndung im Schengener Informationssystem und in sonstigen europäischen Nachbarstaaten (vgl. Abschnitt IV., Mischfälle).
5. Staaten, die Interpol nicht angehören (vgl. Länderteil der RiVASt), werden vom Bundeskriminalamt zur Mitfahndung ersucht, wenn die betreibende Behörde dies ausdrücklich verlangt und Anhaltspunkte vorliegen, dass sich der Verfolgte in diesem Staat aufhält.
6. Ist der Behörde, die eine internationale Fahndung veranlasst, bekannt, dass der Verfolgte auch von anderen Strafverfolgungs- oder Strafvollstreckungsbehörden gesucht wird, unterrichtet sie diese.

II. Fahndung im Schengener Informationssystem

1. Das Schengener Informationssystem (SIS) ist als Ausgleichsmaßnahme zum Abbau der Personenkontrollen an den Binnengrenzen der Schengener Vertragsstaaten errichtet worden. Durch einen einheitlichen, grenzüberschreitenden Fahndungsraum soll ein mögliches Sicherheitsdefizit durch den Grenzabbau so gering wie möglich gehalten werden. Im Hinblick hierauf ist daher in jedem Fall nationaler Fahndung zu prüfen, ob nicht auch eine Fahndung im SIS veranlasst ist. Diese Prüfung ist auch bei der Verlängerung der nationalen Fahndung vorzunehmen.
2. Eine Ausschreibung im SIS nach Art. 95 SDÜ stellt ein Ersuchen um vorläufige Festnahme zum Zweck der Auslieferung dar (Art. 64 SDÜ). Die Verantwortung für die Zulässigkeit der Ausschreibung trägt die Behörde, die die Fahndung betreibt. Eine weitere Prüfung der Zulässigkeit der Ausschreibung findet – im Gegensatz zur Interpol-Ausschreibung – in der Regel nicht statt. Die Prüfung der Auslieferungsfähigkeit erfordert daher besondere Sorgfalt.
Ist eine Entscheidung über die Auslieferungsfähigkeit nicht möglich, ist eine Anfrage an die betreffenden Vertragsstaaten zu richten (Konsultationsverfahren, Art. 95 Abs. 2 SDÜ). In diesem Fall ist der obersten Justizbehörde zu berichten. Dem Bericht ist eine beglaubigte Mehrfertigung des Haftbefehls oder des vollstreckbaren Straferkenntnisses beizufügen. In Eilfällen kann die Anfrage und die Übermittlung der für die Entscheidung über die Auslieferungsfähigkeit erforderlichen Unterlagen unmittelbar über die nationale SIRENE (Abkürzung für: Supplementary Information Request at the National Entry) im Bundeskriminalamt erfolgen. Die oberste Justizbehörde ist gleichzeitig zu unterrichten.
Eine Ausschreibung im SIS ist grundsätzlich nur einheitlich im gesamten Vertragsgebiet möglich. Das Verbot der Auslieferung eigener Staatsangehöriger kann dabei unberücksichtigt bleiben, weil entsprechende Fahndungen in den Heimatstaaten automatisch mit einem Vorbehalt versehen sind. Sollten sonstige Auslieferungshindernisse in einem oder mehreren Staaten bestehen, kann in den übrigen Staaten nicht im SIS, sondern nur durch Interpol gefahndet werden.
3. Das Ersuchen um internationale Fahndung im SIS ist unter Verwendung des Vordrucks KP 21/24 sowie der ergänzenden Begleitpapiere für Informationen gemäß Art. 95 Abs. 2 SDÜ an die für die Dateneingabe zuständige Polizeidienststelle zu richten. Der Vordruck und die Begleitpapiere sind soweit möglich vollständig und ohne Bezugnahme auf Anlagen auszufüllen. Bei der „Sachverhaltsschilderung" ist die Darstellung der Modalitäten der Tatbegehung von besonderer Bedeutung. Die bloße Bezugnahme auf den Haftbefehl reicht für die „Sachverhaltsschilderung" nicht aus.
Dem Ersuchen ist eine beglaubigte Mehrfertigung des Haftbefehls oder des vollstreckbaren Straferkenntnisses beizufügen.
4. In besonders dringlichen Fällen versieht der Staatsanwalt zum Zwecke der beschleunigten Behandlung durch die ersuchten Vertragsparteien das Formblatt mit einem entsprechenden Hinweis.

Dringende gezielte Fahndungen, die vor Vorliegen der Fahndungsunterlagen geboten sind, können auch in den Vertragsstaaten des Schengener Durchführungsübereinkommens nur über Interpol veranlasst werden (vgl. hierzu die Hinweise zur Eilfahndung im Abschnitt Interpol-Fahndung).
5. Die Pflicht zur Überprüfung, Änderung und gegebenenfalls Löschung der Ausschreibung (Art. 105, 106 SDÜ) obliegt der ausschreibenden Stelle. Diese hat bei der jährlich erforderlichen Überprüfung, ob die nationale Fahndung zu verlängern ist, auch die SIS-Fahndung auf deren Aktualität zu überprüfen. Besteht nur eine nationale Fahndung, so ist bei deren Überprüfung immer auch zu überlegen, ob zusätzlich eine SIS-Fahndung zu veranlassen ist.
Die ausschreibende Stelle unterrichtet bei Erledigung der Ausschreibung die für die Eingabe zuständige Polizeidienststelle.

III. Fahndung durch Interpol

1. Das Ersuchen um internationale Fahndung durch Interpol ist unter Verwendung des Vordrucks IKPO Nr. 1 mit einer Mehrfertigung über das Landeskriminalamt an das Bundeskriminalamt zu richten. Der Vordruck ist soweit möglich vollständig und ohne Bezugnahme auf Anlagen auszufüllen. Dem Ersuchen sind beizufügen:
   a) Fingerabdruckblatt und Lichtbilder des Verfolgten – zweifach –, falls vorhanden und zur Identifizierung erforderlich, und
   b) eine beglaubigte Mehrfertigung des Haftbefehls oder des vollstreckbaren Straferkenntnisses.
   Das Landeskriminalamt ergänzt gegebenenfalls den Vordruck.
2. Wird schon vor Übersendung der Unterlagen gemäß Nummer 1, beispielsweise fernschriftlich, das Bundeskriminalamt unmittelbar um sofortige Einleitung der internationalen Fahndung ersucht, so hat das Ersuchen folgende Angaben zu enthalten:
   a) möglichst genaue Angaben über den Verfolgten (Geburtstag und -ort, Namen der Eltern, Staatsangehörigkeit, Personenbeschreibung, Ausweis- oder Passdaten),
   b) die Haftbefehlsdaten mit den Namen des Richters,
   c) eine kurze Darstellung der Straftat unter Angabe des Tatorts und der Tatzeit,
   d) die Erklärung mit dem Namen des die Fahndung veranlassenden Staatsanwalts, dass bei gleich bleibender Sach- und Rechtslage im Fall der Ermittlung des Verfolgten ein Auslieferungsersuchen angeregt werden wird, sowie
   e) die Länder, Ländergruppen oder Fahndungszonen, in denen gefahndet werden soll.
3. Die Löschung der Fahndung soll erst nach der Übernahme des Verfolgten durch die deutschen Behörden veranlasst werden.
4. Endet die nationale Fahndung durch Fristablauf, ist dem Bundeskriminalamt gemäß Nr. 6 RiVASt unverzüglich mitzuteilen, dass von dort aus die bestehende internationale Fahndung zu widerrufen ist.

IV. Fahndung im SIS und durch Interpol

1. Soll in den Schengener Vertragsstaaten und in einem oder mehreren der im Vordruck KP 21/24 genannten europäischen Nachbarstaaten gefahndet werden, so ist nur der Vordruck KP 21/24 mit den ergänzenden Begleitpapieren auszufüllen. Bei den Nachbarstaaten kann die Fahndung auf einen oder mehrere Staaten beschränkt werden.
   Soll nur in einem oder mehreren dieser europäischen Nachbarstaaten gefahndet werden (ohne SIS-Fahndung), so ist jedoch das Formblatt IKPO Nr. 1 zu verwenden.
2. Soll die Fahndung sowohl im Gebiet der Schengener Vertragsstaaten als auch in weiteren, nicht zu den europäischen Nachbarstaaten zu rechnenden Staaten über Interpol veranlasst werden, so ist sowohl der Vordruck KP 21/24 mit den ergänzenden Begleitpapieren als auch der Vordruck IKPO Nr. 1 auszufüllen.

V. Festnahme im Rahmen einer Nacheile

Wird der Verfolgte im Rahmen einer Nacheile aufgegriffen, muss der zuständigen ausländischen Behörde innerhalb von sechs Stunden (wobei die Stunden zwischen Mitternacht und neun Uhr nicht mitzählen), ein Ersuchen um vorläufige Festnahme zugehen (Art. 41 Abs. 6 SDÜ).

VI. Ausschreibung zur Aufenthaltsermittlung

Die Ausschreibung zur Aufenthaltsermittlung ist im Bereich des SIS (vgl. Art. 98 SDÜ) durch den Vordruck KP 21/24 und im Rahmen von Interpol durch IKPO Nr. 2 zu veranlassen.

VII.

Die Richtlinien treten am 1. Oktober 1993 in Kraft.

13. Anordnung über Mitteilungen in Strafsachen (MiStra)

in der ab dem 1. Mai 2019 geltenden Fassung vom 1. Februar 2019

(BAnz AT 8.4.2019 B1)

Inhaltsübersicht

Erster Teil. Allgemeine Vorschriften

Nummer 1: Grundsatz
Nummer 2: Einschränkung vorgeschriebener Mitteilungspflichten
Nummer 3: Auskunft an die und Unterrichtung der Betroffenen
Nummer 4: Mitteilungspflichtige Stellen und dort funktional zuständige Personen
Nummer 5: Kenntlichmachung der Mitteilungspflicht auf den Akten, Dokumentation der Mitteilung
Nummer 6: Inhalt und Zeitpunkt der Mitteilungen
Nummer 7: Folgemitteilungen, Antrag auf gerichtliche Entscheidung
Nummer 8: Mitteilungen bei Tateinheit
Nummer 9: Form der Mitteilungen
Nummer 10: Mitteilungsweg

Zweiter Teil. Die einzelnen Mitteilungspflichten

1. Abschnitt. Allgemeine Mitteilungspflichten

Nummer 11: Mitteilungen an die Polizei
Nummer 12: Mitteilungen zum Wählerverzeichnis
Nummer 13: Bewährungs- und Führungsaufsichtsfälle
Nummer 14: Ermittlungen über einen Todesfall

2. Abschnitt. Mitteilungen über Personen, die einer Dienst-, Staats-, Standesaufsicht oder berufsrechtlichen Aufsicht unterliegen

Nummer 15: Strafsachen gegen Personen in einem Beamten- oder Richterverhältnis
Nummer 16: Strafsachen gegen Personen in einem Arbeitnehmer- oder sonstigen Beschäftigungsverhältnis im öffentlichen Dienst
Nummer 17: Strafsachen gegen ehrenamtliche Richterinnen und Richter
Nummer 18: Strafsachen gegen Versorgungsberechtigte, Alters- und Hinterbliebenengeldberechtigte
Nummer 19: Strafsachen gegen Soldatinnen und Soldaten
Nummer 20: Strafsachen gegen Soldatinnen und Soldaten im Ruhestand, frühere Berufssoldatinnen und Berufssoldaten und frühere Soldatinnen und Soldaten auf Zeit
Nummer 21: Strafsachen gegen Zivildienstleistende
Nummer 22: Strafsachen gegen Geistliche und Beamtinnen und Beamte öffentlich-rechtlicher Religionsgesellschaften
Nummer 23: Strafsachen gegen Notarinnen, Notare und Angehörige der rechtsberatenden Berufe
Nummer 24: Strafsachen gegen Angehörige bestimmter Berufe des Wirtschaftslebens und Sachverständige
Nummer 25: Strafsachen gegen Inhaberinnen und Inhaber, Geschäftsleiterinnen und Geschäftsleiter von Kredit-, Finanzdienstleistungs-, Zahlungs- und E-Geld-Instituten
Nummer 25a: Strafsachen gegen Inhaberinnen und Inhaber, Geschäftsleiterinnen und Geschäftsleiter von Wertpapierdienstleistungsunternehmen und sonstige an Wertpapierdienstleistungsgeschäften beteiligte Personen

Nummer 25b: Strafsachen gegen Geschäftsleiterinnen und Geschäftsleiter von Versicherungsunternehmen oder Pensionsfonds und sonstige daran beteiligte Personen
Nummer 25c: Strafsachen gegen bedeutend beteiligte Inhaberinnen und Inhaber, Geschäftsleiterinnen und Geschäftsleiter von Verwaltungsgesellschaften, extern verwalteten Investmentgesellschaften und Verwahrstellen
Nummer 26: Strafsachen gegen Angehörige der Heilberufe
Nummer 27: Strafsachen gegen an Schulen, Hochschulen, Kinderheimen, Kindertagesstätten und vergleichbaren Einrichtungen tätigen Personen
Nummer 28: Strafsachen gegen Betreiberinnen und Betreiber von sowie Beschäftigte in Alten-, Behinderten- und Pflegeeinrichtungen, betreuten Wohnformen, ambulanten Pflegediensten und Werkstätten für Menschen mit Behinderung, Einrichtungen oder Gruppen, die den Werkstätten angegliedert sind, sowie Tagesförderstätten
Nummer 29: Sonstige Mitteilungen über Personen, die einer Dienst-, Staats-, Standesaufsicht oder berufsrechtlichen Aufsicht unterliegen

3. Abschnitt. Sonstige Mitteilungen wegen der persönlichen Verhältnisse der Betroffenen

Nummer 30: Strafsachen gegen Inhaberinnen und Inhaber von Titeln, Orden und Ehrenzeichen
Nummer 31: Mitteilungen an das Betreuungsgericht und an das Familiengericht
Nummer 32: Mitteilungen an die Jugendgerichtshilfe in Strafsachen gegen Jugendliche und Heranwachsende
Nummer 33: Mitteilungen an die Schule in Strafsachen gegen Jugendliche und Heranwachsende
Nummer 34: Mitteilungen an andere Prozessbeteiligte in Strafsachen gegen Jugendliche
Nummer 35: Mitteilungen zum Schutz von Minderjährigen
Nummer 36: Mitteilungen über Inhaberinnen und Inhaber einer waffenrechtlichen oder sprengstoffrechtlichen Berechtigung sowie über sonstige nach dem WaffG oder SprengG berechtigte Personen
Nummer 36a: Sonstige Mitteilungen aus waffenrechtlichen oder sprengstoffrechtlichen Gründen
Nummer 37: Strafsachen gegen Inhaberinnen und Inhaber von Jagdscheinen und gegen Personen, die einen Antrag auf Erteilung eines Jagdscheines gestellt haben
Nummer 38: Mitteilungen über Inhaberinnen und Inhaber einer luftrechtlichen Erlaubnis oder Genehmigung sowie über sonstige nach dem Luftverkehrsgesetz berechtigte Personen
Nummer 39: Strafsachen gegen Inhaberinnen und Inhaber von Berechtigungen und gegen Gewerbetreibende, Verkehrsleiter im Sinne von Artikel 4 der VO 1071/2009 sowie Betriebsleiterinnen und Betriebsleiter der Schienenbahnen des öffentlichen Personenverkehrs, der Seilbahnen und der Eisenbahnen
Nummer 40: Strafsachen gegen mit Atomanlagen und Kernbrennstoffen oder sonstigen radioaktiven Stoffen verantwortlich befasste Personen
Nummer 41: Strafsachen gegen Angehörige ausländischer Konsulate
Nummer 42: Mitteilungen über Ausländerinnen und Ausländer
Nummer 42a: Mitteilungen über Asylsuchende
Nummer 43: Strafsachen gegen Gefangene und Untergebrachte

4. Abschnitt. Mitteilungen wegen der Art des verletzten Strafgesetzes

Nummer 44: Betriebsunfälle
Nummer 45: Fahrerlaubnissachen
Nummer 46: Straftaten gegen Vorschriften zum Schutz der Arbeitskraft und der Gesundheit der Arbeitnehmerinnen und Arbeitnehmer
Nummer 47: Straftaten nach dem Gesetz zur Bekämpfung der Schwarzarbeit und illegalen Beschäftigung und dem Arbeitnehmerüberlassungsgesetz
Nummer 48: Mitteilungen zur Bekämpfung der Schwarzarbeit und illegalen Beschäftigung
Nummer 49: Strafsachen wegen Verstoßes gegen das Außenwirtschaftsgesetz oder das Gesetz über die Kontrolle von Kriegswaffen
Nummer 50: Betäubungsmittelsachen
Nummer 51: Straftaten gegen Vorschriften zum Schutz der Umwelt
Nummer 52: Verdachtsfälle nach dem Geldwäschegesetz
Nummer 53: Mitteilungen wegen Verstoßes gegen den Jugendmedienschutz-Staatsvertrag
Nummer 54: Straftaten nach dem *Kulturschutzgesetz*[1]

Erster Teil. Allgemeine Vorschriften

1. Grundsatz

(1) ¹In Strafsachen sind Gerichte und Staatsanwaltschaften nach der gesetzlichen Regelung im Zweiten Abschnitt des EGGVG (§§ 12 ff.) zur Mitteilung personenbezogener

Daten von Amts wegen an öffentliche Stellen für andere Zwecke als die des Strafverfahrens, für die die Daten erhoben worden sind, befugt. ²Verpflichtet sind sie zu Mitteilungen nur, wenn dies im Folgenden angeordnet oder in besonderen Vorschriften bestimmt ist.

(2) ¹Wichtige in besonderen Vorschriften enthaltene Mitteilungspflichten werden in dieser Verwaltungsvorschrift neben den erst durch diese Verwaltungsvorschrift angeordneten Mitteilungspflichten wiedergegeben. ²Auf weitere besondere Vorschriften (Mitteilungspflichten und -befugnisse) wird im Anhang hingewiesen.

(3) ¹Darüber hinaus ist im Einzelfall eine Mitteilung auch dann zu machen, wenn sie weder in einer besonderen Vorschrift noch im Folgenden vorgeschrieben, jedoch rechtlich zulässig und wegen eines besonderen öffentlichen Interesses unerlässlich ist, etwa in Fällen des § 17 EGGVG. ²Die Entscheidung treffen Richterinnen oder Richter, Staatsanwältinnen oder Staatsanwälte.

(4) ¹Diese Verwaltungsvorschrift gilt nicht für Mitteilungen für Zwecke des Verfahrens, in dem die Daten erhoben worden sind, für Mitteilungen an Privatpersonen sowie für Auskünfte und Akteneinsicht auf Ersuchen. ²Die Nummern 11, 32 und 34 bleiben unberührt.

2. Einschränkung vorgeschriebener Mitteilungspflichten

(1) ¹Eine an sich vorgeschriebene Mitteilung unterbleibt im Einzelfall, wenn ihr eine besondere bundesrechtliche Verwendungsregelung, insbesondere § 30 AO, § 78 SGB X, oder eine entsprechende landesrechtliche Verwendungsregelung entgegensteht. ²In anderen als den in § 13 Absatz 1 EGGVG genannten Fällen unterbleibt die Mitteilung ferner, wenn im Einzelfall der übermittelnde Stelle offensichtlich ist, dass schutzwürdige Interessen Betroffener an dem Ausschluss der Übermittlung überwiegen (§ 13 Absatz 2 EGGVG). ³Gesetzlich besonders geregelte Mitteilungspflichten und deren Einschränkungen bleiben von § 13 Absatz 2 EGGVG unberührt. ⁴Schließlich unterbleibt eine Mitteilung, solange Zwecke des Strafverfahrens entgegenstehen.

(2) Die Entscheidung treffen Richterinnen oder Richter, Staatsanwältinnen oder Staatsanwälte.

3. Auskunft an die und Unterrichtung der Betroffenen

(1) ¹Die Voraussetzungen von Auskunft (auf Antrag) und Unterrichtung (von Amts wegen) der Betroffenen sind in § 21 EGGVG geregelt. ²Diesen ist grundsätzlich nur auf schriftlichen Antrag Auskunft über Mitteilungen zu erteilen. ³Die Unterrichtung von Amts wegen ist dann veranlasst, wenn von einer Mitteilung Betroffene nicht zugleich Beschuldigte im Verfahren sind oder es sich um eine Mitteilung nach Nummer 1 Absatz 3 handelt.

(2) ¹Auf die Beschränkungen in § 21 Absatz 3 und 4 EGGVG wird hingewiesen. ²Die Entscheidung, dass Auskunft oder Unterrichtung unterbleiben, treffen Richterinnen oder Richter, Staatsanwältinnen oder Staatsanwälte.

(3) ¹Die Form der Auskunftserteilung und Unterrichtung unterliegt pflichtgemäßem Ermessen. ²Grundsätzlich empfiehlt es sich, Betroffenen einen Abdruck der Mitteilung zu übersenden. ³Von der Beifügung der Schriftstücke (etwa Urteile), die Betroffenen schon übermittelt worden sind, kann abgesehen werden.

(4) Eine nach § 21 Absatz 4 EGGVG unterbliebene Unterrichtung ist nachzuholen, sobald die Beschränkungen entfallen sind.

4. Mitteilungspflichtige Stellen und dort funktional zuständige Personen

(1) ¹Mitteilungspflichtige Stelle ist, soweit nichts anderes bestimmt ist,
1. die Staatsanwaltschaft für Mitteilungen bis zur Erhebung der öffentlichen Klage,
2. das Gericht für Mitteilungen nach der Erhebung der öffentlichen Klage oder der Privatklage bis zur Rechtskraft der Entscheidung,
3. die Vollstreckungsbehörde für Mitteilungen nach der Rechtskraft der Entscheidung.

² Die oberste Justizbehörde kann, insbesondere aus Gründen der Verwaltungsvereinfachung, eine andere Bestimmung treffen.

(2) ¹ Richterinnen oder Richter, Staatsanwältinnen oder Staatsanwälte ordnen die Mitteilung in den Fällen an, in denen dies ausdrücklich bestimmt ist oder in denen sie sich die Anordnung ausdrücklich vorbehalten haben. ² Auch in anderen Fällen können sie Mitteilungen anordnen. ³ Amtsanwältinnen und Amtsanwälte stehen im Rahmen ihrer Zuständigkeit Staatsanwältinnen und Staatsanwälten gleich.

(3) ¹ Im Übrigen ordnen Mitteilungen an
1. bei der Staatsanwaltschaft von der Behördenleitung bestimmte Bedienstete,
2. bei dem Gericht Urkundsbeamtinnen oder Urkundsbeamte der Geschäftsstelle,
3. bei der Vollstreckungsbehörde Beamtinnen oder Beamte des gehobenen Justizdienstes,

soweit vorgesetzte Stellen nichts anderes bestimmen. ² Die Durchführung einer angeordneten Mitteilung kann einer anderen Justizbehörde überlassen werden; die Verantwortung der anordnenden Stelle für die Zulässigkeit der Mitteilung bleibt unberührt.

5. Kenntlichmachung der Mitteilungspflicht auf den Akten, Dokumentation der Mitteilung

(1) Die Mitteilungspflichten sind auf der Vorderseite der Akten in geeigneter Form kenntlich zu machen; dies gilt nicht für die Mitteilungspflicht nach Nummer 11.

(2) ¹ Sind Mitteilungen gemacht, ist dies in geeigneter Form zu dokumentieren. ² In Betracht kommt z.B. ein Vermerk. ³ Ein Abdruck der Mitteilungen – ohne etwaige Anlagen – soll zur Dokumentation benutzt werden, wenn dies ohne größeren Aufwand möglich ist.

(3) Liegen die Beschränkungen des § 21 Absatz 3 und 4 EGGVG vor, sind die Kenntlichmachung der Mitteilungspflichten und die Dokumentation der Mitteilung in den Handakten oder in sonst geeigneter Weise vorzunehmen.

6. Inhalt und Zeitpunkt der Mitteilungen

(1) ¹ Der Inhalt und der Zeitpunkt der Mitteilungen richten sich nach den besonderen Vorschriften. ² Neben den mitzuteilenden Daten dürfen weitere Daten unter den Voraussetzungen des § 18 Absatz 1 EGGVG übermittelt werden. ³ Im Übrigen gelten die folgenden Bestimmungen.

(2) ¹ Ist die Einleitung eines Verfahrens mitzuteilen, richtet sich der Inhalt der Mitteilung nach deren Zweck und den Umständen des Einzelfalles. ² Die Mitteilung unterbleibt, solange kein begründeter Verdacht vorliegt.

(3) ¹ Ist der Erlass und der Vollzug eines Haft- oder Unterbringungsbefehls mitzuteilen, sind auch die Aufhebung dieser Entscheidungen sowie die Aussetzung des Vollzugs mitzuteilen. ² Der Haft- oder der Unterbringungsbefehl selbst werden grundsätzlich nicht übermittelt. ³ Soll der Erlass eines Haft- oder Unterbringungsbefehls vor dessen Vollzug mitgeteilt werden, ist besonders zu prüfen, ob Zwecke des Strafverfahrens dem entgegenstehen (Nummer 2 Absatz 1 Satz 4).

(4) ¹ Ist die Erhebung der öffentlichen Klage mitzuteilen, sind die Anklageschrift, eine an ihre Stelle tretende Antragsschrift nach § 414 Absatz 2 Satz 2 StPO, der Antrag auf Erlass eines Strafbefehls, der Antrag auf Entscheidung im beschleunigten Verfahren (§ 417 StPO) bzw. der Antrag im vereinfachten Jugendverfahren (§ 76 JGG) zu übermitteln. ² Staatsanwältinnen oder Staatsanwälte können im Einzelfall anordnen, dass die Übermittlung des wesentlichen Ergebnisses der Ermittlungen unterbleibt.

(5) ¹ Ist das Urteil mitzuteilen, sind die Urteilsformel und die Urteilsgründe zu übermitteln. ² Richterinnen oder Richter, Staatsanwältinnen oder Staatsanwälte können im Einzelfall anordnen, dass die Übermittlung der Urteilsgründe unterbleibt. ³ Mitzuteilen ist auch, ob und von wem ein Rechtsmittel gegen das Urteil eingelegt worden ist.

(6) ¹ Ist die rechtskräftige Entscheidung (Urteil, Strafbefehl, Gesamtstrafenbeschluss) mitzuteilen, ist auch anzugeben, wann sie rechtskräftig geworden ist. ² Ist mit der rechts-

kräftigen Entscheidung ein Rechtsmittel verworfen worden oder wird darin auf eine angefochtene Entscheidung Bezug genommen, ist auch die angefochtene Entscheidung mitzuteilen; Absatz 5 Satz 2 gilt entsprechend.

(7) [1] Ist der Ausgang des Verfahrens mitzuteilen, ist jede das Verfahren endgültig oder – außer in den Fällen des § 153a StPO – vorläufig abschließende Entscheidung mit Begründung mitzuteilen, insbesondere die Einstellungsverfügung (Ablehnung der Strafverfolgung) der Staatsanwaltschaft, der nicht mehr anfechtbare Beschluss, der die Eröffnung des Hauptverfahrens ablehnt, die Einstellung des Verfahrens durch gerichtlichen Beschluss und die rechtskräftige Entscheidung. [2] Richterinnen oder Richter, Staatsanwältinnen oder Staatsanwälte können im Einzelfall anordnen, dass die Übermittlung der Begründung unterbleibt.

7. Folgemitteilungen, Antrag auf gerichtliche Entscheidung

(1) [1] Unter den Voraussetzungen des § 20 EGGVG sind Folgemitteilungen notwendig. [2] Absatz 1 ordnet – eingeschränkt durch Absatz 3 – Folgemitteilungen für den Fall an, dass eine Mitteilung vor Beendigung des Verfahrens ergangen, insbesondere eine übermittelte Entscheidung abgeändert oder aufgehoben worden ist. [3] Absatz 2 Satz 2 regelt – wiederum eingeschränkt durch Absatz 3 – die unverzügliche Berichtigung unrichtiger Daten. [4] Die Entscheidung darüber, dass eine Folgemitteilung nach § 20 Absatz 3 EGGVG unterbleibt, treffen Richterinnen oder Richter, Staatsanwältinnen oder Staatsanwälte.

(2) [1] Senden Empfänger Unterlagen zurück, weil sie für ihre Zwecke nicht erforderlich sind, ist sicherzustellen, dass sie keine Folgemitteilungen erhalten. [2] Leiten Empfänger Unterlagen gemäß § 19 Absatz 2 Satz 3 EGGVG weiter, sind Folgemitteilungen an die nach ihren Angaben tatsächlich zuständige Stelle zu machen.

(3) [1] Wird ein Antrag auf gerichtliche Entscheidung gestellt, ist der Empfänger zu unterrichten (§ 22 Absatz 2 Satz 1 EGGVG). [2] Auf § 22 Absatz 2 Satz 2 EGGVG soll er hingewiesen werden.

8. Mitteilungen bei Tateinheit

Ist eine Mitteilung wegen der Art des verletzten Strafgesetzes vorgeschrieben, ist sie auch dann zu machen, wenn die Straftat zugleich ein anderes Strafgesetz verletzt und die Strafe diesem entnommen werden muss oder entnommen worden ist.

9. Form der Mitteilungen

(1) [1] Soweit dies möglich und nichts anderes vorgeschrieben ist, werden Mitteilungen durch Übersendung einer Mehrfertigung des mitzuteilenden Schriftstücks bewirkt. [2] Im Übrigen wird die Form der Mitteilungen von der übermittelnden Stelle nach pflichtgemäßem Ermessen bestimmt.

(2) [1] Ein automatisiertes Verfahren zur Durchführung von Mitteilungen kann eingerichtet werden, wenn diese Form der Datenübermittlung – unter Berücksichtigung der schutzwürdigen Interessen der Betroffenen und der Aufgaben der beteiligten Stellen – wegen der Vielzahl der Übermittlungen oder aus anderen Gründen angemessen ist. [2] Der automatisierte Abruf durch die empfangenden Stellen ist unzulässig. [3] Die datenschutzrechtlichen Bestimmungen, die für die übermittelnde Stelle gelten, sind zu beachten.

(3) Mehrfertigungen sind nur zu beglaubigen, wenn dies besonders bestimmt ist.

(4) Soweit es nicht der Übersendung einer Mehrfertigung bedarf, sollen Vordrucke oder Muster verwendet werden.

(5) [1] Auf der Mitteilung wird vermerkt:
„(Absendende Stelle) ...., den .... 20 ....

An
.... – vertraulich behandeln –
....

Zum dortigen Aktenzeichen (falls bekannt): ....
Mitteilung nach Nummer ...
der Anordnung über Mitteilungen in Strafsachen.
Die Mitteilung darf nur im Rahmen der §§ 19 Absatz 1, 18 Absatz 1 Satz 2 EGGVG verwertet werden, es sei denn, dass eine zweckändernde Nutzung ausdrücklich gesetzlich vorgesehen ist. Der Zweck ergibt sich aus der angegebenen Bestimmung der MiStra. Sind die übermittelten Daten im Sinne von § 19 Absatz 2 Satz 1 EGGVG nicht erforderlich, ist nach § 19 Absatz 2 Satz 2 EGGVG zu verfahren."

[2] Die §§ 18, 19 EGGVG sowie die einschlägige Bestimmung des zweiten Teils dieser Verwaltungsvorschrift sind der Mitteilung im Wortlaut beizufügen, wenn die Kenntnis der empfangenden Stelle nicht vorausgesetzt werden kann.

(6) Die Mitteilung wird – sofern kein automatisiertes Verfahren Anwendung findet – verschlossen übersandt.

10. Mitteilungsweg

(1) [1] Die Mitteilungen werden vorbehaltlich besonderer Vorschriften der empfangenden Stelle unmittelbar übersandt. [2] Berichtspflichten bleiben unberührt.

(2) Soweit dies nach der Art der zu übermittelnden Daten und der Organisation der empfangenden Stelle veranlasst oder im Folgenden ausdrücklich angeordnet ist, trifft die übermittelnde Stelle angemessene Vorkehrungen, um sicherzustellen, dass Mitteilungen unmittelbar die bei der empfangenden Stelle funktionell zuständigen Bediensteten erreichen.

Zweiter Teil. Die einzelnen Mitteilungspflichten

1. Abschnitt. Allgemeine Mitteilungspflichten

11. Mitteilungen an die Polizei
§ 482 StPO

(1) Die Staatsanwaltschaft teilt der Polizeibehörde, die mit dem Verfahren befasst war, ihr Aktenzeichen mit.

(2) Die Staatsanwaltschaft teilt der Polizeibehörde, die mit dem Verfahren befasst war, den Ausgang des Verfahrens mit.

(3) [1] Die Mitteilung nach Absatz 2 erfolgt
1. in den Fällen des § 20 Absatz 1 Satz 1 BZRG durch Übersendung einer Mehrfertigung der Mitteilung an das Bundeszentralregister,
2. im Übrigen grundsätzlich nur durch Übermittlung der Entscheidungsformel (Tenor), der entscheidenden Stelle sowie des Datums und der Art der Entscheidung (Urteil, Beschluss, Entschließung der Staatsanwaltschaft).

[2] Eine Mehrfertigung des Urteils (gegebenenfalls auch der nach § 267 Absatz 1 Satz 3, Absatz 4 Satz 1 StPO in Bezug genommenen Abbildungen und Schriftstücke) oder einer mit Gründen versehenen Einstellungsentscheidung kann auf Ersuchen der befassten Polizeibehörde übersandt werden.

(4) [1] Die Mitteilung des Verfahrensausgangs von Amts wegen unterbleibt in Verfahren gegen Unbekannt sowie bei Verkehrsstrafsachen, soweit sie nicht unter die §§ 142, 315 bis 315c StGB fallen. [2] Die Befugnis zur Erteilung von Auskünften oder der Gewährung von Akteneinsicht auf Ersuchen bleibt hiervon unberührt.

12. Mitteilungen zum Wählerverzeichnis
§ 13 Absatz 1 Nummer 5 EGGVG

(1) [1] In Strafsachen gegen deutsche Staatsangehörige sowie gegen Staatsangehörige der übrigen Mitgliedstaaten der Europäischen Gemeinschaft (Unionsbürger), die in der

Bundesrepublik Deutschland eine Wohnung innehaben oder sich sonst gewöhnlich aufhalten, ist der zuständigen Verwaltungsbehörde die Tatsache der rechtskräftigen Verurteilung (ohne Angabe der rechtlichen Bezeichnung der Tat und ohne Angabe der angewendeten Strafvorschriften) mitzuteilen, wenn
1. wegen eines Verbrechens auf eine Freiheitsstrafe von mindestens einem Jahr erkannt worden ist,
2. die Fähigkeit aberkannt worden ist, öffentliche Ämter zu bekleiden oder Rechte aus öffentlichen Wahlen zu erlangen, oder
3. das Recht aberkannt worden ist, in öffentlichen Angelegenheiten zu wählen oder zu stimmen.

²In den Fällen der Ziffern 2 und 3 ist auch die Zeit mitzuteilen, für die die Aberkennung wirksam ist.

(2) ¹Der zuständigen Verwaltungsbehörde ist eine Mitteilung zu machen, wenn jemand nach § 63 in Verbindung mit § 20 StGB in einem psychiatrischen Krankenhaus untergebracht wird. ²In diesen Fällen ist auch die Entlassung mitzuteilen.

(3) ¹Die Mitteilungen sind der Verwaltungsbehörde zu machen, in deren Bezirk die Verurteilte oder der Verurteilte die Wohnung, bei mehreren Wohnungen die Hauptwohnung innehat. ²Haben Verurteilte keine Wohnung im Gebiet der Bundesrepublik Deutschland oder lässt sich eine solche Wohnung nicht feststellen, so sind die Mitteilungen an die Verwaltungsbehörde zu machen, in deren Bezirk die Verurteilte oder der Verurteilte die letzte Wohnung, bei mehreren Wohnungen die letzte Hauptwohnung gehabt hat.

(4) ¹In den Fällen des Absatz 1 sind auch der Tag des Ablaufs des Verlustes der Amtsfähigkeit, der Wählbarkeit und des Wahl- und Stimmrechts sowie die Wiederverleihung dieser Fähigkeiten und Rechte mitzuteilen. ²Die Mitteilung ist an den Empfänger der Erstmitteilung und in den Fällen, in denen eine neue Wohnung aktenkundig ist, an die nunmehr zuständige Verwaltungsbehörde zu richten.

13. Bewährungs- und Führungsaufsichtsfälle
§ 479 Absatz 2 Nummer 3 StPO

(1) Ist durch eine Entscheidung des Gerichts oder durch eine Gnadenentscheidung
1. die Vollstreckung einer Freiheitsstrafe oder des Restes einer Freiheitsstrafe,
2. die Vollstreckung oder weitere Vollstreckung einer Unterbringung,
3. ein Berufsverbot,
4. die Vollstreckung einer Jugendstrafe oder des Restes einer Jugendstrafe,
5. die Vollstreckung eines Strafarrestes oder des Restes eines Strafarrestes zur Bewährung ausgesetzt oder
6. die Strafe oder der Strafarrest nach Ablauf der Bewährungszeit erlassen

worden, ist dem Gericht oder der Gnadenbehörde Mitteilung zu machen, sobald Umstände bekannt werden, die zu einem Widerruf der Aussetzung oder des Straferlasses oder des Erlasses des Strafarrestes führen können.

(2) Ist durch die Entscheidung eines Gerichts oder kraft Gesetzes Führungsaufsicht eingetreten, so ist dem Gericht sowie der Führungsaufsichtsstelle Mitteilung zu machen, sobald Umstände bekannt werden, die zu nachträglichen Entscheidungen führen können.

(2a) ¹Ist eine unter Bewährung stehende Verurteilte bzw. ein unter Bewährung stehender Verurteilter in anderer Sache in Strafhaft genommen worden, so ist der die Bewährungsstrafe vollstreckenden Staatsanwaltschaft zur Weiterleitung an das bis zu diesem Zeitpunkt die Bewährungsaufsicht führende Gericht Mitteilung zu machen. ²Gleiches gilt in den Fällen, in denen Maßregeln der Besserung und Sicherung vollstreckt werden.

(3) Ist die Verurteilung zu einer Geldstrafe vorbehalten oder die Entscheidung über die Verhängung einer Jugendstrafe ausgesetzt worden, ist dem Gericht Mitteilung zu machen, sobald Umstände bekannt werden, die zur Verurteilung zu der vorbehaltenen Strafe oder zur Verhängung einer Jugendstrafe führen können.

(4) Ist Bewährungs- oder Führungsaufsicht angeordnet, ist die Mitteilung in zwei Stücken zu machen.

14. Ermittlungen über einen Todesfall
§ 13 Absatz 1 Nummer 1 EGGVG

(1) Werden in einem Strafverfahren amtliche Ermittlungen über den Tod einer Person durchgeführt, ist dem Standesamt (§ 28 in Verbindung mit § 30 Absatz 3 PStG), in dessen Bezirk die Person gestorben ist, Mitteilung zu machen, wenn das Gericht oder die Staatsanwaltschaft hierfür zuständig ist[1].

(2) In der Mitteilung sollen nach Möglichkeit angegeben werden
1. die Vornamen und der Familienname der verstorbenen Person, ihr Geschlecht und Wohnort sowie Ort und Tag der Geburt,
2. die Vornamen und der Familienname des Ehegatten bzw. der Ehegattin oder des eingetragenen Lebenspartners bzw. der eingetragenen Lebenspartnerin oder die Tatsache, dass die verstorbene Person nicht verheiratet oder verpartnert war,
3. Ort, Tag und Stunde des Todes.

(3) Ist der Sterbeort nicht festzustellen, ist die Mitteilung an das Standesamt zu richten, in dessen Bezirk die Leiche gefunden worden ist.

2. Abschnitt. Mitteilungen über Personen, die einer Dienst-, Staats-, Standesaufsicht oder berufsrechtlichen Aufsicht unterliegen

15. Strafsachen gegen Personen in einem Beamten- oder Richterverhältnis
§ 115 BBG, § 49 BeamtStG, §§ 46, 71 DRiG

(1) In Strafsachen gegen Personen, die in einem Beamten- oder Richterverhältnis stehen, sind mitzuteilen
1. der Erlass und der Vollzug eines Haft- oder Unterbringungsbefehls,
2. die Anklageschrift oder eine an ihre Stelle tretende Antragsschrift,
3. der Antrag auf Erlass eines Strafbefehls und
4. die einen Rechtszug abschließende Entscheidung mit Begründung sowie gegebenenfalls mit dem Hinweis, dass ein Rechtsmittel eingelegt worden ist.

(2) [1]Absatz 1 gilt in Verfahren wegen Privatklagedelikten nur, wenn die Staatsanwaltschaft das öffentliche Interesse an der Strafverfolgung bejaht hat; Nummer 29 bleibt unberührt. [2]In Verfahren wegen fahrlässig begangener Straftaten sind Mitteilungen nach Absatz 1 Ziffer 2 bis 4 nur zu machen, wenn
1. es sich um schwere Verstöße, namentlich Vergehen der Trunkenheit im Straßenverkehr oder der fahrlässigen Tötung, handelt oder
2. in sonstigen Fällen die Kenntnis der Daten auf Grund der Umstände des Einzelfalls erforderlich ist, um zu prüfen, ob dienstrechtliche Maßnahmen zu ergreifen sind.

(3) [1]Entscheidungen über Verfahrenseinstellungen, die nicht bereits nach Absatz 1 oder 2 zu übermitteln sind, sollen übermittelt werden, wenn die in Absatz 2 Ziffer 2 genannten Voraussetzungen erfüllt sind. [2]Dabei ist zu berücksichtigen, wie gesichert die zu übermittelnden Erkenntnisse sind. [3]Übermittelt werden sollen insbesondere Einstellungsentscheidungen gemäß § 170 Absatz 2 StPO, die Feststellungen zu einer Schuldunfähigkeit nach § 20 StGB enthalten. [4]Die Mitteilung ordnen Richterinnen oder Richter, Staatsanwältinnen oder Staatsanwälte an.

(4) Übermittlungen nach den Absätzen 1 bis 3 sind auch zulässig, soweit sie Daten betreffen, die dem Steuergeheimnis (§ 30 AO) unterliegen.

(5) Die Mitteilungen sind an die zuständigen Dienstvorgesetzten oder deren Vertretung im Amt zu richten und als „Vertrauliche Personalsache" zu kennzeichnen.

(6) [1]Bei Personen im Beamten- oder Richterverhältnis im Geschäftsbereich des Bundesministeriums der Verteidigung sind die Mitteilungen zum Zwecke der Weiterleitung an die zuständige Stelle zu richten an das:

Bundesamt für Personalmanagement der Bundeswehr
Referat V 2.Z
Niederberg-Kaserne
Alte Heerstraße 81
53757 Sankt Augustin

²Die Mitteilungen sind als „Vertrauliche Personalsache" zu kennzeichnen. ³Dabei sind nur die Personendaten der Beamtinnen und Beamten bzw. Richterinnen und Richter, die zur Ermittlung der zuständigen Stelle erforderlich sind (Name, Geburtsname, Vorname, Geburtsdatum, Amtsbezeichnung, Dienststelle sowie Standort), dem Bundesamt für das Personalmanagement der Bundeswehr mitzuteilen. ⁴Die übrigen Daten sind zur Weiterleitung in einem verschlossenen Umschlag zu übermitteln. ⁵Ist das Beamten- bzw. Richterverhältnis zwischenzeitlich beendet, soll neben den bekannten, zuletzt gültigen Personendaten auch die bekannte Anschrift der entlassenen Beamtinnen oder Beamten bzw. Richterinnen oder Richter mitgeteilt werden.

16. Strafsachen gegen Personen in einem Arbeitnehmer- oder sonstigen Beschäftigungsverhältnis im öffentlichen Dienst

§ 13 Absatz 2, § 14 Absatz 1 Nummer 5, Absatz 2 EGGVG

(1) In Strafsachen gegen Personen, die in einem privatrechtlichen Arbeitnehmer- oder Ausbildungsverhältnis zum Bund, einem Land, einer Gemeinde, einem Gemeindeverband oder einer anderen Körperschaft, Anstalt oder Stiftung des öffentlichen Rechts stehen, sind, soweit es um den Vorwurf eines Verbrechens geht, mitzuteilen
1. der Erlass und der Vollzug eines Haft- oder Unterbringungsbefehls,
2. die Erhebung der öffentlichen Klage,
3. die Urteile,
4. der Ausgang des Verfahrens, wenn eine Mitteilung nach den Ziffern 1 bis 3 zu machen war.

(2) Entsprechend ist in Strafsachen wegen eines Vergehens zu verfahren, wenn der Tatvorwurf auf eine Verletzung von Pflichten schließen lässt, die bei der Ausübung des Dienstes bzw. des Berufs zu beachten sind, oder er in anderer Weise geeignet ist, Zweifel an der Eignung, Zuverlässigkeit oder Befähigung hervorzurufen.

(3) ¹In Privatklageverfahren, in Verfahren wegen fahrlässig begangener Straftaten und in sonstigen Verfahren bei Verurteilung zu einer anderen Maßnahme als einer Strafe oder einer Maßnahme im Sinne des § 11 Absatz 1 Nummer 8 StGB unterbleibt die Mitteilung, wenn nicht besondere Umstände des Einzelfalls sie erfordern. ²Sie ist insbesondere erforderlich, wenn die Tat bereits ihrer Art nach geeignet ist, Zweifel an der Zuverlässigkeit oder Eignung für die gerade ausgeübte berufliche Tätigkeit hervorzurufen. ³Die Mitteilung ordnen Richterinnen oder Richter, Staatsanwältinnen oder Staatsanwälte an. ⁴Die Sätze 1 bis 3 gelten nicht bei Straftaten, durch die der Tod eines Menschen verursacht worden ist, und bei gefährlicher Körperverletzung.

(4) ¹In Strafsachen gegen Personen, die in einem öffentlich-rechtlichen Beschäftigungsverhältnis stehen, das nicht unter Nummer 15 fällt, ist diese Bestimmung dann anzuwenden, wenn für das Rechtsverhältnis im Gesetz auf die Regelungen des Beamtenrechts verwiesen wird. ²Ist dies nicht der Fall, ist nach den Absätzen 1 bis 3 zu verfahren.

(5) Die Mitteilungen sind an die Leitung der Behörde oder Beschäftigungsstelle oder die Vertretung im Amt zu richten und als „Vertrauliche Personalsache" zu kennzeichnen.

(6) ¹Bei Personen, die in einem privatrechtlichen Arbeitnehmer- oder Ausbildungsverhältnis zu einer Dienststelle im Geschäftsbereich des Bundesministeriums der Verteidigung stehen, sind die Mitteilungen zum Zwecke der Weiterleitung an die zuständige Stelle zu richten an das:

Bundesamt für Personalmanagement der Bundeswehr
Referat V 2.Z

Niederberg-Kaserne
Alte Heerstraße 81
53757 Sankt Augustin

²Die Mitteilungen sind als „Vertrauliche Personalsache" zu kennzeichnen. ³Dabei sind nur die Personendaten der Beschäftigten, die zur Ermittlung der zuständigen Stelle erforderlich sind (Name, Geburtsname, Vorname, Geburtsdatum, Amtsbezeichnung, Dienststelle sowie Standort), dem Bundesamt für das Personalmanagement der Bundeswehr mitzuteilen. ⁴Die übrigen Daten sind zur Weiterleitung in einem verschlossenen Umschlag zu übermitteln. ⁵Ist das Arbeitnehmer- oder Ausbildungsverhältnis zwischenzeitlich beendet, soll neben den bekannten, zuletzt gültigen Personendaten auch die bekannte Anschrift der ausgeschiedenen Arbeitnehmerin oder des ausgeschiedenen Arbeitnehmers oder des oder der ausgeschiedenen Auszubildenden mitgeteilt werden.

17. Strafsachen gegen ehrenamtliche Richterinnen und Richter
§ 13 Absatz 2, § 14 Absatz 1 Nummer 5, Absatz 2 EGGVG

(1) In Strafsachen gegen ehrenamtliche Richterinnen und Richter aller Zweige der Gerichtsbarkeit sind rechtskräftige Entscheidungen mitzuteilen, die den Verlust der Fähigkeit, öffentliche Ämter zu bekleiden, zur Folge haben oder in denen wegen einer vorsätzlichen Tat eine Freiheitsstrafe von mehr als sechs Monaten festgesetzt worden ist.

(2) Darüber hinaus sind in Strafsachen wegen einer Tat, die den Verlust der Fähigkeit zur Bekleidung öffentlicher Ämter zur Folge haben kann, mitzuteilen:
1. bei Schöffinnen und Schöffen, Jugendschöffinnen und Jugendschöffen sowie ehrenamtlichen Richterinnen und Richtern in Handels- und Landwirtschaftssachen die Einleitung des Ermittlungsverfahrens und der Ausgang des Verfahrens,
2. bei den übrigen ehrenamtlichen Richterinnen und Richtern die Erhebung der öffentlichen Klage und der Ausgang des Verfahrens.

(3) Bei ehrenamtlichen Richterinnen und Richtern der Finanzgerichtsbarkeit sind ferner alle rechtskräftigen Verurteilungen wegen einer Steuer- oder Monopolstraftat mitzuteilen.

(4) ¹Die Mitteilungen sind an die Präsidentin oder den Präsidenten oder an die Direktorin oder den Direktor des Gerichts, bei dem die ehrenamtliche Richterin oder der ehrenamtliche Richter tätig ist oder tätig werden soll, zu richten. ²Bei ehrenamtlichen Richterinnen und Richtern an einem Arbeitsgericht oder Landesarbeitsgericht sind die Mitteilungen an die oberste Arbeitsbehörde des Landes[1], bei ehrenamtlichen Richterinnen und Richtern am Bundesarbeitsgericht an das Bundesministerium für Arbeit und Soziales zu richten. ³Sie sind als „Vertrauliche Personalsache" zu kennzeichnen.

18. Strafsachen gegen Versorgungsberechtigte, Alters- und Hinterbliebenengeldberechtigte
§ 13 Absatz 1 Nummer 5, Absatz 2, § 14 Absatz 1 Nummer 6, Absatz 2 EGGVG

(1) In Strafsachen gegen Personen, denen aufgrund früherer Dienstverhältnisse als Richterinnen oder Richter, Beamtinnen oder Beamte, Soldatinnen oder Soldaten Ansprüche auf Versorgungsbezüge oder Altersgeld zustehen oder Versorgungsleistungen gewährt werden, sind mitzuteilen
1. der für die Festsetzung der Versorgungsbezüge zuständigen Behörde das rechtskräftige Urteil, wenn
   a) wegen einer vor Beendigung des Amts- oder Dienstverhältnisses begangenen vorsätzlichen Tat
      aa) eine Freiheitsstrafe von mindestens einem Jahr verhängt,
      bb) eine Freiheitsstrafe von mindestens sechs Monaten – bei Soldatinnen und Soldaten eine Freiheitsstrafe in beliebiger Höhe – nach den Vorschriften über Friedensverrat, Hochverrat, Gefährdung des demokratischen Rechtsstaats, Landesverrat, Gefährdung der äußeren Sicherheit oder – soweit sich die Tat auf eine Diensthandlung im Hauptamt bezieht – Bestechlichkeit verhängt,

cc) die Fähigkeit zur Bekleidung öffentlicher Ämter aberkannt oder
dd) nur bei Soldatinnen und Soldaten – eine Maßregel der Besserung und Sicherung nach den §§ 64, 66 StGB angeordnet

worden ist oder
b) wegen einer nach Beendigung des Amts- oder Dienstverhältnisses begangenen vorsätzlichen Tat
aa) eine Freiheitsstrafe von mindestens zwei Jahren oder
bb) eine Freiheitsstrafe von mindestens sechs Monaten nach den Vorschriften über Friedensverrat, Hochverrat, Gefährdung des demokratischen Rechtsstaats oder Landesverrat und Gefährdung der äußeren Sicherheit

verhängt worden ist,
2. der nach den §§ 17, 84 BDG oder den entsprechenden landesrechtlichen Vorschriften oder der nach der WDO zuständigen Einleitungsbehörde, wenn die Tat vor Beendigung des Amts- oder Dienstverhältnisses begangen wurde oder wenn bei einer nach diesem Zeitpunkt begangenen Tat die besonderen Voraussetzungen gemäß § 2 Absatz 1 Nummer 2 Buchstabe b BDG in Verbindung mit § 77 Absatz 2 BBG oder gemäß den entsprechenden landesrechtlichen Vorschriften in Verbindung mit § 47 Absatz 2 BeamtStG oder gemäß § 1 Absatz 2 Satz 2 WDO in Verbindung mit § 23 Absatz 2 SG vorliegen:
a) die Erhebung der öffentlichen Klage,
b) die Urteile,
c) der Ausgang des Verfahrens, wenn eine Mitteilung nach Buchstabe a oder b zu machen war.

Nummer 15 Absatz 2 gilt in diesen Fällen entsprechend.

(2) In Strafsachen gegen Personen, denen aufgrund einer früheren Tätigkeit in einem privatrechtlichen Arbeitnehmerverhältnis im öffentlichen Dienst oder als Hinterbliebene einer solchen Person gegen eine Zusatzversorgungseinrichtung des öffentlichen Dienstes Ansprüche auf Betriebsrenten aufgrund einer Pflichtversicherung oder Besitzstandsrenten zustehen, sind der für die Festsetzung der Leistungen zuständigen Stelle rechtskräftige Urteile mitzuteilen, wenn:
1. wegen einer vorsätzlichen Tat eine Freiheitsstrafe von mindestens zwei Jahren oder
2. wegen einer vorsätzlichen Tat, die nach den Vorschriften über Friedensverrat, Hochverrat, Gefährdung des demokratischen Rechtsstaats oder Landesverrat und Gefährdung der äußeren Sicherheit strafbar ist, eine Freiheitsstrafe von mindestens sechs Monaten

verhängt worden ist.

(3) In Strafsachen gegen sonstige Personen, denen gegen eine öffentliche Kasse Ansprüche auf Leistungen mit Versorgungscharakter zustehen oder denen solche Leistungen gewährt werden, sind der für die Festsetzung der Leistungen zuständigen Stelle rechtskräftige Urteile mitzuteilen, in denen wegen einer vorsätzlichen Tat, die
1. vor Beendigung des Amts- oder Dienstverhältnisses begangen wurde, eine Freiheitsstrafe von mindestens einem Jahr verhängt oder die Fähigkeit zur Bekleidung öffentlicher Ämter aberkannt worden ist,
2. nach Beendigung des Amts- oder Dienstverhältnisses begangen wurde, eine Freiheitsstrafe von mindestens zwei Jahren verhängt worden ist oder
3. die nach den Vorschriften über Friedensverrat, Hochverrat, Gefährdung des demokratischen Rechtsstaats oder Landesverrat und Gefährdung der äußeren Sicherheit strafbar ist, eine Freiheitsstrafe von mindestens sechs Monaten verhängt worden ist.

(4) In Strafsachen gegen Hinterbliebene von Personen im Sinne der Absätze 1 und 3, die Anspruch auf Versorgungsbezüge oder Hinterbliebenengeld haben oder Versorgungsleistungen erhalten, sind der für die Festsetzung der Versorgungsbezüge zuständigen Stelle rechtskräftige Urteile mitzuteilen, wenn:
1. wegen eines Verbrechens eine Freiheitsstrafe von mindestens zwei Jahren oder
2. wegen einer vorsätzlichen Tat, die nach den Vorschriften über Friedensverrat, Hochverrat, Gefährdung des demokratischen Rechtsstaats oder Landesverrat und Gefähr-

dung der äußeren Sicherheit strafbar ist, eine Freiheitsstrafe von mindestens sechs Monaten
verhängt worden ist.

19. Strafsachen gegen Soldatinnen und Soldaten
§ 89 Absatz 1 und 3 SG, § 115 BBG

(1) [1] In Strafsachen gegen Soldatinnen und Soldaten der Bundeswehr sind mitzuteilen
1. der Erlass und der Vollzug eines Haft- oder Unterbringungsbefehls,
2. die Anklageschrift oder eine an ihre Stelle tretende Antragsschrift,
3. der Antrag auf Erlass eines Strafbefehls und
4. die einen Rechtszug abschließende Entscheidung mit Begründung sowie gegebenenfalls mit dem Hinweis, dass ein Rechtsmittel eingelegt worden ist.

[2] Endet das Wehrdienstverhältnis nach der Übermittlung einer Mitteilung, so ist der Empfänger vom Ausgang des Verfahrens nach § 20 Absatz 1 EGGVG zu unterrichten, soweit er hierauf nicht verzichtet hat.

(2) [1] Absatz 1 gilt in Verfahren wegen Privatklagedelikten nur, wenn die Staatsanwaltschaft das öffentliche Interesse an der Strafverfolgung bejaht hat; Nummer 29 bleibt unberührt. [2] In Verfahren wegen fahrlässig begangener Straftaten sind Mitteilungen nach Absatz 1 Ziffer 2 bis 4 nur zu machen, wenn
1. es sich um schwere Verstöße, namentlich Vergehen der Trunkenheit im Straßenverkehr oder der fahrlässigen Tötung, handelt oder
2. in sonstigen Fällen die Kenntnis der Daten aufgrund der Umstände des Einzelfalles erforderlich ist, um zu prüfen, ob dienstrechtliche Maßnahmen zu ergreifen sind.

(3) [1] Entscheidungen über Verfahrenseinstellungen, die nicht bereits nach Absatz 1 oder 2 zu übermitteln sind, sollen übermittelt werden, wenn die in Absatz 2 Ziffer 2 genannten Voraussetzungen erfüllt sind. [2] Dabei ist zu berücksichtigen, wie gesichert die zu übermittelnden Erkenntnisse sind. [3] Übermittelt werden sollen insbesondere Einstellungsentscheidungen gemäß § 170 Absatz 2 StPO, die Feststellungen zu einer Schuldunfähigkeit nach § 20 StGB enthalten. [4] Die Mitteilung ordnen Richterinnen oder Richter, Staatsanwältinnen oder Staatsanwälte an.

(4) Übermittlungen nach den Absätzen 1 bis 3 sind auch zulässig, soweit sie Daten betreffen, die dem Steuergeheimnis (§ 30 AO) unterliegen.

(5) [1] Mitteilungen sind zu richten
1. bei Erlass und Vollzug eines Haft- oder Unterbringungsbefehls schriftlich an die nächsten Disziplinarvorgesetzten oder deren Vertretung im Amt,
2. in allen übrigen Fällen zum Zwecke der Weiterleitung an die zuständige Stelle an das Kommando Territoriale Aufgaben der Bundeswehr (Kurt-Schumacher-Damm 41, 13405 Berlin).

[2] Die Mitteilungen sind als „Vertrauliche Personalsache" zu kennzeichnen. [3] Im Falle der Ziffer 2 sind nur die Personendaten der Soldatinnen oder Soldaten, die zur Ermittlung der zuständigen Stelle erforderlich sind (Name, Geburtsname, Vorname, Geburtsdatum, Dienstgrad, Truppenteil oder Dienststelle sowie Standort), dem Kommando Territoriale Aufgaben der Bundeswehr mitzuteilen. [4] Die übrigen Daten sind zur Weiterleitung in einem verschlossenen Umschlag zu übermitteln. [5] Ist das Wehrdienstverhältnis zwischenzeitlich beendet, soll neben den bekannten, zuletzt gültigen Personendaten auch die bekannte Anschrift der entlassenen Soldatinnen oder Soldaten mitgeteilt werden.

20. Strafsachen gegen Soldatinnen und Soldaten im Ruhestand, frühere Berufssoldatinnen und Berufssoldaten und frühere Soldatinnen und Soldaten auf Zeit
§ 89 Absatz 2 SG

(1) [1] In Strafsachen gegen Berufsoffiziere und -unteroffiziere im Ruhestand, frühere Berufsoffiziere und -unteroffiziere und frühere Offiziere und Unteroffiziere auf Zeit sind mitzuteilen

1. die Erhebung der öffentlichen Klage,
2. die Urteile,
3. der Ausgang des Verfahrens, wenn eine Mitteilung nach Ziffer 1 oder 2 zu machen war, wenn der Tatvorwurf
    a) die §§ 80 bis 100a, 105, 106, 129, 129a StGB oder § 20 VereinsG betrifft und die Tat eine Betätigung gegen die freiheitliche demokratische Grundordnung im Sinne des Grundgesetzes zum Ziel hatte oder
    b) auf unwürdiges Verhalten im Sinne des § 23 Absatz 2 Nummer 2 SG schließen lässt

und nicht erkennbar ist, dass schutzwürdige Interessen der Betroffenen an dem Ausschluss der Übermittlung überwiegen. ²In Privatklageverfahren und in Verfahren wegen fahrlässig begangener Straftaten sind Mitteilungen nach dieser Bestimmung nicht zu machen.

(2) ¹Die Mitteilungen sind zum Zwecke der Weiterleitung an die zuständige Stelle an das Kommando Territoriale Aufgaben der Bundeswehr (Kurt-Schumacher-Damm 41, 13405 Berlin) zu richten und als „Vertrauliche Personalsache" zu kennzeichnen. ²Es sind nur die Personendaten der Beschuldigten mitzuteilen, die für die Ermittlung der zuständigen Stelle erforderlich sind. ³Hierzu sollen Name, Geburtsname, Vorname, Geburtsdatum, der frühere Dienstgrad und die Anschrift der Beschuldigten angegeben werden. ⁴Die übrigen Daten sind dem Kommando Territoriale Aufgaben der Bundeswehr in einem verschlossenen Umschlag zu übermitteln.

(3) Die Mitteilung ordnen Richterinnen oder Richter, Staatsanwältinnen oder Staatsanwälte an.

21. **Strafsachen gegen Zivildienstleistende**
§ 45a ZDG, § 115 BBG

(1) ¹In Strafsachen gegen Zivildienstleistende sind mitzuteilen
1. der Erlass und der Vollzug eines Haft- oder Unterbringungsbefehls,
2. die Anklageschrift oder eine an ihre Stelle tretende Antragsschrift,
3. der Antrag auf Erlass eines Strafbefehls und
4. die einen Rechtszug abschließende Entscheidung mit Begründung sowie gegebenenfalls mit dem Hinweis, dass ein Rechtsmittel eingelegt worden ist.

²Endet das Zivildienstverhältnis nach Übermittlung einer Mitteilung, ist der Empfänger über den Ausgang des Verfahrens nach § 20 Absatz 1 EGGVG zu unterrichten, soweit er hierauf nicht verzichtet hat.

(2) ¹Absatz 1 gilt in Verfahren wegen Privatklagedelikten nur, wenn die Staatsanwaltschaft das öffentliche Interesse an der Strafverfolgung bejaht hat; Nummer 29 bleibt unberührt. ²In Verfahren wegen fahrlässig begangener Straftaten sind Mitteilungen nach Absatz 1 Ziffer 2 bis 4 nur zu machen, wenn
1. es sich um schwere Verstöße, namentlich Vergehen der Trunkenheit im Straßenverkehr oder der fahrlässigen Tötung, handelt oder
2. in sonstigen Fällen die Kenntnis der Daten aufgrund der Umstände des Einzelfalles erforderlich ist, um zu prüfen, ob dienstrechtliche Maßnahmen zu ergreifen sind.

(3) ¹Entscheidungen über Verfahrenseinstellungen, die nicht bereits nach Absatz 1 oder 2 zu übermitteln sind, sollen übermittelt werden, wenn die in Absatz 2 Ziffer 2 genannten Voraussetzungen erfüllt sind. ²Dabei ist zu berücksichtigen, wie gesichert die zu übermittelnden Erkenntnisse sind. ³Übermittelt werden sollen insbesondere Einstellungsentscheidungen gemäß § 170 Absatz 2 StPO, die Feststellungen zu einer Schuldunfähigkeit nach § 20 StGB enthalten. ⁴Die Mitteilung ordnen Richterinnen oder Richter, Staatsanwältinnen oder Staatsanwälte an.

(4) Übermittlungen nach den Absätzen 1 bis 3 sind auch zulässig, soweit sie Daten betreffen, die dem Steuergeheimnis (§ 30 AO) unterliegen.

(5) Die Mitteilungen sind an das

Bundesamt für Familie und zivilgesellschaftliche Aufgaben
50964 Köln
Telefon: 02 21/36 73-0

zu richten und als „Vertrauliche Personalsache" zu kennzeichnen.

22. Strafsachen gegen Geistliche und Beamtinnen und Beamte öffentlich-rechtlicher Religionsgesellschaften

§ 12 Absatz 2, § 13 Absatz 2, § 14 Absatz 1 Nummer 4 und 6, Absatz 2 EGGVG

(1) Mitteilungen an Stellen der öffentlich-rechtlichen Religionsgesellschaften sind nur zulässig, sofern sichergestellt ist, dass bei dem Empfänger ausreichende Datenschutzmaßnahmen getroffen sind.

(2) In Strafsachen gegen Geistliche einer Kirche oder gegen Personen, die ein entsprechendes Amt bei einer anderen öffentlich-rechtlichen Religionsgesellschaft bekleiden, sowie gegen Beamtinnen und Beamte einer Kirche oder einer Religionsgesellschaft sind mitzuteilen

1. der Erlass und der Vollzug eines Haft- oder Unterbringungsbefehls,
2. die Erhebung der öffentlichen Klage,
3. die Urteile,
4. der Ausgang des Verfahrens, wenn eine Mitteilung nach den Ziffern 1 bis 3 zu machen war.

(3) [1] In Privatklageverfahren, in Verfahren wegen fahrlässig begangener Straftaten und in sonstigen Verfahren bei Verurteilung zu einer anderen Maßnahme als einer Strafe oder einer Maßnahme im Sinne des § 11 Absatz 1 Nummer 8 StGB unterbleibt die Mitteilung, wenn nicht besondere Umstände des Einzelfalles sie erfordern. [2] Sie ist insbesondere erforderlich, wenn die Tat bereits ihrer Art nach geeignet ist, Zweifel an der Zuverlässigkeit oder Eignung für die gerade ausgeübte berufliche oder ehrenamtliche Tätigkeit hervorzurufen. [3] Die Mitteilung ordnen Richterinnen oder Richter, Staatsanwältinnen oder Staatsanwälte an. [4] Die Sätze 1 bis 3 gelten nicht bei Straftaten, durch die der Tod eines Menschen verursacht worden ist, und bei gefährlicher Körperverletzung.

(4) [1] Entscheidungen über Verfahrenseinstellungen, die nicht bereits nach den Absätzen 2 und 3 zu übermitteln sind, sollen nur übermittelt werden, wenn die Kenntnis der Daten aufgrund der Umstände des Einzelfalles erforderlich ist, um zu prüfen, ob disziplinarrechtliche Maßnahmen zu ergreifen sind. [2] Dabei ist zu berücksichtigen, wie gesichert die zu übermittelnden Erkenntnisse sind. [3] Übermittelt werden sollen insbesondere Einstellungsentscheidungen nach § 170 Absatz 2 StPO, wenn sie Feststellungen zu einer Schuldunfähigkeit nach § 20 StGB enthalten. [4] Die Mitteilung ordnen Richterinnen oder Richter, Staatsanwältinnen oder Staatsanwälte an.

(5) Für die in Absatz 2 genannten Personen gelten, wenn sie sich im Ruhestand befinden, die Absätze 2 bis 4 entsprechend.

(6) Die Mitteilungen sind an die jeweils zuständige Oberbehörde der öffentlich-rechtlichen Religionsgesellschaft zu richten und als „Vertrauliche Personalsache" zu kennzeichnen.

23. Strafsachen gegen Notarinnen, Notare und Angehörige der rechtsberatenden Berufe

§ 13 Absatz 1 Nummer 1, Absatz 2, § 14 Absatz 1 Nummer 4, Absatz 2 EGGVG, § 64a Absatz 2 BNotO, § 36 Absatz 2 BRAO auch in Verbindung mit § 59m Absatz 2, § 207 Absatz 2 Satz 1, § 209 Absatz 1 Satz 3 BRAO, § 4 Absatz 1, § 34a EuRAG, § 34 Absatz 2 auch in Verbindung mit § 52m Absatz 2 PAO, § 19 Absatz 4, § 21 Absatz 2 Satz 1 EuPAG, § 18 Absatz 1 Satz 3 und 4 RDG

(1) [1] In Strafsachen gegen

– Notarinnen, Notare, Notarassessorinnen und Notarassessoren,
– Rechtsanwältinnen und Rechtsanwälte, einschließlich der niedergelassenen europäischen Rechtsanwältinnen und Rechtsanwälte im Sinne von § 2 EuRAG, der dienst-

leistenden europäischen Rechtsanwältinnen und Rechtsanwälte im Sinne von § 25 EuRAG und der niedergelassenen ausländischen Rechtsanwältinnen und Rechtsanwälte im Sinne von § 206 BRAO,
- Patentanwältinnen und Patentanwälte, einschließlich der niedergelassenen ausländischen Patentanwältinnen und Patentanwälte im Sinne von § 20 EuPAG und der dienstleistenden europäischen Patentanwältinnen und Patentanwälte im Sinne von § 13 EuPAG,
- Geschäftsführerinnen und Geschäftsführer einer Rechtsanwaltsgesellschaft oder Patentanwaltsgesellschaft mit beschränkter Haftung,
- registrierte Rechtsdienstleisterinnen und Rechtsdienstleister, qualifizierte Personen im Sinne von § 12 Absatz 4 RDG, Rechtsbeistände sowie sonstige Rechtsdienstleisterinnen und Rechtsdienstleister, gegen die Maßnahmen nach § 9 Absatz 1 oder die §§ 13a, 15b RDG oder Mitteilungen nach § 18 Absatz 2 RDG in Verbindung mit § 8d Absatz 1 VwVfG in Betracht kommen,

sind mitzuteilen

1. der Erlass und der Vollzug eines Haft- oder Unterbringungsbefehls,
2. Entscheidungen, durch die ein vorläufiges Berufsverbot angeordnet oder ein solches aufgehoben worden ist,
3. die Erhebung der öffentlichen Klage,
4. die Urteile,
5. der Ausgang des Verfahrens, wenn eine Mitteilung nach den Ziffern 1 bis 4 zu machen war.

(1a) In Strafsachen gegen Notarinnen außer Dienst (a.D.) und Notare a.D. sind rechtskräftige Entscheidungen eines Gerichts mitzuteilen, wenn

1. eine Freiheitsstrafe von mindestens einem Jahr wegen einer vorsätzlichen Tat verhängt,
2. eine Freiheitsstrafe von mindestens sechs Monaten wegen einer vorsätzlichen Tat nach den Vorschriften über Friedensverrat, Hochverrat, Gefährdung des demokratischen Rechtsstaats, Landesverrat und Gefährdung der äußeren Sicherheit oder, soweit sich die Tat auf eine Diensthandlung im Hauptamt bezieht, Bestechlichkeit verhängt oder
3. die Fähigkeit zur Bekleidung öffentlicher Ämter aberkannt

worden ist.

(2) In besonderen Fällen, namentlich in Verfahren, die die pflichtwidrige Verwendung von Mandantengeldern, einen Parteiverrat, einen Betrug, eine Urkundenfälschung, die unterlassene Herausgabe von Behördenakten oder einen sonstigen Vorwurf, der zu einem Berufs- oder Vertretungsverbot oder einer Amtsenthebung führen kann, zum Gegenstand haben, oder wenn im Verfahren Feststellungen zu einer Schuldunfähigkeit nach § 20 StGB getroffen werden, sind auch die Einleitung sowie der Ausgang des Ermittlungsverfahrens mitzuteilen.

(3) [1] In Privatklageverfahren und in Verfahren wegen fahrlässig begangener Straftaten unterbleibt die Mitteilung, wenn nicht besondere Umstände des Einzelfalles sie erfordern. [2] Sie ist insbesondere erforderlich, wenn die Tat bereits ihrer Art nach geeignet ist, Zweifel an der Zuverlässigkeit oder Eignung für die gerade ausgeübte berufliche Tätigkeit hervorzurufen. [3] Die Mitteilung ordnen Richterinnen oder Richter, Staatsanwältinnen oder Staatsanwälte an. [4] Die Sätze 1 bis 3 gelten nicht bei Straftaten, durch die der Tod eines Menschen verursacht worden ist.

(4) [1] Die Mitteilungen sind zu richten

1. bei Notarinnen, Notaren, Notarassessorinnen, Notarassessoren, Notarinnen a.D. und Notaren a.D.:
an die Landesjustizverwaltung, die Präsidentin oder den Präsidenten des Oberlandesgerichts, des Landgerichts und der Notarkammer;
2. bei Rechtsanwältinnen und Rechtsanwälten beim Bundesgerichtshof:
an das Bundesministerium der Justiz, die Generalbundesanwältin oder den Generalbundesanwalt beim Bundesgerichtshof und die Rechtsanwaltskammer beim Bundesgerichtshof;

3. bei den übrigen Rechtsanwältinnen und Rechtsanwälten gemäß Absatz 1 sowie bei Rechtsbeiständen, die Mitglieder einer Rechtsanwaltskammer sind:
an die Generalstaatsanwaltschaft und die Rechtsanwaltskammer;
4. bei nichtanwaltlichen und nichtpatentanwaltlichen Geschäftsführerinnen und Geschäftsführern einer Rechtsanwaltsgesellschaft mit beschränkter Haftung an die gemäß den §§ 120, 119 Absatz 2, § 60 Absatz 1 Satz 2 BRAO zuständige Generalstaatsanwaltschaft und die gemäß § 60 Absatz 1 Satz 2 BRAO zuständige Rechtsanwaltskammer (§§ 74, 113, 115c und 120 BRAO);
bei nichtanwaltlichen und nichtpatentanwaltlichen Geschäftsführerinnen und Geschäftsführern einer Patentanwaltsgesellschaft mit beschränkter Haftung an die Generalstaatsanwaltschaft München (§§ 86, 104, 105 PAO) und die Patentanwaltskammer (§§ 53, 58, 70, 95, 97a PAO);
5. bei Patentanwältinnen und Patentanwälten gemäß Absatz 1 – auch als Geschäftsführerinnen oder Geschäftsführer einer Patentanwaltsgesellschaft mit beschränkter Haftung – an die Präsidentin oder den Präsidenten des Deutschen Patent- und Markenamtes, die Generalstaatsanwaltschaft München und die Patentanwaltskammer (§§ 53, 58, 70, 86, 95, 97a, 104, 105 PAO);
bei Geschäftsführerinnen und Geschäftsführern einer Rechtsanwaltsgesellschaft mit beschränkter Haftung zusätzlich an die gemäß den §§ 120, 119 Absatz 2, § 60 Absatz 1 Satz 2 BRAO zuständige Generalstaatsanwaltschaft und die gemäß § 60 Absatz 1 Satz 2 BRAO zuständige Rechtsanwaltskammer (§§ 74, 113, 115c, 120 BRAO);
6. bei den in den Ziffern 3 und 5 genannten Angehörigen rechtsberatender Berufe, die Gesellschafterinnen oder Gesellschafter, Geschäftsführerinnen oder Geschäftsführer, Prokuristinnen oder Prokuristen oder Handlungsbevollmächtigte zum gesamten Geschäftsbetrieb einer Rechtsanwaltsgesellschaft mit beschränkter Haftung sind, zusätzlich an die für die Rechtsanwaltsgesellschaft zuständige Rechtsanwaltskammer, wenn die Mitteilung ein Berufsverbot betrifft; ist der Mitteilungsempfänger mit den nach Ziffer 3 zu unterrichtenden Stellen identisch, ist eine zusätzliche Mitteilung nicht erforderlich;
7. bei den in den Ziffern 3 und 5 genannten Angehörigen rechtsberatender Berufe, die Gesellschafterinnen oder Gesellschafter, Geschäftsführerinnen oder Geschäftsführer, Prokuristinnen oder Prokuristen oder Handlungsbevollmächtigte zum gesamten Geschäftsbetrieb einer Patentanwaltsgesellschaft mit beschränkter Haftung sind, zusätzlich an die Präsidentin oder den Präsidenten des Deutschen Patent- und Markenamtes (§ 52g Absatz 1, § 52h Absatz 3 PAO) und die Patentanwaltskammer (§ 53 Absatz 1, § 97a PAO), wenn die Mitteilung ein Berufsverbot betrifft; sind die Mitteilungsempfänger mit den nach Ziffer 5 zu unterrichtenden Stellen identisch, ist eine zusätzliche Mitteilung nicht erforderlich;
8. bei registrierten Rechtsdienstleisterinnen und Rechtsdienstleistern, qualifizierten Personen im Sinne von § 12 Absatz 4 RDG, Rechtsbeiständen sowie sonstigen Rechtsdienstleistern:
an die auf der Grundlage von § 19 RDG nach Landesrecht zuständige Stelle.

[2] Die Mitteilungen sind als „Vertrauliche Personalsache" zu kennzeichnen.

24. Strafsachen gegen Angehörige bestimmter Berufe des Wirtschaftslebens und Sachverständige

§ 13 Absatz 2, § 14 Absatz 1 Nummer 4, 5 und 7, Absatz 2 EGGVG, § 36a Absatz 3 Nummer 2, § 65 Absatz 2, § 130 Absatz 1 WiPrO, § 10 Absatz 2 StBerG, § 15 BewachV

(1) In Strafsachen gegen

– Wirtschaftsprüferinnen und Wirtschaftsprüfer,
– vereidigte Buchprüferinnen und vereidigte Buchprüfer,
– Steuerberaterinnen und Steuerberater,
– Steuerbevollmächtigte,

- Vorstandsmitglieder, Geschäftsführerinnen und Geschäftsführer, persönlich haftende Gesellschafterinnen und Gesellschafter oder Partnerinnen und Partner einer Wirtschaftsprüfungsgesellschaft, Steuerberatungsgesellschaft oder Buchprüfungsgesellschaft,
- Dispacheurinnen und Dispacheure,
- Markscheiderinnen und Markscheider,
- Öffentlich bestellte Vermessungsingenieurinnen und Vermessungsingenieure,
- Vorstandsmitglieder, Geschäftsführerinnen und Geschäftsführer, geschäftsführende und gleichzeitig vertretungsberechtigte Gesellschafterinnen und Gesellschafter, Geschäftsinhaberinnen und Geschäftsinhaber eines zur Teilnahme am Börsenhandel zugelassenen Unternehmens und Personen, die für ein solches Unternehmen an der Börse handeln (Börsenhändler),
- öffentlich bestellte und vereidigte Sachverständige, öffentlich bestellte und vereidigte sowie allgemein beeidigte Dolmetscherinnen und Dolmetscher, ferner öffentlich bestellte und vereidigte sowie ermächtigte Übersetzerinnen und Übersetzer,
- Architektinnen und Architekten, Ingenieurinnen und Ingenieure, soweit diese in einer von einer Berufskammer geführten Liste eingetragen sind, sowie
- Vorstandsmitglieder, Geschäftsführerinnen und Geschäftsführer, geschäftsführende und gleichzeitig vertretungsberechtigte Gesellschafterinnen und Gesellschafter, Geschäftsinhaberinnen und Geschäftsinhaber eines Bewachungsunternehmens (Bewacherinnen und Bewacher, §§ 31, 34a GewO) und Personen, die für ein solches Unternehmen Bewachungsaufgaben durchführen (Wachpersonen),

sind, wenn der Tatvorwurf auf eine Verletzung von Pflichten schließen lässt, die bei der Ausübung des Berufs zu beachten sind, oder er in anderer Weise geeignet ist, Zweifel an der Eignung, Zuverlässigkeit oder Befähigung hervorzurufen, mitzuteilen

1. der Erlass und der Vollzug eines Haft- oder Unterbringungsbefehls,
2. die Entscheidung, durch die ein vorläufiges Berufsverbot angeordnet oder ein solches aufgehoben worden ist,
3. die Erhebung der öffentlichen Klage,
4. der Ausgang des Verfahrens, wenn eine Mitteilung nach den Ziffern 1 bis 3 zu machen war.

(2) [1] In Privatklageverfahren, in Verfahren wegen fahrlässig begangener Straftaten und in sonstigen Verfahren bei Verurteilung zu einer anderen Maßnahme als einer Strafe oder einer Maßnahme im Sinne des § 11 Absatz 1 Nummer 8 StGB unterbleibt die Mitteilung, wenn nicht besondere Umstände des Einzelfalles sie erfordern. [2] Sie ist insbesondere erforderlich, wenn die Tat bereits ihrer Art nach geeignet ist, Zweifel an der Zuverlässigkeit oder Eignung für die gerade ausgeübte berufliche Tätigkeit hervorzurufen. [3] Die Mitteilung ordnen Richterinnen oder Richter, Staatsanwältinnen oder Staatsanwälte an. [4] Die Sätze 1 bis 3 gelten nicht bei Straftaten, durch die der Tod eines Menschen verursacht worden ist, und bei gefährlicher Körperverletzung.

(3) [1] In Strafsachen gegen amtlich anerkannte Sachverständige oder Prüferinnen und Prüfer für den Kraftfahrzeugverkehr gelten die Absätze 1 und 2 mit der Maßgabe, dass sich die Mitteilungspflicht auch auf die vorläufige Entziehung der Fahrerlaubnis gemäß § 111a StPO oder die Sicherstellung, Inverwahrnahme oder Beschlagnahme des Führerscheins gemäß § 94 StPO erstreckt. [2] Gleiches gilt für Prüfingenieurinnen und Prüfingenieure von amtlich anerkannten Überwachungsorganisationen, die mit der Durchführung von Untersuchungen betraut sind (Anlage VIII b StVZO).

(4) Die Mitteilungen sind zu richten an

1. die zuständige Landesbehörde in Fällen, in denen eine rechtskräftige Entscheidung ein Berufsverbot anordnet oder den Verlust der Fähigkeit zur Bekleidung öffentlicher Ämter zur Folge hat,
2. die zuständige Berufskammer, wenn eine solche als Körperschaft des öffentlichen Rechts besteht,

3. die für die Bestellung zuständige Behörde oder Stelle (Kammer) in Strafsachen gegen öffentlich bestellte und vereidigte Sachverständige, öffentlich bestellte und vereidigte sowie allgemein beeidigte Dolmetscherinnen und Dolmetscher, öffentlich bestellte und vereidigte sowie ermächtigte Übersetzerinnen und Übersetzer,
4. die für die Aufsicht über Dispacheurinnen und Dispacheure, Markscheiderinnen und Markscheider, Öffentlich bestellte Vermessungsingenieurinnen und Vermessungsingenieure, die für die amtliche Anerkennung der Sachverständigen und Prüferinnen und Prüfer für den Kraftfahrzeugverkehr sowie die für die Zustimmung zur Betrauung von Prüfingenieurinnen und Prüfingenieuren jeweils zuständige Stelle,
5. die Geschäftsführung der Börse in Strafsachen gegen Vorstandsmitglieder, Geschäftsführerinnen und Geschäftsführer, geschäftsführende und gleichzeitig vertretungsberechtigte Gesellschafterinnen und Gesellschafter, Geschäftsinhaberinnen und Geschäftsinhaber eines zur Teilnahme am Börsenhandel zugelassenen Unternehmens und Personen, die für ein solches Unternehmen an der Börse handeln (Börsenhändler),
6. die Generalstaatsanwältin oder den Generalstaatsanwalt, die oder der für die Einleitung des berufsgerichtlichen Verfahrens zuständig ist (§§ 84, 130 Absatz 1 WiPrO, § 113 StBerG), in Strafsachen gegen Wirtschaftsprüferinnen und Wirtschaftsprüfer, vereidigte Buchprüferinnen und vereidigte Buchprüfer, Steuerberaterinnen und Steuerberater sowie Steuerbevollmächtigte, gegen Vorstandsmitglieder, Geschäftsführerinnen und Geschäftsführer, persönlich haftende Gesellschafterinnen und Gesellschafter oder Partnerinnen und Partner einer Wirtschaftsprüfungsgesellschaft, Steuerberatungsgesellschaft oder Buchprüfungsgesellschaft,
7. die Behörde, die Berechtigung erteilt hat oder für die Untersagung des Berufs- oder Gewerbeausübung zuständig ist, in Strafsachen gegen Vorstandsmitglieder, Geschäftsführerinnen und Geschäftsführer, geschäftsführende und gleichzeitig vertretungsberechtigte Gesellschafterinnen und Gesellschafter, Geschäftsinhaberinnen und Geschäftsinhaber eines Bewachungsunternehmens (Bewacherinnen und Bewacher, §§ 31, 34a GewO) und Personen, die für ein solches Unternehmen Bewachungsaufgaben durchführen (Wachpersonen),
8. in Strafsachen gegen Wirtschaftsprüferinnen und Wirtschaftsprüfer die Abschlussprüferaufsichtsstelle beim Bundesamt für Wirtschaft und Ausfuhrkontrolle, Uhlandstraße 88–90, 10717 Berlin.

25. Strafsachen gegen Inhaberinnen und Inhaber, Geschäftsleiterinnen und Geschäftsleiter von Kredit-, Finanzdienstleistungs-, Zahlungs- und E-Geld-Instituten

§ 60a Absatz 1, Absatz 1a KWG, § 34 ZAG

(1) ¹ In Strafsachen gegen Inhaberinnen und Inhaber oder Geschäftsleiterinnen und Geschäftsleiter von Kredit-, Finanzdienstleistungs-, Zahlungs- und E-Geld-Instituten sowie gegen Inhaberinnen und Inhaber bedeutender Beteiligungen an solchen Instituten oder deren gesetzliche Vertreterinnen und Vertreter oder in den Fällen des § 60a Absatz 1 KWG auch deren persönlich haftende Gesellschafterinnen und Gesellschafter wegen Verletzung ihrer Berufspflichten oder anderer Straftaten bei oder im Zusammenhang mit der Ausübung eines Gewerbes oder dem Betrieb einer sonstigen wirtschaftlichen Unternehmung, sind der

> Bundesanstalt für Finanzdienstleistungsaufsicht
> Bankenaufsicht
> Graurheindorfer Straße 108
> 53117 Bonn

mitzuteilen

1. die Anklageschrift oder eine an ihre Stelle tretende Antragsschrift, in Strafsachen, die eine Straftat nach § 54 KWG oder § 31 ZAG zum Gegenstand haben, bereits die Einleitung des Ermittlungsverfahrens,
2. der Antrag auf Erlass eines Strafbefehls und

3. die das Verfahren abschließende Entscheidung mit Begründung, wenn eine Mitteilung nach Ziffer 1 oder 2 zu machen war.

²Ist gegen die Entscheidung ein Rechtsmittel eingelegt worden, ist die Entscheidung unter Hinweis auf das eingelegte Rechtsmittel zu übermitteln.

(2) In Verfahren wegen fahrlässig begangener Straftaten werden die in Absatz 1 Satz 1 Ziffer 1 und 2 bestimmten Übermittlungen nur vorgenommen, wenn aus der Sicht der übermittelnden Stelle unverzüglich Entscheidungen oder andere Maßnahmen der Bundesanstalt für Finanzdienstleistungsaufsicht geboten sind.

25a. Strafsachen gegen Inhaberinnen und Inhaber, Geschäftsleiterinnen und Geschäftsleiter von Wertpapierdienstleistungsunternehmen und sonstige an Wertpapierdienstleistungsgeschäften beteiligte Personen

§ 122 Absatz 1, 2 und 4 WpHG

(1) ¹In Strafsachen wegen Straftaten nach § 119 WpHG teilt die Staatsanwaltschaft die Einleitung des Ermittlungsverfahrens, die Anklageschrift bzw. den Antrag auf Erlass eines Strafbefehls und die Einstellung des Ermittlungsverfahrens der

Bundesanstalt für Finanzdienstleistungsaufsicht
Wertpapieraufsicht
Marie-Curie-Straße 24–28
60439 Frankfurt

mit. ²Das Gericht teilt in diesen Verfahren der Bundesanstalt für Finanzdienstleistungsaufsicht den Termin zur Hauptverhandlung und die Entscheidung, mit der das Verfahren abgeschlossen wird, mit.

(2) ¹In Strafsachen gegen Inhaberinnen und Inhaber oder Geschäftsleiterinnen und Geschäftsleiter von Wertpapierdienstleistungsunternehmen oder deren gesetzliche Vertreterinnen und Vertreter oder persönlich haftende Gesellschafterinnen und Gesellschafter wegen Straftaten zum Nachteil von Kundinnen und Kunden bei oder im Zusammenhang mit dem Betrieb des Wertpapierdienstleistungsunternehmens, ferner in Strafsachen, die Straftaten nach § 119 WpHG zum Gegenstand haben, sind im Fall der Erhebung der öffentlichen Klage der Bundesanstalt für Finanzdienstleistungsaufsicht

1. die Anklageschrift oder eine an ihre Stelle tretende Antragsschrift,
2. der Antrag auf Erlass eines Strafbefehls und
3. die das Verfahren abschließende Entscheidung mit Begründung

zu übermitteln. ²Ist gegen die Entscheidung ein Rechtsmittel eingelegt worden, ist die Entscheidung unter Hinweis auf das eingelegte Rechtsmittel zu übermitteln.

(3) In Verfahren wegen fahrlässig begangener Straftaten werden die in Absatz 2 Nummer 1 und 2 bestimmten Übermittlungen nur vorgenommen, wenn aus der Sicht der übermittelnden Stelle unverzüglich Entscheidungen oder andere Maßnahmen der Bundesanstalt für Finanzdienstleistungsaufsicht geboten sind.

25b. Strafsachen gegen Geschäftsleiterinnen und Geschäftsleiter von Versicherungsunternehmen oder Pensionsfonds und sonstige daran beteiligte Personen

§ 334 Absatz 1, 2, 2a und 3 VAG

(1) ¹In Strafsachen gegen Geschäftsleiterinnen und Geschäftsleiter von Versicherungsunternehmen oder Pensionsfonds sowie Inhaberinnen und Inhaber bedeutender Beteiligungen an Versicherungsunternehmen oder Pensionsfonds oder deren gesetzliche Vertreterinnen und Vertreter oder persönlich haftende Gesellschafterinnen und Gesellschafter wegen Verletzung ihrer Berufspflichten oder anderer Straftaten bei oder im Zusammenhang mit der Ausübung eines Gewerbes oder dem Betrieb einer sonstigen wirtschaftlichen Unternehmung, ferner in Strafverfahren, die Straftaten nach § 331 VAG zum Gegenstand haben, sind – und zwar auch, wenn eine Landesbehörde die Aufsicht ausübt – der

Anh 13 MiStra   Nrn 25c, 26   Anhang

Bundesanstalt für Finanzdienstleistungsaufsicht
Versicherungsaufsicht
Graurheindorfer Straße 108
53117 Bonn

mitzuteilen

1. in Strafsachen, die eine Straftat nach § 331 Absatz 1 und 2 Nummer 1 VAG zum Gegenstand haben, die Einleitung des Ermittlungsverfahrens,
2. die Anklageschrift oder eine an ihre Stelle tretende Antragsschrift,
3. der Antrag auf Erlass eines Strafbefehls, wenn diesem nicht umgehend entsprochen wird, und
4. die das Verfahren abschließende Entscheidung mit Begründung.

[2] Ist gegen die Entscheidung ein Rechtsmittel eingelegt worden, ist die Entscheidung unter Hinweis auf das eingelegte Rechtsmittel zu übermitteln.

(2) In Verfahren wegen fahrlässig begangener Straftaten werden die in Absatz 1 Satz 1 Ziffer 2 und 3 bestimmten Übermittlungen nur vorgenommen, wenn aus der Sicht der übermittelnden Stelle unverzüglich Entscheidungen oder andere Maßnahmen der Bundesanstalt für Finanzdienstleistungsaufsicht geboten sind.

25c. Strafsachen gegen bedeutend beteiligte Inhaberinnen und Inhaber, Geschäftsleiterinnen und Geschäftsleiter von Verwaltungsgesellschaften, extern verwalteten Investmentgesellschaften und Verwahrstellen

§ 341 Absatz 1, Absatz 2 KAGB

(1) [1] In Strafsachen gegen bedeutend beteiligte Inhaberinnen und Inhaber, Geschäftsleiterinnen und Geschäftsleiter oder Mitglieder der Verwaltungs- oder Aufsichtsorgane von Verwaltungsgesellschaften, extern verwalteten Investmentgesellschaften oder Verwahrstellen oder deren jeweilige gesetzliche Vertreterinnen und Vertreter oder persönlich haftende Gesellschafterinnen und Gesellschafter wegen Verletzung ihrer Berufspflichten oder anderer Straftaten bei oder im Zusammenhang mit der Ausübung eines Gewerbes oder dem Betrieb einer sonstigen wirtschaftlichen Unternehmung sind der

Bundesanstalt für Finanzdienstleistungsaufsicht
Wertpapieraufsicht
Marie-Curie-Straße 24 – 28
60439 Frankfurt am Main

mitzuteilen

1. die Anklageschrift oder eine an ihre Stelle tretende Antragsschrift, in Strafsachen, die eine Straftat nach § 339 KAGB zum Gegenstand haben, bereits die Einleitung des Ermittlungsverfahrens,
2. der Antrag auf Erlass eines Strafbefehls,
3. die das Verfahren abschließende Entscheidung mit Begründung, wenn eine Mitteilung nach Ziffer 1 oder 2 zu machen war.

[2] Ist gegen die Entscheidung ein Rechtsmittel eingelegt worden, ist die Entscheidung unter Hinweis auf das eingelegte Rechtsmittel zu übermitteln.

(2) In Verfahren wegen fahrlässig begangener Straftaten werden die in Absatz 1 Satz 1 Ziffer 1 und 2 bestimmten Übermittlungen nur vorgenommen, wenn aus der Sicht der übermittelnden Stelle unverzüglich Entscheidungen oder andere Maßnahmen der Bundesanstalt für Finanzdienstleistungsaufsicht geboten sind.

26. Strafsachen gegen Angehörige der Heilberufe

§ 13 Absatz 2, § 14 Absatz 1 Nummer 4 und 5, Absatz 2 EGGVG

(1) In Strafsachen gegen

– Ärztinnen und Ärzte,
– Zahnärztinnen und Zahnärzte,
– Tierärztinnen und Tierärzte,

- Apothekerinnen und Apotheker,
- Psychologische Psychotherapeutinnen und Psychologische Psychotherapeuten,
- Kinder- und Jugendlichenpsychotherapeutinnen und Kinder- und Jugendlichenpsychotherapeuten,
- Heilpraktikerinnen und Heilpraktiker,
- Hebammen und Entbindungspfleger,
- Altenpflegerinnen/Altenpfleger,
- Diätassistentinnen/Diätassistenten,
- Ergotherapeutinnen/Ergotherapeuten,
- Gesundheits- und Kinderkrankenpflegerinnen/Gesundheits- und Kinderkrankenpfleger,
- Gesundheits- und Krankenpflegerinnen/Gesundheits- und Krankenpfleger,
- Logopädinnen/Logopäden,
- Masseurinnen und medizinische Bademeisterinnen/Masseure und medizinische Bademeister,
- Orthoptistinnen/Orthoptisten,
- Physiotherapeutinnen/Physiotherapeuten,
- Podologinnen/Podologen,
- Rettungsassistentinnen/Rettungsassistenten,
- Notfallsanitäterinnen/Notfallsanitäter,
- Technische Assistentinnen und Assistenten in der Medizin (Medizinisch-technische Assistentinnen/Assistenten für Funktionsdiagnostik; Medizinisch-technische Laboratoriumsassistentinnen/Laboratoriumsassistenten; Medizinisch-technische Radiologieassistentinnen/Radiologieassistenten; veterinärmedizinisch-technische Assistentinnen/Assistenten),
- Pharmazeutisch-technische Assistentinnen/Assistenten,
- Angehörige der landesrechtlich geregelten Pflege- und Gesundheitsfachberufe (zum Beispiel Altenpflegehelferinnen und Altenpflegehelfer, Krankenpflegehelferinnen und Krankenpflegehelfer oder Rettungssanitäterinnen und Rettungssanitäter)

sind, wenn der Tatvorwurf auf eine Verletzung von Pflichten schließen lässt, die bei der Ausübung des Berufes zu beachten sind, oder er in anderer Weise geeignet ist, Zweifel an der Eignung, Zuverlässigkeit oder Befähigung hervorzurufen, mitzuteilen

1. der Erlass und der Vollzug eines Haft- oder Unterbringungsbefehls,
2. die Entscheidung, durch die ein vorläufiges Berufsverbot angeordnet oder ein solches aufgehoben worden ist,
3. die Erhebung der öffentlichen Klage,
4. der Ausgang des Verfahrens, wenn eine Mitteilung nach den Ziffern 1 bis 3 zu machen war.

(2) [1] In Privatklageverfahren, in Verfahren wegen fahrlässig begangener Straftaten und in sonstigen Verfahren bei Verurteilung zu einer anderen Maßnahme als einer Strafe oder einer Maßnahme im Sinne des § 11 Absatz 1 Nummer 8 StGB unterbleibt die Mitteilung, wenn nicht besondere Umstände des Einzelfalles sie erfordern. [2] Sie ist insbesondere erforderlich, wenn die Tat bereits ihrer Art nach geeignet ist, Zweifel an der Zuverlässigkeit oder Eignung für die gerade ausgeübte berufliche Tätigkeit hervorzurufen. [3] Die Mitteilung ordnen Richterinnen oder Richter, Staatsanwältinnen oder Staatsanwälte an. [4] Die Sätze 1 bis 3 gelten nicht bei Straftaten, durch die der Tod eines Menschen verursacht worden ist, und bei gefährlicher Körperverletzung.

(3) [1] Die Mitteilungen sind zu richten an

1. die zuständige Behörde und
2. die zuständige Berufskammer, wenn eine solche als Körperschaft des öffentlichen Rechts besteht.

[2] Sie sind als „Vertrauliche Personalsache" zu kennzeichnen.

27. Strafsachen gegen an Schulen, Hochschulen, Kinderheimen, Kindertagesstätten und vergleichbaren Einrichtungen tätige Personen

§ 13 Absatz 2, § 14 Absatz 1 Nummer 5, Absatz 2 EGGVG

(1) In Strafsachen gegen

1. Honorarprofessorinnen und Honorarprofessoren, außerplanmäßige Professorinnen und außerplanmäßige Professoren, Gastprofessorinnen und Gastprofessoren, Privatdozentinnen und Privatdozenten, Gastdozentinnen und Gastdozenten, Lehrbeauftragte an Hochschulen und Berufsakademien,
2. Schulleiterinnen und Schulleiter, Lehrerinnen und Lehrer und andere Personen, die an Schulen tätig sind,
3. Leiterinnen und Leiter, Erzieherinnen und Erzieher und andere Personen, die in Kinderheimen, Kindertagesstätten, Kindergärten oder ähnlichen Einrichtungen tätig sind,

gilt Nummer 16 Absatz 1 bis 3 entsprechend, wenn sie entweder an Hochschulen, Berufsakademien oder Schulen in freier Trägerschaft oder einer privaten Einrichtung der in Ziffer 3 genannten Art oder – ohne in einem Arbeitnehmer- oder Beamtenverhältnis zu stehen – an öffentlichen Hochschulen oder öffentlichen Schulen oder an einer der in Ziffer 3 genannten öffentlichen Einrichtungen tätig sind.

(2) Die Mitteilungen sind unter Nennung der Beschäftigungsstelle an die zuständige Aufsichtsbehörde zu richten und als „Vertrauliche Personalsache" zu kennzeichnen.

28. Strafsachen gegen Betreiberinnen und Betreiber von sowie Beschäftigte in Alten-, Behinderten- und Pflegeeinrichtungen, betreuten Wohnformen, ambulanten Pflegediensten und Werkstätten für Menschen mit Behinderung, Einrichtungen oder Gruppen, die den Werkstätten angegliedert sind, sowie Tagesförderstätten

§ 13 Absatz 2, § 14 Absatz 1 Nummer 5, Absatz 2 EGGVG

(1) In Strafsachen gegen Betreiberinnen oder Betreiber, Vertretungsberechtigte juristischer Personen als Betreiber, Leiterinnen oder Leiter von sowie Pflegedienstleiterinnen oder Pflegedienstleiter und andere pflegerisch oder betreuerisch tätige Beschäftigte in

– Einrichtungen im Sinne der landesrechtlichen Vorschriften zum Heimrecht,
– Werkstätten für Menschen mit Behinderung, Einrichtungen oder Gruppen, die den Werkstätten angegliedert sind sowie Tagesförderstätten und vergleichbaren Angeboten der Behindertenhilfe,
– ambulanten Pflegediensten nach SGB V und SGB XI und
– Diensten der Eingliederungshilfe nach SGB IX und SGB XII

sind, wenn der Tatvorwurf auf eine Verletzung von Pflichten schließen lässt, die bei der Ausübung der Tätigkeit zu beachten sind, oder er in anderer Weise geeignet ist, Zweifel an der Eignung, Zuverlässigkeit oder Befähigung hervorzurufen, mitzuteilen

1. der Erlass und der Vollzug eines Haft- oder Unterbringungsbefehls,
2. die Erhebung der öffentlichen Klage,
3. der Ausgang des Verfahrens, wenn eine Mitteilung nach Ziffer 1 oder 2 zu machen war.

(2) [1] In Privatklageverfahren, in Verfahren wegen fahrlässig begangener Straftaten und in sonstigen Verfahren bei Verurteilung zu einer anderen Maßnahme als einer Strafe oder einer Maßnahme im Sinne des § 11 Absatz 1 Nummer 8 StGB unterbleibt die Mitteilung, wenn nicht besondere Umstände des Einzelfalles es erfordern. [2] Sie ist insbesondere erforderlich, wenn die Tat bereits ihrer Art nach geeignet ist, Zweifel an der Zuverlässigkeit oder Eignung für die gerade ausgeübte berufliche Tätigkeit hervorzurufen. [3] Die Mitteilung ordnen Richterinnen oder Richter, Staatsanwältinnen oder Staatsanwälte an. [4] Die Sätze 1 bis 3 gelten nicht bei Straftaten, durch die der Tod eines Menschen verursacht worden ist, und bei gefährlicher Körperverletzung.

(3) Die Mitteilungen sind unter Nennung der Beschäftigungsstelle an die für die jeweilige Einrichtung zuständige Aufsichtsbehörde und an die zuständige oberste Landesbehörde zu richten und als „Vertrauliche Personalsache" zu kennzeichnen.

29. Sonstige Mitteilungen über Personen, die einer Dienst-, Staats-, Standesaufsicht oder berufsrechtlichen Aufsicht unterliegen

§ 17 Nummer 3 und 4 EGGVG, § 115 Absatz 4 BBG, § 49 Absatz 4 BeamtStG, §§ 46, 71 DRiG, § 89 Absatz 1 SG, § 45a Absatz 1 ZDG, § 64a Absatz 2 BNotO, § 36 Absatz 2 auch in Verbindung mit § 59m Absatz 2, § 207 Absatz 2 Satz 1, § 209 Absatz 1 Satz 3 BRAO, § 4 Absatz 1, § 34a EuRAG, § 34 Absatz 2 auch in Verbindung mit § 52m Absatz 2 PAO, § 19 Absatz 4, § 21 Absatz 2 Satz 1 EuPAG, § 154b Absatz 2, § 18 Absatz 1 Satz 3 und 4 RDG, § 122 Absatz 5 WpHG, §§ 36a Absatz 3 Nummer 2, 84a Absatz 2, 130 Absatz 1 WiPrO, § 10 Absatz 2 StBerG, § 15 BewachV, § 60a Absatz 2 KWG, § 34 Satz 2 ZAG, § 341 Absatz 3 KAGB, § 334 VAG

(1) ¹Sonstige Tatsachen, die in einem Strafverfahren – gleichgültig, gegen wen es sich richtet – bekannt werden, sind mitzuteilen, wenn ihre Kenntnis aufgrund besonderer Umstände des Einzelfalls für dienst-, disziplinar-, standes- oder berufsrechtliche Maßnahmen gegen eine der nachfolgend genannten Personen oder für aufsichtsrechtliche Maßnahmen gegen deren Geschäftsbetrieb erforderlich ist:

1. Beamtinnen und Beamte, Richterinnen und Richter (Nummer 15)
2. Versorgungsberechtigte, Alters- und Hinterbliebenengeldberechtigte (Nummer 18)
3. Soldatinnen und Soldaten der Bundeswehr (Nummer 19)
4. Zivildienstleistende (Nummer 21)
5. Notarinnen und Notare sowie Angehörige der rechtsberatenden Berufe (Nummer 23)
6. Wirtschaftsprüferinnen und Wirtschaftsprüfer, vereidigte Buchprüferinnen und vereidigte Buchprüfer, Steuerberaterinnen und Steuerberater sowie Steuerbevollmächtigte, Bewacherinnen und Bewacher sowie Wachpersonen (Nummer 24)
7. Inhaberinnen und Inhaber, Geschäftsleiterinnen und Geschäftsleiter von Kredit-, Finanzdienstleistungs-, Zahlungs- und E-Geld-Instituten (Nummer 25)
8. Inhaberinnen und Inhaber, Geschäftsleiterinnen und Geschäftsleiter von Wertpapierdienstleistungsunternehmen und sonstige an Wertpapierdienstleistungsgeschäften beteiligte Personen (Nummer 25a)
9. Geschäftsleiterinnen und Geschäftsleiter von Versicherungsunternehmen oder Pensionsfonds und sonstige daran beteiligte Personen (Nummer 25b)
10. Inhaberinnen und Inhaber, Geschäftsleiterinnen und Geschäftsleiter von Verwaltungsgesellschaften, extern verwalteten Investmentgesellschaften und Verwahrstellen (Nummer 25c)
11. Angehörige der Heil- und Gesundheitsfachberufe (Nummer 26)
12. Betreiberinnen und Betreiber von sowie Beschäftigte in Alten-, Behinderten- und Pflegeeinrichtungen, betreuten Wohnformen, ambulanten Pflegediensten und Werkstätten für Menschen mit Behinderung, Einrichtungen oder Gruppen, die den Werkstätten angegliedert sind, sowie Tagesförderstätten (Nummer 28).

²Erforderlich ist die Kenntnis der Daten auch, wenn diese Anlass zur Prüfung bietet, ob Maßnahmen der genannten Art zu ergreifen sind.

(2) ¹Mitteilungen unterbleiben, soweit für die übermittelnde Stelle erkennbar ist, dass schutzwürdige Interessen der betroffenen Person an dem Ausschluss der Übermittlung das öffentliche Interesse überwiegen. ²Dabei ist zu berücksichtigen, wie gesichert die zu übermittelnden Erkenntnisse sind.

(3) Die Mitteilung ordnen Richterinnen oder Richter, Staatsanwältinnen oder Staatsanwälte an.

(4) Die Mitteilungen sind an die Stellen zu richten, die in den in Absatz 1 genannten Bestimmungen aufgeführt sind und als „Vertrauliche Personalsache" zu kennzeichnen.

3. Abschnitt. Sonstige Mitteilungen wegen der persönlichen Verhältnisse der Betroffenen

30. Strafsachen gegen Inhaberinnen und Inhaber von Titeln, Orden und Ehrenzeichen

§ 4 Absatz 2 und 3 des Gesetzes über Titel, Orden und Ehrenzeichen

(1) Ergibt sich aus einem Strafurteil, dass die oder der Verurteilte Inhaberin oder Inhaber von Titeln, Orden oder Ehrenzeichen ist, die nach dem 8. Mai 1945 verliehen worden sind, so sind rechtskräftige Verurteilungen mitzuteilen, in denen erkannt ist

1. auf eine Freiheitsstrafe von mindestens einem Jahr wegen eines Verbrechens,
2. auf eine Freiheitsstrafe von mindestens sechs Monaten wegen einer vorsätzlichen Tat, die nach den Vorschriften über Friedensverrat, Hochverrat, Gefährdung des demokratischen Rechtsstaates, Landesverrat oder Gefährdung der äußeren Sicherheit strafbar ist,
3. auf Aberkennung der Fähigkeit, öffentliche Ämter zu bekleiden.

(2) ¹Die Mitteilungen sind zu richten

1. bei Titeln, Orden und Ehrenzeichen, die von einer Stelle innerhalb des Geltungsbereichs des Gesetzes über Titel, Orden und Ehrenzeichen verliehen worden sind, an die oder den Verleihungsberechtigten,
2. bei Titeln, Orden und Ehrenzeichen, die von einem ausländischen Staatsoberhaupt, einer ausländischen Regierung oder einer anderen Stelle außerhalb des Geltungsbereichs des Gesetzes über Titel, Orden und Ehrenzeichen verliehen worden sind, an das Bundespräsidialamt.

²Die Mitteilung umfasst den Urteilstenor sowie den verliehenen Titel oder die verliehene Auszeichnung.

31. Mitteilungen an das Betreuungsgericht und an das Familiengericht

§ 22a FamFG, § 70 Satz 1 JGG

(1) Werden in einem Strafverfahren – gleichgültig, gegen wen es sich richtet – Tatsachen bekannt, die Maßnahmen des Betreuungs- oder des Familiengerichts erfordern können, so sind diesen die Tatsachen mitzuteilen, soweit nicht für die übermittelnde Stelle erkennbar ist, dass schutzwürdige Interessen der Betroffenen an dem Ausschluss der Übermittlung das Schutzbedürfnis von Minderjährigen oder Betreuten oder das öffentliche Interesse an der Übermittlung überwiegen.

(2) Die Mitteilung ordnen Richterinnen oder Richter, Staatsanwältinnen oder Staatsanwälte an.

32. Mitteilungen an die Jugendgerichtshilfe in Strafsachen gegen Jugendliche und Heranwachsende

§§ 38, 50, 70 Satz 1, §§ 72a, 107, 109 Absatz 1 JGG

In Strafsachen gegen Jugendliche und Heranwachsende sind der Jugendgerichtshilfe mitzuteilen

1. die Einleitung des Verfahrens,
2. vorläufige Anordnungen über die Erziehung,
3. der Erlass und der Vollzug eines Haft- oder Unterbringungsbefehls sowie die Unterbringung zur Beobachtung,
4. die Erhebung der öffentlichen Klage,
5. Ort und Zeit der Hauptverhandlung,
6. die Urteile,
7. der Ausgang des Verfahrens,
8. der Name und die Anschrift der Bewährungshelferin oder des Bewährungshelfers,
9. die nachträglichen Entscheidungen, die sich auf Weisungen oder Auflagen beziehen oder eine Aussetzung der Vollstreckung einer Jugendstrafe oder des Restes einer Ju-

gendstrafe zur Bewährung, eine Aussetzung der Verhängung der Jugendstrafe oder die Führungsaufsicht betreffen.

33. Mitteilungen an die Schule in Strafsachen gegen Jugendliche und Heranwachsende

§ 70 Satz 1, § 109 Absatz 1 JGG

(1) ¹In Strafsachen gegen Jugendliche und Heranwachsende sind Mitteilungen an die Schule nur in geeigneten Fällen zu machen. ²Es wird in der Regel genügen, die Schule von dem Ausgang des Verfahrens zu unterrichten. ³Die Einleitung des Verfahrens oder die Erhebung der öffentlichen Klage wird mitzuteilen sein, wenn aus Gründen der Schulordnung, insbesondere zur Wahrung eines geordneten Schulbetriebs oder zum Schutz anderer Schülerinnen oder Schüler, sofortige Maßnahmen geboten sein können.

(2) Die Mitteilungen sind an die Leiterin oder den Leiter der Schule oder die Vertretung im Amt zu richten.

(3) Die Mitteilungen ordnen Richterinnen oder Richter, Staatsanwältinnen oder Staatsanwälte an.

34. Mitteilungen an andere Prozessbeteiligte in Strafsachen gegen Jugendliche

§§ 67, 43 Absatz 1 JGG, Artikel 104 Absatz 4 GG

(1) Sind in Strafsachen gegen Jugendliche durch verfahrensrechtliche Bestimmungen Mitteilungen an die Beschuldigten vorgeschrieben, so sind diese auch zu richten an
1. die Erziehungsberechtigten,
2. die gesetzlichen Vertreterinnen und gesetzlichen Vertreter,
3. die Verfahrenspflegerin oder den Verfahrenspfleger.

(2) ¹Die in Absatz 1 bezeichneten Personen werden ferner benachrichtigt von
1. der Einleitung des Verfahrens,
2. der Verhaftung, Verwahrung oder Unterbringung.

²Die Mitteilungen nach Satz 1 Ziffer 1 können bei Geringfügigkeit der Verfehlung unterbleiben.

(3) Die Mitteilung ordnen Richterinnen oder Richter, Staatsanwältinnen oder Staatsanwälte an.

35. Mitteilungen zum Schutz von Minderjährigen

§ 13 Absatz 2, § 14 Absatz 1 Nummer 5, § 17 Nummer 5 EGGVG

(1) Werden in einem Strafverfahren – gleichgültig, gegen wen es sich richtet – Tatsachen bekannt, deren Kenntnis aus der Sicht der übermittelnden Stelle zur Abwehr einer erheblichen Gefährdung von Minderjährigen erforderlich ist, sind diese der zuständigen öffentlichen Stelle mitzuteilen.

(2) Mitteilungen erhalten insbesondere
1. das Jugendamt und das Familiengericht, wenn gegen Minderjährige eine Straftat gegen die sexuelle Selbstbestimmung (Dreizehnter Abschnitt des Besonderen Teils des StGB) oder nach den §§ 171, 225, 232 bis 233a StGB begangen oder versucht worden ist,
2. die zuständige Aufsichtsbehörde für betriebserlaubnispflichtige Kinder- oder Jugendeinrichtungen nach § 45 SGB VIII, wenn der Schutz von Minderjährigen deren Unterrichtung erfordert,
3. das Jugendamt und die für die Gewerbeaufsicht zuständige Stelle, wenn eine Verurteilung wegen Zuwiderhandlungen gegen die §§ 27, 28 JuSchG ausgesprochen worden ist,
4. das Familiengericht, wenn familiengerichtliche Maßnahmen nach § 1666 BGB oder die Anordnung einer Vormundschaft (Pflegschaft) notwendig erscheinen,
5. die für die Gewerbeaufsicht zuständige Stelle, das Landesjugendamt sowie die sonst zuständigen Stellen, wenn der Schutz von Minderjährigen die Unterrichtung dieser

Stellen erfordert (vgl. §§ 28, 29, 32 BBiG, §§ 22, 22a, 23 HwO, §§ 25, 27 JArbSchG),
6. das Jugendamt in sonstigen Fällen, wenn sein Tätigwerden zur Abwendung einer erheblichen Gefährdung von Minderjährigen erforderlich erscheint.

(3) In Strafsachen gegen einen Elternteil wegen einer an seinem minderjährigen Kind begangenen rechtswidrigen Tat ist die Erhebung der öffentlichen Klage oder die Einstellung des Verfahrens wegen Schuldunfähigkeit dem Familiengericht und dem Jugendamt mitzuteilen.

(4) In Strafsachen, die eine erhebliche Gefährdung von Minderjährigen erkennen lassen, sowie in Jugendschutzsachen (§ 26 Absatz 1 Satz 1 GVG) werden dem Jugendamt Ort und Zeit der Hauptverhandlung mitgeteilt.

(5) Die Mitteilung ordnen Richterinnen oder Richter, Staatsanwältinnen oder Staatsanwälte an.

36. Mitteilungen über Inhaberinnen und Inhaber einer waffenrechtlichen oder sprengstoffrechtlichen Berechtigung sowie über sonstige nach dem WaffG oder SprengG berechtigte Personen

§ 13 Absatz 2, § 14 Absatz 1 Nummer 5, 7 Buchstabe b, Absatz 2, § 17 Nummer 3 EGGVG

(1) In Strafsachen gegen
1. Inhaberinnen und Inhaber
   a) einer Erlaubnis, Bescheinigung oder Ausnahmebewilligung nach dem Waffengesetz,
   b) einer sprengstoffrechtlichen Erlaubnis nach § 7 oder § 27 SprengG oder eines Befähigungsscheins nach § 20 SprengG,
2. eine mit der Leitung eines Betriebs, einer Zweigniederlassung oder einer unselbstständigen Zweigstelle zur Waffenherstellung oder zum Waffenhandel beauftragte Person oder
3. eine mit der Leitung eines Betriebs, einer Zweigniederlassung oder einer unselbstständigen Zweigstelle zum Umgang oder Verkehr mit explosionsgefährlichen Stoffen beauftragte Person

sind Mitteilungen über Verfahren zu machen, die zum Gegenstand haben
   a) eine vorsätzliche Straftat,
   b) eine gemeingefährliche fahrlässige Straftat,
   c) eine im Zustand der Trunkenheit oder unter dem Einfluss anderer berauschender Mittel begangene Straftat, wenn die Täterin oder der Täter bereits mindestens einmal wegen einer solchen Tat verurteilt worden ist,
   d) eine fahrlässige Straftat im Zusammenhang mit dem Umgang mit Waffen, Munition oder Sprengstoff,
   e) eine Straftat nach dem Waffengesetz, dem Gesetz über die Kontrolle von Kriegswaffen, dem SprengG oder dem Bundesjagdgesetz.

(2) In den Fällen des Absatz 1 sind mitzuteilen
1. der Erlass und der Vollzug eines Haft- oder Unterbringungsbefehls,
2. die Erhebung der öffentlichen Klage,
3. der Ausgang des Verfahrens, wenn eine Mitteilung nach Ziffer 1 oder 2 zu machen war,
4. die Einstellung des Verfahrens nach § 170 Absatz 2 StPO, wenn sie Feststellungen zu einer Schuldunfähigkeit nach § 20 StGB enthält.

(3) [1] Werden sonst in einem Strafverfahren – gleichgültig, gegen wen es sich richtet – Tatsachen bekannt, sind diese mitzuteilen, wenn ihre Kenntnis aufgrund besonderer Umstände des Einzelfalls für waffen- oder sprengstoffrechtliche Maßnahmen erforderlich ist. [2] Dies gilt insbesondere in Strafsachen nach Absatz 1 gegen eine Person, die auf Grund eines Arbeitsverhältnisses eine Schusswaffe nach den Weisungen der Inhaberin oder des Inhabers eines Waffenscheins zu führen hat. [3] Dabei ist zu berücksichtigen, wie

gesichert die zu übermittelnden Erkenntnisse sind. ⁴Die Mitteilung ordnen Richterinnen oder Richter, Staatsanwältinnen oder Staatsanwälte an.

(4) Die Mitteilungen sind an die für die Erteilung der Berechtigung zuständige Behörde zu richten:
1. im Falle des Absatz 1 Ziffer 1 Buchstabe a und Ziffer 2, soweit die Person, die die Erlaubnis innehat, ein Gewerbe oder eine wirtschaftliche Unternehmung nach § 21 WaffG betreibt: an die Behörde, in deren Bezirk sich die gewerbliche Hauptniederlassung befindet; fehlt eine gewerbliche Niederlassung, so richtet sich die örtliche Zuständigkeit nach Ziffer 5,
2. im Falle einer Ausnahmebewilligung nach § 42 Absatz 2 WaffG: an die Behörde, in deren Bezirk die Veranstaltung stattfinden soll,
3. im Falle einer Erlaubnis nach § 10 Absatz 5 oder § 27 Absatz 1 WaffG: an die Behörde, in deren Bezirk geschossen werden soll,
4. im Falle einer Bescheinigung nach § 55 Absatz 2 WaffG: an die sachlich und örtlich zuständige Behörde,
5. in den übrigen Fällen einer waffenrechtlichen Berechtigung: an die Behörde, in deren Bezirk die betroffene Person ihren gewöhnlichen, bei Fehlen eines solchen ihren jeweiligen Aufenthaltsort hat,
6. im Falle des Absatz 1 Ziffer 3 oder einer Erlaubnis nach § 7 SprengG: an die Behörde, in deren Bezirk sich die Hauptniederlassung befindet; bezieht sich die Erlaubnis nur auf eine Zweigniederlassung, so richtet sich die Zuständigkeit nach dem Ort dieser Niederlassung; fehlt eine Niederlassung, so richtet sich die Zuständigkeit nach § 36 Absatz 2 SprengG,
7. im Falle eines Befähigungsscheins nach § 20 SprengG: an die sachlich und örtlich zuständige Behörde,
8. im Falle einer Erlaubnis nach § 27 SprengG: an die Behörde, in deren Bezirk die betroffene Person ihren gewöhnlichen Aufenthalt hat oder zuletzt hatte.

36a. Sonstige Mitteilungen aus waffenrechtlichen oder sprengstoffrechtlichen Gründen

§ 13 Absatz 2, § 14 Absatz 1 Nummer 7 Buchstabe b, Absatz 2, § 17 Nummer 3 EGGVG

(1) In Strafsachen wegen
1. unbefugten Erwerbs von Schusswaffen oder Munition, unbefugten Führens von Schusswaffen oder unbefugter Ausübung der tatsächlichen Gewalt über Schusswaffen oder über in Abschnitt 1 der Anlage 2 zum WaffG (Waffenliste) bezeichnete Gegenstände,
2. einer mit oder im Zusammenhang mit Schusswaffen, Munition oder in Abschnitt 1 der Anlage 2 zum WaffG (Waffenliste) bezeichneten Gegenständen begangenen Straftat,
3. unbefugten Umgangs oder Verkehrs mit explosionsgefährlichen Stoffen oder
4. einer mit oder im Zusammenhang mit solchen Stoffen begangenen Straftat
sind mitzuteilen
   a) die Erhebung der öffentlichen Klage,
   b) der Ausgang des Verfahrens, wenn eine Mitteilung nach Buchstabe a zu machen war,
   c) die Einstellung des Verfahrens nach § 170 Absatz 2 StPO, wenn sie Feststellungen zu einer Schuldunfähigkeit nach § 20 StGB enthält.

(2) In den Fällen des Absatz 1 Ziffer 2 und 4 ordnen die Mitteilung Richterinnen oder Richter, Staatsanwältinnen oder Staatsanwälte an.

(3) Die Mitteilungen sind an die zuständige Behörde zu richten, in deren Bereich die Betroffenen eine Wohnung haben.

Anh 13 MiStra Nrn 37, 38

37. Strafsachen gegen Inhaberinnen und Inhaber von Jagdscheinen und gegen Personen, die einen Antrag auf Erteilung eines Jagdscheins gestellt haben

§ 13 Absatz 1 Nummer 5, Absatz 2, § 14 Absatz 1 Nummer 7 Buchstabe b, Absatz 2, § 17 Nummer 3 EGGVG

(1) In Strafsachen gegen Inhaberinnen und Inhaber von Jagdscheinen und gegen Personen, die einen Antrag auf Erteilung eines Jagdscheins gestellt haben, sind Mitteilungen zu machen über Verfahren wegen

1. eines Verbrechens,
2. einer vorsätzlichen Straftat gegen das Leben, die Gesundheit oder die persönliche Freiheit, einer der in § 181b StGB genannten Straftaten, Land- oder Hausfriedensbruchs, Widerstands gegen die Staatsgewalt, einer gemeingefährlichen Straftat, einer Straftat gegen das Eigentum oder das Vermögen oder einer Wilderei,
3. einer fahrlässigen Straftat im Zusammenhang mit dem Umgang mit Waffen, Munition oder Sprengstoff,
4. einer Straftat nach jagd-, tierschutz- oder naturschutzrechtlichen Vorschriften, dem WaffG, dem Gesetz über die Kontrolle von Kriegswaffen oder dem SprengG.

(2) Mitzuteilen sind

1. die Erhebung der öffentlichen Klage,
2. der Ausgang des Verfahrens, wenn eine Mitteilung nach Ziffer 1 zu machen war,
3. die Einstellung des Verfahrens nach § 170 Absatz 2 StPO, wenn sie Feststellungen zu einer Schuldunfähigkeit nach § 20 StGB enthält.

(3) In sonstigen Strafsachen gegen eine der in Absatz 1 bezeichneten Personen ist die rechtskräftige Entscheidung mitzuteilen, wenn

1. Führungsaufsicht angeordnet ist oder kraft Gesetzes eintritt,
2. eine Entziehung des Jagdscheins, eine Sperrfrist zur Erteilung des Jagdscheins oder ein Verbot der Jagdausübung angeordnet worden ist.

(4) Die Mitteilungen sind an die für die Erteilung des Jagdscheins zuständige Behörde zu richten.

(5) Die Pflicht zur Mitteilung nach Nummer 36 bleibt unberührt.

38. Mitteilungen über Inhaberinnen und Inhaber einer luftrechtlichen Erlaubnis oder Genehmigung sowie über sonstige nach dem Luftverkehrsgesetz berechtigte Personen

§ 13 Absatz 2, § 14 Absatz 1 Nummer 5, 7 Buchstabe b, Absatz 2, § 17 Nummer 3 EGGVG

(1) In Strafsachen gegen

1. Inhaberinnen und Inhaber
    a) einer Erlaubnis für das Luftfahrtpersonal, die Ausbildung von Luftfahrerinnen und Luftfahrern, das Flugsicherungspersonal oder die Ausbildung von Flugsicherungspersonal oder
    b) einer Genehmigung für Luftfahrtunternehmen oder
2. eine für die Leitung eines Luftfahrtunternehmens oder einer Luftfahrerschule verantwortliche Person

ist die rechtskräftige Verurteilung mitzuteilen, die ein Verbrechen zum Gegenstand hat oder in der wegen eines Vergehens nach den §§ 142, 222, 315 bis 316, 323a StGB oder nach den §§ 59, 60, 62 LuftVG auf Strafe erkannt worden ist.

(2) In Strafsachen gegen eine in Absatz 1 bezeichnete Person ist ferner die rechtskräftige Verurteilung mitzuteilen, in der wegen eines Vergehens auf Freiheitsstrafe von mindestens sechs Monaten erkannt worden ist.

(3) [1] Sonstige Tatsachen, die in einem Strafverfahren – gleichgültig, gegen wen es sich richtet – bekannt werden, sind mitzuteilen, wenn ihre Kenntnis die Annahme rechtfertigt, dass jemand für eine Tätigkeit als Luftfahrt- oder Flugsicherungspersonal, für die Ausbildung von Luftfahrt- oder Flugsicherungspersonal oder für die Tätigkeit als Luft-

fahrtunternehmerin oder -unternehmer oder oder als eine für ein Luftfahrtunternehmen oder eine Luftfahrerschule verantwortliche Person ungeeignet ist. ²Dabei ist zu berücksichtigen, wie gesichert die zu übermittelnden Erkenntnisse sind. ³Die Mitteilung ordnen Richterinnen oder Richter, Staatsanwältinnen oder Staatsanwälte an.

(4) Mitteilungen über Inhaberinnen oder Inhaber einer Erlaubnis für das Luftfahrtpersonal sind an das

Luftfahrt-Bundesamt
Postfach 30 54
38020 Braunschweig,

sonstige Mitteilungen sind an die für die Erteilung der luftrechtlichen Erlaubnis oder Genehmigung zuständige Stelle zu richten.

39. Strafsachen gegen Inhaberinnen und Inhaber von Berechtigungen und gegen Gewerbetreibende, Verkehrsleiter im Sinne von Artikel 4 der Verordnung (EG) Nr. 1071/2009 sowie Betriebsleiterinnen und Betriebsleiter der Schienenbahnen des öffentlichen Personenverkehrs, der Seilbahnen und der Eisenbahnen

§ 13 Absatz 2, § 14 Absatz 1 Nummer 5, 7 Buchstabe b, Absatz 2EGGVG, § 52 FahrlG

(1) In Strafsachen gegen Inhaberinnen und Inhaber von Berechtigungen und gegen Gewerbetreibende, Verkehrsleiter im Sinne von Artikel 4 der Verordnung (EG) Nr. 1071/2009 sowie Betriebsleiterinnen und Betriebsleiter der Schienenbahnen des öffentlichen Personenverkehrs, der Seilbahnen und der Eisenbahnen sind rechtskräftige Entscheidungen mitzuteilen, wenn Grund zu der Annahme besteht, dass Tatsachen, die den Gegenstand des Verfahrens betreffen und auf eine Verletzung von Pflichten schließen lassen, die bei der Ausübung des Berufs oder des Gewerbes zu beachten oder in anderer Weise geeignet sind, Zweifel an der Eignung, Zuverlässigkeit oder Befähigung hervorzurufen, den Widerruf, die Rücknahme oder die Einschränkung einer behördlichen Erlaubnis, Genehmigung oder Zulassung zur Ausübung eines Gewerbes oder eines Berufs, zum Führen einer Berufsbezeichnung, die Untersagung der gewerblichen Tätigkeit oder der Einstellung, Beschäftigung oder Beaufsichtigung von Kindern und Jugendlichen zur Folge haben können.

(2) ¹In Privatklageverfahren, in Verfahren wegen fahrlässig begangener Straftaten und in sonstigen Verfahren bei Verurteilung zu einer anderen Maßnahme als einer Strafe oder einer Maßnahme im Sinne des § 11 Absatz 1 Nummer 8 StGB unterbleibt die Mitteilung, wenn nicht besondere Umstände des Einzelfalls sie erfordern. ²Sie ist insbesondere erforderlich, wenn die Tat bereits ihrer Art nach geeignet ist, Zweifel an der Eignung, Zuverlässigkeit oder Befähigung für die gerade ausgeübte berufliche oder gewerbliche Tätigkeit hervorzurufen. ³Die Sätze 1 und 2 gelten nicht bei Straftaten, durch die der Tod eines Menschen verursacht worden ist, und bei gefährlicher Körperverletzung.

(3) Eine Mitteilungspflicht besteht ferner, wenn in der Entscheidung

1. die Ausübung des Gewerbes untersagt oder
2. eine Untersagung der Ausübung des Gewerbes ausdrücklich abgelehnt worden ist.

(4) Die Mitteilung – mit Ausnahme der in Absatz 3 Ziffer 1 – ordnen Richterinnen oder Richter, Staatsanwältinnen oder Staatsanwälte an.

(5) Die Mitteilungen sind an die Behörde zu richten, die die Berechtigung erteilt hat oder für die Untersagung der Berufs- oder Gewerbeausübung zuständig ist.

40. Strafsachen gegen mit Atomanlagen und Kernbrennstoffen oder sonstigen radioaktiven Stoffen verantwortlich befasste Personen

§ 13 Absatz 1 Nummer 5, Absatz 2, § 14 Absatz 1 Nummer 7 Buchstabe b, Absatz 2, § 17 Nummer 3 EGGVG

(1) ¹In Strafsachen gegen Personen, die bei der Errichtung, Leitung oder Beaufsichtigung des Betriebs von kerntechnischen Anlagen, dem Umgang mit Kernbrennstoffen

oder sonstigen radioaktiven Stoffen oder der Beförderung oder sonstigen Verwendung solcher Stoffe verantwortlich tätig sind, sind mitzuteilen

1. die Einleitung des Verfahrens,
2. der Ausgang des Verfahrens,

wenn Grund zu der Annahme besteht, dass eine atomrechtliche Genehmigung oder Zulassung, die ihnen oder demjenigen erteilt ist, der sie mit seiner Tätigkeit beauftragt hat, widerrufen, zurückgenommen oder eingeschränkt wird oder dass Maßnahmen der atomrechtlichen Aufsicht getroffen werden.

(2) [1] In Privatklageverfahren, in Verfahren wegen fahrlässig begangener Straftaten und in sonstigen Verfahren bei Verurteilung zu einer anderen Maßnahme als einer Strafe oder einer Maßnahme im Sinne des § 11 Absatz 1 Nummer 8 StGB unterbleibt die Mitteilung, wenn nicht besondere Umstände des Einzelfalls sie erfordern. [2] Sie ist insbesondere erforderlich, wenn die Tat bereits ihrer Art nach geeignet ist, Zweifel an der Zuverlässigkeit oder Eignung für die gerade ausgeübte Tätigkeit hervorzurufen. [3] Die Sätze 1 und 2 gelten nicht bei Straftaten, durch die der Tod eines Menschen verursacht worden ist, und bei gefährlicher Körperverletzung.

(3) Die Mitteilung ordnen Richterinnen oder Richter, Staatsanwältinnen oder Staatsanwälte an.

(4) [1] Die Mitteilungen sind an die Behörde zu richten, welche die Genehmigung oder Zulassung erteilt hat oder für die Aufsicht zuständig ist. [2] Wird in der Entscheidung die Ausübung einer in Absatz 1 Satz 1 aufgeführten Tätigkeit untersagt, so ist der dort bezeichneten Behörde die rechtskräftige Entscheidung ohne Gründe mitzuteilen.

41. Strafsachen gegen Angehörige ausländischer Konsulate

Artikel 42 des Wiener Übereinkommens über konsularische Beziehungen (BGBl. 1969 II S. 1585), § 16 EGGVG

(1) In Strafsachen gegen

1. Konsularbeamtinnen und -beamte ausländischer konsularischer Vertretungen,
2. Bedienstete des Verwaltungs- oder technischen Personals und Mitglieder des dienstlichen Hauspersonals ausländischer konsularischer Vertretungen

sind mitzuteilen

   a) die Einleitung des Verfahrens,
   b) die Festnahme und der Vollzug eines Haft- oder Unterbringungsbefehls.

(2) Wird die Person in Untersuchungshaft genommen oder einstweilig untergebracht, ordnet die Richterin oder der Richter, dem die festgenommene Person erstmals vorgeführt wird, die Mitteilung an.

(3) Die Mitteilungen sind sofort telefonisch oder durch Telefax an

1. das Bundesamt für Justiz, 53094 Bonn, Telefon: 02 28/9 94 10 40, Telefax: 02 28/ 9 94 10 50 50,
2. die Staatskanzlei (Senatskanzlei) des Landes, in dem die konsularische Vertretung ihren Sitz hat,
3. die Leiterin oder den Leiter der konsularischen Vertretung, es sei denn, dass sie oder er von der Maßnahme selbst betroffen ist, und
4. das Auswärtige Amt/Referat 703, 11013 Berlin, Telefon: 0 30/50 00 34 11, Telefax: 0 30/18 17 34 02, sofern die Leiterin oder der Leiter der konsularischen Vertretung von der Maßnahme betroffen ist,

zu richten.

42. Mitteilungen über Ausländerinnen und Ausländer

§ 87 Absatz 2, 4, § 88 Absatz 2, 3 AufenthG, auch in Verbindung mit § 11 Absatz 1 FreizügG/EU, § 74, auch in Verbindung mit § 79 AufenthV

(1) [1] In Strafsachen gegen Ausländerinnen und Ausländer (§ 2 Absatz 1 AufenthG) sind unverzüglich mitzuteilen

1. die Einleitung des Verfahrens unter Angabe der gesetzlichen Vorschriften,
2. der Ausgang des Verfahrens,
3. der Widerruf einer Strafaussetzung zur Bewährung,
4. der Widerruf der Zurückstellung der Strafvollstreckung.

²Die Mitteilung nach Ziffer 1 kann unterbleiben, wenn in den Akten dokumentiert ist, dass sie bereits durch die Polizei erfolgt ist.

(2) ¹Wird in einem Strafverfahren – gleichgültig, gegen wen es sich richtet –
1. der Aufenthalt einer Ausländerin oder eines Ausländers, wenn weder ein erforderlicher Aufenthaltstitel erteilt noch die Abschiebung ausgesetzt ist,
2. der Verstoß gegen eine räumliche Beschränkung,
3. die unberechtigte Inanspruchnahme oder Beantragung von Sozialleistungen durch eine Ausländerin oder einen Ausländer, für sich selbst, ihre oder seine Familienangehörigen oder für sonstige Haushaltsangehörige in den Fällen des § 7 Absatz 1 Satz 2 Nummer 2 oder Satz 4 SGB II oder in den Fällen des § 23 Absatz 3 Satz 1 Nummer 2, 3 oder 4, Satz 3, 6 oder 7 SGB XII oder
4. ein sonstiger Ausweisungsgrund

bekannt, so ist dies unverzüglich mitzuteilen. ²Satz 1 findet keine Anwendung auf Ausländerinnen und Ausländer, deren Rechtsstellung durch das Gesetz über die allgemeine Freizügigkeit von Unionsbürgern geregelt ist. ³Bei diesen sind sonstige Tatsachen dann mitzuteilen, wenn die Voraussetzungen des § 5 Absatz 5 oder § 6 Absatz 1 FreizügG/EU vorliegen können. ⁴Die Mitteilung kann unterbleiben, wenn in den Akten dokumentiert ist, dass sie bereits durch andere Stellen erfolgt ist.

(3) Bei den Mitteilungen sind, soweit bekannt, jeweils folgende Daten mit anzugeben:
1. Familiennamen,
2. Geburtsnamen,
3. Vornamen,
4. Tag und Ort mit Angabe des Staates der Geburt,
5. Staatsangehörigkeiten,
6. Anschrift.

(4) Personenbezogene Daten, die von einer Ärztin, einem Arzt oder einer der in § 203 Absatz 1 Nummer 1, 2, 4 bis 6 und Absatz 3 StGB bezeichneten Personen in Strafverfahren zugänglich gemacht worden sind, dürfen übermittelt werden,
1. wenn die Ausländerin oder der Ausländer die öffentliche Gesundheit gefährdet und besondere Schutzmaßnahmen zum Ausschluss der Gefährdung nicht möglich sind oder von der Ausländerin oder dem Ausländer nicht eingehalten werden oder
2. soweit die Daten für die Feststellung erforderlich sind, ob die in § 55 Absatz 2 Nummer 4 AufenthG bezeichneten Voraussetzungen vorliegen.

(5) Personenbezogene Daten, die nach § 30 AO dem Steuergeheimnis unterliegen, dürfen übermittelt werden, wenn gegen die Ausländerin oder den Ausländer wegen eines Verstoßes gegen eine Vorschrift des Steuereinschließlich des Zoll- und des Monopolrechts oder des Außenwirtschaftsrechts oder gegen Einfuhr-, Ausfuhr-, Durchfuhr- oder Verbringungsverbote oder -beschränkungen ein strafrechtliches Ermittlungsverfahren eingeleitet worden ist.

(6) Die Mitteilungen sind an die nach jeweiligem Landesrecht örtlich zuständige Ausländerbehörde zu richten.

(7) ¹In den Fällen des Absatzes 2 Ziffer 1 und 2 und sonstiger nach dem Aufenthaltsgesetz strafbarer Handlungen kann statt der Ausländerbehörde die zuständige Polizeibehörde unterrichtet werden, wenn eine der in § 71 Absatz 5 AufenthG bezeichneten Maßnahmen (Zurückschiebung, Festnahme, Durchsetzung der Verlassenspflicht, Durchführung der Abschiebung) in Betracht kommt. ²Absatz 2 Satz 2 gilt entsprechend.

(8) In den Fällen des Absatzes 5 dürfen auch die mit der polizeilichen Kontrolle des grenzüberschreitenden Verkehrs betrauten Behörden unterrichtet werden, wenn ein Ausreiseverbot nach § 46 Absatz 2 AufenthG erlassen werden soll.

(9) Mitteilungen nach Absatz 2 Satz 3 sowie den Absätzen 4, 5 und 8 ordnen Richterinnen oder Richter, Staatsanwältinnen oder Staatsanwälte an.

42a. Mitteilungen über Asylsuchende

§ 8 Absatz 1a AsylG

(1) In Strafsachen gegen Ausländerinnen und Ausländer im Sinne des § 1 Absatz 1 AsylG sind unverzüglich mitzuteilen
1. die Erhebung der öffentlichen Klage, wenn eine Freiheitsstrafe von mindestens drei Jahren zu erwarten ist,
2. die Erhebung der öffentlichen Klage wegen einer oder mehrerer vorsätzlicher Straftaten gegen das Leben, die körperliche Unversehrtheit, die sexuelle Selbstbestimmung, das Eigentum oder wegen Widerstands gegen Vollstreckungsbeamte, sofern die Straftat mit Gewalt, unter Anwendung von Drohung mit Gefahr für Leib oder Leben oder mit List begangen worden ist oder eine Straftat nach § 177 StGB ist, wenn eine Freiheits- oder Jugendstrafe von mindestens einem Jahr zu erwarten ist, und
3. die Erledigung eines Strafverfahrens
   a) durch eine rechtskräftige Verurteilung zu einer Freiheitsstrafe von mindestens drei Jahren,
   b) durch eine rechtskräftige Verurteilung zu einer Freiheits- oder Jugendstrafe von mindestens einem Jahr wegen einer oder mehrerer vorsätzlicher Straftaten gegen das Leben, die körperliche Unversehrtheit, die sexuelle Selbstbestimmung, das Eigentum oder wegen Widerstands gegen Vollstreckungsbeamte, sofern die Straftat mit Gewalt, unter Anwendung von Drohung mit Gefahr für Leib oder Leben oder mit List begangen worden ist oder eine Straftat nach § 177 StGB ist, oder
   c) in sonstiger Weise im Falle einer vorausgegangenen Unterrichtung nach Nummer 1 oder 2.

(2) Die Mitteilungen sind an das

Bundesamt für Migration und Flüchtlinge
90343 Nürnberg

zu richten.

(3) Die Mitteilungen ordnen Staatsanwältinnen und Staatsanwälte an.

43. Strafsachen gegen Gefangene und Untergebrachte

§ 479 Absatz 2 Nummer 1 und 2 StPO

Wird gegen Untersuchungsgefangene, Strafgefangene, Sicherungsverwahrte oder in einem psychiatrischen Krankenhaus oder in einer Entziehungsanstalt Untergebrachte ein weiteres Verfahren eingeleitet, sind der Leitung der Justizvollzugsanstalt, des psychiatrischen Krankenhauses oder der Entziehungsanstalt mitzuteilen
1. die Einleitung des Verfahrens,
2. die Erhebung der öffentlichen Klage,
3. der Ausgang des Verfahrens.

4. Abschnitt. Mitteilungen wegen der Art des verletzten Strafgesetzes

44. Betriebsunfälle

§ 13 Absatz 2, § 14 Absatz 1 Nummer 5 und 8 Buchstabe a, Absatz 2, § 17 Nummer 3 EGGVG

In Strafsachen, in denen Zuwiderhandlungen gegen Unfallverhütungsvorschriften bekannt werden, sind der für die Aufsicht zuständigen Stelle mitzuteilen
1. die Einleitung des Verfahrens,
2. die Erhebung der öffentlichen Klage,
3. der Ausgang des Verfahrens.

45. Fahrerlaubnissachen

§ 13 Absatz 1 Nummer 5, Absatz 2, § 17 Nummer 1, 3 EGGVG

(1) In Strafsachen, in denen die Entziehung der Fahrerlaubnis (§§ 69, 69a Absatz 1 Satz 1 und 2 StGB) oder nur eine Sperre nach § 69a Absatz 1 Satz 3 StGB in Betracht kommt, sind der nach § 73 Absatz 1 bis 3 FeV zuständigen Verwaltungsbehörde mitzuteilen

1. die Beschlüsse nach § 111a StPO,
2. der Ausgang des Verfahrens, in den Fällen des § 69a Absatz 1 Satz 3, Absatz 5 und 6 StGB unter Angabe des Zeitpunktes, in dem die Sperre abläuft,
3. die rechtskräftigen Beschlüsse nach § 69a Absatz 7 StGB.

(2) [1] Sonstige Tatsachen, die in einem Strafverfahren – gleichgültig, gegen wen es sich richtet – bekannt werden, sind der nach § 73 Absatz 1 bis 3 FeV zuständigen Verwaltungsbehörde mitzuteilen, wenn ihre Kenntnis für die Beurteilung erforderlich ist, ob die Inhaberin oder der Inhaber einer Fahrerlaubnis zum Führen von Fahrzeugen ungeeignet ist. [2] Dabei ist zu berücksichtigen, wie gesichert die zu übermittelnden Erkenntnisse sind. [3] Die Mitteilung ordnen Richterinnen oder Richter, Staatsanwältinnen oder Staatsanwälte an.

(3) Der für die Wohnung der oder des Beschuldigten zuständigen Polizeidienststelle sind die Beschlüsse nach § 111a StPO und, sofern sie die Ermittlungen nicht selbst geführt hat und daher schon nach Nummer 11 unterrichtet wird, die Entscheidungen nach den §§ 44, 69 und 69a StGB mitzuteilen.

(4) Ist die oder der Betroffene Inhaberin oder Inhaber einer Fahrerlaubnis, die von einer Dienststelle der Bundeswehr, der Bundes- oder Landespolizei erteilt worden ist, sind auch dieser Stelle die in den Absätzen 1 und 2 vorgesehenen Mitteilungen zu machen.

(5) In der Mitteilung sind die Fahrerlaubnis, insbesondere durch Nennung der Listennummer bzw. der Nummer des Führerscheins, und die Person der oder des Betroffenen durch Nennung von Name, Geburtsname, Vorname, Geburtsdatum und Wohnort näher zu bezeichnen.

(6) [1] In Strafsachen, in denen eine ausländische Fahrerlaubnis entzogen wird, die von einer Behörde eines Mitgliedstaates der Europäischen Union oder eines anderen Vertragsstaates des Abkommens über den Europäischen Wirtschaftsraum erteilt worden ist, und deren Inhaberin oder Inhaber ihren oder seinen ordentlichen Wohnsitz in der Bundesrepublik Deutschland hat, sind mitzuteilen

1. die rechtskräftige Entscheidung,
2. der Zeitpunkt des Beginns und des Ablaufs der Sperrfrist.

[2] Der Mitteilung nach Satz 1 ist der Führerschein beizufügen (§ 56 Absatz 2 Satz 1 StVollstrO). [3] Die Mitteilung ist an das

Kraftfahrt-Bundesamt
24932 Flensburg

zu richten.

46. Straftaten gegen Vorschriften zum Schutz der Arbeitskraft und der Gesundheit der Arbeitnehmerinnen und Arbeitnehmer

§ 13 Absatz 2, § 14 Absatz 1 Nummer 8 Buchstabe b, Absatz 2 EGGVG

(1) In Strafsachen wegen Straftaten gegen Vorschriften zum Schutz der Arbeitskraft und zum Schutz der Gesundheit von Arbeitnehmerinnen und Arbeitnehmern sind mitzuteilen

1. die Erhebung der öffentlichen Klage,
2. der Ausgang des Verfahrens, wenn eine Mitteilung nach Ziffer 1 zu machen war.

(2) [1] Vorschriften zum Schutz der Arbeitskraft und der Gesundheit von Arbeitnehmerinnen und Arbeitnehmern sind namentlich enthalten in

1. dem Arbeitsschutzgesetz,

2. dem Arbeitszeitgesetz,
3. dem Atomgesetz,
4. dem Bundesberggesetz,
5. dem Chemikaliengesetz,
6. dem Fahrpersonalgesetz,
7. dem Gentechnikgesetz,
8. dem Produktsicherheitsgesetz,
9. dem Gesetz über Betriebsärzte, Sicherheitsingenieure und andere Fachkräfte für Arbeitssicherheit,
10. dem Medizinproduktegesetz,
11. dem Gesetz über den Ladenschluss oder den Gesetzen über die Ladenöffnungszeiten,
12. dem Titel VII der Gewerbeordnung,
13. dem Heimarbeitsgesetz,
14. dem Jugendarbeitsschutzgesetz,
15. dem Mutterschutzgesetz,
16. dem Seearbeitsgesetz,
17. dem Sprengstoffgesetz,
18. dem Heilmittelwerbegesetz.

[2] Arbeitsschutzrechtliche Vorschriften finden sich auch in Rechtsverordnungen, namentlich der Baustellenverordnung, der Betriebssicherheitsverordnung, der Biostoffverordnung, der Strahlenschutzverordnung, der Röntgenverordnung und der Gefahrstoffverordnung.

(3) Die Mitteilungen sind an die jeweils zuständige Aufsichtsbehörde zu richten.

47. Straftaten nach dem Gesetz zur Bekämpfung der Schwarzarbeit und illegalen Beschäftigung und dem Arbeitnehmerüberlassungsgesetz

§ 6 SchwarzArbG, § 405 Absatz 6 SGB III, § 18 Absatz 3 AÜG

(1) In Strafsachen, die Straftaten nach den §§ 10 und 11 SchwarzArbG und den §§ 15 und 15a AÜG zum Gegenstand haben, sind zur Verfolgung von Ordnungswidrigkeiten mitzuteilen

1. die Einleitung des Verfahrens unter Angabe der Personendaten der oder des Beschuldigten, des Straftatbestands, der Tatzeit und des Tatorts,
2. die das Verfahren abschließende Entscheidung; ist mit der Entscheidung ein Rechtsmittel verworfen worden oder wird darin auf die angefochtene Entscheidung Bezug genommen, ist auch diese zu übermitteln.

(2) [1] Mitzuteilen sind ferner Erkenntnisse, die aus der Sicht der übermittelnden Stelle zur Verfolgung von Ordnungswidrigkeiten nach § 404 Absatz 1 oder 2 Nummer 1, 3, 5 bis 9 und 11 bis 13 SGB III erforderlich sind. [2] Eine Mitteilung unterbleibt in diesen Fällen, wenn erkennbar ist, dass schutzwürdige Interessen der Betroffenen oder anderer Verfahrensbeteiligter an dem Ausschluss der Übermittlung überwiegen. [3] Dabei ist zu berücksichtigen, wie gesichert die zu übermittelnden Erkenntnisse sind.

(3) Die Mitteilungen sind an die örtlich zuständige Behörde der Zollverwaltung und an die Regionaldirektion der Bundesagentur für Arbeit zu richten.

48. Mitteilungen zur Bekämpfung der Schwarzarbeit und illegalen Beschäftigung

§ 6 Absatz 1 Satz 2, § 13 Absatz 3 in Verbindung mit § 1 Absatz 2 und § 8 SchwarzArbG

(1) [1] Erkenntnisse, die aus der Sicht der übermittelnden Stelle zur Verfolgung von Ordnungswidrigkeiten nach § 8 SchwarzArbG erforderlich sind, sind mitzuteilen. [2] Eine Mitteilung unterbleibt, wenn erkennbar ist, dass schutzwürdige Interessen der oder des Betroffenen oder anderer Verfahrensbeteiligter an dem Ausschluss der Übermittlung überwiegen. [3] Dabei ist zu berücksichtigen, wie gesichert die zu übermittelnden Erkenntnisse sind.

(2) ¹Die Mitteilungen in den Fällen des § 8 Absatz 1 Nummer 1 Buchstabe a bis c und § 8 Absatz 1 Nummer 2 SchwarzArbG, soweit ein Zusammenhang mit der Ordnungswidrigkeit nach § 8 Absatz 1 Nummer 1 Buchstabe a bis c SchwarzArbG besteht, sind an die örtlich zuständige Behörde der Zollverwaltung und den zuständigen Leistungsträger für seinen Geschäftsbereich, in den Fällen des § 8 Absatz 1 Nummer 1 Buchstabe d und e und § 8 Absatz 1 Nummer 2 SchwarzArbG, soweit ein Zusammenhang mit der Ordnungswidrigkeit nach § 8 Absatz 1 Nummer 1 Buchstabe d und e SchwarzArbG besteht, an die nach Landesrecht für die Verfolgung und Ahndung von Ordnungswidrigkeiten nach dem SchwarzArbG zuständigen Behörden zu richten. ²In den Fällen des § 8 Absatz 2 SchwarzArbG sind sie an die Behörden der Zollverwaltung zu richten.

(3) Die Mitteilung ordnen Richterinnen oder Richter, Staatsanwältinnen oder Staatsanwälte an.

49. Strafsachen wegen Verstoßes gegen das Außenwirtschaftsgesetz oder das Gesetz über die Kontrolle von Kriegswaffen

§ 26 AWG

(1) ¹In Strafsachen wegen Verstoßes gegen das Außenwirtschaftsgesetz oder das Gesetz über die Kontrolle von Kriegswaffen sind mitzuteilen
1. die Einleitung des Verfahrens,
2. die Erhebung der öffentlichen Klage,
3. der Ausgang des Verfahrens, wenn eine Mitteilung nach Ziffer 1 oder 2 zu machen war.

²Dies gilt nicht bei Verstößen gegen das Außenwirtschaftsgesetz, die unter dem Blickwinkel der Ausfuhrkontrolle und der Außenpolitik offensichtlich unbedeutend sind, und bei Verstößen gegen das Gesetz über die Kontrolle von Kriegswaffen, die sich nicht auf Ausfuhren, Durchfuhren oder Auslandsgeschäfte beziehen.

(2) Die Mitteilungen sind über die Landesjustizverwaltung an das

Bundesministerium der Justiz und für Verbraucherschutz
10117 Berlin

zu richten.

(3) Ist die mitteilungspflichtige Stelle der Ansicht, dass wegen der besonderen Umstände des Einzelfalls der Untersuchungszweck des Strafverfahrens gefährdet werden kann, wenn der Empfänger der Mitteilung die darin enthaltenen personenbezogenen Daten an andere öffentliche Stellen als oberste Bundesbehörden weiterübermittelt, sind diese Umstände bei der Mitteilung aufzuführen.

(4) Die Mitteilung ordnen Richterinnen oder Richter, Staatsanwältinnen oder Staatsanwälte an.

50. Betäubungsmittelsachen

§ 27 Absatz 3 und 4 BtMG

(1) In Strafsachen nach dem Betäubungsmittelgesetz sind mitzuteilen:
1. der für die Überwachung nach § 19 Absatz 1 Satz 3 BtMG zuständigen Landesbehörde die rechtskräftige Entscheidung mit Begründung, wenn
   a) auf eine Strafe oder eine Maßregel der Besserung und Sicherung erkannt oder der bzw. die Angeklagte wegen Schuldunfähigkeit freigesprochen worden ist und
   b) die Entscheidung Informationen zum Betäubungsmittelverkehr bei Ärztinnen und Ärzten, Zahnärztinnen und Zahnärzten, Tierärztinnen und Tierärzten oder in Apotheken, tierärztlichen Hausapotheken, Krankenhäusern und Tierkliniken enthält,
2. dem
   Bundesinstitut für Arzneimittel und Medizinprodukte
   Kurt-Georg-Kiesinger-Allee 3
   53175 Bonn

in Verfahren gegen Ärztinnen und Ärzte, Zahnärztinnen und Zahnärzte, Tierärztinnen und Tierärzte,
  a) die Anklageschrift oder eine an ihre Stelle tretende Antragsschrift,
  b) der Antrag auf Erlass eines Strafbefehls und
  c) die das Verfahren abschließende Entscheidung mit Begründung; ist mit dieser Entscheidung ein Rechtsmittel verworfen worden oder wird darin auf die angefochtene Entscheidung Bezug genommen, ist auch diese zu übermitteln.

(2) ¹ In gegen Ärztinnen und Ärzte, Zahnärztinnen und Zahnärzte, Tierärztinnen und Tierärzte, Apothekerinnen und Apotheker gerichteten sonstigen Strafsachen ist der für die Überwachung nach § 19 Absatz 1 Satz 3 BtMG zuständigen Landesbehörde die abschließende Entscheidung mit Begründung mitzuteilen, wenn

1. ein Zusammenhang der Straftat mit dem Betäubungsmittelverkehr im Sinne von Absatz 1 Ziffer 1 Buchstabe b besteht und
2. die Kenntnis der Entscheidung aus der Sicht der übermittelnden Stelle für dessen Überwachung erforderlich ist.

² Absatz 1 Ziffer 2 Buchstabe c zweiter Halbsatz gilt entsprechend.

51. Straftaten gegen Vorschriften zum Schutz der Umwelt

§ 13 Absatz 2, § 14 Absatz 1 Nummer 9, Absatz 2, § 17 Nummer 3 EGGVG

(1) ¹ In Strafsachen wegen Straftaten gegen Vorschriften zum Schutz der Umwelt sind mitzuteilen

1. die Einleitung des Verfahrens,
2. der Ausgang des Verfahrens,

wenn dies zur Abwehr erheblicher Nachteile für Tiere und Pflanzen, Boden, Wasser, Luft, Klima und Landschaft erforderlich ist.

(2) In Verfahren wegen fahrlässig begangener Straftaten und in sonstigen Verfahren bei Verurteilung zu einer anderen Maßnahme als einer Strafe oder einer Maßnahme im Sinne des § 11 Absatz 1 Nummer 8 StGB unterbleibt die Mitteilung, wenn nicht besondere Umstände des Einzelfalls sie erfordern.

(3) Vorschriften zum Schutz der Umwelt im Sinne des Absatzes 1 sind namentlich Bestimmungen aus folgenden Sachgebieten

1. Abfall- und Abwasserentsorgung,
2. Gewässerschutz,
3. Bodenschutz,
4. Lärmbekämpfung,
5. Luftreinhaltung,
6. Naturschutz und Landschaftspflege,
7. Pflanzenschutz,
8. Schutz der Wasserversorgung,
9. Strahlenschutz,
10. Tierschutz und Tierseuchenschutz,
11. Gentechnik,
12. Chemikaliensicherheit.

(4) Die Mitteilung nach Absatz 1 Ziffer 1 und Absatz 2 ordnen Richterinnen oder Richter, Staatsanwältinnen oder Staatsanwälte an.

(5) Die Mitteilungen sind an die zuständige Behörde und, bei Verstößen gegen Bestimmungen zur Verhütung von Meeresverschmutzungen auch an das

  Bundesamt für Seeschifffahrt und Hydrographie
  Postfach 301220
  20305 Hamburg

zu richten.

52. Verdachtsfälle nach dem Geldwäschegesetz

§ 42 Absatz 1 GwG

(1) In Strafsachen, in denen die Zentralstelle für Finanztransaktionsuntersuchungen das Ergebnis ihrer operativen Analyse nach § 32 Absatz 2 GwG an die Strafverfolgungsbehörden übermittelt hat, sind mitzuteilen
1. die Erhebung der öffentlichen Klage,
2. der Ausgang des Verfahrens einschließlich aller Einstellungsentscheidungen.

(2) Die Mitteilungen sind an die
Generalzolldirektion
– Zentralstelle für Finanztransaktionsuntersuchungen (FIU) –
Postfach 850555
51030 Köln
zu richten.

53. Mitteilungen wegen Verstoßes gegen den Jugendmedienschutz-Staatsvertrag

§ 17 Nummer 5 EGGVG

(1) ¹ Werden in einem Strafverfahren – gleichgültig gegen wen es sich richtet – Angebote in Telemedien bekannt, bei denen Anhaltspunkte bestehen, dass sie unzulässig im Sinne des § 4 des Jugendmedienschutz-Staatsvertrags sind, ist den Landesmedienanstalten die Internetadresse mitzuteilen, unter der das Angebot zu finden ist, soweit nicht eine entsprechende Mitteilung durch eine andere Stelle, z.B. die Polizei, erfolgt ist oder das Angebot vom Anbieter nicht nur vorübergehend gelöscht wurde. ² Eine Unterrichtung unterbleibt, solange Zwecke des Strafverfahrens entgegenstehen.

(2) Die Mitteilung ist an die Landesmedienanstalt des Bundeslands zu richten, in dem sich die mitteilende Stelle befindet.

(3) Die Mitteilung ordnen Richterinnen oder Richter, Staatsanwältinnen oder Staatsanwälte an.

54. Straftaten nach dem Kulturgutschutzgesetz

§ 78 Absatz 3 und 4 KGSG

(1) In Strafsachen wegen Verstoßes gegen die Vorschriften des KGSG (§ 83 KGSG) sind mitzuteilen
1. die Einleitung des Verfahrens,
2. der Ausgang des Verfahrens.

(2) Die Mitteilungen ordnen Richterinnen oder Richter, Staatsanwältinnen oder Staatsanwälte an und sind an die nach dem KGSG zuständigen Behörden des Bundes und des Landes zu richten.

Anhang

Wichtige Mitteilungspflichten, die außerhalb der Anordnung über Mitteilungen in Strafsachen geregelt sind

Die Mitteilungspflichten betreffen:

Abgeordneter	§ 8 EGStPO, Nummer 191 Absatz 5, Nummer 192 Absatz 5, Nummer 192a Absatz 3 und 5, Nummer 192b Absatz 4 und Absatz 5 Satz 2 RiStBV
Ausland – Mitteilung der Festnahme an die ausländische Behörde	Nummer 38 RiVASt

Anh 13 MiStra Anhang

– Benachrichtigung der für Strafverfolgungs- oder Verwaltungsmaßnahmen zuständigen inländischen Behörden	Nummer 24 RiVASt
– Benachrichtigung des Bundeszentralregisters über rechtskräftige gerichtliche Entscheidungen im Vollstreckungshilfeverkehr	Nummer 71 RiVASt, § 55 Absatz 3 Satz 1 des Gesetzes über die internationale Rechtshilfe in Strafsachen (IRG) vom 27. Juni 1994 (BGBl. I S. 1537)
– Strafnachrichtenaustausch	Nummer 148 RiVASt
Ausländer	
– Benachrichtigung der ausländischen Behörde bei vorläufiger Festnahme in Auslieferungsangelegenheiten	Nummer 38 RiVASt
– Benachrichtigung der konsularischen Vertretungen bestimmter Staaten	Nummer 135 RiVASt; Art. 36 Absatz 1 Buchstabe b des Wiener Übereinkommens über konsularische Beziehungen vom 24. April 1963 (BGBl. 1969 II S. 1585), in Kraft für die Bundesrepublik Deutschland seit 7. Oktober 1971 (BGBl. II S. 1285)
– Benachrichtigung des Bundeszentralregisters und der Ausländerbehörde bei Absehen von der Vollstreckung bei Auslieferung oder Ausweisung	§ 17 Absatz 1 Satz 2 StVollstrO
– Exterritoriale	Nummer 195 RiStBV
– Verdacht einer Auslandsstraftat	Nummer 35 RiVASt
Auslieferungs-/Rechtshilfefragen	
– Benachrichtigung der zuständigen Staatsanwaltschaft bei Ablehnung der Auslieferung eines Deutschen mangels Zustimmung	Nummer 158 Absatz 4 RiVASt
– Einbürgerungsersuchen	Nummer 48 Absatz 1 RiVASt
– Mitteilung über die vollzogene Auslieferung	Nummer 55 RiVASt
– Mitteilung grundsätzlicher Entscheidungen	Nummer 13 RiVASt
Berufsverbote	§ 9 EGStPO
Bundeswehr	§ 47 StVollstrO
Bundeszentralregister	§ 20 BZRG
Deutscher Bundesrat	
Deutscher Bundestag	§ 8 EGStPO, Nummer 191 Absatz 5, Nummer 192 Absatz 5 und Nummer 192a Absatz 3 und 5 RiStBV
Eingezogene Gegenstände	§ 8 EGStPO, Nummer 191 Absatz 5, Nummer 192 Absatz 5 und Nummer 192a Absatz 3 und 5 RiStBV
– Abgabe als Forschungs- oder Lehrmittel	§ 67 StVollstrO
– Arzneimittel und chemische Stoffe	§ 74 Absatz 1 StVollstrO
– Betäubungsmittel	§ 75 StVollstrO
– Branntwein und Branntweinerzeugnisse	§ 85 Absatz 2 StVollstrO
– Brenn- oder Weingeräte	§ 86 StVollstrO
– Devisenwerte	§ 77 StVollstrO
– Falschgeld	§ 76 StVollstrO
– Funkanlagen	§ 72 Absatz 2 StVollstrO
– Fischereigeräte	§ 71 Absatz 1 und 2 StVollstrO
– Jagdwaffen, Jagd- und Forstgeräte	§ 69 Absatz 1 bis 3 StVollstrO

Anordnung über Mitteilungen in Strafsachen **Anhang MiStra Anh 13**

- andere Waffen und verbotene Gegenstände — § 70 StVollstrO
- Schriften, Ton- und Bildträger, Abbildungen und Darstellungen — § 81 Absatz 3 StVollstrO
- Wein — § 82 Absatz 5 StVollstrO
- andere unter das Weingesetz fallende Erzeugnisse und Getränke — § 83 StVollstrO

Energiewirtschaft
- Beteiligung der Bundesnetzagentur und Mitteilung — § 58b EnWG

Europäisches Parlament — § 8 EGStPO, Nummer 192 Absatz 5, Nummer 192b Absatz 4 und 5 Satz 2 RiStBV

Freiheitsentziehungen
- Unterrichtung des Landeskriminalamts über Beginn, Unterbrechung und Ende richterlich angeordneter Freiheitsentziehungen — § 32 Absatz 2 BKAG

Führungsaufsicht — § 54a StVollstrO

Gewaltverherrlichende, pornographische und sonstige jugendgefährdende Schriften und andere Abbildungen
- mehrere Strafverfahren — Nummer 224 RiStBV
- Unterrichtung des Bundeskriminalamts — Nummer 227 RiStBV
- Unterrichtung der Bundesprüfstelle für jugendgefährdende Medien — Nummer 228 RiStBV

Gesetzgebende Körperschaften der Länder — § 8 EGStPO, Nummer 192 Absatz 5 RiStBV

Immunitätssachen — § 8 EGStPO, Nummer 192 Absatz 5, Nummer 192a Absatz 3 und 5, Nummer 192b Absatz 4 und 5 Satz 2 RiStBV

Jugendstrafsachen
- Benachrichtigung des Jugendamts von der beabsichtigten Erhebung der Anklage — § 43 Nummer 6 RiJGG
- Erhebung der Anklage gegen einen Beschuldigten, der eine Jugendstrafe noch nicht vollständig verbüßt hat — § 42 Nummer 2 RiJGG
- Heranwachsende, Benachrichtigung des Schulleiters von dem Vollzug einer Freiheitsstrafe — § 110 Nummer 1 RiJGG
- Einstellung eines Verfahrens wegen Schuldunfähigkeit — § 1 Nummer 2 RiJGG
- Vollstreckung bei Erziehungsmaßregeln — §§ 82 bis 85 Nummer III 1, 2 RiJGG
- Vollstreckung des Jugendarrestes — §§ 82 bis 85 Nummer V 7 RiJGG
- Vollstreckung der Jugendstrafe — §§ 82 bis 85 Nummer VI 4 RiJGG
- Vollstreckung von Zuchtmitteln (mit Ausnahme des Jugendarrestes) — §§ 82 bis 85 Nummer IV 2 RiJGG
- Vollzugsanstalt oder Unterrichtung über früher angeordnete Erziehungsbeistandschaft — §§ 82 bis 85 Nummer VI 3 RiJGG

Korruption
- Mitteilung über die Zuwendung von Vorteilen — § 4 Absatz 5 Satz 1 Nummer 10 Satz 2 EStG

Lebensmittel und Futtermittel
- Mitteilung an die Verwaltungsbehörde — § 42 Absatz 5 LFGB

Anh 13 MiStra Anhang

Luftsicherheit
- Mitteilung über die Verhaftung und Verfolgung wegen bestimmter Straftaten an Bord von Luftfahrzeugen

Artikel 13 Absatz 5 des Abkommens vom 14. September 1963 über strafbare und bestimmte andere an Bord von Luftfahrzeugen begangene Handlungen (BGBl. 1969 II S. 121), in Kraft für die Bundesrepublik Deutschland seit 16. März 1970 (BGBl. II S. 276); Artikel 6 Absatz 4 des Übereinkommens vom 16. Dezember 1970 zur Bekämpfung der widerrechtlichen Inbesitznahme von Luftfahrzeugen (BGBl. 1972 II S. 1505), in Kraft für die Bundesrepublik Deutschland seit 10. November 1974 (BGBl. 1975 II S. 1204)

Meeresverschmutzung Ordnungswidrigkeiten
- Mitteilungen an die Verwaltungsbehörde

§ 18 des Flaggenrechtsgesetzes

§ 63 Absatz 2, § 76 Absatz 1 Satz 3, Absatz 4 OWiG; Nummer 275 Absatz 5 Satz 2, Nummer 277 Absatz 3, Nummer 288 Absatz 1, Nummer 289 Absatz 2 RiStBV

- Mitteilungen an die Finanzbehörde (vgl. § 386 Absatz 1 Satz 2 AO 1977) in Verfahren wegen Steuerordnungswidrigkeiten

§ 403 Absatz 3 in Verbindung mit § 410 Absatz 1 Nummer 8, § 407 Absatz 1 Satz 3, Absatz 2 in Verbindung mit § 410 Absatz 1 Nummer 11 AO 1977, auch soweit diese Vorschriften nach anderen Gesetzen anwendbar sind (z.B. § 29a Absatz 2 Berlin-FG)

Parlament

§ 8 EGStPO, Nummer 191 Absatz 5, Nummer 192 Absatz 5, Nummer 192a Absatz 3 und 5, Nummer 192b Absatz 4 und 5 Satz 2 RiStBV

Pornographische Schriften Pressestrafsachen
- Aufhebung der Beschlagnahme
- Einheitliche Bearbeitung verschiedener, dieselbe Druckschrift betreffender Verfahren

Nummer 223 ff. RiStBV

Nummer 252 RiStBV
Nummer 250 RiStBV

Sexualstraftaten an Kindern
- Benachrichtigung des Jugendamtes

Sicherstellungsvorschriften, strafbare Verstöße
- Mitteilungen an die Verwaltungsbehörde

Nummer 221 Absatz 2 RiStBV

§ 13 Absatz 2 WiStG 1954, Artikel 320 Absatz 5 EGStGB jeweils in Verbindung mit § 63 Absatz 2, § 76 Absatz 1 Satz 3, Absatz 4 OWiG

- Mitteilungen an die Finanzbehörde

§ 34 Absatz 2 MOG, § 43 Absatz 2 AWG jeweils in Verbindung mit § 63 Absatz 2, § 76 Absatz 1 Satz 3, Absatz 4 OWiG

Sprengstoffsachen

Nummer 256 Absatz 4 RiStBV

Staatsschutz- und verwandte Strafsachen
- Unterrichtung des Generalbundesanwalts
- Unterrichtung von Verfassungsschutzbehörden

Nummer 202 ff. RiStBV

§ 18 BVerfSchG (bzw. der entsprechenden landesrechtlichen Vorschriften) in Verbindung mit Nummer 205, 206 RiStBV

- Unterrichtung des Bundeskriminalamts

Nummer 207, 208 RiStBV

– Unterrichtung oberster Staatsorgane	Nummer 209, 211, 212 RiStBV
– Handlungen gegen ausländische Staaten	Nummer 210 Absatz 2 RiStBV
Steuerstrafsachen (Zollstrafsachen)	
– Mitteilung an das Finanzamt bei Verdacht einer Steuerstraftat	§ 116 AO 1977
– Mitteilungen an die Finanzbehörde (vgl. § 386 Absatz 1 Satz 2 AO 1977) im staatsanwaltschaftlichen und gerichtlichen Verfahren	§ 403 Absatz 3, § 407 Absatz 1 Satz 3, Absatz 2 AO 1977, auch soweit diese Vorschriften nach anderen Gesetzen anwendbar sind, Nummer 266 Absatz 1 RiStBV (vgl. dazu die Hinweise unter „Ordnungswidrigkeiten")
Strafunterbrechung	
– bei Vollzugsuntauglichkeit	§ 46 Absatz 2 StVollstrO
– bei Verurteilten, welche die Vollzugsbehörde bereits vor der Strafunterbrechung in eine Krankenanstalt, ein psychiatrisches Krankenhaus oder in eine entsprechende Einrichtung außerhalb des Bereichs der Justizverwaltung verbracht hat	§ 46 Absatz 3 StVollstrO
Subventionsbetrug	
– Mitteilung an die Strafverfolgungsbehörden bei Verdacht eines Subventionsbetrugs	§ 6 SubvG und – soweit das Verfahren Leistungen nach Landesrecht betrifft, die Subventionen im Sinne des § 264 StGB sind – das Subventionsgesetz des jeweiligen Bundeslandes
– Mitteilung an das Finanzamt, soweit der Subventionsbetrug eine Investitionszulage betrifft	§ 403 Absatz 3, § 407 Absatz 1 Satz 3, Absatz 2 AO 1977 in Verbindung mit § 20 BerlinFG, § 5a InvZulG 1986, § 9 InvZulG 1991 – 1996, § 8 InvZulG 1999, § 10 InvZulGVO
Untersuchungsgefangene	
– Unterrichtung der Vollzugsanstalt über bedeutsame Umstände	Nummer 7 UVollzO, Nummer 49 RiStBV
Verfahren gegen Abwesende	
– Beschlagnahme des Vermögens bei Abwesenheit des Angeschuldigten	§ 292 Absatz 2 StPO
Verkehrsstrafsachen	
– Mitteilungen an das Kraftfahrt-Bundesamt	§ 28 Absatz 4 StVG
– Mitteilungen an die Vertragsstaaten über gerichtliche Entscheidungen, durch die den Inhabern von im Ausland ausgestellten Führerscheinen das Recht aberkannt worden ist, die genannten Scheine zu gebrauchen	Artikel 10 Absatz 2 des Internationalen Abkommens über Kraftfahrzeugverkehr vom 24. April 1926 (RGBl. II 1930 S. 1233)
Verteidigerausschluss	
– Antrags- oder Vorlagemitteilung an den Vorstand der Rechtsanwaltskammer	§ 138c Absatz 2 Satz 3 StPO
Visa-Warndatei	§ 4 Nummer 4 VWDG
Waffen- und Sprengstoffsachen	Nummer 256 Absatz 4 RiStBV
Wehrbeauftragter	
– Mitteilungen an den Wehrbeauftragten, wenn der Justizbehörde die Vorgänge vom Wehrbeauftragten zugeleitet worden sind	§ 12 des Gesetzes über den Wehrbeauftragten (BGBl. 1957 I S. 652), neugefasst durch Bekanntmachung vom 16. Juni 1982 (BGBl. I S. 677), zuletzt geändert durch Gesetz vom 30. März 1990 (BGBl. I S. 599)

Wirtschaftsstrafsachen siehe unter „Sicherstellungsvorschriften" und „Subventionsbetrug"
Zollstrafsachen siehe unter „Steuerstrafsachen"

Sachverzeichnis

(Die Zahlen beziehen sich auf die Nummern der MiStra; „Ahg" verweist auf den Anhang zu MiStra)

A

Abbildungen:
als eingezogene Gegenstände: **Ahg**
Abfall- und Abwasserentsorgung:
Straftaten gegen Vorschriften zum Schutz der Umwelt: **51**
Abgabe als Forschungs- oder Lehrmittel:
– als eingezogene Gegenstände: **Ahg**
Abgeordneter: Ahg
Ablehnung:
– der Strafverfolgung, der Eröffnung des Hauptverfahrens: **6**
Abschriften:
siehe Mehrfertigung: **9**
Abwesende:
Verfahren gegen –: **Ahg**
Akteneinsicht: 1, 11
Aktenzeichen: 9, 11
Alten- und Pflegeheime:
Strafsachen gegen Betreiber sowie Beschäftigte von –: **28**
Altersgeld:
Empfänger von –: **18**
Amtsanwälte: 4
Angehörige
– ausländischer Konsulate: **41**
– des öffentlichen Dienstes: **15, 16**
– der Heilberufe: **26, 29**
– der rechtsberatenden Berufe: **23, 29**
– von Lehrberufen und erzieherischen Berufen: **26**
Angestellte
des öffentlichen Dienstes: **16**
Anklageschrift: 6
Anstalt
– des öffentlichen Rechts: Angehörige einer –: **16**
Apotheker:
Strafsachen gegen –: **26**
Arbeitnehmer
– im öffentlichen Dienst: **16**
Verletzung von Vorschriften zum Schutz der –: **46**
Arbeitnehmerverhältnis:
Strafsachen gegen Personen in einem – im öffentlichen Dienst: **16**
Arbeitnehmerüberlassungsgesetz:
Zuwiderhandlungen gegen –: **47**

Arbeitsschutz: 46
Arbeitszeitgesetz: 46
Architekten: 24
Arzneimittel und chemische Stoffe
als eingezogene Gegenstände: **Ahg**
Ärzte
Strafsachen gegen –: **26**
Strafsachen nach dem Betäubungsmittelgesetz gegen –: **50**
Asylsuchende: 42a
Atomanlagen:
Strafsachen gegen für – verantwortliche Personen: **40**
Atomgesetz: 46
Aufenthaltstitel: 42
Aufhebung
der Beschlagnahme bei Pressestrafsachen: **Ahg**
Aufsichtsbehörde:
Mitteilung an –: **27, 46**
Ausgang
– des Verfahrens: **6**
Auskunft
– an die und Unterrichtung der Betroffenen: **3**
Ausland:
Mitteilung der Festnahme an die ausländische Behörde: **Ahg**
Ausländer:
Strafsachen gegen –: **42**
Benachrichtigung der ausländischen Behörde bei vorläufiger Festnahme in Auslieferungsangelegenheiten: **Ahg**
Ausländerbehörde:
Mitteilung an –: **42**
Ausländische Konsulate:
Strafsachen gegen Angehörige –: **41**
Auslandsstraftat:
Verdacht einer –: **Ahg**
Auslieferungsfragen: Ahg
Aussetzung
des Vollzugs eines Haft- oder Unterbringungsbefehls: **6**
Außenwirtschaftsgesetz:
Strafsachen wegen Verstoßes gegen das –: **49**
Auswärtiges Amt:
Mitteilung an –: **41**
Auszubildende
– im öffentlichen Dienst **16**

B

Bankenaufsicht:
Mitteilung an Bundesanstalt für Finanzdienstleistungsaufsicht: – 25
Beamte: 15, 29
kirchliche: 22
im Ruhestand: 18
Beamten- oder Richterverhältnis:
Strafsachen gegen Personen in einem –: 15
Bearbeitung:
einheitliche – verschiedener, dieselbe Druckschrift betr. Pressestrafsachen: **Ahg**
Bedenken
gegen Mitteilung: 2
Beglaubigung
von Mehrfertigungen: 9
Bekämpfung der Schwarzarbeit:
Mitteilungen zur –: 47, 48
Berechtigungen:
Inhaber von – 39
Berufsakademien:
Strafsachen gegen Professoren bzw. Lehrbeauftragte an 27
Berufsverbot: 13 **Ahg**
Berufsbezeichnung:
Führen einer –: 39
Berufssoldaten:
Strafsachen gegen frühere –: 20
Berufskammer:
Mitteilung an –: 24, 26
Beschäftigungsstelle:
Mitteilung an –: 16
Beschäftigungsverhältnis:
Strafsachen gegen Personen in einem – im öffentlichen Dienst: 16
Beschlagnahme:
Aufhebung der – bei Pressestrafsachen: **Ahg**
– des Vermögens bei Abwesenheit des Angeschuldigten: **Ahg**
Betäubungsmittelgesetz: 50, **Ahg**
Betäubungsmittelsachen: 50
Betreuungsgericht:
Mitteilung an –: 31
Betriebsleiterinnen und Betriebsleiter
– der Schienenbahnen des öffentlichen Personenverkehrs, der Seilbahnen und der Eisenbahnen: 39
Betriebsunfälle: 44
Betroffenen:
Auskunft an die und Unterrichtung der –: 3
Bewachungsgewerbe: 24, 29
Bewährungsfälle: 13
Bewährungshelfer:
Mitteilung des Namens und der Anschrift des –: 32
Bezüge:
Personen, die versorgungsähnliche – erhalten: 18

Bodenschutz: 51
Börsenhändler: 24
Branntwein und Branntweinerzeugnisse:
als eingezogene Gegenstände: **Ahg**
Brenn- oder Weingeräte:
als eingezogene Gegenstände: **Ahg**
Buchprüfer: 24, 29
Bundesagentur
– für Arbeit: Mitteilung an –: 47
Bundesamt
– für Seeschifffahrt und Hydrographie: 51
– für Familie und zivilgesellschaftliche Aufgaben: 21
Bundesanstalt
– für Finanzdienstleistungsaufsicht: 25, 25a, 25b, 25c
Mitteilung an – Bankenaufsicht: 25
Versicherungsaufsicht: 25b
Wertpapieraufsicht: 25a
Bundesberggesetz: 46
Bundesinstitut
für Arzneimittel und Medizinprodukte: Mitteilung an –: 50
Bundesjagdgesetz: 36
Bundeskriminalamt:
Mitteilung an –: 52
Bundesministerium der Justiz:
Mitteilung an –: 23, 41, 49
Bundespolizei:
Strafsachen gegen Inhaber einer Fahrerlaubnis der –: 45
Bundespräsidialamt:
Mitteilung an –: 30
Bundesprüfstelle
– für jugendgefährdende Schriften: **Ahg**
Bundeswehr:
Strafsachen gegen Soldaten der –: 19
Strafsachen gegen Inhaber einer Fahrerlaubnis der –: 45, **Ahg**
Bundeszentralregister: 11, **Ahg**

C

Chemikaliengesetz: 46
Chemikaliensicherheit: 51
Chemische Stoffe:
als eingezogene Gegenstände: **Ahg**

D

Datenschutz: 9, 22
Datenübermittlung: 9, 10
Deutscher Bundesrat: **Ahg**
Deutscher Bundestag: **Ahg**
Devisenwerte:
als eingezogene Gegenstände: **Ahg**
Dienstaufsicht:
Personen, die einer – unterliegen: 29

Dienstgrad
von Soldaten im Ruhestand: frühere
Berufssoldaten die – haben: **20**
Dispacheure: 24
Disziplinarvorgesetzte:
Mitteilung an – in der Bundeswehr:
19
Dolmetscher: 24
Dozenten: 27

E

Ehrenamtliche Richter: 17
Ehrenzeichen:
Strafsachen gegen Inhaber von –: **30**
Eingezogene Gegenstände: Ahg
Einleitung
des Verfahrens: **6**
Einschränkung
– vorgeschriebener Mitteilungspflichten:
2
Einstellung
des Verfahrens: **6, 11**
Einzelfall:
Umstände des –: **2, 6**
Einziehung
von Schriften, Ton- und Bildträgern,
Abbildungen und Darstellungen:
Ahg
Empfänger
von Versorgungsbezügen: **18**
Energiewirtschaft Ahg
Entbindungspfleger:
Strafsachen gegen –: **26**
Entscheidung
rechtskräftige: **6**
Entscheidungsformel: 11
Entziehungsanstalt: 43
Erhebung
der Anklage: **6**
Benachrichtigung des Jugendamts von der
beabsichtigten –: **Ahg**
– gegen einen Beschuldigten, der eine
Jugendstrafe noch nicht vollständig ver-
büßt hat: **Ahg**
Erlass
und Vollzug eines Haft- oder Unterbrin-
gungsbefehls: **6**
Erlaubnis:
Inhaber einer behördlichen –: **39**
Inhaber einer waffenrechtlichen oder
sprengstoffrechtlichen Berechtigung:
36
Ermittlungen
– über einen Todesfall: **14**
Eröffnung
– des Hauptverfahrens:
Ablehnung der –: **6**
Erzieher
in Heimen, Kindergärten, Kindertagesstätten und Ähnliche: **27**

Erziehungsberechtigte:
Mitteilung an – in Strafsachen gegen
Jugendliche: **34**
Erziehungsmaßregeln:
Vollstreckung bei –: **Ahg**
Europäische Union: 45
Europäisches Parlament: Ahg
Explosionsgefährliche Stoffe:
unbefugter Umgang oder Verkehr mit –:
36a
Exterritoriale: Ahg

F

Fahrerlaubnis:
Entziehung der –: **45**
Inhaber einer – der Bundeswehr; der
Bundespolizei, Polizei: **45**
Fahrlässigkeitstaten:
Mitteilung bei –: **15, 16, 19–25b, 27,
36, 7[1], 39, 40, 50**
Fahrlehrer: 39
Fahrpersonalgesetz: 46
Falschgeld:
als eingezogene Gegenstände: **Ahg**
Familiengericht:
Mitteilung an das –: **31, 35**
Finanzamt:
Benachrichtigung des – von Steuerstrafta-
ten: **Ahg**
Mitteilung an – im staatsanwaltlichen und
gerichtlichen Verfahren: **Ahg**
Finanzdienstleistungsinstitut:
Strafsachen gegen Inhaber von –:
25, 29
Fischereigeräte:
als eingezogene Gegenstände: **Ahg**
Flaggenrechtsgesetz: Ahg
Flugsicherungspersonal:
Strafsachen gegen –: **38**
Folgemitteilungen:
Notwendigkeit von –: **6**
Form
– der Mitteilung: **9**
– der Auskunftserteilung und Unterrich-
tung der Betroffenen: **3**
– der Kenntlichmachung: **5**
Freiheitsentziehungen: Ahg
Freizügigkeit: 42
Führungsaufsicht: 13, 32, 36, 37, Ahg
Führungsaufsichtsstelle:
Mitteilung an –: **13**
Funkanlagen:
als eingezogene Gegenstände: **Ahg**

G

Gastprofessoren: 28
Gegenstände
eingezogene: **Ahg**

Gefährdung
Minderjähriger: 35
Gefangene: 43
Geistliche
Beamte: 22
Geldwäsche: 52, Ahg
Genehmigung:
Inhaber einer behördlichen –: 39
Generalbundesanwalt:
Unterrichtung des –
– in Staatsschutzsachen: **Ahg**
– in Rechtsanwaltssachen: 23
Gentechnik 46, 51
Gericht: 4
Gesamtstrafenbeschluss: 6
Geschäftsführer:
– einer Rechtsanwaltsgesellschaft mbH 23
Gesetzgebende Körperschaften
der Länder: **Ahg**
Gesetzlicher Vertreter:
Mitteilung an – in Strafsachen gegen Jugendliche: 34
Gesundheit der Arbeitnehmer: 46
Gewässerschutz:
Straftaten gegen Vorschriften zum Schutz der Umwelt: 51
Gewaltverherrlichende
Schriften usw.: **Ahg**
Gewerbeaufsichtsamt:
Mitteilung an –: 39, 46
Gewerbeordnung: 46
Gewerbetreibende:
Strafsachen gegen –: 39
Gnadenbehörde:
Mitteilung an –: 13
Gnadenentscheidung: 13
Gründe
des Urteils: 6

H

Hebammen:
Strafsachen gegen –: 26
Heilberuf:
Angehörige eines –: 26, 29
Heilmittelwerbegesetz: 46
Heilpraktiker:
Strafsachen gegen –: 26
Heimarbeitsgesetz: 46
Heime:
Personen, die in – mit erzieherischen Aufgaben betreut sind: 27
Heranwachsende:
Strafsachen gegen –: 32, 33
Hinterbliebene:
Personen, die als – Versorgungsbezüge erhalten: 18
Hinterbliebenengeld:
Empfänger von – 18

Hochschulen:
Strafsachen gegen Professoren bzw. Lehrbeauftragte an –: 27
Honorarprofessoren: 27
Hydrographie:
Bundesamt für Seeschifffahrt und –:
Mitteilung an das –: 51

I

Immunitätssachen: Ahg
Ingenieure: 24
Inhaber:
– einer behördlichen Berechtigung: 39
– einer luftverkehrsrechtlichen Erlaubnis: 38
– einer behördlichen Erlaubnis: 39
– einer behördlichen Genehmigung: 39
– einer Fahrerlaubnis: 45
– eines im Ausland ausgestellten Führerscheins: **Ahg**
– von Jagdscheinen: 37
– einer Konzession: 39
– eines behördlichen Patents: 40
– einer Investmentgesellschaft oder Verwahrstelle 25c
– von Titeln, Orden und Ehrenzeichen: 30
– einer waffenrechtlichen oder sprengstoffrechtlichen Berechtigung oder eines Waffenscheins: 36
Inhalt
und Zeitpunkt der Mitteilung: 6
Internationaler
Zulassungs- oder Führerschein:
Mitteilung an die Vertragsstaaten des Internationalen Abkommens über Kraftfahrzeugverkehr über gerichtliche Entscheidungen, durch die den Inhabern von im Ausland ausgestellten – das Recht aberkannt worden ist, die genannten Scheine zu gebrauchen: **Ahg**
Investmentgesellschaft 25c

J

Jagdausübung:
Verbot der –: 37
Jagd- und Forstgeräte:
als eingezogene Gegenstände: **Ahg**
Jagdschein:
Inhaber eines –, Entziehung des –: 37
Jagdwaffen:
als eingezogene Gegenstände: **Ahg**
Jugendamt:
Benachrichtigung des – von der beabsichtigten Erhebung der Klage: **Ahg**
Mitteilung an – zum Schutz von Minderjährigen: 35

Jugendarbeitsschutzgesetz: 46
Jugendarrest:
  Vollstreckung des –: Ahg
Jugendgerichtshilfe:
  Mitteilung an –: 32
Jugendliche:
  Strafsachen gegen –: 32, 33, 34
Jugendschöffen: 17
Jugendschutzsachen: 35
Jugendstrafe: 32
  – Aussetzung zur Bewährung, Erlass: 13, 32
  – Erhebung der Anklage gegen einen Beschuldigten, der eine – noch nicht vollständig verbüßt hat: **Ahg**
  Vollstreckung der –: Ahg
Jugendstrafsachen: 32, 33, 34
Jugendstrafverfahren: Ahg
Jugendverfahren:
  Antrag auf Aburteilung im vereinfachten –: 6

K

Kenntlichmachen
  der Mitteilungspflicht: 5
Kernbrennstoffe:
  Strafsachen gegen mit – befasste Personen: 40
Kindergarten:
  Personen, die in – mit erzieherischen Aufgaben betraut sind: 27
Kindertagesstätte:
  Personen, die in – mit erzieherischen Aufgaben betraut sind: 27
Kirchliche Beamte: 22
Kirchliche
  Oberbehörde Mitteilung an –: 22
Klage:
  Erhebung der öffentlichen –: 4, 6
Kommando Territoriale Aufgaben
  der Bundeswehr: Mitteilung an –: 19, 20
Konsulate:
  Strafsachen gegen Angehörige ausländischer –: 41
  Benachrichtigung der konsularischen Vertretung bestimmter Staaten: Ahg
Konzession:
  Inhaber einer –: 39
Körperschaft
  des öffentlichen Rechts:
  Personen einer –: 16
Korruption: Ahg
Kraftfahrt-Bundesamt:
  Mitteilung an –: 45, Ahg
Kredit- und Finanzdienstleistungsinstitut:
  Inhaber und Geschäftsleiter eines –: 25, 25c, 29

Kriegswaffenkontrollgesetz:
  Strafsachen wegen Verstoßes gegen das –: 36, 37, 49
Kulturschutzgesetz:
  Straftaten nach dem –: 54

L

Ladenschluss: 46
Lärmbekämpfung:
  Straftaten gegen Vorschriften zum Schutz der Umwelt: 51
Landesjugendamt:
  Mitteilung an – zum Schutz von Minderjährigen: 35
Landesrechtliche Pflege- und Gesundheitsberufe
  Angehörige der –: 26
Lehrbeauftragte
  an Hochschulen: 27
Lehrer:
  nichtbeamtete – aller Art: 27
Leiche: 14
Leiter:
  – der Behörde: 16
  – von Kredit[2] und Finanzdienstleistungsinstituten: 25
  – von Erziehungseinrichtungen: 27
  – der Justizvollzugsanstalt: 43
  – des psychiatrischen Krankenhauses oder der Entziehungsanstalt: 43
  – der Schule: 27
  – der konsularischen Vertretung: 41
Luftfahrtbundesamt: 38
Luftfahrtpersonal:
  Erlaubnis für das –: 38
Luftreinhaltung:
  Straftaten gegen Vorschriften zum Schutz der Umwelt: 51
Luftverkehrsgesetz:
  sonstige nach dem – berechtigte Personen: 38
Luftsicherheit: Ahg

M

Markscheider: 24
Maßregeln
  – der Besserung und Sicherung: 12, 18, 50
Maßregelvollzug:
  Strafsachen gegen Untergebrachte im –: 43
Medizinproduktegesetz: 46
Meeresverschmutzungen:
  Mitteilungen bei Verstößen gegen Bestimmungen zur Verhütung von –: 51
Mehrfertigung:
  – des mitzuteilenden Schriftstücks: 9

Minderjährige:
Mitteilung zum Schutz von –: **31, 35**
Mitteilung:
von Amts wegen: **1**
Anordnung der – (Mitteilungspflichtige Stellen): **4**
Form der –: **6, 9**
Inhalt der –: **6**
– unterbleibt: **2, 6**
unmittelbare Übersendung –: **10**
– bei Tateinheit: **8**
Mitteilungspflicht:
Begründung weiterer –: **1**
Einschränkung der vorgeschriebenen –: **2**
Kenntlichmachen der –: **5**
Mitteilungspflichtige
Stellen und dort funktional zuständige Personen: **4**
Mitteilungsweg: 10
Munition:
unbefugter Erwerb von –: **36, 36a**
Mutterschutzgesetz: 46

N

Naturschutz und Landschaftspflege:
Straftaten gegen Vorschriften zum Schutz der Umwelt: **51**
Nichtverfolgung:
Einstellung eines Verfahrens wegen Schuldunfähigkeit in Jugendsachen: **Ahg**
Notarassessoren: 23
Notare: 23, 29
Notare a. D.: 23

O

Oberbehörde:
Mitteilung an die – der öffentlich-rechtlichen Religionsgesellschaft: **22**
Öffentlicher Dienst:
Strafsachen gegen Personen in einem Arbeitnehmer- oder sonstigen Beschäftigungsverhältnis im –: **16**
Orden:
Strafsachen gegen Inhaber von –: **30**
Ordnungswidrigkeiten:
Mitteilungen an die Verwaltungsbehörde/Finanzbehörde: **Ahg**
Mitteilung an die Zollverwaltung/Bundesagentur für Arbeit: **47, 48**

P

Parlament: Ahg
Patent:
Inhaber eines behördlichen –: **39**
Patentanwälte: 23

Pflanzenschutz:
Straftaten gegen Vorschriften zum Schutz der Umwelt: **51**
Pflege- und Altenheime:
Strafsachen gegen Betreiber sowie Beschäftigte von –: **28**
Polizei:
Mitteilung an –: **11, 45**
Pornographische Schriften: Ahg
Pressestrafsachen: Ahg
Privatdozenten: 27
Privatklage: 4, 15, 16, 19 – 24, 26, 28, 30, 40
Privatschulen:
Schulleiter und Lehrer an –: **27**
Produktsicherheitsgesetz: 46
Professoren: 27
Prozessagenten: 23
Prozessbeteiligte:
Mitteilung an andere –: **34**
Prüfer für den Kraftfahrzeugverkehr: 24
Prüfingenieure: 45
Psychiatrisches Krankenhaus: 12, 43
Psychotherapeuten:
Strafsachen gegen –: **26**

Q

qualifizierte Personen:
Strafsachen gegen Angehörige der Rechtsberatenden Berufe **23**

R

Radioaktive Stoffe:
Strafsachen gegen mit – befasste Personen: **40**
Rauschgiftsachen: 50
Rechtsanwälte: 23
Rechtsanwaltsgesellschaften: 23
Rechtsanwaltskammer: 23
Rechtsbeistände: 23
Rechtsberater: 23
Rechtsdienstleister: 23
Rechtskraft
der Entscheidung: **4, 6**
Rechtsmittel:
Einlegung oder Verwerfung eines –: **6**
Rechtspfleger: 4
Rektor
der Hochschule, Mitteilung an –: **27**
Regionaldirektion
– der Bundesagentur für Arbeit: **47**
Religionsgesellschaften:
öffentlich-rechtliche –: **22**
Richter: 15
– im Ruhestand: **18**
– ehrenamtliche –: **17**

– Entscheidung über Mitteilung durch –:
2, 4, 6, 15, 16, 20–24, 26, 28, 29,
31, 33–36a, 38–40, 42, 45, 47, 48,
49, 51
Richterverhältnis:
Strafsachen gegen Personen in einem –:
15
Ruhestand: 18, 22
Ruhestandsbeamte: 18

S

Sachverständige
öffentlich bestellte und vereidigte –:
24
Seearbeitsgesetz: 46
Senatskanzlei:
Mitteilung an –: 41
Sexualstraftaten:
– an Kindern: **Ahg**
Sicherstellungsvorschriften: Ahg
Sicherungsverwahrte:
Strafsachen gegen –: 43
Soldaten:
– der Bundeswehr: 19, 29
– im Ruhestand: 20
Sozialgesetzbuch:
Straftaten gegen das Dritte Buch des –:
47
Sprengstoffgesetz: 36, 37, 46
Sprengstoffrechtliche Erlaubnis:
36
Sprengstoffrechtliche Gründe: 36a
Sprengstoffsachen: 36, **Ahg**
Subventionsbetrug: Ahg

Sch

Schöffen: 17
Schriften:
eingezogene –: **Ahg**
pornographische –: **Ahg**
Schule:
Mitteilung an –: 33
an Schulen tätige Personen 27
Schulleiter: 27
Schusswaffen oder Munition:
unbefugter Erwerb von –: 36a
Schutz:
– der Arbeitskraft und der Gesundheit von Arbeitnehmern: 46
– der Umwelt, Straftaten gegen Vorschriften zum –: 51
– von Minderjährigen 35
Schutz der Wasserversorgung:
Straftaten gegen Vorschriften zum Schutz der Umwelt: 51
Schwarzarbeit:
Mitteilungen zur Bekämpfung der –:
48

St

Staaten:
ausländische Handlungen gegen –: **Ahg**
Staatsangehörige: 12
Staatsanwaltschaft:
Entscheidung über Mitteilung durch –:
2–4, 6, 15, 16, 20–24, 26, 28, 29, 31,
33–36a, 38–40, 42, 45, 47, 48, 49, 51
Staatsaufsicht:
Personen, die einer – unterliegen: 29
Staatsgefährdende
Schriften: **Ahg**
Staatskanzlei:
Mitteilung an –: 41
Staatsschutz
und verwandte Strafsachen: **Ahg**
Standesaufsicht:
Personen, die einer – unterliegen: 29
Standesbeamte:
Mitteilung an –: 14
Stellen
mitteilungspflichtige: 4
Steuerberater: 24, 29
Steuerbevollmächtigter: 24, 29
Steuergeheimnis: 2, 15, 19, 21, 42
Steuerstrafsachen: Ahg
Steuerstraftaten:
Mitteilung an das Finanzamt bei Verdacht von –: **Ahg**
Stiftung
des öffentlichen Rechts, Angehöriger einer –: 16
Strafarrest: 13
Strafaussetzung
zur Bewährung: Widerruf einer –: 13, 42
Strafbefehl: 6, 15, 19, 21, 25–25b
Strafgefangene:
Strafsachen gegen –: 43
Strafunterbrechung:
– bei Vollzugsuntauglichkeit: **Ahg**
– bei Verurteilten, welche die Vollzugsbehörde bereits vor der – in eine Krankenanstalt, ein psychiatrisches Krankenhaus oder in eine entsprechende Einrichtung außerhalb des Bereichs der Justizverwaltung verbracht hat: **Ahg**
Strahlenschutz:
Straftaten gegen Vorschriften zum Schutz der Umwelt: 51

T

Tateinheit:
Mitteilung bei –: 8
Tenor
des Urteils: 6
Tierärzte:
Strafsachen gegen –: 26
Strafsachen nach dem Betäubungsmittelgesetz gegen –: 50

Sachverzeichnis

Tierschutz und Tierseuchenschutz:
Straftaten gegen Vorschriften zum Schutz der Umwelt: 51
Titel:
Strafsachen gegen Inhaber eines –: 30
Todesfall:
Ermittlungen über einen –: 14
Ton- und Bildträger:
als eingezogene Gegenstände: **Ahg**

U

Übersendung
verschlossenen: 9
Übersetzer: 24
Umstände
des Einzelfalls: 6
Umweltschutz:
Straftaten gegen Vorschriften zum –: 51
Unbekannt:
Verfahren gegen –: 11
Unfallverhütungsvorschriften:
Zuwiderhandlung gegen –: 44
Unionsbürger: 12, 42
Unmittelbare Übersendung
der Mitteilung: 10
Unterbleiben:
– der Datenübermittlung: 6
– der Mitteilung: 2, 6
Unterbringung: 12, 13, 34
Untergebrachte:
Strafsachen gegen –: 43
Unterlagen:
Rücksendung von –: 7
Unterrichtung
des Betroffenen: 3
Untersuchungsgefangene:
Unterrichtung der Vollzugsanstalt über bedeutsame Umstände: **Ahg**
Strafsachen gegen –: 43
Urkundsbeamter
der Geschäftsstelle: 4
Urteil: 6

V

Vereinigungen:
kriminelle, terroristische –: 20
Verfahren:
Antrag auf Entscheidung im beschleunigten –,
Antrag auf Entscheidung im Vereinfachten Jugend –: 6
– gegen Abwesende: **Ahg**
– automatisiertes –: 9
Verfahrenspfleger:
Mitteilung an – in Strafsachen gegen Jugendliche: 34
Verhaftung: 34

MiStra Anh 13

Verkehrsleiter:
– im Sinne von Artikel 4 der Verordnung (EG) Nr. 1071/2009 39
Verkehrsstrafsachen: Ahg
Vermessungsingenieure: 24
Versicherungsaufsicht: 25b
Versicherungsaufsichtsgesetz:
Mitteilungen über Strafsachen nach dem –: 25b
Versicherungsunternehmen:
Mitteilungen über Missstände bei –: 25b, 29
Versorgungsbezüge:
Empfänger von –: 18
Versorgungsberechtigte:
Strafsachen gegen 18
Sonstige Mitteilungen über beaufsichtigte Personen 29
Verteidigerausschluss: Ahg
Verurteilter:
Bewährungs- und Führungsaufsichtsfälle 13
Vertreter:
Mitteilung an gesetzlichen –: 34
Vertretungen:
Angehörige ausländischer konsularischer –: 41
Verwahrstelle 25c
Verwaltungsbehörde:
Benachrichtigung der –: 12
bei Wirtschaftsstrafsachen: **Ahg**
Visa-Warndatei Ahg
Vollstreckung:
– bei Erziehungsmaßregeln,
– des Jugendarrestes,
– der Jugendstrafe,
– von Zuchtmitteln: **Ahg**
Vollstreckungsbehörde: 4
Vorbehalt
der Mitteilung durch Richter oder Staatsanwalt: 4

W

Wählerverzeichnis:
Mitteilung an –: 12
Waffen:
als eingezogene Gegenstände: **Ahg**
Waffen- und Sprengstoffsachen: 36, 36a, 37, **Ahg**
Waffenhandel: 36
Waffenherstellung: 36
Waffenrechtliche
Erlaubnis, Bescheinigung oder Ausnahmebewilligung: 36
Waffenrechtliche Gründe: 36a
Waffenschein:
Inhaber eines –: 36
Wasserversorgung:
Schutz der –, Straftaten gegen Vorschriften zum Schutz der Umwelt: 51

2603

Wehrbeauftragter:
Mitteilung an –: **Ahg**
Wein:
als eingezogene Gegenstände: **Ahg**
Werkstätten für Menschen mit Behinderung:
Strafsachen gegen Betreiber sowie Beschäftigte –: **28**
Wertpapierdienstleistungsunternehmen:
Strafsachen gegen Inhaber von –: **25a, 25c, 29**
Wertpapieraufsicht: 25a
Widerruf:
– der Aussetzung einer Freiheitsstrafe, Unterbringung, Berufsverbot, Jugendstrafe und Strafarrest: **13**
Wiener Übereinkommen:
Strafsachen gegen Angehörige ausländischer Konsulate nach Artikel 42 des – über konsularische Beziehungen: **41**
Wirtschaftsprüfer:
Strafsachen gegen –: **24, 29**
Wirtschaftsprüfungsgesellschaft:
Mitteilung in Strafsachen gegen deren Vorstandsmitglieder, Geschäftsführer oder persönlich haftende Gesellschafter: **24**
Wirtschaftsstrafsachen: Ahg

Z

Zahnärzte:
Strafsachen gegen –: **26**
Strafsachen nach dem Betäubungsmittelgesetz gegen –: **50**
Zeitpunkt
und Inhalt der Mitteilung: **6**
Zentralstelle
für Verdachtsfälle nach dem GwG: **52**
Zivildienstleistende:
Strafsachen gegen –: **21, 29**
Zollstrafsachen:
siehe auch bei Steuerstrafsachen **Ahg**
Zollverwaltung:
Mitteilung an –: **47**
Zuchtmittel:
Vollstreckung von –: **Ahg**
Zusatzversorgungsansprüche:
Strafsachen gegen Personen, denen – zustehen: **18**

Gegenüberstellung der Fundstellen

der in den Erläuterungen zitierten Entscheidungen des
Bundesgerichtshofs in der Amtlichen Sammlung und in der
Neuen Juristischen Wochenschrift

Amtliche Sammlung Seite	NJW Seite	Amtliche Sammlung Seite	NJW Seite	Amtliche Sammlung Seite	NJW Seite
Bd 1	**Jahrg 51**	27	899	202	1273
8	411	52	1064	205	1233
34	323	62	1184	207	1313
39	368	68	1265	208	1114
137	573	69	1186	217	1193
175	671	78	1027	255	1402
211	670	134	1148	264	1358
216	810	149	1265	275	1360
222	672	169	1343	279	1442
252	611	175	1305	287	1522
		179	1306	300	1602
	Jahrg 52	187	1306	308	1561
275	193	199	192**	320	1481
334	153	206	1345	321	1481
346	192	213	1386	325	1679
366	151	215	1422	345	1879
373	153	218	36**	364	1925
376	152	221	1383	368	1925
387	152				
			Jahrg 53	**Bd 5**	
Bd 2		229	32	5	1926
1	478	234	36		
4	271	245	76		**Jahrg 54**
14	354	281	115	34	83
41	435	285	114	52	122
56	632	309	151	57	119
71	395	327	232	73	82
85	434	334	314	75	281
90	352	344	315	85	203
96	516	353	353	106	81
99	356	357	351	140	280
110	556	368	673	153	284
125	432	377	873	183	243
163	554	384	515	207	260
168	556	386	712	214	361
248	675	395	514	225	1009
250	726*			252	441
269	673	**Bd 4**		261	483
284	714	130	915	267	519
290	714	138	1073	278	361
351	755	140	996	290	1114**
371	899	152	1273	294	650
		155	1234	312	968
Bd 3		158	1154	332	649
13	900	191	1115	338	687

*Jahrg 1951 **Jahrg 1953

Gegenüberstellung

Amtliche Sammlung Seite	NJW Seite	Amtliche Sammlung Seite	NJW Seite	Amtliche Sammlung Seite	NJW Seite
354	932	276	997	193	1246
381	847	281	957	195	1288
		283	917	222	1209
Bd 6		300	598	230	1367
70	1336	305	957	233	1246
109	1375	330	1239	243	1366
122	1376	356	1160	250	1448
128	1336	359	1159	280	1646
140	1211	363	1688	292	1526
141	1497	381	1198	297	1527
167	1293			302	1485
176	1252	**Bd 8**		324	1725
186	1412	17	1447	356	1727
199	1415	34	1407	362	1807
206	1377	41	1367	365	1886
209	1415	46	1406		
229	1257	59	1365		**Jahrg 57**
251	1576	76	1407	367	33
258	1616	105	1526	370	29
279	1496	107	1366		
289	1656	113	1642	**Bd 10**	
292	1656	130	1644	8	230
298	1087	133	1565	15	1931★★
304	1776	144	1765	19	192
326	1855	151	1804	62	472
375	1943	155	1765	64	389
		174	1846	65	431
	Jahrg 55	177	1890	71	433
382	31			74	511
398	70		**Jahrg 56**	77	1528★★
		191	32	88	637
Bd 7		194	997★	100	680★★
6	112	203	69	104	551
15	32	254	151	109	550
23	152	226	271	116	598
26	273	269	110	119	599
44	152	283	304	126	550
64	232	302	191	137	719
67	311	349	517	145	798
69	231	383	478	174	799
73	191			179	800
75	510	**Bd 9**		186	918
82	599	1	273	202	881
86	600	5	555	208	1039
101	640	10	600	230	1077
127	230	24	557	245	1040
129	471	34	680	255	1160
153	639	37	679	259	1117
162	641	59	599	272	1116
180	758	71	879	278	1244
194	721	77	837	288	1243
205	680	88	799	304	1325
218	759	104	960	320	1447
238	840	149	1162	327	1327
256	835	190	1209	342	1527

★ Jahrg 1957   ★★ Jahrg 1956

Gegenüberstellung

Amtliche Sammlung Seite	NJW Seite	Amtliche Sammlung Seite	NJW Seite	Amtliche Sammlung Seite	NJW Seite
358	1604	374	899	293	1307
372	1683	386	896	306	1774
379	1726	399	1931	310	1630
391	1809	402	1093	321	1475
393	1808			330	1775
396	1809	**Bd 13**		339	1582
		1	828	343	1681
Bd 11		21	823	358	1580
18	1888	41	950	374	1776
29	1846	44	1142	381	1870
52	1846	53	1093	391	1867
		60	1142		
	Jahrg 58	75	1449	**Bd 15**	
56	229	102	1230	1	2060
74	31	121	1332	40	2106
80	191	123	1330	60	2203
88	350	128	1331	72	1963
97	268	143	1740	78	2063
106	429	186	1695	116	2109
130	469	209	1835	155	2346
152	509	223	1885	161	2349
159	559	250	2222	164	2153
189	719	252	2075		
195	511	257	2125		**Jahrg 61**
206	557	268	2272	187	84
211	679			194	132, 419
213	557		**Jahrg 60**	200	279
273	797	289	55	203	228
293	876	300	54	253	327
319	1050	303	207	263	419
332	1006	306	109	266	790
338	919	320	110	287	567
361	1309	337	253	306	740
379	1547	358	349	314	789
383	1452	363	442	326	614
393	1307	378	493	347	789
		388	494	384	1077
Bd 12		394	584	390	1076
1	1643				
18	1596	**Bd 14**		**Bd 16**	
33	1692	5	732	47	1222
36	1690	11	542	49	1364
92	2075	21	586	67	1221
		30	1393	73	1366
	Jahrg 59	64	545	84	1484
94	56	85	780	99	1485
104	108	114	731	105	1684
180	396	136	878	111	1781
217	348	137	1116	115	1684
235	445	159	1396	164	1979
270	733	162	1397	168	1878
311	780	179	1069	178	1980
317	734	189	1212	184	1936
326	779	219	301	198	2170
332	899	233	1310	200	1981
335	894	240	1678	204	2070
367	731	265	1358	237	2219

2607

Gegenüberstellung

Amtliche Sammlung Seite	NJW Seite	Amtliche Sammlung Seite	NJW Seite	Amtliche Sammlung Seite	NJW Seite
	Jahrg 62	173	500	325	1139
306	165	179	599	354	1868
360	498	200	964	367	2431
374	404	204	1019	377	1969
389	451	214	821	382	1866
391	499	225	1019		
		231	724	**Bd 20**	
Bd 17		238	869	20	2168
14	598	257	963	22	2359
28	500	261	965	37	2432
35	748	268	820		
38	643	274	1209		**Jahrg 65**
44	820	288	1115	61	58
94	818, 1357	290	1509	68	2119★★
128	1960★	324	1214	74	160
176	1167	326	1214	77	52
186	1117	331	1463	95	116
188	1117	339	1364	98	115
194	1069	347	1318	116	453
201	1260	349	1511	125	308, 544
220	1308	352	1558	132	544
245	1259	369	1462	157	923
248	1451	374	1683	160	874
253	1452	376	1627	164	827
280	1628	381	1747	189	922
303	1520	396	1787	205	1030
321	1306			208	1286
324	1875	**Bd 19**		219	1609
337	1873	7	1988	222	1492
351	1832	24	1788	225	1818
364	1972	33	57★	234	1870
376	1926	46	1987	245	2017
382	1876	85	2378	252	1871
388	1925	88	2238	268	2262
391	2020	93	2084	273	2356
		101	2236		
Bd 18		107	2238		**Jahrg 66**
1	2116			281	210
19	2018		**Jahrg 64**	284	115
21	2262	113	260	292	114
34	2359	116	167	294	358
46	2358	118	212	298	209
51	2361	141	308	303	510
56	2360	144	261, 779	309	359
		156	308	333	460
	Jahrg 63	170	603	384	740
63	60	177	506		
66	212	193	602	**Bd 21**	
79	60	196	674	1	676
84	259	217	988	4	603
107	401	226	875	12	742
127	166	240	780	18	842
130	453	258	1035	23	940
141	260	273	1234	38	989
146	723	320	1380	40	941

★ Jahrg 1960   ★★ Jahrg 1964

Gegenüberstellung

Amtliche Sammlung Seite	NJW Seite	Amtliche Sammlung Seite	NJW Seite	Amtliche Sammlung Seite	NJW Seite
62	1873	35	559	**Jahrg 70**	
66	1465	48	952	115	105
70	1037	52	557	123	63
72	1570	58	1056	141	255
74	1668	67	1244	151	393
81	2023	83	804	156	520
85	2321	85	996	176	523
108	2072	90	1148	200	478
118	2174	94	1242	213	573
131	2368	100	1436	221	766
		105	901	224	767
	Jahrg 67	113	1246	233	1198
142	62	118	1485	244	1197
149	213	122	1436	254	1196
152	359	124	1339	265	1558
154	164	129	1388	270	1427
167	893	154	1888	277	1512
174	637	169	1684	280	1694
180	580	170	1838	283	1614
183	835	185	1730	298	1613
186	788	187	1789	304	2071
191	789	209	1974	307	1752
211	894	213	2253	311	1981
212	1045	219	2018	329	2071
218	1094	221	2019	331	2253
222	1141	232	2387	336	2222
227	1520	237	2388	342	2255
229	1239				
242	1476		**Jahrg 69**		**Jahrg 71**
245	1576	250	105	348	335
247	1720	266	61	360	62
250	1622	268	196	362	526
256	1972	278	473	365	106
260	1868	282	517	375	203
277	2069	289	703	377	104
285	2020	297	756	380	343
288	2070	307	995		
303	2273	311	669	**Bd 24**	
308	2217	321	887	11	105
316	2368	336	941	15	389
		347	1219	26	291
	Jahrg 68	372	1445	29	290
322	59			54	521
326	116	**Bd 23**		69	814
332	167	1	1582	72	715
334	710	8	2293	98	1093
367	900	16	1633	125	1097
371	309	30	2154	143	1278
		64	1970	158	404★
Bd 22		79	1820	164	1415
1	412	82	2107	170	2082
18	806	86	2023	183	2082
21	457	95	2246	185	1948
26	997	98	2210	193	1950
29	512	102	2057	208	2272

★ Jahrg 1972

Gegenüberstellung

Amtliche Sammlung Seite	NJW Seite	Amtliche Sammlung Seite	NJW Seite	Amtliche Sammlung Seite	NJW Seite
	Jahrg 72	179	1467	183	2027
239	402	182	1466	187	2352
254	499			191	2304
257	545		**Jahrg 74**		
268	454	187	66		**Jahrg 76**
274	548	207	1805★	204	154
280	695	234	66	206	432
283	779	239	109	212	153
290	780	242	154	214	336
293	881	246	246	218	199
297	1015	252	371	221	58
307	1013	257	509	228	116
321	914	259	373	241	526
329	1144	263	708	247	431
332	1289	272	655	250	523
336	1288	281	868	258	575
360	1905	285	869	270	721
365	2191	287	1005	271	720
378	66★	301	1098	276	1109
		309	1255	278	860
Bd 25		317	1290	281	812
4	2006	321	1148	284	1512
6	2006	325	1570	288	1275
10	2053	333	1518	291	1106
13	2004	344	1777	298	1462
		355	64★★	304	1700
	Jahrg 73	357	2294	319	1221
19	65	365	2013	324	1547
24	206	374	2191	332	1546
38	107			335	1414
42	204			352	1646
44	154		**Jahrg 75**	367	1902
51	204	382	126	374	2172
54	205			375	1984
64	289		**Bd 26**	379	1985
66	476	1	63	382	1029
72	335	4	395	384	1755
77	336	18	505	391	2356
81	524	21	177	393	2357
85	523	24	320		
89	521	29	699		
95	474	56	788	**Bd 27**	
97	528	67	1469	2	2355
100	523	80	1178	5	2354
104	526	84	885		
109	665	92	1177		**Jahrg 77**
120	664	94	1038	13	157
122	860	106	1236	22	115
142	910	111	1232	68	397
163	1291	118	1238	70	442
165	1006	126	1332	74	1461★★★
168	1289	127	2211	80	541
172	1204	140	1612	81	1018
174	1139	148	1611	85	723
176	1139	162	1846	90	815
		165	1847	96	1829

★ Jahrg 1973   ★★ Jahrg 1975   ★★★ Jahrg 1976

Gegenüberstellung

Amtliche Sammlung Seite	NJW Seite	Amtliche Sammlung Seite	NJW Seite	Amtliche Sammlung Seite	NJW Seite
99	1070	44	1984	99	64
105	965	57	1815	109	464
108	816	61	2162	124	987
115	1729	67	2519	135	351
117	964	69	2517	144	1175
124	910	82	2561	149	1533
135	1545	96	2457	162	951
139	1161			173	1290
148	1206	**Jahrg 79**		196	1175
154	1208	103	55	200	1401
166	1498	110	2458**	203	1292
168	1598	116	115	211	1237
175	1405	119	54	216	1586
176	1544	122	990	224	1858
181	1600	135	2561**	230	1533, 2142
187	1643	138	116	244	1700
189	2222	160	881	252	2319
191	1599	162	378	258	61††
196	1784	165	435	269	1967
207	1973	174	770	274	2479
209	1696	194	663, 1310	283	2364
212	1459	196	663	288	2718
216	1888	206	882, 1992	305	2364
222	2036	224	726	310	2365
231	2365	240	1212	315	2821
236	2273	262	2160		
244	2086	266	1835		
253	2175	272	1310		**Jahrg 81**
260	2172	285	1110	341	180
		290	1052	351	133
		310	1513	359	589
	Jahrg 78	338	1720	390	355
266	504	341	2622	394	411
270	59	349	1418	396	354
274	503	351	1837		
276	2173*	355	1419		
287	229	381	2414	**Bd 30**	
302	551	384	2319	10	694
315	434			32	695
322	1061	**Bd 29**		34	1052
329	835	1	1056***	38	1222
334	899	13	1612	52	1221
339	955	18	2318	64	1627
344	1169			74	1568
349	1273	**Jahrg 80**		93	2071
355	1390	23	67	98	2422
359	1169	33	351	105	1695
		43	298	131	2267
		47	131	147	2422
Bd 28		54	2055†	149	2073
11	2040	63	2481†	152	2651
31	1753	67	2572†	165	2422
35	2403	94	2483†	168	2311

* Jahrg 1977 † Jahrg 1979
** Jahrg 1978 †† Jahrg 1981
*** Jahrg 1980

Gegenüberstellung

Amtliche Sammlung Seite	NJW Seite	Amtliche Sammlung Seite	NJW Seite	Amtliche Sammlung Seite	NJW Seite
172	2133	358	2711	261	2341
182	532★	361	1918	283	2838
187	2311	389	2952		
189	2766	395	2205		**Jahrg 86**
193	2825			290	1356
		Bd 32		303	144
	Jahrg 82	1	2270	347	1183
212	59	10	2396	356	1764
223	248			389	1555
225	589		**Jahrg 84**		
244	294	25	621	**Bd 34**	
250	115	32	1973	11	1820
255	293	44	2228	15	1766
260	454	68	2772	34	1821
263	393	84	1364	39	2261
268	1404	93	376	68	2121
298	948	100	501	85	3150
309	1544	115	247	90	199★★★
332	947	159	623	121	2585
335	1110	190	375		
340	1295	215	808		**Jahrg 87**
350	947	221	1309	138	1955
371	1470	231	935	154	965
386	1005	270	1245	159	1211
		275	2048	184	661
Bd 31		326	2480	204	204
3	1655	342	2050	209	660
7	1470	345	2300	215	1033
10	1600	357	2711	231	1652
15	1712	365	1975	236	1210
39	2739			250	1562
51	1954	**Bd 33**		324	2027
63	2674	41	2839	334	2168
86	2455			355	2593
			Jahrg 85	362	2525
	Jahrg 83	44	443	365	2524
128	582	59	1089	371	2824
132	1385	70	986		
136	239	76	2904		**Jahrg 88**
139	186	83	984	379	1397
140	1006	97	639	392	1224
148	1005	99	1848	397	1037
157	185	111	872		
183	1437	114	1175	**Bd 35**	
195	765	119	1175	14	1800
212	1745	122	926	28	1037
226	1205	126	1173	32	1223
236	1864	148	2203	39	1680
244	1687	163	1967	55	1922
290	1572	167	1720	60	1742
296	1569	178	1789	80	837
302	1504	183	2960	82	2187
304	1570	196	2096	137	2188
314	1986	217	390★★	164	1333
323	2335	234	2840	190	3164

★ Jahrg 1982   ★★ Jahrg 1986   ★★★ Jahrg 1987

Gegenüberstellung

Amtliche Sammlung Seite	NJW Seite	Amtliche Sammlung Seite	NJW Seite	Amtliche Sammlung Seite	NJW Seite
195	2808	389	2395	66	516
205	45★	396	1799	93	1182
216	3105			96	1116
238	3161	**Bd 37**		102	519
243	2749	1	1860	111	1245
251	46★	5	2143	144	763
259	3215	10	1924	172	1775
267	3216	15	239★★★	177	2037
290	3214	21	2477	212	2104
318	724	30	1801	214	1463
		42	2697	237	1973
	Jahrg 89	48	2633	248	2436
328	842	55	3026	251	2494
344	237	75	2698	260	2241
363	114	79	2758	263	1637
366	1681	99	3030	271	2039
		136	2479	276	1975
Bd 36		138	3283	291	2903
27	464			300	2644
30	57★★		**Jahrg 91**	302	2304
44	1228	141	50	307	2306
92	1437	145	114	312	2775
119	1741	157	2944†	320	2976
133	1813	160	3281†		
139	1869	162	435		**Jahrg 93**
151	1810	168	1622	362	477
155	1740	204	435	366	476
159	3291	245	1764	369	803
175	2403	249	1364	372	338
192	2702	260	1243	376	672
205	2837	263	1244	381	605
210	2270	264	1900	388	544
217	2762	287	1902		
		298	1692	**Bd 39**	
	Jahrg 90	316	1367	49	866
229	264	324	1964	72	1343
236	397	338	2162	75	1481
241	460	347	2094	96	868
242	333	350	2300	110	1147
259	586	356	2916	112	1341
262	129	361	3034	121	1084
283	845	395	2780	141	1214
286	778			162	1808
294	920	**Bd 38**		195	1723
305	584	4	3162	199	1938
320	1549	7	123††	202	2325
328	1426	14	252††	208	1999
338	1614	37	3227	233	2692
340	2073	43	3042	239	2758
348	1490	52	2917	251	2881
354	1740			281	206†††
361	1675		**Jahrg 92**	291	3081
363	2828	54	548	305	3337
384	1859	63	518	310	3275

★ Jahrg 1989
★★ Jahrg 1990
★★★ Jahrg 1991

† Jahrg 1990
†† Jahrg 1992
††† Jahrg 1994

Gegenüberstellung

Amtliche Sammlung Seite	NJW Seite	Amtliche Sammlung Seite	NJW Seite	Amtliche Sammlung Seite	NJW Seite
	Jahrg 94	**Bd 42**		23	1420
335	596	15	1547	26	2458
349	333	46	1763	34	2149
353	267	71	2171	43	2066
390	1015	73	2435	46	1963
		86	2239	82	2296
Bd 40		94	1975	97	3069
3	1294	103	2518	107	3577
44	2556	107	2107	119	3212
60	1484	139	2940	121	157★★★
66	1807	170	2242	129	3506
97	1421	175	2738	138	3284
120	2369	191	3018	144	3211
125	3174			153	3788
138	1663		**Jahrg 97**	161	154
191	2773	205	204	171	3653
195	2368	294	471		
211	2904	314	670		
218	2703	324	668		**Jahrg 99**
		343	1452	196	69
	Jahrg 95	365	1516	202	437
287	603	372	1018	209	508
287	603	391	1790	243	959
336	1501			256	802
360	407	**Bd 43**		265	730
374	1166	16	550★★	308	657
395	2367	22	1862	328	1644
		31	2061	345	961
Bd 41		36	1792	347	1412
6	2424	53	2689	350	1269
16	1973	62	2335	361	1724
30	1974	91	2531		
36	2569	96	3034		
42	2236	106	2828	**Bd 45**	
57	2365	112	2392	26	1876
64	2237	122	2828	37	2290
119	2645	146	2963	51	2449
140	2301	153	3385	58	2604
145	3195	169	2762	108	3644
153	2997	171	3180	117	3060
		195	86★★	123	3134
	Jahrg 96	212	3182	164	2746
175	267			183	3499
206	2930★		**Jahrg 98**	188	3788
222	471	262	467		
288	1007	270	390		
292	1160	277	321		**Jahrg 00**
303	406	300	840	203	596
305	1293	321	1723	211	226
317	857	360	1163	227	526
348	1355			261	820
363	532	**Bd 44**		308	748
374	1220	4	1234	312	965
376	1420	13	1237	321	1123
385	1973	19	2066	342	1274

★ Jahrg 1995 ★★ Jahrg 1998 ★★★ Jahrg 1999

Gegenüberstellung

Amtliche Sammlung Seite	NJW Seite	Amtliche Sammlung Seite	NJW Seite	Amtliche Sammlung Seite	NJW Seite
354	1204	311	2483	180	3078
363	1426	326	2653	206	3295
367	1962	362	368**	216	3436
376	1204	378	3560	224	3507
378	1348				
		Bd 48		**Jahrg 06**	
Bd 46		4	3484	267	240
1	1277	23	3787	272	707
6	2118			282	388
17	1880		**Jahrg 03**	284	531
36	2217	28	226	318	785
53	2433	106	763	373	1442
73	2517	134	1466		
81	2830	153	1261	**Bd 51**	
93	3505	161	1615	1	1361
130	3293	170	1331	18	1822
142	3795	181	1131	25	1745
159	1146	183	1748	29	1948
		221	2107	34	2275
	Jahrg 01	240	1880	81	2934
178	309	264	2396	84	3362
187	692	268	2761	88	3579
189	528	275	2252		
204	838	290	2545		**Jahrg 07**
230	1509	294	2619	100	1760
238	1359			140	307
257	1435	**Bd 49**	**Jahrg 04**	144	384
261	1077	29	865	150	237
266	1658	34	1054	159	1011
279	1802	61	1398	180	709
307	2270	68	1468	202	853
310	2102	72	1605	211	930
345	3277	84	1396	232	1475
349	1734	90	1748	275	1829
358	141*	112	1259	280	2341
		130	2992	285	2269
Bd 47		209	2686	298	2419
16	2984	230	3643	325	2195
32	3134			333	2501
44	2981		**Jahrg 05**	364	2566
52	3560	255	519	367	2706
62	3349	317	300		
68	2891	342	518	**Bd 52**	
105	3275	359	836	11	3138
		365	230	24	3364
	Jahrg 02	371	913		
116	526				**Jahrg 08**
172	975	**Bd 50**		31	207
202	692	16	1287	38	3567***
220	1508	30	3363	48	307
233	1279	40	1440	58	3652***
238	1436	64	2406	78	1749
249	1132	93	1957	84	672
270	2401	121	2022	96	1239
275	1589	132	3153	110	1090

* Jahrg 2002   ** Jahrg 2003   *** Jahrg 2007

Gegenüberstellung

Amtliche Sammlung Seite	NJW Seite	Amtliche Sammlung Seite	NJW Seite	Amtliche Sammlung Seite	NJW Seite
119	1008	31	2068	243	2837
124	860	62	1685	268	2530
148	1010	65	1824	292	2295
153	2199	70	2224	296	2981
165	1752	82	2294	301	2769
175	2356	87	2450	310	3046
205	1682	121	2595	315	3045
222	2455	138	3670		
275	2931	174	3106	**Bd 59**	
284	3446	220	3589	1	3318
314	2792	243	3314	4	3668
322	3232				
349	3509		**Jahrg 11**		**Jahrg 14**
		314	1523	21	872
	Jahrg 09			75	1604
355	605	**Bd 56**	163	120	1025
364	928	1	321	130	1254
		3	163	172	1831
Bd 53		6	547	183	1194
1	454	11	1014	187	1606
64	791	39	624	205	2295
99	381	72	627	252	2514
108	1429	109	687	284	3320
112	1427	121	1301		
128	1681	127	1827	**Bd 60**	**Jahrg 15**
169	1760	138	1377	38	265
191	1619	183	2308	50	360
238	385*	235	2377	58	1464
257	2690	248	1981	75	713
265	3735	252	2677	150	645
268	625*	298	3249	198	1705
284	2463			248	2515
		Bd 57	**Jahrg 12**		**Jahrg 16**
Bd 54		3	468	276	91
1	2548	24	694	308	657
9	2319	53	244		
13	3313	71	945	**Bd 61**	
15	2834	88	867	14	3800*
30	3177	138	1301	43	1972
37	2836	155	1016	92	1030
69	3448	165	2455	160	2197
135	3734	254	3192	218	2675
		273	3113		**Jahrg 17**
	Jahrg 10	300	3591	221	94
167	310	306	3319	263	1556
177	544			266	1332
184	1010	**Bd 58**	**Jahrg 13**	277	280
280	951	59	404	296	745
275	2374	76	1827		
		152	950	**Bd 62**	
Bd 55		184	1316	123	3173
1	1470	192	1462		
5	1214	212	2612		
11	2365	242	2043		

*Jahrg 2010

*Jahrg 2015

Sachverzeichnis

Fette Zahlen bezeichnen ohne Zusatz die Paragraphen der StPO, mit dem Zusatz GVG die Paragraphen des GVG, mit dem Zusatz **A 1–5** die Paragraphen (bzw Artikel) der im Anhang abgedruckten kommentierten Gesetze.
Magere Zahlen bezeichnen die Randnummern der Erläuterungen, mit dem Zusatz **A 6–13** die Paragraphen (Artikel, Nummern) der im Anhang abgedruckten nicht kommentierten Rechts- oder Verwaltungsvorschriften.
Römische Zahlen verweisen auf die Absätze; es bedeuten „Anl": Anlage, „Einl": Einleitung, „vor": Vorbemerkung.

A

Abbildungen, Begriff **267** 9; Augenscheinseinnahme **86** 20; Beschlagnahme **97** V, **111q**; Verweisung auf – in den Urteilsgründen **267** I S 3, **337** 22; s. a. *Schriften*

Abfall- und Abwässerbeseitigung, Verstöße gegen Vorschriften über – **A 12** 268

Abgabe einer Sache, formlose **269** 4; bei Unzuständigkeit **209** II, **225a**, **408** I; **von** oder an Strafvollstreckungskammer **462a**; von GBA an StA GVG **142a**, **A 12** 203; in Jugendsachen **A 7** 42 III; von StA an VerwB **A 12** 276 I, II, 278 I, 279; s. a. *Verweisung*

Abgabenordnung A 6; Vollstreckung von Bußgeldbescheiden nach den Vorschriften der – **A 6** 412 VII

Abgekürzte Urteilsgründe 267 IV, V

Abgeordnete als Zeugen **50;** Ordnungsmittel gegen – **51** 31, **70** 22; Zeugnisverweigerungsrecht **53** I Nr 4; körperliche Untersuchung **81a** 35; Beschlagnahmefreiheit **97** 44; Beschlagnahme des Führerscheins, vorl Entziehung der Fahrerlaubnis **111a** 20; Immunität **152a**, **A 1** 6 II Nr 1, **A 12** 191, 192; Bußgeldverfahren gegen – **A 12** 298; Verhaftung **152a** 7; Privatklage gegen – **vor 374** 3; Verkehr mit Verhaftetem **119** IV; **A 12** 192 IV; Ablehnung des Schöffenamtes GVG 35 Nr 1, 77; des Europäischen Parlaments **152a** 12; s. a. *Immunität, Exterritoriale*

Abgrenzung der Zuständigkeit zwischen StA und VerwB **A 12** 269

Abhilfe bei Beschwerde **306** II, **310** 9; gegen Einstellungsbescheid der StA **172** 13a; bei sofortiger Beschwerde **311** III

Abhöranlage 100a 2

Abhören von Telefongesprächen **100a**, **100b**, **A 11**, **A 12** 85 V; des nichtöffentlich gesprochenen Wortes **100c**, **100f**

Ablehnung der Eröffnung des Hauptverfahrens **204, 207** II Nr 1, **210** II, **211**, **304** IV Nr 2, **467** I; des beschleunigten Verfahrens **419**; von Beweisanträgen **244** 41 ff, **245** II, **246** I; des Antrags auf Sicherungsverfahren **414** II; der Verfahrensbeteiligung **431** V S 2; des Schöffenamtes GVG **35, 53, 77;** der Rechtshilfe GVG **158** f; des vereinfachten Verfahrens in Jugendsachen **A 8** 77

Ablehnung von Gerichtspersonen 24 ff; Begriff **vor 22** 2; des Richters **24** ff; der Schöffen **31;** des Protokollführers **31;** des StA **vor 22** 3 ff; des Sachverständigen **74, 83** II, **161a**; des Dolmetschers GVG **191**; Mitwirkung eines abgelehnten Richters als Revisionsgrund **338** Nr 3; s. a. *Selbstablehnung*

Ablichtungen s. *Abschriften*

Abruf von Daten im automatisierten Verfahren **488**

Abschiebung von Ausländern, Eintragung in das Zentralregister **A 7** 10 I; und Revision Einl **149b**, **206a** 6

Abschluss der Ermittlungen der StA, Aktenvermerk über **169a**, **A 12** 109; Verteidigerbestellung nach – **141** III; Akteneinsicht **147** II, VI; Vernehmung des Beschuldigten vor – **163a** I

Abschriften von Entscheidungen **35**, **A 12** 140, 157; des Haftbefehls **114a** II, **A 12** 48; aus den Akten für den Verteidiger **147** 6, **A 12** 182 II; Erteilung an den Verletzten **406e** V; von Vernehmungsniederschriften **163a** 32; s. a. *Akteneinsicht*

Absehen von der Vereidigung **60**; von der Festnahme **127a**; von einer Entscheidung im Adhäsionsverfahren **406**; von der Verfahrensbeteiligung **425** 1 ff, **438** 3; vom Insolvenzantrag **111i** 15, **459h** 12

Absehen von der Verfolgung 153 ff, **A 12** 94 ff; in Jugendsachen **153b** 5, **A 8** 45

Absehen von der Vollstreckung bei Auslieferung und Ausweisung **456a;** von Geldstrafen ua **459c**, **459d**, **459g** II; der Ersatzfreiheitsstrafe **459f**

Absehen von Strafe 153b 1, **260** 37, **267** III S 4, **354** I; **407** II; Entschädigung bei – **A 5** 4 I Nr 1

Sachverzeichnis

Fette Zahlen = §§ von StPO, GVG und A 1–5

Absolute Revisionsgründe 338
Absprache *s. Verständigung*
Abstammung, Untersuchung zur Feststellung der – **81c II**
Abstimmung des Gerichts **263, GVG 192 ff**
Abstimmungstermin 213 9–12
Abteilung des Gerichts GVG vor 1 3; Zurückverweisung an eine andere – **354 II**
Abtrennbare Tatteile 154a 5, **207 II Nr 2, 465 II** 2, **A 12** 101a II
Abwesende, Verfahren gegen – **276, 285 ff**
Abwesenheit des Angeschuldigten, vorläufige Einstellung **205, A 12** 104
Abwesenheit in der Hauptverhandlung, des Angeklagten **230 ff, 276, 284 ff;** im Sicherungsverfahren **415;** eines Nebenbeteiligten **427 I, 444 II;** einer notwendigen Person als Revisionsgrund **338 Nr 5,** *s. a. Anwesenheit*
Abwesenheitspflegschaft 292 II; *s. a. Pfleger*
Abwesenheitsurteil vor 112 9c
Abzahlungsgeschäfte A 12 237
Adhäsionsverfahren 403 ff, A 12 173 ff; Absehen von Entscheidung **406;** Rechtsmittel **406a;** Vollstreckung **406b;** Wiederaufnahme **406c;** Kosten **472a;** kein – gegen Jugendliche **A 8** 81
agent provocateur Einl 148a, **136a** 4b, 163 34a; *s. a. V-Mann*
Akkusationsprinzip 151 1
Akten, Mitteilung von – **GVG 168;** elektronische – **32** *s. a. Beiakten, Spurenakten*
Aktenaufbewahrung Einl 64
Aktenbeschlagnahme 96
Akteneinsicht zu Forschungszwecken **476, A 10** 186; durch öffentliche Stellen **474;** durch Private **475;** des Sachverständigen **80 II;** des Betroffenen **101** 25d; des Verteidigers **147, A 2** 34 III Nr 2; – in Haftsachen **147 II** 2; in Telekommunikationsdateien **147** 19–19d; Form **32 IV;** Beschwerde **304 IV Nr 4;** des Privatklägers **385 III;** des Nebenklägers **397 I;** des Verletzten **406e I;** des Vertreters des Nebenbeteiligten **147, 434, 442, 444 II;** öffentlicher Stellen und Privater **480;** des Beistands **A 8** 69 III; durch die FinB im Steuerstrafverfahren **A 6** 395
Aktennotizen über Vernehmung **251** 31
Aktenrückleitung nach der Revision **A 12** 169
Aktenübersendung durch Polizei an StA **163 II;** an Berufungsgericht **321, A 12** 158; an Revisionsgericht **347 II, A 12** 163 ff; durch FinB an StA **A 6** 400; elektronische – **32b** *s. a. Aktenversendung, Aktenvorlage*
Aktenvermerk der StA über die Beschränkung der Verfolgung **154a I** 3, **430 II;** über das Ergebnis von Untersuchungshandlungen **168b I;** über den Abschluss der Ermittlungen **169a;** elektronische Erstellung eines – **32b; A 12** 109; über die Einleitung des Steuerstraf- oder Bußgeldverfahrens **A 6** 397 II, 410 I Nr 6; über die Belehrung des Beschuldigten **A 12** 45 I, des Zeugen **A 12** 65; bei Übernahme des Bußgeldverfahrens durch StA **A 12** 227 III
Aktenversendung im Ermittlungsverfahren **A 12** 12, 16 II, 189; elektronische – **32b, 32f** *s. a. Aktenübersendung*
Aktenvollständigkeit Grundsatz der **147** 14, **163** 23, **489** 2
Aktenvorlage bei Zuständigkeitsverschiebung **209 II, 225a**
Aktenwahrheit Grundsatz der **147** 14, **489** 2
Aktenwidrigkeit der Urteilsgründe **337** 15a, 23
Akustische Wohnraumüberwachung 100c
Alibibeweis 261 25
Alkoholfeststellung im Blut 81a 13, **A 12** 243 II; Verlesen des Gutachtens über – **256 I Nr 3,** 4
Alkoholtest 81a 11; **A 5** 12
Allgemeine Regeln des Völkerrechts GVG 20 II
Allgemeinkundige Tatsachen 244 51, **261** 7, **337** 25
Allgemeinverfügung der Vollzugsanstalt **119a** 4, **A 2** 23 18
Alternativrüge 337 15a, 23
Amnestie 261 34; – und Entschädigung **A 5 1** 2; Eintragung in das Zentralregister **A 7** 14
Amtliches Verschulden als Wiedereinsetzungsgrund **44** 15 ff
Amtsanwälte, Umfang der Tätigkeit **GVG 142 I Nr 3, II,** 145; bei der Strafvollstreckung **451 II**
Amtsgericht, Besetzung **GVG 22;** Präsidium **GVG 21a ff, 22a;** – mit einem Richter **GVG 22b;** Handlungen eines unzuständigen Richters **GVG 22d;** Zuständigkeit **GVG 24 ff;** gemeinsames – **GVG 58, A 6** 391, 410 I Nr 2; als Rechtshilfegericht **GVG 157;** Zuständigkeit in Steuerstraf- und -bußgeldsachen Einl 15, **A 6** 391, 410 I Nr 2; *s. a. Richter beim Amtsgericht, Strafrichter*
Amtshandlungen, Störungen von – **164;** außerhalb des Bezirks **GVG 166;** Wirksamkeit bei Nichtigkeit der Richterernennung **A 6** 18; in Dienst- und Wohnräumen Exterritorialer **A 12** 199
Amtshilfe 161a IV, 162 1, **GVG vor 156,** 1, 2; – Verkehr mit dem Ausland in Bußgeldsachen **A 12** 300 I
Amtspflichtverletzung als Wiederaufnahmegrund **359 Nr 3, 363 Nr 2;** *s. a. Amtliches Verschulden*

Magere Zahlen = Rdn der Erl, §§ von A 6–A 13   **Sachverzeichnis**

Amtsrichter s. *Richter beim Amtsgericht, Strafrichter*
Amtsstörungen 164
Amtstracht, RA ohne – in der Sitzung GVG 176 11
Amtsverschwiegenheit 54, A 12 66
Analogie Einl 198
Androhung der Vorführung 133 II, 163a III
Anfangsverdacht 152 4
Anfechtung, keine – von Prozesshandlungen Einl 103; von Justizverwaltungsakten A 2 23 ff, in Strafvollzugssachen A 10 109 ff, GVG 78a, 78b; von Maßnahmen bei Kontaktsperre A 2 37; *s. a. Rechtsbehelf, Rechtsmittel*
Angehörige, Zeugnisverweigerungsrecht 52, 161a, 163 III; Auskunftsverweigerungsrecht 55, 161a, 163 III; Eidesverweigerungsrecht 61; bloßstellende Fragen hinsichtlich -r 68a I; Ablehnung als Sachverständige 74, 161a; Recht zur Gutachtenverweigerung 76 I, 52, 161a; Benachrichtigung bei Exhumierung 87 IV; Zuziehung bei Durchsuchung 106; Benachrichtigung bei Verhaftung 114c, bei Festhalten zur Identitätsfeststellung 163c II; als Vertreter eines abwesenden Angeklagten 286; Wiederaufnahmeantrag bei Tod des Verurteilten 361 II; Fortsetzung der Privatklage bei Tod des Privatklägers 393 II, 374 II; Nebenklageberechtigung 395 II, 406l Befugnisse von –
Angeklagter, Begriff 157
Angeschuldigter, Begriff 157
Angestellte des öffentlichen Dienstes, Aussagegenehmigung 54 16; Verschwiegenheitspflicht 54 9
Anhalten zur Identitätsfeststellung 127 1, 163b 6
Anhängigkeit Einl 60
Anhangsverfahren s. *Adhäsionsverfahren*
Anhörung der Beteiligten vor der Entscheidung 33, 33a, 81a I, 122 II, 138d IV, 175, 258, 308, 309 I, 311a, 396 II, 453 I, 454 I, 462 II, 469 I, 472 II; des Angeschuldigten vor Einstellung 153 I, 153a II; vor Notveräußerung 111l IV; der StA und des Angeklagten vor Entlassung der Zeugen 248; vor Schluss der Beweisaufnahme 369 IV; des Privatklägers 385 1; keine – durch Gericht vor Erlass des Strafbefehls 407 III; von Nebenbeteiligten 424, 438; von Beteiligungsinteressenten 426; vor Geschäftsverteilung oder deren Änderung GVG 21e II, V, VI; der FinB in Steuersachen A 6 403 IV, 407 I, 410 I Nr 8, 11; von Behörden und öffentlichen Körperschaften A 12 90, 93, 211; *s. a. Rechtliches Gehör*
Anklage Einl 60b; 199 ff, A 12 110 ff; *s. a. Klage*

Anklagegrundsatz 151
Anklagemonopol der StA 152 1
Anklagesatz 200 I, A 12 110 II c; Verlesung durch StA in der Hauptverhandlung 243 III; Bezugnahme im Urteil 267 27
Anklageschrift, Inhalt 200, A 12 110; Aufführung der Beweismittel A 12 111; Ermittlungsergebnis in der – 200 II, A 12 112; Geheimvermerk auf der – 200 24; Mitteilung an den Angeschuldigten 201; Änderung der – 207 III, A 12 115 II; Ordnungswidrigkeit in der – 200 28, A 12 280; Zustellung der geänderten – 215; Mitteilung an Nebenbeteiligte 429 II, 444 II, an FinB in Steuersachen A 6 403 III, 410 I Nr 8
Anknüpfungstatsachen für die Sachverständigen 78 4, 79 10 ff, 261 8
Anonyme Anzeige 160 9, A 12 8
Anrechnung der Anstaltsunterbringung 81 21; der vorläufigen Entziehung der Fahrerlaubnis 111a 1; von Leistungen 153a 46; der UHaft 260 35, 450, bei Jugendstrafe A 8 52a; der Verwahrungszeit eines Führerscheins auf das Fahrverbot 450 II; von Auslieferungshaft 450a; der Freistellung von der Arbeit 454 I 5; von Krankenhausaufenthalt auf die Strafzeit 461; von Ordnungsmitteln auf die Strafe GVG 178 III
Anscheinsbeweis 261 6
Anschluss des Nebenklägers 395, 396; im Strafbefehlsverfahren 396 I; Rechtsmitteleinlegung als -erklärung 395 12, 399 2, 401 3; Widerruf 402
Anschuldigung, falsche s. *Falsche Verdächtigung*
Anstaltsunterbringung zur Beobachtung 81, A 2 34 III Nr 7, A 12 61, 62; einstweilige – 126a, A 12 59; notwendige Verteidigung bei – 140 I Nr 6; Zuziehung eines Sachverständigen 80a, 246a; Beschwerde 304 IV Nr 1; Verschlechterung bei Berufung und Revision 331 II, 358 II; Sicherungsverfahren 413 ff; Vollstreckung 456b, 463; Ausschluss der Öffentlichkeit GVG 171a; in Jugendsachen A 8 73; Entschädigung für unschuldig erlittene einstweilige – A 5 2 II Nr 1
Antiterrordatei 161 12, 163 1a
Antrag, Form Einl 124 ff; auf Haftprüfung 117 ff; auf Strafverfolgung 158 3; auf Wiederaufnahme des Verfahrens 365 ff; auf ein Nachverfahren 433; auf Einziehung im objektiven Verfahren 435, 436; A 6 401, A 12 180; auf Erteilung eines Führerzeugnisses A 7 30; *s. a. Strafantrag, Strafbefehlsantrag*
Antrag auf gerichtliche Entscheidung gegen Entscheidungen der StA 98 II, 111j II S 3, 111k III, 111m II, 111o II, 111p V, 119 V, 119a, 132 III, 161a

2619

Sachverzeichnis

Fette Zahlen = §§ von StPO, GVG und A 1–5

III, 163a III, 172; – gegen Maßnahmen der Ermittlungspersonen der StA 98 19, 111f V, 111l VI, 132 III, 163 49, GVG 152 9; – gegen Sachleitungsanordnung des Vorsitzenden 238 II; zur Überprüfung von Justizverwaltungsakten **A 2** 23 ff, 37; gegen Maßnahmen im Strafvollzug **A 10** 109 ff, GVG 78a, 78b

Antragsdelikt und vorläufige Festnahme 127 III; – und Haftbefehl 130, **A 12** 7; Verfolgung von -en **A 12** 6; *s. a. Strafantrag*

Antragsschrift im Klageerzwingungsverfahren 172 26 ff; im Sicherungsverfahren 414

Antragsteller, Bescheid bei Einstellung 171, **A 12** 89, 91 II, bei Versagung der Akteneinsicht **A 12** 188; Kostentragungspflicht bei Rücknahme des Antrags 470

Anwaltliches Standesrecht, Grundsätze vor § 137 2 ff

Anwesenheit bei Leichenschau und Leichenöffnung 87 11 ff; bei polizeilichen Ermittlungen 163 15, 16; bei richterlichen Vernehmungen im Vorverfahren 168c, **A 2** 34 III Nr 2; bei richterlichem Augenschein 168d, **A 2** 34 III Nr 2; bei Vernehmungen des StA 163a III, 168c I, V, **A 2** 34 III Nr 2; von Gerichtspersonen in der Hauptverhandlung 230 I; bei der Beweisaufnahme im Wiederaufnahmeverfahren 369 III; des Privatklägers 387 I; bei der Beratung und Abstimmung GVG 193; in Jugendsachen **A 8** 50, 67 I; der FinB bei Ermittlungen der StA oder Polizei in Steuersachen **A 6** 403, 410 I Nr 8; *s. a. Abwesenheit*

Anwesenheitspflicht des Angeklagten 230 1, 231; Ausnahmen 231, 233, 247, 329, 350 II–II, 411 II; des Einziehungsbeteiligten 427 II; *s. a. Persönliches Erscheinen*

Anzeichenbeweis *s. Indizienbeweis*

Anzeige von Ablehnungsgründen 30; von der Beschlagnahme 98 III; von Todesfällen durch Polizei 159; *s. a. Strafanzeige*

Anzeigepflicht, behördliche 158 6, 159

Apotheker, Zeugnisverweigerungsrecht 53 I Nr 3; Beschlagnahmefreiheit 97; Ablehnung des Schöffenamts GVG 35 Nr 3, 77

Arbeitsauflage gegen Jugendliche **A 8** 15 I

Arbeitsentgelt in der UHaft 119 39

Arbeitsschutz A 12 258, 259

Arbeitsunfälle A 12 71

Arglist *s. Missbrauch, Verwirkung*

Armenrecht *s. Prozesskostenhilfe*

Arrest, Vermögens- zur Sicherung von Wertersatz, Geldstrafe und Kosten 111e bis 111i, vor 464 5; weitere Beschwerde 310 I; Entschädigung **A 5** 2 II Nr 4, 5 I Nr 4; *s. a. Vermögensarrest und Aufhebung*

Arzt, Zeugnisverweigerungsrecht 53 I Nr 3; als Sachverständiger 80a 2; körperliche Untersuchung einer Person 81d; Leichenöffnung, Leichenschau 87; Untersuchung bei Vergiftungsverdacht 91; Beschlagnahmeverbot 97; Beweisverbot 160a II; des gerichtsärztlichen Dienstes 256 I Nr 1c; Ablehnung des Schöffenamts GVG 35 Nr 3, 77

Ärztliche Atteste, Verlesung in der Hauptverhandlung 256 I Nr 2

Ärztliche Eingriffe beim Beschuldigten 81a; beim Zeugen 81c; **A 10** 101

Asylrecht Einl 209a

Atemalkoholtest 81a 4a, 11, 13, 32, 33

Aufbewahrung von Unterlagen 81b 16

Aufenthalt, fester – 113 II Nr 2, 127a I, 132 I; unbekannter 276

Aufenthaltsbeschränkung bei Aussetzung der UHaft 116 7

Aufenthaltsort, Gerichtsstand 8; Zuständigkeit der FinB in Steuersachen **A 6** 388 III, 410 I Nr 1

Auffangrechtserwerb vor 111b 8; 111k 16, **14** EGStPO 1;

Auffang-Schwurgericht GVG 74 9

Aufhebung der vorl. Entziehung der Fahrerlaubnis 111a II; der Arrestanordnung 111e 17 ff, 111j 11; der Arrestvollziehung 111g 1 f; des Haftbefehls 120, 121 II, 126, 130, **A 12** 56 V, 58; von Maßnahmen, die der Aussetzung des Haftvollzugs dienen 123, **A 12** 57 II; des Unterbringungsbefehls 126a III; des vorl. Berufsverbots 132a II; der Verteidigerausschließung 138a III, 138b; der Verteidigerbestellung 140 III; der Vermögensbeschlagnahme 293, **A 12** 80; von Urteilen in der Berufungsinstanz 328, in der Revisionsinstanz 349 IV, 353; im Wiederaufnahmeverfahren 373; der Einziehungsanordnung 433 12; der Aussetzung des Strafrests 454a II; des Vorbehalts der Einziehung 462 I; der Immunität **A 12** 192; der Pressebeschlagnahme 111q 17 ff, **A 12** 252

Aufklärung der wirtschaftlichen Verhältnisse des Beschuldigten **A 12** 14; der für die Rechtsfolgen der Tat bestimmenden Umstände **A 12** 15

Aufklärungspflicht Einl 50, **160**, 163 I, 163a II, **202**, 244 10 ff; 265 4; des Sachverständigen 80 1

Aufklärungsrüge 244 101 ff

Auflagen bei Aussetzung des Haftbefehls 116 I; bei Rückgabe von beschlagnahmten Sachen 111c VI S 3; Einstellung gegen – 153a, **A 8** 45 I; bei Strafaussetzung zur Bewährung 265a, 268a, 305a, **A 8** 57 III; Überwachung durch das Gericht 453b; gegen Jugendliche **A 8** 45 I

Aufopferungsanspruch vor 112 4, vor 464 4, **A 5** vor 1 1

Aufruf der Sache 243 I, 324

Aufschiebende Wirkung der Beschwerde 81 IV, 231a III, 307 1, 311 8, 454 II, GVG 181 II, A 8 65 II, 73 II; der Berufung 316 I; der Revision 343 I
Aufsichtführender Richter, Vertretung GVG 21c I, 21h
Aufsichtsbeschwerde s. *Dienstaufsichtsbeschwerde*
Aufsichtsstellen bei Führungsaufsicht 463a
Aufzeichnung des nicht öffentlich gesprochenen Wortes und Bildaufnahmen 100c, 100f
Aufzeichnungen, Beschlagnahme 97
Augenscheinseinnahme vor 72 10, 86, 168d, 225, 244 78, 89 249 I, 255a, 369 III
Augenscheinsgehilfe 86 4, 96 10
Ausbleiben des Angeklagten in der Hauptverhandlung 230, 232; in der Berufungsverhandlung 329, 330; im Einspruchsverfahren 412; des Zeugen 51, 161a II; des Sachverständigen 77, 161a II; des Verteidigers 145; des Privatklägers 391 II; des Nebenklägers 401 III; des Nebenbeteiligten 427 I, 438 III; der Schöffen GVG 56, 77
Ausfertigung des Urteils 275 IV; Zustellung einer – 37 1; s. a. *Abschriften*
Ausforschungsantrag 244 25
Ausführung von Gefangenen A 10 35, 36
Ausgang von Gefangenen A 10 35, 36
Ausgangsdokument 244 78d
Auskunft aus Akten 147 VII; 406e V; 474 II, 475 I, IV, 476 II; Form 32f s. a. *Akteneinsicht*
Auskunft aus dem Erziehungsregister A 7 61
Auskunft aus dem Zentralregister A 7 30 ff; s. a. *Führungszeugnis*
Auskunft aus einer Datei 487 II
Auskunft über Telekommunikationsverbindungen 100g; s. a. *Bestandsdaten*
Auskunftsersuchen über Post- und Fernmeldeverkehr 99 13, A 12 84, 85; an das Bundeszentralregister A 7 41 IV
Auskunftspflicht, keine – der StA über Strafbarkeit einer Handlung 152 1; der Behörden gegenüber der StA 161 1, 2
Auskunftsrecht des Betroffenen 491; der StA 161; der Aufsichtsstelle bei Führungsaufsicht 463a
Auskunftsverlangen an Verwaltungsbehörden 96 12
Auskunftsverweigerungsrecht des Zeugen 55, 95 10, 161a, 163 III
Auslagen als Teil der Verfahrenskosten 464a 1; des Dolmetschers 464c; der Polizei 464a 2; Festsetzung der einem Beteiligten zu erstattenden notwendigen – 464b, A 12 145; gesamtschuldnerische Haftung für – 466; des Privatklägers 471; in Jugendsachen A 8 74; s. a. *Notwendige Auslagen*
Auslagenvorschuss des Privatklägers 379a 13
Ausland 153c 12; audiovisuelle Vernehmung im – 247a 6; Taten im – 153c, 153f, A 12 94 ff; Zustellung im – 37 25; Rechtshilfeverkehr mit dem – Einl 215, 216, A 12 300; Fahndung im – 163 8a, A 12 43
Auslandszeuge 244 63, 78a-c
Ausländer, Belehrung 35a 9, 44 13, 21, A 4 6 27; als Zeugen vor 48 5, 244 43 f, 63, GVG 188; Ordnungsmittel gegen – 51 31; erkennungsdienstliche Maßnahmen gegen – 81b 4; Festnahme 114b 9, 116 12; Sicherheitsleistung für Geldstrafe und Kosten 127a, 132, A 12 60; Dolmetscherzuziehung 259, 464a 11, GVG 185, 186, 189 ff, A 4 6 23; UHaft von -n A 12 53; Verfahren gegen sprachunkundige – GVG 184 1, A 12 18 1; Einschränkung der politischen Tätigkeit A 4 16; Mitteilung der Ausweisung oder Abschiebung an das Zentralregister A 7 10 I Nrn 1, 2
Ausländische Anwälte aus EG-Staaten als Mitverteidiger 37 20, 138 3; Anwesenheit bei Beratung GVG 193 II–IV
Ausländische Behörden, Auskunft aus dem Zentralregister an – A 7 57
Ausländische Berufsrichter und Staatsanwälte, Anwesenheit bei Beratung GVG 193 II–IV
Ausländische Fahrausweise 111a VI, 463b II
Ausländische Freiheitsentziehung, Anrechnung 450a
Ausländische Gerichtsurteile, Verbrauch der Strafklage Einl 177; Vollstreckung vor 449 8; s. a. *Ausländische Verurteilungen*
Ausländische Luftfahrzeuge 153c 8
Ausländische Richter und StAe Anwesenheit bei Beratung GVG 193 II–IV
Ausländische Schiffe 153c 8
Ausländische Staaten, Verfahren wegen Handlungen gegen – A 12 210
Ausländische Verurteilungen 153c I Nr 3; Eintragung in das Zentralregister A 7 55
Ausländisches Strafprozessrecht Einl 213, vor 72 6, 244 4, 337 2
Ausländische Vertretungen, Verkehr mit – A 12 24, bei UHaft A 12 53; s. a. *Exterritoriale*
Ausländische Zeugen 244 43 f, 63
Auslandstaten, Nichtverfolgung von – 153c I, 153f, A 12 94
Auslegung von Gesetzen Einl 190 ff; des Strafantrages 158 23; von Rechtsmittelerklärungen 300 3, 344 11; von Strafurteilen 458 I

Sachverzeichnis

Fette Zahlen = §§ von StPO, GVG und A 1–5

Auslieferung, bei Asylrecht Einl 209a; Absehen von Klageerhebung bei – **154b**; und Strafvollstreckung **456a**
Auslieferungshaft, Anrechnung **450a**; Entschädigung **A 5 2 III**
Auslieferungshaftbefehl vor 112 9
Auslosung der Schöffen GVG 45 ff, 77
Ausnahmegerichte, Verbot von -n **GVG 16**
Ausreiseverbot von Ausländern, Eintragungen in das BZR **A 7** 10 I Nr 1
Aussage gegen Aussage 261 11a
Aussagefreiheit des Beschuldigten **136** I, **163a** III, IV, **243** V; **A 4 6 I** 4, 5; juristischer Personen Einl 29a
Aussagegenehmigung für Beamte **54**, **A 12** 44 III, 66; für Richter **54** 8; für Soldaten **54** 12
Aussagepflicht des Zeugen vor **48** 5, **52**–**55**, **161a**; **58a** 7a, 8b; des Beschuldigten zur Person **136** 5, **163** 36, **243** 11
Aussagepsychologie 261 4
Aussageverweigerungsrecht *s. Auskunftsverweigerungsrecht, Zeugnisverweigerungsrecht*
Ausschließung des StA vor **22** 3 ff; des Verteidigers **138a** ff, **GVG 176** 11; des Beschuldigten von der Anwesenheit bei der Verhandlung **168c** III, **168d** I; des Angeklagten in der Hauptverhandlung **247**; des Gerichtsvollziehers **GVG 155**; des Dolmetschers **GVG 191**; zeitweilige – Beteiligter in Jugendsachen **A 8** 51
Ausschließung der Öffentlichkeit GVG 171a ff, **A 8** 48 III, 109, **A 12** 131 ff, 222 III
Ausschließung von Gerichtspersonen 22 ff; von Richtern **22**f, im Wiederaufnahmeverfahren **23** II; von Schöffen **31**; des Protokollführers **31**; des Überwachungsrichters **148a** II; Mitwirkung ausgeschlossener Richter als Revisionsgrund **338 Nr 2**
Ausschlussfristen vor 42 6
Ausschreibung zur Aufenthaltsermittlung **131a**, **463a** I; zur Festnahme **131**; zur Vollstreckung von Nebenfolgen **459g** III
Außendivergenz GVG 121 II
Außenwirtschaftsstrafsachen A 12 265; Zuständigkeit der Wirtschaftsstrafkammer **GVG 74c I Nr 3**
Aussetzung der Hauptverhandlung 138c IV, 228, 246, 265 III, IV, **416** II, **A 12** 137; wegen Ausbleibens des Verteidigers **145**; wegen Nichteinhaltung der Ladungsfrist **217**, **218**, **228** III
Aussetzung der Strafe oder einer Maßregel der Besserung und Sicherung *s. Strafaussetzung zur Bewährung*
Aussetzung des Verfahrens zur Erhebung der Zivilklage **262** II
Aussetzung der Vollziehung (Vollstreckung) der Notveräußerung **111l VI S 3**;
eines Haftbefehls **112a** II, **116**, **122** V, **126 V S 4**, **A 12** 57; bei Beschwerde **307** II; beim Wiederaufnahmeantrag **360** I; beim Antrag auf ein Nachverfahren **360** I, **439** I; bei Antrag auf gerichtliche Entscheidung **A 2** 29 3; bei Anfechtung von Vollzugsmaßnahmen **A 10** 114 II
Aussetzung des Berufsverbots 456c, **458**, **462**
Aussetzung des Strafrestes 454, **454a**, **454b**, **462a**; bei einer Jugendstrafe **A 8** 88, 89; Mitteilung an das Zentralregister **A 7** 13 Nr 1, 14 I Nr 2
Aussetzung des Verfahrens zur Einholung der Entscheidung des BVerfG Einl 224; bis zur Klärung von Vorfragen **154d**, **154e**, **262**, **A 6** 396, 410 I Nr 5; des Sicherungsverfahrens **416** II; des Entschädigungsverfahrens **A 5** 13 2
Ausspielung A 12 241
Austausch von Beweismitteln 244 46
Auswahl der Sachverständigen **73**, **161a**; des Verteidigers **137**, **A 12** 106; des Pflichtverteidigers **142** VI; der Zeugen und Sachverständigen in der Berufungsinstanz **323** IV; der Schöffen **GVG 42**, 77
Auswärtiges Amt, Einschaltung bei Straftaten von Exterritorialen **A 12** 195, 196
Auswärtiger Rechtsanwalt als Verteidiger, Kostenerstattung **464a** 12
Auswärtige Hauptverhandlung GVG 169 6
Auswärtige Strafkammern GVG 78
Auswärtige Strafsenate beim OLG **GVG 116** II, beim BGH **GVG 130** II
Ausweise für Exterritoriale **GVG 18** 11, **A 12** 194, 299
Ausweisung und Absehen von Klageerhebung **154b**; und Strafvollstreckung **456a**; Mitteilung an das Zentralregister **A 7** 10 Nr 2

B

Bagatellsachen Nichtverfolgung von – **153**, **153a**, **A 12** 93; im Berufungsverfahren **313**; im Privatklageverfahren **383** II; in Jugendsachen **A 8** 45; in Steuerstrafsachen **A 6** 398
Bahnpolizeiliche Aufgaben 163 14
Bahnverkehr, Gefährdung des -s **A 12** 245; Unfälle im – **A 12** 246
Bankgeheimnis 53 3, **54** 10, **94** 20, **A 12 161** 4
Bankgeschäfte, betrügerische **A 12** 238
Bankunterlagen, Herausgabe, Beschlagnahme **53** 3, **95** 8, **162** 4
Barttracht, Veränderung **81a** 23, **81b** 10
Bayerisches Oberstes Landesgericht A 2 9 1

Magere Zahlen = Rdn der Erl, §§ von A 6–A 13

Sachverzeichnis

Beamte, Gerichtsstand im Ausland 11; Aussagegenehmigung 54, **A 12** 44 III, 66; als Sachverständige 76 II; Nichtberufung als Schöffen **GVG** 34, 77; *s. a. Ermittlungspersonen der Staatsanwaltschaft, Polizeibeamte*

Beauftragter Richter, Ablehnung 26a II; Vernehmung von Zeugen und Sachverständigen 51 III, 63, 70 III, 223; Vernehmung des Angeklagten 233; im Klageerzwingungsverfahren 173 III; im Verfahren gegen Abwesende 289; Beschwerde gegen Verfügungen 304 I, 306 III; im Wiederaufnahmeverfahren 369; im Sicherungsverfahren 415 II; Belehrung bei Aussetzung zur Bewährung 453a I

Bedeutungslosigkeit der Beweistatsache 244 54 ff

Bedingungsfeindliche Prozesshandlungen Einl 118, vor 296 5

Bedrohung, Privatklagedelikt 374 I Nr 5

Beeidigung *s. Vereidigung*

Beendigungswirkung rechtskräftiger Entscheidungen Einl 169

Beerdigung *s. Bestattung*

Befangenheit als Ablehnungsgrund *s. Ablehnung von Gerichtspersonen*

Befassungsverbot Einl 143

Beförderungsmittel, Beschlagnahme 132 III

Befragung des inhaftierten Angeklagten 216 II; des Angeklagten nach jeder Beweiserhebung 257 I; nach freiwilliger Bewährungsleistung 265a, **A 8** 57 III; *s. a. Fragerecht, Letztes Wort, Personalfragen*

Befreiung von der inländischen Gerichtsbarkeit *s. Exterritoriale*

Befundtatsachen 79 10, 261 8

Begehungsort, Gerichtsstand 7; außerhalb der BRep 153c I Nr 1; Angabe im Haftbefehl 114 II Nr 2, in der Anklageschrift 200 I, im Strafbefehl 409 I Nr 3; Zuständigkeit der FinB in Steuersachen **A 6** 388I Nr 1, 410 I Nr 1

Begehungszeit, Angabe im Haftbefehl 114 II Nr 2; in der Anklageschrift 200 I, im Strafbefehl 409 I Nr 3

Beginn der Hauptverhandlung 243 I

Begnadigungsrecht 452

Begriffsvertauschung 337 30

Begründung von Entscheidungen 34; des Wiedereinsetzungsantrags 45 5 ff; des Haftbefehls 114 **II**, **III**; der Beschwerde 306 5; der sofortigen Beschwerde 311 4; der Berufung 317 **A 12** 155 I; der Revision 344, **A 12** 150, 156 II, III; der Rechtsbeschwerde **A 10** 118 I, II, **A 12** 156 II, III, 293; der Anträge in Haftsachen **A 12** 46; *s. a. Entscheidungsgründe, Urteilsgründe*

Begünstigung, Zusammenhang 3; Nichtvereidigung als Zeuge 60 **Nr 2**; keine Beschlagnahmefreiheit 97 II S 3; erleichterte Durchsuchung 102; Ausschließung des Verteidigers 138a I Nr 3

Behörde, Begriff 256 12; Gutachtenerstattung 83 III, 92, 161a; Herausgabepflicht von Beweismitteln 96; Auskunftspflicht gegenüber StA 161; Verlesung von Erklärungen einer – 256 I Nr 1a; Anhörung vor Einstellung durch StA 170 11; *s. a. Finanzbehörde, Polizei, Verwaltungsbehörden*

Beiakten, Akteneinsicht 147 15 ff, 480 II; Vorlegung mit der Anklageschrift 199 2; Anforderung zur Hauptverhandlung **A 12** 119; Übersendung in Revisionssachen **A 12** 166

Beichtgeheimnis, Zeugnisverweigerungsrecht 53 I Nr 1

Beinahetreffer bei Reihengentests 81h 13a

Beistand Einl 86; als Zeuge vor 48 23; des Angeklagten 149; des Verletzten 397a I, 406f, 406h; des Zeugen vor 48 11, 68b, **GVG** 177 4; im Protokoll 272 **Nr 4**; des Privatklägers 378; in Jugendsachen **A 8** 69; *s. a. Verteidiger*

Beitreibung von Geldstrafen 459 ff; von Nebenfolgen 459g II; der Verfahrenskosten 459 6

Beitritt zur Privatklage 375 II

Bekanntgabe der Verurteilung A 12 209 III, 210 III; im Urteil 260 40; im Strafbefehl 407 **II** S 1 Nr 1; Vollziehung 463c; *s. Vollziehung*

Bekanntmachung gerichtlicher Entscheidungen 35 ff, **A 12** 140; des Durchsuchungszwecks 106 II, 111 III; des Haftbefehls 114a, **A 12** 48; des Urteils 463c; im Privatklageverfahren 385 I, 394; *s. a. Benachrichtigung, Bundesanzeiger, formlose Bekanntmachung, Mitteilung, Verkündung, Zustellung*

Bekenntnisgemeinschaft, Beteuerungsformel 64 III

Bekräftigung der Wahrheit der Aussage 65; anstelle des Dolmetschereides **GVG 189** I

Belehrung über Rechtsbehelf bei Beschlagnahmen 98 II 6; bei Verhaftung 114b; Haftfortdauer 115 IV, 115a III; über Klageerzwingung 171, 172; bei Bestellung eines Pflichtverteidigers 141 I; bei Nichteinhaltung der Ladungsfrist 228 III; bei Entbindung des Angeklagten von der Erscheinenspflicht 233 II; über die Wiedereinsetzung bei Versäumung der Hauptverhandlung 235 S 2; bei Fahrverbot 268c, 409 I; bei Strafaussetzung zur Bewährung, Verwarnung mit Strafvorbehalt 268a III, 409 II, 453a; bei Vorbehalt der Sicherungsverwahrung 268d; bei Aussetzung des Strafrestes 454 IV; über Entschädigung **A 5** 9 I, 10 11 II; der Schöffen **A 12** 126; über die Art der Re-

2623

Sachverzeichnis

Fette Zahlen = §§ von StPO, GVG und A 1–5

visionsrechtfertigung **A 12** 150; des Privatklägers bei Übernahme der Verfolgung durch StA **A 12** 172 II; über das Adhäsionsverfahren **A 12** 173; *s. a. Rechtsmittelbelehrung, Hinweis*
Belehrung des Beschuldigten über die Aussagefreiheit **163a** 4a, 4b, **136** 7, **Einl** 77
Belehrung der Zeugen und Sachverständigen 57, 72, **161a**, **A 12** 65, 70, 130; über das Zeugnisverweigerungsrecht **52** III, **53** 44, **81c** 4, 24, **161a**; über das Auskunftsverweigerungsrecht **55** II, **161a**, **163** III; über das Eidesverweigerungsrecht **61**; über das Untersuchungsverweigerungsrecht **81c** III; bei Vernehmung durch StA **161a**, durch Polizei **163** III; *s. a. Hinweis*
Beleidigung A 12 229 ff; in Antrags- oder Rechtsmittelschriften **vor 33** 12; in Druckschriften, Gerichtsstand **7** II; des Richters **22** 8; vorläufige Einstellung **154e**; Privatklagedelikt **374** I Nr 2, **380** I; Fortsetzung der Privatklage wegen – nach Tod des Privatklägers **393**; wechselseitige -en **468**; oberster Staatsorgane **A 12** 209, 249 II; von Justizangehörigen **A 12** 232
Belohnung bei Ermittlung von Geldfälschern **A 12** 220
Benachrichtigung Angehöriger bei Exhumierung **87** IV; bei Freiheitsentziehung **114c**; **163c** II; des Konsulats von der Festnahme **114b** II S 3, **163c** 14; von heimlichen Ermittlungsmaßnahmen sowie vom Einsatz Verdeckter Ermittler **101** IV; von der Einstellung des Verfahrens **170**, **406d** I, **A 12** 91; des Abwesenden **287**; des Anzeigenden **A 12** 9; *s. a. Mitteilung, Terminsnachricht*
Beobachtung des psychischen Zustandes, Unterbringung zur – **81**, **140** I Nr 6, **304** IV Nr 1, **A 2** 34 III Nr 7, **A 8** 73, **A 12** 61, 62
Beobachtung von Angeklagten und Zeugen 261 6a
Beratung 260 I, **GVG 192** ff; anwesende Personen **GVG 193**; Leitung **GVG 194**; Abstimmung **GVG 195** ff
Beratungsstelle bei Schwangerschaftsabbruch, in Fragen der Betäubungsmittelabhängigkeit Zeugnisverweigerungsrecht **53** I Nr 3a, 3b; Beschlagnahmeverbot **97**
Berechtigungskennungen *s Zugangscode*
Bereitschaftsdienst 105 20 **GVG 22c**
Bergämter, Ermittlungen durch – **163** 14
Bericht der Zeugen **69** 5; der Gerichtshilfe **160** 26, **200** 20; -e aus nichtöffentlicher Sitzung **GVG 174** II, III
Berichterstatter in der Berufungsinstanz **324** I; in der Revisionsinstanz **351** I; bei der Abstimmung **GVG 197**

Berichterstattung durch Presse, Rundfunk und Fernsehen **161** 15 ff, **GVG 169** 8 ff, **176** 15, **A 12** 129
Berichtigung der Urteilsformel **268** 9, 10; durch das Revisionsgericht **349** 22, **354** 33; der Urteilsgründe **267** 39; des Hauptverhandlungsprotokolls **271** 21 ff, **A 12** 161; von Beschlüssen **268** 10
Berichtspflicht der nachgeordneten Behörden **GVG 147** 3; über Maßnahmen nach § **100a** § **100b** V, über Maßnahmen nach § **100c 100e**
Berufsgeheimnis, Beweisverbote **160a**; Zeugnisverweigerungsrecht **53**, **53a**
Berufsgehilfen, Zeugnisverweigerungsrecht **53a**
Berufsverbot, notwendige Verteidigung **140** I Nr 3; im Urteil **260** II; Aufschub und Aussetzung **456c**, **458**, **462**, **463** VI; *s. a. Vorläufiges Berufsverbot*
Berufung 312 ff, **A 12** 147 ff, 158; Zulässigkeit **312**; Annahme **313**, **322a**; Einlegungsfrist und -form **314**; – und Wiedereinsetzung **315**; Rechtskraftshemmung **316**; Begründung **317**; Beschränkung **318**; Verwerfung durch AG **319**; Mitwirkung der StA **320**, **321**; Verwerfung durch LG **322**; Vorbereitung der Hauptverhandlung **323**; Hauptverhandlung **324** ff; Prüfung des Gerichts **327**; Urteil **328**; Zurückverweisung **328** II; Ausbleiben des Angeklagten **329**; Verschlechterungsverbot **331**; Revision statt – **335**; Ausbleiben des Privatklägers **391** II, III; des Nebenklägers **401** III; des Nebenbeteiligten **431** II; – und Beschwerde gegen die Kostenentscheidung **464** 20; *s. a. Rechtsmittel*
Berufung auf den früheren Eid bei Zeugen **67**; bei Sachverständigen **79** III; bei Dolmetschern **GVG 189** II
Beschäftigungsverbot von Kindern und Jugendlichen, Eintragung in das Zentralregister **A 7** 10 II Nr 4
Bescheid, Anspruch auf Erteilung **vor 33** 10 ff, **vor 296** 26; bei Verfahrenseinstellung **171**, **170** II, **172**, **A 12** 89, 91, 103; bei Versagung der Akteneinsicht **147** 37, **480** 1, **A 12 188**; *s. a. Einziehungsbescheid, Kostenbescheid*
Bescheinigung bei Durchsuchung 107 S 2
Beschlagnahme 94 ff, **A 12** 74 ff; Wesen **vor 94** 2; in Parlamenten **94** 24; Gegenstand der – **94**, **111b**; einstweilige – **108**; des Führerscheins **94** III, **111a** III–V, **450** II, **463b**; zur Sicherstellung der Durchführung des Strafverfahrens **132** III; Anhörung vor – **33** IV, **308** I S 2; gegen Abwesende **290** ff; Beschwerde **304** IV Nr 1, **305**; im Privatklageverfahren **384** 7; des Vermögens **290**, **443**; bei Exterri-

torialen **GVG 18** 11; Entschädigung bei – **A 5 2 II Nr 4, 5 I Nr 4;** durch FinB in Steuersachen **A 6** 385 I, 399 II, 402, 404, 410 I Nr 8, 9; bei Distanztaten **A 12** 95 III
Beschlagnahme von Beweisgegenständen 94 II; Herausgabepflicht 95; amtlicher Schriftstücke 96; -verbot 97; -anordnung 98; Rechtsbehelf 98 II; Aufhebung 98 30; Herausgabe beschlagnahmter Sachen 94 22, 98 29, 111k; von Postsendungen 98 II S 4, 99 ff, **A 12** 77 ff; im Postgiroverkehr **A 12** 83; *s. a. Bankunterlagen, Bestätigung der Beschlagnahme*
Beschlagnahme von Daten 94 16a, 16b, 18a
Beschlagnahme bei juristischen Personen 97 10c; 444 3a
Beschlagnahme von Einziehungsgegenständen vor 111b 1 ff; **A 5 2 II Nr 4, 5 I Nr 4;** Anordnung 111b; Aufhebung 111j 10 f; Vollstreckung 111c; Wirkung 111d; Herausgabe beschlagnahmter Sachen 111n, 111o; Notveräußerung 111p, **A 12** 76; von Druckschriften **A 12** 208, 225 ff, 251 ff; *s. a. Bestätigung der Beschlagnahme*
Beschleunigung des Rechtsmittelverfahrens **A 12** 153, 167
Beschleunigtes Verfahren 417 ff, **A 12** 146; Rechtsstellung des Nebenbeteiligten 427 I, 438 III; kein – in Jugendsachen **A 8** 79 II
Beschleunigungsgebot Einl 160, 120 3, 121 1, 1a, 142 9a, 213 6, **A 4 5** 10 ff, 6 7 ff, **A 12** 5, 36
Beschlüsse, Unwirksamkeit Einl 105; Widerruflichkeit Einl 115; Rechtskraft Einl 166, 182, 34a; Erlass vor 33 5 ff; Form vor 33 15; Anfechtung 304 ff
Beschlussfähigkeit des Präsidiums **GVG** 21i
Beschlussverfahren nach Revision 349; bei Einziehung 423 II, 431 IV, 432 II, 434 II, 436 II; gegen juristische Person 444 II, III
Beschränkte Auskunft aus dem Zentralregister A 7 30 ff
Beschränkung der vorläufigen Entziehung der Fahrerlaubnis 111a I; der Verteidigerzahl 137; der Akteneinsicht des Verteidigers 147 II, des Verletzten 406e II; der Untersuchung 154, 154a, 207 II Nr 2, 4, 353, 354 3, 385 IV, 397 II, 438 II, **A 12** 5 I, 101, 101a; des Strafantrags 158 19 ff; der Berufung 318, 473 III; der Revision 344 4 ff, 473 III; der Verteidigung als Revisionsgrund 338 Nr 8; der Wiederaufnahme im Adhäsionsverfahren 406c; – des Einspruchs gegen den Strafbefehl 410 II

Beschränkungen in der UHaft 119 1 ff
Beschuldigter Einl 76 ff; 163a 4a, 157 1, 4; *s. a. Aussagefreiheit, Aussagepflicht*
Beschwer des Rechtsmittelberechtigten vor 296 8 ff, 354 17
Beschwerde 304 ff; Zulässigkeit 304 ff; Ausschluss der – 304 5; außerordentliche – 304 4a; Einschränkung im Hauptverfahren 305; gegen den Pflichtenbeschluss 305a; Einlegung und Abhilfe 306; keine Vollzugshemmung 307; Befugnisse des Beschwerdegerichts 308; Entscheidung über die – 309; weitere – 310; sofortige – 311; Nachholen des rechtlichen Gehörs 311a; Antrag auf Haftprüfung 117 II; gegen polizeiliche Maßnahmen 163 48 ff; gegen Einstellungsbescheid der StA 172 I, **A 12** 105; bei Ablehnung der Rechtshilfe **GVG** 159; gegen Festsetzung eines Ordnungsmittels **GVG** 181; in Zentralregisterangelegenheiten **A 7** 25 II, 49 III; *s. a. Dienstaufsichtsbeschwerde, Rechtsbeschwerde, Sofortige Beschwerde*
Beschwerdegegner *s. Gegner des Beschwerdeführers*
Beschwerderecht, Belehrung über die – beim Haftbefehl 115 IV; nach der Menschenrechtskonvention **A 4** 13; des Gefangenen **A 10** 108
Beschwerdesumme bei Kostenentscheidungen 304 III
Beschwerdeverfahren, Anwendung der Vorschriften 161a III, **A 2** 29 II
Beseitigung eines gesetzwidrigen Zustands 439, 472b
Besetzung des Gerichts, Mitteilung der – 222a; Einwand der vorschriftswidrigen – 222b; vorschriftswidrige – als Revisionsgrund 338 Nr 1; mit Richtern **GVG 22** V, 59, 76, 78b, 115, 124
Besichtigung sichergestellter Gegenstände durch den Verteidiger 147 I; durch FinB **A 6** 395
Besondere Bedeutung des Falles GVG 24 I, 74 I, 121 II, **A 12** 113
Besondere Gerichte GVG 13, 14, 16, **A 1** 3
Besondere Schwere der Schuld iS des 57a I S 1 Nr 2 StGB 260 33, 58; 267 20a; 337 35a; 358 11; 344 7a; 400 3; 454 41a; **GVG** 74 5
Besondere Strafkammern GVG 74 II, 74a, 74c–74e; 6a, 209, 209a, 225a IV, 270 I
Besonders schwere Fälle 267 III S 3
Besorgnis der Befangenheit *s. Ablehnung von Gerichtspersonen*
Bestandsdaten 94 16a; 99 15, 16; 161 3
Bestandsdatenauskunft 100j
Bestellung eines Pflichtverteidigers 141, 142 V, VI, 143a II, 144 I

2625

Sachverzeichnis

Fette Zahlen = §§ von StPO, GVG und A 1–5

Bestätigung der Beschlagnahme durch den Richter **98, 100 II, 100b I S 3, 111a III, 111j II, 111q IV S 3, 443 II**
Bestattung gefundener Leichen 159 II, **A 12** 38
Besteuerungsverfahren, Verhältnis des Steuerstraf- und -bußgeldverfahrens zum − **A 6** 393, 410 I Nr 4; Aussetzung des Straf- oder Bußgeldverfahrens bis zum Abschluss des -s **A 6** 396, 410 I Nr 5
Bestimmung des Gerichts durch BGH **13a**
Bestrafungsverbot Einl 143
Besuchsverkehr in UHaft **119** 9, 14; des Gefangenen 148 9 ff, **A 10** 23 ff
Betäubungsmittelabhängigkeit-Beratungsstellen, Zeugnisverweigerungsrecht 53 I Nr 3b; Beschlagnahmeverbot 97
Betäubungsmittelhandel 104 II
Betäubungsmittelstrafsachen 98a I S 1 Nr 1, 100a II Nr 7, 110 I S 1 Nr 1, 110a I S 1 Nr 1, 112a II Nr 2, 153 20a, **A 12** 257
Beteiligte s. *Einziehungsbeteiligte, Nebenbeteiligte, Verfahrensbeteiligte, Nebenbetroffene, Beteiligungsinteressent*
Beteiligung der Finanzbehörde in Steuersachen im Verfahren der StA **A 6** 402, 403, 410 I Nr 8, **A 12** 275 II; im gerichtlichen Verfahren **A 6** 407, 410 I Nr 11
Beteiligung der VerwB im Verfahren der StA **A 12** 275, 277 III, 278 II, 282 I; im gerichtlichen Bußgeldverfahren **A 12** 288
Beteiligung des Verletzten am Verfahren **374 ff, 395 ff, 406d ff**; am Einziehungsverfahren **424 ff, 438**
Beteiligungsinteressent 424 2; 426
Beteuerungsformel statt Eid **57 S 2, 64 III**
Beträchtlichkeitsklausel 154 I Nr 1, 154a I S 1
Betreuer, Betreute 22 Nr 2, 52 II, 81c III, 298 1
Betriebsgeheimnis, Ausschluss der Öffentlichkeit bei Gefährdung **GVG 172 Nr 2**
Betriebsunfälle, Sachverständige für − **A 12** 246 III
Betroffener im Bußgeldverfahren als Beteiligter im Strafprozess Einl 93
Betrug A 12 236 ff; Zuständigkeit der Wirtschaftsstrafkammer **GVG 74a I Nr 6**
Beugehaft s. *Erzwingungshaft*
Beurkundung s. *Protokoll, Protokollierung*
Beurlaubung des Angeklagten **231c**; von Gefangenen **A 10** 23, 35 ff
Beurteilungsspielraum 337 17; **A 4 vor 1** 4a; **1, 1**
Bevollmächtigte vor 137 12; s. a. *Beistand, Verteidiger, Vertreter, Zustellungsbevollmächtigter*
Bevorrechtigte Personen s. *Exterritoriale*
Bewährung s. *Strafaussetzung zur Bewährung*

Bewährungsplan A 8 60, 64
Bewährungszeit, Beschluss über − **268a, 453a;** Überwachung während der − **453b**; Verlängerung bei frühzeitiger Entscheidung **454a**
Bewegliche Sachen, Beschlagnahme **111c I, 111n, 111f I, 111k I**; Vermögensarrest **111f I**
Beweis, Begriff Einl 47, 48
Beweisanregung 244 23, 26
Beweisantizipation Verbot der − **244** 86, 86a
Beweisanträge 136 I, 163a II, 166, 201 I, 219, 225a II, 244 III–VI, 245 II, 270 IV; Hilfs- **244** 22 f, 78, **267** 13; unzulässige − **244** 49, 49a; Entscheidung über − **244** 79 ff, **245** II; verspätete − 246; des Nebenklägers 397 I; der Nebenbeteiligten **436 II, 438 III, 444 II**
Beweisanzeichen s. *Indizienbeweis*
Beweisaufnahme in der Hauptverhandlung **244 ff**; Unmittelbarkeitsgrundsatz **250**; in der Berufungsinstanz **324, 326**; in der Revisionsinstanz **337** 6, 11, 13 ff, 24, 31, **351** 3, **352** 6, **353** 2; im beschleunigten Verfahren **420**; im Wiederaufnahmeverfahren **369**; bei der Haftprüfung **118a III**; bei Ausschließung des Verteidigers **138d IV**; im Vorverfahren **160 ff**; gegen Abwesende **289**; im Privatklageverfahren **384 III, 386**
Beweisbedürftigkeit 244 3 ff
Beweisen, Begriff Einl 48, **244** 1
Beweisergebnis Einl 48, 33 13
Beweiserhebungen vor Eröffnung des Hauptverfahrens **173 III, 201, 202**; s. a. *Beweisanträge*
Beweisermittlungsantrag 244 25
Beweisgegenstand s. *Beweismittel*
Beweiskraft von Protokollen **168a** 12, **274**
Beweislast 155 3, **261** 23
Beweismethodenverbote Einl 54, **136a**
Beweismittel, Begriff Einl 49, **244** 1; Sicherstellung von -n **94 I, II, 111b I**; Angabe in der Anklageschrift **200, A 12** 110, 111, im Strafbefehl **409 I Nr 5**; Herbeischaffung **214 IV, 221**; Unterrichtung des Angeklagten über − **222 I, A 12** 118; ungeeignete − **244** 58 ff; unerreichbare − **244** 62 ff, **261** 12; präsente − **245**; s. a. *Beweissicherung*
Beweismittelverbote Einl 53
Beweismittler s. *Augenscheinsgehilfe*
Beweisregel s. *Beweisvermutungen*
Beweissicherung bei Untersuchung **81c III**; im Ermittlungsverfahren **160 II, 163**, 22, **A 12** 3, 10, 76, 210, 243; bei vorläufiger Einstellung **205**; im Abwesenheitsverfahren **285 ff**
Beweisstücke, Besichtigung amtlich verwahrter − durch Verteidiger **147 I**, durch Verletzten **406d I**, durch die FinB im

Sachverzeichnis

Steuerstrafverfahren A 6 395; s. a. *Beweismittel*
Beweisverbote Einl 50 ff, 261 13 ff; s. a. *Beweismittel-, Beweiswertungsverbote, Fernwirkung, Frühwirkung*
Beweisvermutungen 261 2a, 23
Beweisverwendungsverbote Einl 57d
Beweisverwertungsverbote Einl 55 ff, **81a** 32, 97 45 ff, **100a** 35, **112** 5, **136** 25, **136a** 27 ff, **160a**, **163a** 4b, **203** 2, **261** 13 ff, 40 **A 4** 3 5, **A 6** 393 II, **A 7** 51, 66; *Drittwirkung* Einl 57b
Beweiswürdigung, freie – 261; vorweggenommene – 244 46; in den Urteilsgründen 267 12f
Beweisziel 244 20c
Bewertungseinheit Einl 175b
Bezeichnung, falsche – des Rechtsmittels s. *Falsche Bezeichnung*
Bezeichnung der Tat im Haftbefehl **114** I Nr 2; in der Anklageschrift **200** I; im Strafbefehl **409** I Nr 3; im Urteil **260** IV
Bezirksgericht GVG 12 1
Bezugnahmen in den Urteilsgründen 267 2
Bildaufnahmen 86 10, **147** 15; in der Sitzung **GVG 169** 10, **176** 15, **A 12** 129; s. a. *Fotos*
Bildaufnahmen 100f
Bild-Ton-Aufzeichnung 58a, **136** IV, **168e**, **247a**, **254**, **255a**
Bildträger 86 10; Beschlagnahme **97** V, **111m** 1, **111n**
Billigkeitsentscheidung bei Kosten **465** II, **470** S 2, **472b** I, **473** IV; bei Entschädigung **A 5** 3, 4
Bindung, keine – des Gerichts an Anträge des StA **206**; des Gerichts an rechtskräftige Entscheidungen anderer Gerichte **262** 2 ff; anderer Gerichte an strafrechtliche Entscheidungen Einl 170; des Gerichts an Verwaltungsakte **262** 7 f; des Revisionsgerichts **337** 13; des Tatrichters an Rechtsauffassung des Revisionsgerichts **358** I; des Beschwerdegerichts **464** III S 2; im abgetrennten Einziehungsverfahren **423** I S 2; im selbständigen Einziehungsverfahren § **436** II; der StA an gerichtliche Entscheidungen **GVG vor 141** 11
Binnendivergenz GVG 132 10a
Binnenschifffahrtssachen vor 7 6, **GVG 14** 1
Binnenschiffer, Zustellung an – **37** 22, **48** 9
Bitcoins 111b 4, **111c** 8, **111f** 3, **163** 28b
Blinde oder Sehbehinderte GVG 191a
Blinder Richter 338 11
Bloßstellen, Vermeidung des -s von Zeugen **68a**, **161a**, **A 12** 4a
Blutalkoholgehalt s. *Alkoholfeststellung im Blut*
Blutprobe, Entnahme von -n **81a** 13, 25a, 25b **81c** II, **256** IV Nr 3, **15 A 12** 243 II
Brandsachen, Auskunft an Feuerversicherungsunternehmen **A 12** 242
Briefannahmestelle, gemeinschaftliche **vor 42** 17
Briefgeheimnis, Verletzung des -ses, Privatklagedelikt **374** I Nr 3, **380** I
Briefkasten Zustellung durch Einlegung in – **37** 13a
Briefkontrolle 119 18, 29, **148** 7, 20, **148a**, **A 10** 29 ff; s. a. *Postsendungen*
Bruchteilskostenentscheidung 464d
Buchprüfer, vereidigter –, Zeugnisverweigerungsrecht **53** I Nr 3; als Verteidiger in Steuersachen **138** 5, **A 6** 392, **410** I Nr 3; Kosten des -s als notwendige Auslagen **A 6** 408, **410** I Nr 12; Bußgeldverfahren gegen – wegen einer Steuerordnungswidrigkeit **A 6** 411
Bundesamt für Finanzen A 6 386 I S 2; s. a. *Finanzbehörden*
Bundesamt für Justiz 100b V, **100e**, **111f** 9, 492, 494 12; **EGGVG 16a**, 25 1; **A 7** 1 I, 57 II, 64a I
Bundesanwalt GVG 142; Aufsicht **GVG 147**; Beamter **GVG 148**; Ernennung **GVG 149**
Bundesanzeiger, Bekanntmachung im – **111l** IV, 291, 292 I, 293 II, 371 IV, 443 III
Bundesbahn, Transportgefährdung **A 12** 245; Betriebsgefahr **A 12** 246
Bundesbank s. *Deutsche Bundesbank*
Bundesbehörden Entschädigung bei Verfolgungsmaßnahmen **A 5** 15; unbeschränkte Auskunft aus dem Zentralregister an oberste – **A 7** 41 I Nr 2
Bundesgerichtsbarkeit, Ausübung durch OLGe **GVG 120** 9
Bundesgerichtshof GVG 123 ff; Sitz **GVG 123**; Besetzung **GVG 124**, **139**; Ernennung der Richter **GVG 125**; Senate **GVG 130**, **139**; Große Senate **GVG 132**, **138**; Zuständigkeit als Revisions- und Beschwerdegericht **GVG 135**; weitere Zuständigkeiten **GVG 135** 3; Geschäftsordnung **GVG 140**; Vorlage an – durch ein OLG **GVG 121** II, **A 2** 29 I; Bestimmung der zuständigen Gerichts 13a; Haftprüfung durch – **121** IV, **122** VII; Ausschließung des Verteidigers **138c**; Ermittlungsrichter **169** I, **304** V, **GVG 130**, **166** II; Bestätigung der Kontaktsperre **A 2** 35
Bundesjustizminister, Kontaktsperrefeststellung **A 2** 32
Bundeskasse, s. *Staatskasse*
Bundeskriminalamt 74 3, **161** 12, **163** 13, **256** 13, **GVG 120** 8, **152** 7, **A 12** 29 ff, 40 I d, 207, 208, 216, 217, 224, 227

Sachverzeichnis

Fette Zahlen = §§ von StPO, GVG und A 1–5

Bundeskriminalblatt, Veröffentlichungen im – **A 12** 29, 208 IV, 226
Bundespolizei Ermittlungen durch – **163** 14
Bundespräsident, Zeugenvernehmung **49**; Zeugnisverweigerungsrecht **54** III; als Nebenkläger **395** II; Ausübung des Begnadigungsrechts **452** 1; Nichtberufung als Schöffe **GVG 34** I Nr 1, 77
Bundesprüfstelle für jugendgefährdende Schriften, Unterrichtung **A 12** 228
Bundesrat, Vernehmung von Mitgliedern **50**
Bundesschuldenverwaltung, Mitwirkung bei Geldfälschungsdelikten – **A 12** 216 I
Bundestagsmitglieder s. *Abgeordnete*
Bundesverfassungsgericht, Normenkontrolle Einl 219 ff, **A 12** 190, 297; Verfassungsbeschwerde Einl 230 ff
Bundeswehr, Beschlagnahme im Bereich der – **98** IV, 111f I; Durchsuchung im Bereich der – **105** III; s. a. *Soldaten*
Bundeszentralregister A 7 1 ff
Bundeszentralregistergesetz A 7; s. a. *Erziehungsregister, Zentralregister*
Bürgerlich-rechtliche Vorfragen 154d, 262
Bußgeldentscheidungen im Strafverfahren **A 12** 294; 297 ff
Bußgeldverfahren Einl 17; und Immunität **152a** 2, **A 12** 298; Übergang zum Strafverfahren **A 12** 290; wegen Steuerordnungswidrigkeiten **A 6** 409 ff; Richtlinien für das – **A 12** 269 ff; – nach Einspruch gegen Bußgeldbescheid **A 12** 281 ff

C

Chemische Untersuchung bei Vergiftungsverdacht **91**
Cloud-Computing 110 6, 7a–c; **102** 10a, **103** 1; **100a** 6c; **94** 16b; **53a** 2a
Computer als Aktenbestandteil **147** 18a; Durchsuchung von **110** III; Beschlagnahme von Daten **94** 16a, 16b, 18a; Herausgabepflicht von Daten **95** 3a
Cybercrime-Konvention 110 7a, b, **vor 94** 10; **100a** 6b, 7, 8, **100g** 2

D

Darstellungsrüge 337 21
Dashcams 100h 1a, Einl 57d
Dateiregelungen 483 ff
Datenabgleich 98c
Datenschutz 474 ff; **483** ff; **A 2** 12 ff
Datenschutzbeauftragter Befugnisse **vor § 474** 3
Dauerstraftat Einl 175, 175a, **260** 15, **264** 6b, 9, **331** 10

Denkgesetze, Verstoß gegen die – **337** 30
Deutsche Bundesbank, Mitwirkung bei Geldfälschungsdelikten **A 12** 216 I, 220
Deutsche Sprache als Gerichtssprache **GVG 184**
Devisenstrafsachen A 12 265
Devolutionsrecht der vorgesetzten StA **GVG 145** 1
Devolutivwirkung vor 296 2
Dienstalter, Abstimmung nach – **GVG 197**
Dienstaufsicht, allgemeine beim AG **GVG 22** III; bei der StA **GVG 147**
Dienstaufsichtsbeschwerde 296 22; gegen polizeiliche Maßnahmen **163** 50; gegen den Einstellungsbescheid **172** 18
Dienstgeheimnis s. *Amtsverschwiegenheit*
Diplomaten s. *Ausländische Vertretungen, Exterritoriale*
Distanztaten, Absehen von Verfolgung **153c** II, **A 12** 95
Disziplinarverfahren und Strafverfahren Einl 178 f, **A 1** 3 1; wegen falscher Verdächtigung u. Beleidigung **154e**; kein Auskunftsverweigerungsrecht bei Gefahr eines –s **55** 5
Divergenz s. *Außendivergenz, Innendivergenz*
DNA-Analyse 81e, 81f, 81g
DNA-Gutachten 267 13b
DNA-Reihenuntersuchung 81h
DNA-Vergleichsuntersuchungen 267 13a
Dolmetscher vor 72 9, 259, **GVG 185, 186, 189** ff, **A 4** 6 17, 19, **A 12** 181; bei Tauben und Stummen **66** I, 259 II, **GVG 186, A 12** 21; Ablehnung, Ausschließung **GVG 191**
Dolmetschereid GVG 189
Dolmetscherkosten 464a 1, **464c, A 4** 6 23 ff
Doppelakten der StA **160** 2, **A 12** 12 II, 54 III, 56 III
Doppelbestrafung, Verbot der – s. *ne bis in idem*; europarechtliches des Art 54 SDÜ Einl 177a–c; **153** 37; **153a**, 52; **154** 21, 22; **170** 9a; **174** 6; **A 4** 6 9; **A 4** 7 3
Doppelernennung von Richtern **GVG 22** II, 59 II
Doppelrelevante Tatsachen Einl 187; **244** 8; **353** 20
Doppelvorsitz GVG 21f 4, 10, 11
Doppelzustellung, Fristberechnung **37** III
Dringende Gründe 111a I, **111b** III, **126a** I, **132a** I
Dringender Tatverdacht 81 II, **103** I S 2, **112** 5; **114** II, **138a** I
Dritte, Beschwerde durch betroffene – **304** II, **305** II; Kostenhaftung -r **467** 2; s. a. *Einziehungsbeteiligte, Nebenbeteiligte*
Drohung mit unzulässigen Maßnahmen bei Vernehmungen **136a**
Drucker s. *Presse*

Druckschriften 7 8; 53 28, 29; Gerichtsstand 7; Beschlagnahme 94 19, **111q**, **A 12** 208, 225 ff, 251 ff; Adressaten von –, keine Einziehungsbeteiligten **431** 9; Urteilsbekanntmachung in periodischen – **463c**; s. a. *Presse, Pressestrafsachen*

Durchsicht von Papieren 110, **111 III**, **A 6** 404, 410 I Nr 9

Durchsicht von Daten, elektronischen Speichermedien 110 2a, 6 ff

Durchsuchung vor 94 3, **102 ff**; bei Verdächtigen **102**; bei anderen Personen **103**; bei Zeugnisverweigerungsberechtigten **103** 7; nächtliche – **104**; Anordnung, Ausführung **105**; Zuziehung des Inhabers **106**; Mitteilung **107**; Zufallsfunde bei – **102** 17, **108**; an Kontrollstellen **111 I, III**; nach Verfalls- und Einziehungsgegenständen **102** 14, **111b II, 111e V**; von Verteidigern beim Verkehr mit Gefangenen **148**, **A 10** 12, 24 III, 26; zur Identitätsfeststellung **163b I S 2**; Anhörung vor – **33 IV**; Beschwerde **304 IV Nr 1**; im Privatklageverfahren **384** 8; der Wohnung zur Vollstreckung **457** 10, **459** 5, **459g III**; in Steuersachen **A 6** 385 I, 399 II, 402, 404, 410 I Nr 7–9; durch VerwB im Verfahren der StA **A 6** 402 I, 410 I Nr 8; Entschädigung **A 5 2 II Nr 4**

E

EDV-Anlagen 102 10a, **103** 3

Effektive Strafverfolgung, Anspruch auf 172 1a, **153** 8a, **153a** 6

Ehegatte, Ausschließung als Gerichtsperson 22 Nr 2, **31**; Zeugnisverweigerungsrecht 52 I Nr 2, **161a**, **163 III**; Auskunftsverweigerungsrecht **55**, **161a**, **163 III**; Eidesverweigerungsrecht **61**, **161a**; Ablehnung als Sachverständiger **74**, **161a**; Recht zur Nebenklageverweigerung **76 I**, **52**, **161a**; als Beistand **149**; Antragsberechtigung im Wiederaufnahmeverfahren **361 II**; Befugnis zur Nebenklage **395 II Nr 1**; Recht auf freie Wahl des –n **A 4** 12; s. a. *Angehörige*

Ehrenamtliche Richter, Übergangsvorschrift für Rechtsänderungen **A 2** 6; s. a. *Schöffen*

Ehrengerichtliches Verfahren 138a III S 1 Nr 2, 3

Eid des Zeugen **57 ff**; Berufung auf den früheren – **67**; des Sachverständigen **79**; des Dolmetschers **GVG 189**; fremdsprachiger – **GVG 188**

Eidesbelehrung 57, **A 12** 130

Eidesformel 64

Eidesleistung von hör- oder sprachbehinderten Personen **66**; keine – aus Glaubens- oder Gewissensgründen **65**

Eidesnorm 64

Eidesstattliche Versicherung als Mittel der Glaubhaftmachung 26 9, 10; über den Verbleib eines Fahrausweises **463b III**

Eidesunmündige 60 Nr 1

Eidesverletzung als Wiederaufnahmegrund 359 Nr 2, 362 Nr 2; Beurkundung der Aussage bei Verdacht einer – **A 12** 136

Eidesverweigerung 61, 70

Eidliche Vernehmung des Zeugen **57**, 59 ff, 286 II, 369 II

Eidliche Versicherung 56 S 2

Einsätze zur Ermittlung von Straftaten nach § 184b StGB 110d

Eigenhinterleger 116a 2a

Eigentumsübergang vor 430 8, 286 II, **A 6** 394

Eilvorlageverfahren an den EuGH **121** 21, 140 27a, **A 4** 6 7c

Eilzuständigkeit des Präsidiums GVG 21i II

Einführungsgesetz zur StPO **A 1**; zum GVG **A 2**; zum StGB **A 3**

Eingaben, Beschichtigung von – **vor 33** 10 ff; des Gefangenen bei Kontaktsperre **A 2** 34 **III Nr 8**

Eingangsstempel vor 42 15 41 3

Eingriff, körperlicher – 81a, 81c, 136a

Einlassung des Angeklagten zur Sache **261** 6, 16; s. a. *Vernehmung des Angeklagten und – des Beschuldigten*

Einleitung des Ermittlungsverfahrens **160** 5 ff; des Steuerstrafverfahrens 160 7, 8, **A 6** 397; des Bußgeldverfahrens wegen einer Steuerordnungswidrigkeit **A 6** 397, 410 I Nr 6

Einsatz technischer Mittel 100f

Einsicht in die Besetzungsunterlagen 222a 23

Einsichtsfähigkeit, Beeinträchtigung der – **136a**

Einspruch gegen Strafbefehl **409 ff**; durch Nebenbeteiligte **432 II**, **438 II**, **444 II**; gegen Schöffenvorschlagsliste **GVG 37, 41**

Einstellung des Verfahrens Einl 60a; **153 ff**, **A 12** 88 ff; beschränkter Strafklageverbrauch **153** 37, 38; wegen Geringfügigkeit **153**, **A 12** 93; nach Erfüllung von Auflagen **153a**, **A 12** 93; bei Absehen von Klage **153b**; bei Auslandstaten **153c**, **A 12** 94 ff; bei Staatsschutzdelikten **153c IV, 153d, 153e**, **A 12** 97 ff; bei Überstellung an einen IStGH **153f**; wegen Nebenstraftaten **154**, **A 12** 101; von Serienstraftaten **154** 6, 16, **154a** 7a; bei Auslieferung oder Ausweisung **154b**; bei Erpressung des Beschuldigten **154c**, **A 12** 102; bei zivil- oder verwaltungsrechtlichen Vorfragen **154d**; wegen falscher

Sachverzeichnis

Fette Zahlen = §§ von StPO, GVG und A 1–5

Verdächtigung, Beleidigung **154e**, **A 12** 103; durch die StA **170 II**, **A 12** 88; Bescheidung des Antragstellers **171**, **A 12** 89; vorläufige – **154f**, **205**, **A 12** 104; bei Prozesshindernis **206a**; bei Änderung des Strafgesetzes **206b**; durch Urteil **260 III**, **389 I**; im Privatklageverfahren **383 II**, **389**, **390 V**; Kosten bei – **153** 29, **153a** 55, **467**, **467a**, **469**, **470**; Entschädigung bei – **153** 30, **A 5** 2 I, 3; in Jugendsachen **A 8** 47; im Steuerstrafverfahren **153**, 20, **153a** 37, **170** 12, **A 6** 398, 399, 403 IV; vorherige Anhörung von Behörden **A 6** 403 IV, **A 12** 90, 93 I; **A 12** 276; wegen der Ordnungswidrigkeit **A 12** 275; bei Transportgefährdung **A 12** 245 IV

Einstellungsbeschwerde 172 I, **A 12** 105

Einstweilige Beschlagnahme 108

Einstweilige Unterbringung 126a, **A 12** 59; Entscheidung über Fortdauer **207 IV**, **268b**; Beschwerde **304 IV Nr 1**, **305**, **310 I Nr 2**; in Jugendsachen **A 8** 7 1, 72; Kontaktsperre bei -r **A 2** 38; Entschädigung **A 5** 2 II

Eintragungen in das Zentralregister **A 7** 3 ff; in das Erziehungsregister **A 7** 60; s. a. *Verkehrszentralregister, Vorstrafen*

Einvernehmensanwalt 138 3

Einverständnis der Beteiligten mit Protokollverlesung **251 I Nr 1**, **II Nr 3**; s. a. *Zustimmung*

Einwand der örtlichen Unzuständigkeit **16**; der Unzuständigkeit einer besonderen StrK **6a**, **225a IV**, **270 I**

Einwendungen gegen die Eröffnung des Hauptverfahrens **201**; gegen Einziehung **424 II**, **426 II**, **431**, **434**, **436 II**, **442**; gegen Zulässigkeit der Strafvollstreckung **458**, **462**; gegen Entscheidungen der Vollstreckungsbehörde **459o**, **462**

Einwilligung zur körperlichen Untersuchung **81a** 4; **81c** 2 ff; des Angeklagten in Heilbehandlung, Entziehungskur **265a**

Einzellichtbildvorlage 58 13

Einzelrichter GVG 22 I; s. a. *Strafrichter*

Einziehung von Tatmitteln, -produkten, -objekten und von Tatterträgen **vor 421** 1 ff; Rechtsnatur **vor 421** 2, **316h EGStGB** 2; außergerichtliche (formlose) – **vor 421** 7, **459h** 1; **A 12** 180 IV; Beschlagnahme zur Sicherung der – **111b**; im Urteil **260** 39; im Strafbefehl **407**; als Sicherungsmaßnahme **vor 421** 2; Wirkung der – **vor 421** 10; selbständige Anordnung **434**, **435**, **436**; Entschädigung **vor 421** 14, **427 III**, **431 IV**, **432** 1, **434 IV**, **436 II**; Vollstreckung **459g I**; Opferentschädigung **459h I**; nachträgliche Entscheidung **462 I**; Kosten bei -sbeteiligung **472b**; Beschwerde **304 IV S 2**

Nr **5**; staatsgefährdender Schriften **A 12** 208

Einziehung des Wertersatzes vor 111b 3; **vor 421** 2; Vermögensarrest zur Sicherung der – **111e**; Vollstreckung **459g II**, **462 I**; Opferentschädigung **459h II**

Einziehungsbeteiligte Einl 91, **vor 421** 4 ff, 3; als Zeugen **vor 48** 23, **427** 5; Verhandlungsfähigkeit **427** 7; Einwendungen bei Vollstreckung **458** 5; s. a. *Nebenbeteiligte, Nebenbetroffene, Beteiligungsinteressent*

Einziehungsgegenstände, Durchsuchung nach -n **102** 14, **111b** 13; Beschlagnahme **111b ff**; genaue Bezeichnung **260** 39; Wegnahme **459g I**

Einziehungsverfahren vor 421 4 ff, **424 ff**; Nachverfahren **433**, **434**; selbständiges – **435**, **436**, **A 6** 401, **A 12** 180

Eisenbahn s. *Bundesbahn*

Elektronisches Dokument 41a

Elektronische Überwachung 463a IV, Fußfessel vor **112**, 2, **116**, 9

Eltern, Antragsberechtigt im Wiederaufnahmeverfahren **361 II**; Fortsetzungsberechtigung bei Privatklage **393**; Befugnis zur Nebenklage **395 II Nr 1**; s. a. *Angehörige, Erziehungsberechtigte, Gesetzlicher Vertreter*

E-Mail, Sicherstellung **94** 16a, 19a, **100g** 11, **110** 6; Überwachung **100a** 1, 5, 6b, 8; Anwesenheit bei Durchsicht **110** 5

Empfangsbekenntnis, Zustellung gegen – **37** 19; über Rechtsmittel **A 12** 151

Entbindung des Zeugen von der Schweigepflicht **53 II**, **53a II**; des Sachverständigen von der Begutachtungspflicht **76 I**; des Angeklagten vom Erscheinen in der Hauptverhandlung **233**, **A 12** 120; des Schöffen wegen Verhinderung **GVG 54 I**, **77**

Entdeckungsort, Zuständigkeit der FinB im Steuerstraf- und -bußgeldverfahren **A 6** 388 I Nr 1, 410 I Nr 1

Entehrende Tatsachen bei Zeugenbefragung **68a**, **161a**

Entfernung von Eintragungen aus dem Zentralregister **A 7** 24 ff, aus dem Erziehungsregister **A 7** 63

Entfernung aus der Sitzung, keine zwangsweise – des Verteidigers **GVG 177** 3; des Angeklagten **231b**, **231c**, **247**; anderer Personen **GVG 177**; in Jugendsachen **A 8** 51

Entlassung vernommener Zeugen und Sachverständigen **248**, **A 12** 135

Entlastungsbeweise 160 II, **166**

Entschädigung der Zeugen **71**, **A 6** 405, 410 Nr 10; der Sachverständigen **84**, **A 6** 405, 410 I Nr 10; bei Beschlagnahme **111g** 10, **A 5** 2 II Nr 4, 5 I Nr 4; der vom Angeklagten geladenen Zeugen **220**;

2630

der Schöffen **GVG 55, 77;** Dritter bei Einziehung **vor 421** 14, **430 III, 431 IV, 434 IV** 1, **436 I;** von Verletzten **459h ff;** für notwendige Zeitversäumnis des Beschuldigten **464a II Nr 1;** für Strafverfolgungsmaßnahmen **A 4 5 V, A 5, A 12** 201, Anl C; für Verfolgungsmaßnahmen im Bußgeldverfahren **A 12** 295; s. a. *Notwendige Auslagen*

Entschädigungsanspruch des Verletzten **459h;** für Strafverfolgungsmaßnahmen **A 5 vor 1** 1; Ausschluss **A 5 5;** Versagung **A 5 6;** Umfang des -s **A 5 7;** Entscheidung über den – **A 5 6, 8, 9;** Geltendmachung **A 5 10, 12;** Rechtsweg **A 5 13 I;** Beschränkung der Übertragbarkeit **A 5 13 II;** Verurteilung in der DDR **A 5 16a**

Entscheidungen des Gerichts Form Einl **121 ff, vor 33** 15; Unwirksamkeit Einl **104 ff;** Widerruflichkeit Einl **112 ff;** vorherige Anhörung der Beteiligten **33, 33a, 311a;** Begründung anfechtbarer – **34;** Bekanntmachung von – **35, A 12** 140; Rechtsmittelbelehrung **35a;** Zustellung und Vollstreckung **36 ff;** bei Strafvollstreckung Einl **69, 458, 462;** Mitteilung an Finanzbehörde **A 6** 407 I, 410 I Nr 11, an VerwB **A 12** 288 III; bei Anfechtung von Vollzugsmaßnahmen **A 10** 115

Entscheidungen der StA, Form Einl **121**
Entscheidungsgründe 34; keine Rechtskraftwirkung Einl **170;** des Urteils **267;** Fehlen der – als Revisionsgrund **338 Nr 7;** in Jugendsachen **A 8 54**
Entschließung der StA 160 I
Entschuldigung des Ausbleibens des Zeugen **51** 6 ff; des Angeklagten **230 II;** der Schöffen **GVG 56, 77;** s. a. *Unentschuldigtes Ausbleiben*
Entziehung der Fahrerlaubnis s. *Fahrerlaubnis*
Entziehungsanstalt s. *Anstaltsunterbringung*
Entziehungskur 265a S 2, A 8 57 III
Erben des Verletzten, Adhäsionsverfahren **403, 406l;** s. a. *Hinterbliebene, Nachlass*
Erfahrungssätze 337 31
Erfahrungswissen Überzeugungsbildung bei nicht allgemein gültigem – **261** 11c
Erfinderrechtsverletzung A 12 261; Privatklagedelikt **374 I Nr 8**
Erfindungsgeheimnis, Ausschluss der Öffentlichkeit bei Gefährdung **GVG 172 Nr 2**
Erforschungspflicht der Polizei bei Straftaten **163 I**
Ergänzungsrichter GVG 21e 12, **192 II, III**
Ergänzungsschöffen GVG 48, 192 III
Ergreifung 103, 115a I
Ergreifungsdurchsuchung 102 12

Ergreifungsort, Gerichtsstand **9**
Erhebliche Bedeutung 98a 5
Erinnerung gegen den Kostenfestsetzungsbeschluss **464b 5, A 12** 145; gegen Kostenansatz **464b** 1
Erinnerungsvermögen, Beeinträchtigung **136a**
Erkennendes Gericht 28 6, **305** 2
Erkennungsdienstliche Behandlung 81b, 88 1, **163b I;** im Strafvollzug **81b** 4
Erklärungen, Form Einl **124 ff, 314 I, 341 I, 341 II, 366 II;** zu Protokoll der Geschäftsstelle Einl **131 ff;** öffentlicher Behörden **256 I Nr 1a; 420 II;** des StA und Verteidigers **257 II;** des Verteidigers für den Angeklagten **243** 30, **261** 16a
Erklärungsfristen vor 42 8
Erlass von Entscheidungen **vor 33** 5 ff; des Strafbefehls **409** 12 ff
Ermächtigung zur Zustellung **145a I;** zur Zurücknahme eines Rechtsmittels **302 II**
Ermächtigung zur Verfolgung, fehlende – bei vorläufiger Festnahme **127 III,** bei Haftbefehl **130, A 12** 7; Verfahren bei -sdelikten **A 12** 6 V, 212
Ermessen der Behörde, Gleichbehandlungsanspruch **A 4** 14; s. a. *Opportunitätsprinzip*
Ermessensentscheidungen, Begründung **34** 5; Überprüfung **337** 16, **A 2 28 III, A 10** 115 V
Ermittlungen in sozialen Netzwerken **94** 16b, **100a** 6c, 7, **110a A 2,** 163 28a; interne **53** 16, **55** 1a, **97** 10a–c, **136** 7a; im Haftprüfungsverfahren **117 III;** durch Beschwerdegericht **308 II;** durch Aufsichtsstellen bei Führungsaufsicht **463a;** persönliche – durch den StA **A 12** 3; durch andere Stellen **A 12** 11; s. a. *Abschluss der Ermittlungen*
Ermittlungsdurchsuchung 102 13
Ermittlungsergebnis, wesentliches – in der Anklageschrift **200 II, A 12** 112
Ermittlungsgeheimnis, Wahrung Einl **60**
Ermittlungsgrundsatz Einl **10, 244** 11
Ermittlungshandlungen, Störung der – **164**
Ermittlungspersonen der Staatsanwaltschaft GVG 152, A 6 404; körperliche Untersuchung **81a II, 81c V;** Beschlagnahmeanordnung **98, 111j I 2, 132 III;** Abhören des Fernsprechverkehrs **100b III;** Einsatz technischer Mittel **100f;** Durchsuchung **105;** Anordnung zur Kontrollstelleneinrichtung **111 II;** Vollzug der Beschlagnahme und des Vermögensarrests **111k;** Notveräußerung **111p IV;** Maßnahmen zur Sicherstellung der Strafverfolgung **132 II;** Netzfahndung **163d**
Ermittlungskompetenz der Finanzbehörde im Steuerstrafverfahren **A 6** 386, 402

2631

Sachverzeichnis

Fette Zahlen = §§ von StPO, GVG und A 1–5

Ermittlungsrichter 162, 165, **GVG 21e I**; des OLG und BGH 169, 304 V, **GVG 116, 130**

Ermittlungsverfahren Einl 58 ff, 158, 160 ff, **A 12** 1 ff; der Polizei 163; Vereidigung im – 62; Haftbefehl 125 I; Akteneinsicht des Verteidigers 147 II; Bekanntmachung der Einleitung des -s 163 22, **A 6** 397 II, 410 I, Nr 6; – Kosten 464a 2; in Jugendsachen **A 8** 43 ff; in Steuersachen **A 6** 386 ff, 397 ff; – gegen Unbekannt 152 7; *s. a. Einleitung des –, Vorverfahren*

Ermüdung als unzulässige **Vernehmungsmethode** 136a

Ernennung von Richtern, beim BGH **GVG 125**

Eröffnung des Hauptverfahrens Einl 63, vor 198 1, 199 ff, **A 12** 115; bei Privatklage 383; *s. a. Ablehnung der Eröffnung des Hauptverfahrens*

Eröffnungsbeschluss 203, **A 12** 115; Inhalt 207; mangelhafter – 207 11, 12; Anfechtung 210; fehlender – 203 3; Zustellung 215; bei Privatklage 383 I; Mitteilung an Nebenbeteiligte 429 II, 438 III, 444 II; Entscheidung über Besetzung der großen StrK, der großen JugK und des Strafsenats beim OLG **GVG 76 II, 122 II, A 8 33b II**

Eröffnungsverfahren *s. Eröffnung des Hauptverfahrens*

Eröffnungszuständigkeit 209, 209a

Erörterung des Verfahrensstands 160b, 202a, 212

Erpressung, Überwachung des Fernmeldeverkehrs bei – 100a II Nr 1k; Einstellung zugunsten des Opfers einer – 154c, **A 12** 102

Ersatzeingriff hypothetischer – Einl 57c, 94 21, 100d 6, 9, 9a 101 24 105 19 161 18b, 186 479 3

Ersatzfreiheitsstrafe, Vollstreckung 459e, 459f, 459h, 462; Abwendung der Vollstreckung durch freie Arbeit 459d 7

Ersatzmaßnahmen bei Aussetzung der UHaft 116, 123

Ersatzordnungshaft 51 18, 70 I, **GVG 178 I**; *s. a. Ordnungshaft*

Ersatzzustellung 37 6 ff; bei Strafbefehl 409 20; bei Gefangenen 37 24; durch Übergabe 232 13

Erscheinen *s. Persönliches Erscheinen*

Erscheinungsort, Gerichtsstand bei Pressedelikten 7 6 ff

Erscheinungspflicht vor der StA, der Zeugen und Sachverständigen 161a I; des Beschuldigten 163a III; *s. a. Anwesenheitspflicht*

Ersetzungsbefugnis bei der StA **GVG 145**

Erster Zugriff Einl 40, 163

Erste Vernehmung 136, 163a

Erstreckung der öffentlichen Klage auf die OWi 200 28, **A 12** 280

Ersuchter Richter GVG 157; Ablehnung 26a II; Vernehmung von Zeugen und Sachverständigen 51 III, 63, 70 III, 223, des Angeklagten 233; im Verfahren gegen Abwesende 289; Beschwerde gegen Verfügungen 304 I, 306 III; Belehrung bei Aussetzung zur Bewährung 453a I

Erteilung von Auskünften 474 ff

Erweitertes Schöffengericht GVG 29 II

Erwiesensein der Beweistatsache 244 57

Erziehungsaufgaben, vormundschaftsrichterliche **A 8** 34 III

Erziehungsbeistandschaft, Vollstreckungszuständigkeit **A 8** 82 II; Eintragung in das Erziehungsregister **A 7** 60 I Nr 8, III

Erziehungsberechtigter 298 7, **A 8** 43 I, 50, 51, 55 III, 67; *s. a. Gesetzlicher Vertreter*

Erziehungsheim, einstweilige Unterbringung **A 8** 71 II, 72 IV

Erziehungsregister A 7 59 ff

Erzwingung des Zeugnisses und Eides 70; der körperlichen Untersuchung 81c VI; der Herausgabe von Gegenständen 95; der Anklage 172 ff, **A 12** 105; des persönlichen Erscheinens 236

Erzwingungshaft gegen Zeugen 70 II; und MRK **A 4** 5 3

Eurojust Einl 207 f

Europäische Beweisanordnung Einl 207g

Europäische Ermittlungsanordnung Einl 207g

Europäische Überwachungsanordnung 116 21a

Europäische Gemeinschaften, Gerichtshof der – Einl 207; Bedienstete der – als Zeugen 54 14

Europäische Staatsanwaltschaft Einl 207c

Europäischer Gerichtshof Einl 207, 220, 359 52, **GVG 121** 5

Europäischer Gerichtshof für Menschenrechte A 4 19; Anrufung **A 4** 35 1; Erschöpfung des innerstaatlichen Rechtswegs vor Anrufung des – **A 4** 35 2

Europäischer Haftbefehl Einl 207d, 215a vor 112 9–9g **A 4** 5 4a

Europäisches Auslieferungsübereinkommen Einl 215a

Europäisches Doppelbestrafungsverbot 170 9a

Europäisches Rechtshilfeübereinkommen Einl 215b

Europol Einl 207 f; **163** 8b

Eventualbeweisantrag 244 22b, 92

Evidenztheorie Einl 105

Evokationsrecht des GBA **GVG 74a II, 120 II**; der StA in Steuerstrafsachen **A 6** 386 IV, **A 12** 267

Exhumierung 87 III, IV, **A 12** 34

Magere Zahlen = Rdn der Erl, §§ von A 6–A 13 **Sachverzeichnis**

Experimente 244 26, 59
Exterritoriale Einl 212, **GVG 18**–20, **A 12** 193 ff; deutsche –, Gerichtsstand **11**; als Zeugen **vor 48** 5; Ordnungsmittel **51** 31, **70** 22; körperliche Untersuchung **81a** 35a; Privatklage gegen – **vor 374** 3

F

Facebook s. *soziale Netzwerke*
Fachbehörde, Gutachten **83 III, 91 I, 256 II**
Fachhochschullehrer, Verteidiger **138** 4
Fahndung *über soziale Netzwerke* **131** 3a
Fahndungshilfsmittel A 12 40
Fahndungsmaßnahmen 131 7, **161** 7, 17, **163** 34; **A 12** 39 ff, Anl B; *s. a. Einsatz technischer Mittel, Netzfahndung, Polizeiliche Beobachtung, Rasterfahndung, Verdeckte Ermittler*
Fahrausweise s. *Ausländische –; Führerschein*
Fahrerlaubnis, Entziehung der – **232 I, 233 I, 267 VI, 419 I;** im Strafbefehl **407 II Nr 2;** Vollstreckung **463 VI;** Eintragung im Zentralregister **A 7** 5 I Nr 7, 12 Nr **8;** *s. a. Vorläufige Entziehung der Fahrerlaubnis*
Fahrlässigkeit, grobe **A 5** 5 9 ff
Fahrtschreiber 256 I Nr 4
Fahrverbot 111a V, 232 I, 233 I; im Strafbefehl **407** 7; Belehrung **268c, 409 I;** Anrechnung der Verwahrung, Beschlagnahme des Führerscheins **450 II;** Vollstreckung **463b;** im vereinfachten Jugendverfahren **A 8** 76 I
Faires Verfahren Einl 19, 156, **101** 29, **338** 59, **350** 8, **A 4** 6 4, 5, 16
Faksimilestempel als Unterschrift Einl 128
Fallenlassen der Klage s. *Klagerücknahme*
Falschaussagen, Verdacht strafbarer – **A 12** 136
Falsche Bezeichnung des Rechtsmittels **300**
Falsche Verdächtigung, vorläufige Einstellung **154e;** Kostenlast des Anzeigenden **469, A 12** 92, 139 II
Falschgeld s. *Geld- und Wertzeichenfälschung*
Falschmünzerei, Internationales Abkommen über – **A 12** 215
Fälschung des Protokolls, Einwand der **274** 19
Familienangehörige, Zustellung an – **37** 10
Familienmitglieder von Exterritorialen s. *Exterritoriale*
Familiennamen s. *Namen*
Familiengericht 52 20 **140** 16
Familienrichter 52 20; als Jugendrichter **A 8** 34 II; Auskunft aus dem Erziehungsregister **A 7** 61 I Nr 2
Fangfragen 241 15

Fehlende Entscheidung über eine Tat 327 4, **352** 1
Fehler des Verteidigers **143** 4, **338** 41, **345,** 11a, **A 4** 6, 20
Feiertage, Fristberechnung **43 II, 229 III**
Ferngespräche von Strafgefangenen A 10 32; mit dem Verteidiger **148** 16
Fernmeldeanlagen, Durchsuchung nach verbotenen – **104** 1
Fernmeldegeheimnis s. *Post- und Fernmeldegeheimnis*
Fernmeldeverkehr, Auskunft über – **99** 13, **100g; A 12** 84, 85; Überwachung **100a, 100b, A 10** 85 V, **A 11**
Fernmündliche Erklärungen s. *Telefonische Erklärungen*
Fernschriftliche Erklärungen Einl 139
Fernsehen, Berichterstattung durch **GVG 169** 8 ff, **A 12** 129; Zusammenarbeit mit dem – **A 12** 23
Fernwirkung von Beweisverboten Einl 57, **100a** 38, **136a** 31
Fesselung des Angeklagten **231** 2, von Verhafteten **119** 23
Festhalten des Vorgeführten **135;** zur Identitätsfeststellung **163b, 163c;** wegen Störung **164;** wegen Ungebühr **GVG 177**
Festnahme von Ausländern **114b** 9, **116** 12; Absehen von der – **127a;** wegen Störung **164, GVG 177;** *s. a. Untersuchungshaft, Vorläufige Festnahme*
Feststellung der Kontaktsperren **A 2** 31 ff; der Rechtswidrigkeit von Anordnungen und Entscheidungen **98** 23, **vor 296** 18, **A 2 28 I S 4;** *s. a. Rechtswidrigkeit einer Maßnahme*
Feststellungswirkung bei Entscheidungen Einl 169
Feuerbestattung A 12 38
Feuerversicherungsunternehmen, Auskunft an – in Brandsachen **A 12** 242
Filesharing Netzwerke **406e** 6c
Filmaufnahmen im Sitzungssaal **GVG 169, A 12** 129
Finanzamt s. *Finanzbehörde*
Finanzbehörde A 6 386 I S 2; Zuständigkeit im Steuerstrafverfahren Einl 12, **152** 3a, b **160** 13, **A 6** 386; als Nebenbeteiligte Einl 14, 73; Anwesenheitsrecht in der Hauptverhandlung **A 6** 407; Verfahren bei Steuerstraftaten **A 6** 399 ff; Stellung im Verfahren der StA **A 6** 402; Entschädigung von Zeugen und Sachverständigen durch die – **A 6** 405; Mitwirkung in gerichtlichen Verfahren **A 6** 406f; als VerwB bei Steuerordnungswidrigkeiten **A 6** 409 ff; unbeschränkte Auskunft aus dem Zentralregister **A 7** 41 I Nr IV; Auskunft über den Beschuldigten **A 12** 14 I; Zusammenwirken mit den –n **A 12** 266; *s. Oberfinanzdirektion*
Fingerabdrücke 81b

2633

Sachverzeichnis

Fette Zahlen = §§ von StPO, GVG und A 1–5

Fiskus, Eigentumsübergang auf – bei Einziehung **vor 430** 8; *s. a. Staat, Staatskasse*
Flankenschutzfahnder 105 1, **152** 3b
Flucht als Haftgrund **112 II Nr 1**
Fluchtgefahr als Haftgrund **112 II Nr 2, 113 II, III;** Aussetzung der UHaft **116 I;** Absehen von vorläufiger Festnahme**127a**
Flüchtige, Steckbrief **131 I;** Verfolgung über die Landesgrenze **GVG 167**
Fluchtverdacht 127 10, **457 I**
Flugzeuge *s. Luftfahrzeuge*
Folter, Verbot der – **136a, A 4** 3
Forderungen, Beschlagnahme von – **111c II;** Vermögensarrest in –**111f I**
Form der Prozesshandlungen Einl 120 ff; der Entscheidung **vor 33** 12; der Strafanzeige **158** 10; des Strafantrags **158** 11; der Antragsschrift im Klageerzwingungsverfahren **172** 26 ff
Formelle Rechtskraft Einl 164 ff; *s. a. Rechtskraft*
Förmlichkeiten in der Hauptverhandlung, Beurkundungspflicht **273;** Nachweis durch Protokoll **274**
Formlose Bekanntmachung gerichtlicher Entscheidungen **35 II, 145a III;** *s. a. Bekanntmachung gerichtlicher Entscheidungen*
Forstschutzsachen A 1 3 III
Fortbildung des Rechts, Anrufung des Großen Senats beim BGH zur – **GVG 132;** Zulassungsrechtsbeschwerde zur – **A 10** 116
Fortgesetzte Handlung Einl **175, 175a, 260** 14, **264** 9a
Fortsetzungsfeststellungsinteresse vor 296 18a
Fortwirkung von Beweisverboten Einl **57a, 136a** 30
Fotografieren in der Sitzung **GVG 176** 15, **A 12** 129
Fotokopie als Urkunde **249** 6
Fotos, Gegenstand des Augenscheins **86** 10, **250** 2, **261** 10; *s. a. Bildaufnahmen in der Sitzung, Lichtbilder*
Fragen an den Zeugen **68 ff, 161a**
Fragerecht in der Hauptverhandlung **240 ff, A 6** 407 I
Freibeweisverfahren Einl **152, 244** 7, 9
Freie Beweiswürdigung 261
Freies Geleit *s. Geleit*
Freigabe der Sicherheit **123**
Freiheitsbeschränkung in der UHaft **119;** Festhalten zur Identitätsfeststellung **163b** 7
Freiheitsentziehung zum Zweck der körperlichen Untersuchung **81a** 24, **128**
Freiheitsstrafe, Begriff der – nach **462a** 4; lebenslange – **260** 33, 58; **267** 20a; **337** 35a; **344** 7a; **GVG 74** 5; Vollstreckung der – *s. Strafvollstreckung, Strafvollzug, StrafvollzugsG*

Freilassung des verhafteten Beschuldigten **115a II, 120 II, III, A 12** 55; des Festgenommenen **128, 129;** gegen Sicherheitsleistung **127a, A 12** 60
Freispruch 260 16 ff; Urteilsgründe **261** 41; **267 V;** durch Revisionsgericht **354 I;** im Wiederaufnahmeverfahren **371;** Kosten bei – **467;** Entschädigung **A 5 1, 2 I**
Freizeitarrest, Umwandlung **A 8** 86
Fremdsprachige schriftliche Erklärungen 249 5, **GVG 184** 2
Friedensverrat, Zuständigkeit **GVG 74a, 120;** *s. a. Staatsschutzstrafsachen*
Frischer Tat, auf – **104 I, 127 I S 1**
Fristabsprache bei Gutachtenerstattung **73 I, 161a;** Weigerung der – **77 II, 161a II**
Fristen vor 42, 42 ff; Begriff **vor 42** 1 f; gesetzliche – **vor 42** 5; richterliche – **vor 42** 6; staatsanwaltschaftliche – **vor 42** 10; Wahrung von – **vor 42** 11 ff; Berechnung **42, 43;** Fristende an Sonn- und Feiertagen und Sonnabenden **43 II;** Versäumung **346** 1; Wiedereinsetzung bei Versäumung von – **44 ff, A 2** 26 **II–IV, A 5** 9 I, **A 10** 112; zur Erfüllung von Auflagen und Weisungen **153a I;** bei Unterbrechung der Hauptverhandlung **229;** für Urteilsniederschrift **275 I;** Hemmung bei Kontaktsperre **A 2 34 II;** für beschränkte Auskunft und Tilgung im Zentralregister **A 7** 34, 46
Frühwirkung von Beweisverboten Einl 57e
Führerschein, Beschlagnahme, Verwahrung **94 III, 111a III–V, 450 II, 463b;** *s. a. Fahrerlaubnis*
Führungsaufsicht, Entscheidungen, Belehrung **268a II, III;** Vollstreckung **463 II, III, VI;** Aufsichtsstelle **463a**
Führungszeugnis A 7 30 ff
Funktionelle Zuständigkeit vor 1 8
Funktionstüchtige Strafrechtspflege Einl 18
Funkzellenabfrage 100g 27, 36 ff **101a** 5, 6, 10, 11
Fürsorgepflicht, prozessuale – Einl 155 ff; im Beweisantragsrecht **244** 35; bei Veränderung des rechtlichen Gesichtspunkts **265** 3
Futtermittelgesetz, Verstöße gegen das – **A 12** 264

G

Gebäudedurchsuchung 103 I S 2, 105 I S 2, 108 I S 3
Gebrauchsmusterrecht, Privatklage bei Verletzung des -s **374 I Nr 8**
Gebrechlichkeit von Zeugen **223** 5; *s. a. Krankheit*

Gebühren als Teil der Verfahrenskosten 464a 1; im Verfassungsbeschwerdeverfahren Einl 238a; s. a. *Entschädigung*
Gebührenermäßigung im Rechtsmittelverfahren 473 IV
Gebührenvorschuss in Privatklagesachen **379a, 390 IV**
Gedankenfreiheit A 4 9
Gefahr im Verzug 98 6, 104 4; Gerichtsstand 21; Vereidigung im Vorverfahren 62 Nr 1; körperliche Untersuchung 81a II, 81c V; Beschlagnahme und Durchsuchung durch StA und ihre Ermittlungspersonen 98, 105, 111j I S 2, 3, 111q IV S 2, 132 III; Rasterfahndung, Einsatz technischer Mittel und Verdeckter Ermittler 98b, 100f, 110b; Postbeschlagnahme durch StA 100; Überwachung des Fernmeldeverkehrs durch StA 100b I; Hausdurchsuchung 104 I; Durchsuchungsordnung 105 I; Kontrollstelleneinrichtung 111 II; Arrestanordnung 111k I S 2; Haftbefehl im Vorverfahren 125 I; vorläufige Festnahme 127 II; Anordnung der Sicherheitsleistung 132 II; Anordnung der Netzfahndung 163d II; Richter als NotStA 165; Vermögensbeschlagnahme durch StA 443 II
Gefahr strafgerichtlicher Verfolgung, Auskunftsverweigerungsrecht 55
Gefährdung der öffentlichen Ordnung 15, GVG 172, A 12 133
Gefährdung des Untersuchungserfolges 81a II, 81c V, 87 IV, 100 III, 162 I, 168c 5, 224 I
Gefährdung von Zeugen 68 II, III, A 12 130a
Gefährdungsdelikte, Erfolgseintritt 7 4
Gefangenenarbeit und Menschenrechtskonvention **A 4 4** 1
Gefangener, Begriff 104 5; Zustellung 35 III, 37 24; Durchsuchung zur Wiederergreifung 104 I; Ladung 216 II; Rechtsmittelerklärung 299; Kontaktsperre **A 2** 31 ff; Besuche **A 10** 23 ff; Schriftverkehr **A 10** 23, 28 ff; Urlaub **A 10** 23, 35 ff; Beschwerderecht **A 10** 108; Vernehmung **A 12** 20; s. *Untersuchungsgefangene*
Gegenerklärung bei Beschwerde 308; bei Revision 347 I, **A 12** 162; bei Antrag auf Revisionsverwerfung 349 III; bei Wiederaufnahmeantrag 368
Gegenstände als Beweismittel 94; Behandlung amtlich verwahrter – **A 12** 74 ff; s. a. *Einziehungsgegenstände*
Gegenüberstellung 58 II, 161a, **A 12** 18; s. a. *Identifizierungs-, Vernehmungs-, Wahlgegenüberstellung*
Gegenvorstellungen Einl 114, **vor 296** 23 ff; gegen Einstellungsbescheid 172 18
Gegner des Beschwerdeführers 308 I, 311a I, 335 II, 347 I; Übersendung der Urteilsabschrift **A 12** 157; des Antragstellers 368 II
Geheimhaltung von Tatsachen bei Ausschluss der Öffentlichkeit **GVG 174, A 12** 131; der Beratung und Abstimmung im Präsidium **GVG 21e** 23; von Staatsgeheimnissen in Staatsschutzsachen 35 8, **A 12** 213, 214; s. a. *Verschwiegenheitspflicht*
Geheimnisträger, Zeugnisverweigerungsrecht 53
Geheimvermerk auf der Anklageschrift 200 24
Gehilfen, Zeugnisverweigerungsrecht 53a
Gehör des Angeklagten 257; s. a. *Anhörung, Rechtliches Gehör*
Geisteskranke, Geschäftsfähigkeit Einl 97, 98; -r Richter Einl 106; als Zeugen **vor** 48 13; Verlesung der früheren Aussage eines – 251 II Nr 1; Aufschub einer Freiheitsstrafe 455, 463 V; s. a. *Anstaltsunterbringung, Schuldunfähige, Schuldunfähigkeit*
Geisteszustand s. *Psychischer Zustand*
Geistliche, Zeugnisverweigerungsrecht 53 I Nr 1; Beschlagnahmeverbot 97; Nichtberufung als Schöffen **GVG 34 I Nr 6, 77**
Geldbetrag, Einstellung bei Zahlung eines -es 153a I S 1 Nr 2
Geldbuße gegen juristische Personen und Personenvereinigungen Einl 92; Festsetzung im Strafbefehl 407 II Nr 1; Verfahren 444
Geld- und Wertzeichenfälschung 92, 100a II Nr 1e, **A 12** 215 ff
Geldstrafe, Vermögensarrest zur Sicherung der – 111e II; Sicherheitsleistung für – 127a I Nr 2, 132, **A 12** 60; Einkommensermittlung 160 18; in der Urteilsformel 260 34; Einforderung und Beitreibung von -n 459 ff
Geleit, sicheres – für Abwesende 295; – für Zeugen und Sachverständige 244 63
Geltungsbereich der StPO 10 1; des JGG **A 8** 1
Gemeinnützige Einrichtung, Verfahrenseinstellung bei Zahlung an eine – 153a I S 1 Nr 2
Gemeinnützige Leistung, Verfahrenseinstellung bei Erbringung einer – 153a I S 1 Nr 3
Gemeinsamer Senat der obersten Gerichtshöfe des Bundes **GVG 132** 22
Gemeinsames Gericht s. *Zuständigkeitskonzentration*
Gemeinschaftlicher Verteidiger, kein – für mehrere Beschuldigte 146, 428 I S 2, 444 II
Gemeinschaftliches oberes Gericht 4 II, 14, 19
Gemeinschaftliche Verteidigung 138 2, 18 ff, **A 6** 392, 410 I Nr 3
Genehmigung der Vernehmung von Mitgliedern oberster Staatsorgane 50 III; der

Sachverzeichnis

Fette Zahlen = §§ von StPO, GVG und A 1–5

Durchsicht von Papieren **110 II**; der Verteidigerwahl **138 II**; des Protokolls **168a III, 273 III**; *s. a. Aussagegenehmigung*

Generalbundesanwalt GVG 142 I Nr 1; Ermittlungs- und Anklagekompetenz **138c I, 169 I, GVG 142a, A 12** 203; Entscheidung bei Kompetenzkonflikt **GVG 143 III**; Absehen von Strafverfolgung, Klagerücknahme in Staatsschutzsachen **153c–153e, A 12** 94 ff; Führung des Bundeszentralregisters **A 7** 1; Abgabe an den – **A 12** 202; Unterrichtung über Staatsschutzsachen **A 12** 203, 204

Generalfragen an den Zeugen **68a II, 161a**

Generalstaatsanwalt GVG 142; Überprüfung der Revision des StA **A 12** 168; Genehmigung der Akteneinsicht **A 12** 184

Genügender Anlass 170 1

Gerichte GVG vor 1 3; unbeschränkte Auskunft aus dem Zentralregister **A 7** 41 I Nr 1; aus dem Erziehungsregister **A 7** 61; *s. a. Amtsgericht, Landgericht, Oberlandesgericht, Bundesgerichtshof*

Gerichtliche Entscheidungen *s. Entscheidung des Gerichts*

Gerichtliches Bußgeldverfahren, Hauptverfahren **A 12** 285 ff; Beteiligung der VerwB **A 6** 407, 410 I Nr 11

Gerichtliches Schweigegebot *s. Schweigegebot*

Gerichtliche Überprüfung von Justizverwaltungsakten **A 2** 23 ff; von Vollzugsmaßnahmen **A 10** 109 ff, **GVG 78a, 78b**

Gerichtsärztlicher Dienst 87 11, **256 I Nr 1c**

Gerichtsbarkeit GVG 1 ff; Befreiung von der deutschen – **GVG 18** ff; *s. a. Exterritoriale, Strafgerichtsbarkeit*

Gerichtsbesetzung *s. Besetzung des Gerichts*

Gerichtsbezirk, Amtshandlungen außerhalb des -s **GVG 166**

Gerichtshilfe, kein Zeugnisverweigerungsrecht **53** 3; Mitwirkung **160 III, 463d**; *s. a. Jugendgerichtshilfe*

Gerichtskasse als Vollstreckungsbehörde **111f** 9, **459** 6

Gerichtskosten 464a 1, **465** 3, 11; **A 2** 30; bei Privatklage **383** 18; in Jugendsachen **A 8** 74; *s. a. Gebührenvorschuss, Kosten des Verfahrens*

Gerichtskundige Tatsachen 244 52, **261** 7, **273** 7, **337** 25

Gerichtspersonen, Begriff **vor 22** 2; als Zeugen **vor 48** 14; Ausschließung und Ablehnung **22** ff; *s. a. Rechtspfleger, Richter, Staatsanwalt, Urkundsbeamter*

Gerichtssitz GVG 166 3

Gerichtssprache 259 I, GVG 184 ff

Gerichtsstand 7 ff; Begriff **vor 7** 1; des Tatorts **7**; der Presse **7 II**; des Wohnsitzes oder Aufenthaltsortes **8**; des Ergreifungsortes **9**; des Hafenortes **10**; bei Umweltstraftaten auf dem Meer **10a**; für exterritoriale Deutsche und Auslandsbeamte **11**; mehrfacher – **12**; des Zusammenhanges **13**; Bestimmung durch BGH **13a**; bei Zuständigkeitsstreit **14**; Verhinderung des zuständigen Gerichts **15**; Prüfung des -s **16**; in Binnenschifffahrtssachen **GVG 14** 1; bei erstinstanzlicher Zuständigkeit des OLG **GVG 120 V**; in Jugendsachen **A 8** 42; in Steuersachen **12** 2, **A 6** 392; *s. a. Zuständigkeit*

Gerichtstafel, Anheftung von Ladungen **40**

Gerichtsverfassungsgesetz 1, GVG; EinführungsG zum – **A 2**; Anwendung der Vorschriften im Steuerstrafverfahren **A 6** 385 I; Ausführungsgesetze zum – **GVG vor 1** 2

Gerichtsvollzieher, Ausschließung **GVG 155**; Ladung durch – **38**

Geringe Folgen der Tat 153 16

Geringe Schuld 153 2 ff, **383 II**

Geringfügigkeit, Einstellung wegen – **153, 153a, A 12** 93; bei Privatklagesachen **383 II, 390 V, 471 III**; Absehen von Einziehung **421 I Nr 1**; in Jugendsachen **A 8** 47

Gesamtschuldnerische Haftung für Auslagen **466**; mehrerer Privatkläger **471 IV**

Gesamtstrafe, Berufungsgericht **329 I**; Verschlechterungsverbot **331** 18 ff; nachträgliche Bildung **460, 462, 462a III, IV**; Eintragung in das Zentralregister **A 7** 6

Geschäftsfähigkeit Einl 97; von Einziehungsbeteiligten **433** 7

Geschäftsgeheimnisse, Ausschließung der Öffentlichkeit bei Gefährdung **GVG 172 I Nr 2**; Geheimhaltung der – **A 12** 260b

Geschäftsordnung des BGH **GVG 140**

Geschäftspapiere *s. Papiere*

Geschäftsstelle GVG 153; Zustellung durch die – **36 I, 390 III**; Bewirken von Ladungen **214 I**; Vermittlung durch die – **GVG 161**; *s. a. Protokoll, Urkundsbeamter der Geschäftsstelle*

Geschäftsverteilung bei zurückverwiesenen Sachen **354** 38; durch Präsidium **GVG 21e**; innerhalb des Spruchkörpers **GVG 21g**; bei Steuerstrafsachen **A 6** 391 III; *s. a. Zuständigkeit*

Geschäftsverteilungsplan GVG 21e 1 ff; Anfechtung **GVG 21e** 24; keine Rechtsnorm **337** 12; Auflegen des -s **GVG 21e VIII**

Gesetz, Begriff **337** 2, **A 1** 7; Änderung des -es **354a**; Prüfung der Verfassungsmäßigkeit von -en Einl 219 ff, **A 12** 190, 297

Gesetzesänderung 206b; zwischen den Instanzen **354a**

Magere Zahlen = Rdn der Erl, §§ von A 6–A 13 **Sachverzeichnis**

Gesetzesauslegung Einl 190 ff
Gesetzeslücke, Ausfüllung einer – Einl 202
Gesetzesverletzung, Ausscheidung von einzelnen -en 154a, 207 II Nr 4, A 12 101a; als Revisionsgrund 337 5 ff, 338; als Rechtsbeschwerdegrund A 10 116 II
Gesetzliche Fristen vor 42 5
Gesetzliche Merkmale der Straftat 114 I Nr 2, 200 11, 267 I, 409 I Nr 3
Gesetzlicher Richter vor 22 1, GVG 16; Entziehung 338 6
Gesetzlicher Vertreter, prozessuale Rechte 52 II, III, 81c III, 137 II, 149 II, 298, 330, 374 III, 409 II, 415 II; A 8 43, 50 II, 5 1 II, 55 II, III, 67
Gesetzwidriger Zustand, Beseitigung, Verfahren 439; Kosten 472b
Gesichtsverhüllung GVG 176 16 ff
Gestaltungswirkung Einl 169
Geständnis 254 2; Verlesung eines früheren -ses 254; Überprüfung 261 6a; bei Verständigung 257c 16; als Wiederaufnahmegrund 362 Nr 4
Gestellungsmaßregeln gegen Abwesende 290 ff
Gesundheitsämter 256 13
Gesundheitsfürsorge, Zwangsmaßnahmen auf dem Gebiet der – 119 42 ff, A 2 23 3, 18, A 10 101
Gewahrsamsinhaber bei Durchsuchungen 95
Gewährsmann 158 17, 250 5; s. a. V-Mann
Gewaltverherrlichende Schriften, Bekämpfung A 12 223 ff
Gewässerschutz A 12 268
Gewinnabschöpfung bei Einstellung nach Erfüllung von Auflagen A 12 93a
Gewissensfreiheit A 4 9
Gewissensgründe 65 I
Gewohnheitsrecht Einl 192, 337 2, GVG 132 19
Glaubhaftmachung 26 5 ff; Mittel der – 26 6 ff; des Ablehnungsgrundes 26, 74 III; des Wiedereinsetzungsgrundes 45 6 ff; des Entschuldigungsgrundes beim Ausbleiben von Zeugen 51 II S 2; des Zeugnisverweigerungsgrundes 56; im Nachverfahren 433 I; Opferentschädigung 459j II S 3, 459k II S 4, 459l.
Glaubwürdigkeit eines Zeugen 68 IV, 68a II, 161a, 244 74; von Kindern und Jugendlichen A 12 19
Gleichheitsgrundsatz A 4 14
Glücksspiel 104 II, A 12 240
Gnadenbehörden, Unbeschränkte Auskunft aus dem Zentralregister A 7 41 I Nr 8; Auskunft aus dem Erziehungsregister A 7 61 I Nr 4
Gnadenentscheidung, gerichtliche Nachprüfung 452 6, A 2 23 17; Eintragung in das Zentralregister A 7 14
Gnadenrecht s. Begnadigungsrecht

Greise, Entfernung von Registereintragungen über – A 7 24 II
Grob fahrlässiges Handeln A 5 5 9
Großer Senat für Strafsachen beim BGH GVG 132
Große Strafkammer GVG 76
Große Strafvollstreckungskammer GVG 78b
Großverfahren, Unterbrechung der Hauptverhandlung 229 II; Beurlaubung einzelner Angeklagter 231c; Beschränkung von – 244 13a; Frist zur Urteilsniederschrift 275 I
Grundbuch, Eintragung der Grundstücksbeschlagnahme 111c III, 111k I – einer Sicherungshypothek 111f II, 111k I
Grundgesetz, Verfahren zur Wahrung des -es Einl 217 ff
Grundrechte, Verletzung von -n Einl 231 ff, 116 5
Grundsätzliche Rechtsfragen, Zuständigkeit des Großen Senats des BGH GVG 132
Grundstück, Beschlagnahme 111c III, 111k I; Vermögensarrest in ein – 111f II, 111k I 10, 111h, 111i 15
Grundurteil 406 I
Gruppenvertretung Nebenkläger 142 9b
Gültigkeit der Handlung eines unzuständigen Richters GVG 22d
Gutachten, Inhalt vor 72 7; behördliches – 256 6; Fristabsprache über -erstattung 75, 161a; Verweigerung des -s 76, 77, 161a; Vorbereitung 80, bei zu erwartender Anstaltsunterbringung 80a; über den psychischen Zustand des Beschuldigten 81, 140 I Nr 6, A 12 61, 62; im Vorverfahren 82, 414 III; erneutes – 83; bei Geld- oder Wertzeichenfälschung 92; Einsichtsrecht des Verteidigers 147 III; Verlesung des behördlichen -s in der Hauptverhandlung 256 I Nr 1a; im Urteil 261 11c; 267 13; s. a. Sachverständige
Gutachtenauftrag 73 12, 78 3
Güter- und Pflichtenabwägung 152 8

H

Haartracht, Veränderung 81a 23, 81b 10
Hafenort als Gerichtsstand 10
Haft s. Ersatzordnungshaft, Erzwingungshaft, Ordnungshaft, Untersuchungshaft
Haftbedingungen menschenunwürdige 455 15
Haftbefehl 114; aufschiebend bedingter vor 112 10; Bekanntgabe an den Beschuldigten 114a, A 2 34 III Nr 4, A 12 48; Aussetzung des Vollzugs 116, 116a, A 12 54, 57; Aufhebung 120, 121

2637

Sachverzeichnis

Fette Zahlen = §§ von StPO, GVG und A 1–5

II, 126, A 12 55; Zuständigkeit zum Erlass **125**; nach vorläufiger Festnahme **128 II**; und Strafantrag **130, A 12** 7; bei Ausbleiben in der Hauptverhandlung **230, 236**; Beschlagnahme des Vermögens statt – **290**; kein – im Privatklageverfahren **384** 5; Sicherungs- **453c**; zur Strafvollstreckung **457 I**; gegen Jugendliche **A 8** 72; keine Zuständigkeit der Finanzbehörde bei Erlass eines -s **A 6** 386 III; s. a. *Untersuchungshaft*
Haftbeschwerde 117 8 ff, **118 II, 118b, 304 IV, V, 305 S 2**; weitere – **310 I Nr 1**
Haftfähigkeit 115a 5, **119** 43
Haftfortdauer 207, 268b; über sechs Monate **121**
Haftgründe 112 II, III, 112a, 113, 114 II Nr 3
Haftprüfung 117 ff, **A 2** 34 III Nr 5, **A 12** 54 ff; durch OLG und BGH **121** ff; bei Verurteilung **268b**; bei Kontaktsperre **A 2 34 III Nr 5**
Haftsachen A 12 46 ff; Zuständigkeitskonzentration **GVG 58** 4; beschleunigte Ermittlungen in – **A 12** 5 IV; Kennzeichnung **A 12** 52, 56 II, 164 II; beschleunigte Rückleitung nach Revision **A 12** 169
Haftunfähigkeit, Haftbefehl bei **112** 3; *s. a. Vollzugsuntauglichkeit*
Haftung des Nachlasses für die Kosten **465 III**; Mitangeklagter (Mitbetroffener) für Auslagen **466, 471 IV**
Haftverschonung 116, 116a
Hamburg als Gerichtsstand bei Umweltstraftaten **10a**
Handakten der StA, keine Akteneinsicht **A 12** 187 II; *s. a. Doppelakten*
Handelsvertretungen, Vorrechte und Befreiungen **GVG 18** 11
Handlung und prozessualer Tatbegriff **264** 6
Handlungsfähigkeit der Prozessbeteiligten Einl **96** ff
Handlungsfristen vor 42 8
Harnprobe 81a 15, 21
Härteausgleich 331 20a
Härteklausel 436 III S 2, 456c, 459f
Hauptbeteiligte Einl **72**
Hauptschöffen GVG 42 3
Hauptverfahren Einl **64, 199 ff, A 12** 115 ff; Eröffnungsbeschluss **203, 207**; Ablehnung der Eröffnung **204**; vorläufige Einstellung **205**; Einstellung bei Verfahrenshindernis **206a**, wegen Gesetzesänderung **206b**; Anfechtung des Eröffnungsbeschlusses **210**; in Jugendsachen **A 8** 47 ff; in Bußgeldsachen **A 12** 281 ff
Hauptverhandlung 226 ff, A 12 123 ff; Anwesenheitspflicht der Gerichtspersonen **226**, des Angeklagten **231**; Ausbleiben des Angeklagten **230**; in Abwesenheit des Angeklagten **231 II, 231a–231c**; ohne den Angeklagten **232**; Entbindung vom Erscheinen **233**; Verhandlungsleitung **238**; Fragerecht **240 ff, A 6** 407 I; Gang der – **243**; Beweisaufnahme **244 ff**; Urkundenbeweis **249 ff**; Gehör des Angeklagten **257 I**; Erklärungsrecht des StA und Verteidigers **257 II**; Schlussvorträge **258**; Urteil **260 ff**; Veränderung des rechtlichen Gesichtspunkts **265**; Sitzungsprotokoll **271 ff**; Entscheidungen in der – **33 I**; Vereidigung von Zeugen **59**; Zulassung von Beiständen **149**; im beschleunigten Verfahren **418**; in der Berufungsinstanz **324 ff**; in der Revisionsinstanz **350 f**; im Wiederaufnahmeverfahren **370, 373**; im Privatklageverfahren **387 ff**; nach Einspruch gegen den Strafbefehl **411, 412**; im Sicherungsverfahren **415**; bei Nebenbeteiligten **430, 438 III, 444 II**; außerhalb des Gerichtsgebäudes **GVG 169** 6; Ausschluss der Öffentlichkeit **GVG 171a** ff; keine – während Kontaktsperre **A 2 34 III Nr 6**; in Jugendsachen **A 8** 47 ff; **A 12** 285 ff; *s. a. Aussetzung, Unterbrechung der Hauptverhandlung*
Hauptverhandlung, Vorbereitung der – 212 ff, A 12 116 ff; Terminsbestimmung **213**; Ladungen **214**; Ladung des Angeklagten **216, A 12** 117, 120; Ladungsfrist **217**; Ladung des Verteidigers **218**; Beweisanträge des Angeklagten **219**; Ladung durch den Angeklagten **220**; Namhaftmachung von Beweispersonen **222, A 12** 118; Mitteilung der Gerichtsbesetzung, Besetzungseinwand **222a, 222b**; kommissarische Vernehmung **223, 224, A 12** 121; richterlicher Augenschein **225**; Zuständigkeitsverschiebung **225a**; in der Berufungsinstanz **323**; ohne den Beschuldigten **415**; Terminsnachricht an Nebenbeteiligte **429, 438 III**; Ladung der juristischen Person **444 II**
Hauptverhandlungshaft 127b
Hauptzollamt 163 14, **A 6** 386 I; *s. a. Finanzbehörde*
Hausangestellte von Diplomaten GVG 18
Hausarrest 116 9
Hausdurchsuchung 102 7, **103**; im Bundestagsgebäude **102** 18; nächtliche – **104**; *s. a. Gebäudedurchsuchung*
Hausfriedensbruch, Privatklagedelikt **374 I Nr 1, 380 I**
Hausrecht 164 3, **GVG 176, 177** 12
Hausstrafen gegen Untersuchungsgefangene **119** 30
Hebammen, Zeugnisverweigerungsrecht **53 I Nr 3**; Beschlagnahmeverbot **97**; Ablehnung des Schöffenamts **GVG 35 Nr 3**

Hehlerei, Zusammenhang 3; Nichtvereidigung als Zeugen **60** Nr 2; keine Beschlagnahmefreiheit **97** II S 3; erleichterte Durchsuchung **102;** Ausschließung des Verteidigers **138a** I Nr 3
Heilbehandlung als freiwillige Leistung **265a**
Heilung von Verfahrensmängeln Einl 159, **136** 9, **207** 12, **337** 39, **338** 3; des Mangels an rechtlichem Gehör Einl 34
Heimathafen als Gerichtsstand **10**
Heimaufenthalt als freiwillige Leistung **265a**
Hemmung, – der Unterbrechungsfristen für Hauptverhandlung **229** III; der Rechtskraft bei Berufung **316;** bei Revision **343;** keine – der Vollstreckung beim Wiedereinsetzungsantrag **47,** beim Antrag auf Nachverfahren **433** III, **438** III; beim Wiederaufnahmeantrag **360,** des Vollzugs bei Beschwerde **307**
Hemmung von Fristen bei Kontaktsperre **A 2 34** II
Heranwachsende A 8 1 II, 107 ff; Strafbefehl gegen – **407** 3; Verfahren **A 8** 74
Herausgabe, Pflicht zur – bei Beweismitteln **95;** von Daten **95** 3a; beschlagnahmter Sachen **94** 22, **98** 29, 30; **111n, 111o, A 12** 75
Hilfsakten s. *Doppelakten*
Hilfsbeamte der Staatsanwaltschaft alte Bezeichnung für die Ermittlungspersonen der Staatsanwaltschaft, vgl dort
Hilfsbeweisantrag 244 22, 22a, 92 **267** 14
Hilfskräfte des Sachverständigen **73** 2
Hilfsorgane, Ermittlungen durch **A 12** 3 II, 11
Hilfsrichter GVG **22** V, GVG **59** III, **70** II
Hilfssachverständiger 73 3
Hilfsschöffen GVG **42** Nr 2, **43, 49, 54** II, **77**
Hilfsschöffenliste GVG **45** II S 4, **46–49, 77**
Hilfsstrafkammer GVG **21e** 16
Hinderungsgrund beim Schöffen GVG **54** 3 ff, **84;** s. a. *Verhinderung*
Hinreichender Tatverdacht 138a 14, **170** 1, **203** 2
Hinterbliebene s. *Erben, Nachlass*
Hinterlegung als Sicherheitsleistung **116a, 127a** II, **132** I, **176, 220;** der Kosten bei Privatklage **379**
Hinweis auf die Eidesbedeutung **57;** -e vor der Vernehmung des Beschuldigten **115** III, **128** I, **136** I, **163a** III, IV, **243** V; auf die Veränderung des rechtlichen Gesichtspunktes **265, 416** II, **421** II, **A 12** 290 III; -e gegenüber dem Nebenbeteiligten **429** III, **431** IV, **432** I S 2 I, **438** III; – des Verletzten auf seine Befugnisse **406i, 406j;** -e im Rahmen der Opferentschädigung **111l, 459i** s. a. *Belehrung*
Hinweispflicht der Registerbehörde **A 7** 22
Hirnverletzte, Strafverfahren gegen – **A 12** 63
Hochschullehrer s. *Rechtslehrer an deutschen Hochschulen*
Hochverrat, Zuständigkeit GVG **120;** s. a. *Staatsschutzstrafsachen*
Höhere Gewalt A 2 26 9, **27** III
Hörbehinderte 66, 140 II S **2, 259, 464c;** GVG **186, A 12** 21 II
Hörfalle 136a 4a
Honorarvereinbarung 464a 11
Hörensagen, Zeuge vom – **250** 4 ff
Hungerstreik s. *Zwangsmaßnahmen*
Hypnose bei Vernehmungen **136a** 19
Hypothetischer Ersatzeingriff Einl 57c

I

ICCID 100j 2; **100g** 2, 44
Idealkonkurrenz s. *Tateinheit*
Identifizierung von Leichen **88**
Identifizierungsgegenüberstellung 58
Identifizierungsmaßnahmen 81b
Identitätsfeststellung 163b, 163c, 111 I, III, **127** I
Immaterieller Schaden 153a 17, **A 5** 7 III
Immunität der Abgeordneten **152a, A 1** 6 2, **A 12** 191, 192; Grundsätze des BTages **152a** 4; keine – im Bußgeldverfahren **152a** 1, **A 12** 298; s. a. *Abgeordnete, Exterritoriale*
„IMSI-Catcher" **100i**
Inbegriffsrüge 261 42 ff, **337** 14
Indemnität 152a 3
Indizienbeweis 244 56, **70, 261** 25, **267** 11
Indiztatsachen 244 56, **261** 25
In dubio pro reo 136a 32 ff, **206a** 7, **261** 26 ff, 41, **337** 3, 8, **344** 14, 15, **368** 10, **370** 4
Informant 53 I S 1 Nr **5**
Informationelle Selbstbestimmung 81b 16, **163d** 1, **vor 474** 1, GVG **147** 3, **A 2** 12 ff
Informationsfunktion der Anklage **200** 2, 27
Informationspflicht des Zeugen vor der Aussage **69** 8
Informatorische Befragung Einl 79, **163** 9, **163a** 24
Inhaber, Zuziehung bei Durchsuchung seiner Räume **106;** Genehmigung zur Durchsicht von Papieren **110** II
Inhaltsdaten 94 9, **99** 15; **100a**
Innendivergenz GVG **121** 9, **136** 1
Inquisitionsgrundsatz 155 2

Sachverzeichnis

Fette Zahlen = §§ von StPO, GVG und A 1–5

Insolvenzfestigkeit vor **111b** 4; Beschlagnahme § **111d** I; Vermögensarrest **111h** I
Insolvenzverfahren 111i; - als Bestandteil der Opferentschädigung **111i** 9; **459h** 10; Vorrang des Gläubigergleichbehandlungsgrundsatz vor **111b** 4 f, Antrag der StA **111i** 9 ff, **459h** 11
Insolvenzverwalter 53 3, **46b**, **153a** 20a
Intendanten des Rundfunks s. *Rundfunk*
Interessenwiderstreit bei der Verteidigung 142 48 f, **146**
Interlokales Strafverfahrensrecht Einl 204 ff
Internationaler Strafgerichtshof Einl 207a
Internationales Strafverfahrensrecht Einl 208 ff
Interne Ermittlungen 53, 16, **97** 10a–10c, **136** 7a, **136a** 3, **152** 4, **160a** 17
Internet-Aufklärung 100a 7, **110a** 4, **161**, 1, **163** 28
Internet-Cafe 100a 20
Internet-Chat 100a 7, **163** 28
Internet Fahndung per – **100a** 7, vor **131** 4
Internet-Telefonie 100a 7a
Interpol Einl 40
Intimsphäre, Schutz der – Einl 55, **68a** 4, **GVG 171b**
Inzidenzverfahren Einl 221, 222, **GVG 121** 15
IP-Adresse 99 15, 16, **100g** 8, **100j** 2, 4, **161** 2
IP-Catching 100g 21
IP-Tracking 100g 45
Irrtum in der Bezeichnung des Rechtsbehelfs **300**

J

Journalisten s. *Presse*
Jugendamt, Jugendgerichtshilfe **A 8** 38; Auskunft aus dem Erziehungsregister **A 7** 61 I Nr 3
Jugendarrest Vollstreckung **A 8** 86 ff
Jugendgefährdende Schriften, Bekämpfung **A 12** 223 ff
Jugendgerichte vor **1** 10 ff, **209a Nr 2**, **225a** I, **GVG 26**, **74b**, **A 8** 33; Verhältnis zwischen -n und Erwachsenengerichten vor **1** 10 ff, **6** 6; Vorrang **A 8** 47a
Jugendgerichtsgesetz A 8; Anwendung von Vorschriften des -es im Steuerstrafverfahren **A 6** 385 I
Jugendgerichtshilfe A 8 38; Benachrichtigung vom Verfahren **A 8** 50 III, 70 Einführung des Berichts in die Hauptverhandlung **160** 26
Jugendgerichtsverfassung A 8 33 ff

Jugendkammer GVG 60 3, **74b** 1, **A 8** 33; Besetzung **A 8** 33b; Zuständigkeit **A 8** 40, 41, 83 II
Jugendliche, Begriff **A 8** 1 II; vor Erwachsenengerichten **A 8** 102 ff; als Zeugen **52** II, **241a**, **247**, **251** 21, **GVG 172** Nr 4; Ladung **48** 7; kein Strafbefehl gegen – **407** 3, **A 8** 79 I; kein beschleunigtes Verfahren **A 8** 79 II; Privat- und Nebenklage gegen – **A 8** 80; Ordnungsmittel gegen – **GVG 178** 4; Vernehmung von -n **A 12** 19, 135
Jugendrichter A 8 33, 34, 37; *s. a. Vollstreckungsleiter*
Jugendsachen, Öffentlichkeit der Hauptverhandlung **GVG 169** 2, **A 8** 48
Jugendschöffen A 8 35
Jugendschöffengericht A 8 33, 33a
Jugendschutzsachen 209a Nr 2, **GVG 26**, **74b**
Jugendstaatsanwalt GVG 142 10, **A 8** 36, 37
Jugendstrafe, Anrechnung von UHaft **A 8** 52a; Verfahren bei Aussetzung der – zur Bewährung **A 8** 57 ff; Aussetzung des Restes zur Bewährung **A 8** 88 f
Jugendstrafverfahren A 8 43 ff; vereinfachtes – **A 8** 76 ff; Kosten **465** 1, **A 8** 74
Jugendstrafvollstreckung A 8 82 ff
Jugendwohlfahrtsausschuss A 8 35
Juristische Personen, Beschlagnahmeschutz **97** 10; Durchsuchung **102** 3a, **103** 1; Schweigerecht **136** 7a; keine Verteidiger **138** 8; als Privatkläger **374** 10; Einziehung gegenüber – vor **421** 4; Geldbuße gegen – **407** II Nr 1, **444**, **A 6** 401; *s. a. Körperschaften des öffentlichen Rechts*
Justizangehörige, Beleidigung von -n **A 12** 232
Justizbehörde A 2 23 2
Justizbeitreibungsordnung, Vollstreckung von Geldstrafen nach der – **459**; – von Nebenfolgen **459g** I S 2, II; Arrestvollziehung **111k** I S 2
Justizverwaltung, Wahrnehmung von Aufgaben der – durch Richter **GVG 21e** VI; Genehmigung der Akteneinsicht **A 12** 183c; *s. a. Landesjustizverwaltung*
Justizverwaltungsakte, Begriff **A 2** 23 6; Anfechtung **A 2** 23 ff; Zulässigkeit des Antrags **A 2** 24; Zuständigkeit des OLG **A 2** 25; Antragsfrist und Wiedereinsetzung **A 2** 26; Entscheidung über den Antrag **A 2** 28; Unanfechtbarkeit der Entscheidungen **A 2** 29 I; Prozesskostenhilfe **A 2** 29 II; Verfahren **A 2** 29 III; Kosten **A 2** 30; *s. a. Strafvollzugssachen*
Justizwachtmeister, Pflichten in der Hauptverhandlung **A 12** 125 I, 128 III

K

Kartellordnungswidrigkeiten GVG 121 16

Kaufmännische Belege als Mikrokopien **95** 8

Kernbereich privater Lebensgestaltung Einl **56**, **56a**, **57b**; **53** 19a; **100a** IV, **100c** IV, V, VII, **100d** 5, 8, **100f** 19, **100h** 12, **110b** 10a, **160a** 4, 13

Kinder als Zeugen **vor 48** 13, **51** 15, **52** II, **58a** 1, **168e** 1, **241a**, **247**, **247a** 1, **251** 21, **255a** 6, GVG **172** Nr 4, A **12** 19, 135, 222; Ladung **48** 7; Absehen von Vereidigung **60** Nr 1; erkennungsdienstliche Behandlung **81b** 6; vorläufige Festnahme **127** 3; Identitätsfeststellung **163b** 4; Sexualstraftaten an -n A **12** 221, 222; Misshandlung von -n A **12** 235

Kinderleichen 90

Klage, öffentliche − **151 ff;** Absehen von − **153 ff**, A **12** 93 ff; Besondere Arten der − **170** 3; Erstreckung auf Ordnungswidrigkeiten **200** 28, A **12** 280 I–III; s. a. *Anklage bis Anklageschrift, Strafbefehlsantrag*

Klageänderung 265

Klageerhebung als Prozessvoraussetzung **151**, **170** 2, im beschleunigten Verfahren **417**, **418**; A **12** 146 II; in Jugendsachen A **8** 45; s. a. *Strafbefehlsantrag*

Klageerweiterung 266

Klageerzwingung 172 ff, A **12** 105; Kosten **177**

Klagerücknahme 156; in Staatsschutzsachen **153c** III, IV, **153d** II, **156;** im Privatklageverfahren **391**, **392;** im Strafbefehlsverfahren **411** III; Kostenentscheidung nach − **467a;** nach Einspruch gegen den Bußgeldbescheid A **12** 289 II

Klageschrift des Privatklägers **381**

Klageverbrauch s. a. *Strafklageverbrauch*

Kleine Strafkammer GVG 76

Kleine Strafvollstreckungskammer GVG 78b

Kleinkriminalität, Zurückdrängen des Strafens bei − **153a** 1 ff

Kollegiale Fachbehörde 256 28

Kollisionsnormen Einl 212

Kommissarische Beweisaufnahme im Verfahren gegen Abwesende **289**

Kommissarische Vernehmung des Angeklagten **233**, **70** III; von Beweispersonen **223**, **51** III, **63**, A **12** 121

Kommissarischer Augenschein 225

Kompensation wegen rechtsstaatswidriger Verfahrensverzögerung A **4** 6 9a ff; **257c** 10, **260** 35a, **318** 30b, **331** 20b, **349** 22, **353** 20, **354** 29, **357** 11, 15, GVG **76**, 12, GVG **199** 1, 4

Kompetenzkonflikt vor 1 14 ff, GVG **21e** 22; sachlicher − **vor 1** 15; örtlicher − **vor 1** 16, **14**, negativer **19**; zwischen mehreren StAen **451** 10, GVG **143** 3; zwischen Finanzbehörden A **6** 390, 410 I Nr 1

Konfrontationsrecht A **4** 6 22–22d

Konkursstraftaten, Zuständigkeit der WirtschaftsStrK GVG **74e** I Nr 5

Konnex zwischen Beweisziel und Beweismittel **244** 21a

Konsularische Vernehmung 251 33

Konsularische Vertretungen, Verkehr mit A **12** 24; bei UHaft A **12** 53; s. a. *Exterritoriale*

Konsularische Vorrechte und Befreiungen GVG **19**, **18** 11

Konsuln, Befreiung von der Gerichtsbarkeit GVG **18** 11, **19;** Wahl- **11** 4; Wahl-Zustellung durch − **37** 25a

Kontaktpersonen 163 34; Beiordnung nach Anordnung der Kontaktsperre A **2** 34a

Kontaktsperre A **2** **31 ff**

Kontaktstellen A **2** 16a

Kontrollen beim Betreten des Sitzungssaals GVG **169** 7, **176** 5

Kontrollstellen 111

Kopftuch GVG **vor 1** 4a, **52** 1, **176** 7a, 10, 11

Körperreaktionstest 81a 4a, 11

Körperliche Eingriffe 81a, **81c**, **136a**

Körperliche Untersuchung 102 9; des Beschuldigten **81a;** von Tatunverdächtigen **81c;** bei Verletzung des Schamgefühls **81d;** in Steuersachen A **6** 399 II, 402, 404, 410 I Nr 7–9

Körperschaften, öffentliche, Anhörung vor Einstellung durch StA **170** 11, A **12** 90; s. a. *Juristische Personen*

Körperverletzung A **12** 15 II, 233 ff; im Straßenverkehr A **12** 243 III; Attest über **256** Nr 2; Privatklagedelikt **374** I Nr 4, **380** I; Nebenklagedelikt **395** I, III; Kosten bei wechselseitiger − **468**

Kosten, Auferlegung der − gegen Zeugen oder Sachverständige **51**, **70**, **77**, **161a;** der Sicherstellung **111b** 16, **111i** 20; für Aussetzung der Hauptverhandlung **138c** IV, **145** IV; einer falschen Sachbehandlung **465** 11; für Ausbleiben eines Schöffen, GVG **56**, **77**

Kosten des Verfahrens 464 ff; Begriff **vor 464** 1, **464a;** Wesen der Kostenvorschriften **vor 464** 2 ff; Tragung bei Verurteilung **465**, **466;** bei Freispruch, Einstellung **153** 29, **467;** bei Einstellung nach Klagerücknahme **467a;** bei Straffreierklärung **468;** bei falscher Anzeige **469**, A **12** 92; bei Zurücknahme des Strafantrags **470;** in Privatklagesachen **471;** bei Nebenklage **472;** im Adhäsionsverfahren **472a;** bei Nebenbeteiligten **472b;** bei zurückgenommenem oder erfolglosem Rechtsmittel **473** I–V; im Wiederaufnahmeverfah-

Sachverzeichnis

Fette Zahlen = §§ von StPO, GVG und A 1–5

ren 473 VI Nr 1; im Nachverfahren 473 VI Nr 2; bei Wiedereinsetzung in den vorigen Stand 473 VII; bei Entscheidung über die Rechtmäßigkeit einer Ermittlungsmaßnahme oder ihres Vollzugs 473a; im Klageerzwingungsverfahren 177; Vermögensarrest zur Sicherung der – 111e II; Sicherheitsleistung für die – 127a, 132, 176, A 12 60; Sicherheitsleistung für – im Privatklageverfahren 379; Beitreibung 459 4; Zahlungserleichterungen 459a IV; Absehen von der Vollstreckung 459d II; bei Anfechtung von Justizverwaltungsakten A 2 30; in Jugendsachen 465 12, A 8 74; bei Rechtsbeschwerde in Vollzugssachen A 10 121; *s. a. Auslagen*
Kostenansatz 464b 1
Kostenaufteilung 465 5 ff
Kostenentscheidung 464; selbstständige – 464 13; Anfechtbarkeit 304 III, 464 III
Kostenersatz bei Ausübung der Bundesgerichtsbarkeit durch OLGe **GVG 120** 9; bei Rechtshilfe **GVG 164**
Kostenfestsetzungsverfahren 464b
Kostenhaftung Dritter 467 2; Mitverurteilter 466, 471 IV
Kostenniederschlagung 465 11
Kostenvorschuss 379a, 380 II
Kraftfahrzeugsteuerstraftaten, keine Zuständigkeitskonzentration bei – A 6 391 IV
Krankenhaus, Unterbringung von Untersuchungsgefangenen A 12 58; psychiatrisches – *s. Anstaltsunterbringung*
Krankenhausaufenthalt, Anrechnung auf die Strafzeit 461
Krankheit von Zeugen 223, 251 II Nr 1; Aufschub der Vollstreckung von Freiheitsstrafen 455
Kreditbetrug, Zuständigkeit der Wirtschaftsstrafkammer **GVG 74c I Nr 5**
Kreditinstitute *s. Bankgeheimnis, Bankunterlagen*
Kreisgericht GVG 12 1
Kreisschluss 337 30a
Kreuzverhör 239, 241
Kriminalbiologische Beobachtung A 8 73
Kriminalpolizei *s. Polizei*
Kuriere, Vorrechte und Befreiung diplomatischer – **GVG 18** 11
Kurzschrift bei Protokollen des UrkB Einl 135; bei gerichtlichen Protokollen 168a III, 271 4

L

Ladung, öffentliche 40; unmittelbare – von Beweispersonen 38, 214, 220; von Zeugen und Sachverständigen 48, 72, 161a I, 168d II, A 12 64, 116, 117; von Auslandszeugen 244 V S 2; von Kindern und Jugendlichen 48 7; des Beschuldigten 133, 145a II, 163a III, 418 II; A 12 44; des Untersuchungshaftgefangenen 133 5a; des Verteidigers im Ausschlussverfahren 138d II, III; des Verteidigers 218; zur Hauptverhandlung 214, 216 f; zum Fortsetzungstermin 229 12, A 12 116 ff, 120; in der Berufungsinstanz 323; in Privatklagesachen 386; der juristischen Person 444 II; zum Strafantritt 457; bei Rechtshilfe **GVG 160**; des gesetzlichen Vertreters A 8 50 II; von Exterritorialen A 12 197; *s. a. Terminsnachricht*
Ladungsbehörde 214
Ladungsfrist 138d II, 217, 218, 418 II; in Privatklagesachen 385 II
Ladungsplan 214 12
Ladungsvollmacht 145 II
Laienrichter *s. Ehrenamtliche Richter, Schöffen*
Land, Begnadigungsrecht 452; Ersatzpflicht bei Entschädigung A 5 15; *s. a. Staat*
Landesbehörden A 6 412 I; unbeschränkte Auskunft aus dem Zentralregister an oberste – A 7 41 I Nr 2
Landeshauptstadt-OLG GVG 120 I
Landesjustizverwaltung, allgemeine Dienstaufsicht **GVG 22 III**; Aufsichts- und Leitungsrecht **GVG 147 Nr 2**; Entscheidung über Entschädigungsanspruch A 5 10 II; *s. a. Justizverwaltung*
Landeskasse, Entschädigungspflicht bei Verfolgungsmaßnahmen A 5 15; *s. a. Staatskasse*
Landeskriminalamt 256 13; Mitwirkung bei der Verfolgung von Münzstrafsachen A 12 216 Ia
Landesrecht, Vergleichsbehörden 380 1; AusführungsG zum GVG **GVG vor 1** 2; Revision wegen Verletzung von – **GVG 121 I Nr 1c**; Polizeigesetze A 1 6
Landesregierung, Kontaktsperrefeststellung A 2 32; *s. a. Regierungsmitglieder*
Landesverrat, Zuständigkeit **GVG 120**; *s. a. Staatsschutzstrafsachen*
Landgericht, Besetzung **GVG 59**; Vertretung der Kammermitglieder **GVG 70**; Zuständigkeit der Strafkammern **GVG 73 ff**, von StrKn mit besonderer Zuständigkeit **GVG 74 II, 74c, 74d, 74e, 76**; StA beim – **GVG 142 I Nr 2**; Anklage beim – **GVG 24 I Nr 1, 2, GVG 74 I**, A 12 113; *s. a. Strafkammern*
Landgerichtspräsident *s. Präsident*
Landschaftspflege A 12 268
Landtagsabgeordnete, Immunität 152a, A 1 6 II Nr 1; *s. a. Abgeordnete*
Lärmbekämpfung A 12 268
Leben, Schutz des menschlichen -s A 4 2
Lebensalter bei Schöffenberufung **GVG 33 Nr 1, 2, 77**
Lebenserfahrung, allgemeine 337 31

Magere Zahlen = Rdn der Erl, §§ von A 6–A 13 **Sachverzeichnis**

Lebensführung, Überwachung der – des Verurteilten **265a, 453b**
Lebensmittelrecht, Verstöße gegen das – **A 12** 262; Zuständigkeit der Wirtschaftsstrafkammer GVG **74c I Nr 4**
Lebenspartnerschaft, 22 Nr 2, 52 I Nr 2a, 149 I, 361 II, 395 II Nr 1; 404 III
Legalitätsprinzip Einl 9, 152 2 ff; der Polizei 163; Verstoß gegen 163 1; Ausnahmen 153 ff; im Wiederaufnahmeverfahren 362 1; der Finanzbehörde im Steuerstrafverfahren **A 6** 386, 399
Legendierte Kontrollen 105 1a–c, 161 18c, **163a** 4
Leichenfund 159, **A 12** 33
Leichenschau und -öffnung 87 ff, **A 12** 33 ff
Leitung des Sachverständigen 78; der Hauptverhandlung **238;** der Beratung GVG **194**
Letztes Wort des Angeklagten 258, 326, **351 II**
Leumundszeugnisse, Verlesung in der Hauptverhandlung **256 I Nr 1**
Lex posterior derogat legi priori Einl 192, **A 1 5** 1
Lichtbilder des Beschuldigten **81b,** 163 28, 35; – und **Bildaufnahmen 100h;** Verwertung von – 161 1a; Rechtsschutz **81b** 20, 163 51; von Überwachungskameras 267 12b; *s. a. Fotos*
List 136a 15, **163** 34
Liste der angewendeten Vorschriften **260 V**, 409 5
Lockspitzel Einl 148a, **136a** 4b, **163** 34a; **A 4** 6 4, 4a; *s. a. V-Mann*
Löschung von Daten **98b III, 100a IV, 100i II, 101 VIII, 160a I, 163d IV, 494 II;** bei Aufzeichnung auf Bild-Ton-Träger **58a II, 168e, 247a;** *s. a. Vernichtung von Unterlagen*
Lotterien, öffentliche **A 12** 241
Luftfahrzeuge, Beschlagnahme **111c IV;** Vermögensarrest **111f III;** Nichtverfolgung von Taten auf ausländischen -n **153c I Nr 2**
Luftfahrzeuge, die das Staatszugehörigkeitszeichen der BRep führen, Gerichtsstand **10**
Luftreinhaltung A 12 268
Luftverkehr, Gefährdung des -s **A 12** 245 II d; Unfälle im – **A 12** 247
Lügendetektor 136a 24

M

Mailbox 100a 6
Mandat des Verteidigers **vor 137**
Mängel der Zustellung 37 8 ff; der Anklageschrift **200** 25 ff; des Eröffnungsbeschlusses **207** 11, 12; *s. a. Verfahrensmängel*
Mangelhaftigkeit von Prozesshandlungen Einl 104
Maßnahmen anstelle eines Haftbefehls **116, 123, 124, A 12** 54, 57; zur Kontaktsperre **A 2** 33; im Strafvollzug, Anfechtung **A 10** 109 ff, GVG **78a, 78b;** *s. a. Rechtswidrigkeit*
Maßnahmen von Justizbehörden *s. Justizverwaltungsakt*
Maßregeln der Besserung und Sicherung, Beschränkung der Verfolgung 154, 154a I; keine Anordnung im Abwesenheit des Angeklagten 233; Anordnung durch Urteil **260 IV;** Abstimmung über – 263 I; in den Urteilsgründen **267** 37; Aussetzung zur Bewährung **268a II, III;** Verschlechterungsverbot bei – 331 II, 358 II, **373 II;** Berücksichtigung einer Gesetzesänderung **354a I;** Wiederaufnahme des Verfahrens 359 Nr 5, 371; keine Anordnung im Privatklageverfahren **384 I;** Anordnung im Strafbefehl **407 II;** Absehen von der Vollstreckung bei Auslieferung oder Ausweisung **456a;** – und Freiheitsstrafen **456b;** Vollstreckung 463; Kosten bei Verurteilung zu – **465;** Kontaktsperre bei – **A 2** 38; Entschädigung bei Fortfall **A 5** 1 II; Eintragung in das Zentralregister **A 7** 5 I Nr 7, 8, 14 Nr 4, 5, 8
Materielle Rechtskraft Einl 168 ff; *s. a. Rechtskraft*
Mauterfassungssystem 100g 10
Medizinische Behandlung und Untersuchung von Gefangenen **A 10** 101
Meer, Gerichtsstand bei Umweltstraftaten auf den – **10a**
Mehrere Strafverfahren gegen denselben Beschuldigten **154, A 12** 17
Mehrfacher Gerichtsstand 12
Mehrfache Zuständigkeit von Finanzbehörden im Steuerstraf- und -bußgeldverfahren **A 6** 390, 410 I Nr 1
Mehrfachtäter 154, **A 12** 5, 101
Mehrfachverteidigung 146
Meineid als Wiederaufnahmegrund 359 Nr 2, 362 Nr 2, 364
Meinungsfreiheit, Schutz **A 4** 10
Meinungsverschiedenheit in der Beratung GVG **194**
Meldebehörde, Antrag auf Erteilung eines Führungszeugnisses bei der – **A 7** 30 II
Meldepflicht bei Aussetzung der UHaft **116** 4
Menschenrechtskonvention A 4; keine Verfassungsbeschwerde wegen Verletzung der – **A 4 13** 2
Menschenwürde, Wahrung der – Einl 24
Merkmale der Straftat *s. Gesetzliche Merkmale*
Messungen des Beschuldigten **81b**
Mietwucher A 12 239

Sachverzeichnis

Fette Zahlen = §§ von StPO, GVG und A 1–5

Mikrokopien, Herausgabepflicht von – **95** 9
Minderjährige als Zeugen, Zeugnisverweigerungsrecht **52 II, III;** Untersuchungsverweigerungsrecht **81c III;** Beschlagnahme bei -n **94** 12; *s. a. Jugendliche, Kinder*
Minder schwere Fälle 267 III
Missbrauch prozessualer Rechte Einl 111, 241; des letzten Wortes **258** 26; des Verteidigerverkehrs mit dem inhaftierten Beschuldigten **138a I Nr 2;** *s. a. Verwirkung*
Misshandlung, unzulässige Vernehmungsmethode **136a;** von Kindern **A 12** 235
Mitangeklagte, kein Fragerecht **240 II;** Revisionswirkung zugunsten -r **357;** gesamtschuldnerische Haftung für Auslagen **466**
Mitbeschuldigte als Zeugen **vor 48** 21 ff; Verlesung der Niederschrift über die Vernehmung eines -n **251 I, II,** Vernehmung von – **168c** 1
Mitgebrachte Strafverfahren bei Immunität **152a** 10
Mitteilung gerichtlicher Entscheidungen **35, 482 I; A 13;** von der Durchsuchung **107;** des Vollzugs der Beschlagnahme und des Vermögensarrests an den Verletzten **111l;** der Rechtskraft der (Wertersatz-) Einziehungsanordnung an den Verletzten **459i;** der Notveräußerung **111p III S 2;** der Einstellungsverfügung **170 II, 171, A 12** 88, 89, 91; der Anklageschrift **201 I;** der Ladung von Beweispersonen **222;** der Gerichtsbesetzung **222a;** von Erörterungen nach §§ 202a, 212 **243 IV S 1;** der Vermögensbeschlagnahme **292 II;** der Hauptverhandlung im Revisionsverfahren **350;** der Privatklage an den Beschuldigten **382;** des Strafbefehls an den gesetzlichen Vertreter **409 II;** in Jugendsachen **A 8** 67 II, 70; an die Finanzbehörde in Steuerstrafsachen **A 6** 403 I, III, 407 II; von Tatsachen an die Vollzugsanstalt **114d;** von Erkenntnissen der Vollzugsanstalt **114e;** *s. a. Benachrichtigung, Bescheid, Zustellung*
Mitteilung an das Zentralregister A 7 20; an das Erziehungsregister **A 7** 20, 59
Mitteilungen im Bußgeldverfahren, an Finanzbehörde **A 6** 403 I, III, 407 II, 410 I Nr 8, 11; der Verfolgungsübernahme durch StA **A 12** 277 III; der Klagerücknahme **A 12** 289 II
Mitteilungspflichten 111a 6, **111l, 114** 19, **126a** 8, **132a** 16, **153** 41, **153a** 61, **154** 6, 16, **154c** 2, **160** 5, **170** 11, **243** 18a–18h, **382** 4, **406d, 413** 10, **459i, A 13**
Mittel, verbotene – bei Vernehmungen **136a**
Mittelbarer Zeuge 250 4
Mitwirkende Personen 53a, 97 III

Mitwirkungspflicht der StA Einl 37, 38, 87; des Beschuldigten Einl 80
Molekulargenetische Untersuchung 81e, 81f
Monatsfristen 43 I; beim Nachverfahren **439 II**
Mordverdacht als Haftgrund **112 III**
Multimedia im Gerichtssaal **GVG 169** 16
Mundarten GVG 184 1
Mündliche Verhandlung über Haftbefehl **118;** über Ausschließung des **Verteidigers 138d;** Beschwerdeentscheidung ohne – **309 I;** im Verfahren gegen Nebenbeteiligte **434 III, 436 II, 438 III, 444 II, III;** *s. a. Hauptverhandlung*
Mündlichkeitsgrundsatz 250 1 ff, **261** 7
Münzstrafsachen *s. Geldfälschung*
Musterverfahren (Pilotverfahren) **GVG 24** 8
Mutterschutz A 12 258

N

Nacheid 59 3, **79** 4
Nacheile 153c 10, **163** 7, 8a; **GVG 167**
Nachholen der Anhörung von Beteiligten Einl 234a, **33a, 311 III, 311a;** versäumter Handlungen **45 II**
Nachlass, Haftung für Verfahrenskosten **465 III;** keine Haftung für Geldstrafen **459c III**
Nachprüfung, Umfang der – bei Berufung **327;** bei Revision **352**
Nachrichtendienst, Fühlungnahme mit den -en in Staatsschutzsachen **A 12** 205
Nachrichtenmittler 100a 19
Nachschieben von Einzelausführungen zur Sachrüge **344** 19
Nachsuchen 235 5
Nachtbriefkasten vor 42 15
Nachteil 33a 6
Nachträgliche Entscheidungen, Festsetzung von Ordnungshaft **51** 18; Änderung von Auflagen und Weisungen **153a** 39 ff, 51; -s Strafverfahren nach Sicherungsverfahren **416** 7 f; Entscheidung über Strafaussetzung **453;** Gesamtstrafenbildung **460, 462, 462a III, IV;** Entscheidung bei Verfall und Einziehung **462 I;** Strafverfolgung, Wegfall der Entschädigung **A 5** 14; Entscheidungen in Jugendsachen **A 8** 65, 66; Eintragung in das Zentralregister **A 7** 12, 13
Nachtragsanklage 266
Nachtragsentscheidungen *s. nachträgliche Entscheidungen*
Nachtzeit, Durchsuchung zur – **104**
Nachverfahren bei Nichtgewährung des rechtlichen Gehörs Einl 23 ff, **33a, 311a, 356a;** bei Entschädigung **A 5** 8 7; bei

Einziehung 433, 434, 438 III; Kosten 473 VI Nr 2
Name des Zeugen 68
Namenlose Anzeigen 160 9, A 12 8
Namhaftmachung der Gerichtspersonen bei Ablehnungsgründen 24 III; von Zeugen und Sachverständigen 222, 246 II, A 12 118
Narkoanalyse 136a 10
NATO-Truppenstatut und Zusatzvereinbarungen GVG 18 8 ff, 74a 5
Naturgesetze, Verstoß gegen – 337 31
Naturschutz A 12 268
Nebenbeteiligte Einl 73, 91, 4 vor 421; 146 11, 467a 7; als Zeugen vor 48 23; Aufführung in der Anklageschrift 200 15, im Protokoll 272 Nr 4, im Strafbefehl 409 I Nr 1; letztes Wort 258 16; Verfahrensbeteiligung 424 ff, 438, 444; Anhörung 426, 438 III, 444 II; Befugnisse 427, 438 III, 444 II; Vertretung 428, 438 III, 444 II; im selbständigen Verfahren 436 II, 444 III; Kostentragungspflicht 472b; notwendige Auslagen 464a II, 467a II, 469, 470, 472b; s. a. *Einziehungsbeteiligte, Juristische Personen*
Nebenbetroffene 438; 4 vor 421
Nebenfolgen, Abstimmung über – 263 I; Ausscheidung 430; Vollstreckung der Einziehung 459g I, III, IV; Eintragung im Zentralregister A 7 5 I Nr 7; s. a. *Bekanntgabe der Verurteilung, Einziehung, Geldbuße gegen JP oder PV, Unbrauchbarmachung*
Nebenfolgen, die zu einer Geldzahlung verpflichten (Vollstreckung der Wertersatzeinziehung) 459g II, 459, 459c I, II, 459d; Durchsuchung und Ausschreibung 459 III; erlöschen 459 IV; Entreicherung 459 V; Unverhältnismäßigkeit der Vollstreckung 459 V
Nebenkläger Einl 89, vor 395 1 ff; als Zeuge vor 48 23, vor 395 10; Beistand 397a; keine Zustimmung bei Rechtsmittelrücknahme des Angeklagten 303; im Strafbefehlsverfahren 396 I S 2; Prozesskostenhilfe 397a II, III; gemeinschaftliche Vertretung 397b; Erstattung der notwendigen Auslagen des -s 472; Rechtsmittel 400, 401; Widerruf und Tod 402; Rechtsmittelkosten 473 I
Nebenklage 395 ff; Berechtigte 395; Anschlusserklärung 396; keine Verfahrenshemmung durch Anschluss 398; Rechtsmittel 400, 401; Wegfall 402; in Jugendsachen vor 395 5, A 8 80 III
Nebenprotokoll in fremder Sprache GVG 185 I
Nebenstrafen, Eintragung in das Zentralregister A 7 5; s. a. *Einziehung, Fahrverbot, Verfall*

Nebenstrafrecht, Strafvorschriften des -s A 12 255 ff
Nebentaten, Ausscheidung von 154, 154a, A 12 5, 101, 101a
Ne bis in idem Einl 107; 177a; s. a. *Strafklageverbrauch*
Negativattest 273 12c, 302 26b
Negative Beweiskraft des Hauptverhandlungsprotokolls 274 14
Negativer Zuständigkeitsstreit 19
Negativtatsache 244 20, 344 24
nemo tenetur se ipsum accusare Einl 29a-d; 55 1; 136 7; 243, 19; A 4 6 4, 4a; s. a. *Selbstbelastungsfreiheit*
Newsgroup 100a 7, 163 28
Netzfahndung 163d
Neues Prozessrecht Einl 203
Neue Tatsachen oder Beweismittel 211 3, 4, 359 21 ff; Wiedererhebung der Klage durch StA 174 II; Wiederaufnahme der Klage nach ablehnendem Eröffnungsbeschluss 211; Wiederaufnahme des Verfahrens 359 Nr 5, 373a; neue Beweismittel in der Berufungsinstanz 323 III; Änderung von Zahlungserleichterungen 459a II
Neue Umstände 116 IV Nr 3, 265
Nichteröffnung des Hauptverfahrens 204, 211, A 12 115 III
Nichterscheinen des Angeklagten 329 12 ff, 412 s. a. *Ausbleiben*
Nichtigkeit von Prozesshandlungen s. *Unwirksamkeit*
Nichtsesshafte Zustellung an – 37 22a
Nichtvereidigung von Zeugen 60 ff
Niederlegung, Ersatzzustellung durch 37 14; keine Ersatzzustellung durch – 232 IV
Niederschlagung von Kosten 465 11, A 6 412 III
Niederschrift s. *Protokoll*
„non-conviction-based confiscation" 437 1
Normenkontrolle durch das BVerfG Einl 218 ff, A 12 190
Notar, Zeugnisverweigerungsrecht 53 I Nr 3; Beschlagnahmeverbot 97; Schriftverkehr mit inhaftierten Beschuldigten 148 3, A 10 29 I; Nichtberufung als Schöffe GVG 34 I Nr 4, 77; Besuch bei Strafgefangenen 148 3, A 10 26, 27 IV
Notbeweisaufnahme 166
Notfristen 37 I S 2
Nothilfe s. *Notwehr*
Nötigung, Einstellung zugunsten des Opfers einer – 154c, A 12 102
Notizen in der Hauptverhandlung GVG 169 15
Notstaatsanwalt, Richter als – 165
Notveräußerung 111p, A 12 76; in Steuersachen A 6 385 I, 399 II, 402, 404, 410 I Nrn 7–9

Sachverzeichnis

Fette Zahlen = §§ von StPO, GVG und A 1–5

Notwehr und vorläufige Festnahme **127** 17; der Strafverfolgungsorgane **163** 30
Notwendige Auslagen eines Beteiligten **464 II, 464a II, 465 II, 467, 467a, 469, 470, 471, 472, 472b, 473**; Festsetzung **464b** 145
Notwendige Verteidigung 138c, 140 ff, 231a IV, 231c, 350 4, **364a, 364b, 408b, 418 IV, 428 II, 438 III, 444 II, A 2 34 II Nr 1, A 12** 54, 107; im Jugendstrafverfahren **140** 22a; **A 8** 68, **104 I** Nr 10, 109, 112
Notzuständigkeit des unzuständigen Gerichts **21**; des Richters **165**; des unzuständigen StA **GVG 142 II**
Nulla poena sine lege A 4 7
Nutzungsdaten 94 16a; **99** 16; **100g** 8

O

Oberes Gericht, Bestimmung der Zuständigkeit **12–15, 19**
Oberfinanzdirektion, Beteiligung in Außenwirtschaftssachen **A 12 265 II**
Oberlandesgericht GVG 115 ff; Besetzung **GVG 115**; Ermittlungsrichter **169, GVG 116 I, 166 II**; Notvertretung **GVG 117**; erstinstanzliche Zuständigkeit **GVG 120, 462a III, V, A 12** 202; als Rechtsmittelgericht **GVG 121**; weitere Zuständigkeiten **GVG 121** 15; StA beim – **GVG 142 I Nr 2**; in Rechtshilfesachen **GVG 159**; Beschwerde gegen Ordnungsmittel **GVG 181 III**; Haftprüfung durch – **121, 122, 126a II, A 12** 56; Ausschließung des Verteidigers **138c**; Zuständigkeit im Klageerzwingungsverfahren **172 IV**; Zuständigkeit bei Anfechtung von Justizverwaltungsakten **A 2** 25; Bestätigung der Kontaktsperre **A 2** 35; Entscheidung über Maßnahmen bei Kontaktsperre **A 2** 37; in Strafvollzugssachen **GVG 121** 3, **A 10** 117
Oberlandesgerichtspräsident *s. Präsident*
Oberstaatsanwalt beim BGH **GVG 142** 5, **149** 1; *s. Staatsanwaltschaft*
Oberste Gerichtshöfe des Bundes, gemeinsamer Senat **GVG 132** 22
Oberstes Landesgericht A 2 9, 10
Obiter dictum 352 13, **358**, 3, 6, **GVG 121** 10, **132**, 14
Objektives Verfahren *s. Selbstständiges Verfahren*
Observation 163f
Offenbarungspflicht des Verurteilten über Eintragungen im Zentralregister **A 7** 53, im Erziehungsregister **A 7** 64
Offenkundige Tatsachen 244 50 ff
Offensichtlich unbegründete Berufung **313 II**; – unbegründete Revision **349 II**

Öffentlich bestellter Sachverständiger 73 II, 75 I
Öffentliche Bekanntmachung des Vollzugs der Beschlagnahme- und Arrestanordnung **111l IV**; der Vermögensbeschlagnahme **291, 443 III** und deren Aufhebung **293 II, 443 III**; des freisprechenden Urteils im Wiederaufnahmeverfahren **371 IV**; des Urteils auf Grund entsprechender Anordnung **463c**
Öffentliche Berichte über Gerichtsverhandlungen, Verbot **GVG 174 II**
Öffentliche Klage *s. Klage*
Öffentliche Ordnung, Ausschluss der Öffentlichkeit bei Gefährdung **GVG 172 Nr 1, A 12** 133, **219 III**
Öffentliches Interesse bei Einstellung **153, 153a**; bei Privatklage **376, A 12** 86, 87; bei Strafverfolgung wegen Beleidigung **A 12** 229, 232, wegen Körperverletzung **A 12** 233, 234, 243 III, wegen unlauteren Wettbewerbs **A 12** 260, wegen Urheber- oder Erfinderrechtsverletzungen **A 12** 261; *s.a. Opportunitätsprinzip*
Öffentliche Zustellung 40; der Terminsnachricht an Nebenbeteiligte **435 I, 442**
Öffentlichkeit der Verhandlung **GVG 169 ff**; Ausschließung der – **GVG 171a, 171b, 172, A 12** 131 ff, 219 III, 222 III; bei Urteilsverkündung **GVG 173**; Ausschließung Unerwachsener **GVG 175**; in Jugendsachen **A 8** 48 III, 109, **GVG 169** 2; – und Menschenrechtskonvention **A 4** 6 6
Öffentlichkeitsfahndung 131a III, 131b
Öffentlichkeitsgrundsatz GVG 169 1; Verletzung des -es als Revisionsgrund **338 Nr 6**
Offizialprinzip 152 1
Offizialverteidiger *s. Pflichtverteidiger*
Öffnung von Postsendungen **100 III, IV**
OLAF Einl 207e
Ombudsleute 53 16 **97** 10a
Online-Durchsuchung 100b, 100d, 100e 101 2, 11, 14a **GVG 74a** 7 **120** 6
Operative Fallanalyse 244 18
Opfer von Aggressions- und Gewaltdelikten **406f** 4; Berücksichtigung bei Tatfolgen **153** 17; Erwähnung im Sachverständigengutachten **74** 7; Lichtbilder der – **136a** 11, **163** 28; einer Körperverletzung **256** 18, **395** 11; von Sexualstraftaten **58a** 1, **68a** 4, **168e** 1, **406h** 6, **GVG 171b** 4
Opferentschädigung im Rahmen der Vermögensabschöpfung **459h ff**; Verletztenbegriff **111i** 2 f; Entschädigungsanspruch **459** 1 ff; Mitteilungen **459i**; Verfahren bei Rückgewähr und Herausgabe **459j**; Verfahren bei Auskehrung **459k**; Insolvenzverfahren **459h II S 2**; Ausgleichsansprüche des Betroffenen **459l**; – in sonstigen Fällen **459m**

Opferschutz 354 3, 12
Opferschutzgesetz vor 406d 1
Opportunitätsprinzip 152 9 ff, **153 ff**, **163** 2, 430, 442 I, **A 12** 88 ff; bei Beschlagnahmen **111b** 6, 13; bei Arrest **111d** 4; bei Privatklage **376**; im Sicherungsverfahren **413** 10; im objektiven Verfahren **440** 3, **A 12** 180 I
Ordentliche Gerichtsbarkeit GVG 12, 13, A 1 3
Ordnung in der Hauptverhandlung A 12 128
Ordnungsgeld gegen Zeugen **51, 70, 161a II**; gegen Sachverständige **77, 161a II**; bei Verweigerung der körperlichen Untersuchung **81c IV**; bei Nichtherausgabe von Beweismitteln **95 II**; gegen Schöffen **GVG 56, 77**; wegen Ungebühr **GVG 178 ff**; gegen Jugendliche **GVG 178** 4; Mindest- und Höchstmaß **A 3 6 I**; nachträgliche Umwandlung in Ordnungshaft **51** 18, **A 3 8**; Zahlungserleichterungen **51** 16, **A 3 7**; Verjährung **51** 23, **A 3 9**; Vollstreckung **51** 27
Ordnungshaft gegen Zeugen **51, 70, 161a II**; und MRK **A 4 5** 3; Mindest- und Höchstmaß **A 3 6 II**; nachträgliche Festsetzung **51** 18, **A 3 8**; Absehen von der Vollstreckung **51** 18; Verjährung **51** 23, **A 3 9**; Vollstreckung **51** 27; zur Herausgabe von Beweismitteln **95 II**; wegen Ungebühr in der Sitzung **GVG 177–179**
Ordnungsmittel 51 I S 4, **95 II, 305 II, A 3 6 ff**; *s. auch Ordnungsgeld, Ordnungshaft*
Ordnungsvorschriften 337 4
Ordnungswidriges Benehmen GVG 177; Verhandlung in Abwesenheit des Angeklagten **231b**
Ordnungswidrigkeit, Auskunftsverweigerungsrecht des Zeugen bei Gefahr einer – **55**; in der Sitzung **GVG 183** 3
Organisationsdelikte, Verfolgungsgefahr **55** 8a; Kontrollstelleneinrichtung **111**; Verteidigerausschluss **138a II**; Absehen von Klage bei -n **153e**; **200** 9a; **264** 18; **265** 14; **A 12** 100; Zuständigkeit der Staatsschutzkammer **GVG 74a I Nr 4**, des OLG **GVG 120**; Benachrichtigung des Bundeskriminalamts **A 12** 207
Organisationshaft vor 112 7, **462a** 5
Öffentlichkeitsfahndung 131a III, 131b
Organisierte Kriminalität A 12 Anl E
Ort der Tat *s. Begehungsort*
Örtliche Zuständigkeit im Strafverfahren **vor 1** 3, **7 ff**; im selbstständigen Verfahren **441 I, 444 III**; der StA **GVG 143**; der Jugendgerichte **A 8** 42; der Finanzbehörde bei Steuerstraftaten **A 6** 388 ff; der Gerichte bei Steuerstraftaten **A 6** 391 *s. a. Gerichtsstand*

Örtlicher Sitzungsvertreter GVG 142 9
Ortsbesichtigung *s. Augenschein*

P

Paketkontrolle in UHaft **119 I**; in Strafhaft **A 10** 33
Papiere, Durchsicht **110, 111 III**; im Steuerstraf- und -bußgeldverfahren **A 6** 404, 410 I Nr 9
Parlamentarische Verantwortlichkeit der StA **GVG vor 141** 6
Parlamentsmitglieder *s. Abgeordnete*
Patentanwalt, Zeugnisverweigerungsrecht **53 I Nr 3**; Beschlagnahmeverbot **97**
Patentverletzung als Privatklagedelikt **374 I Nr 8**
Personalfragen an den Zeugen **59** 2, **68, 161a** 7; an den Beschuldigten **136** 5, **243** 10 ff
Personalien des Zeugen **68** 1 ff; des Beschuldigten in der Anklageschrift **A 12** 110 II a, im Haftbefehl **114**, im Strafbefehl **409 I Nr 1**
Personenfeststellung *s. Identifizierung, Identitätsfeststellung*
Personenhandelsgesellschaft *s. Juristische Personen*
Personenstandsregister, Verlesbarkeit **249** 11
Personenvereine als Privatkläger **374 III**; *s. a. Geldbuße gegen juristische Personen; Juristische Personen*
Personenverwechslung Einl 174, **207** 12, **230** 27
Persönliches Erscheinen des Angeklagten **236**; des Privatklägers **387, 391**; des Nebenbeteiligten **427 II, 438 III, 444 II**
Persönliche Verhältnisse des Beschuldigten, Vernehmung über – **136** 16, **243** 10 ff, **A 12** 13; im Urteil **267** 4, **353** 20
Persönlichkeitsrecht, und Öffentlichkeit der Hauptverhandlung **GVG 171b, 172** 8 ff; Wahrung der -e **A 12** 23, 129; *s. a. Schutz von Persönlichkeitsrechten*
Petitionsrecht, Kontaktsperre **A 2 34** 21
Pfändung von Forderungen in Vollziehung der Beschlagnahme **111c II**; – in Vollziehung des Vermögensarrestes **111f I**
Pfleger, Bestellung bei Fehlen eines gesetzlichen Vertreters **52** 17, **A 8** 67 IV, *s. a. Abwesenheitspflegschaft, Betreuer*
Pflichtarbeit, Verbot der – **A 4** 4
Pflichtenabwägung *s. Güter- und Pflichtenabwägung*
Pflichtgemäßes Ermessen *s. Opportunitätsprinzip*
Pflichtverteidiger 140 ff, 138c III, 231a IV, 231c, 350 4, **A 12** 54 II; Bezeichnung durch Beschuldigten **142 V**; Aus-

Sachverzeichnis

Fette Zahlen = §§ von StPO, GVG und A 1–5

wahl durch Vorsitzenden **142 VI, A 12** 107; Zeitpunkt der Bestellung **141;** Zuständigkeit und Verfahren **142;** Aufhebung der Bestellung **143;** Bestellung eines neuen Pflichtverteidigers **143a;** zusätzlicher Pflichtverteidiger **144;** für Abwesende **286;** im Wiederaufnahmeverfahren **364a, 364b;** im Strafbefehlsverfahren **408b;** bei Kontaktsperre **A 2 34 III Nr 1;** in Jugendsachen **A 8** 68, 104 I Nr 10, 109, 112
Phallographie 81a 21
PIN 100g 4, **100j** 3
Platzzuteilung in der Hauptverhandlung **A 12** 125
Plenarentscheidungen des BGH **GVG 132**
Politische Beleidigung A 12 209
Politische Strafkammer s. *Staatsschutzstrafkammer*
Polizei, Mitwirkung Einl 39ff; Erkennungsdienst **81b** 3, 7; kein Absehen von der Verfolgung **153** 9; Strafanzeige, Strafantrag bei der − **158;** Anzeigepflicht bei Leichenfund oder unnatürlichem Tod **159;** Erster Zugriff **163;** Schlussvermerk **163** 46; Rechtsbehelf gegen Maßnahmen der − **163** 48ff; Vernehmung des Beschuldigten durch die − **163a IV,** von Zeugen **vor 48** 24, **163 III;** Identitätsfeststellung **163b, 163c;** Mitwirkung bei Strafvollstreckung Einl 43, **457** 10; Übermittlung von Informationen **481, 482;** Vorführung durch − **A 1 6** 1; Einleitung des Steuerstrafverfahrens durch − **A 6** 397; s. a. *Polizeibeamte*
Polizeibeamte, Ausschließung als Richter **22 Nr 4;** Ablehnung als Sachverständige **74 I;** vorläufige Festnahme durch − **127;** Ermittlungen im vorbereitenden Verfahren **163;** Nichtberufung als Schöffen **GVG 34 I Nr 5, 77;** s. a. *Ermittlungspersonen der Staatsanwaltschaft*
Polizeigesetze der Länder **A 1 6** 1
Polizeiliche Beobachtung 163e
Polizeiliche Ermittlungen Einl 61, **163;** in Staatsschutzsachen **GVG 120** 8
Polizeiliche Strafanzeige 163 24; s. a. *Strafanzeige*
Polizeizuständigkeit, Abkommen über die − bei der Strafverfolgung **163** 8
Polygraph 136a 24
Pornographische Schriften, Bekämpfung **A 12** 223ff
Post, Verschulden der − als Wiedereinsetzungsgrund **44** 16; Überwachung der − des Verteidigers **148 II, 148a;** s. a. *Bundespost*
Postbeschlagnahme 98 II S 4, 99ff, A 12 77ff
Post- und Fernmeldegeheimnis 161 3

Postgirogeheimnis 161 3
Postgiroverkehr, Auskunft über − **161** 3; Beschlagnahme im − **A 12** 83
Postpendenzfeststellung 260 27a
Postsendungen, Auskunft über − **99** 13, **A 12** 84; − mit staatsgefährdenden Schriften **A 12** 81, 208
Präsente Beweismittel 245
Präsenzfeststellung 243 5
Präsident, Vertretung bei Verhinderung **GVG 21c I, 21h**
Präsident des LG, Doppelfunktion **GVG 59** 2; Dienstaufsicht über Amtsgericht **GVG 22 III**
Präsident des OLG GVG 115
Präsidium, Zusammensetzung **GVG 21a;** Wahlberechtigung und Wahl **GVG 21b;** Vertretung in − **GVG 21c;** Größe **GVG 21d;** Aufgaben **GVG 21e;** Beschlussfähigkeit **GVG 21i;** des AG **GVG 22a**
Präventivmaßnahmen der Polizei, Kollision zwischen Strafverfolgung und − **161** 13, 14, **163** 17, **A 12** Anl A
Presse, Zeugnisverweigerungsrecht der Mitarbeiter **53** 25ff; Beschlagnahmeverbot **97** 45; Beweisverbot **160a,** Berichterstattung durch die − **161** 15ff, **GVG 169** 8ff, **176** 15, **A 12** 23
Pressestrafsachen A 12 249ff; Gerichtsstand **7** 6ff
Privatgeheimnis, kein Zeugnisverweigerungsrecht für amtlich bekanntgewordene -se **54** 1; Ausschluss der Öffentlichkeit bei Erörterung von -sen **GVG 172 Nr 3;** s. *Berufsgeheimnis*
Privatgespräche, heimliche Aufnahme auf Tonträger **163** 43
Privatklage 374ff, A 12 86, 87, 172; Zulässigkeit **374ff;** Berechtigte **374ff;** gegen Exterritoriale **vor 374** 3; gegen Abgeordnete **vor 374** 3; **A 12** 192; keine − gegen Jugendliche **vor 374** 3, **A 8** 80; mehrere -berechtigte **375;** öffentliches Interesse **376, A 12** 86, 87; Mitwirkung und Übernahme durch StA **377, A 12** 172; Vertreter eines Privatklägers **378;** Sicherheitsleistung **379;** Prozesskostenhilfe **379 III;** Gebührenvorschuss **379a;** Sühneversuch **380;** Klageerhebung **381;** Mitteilung der − **382;** Eröffnung der Hauptverfahrens **383;** Verfahren **384;** Zwangsmaßnahmen **384** 5ff; Rechte des Privatklägers **385;** Widerklage **388;** Einstellung **383 II, 389;** Rechtsmittel des Privatklägers **390;** Klagerücknahme **388 IV, 391ff, 394;** Tod des Privatklägers **375** 5, 393, 394, **471** 3; Vergleich **vor 374** 8ff, **380** 7; Kosten **471;** Gerichtsstand **7 II;** Verweisung auf den − weg **170** 7, **A 12** 87; Zuständigkeit des Strafrichters **GVG 25 Nr 1**

Privatklagedelikt, kein Klageerzwingungsverfahren **172** 2; Zusammentreffen mit Offizialdelikt **374** 3, **376** 9 ff
Privatkläger Einl 90; Ablehnung eines Richters durch – **24 III**; als Zeuge **vor 48** 23, **384** 2; objektives Verfahren auf Antrag des -s **440 I**
Privatleben, Achtung des -s **A 4** 8
Privatpersonen, Ermittlungen durch – **136a** 3, **464a** 16; vorläufige Festnahme durch – **127 I**; Erteilung eines Führungszeugnisses **A 7** 30; Auskunft aus dem Zentralregister **A 7** 40
Privatwissen des Richters **244** 3, **261** 24
Probationsverfahren 369
Prognoseentscheidungen 261 27
Protokoll elektronisch **32b**; bei richterlichem Augenschein **86, 168, 168a, 249 I S 2**; im Haftprüfungsverfahren **118a III**; bei Ausschließung des Verteidigers **138d IV S 3**; über Vernichtung von bei Überwachung des Fernmeldeverkehrs erlangten Unterlagen **101 VIII**; im Ermittlungsverfahren **163a** 29 ff, **168–168b, A 12** 5a, 45; Verlesung in der Hauptverhandlung **232 III, 251 ff, 256 I Nr 5**; in der Hauptverhandlung **271 ff, A 12** 144; Beweiskraft **274**; fremdsprachige Erklärungen im – **GVG 185**
Protokoll der Geschäftsstelle, Erklärungen zu – Einl 131 ff; Rechtspflicht zur Aufnahme Einl 132; Form der Niederschrift Einl 135; Unterzeichnung durch Antragsteller Einl 136; Strafantrag zu – **158 II**; Rechtsmitteleinlegung verhafteter Beschuldigter **299**; Beschwerde zu – **306 I**; Berufung nebst Rechtfertigung zu – **314, 317, A 12** 150 I; Revision nebst Begründung zu – **341, 345 II, 347 I, A 12** 150; Wiederaufnahmeantrag zu – **366 II**; Privatklage zu – **381**; s. a. *Rechtspfleger, Urkundsbeamter der Geschäftsstelle*
Protokollführer, Ausschluss und Ablehnung **31**; im Vorverfahren **168, 168a IV, 168b II**; s. a. *Urkundsbeamter der Geschäftsstelle*
Protokollierung der (Nicht-)Vereidigung eines Zeugen **59 I**; bei Urkundenbeweis **249** 24; der Verlesung von Schriftstücken **255**; der erfolgten oder fehlenden Verständigung **273 Ia**; der Verhängung von Ordnungsmitteln **GVG 182**
Protokollrüge, Unzulässigkeit **271** 30, **273** 36, **344** 26
Prozess, Begriff Einl 2
Prozessbeobachtung GVG 169 15
Prozessbeteiligte s. *Verfahrensbeteiligte*
Prozessfähigkeit Einl 96 ff; des Verteidigers Einl 99; des Antragstellers im Klageerzwingungsverfahren **172** 7; beim Antrag auf Prozesskostenhilfe **172** 21; des Privat-

klägers **374** 8 f; des Nebenklägers **vor 395** 7; des Verletzten im Adhäsionsverfahren **403** 6; des Einziehungsbeteiligten **427** 7, 8; des Antragstellers bei Anfechtung von Justizverwaltungsakten **A 2** 26 1
Prozesshandlungen Einl 94 ff, **A 2** 23 10; Anfechtung Einl 103; Unwirksamkeit Einl 104 ff; Widerruflichkeit Einl 112 ff; Verzicht auf – Einl 117; bedingungsfeindliche – Einl 118, 119; Form der – Einl 120 ff
Prozesshindernisse Einl 141 ff, **102** 4, **152** 12, **152a** 3, **153a** 43 ff, 52, **154e, 205, 206a, 260 III, 261** 34; Kosten bei Einstellung wegen – **467 IV**; keine Entschädigung **A 5 6 I Nr 2**
Prozesskostenhilfe im Klageerzwingungsverfahren **172 III**; des Privatklägers **379, 379a I**; des Nebenklägers **397A II, III**; des nebenklageberechtigten Verletzten **406h III**; bei Anfechtung von Justizverwaltungsakten **A 2 29 IV**; bei Rechtsbeschwerde in Vollzugssachen **A 10** 120 II
Prozessleitung 238
Prozessuale Fürsorgepflicht Einl 133, 155 ff
Prozessurteile 260 7, 42 ff
Prozessverschleppung, 244 92 ff
Prozessvoraussetzungen Einl 141 ff
Prüfung der Verfassungsmäßigkeit von Gesetzen Einl 218, **A 12** 190; der sachlichen Zuständigkeit **6**, der Zuständigkeit von StrKn mit besonderer Zuständigkeit **6a**, der örtlichen Zuständigkeit **16**; des Berufungsrichters **327**; des Revisionsrichters **352**; des Schuldspruchs bei Rechtsmittel eines Nebenbeteiligten **431, 433 IV**; s. a. *Haftprüfung*
Psychiatrisches Krankenhaus, Unterbringung in einem – s. *Anstaltsunterbringung*
Psychischer Zustand, Unterbringung zur Beobachtung **81, 140 I Nr 6, 304 IV S 2 Nr 1, A 12** 61, 62; bei Jugendlichen **A 8** 80
Psychologe, kein Zeugnisverweigerungsrecht **53** 3
Psychologischer Test Einl 80, 81a 11
Psychosoziale Prozessbegleitung 406g
PUK 100g 4, **100j** 3
Punktesachen 243 2

Q

Quälerei, Verbot **136a** 11
Qualifizierte Belehrung 35a 17, **136** 9, **136a** 30
Quellen-TKÜ 100a 14a-l, **35a, 100e** 15
Querulanten, Anzeigen von – **vor 33** 11; Strafverfolgung von – **A 12** 232 II
Quick-Freezing-Verfahren vor 94 5
Quorum GVG 192 1

Sachverzeichnis

Fette Zahlen = §§ von StPO, GVG und A 1–5

R

Rangordnung der Gerichte **1** 2; besonderer Strafkammern **vor 1 5, 209a,** GVG **74e**
Rasterfahndung 98a, 98b
Raumgespräche 100a 2
Razzia 163 33
Realkonkurrenz s. *Tatmehrheit*
Rechtfertigung der Berufung **317;** der Revision **345**
Rechtliches Gehör Einl 23 ff, **33, 33a, A 2 37** III; im Beschwerdeverfahren **308, 311** III, **311a;** im Revisionsverfahren **356a;** bei Strafbefehlen **407** 22; vor Verhängung von Ordnungsmitteln GVG **178** 13 ff; *s. a. Anhörung*
Rechtsänderung und Revision **354a**
Rechtsanwalt, Ausschließung als Richter **22** Nr 4; Zeugnisverweigerungsrecht **53** I Nr 3; – des Verletzten, Ablehnung als Sachverständiger **74;** Beschlagnahmeverbot **97;** als Verteidiger **138;** als Beistand des Zeugen **vor 48** 11, **68b;** GVG **177** 4; als Beistand der Verletzten **406, 406h;** Klageerzwingungsantrag **172** III; Revisionsbegründung **345** II; Rechtsbeschwerdebegründung in Vollzugssachen **A 10** 118 III; als Vertreter des Privatklägers **378;** als Vertreter des Angeklagten im Privatklageverfahren **387;** als Vertreter des Nebenbeteiligten **428, 438** III, **444** II; Gebühren und Auslagen eines –s als notwendige Auslagen **464a** II Nr 2; Nichtberufung zum Schöffenamt GVG **34** I Nr 4, **77;** Bußgeldverfahren gegen einen – wegen einer Steuerordnungswidrigkeit **A 6** 411; Besuch bei Strafgefangenen **A 10** 26, 27 IV; Akteneinsicht **A 12** 185 IV, 189 II; *s. a. Ausländische Anwälte, Verteidiger*
Rechtsanwaltskammer, Beteiligung bei Verteidigerausschließung **138c** II, **138d** II; kein Beschwerderecht **138d** VI; bei Bußgeldverfahren gegen Rechtsanwälte **A 6** 411
Rechtsbedingung Einl 119
Rechtsbehelf vor 296 21 ff; gegen heimliche Ermittlungsmaßnahmen **101** VII 2–4; gegen Maßnahmen der Polizei **163** 50; *s. a. Antrag auf gerichtliche Entscheidung, Antrag auf Haftprüfung, Einspruch, Nachverfahren, Verfassungsbeschwerde, Wiederaufnahmeverfahren, Wiedereinsetzung in den vorigen Stand*
Rechtsbeistand, kein Zeugnisverweigerungsrecht **53** 3; als Verteidiger **138** 8; Akteneinsicht **A 12** 185 IV, 189 II
Rechtsberatungsgesetz 138 4, 9, **304** 5a
Rechtsbeschwerde in Strafvollzugssachen **A 10** 116 ff, GVG **121** I Nr 3; in Justizverwaltungssachen **A 2** 29

Rechtsfolgenausspruch 260 28 ff; Rechtsmittelbeschränkung auf **318** 16, **327** 6; Abstimmung über **263** I
Rechtsfrage GVG **121** 5, **132** 15
Rechtsgespräch 33 1, **265** 7a
Rechtsgutachten vor 72 6
Rechtshängigkeit Einl 60b, **143, 143a, 145, 165, 171;** der öffentlichen Klage **156** 1, **207** 13; im beschleunigten Verfahren **418** 4; im Strafbefehlsverfahren **vor 407** 3
Rechtshilfe GVG **156** ff; -pflicht GVG **156;** -gericht GVG **157;** Ablehnung GVG **158;** Entscheidung von Streitigkeiten GVG **159;** Vollstreckung von Freiheitsstrafen GVG **162;** Vollstreckungshilfe GVG **163;** Kostenersatz GVG **164;** -ersuchen, Erledigung durch Referendar GVG **10;** Gemeinsames AG in -sachen GVG **58** 6, 8, **157** II
Rechtshilfeverkehr mit dem Ausland Einl 208 ff; GVG **143** IV, **A 12** 244, 300; zur Vollstreckung von Strafurteilen **vor 449** 8
Rechtskraft Einl 163 ff; bei Beschlüssen **34a, 311** 8; der Ausschließungsentscheidung **138d** 15; Hemmung durch Berufung und Revision **316, 343;** bei Strafbefehlen **vor 407** 4, **410** III; als Voraussetzung der Vollstreckung **449;** *s. a. Strafklageverbrauch, formelle Rechtskraft, Teilrechtskraft*
Rechtskraftbescheinigung *s. Vollstreckbarkeitsbescheinigung*
Rechtskreistheorie Einl 55, **54** 32, **55** 17, **76** 7, **81d** 7, **95** 11, **96** 15, **110** 7c, **114b** 9, **136** 20, 21, **337** 19,
Rechtskundige als Verteidiger **139, 142** II
Rechtslehrer an deutschen Hochschulen als Verteidiger **138** I; Vertretung des Privatklägers **378** 3
Rechtsmissbrauch Einl 111
Rechtsmittel 296 ff, **A 12** 147 ff; Arten **vor 296** 1; Wesen **vor 296** 2; Form der -einlegung Einl 124 ff; gegen unwirksame Entscheidungen Einl 109; -berechtigte **296** ff; Einlegung durch Verteidiger **297,** durch gesetzlichen Vertreter **298;** durch Beschuldigten in Verwahrung **299;** falsche Bezeichnung **300;** der StA **301, A 12** 147, 149; mehrere **296** 17; Zurücknahme **302, 303, A 8** 55 III; **A 12** 152; des Privatklägers **390;** des Nebenklägers **400, 401;** im Adhäsionsverfahren **406a;** des Nebenbeteiligten **431, 438** III, **444** II; Kosten eines erfolglosen oder zurückgenommenen -s **473;** in Jugendsachen **A 8** 55; vorsorgliche Einlegung **A 12** 148; des Angeklagten zu Protokoll der Geschäftsstelle **A 12** 150; *s. a. Beschwerde, Berufung, Revision, Rechtsbeschwerde, Rechtsbehelf*
Rechtsmittel(-behelfs)belehrung 35a, 171, 172 II S 2, **319** II, **346** II, **409** I

Nr 7, A 12 142; unterlassene – als Wiedereinsetzungsgrund **44** 22, **A 2 26** 6; *s. a. Belehrung*
Rechtsmittelverzicht 302, 267 **IV, V, A 12** 143, 152
Rechtsnormen 337 2 ff, **339, 344 II**
Rechtspflegeorgan, Verteidiger als – **vor 137** 1
Rechtspfleger GVG 1 2; Aufnahme von Anträgen und Erklärungen Einl **131** ff, **A 9** 24, der Revisionsrechtfertigung **345** 19 ff, **A 9** 24, **A 12** 150; Vollstreckung durch den – **451** 10 ff; Abgrenzung gegenüber UrkB **GVG 153** 4; Kostenfestsetzung **464b** 1; Übertragung von Geschäften auf den – **A 9** 3, 22, 31
Rechtspflegergesetz A 9
Rechtsschutzversicherung, notwendige Auslagen **464a** 11
Rechtssicherheit Einl **164, vor 359** 1
Rechtsstaatsprinzip Einl **3,** 18 ff, **A 4** 6
Rechtsübergang bei Einziehung **vor 421** 11
Rechtsverletzung durch Justizverwaltungsakt A 2 24 **I**
Rechtsweg bei Entscheidung über Entschädigungsansprüche **A 5 13 I,** wegen Einziehung **vor 421** 11; Entscheidung über Zulässigkeit des -s **GVG 17** ff; Erschöpfung des -es vor Verfassungsbeschwerde Einl **234,** des innerstaatlichen -es vor Anrufung der Menschenrechtskommission **A 4** 26
Rechtswidrigkeit einer Maßnahme, nachträgliche Feststellung **81a** 31, **81b** 21, **98** 23, **105** 16, **vor 296** 18, **304** 4, **A 2 28** 4, **37** 10; *s. a. Feststellung der Rechtswidrigkeit*
Redakteur, Zeugnisverweigerungsrecht **53 I Nr 5;** Zwangsmittel gegen verantwortlichen – **463c III;** *s. a. Presse*
Redaktionsgeheimnis *s. Presse*
Redaktionsunterlagen, Beschlagnahmeverbot **97** 45 ff
Referendar als Verteidiger **139, 142** 58, **A 12** 107; Wahrnehmung richterlicher Geschäfte vor **GVG 1** 4a **GVG 10,** der Aufgaben des Amtsanwalts oder StA **GVG 142** 3, des Rechtspflegers **GVG 10** 5, **A 9** 5; Anwesenheit bei Beratung **GVG 193** 5
reformatio in peius, Verbot der – bei Berufung **331, 389** 6, bei Revision **358 II,** beim Wiederaufnahmeverfahren **373 II,** bei Änderung von Zahlungserleichterungen **459a** 5, im Kostenfestsetzungsverfahren **464b** 8; kein Verbot der – bei Beschwerde **vor 304** 5; **464,** 26; bei Einspruch gegen Strafbefehl **411 IV;** im Adhäsionsverfahren **331** 2, für (Wertersatz-) Einziehung **331** 21

Regierungsmitglieder, als Zeugen **50, 54;** als Sachverständige **76 II;** Nichtberufung als Schöffen **GVG 34 I Nr 2, 77**
Register für Pfandrechte an Luftfahrzeugen, Eintragung der Beschlagnahme **111c IV, 111f II,** der Arrestpfändung **111f** 12, *s. Erziehungsregister, Schiffsregister, Verkehrszentralregister, Zentralregister*
Registerbehörde A 7 2 **II**
Rehabilitation Einl **8**
Reihenfolge der Vollstreckung von Freiheitsstrafen und Maßregeln **463** 14; der Heranziehung der Schöffen **GVG 45, 47, 49, 77;** der Stimmabgabe **GVG 197**
Reisekosten für mittellose Angeklagte, Betroffene oder Zeugen **71** 3, **vor 213** 3, **345** 19; bei unmittelbarer Ladung **220;** *s. a. Entschädigung*
Reisepass, Sicherstellung **116** 12
Rekonstruktionsverbot 261 42 ff, **337** 14
Religionsbekenntnis des Zeugen **68** 9; des Beschuldigten **136** 5, **A 4** 9 2, **A 12** 13 **V**
Religionsdiener *s. Geistliche*
Religionsfreiheit A 4 9
Religionsgemeinschaften, Beteuerungsformel **64 II**
Remonstrationspflicht des StA **GVG 146** 6, 7
Repressivwirkung des Urteils Einl **7**
Revision 333 ff, **A 12** 147 ff, 159 ff; Wesen **vor 333** 1 ff; Zulässigkeit **333;** vorausgegangene Entscheidung **336;** -sgründe **337, 338;** Einlegung **341;** Wiedereinsetzung und – **342;** Rechtskrafthemmung **343,** Begründung **344, A 12** 150, 156 **II, III;** Beschränkung **344** 4 ff, **473 III;** Frist und Form **345, A 12** 149, 150 **II–VI,** 160; Verwerfung durch Beschluss **346, 349;** Hauptverhandlung **350, 351;** Umfang der Urteilsprüfung **352;** Urteil **353** ff; Zurückverweisung **354 II III, 355;** Erstreckung auf Mitangeklagte **357;** Verschlechterungsverbot **358 II;** in Privatklagesachen **390;** des Nebenklägers **401,** 1, 2; des Nebenbeteiligten **431 III, 438 III, 444 II;** und Beschwerde gegen den Auflagenbeschluss **305a II,** gegen die Kostenentscheidung **464** 20; Kosten **473;** Zuständigkeit des OLG **GVG 121;** Zuständigkeit des BGH **GVG 135**
Rheinschifffahrtssachen GVG 14 1
Richter, gesetzlicher **GVG 16; 338** 6; Ausschließung **22 ff;** Ablehnung **24 ff;** als Zeuge **vor 48** 15; Aussagegenehmigung **54** 8; als Sachverständiger **76;** Erlass des Haftbefehls **125;** als NotStA **165;** Revision, Rechtsbeschwerde wegen Mängeln in der Person **338 Nrn 2, 3,** Wiederaufnahme wegen Amtspflichtverletzung **359 Nr 3, 362 Nr 3;** Nichtberufung als Schöffe **GVG 34 I Nr 5, 77;** *s. a. Beauftragter Richter, Ersuchter Richter, Ehrenamtli-*

Sachverzeichnis

Fette Zahlen = §§ von StPO, GVG und A 1–5

cher Richter, Jugendrichter, Richter beim Amtsgericht, Strafrichter
Richteramt Unabhängigkeit **GVG 1**; Übertragung eines weiteren **GVG 22 II, 59 II**
Richter auf Probe GVG 22 V, 59 III, 70 II
Richter beim Amtsgericht als Einzelrichter **GVG 22 I, 5**; Entscheidung über die Ablehnung **27 III**; Antragsaufnahme **A 2 37 II**; als Jugendrichter **A 8**; *s. a. Strafrichter*
Richter kraft Auftrags GVG 22 V, 59 III, 70 II
Richterliche Bestätigung der Beschlagnahme s. *Bestätigung der Beschlagnahme*
Richterlicher Augenschein 86, 168, 168d, 225, 244 78, 249 I, 369 III
Richterliche Untersuchungshandlungen 162, 163 II, 165, 168, 168a, 168c, 168d, 169 II, A 12 10
Richterrecht GVG 137 5
Richterwahlausschuss GVG 125 I
RichterwahlG GVG 125 1
Richtlinien für das Strafverfahren und das Bußgeldverfahren **A 12**; für den Verkehr mit dem Ausland in strafrechtlichen Angelegenheiten Einl 214
Robe s. *Amtstracht*
Rollenvertauschung vor 48 22
Rubrum 275 III
Rückgabe beschlagnahmter Gegenstände **94 22, 98 29, 30, 111c VI, 111k**
Rückgewinnungshilfe vor 111b 1; 459h 1
Rücknahme s. *Zurücknahme*
Rückwirkung neuen Prozessrechts Einl 203; des milderen Strafgesetzes in der Revisionsinstanz **354a 1**; Reform der Vermögensabschöpfung **316h EGStGB 2, 14 EGStPO 2**
Rückwirkungsverbot A 4 7
Rügepräklusion 338 16 ff
Ruhen des Fristenlaufs **121 III**; der Verteidigerrechte **138c III**; der Verfolgungsverjährung **153a III 154e III, A 6 396 III, 410 I Nr 5**
Rundfunk, Zeugnisverweigerungsrecht der Mitarbeiter **53 I Nr 5**; Beschlagnahmeverbot **97 45**; Pflicht zur Urteilsbekanntmachung **463c IV**; Zusammenarbeit mit dem – **A 12 23**
Rundfunkberichterstattung 161 15 ff, GVG 169 8 ff, 176 1, A 12 129
Rundfunksendungen 53 30

S

Sachaufsichtsbeschwerde s. *Dienstaufsichtsbeschwerde*
Sachbeschädigung, Privatklagedelikt **374 I Nr 6, 380 I**
Sachbeweis Einl 49.
Sachen s. *Bewegliche Sachen*
Sachentscheidung des Beschwerdegerichts **309 II**, des Revisionsgerichts **354**
Sachkunde der VerwB A 12 272 I, II, 275, 278 II
Sachkunde des Gerichts, eigene – **244 73 ff**
Sachleitung des Vorsitzenden **238 5**
Sachlicher Zusammenhang bei Straftaten **3, 3, A 6 389**
Sachliche Zuständigkeit der Gerichte **vor 1 2, 1 ff, 209, 225a, 269, 270**, in Jugendsachen **vor 1 10 ff, A 8 39 ff**; der Finanzbehörden im Steuerstraf- und -bußgeldverfahren **A 6 387, 409**; *s. a. Zuständigkeit*
Sachrüge 337 21, 344 13 ff
Sachurteile 260 7, 8
Sachvernehmung 69, 136 14, 161a 8, 243 24
Sachverständige 72 ff, 161a, A 12 69 ff; Prozessfähigkeit Einl 100; Begriff **vor 72 1 ff**; Ausschließung als Richter **22 Nr 5**; Befugnis zur Zuziehung **73 1**; Stellung **vor 72 8**; Unterscheidung von Zeugen **85 2**; Anwendung der Zeugenvorschriften **72**; Belehrung **57, 72, A 12 70 V, 130**; Auswahl, Fristabsprache **73, A 12 70, 255 II**; Ablehnung **74**; Pflicht zur Gutachtenerstattung **75**; Weigerungsrecht **76**; Ungehorsamsfolgen **77**; Eid **79**; Gutachtenvorbereitung **80**; im Vorverfahren **82**; erneute Begutachtung **83**; Vernehmung durch StA **161a**, durch Polizei **163 III**; Erstattung des Gutachtens gegenüber der Polizei **163 39**; Zuziehung bei richterlichem Augenschein **168d II**; Gutachten bei Anstaltsunterbringung **80a, 81, 246a, 414 III, 415 V, A 12 61, 62**; kommissarische Vernehmung **223, A 12 121**; Anwesenheit in der Hauptverhandlung **80 5; 226 11**; in Jugendsachen **A 8 49, 73**; Verdacht einer Eidesverletzung oder Falschaussage **A 12 136**; – auf dem Gebiet der Kinderpsychologie **A 12 19 III, 222 I**; im Verfahren gegen Taubstumme **A 12 21 II**; bei Hirnverletzten **A 12 63**; bei Bekämpfung von Schwindelunternehmen **A 12 236**; bei Glücksspiel **A 12 240**; bei Eisenbahnunfällen **A 12 246 IV**; in Presseangelegenheiten **A 12 254**; bei Verstößen gegen das WeinG **A 12 263**; gegen das FuttermittelG **A 12 264**
Sachverständigenbeweis 72 ff, 244 71 ff, 261 8, 9
Sachverständigenentschädigung 84, A 6 405, 410 I Nr 10
Sachverständigengruppe 73 3
Sachverständiger Zeuge 58 3, vor 72 8, 85
Sammelwiderspruch 94 21a

Magere Zahlen = Rdn der Erl, §§ von A 6–A 13   **Sachverzeichnis**

Sammelverfahren A 12 1 II, 25 ff
Samstag s *Sonnabend*
Säumnis, unverschuldete – als Wiederaufnahmegrund 44 10 ff; Kosten der schuldhaften – **51 I, 467 II**
Sanktionsschere 136a 21; **257c** 19, 21, 32b
Schaden s. *Vermögensschaden, Wiedergutmachung*
Schadenersatzansprüche s. *Entschädigung*
Schätzung beim Tagessatz **160** 18, **244** 15; im Adhäsionsverfahren **244** 16, **404** 11
Schengener Durchführungsübereinkommen (SDÜ) Einl 40, 56d, 177a–177d, 216, 37 25, 163 8a, vor 449 8
Schiedsmann 380 1, 3
Schiedsmannsordnung 380 1
Schiedsstellen 153 42, **380** 3
Schifffahrt, Transportgefährdung **A 12** 278; Unfälle im Betrieb der **A 12** 274 I, II
Schifffahrtsgerichte GVG 14
Schifffahrtssachen A 12 247; s. a. *Binnenschifffahrtssachen*
Schiffe, Gerichtsstand bei -n mit Bundesflagge **10**; Beschlagnahme **111c** IV; Vermögensarrest **111f** III; Nichtverfolgung von Taten auf ausländischen -n **153c** I Nr 2
Schiffsbauwerke, Beschlagnahme **111c** IV; Vermögensarrest **111f** III
Schiffs(bau)register, Eintragung der Beschlagnahme **111c** IV; der Arrestpfändung **111f** III
Schlafender Richter 338 14 ff
Schlechterstellungsverbot s. *reformatio in peius*
Schlussanhörung 369 IV
Schlüssige Handlung, Prozesserklärung durch – Einl 126
Schlussvermerk der Polizei 163 48
Schlussvortrag 257 III, **258, 259**; in der Berufungsinstanz **326, 424** III; in der Revisionsinstanz **351** II, des StA in der Hauptverhandlung **A 12** 138
Schlusswort s. *Letztes Wort*
Schneeballsystem A 12 241
Schnellverfahren s. *Beschleunigtes Verfahren*
Schöffen GVG 30 ff; **A 12** 126; Befugnisse **GVG 30**; Ehrenamt **GVG 31**; Unfähigkeit **GVG 32, 52**; Nichtberufung **GVG 33, 34**; Ablehnung der Berufung **GVG 35, 53**; Auslosung **GVG 45 ff**; Ergänzungs- **GVG 48, 192 II, III**; Heranziehung von Hilfs- **GVG 49**; Ablehnungsgründe **GVG 53**; Amtsenthebung **GVG 51**; Entbindung von Sitzung **GVG 54**; Entschädigung **GVG 55**; Ordnungsgeld gegen – **GVG 56**; beim Landgericht **GVG 77**; Pflicht zur Abstimmung **GVG 195**; beim Jugendgericht **A 8** 35; Ausschließung und Ablehnung **GVG 31**; Fragerecht 240; Revision wegen Mängel in der Person **338** 10 ff; Wiederaufnahme wegen Amtspflichtverletzung **359** Nr 3, **362** Nr 3; s. a. *Ehrenamtliche Richter*
Schöffengericht GVG 28 ff; beschleunigtes Verfahren **417, 419** I; Hauptverhandlungsprotokoll **273** II; Berufung gegen Urteile des -s **312**; vorschriftswidrige Besetzung **338** 5 ff; Zuständigkeit **GVG 24, 28**; Besetzung **GVG 29**; erweitertes – **GVG 29** II, **76** III; gemeinsames – **GVG 58**; Jugend – **A 8** 33
Schöffengeschäftsstelle GVG 45 IV, **49** III
Schöffenliste GVG 44; Hilfs – **GVG 45** II S 4, **46 ff**; Streichung von der – **GVG 52**
Schöffenvorschlagsliste GVG 36 ff
Schöffenwahlausschuss GVG 40
Schonfrist bei der **Vollstreckung 459c** I
Schriften, Beschlagnahme **94** 19, **97** V, 111m, 111n; Verfahren bei staatsgefährdenden – **A 12** 208; Bekämpfung gewaltverherrlichender, pornographischer **A 12** 223 ff; s. a. *Druckschriften*
Schriftform von Prozesshandlungen Einl 128
Schriftliche Antragstellung zu Verfahrensfragen **257a**
Schriftliche Äußerung des Beschuldigten **136** 12, **163a** 11 ff; des Zeugen **163a** 25; **251** I, **420** I; **A 12** 67 I; elektronisch 32a; **Verlesung** in der Hauptverhandlung **251** I
Schriftliches Verfahren, Ermittlungsverfahren als – Einl 62; s. a. *Beschlussverfahren*
Schriftstücke, Herausgabe amtlicher – **96**; Beschlagnahmeverbot **97**; Verlesbarkeit **249, 251** III, 111m, **256, 325, 420**
Schriftvergleichung 93
Schriftverkehr, Überwachung des -s des Gefangenen **119** 19 ff; des in Haft befindlichen Beschuldigten mit dem Verteidiger **148** 6 ff, **148a**; **A 10** 29 I; Beschränkung bei Kontaktsperre **A 2** 31 7 ff
Schuld, geringe **153** I, **383** II, **A 8** 45 I Nr 2
Schuldfähigkeit 267 13b
Schuldfrage, Abstimmung über – **263**, **GVG 194** 1, **196**; Nichtbeteiligung der Nebenbeteiligten zur – **430** II, **438** II, III
Schuldinterlokut, informelles – **258** 17
Schuldspruch 260 21; -berichtigung durch Revisionsgericht **354** 12 ff; Prüfung des -s bei Rechtsmittel des Nebenbeteiligten **431** I, III, **438** III, **444** II, bei Einspruch des Nebenbeteiligten gegen Strafbefehl **432** II, **433** IV, **438** III, **444** II, im Nachverfahren **434** IV, **438** III; des Jugendlichen, Eintragung in das Zentralregister **A 7** 4

2653

Sachverzeichnis

Fette Zahlen = §§ von StPO, GVG und A 1–5

Schuldunfähige, Beobachtung **81a**; einstweilige Unterbringung **126a**; Sicherungsverfahren **413 ff**; *s. a. Anstaltsunterbringung, Kinder*
Schuldunfähigkeit, keine Entschädigung bei Einstellung wegen – **A 5 6 I Nr 2**; Eintragung in das Zentralregister **A 7 11**
Schusswaffengebrauch 127 15; **161** 13, 14, **A 10** 99f
Schutz von Persönlichkeitsrechten, Ausschluss der Öffentlichkeit **GVG 171b**
Schwägerschaft als Ausschließungsgrund **22 Nr 3**; Zeugnisverweigerungsrecht bei – **52 I Nr 3**; als Eidesverweigerungsgrund **61**; Ablehnung als Sachverständiger **74**; als Ausschließungsgrund beim Gerichtsvollzieher **GVG 155**
Schwangerschaftsberatungsstellen, Zeugnisverweigerungsrecht **53 I Nr 3a**; Beschlagnahmeverbot **97**
Schweigegebot, gerichtliches **GVG 174 III, A 12** 131
Schweigen des Beschuldigten **261** 16 ff; des Zeugen **261** 19 ff; *s. a. Auskunftsverweigerungsrecht, Aussagefreiheit, Verschweigen, Zeugnisverweigerungsrecht*
Schweigepflicht, Entbindung von der – **53 II, 53a II**; des Überwachungsrichters **148a II**; *s. a. Geheimhaltung*
Schweigerecht, der Juristischen Person **136** 7b
Schwere der Schuld, nicht entgegenstehende – **153a** 7
Schwere der Tat, Pflichtverteidigerbestellung wegen – **140 II**
Schwerhörige 140 II 2, **GVG 186** 1, **A 12** 21
Schwerpunktstaatsanwaltschaft GVG 143 IV
Schwierigkeit der Sach- und Rechtslage, Pflichtverteidigerbestellung wegen – **140 II, 364a, 364b I S 1 Nr 2**
Schwindelfirmen, Bekämpfung von – **A 12** 236
Schwurgericht, Strafkammer als – **GVG 74 II** 6a, **209a Nr 1, 225a IV, 270 I S 2**; gemeinsames **GVG 74d**
Seeleute, Zustellung an – **37** 21, **48** 8
Sektion *s. Leichenöffnung*
Selbstablehnung des Richters **30**; keine – des Sachverständigen **74** 1
Selbstständige Auslagenentscheidung 464 13
Selbstständige Entschädigungsentscheidung A 5 8 5ff
Selbstständige Kostenentscheidung 464 13
Selbstständiges Verfahren bei Verteidigerausschluss **138c V**; bei Anstaltsunterbringung **413 ff**; bei Einziehung uä **153** 40, **153a** 59, **435, 436, 472b I, A 6** 401, 406 II, **A 12** 180; bei Festsetzung der Geldbuße gegen juristische Personen **444 III, 472b II, A 6** 401, 406 II; bei staatsgefährdenden Schriften **A 12** 208 III; in Pressestrafsachen **A 12** 253
Selbstanzeige des Richters wegen Befangenheit **30**; von Straftaten **160** 8, 9; Kostenlast **467** 5
Selbstbelastung, kein Zwang zur – **55** 1; wahrheitswidrige –, Kostenlast **467** 10, 11; **A 4 6 I** 4, 4a; **A 5 6 I Nr 1**
Selbstbelastungsfreiheit Einl 29a-d; **55** 1; **136** 7, 20c; **243** 19; **A 4 6** 4, 4a-c
Selbstbestellung als Verteidiger, Unzulässigkeit **138** 6, **464a** 14
Selbstgespräch 100c, 16, **100f** 19, 20
Selbsthilfe, amtliche **164**
Selbstverwaltung der Gerichte GVG 21e 1
Senat beim OLG **GVG 116, 122**; beim BGH **GVG 130, 139**; Großer – beim BGH **GVG 132, 138**; gemeinsamer – der obersten Gerichtshöfe des Bundes **GVG 132** 22
Sendeleiter *s. Rundfunk*
Serienstraftaten 154 21, **154a** 7a; **200** 9, **244** 13a, 15a, **267** 6, 6a, 6b
Sexualstraftaten, Haftgrund der Wiederholungsgefahr bei – **112a I Nr 1**; Videovernehmung **58a I S 3**; Vorführung der Videovernehmung in der Hauptverhandlung **255a II**; an Kindern **A 12** 221, 222
Sicheres Geleit *s. Geleit*
Sicherheit, Ausschluss der Öffentlichkeit bei Gefährdung der öffentlichen – **GVG 172, A 12** 132
Sicherheitsleistung zur Abwendung der Beschlagnahme **111c VI**, der UHaft **116 I Nr 4, 116a**; Freiwerden **123 II, III**; Verfall **124**; – für Geldstrafe und Kosten **127a, 132**; – für die Kosten des Klageerzwingungsverfahrens **176, A 12** 60; bei sicherem Geleit **295** 3; für die Kosten im Privatklageverfahren **379**; im Adhäsionsverfahren **406 II**; bei Strafaufschub **456 III**; bei Aufschub des Berufsverbots **456c III**
Sicherstellung von Beweismitteln **94, 111b** 1; von Einziehungsgegenständen **111b-111d**; Maßnahmen zur – der Strafverfolgung und Strafvollstreckung **132, A 12** 60; Entschädigung bei **A 5 II Nr 4**
Sicherungshaftbefehl 453c, A 8 58 II
Sicherungshypothek, Eintragung in das Grundbuch zur Arrestvollziehung **111f** 5 f
Sicherungsverfahren 413 ff: notwendige Verteidigung **140 I Nr 7**
Sicherungsverwahrung, Unterbringung in der – **80a, 246a**; nachträgliche Anordnung und Vorbehalt der – **275a, GVG 74 f, 120a, A 3** 316e, **A 8** 106 III–VI; Kontaktsperre bei Vollzug **A 2** 38; *s. a. Anstaltsunterbringung*

Sachverzeichnis

Siegel 94 16, 109, 111c I
Sittlichkeit, Ausschluss der Öffentlichkeit wegen Gefährdung der – GVG 172 Nr 1, A 12 132
Sittlichkeitsdelikte s. *Sexualstraftaten*
Sitz des BGH GVG 123; des Bundeszentralregisters A 7 2 I
Sitzung, Begriff GVG 176 4
Sitzordnung 238 11 338 59 GVG 176 4
Sitzungsfrequenz 120 3, 3a 121 1, 1a MRK Art 5 11, MRK Art 6 7a
Sitzungspolizei 238 2, GVG 176 ff
Sitzungsprotokoll s. *Protokoll*
Sitzungsvertreter der StA, örtliche – GVG 142 9; Referendar als – GVG 142 14
Skizzen von Tatort oder Unfall 69 9, 86 12, 250 2, 267 9
SMS, „stille" 100a 6a, 161 1, 100g 9, 21, 100i 4
Sofortige Beschwerde 311; Einzelfälle 28 II S 1, 46 III, 81 IV, 111g II S 2, 111h II S 2, 111i VI S 3, 124 II S 2, 138d VI S 1, 142 VII, 143 III, 143a IV, 144 II S 2, 206a II, 206b S 2, 210 II, 231a III S, 3, 270 III S 2, 322 II, 372, 379a III s. 2, 383 II S 3, 406a I, 408 I S 3, 424 IV S 2, 434 II, 436 II, 453 III S 2, 454 II, 462 III, 464 III, GVG 181; A 5 8 II, 9 II; A 8 56 II, 59 III, 65 II, 73 II, 83 III
Soldaten, unmittelbarer Zwang durch – Einl 46; Zustellung an 37 23, 48 10; Aussagegenehmigung 54 12 ff; Beschlagnahme 98 25 ff, 111f I S 2; Anzeigepflicht der Vorgesetzten 158 6; Vollstreckung gegen – vor 449 4; Untersuchungshaft vor – A 12 50 s. a. *Ausländische Streitkräfte, Bundeswehr*
Sollvorschriften 337 4
Sondergerichte s. *Besondere Gerichte*
Sonnabend, Fristablauf 43 II
Sonn- und Feiertage, Fristablauf 43 II
Sozialarbeiter (Sozialpädagoge), kein Zeugnisverweigerungsrecht 53 3
Soziale Netzwerke 94 16b, 99 5, 100a 6c, 110a 4, 131 3a, 163 28a
Sozialgeheimnis 54 1, 161 6
Sozietät von Rechtsanwälten 137 6; gemeinschaftliche Verteidigung 146 8
Sparkassenangehörige, Amtsverschwiegenheit 54 10
Speichel(-probe) Einl 29a, 81a 15, 81e 1, 81g 3, 81h 1, 7, 15
Speicherung von Daten 483 ff
Sperrerklärung der obersten Dienstbehörde 96
Sperrwirkung rechtskräftiger Entscheidungen Einl 169, 170, 173
Spezialitätsgrundsatz Einl 145
Spezialstrafkammern GVG 74 II, 74a, 74c; Zuständigkeitsabgrenzung vor 1 4 ff, 6a, 209a, 225a, GVG 74e

Spielsucht 244 74b
Spontanäußerung des Beschuldigten 136a 4; 136 28
Sprachbehinderte 66, 140 II 2, 259, 464c, GVG 186 1
Sprachgesetze, Verstoß gegen die – 337 32
Sprachunkundige Ausländer, Belehrung in UHaft 114b II 2; Verfahren gegen – GVG 184 1, A 12 181; Dolmetscherzuziehung 259, GVG 185, 186, 189 ff, A 4 6 23 ff
Sprechvergleich 58 14, 81b 8
Sprengstoffsachen A 12 256
Spruchkörper GVG vor 1 3; Vorsitz in den -n GVG 21 ff; Geschäftsverteilung innerhalb der – GVG 21g; s. a. *Senat, Strafkammer*
Sprungrevision 335
Spuren von Straftaten 81c; Auffinden bei Durchsuchung 103
Spurenakten 147 18, 163 24, 199 2
Staat, Rechtsübergang bei Einziehung vor 421 11; Entschädigungspflicht bei Einziehung vor 430 11, 434 III
Staatenlose, Zeugenpflicht vor 48 5
Staatsanwalt, Ausschließung oder Ablehnung vor 22 3 ff; als Zeuge vor 48 17; Leichenschau und Leichenöffnung 87; Richter als Not- 165; Verlesung des Anklagesatzes 243 III; Erklärungsrecht 257 II; Schlussvortrag 258, A 12 138, 139; Nichtberufung zum Schöffenamt GVG 34 I Nr 4, 77; keine Wahrnehmung richterlicher Geschäfte GVG 151; Jugend – A 8 36; Ermittlungen A 12 1 ff; Pflichten in der Hauptverhandlung A 12 124 II, 127, 128; Mitwirkung im Wiederaufnahmeverfahren A 12 170; Entscheidung über Akteneinsicht 147 39 ff, A 12 183, 184
Staatsanwaltschaft GVG 141 ff; Stellung der – GVG vor 141 1 ff; Sitz GVG 141; Zuständigkeit GVG 142, 143; Organisation GVG 144; Devolution und Substitution GVG 145; Weisungsgebundenheit GVG vor 141 5 ff, 146; Dienstaufsicht GVG 147; Unabhängigkeit von den Gerichten GVG 151; Ermittlungspersonen der – GVG 152; Mitwirkung im Strafprozess Einl 37, 38, 87; Form der Entscheidung Einl 121; Ablehnung vor 22 3 ff; Anhörung vor Entscheidungen Einl 27, 33 II, 309, 454 I, 462 II; Vollstreckung 36 II; Zustellung an – 41, A 12 159; Fristen vor 42 10; als Zeuge vor 48 17; Sachverständigenauswahl 73 1; Beschlagnahmeanordnung 98, 111e I, 132 II, 443 II; Rasterfahndung 98b; Postbeschlagnahme 100; Überwachung des Fernmeldeverkehrs 100b I; Einsatz technischer Mittel 100f; Durchsuchung 105; Durchsicht von Papieren 110; Ein-

satz Verdeckter Ermittler **110b;** Anordnung der Kontrollstelleneinrichtung **111 II;** Arrestanordnung **111e I;** Vollziehung der Beschlagnahme **111f I,** des Arrestes **111f 7 ff;** Notveräußerung **111l II, III, V;** vorläufige Festnahme **127;** Fahndung **131;** Anordnung der Sicherheitsleistung für Geldstrafe und Kosten **132 II;** Antrag auf Verteidigerausschließung **138c II;** Akteneinsicht **147** 39 ff; Vorbereitung der öffentlichen Klage **158 ff, A 12** 1 ff; Vernehmung durch die − **161a, 163a III, IV, 168b II;** Identitätsfeststellung **163b, 163c;** Netzfahndung **163d;** Anordnung Polizeilicher Beobachtung **163e;** Untersuchungshandlungen **168b;** Anwesenheit bei richterlicher Vernehmung **168c,** bei richterlichem Augenschein **168d,** in der Hauptverhandlung **226;** Fragerecht **240 II;** Rechtsmittel **296, 301;** Übernahme der Privatklage **377, A 12** 172; als Vollstreckungsbehörde **111f 8, 451;** im Steuerstrafverfahren **A 6** 386 I, 402 f; Verfahrensregister **492;** unbeschränkte Auskunft aus dem Zentralregister **A 7** 41 I Nr 1, aus dem Erziehungsregister **A 7** 61 I Nr 1
Staatsgefährdende Schriften, Verfahren betr **A 12** 208
Staatsgeheimnisse, Geheimhaltung **35** 8, **A 12** 213
Staatskasse, Kostentragungspflicht **465 III, 467, 467a, 469, 470, 472b, 473, A 5** 15; Einstellung bei Geldzahlung an − **153a I S 1 Nr 2**
Staatsorgane, Ermächtigung, Strafantrag oberster − **A 12** 6 V, 90 II, 93 II, 211; Verunglimpfnng, Beleidigung, **A 12** 209, 249 II
Staatsschutzstrafkammer 2 I, **6a, 209a, 225a IV;** GVG **74a, 74e, A 8** 103 II, **A 12** 204
Staatsschutzstrafsachen A 12 202 ff; Überwachung des Fernmeldeverkehrs **100a, 100b;** Ausschließung des Verteidigers **138a;** Absehen von der Strafverfolgung **153c IV, 153d, 153e, A 12** 94 ff; Vermögensbeschlagnahme **443;** Zuständigkeit des OLG **GVG 120,** des Generalbundesanwalts **GVG 142a;** polizeiliche Ermittlungen **GVG 120** 8; s. a. *Staatsschutzstrafkammer*
Staatssicherheit, Gefährdung der − **114 II Nr 4;** Ausschluss der Öffentlichkeit **GVG 172 Nr 1, A 12** 213 VI
Standortdaten 100a 6a; **100g** 9, 21, 28; **100i** 19; **101** 9
Stenogramm s. *Kurzschrift*
Steuerberater (-bevollmächtigter), Zeugnisverweigerungsrecht **53 I Nr 3;** − als Verteidiger im Steuerstraf- und -bußgeldverfahren **138** 8, **A 6** 392, 410 I Nr 3; Kosten des -s als notwendige Auslagen **A 6** 408, 410 I Nr 12; Bußgeldverfahren gegen − wegen einer Steuerordnungswidrigkeit **A 6** 411
Steuerbußgeldverfahren A 6 409 ff, **A 12** 275 II
Steuerdateien, Beschaffung aus dem Ausland **136a** 3a, 3b, **161** 5
Steuerfahndungsstellen, Rechte und Pflichten der − im Steuerstraf- und -bußgeldverfahren **163** 2, **A 6** 404, 410 I Nr 9
Steuergeheimnis 54 1, **96** 7, **98b** 3, **108** 4, **160** 28, **161** 5, **A 2** 12 III, **A 6** 30, 393 II, 410 I Nr 4; Ausschluss der Öffentlichkeit bei Gefährdung des -ses **GVG 172 Nr 2**
Steuergesetze, Verfahren bei Verstößen gegen − **A 6** 385 ff, **A 12** 266, 267
Steuerliche Vorfragen A 6 396, 410 I Nr 5
Steuerstrafverfahren Einl 11 ff, **152** 3a, b **160** 13, 13a **A 6** 385 ff, **A 12** 266, 267; Verhältnis zum Besteuerungsverfahren **A 6** 393; **160** 7, **A 6** 397; Zuständigkeit der Wirtschaftsstrafkammer **GVG 74c I Nr 3**
Stillschweigende Entscheidungen Einl 123
Stimmenvergleich 58 14, **81b** 8
Stimmenverhältnis 263, GVG **196**
Störung von Amtshandlungen **164;** der Durchsuchung **106** 4; der Sitzung **GVG 172** 3 f, **176**
Strafantrag 158, A 12 6; fehlender − bei vorläufiger Festnahme **127 III,** bei Haftbefehl **130, A 12** 7; Kosten bei Zurücknahme **470;** bei Beleidigung **A 12** 229; von Justizangehörigen **A 12** 230; bei Körperverletzung **A 12** 234; s. a. *Antragsdelikte*
Strafanzeige 158, 148a 5; Form **158** 10; vertrauliche − **158** 16 ff; Auslandstat **158 III;** namenlose − **160** 9, **A 12** 8; Bestätigung der **A 12** 9; Kostenpflicht bei − **469, A 12** 92, 139 II
Strafarrest 462a 4
Strafaufschub 455-56
Strafausschließungsgründe 263 II, 267 II
Strafaussetzung zur Bewährung im Urteil **260 IV, 267 III;** Befragung des Angeklagten zu Auflagen und Weisungen **265a;** Einzelanordnungen **268a I;** Belehrung **268a III, 453a;** Beschwerde gegen Aussetzungsentscheidung **304 IV Nr 5, 305a;** Verschlechterungsverbot **331** 17; nachträgliche Entscheidung **453;** Überwachung durch das Gericht **453b;** Haftbefehl bei Widerruf **453c;** − und Gesamtstrafenbildung **460** 17; bei Jugendstrafe **A 8** 57 ff; Eintragung in das Zentralregister **A 7** 7, 12, 13; Aufklärung, Erörterung für die − bedeutsamen Umstände **A 12** 15, 127, 138 II

Magere Zahlen = Rdn der Erl, §§ von A 6–A 13 **Sachverzeichnis**

Strafausspruch s. *Rechtsfolgenausspruch*
Strafausstand 455 ff
Strafbefehl 407 ff, **A 12** 175 ff; Verbrauch der Strafklage Einl 178, **vor 407**, **4**, **410** 12; summarisches Verfahren **vor 407** 1; Rechtshängigkeit **vor 407** 3; Voraussetzungen **407**; Prüfung durch den Richter **A 12** 178; Verfall, Einziehung im – **407** 17; gegen Jugendliche und Heranwachsende **407** 3, **A 8** 79 I; Einbeziehung einer Ordnungswidrigkeit **407** 10; rechtliches Gehör **407** 22; nach Eröffnung des Hauptverfahrens **408a**; **A 12** 175a; Verteidigerbestellung **408b**; Inhalt **409**; Zustellung **409** 5 ff, **A 12** 179; Rechtskraft **vor 407** 4, **410**; Einspruch **410**, **411**, Verwerfung des Einspruchs **412**; Verschlechterungsverbot **411** 11; Wiederaufnahmeverfahren **373a**; Nebenklage **396**; gegen Nebenbeteiligte **424** 15, **432**, **438 III**, **444 II**; Kosten **464 I**; Mitwirkung der Finanzbehörde im -sverfahren **A 6** 406 I
Strafbefehlsantrag 407 5 ff, **A 12** 175 ff; Zurücknahme **156** 3; – der FinB in Steuerstrafsachen **407** 5, **A 6** 400; der StA in Steuerstrafsachen, Mitteilung an FinB **A 6** 403 III
Strafbemessung s. *Strafmaß, Strafzumessung*
Straferhöhender Umstand 265, **267 II**
Straferkenntnis nach Übergang vom Bußgeldverfahren zum Strafverfahren **A 8** 81, **A 12** 290
Straferlass, Eintragung in das Zentralregister **A 7** 12 I Nr 3, 13 I Nr 4
Straffrage, Abstimmung über **263**, **GVG 196**
Straffreierklärung und Kosten **468**
Strafgefangener s. *Gefangener*
Strafgerichtsbarkeit, Ausübung in Bund und Ländern **GVG vor 1** 5
Strafgesetz, Einstellung bei Änderung des -es **206b**; Rückwirkung des milderen -es **354a** 1; s. a. *Strafvorschriften*
Strafkammer, Zuständigkeit **GVG 73 ff**; als Schwurgericht **GVG 74 II**; in Staatsschutzsachen **GVG 74a, 74e**, **A 12** 204; in Jugendschutzsachen **GVG 74b**; in Wirtschaftsstrafsachen **GVG 74c, 74e**; auswärtige – **GVG 78, 78a II**; Zuständigkeit besonderer – n **vor 1** 4 ff, **6a**, **209**, **225a**, **225a IV**, **270 I**, **GVG 74e**; s. a. *Große Strafkammer, Kleine Strafkammer, Auswärtige Strafkammer, Jugendkammer, Strafvollstreckungskammer*
Strafklage, Umgestaltung der – **264** 8 ff, **265**; s. a. *Klage*
Strafklageverbrauch Einl 171 ff; bei Einstellung **153** 37, 38, **153a** 45, 52, **154a** 28, **A 8** 47 III; bei Verwerfung des Klageerzwingungsantrags **174 II**; durch Ablehnung der Eröffnung des Hauptverfahrens **211** 1; beim Strafbefehl Einl 181, **vor 407** 4, **410**
Strafliste, Verlesung von -n **249**
Strafmakelbeseitigung A 8 97 ff, 111
Strafmaß bei Wiederaufnahme des Verfahrens **363**; Beschränkung des Einspruchs gegen den Strafbefehl auf das – **410 II**
Strafmilderungsgründe 267 III
Strafprozess, Wesen Einl 1 ff
Strafprozesslehre Einl 6
Strafprozessordnung, Anwendung in Disziplinarverfahren **A 1** 3, 2, Steuerstrafverfahren **A 6** 385 I; bei Rechtsbeschwerde in Strafvollzugssachen **A 10** 120
Strafrechtsanwendungsrecht Einl 211
Strafrechtspflege, Begriff **A 2** 23 4
Strafregister s. *Zentralregister*
Strafrest s. *Aussetzung eines Strafrestes*
Strafrichter, beschleunigtes Verfahren **417 ff**; Berufung gegen Urteile des -s **312**; Strafbefehlsverfahren **407 ff**; Zuständigkeit als Einzelrichter **GVG 25**, **A 12** 113 IV; als Jugendrichter **A 8** 33 II; s. a. *Richter beim Amtsgericht*
Strafsachen, Begriff **A 1** 3 1
Strafsenat beim OLG **GVG 116, 122 II**, beim BGH **GVG 130, 139 II**
Straftat, gesetzliche Merkmale der – **114 I Nr 2, 200 I, 267 I, 409 I Nr 3**; als Wiederaufnahmegrund **364**; in der Sitzung **GVG 183**; **A 12** 275 I
Strafvereitelung, Zusammenhang **3**; Nichtvereidigung als Zeugen **60 Nr 2**; keine Beschlagnahmefreiheit **97 II S 3**; erleichterte Durchsuchung **102**; Ausschließung des Verteidigers **138a II Nr 3**; Verstoß gegen das Legalitätsprinzip als – **163** 1
Strafverfahren und Disziplinarverfahren Einl 178 ff, **A 1** 3 1; Verfolgung von Ordnungswidrigkeiten im – durch StA **A 12** 273 ff; Ahndung von Ordnungswidrigkeiten im – durch Gericht **A 12** 280; Übergang vom Bußgeldverfahren zum – **A 10** 290; Bußgelderkenntnis im – **A 12** 294; s. a. *Strafprozess*
Strafverfahrensrecht Einl 5; Internationales – Einl 208 ff
Strafverfolgung, Auskunftsverweigerungsrecht bei Gefahr der – **55**; Maßnahmen zur Sicherstellung der – **132**, **A 12** 60
Strafverfolgungsmaßnahmen, Gesetz über die Entschädigung für **A 5**, **A 12** 201, Anl C; Anwendung im Bußgeldverfahren **A 5**, **A 12** 295, Anl C
Strafverlangen, fehlendes – bei vorläufiger Festnahme **127 III**, bei Haftbefehl **130 S 3**, **A 12** 7 II
Strafvollstreckung Einl 65 ff, **vor 449** 1, 449 ff; und UHaft **116b**, **A 10** 122; Entscheidungen der DDR-Gerichte **vor 449**

2657

Sachverzeichnis

Fette Zahlen = §§ von StPO, GVG und A 1–5

11; Maßnahmen zur Sicherstellung der – **111d**, **132**, **A 12** 60; Anrechnung von UHaft ua **450**, von Auslieferungshaft **450a**; Vollstreckungsbehörden **451**; durch den Rechtspfleger **451** 10 ff, **A 9** 31; Begnadigungsrecht **452**; Unterbrechung der – bei Anschlussvollzug **454b**; Vollzugsuntauglichkeit **455**; Vollstreckungsaufschub und Unterbrechung **455a**, **456**; Vorführungs- und Haftbefehl **457**; gerichtliche Entscheidung **458**, **462**, **462a**; von Geldstrafen uä **459 ff**; bei Einziehung und Wertersatzeinziehung **459g**; nachträgliche Gesamtstrafenbildung **460**, **462 III**, **IV**; Krankenhausaufenthalt **461**; bei Maßregeln der Besserung **463 ff**; bei Fahrverbot **463b**; bei Urteilsbekanntmachung **463c**; Beteiligung der Gerichtshilfe **463d**; Kosten der – **464a I**; Rechtshilfe **GVG 160**, **162 ff**; gegen Jugendliche **A 8** 82 ff; Anfechtung von Maßnahmen der Vollstreckungsbehörde **458** 5 ff, **A 2 23** 16, der Vollzugsbehörde **A 10** 109 ff; Mitteilung der – an das Zentralregister **A 7** 15

Strafvollstreckungshilfe GVG 162f

Strafvollstreckungskammer **451 III**, **462a**, **463**, **GVG 78a**, **78b**, **A 8** 82 I, 83 II Nr 2, **A 10** 110

Strafvollstreckungsordnung vor 449 1

Strafvollzug Einl 68; erkennungsdienstliche Behandlung im – **81b** 4; Verteidigerbestellung **140** 33b; Zusammentreffen von – und UHaft **116b**, **A 10** 122; Anfechtung von Maßnahmen der Vollzugsbehörden **A 2 23** 3, **A 10** 109 ff, **GVG 78a**, **78b**, **121 I Nr 3**

Strafvollzugsbedienstete, Nichtberufung zum Schöffenamt **GVG 34 I Nr 5**

Strafvollzugsbehörde s. *Vollzugsbehörde*

Strafvollzugsgesetz A 10

Strafvollzugssachen, Anfechtung **A 2 23** 3, **A 10** 109 ff, **GVG 78a**, **121 I Nr 3**

Strafvorschriften, Angabe der anzuwendenden – im Haftbefehl **114 II Nr 2**, in der Anklageschrift **200 I**, im Urteil **260 IV**, **V**, **267 III**, im Strafbefehl **409 I Nr 4**

Strafzeitberechnung 450 9, **454b** 5a, **458 I**

Strafzumessung, Aufklärung der für die – bedeutsamen Umstände **A 12** 15, 73

Strafzumessungsgründe im Urteil **267** 18; Prüfung durch Revisionsgericht **337** 34 ff

Straßenverkehrsstrafsachen s. *Verkehrsstrafsachen*

Strengbeweisverfahren 244 6, **244–256**; Einschränkung **384 III**, **420 IV**, **436 II**

Stumme Zeugen **66**; Verteidigerbestellung **140 II** 2; -r Richter **338** 12; Zuziehung eines Dolmetschers **GVG 186**

Stundung s. *Zahlungserleichterungen*

Subsidiarität, des Menschenrechtsschutzes der MRK **A4 vor 1**, **4a**, **1** 1, **35** 2

Subsidiaritätsklausel 53 39; **81e** 7; **97** 45; **98a** 3, 11; **98c** 2; **100a** 13; **100c** 8; **100f** 8; **100g** 18; **100h** 4; **110a** 15; **131** 3; **131a** 2; **131b** 2; **163d** 11; **163e** 5, 7, 8; **163f** 5; **247a** 4; **255a** 5

Substitutionsrecht der vorgesetzten StÄe **GVG 145** 1 2

Subventionsbetrug, Zuständigkeit der Wirtschaftsstrafkammer **GVG 74c I Nr 5**

Suchtberatungsstelle, Zeugnisverweigerungsrecht **53** 3b, Beschlagnahmefreiheit **97**

Suchvermerk im Zentralregister **A 7** 27 ff, **A 12** 41 IV

Suggestivfragen 136a 25, **161a** 9, **241** 15

Sühnebescheinigung 380 9

Sühneversuch in Privatklagesachen **380**

Suizid 112 18, **159** 2; -versuch **231** 17

Supranationale Gerichtsbarkeit Einl 207

Surfverhalten 100a 7b **100b** 1

Suspensiveffekt der Rechtsmittel **vor 296** 2, **316**, **343**

Symbolische Vorführung 115 3, **128** 5, **A 12** 5 1

Syndikusanwalt 53 15a, **97** 10c, **138** 2b, **345** 12

T

Tagebuchaufzeichnungen Einl 56a

Tagesfristen 42

Tagessatz, Beschränkung der Berufung auf die Höhe des -es **318** 19

Tat, Bezeichnung im Haftbefehl **114 I Nr 2**, in der Anklageschrift **200 I**, im Urteil **260 IV**, im Strafbefehl **409 I Nr 3**

Tatbegriff, prozessualer **264**, **200** 7 ff, nach Art 54 SDÜ **Einl 177a–d**, **153** 37, **153a** 52, **154** 21a, 22, **170** 9a, **174** 6

Tatbeteiligter Verteidiger, Ausschließung **138a I Nr 1**

Tateinheit, Beschränkung der Verfolgung **154a**, **A 12** 101a; Behandlung im Urteil **260** 12; von Privatklage- und Offizialdelikten **376** 9 f; von Nebenklage- und Offizialdelikten **395** 4

Täter-Opfer-Ausgleich 136 I, **153a I S 2 Nr 5**, **155a**, **155b**

Täterschaft, Nichtvereidigung als Zeuge bei – **60 Nr 2**

Tätige Reue bei Staatsschutzdelikten **153e**, **A 12** 100

Tatmehrheit, Behandlung im Urteil **260** 13

Tatort s. *Begehungsort*

Tatortbesonderheiten 153c, **A 12** 94 ff

Tatortskizze s. *Skizzen*

Tatprovokation Einl 148a, 148c **163** 34a, **A 4** 6 4, 4a, b

Tatsachen, Anknüpfungs-, Befund- und Zusatz- für den Sachverständigen **vor 72** 7, **79** 10 ff, **261** 9; offenkundige – **244** 50 ff; *s. a. Neue Tatsachen und Beweismittel*
Tatteile, abtrennbare **154a I**
Tatverdacht, dringender **81 II, 112** 5 ff, **138a I**; hinreichender **170** 1, **203** 2; *s. a. Verdacht*
Taube, Verteidigerbestellung **140 II 2**; Schlussvortrag **259 II**; **-r** Richter **338** 12; Zuziehung eines Dolmetschers **GVG 186, A 12** 21 **II**
Taubstumme, *s. Hörbehinderte*
Täuschung, unzulässige Vernehmungsmethode **136a** 12 ff
Technische Mittel 100f; 100i
Teilanfechtung des Urteils **318** 5 ff; des Strafbefehls **410 II**
Teilbeschlagnahme 94 13
Teilbeschwerde 304 4
Teilbeträge, Verrechnung von -n **459b**
Teileinstellung 170 8; Kostenentscheidung **465** 9, 10
Teilerfolg eines Rechtsmittels, Kostenregelung **473 IV**
Teilfreispruch, Kostenentscheidung **465** 9, 10
Teilnahme des StA an der Hauptverhandlung **226, A 12** 287; *s. a. Anwesenheit*
Teilnehmer, Zusammenhangstat **3**; Nichtvereidigung als Zeuge **60 Nr 2**; Durchsuchung **102**; Ausschließung des Verteidigers **138a I Nr 3**; als Einziehungsbeteiligte **431** 10
Teilrechtskraft Einl **184** ff, **318**, 31; Strafvollstreckung **449** 8 f, **451** 14
Teilurteil 260 8, **406 I 2**
Teilversäumnis, Wiedereinsetzung in den vorigen Stand **44** 7
Teilweise Rechtsmittelrücknahme 302 2
Teilweiser Rechtsmittelverzicht 302 16
Teilwiederaufnahme 359 3
Teilzahlung von Geldbußen *s. Zahlungserleichterungen*
Telebriefe, Prozesshandlungen mittels -n Einl **139**
Telefax Revisionsbegründung durch – Einl **139a**; Überwachung des -verkehrs **100a** 6; Wiedereinsetzung bei Störung **44** 17, **45**, 9a
Telefongespräch, Auskunft über -e **99** 13, **A 12** 84, 85; Abhören von -en **100a, 100b**
Telefonische Erklärungen Einl **140**; – Anzeigen **158** 10
Telegrafische Erklärungen Einl **139**
Telegramme von Strafgefangenen **A 10** 32; Auskunft über – **A 12** 85
Telegrammbeschlagnahme 99 ff, **A 12** 77, **82**
Telekommunikation 100a 6, **101** 9, **119 I, III**; **161** 3

Termin, Begriff **vor 42** 3
Termin zur Hauptverhandlung, Anberaumung **213** 1, **A 12** 116
Terminsnachrichten 118a I, 138d II, 168c V, 168d I, 214 I, 218, 224, 225, 233 III, 350, 369 III S 2, 404 III, 428 I S 2, 429, 430 I, A 6 403 I, 407 I, 410 I Nr 8, 11, **A 12** 117 II
Terroristische Vereinigungen *s. Organisationsdelikte*
Test *s. Psychologischer Test*
Therapieunterbringungsgesetz 275a 22, **140** 20a
Tierarzt, kein Zeugnisverweigerungsrecht **53** 3
Tierschutz, Verstöße gegen Vorschriften über – **A 12** 268
Tilgung von Eintragungen im Zentralregister nach Fristablauf **A 7** 45 ff, auf Anordnung **A 7** 48, 49; Rechtswirkung der – **A 7** 51, 52
Tod, unnatürlicher – **159, A 12** 33; des Antragstellers **177** 1; Wiederaufnahme nach dem – des Verurteilten **361, 371**; des Privatklägers **375** 5, **393, 394, 471** 3; des Nebenklägers **402**; des Einziehungsbeteiligten **435** 17; des Eigentümers **459g** 6; des Beschwerdeführers der Verfassungsbeschwerde Einl **238b**
Tod des Beschuldigten, kein Ende des Verteidigermandats **vor 137** 7; Beendigung des Verfahrens **206a** 8, **464** 14, **465** 12; Entschädigung **A 5 6 8**
Todesstrafe A 4 2
Tonaufnahmegerät, Verwendung zu vorläufigen Protokollaufzeichnungen **168a II, A 10** 5a
Tonbandaufnahmen Einl **128, 69** 9, **86** 11, **97** 28, 31, **163** 40 ff, **249** 7, 29, **251** 2, **261** 10, **GVG 169** 9 ff, **A 12** 129; *s. a. Tonträger*
Ton-Rundfunk *s. Rundfunk*
Tonträger, Aufnahme **273 II, 323 II**; Beschlagnahmefreiheit **97 V**; Aufnahme des Fernmeldeverkehrs auf – **100a, 100b, A 12** 85 V; Beschlagnahme **111q**; *s. a. Tonbandaufnahmen*
Totschlagsverdacht als Haftgrund **112 III**
Transportgefährdung A 12 245
Trennscheiben beim Verteidigergespräch **148** 22
Trennung verbundener Strafsachen **2 II, 4, vor 48** 22, **163** 5, in der UHaft **119** 22
Truppen, ausländische, Rechtsstellung **GVG 18** 9 ff

U

Überbesetzung von Spruchkörpern GVG 21e 5, **21g** 3

Sachverzeichnis

Fette Zahlen = §§ von StPO, GVG und A 1–5

Überführungsstücke, Behandlung von -n A 12 74 ff; Übersendung an das Revisionsgericht A 12 166
Übergabe, Zustellung durch – 232 IV; von Gegenständen in der UHaft 119 21
Übergang ins Strafbefehlsverfahren 408a, 418 III; vom Sicherungsverfahren zum Strafverfahren 416; vom subjektiven zum objektiven Einziehungsverfahren 435 19; vom Bußgeld- zum Strafverfahren A 12 290; von UHaft zur Strafhaft 120 15
Überhaft vor 112 13
Überholung, prozessuale – 105 15, vor 296 17
Überlastung eines Richters GVG 21e III
Übermaßverbot Einl 21, 152 6, 161 9; s. a. Verhältnismäßigkeitsgrundsatz
Übermittlung von Erkenntnissen durch die Vollzugsanstalt 114e
Übernahme durch ein Gericht höherer Ordnung 225 I S 2, III; der Privatklage durch StA 377, A 12 172
Übernahme der Verfolgung durch einen ausländischen Staat Einl 210; durch den GBA in Staatsschutzsachen GVG 74a II, 120 II; von Steuerstrafverfahren durch StA A 6 386 IV; von Ordnungswidrigkeiten durch die StA A 12 277 ff
Überschießende Feststellungen 264 11
Überschrift, Bezeichnung der Tat durch gesetzliche -en 260 IV
Übersendungsbericht der StA in Revisionssachen A 12 164 ff
Übersetzer GVG 185 2; s. a. Dolmetscher
Übersetzung von Schriftstücken bei sprachunkundigen Ausländern GVG 184 2, 3, 187, A 4 6 18, A 12 181 II
Überstaatliche Organisationen, Vorrechte und Befreiungen GVG 18 11, 20
Überstellung an einen internationalen Strafgerichtshof Einl 207a, 207b, 153f, 154b II, 456a
Übertragbarkeit des Entschädigungsanspruchs A 5 12 II
Übertragung der Zuständigkeit des Gerichts 12 II, 15, 19
Überwachung des Fernmeldeverkehrs 100a, 100b, A 12 85 V; von Auflagen und Weisungen 153a 26; des Verteidigerverkehrs 148 II, 148a; des Verurteilten während der Bewährungszeit vor 449 3, 453b, während der Führungsaufsicht 463a; gerichtliche – des Vollstreckungsverfahrens Einl 69, 458 ff, A 2 23 ff; des Besuchsverkehrs von Gefangenen A 10 27; des Schriftverkehrs von Gefangenen A 10 29; der Haftvoraussetzungen durch StA A 12 54
Überwachungsrichter 148a
Überzeugung des Gerichts 261 2
Umgestaltung der Strafklage 200 2, 7 ff, 26 264 23 ff, 265

Umgrenzungsfunktion der Anklage 154 6, 154a 18, 200 2, 7, 9, 9a, 26, 207 12
Umlaufverfahren, Beschlussfassung des Präsidiums im – GVG 21i 1; bei Abstimmungen außerhalb der Hauptverhandlung GVG 194 5
Umwandlung von Ordnungsgeld in Ordnungshaft 51 18; A 2 6 II
Umweltschutzstraftaten A 12 268; Gerichtsstand bei – im Meer 10a
Unabänderbarkeit von Entscheidungen 260 6
Unabhängigkeit der Gerichte GVG 1
Unbekannt, Ermittlungsverfahren gegen 152 5, 160 6; -er Toter 159
Unbeschränkte Auskunft aus dem Zentralregister A 7 41 ff
Unbestimmter Rechtsbegriff 337 16 ff
Unbillige Härte s. Härtevorschrift
Unbrauchbarmachung, Beschlagnahme zur Sicherstellung der – 111b; Anordnung im Strafbefehl 407 II Nr 1; Verfahren 442; Vollstreckung 459g; Kosten 472b; s. a. Einziehung
Unehre, zur – gereichende Fragen an Zeugen 68a
Unentschuldigtes Ausbleiben 51 6 ff, 116 IV Nr 2, 329 17 ff, 412, 427 II, 444 II
Unerreichbare Beweismittel 244 62 ff, 261 12; -r Schöffe GVG 54 7, 8
Unerwachsene Personen, Versagung des Zutritts GVG 175
Unfähigkeit zum Schöffenamt GVG 32, 52, 77
Unfallskizzen s. Skizzen
Ungebühr vor Gericht 164, GVG 177 ff, A 12 128 I
Ungeeignete Beweismittel 244 58 ff; – Fragen 241 15
Ungehorsam des Zeugen 51, 70, 161a; des Sachverständigen 77, 161a
Universitätsprofessor s. Rechtslehrer
Unlauterer Wettbewerb A 12 260; – als Privatklagedelikt 374 I Nr 7; Zuständigkeit der Wirtschaftsstrafkammer GVG 74c I Nr 19
Unmenschliche Behandlung, Verbot der – A 4 3
Unmittelbare Ladung von Zeugen und Sachverständigen 38, 214 II, 220, 222, 386 II
Unmittelbarer Zwang Einl 45, 46, 81a 28 ff, 81b 15, 81c 30, 105 13; Anwendung durch Polizei auf Anordnung der StA 161 14, A 12 Anl A; durch Bedienstete der Justizvollzugsanstalten A 10 94 ff, 178
Unmittelbarkeit der Beweisaufnahme 250 1; Ausnahmen 251, 253, 255a, 256, 325, 420
Unschuldige, Verfolgung -r 163 1
Unschuldsvermutung Einl 3; A 4 6 II

Untätigkeitsbeschwerde 304 3, **vor** 198 GVG 3
Untätigkeitsklage A 2 27 1, A 10 113 I
Unterbrechung der UHaft **vor** 112 14, 116b, A 10 122; der Vollstreckung 360 II, 455a, 458 III, bei Anschlussvollstreckung 454b; der Verfolgungsverjährung 163 22, A 12 22, 274; von gerichtlichen Verfahren bei Kontaktsperre A 2 34 IV
Unterbrechung der Hauptverhandlung 138c IV, 145 III, 222a II, 228, 229, 231a III, 266 III, A 2 34 III Nr 6, A 12 137
Unterbringung in einer Entziehungsanstalt, psychiatrischen Krankenanstalt *s. Anstaltsunterbringung*
Unterbringungsbefehl 126a, 127 II, 128 II, 131 II, A 2 38
Unterhaltsberechtigte, Anspruch auf Entschädigung A 5 11
Unterhaltszahlungen, Einstellung bei – 153a I S 1 Nr 4
Unterlassung von Entscheidungen 304 3, 464 12, A 2 23 II, 27, 28 II, A 10 109 I, 113, 115 IV
Unterlassungsanspruch auf Strafanzeige 158 24
Unternehmensanwalt 97 10a–c, 138 2c, 148 3
Unternehmensinterne Untersuchungen *s. interne Ermittlungen*
Unterrichtung des Verletzten außerhalb des Strafverfahrens 406j, 406k – im Strafverfahren 406j, 406k
Unterschrift Einl 129 ff; bei Entscheidungen **vor** 33 6 ff; bei Protokollen über Untersuchungshandlungen 168a III, IV, 168b II; bei Sitzungsprotokoll 271; beim Urteil 275 II, IV; beim Strafbefehl 409 13; des StA beim Aktenvermerk über den Ermittlungsabschluss A 12 109 III, bei der Rechtsmittelschrift A 12 149
Untersuchung des psychischen Zustandes 81; gerichtliche 151 2; Umfang der 155; Beschränkung 154, 154a; des Angeklagten zwecks Unterbringung 246a; des Beschuldigten in Jugendsachen A 8 43 III; *s. a. körperliche Untersuchung*
Untersuchungserfolg, gefährdeter – *s. Gefährdung des Untersuchungserfolgs*
Untersuchungsgefangene, Beschränkungen 119; Unterbringung in einem Krankenhaus A 12 58
Untersuchungsgrundsatz Einl 10, 155 2
Untersuchungshaft 112 ff, A 12 46 ff; Wesen **vor** 112 1 ff; Unterbrechung durch Strafhaft **vor** 112 14, 116b, A 10 112; Voraussetzung 112–113; Aussetzung des Vollzugs 116 ff; Beschränkungen in der – 119; Anhörung vor Anordnung 33 IV, 308 I; gegen Abgeordnete 152a 7; Entscheidung über Fortdauer 207 IV, 268b; sicheres Geleit 295 II; Anrechnung auf Strafe 260 35, 36, 450, bei Jugendstrafe A 8 52a; bei Privatklage 384 5; Anfechtung von Maßnahmen der Vollzugsbehörden A 2 23 3, 18; und Menschenrechtskonvention A 4 5 4 ff; Entschädigung für unschuldig erlittene – A 5 2 I; Berücksichtigung bei Jugendarrest A 8 52; gegen Jugendliche A 8 72; keine Zuständigkeit der Finanzbehörde im Steuerstrafverfahren bei – A 6 386 III; von Ausländern A 12 54; bei Krankheit A 12 58; *s. a. Haftbefehl*
Untersuchungshaftvollzugsordnung 119 2
Untersuchungshandlungen, Begriff 162 4 ff; eines unzuständigen Gerichts 20, 21; richterliche – im Vorverfahren 162, 163 II, 165, 168 ff, 169 II, A 12 10; staatsanwaltliche 168b; *s. a. Polizeiliche Ermittlungen*
Untersuchungsverweigerungsrecht 81a 24, 81c 22 ff; Belehrung über – 81a 12, 81c 24, 163a 27
Untervollmacht vor 137 11, 137 5, 138 18, 145a 10, 146 7
Unterzeichnung *s. Unterschrift*
Unverdächtigter, Untersuchung 81c; Identitätsfeststellung 163b II
Unverschuldete Fristversäumnis *s. Verschulden*
Unverzüglich 25 8, 98b III, 100 V, 100b IV, 101 VIII, , 114a I, 114b I, 118 V, 121 III, 126 II, 141 I, 142 II, IV, 163d II, 168a II, 459j I; -e Vorführung 115, 115a, 128, 135, 163c I
Unwirksamkeit von Prozesshandlungen Einl 104 ff; von gerichtlichen Entscheidungen Einl 105 ff; von Zustellungen 37 26; von Rechtsmittelverzichten 302 23 ff
Unzulässigkeit von Prozesshandlungen Einl 111, **vor** 296 6; von Beweisanträgen 244 48 ff; der Beschwerde 304 IV, 305; der Berufung 313, 319, 322; der Revision 346, 349; des Wiederaufnahmeantrags 368; des Nachverfahrens 433 10
Unzuständigkeit des Gerichts, Einwand der – 6a, 16; Gültigkeit einzelner Untersuchungshandlungen bei – 20; in der Revisionsinstanz 348; als Revisionsgrund 338 Nr 4
Unzumutbarkeit des Erscheinens 223 II, 251 II Nr 2
Urheberrechtsverletzung A 12 261; Privatklagedelikt 374 I Nr 8
Urkunde, Begriff 249 ff; Verlesung von -n in der Hauptverhandlung 249 ff; unechte – und Wiederaufnahme 359 Nr 1, 362 Nr 1
Urkundenbeweis 249; mit Protokollen 251, 273 9

Sachverzeichnis

Fette Zahlen = §§ von StPO, GVG und A 1–5

Urkundsbeamter der Geschäftsstelle GVG 153; Aufnahme von Anträgen und Erklärungen Einl 133, 134; Ausschließung und Ablehnung 31; als Protokollführer in der Hauptverhandlung 271, 272 Nr 2, im vorbereitenden Verfahren 168, Anwesenheit in der Hauptverhandlung 226; im Urteil 275 III; Urteilsausfertigung 275 IV; Vollstreckbarkeitsbescheinigung 451 I; Führung der Schöffenliste GVG 45 IV; als Dolmetscher GVG 190; s. a. *Protokoll der Geschäftsstelle*
Urkundsbeamter der StA Einl 138, GVG 153 I
Urlaub von Gefangenen A 10 35, 36
Urschrift des Urteils 275 3, 18
Urteil Einl 121, 260 ff; Form vor 33 15, A 12 141; Rechtskraft Einl 163 ff; Unwirksamkeit Einl 105 ff; Verlesbarkeit 249 12; Inhalt 260; Gegenstand des -s 264; abgekürztes – 267 IV, V; Frist und Form der Urteilsniederschrift, Ausfertigung 275; im Berufungsverfahren 328; im Revisionsverfahren 353; im Sicherungsverfahren 414 6; Vollstreckbarkeit 449; Mitteilung an VerwB (Finanzbehörde) im Bußgeldverfahren A 6 407 II, 410 I Nr 11; Übersendung A 12 140; Zustellung A 12 154; *s. Entscheidungen des Gerichts*
Urteilsbekanntmachung *s. a. Bekanntgabe der Verurteilung*
Urteilsfolgen, Entschädigung für – A 5 1
Urteilsformel 260 IV, 268 III, 273 I, Berichtigung 260 6, durch Revisionsgericht 349 22, 354 12 ff
Urteilsgründe 267, 268 II, IV, 275 I, Berichtigung 267 39; Bezugnahme auf Aktenteile und andere Urteile 267 2; Fehlen, Verspätung der – als Revisionsgrund 338 Nr 7; in Jugendsachen A 8 54
Urteilsverkündung 260 1 ff, 268, 314, 341, 356; öffentliche – GVG 173; in Jugendsachen A 8 48 I

V

Veränderung des rechtlichen Gesichtspunkts, Hinweis auf 234a, 265, 384 16; A 12 290 III
Veräußerungsverbot bei Beschlagnahme 94 17, 111d 1, 292 1, 443 3; bei Einziehung vor 421 12
Verbindung zusammenhängender Strafsachen 2 ff, 13, 163 5, A 12 17, 218; von Straf- und Bußgeldsachen 2 8; von Verfahren gegen Jugendliche und Heranwachsende 2 9; Zusammenhang 3; nach Rechtshängigkeit 4; von Jugendsachen mit Erwachsenensachen 2 9, A 8 103, 112; in der Hauptverhandlung 237; von Privatklagen 375 2

Verbindungsmann *s. V-Mann*
Verbot von Ausnahmegerichten GVG 16; – öffentlicher Berichte über Gerichtsverhandlungen GVG 174 II; – der Beweisantizipation 244 46; – der Schlechterstellung *s. reformatio in peius*
Verbrauch der Strafklage *s. Strafklageverbrauch*
Verbrechen, besonderer Haftgrund bei bestimmten – 112 III; notwendige Verteidigung 140 I Nr 2
Verdacht der Beteiligung, Nichtvereidigung von Zeugen bei – 60 Nr 2; Ausschluss des Verteidigers 138a I Nr 1
Verdacht einer Straftat 160; *s. a. Tatverdacht*
Verdächtiger Einl. 77, 157 1; Durchsuchung 103; Identitätsfeststellung 163b, 163c
Verdeckter Ermittler 110a–110c; A 12 Anl D
Verderb von Gegenständen, Notveräußerung 111p
Verdienstausfall des Beteiligten als notwendige Auslagen 464a 6
Verdunkelungsgefahr als Haftgrund 112 II Nr 3, 113 I; Aussetzung der UHaft 116 II
Vereidigung von Sachverständigen 79; des Dolmetschers GVG 184
Vereidigung von Zeugen 59 ff, A 12 136; Verbot der – 60; im vorbereitenden Verfahren 62; bei kommissarischer Vernehmung 63, 251 42 ff; im Verfahren gegen Abwesende 286 II; in Jugendsachen A 8 49; *s. a. Eid*
Verein als Privatkläger 374 III; *s. a. Juristische Personen*
Vereinfachtes Ermittlungsverfahren 163 28a
Vereinfachtes Jugendverfahren A 8 6 ff
Vereinigter Großer Senat GVG 132, 138
Vereinigungsfreiheit, Recht auf – A 4 11
Vererblichkeit des Entschädigungsanspruchs A 5 13 3
Verfahren bei Einsätzen zur Ermittlung von Straftaten nach § 184b StGB 110d
Verfahrensbeteiligte Einl 70 ff; Handlungsfähigkeit Einl 96 ff; Anhörung von -n 33, 33a; als Zeugen vor 48 23; Anwesenheit bei richterlichen Untersuchungshandlungen 168c, 168d; bei Anfechtung von Maßnahmen des Strafvollzugs A 10 111; *s. a. Nebenbeteiligte*
Verfahrensbeteiligung, Anordnung der – bei Einziehung pp 424, 438; bei Geldbuße gegen JPen 444 I
Verfahrenseinstellung *s. Einstellung*
Verfahrenshindernisse *s. Prozesshindernisses*
Verfahrensmängel, Heilung von -n Einl 159, 136 9, 337 39

2662

Magere Zahlen = Rdn der Erl, §§ von A 6–A 13   **Sachverzeichnis**

Verfahrensrüge 337 7 ff, 344 20 ff
Verfahrensverzögerung A 4 6 9 s. a. *Beschleunigungsgebot*
Verfahrensvoraussetzungen s. *Prozessvoraussetzungen*
Verfallklausel bei Auflagen und Weisungen **153a** 24; bei Zahlungserleichterungen **459a** 4 ff
Verfasser von Druckwerken **53** 35
Verfassungsbeschwerde Einl 230 ff; keine – bei Verletzung der MRK **A 4 13** 2
Verfassungsmäßigkeit von Gesetzen, Prüfung der – Einl 218 ff, **A 12** 190, 297
Verfassungsrechtliche Beweisverbote Einl 56
Verfassungsschutzamt, unbeschränkte Auskunft aus dem Zentralregister **A 7** 41 I Nr 3; Fühlungnahme mit – in Staatsschutzsachen **A 12** 205; Unterrichtung **A 12** 206
Verfassungswidrigkeit einer Strafrechtsnorm als Wiederaufnahmegrund **vor 359** 7
Verfolgung, Gefahr der – und Auskunftsverweigerungsrecht **55, 161a, 163** III; auf frischer Tat **127;** Haussuchung zur Nachtzeit **104;** – Flüchtiger GVG **167;** s. a. *Absehen von Verfolgung, Strafverfolgung*
Verfolgung von Ordnungswidrigkeiten durch StA **A 12** 269 ff
Verfolgungsbehörde bei Ordnungswidrigkeiten **A 12** 269 ff
Verfolgungsgrundsatz s. *Legalitätsprinzip*
Verfolgungshindernisse s. *Prozesshindernisse*
Verfolgungsmaßnahmen s. *Strafverfolgungsmaßnahmen*
Verfolgungsverjährung s. *Verjährung*
Verfolgungszwang, Ausnahmen vom – s. *Einstellung des Verfahrens, Opportunitätsprinzip*
Verfügungen des Gerichts Einl 121, **304;** von Justizbehörden s. *Justizverwaltungsakte*
Vergehen, Nichtverfolgung bei geringer Schuld **153, 383** II, **A 12** 93
Vergiftungsverdacht und Leichenöffnung **91, A 12** 35
Vergleich im Privatklageverfahren **vor 374** 8 ff, **380** 7; bei Nebenklage **vor 395** 13; im Adhäsionsverfahren **405**
Vergleichsbehörden für den Sühneversuch **380** 1
Verhafteter, Verkehr mit dem Verteidiger **148, 148a,** Beschränkung bei Kontaktsperre **A 2 31** 7 ff; Rechtsmitteleinlegung **299;** s. a. *Untersuchungsgefangene*
Verhaftung, Benachrichtigung von Angehörigen **114b;** s. a. *Untersuchungshaft*
Verhältnismäßigkeitsgrundsatz Einl 20–22, 158, **A 4 8** 7 ff, **A 10** 96, **A 12** 4; bei Unterbringung zur Beobachtung **81** II, **A 12** 61 I, bei körperlichen Eingriffen

81a 18; bei Beschlagnahme **94** 18 ff; bei der Rasterfahndung **98a** 3; bei Beschlagnahme von Druckwerken, Schriften uä **111m** 4 ff; bei der UHaft **112 I, A 4 5** 7; bei Identitätsfeststellung **163b II S 2;** bei der Netzfahndung **§ 163d** 11
Verhandlung außerhalb der Hauptverhandlung **vor 226** 2
Verhandlungseinheit, Prinzip der – **226** 1
Verhandlungsfähigkeit Einl 96 ff; im Revisionsverfahren **337** 6, **350** 3a; des Nebenbeteiligten **427** 7, 8, **438** III; s. a. *Prozessfähigkeit, Verhandlungsunfähigkeit*
Verhandlungsleitung 238
Verhandlungsplan 213, 3, **214** II
Verhandlungsunfähigkeit Einl 97, **206a** 7; **261** 34; Hauptverhandlung in Abwesenheit des Angeklagten bei – **231** II, **231a, A 12** 122; Sicherungsverfahren bei – **413 I, 416** III
Verhinderung des zuständigen Gerichts **15;** des Verteidigers an der Hauptverhandlung **228** II; des Vorsitzenden an der Unterzeichnung des Protokolls **271** II; an der Unterzeichnung des Urteils **275** II; eines Richters GVG **21e;** des Präsidenten GVG **21c I;** des Präsidenten GVG **21 f II;** eines Schöffen GVG **54, 84;** s. a. *Vertretung*
Verhör des Zeugen 69 6 ff
Verhörperson als Zeuge **250** 15
Verjährung Einl 145, 177b **154 IV, 263** III; Ruhen der – **153a** III, **154e** III, **A 6** 396 III, 410 I Nr 5; Unterbrechung der – **163** 22, **A 12** 22, 274
Verjährungsfrist, Verlängerung **462** I
Verkehr des Gefangenen mit der Außenwelt **A 10** 23 ff
Verkehr des Verhafteten mit dem Verteidiger **148, 148a, A 10** 26, 27 IV; mit anderen Personen und Institutionen **119 IV;** Ausschließung des Verteidigers bei Missbrauch **138a I Nr 2;** Beschränkung bei Kontaktsperre **A 2 31** 7 ff
Verkehrsdaten 94 16a; **99** 15, 16; **100g; 101a; 101b; 100i** 1; **101** 17; **161,** 3; **162** 8
Verkehrsstrafsachen A 12 243; Internationale Abkommen über Rechtshilfe in – **A 12** 244; gegen Konsularbeamte GVG **19** 3, **A 12** 243 ff
Verkehrsunterricht, Teilnahme an einem – **A 8** 45 I
Verkehrszentralregister, Eintragung **243** 26, 34; von Einstellungen **153a** 60; Rechtsschutz gegen Mitteilungen EGGVG **22** 1, **24** 5; Einholung von Auskünften bei Verkehrsstraftaten **A 12** 243 I
Verkündung von Entscheidungen **35** I, **118a IV; 138d V, 268a I, 268b S 2;** des Haftbefehls **114a;** s. a. *Urteilsverkündung*

2663

Sachverzeichnis

Fette Zahlen = §§ von StPO, GVG und A 1–5

Verlangen s. *Strafverlangen*
Verleger, Pflicht zur Aufnahme der Urteilsbekanntmachung **463c III;** s. a. *Presse*
Verlesung (in der Hauptverhandlung) **249** 1; des Protokolls über die richterliche Vernehmung des Angeklagten **232 III, 233 III,** des Beschuldigten im Sicherungsverfahren **415 IV;** des Anklagesatzes **243 III;** von Urkunden **249;** keine – früher aufgenommener Protokolle **250;** Ausnahmen **49 S 2, 50 IV S 2, 55** 12**, 168 1** 1**, 251;** keine – der Zeugenaussage bei Zeugnisverweigerung **252;** Protokoll- zur Gedächtnisunterstützung **253;** von Geständnissen und Widersprüchen **254;** Protokollvermerk über – **255;** – von behördlichen und ärztlichen Erklärungen **256, A 12** 68; der Urteilsformel **268 II;** in der Berufungsinstanz **324, 325;** des Eröffnungsbeschlusses im Privatklageverfahren **384 II**
Verletzte, Ausschließung -r vom Richteramt **22 Nr 1;** Mitteilung der Verfahrenseinstellung **171;** – als Antragsteller im Klageerzwingungsverfahren **172** 9 ff; als Privatkläger **374;** als Nebenkläger **395;** Adhäsionsverfahren **403** ff, **472a, A 8** 81, **A 12** 173, 174; Mitteilungspflichten **406d;** Akteneinsichtsrecht **406e;** Beteiligungsrechte **406f, 406h;** Beistand oder Prozesskostenhilfe **406h III, IV;** Hinweis auf Befugnisse **406i, 406j;** Ausschließung -r als Gerichtsvollzieher **GVG 155** s. *Opferentschädigung*
Verlöbnis als Ablehnungsgrund **24** 11; als Zeugnisverweigerungsgrund **52 I Nr 1;** als Eidesverweigerungsgrund **61**
Verlust des Eröffnungsbeschlusses **203** 4; des Protokolls **271** 27; der Urteilsurschrift **275** 27, **316** 6
Vermittlungsschwindel A 12 236
Vermögensabschöpfung vor § 111b 1; **vor § 421**
Vermögensbeschlagnahme bei Abwesenden **290;** bei Staatsschutzsachen **vor 430** 12, **443**
Vermögensarrest, zur Sicherung von Wertersatz, Geldstrafe und Kosten **111e–111i, vor 464** 5; weitere Beschwerde **310 I;** Entschädigung **A 5 2 II Nr 4, 5 I Nr 4;** s. a. *Arrest und Aufhebung*
Vermögensrechte, Beschlagnahme **111c II** 8; Vermögensarrest – **111f** 2
Vermögensrechtliche Ansprüche, Entschädigungsverfahren **403** ff, **472a, A 8** 81, **A 12** 173, 174
Vermögensschaden 153a 16; Entschädigung für erlittenen **A 5 7** 1 ff
Vermögensstrafe **111o, 111p, 459i** s. a. *Einziehung, Geldstrafe, Nebenfolgen, die zu einer Geldzahlung verpflichten, Verfall*
Vermögensvorteil, Sicherstellung **111b** ff

Vernehmung des Beteiligungsinteressenten **426, 438 III, 444 II;** von Exterritorialen **GVG 18** 10; **A 12** 198; von Gefangenen und Verwahrten **A 12** 20
Vernehmung des Angeklagten in der Hauptverhandlung **243 II, IV;** Kommissarische – **223, 70 III**
Vernehmung des Beschuldigten 133 ff, **163a, A 2 34 III Nr 3, A 8** 44, **A 12** 44, 45; zum Haftbefehl **115 II, III, 115a II;** bei vorläufiger Festnahme **128;** durch die StA **163a III, 168b, A 12** 3; durch die Polizei **163a IV;** in Jugendsachen **A 8** 44
Vernehmung von Zeugen und Sachverständigen 58, 58a, 68, 68a, 69, 161a, 163 III, 168, 168a, 168b II, 168c, 168e, A 12 64 ff; durch die StA **161a, 168b II, A 12** 3; durch die Polizei **163 III;** kindlicher oder jugendlicher Zeugen **vor 48** 7, **51** 15, **52 II, 58a I S 2 Nr 1, 241a, 247, 247a, 251** 21, **255a II, GVG 172 Nr 4, A 12** 19, 135, 222; Grundsatz der persönlichen – **250;** kommissarische – **223, 51 III, 63, A 12** 121
Vernehmungsgegenüberstellung 58 10
Vernehmungsmethoden, unzulässige **136a**
Vernehmungsort beim Bundespräsidenten **49;** bei Mitgliedern oberster Staatsorgane **50**
Vernehmungszeuge 250 5
Vernichtung, Anordnung im Strafbefehl **407 II Nr 1;** Verfahren **442;** Kosten **472b;** s. a. *Einziehung*
Vernichtung von Blutproben oder sonstiger Körperzellen **81a III, 81c V**
Vernichtung von Unterlagen bei erkennungsdienstlichen Maßnahmen **81b** 19; bei Überwachung des Fernmeldeverkehrs oder bei Aufzeichnung des nichtöffentlich gesprochenen Wortes **101 VIII;** bei Identitätsfeststellung **163c IV**
Veröffentlichung von Abbildungen 131b
Verpflichtete, für den öffentlichen Dienst besonders – **54** 11
Verpflichtungsantrag A 2 23 II, A 10 109 I
Versagung der Aussagegenehmigung **54** 20; der Entschädigung **A 5 6**
Versammlungsfreiheit, Recht auf – **A 4 11**
Versäumung s. *Abwesenheit, Ausbleiben, Wiedereinsetzung in den vorigen Stand*
Verschlechterungsverbot s. *reformatio in peius*
Verschleppungsabsicht 244 93 ff **245** 27
Verschlusssachen 147 14, 21, 29; Behandlung von – **A 12** 182, 213; **Verlust** oder Preisgabe von – **A 12** 214; s. a. *Geheimhaltung*

Verschulden bei Fristversäumung, Wiedereinsetzung ohne − **44** 10ff; kein Wiedereinsetzungsgrund bei − des Verteidigers **44** 18ff, **A 5 9** 5; amtliches − **44** 5; *s. a. Schuld, Schuldunfähigkeit*
Verschweigen entlastender Umstände **467** 13, **A 5 6 I Nr 1**; *s. a. Schweigen*
Verschwiegenheitspflicht *s. Geheimhaltung, Amtsverschwiegenheit*
Verspätete Beweisanträge **246**; − Berufung **319**; − Revision **346**; -r Einspruch gegen Strafbefehl **411**; *s. a. Säumnis*
Verspätung des Verteidigers **228** 11
Versprechungen, unzulässige − bei Vernehmungen **136a** 23
Verstandesunreife bei Zeugen **60 Nr 1**; Zeugnisverweigerungsrecht **52 II, III**; Untersuchungsverweigerungsrecht **81c III**
Verständigung im Strafverfahren Einl 119ff, **170** 14, **257c**, in der Berufung **vor 312** 1a–1h, **324** 4, 7a, in der Revision **vor 333** 5
Verständigung unter den Mitgliedern des Gerichts 260 4
Verstorbene, Entfernung von Registereintragungen über − **A 7** 24 I
Vertagung *s. Aussetzung der Hauptverhandlung*
Verteidiger, Begriff **vor 137** 1; als Verfahrensbeteiligter Einl 82ff; Prozessfähigkeit Einl 99; notwendiger − **140**; Entfernung aus der Sitzung **GVG 177** 3; Zurückweisung **146a**; Wahrheitspflicht **137** 2; Ausschließung als Richter **22 Nr 4**; Verschulden des -s als Wiedereinsetzungsgrund **44** 18; als Zeuge **vor 48** 18, **58** 3; Zeugnisverweigerungsrecht **53 I Nr 2**; Ablehnung als Sachverständiger **74**; Auswahl **137**, **A 12** 106; Beschränkung der Zahl **137**; geeignete Personen als − **138**; Vollmacht **vor 137** 8ff, **145a** 1ff, **234, 434**; Ausbleiben in der Hauptverhandlung **145**; Zustellung an − **145a, A 12** 154; Verbot der Mehrfachverteidigung **146**; Akteneinsicht **147, 222a III, A 12** 185 IV, **189 III**, im Haftprüfungsverfahren **118a II**; Anwesenheit bei polizeilichen Ermittlungen **163** 16, **163a** 5, im Vorverfahren **163a III S 2, 168c, 168d**; Ladung zur Hauptverhandlung **218**; Anwesenheit in der Hauptverhandlung **226** 10; mehrere − in der Hauptverhandlung **227**; Vertretung des abwesenden Angeklagten **234**; Befugnisse bei Abwesenheitsverhandlungen **234a**; Fragerecht **240**; Erklärungsrecht **257 II**; in der Abwesenheitsverfahren **286 I**; Einlegung von Rechtsmitteln **297, 302 II**; Benachrichtigung von der Revisionsverhandlung **350 I**; bei Beweisaufnahme im Wiederaufnahmeverfahren **369 III**; Pflichtverteidiger im Strafbefehlsverfahren **408b**; im beschleunigten Verfahren **418 IV**; Angabe im Strafbefehl **409 I Nr 2**; in der Hauptverhandlung nach Einspruch gegen Strafbefehl **411 II**; Kontaktsperre **A 2** 31; Unterrichtung **A 12** 108; Mitteilung von Verschlusssachen an − **147** 14, 21, 29, **A 12** 213; *s. a. Pflichtverteidiger, Rechtsanwalt, Verteidigung, Vertreter*
Verteidigerausschließung vor 137 3, **138a ff**
Verteidigerkosten als notwendige Auslagen **464a II Nr 2, A 5** 5ff
Verteidigerpost, Überwachung **148 II, 148a**
Verteidigerverkehr mit dem Inhaftierten *s. Verkehr des Verhafteten mit dem Verteidiger*
Verteidigerwechsel 143a
Verteidigung 137 ff, A 12 106 ff; gemeinschaftliche − **138** 18ff; notwendige **140**; Beschränkung der − als Revisionsgrund **338 Nr 8**; Sockel− **137** 11; in Jugendsachen **A 8** 68; in Steuersachen **A 6** 392, 410 Nr 3; *s. a. Notwendige Verteidigung*
Verteidigung der Rechtsordnung 154 I Nr 2, 154a I S 2
Vertrag von Lissabon Einl 206
Vertrauensperson, Benachrichtigung bei Verhaftung **114b**; bei Festhalten **163b II**; -en des Schöffenwahlausschusses **GVG 40, 55**
Vertrauliche Anzeigen 158 16, 17; keine Aussagegenehmigung bei -n **54** 22
Vertrauliche Behandlung der Auskünfte aus dem Zentralregister **A 7** 44
Vertraulichkeitszusagen bei V-Personen **158** 17, 17a, **147** 14a, **96** 12, 12a
Vertreter Einl 127, 134, **vor 137** 12; bei Abwesenheit des Angeklagten **234, 329 I, 350 II, 387 I, 411 II**; des Privatklägers **378**; des Nebenbeteiligten Einl 85, **428 I, 438 III, 444 II**; Einlegung von Rechtsmitteln **297** 7; *s. a. Gesetzlicher Vertreter*
Vertretung im Präsidium **GVG 21c**; des Präsidenten **GVG 21h**
Vertretung der Richter GVG 21e 7ff, **21g** 5; beim AG **GVG 22b**; beim LG **GVG 70**; beim OLG **GVG 117**
Vertretungsvollmacht Einl 84, **vor 137** 7, **234, 329 I, 350 II, 387 I, 411 II, 428 I**
Verurteilter 157 5; Kostentragungspflicht **465**
Verurteilung 260 19ff; Eintragung strafgerichtlicher − in das Zentralregister **A 7** 3 Nr 1, 4ff; *s. a. Bekanntgabe der Verurteilung*
Verwahrte, Vernehmung **A 12** 20
Verwahrung sichergestellter Gegenstände **94, 109, 111m, A 12** 74ff, **225**; Schriftstücke in amtlicher − **96**; des Führerscheins **111a V, 463b**; − von Unterlagen über heimliche Ermittlungsmaßnahmen

Sachverzeichnis

Fette Zahlen = §§ von StPO, GVG und A 1–5

und über den Einsatz Verdeckter Ermittler **101 II**
Verwaltungsakte, Anfechtung *s. Justizverwaltungsakte, Maßnahmen der VerwB*
Verwaltungsanordnungen, keine Rechtsnormen **337** 3
Verwaltungsbeamter im Schöffenwahlausschuss **GVG 40**
Verwaltungsbehörden als Nebenbeteiligte Einl 73; Eintragung von Entscheidungen in das Zentralregister **A 7** 3 Nr 3, 10, 19
Verwaltungsgerichte GVG 13; Ausschließung der – bei Anfechtung von Justizverwaltungsakten **A 2 vor 23** 1
Verwaltungsrechtliche Vorfragen 154d, 262 7, **A 6** 396 410 I Nr 5
Verwaltungsvorverfahren A 2 24 3, **A 10** 109 III
Verwandtschaft als Ausschließungsgrund für einen Richter **22 Nr 3;** als Zeugnisverweigerungsgrund **52 I Nr 3;** als Eidesverweigerungsgrund **61;** Ablehnungsgrund als Sachverständiger **74;** als Ausschließungsgrund für einen Gerichtsvollzieher **GVG 155**
Verwarnung mit Strafvorbehalt 232 I, 233 I, 260 IV, 265a, 267 III, 268a I, III, 304 IV Nr 5, 407 II, 409 I S 2, 453, 453a, 462a IV, 465 I, A 7 4 Nr 3, 5 I Nr 7, 7 III, 22 I Nr 1, **A 12** 15 I, 110 II f, 138 II
Verweigerung der Gutachtenerstattung **76, 77;** der körperlichen Untersuchung **81c IV;** der Herausgabe von Gegenständen **95 II;** der Abstimmung **GVG 195;** *s. a. Eidesverweigerung, Zeugnisverweigerung*
Verweisung auf den Privatklageweg **170** 7, **376** 6, **A 12** 87
Verweisung an ein anderes Gericht GVG 17a II; durch Eröffnungsbeschluss **210;** vor der Hauptverhandlung **225a IV S 2;** in der Hauptverhandlung **269, 270;** in der Berufungsinstanz **328 II;** in der Revisionsinstanz **355;** im Sicherungsverfahren **416 I, III;** *s. a. Zurückverweisung*
Verwendung von Blutproben **81a III;** von Daten aus heimlichen Überwachungsmaßnahmen **479 II, III;** von Daten aus akustischer Wohnraumüberwachung **100d V;** von Körperzellen **81g II S 1;** von Daten für künftige Strafverfahren **484**
Verwendung personenbezogener Informationen 100f I, 160 IV, 161 II, 474 ff
Verwendungsverbot Einl 57d; **A 2 18** 2
Verwerfung der Richterablehnung **26a, 28 II;** des Antrags auf Klageerzwingung **174;** der Berufung **319, 322, 324, 329,** des Nebenklägers **401 III;** der Revision **346, 349,** im Privatklageverfahren **385 V;** des Wiederaufnahmeantrags **368, 370;** des Einspruchs gegen Strafbefehl **411 I, 412;** der Rechtsbeschwerde **A 10** 119 III

Verwertungsverbot Einl 35, 55 ff, **33 III, 52** 32, **69 III, 72, 95** 11, **136a** 27 ff, **161** 6, **163a III–V, 168c** 6, **252;** in Steuersachen **A 6** 393 II, 410 I Nr 4; bei Tilgung der Eintragung im Zentralregister **261** 14, **A 7** 51 f; *s. a. Beweisverwertungsverbot*
Verwirkung Einl 117; von Rechtsbehelfen **vor 296** 6, **A 2 26** 4; von Verfahrensrügen **337** 47
Verzeichnis der beschlagnahmten Gegenstände **107, 109, 111 III, 111b IV**
Verzicht auf eine Prozesshandlung Einl 117; auf Zeugnisverweigerungsrecht **52** 21; auf Verwertungsverbot aus § 252 **252** 16a, **52** 31a; auf Ladungsfrist **217 III;** auf Beweiserhebungen **245 I S 2;** auf Rechtsmittel **302, 267 IV, V, A 12** 143, 152; auf Wiedereinsetzung in den vorigen Stand **315 III, 342 III;** auf Urteilsverlesung **324 I S 2;** auf Privatklage **vor 374** 7, 13; auf sichergestellte Gegenstände im Rahmen der Vermögensabschöpfung **vor 421** 6, 6a; auf Exterritorialität **GVG 18** 6; auf Ausübung der Strafgerichtsbarkeit gegen Mitglieder einer ausländischen Truppe **GVG 18** 10; auf Entschädigung **A 5** 7 10, **8** 3
Verzinsung *s. Zinsen*
Verzögerung des Strafverfahrens, übermäßige – **A 4** 6 9
Verzögerungsrüge 198 GVG; 199 GVG 4; **A 4** 9g
Videokamera, private 100h 1b
Videokonferenztechnik 233 17a, **247a** 1d, 15, **GVG 185** 8a
Videotechnologie 58a, 136 IV, 168e, 247a, 255a
Vierte Instanz, EGMR als **A 4 35** 5
V-Mann Einl 148a, **110a** 4a, **163** 34a; **A 4 6,** 4, 4a; **A 12** Anl D; – als unerreichbarer Zeuge **244** 66; als Zeuge vom Hörensagen **250** 5; Verlesung schriftlicher Äußerungen **251** 17
Völlige Ungeeignetheit des Beweismittels **244** 58 ff
Völkermord Nichtverfolgen von – **153f;** Tatbegriff **264** 6a
Völkerrecht als Bestandteil des Bundesrechts Einl 222
Vollmacht des Verteidigers vor 137 8 ff, **145a** 1 ff, **234, 428;** *s. a. Vertretungsvollmacht*
Vollstreckbarkeit des Strafurteils **449;** des Urteils im Adhäsionsverfahren **406b**
Vollstreckbarkeitsbescheinigung 451 11f
Vollstreckung gerichtlicher Entscheidungen **36;** der Beschlagnahme **94** 14 ff; des Haftbefehls **vor 112** 12; des Vorführungsbefehls **134** 5; des Urteils im Adhäsionsverfahren **406b;** von Strafen **459 ff;** der Ersatzfreiheitsstrafe **454a, 459e, 459f;** von Freiheitsstrafen **454b, 462a GVG**

78a; von Nebenfolgen **459g**; von Sicherungsmaßregeln **463**, GVG **78a**; von Ordnungsmitteln **51** 27, GVG **178** 17, **179**; des Bußgeldbescheides **A 6** 412 II; in Jugendsachen **A 8** 82 ff; Eintragung der – im Zentralregister **A 7** 15; s. a. *Strafvollstreckung, Vollzug*
Vollstreckungsaufschub 455–456, **456c**, **458** III, **463** V; beim Wiedereinsetzungsantrag **47** II; beim Wiederaufnahmeantrag **360** II; beim Antrag auf ein Nachverfahren **439** I
Vollstreckungsbeamte GVG **155**; Nichtberufung als Schöffen GVG **34** I Nr 5, **77**
Vollstreckungsbehörden Einl **67**, **451**; Anfechtung von Maßnahmen der – **A 2** 23 ff
Vollstreckungshaftbefehl 457 I
Vollstreckungshilfe GVG **162f**
Vollstreckungshilfeverfahren 140 32
Vollstreckungshindernisse 449 4
Vollstreckungskosten 464a 3; kein Arrest zur Sicherung der – **111e** III
Vollstreckungsleiter, Jugendrichter als – **451** 3, **462a** 40, **463** 15, **A 8** 82
Vollstreckungslösung 105 18, **A 4** 6 9a
Vollstreckungsmaßnahmen, gerichtliche Entscheidungen bei – Einl **69**, **458 ff**; Einwendungen gegen – **458**, **459o**, **462**; Anfechtung **A 2** 23 16
Vollstreckungsunterbrechung 454b, **455** II, **455a**, **458** III
Vollstreckungsverfahren Einl **65 ff**, **449 ff**, **A 8** 82 ff
Vollverschleierung GVG **176** 16 ff
Vollzug der Beschlagnahme **111c**; der Untersuchungshaft **119**; der Freiheitsstrafe **A 10**
Vollzugsanstalt, Anhörung **454** I
Vollzugsbehörde Einl **68**; Anfechtung von Maßnahmen der – **A 2** 23 3, 18, **A 10** 109 ff, GVG **78a**, **78b**, **121** I Nr 3
Vollzugsuntauglichkeit 455, **A 12** 58
Vorabentscheidungsersuchen an den EuGH **121** 21, **140** 27a
Vorabentscheidungsverfahren 222b 15 ff, **338** 16
Vorbehalt der Einziehung, Aufhebung **462** I
Vorbehalt der Sicherungsverwahrung 275a
Vorbereitendes Verfahren s. *Ermittlungsverfahren*
Vorbereitung des Gutachtens **80–81**; der öffentlichen Klage **158 ff**, **A 12** 1 ff; des Wiederaufnahmeverfahrens **23** II, **364b**, **464a** I, GVG **140a** VI; s. a. *Hauptverhandlung, Vorbereitung der*
Vorermittlungen und Vorfeldermittlungen 147 10, **152** 4b, **161** 1, **161a** 2, **162** 1, **369** 3, **376** 5, **474** 3

Vorfragen; zivil- und verwaltungsrechtliche – **154d**, **262**, **A 6** 396, **410** I Nr 5
Vorführung des Zeugen **51** I, **135**, **161a** II; des Verhafteten **115** I, **115a** I, III; des Festgenommenen **128** I, **A 12** 5 1; des Beschuldigten **133** II, **134**, **135**, **163a** III, zur Haftprüfung **118a** II; des Festgehaltenen bei Identitätsfeststellung **163c** I; des Angeklagten **230**, **236**, **239**, **329** IV, **330** I, bei Privatklage **387** III; von Nebenbeteiligten **427** II, **438** III, **444** II; des Betroffenen **230** 20; des Gefangenen **A 10** 36 II
Vorführungsbefehl 134, **163a** III, **230** 20, **236**; bei Führungsaufsicht **463a** III, zur Strafvollstreckung **457** I
Vorgesetzte, Privatklagerecht **374** II, **380** III; der StA GVG **145**; der Ermittlungspersonen der StA GVG **152**
Vorhalt an Angeklagte **254** 7, von Urkunden **249** 28; **250** 14; an Zeugen **69** 7, **253** 10
Vorlagepflicht zur Prüfung verfassungsrechtlicher Fragen Einl **218 ff**; bei sachlicher Unzuständigkeit des Gerichts **209** II, **225a**
Vorlagepflicht des OLG GVG **121** II; bei Nachprüfung von Justizverwaltungsakten **A 2** 29 I
Vorläufige Anordnungen über die Erziehung Jugendlicher **A 8** 71
Vorläufige Aufzeichnungen über Protokollinhalt **168a** II
Vorläufige Auslieferungshaft, Entschädigung **A 5** 2 III
Vorläufige Einstellung des Verfahrens bei Auflagen **153a**; bei Nebenstraftaten **154**; bei Auslieferung und Ausweisung **154b** IV; bei Abwesenheit des Angeklagten **154f**, **205**, **A 12** 104
Vorläufige Entziehung der Fahrerlaubnis 111a, **305**; Entschädigung **A 5** 2 II Nr 5, **5** I Nr 3
Vorläufige Festnahme 127 ff, **81a** 29; in der Sitzung GVG **183** S 2; **A 4** 5 4; Entschädigung **A 5** 2 II Nr 2
Vorläufiges Berufsverbot 132a, **305**; Entschädigung **A 5** 2 II Nr 6, **5** I Nr 3
Vormund s. *Gesetzlicher Vertreter*
Vormundschaft, Ausschließungsgrund **22** Nr 2; Gerichtsstand der – bei Jugendlichen **A 8** 42
Vornahmeantrag A 2 27, **A 10** 113
Vorrangzuständigkeit zwischen Strafkammern **6a**, **225a** IV, **270** I S 2, GVG **74e**, **A 8** 47a
Vorratsdatenspeicherung 100g 1 ff, **22 ff**, **39**
Vorrichtungen zur Herstellung von Schriften, Beschlagnahme **111q**; zur Beschränkung des Verteidigerverkehrs **148a** II

Sachverzeichnis

Fette Zahlen = §§ von StPO, GVG und A 1–5

Vorschaltverfahren s. *Verwaltungsvorverfahren*
Vorschlagliste für Schöffen **GVG 36 ff**, 77; für Jugendschöffen **A 8** 35
Vorschuss an Zeugen **71** 3; im Privatklageverfahren **379a, 390 IV**
Vorsitz in den Spruchkörpern **GVG 21f**
Vorsitzender, Zustellungsanordnung **36 I**; Terminsbestimmung **213**; Ladungsanordnung **214**; Verhandlungsleitung **238 ff**; Beschwerde gegen Verfügungen **304**; Sitzungspolizei **GVG 176**; bei der Beratung **GVG 194**
Vorsorglich eingelegte Rechtsmittel **A 12** 148, 292, 351
Vorstrafen des Angeklagten **243** 32 ff, 249, **A 12** 73, 134; des Zeugen **68a II**; Offenbarungspflicht des Verurteilten über – **A 7** 53; Feststellung von – des Beschuldigten **A 12** 16, 73, 134; Akteneinsicht bei –, die getilgt sind oder der beschränkten Auskunft unterliegen **A 12** 184; *s. a. Zentralregister*
Vorteilsversprechen 136a 23
Vortrag des Berichterstatters in der Berufungsverhandlung **324**; in der Revisionsverhandlung **351**; bei Vorbehalt der Sicherungsverwahrung **275a IV**
Vorverfahren Einl 60 ff, **A 12** 1 ff; Sachverständigengutachten im – **73** 1, 82; Notveräußerung **111l II**; Verteidigerbestellung **141 III**; in Jugendsachen **A 8** 43 ff; *s. a. Ermittlungsverfahren*
Vorwegnahme der Beweiswürdigung, Unzulässigkeit **244** 86, 8

W

Wachpersonen, Zivile, Unmittelbarer Zwang Einl 46
Waffengleichheit zwischen Angeklagtem und StA Einl 88, **A 4** 6 4
Waffensachen A 12 256
Wahl des Präsidiums **GVG 21b**; der Schöffen **GVG 42, 77**
Wahlanfechtung GVG 21b VI
Wählbarkeit der Richter zum Präsidium **GVG 21b**
Wahlfeststellung 260 27, **264** 2b, **265** 10, **266** 2, **267** 5
Wahlgegenüberstellung 58 12, **A 12** 18
Wahlgeheimnis und Zeugnisverweigerungsrecht **52** 2
Wahlkonsul 11 4, **GVG 19, 18** 12
Wahllichtbildvorlage 58 12a, **102**, 15, **MRK 6** 16
Wahlrecht der StA vor Anklageerhebung **vor 7** 10, **GVG 24 I Nr 3**; der Richter zum Präsidium **GVG 21b**
Wahlrevision A 8 55 II; *s. a. Sprungrevision*

Wahlverfahren zum Präsidium **GVG 21b II–V**
Wahlverteidiger 138
Wahrheit, forensische – **261** 1 ff
Wahrheitsbeweis bei Beleidigungen **A 12** 230
Wahrheitserforschung, Grundsatz der materiellen – Einl 10, **155** 2
Wahrheitserforschungspflicht 155 2, **244** 10 ff; *s. a. Aufklärungspflicht*
Wahrheitspflicht des Zeugen **vor 48** 5; des Verteidigers **137** 2
Wahrheitsserum 136a 10
Wahrunterstellung 244 67 ff, **267** 5
Wasserrecht, Verstöße gegen **Vorschriften des -s A 12** 268
Wechsel im Präsidium **GVG 21c**; eines Richters **GVG 21e III, 21g II**
Wechselseitige Beleidigung, Kosten **468**
Weggefallene Gerichte GVG 140a 12
Wegnahme von Sachen **459g I, 463b**
Weingesetz, Verstöße gegen das – **A 12** 263; Zuständigkeit der Wirtschaftsstrafkammer **GVG 74c I Nr 4**
Weisungen, Einstellung nach Erfüllung von – **153a**; der StA an Polizei **161** 11, 13, 14, **A 12** Anl A; – bei Strafaussetzung zur Bewährung **265a, 268a, 305a, 453b I, A 8** 57 III
Weisungsgebundenheit der Beamten der StA **GVG vor 141** 5 ff, 146
Weitere Beschwerde 310
Wertersatz *s. Einziehung des Wertersatzes*
Wertgrenze bei Beschwerde **304 III**
Werturteile von Zeugen **vor 48** 3
Wertzeichenfälschung 92, A 12 215 ff
Wettbewerb, unlauterer – *s. Unlauterer Wettbewerb*
Widerklage 388; Kosten **471 III Nr 3**; gegen Jugendliche **A 8** 80 II
Widerruf gerichtlicher Entscheidungen Einl 112 ff, **349** 24; sonstiger Prozesshandlungen Einl 116; des Verzichts auf Zeugnisverweigerungsrecht **52** 22, **53** 42; der Verteidigerbestellung **140 III, 143**; von Auflagen und Weisungen **153a** 24; der Anschlusserklärung bei Nebenklage **402**; der Beseitigung des Strafmakels **A 8** 101, **A 7** 12 I Nr 5
Widerruf der Aussetzung zur Bewährung 268a III, 304 V S 2 Nr 5, 453, 453a, 453c, 462a, 463 II, A 7 12 I Nr 6, 13 I Nr 6
Widerspruch gegen Entscheidungen ohne Hauptverhandlung **437 IV**; zwischen Urteilstenor und Urteilsgründen **267** 39a, zwischen Urteil und Sitzungsniederschrift **268** 18
Widerspruchslösung 136 25, 25a **81a**, 34, **81f** 9, **94** 21b, **100a** 39, **100c** 8, **100h** 9, **105** 22, **110b** 11, **112** 5, **168c** 9, **203** 2, **251** 32, **A 4** 6 22f

Wiederaufnahme der Klage nach vorläufiger Einstellung 154 III, 154b IV, 154c 4; auf Grund neuer Tatsachen 174 II, 211
Wiederaufnahmeverfahren 359 ff, A 12 170, 171; Wesen **vor** 359 2; zugunsten des Verurteilten 359; bei Verfassungswidrigkeit einer Strafrechtsnorm **vor** 359 7; keine Vollstreckungshemmung 360; zuungunsten des Verurteilten 362; zur Änderung des Strafmaßes 363; nach dem Tod des Verurteilten 361, 371; bei Behauptung einer Straftat 364; Verteidigerbestellung 364a, 364b; Inhalt und Form des Antrags 366; Zuständiges Gericht 367, GVG 140a; Entscheidung über die Zulässigkeit 368; Probationsverfahren 369; Entscheidung über die Begründetheit 370, ohne Hauptverhandlung 371; erneute Hauptverhandlung 373 I; Verschlechterungsverbot 373 II; bei Strafbefehl 373a; Ausschließung von Richtern 23 II; bei Privatklage 390 I; bei Nebenklage 365 8; im Adhäsionsverfahren 406c; Kosten 473 VI Nr 1; – und Entschädigung A 5 1; Eintragung im Zentralregister A 7 16; Mitwirkung von Staatsanwälten A 12 170 I
Wiedereinbeziehung ausgeschiedener Tatteile 154a 24 ff, ausgeschiedener Nebenfolgen 421 II
Wiedereinsetzung in den vorigen Stand 44 ff, A 12 155; Antrag 45; auf – Entscheidung über den Antrag 46; Wirkung der – 44 23; keine Vollstreckungshemmung 47; wegen Versäumung der Frist nach § 172 I, 172 17; gegen ein Urteil 8, 235, 315, 329 III, 342, 391 IV, 401 II, III, 412; Kosten 473 VII; bei Anfechtung von Justizverwaltungsakten A 2 26 II–IV, von Vollzugsmaßnahmen A 10 112; bei Antrag auf Entschädigung A 5 9 5
Wiedererkennen 58 13, 16, 17 261 11b; 267 12b
Wiedergutmachung des Schadens, Einstellung nach – 153a I S 1 Nr 1; A 12 93a
Wiederherstellung des Protokolls 272 2; des Urteils 275 27
Wiederholung der Hauptverhandlung 29 IV, 416 II 2
Wiederholungsgefahr als Haftgrund 112a; Aussetzung der UHaft 116 III; Höchstdauer der UHaft 122a
Wiederverleihung von Rechten und Fähigkeiten 462 I; Eintragung in das Zentralregister A 7 12 Nr 7
Wiener Übereinkommen über diplomatische bzw konsularische Beziehungen GVG 18, 19
Willkür bei Richterentziehung GVG 16 6

Willensfreiheit, Verbot der Beeinträchtigung 136a
Wirtschaftliche Verhältnisse, Aufklärung der – des Beschuldigten 160 18, A 12 14
Wirtschaftsprüfer, Zeugnisverweigerungsrecht 53 I Nr 3; als Verteidiger in Steuerstraf- und -bußgeldverfahren A 6 392, 410 I Nr 3; Kosten des -s als notwendige Auslagen A 6 408, 410 I Nr 12; Bußgeldverfahren gegen – wegen einer Steuerordnungswidrigkeit A 6 411
Wirtschaftsreferent der StA 74 5, GVG 142 7
Wirtschaftsstrafsachen GVG 74c I
Wirtschaftsstrafkammer 2 I, 6a, 209, 209a, GVG 74c, 74e, A 8 103 II
Wissen des Richters, Eigenes 261 14
Wissenschaftliche Hilfskräfte GVG 193 I
WLAN 99 16; 100a 20
Wochenfristen 43
Wohnsitz(ort) Gerichtsstand 8; des Zeugen 68 8; fester – 113 II Nr 2, 127a I, 132 I; Zuständigkeit der Finanzbehörde in Steuersachen A 6 388 Nr 3, II, 410 I Nr 1
Wohnung 37 8, 163 38; Durchsuchung 102 ff, 111b II, 111e V, zur Vollstreckung 457 10, 459 5, 459g III
Wohnraumüberwachung 100c, 100d, 100e

Z

Zahl der Verteidiger 137; der Pflichtverteidiger 144; der Schöffen GVG 43
Zahlungserleichterungen bei Ordnungsgeld 51 16, A 3 7; bei Geldstrafe 459a
Zahlungsfrist bei der Geldstrafe 459c I; bei Nebenfolgen 459g II
Zahlungstag bei Gebühreneinzahlung 379a 4
Zahnärzte, Zeugnisverweigerungsrecht 53 I Nr 3; Beschlagnahmeverbot 97; Ablehnung des Schöffenamts GVG 35 Nr 3, 77
Zeichnen im Gerichtssaal GVG 169 15
Zeitgesetz 354a
Zeitungsaufforderung im Abwesenheitsverfahren 288
Zeitversäumnis, Entschädigung für – als notwendige Auslagen 464a II Nr 1
Zensur s. Briefkontrolle
Zentrales staatsanwaltschaftliches Verfahrensregister 492 ff
Zentralregister, Inhalt und Führung A 7 3 ff; Steckbriefnachrichten und Suchvermerke im – A 7 27 ff; Auskunft aus dem – A 7 30 ff; Tilgung A 7 45 ff; Anfechtung von Maßnahmen in -angelegenheiten A 2 23 2, 24 5; Eintragung von Entscheidungen von DDR-Gerichten A 7 64a, 64b

Sachverzeichnis

Fette Zahlen = §§ von StPO, GVG und A 1–5

Zentralregisterauskunft A 7 30 ff; Verlesbarkeit **249** 10; *s. a. Vorstrafen*
Zentralstelle bei Münzstrafsachen **A 12** 217; -n der Länder zur Bekämpfung pornographischer Schriften **A 12** 223
Zeugen 48 ff, 161a, 163 III, A 12 64 ff; Begriff **vor 48** 1 ff, **85** 1 ff; Fähigkeit als – **vor 48** 12 ff; an der Straftat Mitbeteiligte als – **vor 48** 19 ff; am Verfahren anderweit Beteiligte als – **vor 48** 23; Organe der Rechtspflege als – **vor 48** 14 ff; Ausschließung als Richter **22 Nr 4**; Ladung **48**, **A 12** 64, 116, 117; Auskunftsverweigerungsrecht **55**, **95** 10, **163 III**; Vereidigung **59**; unvereidigt zu vernehmende – **60**, **61**; Schutz der – **68 I 2, II, III, 200 I 3, 4, A 12** 130a; Bloßstellen von – **68a**, **A 12** 4a; Untersuchung von – **81c**; sachverständige – **58** 3, 85; vor der StA **161a**; RA als Beistand des – **vor 48** 11, **GVG 177** 4; Namhaftmachung **222**; kranke – **223**, **251 II Nr 1**; keine Anwesenheit bei Vernehmung des Angeklagten **243 II**; Entlassung nach der Vernehmung **248**, **A 12** 135; – vom Hörensagen **250** 4; Beschwerderecht **304 II**; Fahndung nach **A 12** 42; *s. a. Zeugnisverweigerungsrecht*
Zeugenbelehrung *s. Belehrung der Zeugen*
Zeugenentschädigung 71, A 6 405, **410 I Nr 10**
Zeugenpflichten vor 48 5 ff, **52–55**, **58a** 7a, **161a I**; Verletzung von – **51**, **70**, **161a II**; keine – vor der Polizei **163** 37
Zeugenvernehmung 58; zur Person **68**, **A 12** 130a; zur Sache **69**; durch StA **161a**; durch Polizei **163 III**; kommissarische – **223**; **A 12** 121; als Videoaufzeichnung **58a**; von Kindern und Jugendlichen **58a I S 2 Nr 1, 241a, 247, GVG 172 Nr 4, A 12** 19, 135, 222; im Ausland **244** 63, **247a** 6, **A 12** 67 II
Zeugenschutz vor 48 10, **58a, 68b, 168e, 247a, 255a**
Zeugnis, behördliches **256** 5, **A 12** 68
Zeugnisverweigerung, grundlose **70**
Zeugnisverweigerungsrecht 52 ff; 160a; Beschlagnahmeverbot **97**; Erlöschen **52** 11; keine Verlesung von Aussagen **252**
Zinsen für den Erstattungsanspruch **464b**
Zirkelschluss 337 30a
Zivilgerichte, Entscheidung über die Höhe der Entschädigung bei Einziehung **vor 421** 14; bei Strafverfolgungsmaßnahmen **A 5 13 I**
Zivilrechtliche Vorfragen 154d, 262
Zivilurteil, Wirkung eines –s bei Verfall der Sicherheit **124 III**; und Wiederaufnahme des Verfahrens **359 Nr 4**
Zollfahndungsämter, Ermittlungen in Steuersachen **163** 14, **A 6** 404, **410 I Nr 9, A 12** 266 II

Zollstraftaten A 12 266, 267
Zufallsfunde 100a 34, **102** 17, **108**, **111 III, 163b** 22, **163d** 24, **163f** 11
Zugangscode 99, 16; **100g**, 4, 5; **161**, 3
Zugriff *s. Erster Zugriff*
Zuhälterei A 12 248
Zulässigkeit von Fragen **242**; der Vollstreckung, Einwendungen gegen – **458 I, 459h, 462**
Zulassung von Beiständen **149**; des Wiederaufnahmeantrags **367 ff**
Zumutbarkeit, Grundsatz der – **81c** 17
Zurechnungsunfähige *s. Schuldunfähige*
Zurechnungsunfähigkeit *s. Schuldunfähigkeit*
Zurückgewinnungshilfe *s. a Rückgewinnungshilfe*
Zurücknahme von Prozesshandlungen Einl 125; der Verteidigerbestellung **143**; der Klage **156, 411 III**; des Strafantrags **158** 18; des Beweisantrags **244** 37; von Rechtsmitteln **302, 303, A 8** 55 III, **A 12** 152; der Privatklage **388 IV, 391 f, 394**; des Antrags im Adhäsionsverfahren **404 IV**; des Strafbefehlsantrags **156** 3; des Einspruchs in Strafbefehlsverfahren **411 III**; Kosten bei – des Strafantrags **470**, eines Rechtsmittels **473**; des Antrags nach § 23 EGGVG **A 2 29** 4; der Kontaktsperre **A 2** 36; *s. a. Klagerücknahme, Widerruf*
Zurückverweisung durch Beschwerdegericht **309** 7 ff; durch Revisionsgericht **354**; Zuständigkeitsregelung nach – **GVG 21e** 4; *s. a. Verweisung*
Zurückweisung von Verteidigern **vor 137** 3, **138a** 28, **146a, 304 V**; von Fragen **241**; der Privatklage **383**; *s. a. Verwerfung*
Zusammenarbeit der StA mit den Verw-Ben **A 12** 272
Zusammenhang von Strafsachen **2 ff, 13, 237, A 12** 114; von Ordnungswidrigkeiten **A 6** 389, **410 I Nr 1**; von Ordnungswidrigkeiten und Straftaten **A 12** 275 I; von Steuerstrafsachen **A 6** 389
Zusammentreffen von Privatklagedelikt und Offizialdelikt **153** 5, **153a** 34, **vor 374** 2, **376** 9 ff; von Nebenklage- und Offizialdelikt **395** 4; von Straftat und Ordnungswidrigkeit **153** 6, **153a** 35, **154a** 3, von Strafhaft und Untersuchungshaft **116b**
Zusatztatsachen 79 11, **261** 9
Zuständigkeit der Finanzbehörde im Steuerstrafverfahren **A 6** 386 ff; bei Steuerordnungswidrigkeiten **A 6** 388 ff, 409, 410 I Nr 1
Zuständigkeit der StA GVG 142 ff; zur Verfolgung von Ordnungswidrigkeiten **A 12** 269 ff; in Steuerstrafsachen **A 6** 386 IV, **A 12** 270
Zuständigkeit des Gerichts, Arten **vor § 1** 1; sachliche **vor 1** 2 ff, **1 ff, 209**,

225a, 269, 270; besonderer Strafkammern **vor 1** 4 ff, **6a, 209a, 225a IV**; örtliche **vor 1** 3, **7 ff**; geschäftsplanmäßige **vor 1** 7; funktionelle **vor 1** 8; des Rechtsmittelgerichts **vor 1** 9, **296** 19; bei Beschlagnahme **98 II**; zum Eröffnungsbeschluss **209, 210**; der ordentlichen Gerichte **GVG 13**; des AG und SchG **GVG 24, 28**; des LG (Strafkammer) **GVG 73 ff**; des SchwurG **GVG 74 II**; des OLG **GVG 120, 121**; des BGH **GVG 135**; im Wiederaufnahmeverfahren **367**, **GVG 140a**; in Jugendsachen **vor 1** 10 ff, **A 8** 39 ff; in Steuersachen **A 6** 391, 410 I Nr 2
Zuständigkeitskonzentration vor 7 6; **GVG 58, 74a, 74c III, 74d, 78a II, 120 I, V, 121 III, 143 IV, 157 II, A 1** 9, **A 2 26 II**; **A 8** 33 III; **A 6** 387 II, 391, 410 I Nr 2; bei Beschlagnahme **98 II**, bei richterlichen Untersuchungshandlungen **162 I**
Zuständigkeitsstreit s. *Kompetenzkonflikt*
Zuständigkeitsüberprüfung 6, 6a, 16, 209, 210, 225a, 270
Zustellung von Entscheidungen **35** ff, **A 12** 154; durch die Geschäftsstelle **36 I, 390 III**; Verfahren bei – **37**; Ersatz– **37** 6; an Gefangene **37** 24; – an Anwalt eines anderen EG-Mitgliedstaats **37** 25b; öffentliche – **37** 5, **40**; im Ausland **37** 25; an die StA **41**, **A 12** 159; an den Verteidiger **145a**; – der Einstellungsverfügung **171** 5, **A 12** 91 II; der Anklageschrift **201**; des Eröffnungsbeschlusses **215**; des in Abwesenheit des Angeklagten ergangenen Urteils **232 IV**; des Urteils an Beschwerdeführer **316 II, 343 II**; des Wiederaufnahmeantrags **368 II**; des Strafbefehls **409** 15 ff, **A 12** 179; an Nebenbeteiligte **430 IV, 438 III, 442, 444 II**; bei Urteilsbekanntmachung **463c I**; an Exterritoriale **GVG 18** 6, **A 12** 196; – des Entschädigungsbeschlusses **A 5** 10 II; der Ladung zur Hauptverhandlung **A 12** 117
Zustellungsbeamte GVG 155
Zustellungsbevollmächtigter 37 3, **112** 9, **116a III, 127a II, 132 I, vor 137** 11, **145a, A 12** 60
Zustellungsmängel 37 26
Zustellungsvollmacht des Verteidigers **145a**; des Vertreters eines Nebenbeteiligten **428, 438 III, 444 II**
Zustimmung zur Einstellung des Verfahrens **153, 153a, A 8** 55 III; zur Zurücknahme des Rechtsmittels **303**; des Angeklagten zur Zurücknahme der Privatklage **391 I**; der Verfahrensbeteiligten bei Rücknahme des Einspruchs oder der Klage **411 III**; des StA in Jugendsachen **A 8** 47
Zutritt zu den Gerichtsverhandlungen **GVG 175**
Zuziehung eines Sachverständigen 246a
Zwang bei Vernehmungen **136a** 20; s. a. *Unmittelbarer Zwang*
Zwangsarbeit, Verbot der – **A 4** 4
Zwangsernährung s. *Zwangsmaßnahmen*
Zwangsgeld 463c III
Zwangshaft 463c III; s. a. *Erzwingungshaft*
Zwangsmaßnahmen auf dem Gebiet der Gesundheitsfürsorge **119** 42 ff, **A 2 23** 18, **A 10** 101
Zwangsmittel gegen Zeugen **51, 70, 161a II**; gegen Sachverständige **77, 161a II, 384** 9; bei Verweigerung der Untersuchung **81c VI**; gegen Besitzer von Beweisgegenständen **95 II**; bei Nichtaufnahme der Urteilsbekanntmachung in einer periodischen Druckschrift **463c III**; – im Rundfunk **463c IV**; keine – im Besteuerungsverfahren nach Einleitung eines Steuerstraf- oder -bußgeldverfahrens **A 6** 393 I, 410 I Nr 4; s. a. *Unmittelbarer Zwang*
Zwangsvollstreckung aus dem Kostenfestsetzungsbescheid **464b**; s. a. *Vollstreckung*
Zwangsvollstreckungsverbot Grundsatz **111h II S 1**; Ausnahme bei Steuerstraftaten **111h II S 2**
Zweckänderung 100d 6, **100g** 29, **100i** 14, **477** 1, **479** 1, 10, **481** 1, 2, **483** 4, **484** 1
Zweifel über Zulässigkeit einer Frage **242**; über die Auslegung eines Urteils **458**, s. a. *in dubio pro reo*
Zweigstellen des Gerichts **GVG 21e** 11, 22 4; der StA **GVG 141** 3
Zweitbescheide A 2 23 8
Zwischenfristen vor 42 9
Zwischenhaft 120 15
Zwischenstaatliche Organisationen, Vorrechte und Befreiungen **GVG 18** 11
Zwischenstaatliche Rechtshilfe s. *Rechtshilfeverkehr mit dem Ausland*
Zwischenstaatliche Verträge, Strafprozessrecht Einl 215–216
Zwischenverfahren 201 ff; s. a. *Eröffnung des Hauptverfahrens*

2671